金安濟

人生白書

出生에서 古稀까지 七十年生涯의 記錄全集

1936 ~ 2006

記錄 · 編纂

金 安 濟

2007

草凡金安濟博士古稀紀念事業推進委員會

書標 題字

石峰 韓濩(1543~1605) 先生이 奉命執筆하여 1601年(朝鮮朝 宣祖 34年 辛丑年) 7月에 開刊한 千字文(中國 梁의 周興嗣 撰) 辛丑本에서 萃字하여 組立한 것임.

上梓序辭

人間으로 점지하여 귀한 삶을 享有케 해주신 하느님과 神佛의 높고 거룩한 뜻을 두 손 모아 받듭니다. 그리고 平凡한 사람을 알뜰히 보살펴 값진 生涯를 이루게 해주신 나의 父母任과 祖國 大韓民國의 은혜로움을 가슴깊이 새기고, 보람된 일과 자랑스러운 자리를 마련해준 서울大學校 및 建國大學校를 위시한 團體機關과 여러 恩人들께 머리 숙여 감사드립니다.

이제 古稀를 맞이함에 春風秋雨 70年 歲月에 걸쳐 840個月, 25,568日, 613,632時間이란 긴 人生을 살아왔습니다. 苦難과 逆境의 길이었고 刻苦와 敢鬪의 旅程이었으며 克己와 完走의 終着이었습니다. 그러나 그것은 榮光의 길이었고 歡喜의 旅程이었으며 보람의 結實이었습니다. 미련도 후회도 없는 盡人事 待天命의 삶을 살아왔습니다.

시골 聞慶에서 首都 서울까지, 農民出身에서 大學敎授까지, 貧困家庭에서 上流市民까지, 곧게 진출하였고 또 흠 없이 이루어 왔습니다. 幸運이 따랐고 運命의 神이 보호하였으며 祖上의 蔭德이 크지 않았나 합니다. 무엇보다 直接的인 惠澤의 源泉은 같은 時代 같은 空間에서 같이 살고 같이 活動하면서 愛情과 精誠으로 돌봐주신 現世의 사람들이었다고 굳게 믿고 있습니다. 家族과 親姻戚, 恩師와 先輩, 親舊와 後輩 및 弟子, 職場同僚와 社會人士, 이들 모두는 오늘까지 저를 지켜주고 도와주신 保護壁이요 神이 보낸 使徒들이셨습니다. 이분들의 따스한 마음과 보살핌이 없었다면 古稀까지의 값진 삶은 결코 이루어지기 어려웠을 것으로 생각됩니다. 삼가 가슴 깊이 고마운 마음을 간직하고 있습니다.

태어나서 古稀에 이르기까지 70年間의 삶을 總整理하여 『人生白書』라는 題號의 記錄集으로 世上에 내놓습니다. 初等學校 4學年부터 시작하여 중단없이 記錄한 本人과 家族 및 社會變動의 史料를 體系化한 한 時代의 歷史입니다. 1996年에 發刊된 回甲紀念記錄集인 『한 韓國人의 삶과 발자취』를 根幹으로 하여 2006年까지의 延長分을 추가하고, 아울러 새로운 項目을 添加 · 補完하였습니다. 이 白書는 크게 세 部門으로 편성되어 있으니, 첫째 部門에서는 時代別 主要寫眞과 自敍的 生涯記述 및 基本事項의 要約統計를 수록하여 生涯全體를 槪觀하는데 도움을 주고자 하였고, 둘째 部門은 일곱개 領域으로 나누어 詳細한 記錄을 정리한 本冊子의 核心을 이루고 있으며, 셋째 部門은 本人 및 家族事項과 國內外 發生事件을 日字順位로 기술하고 있는 生涯日誌입니다. 本人 出生 以前의 史實을 수록한 것은 時間的 脈絡을 잇기 위함이었고, 國內外 關聯資料를 소개한 것은 時代的 環境과의 關係性을 이해토록 하기 위함이며, 比較基準統計를 병기한 것은 本人의 實相이 갖는 位置와 程度를 올바로 파악케 하기 위함이었습니다.

무릇 진실된 記錄과 그 發刊은 勤勉과 正直과 勇氣를 生命으로 하고 있습니다. 이러한 原則을 충실히 준수하면서 만들어진 이 白書는 몇가지 중요한 目的을 지니고 있습니다. 그 하나는 個人生涯의 整理와 報告입니다. 少時 兒童 때부터 기록한 것을 한 家庭에만 보관·전승케 하기보다는 같이 살아온 모든 분들과 뒤에 태어날 많은 사람들에게 한 사람의 韓國人이 어떻게 살아왔고 무엇을 했는가를 赤裸裸하게 보여주는 한 人生의 정리된 綜合報告書입니다. 다음은 時代歷史의 傳授입니다. 政府·機關이나 團體의 公式的 記錄이 아닌 한 個人의 生活과 活動의 記錄을 冊子로 발간함으로써 後世人들로 하여금 지나간 時代의 個人史와 社會史를 硏究하고 各 部門의 時代狀況을 파악하는 데 다소나마 도움을 주리라 믿습니다. 王朝史만 있고 民俗史는 빈약한 우리의 歷史에서 볼 때 먼 훗날 하나의 값진 文獻이 될 것을 기대해 마지 않습니다. 그리고 또 하나의 目的은 記錄文化의 敎訓에 있습니다. 國民의 記錄精神이 박약하고 記錄의 社會風土가 미숙한 우리 나라의 現實에서 한 個人이 一生 동안 記錄한 것을 整理·發刊함으로써 記錄文化의 확대에 기여함과 아울러 記錄하는 方法과 要領을 터득하는 데 큰 도움을 주게 될 것입니다.

이제 저는 古稀를 契機로 하여 참으로 自由로운 한 사람의 平凡한 自然人으로 돌아가고 싶습니다. 갖고 있는 여러 公共的 地位와 社會的 자리를 後進들에게 모두 넘겨주고 홀가분한 마음으로 즐겁고 조용하게 살아갈까 합니다. 하고 싶었던 일, 가보고 싶은 곳, 보고 싶은 사람, 먹고 싶은 飮食들을 가까이 하면서, 한편으로는 그동안 신세진 분들에게 조금이나마 報恩의 機會도 갖고자 합니다. 그리고 지금까지 記錄하던 習慣은 그대로 지속하여 記憶이 살아 있고 손이 움직이는 그날까지 生活의 片鱗들을 記錄해 나가겠습니다.

天網은 恢恢하나 疎而不漏함을 뒤늦게 깨달아 하늘이 주신 天壽의 殘任을 보람과 榮光으로 가득찬 삶이 되도록 至善과 至高의 精誠을 다하면서 살아가겠습니다.

娑婆世界 森羅萬象의 輪廻가 調和와 秩序의 交響音을 이루며 萬劫을 두고 길이 길이 永遠하소서.

檀紀 4339年 7月 28日
西紀 2006年 7月 28日
陰曆 丙戌年 7月 4日

古稀 當日 午時

大韓民國 서울特別市 江南區 驛三1洞 618番地 24號
寓居「明德世家」書室「溫知堂」에서

草凡 **金 安 濟** 謹書

次　例

第1部 生涯概觀

第 1 篇 寫眞列帖

第 2 篇

自 敍 小 史

第 3 篇
生 涯 要 約

第2部
生 涯 詳 報

第 1 篇
出 生 起 源

第 1 章 時·空間의 形成과 本人의 出現

第2章 韓國의 姓氏와 先代 世系

第 3 章 直系 先祖의 略史

第 2 篇

家 庭 構 成

第 1 章 家族

第2章 家 宅

第3章 家　本

第 3 篇
生 涯 沿 革

第 1 章 身元과 人格

第2章 敎育과 訓練

第3章 經歷과 賞勳

第4章 時代와 環境

第 4 篇
學 問 業 績

第 1 章　研究實績

第2章 學術發表

第3章 弟子育成

第 5 篇
生 活 遍 歷

第1章 個人活動

第2章 旅行과 訪問

第3章 趣味生活

第 6 篇
家 計 財 政

第 1 章 收入 · 支出 計定

第2章 財産申告 및 財産寄贈

第 3 章 主要行事의 內容과 決算

第 7 篇
聯 合 總 計

第 1 章 讀書 · 執筆量과 活動의 時 · 空間 分布

第 2 章 最初 및 最高의 記錄

第3章 生涯累計와 生涯指數

第 3 部 生 涯 日 誌

第 1 篇 成長·修學期

第 2 篇
敎授 · 硏究期

第 3 篇
補職 · 奉仕期

第 4 篇
停年 · 餘生期

古稀 記錄의 大尾
向後所望과 協助人士 및 英文次例

第 1 章 向後展望과 期待所願

第 2 章 感懷詩句와 協助人士

第 3 章　英文標題와 英文次例

客說 : 經驗에서 얻은 삶의 眞實

나는 고향에 자주 가는 편이다. 약간의 공무적 행사가 있어 가기도 하지만 개인적인 볼일로 가는 경우가 많고 방학 때는 아이들을 데리고 꼭 고향에 가서 휴가를 지내곤 한다. 많은 사람을 만나 여러 이야기를 듣고 또 내 이야기도 해주고 하는 기회를 갖는 것이 즐겁기도 하고 매우 유익하기도 하다. 고향 사람과의 대화에는 진실이 있고 건전한 삶을 추구하는 참된 모습이 있으며 무엇인가 보람을 찾으려는 눈물겨운 애절함이 있다. 그러기에 그들의 한마디 말과 한가지 행동에는 생활에 뿌리를 둔 엄연한 사실이 존재하며 보다 나은 내일을 창조하려는 굳은 의지가 함축되어 있는 것이다.

간혹 고향 사람 중에는 우리를 실망시키는 사람도 있다. 사람 사는 곳에 좋지 않은 사람도 있기 마련이라고 자위해 보지만 기대에 어긋나는 행동에서 오는 씁쓸한 느낌은 금할 수 없을 것이다. 특히 市內를 중심으로 한 일부 지역에서 일어나는 불미한 사건이나 이해하기 힘들 정도의 좋지 않은 소문은 고향을 聞慶에 둔 많은 사람을 슬프게 하고 있다. 한 두 사건이나 몇 사람의 언행이 전체의 분위기를 흐리게 하고 모든 윤리(倫理)와 질서를 흔들어 놓음으로써 문경 전체의 인상을 나쁘게 만들 때마다 당사자에 대한 원망스러운 마음은 나만이 갖는 것은 아닐 것이다.

그러나 한편 생각해 보면 환경의 여건이 만들어낸 결과이기도 하여 그러한 당사자가 가련하기도 하다. 우리는 특히 배움의 기회를 남보다 많이 가진 지성인들은 잘못된 사람을 탓하고 욕하기에 앞서 그러한 사람이 생겨나지 않는 사회적 여건을 조성하는 데 앞장서서 노력해야 하겠다. 고향을 위한 참다운 마음은 거창한 구호(口號)의 외침이나 외형적인 전시사업의 과시보다는 저변에 깔린 문제의 병인(病因)을 하나라도 제거하는 데 경주하여야 할 것이다.

나는 여행하는 기회가 많아 우리 나라나 외국의 여러 곳을 다녀보지만 문경을 갈 때가 가장 즐겁기도 하나 한편 가장 조심스럽기도 하다. 그것은 문경이 나의 고향이라 많은 사람과 서로 알고 있으므로 한마디의 말이나 하나의 행동도 주시의 대상이 되고 평가의 척도가 되기 때문이다. 너무 고답적으로 처신하면 건방지다, 목에 힘을 준다, 뻣뻣하다는 비난을 받게 되고, 지나치게 서민적으로 행동하면 천박하다, 경솔하다, 실망했다, 형편 없다는 등의 혹평을 듣게 된다. 여기에도 중용(中庸)이 필요한 것같다.

그래도 나는 높은 사람보다는 낮은 사람, 돈 많은 사람보다는 없는 사람, 많이 배운 사람보다는 덜 배운 사람과 어울려 놀기를 좋아한다. 어쩌다 불가피하여 좀 나은 사람과 식사라도 할 경우에는 신경이 쓰이고 마음이 불안하지만 서민에 속하는 친구나 아는 분들과 더불어 뒷골목 대포집에서 막걸리나 소주잔을 나눌 때는 더없이 편한 마음과 분위기를 갖게 된다. 아마 내가 타고난 신분이 서민이고 자라온 생애가 어려웠기 때문인 것 같다.

적어도 고향 사람을 대할 때는 과장된 시위나 위장된 언동이나 이중적인 인격의 탈은 깨끗이 벗어버리고 진실과 겸허와 협조의 자세를 가져야 한다는 게 나의 생활철학이며 또 그렇게 실천하려고 노력하고 있다. 그것이 우리가 추구해야 할 인간본연의 자세이고, 또 참다운 삶의 가치는 거기에 있음을 굳게 믿고 있기 때문이다.

■ 世界와 韓國 및 自家의 表象

世 界

地　球

世 界 旗
(U.N.旗)

올림픽旗
(五輪旗)

韓 國

韓 半 島

國　旗
(太極旗)

國　花
(無窮花)

自 家

自　宅

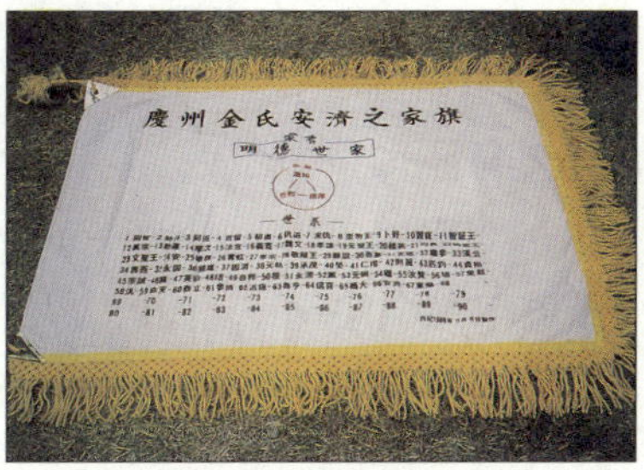

家　旗
(明德世家旗)

家　花
(菊 花)

客說 : 經驗에서 얻은 삶의 眞實

우리 옛 속담에 '우물을 파도 한 우물을 파라' 라는 말이 있다. 땅을 파서 물을 얻으려는 사람이 여기 저기를 조금씩 파면 아무 데서도 물을 구할 수 없으므로 한 곳에서 진득이 깊게 파내려가야 물이 나오는 우물을 얻게 된다는 뜻이다. 한 곳에 뜻을 두고 한 가지 일을 꾸준히 밀고 나가라는 경고이다. 만날 때마다 명함이 바뀌는 사람 치고 하는 일이 잘 되는 경우가 드문게 사실이다.

중학교 시절에 부모님과 동리 어른들을 따라 산에 나무를 하러 자주 갔다. 모두들 한 곳에서 꾸준히 나뭇잎을 긁어모으는데 나는 나뭇잎을 찾아 온 산을 헤매기만 했다. 멀리서 보면 나뭇잎이 많이 쌓여있는 것 같으나 정작 그 곳에 가보면 만족스럽지 않아서 자꾸 돌아다니기만 했다. 결국 다리가 아프고 힘이 빠지고 해는 넘어가게 되어 같이 간 분들의 꾸중과 도움을 받아 나뭇잎을 한 지게 지고 집에 돌아오곤 했었다. 일망타진에 일확천금을 노리는 마음이었으니, 좋은 뜻으로 요행을 바라는 순진한 심정이요 나쁜 말로는 노력 없이 거저 먹자는 도둑의 심보라고 할 수 있다.

앨빈 토플러(Alvin Toffler)는 그의 역작 〈제3의 물결(The Third Wave)〉에서 다음과 같은 말을 했다. "인간은 누구나 다가올 내일의 운명을 향해 알찬 정서생활과 건전한 정신적 체계를 만들어내기 위해서는 세 개의 기본적 필요조건이 있다는 것을 이해하지 않으면 안 된다. 그것은 공동체에 대한 귀속의식과 이 세상의 구조에 대한 인식, 그리고 인생의 의미 파악이라는 세가지 조건이다." 자연과 인간사회의 전체 속에서 자기가 차지하는 위치와 역할을 정확히 인식하고 삶의 가치와 보람을 올바로 창조함으로써 인간으로서의 참다운 존재의의를 살려가야 한다는 의미이다. 한 사람의 생애를 값지게 만들어가는 데 있어 주어진 생명의 기간은 너무 짧다. 이 짧은 기간을 우왕좌왕하고 이 우물 저 우물 모두 파다가는 어느 하나도 제대로 이룰 수 없게 될 것이다. 자기의 놓여진 좌표(座標)를 정확히 읽고, 갖고 있는 능력을 확실히 파악하며, 나아갈 방향을 올바로 설정하여 꾸준히 정진하는 자만이 생애의 보람을 이룰 수 있게 된다.

나는 40대 중반부터 20여년간 국회의원으로 진출해 보라는 종용을 꾸준히 받아왔다. 국회의원 선거가 있을 때마다 무척이나 시달렸다. 금배찌를 달고 국정을 논하며 지역사회를 위해 공적을 쌓는 탁월한 지도력의 국회의원이 되고 싶은 욕망이 없었던 것은 아니지만 학계에만 있던 사람이 정치계로 입문하는 데 대한 불안과 함께 과연 내가 소망하고 남들이 기대하는 만큼의 효과를 가져올 수 있을까, 그리고 정치가로서의 자질과 지역지도자로서의 역량을 갖고 있는가 하는 걱정이 컸던 것이다. 송충이는 솔잎을 먹고 살아야 한다는 옛 어른들의 말씀도 나의 변신을 주저케 만들었다. 나에게 가장 확실한 결심을 준 것은 국회의원을 위시한 정치가의 활동 결과나 그에 대한 사후 평가가 대부분의 경우 좋지 못했다는 것이 우리의 실제였다는데 있었다.

비록 학계에서 불후의 업적을 남겼거나 세계적인 학자로 군림하지는 못했지만 그런대로 존경과 신뢰를 받고 있으니 후회없는 삶을 살아왔다고 할 수 있다.

■ 草凡 金 安 濟의 現在 實相

-2006年 7月 28일 現在-

▨ 身 元

○名號 - 姓名 : 김안제(金安濟, An-Jae Kim)
本貫 : 慶州, 雅號 : 草凡, 字 : 璟龍
○出生 - 地域 : 慶北 聞慶市 興德洞 394番地
日字 : 戶籍 1937. 4. 25
實際 1936. 7. 28
陰曆 丙子年 6. 10
- 住民登錄番號 : 370425-1009414
○體位 - 身長 : 171cm, 體重 : 68kg, 血液 : B型
○宗教 - 佛教 (法名 : 通玄)

▨ 身 分

○國籍 - 大韓民國 國民
○市民 - 서울特別市 市民, 江南區 區民
○名譽 - 濟州道 濟州市 名譽市民
美國 Las Vegas市 名譽市民

▨ 家 族

○婦人 - 黃 蓮 子 (1944. 1. 29生), 本貫 : 平海
○子女 - 長女 : 金 雪 娥 (1966. 10. 30 生)
長男 : 金 東 爀 (1968. 11. 12 生)
次女 : 金 貞 娥 (1971. 3. 12 生)
○壻婦 - 長壻 : 文 丙 基 (1963.7.14 生), 本貫 : 南平
子婦 : 都 京 順 (1971.7. 4 生), 本貫 : 星州
次壻 : 兪 宗 禛 (1968.8.13 生), 本貫 : 耽羅
○孫子女 - 孫 女 : 金 旼 嬉 (2005. 9.28 生)
外孫子 : 文 近 榮 (1993.10.16 生)
外孫女 : 文 素 瑛 (1999.3.9 生)

▨ 專 門

○學位 - 學士 : 理學士 (物理學)(서울大)
碩士 : 行政學 碩士 (서울大)
都市計劃學 碩士(美國 Cincinnati大)
博士 : 地域經濟學 博士(美國 Cincinnati大)
○資格 - 初等學校 2級 正教師
- 高等學校 2級 正教師
- 自動車運轉 2種普通免許
○專攻 - 學士課程 : 物理學, 數學, 統計學
- 碩士課程 : 行政學, 地方自治, 都市計劃
- 博士課程 : 地域經濟, 地域開發, 計量分析

▨ 活 動

○大學奉職 - 서울大學校 環境大學院 名譽教授 · 講師
- 建國大學校 不動產大學院 碩座教授
○學會參與 - 大韓國土 · 都市計劃學會 顧問
- 韓國地方自治學會 顧問
- 韓國住宅學會 顧問
- 美國 CODS 諮問委員
○政府支援 - 建交部 中央都市計劃委員會 副委員長
- 行政中心複合都市建設廳 都市名稱制定審議委員會 委員長
- 行政中心複合都市建設諮問委員會 委員
- 國土硏究院 21世紀國土포럼 共同代表議長
- 韓國地方行政硏究院 硏究諮問委員
- 韓國土地公社 政策諮問委員會 委員長
- 大韓住宅公社 運營諮問委員會 委員
- 仁川廣域市 政策諮問團 團長
○社會奉仕 - 韓國自治發展硏究院 院長
- 韓國地域發展硏究院 常任顧問
- 韓國道德運動協議會 總裁
- 韓國書畵作家協會 總裁
- 21世紀 都市政策開發院 諮問委員
- 警察新聞 記者 · 論說委員
- 聞慶文化院 顧問
- 聞慶地域發展協議會 顧問

○親睦活動 - 在京 聞慶市鄉友會 顧問
- 聞慶中學校 同窓會 名譽會長
- 在京 聞慶中學校 同門會 顧問
- 安東大學校 總同窓會 顧問
- 在韓 Cincinnati大學校 同窓會 名譽會長
- 同窓會員 · 同期會員 · 在京同門會員 : 戶西南初等學校, 聞慶中學校, 安東師範學校, 서울大學校,서울大學校 文理科大學, 서울大學校 文理科大學 理學部 및 自然科學大學, 서울大學校 文理科大學 物理學科, 서울大學校 行政大學院, 美國 Cincinnati 大學校

○親睦會員 - 行硏會, 鳥嶺會, 聞友會, 風水會, 雜魚會, 好凡會, 土友會, 環心會, 向志會, 地硏會, 同心會, 三道會, 五人幇

▨ 宗 教

○本人 - 本人家族 : 佛 敎
○子女 - 長女家族 : 天主敎
- 長男家族 : 佛 敎
- 次女家族 : 天主敎

▨ 趣 向

○嗜好 - 吸煙 : 1日 2匣
(吸歷 41年)
- 飮酒 : 週 3~4回, 回當 燒酒 5合
(酒歷 45年)
- 唱歌 : 週 1~2回, 平均 95點
(唱歷 66年)

○敎養 - 小說 : 月 4~5卷
(讀歷 62年)
- 映畵 : 月 3~4篇
(覽歷 59年)

○運動 - 水泳 : 年 1~2回, 平泳·背泳·直泳·潛泳 1級
(泳歷 67年)
- 골프 : 月 1~2回, 핸디캡 18(90打)
(球歷 24年)

▨ 家 計

○收支 - 月收入 : 平均 1,753萬원
- 月支出 : 平均 1,705萬원
- 月均衡 : 平均 48萬원

○資産 - 不動産 : 自家 1棟, 店鋪 1棟, 오피스텔 1棟, 垈地 1匹地
現價 合計 20億 4,538萬원
- 動 産 : 乘用車, 家具, 信託 · 貯蓄 · 年金
現價 合計 9億 5,462萬원
- 總 計 : 現價 總計 30億원

▨ 出 勤

○大學 - 서울大學校 環境大學院 : 名譽敎授室
(週 1日, 火曜日)
151-742. 서울市 冠岳區 新林9洞 山 56-1
電話:02-880-5835, 電送 : 02-887-6905
- 建國大學校 不動産大學院 : 碩座敎授室
(週 1日, 金曜日)
143-701. 서울市 廣津區 華陽洞 1
電話:02-2049-6121, 電送 : 02-3437-0050

○政府 - 建設交通部 中央都市計劃委員會 : 會議室
(月 2回, 木曜日)
427-712. 京畿道 果川市 中央洞 1
電話:02-507-7060, 電送 : 02-504-4105
- 行政中心複合都市建設廳 : 會議室
(分期別 1~2回)
339-830. 忠南 燕岐郡 錦南面 大坪里 142-1
電話:041-860-9243, 電送 : 041-860-9299

○硏究所 - 韓國自治發展硏究院 : 院長室
(週 1回, 月曜日)
411-386. 京畿道 高陽市 一山東區
白石洞 1323
東門 굿모닝타워I 718號
電話:031-925-3001, 電送 : 031-925-3010
- 韓國地域發展硏究院 : 常任顧問室
(週 1日, 水曜日)
143-190.서울市 廣津區 紫陽洞 227-336
建國大 同門會館 1層 101號

電話:02-932-5555, 電送 : 02-933-5553

○協會 - 韓國書畵作家協會 : 總裁室
(年 5~6回)
138-807 서울市 松坡區 可樂洞 123
白巖빌딩 301號
電話:02-2043-9771, 電送 : 02-2043-9775
- 韓國道德運動協議會 : 總裁室
(年 5~6回)
140-160 서울市 龍山區 南營洞 10-1
金剛빌딩 303號
電話:02-794-9772, 電送 : 02-794-9776

車輛

○常用交通手段 - 研究院 專用車 : EQUUS 350
(서울55너6526, 運轉 : 代理 崔信一)
- 自家用乘用車 : EQUUS 350
(02나-1795, 運轉 : 妻 黃蓮子)

○隨時交通手段 - 徒步, 地下鐵, 버스, 택시

自宅

○本人 - 135-907. 서울市 江南區 驛三1洞 618-24
幸運길 42, 單獨住宅
電話:02-567-3496

○長女 - 135-949. 서울市 江南區 淸潭2洞 14
淸潭2次 e-便한世上 201棟 1201號
電話:02-3442-6674

○長男 - 137-907. 서울市 瑞草區 蠶院洞 54-7
新和아파트 1401號
電話:02-599-3496

○次女 - 95 East Moor Avenue, No.6, Daly City, California 94015, U.S.A.
電話:650-997-4921

客說 : 經驗에서 얻은 삶의 眞實

한 個人에게 관련된 人生살이의 項目은 참으로 다양하고 복잡다단하다. 그것은 나이가 들수록, 社會活動이 많을수록, 관련된 領域이 넓을수록 점점 더 그러하다. 나는 특히 그 現象이 심한 편에 속한다.

客說 : 經驗에서 얻은 삶의 眞實

'大事에 失手 없다' 라는 말이 있다. 관여하는 많은 사람들의 助言 · 補完과 協力이 있어 큰 失手는 생기지 않는다는 뜻이다. 그러나 가끔 主催側의 소홀함과 미숙으로 실수할 때가 있다. 매우 당혹스럽고 민망하다.

■ 生涯區分과 編纂體制

記 錄 의 智 慧

「聰明不如 鈍筆」
(총명함은 둔한 붓만 같지 못하다.)

- 中國 格言 -

“Verba Volant Scripta Manent”.
(말은 사라지고 말지만 記錄은 남는다.)

- 라틴語 格言-

“Ein Stumpfer Bleistift ist besser als Spitzen Gedächtnis”.
(記憶力이 좋은 머리 보다는 무딘 鉛筆이 더 낫다.)

- 獨逸 格言 -

「美國의 토마스 에디슨(Thomas Alva Edison, 1847~1931) 은 평생동안 350萬 페이지의 冊을 읽었으며, 이는 平均 320페이지의 冊을 每日 한권씩 읽어도 30年이 걸리는 양이다. 그는 주머니에 넣고 다니는 노란 表紙의 노트에 보거나 들은 것을 무엇이든 곧바로 옮겨 적었으며 그렇게 平生동안 기록한 메모 노트가 3,400卷이나 되었었다. 그는 '天才는 1 퍼센트의 靈感과 99퍼센트의 땀으로 만들어진다' 라는 유명한 말을 남겼다.」

- 에디슨 傳記 -

「나는 죽기전에 살아있는 한 남길것을 부지런히 記錄할 것이다.」

- 崔泰永(1900~2005) 博士가 2000年 100歲때 著書「人間 檀君을 찾아서」를 發刊 하던 해 朝鮮日報와의 인터뷰에서 피력한 平生 所信 -

「記錄은 記憶을 支配한다.」

- 서울 地下鐵 構內 廣告文-

「記憶은 짧고 記錄은 길다. 記憶하는 者는 頭腦가 총명하되 失手를 자주 범하고 記錄하는 者는 총명치는 못하지만 확실하고 信賴받는 삶을 영위하게 된다.
記憶은 재주로 有限하고 記錄은 믿음으로 無限하다.」

- 金安濟 語錄 -

▨ 本人의 生涯區分

○ 70歲의 含意와 經過期間

ㅁ70歲의 名稱 : 일흔살, 七十歲, 漆拾歲, 𦮏歲, 古稀, 古希, 稀壽, 望八, LXX歲,
Seventieth Birthday, The Age of Seventies,
Seventieth Year of Age, Biblical Span

ㅁ生 涯 期 間 : 出生에서 古稀까지

- 期間 - 1936. 7. 28~2006. 7. 28
- 年數 - 70年 • 月數 - 840月 • 日數 - 25,568日
- 時間 - 613,632時間 • 分間 - 36,817,920分間 • 秒間 - 2,209,075,200秒間

○ 出生과 古稀의 時點과 期間

四柱 \ 區分		時點: 出生	時點: 古稀	經過期間
年	檀紀	4269年	4339年	70年間
	佛紀	2480年	2550年	
	西紀	1936年	2006年	
	太歲	丙子年	丙戌年	
月	陽曆	7月	7月	840月間
	月建	乙未	丙申	
	陰曆	6月	6月	
	月建	乙未	乙未	
日	陽曆	28日	28日	25,568日間
	日辰	辛亥	戊午	
	曜日	火	金	
	陰曆	10日	10日	
	日辰	辛亥	乙未	
	曜日	火	水	
時	時刻	12時	12時	613,632時間
	時辰	正午	正午	

○ 古稀의 語源

ㅁ作者 : 杜甫, 一名 老杜(712~770, 唐 玄宗朝, 字 : 子美, 號 : 小陵)

ㅁ原典 : 曲江二首 (758年 47歲時 作詩)

『朝回日日 典春衣　　每日江頭 盡醉歸
酒債尋常 行處有　　人生七十 古來稀
穿花蛺蝶 深深見　　點水蜻蛉 款款飛
傳語風光 共流轉　　暫時相賞 莫相違』

○ 生涯의 時期區分

- □生涯
  - 成長 · 修學期
    - 出 生-高校時期
      - 出生 · 兒童期
        - 出生 · 幼兒期
        - 成長 · 兒童期
      - 初 · 中 · 高等學校時期
        - 初等學校時期
        - 中等學校時期
        - 高等學校時期
    - 大 學-留學時期
      - 大學校-大學院時期
        - 大學校 · 軍服務時期
        - 會社員 · 高校教師時期
        - 大學院時期
      - 研究員-留學時期
        - 內務部研究員時期
        - 大學院助教時期
        - 美國留學時期
  - 社會活動期
    - 教 授-研究時期
      - 專講 · 助教授時期
        - 專任講師時期
        - 助教授時期
      - 副 · 正教授時期
        - 副教授時期
        - 正教授時期
    - 補 職-奉仕時期
      - 大學院長 · 平教授時期
        - 大學院長時期
        - 平教授時期
      - 研究院長 · 平教授時期
        - 研究院長時期
        - 平教授時期
      - 主任教授 · 平教授時期
        - 主任教授時期
        - 平教授時期
      - 名譽教授 · 碩座教授時期
        - 名譽教授時期
        - 碩座教授時期

客說 : 經驗에서 얻은 삶의 眞實

삶을 위한 記錄인가, 記錄을 위한 삶인가? 나는 처음에 삶의 秩序를 위해 기록했는데 나중에는 기록하기 위해 사는 듯한 느낌을 가졌다. 어찌됐든 나는 삶에 도움을 주는 記錄을 해왔고, 또 記錄에 부끄럼이 없는 삶을 살아온 셈이다.

客說 : 經驗에서 얻은 삶의 眞實

第2次 世界大戰의 終結과 함께 獨逸 · 越南 · 韓國을 東西 또는 南北으로 나누어 自由陣營과 共産陣營의 支配로 만들었다. 獨逸은 戰爭을 일으킨 加害者니까 그럴 수 있겠지만 越南과 韓國은 植民國家로 被害를 입은 나라들인데 어찌하여 두 동강이를 냈는지 영 이해가 안 간다. 戰爭犯罪國家인 이탈리아와 日本을 양분했어야 타당하지 않았나 생각된다.

○ 生涯區分別 期間

生涯區分				年度	年齡(歲)	期間				比率(%)
大分類	中分類	小分類	基本單位			年數(年)	月數(月)	日數(日)	時間數(時間)	
1.成長·修學期	1.出生－高校時期	1.出生·兒童期	1.出生·幼兒	1936-1939	1-4	3	41	1,252	30,048	4.9
			2.成長·兒童	1940-1944	5-9	5	60	1,827	43,848	7.2
			計	1936-1944	1-9	8	101	3,079	73,896	12.1
		2.初·中·高等學校 時期	1.初等學校	1945-1950	10-15	6	72	2,191	52,584	8.5
			2.中等學校	1951-1953	16-18	3	36	1,096	26,304	4.3
			3.高等學校	1954-1956	19-21	3	36	1,096	26,304	4.3
			計	1945-1950	10-21	12	144	4,383	105,192	17.1
		累計		1936-1950	1-21	20	245	7,462	179,088	29.2
	2.大學－留學時期	1.大學校·大學院 時期	1.大學校·軍服務	1957-1961	22-26	5	60	1,826	43,824	7.1
			2.會社員·高校教師	1962	27	1	12	365	8,760	1.4
			3.大學院	1963-1964	28-29	2	24	731	17,544	2.9
			計	1957-1964	22-29	8	96	2,922	70,128	11.4
		2.研究員·留學 時期	1.內務部 研究員	1965	30	1	12	365	8,760	1.4
			2.大學院 助教	1966-1968	31-33	3	36	1,096	26,304	4.3
			3.美國 留學	1969-1971	34-36	3	36	1,095	26,280	4.3
			計	1965-1971	30-36	7	84	2,556	61,344	10.0
		累計		1957-1971	22-36	15	180	5,478	131,472	21.4
	延累計			1936-1971	1-36	35	425	12,940	310,560	50.6
2.社會活動期	1.教授－研究時期	1.專講·助教授 時期	1.專任講師	1972-1975	37-40	4	48	1,461	35,064	5.7
			2.助教授	1976-1979	41-44	4	48	1,461	35,064	5.7
			計	1972-1979	37-44	8	96	2,922	70,128	11.4
		2.副·正教授 時期	1.副教授	1980-1984	45-49	5	60	1,827	43,848	7.1
			2.正教授	1985-1986	50-51	2	24	730	17,520	2.9
			計	1980-1986	45-51	7	84	2,557	61,368	10.0
		累計		1972-1986	37-51	15	180	5,479	131,496	21.4
	2.補職－奉仕時期	1.大學院長·平敎授 時期	1.大學院長	1987-1990	52-55	4	48	1,461	35,064	5.7
			2.平敎授	1991-1992	56-57	2	24	731	17,544	2.9
			計	1987-1992	52-57	6	72	2,192	52,608	8.6
		2.研究院長·平敎授 時期	1.研究院長	1993-1994	58-59	2	24	730	17,520	2.8
			2.平敎授	1995-1996	60-61	2	24	731	17,544	2.9
			計	1993-1996	58-61	4	48	1,461	35,064	5.7
		3.主任敎授·平敎授 時期	1.主任敎授	1997-1998	62-63	2	24	730	17,520	2.9
			2.平敎授	1999-2002	64-67	4	44	1,339	32,136	5.2
			計	1997-2002	62-67	6	68	2,069	49,656	8.1
		累計		1987-2002	52-67	16	188	5,722	137,328	22.4
		4.名譽敎授·碩座敎授	1.名譽敎授	2002-2004	67-69	2	28	853	20,472	3.3
			2.碩座敎授	2005-2006	70-71	2	19	574	13,776	2.3
			計	2002-2006	67-71	4	47	1,427	34,248	5.6
		累計		1987-2006	52-71	20	235	7,149	171,576	28.0
	延累計			1972-2006	37-71	35	415	12,628	303,072	49.4
生涯總累計				1936-2006	1-71	70	840	25,568	613,632	100.0

※ 1936年은 7月 28日부터이고 2002年은 敎授停年日(8月31日)을 基準으로 兩分되었으며, 2006年은 7月 28日까지이고, 其他 年度는 1月1日부터 12月 31日까지를 그 期間으로 함.

▨ 生涯記錄의 沿革과 方法 및 項目

○ 記錄의 始作과 動機

- 記錄의 始作 : 1948.9.1, 初等學校 第4學年, 13歲
- 記錄의 地域 : 慶北 聞慶郡 戶西南面 興德4里 394番地 父母 自宅
- 記錄의 動機 : 읽은 漫畵,童話,小說 등의 冊을 중복해서 읽게 되는 경우를 피하기 위한 必要性에서 읽고난 冊名을 記錄하기 始作하였음.

○ 記錄項目의 增加推移

區 分	次數	開始日字	年齡(歲)	地 位	居 住 地	記錄項目數(個)
最初 記錄	1	1948. 9.1	13	初等學校 4年	慶北 聞慶市 戶西南面 興德里 父母 自宅	3
項目의 追加 · 補完	2	1951. 9.10	16	中 學 校 1年	慶北 聞慶市 戶西南面 興德里 父母 自宅	10
	3	1954. 4.10	19	高等學校 1年	慶北 安東市 法尙洞 下宿宅	23
	4	1957. 4. 1	22	大 學 校 1年	서울市 龍山區 新龍山洞 自炊宅	32
	5	1963. 4. 1	28	大 學 院 1年	서울市 東大門區 淸凉里洞 家庭敎師宅	41
	6	1968. 1. 1	33	大學院 助敎	서울市 東大門區 昌信4洞 本人 自宅	68
	7	1972. 5.10	37	專任講師	서울市 東大門區 昌信4洞 本人 自宅	112
	8	1980. 4. 5	45	助 敎 授	서울市 冠岳區 上道3洞 本人 自宅	125
	9	1990.11.18	55	正 敎 授	서울市 江南區 驛三1洞 本人 自宅	136
	10	1997. 1. 9	62	正 敎 授	서울市 江南區 驛三1洞 本人 自宅	141
	11	2000. 1. 1	65	正 敎 授	서울市 江南區 驛三1洞 本人 自宅	250
	12	2002. 9. 1	67	名譽敎授	서울市 江南區 驛三1洞 本人 自宅	341
	13	2005. 3. 1	71	碩座敎授	서울市 江南區 驛三1洞 本人 自宅	358

○ 記錄의 順序와 時點

區 分	記 錄 順 序	記 錄 對 象 期 間	記 錄 時 點
記 錄	1. 原資料臺帳 記入	每 1日 間	每日 就寢 直前
	2. 記錄集에의 移記	每 1月 間	每月 翌月 初
集 計	3. 月間 集計 · 整理	每 1月 間	每月 翌月 初
	4. 年間 集計 · 整理	每 1年 間	每年 翌年 初
累 計	5. 修學 完了時까지의 累計	1936.7.28 ~ 1971.12.31	1972年 1月~ 3月
	6. 回甲 到來時까지의 累計	1936.7.28 ~ 1996.7.28	1996年 8月~10月
	7. 敎授 停年時까지의 累計	1936.7.28 ~ 2002.8.31	2002年 9月~12月
	8. 古稀 到來時까지의 累計	1936.7.28 ~ 2006.7.28	2006年 8月~10月

○ **記錄의 臺帳과 冊子**

ㅁ原資料 臺帳

· 全項目 : 生涯와 業績 原本 - 1年 單位 樣式表

· 日誌項目 : 生涯活動日誌 原本 - 1年 單位 樣式表

ㅁ記錄 整理集

· 全項目 :「生涯와 業績」記錄集 - 卷一～卷二 (全 2 卷)

· 日誌項目 :「生涯日誌」記錄集 - 卷一～卷六 (全 6 卷)

ㅁ發刊 冊子

· 1936-1996年 記錄冊子 :「한 韓國人의 삶과 발자취 : 草凡 金安濟 博士의 六十年 生涯와 業績」
總 836頁, 1996.12.31 草凡 金安濟 博士 華甲紀念事業會 發行,
博文閣 · 好汀印刷社 印刷, 價格 5萬원

· 1936-2002年 記錄冊子 :「金安濟 傳 人生履歷史 : 出生에서 停年까지 66年生涯의 記錄全集」
總 2,122頁, 2003.8.31 韓國自治發展硏究院 · 韓國地域發展硏究院 發行,
現代 애드 컴 印刷, 價格 10萬원

· 1936-2006年 記錄冊子 :「金安濟 人生白書 : 出生에서 古稀까지 70年生涯의 記錄全集」
總 0000頁, 2007.2.2 草凡 金安濟 博士 古稀紀念事業推進委員會 發行,
現代 애드 컴 印刷, 價格 15萬원

客說 : 經驗에서 얻은 삶의 眞實

타고 난 몸을 잘 간수하고 관리해야 한다. 자주 몸을 수리하고 보수하면 좋지 않다. 아무리 예쁘게 만든 人工齒牙도 비뚤어진 원래의 치아만 못하다. 나는 이를 잘못 관리해서 人工齒牙가 많다. 매우 속상하고 후회스럽다.

客說 : 經驗에서 얻은 삶의 眞實

少數의 큰 일에만 종사하는 사람이 있는가 하면 多數의 작은 일에 매여 사는 사람이 있다. 나는 앞의 것을 소원했지만 그렇게 되지는 못했고 結果는 뒤의 것이 되고 말았다. 그래서 多樣性은 높되 大業은 이루지 못했다.

○ 生涯記錄의 基本項目

- ㅁ生涯記錄項目
  - 自然·歷史
    - 自然形成
      - 宇宙
      - 太陽系
      - 地球
      - 韓半島
    - 人間歷史
      - 人類歷史
      - 世界歷史
      - 韓國歷史
  - 先代·家庭
    - 先代世系
      - 韓國姓氏
      - 慶州金氏
      - 直系先祖
    - 家庭構成
      - 家族
      - 家宅
      - 家本
  - 生涯沿革
    - 身元·人格
      - 出生·環境·時間
      - 身相·食事
      - 人格·因緣
    - 教育·研修
      - 教育
      - 訓練
    - 社會經歷
      - 經歷
      - 賞勳
  - 學問業績
    - 研究實績
      - 著書
      - 論文
      - 報告書
    - 學術發表
      - 學術發表
      - 特講·演說
      - 大衆媒體發表
    - 弟子育成
      - 受學者
      - 個人助教
      - 論文指導·審査
  - 生活遍歷
    - 個人活動
      - 團體加入
      - 紀念作文
      - 主禮·行事參席
      - 紹介·年賀狀
    - 訪問·旅行
      - 訪問地·訪問回數
      - 海外旅行
      - 移動距離·時間
    - 趣味生活
      - 趣味生活變遷
      - 吸煙·飮酒·歌唱
      - 小說·映畵·골프
  - 家計財政
    - 收支計定
      - 收入計定
      - 支出計定
      - 大行事決算
    - 財産狀況
      - 財産申告·寄贈
      - 保有資産

本書의 構成體系 및 構成項目數

○ 構成體系圖

Ⅰ.生涯槪觀

1.寫眞列帖
2.自敍小史
3.生涯要約

Ⅱ.生涯詳報

1.出生起源
(1) 時·空間座標
(2) 先代世系
(3) 先祖略史

2.家族構成
(1) 家族
(2) 家宅
(3) 家本

3.生涯沿革
(1) 身元과 人格
(2) 敎育과 訓練
(3) 經歷과 賞勳
(4) 時代와 環境

4.學問業績
(1) 研究實績
(2) 學術發表
(3) 弟子育成

5.生活遍歷
(1) 個人活動
(2) 訪問과 旅行
(3) 趣味生活

6.家計財政
(1)收入·支出計定
(2)財産申告 및 財産寄贈
(3)主要行事의 內容과 決算

7.聯合總計
(1)讀書 및 執筆量
(2)活動·業績의 時空間分布
(3)最初發生 記錄
(4)最高·最多 記錄
(5)生涯累計와 生涯指數

Ⅲ.生涯日誌

1. 成長·修學期
2. 敎授·研究期
3. 補職·奉仕期
4. 停年·餘生期

○ **構成項目數**

	部	篇	章	節	項	目
□本 書	1.生涯槪觀	1.1 寫眞列帖		16	16	16
		1.2 自敍小史		3	16	16
		1.3 生涯要約		7	25	25
	2.生涯詳報	2.1 出生起源	2.1.1 時·空間의 形成과 本人의 出現	3	8	40
			2.1.2 韓國의 姓氏와 先代世系	2	4	13
			2.1.3 直系先祖의 略史	2	5	13
		2.2 家庭構成	2.2.1 家族	5	22	29
			2.2.2 家宅	3	18	28
			2.2.3 家本	4	12	14
		2.3 生涯沿革	2.3.1 身元과 人格	5	14	53
			2.3.2 敎育과 訓練	2	14	52
			2.3.3 經歷과 賞勳	2	7	29
			2.3.4 時代와 環境	3	9	44
		2.4 學問業績	2.4.1 硏究實績	3	11	11
			2.4.2 學術發表	3	11	11
			2.4.3 弟子育成	3	10	15
		2.5 生活遍歷	2.5.1 個人活動	4	12	15
			2.5.2 旅行과 訪問	4	17	79
			2.5.3 趣味生活	5	16	36
		2.6 家計財政	2.6.1 收入·支出 計定	3	9	25
			2.6.2 財産申告 및 財産寄贈	2	4	14
			2.6.3 主要行事의 內容과 決算	4	13	14
		2.7 聯合總計	2.7.1 讀書·執筆量과 活動의 時·空間 分布	2	4	16
			2.7.2 最初 및 最高의 記錄	2	8	10
			2.7.3 生涯累計와 生涯指數	2	5	26
	3.生涯日誌	3.1 成長·修學期		36	36	36
		3.2 敎授·硏究期		14	14	14
		3.3 補職·奉仕期		17	17	17
		3.4 停年·餘生期		5	5	5
	(3部)	(14篇)	(29章)	(166節)	(362項)	(716目)

▨ 本書의 使用 文字 및 數字

○ 使用 文字

□ 한 글 : 가, 나, 다, 라 等(字母數 : 24字)
- 創 製 : 1446年 (朝鮮 世宗 28年) 10月 9日 世宗大王 創製 頒布
- 最初文字名 : 訓民正音
- 文字名「한글」: 1927年 7月 命名
- 本人習得 : 1945年 (初等學校 1年)

□ 漢 字 : 天, 地, 玄, 黃 等(漢字數 : 約 5萬字)
- 創 製 : 中國 皇帝時代 (B.C. 26世紀) 蒼頡 創作
- 韓半島傳來 : B.C. 194
- 本人習得 : 1951年 (中學校 1年)

□ 日 文 : ア, イ, ウ, エ, オ 等(かな數 : 46字)
- 創 製 : 日本 3世紀
- 韓半島傳來 : 三國時代
- 本人習得 : 1957年 (大學校 1年)

□ 알파베트 : A, B. C. D 等(字母數 : 26字)
- 根源 : 象形文字 (B.C.15世紀)
  →페니키아文字 (B.C.13世紀)
- 變遷 : 페니키아文字 (B.C.13世紀)
  →그리스文字 (B.C.300)→메트루리아文字
  → 라틴文字 → 로마文字(9世紀) → 英文 · 獨文 · 佛文
- 韓半島傳來 : 朝鮮朝 末期 (17世紀)
- 本人習得 : 英文 - 1951年(中學校 1年)
  獨文 - 1957年(大學校 1年)
  佛文 - 1963年(大學院1年)

우리나라의 한글(訓民正音)을 창제하신 朝鮮朝 第4代王인 世宗大王(1397-1450)의 影幀

紀元前 3000년경에 古代文字를 새긴 로제타 石 (Rosetta Stone).
1799년 알렉산드리아 근방 로제타마을에서 프랑스 나폴레옹 軍에 의해 발견되었고, 1822년 프랑스 장 프랑수아 샹폴리옹에 의해 해독되었음. 上段은 이집트 象形文字, 중간은 이집트 民間文字, 下段은 그리스 文字가 새겨져 있음. (英國의 大英博物館에 보존중)

○ 使用 數字

□ 아라비아 數字 : 1, 2, 3, 4, 5, 6, 7, 8, 9, 10, 100, 1000 等
- 沿革 : B.C. 30000 數의 눈금 등장
  B.C. 3300 최초의 命數法 출현(수메르, 엘람)
  B.C. 2700 楔形數字 등장(수메르)
  B.C. 2000 十進法 등장
  B.C. 1800 최초의 位置的 命數法 등장(바빌로니아)
  B.C. 300 알파베트 命數法 등장(그리스)

B.C. 3世紀	처음으로 0의 등장
1世紀	陰數의 등장
10世紀	아라비아 數字의 原型 등장 (이베리아半島, 마그레브)
10世紀	計算記號 ×와 ÷의 사용
12~15世紀	아라비아 數字 모양의 西歐 傳來
13世紀	計算記號 +와 - 의 사용
15~16世紀	西洋에서 現在 모습의 아라비아 數字 定立
16世紀	計算記號 =의 사용

· 韓半島傳來 : 朝鮮朝 末期 (17世紀)
· 本人習得 : 1945年 (初等學校 1年)

〈文字別 最少 및 最多劃字〉

文字 \ 區分	最少劃字	最多劃字
한글	2劃 : ㄱ, ㄴ, ㅇ	15劃 : 쬟
漢字	1劃 : 一 (한 일) 丨 (위아래로 통할 곤) 丶 (표할 주) 丿 (삐칠 별) 乀 (파임 불) 乙 (새 을) 乚 (제비 을) 亅 (갈퀴 궐) 𠂉 (도랑 견)	64劃 : 龍龍 龍龍 (말 많을 절)
英文字	1字 : a(하나) o(아!)	44字 : pneumon-ultramicroscopic-silicovolcano-coniosis (塵肺症)

ㅁ로마 數字 : Ⅰ, Ⅱ, Ⅲ, Ⅳ, Ⅴ, Ⅵ, Ⅶ, Ⅷ, Ⅸ, Ⅹ, L(50), C(100), D(500), M(1,000) 等
· 根源 : 로마時代
· 韓半島傳來 : 朝鮮朝 末期 (17世紀)
· 本人習得 : 1951年 (中學校 1年)

ㅁ漢文 數字 : 一, 二, 三, 四, 五, 六, 七, 八, 九, 十, 百, 千, 萬, 億, 兆, 京 等
· 根源 : 中國 B.C. 1300
· 韓半島傳來 : B.C. 194
· 本人習得 : 1951年 (中學校 1年)

▨ 本書의 作成 基準

○對象期間 : 出生(1936.7.28)부터 古稀(2006.7.28)까지의 70年間을 網羅함.
○收錄項目 : 1996年 12月에 發刊한 「華甲紀念記錄集」을 根幹으로 하여 먼저 2002年 8月 教授停年까지의 延長分과 새로 作成된 新規 項目을 追加로 수록하며, 이어 2006年 7月까지의 延長分과 新規 項目을 추가시킴.
○編制比重 : '第2部 生涯詳報'를 基本으로 하고, '第1部 生涯概觀'과 '第3部 生涯日誌'를 補助로 삼음.
○聯關項目 : 項目들 間의 相互聯關統計와 分散된 項目들을 全體로 묶는 統計는 '第2部 第7篇 聯合總計'에 一括 收錄함.
○概要表記 : 各 部分別로 그 概要를 集約하여 다음 標題로 앞에 수록 함.
· 部別 - 總覽
· 篇別 - 概觀
· 章別 - 總括
· 節別 - 要約

○參考資料 : 必要한 比較基準資料나 參考할 統計를 該當部分에 收錄함.
○引用史實 : 正史나 公認된 科學的 發見과 더불어 野史나 一部 學說 또는 主張도 參考로 收錄함.
○使用文字 : 한글과 漢字를 함께 사용하고, 外國의 固有名詞는 原文을 그대로 사용함.
○表記方法 : 文章에 의한 解說보다는 主로 統計 中心의 圖表로 表記함.
○統計單位 : 數量을 나타내는 單位는 C.G.S.의 國際標準單位로 하되 必要한 경우
傳統的 恒用單位도 倂記함.
○貨幣單位 : 韓國 원과 美貨 달러를 사용하되, 當年度의 經常價格과 함께
2006年 基準 不變價格을 함께 表記함.

▨ 引用資料 및 參考文獻

○ 本人 및 家族 資料

① 記錄集 :「草凡의 生涯와 業績」, 第 1 卷 및 第 2 卷, 1936 ~ 2006.
② 記錄集 :「草凡의 生涯日誌」, 第 1 卷 ~ 第 6 卷, 1936 ~ 2006.
③「한 韓國人의 삶과 발자취 : 草凡 金安濟 博士의 六十年 生涯와 業績」:
草凡 金安濟 博士 華甲紀念事業會, 1996.
④「金安濟傳 人生履歷史 : 出生에서 停年까지 66年 生涯의 記錄 全集」:
韓國自治發展研究院 · 韓國地域發展研究院, 2003.
⑤ 本人史料 : 卒業狀, 修了狀, 學位證, 成績表, 發令狀, 委囑狀, 資格證, 身分證, 證明書, 名牌, 名札,
旅券, 銀行通帳, 勳章, 賞狀, 賞牌, 功勞牌, 感謝牌, 學業노트, 日記帳, 메모手帖, 家計簿,
不動產臺帳 等.
⑥ 家族史料 : 先祖, 父母, 外家宅, 兄弟姉妹 및 그 後孫, 妻 및 妻家族, 子女 및 그 配偶者와 子女,
親姻戚 等의 參考資料.

○ 國內 參考文獻

①「世界大百科事典」, 東亞出版社, 1990.
②「世界의 歷史」, 世紀出版社, 1978.
③ 震檀學會 編,「韓國史」, 1980.
④ 李弘稙 編,「國史大事典」, 1997.
⑤ 李一峰,「桓檀古記」, 1998.
⑥「韓國地方行政史」, 內務部, 1966.
⑦「韓國地方行政史」, 韓國地方行政研究院, 1987.
⑧「地方行政區域發展史」, 行政自治部, 2001.
⑨「서울六百年史」, 서울特別市, 1977.
⑩「慶尙北道史」, 慶尙北道史 編纂委員會, 1983.
⑪「光復 39年史」, 光復39年史 編纂委員會, 1984.
⑫ 任炳燮 編,「聞慶郡誌」, 1982.
⑬「聞慶大觀」, 聞慶文化院, 1986.

⑭「政府組織 變遷史」, 行政自治部, 2005.
⑮「機關(團體) 沿革史」, 各 機關 · 團體, 該當年度.
⑯「韓國姓氏發展史」, 韓國民族史學會, 1988.
⑰「新羅汎金氏史」, 新羅汎金氏大宗院, 1987.
⑱「慶州金氏 太師公派 大同譜」, 編纂委員會, 1999.
⑲「慶州金氏 恭平公宗派 世譜」, 編纂委員會, 1989.
⑳「慶州金氏 忠州判官公派 世譜」, 編纂委員會, 1986.
㉑「延日鄭氏 世譜」, 編纂委員會, 1980.
㉒「平海黃氏 世譜」, 編纂委員會, 1985.
㉓「韓國地誌」, 建設部 國立地理院, 1980.
㉔「地方行政區域要覽」, 行政自治部, 各 年度.
㉕「政府組織 機構圖表」, 行政自治部, 各 年度.
㉖「韓國의 發見」, 各 市 · 道 篇, 뿌리깊은 나무, 1983.
㉗「國民生活 時間調査」, 韓國放送公社, 各 年度.
㉘「韓國人 營養勸奬量」, 韓國營養學會, 1995.
㉙ 李之菡,「土亭秘訣」, 1517~1578.
㉚「2002 기네스 북」, 韓國기네스協會, 2006.
㉛「韓國法典」, 法制處, 各 年度.
㉜「韓國統計年鑑」, 統計廳, 各 年度.
㉝「韓國都市年鑑」, 行政自治部, 各 年度.
㉞「地方財政年鑑」, 行政自治部, 各 年度.
㉟「2005 人口住宅總調査 資料集」, 統計廳, 2006.
㊱「市(道), 市(郡, 區) 統計年報」, 各 市 · 道 및 市 · 郡 · 區, 各 年度.
㊲「萬歲曆」, 2006.
㊳「東亞年鑑」,「聯合年鑑」,「合同年鑑」, 各 年度.
㊴ 조찬선.「基督教 罪惡史」, 2000.
㊵ 主要日刊新聞, 每日.
㊶ 中央 M & B 編,「海外旅行 가이드 : 世界를 간다」, 各國篇, 2005.
㊷「全國交通網圖」, 2006.
㊸「서울交通網圖」, 2006.
㊹「韓半島 全圖」, 2006.

○ 外國 参考文獻

① *The New Encyclopaedia Britannica*. London : Encyclopaedia Britannica, Inc., 1989.
② *Britannica Book of the Year*. London : Encyclopaedia Britannica,Inc., 2006.
③ Castleden, R., *The Concise Encyclopaedia of World History*. JG Press,1996.
④ Trager, J., *The People's Chronology*. New York. 1992.
⑤ Hughes, J.,ed., *The Larousse Desk Reference*. New York, 1995.

⑥ *Travelers' Guide Books*. Each Country, Visit Year.
⑦ *Britannica Atlas*. London : Encyclopaedia Britannica,Inc., 1994.
⑧「*Mapple* 全日本 道路地圖」, 東京 : 昭文社, 2005.
⑨「朝鮮行政區域圖」, 平壤 : 教育圖書出版社, 1994.
⑩「朝鮮案內資料」, 平壤 등 : 各機關, 2003~2006 各年度.
⑪ 朝鮮科學百科辭典綜合出版社,「朝鮮地理大百科」, 서울 : 韓國平和問題硏究所, 2004.
⑫ *Guide Maps*. Each City and Region, Visit Year.
⑬「新世界史 資料」, 東京 : 帝國書院, 1998.
⑭ 飯島太千雄 編 ,「千字文 字典」, 東京: 東京堂出版, 1988.
⑮ Gallimard Jeunesse c/o KCC (Paris, France), Discovery Series : 譯書(1988-2002).
· Thuan, Trinh Xuan, *Les Destin de I'Universe : Le Big Bang et Aprés.*
(宇宙의 運命 : 빅뱅과 그 以後)
· Thomas, Herbert, *L'Homme avānt L'Homme:Le Scénario des Origins.*
(人類의 起源: 化石人類를 찾아서)
· Vercouter, Jean, *A'la Recherche de l'Egypt oubliée.*(잊혀진 이집트를 찾아서)
· Menu, Bernadette, *Ramsés Ⅱ : Souverain des Souverains.*
(람세스 2世: 이집트의 위대한 太陽)
· Bottero, Jean, *Ilétait Une feis la Mésopotamie.*(메소포타미아 : 死藏된 楔形文字의 秘密)
· Gruzinski, Serge, *Le Destin Brise de L'Empire Aztéque.*
(아즈텍 帝國 : 그 榮光과 沒落)
· Baudez, Claude, *Les Cités Perdues des Mayas.* (마야: 잃어버린 都市들)
· Jean, Georges, *The History of Writings.* (文字의 歷史)
· Guedj, Deni, *L'empire des Nombres.*(數의 世界)
· Lêvêque, Pierre, *A'la Origine de l'Grec Civilisation.*(그리스文明의 誕生)
· Scheid, John and Roger Hanoune, *Nos Ancêtres les Romains.*
(로마人의 삶: 祝福받은 帝國의 歷史)
· Etienne, Robert, *Poméi : La Cité Insevelie.* (폼페이 最後의 날)
· Dagens, Bruno, *Angkor : La Forêt de Pierre.* (앙코르: 莊嚴한 城壁都市)
⑯ 鹽野七生, *Res Gestae Populi Romani.* (로마人 이야기), 第1卷 ~ 第14卷(1993~2006): 譯書.

客說 : 經驗에서 얻은 삶의 眞實

價値 있는 삶이 대부분인 사람은 잘 살았다고 할 수 있다. 반면에 가치가 없거나 적은 삶을 산 사람은 잘 살았다고는 할 수 없다. 나는 반반쯤 되게 살았다고 스스로 생각하지만 아마 남들은 나를 매우 가치 있게 살아온 사람이라고 평하지 않을까 한다.

客說 : 經驗에서 얻은 삶의 眞實

사람은 누구나 오래도록, 아니 영원히 살고 싶은 欲望을 갖고 있다. 中國의 秦始皇도, 이집트의 파라오들도 그러했으나 모두 죽었다. 三千甲子를 산 東方朔도 지금은 없다. 이승에 온 人間은 언젠가는 간다. 나도 例外일리가 없다.

客說 : 經驗에서 얻은 삶의 眞實

인생 80년을 10년씩 끊어보면 8마디가 되니, 이름지어 10세 미만의 단대(單代)를 유년기라 하고, 다음의 10대를 소년기라 하며, 20대를 청년기, 30대를 입년기(立年期), 40대를 장년기, 50대를 성년기(成年期), 60대를 숙년기(熟年期), 70대를 노년기라 하자.

이러한 인생일대기는 일년 사계절과 비유할 수 있으니 20세까지의 유년기와 소년기는 봄에 해당되는 준비시기이고, 40세까지의 청년기와 입년기는 여름에 해당되는 활동시기이며, 60세까지의 장년기와 성년기는 가을에 해당되는 결실의 시기이고, 80세까지의 숙년기와 노년기는 겨울에 해당되는 정리의 시기인 것이다.

준비년대는 건강과 지식을 축적함으로써 필요한 요건을 구비하는 생성의 단계이고, 활동년대는 사회의 일원으로서 나아갈 방향을 정립하고 삶의 기반을 조성하는 데 전력을 투구하는 단계이며, 결실년대는 욕구를 충족하고 목적을 달성하여 기대하는 수준에 이르게 되는 성취의 단계이고, 정리년대는 활동의 일선에서 물러나 남은 잔무를 처리하고 모든 것을 종결하는 결산의 단계이다. 대성(大聖) 공자(孔子)는 일찌기 일컫기를 소년기인 10대에 자기가 나아갈 바에 분명한 뜻을 굳히고(志于學), 청년기인 20대와 입년기인 30대에는 자기의 위치를 확고히 정립하고(立), 장년기인 40대에는 쓸데없는 유혹에 빠져들지 아니하고(不惑), 성년기인 50대에는 하늘의 소명(召命)과 사회적 역할을 충분히 터득해야 하고(知天命), 숙년기인 60대에는 어떠한 상황과 잡음에도 마음의 동요를 일으키지 아니하며(耳順), 노년기인 70대에 가서는 마음내키는 대로 행동하여도 일정한 법도를 벗어나지 않는(從心所欲 不踰矩) 경지에 이르러야 한다는 무서운 말씀을 한 바 있다.

이는 80평생을 살아가는 동안 인격이 성숙되고 인품이 원만하게 되어가는 규범적 과정을 설명하는 내용이다. 이와 같은 고도의 인격적 형성과정을 거쳐 완전한 경지에 도달하는 사람은 결코 흔하지 않으며, 그러한 사람을 만나기조차 어렵다고 하겠다. 그러나 이렇게는 되지 못하더라도 나이를 더하여 감에 따라 점차 인격이 도야되고 인품이 성숙되어가는 것은 정도의 차이는 있지만 모든 사람에게 있어 공통된 현상이라고 할 수 있다. 연령과 인품은 비례한다는 일반적 관계가 성립되는 것이다.

유년기와 소년기의 나이에는 순진하고 명랑하며 참신한 성품과 행동을 가지고, 청년기와 입년기에는 활발하고 진취적이며 모험적인 사람이 되며, 장년기와 성년기에 이르면 중후하고 신중하며 안정적인 인격을 갖게 되고, 숙년기와 노년기에 접어들면 원숙하고 후덕하며 순리적인 사람으로 바뀌어지게 된다. 자기 나이에 맞는 성품과 언행을 갖도록 하는 것이 보기에도 자연스럽고 성장에도 무리가 없으며 다른 사람과 조화를 이루는 데도 도움을 주게 된다.

그러나 한편 연령별로 범하기 쉬운 함정이 있으니 이는 지극히 조심하여 기피해야 할 것이다. 유년기와 소년기에는 방종하며 반항하기 쉬운 성향을 갖게 되므로 안정된 마음과 숙고하는 자세를 가지고, 행동하기보다 지식과 슬기를 흡수하여 축적하는 데 힘써야 할 것이고, 2 · 30대는 혈기가 왕성하여 격분하기 쉽고 모험을 감행하며 아울러 좌절하기도 쉬운 연령이므로 극기(克己)를 통해 인내심을 기르고 냉정한 침착성을 기르도록 해야 할 것이다. 그리고 4 · 50대는 과욕이 심하고 조급함을 느끼는 연령이므로 무리를 범하지 않고 자족(自足)하는 마음가짐을 갖도록 하며, 6 · 70대에 이르면 낙망과 포기에 젖어 의욕을 상실하고 허탈에 빠질 가능성이 크므로 자신감을 가지고 매사에 적극성을 보이거나 조용히 관조(觀照)하면서 삶을 정리하는 데 희열을 느끼도록 노력해야 할 것이다.

第 1 部

生 涯 概 觀

出生에서 古稀까지의 生涯와 活動을 기록 · 정리한 原典들

"**The** holding of a thing to be true is a phenomenon in our outstanding which may rest on objective grounds, but requires, also, subjective causes in the mind of the person judging."

II. Transcendental Doctrine of Method, ***Critique of Pure Reason.*** by Immanuel Kant (1724-1804)

(하나의 事物을 진실한 것으로 생각하는 것은 客觀的 바탕에 놓여있는 理解의 한 現象이지만 또한 판단하는 사람의 마음 속에 있는 主觀的 根據를 필요로 하기도 한다.)

임마누엘 칸트(1724-1804), **純粹理性批判**. 第2篇 方法의 先驗的 學說

▩ 總 覽 : 生涯 變遷史

時 代	段 階	歲 次	年 度	干 支	居 住 地	住 宅	家族數(名)	修學 · 活動
		1	1936	丙子			7.6	
		2	1937	丁丑			6	
		3	1938	戊寅			″	
		4	1939	己卯			″	
日 帝	成長段階	5	1940	庚辰			″	出産 · 成長
		6	1941	辛巳			7	
		7	1942	壬午			″	
		8	1943	癸未			″	
		9	1944	甲申	慶北聞慶市	自 宅	6	
		10	1945	乙酉			″	
美軍政		11	1946	丙戌			5	
		12	1947	丁亥			″	
		13	1948	戊子			″	初等學校修學
		14	1949	己丑			″	
		15	1950	庚寅			″	
大韓民國 第 1 共和國 (李承晩大統領)		16	1951	辛卯			″	
		17	1952	壬辰			″	中學校修學
		18	1953	癸巳			″	
		19	1954	甲午		下宿 · 自炊	″	
		20	1955	乙未	慶北安東市	家庭敎師	″	高等學校修學
		21	1956	丙申			4	
		22	1957	丁酉	서 울	自炊 · 家庭敎師	″	大 學 校
		23	1958	戊戌			″	
		24	1959	己亥		兵 營	″	軍隊服務
第2共和國(張勉內閣))	修學段階	25	1960	庚子	(父母) 抱川 · 光州	家庭敎師	″	
		26	1961	辛丑		(父母)	″	修 學
軍事統治 (最高會議)		27	1962	壬寅		下宿	″	
		28	1963	癸卯		家庭敎師	″	會社員 · 敎師
		29	1964	甲辰			″	大學院修學
		30	1965	乙巳		專 貰	″	硏究員
		31	1966	丙午			(結婚)5.6	
		32	1967	丁未	서 울	自家(昌信洞)	6	大學院助敎
		33	1968	戊申			5.6	
第 3 共和國 (朴正熙大統領)		34	1969	己酉			6	
		35	1970	庚戌	美國 Cincinnati市	아파트	″	美國留學
		36	1971	辛亥			7	
		37	1972	壬子		自家(昌信洞)	″	
		38	1973	癸丑	서 울		6	大學院 專任講師
		39	1974	甲寅		自家(祭基洞)	″	
第 4 共和國 (朴正熙大統領)		40	1975	乙卯			5	
		41	1976	丙辰	美國 Cincinnati市	寄 宿 舍	″	
		42	1977	丁巳		自家(祭基洞)	″	
		43	1978	戊午			″	大學院 助敎授
		44	1979	己未			″	
國保委 (崔圭夏大統領)		45	1980	庚申			″	國保委派遣
		46	1981	辛酉			″	
		47	1982	壬戌			″	
		48	1983	癸亥		自家(上道洞)	″	大學院 副敎授
		49	1984	甲子			″	
第 5 共和國 (全斗煥大統領)		50	1985	乙丑			″	
		51	1986	丙寅			″	大學院正敎授
		52	1987	丁卯			″	
		53	1988	戊辰			″	大學院院長
		54	1989	己巳			″	
第 6 共和國 (盧泰愚大統領)	活動段階	55	1990	庚午			″	
		56	1991	辛未			″	
		57	1992	壬申	서 울		″	大學院平敎授
		58	1993	癸酉			4	
		59	1994	甲戌			″	硏究院院長
金泳三大統領		60	1995	乙亥			″	
		61	1996	丙子			″	大學院平敎授
		62	1997	丁丑		自家(驛三洞)	″	
		63	1998	戊寅			″	課程主任敎授
		64	1999	己卯			″	
金大中大統領		65	2000	庚辰			3	大學院平敎授
		66	2001	辛巳			″	
		67	2002	壬午			″	
		68	2003	癸未			″	
	停年段階	69	2004	甲申			″	名譽敎授 碩座敎授
盧武鉉大統領		70	2005	乙酉			2	
		71	2006	丙戌			″	

客說 : 經驗에서 얻은 삶의 眞實

바다에 사는 물고기 가운데 참치와 가자미는 모양과 그 生理가 아주 대조적이다. 참치는 표준어로 부시리라고 하며 고등어처럼 유선형으로 생겼다. 그리고 가자미는 方言으로 가재미라고도 하며 몸이 아래위로 납작하고 눈이 모두 오른쪽에만 붙어 있다. 생긴 모양도 이렇게 판이하게 다르지만 살아가는 방식도 정반대이다. 참치는 계속 헤엄을 치면서 먹이를 찾아 돌아다니지만 가자미는 반대로 한 곳에 가만히 정지하고 있으면서 오른쪽에 붙은 두 눈으로 지나가는 먹이를 보고 잡아먹고 살아간다.

사람들이 살아가는 방식도 크게 보면 이 두 물고기의 유형으로 나눌 수 있을 것 같다. 장사하는 사람들 가운데 물건을 들고 여러 곳으로 돌아다니면서 파는 사람이 있는가 하면 한 곳에 앉아서 손님이 찾아와 사주기를 바라는 사람이 있다. 한 곳에서 강의나 연설을 하며 살아가는 사람이 있고 需要가 있는 여러 곳을 찾아가서 발표나 이야기를 하며 살아가는 사람도 있다. 行政을 하는데도 관청에 앉아 서비스를 하는 경우와 직접 현장을 찾아나가 민원을 처리하는 경우가 있다. 기관의 기능과 일의 성질에 따라 수요자가 움직여오는 유형과 공급자가 찾아 나가는 유형이 따로 있는 것 같다. 나가야 할 경우는 나가야 하고 한 곳에 있어야 할 때는 그 자리에 머물러 있어야 한다. 참치는 부지런히 돌아다녀야 하고 가자미는 한 자리에 가만히 머물러 있어야 한다.

나는 지금까지 참치에 가까운 삶을 살아왔다. 어린 시절에는 배가 고파 먹을 것을 찾아 산과 들과 개천을 헤매었고, 학생시절에는 고학을 하느라 이집 저집으로 가정교사를 하며 돌아다녔다. 사회인이 되어서도 여러 직장을 전전했고 교수직에 오르고도 숱한 행사와 강연회에 참석했다. 참치 치고는 무척 부지런하고 바쁜 참치였다. 그래서인지 몇년 전에는 국가로부터 勤勉勳章을 받기도 했다. 그러나 지나고 보니 후회되는 바가 없지도 않다. 가서는 안될 곳도 갔고 가지 않아도 될 모임에 자의나 타의로 참석했던 경우가 많았다.

나이가 60을 넘어서면서는 반대현상이 일어나고 있다. 돌아다니기가 싫어지고 꼭 가야 할 경우도 나 스스로 어떤 구실을 찾아 포기하고 만다. 점점 가자미로 바뀌고 있다. 지금은 참치와 가자미의 중간쯤에 와있지만 머지 않아 아주 가자미가 되고말 것이 확실하다. 그러나 행동은 가자미와 같아지지만 實利는 전연 그렇지 못할 것이다. 가자미는 정지하고 있어도 지나가는 먹이를 잘 포착하여 實利를 찾지만 나의 경우는 옆으로 지나가는 먹이도 없고 설혹 먹이가 지나가도 포착할 능력과 힘이 없는 서글픈 실정에 이를 것이다.

사람은 맡은 직무와 나이에 따라 적당히 돌아다니고 알맞게 앉아 있는게 좋을 것이다. 특히 지도층에 있는 사람은 그 動靜에 신중을 기해야 하며, 이는 지도층의 動과 靜이 미치는 영향이 무척 크기 때문이다. 훌륭한 지도자는 자기는 가자미처럼 한 자리에 가만히 있되 전 구성원은 참치처럼 부지런히 활동하게 만드는 사람이지만 반면에 지도력이 약한 사람은 자기 혼자만 바쁘게 돌아다니고 구성원은 모두 눈치나 보며 伏地不動하여 움직이지 않게 만든다. 가장 바람직한 조직은 지도자와 구성원이 모두 참치가 되는 경우이고, 가장 좋지 않은 형태는 모두가 가자미의 행동을 취하는 것이다.

장기를 둘 때 將이 너무 빈번하게 자리옮김을 하면 지고 마는 경우가 많다. 장은 한 곳에 진중하게 좌정하고 부하 병졸들이 열심히 돌아다니게 하는 것이 장기 시합에서 이기는 길이다. 이제 우리도 각자의 책임과 역할, 그리고 능력과 나이를 고려하여 이에 알맞게 처신하는 자세와 기풍을 갖도록 해야 하겠다. 참치와 가자미의 어느 하나에 치우치지 말고 이들의 생리를 결합한 적정한 행동방식을 세워나가는 삶의 슬기로움을 올바로 발휘해야 하겠다.

第 1 篇

寫眞列帖

映像에 담겨진 삶의 모습들을 時間의 흐름에 맞추어 수록하였습니다. 生涯의 時代區分에 따라 특색지을 수 있는 主要現場만을 골라서 진열하였습니다. 幼兒時代와 成長 初期에는 寫眞이란 것을 아예 몰랐기 때문에 촬영된 것이 있을 수 없어 空白으로 뛰어넘지 않을 수 없는 아쉬움을 남기고 있습니다. 여기에 수록된 것 이외에 生涯의 記錄으로 중요한 意味를 갖는 일부 다른 寫眞이 「自敍小史」를 위시한 여러 部門에 추가로 게재되어 있습니다.

70년간에 걸친 靜的인 點의 흔적을 통하여 生活과 活動의 흐름을 개관해 볼 수 있는 視覺的 價值를 담고 있을 뿐입니다. 다만 한 時代를 같은 空間에서 呼吸을 함께한 많은 고마운 분들과의 따스한 因緣이 본인과 더불어 촬영된 寫眞의 모습에 고스란히 담겨 있습니다.

▨ 槪 觀

『觀自在菩薩 行深般若 波羅蜜多時
照見五蘊皆空 渡一切苦厄
舍利子 色不異空 空不異色 色卽是空
空卽是色 受想行識 亦復如是.』

摩訶般若波羅蜜多心經. 佛敎法典

(자재한 보살을 보고 깊은 반야바라밀다를 행할 때
色·受·想·行·識의 오온과 모든 공허함을 비추어
보고 일체의 괴로움과 재액을 건너가라.
사리자여! 색은 공과 다르지 않고 공은 색과
다르지 않아 색이 곧 공이오 공이 곧 색이니
감수와 생각과 행동과 의식이 또한 이와 같으니라.)

마하반야바라밀다심경. 불교법전

▨ 概觀 : 生涯 領域別 期間 및 地域 構成圖

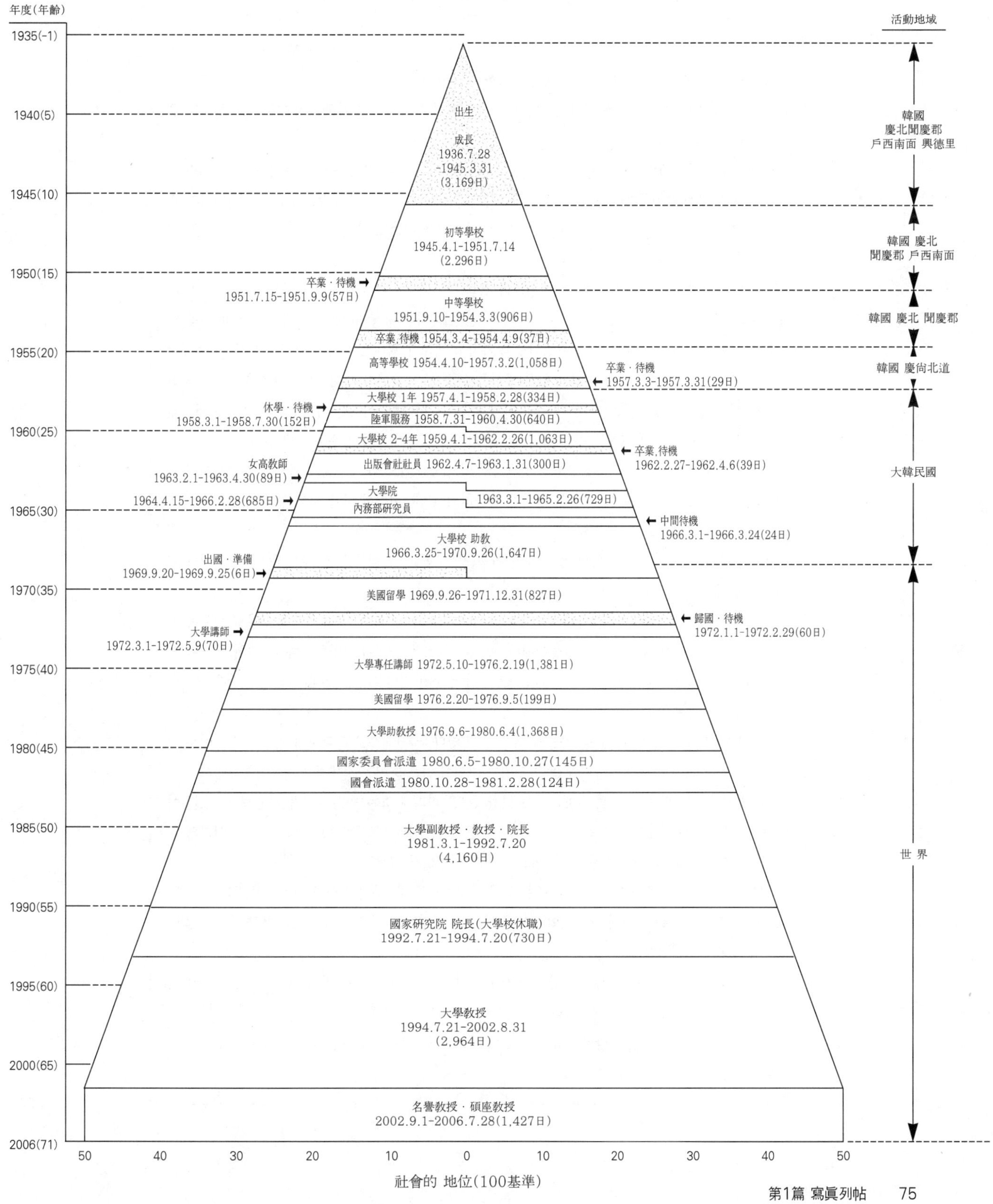

客說 : 經驗에서 얻은 삶의 眞實

자연은 우주의 만물을 말한다. 밤하늘에 보이는 먼 별에서부터 우리의 발에 채이는 돌에 이르기까지 그 모두가 자연이다. 우리 인간과 보다 밀접한 관계에 있는 것은 태양계이고 그 가운데서도 태양과 지구는 절대적이다. 태양은 인간생명의 원천인 에너지를 공급하고 지구는 인간이 서식할 터전을 제공해주고 있는 것이다.

자연은 크게 생물계와 무생물계로 나누어진다. 전자는 동물이나 식물과 같은 유기체계이고 후자는 돌이나 물과 같은 무기체계이다. 생물계는 무생물계와는 물론 생물계의 부분요소간에도 에너지의 수수를 통해 긴밀한 관계를 맺으면서 생명을 유지해가고 있으니 이러한 일련의 체계가 바로 生態系인 것이다.

자연은 그 자체의 존재를 가능케 하는 원리와 법칙, 곧 섭리를 갖고 있으니 변화와 자기조절 및 평형의 원리가 그 대표적인 것들이다. 자연은 그것이 고정체이든 유동체이든 개체별로 시간에 따라 변화하고 특히 생물계는 生成과 死滅의 필연성을 가지고 세대와 세대로 이어져 나가게 된다. 자연에는 불변의 물체는 존재하지 않는다. 이와 같은 변화를 하고 있는 자연의 개체들은 주변환경에 적응하려는 생존적 본성을 갖고 있으니 이것이 바로 자기조절의 원리이다. 이러한 자기조절의 능력이 환경의 압박보다 약할 때에는 그 개체는 다른 환경으로 옮기거나 그렇지 못할 경우는 죽게 된다.

그리고 자연의 제요소는 서로 밀접하게 연관되어 있으므로 어느 한 부분이 부족되거나 없어지게 되면 다른 부분에도 파급을 주어 전체의 질서가 흔들리게 된다. 이것이 바로 자연이 갖고 있는 평형의 속성이다.

자연의 자기조절능력이나 평형의 질서가 한 번 깨지는 경우, 그 회복은 장구한 세월을 요하거나 영원히 어렵게 된다.

자연이란 말은 가끔 인공이란 어휘와 대조적인 것으로 쓰인다. 인간은 어느 동물보다도 월등히 가공과 조작을 통해 새로운 것을 잘 만들어낸다. 우리는 때로 인공물이 자연물보다 더 귀한 것처럼 생각할 때가 있다. 그러나 모든 인공물이 자연으로부터 추출된 것임을 상도할 때 이러한 생각은 본말이 전도되었음을 알 수 있다.

자연의 참 가치는 생물의 생존을 가능케 해주는 데 있다. 극단적으로 생각하여 인공물이 없어도 생물은 물론 인간까지도 생명을 유지해갈 수 있지만 자연이 없으면 이는 절대적으로 불가능해진다.

인간에 대한 자연의 또 하나의 존재가치는 인간생활을 편리케 하는 모든 수단을 제공해주는 원천이라는 데 있다. 인류문명의 근본인 電氣는 자연의 한 요소인 물이나 석탄으로부터 나오고, 인간의 시간생활을 단축시켜주는 교통 · 통신의 자재인 금속은 자연에서 채취된다.

또한 자연은 인간에게 휴식과 안정을 주는 역할을 하기도 한다. 복잡한 인간 사회생활, 특히 인공물로서만 밀집되어 있는 도시생활에서 인간의 육체적 및 정신적 건강은 약화되므로 가끔 자연을 찾아 심신을 정화시키게 된다.

동일조건인 경우 자연 속에 사는 사람이 도시에서 사는 사람보다 마음가짐이 더 부드럽고 평균수명이 더 긴 것은 이와 같은 이유 때문이다.

나무 하나 풀 한 포기 없는 삭막한 곳은 그곳에 사는 사람들의 몸과 마음 역시 삭막하게 만드는 것이다.

I. 出生起源 時代

(150억년전~1936. 7/150억년)

◀ 自然發生說에 의한 宇宙創生의 빅뱅(Big Bang)발생 모습. (150억년전)

▲ 宇宙創生의 빅뱅(Big Bang)발생 直後 : 自然發生說. (150억년전)

▲ 「創世記」의 天地創造 : 造物主 創造說 (B.C. 4004. 10. 23. 09時). -보쉬, 1500年作;마드리드 프라도美術館 소장-

▲ 太陽系 및 地球 生成.(45억년전)

▲ 韓半島 生成.(30억년전)

▲ 아프리카 中央部 빅토리아湖 근방 Oldovai 地域(탄자니아國)에 최초의 直立猿人 출현.(400만년전)

▲「創世記」의 人類創造, 아담(Adam)의 誕生(創世記 1 : 26~27).
-미켈란제로, 1510年作;바티칸 시스티나 聖堂 天障畵-

▶
「創世記」의 아담(Adam)과
이브(Eve)의 誕生(創世記 2:21~25).
-뒤러, 1507年作; 마드리드 프라도 美術館 소장-

▲ 檀君王儉(在位 2370～2240 B.C.) 影幀.
-2333 B.C. 古朝鮮 建國-
(寫眞出處 : 斗山世界大百科
EnCyber;http://www. encyber. com)

▶
慶州金氏 始祖 金閼智(65～145) 誕降圖.
(慶州 鷄林)
-65代祖-

◀ 新羅 第17代 奈勿王(315~402)王陵.
(慶州市 校洞 鷄林境內)-58代祖-

▼ 派祖 桑村公 金自粹(1354~1405) 墓所.
(京畿道 廣州郡 五浦面 新現里)-17代祖-

▲ 新羅 第56代 敬順王(897~978) 影幀.
(慶州市 崇惠殿 所藏)-38代祖-

▶
聞慶入鄕祖 金秉鉉(1616~1686) 墓所.
(慶北 聞慶市 山陽面 玉山)- 9代祖-

Ⅱ. 出生·成長 및 初·中·高等學校 時代

(1936. 7~1957. 3 / 20년 8개월)

▼ 出生 · 成長한 自家住宅.
(當時住所:慶北 聞慶郡 戶西南面
德興4里 깃골 394番地)(1945. 12. 1 撮影)

▲ 自宅앞의 동산, 마을, 논, 동네
어린이들.(1950. 1. 20)

◀ 自宅 뒷산에서 北쪽으로
바라다본 장밭들과 新作路.
(1950. 1. 20)

▲ 뛰어놀던 동리 깃골마을.(1951. 5. 1)
(멀리 1948년에 설립된 聞慶中學校 校舍가 보임)

▲ 출생한 마을.(현 慶北 聞慶市 新興洞 깃골,
1996. 4. 1촬영)

▲ 출생한 自宅 마당에 서신 父母任.(1951. 5. 1)

▶
自宅 마당에 서신
父母任(중앙 두분)과
동리분들.(1951. 5. 1)

▲ 自宅 마당에 앉은 세째 누님과
동생 및 全福出씨.(1951. 5. 1)

▼ 어릴 때 먹고 자라던 깃골마을의 우물.(1951. 5. 31)

▼ 國民學校 卒業寫眞.
맨 뒷줄 우측에서 세번째.(1951. 7. 15)

▼ 中學入學 후 동생과 같이
마당의 회양목 앞에서.(1951. 10. 10)

◀ 中學卒業무렵.
高校 入學願書用 寫眞.
(1954. 1. 1)

◀ 高校 2학년. 安東
太華洞 뒷산에 오르다.
맨 우측.
(1955. 5. 30)

▲ 高校 3학년. 大學 入學 願書用 寫眞.
(1956. 12. 10)

▲ 高校 3학년.
級友 金奎吾(좌)와
같이.(1956. 10. 5)

▶
高校 2학년. 親舊結婚 축하차
尙州에 가다. 앞줄 맨우측.
(1955. 11. 23)

Ⅲ. 大學校 및 軍服務 時代

(1957. 4~1962. 2 / 4년 11개월)

▼ 京畿道 抱川郡 二東소재 陸軍 7276部隊 복무중. (1959. 1. 1)

▲ 大學1학년. 서울 奬忠壇公園에 모인 在京聞慶學友會. 중앙에 앉으신분이 李東寧회장이고 그 좌측이 본인. (1957. 11. 17)

▲ 大學 1학년. 江原道 橫城의 누님댁에 가다. (1957. 12. 15)

▶ 大學 3학년. 기숙하던 龍山 鐵道7合宿所 뜰에서. (1960.5.1)

▲ 大學 3학년
東九陵에 모인 高校
同期生들. 중간 우단.
(1960. 5. 22)

◀ 大學 4학년.
생후 처음 洋服을 입다.
(1962. 1. 24)

▼ 大學 4학년.
서울大 文理大
교정에서 級友들과
(1962. 2. 23)

▲ 學士帽를 쓰다.(1962. 2. 26)

◀ 大學 卒業式날.
樂園洞 家庭敎師집
대문 앞.
(1962. 2. 26)

Ⅳ.職場 및 大學院 時代

(1962. 3~1965. 2 / 3년)

◀ 中央廳 마당에 모인
民衆書館 入社同期生들.
(1962. 6. 15)

▶
大學院 1학년.
仁川 月尾島에 가다.
家庭敎師宅 學生과 그 母親.
(1963. 4. 21)

▶
大學院 1학년.
牛耳洞으로 미팅을 가다.
(1963. 10. 3)

▶
大學院 2학년.
조사차 茂朱郡에 가서
군청직원 안내로
九千洞을 관광하다.
(1964. 5. 14)

▼ 大學院 2학년. 南大門옆.(1965. 2. 1)

▲ 大學院 卒業式날. 文理大 運動場에서 家族과 같이.
(1965. 2. 26)

▲ 大學院 卒業式날. 文理大 運動場에서 친구들과 같이.
(1965. 2. 26)

Ⅴ. 硏究員 및 助敎 時代

(1965. 3~1969. 8 / 4년 6개월)

▶
內務部 地方行政硏究委員會 硏究員,
大邱市에 출장을 가다.(1965. 3. 25)

◀ 淸凉里 전세집 마당.
父母任과 누님 家族.(1965. 5. 1)

▲ 聞慶邑 市場터.
누님과 동생.(1965. 5. 7)

▶
最初 搭乘의 飛行機(空軍輸送機)앞에서.
(濟州道 毛瑟浦 空軍飛行場, 1965. 7. 17)

◀ 黃蓮子양과 約婚하다.
(1965. 10. 26)

◀ 金曾漢원장 主禮로
서울禮式場에서
結婚式을 올리다.
(1966. 1. 11)

▲ 結婚式.
兩家 家族.
(1966. 1. 11)

▶
結婚式.
新郎 · 新婦 친구들.
(1966. 1. 11)

▶
신혼여행.
부산 海雲臺 관광호텔 앞.
(1966. 1. 12)

▶
생후 1개월된 첫손녀를
안고 계시는 아버님.
梨花洞 전세집 앞.
(1966. 11. 30)

▲ 첫딸 雪娥와 같이 昌信洞 자택 마당에서.
(1968. 12. 1)

◀ 딸 雪娥 세살.
아들 東爀 백일 날.
(1969. 2. 19)

Ⅵ. 美國 留學 時代

(1969. 9~1972. 1 / 2년 5개월)

▼ 거주하던 아파트옆 Bellevue Hill公園에서.
(1970. 8. 1)

▲ Cincinnati大學 校庭에서.
(1970. 10. 15)

◀ 둘째딸 貞娥가 태어난
Good Samaritan Hospital
앞에 선 母女.
(1971. 6. 15)

▼ 27년간의 학업이 기록된
初等學校 1학년부터의
成績表와 賞狀 및 任命狀들.
(1972. 1. 31)

▲ 2년간 거주했던 아파트 主人 Lawson씨
家族들과 작별의 紀念撮影을 하다.
(1972. 1. 8)

VII. 專任講師 時代

(1972. 2～1976. 4 / 4년 3개월)

◀ 태어나 마시고 자라던
고향마을 깃골 우물에
아들 · 딸을 데리고 가다.
(1972. 8. 2)

▲ 虎溪 큰누님댁에 모인 家族들.
(1972. 8. 3)

◀ 晩年의 아버님 모습.
(1973. 2. 1)

◀ 제1회「世界 環境의 날」紀念式을 마치고,
東崇洞 소재 서울大 環境大學院 건물 앞.
(1973. 6. 5)

▶
烏嶺會 회원들.
仁川 月尾島로
야유회가다.
(1974. 5. 12)

▼ 聘父任 · 큰 妻男과
光州市 公園에 오르다.(1973. 10. 4)

▲ 國民學校 同期生
모임. 店村 永新會.
(1974. 7. 27)

▶
乙卯年 새해
家族 모습.
(1975. 1. 1)

▲ 日本 名古屋市 UNCRD 주최 國際會議에 참석하여 발표하다. 앞줄 왼쪽에서 두번째.(1975. 11. 7)

◀ 아버님을 점촌 孔坪 배실 先山에 어머님과 合葬으로 모시다. (1975. 11. 14)

VIII. 助教授 時代

(1976. 5~1980. 7 / 4년 3개월)

▲ 딸 雪娥와 아들 東爀. 祭基洞 자택 골목에서. (1976. 5. 1)

▲ Cincinnati大學에서 博士學位를 받다. 왼쪽은 指導敎授였던 Albert J. Simone學長. (1976. 8. 27)

▶ Hawaii East-West Center의 國際會議에 참석하다. 金成勳교수와 Korea Center앞에서. (1977. 9. 6)

▲ 서울大 環境大學院 敎授 夫婦 公州에 가다. (1978. 2. 28)

◀ 日本 名古屋市에 있는 UNCRD주최 國際 세미나에서 論文發表를 하다. (1977. 11. 9)

▶
서울大 · UNCRD 共同主催
세미나를 마치고 敎授會館 앞에서
기념촬영을 하다.
(1978. 6. 9)

▼ 泰國 經濟社會企劃院
(NESDB)에서
새마을운동에 대해
特講하다.(1978. 6. 23)

▲ 태국 Changwat Nakhon Nayok 道廳을 예방하다.
좌에서 둘째가 Srisupap道知事.
(1978. 6. 24)

▲ 日本 UNCRD會議를 마치고 관광길에 오르다.
멀리 뒤로 후지(富士)山이 보인다.
(1978. 11. 4)

◀ 눈온 날 上道洞 자택
마당에 선
아들 · 딸들.
(1978. 12. 30)

◀
덴마크 Copenhagen의 人魚의 像 앞에서.
오른쪽은 康炳基 · 崔相哲교수.
(1979. 8. 11)

◀
鳥嶺會 부부동반으로 雪嶽山에 가다.
洛山寺 法堂 앞에서.
(1980. 5. 5)

▶
雪娥 14세, 東爀 12세,
貞娥 9세 때의 모습.
(1980. 7. 1)

Ⅸ. 副教授 時代

(1980. 8～1985. 9 / 5년 2개월)

▼ 聘母任 回甲宴에 참석차 聞慶 金龍寺에 가다.
妻 · 妻男 · 妻弟 · 同壻.(1980. 8. 26)

▲ 國保委 해체 직후 全斗煥대통령 초청 만찬에 참석하여
인사를 드리다.靑瓦臺 迎賓館.(1980. 10. 27)

▲ 聞慶中學校 同窓會 會長時 초기 2년의 會長團 · 總務團.
(1981. 3. 1)

▼ 立法會議 內務委員會 專門委員 일동.
國會議事堂 앞에서.(1981. 1. 23)

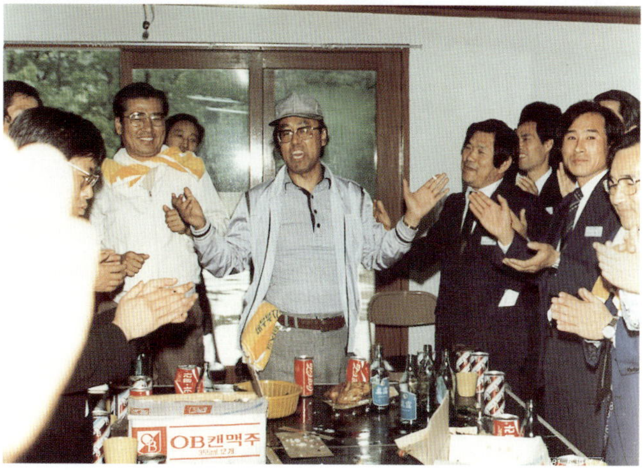

▲ 內務部 地方行政硏修院 硏修生들과 光陵에 野遊會를 가다.
(1981. 5.16)

▲ 聞慶中學校 校庭에서 개최된
同窓會 體育大會에서
大會辭를 하다.(1981. 8. 15)

▲ 聞慶女高 開校紀念行事에 참석하고
李東寧 會長과 기념촬영을 하다.
(1981. 10. 15)

▶
인도네시아
Jakarta市 公園에서.
(1982. 1. 16)

▼ 家族 모두 江華島에 나들이가다.(1982. 8. 1)

▲ 印度 Agra市 觀光地에서. (1983. 1. 29)

▲ 妻와 같이 平海黃氏 宗家宅에 가다. (1983. 5. 13)

◀ 店村 永新숲에서 개최된 慶州金氏 聞慶郡宗親會 總會에서 연설을 하다. (1983. 5. 15)

◀
三陟 竹西樓 앞에선
가족들.(1983. 8. 10)

▲ 스리랑카 首都 Colombo에 있는 Marga研究所에서 개최된 國際會議 참석자들.
맨 뒷줄 中央 우축.(1983. 12. 7)

◀
聞慶中學校 校門 補修
竣工式의 테이프를 끊다.
(1984. 3. 1)

◀
日本 川崎市에서 개최된
UNCRD會議에 참석한
각국대표들.
(1984. 10. 5)

▶
乙丑年 새해 모습.
(1985. 1. 1)

▶
濟州道 물깃는
女人像 앞에서.
(1985. 3. 8)

X. 正教授 및 大學院長 時代

(1985. 10～1990. 10 / 5년 1개월)

◀ 地方行政 發展 세미나에서 司會를 보다.
地方行政會館 대회의실.(1986. 4. 3)

▼ 會長으로 있는 Cincinnati大學 同窓會員들.
三原가든에서 내한한 鄭仁永敎授 夫婦와 같이.(1986. 7. 17)

▲ 環境大學院 院長室에서 同窓會長團 및
學父母들을 만나다.
(1986 11.18)

▲ 말레이시아 Kuala Lumpur의
APDC會議에 참석한 후
戰勝紀念館에 들리다.
(1986. 9. 16)

◀
MBC TV 時事討論에 출연하다.
(1987. 1. 16)

▲ 店村市民體育大會에서
祝辭를 하다.
(1987. 4. 14)

◀ 回甲을 맞은
盧隆熙교수와 弟子들.
엠베서더호텔.
(1987. 9. 18)

▲ 金壽鶴선생 回甲宴에서 論文集 奉呈을 하다.
(1987. 9. 30)

▲ 中學校 恩師 韓基春선생의 停年退任式에서
弟子 대표로 祝辭를 하다.
永登浦 女高 강당.(1988. 2. 16)

▶
회양목 기증 紀念碑.
聞慶中學校 교정.
(1987. 10. 8)

◀
聞慶 山北面의 黃泰淵 先生宅을 가다.
(1988. 5. 7)

▼ 結婚 主禮를 보다.
서울 高麗禮式場.(1988. 3. 5)

▼ 長女 雪娥
學士學位를 받다.
(1989. 2. 25)

▲ 中國 上海 虹橋賓館에서 개최된
國際會議에서 主題發表를 하다.
(1989. 3. 11)

◀
上海 臨時政府廳舍였던
建物 앞에서.
(1989. 3. 15)

▼ 韓國土地開發公社任員 및 幹部.
당시 理事였음.(1989. 4. 1)

◀
새마을운동中央協議會 理事陣.
本部建物 앞.
(1989. 7. 21)

◀
聞慶人 골프 모임을
驪州 골프場에서 갖다.
(1989. 9. 20)

▶
軍隊訓練을 마친
아들 東爀을 면회가다.
楊平 20師團 鍊兵場.
(1989. 12. 29)

◀ 庚午年 새해의 家族모습. (1989. 2. 1)

◀ 서울大 金榮國 副總長께 學處長을 대표하여 回甲紀念品을 드리다. 新羅호텔.(1990. 6. 26)

▲ 臺灣 臺北市에서 개최된 韓中日 都市計劃會議에 참석한 韓國代表團. (1990. 9. 12)

▲ 韓國土地開發公社 理事陣 群山 · 長項 개발지구를 시찰하다.(1990. 1. 11)

XI. 平教授 및 研究院長 時代

(1990. 11~1994. 7 / 3년 9개월)

◀ 次女 貞娥 高等學校를 졸업하다. 왼쪽은 擔任先生任. (1991. 2. 6)

▼ 原州 陸軍 第2軍司令部 將校들에게 特講을 하고 司令官으로부터 感謝牌를 받다.(1991. 2. 12)

▲ 舊 東獨 Berlin의 北韓大使館 앞.(1991. 7. 2)

◀ 스웨덴 Stockholm市廳 앞. 왼쪽은 유학 중인 朴憲注군.(1991. 4. 18)

▲ COGEMA 任員들과 같이. 프랑스 北端 La Hagu.(1991. 7. 10)

▲ 聘父任과 聘母任을 大田 儒城溫泉 호텔에 모시고 하루를 지내다.(1992. 2. 7)

▲ 國政硏究會 會員들. 中央에 金泳三 名譽會長, 朴世直 會長이 앉아 계시다.(1992. 6. 11)

▲ 中國 延邊大學에서 개최된 南韓 · 北韓 및 中國 共同 세미나에 참석한 代表들.(1992. 7. 10)

▲ 長女 雪娥, 文丙基군과 約婚式을 올리다. 왼쪽 査頓 내외분. 르네상스호텔.(1992. 8. 26)

◀ 白頭山에 올라
天池 옆에 서다.
(1992. 7. 14)

▲ 태어나 자란 깃골의
옛집터 옆에서.
(1992. 9. 5)

▲ 韓國地方行政研究院
職員들과 仁壽峯에 오르다.
(1992. 11. 13)

◀ 現代그룹 任員들에게 特講을 하다.
現代人力開發院에서.(1993. 1. 5)

▲ 長女 雪娥 空港터미날禮式場에서 文丙基군과 結婚式을 올리다.(1993. 1. 6)

▲ 行政刷新委員會 委員들.
委囑狀을 받고 金泳三 大統領과
기념촬영을 하다. 靑瓦臺 迎賓館 앞.
(1993. 4. 20)

▶
癸酉年 봄의 모습.
(1993. 5. 22)

▲ 恩師 Corey學長과 같이 恩師 自宅에서.
기증한 懸板「高理亭」이 보인다.
(1993. 7. 10)

◀ Michigan州立大學에서 개최된 國際會議 閉幕式에서 綜合評價를 발표하다.(1993. 7. 10)

▼ 韓日 地方自治學會 代表들. 日本 東京都 世田谷區 會議室에서 懇親會를 갖다.(1993. 9. 27)

▲ 韓國地方行政研究院 주최 國際세미나에 참석한 外國代表와 大田 EXPO에 가다.(1993. 10. 10)

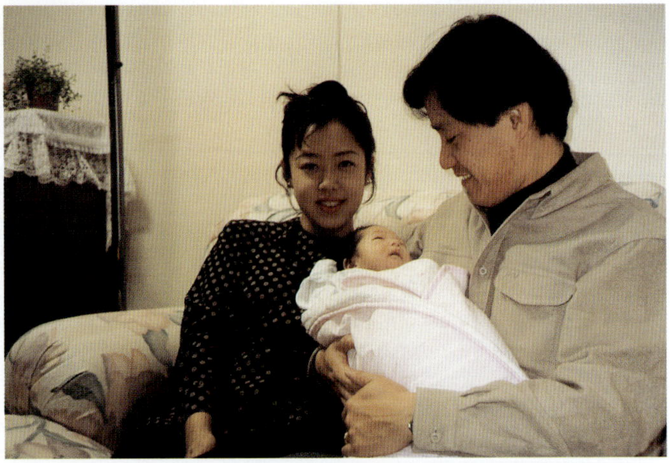

▲ 外孫子 文近榮 태어나다(1993. 10. 15) 美國 Columbus市.(1993. 10. 31 촬영)

▶ 美國 留學 중인 次女 貞娥와 같이 Lansing에 있는 Rose Garden에서.(1994. 6. 9)

◀
內務部 地方行政研修院
長期課程班 입교기념촬영.
幹部 및 指導敎授.
(1994. 2. 23)

◀
韓國地方行政研究院長職을
떠나면서 內務部
崔炯佑 長官 및 幹部들과
작별인사를 하다.
內務部長官室.
(1994. 7. 21)

◀ 「聞慶市民의 노래」 歌詞 制定으로 嚴恒燮 聞慶市長으로 부터 功勞牌를 받다.(1995. 5. 12)

▼ 行政刷新政策 討論會에서 司會를 보다. 世宗文化會館 小會議室.(1994. 12. 20)

▼ 浦項 都市基本計劃에 대한 公聽會에서 司會를 보다. 浦項市民會館 大講堂.(1995. 5. 22)

▲ 韓國地方自治學會 제3대 會長에
당선되어 就任人事를 하다.
(1995. 2. 22)

▲ 金瑢泰 內務部長官과 地方自治 發展에
대한 의견을 교환하다.
內務部長官室.
(1995. 5. 11)

◀
檀國大學 申邦鉉 教授와
學生 幹部들.
中央 골프場에서.
(1995. 6. 3)

▼ 次女 貞娥가
태어나 자란 美國
Cincinnati市 Ohio Avenue의
옛집 앞에서 長女 · 次女 · 外孫子.
(1995. 6. 18)

▼ Jan Laverty Jones
라스베이거스市長과 같이.
좌측은 李圭憲 院長.
Las Vegas市長室.
(1995. 6. 20)

◀
「慶北發展 和合의 모임」에서 祝辭를 하고,
李義根 慶北知事, 金學文 聞慶市長,
李源植 慶州市長 및 聞慶市 代表들과
기념촬영을 하다.
慶州 現代호텔.(1995. 7. 11)

▲ 이집트 카이로 近郊 기제(Gizeh)에 있는
피라미드와 스핑크스 앞에서.
(1995. 7. 18)

▼ 리비아 홈스地方 렙티스 마그나의
로마시대 遺跡地를 가다.
東亞建設 초청 리비아 視察團 일행.
(1995. 7. 24)

▶
韓國地方自治學會 주최
地方自治 세미나에 참석한 인사들.
프레스 센터 記者會見場.
(1995. 8. 10)

▲ 環心會 會員 夫婦 送年 모임. 하야트 호텔.(1995. 12. 28)

▶ 韓國地方自治學會-Las Vegas市 共同主催 세미나에 참석한 代表들. 會議場 앞.(1995. 12. 20)

▼ 泰榮開發株式會社 任職員들에게 職場의 중요성에 대해 特講하다.(1996. 3. 4)

▼ 國務總理 主宰의 제1차 地方自治制度發展委員會 會議에 委員으로 참석하여 基調發表를 하다.(1996. 3. 8)

▲ 第1回 韓國地方自治團體 經營大賞 施賞式에서 審査委員長으로서 審査報告를 하다. 롯데호텔.(1996. 3. 13)

◀ 忠南 靑陽郡 出張길에 七甲山 頂上에 세워진
'나물캐는 아낙네像' 앞에서 內務部 金暉東과장,
朴相烈, 朴鍾眞씨 등과 같이.(1996. 5. 30)

▲ 陰曆起算 回甲日(6월 10일)에 中國 圖們市에 가다.
뒤로 北韓땅과 豆滿江이 보이고 兩國을 오가는
다리가 놓여 있다.(1996. 7. 25)

▲ 妻 · 막내딸과 같이 北京 天安門앞 廣場에 서다.
뒤로 紫禁城의 깃발이 펄럭인다.(1996. 7. 27)

◀
60년전 태어나 자라던
聞慶 興德 깃골마을
옛집의 現在 모습.
(1996. 4. 1)

▼ 현재 거주하고 있는
서울 驛三洞의 自宅 正門.
制憲節.
(1996. 7. 17)

▶
驛三洞 自宅 庭園에
세워져 있는 家旗.
(1996.7.28)

▶
집필한 글들이 게재되어
있는 여러 刊行物들.
(驛三洞 自宅 書齋)
(1996.7.28)

◀
서울 리츠 · 칼튼 호텔에서 개최된 韓國地方自治學會와
미국 Las Vegas市 주최 심포지엄에서 學會會長의
開會人事를 하다.(1996. 10. 7)

◀ 慶州코오롱 호텔에서 개최된
韓 · 美 심포지엄에서
韓國地方自治學會 會長으로서
開會辭를 하다.(1996. 10. 9)

▼ 서울 리츠 · 칼튼 호텔에서 개최된 華甲紀念集「한
韓國人의 삶과 발자취」獻呈式의 全景.(1997. 1. 8)

◀ 華甲紀念集으로
발간된 836쪽의
방대한 60年 記錄冊子.
(1996. 12. 31 發刊,
1997. 1. 8 獻呈式)

▶
地域開發研究會 創立
總會에서 顧問으로 추
대되어 祝辭를 하다.
(1997. 2. 24)

XIII. 課程主任教授 時代

(1997. 3～1999. 2/2년)

▲ 忠南 錦山郡 所在 中部大學에서 特講을 하고 敎授 · 課程生들과 기념촬영을 하다. (1997. 3. 28)

▲ 서울大 環境大學院 高位政策課程 第3期生의 海外研修次 濠洲에 가다. 시드니市 植物園에서 夫婦同伴 함께.(1997. 4. 5)

▲ 서울大 環境大學院 高位政策課程 第3期生의 海外研修次 싱가포르에 가다. Sentosa섬 골프場에서. (1997. 4. 9)

▲ 韓國能率協會와 每日經濟新聞社가 주최한 제2회 韓國地方自治經營大賞 施賞式에서 審査委員長으로 審査報告를 하다. 63빌딩 國際大會室. (1997. 4. 30)

▼ 忠淸南道 주최 '97 國際環境포럼 推進委員長으로서 沈大平 知事로부터 感謝牌를 받다. 忠南道知事公館 정원에서. (1997. 6. 7)

▲ 가족 모두 캐나다 쪽의
나이아가라 瀑布에 가다.
(1997. 8. 1)

▼ 妻와 같이 생활했던 美國 신시내티市의
아파트 앞 玄關에서 長女 · 長男 · 外孫子
와 같이. (1997. 7. 25)

▶
美國 플로리다州 올란도市
近郊에 있는 Walt Disney World
Resort 안의 Magic Kingdom
中心部에서 家族들과 기념촬영.
뒤는 월트 디즈니의 銅像.
(1997. 8. 6)

▶
美國 플로리다州 大西洋
沿岸에 있는 NASA의
케네디宇宙센터를 방문하다.
(1997. 8. 9)

▲ 國土計劃學會 訪日團,
日本 名古屋 新港을 시찰하다.
(1997. 9. 18)

▲ 全北 全州市에 建設된 한솔종이博物館의 開館式에
참여하고, 한솔文化財團 李仁熙 이사장과 함께 金安濟 교수
史料 展示室을 둘러보다. (1997. 10. 21)

▶
韓日 地方自治學會 세미나에 참석하다.
日本 東京 早稻田大學 會議場 앞에서.
(1997. 11. 8)

◀ 次女 貞娥, 美國 미시간州立大學 音大 作曲科를 졸업하고 學士學位를 받다. (1997. 12. 6)

◀ 美國 라스베이거스市 首席局長인 金在城 박사의 出版紀念會에 참석하고, 招請人 代表로 인사말을 하다. (忠北 水安堡 파크 호텔, 1997. 12. 6)

▶ 「새마을 新聞」의 '뿌리 깊은 고장을 찾아서' 取材次 公州 방문. (公州 公山城에서, 1998. 3. 26)

▲ 서울大 環境大學院 高位政策課程 第4期의 海外硏修次 日本訪問.
(九州 別府市 海地獄 앞에서, 1998. 6. 27)

▶
모처럼 한 자리에 모인
兄弟姉妹와 그 家族들.
(聞慶市 虎溪面 幕谷里 甥姪 黃泰鉉
自宅 마당에서, 1998. 7. 19)

▲ 忠淸南道 沈大平 道知事 와의 對談, 「自治公論」誌 揭載.(忠南道廳 道知事室, 1998. 7. 22)

▲ 大韓 國土 · 都市計劃 學會 訪中團 西安 訪問. (秦始皇陵 앞, 1998. 8. 7)

◀ 仁川市 崔琪善 市長과의 對談, 「自治公論」誌 揭載. (仁川市廳 市長室, 1998. 8. 21)

◀ 全羅北道 柳鐘根 道知事와의 對談, 「自治公論」誌 揭載. (全北道廳 道知事室, 1998. 9. 7.)

◀
釜山市 安相英 市長과의 對談,
「自治公論」誌에 揭載.
(釜山市廳 市長室,
1998. 9. 24)

▲ 忠清北道 李元鐘 道知事와의
對談,「自治公論」誌 揭載.
(忠北道廳 道知事室,
1998, 11. 13)

▼ 2002년 월드컵 組織委員會 都市·環境
協議會 共同議長으로서 金大中大統領께
人事 드림.
(靑瓦臺 迎賓館, 1998. 11. 28)

▲ 서울市 高 建 市長과의 對談,「自治公論」誌 揭載.
(서울市廳 市長室, 1998. 12. 14)

▲ 光州市 高在維 市長과의 對談, 「自治公論」誌 揭載.
(光州市廳 市長室,1999. 1. 19)

▲ 行政自治部 · 國土開發硏究院 주최 '地方公企業 開發方向' 政策討論會에서의 司會 進行 全景.
(慶州 敎育文化會館,1998. 12. 17)

XIV. 平教授 時代

(1999. 3 ~2001. 12 / 2년 10개월)

▲ 慶尙南道 金爀珪 道知事와의 對談,「自治公論」誌 揭載. (慶南道廳 道知事室, 1999. 3. 3)

▲ 大田市 洪善基 市長과의 對談,「自治公論」誌 揭載. (大田市廳 市長室, 1999. 3. 31)

▲ 地域開發研究會 代表團, 日本 地域開發 관련 機關을 방문하다. (東京 國際書籍博覽會場 입구에서, 1999.4.22)

◀ 새재 會員들에 의해 세워진 '새재碑'의 除幕式;碑文은 本人이 作成. (聞慶市 聞慶새재 入口, 1999.4.25)

◀ 江原道 金進㭳 道知事와의 對談,
「自治公論」誌 揭載.
(江原道廳 道知事室, 1999. 4. 30)

▲ 慶尙北道 李義根 道知事와의 對談, 「自治公論」誌 揭載.
(慶北道廳 道知事室, 1999, 5. 24)

▲ 古州 盧隆熙 地方自治學術賞 施賞式.
(泰榮빌딩 大會議室, 1999. 5. 8)

▲ 麗水市에서 개최된 韓國地方行政研究院 主催
'地方포럼'에 참석한 代表者 一行.
(麗水市 突山公園 頂上에서, 1999. 5. 28)

▲ (社)韓國自治開發研究院 理事長으로서의 執務 모습.
(韓國自治開發研究院 理事長室, 1999. 5. 13)

▶
韓國道德運動協議會 創立10周年紀
念式에서 特講을 하다.
(世宗文化會館, 1999. 6. 1)

▲ 外孫女 文素瑛의 百日紀念 寫眞.
(서울 寫眞館에서, 1999, 6. 15)

▼ Viagis Center 任員陣, 向後 發展方案을
論議하기 위해 抱川에 가다.
(京畿道 抱川郡 베어스 타운에서, 1999. 6. 20)

▶
地方自治法 制定 50周年을 맞아
金鐘泌 國務總理로부터
國民勳章 冬柏章을 수여받다.
(世宗文化會館, 1999. 7. 1)

▲ 京畿道 林昌烈 道知事와의 對談.
(京畿道 道知事室, 1999. 7. 14)

▲ 第63回 本人 生日宴에서 家族들과 祝賀 케이크를 짜르다.
(서울 瑞草區 牛眠洞 所在 長女宅에서, 1999. 7. 22)

▶
大邱市 文喜甲 市長과의 對談,「自治公論」誌 揭載.
(大邱市廳 市長室, 1999. 8. 10)

◀ 現代商社 招請으로 처음 金剛山을 訪問 · 觀光.(金剛山 萬物相의 海拔 1,041m 頂上의 望洋臺에 올라, 1999. 8. 17)

▲ 金大中 大統領으로부터 地方移讓推進委員會 委員長의 委囑狀을 받다.(靑瓦臺 迎賓館 接見室, 1999. 8. 30)

▲ 金鐘泌 總理 및 委員들과 '地方移讓推進委員會'의 懸板式을 갖다.
(光化門 政府綜合廳舍 11層에서, 1999. 8. 30)

▼ 地方移讓推進委員會 第1次 會議를 主宰하다.(政府綜合廳舍 大會議室, 1999. 8. 30)

▲ 全羅南道 許京萬 道知事와의 對談,
「自治公論」誌 揭載.
(全南道廳 道知事室, 1999. 9. 3)

▲ 蔚山市 沈完求 市長과의 對談, 「自治公論」誌 揭載.
(蔚山市 2002年 월드컵開催 競技場 建設現場에서. 1999.9.9)

▶
韓 · 中 · 日 都市計劃 세미나에 참석한
大韓國土 · 都市計劃學會 代表團.
(臺灣 최남단 墾丁에서, 1999. 9. 20)

▲ 濟州道 禹瑾敏 道知事와의 對談,「自治公論」誌 掲載.
(濟州市 감귤밭에서, 1999. 10. 1)

▼ 韓 · 日 地方自治學會 세미나에 참석한 兩國 代表者들.
(日本 京都 龍谷大學 會議場 앞, 1999. 11. 6)

▼ 同期生 卞 鐸 社長의 父母任 墓所에서 거행된 墓碑 除幕式에서
本人이 作成한 碑文을 낭독하고 있다.
(聞慶市 山陽面 辰井里 뒷산, 1999. 11. 14)

▲ 行政自治部 金杞載 長官과의 對談, 「自治公論」誌 揭載.
(行政自治部 長官室, 1999. 12. 13)

▲ 潁江文化後援會 主催로 開催된 本人의 受賞 및
委員長 就任 祝賀宴에 참석한 在京 聞慶人士들.
(서울 샹제리제 뷔페 홀, 1999. 12. 21)

▶
베트남 하노이市를 방문한
大韓國土・都市計劃學會 代表團.
(하노이市 호치민 墓所 앞에서,
2000. 1. 27)

▶
大韓國土 · 都市計劃學會 代表團과 같이
베트남 호치민市(舊 사이공)를
방문하다.
(妻와 같이 호치민市 中心에 있는
호치민 銅像 앞에서, 2000. 1. 29)

▼ 大韓國土 · 都市計劃學會 代表團과 같이
캄보디아에 있는 앙코르 왓트를
방문하다. (妻와 같이 바이욘寺院 앞에서,
2000. 1. 30)

▲ 外孫子 文近榮, 初等學校에 入學하다.
(父母 및 동생과 같이 서울 牛岩初等學校
本館 앞에서, 2000, 3. 4)

◀
幼稚園 英語學校를 卒業하는 外孫子 文近榮.
(서울 牛眠洞 所在 The Discovery School
졸업식장, 2000. 2. 25)

◀
國家專門行政研修院의
高級幹部課程生들과 鬱陵島를 방문하다.
(道洞에 있는 마리나 호텔 앞,
2000. 5. 9)

▼ 國家專門行政研修院 吳馨煥 院長과 같이
鬱陵島 聖人峰 頂上에 오르다.
(聖人峰 標識石 옆에서, 2000. 5. 9)

▲ 妻 및 次女 貞娥와 美國에 가다.
(샌프란시스코 市廳 앞 廣場에서,
2000. 8. 14)

▶
妻 및 次女와 美國 로스앤젤레스에 가다.
(맨 우측에 있는 妻의 親舊
姜信子와 같이 Hollywood의 China
Theater 앞에서, 2000, 8. 17)

▲ 韓國自治開發硏究院이 主管한 第1期 統營市民自治大學 修了生 一同.(慶南 統營市廳 本館앞, 2000. 11. 30)

▲ 大韓國土 · 都市計劃學會 代表團과 이집트에 가다.
(Cairo 近郊 Gizeh에 있는 피라밋 옆에서
妻와 같이 駱駝를 타고서, 2001. 2. 9)

▶
大韓國土 · 都市計劃學會 代表團과
이집트에 가다.
(Gizeh에 있는 스핑크스와
피라밋 앞에서, 2001, 2. 9)

◀
國土 · 都市計劃學會 代表團, 이라크의
메소포타미아 遺蹟地를 視察하다.
(Mosul에 있는 '요나의 무덤 앞에서,
2001 . 2. 12)

▼ 國土 · 都市計劃學會 代表團, 이라크의 유프라테스江을
觀光하다.(Hilla市 Babel Tourist Hotel 앞 江邊에서,
2001. 2. 14)

▲ 國土 · 都市計劃學會 代表團 이라크 Ur
遺蹟地에 가다.(아브라함의 生家에서,
2001. 2. 13)

▶
國土 · 都市計劃學會 代表團,
이라크의 바빌론 遺蹟地를 視察하다.
(Babylon 城門 앞에서, 2001. 2. 14)

◀
國土 · 都市計劃學會 代表團과
요르단의 Petra 遺蹟地에 가다.
(돌 溪谷의 遺蹟을 보러가는
入口에서, 2001. 2. 15)

◀ (社)地域開發研究會 定期總會를 마치고.
(地域開發硏究會 大會議室에서, 2001. 2. 21)

▶
濟州市民들 앞에서 金泰煥 市長으로부터
濟州市 名譽市民證을 받다.
(濟州 漢拏大學 講堂에서, 2001. 3. 24)

▲ 金龍培 將軍 銅像 및 追慕碑 除幕式에서 碑文을 낭독.
(聞慶市 聞慶邑 下里 龍培公園內, 2001. 7. 2)

▲ 大韓國土 · 都市計劃學會 러시아 訪問團과 함께.
(러시아 Saint Petersburg市
바실리예프스키섬에 있는 로스트랄
燈臺 앞에서, 2001. 7. 5)

▲ 大韓國土 · 都市計劃學會 러시아 訪問團과 함께.
(러시아 모스크바 크렘린宮 앞 無名勇士의 墓
'꺼지지 않는 불' 앞에서, 2001. 7. 6)

▶
大韓國土 · 都市計劃學會 폴란드 訪問團과 함께.
(바르샤바市內 퀴리 夫人 生家 앞에서, 2001. 7. 7)

◀ 大韓國土 · 都市計劃學會 체코 訪問團과 함께.
(프라하市 볼타바江 카를橋 위에서, 2001. 7. 9)

▲ 大韓國土 · 都市計劃學會 헝가리 訪問團과 같이.
(부다페스트市 도나우江을 배경으로
'漁夫의 要塞' 에서, 2001. 7. 11)

▲ 大韓國土 · 都市計劃學會 오스트리아
訪問團과 같이.(Wien市內 쇤브룬宮殿
안에서, 2001. 7. 10)

▶
農協中央會 訪問團과 같이
現地視察을 가다.
(忠南 瑞山 海美城에서, 2001. 8. 14)

▲ 退溪誕辰 500周年紀念
國際學術大會에 참석 토론.
(安東市 禮安所在 韓國國學振興院에서,
2001. 10. 13)

▲ 全國 中學生 道德禮節 글짓기 公募 施賞式에서 審査委員長으로서 審査評을 하다. (大韓商工會議所에서, 2001. 10. 19)

▶
地方移讓推進委員會 委員들과 聞慶새재 및《太祖 王建》撮影場을 방문하다. (聞慶市長 및 委員들과 새재碑 앞에서, 2001. 10. 27)

▲ 尙志大學 理事長 金文起 先生 古稀紀念式에서 祝辭하다.
(世宗文化會館에서, 2001. 10. 29)

▼ 外孫子 文近榮과 外孫女 文素瑛과 같이.
(서울 驛三洞 自宅 庭園에서, 2001. 11. 3)

▼ 慶南 統營市의 市民自治大學 修了式에 참석.
(統營市廳 앞, 2001. 11. 23)

XV. 教授停年 時代

(2002. 1 ~ 2002. 8 / 8개월)

▲ 大韓國土 · 都市計劃學會
中南美 訪問團과 같이
멕시코의 멕시코市
근교에 있는 마야 · 아즈텍
文明 遺蹟地에 가다.
(Teotihuacan의 달의
神殿 앞에서, 2002. 1. 27)

▲ 옛 잉카帝國의 首都였던
페루의 Cusco市 언덕에
오르다.
(왼쪽은 禹哉永 會長,
2002. 1. 28)

▲ 페루의 잉카 遺蹟地인
마추 픽추에 오르다.(2002. 1. 29)

◀
페루 Ica市의 모래山으로 둘러싸인
오아시스에 있는 호텔에서 一泊을 하고
그 언덕에 오르다. (2002. 1. 31)

◀
페루 Nazca에 있는 地上繪畫를 보기 위해
輕飛行機를 타다. (2002. 1. 31)

▲ 페루 Paracas半島의 太平洋 沿岸에서.
(2002. 1. 31)

▼ 페루의 首都 Lima市의 中心 廣場에서.(2002. 2. 1)

▶
브라질 쪽에서 바라본
이구아수 瀑布 앞에서.(2002. 2. 2)

◀
아르헨티나 쪽에서 바라본 아구아수 瀑布 앞에서.
(2002. 2. 3)

▼ 브라질의 Curitiba 都心에서. (2002. 2. 4)

▲ 브라질의 環境親和都市 Curitiba의
都心에 있는 湖水公園 안에서.
(2002. 2. 4)

▶
브라질의 Curitiba市의 圓筒型으로 된
버스 停留場에서. (2002. 2. 4)

▲ 브라질 Brasilia의 國會議事堂 앞에서. (2002. 2. 5)

▲ 브라질 首都 Brasilia의 大統領宮 앞 廣場에서.(2002. 2. 5)

▶ 地方移讓推進委員會의 任期滿了된 實務委員들에게 勳褒狀을 수여하다. (行政自治部 次官室에서, 2002. 3. 6)

▲ 끊어진 鴨綠江 鐵橋와
새로 놓은 中朝友誼橋를
배경으로 中國 丹東市 앞
鴨綠江 遊覽船上에서.
(2002. 4. 13)

▲ 中國 丹東을 방문한 一行.
뒤로 萬里長城 東端
起點인 虎山長城이
보인다.
(2002. 4. 15)

▲ 長女 및 外孫子女와 서울大公園에 가다.
(어린이날을 맞아, 2002. 5. 4)

◀
어린이날을 맞아 長女 家族들과
서울大公園 動物園에 가다. (2002. 5. 4)

▲ 外孫女 素瑛이와 진돗개 珍乭.(自宅 庭園에서, 2002. 5. 5)

▼ 韓國自治開發硏究院 主催「自治發展 公職者 論壇賞」施賞式을 거행하다.(新築 獨立建物에서 受賞者 및 來賓들과 같이, 2002. 6. 8)

▲ 建交部 中央都市計劃委員들과 함께 都市計劃 視察次 全州市에 가다.
(全州 월드컵 蹴球競技場 안에서, 2002. 7. 9)

◀ 外孫女와 같이 비둘기에 모이를 주며 忙中閑을 갖다.
(國技院 앞 公園에서, 2002. 8. 18)

▲ 研究室을 정리하고 떠나기 直前 서울大 環境館 313號 教授室에서의 마지막 모습. (2002. 8. 29)

▲ 慶北 榮州市 豊基邑 小白山 속에 신축중인 金剛寺에 가다. (절 앞 500年 樹齡의 老松 앞에서 李景熙 將軍 및 惠園스님과 같이, 2002. 8. 23)

▶ 9月 1日부터 사용하게 될 서울大 環境大學院 名譽教授室의 冊床 앞에 미리 앉아보다. (2002. 8. 29)

◀ 光化門 綜合廳舍 11層에 있는 地方移讓推進委員會 委員長室에서 執務하는 모습. (2002. 8. 29)

▲ 서울 蘆原區 上溪洞 所在 (社)韓國地域發展研究院 院長室에서 執務하는 모습.(2002. 8. 29)

▲ 京畿道 高陽市 一山區 獐項洞에 있는 韓國自治發展研究院 院長室에서 執務하는 모습. (2002. 8. 29)

▶ 서울大學校 敎授 停年退任式 場面. (文化館에서, 2002. 8. 30)

◀
停年退任式에서 愼鏞厦 敎授協議會長으로부터
功勞메달을 받다. (文化館에서, 2002. 8. 30)

▲ 停年退任式을 마치고 同僚敎授 및 弟子들과 같이.
(本館 옆에서, 2002. 8. 30)

▲ 鄭雲燦 서울大 總長으로부터 名譽敎授 委囑狀을 받다.
(敎授會館에서. 2002. 8. 30)

▶
停年退任式 후 家族들과 같이
紀念撮影을 하다.
(서울大學校 正門 앞에서, 2002. 8. 30)

◀ 家族全部 紀念撮影.
(妻, 子女, 사위, 子婦, 外孫子女,
허바허바 寫場에서, 2002. 8. 31.)

▶
오랫 동안 內助를 아끼지 않았던 아내 黃蓮子와
停年의 感懷를 나누다.
(허바허바 寫場에서, 2002. 8. 31)

▲ 敎授停年 당시의 草凡 金安濟 近影.(허바허바 寫場에서, 2002. 8. 31)

XVI. 名譽教授 및 碩座教授 時代

(2002. 9 ~ 2006. 7 / 3년 11개월)

◀
颱風 '루사' 號가 오던 날 自宅 庭園에서 外孫女와 같이 놀면서 法定 敎授停年 다음 날을 감회롭게 보내다.
(2002. 9. 1)

▶
停年紀念 告別行事에서 金丁勖 環境大學院長으로부터 紀念膳物을 받다.(서울大 湖巖敎授會館에서, 2002. 9. 4)

▶
停年紀念 告別行事에서 鄭榮植 環境大學院 同窓會長으로부터 祝賀膳物을 받다. (서울大 湖巖敎授會館에서, 2002. 9. 4)

◀
停年紀念 告別行事에서 金成洙 環境大學院 教授로부터 權泰埈·金安濟 教授 停年紀念特輯인「環境論叢」을 기증받다.
(서울大 湖巖教授會館에서, 2002. 9. 4)

▲ 서울大 湖巖教授會館에서 개최된
停年紀念 告別行事에서 紀念講演을 하다.
(앉은 사람 左에서 金丁勖 院長,
權泰埈 教授, 鄭榮植 會長, 2002. 9. 4)

▼ 停年紀念行事 後 同僚教授 및 卒業生 代表들과
紀念撮影을 하다.
(서울大 湖巖教授會館 컨벤션 홀에서, 2002. 9. 4)

▶
告別講演會에 祝賀次 參席한 親睦 모임인
'好凡會' 會員들과 紀念撮影을 하다.
(서울大 湖巖教授會館 컨벤션 홀에서,
2002. 9. 4)

◀
好凡會 會員夫婦 日本 對馬島에 가다.
(嚴原町에 있는 朝鮮國 通信使 紀念館과 紀念碑 앞에서,
2002. 9. 28)

▶
對馬島 南縣郡 最南端 곶에 서 있는
好凡會 會員夫婦들.(2002. 9. 29)

◀ 好凡會 訪日團과 함께 對馬島 淺茅灣에서
船上 낚시를 하다.(2002. 9. 29)

◀
好凡會 會員들과 對馬島 旅行中 忙中閑을 즐기다.
(투숙한 Ocean Hotel 노래방에서 妻와 같이,
2002. 9. 29)

▶
好凡會員들과 2泊 3日 투숙했던 南縣郡의
Ocean Hotel을 떠나다.
(호텔 앞에서, 2002. 9. 30 出發 아침)

◀
好凡會員들과 對馬島 南縣郡에서 北縣郡으로
넘어가다(南 · 北縣郡을 잇는 萬關橋 위에서,
2002. 9. 30)

▶
趙洪來 前 靑瓦臺 政務首席과
그가 경영하는 이탈리아 食堂
'La Fonte'의 庭園에서
紀念撮影을 하다.
(2002. 10. 17)

◀ 好凡會員 일부와 午餐을 같이하다.
(議政府 소재 이탈리아 食堂 'La Fonte'
庭園에서, 2002. 10. 17)

▶
韓國 地域發展硏究院에서 새로 구입한 Equus 350을
처음 시승하다. (食堂 'La Fonte' 庭園에서,
2002. 10. 17)

▲ 韓國道德運動協議會 主催 烜石 孝行文化賞 施賞式에서 特講을 하다.
(서울 世宗文化會館에서, 2002. 10. 25)

▲ 一京 尹相在 先生 古稀紀念文集 編纂 紀念會에서 祝辭를 하다.
(서울 世宗文化會館에서, 2002. 11. 21)

▲ 金碩洙 國務總理 招請 晩餐에 地方移讓推進委員會 委員 및 關係官들과 같이 참석하다.
(國務總理 公館에서, 2002. 12. 11)

▶
外孫女 文素瑛과 같이
恐龍展示場에 구경가다.
(서울 COEX 展示室에서,
2003. 1. 8)

◀ 妻가 外孫女를 데리고 恐龍展示를 관람한 후 野外空間에서 쉬고 있다.
(서울 COEX 쇼핑몰에서, 2003. 1. 8)

▼ 地方移讓推進委員會가 주최한 '地方移讓促進을 위한 地方現地 懇談會' 를 주재하다.
(釜山市廳 會議室에서, 2003. 1. 16)

妻, 第60回 生日을 맞아 家族들의 祝賀를 받다.
(三井호텔 뷔페食堂에서, 2003. 2. 4)

外孫女와 같이 奉恩寺에 들리다.
(奉恩寺 法門 앞에서,
2003. 2. 9)

外孫子 · 外孫女와 같이 나들이를 하다.
(서울 COEX 옆 廣場에서,
2003. 2. 9)

▲ 서울大學校 環境大學院 開院 30周年 紀念式에 참석하다.(同大學院 本館 앞,2003.5.14)

▲ 서울大學校 環境大學院 開院 30周年 紀念式에서
金丁勛 院長으로부터 功勞牌를 받다.
(同大學院 講堂에서 2003. 5. 14)

▼ 外孫女가 집에 와서 같이 놀다.
(서울 驛三洞 自宅 庭園에서,
2003.5.17)

▲ 21世紀 國土포럼 · 國土研究院 주최의 '分權型 均衡發展을 위한 워크숍'에 참석하여 行事를 주재하다.
(國民銀行 天安 研修院 本館 앞에서 參席者代表들과 함께, 2003. 6. 21)

▲ 晩翠 柳致松 先生 傘壽 祝賀宴에 참석하여 祝辭의 말을 하다.
(Holiday-Inn-Seoul Hotel 宴會場에서, 2003. 7. 2)

▲ 新行政首都 建設推進 支援團 및 研究團과 같이 遷都事例視察次 터키를 방문하다.
(최초로 투숙했던 이스탄불의 인터컨티넨탈 호텔 앞에서, 2003. 7. 21)
※ 視察團(10명) - 李揆邦, 安建爀, 陳英煥, 徐泰晟, 朴銀寬, 尹光在, 金萬成,
吳洪澤, 林山

▶ 아시아大陸과 유럽大陸을 가르는 Bosphorus 海峽에서 船上觀光을 하다.(兩大陸을 잇는 긴 다리를 뒤로 하고서, 2003. 7. 22)

▲ 터키 이스탄불市에 있는 돌마바흐체 宮殿을 시찰하다. (中央 大홀에서, 2003. 7. 22)

▲ 이스탄불市의 톱가프 宮殿을 관람하다. (宮殿 밖 庭園에서, 2003. 7. 23)

◀ 이스탄불 市內에 있는 聖 소피아 寺院을 관람하다. (寺院 中央홀의 聖母 마리아와 아기 예수가 그려진 天障畵 아래에서, 2003. 7. 23)

◀
이스탄불 市內에 있는 古代의 地下 上水源 貯水池
遺蹟을 둘러보다. (2003. 7. 23)

▶
이스탄불市의 아시아 沿岸에 있는 언덕에 올라 골든
혼灣을 背景으로 하여 茶를 마시다.
(日本 作家 시오노 나나미(鹽野七生)
女史가 즐겨찾던 '롯디에' 찻집에서,
2003.7. 23)

◀ 터키 傳統의 배꼽춤을 관함하다.
(이스탄불 市內의 베리 댄스 公演場에서,
2003. 7. 23)

▲ 터키 首都 앙카라市에 가서 Middle East Technical University 建築大學 學長 및 敎授陣과 首都移轉에 대한 懇談會를 갖다. (同大學 敎授會議室에서, 2003. 7. 24)

▲ 앙카라市內의 '韓國公園'에 가서 韓國參戰 土耳基 紀念塔에 獻花·參拜하다. (2003. 7. 25)

▶ 앙카라市 官廳街에 있는 總理官邸를 방문하다. (本館 正門 앞에서, 2003. 7. 25)

◀
앙카라市 中心地에 만든 人工湖水公園에
들러 잠시 휴식하다. (2003. 7. 25)

▶
앙카라市가 추진하고 있는
溪谷 新開發地區에 가다.
(Ankara Dickman
溪谷 開發 現場에서,
2003. 7. 25)

◀ 앙카라市에 있는 國會議事堂을
배경으로 하여 서다.
(2003. 7. 25)

▶
앙카라市에 있는 터키의 初代 大統領이자
國父인 Atatürk의 祠堂墓(Anitkabir)를
예방하다. (2003. 7. 25)

◀
Ankara와 Cappadocia 中間에 있는 거대한
소금湖水(Tuz Gölu)를 관람하다.
(湖水 위에 자연적으로 만들어진 소금 위에서,
2003. 7. 26)

▶
카파도끼아의 地下都市에 들어가다.
(Maziköy 地下都市 안에서, 2003. 7. 26)

▲ 奇巖怪石으로 가득찬 카파도끼아 溪谷을 관광하다.(바위를 뚫어 사람이 살기도 하고 敎會나 寺院으로 이용하기도 함, 2003. 7. 27)

▲ 터키 南部에 있는 콘야州都인 Konya市를 방문하다. (오랜 歷史의 메블라나 博物館을 둘러보고, 2003. 7. 27)

▲ 터키에서 마지막 투숙했던 호텔을 떠나다. (Konya市 Hilton Hotel 앞에서, 2003. 7. 28 出發 아침)

▲ 外孫子 · 外孫女와 같이 良才洞의 '市民의 숲'에 놀러가다. (숲 안의 噴水臺에서 물을 맞고 서 있는 外孫子女 男妹, 2003. 8. 11)

◀ 良才洞 '市民의 숲'에 놀러가다. (물에 흠뻑 젖은 옷을 벗어 말리느라고 발가벗고 앉아 있는 外孫子와 外孫女, 2003. 8. 11)

◀ 家犬 珍島개 '방울'이가 강아지 여섯 마리를 낳다.(2003. 7. 30生)(自宅 庭園에서, 2003. 8. 17)

◀
妻와 같이 生後 1個月이된 강아지 여섯 마리와
이들의 父母인 '珍乭'과 '방울'을 데리고 놀다.
(自宅 마당에서, 2003. 8. 30)

▶
敎授停年 紀念集으로 발간된 總 2,122페이지의
「金安濟傳 人生履歷史」記錄集冊子
(2003. 8. 31 刊行)

◀ 별도의 停年 紀念集 發刊 行事를 갖지 않은채
關係者 몇 분과 간단한 自祝宴을 갖고 禹哉永
會長으로부터 紀念 메달을 받다.
(上溪同 日食堂 '大河'에서, 2003. 10. 28)

▶
外孫子 · 外孫女와 가을을 즐기다.
(自宅 마당 감나무 옆에서,
2003. 10. 31)

▲ 臺灣 · 韓國 經濟發展協會 結成 調印式에 참석하여 祝辭를 하다. (新羅호텔 大宴會場, 2003. 11. 29)

▲ 高陽市 一山區民 自治大學 修了式에 참석하여 祝辭를 하다. (一山區廳 大會議室, 2003. 12. 5)

▲ 韓國土地公社 開城工業地區 開發事務所 着工式의 紀念 試삽 광경. 右側부터 北韓의 박창연 總局長, 金鎭浩 土地公社 社長,한사람 건너 申相佑 平統諮問會議 副議長, 本人 등 (開城工團 建設現場에서, 2003.12.11)

▲ 開城 博物館 (舊 成均館)을 開城市 人民委員會의 정영철 對外事業局長의 안내로 관람하다.
(博物館 正門에서, 2003. 12. 11)

◀
開城 善竹橋를 처음 방문하여 女性 案內員의 說明을 듣다.
(2003. 12. 11)

▲ 新行政首都 建設推進 支援團 · 硏究團 · 調査團 合同 워크숍을 마치고 紀念撮影을 하다.
(大田所在 韓國土地公社 硏修院에서, 2004. 1. 10)

◀
妻(黃蓮子)의 回甲을 맞아
家族들과 祝賀宴을 갖다.
外孫子로부터 祝賀酒를 받다.
(韓食堂 '한미리' 에서,
2004. 1. 25)

▶
美國 산타클라라 카운티 廳舍 入口에서
兪宗禎 博士 및 次女 貞娥와 같이
기념사진을 찍다. (2004. 2. 4)

▲ 次女 貞娥, 兪君과 結婚 宣誓式을 가지다. 右側이 主禮이고
左側은 證人임. (美國 Santa Clara County Hall에서,
2004. 2. 4)

▶
美國 스탠포드 大學을 방문하다.
(후버 타워를 뒤로하고,
2004. 2. 6)

◀
次女와 같이 兪君 및 그 親舊들을 초청하여 저녁식사를 하며 환담하다. (산호세에 있는 韓食堂 '山莊' 에서, 2004. 2. 9)

▲ 韓國書畵作家協會 主催 書畵展에서 開幕 테이프를 끊다. (서울 國際展示 플라자 홀에서, 2004 3. 12)

▲ 高建 國務總理 초청으로 國政課題 委員長들과 오찬을 같이하다. (總理 公館에서, 2004. 4. 3)

◀
新行政首都建設推進企劃團의 諮問委員長으로서 마지막 勤務를 하다. (政府中央廳舍 607號 諮問委員長室에서, 2004. 4. 16)

◀
次女 貞娥, 新郞 兪宗禛君과 趙成泰 前 國防長官의 主禮下에 結婚式을 올리다. (서울 空港터미널 禮式場에서, 2004. 5. 9)

▲ 次女 結婚式에서 新郞·新婦 및 查頓內外分과 같이 紀念撮影을 하다. (서울 空港터미널 禮式場에서, 2004. 5. 9)

▲ 次女 結婚式에 참석한 兩家 家族들과 같이 紀念撮影을 하다.(서울 空港터미널禮式場에서, 2004. 5. 9)

▲ 次女 結婚式에서 新郎 · 新婦로부터 人事를 받고 祝願을 해주다.
(서울 空港터미널禮式場 幣帛室에서, 2004. 5. 9)

▲ 盧武鉉 大統領으로부터 新行政首都建設推進委員會 初代 委員長 委囑狀을 수여받다.(靑瓦臺에서, 2004. 5. 21)

▶ 新行政首都建設推進委員會 懸板式을 갖다. 왼쪽에서부터 李廷雨 정책기획 위원장, 姜溶植 자문위원장, 본인, 高建 국무총리, 姜東錫 건교부 장관, 金榮柱 정책수석.(政府中央廳舍에서, 2004. 5. 21)

◀
新行政首都建設推進委員長으로서 就任式에서 就任辭를 하다.(政府中央廳舍 19層 大會議室에서, 2004. 5. 24)

▲ 新行政首都建設推進團 大田事務所 懸板式 을 市 · 道知事 및 關係者들과 함께 가지다.(政府大田廳舍에서, 2004. 6. 8)

▲ 新行政首都建設 基本計劃案에 대한 公聽會에서 開會辭를 하다.
(서울 프레스 센터 會議室에서, 2004. 6. 23)

▲ 外交通商部 職員들에게 新行政首都建設에 대한 特講을 하다.
(政府中央廳舍 別館 大會議室에서, 2004. 8. 4)

▲ 李海瓚 國務總理의 新行政首都 立地發表 · 會見場에 배석하다.(政府中央廳舍 綜合 브리핑 室에서, 2004. 8. 11)

▶
國軍 機務司令部 將校들에
대한 新行政首都建設 特講次
司令部를 방문하여 宋泳勤
司令官의 迎接을 받다.
(機務司令部 玄關 앞에서,
2004. 8. 20)

◀ 本人 辭任前 新行政首都建設推進委員會 第7次 會議를 마지막으로 主宰하다. (政府中央廳舍 國務會議室에서, 2004. 9. 1)

▲ 韓國地方行政硏究院 開院 20周年 紀念式에 참석하다. (本 硏究院 大講堂에서, 2004. 9. 7)

◀
韓國道德運動協議會가 추최한 草凡 孝行賞 施賞式에서 本 協議會 總裁로서 시상하다. (大邱銀行本店 大講堂에서, 2004. 10. 22)

▶
韓國書畵作家協會가 주최하는 又史 朴權欽 藝術文化賞 施賞式에서 本 協會 總裁로서 祝辭를 하다. (世宗文化會館에서, 2004. 12. 3)

▶
韓國自治發展研究院이 주관하는 丹陽 郡民自治大學 修了式에 參席하기 위해 朴昇治 理事長과 함께 丹陽에 가다. (丹陽 島潭三峯 앞에서, 2004. 12. 10)

▲ 高麗大學校 經營大學院 校友會 主催 高麗아카데미 및 送年 모임에서 特講을 하고 禹哉永 會長의 同 校友會 經營大賞 受賞式에 참석하다. (左로부터 한재민 經營大學院 副院長, 김소남 校友會 會長, 受賞者 禹哉永 先生, 本人, 윤백현 高麗大 100周年 紀念事業 推進委員長, 高麗大學校 校友會館에서, 2004. 12. 22)

▲ 婦人의 第61回 生日紀念宴을 子女들과 같이 갖다.
(三井호텔에서, 2005. 2. 4)

▶
次女의 聖堂 入校式에 함께 참석하여 聖禮 行事를 치루다. (서울 驛三聖堂 마당 聖母 마리아像 앞에서, 2005. 2. 13)

◀
建國大學校 鄭吉生 總長으로부터 碩座敎授 任命狀을 받다. (建國大學校 總長室에서, 2005. 2. 28)

◀
韓國書畵作家協會 總裁로서 第24回 會員展의 開幕 테이프를 끊다. (서울 國際 디자인 플라자에서, 2005. 3. 4)

▲ 次女 貞娥의 生日祝賀 및 渡美歡送의 모임을 家族들과 갖다. (三井호텔에서, 2005. 3. 13)

▲ 高血壓으로 應急入院하여 2週間 치료 받은 후 회복된 모습으로 퇴원하다. (서울大學病院 本館 앞에서, 2005. 5. 10)

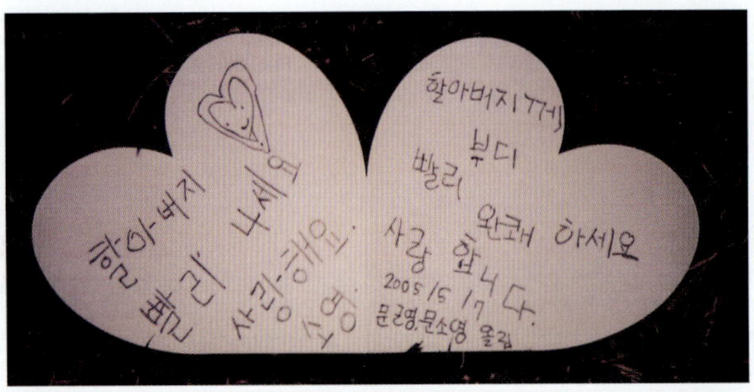

▲ 外孫子女가 問病次 病院에 와서 完快 所望의 메모를 주다. (서울大學病院 入院室에서, 2005. 5. 7)

◀
韓國自治發展硏究院 主催「民選地方自治 10年의 評價와 課題」를 主題로 한 세미나 開會式에서 功勞者들에 대한 感謝牌를 수여하고 함께 紀念撮影을 하다.(서울 世宗文化會館에서, 2005. 6. 10)

▶
21世紀 國土포럼 共同代表議長으로서 이틀간의 워크숍을 주재하다.
(天安 國民銀行 硏修院에서, 2005. 6. 29)

▲ 韓國書畵作家協會 主催「第22回 韓國書畵藝術大展」開幕式에 참석하여 開幕 테이프를 끊다.
(서울 國際 디자인 플라자에서, 2005. 7. 1)

◀
本人 生日을 紀念하기 위하여 妻 및 子女들과 仁川 松島 앞바다에서 遊覽船을 타다. (松島 앞 船着場에서, 2005. 7. 17)

▶
麟蹄郡 元通里에 있는 陸軍 第12師團에 가서 將兵들에게 道德特講을 하다. (第12師團 乙支部隊 敎育大隊 敎育場에서, 2005. 7. 29)

◀ 妻 및 外孫子女와 같이 本人이 碩座敎授로 있는 建國大學을 방문 · 관람하다.
(建國大學 湖水邊에서, 2005. 8. 5)

▲ 聞慶中學校 同窓會 體育大會에 참석하고 卞鐸 同門 喜捨로 조성된 小公園 開場 테이프를 끊다.
(聞慶中學校 校庭에서, 2005. 8. 15)

▶
姙娠中인 子婦와 外孫子女들을 데리고 마당에서 쉬다.(自宅 庭園에서, 2005. 9. 4

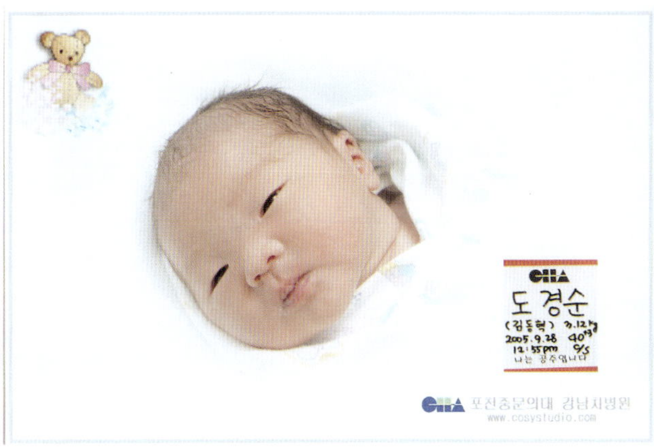

◀ 孫女 金旼嬉가 3.12kg의 몸무게를 가지고 出生하다.
(서울 車病院에서, 2005. 9. 28 낮 12時 55分)

▶ 韓國 · 日本 · 臺灣 都市計劃學會 國際세미나의 開會式을 마치고 3國 代表들과 紀念撮影을 하다. (濟州 韓火 리조트에서, 2005. 10. 8)

▲ 妻와 禹哉永 會長 夫婦 및 金昇河 先生과 金日成 將軍 銅像을 찾아보다. (平壤 萬壽臺에서, 2005. 10. 14)

▲ 金日成 將軍의 生家를 방문하다. (平壤 萬景臺에서, 2005.10.14)

▲ 北韓의 光復60周年 紀念 '아리랑 祝典'을 관람하다. (平壤 5.1 競技場에서, 2005. 10. 14)

▲ 高句麗 始祖 東明聖王의 王陵을 예방하다. (平壤市 東明王陵 앞에서, 2005.10.15)

▲ 黃時旭 會長이 추진하는 泰安 리조트 造成 對象地區를 살펴보다.
(忠南 泰安郡 泰安半島의 골프場 敷地 안에서, 2005. 11. 7)

▲ 行政中心複合都市 都市槪念 國際公募 施賞式에 受賞者와 李海瓚 國務總理 및 崔秉瑄 委員長 등과 참석하다.
(서울 프레스 센터 國際會議場에서, 2005. 12. 19)

▲ 新年 새해 아침에 家族이 모여 祭禮를 드리고 歲拜를 하다. (驛三洞 自宅 庭園에서, 2006. 1. 1)

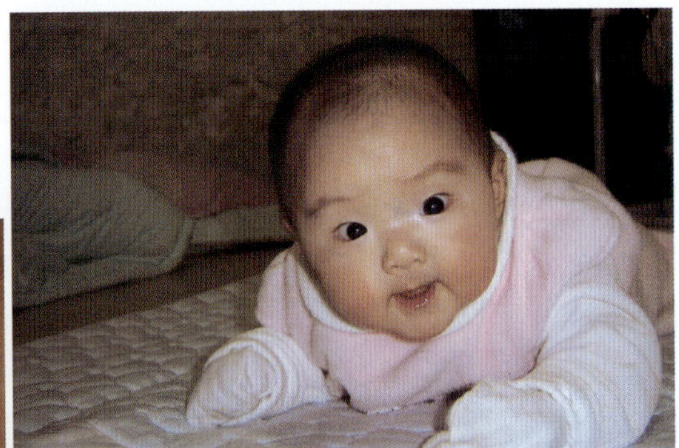

▲ 孫女 旼嬉의 新年 새해 모습.
(新林洞 外家宅에서, 2006. 1. 1)

▲ 孫女 旼嬉의 百日紀念 모임을 갖다. (三井호텔에서, 2006. 1. 8)

▲ 아내와 같이 아프리카 6個國 巡訪을 떠나, 먼저 케냐의 首都 나이로비에 가다. (Karen Blixen 博物館 入口에서, 2006. 1. 15)

▲ 케냐의 암보셀리 國立公園에 가서 사파리 觀光을 하다. (멀리 해가 뜨고 있는 킬리만자로山이 구름 속에 보인다. 2006. 1. 17)

▲ 케냐 國境을 넘어 탄자니아의 나망가 마을에 가다. (마사이族들이 物件을 사라고 따라다니고 있다. 2006. 1. 17)

▲ 짐바브웨에 가서 빅토리아 瀑布를 구경하다. (2km를 걸으면서 무지개가 선 瀑布 앞에서, 2006. 1. 19)

▲ 보츠와나의 초베 國立公園에 가다. (멀리 나미비아를 뒤로하고 초베江에서 크루즈를 하며, 2006. 1. 20)

▲ 잠비아側의 빅토리아 瀑布에 가다. (瀑布 入口에 있는 民藝品 露店商 앞에서, 2006. 1. 20)

▲ 南阿共의 케이프 타운에 가다.
(希望峰 頂上에서, 2006. 1. 22)

◀ 南阿共의 行政首都 프레토리아에 가다. (大統領이 머무는 유니언宮 앞에서, 2006. 1. 24)

▲ 南阿共의 선 시티에 가다. (人工地震이 일어나고 있는 로스트 시티 안에서, 2006. 1. 24)

▲ 家族들과 妻의 生日宴을 갖다.
(서울 三井호텔에서, 2006. 2. 1)

▲ 外孫子 文近榮이 第56回로 서울堰北初等學校를 졸업하다.
(學校 正門에서, 2006. 2. 15)

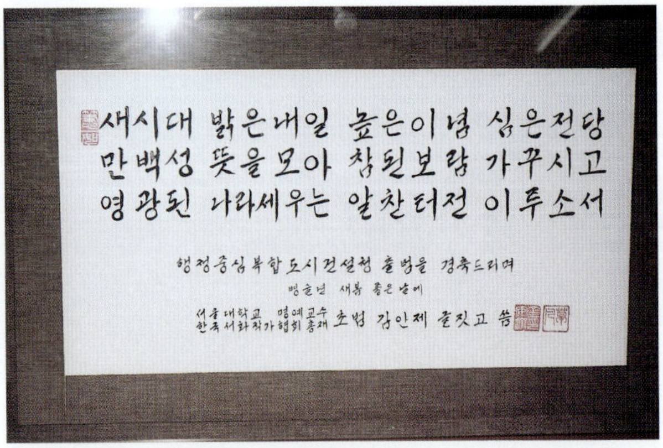

▲ 行政中心複合都市建設廳 發足을 축하하는 時調를 짓고 글씨를 써서 李春熙 廳長에게 증정하다. (建設廳 廳長室에 걸려 있음, 2006. 2. 17)

▲ 外孫女 文素瑛이 幼稚園 Kid's College를 第15回로 졸업하다.(COEX 大會議場에서, 2006. 2. 27)

▲ 外孫女 文素瑛이 서울 堰北初等學校에 入學하다.(學校 正門에서, 2006. 3. 2)

▶ 外孫子 文近榮이 서울 清潭中學校에 入學하다.(學校 正門에서, 2006.3.2)

▲ 家族들이 모여 次女와 外孫女의 生日을 함께 축하하는 자리를 갖다.(서울 옛집에서, 2006. 3. 11)

▲ 韓國書畵作家協會 第25回 定期會員展의 開幕 테이프 커팅을 하다.(서울 國際 디자인 플라자 展示室에서, 2006. 3. 24)

▲ 父母任 墓所에 가서 인사드리다.
(慶北 聞慶市 孔坪洞 梨谷 後山에서, 2006. 4. 14)

▲ 聘父母任 墓所에 가서 인사드리다. (慶北 聞慶市 永順面 先塋에서, 2006. 4. 14)

▲ 農協에서 마련해준 週末農場에 가서 菜蔬를 심다. (서울市 瑞草區 良才洞 所在 大元 農場에서, 2006. 4. 16)

▲ 金龍寺 大成庵에 가서 禮佛을 드리다. (主持스님과 같이 庵子 正門에서, 2004. 4. 14)

▲ 필리핀 Tagaytay에 있는 Taal 火山에 가다. (Taal湖를 건너는 배 위에서 妻, 次女 및 禹會長 夫婦, 2006. 4. 21)

▶ 필리핀 Tagaytay에 있는 世界最小 火山인 Taal 火山을 말을 타고 오르다. (뒤로 Taal湖가 보이고 現地人 馬夫가 같이 타고 있음, 2006. 4. 21)

◀
필리핀 Tagaytay의 Taal 火山 頂上에 오르다.
(뒤에 噴火口에 생긴 Yellow湖水와 湖水 中央에
小火山이 있음, 2006. 4. 21)

▲ 필리핀 Pagsanjan에 있는 Pagsanjan江의 急流를 요트를 타고 올라가다.
(앞 뒤로 두 사람이 배를 끌어올림, 2006. 4. 22)

▲ 필리핀 팍상한江의 急流를 요트로 오르다. (팍상한 瀑布 앞에서, 2006. 4. 22)

▲ 그룹 一行들과 麥酒를 마시며 夜間休息을 취하다. (필리핀 마닐라 灣 沿岸의 라이브 쇼 露天舞臺에서, 2006. 4. 22)

▲ 필리핀 마닐라 市內에 있는 Rizal 公園에 가다. (리잘 大統領 銅像 앞에서, 2006. 4. 23)

▲ 필리핀 마닐라 市內의 옛 遺跡地에 가다. (Santiago 要塞 위에서, 2006. 4. 23)

▲ 필리핀 Alaminos에 있는 天然의 熱帶林을 찾다.
(Hidden Valley Resort 入口에서, 2006. 4. 23)

▲ 많이 큰 孫女 旼嬉와 같이 놀다. (驛三洞 自宅 庭園에서, 2006. 4. 24)

▲ 韓國道德運動協議會 臨時總會에서 總裁의 인사말을 하다. (國一館 웨딩文化센터에서, 2006. 5. 2)

▲ 家族 모두 어버이날과 어린이날을 기념하는 會食을 갖다.
(장남 自宅 아파트에서, 2006. 5. 5)

▲ 韓國自治發展硏究院 開院 12週年 紀念式 및 第 11回 公職者 論壇賞 施賞式을 갖다. (高陽市 一山區 所在 硏究院 會議室에서, 2006. 5. 12)

▲ 行政中心複合都市建設廳을 방문하다. (本人이 짓고 쓴 祝賀 時調 懸板 아래서 李春熙 廳長, 姜溶植 委員長, 張明洙 前 總長과 같이, 2006. 5. 17)

◀ 好凡會 會員들 坡州로 野遊會를 가다. (栗谷先生 및 家族墓地 아래서, 2006. 5. 20)

▲ 行政中心複合都市 都市名稱制定審議委員會 委員長으로서 會議를 主宰하다. (最初 모임 후 建設廳 앞에서 委員들과 함께, 2006. 5. 30)

▲ 外孫子 · 外孫女와 같이 '서울의 숲'에 놀러가다. (중앙에 있는 湖水가에서, 2006. 6. 6)

▲ 몽골 首都 울란바타르에 가다. (一泊한 울란바타르 호텔과 레닌銅像 앞에서, 2006. 6. 20)

▲ 몽골 傳統 城隍堂 '워우'를 찾아 돌을 얹고 두 바퀴 돌다. (울란바타르市에서 테를지 國立公園으로 가는 國道邊에서, 2006. 6. 20)

▲ 몽골의 神聖한 바위라는 '거북바위'를 찾아 인사하다. (테를지 國立公園內 '거북바위' 앞에서, 2006. 6. 20)

▲ 뭉근머리트地域內 게르 캠프村을 가다. (이틀간 묵은 'Khan Kherlen' 캠프村 入口에서, 2006. 6. 21)

▲ 이틀간 잠을 잔 게르 앞에서 紀念撮影을 하다.
(禹哉永 會長과 같이, 2006. 6. 21)

▲ 몽골人들이 오랫동안 타오던 말을 타고 散策하다.
(칸 헬렌 캠프村 인근 草原에서, 2006. 6. 21)

▲ 뭉근머리트 草原의 遊牧民 村長宅을 방문하다. (村長宅 게르 앞에서, 2006. 6. 21)

▲ 뭉근머리트 野山에 올라 遠景을 구경하다.
(헬렌 江을 뒤로 하고, 2006. 6. 21)

▲ 뭉근머리트 칸 헬렌 캠프 옆 草原을 거닐다.
(黃時旭 會長과 같이, 2006. 6. 21)

▲ 울란바타르市의 자이산 戰勝塔에 오르다.
(뒤로 울란바타르 市街地가 보인다. 2006. 6. 22)

▲ 울라바타르市內에있는 李泰俊 醫師 紀念公園에 가다.
(公園안에 碑石과 墓地가 있다, 2006. 6. 22)

◀
韓國書畵作家協會가 주최하는 第23回 韓國書畵藝術大展 施賞式에서 總裁로서 祝辭를 하다. (서울 國際 디자인 플라자에서, 2006. 6. 23)

◀
韓國地域發展硏究院 및 禹哉永 法務士 事務室 移轉 告祀를 지내다. (서울 紫陽洞 所在 建國大 同門會館 入住 事務室에서, 2006. 6. 24)

▶
忠北 丹陽 所在 天台宗 本寺인 救仁寺를 찾아 禮佛 드리다. (本堂인 說法寶殿 앞에서, 2006. 7. 13)

▲「21世紀 國土포럼」主催 워크숍에서 共同代表議長으로서 이틀간의 行事를 주관하다. (忠州 所在 建設經營硏修院 大會議室에서, 2006. 6. 29)

▲ 長女의 새 아파트에서 兄弟 · 子女들이 모여 本人의 古稀 生日紀念 會食宴을 갖다. (長女 새 아파트 居室에서, 2006. 7. 15)

▲ 本人 夫婦와 長男夫婦 및 孫女의 3代가 한자리에 모이다.
(驛三洞 自宅 庭園에서, 2006.7.28)

▲ 비가 간간히 오는 가운데 妻와 孫女 및 外孫女와 紀念寫眞을 찍다. (驛三洞 自宅 庭園에서, 2006. 7. 28)

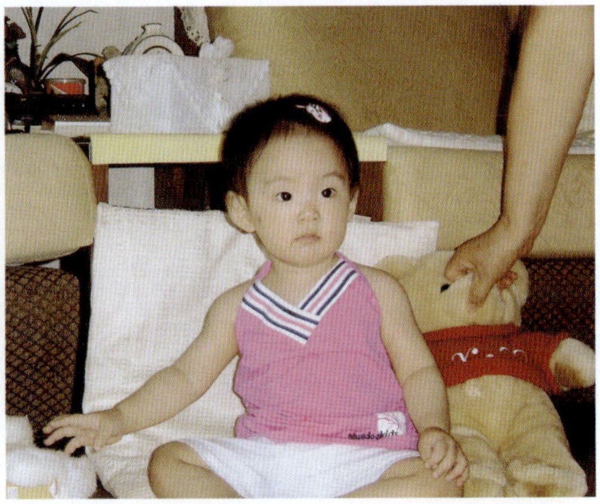

▲ 出生 10個月이 된 直系後孫인 孫女 金旼嬉 (서울 蠶院洞 長男 自宅 아파트 居室에서, 2006. 7. 28 本人 古稀紀念生日날)

第 2 篇

自 敍 小 史

出生하여 오늘에 이르는 지난 70년 동안에 이루어진 삶과 活動의 變遷過程을 時代別로 구분하여 草凡 자신의 이야기로 기술합니다. 發展의 契機와 특수한 事件을 중심으로 엮되 全體가 하나의 脈絡이 되도록 時間의 흐름에 맞추어 서술하였습니다. 먼저 成長과 修學時代를 기술하고 다음에 敎授와 硏究活動時代를 기술했으며, 끝으로 補職者로서의 社會奉仕時代를 기술하였습니다.

主觀의 개입이 없는 事實 그대로의 記述的 開陳이며, 완전한 內容의 自敍傳이 아닌 지극히 간추린 眞髓의 歷史에 불과할 뿐이지만 알려진 이야기와 숨겨진 逸話들이 하나의 軌道 위에 적나라하게 顯在되어 있어 生涯의 흐름과 삶의 起伏을 이해하는 데는 충분하리라 믿습니다.

象牙塔的 生活과 世俗的 삶이 함께 어울려 있는 한 時代의 人間史이자 社會史라고 할 수 있겠습니다.

"And I will tell you,
ask, and it will be given you;
seek, and you will find;
knock, and it will be opened to you."

Chaper 11, Luke, ***The New Testament.***

(그리고 내가 너희에게 이르노니,
구하라, 그러면 너희는 얻어질 것이오;
찾으라, 그러면 너희는 발견할 것이오;
두드려라, 그러면 너희에게 열려질 것이니라.)

新約聖書. 누가福音, 第11章

▨ 槪 觀 : 生涯年度別 主要發生事項 및 國家基本統計

年 度			主要發生事項				國家基本統計						
			個 人		國 家		面積 및 人口			經濟規模(經常)			
西紀	檀紀	干支	年齡	生涯區分	政 體	發生事件	面積(㎢)	人口(千人)	密度(人/㎢)	GNP(百万원)	1人當GNP(원, 千원)	1人當GNP($)	디프레이터
1936	4269	丙子	1	出 生		孫基禎,올림픽마라톤 優勝	98.431 (220.951)	14,253(22.548)	145(102)	0.4(0.7)	0.03(원)	25	0.00003
1937	4270	丁丑	2	成 長	日帝統治	中 · 日戰爭 勃發		14,475(22,899)	147(104)	1.3(2.1)	0.09	27	0.00010
1938	4271	戊寅	3			中等學校 朝鮮語 폐지		14,689(23,238)	149(105)	4.1(6.5)	0.28	30	0.00021
1939	4272	己卯	4			世界第2次大戰 발발		14,811(23,430)	150(106)	7.4(11.7)	0.50	33	0.00033
1940	4273	庚辰	5			創氏改名制 실시		14,885(23,547)	151(107)	11(18)	0.75	36	0.00043
1941	4274	辛巳	6			太平洋戰爭 발발		15,103(23,893)	153(108)	16(25)	1.04	39	0.00050
1942	4275	壬午	7			朝鮮徵兵制 실시		15,430(24,409)	157(110)	21(33)	1.37	42	0.00061
1943	4276	癸未	8			美 · 英 · 中, 카이로 宣言		15,801(24,997)	160(113)	27(43)	1.73	45	0.00068
1944	4277	甲申	9			女子挺身隊制 실시		15,879(25,120)	161(114)	34(53)	2.12	48	0.00078
1945	4278	乙酉	10	初等1年	美 軍 政	2次大戰 終結, 光復		16,947(25,764)	172(117)	42(64)	2.50	50	0.00089
1946	4279	丙戌	11	〃 2年		서울市 · 濟州島, 분리 독립	98.431	19,369	197	176	9.08	53	0.00096
1947	4280	丁亥	12	〃 3年		安東師範學校 開校		19,886	202	316	15.90	57	0.00104
1948	4281	戊子	13	〃 4年	第1共 (李承晩)	制憲議員 선거, 政府수립		20,027	203	482	24.08	60	0.00117
1949	4282	己丑	14	〃 5年		地方自治法 제정 · 실시		20,189	205	578	28.62	63	0.00124
1950	4283	庚寅	15	〃 6年		韓國動亂 발발		20,356	207	3,420	168	65	0.00132
1951	4284	辛卯	16	中學1年		農地改革 단행		20,441	208	6,750	330	67	0.00147
1952	4285	壬辰	17	〃 2年		初代 市 · 邑 · 面議會 議員 선거		20,526	209	11,700	572	68	0.00164
1953	4286	癸巳	18	〃 3年		休戰協定 발효		21,546	219	28,300	1,314	70	0.00178
1954	4287	甲午	19	高校1年		改憲案 4捨5入 가결		21,913	223	102,933	4,698	80	0.00221
1955	4288	乙未	20	〃 2年		中高等學校 분리결정		21,526	219	81,800	3,800	74	0.00392
1956	4289	丙申	21	〃 3年		TV放送局 첫발족		20,724	211	84,057	4,056	75	0.00499
1957	4290	丁酉	22	大學1年		蘇, 최초 人工衛星발사성공		21,321	217	91,900	4,312	77	0.00535
1958	4291	戊戌	23	軍服務		腦炎발생, 635명 사망		21,910	223	102,993	4,698	80	0.00606
1959	4292	己亥	24	大學2年		曺奉岩 사형집행		22.974	233	116,800	5,084	82	0.00641
1960	4293	庚子	25	〃 3年	第2共(張勉)	4.19義擧 발발		24,989	254	244,892	9,800	85	0.00677
1961	4294	辛丑	26	〃 4年	軍事統治	軍事쿠데타 발발		25,766	262	294,200	11,400	88	0.00785
1962	4295	壬寅	27	社員.敎師		貨幣改革 단행		26,513	269	355,500	13,400	92	0.00927
1963	4296	癸卯	28	大學院1年		大統領 선거, 朴正熙 당선		27,262	277	502,900	18,400	96	0.01213
1964	4297	甲辰	29	〃 2年	第3共 (朴正熙)	暴雨로 133명 사망		27,984	284	716,300	25,600	100	0.01569
1965	4298	乙巳	30	內務部		韓 · 日協定 조인	98.477	28,705	292	805,850	28,398	105	0.01640
1966	4299	丙午	31	大學院 助敎		中共에 文化革命 발생		29,193	296	1.032,040	35,482	131	0.01890
1967	4300	丁未	32			京釜高速道路 착공		30,131	306	1.242,350	41,712	152	0.02211
1968	4301	戊申	33			서울 電車, 70년만에 폐쇄		30,838	313	1.575,650	51,713	184	0.02567
1969	4302	己酉	34	美國留學		改憲案 國民投票 가결		31,544	320	2.047,110	66,545	219	0.02923

年度			主要發生事項				國家基本統計						
			個人		國家		面積 및 人口			經濟規模(經常)			
西紀	檀紀	干支	年齡	生涯區分	政體	發生事件	面積(㎢)	人口(千人)	密度(人/㎢)	GNP(百万원)	1人當GNP(원, 千원)	1人當GNP($)	디프레이터
1970	4303	庚戌	35	美國留學	第3共(朴正熙)	臥牛아파트 붕괴	98.477	31,466	320	2,545,920	81,295	257	0.03387
1971	4304	辛亥	36			大然閣호텔 화재발생		32,883	335	3,256,009	99,018	265	0.03895
1972	4305	壬子	37	專任講師		南北共同聲明 발표	98.484	33,505	340	3,987,095	119(千원)	299	0.04572
1973	4306	癸丑	38			東京서 金大中피납사건	98.758	34,103	345	5,081,347	149	375	0.05250
1974	4307	甲寅	39		第4共(朴正熙)	緊急措置 선포	98.824	34,692	351	6,730,248	194	402	0.07028
1975	4308	乙卯	40			維新體制 실시	98.824	34,707	351	8,919,699	257	532	0.08891
1976	4309	丙辰	41	助敎授		北京天安門廣場 폭동발생	98.824	35,849	363	13,264,130	370	765	0.11008
1977	4310	丁巳	42			새行政首都 건설구상발표	98.859	36,412	368	17,004,404	467	966	0.12870
1978	4311	戊午	43			環境保全法 발효	98.955	36,969	374	22,920,780	620	1,281	0.15834
1979	4312	己未	44		第4共(崔圭夏)	朴正熙 大統領 피격서거	98.966	37,534	379	29,088,850	775	1,394	0.19052
1980	4313	庚申	45	副敎授		光州事態발생, 國保委 설치	98.992	38,124	385	36,827,784	966	1,507	0.23624
1981	4314	辛酉	46		第5共(全斗煥)	輸出 200억달러 돌파	99.016	38,723	391	45,344,633	1,171	1,619	0.27942
1982	4315	壬戌	47			夜間通行禁止 전면해제	99.022	39,326	397	51,005,822	1,297	1,732	0.29805
1983	4316	癸亥	48			미얀마 아웅산묘소 爆發事故	99.091	39,910	403	59,226,440	1,484	1,866	0.31668
1984	4317	甲子	49			전국 大洪水, 126명 사망	99.117	40,406	408	70,083,900	1,739	2,102	0.33531
1985	4318	乙丑	50	正敎授		南北間 故鄕訪問團 교환	99.143	40.448	408	78,088,400	1,910	2,146	0.35140
1986	4319	丙寅	51			마르코스필리핀大統領 실각	99.173	41,184	415	90,598,700	2,207	2,562	0.37087
1987	4320	丁卯	52	大學院長		6.29宣言 발표	99.222	41,575	419	106,024,400	2,557	2,968	0.39204
1988	4321	戊辰	53		第6共(盧泰愚)	世界올림픽大會, 서울서개최	99.237	41,975	423	126,230,500	3,015	4,407	0.42168
1989	4322	己巳	54			盆唐 · 一山에 신도시건설결정	99.239	42,380	427	141,794,400	3,353	4,934	0.44623
1990	4323	庚午	55			3黨통합, 民主自由黨 출범	99.274	42.869	432	168,989,598	3,942	5,503	0.49280
1991	4324	辛未	56	平敎授		地方議會議員 선거	99.300	43,286	436	214,568,702	4,957	6,516	0.54530
1992	4325	壬申	57			南北代表團, 교환방문	99.314	43.663	440	238,836,610	5,470	6,938	0.58679
1993	4326	癸酉	58	研究院長	第6共(金泳三)	文民政府출범, 司正단행	99.392	44,056	443	265,701,736	6,031	7,463	0.62405
1994	4327	甲戌	59			聖水大橋붕괴, UR打決	99.392	44.453	447	303,080,554	6,818	8,508	0.67316
1995	4328	乙亥	60	平敎授		4大地方選擧실시, 三豊백화점붕괴	99.394	44.851	451	348,492,270	7,770	10,076	0.72312
1996	4329	丙子	61			2002월드컵 韓日共同개최로 결정	99.313	45.525	458	386,640,400	8,489	10,548	0.76037
1997	4330	丁丑	62	主任敎授		外換危機 도래	99.373	45.954	462	418,790,025	9,113	9,553	0.79509
1998	4331	戊寅	63		第6共(金大中)	國民의 政府 출범	99.408	46.287	466	410,558,208	8,870	6,231	0.84166
1999	4332	己卯	64	平敎授		構造조정, 失業者 속출	99.434	46.617	469	446,016,056	9,568	7,926	0.84081
2000	4333	庚辰	65			平壤서 南北頂上會議	99.461	47.008	473	477,754,857	10,163	8,924	0.84674
2001	4334	辛巳	66			테러犯들 美國뉴욕 공격	99.538	47.354	476	511,751,893	10,657	10,048	0.87638
2002	4335	壬午	67			월드컵開催, 4强진출	99.585	47.615	478	685,069,000	14,390	11,499	0.90178
2003	4336	癸未	68	名譽敎授 碩座敎授	第6共(盧武鉉)	參與政府출범	99.601	47,849	480	725,420,300	15,160	12,720	0.92633
2004	4337	甲申	69			大統領彈劾 行政首都違憲	99.617	48,082	483	779,467,800	16,210	14,162	0.95089
2005	4338	乙酉	70			不動產安定對策실시	99.700	48,294	485	837,538,151	17,342	15,775	0.97544
2006	4339	丙戌	71			4大地方選擧실시	99.954	48,782	488	899,934,743	18,448	17,473	1.00000

註: (1) 1936-1945년간에 있어 ( )내는 南北韓 合計임.
(2) 1936년은 7월28일부터이고 2006년은 7월 28일까지임.

Ⅰ. 出生 · 成長과 修學 · 鍊磨
(1936.7-1972.1/35年 6月)

1. 出生과 成長 (1936. 7-1945.3 / 8年 8月)

서기 1936년 7월 28일, 음력 丙子年 乙未月(6월) 辛亥日(10일) 午時(낮12시)에 慶尙北道 聞慶郡 戶西南面 興德4里(현재 聞慶市 新興洞) 394번지 自宅에서 태어났다.

조그마한 초가집에서 태어났을 때 家族은 6명이었다. 69세의 祖母이신 丹陽禹氏 鳳伊, 41세의 아버님 慶州金氏 商大, 39세의 어머님 延日鄭氏 先岳, 그리고 세분의 누님이신 17세의 石順, 11세의 石九, 4세의 石出이 계셨으니 자녀로서는 넷째이고 아들로서는 처음이었다. 慶州金氏 桑村公派의 후손이니 始祖이신 大輔公 閼智의 66세손이오 先祖이신 太師公 仁琯의 26세손이며 派祖이신 桑村公 自粹의 18대손이고 入鄕祖이신 而景公 秉鉉의 10세손이다. 新羅의 마지막 임금이신 敬順王(金傅)의 39세손이니 王孫은 틀림 없으나 천년의 세월이 흘러 이름 없는 빈농의 집안에서 태어나 자랐다.

부모님은 아들에 한이 맺혔던 것 같다. 딸은 모두 잘 자라는데 아들은 생후 몇해 안에 모두 죽었다. 前生에 죄업이 커서 그러리라 생각하여 멀리 있는 金龍寺에서 불공을 드리

◀ 出生하여 자란 「깃골」 마을의 현재 全景 (2002. 5.)

기 시작하였다. 죽지 않을 아들을 점지해달라고 지성으로 기원한지 4여년만에 붉은 감홍시를 치마에 가득 담은 태몽꿈을 꾸시고 출산하여 아들을 얻었던 것이다. 中學校 때 教會에 다니다가 부모님으로부터 이 이야기를 듣고 다시 佛教를 신봉하게 되었다.

태어나 자란 '깃골'이란 마을은 都市로 발전하던 店村邑內의 변두리에 위치하고 10여호의 가구가 있었으며, 인근에 '갈밭골' '옛골' '홍덕골' '소못골' 등의 마을이 있었다. 한두집을 제외하고는 모두 가난하였고 공부한 사람은 전무하였다. 마을에 좋은 우물이 하나 있었는데 매우 깊고 물맛이 좋아 사람들은 건강한 편이었다. 電氣가 들어오지 않아 모두 호롱불로 생활하였고 1950년대 말에 가서야 전기가 들어오기 시작했다.

태어나던 1936년은 日帝의 통치하에 있었고 朝鮮總督은 南次郎이었으며, 8월 9일에는 베를린 세계 올림픽 대회에서 孫基禎선수가 日章旗를 달고 마라톤 우승을 한 역사적 사건이 있었고, 서울의 漢江人道橋가 10월 23일에 처음 개통되기도 하였다. 출생당시의 자가주택은 대지가 약200평이고 건물이 55평 정도였으며 울타리 안에 마당과 채소밭이 있었다. 논이 2마지기(400평), 밭이 세마지기(600평)였다. 태어나던 해 9월에 石順 맏누님이 平海黃氏 在洙氏와 결혼하여 나가시니 여섯 식구가 되었다.

증조부께서 재산을 많이 모아 大地主의 부자가 되었으나 조부께서는 방탕한 생활로 지세워 전재산을 탕진하고 말년에는 구걸하는 지경에까지 이르렀다고 한다. 부모님은 결혼당시부터 숱한 고생을 하면서 전국을 떠돌아다니다가 다시 고향에 돌아와 남의 집 머슴살이를 살면서 이곳에 정착하셨다. 두분의 악착 같은 노력으로 손수 이 집을 짓고 논밭을 마련하였던 것이다.

出生申告를 하고 곧 이어 死亡申告하는 번거로움이 싫고 어떻게 될지 몰라서 아예 출생신고도 하지 않고 있다가 두 살이 된 다음 해 면사무소에 가서 출생신고를 하니 그날이 1937년 4월 25일이고 이 날이 바로 호적상 출생일자로 법정화되고 말았다. 몸이 약하여 자주 병을 앓았고 네 살, 다섯 살 때는 여러달 동안 열병에 시달려 또 아들을 잃어버리는 줄 알았다고 한다. 1939년에는 第2차 世界大戰이 발발하여 생활이 더 어려워졌고, 1940년에는 創氏改名令이 내려 金城安濟(가네시로 안사이)로 바뀌었다.

여섯 살이 된 1941년에 동생 群濟가 태어나서 생각지 않던 아들 하나를 더 얻어 무척 좋아하셨다는 말씀을 어머님께 들은 적이 있다. 같은 해 12월 8일에 日本의 眞珠灣 습격으로 太平洋戰爭이 일어남에 따라 양곡 강제공출이 더 심해졌으며 국민들의 식량사정은 극도로 악화되었다. 농사지은 것을 모두 공출해도 부과된 수량에 미치지 못하여 순경과 면서기가 와서 집안 곳곳을 뒤지고 마당까지 파보던 정경이 아직도 눈에 선하다.

▼「깃골 집마당」에 서 계신 어머님 모습 (1948.7.)

쌀과 보리는 구경조차 할 수 없어 일곱식구가 기아선상을 헤매었다. 祖母께서 점을 봐주고 푸닥거리를 하여 가끔 떡이나 음식을 얻어먹었으나 모두 다 어려워서 그런 기회도 점차 없어졌다. 눈이 멀었던 조모님이지만 손자들을 위해 먹을 것을 감춰두었다가 남몰래 먹여 주곤 하셨다. 주로 국수를 해먹었고 정미소에서 쌀 · 보리껍질(딩겨 또는 등겨라고 했음)을 얻어다 새알을 만들어 끓여 먹기도 했다.

쑥범벅이, 소나무껍질, 도라지뿌리, 칡덩쿨뿌리, 아카시아 꽃잎,스무나무 잎사귀, 진달래꽃 등을 많이 먹었고 강물에서 민물고기도 숱하게 잡아먹었다. 지금 생각하면 이들 음식이 거의 다

▲ 태어나 자란 깃골의 本家(좌측 두분 이 부모님)(1949. 4.)

보약이 되는 自然食이어서 오늘까지 건강을 유지하는 데 원천이 되지 않았나 한다. 배가 고파 견디기 어려우면 햇볕이 따스한 담밑에 앉아 배고픔을 잊으려고 잠을 자곤 했던 기억이 난다. 그때 그렇게도 싫었던 국수, 쑥범벅이, 수팥물, 팥죽, 갱식이 같은 음식이 지금에 와서는 자주 먹고 싶어지는 것은 왠일인지 모르겠다.

아홉 살이 되던 1944년 1월 29일 (음력 甲申年 1월 4일)에 慶北 聞慶郡 戶西南面 店村里 472번지에서 黃龍變氏와 金福伊 女史의 사이에 蓮子라는 여아가 출생하였으니 이로부터 22년 뒤에 결혼하여 婦人이 된다. 10월에 石九 둘째 누님이 金海金氏 仁錫씨와 결혼하여 출가하니 식구가 여섯명으로 줄었다.

2. 初等學校 修學 (1945.4-1951.7/6年 4月)

1945년 3월에 국민학교에 가서 面接을 보고 4월 1일부터 戶西南國民學校 1학년에 입학하여 이후 전개되는 파란만장한 學業의 첫발을 내딛게 되었다. 이름 석자만 알게 하려는 父母任의 뜻으로 늦은 나이에 입학하였으니, 陰曆 나이로 10세이고 滿으로 9세이며, 戶籍上으로 8세였다. 집에서 학교까지 10분 거리여서 무척 편하였으나 行動半徑이 좁아 우물안 개구리격이었으며, 이는 5분 거리의 中學校 時節까지 연장되었던 환경조건이었던 것이다. 國民學校에 갈 때 삼베옷에 짚신을 신고 가니 읍내 아이들이 무척 놀리곤 했으나 비슷한 동료가 몇이 있어 그런 대로 안심이 되었다. 공부는 가르치지 않고 일본 노래만 배워주었고 조금 지나자 들판에 가서 풀을 베고 산에 가서 솔가지를 꺾어오게 했다. 2학년 이상은 일본말만 쓰게 하여 학교에 가면 무척 불편하고 어색했던 기억이 난다.

8월15일에 解放이 되었다. 해방이 무엇인지도 몰라 학교에 안 가고 놀기만 하는 것이 좋기만 했다. 9월1일에 다시 1학년으로 시작하여 정식으로 우리 나라 공부를 시작했으니, 아마도 學問의 길은 1945년 9월 1일에 시작했다고 할 수 있다. 11세가 되던 1946년 8월에 조모님이 향년 79세로 서거하시어 무척 울었다. 집 뒤에 숨어서, 고생만 하시다 가신 할머님이 불쌍하여 울었고, 음식을 몰래 주시던 고마운 분이 가시어 서러워 울었다.

2학년이었던 1947년 4월에 입에서 냄새가 난다고 級友들에게 쫓겨와서 소금으로 양치질을 했는데 피가 많이 나오고 무척 아팠다. 생후 처음으로 이를 닦았고, 그 후로는 그 때의 창피스러움 때문에 치아 하나는 철저히 닦는 습관이 생겼다. 金圭煥 담임선생님이 표를 한 장 주면서 읍내 신발가게에 가보라고 하시기에 가져갔더니 운동화 한 켤레를 주는 것이었다. 너무 놀라고 좋아서 들고 집에 오니 부모님도 놀라워하셨다. 학교 갈 때만 신고 가고 집에 오면 잃어버릴까 하여 방안에 들여놓아 두곤 하였다.

3학년이 되면서 공부에 두각을 나타내기 시작하여 이 때부터 줄곧 優等賞과 皆勤賞을 받기 시작했으며 공부 잘하는 모범생으로 인정받고 인근 동리에 소문이 나기 시작했었다. 담임이신 安璋翰 선생님은 특수한 분으로서 교육과 학생지도에 열심이어서 많은 감화를 주었다. 후일 그분의 아들을 가르쳤으니 은혜를 조금은 갚은 셈이다. 현재까지도 서로 소식을 주고 받고 있으니 긴 인연인 듯 하다. 級長과 副級長을 쉬지 않고 맡아 했으니 약간의 지도능력도 있었다고 할 수 있다.

4학년까지는 남녀학생을 반반씩 섞어 학급을 편성했으나 5학년부터는 분리하여 남학생 2학급과 여학생 2학급으로 만들었으며, 5학년 말기였던 1950년 6월 25일에 韓國動亂이 발발하여 몇 달 쉬었다. 피난을 가다가 人民軍을 만나 되돌아와서 赤軍治下에 있었다. 담임선생님의 지시에 따라 北韓 노래를 배우고 인민군 아저씨들에게 위문편지까지 썼으니 약간의 附逆을 한 셈이다. 秋夕 무렵에 國軍이 들어왔는데 대한민국 만세를 부르고 다시 국군 아저씨들께 위문편지를 썼다. 바꾸어가면서 노래 부르고 편지 쓰느라고 꽤나 바빴다.

국민학교 6년간도 가난의 연속이었다. 노트와 연필을 사기 어려워서 노트는 비행기에서 뿌리는 선전삐라(당시는 무척 자주 뿌렸음)를 주워 뒷면을 이용하거나 읍내에서 인쇄업을 하던 친구(대표적인 친구가 李春雨)로부터 인쇄물을 얻어 뒷면을 이용하는 방법을 취했고, 연필은 교실청소 때 나온 쓰다 버린 몽당연필을 주워서 담뱃대 빨뿌리에 꼽아 씀으로서 해결했다. 도시락은 언제나 보리밥에 고추장이어서 나무그늘에 앉아 혼자 먹곤 했다. 5학년 때 교내 美術大會에서 수상을 할 정도로 그림그리는 소질이 있어 집의 방벽 사방에 그림과 글씨를 붙여 놓았고, 어릴적부터 太極旗에 애착이 많아 國慶日에는 꼭 손수 그린 태극기를 나뭇가지에 매달아 싸릿문에 꽂아두곤 하였다. 동리 아무집도 태극기를 걸지 않아 여러장 그려 이웃집에 돌려주기도 하였다. 지금까지 어디를 가나 국기 하나는 철저히 게양하는 것은 이 때부터 굳어진 습관이다. 학급에 만화책을 보는 학생이 많아 자주 빌려 보았고, 때로는 級長 職權으로 모두 회수하여 집에 가져다 혼자 다 보고 돌려주는 월권도 자행했다. 지금도 小說이나 만화를 좋아하는 것은 이 때 생긴 습성인 것 같다. 가끔 축구나 씨름도 했지만 가장 좋아하고 소질이 있었던 것은 水泳이었다. 동리 옆에 穎江이 있어 가서 살다시피 했고 남보다 월등히 헤엄을 잘 쳤다. 배도 고프고 장난기도 심하여 동리 아이들을 지휘하여 남의 복숭아, 살구, 수박, 참외, 밀, 감 등을 따서 먹다가 자주 혼나고 부모님에게 누를 끼치기도 하였다.

▼ 初等學校 5학년 때 소풍길에서 (뒷줄 좌에서 두 번째) (1949.10.)

이러다가 6학년이 되니 걱정이 생겼다. 대부분의 級友들이 중학교에 진학한다고 야단이었고 우리 班은 오후 늦게까지 進學者指導를 따로 하였고, 옆의 다른 班은 이불까지 갖다 놓고 밤샘을 하며 과외공부를 했다. 돈이 없어 과외공부는 말할 것도 없고, 부모님은 進學을 생각조차 하지 않아 장사를 배우라고 큰 姉兄이 하는 생선가게에 보내 見習을 시키고 있는 중이었다. 국가에서는 처음으로 전국 일제히 동일문제의 國家試驗을 실시하는 제도를 채택하여 진학희망자는 시험을 쳐서 받은 점수를 가지고 어느 중학교에나 지원하면 되도록 하였다. 부모님 몰래 혼자 공부를 하면서 시험이나 한 번 쳐봐야 하겠다고 작심하고 1951년 6월 20일에 국가시험을 치루었다. 의외로 450점 만점에 425점을 얻어 聞慶郡 전체에서 1등을 하였으니 교장선생님과 담임선생님은 학교를 빛냈다고 무척 흡족해 하셨다. 후에 들은 이야기지만 전국수석은 445점을 받은 清道國民學校 학생이었고, 전국 제1의 京畿中學校의 入學合格線이 335점이었

다고 한다.

1951년 7월 14일에 졸업식을 하고 정든 교정을 떠났다. 敎育會長賞 · 優等賞 · 皆勤賞 등 많은 상장과 상품을 받았다. '빛나는 졸업장을 타신 언니께....', 후배들의 작별노래에 눈물로 화답하면서 국민학교를 졸업하니 집안 일가를 통틀어 몇 안되는 최고학벌의 소유자가 되었다.

3. 中等學校 修學 (1951.8-1954.3/2年 8月)

국민학교를 졸업하고 국가고시에서 聞慶郡 首席을 했으나 걱정이 태산이었다. 6학년 담임이셨던 李宬宰선생님께서는 남의 속도 모르고 서울에 있는 京畿中學校에 가라고 권유하셨다. 서울이 어디 붙어 있는지도 모르고 집안 형편상 옆에 있는 중학교 가기도 어려운 상황이어서 대답조차 하지 못했다. 8월 한 달을 고민하다가 집에서 가까운 聞慶中學校에 원서를 냈다. 당연히 首席合格이었으나 등록금, 책값, 교복대 등을 부담할 길이 막막하였다. 할 수 없이 부모님께 그때서야 이실직고하고 진학하게 해달라고 졸랐으나 형편을 알면서 그런 무리한 짓을 했느냐며 이미 큰 자형께 부탁하였으니 그동안 연습한 대로 장사를 배우라고 하시었다. 마지막으로 중학교 교감선생님을 찾아가서 전후사정을 이야기하고 진학을 포기해야겠다고 선언하고 돌아왔다. 며칠 후인 8월말경에 교감이신 鄭龍和선생님께서 다른 선생님 한 분과 같이 누추한 우리 집에 오시어 부모님을 설득하기 시작했다. 入學金은 면제해줄터이니 책과 교복만 사주라는 것이었다. 농사만 지으시던 분들이라 어렵고 송구스러워 그저 예, 예만 거듭하시었다.

▼中學校 首席合格紀念으로 아버님이 기증하여 學校 本館 앞에 심어진 樹齡 300년의 회양목(1951.10.5 移植, 1981.3.2 촬영)

그분들이 작별을 하고 나가시다가 마당 구석에 있는 대단히 큰 회양목(도장나무라고도 함)을 보고 놀라워하면서 아드님의 수석합격기념으로 학교에 기증해주시지 않겠느냐고 아버님께 간청하셨다. 아버님은 돈을 내지 않고 아들을 공부시킬 수 있다는 그 고마움 하나로 쾌히 승낙하고 말았다. 이리하여 1951년 9월 10일에 거행된 入學式에 부모님과 같이 참석할 수 있었고, 300년 樹齡의 회양목은 그 해 10월 5일에 우리 집으로부터 문경중학교 본관 앞으로 옮겨지게 되었으며, 지금도 돌에 새겨진 記錄과 함께 꿋꿋하게 서 있다

1학년의 1년간은 교만하여 그랬는지 모르나 친구들과 화투, 트럼프 놀이를 심하게 하여 성적이 별로 좋지 못하였다. 정신이 버쩍 들어 2학년때부터는 學業에 열중했다. 역시 생활이 어려워 책과 학용품을 마련하고자 용돈을 벌기 시작했다. 아버님과 같이 일요일에는 산에 가서 나무를 하여 지게에 지고 읍내 장터에서 팔기도 했는데, 동급생들이 볼까 하여 지게 뒤에 가만히 숨어 있기가 일수였다. 옆집에 장님 점쟁이가 있었는데 거기에 助手로 취직하여 土亭秘訣 등을 손님에게 읽어주고 수당을 받았었다. 서당개 삼년에 풍월을 읊는다고 한 일년 조수생활을 하고 나니 그 장님 선생이 없을 때는 간단한

것을 직접 점쳐주고 수입을 챙기기도 하였다. 또한 花鬪가 귀하고 비싸서 사기 어렸웠던 때라 한두개씩 만들어 동리 어른들께 팔기도 했는데, 나중에는 助手까지 써가면서 大量生産體制를 갖추기까지 했다.

石出 셋째 누님이 읍내에 직장을 얻게 되어 형편이 조금 나아졌고 출가한 누님들도 조금씩 도와주어 窮氣는 면하였다. 부모님의 줄기찬 노력과 누님들의 힘을 얻어 밭을 사서 농사를 넓혀갔다. 중학 2학년 때부터 자전거를 배웠는데 里長宅에 있는 자전거, 손님이 타고 온 자전거, 학교에 세워둔 학생들의 자전거, 닥치는 대로 타면서 배웠다. 어른들께 혼도 많이 나고 상급생들에게 맞기도 자주 하였다. 1952년 6월에 학교 변소 옆에 있던 자전거를 타고 몰래 시장까지 갔다 오다가 자동차에 밀려 넘어져서 1주일 이상 들어누워 일어나지도 못했다. 학교생활에서 가장 오래 학교를 가지 못한 때였다. 먼 훗날 여유가 생겼을 때 가장 먼저 산 것이 자전거였다.

▼ 중학교 2학년 때 가족과 같이(앞줄 좌에서 어머님과 큰누님, 뒷줄좌에서 둘째 셋째 누님)(1952.11.)(위 사진)

▼▼ 중학교3학년 때 교정에서(뒷줄 우측)(1953.10.)(아래 사진)

중학 3년간 특기할 또 하나의 일은 小說冊을 많이 읽었던 것이다. 국민학교 시절 만화책을 많이 본 慣性을 가지고 中學 1학년부터 졸업할 때까지 수많은 소설을 줄기차게 읽었다. 국민학교 高學年 때도 아버님이 즐겨 읽으시던 古談類의 소설, 예컨대, 심청전 · 춘향전 · 홍길동전 · 漢陽歌 등을 읽었으나 본격적인 것은 중학부터였다. 소설책을 살 수는 없어 친구 2,3명과 짝을 만들어 한 사람이 書店에서 10日間 약속으로 1,2권을 빌리고 이를 열흘동안에 돌려가면서 읽는 방법으로 하였다. 돈이 적게 드는 것은 좋았으나 열흘간에 4,5권을 읽자니 무척 바빴다. 일반적으로 소위 공부 잘하는 優等生들은 소설 같은 것은 일체 보지 않고 학교공부에만 열중하였다. 반면에 소설 좋아하는 학생들은 학교공부에 등한하여 성적이 많이 뒤졌던 것이다. 그러나 나는 예외로 소설도 많이 읽고 학교공부에서도 1등이 되고자 하였다. 밤 11시 경까지는 학교공부를 하고, 그때부터 새벽 1시경까지는 소설을 읽었다. 연애소설, 탐정소설, 역사소설, 그리고 국내소설, 외국소설 할 것없이 닥치는 대로 읽었다. 3학년이 되었을 때 읍내 서점에 와 있던 소설은 거의 다 읽어버렸다. 速讀하는 기술과 밤 늦게까지 일을 하는 습관은 이 시절에 체질화된 것이다.

3학년 2학기가 되면서 또 고민이 생겼다. 高等學校에 진학한다고 떠들썩했다. 가정형편으로 볼 때 부모님을 설득하기는 불가능했다. 담임이던 金七星선생님께 상의 드렸더니 돈이 거의 들지 않는 師範學校를 가면 졸업 후 국민학교 教師가 된다는 말씀을 해주셨다. 10여명이 넘는 친구들과 버스로 2시간 거리에 있는(지금은 1시간 소요) 安東師範學校에 지원했다. 친구들이 입학원서도 사다주고 접수도 함께 시켜 주었다. 1954년 1월에 부모님께 그저 시험 한번 쳐보러 간다고 말씀드리고 반대하시는 부모님 몰래 친구들과 安東에 가서 시험을 쳤다. 사범학교는 特次의 시험이었고 국민학교 교사를 원하는 농촌학생들이 많아 240명 모집에 3천명 이상이 응시했다. 시험 결과 6位로 합격되었다. 아버님은 말씀없이 담배만 피우시고 어머님은 '떨어져야 하는데 왜 붙었느냐?' 하면서 한숨만 쉬고 계셨다. 3년 후엔 이곳 국민학교 선생이 되어온다는 이야기에 기적 같은 생각이 들어 그냥 체념하신 듯 하였다. 入學金과 임시 生活費는 누님들과 姉兄들께서 도와주셨다.

6·25動亂과 休戰이라는 와중에서 중학3년을 바쁘게 보내고 드디어 1954년 3월 3일에 졸업식을 가졌다. 教育監賞, 優等賞, 皆勤賞을 받아 안고 숱한 喜悲의 추억이 어린 교정을 떠났다.

4. 高等學校 修學 (1954.4-1957.3/3年)

태어나서 18년간 살아오던 집과 고향 마을을 떠나 처음으로 他鄕살이를 시작했다. 安東市 法尙洞에 하숙을 정하고 중학 동기 黃宇洪군과 한방에 들었다. 처음으로 대낮 같은 전등 밑에 살게 되니 낮과 밤의 구분이 안되었다. 얼마 있다가 花城洞으로 옮겼고 다시 값이 조금 싼 堂北洞으로 옮겼다. 사기공장에서 나는 소리 때문에 귀가 멍할 정도였다. 4개월간의 하숙생활을 청산하고 太華洞에 있는 값싼 房을 세내어 自炊를 시작했다. 宇洪 아버님이 꼭 데리고 같이 있으라는 부탁이 있어 같이 자취를 했다. 산에 가서 나무를 하고 밥을 짓고 빨래를 하였으니 서로 고생이 많았고 가끔 그의 조모님이 오셔서 밥을 해주시기도 했다.

첫 여름 방학에 고향집에 왔을 때 너무나 좋고 가족이 반가워 춤을 출 것 같았다. 고향 어른들께 일일이 인사를 하였고, 그 후로 고향에 갈 때마다 꼭 인사를 다녔다. 어릴 때 그렇게 짓궂더니 어찌 저렇게 변했을까 하고 모두 칭찬을 하곤 했다. 高校 1학년 학생에게 혼사말이 들어왔다. 아마 졸업하면 국민학교 선생이 된다니까 딸을 주고 싶은 사람들이 많았던 것 같다. 졸업 때까지 공부시켜줄 터이니 約婚만 해두자고 하였다.

1학년 2학기 중간인 10월 중순경에 드디어 營養失調에 걸렸다. 교련시간 중 현기증을 일으켜 운동장에 쓰러졌다. 申內科라는 병원에 입원하여 진찰을 받으니 영양부족에 이질에 걸렸다고 하면서 학교를 휴학하고 쉬라는 의사의 진단이었다. 하늘이 캄캄하였다. 어떻게 들어온 학교인데 휴학을 하다니, 이를 물고 다리를 끌다시피 하면서 학교와 병원과 자취방을 오고 갔다. 한 달이 지나면서 회복되기 시작했으니 하느님의 가호가 계셨던 모양이다. 병원의 치료비를 걱정했더니 병원 원장께서 '내 딸이 학생과 같은 安東師範學校 1학년이니 두고 두고 갚으라'는 고마운 말씀을 하셨다. 졸업때까지 반 정도 갚고, 먼 훗날 돈을 가지고 다시 찾아갔을 때 병원은 옮겨갔고 申원장님은 작고하셨으며 동기생이던 따님은 결혼하여 美國으로 건너갔다는 이야기를 들었다. 아직도 빚을 지고 있어 생각할 때마다 마음이 무거우며 家族들에게 언젠가 인사할 날이 오기를 바라고 있다.

▼ 高校 1학년 安東 太華洞 자취방 앞(우측은 學友 黃宇洪)(1954.7.)

어렵고도 힘든 1년을 마치고 終業式典에서 1학년 전체의 最優秀 優等賞狀을 받을 때 가슴이 메이고 눈물이 쏟아졌다. 고향에 와서 부모님께 상장을 드리면서 자랑을 했더니 항상 1등에 상장을 받아온 前歷 때문인지 무심덤덤히 넘기셨다. 속으로는 무척 대견해하셨으리라 짐작된다.

해방 직후 설립되었던 우리 학교는 6·25동란시 파괴로 가건물을 지어 사용했으므로 그대로 초가집 교실이었다. 새 건물을 짓기 위해

▲ 高校 1학년 12월 방학시 仁川에서 일시 歸鄕한 누님과 같이 (좌에서 全福出 씨, 본인, 동생群濟, 생질 黃泰鉉)(1954.12.)

공식적인 補缺生을 학급당 추가로 뽑아 한 반의 학생이 90명에 이르렀다. 건물을 신축할 때 비용을 절감하느라 학생들이 동원되어 돌을 깨고 흙을 나르고 하여 오후가 되면 무슨 건설공사장 같았다. 中學校 때도 운동장을 만드느라고 노력동원을 많이 했는데 고등학교에 가서도 1년 정도 고생을 했다. 공사판만 찾아다니는 노동자 같은 생각이 들곤 했다.

2학년이 될 무렵 太華洞에 있는 아는 분의 주선으로 1955년 2월 28일부터 家庭教師의 생활을 시작했다. 平和洞 鐵道官舍에 있는 安東鐵道局 公務員이던 張完實이란 분의 宅에 입주하여 중학교 2학년에 올라가는 아들을 지도하게 된 것이다. 이 때 시작한 가정교사라는 직업은 大學院 졸업 때까지 줄곧 따라 다녔으니 총 經歷이 10년에 이르는 셈이다. 寢食은 해결되고 學費도 지원받아 생활의 안정을 이루었으며, 당시로서는 安東에는 없는 희귀한 직업을 갖고 있어 친구들로부터 부러움과 동경의 대상이 되기도 했다. 그러나 본인으로서는 조심스럽고 고달프기 그지 없는 생활의 연속이었다. 처음 몇 달은 학교에만 가면 수업 중에 졸았다. 학생이 놀기만 하고 공부를 안 하여 속도 많이 썩혔고, 죽어도 못하겠다 싶어 짐도 여러번 쌌다 풀었다 했다. 그러한 가운데서도 2학년 말에 優等賞과 皆勤賞을 받았다. 방학이 되어 모두 고향에 가는데 나는 며칠만 다녀와서 학생과 씨름을 하였던 것이다.

3학년이 된 어느 날 가정교사집 주인 내외분이 아이들이 잠든 늦은 밤에 조용히 불러 상의 말씀을 하였다. 자기들 아들을 어렵지만은 서울의 善隣商業高等學校에 입학되도록만 지도해주고 학생도 大學試驗에 합격이 되면 입학금을 부담해주고 둘이 같이 서울서 생활할 수 있도록 해주겠다는 일종의 條件提示였다. 다시 한 번 인생의 進路가 바뀌는 역사적 순간이었다. 그때까지의 계획은 首席으로 졸업하여 大邱 市內의 국민학교로 발령받은 뒤 靑丘大學 야간부로 진학하려는 것이었다. 졸업성적 5등까지는 대구 시내로 발령하는 방침을 알고 있었기 때문이다. 두가지를 동시에 달성하기는 불가능했다. 3학년이 되니 일반 고등학교와는 반대로 英語, 數學은 주당 각각 4시간으로 줄고 반면에 音樂, 美術, 體育(무용 등)이 각각 6시간으로 늘어나서 大學進學과는 거리가 멀어졌다. 어느 하나는 포기하지 않으면 안 되었다.

며칠간 고민한 끝에 進學에 모험을 걸기로 작정하고 주인 내외분께 그 뜻을 전하였다. 나도 합격해야 하지만 지도학생도 高校에 합격시켜야 하는 이중부담을 안고 일년간 죽기 아니면 까무러치기로 노력했다. 대학입학시험에 관계 없는 학과목시간에는 아예 나가지 않고 독학으로 진학과목만을 공부하였다. 2학기에 실시된 教生實習도 한두번 나가 형식만 취하였다. 아마 우등생이 아니었다

高校 2학년 때 安東 太華洞 西岳寺 앞에서 (옆은 가정교사집 학생)(1955. 7.) ▶

면 退學이나 停學을 당했을 것이다.

이러는 가운데 7월에 아버님 回甲을 맞아 누님들의 도움으로 壽宴을 베풀어드렸고, 그해 11월에는 마지막 石出 누님이 陸軍將校였던 許梴씨에게 결혼하여 가셨다. 친구들 중에 결혼하는 사람이 있어 신기한 생각을 가지고 축하객으로 참석하곤 했다.

담임이신 金亨燮선생님을 위시한 여러 선생님들께서 數學과 物理를 잘 하니 서울大學校 師範大學 수학과나 물리학과를 지망하라고 권유하시었으나 어차피 떨어질바에는 어려운 데 가겠다고 우겨서 文理大 物理學科를 응시하였던 것이다. 非師範系大學의 진학은 教育部長官의 사전승인을 얻어야 하므로 교감선생님을 졸라서 승인서를 받아 응시했다. 1957년 1월 추운 겨울에 지도학생과 같이 서울에 올라와 東崇洞 캠퍼스에서 시험을 치루었다. 7對1의 경쟁이어서 시험 후 아예 포기하고 지도학생은 서울에 둔채 시골로 내려와 버렸다. 얼마 후 합격되었다는 연락을 받고 거짓말이라고 우기다가 사실인 것 같아 다시 상경하여 지도학생의 高校試驗에 매달렸다. 天運이 있었던지 희망하던 善隣商高에 합격했다.

1957년 3월 2일에 卒業式이 있었으나 서울에 있느라고 참석도 못하였다. 뒤에 내려와 학교에 가서 선생님들께 인사를 드리고 많은 칭찬을 받았다. 졸업장과 국민학교 2급 正教師資格證을 받으니 감개무량하고, 安東에서의 3년 세월이 고난과 영광을 가져다준 귀중한 기간이었음을 뼈속 깊이 느꼈다. 졸업생 전체의 席次는 18位였으니 大學進學에 실패했더라면 고향인 聞慶의 어느 국민학교로 발령났을 것이다. 수석졸업과 대학진학을 맞바꾼 결과가 되었다. 이리하여 첫번째 留學地인 安東을 떠나 낯설고 물설은 제2의 유학지인 首都 서울로 올라가게 되었다.

5. 大學 修學과 軍隊 服務 (1957.4-1962.2/4年 11月)

安東에서 가르치던 학생(張翰相군)과 같이 龍山 鐵道官舍에 있는 柳氏宅에 방을 얻어 自炊를 시작한 것이 1957년 3월이었다. 4월부터 대학생이 되어 서울大 校服을 입고 주로 龍山-鐘路 5街 사이의 電車로 통학하였다. 수재들이 모인다는 文理大 物理學科답게 모두 공부를 잘하여 聞慶 시골 天才로서는 따라가기 무척 힘이 들었다. 獨逸語는 전연 공부한 적이 없어 두 학기를 수학해서 겨우 통과되었다. 말도 행동도, 그리고 외모도 완전한 村놈이어서 동료들로부터 놀림과 따돌림을 받았다. 그래서 비슷한 다른 촌놈 2,3명과 주로 어울려 다녔기 때문에 촌놈을 벗어나는 데 오랜 시간이 걸렸다. '나사점'을 양복점인줄 모르고 工具인 螺絲를 파는 가게로 오인한 것, '갈비'를 소고기 음식이 아닌 소나무 마른 잎으로 생각한 것 등이 이 때 생긴 일들이다. 그 해 6월부터는 孝昌洞에 있는 철도관사의 安氏宅으로 옮겨 역시 張君을 지도하면서 자취를 하였다.

▲大學入學 直後의 모습 (1957.4.10)

방학이 되어 고향에 가니 錦衣還鄕이오 凱旋將軍이었다. 고향 마을은 개천이고 나는 龍이었다. 마을이 생긴 이래 대학생이 처음 탄생하였다. 부모님을 도와 농사일을 하니, 동리 사람들이 대학생도 지게를 진다고 놀리곤 했다. 고등학교 때와 다른 한 가지 현상은 결혼 중매말이 없어지고 만 것이다. 국민학교 교사를 하면서 결혼하여 살고 있는 친구들을 찾아보면서 신기한 생각이 들었다.

▲ 論山訓練所 훈련 막사 옆에서, 뒤 우측이 본인(1958.9.25)

1학년을 마치고 나니 軍入隊가 기다리고 있었다. 거의 모두 연기를 하거나 면제를 받는 방법을 취하였으나 나는 登錄金 마련이나 생활비 확보가 어렵고 학교공부도 힘이 들고 하여 休學을 하고 집에서 좀 쉬다가 1958년 7월에 論山訓練所에 입영하였다. 28연대 5중대 5소대에 배치되어 5分隊長을 거쳐 小隊 嚮導까지 하면서 2개월에 걸친 무더운 여름의 고된 훈련을 마쳤다. 훈련장에서 늘 답변을 잘하여 연대 전체에서 우리 小隊를 1등으로 만들어 칭찬을 많이 받았다. 일요일마다 면회오는 동료 소대원을 따라 나가서 분대장으로, 향도로서 잘 얻어먹고 반찬도 얻어오곤 하였다. 남에게 주로 얻어먹기만 하는 습관은 벌써 이 때부터 조성되기 시작했던 것 같다. 이 무렵 고향집에서는 安東師範學校에 입학한 동생 群濟의 학비조달을 위해 오랫동안 살아온 옛집을 팔고 따로 조그마한 나무집을 손수 지어서 이사하여 부모님 두 분만이 살고 계셨다. 8월 13일에 어머님 回甲을 맞이했으나 훈련 중이어서 가뵙지 못하였다.

훈련을 마친 10월초에 抱川郡 二東에 위치한 首都師團 26聯隊의 말단소대에 배속되어 갔다. 본격적인 군대생활이 시작되었다. 새벽기상과 함께 청소하고 밥타오고, 낮에는 산에 가서 나무해오고 돌을 다듬어 집을 짓고, 가끔 훈련을 하고 기합도 받고, 밤에는 밥타오고 청소하고, 불침번이나 밖에서 보초서고, 생각하고 앉아 있을 겨를이 없었다. 2등병인 주제에 分隊長을 두들겨 팼더니 保安隊에서 조사를 하고 軍法會議에서 재판을 한다며 겁을 주었다. 높은 분들이 대학생으로 입대한 學補라는 사실을 참작하여 무혐의로 처리하고 聯隊本部 人事課로 전보하여 주었다. 전화위복이 된 셈이다. 賞典係 次席으로 들어가 위치도 높아지고 힘도 생겼으나 역시 군대이기 때문에 어려움은 어디나 있었다. 이 때 수도사단 헌병대에 있던 동창생 金學澈을 만나 많은 위로와 도움을 받았다. 휴가 때 건빵과 담배를 한 자루 가져오다가 헌병대에 잡혀갔으나 이 친구가 빼내주어 무사히 귀향하여 동리 사람들에게 나누어준 적도 있었다. 1년 9개월에 걸친 군대생활은 생애를 통해 귀중한 경험을 안겨주었고, 인내와 협동의 마음을 길러준 값진 교훈의 기회였다고 생각한다.

제대 후 한 학기를 더 쉬어야 할 것 같아 이를 막기 위한 방법으로 軍服務와 동시 就學이 가능하다는 제도를 알고 이를 활용키로 했다. 천신만고로 陸軍參謀總長의 취학승인서를 얻어내어 1959년 1학기 등록을 하였다. 3월부터 部隊와 學校를 오가면서 軍服과 校服을 바쁘게 갈아입곤 했다. 光州 尙武臺로 파견되어 숙달된 助教로 복무하기도 했다. 서

▼ 本家를 팔고 손수 지어 부모님이 사시던 새집(1959.9.15)(왼쪽 사진)

▼▼ 우물에서 물을 길어 오시는 부모님 모습(1959.9.15)(오른쪽 사진)

울에 오면 靑坡洞에 학생을 모아 그룹지도를 하면서 학비를 조달하였다. 군대생활과 학교수업과 가정교사를 함께 다루어가느라 정신 없었고, 그래서 학교 성적이 좋을 수 없었다. 부대에 가면 동료들에게 미안하여 모아놓고 재미 있는 옛날 이야기를 자주 들려주었다. 소설책을 많이 읽은 德을 본 셈이다.

1960년에 3학년이 되었고 곧 이어 4.19 革命이 일어났다. 文理大 학생들과 景武臺 앞까지 진출했다. 총탄을 피해 孝子洞 어느 집담을 넘다가 돌에 이마를 맞아 부상을 당했다. 이 때 생긴 이마의 혹이 오래 갔으나 몇 년 후에 수술을 하여 떼내었다. 4월 30일에 정식으로 除隊를 하였고, 5월부터는 용산에 있던 鐵道合宿所에 방을 얻어 기식하면서 그룹 학생지도를 하였다. 이때 주로 李東燮 · 朴今燮 친구들과 어울려 용산에서 놀았다. 합숙소 음식만 먹다가 李東燮 친구집에 가서 저녁밥을 얻어먹으면 정말 꿀맛 같았다. 특히 담북장(청국장)이 일미였다.

4.19 후 총선시에 고향에 가서 在京 및 在邱 學友會와 같이 啓蒙運動을 하였다. 학생 단위로 하기도 하고 國會議員 선거 合同遊說時에 약방감초처럼 끼어서 공명선거를 주장하기도 했다. 연설은 주로 내가 맡아서 많이 했었다. 이렇게 하여 民主黨 政府가 들어섰고, 연일 서울시내에는 데모 시위가 끊이지 않는 혼란이 지속되었다.

1961년 1월에 모교인 聞慶中學校에서 2개월 동안 2,3학년생들에게 數學과 物象을 가르치는 강사가 되어 집에 모처럼 오래 머물렀다. 강사료를 받은 돈으로 양복을 해입으니 출생 후 처음 입어보는 양복이었고 3년간 입은 校服을 벗어버렸다. 3월에 4학년으로 진학하여 졸업반이 되었다. 5월에 일어난 5.16 軍事革命을 용산 합숙소에서 총소리를 들으며 맞이했다. 9월에 樂園洞 金氏宅에 가정교사로 들어갔다. 이른바 유명한 '鍾三' 입구에 있는 집이라 오고가는 길에서 부끄럽기 그지 없었다.

졸업이 다가오면서 불안하고 초조한 마음을 금할 수 없었다. 취직 자리가 많지 않던 시절이라 어디로 진출할지 막막하였다. 고향에 계신 부모님의 기대하는 바를 생각하면 더욱 답답했다. 국민학교 졸업만으로 끝났어야 할 형편에서 大學까지 마치게 되었으니 그 기쁨과 영광은 한이 없이 크지만 오히려 걱정되는 마음은 막을 수가 없었다. 理學士의 學位와 高等學校物理科 2級 正敎師 자격증을 받으며 5년만에 서울大學校 15회로 입학하여 16회로 졸업을 하니, 1962년 2월 26일 오후 2시 文理大 운동장에서였다.

▼ 聞慶 新機市場에서 계몽연설하는 모습(1960.7.15) (왼쪽 사진)

▼▼ 졸업을 앞두고 文理大 정문 앞에서, 우측에서 둘째가 본인(1962.2.23) (오른쪽 사진)

6. 職場 生活과 大學院 修學 (1962.3-1965.2/3年)

졸업 후인 1962년 3월에 出版社인 民衆書館 編輯社員 모집에 응시하여 약 20대 1의 경쟁을 뚫고 들어갔다. 4월 초에 苑西洞 崔氏宅에 친구인 張大植과 같이 하숙을 시작했다. 지긋지긋한 가정교사 생활을 벗어나니 살 것만 같았다. 한달 후에 원서동에서 식당을 하는 李氏宅으로 하숙을 옮겨 거의 1년간 있었다. 民衆書館은 中央廳 通義洞에 있었으며, 辭典을 주로 발간하였고 大學入試用 參考書도 만들고 있었다. 나는 物理科의 참고서를 편찬하는 업무를 담당했다. 편집과 校正의 기술은 이 때 익혔고 印刷에 관한 상식도 얻게 되었으며, 이는 그 후 著作活動에 많은 도움을 주었다.

6월에 貨幣改革이 단행되어 10원을 1원으로 바꾸었다. 직장에 다니면서 동료들과 술을 마시기 시작하여 斗酒不辭의 기초를 다지었던 것이다. 장래 문제가 걱정되어 大學 은사이신 權寧大 교수님을 찾아뵙고 상의를 드렸더니 行政大學院에 입학하라는 것이었다. 어떤 대학원이며 왜 거기로 가야 하느냐고 했더니 그 이유를 소상히 설명해 주시었다. 임시로 있기에는 재미 있는 직장이었지만 오래 머물 곳은 못된다고 생각하여 진학준비를 했다. 같이 入社한 동료들이 하나 둘 떠나기 시작했다. 상당수가 大學이나 研究機關으로 진출하였고 오늘날 중요한 역할들을 하고 있어 흐뭇하다.

11월에 首都女子師範大學(현 世宗大學의 전신) 부속 女子高等學校에서 數學敎師 모집을 한다는 광고를 보고 응모했다. 물경 150대 1이었다. 物理學科 출신이라 불안하기는 했으나 시험을 잘 쳐서 1차 합격을 했다. 합격자 10명을 불러 面接도 하고 실제 강의도 하게 해서 최종 한 명을 뽑았으니, 그게 바로 나였다. 1963년 2월 1일자로 民衆書館을 사직하고 여학교로 출근하기 시작했다. 학교 교장선생님이 주는 돈으로 양복을 해입고 구두를 사 신었다. 女學校여서 무척 까다로웠고 규율도 엄했다. 빨간색깔의 교모와 교복을 입은 女高生 2학년에게 幾何를, 3학년에게 代數를 가르쳤다. 당분간 擔任은 맡기지 않는다는 것이었다. 학생들 얼굴을 보기가 부끄러워 천장을 보다가 창밖을 보다가 하면서 수업을 하였다. 별명이 붙여졌다. '경상도 총각'이라고. 일요일이면 가끔 학생들이 그룹 단위로 꽃이나 선물을 사들고 하숙집에 놀러오기도하여 꽤나 재미가 있었다. 교감과 선배 선생님으로부터 학생들과 너무 가까이 하지 말라는 경고까지 받았다.

▼ 苑西洞 학숙집 앞, 우측 남자는 張大植씨이고 아이들은 주인집 자녀들임 (1962.5.17)(왼쪽 사진)

▼▼ 民衆書館 편집실 앞에서. 좌에서 崔基元 編輯局長, 社員, 본인(1962. 6.15) (오른쪽 사진)

◀ 大學院 同期生들과 市廳 앞에서. 뒷줄 중앙이 본인(1964.7.11)

이러는 와중에 서울大學校 行政大學院에 시험을 쳐서 4대 1의 경쟁을 뚫고 합격을 했다. 의외로 2等으로 입학되어 생각지도 않던 5·16奬學金을 받게 되었다. 원래 首席合格者에게 주는 장학금이지만 非課稅 대상의 子女여야 한다는 조건이 있어 수석을 한 法大 출신의 金東熙군은 자격미달로 다음 장학금인 期成會費 免除만을 받았던 것이다. 입학금과 등록금을 다 납부하고도 教材를 충분히 샀으며 그러고도 약간 남을 정도의 큰 장학금이었다. 2년간 4번을 혼자 받았으니 완전히 공짜로 공부한 셈이었다. 미안해서 처음 몇 번 金東熙 친구에게 식사나 술을 샀으나 나중에는 그것도 하지 않았다. 다소 얌체라고 할 수 있다.

이 해 2월에 모교인 安東師範學校가 없어지고 새로이 安東教育大學이 설치되었다는 소식을 들었다. 母校가 없어진 셈이다. 먼 후의 일이지만 安東教育大學도 폐지되고 다시 한참 뒤에 安東大學이 신설되었다. 고등학교의 모든 學籍書類가 安東大學에 보관되어 있어 증명서류는 이 대학에서 발급하고 있다. 그래서 中學校를 마치고 바로 大學으로 건너뛴 셈이 되었다.

4월에 淸凉里 祭基洞의 趙氏宅으로 들어가 다시 가정교사 생활을 시작했다. 入卽地獄이고 出卽天堂인 그 직업으로 다시 돌아왔던 것이다. 4월 30일에 근무하던 女高를 떠나니 만 3개월의 高校教師를 한 셈이 되었다. 가끔 女高生들이 학교로 찾아와서 '선생님, 빵좀 사주세요' 하고 응석을 부리면 '이젠 선생님이 아니고 학생이야' 하며 빵을 사주면 '학생이니까 같이 놀면 되겠네요' 하고 웃기곤 했다. 2개월 정도 지나니까 아무도 오지 않았다.

大學院에 들어가 좋은 친구들을 많이 사귀었다. 활달하고 진취적인 친구들이 많아 같이 잘 어울렸고, 그래서 나 역시 매우 개방적이고 활발한 성격으로 바뀌어져 갔다. 술도 자주 먹었고 놀러도 많이 다녔다. '地方自治' 라는 과목을 택하여 盧隆熙 교수로부터 강의를 들었고 무척 심취하게 되었다. 오늘까지 地方自治를 공부하고 강의하게 된 동기가 바로 이 때 형성되었던 것이다. 대학에서 전공한 物理學의 기초지식이 行政學을 공부하는 데 많은 도움을 주었고 論理를 전개하는 데 큰 기여를 하였으며, 현재까지도 그 영향이 있는 것 같다.

사정이 있어 청량리 가정교사집을 나와 金湖洞에 있는 金氏宅의 別家에 방을 얻어 자취를 하면서 집주인의 아들을 時間制로 가르치기 시작했다. 얼마 있다가 石出 누님 家族이 옆방으로 세들어 와서 식사를 만드는 수고를 덜게 되었다. 누님과 내가 다같이 어려워서 영양실조가 걸릴 정도였다. 얼마 있다가 姉兄은 독일 광부로 취직되어 독일 루르 지방으로 가게 되었다.

1964년이 되어 3월에 2학년으로 진급하였고, 4월에는 林敬鎬군과 같이 內務部 地方行政研究委員會의 研究員으로 위촉되어 이 위원회가 소속된 企劃監査課에서 근무하게 되었다. 이 때 처음 과장이었던 金壽鶴 선생을 만나게 되어 오늘까지 그 인연을 깊게 하

▼ 淸凉里 黃氏宅에서 거주하던 房(1964.9.1)

여 왔으니 30년에 걸친 佳緣이었다고 할 수 있다. 오전에는 학교, 오후에는 내무부, 밤에는 가정교사로 분주한 생활을 이끌어갔고, 2하기부터는 碩士學位論文 준비까지 겹쳐서 하루 5~6시간 밖에 자지 못했다.

8월에는 淸凉里 黃氏宅의 가정교사로 입주하여 몇 명의 중학생을 그룹지도하였다. 가르치던 학생의 누나와 친구인 盧時學군을 중매하여 결혼에까지 이르게 했으며 지금까지 행복하게 살고 있으니 성공한 仲媒 1號였다. 이 무렵 학교에서는 졸업 후 就業保障 문제로 시끄러워지기 시작하여 드디어 同盟休學에까지 이르렀다. 학교측에서는 강경일변도로 나가서 主謀者 다수를 중징계한다는 방침을 세워두고 있었다. 희생을 줄이기 위해 학생대표들이 학교측에 공식사과를 하는 것으로 타결되었으나 아무도 사과말을 할 대표자가 되지 않으려 하였다. 친구들의 추천도 있고 해서 자존심도 버리고 희생양이 되기로 하였다. 그 이후 陳謝課長이란 별명이 따라 다녔다.

'非公式集團'에 관한 학위논문을 작성하여 제출하였고 심사결과는 A+였다. 최종심사일인 12월 6일, 저녁에 學友들과 기분이 좋아 술을 많이 마시고 밤 늦게 淸凉里 가정교사집에 들어서니 주인 아주머니가 電報 한 장을 건네주면서 무척 당혹하는 모습을 보였다. 정신이 번쩍 들어 읽어보니 고향 부모님으로부터 온 전보였다. '本家全燒 急來要望'. 바로 다음 날 돈을 좀 준비하여 내려가니 木造로 된 집이라 완전 전소되고 재만 남아 있었다. 친정에 온 누님의 아들들이 마당에서 불장난을 하다가 심하게 부는 바람을 타고 그대로 옮겨붙어 읍내 消防車가 왔을 때는 이미 다 끝난 후였다고 한다. 논문심사 받던 바로 그날의 일이었다.

동리 이웃집의 방 한 칸을 빌려 임시로 거처케 하고, 서울로 와서 淸凉里洞 92-1의 李氏家에 두칸방의 專貰를 얻어서 이사를 하였으니 1965년 1월이었다. 한 방은 부모님과 같이 살고 옆방은 누님 가족이 살았다. 白紙로 출발하는 앞날의 생활이 암담하였고, 부모님을 모시고 살아갈 길이 아득하게 느껴졌다. 2월에는 옆에 있는 崔氏家로 전세를 옮겨 역시 누님댁과 방 두칸에서 생활했다. 고등학교 2학년부터 시작한 가정교사 생활은 만 8년의 經歷을 남긴채 완전히 끝이 났고, 이제부터는 스스로의 삶을 구축해야 할 自立의 시대가 출범하게 된 것이다.

文理大 運動場에서 거행▶된 卒業式 후 아버님과 함께(1965.2.26)

장장 18년에 걸친 學業을 마치고 1965년 2월 26일에 가족과 함께 참석한 文理大 운동장에서의 졸업식장에서 行政學碩士學位를 받았다. 가슴벅찬 역사적 순간이었다. 우리 나이로 30세, 滿으로 29세, 戶籍上으로 28세가 되는 해였다.

7. 研究員 및 助教 生活 (1965.3-1969.8/4年 6月)

대학원을 졸업하고는 淸凉里 셋집에서 부모님 · 누님 가족과 같이 생활하면서 內務部

에 출근하여 調査·研究機能을 수행하고 있었다. 地方에 조사차 자주 출장을 나갔는데 주로 林敬鎬 친구와 같이 다녔다. 그 무렵 金壽鶴 기획감사과장의 子弟와 浦項 출신 洪氏宅 자녀를 격일제로 하여 따로따로 지도했는데, 주로 英語와 數學을 가르쳤다. 李承晩 전 대통령이 하와이에서 서거하였고 越南派兵으로 다소 시끄러웠던 시기였다.

結婚할 나이여서 중매를 통해 선을 많이 보았다. 잘 맞지가 않아 거절하기도 하고 거절당하기도 하였다. 누가 시집을 오는지 고생깨나 하겠다고 생각되어 별로 자신이 없었다. 연로하신 부모님을 생각하면 빨리 결혼해야 하지만 집안 형편을 보면 도저히 엄두가 나지 않았다. 그저 열심히 내무부의 研究課題에 몰두하였다.

▲ 1년 이상 살았던 淸凉里 전세집 입구. 66년 結婚한 新婦가 이 집에 들어와 살았다.
(촬영 : 1965.3.1)

가을부터는 거의 大邱市에 머물면서 地方自治에 대한 조사사업을 수행하고 있었다. 그 때 慶北大學의 金秉燦교수를 만나게 되어 그 이후에도 오랫동안 교분을 이어왔다. 그 무렵 친구인 崔南淑이 자기의 먼 妻弟를 중매하여 선을 보고 부모님 허락을 얻어 結婚을 하게 되었다. 같은 고향 사람이라 쉽게 이루어졌고, 店村에 있는 여자측 자택에서 약혼식을 올렸다. 1965년 10월 26일이었다. 내가 29세이고 여자가 22세였으며 그 때는 예쁘고 착해서 무척 사랑스러웠다.

이듬해 정월에 結婚式을 올리기로 합의되어 그 준비에 걱정이 태산 같았다. 양가에서는 모든 것을 나에게 맡겼기 때문에 式場과 선물준비, 청첩장 인쇄·발송, 主禮 및 司會 모시기, 신혼여행 갈 곳 예약, 이들을 위한 資金 마련 등을 위해 동분서주하였다. 이렇게 힘든 결혼을 왜 해야 하는지 회의도 생겼고, 끝없는 人生苦海에 짜증도 났다.

이듬해 1월 11일 서울 禮式場에서 金曾漢교수를 주례로 모시고 신랑 金安濟군과 신부 黃蓮子양의 결혼식이 거행되었다. 賀客은 많은 편이었다. 손님들에게 선물로 당시 유행하던 대로 떡을 드렸다. 결혼비용은 일체 신랑이 책임지는 대신에 扶助金 일체는 신랑이 갖기로 한 약속에 따라 兩家에서 들어온 부조봉투가 든 가방을 들고 釜山을 향해 둘이 기차를 탔다. 濟州道로 비행기 타고 갔으면 하는 新婦의 눈치가 있었으나 먼 훗날 가기로 설득하여 기분 좋게 신혼여행을 떠났다. 海雲臺 호텔 첫날밤에 둘이 가방을 열고 扶助金 計算부터 시작했다. 신부는 봉투에서 돈을 꺼내어 이름과 금액을 부르고 신랑은 노트에 이를 받아 기록했다. 서울에 와서 그동안 빌린 빚을 모두 갚고 나니 꽤 남아서 3월초에 梨花洞 좀 괜찮은 집으로 전세 얻어가는 밑천이 되었다. 처음 신부를 청량리 전셋집으로 데리고 가니 기가 차는 모양이었다. 누님 가족은 다른 곳으로 이사가고 부모님과 넷이서 두방을 쓰며 살았다. 봄에 비가 오니 천정이 새어 그릇을 여기저기 놓고 앉아 있으니 옛 소설에 나오는 장면 같았다.

◀ 大邱 出張시 靑丘大學 앞에서. 좌에서 林敬鎬·본인·張泰鈺
(1965.3.26)(왼쪽 사진)

◀◀ 內務部 企劃監査課 직원들과 淸平으로 野遊會 가다.(1965.5.23)
(오른쪽 사진)

約婚 후 고향 마을 뒷산 언덕에서(1965.11.15) (왼쪽 사진) ▶

新婚旅行地인 釜山 海雲臺 호텔 옆에서(1966.1.12) (오른쪽 사진) ▶▶

3월에 內務部 研究員職을 사임하고 모교인 行政大學院 助教로 취임하였다. 無給의 조교로서 주로 盧隆熙 교수를 보좌하였다. 그래서 行政考試學院에 나가 行政學을 가르치는 講師를 하고, 教育院 · 研修院에 나가 강의를 하면서 教授분들을 도와 研究課題를 수행하였다. 고달프고 제대로 먹지를 못해서 무척 야위었었다. 고달프고 불쌍한 생활이라고 스스로도 느껴졌었다. 10월 30일 梨花洞 셋집에서 첫딸 雪娥가 태어났다. 다섯식구가 되어 기쁘기도 하고 걱정도 되었다.

그동한 저축한 돈과 전셋돈, 그리고 妻家에서 지원한 補助金을 합쳐서 自家를 구입했다. 昌信 4洞 13의 73의 산비탈에 있는 조그만한 양옥 단독주택이었다. 방이 세 개, 부엌, 마루, 화장실, 마당이 있어 처음에는 무척이나 크게 느껴졌다. 내 집을 갖게 됐다는 기쁨에서 鐘路 3街에 나가 문패를 크게 만들어 大門에 달고 보니 좁은 얼굴에 넓은 안경을 쓴 모습이었다. 좁은 마당에 바위가 비스듬히 박혀 있어 마당을 넓힌다고 매일 가족들이 나와 징으로 돌을 깨곤했다.

1967년에 들어와서 처음으로 大學講壇에 서기 시작했다. 3월부터 明知大學에서 調查方法論을 강의하고 9월부터는 建國大學에서 國際行政論을 강의했다. 국제행정론은 공부한적이 없는데 그 科目밖에 없다고 하여 혼자서 새로 獨學을 하면서 강의했다. 그 때 國際機構에 대한 지식을 넓혀서 그 후에 國際關係를 이해하는 데 큰 도움이 되었다. 6대 대통령으로 朴正熙 당시 대통령이 재선되고 7대 國會議員 選擧가 있었으며 京釜高速道路의 착공이 있던 해였다.

10월 30일 첫딸의 돌을 맞아 서울에 있는 고향 친구들을 집으로 초대하였다. 그 자리에서 모임을 만들자는 제의가 있어 한달 후인 11월 25일에 고향 친구들로 구성된 모임을 발족하였으니, 그것이 현재까지 착실히 운영되어온 '鳥嶺會'이고 그 초대회장으로 나를 선출하였던 것이다. 매월 1회씩 모임을 가지면서 근 40년간 유지되어온 알찬 친목단체이다.

1968년에 들어와 1월에 동생 群濟가 결혼하여 고향의 국민학교에서 교편생활을 하고 있었다. 고향에 남아 있던 유일한 財産인 밭 두 마지기를 처분하여 전액 동생을 주어 聞慶邑에 자기 집을 마련토록 했다. 昌信洞 집에 최초로 電話를 가설하고, 선풍기를 샀으며, 텔레비전을 들여놓았다. 부모님들은 무엇보다 TV에 대해 신기하고 놀라움을 금하지 못했다.

1월에 서울大 行政大學院에 都市 및 地域計劃學科가 신설되어 그리로 배속되었다. 교수로서 盧隆熙 · 權泰埈교수, 조교로서 崔相哲氏와 나, 이렇게 넷이었다. 창신동에서 도시락과 가방을 들고 駱山 고개를 걸어 넘어 이화동을 지나 학교를 오가곤 했다. 20分정도 소요되는 통근 거리였다. 이 때 학교에 와있던 美國 平和奉仕團員인 로드니 · 레인(Rodney Lane)과 친해져서 英語도 배우고 술도 같이 먹고 놀러도 같이 다녔다. 미국 신시내티(Cincinnati) 大學을 졸업한 都市計劃家였는데, 이 사람과의 인연으로 다음 해 신시내티 大學으로 유학을 가는 계기가 되었다.

▲ 맏딸 雪娥의 돌날 昌信洞 自宅 마당에서 (1967.10.30)

11월 12일에 아들 東𤢖이 태어났다. 부모님과 妻家 부모님들이 무척 기뻐하셨다. 여섯 식구로 불어나서 더 열심히 벌어야 할 실정이었다. 연말에 이르러 李漢彬원장과 盧隆熙 학과장의 주선으로 美國務省 USAID 奬學生으로 추천되어 절차를 밟기 시작하였다. 1969년에 들어와 여러 가지 所定試驗도 치고 面接도 하였다. 절차가 까다롭고 힘들었다. 레인(Lane)씨의 권유로 학교는 신시내티大學으로 결정하였다. 行政考試學院에 계속 나가고 原稿도 많이 쓰고 하여 돈을 약간 모았다. 대학원 동창인 李廷殷군에게 억지로 목돈을 맡기고 每月 이자를 집에 보내달라고 하였다. 그 돈으로 식구 다섯이 살아야 할 형편이었다. 1969년 9월 20일 가족과 친구들의 환송을 받으며 꿈에만 그리던 美國留學의 새 길을 개척하기 위해 美國行 비행기에 올라 金浦空港을 떠났다.

8. 美國 留學 時節 (1969.9-1972.1/2年 5月)

듣기만 하고 보지는 못했던 美大陸에 첫 발을 디뎠으니 샌프란시스코였다. 비행기 연결 관계로 航空社가 마련해준 호텔에서 1박을 한 후 다음 날 다시 비행기를 갈아타고 워싱턴에 도착하여 네쇼날 호텔에 여장을 풀었다. 다음 날 國際센터에 가서 오리엔테이션을 받고 市內見學, PDO 및 HUD 등의 기관방문 등을 마치고 9월 24일에 신시내티市로 갔다. 신시내티대학의 韓人 교수인 魯公均 박사가 영접을 나와주었고 임시로 美國人 McCue氏宅에 안내되어 이틀간 묵었다. 26일에 West MacMillan路의 아파트에 방을 얻어 입주하고 학교 登錄을 마친 뒤에 學科長인 Kenneth Corey교수를 찾아가 인사를 드렸다. 이렇게 맺어진 魯교수와 Corey교수는 오늘까지 그 인연을 유지하고 있다. 다음 날 金漢教 교수댁에 초대받아 가서 모처럼 韓食을 실컷 먹었다.

상점에 가니 그렇게도 귀한 美製 물건이 한없이 많았고, 자동차가 가는 곳마다 넘치고 있었으며, 세탁소에 가니 저절로 빨래를 하는 自動機械가 돌아가고 있어 놀랍기 그지 없었다. 韓人들 여러 집에 자주 초대를 받아 갔고, Thanksgiving Day에는

▲ 和子 누님 · 姉兄과 신시내티 유원지에 가다.(1970.6.6) (왼쪽 사진)

▲▲ 둘째 딸 貞娥를 안고 집앞 公園에 나가다. (1971.6.30) (오른쪽 사진)

McCue씨댁에 가서 七面鳥 고기를 처음 먹어 보았다. 英語가 약하여 영 알아들을 수가 없어 동료 美國人 학생들의 노트를 빌려 공부하였으며 죽으라고 했더니 첫학기 성적은 우수하게 나와 안심을 했다. 週末이면 韓國學生들이 모여 맥주를 마시며 우리 말로 떠들어서 답답함을 달래곤 했다. 집의 가족 생각이 많이 났고 특히 철이 들었던 딸이 무척 보고 싶었다. 눈이 많이 내리는 除夜에 韓人會 忘年會가 열렸고, 미국에서의 첫해를 이렇게 하여 보냈다.

1970년 새해를 눈과 같이 맞이했고, 초이튿날에는 서울에서 사귄 平和奉仕團員이었던 Lane씨 부부가 찾아왔다. 며칠간 같이 지내다가 떠났고, 妻가 올 것에 대비하여 2층에 있는 큰방으로 옮겼다. 그래서 같은 아파트에 南鴻씨 부부와 鄭寬씨 등 세 가족이 살게 되었다. 3월 28일에 시카고로 가서 서울에서 온 妻를 맞이하여 집으로 같이 와 살림을 하니 살 것만 같았다. 전화도 설치하고 텔레비도 샀으며, 韓人學生들을 집에 초대하기도 하였다. 6월초에 미국에 살고 있는 4寸인 和子 누님 내외분이 놀러와서 이틀간 계시다 갔다. 여름 學期에도 등록을 하여 學點을 따는 조급함을 보였다.

세 家口가 8월 29일에 여행을 떠났다. Cleveland, Erie湖, Buffalo, Niagara 폭포 등을 거쳐 9월 5일에 뉴욕시에 도착했다. 거기서 妻 및 다른 사람과 헤어져서 美國政府가 마련한 計劃에 따라 혼자 都市計劃 視察을 떠났다. 휴스톤을 거쳐 로스앤젤레스에 가서 친구 余永琦군을 만나 그 宅에서 묵었다. Disney Land를 보고 샌프란시스코를 방문 후 Denver市로 갔다. 옛 친구인 Lane氏家에 묵으면서 록키山 등 여러 名所를 둘러보고 시카고를 방문한 뒤 신시내티로 돌아오니 9월 25일이었다.

Albert Simone교수의 지도하에 博士課程을 시작하면서 碩士學位論文을 준비하였다. 妻가 애기를 갖게 되어 입덧을 하고 음식을 잘 못먹어서 내가 음식을 만들고 병원에 데려가고 하느라 고생이 많았다. 魯公均교수가 여러번 車를 태워주어 무척 고마웠었다.

1971年에 들어와 3월 12일에 굳 사마리탄(Good Samaritan) 病院에서 해산을 하여 딸 貞娥를 얻었다. 병원 음식을 먹을 수 없어 내가 집에서 미역국을 끓여 병원에 가져가 산모를 먹게 하였다. 일주일쯤 뒤에 퇴원했으나 入院費가 500餘弗 나왔고 學生妻는 의료혜택을 받을 수 없으며 미국 정부는 이를 보조할 규정이 없다는 것이었다. 지불할 방법이 없어 무작정 病院長을 찾아가서 사정을 설명하고 도움을 청하였더니 병원의 이름처럼 은혜를 베풀어주었다. 100불만 내고 청산해주었다. 人生到處에 有人情이었다.

◀ 美國에서 귀국직전의 모습 (1972.1.1)

5월부터 妻는 남의 집 애기까지 봐주면서 약간의 돈을 벌기도 했다. 6월 13일에 都市計劃學碩士學位를 받았고, Lane부부와 金炯國선생이 따로 잠시 다녀갔다. 애기 음식이 좋고 풍부하여 貞娥는 아주 건강하게 잘 자랐다. 집 가까이 있던 公園(Belevue Hill Park)에 자주 나가 산책도 하고 음식도 해먹곤 했다. 아파트 主人집은 매우 착한 사람들이어서 한국 음식 냄새가 나도 잘 참아주었고 한국 사람들의 출입이 잦아도 늘 웃으며 대해주었다. 男便인 Lawson氏는 참으로 부지런하여 한시도 가만히 있지 않았으나 그 부인은 좀 게을러서 늘 TV나 보고 앉아 있었다. 얼마 전에 남편은 죽고 가족들은 다른 곳으로 이사를 갔다는 이야기를 들었다. 옆집에 큰 뽕나무가 있는데 검은 오디가 잘 익었기에 들어가 따먹다가 主人이 나와 '그것을 먹느냐? 정원 꽃으로 키우는데 따 먹으면 되느냐?' 하고 꾸지람을 하여 무척 부끄러웠던 일이 있다. 버릴려고 문 앞에 내놓은 물건들을 보면서 아까운 생각에 가져다 쓰고 싶을 때가 많았다.

9월에 박사학위 자격 語學試驗을 쳐서 합격하고, 12월초에 이틀간 박사학위논문제출자격 專攻試驗을 치루었다. 코피를 흘려보기 처음이었다. 일주일 뒤에 합격통지를 받았다. 이어 論文 프로포잘을 작성하여 제출하고 발표를 하였으며, 마지막 口述考查에도 통과되었다. 그리하여 완전한 博士候補(Ph.D.Candidate)의 자격을 취득하게 된 것이다. 서울大學에서 귀국을 독촉하고 美國政府로부터의 장학금 지급기간이 다 되었기 때문에 돌아갈 준비를 서둘렀다. 연말에 워싱턴에 가서 최종 報告와 協議를 하고 돌아왔으며, 31일 밤에 개최된 韓人 忘年會에 마지막으로 참석하고 작별인사를 했다.

1972년 새해 초에 짐을 모두 부치고, 1월 8일에 2년여 정들었던 신시내티를 떠났다. 많은 분들의 따뜻한 환송을 받았다. 하와이에 와서 며칠 쉬면서 李漢彬 전임원장도 뵈었다. 오는 길에 東京에서 이틀간 체류하면서 몇곳을 구경하였다. 혼자 떠났던 留學의 길목에 妻와 딸을 데리고 셋이서 다시 도착하니 반갑기 한이 없는 祖國의 首都 서울이었고 때는 1972년 1월 14일 오후 5시였다.

客說 : 經驗에서 얻은 삶의 眞實

正直하자면 勇氣가 필요하다. 美國의 國父 워싱턴이 어렸을 때 아버지가 아끼던 벚나무를 새 도끼로 벤 후 화가 난 아버지 앞에서 자기가 베었다고 정직하게 실토할 수 있었던 것은 勇氣이다. 자기에게 不利할까봐, 또는 立場이 난처하여 정직한 答辯을 못하는 卑怯者가 너무 많다는 데 人間世上의 悲哀가 있다.

Ⅱ. 教授生活과 學問硏究

(1972.2-1986.10/14年 9月)

1. 專任講師 時期 (1972.2-1976.4/4年 3月)

전 가족이 다시 모였다. 미국에서 우리 내외와 딸 정아, 그리고 店村 처가에 가 있던 아들 동혁이, 부모님과 맏딸 설아가 살던 昌信洞 자택에 모이니 일곱식구가 되었다. 집이 협소하여 생활하기가 어려웠다. 학교, 고향, 모임 등을 찾아 귀국인사를 하고, 새로운 社會活動에 서서히 참여하기 시작했다. 1972년 3월부터 時間講師로서 강의를 시작했는데 주로 計量分析과 調査方法 및 地域經濟에 관한 과목을 담당하였다. 5월 10일자로 서울大學校 行政大學院의 專任講師로 발령받아 공식적인 教授職을 갖게 되었다. 관련 學會에 가입하고 여러 委員會의 委員으로 위촉되었으며 硏究課題·세미나에 참여하는 등 활동의 영역이 넓어지기 시작했으며, 이는 오늘에까지 지속되고 있다. 지방 행사에 참석하기 위한 지방출장도 늘어나기 시작했다. 국내적으로는 10月維新 宣布 등으로 시끄러운 상황이 전개되고 있는 시기였다.

교수연구실에 個人助敎로 李廷植군이 들어와 2년여 동안 같이 있었다. 먼 후일 나의 연구실 출신 졸업생들로 구성된 '環心會'란 모임의 연원이 되는 계기였다. 미국에서의 고된 유학생활과 귀국 후의 바쁜 일정 , 그리고 힘든 家計運營, 한도를 넘는 過飮 등으로 급성간염의 병을 얻어 서울大學病院에 20일 가량 입원하여 치료를 받기도 하였다. 늦게 배운 도둑이 날새는 줄 모른다고 이 때부터 본격적으로 마시기 시작한 술은 가족들의 걱정에도 불구하고 오늘날까지 줄기차게 마시고 있으니, 약간은 둔하고 모자라는 사람인 것만은 확실하다.

環境大學院 懸板式. 東崇洞 ▶
서울大 校庭에서(1973.3.10)

이듬해 1973년에는 몇가지 사건들이 있었다. 행정대학원의 都市 및 地域計劃學科가 승격하여 環境大學院으로 발족됨에 따라 소속이 이리로 옮겨졌고 學科長 職務代理로 임명받았다. 큰딸 설아가 국민학교에 입학하니 귀엽고 대견하기 그지 없었다. 『地方自治論』이란 책을 처음 共著로 출간하여 通信大學 교재로 썼다. 7월에 큰누님이 67세로 작고하셨고, 12월에는 어머님이 돌아가시어 슬픔을 이기지 못했다. 향년 76세로 서거하신 어머님은 평생 고행만 하시다 이제 조금 좋아질려는 시기에 떠나심에 더욱 애통스러웠다.

▲ 어린이날 宗廟로 家族나들이를 가다.(1974.5.5)

해가 바뀌어 1974년이 되었다. 여전히 創作과 社會活動은 활발하게 이루어졌다. 빙부님의 회갑을 모시었고, 어머님의 1년 脫喪을 지냈다. 연구실에 第2代 助教로 金昌碩군이 입실하였다. 국가적으로는 陸英修 令夫人께서 비명에 서거하시고 서울 地下鐵이 개통되는 등의 희비극이 있었다. 6월달에 昌信洞에서 祭基3洞 176-1로 이사를 했다. 2년간 모은 적금과 은행대출금을 합쳐 2층 양옥을 샀다. 安岩洞 로터리에서 조금 들어가 있어 동리도 조용하고 집도 넓은 편이었다.

10월 말경에 日本 名古屋市에 있는 유엔地域開發硏究센터(UNCRD)가 주최한 지역개발 관계 國際會議에 참석했다. 당시 建設部의 柳常悅과장과 같이 韓國代表로 참석하여 주제발표를 하고 토론도 하였다. 회의와 시찰을 하는 동안 많은 사람을 사귈 수 있었고, 이를 계기로 하여 이후 상당기간 매년 행사에 참석하였으며 한국으로 초청하는 기회도 갖게 되었다.

1975년에 들어서서 아들 동혁이 국민학교에 입학하였고, 서울大學이 冠岳山으로 이전하는 변화가 있었다. 11월초에 역시 日本에서 개최된 UNCRD會議에 참석하여 발표·토론의 기회를 가졌다. 도요다 自動車工場을 시찰하던 중 서울로부터 아버님이 돌아가셨다는 電報를 받고 급거 귀국하였다. 80년간의 파란만장한 생애를 사시다가 별로 편찮으시지도 않다가 서거하셨다. 친구를 위시한 많은 분들의 도움으로 고향 先山에 어머님과 合葬으로 모시었다.

1976년은 나에게 있어 중요한 두 개의 선물을 가져다준 해이다. 하나는 博士學位의

◀ 日本 名古屋에서 開催된 UNCRD會議 참석자들(앞줄 右에서 셋째가 본인이고 다섯째가 本城和彦 소장)(1974.10.28)

▲ 環境大學院 · 住宅銀行 세미나에서 主題發表하다.(1975.11.21)

취득이고 또 하나는 助敎授로의 승진이다. 미국에서 귀국한 후 4년간 항상 가슴을 누르고 마음을 답답하게 한 것이 바로 學位論文을 제출하지 못하였다는 사실이다.국내에 있어서는 학교수업, 연구과제 수행, 자문회의 및 세미나참석, 논문발표, 각종 모임 참여, 가정운영 등으로 도저히 불가능하다는 사실을 깨닫고, 아시아 財團(The Asian Foundation)에 교섭하여 6개월간의 장학금을 받아 2월 20일에 다시 미국에 들어갔다. 학교에서 마련해준 기숙사에서 혼자 자취를 하면서 타자기 한 대를 사놓고 논문을 쓰기 시작했다. 당시 金漢教 교수, 鄭仁永 교수와 嚴基文 · 南鴻 · 桂仁麗 씨 등을 위시한 많은 韓國분과 지도교수였던 Albert J. Simone學長(후에 하와이大 총장이 됨), Kenneth E. Corey 교수(후에 미시간州立大 학장이 됨) 등으로부터 물심양면의 도움을 크게 받았다. 미국에 체류 중이던 4월 15일에 조교수로 승진하였으며, 전임강사 발령으로부터 4년 3개월만이었으니 기초훈련은 단단히 받은 셈이다.

2. 助教授 時期 (1976.5-1980.7/4年 3月)

전임강사 시기가 基盤構築期였다고 한다면 조교수 4년 3개월기간은 活動과 基盤의 擴張期라고 할 수 있다. 행사 참석과 논문발표 및 연구사업 수행, 그리고 각종 委員 위촉이 점차 증가함으로써 시간을 무척 아껴 쓰는 바쁜 나날을 보내게 되었다.

1976년의 대부분은 미국생활이었다. 논문을 쓰는 틈틈이 몇 곳을 다녀왔으니, 워싱턴市와 Pittsburgh市 및 Madison市(인디애나州) 등이었다. 5월말에 학위논문의 초고를 완료하여 심사교수들에게 제출하였다. 수시로 개별지도를 받으면서 보완해나갔다. 8월 11일에 최종 발표 및 심사가 있었고, 심사결과 合格이라는 판정을 받았다. 지도교수인 Simone학장이 참석자 전원과 같이 축하의 샴페인을 터뜨렸다. 며칠 후 僑民會 모임에서 8.15의 歷史的 意義에 대해 연설을 했다. 드디어 8월 27일의 졸업식에 참석하여 博士學位를 수여받으니, 국민학교 입학으로부터 32년만이오 내 나이 不惑에 입문하는 40세였다. 시카고와 샌프란시스코 및 로스앤젤레스市를 거쳐 9월 5일 서울에 도착했다.

▼ 美國 워싱터市 國立墓地 앞에서 黃鏞周박사(中央) · 金鍾文과장(右)과 같이(1976.6.5)

아버님을 모신 절에 가서 佛供을 드리고 고향에 모신 부모님 산소에 가서 博士學位證書를 앞에 놓고 신고 인사를 드렸다. '아무 학벌도 없는 가난한 농부였던 당신들의 아들이 숱한 進學의 고통을 드리면서 드디어 博士가 되고 教授가 되었으니 웃으시면서 두 분 往生極樂하십시오'. 10월말에 日本서 개최된 국제회의에 참석하였고, 11월에는 아버님의 1년 脫喪을 마치었다.

1977년이 되었다. 3월에는 난생 처음으로 결혼식의 主禮를 봤다. 강의도 오래 했고 많은 사람 앞에서 연설도 자주 했는데 主禮席에 올라서니 긴장될 뿐만 아니라 몸도 말도 떨리기 시작했다.

◀ 丁巳年 새해 모습 (1977.1.1)

다소 추운 날씨라 그런지 신랑도 떨고 신부는 더 떨고 주례도 같이 떨었다. 그 이후 숱하게 주례를 봤지만 아직도 다소 긴장되는 것은 아마 결혼식이 경건한 人倫之大事라는 특성 때문이 아닌가 한다. 4월달에 河晟奎군이 제3대 助敎로 교수 연구실에 들어왔다.

9월에 中央大學의 金成勳 교수와 같이 하와이에 있는 東西文化센터에 갔다. 거기서 安忠榮 교수를 만나 같이 국제 세미나에 참석하여 주제발표를 하고 며칠 쉬다가 귀국했다. 이어 11월에는 다시 日本 UNCRD 회의에 참석하고 돌아왔다. 이 때 사귀었던 많은 사람은 지금까지 깊은 인연을 맺고 유대를 지켜오고 있다.

더욱 바빠지기 시작한 1978년을 맞이했다. 미국에서 태어난 둘째 딸 정아가 유치원을 졸업하고 국민학교에 입학했다. 세월의 흐름이 아이들의 자람으로 그대로 나타났다. 祭基洞에서 관악산 서울大學까지 출퇴근하기가 힘이 들어 학교 부근으로 이사하기로 작정하고 집을 보러 다녔다. 아내가 奉天洞에 보아둔 집이 괜찮은 것 같아 계약을 하고 계약금으로 200만원을 주었다. 한 달 뒤에 팔지 않겠다면서 解約을 요구하기에 복덕방 소개자와 같이 엄중히 항의하고 해약을 해주었다. 계약금은 복덕방의 권유로 倍로 하여 돌려받았다. 한 달만에 200만원을 번 셈이었다. 아내한테는 어디 또 해약 당할 집 좀 알아보라고 부탁을 하며 웃었다. 上道3洞 256-214에 있는 2층 양옥을 사서 이사했다. 3월 28일이었다. 마당도 넓고 집이 커서 우리한테는 대궐 같았다. 학교도 비교적 가깝고 獅子庵이란 절과 시장도 가까이 있어 생활하기가 편리했다.

都市計劃 관계로 많은 市 · 郡을 방문하였고, 논문지도 · 심사와 특강 · 세미나 등으로 바쁜 일정 속에 살았다. 朴憲注군이 네번째 조교로 연구실에 들어왔다. 6월에 연구 및 조사차 泰國에 가서 2주 정도 머물렀다. 經濟社會開發院(NESDB)에서 Phisit

▼ 幼稚園 卒業式에서 賞을 받는 둘째딸 貞娥(1978.2.16) (왼쪽 사진)

▼▼ 上道洞 自宅 庭園에서 가족들과 같이(1980.2.1) (오른쪽 사진)

泰國 방콕市의 에메랄드 佛敎寺院 앞에서 Pakkasem 국장과 같이(1978. 6.25)(왼쪽 사진) ▶

獨逸에 居住하고 있는 妻弟 가족과 같이 Hamburg 시내에서 (1979.8.12)(오른쪽 사진) ▶▶

Pakkasem 국장 등과 같이 연구를 하면서 방콕을 위시한 주요도시와 농촌을 시찰하였고 중앙부처와 대학 등에서 새마을운동에 대한 강연을 여러번 했다. 처음에 음식 때문에 고생이 많았으나 점차 그 독특한 냄새에 익숙해졌고, 그곳 國際機關에 와있던 金光雄 교수의 배려로 한국 음식을 자주 먹었다. 10월에는 日本에 가서 UNCRD 회의에 참석하고 처음 富士山을 여행하는 기회도 가졌다.

1979년에 들어서서 만딸 설아가 중학교에 들어갔다. 한 달쯤 담배를 끊었다가 다시 시작하여 그 후로는 아예 禁煙할 생각도 않고 지금까지 줄곧 피우고 있다. 5월 초에 黃明燦 · 崔相哲 교수 부부와 같이 安東의 金源 교수댁에 가서 하룻밤 쉬어오는 동안에 많은 추억과 사건을 남겼다. 慶北과 濟州의 모든 도시를 방문하여 都市計劃에 대한 자문을 한 것도 이 때의 일이다. 처음으로 단독저서인 『環境과 國土』를 발간하여 호평을 받았다.

8월에 유럽 도시계획 시찰을 가서 주요 도시들을 거의 순방하였고, 9월에는 泰國에서 개최된 연구회의에 참석하였으며, 10월에는 스리랑카에서 개최된 국제 세미나에 참석하고 돌아왔다. 유럽 여행 중에는 함부르크市에 거주하는 처제 黃次蓮, 동서 金英世 가족을 만나 회포를 풀기도 했다. 국내에는 10.26 사태로 朴正熙 대통령이 피격으로 서거하고 崔圭夏 대통령이 새로 취임하는 등의 큰 사건이 있었다. 정치 · 사회적 혼란과 불안이 팽배하던 시기였다.

光州事態가 발발하고 國保委가 설치되는 등 급박한 상황이 전개되던 1980년을 맞이했다. 趙明來군이 제5대 조교로 연구실에 들어왔다. 4월에는 石九 둘째 누님이 55세를 일기로 타계하심에 슬픔과 경악을 금치 못했다. 6월 5일, 정말로 전연 뜻밖에 國保委 委員으로 차출되어 三清洞 中央敎育院에 설치된 국보위 본부로 출근하기 시작했다. 經濟科學委員會에 배속되어 金在益 위원장 등과 같이 일했다. 착잡하고 혼란스런 마음으로 하루하루를 보냈었다.

客說 : 經驗에서 얻은 삶의 眞實

정도의 차이는 있지만 사람은 누구나 二重의 思想과 人格을 갖고 있다. 그래서 사람은 融通性이 있고 環境에 적절히 적응 할 수 있는 動物이다. '二重人格者' 하면 보통 나쁜 뜻으로 해석하지만 누구에게나 있는 習性이고, 또 꼭 나쁘다고만 할 수 없다.

3. 副教授 및 正教授 時期(1980.8-1986.10/6年 3月)

4년 3개월만인 1980.8.1에 副教授로 승진했다. 빙모님 회갑을 맞이하여 고향에 가서 큰 잔치를 마련하였다. 10월 27일에 國保委가 폐지됨에 따라 그 자리를 떠났으나 다시 새로이 구성된 國會 立法會議로 파견되어 內務委員會 專門委員으로 근무하게 되었다. 좋은 경험을 많이 하였고 새로운 것도 많이 배웠다. 全斗煥 대통령이 새로 취임하였고, 대통령으로부터 報國勳章 天授章의 훈장을 받았다. 12월에 서울市와 大韓國土計劃學會가 주최한 국제 세미나에 恩師이신 코리(Kenneth E. Corey) 教授를 초청하여 같이 참석하였고, 이를 계기로 하여 Corey교수는 韓國과 깊은 인연을 만들어가게 되었다.

▲ 世宗文化會館 앞에서 Corey 恩師와 같이(1980.12.12)

1981년에 들어와서 李相鎔군이 여섯번째 助教로 들어오고, 아들 東爀이 中學校에 입학했다. 國保委와 立法會議에 파견된지 열달만에 다시 大學으로 돌아와 講義를 시작했다. 中學校 同門들의 요청으로 同窓會 會長에 취임하여 향후 두 번의 任期로 4년간 봉사하였다. 體制정비, 基金마련, 事務室 확보, 體育大會 정착, 母校施設 제공, 地域別 同門會 활성화, 선후배간 秩序확립 등의 업적을 쌓았고, 그러는 가운데 고향을 무척 자주갔다. 內務部 地方行政研修院의 指導教授로 위촉되어 주로 長期課程에 대한 지도를 담당하면서 20여년간 봉사했다.

1982년이 되었다. 1월에 金泰瑢군이 조교로 들어왔고, 중순경에 약2주간 內務部 地方行政研修院 고급간부반 연수생과 같이 인도네시아, 호주, 뉴질랜드, 일본 등 4개국을 순방하면서 지방행정의 시찰과 현장 면담의 좋은 기회를 가졌다. 12명 거의가 처음 갖는 해외여행이어서 아침부터 밤까지 일일이 챙겨주고 통역 역할까지 하였다. 수료 후 모두 시장 · 군수를 지냈고 지금은 모두 정년 · 은퇴하였다. 3월에 들어서서 큰딸 雪娥가 고등학교에 들어갔고, 처음으로 自家用 승용차를 샀다. 당시 중형 크기인 마크 V 에코노미라는 이름의 검은색 차였고 소개를 받아 金西善군을 기사로 채용했다. 꼭 가지 않아도 될 곳까지 차를 타고 돌아다니다 보니 차에 들어가는 비용이 꽤 많았다. 大學院長이 되어 公用車가 나온 1986년 11월까지 같은 차와 같은 기사를 썼다. 上道洞에 있는 獅子庵의 大隱 큰스님으로부터 '通玄'이란 佛名을 받았다. 부처님에게 좀 부끄럽고 미안한 생각이 들었다. 聞慶中學校 동창회의 이름으로 '聞中'이란 會誌의 창간호를 발간했다. 많은 회원들로부터 물심양면의 지원을 받아 발간한 刻苦의 작품이었다. 이 이외에 嶺南大學 강의, 研修院 현지지도, 統一院 교육이수 등으로 바쁜 한 해를 보냈다.

▼ 聞慶中學校 본관앞에서 同窓會 新 · 舊會長團 및 校長 · 教師분들과 기념촬영을 하다. 우측 뒤에 入學 때 自家에서 옮겨 심은 회양목이 보인다.(1981.3.2)(왼쪽 사진)

▼▼ 호주 시드니港에서 內務部 研修院 高幹班 研修生들과 함께(1982.1.20)(오른쪽 사진)

▲ 인도 뉴델리市 Asian Game Village Building에서 개최된 UNCRD 主催 國際會議에 主題發表次 참석하다. (1983.1.24)(왼쪽 사진)

▲▲ 韓國土地開發公社 이사진, 忠南支社를 방문하고 大田 사업 현장을 시찰하다. 좌측에서 둘째가 본인이고 다음이 蘇俊烈 이사장과 文在錕 감사 (1984.9.21) (오른쪽 사진)

1983년에 들어와서 몇가지 변화가 있었다. 1월에 尹鍾範군이 여덟번째 조교로 들어오고 12월에는 鄭鍾建군으로 교체되었다. 聞慶中學校 동창회장으로 재선되었고, 서울市 都市計劃委員으로 위촉되어 京畿道 도시계획위원과 겸하게 되었다. 두 번의 가족단위 국내 여행과 두 번의 단독 해외 여행이 있었다. 5월에 장인 어른을 모시고 처와 같이 平海에 있는 平海黃氏宗家를 방문하고 海月 선생의 유적을 둘러보았으며, 8월에는 가족 모두 雪嶽山과 江陵, 東海, 白岩溫泉을 거쳐 店村에 다녀왔다. 그리고 1월에는 印度에 갔고 12월에는 스리랑카에 다녀왔다. 뉴델리市에서 UNCRD와 인도 建設省이 주최한 국제세미나에 주제발표를 하고 간디 大統領을 접견했으며, 아그라(Agra)市와 타즈마할(Tajmahal)城을 관광하였다. 스리랑카의 마르가(Marga)硏究所가 콜롬보市에서 개최한 국제회의에서 발표 · 토론을 하고 캔디(Kandy) 寺院에 들려 참배까지 하였다. 1달라를 주니 과일을 한 지게쯤 주어 올 때까지 먹다가 집에까지 가져왔던 일이 있었다. 가장 큰 변화는 골프를 배우기 시작했던 것이다. 선배되는 鄭棹永 장군이 자기가 쓰던 골프채 1질을 주기에 2월 1일에 연습장에서 프로로부터 골프를 배우기 시작했고, 4월 7일에는 드디어 친구인 李相伊 사장이 南城臺 골프장에서 머리를 얹어주었다. 열심히 치기 시작하여 8월 26일에 처음 99타를 쳐서 이른바 切百을 기록했다.

1984년이 되었다. 신시내티(Cincinnati)대학 동창회를 결성하고 초대 회장에 피선되었다. 아들 東爀이 고등학교에 입학하고 차녀 貞娥가 중학교에 들어갔다. 文廷鎬군이 열번째 조교로 연구실에 들어왔다. 5월에 韓國土地開發公社의 理事로 취임하여 이후 6년간 蘇俊烈 장군과 崔同燮 장관을 이사장으로 모시고 매우 유익하고도 보람있는 이사활동을 하였다. 많은 사람을 사귀어 좋은 인연을 맺었고 土開公 사업장은 거의 모두 둘러보는 기회를 가졌다. 10월에는 日本 가와사키(川崎)市에서 개최된 UNCRD 회의에 참석하여 발표 · 토론을 하였고, 회의후 사뽀로(札幌)市에 가서 중학교 동기인 金熙鎭 사장의 안내로 北海道 여러 名所를 관광하고 돌아왔다. 골프 실력은 일취월장하여 배운지 1년만에 87打를 쳐서 切九

49回 生日을 上道洞 自宅에서 가까운 親戚과 조촐하게 지내다. 좌측에서 동생, 본인,처, 자형, 누님 (1985.7.27) ▶

의 기록을 세웠다. 선배 되시는 尹世榮 회장께서 새 골프채 한 질을 사주어 지금까지 그대로 쓰고 있다.

1985년에 들어서서 金壽鶴 사장의 아들과 黃鏞周 박사의 따님을 중매하여 성사 시켰으니 생애 두 번째 성사시킨 중매였다. 장녀 雪娥가 대학에 입학하여 한 시름 놓았다. 6월에 泰國 방콕市에 가서 연구 관계 협의를 하고 돌아왔다. 6월 29일에는 盧泰愚 민정당 대표에 의한 政治改革宣言이 있었고, 이로부터 민주화 · 자율화의 물결이 거세게 일어나기 시작했다. 친구인 李世茂 회장으로부터 드라이버 골프채 1개를 선사받아 오랫동안 사용하였다. 4월 18일에 陽智 골프장에서 81打를 쳐서 최초의 싱글(Single, 기준 72打에서 9점 이내 초과) 점수를 획득하였으니, 골프 배운지 2년 2개월만의 快擧였다.

1985년 10월 1일자로 正教授로 승진하였다. 1966년의 助教로부터 19년만이고 1972년의 專任講師로부터 13년만이었다. 10월 3일 이글(Eagle)打의 골프를 쳐서 축하패도 받고 돈도 좀 썼다. 11월에는 大韓國土計劃學會 訪日團의 한 사람으로 일본에 가서 日本都市計劃學會와 협의를 하고 東京 · 名古屋 · 奈良 · 大阪 · 天里 등을 시찰하고 돌아왔다.

여러 가지 職責을 맡게 되는 1986년이 되었다. 店村邑이 市로 승격되어 승격기념식에 참석하였다. '점촌'이란 이름이 市名으로는 너무 촌스러워 바꾸자는 의견이 있었으나 여론조사에서 그대로 두자는 주장이 많아 바꾸지 않았다. 9월에는 말레이시아 首都 쿠아라 룸푸르市에서 개최된 세미나에 참석하여 발표 · 토론을 하고 골프도 한번 치고 왔다. 연구실 조교 출신들이 모여 '環心會'란 친목모임도 결성하고 초대 회장으로 제1대 조교였던 李廷植 박사를 선출하고 본인은 顧問으로 추대되었다. 몇 달에 한번씩 모이고 연말에는 가족 모두가 모여 송년의 정을 나누기도 하면서 오늘에까지 이르고 있다. 8월에 金京玟군이 11대 조교로 새로이 들어왔다. 2월에 大韓國土計劃學會 제9대 회장으로 피선되어 2년간 재임하였고, 6월에는 建設部 中央都市計劃委員으로 위촉되었다.

◀ 東京大學을 訪問한 大韓國土計劃學會 訪日團(1985.12.1)

Ⅲ. 補職遂行과 社會奉仕
(1986.11-2006.7/19年 9月)

1. 大學院長 時期 (1986.11-1990.10/4年)

▲ 環境大學院 院長 就任式에서 就任辭를 하다.(1986.11.8)

1986년 11월에 서울大學校 環境大學院의 第4代 院長으로 임명되었다. 대학에서 승용차가 나왔기에 집에 있는 자가용차는 妻에게 희사하고 자동차 技士는 土開公에 취업시켜 주었다.

1987년으로 들어섰다. '店村市民의 노래'의 作詞 모집에 응모하여 당선되어서 고향에 내려가 李源植시장으로부터 공로패와 상금을 받았다. 상금은 모두 店村 老人會에 기부하였다. 作詞에 소질이 있었는지 몰라도 그 이후에 새마을 노래, 韓國地方行政研究院歌, 지방자치의 노래, 聞慶市民의 노래 등을 작사하여 지금도 널리 불리어지고 있다. 5월에 忠南 瑞山의 現代 埋立地를 妻와 같이 둘러보고 鄭周永 회장 초청 연회에 참석하였다. 오는 길에 金壽鎭 국장의 초청으로 道高 골프장에서 운동을 하고 왔다. 6월 23일에는 골드 골프장에서 처음으로 75打의 신기록을 세웠다. 모두들 한국 골프계를 위해서 아깝다고 애석해하였다. 7월 초에 대한국토계획학회 訪日團의 단장으로서 일본 九州지방을 방문하였다. 福岡縣, 北九州縣, 大分縣, 長崎縣, 唐津市 등을 방문하여 회의도 하고 환담도 나누었으며 유익한 여러 곳을 견학하였다. 唐津市에서의 마지막 송별연에서 20여년간 市長職을 지낸 70세의 老市長이 한국말로 '고향의 봄'을 부르고 나서 한국측 단장에게 노래를 하라고 하여 일본 말로 '미나도마치 주삼반지'를 불러 화답했었다. 8월에 서울대학교의 朴奉植 총장이 물러나고 새로이 趙完圭 총장이 취임하였다. 金壽鶴 사장과 盧隆熙 교수의 회갑연이 연달아 있었고 직접 회갑기념 논문집을 봉정하였다.

盧泰愚 대통령이 취임하고 88 국제 올림픽대회가 개최된 1988년이 되었다. 2월에는 중학교 은사이신 黃基春 선생님의 정년퇴임식에 참석하여 정년축사의 연설을 하였다.

▼ 夫婦 같이 道高골프장에 가다. 妻는 골프를 치지 못함 (1987.5.23)(왼쪽사진)

▼▼ 토개공 金壽鶴사장과 문경새재 紀念塔 아래에서 (1988.5.7)(중앙 사진)

▼▼▼ 上海 玉佛寺주지스님과 같이 (1989.3.15)(오른쪽 사진)

3월에는 차녀 貞娥가 고등학교에 입학하였고, 趙完圭 총장 회갑연에서 學長團을 대표하여 축사를 하였다. 5월초 土開公 金壽鶴 사장과 店村 興德地區 開發現場을 시찰하기 위해 店村에 갔다. 문경새재 들어가는 입구에 朴正熙 대통령이 글씨를 쓰고 당시 慶北知事였던 金壽鶴 사장이 건립한 문경새재 기념탑에서 건립경위를 들으면서 기념촬영을 하였다. 6월 13일 서울大와 MIT공동주최의 올림픽 관계 국제학술회의 개막식에서 開會辭를 하였고, 7월초에 『地域開發과 地方自治行政』이란 큰 단행본을 출간하였다. 8월 중순에 上道洞에서 驛三洞으로 이사를 했다. 마음에 드는 꽤 좋은 집이었다. 집값을 치루느라고 애를 많이 먹었다. '明德世家' 라는 家號와 '溫知堂' 이라는 書齋名을 安光錫 선생께 부탁하여 현판에 새겨 집에 걸어두었다. 대문밖에 걸려다가 혹시 식당이나 요정으로 오인받을 것 같아 집안 건물에 붙여 두었다. 최초의 環境大學院 院長 選擧가 실시되어 다시 피선되었으니, 임명직과 선거직을 모두 해본 셈이다.

▲ 로마 神殿 앞 廣場에 선 妻와 큰딸 雪娥(1989.5.27)

1989년으로 넘어왔다. 2월에 대한국토계획학회가 주는 弦汀國土開發賞을 수상하였고, 아들 東𢾺이가 大學에 입학하였다. 3월초 처음으로 中國에 가게 되었다. 日本 東京에 가서 비자를 하루 걸려 받고 中國民航機를 타고 上海로 가서 工作員의 안내를 받아 虹橋賓館에 들었다. 국제회의에서 발표 · 토론을 하고, 上海, · 蘇州 · 杭州등지를 시찰하였다. 역사에서 배운 名所를 둘러보면서 감개가 무량했다. 4월에는 妻와 장녀 雪娥가 독일 함부르크에 있는 처제집에 초청받아가서 유럽 여러 나라를 관광할 기회를 가졌다. 6월초에 미국 매릴랜드(Maryland)대학에서 개최된 국제회의에 참석하였다. Kenneth Corey · 林吉鎭 · 張旭 교수 등을 만나 유익한 시간을 보냈고, 귀국길에 공부하던 신시내티에 가서 옛 은사분들과 金漢教 교수, 南鴻박사 등을 만나보았고, 하와이에 와서 옛 은사인 Albert Simone 하와이 대학 총장을 만났다. 아들 東𢾺이 11월에 軍에 입대하여 20사단에 배치되었으며 士兵으로 3년간 복무하였던 것이다.

1990년이 시작되었다. 시간이 있을 때마다 조금씩 연습한 실력을 가지고 자동차 운전시험을 치뤘다. 筆記와 曲線 · 走行實技에 합격하고 교육을 받은 뒤에 면허증을 발부받았다. 그 이후 제대로 연습할 기회가 없어서 한 번도 시내에서 운전해보지 못했으니, 면허를 따고 지금까지 접촉사고 한 번 없는 무사고 운전경력을 가진 셈이다. 9월 중순에 대한국토 · 도시계획학회의 訪臺團을 따라 臺灣에 갔다. 韓 · 中 · 日대표단이 모인 세미나에서 사회를 보고, 臺北 · 新竹 · 臺中 · 明潭등지를 시찰하고 귀국했다. 처음으로 『變動과 思索』이란 수상집을 발간했다. 의

◀ 臺灣에서 玉皇上帝를 모시고 있는 寺院에 가다. 본인 뒤에 玉皇上帝와 그 幕僚들이 앉아 있음(1990.9.15)

외로 5천부 가량 판매되었다. 10월 15일 開校紀念日에 서울대학교 22년 長期勤續表彰을 받았다. 11월 5일에 임기만료로 환경대학원 원장직을 물러나고 11월 9일에 離任式을 거행했으며, 차기 제5대 원장으로는 역시 선거로 선출된 金炯國교수가 새로 취임하게 되었다.

2. 平敎授 및 硏究院長 時期 (1990.11-1994.7/3年 9月)

4년간의 원장직을 떠나 平敎授로 돌아오니 무척 홀가분하였다. 자동차가 없어 불편하였으나 운전도 못하는 면허증을 가지고 주로 택시를 이용하였다. 고향 친구들의 친목 단체인 鳥嶺會의 회장이 다시 되어 1967년에 창립된 이래 23년간의 역사와 회원글을 담은 『鳥嶺會誌』를 편집 · 발간하였다. 白潭寺에 은둔했던 全斗煥 전대통령 부부가 769일만에 延禧洞 자택으로 귀가하는 일이 섣달 그믐에 있었다.

대학에서 강의 없는 安息年의 혜택을 받는 1991년이 되었다. 3월과 6월에 각각 基礎議會 및 廣域議會의 의원선거가 30년만에 실시되었고, 이를 전후하여 서울과 지방에서 공무원, 기업인, 군인, 일반 시민 등을 대상으로 강연을 수없이 많이 했다. 연구실 조교로 3월에 金明洙군이 들어오고 7월에 元東奎군으로 교체되었다. 서울대학교는 선거에 의해 당선된 金鍾云총장이 8월에 처음 취임하였다. 아들 東爀은 군대에 잘 복무 중이고, 큰딸 雪娥는 10월에 日本 東京에 있는 친구한테 갔다왔고, 둘째딸 貞娥는 대학에 입학하였으며, 여름방학을 이용하여 독일 처제댁에 가서 한 달보름 가량 머물다가 왔다. 10월에 오래된 차를 처분하고 새로 프린스 승용차를 구입하여 주로 처가 몰고 다녔다. 가끔 얻어 타기도 하였다. 3월부터 天安에 있는 檀國大學校 行政大學院의 강사로 위촉받아 격주 토요일 오후에 고속버스를 타고 출강하기 시작했으며 그때부터 5년간 지속하였다. 1월에 朴世直 서울시장과 鄭泰東 박사를 만나 자문할 기회가 있었고 그 이후 國政硏究 등으로 꾸준한 관계를 맺어왔으며, 10월에는 奉化 · 英陽에서 개최된 세미나에 참석하여 姜信祚 사장과 李永哲 사장을 만난 것을 계기로 지금까지 깊은 유대를 유지하여 왔다. 한해 동안 외국을 네번 다녀왔다. 먼저 4월초에 처와 동행하여 스페인의 Barcelona 옆 Sitges에서 개최된 UN大學 주최 국제세미나에 참석하고 나서 Barcelona와 Madrid를 관광하고, 포르투갈의 Lisbon과 最西端지점을 돌아봤다. 다시 스웨덴에 가서 유학 중인 朴憲注군 가족을 만나 Stockholm과 Uppsala 등을 구경하고, 독일 Hamburg에 있는 처제댁에 들렀다가 귀국했다. 7월초에는 金源 · 李俊善 교수와 같이 放射性廢棄物 처분장 시설을 시찰하기 위해 유럽에 갔다. 가는 길에 둘째딸 貞娥를 데리고 가서 독일 처제집에 맡겼다. 두 교수와 같이 독일의 Berlin, Potsdam, Hannover, Peine, Gratow등지를 시찰하고 모스크바에서 오는 유럽열차도 타보며 프랑스로 갔다. Paris, La Hague, Normandie, Marseille와 지중해 연안의 Monaco, Nice, Canas, Sophia Antipolis 등지를 살펴보았다. 특히 프랑스 남쪽

▼ 포르투갈 리스본市 公園에서 妻와 같이(1991.4.15)

◀ 地中海 D' If섬의 監獄에 있는 몽테크리스토伯爵이 갇혀 있었다고 적혀 있는 팻말 앞에서(1991.7.6)

Marseille와 D' If섬에 갔을 때는 大 뒤마(Dumas)의 소설 '몽테크리스토 伯爵(Le Comte de Monte Cristo)'이 생각나서 감개무량했다. 소설이긴 하지만 주인공 단테스(Dantes)가 14년간 갇혀 있던 D' If섬의 감옥방을 들어가 보고, 뚫려진 구멍과 바다로 떨어진 절벽 등을 살펴보았다. 숱하게 읽은 소설 가운데 가장 감격을 주었기 때문에 소설의 장면을 하나씩 연상하였고 동행자들에게 그 내용을 상세히 이야기해주었다. 8월초에는 日本 東京에 가서 都廳 사무실에 나가 관계관들로부터 대도시행정에 관한 정보와 자료를 얻어왔다. 文昌洙 전 전남지사를 만나 며칠간 같이 생활하였다. 11월 중순에 國土計劃學會 訪日團으로 다시 일본에 가서 大阪, 神戶, 掛川, 東京등지를 시찰했다. 동경 근교에 있는 朝總聯系 大學인 朝鮮大學을 몇년 동안 여러번 시도하다가 이번에 성공하여 權純福 이사장과 같이 들어가볼 수 있었다. 북한의 구호가 곳곳에 붙어 있고 북한에서 발간한 책자가 다수 널려 있었다.

1992년으로 넘어왔다. 1월에 은사이신 Corey 교수 자택의 정자에 걸 '高理亭'이란 현판을 새겨 보냈고, 4월에 康炳基교수댁에서 진돗개를 얻어와 '珍乭'이란 이름을 지어 오늘에까지 키우고 있으며, 5월에는 아들 東爀이 제대하여 귀가하였다. 6월 11일에 朴世直의원이 중심이 된 '國政硏究會'가 마련한 조찬회에서 金泳三 대통령 선거 후보자에게 향후의 과제를 설명하였다. 7월에 14대 조교로 崔正錫군이 들어왔다. 7월초에 韓國地域社會開發學會의 대표단으로 金裕赫회장 등과 中國에 갔다. 天津, 北京, 長春 등을 거쳐 延吉市에 있는 延邊大學 초대소에 투숙했다. 한국·중국대표와 北韓대표가 모여 세미나를 하였으며 본인은 발표·토론을 하였다. 북한 대표단의 단장인 社會科學院 世界經濟·남남協力硏究所 全幸浩소장을 위시한 다섯명의 대표들과 친숙한 관계를 맺었다. 회의 후 豆滿江, 圖們市, 白頭山, 龍井, 瀋陽, 萬里長城 등을 관광하는 기회를 가졌다. 7월 21일자로 韓國地方行政硏究院 원장에 취임하였다. 서울대학교는 휴직을 하고 많은 겸직 자리를 정리하면서 연구원 원장직에 전념하였다. 재직 2년 동

▼ 中國 延邊大學 초대소 앞에서 北韓 대표단 단장인 全幸浩소장과 같이(1992.7.12)(왼쪽 사진)

▼▼ 韓國地方行政硏究院 院長 就任式에서 就任辭를 하다.(1992.7.23)(오른쪽 사진)

안에 체제 재정비, 연구 분위기 쇄신, 위상강화, 인력보강, 자치제도 개발, 개원 10주년 사업준비 등의 업적을 남겼다. 만딸 雪娥가 文丙基군과 8월 26일에 약혼식을 올리고 12월 26일에는 성당에서 婚配聖事를 치루었다. 대통령 선거에서 金泳三 후보가 차기대통령으로 당선되었다.

1993년이 되었다. 1월 6일 공항 터미널 예식장에서 만딸 雪娥의 결혼식을 올렸다. 많은 하객이 와주어 고마웠다. 시원섭섭하다는 생각이 들었다. 雪娥는 신랑 文丙基군과 같이 하와이에서 신혼여행을 보내고 미국 오하이오州 애크론(Akron)시에서 신혼 살림을 시작했다. 5월에는 막내 貞娥가 랜싱(Lansing)에 있는 미시간 州立大學으로 유학차 떠났고, 그래서 집에는 세 식구만 남게 되었다. 雪娥부부는 8월에 컬럼버스(Columbus)로 이사하였고 사위는 오하이오州立大學에서 박사과정을 시작했다. 10월초에 妻가 미국에 건너가 임신한 딸을 돌보다가 10월 16일에 외손자 近榮이를 보게 되니 드디어 할아버지의 지위로 올라서게 되었다. 2월 25일에 거행된 제14대 金泳三 대통령 취임식에 참석하였고, 학교에는 교수 없는 연구실에 조교로 朴城佑군을 머물게 했다. 2월에 自治團體出捐 研究院長 協議會를 결성하여 초대 회장으로 취임하였고, 4월에는 대통령으로부터 行政刷新委員으로 위촉받아 2년간 활동하였다. 국민의 경제활동과 일상생활에 관련된 행정제도를 많이 개선하였다. 봉직 중인 연구원에 朴龍治 연구부장과 韓仁錫 사무국장이 함께 일하고 있다가 6월에 韓국장은 始興市長으로 영전되고 새로 朴榮舜 국장이 부임했다. 9월에 田英春 전임 원장의 古稀紀念行事를 마련하였고, 10월에는 Corey학장 등을 초빙하여 국제 세미나를 개최했다. 은사이신 Corey교수 등과 大田Expo를 관람하고 聞慶을 돌아보게 하였다. 7월초 미국에 가서 Akron에 있는 큰딸 부부집에 며칠 묵다가 Lansing으로 가서 둘째딸을 만나고 미시간州立大學에서 개최한 500명 이상이 모인 국제회의에서 논문발표와 사회를 맡아보았으며 폐회식날 大會綜合評價를 하였다. 9월에는 地方自治學會의 訪日團으로 東京에 가서 질의 · 토론의 기회를 갖고 鎌倉市 등을 시찰하고 귀국했다. 연말에 새마을 勳章을 받았고 막내딸

癸酉年새해 아침 동생 群濟 家族과 같이 驛三洞자택에서 紀念撮影을 하다. 뒷줄 우측이 딸 雪娥와 約婚한 文丙基군(1993.1.1) ▶

▲ 靑瓦臺에서 行政刷新委員 위촉장을 받고 金泳三 大統領과 紀念撮影을 하다.(1993.4.20)

◀ 美國 미시간州立大學 林吉鎭 國際大學長(中央)으로부터 방문 感謝牌를 받다.(1994.6.8)

貞娥가 방학을 이용하여 일시 귀국했다. 연구원의 비상임연구위원이던 田英春 · 高煌 두분을 떠나게 한 것이 늘 마음에 걸리고 있다.

1994년으로 넘어왔다. 1월에 鄭在文 · 姜信祚의원을 중심으로 한 '社稷會'란 연구모임을 결성하였고 얼마 후 國政 전반에 대한 평가와 건의를 담은 책자도 발간하였다. 2월에 金周榮군이 조교로 들어오고 6월에는 高文炫군이 17대 조교로 입실했다. 연구원의 朴榮舜국장이 九里市長으로 영전하고 후임에 魏聖沼국장이 부임했으며, 2월 말에 연구원의 전직원이 연수차 雪嶽山을 다녀왔다. 6월초에 미국 미시간주립대학에 가서 좌담회를 하고 林吉鎭국제대학장으로부터 방문 감사패(Distinguished International Visitor)를 받았다. 딸들을 만나보고 귀국길에 큰딸과 외손자를 데리고 왔다. 7월 20일에 이임식을 갖고 韓國地方行政研究院 원장직을 떠났다. 한 번 더 유임하면 서울대학 教授職을 그만두어야 한다는 위협에 한 번의 임기만 마치고 붙잡는 내무부의 권유를 사양하지 않을 수 없었다. 崔炯佑 내무부장관으로부터 송별연과 공로패도 받았다. 만2년만에 다시 서울대학교 교수로 되돌아왔다.

3. 平教授 및 主任教授 時期 (1994.8-1999.2/4年 7月)

사위 文군이 나와서 가장 더웠던 여름을 같이 지내고 9월초 모두 미국으로 떠났다. 8월 중순, 三星그룹의 재정지원을 받아 大韓國土 · 都市計劃學會 대표단 26명이 國土改造에 대한 해외 시찰을 떠났다. 연구원장 시절에는 1等席에 탔던 비행기에 이번에는 강등을 해서 2等席에 타게 되었다. 독일의 베를린에서 라인강을 따라 하이델베르크(Heidelberg)에 이르는 연변의 많은 지역을 방문하였고, 싱가포르와 일본 북부지역을 시찰하고 귀국했다. 10월 중순에 忠南大學의 金東勳 · 吳德成 교수와 같이 日本 奈良에 있는 關西研究團地에 가서 미국에서 온 林吉鎭 교수와 합류하여 과학 · 기술에 대한 국제행사에 참석했다. 주제발표와 토론을 하고 여러 연구시설과 京都 등지를 시찰했다. 회의도중 聖水大橋의 붕괴사고 소식을 듣고 놀라움과 함께 외국인 보기가 무척 부끄러웠다. 연구원장 2년간 손을 놓았던 골프를 다시 시작하였고, 연말에 朴昇治 이사로부터 그랜저 승용차 1대를 선물로 받았다. 아무런 조건 없이 존경하는 마음으로 선사한다고 하여 미안하고 감격스러웠다.

1995년이 시작되었다. 大邱 지하철 폭파사고와 서울 三豊백화점 붕괴사고가 있었고 6월 27일 4대 지방선거가 실시되는 등 어수선한 한 해였다. 1월에 서울대학교 총장후보선정위원이 되어 수고하였고 최종적으로 李壽成 교수가 총장으로 선출되었으며, 환경대학원의 高位政策課程 준비위원장을 맡아 개설준비를 완료해주었다. 1월 말경 海運產業研究院의 趙正濟 원장과 같이 晋州 행사에

▼ 朴景利씨 소설 『土地』의 무대인 河東郡 平沙里마을 입구에서 趙正濟원장과 같이(1995.1.28)(위사진)

▼▼ 溫陽에서 개최된 平統諮問委員 研修大會에서 講演을 하다.(1995.4.28)(아래 사진)

◀ 遊園地 킹스 · 아일랜드에서 즐거워하는 外孫子 近榮(1995.6.18)

참석하고, 朴景利씨 소설 『土地』의 무대였던 河東郡 平沙里 마을을 위시한 雙磎寺, 花開장터등을 둘러보았으며, 白丁의 마을로 平衡社 운동의 진원지였던 涉川마을도 찾아봤다. 2월초에 아들 東爀이가 미국에 처음으로 가서 동생과 누나, 자형을 만나고 돌아왔다. 韓國地方自治學會 총회에서 제3대 회장으로 선임되었고, 3월에는 月刊 『自治公論』을 발간하는 韓國地方自治研究院의 이사장으로 취임하였다. 지방자치, 과학 · 기술, 환경문제, 세계화, 지방화 등을 주제로 전국 각지, 각층에 초대받아 숱한 강연을 하였다. 都農統合으로 새로 태어난 聞慶市의 '문경시민의 노래'를 작사하여 작곡가 全石煥 선생과 같이 고향에 내려가 嚴恒燮시장으로부터 공로패와 상금을 받았다.

6월 중순 미국 라스베이거스(Las Vegas) 시장의 초청을 받고 한국지방자치연구원의 李圭憲 원장과 같이 미국에 갔다. 이원장은 시카고 · 토론토의 친지댁에 가고 본인은 컬럼버스로 가서 딸들과 사위 · 외손자를 만났다. 하루를 내어 막내 貞娥가 태어난 신시내티에 가서 출생한 병원과 살던 집을 둘러보고, 오는 길에 유원지인 킹스 · 아일랜드(Kings Island)에 들러 구경을 했다. 주말이라 많은 사람들이 몰려왔으며, 복잡하기는 비슷했으나 역시 질서 지키는 데는 선진국다운 데가 있었다. 다시 이원장을 만나 라스베이거스에 가서 수석국장으로 있는 金在城 박사의 안내로 많은 것을 듣고 보고 하였다. 시내, 시 개발지, 찰스톤(Charleston)山, 미드(Mead)湖, 후버(Hoover)댐, 그랜드 · 캐년(Grand Canyon) 등을 방문하였다.

귀국하여 역사상 처음으로 동시실시하는 4大地方選擧에 깊은 관심을 가지고 관찰하였다. 의외로 무난히 치루어 역사적인 民選自治制가 7월 1일부터 출범하게 되었다. 7월 중순에는 東亞建設(株)의 초청으로 이집트의 古蹟과 리비아의 水路工事, 그리고 튀니시아와 地中海 및 사하라 沙漠 등을 구경할 수 있는 좋은 기회를 가졌다. 8월부터 10월까지는 여러 가지 行事, 세미나, 講演 등에 참석하느라 바빴다. 최초로 大邱 · 慶北 地方自治學會를 창립하고 라스베이가스시로부터 名譽市民證을 받았으며 '地方自治의 노래'를 작사하여 발표하였다. 美國 · 中國 · 日本 등지에서 온 손님들을 만나고 대접하느라 힘이 들었다.

11월말에 地方自治學會의 訪日團을 인솔하여 大阪市에서 集談會를 가졌고 神戶市의 地震復舊事業을 시찰하고 귀국했다. 12월중순에는 역시 地方自治學會 代表團을 이끌고 美國 라스베이거스市를 방문하여 세미나 개최, 主要施設 방문, 名所觀光 등 유익한 시간을 보냈다. 연말부터 15代 國會議員選擧의 바람이 일기 시작하여 聞慶에서 출마하라는 많은 권유와 新聞紙上의 소개로 시달리기 시작했다. 시끄러운 분위기 속에 多事多難했던 한 해가 저물어갔다.

▼ 라스베이거스市 아담센 副市長으로부터 名譽市民證을 받다. 서울市政開發研究院에서(1995.10.4)

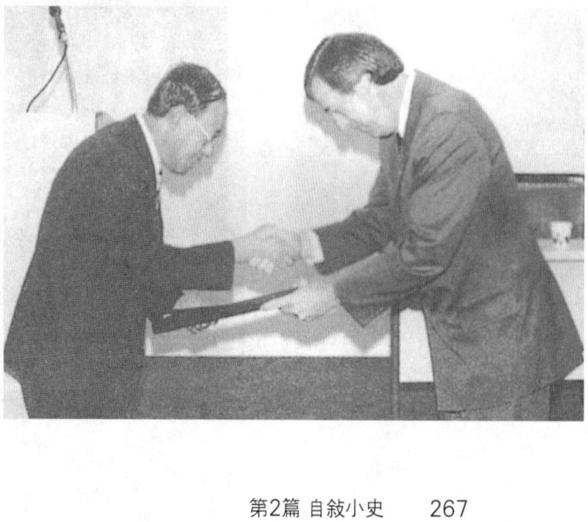

1996년 丙子年의 해가 떴다. 新年初부터 전국 여러 機關에 초청받아 特講을 하고 세미나에 참석했다. 慶北道, 全南道, 濟州道, 京畿道 등지를 주로 순회하였다. 國會議員出馬의 종용이 심해 다소 고민하다가 나이가 너무 많다는 것, 돈이 없다는 것, 後輩들과 경쟁하는 것은 모습이 좋지 못하다는 것, 當選이 되어도 현재의 價値를 유지하기 어렵다는 것 등의 이유를 내세워 3월초에 가까운 분들에게 포기선언을 했다. 후일에 생각해도 현명한 결단이요 處身이었던 것 같다. 選擧期間 중 금년 3월에 개교한 聞慶專門大學(設立者 겸 學長 : 申榮國)의 초청을 받아 내려가 學生들에게 3回로 나누어 강연을 하고 學校를 돌아보았다. 아직 미흡함이 한두가지가 아니었지만 이 奧地에 大學이 설립되었다는 사실에 흐뭇함을 금치 못했다. 特講料로 받은 50만원에 50만원을 더 보태어 大學後援會 李昌敎 會長에게 후원금으로 기탁하였다. 聞慶市 金學文 市長을 위시한 기관장들과 만나 식사를 하고 4명의 候補者 事務室에 들러 인사를 하고 돌아왔다.

國務總理를 위원장으로 하는 地方自治制度發展委員會의 委員이 되었고, 第1回 地方自治團體 經營大賞 시상식에서 審査委員長으로서 700餘 參席者 앞에서 審査報告를 한 것이 영광스러웠다. 또한 金佑錫 內務部長官과의 TV 對談, 京畿開發硏究院의 硏究諮問委員長으로의 선임, 全國 市·道公務員 敎育院長 모임에서의 主題講演, 美國 Las Vegas市 金在城 首席局長과의 빈번한 會合, 韓國地方自治學會 總會主管 등이 4월까지 있었던 주요한 일들이었다.

제15대 國會議員選擧의 열풍이 지나가고 신록의 5월로 접어들었다. 順天·長城·江陵·龍仁·釜山 등지에서 特講을 하면서도 學校講義는 한번도 걸르지 않았다. 月刊『自

韓國地方自治硏究院 이사장으로 '自治公論' 창간 1주년 기념 및 古州 公職者 論壇賞시상식에서 개회인사를 하다.(1996.5.10) ▶

治公論』 창간1주년 기념행사를 우여곡절 끝에 개최하여 理事長으로서 開會人事를 하고 행사를 주재하였다. 教育部 地域開發研究課題 審査委員長으로서 研究發表會를 주관하고, 96년도 연구과제를 심의 · 선정하였다. 教授분들과 관계기관의 부탁이 많아 客觀性을 유지하느라 고생했다. 사람사는 요령으로 'No'라고 답하고서도 미움을 받지 않는 방법을 터득해야만 한다는 것을 새삼 깨달았다. 建交部 民資誘致調整委員會 委員들과 같이 仁川國際空港이 건설되고 있는 永宗島 일대를 시찰하면서 桑田碧海라는 말을 실감하였고 부디 世界第一의 공항이 되기를 빌었다. 內務部 公立大學審議委員會 업무로 忠南道廳을 거쳐 青陽郡에 갔다. 道立專門大學이 들어설 후보지를 살펴보고 관내 기관장 및 有志들과 의견을 나누면서 순박하면서도 열의에 찬 모습에 많은 감명을 받았다. 돌아오는 길에 七甲山 정상에 올라 '칠갑산'이란 노래碑와 '콩밭매는 아낙네像' 앞에서 일행들과 기념촬영을 했다. 월말에 自動車運轉免許證을 새로 교부 받았다. 지난 5년간 한번도 事故를 내지 않아 모범운전자로 인정되어 7년 기한의 綠色免許證을 받았다. 지난 5년간 한번도 市內 운전을 해본 적이 없어 당연한 무사고이지만 어쩐지 부끄럽고 민망한 마음이 들었다. 내친 김에 國際免許證까지 신청하여 손쉽게 받았다. 모범운전자에 대한 혜택과 예우가 극히 좋았다.

6월 한 달은 어떻게 지나갔는지 모를 정도로 분주하였다. 學校 終講을 하고 成績을 제출하고 論文審査를 마쳤다. 民選自治制 1주년이 되는 달이어서 많은 行事가 있었다. 서울과 地方에서 개최된 세미나 · 講演會 · 座談會 · TV 및 라디오 出演 등에 참석하느라 하루에도 두세 곳씩 뛰어다녔다. 韓國地方自治學會가 주최한 세미나를 주관하여 꽤 성공적으로 마쳐서 한숨 돌렸다. 맡고 있는 學會의 이름을 도용한 週刊誌 때문에 고역을 치루는 사건도 있었고, 많은 情熱을 기울여준 어떤 행사에 대가가 너무 빈약하여 화를 낸 일도 있었다. 새마을 以北 5道支會가 주최한 共同體回復 討論會의 사회를 맡아 매우 감명을 주는 진행을 봐서 칭찬을 듣기도 하였다. 이렇게 바쁜 가운데 原州市 文幕에 가서 물고기를 잡다가 발을 다쳐 근 10일 이상 病院에 다니며 치료를 받았다.

집의 처가 回甲紀念으로 골프會員券을 사자고 하여 같이 돈을 모아 平生 처음 회원권

◀ 青陽道立專門大學이 들어설 예정후보지를 둘러보다. 옆은 內務部 金暉東 交付稅課長(1996.5.30)

을 구입했다. 골프를 처음 배울 때 자주 간적이 있는 龍仁의 陽智 리조트의 골프회원권이어서 매우 흐뭇하고 애착이 갔다. 회원권은 있지만 앞으로 몇 번이나 갈 수 있을지 의문이다. 綠色免許證을 가지고 자동차를 직접 운전하여 자주 갈 수 있기를 바랄 뿐이다. 時間보다는 내 돈을 내고 가려니 좀 힘에 겹고 또 아깝기도 하다는 생각이 든다. 그동안 공짜로 그저 얻어치기만 하였으니, 習慣이 아주 나쁘게 든 셈이다.

美國에서 공부하는 둘째 딸 貞娥가 방학이라 귀국하였다. 마땅한 婚處를 구해야 하겠는데 여의치 않아 여간 답답하지가 않았다. 敎授 따님에 美國 留學中이라 하니 상대들이 선뜻 나서지 않아 힘이 무척 드는 일이다. 어떻게 今年 안으로 출가시켰으면 하는 마음이 앞서고 있다.

滿60歲가 되는 7月로 들어섰다. 終講 · 期末考査 · 採點 · 論文審査 등으로 1學期 學事를 종료하고, 서울 및 地方의 여러 가지 行事와 모임에 참여하였다. 地方自治 發展에 기여한 공로로 韓國地方自治學會가 표창을 받았고, 코오롱 綜合硏修院 등에서 특강을 하였으며, 麗川市 등에 가서 강연을 하였다. 金源 교수의 回甲紀念隨筆集 발간을 축하해주고, 金壽鶴 회장의 自敍傳 題號를 자문해 드리기도 했다. 막내딸 婚事件이 여의치 않아 조바심이 생겼고, 建交部 民間投資調整委員會의 사안들이 잘 조정되지 않아 힘이 들었다. 陰曆起算으로 回甲日이 다가옴에 다소 신경이 쓰였으나 아무것도 안 하고 旅行을 떠나기로 하였다. 回甲紀念集이 출간되는 年末에 가서 紀念行事를 하기로 하였다. 그러나 家族들이 가만히 있지 않아 兄弟姉妹 및 査頓분들과 간단히 회식을 몇 번 가졌다. 大學院 동기인 朴 容 社長에게 紀念集 出版을 상의하였더니 흔쾌히 승낙하여 무척 고맙고 다행스럽게 생각하였다.

回甲紀念旅行을 떠났다. 23일부터 28일까지 妻와 막내딸을 데리고 白頭山을 목표로 하여 中國에 가서 團體觀光을 하였다. 나로서는 中國訪問이 세번째이고 白頭山 登頂은 두번째이지만 家族들은 모두 처음이었다. 그러나 불운하게도 산고개까지 갔을 때, 비바람이 몰아치고 구름이 뒤덮여서 앞을 보기가 어려웠다. 天池 못을 보지 못하고 下山하였으니 안타깝기 한이 없었다. 陰曆으로 60번째 生日, 곧 回甲을 白頭山 아래 있는 天池賓館이란 호텔에서 맞이하고 조금 떨어져 있는 二道白河라는 곳에 와서 아침 식사를

韓國地方自治學會가 주최한 民選自治 1주년 기념세미나에 참석한 주요 인사들(1996.6.21, 서울대 호암교수회관) ▶

하였다. 그날 龍井市와 圖們市를 방문하고 豆滿江과 北韓땅을 다시 보는 追憶을 심었다. 저녁에는 北京에 와서 中苑賓館에 투숙하였다. 北京 여러 곳을 살펴보고 7월 28일에 서울로 돌아왔다.

▲ 驛三洞 自宅의 서재「溫知堂」에서 오늘도 끝없는 構想과 執筆을 하고 있다. (1996.7.28)

1936년 7월 28일(음력 丙子年 6월 10일)에 태어났으니 陽曆 7월 28일이 바로 만 60년이 되는 回甲일이 되는 셈이다. 回甲紀念集에 수록된 모든 統計의 마감 기준일을 이 날짜로 하여 정리하였다. 書齋 '溫知堂'에서 마지막 정리를 하고 그동안 고마웠던 많은 분들에게 드리는 '謝恩의 獻辭'를 써서 紀念集 말미에 첨부하였다. 그리하여 이로서 60년 삶과 자취를 정리한 大單元의 紀錄을 第1段階로 완성하였던 것이다.

실제적인 회갑일이 지난 뒤에도 일부러 생각하기 전에는 회갑이 지났다는 감이 들지 않고 그저 무심하고 담담한 심경이었다. 아마 각종 세미나, 강연, 모임 등으로 바쁜 일정을 보냈기 때문이 아닌가 하였다. 日本 村上亮泰 著『反古典의 政治經濟學』을 감명 깊게 읽었고 나도 이런 著書를 한 번 썼으면 하는 마음을 가졌다. 建交部 民間投資事業調整委員會 일이 매우 복잡하여 자주 만나고 시간도 많이 소요되었다. 10月달 學會의 國際行事를 위한 준비와 자금 마련으로 인하여 신경도 많이 쓰이고 여러 사람들과 협의 모임도 자주 가졌다. 8월 26일에 빙모님이 고향 聞慶에서 향년 77세로 서거하심에 깊은 슬픔을 가지고 며칠간 머물렀다. 金龍寺 大成庵에 모시고 49祭로 탈상을 하였다.

2학기에 들어서면서 더욱 바쁜 나날을 보냈다. 학교 강의, 국제행사 준비, 다시 위촉된 中央都市計劃委員의 활동, 회갑기념집의 인쇄 · 교정, 각종 행사 참석 및 강연 등으로 영일이 없었다. 드디어 10월이 되어 큰 행사를 세번 치루었다. 韓國地方自治學會의 회장으로서 먼저 미국 Las Vegas市와 서울 및 慶州에서 심포지엄을 개최하였고 다음에 日本地方自治學會와 濟州에서 세미나를 가졌다. 라스베이거스市의 金在城 수석국장과 제주대학 교수인 趙文富 지회장을 위시한 많은 사람과 여러 기관의 협조가 컸었다. 그러나 羅山그룹에서 약속한 보조금을 주지 않아 많은 적자를 냈으며 학회에 큰 손실을 끼쳤다. 커다란 시행착오였고 계획차질이었다.

◀ 慶州 瞻星臺 앞에 선 韓國地方自治學會 및 美國 라스베이거스市 代表들 (1996.10.8)

環境大學院의 院長이 林岡源 교수에서 楊秉彝 교수로 교체되었으며, 미국에서 K.Corey 교수와 林吉鎭 교수가 나와 회포를 풀기도 하였다. 地方都市計劃公聽會와 강연회 등으로 지방 여러 지역을 순방하였다. 12월 중순경에 미국에서 雪娥 가족과 貞娥가 일시 귀국하여

濟州에서 개최된 韓·日 地方自治學會 세미나에 참석한 兩國 代表者들 (1996.10.31) ▶

本人의 60年 生涯를 담아 發刊된 記錄集 (1996.12.31) ▶

오랜만에 전가족이 모이게 되었다.

연말에 이르러 華甲紀念集인『한 韓國人의 삶과 발자취』가 출간되었다. 836쪽의 방대한 책자였으며, 대견하기 한이 없었다. 전가족이 모여서 丙子年의 마지막 밤을 조용히 보냈다.

1997년 丁丑年 새해가 밝았다. 1월 8일 저녁 서울 리츠 칼튼 호텔에서 600여명의 하객을 모시고 화갑기념집 獻呈式을 거행했다. 멀리 미국에서 金在城·林吉鎭 박사, 일본에서 若山浩司 교수 등이 참석하여 무척 고마웠으며, 고향 聞慶에서도 많은 분들이 올라와 주셨다. 環心會 회원과 제자들의 안내와 진행으로 질서 있는 행사가 되었다. 환심회 회장인 趙明來 교수의 사회로 먼저 趙正濟 원장의 약력소개가 있었고, 이어 李廷植 박사의 헌정사 낭독과 기념집 헌정이 있었다. 다음에 많은 분들로부터 꽃다발과 기념선물을 받았으며, 이어 내빈축사가 있었다. 축사의 말씀은 鮮于仲皓 서울대 총장, 盧隆熙 교수, 金壽鶴 회장, 金學文 시장, 金在城 국장, 林吉鎭 교수 등이 해주셨다. 이어 蘇鎭光 교수의 가족소개가 있었고, 다음에 본인의 답례 인사 연설이 있었다. 그리고 케이크 커팅과 朴仁遠 회장의 건배제의가 있었다. 끝으로 식사와 기념촬영을 하고 폐회하였다. 당일 참석자는 609명이고 참석치 않고 祝賀해준 분이 145명이어서 모두 754명으로부터 祝賀를 받았다. 紀念集 2,500부는 축하해준 분들께 643부, 無料寄贈 138부, 有料販賣 1,586部, 폐품파기 103부, 보관 30부 등으로 처리되었다. 紀念集의 내용이 韓國 初有의 특이성이 있어서인지 大衆媒體에 널리 소개·보도되는 기현상이 일어났다.

1997.1.12일자 朝鮮日報 社會面 톱 記事로 보도된 것을 시작으로 하여 新聞 8회, 텔레비전 7회, 라디오 14회, 잡지 6회, 學術·機關誌 7회 등 모두 42회에 걸친 소개가 있었다. 回甲과 직접 관련된 收入이 모두 141,702천원이고 總支出이 106,483千원으로서 35,219천원의 黑字를 기록하였으며, 이 남은 돈은 2002年 教授停年 紀念集을

◀ 華甲紀念集 獻呈式에 참석한 兄弟姉妹들(서울 리츠 · 칼튼 호텔, 1997.1.8)

만들 때 사용하려고 銀行에 장기예치하여 두었다. 손해를 보지 않고 오히려 財政的 利得을 얻은 行事였던 것이다.

행사 이후 1,2월은 言論인터뷰, 텔레비전과 라디오 출연, 책자배부, 아이들 出入國 등으로 눈코 뜰새 없이 바빴다. 전과 달리 딸들이 떠날 때 무척 서운하였고 외손자 近榮이가 안 가려고 공항에서 울던 모습이 영 눈에서 지워지지 않았다. 한솔製紙株式會社에서 현재 全州市에 건설 중인 '종이 博物館'에 내가 소장하고 있는 記錄物들을 보관하겠다는 제의를 받아 初等學校 通信簿를 위시한 각종 보존물들을 넘겨주었다. 혼자 갖고 있기보다는 여러 사람들이 보도록 하는게 더 가치가 있다고 생각했기 때문이다.

農振公의 새萬金干拓事業團 諮問委員으로 위촉되어 趙洪來 社長 등과 현지를 시찰하였고, 忠南道로부터 '97년 國際環境 포럼' 推進委員長으로 추대되었으며, 建交部의 民間投資事業審議委員長 자리를 맡기도 했다. 2월 14일에는 地方自治學會 總會를 주관하고 임기만료된 會長職을 鄭世煜 교수에게 인계하였다. 많은 신경을 썼던 회장직이어서 홀가분한 느낌이었다. 特講 · 講演 · 세미나 등으로 바쁜 일정을 보냈고, 2월말에는 學校 敎授들과 全州 · 內藏山 · 邊山半島 · 새萬金干拓地 등을 둘러보고 돌아왔다.

3월 1일자로 서울大學校 環境大學院 都市 · 環境 高位政策課程의 第2代 主任敎授로 취임하였다. 아무런 補職을 맡지 않으려 했는데 學校 事情上 불가피하여 2년 임기의 主任敎授職을 갖게 되었다. 신경 쓰이는 일이었다. 50명 課程生들과 仁川에 가서 일박을 하면서 國內硏修를 하고, 4월 중순에는 부부동반으로 濠洲와 싱가포르의 海外硏修를 가졌다.

回甲紀念集과 관련하여 TV · 라디오 출연과 雜誌와의 대담이 많았고, 殘高의 처리가 계속되었다. 그러나 3월 말경에 發刊費의 잔액을 모두 지불할 수 있어 다행이었다. 載壽 처남의 부인이 오랜 지병 끝에 서거하여 모두 슬픔에 잠기었다. 이런 와중에도 서울과 地方에서 개최된 세미나 · 講演會 · 行事 등에 참석하느라 바빴고, 韓國學術振興財團의 地域開發硏究支援審査 · 評價委員長, 建交部 民間投資事業 審議委員長, 中央都市計劃委員, 內務部 硏修院 指導敎授, 忠南 世界環境포럼 國際會議 推進委員長 등의 역할을 소홀함이 없이 수행하였다.

▼ 서울大 高位課程 海外硏修次 濠洲에 가서 시드니 植物公園에 들리다. 妻와 함께 앉은 뒤로 유명한 野外音樂堂과 橋梁이 보인다. (1997.4.5)

妻가 친구로부터 골프채 한 질을 선물받아 인 · 도어에 등록하여 1개월간 練習을 하였으나 外國旅行 때문에 중단하였다. 고향 선배인 林相夏 사장으로부

▲ 韓國의 地域開發硏究會와 日本의 제3섹터 硏究會가 交流協定을 맺은 뒤 양국 대표들이 기념촬영을 하다. 프레스센터 회의실에서 (위사진)(1997.4.25)

▲▲ 妻·아들과 같이 美國에 가서 Columbus에 있는 長女宅에 머물다. 사위와 장녀가 살고 있는 Dublin의 아파트 집앞에서 (아래사진) (1997.7.24)

터 回甲 膳物로 좋은 골프채 일습을 받아 무척 감격하였다. 매우 사려깊고 고마운 분이시다. 中學校 同窓會 총회에 참석하고, 『自治公論』 2주년 기념행사를 주관했으며, 慶北道廳 移轉推進委員長을 몇번 고사하다가 결국 맡게 되어 큰 부담을 느꼈다. 대단히 어렵고도 말많은 과제임에 틀림 없다. 李永爽 회장과 禹哉永 법무사가 주관하는 '地域開發硏究會'의 顧問職을 맡아 시간과 신경이 많이 소모되었다. 세미나도 하고 日本과 交流協議도 맺었으나 자금 때문에 어려움이 많았다.

夏期放學을 이용하여 처와 아들, 모두 셋이서 1개월 예정의 긴 旅行을 떠났다. 마침 大韓航空의 旅行累積(mileage)이 약 15만 마일에 이르러 3명의 美國 往復 2등좌석이 무료로 확보되어 7월 20일에 떠나 8월 16일에 돌아왔다. 미국 Ohio주 Columbus시 Dublin에 있는 사위와 長女 집에 가서 외손자와 즐거운 나날들을 보냈다. 옛날에 공부하던 Cincinnati를 가보고 카누도 타고 공원에도 가곤 했다.

車 2대에 분승하여 북으로 5시간 이상을 달려 Michigan州의 Lansing에 있는 둘째 딸에게 가서 하루를 묵었다. 家族 모두가 Canada에 입국하여 나이아가라 폭포에 까지 가서 관광을 하고 하룻밤을 묵은 뒤 교대로 차운전을 하여 다시 Columbus 집으로 돌아왔다. 며칠 후 모두 Florida州의 Orlando市로 가서 콘도를 빌려 투숙하면서 車 전세를 내어 여러 곳을 둘러봤다. 가까이 있는 디즈니 월드를 3일간이나 들어가 관람하고 NASA, Kennedy宇宙센터, 케이프 캐나베럴, Cocoa Beach 등을 시찰하고 대서양에서 해수욕도 하였다. 둘째 딸 貞娥가 먼저 학교로 떠나고 우리도 곧 귀국하였다. 29일간에 걸쳐 28,043km의 旅程과 219,000步의 걸음, 총비용 약 2천만원의 大長程을 다녀왔다.

미국에서 돌아와 바로 豫約했던 서울大病院에 입원하여 白內障 눈 手術을 하였다. 3일간의 입원 후 퇴원하여 계속 治療를 다녔으나 너무 오래된 탓인지 결과가 썩 좋지가 않았다. 괜히 세수와 술만 2개월간 하지 못하는 형편이 되었다. 술먹는 좌석에 같이 있기가 무척 고역이었으나 몸은 무척 개운하고 아침에 氣分도 매우 맑았다. 6개월간 수료가 끝난 第3期 高位政策課程의 수료식을 주재하였고, 정들었던 사람들과 헤어졌던 것이다.

9월 중순에 國土·都市計劃學會 代表團의 한 사람으로 日本 名古屋市에서 개최

▶ 무던히도 덥고 날씨가 좋았던 1997.8.5부터 8.10까지 묵었던 Orlando市內의 콘도 앞마당에서 (1997.8.6)

된 韓 · 中 · 日 도시계획학회 심포지엄에 참여했다. 會議와 觀光이 무척 유익했고, 좋은 추억을 갖게 됐다. 특히 北쪽의 白川鄕과 高山市의 방문은 그 의의가 컸다는 생각을 했다. 모두 自費로 갔는데 나는 學會長인 呂鴻九 교수의 배려로 무료 참석하게 되어 고맙기 한이 없었다. 귀국 후 곧 國土計劃學會와 美國 CODS가 공동주최한 국제심포지엄에 참석하여 恩師 Corey學長을 만나고 司會 및 討論의 역할을 다해주었다. 9 · 10月中에는 李圭憲 · 李永奭 · 禹哉永 · 金壽鶴 · 金在城 · 李永哲 · 朱龍鐸 · 金學澈 씨 등과 비교적 자주 만난 편이었고, 처음 親舊의 自動車 구입관계 보증을 해주어 신경을 많이 쓴 사건도 있었다. '保證 서는 자식은 낳지 마라' 라는 옛말이 딱 맞는 실감을 했다. 이래서 사람이 점점 야박해 질 수 밖에 없는 것 같았다.

▲ 國土學會 訪日團으로 日本 高山市를 방문 · 시찰하다.(幕府時代 市廳인 高山陣屋 경내에서, 1997.9.20)(위 왼쪽 사진)

▲▲ 本人 史料가 展示된 한솔종이博物館(全州市 소재) 개관식에 참석하다. (張明洙 全北大總長과 함께 博物館 앞에서, 1997.10.21)(위 오른쪽 사진)

시간 나는 대로 2002년의 停年에 대비한 기록을 정리해 나갔다. 10月初에는 美國 Las Vegas에서 副市長 · 金在城 박사 등 다수의 대표자들이 와서 만나고 Las Vegas市의 서울 행사에 참석하였다. 한솔製紙(株)가 全州市에 건설한 '한솔 종이 博物館' 이 10월 21일에 개관되었다. 개관식에 참석하여 李仁熙 한솔製紙 이사장으로부터 감사패와 부상을 받고, 張明洙 全北大 總長 등과 本人의 資料展示室을 둘러보았다. 기증하기를 잘했다는 생각이 들었다. 수많은 사람이 관람할 수 있고, 오랫동안 잘 보존될 것이며, 잃어버릴 염려도 없기 때문이다. 齒牙 치료를 위해 매주 한 번씩 서울大 齒科病院에 들려 金光男 學長에게 치료를 받았다. 10月 28日에 집에 도둑이 들어 약간의 失物을 당했고 이를 계기로 집 전체에 경보장치를 설치했다.

◀ 全州市 한솔 종이博物館 2層에 陳列된 本人의 史料展示場 앞에서(옆의 서신 분은 한솔그룹의 李仁熙 會長, 1997.10.21)

11月에 들어와서는 월드컵 蹴球 豫選競技로 아시아 전체가 흥분의 도가니에 쌓였다. 地方自治學會의 訪日團으로 日本 東京 早稻田大學에서 개최된 세미나에 참석하고 東京市內 몇 곳을 관람했으며, 林敬鎬 원장 등과 저녁에 술을 들면서 환담을 나누기도 했다. 東亞建設의 仁川市件을 위해 노력했으나 별 효과 없는 허사로 끝나고 말았다.

▲ 地方自治學會 訪日團으로 早稻田大學에서 세미나를 마치고 江戶 東京博物館에 들리다.(1997.11.9)

外換危機가 닥쳐 IMF체제로 들어섬에 따라 나라 전체가 經濟破局으로 치닫게 되었다. 次女 貞娥가 12月 6日에 美國 미시간 州立大學을 졸업하여 26日에 완전 귀국하였다. 반갑기도 하고 걱정도 되었다. 美國 라스베이거스市의 金在城 局長이 水安堡에서 출판기념회를 가져 초청인 대표로 인사를 하고 돌아왔다. 建交部 民間投資事業 審議委員會 委員長으로 11回 會議에 35件 處理를 무사히 마쳐 흐뭇함을 느꼈다. 第15代 大統領選擧에서 金大中 候補가 당선되어 큰 話題를 가져왔고 많은 變革이 예상되기도 했다.

사소한 일에 연연하였고 한정된 人士들만 주로 만났다는 후회는 있으나 話題를 일으킨 回甲紀念集의 발간과 家族 전부의 海外旅行, 그리고 保管史料의 박물관 展示 등과 같은 보람스러운 일들도 있었던 한 해였다.

또 새해가 밝아 1998년 戊寅年이 되었다. 1997년의 國民 1人當 GNP가 9,433달러라는 發表에도 불구하고 IMF 危機는 불어닥쳤고, 經濟狀況은 나빠지기 시작했다. 金大中 대통령이 취임하고 政府와 企業의 構造調整의 바람이 불었다. 家庭的으로는 次女가 時事英語社 公開募集으로 입사, 출근하기 시작했고, 본인의 齒牙를 틀이로 보강했으며, 自宅 앞길이 '幸運길'로 명명되어 江南區廳에서 '행운길 42'라는 門牌를 달아주었다. 農協에서 無料로 대여해준 農場에 週末마다 가서 채소를 가꾸고 솎아오는 재미를 누렸다. 사위 文丙基君이 12月에 오하이오州立大學에서 博士學位를 취득하여 한 시름 놓았다.

개인적으로 바쁘고도 유익한 일들을 많이 했다. 大學에서는 敎授로서, 主任敎授로서의 役割을 다했고, 밖으로는 諮問 · 發表 · 司會 · 行事參席 등의 活動으로 쉬는 날이 없었다. 그리고 거의 每日 밖에서 會食과 飮酒를 걸르지 않았다. 새 政府 出帆에 대비한 政府組織 調整委員會 活動, 새마을 운동에의 참여, 大韓地籍公社 創立 60주년 紀念行事에의 참여, 國務總理 地方自治制度發展委員會에의 관여, 建交部의 道路公社 社長 公採募集審査委員長으로서의 역할, 서울市立大學校 開校 80주년 紀念行事에서의 基調講演, 湖南高速鐵道 路線 論議에 참여, 建交部 民間投資事業 審議會議의 委員長 역할, 月刊『自治公論』에 게재하기 위한 市 · 道知事와의 對談, 2002년 월드컵 組織委員會 活動에의 참여 및 都市 · 環境分科 共同議長 취임, 韓國에서 개최된 韓 · 中 · 日 都市計劃 세미나 및 한 · 日 地方自治學會 行事에의 참여, 美國 라스베이거스市와의 빈번한 접촉 등이 이루어졌다. 이외에도 發表, 司會, 特講, 演說 등과 公的 및 私的 모임으로 바쁜 나날을 보냈다.

▶ 서울大 環境大學院 高位政策課程의 夫婦同伴 海外 硏修次 日本 九州에 가다.(妻와 같이 別府 海地獄 噴火口 앞에서, 1998.6.27)

外國旅行을 세번 하였다. 6월에 서울大學校 環境大學院 高位政策課程 4期生의 海外硏修次 夫婦同伴으로 日本 九州 地域을 방문하였다. 日本 敎授로부터의 特講, 都市 및 農村과 環境의 視察, 自然과 古蹟에 대한 觀光, 別府에서의 溫泉, 최초의 四國地域 訪問, 自體의 評價와 敎育 등을

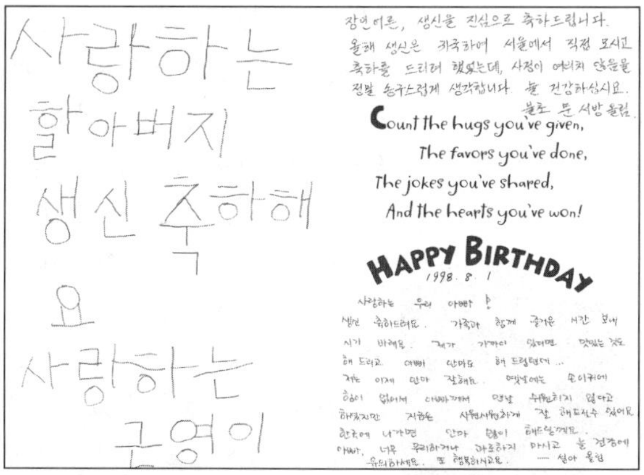

◀ 美國에 있는 長女夫婦와 外孫子가 보내온 本人生日 祝賀 카드 (1998, 8, 1)

통해 매우 유익한 經驗을 가졌었다. 7월에는 盧隆照 教授의 초청으로 日本 京都에 있는 立命館大學에 가서 碩·博士 課程 學生들에게 '韓國地方自治의 課題와 發展方向'을 主題로 하여 講義를 하고 돌아왔다. 그리고 8월초에는 大韓國土·都市計劃學會 訪中團과 함께 中國을 방문했다. 北京에서 市廳과 建設部를 방문하여 說明會를 가졌고 中國都市計劃學會 會長團과 親交를 가졌다. 처음으로 西安에서 秦始皇陵과 兵馬俑을 보는 감격을 가졌고 수많은 歷史遺蹟을 답사하였다. 실로 장엄한 寶庫였다. 上海와 蘇州를 시찰하고 귀국했다.

國土·都市計劃學會 會長에 金英模 教授 취임, 韓國地方行政研究院 院長에 李達坤 教授 취임, 서울大 環境大學院 院長에 兪炳林 教授 취임 등의 변동이 있었다. 매우 친숙하게 지내던 聞慶出身 鄭淵壽 先輩와 美國 라스베이거스市 金在城 局長이 모두 癌으로 돌아가시어 슬픔과 人生無常을 깊이 느꼈다. 國家的 事件으로는 8月달의 暴雨로 심한 被害발생, '第2의 建國' 運動 시작, 1998년도 1人當 GNP가 6,321 달러로 저하되리라는 展望, 聞慶새재 터널 開通, 初·中·高 教員 停年의 62歲로의 引下, 1999년도 政府豫算을 85兆원으로 확정, 北韓의 食糧難 심각 등이 있었다.

▼ 大韓國土·都市計劃學會 訪中團 中國에 가다.(中國 建設部 廳舍 앞에서, 1998.8.5)

1999년으로 들어섰다. 1월달에 長女와 外孫子가 美國에서 완전 귀국하였고, 오래 病席에 계시던 聘父任이 서거하시어 永順面에 안장하여 모셨다. 2월달에 사위 文書房이 美國에서 귀국하여 당분간 한 집에 있게 되었고, 韓國自治開發研究院과 地域開發研究會에 각각 隔週로 출근하기 시작했다. 사위는 地方行政研究院의 招聘研究員으로 나가게 되었다. 서울大學校 環境大學院 高位政策課程 主任教授의 자리를 2년 任期로 물러나 다시 홀가분한 氣分으로 平教授로 돌아왔다.

4. 平教授 時期 (1999.3~2002.8/ 3年 6月)

3월에 長女가 딸을 낳아 새로이 外孫女가 생겼다. 母女 모두 건강하여 안심하였다. 文素瑛이라 이름지었고, 점점 크면서 귀염둥이가 되었다. 4월에 들어서서 茂朱에서 개최된 '第2의 建國'委員會 全國會議에서 講演을 하고, 許和平 前議員이 설립한 研究團體인 'VIAGIS Center'에 首席 Coordinator로 참여하여 國政課題를 연구하기 시작했다. 地域開發研究會의 禹哉永 會長 및 李永奭 顧問과 같이 日本 東京에 가서 地域開發 관련 機關들을 많이 방문하고 여러 사람들을 만났다. 서울에 있는 새재會가 오랫동안 준비한 '새재碑' 建立이 완료되어 새재 밑 現場에서 除幕式을 가졌으며, 本人이 작성한 碑文을

▲ 現代商社 招請으로 金剛山에 가다.(外金剛 九龍瀑布에서 上八潭에 오르는 길목의 岩壁에 새겨진 金正日 語錄 앞에서,(위左 사진) 1999.8.18)

▲▲ 韓·中·日 都市計劃學會 세미나에 가다.(臺灣 臺南市에 있는 臺灣 開拓者 鄭成功 銅像 앞에서,(위右사진) 1999.9.18)

읽고 흡족하게 느꼈다.

5월에 古州 盧隆熙 地方自治學術賞 施賞式을 주재하였고, 6월에는 韓國道德運動協議會의 顧問이 되어 總會에서 講演을 하기도 했다. 이상하게도 北韓의 金日成·金正日 父子와 韓國의 長官·恩師·서울市長을 연 3일간 꿈을 꾸었다. 아마 그 이후에 일어난 몇가지 경사스러운 일들을 예고한 것이 아닌가 해석된다. 長男이 韓國自治開發研究院에 研究員으로 입사하여 근무하기 시작하여 한 시름 놓았다. 7월에 地方自治 50周年 紀念式에서 전연 예기치 않았던 功勞賞으로 國民勳章 冬柏章을 받았다. 8월달에 現代商社의 초청으로 生涯 처음 金剛山을 방문하는 幸運을 가졌다. 날씨가 더워 萬物相 頂上과 九龍瀑布·上八潭을 오르는데 죽을 힘이 다 들었다. 돌아와서 쓴 紀行文이 文化日報에 아주 크게 게재되었다. 大統領 직속의 地方移讓推進委員會가 발족되었고 初代 委員長으로서 金大中 大統領으로부터 任命狀을 받고 光化門 綜合廳舍에서 金鍾泌 國務總理와 함께 懸板式을 가졌으며 第1次 會議를 주재했다. 地方自治 分野의 最高機構의 國務總理級 委員長으로서 큰 自負心을 가졌고 많은 사람들로부터 祝賀를 받았으며, 綜合廳舍 11층에 독자적인 委員長室도 갖게 되었다.

9월에 들어서서 臺灣 臺南市 成功大學에서 개최된 韓·中·日 都市計劃學會 세미나에 참석하였다. 많은 사람과 사귀었고, 祝辭의 인사말도 했으며, 最南端의 墾丁地區를 돌아보는 機會도 가졌다. 臺中市 일원에서 일어난 큰 地震 소식을 들으며 급거 귀국하였다. 10월달에 또 한번 영광스러운 일이 생겼다. 정말로 기대하지 못했던 서울시 文化賞을 그것도 가장 어렵다는 人文社會科學部門에서 수상하게 된 것이다. 世宗文化會館에서 거행된 施賞式에 家族, 弟子, 關係人士들과 같이 참석하여 감격스러운 시간을 가졌다. 賞金 1천만원 가운데 300만원은 韓國地方自治學會에 奬學基金으로 기증하고 300여만원은 수많은 사람의 食事待接으로 지출하여 남은 돈은 400만원 정도였다.

▶ 서울市 人文社會科學部門 文化賞을 받다. (世宗文化會館 앞에서 家族들과 같이, 1999.10.28)

11월에는 日本 京都市 龍谷大學에서 개최된 韓·日 地方自治學會 세미나에 참석하여 發表·討論과 視察·觀光 등의 유익한 시간을 가졌다. 同期인 卞鐸 社長의 父母任 墓所에 세울 墓碑의 碑文을 작성하였고, 除幕式 날 참석하여 손님들

◀ 서울市 文化賞을 수상하다.(世宗文化會館 施賞式場에서 施賞者인 高建 서울市長과 함께, 1999.10.28)

앞에서 碑文을 낭독하기도 하였다.

1999년은 본인에게 있어 會議·發表·司會·諮問·公聽會와 각종 會食 등으로 매우 바빴고, 就任·受賞 등의 榮光을 가져다준 매우 大吉運의 해였다고 할 수 있다. 그러나 大韓國土·都市計劃學會의 터키·그리스 視察에 個人事情으로 참여하지 못하였고, 가까이 지내던 고향의 申熙進 先輩가 작고하는 不幸을 당하기도 하였다. 한편 國際的으로는 中國의 私有財産制 채택, 北韓의 核武器 規制를 위한 美國의 노력, NATO의 유고 攻擊, 美國의 담배會社에 대한 損害賠償 判決 등의 일들이 있었고, 國內에서는 政府의 企業에 대한 構造調整 추진, 住民登錄證의 姓名에 漢字倂記 실시, 豪雨로 인한 被害발생 등과 더불어 寧越 東江 댐 建設, 새만금 干拓事業, 朴正熙 大統領 紀念館 建立計劃, 高位職 夫人 옷 로비 事件, 國家保安法 廢止與否, 그린벨트 解除 및 調整 등의 일들로 輿論이 비등하고 贊反의 논란이 심하게 일어났었다. 서울大學校에 環境館이 준공되어 環境大學院은 2000년도부터 독립된 새 建物로 들어가게 되었다. 매우 흐뭇하고 대견스러운 일이었다. 國土硏究院의 새 院長으로 弟子이자 初代 助敎였던 李廷植 博士가 취임하게 되어 기쁘기 그지 없었다.

31일 밤에 妻 및 長女 家族과 河南市 江邊에 있는 라이브 카페에서 노래를 들으며 除夜을 맞이하였다.

이른바 大望의 2千年代를 시작하는 첫해 2000년에 들어섰다. 새로운 千年을 여는 紀念行事가 世界 各國에서, 그리고 國內 모든 地域에서 성대하게 개최되었고, 長期的인 꿈과 計劃도 많이 발표되었다. 1월에 光州 公聽會에 갔다가 反對示威로 인해 基調演說을 못하고 돌아온 不祥事가 있었다. 地域開發硏究會 李永奭 顧問의 80歲를 기념하는 文集發刊委員會의 委員長으로서 行事를 무사히 마쳐주었다. 후일 이 분과 關係가 소원해져서 늘 마음 아프게 생각하고 있다.

大韓國土·都市計劃學會 國際交流委員長으로 夫婦同伴하여 베트남과 캄보디아를 방문하기 위해 出國하였다. 越盟의 胡志明이 승리하게 된 原因을 現地에 가서 확인할 수 있었으나, 아직은 貧困을 벗어나지 못한 어려운 實情이 역력하였다. 캄보디아는 더 가난한 國家로서 크메르 루즈 政權으로 인한 被害가 아직도 많이 남아 있었다. 앙코르 와트를 보고 느낀 경악과 감동에 못지 않게 監獄所 紀念物과 킬링 필드 現場을 보고 느낀 비애와 저주 또한 적지 않았다.

▼ 韓·日 地方自治學會 세미나에 가다.(日本 京都에 있는 南禪寺에서, 1999.11.7)(아래 上端 사진)

▼▼ 李永奭 先生 80歲(傘壽)紀念文集 發刊委員會 委員長으로서 '韓國의 집'에서 文集 獻呈式을 갖다.(좌로부터 李永哲·朴昇治·禹哉永·李永奭·金壽鶴·본인·徐健一 氏, 2000.1.15)(아래 下端사진)

▲ 大韓國土 · 都市計劃學會 代表團, 베트남 하노이市에 가다.(하노이 建築大學 앞에 선 兩國代表團, 2000.1.27)(上左사진)

▲▲ 國土 · 都市計劃學會 代表團과 같이 베트남 호치민市에 가다.(統一宮앞 샹제리제 거리 入口에서 妻와 같이, 2000.1.29)(上右사진)

▲ 國土 · 都市計劃學會 代表團과 캄보디아의 시엠립에 가다.(妻와 같이 앙코르 왓트 앞 庭園에서, 2000.1.30)(下左사진)

▲▲ 國土 · 都市計劃學會 代表團 캄보디아 프놈펜市에 가다(王宮앞에서, 2000.1.31)(下右사진)

▶ 外孫女 文素瑛이가 첫돌을 맞이하다.(서울 敎育文化會館 宴會室에서 父母 및 오빠와 같이, 2000.3.9)

2월에 들어서서 暻園大 · 美國 미시간州立大學이 개최한 國際세미나에서 基調講演을 했고, 金大中 大統領께 地方移讓業務를 獨對로 보고하였다. 會長으로 있던 새재會 모임을 會員들의 뜻에 따라 解散하는 진통을 겪기도 하였다. 大韓國土 · 都市計劃學會 總會에서 새 會長으로 崔秉瑄 敎授가 선출되었다. 3월에는 外孫女의 돌을 맞아 敎育文化會館에서 잔치를 마련해 주었고, 文化日報社 초청으로 妻와 같이 다시 金剛山을 방문하여 九龍瀑布와 海金剛 일대를 관광하는 機會를 가졌으며, 行政自治部의 大統領 新年 報告會에 참석하여 大統領의 質問에 대한 答辯을 드리기도 하였다. 4月에 들어서서 큰 妻男의 再婚이 있었고, 李圭憲 院長으로부터 現代社會研究所의 告訴事件을 보고 받았다. 서울 敎育文化會館에서 長男 東爀의 結婚式을 거행하여 都京順 孃을 며느리로 맞이했다. 같이 잠시 있다가 6월에 살림을 내어 分家 · 獨立시켰다. 第16代 國會議員 選擧가 실시되었고, 서울大 環境大學院의 院長이 李正典 敎授로 교체되는 陣痛을 겪었다.

5월에는 國家專門行政研修院의 吳馨煥 院長 및 高級幹部課程生들과 처음으로 鬱陵島를 방문하여 여러 곳을 둘러보고 聖人峰 頂上에도 올라갔다. 聞慶을 시작으로 하여 蔚山 · 金泉 · 濟州 · 慶

◀ 妻 · 次女와 美國 샌프란시스코에 가다.(金門橋를 뒤로한 San Salito 쪽에서, 2000.8.14) (왼쪽 사진)

◀ 妻 · 次女와 美國 로스앤젤레스에 가다.(富者村인 Beverly Hills의 어느 巨大邸宅 앞에서, 2000.8.17) (오른쪽 사진)

州 등지에 가서 市民自治大學 開講式에 참석하고 祝辭를 하였다. 고향에 갔던 길에《太祖 王建》TV 프로를 촬영하는 세트 施設을 둘러보기도 하였다. 7월에 들어와서 現代社會硏究所와의 紛爭을 조정코자 노력했으나 失敗로 돌아가고 말았으며 결국 法廷鬪爭으로 이어지게 되었다. 日本 神戶市에서 개최된 韓 · 中 · 日 都市計劃學會 行事에 참석하고 淡路島에서 열리고 있는 '世界 꽃 博覽會'를 구경하였다. 國土 亂開發 방지를 위해 구성된 建交部 國土整備企劃團 諮問委員會의 委員長으로 위촉되어 여러 가지 制度改革에 참여했다. 8月에 妻와 次女를 데리고 美國에 가서 San Francisco와 Los Angeles를 방문하여 선도 보고 妻의 親舊도 만났으며 여러 곳을 구경하기도 하였다. 불의로 물러난 朴世直 월드컵 委員長의 退任式에 참석하였고, 高等學校의 柳穆基 先輩와 鄭龍鎬 同期 등을 자주 만나는 契機가 마련되기도 하였다.

9월에 사위 文丙基 博士가 漢南大學의 助敎授로 발령됨에 따라 長女 家族이 大田으로 이사가게 되었으며, 자주 大田을 방문하는 일이 생겼다. 10월에는 大田에서 이틀간에 걸쳐 地方移讓推進委員會 주최의 워크샵을 주재하였으며, 잠시 訪韓한 Kenneth E. Corey敎授를 만났다. 國家記錄硏究院의 초청으로 個人記錄에 대한 몇차례의 講演을 하였고, 展示 및 報道도 몇번 있었다. 11월에 慶北道議會 行事에서 基調演說을 하였고, 12월에는 建交部 空港管理體系 改善審議會의 委員長으로 위촉되어 空港間의 關係定立을 위해 노력하였다.

▼ 地方移讓推進委員會의 워크샵을 大田市에서 개최하다(儒城 스파피아호텔 會議場에서, 2000.10.26) (위 사진)

金大中 大統領이 北韓을 방문하여 金正日을 만났고, 이어 노벨平和賞을 수상하기도 하여 國家的으로는 큰 보람을 가져온 해이기도 하였다.

다시 2001년의 새해가 밝았다. '韓國 訪問의 해'로 宣布된 해이기도 했다. 눈이 많이 내리고 날씨가 오랫동안 추웠다. 金大中 大統領 內外分께 靑瓦臺에 가서 새해 歲拜를 드렸다. 2월에 들어서서 大韓國土 · 都市計劃學會 代表團과 함께 夫婦同伴으로 메소포타미아 文明 發祥地를 방문하였다. 이집트와 요르단을 거쳐 장장 15시간이나 버스를 타고 가보기 어려운 이라크를 갔다. 首都 바그다드를 위시하여 Hatra, Mosul, Ur, Babylon 등의 遺蹟

▼▼ 大韓國土 · 都市計劃學會 代表團, 이집트 · 요르단 및 이라크를 가다.(요르단 · 이라크 國境線에서, 2001.2.10) (아래 사진)

▲ 國土·都市計劃學會 代表團으로 이라크에 가다. (Hatra 遺蹟地에서 Mosul로 가는 中途의 시골 마을에서 妻 및 村長들과 함께, 2001.2.11)(위 왼쪽 사진)

▲▲ 國土·都市計劃學會 代表團과 이라크에 가다. (Mosul에 있는 '요나의 무덤' 앞에서, 2001.2.12)(위 오른쪽 사진)

地를 답사했다. 5천년 내지 7천년 전에 일어난 놀라운 文明의 흔적을 보면서 경외로움을 금치 못했다. 안으로는 가난하고 밖으로는 國際的 統制下에 있어 나라와 國民 모두가 어려운 실정에 있었다. 요르단에 와서는 首都 암만과 古蹟地 Petra를 둘러보고 다시 이집트를 거쳐 귀국했다. Cairo를 출발한지 9시간 후에 美國과 英國이 바그다드에 대한 폭격을 시작했다. 韓國地方自治學會 第6代 會長에 崔相哲 教授가 취임하여 새로운 出發을 하였다.

3월부터 한 學期 동안 研究教授가 되어서 마음은 다소 여유가 있었으나 실제 日程은 더 바빠지는 것 같았다. 停年이나 回甲·古稀를 맞은 분들의 紀念式에 참석하고, 市民自治大學 開講式에 나가 祝辭를 하며, 여러 곳에 特講을 하기도 하였다. 李圭憲 氏 事件으로 大檢察廳에 나가 陳述을 하는 異變도 있었다. 金壽鶴 會長이 失足으로 腦를 다쳐 入院하는 불상사가 있어 무척 마음이 아팠다.

市民自治大學을 연 市·區에 가서 開講式 祝辭와 特講을 하고, 各種 審議委員會의 委員長을 맡아 활동하는 한편 結婚 主禮 등으로 또한 바쁜 日程을 보냈다. 4月에 동생 群濟의 回甲宴에 참석하니 歲月의 신속함에 덧없음을 느꼈다. 地方移讓推進委員長으로서 現地視察과 意見收斂도 하고 會議도 주재하는 등 열심히 했으나 中央 및 地方政府 모두 만족하다는 이야기는 없이 不平만 하였다. 地域開發研究會가 수행하는 몇 개의 研究課題를 지도하였고, 韓國自治開發研究院의 院長으로서 月刊誌 『自治公論』을 『自治發展』으로 題號를 變更하고 古州地方自治學術賞 施賞式을 마지막으로 주재했으며, 現代社會研究所의 告訴件에 대해 의연히 대처하고 있었다. 이러한 가운데서 高等學校 때 신세진 申內科病

▼ 國土·都市計劃學會 代表團과 요르단에 가다.(Petra 巖石遺蹟地에 있는 岩刻 '寶物神殿' 앞에서, 2001.2.15)(왼쪽 사진)

▼▼ 地方移讓委員會 代表들과 下水道終末處理場을 시찰하다.(京畿 廣州市 五浦 下水道終末處理場에서, 2001.3.30)(오른쪽 사진)

◀ 露 · 日 戰爭에 참여했던 발틱 艦隊 中 온전히 돌아온 戰艦 한척을 감회깊게 바라보다.(러시아 페테르부르크 市內 네바江위 遊覽船에서, 2001.7.5)(왼쪽 사진)

◀ 禹哉永 회장과 함께(체코 프라하市 舊市廳舍의 '天文時計' 앞에서, 2001.7.8)(오른쪽 사진)

院 院長의 따님 夫婦를 만나 약간의 報恩機會를 가졌고, 淸州市에서 개최된 市民記錄文化展에 史料를 전시하고 祝辭를 하는 榮光을 가졌으며, 同期生 鄭龍鎬 社長의 事業을 자문하기도 하였다.

7月에 와서 6 · 25 動亂中 전사한 聞慶出身 金龍培 將軍의 銅像과 追慕碑 除幕式이 있어 참석하여 碑文 作成者로서 碑文을 낭독하였다. 7월 4일부터 13일까지 大韓國土 · 都市計劃學會 代表들과 東歐國家들을 방문 · 시찰하는 機會를 가졌다. 러시아의 St. Petersburg(舊 레닌그라드)와 Moscow, 폴란드의 Warsaw, 체코의 Praha와 Brno, 오스트리아의 Wien, 그리고 헝가리의 Budapest 등지를 돌아보면서 많은 것을 느끼고 생각했다. 잘 정비된 都市計劃, 오랜 歷史의 施設과 遺蹟, 찬란했던 옛 文化의 흔적, 명랑하고 질서 있는 市民, 아름다운 農村風景, 그래도 아직은 조금 남아 있는 社會主義 잔재 등을 감명깊게 살펴보았다. 유럽을 떠나기 전날 밤에 가진 評價會에서 참여회원 모두가 유익하고 즐거웠다는 소감들을 피력했다.

▼ KPA 會員들과 같이 오스트리아 Wien市를 방문, 都市計劃狀況을 설명듣다.(都市計劃課 職員들과 같이 市廳舍앞에서, 2001.7.10)(위 사진)

▼▼ KPA 會員들과 버스로 오스트리아에서 헝가리로 들어가다.(오스트리아 · 헝가리 國境線에서, 2001.7.11)(아래 사진)

許和平 所長이 이끌고 있는 VIAGIS센터의 研究課題를 마치고 한 권의 報告書를 간행하였으며, 이로써 본 센터와의 關係를 청산하였다. 8월 중에는 農協中央會 諮問委員團과 같이 京機 · 忠南을 시찰하였고, 大田에서 개최된 韓 · 中 · 日 都市計劃學會 세미나에 참석하였으며, 妻와 같이 大田에 있는 長女宅에 가서 外孫子 · 外孫女와 즐겁게 놀기도 하였다. 第1期 地方移讓推進委員會의 마지막 會議를 주재하고 李漢東 總理의 초청으로 總理公館에서 위로 만찬을 가졌다. 전국적으로 分權化의 소리가 높아지고 있어 흡사 本人이 잘못하여 일어나는 일인듯하여 약간의 罪意識을 느끼기도했다.

6개월간의 安息期間을 마치고 9월부터 學校 講義를 시작했다. 第2期 地方移讓推進委員會 委員長으로 다시 위촉되어 무거운 責任感을 느꼈다. 韓國自治開發研究院이 被告가된 告訴件이 無嫌疑로 처리되고 서로 원만히 해결되어 다행으로 생각했다. 司法當局이 그래도 正義롭다는 인식을 갖게 되었다. 退溪誕辰 500周年紀念 國際學術大會에 참석차 安東에 다녀오고, 西海岸

▲ 韓國道德運動協議會가 주최한 孝行文化賞施賞과 中學生 글짓기 公募施賞에 참석하여 審査評을 발표하고 시상하다.(大韓商工會議所 國際會議室에서, 2001.10.19)

圈의 5個 研究機關이 주최한 大討論會에서 共同宣言文을 작성 · 채택하였으며, 大田市에서 개최된 世界研究都市協議會 會議에서 司會를 맡아 진행하기도 하였다.

韓國道德運動協議會가 주관한 全國 中學生 道德禮節 글짓기 公募作品을 심사위원장으로 심의주재하고 시상을 하였으며, 前 尙志大學校 理事이신 金文起 先生의 古稀宴에 가서 祝辭의 말씀도 하였다. 11월에 들어와 허리가 아파 며칠간 고생을 하면서도 大學講義, 機關諮問, 行事參席, 市民自治大學 修了式 祝辭 등으로 바쁘게 나다녔고, 蘆原區와 관련된 몇몇 人士들과 '向志會'란 이름의 親睦 모임을 만들어 會長으로 추대되기도 하였다.

第1期 地方移讓推進委員會의 2년간의 任期를 마치고 떠난 委員들을 위해 勳章을 주기 위해 노력을 했다. 金泳三 大統領 時代 行政刷新委員會의 前期만을 하고 떠난 뒤 勳章을 받지 못하고 後期 委員들은 뒤에 勳章을 받았다는 事實에 무척 섭섭했던 經驗이 있어 委員長으로서 本人은 그렇게 하지 않겠다는 각오로 추진하여 어렵게 성사시켰다. 大統領 및 國務總理를 대신하여 本人이 前 委員들에게 勳章을 수여하였다. 受勳者 모두는 물론 本人까지 무척 감격스러웠었다. 10월 중에 水安堡에 가서 委員會 委員과 實務委員, 關係公務員과 國家 및 市 · 道 關係官들이 함께 모여 앞으로 發展方向을 모색하는 워크샵을 갖고, 聞慶에 있는《太祖 王建》촬영 세트場을 관람하기도 하였다. 美國 미시간州立大學과의 교섭을 통해 美國務省의 全額 支援으로 12명의 移讓委員會 委員 및 關係官들을 美國에 硏修 및 視察을 다녀오도록 하기도 하였다. 모두 매우 유익하고 보람 있는 프로그램이었다고 만족해 하였다.

나라와 地方自治에 대해 걱정하고 우려하는 마음이 있어서인지 한번은 金大中 大統領과 獨對로 말씀을 나누는 꿈을 꾸고, 또 하루는 高 建 서울市長과 指導力에 대해 서로 걱정하는 꿈을 꾸기도 하였다. 國泰民安이 요망되는 중요한 時期여서 그러한 꿈도 꾸지 않았나 생각되기도 했다.

12月에는 學期末 整理, 論文審査, 成績提出, 修了式 參席, 結婚 主禮 등으로 무척 바빴고, 未曾有의 많은 送年 모임으로 더욱 분주하게 지냈다. 韓國地方行政研究院에서 離職者들을 위한 홈 · 커밍 데이를 마련하였고 '地研會'란 親睦會를 결성하여 本人을 會長으로 선출하기도 하였다. 가능한 한 責任지는 '長'의 地位를 맡지 않기로 작정하였으나 피할 수 없이 맡는 경우가 생기곤 하였다. 大田에서 올라온 長女 家族들과 같이 送年의 밤을 自宅에서 조용히 지냈다. 教授停年을 앞둔 마지막 해라는 점에서 除夜의 感懷가 다른 때와 심히 달랐다.

2002년 壬午年 새해가 밝

▶ 地方移讓堆進委員會 委員들과 聞慶市의 經營成功事例地域을 방문하다.(聞慶새재 '太祖 王建' 촬영세트 施設中 '高麗官' 앞에서, 2001.10.27)

◀ 멕시코市 근교 Teotihuacan에 있는 '해의 神殿' 앞에서. (2002.1.27)(왼쪽 사진)

◀ 마추 픽추로 가는 길을 따라 ◀ 흐르는 우루밤바江 옆에서. (2002.1.29)(오른쪽 사진)

았다. 新年 祭禮, 歲拜, 學校 交禮會, 大統領 新年人事會 참석, 移讓委員會 對談 등으로 새해 일들이 시작되었다. 敎授 停年을 맞이하는 해여서 여러 가지 感懷가 많았다. 몇 곳의 市民自治大學 開講式에 참석하여 祝辭를 하고, 上溪洞 및 一山의 硏究院에 정기적으로 출근하여 일을 보았다. 大韓國土 · 都市計劃學會의 次期 會長團 구성, 弦汀賞 基金管理, 一山 韓國自治開發硏究院의 運營, 地方移讓硏究課題의 不實 등으로 다소간 편안하지가 못했다. 이러한 가운데 꿈에 如意珠를 문 龍을 만나고 불화살이 날아오는 등의 꿈을 꾸어 무척 이상한 생각이 들기도 했다.

▼ 페루의 마추 픽추 頂上에 잉카 民族이 세운 '해의 時計'로 추측되는 돌 建造物앞에서. (2002.1.29)(위 사진)

▼▼ 브라질 Curitiba市內에 있는 6,500席의 世界最大食堂인 '마달로소'에서 오찬을 하다. (2002.2.4) (아래 사진)

1월 26일부터 2월 7일까지 大韓國土 · 都市計劃學會 代表團과 中南美 4個國을 순방하는 여행을 같이 했다. 먼저 멕시코에 가서 멕시코市 周邊에 있는 마야 및 아즈텍 文明의 遺蹟地를 둘러보고 貧富隔差가 심한 멕시코市의 市街地 및 住宅地區를 시찰하였다. 다음으로 페루에 가서 리마, 쿠스코, 우루밤바, 마추 픽추, 이카, 나즈카, 파라가스半島 등을 방문하여 잉카 遺跡地와 地上繪畵(geoglyphs) 등을 관람하였다. 잉카 民族의 슬픈 終末을 생각하며 측은한 감을 금할 수 없었고, 아울러 스페인을 위시한 西方 列强들에 대한 심한 혐오감을 느꼈다. 그림으로 보던 마추 픽추의 頂上에 가서는 착잡한 감회를 가슴 깊이 느꼈다. 해발 3,400m의 쿠스코市에서는 酸素 부족으로 모두 잠을 자기 어려워 밖에 나와 앉아 있기도 하였다.

그 다음으로 브라질과 아르헨티나 國境線에 있는 世界 3大瀑布의 하나인 '이구아수 瀑布'를 兩國을 오가면서 이틀에 걸쳐 관람하였다. 정말 壯觀이었고 나이아가라 瀑布보다 더 웅대한 것 같았다. 브라질의 Curitiba市에서 이틀밤을 자면서 自然과 調和를 이루고 있는 '生態都市'를 관찰하였다. 市 都市計劃硏究所를 방문하여 說明을 듣고, 여러 公園과 施設 및 名所를 둘러보았다. 이곳에서 旅行 自評會 모임을 갖고 모두 自己의 所感을 피력할 기회를 가졌다.

끝으로 브라질의 新首都로 건립한 Brasilia를 방문하여 여러 施設 · 機關과 市街地를 살펴보았다. 생각보다는 엉성하고 별로

▲ 禹哉永 先生께 發刊委員會 委員長으로서 古稀紀念集을 獻呈하다.(朝鮮호텔 宴會室에서, 2002.3.23)

마음에 들지 않는다는 느낌을 가졌다. 성공하지 못한 케이스가 아닌가 하는 評價를 했다. 美國 로스앤젤레스를 거쳐 2等席에 앉아 브라질 상파울로로부터 장장 24시간을 날아 仁川空港에 도착했다. 고생은 되었지만 참으로 유익하고 오래 오래 追憶에 남을 旅行이었던 것이다.

3월부터 停年을 앞둔 마지막 學期의 講義를 시작했다. 한때는 지루하고 힘들었던 講義가 무척 새롭고 귀중하게 느껴졌다. 碩士課程의 '地方自治論'과 博士課程의 '統計調査分析硏究'의 두 科目을 담당했다. 地域開發硏究會의 禹哉永 會長이 七旬을 맞이하여 紀念集을 발간키로 하고 그 委員會의 委員長을 맡아 3개월간 준비하였다. 많은 분들의 도움을 받아 짧은 기간에 좋은 冊을 만들어 3월 23일 朝鮮호텔에서 400여명의 賀客과 같이 성대한 獻呈行事를 치루었다. 地方移讓推進委員會의 業務로 金大中 大統領께 獨對報告를 드리고, 美國 미시간 州立大學 代表들과 懇談會를 가졌으며, 미시간 州立大學 總長의 功勞牌를 받기도 하였다.

4月에 들어 會議主宰, 特別講演, 諮問會議 參席, 모임 참여 등으로 매우 바쁜 나날을 보냈다. 중순경에는 中國 丹東市를 방문할 機會를 우연히 갖게 되었다. 趙正濟 前 海洋水産部長官의 주선으로 斗宇海運의 李相調 社長의 招請을 받아 大韓國土 · 都市計劃學會 代表 몇 사람이 船舶으로 丹東을 다녀왔다. 東港市, 丹東市, 寬甸滿族自治縣 등 3地域을 시찰하였다. 처음으로 鴨綠江, 鐵橋, 太平灣댐 및 發電所 등과 北韓側의 龍川郡 · 新義州市 · 義州郡 · 朔州郡을 바라볼 수 있었다

姜作勇 丹東市長을 위시한 市幹部들을 많이 만나보았고 懇談會도 가졌으며 待接도 잘 받았다. 强風 속에서 골프도 한 번 쳤고, 金日成이 劉小奇로부터 받았다는 中國 內에 있는 北韓領地인 黃金坪이라는 곳도 가보았다. 太陽節이라고 하는 金日成 生日인 4月 15日 전후에만 불이 들어오고 1년 내 캄캄한 밤인 新義州를 보면서 電力不足의 實相을 절감했다.

귀국길에 黃海의 波高가 높아 16時間의 正常보다 4시간 늦게 仁川埠頭에 도착하여 地方自治學會가 주최한 세미나에 가까스로 참석하여 主題發表를 할 수 있었다.

4月 25日로 陽曆起算 滿65歲가 되었다. 洞事務所에 가서 老人入黨申告를 하고 地下鐵을 無賃乘車를 하니 '老人'이라는 實感이 들었다. 억울하거나 슬픈 생각은 없으나 황당한 感을 느꼈다. 이 와중에서도 學校, 一山, 上溪洞 등에 定期出勤을 하고, 會議 · 特講 ·

▼ 中國 丹東 訪問단 一行, 뒤로 鴨綠江과 北韓의 義州郡 山野가 보인다. (2002.4.15)(왼쪽 사진)

▼▼ 中國 寬甸滿族自治縣의 鴨綠江에 있는 太平灣 댐과 水力發電所를 가다. 뒤로 北韓 朔州郡 方山面 地域과 北韓兵士가 보인다. (2002.4.15) (오른쪽 사진)

세미나 · 主禮 · 모임 등에 바삐 참석하였다. 늙을수록 바빠야 한다는 말로 보면 다행한 일이라고 할 수 있다. 어린이 날에는 大田에서 長女家族이 올라와 아이들과 서울大公園에 가서 動物들을 보여주고 놀이틀을 태워주었다. 떠난 뒤에는 外孫子 · 外孫女가 자주 눈에 선하고 보고 싶었다.

◀「自治發展 公職者論壇賞」受賞者 및 來賓들과 환담하다.(韓國自治開發硏究院 院長室에서, 2002.6.8)

5月 23日로 停年 D-Day 100日을 맞게 되었다. 약간 조급한 마음을 갖게 되었다. 정리하고 준비할 일들이 많은 것 같았다. 31日 역사적인 월드컵 行事가 서울 上岩洞 競技場에서 개최되어 妻와 같이 참석했다. 開幕式을 보고 第1次戰인 프랑스와 세네갈의 競技를 관람했다. 아프리카 小國이고 프랑스 植民地였던 세네갈이 승리하는 異變을 가져왔다. 韓國과 日本이 월드컵 熱氣로 들어서기 시작했다.

學事日程을 마무리하는 바쁜 6月을 맞이했다. 會議 · 모임 등의 參席으로 바쁜 나날을 보냈다. 고향의 同窓生인 가까운 親舊 李東燮 院長이 死亡했다는 소식을 접하여 큰 衝擊을 받았고 問喪을 가서 술을 많이 마셨다. 全南大學 吳在一 敎授가 준 珍島개 강아지를 키우기 시작했다. 韓國自治開發硏究院이 주관하는 公職者論壇賞 施賞式을 새 建物에서 小規模로 치루었다. 終講 · 試驗 · 論文審査 등 正規 敎授로서의 마지막 業務處理를 깨끗이 하였다. 월드컵 와중에 치루어진 地方選擧여서 48%라는 史上 最低의 投票率을 보였고, 결과는 한나라黨 壓勝과 民主黨 慘敗라는 豫想대로 나타났다. 政治圈과 地方自治領域에 새로운 變動이 있을 것으로 생각되었다. 월드컵 競技에서 韓國이 4强에 진출함에 따라 全國이 鎔鑛爐와 같은 熱氣에 휩싸이게 되었고 本人도 期待 이상의 꿈을 가지고 깊은 關心으로 지켜보았다. 마지막으로 元東奎군의 博士論文을 깨끗이 지도할 수 있어 흐뭇했다. 주로 地方移讓委員會, 一山 韓自硏, 上溪 地開硏, 學校 등에 출근하면서 講演 · 司會 · 行事參席 등으로 시간을 보냈다.

7월에 들어와서는 記錄 整理에 박차를 가하였다. 大田에 사는 長女 家族이 泰國으로 旅行을 가서 유익한 시간을 보내고 안전하게 귀국하여 다행스럽게 생각했다. 外孫子가 하도 좋아서 오기 싫어 울었다는 이야기를 듣고 웃었다. 언제 한 번 데리고 外國에 가야겠다는 생각이 들었다. 柳承眞 친구가 작고하여 問喪을 하고 人生無常을 다시 한번 느꼈다. 中央都市計劃委員들과 全州市에 가서 현

▼ 中央都市計劃委員들과 全州市에 가서 都市計劃地區 및 월드컵競技場을 시찰하다.(월드컵球場 VIP 코너 大統領 座席에 앉아보다. 2002.7.9)(위 사진)

▼▼ 安東大學校 總同窓會로부터 '母校를 빛낸 자랑스러운 同門賞'을 수상하고 祝賀花環을 받다.(安東大學校 솔뫼文化館에서, 2002.8.4)(아래 사진)

▲ 第3回 '母校를 빛낸 자랑스러운 同門賞'의 受賞者 夫婦, 左로부터 本人, 金璟東 교수, 金慶容 교수, 琴昌泰 회장, 뒷 모습은 張元碩 同窓會長. (2002.8.4)

안이 되어 있는 問題地區들을 둘러보고 월드컵競技場에서 會議를 한 다음 모두 같이 本人의 史料가 전시되어 있는 '종이博物館'을 관람했다. 所有主가 바뀌어 '팬 아시아 종이博物館'으로 개칭된 것을 보고 무척 경악해 마지 않았다. 그룹 副會長에서 호텔 바텐더로 전환한 특이한 人物인 徐相祿 氏와 같이 蔚山 南區 市民自治大學 開講式에 참석하고 이 분의 特講을 들으면서 역시 무엇인가 있는 특별한 사람이라는 생각을 했다. 趙正濟 前長官의 著書 出版紀念會에 참석하여 書評演說을 하기도 하였다.

地方議會 開院과 더불어 市·道 및 市·郡·區 議會 議員들에 대한 硏鑽會에 참석하여 그 役割과 姿勢에 대해 特講을 수차례 하였다. 母校 安東師範學校를 위시한 安東大學校 總同窓會로부터 第3回 '母校를 빛낸 자랑스러운 同門賞'의 受賞者로 결정되었다는 通報를 받고 매우 기뻤다. 8月 4日 妻와 같이 安東大學校 솔뫼文化館에서 개최된 施賞式에 참석하여 영광스러운 同門賞을 받고 4名의 受賞者를 代表하여 受賞所感 演說을 하였다.

同期生들이 많이 와주었고 서울에서도 好凡會 禹哉永 會長 등 여러분이 참석해주어 고마웠다. 安東情報大學의 金彰年 學長으로부터 待接을 받고 돌아왔다. 後日 서울에서 同窓會 會長團과 行事參席者 몇 분을 초청하여 저녁을 대접하며 感謝의 뜻을 표했다.

大韓國土·都市計劃學會 代表 및 學生 56명과 같이 臺灣에 갔다. 韓國·臺灣·日本 都市計劃學會의 國際세미나에 참석하여 司會를 보았고, 臺灣 및 日本의 여러 사람들을 만나보았다. 國際交流委員長職을 떠나 있어 매우 홀가분한 마음으로 참여했으나 進行上 서툰 점이 있어 지시하고자 하는 慣性이 있었으나 그냥 참고 지냈다.

中國과 紛爭의 素地가 되고 있는 金門島를 방문하는 機會를 가져 매우 다행스럽게 생각했다. 中國 本土에서 1.8㎞밖에 떨어져 있지 않은 人口 5萬의 작은 섬이지만 오랜 歷史的 遺蹟과 名所·名物이 많고, 中國과의 戰鬪가 남긴 痕迹과 戰史館이 여러 곳에 위치하고 있었다. 1泊2日의 짧은 期間이었지만 매우 강한 印象을 받은 방문이었다.

4泊5日의 全日程을 마치고 8月10日 모두 무사히 귀국하였다. 얼마 후 解團式을 갖고 寫眞을 교환했으며 다음 모임을 기약하기도 했으나 本人은 다시 참석하지 않을 것이라는 생각을 했다.

學校·一山·上溪洞 등에 定期出勤하였고, 地方議會의원에 대한 教育行事에 가끔 참석

▼ 臺灣 金門島의 國立公園 안에 있는 蔣經國 先生 紀念館을 방문하다. (2002.8.8)(왼쪽 사진)

▼▼ 臺灣 金門島의 民俗文化村을 관람하다. (2002.8.9)(오른쪽 사진)

◀ 臺灣 金門島 西北端에 있는 對 本土 警戒를 위한 馬山 觀測所에 가다.(本土와의 바다 거리가 1.8㎞임, 2002.8.9)

하였다. 地方移讓推進業務의 不振, 地域開發硏究會의 體制擴張, 家庭에서의 次女 結婚 未解決 등으로 고민이 되었다. 國家的으로는 國務總理 認準, 兵風 昏迷, 新黨의 創黨 등으로 매우 어려운 局面에 처해 있었다. 8月 下旬頃에 李景熙 將軍과 같이 惠園스님이 있는 榮州市 豊基邑의 金剛寺에 가서 하루 묵고 왔다. 脫俗의 境地에서 松茸를 구워 먹고 머리를 쉬고 돌아왔다.

8月末에 이르러 地方移讓推進委員會의 創立 3周年을 맞아 國務總理가 不在한 가운데 本會議를 열어 주재하고 紀念晩餐을 같이 했다. 學校 後期 卒業式에 마지막으로 참여하였고, 敎授硏究室의 冊子와 器物을 옮겨 비워주었다. 名譽敎授室로 옮겨 앉게 되어 다소의 위안은 되었으나 허전한 마음을 금할 수가 없었다. 法定停年日은 8월 31일이지만 그 날이 土曜日이어서 하루 당겨 30일에 退任式을 개최했다.

아쉬운듯 비마저 내리는 날에 全家族 함께 文化館에서 가진 退任式典에 참석하여 功勞牌 등을 받았다. 퇴임한다는 實感을 비로소 느꼈다.

◀ 敎授退任式에 참석한 長男 夫婦(落星垈 연못가에서, 2002.8.30)

▼ 敎授停年退任式에서 많은 賀客들로부터 祝賀의 인사를 받다.(서울大 文化館에서, 2002.8.30)(아래 왼쪽 사진)

▼▼ 敎授退任式에 참석한 次女와 子婦(서울大 本部앞 廣場에서, 2002.8.30)(아래 오른쪽 사진)

▶ 教授退任式後 紀念撮影하는 家族들(서울大 本部 옆 文化館앞에서, 2002.8.30)

名譽教授委囑狀을 받고 夫婦同伴으로 總長과 같이 점심을 하고 작별인사를 했다. 家族들과 여러 곳에서 寫眞을 찍고 다시 허바허바 寫場에 가서 家族 및 本人 寫眞을 촬영했다. 長女夫婦의 마련으로 三井호텔에서 停年祝賀晩餐을 들고 歷史的인 긴 하루를 마감했다.

法定停年日인 31日을 맞이했다. 颱風과 함께 비가 종일 내렸다. 家庭問題로 약간 불쾌한 感情을 가졌으나 비교적 담담한 마음으로 하루를 보냈다. 外孫女와 종일 집 안팎에서 같이 놀면서 여러 가지 構想을 하였다. 記錄을 정리하면서 教授에서 平人으로 전환되는 瞬間인 2002年 8月 31日 밤 12時 子正을 맞이했다.

出生으로부터 66년, 서울大學校 入學으로부터 45년, 大學院 助教發令으로부터 36년, 專任講師 就任으로부터 30년이란 긴 歲月을 마감하면서 힘들고 영광스러웠던 서울大學校 教授職을 떠났다. 그리고 前 서울大學校 教授이자 名譽教授란 稱號를 가지고 새로운 第2의 人生을 시작하게 되었다.

5. 名譽教授 및 碩座教授 時期 (2002.9~2006.7/ 3年 11月)

9月 3日에는 몸담았던 環境大學院 金丁勛 院長의 配慮로 夫婦同伴 歡送晩餐을 베풀어 哀惜과 祝賀의 人事를 받았다. 그리고 그 다음날에는 停年退任 告別講演會가 마련되어 같이 떠나는 權泰埈 教授와 같이 많은 분들로부터 祝賀人事와 膳物을 받고 感情어린 告別講演을 했다. 이로서 停年退任에 따른 모든 公式行事를 마치게 되었다.

停年에 따른 시원하고도 섭섭한 心境을 가지고 名譽教授로서 새로운 社會活動을 시작했다. 아직은 관여하는 곳이 많아 退任했다는 사실을 實感하지 못했으나 9月末 銀行通帳에 月給이 入金되지 않은 것을 발견하고 '아하-退職者구나' 하는 소리가 나왔다.

주로 環境大學院, 地方移讓推進委員會, 國家專門行政研修院, 韓國自治發展研究院, 韓國地域發展研究院 등의 일들로 여전히 바쁜 日程을 보냈다. 9月末에는 妻 및 好凡會會員夫

◀ 서울大 環境大學院 主催 敎授停年紀念行事에서 告別講義을 하다.(서울大 湖巖生活館에서, 2002.9.4)

婦와 日本 對馬島를 처음 방문하여 무척 印象的인 旅行을 가졌고, 11月부터 韓國地域發展研究院이 구입한 EQUUS 350을 타고 다니게 되어 무척 편리하기도 하였다. 12月 大選에서 16代 大統領으로 盧武鉉 民主黨 候補가 당선되어 향후의 큰 變化가 예상되었다.

68歲, 滿66歲 2003 癸未年이 되었다. 서울大學과 地方移讓委員會 및 靑瓦臺의 賀禮人事를 시작으로 새해가 출발했다. 1月에 長女家族이 서울로 移徙하여 淸潭洞에 정착함으로써 무척 다행스럽게 생각했다. '國土의 計劃과 利用에 관한 法律'에 의해 새로이 中央都市計劃委員會委員으로 위촉되었고, 市 · 道 單位로 地方移讓關係 懇談會를 주재하는 會議를 가졌다. 2月에 와서 政府引受委員會에 地方移讓業務를 보고하고 持續可能發展委員會 活動에 간간히 참여했다. 25日 國會에서 거행된 第16代 盧武鉉 大統領 就任式을 貴賓席에 앉아 참관했다.

3, 4月에는 주로 中央都市計劃委員會 3分科會議主宰, 市 · 郡民自治大學 開講式 參席, 각종 特講 등으로 바빴다. 韓國經濟新聞이 주관하는 '企業하기 좋은 地域大賞' 審査委員長으로서 高建 國務總理와 같이 참석하여 審査評을 하였다. 5月에 들어서서 國務總理 발령으로 서울外廓循環道路 路線再調整委員會 委員長이 되어 賜牌山 터널工事問題를 다루기 시작했으나 佛敎界 등의 反對가 심하여 완전解決을 못 본채 委員會 意見報告만 제출하고 해산되었다. 이는 얼마 후 高建總理의 努力과 盧武鉉 大統領의 決行으로 해결되어 原案대로 工事가 재개되었던 것이다.

▼ 집의 '방울이'가 낳은 강아지들을 데리고 妻 및 外孫女와 忙中閑의 시간을 갖다.(自宅 庭園에서, 2003. 8. 29)

參與政府가 추진하는 주요 國策課題의 하나인 新行政首都建設에 참여하게 된것은 6月중순이었다. 靑瓦臺에 설치된 新行政首都建設企劃團의 諮問委員會 委員長으로 위촉되어 이후 1年餘에 걸친 波瀾萬丈한 生涯가 시작되었던 것이다. 그리하여 관련된 行事와 會議에 많이 참여하였고 盧武鉉 大統領을 자주 相面하게 되었다. 關係者들과 같이 처음으로 터키를 방문하여 Istanbul과 首都 Ankara를 시찰할 수 있는 機會도 갖게 되었다.

▲ 北韓 開城工團에서의 行事參席次 開城에 가다.(平壤에서 高位層이 타고온 乘用車 옆에서 開城工團 造成對象地區를 뒤로하고, 2003. 12.11)

韓國自治發展硏究院의 職員辭退로 한동안 소란스러웠으나 職員交替로 安定을 되찾고 長男은 韓國地域發展硏究院으로 옮겨앉게 되었다. 누님이 病院에서 手術을 했으나 經過가 좋아 다행이었고, 自宅의 개가 강아지를 여러 마리 낳아 몇몇 집에 나누어 주었다. 나중에는 어미까지 나가버려 모두 사라지고 말았다. 좀 서운했다. 9月 17日字로 4年餘에 걸친 地方移轉推進委員會 委員長職을 떠나 홀가분했다.

10月부터 新行政首都建設諮問委員長의 事務室을 政府中央廳舍에 마련하여 자주 出勤하게 되어 관련業務가 많아져 活潑한 活動이 이루어지게 되었다. 하나 서운한 것은 北韓의 平壤觀光이 무산된 것이었고, 또 하나는 敎授停年 紀念記錄集의 發刊行事를 취소한 것이었다. 北韓의 平壤과 몇곳을 꼭 가보고 싶었으나 北韓의 電力事情이 좋지 않아 겨울訪問이 어렵다는 通告를 받아 平壤觀光計劃에 대한 失望이 컸으며 이는 결국 영영 취소되고 말았다. 언젠가 한번은 平壤을 가보고 싶다는 希望을 버리지 못하고 있다. 그리고 다른 하나 서운한 것은 停年紀念集 發刊行事를 取消 한 것이다. 取消하게 된데는 여러가지 理由가 있었다. 次女가 結婚한 다음에 그 事實까지 수록하여 發刊하는 것이 좋겠다는 家庭的 理由와 一部 國民들의 反對輿論이 일어나고 있는 新行政首都建設이란 國策課題의 諮問委員長으로서 그런 큰 行事를 치루면 다소의 非難을 받을 것이라는 社會的 理由가 주된 것이었다. 그리하여 限定版으로 100部만 인쇄하여 主要人士에게만 배부하고 몇사람이 모여 조촐한 紀念會食만 가졌다. 印刷費가 약 5千萬원에 이르러 걱정했으나 몇 사람의 後援으로 쉽게 해결되었다.

12月에 韓國土地公社의 초청으로 開城을 訪問할 機會를 가져 무척 기뻤다. 非武裝地帶를 통과해 北韓으로 들어가 길에서 入國手續을 간단히 받았다. 開城工團에서 北韓代表들과 같이 起工式을 가졌으며 本人은 試삽의 榮光을 갖기도 했다. 歷史에서 배우고 寫眞으로만 보았던 善竹橋와 成均館을 관람하고 北韓代表들과 子男山호텔에서 점심을 같이 들며 환담했다. 市內를 거쳐 南으로 내려오는 車속에서 北韓實情이 상상이상으로 실망스럽다는 생각을 했다.

▶ 새해 新行政首都建設의 方向을 논의하는 워크숍을 갖다.(大田所在 韓國土地公社 硏修院에서, 2004.1.9)

◀ 盧武鉉 大統領과 함께 '地方化와 均衡發展時代 開幕' 宣布大會를 갖다.(政府大田廳舍 大會議室에서, 2004. 1. 29)

'70年代 臨時行政首都建設計劃에 主導的 役割을 했던 崔相哲 教授를 위시한 몇몇분들이 參與政府의 新行政首都建設政策에 적극적인 反對運動을 전개하고 있음에 의아함을 금치 못했으며, 이런 와중에 年末國會에서 絶對多數의 支持로 '新行政首都建設을 위한 特別措置法'이 의결되었던 것이다. 法律의 무난한 制定으로 일단 安堵하였다.

내 生涯에서 잊을 수 없는 2004年이 시작되었다. 밖으로는 新行政首都와 관련하여, 안으로는 次女의 結婚과 관련하여 참으로 어렵고도 고통스러운 한해가 되었다. 一生을 통해 가장 힘든 時期였다고 할 수 있다.

새해 初부터 新行政首都와 관련된 青瓦臺 및 政府會議와 세미나 · 워크샵 · 討論會 등에 다수 참석하였고, 大統領이 직접 참석하는 각종 會議 및 大會에도 거의 자리를 같이 하였다. 특히 青瓦臺에서 거행된 3大特別法 宣布式과 政府大田廳舍에서 치루어진 '地方化와 均衡發展時代 開幕' 宣布大會는 매우 意義가 큰 行事였다. 한편 家庭에서는 妻가 回甲을 맞이하여 子女들과 兄弟들을 초청하여 간소한 宴會를 가졌다. 海外旅行을 가고자 구상하였으나 事情이 여의치 않아 실현되지 못하였으며, 妻에게 미안한 생각을 가졌다.

2月初에 家庭일로 次女와 같이 美國 샌프란시스코에 가서 1週日間 머물렀다. 몸살이 들어 食事도 제대로 하지 못한채 무척 고생하였으나 떠날 무렵에는 조금 차도가 있었다. 사위가 될 兪宗禛君과 같이 Santa Clara County Hall에 가서 擔當職員의 司會 아래 結婚宣誓式을 가졌다. 매우 감회가 큰 순간이었고 부디 잘 살기를 마음 깊이 기원드렸다. 셋이서 함께 San Jose, Palo Alto, Monterey 등 여러 地域을 다니면서 美國 西部의 특색있는 것을 많이 볼 수 있는 機會를 가졌다. 기쁨과 걱정을 함께 안고 次女와 같이 무사히 귀국

◀ 次女 金貞娥孃과 兪宗禛君이 美國 Santa Clara County Hall에서 結婚宣誓式을 갖다.(式場에서, 2004. 2.4)

▶ 次女와 Palo Alto에 있는 Stanford大學에 가다. (大學內 Hoover Tower 옆 噴水臺 앞에서, 2004. 2. 6)

했다. 귀국하면서부터 다시 新行政首都建設諮問委員長으로서의 바쁜 日程과 함께 次女의 結婚을 위한 準備에 들어갔다.

3月 12日에 國會가 盧武鉉 大統領의 彈劾을 可決한 것을 보고 큰 衝擊을 받았으나 잘될 것이라는 希望을 갖고 있었다.

長女夫婦가 다소의 빚을 졌지만 새 아파트를 구입하여 自宅을 갖게 되어 무척 다행스러웠다. 이상하게도 故 朴正熙 大統領과 高建 總理를 위시한 많은 指導者들이 자주 꿈에 나타나서 對話를 나누곤 하였다.

公式的으로 新行政首都建設諮問委員會, 建交部 中央都市計劃委員會, 서울大學校 環境大學院, 韓國自治發展研究院, 韓國地域發展研究院 등에 거의 定期的으로 출근하는 한편 地方出場도 잦아서 바쁜 日程을 보내고 있었다.

4月에 들어와서는 次女의 結婚을 위한 請牒狀 印刷·送付와 式場마련 및 禮物準備 등으로 복잡할 뿐만 아니라 費用의 過多支出로 걱정이 많았다. 15日 國會議員 選擧에서 열린우리黨이 壓勝하는 奇現象이 일어나 國民을 놀라게 하였으며, 이 와중에 彈劾中인 盧大統領을 官邸로 찾아가 新行政首都의 進行課程을 보고 드리기도 하였다.

5月 9일에는 大望의 次女 結婚式을 서울 空港터미널 禮式場에서 거행하였다. 兪正甲將軍의 아들인 兪宗禛博士를 사위로 맞이하여 趙成台 前國防長官의 主禮로 거행된 이날 結婚式에는 兩家 家族을 위시한 1千餘名의 賀客이 참석하였다. 新郎·新婦는 서울에서 하룻밤을 묵고 濟州道로 新婚旅行을 갔다. 歸京하여 兩家에서 며칠 묵은 뒤 함께 美國으로 건너갔다. 시원섭섭하다는 말과 함께 여러모로 걱정도 된다는게 솔직한 心境이라고 할 수 있었다. 샌프란시스코 아래 산호세(San Jose)에 있는 기존의 兪君 房에서 生活을 시작했다가 얼마후 Daly City에 있는 아파트로 이주하였다. 兪君은 다시 法學博士 學位課程을 시작하여 學校 學生이 되어 學生夫婦가 되었던 것이다.

▶ 次女 結婚式에서 家族 함께 紀念撮影을 하다.(서울 空港터미널 禮式場에서, 2004. 5. 9)

◀ 新行政首都建設推進委員會 委員長 就任式을 갖고 就任人事를 하다.(政府中央廳舍 大會議室에서, 2004. 5. 24)

14日에 憲法裁判所가 盧武鉉 大統領의 彈劾을 기각함으로써 다시 大統領으로 복귀하게 되어 國家와 國民을 위해 매우 다행스럽게 되었던 것이다.

21日에 靑瓦臺에 가서 新行政首都建設推進委員會 委員들과 함께 盧武鉉 大統領으로부터 委囑狀을 받고 當付말씀을 들은 뒤 政府廳舍로 와서 第1次 本會議를 주재하였다. 寺刹에 가서 委員長職의 원만한 수행과 次女의 원만한 結婚生活을 기원하는 禮佛을 드렸다.

6月에 들어서서는 靑瓦臺, 國會, 政府, 政黨, 言論, 社會團體 등과의 會合이나 討論등으로 거의 寧日이 없었으며, 이런 過程에서 本人의 發言 가운데 新行政首都와 관련한 遷都의 槪念과 國民投票의 必要性 및 現 首都圈의 安保上 脆弱性에 관한 言及이 言論에 問題視되어 무척 苦役을 치루었다. 아울러 新行政首都政策에 대한 反對輿論이 비등하여 더욱 큰 괴로움을 느꼈다. 妻가 次女件으로 美國에 다녀와 걱정이 더 커지게 되고 査頓께 사과하는 일로 확대되었다.

▼ 妻와 같이 外孫子 · 外孫女를 데리고 盆唐 律動公園에 가서 놀다.(律動公園 잔디밭에서, 2004. 10. 3)

이러한 복잡한 와중에 新行政首都建設特別法의 違憲與否를 묻는 告訴가 憲法裁判所에 제출되었고, 本人은 여러 번 辭讓한 韓國道德運動協議會와 韓國書畵作家協會의 두 總裁職에 취임하였다. 8月에 들어서서 新行政首都建設推進委員會의 委員長職을 물러나야겠다는 決心을 하였고 이 뜻을 먼저 李海瓚 總理에게 직접 전달하였다. 11月에 本會議를 열어 忠南의 燕岐 · 公州地區를 最適立地로 결정하고 이를 國民에게 공포하였다. 이틀 뒤 靑瓦臺에 가서 辭表를 제출하였고, 後任者가 임명될 때까지 다소 홀가분한 마음으로 매일 출근하여 委員長 職務를 수행하였다.

後任 委員長으로 崔秉瑄 教授가 임명됨에 따라 委員長職을 종료하고, 바로 美國으로 건너갔다. 사위 兪宗禛君

과 같이 Santa Clara County의 移民局에 가서 結婚確認面接日字를 연기시키고 San Francisco 市 옆의 Daly City에 머물면서 며칠간 조용히 지냈다. 귀국하여 홀가분한 마음으로 地域發展硏究院의 EQUUS 乘用車를 타고 연관된 일들을 보러다녔다. 10月에 와서 國會 國政監査場에 가서 行政首都件에 관한 證人答辯을 함으로써 行政首都와 관련된 公式的인 活動을 종결시키게 되었던 것이다. 建國大學校로부터 碩座敎授 就任要請을 받고 무척 기뻤고 承諾할 意思를 전했다. 21日에 憲法裁判所가 新行政首都建設特別法에 대한 違憲判決을 냄으로써 社會的 動搖가 크게 일어났으며 言論의 對談要請이 많아졌다. 며칠 후 盧武鉉 大統領을 만난 자리에서는 憲裁決定受容-憲法改正-國民投票實施라는 原則的 節次로 나가야 한다는 意見을 건의했으나 後日 言論에는 實現의 可能性을 중시하여 '行政中心都市' 案을 발표하였다.

次女가 美國에 머물다 귀국하여 함께 있게 되었고, 여러달만에 齒牙 治療를 완료하여 다소 마음이 평온하였다. 好凡會 會員들과 朴昇治 會員 초청으로 一山 白石敎會에 가서 胎信者祈禱會를 갖기도 하였다. 年末에는 市民自治大學 修了式에 참석하느라 地方出張이 잦았다.

妻가 집에 10年 넘게 같이 살았던 珍島犬 '珍乭'이를 우는 소리를 낸다고 그냥 밖으로 내보내어 무척 서운하였다. 곧 들어올것 같아 每日 大門쪽을 바라보곤 했으나 영영 돌아오지 않았다. 高麗大學校 經營大學院 校友會의 招請을 받아 送年總會에 나가 '統一展望과 韓半島改造論'이란 主題로 特講을 하였다.

몸살·感氣로 年末까지 무척 고생을 하였다. 쉬지 못하고 미리 짜여진 公式行事에 참석하느라 정말 힘이 들었다. 지금까지 살아온 68年 生涯에서 今年 2004年은 家庭과 社會 모두에서 가장 힘든, 그리고 가장 긴 해(The Longest Year)였다고 할 수 있다. 年末의 病苦와 함께 苦難의 한해가 나로부터 멀리, 그리고 영원히 떠나갔다.

2005 乙酉年을 희망찬 마음으로 맞이했다. 세개의 公式的 자리가 새해와 함께 마련되었다. 建設交通部 中央都市計劃委員會 委員으로 再委囑되어 20年을 채우게 되었고 副委員長과 第1分科委員長職을 갖게되었으며, 學校法人 光云學園의 官選理事가 되었고, 또한 建國大學校의 碩座敎授로 임명되었던 것이다. 停年을 한 사람으로서는 무척 幸運이

▶ 高麗大學校 經營大學院 校友會 초청으로 '高麗아카데미'에서 特講을 하고 任員陣과 紀念寫眞을 찍다. (앞줄 中央女性이 金小南 校友會長, 高麗大學校 校友회 會館에서, 2004. 12. 22)

있었다고 할 수 있다.

妻가 三星醫療院에 정기적으로 檢診을 받게 되어 다소 걱정이 되었으나 큰 病이 아니라는 擔當醫師의 말씀이 있어 安心을 하고 있었다.

韓國道德運動協議會 李鍾來 顧問委員長의 古稀宴에 나가 同協議會 總裁로서 祝辭를 하고, 龍仁市 都市基本計劃 公聽會에서 司會를 맡아 진행하였으며, 天安에서 개최된 忠南西海岸포럼 行事에 참석하여 基調演說을 하고 顧問으로 추대받기도 하였다.

▲ 李鍾來 先生 古稀宴에 참석하여 祝賀牌를 드리고 祝賀 말씀을 하다.(世宗文化會館에서, 2005. 1.17)

2月에 들어와서는 더욱 바쁜 日程을 보냈다. 韓國經濟新聞社의 '企業하기 좋은 地域 大賞' 施賞式에서 審査報告, 2006年 世界不動産聯盟 總會 組織委員會 發足式에 顧問으로 參席, 地方自治學會 總會 참석 및 세미나 司會 擔當, 在京 聞慶市鄕友會 新年交禮會 참여, 高靈郡民自治大學 開講式 참석 · 祝辭 등을 치루었다. 家庭에서는 妻의 辰甲을 맞아 祝壽宴을 갖고 自動車 購入費 一部를 선물하였고, 長男이 러시아産 강아지를 가져와 'Captain'이라 命名하여 키우고 있으며, 次女의 渡美準備에 神經을 쓰기도 하였다. 이러한 가운데 黃時旭 會長의 골프場件과 張翰相君의 來訪, 金永燮 教授의 持病逝去, 美國 林吉鎭 教授의 交通事故로 인한 急逝 등으로 마음이 착잡하기도 하였다. 2月中 가장 큰 두 개의 事件은 光云學園 理事長 選出과 建國大學 碩座教授 就任이라고 할 수 있다. 理事長 選出은 前理事長이었던 姜汶奎 先生과 本人을 候補로 추대하여 이루어졌으며 結果는 4對3으로 姜汶奎 理事長이 選出되었다. 참으로 다행이었고 잘된 일이라고 생각하였고 理事會의 올바른 運營과 光云學園의 조속한 正常化를 위해 힘써주어야겠다는 決心을 다지기도 하였다.

停年후 갖고 싶었던 碩座教授의 자리는 정말 意外로 찾아온 幸運이었다. 몇몇 新聞에 보도되어 여러 사람들로부터 祝賀를 받았고, 建國大學의 金敬姬 理事長과 鄭吉生 總長

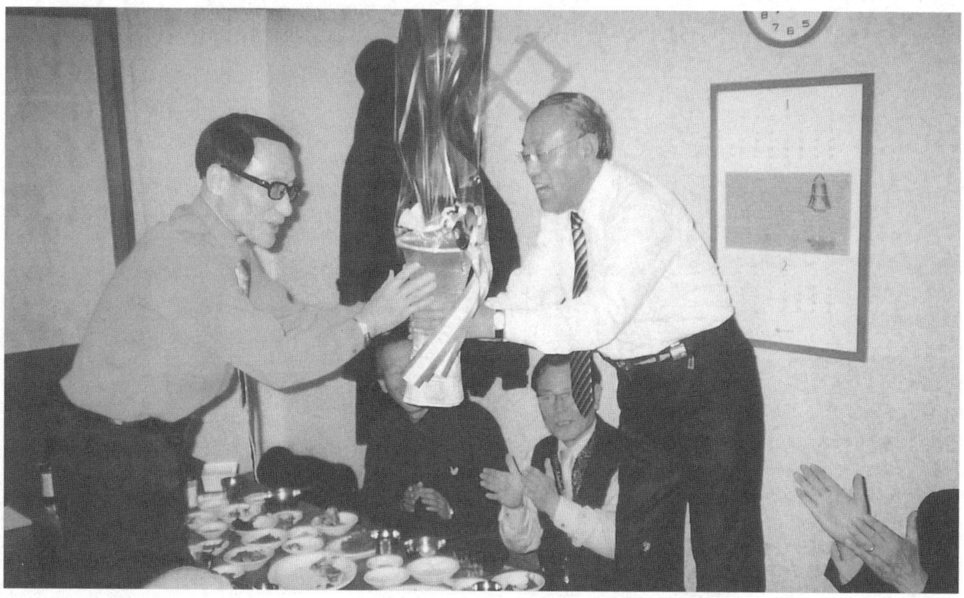

◀ 好凡會 모임에서 高永天 會長으로부터 光云學園 理事 및 建國大學 碩座教授 就任을 祝賀하는 花盆을 선물받다.(新沙洞 할매족발집에서, 2005. 2. 23) (왼쪽 사진)

▲ 建國大學校 碩座敎授 任命狀을 받고 祝賀人士들과 紀念撮影을 하다.(建國大學校 本館 앞에서, 2005. 2. 28)

(왼쪽 사진)

▲▲ 黃時旭 會長으로부터 備品 한 세트를 선물 받다.(建國大學 碩座敎授室에서, 2005.4.15)

(오른쪽 사진)

및 吳聖三 校長으로부터 午餐 待接을 받기도 하였다. 28日 大學에 가서 總長으로부터 任命狀을 받고 關係機關을 예방하여 人事를 드렸다. 大學 캠퍼스가 무척 親近하게 느껴지고 새로운 人生出發을 하는 듯한 感을 가지기도 하였다. 特講만 가끔 하고 硏究室에는 每週 金曜日에만 出勤하기로 계획하였다. 영광되고 기쁜 하루였다.

3月에는 서울大學에서의 講義를 위시하여 市民自治大學 開講, 公務員 등의 特講, 韓國書畵作家協會 會員展 開催, 韓國建設産業硏究院 開院 10周年 紀念式 參席 등으로 분주하였다. 妻가 三星醫院에 치료차 다녀 다소 걱정이 되었다. 週間生活이 대체적으로 月曜日의 一山 韓自硏, 火曜日의 서울大學, 水曜日의 上溪洞 地發硏, 木曜日의 建交部 中都委, 金曜日의 建國大學 出勤으로 정착되기 시작했다.

4月에 들어와서는 平澤市 및 尙州大學 特講, 黃時旭 會長의 建國大學 禮訪과 環境部長官에의 同行訪問, 大邱査頓 問病次 大邱 査頓 訪問, 土地博物館 開館式 參席, 曺光云 光云學園 設立者 25週忌行事 參席 등의 일들이 있었다.

大法院의 判決로 光云學園 理事職을 떠나게 되어 다소 아쉽기도 했지만 홀가분하게 느껴졌다. 사이판과 티니안 訪問을 떠나기 하루전인 29일에 큰 事端이 생겼다. 마당에 丹楓나무를 花盆에서 옮겨심고 知人들과 점심을 한 뒤 出國가방을 준비하였다. 저녁 會食에 갔다가 갑자기 등이 아프고 땀이 나며 손발이 차기 시작하여 집에 와서 쉬고자 했으나 도저히 참을 수 없어 119救急車를 불러타고 順天鄕病院 應急室로 가서 治療를 받기 시작했

▶ 서울大學病院 入院室에서 인상깊게 보아왔던 駱山公園에 妻와 같이 오르다.(駱山亭에서 서울大學病院을 背景으로 하여, 2005. 5. 13)

◀ 韓國自治發展硏究院이 주최한 民選自治 10周年紀念 세미나에서 行事를 주재하고 마지막 閉會人事를 하다.(서울 世宗文化會館에서, 2005. 6. 10)

다. 大動脈 破裂이란 高血壓으로 인한 病이라는 診斷을 받고 다음날 서울大學 病院 重患者室에 入院했다. 며칠후 一般患者室로 옮겨 다행히 手術은 하지 않은채 藥物治療만 했다. 고대하던 티니안 旅行도 못가고 조용히 쉬면서 일체의 問病客을 금하였다. 妻와 子女들만 交代로 와서 도와주고 같이 자기도 했다. 回復이 빨리 되어 5月 10日에 퇴원하여 집에 왔다. 飮食·술·담배 등을 조심하고 자주 散策을 하고 마당에서 쉬기도 하였다. 退院 한달만에 病院에 가서 檢査와 診察을 했더니 3個月後 다시 오라고 하여 安心을 하였다.

退院해 보니 惡性 루머가 널리 퍼져 있음을 알고 놀랐다. 周邊 사람 중에는 진심으로 걱정한 사람, 신나게 떠들고 다닌 사람, 快感을 느껴 아주 잘못되기를 바란 사람 등 여러가지가 있어 人間에 대한 새로운 認識을 갖게 되었다.

退院 며칠후 妻와 같이 김밥을 싸가지고 駱山公園에 올랐다. 入院室 窓門을 통해 인상깊게 보던 곳이라 꼭 한번 찾아보고 싶었기 때문이다. 16日부터 正常活動을 시작하였으나 다소 중요치 않은 것은 생략하기도 하였다 『臨時行政首都 白紙計劃은 살아있다』라는 著書에 推薦書를 써주고 出版紀念會에도 參席했다.

◀ 禹哉永·李永哲·崔信一氏와 같이 軍服務地域을 돌아보고 二東갈비 專門食堂에서 二東막걸리를 곁들여 食事를 하다.(一東에 있는 食堂 '明旨亭'에서, 2005.7.5)

行政中心複合都市建設推進委員會 諮問委員으로 委囑되어 會議에 參席하기도 하였다. 全州市에 가서 새만금事業 세미나의 司會를 보고 곧바로 江原道 龍平에서 개최된 韓國디벨로퍼協會 모임에 參席하여 골프를 치고 人事말을 하고 돌아왔다.

6月에 들어와 慶山·安養·安山·盈德 등지의 市(郡)民自治大學에서 開講祝辭 또는 特講을 하고 一山 白石敎會 老人大學 및 全北 道公務員 硏鑽會에서 特講을 하였다. 退院 1個月만에 서울大學病院에 가서 診察을

▲ 韓國書畵作家協會 任員들과 元通里 所在 12師團을 訪問하여 위문하다.(DMZ 哨所展望臺 앞에서, 2005.7.29)

받았는데 매우 安定的이라는 醫師의 말을 듣고 氣分이 좋았다. 그래서 다시 술과 담배를 조금씩 시작하게 되었으니, 참으로 나약한 마음의 所有者라는 생각을 하였다. 韓國自治發展硏究院이 民選自治 10周年을 맞아 世宗文化會館에서 행한 學術세미나에서 功勞者들에게 感謝牌를 주고 行事를 주관하였다. 걱정했던 것 보다 많은 사람이 參席하여 安心하였다. 記錄集에 싣기 위하여 서울市內 歷代 居住地의 現在 모습을 담은 寫眞을 모두 찍었다. 옛모습 그대로 있는 집이나 地域은 거의 찾아볼 수 없었다. 桑田이 碧海가 된 셈이다.

天安에 있는 國民銀行 硏修院에서 개최된 이틀간의 21世紀 國土포럼 行事에 參席하여 開會人事 및 司會 등을 보며 무척 有益한 時間을 가졌다. 行政中心複合都市建設推進委員會가 주최한 行複都市 基本計劃 워크샵에 參席하여 무척 感慨無量함을 느꼈다.

'어정 7月, 둥둥 8月'의 7月에 들어섰다. 韓國書畵作家協會가 주최한 第22回 書畵藝術大展 開幕式에서 總裁로서 施賞을 하고 祝辭를 했다. 軍服務하던 前方部隊에 가서 寫眞을 촬영하고, 디벨로퍼協會 朝餐會에서 特講을 하였으며 金泉市 都市基本計劃 公聽會의 司會를 맡기도 하였다. 盧武鉉 大統領과 李海瓚 總理의 꿈을 꾸었고, 또한 실제로 陰曆 6月 10日 生日날 大統領으로부터 祝電을 받았다. 子女들의 勸誘로 生日紀念으로 妻와 같이 仁川 松島 비치호텔에서 하룻밤을 묵고, 다음날 仁川에 온 子女 및 外孫子女와 遊覽船을 타기도 하였다. 建國大學校에 大學發展基金으로 100萬원을 희사하였고, 韓國書畵作家協會 會員들과 麟蹄郡 元通里에 있는 第12師團 乙支部隊를 위문하고 道德講演을 하였다. 한달 내내 많은 사람들과 食事를 하며 여러가지 이야기를 나누고, 建交部 中央都市計劃委員會 등에 자주 參席하기도 하였다.

▶ 外孫子 · 外孫女와 建國大學 및 어린이大公園을 구경하다.(어린이 大公園內 噴水臺 앞에서, 2005. 8. 5)

8月에 들어 尹相在 道德 및 作家協會 會長이 갑자기 서거하여 놀라움과 哀痛함을 금할 수 없었으며, 葬禮處理와 協會 對策에 많은 애를 썼다. 聞慶中學校 同窓會 體育大會, 學會活動, 地方移讓委員會 行事 등에 參席하느라 바쁜 日程을 보냈으며, 妻의 三星醫療院 診療를 위해 定期的으로 따라다녔다. 가끔 혼자서 駱山, 昌信洞, 上道洞 등 옛 緣故地를 찾아가 感懷에 젖기도 하였다. 그동안 발표한 隨筆들을 모아 『하늘의 뜻 人間의 삶』이란 題目의 隨想集을 발간하였고, 그에 대한 反應도 매우 좋았다. 長女 媤父인 査頓이 서거하여

무척 애석하였고 이틀간 大邱에 가서 問喪을 하였다.

9月이 시작됨에 2학기가 開講되었고 많은 行事에의 參與가 잦아졌다. 建交部 中央都市計劃委員會 會議가 늘어나고 住民自治大學 修了式이 시작되었다. 道協 및 作家協會의 새 會長으로 姜思賢 首席副會長이 就任했으나 兩 協會間의 和合은 잘 이루어지지 못하고 있었다. 都市計劃件으로 委員들과 麗水市를 訪問하여 視察과 現地會議를 주관하였다.

바쁜 10月을 맞이하였다. 濟州道에서 개최된 '韓 · 中 · 日 都市計劃 國際세미나' 行事에 參席하여 歡迎宴에서의 祝杯人事, 세미나司會, 弟子들의 別途遊興會 등을 행하였다. 仁川市廳 政策諮問團의 團長으로 선출되었고, 行政中心複合都市件으로 憲法裁判所에 代表團의 한 사람으로 合憲論理의 意見을 제출하였다. 14 · 15日 이틀간 妻와 같이 北韓 平壤을 訪問했다. 꼭 와보고 싶었던 곳이기에 정신을 집중하여 시찰 · 관람하였다. 萬壽臺 · 萬景臺 등 名所를 둘러보고 밤에는 光復60周年紀念 '아리랑 祝典'을 5.1競技場에서 관람하였다. 延15萬名이 동원되었다는 이 公演은 정말 대단하다고 느꼈다. 그러나 투숙한 普通江호텔이나 市街地를 보면

▲ 妻 및 禹哉永 會長 夫婦와 平壤市內의 凱旋門을 관람하다.(2005. 10. 14)
(왼쪽 사진)

▲▲ 平壤 大同江과 人民大學習堂을 배경으로 하여 紀念寫眞을 찍다.(主體思想塔 앞에서, 2005.10.15)
(오른쪽 사진)

◀ 1泊2日間 투숙했던 普通江호텔을 떠나다.(平壤 普通江호텔 正門 앞에서, 2005.10. 15)(왼쪽 사진)

◀ 東明王陵을 찾다.(東明聖王
◀ 博物館內 東明王 騎馬像 앞에서 (2005.10.15)
(오른쪽 사진)

▲ 外孫子 文近榮의 生日紀念 會食宴을 갖다.(서울 江南區 淸潭洞 食堂 시절러에서, 2005. 10. 15)

서 그들의 어려운 事情을 실감있게 느꼈다. 電氣事情과 自動車運行에서 특히 빈약한 經濟狀況을 엿볼 수 있었다. 統一이 되더라도 南韓水準으로 끌어올리기 위해서는 막대한 投資가 필요하겠다는 무거운 마음을 가졌다. '核'을 가지고 몸부림치는 北韓政權의 心境을 조금은 이해할 수 있을 것 같았다. 돌아오는 날 外孫子 近榮이의 生日을 祝賀하는 會食을 같이 하면서 다녀온 平壤 이야기를 소박하게 들려주었다. 春川에서 개최된 21世紀 國土포럼行事를 주재하여 무난히 마쳤고, 釜山 東亞大學校에 가서는 都市計劃學科 創設 40周年紀念行事에 參席하여 作品展示場 開館 및 紀念講演을 하였으며, 聞慶市 東魯面 出身들의 모임인 'DO클럽'에 나가서 生活規範에 대한 特講을 하기도 했다.

11月에 들어서서 朴昇治 理事長의 부탁으로 '頌家詩'를 짓고 붓글씨를 써서 주었고 朴昇治 理事長은 이것을 自宅 入口 壁에 걸어두었다. 서울大學病院에 가서 擔當醫師로부터 海外旅行을 해도 좋다는 診斷을 받고 藥을 지어왔다. 住民自治大學 修了式, 中央都市計劃委員會 會議, 地方講演 등으로 바쁜 日程을 보냈으며, 저녁 모임이 점차 많아지기 시작했다. 黃時旭 會長을 위시한 關係者들과 함께 泰安半島에 가서 計劃하는 골프場 敷地一帶를 둘러보았으며, 蔚州郡에 가서 朴堤上祠堂을 찾아보고 特講도 하였다. 憲法裁判所에서 行複都市建設에 대한 合憲判定을 내려 안도의 숨을 쉬었다.

▶ 東亞大學校 都市計劃學科 開設 40周年紀念式에서 特講을 하다.(東亞大學校 敎授會館 同時通譯室에서, 2005. 10. 28)

▶ 'DO클럽' 創立4周年紀念
▶ 總會에서 特講을 하다.(서울 食堂 韓牛一番街에서, 2005. 10. 30)

12月 한달은 晝夜 무척 바쁜 生活로 일관했다. 自治大學 修了式件으로 地方 여러곳을 訪問하였고, 高靈郡에 갔을 때는 汽車를 놓쳐 무척 고생도 하였다. 行複都市 國際公募 施賞式에 國務總理 등 主要人士들과 같이 參席하였으며, 깊은 感懷을 갖기도 하였다. 수많은 送年모임에 參席하는 가운데 금년 한해를 마무리하였다.

丙戌年 새해를 다시 맞이하였다. 正初 며칠간 '草凡詩竹' 이란 書畵를 創作하여 韓國書畵作家協會에 보내고 『週間聞慶』誌와 對談을 하였으며 孫女의 百日잔치를 해주었다. 그리고 나서 妻와 같이 旅行團에 끼어 結婚40周年 紀念 아프리카 旅程에 올랐다. 純飛行 23時間만에 케냐의 나이로비에 도착하여 韓國人 經營의 Safari Park Hotel에 旅裝을 풀었다. 가방이 오지 않아 이틀간 몹시 걱정하였으나 다행히 늦게 찾게 되어 순조로운 旅行을 할 수 있었다. 의외로 날씨가 시원하고 施設도 좋았으며 사람들도 친절하여 불편함이 없었다. Kilimanjaro산 아래에서 사파리를 하며 많은 動物들을 보았다. 케냐와의 國境地域에 있는 탄자니아의 Namanga마을에 가서 마사이 原住民들과 어울려 잠시 쉬기도 했다.

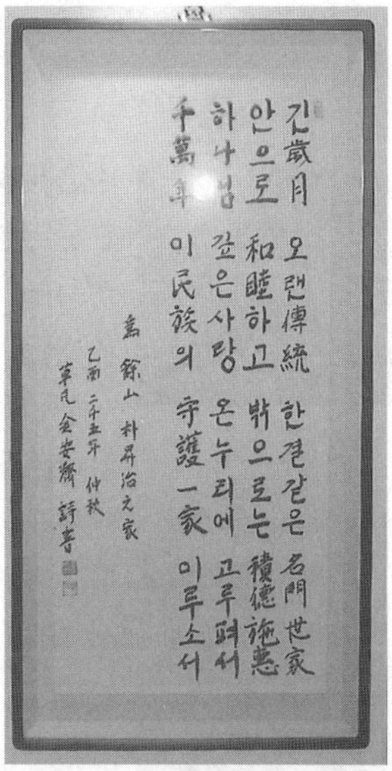

◀ 朴昇治 理事長 自宅에 걸린 本人詩書의 '頌家詩' 額子(2005.11.8)

아프리카 中南部에 위치한 짐바브웨와 보츠와나 및 잠비아 세 나라를 訪問하여 世界 3大瀑布의 하나인 Victoria瀑布를 구경하고 Zambezi江 및 Chobe江에서 크루즈를 하며 여러가지 動物과 植物들을 관람했다. 끝으로 南阿共에 가서는 먼저 Cape Town의 希望峰 등 名所를 보고 Johannesburg를 거쳐 行政首都인 Pretoria를 시찰한 뒤 Sun City를 訪問했다. 가는 곳마다 黑人의 地位가 크게 向上되어 보기 좋았으나 아직 治安이 안정되어 있지 못하여 外國人에게는 危險하다는 문제점을 안고 있었다. 총 37,536km를 旅行하고 45,691步를 걸었으며 2人 合計 1,670만원의 費用이 든 15日間의 아프리카 旅程은 매우 유익하고 흥미로왔던 것이다.

▲ 蔚山市 蔚州郡 鵄述山 아래에 있는 朴堤上 祠堂을 禮訪하다. (2005.11.18)

귀국하여 여러 가지 處理를 하고, 舊正에는 처음으로 妻와 같이 清溪川을 구경하기도 하였다. 月末에 好凡會 모임에서 불가피하게 第4代 會長職을 맡게 되었다.

2月에 들어와서는 妻의 生日을 맞아 家族들과 祝賀宴을 열었고, 外孫子 및 外孫女의 初等學校와 幼稚園 卒業式에 모두 參席하였다. 감개가 무량하였고 무척 대

◀ 며칠 묵었던 케냐 나이로비의 사파리 파크호텔을 떠나다.(이 호텔은 韓國人 전낙원氏가 건설 · 운영하는 곳임, 2006.1.18)

▲ 짐바브웨측의 빅토리아 瀑布를 2km 걸으면서 구경하다.(落差가 世界最高인 108m임, 2006.1.19)

▲▲ 南亞共 케이프 타운의 大西洋 沿岸 海邊公園에서 잠시 쉬다.(2006. 1. 22)

견해 보였다.

地方自治學會와 國土 · 都市計劃學會의 總會가 개최되고 새 會長團의 선출이 있었으며 비교적 무난한 人選이 이루어진 것 같았다. 行政中心複合都市建設廳의 創設을 祝賀하는 時調를 짓고 직접 글씨를 써서 李春熙 廳長에게 증정하였다. 韓國 Amenity Forum 創立總會에 나가 司會를 보고 共同代表로 선출되기도 하였다. 月末에 아프리카 旅行의 後遺症인지 感氣 · 몸살이 와서 3月初까지 무척 고생을 하였다.

3月의 새 學期가 시작되었다. 科目變更으로 걱정했으나 受講生이 10名이 되어 안심하였다. 建國大學의 碩座敎授로 재발령받아 기뻤고, 外孫子와 外孫女의 中學校 및 初等學校 入學式에 모두 參席하기도 했다. 公州市廳과 建國大學에서 特講을 하고 水原市民自治大學 開講式에서 祝辭도 했다. 高建 前 總理및 故 金在益 博士와 환담하는 꿈을 연달아 꾸어 이상하게 생각했다. 行政中心複合都市建設을 擔當하는 關係機關의 首長들에게 저녁을 대접하며 격려하는 機會도 가졌다. 自宅 應接室의 소파를 교체하여 雰圍氣를 좀 바꾸었다. 世宗大學 및 칼빈大學의 財團人士들과 자주 만나 大學문제를 자문해주었다. 사람이 너무 물러 여러 일들에 말려드는 것 같아 한심한 생각이 들기도 했다. 韓國書畵作家協會가 주최한 第25回 定期會員展 開幕式에 參席하여 總裁로서 테이프 커팅, 施賞, 祝辭 등을 수행했다.

4月에 들어서면서 特講, 行事參席, 人士相面 등으로 바쁜 日程을 보냈다. 妻와 같이 安東과 聞慶에 가서 옛 居住地와 母校의 寫眞을 찍고 오랜만에 山北面의 金龍寺와 大成庵에 들려 禮佛을 드렸다. 農協에서 無料로 마련해준 瑞草區 良才洞의 大元 週末農場에 가서 봄채소를 심고 자주 나가 물을 주었다. 몇년전에 해봤던 農事일을 다시 시작한 셈이다. 妻 및 次女와 같이 필리핀 觀光旅行을 떠났다. 禹哉永 會長 夫婦와 同行이 되고 모르는 분들 8名과 합류하여 4泊 5日의 旅行을 했다. 마닐라의 Century Park Hotel에 묵으면서 Luzon섬 南部의 名勝地를 관광하였다. 매우 유익하고 재미있는 日程이었다.

▶ 妻와 같이 새로 조성된 淸溪川을 구경하다.
(2006.1.29. 陰曆 설날)

◀ 外孫子 文近榮이 서울 堰北初等學校를 졸업하다.(學校校庭에서 外祖母와 같이, 2006. 2. 15)(왼쪽 사진)

◀ 韓國 Amenity Forum 創立總會에 參席하여 共同代表로 추대되다.(프레스센타에서, 2006. 2. 22)
(오른쪽 사진)

특히, Tagaytay 地域의 Taal湖 배타기, Taal火山 말타고 오르기, Taal火山 噴火口의 湖水와 小山 구경이 좋았고 Pagsanjan地域의 요트로 急流타기, 파상한 瀑布구경이 인상적이었으며, Alaminos地域의 Hidden Valley Resort內에 있는 熱帶林과 森林浴 및 天然溫泉 등이 흥미로웠다. 그리고 Manila市內의 Rizal公園, Santiago要塞, 마닐라灣 海岸 Live Show 露天休息場, 미니버스 Zeepney 등도 유익한 구경거리였다. 貧富隔差가 너무 심하고 가난한 사람이 너무 많아 걱정이 큰 나라인것 같았다. 그러나 國民 대부분은 樂天的이고 친절하며 여유가 있어 보였다. 가는 곳마다 物件을 사라고 몰려드는 모습이 몇년전 우리와 비슷하다는 생각을 떠올리게 하였다. 歸國하여 여러 가지 일들을 處理하고 旅行記錄을 整理하였다. 大田에서 개최된 行政學會 및 地方自治學會 學術大會에 參席하여 司會를 맡기도 하였다. 鳥嶺會 모임과 五人幇 모임에 나가 卞鐸 친구의 Torino 冬季올림픽大會에서의 選手團長 役割을 치하하고 世界 7位 獲得을 祝賀해주었다. 참으로 자랑스러운 聞慶人이자 따뜻한 親舊라고 아니할 수 없다.

▲ 外孫女 文素瑛이 幼稚園 Kid's College를 졸업하다.(COEX홀에서 校長 및 擔任先生任으로부터 卒業狀을 받고 있는 外孫女, 2006. 2. 27)

5月이 되었다. 韓國道德運動協議會가 臨時總會를 열어 趙士顯 會長을 선출함으로써 사실상 韓國書畵作家協會와는 결별하게 된듯하여 착잡한 感情을 가졌다. 古稀集의 印刷를 '現代 애드 컴'으로 결정키로 하고, 답답하지만 作業室을 自宅 2層에서 地下書齋로 옮겼다. 長男宅에서 어린이날과 어버이날을 기념하는 會食을 함께 가지기도 했다. 韓國

◀ 韓國書畵作家協會 定期會員展 開幕式에서 總裁로서 祝辭를 하다.(서울國際디자인플라자 大展示室에서, 2006. 3. 24)

◀ 妻와 같이 舊緣의 寺刹을 찾아 禮佛을 드리다. (聞慶 山北의 金龍寺 寶藏門 앞에서, 2006. 4. 14)

▶ 필리핀 旅行中 3泊4日間 머물렀던 Century Park Hotel 正門앞에 선 妻와 次女(2006. 4. 21)
(왼쪽사진)

▶▶ 필리핀 Tagaytay에 있는 Taal火山을 말을 타고 올라가다.(앞에 次女, 뒤에 妻, 本人이 말을 타려고 하고 있음. 2006. 4. 21)
(오른쪽사진)

自治發展硏究院의 開院紀念式 및 公職者論壇賞施賞式을 주관하는 行事를 치루었다. 神學大學 關係者들과의 만남, 조카 事務室 開所式 參席, 中央都市計劃委員會 參席, 行複都市 諮問會議 參席 등으로 분주한 나날을 보냈다. 그러한 가운데 틈틈이 古稀集 原稿作成에 많은 時間을 투입하였다. 親睦團體인 好凡會가 週末 하루를 할애하여 모처럼의 野遊會를 가졌다. 坡州에 있는 栗谷先生 祠堂·墓地·博物館 등을 참례하고 臨津江에 가서 黃布돛배를 타고 休戰線 아래까지 다녀왔으며 自由의 다리와 北韓行 鐵道를 관람하기도 하였다. 민물매운탕으로 점심을 하고 저녁은 一山의 韓食집에서 들었다. 유익하고 즐거움을 준 하루의 놀이였다. 行政中心複合都市建設廳長의 위촉으로 都市名稱制定審議委員會 委員長이 되어 會議를 주재하고 名稱制定方向을 수립하여 추진하고 있는 중이다.

末日에 地方選擧 投票를 하고 밤에 TV에서 開票結果를 살펴보았다. 한나라黨 압승에 열린우리黨 참패라는 結果를 보면서 매우 착찹한 생각이 들었다. 異變일까? 事必歸正일까?

6月의 여름철로 들어섰다. 妻는 親舊들과 木浦 紅島에 가서 며칠 놀러갔다 오고, 나는

▶ 필리핀 Pagsanjan瀑布 밑을 향해 뗏목배가 나아가고 있다.(맨 뒤쪽에 次女가 앉아있음. 2006. 4. 22)

外孫子女를 데리고 '서울의 숲'에 처음 나들이를 했다. 韓國地方自治學會와 韓國自治發展硏究院이 공동으로 주최한 '地方選擧'에 대한 세미나를 주재하기도 하였다. 한 週日에 한두번 週末農場에 나가 나물 등을 솎아오곤 했다. 5坪밖에 안 되는 땅에서 所出이 꽤나 많이 나왔다. 市民自治大學 開講式에서의 祝辭, 中央都市計劃委員會 參席, 土地公社 諮問會議 主宰, 親睦團體 모임 參席, 월드컵 蹴球競技의 TV觀覽 등으로 좀 바쁜 日程을 보냈다.

19日부터 23日까지 好凡會 및 同心會 會員 11名과 같이 처음으로 몽골을 訪問했다. 首都 울란바타르(Ulaanbaatar)에 도착하여 호텔에서 1泊을 하고 다음날 버스로 몽골大學 在學生인 現地 가이더의 案內를 받으며 테를지(Terelj)國立公園으로 들어갔다. 城隍堂과 거북바위 등을 구경하고 傳統家屋인 게르(Ger)의 캠프村에 가서 現地食事로 점심食事를 맛있게 했다. 우리 입에 맞는 飮食들이어서 머무는 동안 食事에는 모두 큰 문제가 없었고 一行中 韓國에서 반찬을 많이 가져와 더욱 맛있게들 食事를 하여 다행이었다.

오찬후 좋지못한 道路를 따라 끝없는 草原을 보면서 3시간 30분을 달려 뭥귄 머리트(Möngönmor't)에 있는 칸 헬렌(Khan Kherlen)캠프 마을에 도착했다. 게르 하나에 1~3명씩 투숙하도록 배치되어 하늘의 별을 보면서 처음으로 게르에서 잠을 잤다. 다음날에는 草原에서 활쏘기大會를 하고 1時間이상 江을 따라 말을 타고 散策을 하였다. 많은 家畜을 기

▲ 3日間 같이 다닌 버스와 現地案內員 라몬君과 紀念撮影을 하다.(Hidden Valley에서 Manila로 돌아오는 길의 休憩所에서, 2006. 4. 23)

◀ 好凡會 會員들 坡州로 野遊會를 가다.(臨津江에서 休戰線 아래까지 타고온 黃布돛배 앞에서, 2006. 5. 20)

◀ 이탈리아 Torino에서 2月 10日부터 2月 26日까지 개최된 2006年 冬季올림픽大會에서 世界綜合7位를 차지한 韓國選手團의 卞鐸 選手團長을 祝賀하는 在京 鄕友人 모임을 4月 25日(鳥嶺會)과 4月 27日(五人幇) 두 번을 갖다.(寫眞은 1月 25日 올림픽 파크텔에서 개최된 韓國選手團 結團式 모습)

▶ 하룻밤 投宿한 호텔을 떠나다.(울란바타르 호텔 앞에서, 2006. 6. 20)

르고 있는 部落 村長 집을 訪問하여 게르 안의 살림살이를 살펴보고 村長 및 家族들과 이야기를 나눈 뒤 집앞에서 紀念寫眞을 찍었다.

앞에 있는 野山에 올라 野生花를 구경하고 헬렌(Herlen)江에 가서 발을 씻고 잠시 休息을 취하기도 했다 저녁에는 野外에 불을 피워 캠프 파이어를 즐기면서 羊고기 바비큐를 해먹고 몽골에서의 旅行을 정리하는 간단한 行事를 치루었다. 나의 司會로 진행하여 行事를 마치고 食堂에 들어가 돌아가며 感懷를 피력하는 노래를 부르기도 했다. 게르에 들어가 칭기스칸을 꿈꾸며 지친 몸을 쉬었다.

다음날 다시 버스로 2시간 가량 달려 울란바타르 市內에 도착했다. 자이산 勝戰塔, 李泰俊 醫師 紀念公園, 수크바토르廣場, 自然史 博物館, 國立博物館 등을 둘러보고 傳統歌舞를 관람한 뒤 韓國食堂에서 저녁을 들며 歡談을 나눴다.

▶ 테를지 國立公園에 들어가 관광하다.(게르 캠프村으로 들어가는 언덕위에서, 2006. 6. 20)

空港에 나가 手續을 밟아 23日새벽에 출발한 大韓航空機를 타고 3時間 정도 비행하여 아침 일찍 仁川空港에 도착했다. 이리하여 飛行 3,946km, 버스 480km 合計 4,426km, 步行 8,900步, 1人當 平均 總 120萬원의 몽골旅程을 모두 마쳤다.

귀국하여 韓國書畵作家協會 公募展 開幕

▶ 테를지 公園 게르 캠프村에서 傳統飮食을 먹다.(게르 안 食堂에서 오찬을 들며, 2006. 6. 20)(왼쪽사진)

▶ 칸 헬렌 캠프村 草原에서 ▶ 활쏘기를 하다.(草原 활쏘기터에서, 2006. 6. 21)(오른쪽사진)

◀ 칸 헬렌 캠프村 옆 野山에 올라 遠景을 구경하다.(헬렌江을 뒤로 하며, 2006. 6. 21)(왼쪽 사진)

◀ 캠프 파이어를 하며 몽골의
◀ 밤을 즐기다.(칸 헬렌 캠프村의 野外 마당에서, 2006. 6. 21)(오른쪽 사진)

式에 나가 施賞과 祝辭를 하였고, 韓國地域發展硏究院 및 法務士 事務室을 建國大 同門會館으로 이전함에 따라 告祀를 지내기도 하였다.

23日에 長女家族이 새로 이사간 淸潭洞 새 아파트에 가서 房 구경을 하고 祝賀의 저녁을 같이했다. 末頃에는 忠州에서 개최된 '21世紀 國土포럼'의 워크숍을 주재하고 이틀간의 行事를 무사히 마쳤다.

70年 生涯中 마지막 달인 7月을 맞이하였다. 서울大學病院에서 세가지 檢査를 받고 擔當醫師의 診斷을 기다리는 동안 걱정이 컸다. 세 번의 海外旅行, 바쁜 日程, 잦은 會食, 飮酒와 吸煙, 緊張과 過神經 등으로 健康이 악화되지 않았나 하여 속으로 걱정했으나 다행히 良好하다는 이야기를 듣고 무척 안심하였다. 古稀 生日을 맞아 自宅에서 陰曆 祝賀宴을 갖고 또 長女가 새로 이사한 아파트에서 移徙祝賀를 겸하여 兄弟 및 子女들과 會食宴을 가졌다. 돈들을 모아주어 마음의 負擔이 되었다. 여러 날 全國的으로 많은 비가 내려 人命과 財産의 被害도 많이 생긴 가운데 몽골訪問단의 解團式을 가졌고 多數人과 相面·會食을 하였다.

市民自治大學 開講式에 여러 곳 參席하여 祝辭를 하고 觀光레저 企業都市企劃團에 가서 特講을 하기도 했다. 雨中에 丹陽 救仁寺를 처음으로 訪問·참례하고, 金源 敎授와 釜山에 가서 골프를 치고 一泊後 상경하

◀ 울란바타르市 國立百貨店에 가다.(市街地를 뒤로하고 禹哉永·金玉鉉 會長과 같이, 2006. 6. 22)

◀ 울란바타르市 수크바타르 廣場에 가다.(수크바타르將軍 銅像 앞에서, 2006. 6. 22)

▶ 이사간 長女 아파트를 구경하다.(外孫子 獨房에서, 2006. 6. 25)
(왼쪽 사진)

▶ 새로 이사간 長女 새 아파
▶ 트를 訪問하다.(外孫女의 방에서, 2006. 6. 25)
(오른쪽 사진)

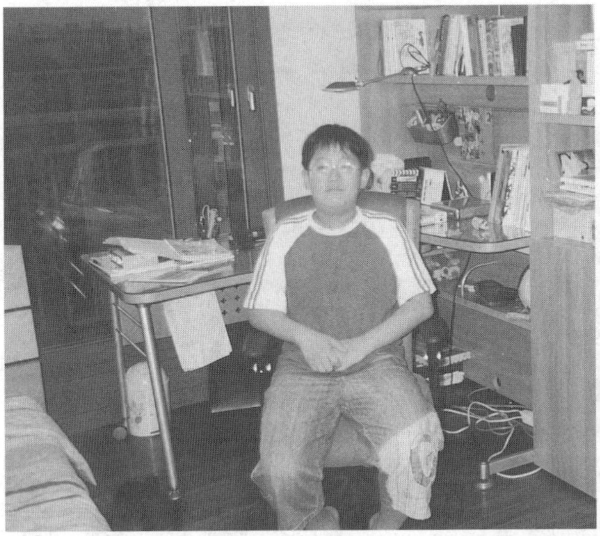

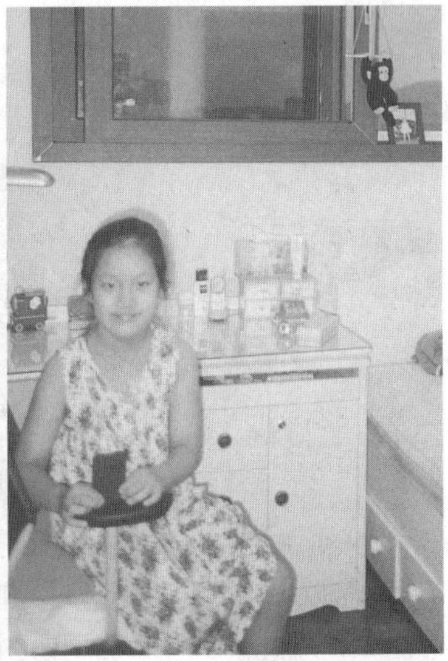

기도 하였다. 中溪洞 店鋪契約을 景氣不振의 理由로 月貰변동없이 그대로 更新하였다.

文化觀光部에 가서 觀光레저都市建設에 대해 特講을 하였고, 여러 自治團體에 가서 市民自治大學 開講式에 參席하였으며, 大邱·慶北研究院이 龜尾에서 개최한 '大首都論에 대한 批判討論會'에 參席하여 司會를 보고 決意文을 작성·발표하였다.

月末에 와서 全國的으로 비가 많이 내려 被害가 막대하였다. 孫女 旼嬉가 첫 돌이 가까워오면서 무척 크고 철이 많이 든 것 같아 대견하였다. 자주 같이 놀아주지 못해 미안한 생각을 하고 있다. 어서 자라서 外孫子女들과 같이 公園에 놀러갔으면 하는 所望을 자주 갖는다.

▶ 古稀生日을 맞아 外孫子와 外孫女의 祝賀便紙·그림을 받다.(長女 새 아파트에서, 2006. 7. 15)

陽曆基準 古稀生日인 7月 28日을 맞이하였다. 이미 陰曆으로 生日宴을 두 번이나 가졌기 때문에 별다른 感懷없이 하루를 지냈다. 平素 가까운 몇 분들과 저녁食事를 하며 歡談을 나누었을 뿐이다. 오

▶ 外孫女 素瑛이가 孫女 旼嬉를 데리고 놀다.(서울 驛三洞 自宅 庭園에서, 2006. 7. 22)
(왼쪽 사진)

▶ 長男 東爀夫婦와 孫女 旼
▶ 嬉가 紀念撮影을 하다.(서울 蠶院洞 아파트 自宅 거실에서, 2006. 7. 28. 本人 古稀 陽曆 生日)
(오른쪽 사진)

늘을 마감日字로 하여 70年 生涯의 記錄과 統計를 완결한다는 時次元的 重要性을 각인하면서 70年, 840月, 25,568日, 613,632時間, 36,817,920分, 2,209,075,200秒를 總整理하였다.

▲ 平素 가까이 지내던 분들과 陽曆基準 古稀 生日을 맞아 祝賀모임을 갖다.
(서울 新沙洞 할매족발집에서, 2006. 7. 28)

客說 : 經驗에서 얻은 삶의 眞實

일본 역사에 있어 오오닌(應仁)의 亂 이후 약 100년간 지속된 戰國時代를 마감하고 16세기 말의 전국 통일을 성취하는 데는 세사람의 중추적인 역할이 있었다. 첫째는 오다 노부나가(織田信長, 1534~1582)로서 혼노지(本能寺)에서 아키치 미쓰히데(明智光秀)의 반란으로 자결하기까지 일본 통일의 기반을 다졌던 것이다. 두 번째는 우리에게 익숙한 도요토미 히데요시(豊臣秀吉, 1536~1598)로서 그는 노부나가의 뒤를 이어 일본의 통일을 사실상 성취한 사람이다. 셋째는 도쿠가와 이에야스(德川家康, 1542~1616)로서 히데요시 사망 후 정권을 이어받아 세습제로 265년간(1603~1867)을 유지한 도쿠가와幕府 體制를 확립했던 것이다.

노부나가는 성격이 급하고 저돌적이었으며 히데요시는 냉철하고 요령이 있었음에 대해 이에야스는 장중하고 深慮한 성질을 갖고 있었다. 이러한 이들 세 사람의 기질을 가장 잘 나타내는 비유의 말이 있다. 노부나가는 '울지 않는 새는 가차 없이 죽여라' 라고 말하고, 히데요시는 '울지 않는 새는 울도록 만들어라' 라고 했으며, 이에야스는 '울지 않는 새는 울 때까지 기다려라' 라고 말했다는 것이다. 비교적 적절하게 표현한 비유어이다.

우리에게 있어 노부나가는 無感動의 대상이고 히데요시는 임진왜란을 일으킨 장본인이라는 점에서 미움의 대상이며, 이에야스는 비교적 호감을 주는 대상이다. 그런 의미에서는 이에야스를 비교한 말이 좋은 것 같고, 또 울 때까지 기다리는 인내심이 덕스러워 보이기까지 한다. 울지 않는 새를 죽이는 것은 잔인하고 성급한 것이며, 울지 않는 새를 울게 만드는 것은 강압과 독재에 가깝다는 생각이 들어 모두 저항감을 느끼게 한다. 그러나 개인 생활이나 조직 운영에 있어 현실적으로 과연 어느 것이 바람직할까, 또는 불가피할까?

우리는 새가 즐거워서 노래를 하거나 의사표시를 위해 지저귀거나 괴로워서 소리치는 것을 통틀어 운다고 표현한다. 울지 않는 새는 늙어서 힘이 없거나 아파서 기운이 없거나 여하튼 어떤 문제가 있음에 틀림 없다. 즉, 새로서의 기능을 다하지 못하고 있음에 틀림 없다. 사람도 자기의 책임과 역할을 다하지 못한다면 울지 않는 새와 같다고 할 수 있다. 우리 주변에는 自意든 他意든간에 울지 않는 새와 같은 사람이 많다. 경제가 어렵고 사회가 불안정하며 변혁이 심한 오늘날과 같은 사태에서는 그러한 종류의 사람이 점점 더 늘어가고 있다.

어떠한 이유에서든 부여된 직분을 충분히 수행하지 못하는 사람이 있을 때, 그를 사정 없이 그 자리에서 쫓아내는 것은 너무 잔인한 처사이고, 그렇다고 스스로 일을 잘할 때까지 무한정으로 기다린다는 것도 어려운 일이다. 사정 없이 내쫓는 것은 그 당사자에게 큰 불행을 주게 되고, 무한정으로 기다리는 것은 그 당사자가 속한 단체나 조직에 큰 불이익을 주게 된다. 이와 같이 이 두 개의 경우는 모두 다소의 손실과 부작용을 가져오므로 가장 바람직한 것은 일하지 않는 사람을 일하게 만드는 데 있다고 할 수 있다.

조직의 구성원이 제대로 자기 역할을 다하지 않는 데는 구성원 자신의 잘못이 크지만 또한 지도자의 지도력에도 문제가 있다고 할 수 있다. 용감한 장군 밑에는 약한 병졸이 없다(勇將之下 無弱卒)라는 말이 있다. 지도자는 모름지기 자기 조직의 구성원이 각자의 직무를 원활히 수행하도록 만들어야 하는 책임을 갖고 있으며, 또 그렇게 할 수 있는 역량을 갖추고 있어야 한다. 일하지 않는 부하를 내쫓는 것은 德將으로서 할 일이 아니며, 일하지 않는 부하를 일할 때까지 수수방관으로 기다리는 것은 智將으로서 취할 바가 못된다.

時代相과 일의 성질에 따라 가차 없이 감원시켜야 할 때도 있고, 끈기 있게 기다려야 할 경우도 있다. 그러나 오늘의 우리 여건에서 가장 소망스러운 것은 모든 구성원과 모든 국민이 열심히 일할 수 있도록 만드는 것이라고 할 수 있다. 울지 않는 새는 울도록 만들어라.

第 3 篇

生 涯 要 約

生涯 70년간의 全貌를 간단히 이해토록 하기 위하여 그 要約을 싣습니다. 第3部의 「生涯詳報」에 구체적으로 기록되어 있는 것을 중요한 것만으로 추려서 再整理하였습니다. 生涯의 전체적 흐름과 活動의 累計 및 業績의 總量을 손쉽게 파악할 수 있으리라 믿습니다.

要約된 統計의 期間은 대부분 成長 · 修學期(1936-1971)와 社會活動期(1972-2006)의 둘로 나누었고 이를 累計한 70년간의 總量을 병기하였습니다. 狀況의 變動과 數値의 增減, 그리고 時代的 背景에 대하여 간단한 解說을 더하였습니다. 더러 필요한 경우에는 관계되는 寫眞도 수록함으로써 지루함을 덜고자 하였습니다.

비록 縮小된 槪略的 記述이지만 한 사람의 삶이 보여준 眞髓와 實體를 그대로 담고 있다고 할 수 있겠습니다.

槪 觀

『會得個中趣　五湖之煙月　盡入寸裡
破得眼前機　千古之英雄　盡歸掌握』

洪自誠 (中國 明 神宗 萬曆年代), **菜根譚**.
後集十一章

(사물에 깃들어 있는 참뜻을 깨달으면
五湖의 풍경도 모두 내 마음속에 들어오고,
눈앞에 있는 하늘의 이치를 파악하면
만고의 영웅도 모두 내 손 안에 들어온다.)

홍자성(중국 명 신종 만력연대), **채근담**.
후집 11장

▨ 概觀 : 生涯 70年間의 縮圖

年齡(歲)	年度	修學 學級	修學 成績	經歷 基本經歷	經歷 經歷數(件)	家族 變動狀況	家族 數(名)	住宅 居住地	住宅 形態	時代
1	1936	出生成長				本人 출생 · 큰누님 출가	7.6	慶北 聞慶市	自家	日帝
2	1937						6			
3	1938									
4	1939									
5	1940									
6	1941					남동생 출생	7			
7	1942									
8	1943					둘째누님 출가	6			
9	1944									
10	1945									
11	1946	初等學校	93			祖母 서거	5			美軍政
12	1947									
13	1948									
14	1949									大韓民國 第1共和國 (李承晩 대통령)
15	1950									
16	1951									
17	1952	中等學校	89							
18	1953									
19	1954	高等學校	86					慶北 安東市	下宿 · 自炊	
20	1955									
21	1956					셋째누님 출가	4		家庭教師	
22	1957	大學校	67					서울市	自炊	
23	1958							抱川	兵營	
24	1959			軍隊服務	1			光州		
25	1960				1			서울市	家庭教師	
26	1961				1					第2共和國(張勉內閣)
27	1962								下宿	軍事統治(最高會議)
28	1963			會社員 · 教師	1					
29	1964	大學院	88		1				家庭教師	第3共和國 (朴正熙 大統領)
30	1965				2					
31	1966			研究員	3	本人 결혼, 長女 출생	5.6		傳貰	
32	1967				2		6			
33	1968			助教	2	동생 結婚, 長男 출생	5.6		自家	
34	1969				1		6			
35	1970	美國留學	96					美國Cincinnati市	아파트	
36	1971									
37	1972				5	次女 출생	7			

年齡(歲)	年度	修學		經歷		家族		住宅		時代
		學級	成績	基本經歷	經歷數(件)	變動狀況	數(名)	居住地	形態	
38	1973				9	母 서거	6			
39	1974				6			서울市	自家	
40	1975			專任講師	8	父 서거				
41	1976	美國留學	94		6			美國Cincinnati市	寄宿舍	第4共和國 (朴正熙 대통령)
42	1977				11					
43	1978				15					
44	1979			助教授	14					
45	1980				23					國保委 (崔圭夏 대통령)
46	1981			國保委派遣	14					
47	1982				26					
48	1983				20					
49	1984			副教授	15					
50	1985				18		5			第5共和國 (全斗煥 대통령)
51	1986			正教授	15					
52	1987				9					
53	1988				21					
54	1989			大學院長	17					
55	1990				36			서울市	自家	第6共和國 (盧泰愚 대통령)
56	1991			平教授	24					
57	1992				30					
58	1993			研究院長	18	長女 출가, 外孫子 출생				
59	1994				27					
60	1995			平教授 (回甲年度)	21					第6共和國 (金泳三 대통령)
61	1996				32		4			
62	1997				30					
63	1998			主任教授	27					
64	1999				17	外孫女 출생				
65	2000			平教授	13	長男 결혼 · 分家				第6共和國 (金大中 대통령)
66	2001			教授停年	16					
67	2002				22		3			
68	2003				23					
69	2004			名譽教授	13	次女 출가				第6共和國 (盧武鉉 대통령)
70	2005			碩座教授	12	孫女 출생	2			
71	2006				6					

Ⅰ. 出生起源

1. 時·空間의 形成과 本人의 出現

自然發生說에 의하면 宇宙는 150억년전 빅뱅(Big Bang)이라는 대폭발에 의하여 창생되었다 한다. 그리고 우리의 太陽系와 地球는 약 45억년전에 생성되었으며, 바다와 육지가 갈리고 韓半島의 모습이 들어난 것은 30억년 전이었다. 이어 지구에 生物이 생겨나기 시작했고, 드디어 400만년 전에 아프리카 빅토리아湖 동남방 現 탄자니아의 올두바이(Olduvai)지역에 直立猿人이 출현했으며, 지금부터 100만년전에 이들 인류가 유럽과 아시아로 이동해왔던 것이다.

國祖 檀君王儉이 白頭山 아래에 古朝鮮을 건국한 것이 기원 전 2333년이었고, 慶州金氏 始祖 閼智가 慶州에서 탄생한 것이 서기 65년이었다. 그리고 檀君王儉의 건국부터 4,269년 뒤, 慶州金氏 始祖 탄생으로부터 1,871년 뒤인 1936년에 慶北 聞慶에서 倍達民族이자 慶州金氏 66世孫인 本人이 태어났다.

〈宇宙創生에서 本人出現까지의 大綱過程〉

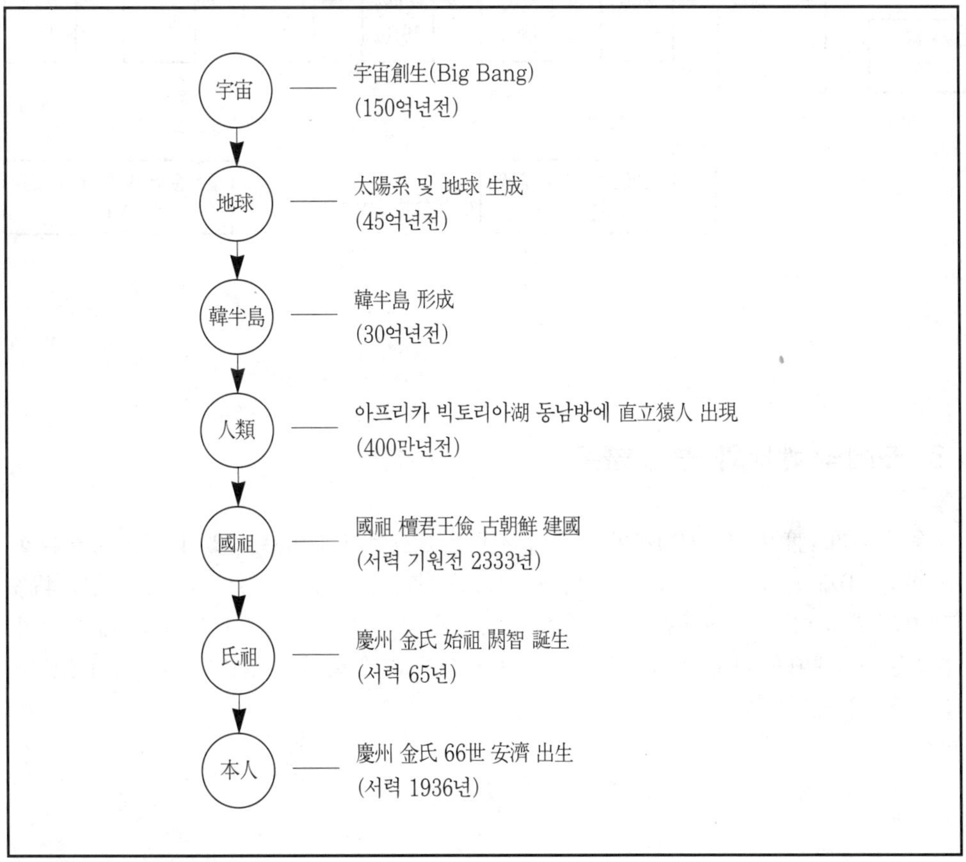

2. 韓國歷史의 變遷과 本人의 位置

韓半島는 현재까지 4,339년간의 역사를 갖고 있다. 檀君,箕子, 衛滿의 古朝鮮에서 시작하여 漢四郡과 三韓時代를 거쳐 韓半島와 滿洲地域에 高句麗, 百濟, 新羅의 3국이 기원전 1세기전에 건국되어 사실상의 역사가 시작되었던 것이다. 서기 668년에 新羅에 의한 삼국통일이 이루어졌고 다시 後三國시대를 거쳐 高麗의 등장으로 이어졌다 1392년 朝鮮이 개국하여 약 500여년간 지속되다가 日帝에 의해 멸망하고 36년간의 植民時代를 경험했다. 1945년 解放과 더불어 3년간의 美軍政을 거쳐 1948년 大韓民國 政府가 수립되었으나 韓半島 북쪽 반은 共産政權에 강점된채 오늘에 이르고 있다.

新羅 初期에 金閼智의 탄생으로 慶州金氏가 성립되었고, 그로부터 新羅, 高麗, 朝鮮時代를 거쳐 日帝强占下였던 1936년에 始祖로부터 66世孫이 되는 본인이 출생하여 日帝, 美軍政, 大韓民國의 시대를 살면서 금일에 이르렀다.

〈韓半島의 王朝變遷과 本人의 位置〉

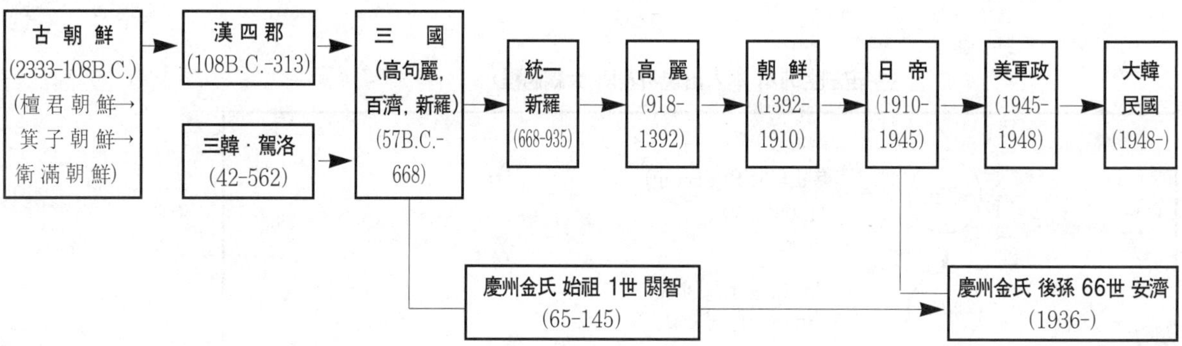

3. 韓國의 姓氏와 先代 體系

우리 나라 姓氏는 약 190개이고 그의 本貫은 621여개에 이르고 있다. 人口分布를 보면 상위 30개 姓이 우리 나라 인구의 87.4%를 차지하고 있으며 金, 李, 朴 3姓이 47%로 거의 반에 이른다. 金氏는 가장 많이 분포되어 있어 人口占有率이 23.45%에 이르며, 本貫은 194개에 달하고 있다. 본인은 이러한 金氏 姓에 속하고 本貫은 慶州이며 派宗은 桑村公派에 해당된다.

〈韓國姓氏 人口 30位의 分布〉

順位	姓氏 及 本貫數		人口分布率(100%)		順位	姓氏 及 本貫數		人口分布率(100%)	
	姓氏	本貫數(本)	人口占有率	占有率 累計		姓氏	本貫數(本)	人口占有率	占有率 累計
1	金	194	23.45	23.45	17	吳	4	1.29	75.67
2	李	41	14.34	37.79	18	黃	6	1.29	76.96
3	朴	46	9.17	46.96	19	林	3	1.25	78.21
4	崔	9	4.43	51.39	20	洪	2	1.13	79.34
5	鄭	16	4.31	55.70	21	高	1	1.04	80.38
6	姜	1	2.59	58.29	22	文	3	1.01	81.39
7	趙	7	2.00	60.29	23	孫	6	0.98	82.37
8	尹	3	1.93	62.22	24	梁	2	0.90	83.27
9	張	3	1.68	63.90	25	曺	1	0.82	84.09
10	申	3	1.63	65.53	26	裵	8	0.78	84.87
11	韓	1	1.61	67.14	27	全	3	0.75	85.62
12	徐	5	1.57	68.71	28	許	2	0.64	86.26
13	權	2	1.52	70.23	29	沈	3	0.58	86.84
14	安	7	1.47	71.70	30	南	3	0.58	87.42
15	柳	3	1.37	73.07	計	30	405	87.42	87.42
16	宋	17	1.31	74.38	韓國	190	621	100.00	100.00

始祖로부터 본인까지가 66世이니 直系先祖는 65명에 이른다. 출생년대로 보면 新羅時代가 28명, 高麗時代가 22명, 朝鮮時代가 15명으로 되어 있다. 平均壽命은 50~59세가 25명으로 가장 많고, 다음은 60~69세가 16명, 70~79세 12명, 80~89세 8명 순이다. 直系帝王은 新羅末王 敬順王 등 6명이었다. 始祖는 閼智이고 先祖는 26世祖인 太師公 仁琯이며, 桑村公派 派祖는 18世祖인 自粹이고 聞慶의 入鄕祖는 10世祖 秉鉉이시다.

〈直系先代 槪要〉

區分	內譯		
1. 時代別 直系祖孫數 (始祖에서 本人長男 까지, 出生年度 기준)	新	羅 (57B.C ~ 935)	28명
	高	麗 (918 ~ 1392)	22〃
	朝	鮮 (1392 ~1910)	15〃
	日	帝 (1910 ~1945)	1〃
	韓	國 (1945 ~ 2006)	1〃
		計	67〃
2. 享壽別 直系祖上數	40 ~	49 세	3명
	50 ~	59 세	25〃
	60 ~	69 세	16〃
	70 ~	79 세	12〃
	80 ~	89 세	8〃
	90 ~	99 세	1〃
		計	65〃

區 分	內 譯	
3. 新羅時代 直系 帝王	第 17 代王 奈勿 尼師今 (諱 奈勿, 在位 356 ~ 402)	59 世祖
	第 22 代王 智證 麻立干 (諱 智大路, 在位 500 ~ 514)	56 〃
	第 38 代王 元 聖 王 (諱 敬信, 在位 785 ~ 798)	48 〃
	第 45 代王 神 武 王 (諱 祐徵, 在位 839)	45 〃
	第 46 代王 文 聖 王 (諱 慶膺, 在位 839 ~ 857)	44 〃
	第 56 代王 敬 順 王 (諱 傅, 在位 927 ~ 935)	39 〃
	計 6王 (平均在任 16.7년, 평균수명 68.7세)	
4. 主要 直系 先代	始 祖 大輔公 閼智(65 ~ 145)	66世祖
	先 祖 太師公 仁琯 (1200 ~ 1254)	26〃
	派 祖 桑村公 自粹(1354 ~ 1405)	18〃
	入鄕祖 秉 鉉 (1616 ~ 1686)	10〃

4. 直系 先祖의 略史

직계선조 65명 가운데 官職을 가졌던 분은 新羅朝에 25명, 高麗朝에 21명, 朝鮮朝에 9명 등 모두 55명이었고, 나라로부터 贈號를 받은 直系 祖母는 新羅朝 15명, 高麗朝 2명, 朝鮮朝 7명 등 24명이었다. 거주했던 지역으로 新羅時代에는 慶州였고, 高麗時代에는 慶州, 堤川, 開城 등이었으며, 朝鮮時代에는 安東, 廣州, 忠州, 淸州, 聞慶 등지였고, 그 이후는 계속 聞慶서 살았으며, 1965년부터 전 가족이 서울로 옮겨와 살았던 것이다. 시조부터 오늘까지의 先祖 墓所는 慶州, 長湍, 開城, 開豊, 載寧, 廣州, 陰城, 龍仁, 淸原, 聞慶 등지에 분포되어 있다.

〈直系先祖의 時代別 및 主要事項別 分布〉

區分 \ 時代 / 年度		新羅 57B.C.~935	高麗 918~1392	朝鮮 1392~1910	日帝 1910~1945	韓國 1945~2006	累計(名,個) 57B.C.~2006
先代數(名)	出生基準	1 ~ 28世(28)	29 ~ 50世(22)	51 ~ 65世(15)	-	-	65
	逝去基準	1 ~ 26世(26)	27 ~ 48世(22)	49 ~ 63世(15)	64世(1)	65世(1)	65
官職歷任 先代數(名)		25	21	9	-	-	55
贈號受領 祖母數(名)		15	2	7	-	-	24
居住地域		慶州	慶州,堤川,開城	安東,廣州,忠州,淸州, 聞慶	聞慶	聞慶, 서울	9
墓所位置		慶州	慶州, 長湍,開城 開豊, 載寧	廣州,陰城, 龍仁, 淸原, 聞慶	聞慶	聞慶	10

Ⅱ. 家庭構成

1. 家 族

慶州金氏 65世인 아버님 商樞, 일명 商大는 조부 信喜와 조모 丹陽 禹氏 鳳伊의 장남으로 1896년에 출생하셨고, 어머님 鄭先岳은 外祖父 延日 鄭氏 成五와 外祖母 寧越 嚴氏 順伊의 장녀로 1898년에 출생하였으며,1910년에 결혼하시어 2남 3녀의 자녀를 두셨다. 본인은 장남으로 태어나 누님 세분과 동생을 갖게 되었다. 한편 妻家의 경우는 平海 黃氏 龍燮과 金海 金氏 福伊의 사이에 3남 4녀의 자녀가 있었고, 이 중 1944년에 태어난 장녀 蓮子가 1966년에 결혼한 본인의 妻이다.

본인 부부는 1966년에 태어난 장녀 雪娥와 1968년에 출생한 장남 東爀, 그리고 1971년 미국에서 태어난 차녀 貞娥 등 1남 2녀를 두게 되었다. 장녀는 1993년 南平 文氏 丙基와 결혼하여 1993년 美國에서 아들 近榮이를 낳고 1999년 서울에서 딸 素瑛이를 낳아 1남 1녀를 갖게 되었다. 장남은 2000년에 星州 都氏 京順과 결혼하여 독립된 생활을 하고 있으며, 2005年에 딸 旼嬉를 낳아 잘 키우고 있다. 次女 貞娥는 2004年에 耽津 兪氏 宗禛과 결혼하여 美國에 거주하고 있다.

〈親家 · 外家 및 妻家의 家系圖〉

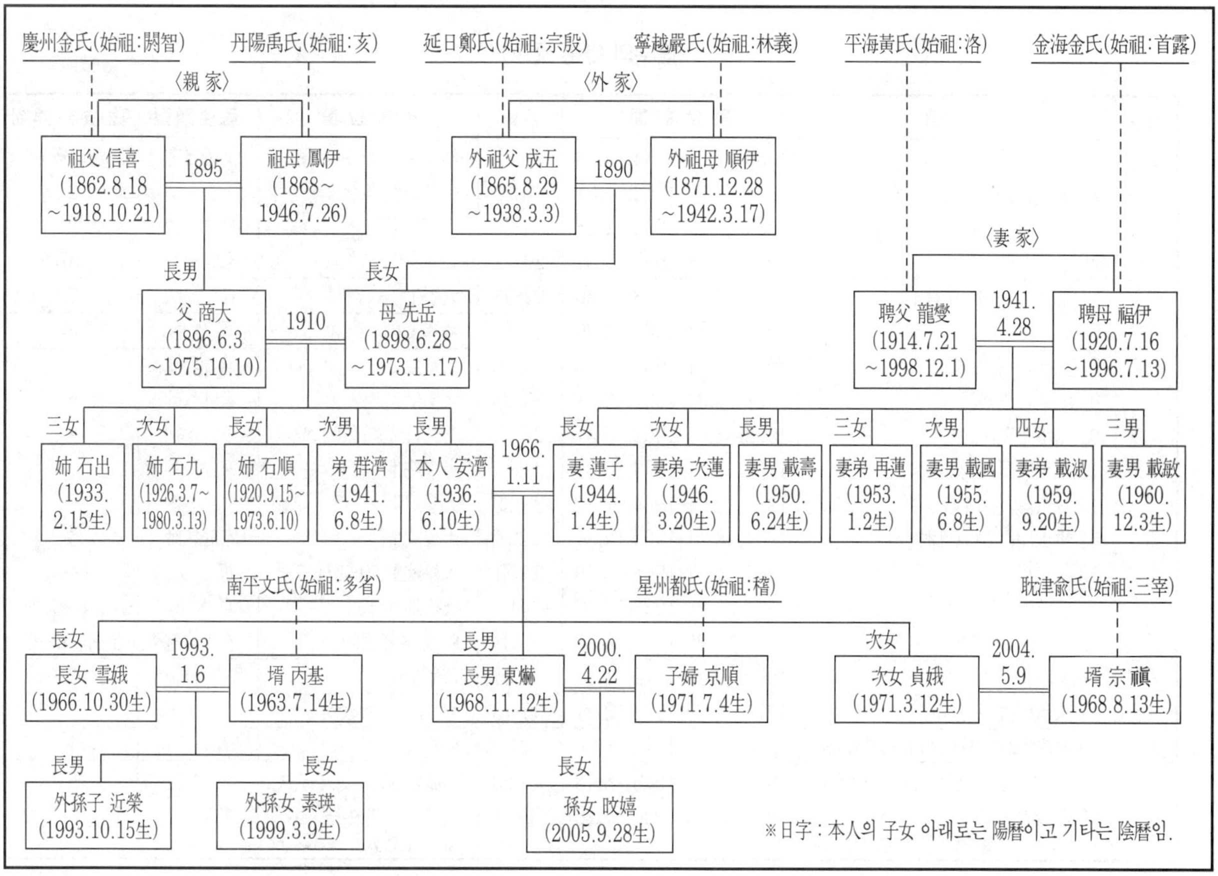

2. 家 宅

출생하여 중학교를 졸업할 때 까지 부모,형제와 같이 慶北 聞慶市 興德洞(당시: 聞慶郡 戶西南面 興德 4里 깃골)에 있는 草家 自宅에 살았다. 고등학교에 진학하여 고향을 떠났지만 부모님과 누님, 동생은 이곳에서 1964년말까지 거주하였다. 安東師範學校에 진학하여 처음 몇달은 친구와 같이 몇곳을 전전하면서 下宿하였으나 하숙비 조달이 어려워 太華洞에 방을 얻어 自炊生活을 했다. 2학년 초 平和洞 철도관사 모씨 댁에 중학생을 가르치는 家庭敎師로 들어갔다. 대학진학으로 서울에 올라와 安東에서 가르치던 학생과 같이 龍山洞과 孝昌洞에서 자취생활을 했으며, 2학년에 진학하여 학비조달이 어려워 軍에 입대했다. 약 2년간의 군대복무 동안은 論山訓練所, 抱川의 首都師團, 光州의 尙武臺 등에 복무하면서 軍幕舍에서 기거했으나, 대부분의 기간은 抱川郡 一東面에 있던 소속부대에서 보냈다.

제대 후에는 다시 대학생이 되어 龍山에 있던 鐵道合宿所에 방을 얻어 식사는 밖에서 사먹고 저녁에는 고등학생들을 시간제로 가르쳤다. 4학년때 다시 樂園洞에서 가정교사 생활을 시작했고 거기서 대학을 졸업했다. 民衆書館에 입사하면서 그렇게도 희망했던 下宿을 시작했고 이듬해 大學院 진학과 함께 이 생활이 끝났다. 家庭敎師와 자취생활을 淸凉里와 金湖洞을 오가며 하다가 대학원을 졸업했다. 1964년말 고향에 있던 집이 불로 전소됨에 따라 부모님이 상경하게 되었고, 이로부터 고된 생활이 시작되었다. 淸凉里에 專貰房 2개를 얻어 부모님과 누님 가족과 같이 생활하게 되었고, 여기서 結婚하여 비가

〈居宅의 變遷 沿革〉

地域	位 置	居住期間	年齡	本人位置	居住類型	同居人數(本人包含,名)
慶北	1. 聞慶市 興德洞	1936. 7.28-1954. 4. 4	1-19	幼兒,初·中·高等學生	父母自宅	7→6→5→4
	2. 安東市 法尙·花城·堂北洞	1954. 4. 5-1954. 7.31	19	高等學生	下 宿	2
	3. 〃 太華洞	1954. 8. 1-1955. 2.28	19-20	高等學生	自 炊	2
	4. 〃 平和洞	1955. 3. 1-1957. 3.31	20-22	高等學生	家庭敎師	10
서울	5. 龍山區 龍山·孝昌洞	1957. 4. 1-1958. 4.30	22-23	大學生	自 炊	2
京畿	6. 抱川郡 一東面	1958. 7.31-1960. 4.30	23-25	陸軍士兵	軍幕舍	40
서울	7. 龍山區 龍山洞	1960. 5. 1-1961. 8.30	25-26	大學生	合宿所	3
	8. 鍾路區 樂園洞	1961. 8.31-1962. 3.31	26-27	大學生	家庭敎師	6
	9. 〃 苑西洞	1962. 4. 1-1963. 3.31	27-28	會社員,高校敎師	下 宿	2
	10.東大門區 淸凉里洞	1963. 4. 1-1963.10.31	28	大學院生	家庭敎師	7
	11.城東區 金湖洞	1963.11. 1-1964. 7.31	28-29	大學院生	自 炊	1→6
	12.東大門區 淸凉里洞	1964. 8. 1-1964.12.31	29	大學院生	家庭敎師	4
	13. 〃 〃	1965. 1. 1-1966. 3.20	30-31	大學院生, 硏究員	專貰房	7→8
	14.鍾路區 梨花洞	1966. 3.21-1966.12.19	31	大學院 助敎	專貰房	4→5
	15. 〃 昌信洞	1966.12.20-1974. 6.28	31-39	助敎,專任講師	本人自宅	5→6→7→6
美國	16.오하이오州 신시내티市 오하이오路	1969. 9.25-1972. 1.14	34-37	留學生	月貰아파트	1→2→3
서울	17.東大門區 祭基洞	1974. 6.29-1978. 3.21	39-43	專任講師,助敎授	本人自宅	6→5
美國	18.오하이오州 신시내티市 소시오토路	1976. 2.20-1976. 8.30	41	留學生	大學寄宿舍	1
서울	19.銅雀區 上道洞	1978. 3.22-1988. 8.13	43-53	助敎授-敎授,大學院長	本人自宅	5
	20.江南區 驛三洞	1988. 8.14-2006. 7.28	53-71	大學院長, 硏究院長,敎授停年, 名譽敎授, 碩座敎授	本人自宅	5→4→3→2

새는 집으로 新婦를 데리고 들어왔다. 얼마 후 梨花洞 전세집으로 이사와 子女를 얻어 다섯식구가 두방에서 살았다. 드디어 昌信洞 山중턱에 있는 조그만한 洋屋집을 사서 이사를 가니 그 날이 역사적인 1966년 12월 20일이었다. 조그마한 집에 본인명의의 큰 문패를 처음 달았다. 여기서 長男을 얻은 뒤 妻와 둘이서만 美國留學의 길을 떠났던 것이다.

▲ 현재 거주하고 있는 서울 驛三洞 自宅 玄關앞 (1995.2.5)

2년여 동안 美國 오하이오州 신시내티市 오하이오路의 개인 아파트 2층에서 월세로 생활하면서 大學院에 다녔고 거기서 次女가 태어났다. 1972년 1월에 귀국하여 昌信洞 자택에 들어가니 식구가 무려 일곱이나 되었다. 집이 너무 협소하고 생활하기 불편하여 저축한 돈을 합쳐 1974년 6월에 祭基洞에 있는 좀 큰 집으로 이사갔다. 거기서 부모님이 모두 돌아가시어 가족이 5명으로 줄어들었다. 博士學位 취득차 1976년 혼자 美國에 가서 6개월간 신시내티大學校 기숙사에서 자취생활을 했다. 서울大學校가 冠岳山으로 이전함에 따라 출퇴근을 위해 1978년 上道洞으로 이사를 하였고, 여기서 10년간 살았다. 1988년 빚을 지면서 驛三洞에 있는 대지 137평, 건물 97평의 꽤 좋은 住宅을 구입하여 이사하였고, 여기서 長女와 長男 및 次女를 출가시켜 내보내고 현재는 처와 둘이서 살고 있는 중이다.

3. 家　本

家庭을 대표하는 몇가지 標象을 갖고 있다. 家號는 '大學之道 在明明德' 을 인용하여 「明德世家」라 하고 書齋名은 '溫故而知新' 에서 따 「溫知堂」이라 하여 木版에 새겨 자택에 걸어두었다. 家訓은 「內實外德」이라 하고 族訓은 「溫知 · 性和 · 積厚」라 하여 家旗 「慶州金氏 安濟之家旗」에 直系 祖孫名과 함께 새겨 넣었다. 家木은 소나무, 家果는 감, 家草는 도라지, 家畜은 珍島犬, 家岩은 고향에서 기증받은 虎形岩으로 되어 있다.

〈家庭標象〉

區分	主題	標象
家名	家號	明德世家
	書齋名	溫知堂
家紀	家訓	內實外德
	族訓	溫知 · 性和 · 積厚
	家旗	慶州金氏 安濟之家旗
家象	家木	소나무(江原 原州市 文幕面 産)
	家果	감나무(慶南 金海市 進永邑 産)
	家草	도라지(忠南 公主市 鷄龍山 産)
	家畜	珍島犬(全南 珍島郡 珍島邑 産)
	家岩	虎形岩(慶北 聞慶市 虎溪面 産)

1936년 출생당시 慶北 聞慶市 興德洞에 있던 부모 소유의 자가주택은 대지 200평에 건물 55평의 초가집이었다. 본인 자력으로 주택을 마련한 것은 1966.12. 20 서울 鍾路區 昌信洞의 대지 30평, 건물 12평의 작은 양옥이었다. 현재 살고 있는 주택은 1988.7.19에 취득한 대지 137평, 건물 97평의 江南區 驛三洞의 2층 양옥이다. 개인 승용차를 처음 구입한 것은 1982.3.12의 마크 V 이코노미였고, 그 후 4번 교체하여 현재는 에쿠스 350을 타고 있다.

주요한 家庭器機는 거의 다 갖추고 있으며, 최초로 구입 비치한 시점을 보면 라디오가 1964.8.1, 선풍기가 1966.3.10, 전화기가 1968.1.27, 텔레비전이 1969.4.10, 냉장고가 1978.7.1, 자전거가 1988.9.1, 팩시밀리가 1995.8.4로 되어 있고 휴대폰은 2004.5.24에 취득하였다.

〈家産과 家器〉

區分	種類	最初取得日字	當時居住地	規模·形態
自家住宅	출생시 부모자택	1936.7.28	慶北 聞慶市 興德洞	대지 200평, 건물 55평
	최초취득 본인자택	1966.12.20	서울 鍾路區 昌信洞	대지 30평, 건물 12평
	현재거주 본인자택	1988.7.19	서울 江南區 驛三洞	대지 137평, 건물 97평
乘用車	최초 취득 자가용	1982.3.12	서울 銅雀區 上道洞	마크 V 이코노미
	현재 사용 자가용	2005.7.12	서울 江南區 驛三洞	에쿠스 350
家庭機器	라디오	1964.8.1	서울 東大門區 淸凉里洞	휴대 소형
	선풍기	1966.3.10	〃	소형
	전화기	1968.1.27	서울 鍾路區 昌信洞	청색
	텔레비전	1969.4.1	〃	흑백
	냉장고	1978.7.1	서울 銅雀區 上道洞	중형
	에어콘	1982.6.30	〃	중형
	골프채	1982.10.1	〃	중고(선물)
	침대	1988.7.19	서울 江南區 驛三洞	대형
	자전거	1988.9.1	〃	성인용
	팩시밀리	1995.8.4	〃	소형(선물)
	휴대폰	2004.5.24	〃	소형(선물)

Ⅲ. 生涯沿革

1. 身元과 人格

1936년 7월 28일(음력 병자년 6월 10일) 慶北 聞慶郡 戶西南面 興德4里 394번지(현 慶北 聞慶市 店村3洞 394)에서 慶州金氏 閼智의 66世孫으로 태어났다. 출생신고를 늦게 하여 호적상 출생일은 1937년 4월 25일로 되어 있다. 후일 雅號를 '草凡'이라 하고 字를 '璟龍'이라 하였다.

출생시의 身長은 50.3cm, 體重은 2.7kg이었고, 20세가 되기까지는 영양부족으로 발육이 다소 부진했으나 그 이후는 정상으로 성장하였다. 50대부터 조금씩 줄어들기 시작

〈出生과 呼稱〉

姓名·本貫	姓名	김안제(金安濟, An-Jae Kim)	本貫	慶州(始祖 閼智 66世孫)
雅號·字	雅號	草凡	字	璟龍
出生日	實際	1936.7.28(陰 丙子 6.10)	戶籍	1937.4.25
出生地	當時	慶北 聞慶郡 戶西南面 興德4里 394	現在	慶北 聞慶市 店村3洞 394

하여 2006年 현재는 身長 170.6cm와 體重 67kg에 이르고 있다. 血液은 B型이고 知能指數(I.Q.)는 135로 측정되었다. 눈의 視力은 좋았으나 30세부터 약화되기 시작하여 드디어 1968.9.1에 眼鏡을 쓰게 되었으며, 한 번의 白內障手術을 받았으나 현재 着眼하고도 左眼 1.0, 右眼 0.5의 시력밖에 되지 않고 있다.

〈體位의 變遷〉

區分 \ 年度	1936(1세)	1945(10세)	1955(20세)	1965(30세)	1975(40세)	1985(50세)	1995(60세)	2006(71세)
身長(cm)	50.3	123.9	165.9	175.0	175.0	175.0	173.8	170.6
體重(kg)	2.7	21.0	45.1	64.1	70.0	69.9	69.0	67.0

70년 생애의 총시간은 613,632시간이다. 이 가운데 학교수업 · 직장근무 등의 定規業務時間은 113,640시간, 1일 평균 4.4시간으로 전체의 18.5%를 차지하고, 혼자서 공부하고 연구하며 집필 · 독서한 獨自硏學時間은 127,946시간, 1일 평균 5시간으로 20.9%에 이르며, 회의 · 자문 · 행사참석 등의 社會奉仕時間은 34,963시간으로 하루 평균 1.4시간이고 5.7%의 점유율을 보이고 있다. 그리고 식사 · 휴식 · 위락 등의 無事休息時間은 140.158시간, 하루 평균 5.5시간으로 22.8%를 차지하고, 나머지 196.925시간은 就寢睡眠時間으로 1일 평균 7.7시간이고 32.1%에 이르고 있다.

◀ 韓 · 中 · 日 都市計劃세미나 개최후에 '95 光州 Viennale' 를 관람하다. (1995.10.20)

〈生涯 中 生活時間의 分布〉

(單位 : 時間)

區分 \ 活動	定規業務	獨自硏學	社會奉仕	無事休息	就寢睡眠	合　計
總計(70年)	113,640	127,946	34,963	140,158	196,925	613,632
年平均	1,623	1,828	500	2,002	2,813	8,766
1日平均	4.4	5.0	1.4	5.5	7.7	24.0
構成比(%)	18.5	20.9	5.7	22.8	32.1	100.0

그동안 취식한 飮食物을 원료의 종류별로 보면 鑛物類가 8종이고 植物類가 138종이며 動物類가 110종으로 모두 256종에 이르고 있다. 그리고 본인의 人格은 가정, 학교, 직장, 군대, 종교, 사회집단, 독서, 독자사유 등의 생활을 통해 형성되었며, 근원적으로는 性善說에 가까웠다고 할 수 있다.

2. 敎育과 訓練

▲ 卒業狀 · 學位證 · 修了證 · 資格證書 등의 原本

1945.4.1. 늦은 나이에 초등학교에 입학하여 神의 가호로 계속 진학할 수 있는 기회를 갖게 되어 美國에서 박사학위를 받은 1976.8.27까지 장장 31년 5개월간, 순수한 修學만 26년 6개월간의 학생생활을 하였다. 고향 聞慶에서 초·중등학교를 다니고 安東으로 가서 고등학교를 다녔으며 서울로 와서 대학과 대학원을 졸업한 뒤 美國 신시내티市로 가서 석사와 박사학위를 취득했다. 7개 학교과정의 평균성적은 88점이었고 수여받은 학위는 네 개였다.

훈련은 美國 國務省의 留學 프로그램을 위시하여 統一院, 中央情報部, 새마을운동 中央硏修院, 民主平和統一諮問會議, 해외개발공사 및 자동차운전학원 등 여러 기관에서 이수하였다. 자격증으로는 1957년의 初等學校 正敎師, 1962년의 高等學校 正敎師, 1990년의 자동차운전면허, 1996년의 靑色運轉免許, 1996년의 국제운전면허 등을 취득하였다.

〈修學學校의 內譯〉

學　級	學校名	位　置	修學期間	成績	受領學位
1. 初等學校	戶西南初等學校	慶北 聞慶市	1945.4.1-1951.7.14(6년 3월)	93	-
2. 中等學校	聞慶中學校	慶北 聞慶市	1951-9.10-1954.3.3(2년 6월)	89	-
3. 高等學校	安東師範學校	慶北 安東市	1954.4.10-1957.3.21(3년)	86	-
4. 大學校	서울大學校 文理科大學	서울市	1957.4.1-1962.2.26(5년 10월)	67	理學士
5. 大學院(碩士)	서울大學校 行政大學院	서울市	1963.3.1-1965.2.26(2년)	88	行政學碩士
6. 大學院(碩士)	美國 신시내티大學校 大學院	美國 신시내티市	1969.9.21-1971.6.13 (1년 9월)	96	都市計劃學碩士
7. 大學院(博士)	美國 신시내티大學校 大學院	美國 신시내티市	1970.9.25-1976.8.27 (6년)	94	地域經濟學博士
累計(7)	5	4	1945-4.1-1976.8.27 (31년 5월)	88	4

3. 經歷과 賞勳

1971년까지의 성장 · 수학기 중에는 基本經歷의 발령이 6개이고 副次經歷이 9개로 모두 15개였고, 1972.5.10 서울大學校 專任講師로 발령받은 후부터 古稀까지의 사회활동기 중에는 기본경력 24개, 부차경력 603개로 모두 627개에 이르렀다. 따라서 70년간 발령받은 건수는 총 642개에 이르러 연평균으로 9.2개에 해당된다.

그동안 받은 勳章은 1980년의 報國勳章 天授章, 1993년의 새마을勳章 勤勉章, 1999년의 國民勳章 冬柏章 등 3개이고, 賞狀 및 表彰狀은 13개이며, 感謝 · 功勞狀은 65개로서 모두 81개에 이른다. 여기에 學生時節에 받은 것까지 합치면 99개에 이르며, 이 가운데 外國서 받은 것도 여러개 있다.

〈職位의 發令件數와 受領한 賞勳數〉

時代 \ 期間 \ 項目		職位의 發令件數(個)			受領 賞勳數(個)			
		基本經歷	副次經歷	合 計	勳 章	賞狀·表彰狀	感謝·功勞狀	合 計
成長·修學期	1936-1971, 35年	6	9	15	-	18	-	18
社會 活動期	1972-2006, 35年	24	603	627	3	13	65	81
累 計	1936-2006, 70年	30	612	642	3	31	65	99
年平均	1年	0.4	8.8	9.2	0.1	0.4	0.9	1.4

기본 경력으로서 중요한 것은 軍服務, 民衆書館 사원, 首都師大 부속女高교사, 서울大學校의 專任講師 및 教授로의 승진, 學科長, 研究所長, 環境大學院長, 政策課程 主任教授, 그리고 韓國地方行政研究院長 등이 있었고, 부차경력으로서 기록할 만한 것은 大韓國土計劃學會 및 韓國地方自治學會의 회장, 母校 聞慶中學校의 總同窓會 회장, 教育部 · 建交部 등의 諮問 또는 審議 委員會의 위원장, 大統領 직속 地方移讓推進委員會 위원장, 慶北道廳 移轉推進委員會 위원장, 建交部 中央都市計劃委員, 國家專門行政研修院 指導教授, 新行政首都建設推進委員長 등이었다. 그리고 美國 라스베이거스市의 名譽市民과 濟州市 名譽市民이 된 것도 매우 영광스러운 일이었다.

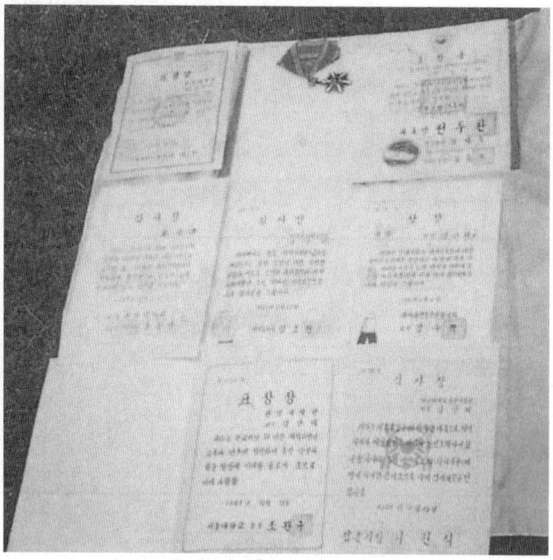

▲ 勳章 · 賞狀 · 表彰狀 등의 原本

Ⅳ. 學問業績

1. 研究實績

1971년까지의 著作은 共同著書 1권, 論文 19편, 研究報告書 12권 등 모두 32건에 달했으며, 이의 執筆量은 200자 원고지 기준으로 9,145매에 달했다.

▶ 著作 또는 編輯한 單行本 책자들

1972년부터 현재까지의 기간에는 저서가 25권이고 논문이 780편이며 연구보고서가 121권으로 도합 926건의 著作發刊이 있었으며, 여기에 투입된 원고량은 119,206매에 이르렀다.

따라서 70년간의 총누계를 보면 26권의 저서와 799편의 논문 및 133권의 연구보고서, 도합 958건을 발간하였고, 이를 위해 총 128,351매의 원고지를 집필했던 것이다. 이를 1년 평균으로 보면 저서가 0.4권, 논문이 11.4편, 연구보고서가 1.9권으로 합계 13.7건이며, 집필량은 연 1,834매에 해당된다.

〈著書·論文·報告書의 發刊件數 및 執筆量〉

(單位 : 件)

項目 / 時代	期間	著書				論文						研究報告書				合計	執筆原稿量(枚)
		單獨著書	共同著書	責任編纂	計	學位論文	著書論文	教材論文	不定期物	定期物	計	單獨研究	責任研究	部分研究	計		
成長·修學期	1936-1971, 35年	-	1	-	1	2	-	10	-	7	19	1	-	11	12	32	9,145
社會 活動期	1972-2006, 35年	5	15	5	25	1	25	33	137	584	780	28	29	64	121	926	119,206
累 計	1936-2006, 70年	5	16	5	26	3	25	43	137	591	799	29	29	75	133	958	128,351
年平均	1年	0.1	0.2	0.1	0.4	0.1	0.4	0.6	1.9	8.4	11.4	0.4	0.4	1.1	1.9	13.7	1,833.6

2. 學術發表

1971년까지는 學術發表가 거의 없었고 다만 新聞에 게재된 원고 15매의 論說 1건 뿐이었으나, 1972년부터는 활발하게 전개되어 많은 업적을 남겼다. 70년 전기간에 걸쳐 基調發表 82회, 主題發表 113회, 司會擔當 298회, 討論參與 112회, 招請參加 18회 등으로 모두 623회의 學術行事參加가 있었고, 特別講演 777회, 演說 및 人事 633회, 報告說明 91회 등으로 特講·演說이 총 1,501회에 이르렀으며, 新聞掲載 187회, TV 出演

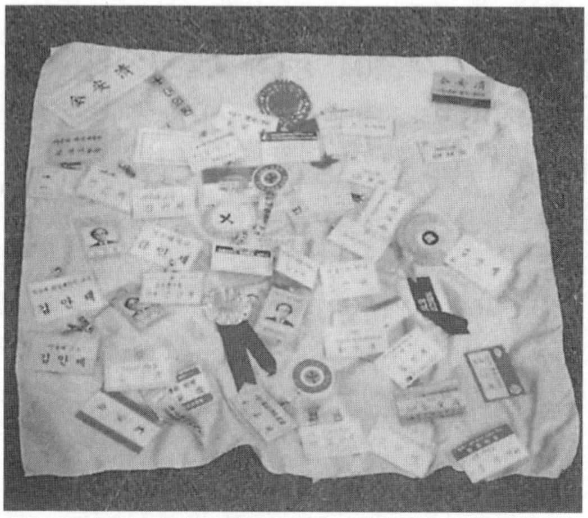

▲ 각종 모임 · 行事에 참석했을 때 부착한 名札과 리본들

109회, 라디오 放送 73회 등으로 大衆媒體發表가 모두 369회에 이르렀다.

이들의 총회수는 2,493회였으며, 여기에 참여한 聽取者는 모두 459,356명에 달했고, 발표문의 원고량은 13,975매에 이르렀다. 이들 통계를 연평균으로 계산해 보면 학술회참가가 8.9회, 특강 · 연설이 21.4회, 대중매체발표가 5.3회로서 도합 35.6회에 이르며, 청취자수는 6,562명이고 집필량은 200매에 달하고 있다.

〈學術發表 參與回數와 聽取者數 및 執筆量〉

(單位 : 回)

時代 \ 項目	期間	學術會 參加						特講 · 演說				大衆媒體發表				合計	聽取者數(名)	執筆原稿量(枚)
		基調發表	主題發表	司會擔當	討論參與	招請參加	計	特別講演	演說人事	報告說明	計	新聞	TV	라디오	計			
成長 · 修學期	1936-1971, 35年	-	-	-	-	-	-	-	-	-	-	1	-	-	1	1	-	15
社會 活動期	1972-2006, 35年	82	113	298	112	18	623	777	633	91	1,501	186	109	73	368	2,492	459,356	13,960
累　計	1936-2006, 70年	82	113	298	112	18	623	777	633	91	1,501	187	109	73	369	2,493	459,356	13,975
年 平 均	1年	1.2	1.6	4.3	1.6	0.2	8.9	11.1	9.0	1.3	21.4	2.7	1.6	1.0	5.3	35.6	6,562	200

3. 弟子育成

1971년까지의 弟子는 모두 2,345명이었다. 이 가운데 個人助教가 2명이었고 나머지 2,343명은 가르친 학생이었다. 학생 중 家庭教師, 中高等學校, 高試學院에서 가르친 사람이 1,113명이고 教育院 및 訓練院에서 가르친 사람이 900명이며 大學과 大學院에서 가르친 학생이 300명이었다. 1972년부터 古稀까지는 교육원 · 훈련원에서의 수강자가 11,436명이고 대학 · 대학원에서의 제자가 5,273명으로 모두 16,709명에 이르며, 教授研究室의 助教 출신이 24명이고 論文指導 및 審査받은 사람이 1,593명으로서 도합 18,327명에 달했다.

〈育 成 弟 子 數〉

(單位 : 名)

時代 \ 項目	期間	受 講 者				個人助教			論文指導 · 審査			合計
		家庭教師, 中高校學院	教育院 訓練院	大學 大學院	計	教授 研究室	研究所	計	論文指導	論文審査	計	
成長 · 修學期	1936-1971, 35年	1,113	900	330	2,343	-	2	2	-	-	-	2,345
社會 活動期	1972-2006, 35年	-	11,436	5,273	16,709	24	1	25	621	972	1,593	18,327
累　計	1936-2006, 70年	1,113	12,336	5,603	19,052	24	3	27	621	972	1,593	20,672
年 平 均	1年	15.9	176.2	80.1	272.2	0.3	0.1	0.4	8.8	13.9	22.7	295.3

그리하여 70년간의 누계를 보면 講義를 들은 사람이 모두 19,052명이고 개인조교가 27명이며 논문지도 · 심사를 받은 자가 1,593명으로 총 20,672명에 이르고 있다. 이를 연평균으로 계산해보면 수강자가 272명, 조교가 0.4명, 논문지도 · 심사 대상자가 22.7명으로 전체로는 연 295명에 이르고 있다.

Ⅴ. 生 活 遍 歷

1. 個人活動

잡다한 個人活動은 대부분 1972년부터의 사회활동기에 이루어졌다. 古稀까지의 전체 기간으로 볼 때, 團體 가입건수는 57건이고 단체에서의 任員 취임은 87건으로서 연평균 각각 0.8건과 1.2건에 이른다. 詩 · 碑文 등의 紀念作文은 50개이고 이의 원고량은 242매로서 연평균 각각 0.7개와 3.5매에 이른다.

主禮執典은 모두 160회이고 參席賀客數는 62,610명에 이르러 연평균으로 각각 2.3회와 894명에 이른다. 그리고 단순한 行事參席의 회수는 473회로 연 6.8회에 해당하고, 紹介 및 弘報는 총 1,149회로서 연 16.4회에 이르며, 받은 年賀狀은 모두 9,164장으로 연평균 131장에 이르고 있다.

〈個人活動의 活動件數〉

時代 \ 項目 期間		團體加入件數 (件)	任員就任件數(件)	紀念作文件數 (件)	原稿量 (枚)	主禮執典件數 (回)	賀客數 (名)	單純行事參席回數 (回)	紹介 및 弘報回數 (回)	年賀狀受領數 (枚)
成長 · 修學期	1936-1971, 35年	5	2	-	-	-	-	-	-	150
社會 活動期	1972-2006, 35年	52	85	50	242	160	62,610	473	1,149	9,014
累 計	1936-2006, 70年	57	87	50	242	160	62,610	473	1,149	9,164
年平均	1年	0.8	1.2	0.7	3.5	2.3	894,4	6.8	16.4	130,9

2. 旅行과 訪問

▲ 이집트 기제(Gizeh)에 있는 피라밋과 스핑크스 앞에서 (1995.7.18)

성장 · 수학기 중 여행한 회수는 國內 74회, 國外 14회로 도합 88회였고, 최초 방문 국가는 韓國과 美國의 2개국이었으며, 방문한 延地域數는 66개에 이르렀다.

사회활동기 동안에는 국내여행 1,989회, 해외여행 338회로 모두 2,327회의 旅行을 했으며, 처음 방문한 국가수는 50국이고 방문한 延國家數와 延地域數는 각각

99국가와 1,070지역에 달했다.

그리하여 70년간의 여행회수는 2,415회로서 연평균 34.5회에 이르며, 이 가운데 국내여행이 2,063회이고 해외여행이 352회로서 연평균으로 각각 29.5회와 5회에 달하고 있다. 그리고 최초 방문국가는 52개국으로 연 0.7개국에 해당하며, 방문한 연국가수와 연지역수는 각각 101개국과 1,136개 지역으로 연평균 각각 1.4개국과 16.2개지역에 이른다.

〈旅行回數 및 訪問地域數〉

時代 \ 項目	期間	旅行回數(回)			訪問地數 (國,地域)		
		國內	國外	計	最初訪問 國家數	延訪問 國家數	延訪問 地域數
成長·修學期	1936-1971, 35年	74	14	88	2	2	66
社會 活動期	1972-2006, 35年	1,989	338	2,327	50	99	1,070
累　計	1936-2006, 70年	2,063	352	2,415	52	101	1,136
年平均	1年	29.5	5.0	34.5	0.7	1.4	16.2

태어난 韓國을 위시한 그 동안의 방문국은 모두 52개국이고, 방문지역은 한국이 165개 市·郡과 외국의 233개 市·郡 등 모두 398개 지역이다. 방문하거나 시찰한 地點으로 機關들은 13,868개이고 名所는 12,590개이며 遺蹟은 9,888개로서 도합 36,346개에 이르고 있다. 연평균으로 보면 방문지역이 5.7개이고 방문지점은 519개에 이른다. 한국을 제외한 外國만을 大陸別로 분류해보면 방문국가는 아시아洲와 유럽洲가 각각 17개국으로 으뜸이며, 방문지역은 아시아洲 101개지역, 유럽洲 49개지역, 북아메리카洲 37개지역의 순으로 되어 있다. 그리고 방문지점은 아시아洲가 11,768지점으로 으뜸이고 오세아이나洲가 164개 지점으로 최하위이다.

〈大陸別 訪問地 및 訪問地點數〉

(單位 : 個, %)

大陸 \ 項目	訪問地		訪問地點			
	國家數	市·郡數	機關	名所	遺蹟	合計
韓　國	1	165	4,193	4,663	4,594	13,450
外　國	51	233	9,675	7,927	5,294	22,896
-아시아洲	17	101	4,392	4,506	2,870	11,768
-유럽洲	17	49	1,393	1,062	1,183	3,638
-北아메리카洲	3	37	2,033	1,287	561	3,881

大陸 \ 項目	訪問地		訪問地點			
	國家數	市·郡數	機關	名所	遺蹟	合計
-南아메리카洲	3	11	382	307	278	967
-아프리카洲	9	30	1,405	707	366	2,478
-오세아니아洲	2	5	70	58	36	164
合　計	52	398	13,868	12,590	9,888	36,346
年平均(70年)	0.7	5.7	198	180	141	519

성장하고 공부하던 1971년까지의 총 여행거리는 50,397km로서 매년 1,440km를 여행한 셈이 된다. 이 가운데 자동차 이용이 6.442km이고 기차 · 선박 이용이 16,239km이며 16회를 탑승한 항공기 이용이 27,716km다. 이 동안 걸은 步行數는 57,288千步로서 하루 평균 4,430보를 걸은 셈이다. 1972년부터 古稀시까지의 총 여행거리는 1,571,319km로서 매년 44,895km를 여행한 셈이 되며, 이 중 자동차 여행이 410,869km이고 기차여행이 145,407km이며 939회 탑승한 항공기 여행이 1,015,043km로 되어 있다. 걸음은 55,742千步로서 하루 평균 4,310보를 걸은 셈이 된다.

그리하여 출생 후 현재까지의 70년간 여행한 총거리는 1,621,716km로서 매년 23,167km를 여행한 셈이며, 이 중 955회 탑승한 항공기여행이 1,042,759km로 으뜸이고 자동차여행이 417,311km로 다음이며 기차여행이 161,646km로 셋째로 되어 있다. 보행총수는 113,030 千步로서 매일 4,420步를 걸은 것으로 되어 있다. 따라서 70년간 매년 5,962km의 자동차여행, 2,309km의 기차 · 선박여행, 14,896km의 항공기 여행을 했고 1,615千步씩 걸은 셈이 된다.

총 여행거리 1,621,176km는 지구의 赤道 둘레(40,075km)를 약 40바퀴 半 돈 셈이고 지구와 달 사이(384,400km)를 약 2회 왕복한 거리와 같다. 그리고 지금까지 걸은 보행의 총거리(약 72,557km)는 서울과 釜山 사이의 길(453km)을 80회 왕복한 셈이고, 지구의 赤道 둘레를 두 바퀴 돈 거리와 비슷하다.

〈旅行距離 및 步行數〉

時代 \ 項目 期間		旅 行 距 離 (km)						步 行 數 (千步)		
		自動車	汽車	航空機	搭乘數(回)	合計	年平均	累計	年平均	日平均
成長 · 修學期	1936-1971, 35年	6,442	16,239	27,716	16	50,397	1,440	57,288	1,637	4.43
社會 活動期	1972-2006, 35年	410,869	145,407	1,015,043	939	1,571,319	44,895	55,742	1,593	4.31
累 計	1936-2006, 70年	417,311	161,646	1,042,759	955	1,621,716	23,167	113,030	1,615	4.42
年平均	1年	5,962	2,309	14,896	13.6	23,167	-	-	-	-

3. 趣味生活

어린 시절부터의 취미생활을 시작한 순서로 보면 숨바꼭질, 구슬치기, 자치기, 재기차기, 딱지치기, 땅따먹기, 水泳, 연날리기, 썰매타기, 만화읽기, 트럼프놀이, 歌唱, 소설읽기, 영화보기, 축구운동, 배구운동, 술마시기, 담배피우기, 볼링운동, 골프운동 등으로 다양하게 되어 있다. 그리고 현재까지 지속되고 있는 취미활동으로는 歌唱, 小說耽讀, 映畵觀覽, 飮酒, 吸煙, 골프운동 등이 있다.

〈趣味活動의 種類와 變遷〉

時代 \ 項目 期間		趣味生活의 種類	個數(種)
成長 · 修學期	1936-1971, 35年	숨바꼭질, 구슬치기,자치기.재기차기, 딱지치기, 땅따먹기, 水泳, 鳶날리기, 썰매타기, 漫畵 읽기, 트럼프놀이, 唱歌, 小說, 映畵, 蹴球, 排球, 飮酒, 吸煙, 볼링 運動	19
社會 活動期	1972-2006, 35年	唱歌, 小說읽기, 映畵보기, 飮酒, 吸煙, 골프運動	6
累 計	1936-2006, 70年	—	20

31세이던 1966.3.25에 피우기 시작한 담배는 35년간의 修學期에 912갑, 35년간의 活動期에 20,186갑을 피워 도합 21,098갑에 이르렀고, 27세이던 1962.4.7부터 마시기 시작한 술은 소주 2홉들이 기준으로 수학기 중 1,042병, 활동기중 20,152병을 마셔 모두 21,194병에 달했다. 6세이던 1941.2.1부터 부른 노래는 수학기에 319곡, 활동기에 362곡을 불러 모두 681곡에 달했고, 10세인 1945.12.15부터 읽기 시작한 소설은 수학기에 518권, 활동기에 1,055권 등 모두 1,573권에 이르렀으며, 13세인 1948.3.30부터 보기 시작한 映畫는 수학기 중 554편, 활동기 중 1,206편으로 도합 1,760편에 이르렀다. 그리고 비교적 늦은 48세 때인 1983.4.7부터 치기 시작한 골프 운동은 지금까지 1,031회의 필드경험을 갖게 되었다.

▲ 泰陵 골프장에서 티·샷하는 모습 (1988.11.27)

따라서 70년간의 평균으로 보면, 매년 301갑의 담배를 피우고 303병의 술을 마시면서 10곡의 새로운 노래를 배워 부르고 23권의 소설을 읽으며 25편의 영화를 보고 15회의 골프를 친 셈이 된다. 그리고 우리 나라 것과 外國 것으로 나누어 보면 歌唱의 경우 한국 것이 619곡 , 외국 것이 62곡이고, 소설은 각각 882권과 691권, 영화는 791편과 969편이며, 골프는 1,006회와 25회로 되어 있다.

〈長期間 지속된 主要 趣味의 享有量〉

時代 \ 項目	期間	吸煙量(匣)	飮酒量(瓶)	歌唱曲(曲)			耽讀小說(券)			觀覽映畵(篇)			골프運動(回)		
				韓國	外國	計	韓國	外國	計	韓國	外國	計	韓國	外國	計
成長·修學期	1936-1971, 35年	912	1,042	294	25	319	321	197	518	382	172	554	-	-	-
社會 活動期	1972-2006, 35年	20,186	20,152	325	37	362	561	494	1,055	409	797	1,206	1,006	25	1,031
累 計	1936-2006, 70年	21,098	21,194	619	62	681	882	691	1,573	791	969	1,760	1,006	25	1,031
年平均	1年	301.4	302.8	8.8	0.9	9.7	12.6	9.9	22.5	11.3	12.8	25.1	14.4	0.3	14.7

Ⅵ. 家計財政

1. 收入·支出 計定

2006년 기준의 不變價格으로 환산한 수입·지출내역을 보면, 전반 35년 동안에는 총수입이 869,800천원이고 총지출이 877,415천원으로 7,615천원의 赤字를 보이고 있다. 이를 연평균으로 계산하면 수입이 24,851천원이고 지출이 25,069천원으로서 매년 218천원의 부족을 가져왔던 것이다. 그리고 후반 35년간의 총수입은 11,821,304천원이고 총지출은 11,029,453천원으로 791,851천원의 黑字를 기록했다. 연평균으로는 수입이 337,752천원이고 지출이 315,127천원이며 순수입은 22,625천원에 이르고 있다. 그리하여 70년간의 총수입 누계는 12,691,104천원이고 총지출 누계는 11,906,868천원으로서 순수입 누계는 784,236천원에 이른다. 연평균으로는 181,301천원의 수입과 170,098천원의 지출로서 11,203천원의 순수입을 보이고 있다.

전반기 35년 동안의 收入源으로는 報酬 등이 27.9%로 으뜸이고 장학금 및 부모·타인 補助金이 25.4%로 둘째이며, 다음은 發表費 16.2%, 手苦料 11.6%, 資本收入 7.6%의 순으로 되어 있다. 지출비목에 있어서는 生活費가 58.6%로 으뜸이고 修學費가 15.2%로 둘째이며 다음은 資本支出 10.9%, 子女養育費 2.4%, 公課金 1.8%의 순으로 되어 있다. 후반기 35년간의 수입원은 자본수입이 48.5%로 첫째이고 수고료 수입이 20.8%로 둘째이며 다음은 보수 11.6%, 발표비 6.4%로 되어 있고, 지출비목은 자본금 지출 55.6%, 생활비 16.9%, 양육비 7.7%, 공과금 5.5%의 순으로 되어 있다. 그리고 70년 전기간을 합산한 수입과 지출을 수입원과 지출처별로 보면, 수입원은 자본금, 수고료, 보수, 발표비, 보조금의 순위로 되어 있고, 지출처는 자본금, 생활비, 양육비, 공과금, 수학비 등의 순위로 되어 있다.

〈家計收入·支出의 內譯〉

(單位 : 2006年 不變價格, 千원)

區分 / 項目 / 時代(期間)	收入								
	補助金	報酬等	手苦料	發表費	資本金	其他	合計	年平均	月平均
成長·修學期 (1936-1971, 35年)	221,496 (25.4)	242,388 (27.9)	101,004 (11.6)	140,595 (16.2)	65,991 (7.6)	98,326 (11.3)	869,800 (100.0)	24,851	2,047
社會 活動期 (1972-2006, 35年)	-	1,374,376 (11.6)	2,463,369 (20.8)	755,743 (6.4)	5,730,541 (48.5)	1,497,275 (12.7)	11,821,304 (100.0)	337,752	28,726
累 計 (1936-2006, 70年)	221,496 (1.7)	1,616,764 (12.7)	2,564,373 (20.2)	896,338 (7.1)	5,796,532 (45.7)	1,595,601 (12.6)	12,691,104 (100.0)	181,301	15,108
年 平 均	3,164	23,096	36,634	12,805	82,808	22,794	181,301	-	-

區分 / 項目 / 時代(期間)	支出									均衡		
	生活費	修學費	養育費	公課金	資本金	其他	合計	年平均	月平均	合計	年平均	月平均
成長·修學期 (1936-1971, 35年)	514,153 (58.6)	133,729 (15.2)	20,507 (2.4)	16,124 (1.8)	95,158 (10.9)	97,744 (11.1)	877,415 (100.0)	25,069	2,065	-7,615	-218	-18
社會 活動期 (1972-2006, 35年)	1,867,874 (16.9)	-	851,961 (7.7)	602,879 (5.5)	6,132,285 (55.6)	1,574,454 (14.3)	11,029,453 (100.0)	315,127	26,577	791,851	22,625	1,908
累 計 (1936-2006, 70年)	2,382,027 (20.0)	133,729 (1.1)	872,468 (7.3)	619,003 (5.2)	6,227,443 (52.3)	1,672,198 (14.1)	11,906,868 (100.0)	170,098	14,175	784,236	11,203	933
年 平 均	34,029	1,910	12,464	8,843	88,963	23,889	170,098	-	-	-	-	-

2. 財産申告 및 財産寄贈

1992년 7월 韓國地方行政研究院 院長에 취임하여 財産登錄에 관한 法律에 따라 보유재산 일체를 신고했으며, 연말 및 離職時에도 그 변동 내역을 정부에 그대로 신고하였다.

수상한 賞金의 일부를 大韓國土 · 都市計劃學會와 韓國地方自治學會에 奬學基金으로 기증하였고, 古州 盧隆熙 地方自治學術賞基金에도 기부하였으며, 그 금액은 2006년 價格으로 18,812천원에 달하고 있다. 그리고 한솔文化財團 등에 그동안 모은 個人史料와 保有藏書를 기증하여 널리 열람토록 하였다. 史料는 全州에 있는 한솔 종이博物館(現 팬 아시아 종이博物館)에 전시되어 있다.

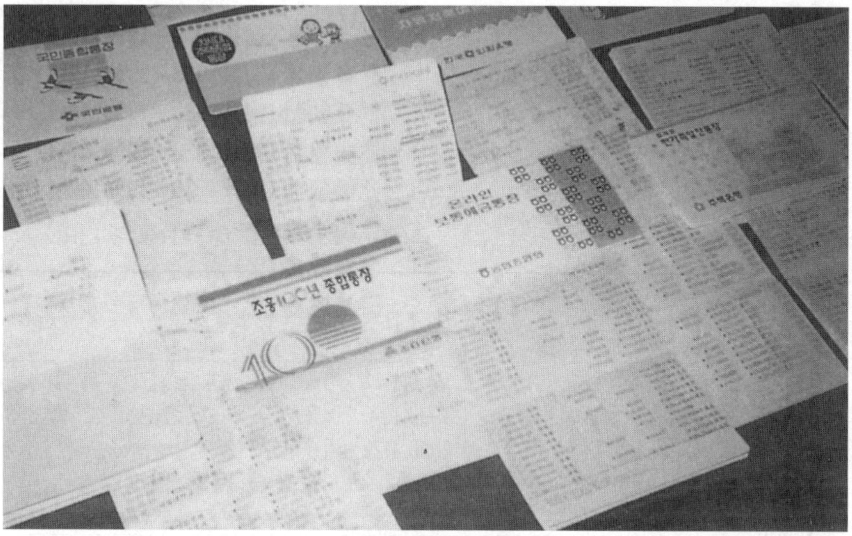

▲ 家計의 基本이 된 각종 銀行通帳과 信託證書들

〈財産申告 및 財産寄贈〉

區　分	財 産 申 告	現 金 寄 贈	資 料 寄 贈
回數(回)	3	7	2
對象 機關數(個)	1	6	2
內　譯	不動産 및 動産 一切	18,811,583원	保管史料 및 保有圖書

3. 主要行事의 決算

생애 중 본인이 중심이 되어 주관한 家庭行事로서 중요한 것은 結婚行事가 4회, 葬禮行事가 2회, 受賞行事가 3회, 紀念行事가 4회 등 모두 13회였다. 1966년 1월에 거행된 본인의 결혼에는 439명의 賀客이 참석하였고, 經常價格으로 203천원 수입에 190천원 지출로 13천원의 순수입을 얻었다. 1993년 1월의 장녀 결혼식에는 1,503명에 이르는 많은 축하객이 있었으나 딸이라 그런지 지출이 과다하여 2,530천원의 적자를 보았고, 2000년 4월의 장남 결혼은 962명의 하객이 있어 8,548천원의 흑자를 보았으며, 2004년 5월의 次女 結婚은 940명의 賀客이 오셨으나, 71,132천원의 赤字를 가져왔다.

1973년 12월에 어머님이, 그리고 1975년 11월에 아버님이 돌아가심에 두 번의 葬禮를 모시니 弔問客이 모두 312명이었고 부조금이 1,320천원, 경비지출이 1,133천원으로 187천원의 잔고를 남겼다. 1989년 2월 大韓國土 · 都市計劃學會로부터 弦汀國土開發賞으로 500만원의 賞金을 받아 基金 기증과 식사대접으로 180만원을 지출했으며, 1999년 10월 서울市 文化賞을 수상하고 상금으로 1,000만원을 받았으나 장학금 기증과 많은 모임에서의 저녁대접으로 700여만원을 지출하였다. 두 상금에서 남은 돈은 600만원 밖에 되지 않았다.

1997년 1월의 본인 回甲紀念集 出版紀念會는 미증유의 결과를 가져와서 당일 축하객은 754명이었으나 수입은 141,702천원이고 지출은 106,483천원으로 3,500만원의 흑자를 가져왔던 것이다. 古稀行事를 계기로 발간될 이번의 記錄集 出版紀念行事는 1억 8천만원 수입에 1억 4천만원 지출로 약 4천만원의 순수입을 가져올 것으로 예상하고 있다.

〈本人 主管 主要 家庭行事의 內譯〉

種類	行事名 (區分)	行事日字	行事場所	參席者數 (名)	決算(經常價格, 千원) 收入	支出	均衡
1.結婚 行事	1. 本人 結婚	1966.1.11	서울 : 서울 禮式場	439	203	190	13
	2. 長女 結婚	1993.1. 6	서울 : 空港터미널 禮式場	1,503	70,635	73,165	-2,530
	3. 長男 結婚	2000.4.22	서울 : 서울敎育文化會館	962	61,138	52,590	8,548
	4. 次女 結婚	2004.5. 9	서울 : 空港터미널 禮式場	940	80,333	151,465	-71,132
	計(4)	-	-	3,844	212,309	277,410	-65,101
2.葬禮 行事	1. 母親 葬禮	1973.12.11	慶北 : 聞慶市 聞慶邑	132	500	446	54
	2. 父親 葬禮	1975.11.12	서울 : 東大門區 祭基洞	180	820	687	133
	計(2)	-	-	312	1,320	1,133	187
3.受賞 行事	1. 弦汀 國土開發賞	1989. 2.18	서울 : 國土開發研究院	150	5,000	1,800	3,200
	2. 서울市 文化賞	1999.10.28	서울 : 世宗文化會館	1,500	10,000	7,155	2,845
	3. 高校同窓會 同門會賞	2002. 8. 4	安東 : 安東大學校	250	250	1,400	-1,150
	計(3)	-	-	1,900	15,250	10,355	4,895
4.紀念 行事	1. 本人 回甲 紀念	1997. 1. 8	서울 : 서울리츠칼튼호텔	754	141,702	106,483	35,219
	2. 本人 停年 紀念	2003.10.28	서울 : 食堂 大河	10	60,000	45,394	14,606
	3. 婦人 回甲 紀念	2004. 1.25	서울 : 韓美里	31	8,000	31,200	-23,200
	4. 本人 古稀 紀念*	2007. 2. 2	서울 : 코엑스	706	180,000	138,500	41,500
	計(4)	-	-	1,501	389,702	321,577	68,125
合 計(13)		-	-	7,557	618,581	610,475	8,106

註.* 本人 古稀 紀念行事는 推定에 의한 豫測値임.

Ⅶ. 聯合總計

1. 讀書 · 執筆量과 聽取者數

글을 안 다음부터 古稀에 이르기까지 읽은 책은 모두 2,522권에 이르며, 이는 70년 동안 매년 36권씩 읽은 셈이 된다. 이 가운데 학교의 教科書, 參考書, 專門書籍 등이 949권이고, 小說類가 1,573권으로 되어 있다. 教材本 가운데 外國語로 된 것은 412권이고 外國小說이 691권으로 1,103권이 외국관련 책이다. 매년 전문서적 14권과 소설류 22권을 읽은 것으로 되어 있다.

집필한 총량은 200자 원고지 기준으로 227,423매에 달하며, 이중 受講 및 講義用 노트가 73,300매이고 對外 發刊用으로 쓴 것이 153,123매이다. 이는 연평균으로 계산하여 노트 1,047매, 대외발표문 2,202매, 합계 3,249매에 이르는 양이다. 이는 곧 70년간 每日 9매의 원고지에 글을 썼다는 계산이다.

그동안 대면하여 본인의 이야기를 들은 사람은 모두 541,018명에 달하며, 이 가운데 학교나 教育院에서 수강한 사람이 19,052명이고 發表나 講演 등에서 청취한 사람이 459,356명이며 본인의 主禮辭를 들은 사람이 62,610명이다. 연평균으로 보면 수강자가 272명, 청취대중이 6,562명, 결혼하객이 895명이 되는 셈이다.

〈讀書 · 執筆量 및 聽取者數 總計〉

時代 \ 項目	期間	讀書總量(卷)						執筆總量(枚)			聽取者總數(名)			
		專門書籍		小說類		合計		受講·講義用	對外發表分	合計	教育訓練	發表演說	結婚主禮	合計
			外國語		外國小說		外國分							
成長·修學期	1936-1971, 35年	544	171	518	197	1,062	368	67,150	9,160	76,310	2,343	-	-	2,343
社會 活動期	1972-2006, 35年	405	241	1,055	494	1,460	735	6,150	144,963	151,113	16,709	459,356	62,610	538,675
累計	1936-2006, 70年	949	412	1,573	691	2,522	1,103	73,300	154,123	227,423	19,052	459,356	62,610	541,018
年平均	1年	14	6	22	10	36	16	1,047	2,202	3,249	272	6,562	895	7,729

2. 最初 및 最高의 記錄

주요사항의 최초 발생은 거의 40세 이전에 일어났고 最高値의 記錄은 50세 이후에 일어났다. 1960년 25세에 처음 받은 職銜은 1997년 62세때 84개를 보유함으로써 최고기록을 세웠고, 국가 및 사회단체에서 받은 賞勳은 1980년 45세를 시작으로 하여 1999년 64세 때에 10개를 수령한 기록을 세웠다. 1967년 32세에 처음 발간한 著書는 1982년 47세와 1995년 60세에 각각 4권씩을 발간하는 기록을 보였고, 1965년 30세 때 처음 발표한 論文은 1995년 60세 때 49편을 게재하여 최고치를 보였으며, 1964년 29세에 처음 간행한 硏究報告書는 1979년 44세에 10권을 간행하여 기록을 세웠다.

學術發表會에의 참여는 1970년대초에 처음 시작되었으나 그의 最高記錄은 1990년대초에 이루어졌다. 基調發表는 1975년 40세에 처음 있었고, 1992년 57세에 9회의 기록을 세웠고, 主題發表는 1973년 38세에 처음 있었고 1991년 56세 때에 13회로 최고치를 보였으며, 司會와 討論은 모두 1972년 37세시에 처음 경험하고, 각각 1995년 60세와 1991년 56세에 24회와 10회로 기록을 세웠다. 1973년 38세 때 처음 행한 特別講演은 1995년 60세 때 79회로 최고에 달했고, 演說 및 人事는 1977년 42세 때 처음 행하고 1993년 58세 때 43회로 최고치에 이르렀다.

1965년 30세 때 처음 新聞에 글을 쓴 이래 1995년 60세 때 16건을 게재하여 기록을 세웠고, 1973년 38세 때 처음 TV와 라디오에 출연한 이후 각각 1991년 56세와 1992년 57세에 16회와 8회를 출연하는 기록을 세웠다. 그리고 1955년 20세 때 家庭教師로 처음 학생을 가르쳤고 1975년 40세 때 한 해 1,738명의 학생을 가르친 기록을 세웠으며, 1965년 30세 때 처음 大衆앞에서 發表를 하였고 1991년 56세때 39,383명이라는 聽取者記錄을 세웠다.

公共 및 民間團體 加入은 1961년 26세 때 처음 있었고 1975년 40세 등 4개년도에 각각 3개씩 가입하는 기록을 세웠다. 詩, 碑文 등의 紀念作文은 1982년 47세 때 처음 있었고 1993년 58세 때 5개를 작성하는 기록을 가졌다. 結婚主禮는 1977년 42세 때

처음 경험하여 1990년 55세 때 8회로 최고치를 보였으며, 年賀狀은 1961년 26세 때 처음 받아보았고 1987년 52세 때 520장을 받아 최고에 달했었다.

他地域으로의 旅行은 1951년 16세 때 처음 행하여졌고 2001년 66세 때 141회의 여행을 하는 기록을 세웠다. 처음으로 外國에 나간 것은 1969년 34세 때이고, 가장 많은 나라를 방문한 해는 1979년 44세로서 10개국이었으며 地域으로는 1995년 60세 때 61개 지역을 방문한 것이 최고였다. 비행기를 처음 탄 해는 1965년 30세 때이고 가장 많이 탄해는 80회 탑승의 1995년 60세 때이다. 旅行距離의 기록은 1995년 60세 때의 129,228km이고 步行數는 軍隊에 있었던 1958년 23세로서 연 657만보를 걸었다.

趣味生活에 있어 담배는 1966년 31세에 처음 피우기 시작하여 1998년 63세 때 840갑을 피워 기록을 세웠고, 1962년 27세에 처음 마시기 시작한 술은 1983년 48세 때 소주 2홉 기준으로 1,045병을 마셔 최고치에 달했다. 1941년 6세부터 부르기 시작한 노래는 1963년 28세 때 29곡을 새로이 배워 부른게 기록이었고, 1945년 10세부터 읽기 시작한 小說은 2002년 67세 때 한 해에 98권을 읽은 기록을 세웠으며, 1948년 13세에 처음 본 映畵는 2000년 65세에 102편을 관람한 기록을 세웠다. 그리고 1983년 48세에 처음 시작한 골프運動은 1985년 50세 때 한 해 141회나 친 기록을 갖고 있다.

〈最初 發生 및 最高記錄 年度와 記錄値〉

種類 (區分)	項目	最初發生 年度(年齡)	最高記錄 年度 (年齡)	記錄値
1. 經歷	1. 保有職銜	1960(25)	1997(62)	84개
	2. 受領賞勳	1980(45)	1999(64)	10개
2. 發刊	1. 著書發刊	1967(32)	1982(47) 1995(60)	4권
	2. 論文掲載	1965(30)	1995(60)	49편
	3. 報告書 刊行	1964(29)	1979(44)	10권
3. 發表	1. 基調發表	1975(40)	1992(57)	9회
	2. 主題發表	1973(38)	1991(56)	13회
	3. 司會擔當	1972(37)	1995(60)	24회
	4. 討論參與	1972(37)	1991(56)	10회
4. 講演	1. 特別講演	1973(38)	1995(60)	79회
	2. 演說·人事	1977(42)	1993(58)	43회
5. 報道	1. 新聞掲載	1965(30)	1995(60)	16건
	2. TV 放映	1973(38)	1991(56)	16회
	3. 라디오 放送	1973(38)	1992(57)	8회
6. 聽衆	1. 受學弟子	1955(20)	1975(40)	1,738명
	2. 聽取大衆	1965(30)	1991(56)	39,383명

種類 (區分)	項目	最初發生 年度(年齡)	最高記錄 年度 (年齡)	記錄値
7. 奉仕	1. 團體加入	1961(26)	1975(40),1986(51), 1991(56),1992(57)	3개
	2. 紀念作文	1982(47)	1993(58)	5건
	3. 主禮執典	1977(42)	1990(55)	8회
	4. 年賀狀受領	1961(26)	1987(52)	520장
8. 旅行	1. 旅行回數	1951(16)	2001(66)	141회
	2. 訪問國	1969(34)	1979(44)	10국
	3. 訪問地域	1951(16)	1995(60)	61개
	4. 航空搭乘	1965(30)	1995(60)	80회
9. 距離	1. 旅行距離	1951(16)	1995(60)	129,228km
	2. 步行數	1936(1)	1958(23)	6,570천보
10. 趣味	1. 吸煙	1966(31)	1998(63)	840갑
	2. 飮酒	1962(27)	1983(48)	1,045병
	3. 歌唱	1941(6)	1963(28)	29곡
	4. 小說	1945(10)	2002(67)	98권
	5. 映畵	1948(13)	2000(65)	102편
	6. 골프	1983(48)	1985(50)	141회

3. 主要事項間의 相關關係

70년간의 생애 중에 이루어진 주요사항들의 發生 統計를 가지고 상호간의 相關係數를 계산해 보면 0.9 이상의 깊은 관계를 가진 것들은 保有職銜數와 방문회수, 보유직함수와 국민 1인당 GNP, 방문회수와 국민 1인당 GNP, 흡연량과 국민 1인당 GNP 등이다. 0.8 이상 0.9 미만의 높은 관계는 보유직함수와 흡연량, 著作發刊件數와 발표회 참가회수, 발표회 참가회수와 흡연량, 강연 · 연설회수와 방문회수, 강연 · 연설회수와 흡연량, 강연 · 연설회수와 국민1인당 GNP, 방문회수와 흡연량 등에서 나타나고 있다. 0.7 이상 0.8 미만의 비교적 높은 相關性은 보유직함수와 강연 · 연설회수, 보유직함수와 소설수, 발표회 참가회수와 강연 · 연설회수, 발표회 참가회수와 국민 1인당 GNP, 방문회수와 소설수 등의 관계에서 나타나고, 0.6 이상 0.7 미만의 다소 높은 상관관계는 저작발간건수와 강연 · 연설회수, 저작발간건수와 흡연량, 발표회 참가회수와 방문회수, 소설수와 국민 1인당 GNP에 나타나고 있다.

相關係數 0.5 이상 0.6 미만의 보통의 상관성을 갖는 것은 보유직함수와 발표회 참가회수, 보유직함수와 收入, 저작발간건수와 국민 1인당 GNP, 흡연량과 수입, 수입과 국민 1인당 GNP 등이고, 0.4 이상 0.5 미만의 관계성은 저작발간건수와 방문회수, 방문회수와 수입, 흡연량과 소설수에 나타나 있으며, 0.3 이상 0.4 미만의 비교적 낮은 상관관계는 보유직함수와 저작발간건수, 강연 · 연설회수와 소설수, 강연 · 연설회수와 수입, 소설수와 수입 사이에 존재하고 있다. 그리고 0.0에서 0.3 사이의 매우 낮은 상관계수를 보이는 것은 저작발간건수와 수입, 발표회 참가회수와 수입, 발표회 참가회수와 소설수, 저작발간건수와 음주량 등이다.

負의 상관계수값을 가져 상호 反比例하는 관계를 보이는 것으로 0.0에서 -0.3 이상에 속하는 것들은 저작발간건수와 소설수, 발표회 참가회수와 음주량, 음주량과 수입, 흡연량과 음주량 등이고, -0.3에서 -0.6 사이에서 비교적 높은 반비례 관계를 보이고 있는 것은 보유직함수와 음주량, 강연 · 연설회수와 음주량, 방문회수와 음주량, 음주량과 수입, 음주량과 소설수 등으로 되어 있다.

〈主要事項 相互間의 相關係數(r)〉

事 項(X) / 事 項(Y)	1. 保有職銜數	2. 著作發刊件數	3. 發表會參加回收	4. 講演演說回數	5. 國內外訪問回數	6. 吸煙量	7. 飮酒量	8. 小說數	9. 收入	10. 國民1人當GNP
1. 保有職銜數	1.000									
2. 著作發刊件數	0.397	1.000								
3. 發表會參加回數	0.556	0.883	1.000							
4. 講演 · 演說回數	0.715	0.632	0.790	1.000						
5. 國內外訪問回數	0.900	0.490	0.680	0.828	1.000					
6. 吸煙量	0.877	0.631	0.802	0.815	0.847	1.000				
7. 飮酒量	-0.348	0.029	-0.102	-0.398	-0.454	-0.217	1.000			
8. 小說數	0.746	-0.005	0.146	0.338	0.712	0.449	-0.518	1.000		
9. 收入	0.585	0.222	0.298	0.362	0.430	0.524	-0.133	0.327	1.000	
10. 國民1人當GNP	0.934	0.503	0.707	0.844	0.939	0.943	-0.416	0.637	0.560	1.000

※ $r = \frac{\delta xy}{\delta x \delta y} = \frac{\Sigma(xi-\bar{x})(yi-\bar{y})}{\sqrt{\Sigma(xi-\bar{x})^2}\sqrt{\Sigma(yi-\bar{y})^2}}$

4. 生涯의 運勢와 實狀

土亭 李之菡(1517-1578)이 지었다고 하는 豫言書『土亭秘訣』에서 이야기하고 있는 연도별 運勢와 실제 같은 해에 일어난 상황을 비교하여 보았다. 秘訣의 예언에서 大吉運으로 되어 있었던 해가 12년이고 吉運이 12년이며, 平凡運이 11년, 凶運이 27년, 大凶運이 9년으로 되어 있어 好運의 해가 33.8%이고 普通運이 15.5%이며 惡運이 50.7%로 별로 좋지 않은 占卦로 되어 있다. 이를 지나간 뒤의 실제발생 상황과 비교해 그 的中率을 내보면 평균적으로 大吉運은 75.0%, 吉運은 78.6%, 平凡運은 78.6%, 凶運은 64.0%, 大凶運은 87.5%로 되어 있어 생애 전체로는 76.7%의 的中率을 보이고 있다.

〈土亭秘訣上 運勢와 實際發生狀況의 關係〉

運勢類型			土亭秘訣上 運勢의 該當年度數		實際發生狀況의 該當年度數		秘訣 - 實際 一致率(%)
區分	類型	加重値	年度數(個)	比率(%)	年度數(個)	比率(%)	
好 運	1. 大吉運	5	12	16.9	17	24.0	75.0
	2. 吉運	4	12	16.9	15	21.1	78.6
	計	9	24	33.8	32	45.1	76.6
普通運	3. 平凡運	3	11	15.5	15	21.1	78.6
惡 運	4. 凶運	2	27	38.0	16	22.5	64.0
	5. 大凶運	1	9	12.7	8	11.3	87.5
	計	3	36	50.7	24	33.8	69.7
合 計		15	71	100.0	71	100.0	76.7
加重化 平均値		3	2.9(平凡運~凶運)		3.2(平凡運~吉運)		-

따라서 土亭秘訣上의 豫言이 맞을 확률은 약 0.77, 곧 77%라고 할 수 있고, 또한 본인의 경우는 土亭秘訣이 규정한 運命을 상당히 많이 극복하고 변경시켰다고도 볼 수 있다. 이 적중률을 가지고 실제 발생상황을 계산해보면 大吉運의 해가 17년, 吉運이 15년, 平凡運이 15년, 凶運이 16년, 大凶運이 8년이 됨으로써 好運의 해가 45.1%이고 普通運의 해가 21.1%이며 惡運의 해가 33.8%로 구성된다.

5. 總合 要約

○ 家庭構成

· 출생시 7명이던 家族이 출생과 서거, 결혼과 출가 등으로 증감을 반복하다가 2006년 현재는 2명이 됨으로써 연평균 가족수는 5.0명임.

· 住居地는 출생한 慶北 聞慶市로부터 安東, 서울, 美國 등지를 거쳐 현재의 서울 驛三洞까지 19개 지역으로서 평균 3~4년에 한 번씩 이사한 셈이 됨.

· 住居形態는 부모 자택에서 시작하여 하숙, 자취, 가정교사, 월세, 전세 등을 거쳐 본인의 자택에 이르기까지 10개 유형에 이르렀음.

○ 生涯沿革

· 身長은 출생시 50.3cm이였고 최고는 175cm에 이르렀으며 1990년부터 조금씩 줄어들어 현재는 170.6cm로서 연평균은 2.4cm였음.
· 體重은 출생시 2.7kg이었고 최고는 70.2kg에 달했으며 55세부터 약간씩 감소하여 현재는 67kg에 이르러 연평균으로는 0.94kg임.
· 식사와 휴식 및 수면을 제외한 生産的 活動時間은 총 276,549시간으로서 연평균으로는 3,951시간이고 1일 평균은 11시간에 이름.
· 수료한 教育과 訓練의 과정은 모두 16건으로 4년에 한번씩 수료한 셈이 됨.
· 위촉받은 基本經歷은 30건이고 副次經歷은 612건으로 모두 642건에 이르며 이는 연평균 9.2건에 해당됨.
· 학교와 사회에서 받은 勳章은 3개이고 賞狀 및 表彰狀은 31개이며 感謝狀 및 功勞賞 등은 65개로서 도합 99개에 이르며, 이는 연평균으로 1.4개에 이름.

○ 學問業績

· 著作發刊에 있어 著書는 26권이고 論文은 799편, 研究報告書는 133권으로 모두 958건에 이르러 연평균 14건을 발간한 셈임.
· 學術發表에 있어 基調演說이 82회, 主題發表가 113회, 司會擔當이 298회, 討論參與가 112회, 招請參席이 18회로서 도합 623회에 이르렀고 연평균으로는 9회에 달함.
· 特講은 777회, 演說 및 人事는 633회, 報告 및 說明은 91회로서 이들의 총수는 1,501회이며 연 21회의 평균치를 보임.
· 大衆媒體發表로서 新聞은 187회, TV는 109회, 라디오는 73회, 도합 369회이며 이는 연평균 5회에 해당됨.
· 육성한 弟子는 家庭教師, 中高等學校教師, 學院講師로서 가르친 學生이 1,113명이고 教育院 및 訓練院에서 가르친 사람이 12,336명이며 大學 및 大學院에서 가르친 학생이 5,603명으로 모두 19,052명에 이르러 매년 272명을 가르친 셈이 됨.

○ 生活遍歷

· 團體加入은 모두 57회로서 연평균으로 0.8개이고, 詩, 碑文 등의 紀念作文은 50건으로 1년 반에 1건 정도이며, 結婚主禮는 160회로 연평균 2회에 해당되고 行事參與는 473회로 연평균 7회에 이르며, 紹介 및 弘報는 1,149회로 연평균 16회이고, 수령한 年賀狀은 모두 9,164장으로 연평균 131장에 이르고 있음.
· 旅行 및 訪問에 있어 旅行回數는 총 2,415회로 연평균 35회에 이르고, 最初 訪問國은 52개국으로 연 0.7국에 해당되며, 延訪問國數는 101개국이고 延訪問地域은 1,136개 지역으로서 연평균으로는 각각 1.4개국과 16개 지역에 달하고 있음.
· 타국 및 타지역으로 여행한 距離는 총1,621,716km로 연평균 23,167km에 이르고, 이 가운데 飛行距離는 1,042,759km로 연평균 14,896km에 이르고 있으며, 步行數는 총 113,030천보로 매년 1,615천보씩 걸은 셈이고, 이의 총 거리는 72,557km로 연평균 1,037km에 해당되고 있음.
· 그동안 피운 담배는 모두 21,098갑으로 1년에 평균 301갑, 하루에 0.8갑을 피운

셈이고, 마신 술은 소주 2홉들이 기준으로 총 21,194병으로 평균 1년에 303병, 하루에 0.8병을 마신 셈이며, 새로 배워 부른 노래는 모두 681곡으로 연평균 10곡에 이름.

· 읽은 小說은 모두 1,573권으로 매년 23권씩을 읽은 셈이고, 관람한 映畫는 총 1,760편으로 매년 25편씩 본 셈이며, 골프運動은 모두 1,031회로 매년 평균 15회씩 운동한 셈이 됨.

○ 家計財政

· 2006년 기준 不變價格으로 환산한 總收入은 12,691,104천원이고 總支出은 11,906,868천원으로 연평균으로는 수입이 181,301천원이고 지출이 170,098천원이며, 따라서 純收入은 총 784,236천원으로 연평균 11,203천원에 이르고 있음.

· 保有資産의 增殖額에 있어 不動産은 총 2,045,381천원이고 動産은 954,619천원으로 연평균치는 각각 29,220천원과 13,637천원이며, 따라서 총 증식액은 3,000,000천원이고 연평균으로는 42,857천원에 이르고 있음.

○ 聯合總計

· 집필한 原稿量은 저서, 논문, 연구보고서 등의 著作發刊分이 139,966매이고 學術行事에서 발표한 글들이 13,915매이며 시, 비문 등의 紀念作文分이 242매로서 모두 154,123매에 이르고 있어 연평균으로는 2,202매에 해당됨.

· 강의, 발표, 연설, 사회, 토론 등을 통해 본인의 이야기를 들은 사람은 學校의 弟子가 19,052명이고 행사에서 청취한 大衆이 459,356명이며, 結婚主禮時 참석한 賀客들이 62,610명으로 모두 541,018명에 이르며, 이는 연평균으로 7,729명에 해당되고 있음.

· 『土亭秘訣』에서 예언하고 있는 연도별 運勢는 大吉運이 12개년, 吉運이 12개년, 平凡運이 11개년, 凶運이 27개년, 大凶運이 9개년으로 전체 평균으로는 平凡運에 이르고 있으나 실제 발생한 상황을 평가할 때는 大順調가 17개년, 順調가 15개년, 均衡調가 15개년, 逆調가 16개년, 大逆調가 8개년으로 전체 평균으로는 均衡調와 順調의 중간에 이르고 있으므로 土亭秘訣 豫言의 的中率은 본인 생애의 경우 76.7%에 이르고 있음.

○ 最初 發生 事項

· 本人 身上에 있어 出生은 1세(1936), 出生申告는 2세(1937), 寺刹禮佛은 4세(1939), 驚氣發病은 7세(1942), 바나나 試食 및 운동화 착화는 11세(1946), 이발관에서의 이발은 12세(1947), 外食은 21세(1956), 구두 및 時計 착용은 22세(1957), 양복 및 넥타이 착용은 26세(1961), 眼鏡 착용은 33세(1968)였음.

· 家族 變動에 있어 큰누님 출가는 1세(1936), 外祖母 서거는 3세(1938), 妻의 출생은 9세(1944), 결혼은 31세(1966), 長女 출생은 31세(1966), 長男 출생은 33세(1968), 次女 출생은 36세(1971), 장녀결혼 및 外孫子 출생은 58세(1993), 본인 回甲은 61세(1996)였음.

· 居住 및 家宅에 있어 出鄕과 下宿 및 自炊는 19세(1954), 家庭教師는 20세

(1955), 라디오 취득은 29세(1964), 自家구입은 31세(1966), 電話설치는 33세(1968), TV구입은 34세(1969), 냉장고 비치는 43세(1978), 에어콘 설치는 47세(1982), 家旗 제작·비치는 53세(1988), 자택 팩스 설치는 60세(1995), 週末農場 농사는 63세(1998)에 처음 이루어졌음.

· 學校修學에 있어서는 初等學校 입학이 10세(1945), 級長 취임이 14세(1949), 美術大會 入賞이 15세(1950), 中學校 首席入學이 16세(1951), 장학금 수령이 18세(1953), 大學 入學이 22세(1957), 軍入隊가 23세(1958), 軍除隊가 25세(1960), 學士學位 취득이 27세(1962), 大學院 진학이 28세(1963), 碩士學位 취득이 30세(1965), 美國留學이 34세(1969), 博士學位취득이 41세(1976)였음.

· 社會 經歷에 있어서는 年賀狀 수령이 26세(1961), 會社 취업이 27세(1962), 高校敎師 취임이 28세(1963), 大學講義가 32세(1967), 專任講師 취임이 37세(1972), 結婚主禮 집전이 42세(1977), 勳章 수령이 45세(1980), 學校同窓會長 취임이 46세(1981), 正敎授 승진이 50세(1985), 學會會長 및 大學院長 취임이 51세(1992), 地方議會 議員選擧 투표가 56세(1991), 硏究院 院長 취임이 57세(1992), 美國 라스베이거스市 名譽市民 취득이 60세(1995), 國務總理級 委員長 취임이 64세(1999), 大統領에의 獨對報告가 65세(2000)에 처음 일어났음.

· 學問業績에 있어 共著 出刊은 32세(1967), 라디오 및 TV 出演은 38세(1973), 國際會議 참석 및 발표는 39세(1974), 基調論文 발표는 40세(1975), 單獨著書 발간은 44세(1979), 記錄集 발간행사는 62세(1997)에 처음 있었음.

· 旅行과 交通利用에 있어서는 버스승차가 14세(1949), 汽車승차가 17세(1952), 電車승차가 21세(1950), 택시승차가 22세(1957), 바다구경이 24세(1959), 航空機 탑승이 30세(1965), 乘用車구입이 47세(1982), 中共訪問이 54세(1989), 運轉免許證취득이 55세(1990),白頭山 등정이 64세(1992), 萬步機 착용이 59세(1994), 北韓訪問 및 金剛山 등정이 64세(1999), 地下鐵 無賃乘車가 67세(2002)에 처음 발생하였음.

· 趣味生活에 있어 水泳이 5세(1940), 歌唱이 6세(1941), 漫畵, 童話, 小說 읽기가 10세(1945), 映畵보기가 13세(1948), 記錄이 13세(1948), 花鬪놀이가 14세(1949), 술마시기가 27세(1962), 담배피우기가 31세(1966), 볼링운동이 35세(1970), 골프운동이 48세(1983), 新品 골프채 취득이 49세(1984), 노래 作詞가 52세(1987), 골프운동 1,000회 돌파가 66세(2001)에 최초로 발생하였음.

○ 平均 發生週期

· 家族數는 2個月에 1名 정도 增減이 있었고, 住居地는 3年半에 한 번씩 바뀌었음.

· 身長은 1週에 3mm씩 성장했고, 체중은 1週에 1kg 정도 配定된 셈임.

· 生産的인 活動은 하루에 11時間 이루어졌고, 敎育·訓練은 4年에 한 번 履修했으며, 經歷 委囑은 6週에 1件씩 일어났고, 賞勳은 9個月半에 한 번씩 수령하였음.

· 著作은 4週에 한 번씩 發刊되었고, 學術發表은 6週에 1回, 特講·演說은 3週에 1回, 大衆媒體 發表는 20個月半에 1回, 育成弟子는 5日에 4名씩 발생하였음.

· 團體加入은 16個月에 1件, 紀念作文은 2年에 1篇, 結婚主禮는 1年에 두 번, 單純한 行事參與는 2個月에 한 번, 紹介·弘報는 4週에 한 번, 年賀狀 受領은 1個月에

10枚씩 일어났음.

· 旅行은 2週에 1回, 처음 訪問한 國家는 1年半에 한 나라, 延訪問國은 1年에 1.3個國, 延訪問地域은 1個月에 1.2地域, 방문한 地點은 하루에 1.1個地點, 旅行距離는 하루에 58.8km, 이 가운데 飛行距離는 하루에 37.5km, 步行은 하루에 4,525步, 이의 距離는 하루에 2.9km로 나타났음.

· 담배는 이틀에 한갑半을 피우고, 술은 3日에 燒酒 2瓶을 마셨으며, 노래는 1년에 10曲을 새로 배워 불렀고, 小說은 2週半에 1卷을, 映畵는 15日에 1篇을 읽고 보았으며, 골프는 24日에 한 번씩 친 셈임.

· 2002年 不變價格으로 환산하여 收入은 하루에 376,640원, 支出은 하루에 354,987원씩 나타나 純收入은 하루에 21,653원씩 발생했음.

· 不動産은 하루에 70,269원씩, 動産은 하루에 32,518원씩 증가하여 保有資産이 하루에 102,787원씩 증식된 셈임.

· 執筆한 原稿量은 하루 平均 6枚였고, 本人의 講義나 演說을 들은 사람은 하루에 18명이었음.

▲ 母校 同窓會로부터 '母校를 빛낸 자랑스러운 同門賞'을 받고 紀念植樹를 하다.
(安東大學校 校庭에서, 2002.8.4)

客說 : 經驗에서 얻은 삶의 眞實

人生의 運命은 一長春夢이라고 한다. 극히 짧은 時間에 불과하다는 뜻이다. 그러나 나의 경우는 다르다. 지난 70년 生涯는 참으로 길었다고 생각되며, 대체로 만족스러워 餘恨이 없다.

6. 生涯 主要事項의 單位期間當 平均發生値

分類	事 項	期 間	生涯總計	年平均 (70年)	月平均 (840月)	週平均 (3,653週)	日平均 (25,568日)	平 均 發生周期
1.家庭 構成	1. 家 族	家 族 數(名)	345	4.9	0.4	0.09	0.01	2個月에 1名
	2. 住 宅	住 居 地(個)	19	0.3	0.02	0.005	0.0007	3年半에 1個
2.生涯 沿革	1. 身 相	身 長(cm)	1,714.4	24.5	2.0	0.5	0.07	1週에 5mm
		體 重(kg)	3,851.6	55.0	4.6	1.1	0.15	1週에 1kg
	2. 生産活動	時 間 數(時間)	276,549	3,950.7	329.2	75.7	10.8	1日에 11時間
	3. 教育·訓練	履 修 數(件)	16	0.2	0.02	0.004	0.0006	4年에 1件
	4. 經歷委囑	件 數(件)	642	9.2	0.8	0.2	0.03	6週에 1件
	5. 賞 勳	受 領 數(件)	99	1.4	0.1	0.03	0.004	9個月에 1件
3.學問 業績	1. 著 作	發 刊 數(件)	958	13.7	1.1	0.3	0.04	4週에 1件
	2. 學術 發表	回 數(回)	623	8.9	0.7	0.2	0.02	6週에 1回
	3. 特講·演說	回 數(回)	1,501	21.4	1.8	0.4	0.06	2週半에 1回
	4.大衆媒體	發 表 數(回)	369	5.3	0.4	0.1	0.01	2個月半에 1回
	5.育成弟子	人 數(名)	20,672	295.3	24.6	5.7	0.8	5日에 4名
4.生活 遍歷	1. 個人活動回數	團體加入(件)	57	0.8	0.07	0.02	0.002	1年半에 1件
		紀念作文(篇)	50	0.7	0.06	0.01	0.002	3年에 2篇
		結婚主禮(回)	160	2.3	0.2	0.04	0.006	1年에 2回
		行事參與(回)	473	6.8	0.6	0.1	0.02	2個月에 1回
		紹介弘報(回)	1,149	16.4	1.4	0.3	0.04	4週에 1回
		年賀狀受領(枚)	9,164	130.9	10.9	2.5	0.36	1個月에 11枚
	2.旅行·訪問	旅行回數(回)	2,415	34.5	2.9	0.7	0.09	1個月에 3回
		最初訪問國(國)	52	0.7	0.06	0.01	0.002	4年에 3國
		延訪問國(國)	101	1.4	0.1	0.03	0.004	2年에 3國
		延訪問地(地)	1,136	16.2	1.4	0.3	0.04	2個月에 3地域
		訪問地點(個)	36,346	519.2	43.3	9.9	1.4	1週에 10地點
		旅行距離(km)	1,621,716	23,167.4	1,930.6	443.9	63.4	1日에 63km
		航空距離(km)	1,042,759	14,896.6	1,241.4	285.5	40.8	1日에 41km
		步 行 數(步)	113,030,000	1,614,714.3	134,559.5	30,941.7	4,420.8	1日에 4,421步
		步行距離(km)	72,557	1,036.5	86.4	19.9	2.8	1日에 3km
	3.趣味生活	吸 煙 量(匣)	21,098	301.4	25.1	5.8	0.8	2日에 1匣半
		飮 酒 量(瓶)	21,194	302.8	25.2	5.8	0.8	2日에 1瓶半
		歌 曲 數(曲)	681	9.7	0.8	0.2	0.03	1年에 10曲
		小 說 數(卷)	1,573	22.5	1.9	0.4	0.06	1個月에 2卷
		映 畵 數(篇)	1,760	25.1	2.1	0.5	0.07	1個月에 2篇
		골프回數(回)	1,031	14.7	1.2	0.3	0.04	25日에 1回
5.家計 財政 (2006年 不變價格)	1.收入·支出	收 入(千원)	12,691,104	181,301	15,108	3,474	497	1日에 49萬 7千원
		支 出(千원)	11,906,868	170,098	14,175	3,259	466	1日에 46萬 6千원
		純收入(千원)	784,236	11,203	933	215	31	1日에 3萬 1千원
	2.資産增殖額	不動産(千원)	2,045,381	29,220	2,435	560	80	1日에 8萬원
		動 産(千원)	954,619	13,637	1,136	261	37	1日에 3萬 7千원
		合 計(千원)	3,000,000	42,857	3,571	821	117	1日에 11萬 7千원
6.聯合 總計	1.執筆原稿	枚 數(枚)	154,123	2,201.8	183.5	42.2	6.0	1日에 6枚
	2.聽取者數	育成弟子(名)	19,052	272.2	22.7	5.2	0.8	1週에 5名
		聽取大衆(名)	459,356	6,562.2	546.9	125.8	18.0	1日에 18名
		主禮賀客(名)	62,610	894.4	74.5	17.1	2.4	1週에 17名
		合 計(名)	541,018	7,728.8	644.1	148.1	21.2	1日에 21名

客說 : 經驗에서 얻은 삶의 眞實

지구를 위시한 우주의 모든 천체와 생물을 만들고 이를 총괄하는 최고의 유일한 존재를 창조주, 조물주, 천신, 옥황상제 등으로 부른다. 기독교에서는 하나 밖에 없는 유일신이란 뜻으로 '하나님'이라 부르고, 가톨릭교에서는 하늘에 계시는 최고의 신이라는 의미로 '하느님' 또는 '하늘님'이라 일컫고 있다. 그리고 천도교에서는 큰 울타리의 주인이란 뜻으로 '한울님'이라 하고 대종교(大倧敎)에서는 하나의 큰 정신을 가진 주인공이란 의미로 '한얼님'이라 부르고 있다.

명칭이야 어떻든간에 이 창조주에 대해 모든 종교가 부여하고 있는 의미 가운데 공통적인 것은 시간과 공간을 초월하여 유일한 신이라는 것, 영구불멸의 절대적 존재라는 것, 무소불위의 전지·전능한 초월적 능력을 갖고 있다는 것, 정의와 사랑을 가지고 선악을 판단하여 화복을 내린다는 것, 전생과 이승과 내세를 통괄하고 천당·극락과 연옥·지옥을 관장한다는 것, 각 종교의 창시자나 교주는 이 창조주의 아들이라는 것 등으로 되어 있다. 이런 점으로 미루어본다면 각 종교, 각 국민, 사람 각각이 이야기하는 최고의 신은 복수가 아니라 오로지 하나밖에 없다는 사실을 알 수 있다.

그런데 하나님 또는 하느님이라고 불리우는 이 유일신은 우주를 창조하고 질서 있는 운행과 순환을 하도록 만들어놓으신 다음에는 어디서 무엇을 하고 계시는지 궁금하기 짝이 없다. 만물의 영장이라는 사람을 마지막으로 만들어 우리 지구를 다스리게 하고 나서는 통 소식이 없다. 가끔 공자(孔子)님, 부처님, 예수님과 같은 분을 내보내어 인간의 타락상을 고쳐보려는 간접적 방법을 써왔지만 별로 성공한 것 같지는 않고 오히려 인간사회는 더 혼탁해지는 경향으로 치닫고 있는 실정이다. 죽은 다음에 재판을 하여 논공행상을 하고 천당 또는 극락과 연옥 또는 지옥으로 갈라 보내는 모양인데 그것도 믿기 어렵고, 또한 설혹 그것이 사실이라 하더라도 살아 있는 이승에서 그와 같은 판결이 이루어져야만 모든 인간이 참다운 삶을 영위할 수 있지 않을까 한다.

전지·전능하시다는 하나님·하느님이 인간집단에 대해 아무런 작위도 행하시지 않는데 대해 나로서는 몇 가지 가설을 세워본다. 하나는 좋게 생각하여 그 분의 참된 뜻이 인간에 대해 완전한 자치권(自治權)을 부여하고 있다는 것이고, 또 하나는 인간들 스스로 깨달아 올바른 질서를 세워나가기를 바라며 끝까지 깨닫지 못하고 파국으로 치닫는 경우 결정적 순간에 어떤 작용을 가하리라는 것이며, 다른 하나의 가설은 전지·전능의 능력을 상실하여 어떻게 해볼 수 없는 상황에 처해 계시리라는 것이다. 그리고 최악의 가설은 전지·전능한 창조주인 하나님·하느님은 태초부터 존재하지 않았다는 것이다.

어떠한 가설의 경우에도 한 가지 분명한 것은 하나님·하느님에게 기대할 수 없고, 또 기대해서도 안 된다는 사실이다. 그 분을 경애하고 기도하면서 스스로의 마음과 행동을 바르게 하려고 노력하는 것은 매우 좋은 일이지만 살아 있을 때나 죽은 다음에 그 분이 어떻게 해주시기를 바라고 학수고대하는 것은 아예 틀린 일이 아닌가 생각된다.

第 2 部

生 涯 詳 報

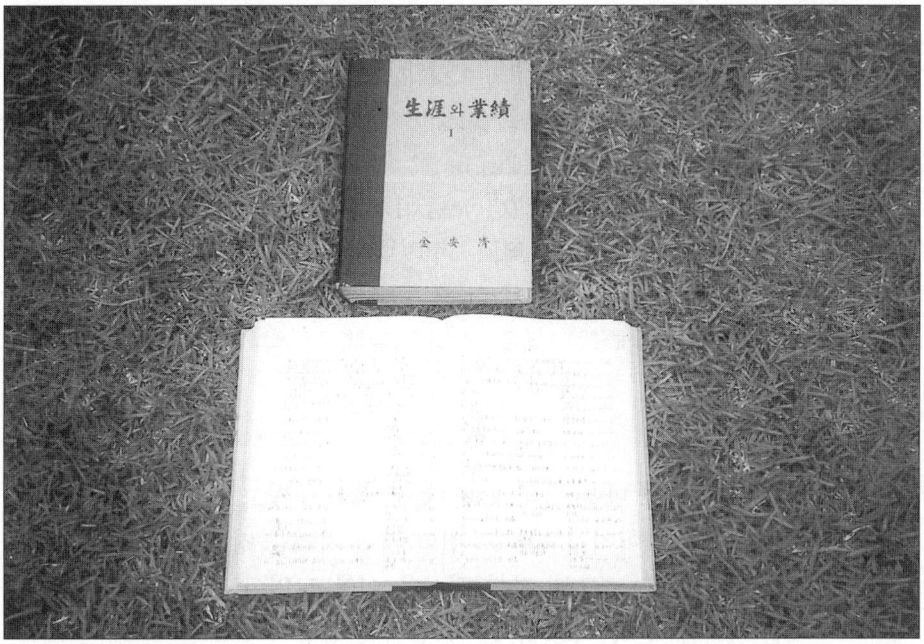

本人 生涯의 活動과 業績을 時系列로 수록하고 있는 親筆의 總記錄集 Ⅰ·Ⅱ

▩ 總 覽

『天尊地卑 乾坤定矣. 卑高以陳
貴賤位矣. 動靜有常 剛柔斷矣.
方以類聚 物以群分 吉凶生矣.
在天成象 在地成形 變化見矣.
是故剛柔相摩 八卦相盪 鼓之以雷霆
潤之以風雨 日月運行 一寒一暑.
乾道成男 坤道成女. 乾知大始
坤作成物. 乾以易知 坤以簡能.』

文王 等(中國 周代), **周易**. 繫辭上傳 篇

(하늘은 높고 땅은 낮아 건곤이 정해진다. 낮고 높은 것이 베풀어져서 귀하고 천한 것이 자리를 잡는다. 움직이고 고요한 것이 정상을 이루고 있어 강한 것과 유한 것이 구별된다. 방위는 동류끼리 모이고 물건은 무리끼리 나누어지며 길하고 흉한 것이 생긴다. 하늘에는 형상이 이루어지고 땅에는 모양이 이루어져서 변화가 나타난다. 이런 때문에 강한 것과 유한 것이 서로 마찰하고 8괘가 서로 움직여서 천둥으로 고동시키고 바람과 비로 윤택케 하며, 해와 달이 운행하여 한 번 춥고 한 번 더워지게 된다. 건의 도는 남자를 이루고 곤의 도는 여자를 이룬다. 건은 큰 시초를 맡고 곤은 물건을 만든다. 건은 쉬운 것으로 알고 곤은 간단한 것으로 할 수 있다.)

문왕 등 (중국 주대), **주역**. 계사상전 편

▩ 總 覽 : 生涯 主要事項의 年度別 統計 (1936. 7. 28 ~ 2006. 7. 28; 70年)

國家時代	生涯區分		年度	年齡	1.家庭構成 / 1.家族 / 1.家族變動 (件)	1.家庭構成 / 1.家族 / 2.家族數 (名)	1.家庭構成 / 2.住宅 / 1.住居地 (個所)	1.家庭構成 / 2.住宅 / 2.住居形態 (型)	2.生涯沿革 / 1.身相 / 1.身長 (cm)	2.生涯沿革 / 1.身相 / 2.體重 (kg)	2.生涯沿革 / 2.生産活動時間數 (時間)	2.生涯沿革 / 3.教育訓練修了 (件)	2.生涯沿革 / 4.經歷委囑件數 / 1.基本經歷 (件)	2.生涯沿革 / 4.經歷委囑件數 / 2.副次經歷 (件)	2.生涯沿革 / 4.經歷委囑件數 / 合計 (件)
日帝 植民地	成長 修學 期	出生成長	1936	1	本人 出生,姉出家	7-6	慶北 聞慶市	父母 自宅	50.3	2.7	-	-	-	-	-
			1937	2	-	6	〃	〃	75.1	5.0	-	-	-	-	-
			1938	3	-	6	〃	〃	82.9	6.9	-	-	-	-	-
			1939	4	-	6	〃	〃	89.9	8.8	-	-	-	-	-
			1940	5	-	6	〃	〃	97.0	10.9	-	-	-	-	-
			1941	6	弟 出生	7	〃	〃	103.1	13.0	-	-	-	-	-
			1942	7	-	7	〃	〃	108.8	15.1	-	-	-	-	-
			1943	8	-	7	〃	〃	113.9	17.2	-	-	-	-	-
			1944	9	姉 出家	6	〃	〃	118.7	18.9	-	-	-	-	-
美軍政		初等學校	1945	10	-	6	〃	〃	123.9	21.0	1,825	-	-	-	-
			1946	11	祖母 逝去	5	〃	〃	129.0	23.1	2,190	-	-	-	-
			1947	12	-	5	〃	〃	134.0	25.0	2,920	-	-	-	-
大韓民國 第1共和國 (李承晩 大統領)			1948	13	-	5	〃	〃	138.1	28.1	3,294	-	-	-	-
			1949	14	-	5	〃	〃	141.8	31.2	4,015	-	-	-	-
			1950	15	-	5	〃	〃	146.1	34.3	4,380	-	-	-	-
		中等學校	1951	16	-	5	〃	〃	149.9	37.1	5,110	1	-	-	-
			1952	17	-	5	〃	〃	154.0	39.0	5,124	-	-	-	-
			1953	18	-	5	〃	〃	158.2	41.3	5,110	-	-	-	-
		高等學校	1954	19	-	5	慶北 安東市	下宿 · 自炊	161.7	43.2	5,110	1	-	-	-
			1955	20	-	5	〃	家庭教師	165.9	45.1	5,110	-	-	-	-
			1956	21	姉 出家	4	〃	〃	169.0	47.0	5,124	-	-	-	-
		大 學 校	1957	22	-	4	서울 龍山洞 · 孝昌洞	自炊	172.2	48.9	5,110	1	-	-	-
		軍 服 務	1958	23	-	4	孝昌洞 · 論山市 · 抱川郡	自炊 · 軍幕舍	174.3	50.8	4,745	-	-	-	-
			1959	24	-	4	光州市 · 抱川郡	軍幕舍	175.0	52.7	4,745	-	-	-	-
第2共和國 (張勉內閣)		大 學 校	1960	25	-	4	서울 龍山洞	合宿所	175.0	54.9	5,124	1	1	-	1
			1961	26	-	4	서울 樂園洞	家庭教師	175.0	57.0	5,110	-	1	-	1
軍事統治 (最高會議)		會社員,教師	1962	27	-	4	서울 苑西洞	下宿	175.0	59.1	4,745	1	1	-	1
		大 學 院	1963	28	-	4	서울 淸凉里洞	家庭教師	175.0	61.1	4,745	-	1	-	1
第3共和國 (朴正熙 大統領)		研 究 員	1964	29	-	4	서울 金湖洞 · 淸凉里洞	自炊 · 家庭教師	175.0	63.2	4,758	-	1	-	1
			1965	30	-	4	서울 淸凉里洞	專貰	175.0	64.1	4,745	1	-	2	2
		助 教	1966	31	本人結婚, 長女出生	5-6	서울 梨花洞	〃	175.0	65.0	4,745	-	1	2	3
			1967	32	-	6	서울 昌信洞	自宅	175.0	65.9	4,745	-	-	2	2
			1968	33	弟結婚, 長男出生	5-6	〃	〃	175.0	67.0	4,758	-	-	2	2
		美國留學	1969	34	-	6	美國 신시내티市	自炊	175.0	68.1	5,110	-	-	1	1
			1970	35	-	6	〃	月貰	175.0	68.5	5,110	-	-	-	-
			1971	36	次女出生	7	〃	〃	175.0	68.9	5,110	2	-	-	-
		累 計	35年		11	190	14	8	5,232.8	1,429.1	122,717	8	6	9	15
		年平均	1年		0.3	5.4	0.4	0.4	145.4	38.6	3,506.2	0.2	0.2	0.3	0.5
	社會 活動 期	專任講師	1972	37	-	7	서울 昌信洞	自宅	175.0	69.3	4,758	1	2	3	5
			1973	38	母 逝去	6	〃	〃	175.0	69.6	4,7454	-	2	7	9
第4共和國 (朴正熙 大統領)			1974	39	-	6	서울 祭基洞	自宅	175.0	69.8	4,745	-	-	6	6
			1975	40	父 逝去	5	〃	〃	175.0	70.0	4,745	-	-	8	8
		助 教 授	1976	41	-	5	美國 신시내티市	自炊	175.0	70.0	4,758	2	1	5	6
			1977	42	-	5	서울 祭基洞	自宅	175.0	70.0	4,745	-	1	10	11
國保委 (崔圭夏 大統領)			1978	43	-	5	서울 上道洞	〃	175.0	70.0	4,745	-	-	15	15
			1979	44	-	5	〃	〃	175.0	70.0	4,745	-	-	14	14
		副 教 授	1980	45	-	5	〃	〃	175.0	70.1	4,758	-	2	21	23
第5共和國 (全斗煥 大統領)			1981	46	-	5	〃	〃	175.0	70.0	4,745	-	-	14	14
			1982	47	-	5	〃	〃	175.0	70.2	4,745	1	1	25	26
			1983	48	-	5	〃	〃	175.0	70.1	4,745	-	-	20	20
			1984	49	-	5	〃	〃	175.0	70.0	4,758	-	-	15	15
		教 授	1985	50	-	5	〃	〃	175.0	69.9	4,380	-	1	17	18
			1986	51	-	5	〃	〃	175.0	70.0	4,380	-	1	14	15
			1987	52	-	5	〃	〃	175.0	70.0	4,380	2	-	9	9
第6共和國 (盧泰愚 大統領)		大學院長	1988	53	-	5	서울 驛三洞	〃	175.0	70.0	4,392	-	1	20	21
			1989	54	-	5	〃	〃	175.0	70.0	4,380	-	-	17	17
		教 授	1990	55	-	5	〃	〃	174.9	69.9	4,380	1	1	35	36
			1991	56	-	5	〃	〃	174.8	69.8	4,380	-	-	24	24
		研究院長	1992	57	-	5	〃	〃	174.6	69.6	4,392	-	1	29	30
文民政府 (金泳三 大統領)			1993	58	長女 出嫁	4	〃	〃	174.4	69.4	4,380	1	-	18	18
			1994	59	-	4	〃	〃	174.1	69.2	4,380	-	1	26	27
		教 授	1995	60	-	4	〃	〃	173.8	69.0	4,380	-	-	21	21
			1996	61	-	4	〃	〃	173.4	68.7	4,392	-	-	32	32
		主任教授	1997	62	-	4	〃	〃	173.0	68.4	4,380	-	1	29	30
國民의 政府 (金大中 大統領)			1998	63	-	4	〃	〃	172.5	68.1	4,380	-	-	27	27
			1999	64	-	4	〃	〃	172.0	67.8	4,380	-	-	17	17
		教 授	2000	65	長男 結婚 · 分家	3	〃	〃	171.5	67.5	4,758	-	-	13	13
			2001	66	-	3	〃	〃	170.5	68.0	4,745	-	-	16	16
			2002	67	-	3	〃	〃	170.3	68.0	4,380	-	1	22	23
參與政府 (盧武鉉 大統領)			2003	68	-	3	〃	〃	170.4	67.8	3,650	-	1	23	24
		名譽 · 碩座	2004	69	次女 出嫁	2	〃	〃	170.5	67.5	3,660	-	1	13	14
		教 授	2005	70	-	2	〃	〃	170.6	67.3	3,285	-	1	12	13
			2006	71	-	2	〃	〃	170.6	67.0	1,881	-	1	6	7
		累 計	35年		5	155	5	2	6,081.9	2,422.0	153,832	8	21	603	624
		年 平 均	1年		0.1	4.4	0.1	0.1	173.8	69.2	4,395.2	0.2	0.6	17.2	17.8
總 累 計			70年		16	345	19	10	11,314.7	3,851.1	276,549	16	27	612	639
年 平 均			1年		0.2	4.9	0.3	0.1	161.6	55.0	3,950.7	0.2	0.4	8.7	9.1

國家時代	生涯區分		年度	年齡	2. 生涯 沿革: 5. 賞勳受領數: 1. 勳章	2. 賞狀表彰狀	3. 感謝功勞狀	合計	3. 學問業績: 1.著作發刊數: 1. 著書	2. 論文	3. 報告書	合計	2.學術發表回數: 1. 基調	2. 主題	3. 司會	4. 討論	5. 參席	合計	3.特講·演說 回數: 1. 特講	2. 演說人事	3. 報告說明	合計	4.大衆媒體 發表回數: 1. 新聞	2. TV	3. 라디오	合計
單位					個	個	個	個	劵	篇	劵	件	回	回	回	回	回	回	回	回	回	回	回	回	回	回
日帝植民地	成長修學期	出生成長	1936	1	-	-	-	-	-	-	-	-	-	-	-	-	-	-	-	-	-	-	-	-	-	-
			1937	2	-	-	-	-	-	-	-	-	-	-	-	-	-	-	-	-	-	-	-	-	-	-
			1938	3	-	-	-	-	-	-	-	-	-	-	-	-	-	-	-	-	-	-	-	-	-	-
			1939	4	-	-	-	-	-	-	-	-	-	-	-	-	-	-	-	-	-	-	-	-	-	-
			1940	5	-	-	-	-	-	-	-	-	-	-	-	-	-	-	-	-	-	-	-	-	-	-
			1941	6	-	-	-	-	-	-	-	-	-	-	-	-	-	-	-	-	-	-	-	-	-	-
			1942	7	-	-	-	-	-	-	-	-	-	-	-	-	-	-	-	-	-	-	-	-	-	-
			1943	8	-	-	-	-	-	-	-	-	-	-	-	-	-	-	-	-	-	-	-	-	-	-
			1944	9	-	-	-	-	-	-	-	-	-	-	-	-	-	-	-	-	-	-	-	-	-	-
美軍政		初等學校	1945	10	-	-	-	-	-	-	-	-	-	-	-	-	-	-	-	-	-	-	-	-	-	-
			1946	11	-	-	-	-	-	-	-	-	-	-	-	-	-	-	-	-	-	-	-	-	-	-
			1947	12	-	-	-	-	-	-	-	-	-	-	-	-	-	-	-	-	-	-	-	-	-	-
大韓民國第1共和國(李承晩大統領)			1948	13	-	2	-	2	-	-	-	-	-	-	-	-	-	-	-	-	-	-	-	-	-	-
			1949	14	-	2	-	2	-	-	-	-	-	-	-	-	-	-	-	-	-	-	-	-	-	-
			1950	15	-	3	-	3	-	-	-	-	-	-	-	-	-	-	-	-	-	-	-	-	-	-
		中等學校	1951	16	-	3	-	3	-	-	-	-	-	-	-	-	-	-	-	-	-	-	-	-	-	-
			1952	17	-	-	-	-	-	-	-	-	-	-	-	-	-	-	-	-	-	-	-	-	-	-
			1953	18	-	2	-	2	-	-	-	-	-	-	-	-	-	-	-	-	-	-	-	-	-	-
		高等學校	1954	19	-	3	-	3	-	-	-	-	-	-	-	-	-	-	-	-	-	-	-	-	-	-
			1955	20	-	1	-	1	-	-	-	-	-	-	-	-	-	-	-	-	-	-	-	-	-	-
			1956	21	-	2	-	2	-	-	-	-	-	-	-	-	-	-	-	-	-	-	-	-	-	-
		大學校	1957	22	-	-	-	-	-	-	-	-	-	-	-	-	-	-	-	-	-	-	-	-	-	-
		軍服務	1958	23	-	-	-	-	-	-	-	-	-	-	-	-	-	-	-	-	-	-	-	-	-	-
			1959	24	-	-	-	-	-	-	-	-	-	-	-	-	-	-	-	-	-	-	-	-	-	-
第2共和國(張勉內閣)		大學校	1960	25	-	-	-	-	-	-	-	-	-	-	-	-	-	-	-	-	-	-	-	-	-	-
			1961	26	-	-	-	-	-	-	-	-	-	-	-	-	-	-	-	-	-	-	-	-	-	-
軍事統治(最高會議)		會社員,敎師	1962	27	-	-	-	-	-	-	-	-	-	-	-	-	-	-	-	-	-	-	-	-	-	-
		大學院	1963	28	-	-	-	-	-	-	-	-	-	-	-	-	-	-	-	-	-	-	-	-	-	-
第3共和國(朴正熙大統領)		硏究員	1964	29	-	-	-	-	-	-	2	2	-	-	-	-	-	-	-	-	-	-	-	-	-	-
			1965	30	-	-	-	-	-	1	2	3	-	-	-	-	-	-	-	-	-	-	1	-	-	1
		助敎	1966	31	-	-	-	-	-	1	2	3	-	-	-	-	-	-	-	-	-	-	-	-	-	-
			1967	32	-	-	-	-	1	2	4	7	-	-	-	-	-	-	-	-	-	-	-	-	-	-
			1968	33	-	-	-	-	-	7	1	8	-	-	-	-	-	-	-	-	-	-	-	-	-	-
		美國留學	1969	34	-	-	-	-	-	7	1	8	-	-	-	-	-	-	-	-	-	-	-	-	-	-
			1970	35	-	-	-	-	-	-	-	-	-	-	-	-	-	-	-	-	-	-	-	-	-	-
			1971	36	-	-	-	-	-	1	-	1	-	-	-	-	-	-	-	-	-	-	-	-	-	-
		累計	35年		-	18	-	18	1	19	12	32	-	-	-	-	-	-	-	-	-	-	1	-	-	1
		年平均	1年		-	0.5	-	0.5	0.0	0.6	0.3	0.9	-	-	-	-	-	-	-	-	-	-	0.0	-	-	0.0
	社會活動期	專任講師	1972	37	-	-	-	-	-	12	7	19	-	-	1	1	1	3	-	-	3	3	-	-	-	-
			1973	38	-	-	-	-	2	13	1	16	-	3	-	-	-	3	2	-	-	2	1	1	4	6
第4共和國(朴正熙大統領)			1974	39	-	-	-	-	-	18	2	20	-	2	-	1	-	3	3	-	-	3	-	1	2	3
			1975	40	-	-	-	-	-	12	2	14	1	3	1	-	-	5	-	-	-	-	1	1	-	2
		助敎授	1976	41	-	-	-	-	-	6	1	7	-	2	-	-	1	3	4	-	1	5	-	-	-	-
			1977	42	-	-	-	-	-	18	8	26	-	5	1	5	-	11	5	2	1	8	6	-	2	8
國保委(崔圭夏大統領)			1978	43	-	-	-	-	-	16	4	20	-	2	2	2	1	7	9	-	1	10	2	-	1	3
			1979	44	-	-	-	-	1	15	8	24	-	6	-	3	1	10	6	-	1	7	3	-	-	3
		副敎授	1980	45	1	-	-	1	-	15	2	17	-	2	1	6	1	10	8	-	3	11	-	-	-	-
第5共和國(全斗煥大統領)			1981	46	-	-	-	-	-	20	6	26	-	2	3	5	-	10	13	6	-	19	3	-	-	3
			1982	47	-	1	-	1	4	20	5	29	-	4	4	6	-	14	11	3	-	14	4	-	-	4
			1983	48	-	-	-	-	1	17	6	24	-	2	4	6	-	12	7	4	-	11	6	-	-	6
			1984	49	-	-	-	-	1	12	8	21	-	3	8	4	-	15	9	6	-	15	2	-	1	3
		敎授	1985	50	-	-	-	-	-	20	9	29	2	3	8	4	-	17	4	3	2	9	3	1	-	4
			1986	51	-	-	-	-	-	21	9	30	1	3	5	7	-	16	4	4	-	8	2	1	1	4
			1987	52	-	1	2	3	-	27	3	30	3	2	6	3	-	14	10	21	2	33	2	3	-	5
第6共和國(盧泰愚大統領)		大學院長	1988	53	-	-	1	1	1	21	2	24	2	2	11	3	-	18	14	15	-	29	11	7	4	22
			1989	54	-	2	3	5	-	35	4	39	3	12	14	7	-	36	22	12	3	37	2	9	3	14
		敎授	1990	55	-	1	6	7	2	35	3	40	1	8	11	5	-	25	51	19	-	70	13	9	2	24
			1991	56	-	-	-	-	-	35	6	41	4	13	10	10	2	39	79	3	1	83	6	16	2	24
		硏究院長	1992	57	-	-	3	3	1	32	6	39	9	6	17	5	-	37	56	26	2	84	6	2	8	16
文民政府(金泳三大統領)			1993	58	1	-	2	3	1	29	3	33	2	3	13	3	-	21	35	43	9	87	6	-	1	7
			1994	59	-	1	3	4	1	25	-	26	6	5	11	2	-	24	39	17	5	61	14	5	3	22
		敎授	1995	60	-	-	3	3	4	49	1	54	8	8	24	6	-	46	79	21	5	105	16	4	7	27
			1996	61	-	1	1	2	1	28	-	29	6	1	20	8	-	35	65	24	4	93	14	8	1	23
		主任敎授	1997	62	-	-	5	5	-	33	2	35	4	4	17	2	-	27	35	47	8	90	8	9	11	28
國民의 政府(金大中大統領)			1998	63	-	-	2	2	2	34	2	38	4	3	19	4	3	33	19	38	5	62	11	2	1	14
			1999	64	1	1	8	10	-	33	1	34	3	1	20	1	3	28	24	21	3	48	7	1	1	9
		敎授	2000	65	-	-	1	1	-	18	1	19	5	-	7	-	3	15	31	36	5	72	3	4	3	10
			2001	66	-	2	7	9	-	17	3	20	-	-	11	2	-	13	23	45	4	72	-	5	1	6
			2002	67	-	1	8	9	-	24	1	25	3	2	9	1	-	15	28	30	6	64	4	2	-	6
參與政府(盧武鉉大統領)			2003	68	-	-	3	3	1	17	3	21	11	-	14	-	1	26	22	44	3	69	5	6	1	12
		名譽·碩座	2004	69	-	-	4	4	1	30	-	31	1	1	7	-	-	9	25	64	14	103	20	12	11	43
		敎授	2005	70	-	2	3	5	1	14	-	15	3	-	12	-	1	16	28	53	-	81	4	-	2	6
			2006	71	-	-	-	-	-	9	1	10	-	-	7	-	-	7	7	26	-	33	1	-	1	1
		累計	35年		3	13	65	81	25	780	121	926	82	113	298	112	18	623	777	633	91	1,501	186	109	73	368
		年平均	1年		0.1	0.4	1.9	2.3	0.7	22.3	3.5	26.5	2.3	3.2	8.5	3.2	0.5	17.8	22.2	18.1	2.6	42.9	5.3	3.1	2.1	10.5
總累計			70年		3	31	65	99	26	799	133	958	82	113	298	112	18	623	777	633	91	1,501	187	109	73	369
年平均			1年		0.04	0.4	0.9	1.4	0.4	11.4	1.9	13.7	1.2	1.6	4.3	1.6	0.3	8.9	11.1	9.0	1.3	21.4	2.7	1.6	1.0	5.3

國家時代	生涯區分	主要事項	年度	年齡	3. 學問業績 5.育成弟子數 1.家庭敎師 中高校 學院 (名)	2. 敎育 訓練院 (名)	3. 大學 大學院 (名)	合計 (名)	4. 生活遍歷 1.個人活動回數 1. 團體加入 (個)	2. 紀念作文 (件)	3. 結婚主禮 (回)	4. 行事參與 (回)	5. 紹介弘報 (回)	6. 年賀狀受領 (枚)	2.旅行·訪問 1. 旅行回數 (回)	2. 最初訪問國 (國)	3. 延訪問國 (國)	4. 延訪問地 (個所)	5.旅行 距離 (km)	5.旅行 飛行距離 (km)	6.步行 數 (千步)	6.步行 步行距離 (km)
日帝 植民地	成長 修學 期	出生成長	1936	1	-	-	-	-	-	-	-	-	-	-	1	1	1	1	-	-	3	1
			1937	2	-	-	-	-	-	-	-	-	-	-	-	-	-	-	-	-	18	5
			1938	3	-	-	-	-	-	-	-	-	-	-	-	-	-	-	-	-	37	11
			1939	4	-	-	-	-	-	-	-	-	-	-	-	-	-	-	-	-	110	33
			1940	5	-	-	-	-	-	-	-	-	-	-	-	-	-	-	-	-	183	55
			1941	6	-	-	-	-	-	-	-	-	-	-	-	-	-	-	-	-	292	117
			1942	7	-	-	-	-	-	-	-	-	-	-	-	-	-	-	-	-	438	175
			1943	8	-	-	-	-	-	-	-	-	-	-	-	-	-	-	-	-	621	248
			1944	9	-	-	-	-	-	-	-	-	-	-	-	-	-	-	-	-	842	337
美軍政		初等學校	1945	10	-	-	-	-	-	-	-	-	-	-	-	-	-	-	-	-	1,095	438
			1946	11	-	-	-	-	-	-	-	-	-	-	-	-	-	-	-	-	1,168	584
			1947	12	-	-	-	-	-	-	-	-	-	-	-	-	-	-	-	-	1,241	621
大韓民國 第1共和國 (李承晩 大統領)			1948	13	-	-	-	-	-	-	-	-	-	-	-	-	-	-	-	-	1,318	659
			1949	14	-	-	-	-	-	-	-	-	-	-	-	-	-	-	-	-	1,387	694
			1950	15	-	-	-	-	-	-	-	-	-	-	-	-	-	-	-	-	1,460	730
		中等學校	1951	16	-	-	-	-	-	-	-	-	-	-	1	-	-	1	50	-	1,460	876
			1952	17	-	-	-	-	-	-	-	-	-	-	1	-	-	1	148	-	1,537	922
			1953	18	-	-	-	-	-	-	-	-	-	-	-	-	-	-	100	-	1,533	920
		高等學校	1954	19	-	-	-	-	-	-	-	-	-	-	3	-	-	2	480	-	1,825	1,095
			1955	20	-	-	-	-	-	-	-	-	-	-	2	-	-	1	296	-	1,825	1,095
			1956	21	-	-	-	-	-	-	-	-	-	-	3	-	-	2	1,066	-	1,830	1,190
		大學校	1957	22	1	-	-	1	-	-	-	-	-	-	6	-	-	3	1,324	-	2,190	1,424
		軍服務	1958	23	1	-	-	1	-	-	-	-	-	-	6	-	-	4	1,205	-	6,570	4,271
			1959	24	1	-	-	1	-	-	-	-	-	-	7	-	-	5	938	-	2,190	1,424
第2共和國 (張勉內閣)		大學校	1960	25	-	-	-	-	-	-	-	-	-	-	6	-	-	4	2,784	-	2,196	1,427
			1961	26	180	-	-	180	2	-	-	-	-	5	5	-	-	3	1,684	-	2,190	1,533
軍事統治 (最高會議)		會社員,敎師	1962	27	1	-	-	1	-	-	-	-	-	6	3	-	-	2	1,918	-	1,825	1,278
		大學院	1963	28	301	-	-	301	-	-	-	-	-	8	4	-	-	2	1,360	-	2,190	1,533
第3共和國 (朴正熙 大統領)		硏究員	1964	29	2	-	-	2	-	-	-	-	-	10	7	-	-	6	1,240	-	2,196	1,537
			1965	30	4	40	-	44	2	-	-	-	-	12	9	-	-	6	5,281	1,647	2,373	1,661
		助敎	1966	31	17	140		157	-	-	-	-	-	13	3	-	-	2	2,134	-	2,372	1,661
			1967	32	85	-	110	195	1	-	-	-	-	15	8	-	-	8	-	-	2,373	1,661
			1968	33	480	620	120	1,220	-	-	-	-	-	17	-	-	-	-	652	132	2,379	1,665
		美國留學	1969	34	40	100	100	240	-	-	-	-	-	19	3	1	1	3	14,344	14,284	2,007	1,405
			1970	35	-	-	-	-	-	-	-	-	-	21	10	-	-	10	13,273	11,653	2,007	1,405
			1971	36	-	-	-	-	-	-	-	-	-	24	1	-	-	1	120	-	2,008	1,405
		累計	35年		1,113	900	330	2,343	5	-	-	-	-	150	88	2	2	66	50,397	27,716	57,288	36,096
		年平均	1年		31.8	25.7	9.4	66.9	0.1	-	-	-	-	4.3	2.5	0.1	0.1	1.9	1,439.9	791.9	1,636.8	1,031.3
	社會活動 期	專任講師	1972	37	-	-	-	-	2	-	-	-	-	50	11	1	1	9	21,024	15,380	2,196	1,537
			1973	38	-	230	535	765	1	-	-	-	-	60	11	-	-	6	6,990	-	2,190	1,533
第4共和國 (朴正熙 大統領)			1974	39	-	480	735	1,215	-	-	-	-	-	80	25	-	1	19	11,613	3,129	2,190	1,533
			1975	40	-	1,163	575	1,738	3	-	-	-	-	100	33	-	1	16	13,811	3,219	2,190	1,533
		助敎授	1976	41	-	-	60	60	-	-	-	-	-	120	11	-	2	11	32,918	28,938	2,196	1,537
			1977	42	-	380	50	430	1	-	2	-	-	140	24	-	2	18	26,101	17,841	2,190	1,533
國保委 (崔圭夏 大統領)			1978	43	-	80	55	135	1	-	3	-	-	160	23	-	2	16	20,668	12,038	2,190	1,533
			1979	44	-	80	70	150	1	-	-	-	-	180	34	10	10	30	55,050	44,272	2,190	1,533
		副敎授	1980	45	-	385	60	445	1	-	2	-	5	200	17	-	-	8	9,234	2,018	2,196	1,537
第5共和國 (全斗煥 大統領)			1981	46	-	500	57	557	2	-	4	-	4	210	30	-	-	14	15,610	3,674	2,190	1,533
			1982	47	-	500	102	662	-	1	6	-	3	230	50	3	4	24	48,455	27,384	1,095	767
			1983	48	-	450	112	562	1	1	5	1	4	250	45	2	3	28	54,448	29,512	1,095	767
			1984	49	-	500	113	613	2	1	3	1	-	290	51	-	1	30	40,780	6,812	1,098	769
		敎授	1985	50	-	500	78	578	-	-	3	-	4	320	39	-	2	23	45,273	15,041	1,095	767
			1986	51	-	440	74	514	2	2	-	2	27	490	23	1	1	17	36,160	11,930	913	639
			1987	52	-	500	72	572	-	2	6	11	17	520	21	-	1	17	23,654	5,012	912	639
第6共和國 (盧泰愚 大統領)		大學院長	1988	53	-	500	73	573	1	-	4	3	27	415	33	-	-	22	25,081	7,197	915	641
			1989	54	-	200	71	271	1	2	2	14	48	505	54	1	3	24	62,764	45,696	913	639
		敎授	1990	55	-	300	70	370	-	4	8	12	14	406	62	1	1	31	32,263	12,939	912	639
			1991	56	-	500	180	680	3	1	5	18	63	360	106	4	7	59	87,907	65,081	2,190	1,424
		硏究院長	1992	57	-	800	220	1,020	3	4	4	28	97	360	87	-	1	40	50,407	32,241	1,464	952
文民政府 (金泳三 大統領)			1993	58	-	400	220	620	-	5	5	32	48	290	68	-	2	31	46,561	35,251	913	539
		敎授	1994	59	-	300	395	695	1	-	7	34	33	250	81	-	4	49	71,078	58,641	1,460	949
			1995	60	-	500	300	800	2	2	7	32	91	213	131	3	6	61	129,228	107,382	2,017	1,311
			1996	61	-	500	136	636	2	-	7	43	75	230	93	-	1	35	54,747	37,798	2,054	1,335
		主任敎授	1997	62	-	350	147	497	2	-	10	36	78	120	107	1	6	51	77,057	59,289	2,105	1,263
國民의政府 (金大中 大統領)			1998	63	-	150	185	335	4	2	7	41	59	154	112	-	1	40	29,320	13,912	1,687	1,012
		敎授	1999	64	-	200	104	304	5	3	11	38	81	300	134	1	3	45	31,361	13,578	1,943	1,166
			2000	65	-	330	125	455	-	2	8	33	37	282	125	2	5	46	64,091	47,932	1,870	1,122
			2001	66	-	150	50	200	3	2	9	19	53	288	141	6	8	54	79,575	55,012	1,947	1,168
			2002	67	-	68	76	144	-	3	9	14	24	271	79	4	7	41	75,985	61,743	2,055	1,233
參與政府 (盧武鉉 大統領)		名譽·碩座 敎授	2003	68	-	-	59	59	-	2	8	14	79	292	119	1	2	37	48,687	35,982	1,636	900
			2004	69	-	-	57	57	-	4	6	27	142	400	124	-	2	37	57,415	42,011	732	402
			2005	70	-	-	47	47	3	2	5	8	28	242	138	-	1	39	28,902	9,988	502	276
			2006	71	-	-	10	10	-	5	4	12	7	236	85	8	8	42	57,101	47,080	303	152
		累計	35年		-	11,436	5,273	16,709	47	50	160	473	1,148	9,014	2,327	50	99	1,070	1,571,319	1,015,043	55,743	36,461
		年平均	1年		-	326.7	150.7	477.4	1.3	1.4	4.6	13.5	32.8	257.5	66.5	1.4	2.8	30.6	44,894.8	29,001.2	1,592.6	1,041.7
總累計			70年		1,113	12,336	5,603	19,052	52	50	160	473	1,148	9,164	2,415	52	101	1,136	1,621,716	1,042,759	113,030	72,557
年平均			1年		15.9	176.2	80.0	272.2	0.7	0.7	2.3	6.8	16.4	130.9	34.5	0.7	1.4	16.2	23,167.4	14,896.6	1,614.7	1,036.5

國家時代	生涯區分	主要事項 / 年度·年齡			4. 生活遍歷						5. 家計財政 (2006年 不變價格)					
					3. 趣味生活						1. 收入·支出			2. 保有資産 增殖額		
					1. 吸煙量	2. 飲酒量	3. 歌曲數	4. 耽讀小說數	5. 觀覽映畫數	6.골프運動回數	1.收入額	2.支出額	3.純收入	1.不動産	2.動産	合計
		單位			匣	甁	曲	卷	篇	回	千원	千원	千원	千원	千원	千원
日帝植民地	成長修學期	出生成長	1936	1	-	-	-	-	-	-	9	9	0	-	-	-
			1937	2	-	-	-	-	-	-	14	14	0	-	-	-
			1938	3	-	-	-	-	-	-	20	20	0	-	-	-
			1939	4	-	-	-	-	-	-	25	25	0	-	-	-
			1940	5	-	-	-	-	-	-	29	29	0	-	-	-
			1941	6	-	-	1	-	-	-	35	35	0	-	-	-
			1942	7	-	-	1	-	-	-	38	38	0	-	-	-
			1943	8	-	-	1	-	-	-	44	44	0	-	-	-
			1944	9	-	-	2	-	-	-	57	57	0	-	-	-
美軍政		初等學校	1945	10	-	-	3	2	-	-	59	59	0	-	-	-
			1946	11	-	-	3	4	-	-	171	171	0	-	-	-
			1947	12	-	-	5	7	-	-	297	297	0	-	-	-
大韓民國 第1共和國 (李承晩 大統領)			1948	13	-	-	3	10	7	-	411	411	0	-	-	-
			1949	14	-	-	4	13	12	-	485	485	0	-	-	-
			1950	15	-	-	2	8	6	-	2,192	2,192	0	-	-	-
		中等學校	1951	16	-	-	14	39	10	-	4,699	4,690	9	-	-	-
			1952	17	-	-	13	70	19	-	7,929	7,905	24	-	-	-
			1953	18	-	-	10	11	11	-	16,118	16,073	45	-	-	-
		高等學校	1954	19	-	-	24	22	12	-	27.431	27,354	77	-	-	-
			1955	20	-	-	14	30	25	-	22,629	22,566	63	-	-	-
			1956	21	-	-	10	26	11	-	20,337	20,281	56	-	-	-
		大學校	1957	22	-	-	12	27	89	-	23,070	23,006	64	-	-	-
		軍服務	1958	23	-	-	15	13	14	-	12,322	12,289	33	-	-	-
			1959	24	-	-	13	25	27	-	8,477	8,454	23	-	-	-
第2共和國 (張勉內閣)		大學校	1960	25	-	-	8	26	22	-	36,997	36,896	101	-	-	-
			1961	26	-	-	6	15	17	-	40,712	40,599	113	-	-	-
軍事統治 (最高會議)		會社員,敎師	1962	27	-	26	19	20	36	-	45,484	45,358	126	-	-	-
		大學院	1963	28	-	26	29	19	38	-	41,077	40,963	114	-	-	-
第3共和國 (朴正熙 大統領)		研究員	1964	29	-	52	12	20	32	-	53,567	43,949	9,618	-	-	-
			1965	30	-	52	16	22	30	-	55,203	64,135	-8,932	9,146	20,244	29,390
		助敎	1966	31	91	156	17	27	33	-	92,849	102,582	-9,733	5,669	-11,038	-5,369
			1967	32	91	156	21	22	29	-	59,360	59,196	164	10,513	-4,141	6,372
			1968	33	183	210	16	22	25	-	75,985	75,811	174	3,383	-819	2,564
		美國留學	1969	34	183	104	9	9	5	-	76,183	74,506	1,677	5,558	886	3,444
			1970	35	182	130	9	5	27	-	75,195	73,339	1,856	942	950	1,892
			1971	36	182	130	7	4	17	-	70,290	73,577	-3,287	369	-4,285	-3,916
		累計	35年		912	1,042	319	518	554	-	869,800	877,415	-7,615	32,580	1,797	34,377
		年平均	1年		26.1	29.8	9.1	14.8	15.8	-	24,851	25,069	-218	931	51	982
	社會活動期	專任講師	1972	37	274	315	15	16	12	-	90,331	113,996	-23,665	-953	-22,335	-23,288
			1973	38	274	312	20	21	22	-	81,332	77,786	3,546	-713	33,795	33,082
第4共和國 (朴正熙 大統領)			1974	39	274	546	15	22	26	-	200,653	180,350	20,303	82,916	12,498	95,414
			1975	40	274	546	7	23	23	-	95,085	67,596	27,489	-1,357	21,473	20,116
		助敎授	1976	41	366	628	14	10	25	-	59,738	64,918	-5,180	-3,461	-14,561	-18,022
			1977	42	365	624	18	26	28	-	132,875	82,346	50,529	-232	45,764	45,532
國保委 (崔圭夏 大統領)			1978	43	365	702	19	22	26	-	533,303	472,576	60,727	162,788	-13,047	149,741
			1979	44	365	702	15	25	24	-	157,763	130,524	27,239	2,419	13,747	16,166
		副敎授	1980	45	458	785	13	22	22	-	144,225	114,012	30,213	-14,082	13,216	-866
第5共和國 (全斗煥 大統領)			1981	46	456	780	16	22	22	-	101,682	69,835	31,847	-7,239	11,968	4,729
			1982	47	456	780	10	14	19	-	405,083	305,581	99,502	186,589	95,863	282,452
			1983	48	456	1,045	12	23	18	62	147,178	101,955	45,223	47,372	30,930	78,302
			1984	49	549	941	8	20	20	120	292,552	291,748	804	194,901	-29,597	165,304
		敎授	1985	50	548	941	16	17	25	141	363,225	126,187	237,038	-111,024	227,580	116,556
			1986	51	547	836	14	17	30	134	283,393	211,735	71,658	112,107	42,422	154,529
			1987	52	548	836	7	13	22	111	196,242	108,019	88,223	73,549	66,325	139,874
第6共和國 (盧泰愚 大統領)		大學院長	1988	53	547	732	7	10	19	99	1,132,330	1,125,466	6,864	725,366	-295,523	429,843
			1989	54	639	732	6	14	19	81	161,251	129,471	31,780	252,813	30,454	283,267
		敎授	1990	55	639	732	4	11	15	51	513,304	492,887	20,417	-191,934	-6,109	-198,043
			1991	56	639	732	6	29	31	46	424,725	218,617	206,108	-138,965	205,036	66,071
		研究院長	1992	57	732	627	9	13	27	39	214,943	132,108	82,835	96,916	59,454	156,370
文民政府 (金泳三 大統領)			1993	58	730	627	12	12	16	7	310,009	703,189	-393,180	425,408	-139,153	286,255
			1994	59	730	468	7	14	27	12	281,330	313,081	-31,751	-99,726	74,192	-25,534
		敎授	1995	60	730	468	27	25	35	27	192,262	157,532	34,730	-87,340	66,671	-20,669
			1996	61	732	468	28	34	49	15	191,202	188,548	2,654	-47,416	148,285	100,869
		主任敎授	1997	62	730	390	2	31	58	12	570,322	605,679	-35,357	-36,915	67,771	30,856
國民의政府 (金大中 大統領)			1998	63	840	390	1	65	84	12	574,576	607,237	-32,661	-55,844	65,084	9,240
			1999	64	803	374	2	51	58	13	483,511	471,286	12,225	381,164	69,018	107,182
		敎授	2000	65	769	359	-	55	102	11	669,583	708,010	-38,157	25,659	77,669	103,328
			2001	66	730	365	2	81	59	13	525,082	504,096	20,986	-19,535	81,713	62,178
			2002	67	730	270	6	98	70	12	426,767	386,553	40,214	239,431	-172,141	67,290
參與政府 (盧武鉉 大統領)			2003	68	730	235	5	26	27	6	378,009	344,578	33,431	-24,657	84,315	59,658
		名譽·碩座	2004	69	805	366	3	55	54	1	616,378	577,851	38,527	-2,561	63,511	60,950
		敎授	2005	70	803	364	6	75	52	4	748,122	724,780	23,342	180,011	-117,740	62,271
			2006	71	460	134	10	43	40	2	122,668	119,320	3,348	10,346	53,274	63,620
		累計	35年		20,186	20,152	362	1,055	1,206	1,031	11,821,304	11,029,453	791,851	2,012,801	952,822	2,965,623
		年平均	1年		576.7	575.8	10.3	30.1	34.5	29.5	337,752	315,127	22,624	57,509	27,223	84,732
總累計			70年		21,098	21,194	681	1,573	1,760	1,031	12,691,104	11,906,868	784,236	2,045,381	954,619	3,000,000
年平均			1年		301.4	302.8	9.7	22.5	25.1	14.7	181,301	170,098	11,203	29,220	13,637	42,857

國家時代	生涯區分	主要事項	年度	年齡	6. 聯合總計 1.執筆原稿量 1. 著作發行	2. 學術發表	3. 紀念作文	合計	2.聽取者數 1. 育成弟子	2. 聽取大衆	3. 主禮賀客	合計	3.運勢豫言과 實相 1土亭秘訣豫言	2實際發生狀況	3.秘訣的中率	4. 最初發生 特記事項
單位					枚	枚	枚	枚	名	名	名	名	-	-	%	-
日帝植民地	成長修學期	出生成長	1936	1	-	-	-	-	-	-	-	-	大凶運	均衡調	50	本人出生, 누님出嫁
			1937	2	-	-	-	-	-	-	-	-	大凶運	大逆調	50	出生申告
			1938	3	-	-	-	-	-	-	-	-	凶 運	逆 調	50	外祖父 逝去
			1939	4	-	-	-	-	-	-	-	-	吉 運	順 調	80	寺刹禮佛
			1940	5	-	-	-	-	-	-	-	-	平凡運	均衡調	50	水泳시작
			1941	6	-	-	-	-	-	-	-	-	大凶運	大逆調	70	唱歌 부름
			1942	7	-	-	-	-	-	-	-	-	凶 運	逆 調	85	驚氣,得病
			1943	8	-	-	-	-	-	-	-	-	平凡運	均衡調	80	初等學校 入學面接
			1944	9	-	-	-	-	-	-	-	-	大凶運	大逆調	75	妻 出生
美軍政		初等學校	1945	10	-	-	-	-	-	-	-	-	大吉運	大順調	95	初等學校 入學,漫畵 · 童話읽음
			1946	11	-	-	-	-	-	-	-	-	大吉運	大順調	80	바나나試食,運動靴신음
			1947	12	-	-	-	-	-	-	-	-	吉 運	順 調	85	理髮館 이발
大韓民國 第1共和國 (李承晩 大統領)			1948	13	-	-	-	-	-	-	-	-	凶 運	均衡調	45	映畵관람,記錄시작
			1949	14	-	-	-	-	-	-	-	-	凶 運	順 調	30	級長취임,버스탐,花鬪놀이
			1950	15	-	-	-	-	-	-	-	-	吉 運	順 調	95	美術大會 입상
		中等學校	1951	16	-	-	-	-	-	-	-	-	凶 運	大順調	15	中學 1등 입학
			1952	17	-	-	-	-	-	-	-	-	平凡運	均衡調	90	汽車탐
			1953	18	-	-	-	-	-	-	-	-	凶 運	逆 調	35	奬學金 탐
		高等學校	1954	19	-	-	-	-	-	-	-	-	吉 運	大順調	95	安東留學次 出鄕, 下宿 · 自炊함
			1955	20	-	-	-	-	-	-	-	-	凶 運	逆 調	30	家庭教師 입주
			1956	21	-	-	-	-	-	-	-	-	平凡運	均衡調	98	서울 電車탐,外食함
		大學校	1957	22	-	-	-	-	1	-	-	1	大吉運	大順調	96	大學入學,구두신음,時計참,택시탐
		軍服務	1958	23	-	-	-	-	1	-	-	1	凶 運	逆 調	85	軍入隊
			1959	24	-	-	-	-	1	-	-	1	大凶運	均逆調	90	바다구경
第2共和國 (張勉內閣)		大學校	1960	25	-	-	-	-	-	-	-	-	大吉運	大順調	92	軍 除隊
			1961	26	-	-	-	-	180	-	-	180	平凡運	均衡調	95	洋服입음, 年賀狀반음
軍事統治 (最高會議)		會社員,教師	1962	27	-	-	-	-	1	-	-	1	吉 運	順 調	93	學士學位반음,會社취업,술마심
		大學院	1963	28	-	-	-	-	301	-	-	301	凶 運	逆 調	30	高校教師취임,大學院진학
第3共和國 (朴正熙 大統領)		研究員	1964	29	400	-	-	400	2	-	-	2	大凶運	大逆調	88	라디오 구입
			1965	30	1,660	15	-	1,675	44	-	-	44	大吉運	大順調	75	航空機탑승,碩士學位반음
		助 教	1966	31	600	-	-	600	157	-	-	157	大吉運	大順調	98	結婚,長女出生,自家취득
			1967	32	3,230	-	-	3,230	195	-	-	195	吉 運	順 調	78	大學講義함,共著出刊
			1968	33	1,705	-	-	1,705	1,220	-	-	1,220	凶 運	逆 調	65	電話가설,眼鏡씀,長男출생
		美國留學	1969	34	1,385	-	-	1,385	240	-	-	240	大吉運	大順調	97	TV구입, 美國留學감
			1970	35	-	-	-	-	-	-	-	-	大凶運	均逆調	28	볼링배움
			1971	36	165	-	-	165	-	-	-	-	凶 運	順 調	25	美國서 次女출생
		累 計	35年		9,145	15	-	9,160	2,343	-	-	2,343	平凡運 ~凶運	均衡調~順調	2,518	-
		年平均	1年		261.3	0.4	-	261.7	66.9	-	-	66.9	2.86/5	3.22/5	69.9	-
	社會活動期	專任講師	1972	37	1,934	-	-	1,934	-	830	-	830	凶 運	大順調	35	專任講師발령
			1973	38	2,603	225	-	2,828	765	800	-	1,565	平凡運	均衡調	90	라디오放送, TV放映
第4共和國 (朴正熙 大統領)			1974	39	2,119	310	-	2,429	1,215	1,108	-	2,323	平凡運	均衡調	87	國際會議 참석 · 발표
			1975	40	2,180	560	-	2,740	1,738	680	-	2,388	凶 運	逆 調	90	基調論文 발표
		助教授	1976	41	2,565	185	-	2,750	60	1,450	-	1,510	凶 運	逆 調	25	博士學位 취득
			1977	42	5,833	550	-	6,383	430	3,050	950	4,430	凶 運	均衡調	38	結婚主禮 집전
國保委 (崔圭夏 大統領)			1978	43	4,464	290	-	4,754	135	3,240	1,210	4,585	吉 運	順 調	90	冷藏庫 구입
			1979	44	8,910	640	-	9,550	150	4,620	-	4,770	平凡運	逆 調	88	單獨著書 발간
		副教授	1980	45	996	290	-	1,286	445	2,965	700	4,110	凶 運	均衡調	33	勳章 받음
第5共和國 (全斗煥 大統領)			1981	46	3,289	230	-	3,519	557	6,740	1,350	8,647	大吉運	大順調	92	學校同窓會 會長취임
			1982	47	6,030	450	2	6,482	602	6,210	1,770	8,582	凶 運	逆 調	50	乘用車구입,에어콘설치
			1983	48	4,594	390	10	4,994	562	4,750	1,760	7,072	凶 運	逆 調	45	골프運動
			1984	49	5,194	325	15	5,534	613	6,385	910	7,908	吉 運	順 調	92	新品골프채 膳物 받음
		教 授	1985	50	3,624	640	-	4,264	578	4,861	1,130	6,569	大吉運	大順調	90	正教授승진
			1986	51	6,884	540	45	7,469	514	5,380	-	5,894	平凡運	大順調	89	學會會長피선,大學院長就任
			1987	52	3,204	547	5	3,756	572	16,688	1,970	19,230	凶 運	逆 調	35	노래 歌詞 작사
第6共和國 (盧泰愚 大統領)		大學院長	1988	53	6,595	479	-	7,074	573	10,204	1,280	12,057	凶 運	順 調	23	家族 제작 비치
			1989	54	5,872	910	9	6,791	271	26,231	780	27,282	平凡運	均衡調	96	中華人民共和國 방문
		教 授	1990	55	5,320	479	28	5,827	370	25,150	3,080	28,600	大凶運	大逆調	40	運轉免許證 취득
			1991	56	4,270	805	1	5,076	680	39,383	1,890	41,953	凶 運	逆 調	35	地方議會議員 選擧 투표
		研究院長	1992	57	8,009	815	10	8,834	1,020	29,196	1,560	31,776	凶 運	逆 調	30	白頭山등정, 研究院長취임
文民政府 (金泳三 大統領)			1993	58	1,725	554	17	2,296	620	19,205	1,830	21,655	大吉運	大順調	98	長女결혼, 外孫子출생
		教 授	1994	59	1,425	700	-	2,125	695	17,275	2,030	20,000	吉 運	順 調	90	萬步機 착용
			1995	60	5,765	860	6	6,631	800	33,097	2,320	36,217	吉 運	順 調	96	自宅 팩스설치,美國 LasVegas 名譽市民
			1996	61	5,450	460	-	5,910	636	22,217	2,420	25,273	大吉運	順 調	94	陰曆 回甲 받음
		主任教授	1997	62	1,385	492	-	1,877	497	17,915	3,510	21,922	凶 運	大逆調	35	記錄集 發刊行事 개최
國民의政府 (金大中 大統領)			1998	63	1,205	435	25	1,665	335	12,746	2,570	15,651	吉 運	逆 調	95	週末農場 농사지음
		教 授	1999	64	1,395	203	8	1,606	304	13,753	5,410	19,467	凶 運	大順調	15	北韓 땅 밟음,金剛山 등정
			2000	65	610	166	2	778	455	16,305	3,400	20,160	大吉運	大順調	90	大統領 獨對報告
			2001	66	1,220	-	25	1,245	200	14,341	5,750	20,291	凶 運	順 調	25	골프 運動 1,000回 돌파
			2002	67	595	157	6	758	144	11,927	3,750	15,821	平凡運	順 調	80	教授停年, 서울大學 名譽教授
參與政府 (盧武鉉 大統領)		名譽 · 碩座 教 授	2003	68	11,115	178	7	11,300	59	21,532	2,500	24,091	凶 運	大順調	30	新行政首都建設委員長
			2004	69	925	64	8	997	57	21,282	2,480	23,819	吉 運	逆 調	45	子女結婚 完了
			2005	70	1,572	11	2	1,585	47	29,461	2,450	31,958	凶 運	順 調	70	建國大 碩座教授
			2006	71	320	-	11	331	10	8,409	1,850	10,269	大凶運	順 調	15	古稀 맞음
		累 計	35年		130,821	13,900	242	144,963	16,709	459,356	62,610	538,675	平凡運 ~ 凶運	均衡調~順調	2.171	-
		年平均	1年		3,737.7	397.1	6.9	4,141.8	477.4	13,124.5	1,788.9	15,390.1	2.99/5	3.30/5	62.0	-
總 累 計			70年		139,966	13,915	242	154,123	19,052	459,356	62,610	541,018	平凡運 ~ 凶運	均衡調~順調	4.689	-
年 平 均			1年		1,999.5	198.8	3.5	2,201.8	272.2	6,562.2	894.4	7,728.8	2.93/5	3.26/5	67.0	-

客說 : 經驗에서 얻은 삶의 眞實

사람은 누구나 시간이라는 軸과 공간이라는 축이 만나는 座標 위에 존재하고 있다. 나는 출생 후 만 66년이 흐른 2002이라는 시간과 지구 위 대한민국의 서울이라는 공간이 맞닿는 점에 위치하고 있다.

현재의 시점에서 되돌아볼 때, 선대인 敬順王의 출생으로부터 1,105년이 흘렀고, 경주김씨 시조인 閼知 大輔公의 출생으로부터 1,937년이 지나갔으며 단군왕검이 조선을 개국한지 4,335년이 되었다. 北몽골인이 한반도로 이주해온지가 1만년 전이고 直立人이 출현한 것이 100만년 전이며 지구상에 인류의 원조인 猿人이 나타난 것이 1천만년 전이며 포유동물이 형성된 것이 2억년 전이다. 그리고 한반도가 오늘의 모습으로 굳어진 것이 2억7천만년 전이고, 태양계와 지구가 나타난 것이 약 45억년 전이며, 빅 뱅(big bang)을 일으켜 우주가 생성되기 시작한 것이 150억년 전이라고 한다. 무한한 시간 속에 우주와 물체가 나타나고 그 위에 동 · 식물이 서식하며 끝으로 인류가 출현한 것은 한 사람의 생애와 비교하면 너무도 머나먼 까마득한 이야기이다. 그래서 한 사람의 일생을 순간, 찰라, 草露, 須臾 등으로 표현하지 않았나 한다.

한편 공간의 차원에서 볼 때, 우주는 반경 1.04 $\times 10^{23}$㎞의 크기를 갖고, 우리 은하계는 가로 반경 46.3 $\times 10^{16}$㎞와 세로 반경 7.7 $\times 10^{16}$㎞의 크기를 가지며, 우리 태양계는 가로 반경 7.5 $\times 10^{9}$㎞와 세로 반경 1.46 $\times 10^{9}$㎞의 넓이로 되어 있다. 그리고 우리가 살고 있는 지구는 평균 약 6.4 $\times 10^{3}$㎞의 반경을 가진 큰 구형이고, 한반도는 평균 3.18 $\times 10^{2}$㎞의 반경으로 되어 있으며, 수도 서울의 넓이는 반경 1.4㎞로 되어 있다. 이 속에 들어 있는 驛三洞 본인 자택의 대지는 반경 1.2 $\times 10^{-2}$㎞이고 본인의 신체는 평균 반경 2.5 $\times 10^{-4}$㎞로 되어 있으니 왜소하기 짝이 없는 규모라고 할 수 있다. 그러나 본인이 활동한 공간적 영역은 지구의 표면적 5.2 $\times 10^{8}$㎢에 이르고, 입체적으로는 高空 10㎞와 지하 160m 사이의 체적 5.2 $\times 10^{9}$㎦에 이르니 약간은 넓은 편이다.

그리고 인간집단에서의 비중 역시 한 개인의 경우 미미한 존재에 불과하다고 할 수 있다. 본인의 경우 서울에 있어 1,100만분의 1이요, 한국 인구 중 4,500만분의 1, 남북한 전체로는 약 8천만분의 1에 지나지 않는다. 인류 생성 이후 生을 영위한 사람의 총누계로 따지면 한반도의 경우 약 2억분의 1이요, 지구 전체의 경우 약150억분의 1에 해당된다. 하나의 草芥이고 모래알의 하나에 불과하다고 할 수 있다. 시간과 공간에서 볼 때, 그리고 인류 속에서의 비중으로 볼 때, 나 개인은 희미하고 초라하며 보잘 것 없다는 비참한 생각이 든다.

第 1 篇

出生起源

本人이 出生하기 이전에 발생한 自然과 人間社會의 歷史를 수록합니다. 宇宙의 生成, 太陽系와 地球의 형성, 韓半島의 生成, 人類의 出現, 韓民族의 형성과 先祖의 出生, 그리고 歷代 先祖들을 거쳐 本人이 出生하기까지의 起源을 資料中心으로 하여 정리하였습니다.

먼저 「時 · 空間의 形成과 本人의 出現」 章에서는 宇宙와 地球 및 人類의 生成, 韓半島와 韓國歷史, 本人 生涯의 時 · 空間的 位置 등을 기술하고, 다음의 「韓國의 姓氏와 先代 世系」의 章은 韓國의 姓氏와 先代의 系統을 담고 있으며, 끝으로 「直系 先祖의 略史」 章에서는 先祖의 出生과 時代, 先祖의 官職과 贈號, 先祖의 居住地와 墓所 등을 나열하고 있습니다.

本人의 出生까지는 宇宙創生에서 150億年, 地球形成에서 45億年, 人類出現에서 400萬年, 國祖 檀君王儉에서 4,269年, 始祖 金閼智에서 1,871年의 긴 期間이 흘렀습니다. 本人의 出現을 가능케 한 긴 歲月의 因果應報를 大綱으로나마 그 뿌리를 찾아 時間과 空間과 人間의 三次元的 座標를 구명하고 있습니다.

▨ 概觀

『天之道 不爭而善勝 不言而善應
不召而自來 繟然而善謀
天網恢恢 疎而不失』

老子(B.C.604 ? ~ ?), **老子**. 七十三章

(하늘의 도는 다투지 않고도 잘 이기고 말하지 않고도 잘 응하며 부르지 않아도 스스로 오게 하고 느직하면서도 잘 도모한다.
하늘의 그물은 크고 커서 성긴 듯하면서 결코 빠뜨리지 않는다.)

노자(B.C.604? ~ ?), **노자**. 73장

▨ 概 觀 : 時 · 空間의 構成體系

- ○時 · 空間
  - 時 間
    - 過 去 時 間
      - 星群生成時期
        - 宇宙生成時期
        - 銀河系生成時期
        - 太陽系生成時期
        - 地球生成時期
        - 韓半島生成時期
      - 人類出現時期
        - 生物出現時期
        - 人類出現時期
        - 韓民族出現時期
        - 國祖建國時期
    - 未 來 時 間
      - 人類滅亡時期
        - 人類滅亡時期
        - 生物滅亡時期
      - 星群消滅時期
        - 地球消滅時期
        - 太陽系消滅時期
        - 銀河系消滅時期
        - 宇宙消滅時期
  - 空 間
    - 自 然 空 間
      - 星 群 空 間
        - 宇宙空間
        - 銀河系空間
        - 太陽系空間
      - 地 球 空 間
        - 地球空間
        - 韓半島空間
        - 南韓空間
    - 生 活 空 間
      - 成長 · 修學期空間
        - 居住空間
        - 活動空間
      - 社會活動期空間
        - 居住空間
        - 活動空間

第 1 章 時·空間의 形成과 本人의 出現

□ 總 括 : 宇宙創生에서 本人出現까지의 빅 이벤트

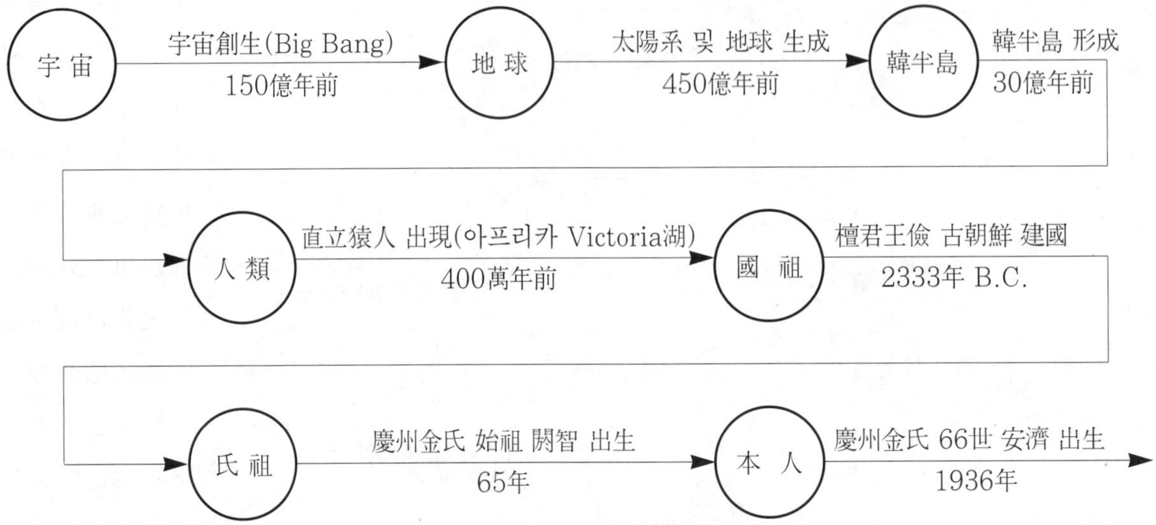

Ⅰ. 宇宙와 地球 및 人類

○ 要 約 : 宇宙와 人類 및 文化의 生成 過程

區分	時代	年 度	主 要 生 成 事 項
宇宙創生	宇宙生成時代	150億年前	빅뱅(Big Bang) 發生, 宇宙 誕生
		45 〃	太陽系 및 地球 生成
		30 〃	韓半島 形態 形成, 地球에 生命體 生成
人類出現	前 期 舊石器 時代	400萬年前	直立猿人(ape man) 出現(아프리카洲 中央 Victoria湖 東南方 탄자니아 國 Serengeti 高原의 Olduvai 峽谷)
		100 〃	나일江을 따라 北上하여 유럽大陸과 아시아大陸으로 進出
		80 〃	人間의 불 使用
		50 〃	原人(primitive man) 出現, 불의 發明·使用, 言語 使用
	中期 舊石器 時代	20 〃	舊人 出現, 肉食의 一般化
		4 〃	新人 (現生人類, homosapiens) 出現
	後期 舊石器 時代		아시아大陸에서 알래스카를 경유하여 北美大陸으로 進出
		3 〃	北美大陸에서 南美大陸으로 進出, 8千年前에 南美 最南端에 到着
文化形成	中石器 時代	1萬年前	細石器 製造, 農業革命
			漁撈技術 進步, 배·車 發明
			개(犬)의 家畜化
	新石器時代	B.C. 6000	農耕·牧畜 發達, 生産 經濟, 氏族社會 形成, 都市革命
		4004	舊約聖書上 創世紀, 天地創造
		4000	中國의 黃河文明 發生
			이집트의 나일江文明 發生

區分	時代	年度	主要生成事項
	新石器時代	B.C. 3761	猶太 紀元
		3500	메소포타미아文明 發生
		3000	이집트 象形文字 (神聖文字, hieroglyph) 出現
		2900	메소포타미아의 수메르(Sumer) 楔形文字(cuneiform) 出現
		2500	印度의 인더스(Indus) 文明 發生
		2357	中國의 堯帝 紀元
		2333	檀君 古朝鮮 紀元
		2000	中國 巨石文化 (Stonehenge) 發生
	金屬器時代	1300	中國의 甲骨文字(漢字) 出現
		1200	알파베트(英字) 原型 出現
		753	로마市 建設
		660	日本 紀元
		544	佛敎 出現
		500	中央 아메리카의 마야(Maya)文明 發生
		A.D. 30	그리스토敎 出現
		622	回敎 出現
		700	日本 文字 出現
		1400	잉카(Inca) 文明 發生
		1446	韓國 文字(한글) 出現

客說 : 經驗에서 얻은 삶의 眞實

生物에 雌雄이 없었다면 創造主는 生物을 계속 만들어 地球에 공급하느라 지금까지 무척 바빴을 것이다. 이를 미리 예측한 創造主는 모든 生物을 雌雄으로 만들어 그들 스스로 再生産하는 시스템을 갖도록 하였다. 그래서 처음 한 번 만들고 나서는 할 일이 없어 줄곧 쉬고 계신다. 참으로 全知全能하고 영특한 분이시다.

客說 : 經驗에서 얻은 삶의 眞實

하루살이가 하루를 사나 人間이 百年을 사나 거북이가 千年을 사나 각자가 느끼는 生涯의 길이는 같다. 하루살이의 하루 生涯도 人間이나 거북이 만큼 다양하고 變化가 심하며 할 것은 다하기 때문이다. 人間이 볼 때 짧은 하루지 그로서는 긴 一生이다.

客說 : 經驗에서 얻은 삶의 眞實

신비로운 傳說이 自然科學의 발달로 점차 사라지는 것이 무척 아쉽고 섭섭하다. 달에는 月桂樹와 방아 찧는 토끼가 있고, 陰曆 七月七夕이 되면 牽牛와 織女가 까치들이 만든 銀河水의 烏鵲橋에서 울며 만나는 모습들이 그대로 우리 마음 속에 신비롭게 남아 있었으면 좋겠다. 나는 美口의 달 探査船이 처음 달에 갔을 때 달에 있는 흙을 가져오기 보다는 토끼와 寫眞을 찍고 月桂樹 잎을 따왔으면 하고 바랐다. 그렇게 삭막한 곳이었다면 가지 않았던게 좋을 뻔 했다.

1. 宇宙의 生成과 運行

(1) 宇宙의 生成 및 規模와 運行秩序

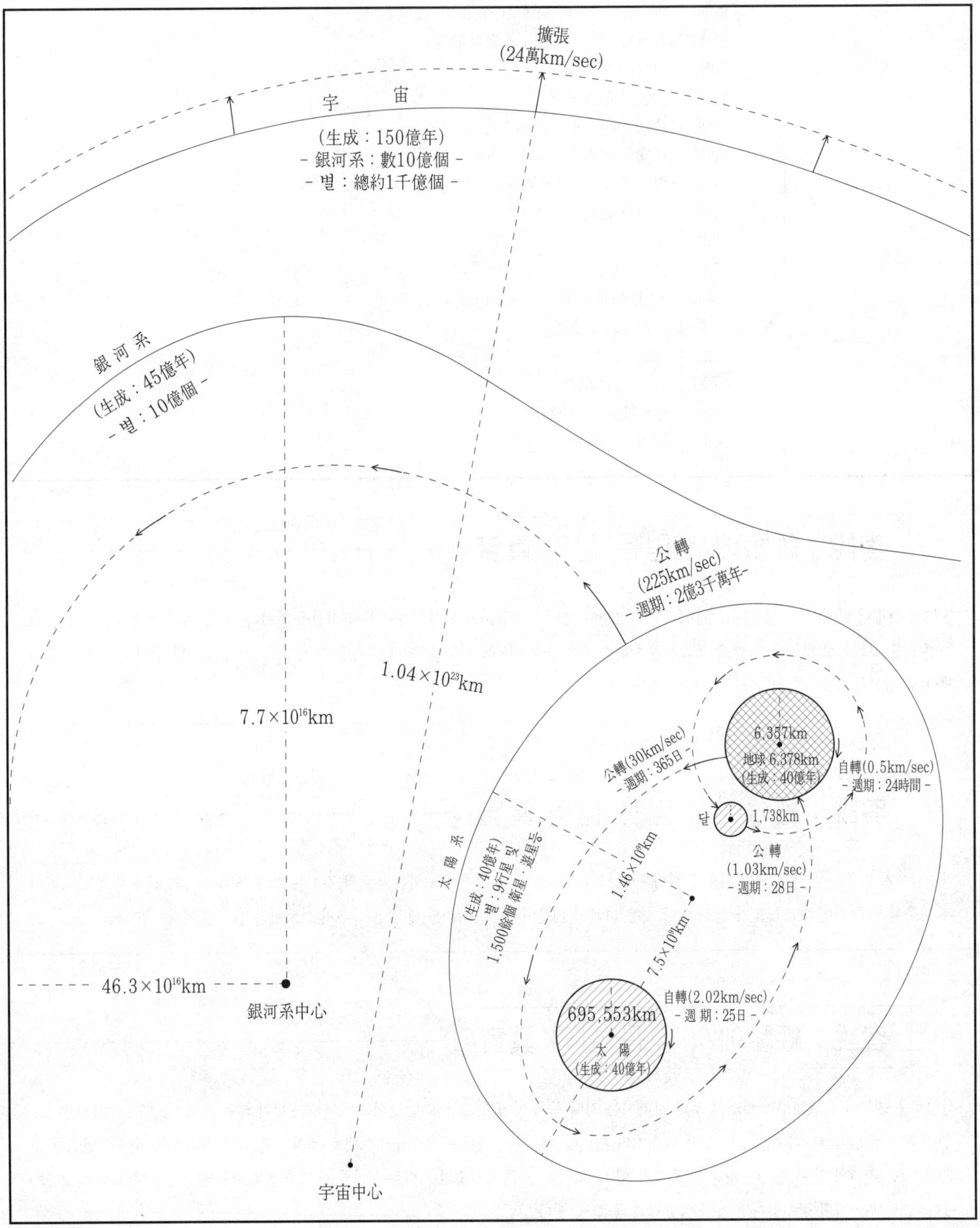

(2) 70年 生涯中 天體運行의 回數와 距離

種類 \ 項目	運行速度(km/秒)	周　期	運行1回當距離(km)	70年間 運行回收(回)	70年間 運行距離(km)
1. 地球自轉(赤道基準)	0.5	23.934時間(1日)	43,200	25.568	1,104,537,600
2. 太陽自轉	2.02	26.9日	4,697,191	950	4,462,331,904
3. 달의 地球 公轉	1.02	27,322日(1月)	2,712,571	840	2,278,559,640
4. 地球의 太陽 公轉	29.8	365.25日(1年)	948,082,909	70	66,365,663,630
5. 太陽系의 銀河系 公轉	225	2億2千萬年	1.77×10^{18}	2.9×10^{-7}	497,473,527,260
合　計	-	-	$955,535,871+(1.77\times10^{18})$	$27,428+(2.9\times10^{-7})$	571,684,620,034

(3) 太陽系內 天體들의 位置와 公轉速度 狀況圖

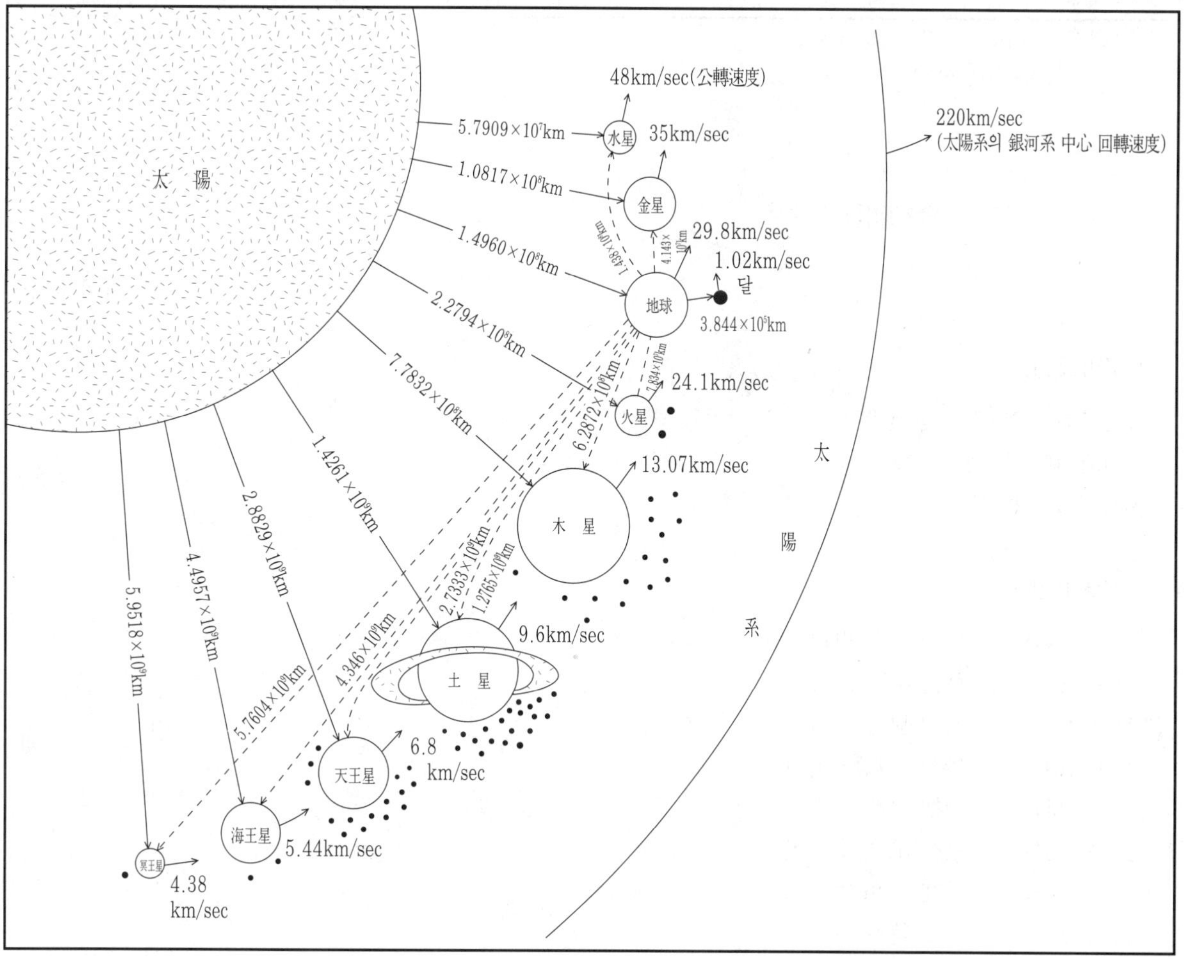

(4) 太陽系內 地球의 位相과 主要 天體들과의 比較

天 體 名		太陽에서의 平均距離(km)	地球에서의 平均距離(km)	半 徑 (地球=1)*	質 量 (地球=1)**	自 轉 週 期	公 轉 週 期	公轉速度(km/秒) (公轉中心體)	衛星數 (個)
太　陽(Sun)		-	1.4960×10^{8}	109.3	333,400	26.9日	2億年	220(銀河系中心)	0
行星 (Planet)	水星(Mercury)	5.7909×10^{7}	1.4381×10^{8}	0.383	0.055	58.65日	87.97日	48(太　陽)	0
	金星(Venus)	1.0817×10^{8}	4.143×10^{7}	0.9488	0.815	243.02日	225日	35(〃)	0
	地球(Earth)	1.4960×10^{8}	-	1.000	1.000	23.934時間	365.25日	29.8(〃)	1
	火星(Mars)	2.2794×10^{8}	7.834×10^{7}	0.5326	0.1074	24.623時間	686.98日	24.1(〃)	2
	木星(Jupiter)	7.7832×10^{8}	6.2872×10^{8}	11.19	317.9	9.925時間	11.86年	13.07(〃)	16
	土星(Saturn)	1.4261×10^{9}	1.2765×10^{9}	9.46	95.26	10.657時間	29.46年	9.6(〃)	20
	天王星(Uranus)	2.8829×10^{9}	2.7333×10^{9}	4.11	14.6	17.3時間	84.01年	6.8(〃)	15
	海王星(Neptune)	4.4957×10^{9}	4.3461×10^{9}	3.88	17.2	~18時間	164.8年	5.44(〃)	2
	冥王星(Pluto)	5.9518×10^{9}	5.7604×10^{9}	~0.3	0.0025	6.387日	248.5年	4.78(〃)	1
地球의 衛星: 달(Moon)		1.4960×10^{8}	3.844×10^{5}	0.2725	0.0123	27.322日	27.322日	1.02(地球)	-

註. * 地球의 赤道半徑 : 6,378.136±1 km

** 地球의 質量 : 5.7933×10^{24}kg

(5) 宇宙 및 人類의 最初出現 日時

(다윈의 進化論에 근거하여 推定)

1) 宇宙 誕生

· 1月 1日 : Big Bang 發生
· 4月 1日 : 銀　河　系　誕生
· 9月 9日 : 太　陽　系　誕生

2) 地球上 生物 出現

· 12月 19日　: 最初 魚類 出現
· 12月 20日　: 最初 植物 出現
· 12月 21日　: 最初 昆蟲 出現
· 12月 23日　: 最初 爬蟲類 出現
· 12月 24日　: 最初 恐龍 出現
· 12月 26日　: 最初 哺乳類 出現
· 12月 27日　: 最初 鳥類 出現
· 12月 28日　: 恐龍 絶滅

3) 人間과 人類文化 出現

· 12月 31日 22時 30分　: 最初 人間 出現
· 12月 31日 23時 59分　: Stonehenge 建設

· 12月 31日 23時 59分 50秒 : 이집트 文明 出現
· 12月 31日 23時 59分 55秒 : 부처 誕生
· 12月 31日 23時 59分 56秒 : 예수 誕生
· 12月 31日 23時 59分 59秒 : 유럽 르네상스 始作
· 12月 31日 24時 子正 : Big Bang 理論 生成, 相對性原理 發見, 宇宙探査 始作

(6) 地球의 構成과 規模

1) 地球 表面積과 大陸 · 大洋別 構成

(統計 : 2000年 現在)

區 分	大陸 · 大洋名	面積(km²)	地球全體中 構成比(%)	大陸 · 大洋別構成比(%)	最初訪問日字
大 陸	1. 아 시 아洲	31,889,660	6.3	23.5	1936. 7.28
	2. 유 럽洲	22,969,900	4.5	16.9	1979. 8. 9
	3. 北아메리카洲	24,221,490	4.7	17.8	1969. 9.20
	4. 南아메리카洲	17,858,530	3.5	13.2	2002. 1.27
	5. 아 프 리 카洲	30,348,110	5.9	22.3	1995. 7.18
	6. 오세아니아洲	8,514,830	1.7	6.3	1982. 1.19
	合 計(6)	135,802,510	26.6	100.0	1936. 7.28

區 分	大陸 · 大洋名	面積(km²)	地球全體中 構成比(%)	大陸 · 大洋別構成比(%)	最初訪問日字
大 洋	1. 太 平 洋	165,719,140	32.6	44.3	1969. 9.20
	2. 大 西 洋	81,660,000	16.0	21.9	1979. 8. 9
	3. 印 度 洋	73,441,960	14.4	19.7	1979.10.13
	4. 南 極 洋	38,674,066	7.6	10.3	-
	5. 北 極 洋	14,350,000	2.8	3.8	-
	合 計(5)	373,845,166	73.4	100.0	1969. 9.20
總 計	11	509,647,676	100.0	-	1936. 7.28

2) 地球 大陸別 構成과 訪問國의 占有比

(統計 : 2006年 現在)

項目 / 大陸	大陸別 構成 (A)				訪問國의 構成 (B)				訪問國의 占有比(B/A,%)			
	獨立國	面積(km²)	人口(千人)	GNP(百萬 US$)	訪問國	面積(km²)	人口(千人)	GNP(百萬 US$)	國 家	面 積	人 口	GNP
1. 아시아洲	48	31,762,951	3,891,415	11,106,708	18	19,873,512	3,255,243	9,177,151	37.5	62.6	83.7	77.1
2. 유럽洲	42	23,040,396	730,498	13,479,783	17	20,395,036	575,228	11,648,567	40.5	88.5	78.7	86.4
3. 北아메리카洲	23	24,394,535	515,093	13,643,647	3	21,471,102	436,004	12,639,680	13.0	88.0	84.6	92.6
4. 南아메리카洲	12	17,822,479	369,396	996,344	3	12,580,167	250,576	759,477	25.0	70.6	67.8	76.2
5. 아프리카洲	53	30,256,320	879,227	672,118	9	7,394,262	229,020	353,179	17.0	24.4	26.0	52.5
6. 오세아니아洲	14	8,514,986	33,288	663,712	2	7,962,742	24.441	623,638	14.3	93.5	73.4	94.0
合 計	192	135,791,667	6,418,916	41,362,312	52	89,676,821	4,770,512	35,206,692	27.1	66.0	74.3	85.1

※韓國도 포함.

2. 人類의 出現과 文明發達

(1) 人類의 生成과 文明의 展開

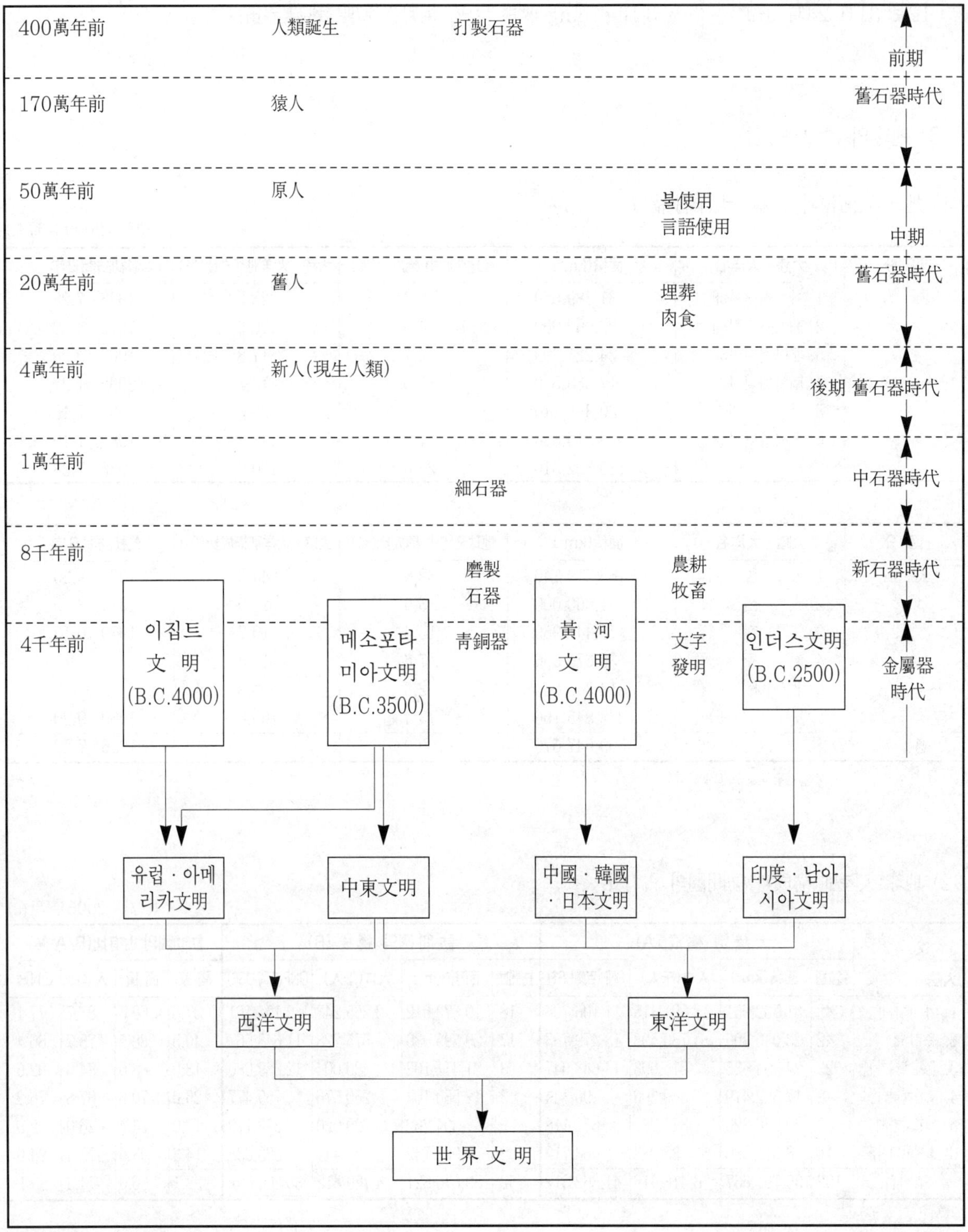

(2) 人類史의 主要 年代表

年 代	重 要 人 類 史
47億年 前	太陽 出現
45 〃	地球 誕生
30 〃	바다에서 微生物 發生
5 〃	물고기 生成
4 〃	昆蟲 棲息
2 〃	恐龍 棲息 (6,500萬年前에 滅種)
1.5 〃	鳥類 棲息
5,000萬年前	말(馬) 棲息
4,000 〃	원숭이 棲息
440 〃	人間과 유사한 動物 棲息
B.C. 350萬年	直立人間 , 아프리카에서 出現
170 〃	直立人間 , 아프리카에서 他大陸으로 移動
70-80 〃	人間의 불 發見, 道具 使用
40000-15000	東洋人, 베링海峽을 지나 알래스카를 經由하여 아메리카 大陸으로 移住
1000-4000	메소포타미아에서 都市形成, 農事 始作
4500-3000	수메르族, 메소포타미아에 文字를 가진 都市國家 建設
4236	天地創造 (埃及人 信奉)[1]
4004	天地創造, 10月 23日 午前 9時 (天主敎 信奉의 創世紀)[2]
4000	中國에서 쌀農事 始作
3761	天地創造 (猶太人 信奉)[3]
3372	中美의 마야文明이 달력 製作
2772	埃及에서 1年을 365日로 計算
2700	埃及에서 피라밋 · 스핑크스 建設
2348	노아의 洪水 發生
約 2000	아브라함, 猶太敎 始作
約 1900	소돔, 고모라城 滅亡
1750	함무라비法典 頒布
1250	모세 引導로 이스라엘 民族의 出埃及
1225	여호수아 가나안 땅 征服
559	釋迦牟尼 誕生
4	예수 그리스도 誕生
A.D. 570	마호메트 誕生
622	回敎 (이슬람敎) 創業
1096-1291	十字軍 戰爭勃發
1232-1834	宗敎 裁判所 設置
1492	컬럼버스, 아메리카 大陸 上陸
1517	루터의 宗敎改革(10月 31日)
1620	淸敎徒, 아메리카 上陸
1620-1648	天主敎 對 改新敎의 30年戰爭 勃發

註. 1) Castleden, R., *The Concise Encyclopaedia of World History*. JG Press, 1996.
2) Trager, J., *The People's Chronology*. New York, 1992.
3) Hughes, J., ed., *The Larousse Desk Reference*. New York, 1995.

資料 : 조찬선, 基督教 罪惡史. 서울 : 평단文化社, 2000.

(3) 年度別 獨立實現 國家 및 U.N.加入 國家

1) 年度別 및 大陸別 國家數

區分 / 洲 / 年度	獨立實現國家							U.N.加入國家						
	아시아	유럽	北아메리카	南아메리카	아프리카	오세아니아	合計	아시아	유럽	北아메리카	南아메리카	아프리카	오세아니아	合計
1523B.C	1	-	-	-	-	-	1	-	-	-	-	-	-	-
1000B.C	-	-	-	-	1	-	1	-	-	-	-	-	-	-
660B.C	1	-	-	-	-	-	1	-	-	-	-	-	-	-
800	-	1	-	-	-	-	1	-	-	-	-	-	-	-
836	-	1	-	-	-	-	1	-	-	-	-	-	-	-
843	-	1	-	-	-	-	1	-	-	-	-	-	-	-
855	-	1	-	-	-	-	1	-	-	-	-	-	-	-
1140	-	1	-	-	-	-	1	-	-	-	-	-	-	-
1288	-	1	-	-	-	-	1	-	-	-	-	-	-	-
1350	1	-	-	-	-	-	1	-	-	-	-	-	-	-
1492	-	1	-	-	-	-	1	-	-	-	-	-	-	-
1499	-	1	-	-	-	-	1	-	-	-	-	-	-	-
1769	1	-	-	-	-	-	1	-	-	-	-	-	-	-
1776	-	-	1	-	-	-	1	-	-	-	-	-	-	-
1804	-	-	1	-	-	-	1	-	-	-	-	-	-	-
1806	-	1	-	-	-	-	1	-	-	-	-	-	-	-
1810	-	-	1	2	-	-	3	-	-	-	-	-	-	-
1811	-	-	-	2	-	-	2	-	-	-	-	-	-	-
1814	-	1	-	-	-	-	1	-	-	-	-	-	-	-
1816	-	-	-	1	-	-	1	-	-	-	-	-	-	-
1821	-	-	2	1	-	-	3	-	-	-	-	-	-	-
1822	-	-	-	2	-	-	2	-	-	-	-	-	-	-
1825	-	-	-	1	-	-	1	-	-	-	-	-	-	-
1828	-	-	-	1	-	-	1	-	-	-	-	-	-	-
1830	-	2	-	-	-	-	2	-	-	-	-	-	-	-
1838	-	-	2	-	-	-	2	-	-	-	-	-	-	-
1841	-	-	1	-	-	-	1	-	-	-	-	-	-	-
1844	-	-	1	-	-	-	1	-	-	-	-	-	-	-
1847	-	-	-	-	1	-	1	-	-	-	-	-	-	-
1861	-	2	-	-	-	-	2	-	-	-	-	-	-	-
1867	-	1	1	-	-	-	2	-	-	-	-	-	-	-
1877	-	1	-	-	-	-	1	-	-	-	-	-	-	-
1901	-	-	-	-	-	1	1	-	-	-	-	-	-	-
1902	-	-	1	-	-	-	1	-	-	-	-	-	-	-
1903	-	-	1	-	-	-	1	-	-	-	-	-	-	-
1905	-	1	-	-	-	-	1	-	-	-	-	-	-	-
1906	1	-	-	-	-	-	1	-	-	-	-	-	-	-
1907	-	-	-	-	-	1	1	-	-	-	-	-	-	-
1908	-	1	-	-	-	-	1	-	-	-	-	-	-	-
1910	1	-	-	-	1	-	2	-	-	-	-	-	-	-
1912	-	1	-	-	-	-	1	-	-	-	-	-	-	-
1917	-	1	-	-	-	-	1	-	-	-	-	-	-	-
1918	1	7	-	-	-	-	8	-	-	-	-	-	-	-
1919	1	-	-	-	-	-	1	-	-	-	-	-	-	-
1921	1	2	-	-	-	-	3	-	-	-	-	-	-	-
1922	-	-	-	-	1	-	1	-	-	-	-	-	-	-
1923	1	-	-	-	-	-	1	-	-	-	-	-	-	-
1932	2	-	-	-	-	-	2	-	-	-	-	-	-	-
1941	1	-	-	-	-	-	1	-	-	-	-	-	-	-
1944	-	1	-	-	-	-	1	-	-	-	-	-	-	-
1945	3	-	-	-	-	-	3	9	12	12	10	4	2	49
1946	3	-	-	-	-	-	3	2	2	-	-	-	-	4
1947	2	-	-	-	-	-	2	2	-	-	-	-	-	2
1948	5	-	-	-	-	-	5	1	-	-	-	-	-	1
1949	-	-	-	-	-	-	-	1	-	-	-	-	-	1
1950	-	-	-	-	-	-	-	1	-	-	-	-	-	1
1951	1	-	-	-	1	-	2	-	-	-	-	-	-	-
1953	2	-	-	-	-	-	2	-	-	-	-	-	-	-
1955	-	1	-	-	-	-	1	5	10	-	-	1	-	16
1956	-	-	-	-	3	-	3	1	-	-	-	3	-	4
1957	1	-	-	-	1	-	2	1	-	-	-	1	-	2
1958	-	-	-	-	1	-	1	-	-	-	-	1	-	1
1960	1	-	-	-	17	-	18	1	-	-	-	16	-	17
1961	1	-	-	-	2	-	3	1	-	-	-	3	-	4
1962	-	-	2	-	4	1	7	-	-	2	-	4	-	6
1963	-	-	-	-	1	-	1	1	-	-	-	1	-	2
1964	-	1	-	-	2	-	3	-	1	-	-	2	-	3
1965	2	-	-	-	1	-	3	2	-	-	-	1	-	3
1966	-	-	1	1	2	-	4	-	-	1	1	2	-	4
1968	-	-	-	-	3	1	4	-	-	-	-	3	-	3
1970	-	-	-	-	-	2	2	-	-	-	-	-	1	1
1971	4	-	-	-	-	-	4	5	-	-	-	-	-	5
1973	-	-	1	-	-	-	1	-	1	1	-	-	-	2
1974	-	-	1	-	1	-	2	1	-	1	-	1	-	3
1975	-	-	-	1	5	1	7	-	-	-	1	4	1	6
1976	-	-	-	-	1	-	1	-	-	-	-	2	1	3
1977	-	-	-	-	1	-	1	1	-	-	-	1	-	2
1978	-	-	1	-	-	2	3	-	-	1	-	-	1	2
1979	-	-	2	-	-	1	3	-	-	1	-	-	-	1
1980	-	-	-	-	1	1	2	-	-	1	-	1	-	2
1981	-	-	2	-	-	-	2	-	-	2	-	-	1	3
1983	-	-	1	-	-	-	1	-	-	1	-	-	-	1
1984	1	-	-	-	-	-	1	1	-	-	-	-	-	1
1990	-	-	-	-	1	2	3	-	1	-	-	1	-	2
1991	8	7	-	-	-	-	15	2	4	-	-	-	2	8
1992	-	1	-	-	-	-	1	8	5	-	-	-	-	13
1993	-	2	-	-	1	-	3	-	5	-	-	1	-	6
1994	-	-	-	-	-	1	1	-	-	-	-	-	1	1
1999	-	-	-	-	-	-	-	-	-	-	-	-	3	3
2000	-	-	-	-	-	-	-	-	-	-	-	-	1	1
2002	1	-	-	-	-	-	1	1	1	-	-	-	-	2
累計	48	42	23	12	53	14	192	47	42	23	12	53	14	191

2) 年度別 獨立實現 國家名 및 U.N加入 國家名

(單位 : 國)

區分 / 年度	獨立實現國家名			U.N. 加入國家名		
	國 家 名	數	累計	國 家 名	數	累計
1523B.C.	中國	1	1	-	-	-
1000B.C.	Ethiopia	1	2	-	-	-
660B.C.	日本	1	3	-	-	-
800	Denmark	1	4	-	-	-
836	Sweden	1	5	-	-	-
843	France	1	6	-	-	-
855	San Marino	1	7	-	-	-
1140	Portugal	1	8	-	-	-
1288	Andorra	1	9	-	-	-
1350	泰國	1	10	-	-	-
1492	Spain	1	11	-	-	-
1499	Switzerland	1	12	-	-	-
1769	Nepal	1	13	-	-	-
1776	美國	1	14	-	-	-
1804	Haiti	1	15	-	-	-
1806	Liechtenstein	1	16	-	-	-
1810	Chile, Colombia, Mexico	3	19	-	-	-
1811	Paraguay, Venezuela	2	21	-	-	-
1814	The Netherlands	1	22	-	-	-
1816	Argentina	1	23	-	-	-
1821	Costa Rica, Guatemala, Peru	3	26	-	-	-
1822	Brazil, Ecuador	2	28	-	-	-
1825	Bolivia	1	29	-	-	-
1828	Uruguay	1	30	-	-	-
1830	Belgium, Greece	2	32	-	-	-
1838	Honduras, Nicaragua	2	34	-	-	-
1841	El Salvador	1	35	-	-	-
1844	Dominican Republic	1	36	-	-	-
1847	Liberia	1	37	-	-	-
1861	Italy, Monaco	2	39	-	-	-
1867	Canada, Luxembourg	2	41	-	-	-
1877	Romania	1	42	-	-	-
1901	濠洲	1	43	-	-	-
1902	Cuba	1	44	-	-	-
1903	Panama	1	45	-	-	-
1905	Norway	1	46	-	-	-
1906	Iran	1	47	-	-	-
1907	New Zealand	1	48	-	-	-
1908	Bulgaria	1	49	-	-	-
1910	Bhutan, South Africa	2	51	-	-	-
1912	Albania	1	52	-	-	-
1917	Finland	1	53	-	-	-
1918	Austria, Hungary, Poland, Yemen,	5	58	-	-	-

區分 / 年度	獨立實現國家名			U.N. 加入國家名		
	國家名	數	累計	國家名	數	累計
	Yugoslavia			-	-	-
1919	Afghanistan	1	59	-	-	-
1921	Ireland, Mongolia, 英國	3	62	-	-	-
1922	Egypt	1	63	-	-	-
1923	Turkey	1	64	-	-	-
1932	Iraq, Saudi Arabia	2	66	-	-	-
1941	Lebanon	1	67	-	-	-
1944	Iceland	1	68	-	-	-
1945	Indonesia, 臺灣, Vietnam	3	71	Argentina, 濠洲, Belarus, Belgium, Bolivia, Brazil,Canada,Chile, 中國,Colombia,Costa Rica, Cuba, Denmark, Dominican Republic, Ecuador, Egypt, El Salvador, Ethiopia, France, Greece, Guatemala, Haiti, Honduras, 印度, Iran, Iraq, Lebanon, Liberia, Luxembourg, Mexico, The Netherlands, New Zealand, Nicaragua, Norway, Panama, Paraguay, Peru, Philippines, Poland, Saudi Arabia, South Africa, Syria, Turkey, Ukraine, 英國, 美國, Uruguay, Venezuela, Yugoslavia	49	49
1946	Jordan, Philippines, Syria	3	74	Afghanistan, Iceland, Sweden, 泰國	4	53
1947	印度, Pakistan	2	76	Pakistan, Yemen	2	55
1948	Israel, 韓國, 北韓, Myanmar, Sri Lanka	5	81	Myanmar	1	56
1949	-	-	-	Israel	1	57
1950	-	-	-	Indonesia	1	58
1951	Libya, Oman	2	83	-		
1953	Cambodia, Laos	2	85	-		
1955	獨逸	1	86	Albania, Austria, Bulgaria, Cambodia, Finland, Hungary, Ireland, Italy, Jordan, Laos, Libya, Nepal, Portugal, Romania, Spain, Sri Lanka	16	74
1956	Morocco, The Sudan, Tunisia	3	89	日本, Morocco, The Sudan, Tunisia	4	78
1957	Ghana, Malaysia	2	91	Ghana, Malaysia	2	80
1958	Guinea	1	92	Guinea	1	81
1960	Benin, Burkina Faso, Cameroon, Central African Republic, Chad, Democratic Republic of the Congo, Republic of the Congo, Côte d'lvoire, Cyprus, Gabon, Madagascar, Mali, Mauritania, Niger, Nigeria, Senegal, Somalia, Togo	18	110	Benin, Burkina Faso, Cameroon, Central African Republic, Chad, Democratic Republic of the Congo, Republic of the Congo, Côte d'lvoire, Cyprus, Gabon, Madagascar, Mali, Niger, Nigeria, Senegal, Somalia, Togo	17	98
1961	Kuwait, Sierra Leone, Tanzania	3	113	Mauritania, Mongolia, Sierra Leone, Tanzania	4	102
1962	Algeria, Burundi, Jamaica, Rwanda, Samoa, Trinidad and Tobago, Uganda	7	120	Algeria, Burundi, Jamaica, Rwanda, Trinidad and Tobago, Uganda	6	108
1963	Kenya	1	121	Kenya, Kuwait	2	110
1964	Malaŵli, Malta, Zambia	3	124	Malaŵi, Malta, Zambia	3	113
1965	The Gambia, Maldives, Singapore	3	127	The Gambia, Maldives, Singapore	3	116

區分 / 年度	獨立實現國家名			U.N. 加入國家名		
	國家名	數	累計	國家名	數	累計
1966	Barbados, Botswana, Guyana, Lesotho	4	131	Barbados, Botswana, Guyana, Lesotho	4	120
1968	Equatorial Guinea, Mauritius, Nauru, Swaziland	4	135	Equatorial Guinea, Mauritius, Swaziland	3	123
1970	Fiji, Tonga	2	137	Fiji	1	124
1971	Bahrain, Bangladesh, Qatar United Arab Emirates	4	141	Bahrain,Bhutan,Oman, Qatar,United Arab Emirates	5	129
1973	The Bahamas	1	142	The Bahamas, Germany	2	131
1974	Grenada, Guinea-Bissau	2	144	Bangladesh, Grenada, Guinea-Bissau	3	134
1975	Angola,Cape Verde, Comoros, Mozambique,Papua New Guinea, São Tomê and Príncipe, Suriname	7	151	Cape Verde, Comoros, Mozambique, Papua New Guinea, São Tomê and Príncipe, Suriname	6	140
1976	Seychelles	1	152	Angola, Samoa, Seychelles	3	143
1977	Djibouti	1	153	Djibouti, Vietham	2	145
1978	Dominica, Solomon Islands, Tuvalu	3	156	Dominica, Solomon Islands	2	147
1979	Kiribati, St.Lucia, St.Vincent	3	159	St.Lucia	1	148
1980	Vanuatu, Zimbabwe	2	161	St.Vincent, Zimbabwe	2	150
1981	Antigua and Barbuda, Belize	2	163	Antigua and Barbuda, Belize, Vanuatu	3	153
1983	St.Kitts and Nevis	1	164	St.Kitts and Nevis	1	154
1984	Brunei	1	165	Brunei	1	155
1990	Marshall Islands, Micronesia, Namibia	3	168	Biechtenstein, Namibia	2	157
1991	Armenia, Azerbaijan, Belarus, Croatia, Estonia, Georgia, Kazakstan, Kyrgyzstan, Latvia, Lithuania, Macedonia, Moldova, Russia, Slovenia, Moldova, Russia, Slovenia Tajikistan, Turkmenistan, Ukraine, Uzbekistan	18	186	Estonia, 韓國, 北韓, Latvia, Lithuania, Marshall Islands, Micronesia, Russia	8	165
1992	Bosnia and Herzegovina	1	187	Armenia, Azerbaijan, Bosnia and Herzegovinia, Croatia, Georgia, Kazakstan, Kyrgyzstan, Moldova,San Marino, Slovenia, Tajikistan, Turkmenistan, Uzbekistan	13	178
1993	Czech Republic, Eritrea, Slovakia	3	190	Andorra, Czech Republic, Eritrea, Macedonia, Monaco, Slovakia	6	184
1994	Palau	1	191	Palau	1	185
1999	-	-	-	Kiribati, Nauru, Tonga	3	188
2000	-	-	-	Tuvalu	1	189
2002	East Timor	1	192	East Timor, Switzerland	2	191

資料: *2006 Britannica Book of the Year*. London : Encyclopaedia Britannica, Inc., 2006. (拔萃作成)

客說 : 經驗에서 얻은 삶의 眞實

國家間의 差別性은 점차 희미해지고 있어 언제가는 地球 전체가 等質化될 것이다. 그때 가면 生物體가 사는 다른 별들과의 差別性이 問題視될 것이다.

(4) 國家別 公休日 日字

國家 \ 月別	1月	2月	3月	4月	5月	6月	7月	8月	9月	10月	11月	12月	合計(日)
아르헨틴(Argentina)	1			20-21	25	8,20	9	17		9		8,25	11
濠洲(Australia)	1,26			20-21,24,25		8						25,26	9
오스트리아(Austria)	1,6			23,24	1	1,12,22		15		26	1	8,25,26	14
벨지움(Belgium)	1			23,24	1	1,12,22	21	15			1,11	25,26	13
브라질(Brazil)	1			21	1	22			7	9	1,15	25	9
캐나다(Canada)	1			21,23,24	15		1		4	9	11	25,26	11
中 國(China)	1	陰1.1-2		4	1	1			12	1-2			9
덴마크(Denmark)	1			20-21,23,24		1.5,12						25,26	10
핀랜드(Finland)	1,6			21,23,24	1	1,11						6,24-26	12
프랑스(France)	1			23,24	1,8	1,12	14	15			1,11	25	12
獨逸(Germany)	1			21,24	1	1,11-12,22		15		3	1	24-26	14
그리스(Greece)	1,6		25	28-30	1	19		15		28		25,26	12
홍 콩(Hong Kong)	1	陰1.1-2		4,21,24			1	18	12	1-2	1	25,26	14
印 度(India)	26							15		2			3
아이리쉬共和國(Irish Ropublic)	1		17	23,24	1	5		7		30		25,26	10
이탈리아(ltaly)	1,6			23,25	1	11		15			1	8,25,26	11
日 本(Japan)	1,15	11		29	3-5		20		15,23	10	3,23	23	14
韓 國(Korea)	1	陰12.31,1.1-2	1	5	5,陰 4.8	6	17	15	陰8,14-16	3		25	15
룩셈브르크(Luxembourg)	1			24	1	1,11-12,23		15			1	25-26	11
말레이시아(Malaysia)	1	陰1.1-2			1	6		31		20		25	8
멕시코(Mexico)	1	5	21	24	1,5				16	9	20	24,25	11
네덜란드(Netherlands)	1			21,23-24	5,13,24	1,11-12						25,26	12
뉴질랜드(New Zealand)	1,2	6		21,23,25		1				23		25,26	10
노르웨이(Norway)	1			21-24	1,17	1,11-12						25,26	12
필리핀(Philippines)	1	25		20-21	1,6	12		28			1,30	25,30,31	13
폴튜갈(Portugal)	1			21,23,25	1	10,22		15		5	1	1,8,25	13
러시아(Russia)	1,2,7		8	21	1,2,9	12					7	12	11
싱가포르(Singapore)	1	陰1.1-2		21	1			9				25	7
南아프리카(South Africa)	1		21	21,24,27	1	16		9	24			16,25,26	12
스페인(Spain)	1,6			20-21,24	1	1,11-12		15		12	1	8,25	14
스웨덴(Sweden)	1,6			21,23-24	1	1,11-12					1	25,26	12
스위스(Switzerland)	1			21,23-24	1	1,11-12		1			1	25,26	12
臺灣(Taiwan)	1,2	陰1.1-2	29	4,5					12,28	10,25,31	12	25	14
泰國(Thailand)	1			6	1,5			12		23		5,10,31	9
英國(United Kingdon)	1		17	21,23-24	1,29			28				25,26	10
美國(U.S.A.)	1,17	21		21	29	14	4		4	9	11,23	25	12
合計(36國)(日)	49	18	8	75	43	53	8	21	14	24	25	68	406

註. 主要日字別 公休國家數 : ①1.1(35國) ②1.25(31國) ③5.1(24國) ④4.21(21國) ⑤4.24(20國) ⑥12.26(19國) ⑦4.23(14國) ⑧6.1(14國) ⑨11.1(13國) ⑩6.12(12國) ⑪8.15(11國)

(5) 西曆紀元 對比 紀元 照見表

1) 韓國紀元

· 古朝鮮(檀君)紀元 = 西紀 + 2333
· 新 羅 紀元 = 西紀 + 57
· 高句麗 紀元 = 西紀 + 37
· 百 濟 紀元 = 西紀 + 18
· 駕 洛 紀元 = 西紀 - 41
· 統一新羅 紀元 = 西紀 - 668

· 渤 海 紀元 = 西紀 - 698
· 高 麗 紀元 = 西紀 - 917
· 朝 鮮 紀元 = 西紀 - 1391
· 韓·日合邦 紀元 = 西紀 - 1909
· 解 放 紀元 = 西紀 - 1944
· 大韓民國 紀元 = 西紀 - 1947

2) 中國紀元

· 堯 帝 紀元 = 西紀 + 2357
· 夏(禹) 紀元 = 西紀 + 2205
· 殷(湯) 紀元 = 西紀 + 1401
· 秦(始皇) 紀元 = 西紀 + 246
· 漢(高朝) 紀元 = 西紀 + 206
· 唐 紀元 = 西紀 - 617

· 宋 紀元 = 西紀 - 959
· 元 紀元 = 西紀 - 1279
· 明 紀元 = 西紀 - 1367
· 淸 紀元 = 西紀 - 1661
· 中 華 民 國 紀元 = 西紀 - 1911
· 中華人民共和國(中共) 紀元 = 西紀 - 1948

3) 日本紀元

· 日 本(天皇) 紀元 = 西紀 + 660
· 日本統一(豊臣秀吉) 紀元 = 西紀 - 1589
· 江戶幕府(德川家康) 紀元 = 西紀 - 1602
· 明治維新 紀元 = 西紀 - 1867

· 昭 和 紀元 = 西紀 - 1925
· 日本 敗戰 紀元 = 西紀 - 1944
· 現代 日本政府 紀元 = 西紀 - 1945
· 平 成 紀元 = 西紀 - 1988

4) 主要國 獨立 紀元

· 프 랑 스 獨立 紀元 = 西紀 - 842
· 泰 國 獨立 紀元 = 西紀 - 1349
· 스 위 스 獨立 紀元 = 西紀 - 1498
· 美 國 獨立 紀元 = 西紀 - 1775
· 이탈리아 獨立 紀元 = 西紀 - 1860
· 캐 나 다 獨立 紀元 = 西紀 - 1866
· 濠 洲 獨立 紀元 = 西紀 - 1900
· 뉴질랜드 獨立 紀元 = 西紀 - 1906
· 몽골리아 獨立 紀元 = 西紀 - 1920
· 英 國 獨立 紀元 = 西紀 - 1920
· 이 집 트 獨立 紀元 = 西紀 - 1921
· 臺 灣 獨立 紀元 = 西紀 - 1944

· 베 트 남 獨立 紀元 = 西紀 - 1944
· 필 리 핀 獨立 紀元 = 西紀 - 1945
· 印 度 獨立 紀元 = 西紀 - 1946
· 朝鮮(北韓)獨立 紀元 = 西紀 - 1947
· 이스라엘 獨立 紀元 = 西紀 - 1947
· 獨 逸 獨立 紀元 = 西紀 - 1954
· 콩 고 獨立 紀元 = 西紀 - 1959
· 싱가포르 獨立 紀元 = 西紀 - 1964
· 솔로몬群島 獨立 紀元 = 西紀 - 1977
· 러 시 아 獨立 紀元 = 西紀 - 1990
· 체 코 獨立 紀元 = 西紀 - 1992
· 슬로바키아 獨立 紀元 = 西紀 - 1992

5) 創設 · 統一紀元

· 로마國 建國(Rome市 創設) 紀元 = 西紀 + 753
· U.N. 創立 紀元 = 西紀 - 1944
· 베 트 남 統一 紀元 = 西紀 - 1974
· 獨逸統一 紀元 = 西紀 - 1989

6) 宗教 · 聖人 出現紀元

· 猶　　太 紀元 = 西紀 + 3761
· 釋迦牟尼 誕生 紀元 = 西紀 + 557
· 孔子誕生 紀元 = 西紀 + 551
· 佛　　教 紀元 = 西紀 + 544
· 소크라테스 誕生 紀元 = 西紀 + 469
· 그리스도 誕生 紀元 = 西紀 + 4
· 그리스도 敎 紀元 = 西紀 - 29
· 마호멧 誕生 紀元 = 西紀 - 569
· 回　　敎 紀元 = 西紀 - 621
· 天 道 敎 紀元 = 西紀 -1857

7) 先代 誕生紀元

· 始　祖 (閼智) 誕生 紀元 = 西紀 - 64
· 奈　勿　王　　誕生 紀元 = 西紀 - 314
· 敬　順　王　　誕生 紀元 = 西紀 - 896
· 太師公(仁琯) 誕生 紀元 = 西紀 -1199
· 桑村公(自粹) 誕生 紀元 = 西紀 -1353
· 判官公(元弼) 誕生 紀元 = 西紀 - 1473
· 入鄕祖(秉鉉) 誕生 紀元 = 西紀 - 1615
· 祖父(信喜) 誕生 紀元 = 西紀 - 1861
· 父　(商樞) 誕生 紀元 = 西紀 - 1895
· 母(鄭先岳) 誕生 紀元 = 西紀 - 1897

8) 先代 逝去紀元

· 祖　父 (信喜) 逝去 紀元 = 西紀 - 1917
· 外祖父 (鄭成五) 逝去 紀元 = 西紀 - 1937
· 外祖母 (嚴順伊) 逝去 紀元 = 西紀 - 1941
· 祖　母 (禹鳳伊) 逝去 紀元 = 西紀 - 1945
· 母(鄭先岳) 逝去 紀元 = 西紀 - 1972
· 父　(商樞) 逝去 紀元 = 西紀 - 1974
· 聘母(金福伊) 逝去 紀元 = 西紀 - 1995
· 聘父(黃龍燮) 逝去 紀元 = 西紀 - 1998

9) 本人 · 家族 發生紀元

· 本人 出生紀元 = 西紀 - 1935
· 노래 唱歌紀元 = 西紀 - 1940
· 妻(黃連子) 出生紀元 = 西紀 - 1943
· 小說 耽讀紀元 = 西紀 - 1944
· 映畵 觀覽紀元 = 西紀 - 1947
· 生涯 記錄紀元 = 西紀 - 1947
· 出鄕紀元 = 西紀 - 1953
· 서울 移住(本人)紀元 = 西紀 - 1956
· 軍服務 除隊紀元 = 西紀 - 1959
· 飮酒紀元 = 西紀 - 1961
· 서울移住(家族)紀元 = 西紀 - 1964
· 結婚紀元 = 西紀 - 1965
· 敎授職(助敎) 任用 紀元 = 西紀 - 1965
· 吸煙紀元 = 西紀 - 1965
· 長女(雪娥) 出生紀元 = 西紀 - 1965
· 自家 取得紀元 = 西紀 - 1965
· 長男(東爀) 出生紀元 = 西紀 - 1967
· 海外 留學紀元 = 西紀 - 1968
· 次女(貞娥) 出生紀元 = 西紀 - 1970
· 敎授職(專任講師) 任用紀元 = 西紀 - 1971

· 博士學位 取得紀元 = 西紀 - 1975
· 結婚主禮 執典紀元 = 西紀 - 1976
· 乘用車 取得紀元 = 西紀 - 1981
· 골프 運動紀元 = 西紀 - 1982
· 運轉免許取得 紀元 = 西紀 - 1989
· 白頭山 登頂紀元 = 西紀 - 1991
· 長女(雪娥) 結婚 紀元 = 西紀 - 1992
· 外孫子(文近榮) 出生紀元 = 西紀 - 1992
· 萬步機 着用紀元 = 西紀 - 1993
· 回甲紀念 記錄集 發刊紀元 = 西紀 - 1995
· 個人史料 寄贈 展示紀元 = 西紀 - 1996
· 外孫女(文素瑛) 出生紀元 = 西紀 - 1998
· 金剛山 登頂紀元 = 西紀 - 1998
· 總理級 委員長 就任紀元 = 西紀 - 1998
· 長男(東爀) 結婚紀元 = 西紀 - 1999
· 長男(東爀) 分家 獨立紀元 = 西紀 - 1999
· 次女(貞娥)美國國籍 一元化紀元 = 西紀 - 1999
· 長女(雪娥)家族 大田移住 定着紀元= 西紀 - 1999
· 自宅 PC 컴퓨터 設置 및 Email 稼動紀元 = 西紀 - 2000
· 教授 停年 退任紀元 = 西紀 - 2001
· 서울大學校 名譽教授 委囑紀元 = 西紀 - 2001
· 停年紀念 記錄集 發刊紀元 = 西紀 - 2002
· 新行政首都建設推進委員長 就任紀元 = 西紀 - 2003
· 次女(貞娥) 結婚紀元 = 西紀 - 2003
· 建國大學校 碩座教授 就任紀元 = 西紀 - 2004
· 孫女(旼嬉) 出生紀元 = 西紀 - 2004
· 古稀紀念 記錄集 發刊紀元= 西紀 - 2006

客說 : 經驗에서 얻은 삶의 眞實

恐龍은 너무 크고 이는 너무 작다. 공룡과 이가 싸우게 되면 그 結果는 뻔하다. 그러나 지금 공룡은 自然史博物館에 뼈만 남겨놓고 모두 사라졌으나 이는 아직도 우리 몸에 기식하며 잘 살고 있다. 불쌍한 공룡! 얄미운 이!

客說 : 經驗에서 얻은 삶의 眞實

하늘이 人間의 天命을 125歲로 한 것은 참 잘한 일인 것 같다. 처음 25년간은 成長하고 修學하며 準備하는 期間으로 삼고 다음 50년은 家族과 職場과 社會를 위해 獻身 · 奉仕하는 活動으로 채우며 마지막 50년은 여한이 없이 놀고 먹고 즐기는 삶으로 살아가는 것이다. 問題는 125년이라는 天壽를 다 사는 사람이 아직은 극히 드물다는데 있다.

客說 : 經驗에서 얻은 삶의 眞實

地球上에서 하룻동안 일어나는 現象들은 참으로 다양하고 복잡하다. 이들의 대부분은 自然的인 것이 아닌 人間들의 作爲에 의한 것들이다. 앞으로는 더 다양하고 복잡하며 심각한 일들이 더 많이 일어나게 될 것이다. 人間社會의 未來는 어떻게 될까? 好奇心도 생기고 걱정도 된다. 오래 오래 살아서 한 번 봤으면 좋겠다.

Ⅱ. 韓半島와 韓國歷史

○ 要 約 : 韓民族의 生成과 歷史展開

年　代	韓 半 島 形 成	韓 半 島 生 成	韓 國 文 化 史 展 開
50-45億年前	地球 出現		
30億 〃	大氣 形成		
30-25億 〃		植物 生成	
16-15億 〃		單細胞動物 生成	
2億 7千万 〃	韓半島 陸地化		
2億 〃		哺乳動物 生成	
7千萬 〃	韓半島 山脈 · 江 形成		
1千萬 〃		猿人 出現	
250萬 〃	東海 · 黃海 形成		
50萬 〃		直立人 出現	前期 舊石器 文化 時代
20萬 〃			中期 舊石器 文化 時代
4萬 〃		現相 人類 生成	後期 舊石器 文化 時代
1萬 〃	大韓海峽 生成, 現狀態 形成	北몽골人種 · 滿洲 韓半島 流入	韓國語(알타이語族 퉁그스語派)形成
7000 B.C.			中石器 文化 時代
4000 〃			新石器 文化 時代
2333 〃		檀君朝鮮 開國	
1900 〃			靑銅器 文化 時代
1122 〃		箕子朝鮮 樹立	
800 〃			鐵器 文化 時代
194 〃		衛滿朝鮮 樹立	
108 〃		漢四郡 設置	漢字 文化 傳來
57 〃		新羅 建國	
50 〃			儒敎 文化 傳來
37 〃		高句麗 建國	
18 〃		百濟 建國	
372 A.D.			佛敎 文化 傳來
500 〃			吏讀文字 創製 使用
668 〃		新羅 三國統一	
918 〃		高麗 建國	
1234 〃			金屬活字 發明 使用
1392 〃		朝鮮 建國	
1446 〃			한글 創製 使用
1910 〃		日帝 統治	
1945 〃		解放, 美軍政 統治, 南北分斷	
1948 〃		大韓民國 建國	

1. 韓半島의 位置와 國家形成

(1) 宇宙의 크기와 韓半島의 位置

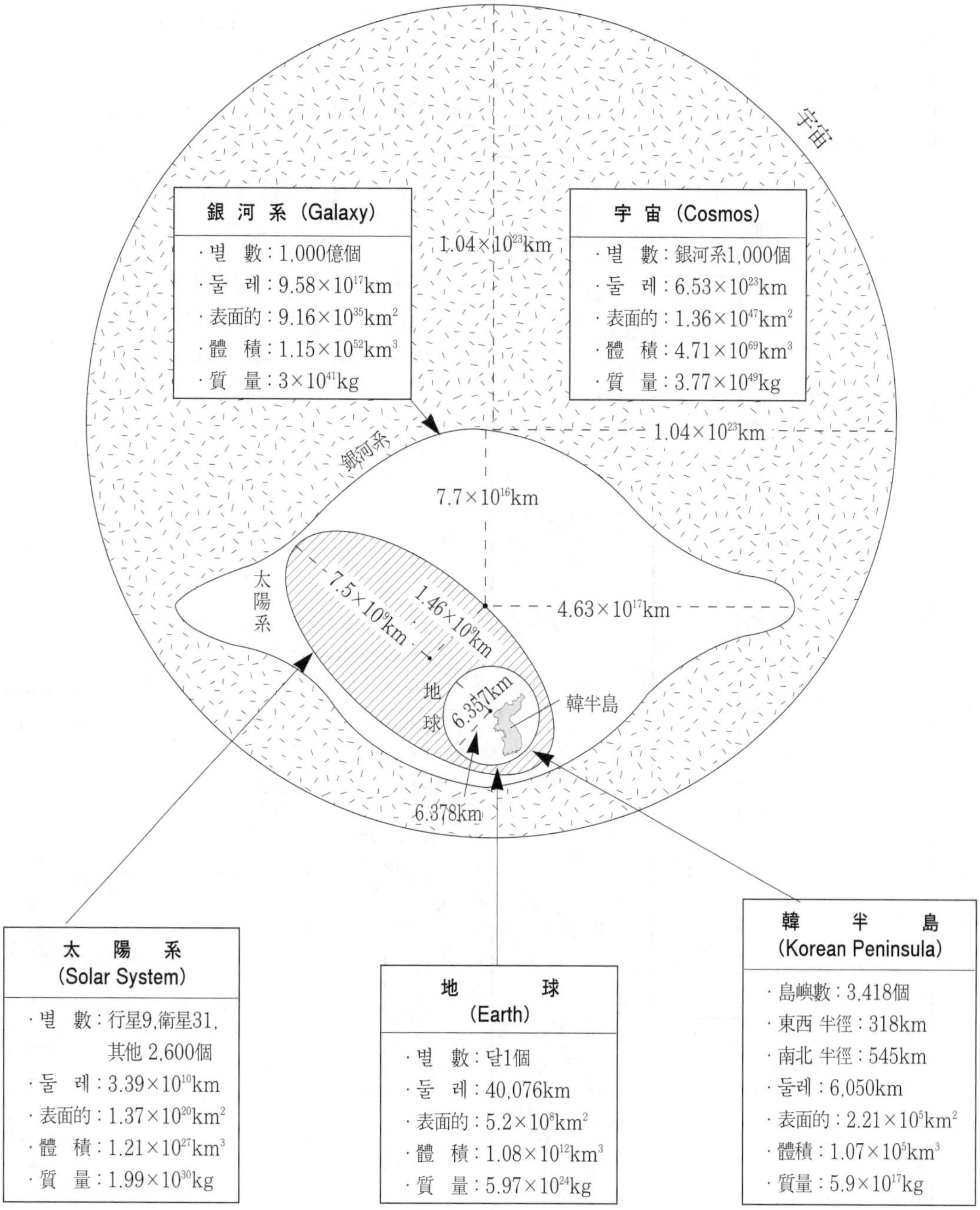

(2) 「桓檀古記」에 의한 韓國歷史의 來歷(B.C.7197-A.D.2006)

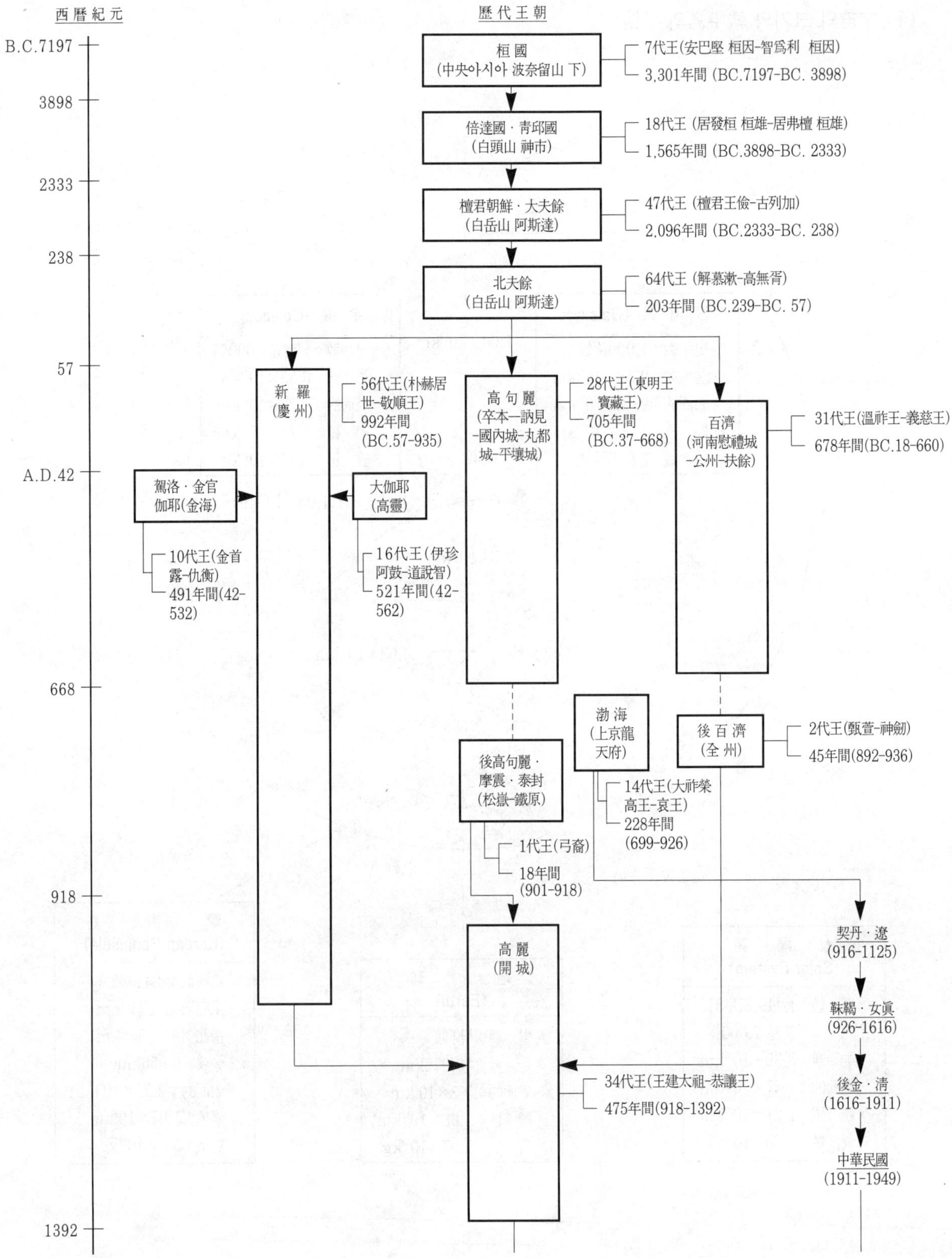

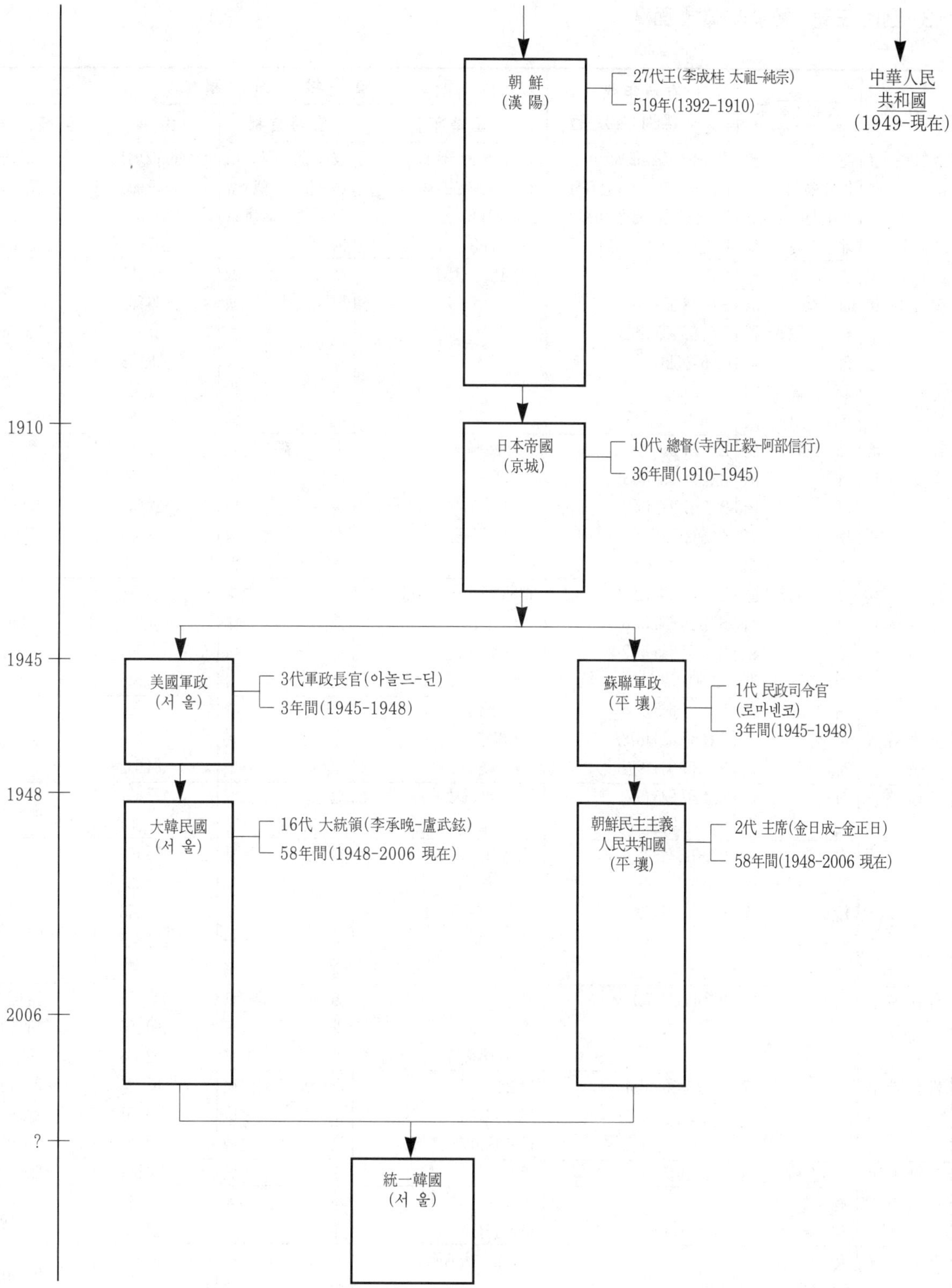

※(1)國號 아래 ( )內는 首都 地名임.

(2)三國時代까지는「桓檀古記」(李一峰 著, 精神世界史 刊, 1998)에 의한 자료이고 그 以後는 通史에 준한 것임.

(3) 歷代 王朝 · 國家의 彊域 面積

(單位 : km^2)

時代	王朝·國家	存續年代 (期間 : 年)	彊域面積			
			基準年代	當時首都	面積	全體面積
古朝鮮時代	桓國	7197-B.C. 3898(3,301)	B.C. 7197-B.C 3898	波奈留山	16,762,000	16,762,000
	倍達國, 靑邱國	B.C. 3898-B.C. 2333(1,565)	B.C. 3898-B.C 2333	神市, 陳留	3,379,000	3,379,000
	檀君朝鮮 · 大夫餘	B.C. 2333-B.C. 238(2,096)	B.C. 2333-B.C 238	阿斯達, 藏唐京	1,592,000	1,592,000
	北夫餘	B.C. 239-B.C. 57(203)	B.C. 239-B.C 57	阿斯達	1,297,000	1,297,000
三國成立時代	高句麗	B.C. 37-668 (705)	B.C. 1世紀 - 1世紀	卒本, 國內城	56,161	140,765
	百濟	B.C. 18-660 (678)	〃	慰禮城	46,801	
	新羅	B.C. 57-935 (992)	〃	斯盧	27,252	
	伽耶	42-562(521)	〃	金海	8,633	
	耽羅國		〃	濟州	1,845	
	于山國		〃	道洞	73	
百濟全盛時代	高句麗	B.C. 37-668 (705)	4世紀(故國原王)	丸都城	351,487	441,902
	百濟	B.C. 18-660 (678)	〃 (近肖古王)	漢山	59,163	
	新羅	B.C. 57-935 (992)	〃 (奈勿王)	金城	22,546	
	伽耶	42-562 (521)	〃 (伊尸品王)	金海	8,633	
	于山國		〃	道洞	73	
高句麗全盛時代	高句麗	B.C. 37-668 (705)	5世紀(廣開土王, 長壽王)	平壤	383,196	441,902
	百濟	B.C. 18-660 (678)	〃 (腆支王)	熊津	31,973	
	新羅	B.C. 57-935 (992)	〃 (實聖王)	金城	18,100	
	伽耶	42-562 (521)	〃 (坐知王)	金海	8,633	
新羅全盛時代	高句麗	B.C. 37-668 (705)	6世紀(平原王)	平壤	326,004	441,902
	百濟	B.C. 18-660 (678)	〃 (威德王)	泗沘	31,266	
	新羅	B.C. 57-935 (992)	〃 (眞興王)	金城	84,632	
三國統一時代	新羅	B.C. 57-935 (992)	7 · 8世紀(聖德女王)	金城	127,467	688,371
	渤海	699-926 (228)	〃 (高王)	上京龍天府	560,904	
後三國時代	泰封	901-918 (18)	918 年頃(弓裔)	松嶽, 鐵原	75,165	130,363
	後百濟	892-936 (45)	〃 (甄萱)	完山	28,337	
	新羅	B.C. 57-935 (992)	〃 (景明王)	慶州	24,943	
	耽羅國		〃	濟州	1,845	
	于山國		〃	道洞	73	
高麗時代	高麗	918-1392 (475)	943年(太祖王)	鐵原, 開京	143,257	143,257
			1033年(德宗)	開京	160,590	160,590
			1370年(恭愍王)	開京	192,858	192,858
朝鮮時代	朝鮮	1392-1910 (519)	1392年 (太祖)	開京, 漢城	203,724	203,724
			1683年 (肅宗)	漢城	220,951	220,951
			1896-1910年(大韓帝國)	漢城	220,951	220,951
日帝時代	朝鮮植民地	1910-1945 (36)	1910-1945年	京城	220,951	220,951
軍政時代	美國軍政	1945-1948 (3)	1945-1948年	서울	93,816	220,951
	蘇聯軍政	1945-1948 (3)	1948-1948年	平壤	127,135	
南北分斷時代	大韓民國	1948-	2006年 (本人 古稀)	서울	99,853	222,615
	朝鮮民主主義人民共和國	1948-	〃	平壤	122,762	
統一韓國時代	大韓民國					

※ 三國時代以前은 「桓檀古記」, 以後는 通史에 의한 推定値임.

(4) 歷代 王朝 · 國家의 疆域圖

1) 桓國時代 : B.C.7197-B.C.3898

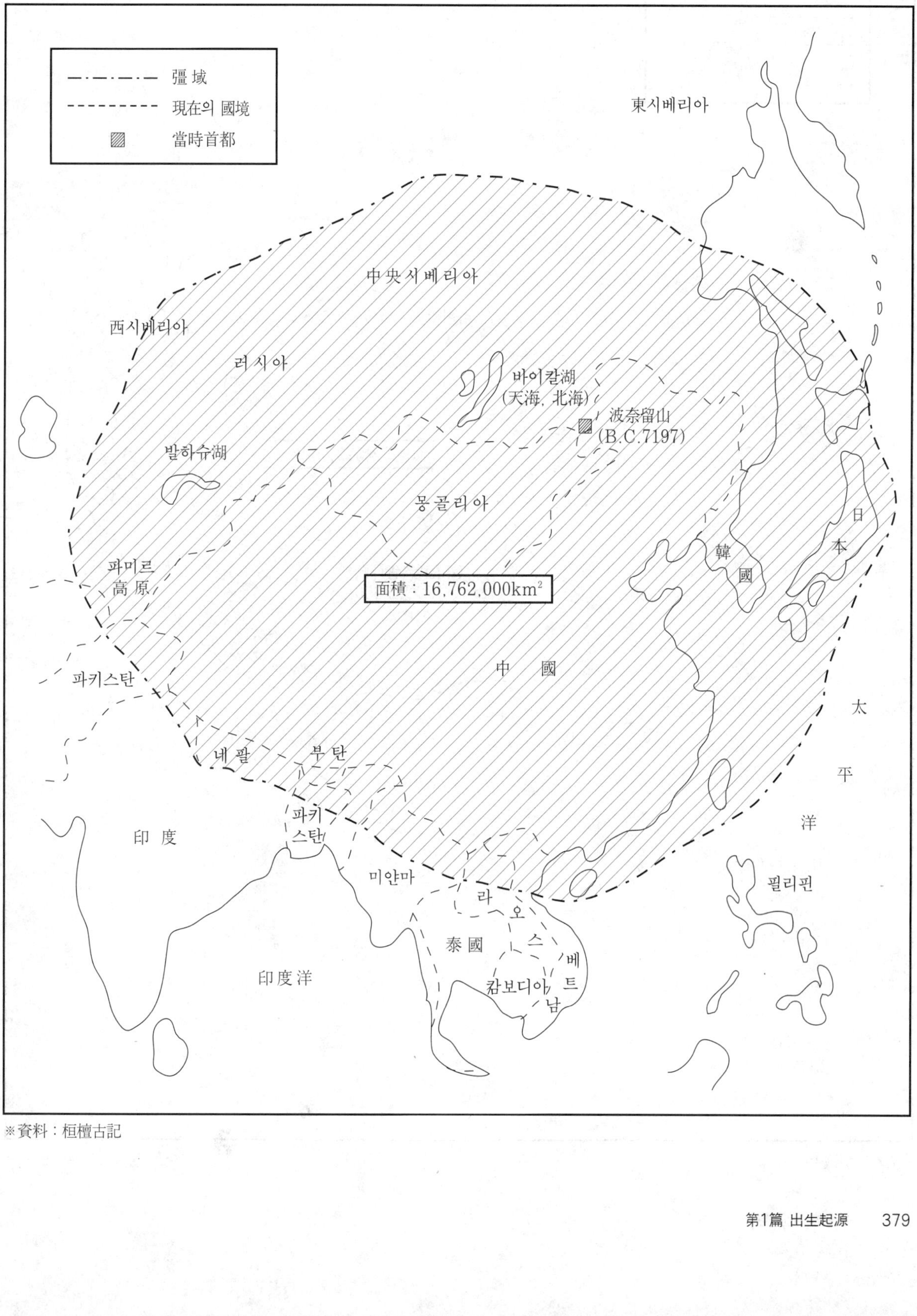

※資料 : 桓檀古記

2) 倍達國 · 靑邱國 : B.C.3898-B.C.2333

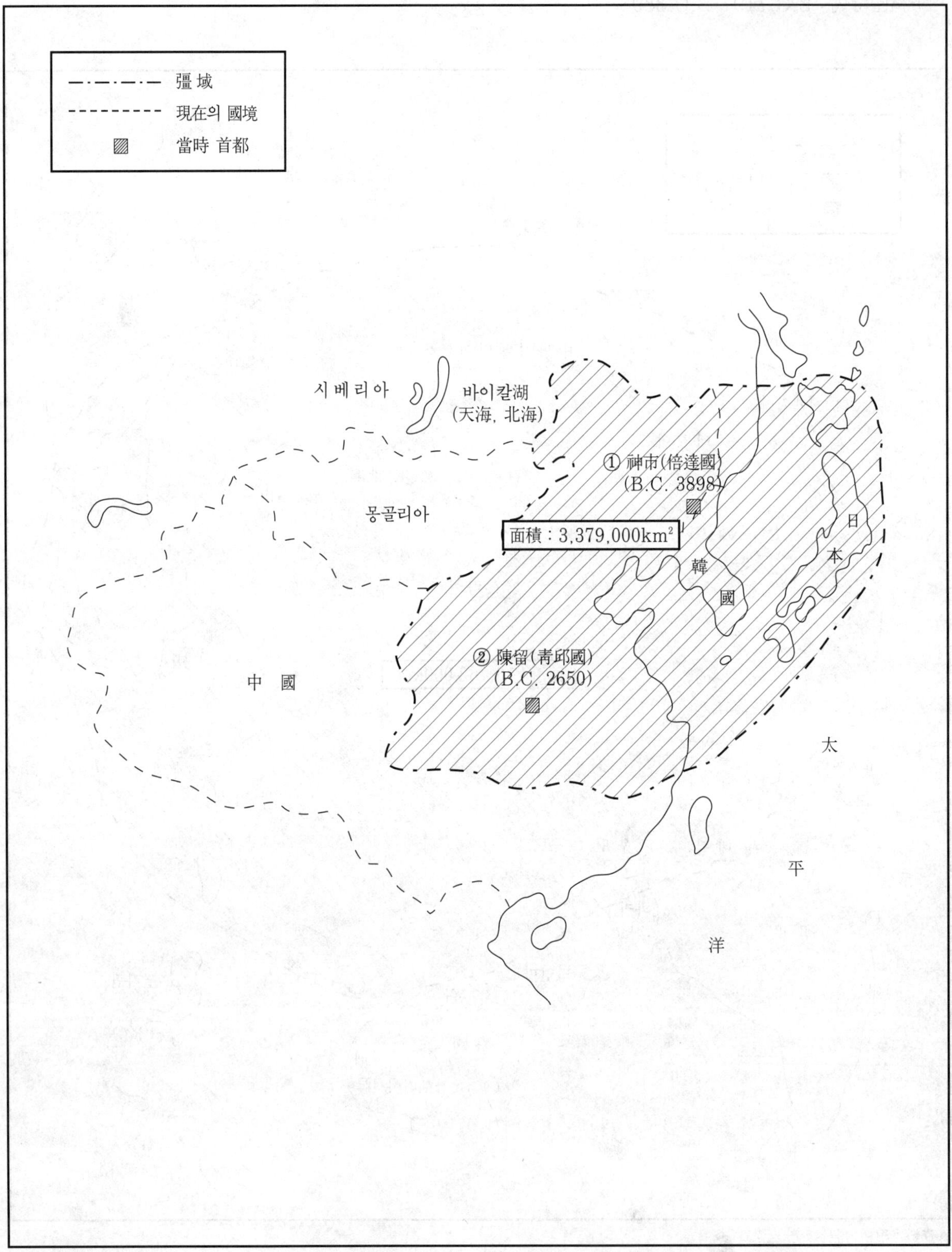

※資料 : 桓檀古記

3) 檀君朝鮮 · 大夫餘 : B.C.2333-B.C.238

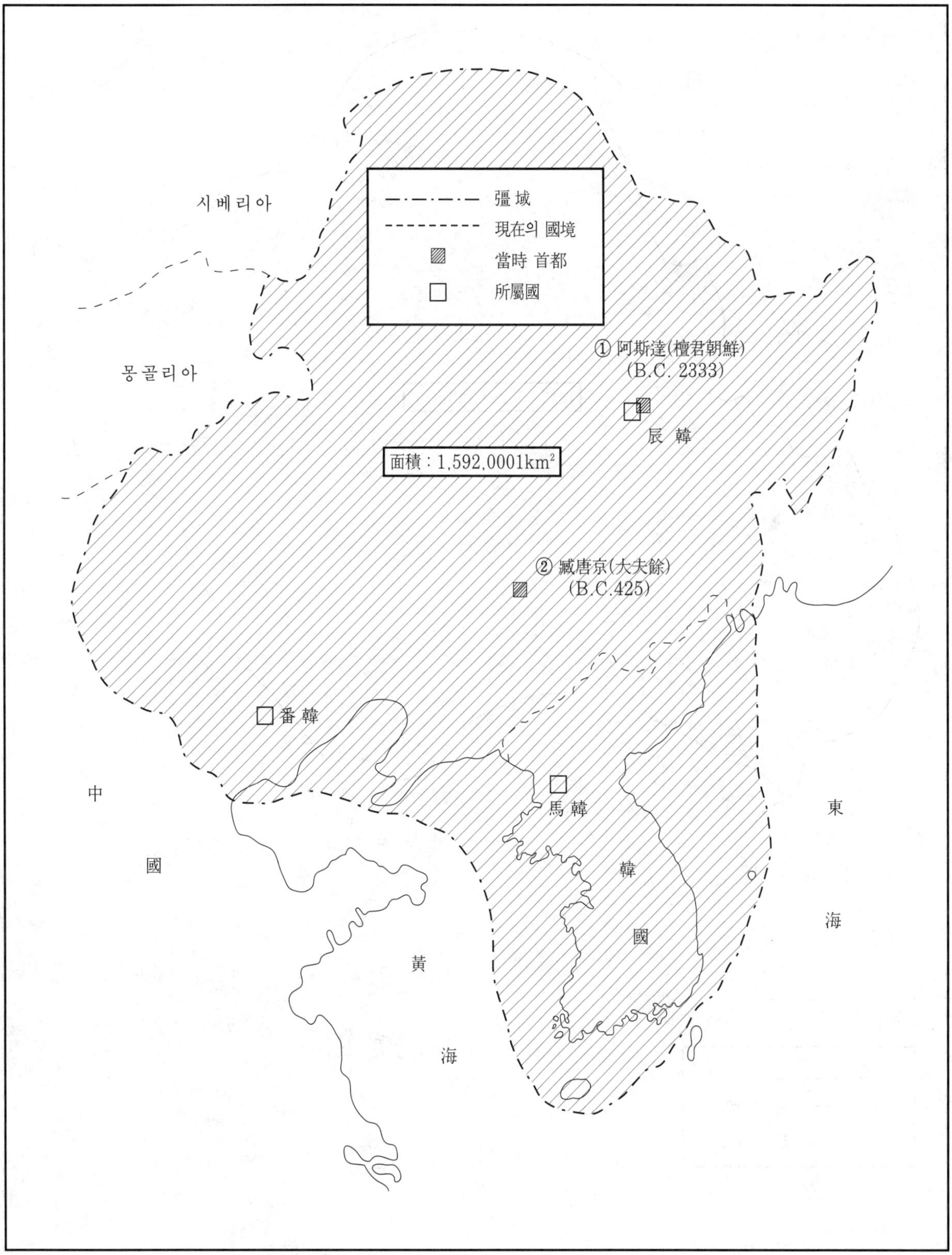

※資料 : 桓檀古記

4) 北夫餘 : B.C.239-B.C.57

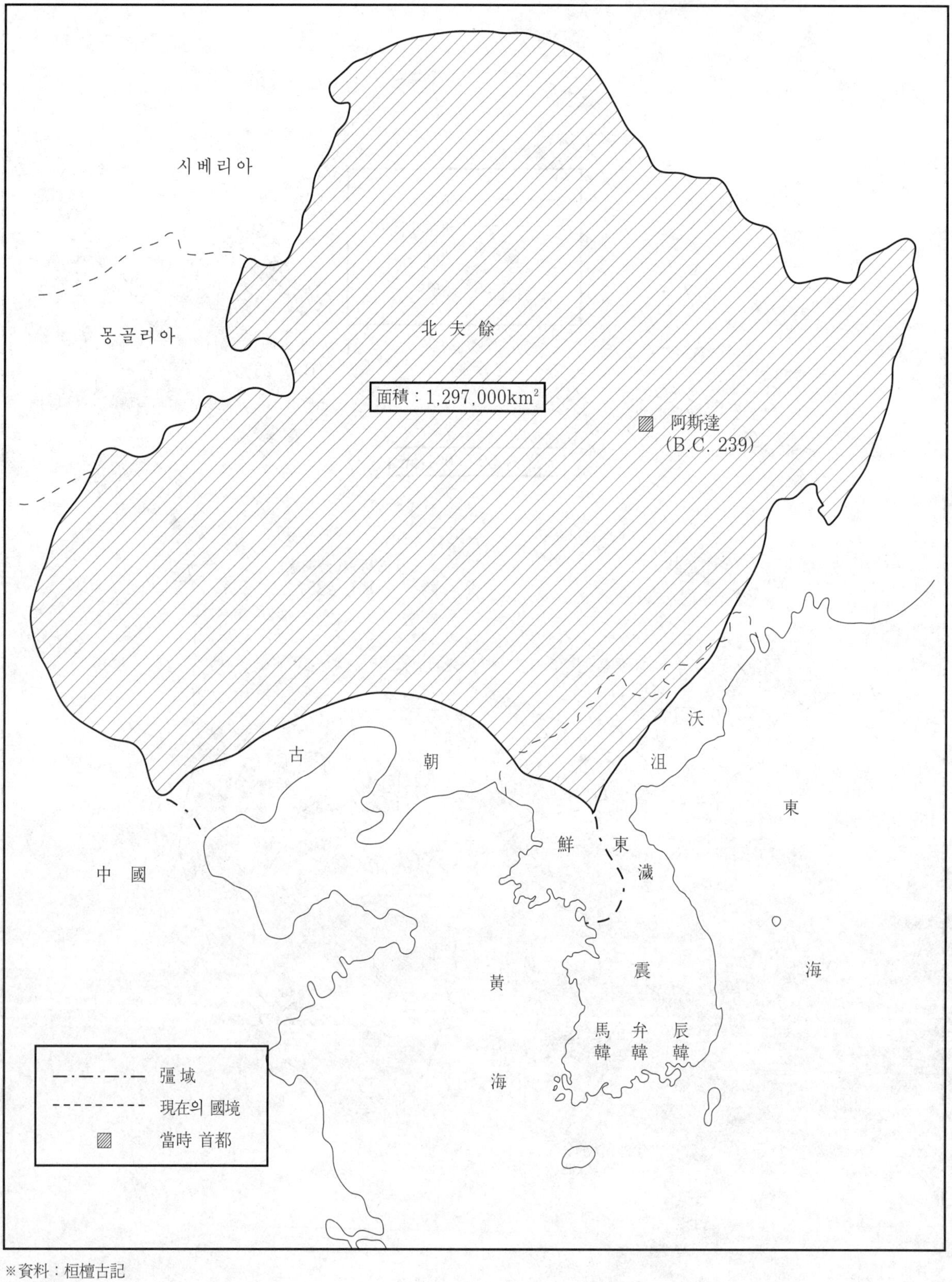

※資料 : 桓檀古記

5) 三國成立期 : B.C.1世紀 - 1世紀

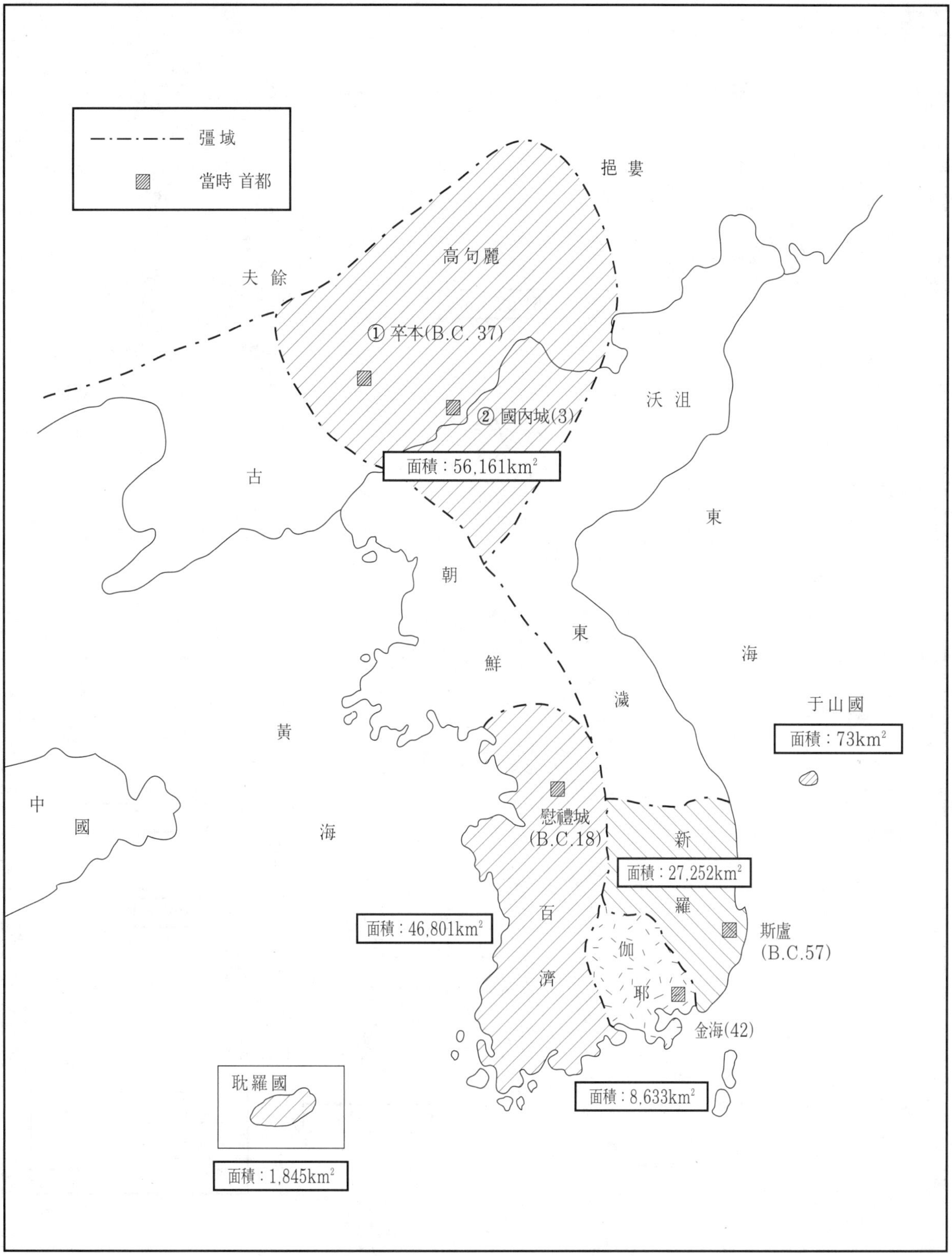

6) 百濟全盛期(近肖古王 時代) : 4世紀

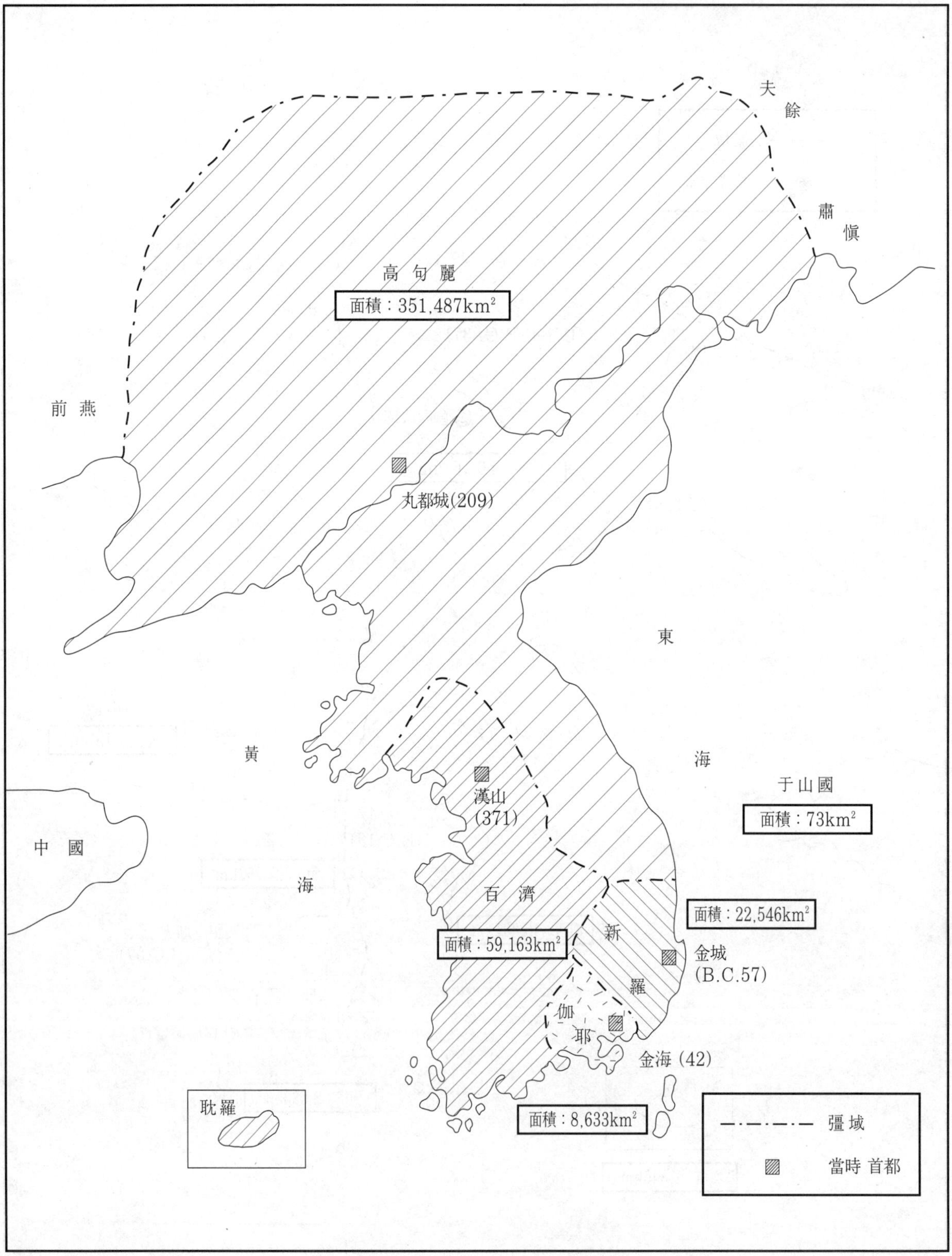

7) 高句麗全盛期(廣開土王 · 長壽王 時代) : 5世紀

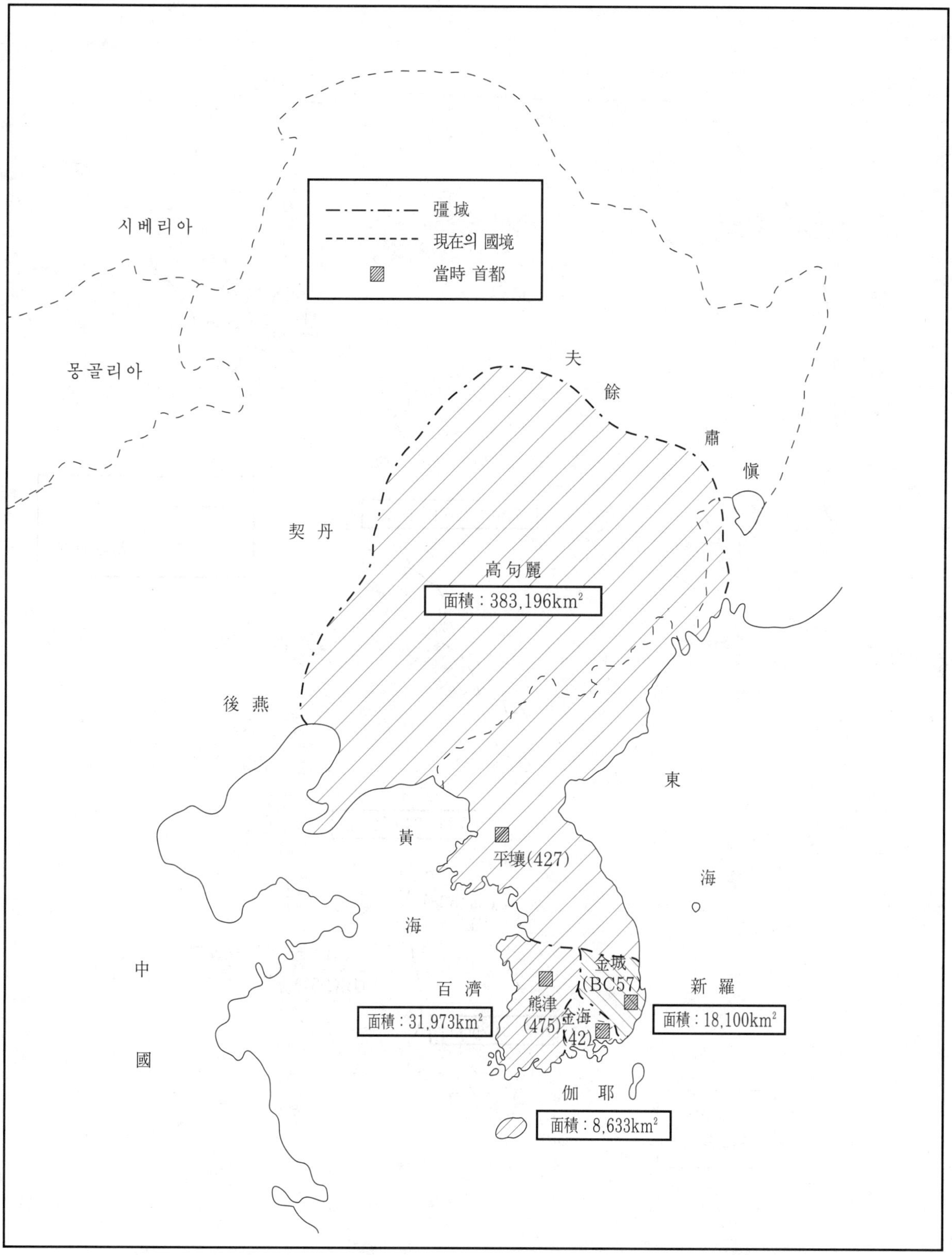

8) 新羅全盛期(眞興王 時代) : 6世紀

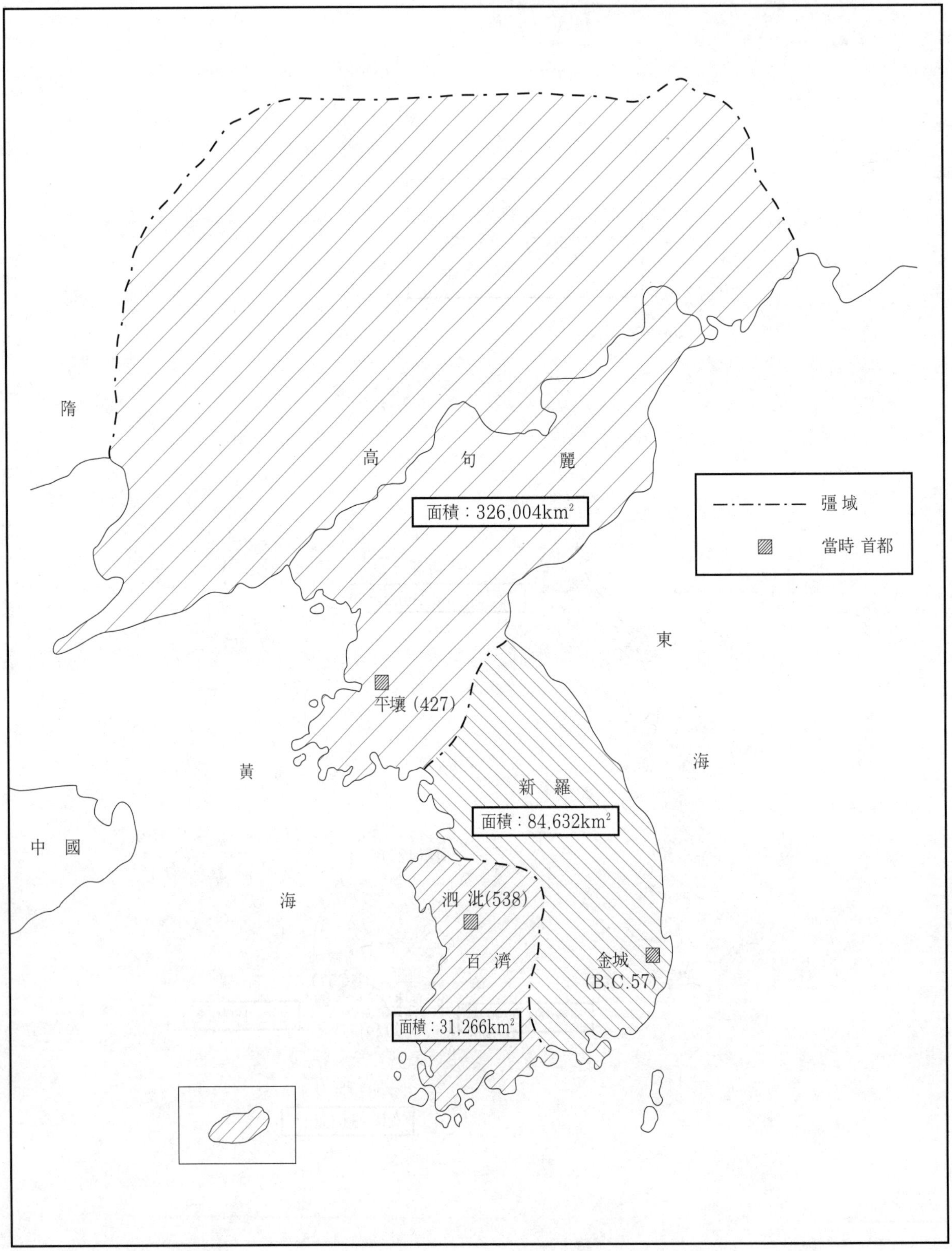

9) 三國統一(676)과 渤海全盛期 : 7 · 8世紀

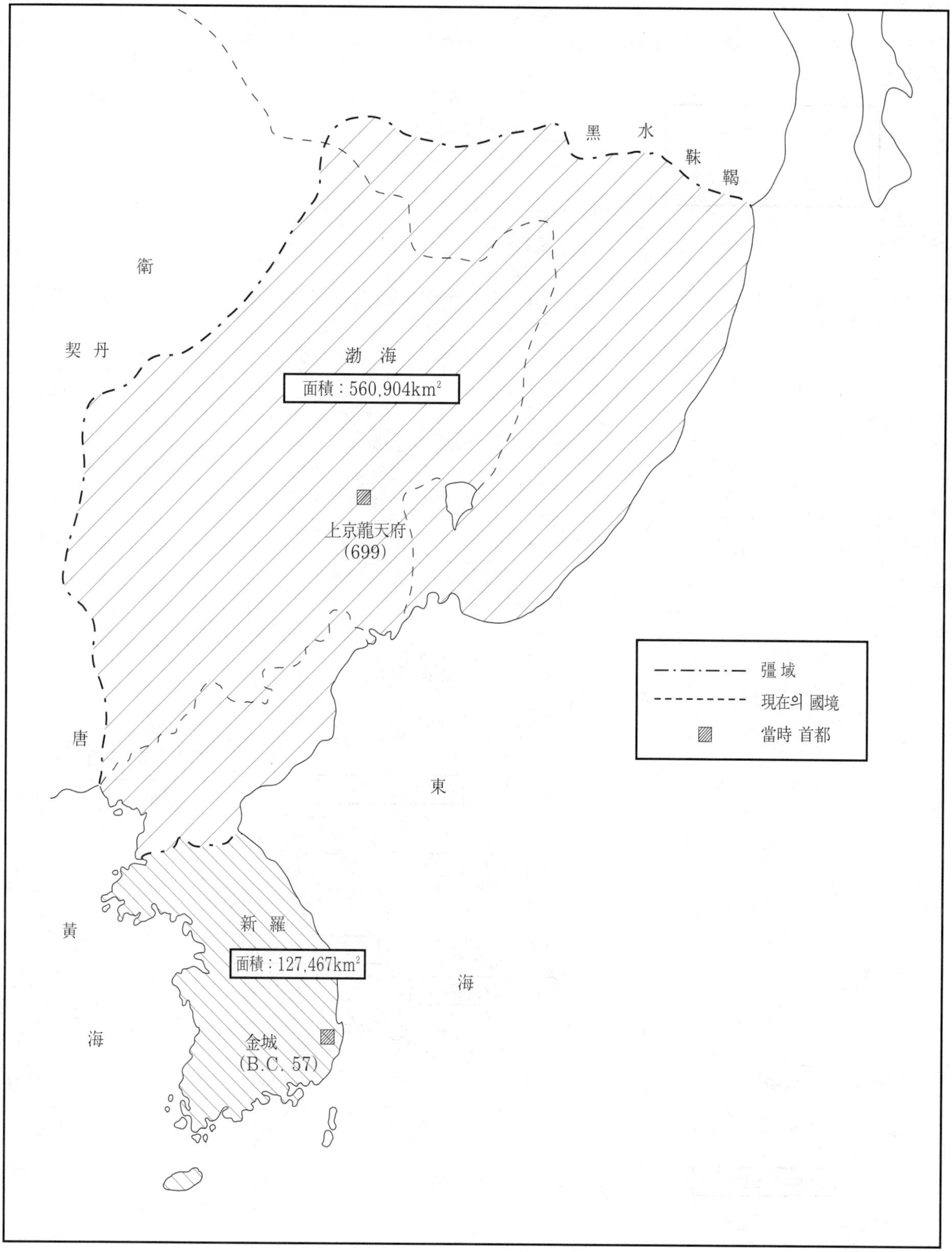

10) 後三國時代 : 918年頃

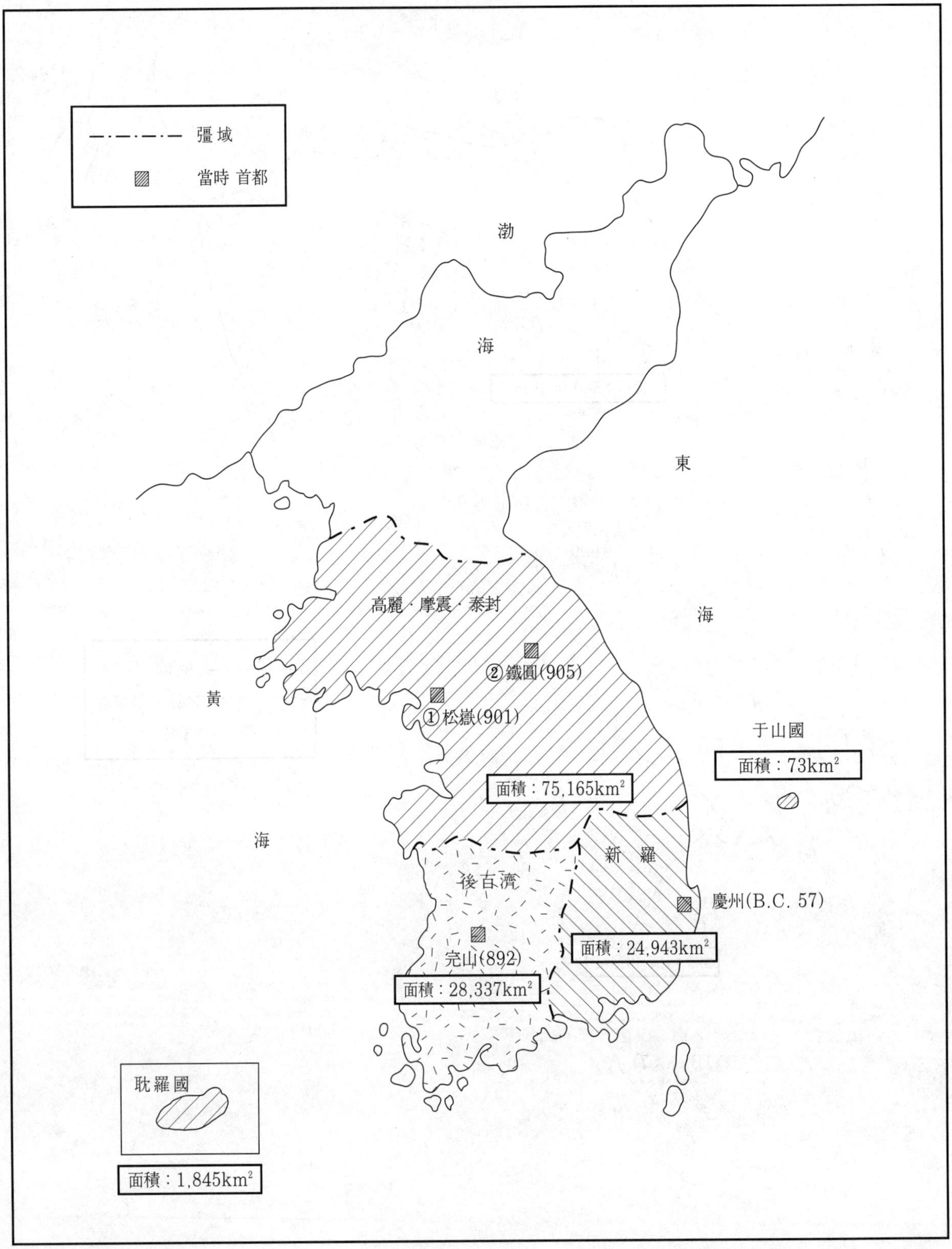

11) 高麗建國 初期時代 : 943年(太祖末)

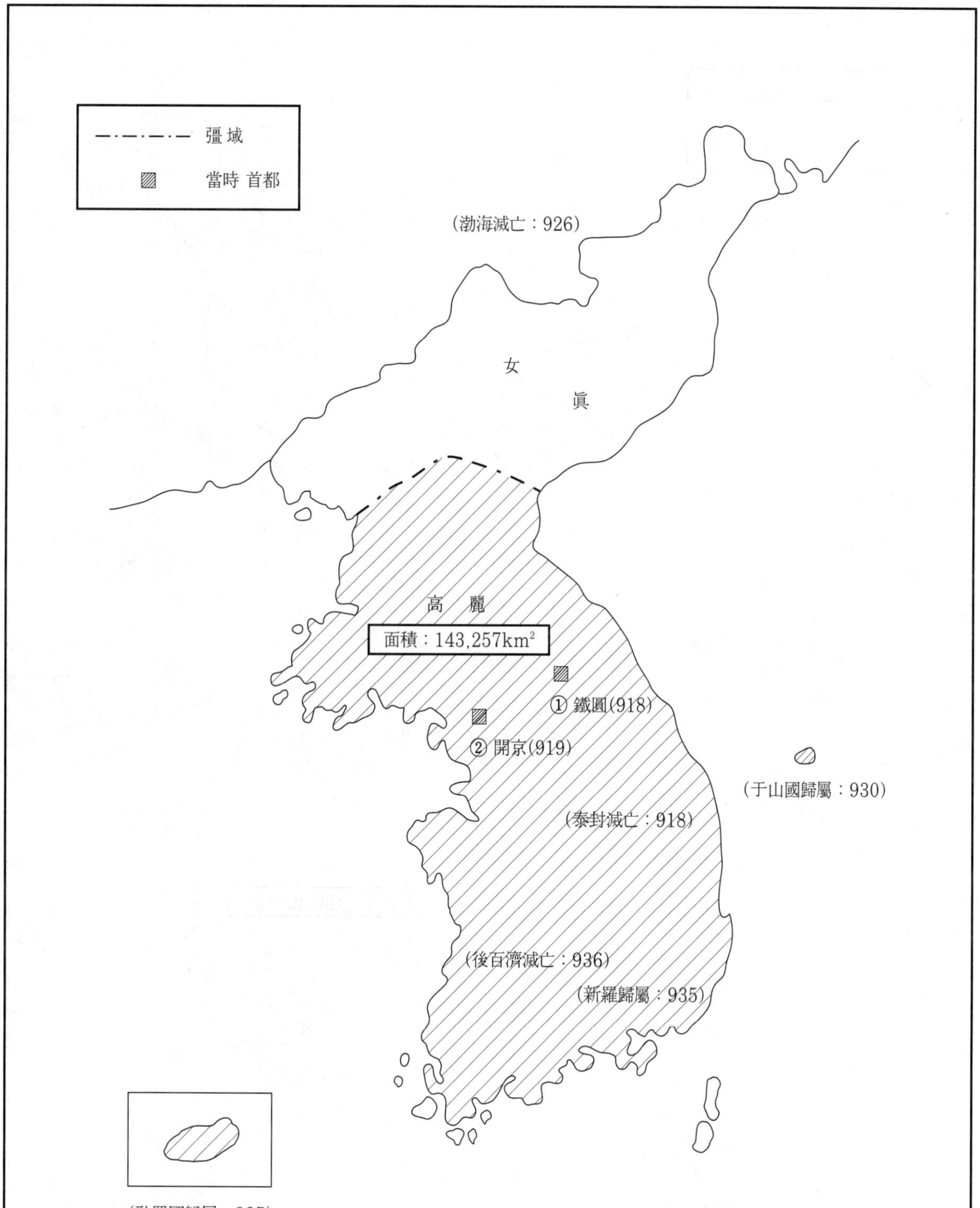

12) 高麗 德宗朝 千里長城 時代 : 1033年

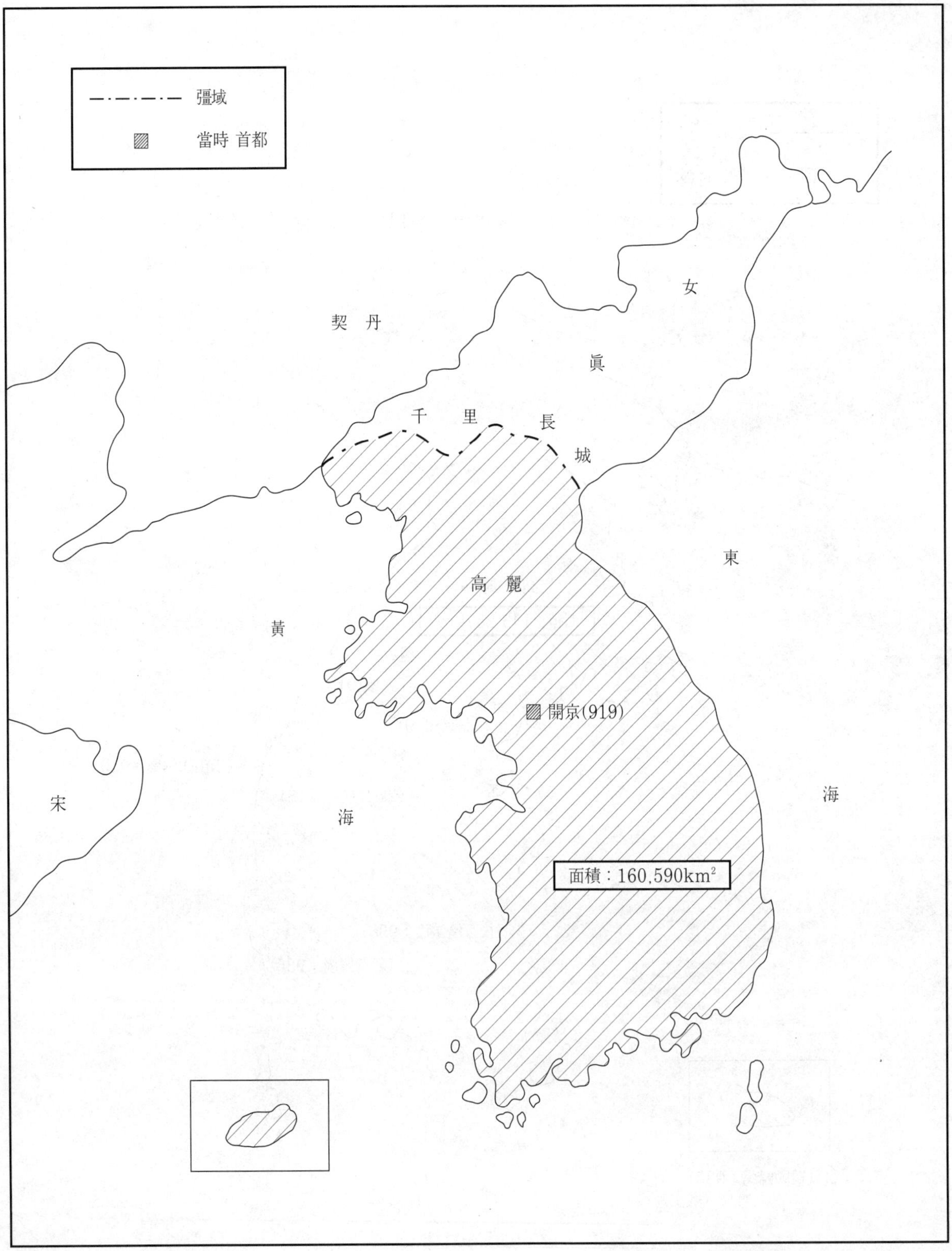

13) 高麗 恭愍王代 : 1370年

14) 麗末 · 鮮初 當時 : 1392年 前後

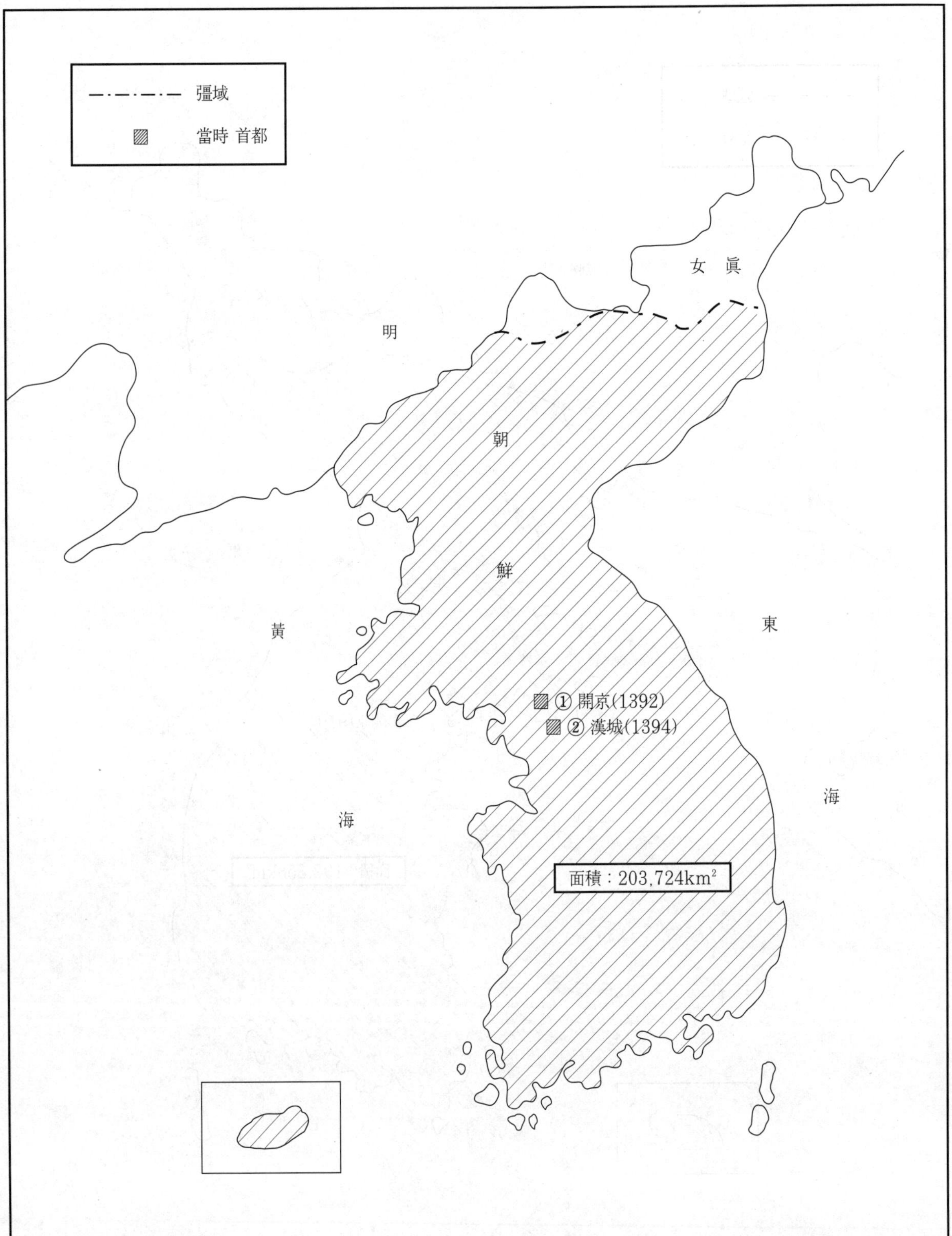

15) 國土完全收復 · 8道制 時期 : 1683

16) 大韓帝國 · 13道制 時代 : 1896-1910年

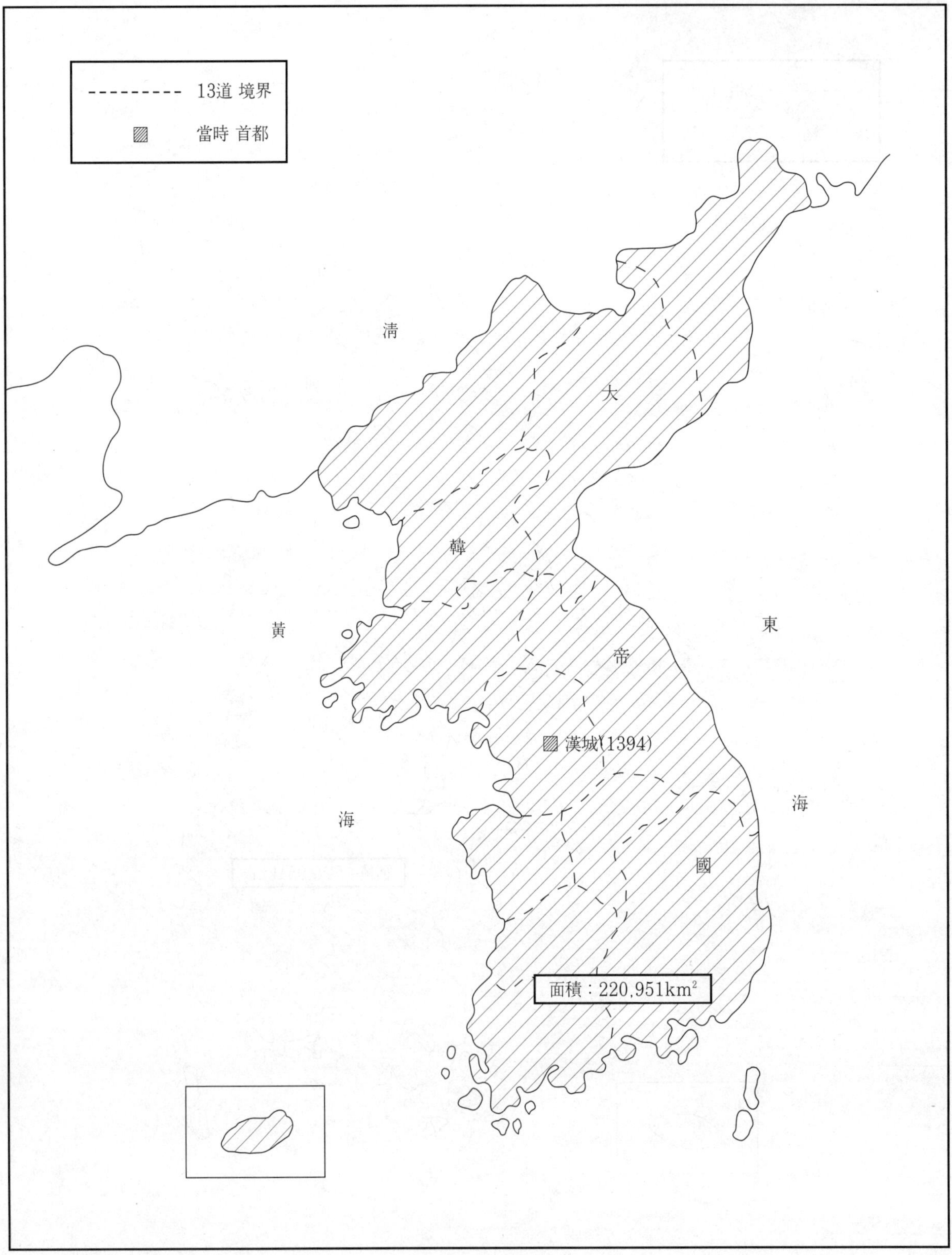

17) 日本帝國 時代 : 1910-1945年

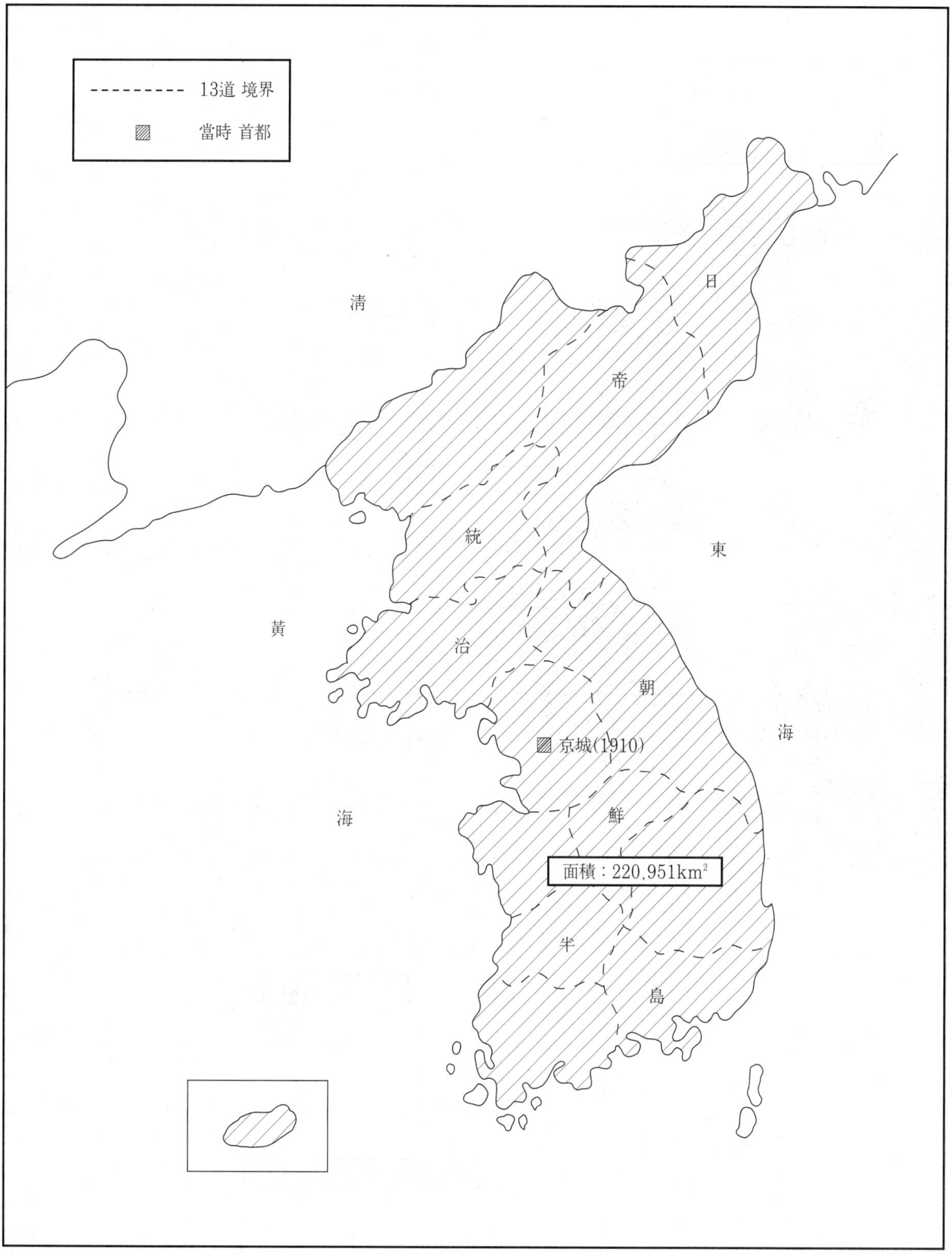

18) 美 · 蘇 軍政時代 : 1945-1948年

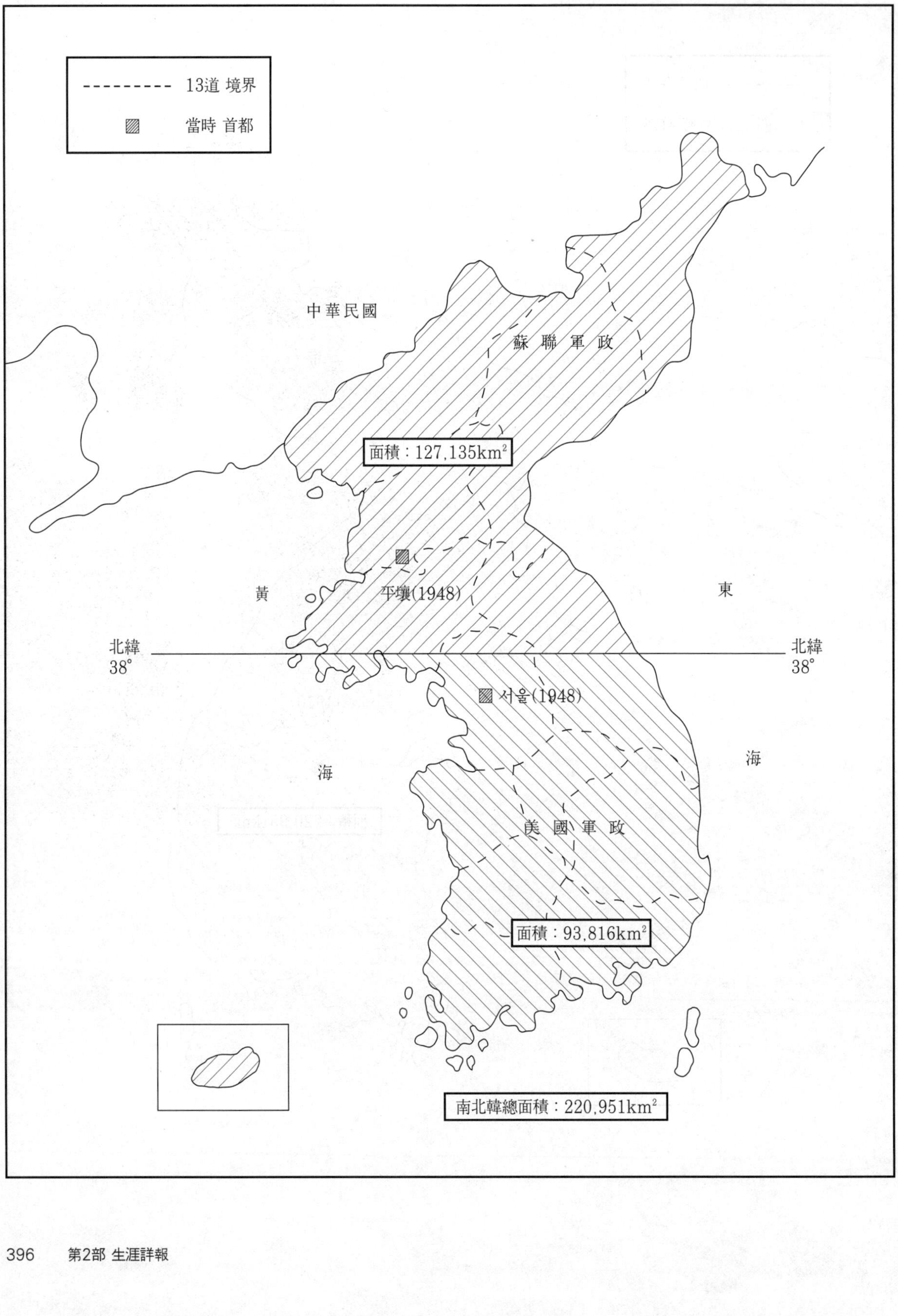

19) 南北分離 獨立國家 時代 : 1948-1953年

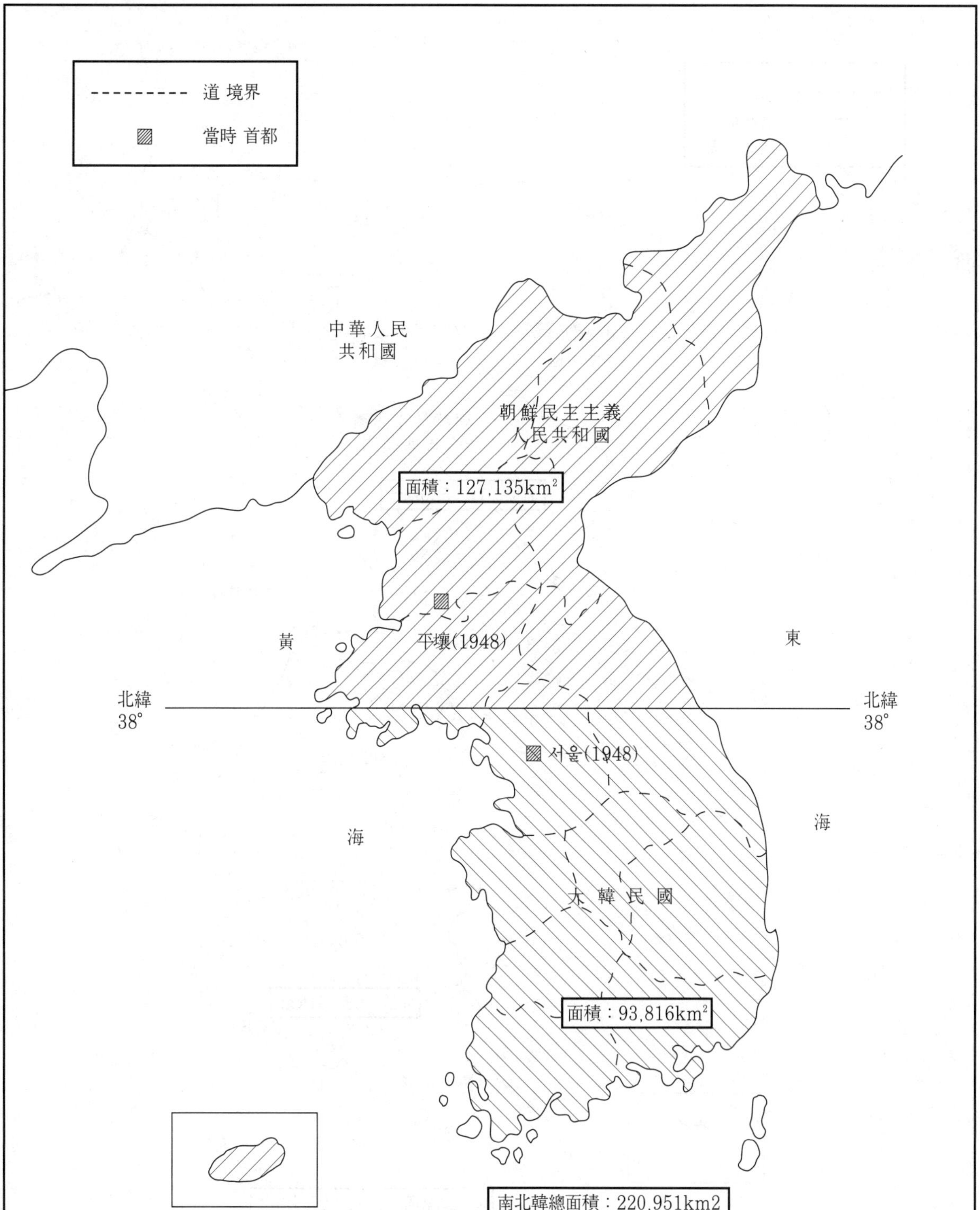

20) 韓國動亂 休戰當時 : 1953年

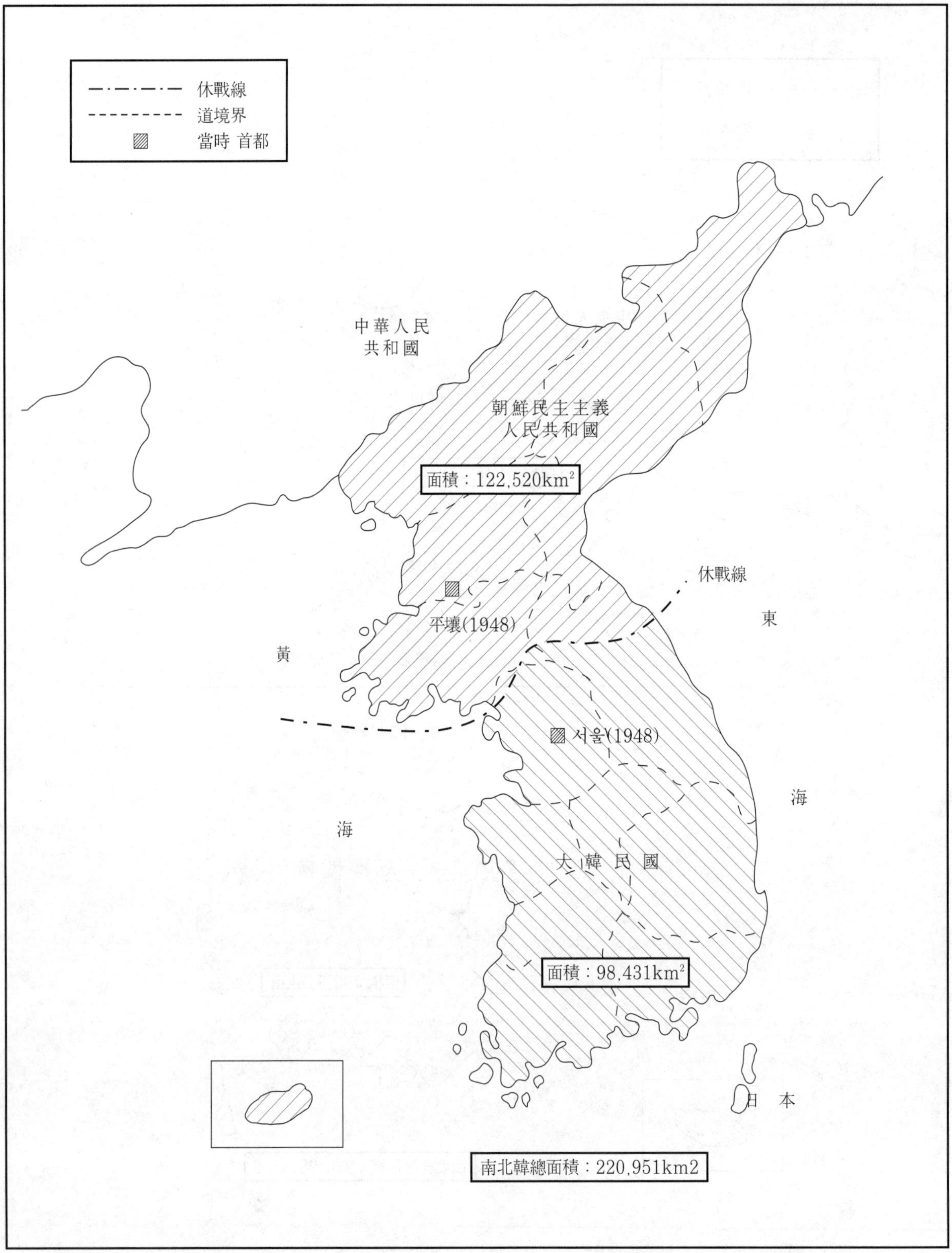

21) 本人 古稀當時 : 2006年

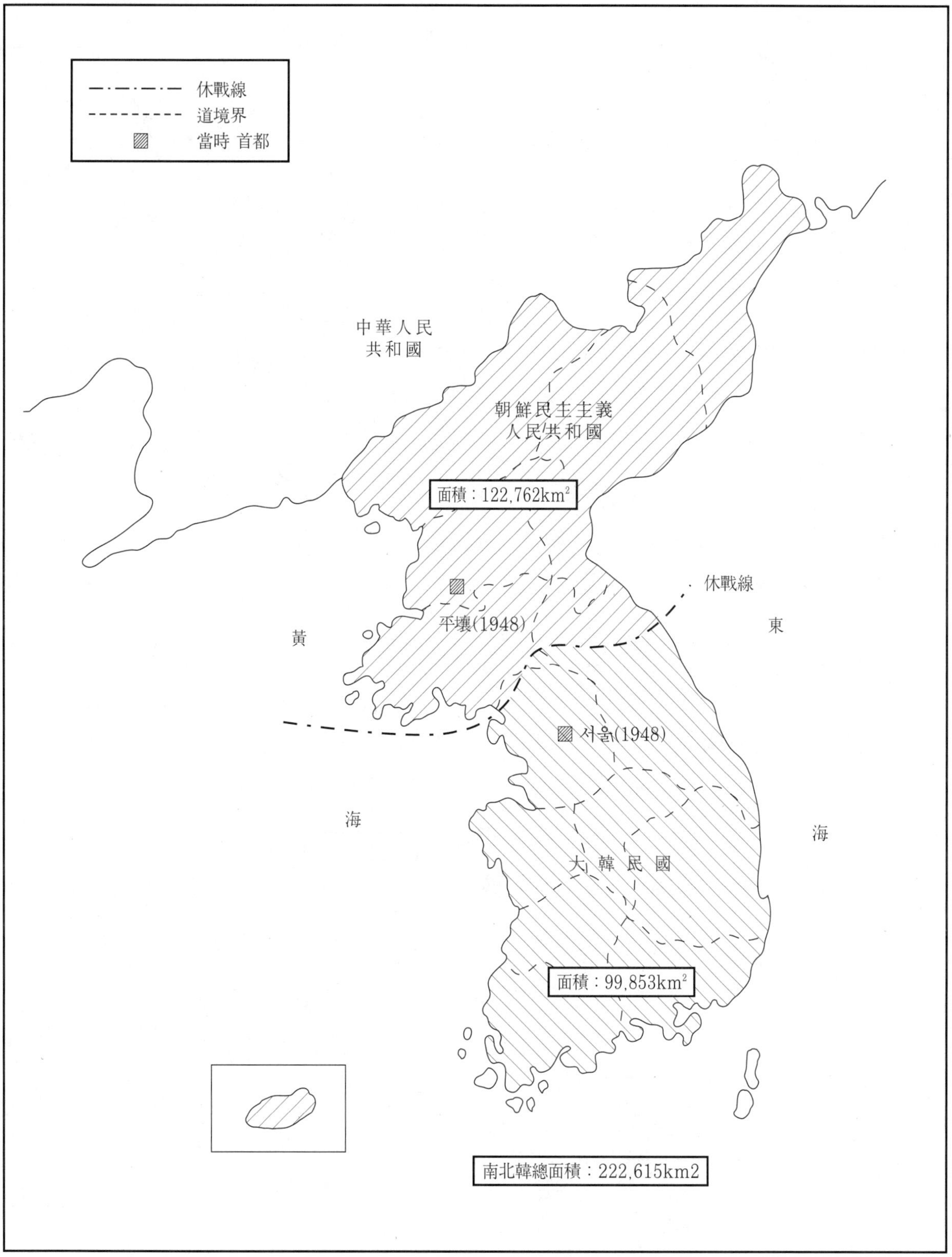

22) 統一된 韓半島 : - 年

2. 歷史展開와 地方行政單位

(1) 韓半島 歷代國家의 首都 變遷史

國家	存續期間(王代, 年間)	首都變遷
檀君朝鮮	2333-1122 B.C.(?, 1212年)	阿斯達 (平壤 白岳山) (2333-1122 B.C.)
箕子朝鮮	1122-194 B.C.(41代王, 929年)	阿斯達 (平壤 白岳山) (1122-194 B.C.)
衛滿朝鮮	194-108 B.C.(3代王, 87年)	王儉城 (平壤) (194-108 B.C.)
樂浪郡	108B.C.-313(?, 422年)	王儉城 (平壤) (108B.C.-313)
眞番郡	108-82B.C.(?, 27年)	(黃海道 載寧平野)(108-82 B.C.)
臨屯郡	108-82B.C.(?, 27年)	溟州 (江陵) (108-82 B.C.)
玄菟郡	107B.C.-105(?, 212年)	丸都城 (中國 通溝平野) (107 B.C.-105)
帶方郡	206-314(?, 109年)	帶方縣(黃海道 鳳山君 沙里院 唐土城) (206-314)
新羅	57 B.C.-935 (56代王, 992年)	徐羅伐-鷄林-新羅(慶州) (57 B.C.-935)
高句麗	37B.C.-668 (28代王, 705年)	卒本扶餘(中國 桓仁地方) (37 B.C.-3)→ 國內城(中國 通溝地方) (3-209)→ 丸都城 (中國 通溝平野) (209-427)→平壤(427-668)
百濟	18 B.C.-660(31代王, 678年)	河南 慰禮城(廣州) (18 B.C-371)→ 漢山(서울 南漢山城) (371-475)→ 熊州(公州) (475-538)→泗沘(扶餘) (538-660)
金官伽耶	42-532 (10代王, 491年)	金海 (42-532)
大伽耶	42-562 (16代王, 521年)	高靈 (42-562)
渤海	699-926 (14代王, 228年)	(中國 吉林省 敦化縣 東牟山) (699-756)→上京龍天府(中國 吉林省 下東京城) (756-926)
高麗	918-1392 (34代王, 475年)	鐵圓 (鐵原) (918-919)→ 松嶽-松都-開京-開城府(開城) (919-1392)
朝鮮	1392-1910 (27代王, 519年)	開城府 (開城) (1392-1394)→ 漢城府 (서울) (1394-1910)
日本帝國	1910-1945 (10代總督, 36年)	京城府 (서울) (1910-1945)
美軍軍政	1945-1948 (3軍政長官, 3年)	서울 (1945-1948)
蘇軍軍政	1945-1948 ((1民政司令官,3年)	平壤 (1945-1948)
大韓民國	1948-2006 (16代大統領, 58年)	서울 (1948-現在) →서울(統一後)
朝鮮民主主義人民共和國	1948-2006 (2代主席, 58年)	平壤 (1948-現在) →서울(統一後)

※(　　)內는 現在의 地名임.

(2) 歷代王朝의 統治者와 在任期間 (B.C.7197-A.D.2006)

(建國年代順)

國號	代數	統治者名	卽位年(西曆)	在任年數(年)	國號	代數	統治者名	卽位年(西曆)	在任年數(年)
桓國 7代桓因, 3,301年間 (B.C.7197-B.C.3898)	1	安巴堅	B.C.7197	?	18代桓雄, 1,565年間(B.C.3898-B.C.2333)	2	居佛理	B.C.3804	86
	2	赫胥	?	?		3	右耶古	B.C.3718	99
	3	古是利	?	?		4	慕士羅	B.C.3619	107
	4	朱于襄	?	?		5	太虞儀	B.C.3512	93
	5	釋提王	?	?		6	多儀發	B.C.3419	98
	6	邱乙利	?	?		7	居連	B.C.3321	81
	7	智爲利	?	?		8	安夫連	B.C.3240	73
倍達國·靑邱國	1	桓雄 居發桓	B.C.3898	94		9	養雲	B.C.3167	96

國號	代數	統治者名	卽位年 (西曆)	在任年數 (年)
倍達國 · 靑邱國	10	葛古	B.C.3071	100
	11	居耶發	B.C.2971	92
	12	州武愼	B.C.2879	105
	13	斯瓦羅	B.C.2774	67
	14	恣烏支 蚩尤	B.C.2707	109
	15	蚩額特	B.C.2598	89
	16	祝多利	B.C.2509	56
	17	赫多世	B.C.2453	72
	18	居弗桓 桓雄	B.C.2381	48
檀君朝鮮 47代檀君, 2,096 年間(B.C.2333-B.C.238)	1	王儉	B.C.2333	93
	2	扶婁	B.C.2240	58
	3	嘉勒	B.C.2182	45
	4	烏斯丘	B.C.2137	38
	5	丘乙	B.C.2099	16
	6	達門	B.C.2083	36
	7	翰栗	B.C.2047	54
	8	于西翰	B.C.1993	8
	9	阿述	B.C.1985	35
	10	魯乙	B.C.1950	59
	11	道奚	B.C.1981	57
	12	阿漢	B.C.1834	52
	13	屹達	B.C.1782	61
	14	古弗	B.C.1721	60
	15	代音	B.C.1661	51
	16	尉那	B.C.1610	58
	17	余乙	B.C.1552	68
	18	冬奄	B.C.1484	49
	19	緱牟蘇	B.C.1435	55
	20	固忽	B.C.1380	43
	21	蘇台	B.C.1337	52
	22	索弗婁	B.C.1285	48
	23	阿忽	B.C.1237	76
	24	延那	B.C.1161	11
	25	率那	B.C.1150	88
	26	鄒魯	B.C.1062	65
	27	豆密	B.C. 997	26
	28	奚牟	B.C. 971	28
	29	摩休	B.C. 943	34
	30	奈休	B.C. 909	35
	31	登屼	B.C. 874	25
	32	鄒密	B.C. 849	30
	33	甘勿	B.C. 819	24
	34	奧婁門	B.C. 795	23
	35	沙伐	B.C. 772	68
	36	買勒	B.C. 704	58

國號	代數	統治者名	卽位年 (西曆)	在任年數 (年)
檀君朝鮮	37	麻勿	B.C. 646	56
	38	多勿	B.C. 590	45
	39	豆忽	B.C. 545	36
	40	達音	B.C. 509	18
	41	音次	B.C. 491	20
	42	乙于支	B.C. 471	10
	43	勿理	B.C. 461	36
	44	丘勿	B.C. 425	29
	45	余婁	B.C. 396	55
	46	普乙	B.C.341	46
	47	古列伽	B.C.295	47
北夫餘 6代檀君, 203 年間 (B.C.239-B.C.57)	1	解慕漱	B.C.239	?
	2	慕漱離	?	?
	3	高奚斯	?	?
	4	高于婁	?	?
	5	高豆莫汗	?	?
	6	高無胥	?	?
新羅 56代王, 992 年間 (B.C.57-935)	1	赫居世 居西干	B.C.57	61
	2	南海次次雄	4	20
	3	儒理尼師今	24	33
	4	脫解尼師今	57	23
	5	婆娑尼師今	80	32
	6	祇摩尼師今	112	22
	7	逸聖尼師今	134	20
	8	阿達羅尼師今	154	30
	9	伐休尼師今	184	12
	10	奈解尼師今	196	34
	11	助賁尼師今	230	17
	12	沾解尼師今	247	14
	13	味鄒尼師今	261	23
	14	儒禮尼師今	284	14
	15	基臨尼師今	298	12
	16	訖解尼師今	310	46
	17	奈勿尼師今	356	46
	18	實聖尼師今	402	15
	19	訥祇麻立干	417	41
	20	慈悲麻立干	458	21
	21	炤知麻立干	479	21
	22	智證麻立干	500	14
	23	法興王	514	26
	24	眞興王	540	36
	25	眞智王	576	3
	26	眞平王	579	53
	27	善德女王	632	15
	28	眞德女王	647	7

國號	代數	統治者名	即位年 (西曆)	在任年數 (年)
新 羅	29	太宗武烈王	654	7
	30	文武王	661	20
	31	神文王	681	11
	32	孝昭王	692	10
	33	聖德王	702	35
	34	孝成王	737	5
	35	景德王	742	23
	36	惠恭王	765	15
	37	宣德王	780	5
	38	元聖王	785	13
	39	昭聖王	798	2
	40	哀莊王	800	9
	41	憲德王	809	17
	42	興德王	826	10
	43	僖康王	836	2
	44	閔哀王	838	1
	45	神武王	839	1
	46	文聖王	839	18
	47	憲安王	857	4
	48	景文王	861	4
	49	憲康王	875	11
	50	定康王	886	1
	51	眞聖女王	887	10
	52	孝恭王	897	15
	53	神德王	912	5
	54	景明王	917	7
	55	景哀王	924	3
	56	敬順王	927	8
高句麗 28代王, 705 年間 (B.C.37-668)	1	東明王	B.C.37	18
	2	瑠璃王	B.C.19	37
	3	大武神王	18	26
	4	閔中王	44	4
	5	慕本王	48	5
	6	太祖王	53	93
	7	次大王	146	19
	8	新大王	165	14
	9	故國川王	179	18
	10	山上王	197	30
	11	東川王	227	21
	12	中川王	248	22
	13	西川王	270	22
	14	烽上王	292	8
	15	美川王	300	31
	16	故國原王	331	40
	17	小獸林王	371	13

國號	代數	統治者名	即位年 (西曆)	在任年數 (年)
高句麗	18	故國壤王	384	7
	19	廣開土王	391	22
	20	長壽王	413	78
	21	文咨明王	491	28
	22	安臧王	519	12
	23	安原王	531	14
	24	陽原王	545	14
	25	平原王	559	31
	26	嬰陽王	590	28
	27	榮留王	618	24
	28	寶藏王	642	26
百 濟 331代王, 678 年間 (B.C.18-660)	1	溫祚王	B.C. 18	46
	2	多婁王	28	49
	3	己婁王	77	51
	4	蓋婁王	128	38
	5	肖古王	166	48
	6	仇首王	214	20
	7	沙伴王	234	1
	8	古爾王	234	52
	9	責稽王	286	12
	10	汾西王	298	6
	11	比流王	304	40
	12	契 王	344	2
	13	近肖古王	346	29
	14	近仇首王	375	9
	15	枕流王	384	1
	16	辰斯王	385	7
	17	阿莘王	392	13
	18	腆支王	405	15
	19	久爾辛王	420	7
	20	毗有王	427	28
	21	蓋鹵王	455	20
	22	文周王	475	2
	23	三斤王	477	2
	24	東城王	479	22
	25	武寧王	501	22
	26	聖 王	523	31
	27	威德王	554	44
	28	惠 王	598	1
	29	法 王	599	1
	30	武 王	600	41
	31	義慈王	641	19
駕洛·金官伽耶 10代王, 491年間 (42-532)	1	首露王	42	157
	2	居登王	199	60
	3	麻品王	259	32

國號	代數	統治者名	卽位年 (西曆)	在任年數 (年)
駕洛·金官伽耶	4	居叱彌王	291	55
	5	伊尸品王	346	61
	6	坐知王	407	14
	7	吹希王	421	30
	8	銍知王	451	41
	9	鉗知王	492	29
	10	仇衡王	521	11
渤 海 14代王, 228年間 (669-926)	1	大祚榮高王	699	20
	2	武 王	719	18
	3	文 王	737	56
	4	廢 王	793	1
	5	成 王	794	1
	6	康 王	795	14
	7	定 王	809	4
	8	僖 王	813	4
	9	簡 王	817	1
	10	宣 王	818	12
	11	王	830	28
	12	虔晃王	858	12
	13	景 王	870	31
	14	哀 王	901	25
高 麗 34代王, 475年間 (918-1392)	1	王建太祖	918	25
	2	惠 宗	943	2
	3	定 宗	945	4
	4	光 宗	949	26
	5	景 宗	975	6
	6	成 宗	981	16
	7	穆 宗	997	12
	8	顯 宗	1009	22
	9	德 宗	1031	3
	10	靖 宗	1034	12
	11	文 宗	1046	37
	12	順 宗	1083	1
	13	宣 宗	1083	11
	14	獻 宗	1094	1
	15	肅 宗	1095	10
	16	睿 宗	1105	17
	17	仁 宗	1122	24
	18	毅 宗	1146	24
	19	明 宗	1170	27
	20	神 宗	1197	7
	21	熙 宗	1204	7
	22	康 宗	1211	2
	23	高 宗	1213	46
	24	元 宗	1259	15

國號	代數	統治者名	卽位年 (西曆)	在任年數 (年)
高 麗	25	忠烈王	1274	34
	26	忠宣王	1308	5
	27	忠肅王	1313/1332	17/7
	28	忠惠王	1330/1339	2/5
	29	忠穆王	1344	4
	30	忠定王	1348	3
	31	恭愍王	1351	23
	32	禑 王	1374	14
	33	昌 王	1388	1
	34	恭讓王	1389	3
朝 鮮 27代王, 519年間 (1392-1910)	1	李成桂 太祖	1392	6
	2	定 宗	1398	2
	3	太 宗	1400	18
	4	世 宗	1418	32
	5	文 宗	1450	2
	6	端 宗	1452	3
	7	世 祖	1455	13
	8	睿 宗	1468	1
	9	成 宗	1469	25
	10	燕山君	1494	12
	11	中 宗	1506	38
	12	仁 宗	1544	1
	13	明 宗	1545	22
	14	宣 祖	1567	41
	15	光海君	1608	15
	16	仁 祖	1623	26
	17	孝 宗	1649	10
	18	顯 宗	1659	15
	19	肅 宗	1674	46
	20	景 宗	1720	4
	21	英 祖	1724	52
	22	正 祖	1776	24
	23	純 祖	1800	34
	24	憲 宗	1834	15
	25	哲 宗	1849	14
	26	高 宗	1863	44
	27	純 宗	1907	3
日本帝國 10代 總督 36年間(1910-1945)	1	寺內正毅	1910	6
	2	長谷川好道	1916	3
	3	齋藤實	1919	8
	4	宇垣一成	1927	1
	5	山梨半造	1927	2
	6	齋藤實	1929	2
	7	宇垣一成	1931	5
	8	南次郎	1936	6

國號	代數	統治者名	卽位年(西曆)	在任年數(年)
日本帝國	9	山磯國昭	1942	2
	10	阿部信行	1944	1
蘇聯軍政:1代 民政司令官,3年間(1945-1948)	1	로마넨코	1945	3
美國軍政 3代 軍政長官,3年間(1945-1948)	1	아놀드	1945	1
	2	러어치	1945	2
	3	딘	1947	1
大韓民國 16代 大統領, 58年間(1948-2006現在)	1	李承晩	1948	4
	2	李承晩	1952	4
	3	李承晩	1956	4
	4	尹潽善	1960	2
	5	朴正熙	1963	4
	6	朴正熙	1967	4
	7	朴正熙	1971	1
	8	朴正熙	1972	6
	9	朴正熙	1978	1
	10	崔圭夏	1979	1
	11	全斗煥	1980	1
	12	全斗煥	1981	7
	13	盧泰愚	1988	5
	14	金泳三	1993	5
	15	金大中	1998	5
	16	盧武鉉	2003	5
朝鮮民主主義人民共和國:2代主席, 58年間(1948-2006現在)	1	金日成	1948	46
	2	金正日	1994	12
統一韓國	1			

※ 三國時代 以前은「桓檀古記」에 의하고 그 以後는 通史에 따른 것임.

(3) 市·道 및 市·郡· 區의 名稱 變更 沿革

(1936.7-2006.7)

2006年 現在名稱		1936年 7月 當時名稱	名稱變更沿革
市·道	市·郡·區		
서울特別市	市	京畿道 京城府	→京畿道 서울市 (45.8.15)→ 서울特別自由市 (46.9.18)→ 서울特別市(49.8.15)
	鍾路區	鍾路 出張所	→鍾路區役所 (43.4.1)→鍾路區(46.10.18)
	中區	中區 出張所	→中區役所 (43.4.1)→中區(46.10.18)
	龍山區	龍山 出張所	→龍山區役所 (43.4.1)→龍山區(46.10.18)
	城東區	東部 出張所	→城東區役所 (43.4.1)→城東區(46.10.18)
	廣津區		廣津區(城東區 分區, 95.3.1)
	東大門區	東部 出張所	→東大門區役所 (43.4.1)→東大門區(46.10.18)
	中浪區		中浪區(東大門區 分區, 88.1.1)
	城北區		城北區(東大門區 分區, 49.8.13)
	江北區		江北區(道峰區 分區, 95.3.1)
	道峰區		道峰區(城北區 分區, 73.7.1)
	蘆原區		蘆原區(道峰區 分區, 88.1.1)
	恩平區		恩平區(西大門區 分區, 79.10.1)
	西大門區	西部 出張所	→西大門區役所(43.4.1)→西大門區(46.10.18)
	麻浦區		麻浦區役所(西大門區 分區, 44.10.23)→麻浦區(46.10.18)
	陽川區		陽川區(江西區 分區, 88.1.1)
	江西區		江西區 (永登浦區 分區, 77.9.1)
	九老區		九老區 (永登浦區 分區, 80.4.1)
	衿川區		衿川區 (九老區 分區, 95.3.1)
	永登浦區	永登浦 出張所	→永登浦區役所 (43.4.1)→永登浦區 (46.10.18)
	銅雀區		銅雀區 (冠岳區 分區, 80.4.1)
	冠岳區		冠岳區 (永登浦區 分區, 73.7.1)
	瑞草區		瑞草區 (江南區 分區, 88.1.1)

2006年 現在名稱		1936年 7月 當時名稱	名 稱 變 更 沿 革
市·道	市·郡·區		
서울特別市	江南區		江南區 (城東區 分區, 75.10.1)
	松坡區		松坡區 (江東區 分區, 88.8.1)
	江東區		江東區 (江南區 分區, 79.10.1)
釜山廣域市	市	慶尙南道 釜山府	→慶尙南道 釜山市 (49.8.15)→ 釜山直轄市(63.1.1)→釜山廣域市(95.1.1)
	中 區		中部出張所 (51.9.1)→中區(57.1.1)
	西 區		西部出張所 (51.9.1)→西區(57.1.1)
	東 區		草梁出張所 (51.9.1)→東區(57.1.1)
	影島區		影島出張所 (51.9.1)→影島區(57.1.1)
	釜山鎭區		釜山鎭出張所 (51.9.1)→釜山鎭區(57.1.1)
	東萊區	慶尙南道 東萊府	→慶尙南道 釜山府 (42.10.1)→東萊出張所(51.9.1)→東萊區(57.1.1)
	南 區		水營 出張所 (42.10.1)＋大淵出張所(53.9.10)→南區 (75.10.1)
	北 區		北區 出張所 (75.10.1)→北區 (78.2.15)
	海雲臺區		釜山市 海雲臺出張所(53.1.1)→東萊區 海雲臺出張所(57.1.1)→海雲臺區(80.4.1)
	沙下區		西區 沙下出張所(57.1.1)→釜山市 沙下出張所(75.10.1)→沙下區(83.12.15)
	金井區		北面出張所(63.1.1)→ 出張所 廢止(75.10.1)→金井區(88.1.1)
	江西區		釜山市 江西出張所(83.5.1)→ 江西區(89.1.1)
	蓮堤區		蓮堤區 (東萊區 分區, 95.3.1)
	水營區		釜山府 水營出張所 (42.10.1)→ 南區 水營出張所 (75.10.1)→水營區 (95.3.1)
	沙上區		釜山鎭區 沙上出張所 (63.1.1)→釜山市 北部出張所 (75.10.1)→沙上區 (95.3.1)
	機張郡	慶尙南道 東萊郡	→梁山郡 機張邑(80.12.1)→梁山郡 東部出張所(86.11.1)→釜山市 機張郡(95.3.1)
大邱廣域市	市	慶尙北道 大邱府	→慶尙北道 大邱市(49.8.15)→大邱直轄市 (81.7.1)→大邱廣域市(95.1.1)
	中 區		中部出張所(53.4.1)＋鍾路出張所(53.4.1)→ 中區 (63.1.1)
	東 區		東部出張所(38.11.2)＋東村出張所(58.1.1)→ 東區 (63.1.1)
	西 區		西部出張所(38.11.2)→ 西區 (63.1.1)
	南 區		南部出張所(51.6.9) → 南區(63.1.1)
	北 區		北部出張所(38.11.2)→ 北區 (63.1.1)
	壽城區		壽城區(東區 分區, 80.4.1)
	達西區		達西區 (西區 · 南區 分區, 88.1.1)
	達城郡	慶尙北道 達城郡	→大邱市 達城郡(95.3.1)
仁川廣域市	市	京畿道 仁川府	→京畿道 仁川市 (49.8.15)→ 仁川直轄市(81.7.1)→ 仁川廣域市 (95.1.1)
	中 區		中部出張所 (63.1.1)→ 中區(68.1.1)
	東 區		北部出張所 (63.1.1)＋東部出張所 (63.1.1)→ 東區 (68.1.1)
	南 區		南部 · 朱安 · 文鶴 · 南洞出張所 (63.1.1) → 南區 (68.1.1)
	延壽區		延壽區 (南區 分區, 95.3.1)
	南洞區		南洞區 (南區 分區, 88.1.1)
	富平區		富平 · 西串出張所 (63.1.1) → 北區 (68.1.1)→富平區(北區 分區, 95.3.1)
	桂陽區		富平 · 西串出張所 (63.1.1) → 北區 (68.1.1)→桂陽區(北區 分區, 95.3.1)
	西 區		富平 · 西串出張所 (63.1.1) → 北區 (68.1.1)→西區(北區 分區, 88.1.1)
	江華郡	京畿道 江華郡	→仁川市 江華郡 (95.3.1)
	甕津郡	黃海道 甕津郡	→京畿道 甕津郡 (45.11.3) → 仁川市 甕津郡 (95.3.1)
光州廣域市	市	全羅南道 光州府	→全羅南道 光州市 (49.8.15) → 光州直轄市(86.11.1) → 光州廣域市(95.1.1)
	東 區		中部 · 東部 · 北部出張所 (61.3.10) → 東區 (73.7.1)
	西 區		南部 · 西部 · 芝山出張所 (61.3.10) → 西區 (73.7.1)
	南 區		南區 (西區 分區, 95.3.1)
	北 區		北區(東區 分區,80.4.1)
	光山區	全羅南道 光山郡	→光州市 光山郡 (88.1.1)

2006年 現在名稱		1936年 7月	名稱變更沿革
市·道	市·郡·區	當時名稱	
大田廣域市	市	忠淸南道 大田府	→忠淸南道 大田市 (49.8.15)→ 大田直轄市(89.1.1)→大田廣域市 (95.1.1)
	東 區		東部 · 北部出張所 (71.7.1)→ 東區 (77.9.1)
	中 區		中部 · 西部出張所 (71.7.1)→ 中區 (77.9.1)
	西 區		西區 (中區 分區, 88.1.1)
	儒城區	忠淸南道 大德郡 儒城面	→儒城邑(73.7.1)→ 忠南 大田市 中區 儒城出張所(83.2.15)→ 大田市 儒城區(89.1.1)
	大德區	忠淸南道 大德部	→大田市 大德區(89.1.1)
蔚山廣域市	市	慶尙南道 蔚山郡 蔚山邑	→慶尙南道 蔚山市 (62.6.1)→ 蔚山 廣域市 (97.7.15)
	中 區		中區 (85.7.15)
	南 區		南區 (85.7.15)
	東 區		方魚津出張所 (62.6.1)→ 東區 (88.1.1)
	北 區		北區(東區 分區, 98.3.1)
	蔚州郡	慶尙南道 蔚山郡	→慶南 蔚州郡(62.6.1)→ 慶南 蔚山郡(91.1.1)→蔚山市 蔚州區(95.1.1)→蔚州郡(97.7.15)
京 畿 道	道	京畿道	-
	水原市	水原邑	→水原市(49.8.15)
	城南市	光州郡 中部面	→光州郡 中部面 城南出張所 (64.2.24)→京畿道 城南出張所 (71.9.13)→城南市 (93.7.1)
	議政府市	楊州郡 紫芚面	→楊州郡 楊州面(38.10.1)→ 楊州郡 議政府邑(42.10.1)→ 議政府市(63.1.1)
	安養市	始興郡 西二面	→始興郡 安養面(41.10.1)→ 始興郡 安養邑(49.8.15)→ 始興市(73.7.1)
	富川市	富川郡 素砂面	→富川郡 素砂邑(41.10.1)→ 富川市(73.7.1)
	光明市	始興郡 西面	→始興郡 所下邑(79.5.1)→ 光明市(81.7.1)
	平澤市	振威郡	→平澤郡(38.10.1) → 平澤市 (95.5.10)
		振威郡 平澤面	→平澤郡 平澤邑 (38.10.1)→ 平澤市(86.1.1) → 平澤市 (95.5.10)
		振威郡 松炭面	→平澤郡 松炭邑 (63.1.1)→ 松炭市(81.7.1) → 平澤市 (95.5.10)
	東豆川市	楊州郡 伊淡面	→楊州郡 東豆川邑 (63.1.1)→ 東豆川市(81.7.1)
	安山市	始興郡 秀岩面 · 君子面	→半月都市開發支援事業所(96.12.31) →京畿道 半月出張所 (79.8.10) →安山市(86.1.1)
	高陽市	高陽郡	→高陽市(92.2.1)
	果川市	始興郡 果川面	→果川地區支援事業所(79.4.8)→ 京畿道 果川地區出張所 (82.6.10)→ 果川市(86.1.1)
	九里市	楊州郡 九里面	→楊州郡 九里邑(73.7.1)→ 南楊州郡 九里邑(80.4.1)→ 九里市(86.1.1)
	南楊州市	楊州郡	→南楊州郡 (楊州郡 分郡, 80.4.1) →南楊州市(95.1.1)
		楊州郡 渼金面	→楊州郡 渼金邑(75.5.1)→ 南楊州郡 渼金邑(80.4.1)→ 渼金市(89.1.1) →南楊州市(95.1.1)
	烏山市	水原郡 城湖面	→華城郡 烏山面(49.8.15)→ 華城郡 烏山邑(60.1.1)→ 烏山市(89.1.1)
	始興市	始興郡	→始興市(89.1.1)
	軍浦市	始興郡 南面	→始興郡 軍浦邑 (79.5.1)→ 軍浦市 (89.1.1)
	儀旺市	水源郡 儀旺面	→水源郡 日旺面(36.10.1)→ 始興郡 儀旺面(63.1.1)→ 始興郡 儀旺邑(80.12.1)→ 儀旺市(89.1.1)
	河南市	廣州郡 東部面	→廣州郡 東部邑(80.12.1)→ 河南市(89.1.1)
	龍仁市	龍仁郡	→龍仁市(96.3.1)
	坡州市	坡州郡	→坡州市(96.3.1)
	利川市	利川郡	→利川市(96.3.1)
	楊州郡	楊州郡	→楊州市(03.10.19)
	驪州郡	驪州郡	-
	華城市	水原郡	→華城郡 (49.8.15)→ 華城市(01.3.21)
	廣州市	廣州郡	→廣州市 (01.3.21)
	漣川郡	漣川郡	-
	抱川郡	抱川郡	-
	加平郡	加平郡	-
	楊平郡	楊平郡	-

2006年 現在名稱		1936年 7月 當時名稱	名稱變更沿革
市·道	市·郡·區		
京 畿 道	安城市	安城郡	→安城市(98.4.1)
	金浦市	金浦郡	→金浦市(98.4.1)
江 原 道	道	江原道	-
	春川市	春川郡	→春城郡(46.6.1)→ 春川郡 (92.2.1) ┐ →春川市(95.1.1)
		春川郡 春川指定面	→春川郡 春川邑(31.4.1) →春川府 (46.6.1)→ 春川市(49.8.15)
	原州市	原州郡	→原城郡(55.9.1) → 原州郡(89.1.1) ┐ →原州市 (95.1.1)
		原州郡 原州邑	→原州郡 原州邑(55.9.1) → 原州市(55.9.1)
	江陵市	江陵郡	→溟州郡 (55.9.1) ┐ →江陵市 (95.1.1)
		江陵郡 江陵面	→江陵郡 江陵邑(31.4.1) →江陵市 (55.9.1)
	東海市	江陵郡 望祥面	→江陵郡 墨湖邑(42.10.1) →溟州郡 墨湖邑(55.9.1) ┐ →東海市(80.4.1)
		三陟郡 北三面	→三陟郡 北坪邑(45.7.1)
	太白市	三陟郡 上長面	→三陟郡 長省邑(60.1.1) ┐ →太白市(81.7.1)
		三陟郡 上長面	→三陟郡 長省邑 黃池出張所(60.1.1)→ 三陟郡 黃池邑(73.7.1)
	束草市	襄陽郡 道川面	→襄陽郡 束草面(37.7.1)→ 襄陽郡 束草邑(42.1.1) → 束草市(63.1.1)
	三陟市	三陟郡	┐ →三陟市(95.1.1)
		三陟郡 三陟面	→三陟郡 三陟邑(38.10.1)→ 三陟市(86.1.1)
	洪川郡	洪川郡	-
	橫城郡	橫城郡	-
	寧越郡	寧越郡	-
	平昌郡	平昌郡	-
	旌善郡	旌善郡	-
	鐵原郡	鐵原郡	-
	華川郡	華川郡	-
	楊口郡	楊口郡	-
	麟蹄郡	麟蹄郡	-
	高城郡	高城郡	-
	襄陽郡	襄陽郡	-
忠淸北道	道	忠淸北道	-
	淸州市	淸州郡 淸州面	→淸州郡 淸州邑(31.4.1)→ 淸州府(46.6.1)→ 淸州市(49.8.15)
	忠州市	忠州郡	→中原郡(56.7.8) ┐ →忠州市(95.1.1)
		忠州郡 忠州面	→忠州郡 忠州邑(31.4.1)→ 忠州市(56.7.8)
	堤川市	堤川郡	→堤原郡(80.4.1)→ 堤川郡(91.1.1) ┐ →堤川市(95.1.1)
		堤川郡 堤川面	→堤川郡 堤川邑(40.11.1) → 堤川市(80.4.1)
	淸原郡	淸州郡	→淸原郡(46.6.1)
	報恩郡	報恩郡	-
	沃川郡	沃川郡	-
	永同郡	永同郡	-
	鎭川郡	鎭川郡	-
	槐山郡	槐山郡	-
	陰城郡	陰城郡	-
	丹陽郡	丹陽郡	-
忠淸南道	道	忠淸南道	-
	天安市	天安郡	→天原郡(63.1.1) → 天安郡(91.1.1) ┐ →天安市(95.5.10)
		天安郡 天安邑	→天安市(63.1.1)
	公州市	公州郡	┐ →公州市(95.1.1)
		公州郡 公州邑	→公州市(86.1.1)

(1936.7-2002.8)

2006年 現在名稱 市·道	2006年 現在名稱 市·郡·區	1936年 7月 當時名稱	名稱變更沿革
忠淸南道	保寧市	保寧郡	
		保寧郡 大川面	→保寧郡 大川邑(63.1.1) →大川市(86.1.1) →保寧市(95.1.1)
	牙山市	牙山郡	
		牙山郡 溫陽面	→牙山郡 溫陽邑(41.10.1)→ 溫陽市(86.1.1) →牙山市(95.1.1)
	瑞山市	瑞山郡	
		瑞山郡 瑞山面	→瑞山郡 瑞山邑(42.10.1)→瑞山市(89.1.1) →瑞山市(95.1.1)
	論山市	論山郡	→論山市(96.3.1)
	錦山郡	全羅北道 錦山郡	→忠淸南道 錦山郡(63.1.1)
	燕岐郡	燕岐郡	-
	扶餘郡	扶餘郡	-
	舒川郡	舒川郡	-
	靑陽郡	靑陽郡	-
	洪城郡	洪城郡	-
	禮山郡	禮山郡	-
	泰安郡	瑞山郡	→泰安郡 (瑞山郡 分郡, 89.1.1)
	唐津郡	唐津郡	-
全羅北道	道	全羅北道	-
	全州市	全州府	→全州市(49.8.15)
	群山市	群山府	→群山市(49.8.15) → 群山市(95.1.1)
		沃溝郡	
	益山市	益山郡	
		益山郡 裡里邑	→裡里府(47.2.23)→裡里市(49.8.15) →益山市(95.5.10)
	井邑市	井邑郡	
		井邑郡 井州邑	→井州市(81.7.1) →井邑市(95.1.1)
	南原市	南原郡	
		南原郡 南原邑	→南原市(81.7.1) →南原市(95.1.1)
	金堤市	金堤郡	
		金堤郡 金堤邑	→金堤市(89.1.1) →金堤市(95.1.1)
	完州郡	完州郡	-
	鎭安郡	鎭安郡	-
	茂朱郡	茂朱郡	-
	長水郡	長水郡	-
	任實郡	任實郡	-
	淳昌郡	淳昌郡	-
	高敞郡	高敞郡	-
	扶安郡	扶安郡	-
全羅南道	道	全羅南道	-
	木浦市	木浦府	→木浦市(49.8.15)
	麗水市	麗水郡	→麗川郡(49.8.14)
		麗水郡 麗水邑	→麗水府(49.8.14) → 麗水市(49.8.15) →麗水市(98.4.1)
		麗水郡 三日面·雙鳳面	→全南 麗川地區出張所(76.9.1)→麗川市(86.1.1)
	順天市	順天郡	→昇州郡(49.8.14)
		順天郡 順天邑	→順天府(49.8.14) → 順天市(48.8.15) → 順天市(95.1.1)

2006年 現在名稱		1936年 7月 當時名稱	名稱變更沿革
市·道	市·郡·區		
全羅南道	羅州市	羅州郡	→羅州市(95.1.1)
		羅州郡 羅州邑	→錦城市(81.7.1)→ 羅州市(86.1.1)
		羅州郡 榮山面	→羅州郡 榮山浦邑(37.6.28)
	光陽市	光陽郡	→光陽市(95.1.1)
		潭陽郡 骨若面·太金面	→全南 光陽地區出張所(86.1.1)→東光陽市(89.1.1)
	潭陽郡	潭陽郡	-
	谷城郡	谷城郡	-
	求禮郡	求禮郡	-
	高興郡	高興郡	-
	寶城郡	寶城郡	-
	和順郡	和順郡	-
	長興郡	長興郡	-
	康津郡	康津郡	-
	海南郡	海南郡	-
	靈岩郡	靈岩郡	-
	務安郡	務安郡	-
	咸平郡	咸平郡	-
	靈光郡	靈光郡	-
	長城郡	長城郡	-
	莞島郡	莞島郡	-
	珍島郡	珍島郡	-
	新安郡	務安郡	新安郡(務安郡 分郡, 69.1.1)
慶尙北道	道	慶尙北道	-
	浦項市	迎日郡	→ 浦項市(95.1.1)
		迎日郡 浦項邑	→浦項府(49.8.14)→ 浦項市(49.8.15)
	慶州市	慶州郡	→月城郡(55.9.1) → 慶州郡(89.1.1) → 慶州市(95.1.1)
		慶州郡 慶州邑	→慶州市(55.9.1)
	金泉市	金泉郡	→金陵郡(49.8.15) → 金泉市(95.1.1)
		金泉郡 金泉邑	→金泉府(49.8.14) → 金泉市(49.8.15)
	安東市	安東郡	→ 安東市(95.1.1)
		安東郡 安東邑	→安東市(63.1.1)
	龜尾市	善山郡	→ 龜尾市(95.1.1)
		善山郡 龜尾面	→善山郡 龜尾邑(63.1.1)→慶北 龜尾出張所(77.2.15)→龜尾市(78.2.15)
	榮州市	榮州郡	→榮豊郡(80.4.1) → 榮州市(95.1.1)
		榮州郡 榮州面	→榮州郡 榮州邑(40.11.1) → 榮州市(80.4.1)
	永川市	永川郡	→ 永川市(95.1.1)
		永川郡 永川面	→永川郡 永川邑(37.7.1) → 永川市(81.7.1)
	尙州市	尙州郡	→尙州市(95.1.1)
		尙州郡 尙州邑	→尙州市(86.1.1)
	聞慶市	聞慶郡	→ 聞慶市(95.1.1)
		聞慶郡 戶西南面	→聞慶郡 店村邑(56.8.8) → 店村市(86.1.1)
	慶山市	慶山郡	→ 慶山市(95.1.1)
		慶山郡 慶山面	→慶山郡 慶山邑(56.7.8) → 慶山市(89.1.1)
	軍威郡	軍威郡	-
	義城郡	義城郡	-

2006年 現在名稱		1936年 7月	名 稱 變 更 沿 革
市·道	市·郡·區	當時名稱	
慶尙北道	靑松郡	靑 松 郡	-
	英陽郡	英 陽 郡	-
	盈德郡	盈 德 郡	-
	淸道郡	淸 道 郡	-
	高靈郡	高 靈 郡	-
	星州郡	星 州 郡	-
	漆谷郡	漆 谷 郡	-
	醴泉郡	醴 泉 郡	-
	奉化郡	奉 化 郡	-
	蔚珍郡	江原道 蔚珍郡	→慶尙北道 蔚珍郡(63.1.1)
	鬱陵郡	鬱 陵 島	→鬱陵郡(49.8.15)
慶尙南道	道	慶 尙 南 道	-
	昌原市	昌 原 郡	→昌原市(95.1.1)
		馬 山 府	→馬山市産業基地開發促進地域(74.4.1)→慶南昌原出張所(76.9.1)→昌原市(80.4.1)
	馬山市	馬 山 府	→馬山市(49.8.15) →馬山市(95.1.1)
		昌 原 郡	
	晋州市	晋 州 郡	→晋陽郡(39.10.1) →晋州市(95.1.1)
		晋州郡 晋州邑	→晋州府(39.10.1)→晋州市(49.8.15)
	鎭海市	昌原郡 鎭海邑	→鎭海市(55.9.1)
	統營郡	統 營 郡	→統營市(95.1.1)
		統營郡 統營邑	→忠武市(55.9.1)
	泗川市	泗 川 郡	→泗川市(95.5.10)
		泗川郡 三千浦邑	→三千浦市(56.7.8)
	金海市	金 海 郡	→金海市(95.5.10)
		金海郡 金海邑	→金海市(81.7.1)
	密陽市	密 陽 郡	→密陽市(95.5.1)
		密陽郡 密陽邑	→密陽市(89.1.1)
	巨濟市	統 營 郡	→巨濟郡(統營郡 分郡, 53.1.1) →巨濟市(95.1.1)
		統營郡 長承浦邑	→長承浦市(89.1.1)
	梁山市	梁 山 郡	→梁山市(96.3.1)
	宜寧郡	宜 寧 郡	-
	咸安郡	咸 安 郡	-
	昌寧郡	昌 寧 郡	-
	固城郡	固 城 郡	-
	南海郡	南 海 郡	-
	河東郡	河 東 郡	-
	山淸郡	山 淸 郡	-
	咸陽郡	咸 陽 郡	-
	居昌郡	居 昌 郡	-
	陜川郡	陜 川 郡	-
濟州道	道	全羅南道 濟州島	→濟州道(46.8.1)
	濟州市	濟州郡 濟州邑	→濟州道 濟州市(55.9.1)
	西歸浦市	濟州郡 西歸面	→南濟州郡 西歸邑 (56.7.8) → 西歸浦市(81.7.1)
	北濟州郡	全南 濟州郡	→濟州道 北濟州郡 (46.8.1)
	南濟州郡	全南 濟州郡	→濟州道 南濟州郡 (46.8.1)

(4) 主要 地名 變遷 一覽表

時代 / 市道	三國時代	統一新羅	高麗	朝鮮	大韓帝國	大韓民國
서울特別市	南平壤城 (百濟北漢城)	漢陽郡	楊州 (木葉 : 漢陽府)	漢城府	京城府	서울特別市
釜山廣域市	居柒山郡 大甑縣	東萊郡 東平縣	東萊郡 東平縣	東萊郡	東萊郡	釜山廣域市
大邱廣域市	達句火縣 (達弗城)	大丘縣	大丘縣	大邱郡	大邱府	大邱廣域市
仁川廣域市	買召忽縣	邵城縣	仁州 (改名 慶源府)	仁川郡	仁川府	仁川廣域市
光州廣域市	武珍州 (奴只)	武州	光州 (海陽縣)	光州牧 (武珍郡)	光州郡	光州廣域市
大田廣域市	雨述郡	北豊郡 儒城縣	公州府	懷德郡	大田郡	大田廣域市
蔚山廣域市	屈阿火村	臨關縣 河曲(河西)	茶化縣蔚州	蔚山郡	蔚山郡	蔚山廣域市
京畿道	買忽縣 (水城)	水城郡	水州	水原郡	水原郡	水原市 華城市
	買省郡 (昌化)	來蘇郡	見州	楊州郡	楊州郡	議政府市 東豆川市 楊州市 南楊州市
	骨乃斤縣	黃驍縣	黃驍縣 (黃利, 永義驍興)	驪州郡 (驪興府)	驪州郡	驪州郡
	釜山縣 河八縣	振威縣	振威縣 平澤縣	振威郡 平澤郡	振威郡	平澤市
	仍伐奴縣	穀壤縣	衿州	始興郡 (衿果, 衿陽, 衿川)	始興郡	安養市 光明市 始興市
	漢山縣 (百濟 漢山城)	漢州	廣州	廣州府(郡)	廣州郡	城南市 廣州市
	主夫吐郡	長堤郡	樹州 (桂陽, 吉州, 富平)	富平郡(府)	富川郡	富川市
	述爾忽縣 (述彌忽 首尼忽 坡害平史縣) (額達)	峰城縣 坡平縣	瑞原縣 坡平縣	坡州郡 (原平府)	坡州郡	坡州市
	達乙省縣	高峰縣 (高烽縣)	高烽縣	高陽郡(府)	高陽郡	高陽市
	功木達縣 (熊閃山 또는工木達)	功城縣	漳州縣 (獐州)	漣川郡(縣)	漣川郡	漣川郡
	馬忽郡 (命旨)	堅城郡	抱主郡	抱川郡(縣)	抱川郡	抱川郡
	斤平郡 (竝平)	嘉平郡 (加平)	嘉平郡	加平郡(縣)	加平郡	加平郡

時代 / 市道	三國時代	統一新羅	高　麗	朝　鮮	大韓帝國	大韓民國
	楊根郡 (恒陽 또는 斯斬)	濱陽縣	楊根縣	楊根郡	楊平郡	楊平郡
	南州縣 (南買)	黃武縣	利川郡	利川郡(縣)	利川郡	利川市
	駒城縣 (滅烏)	巨黍縣	龍駒縣	龍仁郡(縣)	龍仁郡	龍仁市
京	奈兮忽	白城郡	安城郡	安城郡	安城郡	安城市
	黔浦縣	金浦縣	金浦縣(金陽)	金浦郡(縣)	金浦郡	金浦市
	穴口郡(甲比古次)	海口縣	江華縣	江華郡(府)	江華郡	江華郡
	甕遷		甕津縣	甕津郡(縣)	甕津郡	甕津郡
畿	泉井口縣 (屈火郡 또는 於乙買串)	交河縣	交河郡	交河郡(縣)	坡州郡 交河面	坡州市 交河面
	栗木郡 (多斯日兮)	栗津郡	果州	果川郡(縣)	始興郡 果川面	果川市
道	平海押縣 (平唯押 또는 北史城 別史波兒)	分津縣	通津縣	通津郡(縣)	金浦郡에 編入 (陽村面 大串面 一部 月串面)	金浦市에 編入 (陽村面 大串面 一部 月串面)
	沙伏縣	赤城縣	陽城縣	陽城縣	安城郡 陽城面	安城市 陽城面
	高木根縣 (載雲島 高林 達乙新)	喬桐縣	喬桐縣	喬桐郡	江華郡 喬桐面	江華郡 喬桐面
	昔達縣 (菁菁)	朔州 (牛首州)	春州 (安襄府)	春川郡	春川郡	春川市
	北原郡 (北原)	北原小京	原州	原州郡	原州郡	原州市
江	河西良 (何琵羅)	溟州	溟州	江陵郡(府)	江陵郡	江陵市 東海市
	翼峴縣 (伊文)	翼領縣	翼領郡 (陽州, 襄州)	襄陽郡	襄陽郡	束草市 襄陽郡
	悉直郡 (悉直國)	三陟郡	三陟郡	三陟郡(府)	三陟郡	太白市 三陟市
原	伐力川縣	綠驍縣	洪川縣	洪川郡(縣)	洪川郡	洪川郡
	橫川縣 (於斯買)	橫川縣	橫川縣	橫城郡	橫城郡	橫城郡
	奈生郡	奈城郡	寧越郡	寧越郡	寧越郡	寧越郡
	郁烏縣	白烏縣	平昌縣	平昌郡	平昌郡	平昌郡
道	仍置縣	旌善縣	旌善郡	旌善郡	旌善郡	旌善郡
	鐵原郡 (毛乙冬非)	鐵城郡	東洲	鐵原郡(府)	鐵原郡	鐵原郡
	牲川郡 (也尸買)	狼川郡	狼川縣	華川郡	華川郡	華川郡

時代 市道	三國時代	統一新羅	高　麗	朝　鮮	大韓帝國	大韓民國
江原道	楊口郡 (要陰忽次)	楊麓郡	楊溝縣	楊口郡(縣)	楊口郡	楊口郡
	猪足縣 (烏斯回)	狶蹄縣	麟蹄縣	麟蹄郡(縣)	麟蹄郡	麟蹄郡
	達　忽	高城郡	高城郡	高城郡	高城郡	高城郡
	迓城郡 (加羅忽)	守城郡	杆城郡	杆城郡(縣)	高城郡 杆城面	高城郡 杆城邑
忠淸北道	上黨縣 (娘臂城 娘子谷)	西原京	淸　州	淸州郡	淸州郡	淸州市 淸原郡
	國原城 (未乙城 亂長城 託長城)	中原京	忠　州 (國原京)	忠州郡	忠州郡	忠州市
	奈吐郡 (大　堤)	奈堤郡	堤川郡	堤川郡(縣)	堤川郡	堤川市
	三年山郡	三年郡	保齡郡	報恩郡(縣)	報恩郡	報恩郡
	古尸山	管城郡	管城郡(沃州)	沃川郡	沃川郡	沃川郡
	吉同郡	永同郡	永同縣	永同郡(縣)	永同郡	永同郡
	今勿奴郡 (萬　弩 首　知 新　知)	墨壤郡 (黃壤)	鎭　州 (義寧郡)	鎭川郡(縣)	鎭川郡	鎭川郡
	仍斤內郡	槐壤郡	槐壤郡	槐山郡	槐山郡	槐山郡
	仍忽縣	陰城縣	陰城縣	陰城郡(縣)	陰城郡	陰城郡
	赤山城 (赤　縣)	赤山縣	丹山縣	丹陽郡	丹陽郡	丹陽郡
	一年山縣	燕山郡	燕山郡	文義郡(縣)	淸州郡 文義面	淸原郡 文義面
	召羅縣	黃澗縣	黃澗縣	黃澗郡	永同郡 黃澗面	永同郡 黃澗面
	沙熱伊縣	淸風縣	淸風郡	淸風郡	堤原郡 淸風面	堤原郡(堤川市) 淸風面
	乙阿且縣	士春縣	永春縣	永州郡	丹陽郡 永春面	丹陽郡 永春面
忠淸南道	雨述縣 (朽　淺)	比豊郡	懷德縣	懷德郡(縣)	大田郡	大田廣域市 大德區
	大木岳郡	木麓郡	天安府	天安郡 (寧山郡)	天安郡	天安市
	進乃郡 (進乃乙)	進禮郡	錦州郡 (進禮縣)	錦山郡	錦山郡	錦山郡
	豆乃只縣	燕岐峴	燕岐縣	燕岐郡(縣)	燕岐郡	燕岐郡
	熊　川	熊　縣	公　州	公州郡	公州郡	公州市
	黃等也山郡	黃山郡	連山郡	連山郡(縣)	論山郡	論山市
	所夫里郡 (泗　沘)	扶餘郡	扶餘郡	扶餘郡	扶餘郡	扶餘郡

時代 / 市道	三國時代	統一新羅	高　　麗	朝　　鮮	大韓帝國	大韓民國
忠清南道	舌林郡 (南陽)	西林郡	西林郡	舒川郡	舒川郡	舒川郡
	新村縣 (沙村)	新邑縣	保寧縣	保寧郡	保寧郡	保寧市
	古良夫里縣	青正縣	青陽縣	青陽郡	青陽郡	青陽郡
			洪州 (運州)	洪州郡	洪城郡	洪城郡
	烏山縣	孤山縣	禮山縣	禮山郡(縣)	禮山郡	禮山郡
	基郡	富城郡	富城縣	瑞山郡	瑞山郡	瑞山市
	伐首只縣 (夫只)	唐津縣	唐津縣	唐津郡	唐津郡	唐津郡
	牙述縣	陰峰縣(陰岑)	牙州縣	牙山郡	牙山郡	牙山市
	眞峴峴	鎭岑縣	鎭岑縣	鎭岑郡(縣)	大田郡 鎭岑面	大田廣域市 儒城區
	仇知峴	金地縣 (金池)	全義縣	全義郡(縣)	燕岐郡 全義面	燕岐郡 全義面
	熱也山峴	尼山縣	尼山縣	魯城郡	論山郡 魯城面	論山市 魯城面
	德近郡	德殷郡	德恩郡	恩津郡(縣)	論山郡 恩津面	論山市 恩津面
	大山峴	翰山縣	鴻山縣	鴻山郡(縣)	扶餘郡 鴻山面	扶餘郡 鴻山面
	加林郡	嘉林郡	嘉林縣	林川郡(縣)	扶餘郡 林川面	扶餘郡 林川面
	珍惡山峴	石山縣	石城縣	石城郡(縣)	扶餘郡 石城面	扶餘郡 石城面
	馬山峴	馬山縣	韓山縣	韓山郡	舒川郡 韓山面	舒川郡 韓山面
	比衆峴	庇仁縣	庇仁縣	庇仁郡(縣)	舒川郡 庇仁面	舒川郡 庇仁面
	悅己縣	悅城縣	定山縣	定山郡(縣)	青陽郡 定山面	青陽郡 定山面
	結己縣	潔城縣	結城郡	結城郡	洪城郡 結城面	洪城郡 結城面
	馬尸山郡	伊山郡	伊山縣	德山郡(縣)	禮山郡 德山面	禮山郡 德城面
	任存城 (今州)	任城郡	大興縣	大興郡(縣)	禮山郡 大興面	禮山郡 大興面
			貞海縣	海美郡(縣)	瑞山郡 海美面	瑞山市 海美面
	省大號縣	蘇台縣	蘇台郡	泰安郡	瑞山郡 泰安面	瑞山市 泰安郡
	槥郡	槥城郡	槥城郡	沔川郡	唐津郡 沔川面	唐津郡 沔川面
	屈直縣	祈梁縣	新昌縣	新昌郡	牙山郡 新昌面	牙山市 新昌面

時代 / 市道	三國時代	統一新羅	高　麗	朝　鮮	大韓帝國	大韓民國
	湯井郡	湯井郡	溫水郡	溫陽郡	牙山郡 溫陽面	溫陽市 (牙山市)
	蛇山縣	蛇山縣	稷山縣	稷山郡	天安郡 稷山面	天安市 稷山面
全羅北道	完山州 (比斯伐 比自火)	全州	全州 (安東府 完山府)	全州郡(府)	全州郡	全州市 完州郡
	馬西良縣	沃溝縣	沃溝縣	沃溝郡	沃溝郡	群山市 沃溝邑
	金馬渚群	金馬郡	金馬郡	益山郡(縣)	益山郡	益山市
	古龍郡	南原小京	南原府	南原郡	南原郡	南原市
	井村縣	井邑縣	井邑縣	井邑郡	井邑郡	井邑市
	難珍阿縣 (月良)	鎭安縣	鎭安縣	鎭安郡(縣)	鎭安郡	鎭安郡
	赤川縣	丹川縣	朱溪縣	茂朱郡(縣)	茂朱郡	茂朱郡
	雨坪縣	高澤縣	長水縣	長水郡(縣)	長水郡	長水郡
	任實郡	任實郡	任實縣	任實郡(縣)	任實郡	任實郡
	道實郡	淳化郡	淳昌郡	淳昌郡	淳昌郡	淳昌郡
	毛良夫里縣	高敞縣	高敞縣	高敞郡	高敞郡	高敞郡
	皆火縣	扶寧縣	扶寧縣	扶安郡(縣)	扶安郡	扶安郡
	碧骨郡	金堤郡	金堤郡	金堤郡	金堤郡	金堤市
	高山縣	高山縣	高山縣	高山郡(縣)	全州郡 高山面	完州郡 高山面
	勿渠縣	清渠縣	清渠縣	龍潭郡(縣)	鎭安郡 龍潭面	鎭安郡 龍潭面
	古沙夫里郡	古阜郡	古阜郡	古阜郡(縣)	井邑郡 古阜面	井邑市 古阜面
	大尸山郡	大山郡	泰山郡	泰仁郡(縣)	井邑郡 泰仁面	井邑市 泰仁面
	上漆縣	尙質縣	尙質縣	興德郡(縣)	高敞郡 興德面	高敞郡 興德面
	上老縣	長沙縣	長沙縣	茂長郡(縣)	高敞郡 茂長面	高敞郡 茂長面
	豆乃山縣	萬頃縣	萬頃縣	萬頃縣	金堤郡 萬頃面	金堤市 萬頃面
	屎山郡	臨陂郡	臨陂縣	臨陂郡(縣)	沃溝郡 臨陂面	群山市 臨陂面
	甘勿阿縣	咸悅縣	咸悅縣	咸悅郡(縣)	益山郡 咸悅面	益山市 咸悅邑
		道乃山銀所	龍安縣	龍安群(縣)	益山郡 龍安面	益山市 黃登面 龍山里
	只良肖縣	礪良縣	礪良縣	礪山群(縣)	益山郡 礪山面	益山市 礪山面
	武珍州 (奴只)	武州	海陽縣	武珍郡	光州郡	光州市 光山區

市道 \ 時代	三國時代	統一新羅	高麗	朝鮮	大韓帝國	大韓民國
全羅南道	勿奈兮郡 (水入)	綿城郡	務安縣	務安郡(縣)	務安郡	木浦市 務安郡 新安郡
	猿村縣	海邑縣	麗水縣	麗水郡	麗水郡	麗水市
	欿平郡 (沙平 武平)	昇平郡	順天府	順天郡(縣)	順天郡	順天市 昇州邑
	發羅郡	錦山郡	羅州	羅州郡(牧)	羅州郡	羅州市
	秋子兮郡	秋成郡	潭陽潭	潭陽郡(府)	潭陽郡	潭陽郡
	欲乃郡	谷城郡	谷城郡	谷城郡	谷城郡	谷城郡
	仇知次縣	求禮縣	求禮縣	求禮郡	求禮郡	求禮郡
	馬老縣	晞陽縣	光陽縣 高興縣	光陽郡 高陽縣	光陽郡 高興郡	光陽市 高興郡
	伏勿郡	寶城郡	寶城郡	寶城郡	寶城郡	寶城郡
	仍利阿縣	汝湄縣 (海濱汝濱)	和順縣	和順郡	和順郡	和順郡
	烏次縣	熊兒縣	長興府	長興郡	長興郡	長興郡
	多音縣	耽津縣	耽津縣	康津郡	康津郡	康津郡
	塞琴縣	淨濵縣(投濱縣)	海南縣	海南郡	海南郡	海南郡
	月奈郡	靈岩郡	靈岩郡	靈岩郡	靈岩郡	靈岩郡
	屈乃縣	咸豊縣	咸豊縣	咸平郡(縣)	咸平郡	咸平郡
	武尸伊郡	武靈郡	靈光郡 (静州)	靈光郡	靈光郡	靈光郡
	古尸伊縣	岬城郡	長城郡	長城郡	長城郡	長城郡
				莞島郡	莞島郡	莞島郡
	因珍島郡	珍島郡	珍島縣	珍島郡	珍島郡	珍島郡
	屈支縣	祈陽縣	昌平縣	昌平郡(縣)	潭陽郡 昌平面	潭陽郡 昌平面
	菓支縣	玉果縣	玉果縣	玉果郡(縣)	谷城郡 玉果面	谷城郡 玉果面
	突山縣	盧山縣	突山縣	突山郡(縣)	麗水郡 突山面	麗水市 突山面
	分嵯郡	分領郡	樂安郡	樂安郡	順川郡 樂安面	順川市 樂安面
	爾陵夫里郡 (竹樹夫里 仁夫里)	陵城郡	陵城郡 (綾城)	綾城郡(縣)	和順郡 綾州面	和順郡 綾州面
	豆夫只縣	同福縣	同福縣	同福郡(縣)	和順郡 同福面	和順郡 同福面
	未多夫里縣	玄雄縣	永平郡 (南平)	南平郡(縣)	羅州郡 南平面	羅州市 南平面
慶尙北道	斤烏支縣 (烏良友)	臨汀縣	延日縣	延日郡	迎日郡	浦項市 迎日郡
	徐耶伐 (徐羅伐)	徐耶伐	慶州 (東京,鶏林)	慶州郡	慶州郡	慶州市
		金山縣	金山縣	金山郡	金泉郡	金泉市

時代 / 市道	三國時代	統一新羅	高麗	朝鮮	大韓帝國	大韓民國
慶尚北道	古陀耶郡 (古昌寧國)	古昌郡	安東府	安東府 (郡，縣)	安東郡	安東市
	一善郡	嵩善郡	一善縣	善山郡	善山郡	龜尾市 善山邑
	奈巳郡 (捺巳郡)	奈靈郡	順安縣	榮州	榮州郡	榮州市
	切也火郡	臨皐縣	永州	永川郡	永川郡	永川市
	達句火縣 (達弗城)	大丘縣	大丘縣	大邱郡	達城郡 (大邱府)	大邱廣域市 達城郡
	奴同覔兮縣 (如豆覔)	軍威縣	軍威縣	軍威郡(縣)	軍威郡	軍威郡
	召文國	聞韶郡	義城縣	義城郡	義城郡	義城郡
	靑己縣	積善縣	菁鳧縣	靑松郡	靑松郡	靑松郡
		古隱縣	英陽郡 (延陽, 益陽)	英陽郡(縣)	英陽郡	英陽郡
	也尸忽郡	野城郡	盈德郡	盈德郡(縣)	盈德郡	盈德郡
	押良國	獐山郡	章山郡	慶山郡	慶山郡	慶山市
	烏也山縣 (仇道 烏禮山 烏刀山城)	烏嶽縣	淸道郡	淸道郡	淸道郡	淸道郡
	大伽耶國	高靈郡	高靈縣	高靈郡(縣)	高靈郡	高靈郡
	本彼縣	新安縣(碧珍郡)	京山府	星州郡	星州郡	星州郡
	八居里縣	八里縣	八莒縣	漆谷郡(縣)	漆谷郡	漆谷郡
	沙伐國 (上州 上洛 沙伐州)	尙州	尙州郡	尙州郡	尙州郡	尙州市
	冠文縣 (冠縣 高思葛伊城)	冠山縣	聞慶郡 (聞喜)	聞慶郡	聞慶郡	聞慶市
	水酒縣	醴泉郡	基陽縣	醴泉郡	醴泉郡	醴泉郡
	古斯馬縣	玉馬縣	奉化縣	奉化郡(縣)	奉化郡	奉化郡
	干珍也縣(古與里縣)	蔚珍郡	蔚珍縣	蔚珍郡	蔚珍郡	蔚珍郡
	于山國			鬱陵郡	鬱陵郡	鬱陵郡
	推良火縣 (三于伊火)	玄曉縣	玄豊縣	玄豊郡	達城郡 玄豊面	大邱廣域市 達城郡 玄豊面
			義興縣	義興郡	軍威郡 義興面	軍威郡 義興面
	阿火屋縣	比屋縣	比屋縣	比安郡	義城郡 比安面	義城郡 比安面
	買谷縣	善谷縣	禮安郡	禮安郡	安東郡 禮安面	安東市 禮安面
	漆巴火縣	眞寶縣	甫城府	眞寶郡	靑松郡 眞寶面	靑松郡 眞寶面

市道 \ 時代	三國時代	統一新羅	高麗	朝鮮	大韓帝國	大韓民國
慶尚北道	于尸郡	有鄰郡	禮州	寧海郡	盈德郡 寧海面	盈德郡 寧海面
	退火郡	義昌郡	興海郡	興海郡	迎日郡 興海面	浦項市 南區,興海邑
	阿兮縣	海河縣	清河縣	清河郡	迎日郡 清河面	浦項市 北區,清河面
	只沓縣	鬐立郡	長鬐縣	長鬐郡	迎日郡 長鬐面	浦項市 南區,長鬐面
	史丁火縣	新寧縣 (花山)	新寧縣	新寧郡	永川郡 新寧面	永川市 新寧面
	奴斯火縣	慈仁縣	慈仁縣	慈仁郡	慶山郡 慈仁面	慶山市 慈仁面
			河陽縣	河陽郡	慶山郡 河陽面	慶山市 河陽邑
	斯同火縣	壽同縣		仁同郡	漆谷郡 仁同面	龜尾市
	甘文國 (青州)	開寧郡	開寧郡	開寧郡	金泉郡 開寧面	金泉市 開寧面
	古冬攬郡 (古寧伽耶國)	古寧郡	咸昌郡	咸昌郡	尙州郡 咸昌面	尙州市 咸昌邑
		竺山 (園山)	龍宮郡	龍宮郡	醴泉郡 龍宮面	醴泉郡 龍宮面
		基木鎭	基州縣	豊基郡	榮州郡 豊基面	榮州市 豊基邑
	及伐山	岌山郡	興州	順興郡	榮州郡 順興面	榮州市 順興面
	斤乙於		平海郡	平海郡	蔚珍郡 平海面	蔚珍郡 平海邑
慶尚南道	屈自郡 骨浦縣	義安郡 合浦縣	義安郡 (義昌縣) 合浦縣	昌原郡	昌原郡	馬山市 昌原市
	屈阿火縣	河曲縣 (河西)	蔚州	蔚山郡	蔚山郡	蔚山市 蔚州郡
	居烈州 (居陁)	康州	晋州	晋州郡	晋州郡	晋州市
			鎭海縣	鎭海郡	昌原郡	鎭海市
	裳郡	巨濟郡	巨濟縣	巨濟郡 龍南郡	統營郡	統營市 巨濟市
	史勿縣	泗水縣	泗州	泗川郡	泗川郡	泗川市
	金官國	金海小京	金州	金海郡	金海郡	金海市
	獐含縣	宜寧縣	宜寧縣	宜寧郡(縣)	宜寧郡	宜寧郡
	阿尸良國 (阿那伽倻)	咸安郡	咸安郡	咸安郡	咸安郡	咸安郡
	比自火郡 (比斯伐)	火王郡	昌寧郡	昌寧郡(縣)	昌寧郡	昌寧郡
	推火郡	密城郡	密城郡	密陽郡	密陽郡	密陽市

市道 \ 時代	三國時代	統一新羅	高麗	朝鮮	大韓帝國	大韓民國
慶尙南道	歃良州	良州	梁州	梁山郡	梁山郡	梁山市
	小伽倻國 (古自郡)	固城郡	固城縣	固城郡	固城郡	固城郡
	轉也山郡	南海郡	南海縣	南海郡	南海郡	南海郡
	韓多沙郡	河東郡	河東郡	河東郡	河東郡	河東郡
	知品川縣	山陰縣	山陰縣	山淸郡	山淸郡	山淸郡
	速含縣 (含城)	天嶺郡	含陽郡	咸陽郡	咸陽郡	咸陽郡
	居烈郡	居昌郡	居昌郡	居昌郡	居昌郡	居昌郡
	大良州郡 (大耶州 大野州)	江陽郡	陜州	陜川郡	陜川郡	陜川郡
	漆吐縣	漆堤縣	漆原縣	漆原郡	咸安郡 漆原面	咸安郡 漆原面
	西火縣	尙藥縣	靈山縣	靈山郡	昌寧郡 靈山面	昌寧郡 靈山面
			昆明縣	昆陽縣 (昆南)	泗天郡 昆陽面	泗川市 昆陽面
	馬利縣	利安縣	利安縣	安義郡	咸陽郡 安義面	咸陽郡 安義面
	加主火縣	嘉壽縣	嘉壽縣	三嘉郡	陜川郡 三嘉面	陜川郡 三嘉面
濟州道	耽羅國	耽羅國	耽羅縣	濟州郡 旌義郡 大靜郡	濟州郡	濟州市 北濟州郡 南濟州郡 西歸浦市

資料 : 行政自治部 編, 地方行政區域發展史. 2001.

(5) 地方行政區域 單位數의 變遷 推移

(單位 : 個)

年度 \ 單位 \ 階層	市·道				市·郡·區						邑·面·洞					區域分類			備考
	特別市	直轄廣域市	道	合計	市	郡	自治區	計	一般區	合計	邑	面	計	洞	合計	自治團體	行政單位	合計	
1936	-	-	13*	13*	18*	220	-	238(18*)	-	238(18*)	46*	2,372*	2,418*	619	3,037(2,418*)	2,449	839	3,228	本人出生
1937	-	-	13*	13*	18*	220	-	238(18*)	-	238(18*)	63*	2,359*	2,422*	622	3,044(2,422*)	2,453	842	3,295	
1938	-	-	13*	13*	19*	220	-	239(19*)	-	239(19*)	74*	2,340*	2,414*	659	3,073(2,414*)	2,446	879	3,325	
1939	-	-	13*	13*	20*	220	-	240(20*)	-	240(20*)	77*	2,333*	2,410*	697	3,107(2,410*)	2,443	917	3,360	
1940	-	-	13*	13*	21*	220	-	240(20*)	-	240(20*)	91*	2,309*	2,400*	700	3,100(2,400*)	2,433	920	3,353	
1941	-	-	13*	13*	21*	220	-	241(21*)	-	241(21*)	104*	2,292*	2,396*	738	3,134(2,396*)	2,430	958	3,388	
1942	-	-	13*	13*	21*	220	-	241(21*)	-	241(21*)	114*	2,270*	2,384*	741	3,125(2,384*)	2,418	961	3,379	
1943	-	-	13*	13*	21*	220	-	241(21*)	7	248(21*)	123*	2,255*	2,378*	744	3,122(2,378*)	2,412	971	3,383	

階層 / 單位 / 年度	市·道				市·郡·區						邑·面·洞					區域分類			備考
	特別市	直轄廣域市	道	合計	市	郡	自治區	計	一般區	合計	邑	面	計	洞	合計	自治團體	行政單位	合計	
1944	-	-	13*	13*	22*	220	-	242(22*)	8	250(22*)	123*	2,254*	2,377*	783	3,160(2,377*)	2,412	1,011	3,423	
1945	-	-	13*	13*	22*	220	-	242(22*)	8	250(22*)	124*	2,243*	2,367*	787	3,154(2,367*)	2,402	1,015	3,417	解放
1946	1	-	14	15	24	219	-	243	8	251	122	2,245	2,367	898	3,265	-	3,531	3,531	
1947	1	-	14	15	25	219	-	244	8	252	121	2,247	2,368	938	3,306	-	3,573	3,573	
1948	1	-	9	10	14	134	-	148	8	156	73	1,456	1,529	563	2,092	-	2,258	2,258	政府樹立
1949	1*	-	9*	10*	19*	134	-	153(19*)	9	162(19*)	75*	1,448*	1,523*	753	2,276(1,523*)	1,552	896	2,448	市邑面
1950	1*	-	9*	10*	19*	135	-	154(19*)	9	163(19*)	75*	1,448*	1,523*	754	2,277(1,523*)	1,552	898	2,450	自治
1951	1*	-	9*	10*	19*	135	-	154(19*)	9	163(19*)	75*	1,448*	1,523*	756	2,279(1,523*)	1,552	900	2,452	
1952	1*	-	9*	10*	19*	135	-	154(19*)	9	163(19*)	75*	1,448*	1,523*	757	2,280(1,523*)	1,552	901	2,453	
1953	1*	-	9*	10*	19*	135	-	154(19*)	9	163(19*)	75*	1,448*	1,523*	758	2,281(1,523*)	1,552	902	2,454	
1954	1*	-	9*	10*	19*	140	-	159(19*)	9	168(19*)	78*	1,445*	1,523*	760	2,283(1,523*)	1,552	909	2,461	
1955	1*	-	9*	10*	24*	140	-	164(24*)	9	173(24*)	73*	1,436*	1,509*	952	2,461(1,509*)	1,543	1,101	2,644	
1956	1*	-	9*	10*	26*	140	-	166(26*)	9	175(26*)	70*	1,425*	1,495*	1,030	2,525(1,495*)	1,531	1,179	2,710	
1957	1*	-	9*	10*	26*	140	-	166(26*)	15	181(26*)	80*	1,412*	1,492*	1,032	2,524(1,492*)	1,528	1,187	2,715	
1958	1*	-	9*	10*	26*	140	-	166(26*)	15	181(26*)	80*	1,412*	1,492*	1,034	2,526(1,492*)	1,528	1,189	2,717	
1959	1*	-	9*	10*	26*	140	-	166(26*)	15	181(26*)	80*	1,412*	1,492*	1,035	2,527(1,492*)	1,528	1,190	2,718	
1960	1*	-	9*	10*	26*	140	-	166(26*)	15	181(26*)	80*	1,412*	1,492*	1,037	2,529(1,492*)	1,528	1,192	2,720	
1961	1*	-	9*	10*	26*	140*	-	166*	15	181(166*)	85	1,407	1,492	1,039	2,531	176	2,546	2,722	市郡
1962	1*	-	9*	10*	27*	140*	-	167*	15	182(167*)	85	1,406	1,491	1,080	2,571	177	2,586	2,763	自治
1963	1*	1*	9*	11*	30*	139*	-	169*	20	189(169*)	91	1,382	1,473	1,236	2,709	180	2,729	2,909	(議會中斷)
1964	1*	1*	9*	11*	30*	139*	-	169*	20	189(169*)	91	1,382	1,473	1,239	2,712	180	2,732	2,912	
1965	1*	1*	9*	11*	30*	139*	-	169*	20	189(169*)	91	1,382	1,473	1,241	2,714	180	2,734	2,914	
1966	1*	1*	9*	11*	30*	139*	-	169*	20	189(169*)	91	1,382	1,473	1,307	2,780	180	2,800	2,980	
1967	1*	1*	9*	11*	30*	139*	-	169*	20	189(169*)	91	1,382	1,473	1,374	2,847	180	2,867	3,047	
1968	1*	1*	9*	11*	30*	139*	-	169*	24	193(169*)	91	1,382	1,473	1,440	2,913	180	2,937	3,117	
1969	1*	1*	9*	11*	30*	140*	-	170*	24	194(170*)	91	1,382	1,473	1,507	2,980	181	3,004	3,185	
1970	1*	1*	9*	11*	30*	140*	-	170*	24	194(170*)	91	1,382	1,473	1,573	3,046	181	3,070	3,251	
1971	1*	1*	9*	11*	30*	140*	-	170*	24	194(170*)	91	1,382	1,473	1,354	2,827	181	2,851	3,032	
1972	1*	1*	9*	11*	30*	140*	-	170*	24	194(170*)	91	1,382	1,473	1,354	2,827	181	2,851	3,032	
1973	1*	1*	9*	11*	33*	138*	-	171*	28	199(171*)	122	1,349	1,471	1,389	2,860	182	2,888	3,070	
1974	1*	1*	9*	11*	33*	138*	-	171*	28	199(171*)	122	1,349	1,471	1,332	2,803	182	2,831	3,013	
1975	1*	1*	9*	11*	33*	138*	-	171*	30	201(171*)	122	1,340	1,462	1,374	2,836	182	2,866	3,048	
1976	1*	1*	9*	11*	33*	138*	-	171*	30	201(171*)	122	1,340	1,462	1,377	2,839	182	2,869	3,051	
1977	1*	1*	9*	11*	33*	138*	-	171*	33	204(171*)	122	1,340	1,462	1,428	2,890	182	2,923	3,105	
1978	1*	1*	9*	11*	34*	138*	-	172*	34	206(172*)	120	1,344	1,464	1,458	2,922	183	2,956	3,139	

階層 / 單位 / 年度	市·道				市·郡·區						邑·面·洞					區域分類			備考
	特別市	直轄廣域市	道	合計	市	郡	自治區	計	一般區市	合計	邑	面	計	洞	合計	自治團體	行政單位	合計	
1979	1*	1*	9*	11*	34*	138*	-	172*	36	208(172*)	173	1,291	1,464	1,564	3,028	183	3,064	3,247	
1980	1*	1*	9*	11*	38*	139*	-	177*	41	218(177*)	204	1,256	1,460	1,567	3,057	188	3,098	3,286	
1981	1*	3*	9*	13*	46*	139*	-	185*	41	226(185*)	188	1,253	1,441	1,705	3,146	198	3,187	3,385	
1982	1*	3*	9*	13*	46*	139*	-	185*	41	226(185*)	188	1,253	1,441	1,755	3,196	198	3,237	3,435	
1983	1*	3*	9*	13*	46*	139*	-	185*	41	226(185*)	187	1,266	1,453	1,769	3,222	198	3,263	3,461	
1984	1*	3*	9*	13*	46*	139*	-	185*	42	227(185*)	187	1,266	1,453	1,794	3,247	198	3,289	3,487	
1985	1*	3*	9*	13*	46*	139*	-	185*	44	229(185*)	200	1,266	1,466	1,821	3,287	198	3,331	3,529	
1986	1*	4*	9*	14*	57*	139*	-	196*	44	240(196*)	190	1,274	1,464	1,927	3,391	210	3,435	3,645	
1987	1*	4*	9*	14*	57*	139*	-	196*	44	240(196*)	189	1,274	1,463	1,974	3,437	210	3,481	3,691	
1988	1*	4*	9*	14*	56*	138*	-	194*	58	252(194*)	189	1,265	1,454	2,068	3,522	208	3,580	3,788	
1989	1*	5*	9*	15*	67*	137*	-	204*	67	271(204*)	179	1,260	1,439	2,104	3,543	219	3,610	3,829	
1990	1*	5*	9*	15*	67*	137*	-	204*	69	273(204*)	180	1,261	1,441	2,117	3,558	219	3,627	3,846	
1991	1*	5*	9*	15*	67*	137*	56*	260*	13	273(260*)	183	1,258	1,441	2,120	3,561	275	3,574	3,849	議會構成
1992	1*	5*	9*	15*	68*	136*	56*	260*	13	273(260*)	178	1,257	1,435	2,233	3,668	275	3,681	3,956	
1993	1*	5*	9*	15*	68*	136*	56*	260*	18	278(260*)	178	1,257	1,435	2,257	3,692	275	3,710	3,985	
1994	1*	5*	9*	15*	68*	136*	56*	260*	23	283(260*)	178	1,256	1,434	2,296	3,730	275	3,753	4,028	
1995	1*	5*	9*	15*	67*	98*	65*	230*	25	255(230*)	193	1,241	1,434	2,317	3,751	245	3,776	4,021	民選自治
1996	1*	5*	9*	15*	72*	93*	65*	230*	25	255(230*)	193	1,236	1,429	2,354	3,783	245	3,808	4,053	
1997	1*	6*	9*	16*	72*	91*	69*	232*	21	253(232*)	196	1,231	1,427	2,303	3,730	248	3,751	3,999	
1998	1*	6*	9*	16*	72*	91*	69*	232*	21	253(232*)	195	1,230	1,425	2,091	3,516	248	3,537	3,785	
1999	1*	6*	9*	16*	72*	91*	69*	232*	21	253(232*)	195	1,230	1,425	2,086	3,511	248	3,532	3,780	
2000	1*	6*	9*	16*	72*	91*	69*	232*	21	253(232*)	196	1,229	1,425	2,086	3,511	248	3,532	3,780	
2001	1*	6*	9*	16*	74*	89*	69*	232*	19	251(232*)	200	1,223	1,423	2,089	3,512	248	3,531	3,779	
2002	1*	6*	9*	16*	74*	89*	69*	232*	19	251(232*)	205	1,217	1,422	2,097	3,519	248	3,538	3,786	本人停年
2003	1*	6*	9*	16*	77*	88*	69*	234*	16	250(234*)	209	1,206	1,415	2,151	3,566	250	3,582	3,832	
2004	1*	6*	9*	16*	77*	88*	69*	234*	22	256(234*)	211	1,209	1,420	2,153	3,573	250	3,595	3,845	
2005	1*	6*	9*	16*	77*	88*	69*	234*	26	260(234*)	209	1,208	1,417	2,168	3,585	250	3,611	3,861	
2006	1*	6*	9*	16*	75*	86*	69*	230*	28	258(230*)	209	1,208	1,417	2,168	3,585	246	3,613	3,859	本人古稀

註. (1)年度末 基準임. 단, 1945년은 8월 15일, 1948년은 8월 15일, 2002년은 8월 31일 현재임.
(2)1947년까지는 南北合計이고 1948년부터는 南韓만의 統計임.
(3)島(濟州島 : 1915-1946; 鬱陵島:1915-1949)는 郡에 포함시켰음.
(4)市의 名稱은 1948년까지는 府이고 1949년부터는 市임.
(5)直轄 · 廣域市의 名稱은 1994년까지는 直轄市이고 1995년부터는 廣域市임.
(6)*는 法人格의 團體數임.
(7)2006年부터 濟州市(北濟州郡 包含)와 西歸浦市(南濟州郡 包含)는 一般市로 바뀌었음.

(6) 祖國과 緣故地의 名稱 및 行政區域 變遷 沿革

類型 / 名稱 / 區分 / 時代	祖國		出生地				居住地			
	大韓民國		慶尙北道		聞慶市		서울特別市		江南區	
	名稱	區域	名稱	區域	名稱	區域	名稱	區域	名稱	區域
古朝鮮時代 (2333B.C.~313)	(2333 B.C.)檀君朝鮮 (1122 B.C.)箕子朝鮮 (194 B.C.)衛滿朝鮮 (108 B.C.)漢四郡	-	(辰韓・弁韓) 斯盧國	-	(辰韓 沙伐國) 高思葛伊城	-	(三韓時代) 馬韓 所屬 (108 B.C.)眞番郡 所屬	-	-	-
三國時代 (57 B.C.~935)	(57 B.C.)新羅 (37 B.C.)高句麗 (18 B.C.)百濟 (42)伽耶國 (668)統一新羅 (699)渤海	(57B.C.) 新羅 : 6部 (197) 高句麗 : 畿內 5部, 畿外 5部 (538) 百濟 : 都內 5部, 地方 5方 (576) 新羅 : 5州 2小京 (685) 統一新羅 : 9州 5小京 (757) 統一新羅 : 9州 5小京-117郡 293縣	(525)新羅:沙伐州 (557)新羅:甘文州 (614)新羅:一善州 (687)統一新羅: 沙伐州 (757)統一新羅: 沙伐州・軟良州・康州	(757)統一新羅: 沙伐州 -7郡 25縣, 軟良州 -10部 28縣, 康州-2郡 4縣 (3州-19郡 57縣)	(新羅初期) 冠文縣・虎側縣・加害縣 (757)統一新羅: 沙伐州 古寧郡 -冠山縣・虎溪縣・嘉善縣	(新羅初期) 3縣 (757)統一新羅: 1州-1郡-3縣	(8 B.C.)百濟:慰禮城(首都) (5 B.C.)百濟:河北慰禮城(首都) (371)百濟:漢山・北漢山・北漢城(首都) (475)高句麗:南平壤 (554)新羅:新州 (557)新羅:北漢山州 (568)新羅:南川州 (604)新羅:北漢山州 (668)統一新羅:漢山州 (757)統一新羅:漢州 (904)統一新羅:楊州	(371)百濟:4部	-	-
高麗時代 (918~1392)	(918)高麗	(983) 12牧 (995) 10道 12州 (1031) 5道 兩界 -4京 4都護府 8牧 -15府 129郡 335縣 29鎭	(建國初)南東海道 (995)嶺南道・嶺東道・山南道 (1106)慶尙晋州道 (1171)慶尙州道・晋陜州道 (1186)慶尙州道 (1204)尙晋安東道 → 慶尙晋安東道 (1314)慶尙道	(995)嶺南道-12州-48縣, 嶺東道-9州-35縣, 山南道-10州-37縣(3道-31州 -120縣) (1314)1道-1京 2牧 3府-30郡 92縣	(983)尙州牧 所屬 (995)尙州節度使 所屬 (1012)安東大都護府 所屬 (1014)尙州 所屬 (1018)尙州牧 聞喜郡 (1031)尙州牧 聞慶郡-聞慶縣・虎溪縣・加恩縣 (1390)聞慶郡-聞慶縣(加恩縣 編入)・虎溪縣	(1018)1郡 (1031)1郡-3縣 (1390)1郡-2縣	(918)楊州 (983)楊州牧 (1067)南京 (1308)漢陽府	(983)1牧-1府 6郡 24縣 (1067)1京-4郡 23縣 (1308)1府-3郡 6縣	-	-

類型 / 名稱 / 區分 / 時代	祖國		出生地				居住地			
	大韓民國		慶尙北道		聞慶市		서울特別市		江南區	
	名稱	區域	名稱	區域	名稱	區域	名稱	區域	名稱	區域
朝鮮時代 (1392～1910)	(1392) 朝鮮 (1897)大韓帝國	(1413) 8道-4府 4大都護府 20牧-44都護府 82郡 175縣 (1895)23府-336郡 (1896)13道-7府 1牧 331郡	(1392)慶尙道 (1499)慶尙左道·慶尙右道 (1501)慶尙道 (1895)大邱府·安東府·東萊府 (1896)慶尙北道	(1392)23屬縣 (1700頃) 2府 1大都護府 2牧 4都護府 9郡 23縣 (1865)1府 2大都護府 3牧 14 都護府 13郡 38縣 (1894)1府 2大都護府 3牧 15都護府 13郡 37縣 (1895)3府 -49縣 (1896) 41郡	(1392) 聞慶郡 (1413) 聞慶縣 (1499) 慶尙右道 聞慶縣 (1501) 慶尙道 聞慶縣 (1892) 聞慶都護府 (1895) 安東府 聞慶郡 (1896) 慶尙北道 聞慶郡	(1895)12面 (1906)19面	(1394) 漢陽府 (首都) (1395) 漢城府 (1895) 漢城觀察府 (1896) 漢城府	(1394) 5部 52坊 (1396) 5部 49坊 (1751) 5部 46坊 (1865) 5部 47坊 (1894) 5署 47坊 (1895) 11郡	1895) 漢城府 廣州郡 所屬 (1896) 廣州府 所屬 (1906) 京畿道 廣州郡 所屬	-
日帝時代 (1910～1945)	(1910)日本帝國 朝鮮植民地	(1910)13道-12府 317郡 (1914)13道-12府 220郡 (1915)13道-12府 218郡 2島 (1930)13道-14府 218郡 2島 (1936)13道-18府 218郡 2島 (1940)13道-21府 218郡 2島	(1910)慶尙北道	(1914)1府 23郡 (1915)1府 22郡 1島	(1910) 聞慶郡	(1914) 11面 (1935) 10面	(1910) 京城府 (朝鮮首府)	(1911) 5府 36坊 (城內) 8面(城外) (1914) 186洞 (1943) 7區 (1944) 8區	(1914) 京畿道 廣州郡 및 始興郡 所屬	-
美軍政時代 (1945～1948)	(1945)南朝鮮	(1945)13道-22府 218郡 2島 (1946)1特別市 14道-24府 218郡 1島	(1945) 慶尙北道	(1945) 1府 22郡 1島	(1945) 聞慶郡	(1945) 10面	(1945) 京畿道 서울市(南朝鮮首都) (1946) 서울 自由特別市	(1946) 8區 267洞	(1946)京畿道 廣州郡 및 서울市 永登浦區 所屬	-
大韓民國時代 (1948～現在)	(1948)大韓民國	(1948)1特別市 9道-14府 133郡 1島 (1949)1特別市 9道-19市 134郡	(1948)慶尙北道 (1949)地方自治團體	(1948)1府 22郡 1島 (1949)3市 23郡	(1948)聞慶郡 (1949)郡廳移轉: 聞慶面→戶西南面	(1948)10面 (1949)地方自治團體:10面	(1948)서울自由特別市(韓國首都) (1949)서울特別市, 地方自治團體	(1949)9區 341洞 (1949)地方自治團體:1特別市	(1963) 城東區·永登浦區 所屬 (1973) 永東出張所	(1963) 城東區: 45洞, 永登浦區:3洞

大韓民國 時　代 (1948～ 現在)		(1949)地方自治團體: 1特別市 9道-19市 75邑 1,448面 (1955)1特別市 9道 -24市 140郡 (1957)1特別市 9道 -26市 140郡 (1960)1特別市 9道 -30市 140郡 (1961)地方自治團體: 1特別市 1直轄市 9道-30市 140郡 (1963)1特別市 1直 轄市 9道-30市 139郡 (1973)1特別市 1直 轄市 9道-33市 138郡 (1978)1特別市 1直 轄市 9道-34市 138郡 (1981)1特別市 3直 轄市 9道-46市 139郡 (1986)1特別市 4直 轄市 9道-57市 139郡 (1989)1特別市 5直轄 市 9道-67市 137郡 (1991)地方自治團體:1 特別市 5廣域市 9道-67市 137郡 56自治區 (1995)1特別市 5廣 域市 9道-67市 98郡 65自治區 (1997)1特別市 6廣 域市 9道-72市 91郡 69自治區 (2001)1特別市 6廣 域市 9道-74市 89郡 69自治區 (2006)1特別市 6廣 域市 9道-75市 86郡 69自治區	(1981)大邱市 分 離・獨立 (1991)廣域自治 團體	(1949)地方自治 團體:1道 3市 12 邑 237面 (1955)4市 23郡 11邑 236面 (1960)4市 23郡 13邑 227面 (1961)地方自治 團體:1道 4市 23郡 (1963) 5市 24郡 (1978)6市 24郡 (1980)7市 24郡 (1986)9市 24郡 (1989)10市 24郡 (1991)地方自治 團體:1道 10市 24郡 (1995)10市 13郡 (2006)10市 13郡	(1961)地方自治 團體 (1986)店村市 分離・獨立 (1991)基礎自治 團體 (1995)統合 聞慶 市 出帆, 基礎 自治團體	(1956)1邑 9面 (1961)基礎自治 團體:1郡 (1973)3邑 7面 (1986)1市(6洞) 1郡 (2邑 7面) (1991)基礎自治 團體:1市(6洞) 1郡(2邑 7面) (1995)1市 6洞 2邑 7面 (2006)1市 5洞 2邑 7面	(1962)國務總理 直屬 特別市 (1991)廣域自治 團體	(1961)地方自治 團體:1特別市 (1970)9區 306洞 (1971)9區 307洞 (1973)11區 317洞 (1975)12區 343洞 (1977)13區 369洞 (1978)13區 382洞 (1979)15區 382洞 (1980)17區 388洞 →417洞 (1983)17區 422洞 →426洞 (1985)17區 453洞 (1988)22區 453洞 →475洞 (1989)22區 482洞 →494洞 (1991)22區 501洞 →506洞 (1991)地方自治團 體:1特別市 22 自治區 (1992)22自治區 516洞→519洞 (1993)22自治區 521洞 (1994)22自治區 526洞 (1995)25自治區 527洞 (1996)25自治區 528洞 (2006)25自治區 522洞	(1974)城東區 所屬 (1975)江南區 (城東區에서 分離 ・獨立) (1979)江東區가 分離・獨立 (1991)基礎自治 團體	(1974)城東區: 48洞 (1975)江南區: 24洞 (1977)28洞 (1978)32洞 (1979)14洞 (1980)22洞 →24洞 (1983)26洞 →27洞 (1985)31洞 (1988)17洞 →21洞 (1989)23洞 (1992)26洞 (2006)26洞 1,035統 6,648班

Ⅲ. 本人生涯의 時·空間的 位置

○ 要 約 : 時·空間的 座標

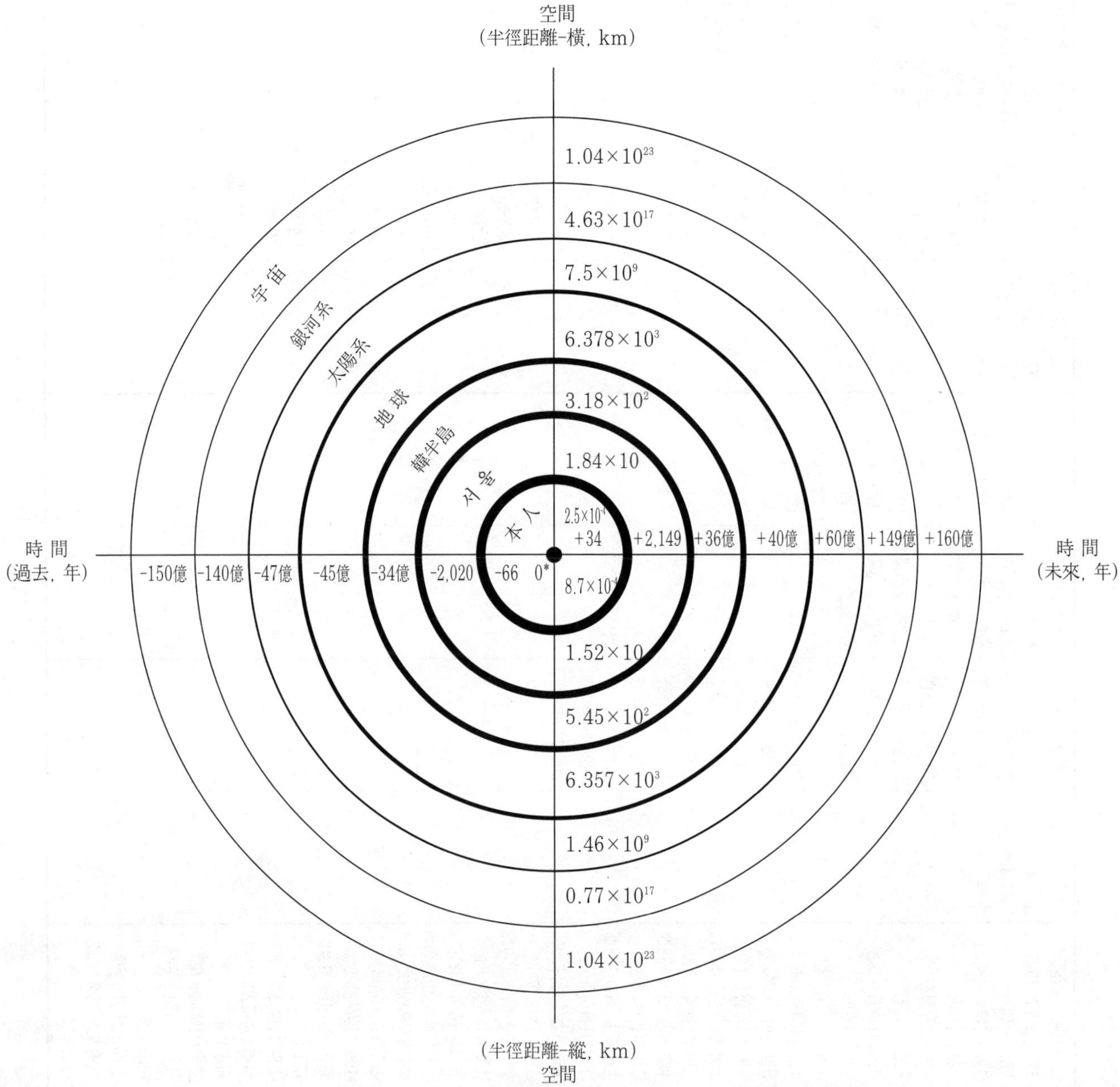

※未來時間은 太陽의 向後 發熱消滅 期間인 60億年을 基準으로 하여 比例 換算한 數值임.

※0* : 本人의 現位置 - 時間 : 地球紀元 45億年
檀君紀元 4339年
西曆紀元 2006年
- 空間 : 地球上 韓半島內 서울市中
東經-126° 58′ 30″ 806
北緯-37° 33′ 43″ 769

1. 時 · 空間的 座標

(1) 永遠한 時間의 흐름 속에서의 本人 生涯의 位置圖

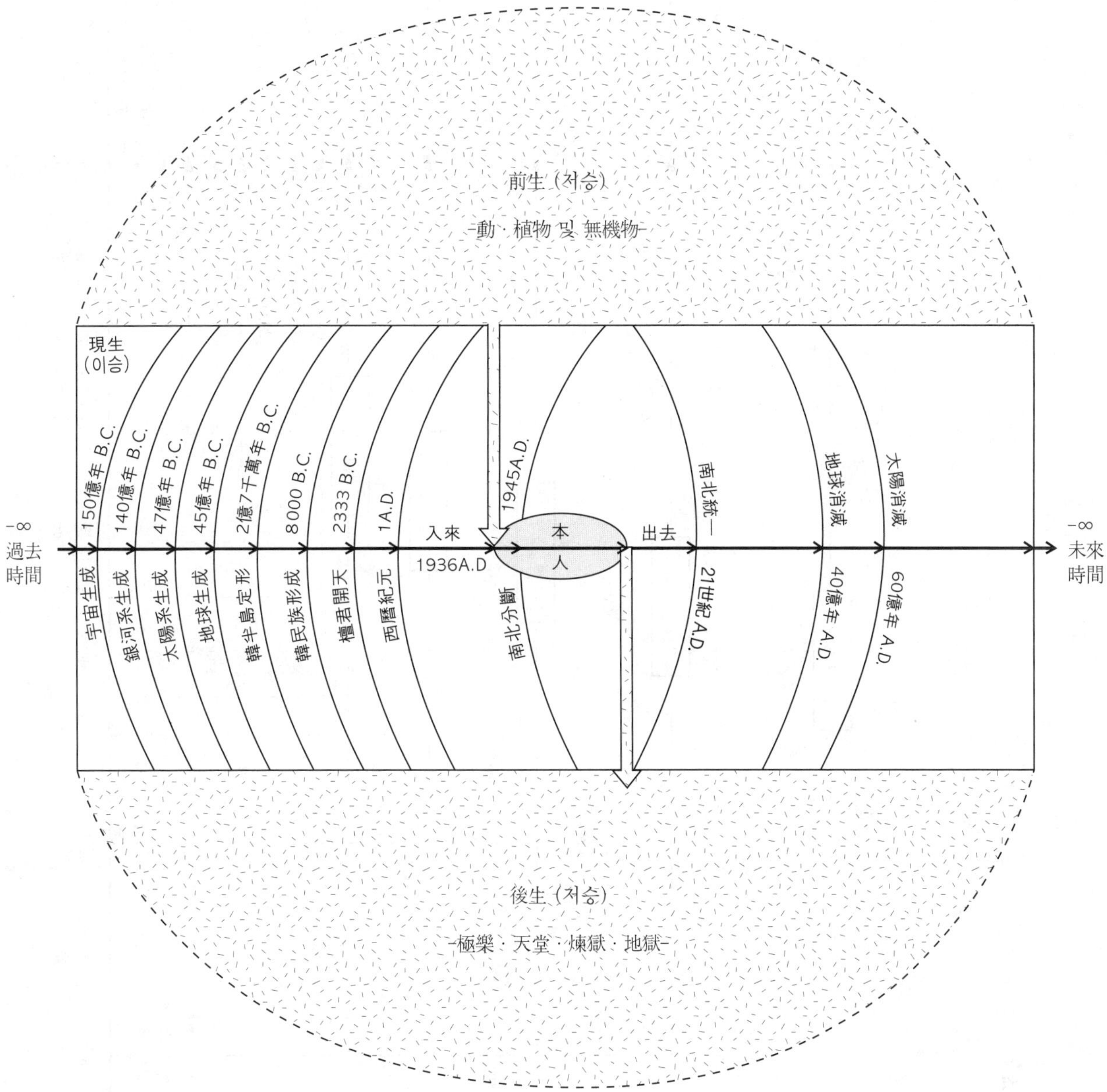

客說 : 經驗에서 얻은 삶의 眞實

自己自身을 올바로 안다는 것은 쉽고도 어려운 것 같다. 70年이나 살고 나서도 나 自身을 정확히 모르니 참으로 둔하고도 답답하다. '너 自身을 알라' 라고 한 哲人 소크라테스에게 한 번 더 물어봐야 하겠다.

(2) 生涯의 時 · 空間的 位置

1) 時 · 空間의 形成과 本人의 存在

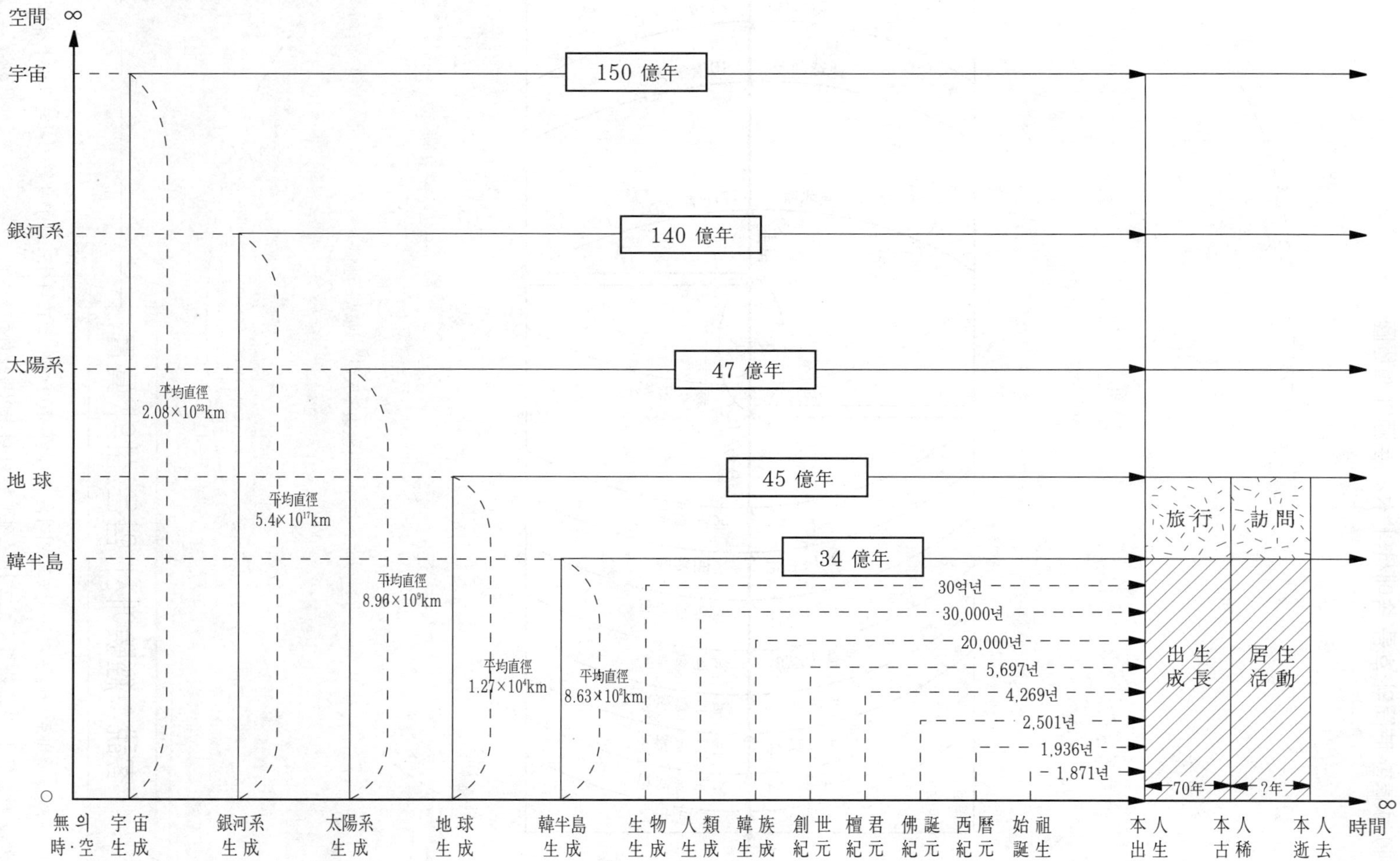

2) 出生에서 死亡까지의 時間 흐름과 空間別 및 領域別 活動範圍의 推移 概略圖

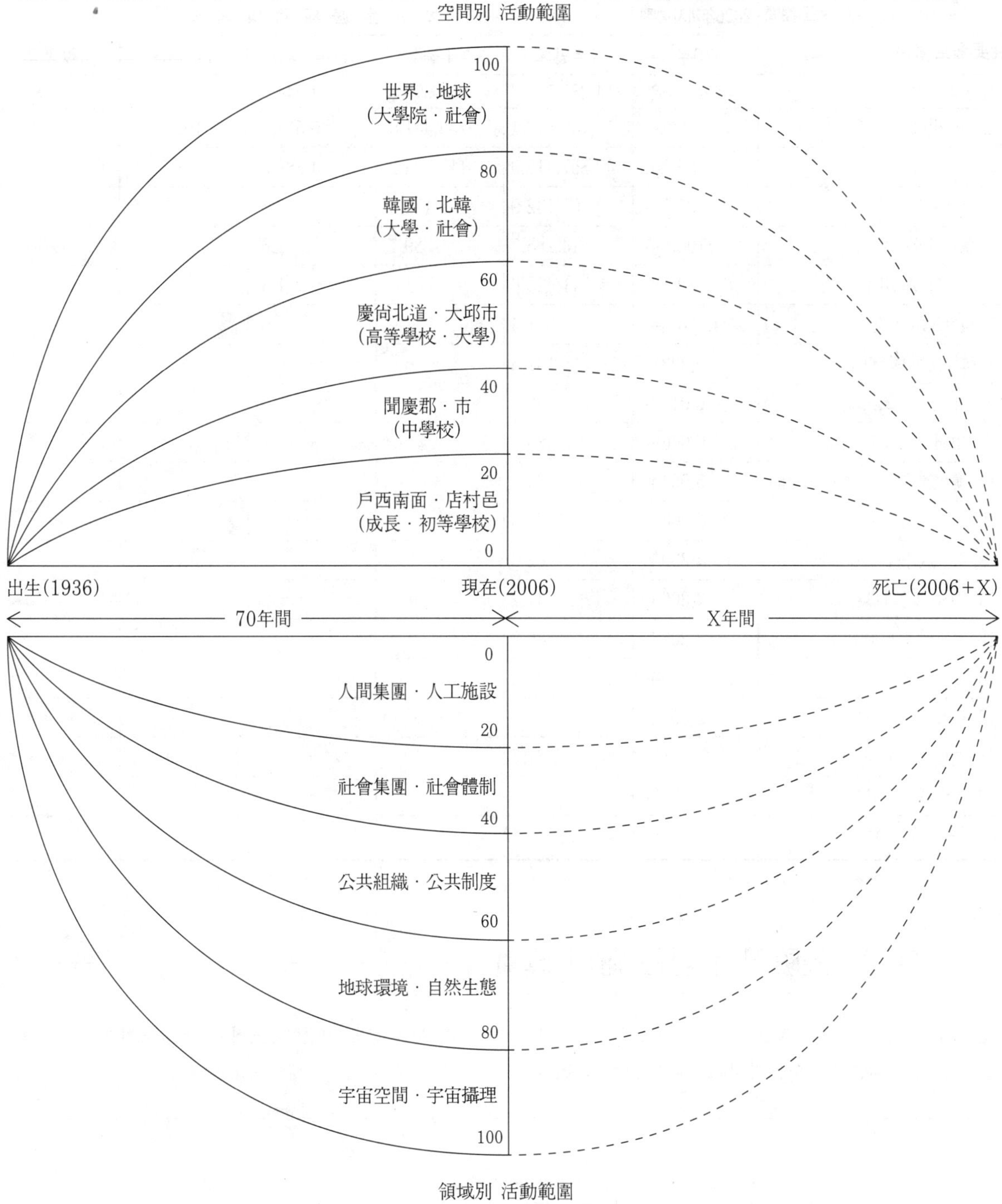

客說 : 經驗에서 얻은 삶의 眞實

한 사람이 일생 동안 눈물을 흘리며 운 時間보다는 즐겁게 웃은 時間이 더 길다. 따라서 人間은 한 번 태어나서 살아볼 만한 價値가 있는 動物이다.

3) 本人 生涯期間과 主要事件發生 期間의 縮尺比較

(單位 : 年)

本人 生涯期間 / 主要 發生 事件	2006年까지 期間	本 人 生 涯 期 間 의 縮 尺				
	70年	1年 基準	1日 基準	1時間 基準	1分 基準	1秒 基準
1. 宇宙生成	150億年	214,285,714.3	586,670.8	24,444.6	407.4	6.8
2. 地球生成	40億年	57,142,857.1	156,441.6	6,518.6	108.6	1.8
3 .韓半島 形成	30億年	42,857,412.9	117,334.2	4,888.9	81.5	1.4
4. 直立猿人 出現	400萬年	57,142.9	156.4	6.5	-	-
5. 猿人의 아시아洲 進出	100萬年	14,285.7	39.1	1.6	-	-
6. 人間의 불 發明 · 使用	80萬年	11,428.6	31.3	1.3	-	-
7. 現生人類 出現	4萬年	571.4	1.6	-	-	-
8. 韓民族 桓國 建國	9,203年	131.5	-	-	-	-
9. 創世紀의 天地創造	6,010年	85.9	-	-	-	-
10. 中國 黃河文明 出現	6,006年	85.8	-	-	-	-
11. 韓民族 倍達國(靑邱國)建國	5,904年	84.3	-	-	-	-
12. 이집트 象形文字 創製	5,006年	71.5	-	-	-	-
13. 韓民族 檀君朝鮮 建國	4,339年	62.0	-	-	-	-
14. 中國 漢字 創製	3,306年	47.2	-	-	-	-
15. 알파베트 原形 出現	3,206年	45.8	-	-	-	-
16. 佛敎 紀元 始作	2,550年	36.4	-	-	-	-
17. 西曆 紀元 始作	2,006年	28.7	-	-	-	-
18. 慶州金氏 始祖 閼智 誕生	1,941年	27.7	-	-	-	-
19. 한글 文字 創製	560年	8.0	-	-	-	-
20. 朝鮮王朝 滅亡	96年	1.4	-	-	-	-

客說 : 經驗에서 얻은 삶의 眞實

한 사람의 一生을 몇 개의 時代로 구분하는 것도 基準과 方法에 따라 다르게 된다. 歷史學者들이 歷史의 時代區分을 가지고 오랫동안 論爭을 하는 까닭을 알 수 있을 것 같다.

客說 : 經驗에서 얻은 삶의 眞實

日本이 당시 韓日合邦을 하여 36년간의 잔혹한 植民統治를 하지 않고 당초 그들의 말처럼 大韓帝國을 開放하고 올바로 改革하여 하나의 완전한 獨立國家로 발전하게끔 진심으로 도와주었더라면 韓民族은 두고 두고 日本을 善隣國家로서 고맙게 생각하게 되었을 것이다.

(3) 生涯活動의 空間的 範域

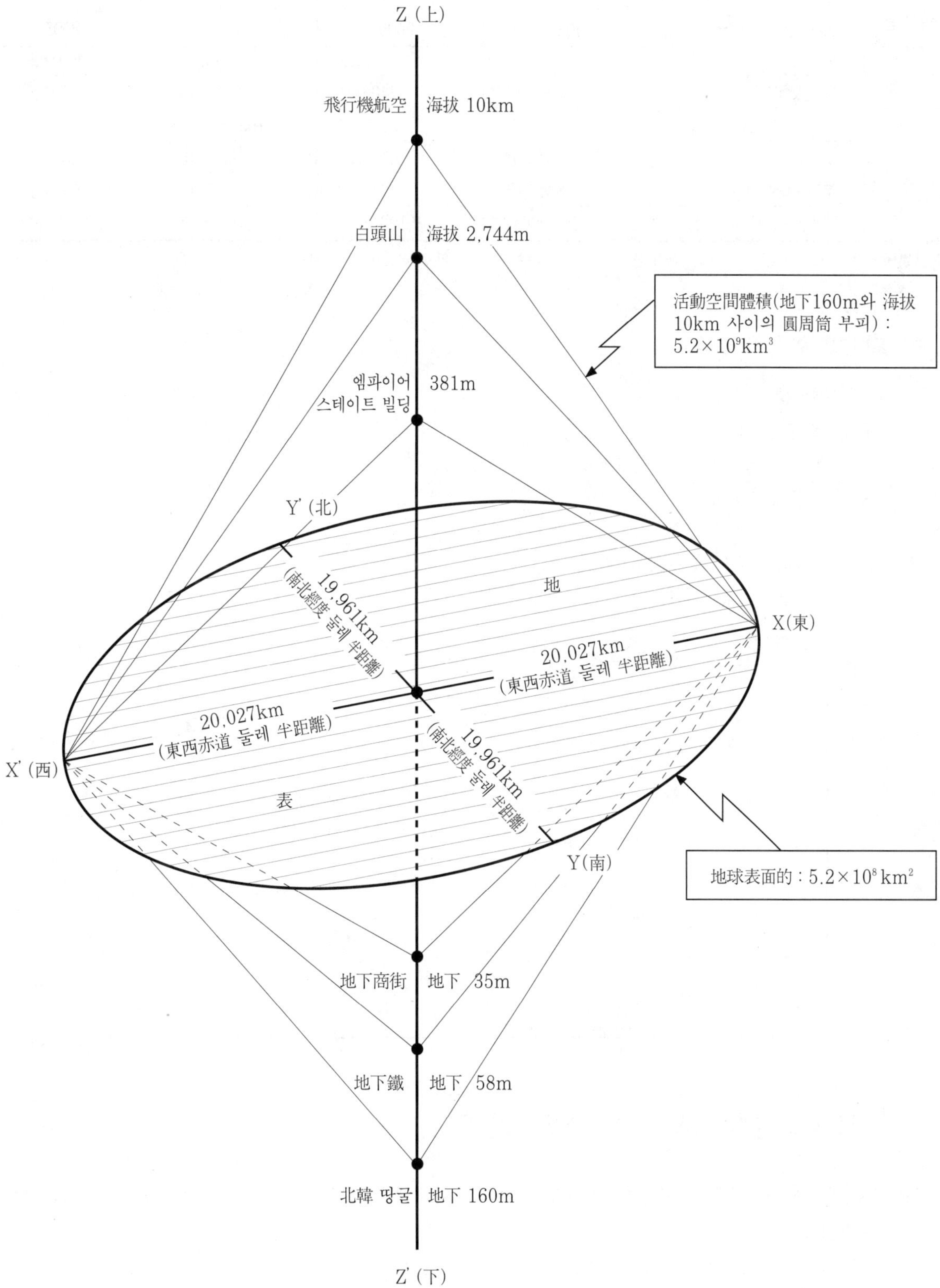

(4) 韓半島 및 世界의 人口 및 面積規模와 本人의 比重

項 目		地域및年度 韓半島 1936	韓半島 2005	世界 1936	世界 2005
人口 (千人)	現在人口	22,548	71,222	2,149,727	6,418,916
	累積人口 *	206,614	240,004	19,698,580	23,386,679
面 積(km^2)		220,951	222,659	163,000,000	135,791,667
本人(1人)의 比重	現在人口中 比率(%)	4.43×10^{-8}	1.41×10^{-8}	4.65×10^{-10}	1.56×10^{-10}
	累積人口中 比率(%)	4.84×10^{-9}	4.17×10^{-9}	5.08×10^{-11}	4.28×10^{-11}
	平均割當面積(m^2 (坪))	9,799(2,964)	3,126(946)	75,824(22,937)	21,155(6,399)

註. *累積人口는 人類出現後 現在까지 出生한 사람의 總合計이며, 推定의 算式은 다음과 같음.

$$S=\Sigma Pt/\lambda$$

S : 總累積 出生者 人口
Pt : t年度 人口
t : 年度 (t=∞ B.C.~現在年度)
λ : 平均壽命 (=50年)

$Pt=ka^t$: 人口增加 回歸式 (指數函數式)
k>0, a>1 : 回歸係數

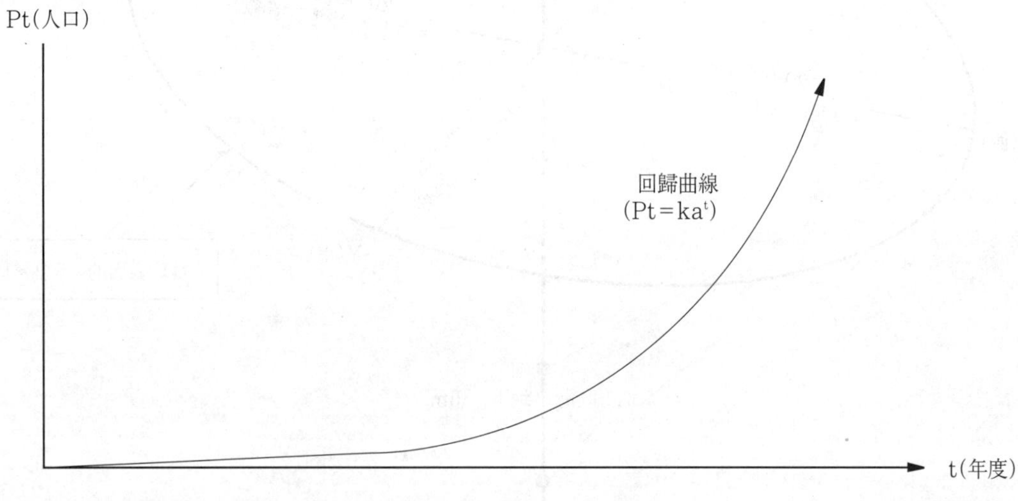

客說 : 經驗에서 얻은 삶의 眞實

나는 國內外의 많은 곳을 방문했고 여러 가지를 구경했다. 이것은 나의 생각과 判斷과 生活에 많은 도움을 주었다. 旅行은 많이 할수록 좋은 것 같다.

(5) 韓國歷史의 變遷과 本人 生涯의 位置

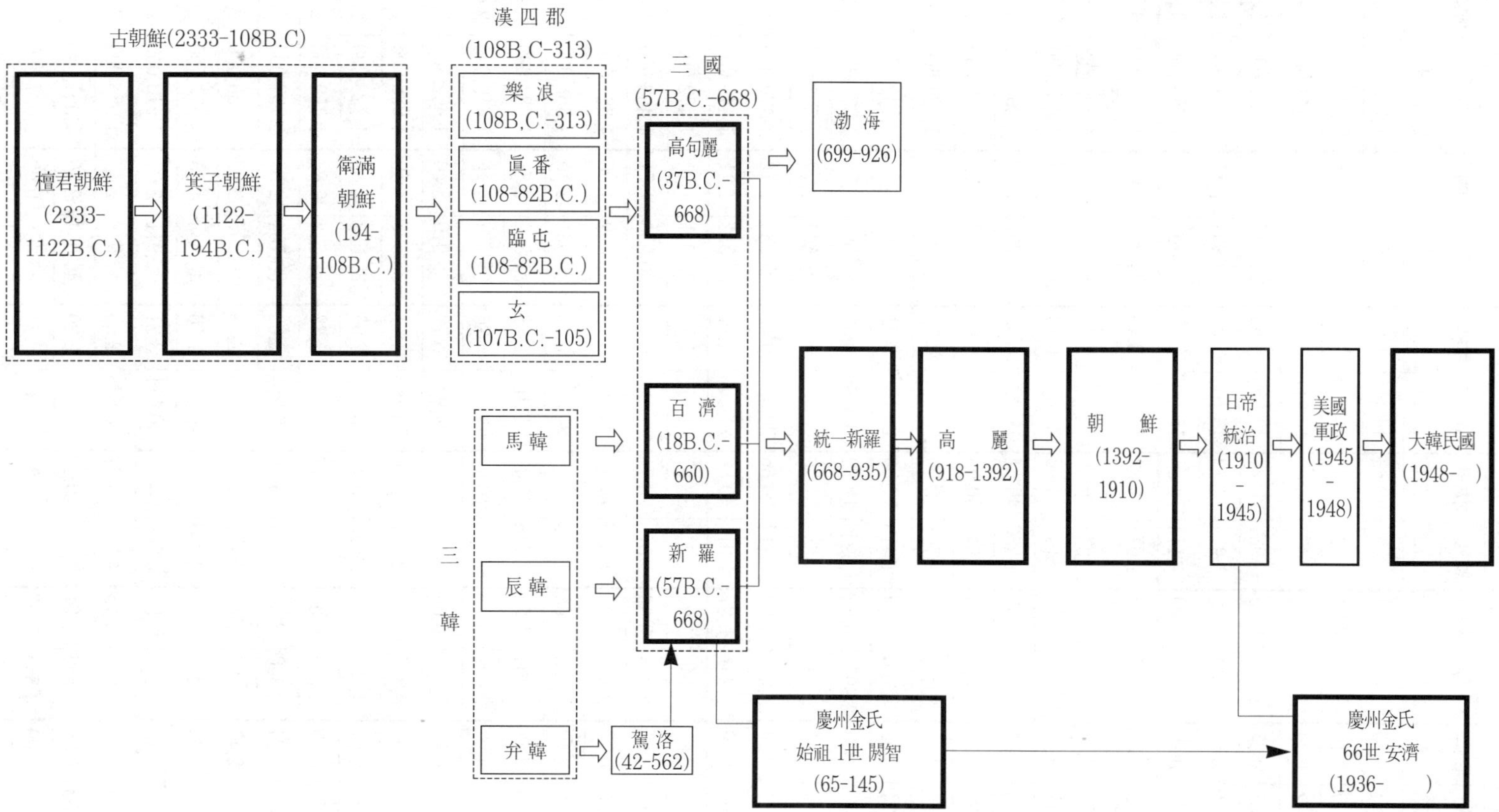

(6) 年度別 居住地域과 國家 및 世界의 人口推移

(單位 : 增加率-%)

區分 年度	聞慶郡·市		慶尙北道		서울特別市		韓國(南韓)		韓半島(南北韓)		아시아洲		世界	
	人口(人)	增加率	人口(千人)	增加率	人口(千人)	增加率	人口(千人)	增加率	人口(千人)	增加率	人口(千人)	增加率	人口(千人)	增加率
1936	103,618	0.17	2,467	0.81	727	2.00	14.253	1.53	22,548	1.53	1,154,932	1,75	2,149,727	1.54
1937	103,784	0.16	2,486	0.78	706	-2.89	14,475	1.56	22,899	1.56	1,175,000	1.70	2,182,000	1.50
1938	103,939	0.15	2,505	0.74	737	4.39	14,689	1.48	23,238	1.48	1,193,000	1.61	2,213,000	1.42
1939	104,033	0.09	2,515	0.42	774	5.02	14,811	0.83	23,430	0.83	1,211,000	1.44	2,241,000	1.27
1940	104,085	0.05	2,522	0.25	931	20.28	14,885	0.50	23,547	0.50	1,227,000	1.32	2,267,000	1.16
1941	104,241	0.15	2,540	0.73	975	4.73	15,103	1.46	23,893	1.47	1,241,000	1.20	2,291,000	1.06
1942	104,470	0.22	2,568	1.09	1,114	14.26	15,430	2.17	24,409	2.16	1,253,000	0.99	2,311,000	0.87
1943	104,732	0.25	2.599	1.20	1.078	-3.23	15,801	2.40	24,997	2.41	1,269,000	0.79	2,327,000	0.69
1944	104.784	0.05	2.605	0.25	948	-12.06	15,879	0.49	25,120	0.49	1,272,000	0.69	2,341,000	0.60
1945	105,591[1]	0.77	2.703[1]	3.78	901[1]	-4.96	16,947[1]	6.73	25,764[1]	2.56	1,283,000	0.83	2,358,000	0.73
1946	106,478	0.84	2,810	4.09	1,266	40.51	19,369	14.29	26,207	1.72	1,295,000	0.97	2,378,000	0.85
1947	107,436	0.90	2,925	4.39	1,647	30.09	19,886	2.67	26,658	1.72	1,310,000	1.15	2,402,000	1.01
1948	108,468	0.96	3,053	4.70	1,708	3.70	20,027	0.71	27,117	1.72	1,328,000	1.38	2,431,000	1.21
1949	109,574	1.02	3,206	5.00	1,418	-17.56	20,189	0.81	27,584	1.72	1,349,000	1.55	2,464,000	1.36
1950	108,106[2]	-1.34	2,993[2]	-6.64	1,693[2]	19.39	20,356[2]	0.83	28,059[2]	1.72	1,371,900	1.70	2,506,000	1.71
1951	110,234	1.97	3,169	5.88	648	-61.72	20,441	0.42	28,542	1.72	1.395,000	1.70	2,551,000	1.80
1952	109,174	-0.96	3,229	1.89	717	10.65	20,526	0.42	29,033	1.72	1,420,000	1.75	2,597,000	1.80
1953	109,790	0.56	3,201	-0.87	1,010	40.86	21,546	4.97	29,532	1.71	1,445,000	1.79	2,644,000	1.81
1954	112,954	2.88	3,140	-1.91	1,243	23.07	21,913	1.70	30,041	1.71	1,472,000	1.84	2,691,000	1.78
1955	117,087	3.66	3,236	3.06	1,575	26.71	21,526	-1.77	30,558	1.71	1,499,000	1.88	2,739,000	1.78
1956	115,936	-0.98	3,331	2.94	1,504	-4.51	20,724	-3.73	30,082	-1.56	1,527,000	1.92	2,789,000	1.83
1957	118,476	2.19	3,452	3.63	1,666	10.77	21,321	2.88	30,921	2.79	1,556,000	1.97	2,839,000	1.79
1958	123,078	3.88	3,494	1.22	1,756	5.40	21,910	2,76	31,810	2.88	1,587,000	2.01	2,890,000	1.80
1959	129,196	4.97	3,607	3.23	2,094	19.25	22,974	4.86	33,224	4.45	1,619,000	2.06	2,942,000	1.80
1960	143,237	10.87	3,848	6.68	2,445	16.76	24,989	8.77	35,019	5.40	1,652,800	2.10	2,994,800	1.80
1961	141,868	-0.96	3,827	-0.55	2,577	5.40	25,766	3.11	36,596	4.50	1,688,000	2.10	3,053,000	1.94
1962	147,552	4.01	4,132	7.97	2,983	15.75	26,513	2.90	37,653	2.89	1,723,000	2.11	3,111,000	1.90
1963	153,777	4.22	4,299	4.04	3,255	9.12	27,262	2,83	38,722	2.84	1,759,000	2.11	3,171,000	1.93
1964	157,229	2.24	4,400	2.35	3,424	5.19	27,984	2.65	39,754	2.67	1,797,000	2.11	3,233,000	1.96
1965	161,116	2.47	4,480	1.82	3,471	1.37	28,705	2.58	40,957	3.03	1,835,000	2.12	3,295,000	1.92
1966	159,534	-0.98	4,477	-0.07	3,803	9.56	29,193	1.70	41,633	1.65	1,873,000	2.12	3,355,000	1.82
1967	160,734	0.75	4,519	0.94	3,969	4.36	30,131	3.21	42,911	3.07	1,913,000	2.12	3,420,000	1.94
1968	158,163	-1.60	4,553	0.75	4,335	9.22	30,838	2.35	43,978	2.49	1,954,000	2.12	3,483,000	1.84
1969	158,163	0.00	4,556	0.07	4,777	10.20	31,544	2.29	45,054	2.45	1,995,000	2.13	3,552,000	1.98
1970	158,015	-0.09	4,559	0.07	5,536	15.89	31,466	-0.25	45,468	0.92	2,037,500	2.13	3,621,000	1.94
1971	157,709	-0.19	4,605	1.01	5,851	5.69	32,883	4.50	47,163	3.73	2,081,000	2.14	3,679,000	1.60

年度＼區分	聞慶郡·市		慶尙北道		서울特別市		韓國(南韓)		韓半島(南北韓)		아시아洲		世界	
	人口(人)	增加率	人口(千人)	增加率	人口(千人)	增加率	人口(千人)	增加率	人口(千人)	增加率	人口(千人)	增加率	人口(千人)	增加率
1972	159,983	1.44	4,688	1.80	6,076	3.85	33,505	1.89	48,185	2.17	2,127,000	2.20	3,748,000	1.88
1973	161,527	0.97	4,781	1.98	6,290	3.52	34,103	1.78	49,193	2.09	2,174,000	2.22	3,818,000	1.87
1974	161,125	-0.25	4,879	2.05	6,542	4.01	34,692	1.73	50,142	1.93	2,222,630	2.25	3,890,000	1.89
1975	161,115	-0.01	4,859	0.41	6,890	5.32	34,707	0.04	50,502	0.72	2,273,000	2.27	3,967,000	1.98
1976	159,084	-1.26	4,902	0.88	7,255	5.30	35,849	3.29	52,099	3.16	2,324,000	2.25	4,070,000	2.60
1977	157,141	-1.22	4,946	0.90	7,526	3.74	36,412	1.57	53,112	1.94	2,376,000	2.22	4,176,000	2.60
1978	151,757	-3.43	4,959	0.26	7,823	3.95	36,969	1.53	54,099	1.86	2,427,000	2.17	4,284,000	2,59
1979	145,274	-4.27	4,982	0.46	8,114	3,72	37,534	1.53	55,144	1.88	2,481,000	2.20	4,378,000	2,19
1980	147,242	1.35	4,955	-0.54	8,364	3.08	38,124	1.57	56,154	1.89	2,536,000	2.21	4,453,000	1.71
1981	148,915[3]	1.14	3,190[3]	-35.62	8,676	3.73	38,723	1.57	57,203	1,87	2,592,000	2.21	4,528,000	1.68
1982	149,265	0.24	3,177	-0.41	8,916	2.77	39,326	1.56	58,276	1.88	2,648,000	2,18	4,607,000	1.74
1983	145,702	-2.39	3,129	-1.51	9,204	3.23	39,910	1.49	59,330	1.81	2,704,000	2.15	4,684,000	1.67
1984	142,295	-2.34	3,084	-1.44	9,501	3.23	40,406	1.24	60,306	1.65	2,762,000	2.12	4,760,000	1.62
1985	139,811	-1.75	3,043	-1.33	9,646	1.53	40,448	0.10	60,828	0.87	2,821,000	2.10	4,837,000	1.62
1986	134,915	-3.50	3,035	-0.26	9,798	1.58	41,184	1.82	62,064	2.03	2,880,000	2.08	4,938,000	2.09
1987	134,414	-0.37	3,043	0.26	9,991	1.97	41,575	0.95	62,648	0.94	2,939,000	2.06	5,024,000	1.74
1988	132,050	-1.76	3,029	-0.46	10,287	2.96	41,975	0.96	62,955	0.49	2,999,000	2.04	5,112,000	1.75
1989	130,671	-1.04	3,008	-0.69	10,577	2.82	42,380	0.96	63,750	1.26	3,060,000	2.02	5,201,000	1.74
1990	119,877	-8.26	2,866	-4.72	10,628	0.48	42,869	1.15	64.639	1.39	3,120,000	2.00	5,292,000	1.75
1991	109,879	-8.34	2,872	0.21	10,904	2.60	43,286	0.97	63,781	-1.07	3,182,000	1.99	5,364,000	1.36
1992	106,078	-3.46	2,873	0.04	10,970	0.61	43,663	0.87	64,461	1.07	3,244,000	1.96	5,438,000	1.38
1993	101,895	-3.94	2,873	0.00	10,925	-0.41	44,056	0.90	65,179	1.11	3,307,000	1.94	5,512,000	1.36
1994	98,567	-3.27	2,875	0.07	10,798	-1.16	44,453	0.90	65,806	1.00	3,371,000	1.91	5,587,816	1.38
1995	95,777	-2.83	2,769	-3.69	10,544	-2.35	44,851	0.90	66,394	0.89	3,435,000	1.90	5,666,360	1.41
1996	93.634	-2.24	2.799	1.08	10,470	-0.70	45,545	1.55	67,229	0.85	3,499,626	1.88	5,744,872	1.39
1997	91,883	-1.87	2,812	0.46	10,389	-0.77	45,991	0.98	67,801	0.85	3,552,120	1.50	5,823,143	1.36
1998	91,229	-0.71	2,820	0.28	10,322	-0.65	46,430	0.96	68,372	0.84	3,596,522	1.25	5,901,054	1.34
1999	90,216	-1.11	2,820	0.00	10,321	-0.01	46,858	0.92	68,940	0.83	3,636,443	1.11	5,978,401	1.31
2000	89,900	-0.35	2,814	-0.21	10,311	-0.10	47,008	0.32	69,183	0.35	3,676,444	1.10	6,055,049	1.28
2001	89,091	-0.90	2,803	-0.39	10,263	-0.47	47,343	0.71	69,596	0.60	3,714,141	1.03	6,130,169	1.24
2002	83,955	-5.76	2,776	-0.96	10,281	0.18	47,615	0.57	69,984	0.56	3,757,661	1.17	6,201,279	1.16
2003	81,525	-2.89	2,742	-1.22	10,277	-0.04	47,849	0.49	70,371	0.55	3,801,690	1.17	6,273,214	1.16
2004	79,820	-2.09	2,719	-0.84	10,288	0.11	48,082	0.49	70,791	0.60	3,846,234	1.17	6,345,983	1.16
2005	78,357	-1.83	2,712	-0.26	12,970	26.07	48,294	0.44	71,222	0.61	3,891,415	1.17	6,418,916	1.15
2006	78,058	-0.38	2,688	-0.88	10,167	-21.61	48,497	0.42	71,656	0.61	3,937,011	1.17	6,493,375	1.16

註. 1)解放과 동시에 南北으로 分斷

2)韓國動亂 勃發

3)慶尙北道에서 大邱市가 直轄市로 分離 · 獨立

2. 運行 및 移動 距離

(1) 生涯期間中 宇宙運行 距離

天　　體	距 離 區 分	速度(km/秒)	週期(日)	生涯中 距離(km)	累 積 回 數
宇　　宙	表 面 擴 張	240,000	-	5.30×10^{14}	宇宙半徑의 4.91×10^{9} 分의 1
太 陽 系	公　　轉	225	8.395×10^{7}	4.97×10^{11}	公轉 1周 距離의 738,833分의 1
地　　球	公　　轉	30	365	6.63×10^{10}	70回
太　　陽	自　轉(赤道)	2.02	25	4.46×10^{9}	1,023回
달	公　　轉	1.03	28	2.28×10^{9}	913回
地　　球	自　轉(赤道)	0.5	1	1.10×10^{9}	25,568回
人類의 總 運行距離	地球自轉+地球公轉 +太陽系公轉	255.5	-	5.64×10^{11}	地球自轉 25,568回, 地球公轉 70回, 太陽系公轉 738,833分의 1

註. 生涯期間 : 1936.7.28-2006.7.28 (70年, 840月, 25,568日, 613,632時間, 36,817,920分, 2,209,075,200秒)

(2) 生涯期間中 宇宙天體의 移動距離 (1936.7.28-2006.7.28)

(單位 : km)

天　　體	區　　分	70 年間 總 距 離	平 均 距 離			
			1 年間	1 日間	1 時間	1 秒間
太 陽 系	公轉距離(銀河系中心)	497,743,527,260	7,110,621,817	19,440,000	810,000	225
地　　球	公轉距離(太陽中心)	66,365,663,630	948,080,909	2,592,000	108,000	30
	自轉距離(赤道基準)	1,104,537,600	15,779,109	43,200	1,800	0.5
	合　　計	67,470,201,230	963,860,018	2,635,200	109,800	30.5
太陽系, 地球	總　　計	565,213,728,490	8,074,481,835	22,075,200	919,800	255.5
달	公轉距離(地球中心)	2,278,559,640	32,550,852	88,992	3,708	1.03

(3) 本人 映像 反射光의 宇宙航海 時間 · 距離 및 到着 天體

順番	本人映像反射光의 出發時點과 場所					2006.7.28, 24時까지		2006.7.28,24時 現在 到着 天體
	日　字	年齡	身　分	住 宅 地	當時 所在地	時間(光年)	距離(km)	
1	36.7.28	1	出　生	聞慶市 興德洞 394	自宅 居室	70	6.6226×10^{14}	天蓋星(Canopus; 9.2737×10^{14}km)과 아케나르星 사이
2	41. 7.28	6	幼　兒	〃	自宅 庭園	65	6.1510×10^{14}	아케르나르星(Archernar)
3	54. 7.28	19	高校 1年	安東市 堂北洞 下宿宅	安東市 安東師範學校 校庭	52	4.9208×10^{14}	알데바란星(Aldebaran)
4	61. 7.28	26	大學 4年	서울市 新龍山洞 鐵道合宿所	서울大 文理科大學 校庭	45	4.2584×10^{14}	카펠라星(Capella)
5	70. 7.28	35	美國留學	美 신시내티市 오하이오街 2223	신시내티大學校 校庭	36	3.4067×10^{14}	大角星(Arturas)
6	80. 7.28	45	副 教 授	서울市 銅雀區 上道3洞 256-216	서울 三清洞 中央教育研修院 事務室	26	2.4604×10^{14}	織女星(Vega)
7	89.12.22	54	大學院長	서울市 江南區 驛三1洞 618-24	果川 建交部 中央都市計劃委員會室	16.6	1.5707×10^{14}	牽牛星(Altair)

順番	本人映像反射光의 出發時點과 場所					2006.7.28, 24時까지		2006.7.28,24時 現在 到着 天體
	日 字	年齡	身 分	住 宅 地	當時 所在地	時間(光年)	距離(km)	
8	95. 3. 4	60	平 教 授	서울市 江南區 驛三1洞 618-24	光化門政府中央廳舍行政刷新委員會室	11.4	1.0788×10^{14}	프로키온星(Procyon)
9	97.12.22	62	主任教授	〃	良才洞學術振興財團會議室	8.6	8.1382×10^{13}	天狼星(Sirius)
10	00. 9. 4	65	平 教 授	〃	自宅 庭園	5.9	5.5832×10^{13}	바너드星(Barnard)
11	02. 4.10	67	〃	〃	政府中央廳舍地方移讓委員會室	4.3	4.0691×10^{13}	人馬座(Alpha Centauri)
12	06. 7.28 18時 32分	71	名譽·碩座 教授, 古稀日	〃	서울 新沙洞 할매족발食堂	5時間 28分	5.9130×10^{9}	冥王星(Pluto)
13	06. 7.28 23時 51分 42秒	71	〃	〃	서울市 驛三洞 自宅 庭園	8分18秒	1.4945×10^{8}	太陽(Sun)
14	06. 7.28 23時 59分58.72秒	71	〃	〃	서울市 驛三洞 自宅 庭園	1.28秒	3.844×10^{5}	달(Moon)
15	06. 7.28 24時	71	〃	〃	서울市 驛三洞 自宅 書齋 '溫知堂'	0	0	地球(Earth)

註. (1)빛의 速度(秒速)=299,792.458km≒3×10^{5}km
(2)1光年(light-year,LY)≒9.463×10^{12}km

(4) 本人 映像 反射光의 宇宙 航海圖

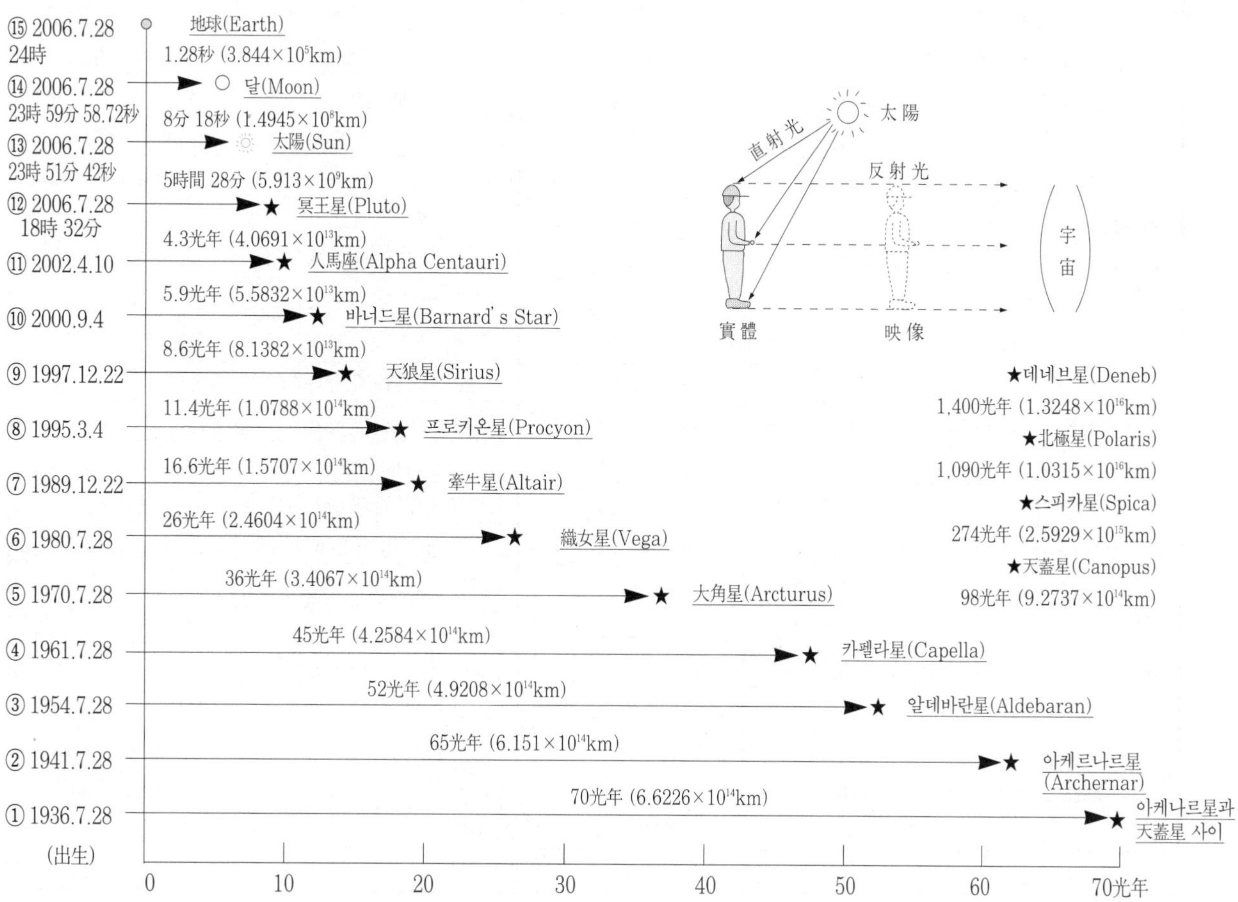

(5) 生涯旅程의 距離와 速度

(單位 : km)

移動類型 \ 區分		總距離 (70年)	平均速度 年 (70年)	月 (840月)	日 (25,568日)	時間 (613,632時間)	分 (36,817,920分)	秒 (2,209,075,200秒)
1.自然運行	1.地球 自轉	1,104,537,600	15,779,109	1,314,926	43,200	1,800	30	0.5
	2.地球 公轉	66,272,256,000	946,746,514	78,895,543	2,592,000	108,000	1,800	30
	3.太陽系 公轉	497,041,920,000	7,100,598,857	591,716,571	19,440,000	810,000	13,500	225
	合　計	564,418,713,600	8,063,124,480	671,927,040	22,075,200	919,800	15,330	255.5
2. 人爲移動	1.步行移動	72,909	1,042	87	3	0.1	0.0	0.0
	2.交通手段移動	1,621,716	23,167	1,930	63	2.9	0.1	0.0
	合　計	1,694,625	24,209	2,017	66	3	0.1	0.0
總　計		564,420,408,225	8,063,148,689	671,929,057	22,075,266	919,803	15,330	255.5

(6) 宇宙內 運行 및 地球內 移動의 總距離

(單位 : km)

生涯區分	移動區分	年度	年齡	宇宙內運行距離 地球 自轉 $(\times 10^{7})$	地球 公轉 $(\times 10^{9})$	太陽系 公轉 $(\times 10^{10})$	合 計 $(\times 10^{10})$	1日平均 $(\times 10^{7})$	地球內移動距離 步行 $(\times 10^{3})$	交通手段 $(\times 10^{4})$	合 計 $(\times 10^{4})$	1日平均	總合計 總 計 $(\times 10^{10})$	1日平均 $(\times 10^{7})$
成長修學期	幼兒期	1936-1944	1-9	13.3013	7.9808	5.9856	6.7970	2.20752	0.982	-	0.0982	0.32	6.79700010	2.20753495
	初等學校	1945-1950	10-15	9.4651	5.6791	4.2593	4.8367	〃	3.276	-	0.3726	1.70	4.83670037	2.20753098
	中等學校	1951-1953	16-18	4.7347	2.8408	2.1306	2.4194	〃	2.718	0.0298	0.3016	2.75	2.41940030	2.20748203
	高等學校	1954-1956	19-21	4.7347	2.8408	2.1306	2.4194	〃	3.380	0.1842	0.522	4.76	2.41940052	2.20748223
	大學校,軍	1957-1961	22-26	7.8883	4.7330	3.5497	4.0309	〃	10.079	1.4520	2.4599	13.47	4.03090246	2.20750409
	職場,大學院	1962-1964	27-29	4.7347	2.8408	2.1306	2.4194	〃	4.348	0.7990	1.2338	11.26	2.41940123	2.20748287
	助　教	1965-1968	30-33	6.3115	3.7869	2.8402	3.2252	〃	6.648	1.2670	1.9318	13.22	3.22520193	2,20753041
	外國留學	1969-1971	34-36	4.7304	2.8382	2.1287	2.4172	〃	4.125	2.7737	3.1952	29.18	2.41720320	2.20749151
	累　計	1936-1971	1-36	55.9008	33.5405	25.1554	28.5653	〃	36.096	6.5057	10.1153	7.82	28.56531012	2.20752010
社會活動期	專任講師	1972-1975	37-40	6.3115	3.7869	2.8402	3.2252	〃	6.136	6.7115	7.3251	50.14	3.22520733	2.20753411
	助教授	1976-1979	41-44	6.3115	3.7869	2.8402	3.2252	〃	6.136	16.0188	16.6324	113.84	3.22521663	2.20754047
	副教授	1980-1984	45-49	7.8926	4.7356	3.5517	4.0331	〃	5.373	18.3360	18.8733	103.30	4.03311887	2.20750896
	正教授	1985-1986	50-51	3.1536	1.8922	1.4191	1.6115	〃	1.406	8.4716	8.6122	117.98	1.61150861	2.20754604
	大學院長	1987-1990	52-55	6.3115	3.7869	2.8402	3.2252	〃	2.558	16.3110	16.5668	113.39	3.22521657	2.20754043
	平教授	1991-1992	56-57	3.1579	1.8948	1.4211	1.6137	〃	2.376	14.5606	14.7982	202.44	1.61371480	2.20754419
	研究院長	1993-1994	58-59	3.1536	1.8922	1.4191	1.6115	〃	1.488	13.4791	13.6279	186.68	1.61151363	2.20755292
	平教授	1995-1996	60-61	3.1579	1.8948	1.4211	1.6137	〃	2.646	19.1919	19.4565	266.16	1.61371946	2.20755056
	主任教授	1997-1998	62-63	3.1536	1.8922	1.4191	1.6115	〃	2.275	10.9625	11.1900	153.29	1.61151119	2.20754958
	平教授	1999-2002	64-67	5.7845	3.4707	2.6030	2.9559	〃	4.321	11.6653	12.0974	90.35	2.95591210	2.20755198
	名譽教授	2002-2006	67-71	6.1647	3.6988	2.7741	3.1502	〃	2.098	19.9576	20.1674	141.33	3.15022017	2.20758246
	累　計	1972-2006	37-71	54.5530	32.7318	24.5488	27.8766	〃	36.813	155.6659	159.3472	126.19	27.87675935	2.20753558
總累計		1936-2006	1-71	110.4538	66.2723	49.7042	56.4419	〃	72.909	162.1716	169.4625	66.28	56.44206946	2.20752775

(7) 生活의 中心軸과 回轉週期圖

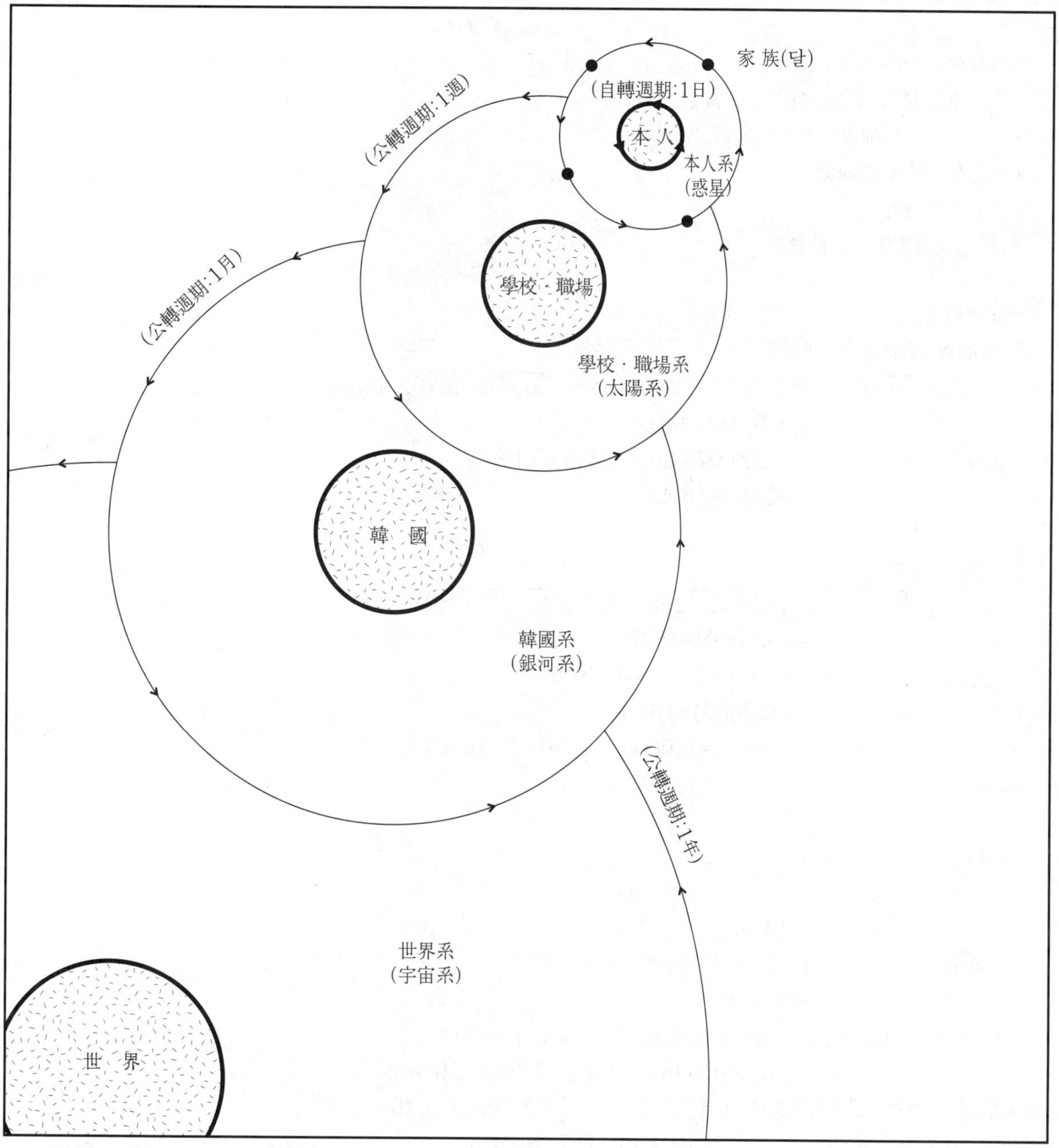

○ 移動速度에 의한 本人에의 影響

○70年間의 本人 統計

- 平均速度 : V=255.5km/sec(地球 自轉 · 公轉 및 太陽系 公轉)+0.0008km/sec(地球에서의 本人의 移動)=255.5008km/sec=5.555008×10^7cm/sec
- 質量 : m_o=49.9g(平均)

- 에너지 : $E_{\circ}=4.4910\times10^{22}$erg(平均)
- 總時間 : t=2,209,075.200秒(sec)
- 빛의 速度 : C=299.792,458km/sec=2.99792458×10^{10}cm/sec

○算式의 記號
- $T_{\circ}$, $m_{\circ}$, $E_{\circ}$: 停止時의 時間, 質量, 에너지
- T, m, E : 移動時의 時間, 質量, 에너지
- V : 本人의 移動速度
- C : 빛의 速度
- t : 本人의 70年間 秒數

○速度의 影響

① 時間의 短縮分
- $T=To\ \sqrt{1\text{-}(V/C)^2}=2{,}209{,}075{,}200\ \sqrt{1\text{-}(255.5008/299{,}792.4580)^2}$
  $=2{,}209{,}074{,}395$秒
- 短縮分 : $\triangle T=To\text{-}T=2.209{,}075{,}200\text{-}2.209{,}074{,}395$
  $=805$秒$=13.42$分

② 質量의 增加分
- $m=m_{\circ}/\sqrt{1\text{-}(V/C)^2}=49.9/\sqrt{1\text{-}(255.5008/299{,}792.4580)^2}$
  $=49.9000181636$g
- 增加分 : $\triangle m=m\text{-}m_{\circ}=49.9000181636\text{-}49.9$
  $=0.0000181636$g
- 生涯 增加分 : $\Sigma\triangle m=\triangle m\cdot t=0.0000181636\times2{,}209{,}075{,}200$
  $=40{,}205.17$g

③ 에너지의 追加發生分
- $E_{\circ}=m_{\circ}C^2=49.9\times(2.99792458\times10^{10})^2$
  $=449.10\times10^{20}$erg
- $E=mC^2=49.9000181636(2.99792458\times10^{10})^2$
  $=449.1001638\times10^{20}$
- 增加分 : $\triangle E=E\text{-}E_{\circ}=449.1001638\times10^{20}\text{-}449.10\times10^{20}$
  $=0.0001638\times10^{20}$erg$=1{,}638\times10^{13}$erg
- 生涯 增加分 : $\Sigma\triangle E=\triangle E\cdot t=(1{,}638\times10^{13})\times2{,}209{,}075{,}200$
  $=361{,}846.51776\times10^{20}$erg

客說 : 經驗에서 얻은 삶의 眞實

金 · 木 · 水 · 火 · 土와 日 · 月은 自然의 必須的 基本要素들이다. 一週日의 曜日 이름을 여기서 따온 것은 참으로 잘 한 일이다.

3. 經過時間과 事件

(1) 民族形成 以後 主要先代부터 本人까지의 期間 및 世代數

主 要 先 代	出生年度 (西曆紀元)	本人出生(1936) 까지 期間(年)	世 代 數 (世)														
			1	2	3	4	5	6	7	8	9	10	11	12	13	14	15
1.韓族元祖(北몽골人族)	8000 B.C.	9,936	1														
2.開天國祖(檀君王儉)	2741 B.C.	4,677	186	1													
3.新羅始祖(朴赫居世)	69 B.C.	2,005	279	94	1												
4.慶州金氏始祖(金閼智)	65	1,871	283	98	5	1											
5.新羅 17代王(奈勿王)	315	1,621	290	105	12	8	1										
6.新羅 22代王(智證王)	437	1,499	293	108	15	11	4	1									
7.新羅 38代王(元聖王)	729	1,207	301	116	23	19	12	9	1								
8.新羅 45代王(神武王)	789	1,147	304	119	26	22	15	12	4	1							
9.新羅 46代王(文聖王)	809	1,127	305	120	27	23	16	13	5	2	1						
10.新羅 56代王(敬順王)	897	1,039	310	125	32	28	21	18	10	7	6	1					
11.慶州金氏先祖(金仁琯)	1200	736	323	138	45	41	34	31	23	20	19	14	1				
12.桑村公派 派祖(金自粹)	1354	582	331	146	53	49	42	39	31	28	27	22	9	1			
13.判官公派 派祖 (金元弼)	1474	462	335	150	57	53	46	43	35	32	31	26	13	5	1		
14.聞慶 入鄕祖 (金秉鉉)	1616	320	339	154	61	57	50	47	39	36	35	30	17	9	5	1	
15.本人 (金安濟)	1936	0	348	163	70	66	59	56	48	45	44	39	26	18	14	10	1

註. 世代數의 경우 慶州金氏 始祖(金閼智)부터는 事實的 代數이고 그 以前은 1世代를 平均 28.35年으로 간주하여 계산한 推定代數임.

客說 : 經驗에서 얻은 삶의 眞實

韓民族은 원래 착하고 순한 民族이었다. 그러나 이를 더욱 착하고 순하게 만든 것은 周邊國家보다 허약했다는 事實이다.

客說 : 經驗에서 얻은 삶의 眞實

사람들과 더불어 사는 것은 편리하고도 즐겁지만 또한 괴롭고 귀찮기도 하다. 많은 사람 속에 섞여 있으면 정신 쓰이기는 해도 오랫동안 살아갈 수 있지만 깊은 산속에 혼자 살면 마음 편하기는 해도 오래 있지는 못할 것이다. 人間事 그리워 필리리리-.

(2) 直系世系와 韓國 및 主要國의 變遷

西曆	世系(生年)	韓國	中國	日本	主要國家
BC 3000	檀君 (BC 2333)	古朝鮮 (BC 2333-BC 194)	三皇時代 (?-BC 2367)	繩文時代 (BC 3000-BC 200)	이집트 古王國時代 (BC 2650-BC 2170)
			堯帝時代 (BC 2367-BC 2317)		
BC 2000			舜帝時代 (BC2317-?)		
			夏 (?-BC 1500)		이집트 中間期·中王國時代 (BC 2170-BC 1570)
BC 1000		扶餘國 (BC 1200-BC 37)	殷 (BC 1500-BC 1000)		이집트 新王國時代 (BC 1570-BC 332)
			周 (BC 1000-BC 771)		그리스 都市國家 (BC 900-BC 30)
BC 500			春秋戰國時代 (BC 771-BC 221)	彌生時代 (BC 200-100)	이집트 프톨레마이오스 朝 (BC 332-BC 30)
		辰韓 (BC 300-BC 57) / 弁韓 (BC 300-42) / 馬韓 (BC 300-BC 18) / 衛滿朝鮮 (BC 194-BC 108)	秦 (BC 221-BC 206)		
0	① 閼智(65)	漢四郡 (BC 108-BC 313) / 高句麗 (BC 37-668)	漢 (BC 206-220)	100餘國(100-200)	
	⑧ 奈勿王(315)	新羅 (BC 57-676) / 駕洛 (BC 42-532) / 百濟 (BC 18-660)		30國(200-300)	로마帝國 (BC 27-395)
	⑩ 習寶(396)		三國·晉·16國時代 (220-420)	古墳時代 (300-710)	
	⑪ 智證王(437)				西로마帝國 (395-476) / 東로마帝國 (395-1453)
AD 500	⑬ 欽運(510)		南北朝時代 (420-589)		
	⑰ 魏文(656)				프랑크王國 (428-987)
	㉒ 神武王(789)		隋(581-617)	飛鳥時代 (600-710)	
	㉘ 敬順王(897)		唐 (618-907)		
	㉙ 殷說(968)	統一新羅 (676-935) / 渤海 (698-926)		奈良時代(710-794)	
	㉝ 繼蓼(1026)		5代10國時代 (907-960)	平安時代 (794-1192)	
AD 1000	㊳ 元軌(1142)	高麗 (918-1392)			
	㊶ 仁琯(1200)		宋 (960-1279)		잉글랜드王國 (829-2002) / 神聖로마帝國 (962-1806) / 프랑스王國 (987-1795)
	㊻ 裔(1296)			鎌倉幕府時代 (1192-1333)	
	㊾ 自粹(1354)		元 (1206-1370)		모스크바王國 (1283-1917) / 오스만터키帝國 (1281-1922)
	(53) 元弼(1474)			南北朝時代(1333-1338)	
AD 1500	(57) 秉鉉(1616)	朝鮮 (1392-1897)	明 (1368-1644)	室町幕府時代(1338-1573) / 戰國時代(1467-1573) / 安土桃山時代(1573-1603)	이탈리아帝國 (1454-1945) / 美國 (1776-2006) / 프랑스共和國 (1795-2006)
	(63) 魯亨(1828)				
	(65) 商樞(1896)		淸 (1616-1912)	江戶幕府時代 (1603-1868)	도이치帝國 (1871-1919)
		大韓帝國(1897-1910)		明治時代 (1868-1912)	
	(66) 安濟(1936)	日帝 (1910-1945)	中華民國 (1912-2002)	大正時代 (1912-1926)	소비에트社會主義共和國 (1923-1992) / 터키共和國 (1922-2006) / 도이치共和國 (1919-2006)
		美軍政(1945-1948)			
	(67) 東爀(1968)	大韓民國 (1948-2006)	中華人民共和國 (1947-2006)	昭和時代 (1926-1989)	이탈리아共和國 (1945-2006)
AD 2000				平成時代 (1989-2006)	러시아共和國 (1992-2006)
	(68) 旼嬉(2005)				

(3) 西紀 2000年 基準 前後 一定經過 年度別 時代 및 發生事件 比較

基準起點 年度 (西紀 2000年)

西紀	檀紀	佛紀	本人 및 先·後代	韓 國	世 界
2000	4333	2563	· 慶州金氏 始祖 閼智 誕生 (慶金 紀元) 1936年 · 第 66世 安濟 65歲 · 第 67世 東爀 33歲 · 서울市 驛三洞 居住 · 서울大學校 敎授 · 地方移讓推進委員長 · 國土綜合計劃審議委員 · 中央都市計劃委員 · 自治開發研究院 理事長 · 國家專門行政研修院 指導敎授 · 交通政策委員會 委員 · 市·道知事 協議會 諮問委員 · 서울市政開發研究院 研究諮問委員 · 國土·都市計劃學會 顧問 · 地方自治學會 顧問 · 새재會 會長	· 第15代 金大中 大統領 3年 · 第16代 國會 1年 · 第3代 地方議會 3年 · 第2代 民選團體長 3年 · 第8次 經濟·社會 計劃 · 第3·4次 國土計劃	· 中國 江澤民 主席 8年 · 日本 平成 12年 · 美國 第42代 클린턴 大統領 8年 · 第27回 國際올림픽大會 · 第18回 冬季올림픽大會

前後比較年度

西紀 2000年 以前				前後 年數	西紀 2000年 以後			
世 界	韓 國	本人 및 先·後代	西紀 (檀紀) (佛紀)		西紀 (檀紀) (佛紀)	本人 및 先·後代	韓 國	世 界
· 中國 江澤民 主席 6年 · 日本 平成 10年 · 美國 第42代 클린턴 大統領 6年 · 第16回 월드컵 大會 · 第13回 아시안 게임 · 인도네시아 수하르트 大統領 下野 · 아프가니스탄, 地震으로 5,000餘名 死亡 · IMF,아시아·南美에 救濟金融支援 · 메카 巡禮者 118	· 第15代 金大中 大統領 1年 · 第15代 國會 3年 · 第3代 地方議會 1年 · 第2代 民選團體長 1年 · 第8次 經濟社會 計劃 · 第3次 國土計劃 · IMF 體制 · 政府 組織 統合 縮小 · 規制改革委員會 設置 · 失業者 急增 · 鄭周永會長, 소	· 慶金紀元 1934년 · 第 66世 安濟 63歲 · 第 67世 東爀 31歲 · 서울市 驛三洞 居住 · 서울大 高位政策 課程 主任敎授 · 中央都市計劃委員 · 地方自治研究院 理事長 · 地域開發研究會 顧問 · 地方自治制度 發展委員會 委員 · 地方行政研修院 指導敎授 · 建交部 民間投資	1998 (4331) (2561)	2年	2002 (4335) (2565)	· 慶金 紀元 1938년 · 第 66世 安濟 67歲 · 第 67世 東爀 35歲 · 中國 丹東 訪問 · 滿 65歲 到達 · 地下鐵 無料乘車 始作 · 臺灣 金門島 訪問 · 서울大學校 敎授 停年 退任 · 서울大學校 名譽 敎授 · 生涯記錄集「金安濟 傳 : 人生履歷史」出刊	· 第15代 金大中 大統領 5年 · 第16代 國會 3年 · 第4代 地方議會 1年 · 第3代 民選 團體長 1年 · 第9次 經濟 社會 計劃 · 第4次 國土計劃 · 大統領 候補로 民主黨은 盧武鉉氏, 한나라黨은 李會昌氏를 선정 · 第4期 地方議會 議員, 第3期 自治團體長 選出	· 中國 江澤民 主席 10年 · 日本 平成 14年 · 美國 第43代 부시 大統領 2年 · 中國에서 脫北者가 續出하여 國際問題化됨. · 第17回 월드컵 蹴球大會가 韓國과 日本에서 開催 · 韓國, 월드컵 競技에서 4强에 진출하여 第4位 차지 · 브라질, 월드컵 競技에서 獨逸을 이기고 優勝 차지

西紀 2000年 以前				前後比較年度	西紀 2000年 以後			
世　界	韓　國	本人 및 先.後代	西紀 (檀紀) (佛紀)	前後 年數	西紀 (檀紀) (佛紀)	本人 및 先.後代	韓　國	世　界
名 壓死 · 日本, 中央省廳을 大幅 縮小 · 러시아, 2,000餘個 公企業을 民營化 · 클린턴 美 大統領, 性醜行事件 發生	500마리와 같이 訪北 · 敎員停年 65歲에서 60歲로 引下 · 552萬7千餘名, 赦免 · 復權 · 金大中大統領, 美國 上 · 下院에서 演說	審議會 委員長 · 道路公社社長 候補 推薦委員長 · Las Vegas市 名譽市民 · 새마을本部 諮問委員 · 特講 · 演說 · 司會					· 兵風 · 非理 등으로 與野間 對立 · 颱風 '루사' 등으로 人命 · 財産 被害가 막심	
· 中國 楊尙昆 主席 3年 · 日本 平成 2年 · 美國 第41代 부시 大統領 2年 · 第14回 월드컵 大會 · 第11回 아시안 게임 · 東西獨, 統一成就 · 蘇聯 大統領 고르바쵸프 當選 · 러시아共和國 大統領, 옐친當選 · 英 · 佛間 도버海峽 터널 貫通 · 이라크,쿠웨이트 占領 · 이란,地震으로 4,000여명 死亡 · 日本, 美 · 蘇에 이어 달探査 人工衛星 發射	· 第13代 盧泰愚 大統領 3年 · 第13代 國會 3年 · 第16次 經濟 社會 計劃 · 第2次國土計劃 · 民正 · 民主 · 共和黨統合, 民主自由黨 創黨 · 民主黨 創黨 · 尹潽善 前 大統領 逝去 · 韓 · 蘇 修交 宣言 · 全斗煥 前 大統領, 白潭寺 隱遁 796日 만에 自宅으로 歸家 · 南北韓 總理級 會談을 상호 교차로 開催	· 慶金 紀元 1926年 · 第66世 安濟 55歲 · 第67世 東爀 23歲 · 서울驛三洞 居住 · 서울大 環境大學院 院長 · 大統領 科學技術諮問會議 委員 · 中央都市計劃委員 · 地方行政硏修院 指導敎授 · 國土 · 都市計劃學會 顧問 · 土地開發公社 理事 · 自動車 運轉 免許證 取得 · 鳥嶺會 會長 · 發表 · 特講 · 演說 · 司會 活動	1990 (4323) (2553)	10年	2010 (4343) (2573)	· 慶金紀元 1946年 · 第66世 安濟 75歲 · 第64世 東爀 43歲	· 第17代 大統領 3年 · 第18代 國會 3年 · 第6代 地方議會 1年 · 第5代 民選團體長 1年 · 第10次 經濟 · 社會 計劃 · 第4次 國土計劃	· 日本 平成 22年 · 美國 第45代 大統領 2年 · 第19回 월드컵 大會 · 第16回 아시안 게임
· 中國 趙紫陽 首相 1年 · 日本 昭和 56年 · 美國 카터 大統領 4年 · 第22回 國際올림픽大會 · 第13回 冬季올림픽大會	· 第10代 崔圭夏 大統領 2年 · 第11代 全斗煥大統領 1年 · 第11代 國會1年 · 第4次 經濟計劃 · 第1次 國土計劃 · 果川 新都市 建設 着工	· 慶金紀元 1916年 · 第66世 安濟 45歲 · 第67世 東爀 13歲 · 서울上道洞 居住 · 서울大 助敎授 · 副敎授 · 國保委 委員 · 立法會議專門委員 · 서울市 都市 計	1980 (4313) (2543)	20年	2020 (4353) (2583)	· 慶金紀元1956年 · 第66世 安濟 85歲 · 第67世 東爀 53歲	· 第19代 大統領 3年 · 第21代 國會 1年 · 第8代 地方議會 3年 · 第7代 民選團體長 3年 · 第12次 經濟 · 社會計劃	· 美國 第47代 大統領 4年 · 第32回 國際올림픽大會 · 第32回 冬季올림픽大會

西紀 2000年 以前				**前後比較年度**				西紀 2000年 以後
世　界	韓　國	本人 및 先·後代	西紀 (檀紀) (佛紀)	前後 年數	西紀 (檀紀) (佛紀)	本人 및 先·後代	韓　國	世　界
·알제리, 地震으로 2萬여명 死亡 ·美國,모스크바 올림픽 不參宣言 ·中共,IMF加入 ·티토 유고슬라비아大統領 死亡 ·이란·이라크, 武力 衝突 ·中國 航空機, 美國 첫 就航	·光州事態 發生 ·國保委 設置 ·立法會議 開院 ·컬러TV市販開始 ·新 憲法, 國民投票로 確定 ·言論基本法 制定公布 ·言論 統廢合 斷行	劃 委員 ·環境廳 諮問委員 ·報國勳章 受勳 ·住宅銀行 諮問教授 ·國土學會 常任理事 ·鳥嶺會 會長					·第4次 國土計劃	
·中共 毛澤東 主席 2年 ·蔣介石,中國(臺灣)總統에 再就任 ·日本 昭和 25年 ·美國 트루먼大統領 6年 ·第4回 월드컵 大會 ·第1回 아시안게임 ·印度 共和國, 獨立式 擧行 ·蘇聯,베를린을 다시 封鎖 ·美國 트루먼大統領, 水素爆彈 製造 指示 ·UN,맥아더將軍을 UN軍總司令官으로, 任命 ·아이젠하워, NATO最高司令官에 就任	·大韓民國 樹立 3年 ·初代 李承晩 大統領 3年 ·第2代 國會 1年 ·地方自治法 制定 2年 ·換率 1,800 對 1로 引上 ·韓國動亂 勃發 ·政府, 釜山으로 移轉 ·UN軍,仁川上陸 ·서울奪還,政府還都 ·中共軍, 韓國戰介入 ·UN軍, 北韓地域에서 後退 ·50萬 北韓 避難民 南下 ·詩人 金永郎 죽음	·慶金 紀元 1896年 ·第65世 商大 55歲 ·第66世 安濟 15歲 ·慶北 聞慶市 興德洞 居住 ·戶西南初等學校 5·6學年 ·副級長·級長 歷任 ·校內 美術賞 受賞 ·優等賞·皆勤賞 受賞 ·避亂가다가 中途에서 歸家 ·北韓 人民軍 治下에서 生活 ·人民軍 노래를 배워 부름 ·國軍과 人民軍애 번갈아 慰問便紙를 써서 보냄	1950 (4283) (2513)	50年	2050 (4383) (2613)	·慶金紀元 1986年 ·第66世 安濟 115歲 ·第67世 東爀 83歲	·第25代 大統領 3年 ·第28代 國會 3年 ·第16代 地方議會 1年 ·第15代 民選團體長 1年 ·第18次 經濟·社會計劃 ·第6次 國土計劃	·美國 第55代 大統領 2年 ·第29回 월드컵 大會 ·第26回 아시안게임
·中國 淸 德宗 26年 ·日本 明治 33年 ·美國 메킨리 大統領 4年	·朝鮮 高宗 37年 ·鐵道院·通信院 設置 ·서울-仁川을 잇	·慶金紀元 1836年 ·第64世 信喜 39歲 ·第65世 商大 5歲	1900 (4233) (2463)	100年	2100 (4433) (2663)	·慶金 紀元 2036年 ·第67世 東爀 133歲	·第35代 大統領 3年 ·第41代 國會 1年 ·第28代 地方議會	·美國 第67代 大統領 4年 ·第52回 國際 올림픽大會

前後比較年度								
西紀 2000年 以前						西紀 2000年 以後		
世　界	韓　國	本人 및 先·後代	西紀 (檀紀) (佛紀)	前後 年數	西紀 (檀紀) (佛紀)	本人 및 先·後代	韓　國	世　界
·第2回 近代올림픽大會 開催 ·니 체 死亡 ·체펠린,飛行船發明 ·프랑크, 量子論開發 ·멘델法則 再發見	는 漢江鐵橋 開通 ·鍾路에 電燈을 처음 點燈 ·德壽宮 石造殿起工 ·鑛務學校 設立 ·러시아에 馬山栗九味의 租借를 許可						3年 ·第27代 民選團體長 3年 ·第28次 經濟·社會計劃 ·第8次 國土計劃	·第43回 冬季올림픽大會
·中國 明孝宗13年 ·日本 後柏原 天皇 1年 ·英國 헨리7世 16年 ·포르투갈의 카브랄, 브라질 海岸上陸,포르투갈領으로 만듬 ·티무르帝國 滅亡	·朝鮮 燕山君 6年 ·備戎司 設置 ·寡婦의 再嫁를 禁止 ·淫亂男女處死法 制定 ·成俔등, '歷代名鑑' 을 撰進 ·洪貴達 등, '續國朝寶鑑' 을 撰進	·慶金紀元 1436年 ·第52世 薰 64歲 ·第53世 元弼 27歲	1500 (3833) (2063)	500年	2500 (4833) (3063)	·慶金 紀元 2436年	·第115代 大統領 3年 ·第141代 國會 1年 ·第128代 地方議會 3年 ·第127代 民選團體長 3年 ·第108次 經濟·社會計劃 ·第28次 國土計劃	·美國 第167代 大統領 4年 ·第152回 國際올림픽大會 ·第143回 冬季올림픽大會
·中國 宋太宗25年 ·契丹 聖宗 18年 ·日本 平安時代 一條天皇 15年 ·神聖로마帝國 오토3世 18年 ·스웰드 戰爭 勃發 ·레이프 에릭슨, 美國 發見	·高麗 穆宗 3年 ·崇敎寺 創建 ·德州에 築城 ·文武·兩班·軍人의 田柴科를 改正 ·學問의 振興 ·地方制度의 變革과 調整 ·佛敎의 隆盛과 擴大		1000 (3333) (1563)	1,000年	3000 (5333) (3563)	·慶金 紀元 2936年 ·第97世 ·第98世 ·第99世	·第215代 大統領 3年 ·第266代 國會 1年 ·第253代 地方議會 3年 ·第252代 民選團體長 3年 ·第208次 經濟·社會計劃 ·第53次 國土計劃	·美國 第292代 大統領 4年 ·第277回 國際올림픽大會 ·第268回 冬季올림픽大會
·中國 前漢 平帝 2年 ·日本 垂仁天皇 30年 ·로마帝國 아우구스투스 28年 ·第195回 그리스 古代 올림픽 競技 ·그리스도 誕生 4年	·新羅 赫居世 居西干 58年 ·高句麗 瑠璃王 20年 ·百濟 溫祚王 19年 ·新羅·高句麗·百濟,漢4郡 및 三韓과 싸우며 領土를 擴張	·慶金 紀元 前 65年	0 (2333) (563)	2,000年	4000 (6333) (4563)	·慶金 紀元 3936年 ·第130世 ·第131世 ·第132世	·第415代 大統領 3年 ·第516代 國會 1年 ·第503代 地方議會 3年 ·第502代 自治團體長 3年 ·第408次 經濟·社會計劃 ·第103次 國土計劃	·美國 第542代 大統領 4年 ·第527回 國際올림픽大會 ·第518回 冬季올림픽大會

(4) 出生年度 丙子年의 60年週期 該當年度와 國內外 代表事項

年 度	年 齡	韓 半 島 事 項	世 界 事 項
B.C.4064	-6,000	安巴堅 桓國 (B.C.7197- B.C.3898) 建國 3,134年	新石器時代, 農耕 · 牧畜業 發達, 氏族社會 形成
4004	-5,940	桓國 7代王 智爲利 時代	中國 · 이집트 文明 胎動, 바빌로니아王國 創建, 聖書上 天地創造
3944	-5,880	桓國 滅亡 46年前	西러시아 都市國家 形成
3884	-5,820	桓雄 居發桓 倍達國(B.C.3898-B.C.2333)建國 15年	브리태인 原始社會
3824	-5,760	倍達國 初代王 桓雄 居發桓 75年	갈리아人의 原始國家
3764	-5,700	〃 2代王 居佛理 40年	3年 뒤 猶太紀元 始作
3704	-5,640	〃 3代王 右耶古 15年	原始 게르만人 社會
3644	-5,580	〃 3代王 〃 75年	中國, 河姆渡 文化
3584	-5,520	〃 4代王 慕士羅 36年	中國, 仰韶文化 繁榮
3524	-5,460	〃 4代王 〃 96年	메소포타미아文明 發生
3464	-5,400	〃 5代王 太虞儀 49年	수메르國家 出現
3404	-5,340	〃 6代王 多儀發 16年	메소포타미아, 太陰曆 · 60進法 使用
3344	-5,280	〃 6代王 〃 76年	中國 長江 下流地域에 稻作 農耕文化 形成
3284	-5,220	〃 7代王 居連 38年	이집트, 나일江을 天賜의 恩惠로 認定
3224	-5,160	〃 8代王 安夫連 17年	文字가 생겨나기 始作
3164	-5,100	〃 9代王 養雲 4年	멤피스, 이집트 王國 首都로 定着
3104	-5,040	〃 9代王 〃 64年	漢族, 黃河流域에 部落을 形成
3044	-4,980	〃 10代王 葛古 28年	이집트 神聖文字 出現
2984	-4,920	〃 10代王 〃 88年	에게文明, 靑銅器文化, 이집트 古王國 出現
2924	-4,860	〃 11代王 居耶發 48年	메소포타미아에 수메르 楔形文字 出現
2864	-4,800	〃 12代王 州武愼 16年	上下이집트 統一, 第一王朝 始作
2804	-4,740	〃 12代王 〃 76年	이집트, 太陽曆使用, 아몬神 信仰
2744	-4,680	〃 13代王 斯瓦羅 31年	페니키아人, 이집트와 交易
2684	-4,620	〃 14代王 慈烏支 蚩尤 24年	이집트 古王國 時代
2624	-4,560	〃 14代王 〃 84年	이집트, 피라밋 建設
2564	-4,500	〃 15代王 蚩額特 35年	中國歷史 始作 37年
2504	-4,440	〃 16代王 祝多利 6年	印度 인더스文明 始作
2444	-4,380	〃 17代王 赫多世 10年	메소포타미아 우르 第一王朝時代
2384	-4,320	〃 17代王 〃 70年	이집트 古王國時代
2324	-4,260	檀君王儉 古朝鮮 (B.C.2333-B.C.238)建國 10年	中國 堯帝紀元 34年, 노아의 洪水 발발 24年
2264	-4,200	古朝鮮 初代王 王儉 70年	印度, 인더스 文明 出現 · 使用
2204	-4,140	〃 2代王 扶婁 37年	中國 禹, 夏 建國 2年
2144	-4,080	〃 3代王 嘉勒 39年	바빌로니아王國 出現

年 度	年 齡	韓 半 島 事 項	世 界 事 項
B.C.2084	-4,020	〃 5代王 丘乙 16年	페니키아人, 地中海 交易
2024	-3,960	古朝鮮 7代王 翰栗 24年	英國 巨石(Stonehenge) 文化 發生
1964	-3,900	〃 9代王 阿述 22年	아카이아人, 발칸半島로 南下
1904	-3,840	〃 10代王 魯乙 47年	페니키아人 알파벳을 使用
1844	-3,780	〃 11代王 道奚 48年	中國, 龍山文化 繁榮
1784	-3,720	〃 12代王 阿漢 50年	古 바빌로니아王國 時代
1724	-3,660	〃 13代王 屹達 59年	中國 商 建國 43年
1664	-3,600	〃 14代王 古弗 58年	이집트에 新生帝國 出現
1604	-3,540	〃 16代王 尉那 7年	小아시아 히타이트王國 時代
1544	-3,480	〃 17代王 余乙 9年	미케네文明 時代
1484	-3,420	〃 18代王 冬奄 卽位	이집트 토로메스 3世 時代
1424	-3,360	〃 19代王 緱牟蘇 12年	크레타섬에서 鐵器 使用
1364	-3,300	〃 20代王 固忽 17年	中國 殷 建國 38年
1304	-3,240	〃 21代王 蘇台 34年	中國 甲骨文字 出現
1244	-3,180	〃 22代王 索弗婁 42年	이스라엘民族의 出埃及 7年
1184	-3,120	〃 23代王 阿忽 54年	트로이戰爭 終熄
1124	-3,060	〃 25代王 率那 27年	2年 뒤 中國의 殷 亡 하고 周 建國
1064	-3,000	〃 25代王 〃 87年	이집트 새王國 出現
1004	-2,940	〃 26代王 鄒魯 59年	4年뒤 이디오피아 獨立 · 建國
944	-2,880	〃 28代王 奚牟 28年	印度 간지스江 流域에 都市國家 成立
884	-2,820	〃 30代王 奈休 26年	그리스 都市國家 形成
824	-2,760	〃 32代王 鄒密 26年	中國, 周나라 時代
764	-2,700	〃 35代王 沙伐 9年	11年 뒤 로마市 建設
704	-2,640	〃 36代王 買勒 卽位	中國 春秋時代
644	-2,580	〃 37代王 麻勿 3年	日本建國 17年
584	-2,520	〃 38代王 多勿 7年	그리스 타레에스, 日蝕을 豫言
524	-2,460	〃 39代王 豆忽 22年	釋迦 誕生 34年, 中央아메리카에 마야文明 胎動
464	-2,400	〃 42代王 乙于支 9年	5年뒤 그리스에서 소크라테스 誕生
404	-2,340	〃 44代王 丘勿 22年	그리스 스마르타, 아테네를 制覇
344	-2,280	〃 45代王 余婁 53年	中國, 全國時代, 7國 競爭
284	-2,220	〃 47代王 古列加 12年	1年 前 그리스에서 太陽曆 制作
224	-2,160	北夫餘 (B.C.239-B.C.57) 建國 16年	秦, 中國 統一 4年
164	-2,100	衛滿朝鮮 建國 31年	시리아王國, 마카베아 戰爭
104	-2,040	漢四郡 設置 5年	中國 漢의 李廣利, 大宛國 遠征
44	-1,980	新羅 建國 14年	中國 常平倉 廢止, 로마 元老院에서 시저 暗殺

年 度	年 齡	韓 半 島 事 項	世 界 事 項
A.D. 16	-1,920	高句麗 建國 53年, 百濟 建國 34年	中國, 처음으로 吏祿을 줌, 王駿 被殺됨
76	-1,860	慶州金氏 始祖 閼智 誕生 12年	이탈리아 폼페이市, 3年 뒤 火山爆發로 埋沒
136	-1,800	慶州金氏 3世 阿道 5年	猶太人, 流浪生活 始作 2年
196	-1,740	新羅 伐休王 서거하고 10代 奈解尼師今 卽位	中國 曹操, 皇帝를 許로 옮김
256	-1,680	慶州金氏 6世 仇道 19年	고트族, 小아시아 및 그리스 侵入
316	-1,620	慶州金氏 8世 奈勿王 出生 2年	中國 西晉, 52年만에 滅亡
376	-1,560	高句麗, 百濟 北部를 侵攻	中國 前凉 滅亡, 西고트-로마 戰爭
436	-1,500	中國 燕王 馮 弘, 高句麗에 投降	中國 北燕, 28年만에 滅亡
496	-1,440	高句麗, 新羅의 牛山城을 攻擊	中國 魏, 族姓을 定함; 프랑크王, 알라만族 擊破
556	-1,380	新羅 惠明大師, 甲寺를 重建	中國 齊, 長城을 쌓음
616	-1,320	百濟, 新羅의 母山城을 침	페르시아, 이집트 占領
676	-1,260	新羅 중 義湘, 浮石寺를 創建; 新羅統一 8年	中國 唐, 安東都護府를 遼東으로 옮김
736	-1,200	新羅, 平壤 · 牛頭 2州의 地勢를 調査	東로마皇帝, 全 帝國의 偶像을 破壞케 함
796	-1,140	新羅 元聖王 12年	코르도바의 카리프하샴 1世 卽位
856	-1,080	新羅, 竅興寺의 鍾을 鑄造	네델란드 沿岸, 노르만族에게 掠奪당함
916	-1,020	後百濟,大耶城을 攻擊; 高麗 建國 2年前	契丹의 阿保機, 皇帝를 稱함 ; 이탈리아에서 아랍人 追放됨
976	-960	高麗, 文 · 武 兩班의 墓制를 制定	中國 宋, 北漢을 攻擊;日本 宮城, 火災로 燒盡
1036	-900	高麗, 모든 官吏들에게 祿牌를 줌	神聖로마皇帝 콘라드 2世, 第2次 이탈리아 遠征
1096	-840	高麗, 近親間의 婚姻을 禁함	第1次 十字軍, 예루살렘으로 進擊 ; 제노바 共和國 成立
1156	-780	高麗, 祈福 道場을 設置	日本 保元의 亂이 일어남; 오스트리아 公國이 됨
1216	-720	契丹, 鴨綠江 건너 高麗를 侵入	中國 金의 滿鮮萬奴, 東眞國 建國; 英國 헨리3世 卽位
1276	-660	高麗, 通文館 設置	英王國 에드워드 1世, 웨일스를 征伐
1336	-600	高麗 忠肅王, 元에 감	日本天皇, 吉野로 옮김; 南印度에 비자야나갈 王國 成立
1396	-540	太祖 朝鮮 建國 5年 ; 都城 築造工事 始作	터키, 헝가리軍을 擊破 ; 英國王, 프랑스 公主와 結婚
1456	-480	朝鮮 死六臣, 上王 復位를 도모하다 死刑; 한글創製 10年	터키, 아테네 侵略; 프라이부르크大學 創立
1516	-420	朝鮮, 鑄字都監 設置	포르투갈 사람, 처음 中國廣東에 옴 ; 토마스 모아, 유토피아 著述
1576	-360	朝鮮 李珥, 孟子諺解 編纂	日本 織田信長, 安土城으로 移居 ; 프랑스 第5次 內亂 發生
1636	-300	淸 侵入, 丙子胡亂 發勃, 翌年 降伏	後金 太宗, 國號를 淸으로 改稱 ; 美國 하바드大學 創立
1696	-240	全國 餓死者 數萬名 續出	러시아, 터키 侵攻 ; 터키, 베네치아의 키오스섬 奪還
1756	-180	朝鮮, 禁酒令 내림 ; 全國 人口 7,318,359名	프랑스 · 오스트리아, 베르사이유 條約締結 ; 英國 , 프랑스에 宣戰布告
1816	-120	天主敎人 29名, 大邱監獄에서 殉敎	아르헨티나, 共和國 成立 ; 美國 大統領 選擧, 몬로 當選
1876	-60	韓日 修好條約 調印 ; 景福宮에 火災	英國女王 빅토리아, 印度皇帝를 宣言;美國 벨, 電話器 發明
1936	0	本人出生; 孫基禎, 마라톤 優勝; 漢江 人道橋 開通	中華民國, 憲法 草案 公布; 獨逸, 라인랜트 侵入; 스페인 內戰
1996	+60	本人回甲, 生涯記錄冊子 發刊; OECD 加入	世界人口 60億 ; 美國, 이라크 攻擊; 韓 · 日, 월드컵 開催國 決定
2056	+120	本人 重回甲 ; 21世紀 56年次 ; 서울-뉴욕 1일 生活圈	마야文明 豫言, 地球生物 消滅 2012年에서 44年 經過

4. 國家 · 職場 및 家庭의 紀念 · 慶祝 · 行事日字

(1) 2006年度 本人 關聯 國家 · 社會 및 個人의 紀念日

(＊: 陰曆日字)

項目 / 月別	1. 國慶 · 紀念日		2. 名節 · 節候		3. 機關 · 團體創立紀念日		4. 家族紀念日			5. 國際 紀念日
	1.國慶日	2.國家紀念日	1.名節	2.節候	1.公共機關·社會團體	2.同窓·親睦會	1.生存者生日	2.生存者結婚日	3.逝去者忌日	
1月			1(新正) 1*(설날)	7*(立春) 22*(雨水)	1(韓國土地公社) 20(建交部 中央都市計劃委員會)	272(在韓신시내티大學校 同窓會) 30(好凡會)	2*(仲妻弟) 4*(妻) 21*(仲妻弟夫)	6(長女) 10(長女媤父母) 11(本人) 16(弟)	29*(長妻男妻) 30*(外祖母)	12(世界에이즈의 날)
2月				7*(驚蟄) 22*(春分)	24(韓國地域發展研究院)	1(서울大 文理大 物理學科 同期會) 12(서울大學校 總同窓會)	11*(長女媤父) 15*(季姉)			
3月	1(3.1節)	3(納稅者의 날) 16(商工人의 날) 21(商工의 날) 22(물의 날) 23(氣象의 날) 23(家庭의 날) 25(建設技術人의 날)	3*(重三日) 9*(寒食) 20*(土王)	8*(淸明) 23*(穀雨)	1(서울大 環境大學院) 27(韓國土地開發公社)	22(一心會)	9(外孫女) 9*(季妻弟夫) 12(次女) 20*(長妻弟) 20*(長女媤母)	3(次女媤父母)	2*(外祖父) 5*(高祖父) 12*(仲姉) 13*(曾祖母)	22(世界 물의 날)
4月		2(鄕土豫備軍의 날) 5(植木日) 7(保健의 날) 13(臨時政府樹立紀念日) 19(4.19革命紀念日) 20(障碍人의 날) 21(科學의 날) 22(새마을運動 創始日) 22(情報通信의 날) 28(忠武公誕辰日) 25(法의 날)		9*(立夏) 24*(小滿)	1(土地金庫) 1(韓國道德運動協議會) 28(韓國自治發展研究院)	1(戶西南初等學校 總同窓會) 3(一金會)5(安東大學校 總同窓會) 5(安東大學校 在京同門會) 10(行硏會) 21(새마을 사랑모임) 29(서울大 行政大學院 同窓會)		6(長妻男再婚) 9(長妻男) 22(長男) 26(季妻弟)		8*(釋迦誕辰日) 22(世界地球의 날)
5月		1(勤勞者의 날) 5(어린이날) 7(地籍의 날) 8(어버이날) 15(스승의 날) 16(成年의 날) 18(5.18民主化運動 紀念日) 19(發明의 날) 21(夫婦의 날) 25(防災의 날) 25(茶의 날) 31(바다의 날)	5*(端午)	11*(芒種) 26*(夏至)	15(美國 Las Vegas市) 15(建國大學校) 26(建設部)	1(聞慶中學校 總同窓會) 1(在京 聞慶中學校 同期會) 1(在京 戶西南初等學校 同門會) 1(서울大 文理大 物理學科 同門會) 1(서울大 行政大學院 同期會) 10(在京 聞慶鄕友會) 10(在京 聞慶中學校 同門會) 20(風水會) 20(雜魚會) 25(慶州金氏 聞慶宗親會) 30(聞友會)		9(次女) 13(季妻男)		

(＊ : 陰曆日字)

項目 / 月別	1. 國慶 · 紀念日		2. 名節 · 節候		3. 機關 · 團體創立紀念日		4. 家族紀念日			5. 國際
	1. 國慶日	2. 國家紀念日	1. 名節	2. 節氣	1. 公共機關 · 社會團體	2. 同窓 · 親睦會	1. 生存者生日	2. 生存者結婚日	3. 逝去者忌日	紀念日
6月	6(顯忠日)	5(環境의 날) 9(鐵의 날) 25(6.25事變日)	25*(初伏) 25*(土王)	12*(小暑) 28*(大暑)		15(東硏會) 18(經科同友會) 28(環心會)	8*(弟) 8*(季姉夫) 8*(仲妻男) 10*(本人) 24*(長妻男) 24*(長妻弟夫)		9*(長姉) 23*(曾祖父)	5(世界 環境의 날) 20(世界難民의 날)
7月	17(制憲節)	7(勤勞의 날)	6*(中伏) 7*(七夕) 16*(末伏)	15*(立秋) 30*(處暑) 閏 7.16(白露)	1(大韓住宅公社) 17(交通部) 25(大韓國土 · 都市計劃學會) 28(建國大不動産大學院)	22(五人幇) 30(安東師範學校 同期會)	4(子婦) 14*(長女夫)		12*(聘母) 25*(祖母)	
8月	15(光復節)		15*(秋夕) 29*(土王)	2*(秋分) 17*(寒露)	15(大韓民國 政府)	1(戶西南初等學校 同期會) 1(聞慶中學校 同期會) 11(土友會)	13*(次女夫) 28*(季妻男妻)	17(仲妻男)		
9月		18(鐵道의 날)		2*(霜降) 17*(立冬)	1(濟州市) 9(21世紀國土포럼)		20*(季妻弟) 28(孫女)			18(地球 淸掃의 날)
10月	3(開天節) 9(한글날)	1(國軍의 날) 2(老人의 날) 8(在鄕軍人의 날) 14(標準의 날) 15(體育의 날) 20(文化의 날) 21(警察의 날) 25(貯蓄의 날)		2*(小雪) 17*(大雪)	4(國土硏究院) 15(서울大學校)	30(六友會)	14*(仲妻男妻) 15(外孫子) 30(長女)	9(長男聘父母)	2*(高祖母) 9*(父) 20*(祖父) 20*(長姉夫)	24(國際聯合日)
11月		3(學生의 날) 9(消防의 날) 11(農業人의 날) 17(殉國先烈의 날) 30(貿易의 날)	29*(土王)	3*(冬至) 17*(小寒)	1(韓國書畵作家協會)	5(向志會) 23(在京大邱 · 慶北道民會) 25(鳥嶺會)	9*(長男聘父) 12(長男) 15*(長男聘母) 16(次女媤母) 22(次女媤父)	10(季姉)	10*(仲姉夫) 16*(母) 30*(聘父)	
12月		3(消費者의 날) 5(國民敎育憲章 宣布紀念日)	7*(臘享)	2*(大寒) 17*(立春)	3(韓國地方自治學會) 16(光云大學校) 23(建設交通部)	28(地硏會)	3*(季妻男) 20*(弟嫂) 20*(長妻男妻)	2(仲妻弟) 25(長妻弟)		10(世界人權宣言의 날) 25(聖誕節)

(2) 陰曆 節候(節氣) 및 名節 日字

節候 名節 \ 時期	出 生 時 (1936, 丙子)	結 婚 時 (1966, 丙午)	回 甲 時 (1996, 丙子)	停 年 時 (2002, 壬午)	古 稀 時 (2006, 丙戌)
설 날	1.1 (1.24)	1.1(1.22)	1.1(2.19)	1.1(2.12)	1.1(1.30)
立 春*	1.13 (2.5)	1.14(2.4)	1995.12.16(2.4)	2001.12.23(2.4)	1.6(2.4)
雨 水*	1.28 (2.20)	1.29(2.19)	1.1(2.19)	1.8 (2.19)	1.21(2.19)
驚 蟄*	2.13 (3.6)	2.15(3.6)	1.16(3.5)	1.23(3.6)	2.7(3.6)
春 分*	2.28 (3.21)	2.30(3.21)	2.2(3.20)	2.8(3.21)	2.22(3.21)
重三(삼짇날)	3.3 (3.25)	3.3(3.24)	3.3(4.20)	3.3(4.15)	3.3(3.31)
淸 明*	3.14 (4.5)	3.15 (4.5)	2.17(4.4)	2.23(4.5)	3.8 (4.5)
寒 食	3.15 (4.6)	3.16(4.6)	2.18(4.5)	2.24(4.6)	3.9(4.6)
穀 雨*	3.29(4.20)	3.30(4.20)	3.3(4.20)	3.8(4.20)	3.23(4.20)
立 夏*	閏 3.16(5.6)	閏 3.16 (5.6)	3.18 (5.5)	3.24(5.6)	4.9(5.6)
小 滿*	4.1(5.21)	4.2(5.21)	4.5(5.21)	4.10(5.21)	4.24(5.21)
芒 種*	4.17(6.6)	4.18(6.6)	4.20(6.5)	4.26(6.6)	5.11(6.6)
夏 至*	5.3(6.21)	5.4(6.22)	5.6(6.21)	5.11(6.21)	5.26(6.21)
端 午	5.5(6.23)	5.5(6.23)	5.5(6.20)	5.5(6.15)	5.5(5.31)
小 暑*	5.19(7.7)	5.19(7.7)	5.22(7.7)	5.27(7.7)	6.12(7.7)
初 伏	5.29(7.17)	6.3 (7.20)	5.27(7.12)	6.2 (7.11)	6.25 (7.20)
大 暑*	6.5 (7.23)	6.6(7.23)	6.7 (7.22)	6.14 (7.23)	6.28 (7.23)
中 伏	6.14 (8.1)	6.13 (7.30)	6.7(7.22)	6.12 ((7.21)	7.6(7.30)
立 秋*	6.21(8.8)	6.22 (8.8)	6.23(8.7)	6.30(8.8)	7.15(8.8)
末 伏	6.29(8.16)	6.23(8.9)	6.27(8.11)	7.2(8.10)	7.16(8.9)
七 夕	7.7(8.23)	7.7 (8.22)	7.7 (8.20)	7.7(8.15)	7.7(7.31)
處 暑*	7.7(8.23)	7.8 (8.23)	7.10(8.23)	7.15(8.23)	7.30(8.23)
白 露*	7.23(9.8)	7.24(9.8)	7.25(9.7)	8.2(9.8)	閏 7.16(9.8)
秋 分*	8.8(9.23)	8.9(9.23)	8.11(9.23)	8.17(9.23)	8.2(9.23)
秋 夕	8.15(9.30)	8.15(9.29)	8.15(9.27)	8.15(9.21)	8.15(10.6)
寒 露*	8.23(10.8)	8.25(10.9)	8.26(10.8)	9.3(10.8)	8.17(10.8)
霜 降*	9.9(10.23)	9.11(10.24)	9.12(10.23)	9.18(10.23)	9.2(10.23)
入 冬*	9.24(11.7)	9.26(11.8)	9.27(11.7)	10.3(11.7)	9.17(11.7)
小 雪*	10.9(11.22)	10.12(11.23)	10.12(11.22)	10.18(11.22)	10.2(11.22)
大 雪*	10.24(12.7)	10.26(12.7)	10.27(12.7)	11.4(12.7)	10.17(12.7)
冬 至*	11.9 (12.22)	11.11 (12.22)	11.11 (12.21)	11.19 (12.22)	11.3 (12.22)
小 寒*	11.24(1937.1.6)	11.26(1967.1.6)	11.27(1997.1.6)	12.4(2003.1.6)	11.18(2007.1.6)
大 寒*	12.8 (1937.1.20)	12.11(1967.1.21)	12.13(1997.11.21)	12.18(2003.1.20)	12.2(2007.1.19)
立 春*	12.23 (1937.2.4)	12.25(1967.2.4)	12.27(1997.2.4)	-	12.17(2007.2.4)

註. (1) * 는 24節候(節氣)임.
(2) (　)內는 該當 陽曆日字임.

第 2 章 韓國의 姓氏와 先代 世系

□ 總 括 : 慶州金氏의 生成과 主要 先代 世系

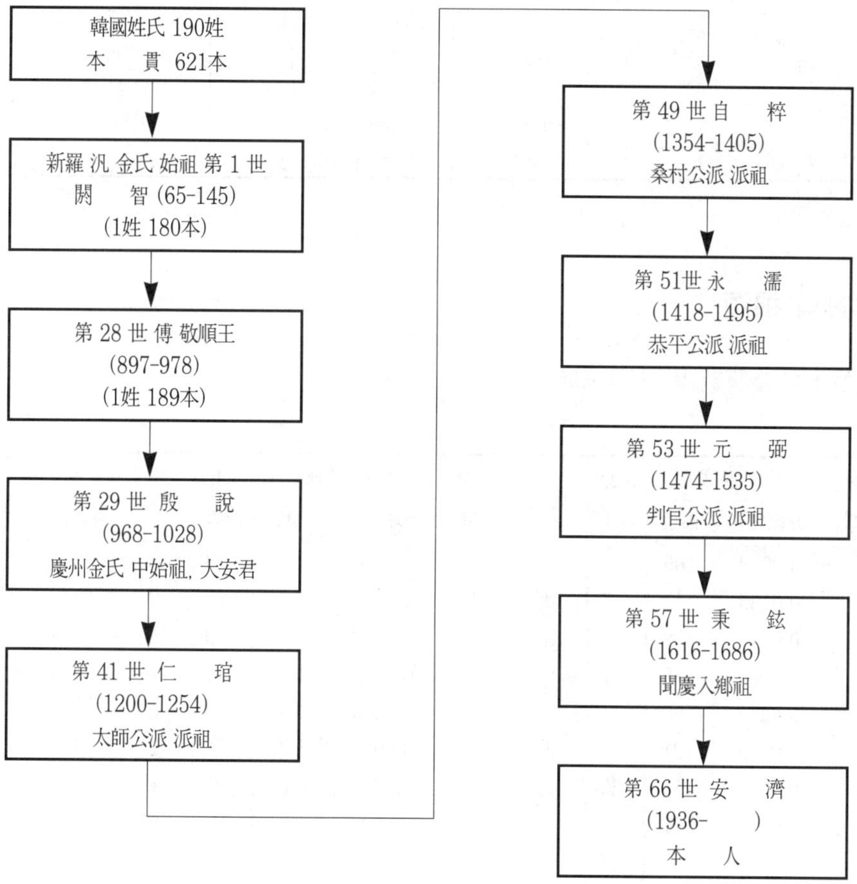

Ⅰ.韓國의 姓氏

○ 要 約 : 韓國 姓氏 人口 30位의 分布

順 位	姓 氏	本貫數(本)	人口構成比(%)	順 位	姓 氏	本貫數(本)	人口構成比(%)
1	金	194	23.45	9	張	3	1.68
2	李	41	14.34	10	申	3	1.63
3	朴	46	9.17	11	韓	1	1.61
4	崔	9	4.43	12	徐	5	1.57
5	鄭	16	4.31	13	權	2	1.52
6	姜	1	2.59	14	安	7	1.47
7	趙	7	2.00	15	柳	3	1.37
8	尹	3	1.93	16	宋	17	1.31

順位	姓 氏	本貫數(本)	人口構成 比(%)	順位	姓 氏	本貫數(本)	人口構成 比(%)
17	吳	4	1.29	26	裵	8	0.78
18	黃	6	1.29	27	全	3	0.75
19	林	3	1.25	28	許	2	0.64
20	洪	2	1.13	29	沈	3	0.58
21	高	1	1.04	30	南	3	0.58
22	文	3	1.01	合計	30	405	87.42
23	孫	6	0.98	全國總計	190	621	100.00
24	梁	2	0.90	30位 姓氏 比率(%)	15.8	65.2	87.4
25	曹	1	0.82				

1. 姓氏 및 本貫의 根源

(1) 우리 나라 姓氏別 本貫數 및 人口構成

가나다 順位	姓氏	本貫 數(個)	人口構成		가나다 順位	姓氏	本貫 數(個)	人口構成		가나다 順位	姓氏	本貫 數(個)	人口構成	
			比率(%)	順位				比率(%)	順位				比率(%)	順位
1	賈	1	0.0213	105	2	簡	1	0.0056	128	3	葛	1	0.0082	117
4	甘	1	0.0135	111	5	姜	1	2.5873	6	6	康	1	0.1884	57
7	彊	1	0.0050	132	8	剛	1	0.0002	182	9	强	1	0.0024	144
10	介	1	0.0004	175	11	堅	1	0.0012	158	12	甄	1	0.0027	140
13	慶	1	0.0272	98	14	景	2	0.0100	114	15	桂	1	0.0161	109
16	高	1	1.0369	21	17	曲	2	0.0005	172	18	孔	1	0.1954	56
19	公	1	0.0051	131	20	郭	2	0.4358	35	21	具	2	0.4254	38
22	丘	1	0.0293	97	23	邱	1	0.0008	165	24	國	1	0.0017	150
25	菊	1	0.0010	161	26	鞠	1	0.0401	91	27	君	1	0.0006	170
28	弓	1	0.0014	154	29	鳶	1	0.0007	168	30	權	2	1.5225	13
31	斤	1	0.0012	159	32	琴	1	0.0550	79	33	箕	1	0.0012	160
34	奇	1	0.0613	76	35	吉	2	0.0835	70	36	金*	194	23.4466	1
37	羅	4	0.3897	41	38	南	3	0.5766	30	39	南宮	1	0.0438	87
40	浪	1	0.0009	162	41	乃	1	0.0008	164	42	奈	1	0.0002	184
43	盧	13	0.5056	31	44	魯	5	0.1400	59	45	路	1	0.0035	136
46	雷	1	0.0003	180	47	賴	1	0.0000	189	48	段	2	0.0028	139
49	單	1	0.0001	185	50	端	1	0.0001	188	51	唐	1	0.0025	143
52	大	2	0.0013	155	53	都	1	0.1256	63	54	道	1	0.0012	157
55	陶	1	0.0026	142	56	獨孤	1	0.0018	148	57	頓	1	0.0003	181
58	敦	1	0.0002	183	59	董	1	0.0104	113	60	東方	1	0.0005	174
61	杜	1	0.0137	110	62	柳	3	1.3747	15	63	馬	2	0.0834	71
64	麻	2	0.0014	153	65	萬	2	0.0008	167	66	梅	1	0.0006	169
67	孟	1	0.0476	84	68	明	1	0.0631	75	69	牟	1	0.0433	89
70	毛	1	0.0024	145	71	睦	1	0.0191	106	72	墨	1	0.0015	152
73	文	3	1.0147	22	74	門	1	0.0000	190	75	米	1	0.0004	176

가나다順位	姓氏	本貫數(個)	人口構成		가나다順位	姓氏	本貫數(個)	人口構成		가나다順位	姓氏	本貫數(個)	人口構成	
			比率(%)	順位				比率(%)	順位				比率(%)	順位
76	閔	1	0.3816	42	77	朴	46	9.1743	3	78	潘	1	0.0582	78
79	班	1	0.0037	135	80	方	1	0.2198	53	81	房	2	0.0608	77
82	龐	2	0.0021	146	83	裵	8	0.7777	26	84	白	1	0.1994	54
85	范	1	0.0081	118	86	凡	1	0.0004	177	87	邊	3	0.1309	62
88	卞	2	0.0413	90	89	卜	1	0.0189	107	90	奉	2	0.0263	100
91	夫	1	0.0231	102	92	丕	1	0.0001	186	93	彬	2	0.0050	133
94	賓	1	0.0072	123	95	氷	1	0.0013	156	96	史	1	0.0176	108
97	司空	1	0.0076	120	98	尙	1	0.0055	129	99	徐	5	1.5741	12
100	西門	1	0.0063	124	101	昔	1	0.0215	104	102	石	2	0.0976	66
103	宣	1	0.0909	68	104	鮮于	1	0.0082	116	105	薛	2	0.0925	67
106	偰	1	0.0053	130	107	葉	1	0.0016	151	108	成	1	0.4275	37
109	蘇	1	0.1072	65	110	邵	1	0.0032	137	111	孫	6	0.9757	23
112	宋	17	1.3062	16	113	松	1	0.0005	173	114	水	1	0.0003	179
115	洙	1	0.0004	178	116	舜	1	0.0005	171	117	順	1	0.0001	187
118	荀	1	0.0026	141	119	承	2	0.0062	126	120	昇	1	0.0017	149
121	柴	1	0.0042	134	122	施	1	0.0059	127	123	申	3	1.6306	10
124	辛	2	0.2862	48	125	愼	1	0.1101	64	126	沈	3	0.5809	29
127	阿	1	0.0008	163	128	安	7	1.4726	14	129	梁	2	0.9000	24
130	楊	3	0.1986	55	131	魚	1	0.0296	95	132	嚴	1	0.3132	45
133	余	1	0.0398	92	134	呂	1	0.0535	81	135	延	1	0.0731	72
136	廉	1	0.1381	60	137	芮	2	0.0255	101	138	吳	4	1.2947	17
139	玉	1	0.0545	80	140	溫	1	0.0075	121	141	王	1	0.0507	83
142	龍	1	0.0333	94	143	禹	1	0.4198	39	144	元	3	0.2774	49
145	魏	1	0.0655	74	146	劉	2	0.4365	34	147	兪	2	0.2973	46
148	陸	1	0.0509	82	149	尹	3	1.9287	8	150	殷	1	0.0368	93
151	李	41	14.3430	2	152	印	1	0.0115	112	153	林	3	1.2543	19
154	任	2	0.3706	43	155	張	3	1.6822	9	156	蔣	1	0.0435	88
157	全	3	0.7463	27	158	田	1	0.2949	47	159	錢	1	0.0073	122
160	鄭	16	4.3105	5	161	丁	1	0.4466	33	162	諸	1	0.0470	85
163	趙	7	2.0032	7	164	曹	1	0.8231	25	165	左	1	0.0082	115
166	周	4	0.0897	69	167	朱	1	0.4144	40	168	池	1	0.3392	44
169	秦	1	0.0266	99	170	陳	1	0.2707	50	171	車	1	0.4312	36
172	昌	1	0.0008	166	173	蔡	2	0.2559	52	174	千	1	0.2630	51
175	崔	9	4.4259	4	176	秋	2	0.1313	61	177	卓	1	0.0457	86
178	太	1	0.0030	138	179	彭	2	0.0062	125	180	片	1	0.0294	96
181	表	1	0.0663	73	182	河	2	0.4985	32	183	夏	1	0.0077	119
184	韓	1	1.6137	11	185	咸	2	0.1760	58	186	許	2	0.6386	28
187	胡	1	0.0021	147	188	洪	2	1.1267	20	189	黃	6	1.2916	18
190	皇甫	1	0.0230	103	-	-	-	-	-	合計	190	621	100.0000	-

註. *：本人의 姓氏

資料.「韓國 姓氏 發展史」(韓國民族史學會, 1988)에서 拔萃 · 再作成.

(2) 姓氏 및 本貫別 淵源 · 始祖 · 時代 및 人口構成

(가나다 順)

姓氏	本貫	淵源 國家	始祖 名	始祖 時代	人口構成 比率(%)	人口構成 順位
賈	蘇州	中國	維鑰	朝鮮	0.0213	271
簡	加平	高麗	筠	高麗	0.0056	376
葛	南陽	中國	滏	〃	0.0082	346
甘	檜山	〃	揆	〃	0.0135	303
姜	晋州	〃	以式	高句麗	2.5873	6
康	信川	〃	候	箕子朝鮮	0.1884	101
疆	晋州	〃	華	漢四郡	0.0050	387
剛	忠州	〃	良	朝鮮	0.0002	528
强	忠州	〃	浚明	高麗	0.0024	431
介	驪州	〃	?	〃	0.0004	513
堅	川寧	〃	權	〃	0.0012	467
甄	黃磵	新羅	萱	新羅	0.0027	423
慶	清州	中國	珍	高麗	0.0272	257
景	泰仁·海州	〃	磋	箕子朝鮮	0.0100	330
桂	遂安	〃	碩遜	高麗	0.0161	293
高	濟州	耽羅	乙那	耽羅	1.0369	19
曲	龍宮·沔川	中國	衿會	高麗	0.0005	508
孔	曲阜	〃	紹	〃	0.1954	97
公	金浦	〃	允輔	新羅	0.0051	386
郭	清州	〃	祥	〃	0.0660	174
	玄風	〃	鏡	高麗	0.3698	54
具	綾城	〃	存裕	〃	0.3190	67
	昌原	〃	仇成吉	〃	0.1064	142
丘	平海	〃	大林	新羅	0.0293	254
邱	恩津	〃	?	〃	0.0008	493
國	潭陽	〃	?	百濟	0.0017	447
菊	靈光	?	?	?	0.0010	476
鞠	潭陽	中國	樑	高麗	0.0401	226
君	南原	?	?	?	0.0006	499
弓	兎山	中國	欽	箕子朝鮮	0.0014	458
鴌	清州	?	?	?	0.0007	497
權	安東	新羅	金幸	新羅·高麗	1.5083	11
	醴泉	高麗	昕暹	高麗	0.0142	299
斤	清州	?	?	?	0.0012	468
琴	奉化	中國	容式	高麗	0.0550	194
箕	幸州	〃	箕子	箕子朝鮮	0.0012	471
奇	幸州	〃	友誠	百濟	0.0613	182
吉	海平·善山	〃	塘	高麗	0.0835	161
金	加平	新羅	繼恭	朝鮮	0.0003	525
	杆城	〃	生渼	新羅	0.0014	460
	江陵	〃	周元	〃	0.4066	49
金	江西	新羅	泮	高麗	0.0011	474
	江陽	〃	濟	〃	0.0025	430
	江陰	新羅	處坤	朝鮮	?	?
	江華	〃	晟光	高麗	0.0155	299
	開寧	〃	玄繕	〃	?	?
	開城	〃	龍珠	〃	0.0507	203
	結城	〃	達孫	朝鮮	0.0010	484
	慶山	〃	仁軌	高麗	0.0139	300
	慶州*	〃	閼智	新羅	4.1137	4
	鷄林	〃	九思	高麗	0.0009	486
	高靈	〃	南得	〃	0.0420	220
	固城	駕洛	末露王	駕洛	0.0402	225
	高陽	新羅	龍翰	朝鮮	0.0003	519
	公州	〃	義孫	高麗	0.0204	272
	光山	〃	興光	新羅	2.0271	8
	廣州	〃	祿光	高麗	0.0562	192
	交河	〃	孟貞	〃	0.0042	397
	金陵	駕洛	中龜	駕洛	0.0117	314
	錦山	新羅	正寶	高麗	0.0381	230
	金山	〃	文富	〃	?	?
	錦城	〃	臺卿	〃	?	?
	衿川	〃	學敬	〃	?	?
	錦川	〃	適	朝鮮	?	?
	金寧	〃	時興	高麗	1,1458	14
	金堤	〃	天端	〃	0.0143	298
	金浦	〃	珪	〃	?	?
	金海	駕洛	首露王	駕洛	10.1720	1
	金海	日本	忠善	朝鮮	0.3386	60
	金化	新羅	景言	高麗	0.0051	385
	羅州	〃	雲發	〃	0.1114	135
	樂安	〃	粹澄	〃	0.0116	316
	南陽	駕洛	頔	〃	0.0073	353
	南原	新羅	四知	〃	0.0022	434
	南平	〃	昌協	〃	0.0009	487
	藍浦	〃	忠吉	朝鮮	0.0006	504
	南海	〃	從貞	高麗	0.0014	454
	綾州	〃	繼元	朝鮮	0.0024	432
	唐岳	〃	樂	高麗	0.0101	327
	大邱	〃	達,大聲,浩堅	〃	0.0064	366
	德水	〃	崇善,泯	〃	0.0118	313

姓氏	本貫 (區分)	淵源 國家	始祖 名	始祖 時代	人口構成 比率(%)	人口構成 順位
金	道康	新羅	希祖	高麗	0.0594	188
	東萊	〃	興濤	朝鮮	0.0042	398
	登州	中國	長生	〃	0.0010	479
	萬頃	新羅	希磾	高麗	?	?
	保寧	〃	億積·克成	朝鮮	0.0067	363
	茂長	駕洛	璇	高麗	0.0060	372
	茂朱	新羅	晟	〃	0.0046	392
	文化	〃	檢達	〃	0.0030	414
	密陽	〃	承祖	〃	0.0240	263
	白川	〃	善	朝鮮	0.0039	401
	鳳州	〃	應祖	〃	0.0005	506
	扶安,扶寧	〃	鎰	新羅	0.1288	124
	富平	〃	乙軫	高麗	0.0021	436
	盆城	〃	俊榮	朝鮮	0.0101	328
	泗川	〃	阜	高麗	0.0134	304
	三陟	〃	渭翁	〃	0.1938	100
	三和	〃	統	朝鮮	?	?
	商山,商州	〃	需	高麗	0.1764	102
	霜陰	〃	海奉	朝鮮	?	?
	瑞山	〃	得培	高麗	0.0053	381
	胥州	〃	宋漢	〃	?	?
	瑞興	〃	寶	〃	0.0656	175
	善山	〃	錘	〃	0.3246	64
	雪城	〃	之宣	〃	0.0061	370
	星州	〃	孟	〃	0.0054	379
	遂安	〃	愃	〃	0.0123	309
	水原	〃	稟言	〃	0.0418	221
	順天	〃	摠	新羅	0.1232	127
	昇平	〃	允仁	朝鮮	0.0010	481
	始興	〃	智	新羅	?	?
	信川	〃	得秋	高麗	0.0068	360
	新平	〃	萬挺	〃	0.0002	526
	牙山	〃	信劒	朝鮮	?	?
	安老	〃	之敬	高麗	0.0017	446
	(舊)安東	〃	叔承	〃	1.0753	18
	(新)安東	〃	宣平	〃	0.0582	189
	安山	〃	肯弼	〃	0.0447	214
	安城	〃	再英	新羅	0.0102	326
	安岳	〃	瀅	朝鮮	0.0045	394
	楊根	〃	仁贊	〃	0.0136	302
	梁山	〃	衍	高麗	0.0075	350
	楊州	〃	元寶	〃	0.0092	334
	陽澤	〃	光燁	〃	?	?

姓氏	本貫 (區分)	淵源 國家	始祖 名	始祖 時代	人口構成 比率(%)	人口構成 順位
金	彥陽	新羅	鐥	高麗	0.0904	155
	驪州,黃利	〃	純良	〃	0.0011	473
	燕岐,燕州	〃	俊孫	朝鮮	0.0006	503
	延安	〃	暹漢	高麗	0.1591	113
	靈光	〃	審言	〃	0.0768	165
	盈德,野城	〃	就磷	〃	0.0100	331
	永山,永同	〃	令貽	〃	0.0408	224
	靈巖	〃	淑	〃	0.0067	364
	英陽	中國	忠	新羅	0.0185	281
	寧越	新羅	麗生	高麗	0.0029	418
	永川	〃	天佾, 溫, 之侙,永長	〃	0.0085	339
	寧海	〃	億敏	朝鮮	0.0020	439
	禮安	〃	尙	高麗	0.0341	242
	醴川	〃	先致	〃	0.0011	472
	烏川,延日	〃	敍興	〃	0.0054	378
	玉果	〃	湜	〃	?	?
	玉城	〃	桂	朝鮮	?	?
	玉川	〃	錕	〃	?	?
	沃川	〃	希哲	〃	0.0049	389
	甕津	〃	忠敏	高麗	?	?
	龍宮	〃	存中	〃	0.0401	227
	龍潭	〃	順瑞	〃	0.0009	489
	龍城	〃	時輔	〃	0.0002	532
	牛峰	〃	澳	〃	0.0068	361
	蔚山	〃	德摯	新羅	0.0859	160
	蔚珍	〃	順乾	朝鮮	0.0005	510
	熊川,熊神	〃	重材	〃	0.0012	465
	原州,原城	〃	巨公	高麗	0.0252	262
	月城	〃	以珍,光佑	〃	0.0909	153
	殷栗	〃	尙銅	朝鮮	0.0020	438
	恩津	〃	田概	〃	0.0014	455
	義城	〃	錫	高麗	0.5939	33
	伊川	〃	順僯	〃	0.0027	421
	益山	〃	三樂	朝鮮	0.0005	505
	仁同	〃	淀	〃	0.0017	445
	一善,善山	〃	宣弓	高麗	0.0202	273
	任室	〃	義仁	朝鮮	?	?
	臨陂	〃	漢樞	高麗	0.0002	534
	長湍	〃	璇	〃	?	?
	長淵	〃	鼎新	〃	0.0015	452
	積城	〃	尙煥	朝鮮	0.0022	435
	全州	〃	台瑞	高麗	0.1411	121

姓氏	本貫	淵源 國家	始祖 名	始祖 時代	人口構成 比率(%)	人口構成 順位
金	定山	新羅	福壽	朝鮮	0.0006	501
	旌善	〃	公侃	高麗	0.0183	283
	定州	〃	承遠	朝鮮	?	?
	貞州	〃	守	高麗	0.0067	362
	濟州	〃	濂	朝鮮	0.0007	496
	稷山	〃	文長	高麗	?	?
	珍島	〃	國儐	〃	0.0037	404
	振威	〃	起門	朝鮮	0.0009	490
	鎭岑	〃	克福	〃	0.0010	480
	晋州	〃	錘	高麗	0.0479	208
	晋州	駕洛	元逑	新羅		
	鎭川	新羅	斯革	高麗	0.0069	358
	昌原	〃	乙軫	〃	0.0090	338
	昌平	〃	錫奎	朝鮮	0.0027	424
	天安	〃	德麟	〃	0.0175	288
	鐵原	〃	應河	〃	0.0010	482
	清渠	〃	承晋	高麗	?	?
	清道	〃	之岱	〃	0.1738	108
	青山	〃	致濟	〃	0.0012	469
	青松	〃	正己	朝鮮	0.0030	413
	青陽	〃	?	〃	0.0010	478
	清州	〃	錠,夏通,四知	高麗	0.0716	169
	清風	〃	大猷	〃	0.2238	90
	草溪	〃	順	〃	0.0005	509
	春陽	〃	怡	〃	0.0010	483
	忠州	〃	南吉	〃	0.0225	267
	漆原	〃	永哲	朝鮮	0.0006	502
	太原	中國	學曾	高麗	0.0059	374
	兎山	新羅	富允	〃	0.0002	531
	通川	〃	較	〃	0.0111	320
	坡平	〃	長壽	〃	0.0057	375
	平山	〃	承茂	〃	0.0033	408
	平壤	〃	大振	〃	0.0027	422
	平海	〃	孟節	〃	0.0013	463
	豊基	〃	崇元	〃	0.0017	443
	豊德	〃	于盎	〃	0.0004	516
	豊山	〃	文迪	〃	0.0307	250
	豊川,永柔	〃	英柱	〃	0.0052	384
	河東	〃	玏	朝鮮	?	?
	河陽	〃	麗俊	高麗	?	?
	河陰	〃	希正,孝逸	朝鮮	0.0017	448
	漢南	〃	錄延	高麗	0.0000	540
	咸安	〃	太白	〃	0.0012	470

姓氏	本貫	淵源 國家	始祖 名	始祖 時代	人口構成 比率(%)	人口構成 順位
金	咸昌,咸寧	古寧伽耶	世珣, 勾	高麗	0.0603	184
	咸昌,咸寧	新羅	瑄	朝鮮		
	咸平	〃	就實	高麗	0.0025	428
	咸興	〃	濂	朝鮮	0.0004	518
	海南,棠岳	〃	忍	〃	0.0045	393
	海州	〃	獻士廉	高麗	0.0170	291
	海平	〃	萱逑	〃	0.0116	315
	海豊	〃	崇善	〃	0.0220	268
	鴻山	〃	世	朝鮮	?	?
	洪原	〃	泰巖	〃	?	?
	洪州	〃	人義	高麗	0.0029	417
	花開	〃	人璜	〃	?	?
	熙川	〃	佑	〃	0.0116	318
羅	軍威	中國	認	〃	0.0013	461
	錦城	〃	聰禮	〃	0.1077	139
	羅州	〃	富	〃	0.2676	82
	安定	〃	天瑞	〃	0.0131	306
南	固城	〃	匡甫	〃	0.0556	193
	英陽	〃	洪輔	〃	0.1695	109
	宜寧	〃	君甫	〃	0.3515	56
南宮	咸悅	〃	元清	〃	0.0438	215
浪	楊州	〃	礎	朝鮮	0.0009	488
乃	開城	高麗	得均	〃	0.0008	492
奈	羅州	中國	?	?	0.0002	533
盧	谷山	〃	垣	新羅	0.0201	275
	光山,光州	〃	垓	〃	0.1954	98
	交河	〃	塢	〃	0.1237	126
	萬頃	〃	克清	高麗	0.0158	294
	新昌	〃	智儒	〃	0.0054	380
	安康,慶州	〃	坤	〃	0.0125	308
	安東	〃	堿	〃	0.0122	310
	延日	〃	增	新羅	0.0014	456
	長淵	〃	坵	高麗	0.0201	274
	豊川	〃	址	新羅	0.0899	157
	海州	〃	始憲	朝鮮	0.0091	336
魯	江華	〃	龍,臣	高麗	0.0359	236
	廣州	〃	弼商	朝鮮	0.0298	251
	密陽	〃	伸連	高麗	0.0052	383
	咸平,咸豊	〃	穆	〃	0.0691	171
路	開城	〃	誾儆	〃	0.0035	405
雷	喬桐	?	?	?	0.0003	523
賴	?	?	?	?	0.0000	541
段	江陰	中國	希詳	朝鮮	0.0019	440

姓氏	區分 本貫	淵源 國家	始祖 名	始祖 時代	人口構成 比率(%)	人口構成 順位
段	延安	百濟	由仁	?	0.0009	485
單	延安	?	?	?	0.0001	535
端	韓山	?	?	?	0.0001	539
唐	密陽	中國	誠	高麗	0.0025	429
大	大山	渤海	祚榮	渤海	0.0002	530
	密陽	〃	仲象	〃	0.0011	475
都	星州	中國	稽	高句麗	0.1256	125
道	固城	?	?	?	0.0012	466
陶	豊壤	中國	?	高麗	0.0026	427
獨孤	南原	〃	公舜	新羅	0.0018	441
頓	木川	新羅	?	高麗	0.0003	524
敦	淸州	?	?	?	0.0002	529
董	廣川	中國	仲舒	高麗	0.0104	325
東方	晋州	〃	方淑	朝鮮	0.0005	512
杜	杜陵	〃	慶寧	高麗	0.0137	301
柳	高興	新羅	英	新羅	0.1741	107
	文化	中國	車達	〃	1.0039	22
	晋州	〃	挺	高麗	0.1967	96
馬	木川,長興	百濟	黎	百濟	0.0834	162
麻	永平,烈山	中國	舜裳	朝鮮	0.0014	457
萬	開城,江華	〃	世德	〃	0.0008	495
梅	忠州	〃	?	?	0.0006	498
孟	新昌	〃	孟子	中國戰國時代	0.0476	209
明	西蜀	〃	玉珍	高麗	0.0631	179
牟	咸平	〃	慶	〃	0.0433	217
毛	廣州	〃	?	三國時代	0.0024	433
睦	泗川	高麗	孝基	高麗	0.0191	279
墨	廣寧	中國	泗	朝鮮	0.0015	451
文	甘泉	新羅	源吉	新羅	0.0343	240
	南平	〃	多省	〃	0.9578	23
	旌善	百濟	林幹	高麗	0.0226	266
門	仁川	中國	必大	〃	?	?
米	載寧	?	榮盛	?	0.0004	514
閔	驪興	中國	稱道	高麗	0.3816	53
朴	江陵	新羅	純	〃	0.0395	229
	高靈	〃	彦成	新羅	0.0959	146
	固城	〃	彬	高麗	0.0120	312
	廣州	〃	明勳	〃	0.0060	371
	龜山	〃	蕆	朝鮮	0.0116	317
	軍威	〃	軒	〃	0.0043	396
	羅州	〃	柄默	高麗	0.0100	329
	魯城	〃	延	朝鮮	0.0030	415
	沔川	〃	得宜	高麗	0.0111	321
朴	務安	新羅	進昇	高麗	0.1747	106
	文義	〃	宜中	〃	0.0084	341
	文州	〃	閑甫	〃	0.0030	411
	密陽	〃	彦忱	新羅	7.3031	2
	潘南	〃	應珠	高麗	0.3209	66
	鳳山	〃	侃	朝鮮	0.0002	527
	比安	〃	瑀	高麗	0.0075	351
	泗川	〃	自文	〃	0.0030	416
	三陟	〃	元慶	〃	0.0108	322
	商山	〃	彦昌	新羅	0.0091	335
	尙州	〃	侶	高麗	0.0547	195
	善山	〃	善敏	朝鮮	0.0028	420
	淳昌	〃	斗幹	高麗	0.0048	390
	順天	〃	英規	〃	0.2049	94
	驪州	〃	之碩	朝鮮	0.0039	402
	靈巖	〃	恒	高麗	0.0153	296
	寧海	〃	堤上	新羅	0.0575	191
	雲峰	〃	仲華	高麗	0.0040	400
	蔚山	〃	允雄	〃	0.0495	206
	月城,慶州	〃	仁育,徽	〃	0.1143	133
	殷豊	〃	致溫	朝鮮	0.0014	459
	陰城	〃	犀	高麗	0.0171	290
	義興	〃	德瑞	〃	0.0107	323
	麟蹄	〃	律	〃	0.0013	462
	全州	〃	彦華	新羅	0.0083	343
	竹山	〃	奇晤	高麗	0.1217	129
	珍原	〃	進文	〃	0.0540	197
	昌原	〃	有華	〃	0.0162	292
	春川	〃	恒	〃	0.0348	238
	忠州	〃	瑛	〃	0.0638	178
	泰安	〃	元義	〃	0.0121	311
	泰仁	〃	居仁	〃	0.0016	450
	平山	〃	智胤	〃	0.0034	407
	平州	〃	守卿	〃	0.0003	520
	平澤	〃	之永	朝鮮	0.0031	410
	咸陽	〃	彦信	新羅	0.2787	78
潘	巨濟	中國	阜	高麗	0.0582	190
班	開城	〃	鬪班	?	0.0037	403
方	溫陽	〃	智	新羅	0.2198	92
房	南陽	〃	季弘	高句麗	0.0607	183
	水原	〃	貞儒	高麗	0.0001	537
龐	開城	〃	斗賢	〃	0.0018	442
	大原	〃	涍	朝鮮	0.0003	522

姓氏 \ 區分 本貫	淵源 國家	始祖 名	始祖 時代	人口構成 比率(%)	人口構成 順位
裵	慶州	新羅	祇陀	新羅	0.2431	88
	昆山,昆陽	〃	孟達	朝鮮	0.0132	305
	達城	〃	雲龍	高麗	0.1114	134
	盆城	〃	元龍	〃	0.1090	138
	星山,星州	〃	位俊	〃	0.2475	87
	興海	〃	景分	〃	0.0535	199
白	水原	中國	宇經	新羅	0.1994	95
范	金城	〃	承祖	高麗	0.0081	347
凡	安州	〃	永富	〃	0.0004	515
邊	原州	〃	安烈	〃	0.1069	141
	長淵	〃	有寧	〃	0.0067	365
	黃州	〃	呂	〃	0.0173	289
卞	草溪,密陽	〃	庭實	〃	0.0413	223
卜	沔川	〃	智謙	〃	0.0189	280
奉	江華	高麗	?	〃	0.0085	340
	河陰	〃	佑	〃	0.0178	286
夫	濟州	耽羅	乙那	耽羅	0.0231	264
丕	隴西	中國	?	?	0.0001	536
彬	潭陽,大丘	〃	?	朝鮮	0.0050	388
賓	達城	〃	于光	高麗	0.0072	357
氷	慶州	〃	如鏡	朝鮮	0.0013	464
史	青州	〃	繇	高麗	0.0176	287
司空	孝會	〃	空圖	新羅	0.0076	349
尙	木川	百濟	國珍	高麗	0.0055	377
徐	南陽	中國	趕	〃	0.0368	234
	達城	新羅	晋	〃	1.0756	17
	大邱	?	閈	〃	0.0371	233
	扶餘	百濟	隆	〃	0.0352	237
	利川	新羅	神逸	新羅	0.3894	50
西門	安陰	中國	門墰	高麗	0.0063	368
昔	月城	新羅	脫解王	新羅	0.0215	269
石	忠州,洪州	?	鄰	高麗	0.0904	156
	海州	中國	星	朝鮮	0.0072	356
宣	寶城	〃	允祉	高麗	0.0909	154
鮮于	太原	箕子朝鮮	于靖	〃	0.0082	345
薛	慶州,淳昌	新羅	居伯	新羅	0.0925	151
偰	慶州	中國	遜	高麗	0.0053	382
葉	慶州	〃	公濟	〃	0.0016	449
成	昌寧	新羅	仁輔	〃	0.4275	45
蘇	晋州	〃	慶	新羅	0.1072	140
邵	平山	中國	雍	高麗	0.0032	409
孫	慶州	新羅	順	新羅	0.2202	91
	密陽	〃	順	〃	0.6574	29

姓氏	本貫	淵源 國家	始祖 名	始祖 時代	人口構成 比率(%)	人口構成 順位
孫	安東,一直	高麗	凝	高麗	0.0600	185
	淸州	新羅	弼榮	〃	0.0073	354
	平海	〃	翼淡	新羅	0.0308	249
宋	金海	高麗	天逢	高麗	0.0453	212
	南陽	中國	奎	新羅	0.0506	205
	德山	高麗	壺山	高麗	0.0107	324
	聞慶	〃	臣慶	〃	0.0148	297
	新平	〃	丘進	〃	0.0015	453
	新平	〃	自殷	朝鮮	0.0006	500
	冶城,冶爐	〃	孟英	高麗	0.0097	332
	楊州	〃	道成	朝鮮	0.0044	395
	礪山	〃	惟翊	高麗	0.5409	36
	延安	〃	卿	〃	0.0277	256
	延安	新羅	之兼	新羅	0.0010	497
	龍城	朝鮮	嚴卿	朝鮮	0.0090	337
	恩津	高麗	大原	高麗	0.4840	40
	鎭川	新羅	舜恭	新羅	0.0680	172
	淸州	高麗	椿	高麗	0.0197	277
	洪州	〃	枰	朝鮮	0.0183	282
松	和順	韓國	吉晩	韓國	0.0005	511
水	高山	中國	?	高麗	0.0003	521
洙	達城	?	?	?	0.0004	517
舜	坡州	中國	?	?	0.0005	507
順	?	〃	式降	高麗	0.0001	538
荀	鴻山	〃	慶震	?	0.0026	426
承	延日,光山	〃	愷	高麗	0.0062	369
昇	南原	〃	明昇	〃	0.0017	444
柴	泰仁	〃	臣雲	〃	0.0042	399
施	浙江	〃	文用	朝鮮	0.0059	373
申	高靈	新羅	成用	高麗	0.3168	68
	鵝州	〃	益休	〃	0.0710	170
	平山	〃	崇,謙	〃	1.2428	13
辛	靈山,寧越	高麗	鏡	〃	0.2862	76
愼	居昌	中國	修	〃	0.1101	137
沈	三陟	新羅	東老	〃	0.0451	213
	靑松	高麗	洪孚	〃	0.5033	38
	豊山	中國	滿升	〃	0.0325	247
阿	楊州	〃	?	百濟	0.0008	491
安	廣州	〃	邦傑	新羅	0.1444	119
	順興	〃	子美	高麗	1.1276	15
	新竹山	〃	元衡	〃	0.0084	342
	竹山	〃	邦俊	新羅	0.1445	118
	耽羅,康津	〃	元璘	高麗	0.0431	218

姓氏	本貫 (區分)	淵源 國家	始祖 名	始祖 時代	人口構成 比率(%)	人口構成 順位
安	太原	中國	萬世	高麗	0.0046	391
梁	南原	耽羅	友諒	新羅	0.5938	34
	濟州	〃	洵	耽羅	0.3062	72
楊	南原	中國	敬文	高麗	0.1107	136
	中和	〃	浦	〃	0.0128	307
	清州	〃	起	〃	0.0751	166
魚	咸從	〃	化仁	〃	0.0296	252
嚴	寧越	〃	林義	〃	0.3132	69
余	宜寧	〃	善才	〃	0.0398	228
呂	星州	〃	良裕	〃	0.0535	198
延	谷山	〃	繼筝	〃	0.0731	168
廉	坡州	〃	邧明	新羅	0.1381	122
芮	缶溪,義興	〃	樂全	高麗	0.0255	261
吳	高敞	〃	學麟	〃	0.0750	167
	寶城	〃	賢弼	〃	0.1419	120
	咸陽	〃	光輝	〃	0.0598	186
	海州	〃	仁裕	〃	1.0180	21
玉	宜寧	〃	眞瑞	新羅	0.0545	196
溫	鳳城	〃	達	高句麗	0.0075	352
王	開城	新羅	國祖	新羅	0.0507	204
龍	洪川	高麗	得義	高麗	0.0333	245
禹	丹陽	中國	玄	〃	0.4198	46
元	原州	新羅	克猷	新羅	0.2774	80
	原州	衛滿朝鮮	鏡	高句麗		
	原州	?	益謙	高麗		
魏	長興	中國	鏡	新羅	0.0655	176
劉	江陵,居昌	〃	承備	高麗	0.4365	43
俞	杞溪	新羅	三宰	新羅	0.2630	85
	務安	高麗	舜稷	高麗	0.0343	241
陸	沃川	中國	普	新羅	0.0509	202
尹	漆原	新羅	始榮	〃	0.1212	130
	坡平	高麗	莘達	高麗	1.7461	9
	海平	〃	君正	〃	0.0614	181
殷	幸州	中國	洪悅	新羅	0.0368	235
李	京山	高麗	德富	高麗	0.0214	270
	慶州	新羅	謁平	新羅	3.2869	5
	固城	中國	璜	高麗	0.1942	99
	廣州	新羅	自成	新羅	0.3830	52
	德山	高麗	存述	高麗	0.0199	276
	德水	〃	敦守	〃	0.1175	132
	東城,泗川	〃	軾	〃	0.0068	359
	碧珍	〃	悤言	〃	0.2178	93
	鳳山	朝鮮	隨	朝鮮	0.0178	285

姓氏	本貫 (區分)	淵源 國家	始祖 名	始祖 時代	人口構成 比率(%)	人口構成 順位
李	瑞山	高麗	令模	高麗	0.0026	425
	星山	〃	能一	〃	0.1748	105
	星州	新羅	純由	新羅	0.4135	48
	新平	百濟	仁壽	百濟	0.0791	163
	安岳,楊山	衛滿朝鮮	震	樂浪	0.0261	260
	驪州	高麗	仁德	高麗		
	驪州	〃	世貞	〃	0.1672	110
	驪州	〃	允綏	〃		
	延安	中國	茂	新羅	0.3418	58
	永川	高麗	文漢	高麗	0.2578	86
	沃溝	〃	驪	〃	?	?
	仁川	駕洛	許謙	駕洛	0.1648	111
	長水	高麗	林幹	高麗	0.0341	244
	載寧	新羅	禹偁	〃	0.1226	128
	全義,禮安	高麗	棹	〃	0.3027	73
	全州	新羅	翰	新羅	6.4253	3
	眞寶,眞城	高麗	碩	高麗	0.1590	114
	清安	〃	鶴年	〃	0.0346	239
	清州	〃	能希	〃	0.0782	164
	青海	女眞	之蘭	朝鮮	0.0270	258
	泰安	中國	煜	高麗	0.0094	333
	平昌	高麗	匡	〃	0.1498	117
	河濱	〃	琚	〃	0.0341	243
	鶴城	朝鮮	藝	朝鮮	0.0510	201
	韓山	高麗	允卿	高麗	0.3218	65
	咸安	〃	尙	〃	0.0862	159
	咸平	〃	彥	〃	0.2800	77
	陝川	新羅	開	新羅	0.2660	83
	洪州	高麗	維城	高麗	0.0309	248
	興陽	?	彥.林	〃	0.0373	231
印	喬桐	中國	瑞	新羅	0.0115	319
林	羅州	〃	庇	高麗	0.7098	28
	善山	〃	良貯	新羅	0.0192	278
	平澤	〃	八及	〃	0.5253	37
任	長興	〃	瀾	高麗	0.0922	152
	豊川	〃	溫	〃	0.2784	79
張	德水	〃	舜龍	〃	0.0523	200
	安東	〃	貞弼	〃	0.1750	104
	仁同	〃	金用	〃	1.4549	12
蔣	牙山	〃	壻	〃	0.0435	216
全	沃川	百濟	侑	〃	0.1009	144
	旌善	〃	聶	百濟	0.3375	61
	天安	〃	樂	高麗	0.3079	71

姓氏	本貫	淵源 國家	始祖 名	始祖 時代	人口構成 比率(%)	人口構成 順位
田	潭陽	高麗	得時	高麗	0.2949	75
錢	聞慶	中國	惟謙	〃	0.0073	355
鄭	慶州	新羅	智伯虎	新羅	0.8120	26
	羅州	高麗	諧	高麗	0.1504	116
	東萊	新羅	繪文	新羅	1.1200	16
	奉化	高麗	公美	高麗	?	?
	瑞山	中國	巨保	〃	0.0373	232
	延日	新羅	宗殷	新羅	0.6405	30
	烏川	〃	宗殷	〃	0.0595	187
	溫陽	高麗	普天	高麗	0.0652	177
	晋州,晋陽	〃	藝	〃		
	晋州,晋陽	〃	子友	〃	0.6245	32
	晋州,晋陽	〃	莊	〃		
	晋州,晋陽	〃	櫶	〃		
	清州	〃	克卿	〃	0.0980	145
	草溪	〃	倍傑	〃	0.2250	89
	河東	〃	道正	〃		
	河東	〃	膺	〃	0.3846	51
	河東	新羅	遜位	〃		
	海州	高麗	肅	〃	0.0938	150
丁	押海	中國	德盛	新羅	0.4466	41
諸	漆原	〃	文儒	高麗	0.0470	210
趙	白川	〃	之隣	〃	0.1582	115
	楊州	〃	岑	〃	0.0627	180
	林川	〃	天赫	〃	0.0282	255
	平壤	〃	椿	〃	0.0946	148
	豊壤	〃	孟	〃	0.2955	74
	漢陽	〃	之壽	〃	0.7383	27
	咸安	〃	鼎	〃	0.6257	31
曺	昌寧	新羅	繼龍	新羅	0.8231	25
左	清州	中國	亨蘇	高麗	0.0082	344
周	尙州,安義 鐵原,草溪	〃	璜	新羅	0.0897	158
朱	新安	〃	潛	高麗	0.4144	47
池	忠州	〃	鏡	〃	0.3392	59
秦	豊基	〃	弼明	新羅	0.0266	259
陳	驪陽	高麗	寵厚	高麗	0.2707	81
車	延安	中國	孝全	〃	0.4312	44
昌	居昌	〃	?	?	0.0008	494
蔡	仁川	高麗	先茂	高麗	0.0940	149

姓氏	本貫	淵源 國家	始祖 名	始祖 時代	人口構成 比率(%)	人口構成 順位
蔡	平康	高麗	松年	高麗	0.1619	112
千	潁陽	中國	萬里	朝鮮	0.2630	84
崔	江陵	高麗	必達,欣奉,文漢	高麗	0.3573	55
	慶州	新羅	致遠	新羅	2.3674	7
	朔寧	〃	瑜僨	高麗	0.1023	143
	隨城	〃	永奎	〃	0.1188	131
	水原	〃	尙翥	〃	0.0417	222
	水原	〃	靖	〃		
	永川	〃	漢	〃	0.0428	219
	全州	〃	群王,均,純爵	〃	0.9258	24
	忠州	中國	陞	新羅	0.0329	246
	海州	新羅	溫	高麗	0.4369	42
秋	全州,秋溪	中國	鑑	〃	0.1313	123
卓	光山	高麗	之葉	〃	0.0457	211
太	陝溪	中國	仲象	辰國	0.0030	412
彭	龍岡	〃	逖	高麗	0.0028	419
	浙江	〃	友德	朝鮮	0.0034	406
片	浙江	〃	碣頌	〃	0.0294	253
表	新昌	〃	大卦	高麗	0.0663	173
河	晋陽,晋州	高麗	拱辰,珍成	〃	0.4985	39
夏	達城	中國	欽	〃	0.0077	348
韓	清州	〃	蘭	〃	1.6137	10
咸	江陵,楊根	三韓	赫	三韓	0.1760	103
許	金海	印度	琰	高麗	0.3284	63
	陽川	〃	宣文	〃	0.3102	70
胡	巴陵	中國	克己	朝鮮	0.0021	437
洪	南陽	新羅	殷悅	高麗	1.0317	20
	豊山	高麗	之慶	〃	0.0950	147
黃	尙州	中國	石柱	〃	0.0479	207
	長水	〃	瓊	新羅	0.3422	57
	齊安	〃	輔	高麗	0.0064	367
	昌原	〃	石奇,忠俊,亮沖	〃	0.5422	35
	平海	〃	洛	新羅	0.3350	62
	懷德	〃	洛	〃	0.0179	284
皇甫	永川	〃	鏡	〃	0.0230	265

註. ＊ : 本人의 本貫

資料.「韓國 姓氏 發展史」(韓國民族史學會, 1988)에서 拔萃 · 再作成.

(3) 姓氏 · 本貫의 震源國家別 및 始祖 創始 時代別 分布

(單位 : 本貫數-本)

區分			姓氏本貫의 創始時代							
			上古時代				三國時代			
			箕子朝鮮	漢四郡	三韓	計	新羅	高句麗	百濟	駕洛
姓氏·本貫의 震源國家	韓半島	箕子朝鮮				-				
		衛滿朝鮮		李(安岳,楊山)		2		元(原州)		
		三韓			咸(江陵,楊根)	2				
		新羅				-	甄(黃磵), 金(杆城·江陵·慶州*·光山·扶安·扶寧·順天·始興·安城·蔚山), 柳(高興), 文(甘泉·南平), 朴(高靈·密陽·商山·寧海·全州咸陽), 裵(慶山), 徐(利川), 昔(月城), 薛(慶州·淳昌), 蘇(晋州),孫(慶州·密陽·平海), 宋(延安·鎭川), 王(開城), 元(原州), 兪(杞溪),尹(漆原), 李(慶州·廣州·星州·全州·陜川), 鄭(慶州·東萊·延日·烏川), 曺(昌寧), 崔(慶州)			
		百濟				-			馬(木川·長興) 李(新平) 全(旌善)	
		駕洛				-	金(晋州)			金(固城·金陵·金海) 李(仁川)
		耽羅				-	梁(南原)			
		渤海				-				
		高麗				-				
		朝鮮				-				
		韓國				-				
		計	-	2	2	4	48	1	4	4
	外國	中國	康(信川) 景(泰仁·海州) 方(兎山) 箕(幸州) 孟(新昌)	彊(晋州)	太(陜溪)	8	公(金浦), 郭(淸州), 丘(平海), 邱(恩津), 金(英陽), 盧(谷山·光山·光州·交河·延日·豊川),獨孤(南原),柳(文化),毛(廣州), 方(溫陽), 白(水原), 司空(孝會),宋(南陽), 安(廣州·竹山), 廉(坡州),玉(宜寧), 魏(長興), 陸(沃川), 殷(幸州), 李(延安), 印(喬桐), 林(善山·平澤), 丁(押海), 周(尙州·安義·鐵原·草溪), 秦(豊基), 崔(忠州), 黃(長水·平海·懷德),皇甫(永川)	姜(晋州) 都(星州) 房(南陽) 溫(鳳城)	國(潭陽) 奇(幸州) 阿(楊州)	
		日本				-				
		印度				-				
		計	6	1	1	8	40	4	3	-
	未詳					-				
	合計		6	3	3	12	88	5	7	4

區分			姓氏本貫의創始時代			
			三國時代			高麗以後
			耽羅	渤海	計	高麗
姓氏·本貫의震源國家	韓半島	箕子朝鮮			-	鮮于(太原)
		衛滿朝鮮			1	
		三韓			-	
		新羅			46	權(安東), 金(江西·江陽·江華·開寧·開城,·慶山·鷄林·高靈,·公州·廣州·交河· 錦山·金山·錦城·衿川·金寧·金堤·金浦·金化·羅州·樂安·南原·南平·南海·唐岳·大邱·德水·道康·萬頃·茂朱·文化·密陽,·富平·泗川·三陟·商山·商州·瑞山·胥州·瑞興·善山·雪城·星州·遂安·水原·信川·新平·安老·舊安東·新安東·安山·梁山·楊州·陽澤·彥陽·驪州·黃利,·延安·靈光·盈德·野城·永山,·永同·靈巖·寧越,·永川·禮安·醴川·烏川·延日·玉果·甕津·龍宮·龍潭·龍城·牛峰·原州·原城·月城·義城·伊川·一善·善山·臨陂·長湍·長淵·全州·旌善·貞州·稷山·
		百濟			4	文(旌善), 尙(木川), 徐(扶餘), 全(沃川·天安)
		駕洛			5	金(南陽·茂長·咸昌·咸寧)
		耽羅	高(濟州) 梁(濟州) 夫(濟州)		4	
		渤海		大(大山·密陽)	2	
		高麗			-	簡(加平),權(醴泉),睦(泗川),奉(江華·河陰),孫(安東·一直),宋(金海·德山·聞慶·新平·冶城·冶爐·礪山·延安·恩津·淸州),辛(靈山·寧越),沈(青松),龍(洪川),兪(務安),尹(坡平·海平),李(京山·德山·德永·東城·泗川·碧珍·瑞山·星山·驪州·永川·沃溝·長水·全義·禮安·眞寶·眞城·淸安·淸州·平昌·河濱·韓山·咸安·咸平·洪川),田(潭陽),
		朝鮮			-	
		韓國			-	
		計	3	2	62	
	外國	中國			47	葛(南陽),甘(檜山),强(忠州),介(驪州),堅(川寧),慶(淸州), 桂(遂安),曲(龍宮·沔川),孔(曲阜),郭(玄風),具(綾城·昌原),鞠(潭陽),琴(奉化),吉(海平·善山),金(太原),羅(軍威·金城·羅州·安定),南(固城·英陽·宜寧),南宮(咸悅),盧(萬頃·新昌·安康·慶州·安東·長淵),魯(江華·密陽·咸平·咸豊),路(開城),唐(密陽),陶(豊壤), (廣州),杜(杜陵),柳(晋州), 明(西蜀),牟(咸平), 門(仁川),閔(驪興),潘(巨濟),房(水原),龐(開城),范(錦城),凡(安州), 邊(原州·長湍·黃州),卞(草溪·密陽),卜(沔川),賓(達城),史(青州),徐(南陽),西門(安陰),宣(寶城), (慶州), 葉(慶州),邵(平山),水(高山),承(延日·光山),昇(南原),柴(泰仁),愼(居昌),沈(豊山),安(順興·新竹山·耽羅·康津·太原),楊(南原·中和·淸州),魚(咸從),嚴(寧越),余(宜寧),呂(星州),延(谷山),芮(缶溪·
		日本			-	
		印度			-	許(金海·陽川)
		計	-	-	47	
					-	徐(大邱),石(忠州·洪川), 順, 元(原州), 李(興陽)
			3	2	109	

區分			姓氏本貫의 創始時代
			高麗以後
			高麗
姓氏·本貫의 震源國家	韓半島	箕子朝鮮	
		衛滿朝鮮	
		三韓	
		新羅	珍島·晋州·鎭川·昌原·清渠·清道·青山·清州·清風·草溪·春陽·忠州·兎山·通川·坡平·平山·平壤·平海·豊基·豊德·豊山·豊川·永柔·河陽·漢南·咸安·咸平·海州·海平·海豊·洪州·花開·熙川), 頓(木川),朴(江陵·固城·廣州·羅州·沔川·務安·文義·文州·潘南·比安·泗川·三陟·尙州·淳昌·順天·靈巖·雲峰·蔚山·月城·慶州·陰城·義興·麟蹄·竹山·珍源·昌原·春川·忠州·泰安·泰仁·平山·平州), 裵(達城·盆城·星山·星州·興海), 徐(達城), 成(昌寧), 孫(清州), 申(高靈·鵝洲·平山), 沈(三陟), 李(載寧), 鄭(河東), 崔(朔寧·隨城·水原·永川·全州·海州), 洪(南陽)
		百濟	
		駕洛	
		耽羅	
		渤海	
		高麗	鄭(羅州·奉化·溫陽·海州·晋州·晋陽·清州,·草溪·河東), 陳(驪陽), 蔡(仁川·平康),崔(江陵), 卓(光山), 河(晋陽·晋州), 洪(豊山)
		朝鮮	
		韓國	
		計	254
	外國	中國	義興), 吳(高敞·寶城·海州), 禹(丹陽), 劉(江陵·居昌), 李(固城·泰安), 林(羅州), 任(長興·豊州), 張(德水·安東·仁同), 蔣(牙山), 錢(聞慶), 鄭(瑞山), 諸(漆原), 趙(白川·楊州·林川·平壤·豊壤·漢陽·咸安), 左(清州), 朱(新安), 池(忠州), 車(延安), 秋(全州·秋溪), 彭(龍岡), 表(新昌), 夏(達城), 韓(清州), 黃(尙州, 齊安, 昌原)
		日本	
		印度	
		計	128
	未詳		6
	合計		388

區分			姓氏本貫의 創始時代				
			高麗以後			未詳	累計
			朝鮮	韓國	計		
姓氏·本貫의震源國家	韓半島	箕子朝鮮			1		1
		衛滿朝鮮			-		3
		三韓			-		2
		新羅	金(加平·江陰·結城·高陽·錦川·臨浦·東萊·寶寧·白川·鳳州·盆城·三和·霜陰·昇平·牙山·安岳·楊根·燕岐·燕州·寧海·玉城·玉川·沃川·蔚珍·熊川·熊神·殷栗·恩津·益山·仁同·任實·積城·定山·濟州·振威·鎭岑·昌平·天安·鐵原·青松·青陽·漆原·定州·河東·河陰·咸昌·咸寧·咸興·海南·棠岳·洪山·洪原), 朴(龜山·魯城·鳳山·善山·驪州·殷豊·平澤), 裵(昆山·昆陽)		239		285
		百濟			5	段(延安)	10
		駕洛			4		9
		耽羅			-		4
		渤海			-		2
		高麗	乃(開城),宋(新平·楊州·洪州)		70		70
		朝鮮	宋(龍城), 李(鳳山·鶴城)		3		3
		韓國		松(和順)	1		1
		計	68	1	323	1	390
	外國	中國	賈(蘇州),剛(忠州),金(登州),浪(楊州),盧(海州),魯(廣州),段(江陰),東方(晋州),麻(永平·烈山),萬(開城·江華),墨(廣寧),龐(大原),彬(潭陽·大丘), (慶州),石(海州),施(浙江),李(青海),千(潁陽),彭(浙江) 片(浙江), 胡(巴陵)		150	奈(羅州),梅(忠州),班(開城),丕(西),舜(坡州),荀(鴻山),昌(居昌)	212
		日本	金(金海)		1		1
		印度			2		2
		計	25	-	153	7	215
					6	菊(靈光),君(南原), (清州),斤(清州),雷(喬桐), 賴, 單(延安),端(韓山), 道(固城).敦(清州), 米(載寧),洙(達城)	18
			93	1	482	20	623

2. 姓氏 및 本貫의 地域分布

(1) 本貫의 現在 位置와 該當姓氏

(市道別 本貫 가나다 順)

國家	市道	本貫	現在位置	該當姓氏	姓氏數
韓半島	서울	雪城	서울市	金	1
		陽川	陽川區	許	1
		漢陽	서울市	趙	1
		計	3	3	3
	釜山	東萊	東萊區	金, 鄭	2
		計	1	2	2
	大邱	達城	達城郡	裵,賓,徐,洙,夏	5
		大邱	大邱市	金,徐	2
		大丘	大邱市	彬	1
		河濱	達城郡 河濱面	李	1
		玄風	達城郡 玄風面	郭	1
		計	5	10	10
	仁川	江華	江華郡	金,魯,萬,奉	4
		喬桐	江華郡 喬桐面	雷,印	2
		富平	富平區	金	1
		甕津	甕津郡	金	1
		仁川	仁川市	門,李,祭	3
		河陰	江華郡 河岾面 長井里	金,奉	2
		計	6	13	13
	光州	光山	光山區	金,盧,承,卓	4
		光州	光州市	盧	1
		計	2	5	5
	大田	鎭岑	儒城區 鎭岑洞	金	1
		懷德	大德區 懷德洞	黃	1
		計	2	2	2
	蔚山	彥陽	蔚州郡 彥陽邑	金	1
		蔚山	蔚山市	金,朴	2
		鶴城	蔚山市	李	1
		計	3	4	4
	京畿	加平	加平郡	簡,金	2
		開城	開城市	金,乃,路,萬,班,龐,王	7
		高陽	高陽市	金	1
		廣州	廣州市	金,魯,毛,朴,安,李	6
		交河	坡州市 交河面	金,盧	2
		金浦	金浦市	公,金	2
		南陽	華城市 南陽面	曷,金,房,徐,宋,洪	6

國家	市道	本貫	現在位置	該當姓氏	姓氏數
韓半島	京畿	德水	開豊郡 大聖面 豊德里	金,李,張	3
		朔寧	漣川郡 朔寧面	崔	1
		水原	水原市	金,房,白,崔	4
		始興	始興市	金	1
		新竹山	安城市 竹山面	安	1
		安山	安山市	金	1
		安城	安城市	金	1
		楊根	楊平郡 楊平邑 楊根里	金,咸	2
		楊州	楊州郡	金,浪,宋,阿,趙	5
		驪州	驪州郡	介,金,朴,李	4
		驪興	驪州郡	閔	1
		永平	抱川郡 永中面 永平里	麻	1
		龍城	水原市	金,宋	2
		利川	利川市	徐	1
		長湍	長湍郡	金	1
		積城	坡州市 積城面	金	1
		貞州	開豊郡 大聖面 豊德里	金	1
		竹山	安城市 竹山面	朴,安	2
		振威	平澤市 振威面	金	1
		川寧	驪州郡	堅	1
		秋溪	龍仁市 陽智面	秋	1
		坡州	坡州市	舜,廉	2
		坡平	坡州市 坡平面	金,尹	2
		平澤	平澤市	朴,林	2
		豊德	開豊郡 大聖面 豊德里	金	1
		漢南	水原市	金	1
		幸州	高陽市 幸州洞	箕,奇,殷	3
		黃利	驪州郡	金	1
		計	35	74	74
	江原	杆城	高城郡 杆城邑	金	1
		江陵	江陵市	金,朴,劉,崔,咸	5
		金化	金化郡	金	1
		三陟	三陟市	金,朴,沈	3
		寧越	寧越郡	金,辛,嚴	3
		原城	原州市	金	1
		原州	原州市	金,邊,元	3
		伊川	伊川郡	金	1
		麟蹄	麟蹄郡	朴	1
		旌善	旌善郡	金,文,全	3

國家	市道	本貫	現在位置	該當姓氏	姓氏數
韓半島	江原	鐵原	鐵原郡	金,周	2
		春川	春川市	朴	1
		通川	通川郡	金	1
		平康	平康郡	蔡	1
		平昌	平昌郡	李	1
		洪川	洪川郡	龍	1
		計	16	29	29
	黃海	江陰	金川郡	金	1
		谷山	谷山郡	魯,延	2
		文化	信川郡 文化面	金,柳	2
		白川	延白郡 雲山面 都台里	金,趙	2
		鳳山	鳳山郡	朴,李	2
		鳳州	鳳山郡	金	1
		瑞興	瑞興郡	金	1
		遂安	遂安郡	金,桂	2
		信川	信川郡	姜,金	2
		安岳	安岳郡	金,李	2
		安州	載寧郡	凡	1
		楊山	安岳郡	李	1
		延安	延白郡 延安邑	金,殷,單,宋,李,車	6
		牛峰	金川郡 牛峰面	金	1
		殷栗	殷栗郡	金	1
		長淵	長淵郡	金,盧,邊	3
		載寧	載寧郡	米,李	2
		齊安	黃州郡	黃	1
		兎山	金川郡 兎山面	弓, 金	2
		平州	平山郡	朴	1
		海州	海州市	景,金,盧,夕,吳,鄭,崔	7
		陜溪	新溪郡	太	1
		黃州	黃州郡	邊	1
		計	23	45	45
	平北	隨城	定州郡	崔	1
		義州	義州郡	金	1
		定州	定州郡	金	1
		平山	雲山郡	金,朴,邵,申	4
		熙川	熙川郡	金	1
		計	5	8	8
	平南	江西	江西郡	金	1
		衿川	大同郡 龍山面	金	1
		三和	龍岡郡 三和面	金	1
		永柔	平原郡	金	1
		龍岡	龍岡郡	彭	1
韓半島	平南	中和	中和郡	楊	1
		平壤	平壤市	金,趙	2
		豊川	平原郡	金,盧,任	3
		咸從	江西郡 咸從面	魚	1
		計	9	12	12
	咸北	-	-	-	-
	咸南	登州	安邊郡	金	1
		文州	文川郡	朴	1
		霜陰	安邊郡	金	1
		延州	安邊郡	玄	1
		咸興	咸興市	金	1
		洪原	洪原郡	金	1
		計	6	6	6
	忠北	丹陽	丹陽郡	禹	1
		文義	清原郡 文義面	朴	1
		陽澤	清州市 江西洞 新田里 陽澤마을	金	1
		永同	永同郡	金	1
		永山	永同郡	金	1
		沃川	沃川郡	金,陸,全	3
		陰城	陰城郡	朴	1
		鎭川	鎭川郡	金,宋	2
		青山	沃川郡 青山面	金	1
		清安	槐山郡 清安面	李	1
		清州	清州市	慶,郭,鳶,斤,金,敦,孫,宋,楊,李,鄭,左,韓	13
		清風	堤川市 清風面	金	1
		忠州	忠州市	剛,强,金,梅,朴,石,池,崔	8
		黃澗	永同郡 黃澗面	甄	1
		計	14	36	36
	忠南	結城	洪城郡 結城面	金	1
		公州	公州市	金	1
		廣川	洪城郡 廣川邑	董	1
		錦山	錦山郡	金	1
		藍浦	保寧市 藍浦面	金	1
		魯城	論山市 魯城面	朴	1
		大山	扶餘郡 鴻山面	大	1
		德山	禮山郡 德山面	宋,李	2
		沔川	唐津市 沔川面	曲,朴,卜	3
		木川	天安市 木川面	頓,馬,尙	3
		保寧	保寧市	金	1
		扶餘	扶餘郡	徐	1

國家	市道	本貫	現在位置	該當姓氏	姓氏數
韓半島	忠南	瑞山	瑞山市	金,李,鄭	3
		胥州	公州市 鷄龍面 錦帶里 胥州골	金	1
		新平	論山市 連山面	金,宋,李	3
		牙山	牙山市	金,蔣	2
		驪陽	洪城郡 結成面	陳	1
		燕岐	燕岐郡	金	1
		燕州	燕岐郡	金	1
		醴川	瑞山市 石南洞 醴川里	金	1
		溫陽	牙山市 溫陽 溫泉洞	方,鄭	2
		恩津	論山市 恩津面	邱,金,宋	3
		林川	扶餘郡 林川面	趙	1
		全義	燕岐郡 全義面	李	1
		定山	靑陽郡 定山面	金	1
		槐山	天安市 槐山面	金	1
		天安	天安市	金,全	2
		靑陽	靑陽郡	金	1
		泰安	泰安郡	朴,李	2
		韓山	舒川郡 韓山面	端,李	2
		鴻山	扶餘郡 鴻山面	金,荀	2
		洪州	洪城郡	金,石,宋,李	4
		計	32	52	52
	全北	高山	完州郡 高山面	水	1
		高敞	高敞郡	吳	1
		金山	金堤市 金山面	金	1
		金堤	金堤市	金	1
		南原	南原市	君,金,獨孤,昇,梁,楊	6
		杜陵	金堤市 萬頃邑	杜	1
		萬頃	金堤市 萬頃邑	金,蘆	2
		茂長	高敞郡 茂長面	金	1
		茂朱	茂朱郡	金	1
		扶寧	扶安郡	金	1
		扶安	扶安郡	金	1
		淳昌	淳昌郡	朴,薛	2
		礪山	益山市 礪山邑	宋	1
		沃溝	群山市 沃溝邑	李	1
		玉川	淳昌郡	金	1
		龍潭	鎭安郡 龍潭邑	金	1
		雲峰	南原市 雲峰邑	朴	1
		益山	益山市	金	1
		任實	任實郡	金	1
		臨陂	群山市 臨陂面	金	1
		長水	長水郡	李,黃	2
韓半島	全北	全州	全州市	金,朴,李,崔,秋	5
		淸渠	鎭安郡 龍潭面	金	1
		泰仁	井邑市 泰仁面	景,朴,紫	3
		咸悅	益山市 咸悅邑	南宮	1
		計	25	39	39
	全南	康津	康津郡	安	1
		高興	高興郡	柳	1
		錦城	羅州市 錦南洞 錦城里	金,羅,范	3
		羅州	羅州市	金,羅,奈,朴,林,鄭	6
		樂安	順天市 樂安面	金	1
		南平	羅州市 南平邑	金,文	2
		綾城	和順郡 綾州面	具	1
		綾州	和順郡 綾州面	金	1
		潭陽	潭陽郡	國,鞠,彬,田	4
		唐岳	海南郡	金	1
		棠岳	海南郡	金	1
		道康	康津郡	金	1
		務安	務安郡	朴,兪	2
		潘南	羅州市 潘南面	朴	1
		寶城	寶城郡	宣,吳	2
		鳳城	求禮郡	溫	1
		順天	順天市	金,朴	2
		昇平	順天市 昇州邑	金	1
		安老	羅州市 老安面	金	1
		押海	新安郡 押海面	丁	1
		靈光	靈光郡	菊,金	2
		靈巖	靈巖郡	金,朴	2
		玉果	谷城郡 玉果面	金	1
		長興	長興郡	馬,魏,任	3
		珍島	珍島郡	金	1
		珍原	長城郡 珍原面	朴	1
		昌平	潭陽郡 昌平面	金	1
		咸平	咸平郡	金,魯,牟,李	4
		咸豊	咸平郡	魯	1
		海南	海南郡	金	1
		和順	和順郡	松	1
		興陽	高興郡	李	1
		計	32	53	53
	慶北	甘泉	醴泉郡 甘泉面	文	1
		開寧	金泉市 開寧面	金	1
		慶山	慶山市	金	1
		京山	星州郡 星州邑 京山里	李	1
		慶州	慶州市	金*,盧,朴,裵,	12

國家	市道	本貫	現在位置	該當姓氏	姓氏數
韓半島	慶北			氷,薛,偰,葉,孫,李,鄭,崔	
		鷄林	慶州市	金	1
		高靈	高靈郡	金,朴,申	3
		舊 安東	安東市	金	1
		軍威	軍威郡	羅,朴	2
		金陵	金泉市	金	1
		錦川	清道郡 錦川面	金	1
		杞溪	浦項市 杞溪面	兪	1
		聞慶	聞慶市	宋,錢	2
		碧珍	星州郡 碧珍面	李	1
		奉化	奉化郡	琴,鄭	2
		缶溪	軍威郡 缶溪面	芮	1
		比安	義城郡 比安面	朴	1
		商山	尙州市	金,朴	2
		商州	尙州市	金	1
		尙州	尙州市	朴,周,黃	3
		善山	龜尾市 善山邑	吉,金,朴,林	4
		星山	星州郡	裵,李	2
		星州	星州郡	金,都,裵,呂,李	5
		順興	榮州市 順興面	安	1
		新 安東	安東市	金	1
		安康	慶州市 安康邑	盧	1
		安東	安東市	權,盧,孫,張	4
		安定	榮州市 安定面	羅	1
		野城	盈德郡	金	1
		延日	浦項市 延日邑	金,盧,承,鄭	4
		盈德	盈德郡	金	1
		英陽	英陽郡	金,南	2
		永川	永川市	金,李,崔,皇甫	4
		寧海	盈德郡 寧海面	金,朴	2
		禮安	安東市 禮安面	金,李	2
		醴泉	醴泉郡	權	1
		烏川	浦項市 烏川邑	金,鄭	2
		玉城	龜尾市 玉城面	金	1
		龍宮	醴泉郡 龍宮面	曲,金	2
		蔚珍	蔚珍郡	金	1
		月城	慶州市	金,朴,昔	3
		殷豊	榮州市 豊基邑	朴	1
		義城	義城郡	金	1
		義興	軍威郡 興基面	朴,芮	2
		仁同	龜尾市 仁同洞	金,張	2
		一善	龜尾市 善山邑	金	1
		一直	安東市 一直面	孫	1

國家	市道	本貫	現在位置	該當姓氏	姓氏數
韓半島	慶北	眞寶	青松郡 眞寶面	李	1
		眞城	青松郡 眞寶面	李	1
		淸道	淸道郡	金	1
		青松	青松郡	金,沈	2
		春陽	奉化郡 春陽面	金	1
		平海	蔚珍郡 平海邑	丘,金,孫,黃	4
		豊基	榮州市 豊基邑	金,秦	2
		豊山	安東市 豊山邑	金,沈,洪	3
		豊壤	醴泉郡 豊壤面	陶,趙	2
		河陽	慶山市 河陽邑	金	1
		咸寧	尙州市 咸昌邑	金	1
		咸昌	尙州市 咸昌邑	金	1
		海平	龜尾市 海平面	金,吉,尹	3
		孝令	軍威郡 孝令面	司空	1
		興海	浦項市 興海邑	裵	1
		計	62	117	117
	慶南	江陽	陜川郡	金	1
		巨濟	巨濟市	潘	1
		居昌	居昌郡	愼,劉,昌	3
		固城	固城郡	金,南,道,朴,李	5
		昆山	泗川市 昆陽面	裵	1
		昆陽	泗川市 昆陽面	裵	1
		龜山	馬山市 龜山面	朴	1
		金寧	金海市	金	1
		金海	金海市	金,宋,許	3
		南海	南海郡	金	1
		東城	泗川市	李	1
		密陽	密陽市	金,魯,唐,大,朴,卞,孫	7
		盆城	金海市	金	1
		泗川	泗川市	金,睦,朴,李	4
		鵝洲	巨濟市 鵝洲洞	申	1
		安陰	咸陽郡 安義面	西門	1
		安義	咸陽郡 安義面	周	1
		冶爐	陜川郡 冶爐面	宋	1
		冶城	陜川郡 冶爐面	宋	1
		梁山	梁山市	金	1
		靈山	昌寧郡	辛	1
		熊神	鎭海市 熊川洞	金	1
		熊川	鎭海市 熊川洞	金	1
		宜寧	宜寧郡	南,余,玉	3
		晋陽	晋州市	鄭,河	2
		晋州	晋州市	姜,彊,金,東方,柳,蘇,鄭,河	8

國家	市道	本貫	現在位置	該當姓氏	姓氏數
韓半島	慶南	昌寧	昌寧郡	成,曹	2
		昌原	昌原市	具,金,朴,黃	4
		草溪	陜川郡 草溪面	金,卞,鄭,周	4
		漆原	咸安郡 漆原面	金,尹,諸	3
		河東	河東郡	金,,鄭	2
		咸安	咸安郡	金,李,趙	3
		咸陽	咸陽郡	朴,吳	2
		陜川	陜川郡	李	1
		海豊	統營市 鳳坪洞 鳳坪里 해피이마을	金	1
		花開	河東郡 花開面	金	1
		檜山	昌原市	甘	1
		計	37	77	77
	濟州	濟州	濟州道	高,金,夫,梁	4
		耽羅	濟州道	安	1
		計	2	5	5
	合計		320	592	592
中國	山西省	太原	太原市	金,鮮于,安	3
	江蘇省	蘇州	蘇州市	賈	1
		江陰	江陰縣	段	1

國家	市道	本貫	現在位置	該當姓氏	姓氏數
中國	浙江省	浙江	浙江省	施,彭,片	3
		新昌	新昌縣	盧,孟,表	3
	山東省	曲阜	曲阜市	孔	1
		靑州	靑州市	史	1
		大原	東掖縣 大原市	龐	1
	河南省	潁陽	登封縣 潁陽鎭	千	1
	湖南省	巴陵	岳陽鎭	胡	1
	廣東省	新安	廣州縣 寶安市	朱	1
	四川省	西蜀	四川省	明	1
		烈山	理番縣 烈山市	麻	1
	陝西省	廣寧	陝西省	墨	1
	甘肅省	隴西	隴西市	丕	1
	靑海省	靑海	靑海省	李	1
	合計		16	22	22
未詳	-	-	-	賴	1
	-	-	-	旁	1
	-	-	-	順	1
	合計		-	3	3
總合計			336	617	617

註.*는 本人의 本貫임.

(2)現在 行政區域別 圈域內 本貫 및 該當姓氏

(標準 行政區域 順位)

市,道	市,郡,區	圈域內本貫		該當姓氏	
서울	서울市	雪城, 漢陽	(2)	金, 趙	(2)
	陽川區	陽川	(1)	許	(1)
	計	3		3	
釜山	東萊區	東萊	(1)	金,鄭	(2)
	計	1		2	
大邱	大邱市	大邱,大丘	(2)	金,彬,徐	(3)
	達城郡	達城,河濱,玄風	(3)	郭,裵,賓,徐,洙,李,夏	(7)
	計	5		10	
仁川	仁川市	仁川	(1)	門,李,蔡	(3)
	富平區	富平	(1)	金	(1)
	江華郡	江華,喬桐,河陰	(3)	金,魯,雷,萬,奉,印	(6)
	甕津郡	甕津	(1)	金	(1)
	計	6		11	
光州	光州市	光州	(1)	盧	(1)

市,道	市,郡,區	圈域內本貫		該當姓氏	
光州	光山區	光山	(1)	金,盧,承,卓	(4)
	計	2		5	
大田	儒城區	鎭岑	(1)	金	(1)
	大德區	懷德	(1)	黃	(1)
	計	2		2	
蔚山	蔚山市	蔚山, 鶴城	(2)	金,朴,李	(3)
	蔚州郡	彦陽	(1)	金	(1)
	計	3		4	
京畿	水原市	水原,龍城,漢南	(3)	金,房,白,宋,崔	(5)
	平澤市	振威,平澤	(1)	金,朴,林	(3)
	安山市	安山	(1)	金	(1)
	高陽市	高陽, 幸州	(2)	箕,奇,金,殷	(4)
	始興市	始興	(1)	金	(1)
	龍仁市	秋溪	(1)	秋	(1)
	坡州市	交河, 積城, 坡州		金,盧,舜,廉,尹	(5)

市,道	市,郡,區	圈域內本貫	該當姓氏
京畿		坡平 (4)	
	利川市	利川 (1)	徐 (1)
	開城市	開城 (1)	金,乃,路,萬,班,龐,王 (7)
	楊州郡	楊州 (1)	金,浪,宋,阿,趙 (5)
	驪州郡	驪州,驪興,川寧,黃利 (4)	介,堅,金,閔,朴,李 (6)
	華城市	南陽 (1)	葛,金,房,徐,宋,洪 (6)
	廣州市	廣州 (1)	金,魯,毛,朴,安,李 (6)
	漣川郡	朔寧 (1)	崔 (1)
	抱川郡	永平 (1)	麻 (1)
	加平郡	加平 (1)	簡,金 (2)
	楊平郡	楊根 (1)	金,咸 (2)
	安城市	新竹山,安城,竹山 (3)	金,朴,安 (3)
	金浦市	金浦 (1)	公,金 (2)
	長湍郡	長湍 (1)	金 (1)
	開豊郡	德水,貞州,豊德 (3)	金,李,張 (3)
	計	35	66
江原	春川市	春川 (1)	朴 (1)
	原州市	原城, 原州 (2)	金,邊,元 (3)
	江陵市	江陵 (1)	金,朴,劉,崔,咸 (5)
	三陟市	三陟 (1)	金,朴,沈 (3)
	洪川郡	洪川 (1)	龍 (1)
	寧越郡	寧越 (1)	金,辛,嚴 (3)
	平昌郡	平昌 (1)	李 (1)
	旌善郡	旌善 (1)	金,文,全 (3)
	鐵原郡	鐵原 (1)	金,周 (2)
	麟蹄郡	麟蹄 (1)	朴 (1)
	高城郡	杆城 (1)	金 (1)
	通川郡	通川 (1)	金 (1)
	平康郡	平康 (1)	蔡 (1)
	伊川郡	伊川 (1)	金 (1)
	金化郡	金化 (1)	金 (1)
	計	16	28
黃海	海州市	海州 (1)	景,金,盧,石,吳,鄭,崔 (7)
	延白郡	白川,延安 (2)	金,段,單,宋,李,趙,車 (7)
	金川郡	江陰,牛峰,兎山 (3)	弓,金 (2)
	平山郡	平州 (1)	朴 (1)
	新溪郡	陝溪 (1)	太 (1)
	長淵郡	長淵 (1)	金,盧,邊 (3)
黃海	殷栗郡	殷栗 (1)	金 (1)
	安岳郡	安岳,楊山 (2)	金,李 (2)
	信川郡	文化,信川 (2)	康,金,柳 (3)
	載寧郡	安州,載寧 (2)	米,凡,李 (3)
	黃州郡	齊安,黃州 (2)	邊,黃 (2)
	鳳山郡	鳳山,鳳州 (2)	金,朴,李 (3)
	瑞興郡	瑞興 (1)	金 (1)
	遂安郡	遂安 (1)	金 (1)
	谷山郡	谷山 (1)	盧,延 (2)
	計	23	39
平北	義州郡	義州 (1)	金 (1)
	定州郡	隨城, 定州 (2)	金,崔 (2)
	雲山郡	平山 (1)	金,朴,邵,申 (4)
	熙川郡	熙川 (1)	金 (1)
	計	5	8
平南	平壤市	平壤 (1)	金,趙 (2)
	大同郡	衿川 (1)	金 (1)
	中和郡	中和 (1)	金 (1)
	龍岡郡	三和,龍岡 (2)	金,彭 (2)
	江西郡	江西,咸從 (2)	金,悅 (2)
	平原郡	永柔,豊川 (2)	金,,盧,任 (3)
	計	9	11
咸北	-	-	-
咸南	咸興市	咸興 (1)	金 (1)
	文川郡	文州 (1)	朴 (1)
	安邊郡	登州,霜陰,延州 (3)	金,玄 (2)
	洪原郡	洪原 (1)	金 (1)
	計	6	5
忠北	清州市	陽澤,清州 (2)	慶,郭,喬,斤,金,敦,孫,宋,楊,李,鄭,左,韓 (13)
	忠州市	忠州 (1)	剛,强,金,梅,朴,石,池,崔 (8)
	堤川市	清風 (1)	金 (1)
	清原郡	文義 (1)	朴 (1)
	沃川郡	沃川,青山 (2)	金,陸,全 (3)
	永同郡	永同,永山,黃澗 (3)	金,甄 (2)
	鎭川郡	鎭川 (1)	金,宋 (2)
	槐山郡	清安 (1)	李 (1)
	陰城郡	陰城 (1)	朴 (1)
	丹陽郡	丹陽 (1)	禹 (1)

市,道	市,郡,區	圈域內本貫	該當姓氏
忠北	計	14	33
忠南	天安市	木川,稷山,天安 (3)	金,頓,馬,尙,仝 (5)
	公州市	公州,胥州 (2)	金 (1)
	保寧市	藍浦,保寧 (2)	金 (1)
	牙山市	牙山,溫陽 (2)	金,方,蔣,鄭 (3)
	瑞山市	瑞山,醴川 (2)	金,李,鄭 (3)
	論山市	魯城,新平,恩津 (3)	邱,金,朴,宋,李 (5)
	錦山郡	金山 (1)	金 (1)
	燕岐郡	燕岐,燕州,全義 (3)	金,李 (2)
	扶餘郡	大山,扶餘,林川,鴻山 (4)	金,大,徐,荀,趙 (5)
	舒川郡	韓山 (1)	端,李 (2)
	靑陽郡	定山,靑陽 (2)	金 (1)
	洪城郡	結城,廣川,驪陽,洪州 (4)	金,董,石,宋,李,陳 (6)
	禮山郡	德山 (1)	宋,李 (2)
	泰安郡	泰安 (1)	朴,李 (2)
	唐津郡	沔川 (1)	曲,朴,卜 (3)
	計	32	43
全北	全州市	全州 (1)	金,朴,李,崔,秋 (5)
	群山市	沃溝,臨陂 (2)	金,李 (2)
	益山市	礪山,益山,咸悅 (3)	金,南宮,宋 (3)
	井邑市	泰仁 (1)	景,朴,紫 (3)
	南原市	南原,雲峰 (2)	君,金,獨孤,朴,昇,梁,楊 (7)
	金堤市	金山,金堤,杜陵,萬頃 (4)	金,盧,杜 (3)
	完州郡	高山 (1)	水 (1)
	鎭安郡	龍潭,淸渠 (2)	金 (1)
	茂朱郡	茂朱 (1)	金 (1)
	長水郡	長水 (1)	李,黃 (2)
	任實郡	任實 (1)	金 (1)
	淳昌郡	淳昌,玉川 (2)	金,朴,薛 (3)
	高敞郡	高敞,茂長 (2)	金,吳 (2)
	扶安郡	扶寧,扶安 (2)	金 (1)
	計	25	35
全南	順天市	樂安,順天,昇平 (3)	金,朴 (2)
	羅州市	錦城,羅州,南平,潘南,安老 (5)	金,羅,奈,文,朴,范,林,鄭 (8)
	潭陽郡	潭陽,昌平 (2)	國,鞠,金,彬,田 (5)
	谷城郡	玉果 (1)	金 (1)
	求禮郡	鳳城 (1)	溫 (1)
	高興郡	高興,興陽 (2)	柳,李 (2)
	寶城郡	寶城 (1)	宣,吳 (2)
	和順郡	綾城,綾州,和順 (3)	具,金,松 (3)
	長興郡	長興 (1)	馬,魏,任 (3)
	康津郡	康津,道康 (2)	金,安 (2)
	海南郡	唐岳,棠岳,海南 (3)	金 (1)
	靈巖郡	靈巖 (1)	金,朴 (2)
	務安郡	務安 (1)	朴,兪 (2)
	咸平郡	咸平,咸豊 (2)	金,魯,牟,李 (4)
	靈光郡	靈光 (1)	菊,金 (2)
	長城郡	珍原 (1)	朴 (1)
	珍島郡	珍島 (1)	金 (1)
	新安郡	押海 (1)	丁 (1)
	計	32	43
慶北*	浦項市	杞溪, 延日,烏川,興海 (4)	金,盧,裵,承,兪,鄭 (6)
	慶州市*	慶州*,鷄林,安康,月城 (4)	金*,盧,朴,裵,氷,石,薛,偰,葉,孫,李,鄭,崔 (13)
	金泉市	開寧,金陵 (2)	金 (1)
	安東市	舊安東,新安東,安東,禮安,一直,豊山 (6)	權,金,盧,孫,沈,李,張,洪 (8)
	龜尾市	善山,玉城,仁同,一善, 海平 (5)	吉,舍,朴,尹,林,張 (6)
	榮州市	順興,安定,殷豊,豊基 (4)	金,羅,朴,安,秦 (5)
	永川市	永川 (1)	金,李,崔,皇甫 (4)
	尙州市	商山,商州,尙州,咸寧,咸昌 (5)	金,朴,周,黃 (4)
	聞慶市	聞慶 (1)	宋,錢 (2)
	慶山市	慶山,河陽 (2)	金 (1)
	軍威郡	軍威,缶溪,義興,孝令 (4)	羅,朴,司空,芮 (4)
	義城郡	比安,義城 (2)	金,朴 (2)
	靑松郡	眞寶,眞城,靑松 (3)	金,沈,李 (3)
	英陽郡	英陽 (1)	金,南 (2)
	盈德郡	野城,盈德,寧海 (3)	金,朴 (2)
	淸道郡	錦川,淸道 (2)	金 (1)
	高靈郡	高靈 (1)	金,朴,申 (3)
	星州郡	京山,碧珍,星山,星州 (4)	金,都,裵,呂,李 (5)
	醴泉郡	甘泉,醴泉,龍宮,豊壤 (4)	曲,權,金,陶,文,趙 (6)
	奉化郡	奉化,春陽 (2)	琴,金,鄭 (3)

市,道	市,郡,區	圈域內 本貫	該當姓氏
慶北*	蔚珍郡	蔚珍, 平海 (2)	丘,金,孫,黃 (4)
	計	62	85
慶南	昌原市	昌原,檜山 (2)	甘,具,金,朴,黃 (5)
	馬山市	龜山 (1)	朴 (1)
	晋州市	晋陽,晋州 (2)	姜,彊,金,東方,鄭,河 (6)
	鎭海市	熊神,熊川 (2)	金 (1)
	統營市	海豊 (1)	金 (1)
	泗川市	昆山,昆陽,東城,泗川 (4)	金,睦,朴,裵,李 (5)
	金海市	金寧,金海,盆城 (3)	金,宋,許 (3)
	密陽市	密陽 (1)	金,魯,唐,大,朴,卞,孫 (7)
	巨濟市	巨濟,鵝洲 (2)	潘,申 (2)
	梁山市	梁山 (1)	金 (1)
	宜寧郡	宜寧 (1)	南,余,玉 (3)
	咸安郡	漆原,咸安 (2)	金,尹,李,諸,趙 (5)
	昌寧郡	靈山,昌寧 (2)	成,辛,曺 (3)
	固城郡	固城 (1)	金,南,道,朴,李 (5)
	南海郡	南海 (1)	金 (1)
	河東郡	河東,花開 (2)	金,鄭 (2)
	咸陽郡	安陰,安義,咸陽 (3)	朴,西門,吳,周 (4)
	居昌郡	居昌 (1)	愼,劉,昌 (3)
	陜川郡	江陽,冶爐,冶城,草溪, 陜川 (5)	金,卞,宋,李, 鄭,周 (6)

市,道	市,郡,區	圈域內 本貫	該 當 姓 氏
慶南	計	37	64
濟州	濟州道	濟州,耽羅 (2)	高,金,夫,安,梁 (5)
	計	2	5
合 計		320	502
中國	山西省	太原 (1)	金,鮮于,安 (3)
	江蘇省	江陰,蘇州 (2)	賈,段 (2)
	浙江省	新昌,浙江 (2)	盧,孟,施,彭,片,表 (6)
	山東省	曲阜,大原,青州 (3)	孔,龐,史 (3)
	河南省	穎陽 (1)	千 (1)
	湖南省	巴陵 (1)	胡 (1)
	廣東省	新安 (1)	朱 (1)
	四川省	西蜀,烈山 (2)	麻,明 (2)
	陜四省	廣寧 (1)	墨 (1)
	甘肅省	隴西 (1)	丕 (1)
	青海省	青海 (1)	李 (1)
	合 計	16	22
未詳	-	-	賴 (1)
	-	-	旁 (1)
	-	-	順 (1)
	合計	-	3
總 合 計		336	527

註.*는 本人의 本貫과 姓氏임.

客說 : 經驗에서 얻은 삶의 眞實

地球上의 人間世界가 겪어온 그동안의 歷史와 現在의 實相를 통찰해볼 때, 創造主인 하느님 또는 하나님은 全知全能하지 못하거나 人間에 대해서는 統制를 포기했거나 人間에게 地球自治를 전적으로 일임했거나 아니면 처음부터 存在하지 않았던 것이 아닌가 한다.

客說 : 經驗에서 얻은 삶의 眞實

個人의 意志나 努力에 의해 左右될 수 없는 것에 대하여는 결코 비난하거나 흉을 보아서는 안 된다. 태어난 國家와 地域, 타고난 姓氏와 貫鄕, 出生時點과 出身家庭, 父母와 兄弟姉妹, 얼굴 모습과 皮膚 색깔 등이 그러한 例이다.

Ⅱ. 先代의 系統

○ 要 約

區　　分	集　　　計			
1.本貫 · 姓氏	慶州 金氏			
2.主要先代	始　祖	大輔公	閼　智(65-145)	66世祖
	先　祖	太師公	仁　琯(1200-1254)	26世祖
	派　祖	桑村公	自　粹(1354-1405)	18世祖
	入鄕祖		秉　鉉(1616-1686)	10世祖
3.時代別 直系祖孫數 (出生年度 基準)	新　羅 時代	(BC 57-AD935)		28名
	高　麗 時代	(918 - 1392)		22名
	朝　鮮 時代	(1392- 1910)		15名
	日　帝 時代	(1910 -1945)		1名
	韓　國 時代	(1945 - 2002)		1名
	計			67名
4.新羅時代 直系帝王	第 17 代王	奈勿 尼師今 (諱, 奈　勿,	在位 356 - 402)	59世祖
	第 22 代王	智證 麻立干 (〃 智大路,	〃　500 - 514)	56世祖
	第 38 代王	元　聖　王 (〃 敬　信,	〃　785 - 798)	48世祖
	第 45 代王	神　武　王 (〃 祐　徵,	〃　839)	45世祖
	第 46 代王	文　聖　王 (〃 慶　膺,	〃　839 - 857)	44世祖
	第 56 代王	敬　順　王 (〃　傅,	〃　927 - 935)	39世祖
	計 6 王 (平均在任 16.7年, 平均 享壽 68.7歲)			
5.享壽別 直系祖上數	40 - 49 歲			3名
	50 - 59 歲			25名
	60 - 69 歲			16名
	70 - 79 歲			12名
	80 - 89 歲			8名
	90 - 99 歲			1名
	計			65名

客說 : 經驗에서 얻은 삶의 眞實

父母가 위독하다 하면 葬禮 치를 걱정이 앞서고 자기 婦人이 아프다고 하면 병만 싸고 돈다며 짜증을 내고 子息이 아프다고 하면 허겁지겁 둘러업고 病院으로 내닫는다. 自然의 原理가 그러하니 어떻게 하겠는가?

客說 : 經驗에서 얻은 삶의 眞實

옛날 우리 나라는 婦人을 여러 사람 데리고 살았고, 지금도 그런 나라들이 있다고 한다. 이를 무척 부러워하는 친구들이 있는데 나는 생각이 다르다. 하나도 힘이 들어 제대로 다루기가 어려운데 둘이나 셋이 된다면 아마 중도에 사라지고 말았을 것이다. 一夫一妻制의 現代에 태어나기를 정말 잘한 것 같다. 큰 일 날뻔 했다.

1. 先代 世系

(1) 新羅 汎金氏 系譜 : 分派本貫 및 始祖

(本貫의 가나다順)

(總 369本)

元祖 大輔公 金閼智 (180本)

加平(繼恭)	喬桐(希壽)	潼城(光春)	富寧(崙)	信訓(得秋)	連川(善))	威城(仁向)	中和(哲)	泰安(復興)	海美(宗海)
嘉興(胤星)	喬州(德生)	同州(元贊)	朔寧(斗平)	新平(萬挺)	永可(廣明)	儒州·文化(虎翼)	稷山(文長)	泰仁(彦京)	海上伊(禹民)
杆城(生滇)	軍威(尙)	登州(軾)	三嘉(陽)	牙山(信劒)	永山(令貽	柳川(元立)	珍島(自敬)	兎山(富允)	海平(萱述)
甘泉(萬秋)	錦州(孝元)	萬頃(希碑)	常山(金林)	安康(壽龜)	永州(文祚)	殷栗(尙銅)	珍山(天錫)	坡州(永兢)	幸州 (龍翰)
江陵(周元)	杞溪(玩珍)	明山(斗)	商山(需)	安東(新)(宣平)	永興(信言)	殷州(尙諫)	振威(起門)	平丘(重漸)	洪城(泰嚴)
江陽(濟)	吉州(係行)	溟州(上琦)	瑞山(得培)	安城(墩)	禮安(尙)	恩津(田溉)	鎭川(斯革)	平澤(完孝)	花開(仁璜)
開寧(玄繕)	南海(從貞)	明川(胤宗)	西河(孟性)	安岳(瑩)	醴川(先致)	殷豊(在中)	鎭海(以珍)	豊讓(雲敏)	花原((文靖)
見州(景杓)	鹿鳴(季孫)	茂山(珏)	石原(仲山)	野城(就磷)	醴泉(存沙)	陰城(禮源)	昌寧(廷哲)	豊堤(?)	黃金(潔)
鏡城(峻)	陵城(始昌)	茂長(自武)	善山·一善(宣弓)	若木(琥兼)	玉果(湜)	義昌(長山)	昌平(錫奎)	豊川:永柔(英柱)	黃州(正純)
古阜(克)	陵州(鳴殷)	茂朱(南雨)	宣城·禮安(尙)	楊口(綝)	沃溝(範)	伊川(善康)	川寧(尙德)	豊海(仁裕)	檜山(春皓)
高山·黃澗(紈)	達城(淡)	務州(淀救)	成安(漢哲)	梁山(衍)	玉川(錕)	任實(義仁)	天安(德麟)	河東(玖)	橫川(壽甲)
高原(植)	唐城(璟衛)	茂豊(天利)	星州(孟)	楊程(希範)	莞浦(重頣)	臨津(仁朝)	淸渠(承晋)	河陽(麗俊)	興德(以漸)
光利(灌)	唐岳(樂)	聞韶(湜)	成川(漢貂)	楊澤(光燁)	龍皐(道善)	臨淄(九南)	靑陽(?)	韓山(?)	興川(英)
光山(興光)	大栗(周鼎)	文化·儒州(檢達)	松陰(永丞)	楊平(義杆)	龍安(德齡)	慈州(秀南)	淸州(甫)	咸寧(銳)	興海(乙輅)
光陽(黃元)	德山(亮)	潘寧(允錫)	順天(摠)	礪山(道南)	龍仁(精實)	長湍(璇)	淸州(士儀)	咸安(太白)	江陵壬氏(乂)
光州(光存)	德仁(斗振)	保寧(克成)	昇平(允仁)	驪州·黃利(純良)	雲峰(淡)	井邑(守溫)	淸州(四知)	咸平(就實)	光山李氏(宗金)
槐山(知孝)	德川(峻)	報恩(徵)	始興(孝成)	延安(遲漢)	蔚州(仁明)	貞州(守)	草溪(順)	咸興(濂)	鐵原弓氏(裔)
交江(應洙)	桃田(永固)	奉化(仁昉)	神義(嗣源)	延州(?)	態川(就行)	濟州(濂)	漆源(永哲)	陜川(玄德)	泰安舍氏(克胤)

第 28世 敬順王 傅 (189本)

甘勿(光錫)	光陵(仁器)	金海(濂)	白川(善)	雪城(畯)	楊州(元寶)	龍岡(漢溢)	臨河(點)	淸城(光鐸)	河陰(孝逸)
江東(潤海)	廣山(法老)	羅州(雲發)	保恩(錫鳴)	松林(承戩)	彦陽(鐥)	龍宮(存中)	蠶城(瑞)	靑松(正己)	漢南(祥延)
江陵(建)	廣城(義光)	樂安(粹澄)	鳳山(明晋)	松旨(佐漢)	燕岐·燕州(俊孫)	龍潭(德生)	雜溪(九良)	靑陽(仁軌)	漢陽(金享)
江西(泮)	廣州(祥光)	南川(大元)	鳳州(應祖)	遂安(愃)	延日·烏川(敍興)	龍城(時輔)	長淵 (鼎新)	淸原(穩)	咸德(瑄)
江陰(處坤)	交河(孟貞)	南平(晶協)	扶餘(作卒)	水原(稟言)	延平(進濘)	牛峰(澳)	積城(尙煥)	淸風(大猷)	咸陽(俊德)
江華(晟)	求禮(斗南)	藍浦(鈿)	扶寧·扶安(鎰)	樹州(鼎實)	連平(滿)	牛峰(元吉)	全州(臺瑞)	忠州(南吉)	咸昌(瑄)
開城(龍珠)	金郊(禮千)	丹陽(碱)	富平((丸)	隋州(漢樸)	延豊(以道)	蔚山(德摯)	旌善(公侃)	通津(益之)	海南·棠岳(忍)
結城(禮哲)	金寧(時興)	潭陽·彥陽(三俊)	盆城(俊榮)	淳昌(之珍)	靈光(審言)	蔚珍(順範)	定山(福壽)	通川·通州(較)	海州(佑漢)
京山·星州(孟)	錦山(侁)	唐津·通津(子盡)	泗川(阜)	順興(咸逸)	靈光(碩公)	原州(巨公)	定州(承遠)	坡平(長壽)	海豊(崇善)
慶山(仁軌)	金山(文富)	大邱(達)	三陟(尉雄)	鵝城(斗章)	寧邊(文賢)	月城(以珍)	中原(以英)	平山(百壽)	玄風(修)
慶城(琀)	錦城(臺卿)	大明(康振)	三和(統)	安老(之敬)	靈山(淳)	月城(光佑)	鎭江(巨公)	平山(承茂)	鴻山(世)
京州(迪)	衿川(學敬)	大元(一元)	上洛(礩)	安東(叔承)	靈岩(希鍊)	殷寧(應天)	津陵(二龍)	平壤(大振)	洪州(仁義)
慶州(鳴鍾)	金川(三華)	大興(光達)	商山(需)	安東(陸)	寧越(麗生)	陰竹(道)	鎭安(漢公)	平州(宣敏)	和順(益九)
慶州*(殷說)	錦川(適)	德水(壽延)	祥原(洛)	安山(肯弼)	榮州(挺磁)	義城(錫)	鎭岑(克福)	平昌(鳴應)	黃利·驪州(濬)
鷄林(九思)	金化(景言)	德津(珩)	霜陰(海奉)	安州(沔)	永川(天佾)	義興(成甲)	晋州(錘)	平海(淑興)	熙川(佑)
高靈(南得)	金華(浪)	道康(希祖)	胥州(宗漢)	押海(會景)	寧海(億敏)	利川(楊震)	昌原(乙軫)	抱川(龍榮)	甘泉文氏(世光)
高陽·幸州(龍翰)	吉安·南原(四知)	東萊(興壽)	西海(英烈)	楊根(仁贊)	玉城(桂)	益山(三樂)	鐵原(應河)	豊基(崇元)	隋城崔氏(永奎)
公州(義孫)	金堤(正傑)	文川(輅)	瑞興(寶)	陽岳(得章)	沃川(希哲)	仁同(淀)	淸道(之岱)	豊德(子盎)	安東權氏(幸)
公村(宣友)	金浦(珪)	密陽(承祖)	善山(錘)	襄陽(希富)	甕津(忠敏)	臨陂(漢樞)	靑山(致濟)	豊山(文迪)	

※ (1) (　)內는 始祖임.　 (2) *는 本人의 本貫임.

(2) 慶州金氏 (大安君系譜) 派本 系統圖

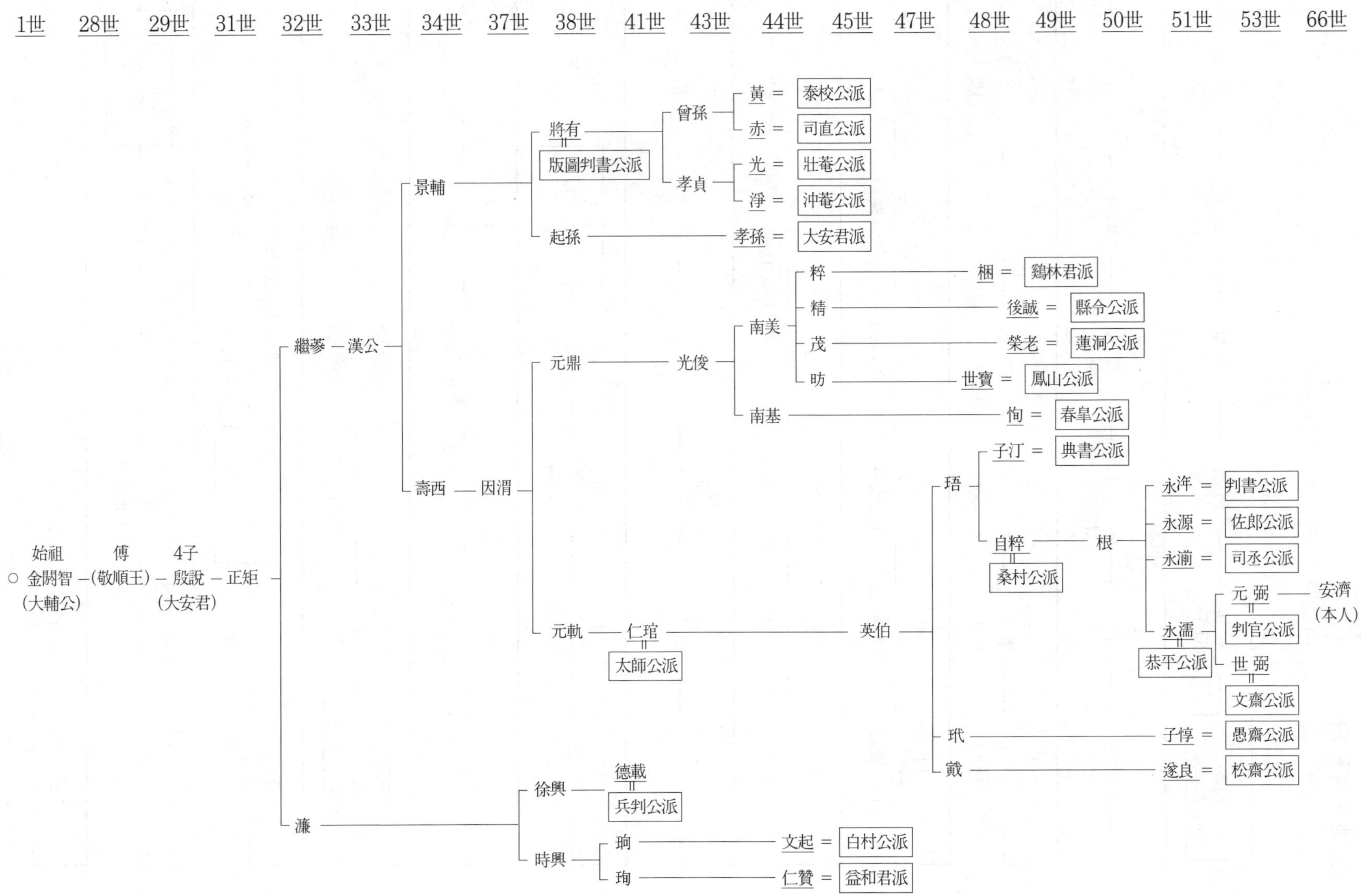

(3) 直系 世系 系統

1. 始祖 金閼智 (大輔追尊世祖王) — 2 勢漢 (匝干) — 3 阿道 (波干) — 4 首留 (角干) — 5 郁甫 (角干) — 6 仇道 (波珍飡)

7 末仇 (角干) — 8 奈勿王 — 9 卜好 (追尊 葛文王) — 10 習寶 (追尊 葛文王) — 11 智證王 (名：智大路) — 12 眞宗 (角干)

13 欽運 (角干) — 14 摩次 (?干) — 15 法宣 (大阿干) — 16 義寛 (伊飡) — 17 魏寛 (伊飡) — 18 孝讓 (角干)

19 元聖王 (名：敬信) — 20 禮英 (伊飡) — 21 均貞 (上大等角干) — 22 神武王 (名：祐徵) — 23 文聖王 (名：慶膺) — 24 安 (上大等)

25 敏恭 (角干) — 26 實虹 (角干) — 27 孝宗 (大阿찬) — 28 敬順王 (名：傅) — 29 殷說 (大安君·侍中侍郎) — 30 泰·華 (江陵君·侍郎)

31 正矩 (工部員外郎) — 32 繼蓼 (門下侍中) — 33 漢公 (工部侍郎) — 34 壽西 ((都監判官) — 35 永固 (閤門祗侯) — 36 順雄 (將軍)

37 因渭 (門下侍郎) — 38 元軌 (文學尙書) — 39 承茂 (門下侍中) — 40 瑩 (郎中) — 41.1 先祖·仁琯 (太師公) — 42.2 則麗 (給事)

43.3 匹개 (衛尉寺主薄) — 44.4 貞裕 (都監判官) — 45.5 宗誠 (禮賓省丞) — 46.6 裔 (閤門祗侯) — 47.7 英伯 (奉常大夫) — 48.8 오 (通禮門副使)

49.9.1 派祖·自粹 (桑村公·觀察使) — 50.10.2 根 (奉烈大夫) — 51.11.3 永濡 (方伯·留守) — 52.12.4 薰 (通訓大夫) — 53.13.5 元弼 (判官公·忠州判官) — 54.14.6 礪 (將仕郎)

55.15.7 汝贇 (僉樞公·僉樞府事) — 56.16.8 치 (判官) — 57.17.9.1 入鄕祖 秉鉉 — 58.18.10.2 汎 (行御營軍) — 59.19.11.3 命天 — 60.20.12.4 泰立

61.21.13.5 參簡 — 62.22.14.6 道鎭 — 63.23.15.7 魯亨 (忠勳都事) — 64.24.16.8 信喜 — 65.25.17.9 商樞(大) — 66.26.18.10.1 本人 安濟 (博士·敎授·院長)

67.27.19.11.2 東爀 — 68.28.20.12.3 旼嬉 — 69.29.21.13.4

(4) 直系 世代 週期圖

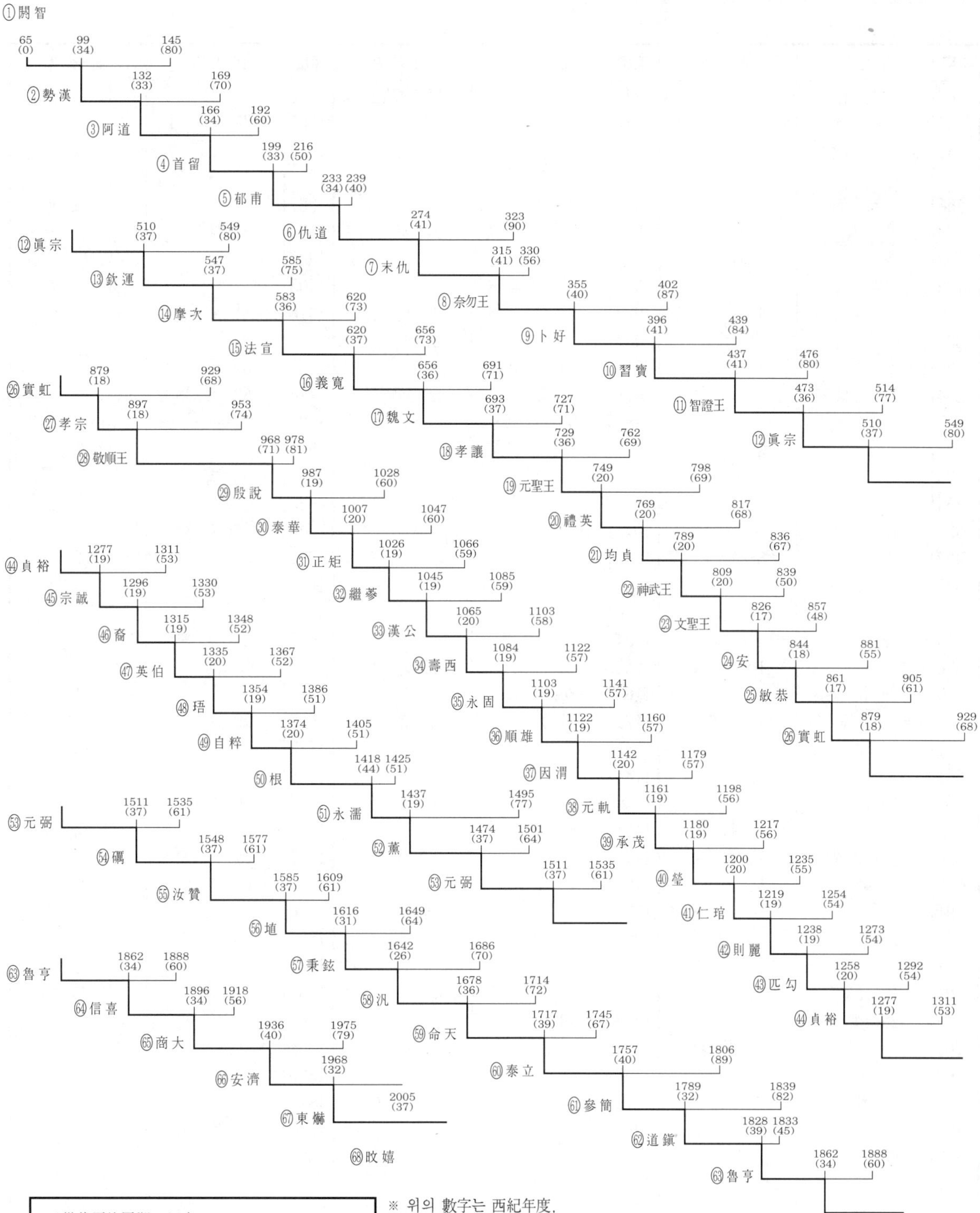

○1世代平均周期 : 29年
○平均壽命 : 64歲
○時間 - 始祖에서 子 東爀까지 : 67世, 1,903年

※ 위의 數字는 西紀年度,
아래의 ( )內는 滿 年歲

2. 直系 先 · 後代 系統

(1) 直系 先代 · 後孫의 出生 및 逝去 年度別 分布

年度	出生者	逝去者	年度	出生者	逝去者	年度	出生者	逝去者
65	1. 閼 智		839		22. 神武王	1330		45. 宗 誠
99	2. 勢 漢		844	25. 敏 恭		1335	48. 珸	
132	3. 阿 道		857		23. 文聖王	1348		46. 裔
145		1. 閼 智	861	26. 實 虹		1354	49. 自 粹	
166	4. 首 留		879	27. 孝 宗		1367		47. 英 伯
169		2. 勢 漢	881		24. 安	1374	50. 根	
192		3. 阿 道	897	28. 敬順王		1386		48. 珸
199	5. 郁 甫		905		25. 敏 恭	1405		49. 自 粹
216		4. 首 留	929		26. 實 虹	1418	51. 永 濡	
233	6. 仇 道		953		27. 孝 宗	1425		50. 根
239		5. 郁 甫	968	29. 殷 說		1437	52. 薰	
274	7. 末 仇		978		28. 敬順王	1474	53. 元 弼	
315	8. 奈勿王		987	30. 泰 華		1495		51. 永 濡
323		6. 仇 道	1007	31. 正 矩		1501		52. 薰
330		7. 末 仇	1026	32. 繼 蔘		1511	54. 礪	
355	9. 卜 好		1028		29. 殷 說	1535		53. 元 弼
396	10. 習 寶		1045	33. 漢 公		1548	55. 汝 贊	
402		8. 奈勿王	1047		30. 泰 華	1577		54. 礪
437	11. 智證王		1065	34. 壽 西		1585	56. 埴	
439		9. 卜 好	1066		31. 正 矩	1609		55. 汝 贊
473	12. 眞 宗		1084	35. 永 固		1616	57. 秉 鉉	
476		10. 習 寶	1085		32. 繼 蔘	1642	58. 汎	
510	13. 欽 運		1103	36. 順 雄	33. 漢 公	1649		56. 埴
514		11. 智證王	1122	37. 因 渭	34. 壽 西	1678	59. 命 天	
547	14. 摩 次		1141		35. 永 固	1686		57. 秉 鉉
549		12. 眞 宗	1142	38. 元 軏		1714		58. 汎
583	15. 法 宣		1160		36. 順 雄	1717	60. 泰 立	
585		13. 欽 運	1161	39. 承 茂		1745		59. 命 天
620	16. 義 寬	14. 摩 次	1179		37. 因 渭	1757	61. 參 簡	
656	17. 魏 文	15. 法 宣	1180	40. 瑩		1789	62. 道 鎭	
691		16. 義 寬	1198		38. 元 軏	1806		60. 泰 立
693	18. 孝 讓		1200	41. 仁 琯	39. 承 茂	1828	63. 魯 亨	
727		17. 魏 文	1219	42. 則 麗		1834		62. 道 鎭
729	19. 元聖王		1235		40. 瑩	1839		61. 參 簡
749	20. 禮 英		1238	43. 匹 匀		1862	64. 信 喜	
762		18. 孝 讓	1254		41. 仁 琯	1888		63. 魯 亨
769	21. 均 貞		1258	44. 貞 裕		1896	65. 商 樞	
789	22. 神武王		1273		42. 則 麗	1918		64. 信 喜
798		19. 元聖王	1277	45. 宗 誠		1936	66. 安 濟	
809	23. 文聖王		1292		43. 匹 匀	1968	67. 東 爀	
817		20. 禮 英	1296	46. 裔		1975		65. 商 樞
826	24. 安		1311		44. 貞 裕	2005	68. 旼 嬉	
836		21. 均 貞	1315	47. 英 伯				

※ 諱 앞의 數字는 始祖 1世로부터 世代數임.

(2) 始祖 以後 後孫 增加推移

(單位 : 名)

世順	子	女	計	1人當子女	世順	子	女	計	1人當子女	世順	子	女	計	1人當子女
1	1	-	1	1.0	24	9	9	18	3.7	47	244	232	476	2.2
2	1	-	1	1.0	25	17	16	33	1.9	48	280	267	547	2.2
3	1	-	1	1.0	26	17	15	32	1.8	49	322	307	629	2.2
4	1	-	1	1.0	27	16	15	31	2.6	50	370	352	722	2.2
5	1	-	1	4.0	28	22	20	42	2.5	51	425	405	830	2.3
6	2	2	4	3.0	29	29	27	56	2.5	52	488	465	953	2.2
7	3	3	6	1.7	30	37	35	72	2.3	53	561	534	1,095	2.3
8	3	2	5	1.7	31	44	42	86	2.2	54	644	613	1,257	2.2
9	3	2	5	2.0	32	49	47	96	2.2	55	740	705	1,445	2.2
10	3	3	6	2.3	33	55	52	107	2.1	56	850	810	1,660	2.3
11	4	3	7	2.0	34	59	56	115	2.2	57	977	930	1,907	2.2
12	4	4	8	1.3	35	67	64	131	2.3	58	1,122	1,069	2,191	2.2
13	3	2	5	2.0	36	78	74	152	2.2	59	1,289	1,228	2,517	2.2
14	4	2	6	2.3	37	87	83	170	2.3	60	1,480	1,410	2,890	2.3
15	5	4	9	1.6	38	101	96	197	2.2	61	1,701	1,620	3,321	2.3
16	5	3	8	3.2	39	115	109	224	2.1	62	1,954	1,861	3,815	2.2
17	13	3	16	0.4	40	124	118	242	2.1	63	2,244	2,137	4,381	2.2
18	3	2	5	2.3	41	132	126	258	2.1	64	2,578	2,455	5,033	2.2
19	4	3	7	2.8	42	143	136	279	2.1	65	2,961	2,820	5,781	2.2
20	6	5	11	2.8	43	154	147	301	2.2	66	3,402	3,240	6,642	-
21	9	8	17	2.3	44	171	163	334	2.1	累 計	26,658	25,361	52,019	-
22	11	10	21	2.1	45	185	176	361	2.2	世代當 平均	404	384	788	-
23	12	11	23	1.5	46	213	203	416	2.2	1人當子女	1.15	1.09	2.24	-

※ 世代 平均 增加率 : 14.5%

(3) 仁琯 太師公派 行列字

始祖 闕智 世系	太師公 世系	行 列 字	始祖 闕智 世系	太師公 世系	行 列 字
第 57 世	第 17 世	○ 鉉	第 70 世	第 30 世	○ 鎬, ○ 世, ○ 鍾
58	18	-	71	31	淵 ○
59	19	命 ○	72	32	○ 稙, ○ 穆
60	20	泰 ○	73	33	丙 ○, 昌 ○
61	21	○ 簡	74	34	○ 奎
62	22	○ 鎭	75	35	善 ○
63	23	魯 ○	76	36	○ 求
64	24	○ 喜, ○ 載 ○, 秀 ○	77	37	寅 ○
65	25	商 ○, 容 ○	78	38	○ 夏
66	26	○ 濟, ○ 浩	79	39	延 ○
67	27	東 ○, 秉 ○, ○ 元	80	40	○ 錫
68	28	○ 煥, ○ 烈, ○ 冀, 鴻 ○	81	41	溶 ○
69	29	基 ○, 周 ○, 在 ○, ○ 執			

(4) 興德門中 家系

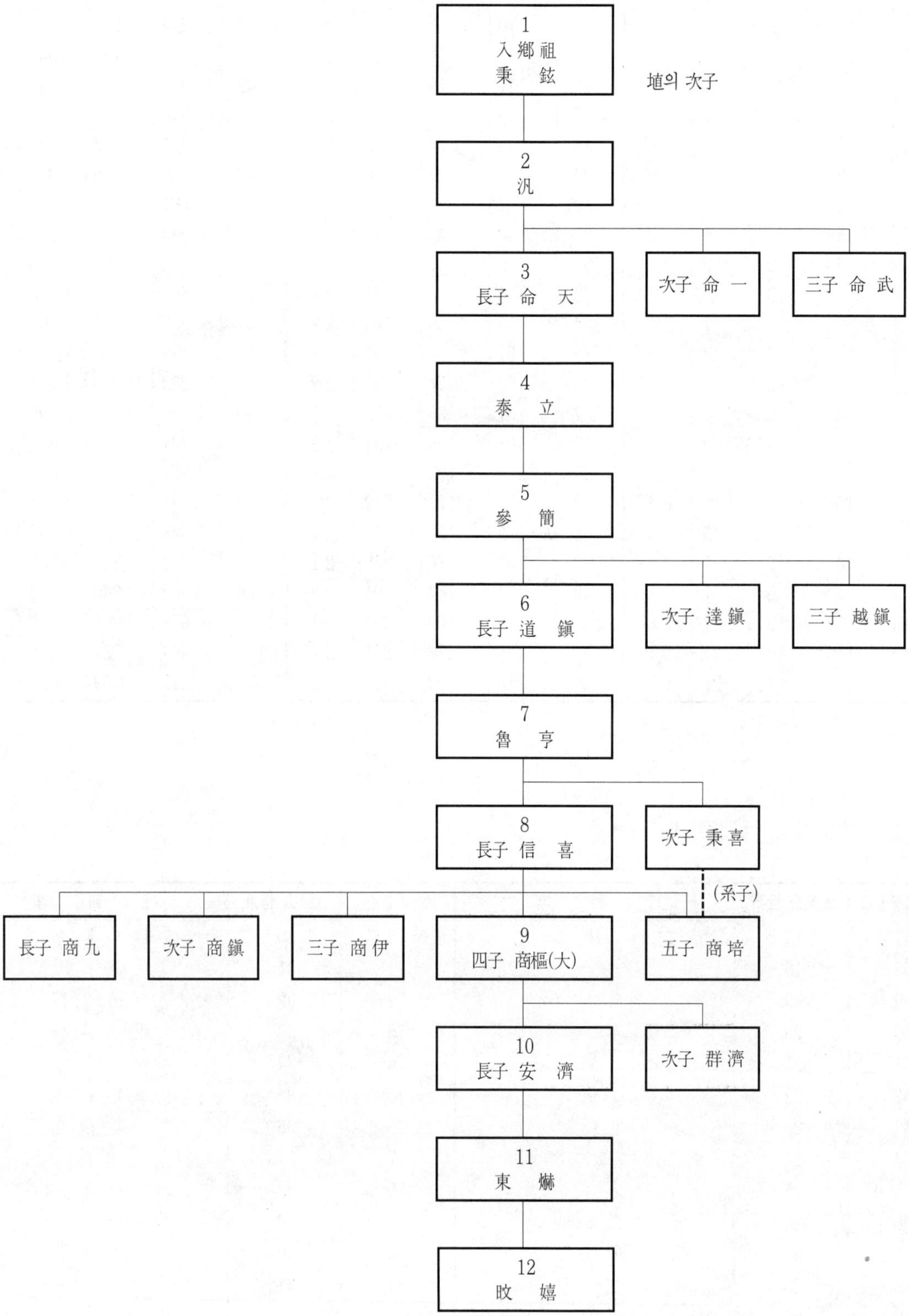
1
入鄕祖
秉 鉉
埴의 次子
2
汎
3
長子 命 天
次子 命 一
三子 命 武
4
泰 立
5
參 簡
6
長子 道 鎭
次子 達鎭
三子 越鎭
7
魯 亨
8
長子 信 喜
次子 秉喜
(系子)
長子 商九
次子 商鎭
三子 商伊
9
四子 商樞(大)
五子 商培
10
長子 安 濟
次子 群濟
11
東 爀
12
旼 嬉

第 3 章 直系 先祖의 略史

□ 總 括 : 時代別 先祖 分布狀況

區分 \ 時代		新羅時代 (57B.C.-935)	高麗時代 (918-1392)	朝鮮時代 (1392-1910)	日帝時代 (1910-1945)	解放以後 (1945-2006)	累計(名,個) (57B.C.-2006)
先代數 (名)	出生基準	1世 - 28世 (28)	29世 - 50世(22)	51世 - 65世(15)	-	-	65
	逝去基準	1世 - 26世 (26)	27世 - 48世(22)	49世 - 63世(15)	64世(1)	65世(1)	65
官職歷任 先代數 (名)		25	21	9	-	-	55
贈號 受號 祖母數 (名)		15	2	7	-	-	24
居 住 地 域		慶州	慶州,堤川,開城	安東,廣州,忠州 淸州, 聞慶	聞慶	聞慶,서울	9
墓 所 位 置		慶州	慶州,長湍,開城 開豊,載寧	廣州,陰城,龍仁 淸原, 聞慶	聞慶	聞慶	10

Ⅰ. 先祖의 生涯와 官職

○ 要 約 : 先祖生涯의 主要分類

(單位 : 名)

項 目	區 分	先祖數	項 目	區 分	先祖數
諱(이름字)의 字數	單 字	10		19	15
	2 字	54		20	11
	3 字	1		26	1
	計	65		31	1
	平 均	1.9字		32	1
出生干支의 띠	子 - 쥐	4		33	2
	丑 - 소	8		34	5
	寅 - 범	5		36	5
	卯 - 토끼	5		37	8
	辰 - 용	4		39	2
	巳 - 뱀	8		40	2
	午 - 말	8		41	4
	未 - 양	3		44	1
	申 - 원숭이	6		71	1
	酉 - 닭	5		計	64
	戌 - 개	4		平 均	28.6歲
	亥 - 돼지	5		※未 詳	始祖 閼智의 父
	計	65	享壽 年限	40 - 49年	3
	最 多	소,뱀,말		50 - 59	25
	最 少	양		60 - 69	16
出生時 父의 年齡	17 歲	2		70 - 79	12
	18	3		80 - 89	8

項目	區分	先祖數
	90 - 99	1
	計	65
	平均	63.9年
	最長	90年(6世 仇道)
	最短	40年(5世 郁甫)
아들兄弟中 順位	長子 및 獨子	50
	次子	9
	第 3 子	3
	第 4 子	3
	計	65
	平均	第 1.4 子
妻의 數	1名	58
	2	6
	3	1
	計	65
	平均	1.1名
直系祖母의 妻로서의 地位	正妻	61
	第 1 後妻	4
	計	65
	※ 後妻를 가진 祖父	28世 敬順王
		50世 根
		62世 道鎭
		64世 信喜

項目	區分		先祖數
子女數	1男	-	36
		1女	2
	2男	-	11
		3女	1
		4女	1
	3男	-	7
		1女	1
	4男	-	2
		1女	1
	5男	-	2
	9男	3女	1
	計		65
	아들平均		1.8男
	딸 平均		0.2女
	子女平均		2子女
官職歷任 先祖數	新羅時代		25
	高麗時代		21
	朝鮮時代		9
	計		55
贈號受號 祖母數	新羅時代		15
	高麗時代		2
	朝鮮時代		7
	計		24

1. 生涯와 時代狀況

(1) 出生과 逝去및 享壽

世	銜字	子順	誕生			逝去			享壽 (滿,歲)
			干支	西紀	時代	干支	西紀	時代	
1	閼智	創	乙丑 3.4	65	新羅 脫解王 9年	乙酉	145	新羅 逸聖王 12年	80
2	勢漢	獨	己亥	99	婆娑王 20年	己酉	169	阿達羅王 16年	70
3	阿道	〃	壬申	132	祇摩王 21年	壬申	192	伐休王 9年	60
4	首留	〃	丙午	166	阿達羅王 13年	丙申	216	奈解王 21年	50
5	郁甫	〃	乙卯	199	奈解王 4年	己未	239	助賁王 10年	40
6	仇道	〃	癸丑	233	助賁王 4年	癸未	323	訖解王 14年	90
7	末仇	3子	甲午	274	味鄒王 13年	庚寅	330	訖解王 21年	56
8	奈勿王	獨	乙亥	315	訖解王 6年	壬寅 2	402	實聖王 1年	87
9	卜好	2子	乙卯	355	訖解王 46年	己卯	439	訥祇王 23年	84
10	習寶	獨	丙申	396	奈勿王 41年	丙辰	476	慈悲王 19年	80
11	智證王	〃	丁丑	437	訥祇王 21年	甲午 7	514	法興王 1年	77
12	眞宗	3子	癸丑	473	慈悲王 16年	己巳	549	眞興王 10年	80

世	銜字	子順	誕生			逝去			享壽(滿,歲)
			干支	西紀	時代	干支	西紀	時代	
13	欽 運	獨	庚寅	510	智證王 11年	乙巳	585	眞平王 7年	75
14	摩 次	〃	丁卯	547	眞興王 8年	庚辰	620	眞平王 42年	73
15	法 宣	〃	癸卯	583	眞平王 5年	丙辰	656	武烈王 3年	73
16	義 寬	〃	庚辰	620	眞平王 42年	辛卯	691	神文王 11年	71
17	魏 文	〃	丙辰	656	武烈王 3年	丁卯	727	聖德王 26年	71
18	孝 讓	〃	癸巳	693	孝昭王 2年	壬寅	762	景德王 21年	69
19	元聖王	〃	己巳	729	聖德王 28年	戊寅12.29	798	元聖王 14年	69
20	禮 英	2子	己丑	749	景德王 8年	丁酉	817	憲德王 9年	68
21	均 貞	〃	己酉	769	惠恭王 5年	丙辰 12	836	僖康王 1年	67
22	神武王	長子	己巳	789	元聖王 5年	己未 7.23	839	神武王 1年	50
23	文聖王	〃	己丑	809	憲德王 1年	丁丑 10.7	857	憲安王 1年	48
24	安	獨	丙午	826	興德王 1年	辛丑	881	憲康王 7年	55
25	敏 恭	長子	甲子	844	文聖王 6年	乙丑	905	孝恭王 9年	61
26	實 虹	獨	辛巳	861	景文王 1年	己丑	929	敬順王 3年	68
27	孝 宗	2子	己亥	879	憲康王 5年	癸丑	953	高麗 光 宗 4年	74
28	敬順王	獨	丁巳	897	孝恭王 1年	戊寅 4.4	978	景 宗 3年	81
29	殷 說	4子	戊辰 3.4	968	高麗 光 宗 19年	戊辰 3.4	1028	顯 宗 19年	60
30	泰 華	長子	丁亥	987	成 宗 6年	丁亥	1047	文 宗 1年	60
31	正 矩	獨	丁未	1007	穆 宗 10年	丙午	1066	文 宗 20年	59
32	繼 蓼	〃	丙寅	1026	顯 宗 17年	乙丑	1085	宣 宗 2年	59
33	漢 公	〃	乙酉	1045	靖 宗 11年	癸未	1103	肅 宗 8年	58
34	壽 西	2子	乙巳	1065	文 宗 19年	壬寅	1122	睿 宗 17年	57
35	永 固	獨	甲子	1084	宣 宗 1年	辛酉	1141	仁 宗 19年	57
36	順 雄	〃	癸未	1103	肅 宗 8年	庚辰	1160	毅 宗 14年	57
37	因 渭	〃	壬寅	1122	睿 宗 17年	己亥	1179	明 宗 9年	57
38	元 軌	2子	壬戌	1142	仁 宗 20年	戊午	1198	神 宗 1年	56
39	承 茂	獨	辛巳	1161	毅 宗 15年	丁丑	1217	高 宗 4년	56
40	瑩	長子	庚子	1180	明 宗 10年	乙未	1235	高 宗 22年	55
41	仁 琯	〃	庚申	1200	神 宗 3年	甲寅	1254	高 宗 41年	54
42	則 麗	獨	己寅	1219	高 宗 6年	癸酉	1273	元 宗 14年	54
43	匹 勾	〃	戊戌	1238	高 宗 25年	壬辰	1292	忠 烈 18年	54
44	貞 裕	〃	戊午	1258	高 宗 45年	辛亥	1311	忠 宣 3年	53
45	宗 誠	〃	丁丑	1277	忠 烈 3年	庚午	1330	忠 肅 17年	53
46	裔	〃	丙申	1296	忠 烈 22年	戊子	1348	忠 穆 4年	52
47	英 伯	〃	乙卯	1315	忠 肅 2年	丁未	1367	恭 愍 16年	52
48	珸	〃	乙亥	1335	忠 肅(復) 4年	丙寅	1386	禑 王 12年	51
49	自 粹	2子	甲午	1354	恭 愍 3年	乙酉 10.10	1405	朝鮮 太 宗 5年	51
50	根	獨	甲寅	1374	恭 愍 23年	乙巳 9.20	1425	世 宗 7年	51
51	永 濡	4子	戊戌	1418	朝鮮 太 宗 18年	乙卯 11.6	1495	燕 山 1年	77
52	薰	長子	丁巳	1437	世 宗 19年	辛酉 9.26	1501	燕 山 7年	64
53	元 弼	〃	甲午	1474	成 宗 5年	乙未 4.17	1535	中 宗 30年	61
54	礪	獨	辛未	1511	中 宗 6年	丁丑 6.11	1577	宣 祖 10年	61
55	汝 贊	2子	戊申	1548	明 宗 3年	己酉 3.15	1609	光 海 1年	61
56	埴	〃	乙酉	1585	宣 祖 18年	己丑 2. 3	1649	仁 祖 27年	64
57	秉 鉉	2子	丙辰 1.15	1616	光 海 8年	丙寅 7.20	1686	肅 宗 12年	70

世	銜字	子順	誕生			逝去			享壽(滿,歲)
			干支	西紀	時代	干支	西紀	時代	
58	汎	獨	壬午 8.25	1642	仁祖 20年	甲午 7.27	1714	肅宗 40年	72
59	命天	長子	戊午 10.8	1678	肅宗 4年	乙丑 10.18	1745	英祖 21年	67
60	泰立	獨	丁酉 9.20	1717	肅宗 43年	丙寅 4.12	1806	純祖 6年	89
61	參簡	〃	丁丑 12.7	1757	英祖 33年	己亥 11.15	1839	憲宗 5年	82
62	道鎭	長子	己酉 11.13	1789	正祖 13年	甲午 3.6	1834	純祖 34年	45
63	魯亨	獨	戊子 10.6	1828	純祖 28年	戊子 6.24	1888	高宗 25年	60
64	信喜	長子	壬戌 8.18	1862	哲宗 13年	戊午 10.21	1918	日帝 9年(大正7年)	56
65	商樞(大)	4子	丙申 6.3	1896	高宗 33年	乙卯 10.10	1975.11.12	韓國 第4共(朴正熙13年)	79
66	安濟	長子	丙子 6.10	1936.7.28	日政 27年(昭和11年)				
67	東爀	獨	戊申 9.22	1968.11.12	韓國 第3共(朴正熙6年)				
68	旼嬉	女	乙酉 8.25	2005.9.28	韓國 第6共(盧武鉉3年)				

(2) 家族 狀況

世順	諱	兄弟中位置	配				子女數
			姓氏	呼名	父	追贈稱號	
1	閼智	獨子	月城 昔氏	摩貞 夫人	昔角造 : 祖父 脫解王	-	1男
2	世漢	〃					〃
3	阿道	〃					〃
4	首留	〃					〃
5	郁甫	〃					〃
6	仇道	〃	慶州 朴氏	述禮 夫人	葛文王 朴伊柒 : 祖父 祇摩王		3男
7	末仇	第3子	慶州 金氏	休禮 夫人			1男
8	奈勿王	獨子	慶州 金氏	保反 夫人	味鄒王	內禮吉怖	3男
9	卜好	次子					1男
10	習寶	獨子	慶州 金氏	烏生 夫人			〃
11	智證王	〃	慶州 朴氏	延帝 夫人	伊飡 朴登欣		3男
12	眞宗	第3子					1男
13	欽運	獨子					〃
14	摩次	〃					〃
15	法宣	〃					〃
16	義寬	〃					〃
17	魏文	〃					〃
18	孝讓	〃	慶州 朴氏	繼烏 夫人	朴昌道	昭文太后	
19	元聖王	〃	慶州 金氏	蓮化 夫人	角干 金神述	淑貞王后	3男
20	禮英	第3子					2男
21	均貞	次子	慶州 朴氏	眞矯 夫人		憲穆太后	2男
			慶州 金氏	照明 夫人	金忠恭		
22	神武王	長子	慶州 朴氏	貞繼 夫人	朴明海	眞從王后 · 定宗太后	4男
23	文聖王	〃	慶州 金氏	昭明 夫人	伊飡 金魏昕	昭憲(昭聖)王后	1男
24	安	獨子					2男
25	敏恭	長子					1男
26	實虹	獨子					2男

世順	諱	兄弟中位置	配				子女數
			姓氏	呼名	父	追贈稱號	
27	孝宗	次子	慶州 金氏	桂娥 夫人		桂娥太后	1男
28	敬順王	獨子	慶州 朴氏	竹房 夫人	神德王		9男3女
			開城 王氏	樂浪 公主	王 建		
			順興 安氏				
29	殷說	第4子	全義 李氏		工部尙書 義興君 李瞻		3男1女
30	泰華	長子					1男
31	正矩	獨子					〃
32	繼蓼	〃					〃
33	漢公	〃					3男
34	壽西	次子					1男
35	永固	獨子					〃
36	順雄	〃	江陵 金氏		金宣喚		〃
37	因渭	〃					2男
38	元軌	次子	驪興 閔氏		閔光鈞		1男
			安東 權氏		權 韙		
39	承茂	獨子					2男
40	瑩	長子					4男
41	仁琯	〃					1男
42	則麗	獨子					〃
43	匹勾	〃					〃
44	貞裕	〃					〃
45	宗誠	〃					〃
46	裔	〃					〃
47	英伯	〃					〃
48	珸	〃	一直 孫氏		清平公 孫洪亮	淑夫人	2男 4女
49	自梓	次子	安東 權氏		權 隨	貞夫人	1男 1女
50	根	獨子	密陽 朴氏		漢城府尹 朴天貴	貞夫人	4男1女
			牛峰 李氏		兵曹參判 李淳	貞夫人	
51	永濡	第 4 子	清州 韓氏		中樞院使 韓瑞龍	貞夫人	5男
52	薰	長子	鎭川 宋氏		郡守 宋翯	貞夫人	2男
53	元弼	〃	南陽 洪氏		洪 廷		1男
54	礪	獨子	廣州 李氏		李 義		2男
55	汝贊	次子	密陽 朴氏				〃
56	埴	〃	延日 鄭氏		通德郎	淑夫人	〃
57	秉鉉	〃	安東 權氏		權義順		1男
58	汎	獨子	金海 金氏		金允熙		3男
59	命天	長子	豊壤 趙氏				1男
60	泰立	獨子	密陽 朴氏				〃
61	參簡	〃	花山 千氏		千錫用		3男
62	道鎭	長子	密陽 朴氏		朴元直		1男 1女
			寧越 嚴氏		嚴秘士		
63	魯亨	獨子	全州 李氏		李元奎	淑夫人	2男
			金海 金氏		金斗漢	淑夫人	
64	信喜	長子	安東 金氏		金炳周		5男
			丹陽 禹氏				
65	商樞	第 4 子	延日 鄭氏		鄭成五		2男 3女

(3) 世孫 體系圖

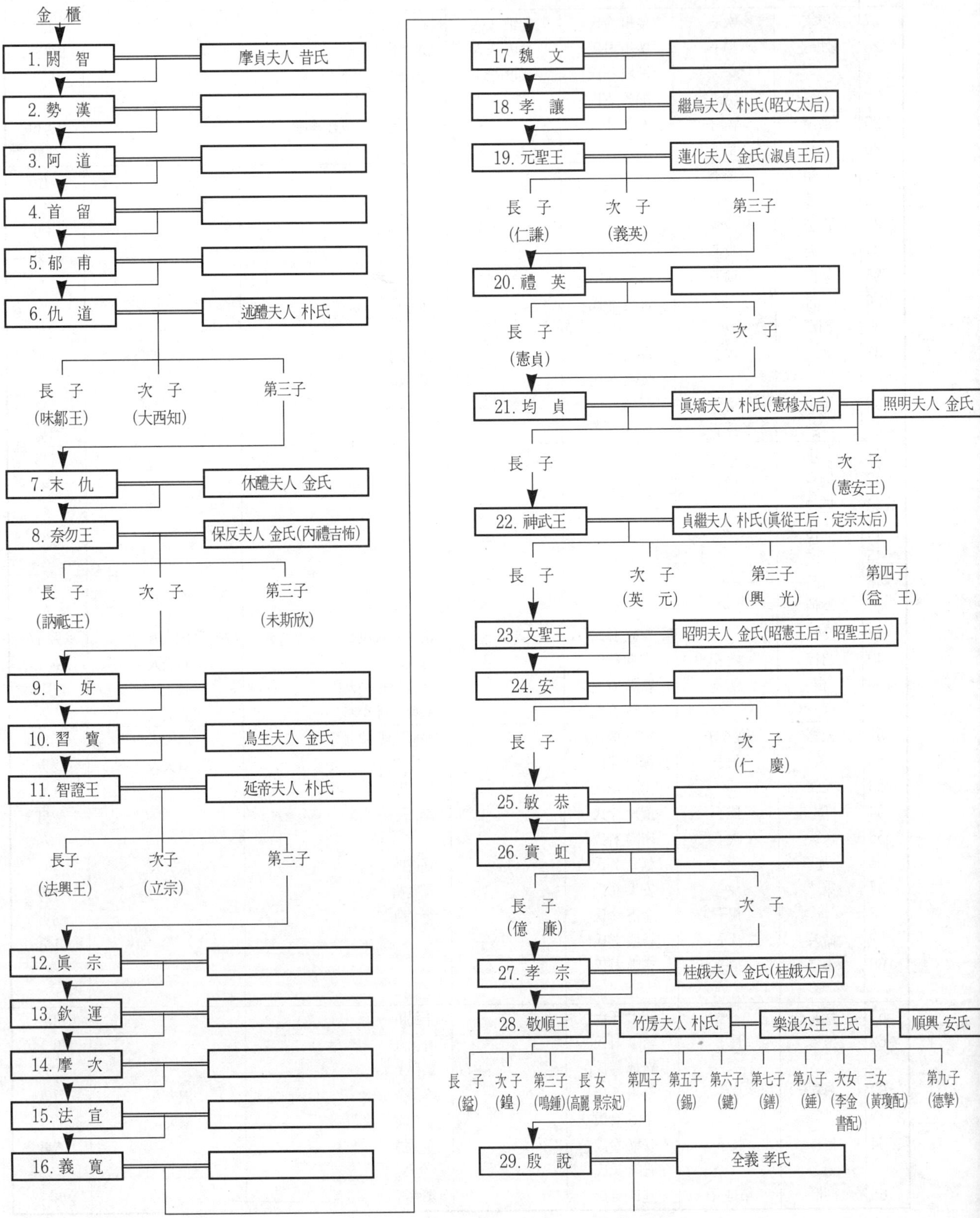

金 櫃
1. 閼 智
摩貞夫人 昔氏
2. 勢 漢
3. 阿 道
4. 首 留
5. 郁 甫
6. 仇 道
述禮夫人 朴氏
長 子 (味鄒王)
次 子 (大西知)
第三子
7. 末 仇
休禮夫人 金氏
8. 奈勿王
保反夫人 金氏(內禮吉怖)
長 子 (訥祇王)
次 子
第三子 (未斯欣)
9. 卜 好
10. 習 寶
鳥生夫人 金氏
11. 智證王
延帝夫人 朴氏
長子 (法興王)
次子 (立宗)
第三子
12. 眞 宗
13. 欽 運
14. 摩 次
15. 法 宣
16. 義 寬
17. 魏 文
18. 孝 讓
繼烏夫人 朴氏(昭文太后)
19. 元聖王
蓮化夫人 金氏(淑貞王后)
長 子 (仁謙)
次 子 (義英)
第三子
20. 禮 英
長 子 (憲貞)
次 子
21. 均 貞
眞嬌夫人 朴氏(憲穆太后)
照明夫人 金氏
長 子
次 子 (憲安王)
22. 神武王
貞繼夫人 朴氏(眞從王后 · 定宗太后)
長 子
次 子 (英 元)
第三子 (興 光)
第四子 (益 王)
23. 文聖王
昭明夫人 金氏(昭憲王后 · 昭聖王后)
24. 安
長 子
次 子 (仁 慶)
25. 敏 恭
26. 實 虹
長 子 (億 廉)
次 子
27. 孝 宗
桂娥夫人 金氏(桂娥太后)
28. 敬順王
竹房夫人 朴氏
樂浪公主 王氏
順興 安氏
長 子 (鎰)
次 子 (鍠)
第三子 (鳴鍾)
長 女 (高麗 景宗妃)
第四子
第五子 (錫)
第六子 (鍵)
第七子 (鐥)
第八子 (錘)
次女 (李金書配)
三女 (黃瓊配)
第九子 (德摯)
29. 殷 說
全義 孝氏

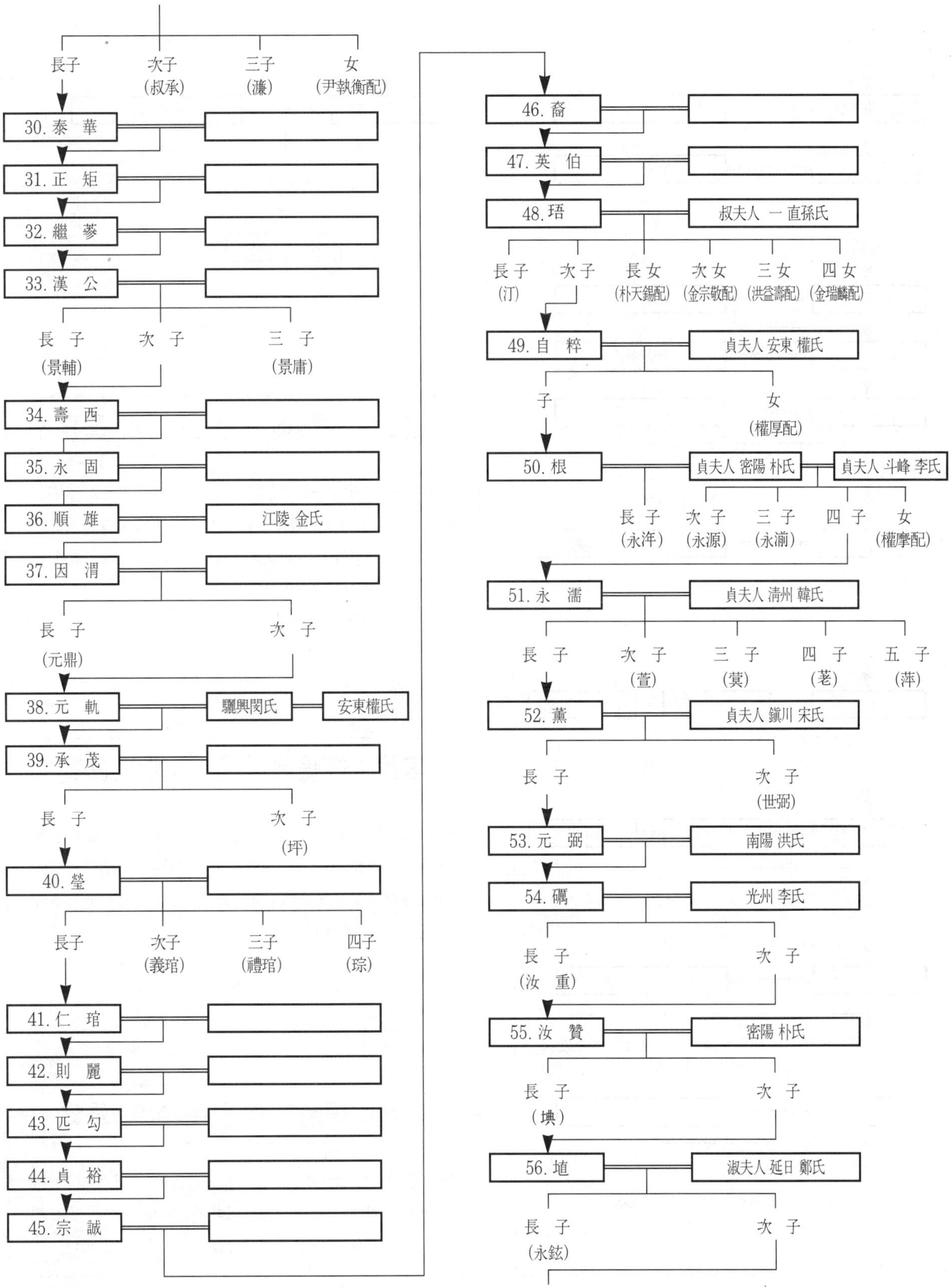

長子
次子 (叔承)
三子 (濂)
女 (尹執衡配)
30. 泰 華
31. 正 矩
32. 繼 蔘
33. 漢 公
長 子 (景輔)
次 子
三 子 (景庸)
34. 壽 西
35. 永 固
36. 順 雄
江陵 金氏
37. 因 渭
長 子 (元鼎)
次 子
38. 元 軌
驪興閔氏
安東權氏
39. 承 茂
長 子
次 子 (坪)
40. 瑩
長子
次子 (義琯)
三子 (禮琯)
四子 (琮)
41. 仁 琯
42. 則 麗
43. 匹 勾
44. 貞 裕
45. 宗 誠
46. 裔
47. 英 伯
48. 珸
叔夫人 一直孫氏
長 子 (汀)
次 子
長 女 (朴天錫配)
次 女 (金宗敬配)
三 女 (洪益壽配)
四 女 (金瑞麟配)
49. 自 粹
貞夫人 安東 權氏
子
女 (權厚配)
50. 根
貞夫人 密陽 朴氏
貞夫人 斗峰 李氏
長 子 (永泮)
次 子 (永源)
三 子 (永湔)
四 子
女 (權摩配)
51. 永 濡
貞夫人 清州 韓氏
長 子
次 子 (萱)
三 子 (蓂)
四 子 (荖)
五 子 (萍)
52. 薫
貞夫人 鎭川 宋氏
長 子
次 子 (世弼)
53. 元 弼
南陽 洪氏
54. 礪
光州 李氏
長 子 (汝 重)
次 子
55. 汝 贊
密陽 朴氏
長 子 (埂)
次 子
56. 埴
淑夫人 延日 鄭氏
長 子 (永鉉)
次 子

57. 秉 鉉 ═ 安東 權氏

58. 汎 ═ 金海 金氏

長 子 / 次 子 (命一) / 三 子 (命武)

59. 命 天 ═ 豊壤 趙氏

60. 泰 立 ═ 密陽 朴氏

61. 參 簡 ═ 花山 千氏

長 子 / 次 子 (達鎭) / 三 男 (越鎭)

62. 道 鎭 ═ 密陽 朴氏 ═ 寧越 嚴氏

子 / 女 (權致榮配)

63. 魯 亨 ═ 淑夫人 全州 李氏 ═ 淑夫人 金海 金氏

長 子 / 次 子 (秉喜)

64. 信 喜 ═ 安東 金氏 ═ 丹陽 禹氏

長子 (商九) / 次子 (商鎭) / 三子 (商伊) / 四子 / 五子 (商培)

65. 商 樞 ═ 延日 鄭氏

長子 / 次子 (群濟) / 長女 (黃在洙配) / 次女 (金仁錫配) / 三女 (許樌 配)

66. 安 濟 ═ 平海 黃氏

子 / 長 女 (文丙基配) / 次 女 (兪宗禛配)

67. 東 爀 ═ 星州 都氏

長 女

68. 旼 嬉

客說 : 經驗에서 얻은 삶의 眞實

人間이 地球를 지배하지 않았다면 어느 動物이 그 자리를 차지했을까? 아마 원숭이가 아니었을까 한다. 앞의 두 발을 비교적 자유로이 사용하고 머리가 다른 動物보다 영리하며, 무엇보다 사람과 같은 祖上을 갖고 있기 때문이다.

客說 : 經驗에서 얻은 삶의 眞實

佛敎나 基督敎에서 天堂 · 極樂 · 煉獄 · 地獄 같은 저승 世界를 설정한 것은 아무도 그 存在의 有無를 알지 못한다는 事實에 착안하여 이승에서의 삶을 올바르게 하라고 미리 겁을 주기 위한 善意의 高度術策이 아닌가 한다.

客說 : 經驗에서 얻은 삶의 眞實

옛날에는 鬼神이 많아서 만나본 사람도 많았고 어려움을 당한 사람도 있었다고 한다. 그런데 지금은 어디 갔는지 영 볼 수가 없다. 한번 만나봤으면 싶다. 생긴 모습도 궁금하고 물어볼 말도 있다.

(4) 出生 · 逝去時 世界時代

祖孫과 生·沒		東洋世界時代					西洋世界時代				
祖孫	西紀	韓半島			中國	日本	로마,美國	프랑스	英國	獨逸	러시아
		新羅(王)	高句麗(王)	百濟(王)	(皇帝·帝·王)	(天皇)	로마帝國(皇帝)				
1. 閼智 生	65	脫解9	太祖13	多婁38	東漢(後漢) 明帝 9	垂仁 95	Nero 12				
2. 勢漢 生	99	婆娑20	〃 47	己婁23	和帝12	景行 29	Trajan 2				
3. 阿道 生	132	祇摩21	〃 80	蓋婁 5	順帝 2	成務 2	Hadrian 16				
1. 閼智 沒	145	逸聖21	〃 93	〃 18	沖帝 2	〃 15	Antoninus Pius 8				
4. 首留 生	166	阿達羅13	新大 2	肖古 1	桓帝21	〃 36	Marcus Aurelius 6				
2. 勢漢 沒	169	〃 16	〃 6	〃 4	靈帝 2	〃 39	〃 9				
3. 阿道 沒	192	伐休 9	故國川 14	〃 27	獻帝 4	仲哀 1	Commodus 17				
5. 郁甫 生	199	奈解 4	山上 3	〃 34	〃 11	〃 8	Septimus Severus 7				
4. 首留 沒	216	〃 21	〃 20	仇首 3	〃 28	神功黃后16	Caracalla 19				
6. 仇道 生	233	助賁 4	東川 7	〃 20	蜀漢 後主 11	〃 33	Alexander Sevelus 12				
5. 郁甫 沒	239	〃 10	〃 13	古爾 6	〃 17	〃 39	Gordian Ⅲ 2				
7. 末仇 生	274	味鄒13	西川 5	〃 41	西晋 武帝10	應神 5	Aurelian 5				
8. 奈勿王 生	315	訖解 6	美川16	比流12	愍帝 3	仁德 3	東로마帝國 Licinius 8				
6. 仇道 沒	323	〃 14	〃 24	〃 20	東晋 明帝 2	〃 11	〃 16				
7. 末仇 沒	330	〃 21	〃 31	〃 27	成帝 6	〃 18	Constantine Ⅰ 19				
9. 卜好 生	355	〃 46	故國原25	近肖古10	東晋 穆帝11 前秦 壽光1	〃 43	Constantius Ⅱ 19				
10. 習寶 生	396	奈勿41	廣開土 6	阿莘 5	孝武帝24 北魏 皇始1	〃 84	Arcadius 2				
8. 奈勿王 沒	402	實聖1	〃 12	〃 11	安帝6 天興5	履中 3	〃 8	프랑크王國(王)			
11. 智證王 生	437	訥祇21	長壽25	毗有11	文帝14 太武帝14	允恭 26	Theodosius Ⅱ 30	Clogio 10			
9. 卜好 沒	439	〃 23	〃 27	〃 13	〃 16 〃 16	〃 28	〃 32	〃 12			
12. 眞宗 生	473	慈悲16	〃 61	蓋鹵19	宋 後廢帝1 孝武帝3	雄略 18	Leo Ⅰ 17	Childerich Ⅰ 16			
10. 習寶 沒	476	〃 19	〃 64	文周2	〃 4 〃 6	〃 21	비잔틴 帝國 Zeno 3	〃 19			
13. 欽運 生	510	智證11	文咨19	武寧10	梁 武帝9 宣武帝11	繼體 4	Anastasius Ⅰ 20	Clovis Ⅰ 30			
11. 智證王 沒	514	法興 1	〃 23	〃 14	〃 13 〃 15	〃 8	〃 24	Chlothar Ⅰ 4			
14. 摩次 生	547	眞興 8	陽原 3	聖 25	〃 46 西魏 文帝13	欽明 9	Justinian Ⅰ 21	〃 37			
12. 眞宗 沒	549	〃 10	〃 5	〃 27	〃 48 〃15	〃 11	〃 23	〃 39			
15. 法宣 生	583	眞平 5	平原25	威德30	陳 後主1 隋 文帝13	敏達 12	Maurice Tiberius 2	Chilperich Ⅰ 23			
13. 欽運 沒	585	〃 7	〃 27	〃 32	〃 3 〃 5	用明 1	〃 4	Chlothar Ⅱ 2			
16. 義寬 生	620	〃 42	榮留3	武 21	唐 高祖3	推古 28	Heraclius 11	〃 37			
14. 摩次 沒	620	〃 42	〃 3	〃 21	〃 3	〃 28	〃 11	〃 37			
17. 魏文 生	656	武烈3	寶藏15	義慈16	高宗7	齊明 2	Constans Ⅱ 16	Clovis Ⅱ 19			

祖孫과 生·沒		東洋世界時代					西洋世界時代				
祖孫	西紀	韓半島			中國	日本	로마,美國	프랑스	英國	獨逸	러시아
15.法宣 沒	656	武烈 3	寶藏 15	義慈 16	唐 高宗 7	齊明 2	Constans Ⅱ 16	Clovis Ⅱ 19			
16.義寬 沒	691	神文11	-	-	中宗 8	持統 6	Justinian Ⅱ Rhinotmetus 7	Clovis Ⅲ 1			
18.孝讓 生	693	孝昭 2	-	-	〃 10	〃 8	〃 9	〃 3			
17.魏文 沒	727	聖德26	-	-	玄宗15	聖武 4	Leo Ⅲ 11	Thierry Ⅳ 6			
19.元聖王 生	729	〃 28	-	-	〃 17	〃 6	〃 13	〃 8			
20. 禮英 生	749	景德 8	-	-	〃 37	孝謙 1	Constantin Ⅴ Copronymus 9	Childerich Ⅲ 9			
18.孝讓 沒	762	〃 21	-	-	肅宗 6	淳仁 5	〃 22	西프랑크王國 Peppin 12			
21.均貞 生	769	惠恭 5	-	-	代宗 7	稱德 6	〃 29	Charlemagne 2			
22.神武王 生	789	元聖 5	-	-	德宗10	桓武 9	Constantine Ⅵ 10	〃 22			
19.元聖王 沒	798	〃 14	-	-	〃 19	〃 18	〃 19	〃 31	大英帝國(王)	神聖 로마帝國(皇帝)	
23.文聖王 生	809	憲德 1	-	-	憲宗 4	嵯峨 1	Nicephorus Ⅰ 8	〃 42	Egbert 8	Charles Ⅰ 10	
20.禮英 沒	817	〃 9	-	-	〃 12	〃 9	Leo Ⅴ 5	Louis Ⅰ 4	〃 16	Louis Ⅰ 4	
24.安 生	826	興德 1	-	-	敬宗 2	淳和 4	Michael Ⅱ Balbus 7	〃 13	〃 24	〃 13	
21.均貞 沒	836	僖康 1	-	-	文宗10	仁明 4	Theophilus 8	〃 23	〃 35	〃 23	
22.神武王 沒	839	神武 1	-	-	〃 13	〃 7	〃 11	〃 26	〃 38	〃 26	
25.敏恭 生	844	文聖 6	-	-	武宗 4	〃 12	Michael Ⅲ 3	Charles Ⅰ 5	Aethelwulf 6	Lothair Ⅰ 2	
23.文聖王 沒	857	憲安 1	-	-	宣宗11	文德 8	〃 16	〃 18	Aethelbald 2	Louis Ⅱ 3	
26.實虹 生	861	景文 1	-	-	懿宗 2	淸和 4	〃 20	〃 22	Aethelberht 2	〃 7	러시아帝國(皇帝)
27.孝宗 生	879	憲康 5	-	-	僖宗 6	陽成 4	Basil Ⅰ 13	Louis Ⅱ 3	Alfred the Great 9	(皇帝不在)	Rurik 18
24.安 沒	881	〃 7	-	-	〃 8	〃 6	〃 15	Louis Ⅲ 3	〃 11	Charles Ⅲ 1	Oleg 2
28.敬順王 生	897	孝恭 1	-	-	昭宗 9	醍醐 1	Leo Ⅵ 12	Eudes 11	〃 27	Lambert 4	〃 18
25.敏恭 沒	905	〃 9	-	-	〃 17	〃 9	〃 20	Charles Ⅲ 13	Edward the Elder 7	Louis Ⅲ 5	〃 26
26.實虹 沒	929	敬順 3	-	-	後唐 明宗4 契丹 太宗4	〃 33	Constantine Ⅶ Porphyrogenitus 17	Rodolph Ⅱ 7	Athelstan 5	Henry Ⅰ 11	Igor Ⅰ 18
		高麗(王)									
27.孝宗 沒	953	光宗 4			後周 太祖3 遼 穆宗3	村上 8	〃 41	Louis Ⅳ 18	Eadred 8	Otto Ⅰ 18	Svyatoslav 9
29.殷說 生	968	〃 19			宋 太祖 9 〃 18	冷泉 2	Nicephorus Ⅱ Phocas 6	Lothair 15	Edgar 10	〃 33	〃 24
28.敬順王 沒	978	景宗 3			〃 3 景宗10	圓融10	Basil Ⅱ	〃 25	Edward the Martyr 4	Otto Ⅱ 6	Yaropolk 6

祖孫과 生·沒		東洋世界時代			西洋世界時代				
祖孫	西紀	韓半島	中國	日本	로마,美國	프랑스	英國	獨逸	러시아
					Bulgaroctonus 3	프랑스王國			
30.泰華 生	987	成宗 6	宋 太宗12 契丹 聖宗5	一條 2	〃 12	Hugues Capét 1	Ethelred Ⅱ	Otto Ⅲ 5	Vladimir Ⅰ 8
31.正矩 生	1007	穆宗10	眞宗10 〃 25	〃 22	〃 32	Robert Ⅱ 12	the Unready 10		
							〃 30	Henry Ⅱ 6	〃 28
32.繼蔘 生	1026	顯宗17	仁宗 4 〃 44	後一條11	Constantine Ⅷ 2	〃 31	Canute 11	Conrad Ⅱ 3	Yaroslav Ⅰ 8
29.殷說 沒	1028	〃 19	〃 6 〃 46	〃 13	Romanus Ⅲ	〃 33	〃 13	〃 5	〃 10
					Argyrus 1				
33.漢公 生	1045	靖宗 11	〃 23 興宗15	後冷泉 1	Zoe 4	Henri Ⅰ 15	Edward the	Henry Ⅲ 7	〃 27
							Confessor 4		
30.泰華 沒	1047	文宗 1	〃 25 〃 17	〃 3	〃 6	〃 17	〃 6	〃 9	〃 29
34.壽西 生	1065	〃 19	英宗 2 遼 道宗11	〃 21	Constantine Ⅹ	Philippe Ⅰ 6	〃 24	Henry Ⅳ 10	Izyaslav 12
31.正矩 沒	1066	〃 20	〃 3 〃 12	〃 22	Ducas 7				
35.永固 生	1084	宣宗 1	神宗17 〃 30	白 河13	〃 8	〃 7	〃 25	〃 11	〃 13
32.繼蔘 沒	1085	〃 2	〃 18 〃 31	〃 14	Alexius Comnenus4	〃 25	William Ⅰ	Hermann 4	Vsevold 7
							the Conqueror 19		
36.順雄 生	1103	肅宗 8	徽宗 3 天祚帝 3	堀 河18	〃 5	〃 26	〃 20	〃 5	〃 8
33.漢公 沒	1103	〃 8	〃 3 〃 3	〃 18	〃 23	〃 44	Henry Ⅰ 4	(皇帝 不在)	Svyatopolk 11
					〃 23	〃 44	〃 4	〃	〃 11
37.因渭 生	1122	〃 17	〃 22 金 太祖8	鳥 羽16	John Ⅱ Comnenus 5	Louis Ⅵ 15	〃 23	Henry Ⅴ 18	Vladimir Ⅱ 10
34.壽西 沒	1122	睿宗17	〃 22 〃 8	〃 16	〃 5	〃 15	〃 23	〃 18	〃 10
35.永固 沒	1141	仁宗19	南宋 高宗15 熙宗 1	近 衛 1	〃 24	Louis Ⅶ 5	Stephen 7	Conrad Ⅲ 4	Vsevold 3
38.元軌 生	1142	〃 20	〃 16 〃 2	〃 2	〃 25	〃 6	〃 8	〃 5	〃 4
36.順雄 沒	1160	毅宗14	〃 34 海陵王12	二 條 3	Manuel Ⅰ Comnenus 18	〃 24	Henry Ⅱ 7	Frederick Ⅰ 9	Andrei Begelyubskii 4
39.承茂 生	1161	〃 15	〃 35 世宗 1	〃 4	〃 19	〃 25	〃 8	〃 10	5
37.因渭 沒	1179	明宗 9	孝宗17 〃 19	高 倉12	〃 37	〃 43	〃 26	〃 28	Vsevolod 4
40.瑩 生	1180	〃 10	〃 18 〃 20	安 德 1	Alexius Ⅱ	Philippe Ⅱ 1	〃 27	〃 29	〃 5
					Comnenus 1				
38.元軌 沒	1198	神宗 1	寧宗 4 章宗 9	土御門 1	Alexius Ⅲ	〃 19	Richard Ⅰ 10	Philip 1	〃 23
					Angelus 4				
41.仁琯 生	1200	〃 3	〃 6 〃 11	〃 3	〃 6	〃 21	John 2	〃 3	〃 25
39.承茂 沒	1217	高宗 4	〃 23 蒙古 太祖12	順 德 8	Peter 1	〃 38	Henry Ⅲ 2	Frederick Ⅱ 3	Yurii 6
42.則麗 生	1219	〃 6	〃 25 〃 14	〃 10	Robert 1	〃 40	〃 4	〃 5	Yurii (Re)2

祖孫과 生·沒		東洋世界時代			西洋世界時代				
祖孫	西紀	韓半島	中國	日本	로마,美國	프랑스	英國	獨逸	러시아
40.瑩 沒	1235	高宗 22	理宗11 太宗 7	四 條 4	Boldwin Ⅱ 8	LouisⅨ 10	Henry Ⅲ 20	Frederick Ⅱ 21	Yurii(Re) 18
43.匹勾 生	1238	〃 25	〃14 〃10	〃 7	〃 11	〃 13	〃 23	〃 24	Yaroslav 1
41.仁琯 沒	1254	〃 41	〃30 憲宗 4	後深草 9	〃 27	〃 29	〃 39	Henry Raspe 8	Aleksandr Nevskii 3
44.貞裕 生	1258	〃 45	〃34 〃 8	〃 13	〃 31	〃 33	〃 43	Richard 2	〃 7
42.則麗 沒	1273	元宗 14	慶宗 9 元 世祖14	龜 山14	Michael Ⅷ	Philippe Ⅲ 4	Edward Ⅰ 2	Alfonso 17	Vasilii 2
					Palaeologus13				
45.宗誠 生	1277	忠烈 3	端宗 2 〃18	後宇多 4	〃 17	〃 8	〃 6	Rudolf Ⅰ 5	Andrei 2
43.匹勾 沒	1292	〃 18	元 世祖33	伏 見 6	Andronicus Ⅱ	PhilippeⅣ 8	〃 21	Adolf 1	Daniil 10
					Palaeologus 11				
46.裔 生	1296	〃 22	成宗 2	〃 10	〃 15	〃 12	〃 25	〃 5	〃 14
44.貞裕 沒	1311	忠宣 3	武宗 4	花 園 1	〃 30	〃 27	Edward Ⅱ 5	Henry Ⅶ 4	Yurii 9
47.英伯 生	1315	忠肅 2	仁宗 4	〃 8	〃 34	Louis Ⅹ 2	〃 9	Frederick(Ⅲ) 2	〃 13
45.宗誠 沒	1330	〃 17	文宗 1	後醒 13	Andronicus Ⅲ	PhilippeⅥ 3	Edward Ⅲ 4	Louis Ⅳ 17	Ivan Ⅰ 6
					Palaeologus 3				
48.琣 生	1335	〃(復)4	順帝 3	〃 18	〃 8	〃 8	〃 9	〃 22	〃 11
46.裔 沒	1348	忠穆 4	〃 16	後村上 10	John Ⅴ Palaelogus 8	〃 21	〃 22	Charles Ⅳ 3	Simeon Gordyi 8
49.自粹 生	1354	恭愍 3	〃 22	〃 16	〃 14	Jean Ⅱ 5	〃 28	〃 9	Ivan Ⅱ 2
47.英伯 沒	1367	〃 16	〃 35	〃 29	〃 27	Charles Ⅴ 4	〃 41	〃 22	Dimitrii Donskoi 9
50.根 生	1374	〃 23	明 太祖 7 北元 昭宗 1	長 慶 7	〃 34	〃 11	〃 48	〃 29	〃 16
48.琣 沒	1386	禑 12	〃 19 脫古帖木兒 8	後龜山 4	John Ⅴ	Charles Ⅵ 7	Richard Ⅱ 10	Wenceslas 9	〃 28
					Palaeologus 8				
		朝鮮(王,君,皇帝)							
49.自粹 沒	1405	太宗 5	成祖 3	後小松14	Manuel Ⅱ	〃 26	Henry Ⅳ 7	Rupert 6	Vasilii Ⅰ 17
					Palaeologus 15				
51.永濡 生	1418	〃 18	〃 16	稱 光 7	〃 28	〃 39	Henry Ⅴ 6	Sigismund 9	〃 30
50.根 沒	1425	世宗 7	仁宗 1	〃 14	JohnⅧ Palaelogus 5	Charles Ⅶ 4	Henry Ⅵ 4	〃 16	Vasilii Ⅱ 1
52.薫 生	1437	〃 19	英宗 2	後花園10	〃 17	〃 16	〃 16	〃 28	〃 13
53.元弼 生	1474	成宗 5	憲宗10	後土御門11		Louis Ⅺ 14	Edward Ⅳ 4	Frederick Ⅲ 35	Ivan Ⅲ 13
51.永濡 沒	1495	燕山 1	孝宗 8	〃 32		Charles Ⅷ 13	Henry Ⅶ 13	Maximilian Ⅰ 3	〃 34
52.薫 沒	1501	〃 7	〃 14	後柏原 2		Louis Ⅻ 4	〃 19	〃 9	〃 40
54.礪 生	1511	中宗 6	武宗 6	〃 12		〃 14	Henry Ⅷ 3	〃 19	Vasilii Ⅲ 7
53.元弼 沒	1535	〃 30	世宗14	後奈良10		François Ⅰ 21	〃 27	Charles Ⅴ 17	Ivan Ⅳ 3

祖孫과 生·沒		東洋世界時代			西洋世界時代				
祖孫	西紀	韓半島	中國	日本	로마,美國	프랑스	英國	獨逸	러시아
55.汝贊 生	1548	明宗 3	世宗27	後奈良 23		Henri Ⅱ 2	EdwardⅥ 2	Chares Ⅴ 30	Ivan Ⅳ 16
54.礪 沒	1577	宣祖10	神宗 5	正親町21		Henri Ⅲ 4	Elizabeth Ⅰ 20	Rudolf Ⅱ 2	〃 45
56.埴 生	1585	〃 18	〃 13	〃 29		〃 12	〃 28	〃 10	Fëdor Ⅰ 2
55.汝贊 沒	1609	光海 1	〃 37	後陽成24		Henri ⅠⅣ 21	James Ⅰ 7	〃 34	Vasilii Ⅳ 4
57.秉鉉 生	1616	〃 8	〃 44 後金 太祖1	後水尾 6		Louis XⅢ 7	〃 14	Matthias 5	Mikhail Romanov 4
58.汎 生	1642	仁祖20	毅宗15 清 太宗7	明 正14		〃 33	Charles Ⅰ 18	Ferdinand Ⅲ 6	〃 30
56.埴 沒	1649	〃 27	永明 3 世祖6	後光明 7		Louis XⅣ 7	〃 25	〃 13	Aleksei 5
59.命天 生	1678	肅宗 4	清 聖祖17	靈 元 16		〃 36	Charles Ⅱ 19	Leopold Ⅰ 21	Fëdor Ⅲ 3
57.秉鉉 沒	1686	〃 12	〃 25	〃 24		〃 44	James Ⅱ 2	〃 29	Ivan Ⅴ 5
58.汎 沒	1714	〃 40	〃 53	中御門 6		〃 72	Anne 13	CharlesⅥ 4	Pëtr Ⅰ 33
60.泰立 生	1717	〃 43	〃 56	〃 9		Louis XⅤ 3	George Ⅰ 4	〃 7	〃 36
59.命天 沒	1745	英祖21	高宗10	櫻 町 11		〃 31	George Ⅱ 19	Francis Ⅰ 1	Elizaveta 5
61.參簡 生	1757	〃 33	〃 22	桃 園 11	美合衆國(大統領)	〃 43	〃 31	〃 13	〃 17
62.道鎭 生	1789	正祖13	〃 54	光 格 11	George Washington 1	Louis XⅥ 16	George Ⅲ 30	Joseph Ⅱ 25	Ekaterina Ⅱ 28
60.泰立 沒	1806	純祖 6	仁宗11	〃 28	Thomas	帝政(皇帝)	〃 47	Francis Ⅱ 25	Aleksandr Ⅰ 6
					Jefferson 6	Napoléon Ⅰ 3		獨逸王國(王)	
63.魯亨 生	1828	〃 28	宣宗 8	仁 孝 12	John Q. Adams 4	王政(王) Charles X 5	George Ⅳ 9	Friedrich Wilhelm Ⅲ 32	Nikolai Ⅰ 4
62.道鎭 沒	1834	〃 34	〃 14	〃 18	Andrew Jackson 6	Louis Philippe 5	William Ⅳ 5	〃 38	〃 10
61.參簡 沒	1839	憲宗 5	〃 19	〃 23	Martin V. Buren 3	〃 10	Victoria 3	〃 43	〃 15
64.信喜 生	1862	哲宗13	穆宗 1	孝 明 17	Abraham Lincoln 2	帝政(皇帝) Nepoléon Ⅲ 11	〃 26	Wilhelm Ⅰ 2	Aleksandr Ⅱ 8
63.魯亨 沒	1888	高宗25	德宗14	明 治 32	Grover Cleveland 4	共和制(大統領) M.F.S Carnot 2	〃 52	Friedrich Ⅲ 1	Aleksandr Ⅲ 8
65.商樞 生	1896	〃 33	〃 22	〃 30	Grover Cleveland(Re) 4	F.F. Faure 2	〃 60	Wilhelm Ⅱ 9	Nikolai Ⅱ 3
		日 帝(天皇)							소비에트聯邦共和國
64.信喜 沒	1918	大正 7	中國 7 孫文	大 正 7	Woodrow Wilson 6	R.Poincaré 6	George Ⅴ 9	〃 31	Vladimir Ⅰ Lenin (議長) 2
66.安濟 生	1936	昭和11	蔣介石12	昭 和 11	Franklin D. Roosevelt 4	A.Lebrun 5	〃 27	獨逸帝國(總統)	Iosif Ⅴ
								Adolf Hitler 3	Stalin(元首) 13
		韓 國(大統領)							
67.東櫶 生	1968	朴正熙 6	〃 44 中共 毛澤東 20	〃 43	Lyndon B. Johnson 6	De Gaulle 10	Elizabeth Ⅱ 17	獨逸共和國(大統領)	Leonid Ⅰ
								Heinrich Lübke 10	Brezhnev(書記長) 5
65.商樞 沒	1975	〃 13	〃 51 〃 27	〃 50	Gerald R. Ford 2	Giscard Déstaing 2	〃 24	Walter Scheel 2	〃 12

(5) 生涯中 主要發生 事項

世順(年度)	諱	本人 및 家族事項	國內 및 國際事項
第 1世 (65-145)	閼智	· 新羅 脫解王 9年(65 乙丑) 3月 4日 金城(慶州) 始林(후에 鷄林)의 金櫃 안에서 태어나다. · 脫解王의 養子가 되고 金氏라는 姓을 하사받다. · 昔角造의 딸이자 脫解王의 손녀인 摩貞夫人 昔氏와 결혼하다. · 1男(勢漢)의 자식을 두다. · 逸聖王 12年(145乙酉)에 80歲를 일기로 서거하여 慶州 鷄林 山丹爐에 火形으로 안장되다. · 大輔 追尊世祖王의 位號를 받다. · 新羅金氏 및 慶州金氏의 始祖가 되다.	· 65年- 新羅의 國號를 鷄林으로 하다. · 68年- 로마의 네로皇帝 자살하고 知事 가르바가 皇帝로 즉위하다. · 70年- 로마의 大圓型劇場 콜로세움(Colosseum)을 착공하다. · 77年- 新羅, 伽倻와 黃山津口에서 크게 싸우다. · 79年- 베수비어스(Vesuvius)火山 폭발로 폼페이(Pompeii)市가 매몰되다. · 96年- 희랍 傳記作家 플루타크(Plutarchos)의 全盛期를 맞다. · 108年- 新羅, 比只, 多伐 · 草八의 3國을 병합하다. · 116年- 로마의 版圖가 최대로 넓어지다. · 132年- 百濟, 北漢山城을 쌓다. · 135年- 로마가 예루살렘을 파괴하고 이로부터 유대人의 流浪生活이 시작되다.
第 2世 (99-169)	勢漢 (一諱 熱漢)	· 新羅 婆娑王 20年(99 己亥) 慶州에서 태어나다. · 匝干(官3位, 次官級), 伊飡(官2位,長官級)의 벼슬을 하고 居西干(王)의 諡號를 받다. · 1男(阿道)의 자식을 두다. · 阿達羅王 16年(169 乙酉)에 70歲로 서거하여 慶州에 안장되다.	· 147年- 로마 建國 100年祭를 거행하다. · 156年- 新羅, 聞慶새재에 鷄立嶺路를 개통하다. · 158年- 新羅, 竹嶺路를 개통하다. · 165年- 中國, 처음으로 田畝의 稅金을 징수하다. · 167年- 疫病이 세계적으로 유행하다. - 百濟 肖古王, 新羅의 서쪽을 치다.
第 3 世 (132-192)	阿道 (一諱 阿都)	· 新羅 祇摩王 21年(132 壬申)에 慶州에서 태어나다. · 波干 波珍飡(官4位, 次官補級)의 벼슬을 지내고 伊飡(官2位,長官級)에 까지 이르다. · 1男(首留)의 자식을 두다 · 伐休王 9年(192 壬申)에 60歲로 서거하여 慶州에 묻히다.	· 177年- 로마皇帝, 갈리아의 基督教徒를 박해하다. · 184年- 中國에 黃巾賊이 봉기하여 曹操등이 이를 쳐부수다. · 185年- 新羅,召文國을 치다. · 189年- 사라센族, 처음으로 歷史에 나타나다. · 191年- 高句麗 故國川王, 左司慮의 모반을 평정하고 乙巴素를 國相으로 삼다.
第 4 世 (166-216)	首留 (一諱 壽留)	· 新羅 阿達羅王 13年 (166 丙午)에 慶州에서 태어나다. · 伊伐飡(官1位, 副總理級)의 벼슬을 지내고 官1位의 角干에 까지 오르다. · 1男(郁甫)의 아들을 두다. · 奈解王 21年(216 丙申)에 50歲로 서거하여 慶州에 안장되다.	· 206年- 公孫康, 樂浪郡 남부를 나누어 帶方郡을 설치하다. · 207年- 劉備, 諸葛孔明을 만나다. · 209年- 高句麗, 丸都로 도읍을 옮기다. · 215年- 로마皇帝 카라칼라(Caracalla), 全國民에게 로마市民權을 주다. · 216年- 曹操, 魏王이 되어 孫權을 치다.
第 5 世 (199-239)	郁甫 (一諱 郁輔)	· 新羅 奈解王 4年 (1992 乙卯)에 慶州에서 태어나다. · 伊伐飡의 벼슬을 지내고 角干에 까지 오르다. · 1男(仇道)의 아들을 두다. · 助賁王 10年 (239 己未)에 40歲로 서거하여 慶州에 묻히다.	· 221年- 劉備, 蜀의 昭烈皇帝에 즉위하다. · 225年- 印度의 쿠샨(貴霜-大月氏)王朝 멸망하다. · 227年- 公明, 出師表를 올리고 魏나라를 치다. · 231年- 新羅, 甘文國을 멸하다. · 236年- 骨伐國, 新羅에 투항하다. · 238年- 高句麗, 출병하여 司馬懿를 도와 公孫淵을 격파하다.
第 6 世 (233-323)	仇道 (一諱	· 新羅 助賁王 4年 (233 癸丑)에 慶州에서 태어나다. · 葛文王 朴伊柒의 딸이자 祇摩王의 손녀인 述禮夫人 朴	· 241年- 처음으로 歷史에 나타난 프랑크人, 갈리아(Galia)에 침입하다.

世順(年度)	諱	本人 및 家族事項	國內 및 國際事項
	俱道)	氏와 결혼하다. · 3男(味鄒王, 大西知, 末仇)의 아들을 두다. · 벼슬은 波珍飡(一吉飡)에 이르다. · 伐休王 2年에 左君主가 되어 召文國을 討平하고, 同王 5年에는 母山城과 拘壤에 침입한 百濟軍과 싸워 크게 이기다. · 同王 7年에 百濟軍을 圓山鄕과 缶谷城에서 물리치고 敵地인 蛙山까지 진격하였다가 敵軍의 반격으로 패전함에 이에 책임을 지고 缶谷城主로 貶官되다. · 訖解王 14年(323 癸未)에 90歲로 서거하여 慶州에 안치되다. · 아들 味鄒가 王이 되어 葛文王으로 追尊되다.	· 247年- 高句麗, 平壤城을 쌓다. · 274年- 樂浪 등 漢四郡, 晋의 平州에 속하게 되다. - 페르시아의 마니(Mani), 마니敎(Manichaeism)를 創道하다. · 280年- 中國, 吳나라가 멸망하여 天下統一이 되다. · 285年- 百濟의 博士 王仁, 日本에 論語, 千字文을 전하다. · 286年- 로마帝國, 東西로 양분되다. · 297年- '三國志'의 저자 陳壽 죽다. · 307年- 新羅, 國號를「鷄林」에서「新羅」로 고치다. · 313年- 高句麗, 樂浪郡을 쳐서 멸망시키고 통합하다. · 314年- 高句麗, 帶方郡을 치다. · 316年- 中國 西晋, 4王 52年으로 멸망하다. · 320年- 高句麗, 遼東을 치다. · 323年- 로마皇帝 콘스탄티누스 1世(Constantinus Ⅰ), 로마 帝國을 다시 통일하다.
第 7 世 (274-330)	末仇 (一諱 末屈)	· 新羅 味鄒王 13年(274 甲午) 慶州에서 第3男으로 태어나다. · 休禮夫人 金氏와 결혼하여 1男(奈勿王)의 아들을 두다 · 벼슬은 伊伐飡, 角干에 이르고 忠貞과 智略을 겸비하여 儒禮王이 늘 政事를 문의하다. · 訖解王 21年(330 庚寅)에 56歲로 서거하여 慶州에 안장되다. · 아들 奈勿이 王位에 오르고 葛文王으로 追尊되다.	· 325年- 니카이아(Nikaia)宗敎會議(第1次 基督敎徒會議)가 열리다. · 327年- 百濟의 佐平 優福이 北漢山城에서 반란을 일으켰으나 평정되다. · 330年- 高句麗, 後趙의 石勒에게 使臣을 보내다. - 로마帝國, 비잔티움(Byzantium)으로 천도하고 콘스탄티노폴리스(Constantinopolis)라 하다.
第 8 世 (315-402)	奈勿王 (諱 奈勿, 一諱 那密)	· 新羅 訖解王 6年(315 乙亥) 慶州에서 태어나다. · 味鄒王의 딸 (內禮吉怖)金氏와 결혼하여 3男(訥祗王, 卜好, 未斯欣)의 아들을 두다. · 356년에 新羅 第17代王이 되다. · 王 9年에 倭兵이 침입함에 釜峴 東原에서 허수아비와 伏兵으로 이를 섬멸하다. · 王 37年에 實聖을 高句麗에 人質로 보냈다가 王 46年에 이르러 다시 데려오다. · 實聖王 1年 (402 壬寅) 2月에 87歲로 붕어하여 慶州府內面 瞻星臺 西南(현 校桐) 안장되다. · 王陵은 후일 史蹟 第3號로 지정되다.	· 340年- 그리스 및 아시아의 150개 都市가 地震으로 파괴되다. · 347年- 漢王 勢, 晋나라에 항복하다. · 353年- 로마 帝國, 다시 통일되다. · 364年- 로마 帝國, 다시 東西로 양분되다. · 371年- 百濟, 高句麗의 平壤城을 공격하여 故國原王을 전사시키고, 도읍을 漢山으로 옮기다. · 372年- 高句麗, 처음으로 佛敎가 전래되고, 太學을 세우다. · 375年- 게르만族의 大移動이 시작되다. · 383年- 라틴語 聖書가 완성되다. · 391年- 高句麗, 廣開土大王이 즉위하다. · 393年- 올림피아 最終競技가 거행되다. · 394年- 로마帝國, 再統一되었다가 다음 해 다시 분리되다. · 398年- 아프리카에 길드(Guild)叛亂이 일어나다 · 402年- 라베나(Ravenna), 西로마帝國의 首都가 되다.
第 9 世 (355-439)	卜好 (一諱 寶露)	· 新羅 訖解王 46年(355 乙卯)에 慶州에서 第2男으로 태어나다. · 1男(習寶)의 아들을 두다. · 實聖王 11年에 볼모로 高句麗에 가서 10年을 지내다가	· 404年- 日本, 리쭈(履中)天皇 죽고 이듬해 한제이(反正) 天皇이 즉위하다. · 410年- 高句麗, 東夫餘 64城을 쳐서 1천 4백여村을 점령하다.

世順(年度)	諱	本人 및 家族事項	國內 및 國際事項
		兄 訥祗가 王位에 즉위한지 2年에 朴堤上으로 하여금 모셔오게 되다. · 訥祗王 23年(439 己卯)에 84歲로 서거하여 慶州에 안장되다. · 孫 智證이 王位에 올라 葛文王으로 추존되다.	· 414年- 高句麗, 廣開土大王碑를 세우다. · 415年- 스페인에 西고트王國이 세워지다. · 427年- 高句麗, 平壤으로 도읍을 옮기다. - 中國詩人 陶淵明 죽다. · 429年- 아프리카에 반달王國이 세워지다. · 431年- 中國의 夏, 西秦을 멸망시키다.
第 10 世 (396-476)	習寶 (一諱 斯寶)	· 新羅 奈勿王 41年(396 丙申)에 慶州에서 태어나다. · 烏生夫人 金氏와 결혼하여 1男(智證王)의 아들을 두다. · 벼슬은 伊飡 에 이르고 慈悲王 2年에 角干이 되다. · 慈悲王 19年(476 丙辰)에 80歲로 서거하여 慶州에 안치되다. · 아들 智證이 王位에 오르고 葛文王으로 추존되다.	· 440年- 中國, 宋와 魏에 의한 南北朝의 대립이 시작되다. · 447年- 百濟에 기근이 들어 많은 백성이 新羅로 들어가다. · 449年- 앵글로 색슨 및 유트族, 英國에 침입하여 후일 東南部에 7王國을 세우다. · 462年- 반달族, 이탈리아에 침입하다. · 475年- 高句麗 長壽王이 百濟王都 漢城을 함락하고 百濟는 熊津으로 천도하다. · 476年- 西로마帝國 멸망하다.
第 11 世 (437-514)	智證王 (諱 智 大路) (一諱 智度路, 智哲老)	· 新羅 訥祗王 2年(437 丁丑)에 慶州에서 태어나다. · 伊飡 朴登欣의 딸인 延帝夫人 朴氏와 결혼하여 3男(法興王, 立宗, 眞宗)의 아들을 두다. · 500年, 64歲의 나이에 第22代 麻立干(王)으로 즉위하다. · 王 3年(502)에 國號를 '新羅'라 하고 '王'의 칭호를 쓰기 시작하다. · 在任期間에 殉葬의 금지, 農事의 장려, 밭갈이에 소 이용, 喪服法 제정, 城의 축조, 州郡縣制 실시, 얼음의 저장 사용, 船舶의 이용 확대, 小京의 설치 등과 같은 治績을 쌓다. · 異斯夫로 하여금 于山國(鬱陵島)을 굴복시켜 병탐하다. · 法興王 1年(514 甲午)7月에 享年 77歲로 붕어하여 慶州에 안장되다. · 謚號를 智證이라 하니 新羅의 謚號法이 처음 시작되다.	· 479年- 新羅 百結先生, 碓樂을 짓다. - 中國, 齊나라가 건국하고 宋나라가 망하여 契丹이 魏에 굴복하다. · 483年- 魏, 同姓婚姻을 금하다. · 485年- 魏, 均田制度를 세우다. · 486年- 魏, 戶籍을 정하다. -갈리아에 프랑크王國이 서다. · 488年- 新羅 炤知王, 月城으로 移居하다. · 494年- 夫餘王, 高句麗에 항복하다. - 魏, 洛陽으로 천도하다. · 499年- 百濟, 기근으로 2천여명이 高句麗로 가다. · 501年- 百濟, 炭峴에 柵을 세워 新羅에 대비하다. · 502年- 新羅, 殉葬法을 금하고 牛耕法을 쓰다. - 中國 齊나라 망하다. · 504年- 新羅, 喪服法을 제정하다. · 505年- 新羅, 처음으로 얼음을 저장하여 쓰게 하다. · 508年- 新羅, 東市典을 설치하다. -파리, 프랑크王國의 首部가 되다. · 511年- 日本, 쯔쯔시로(筒城)로 천도하다. · 512年- 新羅 異斯夫, 于山國을 항복시키다.
第 12 世 (473-549)	眞宗	· 新羅 慈悲王 16年(473 癸丑)에 慶州에서 第3男으로 태어나다. · 1男(欽運)의 아들을 두다. · 角干의 職位에 오르다. · 眞興王 10年(549 己巳)에 80歲로 서거하여 慶州에 안치되다.	· 527年- 新羅, 처음으로 佛法을 공인하다. · 528年- 東로마, 다라스 싸움에서 페르시아軍을 격파하다. · 534年- 반달王國, 멸망하다. · 538年- 百濟, 도읍을 泗沘로 옮기고 國號를 南扶餘로 개칭하다.
第 13 世 (510-585)	欽運	· 新羅 智證王 11年(510 庚寅)에 慶州에서 태어나다. · 1男(摩次)의 아들을 두다. · 角干의 職位에 오르다.	· 553年- 新羅, 法住寺를 창건하다. · 557年- 陳覇先이 皇帝를 칭하고, 梁이 망하다. · 566年- 新羅, 皇龍寺의 공사를 마치다.

世順(年度)	諱	本人 및 家族事項	國內 및 國際事項
		· 眞平王 7年(585 乙巳)에 75歲로 서거하여 慶州에 안장되다. · 一吉飡의 贈號를 받다.	· 570年- 마호멧(Mahomet) 출생하다. · 576年- 新羅, 源花制度를 시작하다. · 581年- 隋 楊堅, 임금을 죽이고 帝를 칭하다. - 百濟, 禪雲寺를 창건하다.
第 14 世 (547-620)	摩次	· 新羅 眞興王 8年(547 丁卯)에 慶州에서 태어나다. · 1男(法宣)의 아들을 두다. · 벼슬이 匝干(摩叱)에 오르다. · 眞平王 42年(620 庚辰)에 73歲로 서거하여 慶州에 안장되다.	· 586年- 高句麗, 도읍을 長安城으로 옮기다. · 589年- 陳이 멸망하고 隋가 中國을 통일하다. · 590年- 高句麗 溫達將軍, 전사하다. · 595年- 新羅의 金庾信, 출생하다. · 612年- 高句麗 乙支文德, 薩水에서 隋軍을 섬멸하다. · 618年- 中國, 隋 멸망하고 唐이 건국되다.
第 15 世 (583-656)	法宣	· 新羅 眞平王 5年(583 癸卯)에 慶州에서 출생하다. · 1男(義寬)의 아들을 두다. · 벼슬이 大阿飡 (大阿干)(官5位, 次官補級)에 오르다. · 武烈王 3年(656 丙辰)에 73歲로 서거하여 慶州에 안치되다. · 玄孫 元聖이 王位에 오르고 玄聖王으로 추존되다.	· 628年- 新羅, 기근으로 子女를 매매하다. · 630年- 마호멧, 메카(Mecca)를 점령하다. · 636年- 新羅 僧 慈藏, 唐나라에 유학하다. · 639年- 사라센軍, 이집트를 침략하다. · 644年- 랑코발트法典이 이룩되다. · 645年- 唐, 高句麗의 遼東省을 함락하고 安市城에서 격전을 하다. - 唐의 僧 玄奘, 西印度에서 돌아오다.
第 16 世 (620-691)	義寬 (一諱 義官	· 新羅 眞平王 42年 (620 庚辰)에 慶州에서 출생하다. · 1男(魏文)의 아들을 두다. · 伊飡의 관직에 오르다. · 神文王 11年(691辛卯)에 71歲로 서거하여 慶州에 안장되다. · 曾孫 元聖이 王位에 오르자 神英王으로 추존되다.	· 660年- 新羅, 唐과 연합하여 百濟를 멸망시키다. · 662年- 耽羅, 新羅에 항복하다. · 668年- 新羅, 唐과 연합하여 高句麗를 멸망시키다 · 670年- 아랍族, 北아프리카를 정복하기 시작하다. · 672年- 日本, 壬申의 亂이 일어나다. · 682年- 新羅, 國學을 세우다. · 686年- 新羅, 元曉大師 죽다. · 691年- 日本, 奴婢制度를 정하다.
第 17 世 (656-727)	魏文	· 新羅 武烈王 3年 (656 丙辰)에 慶州에서 태어나다. · 1男(孝讓)의 아들을 두다. · 벼슬은 伊飡을 거쳐 中侍(侍中)에 이르다. · 聖德王 26年 (727 丁卯)에 71歲로 서거하여 慶州에 안장되다. · 孫 元聖이 王位에 올라 興平王으로 추존하다.	· 699年- 大祚榮, 나라를 세워 震이라 하다. · 702年- 日本, 大寶律令을 반포하다. · 706年- 日本, 처음으로 田租法을 제정하다. · 712年- 日本 太安麻呂, 「古事記」를 바치다. · 713年- 震, 국호를 渤海로 고치다. · 720年- 日本, 「日本書紀」가 완성되다. · 723年- 新羅, 雙溪寺를 창건하다.
第 18 世 (693-762)	孝讓	· 新羅 孝昭王 2年(693 癸巳)에 慶州에서 태어나다. · 朴昌道의 딸 繼烏夫人 朴氏와 결혼하여 1男(元聖王)의 아들을 두다. · 벼슬이 一吉飡(官7位, 室局長級)에 이르다. · 景德王 21年(762 壬寅)에 69歲로 서거하여 慶州에 안치되다. · 아들 元聖이 王位에 올라 明德王으로 추존하고 繼烏夫人은 昭文太后로 추봉하다.	· 735年- 唐, 新羅의 浿江 이남 領有를 승인하다. · 739年- 孔子를 文宣王으로 追諡하다. · 744年- 日本, 難波로 천도하다. · 745年- 唐 玄宗, 楊太眞을 貴妃로 삼다. · 751年- 新羅 大相 金大城, 佛國寺를 창건하다. - 高句麗 遺臣 高仙芝, 唐의 장군이 되어 西域 大食을 치다. · 755年- 唐의 安祿山, 반란을 일으키다. · 762年- 唐의 詩人 李白이 죽다.
第 19 世 (729-798)	元聖王 (諱 敬 信)	· 新羅 聖德王 28年(729 己巳)에 慶州에서 출생하다. · 角干 金神述의 딸 蓮化夫人 (後에 淑貞王后) 金氏와 결혼하여 3男(仁謙, 義英, 禮英)의 아들을 두다. · 785年에 38代王으로 즉위하다.	· 765年- 新羅 忠談師, 安民歌를 짓다. · 768年- 唐의 顧飡, 「新羅國記」 1卷을 짓다. · 770年- 新羅 大阿飡 金融, 보반타가 복주되다. - 唐 詩人 杜甫 죽다.

世順(年度)	諱	本人 및 家族事項	國內 및 國際事項
		· 讀書三品을 정하여 出身케 하고, 많은 災害에 대처하며, 굶주린 百姓을 구제하다. · 同王 14年 (798 戊寅)12月 29日에 享年 69歲로 붕어하여 元聖이라 諡號하고 遺命에 의하여 奉德寺 남쪽에서 화장하다. · 王陵은 慶州市 外東邑 鵠陵里에 위치하고 후일 史蹟 第26號로 지정되다.	· 771年- 카를왈大帝(Karl der Grosse), 프랑크王國을 통일하다. · 782年- 카를大帝, 색슨族 4,500명을 아렐河畔에서 학살하다. · 786年- 渤海, 도읍을 東京 龍原府로 옮기다. · 788年- 新羅, 讀書出身科를 설치하다. · 790年- 新羅, 金堤의 碧骨堤를 증축하다. · 794年- 新羅 緣繪國師, 見性寺(奉恩寺)를 창건하다. · 795年- 教皇 레오3世 즉위하다.
第 20 世 (749-817)	禮英 (一諱 孝眞)	· 新羅 景德王 8年 (749 己丑)에 慶州에서 3男中 第3男으로 출생하다. · 2男 (憲貞, 均貞)의 아들을 두다. · 벼슬이 伊飡을 거쳐 角干에 이르다. · 憲德王 9年(817 丁酉)에 68歲로 서거하여 慶州에 안장되다. · 孫, 僖康이 王位에 올라 惠康王으로 추존되다.	· 800年- 바이킹(Viking),아일랜드를 지배하다. · 802年- 新羅, 加耶山에 海印寺를 창건하다. · 807年- 日本, 憲法 15조를 반포하다. · 808年- 新羅, 12道의 郡 · 邑 境界를 정하다. · 809年- 新羅 彥昇 · 悌邕 등, 哀莊王을 죽이고 憲德王을 즉위케 하다. · 811年- 日本, 農民의 食魚飮酒를 금하다. · 815年- 新羅, 기근이 들어 도적이 일고 唐나라에 가서 걸식하는 자가 생기다.
第 21 世 (769-836)	均貞	· 新羅 惠恭王 5年(769 己酉)에 慶州에서 2男 中 次男으로 태어나다. · 眞矯夫人 朴氏와 결혼하여 1男(神武王)을 얻고 다시 金忠恭의 딸 照明夫人과 결혼하여 1男(憲安王)을 얻다. · 벼슬이 大阿飡을 거쳐 侍中 · 上大等 (官太位, 國務總理級)에 이르다. · 熊川都督 金憲昌이 반란을 일으키자 軍將이 되어 이를 討平하다. · 從侄 悌隆과 王位를 두고 다투다가 金明 · 利弘등에게 遇害되어 僖康王 1年 (836 丙辰) 12月에 67歲로 서거하여 慶州에 안치되다. · 아들 神武가 王位에 올라 成德王으로 추존되고, 配 朴氏는 憲穆太后로 추봉되다.	· 819年- 新羅, 전국에 草賊이 일어나 討平하다. - 日本 藤原冬嗣 등, 「日本後記」를 착수하다. · 822年- 新羅 熊川州 도독 金憲昌, 반란을 일으켜 國號를 長安이라 하여 저항타가 자살하다. · 823年- 日本, 淳和 天皇 즉위하다. · 828年- 新羅, 張保皐, 靑海鎭 大使가 되다. - 新羅 大廉, 唐에서 茶種子를 가져와 智異山에 심다. - 英國 웨섹스(Wessex)王 에그버트, 7王國을 통일하다. · 830年- 아랍文化의 극성기로 그리스古典이 번역되다. · 831年- 日本, 「秘府略」 1천권이 이룩되다. · 834年- 新羅, 백성의 服色制度를 발표하다.
第 22 世 (789-839)	神武王 (諱 祐徵)	· 新羅 元聖王 5年(789 己巳)에 2男 中 長男으로 慶州에서 태어나다. · 朴明海의 딸 貞繼夫人 朴氏(후에 眞從王后 또는 定宗太后)와 결혼하고 4男(文聖王, 英元, 興光, 益王)의 아들을 두다. · 839年에 第 45代王으로 즉위하다. · 父를 살해한 金明 · 利弘을 주살하고 그의 저주를 받아 즉위한 그해 (839 己未) 7月 23日에 붕어하니 神武라 諡號하고 慶州 弟兄山 西北에 안장하다. · 王陵은 현재 慶州市 道東洞 東方里에 위치하고 史蹟 第18號로 지정되다.	· 837年- 新羅 阿飡 祐徵, 靑海鎭大使 張弓福(保皐)에게로 도망가다. · 838年- 新羅, 金明 · 利弘의 난으로 僖康王 자살하고 金明이 閔哀王으로 즉위하다. - 祐徵, 金陽과 張弓福의 도움으로 거병하여 王軍과 싸우다. · 839年- 祐徵, 王軍을 대파하여 閔哀王이 피살되고 神武王으로 등극하다. -陳王 成美, 唐의 太子가 되다.
第 23 世 (809-857)	文聖王 (諱 慶膺)	· 新羅 憲德王 1年(809 己丑)에 4男 中 長男으로 태어나다. · 伊飡 金魏昕의 딸 昭明夫人 金氏와 결혼하여 1男(安)의	· 840年- 唐, 新羅의 볼모 및 學生 105名을 돌려 보내다. · 841年- 新羅의 一吉飡 弘弼, 모반을 일으키다가 사형되다.

世順(年度)	諱	本人 및 家族事項	國內 및 國際事項
		아들을 두다. · 839年에 第46代王으로 즉위하다. · 王 1年에 罪囚들을 大赦하고, 靑海鎭 大使 弓福(張保皐)을 鎭海將軍으로 임명하다. · 張保皐가 王 8年에 王이 자기 딸을 王妃로 삼지 않는 것에 불만하여 모반을 꾀함에 閻長을 보내 토벌하다. · 王 19年 (857 丁丑) 10月 7日에 48歲로 붕어하자 文聖이라 諡號하고 그 妃를 昭憲(昭聖)王后라 추봉하다. · 慶州 西岳麓 孔雀趾에 안장되니 王陵은 현재 慶州市 西岳洞에 眞智王과 合陵으로 위치하다.	· 842年- 니카이아 宗教會議에서 偶像崇拜를 부활하다. · 843年- 프랑크 王國, 東西中部로 3分되다. · 846年- 張弓福, 靑海鎭에서 반란을 일으켰으나 閻長에 의해 살해되다. · 849年- 新羅, 伊飡 金式 · 大昕 등이 모반을 일으켰으나 복주되다. · 851年- 新羅, 靑海鎭을 폐지하고 住民을 옮기다. · 852年- 마호멧 1世, 콜도바의 王이 되다. · 853年- 唐, 枤苫法을 제정하다. · 855年- 日本 東大寺 大佛의 머리가 떨어지다. · 856年- 네덜란드 海岸, 노르만族 에게 약탈당하다.
第 24 世 (826-881)	安	· 新羅 興德王 1年(826 丙午)에 慶州에서 태어나다. · 2男 (敏恭, 仁慶)의 아들을 두다. · 伊飡을 거쳐 上大等의 벼슬에 오르다. · 憲康王 7年 (881 辛丑)에 55歲로 서거하여 慶州에 안치되다.	· 867年- 로마 教會, 최후로 분리되어 서로 破門하다. · 871年- 英國王으로 알프레드大王이 즉위하다. · 874年- 新羅 崔致遠, 唐에서 科學及第하다. · 877年- 王建, 京畿道 松岳部에서 태어나다. · 878年- 中國에 黃巢의 亂이 일어나다. · 879年- 新羅 智證國師, 聞慶 鳳巖寺를 창건하다.
第 25 世 (844-905)	敏恭	· 新羅 文聖王 6年 (844 甲子)에 慶州에서 2男 中 長男으로 태어나다. · 1男 (實虹)의 아들을 두다. · 侍中角干의 벼슬에 이르다. · 孝恭王 9年 (905 乙丑)에 61歲로 서거하여 慶州에 안장되다.	· 882年- 英國, 海軍을 창립하다. · 888年- 新羅, 鄕歌를 수집하여 「三代目」을 짓다. · 892年- 甄萱, 完山州에서 後百濟를 세우다. · 895年- 王建, 弓裔에게 투항하여 부하가 되다. · 904年- 弓裔, 국호를 摩震이라 하고 도읍을 鐵原으로 정하다.
第 26 世 (861-929)	實虹	· 新羅 景文王 1年(861 辛巳)에 慶州에서 태어나다. · 2男 (億廉, 孝宗)의 아들을 두다. · 伊飡, 伊干, 角干의 벼슬을 하다. · 敬順王 3年 (929 己丑)에 68歲로 서거하여 慶州에 안장되다. · 孫 敬順王이 즉위하여 懿興王으로 추존하다.	· 907年- 唐나라 멸망하고 後梁이 건국하다. · 911年- 弓裔, 국호를 泰封이라 고치다. · 915年- 英國, 케임브리지(Caambridge)大學을 창립하다. · 918年- 王建, 弓裔 를 멸하고 王으로 추대되어 국호를 高麗, 年號를 天授라 하다. · 919年- 高麗, 都邑을 松嶽(開城)으로 옮기다. - 獨逸 皇帝 하인리히(Heinrich) 1世 즉위하다. · 923年- 後梁, 後唐에 의해 멸망하다. · 924年- 에드워드(Edward) 1世, 全英國의 首長이 되다. · 926年- 渤海, 契丹의 침략으로 멸망하다.
第 27 世 (879-953)	孝宗	· 新羅 憲康王 5年 (879 己亥)에 慶州에서 2男 中 次男으로 태어나다. · 桂娥夫人 金氏와 결혼하여 1男 (敬順王)의 아들을 두다. · 大阿飡을 거쳐 角干 侍中의 벼슬에 오르다. · 高麗 光宗 4年 (953 癸丑)에 慶州에서 74歲로 서거하여 慶州에 안장되다. · 아들 敬順王이 즉위하여 神興王으로 추존되고 桂娥夫人은 桂娥太后로 추봉되다.	· 934年- 渤海世子 大光顯, 군중을 이끌고 高麗에 투항하다. · 935年- 敬順王, 高麗에 투항하여 新羅 망하다. · 936年- 後百濟 멸망하고 高麗가 통일을 이루다. - 中國 後唐, 4主 14年으로 망하다. · 939年- 日本, 平將門 叛亂과 藤原純 叛亂이 일어나다. · 940年- 高麗, 慶州를 大都督府로 하고 州府郡縣의 이름을 고치다. · 943年- 高麗 太祖, 朴述熙에게 訓要十條를 친수하고 서거하다. · 947年- 劉知遠, 皇帝를 칭하고 後漢을 세우다.

世順(年度)	諱	本人 및 家族事項	國內 및 國際事項
第 28世 (897-978)	敬順王 (諱 傅)	· 新羅 孝恭王 1年(897 丁巳)에 慶州에서 태어나다. · 神德王의 딸이자 景哀王의 누이동생인 竹房夫人 朴氏와 결혼하여 3男(鎰, 鍠, 鳴鐘) 1女(高麗 景宗妃)의 자녀를 두다. · 927年에 第56代王으로 즉위하다. · 後百濟 甄萱과 高麗 王建에 의해 國土의 거의가 상실되다. · 王 9年에 王建의 長女 樂浪公主와 결혼하여 5男(殷說, 錫, 鍵, 鐥, 錘) 2女(李金書配, 黃瓊配)의 자녀를 얻다. · 王 9年 (935) 12月에 新羅를 高麗에 바치다. · 太子 鎰은 皆骨山(金剛山)에 들어가 麻衣草食하며 亡國의 恨을 달래다 서거하니 麻衣太子라 불리우다. · 高麗 太祖로부터 正承公으로 봉해져서 慶州를 食邑으로 받아 최초의 事審官으로 봉직하다. · 順興安氏와 결혼하여 1男(德摯)의 아들을 갖다. · 957年부터 잠시 忠北 堤川에 거주하다가 965年에 京畿 開城으로 이사하다. · 高麗 京宗 3年 (978 戊寅) 4月 4日에 81歲를 일기로 開城에서 붕어하니 諡號를 敬順大王이라 하다. · 陵은 京畿道 長湍府 南八里 東向洞 (현 京畿道 漣川郡 百鶴面 高浪浦里)에 위치하고 (文化財史蹟 第244號), 影堂은 慶州府 東四里에 있다.	· 954年- 헝가리軍, 獨逸을 거쳐 프랑스에 침입하다. · 957年- 日本, 穀價가 등귀하여 常平所를 설치하다. · 958年- 後周人 雙冀, 高麗에 귀화하여 처음으로 科擧制를 실시케 하고 知貢擧가 되다. · 960年- 高麗, 百官의 公服을 정하다. - 開京을 皇都라 하고 西京을 西都라 하다. - 中國 趙匡胤, 皇帝를 칭하고 宋을 세우다. · 961年- 高麗, 科擧를 실시하고 修宮 宮闕都監을 설치하다. - 宋, 民田을 헤아리고 義倉을 두다. · 962年- 神聖로마帝國이 창립되다. · 965年- 高麗, 聞慶 鳳巖寺에 靜眞大師 願悟塔碑를 세우다. · 966年- 獨逸의 오토(Otto) 1世, 이탈리아 第3次 遠征을 떠나다. · 968年- 高麗, 威化鎭 등에 많은 城을 쌓다. - 宋, 처음으로 貢擧를 覆試 하다. · 969年- 파티미(Fātmī)王朝, 아프리카 北岸 일대를 정복하다. · 971年- 高麗, 元和殿에서 大藏經을 開讀하다. · 972年- 스페인의 파티마朝, 新 카이로市를 건설하다. · 974年- 高麗, 西京에서 緣可 모반하다가 사형당하다. · 976年- 高麗, 文武 兩班의 墓制를 정하다. · 977年- 高麗, 開國功臣 및 向義歸順城主에게 勳田을 주다. - 宋, 처음으로 醸酒를 專賣制로 하다.
第 29 世 (968-1028)	殷說	· 高麗 光宗 19年 (968 戊辰) 3月 4日에 敬順王의 9男 3女 中 第4男, 母 樂浪公主의 5男 2女 中 長男으로 開城에서 태어나다. · 工部尙書 義興君 李瞻의 딸 全義李氏와 결혼하여 3男(泰華, 叔承, 濂) 1女 (尹執衡 配, 尹瓘 母)의 자녀를 두다. · 平章事 · 工部侍郎(正4品, 室局長級)을 지내고 侍中 (從1品, 副總理級)의 벼슬에 까지 이르다. · 輔國 大安君에 봉해지다. · 仁宗 6年 (1028 戊辰) 3月 4日에 60歲로 서거하여 開城市 嶺南面 龍興里 花谷 五龍山 南麓에 壬坐로 안치되다. · 配는 京畿道 長湍郡 松西面 鐘岩下 徐花潭書院 後洞에 子坐로 안치되다. · 大安君 殷說公派의 派祖이고 後孫은 慶州金氏 외에도 金寧金氏, 安東金氏, 靈光金氏, 楊根金氏, 水原金氏 등으로 나누어지다.	· 979年- 宋, 北漢을 쳐서 天下를 통일하다. · 980年- 神聖로마帝國의 침략으로 이탈리아 戰爭이 발발하다. · 982年- 高麗, 10歲 이상 男子에게 모자를 쓰게 하다. - 遼, 契丹이라고 국호를 바꾸다. · 983年- 高麗, 처음으로 12牧을 설치하고, 州, 府, 郡, 縣, 館驛의 公須田, 紙田, 長田을 정하며, 3省, 6曹, 7寺를 정하다. · 987年- 慶州를 東京留守로 고치다. · 989年- 처음으로 東北, 西北面에 兵馬使를 두다 · 991年- 高麗, 처음으로 社稷을 세우다. · 993年- 宋, 郡縣을 10道로 나누다. · 1010年- 契丹, 高麗에 침입하여 穆宗을 폐한 康兆를 잡아 죽이다. · 1012年- 高麗, 12州 節度使를 폐하고 5都護, 75道安撫使를 두다. · 1016年- 덴마크王國, 英國 의 支配를 받게 되다. · 1018年- 高麗, 安撫使를 폐하고 4都護, 8牧, 56知州郡事 , 28鎭將, 20縣令을 두다. · 1024年- 高麗, 京城의 5部坊里를 정하다.

世順(年度)	諱	本人 및 家族事項	國內 및 國際事項
			· 1028年- 잉글랜드, 노르웨이를 정복하다.
第 30 世 (987-1047)	泰華	· 高麗 成宗 6年(987 丁亥)에 3男 1女 中 長男으로 開城에서 태어나다. · 1男 (正矩)의 아들을 두다. · 江陵君 (從 1品, 副總理級) 에 봉해지다. · 文宗 1年(1047 丁亥)에 60歲로 서거하여 開城에 안장되다.	· 1031年- 高麗, 姜邯贊 장군 죽다. · 1036年- 高麗, 모든 官吏들에게 祿牌를 주다. · 1039年- 日本人 26명, 宋의 商人 50명이 高麗에 오다. · 1040年- 高麗, 權衡을 정하고 計量을 고르게 하다. - 스코틀랜드王 맥베드(Macbeth) 즉위하다. · 1043年- 세르비아(Serbia)族, 東로마로 부터 독립하다.
第 31 世 (1007-1066)	正矩	· 高麗 穆宗 10年(1007 丁未)에 開城에서 태어나다. · 1男 (繼蓼)의 아들을 두다. · 工部員外郎 (從 6品, 課長級)의 벼슬을 지내다. · 文宗 20年 (1066 丙午)에 59歲로 서거하여 開城에 안치되다.	· 1051年- 高麗, 鄕職의 전형, 임명절차를 정하다. · 1059年- 高麗, 아들이 3名 이상이면 한 아들은 중이 될 수 있도록 허가하다. · 1062年- 日本의 內亂이 평정되다. · 1066年- 高麗, 금후 3년간의 屠殺을 금하다. - 契丹, 국호를 遼로 고치다.
第 32 世 (1026-1085)	繼蓼	· 高麗 顯宗 17年(1026 丙寅)에 開城에서 태어나다. · 1男 (漢公)의 아들을 두다. · 門下侍中 (從 1品, 副總理級)의 벼슬에 오르고 後日 工部尙書에 追封되다. · 宣宗 2年(1085 乙丑)에 59歲로 서거하여 開城에 안치되다.	· 1068年- 高麗, 養子 繼戶法을 제정하다. · 1069年- 高麗, 量田의 等級과 步數를 정하고, 田稅를 정하다. · 1071年- 윌리암 1世, 封建制度를 창시하다. · 1074年- 宋, 王安石의 新法을 다시 시행하다. · 1084年- 高麗, 王의 生日을 天元節이라 하다.
第 33 世 (1045-1103)	漢公	· 高麗, 靖宗 11年 (1045 乙酉)에 開城에서 태어나다. · 3男 (景輔, 壽西, 景庸)의 아들을 두다. · 工部侍郎 의 벼슬을 하다. · 肅宗 8年 (1103 癸未)에 58歲로 서거하여 開城에 안치되다.	· 1086年- 英國, 土地測量簿를 완성하다. · 1092年- 耽羅星主 懿人, 高麗에 貢物을 바치다. · 1095年- 포르투갈(Portugal), 王國을 창건하다. · 1096年- 第1次 十字軍, 예루살렘으로 향하다. · 1097年- 高麗, 國淸寺를 세우다. · 1099年- 예루살렘王國이 건설되다. · 1103年- 高麗, 八關會를 베풀다.
第 34 世 (1065-1122)	壽西	· 高麗, 文宗 19年 (1065 乙巳)에 3男 中 次男으로 開城에서 태어나다. · 1男 (永固)의 아들을 두다. · 都監判官 (正 5品, 局長級)의 벼슬을 지내다. · 睿宗 17年 (1122 壬寅)에 57歲로 서거하여 開城에 안치되다.	· 1105年- 高麗, 耽羅國을 폐하고 郡으로 하다. · 1112年- 高麗, 惠民局을 설치하다. · 1115年- 高麗,서울에 普門寺를 세우다. - 女眞의 阿骨打, 帝라 칭하고 국호를 金이라 하다. · 1116年- 渤海人 高永昌, 大元國을 세우다. · 1120年- 高麗 睿宗, '悼二將歌' 를 짓다. - 第1次 十字軍, 騎士團을 만들다.
第 35 世 (1084-1141)	永固	· 高麗 宣宗 1年 (1084 甲子)에 開城에서 태어나다. · 1男 (順雄)의 아들을 두다. · 閤門 祇候(正7品, 係長級)의 벼슬을 지내다. · 仁宗 19年 (1141 辛酉)에 57歲로 서거하여 開城에 안장되다.	· 1125年- 遼, 9王 210年으로 金에게 멸망당하다. · 1126年- 高麗 李資謙, 모반으로 유배되었다가 사사되다. · 1127年- 高麗, 惟新之敎 15條를 반포하다. - 宋의 高宗, 南京에서 즉위하고 국호를 南宋이라 하다. · 1134年- 高麗, 事審官 差遣의 수를 정하다. · 1135年- 高麗 妙淸 등, 西京에서 반란을 일으킴에 金富軾이 진압하여 모두 주살되다.

世順(年度)	諱	本人 및 家族事項	國內 및 國際事項
第 36 世 (1103-1160)	順雄	· 高麗 肅宗 8年 (1103 癸未)에 開城에서 태어나다. · 金宣喚의 딸 江陵金氏와 결혼하여 1男 (因渭)의 아들을 두다. · 鷹揚龍虎二軍 左右神虎興威 吾千 牛監門 六衛各置上將軍 및 大將軍을 역임하다. · 毅宗 14年 (1160 庚辰)에 57歲로 開城에서 서거하여 黃海道 載寧郡 平章洞에 안치되다.	· 1143年- 高麗, 6縣에 監務를, 7縣에 縣令을 두다. · 1145年- 高麗 金富軾, 「三國史記」 50卷을 완성하여 진상하다. · 1147年- 第2次 十字軍이 일어나다. · 1153年- 高麗, 內外 文武兩班에 田柴를 내리다. · 1156年- 日本, 保元의 亂이 일어나다. · 1157年- 高麗 毅宗, 離宮과 太平亭을 짓다. - 新聖로마帝國, 폴란드를 정복하다.
第 37 世 (1122-1179)	因渭	· 高麗 睿宗 17年 (1122 壬寅)에 開城에서 태어나다. · 2男 (元鼎, 元軌)의 아들을 두다. · 尙書左僕射, 門下侍郎, 平章事, 參知政事, 柱國京兆, 縣開國男의 벼슬을 지내다. · 明宗 9年 (1179 己亥)에 57歲로 서거하여 開城 近郊에 안치되다.	· 1165年- 高麗 毅宗, 사찰, 강 등에 자주 놀이가다. · 1170年- 高麗 大將軍 鄭仲夫, 李義方등과 난을 일으켜 文臣을 많이 죽이고 王을 폐위시키다. · 1171年- 高麗 궁궐에 불이 나 殿宇가 모두 타다. · 1176年- 高麗, 亡伊 · 亡所伊 등이 난을 일으키다. · 1179年- 高麗 慶大升, 鄭仲夫 등을 죽이다. - 宋의 朱熹, 상소하여 時事를 논하다.
第 38 世 (1142-1198)	元軌 (初諱 鍊成)	· 高麗 仁宗 20年 (1142 壬戌)에 2男 中 次男으로 開城에서 태어나다. · 閔光鈞의 딸 驪興 閔氏와 결혼하고 다시 權韙의 딸 安東權氏와 결혼하여 1男 (承茂)의 아들을 두다. · 魁科(文科 中의 甲科)에 합격하여 承旨(從6品, 課長級), 翰林學士(正4品, 室局長級),文學尙書(正3品, 次官補級)의 벼슬을 지내다. · 神宗 1年 (1198 戊午)에 56歲로 서거하여 開城 近郊에 안치되다.	· 1182年- 高麗, 全州의 旗頭 · 竹同 등이 亂을 일으켰으나 곧 평정되다. · 1185年- 高麗 流頭飮의 유례가 생기다. - 日本, 壇浦싸움으로 平氏 멸망하다. · 1186年- 印度, 가즈니王朝가 멸망하고 고르王朝가 건설되다. · 1194年- 하인리히 6世, 제2차 이탈리아 遠征을 가서 시실리(Cicily)를 정복하다. · 1195年- 高麗, 尙州에 恭儉大堤를 쌓다. · 1196年- 高麗 崔忠獻, 李義旼과 그 三族을 멸하다. · 1198年- 高麗 萬積 등. 公私의 奴婢를 모아 亂을 일으키다 처형되다.
第 39 世 (1161-1217)	承茂	· 高麗 毅宗 15年(1161 辛巳)에 開城에서 태어나다. · 2男 (瑩, 坪)의 아들을 두다. · 門下侍中의 벼슬에 이르다. · 高宗 4年 (1271 丁丑)에 56歲로 서거하여 開城에 안치되다.	· 1200年- 高麗, 晋州 · 全州를 위시하여 각지에서 亂이 일어나다. · 1204年- 十字軍, 콘스탄티노플에 침입하여 라틴帝國을 세우다. · 1206年- 蒙古의 鐵木眞, 王으로 즉위하여 징기스칸(成吉思汗)이라 칭하다. · 1215年- 英國王 존, '大憲章' 에 서명하다. · 1217年- 契丹兵, 高麗를 침략하다.
第 40 世 (1180-1235)	瑩	· 高麗 明宗 10年(1180 庚子)에 開城에서 2男 中 長男으로 태어나다. · 4男 (仁琯, 義琯 禮琯, 琮)의 아들을 두다. · 郎中 (正5品, 局長級)의 벼슬을 하다. · 高宗 22年 (1235 乙未)에 55歲로 서거하여 開城에 안치되다.	· 1219年- 蒙古의 징기스칸, 西征의 길에 오르다. · 1221年- 高麗,崔瑀를 晋陽侯로 봉하다. - 印度에 蒙古軍이 침입하다. · 1226年- 倭人, 高麗 海岸을 자주 침범하다. · 1232年- 蒙古兵의 침략으로 일시 江華로 도읍을 옮기다. · 1234年- 中國, 金나라 멸망하다.
第 41 世 (1200-1254)	仁琯	· 高麗 神宗 3年(1200 庚申)에 開城에서 4男 中 長男으로 태어나다. · 1男 (則麗)의 아들을 두다. · 文武科의 壯元으로 합격하여 朝散大夫, 衛尉寺卿, 檢校	· 1236年- 高麗,江華에서 大藏經板 再雕에 착수하다. · 1238年- 蒙古兵, 慶州에 이르러 皇龍寺塔을 불태우다. · 1240年- 蒙古 장군 바투 (拔都), 러시아 諸侯를 정복하다.

世順(年度)	諱	本人 및 家族事項	國內 및 國際事項
		등의 벼슬을 역임하고 太子太師 (正1品, 國務總理級)에 이르다. · 高宗 41年 (1254 甲寅)에 54歲로 서거하여 開城府 閩麻里에 안치되다. · 太師公派의 派祖가 되다.	· 1241年- 高麗, 李奎報의「東國李相國集」이 간행되다. · 1249年- 高麗, 崔瑀가 죽고 그 아들 崔沆이 정권을 잡다. · 1251年- 高麗, 大藏經 조판을 끝내다. · 1253年- 蒙古, 大理와 吐蕃을 항복시키다. - 日本 중 日蓮, 法華宗을 창도하다.
第 42 世 (1219-1273)	則麗	· 高麗 高宗 6年(1219 己寅)에 開城에서 태어나다. · 1男 (匹勾)의 아들을 두다. · 殿中內 給事(從4品, 室局長級)의 벼슬을 지내다. · 元宗 14年 (1273 癸酉)에 54歲로 서거하여 開城에 안장되다.	· 1255年- 스웨덴, 스톡홀름(Stockholm)市 건설하다. · 1265年- 英國, 國會를 창설하다. · 1270年- 高麗, 裵仲孫 등이 三別抄의 난을 일으키다. · 1271年- 蒙古, 國號를 元이라 고치다. · 1273年- 耽羅에서 三別抄軍이 멸망하다. - 獨逸, 합스부르크(Habsburg)王朝 시작되다.
第 43 世 (1238-1292)	匹勾	· 高麗 高宗 25年(1238 戊戌)에 開城에서 태어나다. · 1男 (貞裕)의 아들을 두다. · 衛尉寺主簿(從 7品, 係長級)의 벼슬을 지내다. · 忠烈王 18年 (1292 壬辰)에 54歲로 서거하여 開城에 안장되다.	· 1274年- 元 · 高麗, 日本 征伐에 나섰으나 실패하다. · 1275年- 마르코 폴로(Marco Polo) 元나라에 오다. · 1278年- 南宋 멸망하다. · 1281年- 元 · 高麗, 다시 日本 征伐에 나섰으나 실패하다. · 1283年- 高麗, 事審官을 파하다. · 1292年- 高麗, 開京으로 還都하다.
第 44 世 (1258-1311)	貞裕	· 高麗 高宗 45年(1258 戊午)에 開城에서 태어나다. · 1男 (宗誠)의 아들을 두다. · 都監判官 (正 5品, 局長級)의 벼슬을 하다. · 忠宣王 3年 (1311 辛亥)에 53歲로 서거하여 開城에 안장되다.	· 1295年- 高麗, 耽羅를 新羅로 고치다. · 1299年- 오스만 터크스(Osman Turks)건설되다. - 마르코 폴로의「東方見聞錄」간행되다. · 1300年- 高麗 , 童女를 元에 바치다. · 1306年- 高麗 의 安珦 죽다. · 1307年- 高麗, 13-16歲 女子의 婚嫁를 제한하다. · 1310年- 元, 高麗王을 瀋王에 봉하다.
第 45 世 (1277-1330)	宗誠 (一諱 宗成)	· 高麗 忠烈王 3年(1277 丁丑)에 開城에서 태어나다. · 1男 (裔)의 아들을 갖다. · 禮賓省丞 (從6品, 課長級)의 벼슬을 지내다. · 忠肅王 17年 (1330 庚午)에 53歲로 서거하여 開城에 안장되다.	· 1313年- 元, 처음으로 科擧를 시행하다. - 단테(Dante)의「神曲(Divina Commedia)」나오다. · 1316年- 高麗 忠肅王, 元에 가서 元의 公主와 결혼하고 돌아오다. · 1318年- 高麗, 事審官制度를 폐지하다. - 러시아 大公, 모스크바로 천도하다. · 1320年- 印度, 할지朝가 망하고 투그루크王朝가 서다. · 1325年- 高麗, 平壤에 箕子祠와 崇仁殿을 세우다.
第 46 世 (1296-1348)	裔	· 高麗 忠烈王 22年(1296 丙甲)에 開城에서 태어나다. · 1男 (英伯)의 아들을 갖다. · 閤門祗侯의 벼슬을 하다. · 忠穆王 4年 (1348 戊子)에 52歲로 서거하여 開城에 안장되다.	· 1335年- 이탈리아와 그리스에 文藝復興이 싹트다. · 1338年- 日本 足利尊氏, 征夷大將軍이 되다. · 1339年- 元, 高麗 忠肅王을 元으로 잡아가다. - 英 · 佛間의 100年戰爭이 일어나다. · 1343年- 高麗, 其人法을 다시 시행하다. · 1348年- 高麗, 賑濟都監을 두어 백성에게 죽을 먹이다.
第 47 世 (1315-1367)	英伯	· 高麗 忠肅王 2年(1315 乙卯) 開城에서 태어나다. · 1男 (珸)의 아들을 두다. · 三司副使 (從4品, 室局長級)와 奉常大夫(正4品, 室局長級) 벼슬을 지내다. · 恭愍王16年 (1367 丁未)에 52歲로 서거하여 開城에	· 1350年- 보카치오(Boccaccio)의「데카메론(Decameron)」이 나오다. · 1351年- 恭愍王, 元에서 魯國公主와 결혼하고 귀국하여 王으로 즉위하다. · 1364年- 朱元璋, 中國 吳의 王이 되다.

世順(年度)	諱	本人 및 家族事項	國內 및 國際事項
		안치되다.	· 1365年- 중 遍照(辛旽), 國政에 참여하다.
第 48 世 (1335-1386)	珸	· 高麗 忠肅王(復)4年(1335 乙亥)에 開城에서 태어나다. · 靖平公 孫洪亮의 딸 一直孫氏와 결혼하여 2男 (子汀, 自粹) 4女(朴天錫配, 金宗敬配, 洪益壽配, 金瑞麟配)의 자녀를 두다. · 知製誥, 通禮門副使(從5品, 局長級)를 거쳐 奉常大夫의 관직을 지내다. · 禑王 12年(1386 丙寅)에 51歲로 서거하여 京畿道 開豊郡 大聖面 豊德里 동쪽 梧村에 안치되다. · 후일 曾孫 永濡 때에 通政大夫, 禮曹參議, 知製敎의 贈號를 받다. · 配 孫氏는 淑夫人의 贈號를 받고 墓所는 慶北 安東市 侍墓洞 虎溪書院 案山에 위치하다. · 參議公이라 호칭되고 그의 齋室인 '追遠齋'는 安東市 安奇洞에 있다.	· 1368年- 吳王朱元璋, 皇帝가 되고 국호를 明이라 하다. - 元이 망하고 元의 順帝에 의해 北元이 생기다. · 1369年- 티무르(Timur)帝國이 성립되다. - 프랑스王, 百年戰爭을 다시 열어 이기다. · 1370年- 高麗 李成桂, 元의 東寧府를 치다. · 1371年- 高麗, 辛旽 일당을 처형하다. · 1372年- 高麗, 반란을 일으킨 濟州를 진압하다. · 1373年- 高麗 崔瑩, 六道都巡察使가 되다. · 1374年- 高麗 宦者 崔萬生 등, 恭愍王을 살해하고 禑를 王으로 세웠으나 崔는 곧 사형되다. · 1377年- 高麗 전 海岸에 倭寇가 창궐하다. · 1381年- 英國, 農民叛亂이 일어나 런던을 점령하다. · 1382年- 高麗 僧 普愚 죽다. - 日本 北朝 後小松, 천황으로 즉위하다. · 1385年- 高麗. 明에 말 1천필, 布 1만필을 바치다. · 1386年- 프랑스軍, 英國에 침입하다. - 獨逸, 하이델베르크(Heidelberg)大學을 창립하다.
第 49 世 (1354-1405)	自粹 (初諱 子粹)	· 高麗 恭愍王 3年(1354 甲午)에 開城에서 2男 中 次男으로 태어나다. · 權隨의 딸 貞夫人 安東權氏와 결혼하여 1男(根) 1女(權厚 配)의 자녀를 두다. · 字가 純仲, 號가 桑村이다. · 生員에 壯元及第하고 恭愍王 23年(1374)에 文科에 壯元으로 급제하다. · 德寧府主簿를 지내고, 王命을 거절한 죄로 全羅道 突山에 유배되다. · 뒤에 典校副令을 거쳐 判司宰寺事에 이르고, 正言, 祭酒, 大司成, 世子左輔德이 되다. · 다시 判典校寺事, 左常侍, 刑曹判書에 이르고 嘉靖大夫, 忠淸道 都觀察使의 관직에 오르다. · 高麗가 망하자 1392年에 어머니를 모시고 慶北 安東에 은거하다. · 어머니가 돌아가자 3년간 侍墓살이를 하였으니 현재 이를 기리는 '桑村公孝子碑閣'이 文化財 第37號로 지정되어 安東市 安奇洞에 위치하고 있다. · 朝鮮 太宗이 刑曹判書에 임명하자 安東에서 漢陽으로 가는 길에 京畿道 廣州郡 秋嶺고개에서 絶命詩를 남기고 자결하니 朝鮮 太宗 5年(1405 乙酉) 10월10日이고 享年 51歲였다. · 墓所는 乙坐로 廣州郡 五浦面 新峴里 태재에 있고 가까이에 公의 神道碑와 殉節碑閣이 위치하고 있다. · 慶州 金氏 桑村公派의 派祖가 되다. · 配 貞夫人은 서거하여 公의 墓 뒤 2步 떨어져 乙坐로 안치되다.	· 1387年- 高麗, 元服을 폐하고 明制를 따르다. · 1388年- 高麗 崔瑩, 門下侍中이 되다. - 高麗, 明나라 遠征을 기도했으나 李成桂 등에 의해 威化島에서 회군하다. - 高麗 李成桂, 禑王을 폐하고 崔瑩을 죽이다. · 1389年- 高麗, 昌王이 폐위되고 恭讓王이 즉위하다. · 1390年- 高麗, 漢陽으로 천도하다. · 1392年- 高麗 鄭夢周, 李芳遠에게 피살되다. - 高麗 멸망하고 李成桂에 의한 朝鮮이 건국하다. · 1393年- 새 나라의 국호를 朝鮮이라 하다. · 1394年- 朝鮮 鄭道傳, 「朝鮮經國大典」을 편찬하다. - 朝鮮, 都邑을 漢陽으로 정하다. · 1395年- 朝鮮 鄭道傳 등, 「高麗史」 37권을 찬진하다. - 朝鮮 , 漢陽府를 漢城府로 고치다. · 1396年- 朝鮮, 金士衡 등에게 日本의 壹岐 · 對馬島를 치게 하다. · 1398年- 朝鮮, 王子의 亂이 일어나고 鄭道傳, 南誾 등이 피살되다. · 1399年- 日本의 大內義弘, 반란을 일으키다. · 1400年- 朝鮮, 王子 芳幹의 亂이 일어나다. - 朝鮮, 芳遠이 3代 太宗으로 즉위하다. · 1401年- 朝鮮, 처음으로 申聞鼓를 설치하다. - 英國議會, 위클리프(Wycliffe)의 信徒에 대한 火刑을 결의하다. · 1402年- 中國 燕王, 자립하여 皇帝가 되다. · 1403年- 朝鮮, 河崙등, 「東國史略」을 짓다.

世順(年度)	諱	本人 및 家族事項	國內 및 國際事項
			- 明, 北平을 北京으로 개칭하다. · 1405年- 朝鮮, 寺社의 奴婢를 없애다. - 蒙古의 티무르 죽고 그의 帝國은 분열되다.
第 50 世 (1374-1425)	根	· 高麗 恭愍王 23年(1374 甲寅)에 開城에서 태어나 父 自粹를 따라 安東에서 살다. · 漢城府尹 朴天貴의 딸 密陽朴氏와 결혼하여 1男(永洋)의 아들을 얻고, 다시 兵曹參判 李淳의 딸 牛峰李氏와 결혼하여 3男(永源, 永澖 , 永濡) 1女(權摩 配)의 자녀를 두다. · 字는 而本, 號는 秋隱이라 하다. · 朝鮮朝에서 奉烈大夫, 平壤少尹(正4品, 室局長級)의 벼슬을 지내다. · 朝鮮 世宗 7年 (1425 乙巳) 9월 20日에 51歲로 서거하여 廣州郡 五浦面 父 桑村公 墓所 서남쪽 300步 떨어져 酉坐로 안장되다. · 兵曹判書의 贈號를 받다. · 配 두분은 서거후 모두 貞夫人의 贈號를 받고, 桑村公 墓所 인접에 안장되다.	· 1406年- 朝鮮, 각종 制度를 새로이 만들고 十學을 두다. · 1407年- 朝鮮, 百官의 祿科를 정하다. · 1408年- 朝鮮, 太祖 李成桂 죽다. · 1410年- 朝鮮, 처음으로 鑄字所로 하여금 書籍을 仁行 販賣케 하다. · 1411年- 朝鮮, 金 · 銀을 채굴케 하다. - 神聖로마帝國 지기스문트(Sigismund) 즉위하여 이탈리아 遠征을 가다. · 1413年- 朝鮮, 敦化門 大鐘이 이룩되다. - 朝鮮, 各 道, 郡, 縣의 명칭을 고치다. - 印度 투글크(Tughulg)王朝 멸망하다. · 1414年- 朝鮮, 도로에 里程標를 세우다. · 1418年- 朝鮮, 世子를 讓寧에서 忠寧으로 바꾸다. · 1421年- 明, 南京에서 北京으로 천도하다. - 英國 下院에서 처음 英語를 사용하다. · 1424年- 朝鮮, 화폐 '朝鮮通寶'를 주조하다. - 터키, 콘스탄티노플을 제외한 全 東로마 領土를 점령하다.
第 51 世 (1418-1495)	永濡	· 朝鮮 太宗 18年(1418 戊戌)에 廣州에서 4男 1女 中 第4男으로 태어나다. · 中樞院使 韓瑞龍의 딸 淸州 韓氏(1419 己亥生)와 결혼하여 5男 (薰, 萱, 蕡, 蓍, 萍)의 아들을 두다. · 子는 澤夫, 號는 退齊라 하다. · 生員으로 世宗 29年 (1447)에 式年文科에 급제하여 承文院正字에 등용되고 監察, 正言 등을 거쳐 世祖 3年(1457)에 平壤府少尹이 되다. · 1465年에 判承文院事가 되고 다음해 大司成을 거쳐 戶曹參議에 이르러 聖節使로 明나라에 다녀오다. · 守 黃海道 觀察使, 忠淸道 觀察使를 거쳐 同知中樞府事가 되다. · 成宗 6年(1475)에 刑曹參判이 되고 다음해 工曹參判이 되어 謝恩使로 明나라에 다녀오다. · 大司憲, 全羅道觀察使를 역임하고 正朝使로 다시 明나라에 다녀오다. · 成宗 14年(1483)에 漢城府左尹을 지내고 그 후 行僉知中樞府事, 開城府留守, 黃海道觀察使, 刑曹參判, 守知中樞府事 등의 관직을 지내다 · 燕山君 1年(1495 乙卯) 11月 6日에 77歲로 서거하여 廣州 桑村公 墓所 인근에 戌坐로 안장되다. · 吏曹判書의 贈號와 恭平公의 諡號를 받다. · 慶州金氏 恭平公派의 派祖가 되다. · 配 韓氏는 1483年 (癸卯) 12月 1日에 서거하여 廣州	· 1426年- 朝鮮, 漢城府에 큰불이 나서 防火法을 세우다. · 1429年- 日本 足利義敎, 將軍이 되다. - 프랑스 잔다크(Jeanne d' Arc) 少女 英國軍을 무찔러 오를레앙의 포위를 풀다. · 1431年- 프랑스 잔다크, 英國軍에 의해 火刑당하다. · 1432年- 朝鮮 孟思誠 등, 「新撰 八道地理志」를 편찬하다. · 1433年- 포르투갈, 리스본(Lisbon)으로 수도를 옮기다. · 1440年- 朝鮮, 成婚期를 男 16세 이상, 女 14세 이상으로 정하다. - 구텐베르크(Gutenberg), 活字를 개량하다. · 1441年- 朝鮮, 測雨標를 설치하다. · 1443年- 朝鮮 世宗, '訓民正音' 28字를 제정하여 반포하고 '諺文廳'을 설치하다. · 1445年- 朝鮮, '實錄'을 忠州, 全州, 星州의 3史庫에 분산 비치하다. · 1451年- 印度에 로디(Lodi)王朝가 일어나다. · 1453年- 朝鮮, 首陽大君에 의해 癸酉靖亂이 일어나 金宗瑞, 皇甫仁 등이 사살되다 - 東로마帝國, 터키에 의해 멸망되다. · 1455年- 朝鮮, 端宗을 폐하고 世祖가 등극하다. - 英國에 薔薇戰爭(The Rose War)이 일어나다. · 1456年- 朝鮮, 死六臣들이 모두 사형되다.

世順(年度)	諱	本人 및 家族事項	國內 및 國際事項
		夫 墓所 뒤에 辛坐로 안장되고 貞夫人의 증호를 받다.	· 1460年- 터키, 그리스 全域을 점령하다. · 1463年- 베네치아(Venezia)에 유럽 최초의 公共圖書館이 설립되다. - 터키, 베네치아와 海戰을 시작하다. · 1467年- 日本에 應仁의 亂이 일어나다. · 1469年- 朝鮮 崔恒, 金國光 등,「經國大典」을 찬진하다. · 1481年- 朝鮮 徐居正 등,「東國輿地勝覽」을 편찬하다. · 1482年- 朝鮮 成宗, 廢妃 尹氏를 賜死시키다. · 1491年- 朝鮮, 老處女의 婚費를 官廳에서 내어주다. · 1492年- 콜럼버스(Columbus), 美大陸을 발견하다.
第 52 世 (1437-1501)	薰	· 朝鮮 世宗 19年(1437 丁巳)에 廣州에서 5男 中 長男으로 태어나다. · 字는 國馨, 號는 宋庵이라 하다. · 郡守 宋霱의 딸 鎭川 宋氏 (1435 乙卯生)와 결혼하여 2男 (元弼 ,世弼)의 아들을 두다. · 世祖 14年(1468)에 進士에 급제하여 尙衣院僉正(從4品, 室局長級)을 거쳐 通訓大夫 (正3品, 次官補級)의 벼슬에 오르다. · 燕山君 7年 (1501 辛酉) 9月 26日에 64歲로 서거하여 廣州 父 墓所 좌편에 辛坐로 안장되다. · 工曹判書의 贈號를 받다. · 配 宋氏는 1517(丁丑) 1月 8日에 82歲로 서거하여京畿道 龍仁郡 邑三面 竹田里에 艮坐로 안장되고, 貞夫人의 贈號를 받다.	· 1496年- 朝鮮, 興儒抑佛策을 강화하다. · 1497年- 明에 韃靼의 小王子가 침입하다. - 바스코 다 가마(Vasco da Gama), 希望峰을 돌아 항해하다. · 1498年- 朝鮮, 世祖 이래 3朝의「國朝寶鑑」을 찬집하다. - 朝鮮, 戊午士禍가 일어나 金馹孫 등이 사형되다. - 콜럼버스, 南아메리카 本土에 도달하다. · 1499年- 朝鮮, 寶鑑廳을 폐하다. - 明, 孔子廟에 自然火가 일어나다. -스위스, 神聖로마로부터 독립하다. · 1500年- 朝鮮,淫亂 男女 處死의 法을 제정하다. - 朝鮮, 寡婦의 再嫁를 금하다. - 포르투갈의 카브랄(P.A. Cabral), 브라질에 상륙하여 포르투갈領으로 만들다. · 1501年- 朝鮮에 李滉이 태어나다. - 프랑스王 루이 12世, 스페인의 페르난도(Fernando)와 함께 나폴리를 치다.
第 53 世 (1474-1535)	元弼	· 朝鮮 成宗 5年 (1474 甲午)에 廣州에서 2男 中 長男으로 태어나다. · 字를 巨卿이라 하다. · 洪廷의 딸 南陽洪氏와 결혼하여 1男(礪)의 아들을 두다. · 忠州判官 (從5品, 局長級)의 벼슬을 지내다. · 中宗 30年 (1535 乙未) 4月 17日 61歲로 서거하여 忠北 陰城郡 甘谷面 舟川里에 卯坐로 안장되고 判官公이라 호칭되다. · 配 洪氏는 4月 8日에 서거하여 京畿 龍仁郡 水枝邑 竹田里에 안장되다.	· 1504年- 朝鮮, 甲子士禍가 일어나 金宏弼 등이 죽다. · 1505年- 포르투갈, 印度를 통치하기 시작하다. · 1506年- 朝鮮, 中宗反正이 일어나 燕山君이 폐위되고 晋城大君이 王位에 오르다. · 1507年- 新大陸을 처음으로 '아메리카' 라 부르다. · 1508年- 미켈란제로, 로마의 시스티나(Sistina)聖堂의 장식에 착수하다. · 1510年- 朝鮮, 三浦倭亂이 일어나다. · 1516年- 토마스 모어(Thomas More),「유토피아(Utopia)」를 쓰다. · 1517年- 朝鮮, '呂氏鄕約' 을 8道에 시행하다. · 1519年- 朝鮮, 己卯史禍일어나 趙光祖 등 죽다. - 마젤란(Magellan), 世界一周 航海에 오르다.
第 54 世 (1511-1577)	礪	· 朝鮮 中宗 6年(1511 辛未)에 忠州에서 태어나다. · 字를 士光이라 하다. · 將仕郎(從9品, 書記級)의 벼슬을 지내다. · 李義의 딸 廣州李氏와 결혼하여 2男(女重,汝)의 아들을	· 1543年- 朝鮮, 周世鵬, 白雲洞書院을 세우다. - 日本에 포르투갈 사람이 鳥銃을 전하다. · 1559年- 朝鮮, 黃海道에 義賊 林巨正 일당이 횡행하다. · 1560年- 朝鮮 李滉, 安東禮安에 陶山書堂을 세우다.

世順(年度)	諱	本人 및 家族事項	國內 및 國際事項
		두다. · 宣祖 10年(1577 丁丑)에 61歲로 서거하여 陰城郡 甘谷面 先公의 墓 아래에 卯坐로 안장되다. · 配 李氏는 1月17日에 서거하여 夫墓와 雙墳으로 안장되다.	· 1565年- 朝鮮 중 普雨, 濟州道에 유배되었다가 杖殺당하다. · 1571年- 明, 俺答汗을 順義王에 봉하다. · 1573年- 日本 織田信長, 足利氏를 멸하다. · 1577年- 朝鮮 李珥, 擊蒙要訣과 高山九曲歌를 짓다. - 프랑스에 제6차 內亂이 일어나다. - 英國의 드레이크(F.Drake), 世界周航을 떠나다.
第 55 世 (1548-1609)	汝贊	· 朝鮮 明宗 3年 (1548 戊申)에 忠州에서 2男 中 次男으로 태어나다 · 密陽朴氏와 결혼하여 2男(埂, 埴)의 아들을 두다. · 僉樞府事(正3品, 次官補級)의 관직에 오르다. · 光海君 1年(1609 乙酉) 3月 15日에 61歲로 서거하여 京畿 龍仁郡 駒城面 竹田里에 選坐로 안장되다. · 配 朴氏는 서거하여 夫墓에 合祔로 안장되다.	· 1578年- 러시아, 우랄山脈을 넘어 시베리아로 진출하다. · 1583年- 朝鮮 李珥, 時務六條를 올리다. - 滿洲의 누루하치, 군사를 일으키다. · 1585年- 日本 豊臣秀吉, 關白이 되다. · 1589年- 朝鮮 鄭汝立, 모반을 꾀하다가 자결하다. · 1592年- 壬辰倭亂이 일어나다. - 朝鮮 李舜臣, 閑山大捷을 이루다. · 1597年- 丁酉再亂이 일어나다. · 1603年- 日本 德川家康, 江戶幕府를 시작하다. - 英國 세익스피어(W.Shakespeare), 햄릿(Hamlet)등 名作을 내다.
第 56 世 (1585-1649)	埴	· 朝鮮 宣祖 18年 (1585 乙酉)에 忠州에서 2男中 次男으로 태어나다. · 字는 聖位, 號는 松谷이라 하다. · 通德郎의 딸 延日 鄭氏(1573 癸酉生)와 결혼하여 2男(永鉉,秉鉉)의 아들을 두다. · 武科에 급제하여 判官의 벼슬을 지내다. · 仁祖 27年(1649 己丑) 2月 3日에 64歲로 서거하여 淸州 西江內一에 안장되었다가 뒤에 忠北 淸原郡 加德面 杏亭里에 乾坐로 이장되다. · 通政大夫 · 兵曹參議의 贈號를 받다. · 配 鄭氏는 3月 8日에 서거하여 淑夫人의 贈號를 받고 夫墓와 雙墳으로 안치했다가 뒤에 合祔하다.	· 1615年- 日本, 大阪夏之陣으로 豊臣氏 망하다. - 스페인 세르반테스(M.de Cervantes)의 「돈키호테(Don Quixote)」小說이 나오다. · 1616年- 滿洲의 누루하치, 皇帝太祖를 칭하고 국호를 後金이라 하다. · 1619年- 黑人奴隸, 美國 버지니아에 수입되다. · 1623年- 朝鮮, 仁祖反正이 일어나 光海君이 폐위되다. · 1627年- 朝鮮, 金의 침범으로 丁卯胡亂이 일어나다. · 1633年- 朝鮮, 柳成龍의 「西厓集」이 간행되다. - 이탈리아 갈릴레이 (G. Garlilei), 宗敎裁判에서 地動說 포기를 강요당하다. · 1636年- 朝鮮에 金의 침략으로 丙子胡亂이 일어나다. - 後金 太宗, 국호를 淸이라 고치다. · 1637年- 朝鮮 仁祖, 三田渡에서 淸太宗에 항복하다. · 1645年- 朝鮮 鳳林大君, 淸에서 돌아와 世子가 되다. · 1646年- 英國에 淸敎徒 革命이 일어나다.
第 57 世 (1616-1686)	秉鉉	· 朝鮮 光海君 8年(1616 丙辰) 1月15日에 淸州에서 2男 中 次男으로 태어나다. · 子를 而京이라 하다. · 權義順의 딸 安東權씨(丙戌生)와 결혼하여 1男(汎)의 아들을 두다. · 率家하여 1651年에 慶北 聞慶郡 戶西南面 興德里로 와서 정착하다. · 詞賦 名世하고 有學行하여 萬人의 추앙을 받다.	· 1651年- 朝鮮 金自點, 처형되다. · 1654年- 포르투갈, 화란으로부터 브라질을 빼앗다. · 1661年- 明나라 멸망하다. · 1663年- 朝鮮, 전국적으로 流行性 熱病이 만연하다. - 日本, 殉死를 금하다. · 1664年- 英國, 美國의 뉴 암스테르담(New Amsterdam)을 뉴욕(New York)이라 개칭하다. · 1666年- 뉴턴(I.Newton), 宇宙重力을 발견하다.

世順(年度)	諱	本人 및 家族事項	國內 및 國際事項
		· 肅宗 12年(1686 丙寅) 7月20日 70歲로 서거하여 聞慶郡 山陽面 玉山洞 뒷산에 甲坐로 안치되다. · 聞慶 興德의 入鄕祖가 되다. · 配 權氏는 3月 23日에 서거하여 夫의 雙墳으로 안장하다.	· 1667年- 밀톤(J.Milton)의 「失樂園(Paradise Lost)」이 간행되다. · 1969年- 英國의 뉴턴, 微積分法을 완성하다. · 1675年- 英國의 그리니치(Greenwich) 天文臺가 설립되다. · 1677年- 朝鮮, 賑恤廳에서 空名出身帖을 발급하다. · 1678年- 朝鮮, 常平通寶를 주조하다. · 1683年- 臺灣, 淸에 귀속되다. · 1685年- 朝鮮, 鐘閣이 불에 타다. · 1686年- 러시아, 터키에 宣戰布告를 하다.
第 58 世 (1642-1714)	汎	· 朝鮮 仁祖 20年(1642 壬午) 8月 25日 淸州에서 태어나서 聞慶에서 성장하다. · 字는 尙七, 號는 養性齋라 하다. · 金允凞의 딸 金海金氏(1641 辛巳生)와 결혼하여 3男(命天, 命一, 命武)의 아들을 두다. · 行御營軍(正9品, 書記級)의 벼슬을 지내다. · 肅宗 40年(1714 甲午) 7月 27日에 72歲로 서거하여 聞慶郡 麻城面 防草館에 酉坐로 안장되다. · 配 金氏는 1691年 (辛未) 2月 13日에 서거하여 合祔로 모시다.	· 1687年- 朝鮮 肅宗, 蕩平策을 명령하다. - 英國 뉴턴의 「프린시피아(Principia) 출간되다. · 1689年- 朝鮮 金萬重, 小說 「九雲夢」을 저술하다. · 1694年- 朝鮮, 甲戌獄事가 일어나다. · 1695年- 터키軍, 神聖로마 및 베네치아(Venezia) 軍을 무찌르다. · 1701年- 朝鮮 肅宗, 張禧嬪을 사사하다. - 美國의 예일(Yale)大學이 창립하다. · 1702年- 朝鮮, 8道에 虎患이 심하다. · 1711年- 日本, 朝鮮使節 接待法을 제정하다. · 1712年- 朝鮮, 白頭山 定界碑를 세우다. · 1714年- 朝鮮, 8道에 地震이 일어나다. - 터키 · 베네치아간의 戰爭이 일어나다.
第 59 世 (1678-1745)	命天	· 朝鮮 肅宗4年 (1678 戊午) 10月 8日에 聞慶 興德에서 3男 中 長男으로 출생하다. · 字를 湧浮라 하다. · 豊壤 趙氏와 결혼하여 1男 (泰立)의 아들을 두다. · 英祖 21年(1745 乙丑) 10月 18日에 67歲로 서거하여 聞慶郡 戶西南面 雲泉洞(갈밭골) 뒷산에 艮坐로 안장되다. · 配 趙氏는 1743(癸亥) 10月 21日에 서거하여 合祔로 모시다.	· 1717年- 朝鮮, 黃海沿岸에 荒唐船의 출몰이 빈번하다. · 1720年- 朝鮮의 當年人口가 6,800,808명에 이르다. · 1725年- 朝鮮 英祖, 朋黨의 폐해를 하교하다. · 1726年- 朝鮮의 當年人口가 6,944,400명, 戶數가 1,614,598戶에 이르다. · 1729年- 朝鮮, 五家作統과 里定의 法을 엄수시키다. · 1733年- 英國의 케이(J.Kay), 紡績機를 개량하다. · 1737年- 朝鮮의 三南에 大饑饉이 들다. · 1739年- 英國과 스페인간에 植民地戰爭이 나다. · 1742年- 朝鮮에 傳染病이 만연하다. · 1744年- 美國內에서 英國과 프랑스간에 植民地 爭奪 싸움이 일어나다.
第 60 世 (1717-1806)	泰立	· 朝鮮 肅宗43年 (1717 丁酉) 9月 20日에 聞慶 興德에서 태어나다. · 字를 泰汝라 하다. · 密陽朴氏 (丙戌生)와 결혼하여 1男(參簡)의 아들을 갖다. · 純祖 6年 (1806 丙寅) 4月 12日에 89歲로 서거하여 聞慶 先塋 뒤에 艮坐로 안치되다. · 配 朴氏는 1828年(戊子) 8月 10日 서거하여 聞慶郡 戶西南面 孔坪里 梨谷(배실)에 子坐로 안치되다.	· 1756年- 朝鮮의 人口, 傳染病으로 많이 죽어 當年人口가 7,318,359명에 이르다. · 1758年- 朝鮮, 黃海道 · 江原道에 天主敎가 보급되다. · 1760年- 캐나다, 英國의 支配下에 들어가다. · 1762年- 朝鮮 英祖, 思悼世子를 궤 속에 넣어 죽이다. · 1775年- 美國에 獨立戰爭이 일어나다. · 1776年- 美國, 獨立을 선언하다. · 1801年- 朝鮮, 天主敎를 탄압하는 辛酉邪獄이 일어나다. · 1802年- 安南의 阮福映, 國號를 越南(Viêtnam)이라 하다.

世順(年度)	諱	本人 및 家族事項	國內 및 國際事項
			- 나폴레옹(Napolêon), 프랑스 終身統領이 되다. · 1806年- 神聖로마帝國(The Holy Raman Empire), 멸망하다.
第 61 世 (1757-1839)	參簡	· 朝鮮 英祖33年(1757 丁丑) 12月 7日 聞慶 興德에서 태어나다. · 字를 敬參이라 하다. · 千錫用의 딸 花山千氏(1755 己亥生)와 결혼하여 3男(道鎭, 達鎭, 越鎭)의 아들을 두다. · 憲宗 5年(1839 己亥)11月 15日 82歲로 서거하여 聞慶 雲泉洞 先塋 아래에 艮坐로 안치되다. · 配 千氏는 1865年(乙丑)1月 29日에 서거하여 夫의 墓 옆에 亥坐로 안치되다.	· 1808年- 英國과 나폴레옹간에 半島戰爭이 일어나다. · 1810年- 朝鮮에 地震, 日蝕, 暴雨, 饑饉이 일어나다. · 1811年- 朝鮮, 洪景來의 亂이 일어나다. · 1813年- 朝鮮, 公忠道를 忠淸道로 다시 개칭하다. - 라이프치히(Leipzig) 싸움에서 나폴레옹이 패하다. · 1814年- 朝鮮, 日蝕, 月蝕, 洪水가 일어나고 피해가 심하다. - 聯合軍이 파리에 入城하고 나폴레옹이 퇴위하다. - 英國 스티븐슨(G.Stephenson), 蒸氣機關車의 試運轉에 성공하다. · 1815年- 나폴레옹,워털루(Waterloo) 싸움에서 패하여 섄트 헬레나(St · Helena)로 귀양가다.
第 62 世 (1789-1834)	道鎭	· 朝鮮 正祖 13年 (1789 己酉) 11月 13日에 聞慶 興德에서 3男 中 長男으로 태어나다. · 字를 致遠이라 하다. · 朴元直의 딸 密陽朴氏(1784 甲辰生)와 결혼하였으나 子女를 얻지 못하여 다시 嚴秘士의 딸 寧越嚴氏(1793 癸丑生)와 결혼하여 1男(魯亨) 1女(權致榮 配)의 자녀를 얻다. · 純祖 34年(1834 甲午) 3月 6日에 45歲로 서거하여 聞慶 雲泉洞 先塋 아래에 안장되다. · 配 朴氏는 庚午年 12月 7日에 서거하여 夫墓와 같이 艮坐로 안장되고, 繼配 嚴氏는 10月 3日에 서거하여 聞慶 雲泉洞 先塋 아래에 艮坐로 안장되다.	· 1818年- 朝鮮 丁若鏞, 康津 流配에서 풀려나다. · 1819年- 英國, 싱가포르(Singapore)를 점령하다. · 1821年- 멕시코, 스페인으로부터 독립하다. · 1822年- 브라질, 포르투갈로부터 독립하다. · 1823年- 美國 大統領 몬로(J.Monroe),몬로주의(Monroe Doctrine)를 선언하다. · 1825年- 日本, 異國船 打拂令을 내리다. - 러시아, 최초의 革命運動이 일어나다. - 英國에서 世界 최초의 鐵道가 개통되다. · 1827年- 朝鮮, 105歲의 金順三을 知中樞府事에 임명하다. · 1828年- 웹스터(Noah Webster)의 「英語辭典」이 나오다. · 1830年- 프랑스에 '7月革命'이 일어나다. · 1835年- 美國 모르스(S.Morse), 電信機를 발명하다. · 1836年- 英國, 런던大學을 창설하다. · 1837年- 日本, 大阪에 '天保의 亂'이 일어나다. · 1839年- 朝鮮, 天主敎徒에 에 대한 己亥邪獄이 일어나다.
第 63 世 (1828-1888)	魯亨	· 朝鮮 純祖 28年 (1828 戊子) 10月 6日 聞慶 興德에서 1男 1女 中 長男으로 태어나다. · 字를 淵汝라 하다. · 李元奎의 딸 全州李氏(1822 壬午生)와 결혼하고 다시 金斗漢의 딸 金海金氏(1845 乙巳生)와 결혼하여 2男(信喜, 秉喜)의 아들을 갖다. · 忠勳都事(從 5品, 局長級)의 벼슬을 지내다. · 高宗 25年(1888 戊子)6月 24日 60歲로 서거하여 聞慶 雲泉洞 先塋 아래에 乙坐로 안장되다.	· 1840年- 朝鮮 金正喜, 濟州에 유배되고, '歲寒圖'를 그리다. · 1846年- 朝鮮 金大建 神父, 새남터에서 순교하다. · 1848年- 마르크스(Marx) · 엥겔스(Engels), 共産黨宣言을 하다. · 1850年- 淸, '太平天國의 亂'이 일어나다. · 1851年- 런던에서 제1회 萬國産業博覽會가 열리다. · 1852年- 나폴레옹 3世, 프랑스 皇帝가 되다. · 1853年- 크리미아(Crimea) 戰爭이 발발하다.

世順(年度)	諱	本人 및 家族事項	國內 및 國際事項
		·配 李氏는 1879年 (己卯) 3月 14日에 서거하고 繼配 金氏는 1888(戊子) 6月 23日에 서거하여 모두 淑夫人의 증호를 받고 聞慶 雲泉洞 先塋 아래에 艮坐와 乙坐로 안치되다.	·1858年- 日本, 美國 등 5個國과 通商條約을 맺다. ·1860年- 朝鮮 崔濟愚, 東學을 창시하다. ·1861年- 朝鮮 金正浩, '大東輿地圖'를 간행하다. - 美國에 南北戰爭이 일어나다. ·1863年- 朝鮮 興宣 李昰應, 大院君이 되다. ·1866年- 朝鮮에 美國·프랑스 艦隊가 들어와 싸우다. ·1867年- 日本, 幕府時代가 끝나고 明治維新이 시작되다. ·1869年- 수에즈(Suez)運河가 개통되다. ·1876年- 韓日間 修好條約을 맺다. ·1879年- 美國 에디슨(T.Edison), 炭素線 電球를 발명하다. ·1883年- 朝鮮, 太極旗를 國旗로 정하다. ·1884年- 朝鮮, 開化黨에 의해 甲申政變이 일어나다.
第64世 (1862-1918)	信喜	·朝鮮 哲宗13年 (1862 壬戌) 8月 18日에 聞慶 興德에서 2男 中 長男으로 태어나다. ·字를 喜守라 하다. ·金炳周의 딸 安東金氏(1857 丁巳生)와 결혼하여 3男(商九, 商鎭, 商伊)의 아들을 얻다. ·다시 丹陽禹氏(1868 戊辰生)와 1895年에 결혼하여 2男 (商樞, 商培)의 아들을 얻다. ·日帝 9年 大正 7年(1918 戊午) 10月 21日에 56歲로 서거하여 聞慶 戶西南面 孔坪里 梨谷(배실)에 艮坐로 안장되다. ·配 金氏는 11月 28日에 서거하여 夫墓同原에 卯坐로 안장되다. ·繼配 禹氏는 1946年(丙戌) 7月 26日(陽 8月 22日)에 78歲로 서거하여 聞慶 興德 깃골 뒷산에 丑坐로 안장하였다가 1964年에 火葬하였다.	·1890年- 獨逸 宰相 비스마르크(Otto von Bismarck), 사직하다. ·1893年- 美國 에디슨, 活動寫眞을 발명하다. ·1894年- 朝鮮, 接主 全琫準을 중심으로 東學亂이 일어나다. - 淸日戰爭이 발발하다. ·1895年- 朝鮮, 乙未事變이 일어나 閔妃가 살해되다. - 朝鮮, 斷髮令을 내리고, 陽曆을 사용하다. - 臺灣, 日本의 統治下에 들어가다. ·1896年- 朝鮮, 獨立新聞, 獨立協會, 獨立門이 세워지다. - 아테네에서 제1회 國際올림픽大會가 열리다. ·1898年- 스페인, 필리핀을 美國에 양도하다. ·1899年- 朝鮮, 大韓國 國制를 반포하다. ·1902年- 大韓, 國歌를 선정하다. ·1903年- 美國의 라이트(Wright) 兄弟, 飛行機를 만들다. ·1904年- 露日戰爭이 일어나다. ·1905年- 大韓, 日本과 乙巳保護條約을 체결하다. ·1907年- 大韓 李儁, 海牙에서 순국하다. ·1909年- 安重根, 하얼빈에서 伊藤博文을 죽이다. ·1910年- 大韓, 韓日合邦으로 멸망하다. ·1912年- 淸이 멸망하고 中華民國이 건국하다. ·1914年- 第1次 世界大戰이 발발하다. ·1917年- 러시아帝國이 멸망하고 소비에트共和國이 수립되다.
第65世 (1896-1975)	商樞 (一諱 商大)	·朝鮮 高宗 33年(1896 丙甲) 6月 3日에 聞慶 興德에서 5男 中 第4男, 親母 禹氏 所生으로는 2男 中 長男으로 태어나다. ·字를 永一이라 하다. ·鄭成五의 딸 延日鄭氏와 1910年에 결혼하여 2男 (安濟,群濟) 3女(石順-黃在洙 配, 石九-金仁錫 配, 石出-許	·1919年- 日帝下에서 3.1獨立運動이 일어나다. - 上海에 大韓民國 臨時政府가 수립되다. - 이탈리아 무솔리니(B.Mussolini), 파시스트黨을 조직하다. ·1920年- 日帝下 金佐鎭·李範奭, 滿洲 青山里에서 日本軍 大部隊를 격파하다.

世順(年度)	諱	本人 및 家族事項	國內 및 國際事項
		嫙配)의 자녀를 두다. ·率家하여 釜山, 蔚山, 聞慶 加恩등지로 전전 거주하다. ·옛골 高氏宅의 머슴을 살다가 1936年에 독립하여 독자 살림을 하다. ·長男을 大學教授로, 次男을 初等學校 教師로 기르다. ·1964년까지 聞慶 興德에 거주하다가 1965년부터 長子를 따라 서울로 솔가하여 거주하다. ·長男의 子婦를 보고 長孫女(雪娥), 長孫子(東爀), 次孫女(貞娥)를 얻다. ·長男과 함께 東大門區 淸凉里洞, 鍾路區 梨花洞 등에서 專貰房 生活을 하다. ·東大門區 昌信洞에 첫 自家를 취득하여 長男 食口와 같이 거주하다. ·長男 內外가 美國에 유학하던 기간(1969-1972)에는 長孫女와 長孫子를 데리고 昌信洞 自宅에서 살다 ·故鄕 聞慶 興德에 남아 있던 밭 600坪을 매각하고 그 金額은 次男(群濟)에게 주어 聞慶邑에서 住宅을 구입하여 살게 하다. ·配 鄭氏는 1973年 12月 11日(陰 癸丑 11.17)에 聞慶邑 下里 次女(石九) 自宅에서 서거하여 聞慶郡 店村邑 孔坪里 梨谷 배실에 艮坐로 안장되다. ·長孫女와 長孫子가 初等學校 入學하여 다니는 것을 보다. ·韓國 第4共和國 朴正熙대통령 13年(1975年 11月 12日, 陰 乙卯 10.10), 長男이 日本會議에 가있는 날, 서울 祭基洞 自宅에서 80歲를 일기로 서거하여 聞慶 孔坪 배실 先山에 艮坐로 配 鄭氏와 함께 合祔로 안장되다. ·後日(1986.11.15) 外孫 黃泰鉉 兄弟가 墓 앞에 石文을 새긴 床石을 세우고 墓域을 새로이 整備하다. ·後日(2002.11.9) 長男 安濟의 回甲(1996年) 紀念記錄集과 教授停年(2002年) 紀念論文集을 墓地 아래 棺 옆에 埋藏하여 獻呈·復命드리다.	- 國際聯盟(The League of Nations)이 생기다. ·1923年- 中國, 孫文, 大元首가 되다. ·1928年- 中國 蔣介石, 政府主席이 되다. ·1933年- 美國, 大恐慌이 일어나다. - 獨逸國會, 히틀러(A.Hitler)에게 大統領權限을 부여하다. - 獨逸, 나치스獨逸이 확립되다. ·1936年- 日帝下 孫基禎, 올림픽大會 마라톤競技에서 우승하다. ·1939年- 第2次 世界大戰이 발발하다. ·1941年- 日本의 美國 眞珠灣 기습으로 太平洋戰爭이 일어나다. ·1943年- 이탈리아 무솔리니 失脚하다. ·1945年- 히틀러 自殺하고 獨逸은 聯合軍에 항복하다. - 國際聯合(U.N.)이 탄생하다. - 美國, 日本에 原子爆彈을 투하하다. - 日本이 降伏하고 韓國이 해방되다. ·1946年- 英國, 印度에 완전독립을 부여하다. ·1948年- 大韓民國 政府가 수립되고 초대 대통령에 李承晩이 취임하다. ·1949年- 中華人民共和國 政府가 수립되고 主席에 毛澤東이 취임하다. - 獨逸, 東西獨 共和國으로 분리 수립되다. ·1950年- 北韓 金日成, 南侵으로 6.25動亂을 일으키다. - 美軍을 위시한 U.N.軍, 韓國動亂에 참전하다. ·1952年- 日本 독립하다. ·1953年- 韓國動亂, 休戰에 들어가다. ·1954年- 이집트 나세르(Nasser), 쿠데타로 집권하다. ·1957年- 蘇聯, 세계 최초로 人工衛星 발사에 성공하다. ·1960年- 韓國, 4.19革命으로 張勉內閣이 들어서다. ·1961年- 韓國, 軍事革命으로 朴正熙政權이 들어서다. ·1966年- 中共에 文化大革命이 일어나다. ·1967年- 東南아시아 國家聯合(ASEAN)이 발족되다. ·1970年- 韓國, 京釜高速道路가 개통되다. ·1971年- 英國, EC에 가입하다. - 韓國, 大然閣호텔 火災로 167명이 죽다. ·1972年- 南北韓, 共同聲明을 발표하다. - 韓國, 維新體制에 들어가다. ·1973年- 韓國, 浦項綜合製鐵工場이 준공되다. - 오일 쇼크가 발생하다. ·1974年- 韓國,緊急措置가 선포되다. - 韓國, 陸英修女史가 총탄에 서거하다. - 韓國,서울地下鐵 1號線이 개통되다. - 韓國,北傀南侵 땅굴을 발견하다. ·1975年- 越南, 패망하다.

2.官職과 贈號

(1) 直系 先祖의 歷任官職 分布

(先祖數 : 名)

官位				新羅時代		高麗時代		朝鮮時代		歷任先祖數合計
順位	新羅	高麗,朝鮮	韓國	官職名	先祖數	官職名	先祖數	官職名	先祖數	
0	統治者	統治者	特別職 大統領	居西干, 尼師今, 麻立干,王	6	王	-	王,君,皇帝	-	6
1	太, 大	正1品	〃 國務總理	上大等, 上大等角干, 軍將	2	正丞公, 太子太師	1	-	-	3
2	官1位	從1品	政務職 副總理	角干, 伊干, 伊伐飡, 摩叱, 中侍, 侍中	9	門下侍中, 侍中, 君, 事審官	2	-	-	11
3	官2位	正2品	〃 長官	伊飡, 伊伐飡		3 門下侍郞, 平章事, 尙書左僕射, 刑曹判書, 嘉靖大夫	1	判書, 中樞府事, 資憲大夫, 大司憲, 同知中樞府事, 守知中樞府事	1	5
4	官3位	從2品	〃 次官	匝干, 迊飡	2	觀察使, 參知政事, 檢校	1	參判, 觀察使, 漢城府左尹, 開城府留守	-	3
5	官4位	正3品	1級 次官輔	波干, 波珍飡, 一吉飡, 左軍主	2	文學尙書, 上將軍, 衛尉寺卿, 工部尙書, 大司成, 左尙侍, 世子左德輔,, 判典校寺事	1	通訓大夫, 僉樞府事, 通政大夫, 參議, 大司成, 行僉知中樞府事	2	5
6	官5位	從3品	〃 〃	大阿干, 大阿飡	1	祭酒, 大將軍	-	-	-	1
7	官6位	正4品	2級 室長	-	-	侍中侍郞, 工部侍郞, 將軍, 翰林學士, 奉常大夫, 侍郞, 朝散大夫	6	奉烈大夫, 平壤少尹	1	7
8	官7位	從4品	〃 〃	-	-	三司副使, 殿中內給事	1	尙衣院 僉正, 判承文院事	-	1
9	官8位	正5品	3級 局長	-	-	都監判官, 郎中	3	-	-	3
10	官9位	從5品	〃 〃	-	-	通禮門 副使	-	忠州判官, 忠勳都事, 判官	3	3
11	官10位	正6品	4級 課長	-	-	工部員外郎, 知製誥	1	知製敎, 監察, 正言	-	1
12	官11位	從6品	〃 〃	-	-	承旨, 禮賓省丞, 正言, 判司宰寺事	1	-	-	1
13	官12位	正7品	5級 係長	-	-	閤門祗侯, 典校副令	2	-	-	2
14	官13位	從7品	〃 〃	-	-	衛尉寺主簿	1	-	-	1
15	官14位	正8品	6級 主事	-	-	-	-	-	-	-
16	官15位	從8品	7級 〃	-	-	-	-	-	-	-
17	官16位	正9品	8級 書記	-	-	-	-	承文院正字, 行御營軍	1	1
18	官17位	從9品	9級 〃	-	-	-	-	將仕郎	1	1
合計				-	25	-	21	-	9	55

(2) 直系 先祖의 官職 및 世系中 位置

世順	諱	時 代	擔 當 官 職	追封諡號	世系中 位置
1	閼 智	新羅 脫解 - 新羅 逸聖		大輔追尊世祖王	慶州 金氏 始祖
2	勢 漢	婆娑 - 阿達羅	匝干, 伊飡	居西干	
3	阿 道	祇摩 - 伐休	波干, 波珍飡, 伊飡		
4	首 留	阿達羅 - 奈解	伊伐飡, 角干		
5	郁 甫	奈解 - 助賁	伊伐飡, 角干		
6	仇 道	助賁 - 訖解	波珍飡, 一吉食, 左軍主	葛文王	
7	末 仇	味鄒 - 〃	伊伐飡, 角干	葛文王	
8	奈 勿	訖解 - 實聖	尼師今 (第 17代王)	奈勿尼師今	
9	卜 好	〃 - 訥祇		葛文王	
10	習 寶	奈勿 - 慈悲	伊飡, 角干	葛文王	
11	智大路	訥祇 - 法興	麻立干(第22代王)	智證麻立干	
12	眞 宗	慈悲 - 眞興	角干		
13	欽 運	智證 - 眞平	角干	一吉飡	
14	摩 次	眞興 - 〃	角干, 摩叱		
15	法 宣	眞平 - 武烈	大阿飡, 大阿干	玄聖王	
16	義 寬	〃 - 神文	伊飡	神英王	
17	魏 文	武烈 - 聖德	伊飡, 中侍(侍中)	興平王	
18	孝 讓	孝昭 - 景德	一吉飡	明德王	
19	敬 信	聖德 - 元聖	王 (第 38 代王)	元聖王	
20	禮 英	景德 - 憲德	伊飡, 角干	惠康王	
21	均 貞	惠恭 - 僖康	大阿飡, 侍中, 上大等, 軍將	成德王	
22	祐 徵	元聖 - 神武	王 (第 45 代王)	神武王	
23	慶 膺	憲德 - 憲安	王 (第 46 代王)	文聖王	
24	安	興德 - 憲康	伊飡, 上大等		
25	敏 恭	文聖 - 孝恭	侍中, 角干		
26	實 虹	景文 - 敬順	伊飡, 伊干, 角干	懿興王	
27	孝 宗	憲康 - 高麗 光宗	大阿飡, 角干, 侍中,	神興王	
28	傅	孝恭 - 景宗	王 (第 56 代王), 高麗-正丞公 · 事審官	敬順大王	
29	殷 說	高麗 光宗 - 顯宗	平章事, 工部侍郎, 侍中	輔國大安君	大安君 殷說公派 派祖
30	泰 華	成宗 - 文宗	江陵君		
31	正 矩	穆宗 - 〃	工部員外郎		
32	繼 蓼	顯宗 - 宣宗	門下侍中	工部尙書	
33	漢 公	靖宗 - 肅宗	工部侍郎		
34	壽 西	文宗 - 睿宗	都監判官		
35	永 固	宣宗 - 仁宗	閤門祇侯		
36	順 雄	肅宗 - 毅宗	監門衛大將軍 · 上將軍		
37	因 渭	睿宗 - 明宗	尙書左僕射, 門下侍郎, 平章事, 參知政事,		

世順	諱	時　代	擔當官職	追封諡號	世系中位置
			柱國京兆, 縣開國男		
38	元 軌	高麗 仁宗 - 高麗 神宗	承旨, 翰林學士, 文學尙書		
39	承 茂	毅宗 - 高宗	門下侍中		
40	瑩	明宗 - 〃	郎中		
41	仁 琯	神宗 - 〃	朝散大夫, 衛尉寺卿, 檢校, 太子太師		太師公派 派祖
42	則 麗	高宗 - 元宗	殿中內給事		
43	匹 匈	〃 - 忠烈	衛尉寺主簿		
44	貞 裕	〃 - 忠宣	都監判官		
45	宗 誠	忠烈 - 忠肅	禮賓省丞		
46	裔	〃 - 忠穆	閤門祇侯		
47	英 伯	忠肅 - 恭愍	三司副使, 奉常大夫		
48	珸	〃 - 禑	知製誥, 通禮門副使, 奉常大夫	通政大夫, 禮曹參議,知製敎	參議公派 派祖
49	自 粹	恭愍 - 朝鮮 太宗	德寧府主簿,, 典校副令, 判司宰寺事, 正言, 祭酒, 大司成, 世子左輔德, 判典校寺事, 左常侍, 刑曹判書, 嘉靖大夫, 忠淸道都觀察使		桑村公派, 派祖
50	根	〃 - 世宗	奉烈大夫, 平壤少尹	兵曹判書	
51	永 濡	朝鮮 太宗 - 燕山	承文院正字, 監察, 正言, 平壤府少尹, 判承文院事, 大司成, 戶曹參議, 聖節使(明), 守黃海道觀察使, 忠淸道觀察使, 同知中樞府事, 刑曹參判, 工曹參判, 謝恩使(明),大司憲, 全羅道觀察使, 正朝使(明), 漢城府左尹, 行僉知中樞府事, 開城府留守, 黃海道觀察使, 刑曹參判, 守知中樞府事	吏曹判書, 恭平公	恭平公派 派祖
52	薰	世宗 - 〃	尙衣院僉正, 通訓大夫	工曹判書	
53	元 弼	成宗 - 中宗	忠州判官		判官公派 派祖
54	礪	中宗 - 宣祖	將仕郎		
55	汝 贇	明宗 - 光海	僉樞府事		
56	埴	宣祖 - 仁祖	判官	通政大夫, 兵曹參議	聞慶 興德 入鄕祖
57	秉 鉉	光海 - 肅宗			
58	汎	仁祖 - 〃	行御營軍		
59	命 天	肅宗 - 英祖			
60	泰 立	〃 - 純祖			
61	參 簡	英祖 - 憲宗			
62	道 鎭	正祖 - 純祖			
63	魯 亨	純祖 - 高宗	忠勳都事		
64	信 喜	哲宗 -日帝 大正			
65	商 樞	高宗 -韓國 第4共			

(3) 直系 先代 祖母의 呼名과 贈號

祖父		祖母		
世順	諱	姓氏	呼名	贈號
1	閼智	慶州 昔氏	摩貞夫人	
6	仇道	慶州 朴氏	述禮夫人	
7	末仇	慶州 金氏	休禮夫人	
8	奈勿王	慶州 金氏	保反夫人	內禮吉怖
10	習寶	慶州 金氏	烏生夫人	
11	智證王	慶州 朴氏	延帝夫人	
18	孝讓	慶州 朴氏	繼烏夫人	昭文太后
19	元聖王	慶州 金氏	蓮化夫人	淑貞太后
21	均貞	慶州 朴氏 / 慶州 金氏	眞矯夫人 / 昭明夫人	憲穆太后 / -
22	神聖王	慶州 朴氏	貞繼夫人	眞從王后, 定宗太后
23	文聖王	慶州 金氏	昭明夫人	昭憲王后, 昭聖王后
27	孝宗	慶州 金氏	桂娥夫人	桂娥太后
28	敬順王	慶州 朴氏 / 開城 王氏	竹房夫人 / 樂浪公主	
48	珸	一直 孫氏		淑夫人
49	自粹	安東 權氏		貞夫人
50	根	密陽朴氏 / 斗峰李氏		貞夫人 / 貞夫人
51	永濡	清州 韓氏		貞夫人
52	薰	鎭川 宋氏		貞夫人
56	埴	延日 鄭氏		淑夫人
63	魯亨	全州李氏 / 金海金氏		淑夫人 / 淑夫人
合計	20名	24名	-	-

客說 : 經驗에서 얻은 삶의 眞實

美國 가서 3년을 살았어도 1% 美國化되기가 어려웠는데 귀국해서 한 달이 지나니 언제 美國에 갔었느냐고 의심할 정도로 原狀復歸되고 말았다. 태어나 자란 母國은 이렇게 무서운 법이다.

客說 : 經驗에서 얻은 삶의 眞實

모든 生物은 사람에게 먹힐 때 비로소 生의 目的을 달성하고 태어난 보람을 느낀다는 글을 읽은 적이 있다. 내가 보기에는 그렇지 않은 것 같다. 植物이나 과일은 表情이 없어 알 수 없지만 動物들은 사람에게 잡혀 먹힐 때 그렇게 보람을 느껴 기뻐하지 않는 것 같다. 닭을 잡아먹으려고 하면 한사코 도망치고 돼지나 소를 잡을 때 보면 울며 몸부림치고 매우 슬픈 表情을 짓는다. 내가 읽은 글은 人間中心으로 해석한 극단의 利己主義思想이 아닌가 한다. 動物들이 이 글을 읽었다면 아마 그 筆者는 이들에게 잡혀 죽었을 것이다. 잡혀 죽을 때 동물들이 그 필자에게 물을 것이다. '지금 심경이 어떠하오?'

3. 直系 先·後代의 生涯主要事項 一覽表

項目		1. 出生							2. 配偶					3. 子女		4. 職位			5. 逝去					
世代	諱	年度	干支	時代	地域	子女順	字	號	配偶者	號名	逝去年	贈號	墓所	子	女	官職	諡號	世系位置	年度	干支	時代	地域	享壽	墓所
1	閼智	65	乙丑	新羅 脫解王9	慶州	創生	-	-	月城昔氏	摩貞夫人	?	-	慶州	勢漢	-	-	大輔追尊 世祖王	慶州金氏 始祖	145	乙酉	新羅 逸聖王12	慶州	80	慶州
2	勢漢	99	己亥	婆娑王 20	〃	獨子	-	-	?	-	?	-	〃	阿道	-	伊飡	居西干	-	169	己酉	阿達羅王16	〃	70	〃
3	阿道	132	壬申	祗摩王 21	〃	〃	-	-	?	-	?	-	〃	首留	-	伊飡	-	-	192	壬申	伐休王9	〃	60	〃
4	首留	166	丙午	阿達羅王 13	〃	〃	-	-	?	-	?	-	〃	郁甫	-	角干	-	-	216	丙申	奈解王21	〃	50	〃
5	郁甫	199	乙卯	奈解王 4	〃	〃	-	-	?	-	?	-	〃	仇道	-	角干	-	-	239	己未	助賁王10	〃	40	〃
6	仇道	233	癸丑	助賁王 4	〃	〃	-	-	慶州朴氏	述禮夫人	?	-	〃	味鄒王·大西知·末仇	-	左軍主	葛文王	-	323	癸未	訖解王14	〃	90	〃
7	末仇	274	甲午	味鄒王 13	〃	3子	-	-	慶州金氏	休禮夫人	?	-	〃	奈勿王	-	角干	-	-	330	庚寅	訖解王21	〃	56	〃
8	奈勿	315	乙亥	訖解王 6	〃	獨子	-	-	慶州金氏	保反夫人	?	內禮吉怖	〃	訥祗王·卜好·未斯欣	-	尼師今	奈勿尼師今	-	402	壬寅	實聖王1	〃	87	〃
9	卜好	355	乙卯	訖解王 46	〃	次子	-	-	?	-	?	-	〃	習寶	-	-	葛文王	-	439	己卯	訥祗王23	〃	84	〃
10	習寶	396	丙申	奈勿王 41	〃	獨子	-	-	慶州金氏	鳥生夫人	?	-	〃	智證王	-	角干	葛文王	-	476	丙辰	慈悲王19	〃	80	〃
11	智大路	437	丁丑	訥祗王 21	〃	〃	-	-	慶州朴氏	延帝夫人	?	-	〃	法興王·立宗·眞宗	-	麻立干	智證麻立干	-	514	甲午	法興王1	〃	77	〃
12	眞宗	473	癸丑	慈悲王 16	〃	3子	-	-	?	-	?	-	〃	欽運	-	角干	-	-	549	己巳	眞興王10	〃	80	〃
13	欽運	510	庚寅	智證王 11	〃	獨子	-	-	?	-	?	-	〃	摩次	-	角干	一吉飡	-	585	乙巳	眞平王 7	〃	75	〃
14	摩次	547	丁卯	眞興王 8	〃	〃	-	-	?	-	?	-	〃	法宣	-	摩叱	-	-	620	庚辰	眞平王 42	〃	73	〃
15	法宣	583	癸卯	眞平王 5	〃	〃	-	-	?	-	?	-	〃	義寬	-	大阿干	玄聖王	-	656	丙辰	武烈王 3	〃	73	〃
16	義寬	620	庚辰	眞平王 42	〃	〃	-	-	?	-	?	-	〃	魏文	-	伊飡	神英王	-	691	辛卯	神文王11	〃	71	〃
17	魏文	656	丙辰	武烈王 3	〃	〃	-	-	?	-	?	-	〃	孝讓	-	中侍	興平王	-	727	丁卯	聖德王 26	〃	71	〃
18	孝讓	693	癸巳	孝昭王 2	〃	〃	-	-	慶州朴氏	繼烏夫人	?	昭文太后	〃	元聖王	-	一吉飡	明德王	-	762	壬寅	景德王21	〃	69	〃
19	敬信	729	己巳	聖德王 28	〃	〃	-	-	慶州金氏	蓮花夫人	?	淑貞王后	〃	仁謙·義英·禮英	-	王	元聖王	-	798	戊寅	元聖王14	〃	69	〃
20	禮英	749	己丑	景德王 8	〃	3子	-	-	?	-	?	-	〃	憲貞·均貞	-	角干	惠康王	-	817	丁酉	憲德王9	〃	68	〃
21	均貞	769	己酉	惠恭王 5	〃	次子	-	-	慶州朴氏 慶州金氏	眞矯夫人 照明夫人	? ?	憲穆太后 -	〃 〃	神武王·憲安王	-	軍將	成德王	-	836	丙辰	僖康王1	〃	67	〃
22	祐徵	789	己巳	元聖王 5	〃	長子	-	-	慶州朴氏	貞繼夫人	?	眞從王后(定宗太后)	〃	文聖王·英元·興光·益王	-	王	神武王	-	839	己未	神武王1	〃	50	〃

世代	諱	1. 出生 年度	干支	時代	地域	子女順	字	號	2. 配偶 配偶者	號名	逝去年	贈號	墓所	3. 子女 子	女	4. 職位 官職	諡號	世系位置	5. 逝去 年度	干支	時代	地域	享壽	墓所
23	慶膺	809	己丑	憲德王1	〃	〃	-	-	慶州金氏	昭明夫人	?	昭憲王后(昭聖王后)	〃	安	-	王	文聖王	-	857	丁丑	憲安王1	〃	48	〃
24	安	826	丙午	新羅 興德王1	〃	獨子	-	-	?	-	?	-	慶州	敏恭, 仁慶	-	上大等	-	-	881	辛丑	憲康王7	〃	55	〃
25	敏恭	844	甲子	文聖王6	〃	長子	-	-	?	-	?	-	〃	實虹	-	角干	-	-	905	乙丑	孝恭王9	〃	61	〃
26	實虹	861	辛巳	景文王1	〃	獨子	-	-	?	-	?	-	〃	億廉 · 孝宗	-	角干	懿興王	-	929	己丑	敬順王3	〃	68	〃
27	孝宗	879	己亥	憲康王5	〃	次子	-	-	慶州金氏	桂娥夫人	?	桂娥太后	〃	敬順王	-	侍中	神興王	-	953	癸丑	高麗 光宗4	〃	74	〃
28	傅	897	丁巳	孝恭王1	〃	獨子	-	-	慶州朴氏	竹房夫人	?	-	〃	鎰 · 鍠 · 鳴鐘 ·	高麗景宗妃 ·	王	敬順王	-	978	戊寅	景宗3	開城	81	長湍
									開城王氏	樂浪公主	?	-	長湍	殷說 · 錫 · 鍵 ·	李氏配 ·									
									順興安氏	-	?	-	〃	鐥 · 鐘 · 德摯	黃氏配									
29	殷說	968	戊辰	高麗 光宗19	開城	4子	-	-	全義李氏	-	?	-	〃	泰華 · 權承 · 濂	尹氏配	侍中	輔國大安君	大安君殷說公派派祖	1028	戊辰	顯宗19	〃	60	開城
30	泰華	987	丁亥	成宗6	〃	長子	-	-	?	-	?	-	開城	正矩	-	江陵君	-	-	1047	丁亥	文宗1	〃	60	〃
31	正矩	1007	丁未	穆宗10	〃	獨子	-	-	?	-	?	-	〃	繼蓼	-	工部員外郎	-	-	1066	丙午	文宗20	〃	59	〃
32	繼蓼	1026	丙寅	顯宗17	〃	〃	-	-	?	-	?	-	〃	漢公	-	門下侍中	工部尙書	-	1085	乙丑	宣宗2	〃	59	〃
33	漢公	1045	乙酉	靖宗11	〃	〃	-	-	?	-	?	-	〃	景輔 · 壽西 · 景庸	-	工部侍郎	-	-	1103	癸未	肅宗8	〃	58	〃
34	壽西	1065	乙巳	文宗19	〃	次子	-	-	?	-	?	-	〃	永固	-	都監判官	-	-	1122	壬寅	睿宗17	〃	57	〃
35	永固	1084	甲子	宣宗1	〃	獨子	-	-	?	-	?	-	〃	順雄	-	閤門祗侯	-	-	1141	辛酉	仁宗19	〃	57	〃
36	順雄	1103	癸未	肅宗8	〃	〃	-	-	江陵金氏	-	?	-	載寧	因渭	-	上將軍	-	-	1160	庚辰	毅宗14	〃	57	載寧
37	因渭	1122	壬寅	睿宗17	〃	〃	-	-	?	-	?	-	開城	元鼎 · 元軌	-	參知政事	-	-	1179	己亥	明宗9	〃	57	開城
38	元軌	1142	壬戌	仁宗20	〃	次子	-	-	驪興閔氏	-	?	-	〃	承茂	-	文學尙書	-	-	1198	戊午	神宗1	〃	56	〃
									安東權氏	-	?	-	〃											
39	承茂	1161	辛巳	毅宗15	〃	獨子	-	-	?	-	?	-	〃	瑩 · 坪	-	門下侍中	-	-	1217	丁丑	高宗4	〃	56	〃
40	瑩	1180	庚子	明宗10	〃	長子	-	-	?	-	?	-	〃	仁琯 · 義琯 · 禮琯 · 琮	-	郎中	-	-	1235	乙未	高宗22	〃	55	〃
41	仁琯	1200	庚申	神宗3	〃	〃	-	-	?	-	?	-	〃	則麗	-	太子太師	-	太師公派派祖	1254	甲寅	高宗41	〃	54	〃
42	則麗	1219	己寅	高宗6	〃	獨子	-	-	?	-	?	-	〃	匹勻	-	殿中內給事	-	-	1273	癸酉	元宗14	〃	54	〃
43	匹勻	1238	戊戌	高宗25	〃	〃	-	-	?	-	?	-	〃	貞裕	-	衛尉寺主簿	-	-	1292	壬辰	忠烈王18	〃	54	〃
44	貞裕	1258	戊午	高宗45	〃	〃	-	-	?	-	?	-	〃	宗誠	-	都監判官	-	-	1311	辛亥	忠宣王3	〃	53	〃
45	宗誠	1277	丁丑	忠烈王3	〃	〃	-	-	?	-	?	-	〃	裔	-	禮賓省丞	-	-	1330	庚午	忠肅王17	〃	53	〃
46	裔	1296	丙申	忠烈王22	〃	〃	-	-	?	-	?	-	〃	英伯	-	閤門祗侯	-	-	1348	戊子	忠穆王4	〃	52	〃
47	英伯	1315	乙卯	忠肅王2	〃	〃	-	-	?	-	?	-	〃	珸	-	奉常大夫	-	-	1367	丁未	恭愍王16	〃	52	〃

世代	諱	1. 出生 年度	干支	時代	地域	子女順	字	號	2. 配偶 配偶者	號名	逝去年	贈號	墓所	3. 子女 子	女	4. 職位 官職	諡號	世系位置	5. 逝去 年度	干支	時代	地域	享壽	墓所
48	珸	1335	乙亥	忠肅王4	〃	〃	-	-	一直孫氏	-	?	淑夫人	安東	汀·自粹	朴氏配·金氏配 洪氏配·金氏配	奉常大夫	禮曹參議·知製教	參議公派派祖	1386	丙寅	禑王12	〃	51	〃
49	自粹	1354	甲午	恭愍王	〃	次子	純仲	桑村	安東權氏	-	?	貞夫人	廣州	根	權氏配	刑曹判書	-	桑村公派派祖	1405	乙酉	朝鮮 太宗5	廣州	51	廣州
50	根	1374	甲寅	恭愍王23	〃	獨子	而本	秋隱	密陽朴氏	-	?	貞夫人	〃	永年·永源 永湔·永濡	權氏配	平壤少尹	兵曹判書	-	1425	乙巳	世宗7	〃	51	〃
									牛峰李氏	-	?	貞夫人	〃											
51	永濡	1418	戊戌	朝鮮 太宗18	廣州	4子	澤夫	退齊	清州韓氏	-	1483	貞夫人	廣州	薰·萱·蓂·蓍·萍	-	守知中樞府事	恭平公	恭平公派派祖	1495	乙卯	燕山君1	〃	77	〃
52	薰	1437	丁巳	世宗19	〃	長子	國馨	宋庵	鎭川宋氏	-	1517	貞夫人	龍仁	元弼·世弼	-	通訓大夫	工曹判書	-	1501	辛酉	燕山君7	〃	64	〃
53	元弼	1474	甲午	成宗5	〃	〃	巨卿	-	南陽洪氏	-	?	-	〃	礪	-	忠州判官	-	判官公派派祖	1535	乙未	中宗30	忠州	61	陰城
54	礪	1511	辛未	中宗6	忠州	獨子	士光	-	光州李氏	-	?	-	陰城	汝重·汝贊	-	將仕郎	-	-	1577	丁丑	宣祖10	〃	61	〃
55	汝贊	1548	戊申	明宗3	〃	次子	-	-	密陽朴氏	-	?	-	龍仁	坱·埴	-	檢樞府事	-	-	1609	己酉	光海君1	〃	61	龍仁
56	埴	1585	乙酉	宣祖18	〃	〃	聖位	松谷	延日鄭氏	-	?	淑夫人	清原	永鉉·秉鉉	-	判官	通政大夫·兵曹參議	-	1649	己丑	仁祖27	清州	64	清原
57	秉鉉	1616	丙辰	光海君8	清州	〃	而京	-	安東權氏	-	?	-	聞慶	汎	-	-	-	聞慶入鄉祖	1686	丙寅	肅宗12	聞慶	70	聞慶
58	汎	1642	壬午	仁祖20	〃	獨子	尙七	養性齋	金海金氏	-	1691	-	〃	命天·命一·命武	-	行御營軍	-	-	1714	甲午	肅宗40	〃	72	〃
59	命天	1678	戊午	肅宗4	聞慶	長子	湧浮	-	豊壤趙氏	-	1743	-	〃	泰立	-	-	-	-	1745	乙丑	英祖21	〃	67	〃
60	泰立	1717	丁酉	肅宗43	〃	獨子	泰汝	-	密陽朴氏	-	1828	-	〃	參簡	-	-	-	-	1806	丙寅	純祖6	〃	89	〃
61	參簡	1757	丁丑	英祖33	〃	〃	敬參	-	花山千氏	-	1865	-	〃	道鎭·達鎭·越鎭	-	-	-	-	1839	己亥	憲宗5	〃	82	〃
62	道鎭	1789	己酉	正祖13	〃	長子	致遠	-	密陽朴氏	-	1810	-	〃	魯亨	權氏配	-	-	-	1834	甲午	純祖34	〃	45	〃
									密陽嚴氏	-	?	-	〃											
63	魯亨	1828	戊子	純祖28	〃	獨子	淵汝	-	全州李氏	-	1879	淑夫人	〃	信喜·秉喜	-	忠勳都事	-	-	1888	戊子	高宗25	〃	60	〃
									金海金氏	-	1888	淑夫人	〃											
64	信喜	1862	壬戌	哲宗13	〃	長子	喜守	-	安東金氏	-	?	-	〃	商九·商鎭·商伊·商樞·商培	-	-	-	-	1918	戊午	日帝 大正7	〃	56	〃
									丹陽禹氏	-	1946	-	〃											
65	商樞	1896	丙申	高宗33	〃	4子	永一	-	延日鄭氏	-	1973	-	〃	安濟·群濟	黃氏配·金氏配·許氏配	-	-	-	1975	乙卯	韓國 朴正熙13	서울	79	〃
66	安濟	1936	丙子	日帝 昭和11	〃	長子	璟龍	草凡	平海黃氏	-				東爀	文氏配·兪氏配	教授·大學院長	總理級委員長							
67	東爀	1968	戊申	韓國 朴正熙6	서울	獨子			星州都氏	-				旼嬉		研究室長								
68	旼嬉	2005	乙酉	韓國 盧武鉉3	〃	長女																		

Ⅱ. 居住地와 墓所

○ 要 約

區分 / 地域	居 住		墓 所	
	期 間	先代數(世)	期 間	先代數(世)
1. 慶北 慶州	65 - 957	28	145 - 953	27
2. 忠北 堤川	957 - 965	1	-	-
3. 京畿 開城	965 - 1392	23	-	-
4. 京畿 長湍	-	-	978	1
5. 京畿 開城 · 開豊	-	-	1028 - 1386	19
6. 黃海 載寧	-	-	1160	1
7. 慶北 安東	1392 - 1405	2	-	-
8. 京畿 廣州	1405 - 1502	5	1405 - 1501	4
9. 忠北 忠州	1502 - 1610	4	-	-
10.忠北 陰城	-	-	1535 - 1577	2
11.京畿 龍仁	-	-	1609	1
12.忠北 淸州	1610 - 1651	3	-	-
13.忠北 淸原	-	-	1649	1
14.慶北 聞慶	1651 - 1965	10	1686 - 1975	9
15.서울	1965 - 2006	4	-	-
累計(15地域)	65 - 2006	80(純計 68)	145 - 1975	65

客說 : 經驗에서 얻은 삶의 眞實

時間約束을 지키는 것은 人間社會의 基本秩序이다. 時間을 어기는 것이 습관화된 사람은 늘 늦을 뿐만 아니라 미안하다는 말도 잘 하지 않은채 다른 핑계만 댄다. 심한 사람은 약속한 時間에 비로소 目的地를 향해 출발하기 시작하고, 原稿提出 마감일자에 비로소 집필을 시작하는 강심장을 갖고 있다. 기막힐 일이다.

客說 : 經驗에서 얻은 삶의 眞實

社會生活에서 꼭 지켜야 할 約束을 두 가지만 꼽는다면 時間과 돈이다. 時間과 돈의 約束을 어기는 사람은 남에게 負擔과 被害를 줌은 물론이고 그 本人으로서도 信義가 떨어져 많은 損失을 입게 된다. 나의 周邊에도 이런 사람이 몇이 있어 나를 무척 피곤하게 만든다.

1. 居住地

(1) 直系 先祖의 居住地 變遷 狀況

居住地		年代			出生 및 逝去 先祖	
次例	位置	該當先代	西紀	王朝	出生先祖	逝去先祖
1	慶北 慶州	1.閼智 1~ 28.敬順王 60 (28世)	65-957 (892年)	新羅 脫解王9~ 高麗 光宗 8	1.閼智 2.勢漢 3.阿道 4.首留 5.郁甫 6.仇道 7.末仇 8.奈勿王 9.卜好 10.習寶 11.智證王 12.眞宗 13.欽運 14.摩次 15.法宣 16.義寬 17.魏文 18.孝讓 19.元聖王 20.禮英 21.均貞 22.神武王 23.文聖王 24.安 25.敏恭 26.實虹 27.孝宗 28.敬順王 (28世)	1.閼智 2.勢漢 3.阿道 4.首留 5.郁甫 6.仇道 7.末仇 8.奈勿王 9.卜好 10.習寶 11.智證王 12.眞宗 13.欽運 14.摩次 15.法宣 16.義寬 17.魏文 18.孝讓 19.元聖王 20.禮英 21.均貞 22.神武王 23.文聖王 24.安 25.敏恭 26.實虹 27.孝宗 (27世)
2	忠北 堤川	28.敬順王 60 ~28.敬順王 68 (1世)	957-965 (8年)	高麗 光宗 8~ 高麗 光宗 16	-	-
3	京畿 開城	28.敬順王 68 ~50.根 18 (23世)	965-1392 (427年)	高麗 光宗 16 ~高麗 恭讓王4 (朝鮮 太祖1)	29.殷說 30.泰華 31.正矩 32.繼蓼 33.漢公 34.壽西 35.永固 36.順雄 37.因渭 38.元軌 39.承茂 40.瑩 41.仁琯 42.則麗 43.匹勾 44.貞裕 45.宗誠 46.裔 47.英伯 48.琣 49.自粹 50.根 (22世)	28.敬順王 29.殷說 30.泰華 31.正矩 32.繼蓼 33.漢公 34.壽西 35.永固 36.順雄 37.因渭 38.元軌 39.承茂 40.瑩 41.仁琯 42.則麗 43.匹勾 44.貞裕 45.宗誠 46.裔 47.英伯 48.琣 (21世)
4	慶北 安東	49.自粹 38~ 50.根 31 (2世)	1392-1405 (13年)	高麗 恭讓王4 (朝鮮 太祖1) ~朝鮮 太宗 5	-	-
5	京畿 廣州	49.自粹 51 ~53.元弼 28 (2世)	1405-1502 (97年)	朝鮮 太宗 5~ 朝鮮 燕山 8	51.永濡 52.薰 53.元弼 (3世)	49.自粹 50.根 51.永濡 52.薰 (4世)
6	忠北 忠州	53.元弼 28 ~56.埴 25 (4世)	1502-1610 (106年)	朝鮮 燕山 8 -朝鮮 光海2	54.礪 55.汝贊 56.埴 (3世)	53.元弼 54.礪 55.汝贊 (3世)
7	忠北 淸州	56.埴 25~ 58.汎 9(3世)	1610-1651 (41年)	朝鮮 光海2 -朝鮮 孝宗2	57.秉鉉 58.汎 (2世)	56.埴 (1世)
8	慶北 聞慶	57.秉鉉 35 ~66.安濟 29 (10世)	1651-1965 (314年)	朝鮮 孝宗2~ 韓國 朴正熙3	59.命天 60.泰立 61.參簡 62.道鎭 63.魯亨 64.信喜 65.商樞 66.安濟 (8世)	57.秉鉉 58.汎 59.命天 60.泰立 61.參簡 62.道鎭 63.魯亨 64.信喜 (8世)
9	서 울	65.商樞 69 ~68.旼嬉2(4世)	1965-2006 (41年)	韓國 朴正熙3 -韓國 盧武鉉4	67.東爀 69.旼嬉 (2世)	65.商樞 (1世)
累計	9 地域	68 世	65-2006 (1941年)	新羅 脫解王9~ 韓國 盧武鉉4	68 世	65 世

註. 單獨 또는 家族一部만의 他地域 滯留는 제외하고 本家中心의 居住地만을 대상으로 하였음.

(2) 歷代 居住地 變遷圖

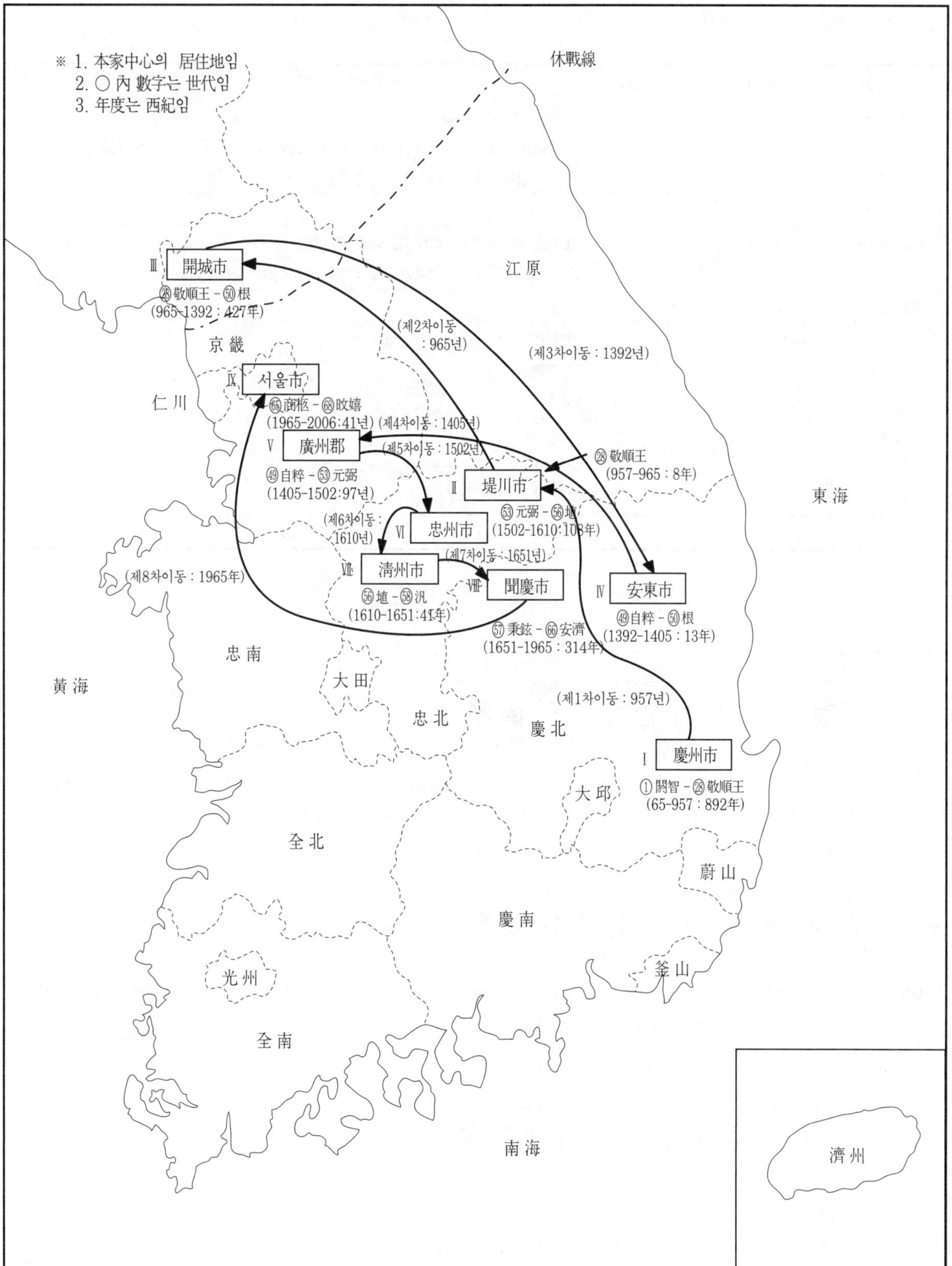
※ 1. 本家中心의 居住地임
2. ○ 內 數字는 世代임
3. 年度는 西紀임
休戰線
Ⅲ 開城市
㉘敬順王 - ㊿根
(965-1392 : 427年)
江 原
(제2차이동 : 965년)
(제3차이동 : 1392년)
京 畿
Ⅸ 서울市
仁 川
㊿商樞 - ㊿旼嬉
(1965-2006:41년)
(제4차이동 : 1405년)
Ⅴ 廣州郡
(제5차이동 : 1502년)
㉘敬順王
(957-965 : 8年)
㊾自粹 - ㊿元弼
(1405-1502:97년)
Ⅱ 堤川市
東 海
(제6차이동 : 1610년)
Ⅵ 忠州市
㊿元弼 - ㊿埴
(1502-1610 : 108年)
(제7차이동 : 1651년)
(제8차이동 : 1965年)
Ⅶ 淸州市
Ⅷ 聞慶市
Ⅳ 安東市
㊿埴 - ㊿汎
(1610-1651 : 41年)
㊿秉鉉 - ㊿安濟
(1651-1965 : 314年)
㊾自粹 - ㊿根
(1392-1405 : 13年)
忠 南
黃 海
大 田
(제1차이동 : 957년)
忠 北
慶 北
Ⅰ 慶州市
①閼智 - ㉘敬順王
(65-957 : 892年)
大 邱
全 北
蔚 山
慶 南
光 州
釜 山
全 南
南 海
濟 州

2. 墓所

(1) 直系 先祖의 安置 墓所 位置

墓所位置	安置年度	先祖數(名)	安置先祖의 世順 및 諱
慶北 慶州	145 - 953	27	1.閼智 2.勢漢 3.阿道 4.首留 5.郁甫 6.仇道 7.末仇 8.奈勿王 9.卜好 10.習寶 11.智證王 12.眞宗 13.欽運 14.摩次 15.法宣 16.義寬 17.魏文 18.孝讓 19.元聖王 20.禮英 21.均貞 22.神武王 23.文聖王 24.安 25.敏恭 26.實虹 27.孝宗
京畿 長湍	978	1	28.敬順王
京畿, 開城 및 開豊	1028-1386	19	29.殷說 30.泰華 31.正矩 32.繼蔘 33.漢公 34.壽西 35.永固 37.因渭 38.元軌 39.承茂 40.瑩 41.仁琯 42.則麗 43.匹勾 44.貞裕 45.宗誠 46.裔 47.英伯 48.珸
黃海 載寧	1160	1	36.順雄
京畿 廣州	1405-1501	4	49.自粹 50.根 51.永濡 52.薰
忠北 陰城	1535-1577	2	53.元弼 54.礪
京畿 龍仁	1609	1	55.汝贇
忠北 淸原	1649	1	56.埴
慶北 聞慶	1686-1975	9	57.秉鉉 58.汎 59.命天 60.泰立 61.參簡 62.道鎭 63.魯亨 64.信喜 65.商樞
合計	145-1975	65	65

客說 : 經驗에서 얻은 삶의 眞實

어릴적 시골 마을에서 같이 뛰놀던 남자 · 여자 친구들이 그립다. 이미 죽은 친구도 있고 잘 사는 친구도 있으며 소식을 모르는 친구도 있다. 지금 다시 다 모여 어릴적 이야기를 하며 하루놀아 봤으면 좋겠다. 언제 어디에서 무엇이 되어 다시 만나리-.

客說 : 經驗에서 얻은 삶의 眞實

내가 女子로 다시 태어난다면 결혼한 男便에게 어떻게 해 줄까? 남자의 生理를 잘 알고 있으니까 입의 혀처럼 잘해 줄까. 아니면 남자의 心理를 잘 조정하여 손아귀에 거머쥘까? 그때 가서 만난 남편의 質과 水準을 보고 결정해야겠다.

客說 : 經驗에서 얻은 삶의 眞實

停年 後에는 바로 고향으로 내려가서 태어나 자라던 옛집과 꼭같은 집을 새로 지어 조용히 살고자 했는데 막상 停年을 맞고 나니 서울과 人間社會에의 끈질긴 因緣을 끊지 못하고 그대로 머물러 있게 되었다. 장차 어떻게 할꼬?

客說 : 經驗에서 얻은 삶의 眞實

무릇 일에는 마땅이 해야 할 것과 결코 해서는 안될 것이 있다. 해야 할 일을 하고, 해서는 안될 일을 안하는 것은 당연하고도 자연스럽다. 그러나 문제는 해야 할 일을 하지 않고 해서는 안될 일을 하는 데 있다. 통계학의 검증이론은 두가지 오류(誤謬, error)를 다루고 있다. 진실된 것(true)을 배척하는 것과 거짓된 것(false)을 수용하는 것이 그것이다. 앞의 것을 제1종 오류라 하고 뒤의 것을 제2종 오류라 한다. 제1종 오류가 바로 해야 할 일을 하지 않은 잘못이고, 제2종 오류가 해서는 안될 것을 하는 잘못이다. 통계 검증에서는 제1종 오류를 주로 다루고 있지만 실제 상황에서 보다 중요한 것은 제2종 오류가 아닌가 한다. 그것은 해야 할 일을 하지 않는 경우보다 해서는 안될 일을 했을 때가 더 큰 피해를 가져오기 때문이다.

연애나 중매를 거쳐 남녀가 결혼을 할 때 상대방을 면밀히 조사 · 관찰하여 배우자로 결정하게 된다. 참으로 훌륭한 적격자를 잘못 판단하여 배척했을 때, 이는 아깝고 아쉬운 감은 있으나 손실은 없다. 그러나 택해서는 안될 형편없는 무자격자를 잘못하여 배우자로 결정했을 때는 그 피해가 평생 동안 지속되고 아니면 중도에 파경을 맞게 된다. 사람을 쓰는 일, 직장을 얻는 일, 집을 구하는 일, 물건을 사는 일 등 사람의 일상생활에서의 결정과 판단이 모두 이와 유사하다.

개인이나 기관이 범하는 오류의 피해 범위는 그 지위나 계층이 높을수록 넓어지게 되는 게 당연하다. 郡守의 잘못된 결정은 군지역에 국한되어 영향을 주지만 道知事의 잘못된 처사는 도지역 전체에 미치게 된다. 따라서 높은 지위나 상위계층에 있는 사람이나 기관일수록 어떤 사안의 결정과 집행에 더 신중을 기하여야 할 것은 말할 여지도 없다. 역대 대통령이나 높은 지도인사 가운데 해야 할 것은 안하고 해서는 안될 것은 함으로써 본인의 명예는 차치하고 국가와 국민에게 큰 부담과 아픈 고통을 안겨준 사람이 없지 않았음은 우리의 비극이었다고 할 수 있다.

일찍이 라마르크는 1909년에 용 · 불용설(用 · 不用說, use-disuse theory)을 발표한 바 있다. 유용한 것을 쓸수록 좋아지고 무용지물은 쓰지 않을수록 좋으며, 유용한 것을 쓰지 않으면 그 가치가 절하되고 무용한 것을 쓰게 되면 낭비나 위험이 따르게 된다는 것이다. 음식 만드는 식칼은 쓸수록 가치가 있지만 사람을 해치는 흉기는 그대로 두거나 아예 없애는게 유익하다. 유능하고 건전한 사람은 많이 활용할수록 모두에게 유익하지만 무능하거나 건전치 못한 사람은 활동할 기회가 적을수록 남에게 피해를 적게 주는 법이다.

(2) 先代 및 親戚의 墓地 位置圖

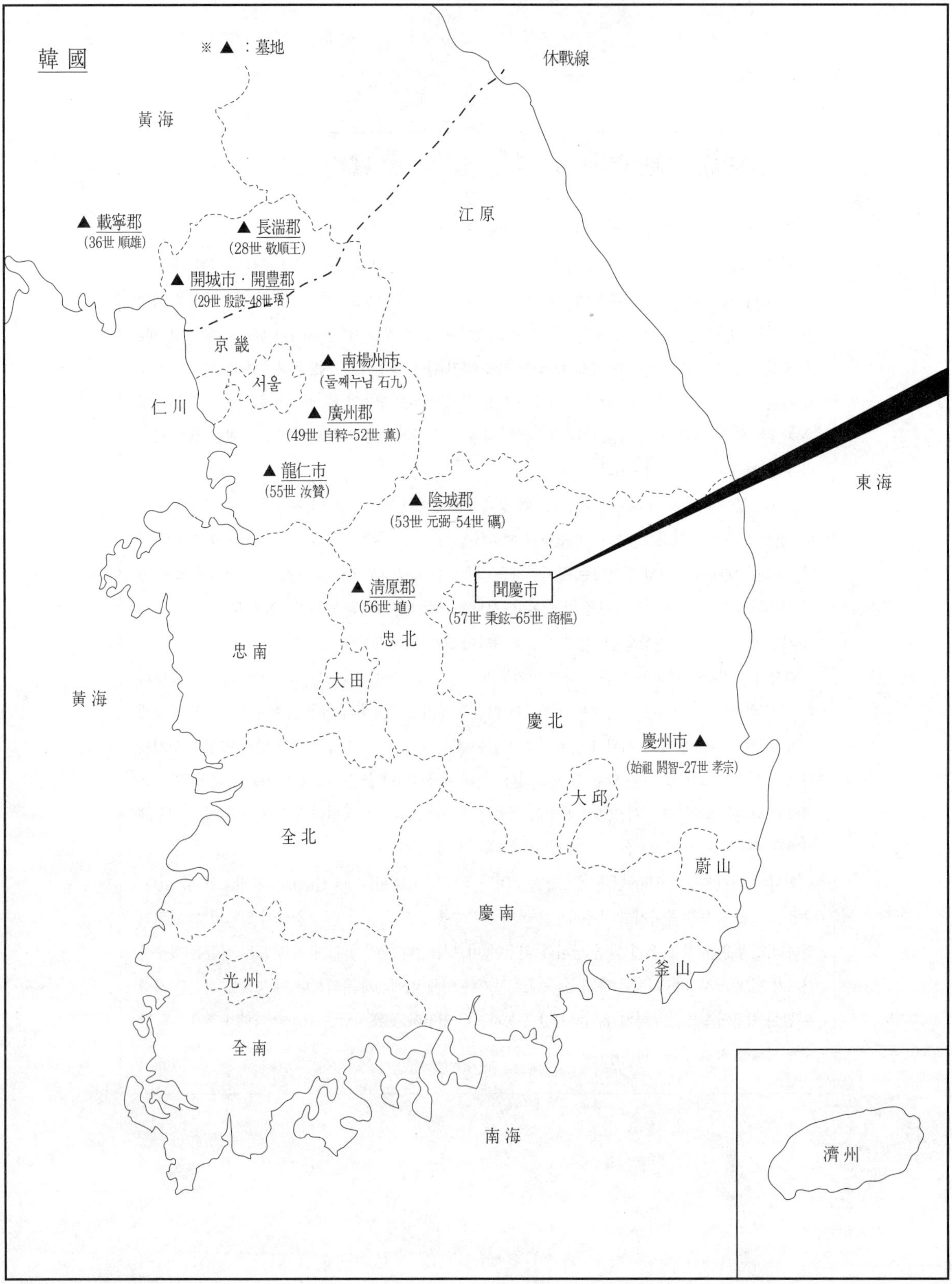

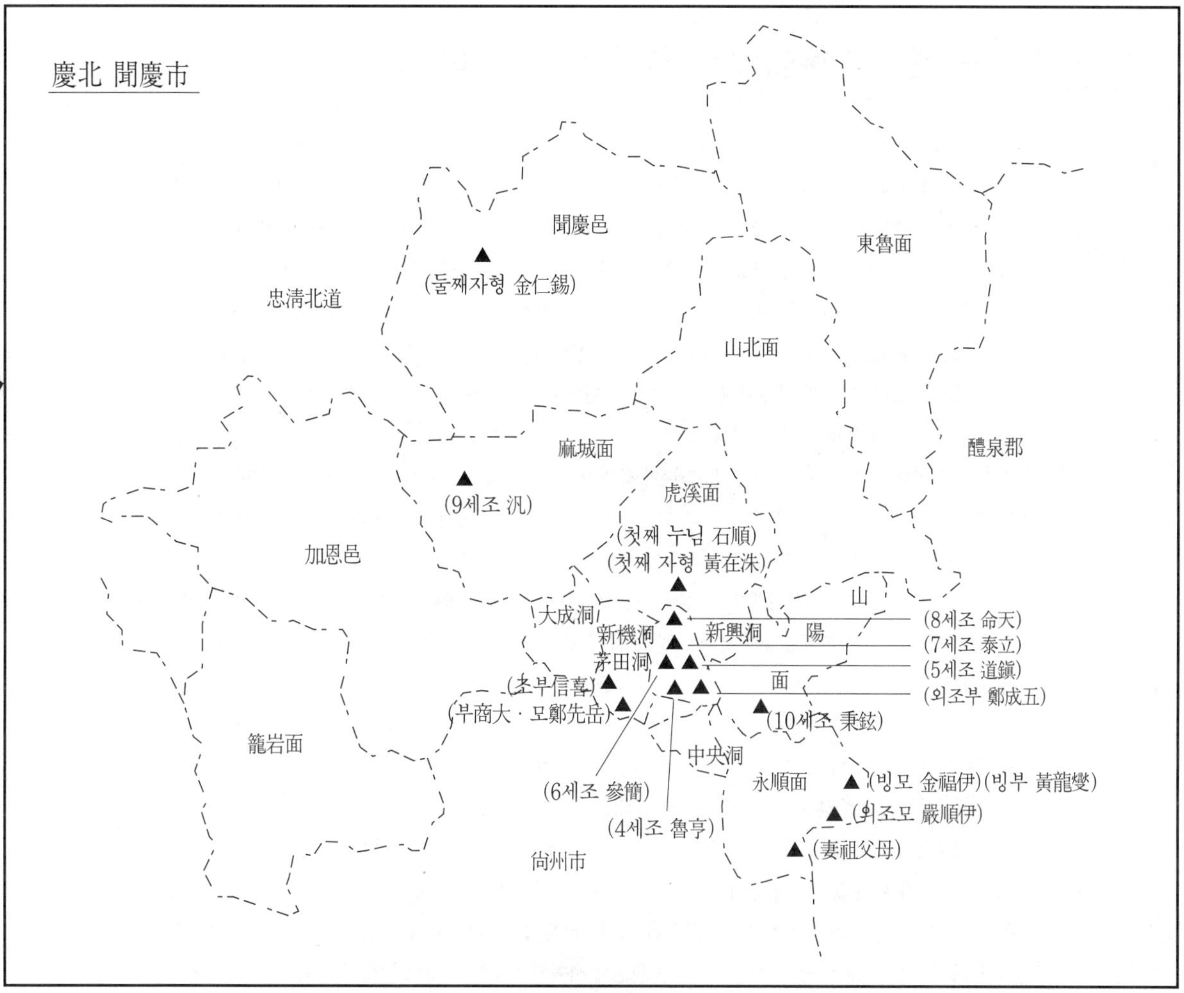
慶北 聞慶市
聞慶邑
(둘째자형 金仁錫)
忠淸北道
東魯面
山北面
醴泉郡
麻城面
(9세조 汎)
虎溪面
加恩邑
(첫째 누님 石順)
(첫째 자형 黃在洙)
山
大成洞
新機洞
新興洞
陽
茅田洞
面
(8세조 命天)
(7세조 泰立)
(5세조 道鎭)
(외조부 鄭成五)
(조부信喜)
(부商大 · 모鄭先岳)
(10세조 秉鉉)
籠岩面
中央洞
永順面
(빙모 金福伊)(빙부 黃龍燮)
(6세조 參簡)
(외조모 嚴順伊)
(4세조 魯亨)
(妻祖父母)
尙州市

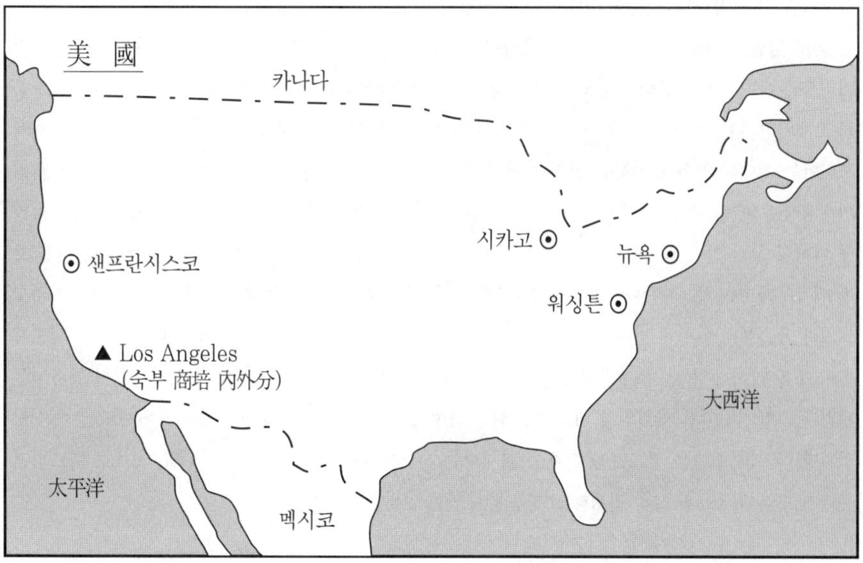
美 國
카나다
시카고
뉴욕
샌프란시스코
워싱튼
Los Angeles
(숙부 商培 內外分)
大西洋
太平洋
멕시코

客說：經驗에서 얻은 삶의 眞實

그리스의 고대 학자이자 철학의 아버지라고 불리는 소크라테스(Socrates, 470~399 B.C.)는 도시국가 아테네에서 국민을 계도하기 위한 민중감화 운동을 전개하여 가로나 광장에서 대중연설을 하고 다녔다. 그리하여 철학사에 빛나는 플라톤, 아리스토텔레스와 같은 위대한 후진을 배출시킨 원동력이 되었다. 그러나 그는 국가로부터 신을 모독하고 아테네 청년들을 부패시켰다는 죄명으로 사형을 선고받아 독배를 마시고 생을 마감했던 것이다. 소크라테스와 함께 또 한 사람 유명한 분이 그의 부인인 크산티페(Xantippe)이다. 이 부인은 현명한 철인인 남편과는 극히 대조적으로 아주 몹쓸 악처로 부각되고 있다. 남편의 생활과 활동에 대해 비난과 힐책을 서슴치 않고 집에만 오면 잔소리와 욕을 퍼부어 아주 못살게 굴었다. 악을 쓰다가 더 심하면 바가지로 물을 떠서 남편의 머리에 퍼붓기까지 했다고 한다. 소크라테스는 폭언을 듣다가 물까지 뒤집어 쓰고 나면 '허허-, 천둥이 치더니 소낙비가 내리는구나' 하고 너털웃음을 웃고 하니, 그 부인은 더 미칠 지경에 이르곤 하여 더 악을 쓰지 않을 수 없었던 것이다. 역사와 기록과 구전으로만 배워온 후세인들은 흔히 소크라테스를 철학자이자 성인으로 추앙하고 그 부인 크산티페를 악처의 대명사로 손가락질하여 왔다. 그렇다면 사실 소크라테스는 위대하기만 하고 크산티페는 포악하기만 하였던가? 현재 冥府에 가있는 소크라테스는 좀 미안하다는 생각을 하고, 크산티페는 아주 억울하다는 생각을 하지 않을까? 소크라테스라는 남자와 크산티페라는 여자가 모두 평범한 사람이었다면 평범한 부부로서 평범하게 살다 간 이름 없는 보통의 아테네 시민에 불과 했을 것이다. 그러나 이들은 그렇지 못하였기에 인류역사에 그 이름이 새겨졌고 여러 가지 교훈과 일화를 남겨주었다. 나는 가끔 소크라테스를 철학자로 만들고 크산티페를 악처로 만든 근본요인이 어디에 있을까 하는 생각을 하곤 했다. 처음 결혼했을 당시부터 크산티페는 악처였고 소크라테스는 철학자가 아닌 평범한 남편이었다고 가정할 때, 소크라테스를 철학자로 만든 것은 바로 그의 부인 크산티페가 아니었나 한다. 부인으로부터 저질스러운 말과 포악한 행동을 매일 듣고 당한 남편은 인간생활을 고민하고 인생 자체를 의심하는 思念에 빠지게 되었고 나아가 자연의 변화와 인간의 생사에까지 생각을 넓혀가는 과정에서 고민하는 철인이 되지 않았을까 하는 것이다. 부인의 악역이 위대한 남편을 창출한 결과를 가져왔다는 이야기다. 반대의 경우로 처음부터 소크라테스는 철학적 소질을 갖고 있었고 크산티페는 별로 나쁘지 않은 평범한 여인이었다고 가정하면 그 부인을 악처로 만든 것은 바로 남편 소크라테스가 아니었나 생각된다. 매일 같이 알아듣지도 못하는 말을 홍얼거리면서 길거리를 돌아다니고 일정한 수입도 없이 가정은 엉망을 만들어놓고 있는 남편에게 한결 같이 고분고분하고 뒷바라지를 잘 해 줄 부인이 과연 얼마나 있을까? 조금씩 항거하고 잔소리하는 습관이 깊어져서 드디어는 희대의 악처로 이름을 날리는 경지에까지 이르렀던 것이다. 소크라테스가 철학자로서 점점 위대해짐에 비례하여 크산티페의 지위는 악처로서 점점 더 향상되지 않았나 한다. 소크라테스가 독배를 마시고 죽기 전날 밤에 자녀들과 같이 감옥으로 면회온 크산티페가 울면서 작별인사를 한 것을 보면 처음부터 그렇게 나쁜 여자는 아니었던 것 같다. 窈窕淑女와 君子는 好逑, 곧 잘 맞는 배필이라고 하지만 처음부터 이렇게 만나기는 지극히 어렵고 같이 살아가는 동안에 서로 노력하여 이렇게 되도록 함이 옳을 것이다. 이는 부부관계에서만이 아니라 인간사회의 모든 인간관계에서도 똑같이 적용되는 원리라고 할 수 있다. 남편의 위대성을 이해 못하여 올바로 내조하지 못한 크산티페에게도 잘못이 있었지만 국가와 중생을 선도하는 이론을 전개하는 사람이 자기 부인의 마음 하나도 제대로 다스리지 못한 소크라테스도 뭐 그리 잘했다고 칭송할 수만은 없다고 하겠다.

第 2 篇

家庭構成

人間 生涯에 있어 가장 基本이 되는 家庭을 구성하는 要素들을 家族과 家宅 및 家本으로 나누어 싣습니다. 「家族」篇에서는 家族系統, 祖·父母와 兄弟姉妹, 本人, 婦人, 子女와 後孫을 수록하고, 「家宅」篇에서는 居住地와 居住家宅 및 自家住宅을 기술하고 있으며, 「家本」篇에서는 家名, 家紀, 家象 및 家産을 기록하고 있습니다.

親族을 근간으로 하되 外族과 妻族까지도 가능한 한 그 뿌리를 찾고 現世의 家族들을 상세히 수록토록 하였습니다. 아울러 兄弟姉妹와 그 後孫들에 대해서도 概略的 狀況을 기록하여 두었습니다. 居宅의 變遷은 歷史的 및 空間的 事實과 연계시킴으로 그 座標를 이해하는 데 도움을 주고자 하였습니다.

「家本」은 家庭의 基本을 뜻하는 것으로 家號, 家訓, 財産 등을 포함하고 있으며, 여기에 家庭 및 個人의 日常生活에서 사용하는 機器도 함께 수록하고 있습니다.

『故於是乎 不得不 立家置業
以四禮 爲仰事俯育 持門戶之計』

清潭 李重煥(1690~1752), **擇里志**. 四民總論

(이러한 까닭으로 가정을 차리고 직업을 마련하며, 冠婚喪祭의 4례로서 위로 부모를 모시고 아래로 처자를 돌보면서 일가를 유지해갈 계책을 세워나가지 않을 수 없는 것이다.)

청담 이중환(1690~1752), **택리지**. 사민총론

▨ 槪觀

□ 先代·家族과 家宅 및 家本의 構成

- ○ 先代·家族
  - 先代
    - 父系
      - 始祖·中始祖·入鄕祖
      - 先祖世系
      - 先祖婦人
      - 先祖子女
    - 母系
      - 姓氏·貫鄕
      - 父名·官職
  - 家族
    - 親族
      - 直系
        - 父母
        - 婦人
        - 子女
        - 子女配偶
        - 孫子女
      - 傍系
        - 兄弟姉妹
        - 兄弟姉妹 配偶
        - 兄弟姉妹 子女
    - 外家
      - 外祖父母
      - 外祖父母 先代
    - 妻族
      - 妻 先代 및 父母
      - 妻 兄弟姉妹 및 配偶·子女
    - 査頓
      - 査頓夫婦
      - 査頓 先代
- ○ 家宅
  - 自家
    - 父母名義 自家
    - 本人名義 自家
  - 他家
    - 家庭敎師
    - 自炊 兼 家庭敎師
    - 自炊
    - 下宿
    - 貰房· 買食
    - 月貰
    - 專貰
- ○ 家本
  - 家名
    - 家號
    - 書齋名
  - 家紀
    - 家訓
    - 族訓
    - 家旗
  - 家象
    - 植物
    - 動物
    - 鑛物
  - 家産
    - 不動産
    - 動産
    - 生活機器

□ 家族 · 家宅 · 家本의 變遷 槪要

年度	家　　族	家　　宅	家　本
1862	祖父 金信喜 出生	曾祖父 自宅- 慶北 聞慶郡 戶西南面 興德里	曾祖父- 물레방아간 所有 · 運營
1865	外祖父 鄭成五 出生		
1868	祖母 禹鳳伊 出生		
1871	外祖母 嚴順伊 出生		
1890	外祖母父 結婚		
1895	祖父母 結婚		
1896	父 金商樞 出生		
1898	母 鄭先岳 出生		
1909	仲姉兄 金仁錫 出生		
1910	父母 結婚		
1914	聘父 黃龍燮 出生		
1915		父母 自宅 喪失- 慶南北 地方 流浪	
1917	長姉兄 黃在洙 出生		
1918	祖父 金信喜 逝去		
1920	聘母 金福伊 出生 長姉 金石順 出生	父母 自宅 取得-聞慶郡 加恩面 義陽里	父母- 물레방아간 購入
1925		父母 自家- 聞慶郡 戶西南面 興德里	父母- 農機具 購入, 밭 買入
1926	仲姉 金石九 出生		
1932	季姉兄 許權 出生		
1933	季姉 金石出 出生		父母- 논 400坪 買入
1936	本人 金安濟 出生, 長姉 金石順 結婚		
1938	外祖父 鄭成五 逝去		
1941	妻父母 結婚, 弟嫂 李英子 出生, 弟 金群濟 出生		
1942	外祖母 嚴順伊 逝去, 同壻 金英世 出生		
1944	妻 黃蓮子 出生, 仲姉 金石九 結婚		
1945			日本人 冊床 받음, 學用品 購入
1946	祖母 禹鳳伊 逝去, 妻弟 黃次蓮 出生		學校에서 運動靴 받음
1948	同壻 金鍾基 出生		
1949			父母- 밭 買入 (聞慶牛池)
1950	妻男 黃載壽 出生		
1951			中學 校服 着用, 學用品 購入
1953	妻弟 黃載蓮 出生		
1954		下宿- 安東市 法尙洞 · 花城洞 · 堂北洞 自炊- 安東市 太華洞	高校 校服 着用, 學用品 購入
1955	妻男 黃載國 出生	家庭敎師- 安東市 平和洞	
1956	季姉 金石出 結婚		
1957	妻男宅 朴貴珠 出生	自炊- 서울市 龍山洞 · 孝昌洞	大學 校服 · 學用品 · 구두 · 時計 購入 父母- 牛池 밭 賣却
1958	妻男宅 李玉宰 出生	軍隊- 論山 鍊武臺, 抱川 第7276 部隊 父母 自宅- 聞慶 興德 新規住宅 建立	
1959	妻弟 黃載淑 出生		
1960	同壻 金保均 出生, 妻男宅 李姬淑 出生	合宿 · 買食- 서울市 龍山洞 鐵道合宿所	
1961	妻男 黃載民 出生	家庭敎師- 서울市 鍾路區 樂園洞	
1962		下宿- 서울市 鍾路區 苑西洞	

年度	家　　族	家　　宅	家　　本
1963	長壻 文丙基 出生	家庭教師- 서울市 東大門區 淸凉里洞	
1964		自炊- 서울시 城東區 金湖洞 家庭教師- 서울市 東大門區 淸凉里洞	父母- 興德 家屋 燒失
1965	妻男宅 崔美淑 出生	專貰- 서울市 東大門區 淸凉里洞 (父母 : 서울移徙 · 合居)	
1966	本人 金安濟 結婚, 長女 金雪娥 出生	專貰- 서울市 鍾路區 梨花洞	扇風機 備置
1967		自宅- 서울市 鍾路區 昌信洞	
1968	長男 金東爀 出生, 弟 金群濟 結婚		電話機 · 라디오 設置 父母- 興德 밭 賣却
1969		自炊- 美國 신시내티市 맥밀란路 아파트 및 오하이오街 아파트	서울 自宅- 黑白 TV 設置 美國 아파트- 컬러 TV 設置
1971	次女 金貞娥 出生, 子婦 都京順 出生, 妻弟 黃次蓮 結婚		
1972		自宅- 서울市 鍾路區 昌信洞 (歸國)	
1973	長姉 金石順 逝去, 母 鄭先岳 逝去		
1974		自宅- 서울市 東大門區 祭基洞	電話機 設置
1975	父 金商樞 逝去		
1976		自炊- 美國 신시내티市 신시내티大學寄宿舍	
1977	姉兄 金仁錫 逝去	自宅- 서울市 東大門區 祭基洞 (歸國)	
1978		自宅- 서울市 銅雀區 上道洞	電話機 · 컬러 TV · 冷藏庫 設置
1979	妻弟 黃載蓮 結婚		
1980	仲姉 金石九 逝去		
1981	妻男 黃載壽 結婚		
1982	姉兄 黃在洙 逝去		乘用車 · 內室 에어콘 購入,골프채 膳物받음, 垈地購入(聞慶)
1984			골프채 膳物받음, 林野 購入(驪州)
1985	妻男 黃載國 結婚		林野 賣却(驪州)
1986			垈地 取得(聞慶)
1987	妻弟 黃載淑 結婚		
1988		自宅- 서울市 江南區 驛三洞	電話機 · 에어콘 · 冷藏庫 · 寢臺 設置, 컬러 TV · 自轉車 購入, 家號 · 書室名 懸板, 家訓 · 族訓 · 家旗 制定
1989			乘用車 交替, 居室 에어콘 設置
1990	妻男 黃載民 結婚		垈地賣却(聞慶)
1991			乘用車 交替, 土地賣却(聞慶)
1993	長女 金雪娥 結婚, 外孫子 文近榮 出生		店鋪 購入(中溪洞)
1994			乘用車 賣却, 乘用車 膳物 받음
1995			自宅 Facsimile 設置 (贈呈 받음)
1996	聘母 金福伊 逝去		컬러 TV 設置, 골프 會員券 取得
1997	妻男宅 李玉宰 逝去		골프채 膳物 받음
1999	聘父 黃龍燮 逝去, 外孫女 文素瑛 出生		
2000	長男 金東爀 結婚, 妻男 黃載壽 再婚	長男 分家- 서울市 瑞草區 蠶院洞 專貰아파트	長男 分家 아파트 專貰 取得
2001			土地 購入
2002	本人 金安濟 教授 停年退任		
2004	次女 金貞娥 結婚	長男- 서울市 瑞草區 蠶院洞 自家 아파트	
2005	孫女 金旼嬉 出生		乘用車 交替, 오피스텔 購入

第 1 章 家 族

□ 總 括

(子女의 數 : 名)

先　代	子	女	計
祖　父　母	5	-	5
外 祖 父 母	1	1	2
父　　母	2	3	5
妻　父　母	3	4	7
本　人· 妻	1	2	3
子　·　女	1	2	3

Ⅰ. 家族 系統

○ 要 約

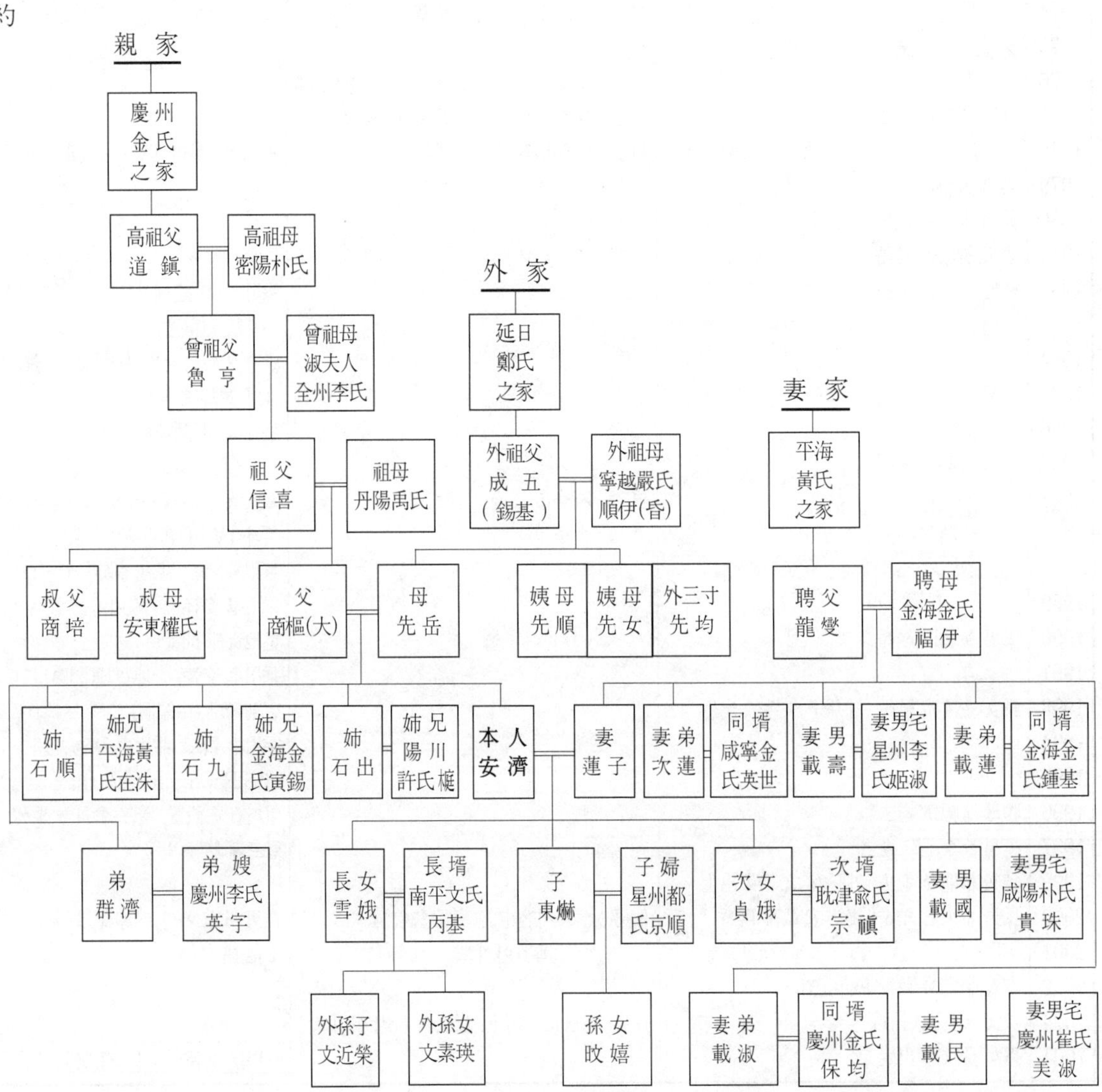

1. 親 · 姻 · 外 · 妻族의 本貫과 始祖 對比 圖表

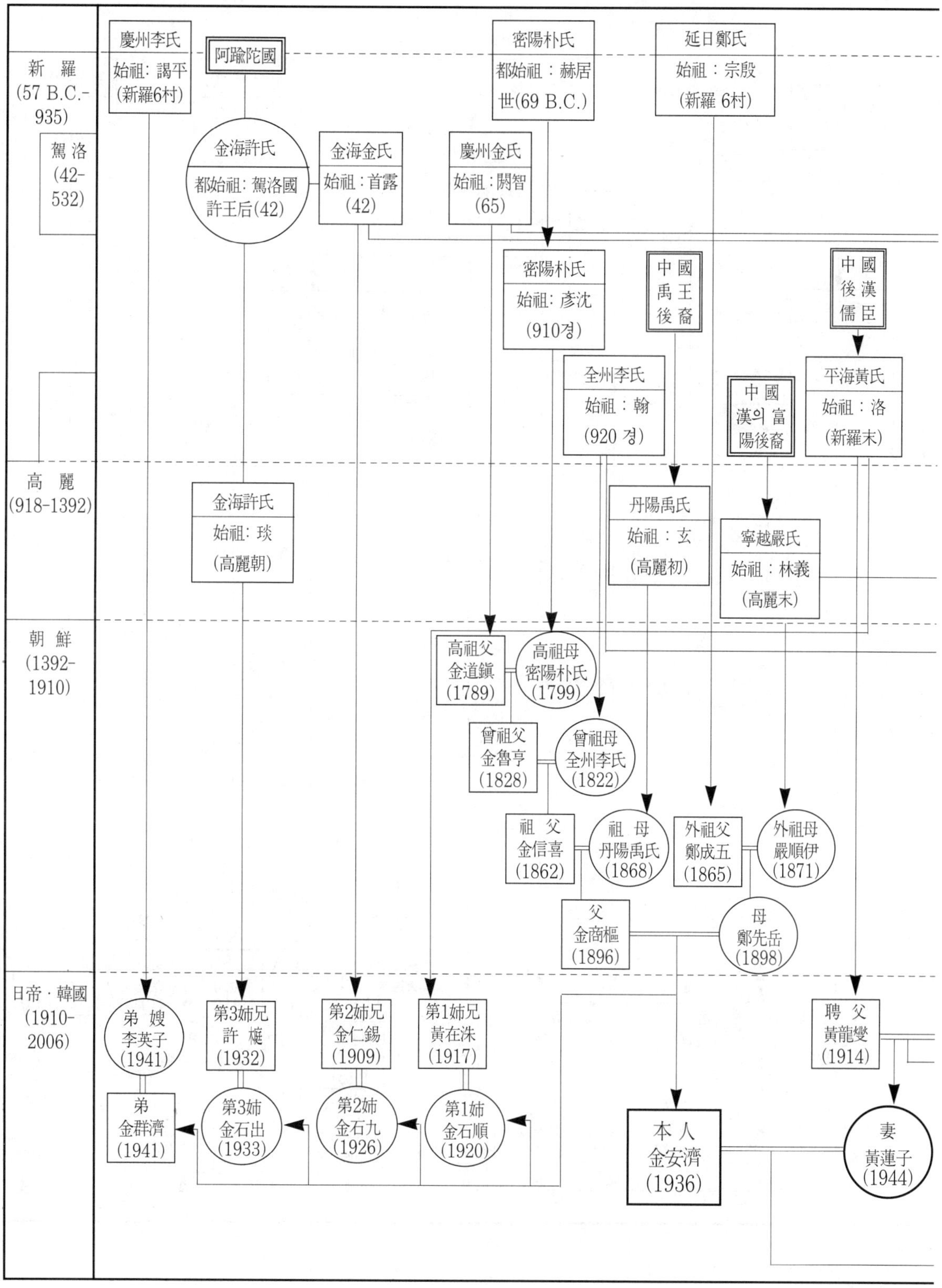

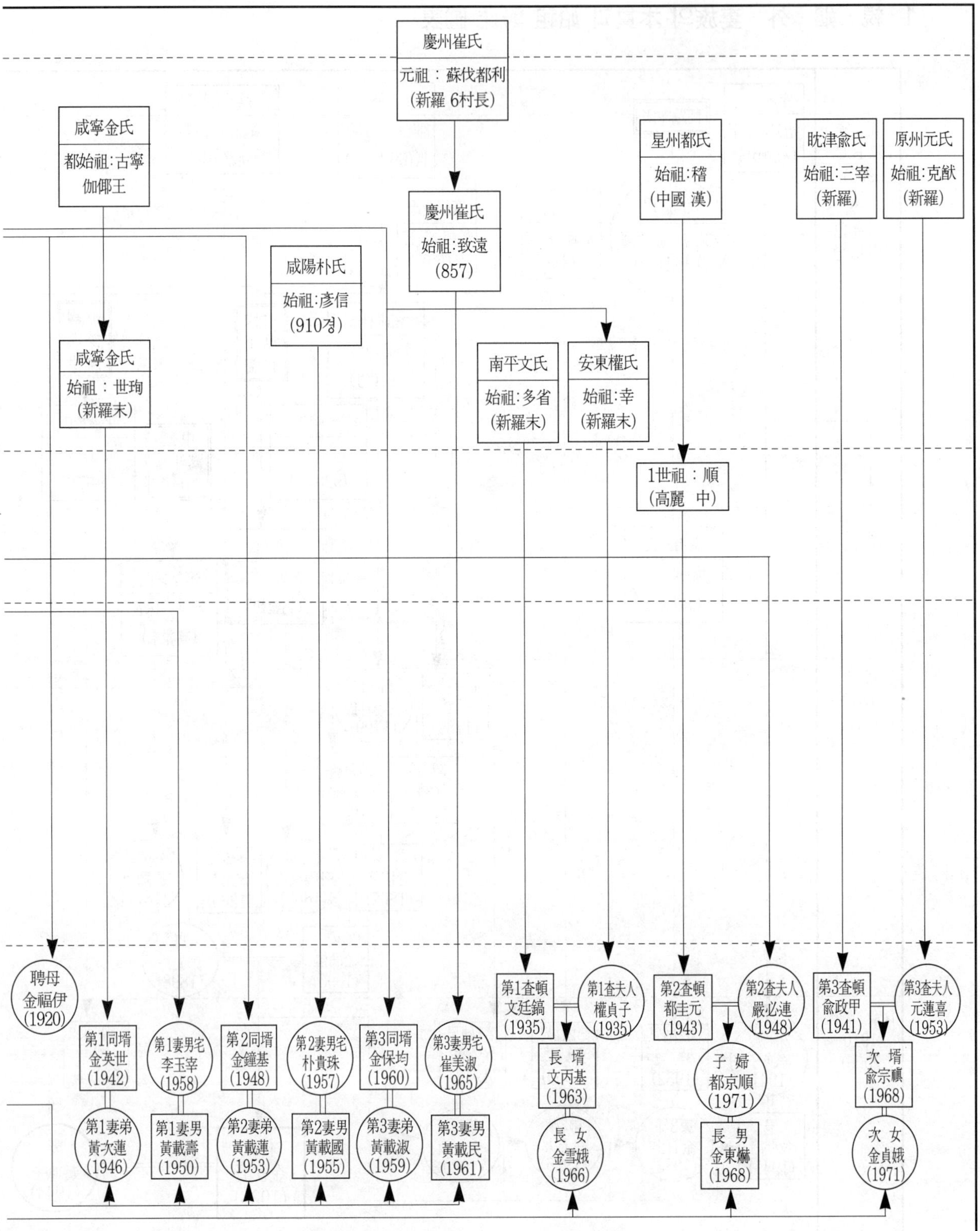

※(1) □ : 男子, ○ : 女子
(2) ( ) : 內는 出生時期 · 年度
(3) 回 : 外國

2. 相面 親姻戚의 系譜와 姓氏 始祖

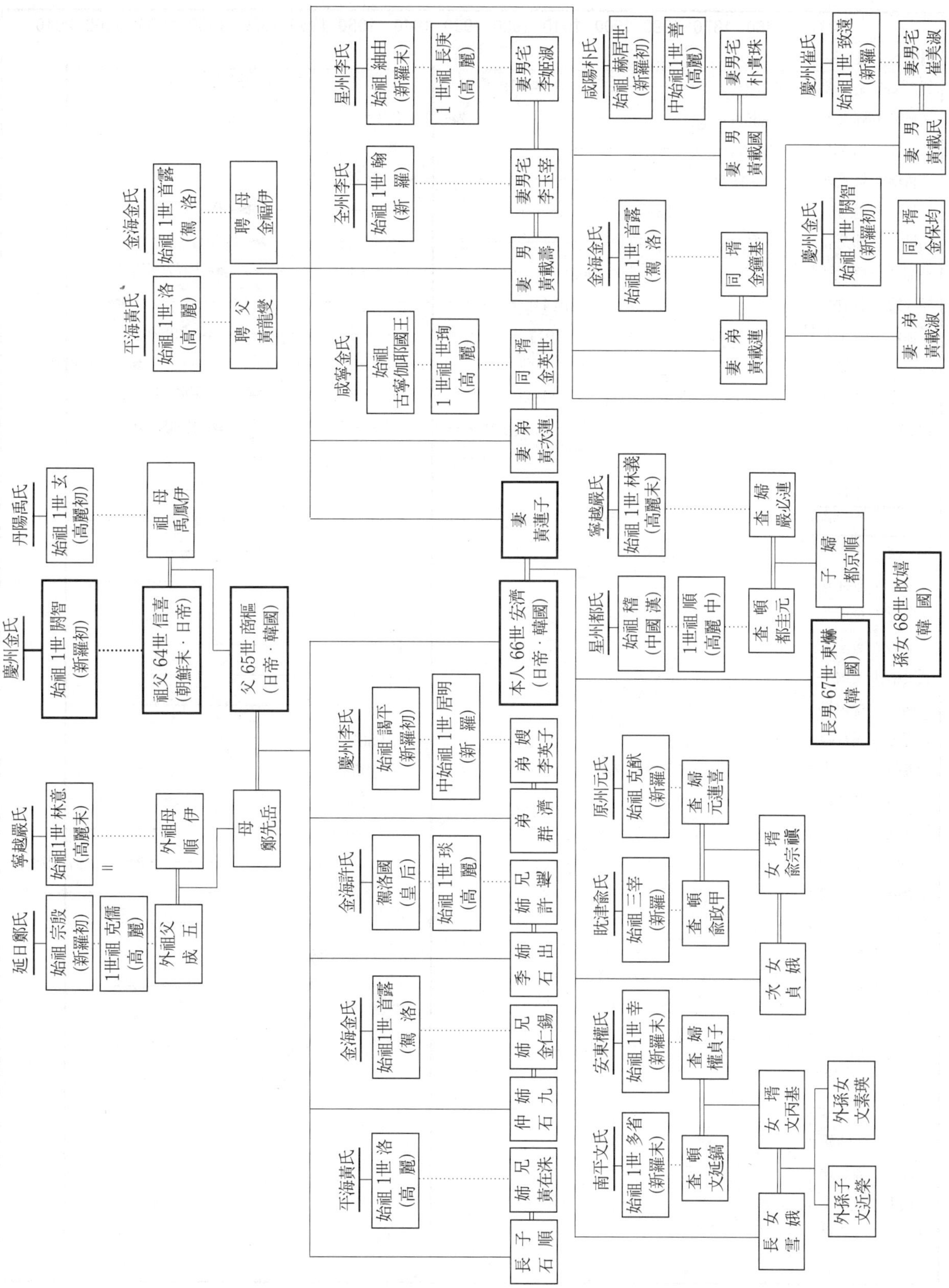

3. 家族 및 親姻戚의 出生 · 逝去 推移

(出生 順位)

年度: 1860 1870 1890 1900 1910 1920 1930 1940 1950 1960 1970 1980 1990 2000 2010

1936(本人出生) 2006(本人古稀)

關係	姓名	出生	逝去
祖父	金信喜	1862	1918(56年)
外祖父	鄭成五	1865	1938(73年)
祖母	禹鳳伊	1868	1946(78年)
外祖母	嚴順伊	1871	1942(71年)
父	金商樞	1896	1975(79年)
母	鄭先岳	1898	1973(75年)
仲姉兄	金仁錫	1909	1977(68年)
聘父	黃龍燮	1914	1999(85年)
長姉兄	黃在洙	1917	1982(65年)
聘母	金福伊	1920	1996(76年)
長姉	金石順	1920	1973(53年)
仲姉	金石九	1926	1980(54年)
季姉兄	許 榩	1932	
季姉	金石出	1933	
本人	金安濟	1936	
弟嫂	李英子	1941	
弟	金群濟	1941	
長同壻	金英世	1942	
妻	黃蓮子	1944	
長妻弟	黃次蓮	1946	
仲同壻	金鐘基	1948	
長妻男	黃載壽	1950	
仲妻弟	黃載蓮	1953	
仲妻男	黃載國	1955	
仲妻男宅	朴貴珠	1957	
長妻男宅	李玉宰	1958	1997(39年)
季妻弟	黃載淑	1959	
季同壻	金保均	1960	
季妻男	黃載民	1961	
長壻	文丙基	1963	
季妻男宅	崔美淑	1965	
長女	金雪娥	1966	
次壻	兪宗禛	1968	
長男	金東爀	1968	
次女	金貞娥	1971	
子婦	都京順	1971	
外孫子	文近榮	1993	
外孫女	文素瑛	1998	
孫女	金旼嬉	2005	

4. 父母 起點 後孫 增加推移圖

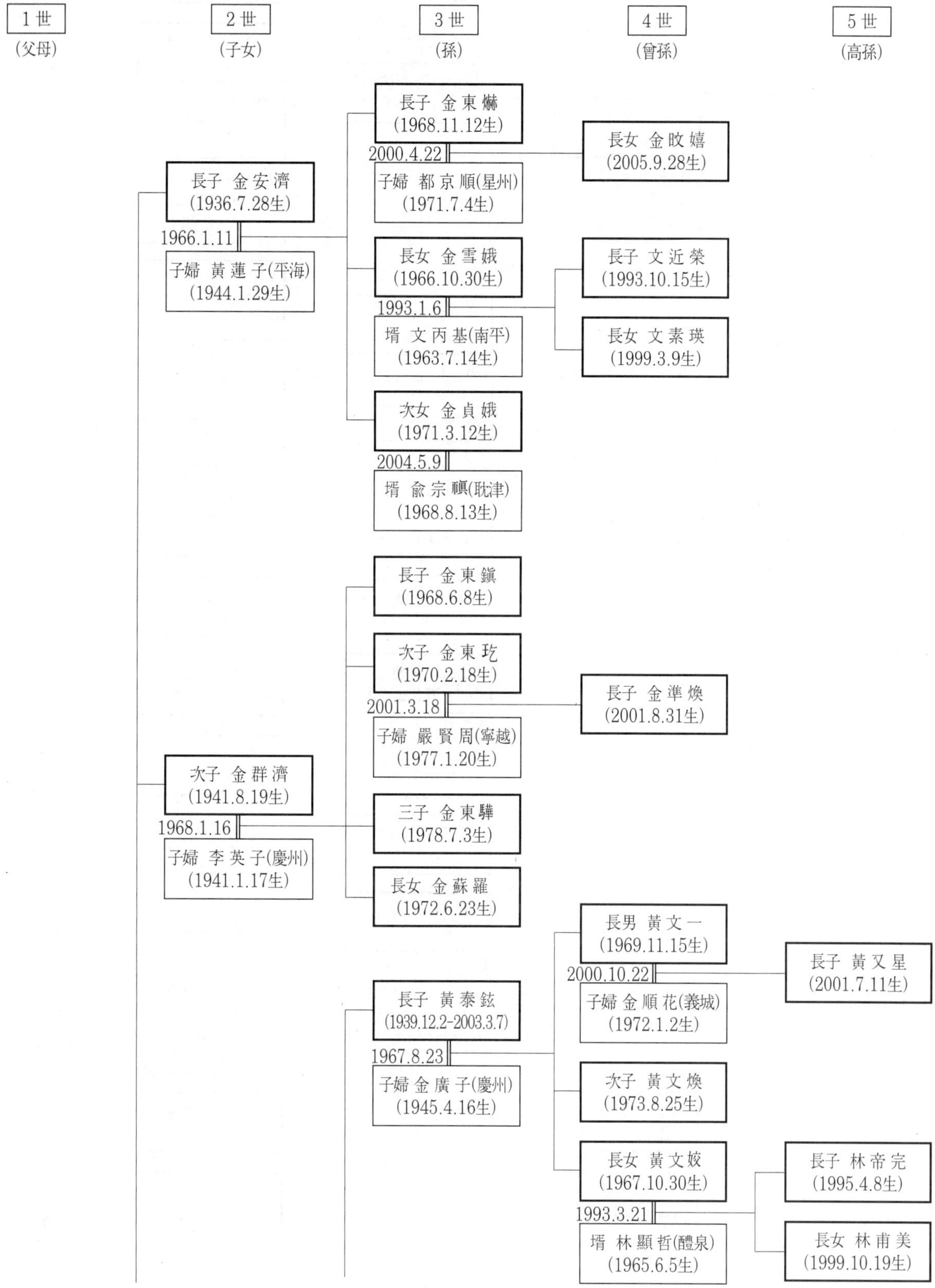

- 父 金商樞(慶州) (1896.6.3-1975.11.12)
  1910
  母 鄭先岳(延日) (1898.6.28-1973.12.11)
  - 長女 金石順 (1920.10.26-1973.7.9)
    1936.9.5
    壻 黃在洙(平海) (1917.1.17-1982.12.6)
    - 次子 黃元鉉 (1947.6.28生)
      1972.3.5
      子婦 兪連玉(杞溪) (1948.7.6生)
      - 長子 黃文昶 (1976.1.3生)
      - 次子 黃文規 (1978.10.4生)
      - 長女 黃로니아 (1973.2.9生)
        2001.4.1
        壻 李振豪(慶州) (1972.6.26生)
    - 三子 黃柱鉉 (1950.8.9生)
      1977.1.5
      子婦 朴順子(江津) (1956.9.23生)
      - 長子 黃文聖 (1983.1.8生)
      - 長女 黃水鏡 (1978.2.16生)
      - 次女 黃水鎭 (1980.5.30生)
    - 四子 黃慶鉉 (1961.6.12生)
      1987.9.20
      子婦 尹正蘭(坡平) (1961.1.6生)
      - 長女 黃보라 (1988.6.23生)
      - 次女 黃보경 (1990.4.12生)
    - 長女 黃貞愛 (1956.9.27生)
      1985.10.6
      壻 權斗燮(安東) (1957.5.4生)
      - 長子 權文五 (1986.7.16生)
      - 長女 權빛나 (1988.2.18生)
  - 次女 金石九 (1926.4.18-1980.4.27)
    1944.10.15
    壻 金仁錫(金海) (1909.9.23-1977.12.21)
    - 長子 金鐘錄 (1948 - 1970)
    - 次子 金鐘悳 (1956.3.24生)
      1984.2.19
      子婦 朴梨蘭(密陽) (1956.9.29生)
      - 長子 金晶洙 (1984.12.6生)
    - 長女 金福順 (1954.7.23生)
      1978.1.15
      子婦 文在洙(南平) (1953.11.19生)
      - 長子 文景民 (1980.8.15生)
      - 次子 文景祿 (1982.9.15生)
      - 長女 文貞華 (1978.6.22生)

- 次女 金福姬 (1958.12.27生)
- 三女 金淑姬 (1960.3.24生)
  - 1983.3.27 壻 李鍾相(全州) (1960.3.15生)
    - 長子 李光勇 (1992.12.16生)
    - 長女 李세라 (1984.9.28生)
    - 次女 李미라 (1987.10.22生)
- 四女 金順姬 (1963.3.10生)
  - 1986.8.28 壻 李相福(慶州) (1961.5.20生)
    - 長子 李大訓 (1988.11.22生)
    - 長女 李恩知 (1993.12.13生)

- 三女 金石出 (1933.3.10生)
  - 1956.11.10 壻 許樋 (陽川) (1932.7.11生)
    - 長子 許垣 (1957.2.23生)
      - 1989.2.25 子婦 李賢淑(延安) (1960.11.1生)
        - 長子 許閏 (1990.8.5生)
        - 長女 許呈印 (1993.1.11生)
    - 次子 許珉 (1959.4.25生)
      - 1986.4.26 子婦 鄭善淑(慶州) (1964.2.15生)
        - 長子 許耕 (1993.3.21生)
        - 長女 許荷娜 (1987.2.3生)
    - 長女 許銀淑 (1960.8.25生)
      - 1984.1.28 壻 高允煥(開城) (1956.8.10生)
        - 長子 高在賢 (1985.1.3生)
        - 長子 高在範 (1987.8.26生)

※굵은 線은 父母任과 同一血緣의 關係를 나타냄.
總 血孫數 : 62名

客說 : 經驗에서 얻은 삶의 眞實

자기 자식한테 하는 것의 10분의 1만 父母에게 해드리면 孝子·孝女가 될 것이다. 이를 깨닫고 행하려고 할 때는 이미 父母님은 墓地에 들어가 계신다. 그리고 자기 자신도 똑같은 待接을 받게 된다.

5. 親姻戚의 出生 · 結婚 · 逝去 紀念日과 措置事項

1) 親姻戚別 紀念日 및 措置事項

項目 / 區分	親姻戚			出生 · 結婚 · 逝去 年 · 月 · 日			紀念日字		紀念措置事項		
區分	緣故	關係	姓名	出生日(陰曆)	結婚日(陰曆)	逝去日(陰曆)	陽曆	陰曆	電報·電話	膳物	食事
生日	直系	婦人	黃蓮子	44.1.29 (甲申1.4)				1.4		○	○
		長女	金雪娥	66.10.30(丙午 9.17)			10.30			○	○
		長男	金東爀	68.11.12 (戊申 9.22)			11.12			○	○
		次女	金貞娥	71.3.12(辛亥 2.16)			3.12		○	○	○
	配偶	長壻	文丙基	63.7.14(癸丑 7.14)				7.14		○	○
		子婦	都京順	71.7.4(辛亥 7.4)				7.4		○	○
		次壻	兪宗禛	68.8.13(戊申 7.20)			8.13		○	○	○
	孫子	孫女	金旼嬉	05.9.28(乙酉 8.25)			9.28			○	○
		外孫子	文近榮	93.10.15(癸酉 9.1)			10.15			○	○
		外孫女	文素瑛	99.3.9(己卯 1.22)			3.9			○	○
	兄弟	姉	金石出	33.3.10(癸丑 2.15)				2.15			○*
		弟	金群濟	41.8.19(辛巳 6.8)				6.8			○*
	查頓	長女媤母	權貞子	35.4.22(乙亥 3.20)				3.20	○	○*	
		長男聘父	都圭元	43.12.6(癸未 11.9)				11.9	○	○*	
		聘母	嚴必連	48.12.15(戊子 11.15)				11.15	○	○*	
		次女媤父	兪政甲	41.11.22(辛巳 10.4)			11.22		○	○*	
		媤母	元蓮喜	53.11.16(癸巳 10.10)			11.16		○	○*	
婚日	本人	本人	金安濟		66.1.11(乙巳 12.20)		1.11				○
	子女	長女	金雪娥		93.1.6(壬申 12.14)		1.6				○
		長男	金東爀		00.4.22(庚辰 3.18)		4.22				○
		次女	金貞娥		04.5.9(甲申 3.21)		5.9		○		○
忌日	親家	祖母	禹鳳伊			46.8.22(丙戌 7.26)		7.25			○
		父	金商大			75.11.12(乙卯 10.10)		10.9			○
		母	鄭先岳			73.12.11(癸丑 11.17)		11.16			○
	妻家	聘父	黃龍燮			99.1.18(戊寅 12.1)		11.30			○
		聘母	金福伊			96.8.26(丙子 7.13)		7.12		○	○
	查頓	長女媤父	文廷鎬			05.8.24(乙酉 7.20)		7.19		○	

註) *는 間歇的인 措置임.

2) 年中 日字別 親姻戚 紀念事項

月	日	區分	親姻戚	紀念種類	措置事項
1	4	陰曆	婦人 黃蓮子	生日	膳物, 食事
	6	陽曆	長女 金雪娥	結婚日	食事
	11	〃	本人 金安濟	〃	食事
2	15	陰曆	姉 金石出	〃	食事*
3	9	陽曆	外孫女 文素瑛	〃	膳物, 食事
	12	〃	次女 金貞娥	〃	電報 · 電話, 膳物, 食事
	20	陰曆	查夫人 權貞子	生日	電報 · 電話, 膳物*
4	22	陽曆	長男 金東爀	結婚日	食事
5	9	〃	次女 金貞娥	〃	電報 · 電話, 食事
6	8	陰曆	弟 金群濟	生日	食事*
7	4	〃	子婦 都京順	〃	膳物, 食事
	12	〃	聘母 金福伊	忌日	食事
	14	〃	長壻 文丙基	生日	膳物, 食事
	19	〃	查頓 文廷鎬	忌日	電話*

月	日	區分	親姻戚	紀念種類	措置事項
7	25	陰曆	祖母 禹鳳伊	忌日	食事
8	13	陽曆	次壻 兪宗禛	生日	電報 · 電話, 膳物, 食事
9	28	〃	孫女 金旼嬉	〃	膳物, 食事
10	9	陰曆	父 金商大	忌日	食事
	15	陽曆	外孫子 文近榮	生日	膳物, 食事
	30	〃	長女 金雪娥	〃	膳物, 食事
11	9	陰曆	査頓 都圭元	〃	電報 · 電話, 膳物*
11	12	陽曆	長男 金東爀	生日	膳物, 食事
	15	陰曆	査夫人 嚴必連	〃	電報 · 電話, 膳物*
	16	〃	母 鄭先岳	忌日	食事
	16	陽曆	査夫人 元蓮喜	生日	電報 · 電話, 膳物*
	22	〃	査頓 兪政甲	〃	電報 · 電話, 膳物*
	30	陰曆	聘父 黃龍燮	忌日	食事

註) *는 間歇的인 措置임.

3) 月別 및 日字別 親姻戚 紀念事項 分布

日＼月	1	2	3	4	5	6	7	8	9	10	11	12	計
1													-
2													-
3													-
4	婦人生日*						子婦生日*						2
5													-
6	長女結婚日												1
7													-
8						弟 生日*							1
9			外孫女生日		次女結婚日					父忌日*	長男聘父生日*		4
10													-
11	本人結婚日	長女媤父生日*											2
12			次女生日				聘母忌日*				長男生日		3
13								次壻生日					1
14							長壻生日*						1
15		姉生日*								外孫子生日	長男媤母生日*		3
16											次女媤母生日 母忌日*		2
17													-
18													-
19							査頓忌日*						1
20			長女媤母生日*										1
21													-
22				長男結婚日							次女媤父生日		2
23													-
24													-
25							祖母忌日*						1
26													-
27													-
28									孫女生日				1
29													-
30										長女生日	聘父忌日*		2
31													-
計	3	2	3	1	1	1	5	1	1	3	7	-	28

註. *는 陰曆日字임.

6. 本人 中心 父系血族의 呼稱과 寸數

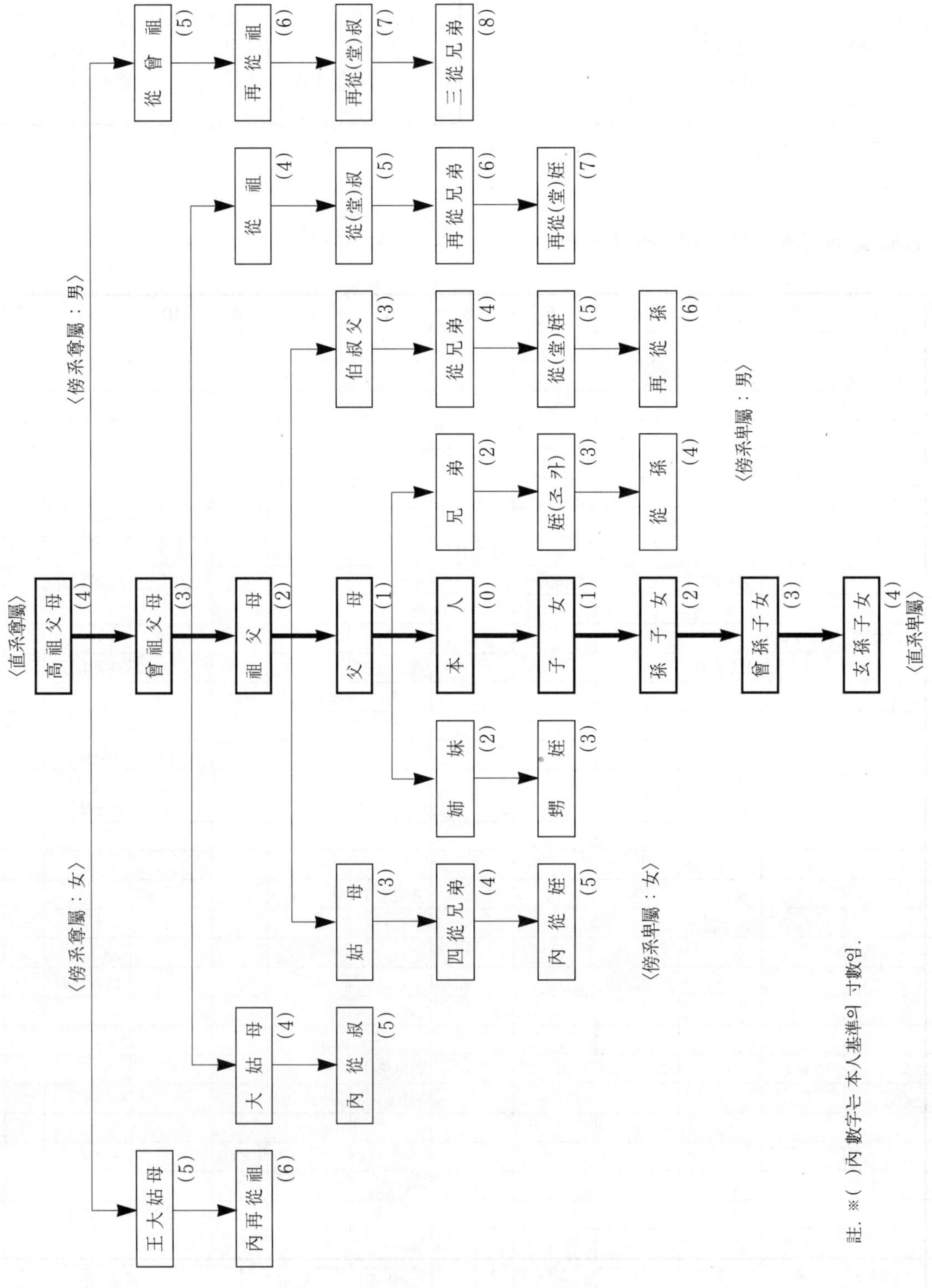

註. ※( )內 數字는 本人基準의 寸數임.

7. 誕生石과 結婚紀念石

(1) 出生月別 誕生石과 該當家族

出生月	誕 生 石	意 味	該當直系家族(陽曆基準)
1月	가넷(Garnet)	眞實, 友情	妻(1944.1.29)
2月	紫水晶(Amethyst)	마음의 平和, 誠實	-
3月	아쿠아마린(Aquamarine)	沈着, 勇氣, 聰明	次女(1971.3.12), 外孫女(1999.3.9)
4月	다이아몬든(Diamond)	純潔, 高貴	-
5月	에메랄드(Emerald)	幸運, 幸福	-
6月	眞珠(Pearl)	長壽, 富貴	-
7月	루비(Ruby)	熱情, 仁愛, 偉業	本人(1936.7.28), 長壻(1963.7.14), 子婦(1971.7.4)
8月	페리도트(Peridot)	夫婦幸福과 和合	次壻(1968.8.13)
9月	사파이어(Sapphire)	眞理, 不變	孫女(2005.9.28)
10月	오팔(Opal)	希聖, 純潔	長女(1966.10.30), 外孫子(1993.10.15)
11月	토파즈(Topaz)	友情, 希望, 潔白	長男(1968.11.12)
12月	터키石(Turkish Stone)	成功, 勝利	-

(2) 結婚周期別 結婚紀念石과 家族 該當年度

結婚周期 및 紀念石		直系家族 該當年度 및 當時年齡(滿, 歲)							
結婚周期	結 婚 紀 念 石	本人(1966.1.11)		長女(1993.1.6)		長男(2000.4.22)		次女(2004.5.9)	
		年度	年齡(夫,婦)	年度	年齡(夫,婦)	年度	年齡(夫,婦)	年度	年齡(夫,婦)
結婚 2周年	가넷(Garnet)	1968	32,24	1995	32,29	2002	34,31	2006	38,35
〃 3 〃	眞珠(Pearl)	1969	33,25	1996	33,30	2003	35,32	2007	39,36
〃 4 〃	토파즈(Topaz)	1970	34,26	1997	34,31	2004	36,33	2008	40,37
〃 5 〃	사파이어(Sapphire)	1971	35,27	1998	35,32	2005	37,34	2009	41,38
〃 6 〃	紫水晶(Amethyst)	1972	36,28	1999	36,33	2006	38,35	2010	42,39
〃 8 〃	투어멀린(Tourmaline)	1974	38,30	2001	38,35	2008	40,37	2012	44,41
〃 9 〃	라피아스줄리(Raphiasjulie)	1975	39,31	2002	39,36	2009	41,38	2013	45 42
〃 10 〃	다이아몬드(Diamond)	1976	40,32	2003	40,37	2010	42,39	2014	46,43
〃 11〃	터키석(Turkish Stone)	1977	41,33	2004	41,38	2011	43,40	2015	47,44
〃 12 〃	翡翠(Jade)	1978	42,34	2005	42,39	2012	44,41	2016	48,45
〃 13 〃	黃水晶(False Topaz)	1979	43,35	2006	43,40	2013	45,42	2017	49,46
〃 14 〃	오팔(Opal)	1980	44,36	2007	44,41	2014	46,43	2018	50,47
〃 15 〃	루비(Ruby)	1981	45,37	2008	45,42	2015	47,44	2019	51,48
〃 16 〃	페리도트(Peridot)	1982	46,38	2009	46,43	2016	48,45	2020	52,49
〃 17 〃	칼세로니(Calseroni)	1983	47,39	2010	47,44	2017	49,46	2021	53,50
〃 18 〃	크리소베릴(Crisoveril)	1984	48,40	2011	48,45	2018	50,47	2022	54,51
〃 20 〃	에메랄드(Emerald)	1986	50,42	2013	50,47	2020	52,49	2024	56,53
〃 21 〃	아이몰라이트(Aimolight)	1987	51,43	2014	51,48	2021	53,50	2025	57,54
〃 22 〃	스피넬(Spinel)	1988	52,44	2015	52,49	2022	54,51	2026	58,55
〃 23 〃	토파즈(Topaz)	1989	53,45	2016	53,50	2023	55,52	2027	59,56
〃 24 〃	조이사이트(Zoicite)	1990	54,46	2017	54,51	2024	56,53	2028	60,57
〃 25 〃	銀(Silver)	1991	55,47	2018	55,52	2025	57,54	2029	61,58
〃 30 〃	眞珠(Pearl)	1996	60,52	2023	60,57	2030	62,59	2034	66,63
〃 40 〃	루비(Ruby)	2006	70,62	2033	70,67	2040	72,69	2044	76,73
〃 50 〃	金(Gold)	2016	80,72	2043	80,77	2050	82,79	2054	86,83
〃 55 〃	에메랄드(Emerald)	2021	85,77	2048	85,82	2055	87,84	2059	91,88
〃 60 〃	黃色 다이아몬드(Yellow Diamond)	2026	90,82	2053	90,87	2060	92,89	2064	96,93
〃 70 〃	다이아몬드(Diamond)	2036	100,92	2063	100,97	2070	102,99	2074	106,103

Ⅱ. 祖·父母와 兄弟姉妹

○ 要 約

年齡(歲)	年度	家族變遷 直系	家族變遷 兄弟·外族	家族數(名)	妻族變遷
1	1936	本人 출생	큰누님 출가	7.6	
2	1937				
3	1938		外祖父 서거		
4	1939			6	
5	1940				
6	1941	남동생 출생			聘父母 결혼
7	1942		外祖母 서거	7	
8	1943				
9	1944		둘째누님 출가	6	長女(후일妻) 출생
10	1945				
11	1946	祖母 서거			次女 출생
12	1947				
13	1948				
14	1949				
15	1950			5	長男 출생
16	1951				
17	1952				
18	1953				三女 출생
19	1954				
20	1955				次男 출가
21	1956	父 회갑	셋째누님 출가		
22	1957				
23	1958	母 회갑			
24	1959				四女 출생
25	1960			4	
26	1961				三男 출생
27	1962				
28	1963				
29	1964				
30	1965				
31	1966	本人결혼,長女출생		5.6	長女 출가
32	1967			6	
33	1968	長男 출생	남동생 결혼	5.6	
34	1969			6	
35	1970			6	
36	1971	次女 출생		7	次女 출가
37	1972				
38	1973	母 서거	큰누님 서거	6	
39	1974				聘父 회갑
40	1975	父 서거			
41	1976				
42	1977		둘째姉兄 서거		
43	1978				
44	1979				三女 출가
45	1980		둘째누님 서거		聘母 회갑
46	1981				長男 결혼
47	1982		첫째姉兄 서거		
48	1983				
49	1984			5	
50	1985				次男 결혼
51	1986				
52	1987				四女 출가
53	1988				
54	1989				
55	1990				三男 결혼
56	1991				
57	1992				
58	1993	長女출가,外孫子출생			
59	1994				
60	1995				
61	1996			4	聘母 서거
62	1997				
63	1998				
64	1999	外孫女 출생			聘父 서거
65	2000	長男 결혼			長男 再婚
66	2001			3	
67	2002	本人 정년			
68	2003				
69	2004	次女 출가		2	
70	2005	孫女 출생			
71	2006				

※家族數는 同居人數만을 말함

1. 祖 · 父母

先代 / 事項		親族				外族		妻族	
		祖父母		父母		外祖父母		妻父母	
		祖父	祖母	父	母	外祖父	外祖母	妻父	妻母
銜字	姓名(字)	信喜 (喜守)	丹陽禹氏 鳳伊	商樞(大) (永一)	延日鄭氏 先岳	延日鄭氏 成五(錫基)	寧越嚴氏 順伊(昚)	平海黃氏 龍燮	金海金氏 福伊
出生	場所	聞慶 興德	聞慶 興德	聞慶 興德	義城 美洞	義城 支浦	義城郡	山北面	尙州郡
	陰曆	壬戌 8.18	戊辰	丙申 6.3	戊戌 6.28	乙丑 8.59	辛未 12.28	甲寅 7.21	庚申 7.16
	陽曆	1862	1868	1896	1898	1865	1871	1914.7.27	1920.7.16
學歷		漢文解讀	漢文解讀	國文解讀	無學	漢文解讀	無學	初等學校 卒	國文解讀
回甲		-	1928	1956.7.10	1958.8.13	1925.10.16	1932.2.4	1974.9.7	1980.8.26
逝去	場所	聞慶 興德	聞慶 興德	서울 祭基	聞慶 下里	義城 美洞	義城 美洞	聞慶 茅田	聞慶 茅田
	陰曆	戊午 10.21	丙戌 7.26	乙卯 10.10	癸丑 11.17	戊寅 3.3	壬午 2.1	戊寅 12.1	丙子 7.13
	陽曆	1918.11.24	1946.8.22	1975.11.12	1973.12.11	1938.4.3	1942.3.17	1999.1.18	1996.8.26
	墓地	店村 孔坪 梨谷	店村 興德 깃골 (後火葬)	店村 孔坪 梨谷	店村 孔坪 梨谷(合祔)	店村 興德 共同墓地	永順面 栗谷里	永順面 蟻谷里	永順面 蟻谷里
	坐向	艮坐	丑坐	艮坐	艮坐	酉坐	子坐	子坐	子坐
享壽(滿·歲)		56	78	79	75	73	71	86	77
結婚日字		1895		1910		1890		1941.4.28	

2. 兄弟姉妹

兄弟 / 姓名 / 事項		第一		第二		第三		第四	
		姉	姉兄	姉	姉兄	姉	姉兄	弟	弟嫂
		石順	黃在洙(平海)	石九	金仁錫(金海)	石出	許熫(陽川)	群濟	李英子(慶州)
出生	場所	店村 興德	聞慶 虎溪	店村 興德	聞慶 下里	店村 興德	店村 市內	店村 興德	聞慶邑
	陰曆	庚申 9.15	丙辰 12.24	丙寅 3.7	己酉 8.10	癸酉 2.15	壬申 6.8	辛巳 6.8	庚辰 12.20
	陽曆	1920.10.26	1917.1.17	1926.4.18	1909.9.23	1933.3.10	1932.7.11	1941.8.19	1941.1.17
學歷		國文解讀	國文解讀	國文解讀	國文解讀	戶西南國民 學校 卒業	金泉高等 學校 卒業	安東師範 學校 卒業	聞慶國民 學校 卒業
回甲		-	1977.2.11	-	1969.8.10	1993.3.7	1992.7.7	2001.4.3	2001.1.14
逝去	場所	虎溪 幕谷	虎溪 幕谷	서울 安岩	聞慶 下里				
	陰曆	癸丑 6.10	壬戌 10.21	庚申 3.13	丁巳 11.11				
	陽曆	1973.7.9	1982.12.6	1980.4.27	1977.12.21				
	墓地	虎溪 墓谷 後山	虎溪 墓谷 後山(雙墳)	서울 牧丹 公園	聞慶邑 後山				
	享壽(歲)	53	65	54	68				
結婚日字		1936.9.5		1944.10.15		1956.11.10		1968.1.16	
子女		4男: 泰鉉,元鉉, 柱鉉, 慶鉉 1女: 正愛		2男: 鍾錄, 鍾悳 4女: 福順,福姬,淑姬,順姬		2男: 垣, 愍 1女: 銀淑		3男: 東鎭, 東玹, 東驊 1女: 蘇羅	

3. 妻族 兄弟姉妹

○ 本 籍 : 慶北 聞慶郡 店村邑 店村里 472番地

兄弟 \ 事項		姓 名	出生日字		學歷	回甲	結婚日字	子 女
			陰 曆	陽 曆				
第 一	妻 弟	黃次蓮	丙戌 3.20	46.11.29	大卒	2006. 4.17	1971.12.25	1男 : 宗善
	同 壻	咸寧金氏 英世	壬午 6.24	42. 8. 5	大卒	2002. 8. 5		1女 : 恩靜
第 二	妻 男	黃載壽	庚寅 6.24	50. 8. 6	大卒	2010. 8. 4	1981. 4.19	1男 : 太錫
	妻男宅	全州李氏 玉宰*	戊戌 7.23	58. 9. 6	高卒	2018. 9. 6		1女 : 奈姸
	妻男宅	星州李氏 姬淑(再)	庚子12.20	61. 2. 5	高卒	2021. 2. 1	2000. 4. 6	
第 三	妻 弟	黃載蓮	癸巳 1. 2	53. 2.15	高卒	2013. 2.11	1979.12. 2	2男 : 成洙,峻洙
	同 壻	金海金氏 鍾基	戊子 1.21	48. 2.13	大卒	2008. 2.13		1女 : 媛瓊
第 四	妻 男	黃載國	乙未 6. 8	55.7.14	大卒	2015. 7.23	1985. 8.17	1男 : 玄錫
	妻男宅	咸陽朴氏 貴珠	丁酉10.14	57.12.5	高卒	2017.12. 5		1女 : 奈潤
第 五	妻 弟	黃載淑	己亥 9.20	59.9.20	高卒	2019.10.18	1987. 4.26	1女 : 河瑩
	同 壻	慶州金氏 保均	庚子 3. 9	60.4.4	高卒	2020. 4. 4		
第 六	妻 男	黃載民	辛丑12. 3	61.1.19	高卒	2022. 1. 5	1990. 5.13	1男 : 光錫
	妻男宅	慶州崔氏 美淑	乙巳 8.28	65.9.22	高卒	2026. 9.22		1女 : 奈實

* 1997.3.9(陰 丁丑 2.1) 作故, 聞慶郡 永順面 蟻谷里에 安葬.

Ⅲ. 本 人

○ 要 約

出 生 日
1936年 7月 28日
(陰 丙子年 6月 10日)
戶籍 : 1937年 4月 25日

身相(出生時)
身長 : 50.3cm
體重 : 2.7kg
血液 : B型
着眼鏡 : 1986年

草凡
金安濟
字 : 璟龍

宗 教
佛教
(法名 : 通玄,
1982年)

出 生 地
當時 : 慶北 聞慶郡 戶西南面
興德里
現在 : 慶北 聞慶市 店村3洞

1. 姓 名

○ 本 名 : 김 안 제 (金 安 濟)

2. 生 日

○ 實 際 : 1936年 7月 28日 12時
○ 陰 曆 : 丙子年 6月 10日 午時
○ 戶 籍 : 1937年 4月 25日 12時

3. 誕 地

○ 出生當時 : 1936年 7月 28日
日本國 朝鮮 慶尙北道 聞慶郡 戶西南面 興德4里 394番地

4. 身 相

○ 出生當時 : 1936年 7月 28日
· 身　長 : 50.3cm
· 體　重 : 2.7kg
· 體　面 : 1,659cm^2
· 體　積 : 27,357cm^3
· 質　量 : 2.76g
· 密　度 : 0.099g/cm^3

5. 宗 教

○ 父母宗教 : 佛敎

客說 : 經驗에서 얻은 삶의 眞實

한 집안에서 뚜렷한 人物이 하나 나오면 그 집안은 매우 영광스럽지만 그 때부터 그 人物은 괴로워지기 시작한다. 一家親戚들의 부탁을 다 들어주려면 非理나 無理를 범하게 되고 안 들어주면 모두 원망하고 돌아선다. 이런 괴로움을 안 당하려면 뚜렷한 人物이 안 되면 된다.

Ⅳ. 婦 人

○ 要 約

事 項		實 體
出 生	生 年 月 日	1944. 1. 29
	出 生 地	慶北 聞慶郡 店村邑 店村里 472
	父 母	父 - 黃 龍 燮, 母 - 金 福 伊
	兄 弟 姉 妹	3男 4女의 長女
成 長	期 間	1944. 1. 29 ~ 1966. 1. 10(22年)
	成長 · 教育地	慶北 聞慶郡 店村邑
結 婚	日 字	1966. 1. 11(22歲)
	夫 君	金 安 濟
居 住	期 間	1966.1.11 ~ 2006.7.28 (40年 7月)
	地 域	서울市 淸凉里洞 · 梨花洞 · 昌信洞 · 祭基洞 · 上道洞 · 驛三洞
後 孫	子 女	長女- 雪娥, 長男 - 東爀, 次女- 貞娥 (1男 2女)
	孫 子 女	孫女- 旼嬉, 外孫子- 文近榮, 外孫女- 文素瑛
外國旅行	長 期 滯 留	美國 신시내티市 (1970. 3. 25 ~ 1972. 1. 14 ; 1年 10月)
	短 期 訪 問	世界 33 個國 (1989. 4. 23 ~ 2006. 7. 28)

1. 婦人의 直系 先代 世系

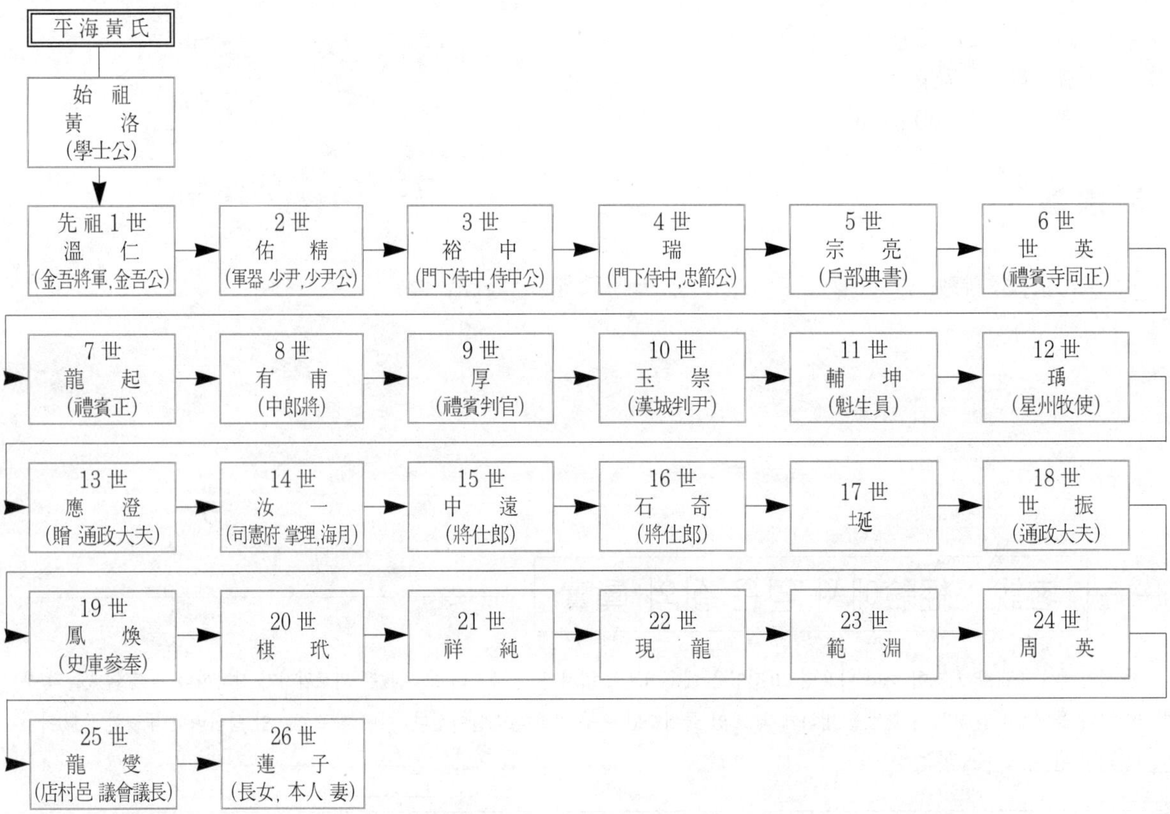

2. 平海黃氏 妻家族 直系先代의 構成系譜

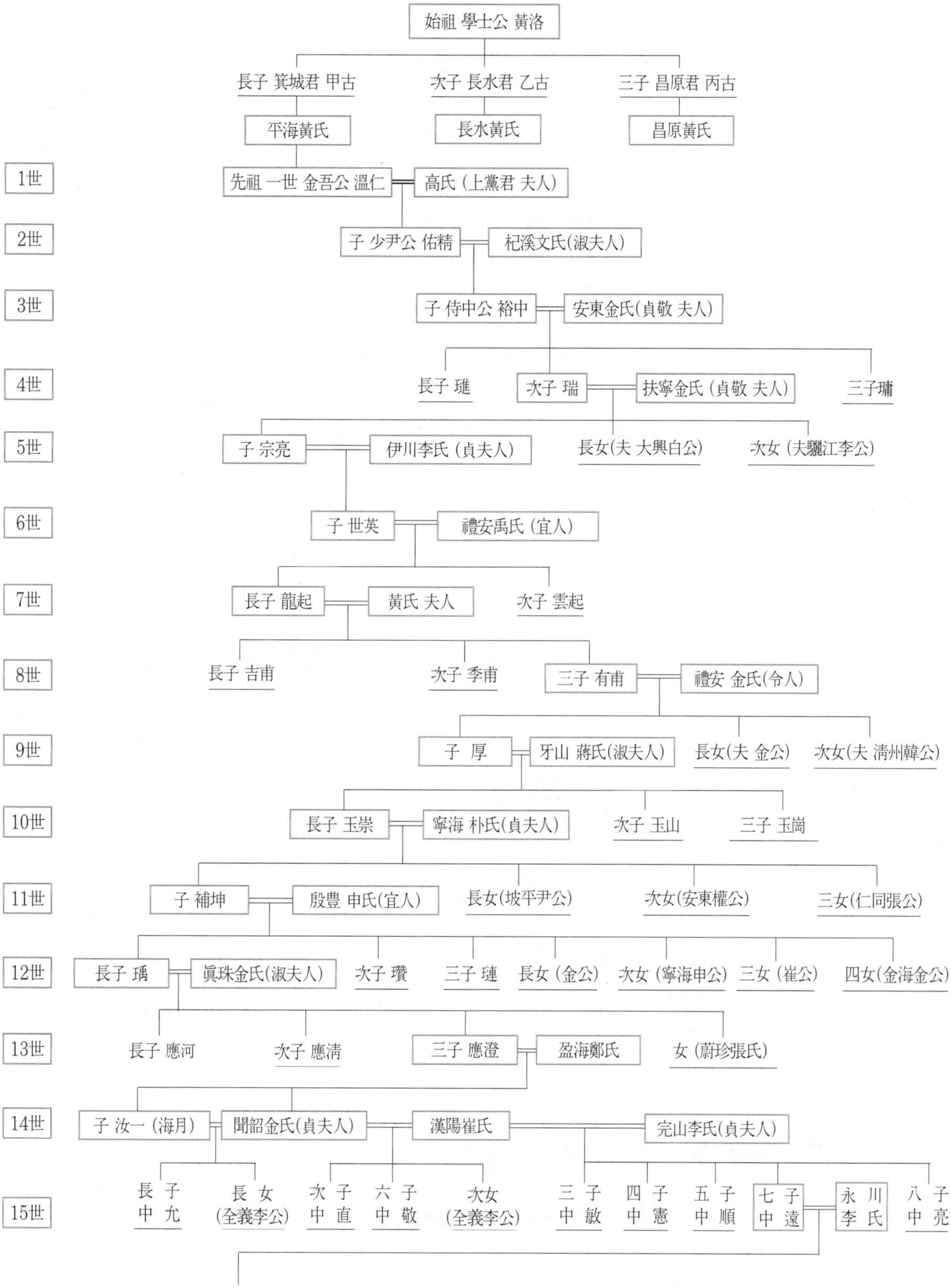

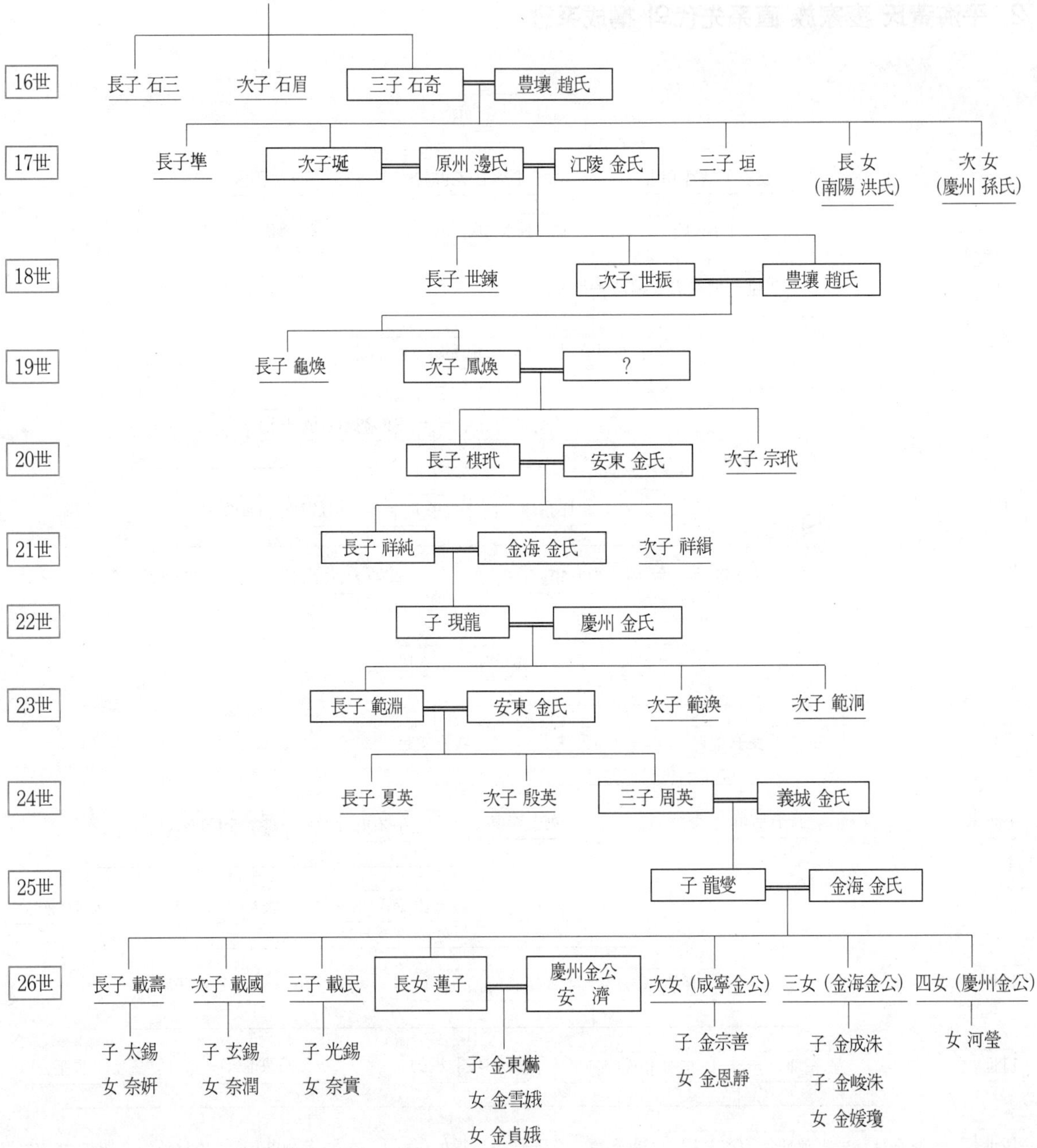

客說 : 經驗에서 얻은 삶의 眞實

父母의 子孫에 대한 사랑은 自然의 法則이다. 그러나 만일 이 法則이 없었다면 人間社會에 있어 個人이나 集團이 갖는 苦憫이나 悲劇은 크게 줄어들었을 것이다.

3. 妻 父母 起點 後孫 增加推移圖

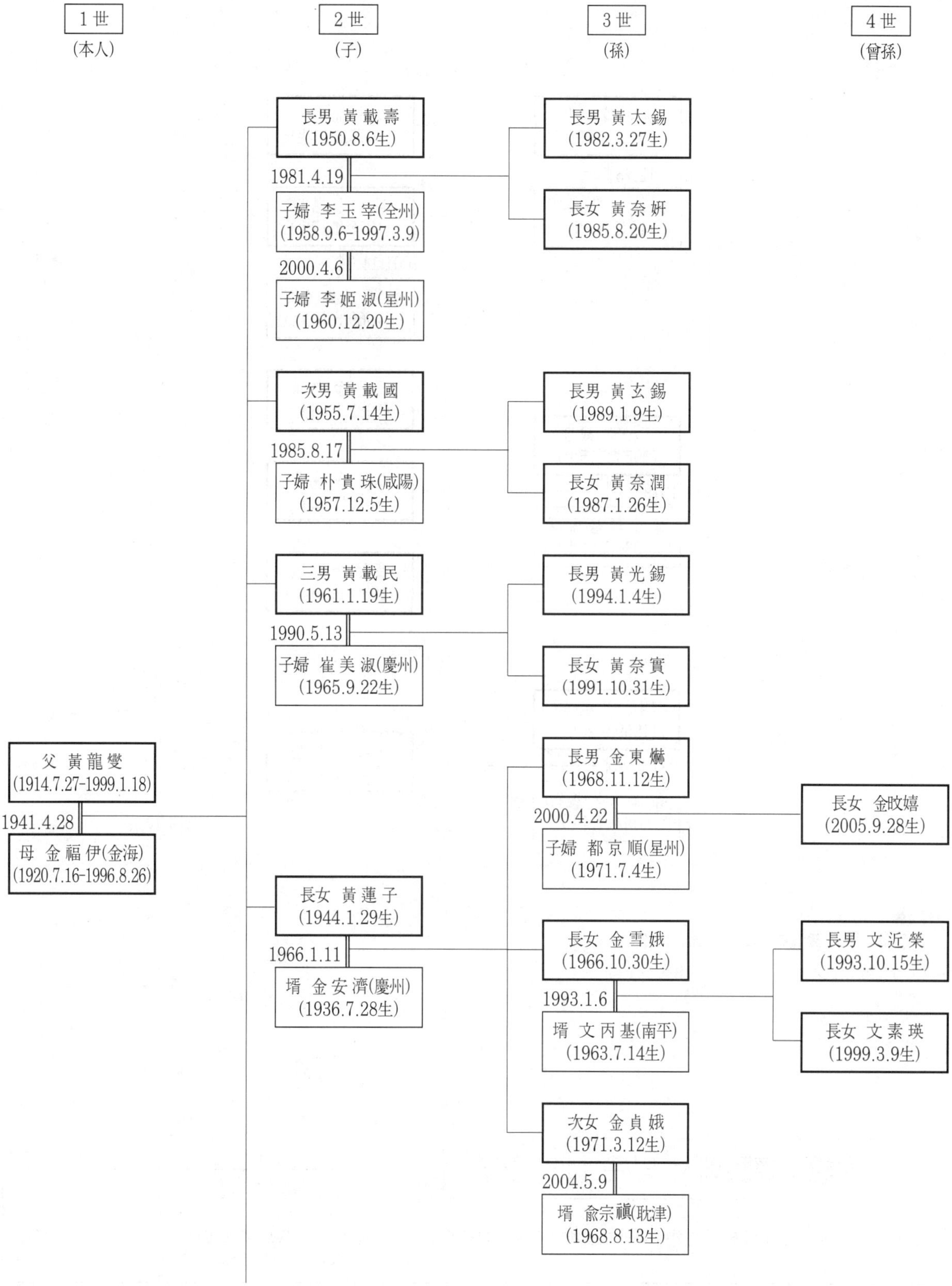

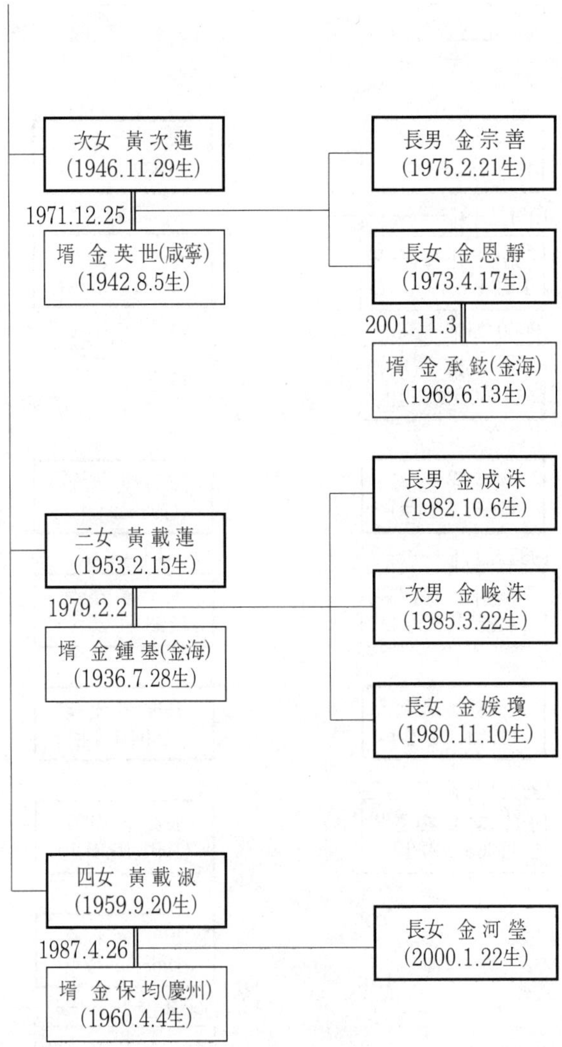

※ 굵은 線안의 子孫 : 妻 父母와의 血緣 關係

※ 總 血孫數 : 25名

客說 : 經驗에서 얻은 삶의 眞實

親姻戚은 참으로 다루기 어렵다. 가까이 하면 귀찮게 만들고 멀리하면 怨望과 욕을 한다. 小人도 이와 같다.

4. 婦人의 生涯

○ 姓名 : 황연자, 黃蓮子, Yun-Ja Hwang; A型

○ 出生 : 日時 - 1944年 1月 29日 6時, 陰 甲申 1月 4日 卯時
　　場所 - 慶北 聞慶郡 店村邑 店村里 472番地
　　父母 - 黃龍燮氏 · 金福伊 女史의 長女

○ 住民登錄番號 : 440129-2009411

○ 學歷 : 1950.9.1 - 1956.2.25 店村國民學校 第4回 卒業
　　1956.4.6 - 1959.2.27 聞慶女子中學校 第2回 卒業
　　1959.4.6 - 1962.2.10 聞慶女子高等學校 第2回 卒業

○ 結婚 : 日字 - 1966年 1月 11日
　　式場 - 서울市 鍾路區 서울禮式場
　　主禮 - 金曾漢 博士(당시 서울大學校 行政大學院 院長)

○ 美國居住 : 1970.3.25 - 1972.1.14(1年 10個月)

○ 法名戒受 : 佛法名 - 法臧華
　　日字 - 1982.6.20 (佛紀 2526年)
　　寺刹 - 獅子庵 金剛階段
　　戒師 - 大隱大師, 引禮 - 雲空스님

○ 自動車免許 : 日字 - 1985.12.5, 番號 - 서울85-088664-42

○ 歐洲旅行 : 期間 - 1989.4.23 - 1989.6.13(1個月 20日)
　　國家 - 獨逸, 프랑스, 덴마크, 네덜란드, 스위스, 英國, 벨지움, 伊太利, 모나코, 오스트리아, 스웨덴, 산마리노共和國(12國)
　　同行 - 雪娥; 招請 - 妻弟(次蓮)夫婦, 獨逸 Hamburg市
　　旅券 - 2146566(89.2.21-92.2.21)

○ 歐洲旅行 : 期間 - 1991.4.8-1991.4.21(14日)
　　國家 - 스페인 : Sitges, Barcelona, Madrid
　　　포르투갈 : Lisbon
　　　스웨덴 : Stockholm, Uppsala
　　　獨 逸 : Hamburg
　　同行 - 夫君

○ 歐洲旅行 : 目的 - 夫君 國際行事參席 同行 및 親知(黃次蓮夫婦, 朴憲注夫婦) 訪問
　　旅券 - 2146566(89.2.21-92.2.21)

○ 美國旅行 : 期間 - 1993.10.2 - 1993.12.3(2個月 1日)
　　國家 - 美國 Ohio州 Columbus市
　　目的 - 雪娥夫婦, 外孫子 文近榮 出産 協助
　　旅券 - 4879889 (93.5.27 - 98.5.27)

○ 聞慶女高 第 2 回 在京同門會 會長 : 1995.7.1 - 1997.7.9 (2年)

○ 中國旅行 : 期間 - 1996.7.23 - 1996. 7.28(6日)
　　國家 - 中華人民共和國
　　地域 - 北京, 延吉, 龍井, 白頭山, 長白瀑布, 豆滿江, 圖們, 萬里長城

同行 - 夫君, 次女 貞娥

目的 - 夫君 回甲紀念 旅行, 旅券-4879889(93.5.27 - 98.5.27)

○濠洲 · 싱가포르旅行 : 期間 - 1997.4.4-1997.4.10(6泊 7日)

國家 - 濠洲, 싱가포르

同行 - 夫君 및 約 60名

目的 - 서울大 環境大學院 高位政策課程 海外硏修 夫婦同伴 旅行

旅券 - 4879889 (93.5.27 - 98. 5.27)

○Golf運動 : 골프채膳物받음 - 1997.3.25, 친구 文順姬, Misuno 일체

골프練習始作 - 1997.5.3, 瑞草 인 · 도어 演習場 登錄(381千원)

○國際免許證 : International Driving Permit, 서울市 地方警察廳長

No.10-97-26882, 1997.7.9 - 1998.7.8

○美國 · 캐나다旅行 : 期間 - 1997.7.20 - 1997.8.17(28泊 29日)

國家 - 美國, 캐나다 (2國, 10地域)

目的 - 夫君 · 東龝과 같이 美國 居住 長女 · 次女 訪問

旅券 - 4879889(93.5.27 - 98.5.27)

○日本旅行 : 期間 - 1998.6.24 - 1998.6.29(5泊 6日)

地域 - 日本 九州 및 四國 (11地域)

目的 - 서울大 環境大學院 高位政策課程 夫婦同伴 海外硏修(夫 同伴)

旅券 - YD 0442444(98.6.16 - 2003 6.16)

○베트남 · 캄보디아旅行 : 期間 - 2000.1.26-2000.2.1(6泊 7日)

地域 - 베트남(하노이,호치민),캄보디아(프놈펜,씨엠립,앙코르) (2國 5市)

目的 - 大韓國土 · 都市計劃學會 海外視察團 同行(夫 同伴)

旅券 - YD 0442444(98.6.16 - 2003. 6.16)

○金剛山 訪問 : 期間 - 2000.3.10-2000.3.13(3泊 4日)

地域 - 北韓 高城郡 長箭港 溫井里 · 金剛山 (九龍淵 · 海金剛) (1國 1郡)

目的 - 文化日報社 招請 執筆者 謝恩旅行

同行 - 夫

○美國 旅行 : 期間 - 2000.8.11-2000.8.22 (11泊 12日)

地域 - 美國 샌프란시스코,로스앤젤레스,밀브리,팰로알토 (1國 4市)

目的 - 知人 訪問 및 觀光, 親舊 姜信子宅 訪問

同行 - 夫, 次女

旅券 - YD 0442444(98.6.16 - 03.6.16)

○中東 旅行 : 期間 - 2001.2.8 - 2001.2.17 (9泊 10日)

地域 - 이집트, 요르단,이라크 (3國 10市)

目的 - 大韓國土 · 都市計劃學會 夫婦同伴 海外 視察

同行 - 夫君 등 16名

旅券 - YD 0442444(98.6.16 - 03.6.16)

○日本 旅行 : 期間 - 2002.9.28 - 9.30(2泊 3日)

地域 - 對馬島(1國 1島 6町)

目的 - 好凡會 夫婦同伴 海外旅行 프로그램에 同行, 觀光 · 視察

同行 - 11名
旅券 - 上同

○美國 旅行 : 期間 - 2004.6.18~6.30(12泊 13日)
地域 - 美國, San Jose and San Francisco
目的 - 次女夫婦訪問 및 移徙支援

○平壤 訪問 : 期間 - 2005.10.14~10.15(1泊 2日)
地域 - 北韓, 平壤
目的 - 夫와 함께 平壤觀光 및 아리랑祝典 觀覽
訪北證明書 - 2005.10.13 統一部長官, 番號 051013US0090

○Africa 旅行 : 期間 - 2006.1.12~1.26(14泊 15日)
地域 - Kenya · Tanjania · South Africa · Zimbabwe · Botswana · Zambia - 6國 11地域
目的 - 夫와함께 結婚 40周年 紀念 觀光旅行(그룹 투어)

○필리핀 旅行 : 期間 - 2006.4.20~4.24(4泊 5日)
地域 - Manila, Quezon City, Tagaytay, Pagsanjan, Alaminos-1國 5地域
同行 - 夫 및 次女와 觀光旅行(그룹 투어)

客說 : 經驗에서 얻은 삶의 眞實

지금 하늘 나라에 가 계시는 석가모니와 예수 그리스도, 그리고 마호멧은 그들의 아버지신 하느님으로부터 칭찬을 받고 있을까, 아니면 꾸지람을 듣고 있을까? 그들이 이 세상에 나와 敎主가 되어 행한 결과와 그 이후 지금까지 이루어진 사태로 볼 때 크게 칭찬만을 받을 것 같지는 않다. 따라서 그들이 다시 부활하여 이 세상에 오기는 어려울 것이고, 만일 위대한 先知者가 출현한다면 아마 하느님 아버지의 다른 아들일 가능성이 높다.

客說 : 經驗에서 얻은 삶의 眞實

天地創造說과 自然發生說은 해결되지 못한채 영원히 양립될 것 같다. 나는 가끔 創造主가 140억년전에 빅뱅을 일으키고 萬物이 서서히 進化하면서 오늘의 모습이 되도록 만들었지 않았나 하는 생각을 한다. 그렇다면 聖經의 創世記는 宇宙가 어느 정도 안정된 단계에 들어섰을 때부터 쓰여진 글이었다고 볼 수 있다.

客說 : 經驗에서 얻은 삶의 眞實

牧者나 信者의 대부분은 자기가 믿는 宗敎의 經典만을 유일한 것으로 믿고 다른 것은 모두 異端視하는 성향을 띄고 있다. 그러나 佛經·聖經·코란 등 모두가 사람이 기술했고, 또 어느 정도 당시의 時代狀況을 반영하고 있다. 하느님이 직접 쓴 神書도 아니고 하느님의 口述로 씌어진 代書도 아니다. 그것은 긴 세월에 걸쳐 많은 사람들에 의해 씌어진 人書들이다. 전후좌우를 살펴서 읽어야 할 必讀書이다.

V. 子女와 後孫

○ 要 約

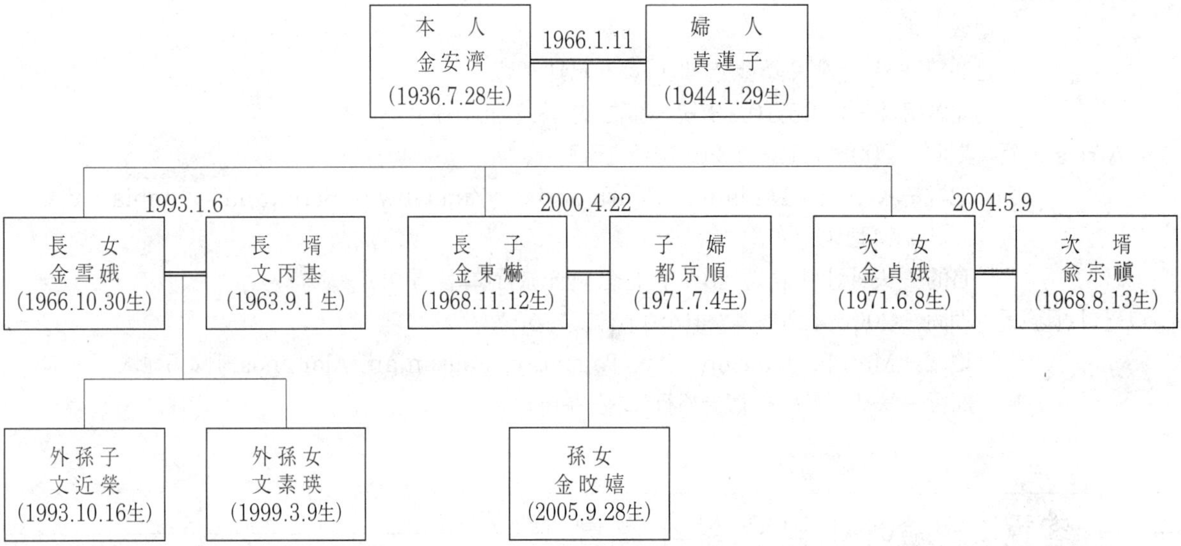

1. 子 女

(1) 長 女

○ 姓名 : 김설아, 金雪娥, Seol-Ah Kim ; O型

○ 出生 : 日時 - 1966年 10月 30日 20時(陰 丙午 9月 17日 戌時)
場所 - 서울市 鍾路區 梨花洞 9-38

○ 住民登錄番號 : 661030-2009415

○ 學歷 : 初等學校 - 明信國民學校(昌信洞) 1973.3.2 - 1974.6.28
鍾岩國民學校(祭基洞) 1974. 6.29 - 1978.3.28
上道國民學校(上道洞) 1978.3.29 - 1979.2.9(卒業)
中 學 校 - 江南女子中學校(上道洞) 1979.3.3 - 1982.2.10
高等學校 - 首都女子高等學校 1982.3.3 - 1985 .2. 13
大 學 校 - 淑明女子大學校 音樂大學 作曲科
· 入學 : 1985.3.2
· 卒業 : 1989.2.25 · 證書番號(淑大) : 29787
· 學位 : 音樂學士
· 學位登錄番號(文敎部) : 88(나)39476
· 卒業當時 : 學長 - 金萬福, 總長 - 金玉烈

○ 自動車免許 : 日字 - 1989.11.8, 番號 - 서울89-102773-50
○ 歐洲旅行 : 期間 - 1989.4.23 - 1989.6.13(1個月 20日)
國家 - 獨逸, 프랑스, 덴마크, 네델란드, 스위스, 英國, 벨지움, 伊太利, 모나코, 오스트리아, 스웨덴, 산마리노共和國(12國)
同行 - 雪娥 母, 招請 - 獨逸滯在 妻弟 次蓮夫婦
○日本旅行 : 期間 - 1991.10.15 - 10.26(12日間), 地域 - 東京等
○結婚 : 夫君 - 文丙基 (父母 ; 文延鎬 · 權貞子 ; 大邱人)
仲媒 - 金永燮(漢陽大 敎授)
主禮 - 李賢宰(前 서울大 總長, 國務總理)
日程 - 1992 8.15 맞선(Capital Hotel), 8.22 父母人事(Lotte World Hotel)
8.23 兩家父母相見禮(Capital Hotel)
8.26 約婚式(Ramada Renaissance Hotel)
12.23 函 옴
12.25 靈洗받음 (驛三洞聖堂)
12.26 婚配聖事 (驛三洞聖堂, 神父 李정호)
1993 1. 6 結婚式 (空港터미널 禮式場)
1. 6 Walker Hill 投宿
1. 7 媤宅 감 · 父 동행
1.10 出國, Hawaii 新婚旅行 1.15 美國 Ohio洲 Akron 着, 새살림 始作
○美國生活 : 1993.1.15 - 1999.1.17
· 住所 : 1310 Hunters Lake West, Cuyahoga Falls, Ohio 44221, Tel:0011-216-940-2103
文서방大學: University of Akron, Ohio (碩士)
· 移住 : 1993.8.27, 5442 Kenneylane Blvd.,Columbus, Ohio 43235, Tel:0011-614-792-5951
文서방大學: Ohio State University,Columbus, Ohio (博士)
· 子 女 産 : 1993.10.16 8:21 (美國 現地 93.10.15 19:21), 文近榮(Moon,Geun-Yung;Frank)
· 一時歸國 : 1994.6.17 - 1994.9.8(近榮 同行, 文書房:' 94.8.12 -' 94.9.8)
· 資格考試 : 文丙基 博士學位論文 提出 資格試驗 合格 : 1996.6.1
· 移 住 : 1996.8.30, 7998 Abbey Shire Ct., Dublin, Ohio 43016
· 一時歸國 : 1996.12.11-1997.2.20(家族 3人) (文丙基 : 97.1.15 出國)
· 家族旅行 :父母, 동생, 家族 등 7名 여행, 1997.7.31 - 8.2(Lansing, Canada Niagara Falls)
1997.8.5 - 8.10 (Florida州 Orlando 일원)
· 學位取得 : 文丙基君 - 博士學位 取得 : 1998.12.12
· 完全歸國 : 1999.1.18
○韓國生活 : 1999.1.18 - 現在
· 서울 驛三洞 親庭 生活 : 1999.1.18 - 1999.4.2
· 夫 文丙基 歸國 : 1999.2.5
· 自家用車 購入 : 1999.2.11(소나타)
· 長女 素瑛 出生 : 1999.3.9 (車病院)
· 專貰아파트 入住 : 1999.4.3 (서울市 瑞草區 牛眠洞 59, 東高아파트 105棟 304號)
· 長男 近榮 初等學校 入學 : 2000.3.4(서울 牛岩初等學校)

· 夫君 大學教授 就任 : 2000.9.1(大田 漢南大學校 行政學科 助教授)
· 大田移住 : 2000.9.29(大田市 儒城區 田民洞 464-2, EXPO아파트 104棟 1604號)
· 家族 海外旅行 : 2002.7.4 - 7.8(4泊 5日) (泰國 방콕市, 파타야港)
· 月貰 아파트 入住 : 2002.9.7(大田 儒城區 田民洞 엑스포아파트 301棟 103號)-月65萬원
電話 : 042-864-4804((前同一)
· 家族스키旅行 : 2003.1.6 - 1.10(江原道 雪嶽山)
· 서울移住 : 2003.1.11(서울市 江南區 淸潭2洞 29, 淸潭 大林아파트 102棟 1303號, 34坪
電話:3442-6674)
· 서울移徙 : 2006.6.23(서울市 江南區 淸潭2洞 14, 淸潭2次 e便한世上 아파트 201棟 1201號, 42坪
(12億원), 電話:3442-6674

◀ 長女家族과 居住아파트(서울市 江南區 淸潭2洞 14, 淸潭2次 e便한世上아파트 201棟 1201號)

(2) 長 男

○ 姓名 : 김동혁, 金東爀, Dong-Hyuk Kim; B型
○ 出生 : 日時 - 1968年 11月 12日 10時 25分 (陰 戊申 9月 22日 巳時)
場所 - 서울市 鍾路區 昌信4洞 13-73
○ 住民登錄番號 : 681112-1009411
○ 學歷 : 幼 稚 園 - 小花幼稚園(祭基洞) 1974.9.1 - 1975.2.14
初等學校 - 鍾岩國民學校(祭基洞) 1975.3.2 - 1978.3.28
上道國民學校(上道洞) 1978.3.29 - 1981 2.12(卒業)
中 學 校 - 永登浦 中學校(大方洞) 1981.3.2 - 1984.2.14
高等學校 - 城南高等學校 1984.3.3 - 1987.2.13
大 學 校 - 檀國大學校 法政大學 地域開發學科
· 入學 - 1989.2.27 · 休學 - 1989.7.31(軍入隊次) - 1992.5.14(除隊)
· 復學 - 1992.8.20

○ 法名 : 仁光
- 日字 - 1982. 6.20(佛紀 2526年)
- 佛寺 - 獅子庵 金剛階段
- 戒師 - 大隱大師
- 引禮 - 曇空스님

○ 軍服務 : 入隊 - 1989.11.15 議政府 補充隊 6831 部隊, 軍番 - 234433000
教育完了 - 1989.12.29 ; 20師團 教育隊 (楊平郡 楊平邑 德坪里)
配屬 - 1989.12.29 ; 20師團 62旅團 109機補 第5823部隊 1中隊 2小隊
(驪州郡 大神面 塘南里 私書函 34號)
除隊 - 1992. 5.14

○ 旅券 : 4889820 (93.6.2 - 98.6.2)

○ 美國訪問 : 期間 - 1995.2.4 - 2.22(19日)
目的 - 누님 ,동생 방문
地域 - Lansing, Columbus

○ 美國 · 캐나다旅行 : 期間 - 1997.7.20 - 1997.8.17(29日)
目的 - 父母와 같이 姉妹 방문
地域 - 美國, 캐나다

○ 就職
- 1999.7.1
- 社團法人 韓國自治開發研究院 研究員

○ 結婚
- 日字 - 2000.4.22
- 場所 - 서울教育文化會館 (主禮 : 金裕赫)
- 婦人 - 都京順 (1971.7.4 正午生, 陰 - 辛亥生 7.4 午時生)
東國大 電子工學科 卒業
父 : 都圭元 (星州都氏, 醴泉人, 1943.12.16 陰 11.9生)
母 : 嚴必連 (寧越嚴氏, 1948.12.15 陰 11.15生)
- 新婚旅行 - 2000.4.22 - 2000.4.25, 濟州道

▲ 長男夫婦와 孫女가 自宅아파트 앞에 서다.(서울市 蠶院洞 新和아파트 入口에서, 2006.7.25)

○ 分 家
- 日字 - 2000.6.1
- 住宅 - 서울市 瑞草區 蠶院洞 58-11, 新盤浦 韓信아파트 361棟 408號
- 坪數 - 25坪
- 專貰 - 2000.4.29 契約, 2年間, 110,100千원, 長男 名義

○ 昇進
- 2001.1.2 - 韓國自治開發研究院 企劃課長

○ 轉 職
- 2003.8.15 - 韓國自治發展研究院 辭任.
- 2003.9.1 - 韓國地域發展研究院 研究教育室長 就任.

○ 自家購入 : 2004.3.14 서울市 瑞草區 蠶院洞 54-7 新和아파트 1401號 入住(4億 2千萬원)

○ 長女出生 : 2005.9.28(於 서울 江南區 驛三洞 車病院, 金旼嬉, 050928-4074519)

(3) 次 女

○ 姓名 : 김정아, 金貞娥, Jung-Ah Kim; B型

○ 出生 : 日時 - 1971年 3月 12日 10時 16分 (陰 辛亥 2月 16日 巳時)
韓國時間 - 1971年 3月 13日 0時 16分 (陰 辛亥 2月 17日 子時)
場所 - 病院 : Good Samaritan Hospital, Cincinnati, Ohio, U.S.A.
自宅 : 美國 Ohio州 Cincinnati市 Ohio Avenue 2223
擔當醫師 - 鄭潤朝 博士(韓國人)

○ 歸國日字 : 1972.1.14

○ 住民登錄番號 : 710312-2009418(→變更 : 710312-2009421 ; '94.12.26)

○ 學歷 : 幼 稚 園 - 小花幼稚園(祭基洞) 1977.3.3 - 1978.2.16
初等學校 - 鍾岩國民學校(祭基洞) 1978.3.2 - 1978.3.28
上道國民學校(上道洞) 1978.3.29 - 1984.2.20
中 學 校 - 文昌女子中學校(新大方洞) 1984.3.2 - 1987.2.13
高等學校 - 祥明女子高等學校 1988.3.3 - 1989.2.24
瑞草高等學校 1989.2.25 - 1991.2.8
大 學 校 - 美國Michigan 州立大學校 音樂大學 作曲科; 1993.5.2-1997.12.6 (B.A.)

○ 歐洲旅行 : 期間 - 1991.6.30 - 8.13(1月 14日間)
· 獨語硏修 : Hamburg, Cölon Sprachen Schule ; 1991.7.1 - 7.31
· 旅行國 : 獨, 佛, 伊, 바티칸王國, 오스트리아; 1991.8.3 - 8.10

○ 美國修學 : 1993.5.2 - 1997.12.25
· 旅券 : 美國 - 26919398 (91.4.30 - 2001.4.30) (Passport)
韓國 - 3559516(91.6.30 - 94.6.10)
· 學校 : Michigan State University, Lansing, Michigan
· 住所(寄宿舍) : (93.5.13 - 6.19) Room 448,West Owen Hall,MSU,East Lansing,Michigan
48825-1109, Tel;0011-517-355-3897
· 移住(寄宿舍) : (93.6.19 - 94.1.9) Room 508, East Owen Hall,MSU,East Lansing,Michigan
48825-1109, Tel;0011-517-355-4127
· 一時歸國 : 1993.12.18-1994.1.9 (23日)
· 移住(아파트) : (94.1.9-96.1.20)Room 213, Studio Hall, 223 Delta Street, East Lansing,
Michigan, Tel : 0011-517-332-6642
· 一時歸國 : 1994.12.22-1995.1.12 (22日)
· 移住(寄宿舍) : (96.1.20-97.8.12)Room 353, West Owen Hall, MSU
Tel : 0011-517-337-4569
· 一時歸國 : 1996.6.28 - 1996. 8.12 (46日)
· 中國旅行 : 1996.7.23 - 1996. 7.28(6日)
父母任과 같이 아버님 回甲紀念旅行
北京, 延吉, 龍井, 白頭山, 長白瀑布, 豆滿江, 圖們, 萬里長城
· 一時歸國 : 1996.12.13 - 1997.1.9(28日)

· 美國 · 캐나다旅行 : 1997.7.31 - 1997.8.12(13日)

父母, 오빠, 언니家族과 캐나다 Niagara,美國 Orlando 일원을 여행

· 房옮김(寄宿舍) : 1997.8.13

#703 West Owen Hall, MSU

· 卒業 : 1997.12.6 - Bachelor of Art(B.A.), Student Number :A27499267

Total Credits : 120學點, Grade : 2.59

· 完全歸國 : 1997.12.26

○ 韓國生活 : 1997.12.26-2004.5.16

· 就業 : 時事英語社 Tutor, 1998.1.25

· 美國訪問 : Visa 延長次, Lansing 및 Columbus, 1998.3.20 - 1998.4.5(17日)

· 國籍整理 : 2000.7.29

- 韓國籍 포기, 美國籍으로 一元化
- 外國國籍同胞 國內居住申告證 : 710312-800-1071; 2000.7.29 - 2002.7.28
- 發行者 : 서울 出入國管理事務所長

· 美國旅行 : 2000.8.11 - 2000.8.22(11泊 12日)

- 美國 샌프란시스코, 로스앤젤레스
- 知人 相面 및 觀光
- 父母同行

· 美國 Passport 更新 : 2001.4.10 - 2011.4.9(P-701928303) : 駐韓 美國大使館

· 外國國籍同胞 國內 居住申告證 延長 : 2002.7.28 - 2004.7.28

○ 雪嶽山 스키旅行 : 2003.1.6 - 1.10 (長女家族과 同行)

○ 美國旅行 : ① 2003.12.7~12.20(13泊 14日)

- San Jose(San Francisco, Las Vegas, Grand Canyon, Zion National Park등)
- 兪宗禛君 相逢
- 費用 : 1,595千원(航空券은 兪君父母가 負擔)

② 2004.2.3 ~ 2.11(8泊 9日)

- San Jose(Santa Clara, Palo Alto, Newark. Monterey, Camel, Grove 등)
- 兪宗禛君과 結婚申告(Santa Clara County Building)
- 費用 : 8,147千원(父 同行)

○ 運轉免許證取得 : ① 2004.2.23 筆記試驗 合格

② 2004.3.1~3.13 實技硏修(高陽市 東星自動車學院)

③ 2004.3.13 實技試驗 合格

④ 2004.3.14~3.22 市內走行硏修

⑤ 2004.3.22 走行試驗

⑥ 2004.3.23 免許證取得

○ 結婚 : 婚配聖事 - 2004.5.8 駒城聖堂

結 婚 式 - 2004.5.9 空港터미널 禮式場(主禮:趙成台 前 國防長官)

新婚旅行 - 2004.5.10-12 濟州道 Hyatt Hotel

美國出國 - 2004.5.16

○ 美國生活 : 아파트入住 - 2004.5.16

4515 Hamilton Avenue, #14,
San Jose, California 95130,
Tel:408-379-2621

아파트 移住 - 2004.6.26
95 Eastmoor Avenue, #6,
Daly City, CA 94015,
Tel:650-997-4921

2. 子女 配偶者

(1) 長女 夫君

○ 姓名 : 문병기, 文丙基, Byung-Gi Moon; O型

○ 出生 : 日時 - 1963年 9月 1日 7時 30分(陰 癸卯年 7月 14日 辰時)
場所 - 大邱市 南區 大明洞 485

○ 住民登錄番號 : 660714 - 1674425

○ 貫鄕 및 父母 : 貫鄕 - 南平
父 - 文廷鎬 (陰 1935. 2.11生)
母 - 權貞子 (陰 1935. 3.20生) (貫鄕 : 安東)

○結婚 : 新婦 - 金雪娥
日字 - 1993.1.6
場所 - 서울 空港터미널 禮式場
主禮 - 李賢宰 (前 國務總理)

○ 學歷 : 1986. 2.26 서울大學校 社會科學大學 政治學科 卒業(政治學士)
1989. 2.17 漢陽大學校 大學院 卒業 (行政學 碩士)
1993.12.10 美國 Akron 大學校 大學院 卒業(M.P.A.)
1993.12.12 美國 Ohio州立大學校 大學院 卒業 (Ph.D.)

○ 經歷 : 1989. 3. 2-1989. 8.31 漢陽大學校 行政問題研究所 研究助教
1989. 8.31-1990. 2.17 碩士將校(特殊 專門要員)
1992. 9. 2-1993. 6.10 美國 Akron 大學校 Graduate Research Assistant
1993. 6.11-1993. 8.20 美國 Ohio州 Stark County Internship
1993. 9.24-1995. 6.10 美國 Ohio州立大學校 Graduate Research Associate
1999. 2.23-1999.12.31 韓國地方行政研究院 客員研究員
2000. 3. 2-2000. 8.31 梨花女子大學校 BK21 研究事業 研究員
2000. 9. 1-2003.12.31 韓南大學校 行政學科 助教授
2004. 1. 1-現在 韓國放送通信大學 行政學科 助教授 · 副教授

○ 賞勳 : 2001. 2.27 韓國地方自治學會 第1回 學術賞 受賞

○ 子女 : 子 - 文近榮 (1993.10.16 生, 美國 現地 1993.10.15生)
女 - 文素瑛 (1999.3.9 生)

○ 居住地(結婚後) : 1993.1.15-1993.8.26　1310 Hunters Lake West, Cuyahoga Falls, Ohio 44221, U.S.A.

1993.8.27-1996.8.29　5442 Kenneylane Blvd.,Columbus, Ohio 43235, U.S.A.
1996.8.30-1999.2.5　7998 Abbey Shire Ct., Dublin, Ohio 43016, U.S.A.
1999.4. 3-2000.9.28　서울市 瑞草區 牛眠洞 59, 東高아파트 105棟 304號 (專貰, 30坪, 1億 2千萬원)
2000.9.29-2002.9.6　大田市 儒城區 田民洞 464-2, EXPO아파트 104棟 1604號 (專貰, 42坪, 8,500萬원)
2002.9.7-2003.1.10　大田市 儒城區 田民洞 EXPO아파트 301棟 103號
2003.1.11-2006.6.22　서울市 江南區 清潭2洞 29, 清潭大林아파트 102棟 1303號(34坪)
2006.6.23-現在　서울市 江南區 清潭2洞 14, 清潭2次 e-便한世上아파트 201棟 1201號(42坪)

○ 海外旅行 : 2002.7. 4-2002.7. 8　泰國 Bangkok 및 Pattaya(家族同伴 觀光旅行)
2002.8.14-2002.8.17　필리핀(國際會議 參席)

(2) 長男 婦人

○ 姓名 : 도경순, 都京順, Gyung-Sun Do; O型

○ 出生 : 日時 - 1971年 7月 4日 正午 (辛亥年 7月 4日 午時)
場所 - 慶北 醴泉郡 龍宮面 德溪里 489

○ 住民登錄番號 : 710704 - 2810919

○ 貫鄕 및 父母 : 貫鄕 - 星州
父 : 都圭元 (陰 1943.11.9 生)
母 : 嚴必連 (陰 1948.11.15 生)　(貫鄕 : 寧越)

○結婚 : 新郎 - 金東爀
日字 - 2000.4.22
場所 - 서울教育文化會館 禮式場
主禮 - 金裕赫

○ 學歷 : 1989.2.14 光榮女子高等學校 卒業
1993.2.24 東國大學校 電子工學科 卒業(工學士)

○ 經歷 : 1993.11.10　(株) 大道技術團 入社 社員
1997. 3. 1　(株) 大道技術團 代理 昇進
2001. 8. 1　(株) 大道技術團 課長 昇進

○ 居住地 : 2000.4.22-2000.5.31　서울市 江南區 驛三1洞 618-24(媤宅)
(結婚後) : 2000.6.1 -2004.3.13　서울市 瑞草區 蠶院洞 58-11, 新盤浦 韓信아파트 316棟 408號 (專貰 - 1億 1千萬원, 2002.4.30부터 1億 6千萬원)
2004.3.14 -現在　서울市 瑞草區 蠶院洞 54-7, 新和아파트 1401號 (自宅 - 4億2千萬원)

○ 子女 : 長女 金旼嬉(2005.9.28 出生)

(3) 次女 夫君

○ 姓名 : 유종진, 兪宗禛, Jong-Jin Yoo : A型
○ 出生 : 日時 - 1968年 8月 13日 밤12時 15分(陰 戊申年 7月 20日 子時)
　　　場所 - 서울市 東大門區 徽文洞
○ 住民登錄番號 : 680813 - 1000816
○ 貫鄕 및 父母 : 貫鄕 - 耽津
　　　父 - 兪政甲(1941.11.22 日本 名古屋市 出生)
　　　母 - 親母 : 李聖姬(1944.7.25 釜山市 東區 水晶洞 出生)(貫鄕 : 全州)
　　　　　1967.11.29 結婚, 1991.2.8 沒
　　　　繼母 : 元蓮喜(1953.11.16 忠南 天安市 出生)(貫鄕 : 原州), 1998.3.3 結婚
　　　妹 - 兪侑廷(1971.5.15 서울市 龍山區 梨泰院洞 出生)
○ 學歷 : 1980-1984　서울大學校 工科大學 電子工學科(工學士)
　　　1986-2002　美國 U.C.L.A.(碩士 · 博士)
　　　2004-現在　Santa Clara大學校 法科大學(博士課程)
○ 經歷 : 1984-1986　陸軍服務
　　　2002-2004　San Jose 電子會社 勤務
○ 結婚 : 新婦 - 金貞娥(1971.3.12生)(貫鄕 : 慶州)
　　　日字 - 2004.5.9
　　　場所 - 서울 空港터미널 禮式場
　　　主禮 - 趙誠台(前 國防部長官)
　　　出國 - 2004.5.16
○ 居住地 : ① 2004.5.16-2004.6.25　4515 Hamilton Avenue, #14,
　　　San Jose, California 95130, U.S.A.
　　　(電話:408-379-2621)
　　② 2004.6.26-現在　95 Eastmoor Avenue, #6,
　　　Daly City, California 94015, U.S.A.
　　　(電話:650-997-4921)

3. 孫子 · 孫女

(1) 孫女

○ 姓名 : 김민희, 金旼嬉, Min-Heui Kim; O型
○ 出生 : 日時 - 2005年 9月 28日(水) 12時 55分(陰 乙酉年 8月 25日 午時)
　　　場所 - 서울市 江南區 驛三洞 車病院
　　　自宅 - 서울市 瑞草區 蠶院洞 54-7 新和아파트 1401號
　　　體重 - 3.18kg
○ 住民登錄番號 : 050928-4074519

○ 國籍 : 大韓民國 國民

○ 市民 : 서울特別市 市民

○ 貫鄕 및 父母 : 貫鄕 - 慶州

父 - 金東爀(1968.11.12 生)

母 - 都京順(1971.7.4 生) (貫鄕 : 星州)

○ 成長履歷 : 2005.10.2 母와 車病院 退院, 外家(新林洞)에 留居

2005.10.20 出生申告(瑞草區 蠶院洞 洞事務所)

2006.1.8 百日紀念宴會(서울 江南區 驛三洞 三井호텔)

2006.3.1 父母 自宅으로 移居(蠶院洞)

(2) 外孫子

○ 姓名 : 문근영, 文近榮, Geun-Yung Moon; Frank Moon; O型

○ 出生 : 日時 - 美國現地 : 1993年.10月 15日 19時 21分(陰 癸酉年 9月 1日 戌時)

韓國基準 : 1993年10月 16日 8時 20分(陰 癸酉年 9月 2日 辰時)

場所 - 5442 Kenneylane Blvd., Columbus, Ohio 43235, U.S.A.

○ 住民登錄番號 : 931015 - 1075321 (1999.2.1 取得)

○ 國籍 : 美國 市民 및 韓國 國民

○ 貫鄕 및 父母 : 貫鄕 - 南平

父 - 文丙基(1963.7.14 生)

母 - 金雪娥(1966.10.30生) (貫鄕 : 慶州)

○ 學歷 : 美國幼兒園 -1995.1.3-1995.8.31 Gymboree, Dublin, Ohio

1995.10.1-1995.11.30 Community Education Center, Columbus, Ohio

1996.2.1-1996.5.31 Le Petite(Preschool), Dublin, Ohio

1996.7.1-1996.11.30 Montessori Childrens' House, Columbus, Ohio

1997.3.1-1999.1.5 Northside Montessori School, Dublin, Ohio

韓國幼兒園 -1999.2.1-1999.2.26 E.C.C. 어린이 英語教室, 서울市 良才洞

1999.3.5-1999.4.2 S.L.P.英語學堂 서울市 瑞草洞

1999.4.3-2000.2.25 Discovery School 서울市 牛眠洞

初等學校 - 2000.3.4-2000.9.29 서울 牛岩初等學校 (1學年)

2000.9.30-2003.2.9 大田 田民初等學校(1學年~3學年)

2003.2.10 서울 堰北初等學校 3學年 轉學

2003.3.3 서울 堰北初等學校 4學年 2班 進學

2004.3.2 서울 堰北初等學校 5學年 5班 進學

2005.3.2 서울 堰北初等學校 6學年 3班 進學

2006.2.15 서울 堰北初等學校 卒業(第56回 卒業生)

(校長:安供鎬;證書:18,268號)

中等學校- 2006.3.2 서울 清潭中學校 入學(1學年 2班)

○ 受賞 : 1998.5.3 The Korean-American Community School of Central Ohio, Writing Contest 2等賞

1999.12.3　서울, The Discovery School, 筆記杯 2等賞
2000.9.4　서울 牛岩初等學校, 校內 數學 競試大會
2000.9.4　서울 牛岩初等學校, 校內 家族新聞 만들기大會 希望賞
2002.5.3　大田 田民初等學校, 學校長 表彰, 責任賞
2005.7.11　서울 堰北初等學校, 數學競試大會 金賞 및 漢字競試大會 銀賞
2006.2.15　서울 堰北初等學校, 卒業賞狀 科學文化賞

○ 居住地 : 1993.10.15-1996.8.29　5442 Kenneylane Blvd.,Columbus, Ohio 43235, U.S.A.
1996.8.30-1999.1.17　7998 Abbey Shire Ct., Dublin, Ohio 43016, U.S.A.
1999.1.18-1999.4.2　서울市 江南區 驛三1洞 618-24 (外家宅)
1999.4.3-2000.9.28　서울市 瑞草區 牛眠洞 59, 東高아파트 105棟 304號
2000.9.29-2002.9.6　大田市 儒城區 田民洞 464-2, EXPO아파트 104棟 1604號
2002.9.7-2003.1.10　大田市 儒城區 田民洞, EXPO아파트 301棟 103號
2003.1.11-2006.6.22　서울市 江南區 淸潭2洞 29, 淸潭大林아파트 102棟 1303號
2006.6.23-現在　서울市 江南區 淸潭2洞 14, 淸潭2次 e-便한世上아파트 201棟 1201號

○ 外國旅行 : 1993.10.15 - 1999. 1.17　美國 Ohio州 Columbus 및 Dublin (出生 · 成長 및 幼兒園)
1994. 6.17 - 1994. 9. 8　韓國 서울 및 大邱(어머니와 同行 一時訪問)
1996.12.11 - 1997. 2.20　韓國 서울 및 大邱(父母와 同行 一時訪問)
1997. 8. 1 - 1997. 8. 2　캐나다 Sarnia 및 Niagara Falls (外祖父母 및 父母와 同行 旅行)
1999. 1.18 - 現在　韓國 서울 및 大田(父母와 完全 歸國, 幼兒園 · 初等學校)
2002. 7. 4 - 2000. 7. 8　泰國 Bangkok 및 Pattaya (父母와 觀光旅行)

○ 特記事項 : 2000.5.3　眼鏡着用
2003.1.6-1.10　雪嶽山 스키旅行(父母同行)
2004.2.1　領聖體 받음(Franchesco, 淸潭洞 淸潭聖堂)
2004.9.6　會長被選(서울 堰北初等學校 5學年 6班 第2學期)

(3) 外孫女

○ 姓名 : 문소영, 文素瑛, So -Yung Moon; O型
○ 出生 : 日時 - 1999年3月 9日 16時 45分(陰 己卯年 1月 22日 申時)
場所 - 서울市 江南區 驛三洞 車病院
體重 - 3.66kg
○ 住民登錄番號 : 990309 - 2074021 (1999.3.29 取得)
○ 國籍 : 大韓民國
○ 貫鄕 및 父母 : 貫鄕 - 南平
父 - 文丙基(1963.7.14 生)
母 - 金雪娥(1966.10.30生) (貫鄕 : 慶州)
○ 學歷 : 幼兒園　- 2001.6.1-2003.1.10　작은별 놀이방, 大田市 儒城區 田民洞

2003.3.5-2004.3.4 淸潭幼兒園, 서울市 江南區 淸潭洞
2004.3.5-2005.2.28 永東第一 幼稚園, 서울市 江南區 淸潭洞
2005.3.2-2006.2.27 Kid's College 幼稚園, 서울市 江南區 鴨鷗亭洞 (第15回 卒業生)

初等學校 - 2006.3.2 서울堰北初等學校 入學(1學年 7班)

○ 居住地 : 1999.3. 9-1999.4. 2 서울市 江南區 驛三1洞 618-24 (外家宅)
1999.4.3-2000.9.28 서울市 瑞草區 牛眠洞 59, 東高아파트 105棟 304號
2000.9.29-2002.9.6 大田市 儒城區 田民洞 464-2, EXPO아파트 104棟 1604號
2002.9.7-2003.1.10 大田市 儒城區 田民洞, EXPO아파트 301號 103號
2003.1.11-2006.6.22 서울市 江南區 淸潭2洞 29, 淸潭大林아파트 102棟 1303號
2006.6.23-現在 서울市 江南區 淸潭2洞 14, 淸潭2次 e-便한世上아파트 201棟 1201號

○ 外國旅行 : 2002.7.4 - 2000.7.8 泰國 Bangkok 및 Pattaya(父母와 觀光旅行)

○ 特記事項 : 2000.3.9 돌잔치, 서울 教育文化會館 宴會室(外祖父母 開催)
2003.1.5-1.12 外家宅 長期滯留, 서울市 江南區 驛三洞(父母 · 오빠 雪嶽山 旅行)

客說 : 經驗에서 얻은 삶의 眞實

죽어 들어갈 저승이 있는지 없는지 아무도 모른다. 證明할 길이 없기 때문이다. 科學徒로서 젊을 때는 저승이 없다고 생각했으나 나이 70에 이르니 저승의 存在를 믿고 싶다. 아니 저승이 있기를 바라는 마음이 커진다. 죽은 뒤에 아무것도 없다고 생각하면 너무 허전하고, 죽기가 더 싫어지게 된다.

客說 : 經驗에서 얻은 삶의 眞實

나이가 들면 愛國者가 되는 것 같다. 나 하나가 죽어 南北統一이 된다고 하면 나는 지금 기꺼이 죽을 용의가 있다. 그러나 젊었을 때는 그렇지 않았던 것 같다.

客說 : 經驗에서 얻은 삶의 眞實

회개하면 罪가 사하여지고 告解聖事를 하면 神께서 용서하여 준다고 한다. 계속하여 죄짓고 회개하고, 반복하여 잘못하고 고해해도 그렇게 될까?

第 2 章 家 宅

□ 總 括

區分 / 類型	位 置	本人 居住期間	本人年齡(歲)	本人 地位	同居人數(名)
1. 父 母 自 宅	慶北 聞慶市 興德洞	1936. 7.28 - 1954. 4. 4	1-19	幼兒,初 · 中等學生	7-6-5-4
2.下 宿	〃 安東市 法尙洞	1954. 4. 5 - 1954. 5.10	19	高等學生	2
〃	〃 〃 花城洞	1954. 5.11 - 1954. 6.10	19	〃	2
〃	〃 〃 堂北洞	1954. 6.11 - 1954. 7.31	19	〃	2
3.自 炊	〃 〃 太華洞	1954. 8. 1 - 1955. 2.28	19-20	〃	2
4.家 庭 教 師	〃 〃 平和洞	1955. 3. 1 - 1957. 3.31	20-22	〃	10
5.自 炊	서울 龍山區 龍山洞	1957. 4. 1 - 1957. 5.31	22	大學生	2
〃	〃 〃 孝昌洞	1957. 6. 1 - 1958. 4.30	22-23	〃	2
6.軍 幕 舍	京畿 抱川郡 一東面	1958. 7.31 - 1960. 4.30	23-25	陸軍士兵	40
7.合 宿 所	서울 龍山區 龍山洞	1960. 5. 1 - 1961. 8.30	25-26	大學生	3
8.家 庭 教 師	〃 鍾路區 樂園洞	1961. 8.31 - 1962. 3.31	26-27	〃	6
9.下 宿	〃 〃 花西洞	1962. 4. 1 - 1963. 3.31	27-28	會社職員, 高校教師	2
10.家 庭 教 師	〃 東大門區 淸凉里洞	1963. 4. 1 - 1963.10.31	28	大學院生	7
11.自 炊	〃 城東區 金湖洞	1963.11. 1 - 1964. 7.31	28-29	〃	1-6
12.家 庭 教 師	〃 東大門區 淸凉里洞	1964. 8. 1 - 1964.12.31	29	〃	4
13.專 貰	〃 〃 〃	1965. 1. 1 - 1966. 3.20	30-31	大學院生, 硏究員	7-8
〃	鍾路區 梨花洞	1966. 3.21 - 1966.12.19	31	大學院 助教	4-5
14.本 人 自 宅	〃 〃 昌信洞	1966.12.20 - 1974. 6.28	31-39	大學院 助教, 專任講師	5-6-7-6
15.月貰 아파트	美國 오하이오州 신시내티市 맥밀란路	1969. 9.25 - 1969.10.19	34	留學生	1
〃	〃 〃 〃 오하이오 街	1969.10.20 - 1972. 1.14	34-37	〃	1-2-3
16.本 人 自 宅	서울 東大門區 祭基洞	1974. 6.29 - 1978. 3.21	39-43	專任講師,助教授	6-5
17.月貰寄宿舍	美國 오하이오州 신시내티市 소시오토路	1976. 2.20 - 1976. 8.30	41	留學生	1
18.本 人 自 宅	서울 銅雀區 上道洞	1978. 3.22 - 1988. 8.13	43-53	助教授-教授,大學院長	5
〃	〃 江南區 驛三洞	1988. 8.14 - 2006. 7.28	53-71	大學院長,硏究院長,教授, 停年, 名譽教授, 碩座教授	5-4-3-2

I. 居 住 地

○ 要 約

市 · 道, 市 · 郡	邑 · 面 · 洞	居 住 期 間	生 涯 區 分
1. 慶北 聞慶市	興德洞	1936.7.28 - 1954. 4.4	出生 · 成長,初 · 中等學校
2. 慶北 安東市	法尙 · 花城 · 堂北 · 太華 · 平和洞	1954.4.5 -1957.3.31	高等學校
3. 서울特別市	龍山 · 孝昌 · 樂園 · 花西 · 淸凉里 · 金湖 梨花 · 昌信 · 祭基 · 上道 · 驛三洞	1957.4.1 - 2006.7.28	大學 · 大學院,教授 및 社會活動, 停年, 名譽教授, 碩座教授
4. 京畿 抱川郡	一東面	1958.7.31 - 1960.4.30	軍服務
5. 美國 신시내티市	McMillan · Ohio · Socioto 路	1969.9.25 - 1972.1.14 1976.2.20 - 1976.8.30	碩 · 博士課程 留學 博士課程 留學

1. 居住地別 居住期間

(1) 地域別 居住地와 居住期間

(行政區域名 : 2006年 7月 現在)

國家 및 市·道	市·郡·區	邑·面·洞 街路	住居形態	居住年度	該當年齡 (歲)	居住期間 (年:月:日間)
1. 韓國 慶尙北道	1. 聞慶市	1. 興德洞	父母自宅	1936. 7.28 - 1954. 4. 4	1-19	17:8:7
		2. 興德洞	父母自宅	1958. 5. 1 - 1958. 7.30	23	0:3:0
		計(2)	-	-	-	17:11:7
	2. 安東市	1. 法尙洞	下宿房	1954. 4. 5 - 1954. 5.10	19	0:1:6
		2. 花城洞	下宿房	1954. 5.11 - 1954. 6.10	19	0:1:0
		3. 堂北洞	下宿房	1954. 6.11 - 1954. 7.31	19	0:1:20
		4. 太華洞	自炊房	1954. 8. 1 - 1955. 2.28	19-20	0:7:0
		5. 平和洞	家庭教師宅	1955. 3. 1 - 1957. 3.31	20-22	2:1:0
		計(5)	-	-	-	2:11:26
	合 計(2)	7	-	-	-	20:11:3
2. 韓國 서울特別市	1. 龍山區	1. 龍山洞	自炊房	1957. 4. 1 - 1957. 5.31	22	0:2:0
		2. 孝昌洞	自炊房	1957. 6. 1 - 1958. 4.30	22-23	0:11:0
		3. 龍山洞	鐵道合宿所	1960. 5. 1 - 1961. 8.30	25-26	1:4:0
		計(3)	-	-	-	2:5:0
	2. 鍾路區	1. 樂園洞	家庭教師宅	1961. 8.31 - 1962. 3.31	26-27	0:7:0
		2. 苑西洞	下宿房	1962. 4. 1 - 1963. 3.31	27-28	1:0:0
		3. 梨花洞	專貰房	1966. 3.21 - 1966.12.19	31	0:8:29
		4. 昌信洞	自宅	1966.12.20 - 1974. 6.28	31-39	7:6:8
		計(4)	-	-	-	9:10:7
	3. 東大門區	1. 清凉里洞	家庭教師宅	1963. 4. 1 - 1963.10.31	28	0:7:0
		2. 清凉里洞	家庭教師宅	1964. 8. 1 - 1964.12.31	29	0:5:0
		3. 清凉里洞	專貰房	1965. 1. 1 - 1966. 3.20	30-31	1:2:20
		4 祭基洞	自宅	1974. 6.29 - 1978. 3.21	39-43	3:8:23
		計(4)	-	-	-	5:11:13
	4. 城東區	1. 金湖洞	自炊房	1963.11. 1 - 1964. 7.31	28-29	0:9:0
		計(1)	-	-	-	0:9:0
	5. 銅雀區	1. 上道洞	自宅	1978. 3.22 - 1988. 8.13	43-53	10:4:22
		計(1)	-	-	-	10:4:22
	6. 江南區	1. 驛三洞	自宅	1988. 8.14 - 2006. 7.28	53-71	17:11:14
		計(1)	-	-	-	17:11:14
	合 計(6)	14	-	-	-	43:4:29
3. 韓國 京畿道	1. 抱川郡	1. 一東面	軍隊幕舍	1958. 7.31 - 1960. 4.30	23-25	1:9:0
		計(1)	-	-	-	1:9:0
	合 計(1)	1	-	-	-	1:9:0
4. 美國 Ohio州	1.Cincinnati 市	1. McMillan 路	아파트	1969.9.25 - 1969.10.19	34	0:0:24
		2. Ohio 街	아파트	1969.10.20 - 1972.1.14	34-37	2:2:25
		計(1)	-	-	-	2:3:19
	2.Cincinnati 市	1. Socioto 路	大學寄宿舍	1976.2.20 - 1976.8.30	41	0:6:10
		計(1)	-	-	-	0:6:10
	合 計(1)	3	-	-	-	2:9:29
總累計 (2) 韓國(3)	9	22	-	-	-	67:2:1
美國(1)	1	3	-	-	-	2:9:29
合計(4)	10	25	-	1936.7.28 - 2006.7.28	1-71	70:0:0

(2) 本人中心의 住居形態別 住居內譯

區分	住居形態	住居地	年齡	地位	居住期間			
					時期	年:月:日間	日數(日)	比率(%)
1.家族居住	1.自家	1. 慶北 聞慶市 興德洞	1-19	幼兒,初 · 中等學生	1936. 7.28 - 1954. 4. 4	17:8:8	6,459	25.26
		2. 〃	23	大學生	1958. 5. 1 - 1958. 7.30	0:3:0	91	0.36
		3. 서울 鍾路區 昌信洞	31-34	助教授	1966.12.20 - 1969. 9.20	2:9:0	1,006	3.93
		4. 〃	37-39	專任講師	1972. 1.15 - 1974. 6.28	2:5:14	896	3.51
		5. 서울 東大門區 祭基洞	39-41	〃	1974. 6.29 - 1976. 2.19	1:7:21	601	2.35
		6. 〃	41-43	助教授	1976. 8.31 - 1978. 3.21	1:6:22	568	2.22
		7. 서울 銅雀區 上道洞	43-53	助教授- 教授,大學院長	1978. 3.22 - 1988. 8.13	10:4:23	3,798	14.85
		8. 서울 江南區 驛三洞	53-71	教授, 名譽教授, 碩座教授	1988. 8.14 - 2006. 7.28	17:11:14	6,558	25.65
		計(8)	-	-	-	54:8:10	19,977	78.13
	2.專貰月貰	1. 서울 東大門區 淸凉里洞	30-31	研究員	1965. 1. 1 - 1966. 3.20	1:2:20	444	1.74
		2. 서울 鍾路區 梨花洞	31	助教	1966. 3.21 - 1966.12.19	0:9:0	275	1.08
		3. 美國 Ohio州 Cincinnati市 Ohio 街	35-37	大學院生	1970. 3.25 - 1972. 1.14	1:9:21	661	2.58
		計(3)	-	-	-	3:9:10	1,380	5.40
	合計(2)	11	-	-	-	58:5:20	21,357	83.53
2.單獨居住	1.下宿	1. 慶北 安東市 法尙洞	19	高等學生	1954. 4. 5 - 1954. 5.10	0:1:6	36	0.14
		2. 慶北 安東市 花城洞	19	〃	1954. 5.11 - 1954. 6.10	0:1:0	31	0.12
		3. 慶北 安東市 堂北洞	19	〃	1954. 6.11 - 1954. 7.31	0:1:21	51	0.20
		4. 서울 鍾路區 苑西洞	27-28	社員,教師	1962. 4. 1 - 1963. 3.31	1:0:0	365	1.43
		計(4)	-	-	-	1:3:27	483	1.89
	2.自炊	1. 慶北 安東市 太華洞	19-20	高等學生	1954. 8. 1 - 1955. 2.28	0:6:28	212	0.83
		2. 서울 龍山區 龍山洞	22	大學生	1957. 4. 1 - 1957. 5.31	0:2:0	61	0.24
		3. 서울 龍山區 孝昌洞	22	〃	1957. 6. 1 - 1958. 4.30	0:11:0	334	1.31
		4. 서울 城東區 金湖洞	28-29	大學院生	1963.11. 1 - 1964. 7.31	0:9:0	274	1.07
		5. 美國 Ohio州 Cincinnati市 McMillan路	34	〃	1969. 9.21 - 1969.10.19	0:0:29	29	0.11
		6. 美國 Ohio州 Cincinnati市 Ohio街	34-35	〃	1969.10.20 - 1970. 3.24	0:5:5	156	0.61
		7. 美國 Ohio州 Cincinnati市 Socioto路	41	大學院生, 助教授	1976. 2.20 - 1976. 8.30	0:6:11	193	0.75
		計(7)	-	-	-	3:5:11	1,259	4.92
	3.家庭教師	1. 慶北 安東市 平和洞	20-22	高等學生	1955. 3. 1 - 1957. 3.31	2:1:0	762	2.98
		2. 서울 鍾路區 樂園洞	26-27	大學生	1961. 8.31 - 1962. 3.31	0:7:1	213	0.83
		3. 서울 東大門區 淸凉里洞	28	大學院生	1963. 4. 1 - 1963.10.31	0:7:0	214	0.84
		4. 서울 東大門區 淸凉里洞	29	〃	1964. 8. 1 - 1964.12.31	0:5:0	153	0.60
		計(4)	-	-	-	3:8:1	1,342	5.25
	4.軍幕舍合宿所	1. 忠南 論山市 鍊武臺,京畿 抱川郡 一東面 部隊	23-25	陸軍 訓練兵 · 士兵	1958. 7.31 - 1960. 4.30	1:9:1	640	2.50
		2. 서울 龍山區 龍山洞 鐵道合宿所	25-26	大學生	1960. 5. 1 - 1961. 8.30	1:4:0	487	1.91
		計(2)	-	-	-	3:1:1	1,127	4.41
	合計(4)	17	-	-	-	11:6:10	4,211	16.47
總 計(6)		28	1-71	出生-碩座教授	1936. 7.28 - 2006. 7.28	70:0:0	25,568	100.00

(3) 居住地 地名 緣詩

居住地域			地名緣詩	
地名	居住期間(年 : 月間)	Key Words	漢詩	解義
1. 聞 慶 (慶尙北道)	1936.7.～1954.3 (17:8)	出生, 貧困, 弱體, 호롱불, 初等學校, 中學校, 自轉車, 小說, 優等, 首席	聞喜古邑 慶事傳播	聞喜란 옛고을에 慶事消息 들려오네.
2. 安 東 (慶尙北道)	1954.4～1957.3 (3:0)	師範學校, 自炊, 營養失調, 卒倒, 家庭敎師, 鐵道官舍, 故鄕, 優等, 進學工夫	安國大夢 東方創始	安國의 크신 꿈이 東녘에서 이는구나.
3. 서울 = 瑞蔚 (서울特別市)	1957.4～1969.9 (12:6)	大學, 他鄕, 家庭敎師, 軍服務, 學士, 碩士, 父母同居, 結婚, 子女, 生活困窮	瑞運來助 蔚積散華	瑞運이 와서 도와 蔚積함을 덜어주네.
4. Cincinnati=新市 (美國 Ohio州)	1969.10～1971.12 1976. 2～1976. 8 (2:9)	留學, 美國政府奬學金, 自炊, 英語, 妻, 次女, 碩士, 博士, 韓人, 都市視察	新鮮留學 市隱博士	新鮮한 美國留學 市中生活 博士되네.
5. 서울 = 首爾 (서울特別市)	1972.1～2006.7 (34:1)	講師, 敎授, 學科長, 院長, 政府補職, 父母逝去, 子女出嫁, 回甲, 停年, 古稀	首長頻任 爾吾共昌	首長자리 자주 맡아 너와 나 번창하네.

2. 住居 및 職場의 移徙 來歷

區分	順番	當時身分	轉出地		轉入地		移徙理由	同行者數本人包含	移徙日字	年齡	移徙手段	移徙짐量(kg)
			位置	類型	位置	類型						
住居	1	初等學生	聞慶市 興德洞	父母自宅	聞慶市 永順面	臨時幕舍	6.25避亂	5	50. 7.15	15	步行	450
	2	〃	聞慶市 永順面	臨時幕舍	聞慶市 興德洞	自宅	避亂歸家	5	50.7.18	15	〃	430
	3	高等學生	聞慶市 興德洞	自宅	安東市 法尙洞	下宿宅	高校就學	1	54.4.5	19	버스	30
	4	〃	安東市 法尙洞	下宿宅	安東市 花城洞	下宿宅	下宿移轉	2	54.5.10	19	步行	35
	5	〃	安東市 花城洞	下宿宅	安東市 堂北洞	下宿宅	下宿移轉	2	54.6.10	19	〃	40
	6	〃	安東市 堂北洞	下宿宅	安東市 太華洞	自炊房	自炊始作	2	54.7.31	19	〃	45
	7	〃	安東市 太華洞	自炊房	安東市 太華洞	自炊房	自炊移轉	2	54.10.31	19	〃	100
	8	〃	安東市 太華洞	自炊房	安東市 平和洞	家庭教師宅	入住	1	55.2.28	20	〃	50
	9	大學生	安東市 平和洞	家庭教師宅	서울市 新龍山洞	自炊房	大學進學	2	57.4.1	22	汽車	120
	10	〃	서울市 新龍山洞	自炊房	서울市 孝昌洞	自炊房	自炊移轉	2	57.6.1	22	택시	250
	11	〃	聞慶市 興德洞	父母自宅	聞慶市 興德洞	新築自宅	舊家賣却	4	58.5.1	23	步行	3,500
	12	〃	聞慶市 興德洞	父母自宅	論山市 鍊武邑	陸軍訓練所	軍入隊	1	58.7.31	23	汽車	10
	13	〃	論山市 鍊武邑	陸軍訓練所	抱川郡 一東面	7276部隊小隊	軍配置	1	58.8.31	23	〃	10
	14	〃	抱川郡 一東面	7276部隊小隊	抱川郡 一東面	7276部隊1課	轉補	1	58.10.1	23	步行	15
	15	〃	抱川郡 一東面	7276部隊1課	光州市 治平洞	尙武臺 小隊	轉補	1	59.3.1	24	汽車	15
	16	〃	光州市 治平洞	尙武臺	抱川郡 一東面	7276部隊1課	轉補	1	59.9.10	24	〃	20
	17	〃	抱川郡 一東面	7276部隊小隊	서울市 新龍山洞	鐵道合宿所	復學	1	60.5.1	25	버스	15
	18	〃	서울市 新龍山洞	合宿所	서울市 樂園洞	家庭教師宅	入住	1	61.8.30	26	電車	50
	19	社 員	서울市 樂園洞	家庭教師宅	서울市 苑西洞	下宿宅	職場就業	1	62.4.1	27	택시	60
	20	〃	서울市 苑西洞	下宿宅	서울市 苑西洞	下宿宅	下宿移轉	2	62.5.1	27	步行	70
	21	大學院生	서울市 苑西洞	下宿宅	서울市 淸凉里洞	家庭教師宅	入住	1	63.4.1	28	電車	70
	22	〃	서울市 淸凉里洞	家庭教師宅	서울市 金湖洞	自炊房	自炊始作	1	63.11.1	28	택시	150
	23	〃	서울市 金湖洞	自炊房	서울市 淸凉里洞	家庭教師宅	入住	1	64.8.1	29	〃	80
	24	〃	서울市 淸凉里洞	家庭教師宅	서울市 淸凉里洞	專貰房	父母上京同居	7	65.1.1	30	汽車	1,450
	25	〃	서울市 淸凉里洞	專貰房	서울市 淸凉里洞	專貰房	專貰移轉	7	65.2.1	30	步行	1,500
	26	助教	서울市 淸凉里洞	專貰房	서울市 梨花洞	專貰房	結婚	4	66.3.21	31	트럭	4,500
	27	〃	서울市 梨花洞	專貰房	서울市 昌信洞	自宅	自家購入	5	66.12.20	31	〃	6,000
	28	大學院生	서울市 昌信洞	自宅	美Cincinnati市 McMillan路	아파트	留學	1	69.9.25	34	航空	75
	29	〃	美Cincinnati市 McMillan路	아파트	美Cincinnati市 Ohio街	아파트	아파트移轉	1	69.10.20	34	乘用車	100
	30	〃	美Cincinnati市 Ohio街	아파트	서울市 昌信洞	自宅	歸國	3	72.1.14	37	航空	1,300
	31	專任講師	서울市 昌信洞	自宅	서울市 祭基洞	自宅	自家移轉	6	74.6.29	39	트럭	7,500
	32	〃	서울市 祭基洞	自宅	美Cincinnati大 Sociotoｰ홀	寄宿舍	學位取得	1	76.2.20	41	航空	90
	33	〃	美Cincinnati大 Socioto홀	寄宿舍	美Cincinnati大 Sawyer홀	寄宿舍	寄宿舍移轉	1	76.3.15	41	步行	110
	34	助教授	美Cincinnati大 Sawyer홀	寄宿舍	서울市 祭基洞	自宅	歸國	1	76.9.5	41	航空	350
	35	〃	서울市 祭基洞	自宅	서울市 上道洞	自宅	自家移轉	5	78.3.22	43	트럭	9,000
	36	教授	서울市 上道洞	自宅	서울市 驛三洞	自宅	自家移轉	5	88.8.14	53	〃	15,000

區分	順番	當時身分	轉出地 位置	轉出地 類型	轉入地 位置	轉入地 類型	移徙理由	同行者數本人包含	移徙日字	年齡	移徙手段	移徙짐量(kg)
職場	1	大學生	서울市 新龍山洞	合宿所	聞慶市 興德洞	聞慶中學校	講師就任	1	61.1.16	26	汽車	15
	2	〃	聞慶市 興德洞	聞慶 中學校	서울市 新龍山洞	合宿所	開學,登校	1	61.3.6	26	〃	20
	3	社員	서울市 苑西洞	下宿집	서울市 通義洞	民衆書館	就業	1	62.4.7	27	택시	5
	4	教師	서울市 通義洞	民衆書館	서울市 退溪路	首都師大女高	就業	1	63.2.1	28	〃	5
	5	大學院生	서울市 退溪路	首都師大女高	서울市 淸凉里洞	家庭教師宅	女高退任	1	63.4.30	28	〃	5
	6	〃	서울市 金湖洞	自炊宅	서울市 乙支路 1街	內務部	研究員就任	1	64.4.15	29	버스	4
	7	助教	서울市 乙支路 1街	內務部	서울市 梨花洞	서울大行政大學院	助教就任	1	66.3.25	31	〃	7
	8	專任講師	서울市 梨花洞	서울大行政大學院	서울市 梨花洞	서울大行政大學院	專講 發令	1	72.5.10	37	徒步	20
	9	〃	서울市 梨花洞	서울大環境大學院	서울市 新林洞	서울大 第9棟	서울大移轉	2	75.3.1	40	트럭	2,000
	10	〃	서울市 新林洞	서울大 第9棟	서울市 新林洞	서울大 第15棟	環境大移轉	1	76.1.15	41	〃	2,500
	11	教授	서울市 新林洞	教授研究所	서울市 新林洞	環境大院長室	院長 就任	1	86.11.5	51	徒步	1,000
	12	〃	서울市 新林洞	院長室	서울市 新林洞	教授研究室	院長退任	1	90.11.4	55	〃	1,800
	13	〃	서울市 新林洞	서울大環境大學院	서울市 孔德洞	地方行政研究院	院長就任	1	92.7.21	57	乘用車	750
	14	〃	서울市 孔德洞	地方行政研究院	서울市 新林洞	서울大環境大學院	停年退任	1	94.7.20	59	〃	1,200
	15	〃	서울市 驛三洞	自宅	高陽市 獐項洞	自治發展研究院	理事長室完備	1	99.2.6	64	〃	8
	16	〃	서울市 驛三洞	自宅	서울市 上溪洞	地域發展研究院	顧問室完備	1	99.2.18	64	地下鐵	5
	17	〃	서울市 驛三洞	自宅	서울市 世宗路	地方移讓委員會	委員長室完備	1	99.8.30	64	버스	6
	18	〃	서울市 新林洞	서울大 第15棟	서울市 新林洞	서울大 第82棟 (環境研究館)	環境大移轉	2	99.12.29	64	트럭	3,000
	19	〃	서울市 新林洞	서울大 第82棟	高陽市 獐項洞	自治發展研究院	教授停年	1	02.8.29	67	乘用車	1,500
	20	〃	서울市 新林洞	서울大 第82棟	서울市 驛三洞	自宅	教授停年	1	02.8.31	67	〃	500
	21	名譽教授	서울市 驛三洞	自宅	서울市 世宗路	新行政首都委員會	委員長就任	1	03.6.5	68	〃	3
	22	碩座教授	서울市 驛三洞	自宅	서울市 華陽洞	建國大學校	碩座教授就任	1	05.3.1	70	〃	10
	23	常任顧問	서울市 上溪洞	地域發展研究院	서울市 紫陽洞	建國大同門會館	研究院移轉	5	06.6.24	71	트럭	5,000

3. 居住地의 經·緯度 座標

順序	居住期間	居住地名	經度	緯度
1	1936. 7.28 - 1954. 4. 4 (16年 10月)	慶北 聞慶市	東經 128° 10′	北緯 36° 37′
2	1954. 4. 5 - 1957. 3.31 (3年)	慶北 安東市	〃 128° 44′	〃 36° 35′
3	1957. 4. 1 - 2006. 7.28 (49年 4月)	서울特別市	〃 126° 58′	〃 37° 33′
4	1958. 7.31 - 1960. 1.25 (1年 6月)	京畿 抱川郡	〃 127° 09′	〃 37° 53′
5	1960. 1.26 - 1960. 4.30 (3月)	光州廣域市	〃 126° 54′	〃 35° 09′
6	1969. 9.25 - 1972. 1.14 (2年 4月)	美國 오하이오州 신시내티市	西經 84° 31′	〃 39° 06′
	1976. 2.20 - 1976. 8.20(6月)	〃	〃	〃

4. 居住地의 經 · 緯度 座標圖

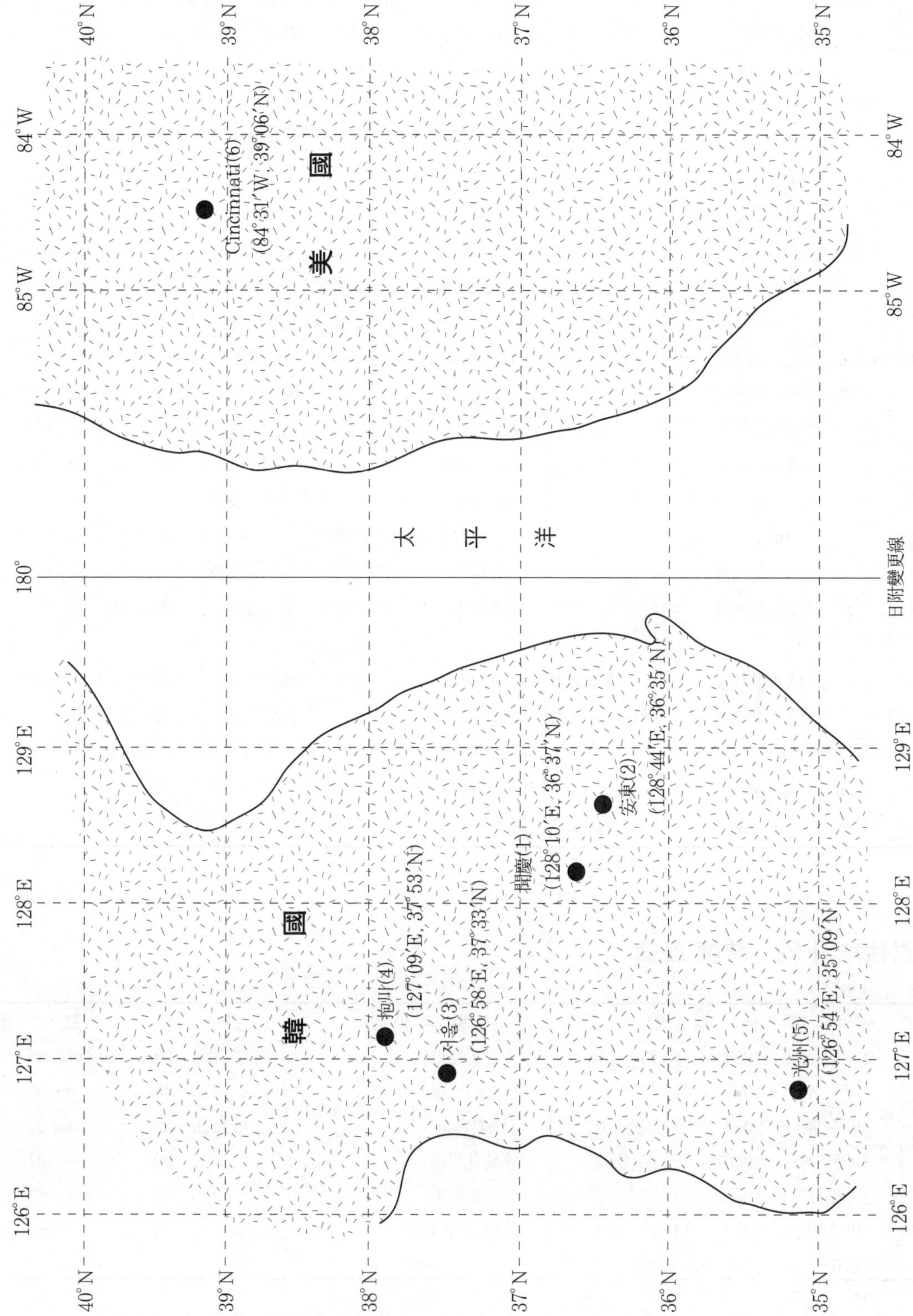

5. 居住地域의 歷史的 沿革

時代	年度	慶尙北道	聞慶市	安東市	서울特別市	美國Cincinnati市
居住期間		36.7.28-57.3.31	36.7.28-54..4.4	54.4.5-57.3.31	57.4.1- 現在	67.9.25-72.1.14 76.2.20-76.8.30
三國時代以前 (B.C.57以前)		辰 韓	高思葛伊城	高昌寧國		
三國時代 (B.C.57 -935)	初期	伽倻,新羅倂合	冠文縣이라 呼稱			
	BC18				慰禮城이라 呼稱(百濟首都)	
	BC 5				河北城으로 改稱(百濟)	
	371				漢山으로 改稱(百濟)	
	475				南平壤으로 改稱(高句麗)	
	554				新州로 改稱(新羅)	
	557				北韓山州로 改稱(新羅)	
	568				南川州로 改稱(新羅)	
	604				北韓山州로 改稱(新羅)	
	742- 765			古陀耶郡이라 呼稱 古昌郡으로 改稱		
	757		冠山縣으로 改稱		漢州로 改稱(新羅)	
	904				楊州로 改稱(新羅)	
	930			古昌府 · 永嘉郡으로 改稱		
高麗時代 (918- 1397)	995			吉州로 改稱(勅史둠)		
	1012			安撫史 둠		
	1018		聞喜郡으로 改稱	知吉州로 改稱		
	1030			安東府로 改稱		
	1067				南京으로 改稱	
	1197			安東都護府로 昇格		
	1204			安東大都護府로 昇格		
	1308			福州牧으로 改稱	漢陽府로 改稱	
	1314	慶尙道라 칭함				
	1361			安東大都護府로 還元		
	1383			安東道로 變更		
	1388			安東府로 還元		
	1390		聞慶縣으로 改稱			
朝鮮時代 (1392- 1910)	1394				開京에서 遷都	
	1395				漢城府로 改稱	
	1396				5部 52坊으로 區劃	
	1398				開城으로 再遷都	
	1405				漢城으로 再遷都	
	1413		縣監 設置			
	1483	嶺南 · 嶺東 · 山南의 3道로 分割				
	1576			安東縣으로 格下		
	1581			安東府로 復元		

時代 年度 / 居住 期間 / 地域		慶尙北道	聞慶市	安東市	서울特別市	美國Cincinnati市
		36.7.28-57.3.31	36.7.28-54..4.4	54.4.5-57.3.31	57.4.1-現 在	67.9.25-72.1.14 76.2.20-76.8.30
朝鮮時代 (1392-1910)	1669					白人으로 처음 La Salle가 通過
	1776			安東縣으로 格下		
	1785			安東府로 復元		
	1788					· Little Miami 入口 Columbia에 最初 居住地 建設 · Licking 江 入口 건너편에 第 2 居住地를 조성하고 Losantiville이라 命名
	1789					· 第3의 居住地가 North Bend에 造成 · Ft. Washington建設
	1790					· Hamilton County創設 · Losantiville을 Cincinnati로 改稱
	1802					法人格의 Town이 됨
	1819					City로 昇格
	1870					Cincinnati大學設立
	1884	8道制의 慶尙道가 됨	慶尙道 聞慶縣이 됨	慶尙道 安東府가 됨	慶尙道 漢城府가 됨	
	1895	23府制의 大邱府 · 安東府 · 東萊府로 分割	安東府 聞慶郡이 됨	安東府 安東郡이 됨	漢城府 漢城郡이 됨	
	1896	13府制로 慶尙北道가 됨	慶尙北道 聞慶郡이 됨	慶尙北道 安東郡과 禮安郡이 됨	京畿道 漢城府가 됨	
	1906		醴泉郡의 東魯面 · 化庄面이 編入			
日帝時代 (1910-1945)	1910				漢城府를 京畿府로 改稱	
	1911				5部 11面制 採擇	
	1914	1府 22郡 1島	戶西面과 戶南面을 통합하여 戶西南面이라 함	安東部과 禮安郡을 통합하여 安東郡으로 함	4出張所制 · 186 洞制 實施	
	1924					市體制를 'Council-Man-ager Form'으로 함
	1925					City Master Plan 樹立
	1931			安東面이 邑으로 昇格 (1邑 15面)		
	1933		身北面을 聞慶面에 統合(11面)			
	1943				區制 實施(7區)	
	1944				8區	

時代 年度 \ 地域 居住期間		慶尙北道	聞慶市	安東市	서울特別市	美國Cincinnati市
		36.7.28-57.3.31	36.7.28-54..4.4	54.4.5-57.3.31	57.4.1-現 在	67.9.25-72.1.14 76.2.20-76.8.30
大韓民國 (1945-2006)	1945				서울市로 改稱	
	1946				京畿道에서 分離,서울特別自由市로 됨	
	1948					改正 Metroploitan Master Plan 樹立
	1949	地方自治團體의 地位, 3市 23郡	聞慶面에서 戶西南面 店村里로 郡廳移轉		서울特別市로 改稱, 地方自治團體의 地位	
	1955	4市 23郡				
	1956		戶西南面 , 店村邑으로 昇格(1邑 9面)			
	1961		地方自治團體의 地位	地方自治團體의 地位		
	1962				國務總理 直屬으로 昇格	
	1963	5市 24郡		安東邑, 市로 昇格,自治團體의 地位(安東郡15面)		
	1973		聞慶面 · 加恩面, 邑으로 昇格(3邑 7面)	豊山面, 邑으로 昇格 (1邑 14面)	11區	Cincinnati大學이 市立에서 州立大學으로昇格
	1974			月谷面 廢止(1邑 13面)		
	1975				12區	
	1977				13區	
	1978	6市 24郡				
	1979				15區	
	1980	7市 24郡			17區	
	1981	大邱市, 政府直轄市로 昇格分離 (7市 24郡)				
	1983			法定洞 42洞 行政洞 18洞		
	1986	9市 24郡	店村邑, 市로 昇格,自治團體가 됨(聞慶郡:2邑7面)			
	1988				區,地方自治團體가 됨	
	1989	10市 24郡				
	1995	市 · 郡 統合으로 10市 14郡이 됨, 다시 10市 13郡이 됨	市 · 郡 統合으로 聞慶市가 됨.(2邑7面 6洞)	市 · 郡 統合으로 安東市가 됨.(1邑13面 18洞)	25 自治區	
	1997			行政洞 統合(13洞)		
	1998			行政洞 統合(10洞)		
	2002	10市, 13郡, 2區, 34邑, 204面, 99洞	2邑, 7面, 5洞, 99統, 215里, 1,537班	1邑, 13面, 10洞, 268統, 274里, 2,912班	25自治區. 522洞, 13,844統, 103,448班	人口 331,285人
	2004	10市, 13郡, 2區, 35邑, 203面, 100洞			25自治區. 522洞, 13,810統, 103,273班	人口 314,154人
	2006	10市, 13郡, 2區, 35邑, 203面, 100洞 18出張所, 2,529統, 5,111里, 38,235班	2邑, 7面, 5洞, 99統, 215里, 1,560班	1邑, 13面, 10洞, 279統, 274里, 3,003班	25自治區. 522洞, 13,832統, 103,762班	

6. 出生 · 回甲 · 停年 · 古稀時 出生地 및 居住地의 地域狀況

年度	地域	區分	規模			家口		年所得*		行政	
年度 및 地域			面積 (km²)	人口 (人)	人口密度 (人/km²)	家口數 (戶)	家口當人員 (名)	家口當所得($)	1人當所得($)	首府位置	首長名
1936 (出生)	出生地	朝鮮	220,951	22,548,000	102	4,254,340	5.3	133	25	京城	裕仁(昭和)
		慶尙北道	18,919	2,467,194	130	465,508	5.3	122	23	大邱府	伊達四雄
		聞慶郡	933	103,618	111	15,375	6.7	141	21	聞慶面	尹相曦
		戶西南面	43.65	12,930	296	2,350	5.5	138	25	店村里	金正九
		興德里	2.63	2,586	983	470	5.5	138	25	興德里	高皓林
		깃골	0.02	275	13,750	50	5.5	116	21	깃골	金永濟
		家庭	661(m²)	7	0.01(人/m²)	1	7	30	4	394番地	金商樞
1996 (回甲)	出生地 (故鄕)	韓國	99,313	45,545,000	459	14,065,866	3.2	33,754	10,548	서울	金泳三
		慶尙北道	19,022	2,769,307	146	858,222	3.2	31,939	9,981	大邱	李義根
		聞慶市	912	95,777	105	28,550	3.4	33.255	9,781	茅田洞	金學文
		新興洞	8.92	12,470	1,398	3,487	3.6	37,012	10,281	新興洞	李仁輝
		11統	0.44	420	955	111	3.8	34,128	8,981	갈밭	金用濟
		1班	0.02	138	6,900	35	3.9	36,235	9,291	깃골	安榮淑
		家庭	-	-	-	-	-	-	-	-	-
	現居住地	韓國	99,313	45,545,000	459	14,065,866	3.2	33,754	10,548	서울	金泳三
		서울市	606	10,543,993	17,399	3,417,880	3.1	32,854	10,598	中區	趙 淳
		江南區	40	553,913	13,848	175,804	3.2	50,570	15,897	三成洞	權文勇
		驛三1洞	2.35	28,465	12,113	10,296	2.8	53,413	19,076	驛三1洞	方禹達
		9統	0.048	689	14,354	271	2.5	52,460	20,984	9通	金陽哲
		1班	0.008	115	14,375	45	2.5	52,468	20,987	1班	韓潤秀
		家庭	454(m²)	4	0.009(人/m²)	1	4	182,355	45,589	618-24番地	金安濟
2002 (停年)	出生地 (故鄕)	韓國	99,853	48,021,550	480	16,081,111	3.0	36,618	12,206	서울	金大中
		慶尙北道	19,024	2,784,711	146	954.935	2.9	33,495	11,550	大邱市	李義根
		聞慶市	912	89,091	98	30,597	2.9	32,822	11,318	茅田洞	朴仁遠
		新興洞	8.92	11,317	1,269	3,597	3.1	36,881	11,897	新興洞	黃永錫
		11統	0.44	368	836	108	3.4	35,336	10,393	갈밭	鄭在三
		1班	0.02	107	5,350	37	2.9	31,178	10,751	깃골	安榮淑
		家庭	-	-	-	-	-	-	-	-	-
	現居住地	韓國	99,853	48,021,550	480	16,081,111	3.0	36,618	12,206	서울	金大中
		서울市	606	10,263,336	16,936	3,570,228	2.9	35,566	12,264	中區	李明博
		江南區	40	540,640	13,516	192,505	2.8	51,509	18,396	三成洞	權文勇
		驛三1洞	2.35	30,775	13,096	14,528	2.1	46,355	22,074	驛三1洞	李敬載
		9統	0,048	756	15,750	377	2.0	48,564	24,282	9統	李寬鐘
		1班	0.008	174	21,750	88	2.0	48,572	24,286	1班	韓允洙
		家庭	454(m²)	3	0.007(人/m²)	1	3	218,520	72,840	618-24番地	金安濟

年度및地域		區分	規模			家口		年所得*		行政	
			面積 (km²)	人口 (人)	人口密度 (人/km²)	家口數 (戶)	家口當人員 (名)	家口當所得($)	1人當所得($)	首府位置	首長名
2006 (古稀)	出生地 (故鄕)	韓國	99,954	48,782,274	488	17,857,511	2.7	44,364	16,431	서울	盧武鉉
		慶尙北道	19,026	2,688,491	141	1,006,080	2.7	41,980	15,548	大邱市	金寬容
		聞慶市	912	78,058	86	30,015	2.6	39,614	15,236	店村5洞	申鉉國
		店村3洞	8.92	10,286	1,153	3,553	2.9	46,444	16,015	店村3洞	全大益
		11統	0.44	382	868	124	3.1	43,369	13,990	갈밭	鄭在三
		1班	0.02	107	5,350	35	3.1	44,863	14,472	깃골	安榮淑
		家庭	-	-	-	-	-	-	-	-	-
	現居住地	韓國	99,954	48,782,274	488	17,857,511	2.7	44,885	16,431	서울	盧武鉉
		서울市	606	10,167,344	16,778	3,871,024	2.6	43,361	16,509	中區	吳世勳
		江南區	40	540,909	13,523	211,338	2.6	63,382	24,764	三成洞	孟廷柱
		驛三1洞	2.35	34,594	14,721	18,716	1.8	54,924	29,715	驛三1洞	金昌賢
		9統	0.048	722	15,042	402	1.8	58,837	32,687	9統	李寬鍾
		1班	0.008	137	17,125	71	1.9	62,115	32,692	1班	金洛睦
		家庭	454(m²)	2	0.004(人/m²)	1	2	729,749	364,875	618-24番地	金安濟

註. (1)* 所得은 當時 市場價格임.
(2)1936年의 慶尙北道에는 大邱市가 포함되어 있음.

客說 : 經驗에서 얻은 삶의 眞實

늙어갈수록 꼭 필요한 것이 세 가지가 있으니, 그것은 健康과 돈과 일이다. 셋 중에 하나를 버린다면 일이고, 또 하나를 버린다면 돈이다. 건강만 가진 老人은 다행스런 노인이고, 돈까지 가진 老人은 복된 노인이며, 할 일까지 다 가진 老人은 부러운 노인이라고 할 수 있다. 나도 부러운 老人이나 아니면 적어도 복된 노인은 돼야 할텐데-. 가능할까?

客說 : 經驗에서 얻은 삶의 眞實

아담이 韓國 사람이었다면 이브가 건네주는 사과를 먹지 않고 이브에게 사과를 따먹게 한 뱀을 잡아먹었을 것이라는 재담이 있다.
참으로 우리 나라 男子들은 健康과 精力에 대해 남다른 關心을 가진 강건한 民族이다.

7. 現 居住地 位置圖

(1) 一家親戚 現居住地 位置圖

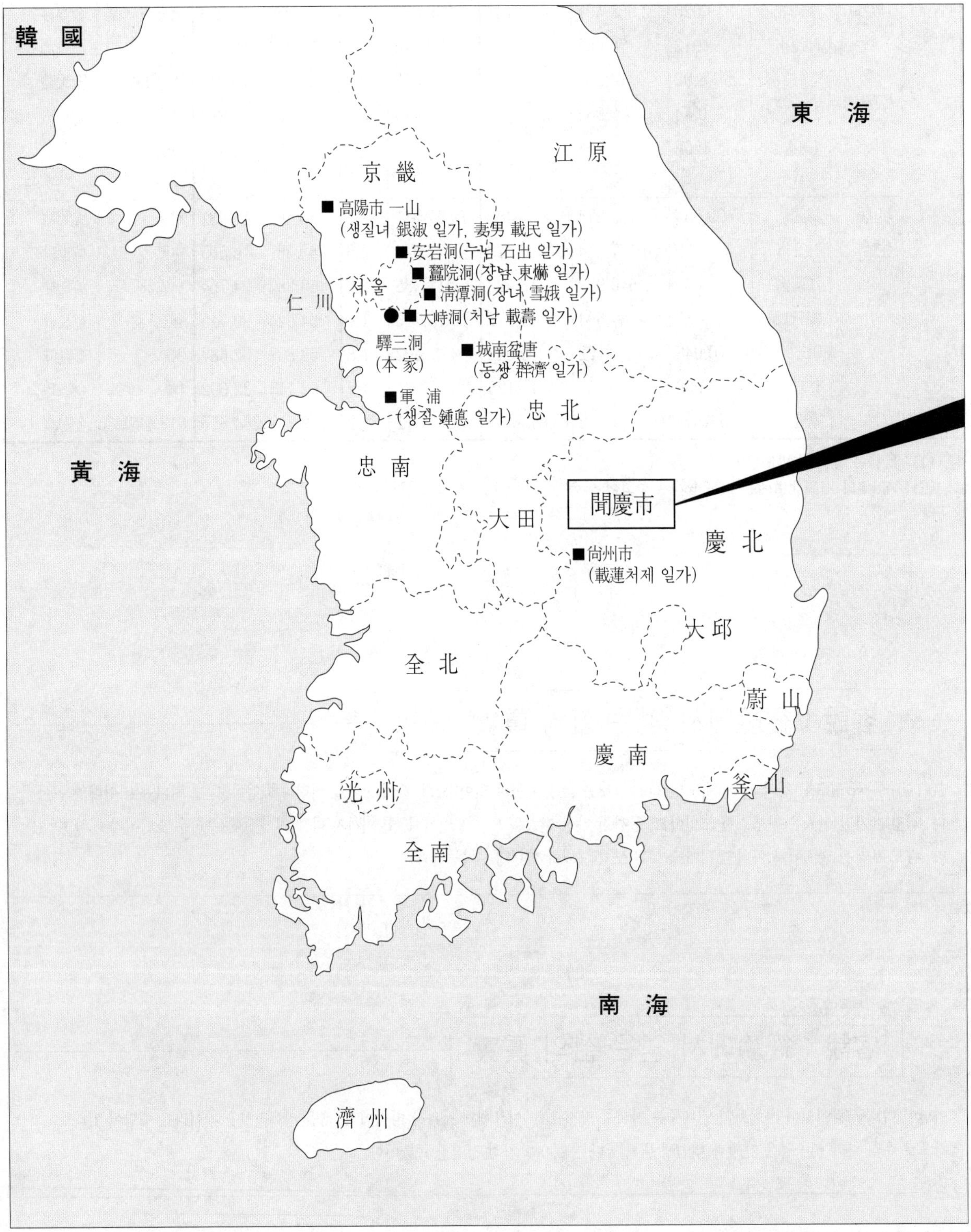

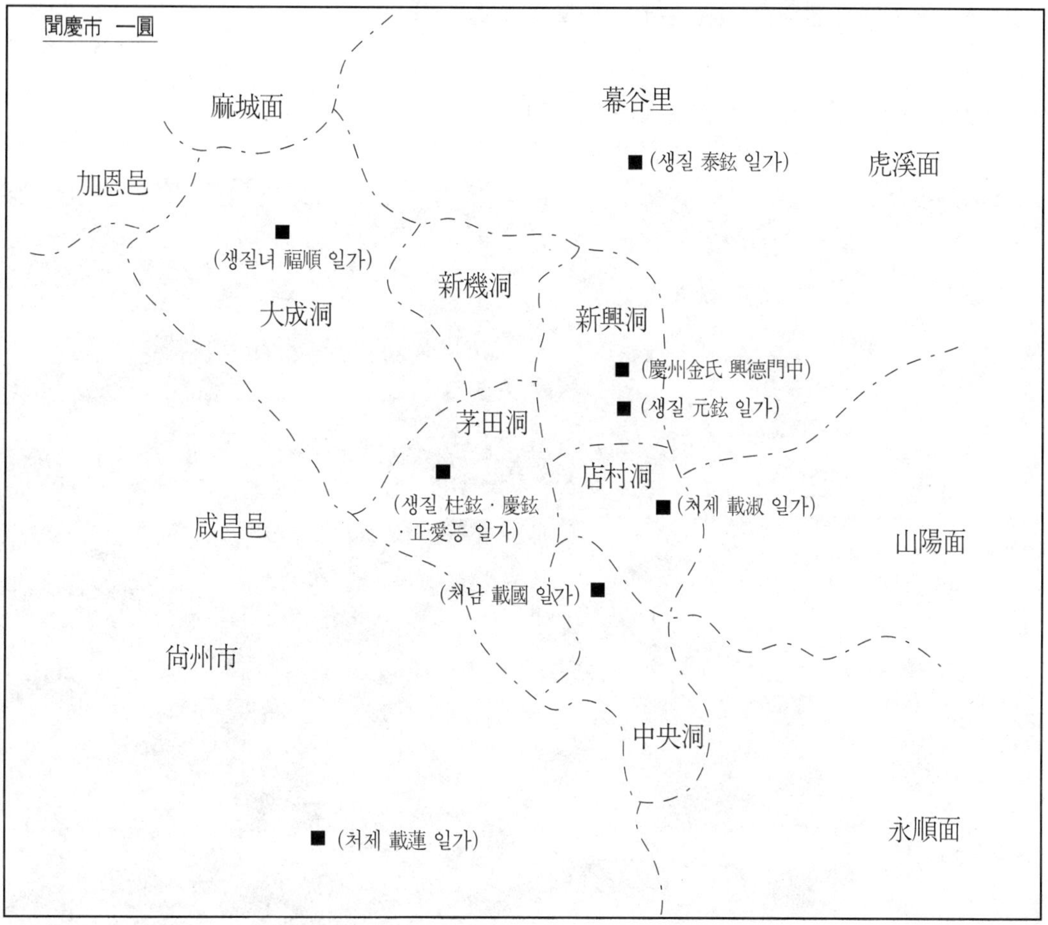
聞慶市 一圓
麻城面
幕谷里
加恩邑
■(생질 泰鉉 일가)
虎溪面
■(생질녀 福順 일가)
新機洞
大成洞
新興洞
■(慶州金氏 興德門中)
■(생질 元鉉 일가)
茅田洞
店村洞
■(생질 柱鉉 · 慶鉉 · 正愛등 일가)
■(처제 載淑 일가)
咸昌邑
山陽面
(처남 載國 일가) ■
尙州市
中央洞
■(처제 載蓮 일가)
永順面

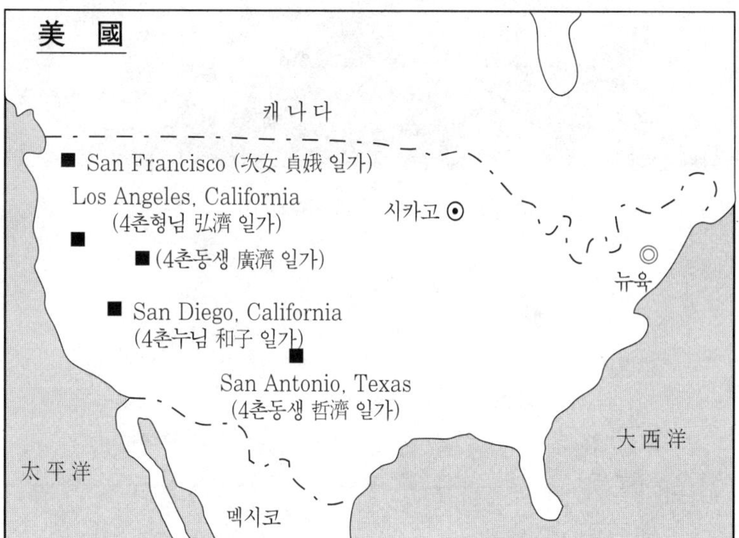
美 國
캐나다
■ San Francisco (次女 貞娥 일가)
Los Angeles, California
(4촌형님 弘濟 일가)
■(4촌동생 廣濟 일가)
시카고
뉴욕
■ San Diego, California
(4촌누님 和子 일가)
San Antonio, Texas
(4촌동생 哲濟 일가)
大西洋
太平洋
멕시코

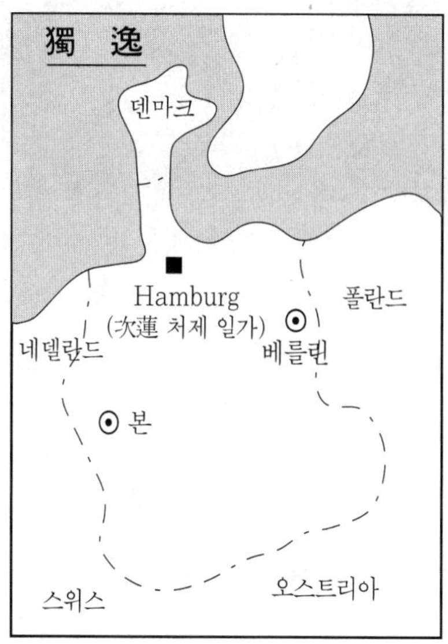
獨 逸
덴마크
Hamburg
(次蓮 처제 일가)
폴란드
네델란드
베를린
본
스위스
오스트리아

(2) 人工衛星에서 촬영한 現在 住宅의 位置와 周邊 모습

● 大韓民國 서울特別市 江南區 驛三1洞 618-24

▲ 人工衛星에서 본 本人 自宅(☆標); 東經 127° 01′ 30″ 北緯 37° 30′ 12″, 海拔高度 52m(2003年 撮影)

客說 : 經驗에서 얻은 삶의 眞實

外國, 韓國 할것 없이 사람 사는 곳은 비슷하다. 내가 생각하고 처신함에 따라 모두 다 살 만하다. 人生到處에 有靑山이다.

(3) 現 居住地 周邊現況圖

(2006年 7月 現在)

(縮尺 1 : 5.000)

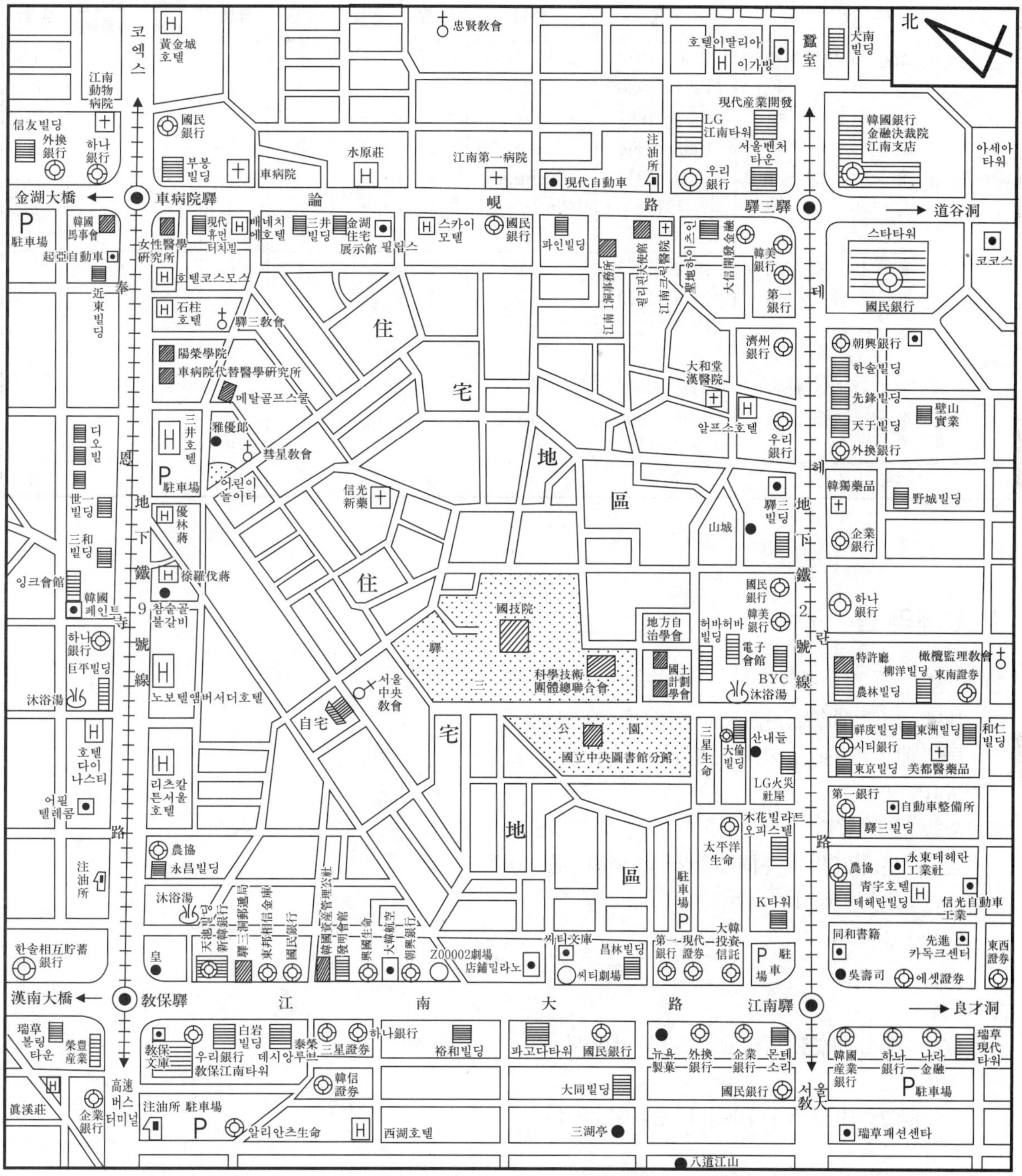

※凡例 : 金安濟 自宅, 地下鐵 및 驛, 機關團體, 會館 · 빌딩 · 타워 · 企業,

病院 · 藥局, 銀行 · 保險金庫 · 保險, 敎會, 호텔 · 모텔 · 旅館, 商店 · 便宜店 · 서비스 센터,

劇場, 食堂 · 製菓店, 沐浴湯, 注油所, 駐車場, 公園 · 놀이터

Ⅱ. 居住 家宅

○ 要 約

(居住한 家宅의 數 : 戶)

時代		年代	地域	自家	專貫	下宿	自炊	家庭教師	自炊겸家庭教師	合計
幼兒 修學期	幼兒 · 初中等學校	1936 - 1953	聞 慶	1	-	-	-	-	-	1
	高 等 學 校	1954 - 1956	安東	-	-	3	2	1	-	6
	大 學 校	1957 - 1961	서울	-	-	1	-	1	2	4
	職場 · 大學院 · 助教	1962 - 1968	서울	1	3	2	1	2	-	9
	美 國 留 學	1969 - 1971	Cincinnati	-	-	-	2	-	-	2
	美 國 留 學	1976	Cincinnati	-	-	-	2	-	-	2
	計	35년	4	2	3	6	7	4	2	24
社 會 活動期	專 任 講 師	1972 - 1975	서울	1	-	-	-	-	-	1
	助 教 授	1976 - 1979	서울	1	-	-	-	-	-	1
	副 教 授	1980 - 1984	서울	〃	-	-	-	-	-	〃
	教授 · 大學院長	1985 - 1990	서울	1	-	-	-	-	-	1
	研究院長 · 教授	1991 - 2002	서울	〃	-	-	-	-	-	〃
	名譽 · 碩座教授	2003 - 2006	서울	〃	-	-	-	-	-	〃
	計	35년	1	3	-	-	-	-	-	3
累 計		70년	4	5	3	6	7	4	2	27

1. 故鄉의 집

1) 元 家

- ○ 住所 : 慶北 聞慶郡 戶西南面 興德4里 394番地
- ○ 居住期間 : 1936.7.28-1954.4.4 (17年 8月)
- ○ 所有 : 父
- ○ 形態 : 土壁草家
- ○ 規模 : 垈地 200坪, 本間建物 25坪, 附屬建物 30坪
- ○ 構造 : 2房, 1廊, 1廚
- ○ 賣却 : 1958.4.30

2) 新 家

- ○ 位置 : 慶北 聞慶郡 店村邑 興德4里 뒷산 밭
- ○ 新築入住 : 1958.5.1
- ○ 居住期間 : 1958.5.1-1964.12.24(6年 8月)
- ○ 所有 : 父
- ○ 形態 : 木造 슬라브 지붕
- ○ 規模 : 建物 15坪
- ○ 構造 : 2房,1廚
- ○ 燒失 : 1964.12.24

2. 流浪의 宿所

1) 高等學校 時代 : 慶北 安東市
① 安東市 法尙洞 - 下宿 : 1954. 4. 5 - 1954. 5. 10(1월)
② 安東市 花城洞 - 下宿 : 1954. 5. 10 - 1954. 6. 10(1월)
③ 安東市 堂北洞 - 下宿 : 1954. 6. 10 - 1954. 7. 31(2월)
④ 安東市 太華洞 - 自炊 : 1954. 7. 31 - 1954. 10. 31(3월)
⑤ 安東市 太華洞 - 自炊 : 1954. 10. 31 - 1955. 2. 28(4월)
⑥ 安東市 平和洞 鐵道官舍 - 家庭教師(張氏宅) : 1955. 2. 28 - 1957. 3. 31(2년 1월)

2) 大學校 時代 : 서울市
① 龍山區 新龍山洞(柳氏宅) - 自炊 겸 家庭教師 : 1957. 4. 1 - 1957. 6. 1(2월)
② 龍山區 孝昌洞(安氏宅) - 自炊 겸 家庭教師 : 1957. 6. 1 - 1958. 4. 30(11월)
〈軍入隊服務〉
③ 龍山區 鐵道合宿所 - 買食 겸 時間教師 : 1960. 5. 1 - 1961. 8. 30(1년 4월)
④ 鐘路區 樂園洞 - 家庭教師(金氏宅) : 1961. 8. 30 - 1962. 3. 31(7월)

3) 職場 · 大學院 時代 : 서울市
① 鍾路區 苑西洞(崔氏宅) - 下宿 : 1962. 4. 1- 1962. 4. 30(1월)
② 鍾路區 苑西洞(李氏宅) - 下宿 : 1962. 5. 1 - 1963. 3. 31(11월)
③ 東大門區 淸凉里洞 -家庭教師(趙氏宅) : 1963. 4.1 - 1963. 11. 1(7월)
④ 城東區 金湖洞(金氏宅) - 自炊 겸 時間教師 : 1963. 11. 1- 1964. 7 31(9월)
⑤ 東大門區 淸凉里洞 - 家庭教師(黃氏宅) : 1964. 8. 1 - 1965. 1. 1(5월)

4) 研究員 · 助教 時代 : 서울市
① 東大門區 淸凉里1洞 92-1(李氏宅) - 專貰(房2室) : 父母 및 石出누님 家族
1965.1. 1 - 1965. 2. 1(1월)
② 東大門區 淸凉里1洞 42(崔氏宅) - 專貰(房2室) : 父母 및 石出누님 家族
1965. 2. 1 - 1966. 3. 21(1년 2월)
· 結婚 : 1966. 1. 11(妻 : 黃蓮子)
③ 鍾路區 梨花洞 9-38(裵氏宅) - 專貰(房2室) : 父母 및 妻
1966. 3. 21 - 1966. 12. 20(9월)
· 장녀 雪娥 출생 : 1966. 10. 30

3. 留學生活의 아파트

1) 碩士 · 博士課程 履修時期 : 美國 Ohio州 Cincinnati市
① 123 West McMillan Street(Mrs.Alvanitas의 아파트) - 月貰 : 自炊
1969. 9. 25 - 1969. 10. 20(1월)
② 2223 Ohio Avenue(Mr. Lawson의 아파트) - 月貰 : 自炊
1969. 10. 20 - 1972. 1. 14(2년 3월)
· 妻 渡美合流 : 1970. 3. 25
· 차녀 貞娥 출생 : 1971. 3. 12

2) 博士學位 取得時期 : 美國 Ohio州 Cincinnati市
① Room 1010, Scioto Hall, 2920 Scioto Street(Cincinnati大 寄宿舍) - 月貰 : 自炊

1976. 2. 20-1976. 3. 15(1월)

② Room 706, Sawyer Hall, 2910 Scioto Street(Cincinnati大 寄宿舍)-月貰 : 自炊
1976. 3. 15-1976. 8. 30(5월)
· 博士學位取得 : 1976. 8. 27

4. 門牌있는 내집마련

1) 最初의 自家取得:서울市
① 居住-住所 : 東大門區(後 鍾路區) 昌信4洞 13-73
家族 : 入住時-5名(父母 · 妻 · 長女), 退去時-6名(父 · 妻 · 長女 · 長男 · 次女)
時期 : 1966. 12. 20-1974. 6. 28(7년 6월)
② 住宅-規模 : 垈地 30坪, 建物 12坪
構造 : 單層瓦家洋屋(3房, 1廊, 1廚, 1便所)
價格 : 取得 56만원(1966. 12), 賣却 180만원(1974. 6), 差額 124만원(7년6월)
③ 事件-동생 群濟 결혼 : 1968. 1. 16
電話 신설 : 1968. 1. 27(번호 : 54-1989)
장남東爀 출생 : 1968. 11. 12
美國留學 : 1969. 9. 20-1972. 1. 14(2년 4월)
妻 渡美 :1970. 3. 25-1972.1. 14(1년 10월)
차녀 貞娥 出生 : 1971. 3. 12(美國)
어머님 逝去 :1973. 12. 11

2) 第2次 自家取得 : 서울市
① 居住-住所 : 東大門區 祭基3洞 176-1
家族 : 入住時-6名(父 · 妻 · 長女 · 長男 · 次女), 退去時-5名(妻 · 長女 · 長男 · 次女)
時期 : 1974. 6. 29-1978. 3. 21(3년 9월)
② 住宅-規模 : 垈地 50坪, 建物 37坪
構造 : 2層洋屋(5房, 2廊, 1廚, 1便所)
價格 : 取得 800만원(1974.6), 賣却 1,600만원(1978.3), 差額 800만원(3년 9월)
③ 事件-電話 설치 :1974. 7. 5(번호 : 93-4507)
아버님 逝去 : 1975.11.12
美國修學 : 1976. 2. 20-1976. 8. 30(6월)
博士學位 취득 :1976. 8. 27(美國)

3) 第3次 自家取得 : 서울市
① 居住-住所 : 冠岳區(後 銅雀區) 上道3洞 256-216
家族 : 入住時-5名(妻 · 長女 · 長男 · 次女), 退去時 - 5名(妻 · 長女 · 長男 · 次女)
時期 : 1978. 3. 22-1988. 8. 14(10년 5월)
② 住宅-規模 : 垈地 123坪, 建物 49.1坪
構造 : 2層洋屋(5房, 2廊, 1廚, 2便所, 1車庫)
價格 : 取得 4,300만원(1978.3), 賣却 13,500만원(1988.7), 差額 9,200만원(10년 5월)
③ 事件-電話설치 :1978. 3. 31(번호 : 68-5560, 후일 局番 변경 : 68→828→843)
自家用 승용차 구입 : 1982. 3. 12(Mark V Economy)
골프始作 : 練習-1983. 2. 1, 現場-1983. 4. 7
서울大 環境大學院長 취임 :1986. 11. 5-1990. 11. 4(4년)

4) 第4次 自家取得 : 서울市

① 居住 - 住所 : 江南區 驛三1洞 618-24
家族 : 入住時-5名(妻 · 長女 · 長男 · 次女)
期間 : 1988. 8.14-2002. 8.31 현재 (14년)

② 住宅 - 規模 : 垈地 137坪, 建物 96坪
構造 : 2層洋屋(7房, 2廊, 1廚, 3便所, 2車庫)
價格 : 取得 42,000만원 (1988.8), 公示地價 114,000萬원(2006.1)

③ 事件 - 電話설치 : 1988.8.14(번호 : 567-3496)
승용차 교체 : 1989.2.9(Lemans Oktima)
運轉免許취득 : 1990.9.26
승용차 교체 : 1991.10.1(Prince)
韓國地方行政硏究院長 취임 : 1992.7.21-1994.7.20 (2년)
장녀 出嫁 : 1993.1.6(壻君 : 文丙基)
外孫子 出生 : 1993.10.16(文近榮, 美國)
승용차 교체 : 1994.11.18(New Grandeur, 寄贈받음)
Facsimile 設置 : 1995.8.4(Telipa 30, 寄贈받음)
골프會員券 取得 : 陽智골프장, 1996.6.8(妻 寄贈)
回甲 맞이 : 1996.7.28
- 中國旅行 : 1996.7.23 - 1996.7.28(6日)
- 紀念集發刊 獻呈式 : 1997.1. 8
한솔製紙(株)에 保管資料 寄贈 : 1997.6.17
全家族 旅行 : 1997.7.20 - 1997.8.17, 美國 및 캐나다
白內障 手術 : 1997.8.21 - 1997.8.23 서울大病院
한솔종이博物館에 資料展示 : 1997.10.21 開館
自宅 도둑 듬 : 1997.10.28
防犯警報裝置 設置 : 1997.11.5
街路名 表記 : 「幸運길 42」, 1998.2.23 (區廳長 : 權文勇)
강아지 선물 받음 : 「방울이」 (雌), 1998.7.26 (姉 金石出)
강아지 「방울이」 남에게 줌 : 1998.12.1
長壻 文丙基 君 博士學位 取得 : 1998.12.2, 美國 Ohio州立大學
長女家族 歸國 : 1999.1.18
外孫女 出生 : 1999.3.9 (文素瑛)
長女家族 大田移住 : 2000.9.29
長男 結婚 : 2000.4.22
長男 分家獨立 : 2000.6.1
次女用 PC 設置(E-mail:200萬원) : 2001.5.3
電話追加 設置 : 2層 - 567-3485 : 2001.5.3
聞慶土地 購入 : 2001.10.18(168.9坪)
珍島犬 膳物 받음 : 2002.6.5(寄贈者 : 吳在一 全南大敎授) - 雌(암컷)
- 2002.3.20 生 : 全南 潭陽郡 水北面 梧亭里 吳在一 敎授 本家宅

▲ 家木 소나무와 이 나무에 올라간 오이 (驛三洞 自宅 庭園에서, 2006.7.25)

- 作名 : 방울이→ 珍陽 (2002.6.6)

서울大學校 教授 停年 : 2002.8.31

次女 結婚 : 2004.5.9

家犬 '珍乭' 家出 : 2004.12.24

孫女 出生 : 2005.9.28(金旼嬉)

結婚 40周年 紀念 아프리카 6個國 旅行 : 2006.1.12~1.26

◀ 더운 여름날의 妻와 子女 및 孫女
(驛三洞 自宅 庭園에서, 2006.7.28)

5. 時間의 흐름에 따른 住居地 變遷圖

● 生涯에 있어 時間과 空間의 만남

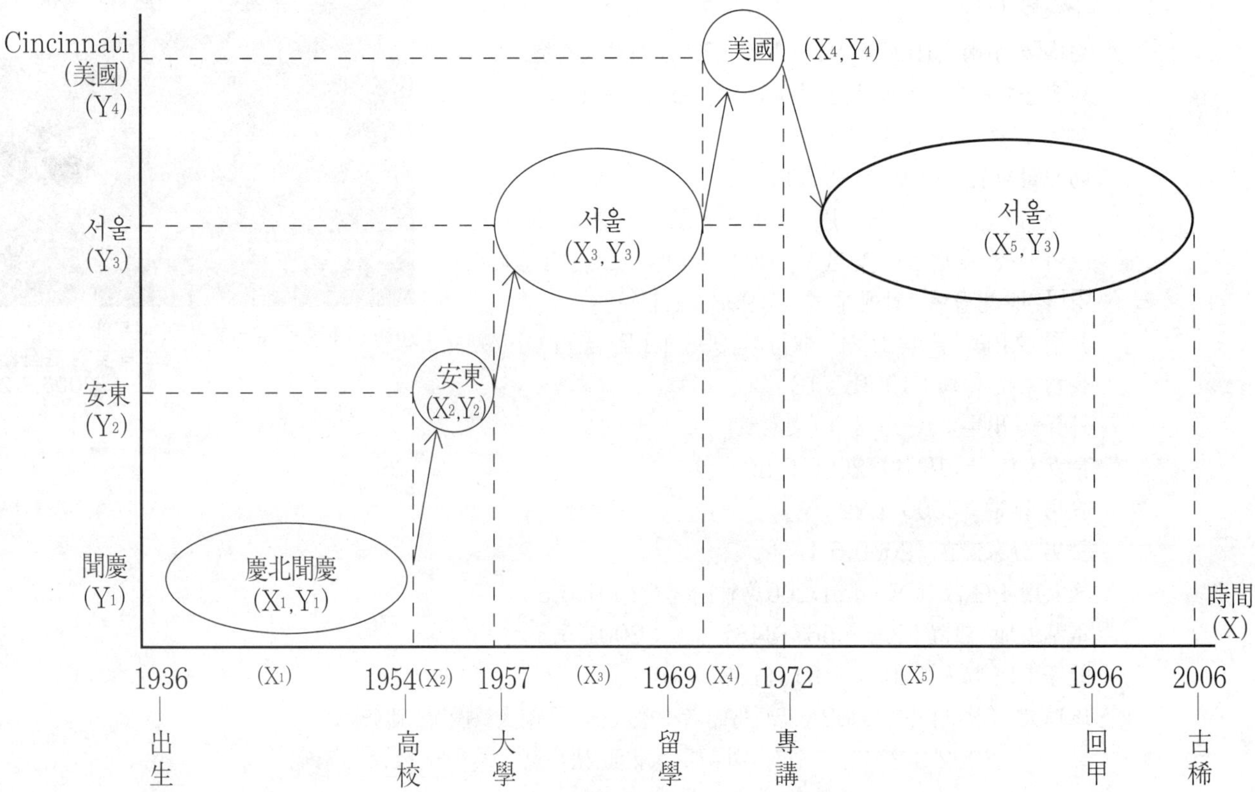

● 居住地 變遷圖

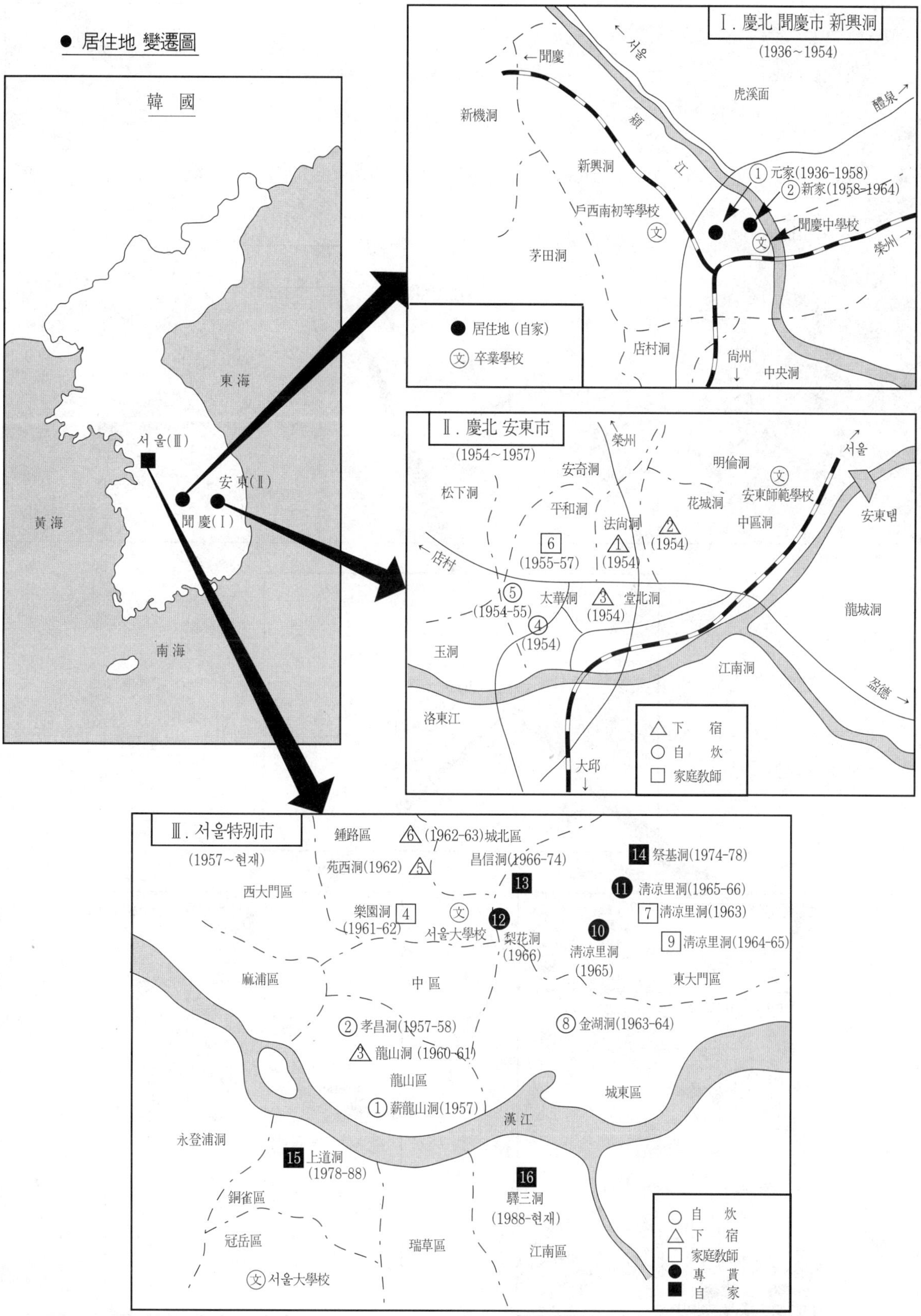

※ 番號는 居住順位임

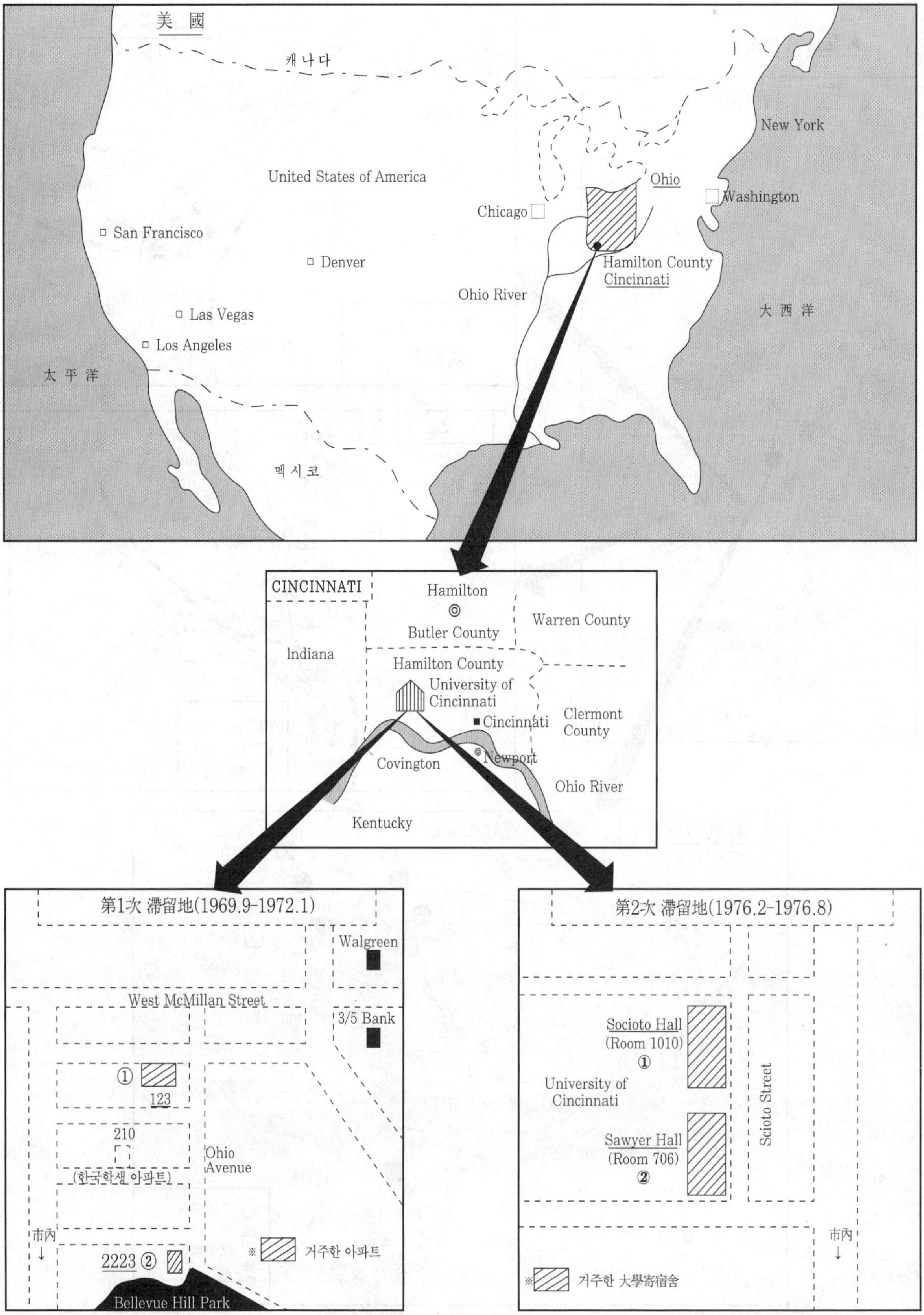
美 國
캐나다
United States of America
New York
Ohio
Washington
Chicago
San Francisco
Denver
Hamilton County
Cincinnati
Ohio River
大 西 洋
Las Vegas
Los Angeles
太 平 洋
멕시코
CINCINNATI
Hamilton
Butler County
Warren County
Indiana
Hamilton County
University of Cincinnati
Cincinnati
Clermont County
Newport
Covington
Ohio River
Kentucky
第1次 滯留地(1969.9-1972.1)
Walgreen
West McMillan Street
3/5 Bank
① 123
210
Ohio Avenue
(한국학생 아파트)
市內 ↓
2223 ②
※ 거주한 아파트
Bellevue Hill Park
第2次 滯留地(1976.2-1976.8)
Socioto Hall (Room 1010) ①
University of Cincinnati
Scioto Street
Sawyer Hall (Room 706) ②
市內 ↓
※ 거주한 大學寄宿舍

6. 歷代 居住地 및 居住住宅의 現在狀態

(1) 現在 狀況

地域 및 位置		居住 時期			居住 形態		2006年 現在狀態		
地域	位置	年齡	日字	年:月間	入住方式	住宅型	經過期間(年)	立地類型	住宅變形狀況
1.聞慶市	1. 興德洞 4里 394	1-19	1936.7.28~1958.4.30	21:9	父母 自宅	草家韓屋(舊家)	48	住居地域	石材加工造形工場
	2. 興德洞 4里 발터	23-29	1958.5.1~1964.12.24	6:8	父母 自宅	草家韓屋(新家)	42	生産地域	農作物 生産의 밭
2.安東市	1. 法尙洞	19-19	1954.4.5~1954.5.10	0:1	下宿	瓦家韓屋	52	住居地域	韓屋 原型
	2. 花城洞	19-19	1954.5.10~1954.6.10	0:1	下宿	瓦家韓屋	52	住居地域	韓屋維持
	3. 堂北洞	19-19	1954.6.10~1954.7.31	0:2	下宿	瓦家韓屋	52	住居地域	韓屋維持
	4. 太華洞	19-20	1954.7.31~1955.2.28	0:7	自炊	瓦家韓屋	51	住居地域	韓屋改造
	5. 平和洞	20-22	1955.2.28~1957.3.31	2:1	家庭敎師	鐵道官舍 日屋	49	住居地域	官舍變形
3.서울市	1. 新龍山洞(柳氏宅)	22-22	1957.4.1~1957.6.1	0:2	自炊	鐵道官舍 日屋	49	軍施設地區	陸軍福祉勤務支援團
	2. 孝昌洞(安氏宅)	22-23	1957.6.1~1958.4.30	0:11	自炊	鐵道官舍 日屋	48	住居地域	孝昌洞 敬老堂
	3. 新龍山洞	25-26	1960.5.1~1961.8.30	1:4	合宿·買食	鐵道合宿官舍 洋屋	45	住居地域	薔薇聯立住宅
	4. 樂園洞(金氏宅)	26-27	1961.8.30~1962.3.31	0:7	家庭敎師	瓦家韓屋	44	商業地域	알리앙스 모텔
	5. 苑西洞(崔氏宅)	27-27	1962.4.1~1962.4.30	0:1	下宿	瓦家韓屋	44	住居地域	韓屋原型(丈母食堂 옆)
	6. 苑西洞(李氏宅)	27-28	1962.5.1~1963.3.31	0:11	下宿	瓦家韓屋	43	住居地域	韓屋原型
	7. 淸凉里洞(趙氏宅)	28-28	1963.4.1~1963.11.1	0:7	家庭敎師	瓦家韓屋	43	住居地域	韓屋原型(金科補身湯 食堂)
	8. 金湖洞(金氏宅)	28-29	1963.11.1~1964.7.31	0:9	自炊	슬라브假建物住宅	42	住居地域	洋屋住宅(天神庵)
	9. 淸凉里洞(黃氏宅)	29-30	1964.8.1~1965.1.1	0:5	家庭敎師	瓦家韓屋	41	住居地域	韓屋原型(水剌間 食堂)
	10. 淸凉里1洞 92-1(李氏宅)	30-30	1965.1.1~1965.2.1	0:1	月貰(家族同居)	瓦家韓屋	41	住居地域	洋屋住宅(淸凉里商會)
	11. 淸凉里1洞 42(崔氏宅)	30-31	1965.2.1~1966.3.21	1:2	月貰(家族同居)	슬라브假建物住宅	40	住居地域	韓屋住宅 庭園
	12. 梨花洞 9-38(裵氏宅)	31-31	1966.3.21~1966.12.20	0:9	專貰(家族同居)	瓦家韓屋	40	住居地域	2層洋屋
	13. 昌信4洞 13-73	31-39	1966.12.20~1974.6.28	7:6	本人自宅	瓦家洋屋	32	學校敷地	世邦學院 入口 駐車場
	14. 祭基3洞 176-1	39-43	1974.6.29~1978.3.21	3:9	本人自宅	瓦家洋屋	28	住居地域	原型(擴張保存)
	15. 上道3洞 256-216	43-53	1978.3.22~1988.8.14	10:5	本人自宅	石造洋屋	18	住居地域	金城빌리지 빌라
	16 驛三1洞 618-24	53-71	1988.8.14~現在	18:1	本人自宅	現代洋屋	0	住居地域	原型
4.軍服務	1. 論山市 鍊武邑 鍊武臺	23-23	1958.7.31~1958.8.30	0:1	陸軍訓練兵入所	訓練兵 幕舍	48	軍施設地區	改善 陸軍砲兵訓練所(鍊武臺)
	2. 抱川郡 一東面 社稷里 7276	23-23	1958.8.31~1958.9.30	0:1	部隊服務	軍隊幕舍	48	軍施設地區	陸軍第7759部隊 搜索中隊
	部隊 小隊	24-25	1959.9.10~1960.4.30	0:8	部隊服務	軍隊幕舍	46	軍施設地區	陸軍第7759部隊 搜索中隊
	3. 抱川郡 一東面 26聯隊本部	23-24	1958.10.1~1959.2.28	0:5	部隊服務	軍隊幕舍	47	軍施設地區	陸軍第7759部隊 本部
	4. 光州市 西區 治平洞 尙武臺	24-24	1959.3.1~1959.9.9	0:6	部隊服務	軍隊幕舍	47	住居地區	住宅街 및 尙武公園
5. 美國 신시내티市	1. 123 W.McMillan St.(Alvanifas家)	34-34	1969.9.25~1969.10.20	0:1	月貰自炊	單獨 아파트	37	住居地區	單獨 아파트
	2. 2223 Ohio Av.(Lawson家)	34-37	1969.10.20~1972.1.14	2:3	月貰自炊	單獨 아파트	34	住居地區	單獨 아파트
	3. 2920 Scioto St.(Scioto Hall)	41-41	1976.2.20~1976.3.15	0:1	月貰自炊	大學 寄宿舍	30	大學地區	大學 寄宿舍
	4. 2920 Scioto St.(Sawyer Hall)	41-41	1976.3.15~1976.8.30	0:5	月貰自炊	大學 寄宿舍	30	大學地區	大學 寄宿舍

(2) 實相 모습

1) 聞慶成長地

1-1. 韓屋 父母自家: 慶北 聞慶市 興德洞 394(36.7.28~58.4.30)-2006.4.13 現在: 石造彫刻物 販賣場

1-2 韓屋 父母自家: 慶北 聞慶市 興德洞 4里 밭터 (58.5.1~ 64.12.24)-2006.4.13 現在: 菜蔬밭

2) 安東修學地

2-1 韓屋 下宿: 慶北安東시 法尙洞(54.4.5~54.5.10) -2006.4.13 現在: 補修된 舊韓屋

2-2 韓屋 下宿: 慶北 安東市 花城洞(54.5.10~54.6.10) -2006.4.13 現在: 變形된 舊韓屋

2-3 韓屋 下宿: 慶北 安東市 堂北洞(54.6.10~54.7.31) -2006.4.13 現在: 變形된 舊韓屋

2-4 韓屋 自炊: 慶北 安東市 太華洞(54.7.31~55.2.28) -2006.4.13 現在: 變形된 舊韓屋 殘影

2-5 鐵道官舍 家庭教師:慶北 安東市 平和洞(55.2.28~57.3.31)-2006.4.13 現在:變化된 環境의 舊官舍

3) 서울定着地

3-1 鐵道官舍 自炊: 서울市 龍山區 新龍山洞(57.4.1~57.6.1) -2005.6.14 現在:軍施設(陸軍福祉勤務支援團)

3-2 鐵道官舍 自炊; 서울市 龍山區 孝昌洞(57.6.1~58.4.30) -2005.6.14 現在: 住宅街 共同施設(孝昌洞 敬老堂)

3-3 鐵道合宿所 合宿: 서울市 龍山區 新龍山洞(60.5.1~61.8.30) -2005.6.14 現在:住宅地區(薔薇聯立住宅)

3-4 韓屋 家庭教師:서울市 鐘路區 樂園洞(61.8.30~62.3.31) -2005.6.14 現在:商業地區(알리앙스 모텔)

3-5 韓屋 下宿:서울市 鐘路區 苑西洞(62.4.1~62.4.30)
-2005.6.14 現在:韓屋原型保存(家口 居住中)

3-6 韓屋 下宿:서울市 鐘路區 苑西洞(62.5.1~63.3.31)
-2005.6.14 現在:韓屋原型保存(家口 居住中)

3-7 韓屋 家庭敎師:서울市 東大門區 淸凉里洞(63.4.1~63.11.1)-2005.6.14 現在: 原型保存(金科補身湯 食堂)

3-8 슬라브假建物 自炊:서울市 城東區 金湖洞(63.11.1~64.7.31)-2005.6.14 現在:洋屋住宅(天神庵 入住)

3-9 韓屋 家庭敎師:서울市 東大門區 淸凉里洞(64.8.1~65.1.1)-2005.6.14 現在:原型保存(食堂 水剌間 運營中)

3-10 韓屋 月貰:서울市 東大門區 淸凉里洞 92-1(65.1.1~65.2.1)-2005.6.14 現在:洋屋住宅(淸凉里商會 利用中)

3-11 韓屋 月貰:서울市 東大門區 清凉里1洞 42
(65.2.1~ 66.3.21)-2005.6.14 現在:
韓屋住宅앞 庭園 및 街路

3-12 韓屋 專貰:서울市 鐘路區 梨花洞 9-38 (66.3.21~ 66.12.20) -2005.5.13 現在: 多世帶用 2層洋屋(多家口 居住中)

3-13 洋屋 自家:서울市 東大門區 昌信4洞 13-73(66.12.20~ 74.6.28)-2005.5.3 現在:學校敷地(世邦學園 入口 駐車場)

3-14 洋屋 自家:서울市 東大門區 祭基3洞 176-1
(74.6.29~78.3.21)-2005.8.13 現在:
原型補修(家口 居住中)

3-15 洋屋 自家:서울市 銅雀區 上道3洞 256-216
(78.3.22~88.8.14)-2005.6.14 現在:빌라建物
(金城빌리지)

3-16 洋屋 自家:서울市 江南區 驛三1洞 618-24
(88.8.14~現在)-2006.7.9 現在:原型保存

4) 軍隊服務地

4-1 陸軍訓練所 幕舍:忠南 論山市 鍊武邑 鍊武臺(58.7.31-58.8.30)
-2005.6.15 現在:陸軍砲兵訓練所 鍊武臺

4-2 陸軍 第7276部隊 第2大隊 軍幕舍:京畿 抱川市 一東面 社稷里
(58.8.31~58.9.30;59.9.10~60.4.30)
-2005.7.5 現在:陸軍 第7759部隊 搜索中隊

4-3 陸軍 首都師團 26聯隊(第7276部隊) 人事課:京畿 抱川市 一東面 社稷里(58.10.1-59.2.28)-2005.7.5 現在:陸軍 第7759部隊 本部

4-4 陸軍 尙武臺 助教 幕舍:光州市 西區 治平洞 尙武臺(59.3.1~59.9.9)
-2006.5.17 現在: 治平洞 住宅街 및 尙武公園(吳炳太 湖南大 敎授 提供)

5) 美國 留學地

5-1 아파트 自炊:2223 Ohio Avenue, Cincinnati, Ohio, U.S.A.
(69.10.20~72.1.14)-1995.6.18 現在:原型 아파트
(長女 · 次女 및 外孫子 文近榮)

Ⅲ. 自家 住宅

○ 要 約

區分 \ 住宅別	① 聞慶 元家	② 聞慶 新家	③ 昌信洞 自家	④ 祭基洞 自家	⑤ 上道洞 自家	⑥ 驛三洞 自家
所有者	父 母	父 母	本 人	本 人	本 人	本 人
位置 (現在 住所)	慶北 聞慶市 新興洞 394	慶北 聞慶市 新興洞 깃골	서울 鍾路區 昌信4洞 13-73	서울 東大門區 祭基 3洞 176-1	서울 銅雀區 上道3洞 256-216	서울 江南區 驛三1洞 618-24
居住期間	1936.7.28-1958.4.30(21年 9月)	1958.5.1-1964.12.24(6年 8月)	1966.12.20-1974.6.28(7年 6月)	1974.6.29-1978.3.21(3年 9月)	1978.3.22-1988.8.14(10年 5月)	1988.8.15-2006.7.28(17年 11月)
家族數(名)	7-6-5-4	4	4-5-6-7-6	6-5	5	5-4-3-2
住宅樣式	土壁草家 韓屋	木造슬라브 韓屋	單層瓦家 洋屋	2層슬라브 洋屋	2層石造 洋屋	2層瓦家 洋屋
室·房 數(個)	6	5	6	8	13	22
大地(坪)	200	100	30	50	123	137
建物(坪)	55	15	12	37	49	97
購入(經常,千원)	2	31	560	8,000	43,000	420,000
賣却(經常,千원)	56	0	1,800	16,000	135,000	-

1. 歷代 所有住宅別 構造 및 規模

區分 \ 住宅別		① 聞慶 元家	② 聞慶 新家	③ 昌信洞 自家	④ 祭基洞 自家	⑤ 上道洞 自家	⑥ 驛三洞 自家
所有者		父 母	父 母	本 人	本 人	本 人	本 人
住所		慶北 聞慶郡(後 聞慶市) 戶西南面 興德4里 394	慶北 聞慶郡(後 聞慶市)戶西南面 興德里 깃골	서울市 東大門區 (後 鍾路區)昌信 4洞 13-73	서울市 東大門區 祭基 3洞 176-1	서울市 冠岳區(後 銅雀區)上道 3洞 256-216	서울市 江南區 驛三1洞 618-24
居住期間		1936.7.28-1958.4.30(21年 9月)	1958.5.1-1964.12.24(6年 8月)	1966.12.20-1974.6.28(7年 6月)	1974.6.29-1978.3.21(3年 9月)	1978.3.22-1988.8.14(10年 5月)	1988.8.15-2006.7.28(17年 11月)
家族數(名)		7-6-5-4名	4名	4-5-6-7-6名	6-5名	5名	5-4-3-2名
住宅類型		單獨住宅	單獨住宅	單獨住宅	單獨住宅	單獨住宅	單獨住宅
住宅樣式		土壁草家 韓屋	木造슬라브 韓屋	單層瓦家 洋屋	2層슬라브 洋屋	2層石造 洋屋	2層瓦家 洋屋
住宅構成(個)	寢室	2	2	2	4	4	6
	書齋	-	-	1	1	1	1
	居室		-	1	1	2	2
	廚房	1	1	1	1	1	1
	食事房	-	-	-	-	-	1
	沐浴湯	-	-	-	-	1	2

區分 \ 住宅別		① 聞慶 元家	② 聞慶 新家	③ 昌信洞 自家	④ 祭基洞 自家	⑤ 上道洞 自家	⑥ 驛三洞 自家
住宅構成(個)	便所	1	1	1	1	2	4
	보일러室	-	-	-	-	-	1
	多用途室	-	-	-	-	-	1
	車庫(台)	-	-	-	-	1	2
	倉庫	2	1	-	-	1	1
	計	6	5	6	8	13	22
規模(m²(坪))	垈地	661.2	330.6	99.2	165.3	406.6	454.2
		(200)	(100)	(30)	(50)	(123)	(137.4)
	建物	181.8	49.6	39.7	122.3	162.3	319.7
		(55)	(15)	(12)	(37)	(49.1)	(96.7)
市場價格(千원)	購入	2	310	560	8,000	43,000	420,000
	賣却	560	0	1,800	16,000	135,000	1,067,000*
	差額	558	-310	1,240	8,000	92,000	647,000
2006不變價格(千원)	購入	80,000	51,155	29,630	113,830	271,568	996,016
	賣却	92,409	0	25,612	101,048	320,148	1,093,865
	差額	12,409	-51,155	-4,018	-12,782	48,580	97,849

註) *는 2005年 公示價格임.

2. 自家住宅 構成要素의 變化推移

(1966.12.20~2006.7.28)

要素 \ 順序		① 昌信洞 自宅	② 祭基洞 自宅	③ 上道洞 自宅	④ 驛三洞 自宅
位置	住所	서울市 鍾路區 昌信洞 4洞 13-73	서울市 東大門區 祭基 3洞 176-1	서울市 銅雀區 上道 3洞 256-216	서울市 江南區 驛三1洞 618-24
	地區	高地, 再開發 豫定地區	平地, 居住專用 地區	低丘, 住居專用 地區	山峙, 住居專用 地區
期間 및 家族數	居住期間	1966.12.20-1994.6.28 (7年 6月 8日間)	1974.6.29-1978.3.21 (3年 8月 22日間)	1978.3.22-1988.8.14 (10年 4月 22日間)	1988.8.15-2006.7.28 (17年 11月 14日間)
	家族數(名)	5	6	5	5
規模(坪(m²))	垈地	30(99.17)	50(165.29)	123(406.61)	137.4(454.20)
	建物	12(39.67)	37(122.31)	49.1(162.31)	96.7(319.67)
家族當規模(坪(m²))	垈地	6.0(19.83)	8.3(27.55)	24.6(81.32)	27.5(90.84)
	建物	2.4(7.93)	6.2(20.39)	9.8(32.46)	19.3(63.93)
建物形態	樣式	單獨瓦家 洋屋	單獨슬라브 洋屋	單獨石造 洋屋	單獨瓦家 洋屋
	層數(地下室包含)	1	2	2	3
室數(個)	居室	1	2	2	2
	寢室	3	5	5	7
	廚房	1	1	1	1
	化粧室	1	1	2	4

要素		順序	① 昌信洞 自宅	② 祭基洞 自宅	③ 上道洞 自宅	④ 驛三洞 自宅
室數(個)	보일러室, 倉庫		-	-	-	2
	車庫		-	-	1(1台用)	1(2台用)
	計		6	9	11	17
價格(千원)	當時價格	購入價	560	8,000	43,000	420,000
		販賣價	1,800	16,000	135,000	1,067,000*
		差額	1,240	8,000	92,000	647,000
	2006年不變價格	購入價	29,630	113,830	271,568	996,016
		販賣價	25,612	101,048	320,148	1,093,865
		差額	-4,018	-12,782	48,580	97,849
購入金財源構成比(100%)	前家處分金		50.0	22.5	37.2	32.1
	貯蓄金		16.7	62.3	37.8	20.2
	銀行融資		-	15.2	25.0	15.5
	個人借用		-	-	-	32.2
	親知補助		33.3	-	-	-
伸張率(昌信洞自宅=100)	家族數		100	120	100	100
	垈地規模		100	167	410	458
	建物規模		100	308	409	806
	室數		100	150	183	283
	當時價格	購入價	100	1,429	7,679	75,000
		販賣價	100	889	7,500	59,278
		差額	100	645	7,419	52,177
	2006年不變價格	購入價	100	384	917	3,362
		販賣價	100	395	1,250	4,271
		差額	100	318	-1,209	-2,435

註) *는 2005年 公示價格임.

客說：經驗에서 얻은 삶의 眞實

지금 살고 있는 나의 집을 보면 말과 글로 만들어진 것 같다. 말을 하고 글을 써서 들어온 收入이 집값의 대부분을 차지했기 때문이다. '言書之家'라 할 수 있다.

客說：經驗에서 얻은 삶의 眞實

변을 보는 곳의 이름이 점차 예뻐지고 고상하게 승격되어 왔다. 어릴 때는 통싯간이라 하다가 다음에는 뒷간이라 하였고 좀 커서는 便所로 바뀌었으며 지금은 化粧室이라 한다. 앞으로는 더 고상하게 '休憩살롱'이나 '平和宮殿'으로 바뀌지 않을까 한다.

3. 自家住宅의 家族當 面積과 面積當 價格 및 家族當 價格

項目 \ 自家區分	1	2	3	4	5	6	累計
	聞慶市	聞慶市	昌信洞	祭基洞	上道洞	驛三洞	
	父母自宅	父母自宅	本人 自宅	本人 自宅	本人 自宅	本人 自宅	
自家住宅 住所	慶北 聞慶市 興德洞 394	慶北 聞慶市 興德洞 田地	서울 鐘路區 昌信4洞 13-73	서울 東大門區 祭基3洞 176-1	서울 銅雀區 上道3洞 256-216	서울 江南區 驛三1洞 618-24	6
居住期間 年度	36.7.28~58.4.30	58.5.1~64.12.24	66.12.20~74.6.28	74.6.29~78.3.21	78.3.22~88.8.14	88.8.15~現在	36.7.28~64.12.24 66.12.20~現在
居住期間 年齡(歲)	1~23	23~29	31~39	39~43	43~53	53~71	1~29,31~71
居住期間 地位	出生~大學生	大學生~大學院生	助敎~專任講師	專任講師~助敎授	助敎授~敎授·院長	敎授·院長~名譽敎授	出生~大學院生 助敎~名譽敎授
居住期間 期間(年:月間)	21:9	6:8	7:6	3:9	10:5	17:11	68:0
住宅規模 m² 垈地	661.2	330.6	99.2	165.3	406.6	454.2	2,117.1
住宅規模 m² 建物	181.8	49.6	39.7	122.3	162.3	319.7	875.4
住宅規模 m² 計	843.0	380.2	138.9	287.6	568.9	773.9	2,992.5
住宅規模 坪 垈地	200	100	30	50	123	137.4	640.4
住宅規模 坪 建物	55	15	12	37	49.1	96.7	264.8
住宅規模 坪 計	255	115	42	87	172.1	234.1	905.2
住宅價格(千원) 購入 經常價格	2	310	560	8,000	43,000	420,000	471,872
住宅價格(千원) 購入 2006不變價格	80,000	51,155	29,630	113,830	271,568	996,016	1,542,199
住宅價格(千원) 販賣 經常價格	560	0	1,800	16,000	135,000	1,067,000*	1,205,960
住宅價格(千원) 販賣 2006不變價格	92,409	0	25,612	101,048	320,148	1,093,865	1,633,082
家族當面積 平均 家族數(名)	5	4	7	6	5	4	31
家族1人當面積 m² 垈地	132.2	82.7	14.2	27.5	81.3	113.6	68.3
家族1人當面積 m² 建物	36.4	12.4	5.7	20.4	32.5	79.9	28.2
家族1人當面積 m² 計	168.6	95.1	19.9	47.9	113.8	193.5	96.5
家族1人當面積 坪 垈地	40.0	25.0	4.3	8.3	24.6	34.3	20.7
家族1人當面積 坪 建物	11.0	3.8	1.7	6.2	9.8	24.2	8.5
家族1人當面積 坪 計	51.0	28.8	6.0	14.5	34.4	58.5	29.2
面積當價格(千원) 購入時 m²當價格 垈地建物 經常	0.002	0.8	4	28	76	543	158
面積當價格(千원) 購入時 m²當價格 垈地建物 2006不變	95	135	213	396	477	1,287	515
面積當價格(千원) 購入時 m²當價格 垈地 經常	0.003	0.9	6	48	106	925	223
面積當價格(千원) 購入時 m²當價格 垈地 2006不變	121	155	299	689	668	2,193	728
面積當價格(千원) 購入時 坪當價格 垈地建物 經常	0.008	3	13	92	250	1,794	521
面積當價格(千원) 購入時 坪當價格 垈地建物 2006不變	314	445	705	1,308	1,578	4,255	1,704
面積當價格(千원) 購入時 坪當價格 垈地 經常	0.01	3	19	160	350	3,057	737
面積當價格(千원) 購入時 坪當價格 垈地 2006不變	400	512	988	2,277	2.208	7.249	2.408
面積當價格(千원) 販賣時 m²當價格 垈地建物 經常	0.7	0	13	56	237	1,379	403
面積當價格(千원) 販賣時 m²當價格 垈地建物 2006不變	110	0	184	351	563	1,413	546
面積當價格(千원) 販賣時 m²當價格 垈地 經常	0.8	0	18	97	332	2,349	570
面積當價格(千원) 販賣時 m²當價格 垈地 2006不變	140	0	258	611	787	2,408	771
面積當價格(千원) 販賣時 坪當價格 垈地建物 經常	2	0	43	184	784	4,558	1,332
面積當價格(千원) 販賣時 坪當價格 垈地建物 2006不變	362	0	610	1,161	1,860	4,673	1,804
面積當價格(千원) 販賣時 坪當價格 垈地 經常	3	0	60	320	1,098	7,766	1,883
面積當價格(千원) 販賣時 坪當價格 垈地 2006不變	462	0	854	2,021	2,603	7,961	2,550
家族當價格(千원) 購入時 經常價格	0.4	78	80	1,333	8,600	105,000	15,222
家族當價格(千원) 購入時 2006年 不變價格	16,000	12,789	4,233	18,972	54,314	249,004	49,748
家族當價格(千원) 販賣時 經常價格	112	0	257	2,667	27,000	266,750	38,902
家族當價格(千원) 販賣時 2006年 不變價格	18,482	0	3,659	16,841	64,030	273,466	52,680

註 *는 2005年 公示價格임.

4. 自家住宅의 位置向方

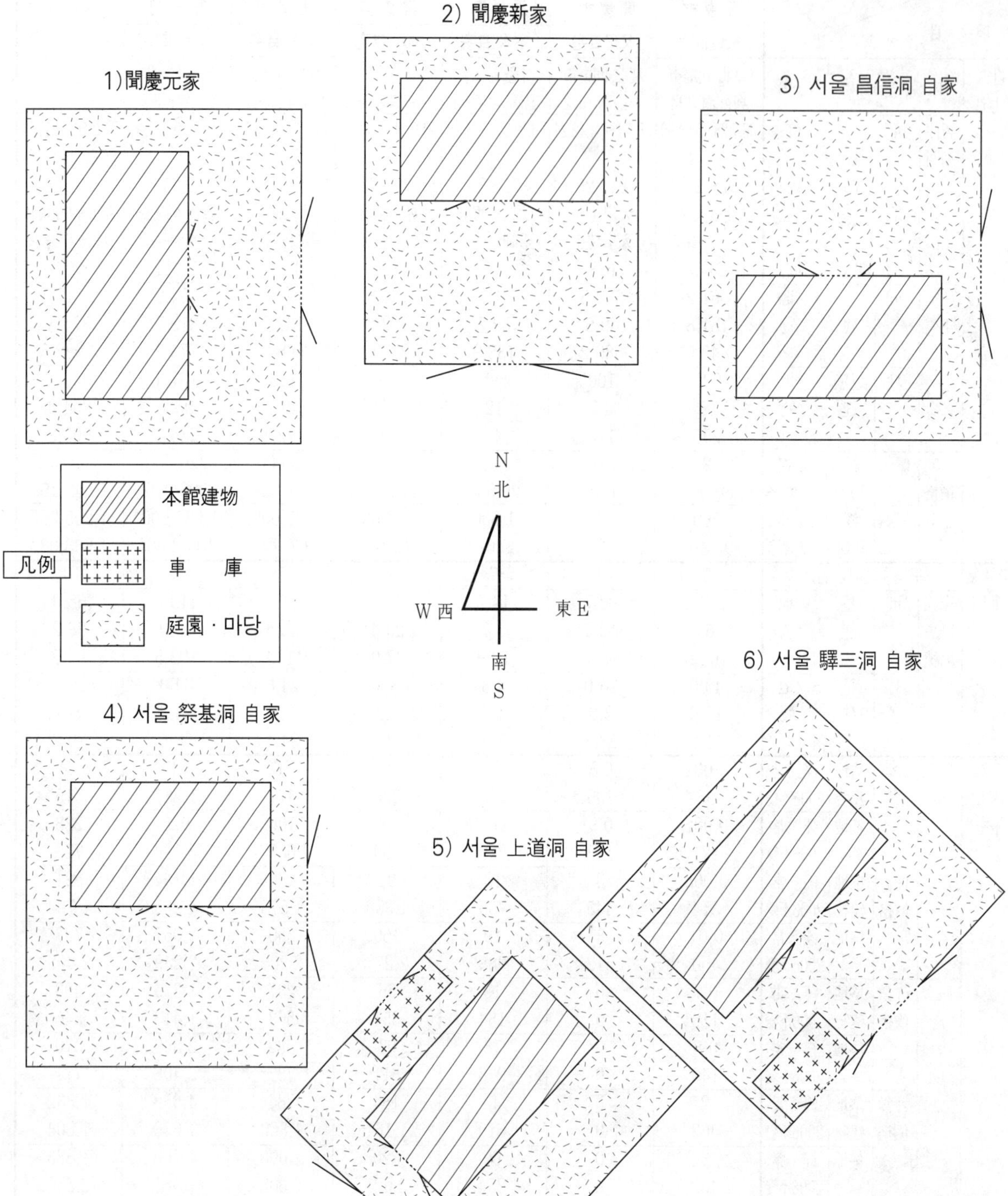
1)聞慶元家
2) 聞慶新家
3) 서울 昌信洞 自家
本館建物
凡例
車　庫
庭園 · 마당
N
北
W 西
東 E
南
S
4) 서울 祭基洞 自家
5) 서울 上道洞 自家
6) 서울 驛三洞 自家

5. 自家住宅의 構造 平面圖

(1) 聞慶 元家 (父母自家)

- ○ 期間 : 1936.7.28(出生) - 1958.4.30 (賣却)
- ○ 住所 : 慶北 聞慶郡 戶西南面 興德4里 (現 聞慶市 新興洞) 394
- ○ 形態 : 土壁草家
- ○ 規模 : 垈地 200坪, 本館建物 25坪, 附屬建物 30坪
- ○ 構造 : 房2, 廊1, 廚1, 便所1

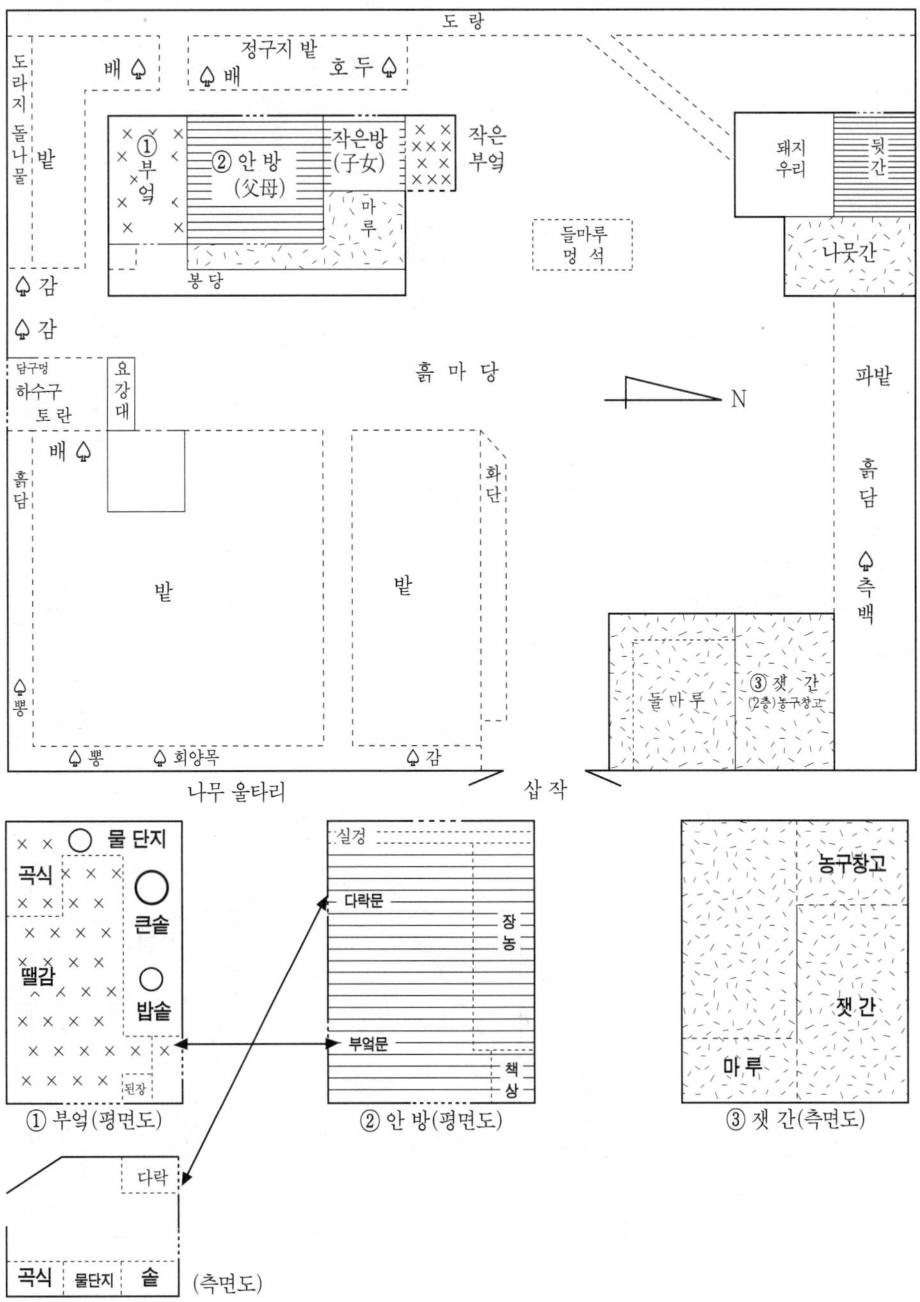

(2) 聞慶 新家 (父母 自家)

○ 期間 : 1958.5.1(新築) - 1964.12.24 (燒失)

○ 住所 : 慶北 聞慶郡 戶西南面 興德4里 (現 聞慶市 新興洞) 뒷밭

○ 形態 : 木造 슬라브 지붕

○ 規模 : 垈地 50坪, 建物 15坪

○ 構造 : 房2, 廚房1, 便所1

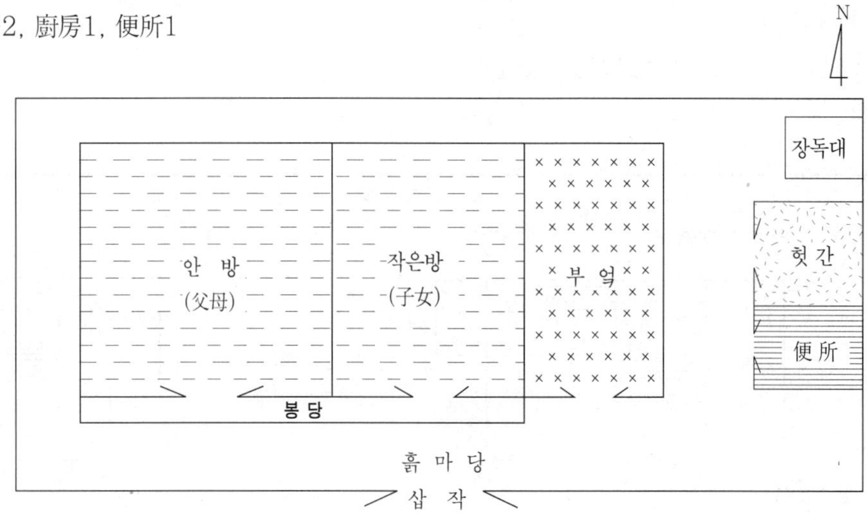

(3) 서울 昌信洞 自家

○ 期間 : 1966.12.20 (購入) - 1974.6.28 (賣却)

○ 住所 : 서울市 東大門區(現 鍾路區) 昌信4洞 13-73

○ 形態 : 單層 瓦家 洋屋

○ 規模 : 垈地 30坪, 建物 12坪

○ 構造 : 房3, 廊1, 廚房1, 便所1

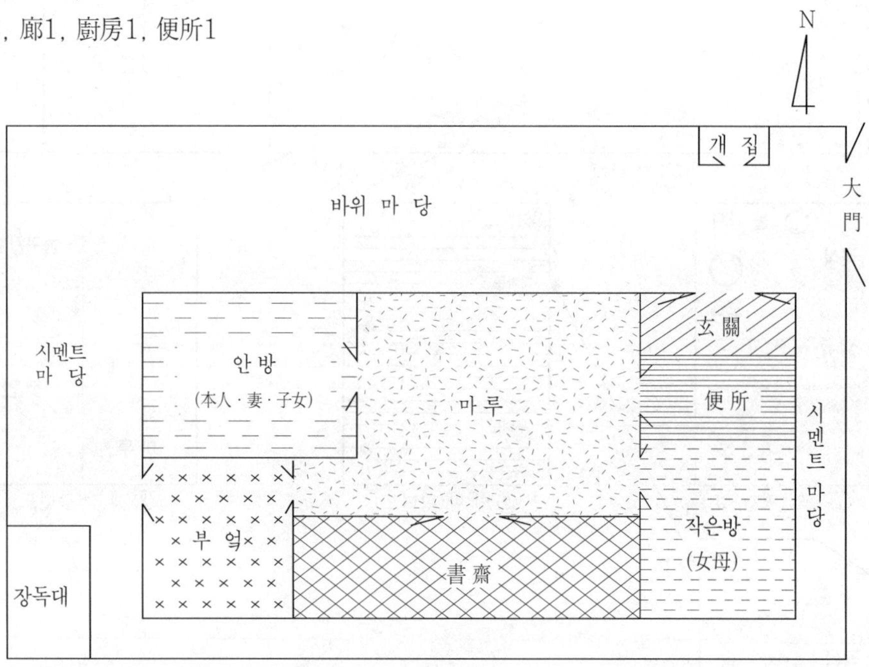

(4) 서울 祭基洞 自家

○ 期間 : 1974.6.29 (購入) - 1978.3.21 (賣却)
○ 住所 : 서울市 東大門區 祭基3洞 176-1
○ 形態 : 2層 슬라브지붕 洋屋
○ 規模 : 垈地 50坪, 建物 37坪
○ 構造 : 房5, 廊2, 廚房1, 便所1

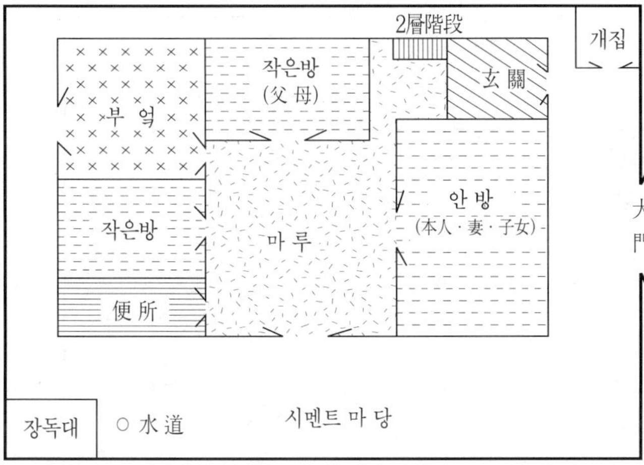

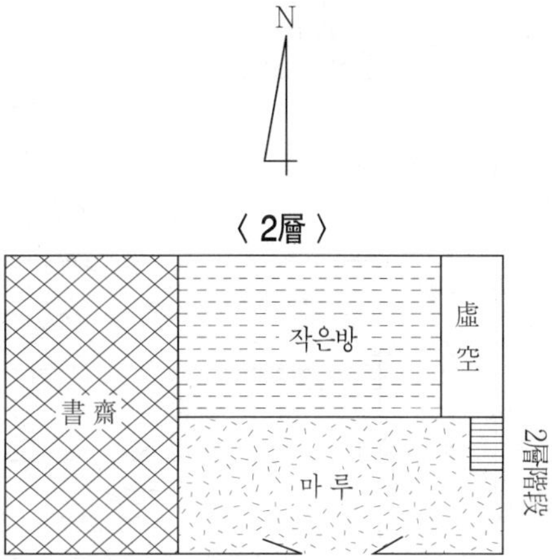

(5) 서울 上道洞 自家

○ 期間 : 1978.3.22 (購入) - 1988.8.14 (賣却)
○ 住所 : 서울市 冠岳區(現 銅雀區) 上道3洞 256-216
○ 形態 : 2層 瓦家 洋屋
○ 規模 : 垈地 123坪, 建物 49.1坪
○ 構造 : 房5, 廊2, 廚房1, 便所2, 車庫1

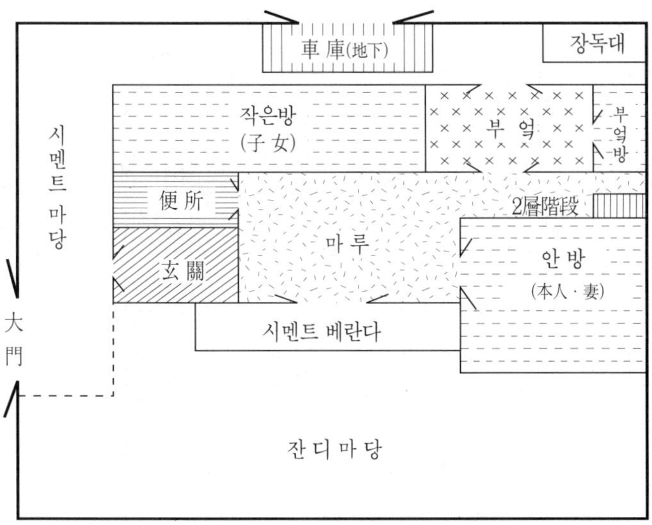

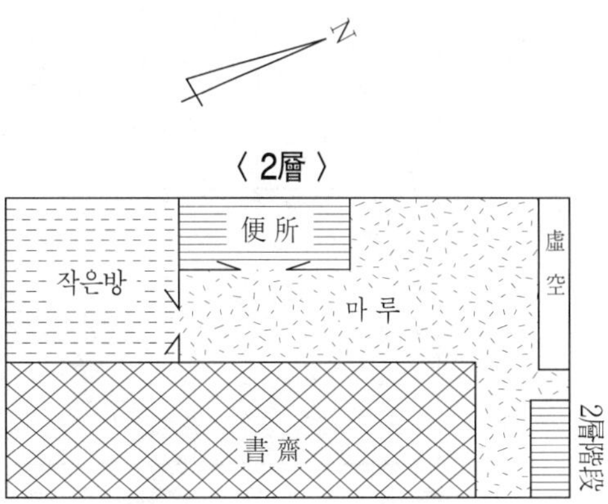

(6) 서울 驛三洞 自家

○ 期間 : 1988.8.14 (購入) - 現在

○ 住所 : 서울市 江南區 驛三1洞 618-24

○ 形態 : 2層 瓦家 洋屋

○ 規模 : 垈地 137坪, 建物 96坪

○ 構造 : 房7, 廊2, 廚房1, 便所4, 車庫(2台用)

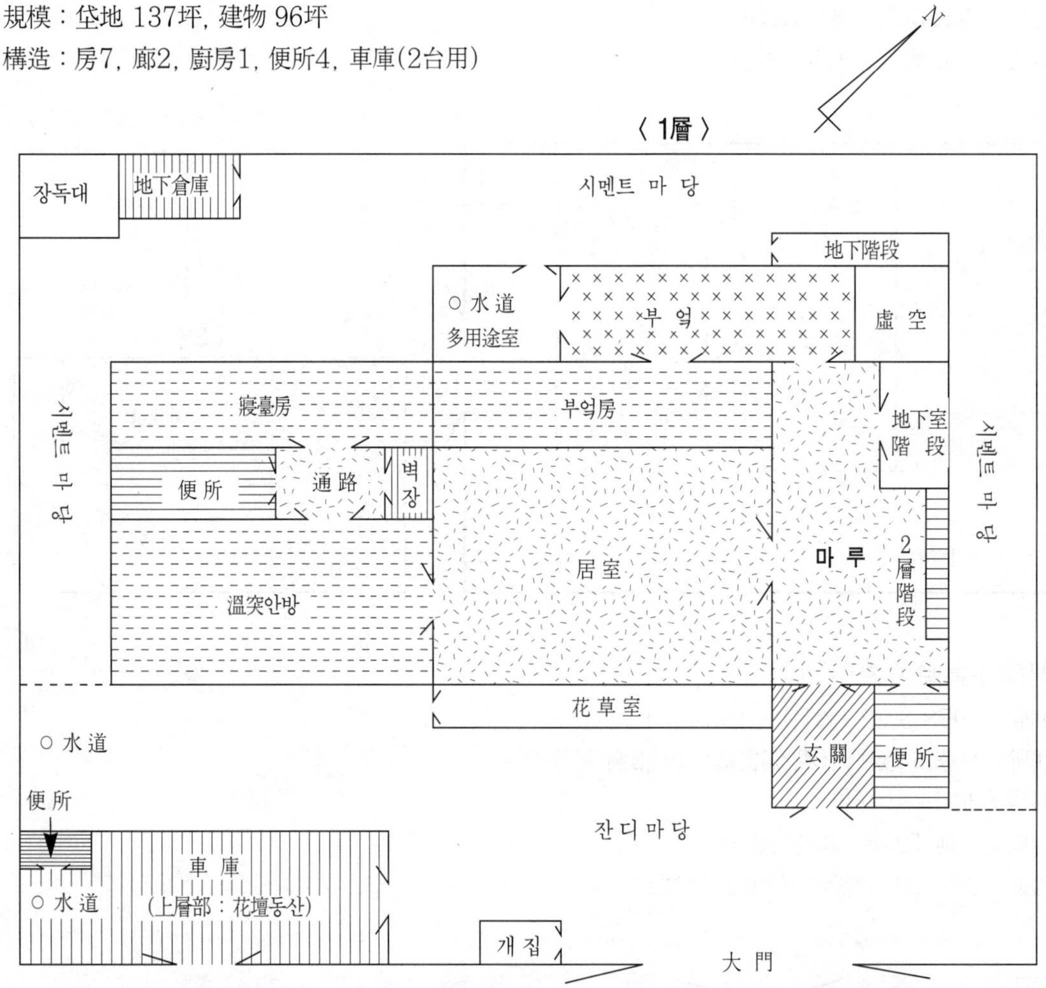

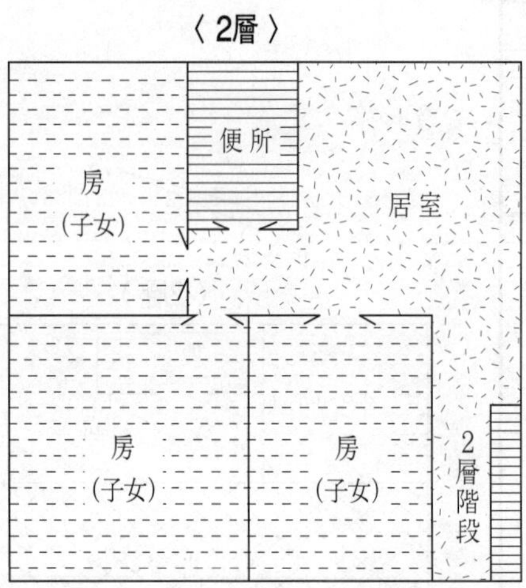

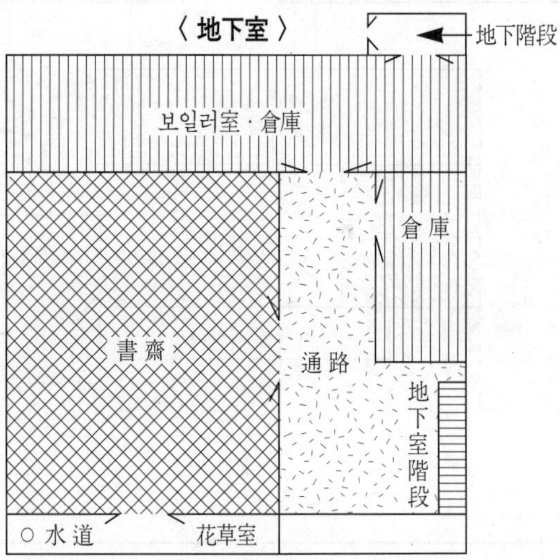

第 3 章 家 本

□ 總 括

區	分	始 作 日	內 容
家 名	家 號	1988. 11. 1	明 德 世 家
	書 齋 名	1988. 11. 1	溫 知 堂
家 紀	家 訓	1988. 11.11	內 實·外 德
	族 訓	1988. 11.11	溫知 · 性和 · 積厚
	家 旗	1988. 11.11	慶州金氏安濟之家旗
家 産	自 家	1966. 12.20	서울市 鍾路區 昌信 4洞
(最 初)	乘 用 車	1989. 2. 9	Lemans Oktima

Ⅰ. 家 名

○ 要 約

種 類	題 號	製 作 者	懸 板 日	懸 板 場 所
家 號	明 德 世 家	晴斯 安光錫	1988.11.1	서울市 驛三1洞 618-24 自宅 建物 正門
書 齋 名	溫 知 堂	晴斯 安光錫	1988.11.1	서울市 驛三1洞 618-24 書室 入口 上端

1. 家 號

「明 德 世 家」

○ 木版製作 · 懸板
- 製作日 : 1988.10.6 - 1988.10.31
- 製作者 : 晴斯 安光錫
- 規模 : 가로 105cm, 세로 30cm
- 刻型 : 陽刻
- 懸板日 : 1988.11.1
- 懸板場所 : 서울市 江南區 驛三1洞 618-24 所在 自宅 家屋 正門 左側 壁面

▲ 家號「明德世家」의 懸板, 서울 驛三1洞 自宅 本屋

2. 書 齋 名

「溫 知 堂」

○ 木版製作 · 懸板
- · 製作日 : 1988.10.6 - 1988.10.31
- · 製作者 : 晴斯 安光錫
- · 規模 : 가로 60cm, 세로 20cm
- · 刻型 : 陽刻
- · 懸板日 : 1988.11.1
- · 懸板場所 : 서울市 江南區 驛三1洞 618-24 所在 自宅 書室 入口 上側壁面

▲ 書齋名「溫知堂」의 懸板. 서울 驛三洞 自宅 書室 入口

Ⅱ. 家 紀

○ 要 約

種 類	題 號	制定 · 製作日	保 管 場 所
家 訓	內 實 · 外 德	1988. 11. 11	서울市 驛三1洞 618-24 自宅
族 訓	溫 知 · 性 和 · 積 厚	1988. 11. 11	서울市 驛三1洞 618-24 自宅
家 旗	慶州金氏安濟之家旗	1988. 11. 11	서울市 驛三1洞 618-24 自宅

1. 家 訓

「內實 · 外德」

· 意味 : 안으로 實質을 공고히 하고 밖으로 德望을 더 높게 하라.
· 制定日 : 1988.11. 11

2. 族 訓

「溫知 · 性和 · 積厚」

· 意味 : 溫知 - 知識을 깊게 하자.
性和 - 品性을 온화케 하자.
積厚 - 厚德을 쌓아 가자.
· 制定日 : 1988.11. 11

3. 家旗

「慶州金氏安濟之家旗」

○家旗製作 · 揭揚
- 製作日 : 1988.11.11
- 規模 : 가로 130cm, 세로 92cm
- 內容 : 家號, 族訓, 世系
- 構成 : 面 - 白布兩面
  邊 - 黃絲珠簾
  棒 - 白銅一軸
  臺 - 三脚白銅

▲ 自宅 玄關앞에 세운 家旗(左側)와 太極旗

Ⅲ. 家 象

○ 要 約

種 類	象徵主題	象徵對象	種 類	象徵主題	象徵對象
1. 植 物	1. 家 木	소 나 무	2. 動 物	1. 家 畜	개
	2. 家 果	감 나 무		2. 家 鳥	까 치
	3. 家 花	菊 花		3. 家 魚	붕 어
	4. 家 草	도 라 지	3. 鑛 物	1. 家 石	虎 形 石
	5. 家 菜	고 추		2. 家 岩	紋 灰 岩

1. 象徵 植物

1) 家木 : 소나무 (松樹, pine tree)
   · 江原 原州市 文幕面 産
2) 家果 : 감나무 (柿木, persimmon tree)
   · 慶南 金海市 進永邑 産
3) 家花 : 菊花 (chrysanthemum)
   · 서울 瑞草區 瑞草洞 産
4) 家草 : 도라지 (桔梗, chinese bellflower)
   · 忠南 公州市 鷄龍山 産
5) 家菜 : 고추 (唐椒 · 蕃椒, cayenne pepper)
   · 慶北 英陽郡 英陽邑 産

▲ 家果 감나무(驛三洞 自宅 庭園 동산에서, 2006.7.9)

▲ 家木 소나무(驛三洞 自宅 庭園에서, 2006.7.9)

▲ 家花 菊花(驛三洞 自宅 庭園에서, 2005.10.31)

▲ 家草 도라지(驛三洞 自宅 庭園에서, 2006.7.9)

▲ 家菜 고추(驛三洞 自宅 庭園에서, 2006.7.9)

▲ 家畜 개 '방울이'(驛三洞 自宅 大門안에서, 2006.7.9)

▲ 家鳥 까치(驛三洞 自宅 庭園에서, 2006.7.9)

▲ 家魚 붕어(驛三洞 自宅 居室 魚缸에서, 2006.7.9)

▲ 家石 虎形石(驛三洞 自宅 庭園에서, 2006.7.9)

▲ 家岩 紋灰岩(驛三洞 自宅 庭園에서, 2006.7.9)

2. 象徵 動物

1) 家畜 : 개 (犬, dog)
　　· 全南 珍島郡 珍島邑 産

2) 家鳥 : 까치 (喜鵲, magpie)
　　· 서울 江南區 自然 産

3) 家魚 : 붕어 (駙魚 · 鯽魚,crucian carp)
　　· 慶北 聞慶市 興德洞 潁江 産

3. 象徵 鑛物

1) 家石 : 虎形石 (tiger-shape stone)
　　· 慶北 聞慶市 虎溪面 産

2) 家岩 : 紋灰岩 (figured gray rock)
　　· 慶北 聞慶市 加恩邑 産

Ⅳ. 家 産

○ 要 約

年度	住宅	土地및商街	乘用車
1936	自家保有(父)	農地(畓)保有(父) 農地(田)保有(父)	
1949		農地取得(父)	
1957		└→ 賣却(父)	
1958	賣却(父) → 自家新築(父)		
1964	└→ 燒失(父)	賣却(父)	
1965	專貰入住		
1966	└→ 專貰入住 → 自家取得		
1968		賣却(父)	
1974	自家交替		
1978	自家交替		
1982		土地取得	新規取得
1984		土地取得	
1985		└→ 賣却	
1986		土地取得	
1988	自家交替		
1989			新規交替
1990		賣却	
1991		賣却	新規交替
1993		商街取得	
1994			新規交替
2000	長男專貰아파트		
2001		土地取得	
2004	長男自家아파트		
2005		오피스텔取得	新規交替
2006			

1. 不動産

1) 資産保有 : 1936年 7月 28日 出生當時
- ○ 所有者 : 金商大(父)
- ○ 住宅(깃골所在) : 垈地 - 200坪
建物 - 55坪
- ○ 農地 : 畓(興德所在) - 400坪
田(깃골所在) - 600坪

2) 農地買入 : 1949年 5月 1日
- ○ 種類 : 田(牛池所在)
- ○ 規模 : 1,000평
- ○ 買入價 : 當時 - 23千원
- ○ 資金 : 姉 石出 調達

3) 農地賣却 : 1957年 4月 1日
- ○ 種類 : 田(牛池所在)
- ○ 規模 : 1,000평
- ○ 賣却價 : 當時 - 98千원
- ○ 用途 : 弟 群濟 學費調達

4) 家屋賣却 : 1958年 4月 30日
- ○ 種類 : 住居家屋 (깃골 所在 本家)
- ○ 規模 : 垈地 - 200坪
建物 - 55坪
- ○ 賣却價 : 當時 - 560千원
- ○ 用途 : 弟 群濟 學費調達

5) 家屋新築 : 1958年 5月 1日
- ○ 種類 : 住居家屋 (깃골 所在)
- ○ 規模 : 建物 - 15坪 (所有 田에 建築)
- ○ 費用 : 當時 - 310千원
- ○ 資金 : 本家屋 賣却代金中 一部

6) 家屋燒失 : 1964年 12月 24日
- ○ 種類 : 住居家屋 (깃골 所在)
- ○ 規模 : 建物 - 15坪
- ○ 金額 : 當時 - 310千원
- ○ 發火者 : 甥姪 許憼

7) 農地賣却 : 1964年 12月 31日
- ○ 種類 : 畓 (興德 所在)
- ○ 規模 : 400坪
- ○ 賣却價 : 當時 - 230千원
- ○ 用途 : 서울 移住 專貰取得

8) 專貰入住 : 1965年 1月 1日
- ○ 位置 : 東大門區 淸凉里1洞
- ○ 規模 : 2房 1廚
- ○ 專貰價 : 當時 - 241千원
- ○ 資金 : 故鄕農地(畓400坪) 賣却收入

9) 專貰入住 : 1966年 3月 21日
- ○ 位置 : 鍾路區 梨花洞
- ○ 規模 : 2房 1廚
- ○ 專貰價 : 當時 - 520千원
- ○ 資金 : 前專貰價(277千원) 및 結婚剩餘金(243千원)

10) 自家取得 : 1966年 12月 20日
- ○ 位置 : 鍾路區 昌信4洞
- ○ 規模 : 垈地 - 30坪, 建物 - 12坪
- ○ 取得價 : 當時 - 56萬원
- ○ 資金 : 前專貰價(28萬원), 貯蓄金(9萬원), 妻家(19萬원)

11) 農地賣却 : 1968年 5月 1日
- ○ 種類 : 田 (깃골 所在)
- ○ 規模 : 600坪
- ○ 賣却價 : 當時 - 847千원
- ○ 用途 : 弟 群濟 住宅購入

12) 自家取得 : 1974年 6月 29日
- ○ 位置 : 東大門區 祭基3洞
- ○ 規模 : 垈地 - 50坪, 建物 - 37坪
- ○ 取得價 : 當時 - 800萬원
- ○ 資金 : 前家屋賣却代 - 當時 : 180萬원,
  貯蓄 및 融資金 - 620萬원

13) 自家取得 : 1978年 3月 22日
- ○ 位置 : 銅雀區 上道3洞
- ○ 規模 : 垈地 - 123坪, 建物 - 49坪

○ 取得價 : 當時 - 4,300萬원
○ 資金 : 前家屋賣却代 - 當時 : 1,600萬원
　　貯蓄金 - 1,613萬원
　　融資金 - 1,087萬원

14) 土地取得 : 1982年 11月 25日
○ 位置 : 店村市 茅田洞 108-3
○ 種類 : 垈地
○ 規模 : 360.2坪
○ 取得價 : 當時 - 51,120千원
○ 資金 : 貯蓄金

15) 土地取得 : 1984年 2月 10日
○ 位置 : 驪州郡 康川面 康川里 山 35 - 1外
○ 種類 : 林野
○ 規模 : 39,427坪
○ 取得價 : 當時 - 51,233千원
○ 資金 : 貯蓄金

16) 土地賣却 : 1985年 1月 12日
○ 位置 : 驪州郡 康川面 康川里 山 35 - 1外
○ 種類 : 林野
○ 規模 : 39,427坪
○ 賣却價 : 當時 - 58,000千원

17) 土地取得 : 1986年 6月 30日
○ 位置 : 店村市 茅田洞 61-12
○ 種類 : 垈地
○ 規模 : 垈地 - 36坪
　　建物 - 5坪
○ 取得價 : 當時 - 2,950萬원

18) 自家取得 : 1988年 7月 19日
○ 位置 : 서울市 江南區 驛三1洞 618-24
○ 種類 : 居住自宅
○ 規模 : 垈地 - 137坪
　　建物 - 96坪
○ 取得價 : 當時 - 42,000萬원
○ 資金 : 前家屋賣却代 - 當時 : 13,500萬원,
　　借用金 - 當時 : 20,000萬원

○ 現在의 保有不動産 實相(2006.7.28 現在)

① 本家 自宅

▲ 서울市 江南區 驛三1洞 618-24 單獨洋屋住宅
(垈地 137坪, 建物96.7坪, 1988.7.19 取得)
現在:夫婦居住(2006.7.17 撮影)

② 商街 店鋪

▲ 서울市 蘆原區 中溪1洞 360-7 世新빌딩 103號
(店鋪面積 17.9坪, 1993.7.22 取得)
現在:賃貸(씨채널眼鏡店)(2006.7.17 撮影)

③商街 敷地

▲ 慶北 聞慶市 茅田洞 866-3 商街裸垈地
(垈地面積 168.9坪, 2001.10.18 取得)
現在:賃貸(카센터)(2006.7.31 撮影)

④오피스 텔

▲ 서울市 瑞草區 瑞草洞 1303-35 泰榮 데시앙루브 B-605號(오피스 텔 面積 18.56坪, 2005.8.31 取得)
現在:賃貸(개인독신)(2006.7.14 撮影)

貯蓄金 - 當時 : 8,500萬원

19) 土地賣却 : 1990年 7月 20日
○ 位置 : 店村市 茅田洞 108-3
○ 種類 : 垈地
○ 規模 : 360.2坪
○ 賣却價 : 當時 - 16,300萬원
○ 用途 : 自家取得 負債償還

20) 土地賣却 : 1991年 6月 30日
○ 位置 : 店村市 茅田洞 61-12
○ 種類 : 垈地, 建物
○ 規模 : 垈地 36坪
○ 賣却價 : 當時 - 1億 3千萬원
○ 用途 : 서울 商街 購入

21) 商街購入 : 1993年 7月 22日
○ 位置 : 서울市 蘆原區 中溪1洞 360-7, 世新빌딩 103호
○ 種類 : 商街店鋪
○ 規模 : 30.08m² (17.9坪)
○ 購入價 : 當時 - 23,000萬원
○ 名義 : 妻(黃蓮子)

22) 아파트專貰 : 2000年 4月 29日
○ 位置 : 서울市 瑞草區 蠶院洞 58-11, 新盤浦 韓信아파트 316棟 408號
○ 規模 : 25坪
○ 專貰價 : 當時 - 11,000萬원(2002.4.30 再契約時 : 16,000萬원)
○ 名義 : 長男(金東爀)

23) 土地取得 : 2001年 10月 18日
○ 位置 : 慶北 聞慶市 茅田洞 866-3
○ 種類 : 裸垈地
○ 種類 : 557.4m² (168.9坪)
○ 購入價 : 當時 - 33,000萬원
○ 名義 : 妻(黃蓮子), 妻弟(黃次蓮)

24) 아파트 取得 : 2004年 3月 14日
○ 位置 : 서울市 瑞草區 蠶院洞 54-7 新和아파트 1401號
○ 種類 : 自家아파트

○ 規模 : 34坪
○ 取得價 : 當時 - 42,000萬원
○ 資金 : 前아파트 專貰金 - 當時 : 16,000萬원
長男負擔-當時 : 11,000萬원
追加補助-當時 : 15,000萬원
○ 所有名義 : 長男 金東𪏍

25) 오피스텔 取得 : 2005年 8月 31日
○ 位置 : 서울市 瑞草區 瑞草洞 1303-35 泰榮 데시앙루브 B洞 605號
○ 種類 : 오피스 텔
○ 規模 : 61.37㎡(18.56坪)
○ 取得價 : 當時 - 173,936千원(垈地 : 93,272千원, 建物 : 72,720千원, 附加價値稅 : 7,272千원, 其他 : 672千원)
○ 資金 : 골프會員券賣却代 - 20,000千원
積金額 - 32,182千원
信託解除 - 52,180千원
銀行融資 - 69,574千원
○ 名義 : 妻 黃蓮子

2. 動 産

1) 自動車 購入 : 1982年 3月 12日
○ 種類 : Mark V Economy
○ 番號 : 서울 4다-4300
○ 購入價 : 當時 - 680萬원
○ 資金 : 貯蓄金

2) 自動車購入 : 1989年 2月 9日
○ 種類 : 乘用車 Lemans Oktima
○ 番號 : 서울 4-루-4477
○ 購入價 : 當時 - 800萬원
○ 資金 : 前 車輛 賣却代 - 80萬원
不足額 - 月賦償還

3) 自動車購入 : 1991年 10月 1日
○ 種類 : 乘用車 Prince
○ 番號 : 서울 4주 - 5464
○ 購入價 : 1,600萬원

○ 資金 : 店村 土地 賣却代中 一部

4) 自動車購入 : 1994年 11月 18日 (寄贈받음)
○ 種類 : 乘用車 New Grandeur-Executive
○ 番號 : 서울 4 퍼 -1753
○ 購入價 : 2,800萬원
○ 寄贈者 : 朴昇治(釜山)

5) Facsimile 設置 : 1994年 8月 4日 (寄贈받음)
○ 種類 : 신도리코社 Telipa 30
○ 番號 : 567-3496
○ 價格 : 130萬원
○ 寄贈者 : 卞 鐸

6) 골프會員券 取得 : 1996年 6月 8日 (寄贈받음)
○ 種類 : 陽智리조트 골프 個人會員券
○ 位置 : 京畿道 龍仁市 內四面 南谷里 34-1
○ 番號 : E 0411 - 0657
○ 價格 : 3,600萬원
○ 寄贈者 : 黃蓮子(妻) - 回甲紀念 膳物
○ 賣却 : 4,200萬원(2004.9.24)

7) 自動車購入 : 2005年 7月 12日
○ 種類 : 乘用車 Equus 350
○ 番號 : 02 나 1795
○ 購入價 : 4,200萬원
○ 資金 : 골프會員券 賣却代 - 2,200萬원
本人負擔 - 2,000萬원
○ 名義 : 黃蓮子(妻)
○ 舊車處分 : 長妻男 黃載壽에게 寄贈(2005.7.12)

客說 : 經驗에서 얻은 삶의 眞實

사람이 지속가능한 活動을 하기 위해서는 매일 7시간 정도는 자야 한다. 나폴레옹은 부족한 잠을 이동하는 말 위에서 보충하였다고 한다. 나는 집에서 모자라는 잠을 주로 地下鐵이나 自動車에서, 가끔은 會議 중이나 事務室에서 조금씩 보충하여 하루 7시간은 채우고 있다.

3. 家庭 生活器機 確保沿革

(取得 順)

住居: 梨花(專貫) | 昌信(自宅) | 美國(月貫) | 昌信(自宅) | 祭基(自宅) | 上道(自宅) | 驛三(自宅)

年代: 1965 | 1970 | 1975 | 1980 | 1985 | 1990 | 1995 | 2002 | 2006

品目	取得日字	備考
1. 扇風機	1966. 3.10	
2. 電話機	1968. 1.27	#54-1989
	1974. 7. 5	#93-4507
	1978. 3.31	#68-5560
	1988. 8.14	#567-3496
3. 라디오	1968. 2. 1	(交替)
4. 텔레비전	1969. 4.10	(黑白19″)
	1969.11.15	(贈呈) (컬러19″)
	1978. 4.10	(컬러21″)
	1988. 9.10	(컬러24″)
	1996.12.24	(贈呈) (컬러37″)
5. 冷藏庫	1978. 7. 1	(小型)
	1988. 7.19	(中型)
6. 自家用 乘用車	1982. 3.12	(마크V이코노미)
	1989. 2. 9	(르망)
	1991.10. 1	(프린스)
	1994.11.18	(贈呈) (뉴그랜져)
	2005. 7.12	에쿠스
7. 에어콘	1982. 6.30	(內室)
	1988. 7.19	(內室)
	1989. 7. 1	(居室)
8. 골프채	1982.10. 1	(贈呈)
	1984. 9.11	(Slingers) (贈呈) (Golden Ram)
	1997. 5. 3	(Homma) (贈呈)
9. 寢臺	1988. 7.19	(寢室)
10. 自轉車	1988. 9. 1	(一般用)
11. 팩스밀	1995. 8. 4	(贈呈) (Telipa30)

客說 : 經驗에서 얻은 삶의 眞實

서울 出身들이 '나의 살던 고향은 꽃피는 산골…' 하는 '고향의 봄' 이란 노래를 들으면 무슨 追憶이 떠오를까? 都市에서만 자라난 사람은 情緖가 메마르기 쉽다. 나의 아들 · 딸들이 그러하다.

4. 運轉免許와 乘用車

(1) 本人 및 家族의 自動車 運轉免許 取得

(家族 順)

順位	關係	本人 및 家族: 姓名	本人 및 家族: 生年月日(現在 年齡 : 滿)	第 2 種 自動車(乘用車) 運轉免許: 取得日字(當時年齡 : 歲)	免許番號	現在까지 使用期間(年)
1	本 人	金 安 濟	1937. 4. 25 (69)	1990. 9. 26 (53)	서울 90-081722-10	16
2	妻	黃 蓮 子	1944. 1. 29 (62)	1985. 12. 5 (41)	서울 85-088664-42	21
3	長 女	金 雪 娥	1966. 10. 30 (40)	1989. 11. 8 (23)	서울 89-102773-50	17
4	長 男	金 東 爀	1968. 11. 12 (38)	1994. 5. 1 (26)	서울 94-051903-43	11
5	子 婦	都 京 順	1971. 7. 4 (35)	1994. 5. 1 (23)	서울 94-003395-90	11
6	次 女	金 貞 娥	1971. 3. 12 (35)	2004. 3. 18 (33)	경기 04-812664-70	2

(2) 乘用車 利用沿革

(日字 順)

區分	順序	職位	車輛: 所屬	車輛: 種類	車輛: 番號	價格(經常, 千원): 購入價	價格: 販賣價	運轉者 및 利用期間: 運轉者	利用期間(年:月間)
機關 乘用車 (公共用)	1	國保委 委員	國軍保安司令部	Mark Ⅳ	陸軍 3193	配定	返還	兵長 石俊鎬	80.6.5 - 80.10.27(0:5)
	2	國會 專門委員	中央情報部	Mark Ⅳ	서울1라 9681	〃	〃	技士 朴鳳錫	80.10.28 - 81.2.28(0:4)
	3	環境大學院長	서울大學校	Sonata	서울1가 3902	〃	〃	技士 尹佑晟	86.11.5 - 90.11.4(4:0)
	4	行政硏究院長	韓國地方行政硏究院	Prince	서울4오 6723	〃	〃	技士 金興榮	92.7.21 - 93.3.14(0:8)
				New Grandeur	서울4차 2383	〃	〃	技士 金興榮	93.3.15 - 94.7.20(1:4)
	5	地域硏究院長	韓國地域發展硏究院	Equus 350	서울55너 6526	〃	〃	技士 宋桓錫	02.11.2 - 04.6.8(1:7)
	6	行政首都委員長	新行政首都建設推進委員會	Dynasty	01 가 5815	〃	〃	技士 崔信一	04.6.9 - 04.9.13(0:3)
	7	硏究院 顧問	韓國地域發展硏究院	Equus 350	서울 55너 6526	〃	〃	代理 崔信一	04.9.18 - 現在(1:10)
	計(7)	7	6	7	7	-	-	6	80.6.5 - 現在(10:5)
自家 乘用車 (自家用)	1	家長	本人	Mark V Economy	서울 4다 4300	6,800	800	技士 金西善	82.3.12 - 86.11.4(4:8)
								妻 黃蓮子	86.11.5 - 89.2.8(2:3)
	2	主婦	妻	Lemans Oktima	서울 4루 4477	8,000	2,000	妻 黃蓮子	89.2.9 - 91.9.30(2:8)
	3	主婦	妻	Prince	서울 4주 5464	16,000	4,300	妻 黃蓮子	91.10.1 - 94.11.17(3:2)
	4	主婦	妻	New Grandeur	서울 4퍼 1753	(寄贈受:28,000)	(寄贈授:1,500)	妻 黃蓮子	94.11.18 - 05.7.11(10:8)
	5	主婦	妻	Equus 350	02 나 1795	42,000	(現在價:25,000)	妻 黃蓮子	05.7.12 - 現在(1:1)
	計(5)	2	2	5	5	100,800	33,600	2	82.3.12 - 現在(24:5)
累計(2)	12	9	8	12	12	100,800	33,600	8	80.6.5 - 現在(34:10)

(3) 乘用車 利用 變遷圖

(日字 順)

順位	車種	利用期間	期間	區分
1	Mark Ⅳ	80.6.5 - 80.10.27	(5月)	機關乘用車
2	Mark Ⅳ	80.10.28 - 81.2.28	(4月)	機關乘用車
3	Mark Ⅴ	82.3.12 - 89.2.8	(4年 5月)	自家乘用車
4	Sonata	86.11.5 - 90.11.4	(4年)	機關乘用車
5	Lemans	89.2.9 - 91.9.30	(2年 8月)	自家乘用車
6	Prince	91.10.1 - 94.11.17	(3年 2月)	自家乘用車
7	Prince	92.7.21 - 93.3.14	(8月)	機關乘用車
8	New Grandeur	93.3.15 - 94.7.20	(1年 4月)	機關乘用車
9	New Grandeur	94.11.8 - 05.7.11	(10年 8月)	自家乘用車
10	EQUUS 350	02.11.2 - 04.6.8	(1年7月)	機關乘用車
11	Dynasty	04.6.9 - 04.9.13	(3月)	機關乘用車
12	EQUUS 350	04.9.18 -	(1年10月)	機關乘用車
13	EQUUS 350	05.7.12 -	(1年1月)	機關乘用車

凡例
- ──── : 機關乘用車
- - - - - : 自家乘用車

▲ 韓國地域發展研究院 所屬의 專用乘用車 EQUUS 350 (研究院이 入住하고 있는 國民銀行 蘆原支店 建物後門 駐車場에서 乘用車와 技士 崔信一代理, 2006.3.22)

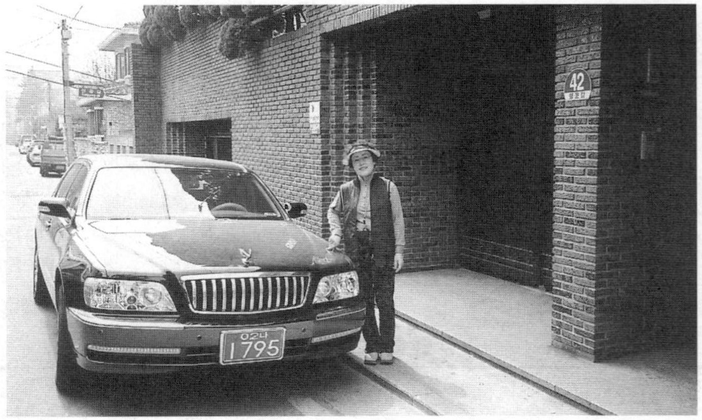

▲ 自家 乘用車 EQUUS 350 (江南區 驛三1洞 自宅앞에서 乘用車와 妻, 2006.4.8)

第 3 篇

生涯沿革

草凡 生涯 70년간의 變遷을 기록한 沿革을 싣습니다. 事實을 그대로 나타내고자 解說보다는 圖表와 統計로 정리하였습니다.「身元과 人格」篇에서는 出生과 呼名, 身相과 體位, 生活時間, 食事와 營養, 人格形成, 信仰生活과 生活指標 등을 담고 있습니다.

다음의「教育과 訓練」篇에서는 本人이 받은 教育과 訓練過程을 총망라하여 學校 및 學位, 恩師및 成績, 職責 및 受賞, 訓練機關 및 資格證 등을 수록하였고,「經歷과 賞勳」篇에서는 그동안 역임한 基本經歷과 副次的 經歷을 나열하고 勳章 · 賞狀 등의 受勳 · 受賞 實績을 수록하였습니다.

끝으로「時代와 環境」篇에서는 活動空間, 事件과 時期, 主要事件 發生時의 狀況, 因緣을 맺은 사람들 등을 정리해두었습니다

"The parts of the world are all so related and linked to one another that I believe it impossible to know one without the other and without the world. Man, for instance, is related to all he knows. He needs a place wherein to abide, time through which to live, motion in order to live, elements to compose him, warmth and food to nourish him, air to breathe."

Section Ⅱ. The Misery of Man Without God, ***Pensées.*** by Blaise Pascal(1623~1662)

(世上의 部分들은 모두 다른 部分에 관련되고 연결되어 있으므로 내가 믿기로는 어느 하나라도 다른 것을 제외하고는, 그리고 世上을 제외하고는 알기가 불가능하다. 예컨대 사람은 알고 있는 場所, 살아가는 時間, 살기 위한 行動, 그 自身을 구성하는 要素들, 그를 양육하는 溫氣과 飮食, 호흡하는 空氣를 필요로 하고 있다.)

블레이즈 파스칼(1623~1662), **瞑想錄.**
第2節 神이 없는 人間의 不幸

▨ 槪觀 : 生涯區分의 學歷 및 基本經歷別 實際期間

生涯區分	學級職位	始終 · 日字		期間			
		始作	終了	年數	月數	日數	時間數
成長修學期	幼兒期	36. 7.28	45. 4. 1	9	104	3,170	76,080
	初等學校	45. 4. 2	51. 7.14	6	75	2,295	55,080
	休息	51. 7.15	51. 9. 9	-	2	57	1,368
	中等學校	51. 9.10	54. 3. 3	3	30	906	21,744
	休息	54. 3. 4	54. 4. 9	-	1	37	888
	高等學校	54. 4.10	57. 3. 2	3	35	1,058	25,392
	休息	57. 3. 3	57. 3.31	-	1	29	696
	大學校	57. 4. 1	62. 2.26	5	59	1,793	43,032
	· 軍服務(포함)	58. 7.31	60. 4.30	2	21	640	15,360
	· 中學講師(포함)	61. 1.16	61. 3. 6	-	2	50	1,200
	休息	62. 2.27	62. 4. 6	-	1	39	936
	會社職員	62. 4. 7	63. 1.31	1	10	300	7,200
	高校教師	63. 2. 1	63. 4.30	-	3	89	2,136
	· 重複除外(大學院)	63. 2. 1	63. 2.28	-	1	28	672
	大學院	63. 3. 1	65. 2.26	2	24	729	17,496
	內務部硏究員	64. 4.15	66. 2.28	2	23	685	16,440
	· 重複除外(大學院)	65. 2.27	66. 2.28	1	12	367	8,808
	休息	66. 3. 1	66. 3.24	-	1	24	576
	大學院助教	66. 3.25	70. 9.26	5	54	1,647	39,528
	· 重複除外(大學院)	66. 3.25	69. 9.19	3	42	1,275	30,600
	美國留學	69. 9.20	72. 1.14	2	27	847	20,328
	累計	36. 7.28	72. 1.14	35	425	12,954	310,896
社會活動期	休息	72. 1.15	72. 3. 1	-	2	47	1,128
	時間講師	72. 3. 2	72. 5. 9	-	2	69	1,656
	專任講師	72. 5.10	76. 4.14	4	47	1,436	34,464
	· 美國留學(포함)	76. 2.20	76. 4.14	-	2	55	1,320
	助教授	76. 4.15	80. 7.31	4	52	1,569	37,656
	· 美國留學(포함)	76. 4.15	76. 9. 5	-	4	144	3,456
	副教授	80. 8. 1	85. 9.30	5	62	1,887	45,288
	正教授	85.10. 1	86.11. 4	1	13	400	9,600
	大學院長	86.11. 5	90.11. 4	4	48	1,461	35,064
	平教授	90.11. 5	92. 7.20	2	21	624	14,976
	硏究院長	92. 7.21	94. 7.20	2	24	730	17,520
	平教授	94. 7.21	97. 2.28	3	31	954	22,896
	主任教授	97. 3. 1	99. 2.28	2	24	730	17,520
	平教授	99. 3. 1	02. 8.31	4	42	1,280	30,720
	累計	72. 1.15	02. 8.31	31	368	11,187	268,488
出生 - 停年 總累計		36. 7.28	02. 8.31	66	793	24,141	579,384
社會活動期	名譽 · 碩座教授	02. 9. 1	06. 7.28	4	47	1,427	34,248
出生 - 古稀 總集計		36. 7.28	06. 7.28	70	840	25,568	613,632

第 1 章 身元과 人格

□ 總 括 : 一生始終間 變遷體系圖

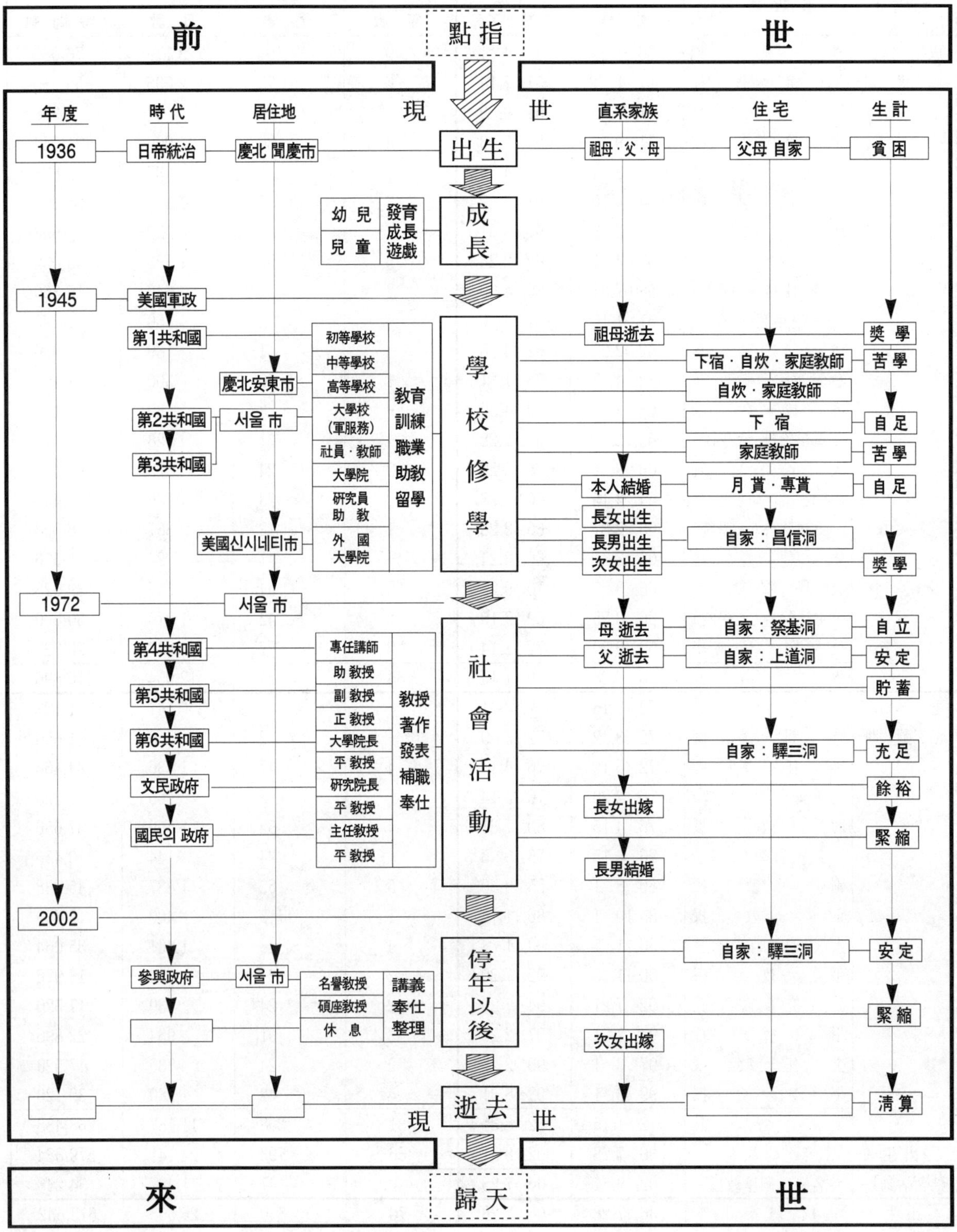

Ⅰ. 出生과 呼稱

○ 要 約 : 身分의 變遷圖

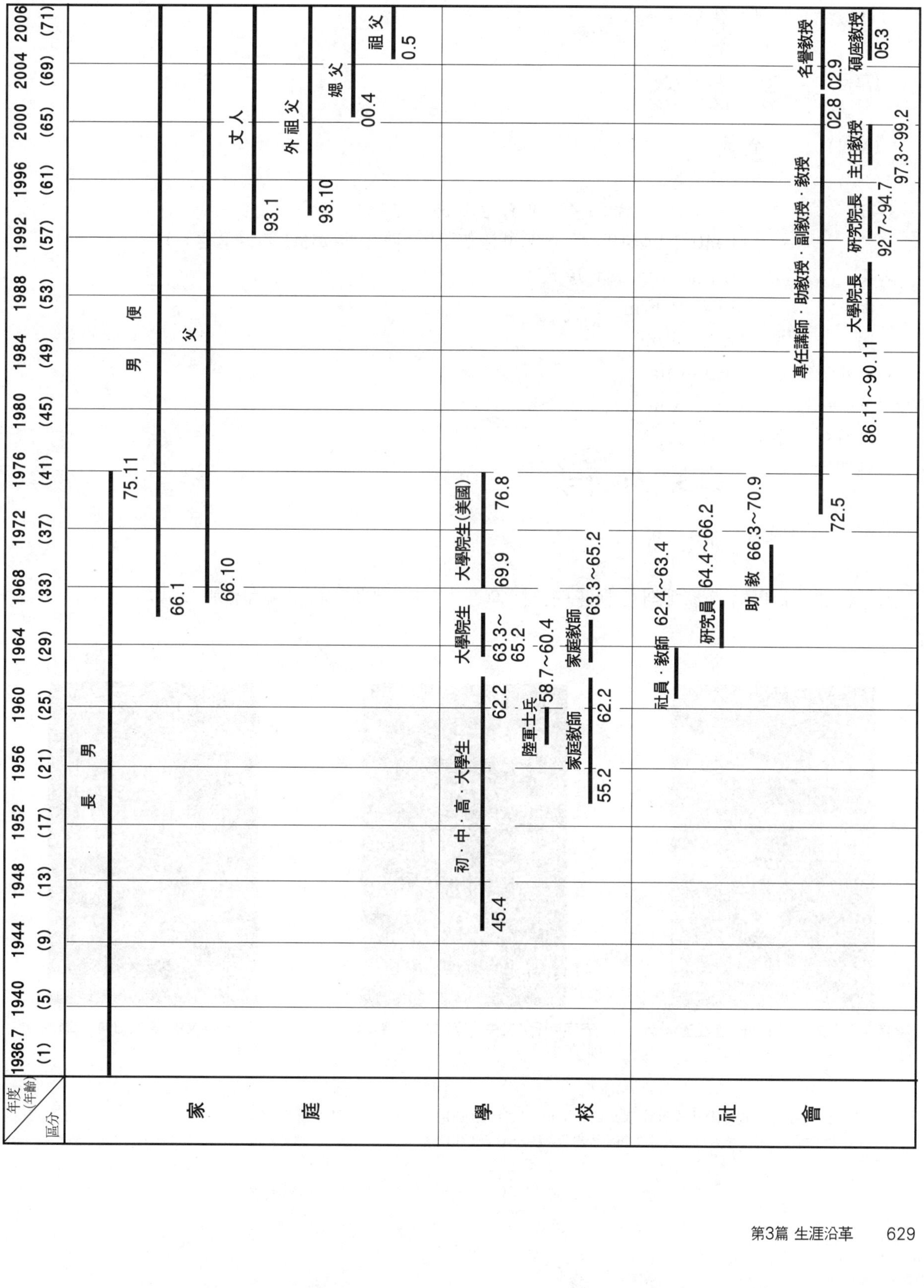

1. 呼 名

(1) 姓名

○한　　　글 : 김 안 제
○漢　　　文 : 金 安 濟
(草書) 

(篆書) 

○日　　文 : キム アン ゼ, キン アン サイ(きん あん さい)
(1940.2.11 創氏改名命에 따른 表記: 金城 安濟(かねしろ あんさい))
○英　　文 : An-Jae Kim, An-Je Kim
○佛　　文 : Anne Gē Kim
○獨　　文 : An-Ze -Kim
○스페인文字 : An-Je Kim
○포르투갈文字 : An-Se Kim
○러시아文字 : KUM aИ-Ze
○아랍文 字 : 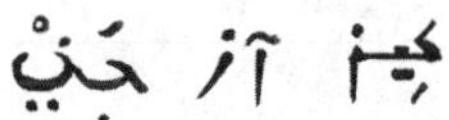

○이집트神聖文字 : 

○姓名 3字의 中國名筆家에 의한 楷書 · 行書 · 草書 · 章草 · 隷書 · 篆書 · 雜體書別 表記 :

金 (김)

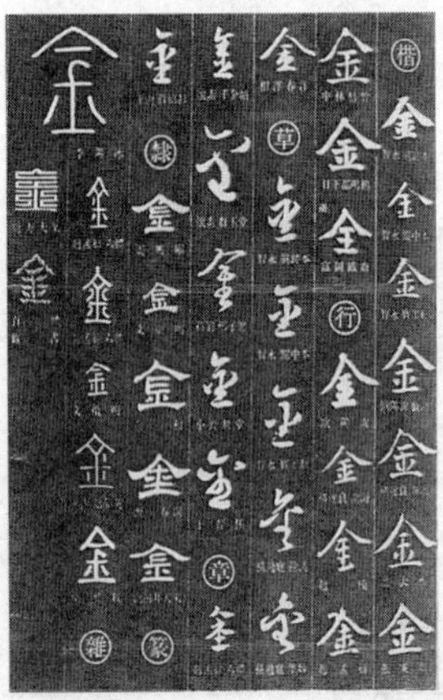

(金字＝千字文中 第11句 '金生麗水'에 存在)

安 (안)

(安字＝千字文中 第72句 '言辭安定'에 存在)

濟 (제)

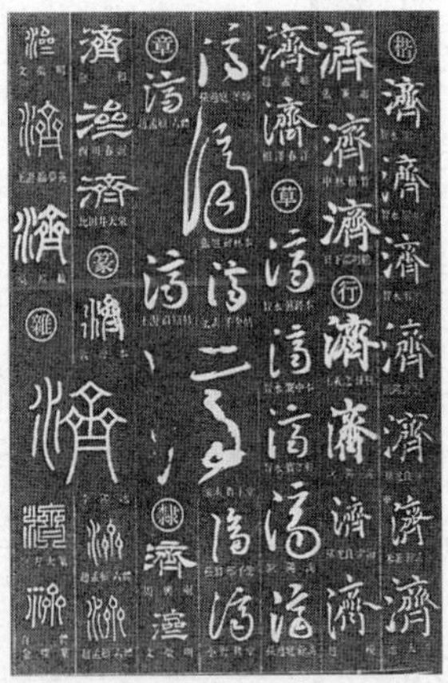

(濟字＝千字文中 第138句 '濟弱扶傾'에 存在)

註 : 千字文은 中國 梁의 周興嗣가 창작한 것으로 250句×4字＝1,000字로 구성되어 있음.
資料 : 飯島太千雄 篇, 千字文 字典. 東京 : 東京堂出版, 1988(昭和 63年).

○署名(signature)

(한글)

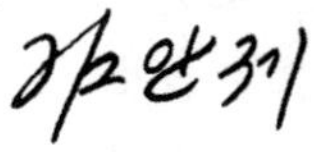

(漢字)

(英字)

○印章

(印鑑)

(主銀行 去來用)

(副次銀行 去來用)

(研究院 決裁用)

(一般用 : 學校)

(一般用 : 自宅)

(紀念用)

(紀念用)

(紀念用)

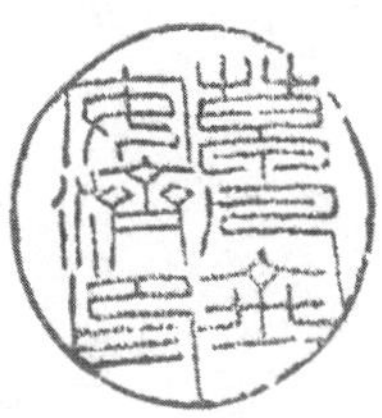

(中國 北京市 琉璃厰街 觀復齋 刻印)

(中國 北京市 琉璃厰街 觀復齋 刻印)

(美國 Ohio州 Cincinnati市 McMillan Book Store 刻印)

(2) 本貫

○貫鄕 : 慶州
○世代 : 始祖 閼智 世系 第66世

(3) 別號

○雅號 : 草凡
○字 : 璟龍
○別名 : ① 까 재-1943. 1. 1~1954. 4. 9 : 聞慶市 興德洞 故鄕마을 親舊들
② 村 놈-1957. 4. 1~1962. 2.26 : 서울市 서울大學校 物理學科 級友들
③ 慶尙道 總角-1963. 2. 1~1963. 4.30 : 首都女師大 女子高等學校 在學生들
④ 安 濟 아 제-1966. 3.25~2006. 7.28 : 서울大 環境大學校 同僚 · 後輩 · 弟子
⑤ 白 蛇-1996.12.31~2006. 7.28 : 서울 市立大學 金源敎授 作名 · 普及
⑥ 記 錄 王-1997. 1.18~2006. 7.28 : 停年紀念 記錄集 贈呈行事 以後 命名

⑦ 八 方 美 人-1997. 5. 1~2006. 7.28 : 同僚 · 知人들의 呼稱으로 普及
⑧ 奇 人-1999. 6.16~2006. 7.28 : 서울市 高建市長의 作名으로 擴大
⑨ 達 人-1999. 7.31~2006. 7.28 : 好凡會 李永哲社長의 作名으로 普及
⑩ 記錄의 名人-2000. 9.23~2006. 7.28 : 韓國國家記錄硏究院에서 使用 · 普及
⑪ 丹 濟-2002. 4.15~2006. 7.28 : 中國 丹東에서 趙正濟 長官이 呼稱

(4) 同名異物

1)病 院 : 安濟醫院
位置-서울市 城北區 彌阿 第5洞 彌阿里 고개 側邊
2)橋 梁 : 安濟橋
位置-中國 河北省 趙縣 城南 洨河 북쪽
建立時期-隋나라 時代
施工者-隋代名匠 李春
길이-64.4m
幅-10m
歷史性-世界史上 最初 建立 橋梁
價値性-中國 重要文物 保存單位로 指定, 河北 4大 古蹟의 하나
(資料提供 : 金裕赫 檀國大學 名譽敎授)

(5) 雅號 · 姓名의 緣詩
草 ——— 草根木皮 少年食 : 풀뿌리 나무껍질이 少年期의 飮食이오,
凡 ——— 凡人分數 平常心 : 普通사람 分數지킴이 늘상 가진 마음이며,
金 ——— 金科玉條 眞實義 : 金科玉條 삼은것은 참된 實際의 正義이고,
安 ——— 安家樂道 生涯訓 : 편한 家庭 즐긴 道理는 平生동안 敎訓이며,
濟 ——— 濟渡衆生 望向志 : 많은 사람 濟渡함은 바라는 참 뜻일세.

2. 出 生

(1) 出生日
· 實 際 陽 曆 : 1936年 7月28日 12時
· 實 際 陰 曆 : 丙子年 6月10日 午時
· 戶籍登記日字 : 1937年 4月25日 12時
· 住民登錄番號 : 110305-117682 (1937.4.25~1975.12.31)
370425-1009414 (1976.1.1~2002.8.31)

(2) 出生地
· 出 生 當 時 : 1936.7.28

日本國 朝鮮 慶尙北道 聞慶郡 戶西南面 興德 4里 394番地

· 解 放 當 時 : 1945.8.15

大韓民國 慶尙北道 聞慶郡 戶西南面 興德 4里 394番地

· 邑 昇 格 時 : 1956.8.8

大韓民國 慶尙北道 聞慶郡 店村邑 興德 4里 394番地

· 市 昇 格 時 : 1986.1.1

大韓民國 慶尙北道 店村市 新興洞 興德 4里 394番地

· 市郡統合時 : 1995.1.1

大韓民國 慶尙北道 聞慶市 新興洞 興德 4里 394番地

客說 : 經驗에서 얻은 삶의 眞實

博士學位까지 받는 修學期間이 너무 길다. 檀君王儉 초기에는 아마 1년 정도면 모든 공부를 끝낼 수 있었겠지만 지금은 學問의 蓄積이 너무 많아 25년 정도의 期間을 거쳐야 博士에 이르게 된다. 100여년 뒤에는 공부할 양이 너무 많아 博士學位 받는 데 50여년간 소요되어 그 뒤 10년간쯤 社會活動을 하다가 停年에 이르지 않을까 걱정이다.

客說 : 經驗에서 얻은 삶의 眞實

"아침에 道를 깨달으면 저녁에 죽어도 좋다" 라는 孔子님의 말씀이 있다. 가능하면 깨달은 道를 행하여 남들에게 유익함을 주고 다음 날 죽는게 좋을 듯하다. 아무도 모르게 혼자 道를 깨우치고 그대로 곧 죽는다면 本人이나 人類를 위해 좀 아깝고 억울하다는 생각이 든다.

客說 : 經驗에서 얻은 삶의 眞實

죽을 때, 태어난 고향에서 눈을 감는 사람이 얼마나 될까? 옛날에는 그런 사람이 많았겠지만 점차 人口移動이 심하여 지금은 극히 드물 것이다. 나도 고향에서 생을 마감하고 싶지만 어려울 것 같은 豫感이 든다. 죽어 靈魂이라도 고향에 가 머물면 좋겠다.

(3)出生 · 成長 마을의 韓半島에서의 位置圖

(慶北 聞慶市 新興洞 興德마을)

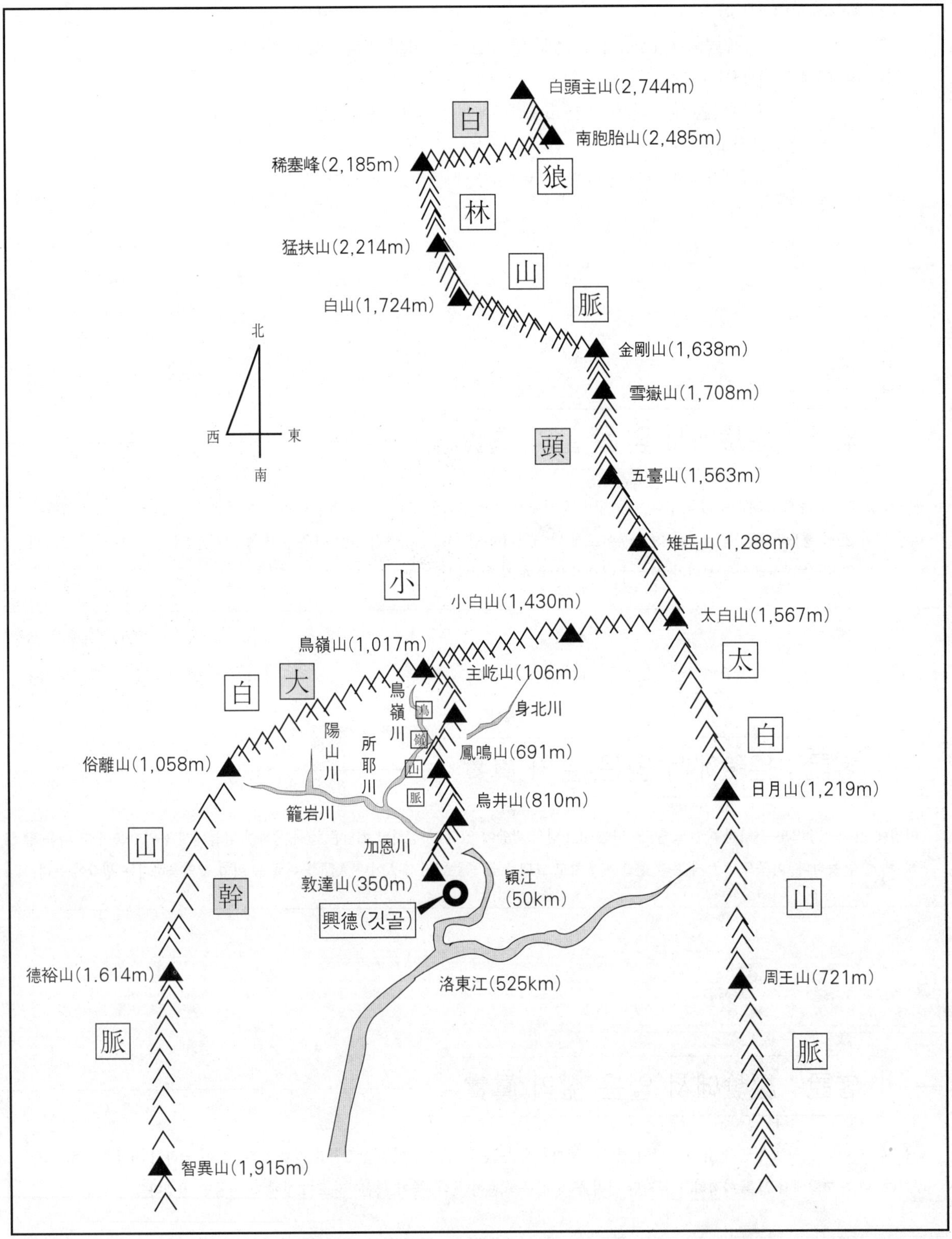

(4) 出生 마을과 周邊地勢圖

1) 出生地 當時 周邊狀況圖

(1936.7~1954.3) (自宅住所 : 慶北 聞慶郡 戶西南面 興德4里 394)

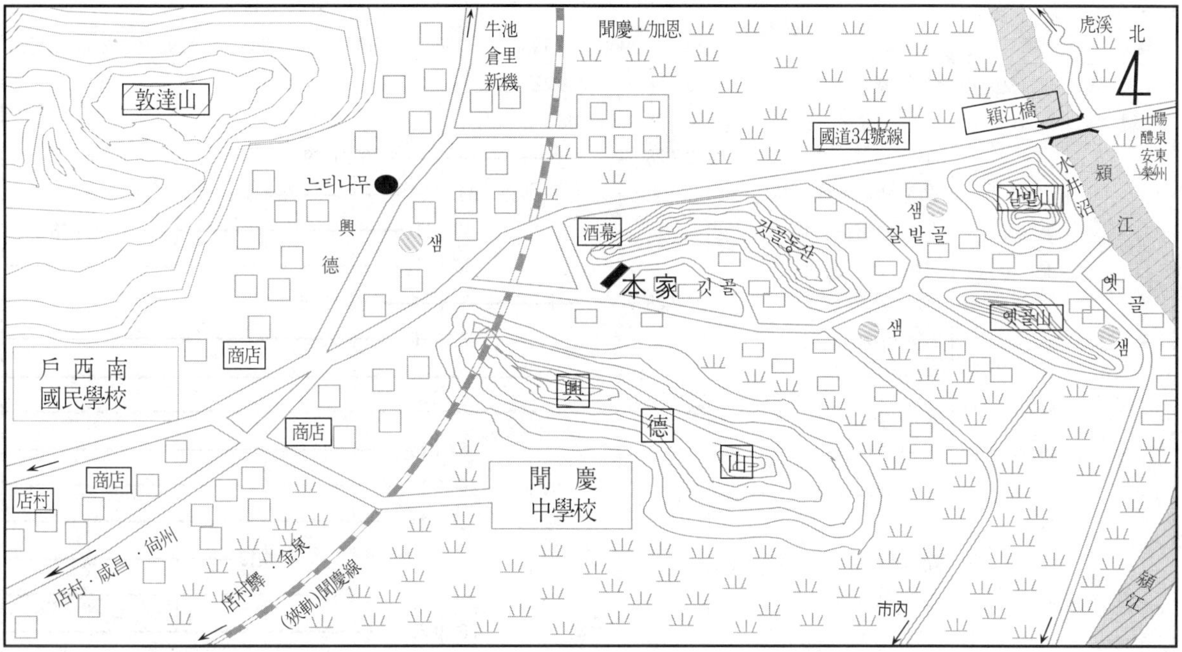

2) 出生地 現在 周邊狀況圖

(2002.8 現在) (舊自宅 現住所 : 慶北 聞慶市 新興洞 394)

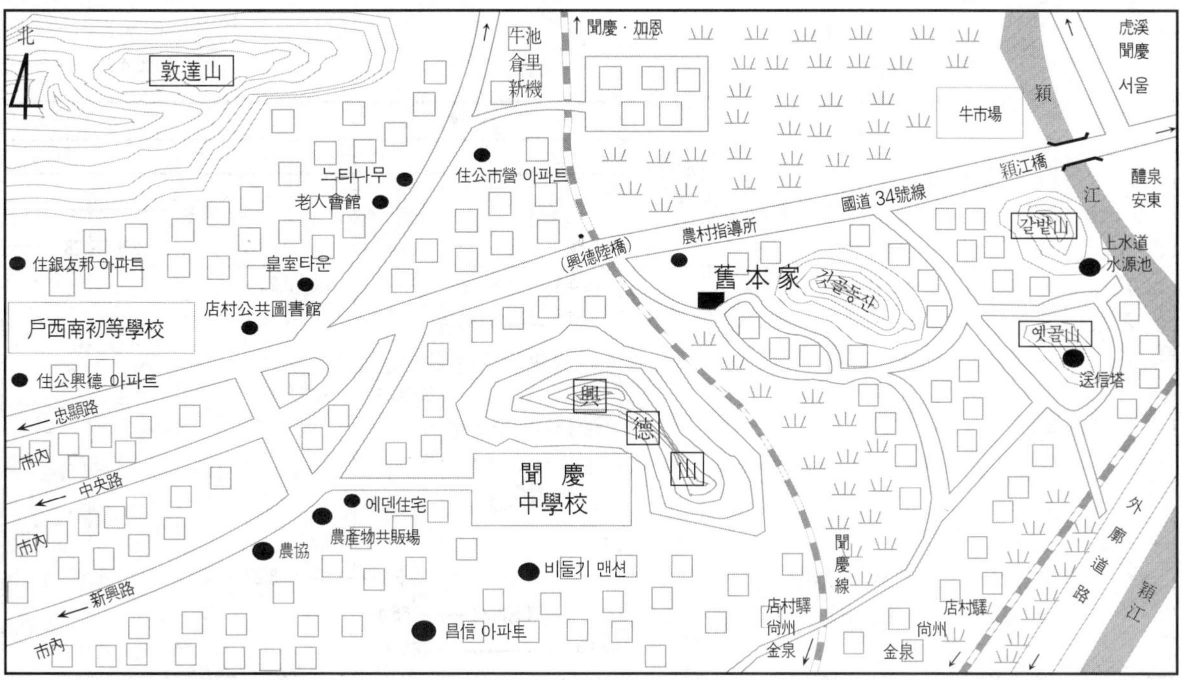

3. 呼稱의 變遷

(1) 年齡과 職位에 따른 稱號의 變遷

區分	呼稱者	稱號	使用期間 (1930 1940 1950 1960 1970 1980 1990 2000 2006)
1.家族 親戚 一員	祖父母	아가, 孫子, 安濟	36.7.28 — 46.8.22
	外祖父母	아가, 外孫子, 安濟	36.7.28 — 42.3.17
	父母	아가, 安濟	36.7.28 — 66.10.29
		雪娥 아빠, 아범	66.10.30 — 75.11.12
	妻父母	金書房, 雪娥 아빠	66.1.11 — 99.1.18
	妻	여보, 당신, 男便	66.1.11 —
	누님	아가, 安濟, 동생	36.7.28 — 66.10.29
		雪娥 아빠	66.10.30 —
	동생	兄, 兄任	41.8.19 —
	姉兄	妻男, 安濟, 雪娥 아버지	36.9.5 —
	弟嫂	媤 아주버님	68.1.16 —
	妻男	姉兄, 妹兄	66.1.11 —
	妻弟	兄夫	66.1.11 —
	妻男宅	媤妹夫	81.4.19 —
	同壻	同壻, 兄任	71.12.25 —
	子女	아빠, 아버지, 아버님	66.10.30 —
	누님子女	外三寸, 三寸	
	동생子女	큰아버지, 伯父	
	妻男子女	姑母夫	
	妻弟子女	姨母夫	
	查頓	查頓, 查頓어른	93.1.6 —
	사위	丈人, 聘父, 聘丈	93.1.6 —
	며느리	媤 아버님, 아버님	2000.4.22 —
	아저씨	조카, 安濟	36.7.28 —
	조카	三寸, 아제, 아저씨	36.7.28 —
	門中兄任	동생, 安濟	36.7.28 —
	外孫子女	할아버지, 外할아버지	93.10.15 —
	孫子女	할아버지, 祖父任	2005.9.28 —
2.學校 學生	先生任	安濟, 金安濟	45.4.1 — 65.2.26
		副級長, 級長	48.9.1 — 51.7.14
		班長	51.9.10 — 52.2.28
	美國教授	An-Jae, Mr. Kim	69.9.21 — 76.8.27
	同僚·親舊	安濟, 까제	45.4.1 — 51.7.14
		安濟	51.9.10 — 57.3.2
		安濟, 村놈	57.4.1 — 62.2.26
		安濟	63.3.1 — 65.2.26
	家庭教師宅	An-Jae. A.J,Kim	69.9.21 — 76.8.27
	一般人	學生, 先生任	55.2.28 — 65.1.1
		學生, 金君	45.4.1 — 65.2.26

區分	呼稱者	稱號	使用期間 (1930 1940 1950 1960 1970 1980 1990 2000 2006)
3.軍隊 士兵	上級者·同僚	金訓兵	58.7.3 — 58.8.31
		士兵	58.9.1 — 60.4.30
		金二兵	58.9.1 — 59.1.31
		金一兵	59.2.1 — 59.12.31
		金上兵	60.1.1 — 60.4.30
		金係長	60.1.1 — 60.4.30
	下級者	金一兵任	59.2.1 — 59.12.31
		金上兵任	60.1.1 — 60.4.30
		金係長任	60.1.1 — 60.4.30
4.會社 職員	上級者	社員, 金先生, Mr. 金	62.4.7 — 63.2.1
	同僚	金先生, 金兄	62.4.7 — 63.2.1
	下級者	金先生任, 先輩任	62.4.7 — 63.2.1
5.高校 教師	上級者,同僚	金先生,金教師	63.2.1 — 63.4.30
	弟子	先生任, 慶尙道 總角	63.2.1 — 63.4.30
	學父母	先生任	63.2.1 — 63.4.30
6.研究委員會 研究員	上級者	金君, Mr. 金, 研究員	64.4.15 — 66.2.28
	同僚	金兄, 金先生	64.4.15 — 66.2.28
7.大學 教授	上下級者 ·同僚 ·弟子	助教, Mr.金, 先生任	66.3.25 — 70.9.26
		先生任	66.3.25 —
		教授	72.5.10 —
		學科長	77.9.28 — 79.9.28
		所長	80.4.17 — 80.11.17
		院長	86.11.5 —
		博士	76.8.27 —
	高位政策課程生	主任教授	97.3.1 — 99.2.28
		校長先生任	97.3.1 —
8.公社,學會, 研究機關 任員	任職員	理事	73.1.18 —
		常任理事	78.2.4 — 97.3.15
		常務理事	74.3.1 — 75.9.30
		理事長	95.4.1 —
		顧問	73.6.1 —
9.學會,同窓會,親睦會 任員	構成員	幹事	78.9.1 — 91.2.18
		室長	92.5.21 — 94.12.31
		監事	74.4.20 — 85.5.19
		副會長	74.3.1 — 95.2.21
		會長	81.3.1 —
		大會長	81.8.16 — 84.8.19
10.委員會 任員	任職員	委員	72.2.1 —
		專門委員	80.10.28 — 90.9.25
		委員長	75.2.1 —
11.發表大會 主役	大會參加者	發表者	73.5.10 —
		討論者	72.6.30 —
		議長, 座長	72.3.25 —
		演士, 講師	73.7.27 —

區分 \ 呼稱者 \ 期間		稱號	使用期間 (1930 1940 1950 1960 1970 1980 1990 2000 2006)
12.學校 校友	先輩	後輩, 아우	51.9.10 ―
	後輩	先輩任, 兄任	51.9.10 ―
13.親睦 모임一員	모임會員	草凡, 草凡先生	75.1.1 ―
		教授	65.4.1 ―
		博士	76.8.27 ―
		院長	86.11.5 ―
14.一般 大衆一員	一般人	젊은이, 兄氏	57.4.1 ― 74.12.31
		아저씨	75.1.1 ― 94.12.31
		할아버지	95.1.1 ―
15.外國人 接觸	外國人	Mr., Dr., Professor Kim	65.1.1 ―

(2) 主要年齡의 特別呼稱과 本人의 該當事項

(出生日 : 1936年 7月 28日)

年齡 (歲)	特別呼稱	本人의 當時事項 年度	居住地	身分
1	生年, 元年, 誕年	1936	慶北 聞慶市 興德洞	長男
15	成童. 志學	1950	〃	戶西南初等學校 5 · 6學年生
20	二旬, 弱冠	1955	慶北 安東市 太華洞 · 平和洞	安東師範學校 2學年生
30	三旬, 立年, 世代年	1965	서울 東大門區 淸凉里 1洞	內務部 地方行政硏究委員會 硏究員
32	二毛年	1967	서울 鍾路區 昌信 4洞	서울大 環境大學院 助教
40	四旬, 不惑	1975	서울 東大門區 祭基 3洞	서울大 環境大學院 專任講師
50	五旬, 知天命, 半世紀年	1985	서울 銅雀區 上道 3洞	서울大 環境大學院 副 · 正教授
60以上	嗜年	1995以後	서울 江南區 驛三 1洞	서울大 環境大學院 教授 以後
60	六旬, 耳順	1995	〃	서울大 環境大學院 教授
61	回甲, 還甲, 華甲, 周甲, 花甲, 還曆	1996	〃	〃
62	進甲	1997	〃	서울大 環境大學院 課程主任教授
71	七旬, 古稀, 稀壽, 望八	2006	〃	서울大學校 名譽教授 · 建國大學校 碩座教授
77	喜壽	2012		
81	八旬, 傘壽, 八秩	2016		
81	鷄壽	2016		
88	米壽	2023		
91	九旬, 卒壽, 暮期, 望百	2026		
99	白壽	2034		
101	百旬, 百壽, 期年, 世紀年	2036		
108	茶壽	2043		
111	皇壽	2046		
125	天壽	2060		

(3) 結婚 紀念週期의 呼稱과 本人의 該當事項

(結婚日 : 1966年 1月 11日)

週年	呼 稱	該當年度	本人年齡	妻年齡	子女數	孫子女數	居住地	本人의 職場·職位
0	結婚式	1966	31	23	-	-	서울 東大門區 淸凉里 1洞, 專貰房	內務部 地方行政 硏究委員會 硏究員
1	紙婚式	1967	32	24	1	-	서울 鍾路區 昌信 4洞, 自家	서울大 行政大學院 助敎
2	藁婚式	1968	33	25	1	-	〃	〃
3	菓(糖菓)婚式	1969	34	26	2	-	〃	〃
4	草婚式	1970	35	27	2		美國 오하이오州 신시내티市, 아파트	美國 신시내티大學 大學院 學生
5	木婚式	1971	36	28	2	-	〃	〃
7	花婚式	1973	38	30	3	-	서울 鍾路區 昌信 4洞 自家	서울大 行政大學院 專任講師
10	錫(朱錫)婚式	1976	41	33	3	-	서울 東大門區 祭基 3洞, 自家	서울大 環境大學院 專任講師
12	麻(亞麻)婚式	1978	43	35	3	-	〃	서울大 環境大學院 助敎授
15	銅(水晶)婚式	1981	46	38	3	-	서울 銅雀區 上道 3洞, 自家	서울大 環境大學院 副敎授
20	陶(陶器)婚式	1986	51	43	3	-	〃	서울大 環境大學院 敎授·院長
25	銀婚式	1991	56	48	3	-	서울 江南區 驛三1洞, 自家	서울大 環境大學院 敎授
30	眞珠(象牙)婚式	1996	61	53	3	1	〃	〃
35	珊瑚(翡翠)婚式	2001	66	58	3	2	〃	〃
40	綠玉(毛織)婚式	2006	71	63	3	3	〃	서울大 名譽敎授·建國大 碩座敎授
45	紅玉(明紬)婚式	2011	76	68	3	-		
50	金婚式	2016	81	73	3	-		
60	金剛婚式	2026	91	83	3	-		
75	金剛婚式	2041	106	98	3	-		

4. 個人歸屬의 固有番號

(2006.7. 28 現在 保有番號)

分 類	區 分	名 稱	固有番號	取得日字	授與機關
1.卒 業·學位證 番號	1.卒業狀	1.戶西南初等學校 卒業狀	976	1951.7.14	戶西南初等學校 校長
		2. 聞慶中學校 卒業狀	365	1954.3.3	聞慶中學校 校長
		3.安東師範學校 卒業狀	1,880	1957.3.2	安東師範學校 校長
	2.學位證	1.서울大 文理科大學 理學士	23,621	1962.2.26	서울大學校 總長
		2.서울大 行政大學院 行政學碩士	315	1965.2.26	서울大學校 總長
	3.學位登錄	1.博士學位 敎育部 登錄	83-588	1976.9.1	文敎部 長官
2.身分證 番號	1.國 民	1.住民登錄番號	370425-1009×××	1976.1.1	서울特別市長
		2.陸軍士兵軍番	10385511	1969.9.25	陸軍參謀總長
		3.陸軍公式除隊	陸(內)352	1960.11.10	陸軍參謀總長
	2.名譽市民	1.濟州市 名譽市民	79	2000.12.14	濟州市長
		2.美國 Las Vegas 名譽市民	76	1995.10.4	美國 Las Vegas 市長
3.資格證 番號	1.敎 師	1.初等學校 2級 正敎師	사-966	1957.3.20	文敎部 長官
		2.高等學校 2級 正敎師	가-서울-3363	1962.3.30	文敎部 長官
	2.記 者	國際法律 警察新聞 記者證	491	2003.4.28	文化觀光部長官
	3.運 轉	第2種 自動車 運轉免許證	서울 90-081722-10	1990.9.26	서울地方警察廳長
4.許可證 番號	1.出 入	1. 政府廳舍 出入證	09-1941	2005.2.18	政府果川廳舍 管理所長
		2. 서울大學校 車輛出入證	A 1262	2002.9.1	서울大學校 總長
		3. 建國大學校 車輛出入證	KKU-4653	2005.3.1	建國大學校 總長

分　類	區　分	名　稱	固有番號	取得日字	授與機關
		4. 韓國自治發展硏究院 職員證	A-1	2006.3.1	韓國自治發展硏究院 院長
	2.旅　行	1. 大韓民國旅券:私用	KNO0560666	2003.6.12	外交通商部 長官
		2. 美國訪問 비자	20002101420101	2000.7.31	駐韓 美國大使
5.會員證 番號	1.年　金	1. 公務員 年金	1200207×××	2002.9.1	公務員年金管理工團 理事長
	2.學　會	1. 大韓國土 · 都市計劃學會 會員	269	1972.5.8	大韓國土·都市計劃學會 會長
		2. 韓國地方自治學會 會員	3	1988.12.3	韓國地方自治學會 會長
	3.施　設	1. 國立中央圖書館 文化會員	04148	1998.9.1	國立中央圖書館 館長
		2. 教保文庫 會員	4-2003-179612-1	2003.10.17	教保文庫 代表
		3. 허바허바寫場 利用會員	99.7 VIP	1999.7.1	허바허바寫場 代表
	4.醫　療	1. 健康保險證(長男名義)	7-1285009605	2004.2.6	國民健康保險公團 理事長
		2. 서울大學病院 診療카드	275-97-83-3	1972.5.20	서울大學病院 院長
		3. 서울大學齒科病院 診療카드	00278272	1981.1.7	서울大學齒科病院 院長
		4. 鞠弘一皮膚科醫院 平生診療券	118033	2001.8.3	鞠弘一皮膚科醫院 院長
		5. 順天鄕大學校病院 平生登錄證	001421538	2005.4.29	順天鄕大學校病院 院長
	5.航　空	1. 大韓航空 Mileage Card	BK 3125542	1992.6.23	大韓航空 社長
		2. 아시아나航空 Mileage Card	ABY 89243	1992.8.1	아시아나航空 社長
		3. 아시아나航空 Bonus Club	001-118-924-7	1996.8.1	아시아나航空 社長
		4. 美國 United Airline Mileage Card	00756-647-903	1995.10.14	美國 United Airline 社長
6.金融去來 番　號	1.銀行通帳	1. 農協中央會 서울大學支店	079-01-019×××	1975.4.1	農協 서울大學支店 支店長
		2. 朝興銀行 麻浦支店	316-04-232×××	1992. 8.3	朝興銀行 麻浦支店 支店長
		3. 農協中央會 注葉支店	090-12-088×××	2000.5.1	農協 注葉支店 支店長
		4. 國民銀行 蘆原支店	497802-01-110×××	2001.1.30	國民銀行 蘆原支店 支店長
	2.信用카드	1. 農協 Visa Platinum 카드	4048-1140-2621-3×××	2001. 8.1	農協中央會 會長
		2. 農協 Priority Pass 카드	4048-1102-8×××	2001.8.1	農協中央會 會長
		3. LG American Express 카드	3762-605392-11×××	2000.8.1	LG American Express 社長
7.交通 · 通信 番　號	1.車　輛	1. 硏究院 乘用車 EQUUS 350	서울 55너-6526	2002.10.17	서울特別市長
		2. 自家用 乘用車 EQUUS 350	02 나-1795	2005.7.12	서울特別市長
	2.電　話	1. 서울大學校 環境大學院 名譽敎授室	02-880-5835	2002.9.1	서울大學校 總長
		2. 建國大學校 不動産大學院 碩座敎授室	02-2049-6121	2005.3.1	建國大學校 總長
		3. 韓國自治發展硏究院 院長室	031-925-3001	1999.2.4	韓國自治發展硏究院 理事長
		4. 韓國地域發展硏究院 常任顧問室	02-932-5555	1999.2.18	韓國地域發展硏究院 理事長
		5. 韓國書畵作家協會 總裁室	02-2241-9770	2004.7.2	韓國書畵作家協會
		6. 韓國道德運動協議會 總裁室	02-2241-9770	2004. 7.2	韓國道德運動協議會
		7. 서울市 江南區 驛三1洞 自宅	02-567-3496	1988.8.14	本人
		8. 本人 金安濟 所持 핸드폰	010-9536-3001	2004.10.1	韓國自治發展硏究院 理事長
	3.F A X	1. 서울大學校 環境大學院	02-887-6905	1993.2.1	서울大學校 總長
		2. 建國大學校 不動産大學院	02-3437-0050	2005.3.1	建國大學校 總長
		3. 韓國自治發展硏究院	031-925-3130	1999.2.4	韓國自治發展硏究院 理事長
		4. 韓國地域發展硏究院	02-933-5553	1999.2.18	韓國地域發展硏究院 理事長
		5. 韓國書畵作家協會	02-2241-9775	2004.7.2	韓國書畵作家協會
		6. 韓國道德運動協議會	02-2241-9775	2004.7.2	韓國道德運動協議會
		7. 서울市 江南區 驛三1洞 自宅	02-567-3496	1995.8.4	(株) 泰榮 社長
	4.E-mail	1. 서울大學校 環境大學院(個人)	Kimaj@snu.ac.kr	1998.9.1	서울大學校 總長
		2. 韓國自治發展硏究院(機關)	hijy@chollian.net	1999.2.4	韓國自治發展硏究院 理事長
		3. 韓國地域發展硏究院(機關)	KSRDS@hitel.net	1999.2.18	韓國地域發展硏究院 理事長
		4. 서울市 江南區 驛三1洞 自宅(次女)	suzy03 Lycos.co.kr	2001.5.3	本人

Ⅱ. 身相과 體位

○ 要 約 : 身長과 體重의 推移圖

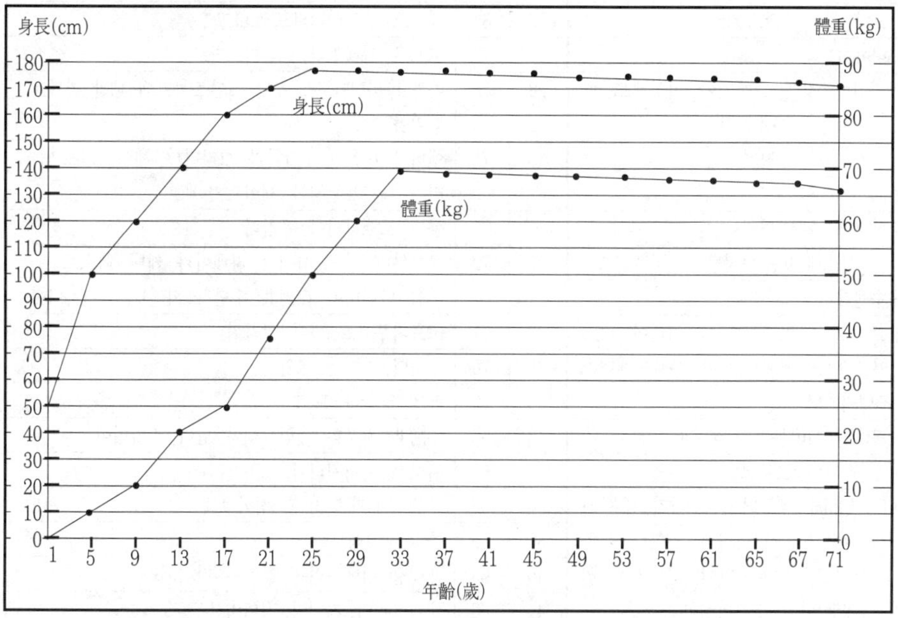

1. 知能과 血液 및 視力

(1) 知能指數

· 測定時期 및 場所 : 戶西南初等學校 및 聞慶中學校 在學時 學校에서 測定
· 測定數値 : 135 I.Q.
※ 參照 : 知能指數(Intelligence Quotient;I.Q.)
· 指數의 創案 : 1916-美國 루이스 터먼 創案
1970-美國 웩슬리 改創
· 指數의 評價 : 145 以上 - 天才 65~85未滿 - 弱才
125~145未滿 - 秀才 45~65 〃 - 鈍才
105~125 〃 - 良才 25~45 〃 - 愚才
85~105 〃 - 凡才 25 〃 - 痴才
· 各國의 平均指數 : 世界平均 - 83.8

順位	指數	該 當 國 家	順位	指數	該 當 國 家
1	107	홍콩	6	101	룩셈부르크, 스웨덴, 스위스
2	106	韓國	7	100	뉴질랜드, 벨기에, 中國, 英國, 싱가포르
3	105	北韓, 日本	8	99	헝가리, 폴란드, 스페인
4	104	臺灣	9	98	아이슬란드, 오스트레일리아, 덴마크, 프랑스, 몽골, 노르웨이, 美國
5	102	오스트리아, 네덜란드, 獨逸, 이탈리아			

順位	指數	該當國家
10	97	캐나다. 체코, 라트비아, 핀란드, 리투아니아, 에스토니아
11	96	아르헨티나, 벨로루시, 베트남, 슬로바키아, 우크라이나, 러시아, 우루과이
12	95	슬로베니아, 몰도바, 몰타, 포르투갈
13	94	이스라엘, 루마니아
14	93	아르메니아, 불가리아, 칠레, 그루지야, 아일랜드, 마케도니아, 유고슬라비아, 카자흐스탄
15	92	브루나이, 키프로스, 그리스, 말레이시아
16	91	코스타리카, 泰國
17	90	알바니아, 크로아티아, 페루, 터키
18	89	라오스, 캄보디아, 인도네시아, 수리남
19	88	콜롬비아, 베네수엘라
20	87	아제르바이잔, 브라질, 이라크, 요르단, 시리아, 타지키스탄, 통가, 키르기스스탄, 西사모아, 투르크메니스탄, 멕시코, 우즈베키스탄
21	86	버마(미얀마), 필리핀, 레바논
22	85	볼리비아, 쿠바, 파라과이, 모로코
23	84	알제리, 도미니카共和國, 엘살바도르, 피지, 온두라스, 기아나, 이란, 키리바시, 니카라과, 파나마, 파푸아뉴기니, 푸에르토리코, 리비아, 마이크로네시아, 비누아투, 튀니지, 솔로몬 아일랜드, 마샬群島
24	83	아프가니스탄, 바레인, 벨리즈, 이집트, 오만, 사우디아라비아, 쿠웨이트, 아랍에미리트, 예멘
25	81	방글라데시, 印度, 몰디브, 스리랑카, 세이셸, 파키스탄, 모리셔스
26	80	에콰도르, 트리니다드 토바고
27	79	코모로, 과테말라, 마다가스카르
28	78	바하마, 바베이도스, 부탄, 케이프 베르데, 네팔, 카타르
29	77	잠비아
30	75	엔티가 바부다, 도미니카, 그라나다, 세인트키츠 앤 네비스, 세인트루시아, 세인트 빈센트
31	73	콩고, 모르타니아, 우간다
32	72	보츠와나, 차드, 아이티, 자메이카, 케냐, 레소토, 모잠비크, 나미비아, 南阿共, 수단, 스와질랜드, 탄자니아
33	71	코트디부아르, 가나, 말라위
34	70	부룬디, 카메룬, 르완다
35	69	베냉, 앙골라, 토고
36	68	中阿共, 지부티, 에리트레아, 말리, 소말리아
37	67	니제르, 나이지리아
38	66	부르키나 파소, 가봉, 짐바브웨
39	65	콩고(자이레)
40	64	세네갈, 시에라리온, 감비아, 라이베리아
41	63	에티오피아, 기니아, 기니비사우
42	59	赤道기니, 상투메

資料 : 月刊 朝鮮, 2004年 7月號.

(2) 血液型

· 本人 : B型

· 家族 :

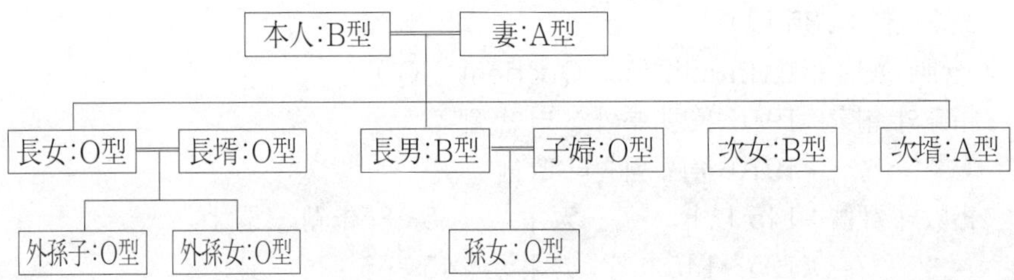

(3) 視力

· 成長 · 修學期 : 兩眼 各 1.5

· 眼鏡着用 : 1968.9.1 (33歲), 兩眼 各 0.2

· 白內障 手術 : 1997.8.21 (62歲), 右眼 0.01

· 現在 (眼鏡着用) : 左眼 1.0, 右眼 0.5 (2006.7.28 現在)

2. 體位의 變化推移

(1) 年度別 身體諸元

年度	年齡 \ 諸元	身長(cm)	體面(cm^2)	體積(cm^3)	體重(kg)	質量[1](gr)	密度[2](gr/cm³)	에너지[3] ($x10^{20}$ erg)
1936	1	50,3	1,659	27,357	2,7	2,76	0.099	24.84
1937	2	75,1	3,699	40,845	5,0	5,10	0.122	45.90
1938	3	82,9	4,507	45,087	6,9	7,04	0.153	63.36
1939	4	89,9	5,300	48,895	8,8	8,89	0.180	80.82
1940	5	97,0	6,170	52,756	10,9	11,12	0.207	100.08
1941	6	103,1	6,971	56,074	13,0	13,27	0.232	119.43
1942	7	108,8	7,763	59,174	15,1	15,41	0.255	138.69
1943	8	113,9	8,508	61,948	17,2	17,55	0.278	157.95
1944	9	118,7	9,240	64,558	18,9	19,29	0.293	173.61
1945	10	123,9	10,067	67,386	21,0	21,43	0.312	192.87
1946	11	129,0	10,913	70,160	23,1	23,57	0.329	212.13
1947	12	134,0	11,775	72,880	25,0	25,51	0.343	229.59
1948	13	138,1	12,507	75,109	28,1	28,67	0.374	258.03
1949	14	141,8	13,186	77,122	31,2	31,84	0.405	286.56
1950	15	146,1	13,998	79,461	34,3	35,00	0.432	315.00
1951	16	149,9	14,735	81,527	37,1	37,86	0.455	340.74
1952	17	154,0	15,553	83,757	39,0	39,80	0.466	358.20
1953	18	158,2	16,412	86,041	41,3	42,14	0.480	379.26
1954	19	161,7	17,147	87,945	43,2	44,08	0.491	396.72
1955	20	165,9	18,049	90,229	45,1	46,02	0.500	414.18
1956	21	169,0	18,730	91,915	47,0	47,96	0.511	431.64
1957	22	172,2	19,446	93,656	48,9	49,90	0.522	449.10
1958	23	174,3	19,923	94,798	50,8	51,84	0.536	466.56
1959	24	175,0	20,083	95,179	52,7	53,78	0.554	484.02
1960	25	175,0	20,083	95,179	54,9	56,02	0.577	504.18
1961	26	175,0	20,083	95,179	57,0	58,16	0.599	523.44
1962	27	175,0	20,083	95,179	59,1	60,31	0.621	542.79
1963	28	175,0	20,083	95,179	61,1	62,35	0.642	561.15
1964	29	175,0	20,083	95,179	63,2	64,49	0.664	580.41
1965	30	175,0	20,083	95,179	64,1	65,41	0.673	588.69
1966	31	175,0	20,083	95,179	65,0	66,33	0.683	596.97
1967	32	175,0	20,083	95,179	65,9	67,24	0.692	605.16
1968	33	175,0	20,083	95,179	67,0	68,37	0.704	615.33
1969	34	175,0	20,083	95,179	68,1	69,49	0.715	625.41
1970	35	175,0	20,083	95,179	68,5	69,90	0.720	629.10
1971	36	175,0	20,083	95,179	68,9	70,31	0.724	632.79
1972	37	175,0	20,083	95,179	69,3	70,71	0.728	636.39
1973	38	175,0	20,083	95,179	69,6	71,02	0.731	639.18
1974	39	175,0	20,083	95,179	69,8	71,22	0.733	640.98
1975	40	175,0	20,083	95,179	70,0	71,43	0.735	642.87
1976	41	175,0	20,083	95,179	70,0	71,43	0.735	642.87
1977	42	175,0	20,083	95,179	70,0	71,43	0.735	642.87

年齡	諸元 年齡	身長(cm)	體面(cm^2)	體積(cm^3)	體重(kg)	質量[1)](gr)	密度[2)](gr/cm^3)	에너지[3)] (x10^{20} erg)
1978	43	175,0	20,083	95,179	70,0	71,43	0.735	642.87
1979	44	175,0	20,083	95,179	70,0	71,43	0.735	642.87
1980	45	175,0	20,083	95,179	70,1	71,53	0.737	643.77
1981	46	175,0	20,083	95,179	70,0	71,43	0.735	642.87
1982	47	175,0	20,083	95,179	70,2	71,63	0.738	644.67
1983	48	175,0	20,083	95,179	70,1	71,53	0.737	643.77
1984	49	175,0	20,083	95,179	70.0	71,43	0.735	642.87
1985	50	175,0	20,083	95,179	69.9	71,33	0.734	641.97
1986	51	175,0	20,083	95,179	70,0	71,43	0.735	642.87
1987	52	175,0	20,083	95,179	70,0	71,43	0.735	642.87
1988	53	175,0	20,083	95,179	70,0	71,43	0.735	642.87
1989	54	175,0	20,083	95,179	70,0	71,43	0.735	642.87
1990	55	174,9	20,060	95,124	69,9	71,33	0.735	641.97
1991	56	174,8	20,037	95,070	69,8	71,22	0.734	640.98
1992	57	174,6	19,992	94,961	69,6	71,02	0.733	639.18
1993	58	174,4	19,946	94,852	69,4	70,82	0.732	637.38
1994	59	174,1	19,877	94,689	69,2	70,61	0.731	635.49
1995	60	173,8	19,809	94,526	69,0	70,41	0.730	633.69
1996	61	173,4	19,718	94,308	68,7	70,10	0.728	630.90
1997	62	173,0	19,627	94,091	68,4	69,80	0.727	628.20
1998	63	172,5	19,514	93,819	68,1	69,49	0.726	625.41
1999	64	172,0	19,400	93,547	67,8	69,18	0.725	622.62
2000	65	171,5	19,288	93,275	67,5	68,88	0.724	619.92
2001	66	170,5	19,064	92,731	68,0	69,39	0.733	624.51
2002	67	170,3	19,019	92,622	68,0	69,39	0.734	624.51
2003	68	170.4	19,030	92,676	67.8	69.18	0.709	622.62
2004	69	170.5	19,041	92,730	67.5	68.88	0.728	619.92
2005	70	170.6	19,053	92,788	67.3	68.67	0.725	618.03
2006	71	170.6	19,053	92,788	67.0	68.37	0.722	615.33

註 1)質量＝體重/重力 (重力＝980cm/sec^2)

2)密度＝體重/體積

3)에너지＝質量×(光速)^2, $E=mc^2$: Albert Einstein의 에너지-質量關係式(1905年 發表)

※光速(C)＝299,792. 458km/sec≒300,000 km/sec＝3×10^{10} cm/sec

＝186,170. 8319 miles/sec

※에너지單位 : 1gr · cm^2/sec^2＝1 erg

※質量(m)은 停止狀態 내지 이에 준하는 狀態(m_o)로 간주하였음.

移動速度(V)가 매우 높을 때는 다음과 같이 增加함.

$$m=m_o/\sqrt{1-(\frac{V}{C})^2}$$

客說 : 經驗에서 얻은 삶의 眞實

行事에 참석했을 때 開會辭나 祝辭에서 나의 이름을 언급하여 고맙다는 말을 들으면 기분이 좋다. 그러나 아무 언급도 없으면 괘씸하고 때로는 참석한 것을 후회한다. 인간의 마음은 이와 같이 간사하고 自己 中心이다. 이런 것을 小人스럽다고 한다면 나는 小人이다.

(2) 身體諸元의 測量單位別 數値

諸元 \ 單位 \ 年度/年齡		1936	1946	1956	1966	1976	1986	1996	2006
		1	11	21	31	41	51	61	71
1.身 長 (키)	cm	50.3	129	169	175	175	175	173.4	170.6
	m	0.503	1.29	1.69	1.75	1.75	1.75	1.734	1.706
	inch	19.80	50.79	66.54	68.90	68.90	68.90	68.27	67.17
	feet	1.65	4.23	5.54	5.74	5.74	5.74	5.69	5.60
	yard	0.55	1.41	1.84	1.91	1.91	1.91	1.89	1.86
	尺	1.66	4.26	5.58	5.78	5.78	5.78	5.72	5.63
	間	0.28	0.71	0.93	0.96	0.96	0.96	0.95	0.94
	町	0.0045	0.0166	0.0152	0.0158	0.0158	0.0158	0.0156	0.0154
2.體 面 (몸表皮面積)	cm^2	1,659	10,913	18,730	20,083	20,083	20,083	19,718	19,053
	m^2	0.1659	1.0913	1.873	2.0083	2.0083	2.0083	1.9718	1.9053
	are	0.0017	0.0109	0.0187	0.0201	0.0201	0.0201	0.0197	0.0191
	ft^2	1.7857	11.7468	20.1610	21.6173	21.6173	21.6173	21.2245	20.5086
	yd^2	0.1984	1.3050	2.2397	2.4015	2.4015	2.4015	2.3579	2.2784
	平方尺	1.8067	11.8843	20.3970	21.8704	21.8704	21.8704	21.4729	20.7487
	坪	0.0502	0.3301	0.5660	0.6075	0.6075	0.6075	0.5965	0.5764
3.體 積 (몸 부피)	cm^3	27,357	70,160	91,915	95,179	95,179	95,179	94,308	92,788
	m^3	0.0274	0.0702	0.0919	0.0952	0.0952	0.0952	0.0943	0.0928
	l	27.36	70.16	91.92	95.18	95.18	95.18	94.31	92.79
	in^3	1,669	4,281	5,609	5,808	5,808	5,808	5,755	5,662
	ft^3	0.9654	2.4758	3.2435	3.3587	3.3587	3.3587	3.3279	3.2743
	yd^3	0.0354	0.0909	0.1190	0.1233	0.1233	0.1233	0.1221	0.1202
	galon	7.11	18.24	23.90	24.75	24.75	24.75	24.52	24.12
	홉	151.65	388.93	509.53	527.63	527.63	527.63	522.80	514.37
	되(升)	15.17	38.89	50.95	52.76	52.76	52.76	52.28	51.44
	말(斗)	1.52	3.89	5.10	5.28	5.28	5.28	5.23	5.14
4.體 重 (몸무게)	g	2,700	23,100	47,000	65,000	70,000	70,000	68,700	67,000
	kg	2.7	23.1	47.0	65.0	70.0	70.0	68.7	67.0
	grain	41,666	356,479	725,304	1,003,080	1,080,240	1,080,240	1,060,178	1,033,944
	ounce	95.24	814.81	1,657.83	2,292.75	2,469.91	2.469.91	2,423.26	2,363.29
	pound	5.95	50.93	103.62	143.30	154.32	154.32	151.46	147.71
	돈	720	6,160	12,533	17,333	18,667	18,667	18,320	17,867
	斤	7.20	61.60	125.33	173.33	186.67	186.67	183.20	178.67
	貫	0.720	6.160	12.533	17.333	18.667	18.667	18.320	17.867

註. 度量衡 換算基準値 :

1.길이(距離) : 1cm＝0.01m＝0.3937inch＝0.0328ft＝0.0109yd＝0.033尺＝0.0055間 ＝0.00009町

2.넓이(面積) : $1m^2$＝10,000cm^2＝0.01are＝10.764ft^2＝1.1958yd^2＝10.89平方尺 ＝0.3025坪

3.부피(體積) : $1cm^3$＝0.000001m^3＝0.001l＝0.06102 $inch^3$＝0.000035288ft^3
＝0.00001295yd^3＝0.00026 galon＝0.00554352홉＝0.000554352 되 ＝0.0000554352말

4.무게(重量) : 1kg＝1,000g＝15,432grain＝35.273ounce＝2.20459pound＝266.666돈＝2.66666斤＝0.266666 貫

(3) 韓國人의 年齡別 體位基準表

區 分	年 齡	身長(cm)	體重(kg)	區 分	年 齡	身長(cm)	體重(kg)
嬰 兒	0	50.0	3.3	男 子	10~12歲	142	37
	1個月	54.5	4.6		13~15″	159	50
	2 〃	58.5	5.7		16~19″	172	63
	3 〃	62.5	6.7		20~29″	172	66
	4 〃	65.0	7.5		30~49″	170	67
	5 〃	67.0	8.1		50~64″	168	67
	6 〃	69.0	8.5		65~74″	167	64
	7 〃	71.5	9.0		75歲以上	166	60
	8 〃	72.5	9.3	女 子	10~12歲	142	36
	9 〃	74.5	9.6		13~15″	155	48
	10 〃	76.5	9.9		16~19″	160	54
	11 〃	78.5	10.1		20~29″	160	53
	12 〃	81.5	10.4		30~49″	158	55
小 兒	1~3歲	91.0	13.3		50~64″	157	57
	4~6〃	108.0	18.5		65~74″	154	54
	7~9〃	126.0	26.6		75歲以上	152	51

資料 : 韓國營養學會, 韓國人營養勸奬量. 1995.

客說 : 經驗에서 얻은 삶의 眞實

成長期에 가난으로 정상적인 食事를 제대로 하지 못했다. 그래서 먹기 싫은 것을 많이 먹었다. 칼국수, 개떡, 보리밥, 조밥, 감자, 옥수수, 고구마, 팥죽, 쑥, 더덕, 칡뿌리, 아카시아꽃, 진달래꽃, 호박, 배추뿌리, 민물고기, 골뱅이, 참새, 개구리 등 다양하게 먹었다. 그러나 지금 와서 보니 이들이 모두 特用材料로서 補藥과 같은 機能을 하지 않았나 생각된다. 많은 일을 하고 많은 술을 마시고 많은 담배를 피워도 健康이 유지되는 것은 이 德澤이 아닌가 한다.

客說 : 經驗에서 얻은 삶의 眞實

結婚式 主禮를 해보면 참석한 賀客의 質과 水準을 알 수 있다. 정중한 자세로 조용히 시청하고 있는 사람이 있는가 하면 왔다 갔다 하고 옆의 사람과 이야기를 나누고 고개를 숙이고 잠을 자는 사람들도 있다. 그러나 소란한 結婚式場의 분위기를 조용하고 경건하게 만드는 것은 主禮의 責任이요 能力이다. 나는 그렇게 하고 있다.

客說 : 經驗에서 얻은 삶의 眞實

살아온 生涯를 돌아보면 어느 것은 만족스럽고 어느 것은 불만스럽다. 期待水準을 높이면 不滿이 많을 것이고 그것을 낮추면 그런대로 만족스러움이 많아질 것이다. 기왕에 人生이고 다시는 되돌아 갈 수 없는 過去之事라면 불만보다는 만족스러운 삶을 살아왔다고 自評하고 自慰함이 本人의 健康에도 좋을 듯하다.

3. 病歷 記錄

(1) 發病 時期別 病歷內譯

時代	職位	順序	地域: 發病地域	地域: 治療地域	病種: 病名	病種: 病因	年齡(歲)	治療期間(日間)	治療病院	入院期間(日間)	入院病院	經常價格: 病院	經常價格: 藥局	經常價格: 合計	合計의 2006年不變價格
1.成長修學期	1.幼　兒	1	慶北聞慶	慶北聞慶	熱病	몸살	5	1940.7.20-1940.10.20(93)	-	-	-	-	6	6	13,953
		2	〃	〃	驚氣	놀람	7	1942.10.5-1942.10.15(11)	-	-	-	-	7	7	11,475
	2.初等2年	3	〃	〃	齒痛	齒牙不潔	12	1947.4.21-1947.5.20(30)	-	-	-	-	2	2	1,923
	3.中等2年	4	〃	〃	다리骨折	自轉車顚覆	17	1952.6.25-1952.7.1(7)	-	-	-	-	41	41	25,000
	4.高等1年	5	慶北安東	慶北安東	貧血卒倒	營養失調	19	1954.10.11-1954.10.31(21)	安東申內科醫院	1954.10.11-1954.10.15(5)	安東申內科醫院	734	-	734	332,127
	5.美大學院2年	6	美國신시내티	美國신시내티	齒痛	齒牙不實	36	1971.2.22-1971.4.21(40)	Dentist Clinic	-	-	19,475	-	19,475	500,000
	累計	6	3	3	5	5	5-36	1940.7.20-1971.4.21(202)	2	1954.10.11-1954.10.15(5)	1	20,209	56	20,265	884,478
2.서울大學教授期	1.專任講師	7	서울	서울	急性肝炎	注射病毒	37	1972.5.20-1972.6.30(42	서울大學 病院	1972.5.26-1972.5.29(4)	서울大學病院	300,000	-	300,000	6,561,680
	2.助教授	8	〃	〃	몸살	感氣	42	1977.2.23-1977.2.25(3)	-	-	-	-	10,000	10,000	77,700
		9	〃	〃	〃	〃	42	1977.4.5-1977.4.10(6)	서울大 保健診療所	-	-	9,000	-	9,000	69,930
		10	慶北榮州	〃	食中毒	飮食	44	1979.5.7-1979.5.10(4)	-	-	-	-	30,000	30,000	157,464
		11	서울	〃	過勞	重勞動	45	1980.5.26-1980.5.31(6)	서울大學病院	1980.5.26-1980.5.29(4)	서울大學病院	100,000	-	100,000	423,298
	3.副教授	12	〃	〃	補齒	齒牙虛弱	46	1981.1.7-1981.2.21(46)	서울大學齒科病院	-	-	320,000	-	320,000	1,145,229
		13	〃	〃	視力減退	白內障	46-48	1981.7.28-1983.7.1(741)	中央大學病院	-	-	600,000	-	600,000	2,013,085
		14	〃	〃	齒痛	齒牙虛弱	47	1982.5.3-1982.5.31(29)	서울大學齒科病院	-	-	140,000	-	140,000	469,720
		15	〃	〃	〃	〃	47	1982.10.13-1982.10.20(8)	〃	-	-	60,000	-	60,000	201,309
	4.教授·院長	16	〃	〃	〃	〃	52	1987.10.12-1987.10.13(2)	李建壽齒科醫院	-	-	100,000	-	100,000	255,076
		17	〃	〃	補鐵	〃	52	1987.11.5-1987.12.1(27)	서울大學齒科病院	-	-	190,000	-	190,000	484,644
		18	〃	〃	齒痛	〃	55	1990.8.13-1990.10.31(80)	〃	-	-	900,000	-	900,000	1,826,299
	5.研究院長	19	〃	〃	몸살	感氣	58	1993.3.24-1993.3.31(8)	-	-	-	-	10,000	10,000	16,024
		20	〃	〃	氣治療	어깨아픔	58	1993.9.21-1993.11.20(61)	韓國氣研究院	-	-	300,000	-	300,000	480,731
	6.教授	21	〃	〃	高血壓	血壓上昇	60-70	1995.1.1-2005.4.29(3,772)	-	-	-	-	460,000	460,000	543,260
		22	〃	〃	齒痛	齒牙虛弱	60	1995.8.23-1995. 10.13(52)	서울大學齒科病院	-	-	320,000	-	320,000	442,527
		23	〃	〃	몸살	感氣	61	1996.1.16-1996.1.20(5)	-	-	-	-	15,000	15,000	19,727
		24	原州文幕	〃	足痛	汚水感染	61	1996.6.7-1996.6.17(11)	朴禹鎭外科	-	-	50,000	-	50,000	65,767
	7.主任教授	25	서울	〃	齒痛	齒牙虛弱	62	1997.6.24-1997.6.30(7)	盧齒科醫院	-	-	150,000	-	150,000	188,658
		26	〃	〃	補鐵	〃	62-63	1997.7.8-1998.3.13(249)	서울大學齒科病院	-	-	4,330,000	-	4,330,000	5,144,595
		27	〃	〃	視力減退	白內障	62	1997.7.9-1997.9.8(62)	서울大學病院	1997.8.21-1997.8.23(3)	서울大學病院	1,460,000	-	1,460,000	1,836,270
		28	〃	〃	氣治療	어깨결림	63	1998.7.6-1998.9.6(63)	서울氣研究院	-	-	150,000	-	150,000	178,219
		29	〃	〃	몸살	感氣	63	1998.11.21-1998.11.30(10)	張高昌內科醫院	-	-	35,000	15,000	50,000	59,406

時代	職位	順位	地域: 發病地域	地域: 治療地域	病種: 病名	病種: 病因	年齡(歲)	治療期間 및 病院: 治療期間(日間)	治療期間 및 病院: 治療病院	入院期間 및 病院: 入院期間(日間)	入院期間 및 病院: 入院病院	治療費(원) 經常價格: 病院	治療費(원) 經常價格: 藥局	治療費(원) 經常價格: 合計	治療費(원) 合計의 2006年不變價格
	8.教授	30	서울	서울	몸살	感氣	66	2001.6.6-2001.6.20(15)	張高昌內科醫院	-	-	50,000	15,000	65,000	74,169
		31	〃	〃	皮膚病	벌레물림	67	2002.8.1-2002.8.30(30)	菊皮膚科醫院	-	-	45,000	-	45,000	49,901
	累計	25	3	1	10	9	37-67	1972.5.20-2002.8.30(5,339)	10	1972.5.26-1977.8.23(11)	1	9,609,000	555,000	10,164,000	22,784,688
3. 名譽·碩座教授期	1.名譽教授	32	서울	서울	補鐵	齒痛	68	2003.2.14-2003.12.2(292)	서울大學齒科病院	-	-	8,074,000	-	8,074,000	8,716,116
		33	〃	〃	몸살	感氣	68	2003.3.3-3003.3.6(4)	-	-	-	-	18,000	18,000	19,432
		34	美國샌프란시스코	美國샌프란시스코	〃	〃	69	2004.2.3-2004.2.8(6)	-	-	-	-	20,000	20,000	21,329
		35	서울	서울	補鐵	齒痛	69	2004.11.11-2004.12.23(42)	서울大學齒科病院	-	-	1,241,000	-	1,241,000	1,305,093
		36	〃	〃	몸살	感氣	69	2004.11.15-2004.11.28(14)	-	-	-	-	20,000	20,000	21,033
		37	〃	〃	〃	〃	69	2004.12.15-2004.12.30(16)	베스트닥터스病院	-	-	80,000	30,000	110,000	115,681
	2.碩座教授	38	〃	〃	大動脈破裂	高血壓	70	2005.4.29-2005.4.30(2)	順天鄕大學病院	2005.4.29-2005.4.30(2)	順天鄕大學病院	231,000	-	231,000	236,816
		39	〃	〃	〃	〃	70	2005.4.30-2005.5.10(11)	서울大學病院	2005.4.30-2005.5.10(11)	서울大學病院	2,127,000	-	2,127,000	2,180,554
		40	〃	〃	〃	〃	70	2005.5.11-2005.12.31(235)	〃	-	-	500,000	300,000	800,000	820,143
		41	〃	〃	〃	〃	71	2006.1.1-現在(209)	〃	-	-	481,000	620,000	1,101,000	1,101,000
		42	〃	〃	補鐵	齒牙保全	71	2006.5.22-現在(69)	서울大學齒科病院	-	-	55,000	-	55,000	55,000
	累計	11	2	2	3	4	68-71	2003.2.14-現在(900)	4	2005.4.29-2005.5.10(13)	2	12,789,000	1,008,000	13,797,000	14,592,197
總累計		42	7	5	16	16	5-71	1940.7.20-現在(6,441)	14	1954.10.11-2005.5.10(29)	3	22,418,209	1,563,056	23,981,265	38,261,363

(2) 發生 病種別 病歷集計

病名 \ 項目	時代別 發病回數(回): 總回數	時代別 發病回數(回): 成長修學期 (1936~1971)	時代別 發病回數(回): 서울大 教授期 (1972~2002)	時代別 發病回數(回): 名譽·碩座教授期 (2003~2006)	治療期間 및 病院數: 治療期間 (日間)	治療期間 및 病院數: 治療病院數 (個)	入院期間 및 病院數: 入院回數(回)	入院期間 및 病院數: 入院期間 (日間)	入院期間 및 病院數: 入院病院數 (個)	治療費(원) 經常價格: 病院	治療費(원) 經常價格: 藥局	治療費(원) 經常價格: 合計	治療費(원) 合計의 2006年 不變價格
1. 熱病·驚氣	2	2	-	-	104	-	-	-	-	-	13	13	25,428(0.1)
2. 過勞·貧血	2	1	1	-	27	2	2	9	2	100,734	-	100,734	755,425(2.0)
3. 氣虛弱·食中毒	3	-	3	-	128	2	-	-	-	450,000	30,000	480,000	816,414(2.1)
4. 몸살·感氣	10	-	6	4	87	4	-	-	-	174,000	153,000	327,000	494,431(1.3)
5. 皮膚病·骨折	3	1	2	-	48	2	-	-	-	95,000	41	95,041	140,668(0.4)
6. 視力減退	2	-	2	-	803	2	1	3	1	2,060,000	-	2,060,000	3,849,355(10.1)
7. 齒痛·補鐵	14	2	9	3	973	13	-	-	-	15,844,475	2	15,844,477	20,681,189(54.1)
8. 肝炎	1	-	1	-	42	1	1	4	1	300,000	-	300,000	6,561,680(17.1)
9. 高血壓	5	-	1	4	4,229	4	2	13	2	3,394,000	1,380,000	4,774,000	4,936,773(12.9)
累計	42	6	25	11	6,441	30	6	29	6	22,418,209	1,563,056	23,981,265	38,261,363(100.0)

Ⅲ. 生活時間

○ 要 約 : 生活時間의 分類

- ● 生活時間
  - 性質別 分類
    - 生産的 時間
      - 定 規 業 務 時 間
      - 獨 自 研 學 時 間
      - 社 會 奉 仕 時 間
    - 非生産的 時間
      - 無 事 休 息 時 間
      - 就 寢 睡 眠 時 間
  - 地域別 分類
    - 國內生活時間
      - 서 울 生 活 時 間
      - 地 方 生 活 時 間
    - 國外生活時間
      - 外 國 生 活 時 間

1. 生活時間의 變遷

(1) 生活分類別 1日平均 時間數의 變遷

生涯區分		年齡(歲)	年 度	1日平均時間數(時間)					
				定規業務	獨自研學	社會奉仕	無事休息	就寢睡眠	計
成 長 修學期	幼 年 期	1-9	1936-44	-	-	-	9	15	24
	初 等 學 校	10-15	1945-50	5	4	-	6	9	24
	中 等 學 校	16-18	1951-53	7	7	-	3	7	24
	高 等 學 校	19-21	1954-56	8	6	-	4	6	24
	大學校(軍隊)	22-26	1957-61	10	4	-	4	6	24
	職 場	27	1962	8	5	-	4	7	24
	大 學 院	28-29	1963-64	6	7	-	5	6	24
	研 究 員	30	1965	8	5	-	4	7	24
	助 教	31-33	1966-68	8	5	-	4	7	24
	留 學	34-36	1969-71	4	10	-	3	7	24
社 會 活動期	專 任 講 師	37-40	1972-75	5	6	2	4	7	24
	助 教 授	41-44	1976-79	4	7	2	4	7	24
	副 教 授	45-49	1980-84	3	7	3	5	6	24
	正 教 授	50-51	1985-86	2	7	3	6	6	24
	大 學 院 長	52-55	1987-90	6	4	2	6	6	24
	平 教 授	56-57	1991-92	2	7	3	6	6	24
	研 究 院 長	58-59	1993-94	8	3	1	6	6	24
	平 教 授	60-61	1995-96	2	7	3	6	6	24
	主 任 教 授	62-63	1997-98	3	5	4	5	7	24
	平 教 授	64-67	1999-02	2	6	5	5	6	24
出生-停年 總累計 (66年)		總 時 間		110,786	121,263	30,560	129,717	187,058	579,384
		年 平 均		1,679	1,837	463	1,966	2,834	8,779
		日 平 均		4.6	5.0	1.3	5.4	7.7	24
		構 成 比(%)		19.1	20.9	5.3	22.4	32.3	100.0
社會活動期	名譽 · 碩座教授	67-71	2002-06	2	5	3	7	7	24
出生-古稀 總累計 (70年)		總 時 間		113,640	127,946	34,963	140,158	196,925	613,632
		年 平 均		1,623	1,828	500	2,002	2,813	8,766
		日 平 均		4.4	5.0	1.4	5.5	7.7	24
		構 成 比(%)		18.3	20.8	5.9	22.9	32.1	100.0

(2) 年度別 生活時間의 分布

(單位 : 時間)

生涯區分	年齡(歲)	年度	日數(日)	1日平均時間數					
				1. 定規業務 (受業,講義, 家庭敎師,勤務)	2. 獨自硏學 (自習, 硏究, 執筆, 讀書)	3. 社會奉仕 (會議, 行事參席)	4. 無事休息 (食事,移動,運動, 모임,休息)	5. 就寢睡眠	合計
幼年期	1	1936	157	-	-	-	5	19	24
	2	1937	365	-	-	-	6	18	24
	3	1938	365	-	-	-	7	17	24
	4	1939	365	-	-	-	8	16	24
	5	1940	366	-	-	-	9	15	24
	6	1941	365	-	-	-	10	14	24
	7	1942	365	-	-	-	11	13	24
	8	1943	365	-	-	-	12	12	24
	9	1944	366	-	-	-	13	11	24
	累日總時間	9年	3,079	-	-	-	28,547	45,349	73,896
		年平均	365	-	-	-	3,172	5,039	8,211
		日平均	1	-	-	-	9	15	24
		百分比(%)	-	-	-	-	38.6	61.4	100.0
初等學校	10	1945	365	3	2	-	9	10	24
	11	1946	365	3	3	-	8	10	24
	12	1947	365	4	4	-	7	9	24
	13	1948	366	5	4	-	6	9	24
	14	1949	365	6	5	-	5	8	24
	15	1950	365	7	5	-	4	8	24
	累日總時間	6年	2,191	10,225	8,399	-	14,241	19,719	52,584
		年平均	365	1,704	1,400	-	2,374	3,286	8,764
		日平均	1	5	4	-	6	9	24
		百分比(%)	-	19.5	16.0	-	27.0	37.5	100.0
中等學校	16	1951	365	6	8	-	3	7	24
	17	1952	366	7	7	-	3	7	24
	18	1953	365	8	6	-	3	7	24
	累日總時間	3年	1,096	7,672	7,672	-	3,288	7,672	26,304
		年平均	355	2,557	2,557	-	1,096	2,558	8,768
		日平均	1	7	7	-	3	7	24
		百分比(%)	-	29.2	29.2	-	12.5	29.1	100.0
高等學校	19	1954	365	7	7	-	4	6	24
	20	1955	365	8	6	-	4	6	24
	21	1956	366	9	5	-	4	6	24
	累日總時間	3年	1,096	8,769	6,575	-	4,384	6,576	26,304
		年平均	365	2,923	2,192	-	1,461	2,192	8,768
		日平均	1	8	6	-	4	6	24
		百分比(%)	-	33.3	25.0	-	16.7	25.0	100.0
大學校(軍隊)	22	1957	365	8	6	-	4	6	24
	23	1958(軍)	365	13	-	-	4	7	24
	24	1959(軍)	365	13	-	-	4	7	24
	25	1960	366	8	6	-	4	6	24

生涯區分	年齡(歲)	年度	日數(日)	1日平均時間數					
				1. 定規業務 (受業,講義,家庭敎師,勤務)	2. 獨自硏學 (自習, 硏究, 執筆, 讀書)	3. 社會奉仕 (會議,行事參席)	4. 無事休息 (食事,移動,運動,모임,休息)	5. 就寢睡眠	合計
大學校(軍隊)	26	1961	365	8	6	-	4	6	24
		5年	1,826	18,258	6,576	-	7,304	11,686	43,824
	累日	年平均	365	3,652	1,315	-	1,461	2,337	8,764
	總時間	日平均	1	10	4	-	4	6	24
		百分比(%)	-	41.6	15.0	-	16.7	26.7	100.0
職場	27	1962	365	8	5	-	4	7	24
		1年	365	2,920	1,825	-	1,460	2,555	8,760
	累日	年平均	365	2,920	1,825	-	1,460	2,555	8,760
	總時間	日平均	1	8	5	-	4	7	24
		百分比(%)	-	33.3	20.8	-	16.7	29.2	100.0
大學院	28	1963	365	6	7	-	5	6	24
	29	1964	366	6	7	-	5	6	24
		2年	731	4,386	5,117	-	3,655	4,386	17,544
	累日	年平均	365	2,193	2,599	-	1,827	2,193	8,772
	總時間	日平均	1	6	7	-	5	6	24
		百分比(%)	-	25.0	29.2	-	20.8	25.0	100.0
硏究員	30	1965	365	8	5	-	4	7	24
		1年	365	2,920	1,825	-	1,460	2,555	8,760
	累日	年平均	365	2,920	1,825	-	1,460	2,555	8,760
	總時間	日平均	1	8	5	-	4	7	24
		百分比(%)	-	33.3	20.8	-	16.7	29.2	100.0
助敎	31	1966	365	8	5	-	4	7	24
	32	1967	365	8	5	-	4	7	24
	33	1968	366	8	5	-	4	7	24
		3年	1,096	8,768	5,480	-	4,384	7,672	26,304
	累日	年平均	365	2,923	1,827	-	1,461	2,557	8,768
	總時間	日平均	1	8	5	-	4	7	24
		百分比(%)	-	33.3	20.8	-	16.7	29.2	100.0
留學	34	1969	365	4	10	-	3	7	24
	35	1970	365	4	10	-	3	7	24
	36	1971	365	4	10	-	3	7	24
		3年	1,095	4,380	10,950	-	3,285	7,665	26,280
	累日	年平均	365	1,460	3,650	-	1,095	2,555	8,760
	總時間	日平均	1	4	10	-	3	7	24
		百分比(%)	-	16.7	41.7	-	12.5	29.1	100.0
專任講師	37	1972	366	5	6	2	4	7	24
	38	1973	365	5	6	2	4	7	24
	39	1974	365	5	6	2	4	7	24
	40	1975	365	5	6	2	4	7	24
		4年	1,461	7,305	8,766	2,922	5,844	10,227	35,064
	累日	年平均	365	1,826	2,192	730	1,461	2,557	8,766
	總時間	日平均	1	5	6	2	4	7	24
		百分比(%)	-	20.8	25.0	8.3	16.7	29.2	100.0

生涯區分	年齡(歲)	年度	日數(日)	1 日 平 均 時 間 數					
				1. 定規業務 (受業,講義, 家庭敎師,勤務)	2. 獨自硏學 (自習, 硏究, 執筆, 讀書)	3. 社會奉仕 (會議, 行事參席)	4. 無事休息 (食事,移動,運動, 모임,休息)	5. 就寢睡眠	合 計
	41	1976	366	4	7	2	4	7	24
	42	1977	365	4	7	2	4	7	24
	43	1978	365	4	7	2	4	7	24
助敎授	44	1979	365	4	7	2	4	7	24
		4年	1,461	5,844	10,227	2,922	5,844	10,227	35,064
	累 日	年平均	365	1,461	2,557	730	1,461	2,557	8,766
	總時間	日平均	1	4	7	2	4	7	24
		百分比(%)	-	16.7	29.2	8.3	16.6	29.2	100.0
	45	1980	366	3	7	3	5	6	24
	46	1981	365	3	7	3	5	6	24
	47	1982	365	3	7	3	5	6	24
	48	1983	365	3	7	3	5	6	24
副敎授	49	1984	366	3	7	3	5	6	24
		5年	1,827	5,481	12,789	5,481	9,135	10,962	43,848
	累 日	年平均	365	1,096	2,558	1,096	1,827	2,192	8,769
	總時間	日平均	1	3	7	3	5	6	24
		百分比(%)	-	12.5	29.2	12.5	20.8	25.0	100.0
	50	1985	365	2	7	3	6	6	24
	51	1986	365	2	7	3	6	6	24
平敎授		2年	730	1,460	5,110	2,190	4,380	4,380	17,520
	累 日	年平均	365	730	2,555	1,095	2,190	2,190	8,760
	總時間	日平均	1	2	7	3	6	6	24
		百分比(%)	-	8.3	29.2	12.5	25.0	25.0	100.0
	52	1987	365	6	4	2	6	6	24
	53	1988	366	6	4	2	6	6	24
大 學	54	1989	365	6	4	2	6	6	24
院 長	55	1990	365	6	4	2	6	6	24
		4年	1,461	8,766	5,844	2,922	8,766	8,766	35,064
	累 日	年平均	365	2,192	1,461	730	2,192	2,191	8,766
	總時間	日平均	1	6	4	2	6	6	24
		百分比(%)	-	25.0	16.7	8.3	25.0	25.0	100.0
	56	1991	365	2	7	3	6	6	24
	57	1992	366	2	7	3	6	6	24
平敎授		2年	731	1,462	5,117	2,193	4,386	4,386	17,544
	累 日	年平均	365	731	2,559	1,096	2,193	2,193	8,772
	總時間	日平均	1	2	7	3	6	6	24
		百分比(%)	-	8.3	29.2	12.5	25.0	25.0	100.0
	58	1993	365	8	3	1	6	6	24
	59	1994	365	8	3	1	6	6	24
硏究		2年	730	5,840	2,190	730	4,380	4,380	17,520
院長	累 日	年平均	365	2,920	1,095	365	2,190	2,190	8,760
	總時間	日平均	1	8	3	1	6	6	24
		百分比(%)	-	33.3	12.5	4.2	25.0	25.0	100.0

生涯區分	年齡(歲)	年度	日數(日)	1日平均時間數					
				1. 定規業務 (受業,講義,家庭敎師,勤務)	2. 獨自研學 (自習, 硏究, 執筆, 讀書)	3. 社會奉仕 (會議, 行事參席)	4. 無事休息 (食事,移動,運動,모임,休息)	5.就寢睡眠	合計
平敎授	60	1995	365	2	7	3	6	6	24
	61	1996	366	2	7	3	6	6	24
	累日總時間	2年	731	1,462	5,117	2,193	4,386	4,386	17,544
		年平均	366	731	2,559	1,096	2,193	2,193	8,772
		日平均	1	2	7	3	6	6	24
		百分比(%)	-	8.3	29.2	12.5	25.0	25.0	100.0
主任敎授	62	1997	365	3	5	4	5	7	24
	63	1998	365	3	5	4	5	7	24
	累日總時間	2年	730	2,190	3,650	2,920	3,650	5,110	17,520
		年平均	365	1,095	1,825	1,460	1,825	2,555	8,760
		日平均	1	3	5	4	5	7	24
		百分比(%)	-	12.5	20.8	16.7	20.8	29.2	100.0
平敎授	64	1999	365	2	6	4	5	7	24
	65	2000	366	2	6	5	5	6	24
	66	2001	365	2	6	5	5	6	24
	67	2002	243	2	6	4	6	6	24
	累日總時間	4年	1,339	2,678	8,034	6,087	6,938	8,399	32,136
		年平均	335	670	2,008	1,522	1,734	2,100	8,034
		日平均	1	2	6	4.5	5.2	6.3	24
		百分比(%)	-	8.3	25.0	18.8	21.7	26.2	100.0
出生 - 停年 累計 總時間		66年	24,141	110,786	121,263	30,560	129,717	187,058	579,384
		年平均	366	1,679	1,837	463	1,966	2,834	8,779
		日平均	1	4.6	5.0	1.3	5.4	7.7	24
		百分比(%)	-	19.1	20.9	5.3	22.4	32.3	100.0
名譽·碩座敎授	67	2002	122	2	6	4	6	6	24
	68	2003	365	2	5	3	7	7	24
	69	2004	366	2	5	3	7	7	24
	70	2005	365	2	4	3	8	7	24
	71	2006	209	2	4	3	8	7	24
	累日總時間	4年	1,427	2,854	6,683	4,403	10,441	9,867	34,248
		年平均	357	713	1,671	1,101	2,610	2,467	8,562
		日平均	1	2	4.7	3.1	7.3	6.9	24
		百分比(%)	-	8.3	19.6	12.9	30.4	28.8	100.0
出生 - 古稀 累計 總時間		70年	25,568	113,640	127,946	34,963	140,158	196,925	613,632
		年平均	365	1,623	1,828	500	2,002	2,813	8,766
		日平均	1	4.4	5.0	1.4	5.5	7.7	24
		百分比(%)	-	18.3	20.8	5.9	22.9	32.1	100.0

客說 : 經驗에서 얻은 삶의 眞實

단결되지 않은 百名의 凡人은 조직화된 두 명의 惡漢을 제거하지 못한다. 한 명의 도둑을 열명의 警察이 잡기 어렵다. 惡과 善의 對決은 이와 같다.

(3) 1日平均 生活時間의 變遷圖

(單位：時間, ( )내는 %)

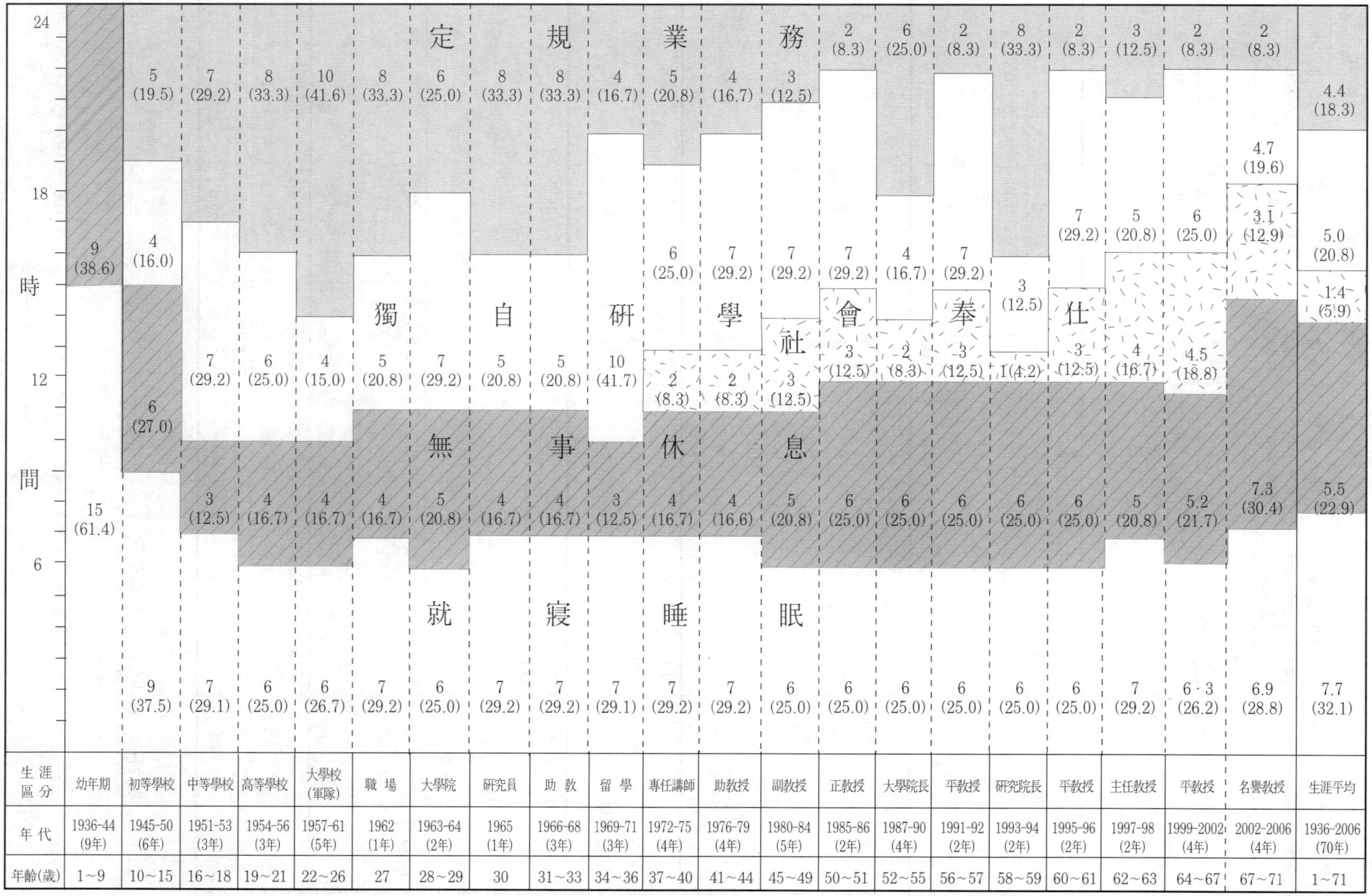

(4) 生活時間의 段階的 統計

生涯區分 / 期間 / 年齡 / 年間(日間) — 生活時間의 段階	1. 成長修學期	2. 社會活動期	3. 停年餘生期	總 累 計
期間	1936.7.28~1971.12.31	1972.1.1~2002.8.31	2002.9.1~2006.7.28	1936.7.28~2006.7.28
年齡	1~36	37~67	67~71	1~71
年間(日間)	35(12,940)	31(11,201)	4(1,427)	70(25,568)
1. 生 涯 總 時 間 (T)	310,560(100.0)	268,824(100.0)	34,248(100.0)	613,632(100.0)
·睡 眠 時 間 (S)	115,835(37.3)	71,223(26.5)	9,867(28.8)	196,925(32.1)
2. 自覺時間(A=T-S)	194,725(62.7)	197,601(73.5)	24,381(71.2)	416,707(67.9)
·食 事 時 間 (M)	38,820(12.5)	33,603(12.5)	4,281(12.5)	76,704(12.5)
3. 活動時間(C=A-M)	155,905(50.2)	163,998(61.0)	20,100(58.7)	340,003(55.4)
·移 動 時 間 (O)	10.916(3.5)	19,621(7.3)	2,164(6.3)	32,701(5.3)
4. 價値時間(V=C-O)	144,989(46.7)	144,377(53.7)	17,936(52.4)	307,302(50.1)
·趣 味 時 間 (H)	14,357(4.6)	46,060(17.1)	4,072(11.9)	64,489(10.5)
5. 生産時間(P=V-H)	130,632(42.1)	98,317(36.6)	13,864(40.5)	242,813(39.6)

※ ( )內는 總時間中 構成比率임(%)

○構成比率 比較圖

(單位:%)

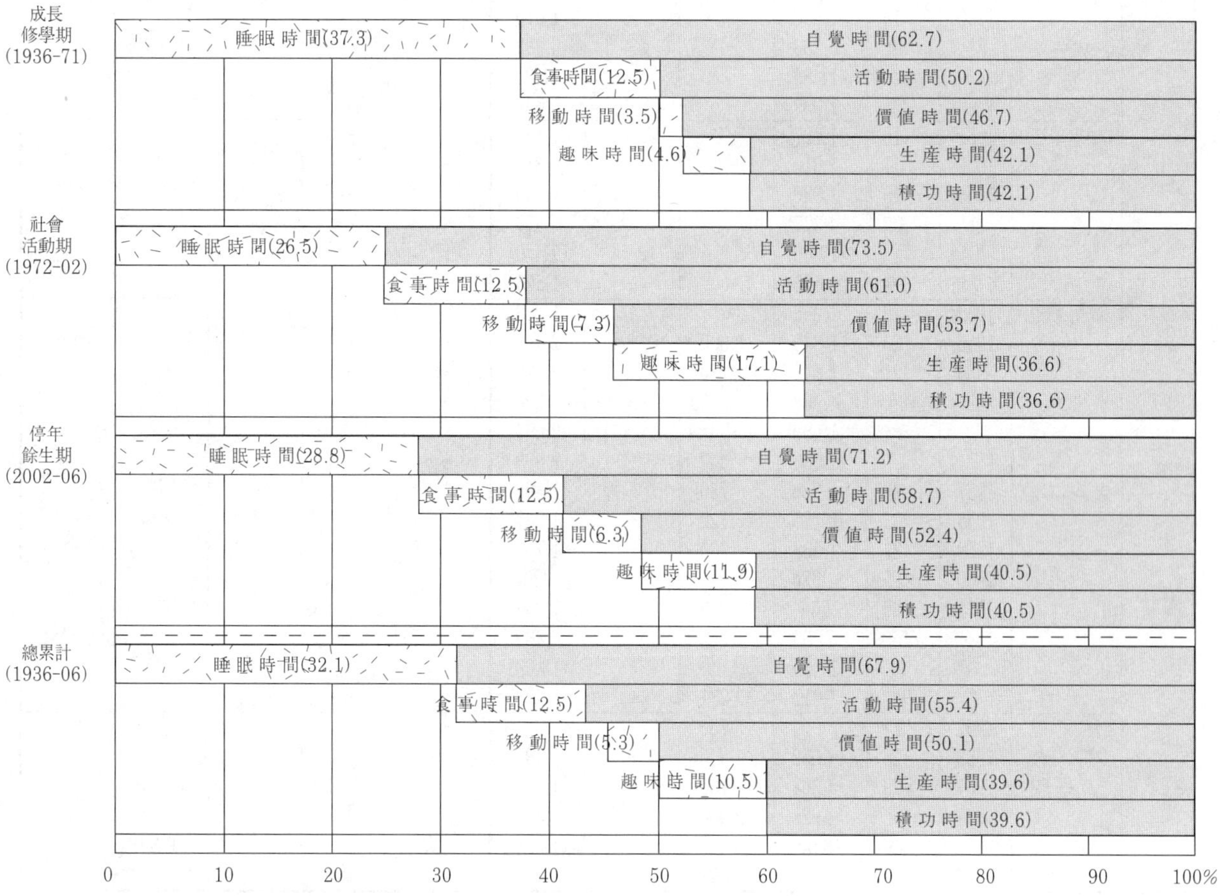

2. 生活時間의 構成과 比較

(1) 主要活動에 投入된 時間

生涯區分		年度	年齡 (活動區分)	敎育·指導				對外發表				
				受學	講義	論文指導審査	計	基調,主題司會,討論	講演人事	TV,라디오出演	原稿執筆	計
成長修學期	幼兒期	1936	1	-	-	-	-	-	-	-	-	-
		1937	2	-	-	-	-	-	-	-	-	-
		1938	3	-	-	-	-	-	-	-	-	-
		1939	4	-	-	-	-	-	-	-	-	-
		1940	5	-	-	-	-	-	-	-	-	-
		1941	6	-	-	-	-	-	-	-	-	-
		1942	7	-	-	-	-	-	-	-	-	-
		1943	8	-	-	-	-	-	-	-	-	-
		1944	9	-	-	-	-	-	-	-	-	-
		計	8年	-	-	-	-	-	-	-	-	-
		年平均	1年	-	-	-	-	-	-	-	-	-
	初等學校	1945	10	483	-	-	483	-	-	-	-	-
		1946	11	690	-	-	690	-	-	-	-	-
		1947	12	920	-	-	920	-	-	-	-	-
		1948	13	1,150	-	-	1,150	-	-	-	-	-
		1949	14	1,380	-	-	1,380	-	-	-	-	-
		1950	15	1,610	-	-	1,610	-	-	-	-	-
		計	6年	6,233	-	-	6,233	-	-	-	-	-
				(11.85)			(11.85)					
		年平均	1年	1,039	-	-	1,039	-	-	-	-	-
	中等學校	1951	16	1,127	-	-	1,127	-	-	-	-	-
		1952	17	1,610	-	-	1,610	-	-	-	-	-
		1953	18	1,840	-	-	1,840	-	-	-	-	-
		計	3年	4,577	-	-	4,577	-	-	-	-	-
				(17.40)			(71.40)					
		年平均	1年	1,525	-	-	1,525	-	-	-	-	-
	高等學校	1954	19	1,288	-	-	1,288	-	-	-	-	-
		1955	20	1,840	600	-	2,440	-	-	-	-	-
		1956	21	1,840	730	-	2,570	-	-	-	-	-
		計	3年	4,968	1,330	-	6,298	-	-	-	-	-
				(18.89)	(5.05)		(23.94)	-				
		年平均	1年	1,656	443	-	2,099	-	-	-	-	-
	大學校(軍)	1957	22	736	730	-	1,466	-	-	-	-	-
		1958	23	1,125	122	-	1,247	-	-	-	-	-
		1959	24	1,568	200	-	1,768	-	-	-	-	-
		1960	25	920	-	-	920	-	-	-	-	-
		1961	26	736	302	-	1,038	-	-	-	-	-
		計	5年	5,085	1,354	-	6,439	-	-	-	-	-
				(11.60)	(3.09)		(14.69)					
		年平均	1年	1,017	271	-	1,288	-	-	-	-	-
	會社 高校 大學院	1962	27	-	730	-	730	-	-	-	-	-
		1963	28	552	945	-	1,497	-	-	-	-	-
		1964	29	368	730	-	1,098	-	-	-	80	80
		計	3年	920	2,405	-	3,325	-	-	-	80	80
				(3.50)	(9.14)		(12.64)				(0.30)	(0.30)
		年平均	1年	306	802	-	1,108	-	-	-	27	27

(單位：時間)

行事参席				餘暇生活					合計	生涯總時間 (1日 24時間)
公式會議	單純参席	結婚主禮	計	親睦모임	小說耽讀	映畵觀覽	골프運動	計		
-	-	-	-	-	-	-	-	-	-	3,768
-	-	-	-	-	-	-	-	-	-	8,760
-	-	-	-	-	-	-	-	-	-	8,760
-	-	-	-	-	-	-	-	-	-	8,760
-	-	-	-	6	-	-	-	6	6	8,784
-	-	-	-	9	-	-	-	9	9	8,760
-	-	-	-	12	-	-	-	12	12	8,760
-	-	-	-	12	-	-	-	12	12	8,760
-	-	-	-	15	-	-	-	15	15	8,784
-	-	-	-	54	-	-	-	54	54	73,896
				(0.07)				(0.07)	(0.07)	(100.0)
-	-	-	-	7	-	-	-	7	7	9,237
-	-	-	-	6	16	-	-	22	505	8,760
-	-	-	-	9	32	-	-	41	731	8,760
-	-	-	-	9	56	8	-	73	993	8,760
6	-	-	6	12	80	12	-	104	1,260	8,784
9	-	-	9	12	104	14	-	130	1,519	8,760
15	-	-	15	12	64	16	-	92	1,717	8,760
30	-	-	30	60	352	50	-	462	6,725	52,584
(0.06)			(0.06)	(0.11)	(0.67)	(0.10)		(0.88)	(12.79)	(100.0)
5	-	-	5	10	59	8	-	77	1,121	8,764
6	-	-	6	30	312	24	-	366	1,499	8,760
3	-	-	3	15	560	36	-	611	2,224	8,784
6	-	-	6	9	88	20	-	117	1,963	8,760
15	-	-	15	54	960	80	-	1,094	5,686	26,304
(0.06)			(0.06)	(0..21)	(3.65)	(0.30)		(4.16)	(21.62)	(100.0)
5	-	-	5	18	320	27	-	365	1,895	8,768
3	-	-	3	6	176	32	-	214	1,505	8,760
6	-	-	6	12	240	50	-	302	2,748	8,760
6	-	-	6	15	208	35	-	258	2,834	8,784
15	-	-	15	33	624	117	-	774	7,087	26,304
(0.06)			(0.06)	(0.13)	(2.37)	(0.44)		(2.94)	(26.94)	(100.0)
5	-	-	5	11	208	39	-	258	2,362	8,768
3	-	-	3	6	216	100	-	322	1,791	8,760
-	-	-	-	9	104	102	-	215	1,462	8,760
3	-	-	3	6	200	30	-	236	2,007	8,760
6	-	-	6	12	208	66	-	286	1,212	8,784
6	-	-	6	15	120	40	-	175	1,219	8,760
18	-	-	18	48	848	338	-	1,234	7,691	43,824
(0.04)			(0.04)	(0.11)	(1.94)	(0.77)		(2.82)	(17.55)	(100.0)
3	-	-	3	9	170	68	-	247	1,538	8,765
9	-	-	9	18	160	72	-	250	989	8,760
15	-	-	15	18	152	64	-	234	1,746	8,760
12	-	-	12	21	160	76	-	257	1,447	8,784
36	-	-	36	57	472	212	-	741	4,182	26,304
(0.14)			(0.14)	(0.22)	(1.79)	(0.81)		(2.82)	(15.90)	(100.0)
12	-	-	12	19	157	71	-	247	1,394	8,768

生涯區分		年度	年齡	教育·指導				對外發表				
				受學	講義	論文指導審査	計	基調,主題司會,討論	講演人事	TV,라디오出演	原稿執筆	計
成長修學期	研究員助教	1965	30	-	532	-	532	-	-	-	335	335
		1966	31	-	427	-	427	-	-	-	120	120
		1967	32	-	635	-	635	-	-	-	449	449
		1968	33	-	1,137	-	1,137	-	-	-	341	341
		計	4年	-	2,731	-	2,731	-	-	-	1,245	1,245
					(7.79)		(7.79)				(3.55)	(3.55)
		年平均	1年	-	683	-	683	-	-	-	311	311
	外國留學	1969	34	207	183	-	390	-	-	-	276	276
		1970	35	690	-	-	690	-	-	-	-	-
		1971	36	805	-	-	805	-	-	-	60	60
		計	3年	1,702	183	-	1,885	-	-	-	336	336
				(6.47)	(0.70)		(7.17)				(1.28)	(1.28)
		年平均	1年	567	61	-	628	-	-	-	112	112
	累計	(1936~1971)	35年	23,485	8,003	-	31,488	-	-	-	1,661	1,661
				(7.56)	(2.58)	-	(10.14)	-	-	-	(10.53)	(10.53)
	年平均		1年	671	229	-	900	-	-	-	47	47
社會活動期	專任講師	1972	37	35	270	3	308	12	6	-	407	425
		1973	38	-	339	15	354	12	4	5	566	587
		1974	39	-	438	18	456	12	6	3	486	507
		1975	40	-	420	19	439	20	-	1	418	439
		計	4年	35	1,467	55	1,557	56	16	9	1,877	1,958
				(0.10)	(4.18)	(0.16)	(4.44)	(0.16)	(0.05)	(0.03)	(5.35)	(5.59)
		年平均	1年	8	367	14	389	14	4	2	469	489
	助教授	1976	41	28	135	9	172	12	10	-	550	572
		1977	42	-	330	23	353	44	16	2	640	702
		1978	43	-	285	23	308	28	20	1	1,054	1,103
		1979	44	-	372	21	393	40	14	-	1,165	1,219
		計	4年	28	1,122	76	1,226	124	60	3	3,409	3,596
				(0.08)	(3.20)	(0.22)	(3.50)	(0.36)	(0.17)	(0.01)	(9.72)	(10.26)
		年平均	1年	7	281	19	307	31	15	1	852	899
	副教授	1980	45	-	336	22	358	40	22	-	771	833
		1981	46	-	336	36	372	40	38	-	374	452
		1982	47	21	381	47	449	56	28	-	994	1,078
		1983	48	-	426	38	464	48	22	-	430	500
		1984	49	-	381	45	426	60	30	1	904	995
		計	5年	21	1,860	188	2,069	244	140	1	3,473	3,858
				(0.05)	(4.24)	(0.43)	(4.72)	(0.56)	(0.32)	(0.00)	(7.92)	(8.80)
		年平均	1年	4	372	38	414	49	28	0	694	771
	正教授	1985	50	-	380	38	418	68	18	1	692	779
		1986	51	-	380	35	415	64	16	2	1,332	1,414
		計	2年	-	760	73	833	132	34	3	2,024	2,193
					(4.34)	(0.42)	(4.76)	(0.75)	(0.20)	(0.02)	(11.55)	(12.52)
		年平均	1年	-	380	36	416	66	17	2	1,012	1,097
	大學院長	1987	52	44	230	29	303	56	66	3	799	924
		1988	53	-	230	31	261	72	58	11	1,451	1,592
		1989	54	-	230	30	260	144	74	12	493	723
		1990	55	65	140	25	230	100	140	11	638	889
		計	4年	109	830	115	1,054	372	338	37	3,381	4,128
				(0.31)	(2.37)	(0.33)	(3.01)	(1.06)	(0.96)	(0.11)	(9.64)	(11.77)
		年平均	1年	27	208	29	264	93	85	9	845	1,032

行事参席				餘暇生活					合 計	生涯
公式會議	單純参席	結婚主禮	計	親睦모임	小說耽讀	映畫觀覽	골프運動	計		總時間 (1日 24時間)
9	-	-	9	24	176	60	-	260	1,136	8,760
18	-	-	18	27	216	56	-	299	864	8,760
18	-	-	18	30	176	58	-	264	1,366	8,760
6	-	-	6	51	176	60	-	287	1,771	8,784
51	-	-	51	132	744	234	-	1,110	5,137	35,064
(0.14)			(0.14)	(0.38)	(2.12)	(0.67)		(3.17)	(14.65)	(100.0)
13	-	-	13	33	186	58	-	277	1,284	8,766
6	-	-	6	36	72	30	-	138	810	8,760
6	-	-	6	18	40	32	-	90	786	8,760
9	-	-	9	24	32	36	-	92	966	8,760
21	-	-	21	78	144	98	-	320	2,562	26,280
(0.08)			(0.08)	(0.30)	(0.55)	(0.37)		(1.22)	(9.75)	(100.0)
7	-	-	7	26	48	33	-	107	854	8,760
186	-	-	186	516	4,144	1,129	-	5,789	39,124	310,560
(0.06)			(0.06)	(0.17)	(1.34)	(0.36)	-	(1.87)	(12.60)	(100.0)
5	-	-	5	15	119	32	-	166	1,118	8,873
72	-	-	72	51	128	36	-	215	1,020	8,784
117	-	-	117	51	168	40	-	259	1,317	8,760
195	-	-	195	75	176	44	-	295	1,453	8,760
171	-	-	171	84	184	46	-	314	1,363	8,760
555	-	-	555	261	656	166	-	1,083	5,153	35,064
(1.58)			(1.58)	(0.75)	(1.87)	(0.47)		(3.09)	(14.70)	(100.0)
139	-	-	139	65	164	42	-	271	1,288	8,766
102	-	-	102	48	80	48	-	176	1,022	8,784
168	-	2	170	63	208	50	-	321	1,546	8,760
201	-	3	204	54	176	52	-	282	1,897	8,760
246	-	-	246	54	200	56	-	310	2,168	8,760
717	-	5	722	219	664	206	-	1,089	6,633	35,064
(2.04)		(0.02)	(2.06)	(0.62)	(1.89)	(0.59)		(3.10)	(18.92)	(100.0)
179	-	1	180	55	166	51	-	272	1,658	8,766
261	-	2	263	60	176	50	-	286	1,740	8,784
261	-	4	265	108	176	44	-	328	1,417	8,760
258	-	6	264	114	112	40	-	266	2,057	8,760
252	2	5	259	114	184	36	372	706	1,929	8,760
231	2	3	236	126	160	32	720	1,038	2,695	8,784
1,263	4	20	1,287	522	808	202	1,092	2,624	9,838	43,848
(2.88)	(0.01)	(0.05)	(2.94)	(1.19)	(1.84)	(0.46)	(2.49)	(5.98)	(22.44)	(100.0)
253	1	4	258	104	162	41	218	525	1,968	8,770
231	-	3	234	99	136	50	846	1,131	2,562	8,760
255	4	-	259	105	136	60	804	1,105	3,193	8,760
486	4	3	493	204	272	110	1,650	2,236	5,755	17,520
(2.77)	(0.02)	(0.02)	(2.81)	(1.16)	(1.55)	(0.63)	(9.42)	(12.76)	(32.85)	(100.0)
243	2	2	247	102	136	55	825	1,118	2,878	8,760
366	22	6	394	108	104	36	666	914	2,535	8,760
375	6	4	385	93	80	38	594	805	3,043	8,784
426	28	2	456	93	112	40	486	731	2,170	8,760
441	24	8	473	93	88	36	306	523	2,115	8,760
1,608	80	20	1,708	387	384	150	2,052	2,973	9,863	35,064
(4.58)	(0.23)	(0.06)	(4.87)	(1.10)	(1.10)	(0.43)	(5.85)	(8.48)	(28.13)	(100.0)
402	20	5	427	97	96	37	513	743	2,466	8,766

生涯區分		年度	年齡	教育·指導				對外發表				
				受學	講義	論文指導審查	計	基調,主題司會,討論	講演人事	TV,라디오出演	原稿執筆	計
社會活動期	平敎授	1991	56	-	378	8	386	156	166	18	688	1,028
		1992	57	-	378	19	397	148	168	10	1,039	1,365
		計	2年	-	756	27	783	304	334	28	1,727	2,393
					(4.31)	(0.15)	(4.46)	(1.73)	(1.90)	(0.16)	(9.85)	(13.64)
		年平均	1年	-	378	13	391	152	167	14	864	1,197
	硏究院長	1993	58	14	108	18	140	84	174	1	459	718
		1994	59	-	108	16	124	96	122	8	425	651
		計	2年	14	216	34	264	180	296	9	884	1,369
				(0.08)	(1.23)	(0.20)	(1.51)	(1.03)	(1.69)	(0.05)	(5.04)	(7.81)
		年平均	1年	7	108	17	132	90	148	4	442	684
	平敎授	1995	60	-	376	30	406	184	210	11	1,320	1,725
		1996	61	-	286	28	314	140	186	9	1,516	1,851
		計	2年	-	662	58	720	324	396	20	2,836	3,576
					(3.77)	(0.33)	(4.10)	(1.85)	(2.26)	(0.11)	(16.16)	(20.38)
		年平均	1年	-	331	29	360	162	198	10	1,418	1,788
	主任敎授	1997	62	-	286	54	340	108	180	20	375	683
		1998	63	-	286	36	322	132	124	3	333	592
		計	2年	-	572	90	662	240	304	23	708	1,275
					(3.27)	(0.51)	(3.78)	(1.37)	(1.74)	(0.13)	(4.04)	(7.28)
		年平均	1年	-	286	45	331	120	152	12	354	638
	平敎授	1999	64	-	308	67	375	112	96	2	227	437
		2000	65	-	314	30	344	60	144	7	156	367
		2001	66	-	303	25	328	60	144	10	156	370
		2002	67	-	106	13	119	52	144	6	249	451
		計	4年	-	1,031	135	1,166	284	528	25	788	1,625
					(3.21)	(0.42)	(3.63)	(0.89)	(1.64)	(0.08)	(2.45)	(5.06)
		年平均	1年	-	258	34	292	71	132	6	197	406
	名譽敎授	2002	67	-	42	-	42	20	56	1	19	96
		2003	68	-	84	1	85	104	138	12	36	290
		2004	69	-	84	1	85	36	206	43	13	298
		2005	70	-	84	-	84	64	162	6	3	235
		2006	71	-	42	-	42	28	66	1	2	97
		計	4年	-	336	2	338	252	628	63	73	1,016
					(0.98)	(0.006)	(0.99)	(0.74)	(1.83)	(0.19)	(0.21)	(2.97)
		年平均	1年	-	84	0.5	84.5	63	157	16	18	254
	累計	(1972~2006)	35年	207	9,612	853	10,672	2,512	3,074	221	21,180	26,987
				(0.07)	(3.17)	(0.28)	(3.52)	(0.83)	(1.01)	(0.07)	(6.99)	(8.90)
	年平均		1年	6	275	24	305	72	88	6	605	771
總累計		(1936~2006)	70年	23,692	17,615	853	42,160	2,512	3,074	221	22,841	28,648
				(3.86)	(2.87)	(0.14)	(6.87)	(0.41)	(0.50)	(0.04)	(3.72)	(4.67)
年平均			1年	338	252	12	602	36	44	3	326	409

註. (1)(　)內는 1日 24時間 基準의 生涯 總時間에 대한 構成比率(%)임.

(2)活動單位當 平均投入時間數는 다음과 같음.

• 受學 -初等學校 : 1·2學年 - 3時間/日, 3學年 - 4時間/日, 4學年 - 5時間/日, 5學年 - 6時間/日, 6學年 - 7時間/日 (1년=10個月, 1個月=23日)

-中等學校 : 7時間/日 (1年=10個月, 1個月=23日)

-高等學校 : 8時間/日 (1年=10個月, 1個月=23日)

-大 學 校 : 4時間/日 (1年=8個月, 1個月=23日)

-大 學 院 : 3時間/日 (1年=8個月, 1個月=23日)

-外國留學 : 4時間/日 (1年=10個月, 1個月=23日)

-軍　　隊 : 8時間/日 (1年=12個月, 1個月=25日)

行事參席				餘暇生活					合 計	生涯 總時間 (1日 24時間)
公式 會議	單純 參席	結婚 主禮	計	親睦 모임	小說 耽讀	映畵 觀覽	골프 運動	計		
240	36	5	281	102	232	56	276	666	2,361	8,760
297	56	4	357	114	104	60	234	512	2,631	8,784
537	92	9	638	216	336	116	510	1,178	4,992	17,544
(3.06)	(0.53)	(0.05)	(3.64)	(1.23)	(1.91)	(0.66)	(2.91)	(6.71)	(28.45)	(100.0)
269	46	4	319	108	168	58	255	589	2,496	8,772
411	64	5	480	123	96	40	42	301	1,639	8,760
456	68	7	531	69	112	46	72	299	1,605	8,760
867	132	12	1,011	192	208	86	114	600	3,244	17,520
(4.95)	(0.75)	(0.07)	(5.77)	(1.10)	(1.19)	(0.49)	(0.65)	(3.43)	(18.52)	(100.0)
434	66	6	506	96	104	43	57	300	1,622	8,760
330	64	7	401	78	200	62	162	502	3,034	8,760
339	86	7	432	126	272	106	90	594	3,191	8,784
669	150	14	833	204	472	168	252	1,096	6,225	17,544
(3.81)	(0.86)	(0.08)	(4.75)	(1.16)	(2.69)	(0.96)	(1.44)	(6.25)	(35.48)	(100.0)
335	75	7	417	102	236	84	126	548	3,113	8,772
462	72	10	544	93	248	116	72	529	2,096	8,760
417	82	7	506	117	520	168	72	877	2,297	8,760
879	154	17	1,050	210	768	284	144	1,406	4,393	17,520
(5.01)	(0.88)	(0.10)	(5.99)	(1.20)	(4.38)	(1.62)	(0.82)	(8.02)	(25.07)	(100.0)
440	77	8	525	105	384	142	72	703	2,197	8,760
528	76	11	615	552	408	116	78	1,154	2,581	8,760
414	66	8	488	402	440	204	66	1,112	2,311	8,784
531	66	8	605	939	648	118	78	1,783	3,086	8,760
426	38	9	473	597	704	106	36	1,443	2,486	5,832
1,899	246	36	2,181	2,490	2,200	544	258	5,492	10,464	32,136
(5.91)	(0.76)	(0.11)	(6.78)	(7.75)	(6.85)	(1.69)	(0.80)	(17.09)	(32.56)	(100.0)
475	61	9	545	623	550	136	64	1,373	2,616	8,034
264	2	5	271	270	80	34	36	420	829	2,928
885	28	8	921	864	208	54	36	1,162	2,458	8,760
858	54	6	918	945	440	108	6	1,499	2,800	8,784
639	16	5	660	522	600	104	24	1,250	2,229	8,760
372	24	4	400	210	344	80	12	646	1,185	5,016
3,018	124	28	3,170	2,811	1,672	380	114	4,977	9,501	34,248
(8.81)	(0.36)	(0.08)	(9.26)	(8.21)	(4.88)	(1.11)	(0.33)	(14.53)	(27.74)	(100.0)
755	31	7	793	703	418	95	29	1,244	2,375	8,562
12,498	986	164	13,648	7,716	8,440	2,412	6,186	24,754	76,061	303,072
(4.12)	(0.33)	(0.05)	(4.50)	(2.55)	(2.79)	(0.80)	(2.04)	(8.17)	(25.10)	(100.0)
357	28	5	390	220	241	69	177	707	2,173	8,659
12,684	986	164	13,834	8,232	12,584	3,541	6,186	30,543	115,185	613,632
(2.07)	(0.16)	(0.03)	(2.25)	(1.34)	(2.05)	(0.58)	(1.01)	(4.98)	(18.77)	(100.0)
181	14	2	198	118	180	51	88	436	1,646	8,766

• 講　　義
 -訓練院 : 6時間/日
 -家庭教師 · 時間講師 : 2時間/日
 -中 · 高等學校 : 6時間/日
 -서울大學校 : 9時間/週
 -時間講師 : 3時間/週
 -教育 · 訓練院 : 3時間/回

• 論文指導 · 審査 -0.5時間/人

• 對 外 發 表
 -基調 · 主題 · 司會 · 討論 : 4時間/回
 -講演 · 人事 : 2時間/回
 -TV · 라디오出演 : 1時間/回
 -原稿執筆 : 0.2時間/枚

• 行事參與
 -公式會議 : 3時間/回
 -單純參席 : 2時間/回
 -結婚主禮 : 1時間/回

• 餘暇生活
 -親睦모임 : 3時間/回
 -小說耽讀 : 8時間/卷
 -映畵觀覽 : 2時間/篇
 -골프運動 : 6時間/回

(2) 韓國人과 本人의 하루 平均 時間使用 分布比較 : 1999年度

本人生活의 區 分	韓國人의 生活時間			本人의 生活時間	
	生活區分	時間數(時間 : 分)	構成 比(%)	時間數(時間:分)	構成 比(%)
1.定規業務	1.就業勤務	3 : 43	15.5	2 : 00	8.3
2.獨自硏學	1.家 事	1 : 56	8.1	-	-
	2.學 習	1 : 28	6.1	-	-
	計	3 : 24	14.2	6 : 00	25.0
3.社會奉仕	1.其 他	0 : 58	4.0	4 : 00	16.7
4.無事休息	1.移 動	1 : 35	6.6	-	-
	2.食 事	1 : 33	6.5	-	-
	3.餘 暇	5 : 00	20.8	-	-
	計	8 : 08	33.9	5 : 00	20.8
5.就寢睡眠	1.睡 眠	7 : 47	32.4	7 : 00	29.2
合 計	合 計	24 : 00	100.0	24 : 00	100.0

註. 韓國人은 10歲以上이고 本人은 64歲임.
資料 : 韓國人은「1999년 國民生活時間調査」(統計廳, 2000)에서 발췌한 統計임.

(3) 國家別 1日平均 生活時間 比較 : 20歲 成人基準

(單位 : 時間, %)

區分 / 國家		1. 定規業務	2. 獨自硏學	3. 社會奉仕	4. 無事休息	5. 就寢睡眠	合 計
韓國		1.7 (7.1)	2.4 (10.0)	-	12.4 (51.7)	7.5 (31.2)	24.0(100.0)
日本		1.1 (4.6)	3.1(12.9)	-	12.0 (50.0)	7.8 (32.5)	24.0(100.0)
美國		1.3 (5.4)	3.5 (14.6)	-	11.6 (48.3)	7.6 (31.7)	24.0(100.0)
프랑스		1.1 (4.6)	3.9 (16.2)	-	10.8 (45.0)	8.2 (34.2)	24.0(100.0)
獨逸		1.0 (4.2)	4.2 (17.5)	-	10.5 (43.7)	8.3 (34.6)	24.0(100.0)
蘇聯		1.4 (5.8)	3.3 (13.7)	-	11.7 (48.8)	7.6 (31.7)	24.0(100.0)
벨기에		1.0 (4.2)	3.2 (13.3)	-	11.5 (47.9)	8.3 (34.6)	24.0(100.0)
불가리아		1.1 (4.6)	2.6(10.8)	-	12.5 (52.1)	7.8 (32.5)	24.0(100.0)
헝가리		1.2 (5.0)	4.1 (17.1)	-	11.0 (45.8)	7.7 (32.1)	24.0(100.0)
폴란드		1.2 (5.0)	3.7 (15.4)	-	11.5 (47.9)	7.6 (31.7)	24.0(100.0)
체코슬로바키아		1.4 (5.8)	4.1 (17.1)	-	10.6 (44.2)	7.9 (32.9)	24.0(100.0)
유고슬라비아		1.3 (5.4)	3.7 (15.4)	-	11.4 (47.5)	7.6 (31.7)	24.0(100.0)
本人	20歲當時	9.0 (37.5)	5.0 (20.8)	-	4.0 (16.7)	6.0 (25.0)	24.0(100.0)
	60年平均	4.8 (20.0)	4.9 (20.4)	1.0 (4.2)	5.4 (22.5)	7.9 (32.9)	24.0(100.0)
	70年平均	4.4 (18.3)	5.0(20.8)	1.4 (5.9)	5.5 (22.9)	7.7 (32.1)	24.0(100.0)

資料 : 韓國放送公社 編, 1985年度 國民生活時間調査. 1986.

(4) 韓國 就業者의 1日平均 生活時間 分布 : 2004年

生活分類	生活種類	時 間(時間:分)	構成比率(%)
1. 必需生活時間	1. 睡　眠	7:38	31.8
	2. 食　事	1:39	6.9
	3. 個人管理	1:07	4.6
	計	10:24	43.3
2. 義務生活時間	1. 일	5:58	24.8
	2. 家事勞動	1:22	5.7
	3. 學　習	0:04	0.3
	4. 移　動	1:52	7.8
	計	9:16	38.6
3. 餘暇生活時間	1. 미디어 利用	1:09	4.8
	2. 交　際	0:47	3.3
	3. 趣味 및 餘暇	0:45	3.1
	4. 其　他	1:39	6.9
	計	4:20	18.1
合	計	24:00	100.0

資料 : 女性家族部 · 統計廳, 2004年 生活時間 調査. 2005.

(5) 韓國 · 美國 · 獨逸 成人의 1日平均 生活時間 比較 : 2004年

(單位 : 時間 : 分)

國家 / 生活種類	韓國		美國		獨逸	
性別	男	女	男	女	男	女
1. 睡　眠	7:47(32.4)	7:41(32.0)	8:30(35.4)	8:37(35.9)	8:12(34.2)	8:19(34.7)
2. 일	6:21(26.5)	3:37(15.1)	4:22(18.2)	2:59(12.4)	3:45(15.6)	2:04(8.6)
3. 學　習	0:15(1.0)	0:12(0.8)	0:29(2.0)	0:29(2.0)	0:17(1.2)	0:15(1.1)
4. 家事勞動	0:46(3.2)	4:09(17.3)	2:22(9.9)	4:02(16.8)	2:43(11.3)	3:38(15.1)
5. 미디어利用	2:28(10.3)	2:17(9.5)	3:09(13.1)	2:36(10.9)	2:53(12.0)	2:21(9.8)
6. 參與 및 奉仕	0:06(0.4)	0:03(0.2)	0:23(1.6)	0:30(2.1)	0:22(1.5)	0:19(1.3)
小　計	17:43(73.8)	17:59(74.9)	19:15(80.2)	19:13(80.1)	18:12(75.8)	16:56(70.6)
7. 其　他	6:17(26.2)	6:01(25.1)	4:45(19.8)	4:47(19.9)	5:48(24.2)	7:04(29.4)
合　計	24:00(100.0)	24:00(100.0)	24:00(100.0)	24:00(199.0)	24:00(100.0)	24:00(100.0)

註. ( )內는 構成比率임(%).
資料 : 女性家族部 · 統計廳, 2004年 生活時間 調査. 2005.

客說 : 經驗에서 얻은 삶의 眞實

나는 어렸을 때 眼鏡 쓴 사람을 보면 不具者나 病身이라고 생각했다. 그런데 훗날 내가 안경을 쓰게 되었다. 不具者나 病身이 되는 것은 지극히 괴로운 일이지만 앞을 못 보는 것보다는 낫다는 생각에 着眼을 결심했다. 앞 잘 보는 병신이 된 것이다.

(6) 停年 以前 2002年 1個月間의 生活時間 分布

活動分類			時間分布		
大分類	中分類	小分類	算定內譯	時間	構成比(%)
1. 自宅滯留時間	1.研究·執筆	-	5時間 × 30日	150	20.9
	2.食事·家事·休息	-	2.6時間 × 30日	78	10.8
	3.就寢	-	6時間 × 30日	180	25.0
	合計(3)	-	13.6時間 × 30日	408	56.7
2. 社會活動時間	1.空間移動	1.서울市內	2時間 × 26日	52	7.2
		2.地方 및 外國	4時間 × 4回	16	2.2
		計(2)	-	68	9.4
	2.定規勤務	1.서울大學校	9時間 × 6日	54	7.5
		2.地方移讓推進委員會	4時間 × 2日	8	1.1
		3.韓國自治開發研究院	9時間 × 2日	18	2.5
		4.地域開發研究會	9時間 × 2日	18	2.5
		計(4)	-	98	13.6
	3.會議·行事 參席	1.會議·審議·諮問	3時間 × 13回	39	5.4
		2.發表·司會·討論	4時間 × 4回	16	2.2
		3.講演·演說·報告	3時間 × 4回	12	1.7
		計(3)	-	67	9.3
	4.運動 및 休息	1.골프 및 其他 運動	8時間 × 1回	8	1.1
		2.食事·歡談·遊興	3時間 × 15回	45	6.3
		計(2)	-	53	7.4
	5.慶弔事 參席 및 其他	1.婚事·問病·問喪	2時間 × 6回	12	1.7
		2.百貨店·市場·商店	2時間 × 3回	6	0.8
		3.展示場 및 其他	1時間 × 8回	8	1.1
		計(3)	-	26	3.6
	合計(5)	14	10.4時間 × 30日	312	43.3
3. 總計(2)	8	17	24時間 × 30日	720	100.0

客說 : 經驗에서 얻은 삶의 眞實

나는 잘 웃는 편이다. 우스워서 웃는 경우가 많지만 때로는 별로 우습지 않아도 體面上, 雰圍氣 때문에, 또는 말하는 사람의 立場을 생각해서 웃는 경우도 있다. 앞의 것이 진솔한 웃음이라면 뒤의 것은 假飾의 헛웃음이다. 허허-

客說 : 經驗에서 얻은 삶의 眞實

즐거움과 有益함이 함께 共存하는 일은 신나게 처리할 수 있다. 兩者가 상반되는 경우에는 억지로라도 공존하게 만드는게 좋다. 즐겁되 유익하지 않은 일은 유익함이 생기도록 유도하고 유익하되 즐겁지 않은 일은 즐거움이 일어나도록 애써 찾아야 한다. 그렇게 하지 않으면 그 일을 끝까지 효과적으로 마무리하기 어렵다.

(7) 古稀 以前 2006年 1個月間의 生活時間 分布

活動分類			時間分布		
大分類	中分類	小分類	算定內譯	時間	構成比(%)
1. 自宅滯留時間	1.讀書 · 執筆	-	4.5時間 × 30日	135	18.7
	2.食事 · 家事 · 休息	-	3時間 × 30日	90	12.5
	3.就寢	-	7時間 × 30日	210	29.2
	合 計(3)	-	14.5時間 × 30日	435	60.4
2. 社會活動時間	1.空間移動	1.서울市內	2時間 × 19日	38	5.3
		2.地方 및 外國	6時間 × 3回	18	2.5
		計(2)	-	56	7.8
	2.定規勤務	1.서울大學校	8時間 × 5日	40	5.6
		2.建國大學校	8時間 × 4日	32	4.4
		3.建設交通部	4時間 × 2回	8	1.1
		4.韓國自治發展研究院	9時間 × 4日	36	5.0
		5.韓國地域發展研究會	9時間 × 4日	36	5.0
		計(5)	-	152	21.1
	3.會議 · 行事 參席	1.會議 · 審議 · 諮問	3時間 × 5回	15	2.1
		2.發表 · 司會 · 討論	4時間 × 2回	8	1.1
		3.講演 · 演說 · 報告	2時間 × 4回	8	1.1
		計(3)	-	31	4.3
	4.運動 및 休息	1.골프 및 其他 運動	3時間 × 4回	12	1.7
		2.食事 · 歡談 · 遊興	3時間 × 8回	24	3.3
		計(2)	-	36	5.0
	5.慶弔事 參席 및 其他	1.婚事 · 問病 · 問喪	1時間 × 3回	3	0.4
		2.百貨店 · 市場 · 商店	2時間 × 2回	4	0.6
		3.展示場 및 其他	1時間 × 3回	3	0.4
		計(3)	-	10	1.4
	合 計(5)	15	9.5時間 × 30日	285	39.6
3. 總 計(2)	8	18	24時間 × 30日	720	100.0

客說 : 經驗에서 얻은 삶의 眞實

草食動物은 풀만 먹고 살고 肉食動物은 고기만 먹고 산다. 그런데 사람은 풀도 먹고 고기도 잘 먹는다. 참으로 못말릴 動物이다.

客說 : 經驗에서 얻은 삶의 眞實

남을 잘 웃기는 喜劇俳優나 才談家는 자기 家族에게는 결코 웃기는 이야기도 하지 않고 또 잘 웃지도 않는다고 한다. 그런데 나는 밖에서도 잘 웃기고 집에서도 잘 웃는다. 節度를 모르는 天方地軸이다.

Ⅳ. 食事와 營養

○ 要 約 : 飮食物 原料의 種類 (總 256種)

- (1) 鑛物類 (8)
  - 水源(4)
    - 自然水(2) — 自然食水, 地下藥水
    - 加工水(2) — 淨化食水, 海水食鹽
  - 大氣(4)
    - 有益空氣(2) — 自然空氣, 淨化空氣
    - 有害空氣(2) — 煤煙, 汚染空氣
- (2) 植物類 (138)
  - 陸上植物 (124)
    - 主穀源(19)
      - 米穀類(3) — 쌀, 찹쌀, 玄米
      - 麥 類(4) — 보리, 밀, 胡밀, 오트밀
      - 雜穀類(5) — 조, 수수, 옥수수, 메밀, 율무
      - 豆 類(5) — 콩, 팥, 綠豆, 도토리, 蠶豆
      - 薯 類(2) — 감자, 고구마
    - 菜蔬類(48)
      - 葉菜類(27) — 배추, 洋배추, 상치, 시금치, 부추, 미나리,냉이,고사리, 참비름, 두릅, 고비, 취나물, 기름나물, 돌나물, 아욱, 우엉, 쑥갓, 콩나물,깻잎, 호박잎, 고춧잎, 콩잎, 스무나무잎, 가죽나무잎, 冬柏잎,근대, 씀바귀
      - 根菜類(7) — 무, 唐根, 土卵, 씀바귀, 고들빼기, 배추뿌리, 씀바귀
      - 果菜類(9) — 가지, 박, 호박, 토마토, 오이, 참외, 수박, 딸기, 올리브
      - 調味菜類(5) — 고추, 마늘, 파, 洋파, 生薑
    - 果實類(32)
      - 農産類(22) — 사과, 배, 복숭아, 감, 고욤, 살구, 앵두, 자두, 橘, 葡萄, 石榴, 모과, 바나나, 椰子, 레몬, 멜론, 密柑, 망고, 오렌지, 파인애플, 키위, 파파야
      - 林産類(10) — 밤, 대추, 도토리, 잣, 胡桃, 銀杏, 오디, 다래, 머루, 厚朴나무
    - 特用類(25)
      - 特食類(12) — 棉花, 葉煙草, 松茸 버섯, 票古버섯, 참깨, 들깨, 땅콩, 油菜, 소나무(잎 · 松肌), 진달래꽃, 아카시아꽃, 질경이
      - 藥用類(13) — 人蔘, 도라지, 더덕, 칡, 쑥, 마, 해바라기씨, 竹筍, 薄荷, 五味子, 枸杞子, 決明茶, 호박씨

- 水中植物(14)
  - 海藻類(8)
    - 綠藻類(3) — 파래, 青角, 바다말
    - 褐藻類(2) — 미역, 다시마
    - 紅藻類(3) — 김, 가사리, 海人草
  - 河藻類(6)
    - 綠藻類(2) — 파래, 말
    - 褐藻類(2) — 미역, 다시마
    - 紅藻類(2) — 김, 가사리

- (3) 動物類(110)
  - 陸上植物(26)
    - 地上動物(12)
      - 動物類(10) — 소, 돼지, 토끼, 羊, 사슴, 염소, 노루, 곰, 멧돼지, 개구리
      - 產物類(2) — 牛乳, 애猪
    - 鳥 類(14)
      - 鳥 類(10) — 닭, 오리, 거위, 메추리, 七面鳥, 꿩, 꿀벌, 참새, 벼메뚜기, 누에나방
      - 產物類(4) — 鷄卵, 메추리알, 오리알, 꿀
  - 水中動物(84)
    - 海水族(67)
      - 海洋魚類(38) — 廣魚, 도다리, 고등어, 꽁치, 갈치, 조기, 가자미,정어리, 삼치, 도미, 明太, 大口, 붕長魚, 병어, 뱅어, 民魚, 준치,鰱魚, 숭어, 青魚, 錢魚, 농어, 빙어, 멸치, 江達이, 자리돔, 玉돔, 복어, 쥐치, 도루묵, 볼락, 松魚, 다금바리, 海狗, 상어, 고래, 넙치, 방어
      - 甲殼類(6) — 게, 꽃게, 새우, 굴, 우렁, 수심이(멍게), 거북
      - 軟體類(23) — 조개, 全鰒, 大蛤, 紅蛤, 白蛤, 소라, 꼬막, 바지락, 낙지, 세발낙지, 오징어, 海蔘, 굴, 石굴, 개불, 고둥, 다슬기, 아귀, 가오리, 미더덕, 재첩, 洪魚, 文魚
    - 淡水族(17)
      - 內水魚類(12) — 잉어, 銀魚, 長魚, 뱀長魚, 붕어, 메기, 쏘가리, 가물치, 松魚, 모래무지, 미꾸라지, 송사리
      - 甲殼類(3) — 게, 가재, 자라
      - 軟體類(2) — 고둥(골뱅이), 조개

客說 : 經驗에서 얻은 삶의 眞實

보통 사람은 술을 잘 하면 떡을 싫어하고 떡을 잘 먹는 사람 치고 술 잘 마시는 사람이 적다. 나는 술도 잘 마시고 떡도 무척 잘 먹는다. 전연 分別이 없는 먹통이라 아니 할 수 없다.

1. 攝取營養

(1) 生涯 時代別 攝取飮食

頻度別	用途別	性質別	攝取物名	生涯區分: 幼兒期	初等學校	中等學校
			年度(年齡)	1936~1944 (1~9)	1945~1950 (10~15)	1951~1953 (16~18)
			生計方法	父母膝下	父母膝下	父母膝下
常用	主食	穀類	· 쌀, 찹쌀, 玄米		······	······
			· 보리	—·—	—·—	—·—
			· 밀, 호밀, 오트밀	- - -	- - -	- - -
			· 조, 옥수수, 수수, 메밀	—·—	—·—	—·—
			· 콩, 팥, 綠豆	—·—	—·—	—·—
		副産物	· 쌀겨, 보리겨, 밀겨	—·—	······	······
		加工物	· 豆腐, 비지, 간醬, 된醬	———	———	———
			· 카로린, 치즈, 아몬드, 釀造이스터, 버터, 酵母			
	副食	野菜類	· 배추,무,상치,시금치,미나리,호박,박,가지,고추, 마늘,파, 콩나물	———	———	———
			· 부추,냉이,참비름,기름나물,아욱,우엉,쑥갓,깻잎,고춧잎,호박잎	—·—	—·—	—·—
			· 씀바귀,唐根,土卵,고들빼기,生薑,콩잎,스무나무잎,가죽나무잎,冬柏잎	······	······	······
		山菜類	· 고사리, 도라지, 더덕, 쑥, 마, 두릅, 고비, 취나물, 돌나물 竹筍	······	—·—	—·—
		特殊植物	· 감자, 松栮 버섯, 표고버섯, 참깨, 들깨, 油菜	—·—	—·—	—·—
		動物類	· 소, 돼지, 멧돼지, 토끼	······	······	—·—
		鳥類	· 닭, 벼메뚜기, 오리, 거위, 七面鳥, 꿩	······	······	—·—
		海水魚物	· 고등어,꽁치,조기,멸치,갈치,明太,새우,낙지,오징어,정어리,青魚,조개	······	······	······
			· 文魚, 삼치, 도미, 大口, 붕長魚, 병어, 뱅어, 民魚, 준치, 빙어, 松魚, 숭어			······
			· 가자미, 연어, 복어, 멍게, 全鰒, 大蛤, 紅蛤, 白蛤, 소라, 海蔘, 굴, 고둥			
			· 도다리, 江達이, 자리돔, 玉돔, 다금바리, 게, 굴등, 고막, 바지라기, 미더덕			
			· 다슬기, 가오리, 도루목, 전어, 廣魚, 海狗, 상어, 고래, 거북, 洪魚, 아귀, 재첩, 볼락, 개불			
		淡水魚物	· 붕어, 메기, 쏘가리, 미꾸라지, 모래무지, 송사리, 고등, 조개	······	—·—	—·—
			· 잉어, 銀漁, 長魚, 뱀長魚, 가물치, 松魚, 게, 가재, 자라		······	—·—
		水藻類	· 말, 미역, 김, 다시마, 파래, 青角, 가사리, 海人草	······	—·—	—·—
間用	間食	在來果實	· 감, 고욤, 살구, 대추, 밤, 오디, 棉實, 참외, 수박, 사과, 배	- - -	- - -	- - -
			· 다래, 머루, 도토리, 잣, 胡桃, 銀杏, 厚朴나무		······	—·—
			· 딸기, 토마토, 앵두, 자두, 葡萄, 모과, 石榴		······	—·—
		外來果實	· 橘, 바나나, 椰子, 레몬, 멜론, 蜜柑		······	······
		特殊食物	· 배추뿌리, 고구마, 진달래꽃, 아카시아꽃, 호박씨, 松葉, 松肌	—·—	—·—	—·—
			· 칡, 해바라기씨, 人蔘, 薄荷, 五味子, 枸杞子, 決明茶	······	—·—	—·—
		清凉飮料	· 밀크, 사이다, 콜라, 환타, 요구르트, 캔주스			
			· 炭酸水, 密柑水, 薄荷水, 칼피스, 진저엘, 시럽, 타임소다			
	嗜好	動物類	· 개구리, 羊, 사슴, 염소, 노루, 곰			
		鳥類	· 참새, 누에나방(번데기), 꿀	······	—·—	—·—
		菓子類	· 엿, 사탕, 빵	······	—·—	—·—
			· 캔디, 캐러멜, 케이크, 비스킷類, 아이스크림, 추잉검			
		飮料類	· 커피, 코코아茶, 紅茶, 人蔘茶			
			· 술			
		吸煙類	· 담배			

註. ——— 恒常取食, - - - 頻繁取食, —·—·— 間或取食, ······ 稀少取食

高等學校	大學校·軍	會社·大學院	內務部·助敎	美國留學	專講·助敎授	副·正敎授	大學院長·敎授	研究院長·敎授	主任·平敎授	名譽·碩座敎授
1954~1956 (19~21)	1957~1961 (22~26)	1962~1964 (27~29)	1965~1968 (30~33)	1969~1971 (34~36)	1972~1979 (37~44)	1980~1986 (45~51)	1987~1992 (52~57)	1993~1996 (58~61)	1997~2002 (62~67)	2003~2006 (68~71)
下宿·自炊 家庭敎師	家庭敎師·軍	下宿·家庭敎師	家 庭	自炊·家庭	家 庭	家 庭	家 庭	家 庭	家 庭	家 庭

(2) 攝取物의 種類와 營養要素

攝 取 物 의 種 類				含有營養要素및 熱量	
頻度別	用途別	性質別	攝 取 物 名	營養要素	熱量(100g當 Kcal)
常用食	必須類	大 氣	空氣	酸素, 窒素, 아르곤, 炭酸가스, 카세논	
		飮 水	물	酸素, 水素, 칼슘, 마그네슘,酸, 알카리	
	主食類	米 穀	쌀, 찹쌀, 玄米	蛋白質, 脂肪, 澱粉, 비타민B1	368
		麥 類	보리, 밀, 호밀, 오트밀	蛋白質, 脂肪, 칼슘, 칼륨, 미네랄, 纖維素, 비타민B1	334~381
		雜 穀	조, 수수, 옥수수, 메밀	蛋白質, 비타민B1	312~365
		豆 類	콩, 팥, 綠豆	蛋白質, 脂肪, 칼슘, 비타민B1	335~400
		겨	쌀겨, 보리겨, 밀겨	蛋白質, 脂肪, 칼슘, 칼륨, 미네랄, 纖維素 비타민B1 · B2 · B6 · E	350
		種 芽	쌀胚芽, 小麥胚芽	葉酸, 비타민B_1	354
		食 單	쌀밥 국수 빵	蛋白質, 脂肪 蛋白質, 脂肪 蛋白質, 脂肪	153 125 250~280
	副食類	蔬 菜 類	배추, 양배추, 상치, 시금치, 부추, 미나리, 냉이, 고사리, 참비름, 두릅, 고비, 취나물, 기름나물, 돌나물, 아욱, 우엉, 쑥갓, 콩나물, 깻잎, 호박잎, 고춧잎, 콩잎, 스무나무잎, 가죽나무잎, 冬柏잎, 무, 唐根, 土卵, 씀바귀, 고들빼기, 가지, 박, 호박, 오이, 고추,마늘, 파, 양파, 生薑, 도라지, 더덕, 쑥, 마, 竹筍	蛋白質, 칼슘, 알칼리, 비타민 C · A · K	20~300
		特殊植物	松栮버섯,표고버섯, 참깨, 들깨, 油菜, 감자	蛋白質, 脂肪, 미네랄, 비타민B_1	25~300
		動 物 類	소, 돼지, 멧돼지, 토끼, 牛乳, 애저	蛋白質, 脂肪,칼슘, 비타민B1 · B2 · B12 · A · D · E	200~350
		鳥 類	닭, 오리, 거위, 七面鳥, 꿩, 벼메뚜기, 鷄卵, 메추리알, 오리알	蛋白質, 脂肪, 칼슘, 비타민A · B2 · B6 · D · E	140~340
		海水魚物	廣魚, 도다리, 고등어, 꽁치, 갈치, 조기, 가자미, 정어리, 삼치, 도미, 明太, 大口, 붕長魚, 병어, 뱅어, 民魚, 준치, 연어, 숭어, 青魚, 錢魚, 농어, 빙어, 멸치, 江達이, 자리돔, 玉돔, 복어, 도루묵, 볼락, 松魚, 다금바리, 海狗, 고래, 게, 꽃게, 새우, 굴등, 우렁수심이(멍게), 거북, 조개, 全鰒, 大蛤. 紅蛤, 白蛤, 소라, 고막, 바지라기, 낙지,세발낙지, 오징어, 海蔘, 굴, 石굴, 개불, 고둥, 다슬기, 아리, 가오리, 미더덕, 재첩, 洪魚, 文魚	蛋白質, 脂肪, 미네랄, 비타민B_2, K	30~400
		淡水魚物	잉어, 銀漁, 長魚, 뱀長魚, 붕어, 메기, 쏘가리, 가물치, 松魚, 모래무지, 미꾸라지, 송사리, 게, 가재, 자라, 고등(골뱅이), 조개	蛋白質, 脂肪, 미네랄, 비타민 A · K	70~400
		海(河)藻類	파래, 青角, 말, 미역, 다시마, 김, 가사리, 海人草		20~540

攝取物의 種類				含有營養要素및 熱量	
頻度別	用途別	性質別	攝取物名	營養要素	熱量(100g當Kcal)
常用食		補助食品	豆腐, 비지	蛋白質, 脂肪	94~533
			간醬, 된醬	蛋白質, 脂肪, 비타민A · B_2, 니코틴酸	40~400
			카로린, 치즈, 아몬드, 釀造이스터, 버터, 酵母	蛋白質,비타민A · B_1 · B2 · B6 · K · C,니코틴酸	350~750
間用食	間食類	果實類	토마토, 참외, 수박, 딸기, 사과, 배, 복숭아, 감, 고욤, 살구, 앵두, 자두, 橘, 葡萄, 石榴, 모과, 바나나, 椰子, 레몬, 멜론, 蜜柑, 밤, 대추, 도토리, 잣, 胡桃, 銀杏, 오디, 다래, 머루, 厚朴나무, 棉實	蛋白質, 비타민C	20~300
		特殊植物	땅콩, 고구마, 배추뿌리, 松葉, 松肌, 진달래꽃, 아카시아꽃, 人蔘, 칡, 薄荷, 해바라기씨, 호박씨, 五味子, 枸杞子, 決明茶	蛋白質, 脂肪, 미네랄, 비타민B1	98~550
		淸凉飮料	炭酸水, 사이다, 콜라, 진저엘, 타임소다, 환타, 시럽, 蜜柑水, 薄荷水, 칼피스, 요구르트, 캔주스, 아시드피라스밀크	炭酸가스, 牛乳性分, 糖粉, 비타민A · B	40~103
	耆好類	動物類	羊, 사슴, 염소, 노루, 곰, 개구리		180-243
		鳥 類	참새, 누에나방(번데기), 꿀		140~302
		菓子類	엿, 캔디, 캐러멜	糖粉	340~540
			케이크, 비스킷類	穀類,鷄卵,버터, 크림,치즈性分, 糖粉	268~450
			아이스크림	牛乳, 鷄卵性分, 糖粉,	180~226
			추잉검	고무質, 糖粉, 香料	280
		飮料類	커피	카페인, 탄닌	46~371
			코코아茶	蛋白質,脂肪,테오브로민,탄닌,綠末	55~396
			紅茶	탄닌, 카페인, 葉酸	300
			술		37~262
		煙	담배	니코틴	

註. 必要營養要素 : 空氣, 물(1日 2.5 l), 蛋白質(1日 60~75g), 炭水化物(1日 200~250g), 비타민A · B_1 · B_2 · B_6 · B_{12} · C · D · E · K, 니코틴酸, 葉酸,미네랄 (總必要熱量 1日 2,000~2,500Kcal)

客說 : 經驗에서 얻은 삶의 眞實

아무 飮食이나 잘 먹고 음식에 대한 투정이 없는 사람의 家庭은 飮食水準의 향상을 가져오기 어렵다. 반면에 食性이 까다롭고 飮食選好가 분명한 사람의 家庭飮食은 날로 향상된다. 家庭 平和를 생각하면 아무거나 말없이 먹어야 하고 家庭飮食을 발전시키려면 잔소리를 많이 해야 한다. 나는 말없이 주는데로 잘 먹는 편이지만 집의 飮食이 입에 맞아 천만다행이다.

客說 : 經驗에서 얻은 삶의 眞實

밥에 돌이나 머리털이 섞여 있으면 보통 사람은 짜증을 내지만 특별한 사람은 아무말 없이 수저를 놓고 나간다. 나는 조금 달라 '여보! 전에는 이런 雜食을 즐겨 먹었는데 나이가 드니 食性이 바뀌는구려. 내가 알아서 섞어 먹을테니 돌과 머리칼을 접시에 따로 담아 내주시오!' 한다. 高段手라고 할까 卑劣하다고 할까?

(3) 飮食種類別 含有 칼로리量

飮食分類	飮 食 種 類	單位量	칼로리(Kcal)	飮食分類	飮 食 種 類	單位量	칼로리(Kcal)	飮食分類	飮 食 種 類	單位量	칼로리(Kcal)
1.韓國	1.쌀밥	1空器	300		6.野菜샐러드	1人分	176		7.밤	4알	80
飮食	2.보리밥	〃	300		7.감자샐러드	〃	183		8.딸기	10알	23
	3.비빔밥	1人分	580		8.멕시칸샐러드	〃	139		9.수박	1쪽	50
	4.김밥	10個	400		9.오므라이스	〃	680		10.오렌지	1個	45
	5.갈비탕	밥包含	755		10.카레라이스	〃	600		11.자두(紫桃)	〃	25
	6.설렁탕	〃	730		11.라자니아	〃	584		12.자몽	〃	100
	7.海物탕	〃	550		12.生鮮커틀릿	〃	880		13.참외	〃	100
	8.蔘鷄탕	1人分	772		13.치킨필라프	〃	620		14.키위	2個	56
	9.김치볶음밥	〃	610		14.海物스파게티	〃	630		15.토마토	1個	22
	10.김치찌개	밥包含	479		15.콘플레이크,牛乳	〃	190		16.葡萄	1/2송이	68
	11.된장찌개	〃	390	5.粉食類	1.칼국수	1人分	460		17.파인애플	1/3個	58
	12.部隊찌개	〃	640		2.컵라면	1컵	358	8.빵類	1.食빵	1쪽	100
	13.純豆腐찌개	〃	580		3.라면	1人分	500		2.팥빵	1個	220
	14.淸國醬찌개	〃	430		4.물饅頭	5個	340		3.감자빵	〃	226
	15.곱창전골	1人分	550		5.튀김饅頭	〃	300		4.모카빵	〃	305
	16.낙지전골	밥包含	483		6.핫도그	1個	280		5.버터빵	〃	267
	17.불고기	1人分	580		7.油腐초밥	〃	78		6.野菜빵	〃	271
	18.떡국	〃	568		8.오뎅	1人分	200		7.크림빵	〃	294
	19.饅頭국	〃	477		9.떡볶이	〃	482		8.바게트빵	3조각	132
	20.수제비	〃	410		10.빈대떡	1장	180		9.胡빵	1個	200
	21.냄비우동	〃	392		11.감자튀김	1봉지	210		10.샌드위치	1조각	468
	22.물冷麵	〃	450		12.鷄卵찐것	1個	100		11.햄버거	1個	400
	23.비빔冷麵	〃	500		13.고구마맛탕	5쪽	210		12.피자	1조각	250
	24.비빔국수	〃	519		14.치킨양념	1쪽	380		13.生크림케이크	〃	340
2.日本	1.生鮮초밥	8個	550		15.치킨후라이드	〃	340		14.파운드케이크	〃	230
飮食	2.油腐초밥	1人分	500		16.족발	1人分	200		15.치즈버거	1個	320
	3.膾덮밥	〃	520		17.쥐포	1個	336		16.도넛츠	〃	125
	4.돌냄비우동	〃	550	6.野菜類	1.감자(中間것)	1個	100		17.찹쌀도넛츠	〃	180
	5.튀김우동	〃	577		2.고구마(中間것)	〃	200		18.파이	1조각	237
	6.모밀국수	〃	450		3.당근(中間것)	〃	60		19.애플파이	1個	247
	7.알탕	〃	439		4.무(中間것)	〃	144		20.카스테라	〃	317
	8.새우野菜튀김	〃	457		5.양파(中間것)	〃	40		21.고로케	〃	290
	9.豚가스定食	〃	960		6.오이(中間것)	〃	40	9.과자類	1.초콜릿	1個	549
3.中國	1.雜菜밥	1人分	716		7.옥수수	〃	188		2.애플파이	〃	253
飮食	2.볶음밥	〃	720		8.호박(中間것)	1/2個	27		3.웨하스	1봉지	508
	3.자장麵	〃	660		9.피망(中間것)	2個	20		4.팝콘	〃	459
	4.울麵	〃	610		10.표고버섯(큰것)	3個	20		5.강냉이	〃	80
	5.짬뽕	〃	540		11.풋고추	5個	10		6.포테이토칩	〃	330
	6.糖水肉	〃	616		12.상추	15장	25		7.뻥튀기	10個	180
	7.양장피	〃	169		13.깻잎	40장	45	10.떡類	1.찹쌀떡	1個	160
	8.깐풍기	〃	567	7.과일類	1.사과(큰것)	1個	100		2.팥시루떡	1人分	203
4.西洋	1.안심스테이크	1人分	860		2.배	〃	150		3.바람떡	4個	267
飮食	2.햄버그스테이크	〃	900		3.복숭아	〃	50		4.藥 밥	1人分	237
	3.크림스프	〃	164		4.감	〃	68		5.瓊團	8個	223
	4.野菜스프	〃	170		5.귤	〃	24		6.백설기	1人分	241
	5.養松栮 스프	〃	220		6.바나나	〃	100		7.인절미	4個	225

飮食分類	飮食種類	單位量	칼로리(Kcal)	飮食分類	飮食種類	單位量	칼로리(Kcal)	飮食分類	飮食種類	單位量	칼로리(Kcal)
	8.절편	1個	65		9.오렌지쥬스	〃	100		8.레몬燒酒	1盞	80
11.아이스크림類	1.아이스크림	1컵	280		10.豆油	〃	130		9.甁麥酒	1컵	100
	2.팥氷水	〃	302		11.당근쥬스	〃	65		10.生麥酒	〃	185
	3.파르페	〃	320		12.대추飮料	〃	125	14.其他飮食類	1.꿀	1큰술	69
	4.밀크쉐이크	〃	211		13.야쿠르트	1個	50		2.딸기잼	〃	63
12.飮料水類	1.사이다	1컵	105		14.食醯	1캔	240		3.율무	〃	35
	2.콜라	1캔	97	13.酒類	1.막걸리	1盞	100		4.마가린	〃	103
	3.코코아	1盞	55		2.燒酒	〃	90		5.마요네즈	〃	90
	4.人蔘茶	〃	33		3.淸酒	〃	200		6.버터	〃	101
	5.柚子茶	〃	67		4.白葡萄酒	〃	50		7.참깨	〃	45
	6.율무茶	〃	111		5.赤葡萄酒	〃	40		8.케첩	〃	23
	7.水正果	1컵	200		6.위스키	〃	140		9.잣	3큰술	135
	8.牛乳	〃	125		7.샴페인	〃	40		10.치즈	1장	66

※1日平均 成人의 熱量勸奬量 : 男子-2,500Kcal, 女子-2,000Kcal

(4) 韓國人의 1日 營養 勸奬量

(1995年 第6次 改正量)

區分	年齡 \ 要素	基準體位 身長 (cm)	基準體位 體重 (kg)	에너지, 蛋白質 에너지 (kcal)	에너지, 蛋白質 蛋白質 (g)	無機質 칼슘 (mg)	無機質 燐 (mg)	無機質 鐵分 (mg)	無機質 亞鉛 (mg)	비타민 A (μgRE)	비타민 B1 (mg)	비타민 B2 (mg)	비타민 나이아신 (mgNE)	비타민 B6 (mg)	비타민 葉酸 (μg)	비타민 C (mg)	비타민 D (μg)	비타민 E (mgα·TE)
嬰兒	0~4個月	59	6.0	650	20	500	380	6	5	350	0.3	0.4	5	0.3	40	35	10	3
	5~11〃	71	9.1	850	25	500	420	10	5	350	0.4	0.5	6	0.5	50	35	10	4
小兒	1~3歲	91	13.3	1.200	30	500	500	10	10	350	0.6	0.7	8	0.6	80	40	10	5
	4~6〃	108	18.5	1,600	40	600	600	10	10	400	0.8	1.0	11	0.8	100	40	10	6
	7~9〃	126	26.6	1,800	50	700	700	12	10	500	0.9	1.1	12	1.0	150	40	10	7
男子	10~12歲	142	37	2,200	60	800	800	12	15	600	1.1	1.3	14	1.2	200	50	10	8
	13~15〃	159	50	2,400	70	900	900	18	15	700	1.2	1.4	16	1.4	200	50	10	10
	16~19〃	172	63	2,600	80	900	900	18	15	700	1.4	1.6	18	1.6	250	55	10	10
	20~29〃	172	66	2,500	75	700	700	12	15	700	1.3	1.6	17	1.5	250	55	5	10
	30~49〃	170	67	2,500	75	700	700	12	15	700	1.3	1.5	17	1.5	250	55	5	10
	50~64〃	168	67	2,400	75	700	700	12	15	700	1.2	1.4	16	1.5	250	55	10	10
	65~74〃	167	64	2,000	70	700	700	12	15	700	1.0	1.2	13	1.5	250	55	10	10
	75歲以上	166	60	1,800	70	700	700	12	15	700	1.0	1.2	13	1.5	250	55	10	10
女子	10~12歲	142	36	1,900	60	800	800	18	12	600	1.0	1.2	13	1.2	200	50	10	8
	13~15〃	155	48	2,000	65	800	800	18	12	700	1.0	1.2	13	1.4	200	50	10	10
	16~19〃	160	54	2,100	65	800	800	18	12	700	1.1	1.3	13	1.5	250	55	10	10
	20~29〃	160	53	2,000	60	700	700	18	12	700	1.0	1.2	13	1.5	250	55	5	10
	30~49〃	158	55	2,000	60	700	700	18	12	700	1.0	1.2	13	1.5	250	55	5	10
	50~64〃	157	57	2,000	60	700	700	12	12	700	1.0	1.2	13	1.5	250	55	10	10
	65~74〃	154	54	1,700	60	700	700	12	12	700	1.0	1.2	13	1.5	250	55	10	10
	75歲以上	152	51	1,600	60	700	700	12	12	700	1.0	1.2	13	1.5	250	55	10	10

註. (1)kg=1,000g, 1g(gram)=물 1㎤의 重量, ㎎(milligram)=1,000分의 1g, ㎍(micron gram)=1,000分의 1㎎
(2)kcal=1,000cal, 1cal(calorie)=순수한 물 1g의 溫度를 1氣壓下에서 1°C높이는데 요하는 熱量
(3)RE=retinol equivalent, NE=niacin equivalent, TE=tocopherol equivalent

資料. 韓國人口保健硏究院, 韓國人 營養 勸奬量. 1995.

2. 食事類型과 費用負擔

(1) 年度別 · 食事場所別 및 食種別 食事回數와 飲酒回數

(單位 : 回)

生涯區分		年度	年齡	日數	食事回數 總回數	內·外食分類 居宅食事	外部食事 計	外部食事 朝食	外部食事 午餐	外部食事 夕食	食種別分類 韓食	日食	中食	洋食	其他	飲酒回數 總回數	午餐	夕食	二·三次
成長修學期	幼兒期	1936	1	157	471	471	-	-	-	-	471	-	-	-	-	-	-	-	-
		1937	2	365	1,095	1,095	-	-	-	-	1,095	-	-	-	-	-	-	-	-
		1938	3	365	1,095	1,095	-	-	-	-	1,095	-	-	-	-	-	-	-	-
		1939	4	365	1,095	1,095	-	-	-	-	1,095	-	-	-	-	-	-	-	-
		1940	5	366	1,098	1,094	4	1	2	1	1,098	-	-	-	-	-	-	-	-
		1941	6	365	1,095	1,082	13	4	5	4	1,095	-	-	-	-	-	-	-	-
		1942	7	365	1,095	1,079	16	5	6	5	1,095	-	-	-	-	-	-	-	-
		1943	8	365	1,095	1,073	22	7	8	7	1,095	-	-	-	-	-	-	-	-
		1944	9	366	1,098	1,070	28	9	10	9	1,098	-	-	-	-	-	-	-	-
		累計	9年	3,079	9,237	9,154	83	26	31	26	9,237	-	-	-	-	-	-	-	-
					(100,0)	(99.1)	(0.9)	(0.3)	(0.3)	(0.3)	(100.0)	-	-	-	-	-	-	-	-
	初等學校	1945	10	365	1,095	1,065	30	10	10	10	1,095	-	-	-	-	-	-	-	-
		1946	11	365	1,095	1,051	44	14	15	15	1,095	-	-	-	-	-	-	-	-
		1947	12	365	1,095	1,042	53	18	17	18	1,095	-	-	-	-	-	-	-	-
		1948	13	366	1,098	1,036	62	21	20	21	1,098	-	-	-	-	-	-	-	-
		1949	14	365	1,095	1,027	68	20	24	24	1,095	-	-	-	-	-	-	-	-
		1950	15	365	1,095	1,046	49	16	18	15	1,095	-	-	-	-	-	-	-	-
		累計	6年	2,191	6,573	6,267	306	99	104	103	6,573	-	-	-	-	-	-	-	-
					(100,0)	(95.3)	(4.5)	(1.5)	(1.6)	(1.6)	(100.0)	-	-	-	-	-	-	-	-
	中等學校	1951	16	365	1,095	1,043	52	18	17	17	1,095	-	-	-	-	-	-	-	-
		1952	17	366	1,098	1,046	52	17	18	17	1,098	-	-	-	-	-	-	-	-
		1953	18	365	1,095	1,052	43	15	13	15	1,095	-	-	-	-	-	-	-	-
		累計	3年	1,096	3,288	3,141	147	50	48	49	3,288	-	-	-	-	-	-	-	-
					(100,0)	(95.5)	(4.5)	(1.5)	(1.5)	(1.5)	(100.0)	-	-	-	-	-	-	-	-
	高等學校	1954	19	365	1,095	1,056	39	12	13	14	1,095	-	-	-	-	-	-	-	-
		1955	20	365	1,095	1,055	40	12	13	15	1,095	-	-	-	-	-	-	-	-
		1956	21	366	1,098	1,066	32	9	11	12	1,098	-	-	-	-	-	-	-	-
		累計	3年	1,096	3,288	3,177	111	33	37	41	3,288	-	-	-	-	-	-	-	-
					(100,0)	(96.6)	(3.4)	(1.0)	(1.1)	(1.3)	(100.0)	-	-	-	-	-	-	-	-
	大學校 (軍隊)	1957	22	365	1,095	1,019	76	15	40	21	1,094	-	1	-	-	-	-	-	-
		1958	23	365	1,095	1,029	66	12	36	18	1,094	-	1	-	-	-	-	-	-
		1959	24	365	10,95	1,035	60	12	24	24	1,095	-	-	-	-	-	-	-	-
		1960	25	366	1,098	320	778	248	273	257	1,096	-	2	-	-	-	-	-	-
		1961	26	365	1,095	319	776	246	272	258	1,092	-	3	-	-	-	-	-	-
		累計	5年	1,826	5,478	3,722	1,756	533	645	578	5,471	-	7	-	-	-	-	-	-
					(100,0)	(67.9)	(32.1)	(9.7)	(11.8)	(10.6)	(99.9)	-	(0.1)	-	-	-	-	-	-

(單位：回)

生涯區分	區分（場所·食種）	年度	年齡	日數	食事回數 總回數	內·外食分類 居宅食事	外部食事 計	朝食	午餐	夕食	食種別分類 韓食	日食	中食	洋食	其他	飮酒回數 總回數	午餐	夕食	二·三次
成長修學期	會社·高校 教師·大學院	1962	27	365	1,095	884	211	6	150	55	1,080	-	15	-	-	52	2	35	15
		1963	28	365	1,098	1,020	75	7	43	25	1,085	-	10	-	-	52	3	25	24
		1964	29	366	1,098	1,016	82	7	45	30	1,084	-	12	2	-	52	3	25	24
		累計	3年	1,096	3,288	2,920	368	20	238	110	3,249	-	37	2	-	156	8	85	63
					(100.0)	(88.8)	(11.2)	(0.6)	(7.2)	(3.4)	(98.8)	-	(1.1)	(0.1)	-	(100.0)	(5.1)	(54.5)	(40.4)
	內務部·助教	1965	30	365	1,095	984	111	10	58	43	1,077	1	15	2	-	52	-	40	12
		1966	31	365	1,095	983	112	10	54	48	1,076	2	14	3	-	104	10	48	46
		1967	32	365	1,095	995	100	-	48	52	1,077	3	13	2	-	104	13	50	41
		1968	33	366	1,098	995	103	1	49	53	1,076	3	15	4	-	105	14	49	42
		累計	4年	1,461	4,383	3,957	426	21	209	196	4,306	9	57	11	-	365	37	187	141
					(100.0)	(90.3)	(9.7)	(0.5)	(4.7)	(4.5)	(98.2)	(0.2)	(1.3)	(0.3)	-	(100.0)	(10.1)	(51.2)	(38.7)
	外國留學	1969	34	365	1,095	895	200	20	128	52	991	2	1	100	1	52	-	50	2
		1970	35	365	1,095	799	296	18	258	20	825	4	4	260	2	52	14	20	18
		1971	36	365	1,095	798	297	20	255	22	822	4	4	263	2	52	10	22	20
		累計	3年	1,095	3,285	2,492	793	58	641	94	2,638	10	9	623	5	156	24	92	40
					(100.0)	(75.9)	(24.1)	(1.8)	(19.5)	(2.8)	(80.3)	(0.3)	(0.3)	(19.0)	(0.1)	(100.0)	(15.4)	(59.0)	(25.6)
	累計	1936 ~71	35年	12,940	38,820	34,830	3,990	840	1,953	1,197	38,050	19	110	636	5	677	69	364	244
					(100.0)	(89.7)	(10.3)	(2.2)	(5.0)	(3.1)	(98.0)	(0.1)	(0.3)	(1.6)	(0.0)	(100.0)	(10.2)	(53.8)	(36.0)
	年平均	1936~71	1年	370	1,110	996	114	24	56	34	1,087	1	3	19	-	19	2	10	7
社會活動期	專任講師	1972	37	366	1,098	735	363	16	309	38	1,046	15	6	30	1	105	32	37	36
		1973	38	365	1,095	753	342	14	291	37	1,044	25	6	20	-	104	35	35	34
		1974	39	365	1,095	698	397	30	307	60	1,046	33	7	8	1	156	44	57	55
		1975	40	365	1,095	384	411	43	289	79	1,050	30	6	9	-	156	19	77	60
		累計	4年	1,461	4,383	2,870	1,513	103	1,196	214	4,186	103	25	67	2	521	130	206	185
					(100.0)	(65.5)	(34.5)	(2.3)	(27.3)	(4.9)	(95.5)	(2.3)	(0.6)	(1.5)	(0.1)	(100.0)	(25.0)	(39.5)	(35.5)
	助教授	1976	41	366	1,098	644	454	35	311	108	876	33	15	172	2	157	19	100	38
		1977	42	365	1,095	763	332	50	184	98	1,027	35	12	44	1	156	18	93	45
		1978	43	365	1,095	756	339	54	177	108	1,128	32	16	29	20	156	17	99	40
		1979	44	365	1,095	793	302	44	155	103	1,021	17	15	40	2	156	20	97	39
		累計	4年	1,461	4,383	2,956	1,427	183	827	417	3,898	117	58	285	25	625	74	389	162
					(100.0)	(67.4)	(32.6)	(4.2)	(18.9)	(9.5)	(88.9)	(2.7)	(1.3)	(6.5)	(0.6)	(100.0)	(11.8)	(62.3)	(25.9)
	副教授	1980	45	366	1,098	852	246	27	127	92	1,050	15	17	16	-	157	21	91	45
		1981	46	365	1,095	816	279	39	129	111	1,044	18	18	15	-	156	14	105	37
		1982	47	365	1,095	739	356	67	145	144	1,016	23	19	30	7	156	11	120	25
		1983	48	365	1,095	611	484	102	196	186	1,010	17	17	37	14	209	14	175	20
		1984	49	366	1,098	474	624	143	249	232	1,032	32	17	17	-	209	18	170	21
		累計	5年	1,827	5,481	3,492	1,989	378	846	765	5,152	105	88	115	21	887	78	661	148
					(100.0)	(63.7)	(36.3)	(6.9)	(15.4)	(14.0)	(94.0)	(1.9)	(1.6)	(2.1)	(0.4)	(100.0)	(8.8)	(74.5)	(16.7)
	正教授	1985	50	365	1,095	439	656	153	255	248	1,003	39	24	24	5	209	14	150	45
		1986	51	365	1,095	424	671	131	309	231	1,021	22	22	26	4	209	20	148	41
		累計	2年	730	2,190	863	1,327	284	564	479	2,024	61	46	50	9	418	34	298	86
					(100.0)	(39.4)	(60.6)	(13.0)	(25.7)	(21.9)	(92.4)	(2.8)	(2.1)	(2.3)	(0.4)	(100.0)	(8.1)	(71.3)	(20.6)

(單位 : 回)

生涯區分		年度	年齡	日數	食事回數 總回數	內·外食分類 居宅食事	外部食事 計	朝食	午餐	夕食	食種別分類 韓食	日食	中食	洋食	其他	飲酒回數 總回數	午餐	夕食	二·三次
社會活動期	大學院長	1987	52	365	1,095	425	670	115	334	221	997	44	27	27	-	209	15	151	43
		1988	53	366	1,098	452	646	106	321	219	1,022	25	26	25	-	209	18	149	42
		1989	54	365	1,095	466	629	125	260	244	995	26	28	46	-	209	14	155	40
		1990	55	365	1,095	416	679	119	316	244	988	29	43	35	-	209	12	160	37
		累計	4年	1,461	4,383	1,759	2,624	465	1,231	928	4,002	124	124	133	-	836	59	615	162
					(100.0)	(40.1)	(59.9)	(10.6)	(28.1)	(21.2)	(91.3)	(2.8)	(2.8)	(3.1)	-	(100.0)	(7.0)	(73.6)	(19.4)
	平教授	1991	56	365	1,095	307	788	171	315	302	904	53	35	101	2	209	13	160	36
		1992	57	366	1,098	374	724	137	313	274	993	32	43	30	-	209	19	140	50
		累計	2年	731	2,193	681	1,512	308	628	576	1,897	85	78	131	2	418	32	300	86
					(100.0)	(31.1)	(68.9)	(14.0)	(28.6)	(26.3)	(86.5)	(3.9)	(3.5)	(6.0)	(0.1)	(100.0)	(7.6)	(71.8)	(20.6)
	研究院長	1993	58	365	1,095	404	691	109	330	252	970	47	36	42	-	209	9	185	15
		1994	59	365	1,095	357	738	120	299	319	943	55	37	60	-	156	11	130	15
		累計	2年	730	2,190	761	1,429	229	629	571	1,913	102	73	102	-	365	20	315	30
					(100.0)	(34.7)	(65.3)	(10.5)	(28.7)	(26.1)	(87.4)	(4.7)	(3.3)	(4.6)	-	(100.0)	(5.5)	(86.3)	(8.2)
	平教授	1995	60	365	1,095	448	647	173	220	254	939	47	45	59	5	156	8	128	20
		1996	61	366	1,098	449	649	140	223	286	983	37	43	35	-	156	3	135	18
		累計	2年	731	2,193	897	1,296	313	443	540	1,922	84	88	94	5	312	11	263	38
					(100.0)	(40.9)	(59.1)	(14.3)	(20.2)	(24.6)	(87.7)	(3.8)	(4.0)	(4.3)	(0.2)	(100.0)	(3.5)	(84.3)	(12.2)
	主任教授	1997	62	365	1,095	258	837	178	328	331	936	58	43	58	-	156	7	131	18
		1998	63	365	1,095	306	789	154	299	336	956	54	47	38	-	156	5	136	15
		累計	2年	730	2,190	564	1,626	332	627	667	1,892	112	90	96	-	312	12	267	33
					(100.0)	(25.8)	(74.2)	(15.2)	(28.6)	(30.4)	(86.4)	(5.1)	(4.1)	(4.4)	-	(100.0)	(3.8)	(85.6)	(10.6)
	平教授	1999	64	365	1,095	280	815	164	350	301	924	82	45	44	-	344	28	271	45
		2000	65	366	1,098	241	857	159	373	325	920	92	44	42	-	391	38	295	58
		2001	66	365	1,095	285	810	109	351	350	947	55	45	48	-	375	52	260	63
		2002	67	243	729	255	474	58	166	250	636	40	26	27	-	250	34	175	41
		累計	4年	1,339	4,017	1,061	2,956	490	1,240	1,226	3,427	269	160	161	-	1,360	152	1,001	207
					(100.0)	(26.4)	(73.6)	(12.2)	(30.9)	(30.5)	(85.3)	(6.7)	(4.0)	(4.0)	-	(100.0)	(11.2)	(73.6)	(15.2)
	名譽教授	2002	67	122	366	144	222	15	84	123	320	20	14	12	-	131	22	88	21
		2003	68	365	1,095	564	531	25	247	259	960	63	42	30	-	352	64	231	57
		2004	69	366	1,098	701	397	12	198	187	964	66	44	24	-	304	62	193	49
		2005	70	365	1,095	835	260	10	132	118	960	68	45	22	-	211	48	129	34
		2006	71	209	627	556	71	4	41	26	550	40	26	11	-	61	15	36	10
		累計	4年	1,427	4,281	2,800	1,481	66	702	713	3,754	257	171	99	-	1,059	211	677	171
					(100.0)	(65.4)	(34.6)	(1.5)	(16.4)	(16.7)	(87.7)	(6.0)	(4.0)	(2.3)	-	(100.0)	(19.9)	(63.9)	(16.2)
	累 計	1972 ~2006	35年	12,628	37,884	18,704	19,180	3,151	8,933	7,096	34,067	1,419	1,001	1,333	64	7,113	813	4,992	1,308
					(100.0)	(49.4)	(50.6)	(8.3)	(23.6)	(18.7)	(89.9)	(3.8)	(2.6)	(3.5)	(0.2)	(100.0)	(11.4)	(70.2)	(18.4)
	年平均	1972~2006	1年	361	1,083	535	548	90	255	203	973	41	29	38	2	203	23	143	37
總 累 計		1936 ~2006	70年	25,568	76,704	53,534	23,170	3,991	10,886	8,293	72,117	1,438	1,111	1,969	69	7,790	882	5,356	1,552
					(100.0)	(69.8)	(30.2)	(5.2)	(14.2)	(10.8)	(94.0)	(1.9)	(1.4)	(2.6)	(0.1)	(100.0)	(11.3)	(68.8)	(19.9)
年 平 均		1936~2006	1年	365	1,095	764	331	57	156	118	1,030	20	16	28	1	111	13	76	22

註. (1)도시락持參, 軍隊服務는 居宅食事로 분류함.

(2)他人家宅 訪問食事는 外部食事로 분류함.

(3)(　　)內는 構成比率(%)임.

(2) 家內食事의 食單 차림者別 分布回數

(單位 : 回)

生涯區分	차림者 分類 / 年度		年齡	家食回數	食單 차림者別 分布(發生時期順)								
					1.母親	2.姉妹	3.下宿宅	4.本人	5.家庭教師宅	6.軍炊事兵	7.妻	8.聘母, 親戚, 食母	9.子女,子婦
成長修學期	幼兒期	1936	1	471	471	-	-	-	-	-	-	-	-
		1937	2	1,095	1,095	-	-	-	-	-	-	-	-
		1938	3	1,095	1,095	-	-	-	-	-	-	-	-
		1939	4	1,095	1,095	-	-	-	-	-	-	-	-
		1940	5	1,094	1,094	-	-	-	-	-	-	-	-
		1941	6	1,082	1,082	-	-	-	-	-	-	-	-
		1942	7	1,079	1,079	-	-	-	-	-	-	-	-
		1943	8	1,073	1,073	-	-	-	-	-	-	-	-
		1944	9	1,070	1,070	-	-	-	-	-	-	-	-
		累計	9年	9,154	9,154	-	-	-	-	-	-	-	-
		構成比	%	100.0	100.0	-	-	-	-	-	-	-	-
	初等學校	1945	10	1,065	1,060	5	-	-	-	-	-	-	-
		1946	11	1,051	1,043	8	-	-	-	-	-	-	-
		1947	12	1,042	1,029	13	-	-	-	-	-	-	-
		1948	13	1,036	1,016	20	-	-	-	-	-	-	-
		1949	14	1,027	992	35	-	-	-	-	-	-	-
		1950	15	1,046	993	53	-	-	-	-	-	-	-
		累計	6年	6,267	6,133	134	-	-	-	-	-	-	-
		構成比	%	100.0	97.9	2.1	-	-	-	-	-	-	-
	中等學校	1951	16	1,043	957	86	-	-	-	-	-	-	-
		1952	17	1,046	946	100	-	-	-	-	-	-	-
		1953	18	1,052	937	115	-	-	-	-	-	-	-
		累計	3年	3,141	2,840	301	-	-	-	-	-	-	-
		構成比	%	100.0	90.4	9.6	-	-	-	-	-	-	-
	高等學校	1954	19	1,056	372	-	336	348	-	-	-	-	-
		1955	20	1,055	98	-	-	84	873	-	-	-	-
		1956	21	1,066	61	30	-	-	975	-	-	-	-
		累計	3年	3,177	531	30	336	432	1,848	-	-	-	-
		構成比	%	100.0	16.7	0.9	10.6	13.6	58.2	-	-	-	-
	大學校(軍隊)	1957	22	1,019	153	-	-	256	210	-	-	-	-
		1958	23	1,029	369	-	-	201	-	459	-	-	-
		1959	24	1,035	21	-	-	-	-	1,014	-	-	-
		1960	25	320	25	-	-	-	-	295	-	-	-
		1961	26	319	-	-	-	-	319	-	-	-	-
		累計	5年	3,722	568	-	-	857	529	1,768	-	-	-
		構成比	%	100.0	15.3	-	-	23.0	14.2	47.5	-	-	-
	會社, 高校, 大學院	1962	27	884	66	-	593	-	225	-	-	-	-
		1963	28	1,020	45	-	276	183	516	-	-	-	-
		1964	29	1,016	93	543	-	-	380	-	-	-	-
		累計	3年	2,950	204	543	869	183	1,121	-	-	-	-
		構成比	%	100.0	6.9	18.6	29.8	6.3	38.4	-	-	-	-

生涯區分	차림者 分類 年度		年齡	家食回數	食單 차림者別 分布(發生時期順)								
					1.母親	2.姉妹	3.下宿宅	4.本人	5.家庭教師宅	6.軍炊事兵	7.妻	8.聘母,親戚.食母	9.子女,子婦
成長修學期	內務部,助教	1965	30	984	541	443	-	-	-	-	-	-	-
		1966	31	983	57	13	-	-	-	-	913	-	-
		1967	32	995	21	-	-	-	-	-	974	-	-
		1968	33	995	35	-	-	-	-	-	960	-	-
		累計	4年	3,957	654	456	-	-	-	-	2,847	-	-
		構成比	%	100.0	16.5	11.5	-	-	-	-	72.0	-	-
	外國留學	1969	34	895	20	-	-	294	-	-	581	-	-
		1970	35	799	-	-	-	207	-	-	592	-	-
		1971	36	798	-	-	-	180	-	-	618	-	-
		累計	3年	2,492	20	-	-	681	-	-	1,791	-	-
		構成比	%	100.0	0.8	-	-	27.3	-	-	71.9	-	-
	累計	1936-71	35年	34,830	20,104	1,464	1,205	2,153	3,498	1,768	4,638	-	-
	構成比	1936-71	%	100.0	57.7	4.2	3.5	6.2	10.0	5.1	13.3	-	-
社會活動期	專任講師	1972	37	735	36	-	-	-	-	-	699	-	-
		1973	38	753	23	-	-	-	-	-	730	-	-
		1974	39	698	-	-	-	-	-	-	377	321	-
		1975	40	684	-	-	-	-	-	-	205	479	-
		累計	4年	2,870	59	-	-	-	-	-	2,011	800	-
		構成比	%	100.0	2.0	-	-	-	-	-	70.1	27.9	-
	助教授	1976	41	644	-	-	-	463	-	-	63	118	-
		1977	42	763	-	-	-	-	-	-	343	420	-
		1978	43	756	-	-	-	-	-	-	302	454	-
		1979	44	793	-	-	-	-	-	-	307	486	-
		累計	4年	2,956	-	-	-	463	-	-	1,015	1,478	-
		構成比	%	100.0	-	-	-	15.7	-	-	34.3	50.0	-
	副教授	1980	45	852	-	-	-	-	-	-	426	426	-
		1981	46	816	-	-	-	-	-	-	367	449	-
		1982	47	739	-	-	-	-	-	-	296	443	-
		1983	48	611	-	-	-	-	-	-	232	379	-
		1984	49	474	-	-	-	-	-	-	166	308	-
		累計	5年	3,492	-	-	-	-	-	-	1,487	2,005	-
		構成比	%	100.0	-	-	-	-	-	-	42.6	57.4	-
	正教授	1985	50	439	-	-	-	-	-	-	145	284	10
		1986	51	424	-	-	-	-	-	-	148	264	12
		累計	2年	863	-	-	-	-	-	-	293	548	22
		構成比	%	100.0	-	-	-	-	-	-	34.0	63.5	2.5
	大學院長	1987	52	425	-	-	-	-	-	-	128	279	18
		1988	53	452	-	-	-	-	-	-	145	287	20
		1989	54	466	-	-	-	-	-	-	140	300	26
		1990	55	416	-	-	-	-	-	-	121	263	32
		累計	4年	1,759	-	-	-	-	-	-	534	1,129	96
		構成比	%	100.0	-	-	-	-	-	-	30.4	64.2	5.4
	平教授	1991	56	307	-	-	-	-	-	-	89	182	36
		1992	57	374	-	-	-	-	-	-	105	229	40
		累計	2年	681	-	-	-	-	-	-	194	411	76

生涯區分		年度 (차림者 分類)	年齡	家食回數	食單차림者別 分布(發生時期順) 1.母親	2.姉妹	3.下宿宅	4.本人	5.家庭教師宅	6.軍炊事兵	7.妻	8.聘母, 親戚, 食母	9.子女,子婦
社會活動期		構成比	%	100.0	-	-	-	-	-	-	28.5	60.3	11.2
	研究院長	1993	58	404	-	-	-	-	-	-	117	282	5
		1994	59	357	-	-	-	-	-	-	100	257	-
		累計	2年	761	-	-	-	-	-	-	217	539	5
		構成比	%	100.0	-	-	-	-	-	-	28.5	70.8	0.7
	平教授	1995	60	448	-	-	-	-	-	-	121	327	-
		1996	61	449	-	-	-	-	-	-	126	323	-
		累計	2年	897	-	-	-	-	-	-	247	650	-
		構成比	%	100.0	-	-	-	-	-	-	27.5	72.5	-
	主任教授	1997	62	258	-	-	-	-	-	-	72	176	10
		1998	63	306	-	-	-	35	-	-	252	-	19
		累計	2年	564	-	-	-	35	-	-	324	176	29
		構成比	%	100.0	-	-	-	6.2	-	-	57.4	31.2	5.2
	平教授	1999	64	280	-	-	-	150	-	-	109	-	21
		2000	65	241	-	-	-	69	-	-	104	-	68
		2001	66	285	-	-	-	135	-	-	95	-	55
		2002	67	255	-	-	-	128	-	-	88	-	39
		累計	4年	1,061	-	-	-	482	-	-	396	-	183
		構成比	%	100.0	-	-	-	45.4	-	-	37.3	-	17.3
	名譽教授	2002	67	144	-	-	-	51	-	-	70	-	23
		2003	68	564	-	-	-	144	-	-	318	-	102
		2004	69	701	-	-	-	140	-	-	421	-	140
		2005	70	835	-	-	-	142	-	-	509	-	184
		2006	71	556	-	-	-	83	-	-	340	-	133
		累計	4年	2,800	-	-	-	560	-	-	1,658	-	582
		構成比	%	100.0	-	-	-	20.0	-	-	59.2	-	20.8
	累計	1972-2006	35年	18,704	59	-	-	1,540	-	-	8,376	7,736	993
	構成比	1972-2006	%	100.0	0.3	-	-	8.2	-	-	44.8	41.4	5.3
總累計		1936-2006	70年	53,534	20,163	1,464	1,205	3,693	3,498	1,768	13,014	7,736	993
構成比		1936-2006	%	100.0	37.7	2.7	2.2	6.9	6.5	3.3	24.3	14.5	1.9

客說 : 經驗에서 얻은 삶의 眞實

한 집안에서 뚜렷한 人物이 하나 나오면 그 집안은 매우 영광스럽지만 그 때부터 그 人物은 괴로워지기 시작한다. 一家親戚들의 부탁을 다 들어주려면 非理나 無理를 범하게 되고 안 들어주면 모두 원망하고 돌아선다. 이런 괴로움을 안 당하려면 뚜렷한 人物이 안 되면 된다.

(3) 外部食事의 費用負擔 內譯

生涯 (年度;年齡)		區分 / 食單	食事回數(回) 本人負擔 單獨買食	共同會食	接待	計	他人負擔	合計	負擔金額(千원)[1] 本人負擔 單獨買食	共同會食[2]	接待[3]	計	他人負擔[4]	合計
成長修學期	幼兒期 (1936-44; 1-9)	朝 食	-	-	-	-	26	26	-	-	-	-	9	9
		午 餐	-	-	-	-	31	31	-	-	-	-	18	18
		夕 食	-	-	-	-	26	26	-	-	-	-	20	20
		2·3次	-	-	-	-	-	-	-	-	-	-	-	-
		計	-	-	-	-	83	83	-	-	-	-	47	47
							(100.0)	(100.0)					(100.0)	(100.0)
	初等學校 (1945-50; 10-15)	朝 食	-	-	-	-	99	99	-	-	-	-	55	55
		午 餐	-	-	-	-	104	104	-	-	-	-	81	81
		夕 食	-	-	-	-	103	103	-	-	-	-	103	103
		2·3次	-	-	-	-	-	-	-	-	-	-	-	-
		計	-	-	-	-	306	306	-	-	-	-	239	239
							(100.0)	(100.0)					(100.0)	(100.0)
	中等學校 (1951-53; 16-18)	朝 食	-	-	-	-	50	50	-	-	-	-	28	28
		午 餐	-	-	-	-	48	48	-	-	-	-	38	38
		夕 食	-	-	-	-	49	49	-	-	-	-	49	49
		2·3次	-	-	-	-	-	-	-	-	-	-	-	-
		計	-	-	-	-	147	147	-	-	-	-	115	115
							(100.0)	(100.0)					(100.0)	(100.0)
	高等學校 (1954-56; 19-21)	朝 食	-	-	-	-	33	33	-	-	-	-	26	26
		午 餐	-	-	-	-	37	37	-	-	-	-	37	37
		夕 食	-	-	-	-	41	41	-	-	-	-	50	50
		2·3次	-	-	-	-	-	-	-	-	-	-	-	-
		計	-	-	-	-	111	111	-	-	-	-	113	113
							(100.0)	(100.0)					(100.0)	(100.0)
	大學校(軍) (1957-61; 22-26)	朝 食	490	-	-	490	43	543	543	-	-	543	48	591
		午 餐	445	140	10	595	50	645	741	233	50	1,024	83	1,107
		夕 食	388	145	5	538	40	578	861	322	33	1,216	89	1,305
		2·3次	-	-	-	-	-	-	-	-	-	-	-	-
		計	1,323	285	15	1,623	133	1,756	2,145	555	83	2,783	220	3,003
			(75.3)	(16.2)	(0.9)	(92.4)	(7.6)	(100.0)	(71.4)	(18.5)	(2.8)	(92.7)	(7.3)	(100.0)
	會社,高校,大學院 (1962-64; 27-29)	朝 食	-	-	-	-	20	20	-	-	-	-	33	33
		午 餐	45	112	26	183	55	238	100	248	173	521	122	643
		夕 食	37	13	20	70	40	110	103	37	166	306	111	417
		2·3次	-	13	15	28	35	63	-	43	150	193	116	309
		計	82	138	61	281	150	431	203	328	489	1,020	382	1,402
			(19.0)	(32.0)	(14.2)	(65.2)	(34.8)	(100.0)	(14.5)	(23.4)	(34.8)	(72.7)	(27.3)	(100.0)
	研究員,助教 (1965-68; 30-33)	朝 食	-	-	-	-	21	21	-	-	-	-	47	47
		午 餐	70	74	22	166	43	209	194	205	183	582	120	702
		夕 食	29	110	17	156	40	196	96	366	170	632	133	765
		2·3次	-	91	15	106	35	141	-	354	175	529	136	665
		計	99	275	54	428	139	567	290	925	528	1,743	436	2,179
			(17.5)	(48.5)	(9.5)	(75.5)	(24.5)	(100.0)	(13.3)	(42.5)	(24.2)	(80.0)	(20.0)	(100.0)

生涯	(年度:年齡)	區分 / 食單	食事回數(回)						負擔金額(千원)[1]					
			本人負擔				他人負擔	合計	本人負擔				他人負擔[4]	合計
			單獨買食	共同會食	接待	計			單獨買食	共同會食[2]	接待[3]	計		
成長修學期	外國留學 (1969-71; 34-36)	朝食	35	8	-	43	15	58	78	18	-	96	33	129
		午餐	541	12	20	573	68	641	1,200	27	133	1,360	151	1,511
		夕食	35	5	15	55	39	94	116	17	150	283	130	413
		2·3次	-	8	10	18	22	40	-	35	133	168	98	266
		計	611	33	45	689	144	833	1,394	97	416	1,907	412	2,319
			(73.3)	(4.0)	(5.4)	(82.7)	(17.3)	(100.0)	(60.1)	(4.2)	(17.9)	(82.2)	(17.8)	(100.0)
	累計 (1936-71; 1-36)	合計	2,115	731	175	3,021	1,213	4,234	4,032	1,905	1,516	7,453	1,964	9,417
			(50.0)	(17.3)	(4.1)	(71.4)	(28.6)	(100.0)	(42.9)	(20.2)	(16.1)	(79.2)	(20.8)	(100.0)
		年平均	60	21	5	86	35	121	115	55	43	213	56	269
社會活動期	專任講師 (1972-75; 37-40)	朝食	2	4	-	6	97	103	7	13	-	20	323	343
		午餐	7	232	15	254	942	1,196	39	1,286	250	1,575	5,223	6,798
		夕食	1	115	25	141	73	214	9	1,020	665	1,694	648	2,342
		2.3次	-	88	10	98	97	185	-	976	333	1,309	965	2,274
		計	10	439	50	499	1,199	1,698	55	3,295	1,248	4,598	7,159	11,757
			(0.6)	(25.9)	(2.9)	(29.4)	(70.6)	(100.0)	(0.5)	(28.0)	(10.6)	(39.1)	(60.9)	(100.0)
	助教授 (1976-79; 41-44)	朝食	1	10	-	11	172	183	4	44	-	48	763	811
		午餐	6	105	12	123	704	827	40	699	240	979	4,684	5,663
		夕食	1	164	20	185	232	417	11	1,819	665	2,495	2,573	5,068
		2·3次	-	70	8	78	84	162	-	931	319	1,250	1,118	2,368
		計	8	349	40	397	1,192	1,589	55	3,493	1,224	4,772	9,138	13,910
			(0.5)	(22.0)	(2.5)	(25.0)	(75.0)	(100.0)	(0.4)	(25.1)	(8.8)	(34.3)	(65.7)	(100.0)
	副教授 (1980-84; 45-49)	朝食	2	22	2	26	352	378	11	122	33	166	1,951	2,117
		午餐	4	112	13	129	717	846	31	869	303	1,203	5,566	6,789
		夕食	3	164	19	186	579	765	40	2,182	759	2,981	7,705	10,686
		2·3次	-	74	8	82	66	148	-	1,231	399	1,630	1,098	2,728
		計	9	372	42	423	1,714	2,137	82	4,404	1,494	5,980	16,320	22,300
			(0.4)	(17.4)	(2.0)	(19.8)	(80.2)	(100.0)	(0.4)	(19.7)	(6.7)	(26.8)	(73.2)	(100.0)
	正教授 (1985-86; 50-51)	朝食	-	20	1	21	263	284	-	133	20	153	1,750	1,903
		午餐	4	65	10	79	485	564	40	649	299	988	4,840	5,828
		夕食	1	89	11	101	378	479	17	1,480	549	2,046	6,288	8,334
		2·3次	1	44	3	48	38	86	20	878	180	1,078	758	1,836
		計	6	218	25	249	1,164	1,413	77	3,140	1,048	4,265	13,636	17,901
			(0.4)	(15.4)	(1.8)	(17.6)	(82.4)	(100.0)	(0.4)	(17.5)	(5.9)	(23.8)	(76.2)	(100.0)
	大學院長 (1987-90; 52-55)	朝食	1	35	3	39	426	465	8	271	70	349	3,307	3,656
		午餐	6	135	31	172	1,059	1,231	73	1,647	1,134	2,854	12,918	15,772
		夕食	3	191	8	202	726	928	60	3,813	479	4,352	14,491	18,843
		2·3次	2	90	10	102	60	162	49	2,195	732	2,976	1,464	4,440
		計	12	451	52	515	2,271	2,786	190	7,926	2,415	10,531	32,180	42,711
			(0.4)	(16.2)	(1.9)	(18.5)	(81.5)	(100.0)	(0.4)	(18.6)	(5.7)	(24.7)	(75.3)	(100.0)
	平教授 (1991-92; 56-57)	朝食	-	21	1	22	286	308	-	186	27	213	2,537	2,750
		午餐	4	70	15	89	539	628	53	932	599	1,584	7,172	8,756
		夕食	2	96	9	107	469	576	44	2,129	599	2,772	10,402	13,174
		2·3次	1	46	2	49	37	86	27	1,224	159	1,410	985	2,395

生涯 (年度,;年齡)		區分 / 食單	食事回數(回)						負擔金額(千원)[1]					
			本人負擔				他人負擔	合計	本人負擔				他人負擔[4]	合計
			單獨買食	共同會食	接待	計			單獨買食	共同會食[2]	接待[3]	計		
社會活動期		計	7	233	27	267	1,331	1,598	124	4,471	1,384	5,979	21,096	27,075
			(0.4)	(14.6)	(1.7)	(16.7)	(83.3)	(100.0)	(0.5)	(16.5)	(5.1)	(22.1)	(77.9)	(100.0)
	研究院長	朝食	1	20	2	23	206	229	10	199	60	269	2,056	2,325
	(1993-94;	午餐	5	87	18	110	519	629	78	1,351	838	2,267	8,057	10,324
	58-59)	夕食	2	128	3	133	438	571	51	3,265	229	3,545	11,171	14,716
		2·3次	-	20	6	26	4	30	-	599	539	1,138	120	1,258
		計	8	255	29	292	1,167	1,459	139	5,414	1,666	7,219	21,404	28,623
			(0.5)	(17.5)	(2.0)	(20.0)	(80.0)	(100.0)	(0.5)	(18.9)	(5.8)	(25.2)	(74.8)	(100.0)
	平教授	朝食	-	15	1	16	297	313	-	166	33	199	3,294	3,493
	(1995-96;	午餐	3	52	10	65	378	443	50	865	499	1,414	6,287	7.701
	50-61)	夕食	1	72	8	81	459	540	28	1,996	665	2,689	12,725	15,414
		2·3次	-	34	1	35	3	38	-	1,131	100	1,231	100	1,331
		計	4	173	20	197	1,137	1,334	78	4,158	1,297	5,533	22,406	27,939
			(0.3)	(13.0)	(1.5)	(14.8)	(85.2)	(100.0)	(0.3)	(14.9)	(4.6)	(19.8)	(80.2)	(100.0)
	主任教授	朝食	-	13	1	14	318	332	-	144	34	178	3,526	3,704
	(1997-98;	午餐	4	72	11	87	540	627	66	1,198	549	1,813	8,982	10,795
	62-63)	夕食	1	105	10	116	551	667	28	2,911	831	3,770	15,276	19,046
		2·3次	-	22	2	24	9	33	-	732	200	932	299	1,231
		計	5	212	24	241	1,418	1,659	94	4,985	1,614	6,693	28,083	34,776
			(0.3)	(12.8)	(1.4)	(14.5)	(85.5)	(100.0)	(0.3)	(14.3)	(4.6)	(19.2)	(80.8)	(100.0)
	平教授	朝食	-	15	2	17	473	490	-	166	67	233	5,245	5,478
	(1999-2002;	午餐	155	365	130	650	590	1,240	1,719	6,071	3,604	11,394	9,814	21,208
	64-67)	夕食	10	560	41	611	615	1,226	166	15,526	1,818	17,510	17,050	34,560
		2·3次	-	5	10	15	43	58	-	166	998	1,164	1,431	2,595
		計	165	945	183	1,293	1,721	3,014	1,885	21,929	6,487	30,301	33,540	63,841
			(5.5)	(31.3)	(6.1)	(42.9)	(57.1)	(100.0)	(3.0)	(34.3)	(10.2)	(47.5)	(52.5)	(100.0)
	名譽教授	朝食	-	10	1	11	55	66	-	111	34	145	610	755
	(1972-2006;	午餐	208	30	48	286	416	702	624	499	1,331	2,454	6,920	9,374
	67-71)	夕食	5	60	24	89	624	713	25	1,664	1,064	2,753	17,300	20,053
		2·3次	-	3	20	23	148	171	-	100	1,000	1,100	4,925	6,025
		計	213	103	93	409	1,243	1,652	649	2,374	3,429	6,452	29,755	36,207
			(12.9)	(6.3)	(5.6)	(24.8)	(75.2)	(100.0)	(1.8)	(6.5)	(9.5)	(17.8)	(82.2)	(100.0)
	累計	合計	447	3,750	585	4,782	15,557	20,339	3,428	65,589	23,306	92,323	234,717	327,040
	(1972-2006;		(2.2)	(18.4)	(2.9)	(23.5)	(76.5)	(100.0)	(1.0)	(20.1)	(7.1)	(28.2)	(71.8)	(100.0)
	37-71)	年平均	13	107	17	137	444	581	98	1,874	666	2,638	6,706	9,344
總累計		總計	2,562	4,481	760	7,803	16,770	24,573	7,460	67,494	24,822	99,776	236,681	336,457
(1936-2006:			(10.4)	(18.3)	(3.1)	(31.8)	(68.2)	(100.0)	(2.2)	(20.1)	(7.4)	(29.7)	(70.3)	(100.0)
1-71)		年平均	36	64	11	111	240	351	107	964	355	1,426	3,381	4,807

註. 1)負擔金額은 2006年 7月 現在의 價格으로 換算한 것임.
2)共同會食의 負擔은 本人의 것만 算定한 것임.
3)接待의 費用은 本人이 부담한 全體金額임.
4)他人負擔은 本人에게 割當된 1人平均費用만을 算定한 것임.
※(　　)內는 構成比率(%)임.

Ⅴ. 人格形成

○ 要 約 : 生涯體系의 投入-過程-産出間 作用聯關圖

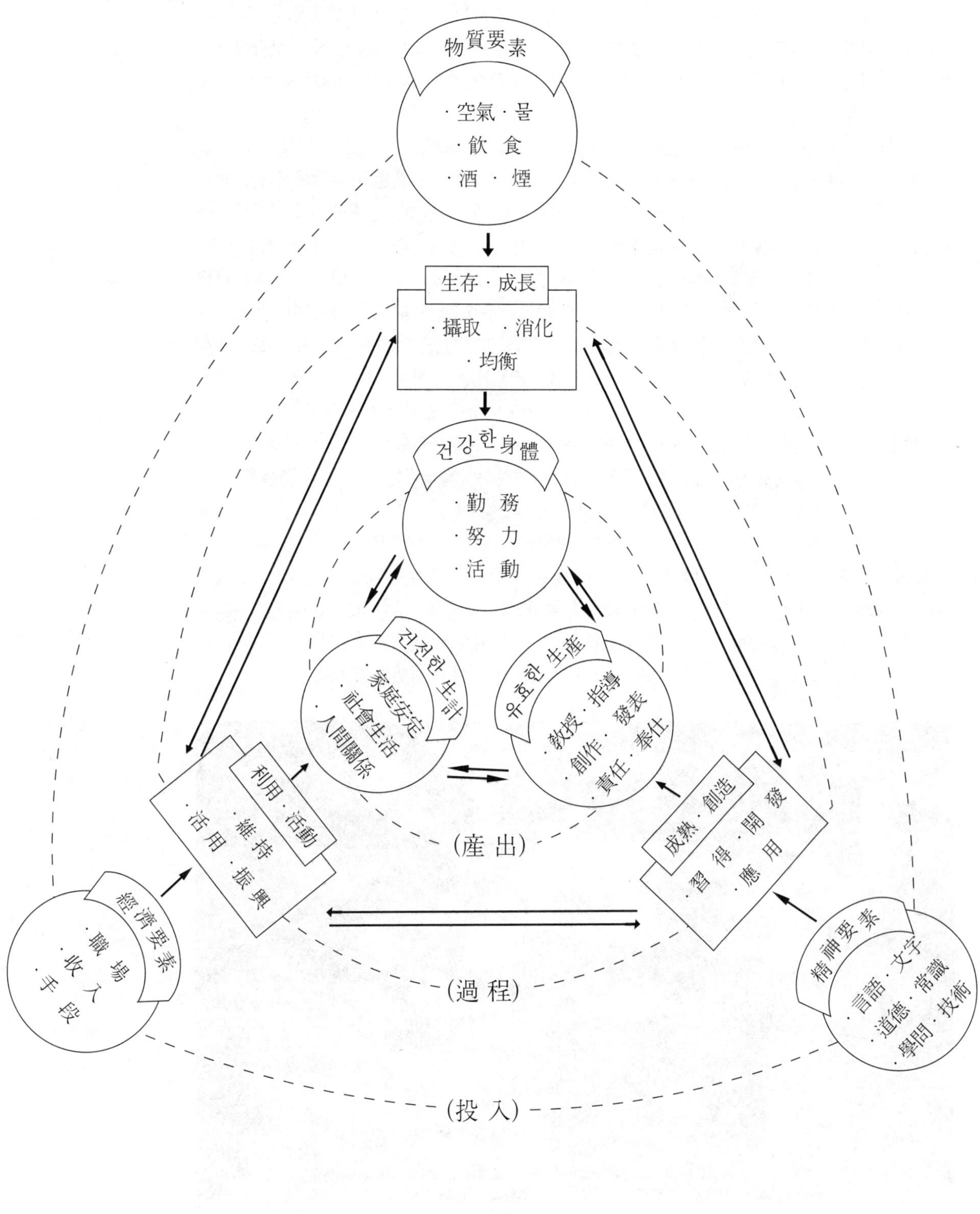

1. 人格形成의 過程과 動機

(1) 人間 草凡의 人格形成過程

다른 모든 사람과 같이 身體條件은 20代까지 성장 · 강화되다가 30代의 停肅期를 지나 40代부터 조금식 약화되면서 현재에 이르렀다. 반면에 精神世界는 30代까지 급격히 성숙되었고 그 이후부터는 서서히 원숙한 단계로 진보해왔으며, 한편 社會的 地位는 50歲무렵까지 상승하였고 그로부터는 安定線으로 수렴되어 오늘에 이르렀다.

人格形成에 영향을 준 源泉的 動機는 ① 成長環境, ② 修學鍊磨, ③ 組織生活, ④ 指導 · 訓育, ⑤ 運動 · 旅行의 다섯으로 나누어진다. 첫째로 성장환경에서는 貧困한 生活에서 自然食 · 忍耐心 · 勤儉節約을, 父母兄弟로부터 和睦 · 樂天性 · 諧謔을 배웠고, 둘째의 수학연마에서는 師範教育으로부터 教師像 · 教授法 · 心理學, 物理學 專攻을 통해 探究力 · 數理力 · 分析力을, 小說 · 映畵 등으로부터 教養 · 理解力 · 語彙를 얻었다. 셋째의 조직생활에 있어서는 軍隊服務를 통해 克己力 · 遵法性 · 親和力을 길렀고, 出版會社 근무를 通해 編輯術 · 校正力 · 組織性을 익혔으며, 機關 또는 團體經營을 통해 指導力 · 判斷力 · 包容力을 길렀다. 넷째의 지도 · 훈육에 있어서는 家庭教師生活을 통해 忍耐力 · 計劃性 · 禮節性을 키웠고, 教授活動을 통해 專門性 · 人格性 · 純粹性을 길렀다. 끝으로 다섯째의 운동 · 여행에 있어서는 골프運動을 통해 健康 · 沈着性 · 讓步性을 키웠고, 出張 · 旅行으로부터 洞察力 · 普遍性 · 遵法性을 익혔던 것이다.

이러한 영향과 배움들은 自然食性 · 규칙생활 · 골프운동 · 體重維持의 건강한 身體를 키워왔고, 인내심 · 지도력 · 침착성 · 樂天性의 건전한 精神을 갖게 했으며, 탐구력 · 執筆力 · 통찰력 · 분석력을 가진 學問研究를 가능케 하였고, 實質性 · 周知力 · 說得力 · 民主性을 갖춘 教育者로 키워왔다. 또한 지도력 · 친화력 · 包容力 · 양보심이 높은 人性을 갖게 하였고, 근면성 · 계획성 · 規範性 · 실천성이 강한 生活을 영위케 했던 것이다. 그리하여 건강한 身體와 精神, 유용한 研究와 教育, 성숙한 人性과 生活을 갖춘 '草野의 凡常한 生活人으로서의 安定된 濟世의 人間像' 으로 정착된 '草凡 金安濟' 라는 하나의 人格體가 형성 되었던 것이다.

◀ 記錄의 원천이 된 1년단위의 수첩들

(2) 草凡 人格의 形成過程圖

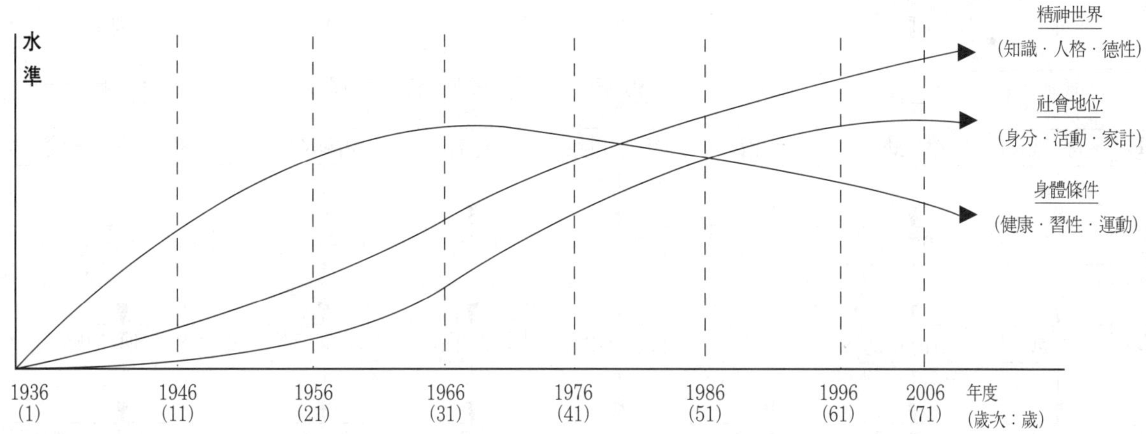

(3) 人格形成에 影響을 준 主要 動機

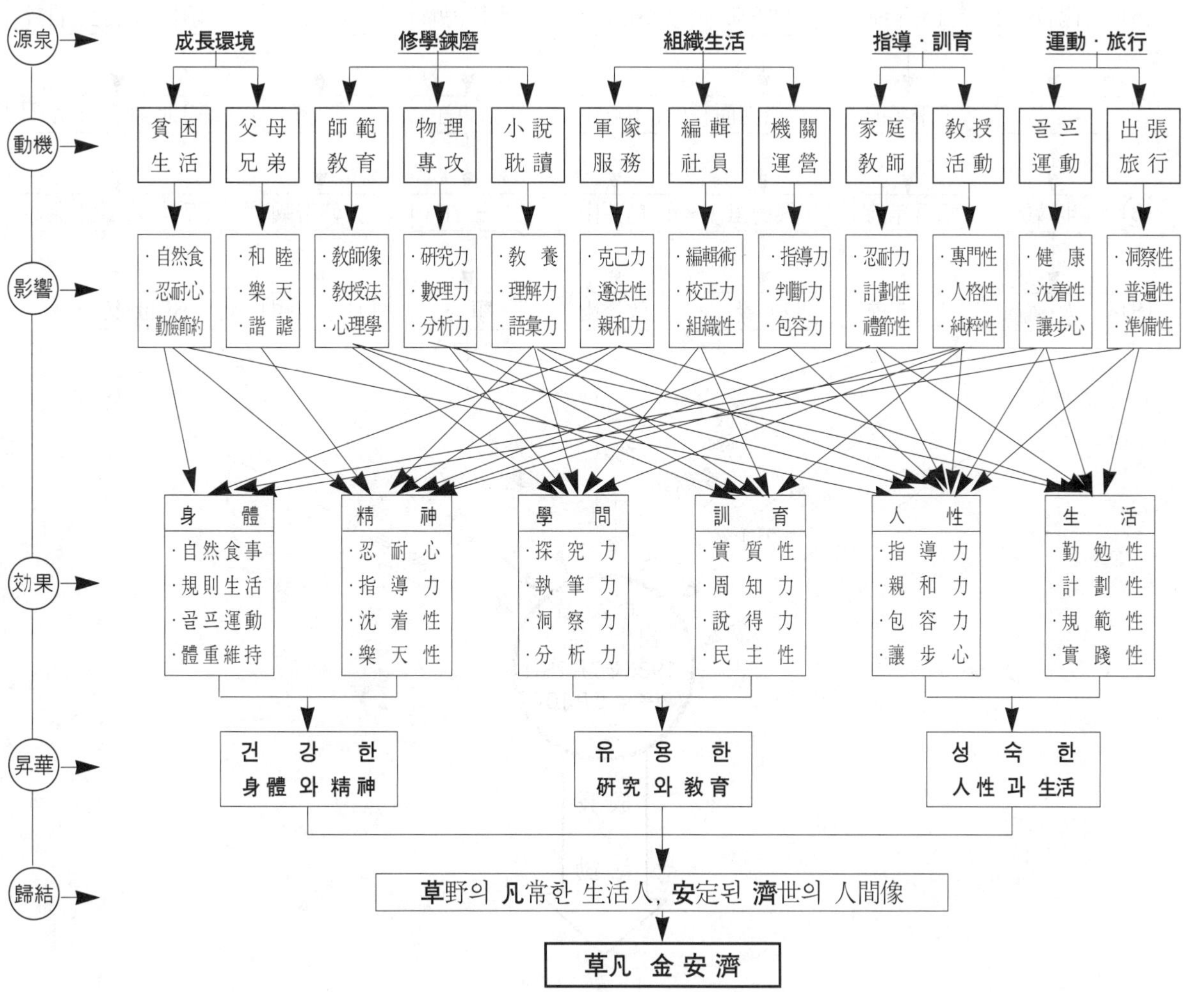

(4) 本人 出生의 脈絡 歸結圖

	Ⅰ 氣脈	Ⅱ 時脈	Ⅲ 地脈	Ⅳ 山脈	Ⅴ 水脈	Ⅵ 國脈	Ⅶ 血脈
①	理 氣	億 劫	宇 宙	히말라야山脈	大 洋	古朝鮮	國祖 檀君王儉
②	天 氣	150億年前	太陽系	崑崙 山脈	太平洋	箕子朝鮮	慶州金氏 始祖 閼智
③	地 氣	45億年前	地 球	長白 山脈	北太平洋	漢 四郡	28世 傅 敬順王
④	靈 氣	100萬年前	韓半島	白頭山	中國海	三 國	29世 大安君 殷說
⑤	侯 氣	10萬年前	慶尙北道	太白山脈	南 海	統一新羅	41世 太師公 仁琯
⑥	陽 氣	1萬年前	聞慶郡	小白山脈	大韓海峽	高 麗	49世 桑村公 自粹
⑦	陰 氣	5千年前	戶西南面	主屹山	洛東江	朝 鮮	53世 判官公 元弼
⑧	生 氣	5百年前	興德里	鳥井山	三 江	大韓帝國	57世 入鄕祖 秉鉉
⑨	人 氣	1百年前	깃 골	敦達山	潁 江	日本帝國	65世 父 商大

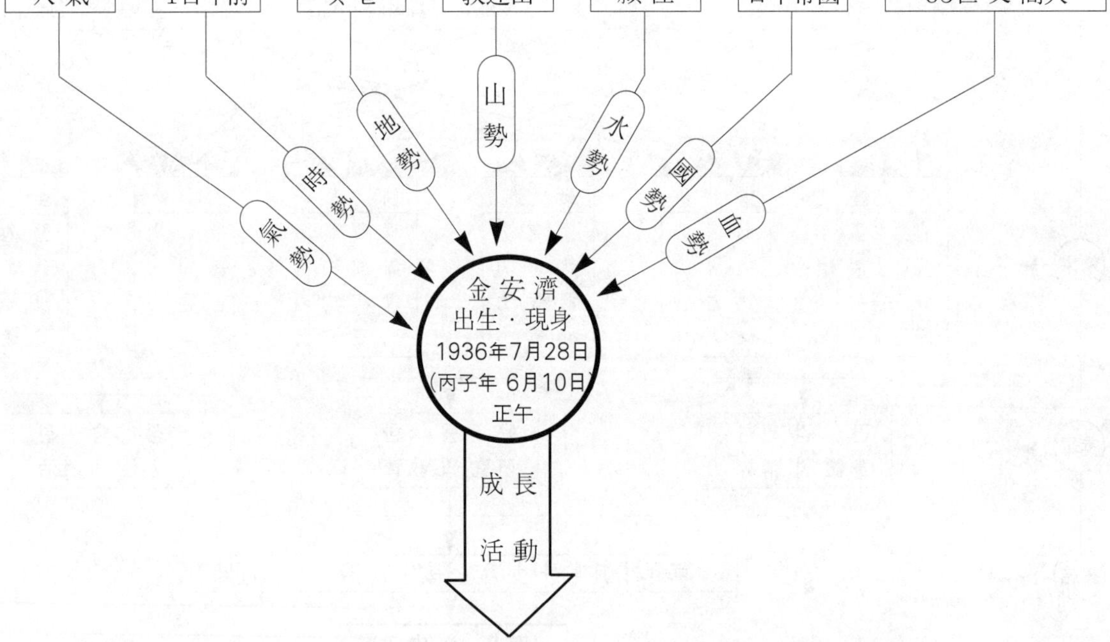

(5) 孔子와 草凡의 生涯 比較

孔子生涯(中國:春秋戰國時代)						年齡	草凡生涯(韓國:日帝·分斷時代)					
活動			時代				時代			活動		
境地	地位	地域	國家	干支	年度		年度	干支	國家	地域	地位	境地
誕生	·魯國 將軍의 長子 ·獨子	昌平鄕 鄒邑 (現 山東省 曲阜縣)	周靈王 21 魯襄公 22	庚戌	B.C.551. 9.22 (陰8.27)	1歲	1936. 7.28 (陰6.10)	丙子	日帝 昭和 11, 朝鮮6代總督 宇垣一成 6	慶尙北道 聞慶郡 (現 聞慶市)	朝鮮 農夫의 長子	出生
志于學	·魯-委吏·司職吏·乘田吏 ·官制 배움 ·琴 배움	魯國	周景王 8 魯昭公 5	甲子	B.C.537	15歲	1950	庚寅	韓國 初代 大統領 李承晩 3	慶尙北道 聞慶郡 (現 聞慶市)	戶西南初等學校 5·6學年 副級長·級長	勤于學
立	·禮를 배움 ·弟子指導	魯→齊→魯國	周景王 23 魯昭公 20	己卯	B.C.522	30歲	1965	乙巳	韓國 5代 大統領 朴正熙 3	서울市	·理學士 保有 ·行政學碩士 取得 ·內務部 硏究員	伸
不惑	·魯-中都宰相	魯國	周敬王 8 魯昭公 30	己丑	B.C.512	40歲	1975	乙卯	韓國 8代 大統領 朴正熙 4	서울市	·學士1·碩士2 保有 ·서울大 環境大學院 專任講師	尤惑
知天命	·魯·中都의 邑宰 ·魯-司空·大司寇	魯→魏→宋→陳國	周敬王 18 魯定公 8	己亥	B.C.502	50歲	1985	乙丑	韓國 12代 大統領 全斗煥 5	서울市	·博士學位 保有 ·서울大 環境大學院 副敎授·敎授	知人事
耳順	·詩·書·禮 整理	陳→魏→宋→陳→蔡→魏→魯	周敬王 28 魯哀公 3	己酉	B.C.492	60歲	1995	乙亥	韓國 14代 大統領 金泳三 3	서울市	·서울大 環境大學院長·地方行政硏究院長 歷任 ·서울大學校 敎授	言順
從心所欲不踰矩	·麒麟을 얻음 ·春秋 執筆	魯國	周敬王 38 魯哀公 13	己未	B.C.482	70歲	2005	乙酉	韓國 16代 大統領 盧武鉉 3	서울市	·總理級 2個 委員長 歷任 ·서울大 名譽敎授	治心制欲不踰道
逝去	·六經 執筆	魯國	周敬王 41 魯哀公 16	壬戌	B.C.479. 3.27 (陰 2.11)	73歲	2008	戊子	韓國 17代 大統領 1	서울市	·서울大 名譽敎授 ·建國大 碩座敎授	觀天理
-	-	-	-	-	-	00歲	-	-	韓國	-	·서울大 名譽敎授	死亡
仁:孝悌忠恕 → 儒學 → 儒敎						思想	誠:實事求是 → 記錄學 → 記敎					
論語, 春秋, 詩經, 書經, 禮記, 樂經, 易經, 孝經						著書	環境과 國土, 地域開發과 地方自治行政, 韓國地方自治發展論, 한 韓國人의 삶과 발자취, 金安濟 傳, 人生白書					
世界 4大聖人의 한 사람이 됨						總評	韓國 記錄 名人의 한 사람이 됨					

近影

17世紀 日本畵家 Konō Tanyū가 그린 孔子像(美國 보스톤 美術博物館 所藏)

2004年 여름 竹巖 金鎭虎 畵伯이 그린 孔子像(韓國地域發展硏究院 所藏)

서울大學校 敎授停年으로 물러나는 草凡 寫眞(서울驛三洞 허바허바寫場에서, 2002.8.31 停年日)

孫女 旼嬉를 안고 서있는 草凡 寫眞(서울市 驛三洞 自宅庭園에서. 2006.7.28 古稀日)

(6) 世界 五大聖者와 本人의 基本事項 比較

(單位 : 出生順位)

區分	比較事項 / 主人公	家系			出生			配偶者 및 子女		死亡					遺業
		身分	父	母	出生日	出生地	時代	配偶者	子女	死亡日	事由	享壽	死亡地	時代	
聖者	釋迦牟尼 (Sakyamuni, Siddhartha, Gautama Buddha) - 印度人 -	迦毘羅 王國의 王子	수도다나 (Suddhodana)(王)	마야 (Maya) (王妃)	563 B.C. 陰 4.8	印度 迦毘羅 (Kapilavastu, 現 네팔 所在)	印度 迦毘羅 王國時代	야소다라 (Yasodhara)	子:라훌라 (Rahula)	483 B.C. 2.15	산돼지 고기 中毒死	80	印度 쿠시나가라(Khushinagara) 마을 娑羅雙樹 아래	印度 迦毘羅 王國時代	佛教(Buddhism) 創始(544 B.C.)-佛經(Buddhist Scriptures)
	孔子 (子丘,Confucius) - 中國人 -	魯國의 將軍家	叔梁紇 (魯國 將帥)	安徵在	551 B.C. 9.22 (陰 8.27)	中國 山東省 曲阜縣	中國 春秋時代 魯國, 周靈王 21年, 魯襄公 22年	亓官氏 麗珠 (宋國人)	子:孔鯉	479 B.C. 陰 2.11	自然死	72	中國 山東省 曲阜縣	中國 春秋時代, 周景王 41年,魯哀王 16年	儒教(Confucianism)創始 (紀元前 3世紀)-論語(The Analects of Confucius)
	소크라테스 (Socrates) - 그리스人 -	彫刻家의 家門	소페로니스쿠스 (Sopheroniscus) (彫刻家)	패나레트 (Phaenarete)	469 B.C. 5月初	그리스 아테네 (Athens)市	아테네 共和政時代	크산티페 (Xanthippe)	3子: 장성한 큰아들, 어린 둘째아들, 幼兒 셋째아들(姓名 未詳)	399 B.C. 初봄	毒杯 死刑	70	그리스 아테네市	아테네 共和政時代	哲學(Philosophy) 創始(430 B.C.頃)-對話(Dialogue), 辨明(Apology)
	예수 그리스도 (Jesus Christ) - 이스라엘人 -	Abraham-David-Solomon 王의 後孫	요셉 (Joseph) (木手)	마리아 (Maria)	4 B.C. 12.25	이스라엘 베들레헴 (Bethlehem)市	猶太 헤롯 (Herod)王 (로마 Augustus 皇帝)時代	마리아 막달라 (Maria Magdala)(베냐민族 사울王의 後孫)	女 : 사라 (Sara)(後孫: 프랑스 메로빙거 王朝 수립)	30	十字架 死刑	34	이스라엘 예루살렘(Jerusalem)골고다 (Golgotha)	猶太 헤롯王 次子 헤롯왕 (로마 Tiberius 皇帝)時代	天主教(Catholicism,30)·基督教 (Christianity,16世紀) 創始-聖經 (Bible)
	마호멧 (Mahomet, Muhammad) - 아라비아人 -	Hashem의 Meccar 家門의 後孫	압둘라 ('Abdullah) (隊商)	아미나 (Amina)	570. 4.20	아라비아 메카 (Mecca)市	아라비아 多數 部族國家形態 時代	카디자 (Khadija)	女: 파티마 (Fathimah) 養子:알리(Ali) 孫子:후사인 (Husayn)	632. 6.8	熱病으로 病死	63	아라비아 메디나(Madinatal-Nabi)	아라비아 이슬람 (Islam) 帝國時代	이슬람教(Islam)創始 (622)-코란(Kolan, Qur'ān)
本人	金安濟 (An-Jae Kim) - 韓國人 -	慶州金氏 桑寸公派의 新羅 王孫	金商大 (農夫)	鄭先岳 (延日鄭氏 家門)	1936. 7.28	韓國 慶北 聞慶市 興德洞	日帝植民時代 (昭和 11年, 宇垣一成 總督 6年)	黃蓮子 (平海黃氏 家門)	子:金東𣟯 女:金雪娥 女:金貞娥						人生記錄史(History of Human Career's Records)(1996.2003. 2007)

(7)世界 五大聖者 및 本人의 時·空間 次元의 位置

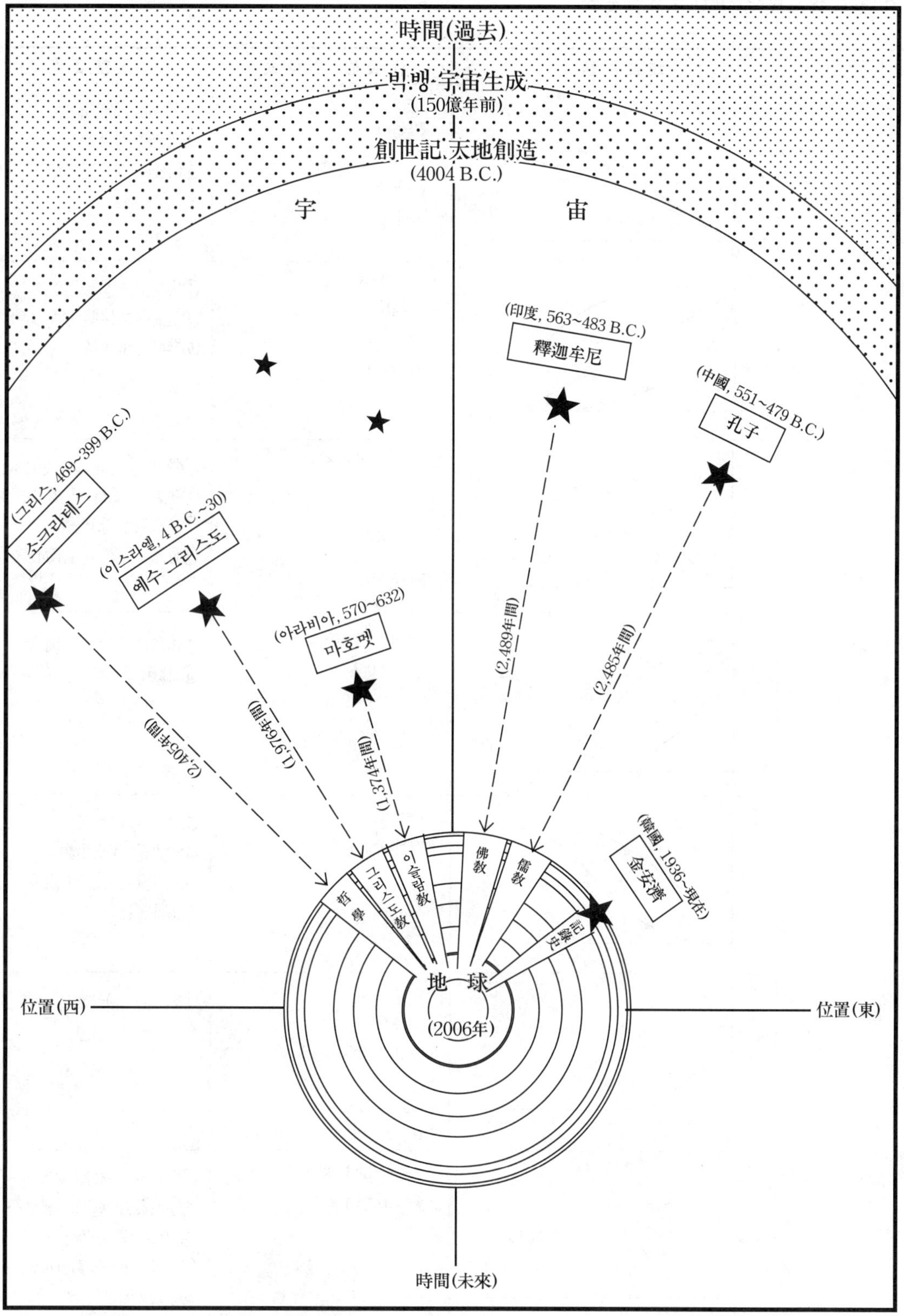

2.人格形成의 類型과 變遷

(1) 生涯中 增減變化 類型과 該當要素

變化類型	類型形態	代表的 模型式	該當要素
1.增加型	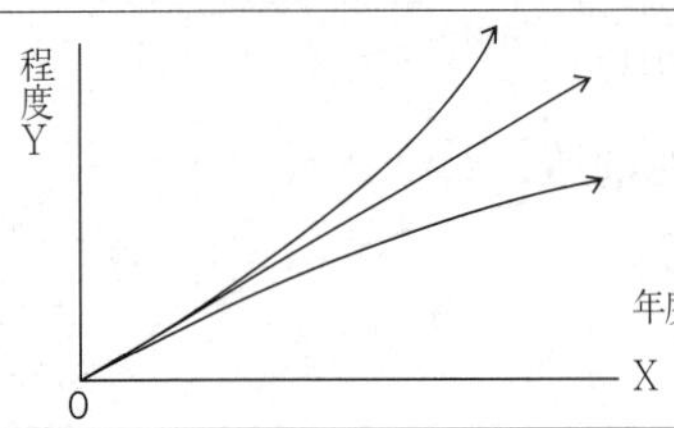	· $y=a+bx$ · $y=ab^{x}$ · $y=e^{ax}$ · $y=x^{1/n}$ · $y=\log_{a}x$	①思慮心 ②理解心 ③道德性 ④人格 ⑤信任度 ⑥宗教意識
2.減少型	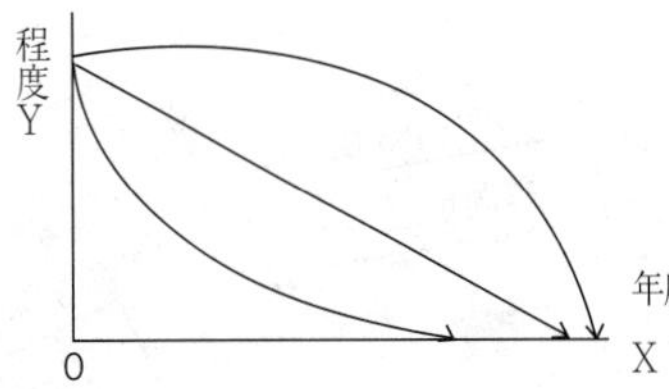	· $y=a+bx$ · $y=ab^{x}$ · $y=e^{ax}$ · $y=\log_{a}x$	①犧牲精神 ②慈悲心 ③溫情感 ④協助精神 ⑤參與度 ⑥人情
3.增加後 減少型	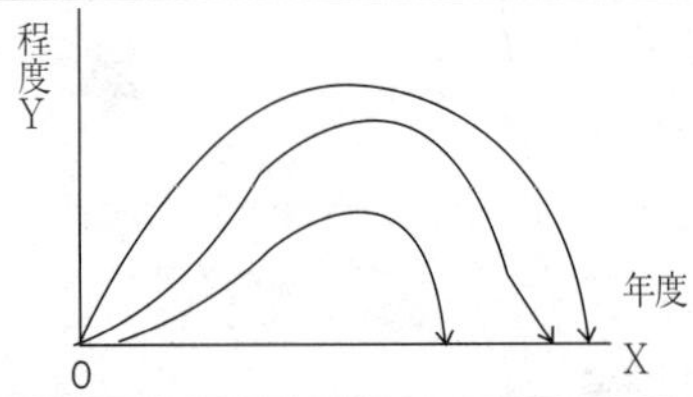	· $y=a+bx+cx^{2}$ · $y=\frac{1}{\sqrt{2\pi}} e^{-x^{2}/2}$ · $y=a\sin x$	①體重 ②營養攝取 ③飮酒量 ④運動量 ⑤情報量 ⑥執筆量 ⑦社會職位 ⑧業績 ⑨意慾 · 勇氣 ⑩冒險心
4.減少後 增加型	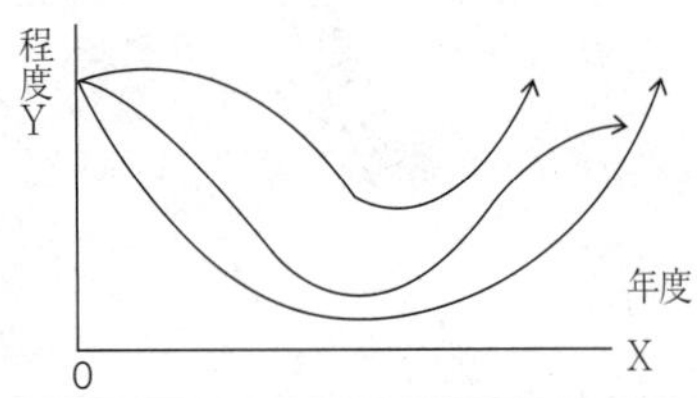	· $y=a+bx+cx^{2}$ · $y=a\cos x$	①休息量 ②餘暇時間 ③就寢時間
5.增加後 安定型	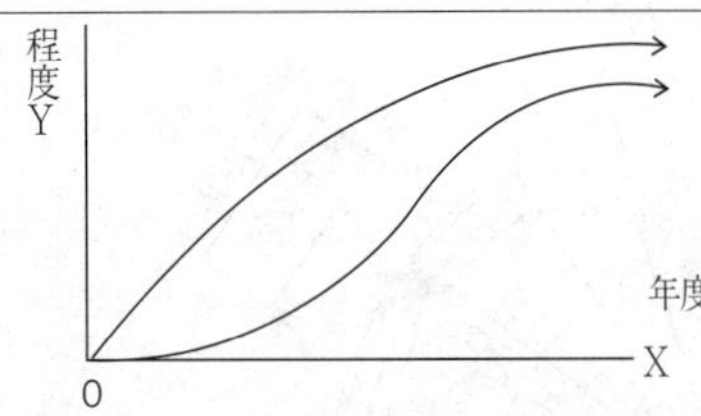	· $y=ab^{x}$ · $y=kab^{x}$ · $y=\frac{1}{1+ab^{x}}$	①身長 ②吸煙量 ③讀書量 ④支出額 ⑤家計資産 ⑥地方出張 ⑦海外旅行
6.減少後 安定型	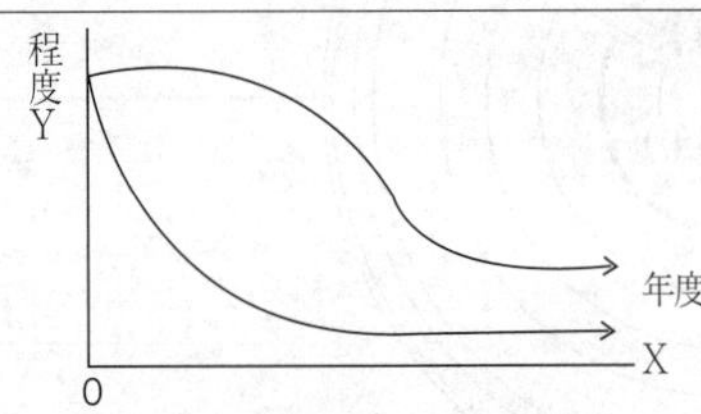	· $y=x^{-1/n}$ · $y=kab^{x}$ · $y=k+ab^{x}$ · $y=\frac{1}{1+ab^{x}}$	①家族數 ②記憶力
7.役割 遷移型	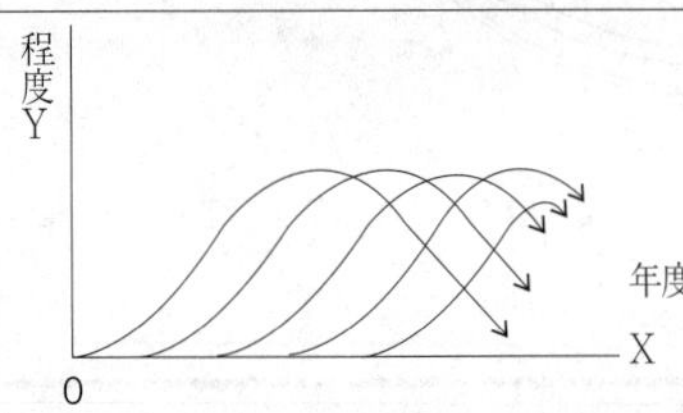	· $y=a+bx+cx^{2}$ · $y=\arctan x$	①單純參席→②討論參加→ ③主題發表→④基調發表→ ⑤司會擔當→⑥開會人事 → ⑦祝辭人事→⑧司會擔當→ ⑨單純參席

(2)意識의 變遷圖

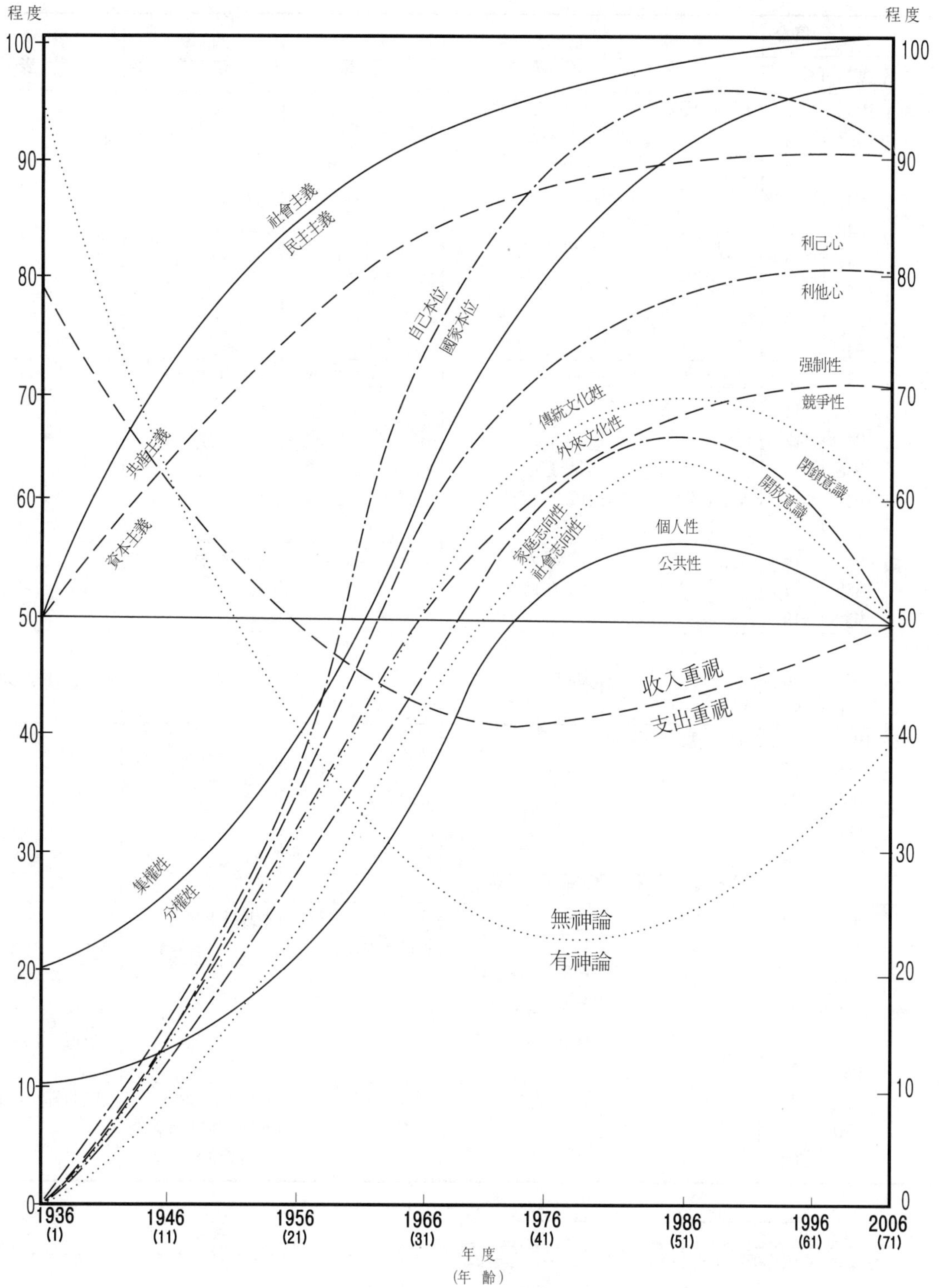

註. ———— 政治意識, ------------ 經濟意識, —·—·—·— 社會意識, ·············· 文化意識

(3) 成長 · 修學期中 知的 및 意識變化의 誘導媒體

生涯	年度	年齡 \ 區分	言語 文字	生活 樣式	教養 常識	知識 學問	研究 發表
幼兒期	1936	1	韓國語 攝取	父母保護,極貧			
	1937	2		寺刹參禮			
	1938	3			童謠 唱歌		
	1939	4					
	1940	5					
	1941	6					
	1942	7					
	1943	8					
	1944	9					
初等學校	1945	10	한글 習得		漫畵 · 童話 耽讀	基礎全科目 修學	
	1946	11					
	1947	12			國內 · 國外小說 耽讀		
	1948	13		賞狀受領	國內映畵 · 曲馬團觀覽		
	1949	14	漢文 習得	級長就任,國內旅行	外國映畵 · 演劇觀覽		
	1950	15					
中等學校	1951	16	英語 · 英文 習得	首席入學,敎會參禮	國內大衆歌謠 唱歌	基本全科目 修學	
	1952	17		占術家 助役			
	1953	18					
高等學校	1954	19		獨自生活, 寺刹參禮	外國歌謠 唱歌	必須科目 · 敎育學 修學	
	1955	20		家庭敎師			物理學 · 數學 修學
	1956	21					
大學校	1957	22	獨語 · 獨文 習得				
(軍)	1958	23		軍隊入營			
	1959	24			新聞 閱讀		
	1960	25					
	1961	26					
會社,高校	1962	27	日語, 日文 自習	出版社 · 高校就業			
大學院	1963	28				行政學 修學	
	1964	29			라디오 聽取	地方自治學 修學	學位論文 提出
研究員	1965	30		月貰,父母奉養			敎育院講義, 新聞揭載
助敎	1966	31		專貰, 結婚, 子女			論文 發表
	1967	32		自家取得			大學講義, 著書發刊
	1968	33			電話 設置		
外國留學	1969	34		美國留學, 外國旅行	텔레비전 觀覽	都市 · 地域計劃學 修學	研究報告書 提出
	1970	35				地域經濟學 修學	
	1971	36				計量分析學 修學	

客說 : 經驗에서 얻은 삶의 眞實

나는 눈 오는 날을 제일 좋아하고 다음이 비오는 날이다. 타고난 性稟이 感想的이고 內性的이며 悲劇的인 것 같다.

(4) 退溪 李滉의 「聖學十圖」 中 '第四 大學圖'

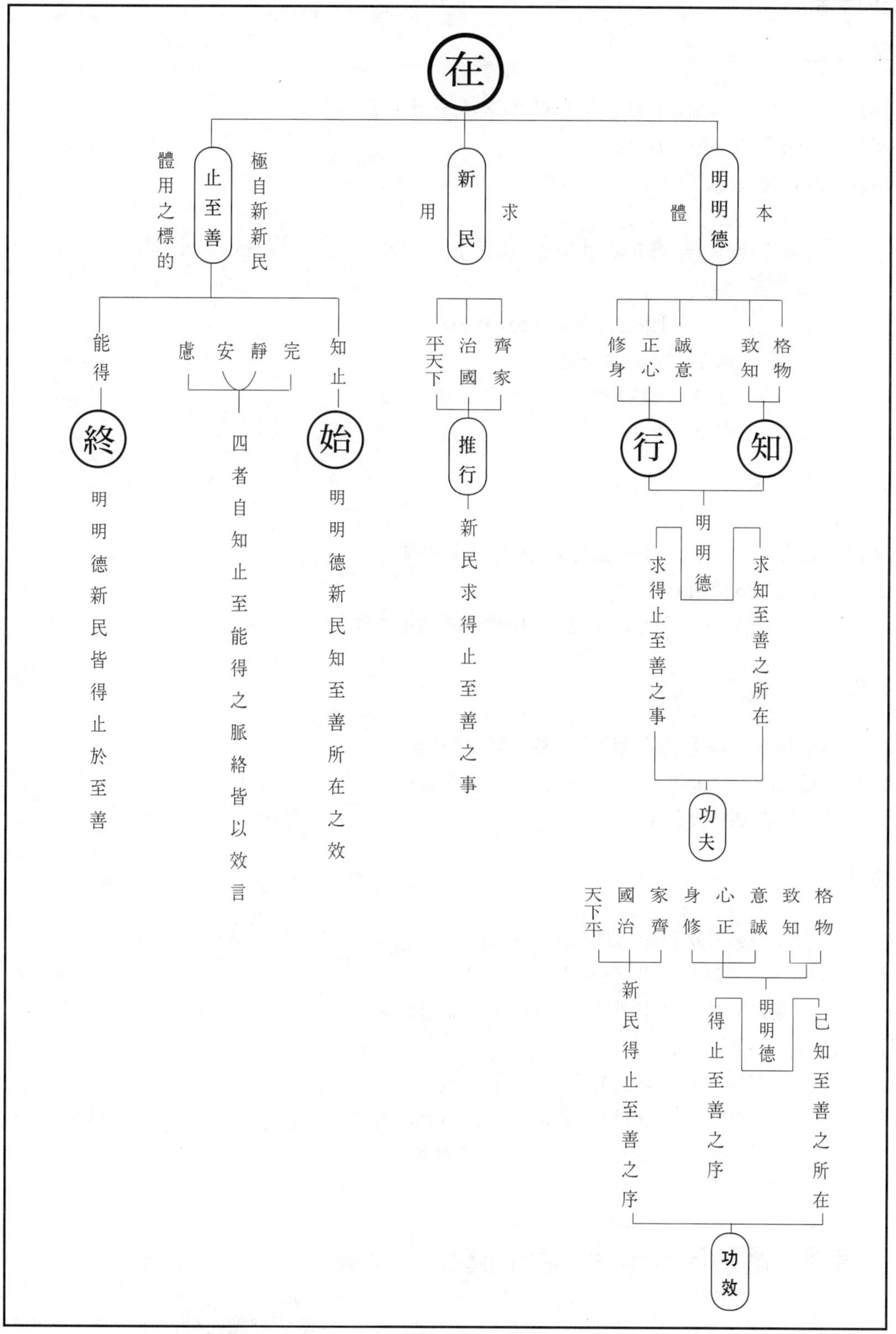

註. 退溪 李滉(1501-1570)은 「聖學十圖」를 그려 1568年에 宣祖에게 올렸음.

3. 信仰生活과 生活指標

(1) 信仰生活

1) 佛敎

○ 契機 : 父母任이 寺刹에 3年 佛供을 드린 후 本人을 出産함.
○ 期間 : 1936.7.28-現在(70年)
○ 參禮寺刹 : 聞慶-金龍寺, 鳳岩寺, 大成庵
安東- 西岳寺, 鳳停寺
서울-圓覺寺, 獅子庵, 虎壓寺, 報恩寺
○法名 : 通玄
日字 - 1982(佛紀 2526).6.20
佛寺 - 서울 獅子庵
戒師 - 大隱大師
引禮 - 曇空스님

2) 儒敎

○ 契機 : 生活속에 存在하고 있는 儒敎文化와의 必然的 接觸
○ 期間 : 1936.7.28-現在(70年)
○ 形式 : 祭祀 등 傳統的 儒敎家禮의 遵守, 儒敎的 社會道德의 履行

3) 基督敎

○ 契機 : 親舊들을 따라 現代的 宗敎儀式에 關心을 가짐
○ 期間 : 1951.12.1-1952.12.31(1年 1月, 中學校 2 · 3學年)
○ 參禮敎會 : 聞慶 店村長老敎會

4) 가톨릭敎

○ 契機 : 長女의 가톨릭敎 信奉 家門으로의 結婚
○ 期間 : 1992.9.1-2000.9.29 (8年 1月)
○ 形式 : 長女家族을 따라 가끔 聖堂에 가서 儀式에 참석함
○ 長女 金雪我 : 始作 - 1992.9.1
聖堂 - 서울 驛三洞 聖堂
靈洗받음 - 1992.12.25 (靈洗名-Agnes)
婚配聖事 - 1992.12.26 (神父-李정호)

客說 : 經驗에서 얻은 삶의 眞實

結婚은 하는게 좋다. 훌륭한 配偶者를 만나면 행복한 一生을 살게 되고, 나쁜 配偶者를 만나면 苦悶을 많이 하여 哲學者가 될 수 있기 때문이다.

(2)宗教의 生成과 本人에의 波及

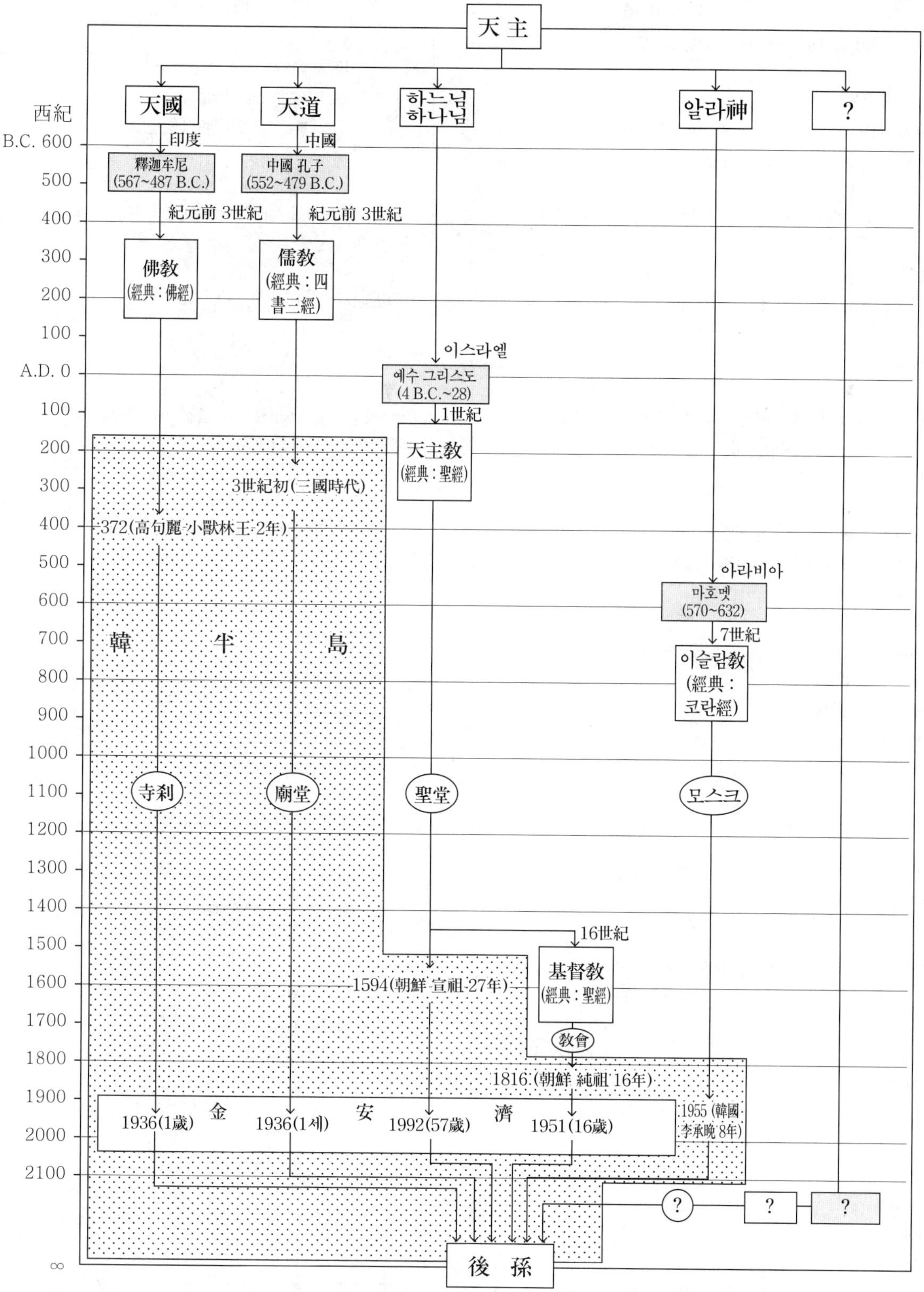

(3) 年度別 閱覽新聞과 本人位置

年度 \ 位置	居住住宅	職場
1963	Korea Herald(서울, 家庭教師 宅)	
1964		서울新聞(現 大韓每日新聞) (서울, 內務部)
1965		每日新聞(大邱, 大邱市廳)
1966	Korea Times(서울, 專貰房 · 自宅)	大學新聞(서울, 서울大學)
1967		
1968		
1969	韓國日報 시카고新聞(美國 신시내티, 아파트)Cincinnati Tribune(美國, 아파트)	University of Cincinnati News(미국 신시내티, 신시내티大學)
1970		
1971		
1972	東亞日報(서울, 自宅)	大學新聞(서울, 서울大學)
1973		
1974		
1975		
1976	中央日報 시카고新聞 (美國 신시네티,大學寄宿舍)Washington Post(大學寄宿舍)	University of Cincinnati News (美國 신시내티, 신시내티 大學)
1977	東亞日報社(서울, 自宅)	大學新聞(서울, 서울大學)
1978		
1979		
1980		韓國經濟(서울, 서울大學)
1981	東亞日報社(서울, 自宅)	
1982		
1983		
1984	國民日報(서울, 自宅)	
1985		
1986	韓國日報(서울, 自宅)	서울經濟(서울, 서울大學)
1987		
1988		
1989		
1990		每日經濟(서울, 서울大學)
1991	世界日報(서울, 自宅)	
1992		
1993		한겨레新聞(서울, 서울大學)
1994		
1995	朝鮮日報(서울, 自宅)	
1996	文化日報(서울, 自宅)	
1997	嶺南日報(서울, 自宅)	새마을新聞(서울, 서울大學)
1998	새재新聞(서울, 自宅)	慶北北部新聞(서울, 서울大學)
1999		農民新聞(서울, 서울大學)
2000		安東鄕友新聞(서울, 서울大學)
2001		
2002	中央日報 (서울, 自宅)	
2003	週刊 聞慶	
2004	東亞日報	文化日報
2005		建大新聞(서울, 建國大學)
2006		

(4) 年度別 年中 生活指標

(每年 1月1日 樹立)

年度	年齡	地 位	年 間 生 活 指 標				
1947	12	初等學校 3年	①工夫를 잘하자	②飮食을 잘 먹자	③父母일을 돕자		
1948	13	〃 4年	①열심히 工夫하자	②몸을 튼튼히 하자	③家事를 도우자		
1949	14	〃 5年	①열심히 工夫하자	②몸을 튼튼히 하자	③時間을 아껴쓰자		
1950	15	〃 6年	①中學校에 들어가자	②健康에 조심하자	③級長을 잘 하자		
1951	16	中等學校 1年	①健康한 몸을 갖자	②親舊들을 잘 사귀자	③小說을 많이 읽자		
1952	·17	〃 2年	①工夫에 매진하자	②時間을 귀히 쓰자	③집안일을 돕자		
1953	18	〃 3年	①高等學校에 入學하자	②健康에 유의하자	③親舊들과 잘 사귀자		
1954	19	高等學校 1年	①學業에 정진하자	②健康에 유의하자	③親舊들과 잘 사귀자		
1955	20	〃 2年	①工夫에 열중하자	②家庭教師에 충실하자	③健康을 지키자		
1956	21	〃 3年	①大學校에 들어가자	②家庭教師에 충실하자	③健康에 조심하자		
1957	22	大學校 1年	①學業의 自力化	②서울에의 定着化	③飮食의 營養化		
1958	23	軍 服 務	①軍務의 忠實	②學業의 倂行	③健康의 維持		
1959	24	大學校 2年	①生活의 正常化	②學業의 充實化	③學費의 自立化		
1960	25	〃 3年	①學業의 充實化	②生活의 自立化	③健康의 强健化		
1961	26	〃 4年	①有終의 大學生活	②誠實한 家庭教師	③希望찬 未來設計		
1962	27	職 場	①進學準備	②人間關係	③學費調達		
1963	28	大學院 1年	①學業邁進	②生活自立	③交友擴大		
1964	29	〃 2年	①學業熱中	②健康增進	③生活安定		
1965	30	研 究 員	①職務充實	②父母奉養	③家計安定		
1966	31	助 教	①職務充實	②生活安定	③健康增進	④家基構築	
1967	32	〃	①職務充實	②收入擴大	③生活安定	④心身修練	
1968	33	〃	①職務充實	②家庭和睦	③家計强化	④未來開拓	
1969	34	美國留學	①學業의 精進	②生活의 安定	③美國의 適應	④交友의 擴大	
1970	35	〃	①學業의 邁進	②生活의 安定	③夫婦의 和睦	④心身의 强化	
1971	36	〃	①學業의 精進	②家計의 安定	③心身의 保護	④留學의 淸算	
1972	37	專任講師	①職場의 安定化	②教授의 充實化	③家庭의 均溫化	④社會의 適應化	
1973	38	〃	①作 論文	②增 健康	③伸 德望	④强 家計	
1974	39	〃	①作 論文	②精 講義	③增 健康	④補 家庭	
1975	40	〃	①增 健康	②强 家計	③作 論文	④伸 德望	
1976	41	助 教 授	①學問精進	②講義充實	③學位取得	④家計補强	
1977	42	〃	①學問精進	②講義充實	③活動振作	④家庭和睦	
1978	43	〃	①講義充實	②學問精進	③家計安定	④活動振作	
1979	44	〃	①講義充實	②學問精進	③家計補强	④ 健康保護	
1980	45	副 教 授	①學問精進	②指導充實	③家計確立	④子女養育	
1981	46	〃	①學問精進	②指導充實	③家計確立	④子女養育	
1982	47	〃	①指導充實	②學問精進	③子女養育	④家計確立	
1983	48	〃	①指導充實	②學問精進	③子女養育	④社會參與	
1984	49	〃	①指導充實	②學問精進	③子女養育	④社會參與	
1985	50	正 教 授	①研究의 業績化	②教授의 充實化	③家計의 累積化	④活動의 健全化	
1986	51	〃	①教授의 充實化	②研究의 業績化	③家庭의 安全化	④活動의 健全化	
1987	52	大學院長	①職務充實	②人和團結	③社會奉仕	④家計强化	⑤健康增進
1988	53	〃	①職務充實	②人和團結	③社會奉仕	④家計强化	⑤健康增進
1989	54	〃	①職務充實	②人和團結	③公益增大	④家庭和合	⑤德性涵養
1990	55	〃	①職務充實	②人和團結	③公益增大	④家庭和合	⑤德性涵養

年度	年齡	地 位	年	間	生	活	指標
1991	56	平 教 授	①研究精進	②講義充實	③活動振作	④人格陶冶	⑤家計增大
1992	57	〃	①研究精進	②講義充實	③業績振作	④心身鍛鍊	⑤家族和睦
1993	58	研究院長	①職務의 充實化	②職員의 和睦化	③交際의 健實化	④心身의 健全化	⑤家計의 安定化
1994	59	〃	①職務의 充實化	②職員의 和睦化	③生活의 模範化	④活動의 節制化	⑤家庭의 健全化
1995	60	平 教 授	①講義充實	②學問業績	③活動精進	④家計確立	⑤健康留意
1996	61	〃	①講義充實	②學問業績	③記錄發刊	④回甲紀念	⑤健康留意
1997	62	主任教授	①職務의 充實化	②指導의 徹底化	③活動의 健全化	④家庭의 和睦化	⑤人品의 圓熟化
1998	63	〃	①職務의 充實化	②指導의 徹底化	③生活의 安定化	④活動의 健全化	⑤人格의 高度化
1999	64	平 教 授	①講義充實	②社會奉仕	③健康保全	④家計安定	⑤子女指導
2000	65	〃	①講義充實	②社會奉仕	③健康保全	④子女指導	⑤家庭和睦
2001	66	〃	①子女完結	②記錄整理	③家計補完	④誠實奉仕	⑤健康維持
2002	67	〃	①停年有終美	②生涯總整理	③記錄集發刊	④家庭再出發	⑤心身補增强
2003	68	名譽教授	①活動持續	②健康管理	③家計安定	④家族保護	⑤記錄持續
2004	69	〃	①政府參與	②人間關係	③政策具現	④時間調節	⑤生活安定
2005	70	碩座教授	①活動調節	②支出調整	③健康保護	④時間管理	⑤記錄補完
2006	71	〃	①健康維持	②家計調節	③時間管理	④古稀整理	⑤古稀行事

客說 : 經驗에서 얻은 삶의 眞實

'四十而 不惑' 이란 말은 지나친 요구인 것 같다. 40歲에 이르면 惑에 빠지지 않기는 커녕 더 큰 惑에 빠져 돈과 자리, 活動과 業績에 대한 意慾과 期待가 더 커지게 되는게 일반적이다. 나의 경우는 停年을 한 65歲가 넘어서도 不惑이 되지 않아 억지로 자제하고 자중하는 형편이다. 修養이 극히 덜 된 사람이 아닌가 한다.

客說 : 經驗에서 얻은 삶의 眞實

孔子님의 '나를 칭찬하는 사람은 나의 賊이요 나를 나쁘게 말하는 사람이 나의 스승이오(道吾善者 是吾賊 道吾惡者 是吾師)' 라는 말씀을 그대로 실천하는 것은 現實生活에서는 위험하다. 남의 잘못을 지적하고 충고하는 경우 이를 올바로 받아들이는 사람은 드물고 오히려 關係가 악화되어 逆效果를 가져오는 경우가 더 많다.

客說 : 經驗에서 얻은 삶의 眞實

初 · 中 · 高等學校 시절 學年이 바뀔 때마다 家庭環境調書를 작성하는데 숭배하는 人物을 적는 난이 있었다. 대부분의 친구들은 世宗大王, 李舜臣, 金庾信, 에디슨, 링컨, 나폴레옹 같은 사람을 주로 적는데, 나는 이상하게도 줄곧 階伯將軍을 숭배인물로 적어 왔다. 亡國의 最後 將軍으로 黃山벌에서 한많게 전사한 敵將을 숭배한다고 친구들이 이상히 여겼다. 家族까지 죽이고 百濟가 망할 것을 알면서 마지막 忠誠을 불사른 그 氣魄에 그 때도 지금도 가슴 깊이 경외로움을 느낀다. '비 내리는 황산벌에 階伯은 운다.'

第 2 章 敎育과 訓練

□ 總 括

區分	學 級	敎育				訓練 및 資格證	
		補 職	受 賞	平均成績	學 位	訓 練	資格證
1945							
1946							
1947	初等學校						
1948		副班長 · 班長	優等賞 · 皆勤賞				
1949		副班長 · 班長	優等賞 · 皆勤賞 · 美術賞				
1950		副班長 · 班長	優等賞 · 皆勤賞 · 敎育會長賞	93			
1951							
1952	中等學校	班長	優等賞 · 奬學表彰				
1953			優等賞 · 皆勤賞 · 敎育監賞	89			
1954							
1955	高等學校		優等賞				
1956			優等賞 · 皆勤賞	86			
1957							國民學校 正敎師
1958							
1959							
1960	大學校						
1961				67	理 學 士		
1962							高等學校 正敎師
1963							
1964	大學院(碩士)						
1965				88	行政學碩士		
1966							
1967							
1968							
1969						美國AID硏修	
1970	大學院(碩士)					美國AID硏修	
1971				96	都市計劃學碩士	美國AID硏修	
1972						勝共敎育	
1973							
1974	大學院(博士)						
1975							
1976				94	地域經濟學博士	安保敎育	
1977							
1978							
1979							
1980							
1981							

區分	學 級	教 育				訓 練 및 資格證	
		補 職	受 賞	平均成績	學 位	訓 練	資格證
1982						統一安保教育	
1983							
1984							
1985							
1986							
1987						새마을 教育 · 出國教育	
1988							
1989							
1990						自動車運轉教育	運轉免許
1991							
1992							
1993						平統委員教育	
1994							
1995							青色運轉免許
1996							國際運轉免許
2003						平壤訪問教育	
累計	7	7	18	88	4	9	5

Ⅰ. 教 育

○ 要 約

學 級	學 校 名	位 置	修 學 期 間	平均成績	職 責	受 賞	學位名	卒業狀 · 學位證番號
初等學校	戶西南國民學校	慶北 聞慶市	1945.4.1-1951.7.14 (6년 3월)	93	級長 副級長	優等賞, 皆勤賞, 美術賞, 教育會長賞	-	제976호
中等學校	聞慶中學校	慶北 聞慶市	1951.9.10-1954.3.3 (2년 6월)	89	級長	優等賞, 皆勤賞, 獎學表彰, 教育監賞	-	제365호
高等學校	安東師範學校	慶北 安東市	1954.4.10-1957.3.2 (3년)	86	-	優等賞, 皆勤賞	-	제1,880호
大學校	서울大學校 文理科大學	서울特別市	1957.4.1-1962.2.26 (5년 10월)	67	-	-	理學士	제23,621호
大學院 (碩士)	서울大學校 行政大學院	서울特別市	1963.3.1-1965.2.26 (2년)	88	-	-	行政學碩士	제315호
大學院 (碩士)	美國Cincinnati 大學校 大學院	美國 Ohio州 Cincinnati市	1969.9.21-1971.6.13 (1년 9월)	96	-	-	都市計劃學碩士	*번호없음
大學院 (博士)	美國Cincinnati 大學校 大學院	美國 Ohio州 Cincinnati市	1970.9.25-1976.8.27 (6년)	94	-	-	地域經濟學博士	*번호없음

1. 學 校

(1) 初等學校

○ 戶西南國民學校

· 慶北 聞慶市 所在

· 1945. 4. 1-1951. 7. 14(6年 3月)

· 卒業狀 : 第976號

(2) 中等學校

○ 聞慶中學校

· 慶北 聞慶市 所在

· 1951. 9. 10-1954. 3. 3(2年 6月)

· 卒業狀 : 第365號

(3) 高等學校

○ 安東師範學校

· 慶北 安東市 所在

· 1954. 4. 10-1957. 3. 2(3年)

· 卒業狀 : 第1,880號

(4) 大學校

○ 서울大學校 文理科大學 物理學科

· 서울特別市 所在

· 1957. 4. 1-1962. 2. 26(5年 10月)(軍服務期間 포함)

· 學位證 : 第23,621號

(5) 大學院 : 碩士課程

○ 서울大學校 行政大學院 行政學科

· 서울特別市 所在

· 1963. 3. 1-1965. 2. 26(2年)

· 學位證 : 第315號

○ Graduate Department of Community Planning, University of Cincinnati

· 美國 Ohio州 Cincinnati市 所在

· 1969. 9. 21-1971. 6. 13(1年 9月)

(6) 大學院 : 博士課程

○ Interdisciplinary Program, Graduate Course, University of Cincinnati

· 美國 Ohio州 Cincinnati州 所在

· 學點履修 : 1970. 9. 25-1972. 1. 14(1年 4月)

· 論文提出 : 1976. 2. 20-1976. 8. 27(6月)

2. 學 位

(1) 學士

○ 理學士, BS (Bachelor of Science)

· 서울大學校 文理科大學 物理學科

· 1962. 2. 26 受, 學位番號 : 第23,621號

(2) 碩士

○ 行政學碩士, MPA(Master of Public Administration)
  · 서울大學校 行政大學院 行政學科
  · 1965. 2. 26 受, 學位番號 : 第315號

○ MCP, Master of Community Planning
  · University of Cincinnati, U.S.A.
  · 1971. 6. 13 受, 學位番號 : 未記載

(3) 博士

○ Ph.D., Doctor of Philosophy
  · Interdisciplinary Program : Regional Economics, Community Planning and Quantitative Analysis
  · University of Cincinnati, U.S.A.
  · 1976. 8. 27 受, 學位番號 : 未記載
  · 韓國學位名 : 地域經濟學博士
  · 文敎部登錄番號 83-588

3. 恩 師

(1) 初等學校 : 戶西南國民學校

○ 擔任先生任 : 1學年-閔湲植
  2學年-金圭煥
  3學年-安璋翰
  4學年-金福順 · 安璋翰
  5學年-鄭載勳
  6學年-李晟宰

○ 校長(卒業當時) : 曺壯成

(2) 中等學校 : 聞慶中學校

○ 擔任先生任 : 1學年-權赫成
  2學年-潘明植
  3學年-金七星

○ 校長(卒業當時) : 劉致乙

(3) 高等學校 : 安東師範學校

○ 擔任先生任 : 1學年-權重琪
  2學年-李用悳
  3學年-金亨燮

○ 校長(卒業當時) : 尹一善

(4) 大學校 : 서울大學校 文理科大學 物理學科

○ 學科長 : 1 · 2學年-權寧大
  3 · 4學年-趙淳卓

○ 學長(卒業當時) : 李寅基

○ 總長(卒業當時) : 權重輝

(5) 大學院 : 서울大學校 行政大學院 行政學科

○ 學科長 : 1學年-盧隆熙
  2學年-兪 焄

○ 學位論文：指導敎授-盧隆熙
　　　　　審査敎授-金海東 · 朴東緖
○ 院長(卒業當時)：金曾漢
○ 總長(卒業當時)：申泰煥

(6) 大學院：Graduate Department of Community Planning
University of Cincinnati, U.S.A.
○ 學科長：1學年-Hoover
　　　　2學年-Kenneth E. Corey
○ 學位論文(碩士) 指導 및 審査敎授：M.L. Lotspeich
○ Advisor：Kong-Kyun Ro(魯公均)
○ 總長(卒業當時)：Walter C. Langsam

(7) 博士課程：Interdisciplinary Program, Graduate Course
University of Cincinnati, U.S.A.
○ 學科長(Department of Quantitative Analysis)：Albert J. Simone
○ 學位論文(博士)：指導敎授-A.J. Simone
　　　　　審査敎授-K.E. Corey
　　　　　　　　J.M. Mckinney
　　　　　　　　H.C. Goddard
○ 學長(College of Business Administration, 卒業當時)：A.J. Simone
○ 總長(卒業當時)：Warren Bennis

4. 成 績

(1) 初等學校

(基準：100點)

學年 \ 學期 \ 區分		敎科目							合計		
		國語	社會	理科	算數	保健	音樂	美術	計	平均	席次
1 (1945-46)	1 2	70	80	80	100	90	80	80	580	83	-
2 (1946-47)	1 2	90 90	90 90	80 90	90 90	80 80	70 80	90 90	590 610	84 87	- -
3 (1947-48)	1 2	95 98	100 100	- -	95 100	87 85	85 85	98 97	560 565	93 94	- 2
4 (1948-49)	1 2	100 100	100 100	95 100	100 100	90 95	96 95	95 98	670 688	96 98	1 1
5 (1949-50)	1 2	97 100	98 100	98 100	100 95	95 95	96 95	100 100	684 685	98 98	2 1
6 (1950-51)	1 2	100	100	100	98	82	100	97	677	97	-
合計	計 平均	940 94	958 96	743 93	968 97	879 88	876 88	945 95	6,309 93	93 -	- -

(2) 中等學校

(基準 : 100點)

區分	學年	1 (1951)	2 (1952)		3 (1953)		合計	
	學期	1,2	1	2	1	2	計	平均
教科目	國語講讀	83	79	86	97	94	439	87.8
	國語文法	80	70	84	100	96	430	86.0
	漢文	90	95	93	90	94	462	92.4
	公民	95	90	91	95	93	464	92.8
	歷史	95	90	90	95	93	463	92.6
	地理	94	85	90	99	87	455	91.0
	代數	76	100	98	93	95	462	92.4
	幾何	76	100	100	95	98	469	93.8
	物象	75	94	97	93	83	442	88.4
	生物	75	85	93	90	89	432	86.4
	保健	75	75	71	75	76	372	74.4
	英語	89	86	88	88	91	442	88.4
	實業	85	95	95	85	85	445	89.0
	商業	90	100	90	80	83	443	88.6
	美術	75	90	90	98	97	450	90.0
	音樂	85	80	80	100	100	445	89.0
合計	計	1,388	1,414	1,436	1,473	1,454	7,115	88.9
	平均	83.5	88.9	90.1	92.1	90.9	88.9	-

(3) 高等學校 : 師範學校

區分	學年 / 基準	原來 點數(點/滿點)			100點 基準 換算值				
		1(1954)	2(1955)	3(1956)	1	2	3	合計	平均
教科目	國語	365/400	364/400	384/400	91	91	96	278	92.7
	社會	578/600	490/600	305/400	96	82	76	254	84.7
	教育 및 哲學	173/200	334/400	646/1,000	86	84	65	235	78.3
	數學	470/500	365/400	391/400	94	91	98	283	94.3
	科學	272/300	381/400	265/300	91	95	88	274	91.3
	體育	174/200	169/200	178/200	87	85	89	261	87.0
	教鍊	334/400	155/200	138/200	84	78	69	231	77.0
	實業 및 家庭	195/200	80/100	88/100	98	80	88	266	88.7
	音樂	163/200	160/200	178/200	82	80	89	251	83.7
	美術	166/200	120/200	250/300	83	60	83	226	75.3
	英語	493/500	368/400	342/400	99	92	86	277	92.3
	道德	-	-	82/100	-	-	82	82	82.0
合計	計	-	-	-	991	918	1,009	2,918	972.7
	平均	-	-	-	90.1	83.5	84.1	257.7	85.9
總評	人物概評	優	優	優	-	-	-	-	-
	綜合概評	特/94名	上/95名	上/92名	-	-	-	-	-

(4) 大學校 : 物理學

(A=3점, B=2점, C=1점, D=0점)

學年	教科目	1 學期			2 學期			100點基準 換算值		
		學點	成績	評點	學點	成績	評點	1學期	2學期	平均
1 (1957)	國語	2	C	2	2	B	4	33	67	50
	英語	2	B	4	2	B	4	67	67	67
	英語	2	B	4	2	C	2	67	33	50
	文化史	2	B	4	2	B	4	67	67	67
	自然科學	再	再	再	2	C	2	-	33	33
	哲學	2	C	2	2	A	6	33	100	67
	體育	1	A	3	1	D	0	100	0	50
	獨語	2	B	4	2	B	4	67	67	67
	微積分	3	A	9	3	A	9	100	100	100
	物理實驗	1	A	3	1	A	3	100	100	100
	一般物理	3	C	3	3	D	0	33	0	17
	合計	20	-	38	22	-	38	667	634	1,301
	平均	2.0	-	1.9	2.0	-	1.7	66.7	57.6	62.0
2 (1959)	一般力學	3	A	9	3	B	6	100	67	84
	熱學	3	C	3	-	-	-	33	-	33
	物理實驗	2	A	6	2	A	6	100	100	100
	函數論	3	B	6	3	C	3	67	33	50
	微方解法	3	B	6	3	C	3	67	33	50
	電子工學	2	A	6	-	-	-	100	-	100
	力學練習	1	A	3	1	A	3	100	100	100
	化學實驗	1	B	4	1	A	3	67	100	84
	誤差論 및 計算法	2	A	6	-	-	-	100	-	100
	獨文講讀	2	C	2	-	-	-	33	-	33
	電磁氣學	-	-	-	3	A	9	-	100	100
	電子學	-	-	-	2	A	6	-	100	100
	獨逸語	-	-	-	2	B	4	-	67	67
	國史概論	-	-	-	2	C	2	-	33	33
	合計	22	-	51	22	-	45	767	733	1,500
	平均	2.2	-	2.3	2.2	-	2.0	76.7	73.3	75.0
3 (1960)	原子物理學	3	C	3	3	A	9	33	100	67
	物理光學	3	A	9	3	A	9	100	100	100
	數理物理學	3	A	9	3	C	3	100	33	67
	電磁氣學	3	A	9	-	-	-	100	-	100
	流體力學	3	A	9	-	-	-	100	-	100
	物理實驗	2	B	4	2	B	4	67	67	67
	法學通論	2	B	4	2	A	6	67	100	84
	英文講讀	1	C	1	-	-	-	33	-	33
	韓國古代史	2	D	0	-	-	-	0	-	0
	電磁氣學練習	1	A	3	-	-	-	100	-	100
	數理物理學練習	1	A	3	1	C	1	100	33	67
	解析力學	-	-	-	3	D	0	-	0	0

學年	教科目	1 學期			2 學期			100點基準 換算値		
		學點	成績	評點	學點	成績	評點	1學期	2學期	平均
3 (1960)	獨名作講讀	-	-	-	2	A	6	-	100	100
	天文學概論	-	-	-	2	A	6	-	100	100
	辨證法	-	-	-	3	C	3	-	33	33
	合計	24	-	54	24	-	47	800	666	1,466
	平均	2.2	-	2.3	2.4	-	2.0	72.7	66.6	69.8
4 (1961)	量子力學	3	B	6	3	B	6	67	67	67
	物理實驗	4	B	8	3	A	9	67	100	84
	核物理	2	B	4	-	-	-	67	-	67
	評論	3	D	0	-	-	-	0	-	0
	韓國近代史	2	B	4	-	-	-	67	-	67
	韓國中世史	2	D	0	-	-	-	0	-	0
	自然科學	2	B	4	-	-	-	67	-	67
	統計力學	-	-	-	3	C	3	0	33	33
	固體論	-	-	-	3	B	6	0	67	67
	合計	18	-	26	12	-	24	335	267	602
	平均	2.6	-	1.4	3.0	-	2.0	47.9	66.8	54.7
總計	累計	84	-	169	80	-	154	2,569	2,300	4,869
	學科目數	38	-	-	35	-	-	38	35	73
	成績平均	-	-	2.0	-	-	1.9	67.6	65.7	66.7

(5) 大學院 : 行政學

(A=3점, B=2점, C=1점)

學年	教科目	1 學期			2 學期			100點基準 換算値		
		學點	成績	評點	學點	成績	評點	1學期	2學期	平均
1 (1963)	組織管理學	2	A	6	-	-	-	100	-	100
	韓國政府論	2	B	4	-	-	-	67	-	67
	調査方法論	2	B	4	-	-	-	67	-	67
	統計學	2	A	6	-	-	-	100	-	100
	地方自治論	2	B	4	-	-	-	67	-	67
	人事行政	-	-	-	2	B	4	-	67	67
	財務行政	-	-	-	2	A	6	-	100	100
	會計學	-	-	-	2	A	6	-	100	100
	地方自治論세미나	-	-	-	2	A	6	-	100	100
	事務管理	-	-	-	2	A	6	-	100	100
	調査方法論세미나	-	-	-	2	A	6	-	100	100
	合計	10	-	24	12	-	34	401	567	968
	平均	2	-	2.4	2	-	2.8	80.2	94.5	88.0
2 (1964)	組織管理세미나	2	A	6	-	-	-	100	-	100
	行政法 I	2	B	4	-	-	-	67	-	67
	人事行政세미나	2	A	6	-	-	-	100	-	100
	合計	6	-	16	-	-	-	267	-	267
	平均	2	-	2.7	-	-	-	89.0	-	89.0

學年	教科目	1 學 期			2 學 期			100點基準 換算值		
		學 點	成 績	評 點	學 點	成 績	評 點	1學期	2學期	平 均
總 計	累 計	16	-	40	12	-	34	668	567	1,235
	學 科 目 數	8	-	-	6	-	-	8	6	14
	成 績 平 均	-	-	2.5	-	-	2.8	83.5	94.5	88.2

(6) 大學院(美國) : 碩士-都市計劃學
博士-地域經濟學 · 計量分析學 · 地域社會計劃學

· Student Number : 291-54-3643

· 評點基準 : A-Excellent(4點), B-Good(3點)
C-Fair(2點), S-Satisfactory
T-Audit

· 總取得學點 및 成績:

學年度	學 期	學 科 目	學點	成績	評點	100點基準換算值
1969-70	Autumn Quarter	Statistical Cmoprehensive Health Planning	3	A	12	100
		Historical Legislation of Community Plg.	6	A	24	100
		Community Involvement	3	A	12	100
		Freshman English	3	S	-	-
		Fundamentals of Speech	3	S	-	-
		合 計	18	-	48	300
		平 均	3.6	-	4.0	100
	Winter Quarter	Computer Concepts & Application	3	B	9	75
		Seminar-Urban Administration	6	S	-	-
		Community Planning Practice	3	A	12	100
		Freshman English	3	T	-	-
		Voice Articulation	3	T	-	-
		Introduction to Quantitative Analysis	3	A	12	100
		合 計	21	-	33	275
		平 均	3.5	-	3.7	91.7
	Spring Quarter	Seminar-Urban Administration	6	S	-	-
		Community Involvement	3	A	12	100
		Geographical Transportation	3	A	12	100
		Freshman English	3	T	-	-
		Business Statistics I	3	S	-	-
		Quant. Meth. of Bus. Forecasting	3	S	-	-
		合 計	21	-	24	200
		平 均	3.5	-	4.0	100
	Summer Quarter	Business Statistics II	3	B	9	75
		Quantitative Analysis I	3	A	12	100
		Network Applications & Analysis	3	A	12	100
		合 計	9	-	33	275
		平 均	3	-	3.7	91.7

學年度	學 期	學 科 目	學點	成績	評點	100點基準換算値
1969-70	累 計	累 計	69	-	138	1,050
		平 均	3.5	-	3.8	95.5
1970-71	Autumn Quarter	City Planning	3	B	9	75
		Seminar-Urban Administration	6	S	-	-
		Community Involvement	3	S	-	-
		Thesis Research	3	S	-	-
		Quantitative Methodology Ⅲ	3	A	12	100
		Applide Probability Analysis	3	A	12	100
		合 計	21	-	33	275
		平 均	3.5	-	3.7	91.7
	Winter Quarter	Regional Planning	3	A	12	100
		Community Involvement	3	S	-	-
		Thesis Research	3	S	-	-
		Tools of Analysis	3	B	9	75
		Multivariate Methods	3	A	12	100
		Applied Linear Programming	3	A	12	100
		Statistical Decision Theory	3	A	12	100
		合 計	21	-	57	475
		平 均	3.0	-	3.8	95
	Spring Quarter	Federal Urban Programs	3	A	12	100
		Community Involvement	3	S	-	-
		Thesis Research	3	A	12	100
		Studies of Problem Area	3	B	9	75
		Metropolitan Economic Problem	3	A	12	100
		Deterministic Models	3	A	12	100
		Operations Research	3	A	12	100
		合 計	21	-	69	575
		平 均	3.0	-	3.8	95.8
	Summer Quarter	Sample Survey & Experimental Design	3	B	9	75
		Nonlinear & Dynamic Programming	3	A	12	100
		Introduction to Econometrics	3	A	12	100
		合 計	9	-	33	275
		平 均	3.0	-	3.7	91.7
	累計	累 計	72	-	192	1,600
		平 均	3.1	-	3.8	94.1
1971-72	Autumn Quarter	Seminar-Economic Development Planning	3	A	12	100
		Ph. D. Dissertation Reseaech	12	S	-	-
		合 計	15	-	12	100
		平 均	7.5	-	4.0	100
	Winter Quarter	Ph. D. Dissertation Reseaech	15	S	-	-
	Spring Quarter	Ph. D. Dissertation Reseaech	15	S	-	-
		合 計	30	-	-	-
		平 均	15	-	-	-

學年度	學 期	學 科 目	學點	成績	評點	100點基準換算值
1971-72	累 計	累 計	45	-	12	100
		平 均	11.3	-	4.0	100
1973-74	Autumn Quarter	Interdisciplinary Research	15	S	-	-
		Ph.D. Dissertation Research	1	S	-	-
1974-75	Autumn Quarter	Ph. D. Dissertation Research	1	S	-	-
1975-76	Autumn Quarter	Ph. D. Dissertation Research	1	S	-	-
		合 計	18	-	-	-
		平 均	4.5	-	-	-
總 計	累 計	-	204	-	342	2,750
	教科目數	-	51	-	-	-
	成績平均	-	4.0	-	3.8	94.8

· 碩士 · 博士課程別 成績集計:

區分 \ 課程		碩士課程	博士課程	合 計
取 得 學 點 數		93	111	204
評點別 學科目數	A	10	13	23
	B	2	4	6
	S	12	7	19
	T	3	-	3
	計	27	24	51
計量學點의 成績平均	學點數	39	51	90
	評點合計	150	192	342
	平 均	3.85	3.76	3.80

(7) 成績總括

學校級 \ 區分	純修學年數(年)	固有評點		換算評點	
		滿 點	成 績	滿 點	成 績
初等學校	6	100	92.8	100	92.8
中等學校	3	100	88.9	100	88.9
高等學校	3	100	85.9	100	85.9
大學校	4	3.0	1.9	100	66.7
大學院(韓國)	2	3.0	2.6	100	88.2
大學院(美國)	3	4.0	3.80	100	94.8
碩 士	1.5	4.0	3.85	100	96.3
博 士	1.5	4.0	3.76	100	94.0
合 計	21	-	-	700	612.8
平 均	3	-	-	100	87.5

5. 職 責

(1) 初等學校
- ○ 4學年-1學期 : 副級長
  2學期 : 級長
- ○ 5學年-1學期 : 副級長
  2學期 : 級長
- ○ 6學年-1學期 : 副級長
  2學期 : 級長

(2) 中等學校
- ○ 1學年-1學期 : 級長

學校에서 공부한 노트들

6. 受 賞

(1) 初等學校
- ○ 優等賞 : 3學年-1948. 7. 24 受
  4學年-1949. 7. 26 受
  5學年-1950. 5. 27 受
  6學年-1951. 7. 14 受
- ○ 皆勤賞 : 3學年-1948. 7. 24 受
  4學年-1949. 7. 26 受
  5學年-1950. 5. 27 受
  6學年-1951. 7. 14 受
- ○ 校內美術競演賞 : 3等-1950. 8. 31 受(5學年)
- ○ 卒業表彰狀 : 聞慶郡 教育會長賞-1951. 7. 14 受

(2) 中等學校
- ○ 優等賞 : 2學年-1953. 3. 26 受
  3學年-1954. 3. 3 受
- ○ 皆勤賞 : 3學年-1954. 3. 3 受
- ○ 奬學表彰狀 : 公納金一切免除-1953. 3. 26 受
- ○ 卒業表彰狀 : 聞慶郡 教育監賞-1954. 3. 3 受

(3) 高等學校
- ○ 優等賞 : 1學年-1955. 3. 10 受
  2學年-1956.3. 15 受
- ○ 皆勤賞 : 2學年-1956. 3. 15 受

7. 學校修學의 學科目別 擔當敎師

(1) 初等學校

戶西南國民學校 (慶北 聞慶郡 戶西南面 所在)

學年	期 間	履 修 學 科 目		擔任敎師
1	1945-1946	國語, 理科, 算數, 體鍊, 音樂, 圖畵, 公民, 工作	(8)	閔湲植
2	1946-1947	國語, 理科, 算數, 保健, 音樂, 圖畵, 公民, 工作	(8)	金圭煥
3	1947-1948	國語, 理科, 算數, 保健, 音樂, 美術, 社會生活	(7)	安璋翰
4	1948-1949	國語, 理科, 算數, 保健, 音樂, 美術, 社會生活	(7)	金福順
5	1949-1950	國語, 理科, 算數, 保健, 音樂, 美術, 社會生活	(7)	鄭載勳
6	1950-1951	國語, 理科, 算數, 保健, 音樂, 美術, 社會生活	(7)	李晟宰

※卒業 : 日字-1951.7.14, 校長-曺壯成

(2) 中等學校

聞慶中學校 (慶北 聞慶郡 戶西南面 所在)

學年	期 間	履 修 學 科 目 및 擔 當 敎 師		擔任敎師
1	1951-1952	國語講讀(權赫成), 國語文法(權赫成), 漢文(李鼎九), 公民(趙命熙), 英語(卞承洙), 歷史(鄭龍和), 地理(趙命熙), 代數(金在明), 幾何(金在明),物象(梁健熙), 生物(曺良淑), 保健(崔基植), 實業(鄭鎭日), 商業(鄭鎭日), 美術(李鼎九), 音樂(金仁審)	(16)	權赫成
2	1952-1953	國語講讀(權赫成), 國語文法(權赫成), 漢文(李鼎九), 公民(鄭龍和), 英語(金仁審) 歷史(趙命熙), 地理(蔡錫潤), 代數(黃鳳鉉), 幾何(黃鳳鉉),物象(梁健熙), 生物(潘明植), 保健(崔基植), 實業(黃基春), 商業(鄭鎭日), 美術(李鼎九), 音樂(金仁審)	(16)	潘明植
3	1953-1954	國語講讀(權赫成), 國語文法(權赫成), 漢文(李鼎九), 公民(趙命熙), 英語(蔡鴻碩), 歷史(鄭龍和), 地理(蔡錫潤), 代數(金七星), 幾何(金七星),物象(梁健熙), 生物(潘明植), 保健(崔基植),實業(黃基春), 商業(鄭鎭日), 美術(李鼎九), 音樂(金仁審)	(16)	金七星 (金宰亨)

※卒業 : 日字-1954.3.3, 校長-劉致乙

(3) 高等學校

安東師範學校 (慶北 安東市 明倫洞 所在)

學年	期 間	履 修 學 科 目 및 擔 當 敎 師		擔任敎師
1	1954-1955	國語(李容薰), 歷史(朴洪培), 地理(金銘東), 敎育및 哲學(金正律), 數學(黃秉郁), 英語(金應錫), 物理(權重棋), 化學(徐祉洙), 體育(裵孝基), 美術(金仁洙), 音樂(朴廷陽), 實業 및 家庭(金泰榮), 敎鍊(黃壽岩), 漢文(金周悳)	(14)	權重棋
2	1955-1956	國語(成虓雲), 歷史(朴洪培), 地理(金銘東), 敎育및 哲學(全重哲), 數學(李用悳), 英語(李東信), 物理(權重棋), 化學(徐祉洙), 體育(姜泌遠), 美術(李洙昌), 音樂(朴廷陽), 實業 및 家庭(金泰榮), 敎鍊(黃壽岩)	(13)	李用悳
3	1956-1957	國語(金亨燮), 歷史(金浩奎), 地理(權五範), 敎育및 哲學(全重哲), 數學(高時瑀), 英語(沈相旭), 物理(李準燮), 化學(徐祉洙), 體育(姜泌遠), 美術(金仁洙), 音樂(李慶煥), 實業 및 家庭(白南春), 敎鍊(黃壽岩) , 道德(張億壽)	(14)	金亨燮

※卒業 : 日字-1957.3.2. 校長-尹一善

(4) 大學校 : 學士

서울大學校 文理科大學 物理學科 (서울特別市 鍾路區 東崇洞 所在)

學年	期 間	履 修 學 科 目 및 擔 當 敎 授	學科長
1	1957-1958	一般物理(李杜天), 物理實驗(李杜天), 自然科學(高光鎬), 微積分(崔至薰), 哲學(李正勳), 文化史(吉玄謨), 國語(金龍卿), 英語 I (金明洙), 英語 II (李鍾求),獨語(崔國鉉), 體育(金基鎬) (11)	權寧大
2	1959-1960	一般力學(金哲洙), 熱學(李杜天), 物理實驗(趙淳卓), 電子學(池彰烈), 電子工學(李年雨), 電磁氣學(池彰烈),函數論(崔允植), 微方解法(金曾鎬), 誤差論 및 計算法(金哲洙), 力學演習(金永錄), 化學實驗(高光鎬), 國史槪論(李丙燾), 獨逸語(朴贊機), 獨文講讀(朴贊機) (14)	權寧大
3	1960-1961	原子物理學(權寧大), 物理光學(權寧大), 數理物理學(趙淳卓), 電磁氣學(池彰烈), 流體力學(金哲洙), 解析力學(李杜天),物理實驗(池彰烈), 電磁氣學演習(池彰烈), 數理物理學演習(趙淳卓), 天文學槪論(玄正晙), 法學通論(黃山德), 辨證法(朴鍾鴻), 韓國古代史(李弘稙), 獨文學講讀(朴贊機), 英文講讀(河相洛) (15)	趙淳卓
4	1961-1962	核物理(尹世元), 量子力學(李杜天),固體論(金哲洙), 統計力學(趙淳卓), 自然科學(尹世重), 物理實驗(權寧大), 韓國近代史(柳洪烈), 韓國中世史(李基白), 英語評論(李敭河) (9)	趙淳卓

※卒業 : 日字-1962.2.26. 學長-李寅基, 總長-權重輝 (學位 : 理學士)

(5) 大學院 : 碩士

서울大學校 行政大學院(서울特別市 鍾路區 東崇洞 所在)

學年	期 間	履 修 學 科 目 및 擔 當 敎 授	學科長
1	1963-1964	組織管理論(趙錫俊), 人事行政論(車一錫), 財務行政論(姜信澤), 韓國政府論(金雲泰), 地方自治論(盧隆熙), 調査方法論(姜秉根), 事務管理論(趙錫俊), 統計學(李正宰), 會計學(李雄根), 地方自治論세미나(盧隆熙), 調査方法論세미나(金海東) (11)	盧隆熙
2	1964-1965	行政法(徐元宇), 組織管理論세미나(趙錫俊), 人事行政論세미나(朴東緖) (3)	兪 焄

※卒業 : 日字-1965.2.26. 院長-金曾漢, 總長-申泰煥 (學位 : 行政學 碩士)

(6) 美國 大學院 : 碩士 및 博士

The University of Cincinnati(Cincinnati, Ohio, U.S.A. 所在)

學期	期間	履 修 學 科 目 및 擔 當 敎 授	學科長
'69 Autumn Quarter	1969	Historical Legislation Commnnity Planning(John E. Kleymeyer), Community Involvement(John E Kleymeyer), Statistics in Comprehensive Health Planning (Robert W.Mason)	Robert C. Hoover
'69 Winter Quarter	1969~70	Community Planning Practice(Kenneth E.Corey), Computer Operatinos & Applications (Fyredl J. Lundberg), Introduction to Quantitative Analysis (Mohammed M. Shamma), Interdisciplinary Planning Seminar(Kenneth E. Corey) (3)	〃
'70 Spring Quarter	1970	Community Involvement(John E.Kleymeyer), Geographical Transportation (John M. Mckinney),Business Statistics I (Mohammed M.Shamma), Quantitative Methods of Business Forecasting,(Albert J. Simone), Interdisciplnary Planning Seminar(Kenneth E.Corey) (4)	〃

The University of Cincinnati(Cincinnati, Ohio, U.S.A. 所在)

學期	期間	履修學科目및擔當敎授	學科長
'70 Summer Quarter	1970	Network Applications & Analysis(Mohammed M.Shamma),Business Statistics Ⅱ (Mohammed M. Shamma), Quantitatie Analysis Ⅰ (John M. Mckinney) (5)	Robert C. Hoover
'70 Autumn Quarter	1970	City Planning(Herbert W.Stevens), Community Involvement(John E. Kleymeyer), Quantitative Methdlology Ⅲ(John E. Kleymeyer)Applied Probabilty Analysis (Albert J. Simone), Interdisciplinary Planning Seminar (Kennety E. Corey), Thesis Research (Kenneth E. Corey) (6)	Kenneth E.Corey
'70 Winter Quarter	1970-71	Regional Planning(John E.Kleymeyer), Community Involvement(John E. Kleymeyer), Regional Economics: Tools of Analysis (Addison T. Cutler) Multivariate Metudos (David R. Anderson), Applied Liner Programming (Mohammed M. Shamma), Statistical Decision Theory(Albert J. Simone), Thesis Research (Margaret L. Lotspeich), (7)	〃
'70 Spring Quarter	1971	Federal Urban Programs(John. E. Kleymeyer),Community Involvement (John,E, Kleymeyer) Regional Eoneomcs: Studies of Problem Areas(Addison T. Cutler), Metropolitan Ecommic Problem(Haynes C. Goddard) Deterministic Models (Mohammed M. Shamma), Operations Research (J.M. Mckinney), Thesis Research (Margaret L. Lotspeich) (7)	〃
'70 SummerQuarter	1971	Introtuction to Econometrics (A.J. Whitemere), Nonlinear & Dynamic Programming (Mohammed M. Shamma), Sample Survey & Experimental Design(David R. Anderson) (3)	〃
'71 AutumnQuarter	1971	Seminar: Economic Develpment Planning (Addison T. Cutler), Ph.D. Dissertation Research (Albert J.Simone) (2)	Albert J.Simone
'71 Winter Quarter	1971-72	Ph.D. Dissertation Research (Albert J.Simone) (1)	〃
'72 Spring Quarter	1972	Ph.D. Dissertation Research (Albert J.Simone) (1)	〃
'73 Autumn Quarter	1973	Interdisciplinary Research (Albert J.Simone), Ph. D. Dissertstion Research (Albert J.simone) (2)	〃
'74 Autumn Quarter	1974	Ph. D. Dissertstion Research (Albert J.simone) (1)	〃
'75 Autumn Quarter	1975	Ph. D. Dissertstion Research (Albert J.simone) (1)	〃
'76 Spring Quarter	1976	Ph. D. Dissertstion Research (Albert J.simone) (1)	〃

註. 卒業(碩士課程):日字-1971.6.13, 論文指導敎授-Margaret L. Lotspeich, 總長-Walter C. Langsam
(學位:Master of Comnounity Planning, M.C.P.)

註. 卒業(博士課程):日字-1976.8.27, 論文指導敎授-Albert J. Simone, 總長-Warren Bennis
(學位:Doctor of Philosophy, Ph.D.)

客說 : 經驗에서 얻은 삶의 眞實

훌륭한 사람은 賢母 아래서 태어나고 훌륭한 사람은 賢母가 될 女子와 결혼하기 어렵다는 말이 있다. 그래서 두 代에 걸쳐 훌륭한 사람이 태어나기가 힘들다고 한다. 내 自身이 君子가 될까, 아니면 훌륭한 자식을 얻기 위해 군자가 되는 것을 포기할까?

客說 : 經驗에서 얻은 삶의 眞實

말로는 좋은 이야기를 다 하면서 막상 자기는 그것을 제대로 실천하지 못하는 사람이 참으로 많다. 이는 많이 배운 사람, 指導級 人士, 남을 가르치는 先生任 중에 특히 많은 것 같다. 극히 우려되는 바이다.

8. 學校 修學生活의 綜合

事項 / 學校	學年·期間 및 所屬						出席狀況			學業實績		
	學年	期間	年齡(歲)	學級班	學生數(名)	學番	授業日數(日)	出席日數(日)	缺席日數(日)	成績(100点基準)	職責	受賞
1.戶西南公立國	1	45.4.1-46.7.20	10-11	第1班	50	15	327	321	6	83	-	-
民學校(後 戶西	2	46.9.1-47.7.25	11-12	〃	55	17	242	238	4	86	-	-
南國民學校)	3	47.9.1-48.7.24	12-13	第4班	58	19	247	247	0	94	-	優等賞,皆勤賞
	4	48.9.1-49.7.26	13-14	〃	65	22	250	250	0	97	副級長,級長	〃 〃
	5	49.9.1-50.5.27	14-15	第2班	71	24	216	216	0	98	〃 〃	〃 〃
	6	50.9.1-51.7.14	15-16	〃	73	27	210	210	0	97	〃 〃	〃 〃
	卒業	1951.7.14	16	〃	73	27	-	-	-	97	級長	聞慶郡教育會
	累計	6年	10-16	3	-	6	1,492	1,482	10	93	6	10
2. 聞慶中學校	1	51.9.10-52.3.31	16-17	西班	60	29	140	139	1	84	級長	-
	2	52.4.1-53.3.26	17-18	西班	63	34	221	219	2	90	-	優等賞,奬學
	3	53.4.1-54.3.3	18-19	〃	65	38	226	226	0	91	-	〃 皆勤
	卒業	1954.3.3	19	〃	65	38	-	-	-	91	-	聞慶郡 教育
	累計	3年	16-19	2	-	3	587	584	3	89	1	5
3.安東師範學校	1	54.4.10-55.3.10	19-20	西班	94	52	245	242	3	90	-	優等賞
	2	55.4.1-56.3.15	20-21	〃	95	43	235	235	0	84	-	優等賞 皆勤賞
	3	1957.3.2	21-22	〃	92	44	210	203	7	84	-	-
	卒業	56.4.1-57.3.21	22	〃	92	44	-	-	-	84	-	-
	累計	3年	19-22	1	-	3	690	680	10	86	-	3
4.서울大學校	1	57.31-58.2.28	22-23	教養班	25	003305	175	175	0	62	-	-
文理科大學	2	59.3.2-60.2.29	24-25	專攻班	30	〃	172	169	3	75	-	-
物理學科	3	60.3.2-61.2.28	25-26	〃	32	〃	180	180	0	70	-	-
	4	61.3.2-62.2.26	26-27	〃	35	〃	153	152	1	55	-	-
	卒業	1996-2.26	27	〃	32	〃	-	-	-	55	-	-
	累計	4年	22-27	2	-	1	680	676	4	67	-	-
5.서울大學校	1	63.3.1-64.2.28	28-29	B班	25	63008	140	140	0	88	-	-
行政大學院	2	64.3.2-65.2.26	29-30	〃	27	〃	65	63	2	89	-	-
行政學科	卒業	1965.2.26	30	〃	23	〃	-	-	-	89	-	-
	累計	2年	28-30	1	-	1	205	203	2	88	-	-
6.美國 Cincinnati	1	69.9.21-70.8.15	34-35	碩士班	35	291-54-3643	165	165	0	96	-	-
大學校大學院	2	70.9.1-71.6.13	35-36	〃	25	〃	170	170	0	94	-	-
Graduate Department	卒業	1997.6.13	36	〃	20	〃	-	-	-	94	-	-
of Community Planning	累計	2年	34-36	1	-	1	335	335	0	96	-	-
7.美國Cincinnati	1	71.7.1-72.8.22	36-37	博士班	25	291-54-3643	68	68	0	100	-	-
大學校大學院	2	72.9.1-73.8.20	37-38	〃	23	〃	0	0	0	S	-	-
Interdisciplinary	3	73.9.1.-74.8.21	38-39	〃	20	〃	0	0	0	S	-	-
Ph.D.Program	4	74.9.1-75.8.23	39-40	〃	15	〃	0	0	0	S	-	-
	5	75.9.1-76.8.27	40-41	〃	10	〃	0	0	0	S	-	-
	卒業	1976.8.27	41	〃	4	〃	-	-	-	S	-	-
	累計	5年	36-41	1	-	1	68	68	0	94	-	-
總 累 計	7校	25年	10-41	11	卒業309	15	4,057	4,028	29	88	7	18

	卒業·修了		恩師 및 機關長			身 相		居 宅	
	證書番號	資格證·學位名	擔任學科長	學長院長	校長總長	身長(cm)	體重(Kg)	區 分	同居人數(名)
	-	-	閔湲植	-	金興珠	123.9	21.0	父母自宅	4
	-	-	金圭煥	-	趙翊永	129.0	23.1	〃	4
	-	-	安璋翰	-	趙翊永	134.0	25.0	〃	4
美術競演賞	-	-	金福順	-	趙翊永	138.1	28.1	〃	4
	-	-	鄭載勳	-	趙翊永	141.8	31.2	〃	4
長 賞	-	-	李晟宰	-	曺壯成	146.1	34.3	〃	4
	第976號	-	李晟宰	-	曺壯成	148.0	35.7	〃	4
	1	-	6	-	3	-	-	1	4
	-	-	權赫成	-	金尙槿	149.9	37.1	父母自宅	4
表彰狀	-	-	潘明植	-	金尙槿.權寧達	154.0	39.0	〃	4
賞	-	-	金七星	-	權寧達.劉致乙	158.2	41.3	〃	4
監賞	第365號	-	金七星	-	劉致乙	160.0	42.3	〃	4
	1	-	3	-	3	-	-	1	4
	-	-	權重琪	-	尹一善	161.7	43.2	下宿·自炊	1
	-	-	李用悳	-	尹一善	165.9	45.1	家庭教師	1,7
	-	-	金亨燮	-	尹一善	169.0	47.3	〃	7
	第1,880號	國民學校 2級正教師資格證	金亨燮	-	尹一善	170.6	48.0	〃	7
	1	1	3	-	1	-	-	3	8
	-	-	權寧大	金鎭淑.李熙昇	尹日善	172.2	48.9	自炊·家庭教師	1
	-	-	權寧大	李歇河	尹日善	175.0	52.7	買食·時間.教師	2
	-	-	趙淳卓	李歇河	尹日善	175.0	54.9	〃 〃	2
	-	-	趙淳卓	李寅基	柳洪烈.權重輝	175.0	57.0	時間·家庭教師	2,4
	第2,361號	高校 2級正教師資格證.理博士	趙淳卓	李寅基	權重輝	175.0	59.1	家庭教師	4
	1	2	2	4	3	-	-	4	7
	-	-	盧隆熙	金曾漢	權重輝	175.0	61.1	家庭教師·自炊	6,0
	-	-	兪 焄	金曾漢	權重輝.申泰煥	175.0	63.2	自炊·家庭教師	5,3
	第315號	行政學 碩士	兪 焄	金曾漢	申泰煥	175.0	65.1	家庭教師	3
	1	1	2	1	2	-	-	-	14
	-	-	Hoover			175.0	68.1	自炊·夫婦同居	0,1
	-	-	K.E.Corey			175.0	68.5	夫婦同居	2
	-	Master of Community Planning	K.E.Corey		W.C.Langsam	175.0	68.7	〃	2
	-	1	2			-	-	2	2
	-	-	A.J.Simone			175.0	68.9	夫婦同居·自宅	2,6
	-	-	〃			175.0	69.3	自宅	6
	-	-	〃			175.0	69.6	〃	6,5
	-	-	〃			175.0	69.8	〃	5
	-	-	〃			175.0	70.0	自宅·自炊	5.4
	-	Doctor of Philosophy	〃		W.Bennis	175.0	70.0	自炊	4
	-	1	1			-	-	3	6
	5	6	19			-	-	8	33

事項 / 學校	居宅	學費및生活費의					
	地域	收入					
		補助金	報酬 等	手苦費	發表費	資本金	其他
1.戶西南公立國	慶北 聞慶郡 戶西南面 興德 4里	52	-	-	-	-	-
民學校(後 戶西	〃	164	-	-	-	-	-
南國民學校)	〃	309	-	-	-	-	-
	〃	481	-	-	-	-	-
	〃	601	-	-	-	-	-
	〃	2,894	-	-	-	-	-
	〃	-	-	-	-	-	-
	1	4,501	-	-	-	-	-
2. 聞慶中學校	慶北 聞慶郡 戶西南面 興德 4里	6,487	-	-	-	-	420
	〃	11,703	-	-	-	-	1,300
	〃	25,821	-	-	-	-	2,869
	〃	-	-	-	-	-	-
	1	44,011	-	-	-	-	4,589
3.安東師範學校	慶北 安東市 法尙洞 ·花城洞· 堂北洞 ·太華洞	57,372	-	-	-	-	3,250
	慶北 安東市 太華洞 ·平和洞	8,870	79,834	-	-	-	-
	慶北 安東市 平和洞	10,147	91,333		-	-	-
	〃	-					
	6	76,389	171,167	-	-	-	3,250
4.서울大學校	서울 龍山區 新龍山洞 ·孝昌洞	6,171	117,251	-	-	-	
文理科大學	京畿 抱川郡 二洞面, 서울 龍山區 新龍山洞	29,705	44,969	-	-	-	-
物理學科	서울 龍山區 新龍山洞	12,523	237,950	-	-	-	-
	서울 龍山區 新龍山洞, 서울 鍾路區 樂園洞	15,979	303,610	-	-	-	-
	서울 鍾路區 樂園洞			-	-	-	-
	5	64,378	703,780	-	-	-	-
5.서울大學校	서울 東大門區淸凉里洞, 서울 城東區 金湖洞	199,307	298,962	-	-	-	-
行政大學院	서울 城東區 金湖洞, 서울 東大門區 淸凉里洞	276,590	345,738	69,146	-	149,000	-
行政學科	서울 東大門區 淸凉里洞				-		-
	3	475,897	644,700	69,146	-	149,000	-
6.美國 Cincinnati	美國 Cincinnati市 Mcmillan路 Ohio街	623,000		398,648	664,413	150,000	390,764
大學校大學院	美國 Cincinnati市 Ohio街	1,694,056	-	189,600		600,000	63,200
Graduate Department	〃		-		-		
of CommunityPlanning	2	2,317,056	-	588,248	664,413	750,000	453,964
7.美國	美國 Cincinnati市 Ohio街, 서울 東大門區 昌信4洞	1,787,176	-	261,100		600,000	89,520
Cincinnati	서울 東大門區 昌信4洞		590,000	1,036,000	123,000	30,000	2,351,000
大學校大學院	서울 東大門區 昌信4洞, 서울 東大門區 祭基3洞	-	850,000	2,410,000	420,000	80,000	510,000
Interdisciplin	서울 東大門區 祭基3洞	-	1,629,000	2,798,000	505,000	7,100,000	2,070,000
ary	서울 祭基3洞, 美國 Cincinnati大學 Socioto Hall· Sawyer Hall	-	2,863,000	5,082,000	1,277,000	1,205,000	1,315,000
Ph.D.Program	美國 Clncinnati 大學 Sawyer Hall	-					
	5	1,787,176	5,932,000	11,587,100	2,325,000	9,015,000	6,335,520
總 累 計	21	4,769,408	7,451,647	12,244,494	2,989,413	9,914,000	6,797,323

收入 · 支出 (經 常 價 格 , 원)								
	支出							純收入
合計	生活費	修學費	養育費	公課金	資本金	其 他	合 計	
52	47	5	-	-	-	-	52	0
164	148	16	-	-	-	-	164	0
309	278	31	-	-	-	-	309	0
481	433	48	-	-	-	-	481	0
601	541	60	-	-	-	-	601	0
2,894	2,605	289	-	-	-	-	2,894	0
-	-	-	-	-	-	-		
4,501	4.052	449	-	-	-	-	4,501	0
6,907	5,160	1,525	-	-	-	209	6,894	13
13,003	8,424	3,893	-	-	-	648	12,965	38
28,690	18,596	8,583	-	-	-	1,431	28,610	80
-	-	-	-	-	-			
48,600	32,180	14,001	-	-	-	2,288	48,469	131
60,622	40,696	18,135	-	-	-	1,621	60,542	170
88,704	57,497	26,537	-	-	-	4,423	88,457	247
101,480	65,781	30,361	-	-	-	5,061	101,203	277
-	-	-	-	-	-			
250,806	163,974	75,033	-	-	-	11,105	250,112	694
74,674	73,849	43,078	-			6,154	123,081	341
	60,958	9,790	-	-	-	3,723	74,471	203
250,473	149,871	87,423	-			12,489	249,783	690
319,589	191,221	111,545	-	-	-	15,935	318,701	888
-	-	-	-	-	-			
768,158	475,899	251,836	-	-	-	38,301	766,036	2,122
498,269	322,973	149,065	-	-	-	24,844	496,882	1,387
840,474	448,210	206,866	-	-	-	34,478	689,554	150,920
-	-	-	-	-	-	-	-	-
1,338,743	771,183	355,931	-	-	-	59,322	1,186,436	152,307
2,226,825	1,279,286	257,920	120,000	13,251	132,514	374,837	2,177,808	49,017
2,546,856	1,363,926	456,304	120,000			543,756	2,483,986	62,870
-	-	-	-	-	-	-	-	-
4,773,681	2,643,212,	714,224	240,000	13,251	132,514	918,593	4,661,794	111,887
2,737,796	1,487,431	759,801	258,010			360,585	2,865,827	-128,031
4,130,000	1,176,000	-	221,000	78,000	1,185,000	2,552,000	5,212,000	-1,082,000
4,270,000	1,281,000	-	365,000	215,000	516,000	1,707,000	4,084,000	186,000
14,102,000	1,684,000	-	87,000	93,000	9,395,000	1,416,000	12,675,000	1,427,000
11,742,000	2,988,000	-	53,000	121,000	3,120,000	3,301,000	9,583,000	2,159,000
-	-	-	-	-	-	-	-	-
36,981,796	8,616,431	759,801	984,010	507,000	14,216,000	9,336,585,	34,419,827	2,561,969
44,166,285	12,706,931	2,171,275	1,224,010	520,251	14,348,514	10,366,194	41,337,175	2,829,110

9. 修學 學校別 同窓會 內譯

學級 區分		初等學校	中等學校	高等學校	大學校	大學院	美國大學院 (碩士)	美國大學院 (博士)
修學	學校名	戶西南	聞慶中學校	安東師範學校	서울大學校	서울大學校	University of	University of
學校		國民學校			文理科大學	行政大學院	Cincinnati	Cincinnati
	位置	慶北 聞慶市	慶北 聞慶市	慶北 安東市	서울 鍾路區	서울 鍾路區	University Avenue	University Avenue
							ohio, U.S.A	Ohio, U.S.A
	開校日字	1922.6.21	1948.10.8	1947.9.15	1946.10.5	1959.4.1	1819	1819
					(1日 1924.5.10)			
修學	修學期間	45.4.1-51.7.14	51.9.10-54.3.3	54.4.10-57.3.2	57.4.1-62.2.26	63.3.1-65.2.26	69.9.21-71.6.13	70.9.25-76.8.27
事項	卒業回數	(6年 3月)	(2年 6月)	(3年)	(5年 10月)	(2年)	(1年 9月)	(5年 11月)
	學位名	第 26 回	第 4 回	第 8 回	第 15 回(? 33回)	第 5 回	第 49 回	第 154 回
		-	-	-	理 學 士	行政學碩士	都市計劃學碩士	地域經濟學博士
					(B.S.)	(M.P.A.)	(M.C.P.)	(Ph.D.)
總同	名稱	戶西南初等學校	聞慶中學校	安東大學校	서울大學校	서울大 行政大學	Alumni Association	Alumni Association
窓會		同窓會	同窓會	總同窓會	總同窓會	總同窓會	of the University	of the University
							of Cincinnati	of Cincinnati
	設立日字	1965.4.1	1961.5.1	1973.4.5	1969.2.12	1961.4.29	1825	1825
	加入日字	1965.4.1	1961.5.1	1973.4.5	1969.2.12	1965.2.26	1971	1971
	職位	會 員	第5代 會長	會 員	會 員	會員	會 員	會 員
			第6代 會長	顧 問	理 事	理 事		
			名譽會長					
總同	名稱	六友會	第4回 同期會	安社8回同期會	文理大理學部	第5回	-	-
期會					自然科學 大學 同窓會	同期會		
	設立日字	1957.8.1	1980.8.1	1969.7.30	1994.10.18	1980.5.1	-	-
	加入日字	1957.8.1	1980.8.1	1969.7.30	1994.10.18	1980.5.1	-	-
	職位	會 員	會 員	會 員	會 員	會 員	-	-
		會 長						
在京同	名稱	在京 戶西南 初等	在京 聞慶中學校	在京 安東師範	物理學科	-	신시내티 大學校	신시내티 大學校
門會		學校 同門會	同門會	學校 同門會	總同窓會	-	韓國 同窓會	韓國 同窓會
	設立日字	1985.5.1	1975.5.10	1973.4.5	1960.5.1	-	1984.1.27	1984.1.27
	加入日字	1985.5.1	1975.5.10	1973.4.5	1962.2.26	-	1984.1.27	1984.1.27
	職位	會 員	初代理事	會 員	會 員	-	初代會長	初代會長
			會 員				名譽會長	名譽會長
	名稱	在京 六友會	在京 4回	八京會(在京	在韓 物理學科	行硏會		
在京同			同期會	8回 同期會	入學 同期會		-	-
期會	設立日字	1978.10.30	1981.5.1	1972.7.1	1995.2.1	1965.4.10	-	-
	加入日字	1978.10.30	1981.5.1	1972.7.1	1995.2.1	1965.4.10	-	-
	職位	會 員	會 長	會 員	會 員	幹事 3回	-	-
				會 員		會 員		

客說 : 經驗에서 얻은 삶의 眞實

개는 主人에게 무조건적으로 충성스럽다. 우리 집에는 珍島개가 두 마리 있는데 내가 술에 취해 와도 반기고 밤 늦게 돌아와도 좋아하며 좋지 못한 일을 하고 와도 뛰어 안긴다. 이런 개 같은 친구가 하나만 있어도 좋겠다.

10. 修學 學校의 校舍와 校旗

① 戶西南初等學校

慶北 聞慶市 興德洞 所在 戶西南初等學校(2006.4.13)
(在學:1945.4.1~1951.7.14)

戶西南初等學校 校旗

② 聞慶中學校

慶北 聞慶市 興德洞 所在 聞慶中學校(2006.4.13)
(在學:1951.9.10~1954.3.3)

聞慶中學校 校旗

③ 安東師範學校

慶北 安東市 明倫洞 所在 安東師範學校 舊址(現 安東市廳, 2006.4.13)(在學:1954.4.10~1957.3.2)

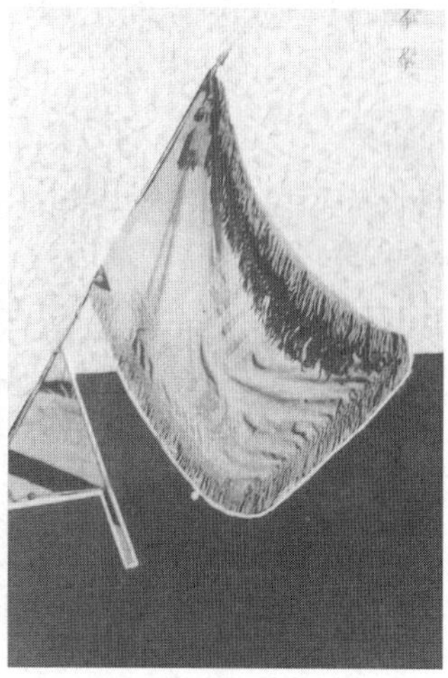

安東師範學校 校旗

慶北 安東市 所在 安東大學校(2006.4.13)
(安東師範學校를 承繼함)

安東大學校 校旗

④ 서울大學校

서울市 鐘路區 東崇洞 所在 서울大學校 舊地(現 韓國文化藝術院, 2006.3.24) (在學 : 文理科大學 1957.4.1~1962.2.26; 行政大學院 1963.3.1~1965.2.26)

서울市 冠岳區 新林9洞 所在 現在의 서울大學校
(2006.3.21)

서울大學校 校旗

⑤ Cincinnati大學校

美國 Ohio州 Cincinnati市 所在 University of Cincinnati(1970.10.15)(在學:碩士 및 博士課程, 1969.9.21~1976.8.27)

Cincinnati大學校 校旗

客說 : 經驗에서 얻은 삶의 眞實

이승에서 산 經驗과 터득한 知識을 고스란히 기억한채 다시 이 세상에 태어난다면 어떻게 될까? 生而知之요 희대의 天才라고 全世界가 떠들썩할 것이다. 큰일낼 아기가 태어난 것이다.

客說 : 經驗에서 얻은 삶의 眞實

사탕이나 설탕 같은 단것을 많이 먹으면 머리가 좋아지고 늙어서도 癡呆(치매)에 걸리지 않는다고 한다. 원래 단 飮食을 좋아하는 나지만 이 이야기를 듣고부터는 食堂을 나올 때 카운터에 있는 사탕을 한 줌 가득 들고와 먹는다. 좋다하면 양잿물도 먹을 참이다.

客說 : 經驗에서 얻은 삶의 眞實

같은 기간의 일생이라도 어떤 사람은 값지고 유익한 생애를 영위하여 시간을 초월한 자취를 남기는가 하면, 또 어떤 사람은 헛되고 낭비적인 생활로 일관하거나, 나아가 남에게 피해와 원성만을 남긴채 生을 마치기도 한다. 앞의 경우에 해당되는 사람은 남들로부터 수백년 더 살면서 좋은 일을 더 많이 해주기를 바라는 대상이 되지만 뒤의 경우에 해당되는 사람은 남들로부터 가능하면 일찍 사라지거나 애당초 태어나지 말았기를 바라는 대상이 된다.

永劫의 시간 속에 찰라를 살고 무한의 宇宙 속에 한 점의 공간을 차지하고 있는 우리 인간이지만 그럴수록 시간과 공간을 초월한 차원 높은 가치의 세계를 창조하고 한정된 생애를 보다 더 보람 있고 유익하게 만들도록 노력해야 하겠다. 시간과 세월은 사람을 기다리지 않는다. 歲月不待人. Time and tide wait for no man

Ⅱ. 訓 練

○ 要 約

順次	年度	教育 · 訓練 履修			資格 · 免許證 取得		
		機 關	프로그램	期 間	種 類	取得日字	發給機關
1	1954-57	安東師範學校	教師資格教育	3년	國民學校 2級 正教師	1957.3.20	文教部長官
2	1957-62	서울大文理學科大學 物理學科	物理學教育	4년	高等學校 2級 正教師	1962.3.30	文教部長官
3	1969-72	美國 國務省 AID	海外研修教育	2년7월	-	-	-
4	1972	統一院 研修所	勝共教育	5일	-	-	-
5	1976	中央情報部	安保教育	4일	-	-	-
6	1982	統一院 研修所	統一安保教育	3일	-	-	-
7	1987	새마을運動中央研修院	새마을教育	5일	-	-	-
8	1987	韓國海外開發公社	一般教育	4시간	-	-	-
9	1990	永興自動車學院	運轉教育	8월	第2種運轉免許	1990.9.26	서울特別市長
10	1993	民主平和統一諮問會議	新任委員教育	2일	-	-	-
11	1996	-	-	-	靑色2種運轉免許	1996.5.25	서울地方警察廳長
12	1996	-	-	-	國際運轉免許	1996.6.1	서울地方警察廳長
13	2003	天主平和統一家庭堂	平壤訪問教育	1일	-	-	-
累計	46년	11	-	-	5	-	-

1. 教育 · 訓練

(1)海外教育 프로그램

○主管 : 美國 國務省 AID

○分野 : Urban Develpment Administration

○場所 : University of Cincinnati,Cincinnati, Ohio, U,S,A.

○期間 : 1969.6-1972.1(2年 7月)

○修了 : 1972.12.19

(2)勝共教育

○主管 : 國土統一院 研修所

○所屬 : 大學教授班 第7期

○期間 : 1972.7.24-7.28 (5日)

(3)安保教育

○主管 : 中央情報部

○所屬 : 第49期 12番

○期間 : 1976.9.27-9.30(4日)

(4)統一安保教育

○主管 : 統一 研修所

○所屬 : 大學教授班 第10期 3番

○期間：1982.6.15-6.17(3日)
○修了證：第1,470號

(5)새마을教育
○主管：새마을運動中央本部 城南硏修院 (院長：鄭教寬)
○所屬：社會指導者班 第139期
○期間：1987.3.9-3.13 (4泊 5日)

(6)一般教育
○主管：韓國海外開發公社
○所屬：社會指導班 第99番
○期間：1987.6.25(4時間)

(7)自動車 運轉教育
○機關：永興自動車學院
○種類：第2種 免許用 코스 및 走行練習
○期間：1990.2.5-9.26 (8月)

(8)硏修教育
○機關：民主平和統一諮問會議
○種類：知能代表委員 第70期 諮問委員硏修
○場所：統一硏修院
○期間：1993.10.20-21(1泊2日)

(9) 訪問教育
○機關：天主平和統一家庭堂
○種類：平壤觀光團 訪北教育
○場所：白凡紀念館
○期間：2003.10.2(1日)

(10) 訪北教育
○機關：韓國土地公社 · 統一部
○種類：開城工團視察團 訪北教育
○場所：北韓訪問 버스內
○期間：2003.12.11(1日)

2. 資格證

(1)國民學校 2級正教師 資格證
○日字：1957.3.20
○發給者：文教部長官

○番號 : 第 사-966號

(2)高等學校 2級正教師 資格證
○日字 : 1962.3.30
○科目 : 物理科
○發給者 : 文敎部長官
○番號 : 第 가-서울-3363號

(3)自動車 運轉免許證
○種類 : 第2種 運轉免許
○試驗 : 筆記-1990.3.24 合格(82點 / 100點)
코스- 1990.8. 5 合格(滿點)
走行-1990.9.26 合格(36點 / 40點)
○免許取得日字 : 1990.9.26
○番號 : 서울 90-081722-10
○發給者 : 서울特別市長
○第1次 免許期間 : 1990.9.26-1996.7.24(6季)
○第1次 更新 : 綠色免許證
· 番號 : 서울 90 -081722-10
· 發給者 : 서울地方警察廳長
· 期間 : 1996.5.25-2003.7.24 (7年)
○國際自動車交通 國際運轉免許證 : International Driving Permit
· 番號 : 1-96-15759
· 發給者 : 大韓民國 서울地方警察廳長
· 期間 : 1996.6.1-1997.5.3(11月)

3. 學位證 및 資格證의 取得日字 와 活用期間

(取得日字 順)

區分 / 種類	取得		活用		
	日字	授與者	日字	期間	機關·團體
1.初等學校 敎師 資格證	1957.3.20	文敎部 長官	-	-	-
2.物理學 理學士 學位證	1962.2.26	서울大學校 總長	1962.4.7-1963.4.30	1年 1月	出版社 民衆書館,首都女師大 高等學校
3.高等學校 敎師 資格證	1962.3.30	文敎部 長官	1963.2.1-1963.4.30	3月	首都女子師範大學 附屬女子 高等學校
4.行政學 碩士 學位證	1965.2.26	서울大學校 總長	1965.4.1-1969.9.20	4年 6月	大學, 敎育院, 訓練院, 助敎
5.都市計劃學 碩士 學位證	1971.6.13	美國신시내티大學敎總長	1972.3.2-1976.8.26	4年 6月	大學, 敎育院, 公共機關
6.서울大學校 敎授職	1972.5.10	서울大學校 總長	1972.5.10-2002.8.31	30年 4月	서울大學校 및 他大學, 公共機關
7.地域經濟學 博士 學位證	1976.8.27	美國신시내티大學敎總長	1976.8.27-現在	29年 11月	大學, 敎育院,公共機關
8.自動車 運轉免許證	1990.9.26	서울特別市長	1990.9.26-現在	15年 10月	社會, 勤務處, 外國
9. 서울大學校 名譽敎授職	2002.9.1	서울大學校 總長	2002.9.1-現在	3年 11月	서울大學校, 社會活動分野
10.建國大學校 碩座敎授職	2005.3.1	建國大學校 總長	2005.3.1-現在	1年 5月	建國大學校, 社會活動分野

4. 修學學校 및 訓練 履修機關의 位置圖

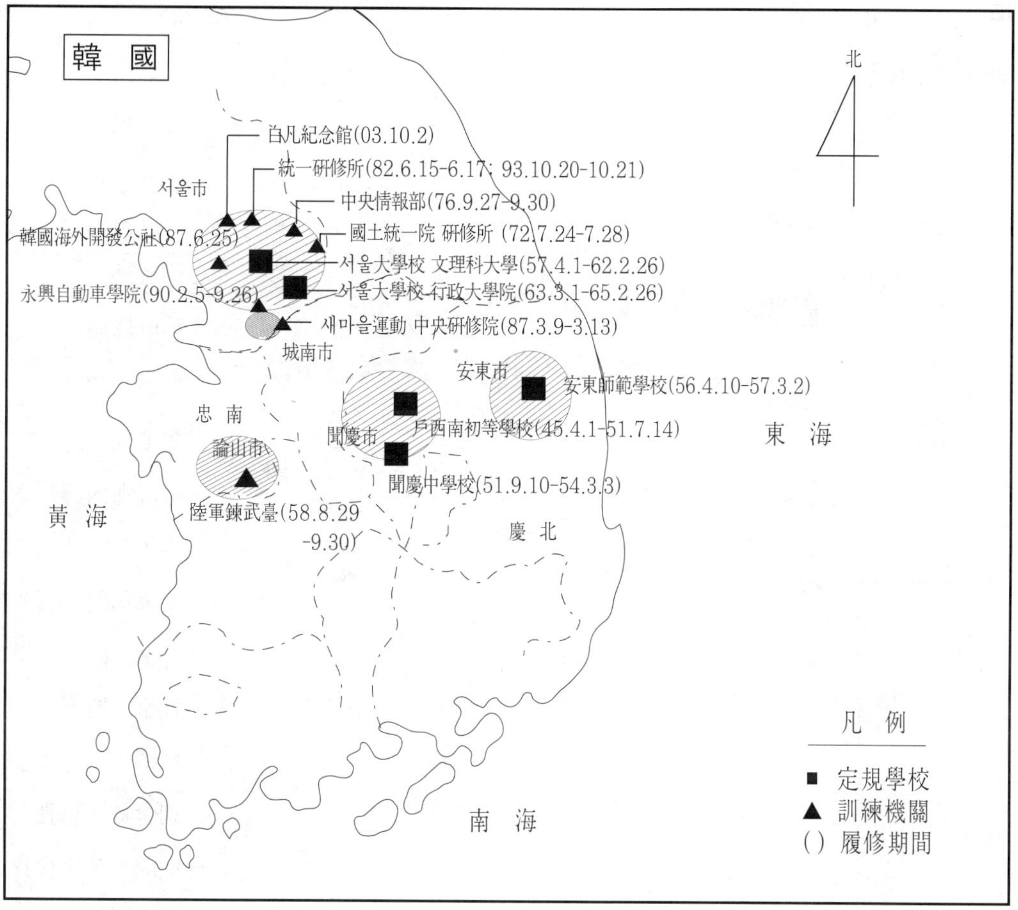

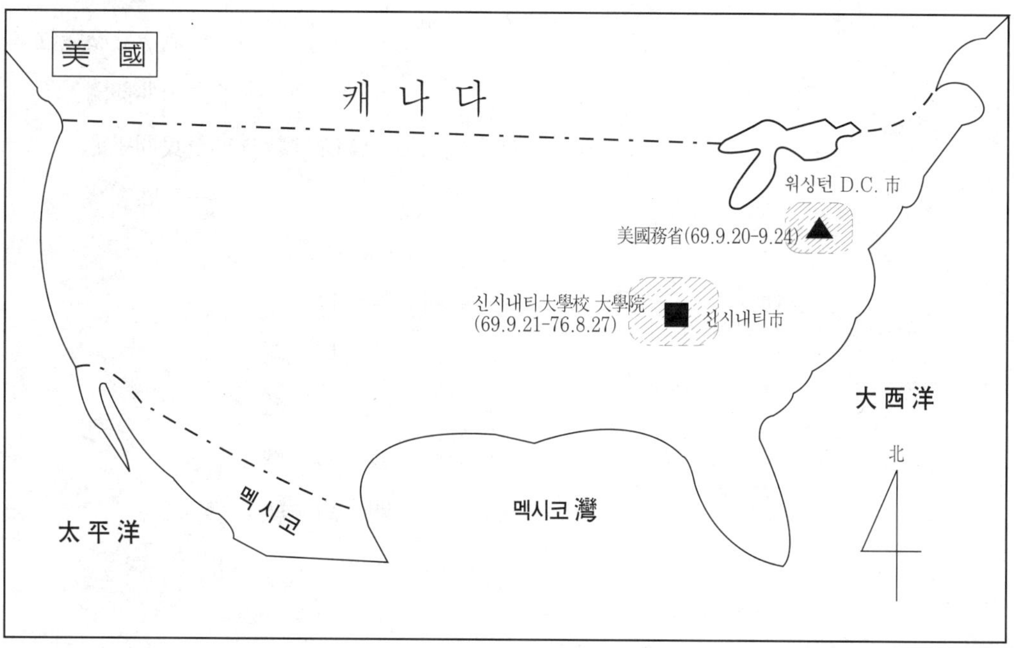

第 3 章　經歷과 賞勳

□ 總括

○ 經歷과 賞勳의 構成

- ○經　歷
  - 基本經歷
    - 서울大學校經歷
      - 經歷變遷
      - 號俸數
    - 其他機關經歷
      - 經歷機關
      - 勤務內譯
  - 副次經歷
    - 經歷內譯
      - 年度別內譯
      - 機關別內譯
    - 經歷職位
      - 講師
      - 委員(長)·研究員
      - 評價·諮問·指導教授
      - 幹事·監事
      - 理事·常任理事
      - 副會長·會長
      - 顧問·名譽會長
  - 總經歷
    - 保有職位및在任期間
      - 基本經歷職位
      - 副次經歷職位
    - 年度別 保有職銜의數
      - 公共機關
      - 民間組織
      - 親睦團體

- ○賞　勳
  - 勳章
    - 國家機關
  - 賞狀·表彰狀
    - 公共機關
    - 民間組織
  - 感謝狀·功勞狀
    - 公共機關
    - 民間組織

○ 經歷과 賞勳의 統計

(發令 또는 委囑年度 基準) (件)

時代	年 度	基本經歷			副次經歷				經歷合計	賞勳			
		서울大學校	其他機關	計	講師·諮問	委員·研究	團體任員	計		勳章	賞狀·表彰狀	感謝·功勞狀	計
修學過渡期	1960	-	1	1	-	-	-	-	1	-	-	-	-
	1961	-	1	1	-	-	-	-	1	-	-	-	-
	1962	-	1	1	-	-	-	-	1	-	-	-	-
	1963	-	1	1	-	-	-	-	1	-	-	-	-
	1964	-	1	1	-	-	-	-	1	-	-	-	-
	1965	-	-	-	1	1	-	2	2	-	-	-	-
	1966	1	-	1	2	-	-	2	3	-	-	-	-
	1967	-	-	-	2	-	-	2	2	-	-	-	-
	1968	-	-	-	2	-	-	2	2	-	-	-	-
	1969	-	-	-	1	-	-	1	1	-	-	-	-
	1970	-	-	-	-	-	-	-	-	-	-	-	-
	1971	-	-	-	-	-	-	-	-	-	-	-	-
	計(12年)	1	5	6	8	1	-	9	15	-	-	-	-
社會活動期	1972	2	-	2	-	3	-	3	5	-	-	-	-
	1973	2	-	2	-	4	3	7	9	-	-	-	-
	1974	-	-	-	-	2	4	6	6	-	-	-	-
	1975	-	-	-	2	6	-	8	8	-	-	-	-
	1976	1	-	1	1	3	1	5	6	-	-	-	-
	1977	1	-	1	1	8	1	10	11	-	-	-	-
	1978	-	-	-	2	11	2	15	15	-	-	-	-
	1979	-	-	-	5	7	2	14	14	-	-	-	-
	1980	2	-	2	2	17	2	21	23	1	-	-	1
	1981	-	-	-	2	8	4	14	14	-	-	-	-
	1982	1	-	1	7	14	4	25	26	-	1	-	1
	1983	-	-	-	3	14	3	20	20	-	-	-	-
	1984	-	-	-	2	10	3	15	15	-	-	-	-
	1985	1	-	1	1	13	3	17	18	-	-	-	-
	1986	1	-	1	1	11	2	14	15	-	-	-	-
	1987	-	-	-	1	6	2	9	9	-	1	2	3
	1988	1	-	1	1	13	6	20	21	-	-	1	1
	1989	-	-	-	-	13	4	17	17	-	2	3	5
	1990	1	-	1	9	19	7	35	36	-	1	6	7
	1991	-	-	-	13	6	5	24	24	-	-	-	-
	1992	-	1	1	17	4	8	29	30	-	-	3	3
	1993	-	-	-	7	7	4	18	18	1	-	2	3
	1994	1	-	1	9	15	2	26	27	-	1	3	4
	1995	-	-	-	6	10	5	21	21	-	-	3	3
	1996	-	-	-	12	15	5	32	32	-	1	1	2
	1997	1	-	1	11	14	4	29	30	-	-	5	5
	1998	-	-	-	9	16	2	27	27	-	-	2	2
	1999	-	-	-	6	6	5	17	17	1	1	8	10
	2000	-	-	-	-	9	4	13	13	-	-	1	1
	2001	-	-	-	4	6	6	16	16	-	2	7	9
	2002	4	-	4	9	12	1	22	26	-	1	8	9
	2003	-	1	1	8	11	4	23	24	-	-	3	3
	2004	-	1	1	1	7	5	13	14	-	-	4	4
	2005	-	1	1	2	6	4	12	13	-	2	3	5
	2006	-	1	1	1	3	2	6	7	-	-	-	-
	計(35年)	19	5	24	155	329	119	603	627	3	13	65	81
累 計	47年	20	10	30	163	330	119	612	642	3	13	65	81

Ⅰ. 經 歷

○ 要 約

年度	基 本 經 歷	學校 號俸數 (號俸)	副次經歷(當該年度委囑件數 : 件)							
			講 師	委員(長) 研究員	評價·諮問 ·指導敎授	幹 事 監 事	理 事 常任理事	會 長 副會長	顧 問	計
1960	軍服務 滿期 除隊	-	-	-	-	-	-	-	-	-
1961	聞慶中學校 講師 歷任	-	-	-	-	-	-	-	-	-
1962	民衆書館 社員 歷任	-	-	-	-	-	-	-	-	-
1963	首都女師大 附高 敎師 歷任	-	-	-	-	-	-	-	-	-
1964	內務部 硏究員 就任	-	-	-	-	-	-	-	-	-
1965	-	-	1	1	-	-	-	-	-	2
1966	서울大 行政大 助敎 就任	-	2	-	-	-	-	-	-	2
1967	-	-	2	-	-	-	-	-	-	2
1968	-	-	2	-	-	-	-	-	-	2
1969	-	-	1	-	-	-	-	-	-	1
1972	서울大 行政大 講師 歷任	-	-	3	-	-	-	-	-	3
	서울大 行政大 專任講師 就任	9-1	-	-	-	-	-	-	-	-
1973	서울大 環境大 專任講師 就任	8-1	-	4	-	-	2	-	1	7
	環境大 學科主任 就任	-	-	-	-	-	-	-	-	-
1974	-	7-2	-	2	-	1	1	1	1	6
1975	-	7-1	2	6	-	-	-	-	-	8
1976	環境大 助敎授 昇進	6-2,6-1	1	3	-	-	1	-	-	5
1977	環境大 學科長 就任	-	-	8	1	-	1	-	-	10
1978	-	5-2	1	11	1	1	1	-	-	15
1979	-	5-1	1	7	4	-	1	1	-	14
1980	環境大 硏究所長 就任	-	-	17	2	-	1	-	1	21
	環境大 副敎授 昇進	4-2	-	-	-	-	-	-	-	-
1981	-	-	1	8	1	-	2	1	1	14
1982	環境大 硏究所長 就任	4-1→7	5	14	2	-	1	2	1	25
1983	-	6	3	14	-	1	1	1	-	20
1984	-	-	2	10	-	-	1	2	-	15
1985	環境大 敎授 昇進	5	1	13	-	-	2	-	1	17
1986	環境大 院長 就任	特 3	-	11	1	1	-	1	-	14
1987	-	29	1	6	-	-	1	1	-	9
1988	環境大 院長 再就任	30	-	13	1	2	4	-	-	20
1989	-	31	-	13	-	-	2	1	1	17
1990	院長退任 · 平敎授 復歸	32	-	19	9	-	1	3	3	35
1991	-	33	2	6	11	-	2	-	3	24
1992	平敎授-硏究院長 就任	34	1	4	16	-	2	2	4	29
1993	-	-	1	7	6	-	1	3	-	18
1994	서울大 復歸 · 平敎授	33-1	1	15	8	-	1	1	-	26
1995	-	33-2	-	10	6	-	2	2	1	21
1996	-	33-3	2	15	10	-	-	1	4	32
1997	課程 主任敎授 就任	33-4	-	14	11	-	1	-	3	29
1998	-	33-5	-	16	9	-	-	1	1	27
1999	平敎授	33-6	-	6	6	-	-	2	3	17
2000	-	40	-	9	-	-	-	1	3	13
2001	-	41	-	6	4	-	-	3	3	16
2002	敎授 停年 退任	42	-	5	4	-	-	-	-	9
2002	서울大 名譽敎授	-	1	12	8	-	-	1	-	22
2003	行政首都諮問委員長	-	1	11	7	-	-	-	4	23
2004	行政首都推進委員長	-	1	7	-	-	1	3	1	13
2005	建國大 碩座敎授	-	2	6	-	-	-	-	4	12
2006	建國大 碩座敎授	-	1	3	-	-	-	2	-	6
累計	30	-	39	330	124	6	33	36	44	612

1. 基本經歷

(1) 經歷大綱

機關	經歷	期間
高等學校	家庭教師	(2年)
大學校	家庭教師	(4年)
	軍服務	(1年 9月)
	中學教師	(2月)
社會	會社社員	(10月)
	高校教師	(2月)
大學院	家庭教師	(2年)
社會	政府研究員	(1年 11月)
서울大 行政大	大學院助教	(4年 6月)
美國	留學	(2年 4月)
서울大 行政大	大學院講師	(2月)
	專任講師	(1年)
서울大 環境大	專任講師	(3年)
	學科主任	(2年)
美國	留學	(6月)
서울大 環境大	副教授	(4年)
	學科長	(2年)
	研究所長	(7月)
	副教授	(5年)
政府	國保委	(5月) 派遣
國會	立法會議	(4月) 派遣
서울大 環境大	研究所長	(2年)
	正教授	(1年)
	院長	(4年)
	平教授	(2年)
內務部	韓國地方行政研究院 院長	(2年) 休職
서울大 環境大	平教授	(2年)
서울大 環境大	課程主任教授	(2年)
서울大 環境大	平教授	(4年)
서울大 環境大	名譽教授	(4年)
青瓦臺	新行政首都建設委員長	(2年)
建國大 不動産大	碩座教授	(2年)

(2) 經歷內容

① 軍服務
陸軍士兵, 軍番 : 10385511
首都師團 26聯隊 (第7276部隊) 人事課 賞典係 勤務
1958.7.31 - 1960.4.30 (1年 9月) : (師團長 韓 信)
公式除隊 : 1960. 11. 10 陸(丙) 352號

② 聞慶中學校 講師
物象 · 數學 擔當
1961.1.16 - 1961.3.6 (2月) : (校長 柳錫奎)

③ 民衆書館 編輯局 社員
物理編輯 擔當
1962.4.7 - 1963.2.1 (10月) : (社長 李炳俊)

④ 首都女子師範大學 附屬 女子高等學校 敎師
數學擔當
1963.2.1 - 1963.4.30 (2月) : (校長 朱永夏)

⑤ 內務部 地方行政研究委員會 研究員
內務部長官 發令 (長官 嚴敏永)
1964.4.15 - 1966.2.28 (1年 11月)

⑥ 서울大學校 行政大學院 助敎 (無給)
行政大學院長 發令 (院長 金曾漢)
1966.3.25 - 1970.9.26 (4年 6月)

⑦ 서울大學校 行政大學院 講師
서울大學校 總長 發令 (總長 韓沁錫)
1972.3.2 - 1972.5.9 (2月)

⑧ 서울大學校 行政大學院 專任講師
서울大學校 總長 發令 (總長 韓沁錫)
1972.5.10 - 1973.5.7 (1年)

⑨ 서울大學校 環境大學院 專任講師
서울大學校 總長 發令 (總長 韓沁錫)
1973.5.8 - 1976.4.14 (3年)

⑩ 서울大學校 環境大學院 都市 및 地域計劃學科 主任 職務代理
서울大學校 總長 發令 (總長 韓沁錫)
1973.5.8 - 1975.2.28 (1年 10月)

⑪ 서울大學校 環境大學院 助敎授
文敎部 長官 發令 (長官 柳基春)
1976.4.15 - 1980.7.31 (4年 4月)

⑫ 서울大學校 環境大學院 環境計劃學科長
서울大學校 總長 發令 (總長 尹天柱)
1977.9.28 - 1979.9.28 (2年)

⑬ 서울大學校 環境大學院
附設 環境計劃研究所 所長 職務代理
서울大學校 總長 發令 (總長 高柄翊)
1980.4.17 - 1980.11.17 (7月)

⑭ 서울大學校 環境大學院 副教授
文教部 長官 發令 (長官 李奎浩)
1980.8.1 - 1985.9.30 (5年 2月)

⑮ 서울大學校 環境大學院 附設 環境計劃研究所 所長
서울大學校 總長 發令 (總長 權彛赫)
1982.11.18 - 1984.11.17 (2年)

⑯ 서울大學校 環境大學院 教授
大統領 發令 (大統領 全斗煥)
1985.10.1 - 2002.8.31(16年 11月)

⑰ 서울大學校 環境大學院 院長
文教部長官 任命 (長官 孫製錫)
1986.11.5 - 1988.11.4 (2年)

⑱ 서울大學校 環境大學院 院長
教授 直選 · 提請, 서울大學校 總長 任命 (總長 趙完圭)
1988.11.5 - 1990.11.4 (2年)

⑲ 韓國地方行政研究院 院長
內務部長官 任命 (長官 李同浩)
1992.7.21 - 1994.7.20 (2年)

⑳ 서울大學校 環境大學院 教授
復職 : 1994.7.21(서울大學校 總長 金鍾云)

㉑ 서울大學校 環境大學院
都市 · 環境 高位政策課程 主任教授
서울大學校 環境大學院 院長 任命 (院長 楊秉彛)
1997.3.1 - 1999.2.28 (2年)

㉒ 서울大學校 環境大學院 教授
1999.3.1 - 2002.8.31 (3年 6月)

㉓ 서울大學校 教授 停年退任
2002.8.31 (教育公務員法)

㉔ 서울大學校 名譽教授
서울大學校 總長 任命 (總長 鄭雲燦)
2002.9.1 - 終身

㉕ 青瓦臺 新行政首都建設 諮問委員長 · 推進委員長
大統領 委囑 (大統領 盧武鉉)
2003.6.5 - 2004.9.13 (1年 3月)

㉖ 建國大學校 碩座教授
建國大學校 總長 任命 (總長 鄭吉生)
2005.3.1 - 現在 (1年 5月)

(3) 歷代 常勤職場의 모습

1) 民衆書館

서울市 鐘路區 通義洞 所在 民衆書館 舊址(現 金融監督院 建物 新築중, 2006.7.20)(在職 :1962.4.7~1963.2.1 編輯社員)

京畿道 坡州市 交河邑 所在 出版文化情報産業團地內의 民衆書林 (2006. 4. 25)(民衆書館을 承繼 · 移轉함)

2) 首都女子師範大學 附屬 女子高等學校

서울市 中區 忠武路 2街 所在 首都女師大 附屬 女子高等學校 舊址 (現 世宗호텔, 2006.3.23)(在職 : 1963.2.1~1963.4.30 數學敎師)

서울市 江南區 水西洞 所在 서울世宗高等學校(2006.7.5)(首都女師大 附屬 女子高等學校를 改名 · 移轉함)

3) 內務部 地方行政研究委員會

서울市 中區 乙支路 2街 所在 內務部 舊址 (現 韓國外換銀行本店, 2006.7. 20)(在職 : 1964. 4.15-1966.2.28 研究員)

行政自治部가 들어가 있는 서울市 鐘路區 世宗路 所在 政府中央廳舍 (2006. 7. 20) (內務部가 移轉 · 擴大됨)

4) 서울大學校 行政大學院

서울市 鐘路區 東崇洞 所在 行政大學院 舊址 (現 國際敎育振興院, 2006. 3. 24)(在職 : 1996. 3. 25~1970. 9. 26 助敎, 1972. 5. 10~1973. 5. 7 專任講師)

서울市 冠岳區 新林 9洞 所在 서울大 行政大學院 (2006. 3. 21)(冠岳 캠퍼스로 移轉)

5) 서울大學校 環境大學院

서울市 鐘路區 東崇洞 所在 環境大學院 舊址 (現 國際敎育振興院, 2006. 3. 24)(在職 : 1973. 5. 8~1975. 2. 27 專任講師)

서울市 冠岳區 新林 9洞 所在 서울大 環境大學院 (2006. 3. 21) (冠岳 캠퍼스로 移轉)(在職 : 1975. 2. 28~現在 專講~敎授 · 名譽敎授)

6) 國家保衛非常對策常任委員會

서울市 鐘路區 三淸洞 所在 國保委 舊址(現 韓國敎育課程評價院, 2006. 7. 20)(在職 : 1980. 6. 5~1980. 10. 27 經濟科學委員會委員)

7)國家保衛立法會議

서울市 永登浦區 汝矣島洞 國會議事堂 (2006. 7. 5) (在職 : 1980. 10. 28~1981. 2. 28 內務委員會 專門委員)

8) 韓國地方行政研究院

서울市 麻浦區 孔德洞 所在 韓國地方行政研究院 舊址
(現 孔德韓火 꿈예그린아파트, 2006. 7. 20)
(在職 : 1992. 7. 21～1994. 7. 20 院長)

서울市 瑞草區 瑞草3洞 所在 韓國地方行政研究院
(2006. 7. 5) (새로 移轉함)

9) 韓國自治發展研究院

京畿道 高陽市 一山東區 白石洞 所在 東門굿모닝타워 I
718號室 (2006. 7. 10)(在職 : 2002. 9. 1～現在 院長)

10) 韓國地域發展研究院

서울市 廣津區 紫陽洞 所在 建國大學校 同門會館 1층
(2006. 7. 14)(在職 : 2002. 10. 1～現在 常任代表顧問)

11) 建國大學校 不動産大學院

서울市 廣津區 華陽洞 所在 産學協同館 516號室
(2006. 7. 14)(在職 : 2005. 3. 1～現在 碩座敎授)

(4) 서울大學校 環境大學院 敎職生活 內譯

職位	年度	年齡	報酬(千원) 號俸	報酬(千원) 月平均	學校補職 環境大學院	學校補職 서울大學校 本部	安息年 및 對外派遣 (非講義)	海外旅行 回數	海外旅行 國數	海外旅行 日數	外部主要職責
1. 專任講師	1972	37	9-1	65				-	-	-	建設部 國土計劃調査團計劃委員(72.7.13-75.6.30.)
(72.5.10	1973	38	8-1	71	學科主任 職務代理(73.5.8)	敎授協議會 理事(73.3.1)		-	-	-	住宅銀行長 顧問(73.6.1-74.12.31)
~76.4.14)	1974	39	7-2	136	↓ 大學院委員會委員(73.7.31)	↓		1	1	15	京畿道 都市計劃委員(74.4.23-86.10.15)
	1975	40	7-1	164	(75.2.28) (75.7.30)	中央圖書館運營委員(75.4.22)		1	1	12	'地方行政' 誌 編輯委員長(75.2.1-82.3.27)
	1976	41	6-2	148		↓		2	2	208	國土計劃學會 理事(76.3.1-80.2.28)
2. 助敎授	1977	42	6-1	223	學科長(77.9.28)	(77.4.21)		2	2	27	敎育開發院 編纂委員(77.11.12-79.11.11)
(76.4.15	1978	43	5-2	252	↓	(78.2.28)		2	2	28	住宅銀行 諮問敎授(78.1.1-80.2.28)
~80.7.31)	1979	44	5-1	316	(79.9.28)			2	10	32	서울市 市稅審議委員(79.5.12-99.2.28)
	1980	45	4-2	496	人事委員(80.2.1)		國保委委員(80.6.5)→(80.10.27) 立法會議專門委員(80.10.28)	-	-	-	國保委 委員 및 立法會議 專門委員(80.6.5-81.2.28)
3. 副敎授	1981	46	4-2	544	↓ 研究所長職代(80.4.17)→(80.11.17)		↓(81.2.28)	-	-	-	地方行政硏修院 指導敎授(81.3.18-02.8.31)
(80.8.1	1982	47	4-1	669	(82.1.31)			1	4	17	科技處 科學技術審議委員(82.2.4- 84.2.3)
~85.9.30)	1983	48	7,6	750	研究所長(82.11.18) ↓			2	3	15	建設部 國土利用審議委員(83.3.11-87.3.10)
	1984	49	6	763	(84.11.17) 人事委員(84.6.18)			1	1	9	韓國土地開發公社 理事(84.5.25- 90.5.24)
	1985	50	5	667	↓			2	2	16	總理室 國土綜合計劃審議委員(85.10.7-02.8.31)
4. 敎授	1986	51	特3	667	院長(86.11.5) (86.6.17)			1	1	6	建交部 中央都市計劃委員(86.6.19- 02.8.31)
(85.10.1	1987	52	4→29	1,000				1	1	11	科學技術總聯合會 政策委員(87.8.25- 02.8.31)
~92.2.29)	1988	53	30	1,000		建築審議委員(88.10.10) ↓ 學事會 幹事(88.11.10)		-	-	-	總理室 西海岸開發推進委員(88.10.6-90.10.5)
	1989	54	31	1,000	↓	(89.12.31) ↓		2	3	22	大統領 科學技術諮問委員(89.6.5- 90.12.31)
	1990	55	32	1,002	(90.11.4)	(90.11.4) 캠퍼스 計劃委員(91.10.29)		1	1	7	敎育部 學位種別審査委員(90.10.17-92.10.16)
	1991	56	33	1,181		캠퍼스擴充企劃團委員(91.11.25)	安息年(91.3.1)	4	7	46	總務處 機能移管審議委員(91.7.16-94.12.31)
	1992	57	33-1	1,507		↓ ↓(92.11.24)	(92.2.29) 地方行政研究院長 (92.7.21)	1	1	10	韓國地方行政研究 院長(92.7.21- 94.7.20)
5. 停年保障	1993	58	33-1	2,275		(93.10.29)	↓	2	2	18	大統領 行政刷新委員(93.4.10-95.4.30)
敎授	1994	59	33-1	2,485			(94.7.20)	3	4	34	朝鮮日報社 21世紀委員(94.1.29-95.12.31)
(92.3.1	1995	60	33-2	3,760		大學發展基金造成委員(95.6.20)		4	6	37	平統諮問會議 常任委員(95.8.16-97.8.15)
~02.8.31)	1996	61	33-3	4,344	人事委員(96.12.9)	↓		1	1	6	內務部 公立大學審議委員(96. 3.19-98.3.18)
	1997	62	33-4	4,597	高位課程主任敎授(97.3.1)	(97.6.19) 評議會委員(97.4.19)		4	6	55	慶北道廳移轉推進委員長(97.6.25-02.8.31)
	1998	63	33-5	4,327	↓			3	1	9	2002월드컵 都市分科議長(98.12.15-00.12.14)
	1999	64	33-6	4,430	↓ (99.2.28)			4	3	18	大統領 地方移讓推進委員長(99.8.30-02.8.31)
	2000	65	40	5,020	(00.12.8)	↓		4	5	29	建交部 空港體系審議委員長(00.9.29-01.9.28)
	2001	66	41	5,620		(01.4.18)	安息年(01.3.1)→(01.8.31)	2	8	25	建設産業研究院 諮問委員(01.2.1-02.8.31)
	2002	67	42	6,394				3	6	24	서울市政開發研究院諮問委員(02.1.27-02.8.31)
累計	31年	-	-	1,752	10件(22年 5月)	8件(19年 3月)	5件(4年 3月)	56	84	736	31件(167年)

(5) 號俸 昇給

年 月 日	職　　位	報 酬 號 俸	備　　考
1972. 5.10	專任講師	9 - 1	
1973. 7. 1	〃	8 - 1	
1974. 7. 1	〃	7 - 2	
1975.10. 1	〃	7 - 1	
1976. 4. 1	助 教 授	6 - 2	
1976. 7. 1	〃	6 - 1	
1978. 7. 1	〃	5 - 2	
1979. 7. 1	〃	5 - 1	
1980. 7. 1	副 教 授	4 - 2	
1982. 7. 1	〃	4 - 1	
1982.12.20	〃	7	單一號俸制 實施
1983. 7. 1	〃	6	
1985. 1. 1	教　　授	5	
1986.11. 5	院　　長	特 3	
1987. 1. 1	〃	4 → 29	號俸體系 調整
1988. 1. 1	〃	30	
1989. 1. 1	〃	31	
1990. 1. 1	〃	32	
1991. 1. 1	教　　授	33	
1992. 1. 1	〃	33 - 1	
1993. 7.21	-	-	休　　職
1994. 7.21	教　　授	33 - 1	復　　職
1995. 7. 1	〃	33 - 2	
1996. 1. 1	〃	33 - 3	
1997. 1. 1	〃	33 - 4	
1998. 1. 1	〃	33 - 5	
1999. 1. 1	〃	33 - 6	
2000. 1. 1	〃	40	號俸體系 調整
2001. 1. 1	〃	41	
2002. 1. 1	〃	42	

(6) 軍服務 內譯

○入隊種類 : 徵集에 의한 學補

○軍隊種類 : 陸軍 步兵

○服務期間 : 1958.7.31 - 1960.4.30 (1年 9月)

○公式除隊 : 1960.11.10 陸(丙) 第 352 號 (2年 3月 10日)

○軍　　番 : 10385511

1) 訓 練

○機關 : 陸軍 鍊武臺 (忠南 論山市 鍊武邑)

○所屬：第28聯隊　第2大隊　第5中隊　第5小隊　第5分隊
○期間：1958.7.31 - 1958.8.30(1月)
○職位：訓練兵, 第5分隊長, 第5小隊 嚮導

2) 階 級

○訓練兵：1958. 7.31 - 1958. 8.30 (1月)
○二等兵：1958. 8.31 - 1958.11.31 (3月)
○一等兵：1958.12. 1 - 1959. 5.31 (6月)
○上等兵：1959. 6. 1 - 1960. 4.30 (11月)

3) 服 務

① 首都師團 第26聯隊 (第7276部隊) 第2大隊　第5中隊　第5小隊　第1分隊
○位置：京畿 抱川郡 一東面
○期間：1958.8.31-1958.9.30 (1月)
○階級：二等兵
○職位：分隊 士兵

② 首都師團 第26聯隊 (第7276部隊) 第1課 (人事課) 賞典係
○位置：京畿 抱川郡 一東面
○期間：1958.10.1-1959.2.28 (5月)
○階級：一等兵
○職位：賞典係 係員士兵(58.10.1-58.11.30), 賞典係 係長士兵(58.12.1-59.2.28)

③ 陸軍 尙武臺
○位置：光州 西區 治平洞
○期間：1959.3.1-1959.9.9 (6月)
○階級：一等兵,上等兵
○職位：訓練 助教

④ 首都師團 第26聯隊 (第7276部隊) 第2大隊　第5中隊　第5小隊　第1分隊
○位置：京畿 抱川郡 一東面
○期間：1959.9.10-1960.4.30 (8月)
○階級：上等兵
○職位：分隊 士兵

2. 副次經歷

1965年　① 內務部 硏究院 講師 (擔當：自治意識)
1965.4.1-1965.9.30 (6月)：院長(申忠善)

② 韓國行政問題研究所 研究員
1965.5.1-1968.2.28 (2年 10月) : 所長(金曾漢)

1966年 ① 保健社會部 社會事業指導者訓練院 講師 (擔當 : 地方自治, 行政管理)
1966.4.1-1966.11.30 (8月) : 院長 (姜得順)
② 서울市 公務員教育院 講師 (擔當 : 地方行政)
1966.5.1-1966.5.31 (1月) : 院長 (鄭世雄)

1967年 ① 明智大學校 行政學科 講師 (擔當 : 調査方法,地方行政)
1967.3.1-1969.8.31 (2年 6月) : 總長 (兪尙根)
② 建國大學校 行政學科 講師 (擔當 : 國際行政)
1967.9.1-1969.8.31 (2年) : 總長 (鄭大爲)
③ 京畿學院 講師 (擔當 : 行政學)
1967.11.1-1969.1.31(1年 3月): 院長 (朴 容)

1968年 ① 서울市 公務員教育院 講師 (擔當 : 地方行財政)
1968.3.8-1969.7.31 (1年 5月) : 院長 (鄭世雄)
② 內務部 研修院 講師 (擔當 : 地方行政課題, 地方組織)
1968.7.1-1969.7.31(1年 3月): 院長 (徐廷和)

1969年 ① 建設部 公務員教育院 講師 (擔當 : 統計實務)
1969.6.3-1969.7.31 (2月) : 院長 (李文瑢)

1972年 ① 內務部 '地方行政' 誌 編輯專門委員
1972.2.1-1975.1.31 (3年) : 地方行政共濟會長(孫守益)
② 建設部 國土計劃中央調査研究團 計劃委員
1972.7.13-1975.6.30 (3年) : 建設部長官(張禮準)
③ 內務部 地方行政研究委員會 專門委員
1972.9.15-1974.9.14 (2年) : 內務部長官(金玄玉)

1973年 ① 都市 및 地方計劃研究所 理事
1973.1.18-現在(29年 7月) : 理事長 (盧隆熙)
② 內務部 住民所得調査委員會 委員
1973.1.31-1975.1.30 (2年) : 內務部長官(金玄玉)
③ 서울大學校 教授協議會 理事
1973.3.1-1978.2.28 (5年) : 協議會長(李敏載)
④ 韓國研究國際協議會(ILCORK) 韓國委員會 地域經濟社會委員會 研究委員
1973.5.10-1975.5.9 (2年) : 委員長(李萬甲)
⑤ 京畿道 道立公園委員會 委員
1973.5.12-1975.5.11 (2年) : 京畿道知事(趙炳奎)
⑥ 韓國住宅銀行長 非常勤 顧問 (擔當 : 住宅統計)

1973.6.1-1973.12.31 (7月) : 銀行長(李相德)

⑦ 서울大學校 環境大學院 大學院委員會 委員

1973.7.31-1975.7.30 (2年) : 서울大學校 總長(韓沁錫)

1974年 ① 서울明信國民學校 育成會 副會長

1974.3.1-1975.2.28 (1年) : 校長 (史台煥)

② 韓國住宅銀行長 非常任 顧問

1974.3.1-1974.12.31 (10月) : 銀行長 (李相德)

③ 都市 및 地域計劃硏究所 常務理事

1974.3.1-1975.9.30 (1年 7月) : 理事長 (盧隆熙)

④ 大韓國土計劃學會 監査

1974.4.20-1976.2.28 (1年 10月) : 學會長 (盧隆熙)

⑤ 京畿道 地方都市計劃委員會 委員

1974.4.23-1976.4.22 (2年) : 京畿道知事 (趙炳奎)

⑥ 總務處 1974年度 第4回 公務員提案審査 專門委員

1974.11.28-1974.12.31 (1月) : 總務處長官(沈興善)

1975年 ① 大韓地方行政共濟會 '地方行政' 誌 編輯委員長

1975.2.1-1982.3.27 (7年 2月) : 共濟會長(崔炳翰)

② 總務處 3級 特別昇進試驗 第2次 試驗委員 (擔當 : 地域社會開發論)

1975.2.5-1977.2.4 (2年) : 總務處長官(沈興善)

③ 京畿道 地方公務員敎育院 洞長班 講師 (擔當 : 都市開發)

1975.2.14-1975.3.13 (1月) : 敎育院長(李炳達)

④ 總務處 中央公務員敎育院 講師 (擔當 : 投資效果分析)

1975.4.1-1975.12.31 (9月) : 敎育院長 (董洪旭)

⑤ 서울大學校 圖書館 運營委員會 委員

1975.4.22-1977.4.21 (2年) : 서울大學校 總長(韓沁錫)

⑥ 內務部 第1回 3級 地方公務員 特別昇進試驗 委員 (擔當 : 地域社會開發論)

1975.5.6-1977.5.5 (2年) : 內務部長官(朴璟遠)

⑦ 總務處 1975年度 第5回 公務員提案審査 委員

1975.10.22-1975.11.30 (1月) : 總務處長官(沈興善)

⑧ 慶州金氏 著名人士錄 編纂委員會 委員

1975.11.1-1977.10.31 (2年) : 委員長 (金鐸河)

1976年 ① 大韓國土計劃學會 理事

1976.3.1-1978.2.3 (2年) : 學會長 (盧隆熙)

② 서울大學校 行政大學院 國家發展政策課程 講師

1976.3.1-1996.12.31(20年 10月) : 行政大學院長 (朴東緖)

③ 科學技術處 國家技術資格檢定 試驗委員

1976.9.21-1978.9.20 (2年) : 科技處長官 (崔亨燮)

④ 大韓國土計劃學會 學會誌 '國土計劃' 編輯委員會 委員長

1976.10.16-1978.6.10(1年 8月) : 學會長 (盧隆熙)

⑤ 總務處 1976年度 第6回 公務員提案審査 專門委員
1976.10.18-1976.11.30(2月) : 總務處長官(沈興善)

1977年 ① 公害防止協會 諮問委員
1977.2.1-1979.1.31(2年) : 協會長(朴善奎)

② 서울市 首都行政諮問委員 (分科 : 交通分科, 住宅分科)
1977.2.5-1979.5.11(2年 3月) : 서울市長(具滋春)

③ 京畿道 地域開發評價 教授
1977.2.15-1979.2.14 (2年) : 京畿道知事 (孫在植)

④ 京畿道 建設綜合計劃審議會 委員
1977.4.7-1979.4.6 (2年) : 京畿道知事 (孫在植)

⑤ 慶州金氏 宗親會 理事
1977.4.17-1979.4.28 (2年) : 會長 (金一煥)

⑥ 京畿道 都市計劃測量團 技術指導委員
1977.6.1-1979.5.31 (2年) : 京畿道知事 (孫在植)

⑦ 韓國開發研究院 長期經濟社會發展計劃 實務委員 班長
1977.6.24-1977.12.31 (6月) : 院長 (金滿堤)

⑧ 總務處 1977年度 第7回 公務員提案審査 專門委員
1977.10.7-1977.11.30 (2月) : 總務處長官(沈興善)

⑨ 教育開發研究院 一種圖書編纂 協議委員
1977.11.12-1979.11.11 (2年) : 院長 (李榮德)

⑩ 서울市 再開發審議委員會 委員
1977.11.18-1979.11.17 (2年) : 市長 (具滋春)

1978年 ① 韓國住宅銀行 諮問教授 (擔當 : 住宅調査統計)
1978.1.1-1979.2.28 (1年 2月) : 銀行長(朴東憙)

② 韓國産業管理研究所 研究委員
1978.2.1-1980.1.31 (2年) : 所長 (尹明照)

③ 大韓國土計劃學會 常任理事
1978.2.4-1980.2.28 (2年) : 學會長 (朴炳柱)

④ 人口問題研究所 研究委員
1978.3.1-1980.2.28 (2年) : 所長 (朴恩台)

⑤ 總務處 中央公務員教育院 講師 (擔當 : 現代管理技法)
1978.3.22-1978.12.31 (10月) : 院長(金庸來)

⑥ 京畿道 地方道立公園委員會 委員
1978.4.27-1980.4.26 (2年) : 知事(孫在植)

⑦ 韓國科學技術研究所 地域開發研究센터 諮問委員
1978.5.1-1978.12.31 (8月) : 所長 (千炳斗)

⑧ UNESCO 國際새마을訓練센터 設置審議委員
1978.5.12-1980.5.11(2年) : 事務總長 (李圭澤)

⑨ 保健社會部 第5次 經濟開發計劃 實務委員
1978.6.3-1978.12.31 (7月) : 長官 (申鉉碻)
⑩ 大韓國土計劃學會 學會誌 '國土計劃' 編輯 및 出版委員會 委員長
1978.6.10-1980.2.28 (1年 9月) : 學會長 (朴炳柱)
⑪ 漢陽住宅(株) 新都市開發 諮問委員
1978.9.1-1979.1.31 (5月) : 社長 (裵鍾烈)
⑫ 韓國未來學會 幹事
1978.9.1-1979.11.30 (1年 2月) : 會員推戴
⑬ 內務部 1978年度 第2回 地方公務員 特別昇進 2次試驗 委員
1978.10.11-1978.12.31 (3月) : 長官 (金致烈)
⑭ 서울市 首都行政諮問委員
1978.10.23-1979.5.11 (7月) : 市長 (具滋春)
⑮ 建國大學校 博士學位論文 審査委員長
1978.12.6-1979.1.31 (2月) : 總長 (郭鍾元)

1979年 ① 國土開發研究院 委囑諮問教授
1979.1.1-1979.10.31 (10月) : 院長 (盧隆熙)
② 行政改革調査委員會 諮問委員
1979.2.20-1979.10.30 (8月) : 委員長 (徐廷淳)
③ 韓國住宅銀行 諮問教授
1979.3.1-1980.2.28 (1年) : 銀行長 (朴東憙)
④ 韓國教育開發院 研究教授
1979.3.1-1979.12.31 (10月) : 院長 (李榮德)
⑤ 漢陽大學校 行政大學院 講師 (擔當 : 首都圈研究, 地域開發技法)
1979.3.8-1979.12.31 (9月) : 總長 (金連俊)
⑥ 商工部 工業配置審議委員會 委員
1979.3.28-1982.9.30 (3年 6月) : 長官(崔珏圭)
⑦ 慶州金氏宗親會 理事
1979.4.29-1982.4.29 (3年) : 會長 (金一煥)
⑧ 서울市 首都行政諮問委員 (交通分科)
1979.5.12-1981.5.11(2年) : 市長 (鄭相千)
⑨ 서울市 市稅審議委員會 委員
1979.5.12-1996.5.31(17年) : 市長 (鄭相千)
⑩ 靑瓦臺 特定地域綜合開發推進委員會 諮問委員
(擔當 : 湖南地域 觀光地開發)
1979.5.31-1979.11.30 (6月) : 企劃團長 (吳源哲)
⑪ 內務部 3級 地方公務員 特別昇進 · 任用 2次試驗委員
1979.7.13-1979.8.31 (2月) : 長官 (具滋春)
⑫ 慶州金氏 宗親會 會館建立推進委員會 委員
1979.7.14-1982.3.31(2年 8月) : 委員長 (金一煥)
⑬ 內務部 地方都市 評價教授

1979.7.23-1979.8.4 (1月) : 長官 (具滋春)

⑭ 新羅金氏 二千年史 編纂委員會 副會長
1979.10.19-1980.12.31(1年 2月) : 會長 (金聲均)

1980年 ① 서울大學校 環境大學院 人事委員會 委員
1980.2.1-1982.1.31 (2年) : 總長 (高柄翊)

② 大韓國土計劃學會 常任理事
1980.3.1-1982.2.27 (2年) : 會長 (尹定燮)

③ 大韓國土計劃學會 學會誌 '國土計劃' 編輯委員會 委員長
1980.3.1-1982.2.27 (2年) : 會長 (尹定燮)

④ 韓國住宅銀行 諮問教授
1980.3.1-1981.2.28 (1年) : 銀行長 (張在植)

⑤ 서울市 再開發審議委員會 委員
1980.3.10-1982.3.10 (2年) : 市長 (鄭相千)

⑥ 京畿道 南漢山城道立公園 開發計劃 審議委員
1980.3.27-1982.3.26 (2年) : 知事 (金周南)

⑦ 國土開發研究院 研究協議會 委員
1980.4.1-1980.12.31 (10月) : 院長 (盧隆熙)

⑧ 技術檢定管理工團 第18回 技術士資格檢定 出題委員
1980.4.10-1980.12.31 (9月) : 理事長 (洪性澈)

⑨ 經濟計劃調整委員會 第5次 5個年計劃 實務計劃班員
1980.4.11-1980.8.31 (5月) : 經濟企劃院長官 (李漢彬)

⑩ 國土開發研究院 委囑諮問教授
1980.4.20-1980.12.31 (8月) : 院長 (盧隆熙)

⑪ 韓國科學技術研究院 地域開發研究所長 顧問
1980.5.1-1980.12.31 (8月) : 所長 (黃鏞周)

⑫ 韓國科學技術研究院 海洋開發研究所 專門研究委員
1980.5.1-1982.4.30 (2年) : 所長 (李秉暾)

⑬ 環境廳 水質保全協議會 委員
1980.5.28-1982.5.27 (2年) : 廳長 (朴承圭)

⑭ 서울市 地方都市計劃委員會 委員
1980.5.29-1983.5.27 (3年) : 市長 (鄭相千)

⑮ 서울市 市政研究團 非專任研究委員
1980.6.1-1982.5.31 (2年) : 市長 (鄭相千)

⑯ 國家保衛非常對策常任委員會 委員 (經濟科學分科委員會)
1980.6.5-1980.10.27 (5月) : 委員長 (全斗煥)

⑰ 文教部 一種圖書 編纂審議會 委員 (國民學校 社會科)
1980.7.7-1983.3.9 (2年 8月) : 文教部長官 (李奎浩)

⑱ 國保委 內務分科 및 商工資源分科委員會 委員 (兼任)
1980.7.19-1980.10.27 (3月) : 委員長 (全斗煥)

⑲ 國家保衛立法會議 內務委員會 專門委員

1980.10.28-1981.2.28 (4月) : 議長 (李 澔)

⑳ 環境廳 中央環境保全諮問委員會 費用負擔部門委員會 委員
1980.11.13-1982.11.13 (2年) : 廳長 (朴準翼)

㉑ 交通部 交通政策審議會 委員
1980.12.30-1981.2.16 (2月) : 長官 (高 建)

1981年 ① 內務部 政策諮問委員會 委員 (地方財政分科)
1981.2.16-1982.2.15 (1年) : 長官 (徐廷和)

② 交通部 政策諮問委員會 委員 (公路分科 委員長)
1981.2.17-1982.7.31 (1年 5月) : 長官 (高 建)

③ 聞慶中學校 同窓會 會長 (第5代 會長)
1981.3.1-1983.2.28 (2年) : 總會被選

④ 內務部 地方行政硏修院 指導敎授
1981.3.18-1982.10.31 (1年 7月) : 院長 (金泰鎬)

⑤ 明信學院 理事
1981.4.1-1982.10.31(1年 7月) : 理事長 (李亨羲)

⑥ 韓國敎育開發院 1981年度 一種圖書 編纂硏究委員 (社會科)
1981.4.10-1981.12.31 (9月) : 院長 (洪雄善)

⑦ 韓國敎育開發院 一種圖書 執筆委員 (高等學校 社會文化敎科書)
1981.4.10-1981.12.31 (9月) : 院長 (洪雄善)

⑧ 韓國地方行政硏究所 理事
1981.5.16-1993.3.31 (11年 10月) : 理事長 (權純福)

⑨ 韓國交通問題硏究院 硏究委員
1981.5.18-1981.8.31 (3月) : 院長 (朴東彦)

⑩ 韓國土地開發公社 諮問委員
1981.8.10-1982.12.31 (1年 5月) : 社長 (柳根昌)

⑪ 環境保全協會 敎育分科委員會 專門委員
1981.8.27-1983.8.26 (2年) : 協會長 (鄭壽昌)

⑫ 延世大學校 建築學科 講師 (擔當 : 都市計劃過程論)
1981.9.1-1981.12.31 (4月) : 總長 (安世熙)

⑬ 漢陽流通(株) 顧問
1981.10.1-1982.8.31 (11月) : 社長 (洪淳大)

⑭ 總務處 行政高等考試 出題委員 (地方行政)
1981.12.7-1981.12.31 (1月) : 長官 (金容烋)

1982年 ① 科學技術處 綜合科學技術審議會 建設 · 交通專門分科會 委員
1982.2.4-1984.2.3 (2年) : 科技處長官 (李正五)

② 大韓國土計劃學會 副會長
1982.2.28-1984.2.18 (2年) : 總會被選

③ 韓國住宅銀行 諮問委員
1982.3.1-1990.2.28 (8年) : 銀行長 (鄭榮模)

④ 嶺南大學校 環境大學院 招聘教授 (擔當 : 計劃過程論)
1982.3.1-1982.8.31 (6月) : 總長 (趙敬熙)
⑤ 漢陽大學校 大學院 行政學科 博士課程 講師 (擔當 : 都市와 環境)
1982.3.1-1982.7.31 (5月) : 總長 (李炳熙)
⑥ 延世大學校 保健大學院 外來教授
1982.3.1-1982.8.31 (6月) : 總長 (安世熙)
⑦ 在京聞慶郡民會 運營委員
1982.3.9-1987.6.25 (5年 3月) : 會長 (金鍾鎬)
⑧ 內務部 政策諮問委員
1982.3.18-1983.3.17 (1年) : 長官 (徐廷和)
⑨ 大韓地方行政共濟會 '地方財政' 誌 編輯委員
1982.4.1-1984.3.31 (2年) : 會長 (姜信翼)
⑩ 韓國職業訓練管理工團 第21回 國土開發技術士 出題委員
1982.4.13-1982.4.30 (1月) : 理事長 (李應善)
⑪ 清溪川 商街移轉 合同推進委員會 顧問
1982.4.23-1983.7.31 (1年 3月) : 委員長 (姜元範)
⑫ 慶州金氏宗親會 運營理事
1982.4.30-1985.4.26 (3年) : 會長 (金宗鎬)
⑬ 地籍研修院 講師 (擔當 : 地方行政과 地域經濟)
1982.5.6-1982.12.31 (8月) : 院長 (崔興俊)
⑭ 慶州金氏 聞慶郡宗親會 副會長
1982.5.9-1984.4.29 (2年) : 會長 (金春經)
⑮ 韓國農村經濟研究院 研究諮問委員
1982.5.10-1984.5.10 (2年) : 院長 (金甫炫)
⑯ 保健社會部 社會事業訓練院 講師 (擔當 : 우리 經濟의 오늘과 來日)
1982.5.11-1982.12.31 (8月) : 院長 (朴一相)
⑰ 勞動部 技術資格制度 審議委員會 專門委員
1982.7.24-1984.7.23 (2年) : 委員長 (次官 鄭東哲)
⑱ 慶尙北道 道綜合計劃公聽會 討論委員
1982.8.3-1982.8.31 (1月) : 知事 (鄭埰鎭)
⑲ 人口保健研究院 都市低所得層 地域保健醫療서비스開發 基礎調査 諮問委員
1982.8.17-1982.12.31 (4月) : 院長 (朴燦武)
⑳ 漢陽그룹 蠶室開發推進委員會 諮問教授
1982.9.1-1983.9.28 (1年 1月) : 會長 (裵鍾烈)
㉑ 商工部 工業配置審議委員會 委員
1982.10.1-1988.8.12 (5年 10月) : 長官 (金東輝)
㉒ 聞慶郡 第21回 慶北道民 體育大會 準備委員會 諮問委員
1982.10.20-1983.5.14 (7月) : 郡守 (金奭鍾)
㉓ 內務部 地方行政研修院 指導教授
1982.11.1-1988.2.28 (5年 4月) : 院長 (田英春)
㉔ 大韓炭鑛協同組合 幹部職 · 一般職 採用 出題 · 採點委員

1982.11.22-1982.12.21 (1月) : 理事長 (鄭淵壽)

㉕ 環境廳 中央環境保全諮問委員會 費用負擔部門委員 겸 中央環境紛爭調整委員會 委員
1982.12.1-1984.11.30 (2年) : 廳長 (朴準翼)

1983年 ① 韓國土地開發公社 諮問委員
1983.1.1-1983.12.31 (1年) : 社長 (柳根昌)

② 江陵大學 教授論文硏究實績 審査委員
1983.1.19-1983.2.18 (1月) : 學長 (崔至薰)

③ 韓國葬墓硏究會 理事
1983.1.22-1986.11.18 (3年 10月) : 理事長 (鄭奎南)

④ 서울市 人口增加抑制對策實務協議會 委員
1983.2.7-1986.12.31 (3年 11月) : 市長 (金聖培)

⑤ 聞慶中學校 同窓會 會長
1983.3.1-1985.2.23 (2年) : 總會被選

⑥ 漢陽大學校 行政學科 博士課程 講師
(擔當 : 資源 및 環境政策, 都市 및 地域經濟)
1983.3.1-1983.7.31 (5月) : 總長 (李炳熙)

⑦ 弘益大學校 都市工學科 碩士課程 講師 (擔當 : 國土 및 地域計劃)
1983.3.1-1983.7.31 (5月) : 總長 (閔庚天)

⑧ 嶺南大學校 環境大學院 講師 (擔當 : 環境計劃 세미나)
1983.3.1-1983.6.30 (4月) : 總長 (柳　駿)

⑨ 建設部 國土利用計劃審議會 委員
1983.3.11-1985.3.10 (2年) : 長官 (金宗鎬)

⑩ 大韓商工會議所 韓國經濟硏究센터 硏究委員
1983.4.1-1983.7.31 (4月) : 會長 (鄭壽昌)

⑪ 風水會 監事
1983.5.20-1985.5.19 (2年) : 總會被選

⑫ 서울市 地方都市計劃委員會 委員
1983.5.28-1985.5.27 (2年) : 市長 (金聖培)

⑬ 內務部 政策諮問委員會 委員
1983.7.1-1984.7.11 (1年) : 長官 (周永福)

⑭ 科學技術處 第5次計劃 科學技術部門 修正作業 實務計劃班員
1983.7.25-1983.10.24 (3月) : 長官 (李正五)

⑮ 大韓商工會議所 韓國經濟硏究센터 硏究委員
1983.8.1-1985.8.31 (2年 1月) : 會長 (鄭壽昌)

⑯ 內務部 地方行政硏修院 1983 教官硏究競演大會 教材審査委員
1983.8.9-1983.10.8 (2月) : 院長 (蔣炳九)

⑰ 韓國産業開發硏究院 明洞示範商街 造成計劃事業 諮問委員
1983.8.10-1983.12.9 (4月) : 院長 (白永勳)

⑱ 科學技術處 政策諮問委員會 委員
1983.9.29-1985.9.28 (2年) : 長官 (李正五)

⑲ 保寧郡 都市計劃關聯業務 諮問委員
1983.10.1-1983.12.31 (3月) : 保寧郡守 (金壽鎭)
⑳ 서울市 木洞地區開發諮問委員會 委員
1983.12.9-1985.12.8 (2年) : 市長 (廉普鉉)

1984年 ① 韓國土地開發公社 諮問委員
1984.1.1-1984.5.25 (5月) : 社長 (金壽鶴)
② 大韓國土計劃學會 副會長
1984.2.19-1986.2.15 (2年) : 總會被選
③ 漢陽大學校 行政學科 博士課程 講師
(擔當 : 都市 · 地域計劃, 都市 · 地域經濟)
1984.3.1-1984.8.31 (6月) : 總長 (李炳熙)
④ 嶺南大學校 環境大學院 講師 (擔當 : 公共投資分析)
1984.3.1-1984.8.31 (6月) : 總長 (柳 駿)
⑤ 地方行政共濟會 '地方財政' 誌 編輯諮問委員
1984.4.1-1988.4.30 (4年 1月) : 會長 (田英春)
⑥ 慶州金氏 聞慶郡宗親會 副會長
1984.4.29-1986.4.28 (2年) : 總會被選
⑦ 韓國土地開發公社 理事
1984.5.25-1987.5.24 (2年) : 建設部長官 (金聖培)
⑧ 서울大學校 環境大學院 人事委員會 委員
1984.6.18-1986.6.17 (2年) : 總長 (李賢宰)
⑨ 大韓建設振興會 '國土와 建設' 誌 編輯諮問委員
1984.6.26-2003.6.25 (19年) : 會長(朱 源)
⑩ 內務部 政策諮問委員會 委員
1984.7.12-1985.7.11 (1年) : 長官 (周永福)
⑪ 韓國 地方行政研究所 '比較行政' 誌 編輯委員長
1984.8.31-1992.8.31 (8年) : 理事長 (權純福)
⑫ 內務部 地方行政研修院 地方行政研究所 研究諮問委員
1984.9.7-1986.9.6 (2年) : 院長 (蔣炳九)
⑬ 勞動部 技術諮問制度審議委員會 專門委員
1984.9.27-1986.9.26 (2年) : 長官 (鄭漢株)
⑭ 京畿道 地方都市計劃委員會 委員
1984.10.16-1986.10.15 (2年) : 知事 (李海龜)
⑮ 環境廳 費用負擔部門委員會 委員
1984.12.1-1986.11.30 (2年) : 廳長 (崔守一)

1985年 ① 江陵大學 教授研究實績 審査委員
1985.1.7-1985.2.7 (1月) : 學長 (崔至薰)
② 서울大學校 環境大學院 教授研究實績 審査委員
1985.1.14-1985.2.14 (1月) : 總長 (朴奉植)

③ 建設部 國土利用計劃審議會 委員
1985.3.11-1987.3.10 (2年) : 長官 (金聖培)
④ 內務部 地方行政硏究委員會 委員
1985.4.19-1987.4.18 (2年) : 長官 (鄭石謨)
⑤ 慶州金氏大宗親會 運營理事
1985.4.27-1988.4.25 (3年) : 會長 (金宗鎬)
⑥ 韓國地方行政硏究所 硏究委員採用 銓衡委員
1985.5.10-1985.6.10 (1月) : 所長(田英春)
⑦ 經濟企劃院 地方自治制實施硏究를 위한 地方財政實務作業團 硏究委員
1985.5.16-1985.12.31 (8月) : 長官 (申秉鉉)
⑧ 安養商工會議所 安養地域經濟硏究센터 硏究委員
1985.5.25-1987.5.24 (2年) : 會長 (朴丁鎭)
⑨ 聞慶文化院 顧問
1985.5.25-現在 (21年 2月) : 院長 (李昌敎)
⑩ 科學技術處 2000年代 科學技術發展 長期計劃硏究委員會 基盤構築硏究班 班長
1985.6.13-1985.12.31 (7月) : 委員長 (次官 趙庚穆)
⑪ 內務部 政策諮問委員會 委員
1985.8.17-1986.8.16 (1年) : 長官 (鄭石謨)
⑫ 大韓商工會議所 韓國經濟硏究센터 硏究委員
1985.9.1-1989.11.30 (4年 3月) : 會長 (鄭壽昌)
⑬ 大邱大學校 地域社會開發學科 講師 (擔當 : 土地利用計劃)
1985.9.1-1985.12.31 (4月) : 總長 (李泰榮)
⑭ 聞慶文化院 '聞慶大觀' 發刊 監修委員
1985.9.3-1985.12.31(4月) : 院長 (李昌敎)
⑮ 地方經濟硏究會 理事
1985.9.30-1987.9.29 (2年) : 會長 (車幹權)
⑯ 國務總理室 國土建設綜合計劃審議會 委員
1985.10.7-1989.10.6 (4年) : 大統領 (全斗煥)
⑰ 서울市 市政諮問委員會 委員
1985.11.28-1987.11.28 (2年) : 市長 (廉普鉉)

1986年 ① 서울大學校 環境大學院 環境計劃硏究所 地域開發硏究室 主任敎授
1986.2.1-1986.11.4 (9月) : 所長 (林岡源)
② 大韓國土計劃學會 會長 (第9代 會長)
1986.2.15-1988.2.13 (2年) : 總會被選
③ 科學技術處 2000年代 科學技術發展長期計劃 投資擴大基盤事業 推進協議會 委員 겸 硏究開發團地作業 責任者
1986.3.14-1986.9.15 (6月) : 長官 (全在德)
④ 建設部 中央都市計劃委員會 委員
1986.6.19-1988.6.18 (2年) : 長官 (李圭孝)
⑤ 古州 盧隆熙 博士 華甲紀念論文集 準備委員會 委員

1986.8.11-1987.8.10 (1年) : 委員長 (崔相哲)
⑥ 韓國地方行政研究院 研究諮問委員
1986.9.7-1988.9.6 (2年) : 院長 (田英春)
⑦ 經濟企劃院 山地開發을 위한 政策研究作業團 團員
1986.9.9-1986.12.31 (4月) : 長官 (金滿提)
⑧ 內務部 政策諮問委員會 委員
1986.9.12-1987.9.11 (1年) : 長官 (金宗鎬)
⑨ 勞動部 技術資格制度 審議委員會 專門委員
1986.9.26-1988.9.25 (2年) : 長官 (李憲琦)
⑩ 茂庭 金壽鶴 先生 華甲論文 編輯委員會 委員長
1986.10.1-1987.8.29 (11月) : 委員會 被選
⑪ 韓國災害問題研究院 諮問委員
1986.10.8-1987.10.7 (1年) : 院長 (夫鶴彩)
⑫ 金剛山 댐 關係 學術研究發表 推進協議會 幹事
1986.11.1-1986.12.31 (2月) : 會長 (趙完圭)
⑬ 韓國地方行政研究院 '地方行政40年史' 編纂委員會 編纂委員
1986.11.19-1987.12.31(1年 1月) : 院長 (田英春)
⑭ '平和의 댐' 建設支援 汎國民推進委員會 委員
1986.12.15-1988.5.31(1年 5月) : 委員長 (鄭壽昌)

1987年 ① 漢陽大學校 行政學科 博士課程 講師
1987.3.1-1987.8.31 (6月) : 總長 (韓相準)
② 韓國土地開發公社 理事
1987.5.25-1990.5.24 (3年) : 建設部長官 (李圭孝)
③ 國土開發研究院 研究諮問委員會 委員
1987.6.22-1989.6.21(2年) : 院長 (黃明燦)
④ 在京聞慶 · 店村鄕友會 副會長
1987.6.26-1990.6.30 (3年) : 總會被選
⑤ 總務處 第31回 行政高等學校 第2次 試驗委員
1987.8.18-1987.9.18 (1月) : 長官 (張基梧)
⑥ 韓國科學技術團體總聯合會 科學技術政策研究委員會 委員
1987.8.25-1989.8.25 (2年) : 會長 (朴泰源)
⑦ 韓德開發株式會社 서울 大公園慰樂施設地區 놀이동산 造成事業 諮問委員
1987.9.10-1989.9.10 (2年) : 社長 (南相裕)
⑧ 內務部 政策諮問委員會 委員
1987.9.21-1988.9.20 (1年) : 長官 (李相熙)
⑨ 始興郡誌 編纂委員會 編輯委員
1987.10.1-1988.12.31 (1年 3月) : 委員長 (郡守 趙宰鎬)

1988年 ① 建設部 政策諮問委員會 委員
1988.2.9-1989.2.8 (1年) : 長官 (崔同燮)

② 大韓國土計劃學會 理事
1988.2.13-1990.2.16 (2年) : 會長 (朱鍾元)
③ 內務部 地方行政研修院 指導敎授
1988.3.1-1990.2.28 (2年) : 院長 (金原奭)
④ 韓國科學技術團體總聯合會 理事
1988.4.8-1990.2.28 (2年) : 會長 (朴泰源)
⑤ 經濟企劃院 土地利用 및 課稅體系合理化委員會 委員
1988.4.18-1990.4.17 (2年) : 長官 (羅雄培)
⑥ 聞友會 監事
1988.4.29-1993.12.10 (5年 8月) : 會長 (白贊基)
⑦ 韓國地方行政共濟會 '地方財政' 誌 編輯委員
1988.5.1-1990.4.30 (2年) : 會長 (任成宰)
⑧ 科學技術處 第6次 計劃中 科學技術部門 修正計劃委員會 委員
1988.5.6-1988.6.30 (2月) : 長官 (李祥羲)
⑨ 科學技術處 '科學技術의 21世紀 모임' 委員
1988.6.17-1988.12.31 (7月) : 長官 (李祥羲)
⑩ 建設部 中央都市計劃委員會 委員
1988.6.19-1990.6.30 (2年) : 長官 (崔同燮)
⑪ 商工部 工業配置審議委員會 委員
1988.8.13-1990.8.12 (2年) : 長官 (安秉華)
⑫ 韓國地方行政硏究院 硏究諮問委員
1988.9.5-1990.9.4 (2年) : 院長 (田英春)
⑬ 勞動部 技術資格制度 審議委員會 專門委員
1988.9.26-1990.9.25 (2年) : 長官 (崔明憲)
⑭ 國務總理 西海岸開發推進委員會 委員
1988.10.6-1990.10.5 (2年) : 國務總理 (李賢宰)
⑮ 서울大學校 建築審議委員會 委員
1988.10.10-1989.12.31 (1年 3月) : 總長 (趙完圭)
⑯ 서울大學校 學長會 幹事
1988.11.10-1990.11.4 (2年) : 學長會議 被選
⑰ 環境廳 中央環境保全諮問委員會 費用負擔分科委員會 委員
1988.12.1-1990.11.30 (2年) : 廳長 (李相培)
⑱ 韓國地方自治學會 理事
1988.12.3-1991.2.11 (2年 2月) : 會長 (盧隆熙)
⑲ 서울大學校 行政大學院 同窓會 理事
1988.12.6-1990.12.5 (2年) : 會長 (兪尙根)
⑳ 文敎部 大學別 特性地域開發硏究事業 評價委員會 委員長
1988.12.12-1989.12.31 (1年) : 長官 (金永植)

1989年 ① 科學技術處 光州尖端科學産業硏究團地 建設用役諮問團 委員
1989.1.13-1991.1.12 (2年) : 長官 (李祥羲)

② 內務部 政策諮問委員會 委員
1989.2.16-1990.2.15 (1年) : 長官 (李漢東)
③ 大邱地域社會開發研究會 顧問
1989.3.21-1991.3.20 (2年) : 會長 (鄭炳九)
④ 店村 · 聞慶地域發展協議會 副會長
1989.4.15-1991.6.12 (2年 2月) : 總會被選
⑤ 韓國地方自治研究院 '地方自治' 誌 編輯委員
1989.5.1-1989.6.30 (2月) : 院長 (李圭憲)
⑥ 서울市 市政改革研究委員會 委員 및 市民生活分科委員會 幹事
1989.5.2-1989.12.30 (7月) : 市長 (高 建)
⑦ 새마을運動中央協議會 理事
1989.5.8-1991.5.7 (2年) : 會長 (金壽鶴)
⑧ 國土開發研究院 新都市建設 計劃樹立諮問委員會 委員
1989.5.15-1989.12.14 (7月) : 院長 (許在榮)
⑨ 交通開發研究院 研究諮問委員
1989.6.1-1990.10.15 (1年 5月) : 院長 (愼富鏞)
⑩ 常青會 理事
1989.6.1-1991.5.31 (2年) : 會長 (金斗元)
⑪ 安養商工會議所 安養地域經濟研究센터 研究委員
1989.6.1-1991.5.31 (2年) : 會長 (朴丁鎭)
⑫ 大統領 科學技術諮問會議 委員 · 社會分科委員 · 運營委員會委員 · 總括調整班 班長
1989.6.5-1990.12.31 (1年 7月) : 大統領 (盧泰愚)
⑬ 國土開發研究院 研究諮問委員
1989.6.21-1991.6.22 (2年) : 院長 (許在榮)
⑭ 現代社會研究所 '地方自治' 誌 編輯委員
1989.7.1-1990.12.31 (1年 6月) : 所長 (許和平)
⑮ 聞慶郡 聞慶郡誌 編輯委員 겸 執筆委員
1989.7.3-1991.12.31 (2年 6月) : 郡守 (黃仁星)
⑯ 國務總理室 國土建設綜合計劃審議會 委員
1989.10.7-1993.10.6 (4年) : 大統領 (盧泰愚)
⑰ 大韓商工會議所 韓國經濟研究센터 研究委員
1989.12.1-1991.11.30 (2年) : 會長 (金相厦)

1990年 ① 文敎部 地域開發研究事業 評價委員長
1990.1.1-1991.12.31 (2年) : 長官 (鄭元植)
② 大亞綜合技術公社 大邱市 都市基本計劃 修正計劃樹立 諮問委員
1990.1.1-1990.12.31 (1年) : 社長 (金鍾圭)
③ 韓國不動產經濟新聞社 編輯委員
1990.1.1-1990.8.23 (8月) : 社長 (朴範壽)
④ 國務總理室 國土建設綜合計劃審議會 委員
1990.1.20-1994.1.19 (4年) : 大統領 (盧泰愚)

⑤ 새마을中央硏修院 教育諮問團 委員會 委員
1990.2.16-1993.5.31 (3年 4月) : 院長 (鄭埰鎭)
⑥ 大韓國土計劃學會 理事
1990.2.17-1990.3.25 (2月): 會長 (金　源)
⑦ 內務部 地方行政硏修院 指導敎授
1990.3.1-1992.2.28 (2年) : 院長 (尹世達)
⑧ 科學技術處 尖端科學産業硏究團地 造成諮問團 委員
1990.3.9-1992.3.9 (2年) : 長官 (李祥羲)
⑨ 內務部 政策諮問委員會 委員
1990.3.12-1991.3.11 (2年) : 長官 (金泰鎬)
⑩ '穎江文化' 後援會長團
1990.3.16-1994.3.15 (4年) : 發行人 (全奎虹)
⑪ 大韓國土計劃學會 顧問
1990.3.26-現在 (16年 4月): 會長 (金　源)
⑫ 大韓國土計劃學會 學會發展硏究特別委員會 委員長
1990.3.26-1990.8.31 (6月): 會長 (金　源)
⑬ 內務部 地方行政硏修院 地方廳公務員 敎育訓練審議委員會 委員
1990.4.3-1990.12.31 (9月): 院長 (尹世達)
⑭ 서울特別市 敎育計劃審議委員
1990.4.13-1992.4.12 (2年) : 市長 (高　建)
⑮ 韓國科學技術團體總聯合會 南北民間科學技術交流 推進協議會 委員
1990.4.17-1993.4.17 (3年): 會長 (權彛赫)
⑯ 韓國科學技術團體總聯合會 科學技術政策硏究委員會 委員
1990.5.18-1993.4.9 (2年 11月): 會長 (權彛赫)
⑰ 東一技術公社 統一동산 開發計劃樹立 諮問委員
1990.6.1-1990.6.30 (1月) : 社長 (黃海永)
⑱ 韓國土地開發公社 國公有地擴大方案計劃 諮問委員會 委員長
1990.6.1-1990.6.30 (1月) : 社長 (李相熙)
⑲ 大統領 科學技術諮問會議 總括調整班長
1990.6.9-1990.9.30 (4月) : 委員長 (趙完圭)
⑳ 店村市 體育振興會 委員
1990.6.9-1992.6.9 (2年) : 市長 (申義雄)
㉑ 韓國土地開發公社 統一동산 開發計劃樹立 諮問委員會 委員
1990.6.18.1990.8.31 (2月) : 社長 (李相熙)
㉒ 在京 聞慶 · 店村 鄕友會 副會長
1990.6.30-1992.6.26 (2年) : 會長 (鄭棹永)
㉓ 建設部 中央都市計劃委員會 委員
1990.7.1-1992.6.30 (2年) : 長官 (權寧珏)
㉔ 鳥嶺會 第45代 會長
1990.7.1-1990.12.31 (6月) : 總會被選
㉕ 새마을運動中央協議會 汎國民새精神運動 標語 및 캐치프레이즈 審査委員

1990.8.1-1990.8.31 (1月) : 會長 (金壽鶴)

㉖ 새마을運動中央協議會 새마을運動 體驗手記公募 審査委員
1990.8.1-1990.9.10 (1月) : 會長 (金壽鶴)

㉗ 慶州市 都市基本計劃 · 再整備計劃樹立 諮問委員
1990.8.1-1990.10.31 (3月) : 市長 (李源植)

㉘ 不動産經濟新聞社 顧問
1990.8.24-1992.7.20 (1年 11月) : 社長 (朴範壽)

㉙ 韓國地方行政研究院 研究諮問委員
1990.9.5-1992.9.4 (2年) : 院長 (金良培)

㉚ 勞動部 國家技術資格制度 審査委員會 專門委員
1990.9.26-1992.9.25 (2年) : 長官 (崔永喆)

㉛ 韓國職業訓練管理工團 第34回 技術士資格試驗 出題 및 採點委員
1990.9.27-1990.11.26 (2月) : 理事長 (李贊赫)

㉜ 交通開發研究院 研究諮問委員
1990.10.15-1991.10.15 (1年) : 院長 (愼富鏞)

㉝ 文敎部 學位種別 審査委員會 委員
1990.10.17-1992.10.16 (2年) : 長官 (鄭元植)

㉞ 環境處 中央環境保全諮問委員會 費用負擔分科委員會 委員
1990.12.1-1992.11.30 (2年) : 長官 (許南薰)

㉟ 새마을婦女指導者中央聯合會 새秩序 · 새生活實踐 垂範事例發表 審査委員長
1990.12.5 (1日) : 會長 (鄭幸吉)

1991年

① 永進專門大學 附設 地方自治制研究所 研究委員
1991.1.3-現在 (15年 7月) : 學長 (崔達坤)

② 서울市長 市政運營諮問委員會 委員 겸 幹事 (非公式團體)
1991.2.2-1991.2.18 (17日) : 市長 (朴世直)

③ 韓國地方自治學會 常任理事
1991.2.22-1992.2.15 (1年) : 會長 (盧隆熙)

④ 서울大學校 研究敎授 (安息年)
1991.3.1-1992.2.29 (1年) : 總長 (趙完圭)

⑤ 檀國大學校 行政大學院 天安分校 講師 (科目 : 地方自治와 地域開發)
1991.3.9-1991.8.31 (6月) : 院長 (申邦鉉)

⑥ 새마을運動中央協議會 理事
1991.5.8-1993.5.31 (2年) : 會長 (金壽鶴)

⑦ 새마을運動中央協議會 月刊 '새마을' 誌 編輯委員
1991.5.13-1993.5.12 (2年) : 會長 (金壽鶴)

⑧ 玄岩社 地方自治法典 推奬者
1991.5.23 (1日) : 社長 (趙根台)

⑨ 韓國學術振興財團 自由公募研究課題選定 審査委員
1991.6.13-1991.6.30(18日) : 理事長 (鄭然春)

⑩ 店村地域發展協議會 顧問

1991.6.13-1995.4.10 (3年 10月) : 會長 (錢慶洪)

⑪ 韓美友好協會 會員 겸 地域特別 委員會 委員
1991.6.26-1995.6.25 (4年) : 會長 (金尙哲)

⑫ 總務處 國家機能地方移管 關係部處合同審議會議 委員
1991.7.16-1991.7.25 (10日) : 長官 (李衍澤)

⑬ 農業協同組合中央會 運營諮問委員 (地方自治分科)
1991.7.31-1993.7.31 (2年) : 會長 (韓灝鮮)

⑭ 忠南저널 客員論說委員
1991.8.1-1996.12.31 (5年 8月) : 社長 (尹주현)

⑮ 檀國大學校 行政大學院 天安分校 講師 (科目 : 地方財政과 地域經濟)
1991.8.21-1992.2.28 (6月) : 院長 (申邦鉉)

⑯ 現代社會硏究所 月刊 '地方自治' 編輯委員
1991.9.1-1992.7.20 (11月) : 所長 (許和平)

⑰ 새마을運動中央協議會 弘報映畵製作 審議委員
1991.9.3-1992.1.3 (4月) : 會長 (金壽鶴)

⑱ 새마을運動中央協議會 諮問委員會 委員
1991.9.7-1993.9.7 (2年) : 會長 (金壽鶴)

⑲ 새마을運動中央協議會 諮問委員會 都市分科 委員長
1991.9.7-1993.9.7 (2年) : 委員長 (金裕赫)

⑳ 店村新聞 顧問
1991.10.28-1992.10.28 (1年) : 發行人 (申庚祐)

㉑ 韓國土地開發公社 第2次 長期經營計劃樹立 監修委員
1991.10.28-1991.11.5 (9日) : 社長 (金榮珍)

㉒ 서울大學校 캠퍼스計劃委員會 委員
1991.10.29-1993.10.29 (2年) : 總長 (金鍾云)

㉓ 서울大學校 캠퍼스擴充事業推進企劃團 推進委員
1991.11.25-1992.11.24 (1年) : 總長 (金鍾云)

㉔ 韓國自治新聞社 論說顧問
1991.12.29-1992.7.20 (7月) : 社長 (李漢洙)

1992年 ① 大韓國土 · 都市計劃學會 弦汀國土開發賞 受賞論文 審査委員
1992.1.21-1992.2.11 (1月) : 會長 (趙正濟)

② 敎育部 地域開發硏究事業 評價委員會 委員長
1992.1.22-1993.12.31 (2年) : 長官 (趙完圭)

③ 大韓商工會議所 韓國經濟硏究센터 硏究委員
1992.2.1-1994.1.31 (2年) : 會長 (金相厦)

④ 韓國地域社會開發學會 學術理事
1992.2.1-1994.1.31 (2年) : 會長 (金裕赫)

⑤ 서울大學校 停年保障 敎授
1992.3.1-2002.8.31 (10年 6月) : 大統領 (盧泰愚)

⑥ 大邱 · 慶北開發硏究院 慶北道綜合開發計劃樹立 諮問委員

1992.3.1-1992.12.31 (10月) : 院長 (夫光植)

⑦ 內務部 地方行政研修院 指導教授

1992.3.1-1994.2.28 (2年) : 院長 (金德永)

⑧ 새마을運動中央協議會 새마을自願奉仕 委員

1992.3.7-1992.12.31 (10月) : 會長 (金壽鶴)

⑨ 새마을運動中央協議會 '일하는 보람賞' 委員會 都市部門審査委員長

1992.3.19-1992.6.17 (3月) : 委員長 (姜英勳)

⑩ 韓國自治新聞社 理事

1992.4.3-1992.7.21 (辭表) (4月) : 社長 (李漢洙)

⑪ 平澤 林公 諱 淳秀之墓域 淨化委員會 顧問

1992.4.7-1992.12.7 (8月) : 委員長 (林炳云)

⑫ 韓國地方財政共濟會 '地方財政' 誌 編輯委員

1992.5.1-1992.7.27 (辭表) (3月) : 會長 (文昌洙)

⑬ 國土開發研究院 首都圈政策諮問委員

1992.5.12-1994.5.11 (2年) : 院長 (許在榮)

⑭ 國家政策研究會 政策開發室 室長

1992.5.21-1993.12.31 (1年 7月) : 會長 (朴世直)

⑮ 教育部 中央教育審議會 教職分科委員

1992.5.30-1994.10.31 (2年 5月) : 長官 (趙完圭)

⑯ 골프 親睦會 '風水會' 會長

1992.6.1-1993.5.25 (1年) : 會長 (年齡順)

⑰ 在京 店村 · 聞慶鄕友會 首席副會長

1992.6.27-1994.6.28 (2年) : 會長 (鄭棹永)

⑱ 建設部 中央都市計劃委員會 委員

1992.7.1-1992.7.21 (辭表) (1月) : 長官 (徐榮澤)

⑲ 서울大學校 休職 (韓國地方行政研究院長 就任件)

1992.7.21-1994.7.20 (2年) : 總長 (金鍾云)

⑳ 地方行政研究所 '自治行政' 誌 編輯委員長 解囑

1992.8.31 (辭表) : 理事長 (權純福)

㉑ 內務部 地方自治發展審議委員會 委員

1992.9.18-1994.9.17 (2年) : 長官 (李同浩)

㉒ 勞動部 國家技術資格制度 專門委員會 委員

1992.9.26-1994.9.25 (2年) : 長官 (李衍澤)

㉓ 새마을婦女會中央協議會 '家庭새마을運動 基本構想' 審議委員

1992.10.15 (1日) : 會長 (鄭幸吉)

㉔ 在京 店村 · 聞慶出身 서울市廳同友會 第1回 市廳公職人 登山大會 顧問

1992.10.18 (1日) : 會長 (蔡弘植)

㉕ 韓國住宅學會 顧問

1992.11.1-2002.10.31 (10年) : 會長 (金政浩)

㉖ 在京 聞慶中學校 同門會館建立推進委員會 顧問

1992.11.18-1993.5.24 (7月) : 委員長 (尹學烈)

㉗ 在京 大邱 · 慶北 道民會 諮問委員
1992.11.23-現在 (13年 8月) : 會長 (嚴三鐸)
㉘ 韓國土地開發公社 弘報冊子 監修委員
1992.11.25-1992.12.31 (1月) : 社長 (權寧珏)
㉙ 總務處 國家機能地方移讓審議委員會 委員
1992.12.3-1992.12.15 (13日) : 長官 (李文錫)

1993年 ① 全羅南道 道廳移轉推進 指導委員
1993.2.1-1993.12.31 (11月) : 道知事 (李鈞範)
② 石凡 田英春 先生 古稀紀念文集發刊委員會 委員長
1993.2.1-1993.9.24 (8月) : 委員會 推戴
③ 光州大學校 教授採用 論文審查委員
1993.2.5 (1日) : 總長 (金蘭洙)
④ 地方自治團體出捐硏究院長 協議會 會長
1993.2.10-1994.2.23 (1年) : 會員 選出
⑤ 韓國地方自治學會 副會長
1993.2.25-1995.2.21 (2年) : 理事會 選出
⑥ 서울市 地方稅審議委員會 委員
1993.2.28-1995.2.27 (2年) : 市長 (李相培)
⑦ 第 31回 慶北道民體育大會 準備委員會 諮問委員
1993.3.1-1993.7.31 (5月) : 會長 (玄基元)
⑧ 새마을運動中央協議會 理事(再)
1993.3.10-1993.5.31 (3月) : 會長 (金壽鶴)
⑨ 科學技術團體總聯合會 科學技術政策硏究委員會 委員 (再)
1993.4.10-2003.4.9 (10年) : 會長 (成樂正)
⑩ 大統領 行政刷新委員會 委員
1993.4.10-1994.4.30 (1年) : 大統領 (金泳三)
⑪ Cincinnati大學 同窓會 名譽會長
1993.5.22-現在 (13年 2月) : 會員 推戴
⑫ 韓國教員大學校 綜合教員硏修院 '93年度 校(院)長 資格硏修課程 講師
1993.5.31-1993.8.31 (3月) : 總長 (愼克範)
⑬ 聞慶郡 地域發展協議會 民資投資誘致委員
1993.5.31-1994.12.31 (1年 7月) : 會長 (鄭承濤)
⑭ 農協中央會 運營諮問委員 (再)
1993.6.1-1995.5.31 (2年) : 會長 (韓灝鮮)
⑮ 民主平和統一諮問會議 委員
1993.7.1-1995.6.30 (2年) : 議長 (金泳三)
⑯ 忠北 淸州廣域圈開發基本計劃樹立 諮問委員
1993.8.2-1994.12.31 (1年 5月) : 道知事 (金德永)
⑰ 서울地方環境廳 名譽環境監視員
1993.11.9-1996.11.8 (3年) : 廳長 (黃洪錫)

⑱ 姜信祚議員 後援會 會員
1993.11.26-1996.4.30 (2年 5月) : 會長 (金命潤)

1994年 ① 美國 Consortium on Development Studies, Advisory Committee, Member
1994.1.1-現在 (12年 7月) : President (Gill-Chin Lim)
② 教育部 地域開發研究事業評價委員會 委員長
1994.1.1-1995.12.31 (2年) : 長官 (金淑喜)
③ 弦汀國土開發事業管理委員會 委員
1994.1.18-1996.1.17 (2年) : 國土學會長 (趙正濟)
④ 韓國科學技術團體總聯合會 南北民間科學技術交流推進協議會 綜合分科 委員
1994.1.21-1996.1.20 (2年) : 會長 (成樂正)
⑤ 朝鮮日報 '地方化 21世紀 포럼' 委員會 委員
1994.1.29-1995.1.28 (1年) : 社長 (方又榮)
⑥ 社稷會 研究室長
1994.2.1-1994.12.31 (11月) : 會長 (鄭在文)
⑦ 內務部 地方行政研修院 指導教授
1994.3.1-1996.2.29 (2年) : 院長 (鄭泰洙)
⑧ 住宅情報社 地域開發要覽 發刊 諮問委員
1994.3.9-1995.3.8 (1年) : 社長 (李鍾敏)
⑨ 大統領 行政刷新委員會 委員 (重任)
1994.5.1-1995.4.30 (1年) : 大統領 (金泳三)
⑩ 大韓商工會議所 附設 韓國經濟研究센터 研究委員
1994.6.1-1996.5.31 (2年) : 會長 (金相廈)
⑪ 韓國敎員大學 綜合敎員研修院 '94年度 校長資格研修課程 講師
1994.6.1-1994.8.31 (3月) : 總長 (愼克範)
⑫ 光州瑞江專門大學 附設 地域開發研究所 諮問委員
1994.6.1-1996.12.31 (2年 7月) : 學長 (강춘기)
⑬ 內務部 政策諮問委員會 分科委員
1994.6.1-1995.5.31 (1年) : 長官 (崔炯佑)
⑭ 國務總理 國土建設綜合計劃審議會 委員
1994.6.16-1988.6.15 (4年) : 大統領 (金泳三)
⑮ 在京 店村 · 聞慶鄕友會 副會長
1994.6.29-1996.6. 20(2年) : 會長 (朴仁遠)
⑯ 國務總理室 94 政策評價를 위한 評價專門家
1994.7.21-1994.12.31 (5月) : 國務總理 (李榮德)
⑰ 地方行政研究所 第1回 懸賞論文審査委員會 委員長
1994.9.24-1994.10.31 (1月) : 理事長 (權純福)
⑱ 勞動部 國家技術資格制度 專門委員
1994.9.26-1996.9.25 (2年) : 長官 (南載熙)
⑲ 서울大學校 同窓會 第15代 理事
1994.9.29-1998.9.28(4年) : 會長 (金在淳)

⑳ 韓國地方自治團體 國際交流財團 管理審議委員會 委員
1994.11.1-1996.10.31 (2年) : 理事長 (蔣炳九)
㉑ 韓國地方行政硏究院 硏究諮問委員
1994.11.11-1996.11.10 (2年) : 院長 (鄭文和)
㉒ 서울大 環境大學院 短期課程 準備委員會 委員長
1994.11.23-1995.3.31 (4月) : 院長 (林岡源)
㉓ 서울大 環境大學院 環境館建立 推進委員會 委員
1994.11.23-1999.12.31 (5年 1月) : 院長 (林岡源)
㉔ 總務處 國家機能地方移讓審議會 委員
1994.12.1-1994.12.31 (1月) : 長官 (黃榮夏)
㉕ 韓國勞動 · 環境文化院 政策諮問委員
1994.12.6-1996.12.5 (2年) : 院長 (朴世直)
㉖ 서울大學校 總長候補選定委員會 委員
1994.12.27-1995.2.29 (2月) : 總長 (金鍾云)

1995年 ① 서울市 市政改革硏究諮問委員會 委員
1995.2.7-1995.5.31 (4月) : 市長 (崔秉烈)
② 韓國地方自治學會 會長
1995.2.22-1997.2.13 (2年) : 總會 (選出)
③ 每日經濟新聞社 時評欄 固定筆者
1995.3.1-1995.6.31 (4月) : 社長 (張大煥)
④ 서울大 環境大 環境計劃硏究所 淸凉里民資驛舍計劃 諮問委員
1995.3.1-1995.7.31 (5月) : 所長 (金基浩)
⑤ 海運産業硏究院 理事
1995.3.1-1997.2.28 (2年) : 理事長 (趙商郁)
⑥ 韓國環境科學硏究協議會 常任理事
1995.3.9-1999.3.8 (4年) : 會長 (盧隆熙)
⑦ 京畿開發硏究院 硏究諮問委員
1995.3.13-1997.3.13 (2年) : 院長 (林敬鎬)
⑧ 海運産業硏究院 基金管理委員
1995.3.28-1997.2.28 (2年) : 院長 (趙正濟)
⑨ 韓國地方自治硏究院 理事長
1995.4.1-2001.11.3 (6年 7月) : 院長 (李圭憲)
⑩ 聞慶市 地域發展協議會 顧問
1995.4.11-現在 (11年 4月) : 會長 (錢慶洪)
⑪ 內務部 世界化推進企劃班 班員
1995.4.15-1998.2.28 (2年 11月) : 長官 (金瑢泰)
⑫ 內務部 政策諮問委員會 地方行政分科 委員
1995.6.1-1996.5.31 (1年) : 長官 (金瑢泰)
⑬ 서울市政新聞社 月刊 '서울議政' 誌 編輯諮問委員
1995.6.15-2002.6.14 (7年) : 社長 (崔洸熙)

⑭ 서울大 發展基金造成推進委員會 委員
1995.6.20-1997.6.19 (2年) : 總長 (李壽成)
⑮ 民主平和統-諮問會議 第7期 委員
1995.7.1-1997.6.30 (2年) : 議長 (金泳三)
⑯ 交通開發研究院 民資誘致專門評價人團 團員
1995.7.10-1997.7.9 (2年) : 院長 (楊秀吉)
⑰ 서울大 環境大學院 第1期 都市 · 環境高位政策課程 書類銓衡委員
1995.8.1-1995.8.31 (1月) : 院長 (林岡源)
⑱ 民主平和統一諮問會議 第7期 常任委員
1995.8.16-1997.8.15 (2年) : 議長 (金泳三)
⑲ 美國 Las Vegas市 名譽市民(Honorary Citizen of Las Vegas)
1995.10.4-現在(10年 10月) : 市長 (Jan Laverty Jones)
⑳ 東亞日報 地域經濟活性化 懸賞募集論文 審査委員
1995.10.20-1995.10.31 (12日) : 社長 (金炳琯)
㉑ 서울大 環境大學院 教員昇進論文 審査委員
1995.12.26-1996.1.13 (1月) : 院長 (林岡源)

1996年 ① 教育部 地域開發研究審査 · 評價委員會 委員長
1996.1.1-1996.12.31 (1年) : 長官 (安秉永)
② 警察大學 講師
1996.1.6-1996.12.31 (1年) : 學長 (李秀一)
③ 大韓國土 · 都市計劃學會 弦汀國土開發賞 審査委員
1996.1.20-1996.2.20 (1月) : 委員長 (盧隆熙)
④ 韓國能率協會 · 每日經濟新聞社 地方自治團體經營大賞 審査委員會 委員長
1996.2.1-1996.3.31 (2月) : 會長 (宋仁相), 社長(張大渙)
⑤ 內務部 地方行政研修院 指導教授
1996.3.1-1998.2.28 (2年) : 院長 (金忠奎)
⑥ 高陽市 湖水公園 經營管理事業性分析研究 諮問委員
1996.3.1-1997.2.28 (1年) : 市長 (申東泳)
⑦ 國務總理 地方自治制度發展委員會 委員
1996.3.8-1998.3.8 (2年) : 國務總理 (李壽成)
⑧ 內務部 公立大學審議委員會 委員
1996.3.19-1998.3.19 (2年) : 長官 (金佑錫)
⑨ 서울大 環境大學院 學科統合 및 ○○ 大學設置協議會 委員
1996.3.20-1998.3.19 (2年) : 院長 (朴岡源)
⑩ 聞慶專門大學 教養特講 演士
1996.3.29 (1日) : 學長 (申榮國)
⑪ 京畿開發研究院 研究諮問委員會 委員長
1996.4.2-1998.4.1 (2年) : 院長 (兪　焄)
⑫ 建設交通部 民間投資事業調整委員會 委員
1996.4.6-1998.4.5 (2年) : 長官 (秋敬錫)

⑬ 韓國産業人力公團 第47回 技術士 出題委員
1996.4.24-1996.4.28 (5日) : 理事長 (金在錫)
⑭ 韓國地域開發學會 名譽顧問
1996.5.15-1998.5.14 (2年) : 會長 (高秉浩)
⑮ 大韓商議 韓國經濟研究센터 研究委員
1996.6.1-1998.5.31 (2年) : 會長 (金相廈)
⑯ 內務部 政策諮問委員會 行政分科 委員 (再)
1996.6.1-1997.5.31 (1年) : 長官 (金佑錫)
⑰ 在京 聞慶市鄕友會 顧問
1996.6.20-現在 (10年 1月) : 會長 (朴仁遠)
⑱ 韓國不動産經濟新聞 社說 및 水曜時論 執筆委員
1996.6.26-1998.6.25 (2年) : 發行人 (權寧植)
⑲ 서울市 新廳舍建立諮問委員會 委員
1996.8.26-1997.8.25 (1年) : 市長 (趙　淳)
⑳ 建設交通部 中央都市計劃委員會 委員
1996.9.4-1998.9.3 (2年) : 長官 (秋敬錫)
㉑ 慶北市民日報社 慶北市民日報 顧問
1996.9.20-1997.9.19 (1年) : 聞慶本部長 (金경일)
㉒ 釜山大學校 經營 · 經濟研究所 研究諮問委員
1996.10.1-1998.9.30 (2年) : 總長 (尹洙仁)
㉓ 大田市 世界科學都市聯合 推進協議會 會長
1996.10.4-1997.10.3 (1年) : 市長 (洪善基)
㉔ 美國 Las Vegas市 Advisory Committee to the Las Vegas Business Information Office in Seoul, Advisor(顧問),
1996.10.7-1998.10.6 (2年) : Mayor (Jan Laverty Jones)
㉕ 內務部 地方行政研修院 第34回 地方行政研修大會 審査委員
1996.10.28-1996.11.15 (19日) : 院長 (金忠奎)
㉖ 韓國地方行政研究院 研究諮問委員 (再)
1996.11.11-1998.11.10 (2年) : 院長 (林敬鎬)
㉗ 地方自治團體國際化財團 管理審議委員會 委員 (再)
1996.11.28-1998.11.27 (2年) : 理事長 (蔣炳九)
㉘ 忠南 地方公務員教育院 市 · 郡研究發表大會 審査委員長
1996.12.1-1996.12.10 (10日) : 院長 (車周英)
㉙ 國際環境勞動文化院 諮問委員
1996.12.6-2000.12.5 (4年) : 理事長 (朴世直)
㉚ 서울大學校 環境大學校院 人事委員會 委員
1996.12.9-1998.12.8 (2年) : 院長 (楊秉彝)
㉛ 새마을運動中央協議會 第4代 諮問委員會 委員
1996.12.10-1998.12.9 (2年) : 會長 (李圭貳)
㉜ 漢江環境管理廳 名譽環境監視員 (再)
1996.12.24-1999.10.28 (2年 10月) : 廳長 (金종덕)

1997年 ① 大韓國土 · 都市計劃學會 弦汀事業基金管理委員會 委員
1997.1.9-2001.8.31 (4年 8月) : 會長 (呂鴻九)
② 農漁村振興公社 새萬金事業 諮問委員會 委員
1997.1.17-2000.11.20 (3年 10月) : 社長 (趙洪來)
③ 議會저널(株) 議會저널 編輯顧問
1997.1.25-2000.12.31 (3年 11月) : 社長 (尹鍾默)
④ 忠淸南道 '97國際環境포럼推進協議會 委員長
1997.1.27-1997.5.31 (4月) : 知事 (沈大平)
⑤ 報恩동산 中央靑雲會 理事
1997.2.3-1999.2.2 (2年) : 會長 (高允錫)
⑥ 建設交通部 民間投資事業審議委員會 委員長
1997.2.5-1998.2.4 (1年) : 長官 (秋敬錫)
⑦ 韓國地方自治學會 名譽會長
1997.2.14-1999.2.10 (2年) : 總會 選出
⑧ 地域開發硏究會 顧問
1997.2.24-2002.11.21 (5年 9月) : 會長 (李永奭)
⑨ 서울市 地方稅審議委員會 委員 (再)
1997.2.28-1999.2.28 (2年) : 市長 (趙　淳)
⑩ 韓國學術振興財團 地域開發硏究支援事業 審查 · 評價委員會 委員長
1997.3.1-1998.2.28 (1年) : 理事長 (金鍾云)
⑪ 새마을中央硏修院 歷史館展示室 準備入札審議委員會 委員
1997.3.6-1997.10.9 (7月) : 院長 (李昌洙)
⑫ 韓國能率協會 韓國地方自治團體 經營大賞 審查委員會 委員長
1997.3.10-1997.4.30 (2月) : 會長 (宋仁相)
⑬ 慶熙大 行政問題硏究所 昌原市硏究課題 諮問委員
1997.4.1-1997.7.31 (4月) : 所長 (金병진)
⑭ 大田市 世界科學都市聯合 準備委員會 諮問委員
1997.4.1-1997.6.5 (2月) : 市長 (洪善基)
⑮ 서울大學校 平議會 委員
1997.4.19-2001.4.18 (4年) : 總長 (鮮于仲皓)
⑯ 在京 聞慶中學校 同門會 諮問委員
1997.5.30-1999.5.30 (2年) : 會長 (朴炳載)
⑰ 內務部 政策諮問委員會 委員 (再)
1997.6.1-1998.5.31 (1年) : 長官 (姜雲太)
⑱ 農協中央會 運營諮問委員
1997.6.1-1999.5.31 (2年) : 會長 (元喆喜)
⑲ 慶尙北道 道廳移轉推進委員會 委員長
1997.6.25-2006.6.30 (9年) : 知事 (李義根)
⑳ 民主平和統一諮問會議 委員
1997.7.1-1998.6.30 (1年) : 大統領 (金泳三)
㉑ Consortium on Development Studies, Member of the Group of

Global Governors
1997.9.25-1999.9.25 (2年) : Chair (Gill-Chin Lim)
㉒ 勞動部 國家技術資格制度 專門委員會 委員 (再)
1997.9.26-2001.9.25 (4年) : 長官 (李起浩)
㉓ 새재會 새재碑建立推進委員會 委員長
1997.9.29-1999.4.25 (1年 7月) : 會長 (蔡弘植)
㉔ 內務部 · 서울放送(SBS) 第1回 民願奉仕大賞 功績審査委員會 委員
1997.10.29-1997.12.3 (2月) : 長官 (曹海寧), 社長 (尹世榮)
㉕ 國務總理室 政府構造調整方案 審議委員會 委員
1997.12.1-1998.1.31 (2月) : 國務總理 (高　建)
㉖ 韓國 라스베이거스 名譽市民聯合會 設立準備委員會 委員
1997.12.6-1999.12.5 (2年) : 委員長(金壽鶴)
㉗ 內務部 地方5級任用試驗 出題委員
1997.12.15-1998.12.14 (1年) : 長官(曹海寧)
㉘ 成均館大學校 '98學年度 教授採用研究實績 審査委員
1997.12.19-1998.1.9 (1月) : 總長(정범진)
㉙ 大韓國土 · 都市計劃學會 弦汀國土開發賞審査委員會 委員
1997.12.22-1998.1.31 (1月) : 委員長(盧隆熙)
㉚ 서울市都市開發公社 研究結果 評價委員
1997.12.24-1997.12.29 (6日) : 社長(金진욱)

1998年 ① 2002年 월드컵蹴球大會 文化市民運動 推進協議會 會員
1998.1.1-2002.6.30 (4年 6月) : 會長(李榮德)
② 새마을運動中央協議會 國家再創建을 위한 새마을運動 推進方向에 대한 監修委員
1998.1.12-1998.1.14 (3日) : 會長(金壽鶴)
③ 새마을運動 中央研修院 指導教授
1998.1.14-2000.1.14 (2年) : 院長(朴炳元)
④ 새마을運動中央協議會 새마을을 사랑하는 사람들의 準備委員會 委員
1998.2.19-1998.4.20 (2月) : 會長(金壽鶴)
⑤ 새마을運動中央協議會「새마을運動」新聞 論說委員
1998.2.25-2000.2.24 (2年) : 會長(金壽鶴)
⑥ 韓國能率協會「自治經營研究포럼」顧問
1998.2.27-2000.2.26 (2年) : 會長(宋仁相)
⑦ 行政自治部 地方行政研修院 指導教授
1998.3.1-2000.2.28 (2年) : 院長(石泳哲)
⑧ 大韓國土 · 都市計劃學會 國際交流委員會 委員長
1998.3.3-2002.2.22(4年) : 會長(金英模)
⑨ 京畿開發研究院 研究諮問委員會 委員長
1998.4.20-2000.4.20 (2年) : 院長(兪 焄)
⑩ 새마을사랑모임 運營委員
1998.4.21-現在 (8年 3月) : 常任共同代表(曺海寧)

⑪ 建交部 韓國道路公社 社長候補審査委員會 委員長
1998.5.10-1998.5.12 (3日) : 長官(李廷武)
⑫ 建交部 民間投資事業審議委員會 委員長
1998.5.15-1999.5.14 (1年) : 長官(李廷武)
⑬ 大韓商工會議所 韓國經濟研究센터 研究委員
1998.6.1-2000.5.31 (2年) : 會長(金相廈)
⑭ 民主平和統一諮問會議 委員
1998.7.1-2001.6.30 (3年) : 大統領(金大中)
⑮ 國務總理 國土建設綜合計劃審議會 委員
1998.7.7-2002.7.6 (4年) 大統領(金大中)
⑯ 韓國國際觀光開發研究院 諮問委員
1998.8.25-現在 (7年 11月) : 院長(安鍾允)
⑰ 古州盧隆熙地方自治學術賞 基金管理運營委員會 委員長
1998.9.4-2001.12.26 (3年 3月) : 委員會 互選
⑱ 建交部 中央都市計劃委員會 委員
1998.9.17-2000.9.16 (2年) : 長官(李廷武)
⑲ 行自部 地方行政研修院 第35回 地方行政研修大會 審査委員
1998.9.30-1998.11.6 (1月) : 院長(吳馨煥)
⑳ Head, The 3rd Anniversary Celebration Supporting Committee, Las Vegas Business Information Office in Seoul
1998.10.1-1998.10.22 (1月) : Mayor(J. L. Jones)
㉑ 韓國地方行政研究院「地方自治行政50年史」編纂諮問委員
1998.10.1-1999.2.7 (4月) : 院長(李達坤)
㉒ 2002年 월드컵蹴球大會 組織委員會 開催都市協議會 委員
1998.10.19-2000.10.18 (2年) : 委員長(朴世直)
㉓ 서울大 環境大學院 人事委員會 委員
1998.12.9-2000.12.8 (2年) : 院長(兪炳林)
㉔ 2002年 월드컵蹴球大會 組織委員會 都市環境協議會 共同議長
1998.12.15-2000.12.14 (2年) : 委員長(朴世直)
㉕ 國土建設綜合計劃審議會 地域開發分科委員會 委員
1998.12.19-2002.12.18 (4年) : 國務總理(金鍾泌)
㉖ 大韓國土 · 都市計劃學會 弦汀基金管理委員會 第13回 受賞者審査委員
1998.12.29-1999.1.30 (1月) : 委員長(盧隆熙)
㉗ 朴正熙大統領紀念館 建立事業準備委員會 委員
1998.12.31-1999.3.31 (3月) : 委員長(朴世直)

1999年 ① 大韓國土 · 都市計劃學會 首都圈貿易展示場 立地評價用役 諮問委員
1999.2.1-1999.4.20 (3月) : 會長(金英模)
② 國家專門行政研修院 自治行政研修部 指導教授
1999.2.2-2001.1.31 (2年) : 院長(吳馨煥)
③ 韓國道德運動協議會 顧問

1999.2.5-2004.7.1 (5年 6月) : 會長(尹相在)

④ 韓國地方自治學會 顧問

1999.2.10-現在 (7年 6月) : 會長(金東勳)

⑤ 韓國不動産聯合會 顧問

1999.2.25-2002.8.24 (3年) : 會長(李太教)

⑥ 2002年 월드컵組織委員會 韓日월드컵開催地 自治團體長會議 行事準備委員會 委員

1999.4.1-1999.6.15 (3月) : 委員長(朴世直)

⑦ '地方포럼' 諮問委員

1999.4.15-現在 (7年 4月) : 共同代表(朴東緖)

⑧ VIAGIS Center 環境分科 Coordinator 겸 Coordinators會議 議長

1999.4.19-2001.7.18 (2年 3月) : 所長(許和平)

⑨ 社團法人 韓國自治開發研究院 理事長

1999.4.28-2000.11.3 (1年 6月) : 理事會

⑩ 農協中央會 運營諮問委員會 委員

1999.6.1-2001.5.31 (2年) : 會長(鄭大根)

⑪ 새재會 會長

1999.6.29-2000.2.24 (8月) : 總會

⑫ 21世紀 都市政策開發院 諮問委員

1999.7.12-現在 (7年 1月) : 理事長(李相淵)

⑬ 韓國學術振興財團 '98研究課題審議委員

1999.8.26 (1日) : 理事長(金鍾云)

⑭ 大統領 地方移讓推進委員會 委員長(國務總理級)

1999.8.30-2001.8.29 (2年) : 大統領(金大中)

⑮ 서울大學校 環境大學院 環境計劃學科 博士課程指導委員會 委員

1999.9.1-2001.8.31 (2年) : 學科長(金成洙)

⑯ 大韓國土 · 都市計劃學會 慶北北部 儒教文化觀光資源 調査研究事業 諮問委員

1999.10.1-2000.3.3 (5月) : 會長(金英模)

⑰ 全國市 · 道知事協議會 諮問委員

1999.10.25-2002.6.30 (2年 9月) : 會長(高 建)

⑱ 厚林 李永爽先生 傘壽紀念文集編纂委員會 委員長

1999.11.12-2000.1.15 (2月) : 委員會

⑲ 國務總理室 交通政策委員會 委員

1999.11.25-2001.11.24 (2年) : 國務總理(金鍾泌)

⑳ 21世紀 都市政策開發院 研究委員

1999.12.22-2001.12.21 (2年) : 院長(姜德基)

2000年 ① 綠色自治新聞社 月刊 '自治21' 顧問

2000.1.1-2002.12.31 (3年) : 社長(崔河容)

② 서울市政開發研究院 研究諮問委員會 委員

2000.1.28-2002.1.26 (2年) : 院長(權源庸)

③ 嶺南大學校 · 達城郡 達城郡廳 移轉適地選定研究事業 諮問委員

2000.1.31-2000.11.10 (9月) : 責任者(崔外出)
④ 서울市 都市政策會議 委員
2000.2.21-現在 (2年 7月) : 市長(高 建)
⑤ 氷溪 金永燮教授 停年紀念論文集 發刊準備委員會 委員
2000.4.1-2000.11.8 (7月) : 委員長(趙鏞孝)
⑥ 建設交通部 國土整備企劃團 諮問委員會 委員長
2000.6.20-2001.6.20 (1年) : 長官(金允基)
⑦ 大韓住宅公社 經營改善 諮問委員會 委員
2000.8.1-2001.12.31 (1年 5月) : 社長(吳施德)
⑧ Sub Ad社 顧問
2000.9.1-2001.8.31 (1年) : 社長(鄭龍鎬)
⑨ 建設交通部 中央都市計劃委員會 委員
2000.9.26-2002.9.25 (2年) : 長官(金允基)
⑩ 建設交通部 空港運營體系改善審議委員會 委員長
2000.9.29-2001.9.28 (1年) : 長官(金允基)
⑪ 韓國自治開發研究院 院長
2000.11.4-2004.5.31 (3年 7月) : 理事會
⑫ 農業基盤公社 새萬金事業諮問委員會 委員
2000.11.21-2002.11.20 (2年) : 社長(文東信)
⑬ 濟州市 名譽市民
2000.12.14-現在 (5年 8月) : 市長(金泰煥)

2001年 ① 國家專門行政研修院 自治行政研修部 指導教授
2001.2.1-2003.1.31 (2年) : 院長(吳馨煥)
② 韓國建設產業研究院 研究諮問委員
2001.2.1-2003.1.31 (2年) : 院長(李建永)
③ 安東大學校 總同窓會 顧問
2001.3.1-2003.2.28 (2年) : 會長(張元碩)
④ 慶北을 사랑하는 모임 顧問
2001.3.8-現在 (5年 5月) : 總會
⑤ 榮進專門大學 附設 福祉社會研究所 諮問委員
2001.5.1-現在 (5年 3月) : 學長(崔達坤)
⑥ 韓國能率協會 第6回 韓國地方自治經營大賞 審査委員會 委員長
2001.5.1-2001.7.18 (3月) : 會長(宋仁相)
⑦ 韓國地方行政研究院 研究諮問委員會 委員長
2001.5.18-2003.5.17 (2年) : 院長(朴羽緒)
⑧ 釜山市 釜山廣域市 都市計劃諮問委員會 委員
2001.6.2-2002.6.30 (1年 1月) : 市長(安相英)
⑨ 康津郡 康津青磁文化祭 弘報大使
2001.7.3-2003.12.31 (2年 6月) : 郡守(尹泳銖)
⑩ 京畿開發研究院 研究諮問委員會 委員

2001.7.20-2002.7.19 (1年) : 院長(盧椿熙)

⑪ 韓國道德運動協議會 第1回 中學生 道德禮節 글짓기大會 審查委員會 委員長

2001.8.10-2001.10.19 (2月) : 會長(尹相在)

⑫ 21世紀 地域포럼 共同代表

2001.8.28-2003.8.27 (2年) : 總會

⑬ 大統領 地方移讓推進委員會 委員長 (第2代)

2001.9.18-2003.9.17 (2年) : 大統領(金大中)

⑭ 向志會 會長

2001.11.5-2003.11.4 (2年) : 總會

⑮ 古州盧隆熙 地方自治學術賞 運營委員會 委員

2001.12.27-2003.12.26 (2年) : 委員長(金東勳)

⑯ 地硏會 會長

2001.12.28-2003.12.27 (2年) : 總會

2002年 ① 弦汀國土開發賞 學術部門審査委員會 委員長

2002.1.4-2002.2.22 (2月) : 委員長(盧隆熙)

② 草友 禹哉永先生 古稀紀念集 發刊委員會 委員長

2002.1.8-2002.3.31 (3月) : 委員會

③ 서울市政開發硏究院 硏究諮問委員會 委員

2002.1.27-2004.1.26 (2年) : 院長(權源庸)

④ 忠南道 地域均衡發展을 위한 政策推進方案硏究用役 諮問委員團 委員

2002.5.1-2002.12.31 (8月) : 知事(沈大平)

⑤ 大韓國土 · 都市計劃學會 '國民賃貸住宅地造成' 計劃 基準硏究(住宅公社 依賴) 諮問委員

2002.5.13-2002.10.12 (5月) : 會長(元濟戊)

⑥ 建設環境新聞 論壇執筆委員

2002.7.1-2002.12.31 (6月) : 社長(李종기)

⑦ 仁川科學아카데미 韓火仁川工場敷地 基本構想諮問委員會 委員

2002.7.8-2002.12.31 (6月) : 院長(安京洙)

⑧ 國務總理 國土建設綜合計劃審議會 委員

2002.7.7-2002.12.31 (6月) : 大統領(金大中)

⑨ 一京 尹相在 先生 古稀紀念文集編纂委員會 編纂委員

2002.7.10-2002.12.31 (6月) : 委員長(朴權欽)

⑩ 國土硏究院 21世紀 國土포럼 共同代表議長

2002. 9. 8-2004. 9. 8 (2年) : 共同代表 選出

⑪ 大韓國土 · 都市計劃學會 弦汀賞基金管理委員會 委員 (再)

2002. 9. 10-2004. 2. 24 (1年 5月) : 會長(元濟戊)

⑫ 韓國地方行政硏究院 硏究員募集論文審査 및 面接委員會 委員長

2002. 9. 24-2002. 10. 27 (1月) : 院長(金興來)

⑬ 建設交通部 中央都市計劃委員會 委員

2002. 9. 26-2002. 12. 31 (3月) : 長官(林寅澤)

⑭ 大韓國土 · 都市計劃學會 奬學基金 管理委員會 副委員長

2002. 10. 2-2004. 10. 1 (2年) : 委員長(康柄基)

⑮ 大統領 持續可能發展委員會 委員

2002. 10. 4-2003. 12. 15 (1年 2月) : 大統領(金大中)

⑯ 國家專門行政硏修院 第39回 地方行政硏修大會 審査委員會 委員長

2002. 10. 10-2002. 10. 25 (16日) : 院長(金在喆)

⑰ 大統領 持續可能發展委員會 國土·水資源分科委員會 委員

2002. 11. 1-2003. 5. 26 (7月) : 委員長(朴英淑)

⑱ 韓國經濟新聞社 '企業하기 좋은 地域大賞' 評價委員會 委員長

2002. 11. 5-2003. 4. 14 (5月) : 社長(崔준명)

⑲ 韓國地域發展硏究院 (舊 地域開發硏究會) 院長

2002. 11. 22(建交部長官 承認 : 02. 11. 11)~2004. 5. 31 (1年 6月) : 理事長(禹哉永)

⑳ 韓國公共自治硏究院 發起人

2002. 11. 25 (1日) : 所長(李起憲)

㉑ 釜山大學校 都市工學科 敎授採用審査委員會 委員

2002. 12. 1-2002. 12. 5 (5日) : 總長(朴在潤)

2003年 ① 建設交通部 中央都市計劃委員會 委員

2003. 1. 1-2004. 12. 31 (2年) : 長官(林寅澤)

② 晩翠 柳致松 先生 傘壽筵 準備委員會 委員

2003. 1. 2-2003. 7. 2 (6月) : 韓國道德運動協議會長(尹相在)

③ 建交部 中央都市計劃委員會 第3分科委員會 委員長

2003. 2. 7-2003. 12. 31 (11月) : 委員長(金 源)

④ 韓國地方分權아카데미 顧問

2003. 3. 28-2006. 6. 30 (3年 3月) : 名譽理事長(金進炕)

⑤ 國務總理室 서울外廓循環道路路線再檢討委員會 委員長

2003. 4. 22-2003. 6. 5 (46日) : 國務總理(高 建)

⑥ 聞慶中學校 同窓會 諮問委員

2003. 4. 26-現在 (3年 3月) : 第16代 同窓會長(金碩九)

⑦ 國際法律 警察新聞 論說委員

2003. 4. 28-2003. 7. 22 (3月) : 社長(朴基信)

⑧ 濟州道 行政改革推進委員會 諮問委員

2003. 5. 7-2005. 5. 6 (2年) : 道知事(禹瑾敏)

⑨ 韓國地方行政硏究院 硏究諮問委員會 委員

2003. 5. 18-2005. 5. 17 (2年) : 院長(金興來)

⑩ 新行政首都建設推進諮問委員會 委員長

2003. 6. 3-2004. 4. 16 (11月) : 大統領(盧武鉉)

⑪ 仁川廣域市 政策諮問敎授團 諮問敎授

2003. 6. 4-2005. 6. 3 (2年) : 市長(安相洙)

⑫ 新行政首都建設推進企劃團 諮問委員會 委員長

2003. 6. 5-2004. 4. 16 (11月) : 大統領 政策室 室長(李廷雨)

⑬ 서울市政開發硏究院 諮問委員會 委員

2003. 6. 10-2005. 6. 9 (2年) : 院長(白大賢)

⑭ 서울大 環境大學院 敎授新規採用 總括硏究業績審査委員

2003. 6. 18-2003. 6. 31 (14日) : 院長(金丁勛)

⑮ 韓國書畵作家協會 中央會 顧問

2003. 7. 7-2004. 7. 1 (1年) : 會長(尹相在)

⑯ 國際法律 警察新聞 論說委員

2003. 7. 23-現在 (3年) : 會長(朴基信)

⑰ 韓國道德運動協議會「孝子 · 孝女 · 孝婦 · 烈女 文集」編纂委員會 委員

2003. 8. 1-2003. 12. 31 (5月) : 會長(尹相在)

⑱ 韓國不動産聯合會 · 世界不動産聯盟 韓國代表部 顧問

2003. 8. 1-現在 (3年) : 會長(吳鎭模)

⑲ 韓國土地公社 經營政策諮問委員會 委員長

2003. 9. 17-2004. 9. 16 (1年) : 社長(金振鎬)

⑳ 大韓國土 · 都市計劃學會 會館建立推進委員會 顧問

2003. 9. 25-現在 (2年 10月) : 會長(元濟戊)

㉑ 東洋大學校 地域發展硏究院 諮問委員

2003. 10. 1-現在 (2年 10月) : 院長(金진영)

㉒ 韓國行政硏究院 硏究委員採用 面接委員

2003. 11. 4 (1日) : 院長(金重養)

2004年 ① 建設交通部 中央都市計劃委員會 第1分科委員會 委員長

2004. 1. 1-2004. 12. 31 (1年) : 委員長(金 源)

②韓國地方行政硏究院 硏究員採用 論文審査 및 面接委員

2004. 1. 1-2004. 1. 16 (16日) : 院長(金興來)

③ 韓國經濟新聞社 '企業하기 좋은 地域 大賞' 評價委員會 委員長

2004. 2. 1-2005. 2. 1 (11月) : 社長(崔준명)

④ 韓國自治開發硏究院 顧問

2004. 6. 1-2004. 9. 23 (4月) : 理事長(朴昇治)

⑤ 韓國地域發展硏究院 顧問

2004. 6. 1-2004. 9. 23 (4月) : 理事長(禹哉永)

⑥ 韓國道德運動協議會 第6代 總裁

2004. 7. 2-2008. 7. 1 (4年) : 會長(尹相在)

⑦ 韓國書畵作家協會 第13代 總裁

2004. 7. 2-2008. 7. 1 (4年) : 會長(尹相在)

⑧ 國土硏究院 21世紀國土포럼 共同代表

2004. 9. 9-2006. 9. 8 (2年) : 院長(李揆邦)

⑨ 韓國土地公社 經營政策諮問委員會 委員長

2004. 9. 17- 2005. 9. 16 (1年) : 社長(金振鎬)

⑩ 韓國自治發展硏究院 院長

2004. 9. 24-現在 (1年 10月) : 理事長(朴昇治)

⑪ 韓國地域發展硏究院 常任顧問

2004. 9. 24-現在 (1年 10月) : 理事長(禹哉永)
⑫ 國土硏究院 21世紀國土포럼 共同代表議長
2004. 12. 8-2006. 9. 8 (1年 9月) : 共同代表 互選
⑬ 光云學園 臨時理事
2004. 12. 29-2005. 4. 21 (4月) : 서울高等法院 判事(崔秉鶴 · 鄭震皓 · 全炳寬)

2005年 ① 建設交通部 中央都市計劃委員會 委員 및 副委員長
2005. 1. 1-2006. 12. 31 (2年) : 長官(姜東錫)
② 忠南 西海岸포럼 顧問
2005. 1. 20-2008. 12. 31 (4年) : 會長(文在佑)
③ 建設交通部 中央都市計劃委員會 第1分科委員會 委員長
2005. 2. 3-2006. 2. 2 (1年) : 好選
④ 2006年 世界不動産聯盟總會 組織委員會 顧問
2005. 2. 21-2005. 12. 31 (10月) : 委員長(吳鎭模)
⑤ 青瓦臺 行政中心複合都市建設推進委員會 諮問委員會 委員
2005. 5. 26-2006. 5. 25 (1年) : 委員長(李海瓚 · 崔秉瑄)
⑥ 世界人類洗心運動本部 世界人類爲國犧牲 鎭魂天禱大祭 共同代表 祭主
2005. 6. 10-2006. 6. 12 (3日) : 總裁(無邊大師)
⑦ 聞慶市 公共機關誘致推進委員會 諮問委員
2005. 7. 8-2005. 12. 31 (6日) : 市長(朴仁遠)
⑧ 國立安東大學校 總同窓會 顧問
2005. 7. 15-現在 (1年 1月) : 會長(金志默)
⑨ 韓國土地公社 經營政策諮問委員會 委員長
2005. 9. 17-2006. 9. 16 (1年) : 社長(金在賢)
⑩ 行複都市建設推進委員會 '내가 살고 싶은 幸福한 都市의 모습' 寫眞 및 에세이公募 審査委員會 委員長
2005. 10. 1-2005. 10. 31 (1月) : 委員長(崔秉瑄)
⑪ 仁川廣域市 政策諮問敎授團 團長
2005. 10. 10- 2007. 10. 9 (2年) : 市長(安相洙)

2006年 ① 好凡會 第4代 會長
2006. 1. 31-2008. 1. 30 (2年) : 總會 選出
② (社)Amenity Forum 共同代表
2006. 2. 22-2009. 2. 21 (3年) : 總會 選出
③ 韓國經濟新聞社 '企業하기 좋은 地域 大賞' 審査委員會 委員長
2006. 3. 17-2006. 12. 31 (10月) : 委員會 互選
④ 行政中心複合都市建設廳 都市名稱制定審議委員會 委員長
2006. 5. 10-2008. 5. 9 (2年) : 廳長(李春熙)
⑤ 行政中心複合都市建設推進委員會 諮問委員會 委員
2006. 5. 26-2007. 5. 25 (1年) : 委員長(韓明淑 · 徐義澤)

3. 保有職位의 變動과 分類

(1) 保有職位 및 在任期間

1) 基本經歷에서의 職位

區分	機關 및 職位				在任期間			
	機關·團體	職位·職級	任期(年:月)	發令者	發令日	終了日	期間(年:月)	連任回數(回)
1.軍隊	① 陸軍 首都師團 第7276部隊	上等兵	1 : 6	陸參總長	58.7.31	60.4.30	1:9	1
2.出版社·學校	① 出版社 民衆書館	編輯社員	-	社長	62.4.7	63.2.1	0:10	1
	② 首都女師大 附設 女子高等學校	數學敎師	-	校長	63.2.1	63.4.30	0:3	1
3.政府	① 內務部 地方行政硏究委員會	硏究員	2:0	長官	64.4.15	66.2.28	1:11	1
	② 韓國地方行政硏究院	院長	2:0	內務長官	92.7.21	94.7.20	2:0	1
4.서울大學校 行政大學院	① 行政大學院	助敎	2:0	院長	66.3.25	70.9.26	4:6	3
	② 〃	時間講師	0:6	〃	72.3.2	72.5.9	0:2	1
	③ 〃	專任講師	2:0	總長	72.5.10	73.5.7	1:0	1
	④ 國家政策發展課程	講師	0:6	院長	76.3.1	96.12.31	20:10	42
5.서울大學校 環境大學院	① 環境大學院	專任講師	2:0	總長	73.5.8	76.4.14	3:0	2
	② 都市 및 地域計劃學科	主任職代	2:0	〃	73.5.8	75.2.28	1:10	1
	③ 環境大學院	助敎授	4:0	文敎長官	76.4.15	80.7.31	4:4	1
	④ 環境計劃學科	學科長	2:0	總長	77.9.28	79.9.28	2:0	1
	⑤ 人事委員會	委員	2:0	〃	80.2.1	00.12.8	20:10	11
	⑥ 環境計劃硏究所	所長	2:0	〃	80.4.17	80.11.17	0:7	1
	⑦ 環境大學院	副敎授	5:0	文敎長官	80.8.1	85.9.30	5:2	1
	⑧ 環境計劃硏究所	所長	2:0	總長	82.11.18	84.11.17	2:0	1
	⑨ 人事委員會	委員	2:0	〃	84.6.18	86.6.17	2:0	1
	⑩ 環境大學院	敎授	6:0	大統領	85.10.1	91.9.30	6:0	1
	⑪ 環境計劃硏究所 地域開發硏究室	主任敎授	1:0	所長	86.2.1	86.11.4	0:9	1
	⑫ 環境大學院	院長	2:0	文敎長官	86.11.5	90.11.4	4:0	2
	⑬ 〃	敎授	6:0	大統領	91.10.1	92.2.29	0:5	1
	⑭ 〃	停年保障敎授	10:6	〃	92.3.1	02.8.31	10:6	1
	⑮ 〃	〃	8:1	總長	94.7.21	02.8.31	8:1	1
	⑯ 短期課程 準備委員會	委員長	0:6	院長	94.11.23	95.3.31	0:4	2
	⑰ 環境館建立 推進委員會	委員	1:0	〃	94.11.23	99.12.31	1:8	1
	⑱ 短期課程 書類銓衡委員會	〃	0:1	〃	95.8.1	95.8.31	5:1	1
	⑲ 學科統合 및 ○○大學 設置協議會	〃	1:0	〃	96.3.20	98.3.19	2:0	1
	⑳ 博士課程 指導委員會	〃	2:0	〃	99.9.1	01.8.31	2:0	1
	㉑ 敎授停年	名譽敎授	-	總長	02.9.1	現在	3:11	-
	㉒ 停年敎授	時間講師	0:6	院長	02.9.1	現在	3:11	8
6.서울大學校 本部	① 敎授協議會	理事	2:0	會長	73.3.1	78.2.28	5:0	3
	② 大學院委員會	委員	2:0	總長	73.7.31	75.7.30	2:0	1
	③ 中央圖書館 運營委員會	〃	2:0	〃	75.4.22	77.4.21	2:0	1
	④ 建築審議委員會	〃	2:0	〃	88.10.10	89.12.31	1:3	1
	⑤ 學長會	幹事	2:0	學長會議	88.11.10	90.11.4	2:0	1
	⑥ 캠퍼스計劃委員會	委員	2:0	總長	91.10.29	93.10.29	2:0	1
	⑦ 캠퍼스擴充事業企劃團	推進委員	1:0	〃	91.11.25	92.11.24	1:0	1
	⑧ 總長候補選定委員會	委員	0:2	〃	94.12.27	95.2.29	0:2	1
	⑨ 發展基金推進委員會	〃	2:0	〃	95.6.20	97.6.19	2:0	1
	⑩ 評議會	〃	2:0	〃	97.4.19	01.4.18	4:0	2
7.建國大學校	① 不動産大學院	碩座敎授	1:0	總長	05.3.1	現在	1:5	2

2) 副次經歷에서의 職位

區 分	機關及職位					在任期間			
	機 關	組 織	職位·職級	任期(年:月)	發令者	發令日	終了日	期間(年:月)	連任回數(回)
1.中央政府(直屬·附設機關 포함)	(1)內務部(行政自治部)	① 地方行政硏修院	講師	0:6	院長	65.4.1	69.7.31	4:4	9
		② 〃	〃	0:6	〃	72.3.1	03.1.31	30:11	62
		③ 〃	指導敎授	2:0	〃	81.3.18	03.1.31	21:8	11
		④ 〃	審議委員	0:2	〃	83.8.9	83.10.8	0:2	1
		⑤ 〃	諮問委員	2:0	〃	84.9.7	86.9.6	2:0	1
		⑥ 〃	審議委員	1:0	〃	90.4.3	90.12.31	0:9	1
		⑦ 地方行政硏究委員會	專門委員	2:0	長官	72.9.15	74.9.14	2:0	1
		⑧ 〃	委員	2:0	〃	85.4.19	87.4.18	2:0	1
		⑨ 住民所得硏究委員會	〃	2:0	〃	73.1.31	75.1.30	2:0	1
		⑩ 3級昇進試驗委員會	試驗委員	1:0	〃	75.5.6	77.5.5	2:0	2
		⑪ 〃	〃	1:0	〃	78.10.11	79.8.31	0:11	1
		⑫ 地方都市評價團	評價敎授	0:1	〃	79.7.23	79.8.4	0:1	1
		⑬ 政策諮問委員會	委員	1:0	〃	81.2.16	98.5.31	17:3	19
		⑭ 地方自治發展審議會	〃	2:0	〃	92.9.18	94.9.17	2:0	1
		⑮ 世界化推進企劃班	班員	2:0	〃	95.4.15	98.2.28	2:11	2
		⑯ 公立大學審議委員會	委員	2:0	〃	96.3.19	98.3.18	2:0	1
		⑰ 警察大學	講師	1:0	學長	96.1.16	96.8.16	0:7	1
	2)保健福祉部	① 社會事業訓練院	講師	0:6	院長	66.4.1	66.11.30	0:8	2
		② 〃	〃	0:6	〃	82.5.11	82.12.31	0:8	2
		③ 第5次經濟計劃樹立團	實務委員	1:0	長官	78.6.3	78.12.31	0:7	1
	(3)建設交通部	① 建設公務員敎育院	講師	0:6	院長	69.6.3	69.7.31	0:2	1
		② 中央調査硏究團	計劃委員	2:0	長官	72.7.13	75.6.30	3:0	2
		③ 交通政策審議會	委員	1:0	〃	80.12.30	81.2.16	0:2	1
		④ 交通政策諮問委員會	分科委員長	1:0	〃	81.2.17	82.7.31	1:5	2
		⑤ 國土利用計劃審議委員會	委員	2:0	〃	83.3.11	87.3.10	4:0	2
		⑥ 中央都市計劃委員會	〃	2:0	〃	86.6.19	現在	20:1	11
		⑦ 建設政策諮問委員會	〃	1:0	〃	88.2.9	89.2.9	1:0	1
		⑧ 民間投資事業調整委員會	委員·委員長	1:0	〃	96.4.6	99.5.14	3:2	3
		⑨ 國土整備企劃團	諮問委員長	1:0	〃	00.6.20	01.6.20	1:0	1
		⑩ 空港運營體系審議委員會	委員長	1:0	〃	00.9.29	01.9.28	1:0	1
		⑪ 行複都市建設廳 名稱制定委員會	委員長	2:0	廳長	06.5.10	現在	0:3	1
	(4)總務處	① 提案審査委員會	專門委員	1:0	長官	74.11.28	77.11.30	3:0	3
		② 3級昇進試驗委員會	試驗委員	1:0	〃	75.2.5	77.2.4	2:0	2
		③ 中央公務員敎育院	講師	0:6	院長	75.4.1	75.12.31	0:9	2
		④ 〃	〃	0:6	〃	78.3.22	78.12.31	0:10	2
		⑤ 行政高等考試委員會	出題委員	0:1	長官	81.12.7	81.12.31	0:1	1
		⑥ 機能移管審議會	委員	1:0	〃	91.7.16	94.12.31	3:5	4

區　分	機關及職位					在任期間			
	機　關	組　織	職位·職級	任期(年:月)	發令者	發令日	終了日	期間(年:月)	連任回數(回)
1.中央政府(直屬·附設機關포함)	(5)科學技術處	① 國家技術資格檢證委員會	試驗委員	1:0	長官	76.9.21	78.9.20	2:0	2
		② 綜合科學技術審議會	委員	2:0	〃	82.2.4	84.2.3	2:0	1
		③ 5次計劃修正作業班	班員	0:3	〃	83.7.25	83.10.24	0:3	1
		④ 政策諮問委員會	委員	2:0	長官	83.9.29	85.9.28	2:0	1
		⑤ 基盤構築班	班員	0:6	次官	85.6.13	85.12.31	0:7	1
		⑥ 研究團地作業班	〃	0:6	長官	86.3.14	86.9.15	0:6	1
		⑦ 6次計劃修正委員會	委員	0:2	〃	88.5.6	88.6.30	0:2	1
		⑧ 科學技術21世紀모임	〃	1:0	〃	88.6.17	88.12.31	0:7	1
		⑨ 光州團地諮問團	〃	2:0	〃	89.1.13	91.1.12	2:0	1
		⑩ 研究團地諮問團	〃	2:0	〃	90.3.9	92.3.9	2:0	1
	(6)國務總理室	① 行政改革調整委員會	諮問委員	1:0	委員長	79.2.20	79.10.30	0:8	1
		② 國土綜合計劃審議會	委員	4:0	大統領	85.10.7	02.12.31	17:3	9
		③ 西海岸開發推進委員會	〃	2:0	國務總理	88.10.6	90.10.5	2:0	1
		④ 政策評價委員會	〃	0:6	〃	94.7.21	94.12.31	0:5	1
		⑤ 地方自治制度發展委員會	〃	2:0	〃	96.3.8	98.2.28	2:0	1
		⑥ 政府構造調整審議委員會	〃	0:2	〃	97.12.1	98.1.31	0:2	1
		⑦ 交通政策委員會	〃	2:0	〃	99.11.25	01.11.24	2:0	1
		⑧ 서울外廓循環道路路線再檢討委員會	委員長	0:2	〃	03.4.22	03.6.5	0:2	1
	(7)通商産業部	① 工業配置審議會議	委員	2:0	長官	79.3.28	03.3.27	24:0	12
	(8)青瓦臺	① 特定地域開發委員會	諮問委員	0:6	企劃團長	79.5.31	79.11.30	0:6	1
		② 大統領科學技術諮問會議	委員	2:0	大統領	89.6.5	90.12.31	1:7	1
		③ 行政刷新委員會	委員	1:0	〃	93.4.10	95.4.30	2:0	2
		④ 地方移讓推進委員會	委員長	2:0	〃	99.8.30	03.9.17	4:1	2
		⑤ 持續可能發展委員會	委員	2:0	〃	02.10.4	03.12.15	1:2	1
		⑥ 新行政首都建設推進委員會	諮問委員長·推進委員長	1:0	〃	03.6.3	04.9.13	1:3	2
		⑦ 行政都市建設諮問委員會	委員	1:0	推進委員長	05.5.26	現在	1:2	2
	(9)財政經濟院	① 經濟計劃調整班	班員	0:6	長官	80.4.11	80.8.31	0:5	1
		② 地方財政作業班	研究委員	1:0	〃	85.5.16	85.12.31	0:8	1
		③ 山地開發作業團	團員	0:6	〃	86.9.9	86.12.3	0:4	1
		④ 土地課稅合理化委員會	委員	2:0	〃	88.4.18	90.4.17	2:0	1
	(10)環境部	① 水質保全協議會	委員	2:0	廳長	80.5.28	82.5.27	2:0	1
		② 中央環境保全委員會	〃	2:0	長官	80.11.13	92.11.30	12:0	6
		③ 名譽環境監視委員會	監視員	3:0	서울廳長	93.11.9	99.10.28	6:0	2
	(11)教育部	① 一種圖書編纂審議會	委員	1:0	長官	80.7.7	83.3.9	2:8	3
		② 地域開發課題審議會	委員長	2:0	〃	88.12.12	96.12.31	8:1	5
		③ 學位種別審查委員會	委員	2:0	〃	90.10.17	92.10.16	2:0	1
		④ 中央教育審議會	〃	2:0	〃	92.5.30	94.10.31	2:5	1
	(12)勞動部	① 技術資格制度審議會	專門委員	2:0	長官	82.7.24	01.9.25	19:2	10

區分	機關及職位					在任期間			
	機關	組織	職位·職級	任期(年:月)	發令者	發令日	終了日	期間(年:月)	連任回數(回)
1.中央政府(直屬·附設機關포함)	(13)國保委	① 常任委員會	委員	0:5	委員長	80.6.5	80.10.27	0:5	1
	(14)立法會議	① 內務委員會	專門委員	0:4	議長	80.10.28	81.2.28	0:4	1
	(15)民主平和統一諮問會議	① 諮問會議	委員	2:0	大統領	93.7.1	01.6.30	8:0	4
		② 〃	常任委員	2:0	〃	95.8.16	97.8.15	2:0	1
2. 地方政府(附設機關포함)	(1)서울特別市	① 公務員教育院	講師	0:6	院長	66.5.1	69.7.31	3:3	7
		② 首都行政諮問委員會	委員	2:0	市長	77.2.5	81.5.11	4:4	3
		③ 再開發審議委員會	〃	2:0	〃	77.11.18	82.3.10	4:4	3
		④ 市稅審議委員會	〃	2:0	〃	79.5.12	99.2.28	19:9	10
		⑤ 都市計劃委員會	〃	2:0	〃	80.5.29	85.5.27	5:0	3
		⑥ 市政研究團	研究委員	2:0	〃	80.6.1	82.5.31	2:0	1
		⑦ 人口抑制實務協議會	委員	2:0	市長	83.2.7	86.12.31	3:11	2
		⑧ 木洞開發諮問委員會	〃	2:0	〃	83.12.9	85.12.8	2:0	1
		⑨ 市政諮問委員會	〃	2:0	〃	85.11.28	87.11.28	2:0	1
		⑩ 市政改革研究委員會	〃	0:6	〃	89.5.2	89.12.30	0:7	1
		⑪ 教育改革審議委員會	〃	2:0	〃	90.4.13	92.4.12	2:0	1
		⑫ 市政改革研究諮問委員會	〃	0:4	〃	95.2.7	95.5.31	0:4	1
		⑬ 新廳舍建立諮問委員會	〃	1:0	〃	96.8.26	97.8.25	1:0	1
		⑭ 都市政策會議	〃	2:0	〃	00.2.21	02.6.31	2:4	3
	(2)釜山市	① 廣域都市計劃諮問委員會	委員	2:0	市長	01.6.2	02.6.30	1:1	1
	(3)仁川市	① 政策諮問教授團	團長	2:0	市長	03.6.4	現在	3:2	2
	(4)大田市	① 世界科學都市聯合推進協議會	會長	1:0	市長	96.10.4	97.10.3	1:0	1
	(5)京畿道	① 道立公園委員會	委員	2:0	道知事	73.5.12	75.5.11	2:0	1
		② 都市計劃委員會	〃	2:0	〃	74.4.23	86.10.15	12:6	7
		③ 公務員教育院	講師	0:6	院長	75.2.14	75.3.13	0:1	1
		④ 評價教授團	評價教授	2:0	道知事	77.2.15	79.2.14	2:0	1
		⑤ 道建設綜合計劃審議會	委員	2:0	〃	77.4.7	79.4.6	2:0	1
		⑥ 都市計劃測量團	指導委員	2:0	〃	77.6.1	79.5.31	2:0	1
		⑦ 道立公園委員會	委員	2:0	〃	78.4.27	80.4.26	2:0	1
		⑧ 南漢山城計劃委員會	〃	2:0	〃	80.3.27	82.3.26	2:0	1
	(6)江原道	① 韓國地方分權아카데미	顧問	2:0	道知事	03.3.28	06.6.30	3:3	2
	(7)忠淸南道	① 國際環境포럼推進協議會	委員長	0:6	道知事	97.1.27	97.5.31	0:4	1
	(8)慶尙北道	① 道廳移轉推進委員會	委員長	2:0	道知事	97.6.25	06.6.30	9:0	5
	(9)慶北聞慶市	① 道民體典準備委員會	諮問委員	1:0	聞慶郡守	82.10.20	83.5.14	0:7	1
		② 郡誌編輯委員會	委員	2:0	〃	89.7.3	91.12.31	2:6	2
		③ 市 體育振興會	〃	2:0	店村市長	90.6.9	92.6.9	2:0	1
		④ 公共機關誘致推進委員會	諮問委員	2:0	聞慶市長	05.7.8	05.12.31	0:6	1
	(10)忠南大川市	① 都市計劃諮問委員會	委員	1:0	市長	83.10.1	83.12.31	0:6	1
	(11)京畿始興郡	① 郡誌編輯委員會	委員	2:0	郡守	87.10.1	88.12.31	1:3	1
	(12)慶北慶州市	① 都市計劃諮問委員會	委員	0:3	市長	90.8.1	90.10.13	0:3	1
	(13)全羅南道	① 道廳移轉推進委員會	指導委員	1:0	道知事	93.2.1	93.12.31	0:11	1

區分	機關及職位					在任期間			
	機關	組織	職位·職級	任期(年:月)	發令者	發令日	終了日	期間(年:月)	連任回數(回)
2. 地方政府(附設機關포함)	(14)忠淸北道	① 淸州圈計劃樹立團	指導委員	1:0	道知事	93.8.2	94.12.31	1:5	2
	(15)京畿高陽市	① 湖水公園經營管理事業性分析研究諮問委員會	委員	1:0	市長	96.3.1	97.2.28	1:0	1
	(16)濟州道	① 濟州市	名譽市民	-	市長	00.12.14	現在	5:8	-
		② 行政改革推進委員會	諮問委員	2:0	道知事	03.5.7	05.5.6	2:0	1
	(17)全南康津郡	① 康津靑瓷文化祭	弘報大使	2:0	郡守	01.7.3	02.8.31	1:2	1
	(18)全國市·道	① 市·道知事協議會	諮問委員	2:0	會長	99.10.25	02.6.30	2:9	2
3.公共機關(教育·金融·研究 및 政府投資機關)	(1)教育機關	①聞慶中學校	講師	1:0	校長	61.1.16	61.3.6	0:2	1
		② 明知大 行政學科	〃	0:6	總長	67.3.1	69.8.31	2:6	5
		③ 建國大 行政學科	〃	0:6	〃	67.9.1	69.8.31	2:0	4
		④ 京畿學院	〃	1:3	院長	67.11.1	69.1.31	1:3	3
		⑤ 서울明信國民學校 育成會	副會長	1:0	校長	74.3.1	75.2.28	1:0	1
		⑥ 漢陽大 行政大學院	講師	0:6	總長	79.3.8	79.12.31	0:9	1
		⑦ 漢陽大 行政學科	〃	0:6	〃	82.3.1	82.7.31	0:5	1
		⑧ 漢陽大 行政學科	〃	0:6	〃	82.3.1	83.7.31	0:5	1
		⑨ 漢陽大 行政學科	講師	0:6	總長	84.3.1	84.8.31	0:6	1
		⑩ 漢陽大 行政學科	〃	0:6	〃	87.3.1	87.8.31	0:6	1
		⑪ 明信學園	理事	2:0	理事長	81.4.1	82.10.31	1:7	1
		⑫ 延世大 建築學科	講師	0:6	總長	81.9.1	81.12.31	0:4	1
		⑬ 延世大 保健大學院	外來教授	0:6	〃	82.3.1	82.8.31	0:6	1
		⑭ 嶺南大 環境大學院	招聘教授	0:6	〃	82.3.1	83.6.30	1:4	3
		⑮ 〃	講師	0:6	〃	84.3.1	84.8.31	0:6	1
		⑯ 弘益大 都市工學科	〃	0:6	〃	83.3.1	83.7.31	0:5	1
		⑰ 大邱大 地域社會開發學科	〃	0:6	〃	85.9.1	85.12.31	0:4	1
		⑱ 榮進專門大 地方自治研究所	研究委員	2:0	學長	91.1.3	現在	15:7	8
		⑲ 檀國大 行政大學院(天安)	講師	0:6	總長	91.3.9	95.12.31	4:10	10
		⑳ 教員大 教員研修院	〃	0:6	〃	93.5.31	94.8.31	1:3	3
		㉑ 瑞江專門大 地域開發研究所	諮問委員	2:0	學長	94.6.1	96.12.31	2:7	3
		㉒ 聞慶專門大學	演士	0:1	〃	96.3.29	96.4.28	0:1	1
		㉓ 釜山大 經營經濟研究所	諮問委員	2:0	總長	96.10.1	98.9.30	2:0	1
		㉔ 東洋大 地域發展研究院	諮問委員	2:0	院長	03.10.1	現在	2:10	2
	(2)研究機關	① 韓國開發院	實務班長	0:6	院長	77.6.27	77.12.31	0:6	1
		② 教育開發院	編纂委員	1:0	〃	77.11.12	79.11.11	2:0	2
		③ 〃	研究教授	1:0	〃	79.3.1	79.12.31	0:10	1
		④ 〃	研究委員	1:0	〃	81.4.10	81.12.31	0:9	1
		⑤ 〃	執筆委員	1:0	〃	81.4.10	81.12.31	0:9	1
		⑥ KIST地域開發研究센터	諮問委員	1:0	所長	78.5.1	78.12.31	0:8	1
		⑦ KIST地域開發研究所	顧問	1:0	〃	80.5.1	80.12.31	0:8	1
		⑧ KIST海洋開發研究所	研究委員	2:0	〃	80.5.1	82.4.30	2:0	1
		⑨ 國土開發研究院	諮問教授	1:0	院長	79.1.1	80.12.31	2:0	2

區　分	機　關　및　職　位					在　任　期　間			
	機　關	組　織	職位·職級	任期(年:月)	發令者	發令日	終了日	期間(年:月)	連任回數(回)
3.公共機關(教育·金融·研究 및 政府投資機關)	(2)研究機關	⑩ 國土開發研究院	研究協議委員	1:0	院長	80.4.1	80.12.31	0:10	1
		⑪ 〃	研究諮問委員	2:0	〃	87.6.22	91.6.22	4:0	2
		⑫ 〃	新都市諮問委員	0:6	〃	89.5.15	89.12.14	0:7	1
		⑬ 〃	首都圈諮問委員	2:0	〃	92.5.12	94.5.11	2:0	1
		⑭ 〃	國土포럼議長	2:0	〃	02.9.8	現在	3:11	2
		⑮ 農村經濟研究院	研究諮問委員	2:0	〃	82.5.10	84.5.10	2:0	1
		⑯ 人口保健研究院	諮問委員	0:6	〃	82.8.17	82.12.3	0:4	1
		⑰ 韓國地方行政研究院	研究諮問委員	2:0	〃	86.9.7	92.7.20	5:11	3
		⑱ 〃	編纂委員	1:0	〃	86.11.19	87.12.31	1:1	1
		⑲ 〃	研究諮問委員(長)	2:0	〃	94.11.11	現在	11:9	6
		⑳ 交通開發研究院	研究諮問委員	1:0	〃	89.6.1	91.10.15	2:5	3
		㉑ 〃	民資誘致團員	2:0	〃	95.7.10	97.7.9	2:0	1
		㉒ 大邱·慶北開發研究院	道計劃諮問委員	1:0	〃	92.3.1	92.12.31	0:10	1
		㉓ 自治體出捐研究院長協議會	會長	1:0	總會	93.2.10	94.2.23	1:0	1
		㉔ 海運産業研究院	理事	2:0	理事長	95.3.1	97.2.28	2:0	1
		㉕ 京畿開發研究院	研究諮問委員	2:0	院長	95.3.13	02.7.19	7:4	4
		㉖ 京畿開發研究院	諮問委員長	2:0	院長	96.4.2	00.4.20	4:1	2
		㉗ 서울市政開發研究院	研究諮問委員	2:0	〃	00.1.28	04.1.26	4:0	2
	(3)國營企業體	① 住宅銀行	顧問	1:0	銀行長	73.6.1	74.12.31	1:7	2
		② 〃	諮問敎授	1:0	〃	78.1.1	81.2.28	3:2	4
		③ 〃	諮問委員	2:0	〃	82.3.1	90.2.28	8:0	4
		④ 産業人力公團	出題委員	1:0	理事長	80.4.10	80.12.31	0:9	1
		⑤ 〃	出題委員	0:1	理事長	82.4.13	82.4.30	0:1	1
		⑥ 〃	出題採點委員	0:2	〃	90.9.27	90.11.26	0:2	1
		⑦ 土地開發公社	諮問委員	1:0	社長	81.8.10	84.5.25	2:10	3
		⑧ 〃	理事	3:0	建設長官	84.5.25	90.5.24	6:0	2
		⑨ 〃	諮問委員長	0:1	社長	90.6.1	90.6.30	0:1	1
		⑩ 〃	〃	0:2	〃	90.6.18	90.8.31	0:2	1
		⑪ 〃	監修委員	0:1	〃	92.11.25	92.12.31	0:1	1
		⑫ 〃	諮問委員長	1:0	〃	03.9.17	現在	2:10	2
		⑬ 地籍公社 研修院	講師	1:0	院長	82.5.6	82.12.31	0:8	1
		⑭ 農業基盤公社 새만금事業團	諮問委員	3:0	社長	97.1.17	02.11.20	5:11	2
		⑮ 大韓住宅公社	諮問委員	1:0	〃	00.8.1	01.12.31	1:5	2
	(4)財團法人	① 地方行政共濟會	編輯委員	2:0	會長	72.2.1	75.1.31	3:0	2
		② 〃	編輯委員長	2:0	〃	75.2.1	82.3.27	7:2	4
		③ 地方財政共濟會	編輯委員	2:0	〃	82.4.1	92.7.27	10:4	6
		④ 地自體國際交流財團	管理審議委員	2:0	理事長	94.11.1	98.11.27	4:1	2
		⑤ 韓國學術振興財團	審議委員長	1:0	〃	97.3.1	98.2.28	1:0	1
		⑥ 光云學園	臨時理事	1:0	法院	04.12.29	05.4.21	0:4	1

區　分	機　關　及　職　位					在　任　期　間			
	機　關	組　織	職位·職級	任期(年:月)	發令者	發令日	終了日	期間(年:月)	連任回數(回)
4.社會團體(學術團體 및 民間團體 포함)	(1)研究機關	① 行政問題研究所	研究員	2:0	所長	65.5.1	68.2.28	2:10	2
		② 都市 및 地域計劃研究所	理事	2:0	理事長	73.1.18	現在	33:6	17
		③ 〃	常務理事	2:0	〃	74.3.1	75.9.30	1:7	1
		④ 産業管理研究所	研究委員	2:0	所長	78.2.1	80.1.31	2:0	1
		⑤ 人口問題研究所	〃	2:0	〃	78.3.1	80.2.28	2:0	1
		⑥ 地方行政研究所	理事	2:0	理事長	81.5.16	93.3.31	11:10	6
		⑦ 〃	編輯委員長	2:0	〃	84.8.31	92.8.31	8:0	4
		⑧ 〃	審査委員長	0:1	〃	94.9.24	94.10.31	0:1	1
		⑨ 交通問題研究所	研究委員	1:0	院長	81.5.18	81.8.31	0:3	1
		⑩ 産業開發研究院	諮問委員	0:6	〃	83.8.10	83.12.9	0:4	1
		⑪ 災害問題研究院	〃	1:0	〃	86.10.8	87.10.7	1:0	1
		⑫ 地方自治研究院	編輯委員	2:0	〃	89.5.1	89.6.30	0:2	1
		⑬ 〃	理事長	2:0	〃	95.4.1	00.11.3	5:7	3
		⑭ 〃	院長	2:0	理事長	00.11.4	現在	5:9	3
		⑮ 現代社會研究所	編輯委員	2:0	所長	89.7.1	90.12.31	1:6	1
		⑯ 〃	〃	2:0	〃	91.9.1	92.7.20	0:11	1
		⑰ 勞動·環境文化院	諮問委員	2:0	院長	94.12.6	00.12.5	6:0	3
		⑱ 地域開發研究會	顧問	2:0	會長	97.2.24	現在	9:5	10
		⑲ 國際觀光開發研究院	諮問委員	2:0	院長	98.8.25	現在	7:11	5
		⑳ Viagis Center	Coordinator	2:0	所長	99.4.19	01.7.18	2:3	2
		㉑ 21世紀 都市政策開發院	諮問·研究委員	2:0	〃	99.7.12	現在	7:0	4
		㉒ 韓國建設産業研究院	研究諮問委員	2:0	院長	01.2.1	03.1.31	2:0	1
	(2)學術團體	① 國土·都市計劃學會	監査	2:0	會長	74.4.20	76.2.28	1:10	1
		② 〃	理事	2:0	〃	76.3.1	78.2.3	2:0	1
		③ 〃	編輯委員長	2:0	〃	76.10.16	82.2.27	5:5	3
		④ 〃	常任理事	2:0	〃	78.2.4	82.2.27	4:1	2
		⑤ 〃	副會長	2:0	總會	82.2.28	86.2.14	4:0	2
		⑥ 〃	會長	2:0	〃	86.2.15	88.2.13	2:0	1
		⑦ 〃	理事	2:0	會長	88.2.13	90.3.25	2:2	2
		⑧ 〃	顧問	2:0	〃	90.3.26	現在	16:4	9
		⑨ 〃	特別委員長	0:6	〃	90.3.26	90.8.31	0:6	1
		⑩ 〃	審査委員	0:1	〃	92.1.21	92.2.11	0:1	1
		⑪ 〃	管理委員	2:0	〃	94.1.18	01.8.31	7:7	4
		⑫ 〃	審査委員	0:1	〃	96.1.20	96.2.20	0:1	1
		⑬ 〃	國際委員長	2:0	〃	98.3.3	02.2.22	4:0	2
		⑭ 未來學會	幹事	1:0	總會	78.9.1	79.11.30	1:2	1
		⑮ 葬墓研究會	理事	2:0	理事長	83.1.22	86.11.18	3:10	2
		⑯ 地方經濟研究會	〃	2:0	會長	85.9.30	87.9.29	2:0	1
		⑰ 地方自治學會	〃	2:0	〃	88.12.3	91.2.11	2:2	1
		⑱ 〃	常任理事	2:0	會長	91.2.22	93.2.25	2:0	1

區分	機關及職位					在任期間			
	機關	組織	職位·職級	任期(年:月)	發令者	發令日	終了日	期間(年:月)	連任回數(回)
4.社會團體(學術團體 및 民間團體 포함)	(2)學術團體	⑲ 地方自治學會	副會長	2:0	總會	93.2.25	95.2.21	2:0	1
		⑳ 〃	會長	2:0	〃	95.2.22	97.2.13	2:0	1
		㉑ 〃	名譽會長	2:0	會長	97.2.14	99.2.10	2:0	1
		㉒ 〃	顧問	2:0	〃	99.2.10	現在	3:7	2
		㉓ 大邱地域開發研究會	顧問	2:0	會長	89.3.21	91.3.20	2:0	1
		㉔ 地域社會開發學會	學術理事	2:0	〃	92.2.1	96..7.31	4:6	3
		㉕ 住宅學會	顧問	2:0	〃	92.11.1	02.10.31	10:0	5
		㉖ 地域開發學會	名譽顧問	2:0	〃	96.5.15	98.5.14	2:0	1
		㉗ 地方포럼	諮問委員	2:0	代表	99.4.15	現在	7:4	4
		㉘ 21世紀 地域포럼	共同代表	2:0	總會	01.8.28	現在	4:11	3
		㉙어메니티포럼	共同代表	3:0	總會	06.2.22	現在	0:5	1
	(3)協會·協議會	① 公害防止協會	諮問委員	2:0	會長	77.2.1	79.1.31	2:0	1
		② 環境保全協會	專門委員	2:0	〃	81.8.27	83.8.26	2:0	1
		③ 炭鑛協同組合	出題委員	0:1	理事長	82.11.22	82.12.31	0:1	1
		④ 大韓商議 研究센터	研究委員	2:0	會長	83.4.1	03.5.31	20:2	11
		⑤ 建設振興會	編輯諮問委員	2:0	〃	84.6.26	04.4.30	19:10	10
		⑥ 安養商議 研究센터	研究委員	2:0	〃	85.5.25	91.5.31	6:0	3
		⑦ 金剛山댐 對策協議會	幹事	0:2	〃	86.11.1	86.12.31	0:2	1
		⑧ 平和의댐 推進委員會	委員	2:0	委員長	86.12.15	88.5.31	1:5	1
		⑨ 科總 政策委員會	〃	2:0	會長	87.8.25	03.4.10	15:11	8
		⑩ 科總 南北交流協議會	〃	3:0	〃	90.4.17	96.1.20	5:9	2
		⑪ 科學技術團體總聯合會	理事	2:0	〃	88.4.8	90.2.28	2:0	1
		⑫ 店村·聞慶發展協議會	副會長	2:0	總會	89.4.15	91.6.12	2:2	1
		⑬ 店村地域發展協議會	顧問	2:0	會長	91.6.13	94.12.31	3:7	2
		⑭ 聞慶民資誘致委員會	委員	2:0	〃	93.3.21	94.12.31	1:7	1
		⑮ 새마을運動中央協議會	理事	2:0	〃	89.5.8	93.5.31	4:1	2
		⑯ 〃	教育諮問委員	2:0	研修院長	90.2.16	93.5.31	3:4	2
		⑰ 〃	審查委員	0:1	會長	90.8.1	90.8.31	0:1	1
		⑱ 〃	編輯委員	2:0	〃	91.5.13	93.5.12	2:0	1
		⑲ 〃	審議委員	0:6	〃	91.9.3	92.1.3	0:4	1
		⑳ 〃	分科委員長	2:0	〃	91.9.7	93.9.7	2:0	1
		㉑ 〃	奉仕委員	1:0	〃	92.3.7	92.12.31	0:10	1
		㉒ 〃	審查委員長	0:3	〃	92.3.19	92.6.17	0:3	1
		㉓ 〃	諮問委員	2:0	〃	96.12.10	98.12.9	2:0	1
		㉔ 〃	歷史館審議委員	1:0	〃	97.3.6	97.10.9	0:7	1
		㉕ 〃	指導教授	2:0	〃	98.1.14	00.1.4	2:0	1
		㉖ 〃	論說委員	1:0	〃	98.2.25	00.2.24	2:0	2
		㉗ 韓美友好協會	委員	2:0	會長	91.6.26	94.12.31	3:6	2
		㉘ 農協中央會	運營諮問委員	2:0	〃	91.7.31	01.5.31	9:10	5
		㉙ 林氏墓域淨化委員會	顧問	1:0	委員長	92.4.7	92.12.7	0:8	1

區分	機關 및 職位					在任期間			
	機關	組織	職位·職級	任期(年:月)	發令者	發令日	終了日	期間(年:月)	連任回數(回)
4.社會團體(學術團體 및 民間團體 포함)	(3)協會·協議會	㉚ 店村體育會	諮問委員	1:0	會長	93.3.1	93.7.31	0:5	1
		㉛ 韓國環境科學硏究協議會	常任理事	2:0	〃	95.3.9	99.3.8	4:0	2
		㉜ 聞慶市地域發展協議會	顧問	2:0	〃	95.4.11	現在	11:4	6
		㉝ 韓國能率協會	審査委員長	0:2	〃	96.2.1	96.3.31	0:2	1
		㉞ 〃	〃	0:2	〃	97.3.10	97.4.30	0:2	1
		㉟ 〃	硏究포럼顧問	2:0	〃	98.2.27	00.2.26	2:0	1
		㊱ 〃	審査委員長	0:3	〃	01.5.1	01.7.18	0:3	1
		㊲ 報恩동산中央靑雲會	理事	2:0	〃	97.2.3	99.2.2	2:0	1
		㊳ 2002월드컵 蹴球大會	協議會員	2:0	〃	98.1.1	02.6.30	4:6	3
		㊴ 〃	協議委員	2:0	委員長	98.10.19	00.10.18	2:0	1
		㊵ 2002월드컵 蹴球大會	共同議長	2:0	〃	98.12.15	00.12.14	2:0	1
		㊶ 韓國道德運動協議會	顧問·總裁	2:0	會長	99.2.5	現在	7:6	4
		㊷ 韓國不動産聯合會	顧問	2:0	〃	99.2.25	02.8.24	3:6	2
		㊸ 韓國書畵作家協會	顧問·總裁	2:0	〃	03.7.7	現在	3:1	2
		㊹ 韓國不動産聯合會	顧問	2:0	〃	03.8.1	現在	3:0	2
	(4)言論·文化團體	① 聞慶文化院	顧問	2:0	院長	85.5.25	現在	21:2	11
		② 〃	監修委員	0:6	〃	85.9.3	85.12.31	0:4	1
		③ 不動産經濟新聞社	編輯顧問	2:0	社長	90.1.1	92.7.20	2:7	2
		④ 潁江文化社	後援會長	2:0	發行人	90.3.16	94.3.15	4:0	2
		⑤ 忠南저널社	客員論說委員	2:0	社長	91.8.1	96.12.31	5:8	3
		⑥ 店村新聞社	顧問	2:0	發行人	91.10.28	92.10.28	1:0	1
		⑦ 自治新聞社	論說顧問	2:0	社長	91.12.29	92.7.20	0:7	1
		⑧ 〃	理事	2:0	〃	92.4.3	92.7.21	0:4	2
		⑨ 朝鮮日報	21世紀委員	1:0	〃	94.1.29	95.12.31	1:11	1
		⑩ 住宅情報社	諮問委員	1:0	社長	94.3.9	95.3.8	1:0	1
		⑪ 每日經濟新聞社	時評筆者	0:4	〃	95.3.1	95.6.31	0:4	1
		⑫ 서울市政新聞社	編輯諮問委員	1:0	〃	95.6.15	02.6.14	7:0	4
		⑬ 不動産經濟新聞社	執筆委員	1:0	〃	96.6.26	98.6.25	2:0	2
		⑭ 慶北道民日報社	顧問	1:0	〃	96.9.20	97.9.19	1:0	1
		⑮ 議會저널社	編輯顧問	2:0	〃	97.1.25	00.12.31	3:11	2
		⑯ 古州學術賞運營委員會	委員長	2:0	委員會	98.9.4	01.12.26	3:3	2
		⑰ 〃	委員	2:0	委員長	01.12.27	現在	4:7	3
		⑱ 綠色自治新聞社	顧問	2:0	社長	00.1.1	02.12.31	3:0	2
		⑲ 韓國經濟新聞社	審査委員長	1:0	社長	02.11.5	現在	3:8	4
		⑳ 警察新聞社	論說委員	2:0	社長	03.4.28	現在	3:3	2
	(5)民間企業體	① 漢陽住宅(株)	諮問委員	0:6	社長	78.9.1	79.1.31	0:5	1
		② 漢陽流通(株)	顧問	1:0	〃	81.10.1	82.8.31	0:11	1
		③ 漢陽그룹	諮問教授	1:0	會長	82.9.1	83.9.28	1:1	1
		④ 清溪商街協議會	顧問	2:0	委員長	82.4.23	83.7.31	1:3	1
		⑤ 韓德開發(株)	諮問委員	2:0	社長	87.9.10	89.9.10	2:0	1

區分	機關及職位					在任期間			
	機關	組織	職位·職級	任期(年:月)	發令者	發令日	終了日	期間(年:月)	連任回數(回)
4.社會團體(學術團體 및 民間團體 포함)	(5)民間企業體	⑥ 大亞綜合公社	諮問委員	1:0	社長	90.1.1	90.12.31	1:0	1
		⑦ 東一技術公社	〃	0:1	〃	90.6.1	90.6.30	0:1	1
		⑧ Sub Ad社	顧問	1:0	〃	00.9.1	01.8.31	1:0	1
	(6)國際組織	① ILCOLK 韓國委員會	硏究委員	2:0	委員長	73.5.10	75.5.9	2:0	1
		② UNESCO 訓練센터	審議委員	2:0	事務總長	78.5.12	80.5.11	2:0	1
		③ 美國 CODS	諮問委員	2:0	會長	94.1.1	現在	8:8	5
		④ 美國 Las Vegas市	名譽市民	-	市長·議長	95.10.4	現在	10:10	-
		⑤ 〃	서울現場顧問	2:0	市長	96.10.7	98.10.6	2:0	1
5.親睦團體(宗親會·同鄕會·同窓會·同好會 등)	(1)宗親會	① 慶州金氏編纂委員會	委員	1:0	委員長	75.11.1	77.10.31	2:0	2
		② 慶州金氏宗親會	理事	2:0	會長	77.4.17	82.4.29	5:1	3
		③ 慶州金氏會館建立委員會	委員	2:0	〃	79.7.14	82.3.31	2:8	2
		④ 新羅金氏2千年史委員會	副會長	1:0	〃	79.10.19	80.12.31	1:2	1
		⑤ 慶州金氏中央宗親會	運營理事	2:0	〃	82.4.30	88.4.25	6:0	3
		⑥ 聞慶郡宗親會	副會長	2:0	總會	82.5.9	86.4.28	4:0	2
	(2)同鄕會	① 鳥嶺會	會長	0:6	總會	67.11.25	68.6.30	0:7	1
		② 〃	〃	0:6	〃	80.1.1	80.6.30	0:6	1
		③ 〃	〃	0:6	〃	90.7.1	90.12.31	0:6	1
		④ 在京 聞慶郡民會	運營委員	2:0	會長	82.3.9	87.6.25	5:3	3
		⑤ 在京聞慶·店村鄕友會	副會長	2:0	〃	87.6.26	96.6.20	9:0	5
		⑥ 在京聞慶市鄕友會	顧問	2:0	〃	96.6.20	現在	10:1	6
		⑦ 在京大邱·慶北道民會	諮問委員	2:0	〃	92.11.23	現在	13:8	7
		⑧ 새재會	建立委員長	2:0	〃	97.9.29	99.4.25	1:7	1
		⑨ 〃	會長	2:0	總會	99.6.29	00.2.24	0:8	1
		⑩ 慶北을 사랑하는 모임	顧問	2:0	會長	01.3.8	現在	5:7	3
	(3)同窓會	① 行硏會	幹事	2:0	總會	66.1.1	68.12.31	2:0	1
		② 〃	〃	2:0	〃	73.1.1	75.12.31	2:0	1
		③ 行硏會	幹事	2:0	總會	77.1.1	79.12.31	2:0	1
		④ 八京會	會長	1:0	〃	74.5.10	75.5.10	1:0	1
		⑤ 在京聞中同門會	理事	2:0	會長	75.5.10	77.5.10	2:0	1
		⑥ 〃	諮問委員	2:0	〃	97.5.30	99.5.30	2:0	1
		⑦ 〃	顧問	2:0	〃	99.6.1	現在	7:2	4
		⑧ 聞慶中學校 同窓會	會長	2:0	總會	81.3.1	85.2.23	4:0	2
		⑨ 〃	名譽會長	2:0	〃	85.2.24	現在	21:5	11
		⑩ Cincinnati大學同窓會	會長	2:0	〃	84.1.27	92.1.27	8:0	4
		⑪ 〃	名譽會長	2:0	〃	93.5.22	現在	13:2	7
		⑫ 서울大行政大學院同窓會	理事	2:0	會長	88.12.6	90.12.5	2:0	1
		⑬ 常靑會	理事	2:0	〃	89.6.1	91.5.31	2:0	1
		⑭ 在京聞中同門會 會館 建立推進委員會	顧問	1:0	委員長	92.11.18	93.5.24	0:7	1
		⑮ 서울大學校 同窓會	理事	2:0	會長	94.9.29	98.9.28	4:0	2

區分	機關及職位					在任期間			
	機關	組織	職位·職級	任期(年:月)	發令者	發令日	終了日	期間(年:月)	連任回數(回)
5.親睦團體	(3)同窓會	⑯ 安東大學校 總同窓會	顧問	2:0	會長	01.3.1	現在	5:5	3
(宗親會·同鄉會·同窓會·同好會 등)	(4)同好會	① 風水會	監事	1:0	總會	83.5.20	85.5.19	2:0	2
		② 〃	競技委員長	1:0	〃	88.4.30	89.4.30	1:0	1
		③ 〃	會長	1:0	〃	92.6.1	93.5.25	1:0	1
		④ 聞友會	監事	2:0	〃	88.4.29	93.12.10	5:8	3
	(5)事業會	① 盧隆熙教授 華甲紀念事業委員會	委員	1:0	委員長	86.8.11	87.8.10	1:0	1
		② 金壽鶴先生華甲紀念事業委員會	委員長	1:0	委員會	86.10.1	87.8.29	0:11	1
		③ 田英春先生古稀紀念事業會	委員長	1:0	〃	93.2.1	93.9.24	0:8	1
		④ 서울市長非公式諮問團	幹事	1:0	市長	91.2.2	91.2.18	0:1	1
		⑤ 國政研究會	研究室長	2:0	會長	92.5.21	93.12.31	1:7	1
		⑥ 社稷會	研究室長	1:0	〃	94.2.1	94.12.31	0:11	1
		⑦ 李永奭先生 傘壽紀念文集 編纂委員會	委員長	0:6	委員會	99.11.12	00.1.15	0:2	1
		⑧ 金永燮教授 停年紀念論文集發刊委員會	委員	0:6	委員長	00.4.1	00.11.8	0:7	1
		⑨ 禹哉永先生 古稀紀念集發刊委員會	委員長	0:6	委員長	02.1.8	02.3.31	0:3	1
		⑩ 尹相在先生 古稀紀念文集編纂委員會	委員	0:6	委員長	02.7.10	02.12.31	0:6	1
		⑪ 柳致松 先生 傘壽筵籌備委員會	委員	0:6	委員長	03.1.2	03.7.2	0:6	1
	(6)親睦會	① 經科同友會	幹事	2:0	會長	81.6.18	83.12.31	2:6	1
		② 環心會	顧問	-	總會	86.6.28	現在	20:1	-
		③ 새마을 사랑모임	運營委員	2:0	會長	98.4.21	現在	8:3	5
		④ 向志會	會長	2:0	總會	01.11.5	03.11.4	2:0	1
		⑤ 地研會	〃	2:0	〃	01.12.28	03.12.27	2:0	1
		⑥ 好凡會	〃	2:0	〃	06.1.31	現在	0:7	1

客說 : 經驗에서 얻은 삶의 眞實

나의 周邊에는 고마운 분들이 참 많다. 나를 이용해서 得을 보려는 사람도 더러 있지만 대부분은 마음으로, 努力으로, 그리고 物質로 나를 도우려는 사람이 더 많다. 그 恩惠를 갚아야 할텐데, 살아 生前에 人力으로 다 못 갚으면 죽어 鬼神의 神通力으로라도 보답해야지-.

3) 長期 緣故機關의 現在位置

① 地方行政共濟會

서울市 龍山區 龍山洞 所在 地方行政共濟會 入住建物(2006.7.20)(緣故 : 1972.2.1-1992.7.27; 編輯委員·編輯委員長)

② 京畿道廳

京畿道 水原市 勸善區 梅山洞 所在 京畿道廳(2006.7.20)(緣故 : 1973.5.12- 1986.10.15 ; 諮問委員·審議委員·評價教授·都市計劃委員)

③ 韓國住宅銀行(現 國民銀行)

서울市 永登浦區 汝矣島洞 所在 韓國住宅銀行과 國民銀行이 統合된 國民銀行 本店(2006.7.5) (緣故 : 1973.6.1-1990.2.28 ; 顧問·諮問教授·諮問委員)

④ 大韓國土·都市計劃學會

서울市 江南區 驛三洞 所在 大韓國土·都市計劃學會가 入住해 있는 科學技術會館 本館(2006.3.26)(緣故 : 1974.4.20 - 現在 ; 監事·理事·編輯委員長·副會長·會長·顧問)

⑤ 서울特別市廳

서울市 中區 太平路 1街 所在 서울特別市廳(2006.7.20)(緣故 : 1977.2.5-2002.6.30 ; 諮問委員·審議委員·都市計劃委員·研究委員·政策委員)

⑥ 國土研究院

京畿道 安養市 東安區 富林洞 所在 國土研究院(2006.7.20) (緣故 : 1979.1.1-現在 ; 諮問教授·研究委員·諮問委員·國土포럼共同代表議長)

⑦ 行政自治部 地方行政硏修院(現 地方革新人力開發院)

京畿道 水原市 長安區 芭長洞 所在 地方革新人力開發院(2006.7.20)(緣故：1981.3.18-2003.1.31 ； 指導敎授·講師·評價委員長)

⑧ 地方行政硏究所

서울市 龍山區 龍山洞 所在 地方行政硏究所가 入住해 있는 大韓地方行政共濟會 建物(2006.5.2)(緣故：1981.5.16-1993.3.31; 理事·編輯委員長·審議委員長)

⑨ 韓國土地公社

京畿道 城南市 盆唐區 佛亭洞 所在 韓國土地公社(2006.6.14)(緣故：1981.8.10-現在；諮問委員·理事·諮問委員長)

⑩ 建設交通部

京畿道 果川市 中央洞 政府果川廳舍內 所在(2006.7.20)(緣故： 1972.7.13-現在；企劃委員·審議委員·都市計劃委員·調整委員長·諮問委員長)

⑪ 韓國地方自治學會

서울市 江南區 驛三洞 所在 韓國地方自治學會가 入住해 있는 科學技術會館 本館(2006.3.26)(緣故：1988.12.3-現在；理事·副會長·會長·顧問)

⑫ 새마을運動中央協議會(현 새마을運動中央會)

서울市 江南區 大峙洞 所在 새마을運動中央會(2006.7.5)(緣故：1989.5.8-2000.2.24 ； 理事·諮問委員·審議委員·指導敎授)

⑬ 韓國道德運動協議會

서울市 龍山區 南營洞 所在 韓國道德運動協議會가 入住해 있는 金剛빌딩(2006.8.17)(緣故 : 1999.2.5-現在 ; 顧問·總裁)

⑭ 新行政首都建設推進委員會
(現 行政中心複合都市建設推進委員會)

서울市 鐘路區 世宗路 所在 行政中心複合都市 建設推進委員會가 소속돼 있는 靑瓦臺(2006.7.20)(緣故 : 2003.6.5-現在 ; 諮問委員長·推進委員長·諮問委員)

⑮ 韓國書畵作家協會

서울市 松坡區 可樂洞 所在 韓國書畵作家協會가 入住해 있는 白巖빌딩(2006.7.28)(緣故 : 2003.7.7-現在 ; 顧問·總裁)

⑯ 行政中心複合都市建設廳

忠南 燕岐郡 錦南面 所在 行政中心複合都市建設廳(2006.5.17)(緣故 : 2006.5.10 -現在 ; 都市名稱制定審議委員會 委員長)

客說 : 經驗에서 얻은 삶의 眞實

나는 佛敎信者인데 釋迦牟尼나 부처님의 꿈을 한 번도 꾸지 못했다. 그런데 예수 그리스도의 생전 모습은 세 번이나 꿈에서 보았고 對話도 나누어보았다. 부처님은 믿을 수 있는 佛弟子라고 생각하여 오시지 않았고, 예수님은 잃어버린 한 마리 羊을 찾는 가련한 마음에서 찾아오신 것일까? 이상한 일이다.

(2) 年度別 保有職啣의 數

(單位 : 個)

生涯區分	年度	主職場에서의 基本的 職位			外部機關 · 團體에서의 副次的 職位			合計		
		公共	民間	計	公共	民間	計	公共	民間	計
大學(軍隊)	1958	1	-	1	-	-	-	1	-	1
	1959	1	-	1	-	-	-	1	-	1
	1960	1	-	1	-	-	-	1	-	1
	1961	-	-	-	1	-	1	1	-	1
出版社	1962	-	1	1	-	-	-	-	1	1
大學院	1963	1	1	2	-	-	-	1	1	2
	1964	1	-	1	-	-	-	1	-	1
內務部	1965	1	-	1	1	1	2	2	1	3
助教	1966	2	-	2	3	2	5	5	2	7
	1967	1	-	1	4	3	7	5	3	8
	1968	1	-	1	4	3	7	5	3	8
留學	1969	1	-	1	5	-	5	6	-	6
	1970	1	-	1	-	-	-	1	-	1
	1971	-	-	-	-	-	-	-	-	-
專任講師	1972	1	-	1	4	-	4	5	-	5
	1973	4	-	4	8	2	10	12	2	14
	1974	4	-	4	11	5	16	15	5	20
	1975	5	-	5	14	7	21	19	7	26
助教授	1976	4	-	4	7	6	13	11	6	17
	1977	5	-	5	14	8	22	19	8	27
	1978	4	-	4	17	11	28	21	11	32
	1979	3	-	3	21	12	33	24	12	36
副教授	1980	4	-	4	25	9	34	29	9	38
	1981	3	-	3	26	11	37	29	11	40
	1982	3	-	3	31	17	48	34	17	51
	1983	3	-	3	26	15	41	29	15	44
	1984	4	-	4	22	13	35	26	13	39
教授	1985	3	-	3	23	18	41	26	18	44
	1986	5	-	5	22	22	44	27	22	49
大學院長	1987	3	-	3	20	21	41	23	21	44
	1988	5	-	5	21	22	43	26	22	48
	1989	5	-	5	24	26	50	29	26	55
	1990	4	-	4	30	34	64	34	34	68
教授	1991	4	-	4	23	36	59	27	36	63
	1992	5	-	5	24	41	65	29	41	70
研究院長	1993	4	-	4	22	34	56	26	34	60
	1994	6	-	6	25	30	55	31	30	61
教授	1995	6	-	6	24	30	54	30	30	60
	1996	7	-	7	31	30	61	38	30	68
主任教授	1997	7	-	7	31	47	78	38	47	85
	1998	7	-	7	30	50	80	37	50	87
平教授	1999	7	-	7	26	52	78	33	52	85
	2000	5	-	5	28	48	76	33	48	81
	2001	5	-	5	30	49	79	35	49	84
	2002	4	-	4	25	46	71	29	46	75
名譽 · 碩座 教授	2002	4	-	4	22	44	66	26	44	70
	2003	5	-	5	23	43	66	28	43	71
	2004	6	2	8	14	37	51	20	39	59
	2005	5	2	7	13	30	43	18	32	50
	2006	5	2	7	12	25	37	17	27	44
2006.7.28 現在		5	2	7	12	25	37	17	27	44

(3) 位置의 昇格段階

1.家　　庭 : ① 孫子 · 長男 (1936.7.28) → ② 男便 · 사위 (1966.1.11) → ③ 아버지 (1966.10.30) → ④ 聘父 (1993.1.6) → ⑤ 外祖父 (1993.10.15) → ⑥ 媤아버지 (2000.4.22) → ⑦祖父 (　　　　)

2.學　　校 : ① 初等學生 (1945.4.1) → ② 中學生 (1951.9.10) → ③ 高等學生 (1954.4.10) → ④ 大學生 (1957.4.1) → ⑤ 理學士 (1962.2.26) → ⑥ 大學院生 (1963.3.1) → ⑦ 行政學碩士 (1965.2.26) → ⑧ 美國留學生 (1969.9.21) → ⑨ 都市計劃學碩士 (1971.6.13) → ⑩ 地域經濟學博士 (1976.8.27)

3.서울大學校 : ① 助教 (1966.3.25) → ② 時間講師 (1972.3.2) → ③ 專任講師 (1972.5.10) → ④ 助教授 (1976.4.15) → ⑤ 副教授 (1980.8.1) → ⑥ 正教授 (1985.10.1) → ⑦ 停年保障教授 (1992.3.1) → ⑧ 名譽教授 (2002.9.1)

4.서울大學校 環境大學院 : ① 都市 및 地域計劃學科(行政大學院 所屬) 主任職務代理 (1973.5.8) → ② 環境計劃學科 學科長 (1977.9.28) → ③ 環境計劃研究所 所長職務代理 (1980.4.17) → ④ 環境計劃研究所 所長 (1982.11.18) → ⑤ 院長(任命制) (1986.11.5) → ⑥ 院長(選出制) (1988.11.5)

5.都市計劃委員會 : ① 京畿道 地方都市計劃委員會 委員 (1974.4.23) → ② 서울市 地方都市計劃委員會 委員 (1980.5.29) → ③ 建設部 中央都市計劃委員會 委員 (1986.6.19) → ④ 建交部 中央都市計劃委員會 委員 (1998.9.17)

6.大韓國土 · 都市計劃學會 : ① 會員 (1972.5.8) → ② 監事 (1974.4.20) → ③ 理事 (1976.3.1) → ④ 學會誌 編輯委員長 (1976.10.16) → ⑤ 常任理事 (1978.2.4) → ⑥ 第2副會長 (1982.2.28) → ⑦ 第1副會長 (1984.2.19) → ⑧會長 (1986.2.15) → ⑨ 理事 (1988.2.13) → ⑩ 顧問 (1990.3.26) → ⑪ 國際交流委員長 (1998.3.3)

7.韓國地方自治學會 : ① 會員 · 理事 (1988.12.3) → ② 常任理事 (1991.2.22) → ③ 副會長 (1993.2.25) → ④ 會長 (1995.2.22) → ⑤ 名譽會長 (1997.2.14) → ⑥ 顧問 (1999.2.10)

(4) 4年以上 長期勤續의 保有地位

· 出生(1936. 7. 28)~現在(2006. 7. 28)

(勤續期間 順位)

項目 期間分類	保有地位		勤續期間				
	機關 · 團體 · 分野	地位	期間年度	年數(年)	月數(月)	日數(日)	時間數(時間)
61~70年間	1. 地上世界	人間, 韓族	1936. 7.28 - 現在	70	840	25,568	613,632
	2. 家庭	孫子, 長男, 男동생	1936. 7.28 - 現在	70	840	25,568	613,632
	3. 家庭	妻男	1936. 9. 5 - 現在	70	839	25,529	612,696
	4. 宗教	佛敎信者	1937. 5.17 - 現在	69	830	25,275	606,600
	5. 趣向	水泳者	1940. 7.15 - 現在	66	796	24,242	581,808
	6. 趣向	唱歌者	1941. 2. 1 - 現在	66	786	23,919	574,056
	7. 家庭	兄	1941. 8.19 - 現在	65	779	23,720	569,280
	8. 趣向	小說耽讀者	1945.12.15 - 現在	61	727	22,141	531,384
51~60年間	9. 趣向	映畵觀覽者	1948. 3.30 - 現在	58	700	21,305	511,320
	10. 大韓民國	國民	1948. 8.15 - 現在	58	695	21,167	508,008
	11. 趣向	生活記錄者	1948. 9. 1 - 現在	58	695	21,150	507,600
41~50年間	12. 初等學校	教師資格 所持者	1957. 3.20 - 現在	49	592	18,028	432,672
	13. 서울特別市	市民	1957. 4. 1 - 現在	49	592	18,016	432,384
	14. 中學校·高等學校·大學校·學院	時間講師	1961. 1.16 - 現在	46	546	16,630	399,120
	15. 서울大學校	學士	1962. 2.26 - 現在	44	533	16,224	389,376
	16. 高等學校	教師資格 所持者	1962. 3.30 - 現在	44	532	16,192	388,608
	17. 趣向	飮酒者	1962. 4. 7 - 現在	44	532	16,184	388,416
	18. 家庭	戶主	1965. 1. 1 - 現在	42	499	15,184	364,416
	19. 서울大學校	碩士	1965. 2.26 - 現在	41	497	15,128	363,072
	20. 社會活動	航空機 搭乘者	1965. 7.17 - 現在	41	492	14,987	359,688
	21. 社會活動	新聞 寄稿者	1965.10.15 - 現在	41	489	14,895	357,480
	22. 行硏會	會員 · 會長	1966. 1. 1 - 現在	41	487	14,819	355,656
	23. 家庭	男便, 長壻, 妹兄, 兄夫	1966. 1.11 - 現在	41	487	14,809	355,416
31~40年間	24. 趣向	吸煙者	1966. 3.25 - 現在	40	484	14,736	353,664
	25. 家庭	아버지	1966.10. 3 - 現在	40	478	14,544	349,056
	26. 家庭	自家 所有者	1966.12.20 - 現在	40	475	14,466	347,187
	27. 學術活動	著書 發刊者	1967.10. 1 - 現在	39	466	14,181	340,344
	28. 鳥嶺會	會長, 會員	1967.11.25 - 現在	39	464	14,126	339,024
	29. 家庭	媤叔	1968. 1.16 - 現在	39	462	14,074	337,776
	30. 身體	眼鏡 着用者	1968. 9. 1 - 現在	38	455	13,845	332,280
	31. 家庭	同壻	1971.12.25 - 現在	35	415	12,635	303,240
	32. 學術活動	司會 擔當者	1972. 3.25 - 現在	34	412	12,544	301,056
	33. 學術活動	討論 參與者	1972. 6.30 - 現在	34	409	12,447	298,728
	34. 學術活動	主題 發表者	1973. 5.10 - 現在	33	399	12,133	291,192
	35. 社會活動	라디오 出演者	1973. 6.27 - 現在	33	397	12,085	290,040
	36. 社會活動	TV 出演者	1973. 7.26 - 現在	33	396	12,056	289,344
	37. 社會活動	大衆 講演者	1973. 7.27 - 現在	33	396	12,055	289,320
	38. 在京安師八回 同期會	會長, 會員	1974. 5.10 - 現在	32	387	11,768	282,432
	39. 初等學校~大學院	生徒, 學生	1945.4.2-1976.8.27	31	377	11,471	275,304
	40. 在京聞慶中學校 同門會	理事, 諮問委員, 顧問	1975. 5.10 - 現在	31	375	11,403	273,672
	41. 學術活動	基調 講演者	1975. 8.13 - 現在	31	372	11,308	271,392
21~30年間	42. 서울大學校	教授(專講~停年)	1972.5.10-2002.8.31	30	364	11,071	265,704
	43. 美國신시내티大學校	博士	1976. 8.27 - 現在	30	359	10,928	262,272
	44. 社會活動	結婚 主禮	1977. 3. 5 - 現在	29	353	10,738	257,712

(勤續期間 順位)

期間 分類 \ 項目	保有地位 機關·團體·分野	地位	勤續期間 期間年度	年數(年)	月數(月)	日數(日)	時間數(時間)
21~30年間	45. 社會活動	大衆演說者	1977. 4.17 - 現在	29	351	10,695	256,680
	46. 在京 初等學校 同窓生 六友會	會員	1978.10.30 - 現在	28	333	10,134	243,216
	47. 大韓民國 政府	勳章 受勳者	1980.10.25 - 現在	26	309	9,408	225,792
	48. 家庭	自家乘用車 保有者	1982. 3.12 - 現在	24	293	8,905	213,720
	49. 産業資源部 工業配置審議會議	委員	1979.3.28-2003.3.27	24	288	8,766	210,384
	50. 趣向	골프運動家(골퍼)	1983. 2. 1 - 現在	23	282	8,579	205,896
	51. 골프모임 風水會	監事, 會長, 會員	1983. 5.20 - 現在	23	278	8,471	203,304
	52. 行政自治部 地方行政硏修院	指導敎授	1981.3.18-2003.1.31	22	263	7,990	191,760
	53. 聞慶中學校 總同窓會	名譽會長	1985. 2.24 - 現在	21	257	7,825	187,800
	54. 聞慶文化院	顧問	1985. 5.25 - 現在	21	254	7,735	185,640
	55. 서울市 市稅審議委員會	委員	1979.5.12-1999.2.28	21	250	7,598	182,352
	56. 慶北 聞慶郡	郡民	1936.7.28-1957.3.31	21	248	7,552	181,248
11~20年間	57. 大韓商議 硏究센터	硏究委員	1983.4.1-2003.5.31	20	242	7,366	176,784
	58. 建交部 中央都市計劃委員會	委員, 分科委員長, 副委員長	1986. 6.19 - 現在	20	241	7,345	176,280
	59. 環心會	顧問	1986. 6.28 - 現在	20	241	7,336	176,064
	60. 韓國地方行政硏究院	硏究諮問委員(長)	1986. 9. 7 - 現在	20	239	7,265	174,360
	61. 建設振興會 編輯諮問委員會	諮問委員	1984.6.26-2004.4.30	20	238	7,245	173,880
	62. 土友會	會員	1987. 3. 4 - 現在	19	233	7,087	170,088
	63. 勞動部 技術資格制度審議會	專門委員	1982.7.24-2001.9.25	19	230	7,004	168,096
	64. 趣向	歌詞 作詞者	1987. 6.23 - 現在	19	229	6,976	167,424
	65. 서울市 江南區	區民	1988. 8.15 - 現在	18	215	6,557	157,368
	66. 行自部 政策諮問委員會	委員	1981.2.16-1998.5.31	17	207	6,310	151,440
	67. 總理室 國土綜合計劃審議會	委員	1985.10.7-2002.12.31	17	207	6,295	151,080
	68. 常靑會	理事, 會員	1989. 6. 1 - 現在	17	206	6,257	150,168
	69. 韓國住宅銀行	顧問, 諮問敎授	1973.6.1-1990.2.28	17	201	6,117	146,808
	70. 大韓國土·都市計劃學會	顧問	1990. 3.26 - 現在	16	196	5,969	143,256
	71. 社會活動	運轉免許 所持者	1990. 9.26 - 現在	16	190	5,785	138,840
	72. 科技總 政策委員會	委員	1987.8.25-2003.4.10	16	188	5,708	136,992
	73. 榮進專門大學 地方自治硏究所	硏究委員	1991. 1. 3 - 現在	16	187	5,686	136,464
	74. 東硏會	會員	1991. 6.15 - 現在	15	181	5,523	132,552
	75. 雜魚會	會員, 總務	1992. 5.20 - 現在	14	170	5,183	124,392
	76. 韓國住宅學會	顧問	1992.11. 1 - 現在	14	165	5,019	120,456
	77. 在京 大邱·慶北道民會	諮問委員	1992.11.23 - 現在	14	164	4,996	119,904
	78. 家庭	丈人, 査頓	1993. 1. 6 - 現在	14	163	4,952	118,848
	79. 在韓 신시내티大學校 同窓會	名譽會長	1993. 5.22 - 現在	13	158	4,816	115,584
	80. 好凡會	會員	1998. 1.30 - 現在	13	157	4,776	114,624
	81. 家庭	外할아버지	1993.10.15 - 現在	13	153	4,670	112,080
	82. 美國 CODS	諮問委員	1994. 1. 1 - 現在	13	151	4,592	110,208
	83. 京畿道 地方都市計劃委員會	委員	1974.4.23-1986.10.15	12	150	4,560	109,440
	84. 環境部 中央環境保全委員會	委員	1980.11.13-1992.11.30	12	145	4,401	105,624
	85. 地方行政硏究所	理事	1981.5.16-1993.3.31	12	143	4,338	104,112
	86. 農協 中央會	運營諮問委員	1991.7.31-2003.5.31	12	142	4,323	103,752
	87. 趣向	萬步計 着用者	1994.10.24 - 現在	12	141	4,296	103,104
	88. 새재會	會員, 委員長, 會長	1988.5.24-2000.2.25	12	141	4,295	103,080
	89. 韓國自治發展硏究院	理事長, 顧問, 院長	1995. 4. 1 - 現在	11	136	4,137	99,288
	90. 聞慶市 地域發展協議會	顧問	1995. 4.11 - 現在	11	136	4,127	99,048

(勤續期間 順位)

項目 / 期間分類	保有地位		勤續期間				
	機關 · 團體 · 分野	地位	期間年度	年數(年)	月數(月)	日數(日)	時間數(時間)
11~20年間	91. 慶州金氏 中央宗親會	理事, 運營理事	1977.4.17-1988.4.25	11	132	4,027	96,648
	92. 美國 Las Vegas市	名譽市民	1995.10. 4 - 現在	11	130	3,951	94,824
4~10年間	93. 大韓地方財政共濟會	編輯委員	1982.4.1-1992.7.27	10	124	3,771	90,504
	94. 大韓地方行政共濟會	編輯委員(長)	1972.2.1-1982.3.27	10	122	3,708	88,992
	95. 在京 聞慶市鄕友會	顧問	1996. 6.20 - 現在	10	121	3,691	88,584
	96. 國土計劃學會 弦汀賞基金管理委員會	委員	1994.1.18-2004.2.24	10	121	3,690	88,560
	97. 社會活動	家庭教師	1955.2.28-1964.12.31	10	118	3,595	86,280
	98. 韓國地域發展研究院	顧問, 院長, 代表顧問	1997. 2.24 - 現在	9	113	3,442	82,608
	99. 慶尙北道 道廳移轉推進委員會	委員長	1997. 6.25 - 現在	9	109	3,321	79,704
	100. 日本帝國	臣民	1936.7.28-1945.8.15	9	109	3,306	79,344
	101. 在京 聞慶市鄕友會	副會長	1987.6.26-1996.6.20	9	108	3,283	78,792
	102. 韓國종이博物館	史料寄贈 · 展示者	1997.10.21 - 現在	9	105	3,203	76,872
	103. 一金會	會員	1998. 4. 3 - 現在	8	100	3,039	72,936
	104. 教育部 地域開發課題審議會	委員長	1988.12.12-1996.12.31	8	97	2,942	70,608
	105. 在韓 신시내티大學校同窓會	會長	1984.1.27-1992.1.27	8	96	2,923	70,152
	106. 大統領 民主平和統一諮問會議	委員, 常任委員	1993.7.1-2001.6.30	8	96	2,922	70,128
	107. 韓國道德運動協議會	顧問, 總裁	1999. 2. 5 - 現在	7	90	2,731	65,544
	108. 韓國不動産聯合會	顧問	1999. 2.25 - 現在	7	89	2,711	65,064
	109. 京畿開發研究院	研究諮問委員(長)	1995.3.13-2002.7.19	7	88	2,686	64,464
	110. 21世紀 都市政策開發院	研究委員	1999. 7.12 - 現在	7	85	2,574	61,776
	111. 美國 大學	留學生	1969.9.20-1976.8.27	7	83	2,534	60,816
	112. 農業基盤公社 새만금事業團	諮問委員	1997.1.17-2003.11.20	7	82	2,499	59,976
	113. 家庭	媤아버지	2000. 4.22 - 現在	6	75	2,289	54,936
	114. 安養商議 研究센터	研究委員	1985.5.25-1991.5.31	6	72	2,198	52,752
	115. 韓國土地公社	理事	1984.5.25-1990.5.24	6	72	2,190	52,560
	116. 韓國地方自治學會	常任理事, 副會長, 會長	1991.2.22-1997.2.13	6	72	2,184	52,416
	117. 環境部	名譽環境監視員	1993.11.9-1999.10.28	6	72	2,180	52,320
	118. 大韓國土 · 都市計劃學會	副會長, 會長	1982.2.28-1988.2.13	6	72	2,177	52,248
	119. 科技總 南北交流協議會	委員	1990.4.17-1996.1.20	6	69	2,105	50,520
	120. 골프모임 聞友會	監事	1988.4.29-1993.12.10	6	68	2,062	49,488
	121. 濟州市	名譽市民	2000.12.14 - 現在	6	67	2,053	49,272
	122. 忠南저널社	客員論說委員	1991.8.1-1996.12.31	5	65	1,980	47,520
	123. 安東大學校 總同窓會	顧問	2001. 3. 1 - 現在	5	65	1,976	47,424
	124. 國土計劃學會 學會誌編輯委員會	委員長	1970.10.16-1982.2.27	5	64	1,959	47,016
	125. 在京 聞慶市鄕友會	運營委員	1982.3.9-1987.6.25	5	64	1,935	46,440
	126. 地方移譲推進委員會 · 新行政首都建設推進委員會	總理級 委員長	1999.8.30-2004.9.13	5	61	1,842	44,208
	127. 서울市 地方都市計劃委員會	委員	1980.5.29-1985.5.27	5	60	1,825	43,800
	128. 向志會	會長, 會員	2001.11. 5 - 現在	5	57	1,727	41,448
	129. 地研會	會長, 顧問	2001.12.28 - 現在	5	55	1,674	40,176
	130. 서울大學校 行政大學院	助教	1966.3.25-1970.9.26	5	54	1,647	39,528
	131. 서울大學校 環境大學院	院長	1986.11.5-1990.11.4	4	48	1,461	35,064
	132. 聞慶中學校 總同窓會	會長	1981.3.1-1985.2.23	4	48	1,456	34,944
	133. 서울大學校 環境大學院	名譽教授	2002. 9. 1 - 現在	4	47	1,427	34,248
	134. 國土研究院 21世紀國土포럼	共同代表議長	2002. 9. 8 - 現在	4	47	1,420	34,080
	135. 初等學校~中等學校	級長, 副級長	1948.9.1-1952.3.31	4	43	1,308	31,392

(5) 選擧에 의한 職位

1) 投票 및 互選의 選擧經驗 來歷

選擧種類		事項	選擧日程	選擧地域	當選者	本人事項
1.學校選擧	.1.戶西南初等學校學級班長·副班長	4學年1學期	48.9.1	聞慶	權秉琁	副班長
		4學年 2學期	49.3.1	聞慶	金安濟	班長
		5學年1學期	49.9.1	聞慶	李鍾德	副班長
		5學年 2學期	50.3.1	聞慶	金安濟	班長
		6學年1學期	50.9.1	聞慶	金東鐵	副班長
		6學年2學期	51.3.1	聞慶	金安濟	班長
	2.安東師範學校 總學生委員長	1學年	54.4.15	安東	1名	-
		2學年	55.4.7	安東	1名	-
		3學年	56.4.6	安東	1名	-
	3.서울大學校總學生會長	1學年	57.4.24	서울	1名	-
		2學年	59.4.29	서울	1名	-
		3學年	60.4.29	서울	1名	-
		4學年	61.3.30	서울	1名	-
	4.서울大文理科大學學生會長	1學年	57.4.10	서울	1名	-
		2學年	59.4.15	서울	1名	-
		3學年	60.4.15	서울	1名	-
		4學年	61.3.15	서울	1名	-
	5.物理學科科代表	3學年	60.4.23	서울	1名	-
		4學年	61.3.22	서울	1名	-
	6.Cincinnati大學	韓人學生會	69.12.13	美國	朴純達	副會長
2.國家選擧	1.改憲案國民投票	革命憲法	62.12.17	서울	可決	-
		3選改憲	69.10.17	서울	可決	不參(在美)
		維新憲法	72.11.21	서울	可決	-
		贊反投票	75.2.12	서울	可決	-
		第5次憲法	80.10.22	서울	可決	-
		直選制憲法	87.10.27	서울	可決	-
	2.選擧人選擧	初代國民會議代議員	72.12.15	서울	2,359名	-
		2代國民會議代議員	78.5.8	서울	2,583名	-
		大統領選擧人團	81.2.11	서울	5,283名	-
	3.大統領選擧	第5代	63.10.15	서울	朴正熙	-
		第6代	67.5.3	서울	朴正熙	-
		第7代	71.4.27	서울	朴正熙	不參(在美)
		第13代	87.12.16	서울	盧泰愚	-
		第14代	92.12.18	서울	金泳三	-
		第15代	97.12.18	서울	金大中	-
	4.國會議員選擧	第5代	60.7.29	서울	214名	-
		第6代	63.11.26	서울	175名	-
		第7代	67.6.8	서울	175名	-
		第8代	71.5.25	서울	204名	不參(在美)
		第9代	73.2.27	서울	219名	-
		第10代	78.12.12	서울	231名	-
		第11代	81.3.25	서울	276名	-
		第12代	85.2.12	서울	276名	-
		第13代	88.4.26	서울	299名	-
		第14代	92.3.24	서울	340名	-
		第15代	96.4.11	서울	329名	-
		第16代	00.4.13	서울	273名	-
	5.地方選擧	市郡區議會議員	91.3.26	서울	4,303名	-
		市道議會議員	91.6.20	서울	866名	-
		1回4代地方選擧	95.6.27	서울	5,758名	-
		2回4代地方選擧	98.6.4	서울	4,676名	-
		3回4代地方選擧	02.6.13	서울	4,415名	-
3.職場選擧	1.서울大學校總長	候補選定委員	94.12.27	서울	金安濟	選定委員
		第19代	91.7.16	서울	金鍾云	-
		第20代	95.1.20	서울	李壽成	-
		第21代	96.2.2	서울	鮮于仲皓	-
		第22代	98.10.21	서울	李基俊	-
		第23代	02.6.20	서울	鄭雲燦	-
	2.서울大環境大學院長	第4代	88.10.13	서울	金安濟	院長
		第5代	90.9.26	서울	金炯國	-
		第6代	94.10.14	서울	林岡源	-
		第7代	96.10.11	서울	梁秉彝	-
		第8代	98.10.16	서울	兪炳林	-
		第9代	00.3.27	서울	李正典	-
		第10代	02.3.6	서울	金丁勛	-
4.學會選擧	1.大韓國土·都市計劃學會會長團	第5代	78.2.15	서울	朴炳柱	-
		第6代	80.2.29	서울	尹定燮	-
		第7代	82.2.27	서울	康炳基	第2副會長
		第8代	84.2.18	서울	權泰埈	第1副會長
		第9代	86.2.15	서울	金安濟	會長
		第10代	88.2.13	서울	朱鍾元	-
		第11代	90.2.17	서울	金 源	-
		第12代	92.2.22	서울	趙正濟	-
		第13代	94.2.26	서울	兪 浣	-
		悌14代	96.2.22	서울	呂鴻九	-
		第15代	98.2.14	서울	金英模	-
		第16代	00.2.25	서울	崔秉瑄	-
		第17代	02.2.22	서울	元濟戊	-
	2.韓國地方自治學會會長團	初代	88.12.3	서울	盧隆熙	-
		再選	91.2.22	서울	盧隆熙	-
		第2代	93.2.25	서울	崔昌浩	副會長
		第3代	95.2.22	서울	金安濟	會長
		第4代	97.2.14	서울	鄭世煜	-
		第5代	99.2.10	서울	金東勳	-
		次期第6代	00.2.18	서울	崔相哲	-
		次期第7代	02.2.20	서울	姜瑩基	-
	3.韓國未來學會	幹事	78.9.1	서울	金安濟	幹事
5.機關	1.慶北道廳	移轉推進委員長	97.6.25	大邱	金安濟	委員長

選擧種類		事項	選擧日程	選擧地域	當選者	本人事項
團體選擧	2.地方研究院	院長協議會長	93.2.10	서울	金安濟	會長
		第2代會長	94.2.23	서울	姜英秀	-
	3.明信初等校	育成會長	74.3.1	서울	1名	副會長
	4.聞慶地域	發展協議會長	89.4.15	聞慶	金學浩	副會長
	5.古州賞基金	運營委員長	88.9.4	서울	金安濟	委員長
		第2代委員長	01.12.26	서울	金東勳	-
	6.地域포럼	共同代表	01.8.28	釜山	金安濟	共同代表
	7.韓自研	理事長	99.4.28	高陽	金安濟	理事長
	8.地開研	初代會長	97.2.24	서울	李永奭	-
		第2代會長	98.2.24	서울	禹哉永	-
6.學校同窓會選擧	1.聞慶中學校同窓會會長	第5代	81.3.1	聞慶	金安濟	會長
		第6代	83.3.1	聞慶	金安濟	會長
		第7-10代	85.2.23	聞慶	鄭琸永	-
		第11代	93.,4.11	聞慶	千基鎬	-
		殘餘任期	94.2.5	聞慶	卞　鐸	-
		第12-14代	95.4.8	聞慶	卞　鐸	-
		第15代	01.5.12	聞慶	徐聖漢	-
	2.聞慶中學校在京同門會會長	初代	75.5.11	서울	金炯珖	-
		第2代	77.5.22	서울	金炯珖	-
		第3代	79.5,20	서울	禹載煥	-
		第4代	81.5.25	서울	梁昌模	-
		第5代	83.5.8	서울	卞　鐸	-
		第6代	85.5.25	서울	徐聖漢	-
		第7代	87.7.11	서울	黃正龍	-
		第8代	89.6.9	서울	千基鎬	-
		第9代	91.7.4	서울	千基鎬	-
		第10代	93.5.24	서울	高鎭台	-
		第11代	95.5.12	서울	尹成吉	-
		第12代	97.5.31	서울	朴炳載	-
		第13代	99.5.25	서울	朴炳載	-
		第14代	00.12.7	서울	金至薰	-
	3.聞中在邱同門會會長	初代	81.10.31	大邱	張星元	-
		第2代	83.10.29	大邱	張星元	-
	4.八京會會長	初代	73.5.10	서울	李　俊	-
		第2代	74.5.10	서울	金安濟	會長
	5.在韓신시내티大學同門會會長	初代	84.1.27	서울	金安濟	會長
		第2代	92.1.17	서울	嚴基文	-
		第3代	93.1.30	서울	朴洪奎	-
7鄉友宗親會選擧	1.在京聞慶鄉友會會長	初代	61.4.5	서울	李東寧	-
		第2代	82.3.9	서울	金鍾縞	-
		第3代	87.6.26	서울	金學浩	副會長
		第4代	90.6.30	서울	鄭棹永	副會長
		再選	92.6.27	서울	鄭棹永	副會長
		第5代	94.6.29	서울	朴仁遠	副會長
		再選	96.6.20	서울	朴仁遠	-
		第6代	98.6.30	서울	朴炳雄	-

選擧種類		事項	選擧日程	選擧地域	當選者	本人事項
		再選	00.6.30	서울	朴炳雄	-
						-
	2.慶州金氏聞慶宗親會會長	初代	80.7.8	聞慶	金海植	-
		第2代	82.5.9	聞慶	金春經	副會長
		第3代	84.4.29	聞慶	金春經	副會長
8.親睦會選擧	1.行研會會長	初代	65.4.10	서울	金光得	-
		第2代	66.1.1	서울	金安濟	會長
		第3代	67.1.1	서울	曺峙鉉	-
		第4代	68.1.1	서울	李廷殷	-
		第5代	69.1.1	서울	李相晩	-
		第6代	70,1,1	서울	崔佑埴	不參(在美)
		第7代	71.1.1	서울	林敬縞	不參(在美)
		第8代	72.1.1	서울	尹惠淳	不參(在美)
		第9代	73.1.1	서울	金安濟	會長
		第10代	75.1.1	서울	金光得	-
		第11代	77.1.1	서울	金安濟	會長
		第12代	80,1,1	서울	李廷殷	-
		第13代	83.1.1	서울	曺峙鉉	-
		第14代	86.1.1	서울	李成基	-
		第15代	90.1.1	서울	李成基	-
		第16代	95.1.1	서울	曺峙鉉	-
	2.鳥嶺會	初代會長	67.11.25	서울	金安濟	會長
	3.經科同友會會長	初代	81.6.18	서울	金在玺	幹事
		第2代	83.12.30	서울	趙庚穆	-
	4.風水會會長	初代	83.5.20	서울	羅相紀	-
		第2代	86.5.4	서울	金儀遠	-
		第3代	87.5.30	서울	朴炳柱	-
		第4代	88.5.21	서울	黃鏞周	-
		第5代	89.5.19	서울	康炳基	-
		第6代	90.3.30	서울	朱鐘元	-
		第7代	91.3.29	서울	金　源	-
		第8代	92.6.24	서울	金安濟	會長
		第9代	93.5.25	서울	林相夏	-
		第10代	94.4.14	서울	崔相哲	-
		第11代	95.12.3	서울	梁東陽	-
		第12代	96.12.13	서울	兪　浣	-
		第13代	97.12.18	서울	姜渭薰	-
		第14代	98.12.19	서울	朴炳柱	-
	5.새재會會長	初代	88.5.24	서울	金學澈	-
		第2代	92.2.20	서울	蔡弘植	碑委員長
		第3代	99.6.29	서울	金安濟	會長
	6.好凡會會長	初代	98.2.19	서울	李圭憲	-
		第2代	00.1.24	서울	禹哉永	-
	7.向志會 會長	初代	01.11.5	서울	金安濟	會長
	8.地研會會長	初代	01.12.28	서울	金安濟	會長

2) 投票 또는 互選 등 選擧에 의해 當選된 職位

選擧種類		事項	選擧人團	選擧日字	選擧地域	當選職位	任期(年)
1.學校選擧	1.戶西南初等學校	4學年4班1學期任員	學級在學生	1948.9.1	慶北 聞慶	副班長	0.5
		4學年4班2學期任員	學級在學生	1949.3.1	慶北 聞慶	班 長	0.5
		5學年2班 1學期任員	學級在學生	1949.9.1	慶北 聞慶	副班長	0.5
		5學年2班2學期任員	學級在學生	1950.3.1	慶北 聞慶	班長	0.5
		6學年2班1學期任員	學級在學生	1950.9.1	慶北 聞慶	副班長	0.5
		6學年2班2學期任員	學級在學生	1951.3.1	慶北 聞慶	班長	0.5
	2.美國신시내티大學韓人學生會	會長團	韓人學生總會	1969.12.13	美國신시내티	副會長	2.0
2.職場選擧	1.서울大 總長候補選定委員會	環境大學院代表	環境大學院敎授	1994.12.27	서울	選定委員	0.2
	2.서울大 環境大學院	第4代院長 第2期	環境大學院敎授會	1988.10.13	서울	院長	2.0
3.學會選擧	1.大韓國土 · 都市計劃學會	第7代會長團	學會理事會	1982.2.27	서울	第2副會長	2.0
		第8代會長團	學會理事會	1984.2.18	서울	第1副會長	2.0
		第9代會長團	學會理事會	1986.2.15	서울	會長	2.0
	2.韓國地方自治會學會	第2代會長團	學會理事會	1993.2.25	서울	學術擔當副會長	2.0
		第3代會長團	學會理事會	1995.2.22	서울	會長	2.0
	3.韓國未來學會	代表幹事團	總會會員	1978.9.1	서울	幹事	1.0
4.機關 · 團體選擧	1.慶北道廳 移轉推進委員會	委員會代表	委員會委員團	1997.6.25	大邱	委員長	2.0
	2.自治體出捐研究院	院長協議會會長團	協議會員團	1993.2.10	서울	會長	1.0
	3.서울 明信初等學校	育成會任員	育成會會員	1974.3.1	서울	副會長	1.0
	4.古州賞 基金運營委員會	委員會初代任員	委員團	1988.9.4	京畿 高陽	委員長	2.0
	5.地方포럼	共同代表團	總會會員	2001.8.28	釜山	共同代表	2.0
	6.韓國自治開發研究院	理事會代表	理事會	1999.4.28	京畿 高陽	理事長	2.0
5.同窓會選擧	1.聞慶中學校同窓會	第3代會長團	總會會員	1981.3.1	慶北 聞慶	會長	2.0
		第3代第2期會長團	總會會員	1983.3.1	慶北 聞慶	會長	2.0
	2.八京會	第2代會長團	總會會員	1973.5.10	서울	會長	1.0
	3.신시내티大學 韓國同窓會	初代會長團	總會會長	1984.1.27	서울	會長	2.0
6.鄕友 · 宗親會選擧	1.在京聞慶鄕友會	第3代會長團	總會會員	1987.6.26	서울	副會長	2.0
		第4代會長團	總會會員	1990.6.30	서울	副會長	2.0
		第4代第2期會長團	總會會員	1992.6.27	서울	副會長	2.0
		第5代會長團	總會會員	1994.6.29	서울	副會長	2.0
	2.慶州金氏 聞慶宗親會	第2代會長團	總會會員	1982.5.9	慶北 聞慶	副會長	2.0
		第3代會長團	總會會員	1984.4.29	慶北 聞慶	副會長	2.0
7.親睦會選擧	1.行研會	第2代任員	會員	1966.1.1	서울	會長	1.0
		第9代任員	會員	1973.1.1	서울	會長	2.0
		第11代任員	會員	1977.1.1	서울	會長	3.0
	2.鳥嶺會	初代會長團	會員	1967.11.25	서울	會長	1.0
	3.經科同友會	初代會長團	會員	1981.6.18	서울	幹事	2.0
	4.風水會	初代會長團	會員	1992.6.24	서울	會長	1.0
	5.새재會	第3代代表	會員	1999.6.29	서울	會長	2.0
	6.向志會	初代會長團	會員	2001.11.5	서울	會長	2.0
	7.地研會	初代會長團	會員	2001.12.28	서울	會長	2.0

(6) 專攻分野와 歷任職責의 聯關性

1) 專攻分野의 種類

區分 主專攻	附隨專攻	修學機關	修學期間(年:月)	取得學位	取得一字
1.物理學	數學, 統計學, 分析學	서울大學校 文理科大學 物理學科	57.4.1-62.2.26(4:11)	理學士(B.S.)	1962.2.26
2.行政學	地方行政, 地方自治	서울大學校 行政大學院	63.3.1-65.2.26(2:0)	行政學碩士(M.P.A.)	1965.2.26
3.都市計劃學	地域開發, 國土計劃	美國 Cincinnati 大學校 大學院	69.9.21-71.6.13(1:9)	都市計劃學碩士(M.C.P.)	1971.6.13
4.地域經濟學	計量經濟, 經濟計劃	美國 Cincinnati 大學校 大學院	71.7.1-76.8.27(5:2)	地域經濟學博士(Ph.D.)	1976.8.27

2) 專攻分野別 主要歷任 職責

(專攻分野別 就任日字 順)

區分 主專攻 分野		公共機關		社會團體		合計(個) (年:月)
		機關 및 職位	在任期間 (年:月)	團體 및 職位	在任期間 (年:月)	
單一專攻分野	1.物理學	· 聞慶中學校 講師	61.1.16-61.3.6(0:2)	· 出版社 民衆書館 編輯社員	62.4.7-63.2.1(0:10)	
		· 首都女師大 附屬女子高等學校 數學敎師	63.2.1-63.4.30(0:3)			
		· 科技處 政策諮問委員	83.9.29-85.9.28(2:0)			
		· 科技處 科學技術 21世紀 모임 委員	88.6.17-88.12.31(0:7)			
	(延計)	4	(3:0)	1	(0:10)	5(3:10)
	2.行政學	· 內務部 地方行政研究委員會 研究員	64.4.15-66.2.28(1:11)	· 韓國行政問題研究所 研究員	65.5.1-68.2.28(2:10)	
		· 地方行政共濟會 編輯委員會 委員 · 委員長	72.2.1-82.3.27(10:2)	· 地方行政研究所 理事 · 編輯委員長	81.5.16-92.8.31(11:4)	
		· 總務處 提案審査專門委員	74.11.28-77.11.30(3:0)	· 聞慶文化院 顧問 · 監修委員	85.5.25-現在(21:2)	
		· 國務總理室 行政改革調整委員會 諮問委員	79.2.20-79.10.30(0:8)	· 地方自治學會 理事 · 常任理事 · 副會長 · 會長 · 名譽會長 · 顧問	88.12.3-現在(17:3)	
		· 國家保衛立法會議 內務委員會 專門委員	80.10.28-81.2.28(0:4)	· 韓國自治開發研究院 編輯委員長 · 理事長 · 顧問 · 院長	89.5.1-現在(17:3)	
		· 行自部 政策諮問委員	81.2.16-98.5.31(17:3)	· 現代社會研究所 編輯委員	89.7.1-92.7.20(3:1)	
		· 國家專門行政研修院 指導敎授	81.3.18-03.1.31(24:11)	· 自治新聞社 論說顧問 · 理事	91.12.29-92.7.21(0:7)	
		· 地方財政共濟會 編輯委員	82.4.1-92.7.27(10:4)	· 朝鮮日報 21世紀 委員	94.1.29-95.12.3(1:11)	
		· 韓國地方行政研究院 研究諮問委員(長) · 編纂委員 · 院長	86.9.7-現在(19:11)	· 議會저널社 編輯顧問	97.1.25-00.12.31(3:11)	
		· 始興郡 郡誌 編輯委員	87.10.1-88.12.31(1:3)	· 古州學術賞 運營委員會 委員長 · 委員	98.9.4-現在(7:11)	
		· 行自部 機能移管審議會 委員	91.7.16-94.12.31(3:5)	· 韓國道德運動協議會 顧問 · 總裁	99.2.5-現在(7:6)	
		· 地自體 出捐研究院長協議會 會長	93.2.10-94.2.23(1:0)	· 地方포럼 諮問委員	99.4.5-03.4.14(4:0)	
		· 靑瓦臺 行政刷新委員會 委員	93.4.10-95.4.30(2:0)	· 綠色自治新聞社 顧問	00.1.1-03.12.31(4:0)	
		· 地自體 國際交流財團 管理審議委員	94.11.1-98.11.27(4:1)	· 韓國地方分權 아카데미		
		· 國務總理室 地方自治制度				

(專攻分野別 就任日字 順)

主專攻	分野	公共機關: 機關 및 職位	公共機關: 在任期間 (年:月)	社會團體: 團體 및 職位	社會團體: 在任期間 (年:月)	合計(個) (年:月)
單一專攻分野	2.行政學	發展委員會 委員	96.3.8-98.2.28(2:0)	顧問	03.3.28-06.6.30(3:3)	
		·青瓦臺 地方移讓推進委員會 委員長	99.8.30-03.9.17(4:1)	·韓國書畵作家協會 顧問·總裁	03.7.7-現在(3:1)	
		·全國市道知事協議會 諮問委員	99.10.25-02.6.30(2:8)			
		·濟州道 行政改革推進委員會 諮問委員	03.5.7-05.5.6(2:0)			
	(延計)	18	(111:0)	15	(109:6)	33(220:6)
	3.都市計劃學	·建交部 中央調査研究團 計劃委員	72.7.13-75.6.30(3:0)	·大韓國土·都市計劃學會 監事·理事·編輯委員長·常任理事·副會長·會長·顧問·國際委員長	74.4.20-現在(32:3)	
		·京畿道 道立公園 委員	73.5.12-82.3.26(8:9)	·淸溪商街移轉協議會 顧問	82.4.23-83.7.31(1:3)	
		·京畿道 地方都市計劃委員	74.4.23-86.10.15(12:6)	·大亞綜合公社 諮問委員	90.1.1-90.12.31(1:0)	
		·京畿道 道建設綜合計劃審議會 委員	77.4.7-79.4.6(2:0)			
		·青瓦臺 臨時行政首都建設企劃團 研究敎授	77.6.1-79.10.26(2:5)			
		·서울市 再開發審議委員	77.11.18-82.3.10(4:4)			
		·KIST 地域開發研究센터 諮問委員·顧問	78.5.1-80.12.31(2:8)			
		·國土研究院 諮問敎授·研究委員·諮問委員	79.1.1-94.5.11(15:5)			
		·産業人力公團 出題委員·採點委員	80.4.10-90.11.26(10:8)			
		·서울市 地方都市計劃委員	80.5.29-85.5.27(5:0)			
		·敎育部 一種圖書 編纂審議會 委員	80.7.7-83.3.9(2:8)			
		·勞動部 技術資格制度審議會 專門委員	82.7.24-01.9.25(19:2)			
		·建設部 國土利用計劃審議委員會 委員	83.3.11-87.3.10(4:0)			
		·國務總理室 國土綜合計劃審議會 委員	85.10.7-02.12.31(17:3)			
		·建交部 中央都市計劃委員會委員·第3 및 第1分科委員長	86.6.19-04.12.31(18:7)			
		·忠北 淸州圈計劃樹立團 指導委員	93.8.2-94.12.31(1:5)			
		·서울市 新廳舍 建立諮問委員會 委員	96.8.26-97.8.25(1:0)			
		·國務總理室 交通政策委員會 委員	99.11.25-01.11.24(2:0)			
		·서울市 都市政策會議委員	00.2.21-02.10.31(2:8)			
		·建交部 國土整備企劃團				

(專攻分野別 就任 日字 順)

主專攻分野		公共機關 機關 및 職位	公共機關 在任期間 (年:月)	社會團體 團體 및 職位	社會團體 在任期間 (年:月)	合計(個) (年:月)
單一專攻分野	3.都市計劃學	諮問委員長	00.6.20-01.6.20(1:0)			
		· 釜山市 廣域都市計劃 諮問委員會 委員	01.6.2-03.6.1(2:0)			
		· 國土硏究院 21世紀國土 포럼 共同代表議長	02.9.8-現在(3:11)			
	(延計)	22	(142:5)	3	(34:6))	25(176:11)
	4.地域經濟學	· ILCORK 韓國委員會 硏究委員	73.5.10-75.5.9(2:0)	· 産業管理硏究所 硏究委員	78.2.1-80.1.31(2:0)	
		· 韓國開發院 財政實務 班長	77.6.27-77.12.31(0:6)	· 人口問題硏究所 硏究委員	78.3.1-80.2.28(2:0)	
		· 農村經濟硏究院 硏究 諮問委員	82.5.10-84.5.10(2:0)	· 大韓商議 韓國經濟硏究 센터 硏究委員	83.4.1-00.5.31(17:2)	
		· 聞慶市 郡誌 編輯委員 · 執筆委員	89.7.3-91.12.31(2:6)	· 安養商議 安養經濟硏究 센터 硏究委員	85.5.25-91.5.31(6:0)	
		· 農協中央會 運營諮問委員	91.7.31-03.5.31(11:10)	· 地方經濟硏究會 理事	85.9.30-87.9.29(2:0)	
		· 海運産業硏究院 理事	95.3.1-97.2.28(2:0)	· 不動産經濟新聞社 編輯顧問	90.1.1-92.7.20(2:7)	
		· 農業基盤公社 새만금事業 諮問委員	97.1.17-03.11.20(6:10)	· 韓國建設産業硏究院 硏究諮問委員	01.2.1-05.1.31(4:0)	
				· 韓國經濟新聞社 地域大賞 審査委員長	02.11.5-04.12.31(2:2)	
	(延計)	7	(27:8)	8	(37:11)	15(65:7)
	延合計	51	(284:1)	27	(182:9)	78(466:10)
複數專攻分野	1.物理學·行政學	· 靑瓦臺 國家科學技術諮問會義 委員 · 總括調整班長	89.6.5-90.12.31(1:7)	· 科學技術團體總聯合會 政策委員·南北交流協議 委員 · 理事	87.8.25-90.2.28(2:6)	
	(延計)	1	(1:7)	1	(2:6)	
	2.物理學·都市計劃學	· 科技部 國家技術資格檢定 委員會 試驗委員	76.9.21-78.9.20(2:0)	· 韓國環境科學硏究協議會 常任理事	95.3.9-99.3.8(4:0)	2(4:1)
		· 環境部 水質保全協議會 委員	80.5.28-82.5.27(2:0)			
		· 環境部 中央環境保全委員 會 委員	80.11.13-92.11.30(12:0)			
		· 科技部 綜合科學技術審 議會 委員	82.2.4-84.2.3(2:0)			
		· 科技部 硏究團地諮問團 諮問委員	89.1.13-92.3.9(3:2)			
	(延計)	5	(21:2)	1	(4:0)	
	3.物理學·地域經濟學	· 韓國住宅銀行 顧問 · 諮問 敎授 · 諮問委員	73.6.1-90.2.28(16:9)	-	-	6(25:2)
	(延計)	1	(16:9))	-	-	
	4.行政學·都市計劃學	· 敎育開發院 編纂委員會 委員·硏究委員·執筆委員	77.11.12-81.12.31(4:2)	· 都市 및 地域計劃硏究所 理事 · 常任理事	73.1.18-89.1.17(16:0)	1(16:9)

(專攻分野別 就任 日字 順)

主專攻 分野	區分	公共機關: 機關 및 職位	公共機關: 在任期間 (年:月)	社會團體: 團體 및 職位	社會團體: 在任期間 (年:月)	合計(個) (年:月)
複數專攻分野	4.行政學·都市計劃學	· UNESCO 訓體센터 審議委員	78.5.12-80.5.11(2:0)	· 葬墓硏究會 理事	83.1.22-86.11.18(3:10)	
		· 教育部 中央教育審議會 委員	92.5.30-94.10.31(2:5)			
		· 行自部·教育部 公立大學 審議委員	96.3.19-98.3.18(2:0)			
		· 忠南 國際環境포럼 推進協議會 委員長	97.1.27-97.5.31(0:4)			
		· 建交部 空港運營體系 審議委員會 委員長	00.9.29-01.9.28(1:0)			
	(延計)	6	(11:11)	2	(19:10)	8(31:9)
	5.行政學·地域經濟學	· 서울市 市稅 審議委員	79.5.12-99.2.28(19:9)	· 韓·美 友好協會 委員	91.6.26-94.12.31(3:6)	
		· 財經部 土地課稅 合理化 委員會 委員	88.4.18-90.4.17(2:0)	· 勞動·環境硏究院 諮問委員	94.12.6-00.12.5(6:0)	
				· 韓國能率協會 審査委員長·硏究포럼 顧問	96.2.1-01.7.18(5:6)	
	(延計)	2	(21:9)	3	(15:0)	5(36:9)
	6.都市計劃學·地域經濟學	· 産資部 工業配置審議委員	79.3.28-90.8.12(11:5)	· 公害防止協會 諮問委員	77.2.1-79.1.31(2:0)	
		· KIST 海洋開發硏究所 硏究委員	80.5.1-82.4.30(2:0)	· 漢陽그룹 諮問委員·顧問·諮問教授	78.9.1-83.9.28(5:1)	
		· 韓國土地公社 諮問委員·理事·諮問委員長	81.8.10-現在(24:11)	· 環境保全協會 專門委員	81.8.27-83.8.26(2:0)	
		· 國務總理室 西海岸開發 推進委員	88.10.6-90.10.5(2:0)	· 建設振興會 編輯諮問委員	84.6.26-04.4.30(19:10)	
		· 交通開發硏究院 硏究諮問委員	89.6.1-91.10.15(2:5)	· '平和의 댐' 推進委員會 委員	86.12.15-88.5.31(1:5)	
		· 大邱·慶北開發硏究院 道計劃 諮問委員	92.3.1-92.12.31(0:10)	· 韓德開發(株) 諮問委員	87.9.10-89.9.10(2:0)	
		· 交通開發硏究院 民資誘致團 團員	95.7.10-97.7.9(2:0)	· 大邱地域開發硏究會 顧問	89.3.21-91.3.20(2:0)	
		· 建交部 民間投資事業調整委員會 委員·委員長	96.4.6-99.5.14(3:2)	· 聞慶地域發展協議會 副會長·顧問	89.4.15-現在(17:3)	
		· 大韓住宅公社 諮問委員	00.8.1-現在(6:0)	· 地域社會開發學會 學術理事	92.2.1-94.1.31(2:0)	
		· 大統領 持續可能發展 委員會 委員	02.10.4-03.12.15(1:2)	· 住宅情報社 諮問委員	94.3.9-95.3.8(1:0)	
		· 國務總理室 서울外廓循環道路 路線 再檢討 委員會 委員長	03.4.22-03.6.5(0:2)	· 不動産經濟新聞社 執筆委員	96.6.26-98.6.25(1:0)	
				· 國際觀光開發硏究院 諮問委員	98.8.25-現在(7:11)	
				· 韓國不動産聯合會 顧問	99.2.25-現在(7:5)	
	(延計)	11	(56:1)	13	(71:11)	24(128:0)
	7.行政學·都市計劃學·地域經濟學	· 서울市 首都行政諮問委員	77.2.5-81.5.11(4:4)	· 새마을運動中央協議會 理事·諮問委員·審議委員長·編輯委員·指導教授	89.5.8-00.2.24(10:10)	
		· 京畿道 評價教授團 評價教授	77.2.15-79.2.14(2:0)	· 潁江文化 後援會長	90.3.16-94.3.15(4:0)	
		· 서울市 市政硏究團 硏究				

(專攻分野別 就任 日字 順)

主 專攻 分野	區分	公共機關 機關 및 職位	公共機關 在任期間 (年:月)	社會團體 團體 및 職位	社會團體 在任期間 (年:月)	合計(個) (年:月)
複數	7.行政學	委員	80.6.1-82.5.31(2:0)	· 忠南저널社 客員論說委員	91.8.1-96.12.31(5:5)	
專攻	·都市計	· 서울市 人口抑制實務		· 韓國住宅公社 顧問	92.11.1-現在(13:9)	
分野	劃學·	協議會 委員	83.2.7-86.12.31(3:11)	· 美國 CODS 諮問委員	94.1.1-現在(12:7)	
	地域經	· 서울市 市政諮問委員會		· 서울市政新聞社 編輯諮問		
	濟學	委員	85.11.28-87.11.28(2:0)	委員	95.6.15-03.6.14(8:0)	
		· 教育部 地域開發課題		· 慶北道民日報社 顧問	96.9.20-97.9.19(1:0)	
		審議會 委員長	88.12.12-96.12.31(18:1)	· 韓國 地域開發研究院		
		· 教育部 學位種別 審査		顧問·院長	97.2.24-現在(9:5)	
		委員會 委員	90.10.17-92.10.16(2:0)	· Viagis Center Coordi-		
		· 全南道廳 移轉推進委員會		nator	99.4.19-01.7.18(2:3)	
		指導委員	93.2.1-93.12.31(0:11)	· 21C 都市政策開發院 諮問		
		· 民主平和統一諮問會議		委員·研究委員	99.7.12-現在(7:0)	
		委員·常任委員	93.7.1-01.6.30(8:0)	· 21世紀 地域포럼 共同		
		· 京畿開發研究院 研究諮問		代表	01.8.28-03.8.27(2:0)	
		委員會 委員·委員長	95.3.13-02.7.19(7:4)	· 警察新聞 論說委員	03.4.28-現在(3:3)	
		· 美國 Las Vegas市 서울				
		事務所 顧問	96.10.7-98.10.6(2:0)			
		· 學術振興財團 地域開發				
		課題 審議委員長	97.3.1-98.2.28(1:0)			
		· 慶北道廳 移轉推進委員會				
		委員長	97.6.25-現在(9:1)			
		· 2002월드컵 組織委員會				
		協議委員·公同議長	98.1.1-00.12.14(3:0)			
		· 서울市政開發研究院 研究				
		諮問委員	00.1.28-05.6.9(5:5)			
		· 서울大 環境大學院				
		名譽教授·時間講師	02.9.1-現在(3:11)			
		· 仁川市 政策諮問教授	03.6.4-05.6.3(2:0)			
		· 青瓦臺 新行政首都建設				
		推進企劃團 諮問委員長	03.6.5-04.4.16(0:11)			
		· 大統領 新行政首都建設				
		推進委員會 委員長	04.5.21-04.9.13(0:4)			
	(延計)	19	(68:3)	12	(79:6)	31(147:9)
	8.物理學	· 서울大 環境大學院		· 韓國未來學會 幹事	78.9.1-79.11.30(1:3)	
	·行政學	教授·院長	72.5.10-02.8.31(30:4)			
	·都市計	· 國家保衛非常對策 常任				
	劃學·	委員會 經科分科委員	80.6.5-80.10.27(0:5)			
	地域	· 大田市 世界科學都市聯合				
	經濟學	推進協議會 會長	96.10.4-97.10.3(1:0)			
	(延計)	3	(31:9)	1	(1:3)	4(33:0)
	延合計	48	(229:3)	33	(194:0)	81(423:3)
延總計		99	(513:4))	60	(376:9)	159(890:1)

註. 期間中 '現在' 는 古稀紀念日인 2006年 7月 28日 基準 現在임.

3) 專攻分野別 歷任職責數 및 在任期間의 分布와 構成比率

專攻分野 \ 區分		歷任職責數 (個, %) 公共機關	社會團體	合計	在任期間 (月, %) 公共機關	社會團體	合計
單一專攻	1. 物理學	4(4.0)	1(1.7)	5(3.2)	36(0.6)	10(0.2)	46(0.4)
	2. 行政學	18(18.2)	15(25.0)	33(20.8)	1,332(21.6)	1,314(29.1)	2,646(24.8)
	3. 都市計劃學	22(22.2)	3(5.0)	25(15.7)	1,709(27.7)	414(9.1)	2,123(19.9)
	4. 地域經濟學	7(7.1)	8(13.3)	15(9.4)	332(5.4)	455(10.1)	787(7.3)
	合計	51(51.5)	27(45.0)	78(49.1)	3,409(55.3)	2,193(48.5)	5,602(52.4)
複數專攻	1. 物理學 · 行政學	1(1.0)	1(1.7)	2(1.3)	19(0.3)	30(0.6)	49(0.5)
	2. 物理學 · 都市計劃學	5(5.1)	1(1.7)	6(3.8)	254(4.1)	48(1.1)	302(2.8)
	3. 物理學 · 地域經濟學	1(1.0)	-	1(0.6)	201(3.3)	-	201(1.9)
	4. 行政學 · 都市計劃學	6(6.1)	2(3.3)	8(5.0)	143(2.3)	238(5.3)	381(3.6)
	5. 行政學 · 地域經濟學	2(2.0)	3(5.0)	5(3.1)	261(4.3)	180(4.0)	441(4.1)
	6. 都市計劃學 · 地域經濟學	11(11.1)	13(21.6)	24(15.1)	673(10.9)	863(19.1)	1,536(14.4)
	7. 行政學 · 都市計劃學 · 地域經濟學	19(19.2)	12(20.0)	31(19.5)	819(13.3)	954(21.1)	1,773(16.6)
	8. 物理學 · 行政學 · 都市計劃學 · 地域經濟學	3(3.0)	1(1.7)	4(2.5)	381(6.2)	15(0.3)	396(3.7)
	合計	48(48.5)	33(55.0)	81(50.9)	2,751(44.7)	2,328(51.5)	5,079(47.6)
總計		99(100.0)	60(100.0)	159(100.0)	6,160(100.0)	4,521(100.0)	10,681(100.0)

4) 單一專攻으로의 均等配分에 의한 歷任職責數 및 在任期間의 分布와 構成比率

專攻 \ 區分	歷任職責數 (個, %) 公共機關	社會團體	合計	在任期間 (月, %) 公共機關	社會團體	合計
1. 物理學	6(6.1)	4(6.7)	10(6.3)	138(2.2)	103(2.3)	241(2.3)
2. 行政學	31(31.3)	21(35.0)	52(32.7)	1,981(32.2)	1,811(40.1)	3,792(35.5)
3. 都市計劃學	41(41.4)	14(23.3)	55(34.6)	2,685(43.6)	1,249(27.6)	3,934(36.8)
4. 地域經濟學	21(21.2)	21(35.0)	42(26.4)	1,356(22.0)	1,358(30.0)	2,714(25.4)
合計	99(100.0)	60(100.0)	159(100.0)	6,160(100.0)	4,521(100.0)	10,681(100.0)

客說 : 經驗에서 얻은 삶의 眞實

한 사람의 70歲 生涯는 길고도 짧다. 태어나서 앞을 보면 창창하고 아득하며 요원한 歲月이오, 죽을 때 돌아보면 剎那요 須臾며 南柯一夢이다.

(7) 主要 機關·團體의 職位 變動

(出産~教授停年)

年度	家庭	서울大學校	大韓國土·都市計劃學會	韓國地方自治學會	行政自治部 國家專門行政研修院	韓國地方行政研究院
1936	長男					
⋮						
1961						
⋮						
1965	戶主				內務部 地方行政研修院 講師	
1966	男便·父	助教				
⋮						
1972		專任講師	正會員			
1973		學科主任教授職代				
1974			監事			
1975						
1976		助教授	理事·編輯委員長			
1977		學科長				
1978			常任理事			
1979						
1980		研究所長職代·副教授				
1981					內務部 地方行政研修院 指導教授	
1982		研究所長	第2副會長			
1983						
1984			第1副會長			
1985		正教授				
1986		院長(任命)	會長			研究諮問委員
1987						
1988		院長(直選)	理事	正會員·理事		
1989						
1990		平教授	顧問			
1991				常任理事		
1992		行自部研究院長(派遣)				院長
1993	丈人·外祖父			副會長		
1994		平教授				研究諮問委員
1995				會長		
1996						
1997		高位課程主任教授		名譽會長		
1998			國際交流委員長			
1999		平教授		顧問	行自部國家專門行政研修院指導教授	
2000	媤父					
2001						
2002		教授停年				研究諮問委員長

年度	韓國 住宅銀行	韓國 土地公社	새마을運動 中央協議會	韓國地方自治研究院	京畿開發 研究院	在京聞慶 鄕友會	聞慶中學校 同窓會	골프모임 風水會
1936								
⋮								
1961						正會員	正會員	
⋮								
1965								
1966								
⋮								
1972								
1973	顧問							
1974								
1975								
1976								
1977								
1978	諮問敎授							
1979								
1980								
1981		諮問委員					會長	
1982	諮問委員					運營委員		
1983								正會員 · 監事
1984		理事						
1985							名譽會長	
1986								
1987						副會長		
1988								競技委員長
1989			理事	編輯委員				
1990		諮問委員						
1991								
1992								會長
1993			諮問委員					會員
1994								
1995				理事長	研究諮問委員			
1996					研究諮問委員長	顧問		
1997								
1998			中央研修院 指導敎授					
1999			論說委員	社團法人 韓國自治開發 研究院理事長				
2000					研究諮問委員			
2001				院長				
2002								

(8) 主職場 서울大學校와의 因緣關係 및 授受內譯

(金額單位 : 經常價格, 千원)

區分 身分	因緣關係				授受內譯	
	機關	地位	期間(年 : 月)	副次職位	준 것	받은것
1. 修學	1.文理科大學 物理學科	大學生	1957.4.1-1962. 2.26(5:10)	-	151 (登錄金)	125(奬學金), 理學士
	2.行政大學院 行政學科	大學院生	1963.3.1-1965. 2.26(2:0)	-	214 (登錄金)	542(奬學金), 行政學碩士
	累 計	2	7年 10月	-	365	667
2. 任用	1.行政大學院	1.助 教	1966.3.25-1970. 9.26(4:6)	-	努力奉仕	-
		2.時間講師	1972.3.2-1972. 5.9(0:2)	-	講義	60(講師料)
		3.專任講師	1972.5.10-1973. 5.7(1:0)	· 本部 教授協議會 理事(73.3.1-78.2.28 ; 5:0)	講義·指導	1,260(報酬)
	2.環境大學院	1.專任講師	1973.5.8-1976. 4.14(3:0)	· 環境大 都市 및 地域計劃學科 主任職務代理 (73. 5. 8-75. 2. 28 ; 1:10) · 本部 大學院委員會 委員(73.7.31-75.7.30; 2:0) · 本部 中央圖書館 運營委員會 委員 (75. 4. 22-77. 4. 21 ; 2:0) · 行政大 國家政策課程 講師 (76. 3. 1-96. 12. 31 ; 20:10)	講義·指導 ·補職	3,781(報酬)
		2.助教授	1976.4.15-1980. 7.31(4:4)	· 環境大 環境計劃學科 學科長 (77. 9. 28-79. 9. 28 ; 2:0) · 環境大 環境計劃研究所 所長 職務代理 (80. 4. 17-80. 11. 17; 0:7)	講義·指導 ·補職	11,266 (報酬)
		3.副教授	1980.8.1-1985. 9.30(5:2)	· 環境大 環境計劃研究所 所長 (82. 11. 18-84. 11. 17 ; 2:0)	講義·指導 ·補職	38,658 (報酬)
		4.教 授	1985.10.1-2002. 8.31(16:11)	· 環境大 任命 院長(86. 11. 5-88. 11. 4 ; 2:0) · 本部 建築審議委員會 委員 (88. 10. 10-89. 12. 31 ; 1:3) · 環境大 選出 院長(88. 11. 5- 90. 11. 4 ; 2:0) · 本部 學長會 幹事(88. 11. 10- 90. 11. 4 ; 2:0) · 本部 캠퍼스計劃委員會 委員 (91.10.29-93.10.29 ; 2:0) · 本部 캠퍼스 擴充事業企劃團 推進委員 (91. 11. 25-92. 11. 24 ; 1:0) · 本部 發展基金推進委員會 委員 (95. 6. 20-97. 6. 19 ; 2:0) · 環境大 都市·環境高位政策課程 主任教授 (97. 3. 1-99. 2. 28 ; 2:0) · 本部 評議會 委員(97. 4. 19-01. 4. 18 ; 4:0)	講義·指導 ·補職	532,609 (報酬)
	累 計	7	35年 1月	17	-	587,634
3. 退職	1.서울大學校	名譽教授	2002.9.1-2006. 7.28(3:11)	-	-	141,000 (年金)
	2.環境大學院	時間講師	2002.9.1-2006. 7.28(3:11)	-	講義	28,000 (講師料)
	累 計	2	3年 11月	-	-	169,800
總 累 計		11	46年 10月	17	365	758,101

(9) 國家基本職位와 比較한 保有公共職位의 分類

(比較職位別 任命日字 順位)

比較職位	機　　　關	職位	在任期間	任命權者
1. 大統領級	-	-	-	-
2. 國務總理級	1. 大統領 地方移讓推進委員會	委員長	1999.8.30- 2003.9.17(4年1月)	大統領
	2. 靑瓦臺 新行政首都建設推進委員會	委員長	2004.4.17-2004.9.13(5月)	大統領
3. 長官級	1. 國務總理室 國土綜合計劃審議會	委員	1985.10.7-2002.12.31(17年3月)	大統領
	2. 國務總理室 西海岸開發推進委員會	委員	1988.10.6-1990.10.5(2年)	國務總理
	3. 韓國地方行政硏究院	院長	1992.7.21-1994.7.20(2年)	內務部長官
	4. 國務總理室 地方自治制度發展委員會	委員	1996.3.8-1998.2.28(2年)	國務總理
4. 次官級	1. 國家保衛非常對策 常任委員會	委員	1980.6.5.-1980.10.27(5月)	常任委員長
	2. 韓國土地開發公社	理事	1984.5.25-1990.5.24(6年)	建設部長官
	3. 서울大學校 環境大學院	院長	1986.11.5-1990.11.4(4년)	서울大學校總長
	4. 敎育部 地域開發硏究事業審議會	委員長	1988.12.12-1997.2.28(8年2月)	敎育部長官
	5. 大統領 科學技術諮問會議	委員	1989.6.5-1990.12.31(1年7月)	大統領
	6. 大統領 行政刷新委員會	委員	1993.4.10-1995.4.30(2年)	大統領
	7. 民主平和統一諮問會議	常任委員	1995.8.16-1997.8.15(2年)	大統領
	8. 建設交通部 民間投資事業審議會	委員長	1997.2.5-1999.5.14(2年3月)	建交部長官
	9. 2002年 월드컵 組織委員會 都市環境協議會	共同議長	1998.12.15-2000.12.14(2年)	組織委員長
	10. 國務總理室 交通政策委員會	委員	1999.11.25-2001.11.24(2年)	國務總理
	11. 서울市 政策會議	委員	2000.2.21-2002.6.31(2年4月)	서울市長
	12. 建設交通部 國土整備企劃團 諮問委員會	委員長	2000.6.20-2001.6.20(1年)	建交部長官
	13. 建設交通部 空港運營體系 審議委員會	委員長	2000.9.29-2001.9.28(1年)	建交部長官
5. 次官補級	1. 韓國住宅銀行	銀行長顧問	1973.6.1-1974.12.31(1年7月)	銀行長
	2. 韓國住宅銀行	諮問敎授	1978.1.1-1981.2.28(3年2月)	銀行長
	3. KIST 地域開發硏究所	諮問委員	1978.5.1-1978.12.31(8月)	所長
	4. 國土開發硏究院	諮問敎授	1979.1.1.-1980.12.31(2年)	院長
	5. 産業資源部 工業配置審議會議	委員	1979.3.28-2003.3.27(24年)	産資部長官
	6. 國土開發硏究院	硏究協議委員	1980.4.1-1980.12.31(10月)	院長
	7. KIST 地域開發硏究所	顧問	1980.5.1-1980.12.31(8月)	所長
	8. KIST 海洋開發硏究所	硏究委員	1980.5.1-1982.4.30(2年)	所長
	9. 環境廳 水質保全協議會	委員	1980.5.28-1982.5.27(2年)	環境廳長
	10. 國會 立法會議 內務委員會	專門委員	1980.10.28-1981.2.28(4月)	立法會議議長
	11. 環境部 中央環境保全委員會	委員	1980,11,13-1992,11,30(12年)	環境部長官
	12. 內務部 政策諮問委員會	委員	1981.2.16-1998.5.31(17年3月)	內務部長官
	13. 交通部 交通政策諮問委員會	分科委員長	1981.2.17-1982.7.31(1年5月)	交通部長官
	14. 內務部 地方行政硏修院	指導敎授	1981.3.18-1999.2.1(17年10月)	院長
	15. 韓國土地開發公社 諮問委員會	委員	1981.8.10-1984.5.25(2年10月)	社長
	16. 科學技術處 綜合科學技術審議會	委員	1982.2.4-1984.2.3(2年)	科技處長官

比較職位	機　　關	職位	在任期間	任命權者
	17. 住宅銀行	諮問委員	1982.3.1-1990.2.28(8年)	銀行長
	18. 農村經濟研究院 研究諮問委員會	委員	1982.5.10-1984.5.10(2年)	院長
	19. 勞動部 技術資格制度審議會	委員	1982.7.24-2001.9.25(19年2月)	勞動部長官
	20. 人口保健研究院	諮問委員	1982.8.17-1982.12.3(4月)	院長
	21. 建設部 國土利用計劃審議委員會	委員	1983.3.11-1987.3.10(4年)	建設部長官
	22. 科學技術處 政策諮問委員會	委員	1983.9.29-1985.9.28(2年)	科技處長官
	23. 內務部 地方行政研究委員會	委員	1985.4.19-1987.4.18(2年)	內務部長官
	24. 서울大學校	正教授	1985.10.1-2002.8.31(16年11月)	大統領
	25. 建設部 中央都市計劃委員會	委員	1986.6.19-1992.7.21(6年1月)	建設部長官
	26. 韓國地方行政研究院 研究諮問委員會	委員	1986.9.7-1992.7.20(5年11月)	院長
	27. 國土開發研究院 研究諮問委員會	委員	1987.6.22-1991.6.22(4年)	院長
	28. 建設部 建設政策諮問委員會	委員	1988.2.9-1989.2.9(1年)	建設部長官
	29. 財政經濟院 土地課稅合理化委員會	委員	1988.4.18-1990.4.17(2年)	財經院長官
	30. 科學技術處 光州團地諮問團	委員	1989.1.13-1991.1.12(2年)	科技處長官
	31. 國土開發研究院 新都市諮問委員會	委員	1989.5.15-1989.12.14(7月)	院長
	32. 交通開發研究院 研究諮問委員會	委員	1989.6.1-1991.10.15(2年5月)	院長
	33. 科學技術處 研究團地諮問團	委員	1990.3.9-1992.3.9(2年)	科技處長官
	34. 教育部 學位種別 審查委員會	委員	1990.10.17-1992.10.16(2年)	教育部長官
	35. 總務處 機能移管審議會	委員	1991.7.16-1994.12.31(3年5月)	總務處長官
	36. 農協中央會 運營諮問委員會	委員	1991.7.31-2001.5.31(9年10月)	中央會長
	37. 國土開發研究院 首都圈諮問委員會	委員	1992.5.12-1994.5.11(2年)	院長
	38. 教育部 中央教育審議會	委員	1992.5.30-1994.10.31(2年5月)	教育部長官
	39. 內務部 地方自治發展審議會	委員	1992.9.18-1994.9.17(2年)	內務部長官
	40. 民主平和統一諮問會議	委員	1993.7.1-2001.6.30(8年)	大統領
	41. 韓國地方行政研究院 研究諮問委員會	委員	1994. 11.11-1998.11.10(4年)	院長
	42. 海運產業研究院	理事	1995.3.1-1997.2.28(2年)	理事長
	43. 內務部 公立大學審議委員會	委員	1996.3.19-1998.3.18(2年)	內務部長官
	44. 京畿開發研究院 研究諮問委員會	委員長	1996.4.2-2000.4.1(4年)	院長
	45. 建交部 民間投資事業審議會	委員	1996.4.6-1997.2.4(10月)	建交部長官
	46. 서울市 新廳舍建立 諮問委員會	委員	1996.8.26-1997.8.25(1年)	서울市長
	47. 建交部 中央都市計劃委員會	委員	1996.9.4-現在(9年11月)	建交部長官
	48. 大田市 世界科學都市聯合 推進協議會	會長	1996.10.4-1997.10.3(1年)	大田市長
	49. 農漁村振興公社 새萬金事業諮問委員會	委員	1997.1.17-2002.11.20(5年11月)	公社社長
	50. 忠清南道 ˝97 國際環境포럼 推進協議會	委員長	1997.1.27-1997.5.31(4月)	忠南道知事
	51. 서울大 環境大學院 都市·環境高位政策課程	主任教授	1997.3.1-1999.2.28(2年)	大學院長
	52. 學術振興財團 地域開發研究事業 審議會	委員長	1997.3.1-1998.2.28(1年)	財團理事長
	53. 慶尚北道 道廳移轉推進委員會	委員長	1997.6.25-2006.6.30(9年)	委員會互選
	54. 行政自治部 國家專門行政研修院	指導教授	1999.2.2-2003.1.31(21年8月)	研修院長

比較職位	機　　關	職位	在任期間	任命權者
	55. 全國 市 · 道知事 協議會	諮問委員	1999.10.25-2002.6.30(2年9月)	協議會長
	56. 大韓住宅公社	運營諮問委員	2000.8.1-2001.12.31(1年5月)	社長
	57. 釜山市 廣域都市計劃 中央諮問委員會	委員	2001.6.2-2002.6.30(1年1月)	釜山市長
6. 局長級	1. 內務部 地方行政研究委員會	專門委員	1972.9.15-1994.9.14(2年)	內務部長官
	2. 京畿道 道立公園委員會	委員	1973.5.12-1975.5.11(2年)	京畿道知事
	3. 京畿道 都市計劃委員會	委員	1974.4.23-1986.10.15(12年6月)	京畿道知事
	4. 總務處 提案審査委員會	專門委員	1974.11.28-1977.11.30(3年)	總務處長官
	5. 서울市 首都行政諮問委員會	委員	1977.2.5-1981.5.11(4年4月)	서울市長
	6. 京畿道 評價教授團	評價教授	1977.2.15-1979.2.14(2年)	京畿道知事
	7. 京畿道 道建設綜合計劃審議會	委員	1977.4.7-1979.4.6(2年)	京畿道知事
	8. 京畿道 都市計劃測量團	計劃委員	1977.6.1-1979.5.31(2年)	京畿道知事
	9. 서울大 環境大學院 環境計劃學科	學科長	1977.9.28-1979.9.28(2年)	서울大總長
	10. 教育開發院 教材編纂委員會	委員	1977.11.12-1979.11.11(2年)	開發院長
	11. 서울市 再開發審議委員會	委員	1977.11.18-1982.3.10(4年4月)	서울市長
	12. 京畿道 道立公園委員會	委員	1978.4.27-1980.4.26(2年)	京畿道知事
	13. 國務總理室 行政改革調整委員會	諮問委員	1979.2.20-1979.10.30(8月)	委員長
	14. 教育開發院	研究教授	1979.3.1-1979.12.31(10月)	開發院長
	15. 서울市 市稅審議委員會	委員	1979.5.12-1996.5.31(17年)	서울市長
	16. 京畿道 南漢山城計劃委員會	委員	1980.3.27-1982.3.26(2年)	京畿道知事
	17. 서울市 都市計劃委員會	委員	1980.5.59-1985.5.27(5年)	서울市長
	18. 서울市 市政研究團	研究委員	1980.6.1-1982.5.31(2年)	서울市長
	19. 서울大學校	副教授	1980.8.1-1985.9.30(5年2月)	文教部長官
	20. 서울大 環境大學院 環境計劃研究所	所長	1982.11.18-1984.11.17(2年)	서울大總長
	21. 서울市 人口抑制實務協議會	委員	1983.2.7-1986.12.31(3年11月)	서울市長
	22. 서울市 木洞開發諮問委員會	委員	1983.12.9-1985.12.8(2年)	서울市長
	23. 서울市 市政諮問委員會	委員	1985.11.28-1987.11.28(2年)	서울市長
	24. 서울市 市政改革研究委員會	委員	1989.5.2-1989.12.30(7月)	서울市長
	25. 서울市 教育改革審議委員會	委員	1990.4.13-1992.4.12(2年)	서울市長
	26. 全羅南道 道廳移轉推進委員會	指導委員	1993.2.1-1993.12.31(11月)	全南道知事
	27. 忠淸北道 淸州圈計劃樹立團	指導委員	1993.8.2-1994.12.31(1年5月)	忠北道知事
	28. 京畿開發研究院 研究諮問委員會	委員	1995.3.13-1996.4.11(1年1月)	研究院長
	29. 서울市政開發研究院 研究諮問委員會	委員	2000.1.28-2004.1.26(4年)	研究院長
7. 課長級	1. 서울大學校	助教授	1976.4.15-1980.7.31(4年4月)	文教部長官
	2. 慶北 店村市 市體典振興會	委員	1990.6.9-1992.6.9(2年)	店村市長
8. 係長級	1. 서울大學校	專任講師	1972.5.10-1976.4.14(3年11月)	서울大總長
9. 次席級	1. 陸軍 首都師團 第7276部隊	上等兵	1958.7.31-1960.4.30(1年9月)	陸軍參謀總長
	2. 內務部 地方行政研究委員會	研究員	1964.4.15-1966.2.28(1年11月)	內務部長官
	3. 서울大學校 行政大學院	助教	1966.3.25-1970.9.26(4年6月)	大學院長

(10) 關聯主要機關의 歷代 代表者

時代	年度(年齡)	韓國統治者	서울特別市長	慶尙北道知事	聞慶郡·市郡守·市長	서울大學校總長	서울大學校環境大學院長	韓國地方行政硏究院長	大韓國土·都市計劃學會長	韓國地方自治學會長
日帝植民時代(10.8-45.8)	1936 (1)	⑦ 宇垣一成(31.6-36.8)	⑫ 甘蔗義邦(36.5-37.7)		聞慶郡守 ⑪ 尹相曦(35.3-38.12)	京城帝國大學 ⑧ 速水滉(36.1-40.7)				
	1937 (2)	⑧ 南次郎(36.8-42.5)	⑬ 佐伯顯(37.7-38.11)							
	1938 (3)		⑭ 高橋敏(38.11-41.1)		⑫ 李采郁(38.12-42.3)					
	1939 (4)									
	1940 (5)					⑨ 篠田治策(40.7-43.12)				
	1941 (6)		⑮ 矢野桃郞(41.1-42.5)							
	1942 (7)	⑨ 小磯國昭(42.5-44.7)	⑯ 古市進(42.5-45.5)		⑬ 裵善萬(42.3-44.12)					
	1943 (8)									
	1944 (9)	⑩ 阿部信行(44.7-45.9)			⑭ 李鍾璣(44.12-45.10)	⑩ 山家信次(44.1-45.9)				
美國軍政時代(45.8-48.7)	1945 (10)	①아놀드(45.9-45.12)	⑰生田淸三郞(45.5-45.6) ⑱辻桂五(45.6-45.8) ①金昌永(45.8-45.10)	①金大羽(45.8-45.10)	①嚴宗燮(45.10-46.6)					
	1946 (11)	② 러치(45.12-47.9)	②李範昇(45.10-46.5) ③ 金炯敏(46.6-48.12)	② 金宣均(45.12-46.12)	② 李華源(46.6-47.4)	서울大學校 ① 안스테드(46.8-47.10)				
	1947 (12)	③ 딘(47.9-48.7)		③ 崔熙松(46.12-48.5)	③ 金正根(47.4-48.9)	②李春昊(47.10-48.5)				
第1共和國(48.7-60.4)	1948 (13)	① 李承晩(48.7-52.8)	④尹潽善(48.12-49.6)	④張仁煥(48.5-48.10) ⑤.鄭顯模(48.10-50.1)	④李龍九(48.9-49.1)	③ 張利郁(48.5-49.1)				
	1949 (14)		⑤ 李起鵬(49.6-51.5)		⑤蔡汶植(49.1-49.7) ⑥ 李正熙(49.7-50.9)	④ 崔奎東(49.1-51.9)				
	1950 (15)			⑥ 曺在千(50.1-51.6)	⑦ 朴亨得(50.9-52.4)					
	1951 (16)		⑥ 金泰善(51.6-56.7)	⑦ 申鉉墩(51.6-55.2)		⑤ 崔奎南(51.9-56.7)				
	1952 (17)	② 李承晩(52.8-56.8)			⑧洪淳璂(52.4-52.7) ⑨ 蔡汶植(52.7-53.12)					
	1953 (18)				⑩安泰錫(53.12-54.4)					
	1954 (19)				⑪ 權寧九(54.4-55.8)					
	1955 (20)			⑧ 李根直(55.2-57.9)	⑫ 李南基(55.8-57.1)					
	1956 (21)									

	1957 (22)	③ 李承晩 (56.8-60.4)	⑦高在鳳 (56.7-57.12)	⑨ 宋寬洙 (57.10-59.5)	⑬ 南文熙 (57.1-57.12)	⑥ 尹日善 (56.7-61.9)				
	1958 (23)		⑧ 許政 (57.12-59.6)		⑭ 高義煥 (52.12-59.8)					
	1959 (24)		⑨ 任興淳 (59.6-60.4)	⑩ 吳琳槿 (59.5-60.4)	⑮ 朴興甲 (59.8-60.5)				① 朱 源 (59.7-67.5)	
第2共和國(60.4-61.5)	1960 (25)	④ 尹潽善 (60.8-62.3)	⑩張基永(60.5-60.6) ⑪.金相敦(60.12-61.5)	⑪趙俊泳(60.5-60.10) ⑫.李浩根(60.10-61.5)	⑯金程煥(60.5-60.10) ⑰金翊鎭(60.10-61.7)					
軍事革命政府(61.5-63.12)	1961 (26)		⑫ 尹泰日 (61.5-63.12)	⑬ 朴敬遠 (61.5-63.12)	⑱ 金武然 (61.7-62.8)	⑦.柳洪烈(61.9-61.12) ⑧ 權重輝 (61.12-64.6)				
	1962 (27)	⑤ (權代) 朴正熙 (62.3-63.12)			⑲ 金炳贊 (62.8-63.3)					
	1963 (28)	⑤ 朴正熙 (63.12-67.6)	⑬ 尹致暎 (63.12-66.3)	⑭ 金 仁 (63.12-67.10)	⑳.李愚澤(63.3-63.11) ㉑ 權泰龍 (63.11-65.1)					
第3共和國 (63.12-72.12)	1964 (29)					⑨ 申泰煥 (64.6-65.8)				
	1965 (30)				㉒ 金昌坤 (65.1-67.1)	⑩ 劉基天 (65.8-66.11)				
	1966 (31)		⑭ 金玄玉 (66.4-70.4)			⑪ 崔文煥 (66.11-70.11)				
	1967 (32)	⑥ 朴正熙 (67.7-71.6)		⑮ 梁鐸植 (67.10-70.4)	㉓.朴敦陽(67.1-67.9) ㉔ 崔鍾鎬 (67.10-70.3)				② 吳石煥 (67.5-69.5)	
	1968 (33)									
	1969 (34)								③ 朱 源 (69.5-74.4)	
	1970 (35)		⑮ 梁鐸植 (70.4-74.9)	⑯ 金德燁 (70.4-71.6)	㉕ 李泳和 (70.3-71.8)	⑫ 韓沁錫 (70.11-75.5)				
	1971 (36)	⑦ 朴正熙 (71.7-72.12)		⑰ 具滋春 (71.6-74.9)	㊱ 金漢曄 (71.8-73.11)					
	1972 (37)	⑧.朴正熙 (72,12-78.12)								
第4共和國 (72.12-79.10)	1973 (38)				㉗金炳元(73.11-74.2)		① 盧隆熙 (73.4-78.10)			
	1974 (39)		⑯ 具滋春 (74.9-78.12)	⑱ 金壽鶴 (74.9-78.12)	㉘ 徐正勛 (74.2-75.9)				④ 盧隆熙 (74.4-78.2)	
	1975 (40)				㉙ 石鎭厚 (75.9-77.2)	⑬ 尹天柱 (75.5-79.5)				
	1976 (41)									
	1977 (42)				㉚.鄭鏞韻 (77.2-79.5)					
	1978 (43)	⑨ 朴正熙 (78.12-79.10)	⑰ 鄭相千 (78.12-80.9)	⑲ 金武然 (78.12-81.4)					⑤ 朴炳柱 (78.2-80.2)	
過渡政府(79.10-80.8)	1979 (44)	⑩崔圭夏(79.12-80.8)			㉛ 禹柄運 (79.5-80.7)	⑭ 高炳翊 (79.5-80.6)				
第5共和國 (80.8-88.2)	1980 (45)	⑪ 金斗煥 (80.8-81.2)	⑱ 朴英秀 (80.9-82.4)		㉜ 申東吉 (80.7-82.9)				⑥ 尹定燮 (80.2-82.2)	
	1981 (46)			⑳ 金聖培 (81.4-82.4)						

第5共和國(80.8-88.2)	1982 (47)	⑫ 全斗煥(81.2-88.2)	⑲ 金聖培(82.4-83.10)	㉑ 鄭埰鎭(82.5-85.2)	㉝ 金奭鍾(82.9-85.3)		⑮ 權彝赫(80.6-83.10)	② 權泰埈(78.10-84.11)		⑦ 康炳基(82.2-84.2)	
	1983 (48)		⑳廉普鉉(83.10-87.12)				⑯ 李賢宰(83.10-85.7)				
	1984 (49)							③ 崔相哲(84.11-86.11)	①蔣炳九(84.9-84.10) ②李昌洙(84.11-85.4)	⑧ 權泰埈(84.2-86.2)	
	1985 (50)			㉒ 李相熙(85.2-86.1)	㉞ 趙鏞洙(85.3-86.3)		⑰ 朴奉植(85.7-87.8)		③ 田英春(85.4-87.4)		
	1986 (51)			㉓ 李相培(86.1-88.5)	㉟金丙郁(86.3-88.2)	店村市長 ①.李源植(86.1-88.2)		④ 金安濟(86.11-90.11)		⑨.金安濟(86.2-88.2)	
	1987 (52)		㉑ 金庸來(87.12-88.12)				⑱ 趙完圭(87.8-91.8)		④ 田英春(87.4-89.4)		
第6共和國(88.2-93.2)	1988 (53)	⑬ 盧泰愚(88.2-93.2)	㉒高 建(88.12-90.12)	㉔ 金相祚(88.5-90.6)	㊱ 黃仁星(88.2-91.7)	②.金丙郁(88.2-88.6) ③.金在鶴(88.6-89.1)				⑩ 朱鍾元(88.2-90.2)	① 盧隆熙(88.12-93.2)
	1989 (54)					④.高正煥(89.1-89.9) ⑤ 申義雄(89.9-91.1)			⑤ 孫在植(89.4-90.8)		
	1990 (55)		㉓.朴世直(90.12-91.2)	㉕ 金又鉉(90.6-92.1)				⑤ 金炯國(90.11-94.11)	⑥.金良培(90.8-91.9)	⑪.金 源(90.2-92.2)	
	1991 (56)		㉔ 李海元(91.2-92.6)		㊲金大浩(91.7-93.7)	⑥金奉求(91.1-91.12) ⑦金之淳(91.12-93.1)	⑲ 金鍾云(91.8-95.2)				
	1992 (57)		㉕ 李相培(92.6-93.2)	㉖.李判石(92.1-93.3)	㊳申*庠徹(92.7-93.6)				⑦ 金安濟(92.7-94.7)	⑫ 趙正濟(92.2-94.4)	
文民政府(93.2-98.2)	1993 (58)	⑭ 金泳三(93.2-98.2)	㉖.金尙哲(93.2-93.3) ㉗ 李元鍾(93.3-94.10)	㉗.李義根(93.3-93.12) ㉘ 萬命奎(93.12-94.10)	㊴ 權赫大(93.6-95.6)	⑧朴光熙(93.1-94.1)					② 崔昌浩(93.2-95.2)
	1994 (59)		㉘.禹命奎(94.10-94.11) ㉙.崔秉烈(94.11-95.6)	㉙ 沈宇永(94.10-96.6)		⑨嚴恒燮(94.1-94.12)		⑥ 林岡源(94.11-96.11)	⑧ 鄭文和(94.10-96.1)	⑬ 兪 浣(94.2-96.2)	
	1995 (60)		㉚ 趙 淳(95.7-97.8)	㉚ 李義根(95.7-98.6)	聞慶市長 ㊽ 金學文(95.7.-98.6)		⑳ 李壽成(95.3-96.2)				③ 金安濟(95.2-97.2)
	1996 (61)						㉑ 鮮于仲皓(96.2-98.8)	⑦ 楊秉彝(96.11-98.11)	⑨ 林敬鎬(96.1-98.1)	⑭ 呂鴻九(96.2-98.2)	
	1997 (62)		(職代)姜德基(97.8-98.6)								④ 鄭世煜(97.2-99.2)
國民의政府(98.2-03.2)	1998 (63)	⑮ 金大中(98.2-2003.2)	㉛ 高 建(98.7-02.6)	㉛ 李義根(98.7-02.6)	㊾ 金學文(98.7-02.6)		㉒ 李基俊(98.11-02.2)	⑧ 兪炳林(98.11-00.3)	⑩ 李達坤(98.4-00.4)	⑮ 金英模(98.2-00.2)	
	1999 (64)										⑤ 金東勳(99.2-01.2)
	2000 (65)							⑨ 李正典(00.4-02.3)	⑪ 朴羽緖(00.7-02.7)	⑯ 崔秉瑄(00.2-02.2)	
	2001 (66)										⑥ 崔相哲(01.2-03.2)
	2002 (67)		㉜ 李明博(02.7-06.6)	㉜ 李義根(02.7-06.6)	㊿ 朴仁遠(02.7-06.6)		㉓ 鄭雲燦(02.7-06.7)	⑩ 金丁勛(02.4-04.1)	⑫ 金興來(02.8-05.7)	⑰ 元濟戊(02.2-04.2)	
參與政府(03.2-08.2)	2003 (68)	⑯ 盧武鉉(03.2-08.2)									⑦ 姜瑩基(03.2-04.2)
	2004 (69)							⑪ 黃琪源(04.1-06.1)		⑱ 姜良錫(04.2-06.2)	⑧ 李圭煥(04.2-05.2)
	2005 (70)								⑬ 金仕炫(05.8-08.8)		⑨ 李周熙(05.2-06.2)
	2006 (71)		㉝ 吳世勳(06.7-10.6)	㉝ 金寬容(06.7-10.6)	(51) 申鉉國(06.7-10.6)		㉔ 李長茂(06.8-10.7)			⑲ 金昌碩(06.2-08.2)	⑩ 陸東一(06.2-07.2)

4. 國務總理級 委員長職의 遂行

(1) 國務總理級 職責의 歷任 內譯

內譯事項 \ 職責名			地方移讓推進委員會	新行政首都建設推進委員會
			委員長	委員長
1.時代	1. 國家	1. 政府	國民의 政府(1998.2.25-2003.2.24)	參與政府(2003. 2. 25-2008. 2. 24)
		2. 大統領	第15代 金大中(1998.2.25-2003.2.24)	第16代 盧武鉉(2003. 2. 25-2008. 2. 24)
	2. 本人	1. 年齡	63~68歲	68~73歲
		2. 身分	서울大學校 敎授~서울大學校 名譽敎授	서울大學校 名譽敎授
2.委員會體制	1. 機關	1. 公式名稱	地方移讓推進委員會	新行政首都建設推進委員會
		2. 英文表記	Presidential Commission on Devolution Promotion for Local Authorities	Presidential Committee on Administrative Capital Relocation
		3. 法的性格	大統領 直屬 審議機構	大統領 直屬 審議機構
	2. 法制	1. 法律	中央行政權限의 地方移讓促進 등에 關한 法律(5章 22條·附則, 1999.1.29 制定, 1999.7.30 施行, 法律 第5710號)	新行政首都의 建設을 위한 特別措置法(7章 61條·附則, 2004. 1. 16 制定, 2004. 4. 17 施行, 法律 第7062號)
		2. 施行令	中央行政權限의 地方移讓促進 등에 關한 法律 施行令(5章 23條·附則, 1999.7.29 制定, 1999.7.30 施行, 大統領令 第16486號)	新行政首都의 建設을 위한 特別措置法 施行令(34條·附則, 2004. 4. 10 制定, 2004. 4. 17 施行, 大統領令 第18364號)
		3. 規程	· 地方移讓推進委員會 運營細則(6章 22條·附則, 1999.8.30 制定·施行, 委員會 規程 第1號) · 地方移讓行政·財政支援團 運營規程(10條, 2000.8.1 制定·施行, 行政自治部 訓令 第56號)	新行政首都建設推進委員會 運營規程(5章 43條·附則 2004.5.21 制定·施行, 委員會 規程 第1號)
	3. 組織	1. 基本組織	地方移讓推進委員會(1999. 8. 30 設置)	新行政首都建設推進委員會(2004. 5. 21 設置)
		2. 副次組織	地方移讓推進實務委員會 및 實務分科委員會(1999. 10. 13 構成)	新行政首都建設推進委員會 諮問委員會(2004. 6. 17 構成)
		3. 支援組織	· 地方移讓支援팀(1999. 10. 15 發足) · 地方移讓行·財政支援團(2000.11.30 發足)	新行政首都建設推進團(2004. 4. 17 發足)
	4. 位置	1. 住所	110-760. 서울特別市 鐘路區 世宗路 77-6 政府中央廳舍 1112號	110-760. 서울特別市 鐘路區 世宗路 77-6 政府中央廳舍 615號·607號
		2. 電話	02-3703-5680	02-3703-3595·6, 02-3210-0082·3
		3. 電送	02-3703-5689	02-3703-3491, 02-3703-3546
		4. 인터넷	www.dpla.go.kr	www.newcapital.go.kr
3. 委員會構成	1.委員會	1.第1期 1.委員長	· 國務總理 - ① 金鐘泌(99. 8. 30-00. 1. 10) ② 朴泰俊(00. 1. 11-00. 5. 19) ③ 李漢東(00. 5. 22-01. 8. 29) · 民間代表-金安濟(99. 8. 30-01. 8. 29)	· 國務總理 - ①高 建(04. 4. 17-04. 5. 25) ②代行 李憲宰(04.5.26-04.6.29) ③ 李海瓚(04. 6. 30-04. 9. 13) · 民間代表-金安濟(04. 5. 21-04. 9. 13) 金榮柱(大統領 政策企劃首席秘書官) (04. 4. 17-04. 9. 13)
		2.幹事	李達坤(韓國地方行政研究院長) (99. 8. 30-01. 8. 29)	
		3.委員	· 當然職-行政自治部長官, 企劃豫算處長官, 國務調整室長, 法制處長(4)	· 當然職-財政經濟部長官, 教育人的資源部長官, 國防部長官, 行政自治部長官, 文化觀光部長官, 農林部長官, 産業資源部長官, 環境部長官, 建設交通部長官, 企劃豫算

職責名 內譯事項				地方移讓推進委員會	新行政都市建設推進委員會
				委員長	委員長
				· 委囑職-權喜宰, 金東勳, 金福圭, 金聖基, 金禹鎭, 金孝聖, 朴銃炘, 朴仁鎬, 林敬鎬, 韓仁淑, 大田市長, 慶北知事, 城南市長(13)	處長官, 國會事務總長, 法院行政處長(12) · 委囑職-姜溶植, 權源庸, 金榮坪, 朴헬렌珠現玥, 徐義澤, 申煥鐵, 楊秉彜, 李揆邦, 李相垠, 李周榮, 李浩哲, 林承達, 曺在六, 崔秉瑄, 河仁鳳, 黃義淵(16)
		2. 第2期	1.委員長	· 國務總理 - ① 李漢東(01.8.30-02.7.10) ② 署理 張 裳(02.7.11-02.7.31) ③ 署理 張大煥(02.8.9-02.8.28) ④ 金碩壽(02.9.10-03.2.24) ⑤ 高 建(03.2.27-03. 9. 17) · 民間代表-金安濟(01. 9. 18-03. 9. 17)	· 國務總理 - ① 李海瓚(04.9.14-) · 民間代表 - 崔秉瑄(04. 9. 14-)
			2.幹事	朴羽緖(韓國地方行政硏究院長) (01. 9. 18-03. 9. 17)	金榮柱(大統領 政策企劃首席秘書官) (04. 9. 14-)
			3.委員	· 當然職 - 行政自治部長官, 企劃豫算處長官, 國務調整室長, 法制處長(4) · 委囑職 - 金載鳳, 金畢植, 朴銃炘, 孫炳斗, 李達坤, 李英美, 李賢姬, 林敬鎬, 崔相哲, 河善圭, 江原知事, 忠北知事, 全州市長(13)	· 當然職-(第 1期와 同一) · 委囑職-(第 1期와 同一)
	2.實務委員會 · 諮問委員會	1. 第 1 期		○實務委員會(99. 10. 13-01. 10. 25) · 委員長-行政自治部次官 · 幹事-行政自治部 自治行政局長 · 委員-中央部處 4名, 自治團體 3名, 民間委員 17名 (24)	○第1代 諮問委員會(04. 6. 17-05. 6. 16) · 委員長-姜溶植 · 委 員-90名
		2. 第 2 期		○實務委員會(01. 10. 26-03. 10. 25) · 委員長-行政自治部次官 · 幹事-行政自治部 自治行政局長 · 委員-中央部處 4名, 自治團體 3名, 民間委員 17名 (24)	○第2代 諮問委員會(05. 6. 17-06. 6. 16) · 委員長-姜溶植 · 委 員-90名
	3.地方移讓支援팀 · 新行政首都建設推進團	1. 第 1 期		○地方移讓支援팀(99. 10. 15-02. 8. 23) · 팀長-行政自治部 4級 1名 · 팀員-企劃總括班 4名, 行政分科班 4名, 産業 · 建設班 3名, 農水産 · 福祉班 3名(14)	○新行政首都建設推進團(04. 4. 17-06. 5. 20) · 團 長-大統領 政策企劃首席秘書官 · 副團長-建設交通部 1級 公務員 · 團 員-企劃弘報局 14名, 移轉計劃局 5名, 立地環境局 10名, 開發計劃局 10名, 對外協力팀 3名, 大田事務所 5名, 秘書 · 技士 3名 (50)
		2. 第 2 期		○地方移讓支援팀(02. 8. 24-03. 10. 25) · 팀長-行政自治部 4級 2名 · 팀員-企劃總括班 4名, 行 · 財政支援班 4名, 産業 · 建設班 3名, 農水産 · 福祉班 3名, 行政分科班 4名, 一括法制定班 3名 (21)	○新行政首都建設推進團(06. 5. 21-08. 5. 20) · 團 長- · 副團長- · 團 員-

內譯事項		職責名	地方移讓推進委員會 委員長				新行政都市建設推進委員會 委員長			
	4.行·財政支援團	1. 第 1 期	○行·財政支援團(00. 11. 30-02. 11. 29) · 團長-行政自治部 自治行政局長 · 團員-關係部處 擔當官 21名							
		2. 第 2 期	○行·財政支援團(02. 11. 30-03. 10. 25) · 團長-行政自治部 自治行政局長 · 團員-關係部處 擔當官 21名							
4.委員會活動(回)	類型	分類	活動事項	第1期	第2期	累計	活動事項	第1期	第2期	累計
	1.會議	1. 審議會議	1. 委員會 會議	11	12	23	1. 委員會 本會議	7	-	7
			2. 委員會 小委員會 會議	1	6	7	2. 人選 審議會	2	-	2
			3. 實務委員會 會議	12	11	23	3. 研究 審議會	1	-	1
			4. 實務分科委員會 會議	66	56	122				
			計	90	85	175	計	10	-	10
		2. 協議會議	1. 關係部處 會議	3	1	4	1. 幹部 會議	12	-	12
			2. 關係官·專門家 會議	3	-	3	2. 國政課題 運營協議會	5	-	5
			3. 指針示達 會議	3	4	7	3. 政府 協議會	2	-	2
			4. 事務發掘 會議	1	3	4	4. 報告 協議會	3	-	3
			5. 行·財政支援團 會議	1	7	8				
			計	11	15	26	計	22	-	22
		3. 懇談會議	1. 地域 懇談會	-	5	5	1. 國會 懇談會	4	-	4
			2. 外國機關 懇談會	1	3	4	2. 地域 懇談會	2	-	2
			計	1	8	9	計	6	-	6
		合計	11	102	108	210	9	38	-	38
	2.報告	1. 機關報告	1. 大統領 報告	1	1	2	1. 大統領 報告	4	-	4
			2. 國務總理 報告	1	2	3	2.國務總理 報告	1	-	1
							3.與黨 報告	1	-	1
			計	2	3	5	計	6	-	4
		2. 國民弘報	1. 對外 說明會	-	2	2	1. 懸板式 擧行	1	-	1
			2. 消息誌 發刊	2	3	5	2. 對國民 發表	1	-	1
			3. 地方移讓白書 發刊	-	1	1				
			計	2	6	8	計	2	-	2
		合計	5	4	9	13	5	8	-	8
	3.聽取	1. 公聽會	-	-	-	-	1. 委員會 公聽會	9	-	9
							2. 他機關 公聽會	5	-	5
							計	14	-	14
		2. 세미나	1. 워크숍	1	3	4	1. 討論會	4	-	4
			2. 專門教育 實施	2	5	7	2. 說明會	25	-	25
							3. 教育 講演	8	-	8
			計	3	8	11	計	37	-	27
		合計	2	3	8	11	5	51	-	51
	4.確認	1. 實態調查	1. 現地確認 調查	5	9	14	1. 委員會 立地視察	1	-	1
			2. 移讓實態 點檢	1	3	4	2. 國會 立地視察	1	-	1
							3. 政府 立地視察	1	-	1

	類型	分類	活動事項	第1期	第2期	累計	活動事項	第1期	第2期	累計
			計	6	12	18	計	3	-	3
		2. 國際活動	1. 海外視察	-	1	1	1. 國際公募PA 委囑	1	-	1
							2. 外國言論 報道	1	-	1
							3. 海外弘報冊子 發刊	1	-	1
			計	-	1	1	計	3	-	3
		合計	3	6	13	19	6	6	-	6
	5.人事	1. 人事措置	1. 人事發令	3	5	8	1. 就任式 擧行	1	-	1
							2. 諮問委員 委囑	1	-	1
							3. 評價委員 委囑	1	-	1
			計	3	5	8	計	3	-	3
		2. 賞勳授與	1. 賞勳 傳達	1	2	3	1. 賞勳授與	1	-	1
			計	1	2	3	計	1	-	1
		合計	2	4	7	11	4	4	-	4
	總計	11	23	119	145	264	29	107	-	107

5.委員會實績	分類	事務移讓		第1期	第2期	累計	新行政首都建設		第1期	第2期	累計
	1. 議決·協議 事項	1.類型別	1. 國家→市道	175	236	411	1.議決事案	1. 運營規程案	1	-	1
			2. 國家→市郡區	22	84	106		2. 組織構成案	6	-	6
			3. 市道→市郡區	172	181	353		3. 立地選定案	3	-	3
			4. 國家→共同事務	51	167	218		4. 事後對策案	3	-	3
			5. 市郡區→國家	2	-	2		5. 機關移轉案	1	-	1
			計	422	668	1,090		6. 建設計劃案	1	-	1
		2.部處別	1. 財政經濟部	6	15	21		計	15	-	15
			2. 教育人的資源部	9	9	18	2. 協議事案	1. 推進計劃案	2	-	2
			3. 法務部	2	-	2		2. 基準設定案	2	-	2
			4. 行政自治部	15	48	63		3. 會議報告案	6	-	6
			5. 科學技術部	-	12	12		4. 組織構成案	2	-	2
			6. 文化觀光部	47	42	89		5. 公聽會計劃案	2	-	2
			7. 農林部	59	24	83		6. 懸賞公募案	2	-	2
			8. 産業資源部	68	40	108		7. 公聽會結果案	3	-	3
			9. 情報通信部	-	7	7		8. 評價結果案	1	-	1
			10. 保健福祉部	41	74	115		9. 計劃構想案	3	-	3
			11. 環境部	25	160	185		10. 敎育實施案	1	-	1
			12. 女性部	-	15	15		11. 公募結果案	1	-	1
			13. 建設交通部	83	112	195		12. 事後對策案	3	-	3
			14. 海洋水産部	53	66	119		13. 福祉對策案	1	-	1
			15. 文化財廳	6	-	6		14. 弘報計劃案	2	-	2
			16. 山林廳	5	19	24					
			17. 中小企業廳	-	9	9					
			18. 海洋警察廳	-	4	4					
			19. 公正去來委員會	3	-	3					
			20. 青少年保護委員會	-	12	12					
			計	422	668	1,090		計	31	-	31
							合計		46	-	46

(2) 國務總理級 委員長職의 奉仕期間과 活動實績 및 待遇內譯

區分	項目	職位		地方移讓推進委員會 第1代 委員長	地方移讓推進委員會 第2代 委員長	地方移讓推進委員會 累計	新行政首都建設推進機構 推進企劃團 諮問委員長	新行政首都建設推進機構 推進委員會 委員長	新行政首都建設推進機構 累計	總累計
1.勤務	1.時代	1.政府		國民의 政府	國民의 政府	1	參與政府	參與政府	1	2
		2.大統領		第15代 金大中	第15代 金大中	1	第16代 盧武鉉	第16代 盧武鉉	1	2
		3.年齡		1999.8.30 -2001.9.17 (2年)	2001.9.18 -2003.9.17 (2年)	4年	2003.6.5 -2004.5.20 (11月)	2004.5.21 -2004.9.13 (4月)	1年 3月	5年 3月
	2.出勤	1.事務室		서울市 鐘路區 世宗路 77-6 政府中央廳舍 1112號	서울市 鐘路區 世宗路 77-6 政府中央廳舍 1112號	1	서울市 鐘路區 世宗路 77-6 政府中央廳舍 607號	서울市 鐘路區 世宗路 77-6 政府中央廳舍 607號	1	2
		2.交通手段		버스, 地下鐵	버스, 地下鐵	2	버스, 地下鐵, 乘用車	官用車	4	4
2.期間	1.奉仕期間	1.奉仕月數(月間)		25	24	49	12	4	16	65
		2.奉仕日數(日間)		45	49	94	99	88	187	281
		3.奉仕時間(時間)		227	385	612	654	768	1,422	2,034
	2.單位當奉仕期間	1.奉仕月當 奉仕日數(日間)		1.8	2.0	1.9	8.3	22.0	11.7	4.3
		2.奉仕日當奉仕時間數(時間)		5.0	7.9	6.5	6.6	8.7	7.6	7.2
3.實績	1.活動實績	1.活動(回)	1.會議主宰	22	31	53	18	38	56	109
			2.上位報告	2	3	5	11	8	19	24
			3.公聽會·세미나·協議會	3	8	11	24	51	75	86
			4.現地調査	2	3	5	2	6	8	13
			5.人事措置	4	7	11	-	4	4	15
			合計	33	52	85	55	107	162	247
		2.審議	議決件數(件)	422	668	1,090	67	46	113	1,203
	2.單位期間當實績	1.奉仕月當實績	1.活動(回)	1.3	2.2	1.7	4.6	26.8	10.1	3.8
			2.審議(件)	16.9	27.8	22.2	5.6	11.5	7.1	18.5
		2.奉仕日當實績	1.活動(回)	0.7	1.1	0.9	0.6	1.2	0.9	0.9
			2.審議(件)	9.4	13.6	11.6	0.7	0.5	0.6	4.3
4.待遇	1.待遇內譯	1.報酬(千원)	1.手當	10,564	16,065	26,629	1,352	12,467	13,819	40,448
			2.辦公費	-	-		-	8,082	8,082	8,082
			3.旅費	1,025	1,342	2,367	2,428	600	3,028	5,395
			合計	11,589	17,407	28,996	3,780	21,149	24,929	53,925
		2.其他	附帶受惠	-	-	-	-	官用車, 技士	2	2
	2.單位期間當報酬額(千원)	1.奉仕月當報酬	1.手當	423	669	543	113	3,117	864	622
			2.總報酬	464	725	592	315	5,287	1,558	830
		2.奉仕日當報酬	1.手當	235	328	283	14	142	74	144
			2.總報酬	258	355	308	38	240	133	192
		3.奉仕時間當報酬	1.手當	47	42	44	2	16	10	20
			2.總報酬	51	45	47	6	28	18	27
	3.單位實績當報酬額(千원)	1.活動回當報酬	1.手當	320	309	313	25	117	85	164
			2.總報酬	351	335	341	69	198	154	218
		2.審議件當報酬	1.手當	25	24	24	20	271	122	34
			2.總報酬	27	26	27	56	460	221	45

(3)地方移讓推進委員會 活動實績 總括

1) 期間

· 第 1 期 : 1999. 8. 30~2001. 8. 29 (2年) 委員長

· 第 2 期 : 2001. 9. 18~2003. 9. 17 (2年) 委員長

2) 事務發掘

· 委員會 : 1,861個, 地自體 : 2,229個, 硏究用役 : 2,505個

· 全國 市長 · 郡守 · 區廳長協議會 : 941個

· 重複除外 總 發掘事務 : 3,802個

3) 事務審議

· 會議 : 170餘回, 現場調査 및 專門家 懇談會 : 25回

· 審議事務 : 3,374個 (審議率 : 88.7%)

4) 移讓確定

· 移讓 : 1,090個(32.3%), 存置 : 2,280個(67.6%), 保留 : 4個(0.1%)

· 移讓確定事務(1,090個) 分類 :

- 機關別 : 國家→地自體 482個(44.2%), 市道→市郡區 392個(36.0%), 共同 216個(19.8%)
- 年度別 : 1999年 22個(20.%), 2000年 244個(22.4%), 2001年 226個(20.7%), 2002年 365個(33.5%), 2003年 233個(21.4%)

5) 移讓完了

· 法令改正 完了 : 244個(移讓確定事務 1,090個의 22.4%)

· 國家→地自體 105個(確定 482個의 21.8%), 市道→市郡區 120個(確定 392個의 30.6%), 共同 19個(確定 216個의 8. 8%)

6) 部處別 移讓事務 分布

(單位 : 個, %)

部處	移讓確定	占有率	移讓完了	完了率	部處	移讓確定	占有率	移讓完了	完了率
1. 建交部	195	17.9	32	16.4	12. 女性部	15	1.4	-	-
2. 環境部	185	17.0	17	14.6	13. 科技部	12	1.1	12	100.0
3. 海水部	119	10.9	11	9.2	14. 靑少年委	12	1.1	-	-
4. 福祉部	115	10.6	22	19.1	15. 中企廳	9	0.8	-	-
5. 産資部	108	9.9	61	56.5	16. 情通部	7	0.6	-	-
6. 文觀部	89	8.2	8	9.0	17. 文化財廳	6	0.5	-	-
7. 農林部	83	7.6	63	75.9	18. 海洋警察廳	4	0.4	-	-
8. 行自部	63	5.8	13	20.6	19. 公正委	3	0.3	-	-
9. 山林廳	24	2.2	-	-	20. 法務部	2	0.2		
10. 財經部	21	1.9	-	-	合計(20)	1,090	100.0	244	22.4
11. 敎育部	18	1.6	5	27.8					

(4) 新行政首都 建設에의 參與

1) 新行政首都建設의 推進過程과 本人役割

區分 / 年度	行政首都建設의 推進課程		行政首都建設에서의 本人 役割	
	段階	推進課程	職位	役割과 活動
2002	提起段階	9.30 ·盧武鉉 大選候補, 新行政首都建設을 大選公約으로 發表 12.9 ·盧武鉉 大選候補, 第16代 大統領으로 當選 12.30 ·大統領職 引受委員會 出帆	서울大 名譽敎授	
2003		2.5 ·大統領職 引受委員會, 新行政首都建設 日程計劃 發表 2.9 ·建交部, 忠清圈 新行政首都 候補地 11곳을 土地去來許可區域으로 指定 2.25 ·第16代 盧武鉉 大統領 就任		
	準備段階	4.14 ·新行政首都建設推進企劃團 및 支援團 發足 5.13 ·專門分科 諮問委員會 構成 5.15 ·新行政首都硏究團 構成 및 用役契約 締結 5.23 ·地域分科 諮問委員會 構成 6. 4 ·地域分科 諮問委員會 大田地域事務所 開設 6. 5 ·建交部, 首都圈 全域 및 大田 등 忠清圈 5개 地域에서의 分讓權轉賣를 全面 禁止 6.16 ·新行政首都 特別措置法案 長官方針 決定 6.17-28 ·新行政首都 特別措置法案 關係機關 協議 6.21 ·新行政首都 公式 홈페이지 開設 (www.newcapital.go.kr) 6.24 ·元老 諮問會議 開催 6.25 ·新行政首都建設推進調査團 構成 6.26-30 ·弘報 리플렛 17萬部 製作·配布 6.30-8.31 ·忠清圈 現況調査 施行 7.3 ·第12回 國政課題會議 開催 7.9 ·新行政首都建設 波及效果 公開討論會 開催 7.16 ·新行政首都 特別措置法案 黨政協議 開催 7.21-8.11 ·新行政首都 特別措置法案 立法豫告 7.22 ·新行政首都 特別法案 公聽會 開催 8.12 ·新行政首都 移轉對象機關 設定 公開세미나 開催 9.5 ·新行政首都特別措置法案 規制改革委員會 本會議 審査 9.15-12. 31 ·忠清圈 詳細現況調査 施行 9.18 ·新行政首都建設推進現況 報告 9.24 ·新行政首都 規模 및 都市形態 公開討論會 開催 9.30 ·新行政首都建設 사이버 輿論團 335名 結成 10.7-31 ·候補地 細部評價項目 設定을 위한 專門家 設問調査 10.8-15 ·候補地 基本評價項目 加重値에 대한 1次 國	諮問委員長	6.5 ·新行政首都建設推進企劃團 諮問委員會 委員長 就任 6.24 ·新行政首都 關係 元老團 午餐 諮問會 參席 6.26 ·諮問委員會 小委員會 委員長會議 主宰 7.3 ·政府大田廳舍에서 開催된 大統領 參席 新行政首都建設報告會에서 司會擔當 進行 7.21-29 ·新行政首都建設 關係로 터키의 新·舊 首都 視察 8.5 ·諮問委員會會議 主宰 8.12 ·移轉對象機關 選定세미나에 參席·人事 演說 8.26 ·諮問委員會 會議 및 小委員會 委員長 會議 主宰 9.3 ·政策首席에 대한 新行政首都報告會에 參席 9.18 ·新行政首都에 대한 大統領報告會에 參席 9.24 ·國土硏究院 新行政首都硏究課題 硏究責任者 會議 參席·人事 ·大韓國土·都市計劃學會 新行政首都 세미나 祝辭 10.15 ·諮問委員會 小委員會 委員長會議 主宰 10.17 ·諮問委員會 委員長室 正式入室·出勤始作 10.21 ·大韓地理學會 新行政首都 立地基準 세미나에 參席·祝辭 10.23 ·益山市 首都移轉 對備 워크숍에서 基調講演 10.24 ·大韓國土·都市計劃學會 新首都 國際 세미나 開會式 參席 10.27 ·新行政首都移轉 汎國民連帶 主催 國民大討論會에서 基調演說 11.3 ·權五奎 政策首席 招請 新行政首都 關聯 機關長 午餐會議 參席 ·諮問委員會 小委員會 委員長會議 主宰 11.5 ·忠清南道 新行政首都 關聯 講演會에서 特講

區分 / 年度	行政首都建設의 推進課程		行政首都建設에서의 本人 役割	
	段階	推 進 課 程	職位	役割과 活動
		民輿論調査 10.9 · 新行政首都 特別措置法案 次官會議 議決 10.13 · 新行政首都 弘報冊子 發刊 10.15 · 新行政首都 特別措置法案 國務會議 議決 10.17 · 열린우리黨 政策議總에 新行政首都 特別措置法案을 說明 10.21 · 新行政首都 特別措置法案 國會에 提出 · 新行政首都 立地選定基準에 대한 公開討論會 開催 10.22 · 新行政首都 特別措置法案 建交委員會 回附 10.23 · 民主黨 政策委員會 및 建交委員會에 法案 說明 10.24 · 大韓國土 · 都市計劃學會의 國際세미나 開催 10.27 · 4黨 政策委 議長 招請 國民大討論會 開催 10.29-30 · 候補地 基本評價項目 加重値 設定을 위한 國民設問 調査 10.30 · 弘報 리플렛 發刊 11.1 · 國政弘報處 3大 特別法 綜合弘報冊子 發刊 11.5 · 3黨 新行政首都建設特委 委員長 懇談會 開催 11.6 · 第27回 國政課題 會議 開催 · 新行政首都研究團 新行政首都 都市基本構想 및 立地基準試案 發表 11.10 · 新行政首都建設의 必要性 등을 11個 中央 日刊紙에 廣告 揭載 11.11 · 新行政首都 特別措置法案의 建交委 上程 및 第1次 大體討論 11.17 · 新行政首都建設의 必要性 등을 6個 經濟誌 및 7個 地方誌에 廣告 揭載 11.18-12.15 · 3大 特別法의 TV 및 電光板 廣告 實施 11.19 · 總理 및 4黨 政策委議長 政策協議會 開催 11.20 · 元老諮問會議 開催 11.21 · 國會內 新行政首都建設 特別委員會 構成에 대한 運營委員會 議決 및 本會議 否決 · 候補地 評價項目 加重値 設定에 대한 忠淸圈 3個 市 · 道 會議 開催 11.24-12.23 · 3大 特別法에 대한 地下鐵 및 鐵道內 動映像 廣告 實施 11.25 · 新行政首都 特別措置法案의 建交委 第2次 大體討論 및 建交委 法案審査小委 回附 11.27 · 新行政首都 推進方向에 대한 忠淸圈 公聽會 開催 11.28 · 新行政首都 假想都市建設 競演大會(Simcity 4) 開催 12.3 · 新行政首都 贊反 大討論會 開催 12.4 · 新行政首都 特別措置法案 建交委 法案審査小委 審査 · 議決		11.6 · 新行政首都 大統領 報告會에서 司會擔當 11.20 · 新行政首都 關聯 元老諮問 午餐會에 參席 12.3 · 新行政首都 贊反討論會 參席 12.10 · 新行政首都 主題 天安市民포럼에서 司會擔當 12.19 · 新行政首都建設 首都圈 公聽會에서 祝辭 12.29 · 新行政首都 特別措置法의 國會 可決에 따른 支援團 自祝宴에 참석하여 乾杯人事

區分 年度	行政首都建設의 推進課程		行政首都建設에서의 本人 役割	
	段階	推 進 課 程	職位	役割과 活動
		12.8 ·新行政首都 特別措置法案 建交委 議決 및 法司委 回附 12.9 ·新行政首都 推進方向 全北圈 公聽會 開催 12.10 ·新行政首都 推進方向 江原圈 公聽會 開催 12.16 ·新行政首都 推進方向 大邱·慶北圈 公聽會 開催 12.17 ·新行政首都 特別措置法案 法司委 議決 ·新行政首都 推進方向 光州·全南圈 公聽會 開催 ·新行政首都 推進方向 釜山·慶南圈 公聽會 開催 12.19 ·新行政首都 推進方向 首都圈 公聽會 開催 12.20-27 ·候補地 基本評價項目 加重値 設定을 위한 第2次 國民設問調査 12.29 ·新行政首都 特別措置法案 國會 本會議 可決		
2004		1.6-2.5 ·主要 國家機關 등의 移轉計劃樹立 관련 部處別 意見 收斂 1.8 ·國政課題 T/F의 2004年 業務報告 ·新行政首都 特別措置法 施行令 長官方針 決定 및 關係機關 協議 1.9 ·新行政首都 特別措置法 政府 移送 1.15-30 ·都市基本 構想 및 立地基準에 대한 關係部處 協議 1.16 ·新行政首都 特別措置法 등 3大 特別法 公布 1.19- 2.9 ·新行政首都 特別措置法 施行令 立法豫告 2.17 ·不動産 投機根絶을 위한 關係機關 合同會議 開催 2.17- 3.5 ·忠淸圈 詳細調査結果 檢證 2.25 ·新行政首都 特別措置法 施行令 規制改革委員會 審査 2.26 ·新行政首都 假想都市建設 競演大會(Simcity 4) 施賞式 擧行 2.27 ·第40回 國政課題會議에서 立地選定 推進計劃 報告 3.10 ·日本 國土交通省 關係者 來訪 3.10-20 ·主要 誘致 公共機關에 대한 需要 調査 3.12 ·國會 大統領 彈劾案 議決 3.16 ·國家機關 移轉計劃 樹立을 위한 T/F 構成 3.20 ·忠淸圈 現地調査 最終報告書 作成 4.1 ·新行政首都 特別措置法 施行令 次官會議 議決 4.6 ·新行政首都 特別措置法 施行令 國務會議 議決 4.10 ·新行政首都 特別措置法 施行令 公布		1.8 ·大統領 報告會 參席 1.9-10 ·新行政首都 워크숍 參席, 開會人事 1.13 ·大統領 3大 特別法 署名 및 公布式 參席 1.29 ·大統領 主宰 '均衡發展時代 開幕 宣布式' 參席, 建議人事말 2.20 ·諮問委員會 및 小委員會 委員長會議 主宰 2.26 ·'新行政首都 假想都市計劃 競演大會' 施賞式 參席, 審査評 및 施賞 ·國務總理에게 新行政首都案 報告 2.27 ·大統領 報告會에 參席 3.15 ·忠南發展研究院 新行政首都 세미나 司會 3.19 ·中央都市計劃委員會 新行政首都 報告會 參席 3.22 ·國政課題 運營協議會 參席 3.25 ·淸州大學 新行政首都 立地 세미나 參席, 基調演說 3.26 ·國土研究院 新行政首都 워크숍 參席 3.29 ·國政課題 運營協議會 參席 4.1 ·國政課題 報告會에서 新行政首都 報告 4.3 ·總理 招請 國政課題委員長 午餐會 參席 4.8 ·國政課題 運營協議會 參席 4.12 ·國政課題 運營協議會에 新行政首都 推進內容 說明 4.20 ·大統領 官邸에서 新行政首都 進行을 報告 4.23 ·立地選定支援團 報告會 參席 4.29 ·公州大學 新行政首都 세미나 司會 4.30 ·推進委員 內定者 午餐 懇談會 主宰 5.3 ·住宅公社 研究課題 最終 報告會 參席 5.4 ·新行政首都 候補地 헬機 視察 5.6 ·열린우리黨 忠淸圈 市·道 黨委員長들과 晩餐 論議

區分 年度	行政首都建設의 推進課程		行政首都建設에서의 本人 役割	
	段階	推進課程	職位	役割과 活動
				5.12 ·高 建 總理에게 事務報告 및 推進委員案 決裁
				5.18 ·서울大 環境大學院 新行政首都 教授 세미나 參席
				5.20 ·立地選定案 協議·調整
	計劃段階	4.17 ·新行政首都建設 特別措置法 및 同施行令 施行	推進委員長	5.21 ·新行政首都建設推進委員長 委囑狀 受領
		·新行政首都建設推進團 發足		·新行政首都建設推進委員會 懸板式 擧行 進行
		4.20 ·彈劾中 大統領에 業務報告		·第1次 推進委員會 主宰
		4.23 ·立地選定 支援團 報告會 開催		5.24 ·推進委員長 就任式 參席 및 職員들과 相見禮
		4.30 ·推進委員 內定者 午餐 懇談會 開催		·土地公社 研究課題 最終報告會 參席
		5.3 ·住宅公社 研究課題 最終報告會 開催		5.28 ·忠淸圈 國會議員 當選者 朝餐 懇談會에 參席, 開會 및 閉會人事
		5.4 ·헬機로 候補地 視察		
		5.6 ·열린우리黨 忠淸圈 市·道 黨委員長 懇談會 開催		5.31 ·國政課題 運營協議會 參席
				6.3 ·第2次 推進委員會 主宰
		5.12 ·高 建 總理에 業務報告 및 推進委員 候補 決裁		6.8 ·大田事務所 懸板式 參席
		5.14 ·憲裁 大統領 彈劾案 棄却, 大統領 復歸		·서울大 環境大學院 高位課程 均衡發展 세미나 司會
		5.20 ·立地選定案 協議·調整		
		5.21 ·新行政首都建設推進委員會 發足		6.9 ·한나라黨 研究모임에 參席, 人事말
		·新行政首都建設推進委員會 懸板式 擧行		·國家機關 移轉計劃 公聽會에 參席, 開會辭 및 閉會 人事말
		·推進委員會 第1次 會議 開催		
		·推進委員會 運營規程 制定·施行		·政府提供 車輛 및 技士 利用 始作
		5.24 ·推進委員長 就任式 擧行		6.11 ·大統領에 候補地 및 評價方法 報告
		·土地公社 研究課題 最終報告會 開催		·法制處로부터 憲裁 對策案 報告 받음
		5.28 ·忠淸圈 國會議員 當選者 朝餐 懇談會 開催		6.15 ·第3次 推進委員會 主宰, 4個 候補地 確定
		5.31 ·國政課題 運營協議會 開催		6.16 ·黨政協議會에 參席·人事말
		6.3 ·推進委員會 第2次 會議 開催		6.17 ·靑瓦臺 均衡發展 5個年計劃 報告會 參席
		·諮問委員 候補 確定		·諮問委員 委囑狀 授與 및 第1次 諮問會議 主宰
		6.8 ·大田事務所 懸板式 擧行		6.21 ·行政首都 基本計劃 大田 公聽會 參席
		6.9 ·한나라黨 研究모임 朝餐 懇談會 開催		·候補地 評價委員會 發足式 參席·人事말
		·國家機關 移轉計劃 公聽會 開催		·評價委員會 發足祝賀宴 主宰 및 人事말
		6.11 ·大統領에 候補地 및 評價方法 報告		6.22 ·열린우리黨 議總에 參席·人事
		6.15 ·推進委員會 第3次 會議 開催		6.23 ·行政首都基本計劃 서울 公聽會에서 開會辭 및 答辯
		·4個 候補地 確定·發表		
		6.16 ·黨政協議會 開催		6.25 ·金雨植 秘書室長 招請 晩餐 懇談會 參席
		6.17 ·靑瓦臺 均衡發展 5個年計劃 報告會 開催		6.28 ·大統領 首席補佐官會議 參席, 行政首都 爭點事項 報告
		·諮問委員會 發足		
		6.21 ·新行政首都 基本計劃 大田 公聽會 開催		·環境財團 新行政首都 심포지엄 參席, 發表 및 答辯
		·候補地 評價委員會 發足式 擧行		
		6.21-26 ·4個 候補地에 대한 評價 實施		6.29 ·열린우리黨 首都圈 議員 懇談會 參席, 行政首都 說明
		6.22 ·열린우리黨 議總 報告		
		6.23 ·新行政首都 基本計劃 서울 公聽會 開催		6.30 ·經濟 5團體 國政課題 說明會에 參席, 行政首都에 대해 說明·答辯
		6.28 ·大統領 首席補佐官 會議에 新行政首都 爭點事項 報告		
				7.1 ·貧富隔差·差別是正委員會 懇談會 參席
		·環境財團 新行政首都 심포지엄에 報告·論議		·國政課題 運營協議會 參席·報告
		6.29 ·열린우리黨 首都圈議員 懇談會에 報告		7.4 ·候補地 評價表 開封 및 集計作業 參席, 全員

區分 年度	行政首都建設의 推進課程		行政首都建設에서의 本人 役割	
	段階	推進課程	職位	役割과 活動
		6.30 · 經濟 5團體 國政課題 說明會에 報告 7.1 · 國政課題 運營協議會에 業務報告 7.4 · 立地候補地 評價表의 開封 및 集計作業 實施, 關係者 全員 올림피아 호텔에 合宿 7. 5 · 大統領에게 評價結果 報告 · 열린우리黨 關係 黨職者에게 評價結果 報告 · 第4次 推進委員會를 개최하여 評價結果를 接受 · 權容佑 評價委員長, 評價結果를 國民에게 發表 7.6 · 大韓住宅公社, 新行政首都 住居地 開發方向 討論會 開催 7.8-9 · 推進委員會 委員 全員 4個 候補地 視察 7.9 · 大統領 秘書室長 公館에서 黨靑協議會를 갖고 行政首都件을 論議 7.12 · 國際公募 PA에 李상준 敎授가 위촉됨 · 行政首都 特別法에 대한 違憲提訴가 憲法裁判所에 제출됨 · 大田을 始發로 行政首都 立地決定을 위한 公聽會가 開催됨, 全國 13都市에서 開催 7.15-16 · 國土硏究院, 第4次 國土綜合計劃修正計劃 討論會를 天安에서 開催 7.16 · 國務總理 主宰 關係長官會議에서 行政首都에 대해 報告 7.20 · 열린우리黨 建交委 委員들, 立地候補地 視察 7.21 · 國務總理 主宰 國政課題 運營協議會에 業務報告 · 第5次 推進委員會를 개최하여 移轉計劃 및 基本計劃을 의결 7.23 · 黨·靑 國政課題協議會에서 現案을 報告 · 靑瓦臺 國政課題協議會에서 主要事案의 發表日字를 協議 · NGO 代表들과의 懇談會 개최 7.24 · 國務總理·建交部長官·推進委員長 등, 立地候補地 視察 7.28 · 中央日報 主催 行政都市 討論會 參席·討論 · 國政課題 運營協議會에서 業務報告 · 黨·靑 代表들과 社會元老들을 모시고 行政首都에 대한 懇談會를 가짐 7.30 · 中央政府 各部處 및 所屬機關에 대한 行政首都 關聯 特別敎育을 實施 8.11 · 第6次 推進委員會 會議를 개최하고 最終立地를 의결함 · 國務總理, 關係官들 배석하에 最終立地를 발표하는 記者會見을 가짐 8.13 · 金安濟 推進委員長, 大統領에게 委員長 辭職書를 提出함		호텔 合宿 7.5 · 大統領 및 國務總理 등에게 評價結果 報告 · 열린우리黨 關係委員長들에게 評價結果 說明 · 第4次 推進委員會 主宰, 評價結果 接受 7.6 · 住宅公社 行政首都 住居地 開發方向 討論會 祝辭 및 마무리 人事 7.7 · 靑瓦臺 國家均衡發展委員會 報告會 參席 7.8-9 · 推進委員會 4個 候補地 視察 同行 7.9 · 金雨植 秘書室長 招請 黨靑協議會 參席, 行政首都 懸案課題 論議 7.12 · 李상준 敎授에게 國際公募 PA 委囑狀을 수여 7.14 · 釜山地域 社會代表들과 午餐을 하며 行政首都에 대해 환담함 · 行政首都 立地公聽會에서 開會辭를 함 7.15-16 · 天安에서 개최된 國土硏究院의 國土計劃 討論會에서 開會人事를 하고 司會를 봄 7.16 · 行政首都 立地 서울 公聽會에서 開會辭를 함 · 國務總理 主宰 關係長官會議에서 行政首都 現案을 報告 7.20 · 열린우리黨 建交委 委員들을 수행하여 燕岐·公州 候補地를 시찰 7.21 · 國務總理 主宰 行政首都 協議會에서 業務報告를 함 · 國務總理와 함께 第5次 推進委員會를 주재함 7.22 · 幹部會議 參席 7.23 · 黨·靑 國政課題協議會에서 現案을 報告 · 靑瓦臺 會議에서 主要事項 發表日字를 협의 · NGO 代表들과의 懇談會 가짐 7.24 · 國務總理·建交部長官 등과 第1候補地를 시찰 7.26 · 蔚山市 社會代表들과 懇談會 가짐 · 行政首都 立地 公聽會에서 開會辭를 함 7.27 · 昌原에서 慶南地域 代表들과 懇談會를 가짐 · 行政首都 立地公聽會에서 開會辭를 함 7.28 · 中央日報 主催 行政首都 討論會에 參席 · 國政課題 運營協議會에서 報告 · 黨·靑 代表 및 社會元老들과 懇談會 가짐 7.29 · 幹部會議 參席 · 水原에서 京畿地域 代表들과 懇談會 가짐 · 行政首都 立地公聽會에서 開會辭 및 答辯을 함 7.30 · 非常企劃委員會 職員들에게 講演을 함 8.4 · 外交通商部 職員들에게 講演함 8.5 · 幹部會議 參席 · 地域煖房公社 職員들에게 講演함 · 推進團 代表들과 委員長 辭任을 협의함

區分 年度	行政首都建設의 推進課程		行政首都建設에서의 本人 役割	
	段階	推進課程	職位	役割과 活動
		8.19 · 市·道別 NGO 代表들과의 行政首都 懇談會를 개최하기 시작함 8.23 · 忠北의 自治團體長 및 社會代表들과 向後 推進計劃에 대한 懇談會를 가짐 8.24 · 青瓦臺, 推進委員長의 辭表提出을 發表·報道함 · 金安濟 推進委員長, 記者團과의 會見을 갖고 辭職의 理由를 설명함 8.30 · 金榮杜 首席 초청으로 關係人事들이 모여 次期委員長件에 대해 論議함 9.1 · 第7次 推進委員會 會議를 개최 · 金安濟 委員長, 會議 끝에 告別人事를 함 9.2 · 國政課題 運營協議會에서 業務報告를 함 9.10 · 大韓住宅公社, 行政首都 關聯 建築大賞 施賞式 거행 9.13 · 金安濟 委員長, 在任이 終了됨 9.14 · 第2代 推進委員長으로 崔秉瑄 教授가 就任함 9.21 · 新·舊委員長의 業務 引受·引繼를 완료함 10.2 · 國會 國政監査에서의 證言에 대한 論議와 對策을 세움 10.4 · 新·舊 委員長, 建交部에서 개최된 國會 建交委員會 國政監査에서 證人으로 行政首都建設에 대해 證言함 10.21 · 憲法裁判所에 의해 '新行政首都建設을 위한 特別措置法'이 서울이 首都라는 慣習憲法을 준수하여 制定되지 않았다는 理由로 憲法을 違反했다는 判決이 내려짐 · 憲法裁判所의 違憲判決 宣言과 同時에 新行政首都建設推進委員會는 解散됨 · 新行政首都建設推進委員會가 議決하고 施行한 모든 事項은 그 效力을 상실함 · 新行政首都建設과 관련된 모든 組織과 事業 및 計劃은 일단 中斷 내지 廢棄됨 10.25 · 盧武鉉 大統領과 青瓦臺에서 推進委員 및 推進團 幹部들이 午餐 懇談會를 가짐		8.6 · 李海瓚 總理에게 委員長 辭任을 報告함 8.9 · 財政經濟部 職員들에게 講演함 8.10 · 文化觀光部 職員들에게 講演함 8.11 · 第7次 推進委員會를 주재하고 國務總理의 最終立地發表에 배석함 · 推進委員 및 局長 晩餐에서 辭意를 表明함 8.13 · 東北亞時代委員會 懸板式에 참석 · 青瓦臺에 가서 大統領께 드리는 委員長 辭職願을 金秉準 室長에게 전달함 8.17 · 警察大學 總警班에서 講演을 함 8.18 · 忠北 人士들의 來訪을 받고 向後計劃을 논의함 8.19 · 幹部會議에 참석 · 仁川市 NGO 代表들과 懇談會 가짐 8.20 · 機務司 職員들에게 講演함 8.23 · 忠北 自治團體長 및 社會代表들과 懇談會를 가짐 8.24 · 青瓦臺의 辭表提出 發表에 따라 記者團과 會見을 가짐 8.26 · 幹部會議에 參席 · 李廷雨 委員長에게 辭任經緯를 설명함 8.30 · 金榮杜 首席 午餐에 關係者들과 참석하여 後任委員長件을 협의 9.1 · 第7次 推進委員會 會議를 주재하고 告別人事를 하다 9.2 · 幹部會議에 參席 · 國政課題 運營協議會에서 業務報告를 하고 辭任에 따른 功勞牌를 받고 人事말을 함 9.9 · 마지막 幹部會議에 참석함 · 金榮杜 首席으로부터 後任委員長 決定을 통보받음 9.10 · 大韓住宅公社 主催 行政首都 建築大賞 施賞式에 참석하여 施賞을 하고 祝辭를 함 9.13 · 美國訪問으로 인해 委員長 마지막 出勤을 하지 못함 9.14 · 委員長 離·就任式을 함께 갖지 못함 9.21 · 廳舍에 나가 委員長 業務를 引繼함 10.2 · 廳舍에 나가 國監 證言 關聯件을 협의함 10.4 · 建交部에서 개최된 國會 建交委員會 國政監査에서 行政首都 證人으로서 證言을 함 10.21 · 大邱행 KTX 列車 안에서 特別法의 違憲 判決 消息을 들음 10.25 · 大統領 招請 午餐 懇談會에 참석하여 意見을 개진함 10.27 · 向後 推進方向에 대한 對談內容이 서울新聞에 1面 톱으로 報道됨

2) 新行政首都 立地와 나

① 新行政首都의 立地

ㅁ位置

- 地域 : 忠南 燕岐 · 公州 地區 2,160萬坪(71. 28km²)
  - 忠南 燕岐郡 南面 · 錦南面 · 東面 一圓
  - 忠南 公州市 長岐面 一圓
- 經緯度 : 東經 127° 19′
  北緯 36° 35′

ㅁ現況

- 面積 및 人口

(2003年末 現在)

區分	地域		項目	面 積(km²)	家 口(戶)	人 口(人)	人口密度(人/km²)
國 家	大韓民國			99,817.59	16,987,703	48,386,998	484.8
市 道	忠淸南道			8,586.44	691,966	1,912,803	222.8
市 郡	燕岐郡			361.53	30,236	82,733	228.8
	公州市			940.64	46,378	130,957	139.2
		合 計(2)		1,302.17	76,614	213,690	164.1
邑 面	燕岐郡	南面		53.58	2,933	8,214	153.3
		錦南面		73.63	3,946	10,596	143.9
		東面		29.47	2,198	5,082	172.4
		計(3)		156.68	9,077	23,892	152.5
	公州市	長岐面		57.61	2,130	5,959	103.4
		計(1)		57.61	2,130	5,959	103.4
	合 計	4		214.29	11,207	29,851	139.3
編入地域	燕岐郡	南面		35.00	1,890	5,560	158.9
		錦南面		17.15	930	2,510	146.4
		東面		13.68	1,920	2,480	181.3
		計(3)		65.83	4,740	10,550	160.3
	公州市	長岐面		5.45	190	560	102.8
		計(1)		5.45	190	560	102.8
	合 計	4		71.28	4,930	11,110	155.9
編入地域의 占有率(%)	國 家	韓國中		0.07	0.03	0.02	-
	市 道	忠南道中		0.83	0.71	0.58	-
	市 郡	燕岐郡中		18.21	15.68	12.75	-
		公州市中		0.58	0.41	0.43	-
		合 計(2)		5.47	6.43	5.20	-
	邑 面	燕岐郡	南面中	65.32	64.44	67.69	-
			錦南面中	23.29	23.57	23.69	-
			東面中	46.42	87.35	48.80	-
			計	42.02	52.22	44.16	-
		公州市	長岐面中	9.46	8.92	9.40	-
			計	9.46	8.92	9.40	-
		合 計	4	33.26	43.99	37.22	-

② 新行政首都 立地와 本人과의 關係

ㅁ立地 市 · 郡

○最初訪問日

- 燕岐郡 : 1986. 4. 17(木)
- 公州市 : 1990. 2. 22(木)

○訪問地點數

市郡 \ 種類	機關	名所	遺蹟	合計
燕岐郡	6	16	16	38
公州市	20	45	41	106
合計	26	61	57	144

ㅁ立地 地區

○緣故地와의 直線距離

- 出生地 : 慶北 聞慶市 - 77km
- 修學地 : 慶北 安東市 - 122km
- 留學地 : 美國 신시내티시 - 11,808km
- 居住地 : 서울特別市 - 115km

○立地 決定 過程

- 候補地 選定 : 推進委員長 主宰 - 2004. 6. 15(火) (4개 候補地에 包含)
- 評價結果 接受 : 推進委員長 主宰 - 2004. 7. 5(月) (最高點數 獲得)
- 最終立地 決定 : 推進委員長 主宰 - 2004. 8. 11(水) (最適立地로 確定)

○立地 地區 視察

- 2004. 5. 4(火) : 企劃團 · 支援團 同行(10名) - 空中視察 (헬機 利用)
- 2004. 7. 8(木) : 推進委員會委員 引率(15名) - 地上視察 (버스 利用)
- 2004. 7. 20(火) : 열린우리黨 國會建交委員 案內(20名) - 地上視察 (汽車 · 버스 利用)
- 2004. 7. 24(土) : 李海瓚 國務總理 隨行(15名) - 空中 · 地上視察 (헬機 · 버스 利用)

客說 : 經驗에서 얻은 삶의 眞實

上官을 잘 만나는 것은 福이다. 部下를 잘 만나는 것도 福이다. 上官과 部下를 다같이 잘 만나는 것은 人生의 大福이다.

3) 新行政首都建設推進委員長 辭任經緯

① 新行政首都建設事業 關與

□ 新行政首都建設 推進企劃團 諮問委員會 委員長

• 發令者 : 青瓦臺 政策企劃室長 李廷雨
• 發令日 : 2003. 6. 5(木)
• 滿了日 : 2004. 4. 16(金)
• 期　間 : 11個月, 317日間

□ 新行政首都建設推進委員會 委員長

• 發令者 : 大統領 盧武鉉
• 發令日 : 2004. 5. 21(金)
• 退任日 : 2004. 9. 13(月)
• 期　間 : 4個月, 116日間
※ 關與 總 期間 : 15個月, 433日間

② 新行政首都建設推進委員長 辭任

□ 辭任 決心

• 決心日字 : 2004. 7. 15(木)
• 決心事有 : ① 事務過重
　　　　　② 發言物議
　　　　　③ 立地確定
• 實行計劃 : 最終立地 決定 直後

□ 辭意 表明

• 協議 : 日時 - 2004. 8. 5(木), 19:00
　　　相對 - 李春熙 副團長, 朴相圭 局長
　　　場所 - 藝園 晩餐場
• 報告 : 日時 - 2004. 8. 6(金) 11:00
　　　相對 - 李海瓚 國務總理
　　　場所 - 國務總理室
• 表明 : 日時 - 2004. 8. 10(火) 19:00
　　　相對 - 沈大平 忠南知事, 黃時旭 會長
　　　場所 - 플라자 호텔 日食堂 晩餐場

• 傳達 : 日時 - 2004. 8. 11(水) 20:00
相對 - 推進委員 및 推進團 代表 12名
場所 - 食堂 '안집' 晩餐場

□ 辭表 提出

• 日 時 : 2004. 8. 13(金) 14:20
• 提出處 : 大統領
• 傳達者 : 金秉準 政策企劃室長 (金榮柱 政策首席秘書官 陪席)
• 場 所 : 靑瓦臺 政策企劃室長室
※ 正常勤務 : 2004. 8. 13(金)~2004. 9. 13(月), 32日間

□ 辭意 人事

① 2004. 8. 26(木) 10:00 - 推進團 幹部會議(13名)
政府中央廳舍 小會議室
② 2004. 8. 27(金) 11:00 - 李廷雨 政策企劃委員長
新行政首都建設推進委員長室
③ 2004. 8. 31(火) 18:30 - 道德運動協議會 · 書畵作家協會 任員團會議(50名)
踏十里 韓食堂
④ 2004. 9. 1(水) 15:30 - 推進委員會 第7次 會議(45名)
政府中央廳舍 大會議室
⑤ 2004. 9. 2(木) 12:30 - 國政課題 運營協議會 會議(25名)
韓食堂 '大松'

□ 辭表 處理

• 辭表 受理 : 2004. 9. 13(月)
• 事務室 整理 : 2004. 9. 9(木)
• 離任式 擧行 : 2004. 9. 14(火) : 豫定, 渡美로 未擧行
政府中央廳舍

□ 言論報道

• 辭表提出 : 2004. 8. 24(火) 09:00
靑瓦臺 代辯人
• 記者會見 : 2004. 8. 24(火) 14:00
推進委員長室
• 辭表報道 : ① 라디오 - 2004. 8. 24(火) 午後 뉴스
KBS · MBC · SBS 등 全國 라디오放送 全部
② TV -2004. 8. 24(火) 저녁 뉴스
KBS · MBC · SBS · YTN · KTV 등 전국 텔레비전 全部

③ 新聞　- 2004. 8. 24(火) 聯合뉴스, 文化日報
2004. 8. 25(水) 朝鮮 · 中央 · 東亞 · 京鄕 · 每日經濟 · 國民 등
全國 日刊誌 全部
2004. 8. 26(木) 文化日報

• 對談報道 : ① 라디오 - MBC 電話 인터뷰 - 2004. 8. 25(水) 07:25
CBS 電話 인터뷰 - 2004. 8. 25(水) 08:15
KBS 電話 인터뷰 - 2004. 8. 25(水) 12:20
② 週刊誌 - 週刊 東亞 : 對談 - 2004. 8. 30(月) 10:00
發刊 - 未發表
③ 日刊誌 - 國民日報 : 對談 - 2004. 9. 2(水) 14:40
發刊 - 2004. 9. 4(土)

• 離任報道 : ① 推進委員會 第7次 會議時 告別人事 - 大田日報 2004. 9. 1(水), 2004. 9. 2(木)
② 對談報道 - 京鄕新聞 2004. 9. 23(木)

③ 辭任後 行跡 (2004. 9. 14~2004. 12. 31)

□ 事後整理

• 人事 : 訪問人事 - 2004. 9. 14~2004. 9. 30
電話人事 - 2004. 9. 14~2004. 9. 30

• 記錄 : 在任 實績 - 2004. 9. 14~2004. 9. 30
生涯 記錄 - 2004. 10. 1~2004. 12. 31

□ 新規計劃

• 休息 : 期間 - 2004. 9. 13~2004. 9. 18
場所 - 美國 California州 Daly City市
同行 - 單獨

• 計劃 : 年中 - 2004. 9. 14~2004. 9. 30
明年 - 2004. 10.1~2004. 10. 15
古稀 - 2004. 10. 16~2004. 12. 31

□ 社會活動

• 活動分野 : ① 公共機關 - 서울大 環境大學院 名譽講師, 建交部 中央都市計劃委員會 委員 및 第 1分科 委員長, 慶北道廳 移轉推進委員會 委員長, 韓國土地公社 諮問委員會 委員長, 大韓住宅公社 諮問委員會 委員, 韓國地方行政研究院 諮問委員會 委員

② 社會團體 - 韓國自治發展研究院 院長, 韓國地域發展研究院 顧問, 21世紀 國土포럼 共同代表議長, 國土 · 都市計劃學會 顧問, 地方自治學會 顧問, 道德運動協議會 總裁, 書畵作家協會 總裁, 韓國經濟新聞 施賞審查委員長, 警察新聞 論說委員

③ 親睦會合 – 地硏會 顧問, 鳥嶺會 · 向志會 · 風水會 · 聞友會 · 五人幇 會員, 初等學校 · 中學校 · 高等學校 · 大學校 · 大學院 同窓會 및 同期會 會員, 在京 鄕友會 顧問

• 正規勤務 : ① 서울大 環境大學院 講師 – 隔週 1日
② 建交部 中央都市計劃委員會 委員 및 分科委員會 – 月1~2日
③ 韓國自治發展硏究院 院長 – 每週 1日(自 2004. 9. 20)
④ 韓國地域發展硏究院 顧問 – 每週 1日(自 2004. 9. 20)

□ 交通手段

• 主手段 : 乘用車 – 類型 : ECUUS 350(서울 55너 6526)
所屬 : 韓國地域發展硏究院(主 : 禹哉永)
技士 : 崔信一
費用 : 韓國地域發展硏究院 一切 負擔
開始 : 2004. 9. 13
• 從手段 : 自宅 乘用車(妻 運轉), 地下鐵, 市內버스, 汽車, 船舶, 航空機, 市外버스, 長男 乘用車(長男 運轉), 長女 乘用車(長女 運轉)

□ 家計收支

• 經常收入(月平均) :
① 年金 – 300萬원
② 講師料 – 60萬원
③ 韓國自治發展硏究院 手當 – 350萬원
④ 韓國地域發展硏究院 手當 – 100萬원
⑤ 名種會議 手當 – 30萬원
⑥ 發表 · 司會 · 特講 등 – 100萬원
⑦ 商街店鋪 賃貸料 – 250萬원
合計 1,190萬원

• 經常支出(月平均) :
① 家庭生活費 – 450萬원
② 子女支援費 – 150萬원
③ 諸公課金 – 150萬원
④ 扶助 · 食事代 – 180萬원
⑤ 資産積立金 – 260萬원
合計 1,190萬원

客說 : 經驗에서 얻은 삶의 眞實

나는 많은 자리를 가져봤지만 付託이나 請託으로 가져본 적은 거의 없다. 나의 周邊에는 어떤 자리를 가질려고 애를 쓰며 돌아다니는 사람들이 더러 있다. 보기가 좋지 않다. 특히 敎授가 그러할 때는 嫌惡感과 距離感을 느낀다.

5. 敎授停年 以後의 變動狀況

(1) 停年時의 保有職位

分類		組織	最初 委囑·加入 日字	最初 委囑·加入 職位	經過狀況 保有期間	經過狀況 職位變動	2002年8月 現在職位
1.公共機關 (14)	1.敎育機關 (3)	1.서울大學校 環境大學院	1972.5.10	專任講師	30年4月	助敎授-敎授, 硏究所長, 學科長, 院長, 主任敎授	敎授(停年). 名譽敎授 (9月1日부터)
		2.國家專門行政硏修院	1982.11.1	指導敎授	19年10月	-	指導敎授
		3.永進大學 附設硏究所	1991.1.3	硏究委員	11年8月	-	硏究委員
	2.中央政府 (4)	1.國土綜合計劃審議會議	1985.10.7	委員	16年10月	分科委員會 委員	委員
		2.中央都市計劃委員會	1986.6.19	委員	16年2月	-	委員
		3.農業基盤公社 새만금 事業 委員會	1997.1.17	諮問委員	5年7月	-	諮問委員
		4.地方移讓推進委員會	1999.8.30	委員長	3年	-	委員長
	3.地方政府 (7)	1.美國 Las Vegas市	1995.10.4	名譽市民	6年11月	行事準備委員.諮問委員	名譽市民
		2.慶尙北道 道廳移轉推進委員會	1997.6.25	委員長	5年2月	-	委員長
		3. 全國 市·道知事 協議會	1999.10.25	諮問委員	2年10月	-	諮問委員
		4.서울市 都市政策會議	2000.2.21	委員	2年7月	-	委員
		5.濟州道 濟州市	2000.12.14	名譽市民	1年9月	市民自治大學 共同學長	名譽市民
		6.釜山市 廣域都市計劃 中央諮問團	2001.6.2	委員	1年3月	-	委員
		7.康津郡 康津青瓷 文化祭	2001.7.3	弘報大使	1年2月	-	弘報大使
2.學術團體 (17)	1.專門學會 (5)	1.大韓國土·都市計劃學會	1972.5.8	會員	30年4月	監査,編輯委員長, 副會長, 會長, 國際交流委員長, 弦汀 國土開發賞基金管理委員	顧問
		2.韓國地域社會開發學會	1975.10.25	會員	26年10月	理事.學術理事	顧問
		3.韓國經營科學會	1977.5.1	終身會員	25年4月	-	終身會員
		4.韓國地方自治學會	1988.12.3	理事	13年9月	常任理事.副會長.會長	顧問
		5.韓國住宅學會	1992.11.1	顧問	9年10日	-	顧問
	2.學術포럼 (4)	1.美國 Consortium on Development Studies	1994.1.1	諮問委員	8年8月	-	諮問委員
		2.21世紀 國土포럼	1998.9.9	諮問委員	4年	-	諮問委員
		3.地方포럼	1999.4.15	諮問委員	3年5月	-	諮問委員
		4.21世紀 地域포럼	2001.8.28	共同代表	1年	-	共同代表
	3,硏究機關 (8)	1.韓國地方行政硏究院	1984.9.7	諮問委員	18年	院長	諮問委員長
		2.京畿開發硏究院	1995.3.13	諮問委員	7年6月	諮問委員長	諮問委員
		3,韓國自治開發硏究院	1995.4.1	理事長	7年5月	編輯委員長	院長
		4.地域開發硏究會	1997.2.24	顧問	5年6月	-	常任顧問
		5.韓國國際觀光開發硏究院	1998.8.25	諮問委員	4年	-	諮問委員
		6.21世紀 都市政策開發院	1999.7.12	諮問委員	3年2月	-	硏究委員
		7.서울市政開發硏究院	2000.1.28	諮問委員	2年7月	-	諮問委員
		8.韓國建設産業硏究院	2001.2.1	諮問委員	1年7月	-	諮問委員
3.社會團體 (9)	1.文化團體 (4)	1.聞慶文化院	1985.5.25	顧問	17年3月	-	顧問
		2.서울 市政新聞社	1995.6.15	諮問委員	7年3月	-	諮問委員
		3.古州 盧隆熙 學術賞基金 運營委員會	1998.9.4	委員長	4年	-	委員
		4.綠色新聞社	2000.1.1	顧問	2年8月	-	顧問

分類	組織	區分	最初 委囑·加入		經過狀況		2002年8月
			日字	職位	保有期間	職位變動	現在職位
	2.聯合團體(5)	1.大韓商議 韓國經濟硏究센터	1983.8.1	硏究委員	19年1月	-	硏究委員
		2.大韓建設振興會 編輯委員會	1984.6.26	編輯委員	18年2月	-	編輯委員
		3.聞慶地域發展協議會	1989.4.15	副會長	13年5月	-	顧問
		4.農協中央會 運營諮問委員會	1991.7.31	諮問委員	11年1月	-	諮問委員
		5.韓國道德運動協議會	1999.2.5	顧問	3年7月	審査委員長	顧問
4.宗親·鄕友會(7)	1.宗親會(2)	1.慶州金氏 中央宗親會	1972.3.1	會員	30年6月	理事, 運營理事	會員
		2.慶州金氏 聞慶宗親會	1980.7.8	會員	22年2月	副會長	會員
	2.鄕友會(5)	1.在京 聞慶市鄕友會	1961.4.5	會員	41年5月	運營委員, 副會長	顧問
		2.鳥嶺會	1967,11,25	會長	34年9月	會長	會員
		3.聞友會	1986.7.23	會員	16年1月	監査	會員
		4.在京 大邱·慶北道民會	1992.11.23	諮問委員	9年9月	-	諮問委員
		5.慶北을 사랑하는 모임	2001.3.8	顧問	1年6月	-	顧問
5.同窓·親睦會(21)	1.同窓會(7)	1.聞慶中學校 同窓會	1961.5.1	會員	41年4月	會長	顧問
		2.行硏會	1965.4.10	會員	37年5月	幹事, 會長	會員
		3.安東師範學校 在京 同期會	1973.5.10	會員	29年4月	會長	會員
		4.在京 聞慶中學校 同門會	1975.5.10	理事	27年4月	-	顧問
		5.六友會	1978.10.30	會員	23年10月	-	會員
		6.在韓 Cincinnati大學校 同窓會	1984.1.27	會長	18年7月	-	名譽會長
		7.安東大學校 總同窓會	2001.3.1	會員	1年6月	-	顧問
	2.親睦會(14)	1.常靑會	1975.5.1	會員	27年4月	-	會員
		2.經科同友會	1981.6.18	幹事	21年2月	-	會員
		3.風水會	1983.5.20	會員	19年3月	監事, 會長	會員
		4.德丘會	1984.3.30	會員	18年5月	-	會員
		5.環心會	1986.6.28	顧問	16年2月	-	顧問
		6.土友會	1987.3.4	準會員	15年6月	-	正會員
		7.東硏會	1991.6.15	會員	11年3月	-	會員
		8.雜魚會	1992.5.20	會員	10年3月	-	總務
		9.五七東阿會	1995.7.28	會員	7年1月	-	會員
		10.好凡會	1998.1.30	會員	4年7月	-	會員
		11.一金會	1998.4.3	會員	4年5月	-	會員
		12.새마을사랑모임	1998.4.21	諮問委員	4年4月	-	諮問委員
		13.向志會	2001.11.5	會長	10月	-	會長
		14.地硏會	2001.12.28	會長	8月	-	會長

(總計 : 68개)

客說 : 經驗에서 얻은 삶의 眞實

善良한 사람이 低質이나 惡質의 人間을 啓導하려고 오랫동안 애를 쓰면 약간은 바뀔 수 있다. 低質이나 惡質의 人間이 良質로 바뀌는 것이 아니라 善良한 사람이 오히려 汚染이 되어 低質化될 가능성이 크다. 매우 힘든 일이니 아예 포기하는게 낫다.

(2) 教授停年 以後의 比較

1) 停年 以後 달라진 것

(停年日 : 2002.8.31)

部　門	事　項	停 年 以 前	停 年 以 後
1. 서울大學校	1. 地　位	教　授	名譽教授, 時間講師
	2. 教授室	單獨 研究室	共同 名譽教授室
	3. 電話器	市內, 市外, 핸드폰 通話	서울市內만 通話
	4. 收　入	報酬 (月 560萬원)	年金(月 280萬원),講師料(月 78萬원)
	5. 教授會議	參　席	不　參
	6. 補　職	保　有	非保有
	7. 指導學生	有	無
	8. 訪問 · 勤務	週 2回	週 1回
	9. 教職員 相面	頻　番	稀　少
	10. 教授會食 參席	多　少	稀　少
	11. 教授名簿	環境大學院 教授陣	名譽教授欄
2. 一般社會	1. 紹介 · 呼稱	서울大學校 教授	前 서울大學校 教授,서울大學校 名譽教授
	2. 醫療保險	職場 保險	地域 保險
	3. 老人 補助金	無	36千원/3月
	4. 地下鐵利用	有賃 乘車	無賃 乘車
	5. 公園 入場	有　料	無　料
	6. 船空 · 汽車 利用	公務員 10% 割引	老人 10% 割引
	7. 乘車時 坐席	一般席	老人席
	8. 公式行事	發表 · 司會	祝辭 · 演說
	9. 研究發表	執　筆	講　演
	10. 旅行 · 訪問	國　外	國　內
	11. 社會的 認識	現場人	歷史人
3. 私的個人	1. 職　業	有職者, 職業人	退職子, 失業者
	2. 收　入	經常收入 中心	臨時收入 中心
	3. 名　啣	教授(professor)	名譽教授(professor emeritus)
	4. 體　重	減　少	增　加
	5. 胸　圍	縮　小	擴　張
	6. 步行數	月平均 5,000步	減　少
	7. 낮　잠	稀　少	頻　番
	8. 餘暇時間	極　小	增　加
	9. 精　神	緊　張	餘　有
	10. 家族 金錢要求時	調達 · 支給	論爭 · 減額
	11. 他人 人事말	여전히 바쁘시지요?	요사이는 어떻게 지내십니까?

2) 停年前과 對比한 停年後의 異變事項

(總 30項)

類型	分類	事項 (區分)	停年前 狀況	⇨ 停年後 狀況
1. 位 相	1. 身 分	1. 社會的 位相	· 現役者	· 隱退者
		2. 職 位	· 教 授	· 名譽教授
		3. 呼 稱	· 서울大學校 教授	· 前 서울大學校 教授
		4. 教授 身分證	· 公務員 身分證	· 消 滅
		5. 教授 手帖 名單欄	· 教授欄	· 名譽教授欄
	2. 地 位	1. 老人優待	· 非優待	· 優 待
		2. 主收入	· 學校 報酬	· 社會奉仕 收入
		3. 家計運用	· 擴 大	· 緊 縮
		4. 醫療保險	· 職場保險	· 地域保險
		5. 思考方式	· 進就 · 展望	· 保守 · 回顧
2. 活 動	1. 社 會	1. 職場有無	· 有 職	· 無 職
		2. 學校出勤	· 週 2日	· 週1日
		3. 時間制約	· 制 約	· 自 由
		4. 社會職位保有 許可有無	· 本部許可 必要	· 許可 不必要
		5. 社會活動制限 有無	· 制 限	· 開 放
	2. 大 學	1. 學校會議	· 參 席	· 不 參
		2. 講義科目數	· 3科目	· 1科目
		3. 講義時間數	· 9時間	· 3時間
		4. 論文指導	· 指導 · 審査	· 審 査
		5. 時間講師料	· 無	· 有
3. 待 遇	1. 處 遇	1. 教授 硏究室	· 單 獨	· 共 同
		2. 助 教	· 單 獨	· 共 同
		3. 電 話	· 市內 · 市外	· 市 內
		4. 大學 駐車券	· 報酬控除 駐車券	· 一回支拂 終身 駐車券
		5. 大學病院 利用	· 教授 待遇	· 名譽教授 待遇
	2. 家 計	1. 主收入源	· 報 酬	· 年 金
		2. 主收入額	· 550萬원	· 290萬원
		3. 年金拂入	· 拂 入	· 非拂入
		4. 教員共濟費 拂入	· 拂 入	· 非拂入
		5. 慶吊 · 義捐金 控除	· 報酬 控除	· 非控除

客說 : 經驗에서 얻은 삶의 眞實

나는 政府의 主役은 맡아보지 못한채 들러리만 많이 섰다. 歷代 政府에서 만든 委員會와 企劃團의 委員이나 委員長을 맡아 골치 아픈 議案이나 輿論의 標的이 되는 事案들을 처리하는 데 기여해 왔다. 主役이었다면 한 政府에서만 종사했을텐데 들러리가 되다 보니 政權이 바뀌어도 줄곧 代를 이어 봉사해왔다. 훌륭하다고 할까, 가련하다고 할까?

(3) 停年後 主要發生 事項

(2002~2016)

區分	國家體制		地方自治		新行政首都建設		本人·家族	
年度	大統領	國會議員	自治團體長	地方議會議員	推進過程	本人關與	本人身相	家族事項
2002			·第3代 自治團體長 就任(7.1)	·第4代 地方議會議員 選擧(6. 13)	·大選 公約發表(9.30)		·教授停年(8.31) ·서울大 講師(9.1)	
2003	·第16代 盧武鉉 大統領 就任(2.25)				·企劃團 發足(4.14) ·諮問委 構成(6.5)·特別法制定(12.29)	·諮問委員長 就任(6. 5)	·停年 紀念集 發刊(8. 31) ·地方移讓委員長 滿了(9.17)	·長女家族 自家 아파트 購入 서울 移住(1. 11)
2004	·國會 大統領 彈劾議決(3.12) ·高建 總理 大統領 勸限代行 就任(3. 13) ·大統領 復歸(5.14)	·第17代 國會議員 選擧(4.15)			·特別法 公布(1.16) ·施行令 議決(4.6) ·特別法 施行(4.17) ·初代 推進委員會 發足(5.21)	·諮問委員長 滿了(4.16) ·初代 推進委員長 就任(5.21) ·初代 推進委員長 辭任(9.13)		·妻 60歲 回甲(陰 1.4)·長男夫婦 自家 아파트 取得(3.14) ·次女 結婚(5.9) ·次女 渡美(5.16)
2005								
2006			·第4代 自治團體長 就任(7.1)	·第5代 地方議會議員選擧(6.13)	·第2代 推進委員會 出帆( )		·70歲 古稀(7.28) ·古稀 紀念集 發刊(12.31)	
2007					·計劃完了(6.30) ·建設着工(7.1)		·서울大 講師 滿了(8.31)	
2008	·第17代 大統領 就任(2.25)	·第18代 國會議員 選擧(4.15)			·第3代 推進委員會 출범( )			
2009								
2010			·第5代 自治團體長 就任(7.1)	·第6代 地方議會議員選擧(6.13)	·第4代 推進委員會 출범( )			
2011					·第1次 建設完了(12.31)			
2012		·第19代 國會議員選擧(4.15)			·移轉 및 入住 開始(1.1) ·新首都開廳( )			
2013	·第18代 大統領 就任(2.25)						· 77歲 喜壽(7.28) ·喜壽紀念集 發刊(12.31)	
2014			·第6代 自治團體長 就任(7.1)	·第7代 地方議會議員選擧(6.13)				·妻 70歲 古稀(陰 1.4)
2015								
2016		·第20代 國會議員選擧(4.15)					·80勢 傘壽(7.28) ·傘壽紀念集 發刊(12.31)	
2017 以後	·2018 - 第19代 大統領 就任(2.25)	·2020 - 第21代 國會議員選擧(4.15)	·2018-第7代 自治團體長 就任(7. 1)	·2018-第8代 地方議會 議員選擧(6.13)	·2030 - 新首都建設 終了(12.31)		·2024-88歲 米壽(7.28)-米壽 紀念集 發刊(12.31)	·2011-妻 77歲 喜壽(陰 1.4)

(4) 古稀當時 定期勤務機關의 內外近影
(2006. 7. 28 現在)

① 韓國自治發展硏究院 (每週 月曜日 勤務)

京畿道 高陽市 一山東區 白石洞 1323, 東門 굿모닝 타워Ⅰ 빌딩

韓國自治發展硏究院 入口, 빌딩 718號室

院長室 執務冊床

② 서울大學校 環境大學院 (每週 火曜日 出勤)

서울市 冠岳區 新林 9洞 山56-1, 서울大學校 82棟 環境館 環境大學院 校舍

環境大學院 名譽敎授室 入口, 316號室

名譽敎授室內 執務冊床

③ 韓國地域發展研究院 (每週 水曜日 勤務)

서울市 廣津區 紫陽洞 227-336, 建國大學校 同門會館 建物

韓國地域發展研究院 入口, 建國大學校 同門會館 건물 1層

常任顧問室 內 執務冊床, 102號室

④ 建設交通部 中央都市計劃委員會 (月 2 · 3回 木曜日 會議)

京畿道 果川市 中央洞 1, 政府果川廳舍 建設交通部 建物

中央都市計劃委員會가 개최되는 大會議室, 418號室

委員會 本會議 主宰場面 (2006. 2. 9)

⑤ 建國大學校 不動産大學院 (每週 金曜日 勤務)

서울市 廣津區 紫陽洞 1, 建國大學校 産學協同館 建物

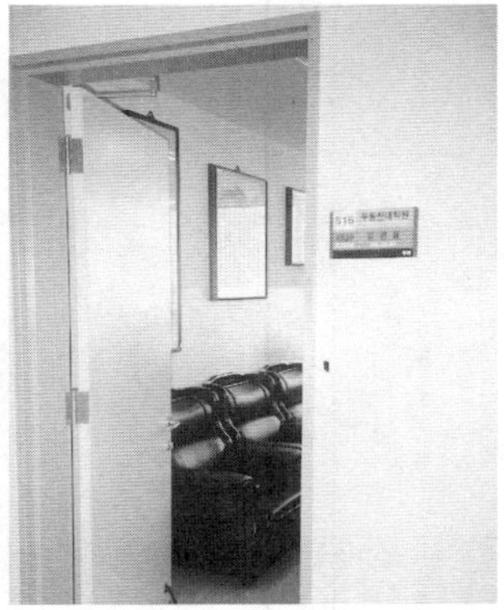

産學協同館 內 不動産大學院 碩座敎授室 入口, 516號室

碩座敎授室 內 執務冊床

客說 : 經驗에서 얻은 삶의 眞實

家難하다는 사실은 罪가 될 수 없지만 그렇다고 내세워 자랑할 만한 일도 못된다. 가난하다는 것이 자랑이 될 수 있다면, 가난하게 태어나서 일생동안 줄기차게 가난하게 살았고 끝에는 굶어서 죽은 사람에게는 紀念碑나 功德碑를 세워 주어야 할 것이다.

Ⅱ. 賞 勳

○ 要 約

(單位 : 個)

受賞年度	勳　章	賞狀·表彰狀	感謝狀·功勞狀	合　計
1980	1	-	-	1
1982	-	1	-	1
1987	-	1	2	3
1988	-	-	1	1
1989	-	2	3	5
1990	-	1	6	7
1992	-	-	3	3
1993	1	-	2	3
1994	-	1	3	4
1995	-	-	3	3
1996	-	1	1	2
1997	-	-	5	5
1998	-	-	2	2
1999	1	1	8	10
2000	-	-	1	1
2001	-	2	7	9
2002	-	1	8	9
2003	-	-	3	3
2004	-	-	4	4
2005	-	2	3	5
2006	-	-	-	-
累 計	3	13	65	81

客說 : 經驗에서 얻은 삶의 眞實

經濟的으로 收入이 많고 社會的으로 名聲이 높으며 안으로는 自己의 꿈을 실현할 수 있는 職業이면 最上級이라고 할 수 있다. 이 가운데 하나를 포기한다면 나는 收入을 포기하고 또 하나를 버리라면 名聲이다. 꿈의 實現은 돈이나 이름보다 더 귀중한 人生의 所望이요 삶의 보람이기 때문이다.

客說 : 經驗에서 얻은 삶의 眞實

男子는 돈보다 名譽를 중시하지만 家庭에서 살림을 하는 女子는 돈을 더 중히 여기는 것 같다. 그래서 夫婦 싸움의 대부분은 名譽보다 돈이 주제가 된다. 婦人은 더 많은 돈을 요구하고 男便은 무리한 돈의 마련은 名譽를 실추시킨다는 理由로 반항한다. 그래서 夫婦는 밤마다 늘 싸운다. 싸우지 않는 경우는 TV에서 連續劇을 볼 때와 같이 잠잘 때 뿐이다.

1. 授與받은 賞勳

(1) 勳章

1) 保國勳章 天授章

保國勳章 天授章
(1980.10.25)

새마을勳章 勤勉章
(1993.11.29)

國民勳章 冬柏章
(1999.7.1)

第1662號
1980.10.25
大統領(全斗煥)
○國保委 委員 派遣勤務

2) 새마을勳章 勤勉章

第822號
1993.11.29
大統領(金泳三)
○새마을 理事.諮問委員, 講師, 長期計劃樹立등

3) 國民勳章 冬柏章

第25348號
1999.7.1
大統領(金大中)
○地方自治50周年 紀念 地方自治學術部門 功勞

(2) 賞狀 · 表彰狀

1) 表彰狀
第2304號
1982.10.15
서울大學校 總長(權彝赫)
○10年 勤續

2) 賞狀
1987.4.13
店村市長(李源植)
○"店村市民의 노래"作詞 受賞

3) 賞狀
1989.2.18

弦汀國土開發賞
大韓國土計劃學會 會長(朱鍾元)
○著書『地域開發과 地方自治行政』

4) 表彰狀
第3544號
1989.10.15
서울大學校 總長(趙完圭)
○22年 勤續

5) 賞狀
1990.6.4
새마을運動中央協議會 會長(金壽鶴)
○"새마을 家族의 노래" 作詞 受賞

6) 稱號牌(世界時計)
1994.6.8
美國 Michigan州立大 International Studies and Programs 學長(Gill-Chin Lim)
○Distinguished International Visitor

7) 表彰狀
第96-65號
1996.2.6
新韓國黨 總裁(金泳三)
○黨發展에의 寄與

8) 賞狀
1999.10.18(서울 市民의 날)
서울市 文化賞-人文 · 社會科學部門
서울특별市 市長(高 建)
○人文 · 社會科學部門(地方自治 · 都市計劃 · 地域經濟)의 發展寄與

9) 表彰狀
2001.8.17
Awards for International Exchange
日本都市計劃學會 會長(小林重敬)
○日本都市計劃學會 創立50周年紀念 感謝表彰

10) 表彰狀
第5,735號

2001.10.15
서울大學校 總長(李基俊)
○30年 勤續

11) 賞狀
2002.8.4
母校를 빛낸 자랑스러운 同門賞
安東大學校(安東師範學校 등) 總同窓會 會長(張元碩)
○母校 및 同窓會 名譽의 暢達

12) 表彰狀
2005.5.20
The Award of International Educator of the Year 2005
International Biographical Centre, Cambridge, England(Nicholass Law, Director General)
○國際的 教育者로서의 功勞

13) 賞 狀
2005.9.30
헤럴드經濟社(洪政旭)
○第1回 大韓民國 엘리트 뉴리더賞 : 地方自治研究開發 部門

(3) 感謝狀 · 功勞狀

1) 感謝狀
1987.3.4
서울大學校 總長(朴奉植)
○大學發展基金 贊助

2) 感謝牌
1987.4.16
京畿道 知事(金庸來)
○地方都市計劃委員(1972.4-1986.10)

3) 感謝牌
1988.2.26
韓國科學技術團體總聯合會 會長(朴泰源)
○聯合會 發展寄與

4) 感謝牌

1989.2.18

大韓國土計劃學會 會長(朱鍾元)

○學會 會長歷任(1986.2-1988.2)

5) 功勞牌

1989.7.25

大韓國土計劃學會 會長(朱鍾元)

○學會創立 30周年 紀念

6) 感謝牌

1989.12.22

새마을 城南研修院 院長(鄭琛鎭)

○出講

7) 紀念牌

1990.5.24

韓國土地開發公社 社長(李相熙)

○理事歷任(1984.5-1990.5)

8) 感謝牌

1990.9.1

內務部 地方行政研修院 院長 (尹世達)

○開院25周年 紀念

9) 功勞牌

1990.11.14

서울大學校 總長(趙完圭)

○環境大學院長 歷任(1986.11-1990.11)

10) 功勞牌

1990.11.9

서울大學校 環境大學院 院長(金炯國)

○院長歷任(1986.11-1990.11)

11) 師恩牌

1990.11.9

서울大學校 環境大學院 博士課程 在學生 一同

○院長歷任(1986.11-1990.11)

12) 感謝牌

1990.11.15

서울大學校 環境大學院 同窓會 會長(金秉麟)

○院長歷任(1986.11-1990.11)

13) 感謝牌

1992.9.2

地方行政研究所長(權純福)

○自治行政 編輯委員長 歷任

14) 紀念牌

1992.9.25

서울大學校 行政大學院 第5回 同期會(朴榮一)

○韓國地方行政研究院長 就任

15) 榮轉牌

1992.10.28

새재會(會長:蔡弘植)

○韓國地方行政研究院長 就任

16) 感謝牌

1993.4.30

店村地域發展協議會 會長(錢慶洪)

○店村地域發展協議會 顧問

17) 祝賀牌

1993.12.1

새마을運動中央協議會 職員一同

○새마을勳章 受賞

18) 功勞牌

1994.7.20

內務部長官(崔炯佑)

○韓國地方行政研究院長 歷任

19) 感謝牌

1994.8.14

聞慶中學校 同窓會長(卞鐸)

○第5代 同窓會長 歷任

20) 感謝牌
1994.10.25
韓國地方行政硏究院長(鄭文和)
○第7代 院長 歷任

21) 紀念牌
1995.1.25
서울靑年會議所 會長(金우정)
○特講答禮

22) 感謝牌
1995.5.1
聞慶市長(嚴桓燮)
○"聞慶市民의 노래" 作詞·製定

23) 感謝牌
1995.5.3
東城南 靑年會議所 會長(鄭응섭)
○세미나 基調發表 및 司會에 대한 答禮

24) 功勞狀(Certificate of Achievement)
1996.10.7
美國 Las Vegas市 市長(Jan Laverty Jones)
○國際심포지움 開催功勞

25) 感謝牌
1997.1.30
建設交通部 長官(秋敬錫)
○民間投資事業調整委員會 委員役割 功勞

26) 感謝牌
1997.6.7
忠淸南道 知事(沈大平)
○'97世界環境포럼 推進協議會 委員長 役割功勞

27) 感謝狀
1997.10.21
한솔文化財團 理事長(李仁熙)
○한솔 종이博物館에 保管史料 寄贈

28) 感謝牌

1997.12.5

公州市 市長(全炳庸)

○公州市 發展에의 寄與

29) 感謝牌

1997.12.15

農業協同組合中央會 會長(元哲熙)

○農協銀行의 積極利用

30) 感謝狀

1998.2.10

大統領(金泳三)

○行政刷新委員會 委員 歷任

31) 感謝牌

1998.2.19

韓國地方自治學會 會長(鄭世煜)

○韓國地方自治學會 第3代 會長 歷任

32) 功勞牌

1999.2.22

서울大學校 環境大學院 院長(兪炳林)

○都市 · 環境高位政策過程 主任敎授 歷任

33) 功勞牌

1999.5.10

高陽市 市長(申東泳)

○首都圈 國際綜合展示場 高陽市 誘致 功勞

34) 選任牌

1999.6.24

韓國自治開發硏究院 理事會

○韓國自治開發硏究院 理事長 選出 · 就任

35) 感謝狀

1999.7.9

韓國技能障碍人協議會 會長(吳太熙)

○障碍人 創作品 購入 · 支援

36) 祝賀 금메달

1999.7.31

地域開發研究會 會長(禹哉永)

○國民勳章 冬柏章 受勳

37) 感謝牌

1999.10.13

金泉市長(朴八龍)

○金泉市 昇格 50周年紀念 심포지엄 協助功勞

38) 祝賀牌

1999.10.28

好凡會 會長(李圭憲)

○서울市 文化賞 受賞

39) 紀念牌

1999.12.21

穎江文化 後援會 一同(發行人 全奎虹,尹成吉, 金智勳,高邦勳 등)

○國民勳章 · 서울市文化賞 受賞 및 地方移讓推進委員會 委員長 就任

40) 感謝牌

2000.11.30

統營市 市長(高銅柱)

○統營市民自治大學 主管 功勞

41) 感謝牌

2001.3.19

江華郡守(金善興)

○人間開發研究院 主催 江華郡 아카데미 特講

42) 訪問紀念牌

2001.4.9

蔚山發展 100人會議 議長(李圭正)

○蔚山發展 100人會議 晩餐特講

43) 紀念 금메달

2001.4.30

(社)地域開發研究會 會長(禹哉永)

○蘆原區 福祉政策 研究總括 功勞

44) 感謝牌
2001.7.2
聞慶市長(金學文)
○金龍培將軍 胸像 및 追慕碑 碑文作成 · 朗讀

45) 紀念 白金메달
2001.7.20
地方行政硏究所 理事長(權純福)
○地方行政硏究所 創立 20周年 紀念 功勞表彰)

46) 紀念 金메달
2001.9.15
(社)地域開發硏究會 會長(禹哉永)
○서울市政開發硏究院 環境行政體系 硏究總括 功勞

47) 感謝牌
2001.12.5
聞慶市長(金學文)
○聞慶市民自治大學 主管功勞

48) 感謝牌
2002.2.21
蔚山市 南區廳長(李琛益)
○南區 한마음大學 運營寄與

49) Certificate of Appreciation
2002.3.2
美國 미시간州立大學校 總長(Peter McPherson)
○地方移讓推進委員長으로서 韓 · 美交流增進에의 寄與

50) 功勞牌
2002.8.31
서울大學校 總長(鄭雲燦)
○서울大學校 敎授停年 紀念

51) 功勞 메달
2002.8.31
서울大學校 敎授協議會 會長(愼鏞廈)
○서울大學校 敎授停年 紀念

52) 功勞 메달
2002.8.31
서울大學校 教授協議會長(愼鏞廈)
○서울大學校 教授停年退任 紀念

53) 感謝牌
2002.10.25
忠北 堤川市場(嚴泰永)
○堤川市民自治大學 主管功勞

54) 委囑狀
2002.11.21
尹相在 先生 古稀紀念集 編纂委員會 委員長(朴權欽 · 姜思賢)
○執筆功德委囑

55) 感謝牌
2002.11.21
一京 尹相在 先生 本人(尹相在)
○古稀紀念集 編纂委員 功勞

56) 功勞牌
2003.5.14
서울大學校 環境大學院 院長(金丁勖)
○서울大 環境大學院 設立 30週年 紀念 功勞

57) 感謝狀
2003.7.2
韓國道德運動協議會 顧問(柳致松)
○晩翠 柳致松 先生 傘壽筵 籌備委員

58) 祝賀 메달
2003.10.28
韓國地域發展硏究院 院長(禹哉永)
○教授停年紀念 記錄集 發刊 祝賀

59) 感謝牌
2004.3.11
國家專門行政硏修院 院長(趙基安)
○指導教授 歷任

60) 推戴牌
2004.7.2
韓國道德運動協議會 會長(尹相在)
○第6代 總裁

61) 推戴牌
2004.7.2
韓國書畵作家協會 會長(尹相在)
○第13代 總裁 就任

62) 感謝牌
2004.9.2
國政課題運營協議會 12名 委員長 代表(李廷雨)
○新行政首都建設推進委員會 委員長 歷任

63) 感謝牌
2005.1.1
新行政首都建設推進委員會 職員 一同
○新行政首都建設 諮問委員長 및 推進委員長 歷任

64) 感謝牌
2005.12.7
蔚山市 北區 區廳長(李象範)
○區民自治大學 主管

65) 感謝牌
2005.12.27
釜山市 金井區 區廳長(金문곤)
○區民自治大學 主管

客說 : 經驗에서 얻은 삶의 眞實

일의 成敗는 그 일을 한 사람의 머리와 努力, 그리고 運에 의해 결정되는 것 같다. 머리도 좋고 努力도 많이 했는데 일이 잘 풀리지 않는 것은 運이 따르지 않기 때문이고, 運은 있는데 일이 失敗로 돌아가는 것은 그 사람의 머리와 努力이 부족한 탓이다. 人間이 할 수 있는 것은 다해놓고 나서 運을 기다릴 수 밖에 없다. 盡人事 待天命이라는 말은 이래서 생긴 것이다.

2. 受勳 · 受賞의 分類

(1) 授與받은 賞勳 및 賞牌의 分類 · 集計

(賞勳種類別 日字順)

時期	賞勳種類	賞 勳 名	功 績	受賞日字	授 與 者	當時地位
學校	1.優等賞	1.初等學校 3學年 優等賞	1年間 學業成績 優秀	48.7.24	戶西南初等學校 校長	初等學校 3學年
修學		2. 〃 4學年 〃	〃	49.7.26	〃	〃 4學年
時期		3. 〃 5學年	〃	50.5.27	〃	〃 5學年
		4. 〃 6學年 〃	〃	51.7.14	〃	〃 6學年
		5.中等學校 2學年 〃	〃	53.3.26	聞慶中學校 校長	中等學校 2學年
		6. 〃 3學年 〃	〃	54.3.3	〃	〃 3學年
		7.高等學校 1學年 〃	〃	55.3.10	安東師範學校 校長	高等學校 1學年
		8. 〃 2學年 〃	〃	56.3.15	〃	〃 2學年
	2.皆勤賞	1.初等學校 3學年 皆勤賞	1年間 無休登校 受業	48.7.24	戶西南初等學校校長	初等學校 3學年
		2. 〃 4學年 〃	〃	49.7.26	〃	〃 4學年
		3. 〃 5學年 〃	〃	50.5.27	〃	〃 5學年
		4. 〃 6學年 〃	〃	51.7.4	〃	〃 6學年
		5.中等學校 3學年 〃	〃	54.3.3	聞慶中學校 校長	中等學校 3學年
		6.高等學校 2學年 〃	〃	56.3.15	安東師範學校 校長	高等學校 2學年
	3.競演賞	1.校內美術競演 奬勵賞	初等學校 美術競演大會 3등	50.8.31	戶西南初等學校 校長	初等學校 5學年
	4.奬學賞	1.公納金免除 奬學表彰狀	中等學校 學業成績優秀奬學	53.3.26	聞慶中學校 校長	中等學校 2學年
	5.卒業賞	1.聞慶郡 教育會長賞	初等學校 6年間 學業優秀	51.7.14	聞慶郡 教育會長	初等學校 6學年
		2.聞慶郡 教育監賞	中等學校 3年間 學業優秀	54.3.3	聞慶郡 教育監	中等學校 3學年
	合計	18	-	-	-	-
社會	1.勳章	1.報國勳章 天授狀	國家危機 克服	80.10.25	大統領	서울大 副教授
活動		2.새마을勳章 勤勉章	새마을運動의 理論的 定立	93.11.29	〃	地方行政研究院長
時期		3.國民勳章 冬柏章	地方自治50年의 研究開拓	99.7.1	〃	서울大 教授
	2.表彰狀	1.서울大學校 10年勤續 表彰狀	서울大學校 教授 10年 勤續	82.10.15	서울大學校 總長	서울大 副教授
	、	2.서울大學校 22年勤續 表彰狀	서울大學校 教授 22年 勤續	89.10.15	〃	서울大 環境大學院長
		3.新韓國黨 功勞表彰狀	新韓國黨 發展에의 寄與	96.2.6	新韓國黨 總裁	서울大 教授
		4.Awards for International Exchange	韓 · 日 都市計劃交流에의 功勞	01.8.17	日本都市計劃學會長	〃
		5.서울大學校 30年勤續 表彰狀	서울大學校 教授 30年 勤續	01.10.15	서울大學校 總長	〃
		6.Awards of International Educator	國際的 教育者로서의 功績	05.5.20	英國傳記所長	建國大碩座教授
	3.業績賞	1.歌詞 作詞 優秀賞	'店村市民의 노래' 作詞 當選	87.4.13	店村市長	서울大 環境大學院長
		2.弦汀國土開發賞	'地域開發과 地方自治行政' 著作功績	89.2.18	大韓國土計劃學會長	〃
		3.歌詞 作詞 優秀賞	'새마을家族의 노래' 作詞 當選	90.6.4	새마을 運動 中央協議會長	〃
		4.서울市 文化賞	人文 · 社會科學部門의 發展寄與	99.10.28	서울特別市長	서울大 教授
		5.母校를 빛낸 자랑스러운 同門賞	母校 및 同窓會 名譽의 暢達	02.8.4	安東大學校 總同窓會長	〃
		6.大韓民國 엘리트 뉴리더賞	地方自治研究發展 功績	05.9.30	헤럴드經濟社 社長	自治發展研究院長
	4.稱號牌 · 選任牌	1.Distinguished International Visitor	美國 미시간州立大學 訪問紀念	94.6.8	미시간州立大 國際大學長	地方行政研究院長
		2.研究院 理事長 就任	韓國自治開發研究院 理事長被選	99.6.24	自治開發研究院 理事會	서울大 教授
		3.執筆功德委囑	尹相在先生 古稀集 執筆	02.11.21	編纂委員長	서울大 名譽教授
		4.總裁推戴牌	韓國道德運動協議會 總裁 就任	04.7.2	協議會 會長	〃
		5. 〃	韓國書畵作家協會 總裁 就任	04.7.2	協會 會長	〃

時期	賞勳種類	賞 勳 名	功 績	受賞日字	授 與 者	當時地位
	5.感謝牌	1.大學發展基金 助成 感謝牌	서울大學校 發展基金 助成 寄與	87.3.4	서울大學校 總長	서울大 環境大學院長
		2.地方都市計劃 功勞 感謝牌	京畿道 都市計劃委員 14년 歷任	87.4.16	京畿道 知事	〃
		3.聯合會發展 寄與 感謝牌	科學技術團體聯合會 發展寄與	88.2.26	科學技術團體總聯合會長	〃
		4.學會發展 功勞 感謝牌	大韓國土計劃學會 會長 歷任	89.2.18	大韓國土計劃學會長	〃
		5.教育發展 寄與 感謝牌	새마을中央 研修院 出講	89.12.12	새마을中央研修院長	〃
		6.教育發展 功勞 感謝牌	地方行政研究院 開院 25周年 紀念	90.9.1	地方行政研修院長	〃
		7.大學院 發展寄與 謝恩牌	서울大 環境大學院 院長 歷任	90.11.9	環境大 博士課程生一同	서울大 教授
		8.大學院 發展功勞 感謝牌	서울大 環境大學院 院長歷任	90.11.15	環境大 同窓會長	서울大 教授
		9.學術誌 編輯功勞 感謝牌	'自治行政' 編輯委員長 歷任	92.9.2	地方行政研究所長	地方行政 研究院長
		10.地域發展參與 感謝牌	店村地域發展協議會 顧問 歷任	93.4.30	店村地域發展協議會長	〃
		11.同窓會 發展功勞 感謝牌	聞慶中學校 同窓會長 歷任	94.8.14	聞慶中學校 同窓會長	서울大 教授
		12.研究院 發展功勞 感謝牌	韓國地方行政研究院長 歷任	94.10.25	韓國地方行政研究院長	〃
		13.'市民의 노래' 作詞 感謝牌	'聞慶市民의 노래' 作詞 制定	95.5.1	聞慶市長	〃
		14..學術行事寄與 感謝牌	東城南青年會議所 세미나 參加	95.5.3	東城南青年會議所 所長	〃
		15.民間投資促進 感謝牌	建交部 民間投資事業 審議委員 歷任	97.1.30	建交部 長官	〃
		16.國際行事主管 感謝牌	世界環境포럼 推進委員長 歷任	97.6.7	忠清南道 知事	高位課程 主任教授
		17.保管資料寄贈 感謝牌	한솔종이博物館에 資料寄贈	97.10 21	한솔文化財團 理事長	〃
		18.都市發展功勞 感謝牌	公州市 發展에의 寄與	97.12.5	公州市長	〃
		19.銀行顧客謝恩 感謝牌	서울大 農協銀行의 積極利用	97.12.15	農協中央會長	〃
		20.行政刷新寄與 感謝牌	行政刷新委員 歷任	98.2.10	大統領	〃
		21.學會發展 功勞 感謝牌	地方自治學會長 歷任	98.2.19	韓國地方自治學會長	〃
		22.障碍人支援 感謝牌	障碍人 創作品 購入	99.7.9	技能障碍人協議會長	서울大 教授
		23.金泉市 行事協助 感謝牌	金泉市 昇格 50周年紀念行事參席	99.10.13	金泉市 市長	〃
		24.統營市 市民教育 感謝牌	統營市民自治大學 主管 運營	00.11.30	統營市 市長	〃
		25.江華 郡民教育 感謝牌	江華郡民아카데미 特講	01.3.19	江華郡 郡守	〃
		26.研究總括紀念 金메달	蘆原區 福祉政策研究 總括	01.4.30	地域開發研究會長	〃
		27.碑文作成 感謝牌	金龍培將軍 追慕碑文 作成	01.7.2	聞慶市長	〃
		28.研究總括紀念 金메달	서울市政開發研究院 研究總括	01.9.15	地域開發研究會長	〃
		29.聞慶市民教育 感謝牌	聞慶市民自治大學 主管運營	01.12.5	聞慶市長	〃
		30.區民教育 感謝牌	蔚山市 南區 한마음大學 主管	02.2.21	蔚山市 南區廳長	〃
		31.Certificate of Appreciation	韓·美間 交流增進 功勞	02.3.2	美國 미시간大學 總長	〃
		32.教授停年紀念 功勞메달	서울大學校 教授停年退任	02.8.31	서울大 教授協議會長	〃
		33.自治大學 主管 感謝牌	堤川市民自治大學 運營	02.10.25	堤川市長	自治發展研究院長
		34.古稀集 編纂委員 感謝牌	尹相在先生 古稀集 編纂	02.11.21	一京 尹相在	서울大 名譽教授
		35.傘壽筵 籌備委員 感謝狀	柳致松 先生 傘壽筵 準備	03.7.2	晩翠 柳致松	〃
		36.指導教授 感謝牌	地方行政研修院 指導教授 歷任	04.3.11	國家專門行政研修院長	〃
		37.行政首都委員長 感謝牌	行政首都推進委員長 歷任	04.9.2	國政課題運營協議會長	推進委員長
		38.行政首都委員長 感謝牌	〃	05.1.1	行政首都委員會 職員	前 推進委員長
		39.自治大學 功勞 感謝牌	蔚山 北區 自治大學 運營	05.12.7	蔚山市 北區廳長	自治發展研究院長
		40.自治大學 功勞 感謝牌	釜山 金井區 自治大學 運營	15.12.27	釜山市 金井區廳長	〃
	6.功勞牌	1.學會 發展寄與 功勞牌	國土計劃學會 創立30周年 紀念	89.7.25	大韓國土計劃學會長	서울大 環境大學院長
		2.大學院 發展寄與 功勞牌	서울大 環境大學院長 歷任	90.11.4	서울大學校 總長	〃
		3.大學院 發展寄與 功勞牌	서울大 環境大學院長 歷任	90.11.9	서울大 環境大學院長	서울大 教授

時期	賞勳種類	賞　勳　名	功　績	受賞日字	授 與 者	當時地位
		4.研究院 發展寄與 功勞牌	地方行政研究院長 歷任	94.7.20	內務部 長官	地方行政研究院長
		5.Certificate of Achievement	自治學會 · LasVegas심포지움開催	96.10.7	美國 Las Vegas市長	서울大 教授
		6.大學院 發展寄與 功勞牌	環境大學院 高位課程主任教授歷任	99.2.22	서울大 環境大學院長	서울大 主任教授
		7.高陽市 發展寄與 功勞牌	國際綜合展示場 誘致功勞	99.5.10	高陽市 市長	서울大 教授
		8.研究所 創立紀念 白金메달	地方行政研究所 創立 20周年 紀念	01.7.20	地方行政研究所 理事長	〃
		9.教授停年 紀念 功勞牌	서울大學校 教授停年退任	02.8.31	서울大學校 總長	〃
		10.教授停年 功勞메달	教授停年退任 紀念	02.8.31	서울大 教授協議會 會長	〃
		11.創立 30週年 紀念 功勞牌	서울大 環境大學院 奉職	03.5.14	서울大 環境大學院長	서울大 名譽教授
	7.紀念牌	1.公社發展 寄與 紀念牌	韓國土地開發公社 理事 歷任	90.5.24	韓國土地開發公社 社長	서울大 環境大學院長
		2.研究院長 就任 紀念牌	地方行政研究院長 就任	92.9.25	서울大 行政大學院 同期生一同	地方行政研究院長
		3.特講講演 紀念牌	서울青年會議所 特講	95.1.25	서울青年會議所 會長	서울大 教授
		4.受賞 · 就任 紀念牌	國民勳章 · 文化賞受賞 및 委院長 就任	99.12.21	潁江文化 後援會	〃
		5.訪問特講 紀念牌	蔚山發展 100人會의 特講	01.4.9	100人會 議長	〃
	8.榮轉 · 祝賀牌	1.研究院長 就任 榮轉牌	地方行政研究院長 就任	92.10.28	새재會 會長	地方行政研究院長
		2.勳章受勳 祝賀牌	새마을勳章 勤勉章 受勳	93.12.1	새마을中央協議會 職員 一同	〃
		3.勳章受勳 祝賀 金메달	國民勳章 冬柏章 受勳	99.7.31	地域開發研究會長	서울大 教授
		4.文化賞 受賞 祝賀牌	서울市 文化賞 受賞	99.10.28	好凡會 會長	〃
		5.記錄集 發刊 祝賀金메달	教授停年紀念集 發刊	03.10.28	韓國地域發展研究院長	研究院 常任顧問
	合計	81	-	-	-	-
總合計		99	-	-	-	-

(2) 授與者別 賞勳 · 賞牌의 分類

授與者 區分	授 與 機 關 · 團 體	授與者 姓名	賞 勳 · 賞 牌 名	授與日字
1.大統領 · 國務總理	1.大統領	全斗煥	保國勳章 天授章	1980.10.25
		金泳三	새마을勳章 勤勉章	1993.11.29
		〃	行政刷新委員 歷任 感謝牌	1998.2.10
		金大中	國民勳章 冬柏章	1999.7.1
2.長官	1.內務部	崔炯佑	韓國地方行政研究院長 歷任 功勞牌	1994.7.20
	2.建設部	秋敬錫	民間投資事業調整委員 歷任 感謝牌	1997.1.30
3.市 · 道知事	1.京畿道	金庸來	京畿道 郡.市計劃委員 歷任 感謝牌	1987.4.16
	2.忠清南道	沈大平	國際環境포럼 行事推進委員長 歷任 感謝牌	1997.6.7
	3.서울特別市	高　建	서울市 文化賞	1999.10.28
4.市長 · 郡守 · 區廳長	1.店村市	李源植	'店村市民의 노래' 作詞 優秀賞狀	1987.4.13
	2.聞慶市	嚴恒燮	'聞慶市民의 노래' 作詞 感謝牌	1995.5.1
	3.美國 Las Vegas市	Jan L. Jones	Certificate of Achievement	1996.10.7
	4.公州市	全炳庸	公州市發展에의 寄與 感謝牌	1997.12.5
	5.高陽市	申東泳	國際綜合展示場 誘致寄與 功勞牌	1999.5.10
	6.金泉市	朴八用	金泉市昇格 50周年 紀念行事參席 感謝牌	1999.10.13
	7.統營市	高錮杜	統營市民自治大學 主管 · 運營 感謝牌	2000.11.30

授與者 區分	授與機關·團體	授與者 姓名	賞勳·賞牌名	授與日字
	8.江華郡	金善興	江華郡 아카데미 特講 感謝牌	2001.3.19
	9.聞慶市	金學文	金龍培將軍 追慕碑 碑文製作 感謝牌	2001.7.2
	10.聞慶市	金學文	聞慶市民自治大學 主管·運營 感謝牌	2001.12.5
	11.蔚山市 南區	李埰益	南區 한마음大學 主管·運營 感謝牌	2002.2.21
	12.堤川市	嚴泰永	堤川市民自治大學 主管 感謝牌	2002.10.25
	13.蔚山市 北區	李象範	北區 區民自治大學 主管 感謝牌	2005.12.7
	14.釜山市 金井區	金文坤	金井區 區民自治大學 主管 感謝牌	2005.12.27
5.大學總長	1.서울大學校	權彝赫	10年 勤續 表彰狀	1982.10.15
		朴奉植	大學發展基金 造成 功勞 感謝牌	1987.3.4
		趙完圭	22年 勤續 表彰狀	1989.10.15
		〃	環境大學院 院長 歷任 功勞牌	1990.11.4
		李基俊	30年 勤續 表彰狀	2001.10.15
	2.美國 미시간大學校	Peter McPherson	韓.·美交流 增進 功勞 Certificate of Appreciation	2002.3.2
	3.서울大學校	鄭雲燦	서울大學校 教授停年 紀念 功勞牌	2002.8.31
6.學長·大學院長	1.서울大學校 環境大學院	金炯國	環境大學院 院長 歷任 功勞牌	1990.11.9
	2.美國 Michigan州立大學校 國際大學	林吉鎭	Distinguished International Visitor	1994.6.8
	3.서울大學校 環境大學院	兪炳林	高位政策課程主任教授 歷任 功勞牌	1999.2.22
		金丁勛	서울大 環境大學院 設立 30週年 紀念 功勞牌	2003.5.14
7.學校 校長	1.戶西南國民學校	趙翊永	3學年 優等賞狀	1948.7.24
		〃	3學年 皆勤賞狀	1948.7.24
		〃	4學年 優等賞狀	1949.7.26
		〃	4學年 皆勤賞狀	1949.7.26
		〃	5學年 優等賞狀	1950.5.27
		〃	5學年 皆勤賞狀	1950.5.27
		〃	校內 美術競演大會 獎勵賞狀	1950.8.31
		曺壯成	6學年 優等賞狀	1951.7.14
		〃	6學年 皆勤賞狀	1951.7.14
	2.聞慶中學校	權榮達	2學年 優等賞狀	1953.3.26
		〃	公納金免除 獎學表彰狀	1953.3.26
		劉致乙	3學年 優等賞狀	1954.3.3
		〃	3學年 皆勤賞狀	1954.3.3
	3.安東師範學校	尹一善	1學年 優等賞狀	1955.3.10
		〃	2學年 優等賞狀	1956.3.15
		〃	2學年 皆勤賞狀	1956.3.15
8.院長·所長	1.새마을運動 中央研修院	鄭埰鎭	研究院 講師歷任 感謝牌	1989.12.12
	2.內務部 地方行政研修院	尹世達	研修院 指導教授 歷任 感謝牌	1990.9.1
	3.地方行政研究所	權純福	學術誌 編輯委員長 歷任 感謝牌	1992.9.2
	4.韓國地方行政研究院	鄭文和	研究院長 歷任 感謝牌	1994.10.25
	5.國家專門行政研修院	趙基安	指導教授 歷任	2004.3.11
9.學會長	1.大韓國土計劃學會	朱鍾元	弦汀國土開發賞	1989.2.18
		〃	學會 會長 歷任 感謝牌	1989.2.18
		〃	學會發展寄與 功勞牌	1989.7.25

授與者 區分	授 與 機 關 · 團 體	授與者 姓名	賞 勳 · 賞 牌 名	授與日字
	2.韓國地方自治學會	鄭世煜	學會 會長 歷任 感謝牌	1998.2.19
	3.日本都市計劃學會	小林重敬	韓 · 日 國際交流增進 表彰狀	2001.8.17
10.會長 · 委員長	1.聞慶郡 教育會	曺壯成	國民學校 卒業成績 優秀賞狀	1951.7.14
	2.韓國科學技術團體 總聯合會	朴泰源	總聯合會 發展寄與 感謝牌	1988.2.26
	3.새마을運動 中央協議會	金壽鶴	새마을 歌詞 作詞 優秀賞狀	1990.6.4
	4.서울大 環境大學院 同窓會	金秉麟	環境大學院 院長 歷任 感謝牌	1990.11.15
	5.親睦모임 새재會	蔡弘植	韓國地方行政研究院長 就任 榮轉牌	1992.10.28
	6.店村地域發展協議會	錢慶洪	店村地域發展 寄與 感謝牌	1993.4.30
	7.聞慶中學校 同窓會	卞 鐸	同窓會長 歷任 感謝牌	1994.8.14
	8.서울青年會議所	金우정	特別講演 紀念牌	1995.1.25
	9.東城南青年會議所	鄭雄燮	學術行事 參與 · 協助 感謝牌	1995.5.3
	10.農協中央會	元喆喜	農協銀行 顧客謝恩 感謝牌	1997.12.15
	11.韓國技能障碍人 協議會	吳太熙	障碍人 創作品購入 · 支援 感謝牌	1999.7.9
	12.地域開發研究會	禹哉永	國民勳章 冬柏章受勳 祝賀 金메달	1999.7.31
	13.親睦모임 好凡會	李圭憲	서울市 文化賞 受賞 祝賀牌	1999.10.28
	14.潁江文化 後援會	全奎虹	國民勳章 · 文化賞 受賞 및 委員長 就任 紀念牌	1999.12.21
	15.地域開發研究會	禹哉永	蘆原區 福祉政策研究紀念 金메달	2001.4.30
	16.地域開發研究會	禹哉永	서울市政開發研究院 研究紀念 金메달	2001.9.15
	17.安東大學校 總同窓會	張元碩	母校를 빛낸 자랑스러운 同門賞	2002.8.4
	18.서울大學校 教授協議會	愼鏞厦	서울大學校 教授停年紀念 功勞 金메달	2002.8.31
	19.尹相在 先生 古稀集 編纂 委員會	朴權欽 · 姜思賢	執筆功德委囑狀	2002.11.21
	20.韓國道德運動協議會	尹相在	總裁推戴牌	2004.7.2
	21.韓國書畵作家協會	尹相在	總裁推戴牌	2004.7.2
	22.青瓦臺 國政課題運營協議會	李廷雨	行政首都委員長 歷任感謝牌	2004.9.2
11.社長 · 理事長	1.韓國土地開發公社(社長)	李相熙	公社 理事 歷任 紀念牌	1990.5.24
	2.한솔文化財團(理事長)	李仁熙	個人史料의 종이博物館 寄贈 感謝牌	1997.10.21
	3.地方行政研究所(理事長)	權純福	研究所創立 紀念 白金메달	2001.7.20
	4.韓國地域發展研究院	禹哉永	停年紀念 記錄集 出刊 祝賀메달	2003.10.28
	5.헤럴드經濟社	洪政旭	大韓民國 엘리트 뉴리더賞	2005.9.30
12.其 他	1.聞慶郡 教育廳(教育監)	錢世泳	中等學校 卒業成績 優秀賞狀	1954.3.3
	2.新韓國黨(總裁)	金泳三	黨發展寄與 功勞 表彰狀	1996.2.6
	3.蔚山發展 100人會議(議長)	李圭正	100人會議 訪問 · 特講 紀念牌	2001.4.9
	4.英國 International Biographical Centre	Nicholass Law	The Award of International Educator of the Year 2005	2005.5.20
13.構成員	1.서울大 環境大學院 博士課程	在學生一同	環境大學院長 歷任 師恩牌	1990.11.9
	2.서울大 行政大學院 同期會	同期生一同	韓國地方行政研究院長 就任 紀念牌	1992.9.25
	3.새마을運動 中央協議會	職員一同	새마을勳章 受勳 祝賀牌	1993.12.1
	4.韓國自治開發研究院	理事會	研究院 理事長 被選 選任牌	1999.6.24
	5.古稀紀念集 出版者	尹相在	紀念集 編纂功勞 感謝牌	2002.11.21
	6.傘壽紀念集 出版者	柳致松	紀念集 準備委員 感謝牌	2003.7.2
	7.新行政首都建設推進委員會	職員一同	行政首都建設推進委員長 歷任 感謝牌	2005.1.1

(3) 勳章의 根據規定

○ 根據法

賞勳法 (制定:1967.1.16)

○ 種類

勳章名	等級	勳章名	等級	勳章名	等級
1.無窮花大勳章			2.黃條勤政勳章		4.鐵塔産業勳章
2.建國勳章	1.大韓民國章		3.紅條勤政勳章		5.石塔産業勳章
	2.大統領章		4.綠條勤政勳章	9.새마을勳章	1.自立章
	3.獨立章		5.玉條勤政勳章		2.自助章
	4.愛國章	6.保國勳章	1.統一章		3.協同章
	5.愛族章		2.國仙章		4.勤勉章*
3.國民勳章	1.無窮花章		3.天授章*		5.努力章
	2.牡丹章		4.三一章	10.文化勳章	1.金冠文化勳章
	3.冬柏章*		5.光復章		2.銀冠文化勳章
	4.木蓮章	7.修交勳章	1.光化章		3.寶冠文化勳章
	5.石榴章		2.興仁章		4.玉冠文化勳章
4.武功勳章	1.太極武功勳章		3.崇禮章		5.花冠文化勳章
	2.乙支武功勳章		4.彰義章	11.體育勳章	1.青龍章
	3.忠武武功勳章		5.肅靖章		2.猛虎章
	4.花郎武功勳章	8.産業勳章	1.金塔産業勳章		3.巨像章
	5.仁憲武攻勳章		2.銀塔産業勳章		4.白馬章
5.勤政勳章	1.青條勤政勳章		3.銅塔産業勳章		5.麒麟章

註. *는 本人이 수상한 勳章의 種類임.

○ 節次

1.中央部處長의 推薦
2.賞勳審議會의 審議(委員長:行政自治部長官)
3.國務會議의 審議
4.大統領의 裁可
5.大統領의 授與
6.國民勳章簿에 備置(行政自治部長官)

客說 : 經驗에서 얻은 삶의 眞實

사람이 環境을 만들까? 環境이 사람을 만들까? 둘다 맞는 말인 것 같다. 그러나 消極的인 사람은 環境의 支配를 많이 받지만 積極的인 사람은 環境을 더 많이 변화시킨다고 하는점에서는 약간의 差異가 있다고 하겠다.

第 4 章 時代와 環境

□ 總 括 : 本人 生涯에 影響을 준 環境體系

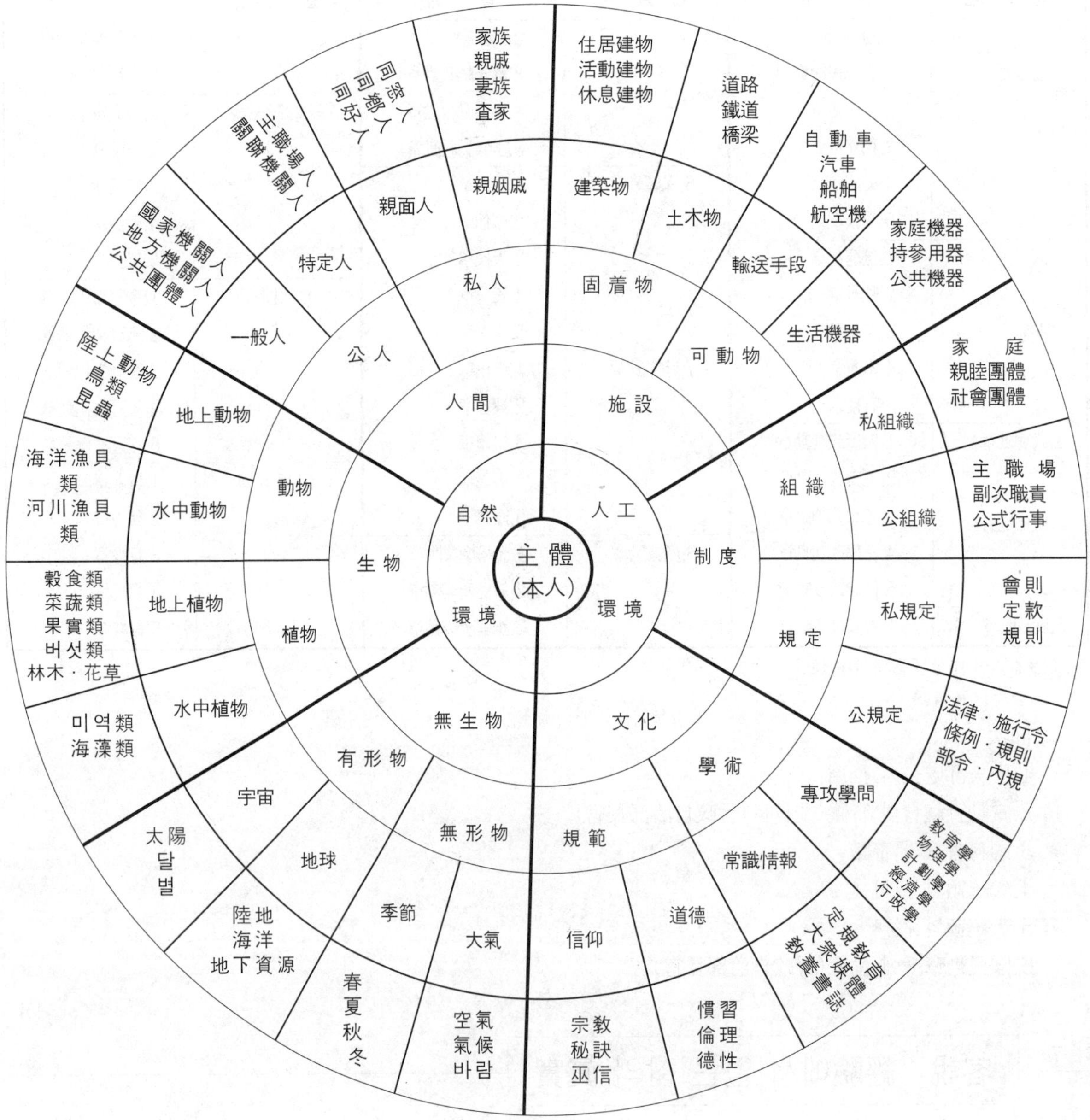

Ⅰ. 活動空間과 事件時期

○ 要 約

● 活動地域 및 社會的 位置의 時間的 連繫圖

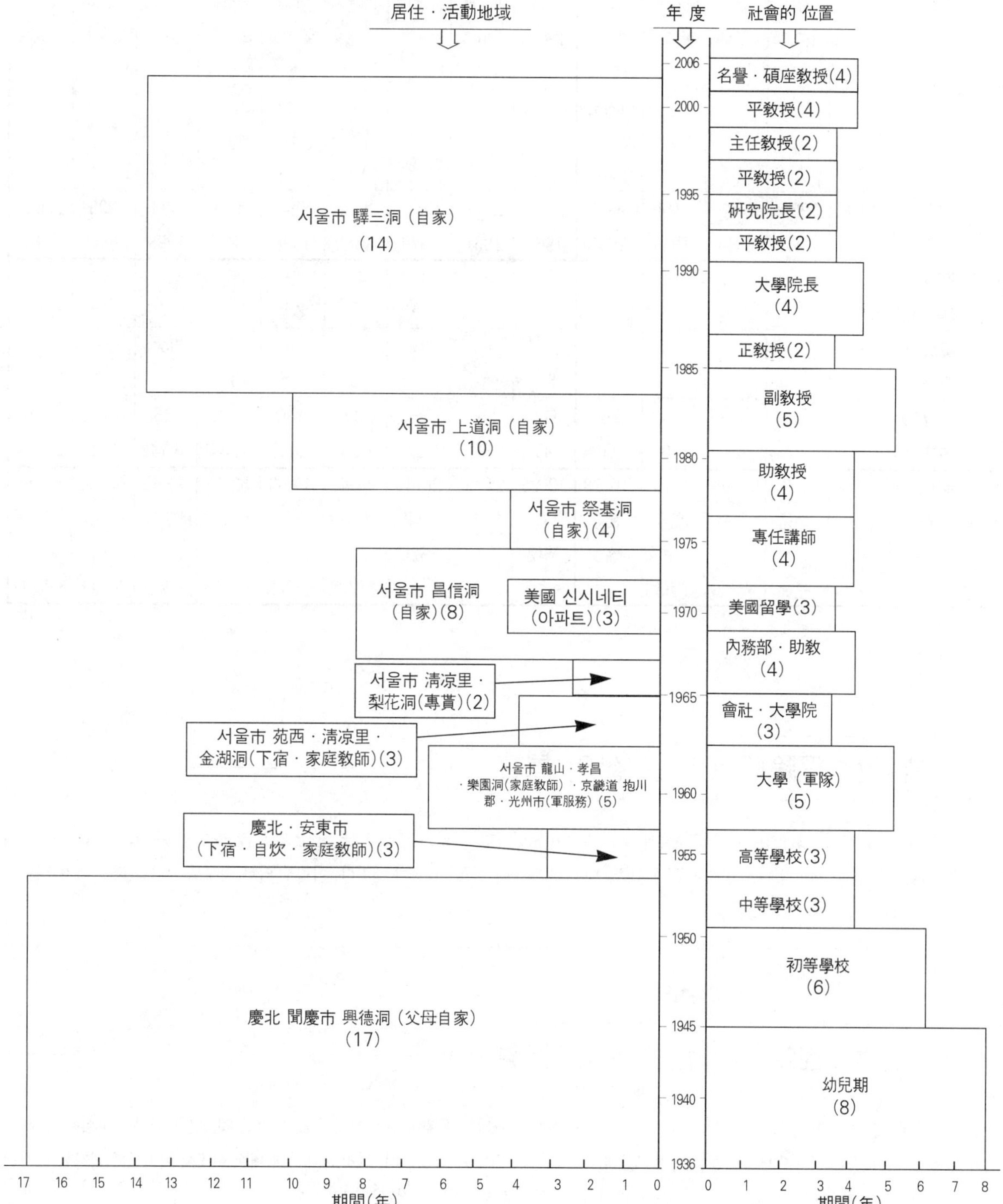

※( ) 內는 期間 (年間)

● 1936-2006年間 政體 · 經濟 및 本人의 變遷

國家政體	時代區分	日帝 및 美軍政 時代					大韓民國時代								
	政治體制	日帝植民體制				美軍政體制	第1共和國	第2共和國	第3·4共和國		第5共和國	第6共和國	文民政府	國民의政府	參與政府
	統治者	總督 宇垣一成	總督 南次郎	總督 山磯國昭	總督 阿部信行	軍政長官 하지 · 아놀드 · 러치딘, 民政長官 安在鴻	大統領 李承晩	大統領 尹潽善	大統領 朴正熙	大統領 崔圭夏	大統領 全斗煥	大統領 盧泰愚	大統領 金泳三	大統領 金大中	大統領 盧武鉉
	年度	1936	1936-1942	1942-1944	1944-1945	1945-1948	1948-1960	1960-1961	1961-1979	1979-1980	1980-1988	1988-1993	1993-1998	1998-2003	2003-2008
經濟發展	經濟開發 5個年計劃	-	-	-	-	-	-	-	1-4次	4次	4-6次	6-7次	7-8次	8-9次	9-10次
	國土開發 10個年計劃	-	-	-	-	-	-	-	1次	1次	1-2次	2-3次	3次	3-4次	4次
	國民人當GNP (經常, $)	25	25-42	42-48	48-50	50-60	60-85	85-88	88-1,394	1,394-1,507	1,507-4,407	4,407-7,463	7,463-6,742	6,742-12,206	12,206-20,000
本人事項	年齡(歲)	1	1-7	7-9	9-10	10-13	13-25	25-26	26-44	44-45	45-53	53-58	58-63	63-68	68-71
	身分	出生 ~ 幼兒	幼兒 ~ 兒童	兒童	兒童 ~ 初等學校	初等學校	初等學校 ~大學	軍服務 ~ 大學	大學助教授	助教授 ~ 副教授	副教授 ~ 大學院長	大學院長 ~ 研究院長	研究院長 ~ 主任教授	主任教授 ~ 平教授	名譽教授 ~ 碩座教授

客說 : 經驗에서 얻은 삶의 眞實

中國과의 戰爭, 그리고 壬辰倭亂이나 日帝併合과 같은 事件이 없었다면 그 많은 將軍, 烈士, 志士 같은 歷史的 人物은 배출되지 않았을 것이다. 國亂에 忠臣 · 烈士가 나고 家難에 孝子 · 賢妻가 나며 弱夫에 烈女 · 良妻가 생긴다. 어렵고 약한 경우도 이런 效果를 가져오는 長點도 있기는 하다.

客說 : 經驗에서 얻은 삶의 眞實

현명한 國民은 미리 나아갈 目的과 方向, 그리고 速度 등을 충분히 고려한 다음에 뛰기 시작하고, 평범한 國民은 뛰어가면서 이를 생각하며 방향과 速度를 조절하지만 우둔한 國民은 일단 뛰어간 다음에 내가 왜 뛰었는지, 그리고 내가 뛰어온 이곳이 어디인지 생각한다고 한다. 사람들이 韓國 國民은 바로 세번째에 해당한다고 한다. 참으로 부끄럽고 속상하는 이야기다.

1. 活動 空間

(1) 生涯環境의 構成體系와 變化推移

1) 生涯環境의 構成體系

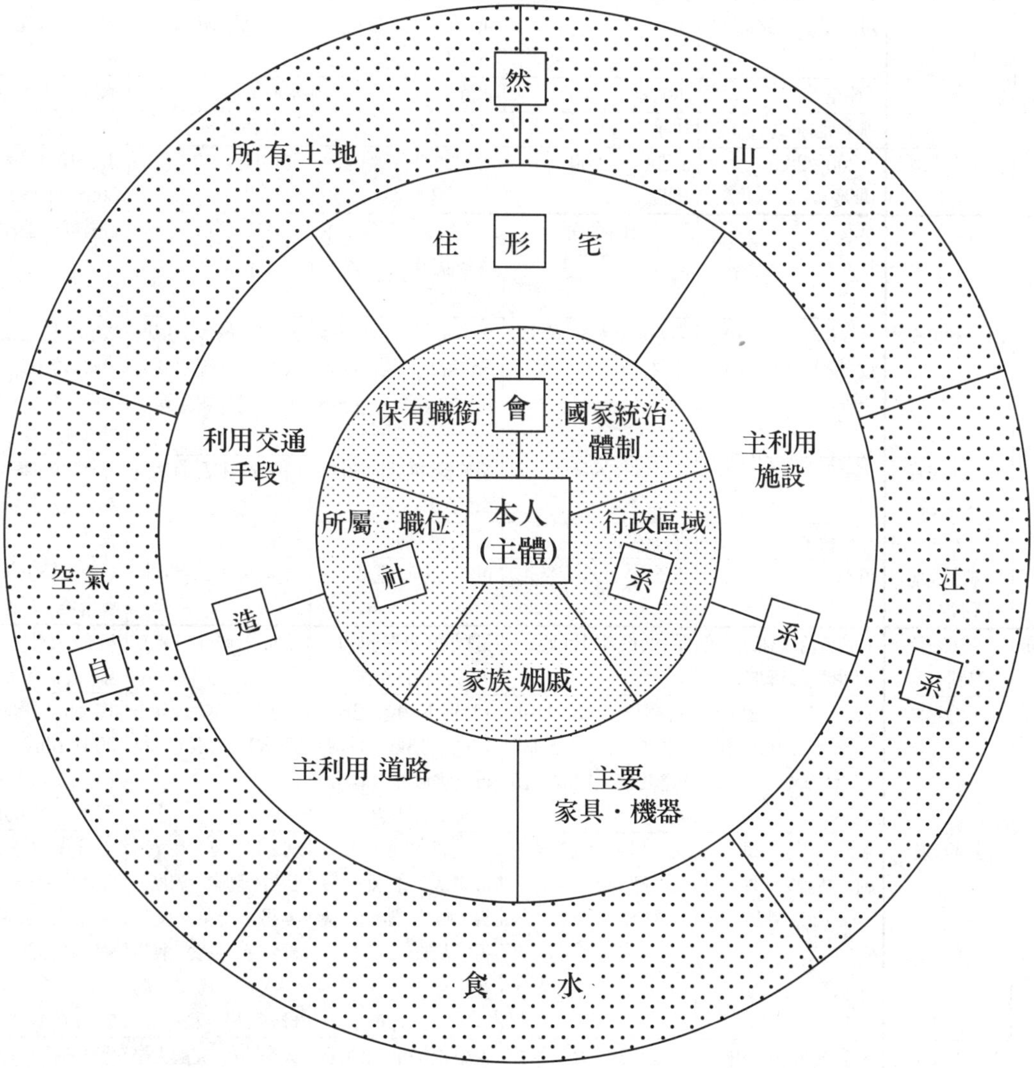

客說 : 經驗에서 얻은 삶의 眞實

나는 한 가지 趣味에 맛을 들이면 거기에 몰입하는 性格을 갖고 있다. 水泳, 연날리기, 딱지치기, 트럼프놀이, 排球, 골프, 唱歌 등에 특히 탐닉했던 적이 있다. 그래서 새로운 趣味를 갖고자 하면 또 푹 빠질까봐 겁이 나서 주저하게 된다.

2) 生涯環境의 變化推移

環境要素 \ 住居地		慶北 聞慶市	慶北 安東市	서 울 市	美國 신시내티市	서 울 市
	期間	1936~1945(18)	1954~1957(3)	1957~1969(12)	1969~1972(3)	1972~2006(34)
1.自然系	1. 山	敦達山, 興德山, 水晶山, 깃골東山, 옛골山, 孔坪山, 主屹山, 鳥井山, 鳥嶺	西嶽山, 天燈山, 鶴駕山, 淸凉山, 黃鶴山, 臥龍山	北漢山, 北岳山, 道峰山, 仁旺山, 駱山, 南山, 仁壽峰	아우범山, 에어리어山, 벨레뷰힐, 에덴언덕	水落山, 冠岳山, 牛眠山, 阿嵯山, 南泰嶺
	2. 江	潁江, 山陽川, 加恩川, 鳥嶺川, 身北川	洛東江, 乃城川, 伴邊川	漢江, 淸溪川, 中浪川, 安養川, 牛耳川, 道峰川	오하이오江, 마이아미江, Mirror湖	炭川, 良才川, 貞陵川, 佛光川, 安岩川, 城內川
	3. 食水	우물물	水道물	水道물	水道물	水道물, 自然生水
	4. 空氣	매우 淸淨	淸淨	多小 汚染	多小 汚染	매우 汚染
	5. 所有土地(坪)	1,200~2,200(聞慶)	2,200~1.200(聞慶)	1,200~0(聞慶) 30(서울)	30(서울)	30~155(서울) 360~ (聞慶)
2.造形系	1. 住宅	草家	瓦家, 日帝官舍	日帝官舍, 瓦家, 軍隊幕舍, 鐵道合宿所, 1層洋屋	아파트, 寄宿舍	1層洋屋, 2層洋屋
	2. 主利用施設	初等學校 校舍, 中學校 校舍, 寺刹, 敎會, 市場	高等學校 校舍, 劇場, 寺刹, 市場	大學校 校舍, 政府廳舍, 商店, 書店, 映畵館, 食堂	大學校 校舍, 書店, 商店, 百貨店, 映畵館, 食堂, 病院, 藥局	大學校 校舍, 政府廳舍, 會館, 禮式場, 商店, 百貨店, 書店, 호텔, 골프장, 病院, 藥局
	3. 主要家具·機器設置	-	-	扇風機, 電話機, 라디오, TV	라디오, TV, 打字機	冷藏庫, 乘用車, 에어콘, 골프채, 寢臺, 自轉車, 팩스밀
	4. 主利用道路	非鋪裝	非鋪裝	鋪裝, 非鋪裝	鋪裝	鋪裝
	5. 利用交通手段	버스	버스	버스, 汽車, 電車	航空機, 버스, 乘用車	航空機, 船舶, 버스, 汽車, 택시, 乘用車, 地下鐵
3.社會系	1. 國家統治體制	日帝統治(昭和)~第1共和國(李承晩)	第1共和國(李承晩)	第1共和國(李承晩)~第3共和國(朴正熙)	第3共和國(朴正熙)	第3共和國(朴正熙)~參與政府(盧武鉉)
	2. 行政區域	13道 18市 220郡~1特別市 9道 19市 140郡 9區	1特別市 9道 19市 140郡 9區~1特別市 9道 26市 140郡 15區	1特別市 9道 26市 140郡 15區~1特別市 1廣域市 9道 30市 140郡 24區	1特別市 1廣域市 9道 30市 140郡 24區	1特別市 1廣域市 9道 30市 140郡 24區~1特別市 6廣域市 9道 77市 88郡 69自治區
	3.家族姻戚	祖母·父·母·3姉·外祖父·外祖母~父·母·季姉·弟	父·母·季姉·弟~父·母·弟	父·母·弟~父·母·妻·長女·長男·聘父·聘母·妻男·妻弟	父·母·妻·長女·長男·聘父·聘母·妻男·妻弟~父·母·妻·長女·長男·次女·聘父·聘母·妻男·妻弟	父·母·妻·長女·長男·次女·聘父·聘母·妻男·妻弟~妻·長女夫婦·長男夫婦·次女夫婦·孫女·外孫子女·妻男·妻弟·長女查頓·長男查頓·次女查頓
	4.所屬·地位	家庭長男, 初·中等學校學生, 學校級長·副級長	家庭長男, 高等學校學生, 家庭敎師	大學校學生, 出版社社員, 高等學校敎師, 大學院學生, 政府硏究員, 大學助敎, 學院講師, 大學講師, 敎育院講師, 家庭家長	大學助敎, 美國大學院學生, 美國敎授助敎, 家庭家長	大學院專講·助敎授·副敎授·敎授·硏究所長·學科長·院長·主任敎授·名譽敎授·碩座敎授, 政府委員·委員長, 硏究院院長, 機關·團體顧問·總裁, 學會會長, 親睦會會長, 家庭家長
	5. 職啣數(個)	1~2	2~3	3~11	11~5	5~92

(2) 生涯 時代別 生活 · 活動의 空間範圍

生涯區分		年度	年齡(歲)	居住住宅 位置	學校 · 職場 位置	生活 · 活動 地域	總面積 (km^2)	半徑 (km)
成長修學期	幼兒期	1936-1944	1-9	聞慶市 新興洞 興德2里	-	聞慶市 6個洞, 山北 · 虎溪 · 山陽 · 永順面	283	9.5
	初等學校	1945-1950	10-15	上同	聞慶市 新興洞 興德1里	聞慶市	912	17.0
	中等學校	1951-1953	16-18	上同	上同	위 地域, 尙州市, 醴泉郡	2,828	30.0
	高等學校	1954-1956	19-21	安東市 法尙 · 堂北 · 太華 · 平和洞	安東市 明倫洞	慶北	19,022	77.8
	大學校(軍)	1957-1961	22-26	서울市 龍山 · 孝昌 · 樂園洞(論山)	서울市 東崇洞(抱川 · 光州)	위 地域,서울, 仁川,京畿,,忠南,江原,光州	56,540	134.2
	會社 · 敎師	1962	27	서울市 苑西洞	서울市 通雲洞 · 退溪路	上同	56,540	134.2
	大學院	1963-1964	28-29	서울市 淸凉里 · 金湖洞	서울市 東崇洞	위 地域, 全北	64,598	143.4
	內務部 · 助敎	1965-1968	30-33	서울市 淸凉里 · 梨花 · 昌信洞	서울市 乙支路 · 東崇洞	위 地域, 釜山, 大邱, 慶南, 忠北, 濟州	86,017	165.5
	外國留學	1969-1971	34-36	서울市 昌信洞,美國 신시내티市	서울市 東崇洞, 美國 신시내티市	위 地域, 美國	9,615,080	1,746.4
社會活動期	專任講師	1972-1975	37-40	서울市 昌信 · 祭基洞	서울市 東崇洞 · 新林洞	위 地域, 全南, 蔚山, 大田, 日本	10,006,308	1,784.7
	助敎授	1976-1979	41-44	서울市 祭基 · 上道洞	서울市 新林洞	위 地域, 泰國, 스리랑카, 獨逸, 이탈리아, 英國,프랑스,그리스,네덜란드,오스트리아, 스위스,덴마크	12,373,125	1,984.6
	副敎授	1980-1984	45-49	서울市 上道洞	上同	위 地域,인도네시아,印度,싱가포르, 濠洲,뉴질랜드	25,411,518	2,844.1
	敎授	1985-1986	50-51	上同	上同	위 地域, 말레이시아	25,741,960	2,862.5
	大學院長	1987-1990	52-55	서울市 上道 · 驛三洞	上同	위 地域, 中國, 臺灣	35,351,039	3,354.5
	敎授	1991-1992	56-57	서울市 驛三洞	上同	위 地域, 스페인, 포르투갈, 모나코, 스웨덴	36,399,130	3,403.8
	研究院長	1993-1994	58-59	上同	서울市 孔德洞	上同	上同	上同
	敎授	1995-1996	60-61	上同	서울市 新林洞	위 地域, 이집트, 리비아, 튜니지아	39,318,019	3,537.7
	主任敎授	1997-1998	62-63	上同	上同	위 地域, 캐나다	49,288,629	3,960.9
	平敎授	1999-2002	64-67	上同	上同	위 地域, 北韓, 러시아, 폴란드, 체코, 헝가리, 베트남, 캄보디아, 요르단, 이라크, 멕시코, 페루, 브라질, 아르헨티나	82,570,574	5,126.7
	名譽敎授 · 碩座敎授	2003-2006	68-71	上同	서울市 新林洞 · 上溪洞 · 華陽洞 京畿道 高陽市 一山區	위 地域, 터키, 케냐, 탄자니아, 南阿共, 짐바브웨, 보츠와나, 잠비아, 필리핀, 몽골	89,637,220	5,342.9

註.1)地名은 現在의 名稱임.

2)比較面積 : 아시아洲 陸地 31,936,220km^2, 世界 陸地 136,005,640km^2

(3) 生涯 沿革의 基本領域別 經過期間과 活動地域

(出生-停年 : 66年間)

生涯領域	地位	年齡(歲)	期間日字	期間日數(日)(%)	居住·活動地域
·出生·成長	幼兒	1-10	1936. 7.28-1945. 3.31	3,169(12.4)	韓國 慶北 聞慶郡 戶西南面 興德里
1.初等學校	學生	10-16	1945. 4. 1-1951. 7.14	2,296(9.0)	韓國 慶北 聞慶郡 戶西南面
·卒業·待期	初等卒業生	16	1951. 7.15-1951. 9. 9	57(0.2)	〃
2.中等學校	學生	16-19	1951. 9.10-1954. 3. 3	906(3.5)	韓國 慶北 聞慶郡
·卒業·待期	中學卒業生	19	1954. 3. 4-1954. 4. 9	37(0.1)	〃
3.高等學校	學生	19-22	1954. 4.10-1957. 3. 2	1,058(4.1)	韓國 慶尙北道
·卒業·待期	高校卒業生	22	1957. 3. 3-1957. 3.31	29(0.1)	〃
4.大學校(1學年)	學生	22-23	1957. 4. 1-1958. 2.28	334(1.3)	大韓民國
·休學·待期	休學生	23	1958. 3. 1-1958. 7.30	152(0.6)	〃
5.陸軍步兵部隊	士兵	23-25	1958. 7.31-1960. 4.30	640(2.5) 重複396(-1.5)	〃
6.大學校(2-4學年)	學生	24-27	1959. 4. 1-1962. 2.26	1,063(4.2)	〃
·卒業·待期	大學卒業生	27	1962. 2.27-1962. 4. 6	39(0.2)	〃
7.出版會社	編輯社員	27-28	1962. 4. 7-1963. 1.31	300(1.2)	〃
8.女子高等學校	教師	28	1963. 2. 1-1963. 4.30	89(0.3) 重複 61(-0.2)	〃
9.大學院	學生	28-30	1963. 3. 1-1965. 2.26	729(2.9) 重複318(-1.2)	〃
10.內務部委員會	研究員	29-31	1964. 4.15-1966. 2.28	685(2.7)	〃
·中間待期	休職者	31	1966. 3. 1-1966. 3.24	24(0.1)	〃
11.大學校	助教	31-35	1966. 3.25-1970. 9.26	1,647(6.4)	〃
·出國·準備	助教	34	1969. 9.20-1969. 9.25	6(0.02) 重複372(-1.5)	世界
12.美國 大學校	學生	34-36	1969. 9.26-1971.12.31	827(3.2)	〃
·歸國·待期	留學修了生	37	1972. 1. 1-1972. 2.29	60(0.2)	〃
13.大學校	時間講師	37	1972. 3. 1-1972. 5. 9	70(0.3)	〃
14.大學校	專任講師	37-41	1972. 5.10-1976. 2.19	1,381(5.4)	〃
15.美國 大學校	學生	41	1976. 2.20-1976. 9. 5	199(0.8)	〃
16.大學校	助教授	41-45	1976. 9. 6-1980. 6. 4	1,368(5.4)	〃
17.國家委員會	委員(派遣)	45	1980. 6. 5-1980.10.27	145(0.6)	〃
18.國會委員會	專門委員(派遣)	45-46	1980.10.28-1981. 2.28	124(0.5)	〃
19.大學校	副教授·教授	46-57	1981. 3. 1-1992. 7.20	4,160(16.3)	〃
20.國家研究院	院長(大學休職)	57-59	1992. 7.21-1994. 7.20	730(2.9)	〃
21.大學校	教授	59-67	1994. 7.21-2002. 8.31	2,964(11.6)	〃
22.大學校	名譽·碩座教授	67-71	2002. 9. 1-2006. 7.28	1,427(5.6)	〃
累計日數	①幼兒·待期		-	3,573 (14.0)	-
	②學校修學		-	7,412 (29.0)	-
	③軍·職場勤務		-	15,730 (61.5)	-
	總累計		-	26,715 (104.5)	-
	·重複日數		-	(-)1,147 (-4.5)	-
	純累計		-	25,568 (100.0)	-

※(　　)內는 純累計基準 構成比率 (%)임.

(4) 生涯 時代別 活動範圍와 面積 및 半徑

1) 成長 · 修學期 : 1936-1971年, 1-36歲

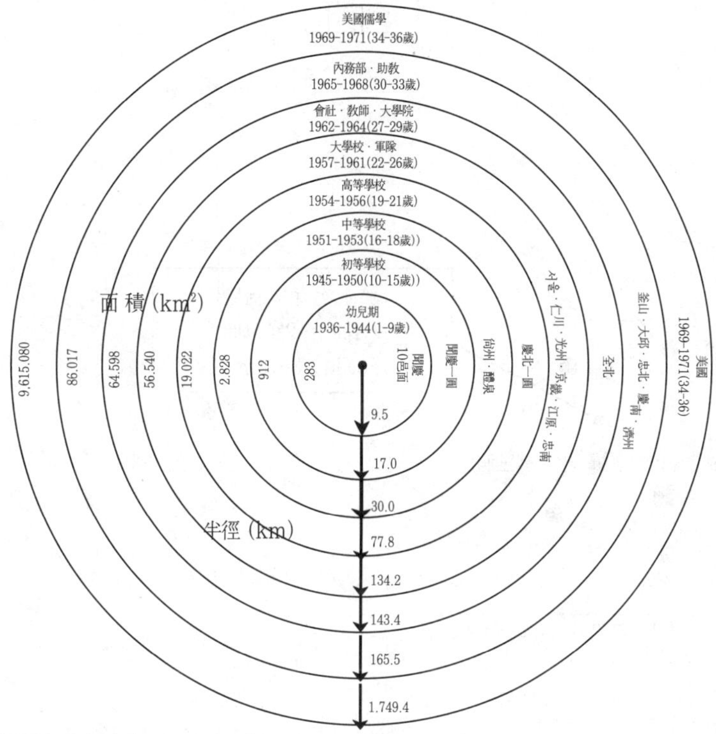

2) 社會 · 活動期 : 1972-2006年, 37-71歲

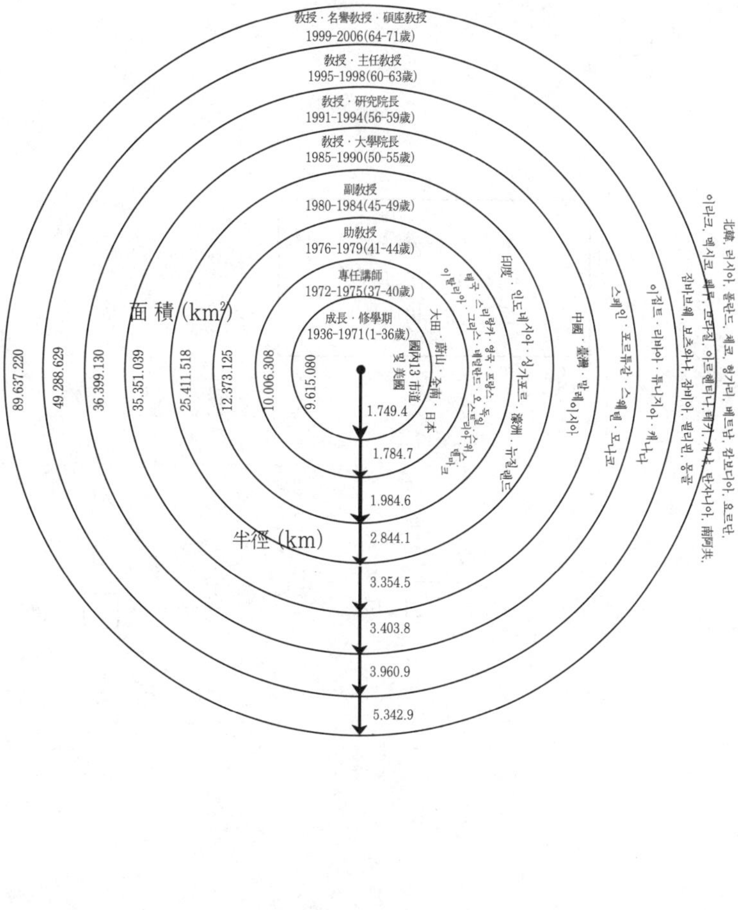

3) 2006年 古稀時 國內 頻繁 活動圈域

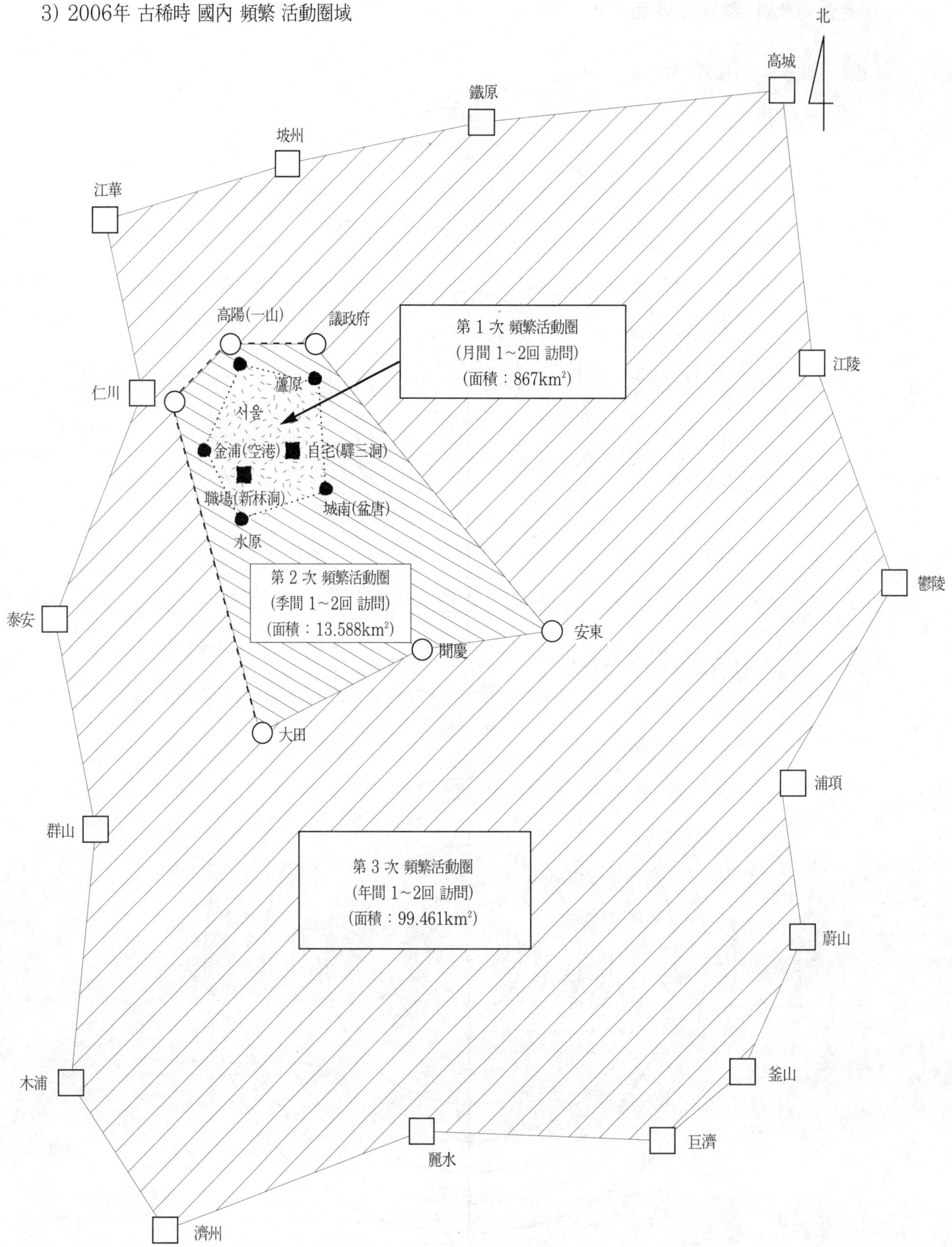

4) 緣故地와 緣故期間

(緣故期間 順)

緣故地 \ 年度(年齡)	1936.7(1) · 1940(5) · 1945(10) · 1950(15) · 1955(20) · 1960(25) · 1965(30) · 1970(35) · 1975(40) · 1980(45) · 1985(50) · 1990(55) · 1995(60) · 2000(65) · 2006.7(71)	延期間
1. 慶北 聞慶市	出生 · 成長 · 初中等學校 · 親戚一家 · 妻家 · 母校 · 故鄕	70年 ·
2. 서울 特別市	大學 · 大學院 · 就業 · 居住 · 家族 · 社會活動 · 大學敎授 · 名譽敎授 · 碩座敎授	49年 4月
3. 獨逸 Hamburg市	妻弟 黃次蓮 家族 居住 · 活動	34年 7月
4. 日本 名古屋市	UNCRD 硏究 · 會議 · 視察	22年11月
5. 慶北 尙州市	妻弟 黃再蓮 家族 居住 · 活動	26年 8月
6. 美國 LasVegas市	名譽市民	11年 2月
7. 美國 Cincinnati市	留學 · 次女出生	6年11月
8. 美國 Columbus市	長女家族 居住	5年 5月
9. 美國 Lansing市	次女留學	4年 8月
10. 慶北 安東市	高校修學	2年 11月
11. 大田 廣域市	長女家族 居住	1年 11月
12. 濟州 濟州市	名譽市民	5年 8月
13. 京畿 抱川郡	軍服務	1年 2月
14. 美國 Akron市	長女夫婦居住	7月
15. 光州 廣域市	尙武臺 服務	6月
16. 大邱 廣域市	硏究滯留	6月
17. 忠南 論山市	鍊武臺訓練	1月
18. 泰國 Bangkok市	硏究滯留 · 會議	20日

2. 事件과 時期

(1) 主要事項의 經歷期間

(至 古稀)

事項		開始年度	古稀까지 期間(年)
家庭運營	出　　鄕	1954	53
	서울居住	1957	50
	家口戶主	1965	42
	結　　婚	1966	41
	子女取得	1966	41
	自家所有	1966	41
	乘用車所有	1982	25
社會活動	學校敎育(學生)	1945	32
	家庭敎師	1955	10
	時間講師	1965	42
	大學敎授(專任)	1972	35
	公共機關長	1986	6
	社會團體長	1981	8
	政府委員	1972	35
	學會會員	1965	42
對外發表	原稿執筆	1964	43
	基調發表	1975	32
	主題發表	1973	34
	司會擔當	1972	35
	討論參席	1972	35
	特別講演	1972	35
	新聞揭載	1965	42
	TV出演	1973	34
	라디오出演	1973	34
	紀念作文	1982	25
行事參席	公式會議	1948	59
	單純參席	1983	24
	結婚主禮	1977	30
	航空搭乘	1965	42
	外國訪問	1969	38
餘暇嗜好	生活記錄	1948	59
	親睦모임	1940	67
	歌謠熱唱	1939	68
	小說耽讀	1945	62
	映畵觀覽	1948	59
	골프運動	1983	24
	飮　　酒	1962	44
	吸　　煙	1966	41

(2)出生前 主要發生事件과 出生 · 回甲 · 古稀까지의 期間

(單位 : 年間)

主要事件(發生年度)	출생(1936)	回甲(1996)	古稀(2006)
• 이집트, 統一國家 형성(4400B.C.)	6,336	6,396	6,406
• 印度,인더스文化의 全盛이룸(4300B.C.)	6,236	6,296	6,306
• 바빌로니아王國 창건(4000B.C.)	5,936	5,996	6,006
• 中國 歷史시작 (2660B.C.)	4,536	4,596	4,606
• 檀君王儉, 開天 (2333 B.C.)	4,269	4,329	4,339
• 中國 夏 건국(2205B.C.)	4,141	4,201	4,211
• 中國 殷 건국(1401 B.C.)	3,337	3,397	3,407
• 트로이(Troi)戰爭 발발(1193B.C.)	3,129	3,189	3,199
• 中國 周 건국 (1122B.C.)	3,058	3,118	3,128
• 箕子朝鮮 건국(1122B.C.)	3,058	3,118	3,128
• 第1回 올림피아 競技개최(776B.C.)	2,712	2,772	2,782
• 로마(Rome)市 건설 시작(753B.C.)	2,689	2,749	2,779
• 日本 初代天皇 신무(神武)즉위 (660B.C.)	2,596	2,656	2,666
• 釋迦牟尼 탄생 (557B.C.)	2,493	2,553	2,563
• 孔子탄생(551B.C.)	2,487	2,547	2,557
• 소크라테스(Soc.rates)탄생 (469B.C.)	2,405	2,465	2,475
• 太陽曆 제작(285B.C.)	2,221	2,281	2,291
• 中國 秦,천하통일(221B.C.)	2,157	2,217	2,227
• 中國 漢 건국(206B.C.)	2,142	2,202	2,212
• 衛滿朝鮮 건국(194B.C.)	2,130	2,190	2,200
• 中國 漢,朝鮮에 4郡 설치(108B.C.)	2,044	2,104	2,114
• 中國 司馬遷, 「史記」완성 (97B.C.)	2,033	2,093	2,103
• 新羅건국(57B.C.)	1,993	2,053	2,063
• 高句麗건국(37B.C.)	1,973	2,033	2,043
• 로마, 帝政 시작(27B.C.)	1,963	2,023	2,033
• 百濟건국 (18B.C.)	1,954	2,014	2,024
• 그리스토(Christ)탄생(4B.C.)	1,940	2,000	2,010
• 慶州金氏 始祖 大輔公 閼智 탄생(65)	1,871	1,931	1,941
• 諸葛孔明 서거(234)	1,702	1,762	1,772
• 慶州金氏 9世 奈勿王 탄생(315)	1,621	1,681	1,691
• 로마帝國, 東西로 분리(395)	1,541	1,601	1,611
• 중국 宋 건국(420)	1,516	1,576	1,586
• 慶州金氏 11世 智證王 탄생(437)	1,499	1,559	1,569
• 西로마帝國 멸망(476)	1,460	1,520	1,530
• 中國 齊건국(479)	1,457	1,517	1,527
• 갈리아(프랑스)에 프랑크王國 수립(486)	1,450	1,510	1,520
• 中國 梁 건국 (502)	1,434	1,494	1,504
• 中國 陳 건국 (557)	1,379	1,439	1,449
• 마호멧 (Mahomet) 탄생 (570)	1,366	1,426	1,436
• 中國 隋, 천하통일 (589)	1,347	1,407	1,417
• 日本 聖德太子, 섭정시작 (593)	1,343	1,403	1,413
• 中國 隋,高句麗 침략 (612)	1,324	1,384	1,394

主要事件(發生年度)	출생(1936)	回甲(1996)	古稀(2006)
• 中國 唐 건국 (618)	1,318	1,378	1,388
• 캐임브리지(Cambridge)大學 창립 (644)	1,292	1,352	1,362
• 中國 唐, 高句麗 침략 (645)	1,291	1,351	1,361
• 百濟 멸망 (660)	1,276	1,336	1,346
• 高句麗 멸망, 新羅 三國統一 (668)	1,268	1,328	1,338
• 渤海 (震)건국 (699)	1,237	1,297	1,307
• 慶州金氏 19世 元聖王 탄생 (729))	1,207	1,267	1,277
• 中國 詩人 李白 서거 (762)	1,174	1,234	1,244
• 中國 詩人 杜甫 서거 (770)	1,166	1,226	1,236
• 慶州金氏 22世 神武王 탄생 (789)	1,147	1,207	1,217
• 慶州金氏 23世 文聖王 탄생 (809)	1,127	1,187	1,197
• 慶州金氏 28世 敬順王 탄생 (897)	1,039	1,099	1,109
• 中國 後梁 건국 (907)	1,029	1,089	1,099
• 高麗 건국 (918)	1,018	1,078	1,088
• 中國 後唐 건국 (923)	1,013	1,073	1,083
• 渤海 멸망 (926)	1,010	1,070	1,080
• 新羅 멸망 (935)	1,001	1,061	1,071
• 中國 後晉 건국 (936)	1,000	1,060	1,070
• 中國 後漢 건국 (947)	989	1,049	1,059
• 中國 後周 건국 (950)	986	1,046	1,056
• 中國 宋 건국 (960)	976	1,036	1,046
• 慶州金氏 29世 大安君 殷說 출생 (968)	968	1,028	1,038
• 先祖 慶州金氏 41世 太師公 仁琯출생 (1200)	736	796	806
• 蒙古, 國家건설 (1206)	730	790	800
• 蒙古, 高麗 침략 개시 (1231)	705	765	775
• 蒙古, 元으로 개칭 (1271)	665	725	735
• 中國, 宋 멸망 (1279)	657	717	727
• 派祖 慶州金氏 41世 桑村公 自粹 출생 (1354)	582	642	652
• 中國, 明 개국 (1368)	568	628	638
• 高麗 멸망, 朝鮮 건국 (1392)	544	604	614
• 한글 「訓民正音」 창제 · 반포 (1443)	493	553	563
• 東로마帝國 멸망 (1453)	483	543	553
• 日本, 應仁의 亂 발발 (1467)	469	529	539
• 慶州金氏 53世 判官公 元弼 출생 (1474)	462	522	532
• 컬럼버스(Columbus), 美大陸 發見 (1492)	444	504	514
• 마젤란(Magellan), 世界 一周시작 (1520)	416	476	486
• 日本 오다 노부나가(織田信長)죽음 (1582)	354	414	424
• 壬辰倭亂 발발 (1592)	344	404	414
• 日本 도요토미 히데요시(豊臣秀吉)죽음(1598)	338	398	408
• 日本 에도 (江戶) 幕府 時代 시작 (1603)	333	393	403
• 日本 도쿠가와 이에야스(德川家康) 죽음 (1616)	320	380	390
• 中國 後金 건국 (1616)	320	380	390
• 入鄕祖 慶州金氏 57世 詞賦 秉鉉 출생 (1616)	320	380	390
• 中國 後金, 淸으로 개칭 (1636)	300	360	370

主要事件(發生年度)	출생(1936)	回甲(1996)	古稀(2006)
• 丙子胡亂 발발(1636)	300	360	370
• 入鄕祖 秉鉉, 淸州에서 聞慶으로 이주 · 정착 (1641)	295	355	365
• 慶州金氏 58世 御營軍 汎 출생 (1642)	294	354	364
• 中國 明 멸망 (1661)	275	335	344
• 美國, 獨立國家 수립 (1776)	160	220	230
• 高祖 慶州金氏 62世 道鎭 출생(1789)	147	207	217
• 母校 美國 신시내티(C.incinnati)大學校 개교 (1819)	117	177	187
• 曾祖 慶州金氏 63世 都使 魯亨 출생(1828)	108	168	178
• 祖父 慶州金氏 64世 信喜 출생(1862)	74	134	144
• 日本 明治維新 시작 (1867)	69	129	139
• 東學亂 발발 (1894)	42	102	112
• 甲午更張 발생 (1894)	42	102	112
• 淸日戰爭 발발 (1894)	42	102	112
• 獨立新聞 발간 (1896)	40	100	110
• 父 慶州金氏 65世 商樞 출생(1896)	40	100	110
• 國號를 大韓帝國으로 개칭(1897)	39	99	109
• 母 延日 鄭氏 先岳 출생 (1898)	38	98	108
• 露日戰爭 발발 (1904)	32	92	102
• 安重根, 日本 伊藤博文 저격 사살 (1909)	27	87	97
• 父母 結婚 (1910)	26	86	96
• 韓日合倂, 大韓帝國 멸망 (1910)	26	86	96
• 中國 淸 멸망 (1911)	25	85	95
• 中華民國 건국 (1912)	24	84	94
• 妻 父 平海 黃氏 龍燮 출생 (1914)	22	82	92
• 世界 第1次大戰 발발 (1914)	22	82	92
• 소비에트(Soviet)共和國 수립 (1917)	19	79	89
• 3.1獨立運動 발발 (1919)	17	77	87
• 上海 臨時政府 수립 (1919)	17	77	87
• 靑山里 戰鬪 대승 (1920)	16	76	86
• 妻 母 金海 金氏 福伊 출생 (1920)	16	76	86
• 姉 石順 출생 (1920)	16	76	86
• 國際聯盟 (The League of Nations) 결성 (1920)	16	76	86
• 母校 戶西南初等學校 개교 (1922)	14	74	84
• 京城帝國大學 개교 (1924)	12	72	82
• 姉 石九 출생 (1926)	10	70	80
• 光州學生事件 발생 (1929)	7	67	77
• 姉 石出 출생 (1933)	3	63	73
• 詩人 金素月 죽음 (1934)	2	62	72
• 滿洲國 執政 溥儀 皇帝즉위 (1934)	2	62	72
• 景福宮안에서 産業博覽會 개최 (1935)	1	61	71
• 페르시아, 國號를 이란(Iran)으로 개칭 (1935)	1	61	71
• 英國王 에드워드 8世 (Edward Ⅷ) 즉위 (1936)	0	60	70
• 長項 製鍊所 완성 (1936)	0	60	70
• 本人 慶州 金氏 66世 安濟 출생 (1936)	0	60	70

(3) 出生－停年中 主要發生事件과 出生 · 回甲 · 古稀까지의 期間

(單位 : 年間)

出生(1936)	主要事件(發生年度)	回甲(1996)	古稀(2006)
0	本人 慶州 金氏 66世 安濟 출생, 聞慶거주(1936)	60	70
0	孫基禎, 世界 올림픽大會 마라톤 우승(1936)	60	70
0	漢江 人道橋 개통(1936)	60	70
0	姉 石順 결혼(1936)	60	70
0	中國 張學良, 蔣介石 감금(1936)	60	70
2	外祖父 延日鄭氏 成五 서거(1938)	58	68
3	世界 第2次大戰 발발(1939)	57	67
4	創氏制度 시행(1940)	56	66
5	水豊 댐 發電 시작(1941)	55	65
5	弟 慶州金氏 66世 群濟 출생(1941)	55	65
5	妻父 · 妻母 결혼(1941)	55	65
5	日本, 眞珠灣 습격, 太平洋戰爭 발발(1941)	55	65
6	外祖母 寧越嚴氏 順伊 서거(1942)	54	64
7	美 · 英 · 中, 카이로宣言 발표(1943)	53	63
8	妻 平海 黃氏 蓮子 출생(1944)	52	62
8	姉 石九 결혼(1944)	52	62
8	全面 徵用制, 女子 挺身隊制 실시(1944)	52	62
9	美國, 原子彈 최초로 日本에 투하(1945)	51	61
9	世界 第2次大戰 종료, 韓國 해방(1945)	51	61
9	國際聯合(United Nations)결성(1945)	51	61
10	祖母 丹陽禹氏 鳳伊 서거(1946)	50	60
10	母校 서울大學校 개교(1946)	50	60
11	母校 安東師範學校 개교(1947)	49	59
12	大韓民國 政府 수립(1948)	48	58
12	麗順叛亂事件 발생(1948)	48	58
12	母校 聞慶中學校 개교(1948)	48	58
13	中華人民共和國 수립(1949)	47	57
13	地方自治法 제정(1949)	47	57
14	韓國動亂 발발(1950)	46	56
16	最初 地方選擧 실시(1952)	44	54
17	韓國動亂 휴전(1953)	43	53
18	本人, 安東 留學 · 居住(1954)	42	52
20	姉 石出 결혼(1956)	40	50
21	本人, 서울 留學 · 居住(1957)	39	49
23	쿠바 革命 발생(1959)	37	47
23	大韓國土計劃學會 창립(1959)	37	47
23	母校, 서울大學校 行政大學院 개원(1959)	37	47
24	4.19 革命 발생, 張勉 內閣 출범(1960)	36	46
25	5.16 軍事革命 발생(1961)	35	45
27	美國 캐네디 大統領 피살(1963)	33	43
29	李承晩 前 大統領, 하와이에서 서거(1965)	31	41
29	全 家族 서울 移住, 淸凉里 거주(1965)	31	41

出生(1936)	主要事件(發生年度)	回甲(1996)	古稀(2006)
30	本人, 黃蓮子와 결혼(1966)	30	40
30	梨花洞 이사 · 거주(1966)	30	40
30	長女 雪娥 출생(1966)	30	40
30	昌信洞 自家 購入 · 이주(1966)	30	40
32	弟 群濟 결혼(1968)	28	38
32	長男 慶州 金氏 67世 東爀출생(1968)	28	38
33	本人 · 妻, 美國 留學 · 거주(1969)	27	37
33	美 宇宙船, 달 着陸(1969)	27	37
34	京釜高速道路 개통(1970)	26	36
35	次女 貞娥 출생(1971)	25	35
35	大然閣 호텔, 火災 참사 발생(1971)	25	35
37	金大中, 東京서 피납(1973)	23	33
37	職場 서울大學校 環境大學院 개원(1973)	23	33
37	姉 石順 서거(1973)	23	33
37	母親 서거(1973)	23	33
38	維新體制 돌입(1974)	22	32
38	祭基洞 自宅 이주(1974)	22	32
39	父親 서거(1975)	21	31
39	越南 패망(1975)	21	31
42	上道洞 자택 이주(1978)	18	28
43	호메이니(Khamenei), 이란 政權 장악(1979)	17	27
43	朴正熙 대통령 서거(1979)	17	27
43	第10代 崔圭夏 대통령 취임(1979)	17	27
44	國保委 설치(1980)	16	26
44	姉 石九 서거(1980)	16	26
45	第12代 全斗煥 大統領 취임(1981)	15	25
51	獨立紀念館 개관(1987)	9	19
51	大統領 直選 실시(1987)	9	19
51	KAL機, 버마 上空서 폭발(1987)	9	19
52	第13代 盧泰愚 大統領 취임(1988)	8	18
52	驛三洞 자택으로 이주(1988)	8	18
52	88 서울 올림픽大會 개막(1988)	8	18
52	韓國 地方自治學會 창립(1988)	8	18
53	獨逸 統一성취(1989)	7	17
54	韓 · 蘇 修交 수립(1990)	6	16
54	全斗煥 전대통령 白潭寺 은둔 후 귀가(1990)	6	16
55	걸프戰 종식(1991)	5	15
55	地方議會, 30년만에 재출범(1991)	5	15
55	南北韓 동시 U.N. 加入(1991)	5	15
55	蘇聯, 75년만에 聯邦制 종료(1991)	5	15
56	京釜高速鐵道 起工(1992)	4	14
56	泳宗島 新國際空港 起工(1992)	4	14
57	長女 雪娥, 文丙基君과 결혼(1993)	3	13
57	第14代 金泳三 大統領 취임(1993)	3	13
57	銀行 實名制 실시(1993)	3	13

出生(1936)	主要事件(發生年度)	回甲(1996)	古稀(2006)
57	外孫子 文近榮, 美國에서 출생(1993)	3	13
58	北韓 金日成 사망(1994)	2	12
58	서울 聖水大橋 붕괴 참사 발생(1994)	2	12
59	民選 地方自治制 출범(1995)	1	11
59	서울 三豊百貨店 붕괴 참사 발생(1995)	1	11
60	本人 回甲 맞음(1996)	0	10

出生(1936)	回甲(1996)	主要事件(發生年度)	古稀(2006)
60	0	聘母 서거(1996)	10
61	1	本人 回甲紀念 記錄集 奉呈式 거행(1997)	9
61	1	外換危機로 IMF體制 시작(1997)	9
62	2	第15代 金大中 大統領 취임(1998)	8
63	3	聘父 서거(1999)	7
63	3	長女家族, 美國에서 완전 귀국(1999)	7
63	3	外孫女 文素瑛, 서울에서 출생(1999)	7
63	3	長男 東爀,研究院에 취업(1999)	7
63	3	國民勳章 받음(1999)	7
63	3	國務總理級 委員長 취임(1999)	7
63	3	서울市 文化賞 수상(1999)	7
64	4	長男 東爀, 都京順 孃과 결혼(2000)	6
64	4	金大中大統領, 平壤을 방문하여 金正日과 면담(2000)	6
64	4	長壻 文丙基君, 韓南大學 教授 취임(2000)	6
64	4	金大中大統領,노벨平和賞 수상(2000)	6
65	5	1學期 安息年 실시(2001)	5
65	5	美國 第43代 大統領에 조지 W. 부시 취임(2001)	5
65	5	國土都市計劃學會 代表團 메소포타미아 文明 시찰(2001)	5
65	5	濟州市 名譽市民으로 위촉 됨(2001)	5
65	5	베트남을 거쳐 캄보디아에서 앙코르遺蹟을 관람(2001)	5
65	5	U.N.總會議長에 韓昇洙長官 취임(2001)	5
65	5	러시아 및 東歐諸國 방문(2001)	5
65	5	日本都市計劃學會에서 功勞表彰 받음(2001)	5
65	5	美國 뉴욕市의 世界貿易센터 두 建物, 테러로 붕괴(2001)	5
66	6	中 · 南美 방문, 마야 및 잉카 遺蹟 시찰(2002)	4
66	6	脫北者들이 속속 귀국(2002)	4
66	6	金大中 大統領, 當職 떠나 中立宣言(2002)	4
66	6	中國 丹東地域 방문(2002)	4
66	6	金大中 大統領의 子弟問題로 物議 비등(2002)	4
66	6	滿65歲에 도달, 地下鐵 無賃乘車(2002)	4
66	6	第17次 월드컵 競技의 開幕式 참관(2002)	4
66	6	韓國蹴球팀, 월드컵에서 4强 진출(2002)	4
66	6	4大 地方選擧 실시(2002)	4
66	6	高校 同窓會에서 同門賞 수상(2002)	4
66	6	臺灣 金門島 방문(2002)	4
66	6	國務總理의 國會認準의 難航 거듭(2002)	4
66	6	마지막 講義 및 卒業式 마침(2002)	4
66	6	本人, 教授職 停年으로 퇴임(2002)	4

出生(1936)		主要事件(發生年度)	回甲(1996)	古稀(2006)
66	6	本人, 서울大 名譽敎授가 됨(2002)	4	
66	6	本人, 서울大 時間講師가 됨(2002)	4	
67	7	盧武鉉 大統領 취임(2003)	3	
67	7	本人, 行政首都建設計劃에 참여(2003)	3	
68	8	次女 貞娥, 兪宗禎 君과 결혼(2004)	2	
69	9	本人, 建國大 碩座敎授가 됨(2005)	1	
69	9	孫女 旼嬉가 태어남(2005)	1	
70	10	本人, 古稀를 맞이함(2006)	0	
70	10	古稀紀念集을 발간(2006)	0	

客說 : 經驗에서 얻은 삶의 眞實

평생 동안 學問을 연구했으면서 공인된 하나의 法則도 만들지 못하고 끝난 것 같아 허전하고 후회스럽다. 남이 만든 理論이나 技法을 그대로 옮기다가 말았다. 그리고 자위컨대 社會科學에서는 不朽의 法則을 창작해내기가 屬性상 어려운 것이다.

客說 : 經驗에서 얻은 삶의 眞實

學問을 하는 것과 남을 가르치는 것은 매우 보람 있는 일이다. 學問은 眞理를 탐구하고 새로운 것을 창조하는 보람이 있고, 남을 가르치는 것은 人間을 개조하고 성숙하게 만드는 보람이 있다. 그래서 敎授라는 職業은 꽤 괜찮은 것 같다.

客說 : 經驗에서 얻은 삶의 眞實

김삿갓(金笠, 金炳淵)은 苦生은 심했지만 낭만적이고 멋 있게 살았던 것 같다. 나도 한 때 삿갓을 쓰고 八道江山을 유람하며 사는 사람이 될까 하는 생각을 했는데 포기했다. 김삿갓에 비해 漢詩를 짓는데 약하고 재치와 해학도 도저히 따라갈 수 없기 때문이었다. 지금 생각하면 일찍이 잘 포기한 것 같다. 그대로 김삿갓 흉내를 냈더라면 아마 뭇 사람들의 웃음거리가 되었거나 밥을 얻지 못해 굶어 죽었을 것이다.

(4) 運命 回歸過程

1) 天地人 三道의 運勢

Ⅰ. 天道之運 : 天時

1. 天 賦

① 信 佛 點 指
② 人 間 受 生
③ 地 球 出 生
④ 男 性 賦 與
⑤ 二 十 世 紀

2. 時 代

① 日 帝 治 下
② 韓 國 動 亂
③ 政 變 連 續
④ 民 主 過 程
⑤ 地 方 自 治

3. 自 然

① 自 然 環 境
② 自 然 食 品
③ 國 土 狹 小
④ 溫 帶 季 節
⑤ 地 盤 安 全

⇩

Ⅱ. 地道之運 : 地利

1. 居 住

① 韓 國 國 民
② 慶 尙 道 民
③ 農 村 成 長
④ 安 東 留 學
⑤ 서 울 入 京

2. 活 動

① 首 都 據 點
② 外 國 訪 問
③ 內 外 施 行
④ 行 事 參 席
⑤ 步 行 移 動

3. 經 濟

① 少 時 貧 寒
② 所 得 增 加
③ 資 産 蓄 積
④ 家 計 安 定
⑤ 中 流 生 活

⇩

Ⅲ. 人道之運 : 人和

1. 品 性

① 勤 勉 · 誠 實
② 親 和 和 睦
③ 諧 謔 談 笑
④ 慈 愛 信 賴
⑤ 易 地 思 之

2. 敎 育

① 家 庭 敎 師
② 進 學 支 援
③ 奬 學 受 惠
④ 師 範 敎 育
⑤ 美 國 留 學

3. 社 會

① 軍 隊 服 務
② 敎 授 進 出
③ 社 會 知 人
④ 關 係 機 關
⑤ 參 與 團 體

※『天時不如地利 地利不如人和(천시는 지리만 못하고 지리는 인화만 못하다)』, 孟子(372~289B.C.), 孟子. 公孫丑 章句下 天時章.

2) 다른 길로 갈 뻔했던 人生行路와 回歸結果

順	年度	年齡	當時 地位	發生 事件	갈뻔한 行路	回歸된 行路	回歸의 動因
1	1937-40	2-5	幼兒	驚氣 發病	死亡	回復→正常成長	父母至誠, 神佛加護, 天命
2	1947-48	12-13	初等學校 3學年	養子 入籍	他人家族	取消→元狀維持	他人家族의 變心
3	1950-51	15-16	初等學校 6學年	장사 배움	商人	進學試驗→中學入學	中學入試 國家考查의 1等合格
4	1953-54	18-19	中等學校 3學年	농사 · 장사 배움	農民, 商人	進學試驗→高校入學	安東師範學校 入學
5	1954-55	19-20	高等學校 1學年	營養失調,得病	學業中斷	回復→正常修業	申內科醫院 配慮,忍耐力,天運
6	1957	22	高等學校 3學年	教師資格 取得	初等校 教師	進學試驗→大學入學	家庭教師宅 約束, 學生 · 本人合格
7	1958	23	大學校 2學年	鳳停寺 入寺	스님	下山→軍入隊	俗世因緣,父母生覺,軍令狀
8	1961-62	26-27	大學校 4學年	新聞社 入社試驗	新聞記者	落榜→出版社 入社	落榜, 出版會社 入社
9	1962-63	27-28	大學校 卒業後	高校 就業	高校 教師	辭職→大學院 入學	展望暗澹,大學院 憧憬
10	1965-66	30-31	大學院 卒業後	內務部 研究委員會	公務員	辭職→大學院 助教	母校要請,公職展望 不透明
11	1967-69	32-34	大學院 助教	大學 講義	他大學 教授	留學推薦→美國留學	留學希望,美國務省 招請, 博士渴求
12	1980-81	45-46	大學院 助教授 · 副教授	國保委 · 立法會議 派遣	公職者	立法會議 解散→大學復歸	公職 不透明, 社會混亂
13	1988-89	53-54	大學院 教授,院長	國會議員 勸誘	國會議員	拒絶→教授職 維持	政治圈 不安,當選不明確, 資金不足
14	1996	61	大學院 教授	他大學 機關長 勸誘	他大學 機關長	拒絶→서울大 滯留	職位 不滿足, 變化不安
15	1997	62	大學院 教授	長官候補 推薦	長官	脫落→서울大 滯留	政治作用, 後援者 全無
16	2000-01	65-66	大學院 教授	被 告訴	民 · 刑事處罰	無嫌疑 處理→正常化	告訴者 失策, 事必歸正
17	2004	69	新行政首都建設推進委員長	言論物議	委員長 罷免	辭表提出→退任	自進辭退
18	2005	70	名譽教授	動脈破裂	死亡	治療→回復	應急處置

3) 人生行路의 運命回歸圖

實現生涯	發生事件	갈뻔한 行路
出生,幼兒期 (1-10歲)	→ 發病重態(1937)	➤ 死亡 ➤ 生涯終結
	← 回復(1940)	
初等學校 (10-16)	→ 養子要請(1947)	➤ 他家家族 ➤ 學業
	← 取消(1948)	
	→ 장사 배움(1950)	➤ 商人 ➤ 巨商
	← 進學(1951)	
中等學校 (16-19歲)	→ 農事 · 장사(1953)	➤ 農民 · 商人 ➤ 富農 · 巨商
	← 進學(1954)	
高等學校 (19-22歲)	→ 營養失調(1954)	➤ 學業中斷 ➤ 農民 · 商人
	← 回復(1955)	
	→ 教師資格(1957)	➤ 初等校教師 ➤ 校長
	← 進學(1957)	
大學校 (軍隊) (22-27歲)	→ 寺刹入社(1958)	➤ 스님 ➤ 主持
	← 軍入隊(1958)	
	→ 新聞社試驗(1961)	➤ 記者 ➤ 編輯局長
	← 落榜(1962)	
會社 · 高校 (27-28歲)	→ 高校就業(1962)	➤ 高校教師 ➤ 校長

實現生涯	發生事件	갈뻔한 行路
大學院 (28-30歲)	← 進學(1963)	
內務部 (30-31歲)	→ 內務部 勤務(1965)	➤ 公務員 ➤ 郡守 · 知事
	← 大學院 助教(1966)	
大學院 助 教 (31-34歲)	→ 大學 講師(1967)	➤ 他大學 教授 ➤ 學長 · 總長
	← 外國留學(1969)	
外國留學 (34-36歲)		
서울大專講 (37-41歲)		
서울大 助 · 副教授 (41-50歲)	→ 國保委 · 立法會議 派遣(1980)	➤ 公職者 ➤ 機關長
	← 機關解散(1981)	
서울大 教授 大學院長 (50-55歲)	→ 國會議員 勸誘(1988)	➤ 國會議員 ➤ 議長
	← 拒絶(1989)	
서울大 教授 研究院長 (55-59歲)		
서울大 教授 (59-67歲)	→ 他大學 機關長 勸誘(1996)	➤ 機關長 ➤ 總長
	← 拒絶(1996)	
	→ 長官候補 推薦(1997)	➤ 長官 ➤ 總理
	← 脫落(1997)	
	→ 韓自研 被訴(2000)	➤ 敗訴 ➤ 民刑事處罰
(停年)	← 無嫌疑 處理(2001)	
名譽 · 碩座 教授 (67-71歲)	→ 委員長 就任(2004)	➤ 言論物議 ➤ 罷免
	← 自進辭任(2004)	
	→ 發病重態(2005)	➤ 死亡 ➤ 生涯終結
	← 回復(2005)	

(5) 平生成績, 初等 4學年에 決定된다

(김강일 · 김명옥 著, 2004年 藝潭 刊)

1) 初等學校 學科目 및 學年別 成績 分布

(100點 基準)

學科目 \ 學年 / 年度	第1學年	第2學年	第3學年	第4學年	第5學年	第6學年	累計	
	1945-46	1946-47	1947-48	1948-49	1949-50	1950-51	合 計	平 均
1. 國 語	70	90	96.5	100	98.5	100	555	92.5
2. 社 會	80	90	100	100	99	100	569	94.8
3. 理 科	80	85	-	97.5	99	100	461.5	92.3
4. 算 數	100	90	97.5	100	97.5	98	583	97.2
5. 保 健	90	80	86	92.5	95	82	525.5	87.6
6. 音 樂	80	75	85	95.5	95.5	100	531	88.5
7. 美 術	80	90	97.5	96.5	100	97	561	93.5
合 計	580	600	562.5	682	684.5	677	3,786	92.8
平 均	82.9	85.7	93.8	97.0	97.8	96.7	92.8	92.8

2) 初等學校 學年別 平均成績의 推移圖

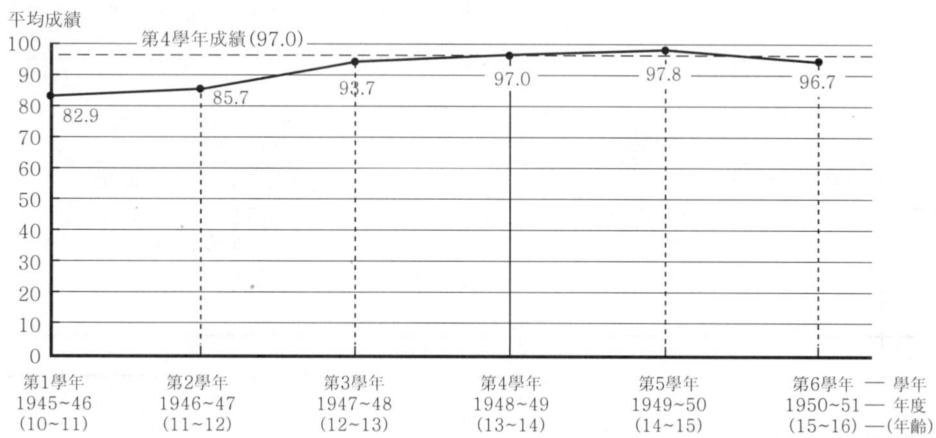

客說 : 經驗에서 얻은 삶의 眞實

冒險은 危險이 따르되 變化와 發展을 가져오고, 安存은 변화와 발전은 기대하기 어려우나 安全과 平溫을 보장한다. 나는 이 두가지를 오고 가며 살아왔지만 전체적으로 보면 冒險 보다는 安存에 더 치우친 것 같다. 그래서 큰 無理도 없었고 큰 發展도 없었다.

3) 生涯修學의 學級別 및 學年別 成績分布

學校＼區分	學　校　名	學　年	年　度	年　齡(歲)	平均成績(100點 基準)
初 等 學 校	戶西南 初等學校(慶北 聞慶市)	1	1945-46	10-11	82.5
		2	1946-47	11-12	85.7
		3	1947-48	12-13	93.8
		4	1948-49	13-14	97.0
		5	1949-50	14-15	97.8
		6	1950-51	15-16	96.7
		平均	6年	6	92.8
中 等 學 校	聞慶中學校(慶北 聞慶市)	1	1951	16	83.5
		2	1952	17	89.1
		3	1953	18	91.5
		平均	3年	3	88.9
高 等 學 校	安東師範 學校(慶北 安東市)	1	1954	19	90.1
		2	1955	20	83.5
		3	1956	21	84.1
		平均	3年	3	85.9
大 學 校 (學士課程)	서울大學校 文理科大學 物理學科 (서울 鍾路區 東崇洞)	1	1957	22	62.0
		2	1959	24	75.0
		3	1960	25	69.8
		4	1961	26	54.7
		平均	4年	4	66.7
大 學 院 (碩士課程)	서울大學校 行政大學院 (서울 鍾路區 東崇洞)	1	1963	28	88.0
		2	1964	29	89.0
		平均	2年	2	88.2
美國大學院 (碩·博士課程)	美國 신시내티大學校 大學院 (美國 오하이오州 신시내티市)	1	1969-70	34-35	95.5
		2	1970-71	35-36	94.1
		3	1971-72	36-37	100.0
		4~7	1972-76	37-41	-
		平均	8年	8	94.8
總　平　均	7	26	26年	26	87.5

4) 學校別 平均成績의 推移와 初等學校 4學年 成績의 位置圖

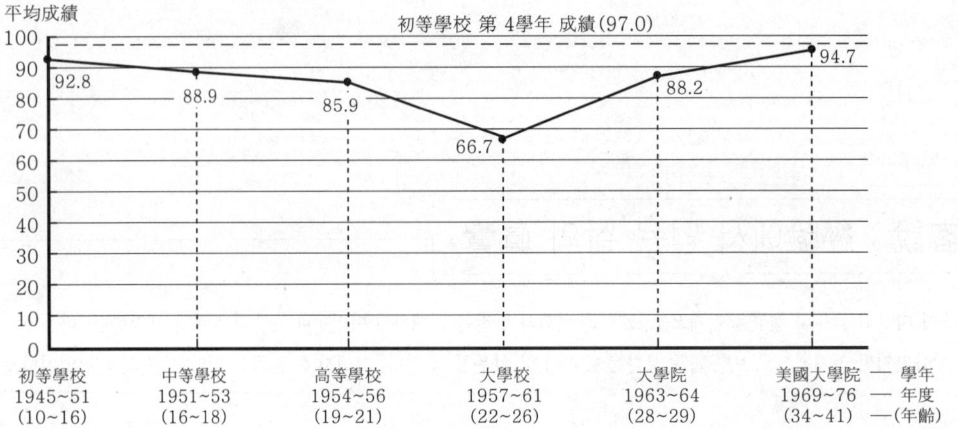

5) 平生成績과 初等 4年 成績의 比較

區分 \ 項目		成績 (100點 基準)	初等 4年 成績(97.0) 基準의 指數(97.0 =100)
1. 學校成績	1. 初等學校	92.8	96
	2. 中等學校	88.9	92
	3. 高等學校	85.9	89
	4. 大學校	66.7	69
	5. 大學院(韓國碩士)	88.2	91
	6. 大學院(美國碩·博士)	94.8	98
	平均(6)	87.5	90
2. 社會成績	1. 人格鍊磨	98.5	102
	2. 健康管理	95.0	98
	3. 家族形成	90.5	93
	4. 地位確保	96.8	100
	5. 學問業績	98.7	102
	6. 弟子育成	97.5	101
	7. 社會奉仕	95.9	99
	8. 人間關係	99.8	103
	9. 家計運用	98.0	101
	平均(9)	96.7	100
生涯成績	總平均(15)	92.5	95

(6) 人生의 誤謬와 未成의 所望

1)人生의 誤謬

○ 悔恨의 生涯 : 過去

- 마땅히 했어야 하는데 안 한 것 - 第 1種 誤謬
  ① 父母 孝行
  ② 名著 執筆
  ③ 外國語 (英語 · 日語 등) 通達
  ④ 컴퓨터 習得 利用
  ⑤ 조깅 運動

- 결코 해서는 안 되는데 한 것 - 第 2種 誤謬
  ① 煙草 吸煙
  ② 過多 飮酒

③ 視力 輕視

④ 交友 紊亂

⑤ 財産 保證

○ 別異의 生活 : 現在

- 남이 대부분 하는데 하지 않는 것 - 第1種 誤謬

① 親知 支援

② 自家 運轉

③ 情報機器 活用

④ 補身湯 取食

⑤ 핸드폰 持參

- 남이 별로 하지 않는데 하는 것 - 第2種 誤謬

① 生活 記錄

② 雜書 耽讀

③ 易地 思之

④ 煙草 吸煙

⑤ 飮酒 慰樂

客說 : 經驗에서 얻은 삶의 眞實

趣味生活을 하는 데는 時間과 돈이 든다. 그래서 趣味나 嗜好에 너무 탐닉하면 많은 시간이 소비되고 많은 돈이 소요된다. 그 가운데 고스톱과 골프가 비교적 많은 시간과 돈을 필요로 한다. 나는 고 스톱은 치지 않으나 골프는 많이 쳤다. 골프 費用은 거의 남이 부담해주어 큰 돈은 들지 않았으나 시간은 많이 소비했다. 肉體的 · 精神的 健康에는 도움이 됐지만 活動의 生産性은 많이 떨어졌던 것 같다.

客說 : 經驗에서 얻은 삶의 眞實

趣味나 嗜好는 모두 다소간의 中毒性을 갖고 있으며, 그래서 사람들은 이를 오래도록 즐기게 되는 것이다. 이 가운데 심하다고 할 수 있는 것이 도박과 바둑, 그리고 낚시와 골프라고 할 수 있다. 나는 이들 중 한 때 골프에 깊이 빠진 적이 있었다. 한창 열이 올랐을 때 다른 일들은 관심 밖이었고 눈에는 공과 구멍만 보였다. 그러나 세월이 흘러 지금은 남이 치자고 하면 그저 무심덤덤한 마음으로 공을 때린다. 卒業을 한 셈이다.

客說 : 經驗에서 얻은 삶의 眞實

호랑이는 죽어서 가죽을 남기고 사람은 죽어서 이름을 남긴다(豹死留皮 人死留名). 살아 있는 사람에게는 유익할지 모르나 죽은 호랑이나 죽은 사람에게는 아무런 意味가 없다. 죽은 者는 말이 없을 뿐만 아니라 아무것도 모른다.

2) 未成의 所望

區 分	時 代			所望한 자리 또는 일들	
	生涯位置	年度	年齡	分野	자리 또는 일
갖고 싶었던 자리	幼兒 - 高校生	1940-1957	5-22	生涯	獨立運動家 - 獨立軍 將校
	初等生 - 高校生	1945-1957	10-22	敎職	初等學校 敎師 - 校長
	大學生 - 助敎	1957-1969	22-34	地方政府	郡守 · 市長 - 道知事
	軍隊士兵	1958-1960	23-25	軍隊	將校 - 將軍
	大學院生 - 助敎	1963-1969	28-34	法曹	檢事 · 判事
	助敎授 - 副敎授	1976-1985	41-50	地方	地方大學 交換敎授
	敎授 - 停年	1985-2002	50-67	大學	大學 總長
	敎授 - 停年	1991-2002	56-67	中央政府	長官 - 國務總理 - 大統領
	停年 - 名譽敎授	2002-2006	67-71	中央政府	國務總理
이루고 싶었던 일들	出生 - 高校生	1936-1957	1-22	身體	健康한 體格
	出生 - 留學生	1936-1976	1-41	財産	富者
	高校生 - 留學生	1954-1971	19-36	容貌	美男
	大學生 - 停年	1957-2002	22-67	受賞	노벨賞
	專任講師 - 停年	1972-2002	37-67	言語	英語 및 日本語의 通達
	專任講師 - 停年	1972-2002	37-67	土地	故鄕 所在 田畓 保有
	副敎授 - 停年	1980-2002	45-67	著作	不朽의 名作
	副敎授 - 敎授	1983-1992	48-57	골프	제로打(72打) 得點
	敎授 - 停年	1985-2002	50-67	地域	北韓 平壤 訪問
	敎授 - 停年	1994-2002	59-67	運轉	自動車 運轉의 能熟
	回甲 - 停年	1996-2002	61-67	住宅	出生 · 成長 家屋의 復元 住宅
	回甲 - 停年	1996-2002	61-67	記錄	기네스북에 記錄保有者로 認定
	回甲 - 停年	1996-2002	61-67	行事	停年紀念記錄集 出刊行事 開催
	停年 - 名譽 · 碩座敎授	2002-2006	67-71	旅行	世界 全國家 訪問 · 視察

(7) 土亭秘訣에 나타나 있는 本人의 年度別 豫言運勢 (1歲 ~ 80歲)

(生年月日 : 陰曆 1936年 丙子年 6月 10日)

1) 作卦數의 太歲數 및 運勢別 分類

運勢 區分 / 太歲數	大吉運	吉運	平凡運	凶運	大凶運	合計(個)	
						年齡數	作卦數
1	(46)(79)-132	(15)-111 (43)-153 (59)(72)-121	(73)-142	(16)(23)-143 (20)(45)(62)-112 (42)-122	-	13	8
2	-	(69)-233	(5)-211 (8)-251 (39)(44)(54)-231 (67)-223	(3)-243 (33)-242 (40)-262 (47)(70)-213 (66)-232	-	13	10
3	(58)-352	(27)(32)-312	-	(28)-343 (57)-321 (64)-323	(1)(29)(71)-332	9	6

運勢區分 / 太歲數		大吉運	吉運	平凡運	凶運	大凶運	合計(個) 年齡數	合計(個) 作卦數
4		(25)-413	-	(17)-422 (51)-443 (78)-452	(14)(56)-433	(24)-421	7	6
5		(75)-562	(12)-513 (19)-531 (49)-522	(76)-541	(13)(41)-543	(2)-511 (80)-563	9	8
6		(10)-613 (65)-661	(63)-652	(26)-631	(7)(52)-622 (36)(68)-642 (37)-611	(6)(9)-632	11	8
7		(11)-732 (30)-762 (31)(34)-731 (50)-763 (61)-733	(4)-721 (60)-711	-	(53)-743	-	9	8
8		(22)-812 (77)-822	(74)-823	(21)-831 (38)-853	(18)-852 (48)-851	(35)(55)-862	9	8
合計(個)	年齡의 數	15	14	14	27	10	80	-
		29		14	37			
	作卦의 數	13	12	12	19	6	-	62
		25		12	25			

註. (1) (　　)內는 年齡임.

(2) 作卦數의 上卦는 太歲數,中卦는 月建數,下卦는 日辰數임.

(3) 土亭秘訣에 수록되어 있는 作卦는 모두 144個임.

2) 年齡別 作卦 및 豫言運勢와 的中率

年度(干支)	年齡	主要變動 事項	作卦數	作卦型·名 本卦	作卦型·名 變卦	總運	好·惡運 好運	好·惡運 惡運	吉·凶月 吉月	吉·凶月 凶月	敢·禁行 敢行	敢·禁行 禁行	的中率%
1936 (丙子)	1	出生,病苦, 長姉 結婚	3.3.2	☲☲ 重离火	☲☰ 火天大有	大凶運	새出發, 再婚	疾病, 家庭, 口舌, 木姓	5,9	1,2,3,7, 8,12	順理, 轉職, 祈禱	言爭, 訟事	50
1937 (丁丑)	2	寺刹禮佛	5.1.1	☴☰ 風天小畜	☴☴ 重巽風	大凶運	財産(年末)	健康, 家庭, 火姓	3,5,8, 11	1,7,9, 10	和睦, 出他	旅行,喪家, 東方出行	50
1938 (戊寅)	3	不實成長	2.4.3	☱☳ 澤雷隨	☱☲ 澤火革	凶　運	試驗, 財政, 旅行	口舌, 誤解	6,8,12	1,2,7, 11	移徙, 維持, 正直, 忍耐	是非,물,불	50
1939 (己卯)	4	不實成長	7.2.1	☶☱ 山澤損	☶☵ 山水蒙	吉　運	財産, 健康, 昇進,結婚,木姓	失物, 孤獨	1,4,5,6,7,8, 10,11,12	3	勤勉, 誠實, 果最	遠行, 同業, 도둑,東方行	80
1940 (庚辰)	5	得病	2.1.1	☱☰ 澤天夬	☱☴ 澤風大過	平凡運	生子女, 夫婦, 火姓, 李氏	結婚, 支出	1,2,3,4, 5,9,10,11	7,8	努力, 自足, 분수	交祭, 벗, 술, 女子	50
1941 (辛已)	6	弟 出生	6.3.2	☵☲ 水火旣濟	☵☰ 水天需	大凶運	婚事, 生子女	事業, 資金, 健康, 官災, 木姓	-	1,2,3,4,5,8,9, 10,11,12	本分,自足,冷靜, 居宅, 節約	是非, 登山, 酒色, 旅行	70
1942	7	驚氣	6.2.2	☵☱	☵☳	凶　運	吉運(年末)	資金,口舌,損財,	11,12	1,4,5,	분수, 忍耐,	交際, 물,	85

年度(干支)	年齡	主要變動 事項	作卦數	作卦型·名 本卦	作卦型·名 變卦	總運	好·惡運 好運	好·惡運 惡運	吉·凶月 吉月	吉·凶月 凶月	敢·禁行 敢行	敢·禁行 禁行	的中率%
(壬午)				水澤節	水雷屯			李氏, 朴氏		7, 8, 10	南方行	甘言利說,	
1943 (癸未)	8	營養失調	2.5.1	澤風大過	澤天夬	平凡運	南方,火姓, 水姓, 朴氏	訟事,金姓	4,8,9	2,6,7,11	분수,忍耐,維持, 旅行, 轉職	過飮,女色, 過食	80
1944 (甲申)	9	仲姉結婚	6.3.2	水火旣濟	水天需	大凶運	婚事,生子女	事業,資金,健康, 官災, 木姓	-	1,2,3,4,5,8,9, 10,11,12	本分,自足,冷靜, 居宅,節約	是非,登山, 酒色,旅行	75
1945 (乙酉)	10	初等學校 入學	6.1.3	水天需	水澤節	大吉運	入學,就職,財 政,東方, 金姓	口舌	1,2,3,4,5,6,7,8 9,10,11,12	-	理財	是非	95
1946 (丙戌)	11	祖母逝去	7.3.2	山火賁	山天大畜	大吉運	入學, 財產, 南方, 西方	健康, 家族, 北方,金姓	1,2,7, 9,10,12	3,4,8	移徙,분수, 活動,祈禱	足非,近人, 愛人	80
1947 (丁亥)	12	齒牙淸掃	5.1.3	風天小畜	風澤中孚	吉 運	財產, 健康, 東南方,西北方	疾病	1,2,3, 4,6,9	7	분수,東쪽 손님, 移徙	言語,家族, 健康	85
1948 (戊子)	13	受賞, 副 級長	5.4.3	風雷益	風火家人	凶 運	財產,就職, 西方,木姓	健康,昇進,口舌, 金姓, 水姓	5,8,12	3,4,6, 10,11	移葬,施惠, 出他	酒色,過慾, 是非	45
1949 (己丑)	14	級長, 副級長, 受賞	4.3.3	雷火豊	重震雷	凶 運	財政,南方	健康,異性,文書, 家庭, 北方	4,9	1,2,3,5, 6,7,8,10	誠實,正直, 居宅, 安定	犯惡,是非, 同業, 도둑	30
1950 (庚寅)	15	級長, 副級長, 受賞	1.1.1	重乾天	天風姤	吉 運	事業, 健康, 婚事,試驗	金姓, 安氏	1,2,4, 7,8	6,9,10	분수, 忍耐	過慾,女子	95
1951 (辛卯)	16	級長,受賞, 中學校首席合格	1.4.3	天雷无妄	天火同人	凶 運	結婚,北方	職場,東方,南方, 西北方,吳氏 權氏	7,9,11	1,2,3, 4,6,8	沈着,守舊	運轉,家族, 言爭,土地去來	15
1952 (壬辰)	17	自轉車 負傷	4.2.2	雷澤歸妹	重震雷	平凡運	財運,名聲	健康,昇進,愛情, 金姓,木姓	2,4,11	1,3,6,7	冷靜,謹愼	親知,同業, 女子, 人情	90
1953 (癸巳)	18	受賞	8.5.2	地風升	地山謙	凶 運	財產,移徙, 西方	疾病, 試驗, 南方,東方,金姓	1,5,8,9, 12	4,6,10, 11	節約,處身 積德	惡事, 輕蔑	35
1954 (甲午)	19	受賞,師範 學校 入學	5.3.1	豊火家人	風山漸	吉 運	收入,就業, 學問,東方	口舌,官災	4,6,7,8, 9,10	1,2	忍耐,분수	是非,訟事	95
1955 (乙未)	20	家庭教師, 受賞	1.1.2	重乾天	天火同人	凶 運	東北方	職場,憂患, 南方,北方,火姓	2	1,3,5,6, 9,10,11	분수, 努力, 居宅	過慾, 是非	30
1956 (丙申)	21	受賞,季姉 結婚	8.3.1	地火明夷	地山謙	平凡運	婚事,試驗, 權勢,李氏,朴氏	昇進,損財, 口舌	1,4,5, 6,8,10	3,7,9	處世,正當,誠實, 安定, 분수	誇示, 是非, 競爭, 車	98
1957 (丁酉)	22	大學入學, 서울留學	8.1.2	地天泰	地火明夷	大吉運	財物,健康.婚事, 西方,東方,南方	昇進, 就業, 父母	1,2,3, 4,9,11	5,6,7	移徙, 분수, 出他	女色,他人, 말	96
1958 (戊戌)	23	故鄕自宅 新築,軍入隊	1.4.3	天雷无妄	天火同人	凶 運	結婚,北方	職場,北方,南方, 西北方,吳氏,權氏	7,9,11	1,2,3, 4,6,8	沈着,守舊	運轉,家族, 言爭, 土地去來	85
1959 (己亥)	24	軍隊生活	4.2.1	雷澤歸妹	雷水解	大凶運	財運	憂患,下剋上, 損害,官災	4,10	1,2,3,5, 7,8,9,11	居宅,분수	是非	90
1960 (庚子)	25	軍除隊,復學	4.1.3	雷天大壯	雷澤歸妹	大吉運	家族,財產,昇進, 名譽,北方,西方	農作物	1,2,3,4,5,6,7, 8,9,10,11,12	-	쇠, 물	-	92
1961 (辛丑)	26	苦學	6.3.1	水火旣濟	水山蹇	平凡運	南方	父母,子孫	7,8,9, 11	2,5,10	同業,居宅, 분수	물,바람, 도둑,是非	95

年度(干支)	年齡	主要變動 事項	作卦數	作卦型·名		總運	好·惡運		吉·凶月		敢·禁行		的中率%
				本卦	變卦		好運	惡運	吉月	凶月	敢行	禁行	
1962 (壬寅)	27	大學卒業, 出版社 就職	3.1.2	☲☰ 火天大有	☲☲ 重離火	吉 運	婚姻,財産,西方, 金姓,朴氏	誤解,水姓	1,2,5,7, 8,10,11	4,9	沈着	是非,遠行	93
1963 (癸卯)	28	高校教師,大 學院進學	3.4.3	☲☳ 火雷噬嗑	☲☲ 重離火	凶 運	橫財,南方, 水姓	健康,官災, 東方,西方,火姓	-	1,4,5,6, 7,11,12	居宅,분수	信任,遠行, 同業	30
1964 (甲辰)	29	故鄕家屋 全燒	3.3.2	☲☲ 重離火	☲☰ 火天大有	大凶 運	새出發,再婚	疾病,家庭, 口舌,木姓	5,9	1,2,3, 7,8,12	順理,轉職, 祈禱	言爭,訟事	88
1965 (乙巳)	30	父母上京, 大學院卒業	7.6.2	☶☵ 山水蒙	☶☷ 山地剝	大吉運	家庭,財産, 職位,西方	水姓	1,2,3,4,7, 8,9,10,11	-	-	過慾,女子, 非理,車	75
1966 (丙午)	31	結婚,長女出 生,自家取得	7.3.1	☶☲ 山火賁	☶☶ 重艮山	大吉運	家族,官職, 財物,移徙	口舌,東方,南方	1,2,3, 6,11	-	誠心,분수,健康	遠行,女人	98
1967 (丁未)	32	助敎, 大學講師	3.1.2	☲☰ 火天大有	☲☲ 重離火	吉 運	婚姻,財産, 西方,金姓,朴氏	誤解,水姓	1,2,5,7, 8,10,11	4,9	沈着	是非,遠行	78
1968 (戊申)	33	弟結婚,硏究 事業,長男出生	2.4.2	☱☳ 澤雷隨	☱☱ 重兌澤	凶 運	收入,西方	父母,健康,口舌, 損財,官災,火災	8,10	1,2,3,7, 11,12	維持, 移徙, 請託, 謹愼	親交	65
1969 (己酉)	34	美國留學	7.3.1	☶☲ 山火賁	☶☶ 重艮山	大吉運	家族,官職, 財物,移徙	口舌,東方,南方	1,2,3, 6,11	-	誠心,분수, 健康	遠行,女人	97
1970 (庚戌)	35	妻合流, 美國旅行	8.6.2	☷☵ 地水師	☷☷ 重坤地	大凶 運	西方	家族,口舌,損財, 北方,木姓	12	1,2,3,4,5, 6,9,10,11	忍耐, 正道, 분수	是非,社交,問病	28
1971 (辛亥)	36	次女出生, 碩士學位取得	6.4.2	☵☳ 水雷屯	☵☱ 水澤節	凶 運	土姓, 金姓	口舌,健康,木姓	7	1,3,6, 10,11,12	熱誠, 謹愼, 분수	貸金,酒色, 도둑,남의 말	25
1972 (壬子)	37	서울大 專任講師	6.1.1	☵☰ 水天需	☵☴ 水風井	凶 運	財物,北方,	事業,孤獨	7,9,11,12	1,2,3,4, 5,6,10	維持, 謙遜 誠實	移徙, 轉職, 過飮, 同業	35
1973 (癸丑)	38	社會參與, 母逝去	8.5.3	☷☴ 地風升	☷☵ 地水師	平凡運	就業, 昇進, 財産	官厄, 父母, 健康, 損財	1,3,6 12	2,4,7,8, 9,11	분수, 出他, 冷靜, 治德	干涉, 是非	90
1974 (甲寅)	39	自宅移徙, 海外旅行	2.3.1	☱☲ 澤火賁	☱☶ 澤山咸	平凡運	就業,昇進,北方, 東方,西方	家族, 失物, 土姓	1,4,6	7,8,9	분수, 不動産 買入	交際, 남의 말, 過慾	87
1975 (乙卯)	40	父 逝去	2.6.2	☱☵ 澤水困	☱☷ 澤地萃	凶 運	財物, 東方	子女, 損財, 土姓	9.12	1,2,4, 5.7	분수, 維持 居宅	出他, 女性, 是非, 배, 登山	90
1976 (丙辰)	41	助敎授,博士 學位取得	5.4.3	☴☳ 風雷益	☴☲ 風火家人	凶 運	財産, 就職, 西方, 木姓	健康,昇進,口舌, 金姓, 水姓	5,8,12	3,4,6, 10,11	移葬, 施惠, 出他	酒色, 過慾, 是非	25
1977 (丁巳)	42	活動活潑	1.2.2	☰☱ 天澤履	☰☳ 天雷尤妄	凶 運	財産, 西方, 北方	家庭,官災,對人, 木姓,朴氏,金氏	3,6,11, 12	1,2,5, 8,9,10	居宅, 분수, 遵法	問病, 金錢 去來, 是非	38
1978 (戊午)	43	自家移徙	1.5.3	☰☴ 天風姤	☰☵ 天水訟	吉 運	試驗,昇進,婚事, 子女,西方,北方	健康, 口舌, 詐欺, 南方	1,2,3,4, 5,9,11	7,8,12	活動,請託, 旅行, 忍耐	女子, 是非	90
1979 (己未)	44	活動擴大, 安東夫婦旅行	2.3.1	☱☲ 澤火革	☱☶ 澤山咸	平凡運	就業, 昇進, 北方,東方,南方	家族, 失物, 土姓	1,4,6	7,8,9	분수, 不動産 買入	交際, 남의 말, 過慾	88
1980 (庚申)	45	副敎授,國保 委,立法會議	1.1.2	☰☰ 重乾天	☰☲ 天火同人	凶 運	東北方	職場,憂患 南方,北方,火姓	2	1,3,5,6, 9,10,11	분수, 努力, 居宅	過慾,是非	33
1981	46	活動振作	1.3.2	☰☲	☰☰	大吉運	財産,合格,婚事,	北方	1,2,3,5,6,	-	出行	是非,言爭	92

年度(干支)	年齡	主要變動事項	作卦數	作卦型·名 本卦	作卦型·名 變卦	總運	好·惡運 好運	好·惡運 惡運	吉·凶月 吉月	吉·凶月 凶月	敢·禁行 敢行	敢·禁行 禁行	的中率%
(辛酉)				天火同人	重乾天		健康, 家族		7,8,9,10				
1982 (壬戌)	47	社會參與	2.1.3	☱☰ 澤天夬	☱☱ 重兌澤	凶 運	-	憂患, 背恩, 損財, 口舌	-	1,2,3,4, 5,7,8,9	분수, 治德, 忍耐	干涉, 交通, 新規事業	50
1983 (癸亥)	48	골프 始作, 活動展開	8.5.1	☷☴ 地風升	☷☰ 地天泰	凶 運	南方,金姓	憂患, 訴訟, 健康	4,12	1,2,5,9, 10,11	분수, 勤勉, 謹愼	過慾, 干涉, 酒色, 渡江	45
1984 (甲子)	49	社會活動	5.2.2	☴☱ 風澤中孚	☴☳ 風雷益	吉 運	財産,就業,出世, 南方,東方,西方	口舌, 土姓	1,2,3,4,6,7,8, 9,10,11,12	5	同業	新規事業	92
1985 (乙丑)	50	正教授	7.6.3	☶☵ 山水蒙	☶☴ 山風蠱	大吉運	財物,子孫,人氣, 南方(4월)	健康, 南方(9월)	1,2,3,4,6,7,8, 10,11,12	-	文書, 분수, 同業	-	90
1986 (丙寅)	51	學會會長	4.4.3	☳☳ 重震雷	☳☲ 雷火豊	平凡運	子女,職位,財力, 西北方,土姓	健康,口舌,紛爭, 木姓, 火姓	2,4,7,9, 10,11,12	1,5,6	移徙	女子,남의 말, 도둑, 遠行	89
1987 (丁卯)	52	社會參與	6.2.2	☵☱ 水澤節	☵☳ 水雷屯	凶 運	吉運(末年)	資金,口舌,損財, 李氏, 朴氏	11,12	1,4,5, 7,8,10	분수, 忍耐 南方行	交際, 물, 甘言利說	35
1988 (戊辰)	53	自家移徙 大學院長(再)	7.4.3	☶☳ 山雷頤	☶☲ 山火賁	凶 運	轉禍爲福	家族,官災,西方, 北方,木姓	-	1,2,3,4,5,6,7, 8,9,10,11	祈禱, 誠實, 忍耐	交際, 물, 도둑, 同業	23
1989 (己巳)	54	社會活動	2.3.1	☱☲ 澤火革	☱☶ 澤山咸	平凡運	就業,昇進,北方, 東方, 南方	家族, 失物, 土姓	1,4,6	7,8,9	분수, 不動産 買入	交際, 남의 말, 過慾	96
1990 (庚午)	55	院長 退任	8.6.2	☷☵ 地水師	☷☷ 重坤地	大凶運	西方	家族,口舌,損財, 北方, 木姓	12	1,2,3,4,5, 6,9,10,11	忍耐, 正道, 분수	是非, 社交, 問病	40
1991 (辛未)	56	國內外活動	4.3.3	☳☲ 雷火豊	☳☳ 重震雷	凶 運	財政, 南方	健康,異性,文書, 家庭, 北方	4,9	1,2,3,5,6, 7,8,10	誠實, 正直, 居宅, 安定	犯惡, 是非, 同業, 도둑	35
1992 (壬申)	57	硏究院長	3.2.1	☲☱ 火澤睽	☲☵ 火水未濟	凶 運	子女,東南方, 火姓	家庭, 口舌, 西北方, 木姓	11,12	1,2,3,5, 6,7,10	분수	交際, 돈去來, 保證,도둑,女子	30
1993 (癸酉)	58	公共活動, 長女結婚	3.5.2	☲☴ 火風鼎	☲☶ 火山旅	大吉運	婚事,子女,昇進, 南方,北方	-	1,2,3,4,5,6,7, 9,10,11,12	-	-	是非	98
1994 (甲戌)	59	硏究院長 退任	1.2.1	☰☱ 天澤履	☰☵ 天水訟	吉 運	婚事,子女,榮轉, 南方,西方	口舌, 損財, 金姓	1,2,7,8,9, 11,12	3,4,10 6,7.10	水産業, 忍耐	새事業, 信頼, 도둑, 女子	90
1995 (乙亥)	60	國內外活動	7.1.1	☶☰ 山天大畜	☶☴ 山風蠱	吉 運	財物,子女,健康, 南方,東方	損財, 口舌	1,2,3,4,5,6, 7,8,9,11,12	10	旅行	信頼	96
1996 (丙子)	61	活動振作, 回甲文集刊行	7.3.3	☶☲ 山火賁	☶☳ 山雷頤	大吉運	出世,家庭,合格, 南方, 東方	口舌, 妻疾病	1,2,3,4,5,6,7, 8,9,10,11,12	-	水産物	是非	94
1997 (丁丑)	62	主任敎授, 社會活動	1.1.2	☰☰ 重乾天	☰☲ 天火同人	凶 運	東北方	職場, 憂患 南方,北方,火姓	2	1,3,5,6, 9,10,11	분수, 努力, 居宅	過慾,是非	35
1998 (戊寅)	63	國內外活動	6.5.2	☵☴ 水風井	☵☶ 水山蹇	吉 運	財力,子孫,地位, 家庭,名聲	木姓	1,2,3,4,5,6,7, 8,9,10,11,12	-	出他, 本分	交際	95
1999 (己卯)	64	勳章,文化賞, 移讓委員長	3.2.3	☲☱ 火澤睽	☲☰ 火天大有	凶 運	女子,東方,北方	健康,官災, 口舌,南方,金姓	7,11	1,2,3,4, 5,6,12	遵法, 분수 順理	是非, 새事業, 交通事故	15
2000 (庚辰)	65	長男結婚, 壻郎 就業	6.6.1	☵☵ 重坎水	☵☱ 水澤節	大吉運	級弟,家庭,名譽, 木姓, 金姓	西北, 北方	1,2,3,6, 10,11,12	4,5	忍耐,維持, 移徙, 분수	是非, 남의 말, 遠行	90

年度(干支)	年齡	主要變動事項	作卦數	作卦型·名		總運	好·惡運		吉·凶月		敢·禁行		的中率%
				本卦	變卦		好運	惡運	吉月	凶月	敢行	禁行	
2001 (辛巳)	66	移讓委員長, 國內外活動	2.3.2	☱☲ 澤火革	☱☰ 澤天夬	凶運	家庭, 官職, 東南方	官災, 健康, 財政, 木姓	1,2,3, 8	4,5,6, 7,9	분수, 忍耐, 公明正大	親知, 是非, 遠行, 新規	25
2002 (壬午)	67	家庭安定, 敎授停年	2.2.3	☱☱ 重兌澤	☱☰ 澤天夬	平凡運	官職, 昇進, 對人,西南方	夫婦, 官災, 口舌, 子女	8,9,11, 12	2,4,5, 6,7	분수,維持, 忍耐, 秩序	交際, 路上, 是非	80
2003 (癸未)	68	名譽敎授 中都委委員	6.4.2	☵☳ 水雷屯	☵☱ 水澤節	凶運	土姓, 金姓	口舌, 健康, 木姓	7	1,3,6, 10,11,12	熱誠, 謹愼, 분수	資金, 酒色, 도둑, 남의 말	30
2004 (甲申)	69	次女結婚 首都委員長	2.3.3	☱☲ 澤火革	☱☳ 澤雷隨	吉運	旅行, 名譽, 財力,南方,北方	西方, 金姓, 火姓	1,2,3,7, 8,9,10,11	4,12	분수, 遠行	失物	45
2005 (乙酉)	70	碩座敎授 發病治療	2.1.3	☱☰ 澤天夬	☱☱ 重兌澤	凶運	-	憂患, 背恩, 損財, 口舌	-	1,2,3,4,5, 7,8,9	분수, 治德, 忍耐	干涉, 交通, 新規事業	70
2006 (丙戌)	71	碩座敎授 古稀紀念	3.3.2	☲☲ 重离火	☲☰ 火天大有	大凶運	새出發, 再婚	疾病, 家庭, 口舌, 木姓	5,9	1,2,3, 7,8,12	順理, 轉職, 祈禱	言爭, 訟事,	15
2007 (丁亥)	72		1.2.1	☰☱ 天澤履	☰☵ 天水訟	吉運	婚事,子女,榮轉, 西方, 南方	口舌,損財,金姓	1,2,7,8, 9,11,12	3,4,10	水産業, 忍耐	새事業,信賴, 도둑, 女子	
2008 (戊子)	73		1.4.2	☰☳ 天雷无妄	☰☱ 天澤履	平凡運	財力, 家族 出世, 旅行	口舌, 家庭, 憂患	1,4,7,	5,10,12 8,9,11	분수	過慾, 土地去來	
2009 (己丑)	74		8.2.3	☷☱ 地澤監	☷☰ 地天泰	吉運	家族, 財物, 健康, 官職	言爭, 妻病, 金姓, 木姓	1,2,3,4,5,7, 8,9,10,11,12	-	遠行,忍耐	是非	
2010 (庚寅)	75		5.6.2	☴☵ 風水渙	☴☷ 風地觀	大吉運	家庭, 財産, 名譽, 西方	南方, 火姓,	1,2,3,4,5,6, 7,8,9,11,12	-	努力	南方旅行	
2011 (辛卯)	76		5.4.1	☴☳ 風雷益	☴☷ 風地觀	平凡運	健康, 結婚	家族, 財産, 北方, 東方	7,10,11,12	1,3,4,5, 6,8	移徙, 出行, 他鄕生活	남의 말, 도둑 問喪, 是非	
2012 (壬辰)	77		8.2.2	☷☱ 地澤監	☷☳ 地雷復	大吉運	財物, 職場, 家族, 西方,木姓	健康, 東方	1,2,3,4,5,6,7, 8,9,10,11,12	-	順理	남의 말	
2013 (癸巳)	78		4.5.2	☳☴ 雷風恒	☳☶ 雷山小過	平凡運	健康, 財産, 事業,名譽	子孫, 口舌, 官災, 南方	3,4,5, 7,11,12	1,2,8, 9	請託	是非, 女人, 失物, 물, 불	
2014 (甲午)	79		1.3.2	☰☲ 天火同人	☰☰ 重乾天	大吉運	財産,合格,婚事, 健康, 家族	北方	1,2,3,5,6, 7,8,9,10	-	出行	是非, 言爭	
2015 (乙未)	80		5.6.3	☴☵ 風水渙	☴☴ 重巽風	大凶運	疾病, 孤獨, 離別,東方,南方	-	-	1,2,3,4,5, 6,7,9,10	隱遁, 분수	女色, 是非	

註. 五行屬姓 分類는 다음과 같음 (五行別 가나다 順).

① 金姓 : 慶,郭,南,盧,杜,柳,文,班,方,裵,白,徐,成,邵,申,安,梁,楊,王,元,陰,張,蔣,晋,片,河,韓,黃

② 木姓 : 簡,康,高,固,孔,金,董,劉,朴,延,廉,虞,兪,陸,鼎,趙,曺,朱,周,車,崔,秋,洪,火

③ 水姓 : 庚,奇,南宮,魯,東方,馬,梅,孟,牟,毛,卞,卜,尙,鮮于,蘇,魚,呂,余,吳,龍,禹,曾,千,許,皇甫

④ 火姓 : 姜,具,吉,羅,殷,唐,鄧,邊,石,宣,薛,辛,愼,玉 尹,李,全, 鄭,丁,池,陳,秦,蔡,卓,咸

⑤ 土姓 : 甘,貢,丘,仇,權,都,陶,童,明,睦,閔,奉,孫,宋,沈,嚴,冉,牛,任,林,田,皮,玄

客說 : 經驗에서 얻은 삶의 眞實

地球 전체의 累計로 보면 平和의 期間보다 戰爭의 期間이 더 길었다고 한다. 따라서 地球는 사람이 살 곳이 못된다.

(8) 本人 生涯의 多樣性과 深度

※深度 : 100點 基準

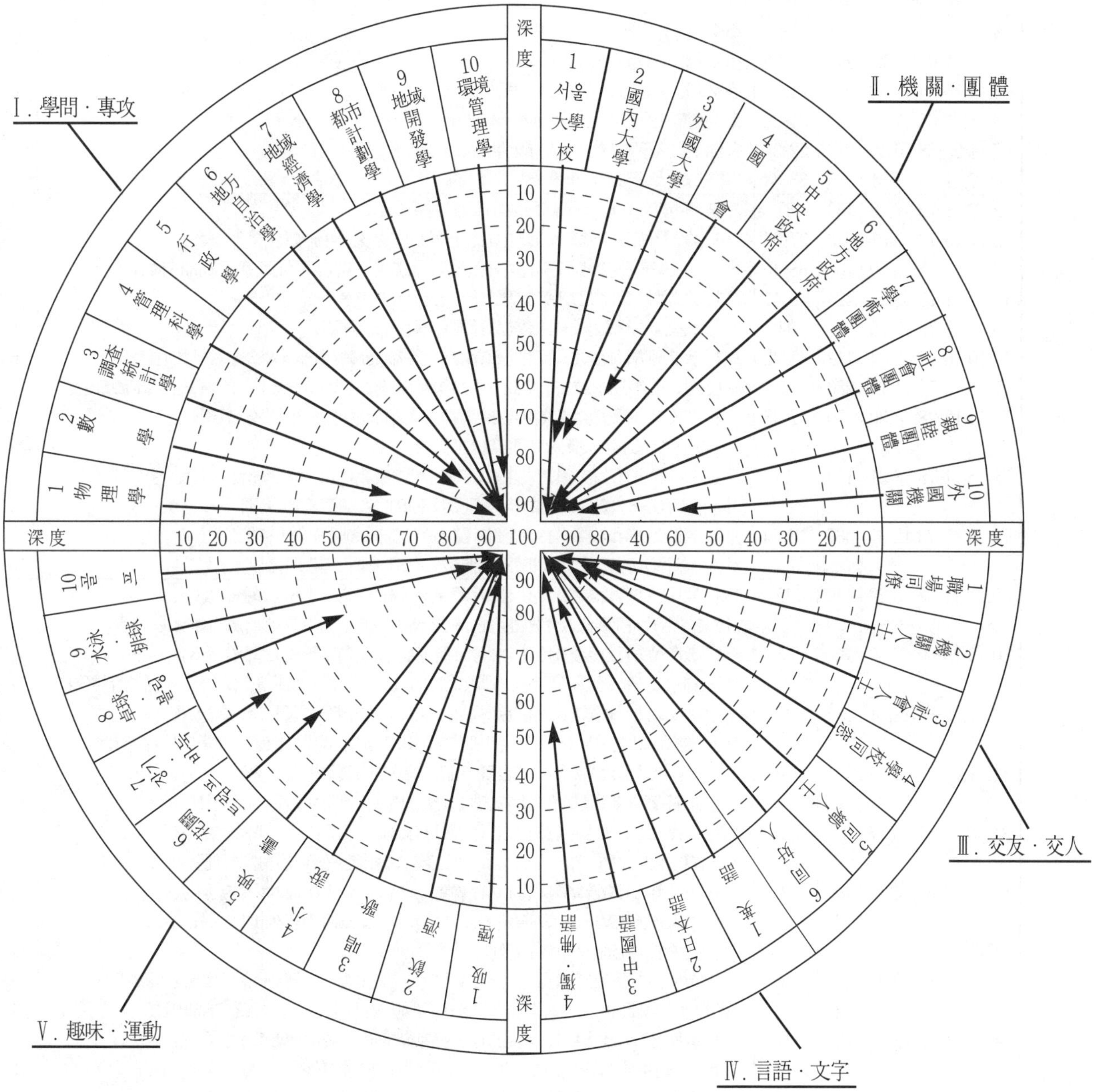

客說 : 經驗에서 얻은 삶의 眞實

같은 60年을 살아도 어떤 사람은 100年 이상 산 것과 같은 보람을 가지나 어떤 사람은 10年의 價値도 없는 경우가 있다. 살기 나름이다.

(9) 生涯中 바빴던 時節

(時間所要 主要職責의 3個以上 重複擔當 時期)

(日字順)

期　間	日數(日)	年齡(歲)	主　要　保　有　職　責　名	職責數(個)
56. 4. 1-57. 1.31	306	21-22	學校受業, 家庭敎師, 大學進學 準備	3
59. 9. 1-60. 4.30	243	24-25	學校受業, 軍服務, 時間講師	3
64. 4.15-64.12.31	261	29	學校受業, 家庭敎師, 學位論文作成, 內務部委員會勤務	4
66.11. 1-67.11.24	389	31-32	家族扶養, 大學院助敎, 大學講師, 學院講師	4
67.11.25-68. 6.30	218	32-33	家族扶養, 大學院助敎, 大學講師, 學院講師, 鳥嶺會會長	5
68. 7. 1-69. 1.31	215	33-34	家族扶養, 大學院助敎, 大學講師, 學院講師	4
72. 2. 1-72. 7.12	163	37	戶主, 博士論文準備, 大學講師, 地方行政誌 編輯委員長	4
72. 7.13-73. 5.31	323	37-38	戶主, 論文準備,敎授,地方行政誌委員長,建設部 中央調査團計劃委員	5
73. 6. 1-75. 6.30	760	38-40	戶主, 論文準備,敎授,地方行政誌委員長,建設部計劃委員,住宅銀行顧問,京畿都市計劃委員	7
75. 7. 1-76. 8.27	424	40-41	戶主, 論文準備,敎授,地方行政誌委員長,住宅銀行顧問,京畿都市計劃委員	6
76. 8. 2-76.10.15	49	41	戶主, 敎授,地方行政誌委員長,住宅銀行顧問,京畿都市計劃委員	5
76.10.16-77. 2. 4	112	41-42	戶主, 敎授,地方行政誌委員長,住宅銀行顧問,京畿都市計劃委員,國土學會誌 編輯委員長	6
77. 2. 5-77.11.11	280	42	戶主, 敎授,地方行政誌委員長,住宅銀行顧問,京畿都市計劃委員,國土學會誌 委員長, 서울市 首都行政硏究委員	7
77.11.12-78. 4.30	170	42-43	戶主, 敎授,地方行政誌委員長,住宅銀行顧問,京畿都市計劃委員,國土學會誌委員長, 서울市 首都行政硏究委員,敎育開發院 諮問敎授	8
78. 5. 1-78. 8.31	123	43	戶主, 敎授,地方行政誌委員長,住宅銀行顧問,京畿都市計劃委員,國土學會誌 委員長, 서울 首都行政硏究委員,敎育開發院 諮問敎授,KIST 地域開發硏究所顧問	9
78. 9. 1-79.12.31	487	43-44	戶主, 敎授,地方行政誌委員長,住宅銀行顧問,京畿都市計劃委員,國土學會誌 委員長, 서울 首都行政硏究委員,敎育開發院 諮問敎授,KIST 顧問, 漢陽그룹顧問	10
80. 1. 1-80. 5.28	149	45	戶主, 敎授,地方行政誌委員長,住宅銀行 顧問,京畿都市計劃委員,國土學會誌 委員長, 서울 首都行政硏究委員,敎育開發院 諮問敎授,KIST 顧問, 漢陽그룹顧問,鳥嶺會 會長	11
80. 5.29-80. 6.30	33	45	戶主, 敎授,地方行政誌委員長,住宅銀行 顧問,京畿都市計劃委員,國土學會誌 委員長, 서울 首都行政硏究委員,敎育開發院 諮問敎授,KIST 顧問, 漢陽그룹顧問,鳥嶺會 會長, 서울都市計劃委員	12
80. 7. 1-80.12,31	184	45	戶主, 敎授,地方行政誌委員長,住宅銀行 顧問,京畿都市計劃委員,國土學會誌 委員長, 서울 首都行政硏究委員,敎育開發院 諮問 敎授,KIST 顧問, 漢陽그룹顧問, 서울都市計劃委員	11
81. 1. 1-81. 2.28	59	46	戶主, 敎授,地方行政誌委員長,住宅銀行 顧問,京畿都市計劃委員,國土學會誌 委員長, 서울 首都行政硏究委員,敎育開發院 諮問 敎授,漢陽그룹顧問,서울都市計劃委員	10
81. 3. 1-81. 3.17	17	46	戶主, 敎授,地方行政誌委員長,住宅銀行 顧問,京畿都市計劃委員,國土學會誌 委員長, 서울 首都行政硏究委員,敎育開發院 諮問 敎授,漢陽그룹顧問,서울都市計劃委員, 聞慶中學校 同窓會長	11
81. 3.18-81. 5.11	55	46	戶主, 敎授,地方行政誌委員長,住宅銀行 顧問,京畿都市計劃委員,國土學會誌 委員長, 서울 首都行政硏究委員,敎育開發院 諮問 敎授,漢陽그룹 顧問,서울都市計劃委員, 聞中同窓會長,內務部 硏修院指導敎授	12
81. 5.12-81.12.31	234	46	戶主, 敎授,地方行政誌委員長,住宅銀行 顧問,京畿都市計劃委員,國土學會誌 委員長, 敎育開發院 諮問敎授,漢陽그룹 顧問,서울都市計劃委員,聞中 同窓會長,硏修院指導敎授	11
82. 1. 1-82. 2.27	58	47	戶主, 敎授,地方行政誌委員長,住宅銀行 顧問,京畿都市計劃委員,國土學會誌 委員長, 漢陽그룹 顧問,서울都市計劃委員,聞中 同窓會長,硏修院 指導敎授	10
82. 2.28-82. 3.27	28	47	戶主, 敎授,地方行政誌委員長,住宅銀行 顧問,京畿都市計劃委員, 漢陽그룹 顧問, 서울都市計劃委員,聞中 同窓會長,硏修院 指導敎授	9
82. 3.28-83. 9.28	550	47-48	戶主, 敎授,住宅銀行 顧問,京畿都市計劃委員, 漢陽그룹顧問, 서울都市計劃委員,聞中 同窓會長,硏修院 指導敎授	8
83. 9.29-84. 5.24	240	48-49	戶主, 敎授,住宅銀行 顧問,京畿都市計劃委員,서울都市計劃委員,聞中同窓會長,硏修院指導敎授	7
84. 5.25-85. 2.23	275	49-50	戶主, 敎授,住宅銀行 顧問,京畿都市計劃委員,서울都市計劃委員,聞慶 同窓會長,硏修院 指導敎授 土地公社 理事	8
85. 5.24-85. 5.27	4	50	戶主, 敎授,住宅銀行 顧問,京畿都市計劃委員,서울都市計劃委員,硏修院指導敎授 土地公社 理事	7
85. 5. 8-86. 2.14	263	50-51	戶主, 敎授,住宅銀行 顧問,京畿都市計劃委員,硏修院指導敎授,土地公社 理事	6

期　間	日數(日)	年齡(歲)	主 要 保 有 職 責 名	職責數(個)
86. 2.15-86. 6.18	124	51	戶主, 敎授, 住宅銀行 顧問, 京畿都市計劃委員, 硏修院指導敎授, 土地公社 理事, 國土計劃學會 會長	7
86. 6.19-86.10.15	119	51	戶主, 敎授, 住宅銀行 顧問, 京畿都市計劃委員, 硏修院指導敎授, 土地公社 理事, 國土計劃學會 會長,建設部 中央都市計劃委員	8
86.10.16-86.11. 4	20	51	戶主, 敎授, 住宅銀行 顧問, 硏修院 指導敎授, 土地公社 理事, 國土計劃學會 會長, 中央都市計劃委員	7
86.11. 5-88. 2.13	101	51-53	戶主, 敎授, 住宅銀行 顧問, 硏修院 指導敎授, 土地公社 理事, 國土計劃學會 會長, 中央都市計劃委員, 서울大環境大學院院長	8
88. 2.14-88. 4.30	77	53	戶主, 敎授, 住宅銀行 顧問, 硏修院 指導敎授, 土地公社 理事, 中央都市計劃委員, 서울大環境大學院 院長	7
88. 5. 1-89. 5. 7	372	53-54	戶主, 敎授, 住宅銀行 顧問, 硏修院指導敎授, 土地公社理事, 中央都市計劃委員, 地方財政誌 編輯委員	8
89. 5. 8-89. 6. 4	28	54	戶主, 敎授, 住宅銀行 顧問, 硏修院 指導敎授, 土地公社 理事, 中央都市計劃委員, 서울大環境大學院 院長, 地方財政誌 編輯委員, 새마을本部 理事	9
89. 6. 5-89.12.31	210	54	戶主, 敎授, 住宅銀行 顧問, 硏修院 指導敎授, 土地公社 理事, 中央都市計劃委員, 서울大環境大學院 院長, 地方財政誌 編輯委員, 새마을本部 理事, 科學技術諮問會議 委員	10
90. 1. 1-90. 2.28	59	55	戶主, 敎授, 住宅銀行 顧問, 硏修院 指導敎授, 土地公社 理事, 中央都市計劃委員, 서울大環境大學院 院長, 地方財政委員, 새마을本部 理事, 科學技術諮問會議委員, 地域開發審議委員長	11
90. 3. 1-90. 5.24	85	55	戶主, 敎授, 硏修院 指導敎授, 土地公社 理事, 中央都市計劃委員, 서울大環境大學院 院長, 地方財政委員, 새마을本部 理事, 科學技術諮問會議委員, 地域開發審議委員長	10
90. 5.25-90. 6.30	37	55	戶主, 敎授, 硏修院指導敎授, 中央都市計劃 委員, 서울大環境大學院 院長, 地方財政委員, 새마을本部 理事, 科學技術諮問會議委員, 地域開發審議委員長	9
90. 7. 1-90.11. 4	127	55	戶主, 敎授, 硏修院 指導敎授, 中央都市計劃委員, 서울大環境大學院 院長, 地方財政委員, 새마을本部 理事, 科學技術諮問會議委員, 地域開發審議委員長, 鳥嶺會 會長	10
90.11. 5-90.12.31	57	55	戶主, 敎授, 硏修院 指導敎授, 中央都市計劃委員, 地方財政委員, 새마을本部 理事, 科學技術諮問會議委員, 地域開發審議委員長, 鳥嶺會 會長	9
91. 1. 1-91. 3. 8	67	56	戶主, 敎授, 硏修院 指導敎授, 中央都市計劃委員, 地方財政委員, 새마을本部 理事, 地域開發審議委員長	7
91. 3. 9-91.12.28	295	56	戶主, 敎授, 硏修院 指導敎授, 中央都市計劃委員, 地方財政委員, 새마을本部 理事, 檀國大講師	8
91.12.29-92. 5.20	144	56-57	戶主, 敎授, 硏修院 指導敎授, 中央都市計劃委員, 地方財政委員, 새마을本部 理事, 地域開發審議委員長, 檀國大講師, 自治新聞社顧問	9
92. 5.21-92. 7.21	62	57	戶主, 敎授, 硏修院 指導敎授, 中央都市計劃委員, 地方財政委員, 새마을本部 理事, 地域開發審議委員長, 檀國大講師, 自治新聞社顧問, 國政會硏究室長	10
92. 7.22-92. 7.27	6	57	戶主, 硏修院指導敎授, 地方財政委員, 새마을本部 理事, 地域開發審議委員長, 檀國大 講師, 國政會 硏究室長, 地方行政硏究院長	8
92. 7.28-93. 4. 9	256	57-58	戶主, 硏修院指導敎授, 새마을本部理事, 地域開發審議委員長, 檀國大 講師, 國政會 硏究室長, 地方行政硏究院長	7
93. 4.10-93. 5.31	52	58	戶主, 硏修院指導敎授, 새마을本部 理事, 地域開發審議委員長, 檀國大 講師, 國政會 硏究室長, 地方行政硏究院長, 行政刷新委員	8
93. 6. 1-93.12.31	214	58	戶主, 硏修院指導敎授, 地域開發審議委員長, 檀國大 講師, 國政會 硏究室長, 地方行政硏究院長, 行政刷新委員	7
94. 1. 1-94. 1.31	31	59	戶主, 硏修院 指導敎授, 地域開發審議委員長, 檀國大 講師, 地方行政硏究院長, 行政刷新委員	6
94. 2. 1-94. 7.21	171	59	戶主, 硏修院指導敎授, 地域開發審議委員長, 檀國大 講師, 地方行政硏究院長, 行政刷新委員, 社稷會 硏究室長	7
94. 7.22-94.12.31	163	59	戶主, 敎授, 硏修院 指導敎授, 中央都市計劃委員, 地域開發審議委員長, 檀國大 講師, 行政刷新委員, 社稷會 硏究室長	8
95. 1. 1-95. 2.21	52	60	戶主, 敎授, 硏修院 指導敎授, 中央都市計劃委員, 地域開發審議委員長, 檀國大 講師, 行政刷新委員	7
95. 2.22-95. 3.31	38	60	戶主, 敎授, 硏修院指導敎授, 中央都市計劃委員, 地域開發審議委員長, 檀國大 講師, 行政刷新委員, 地方自治學會長	8
95. 4. 1-95. 4.30	30	60	戶主, 敎授, 硏修院 指導敎授, 中央都市計劃委員, 地域開發審議委員長,	

期　間	日數(日)	年齡(歲)	主 要 保 有 職 責 名	職責數(個)
			自治開發研究院 理事長,行政刷新委員, 檀國大 講師, 地方自治學會長	9
95. 5. 1-95.12.31	245	60	戶主, 教授, 研修院 指導教授, 中央都市計劃委員, 地域開發審議委員長, 自治開發研究院 理事長, 檀國大講師, 地方自治學會長	8
96. 1. 1-96. 4. 5	96	61	戶主, 教授, 研修院 指導教授, 中央都市計劃委員, 地域開發審議委員長, 自治開發研究院 理事長, 地方自治學會長	7
96. 4. 6-97. 2.14	315	61-62	戶主, 教授, 研修院 指導教授, 中央都市計劃委員, 地域開發審議委員長, 自治開發研究院 理事長,地方自治學會長, 建交部民間支援事業 審議委員長	8
97. 2.15-97. 2.23	9	62	戶主, 教授, 研修院 指導教授, 中央都市計劃委員, 地域開發審議委員長, 自治開發研究院 理事長,民間支援審議委員長	7
97. 2.24-97. 2.28	5	62	戶主, 教授, 研修院 指導教授, 中央都市計劃委員, 地域開發審議委員長, 自治開發研究院 理事長,民間支援審議委員長, 地域開發研究會 顧問	8
97. 3. 1-98. 2.28	365	62-63	戶主, 教授, 研修院 指導教授, 中央都市計劃委員, 自治開發研究院 理事長, 民間支援研究委員長, 地域開發研究會 顧問, 環境大學院 高位課程 主任教授	8
98. 3. 1-98. 3. 2	2	63	戶主, 教授, 研修院 指導教授, 中央都市計劃委員, 自治開發研究院 理事長,民間支援審議委員長, 地域開發研究會 顧問, 高位課程主任 教授	8
98. 3. 3-98.12.14	287	63	戶主, 教授, 研修院 指導教授, 中央都市計劃委員, 自治開發研究院 理事長,民間支援審議委員長, 地域開發研究會 顧問, 高位課程 主任教授, 國土學會 國際交流委員長	9
98.12.15-99. 2.28	76	63-64	戶主, 教授, 研修院 指導教授, 中央都市計劃委員, 自治開發研究院 理事長, 民間支援審議委員長, 地域開發研究會 顧問, 高位課程主任教授 國土學會 國際委員長, 월드컵 공동議長	10
99. 3. 1-99. 4.18	49	64	戶主, 教授, 研修院 指導教授, 中央都市計劃委員, 自治開發研究院 理事長, 民間支援審議委員長, 地域開發研究會 顧問, 國土學會 國際委員長, 월드컵 공동議長	9
99. 4.19-99. 5.14	26	64	戶主, 教授, 研修院 指導教授, 中央都市計劃委員, 自治開發研究院 理事長, 民間支援審議委員長, 地域開發研究會 顧問, 國土學會 國際委員長, 월드컵 공동議長, Viagis Center 研究部長	10
99. 5.15-99. 6.28	45	64	戶主, 教授, 研修院 指導教授, 中央都市計劃委員, 自治開發研究院 理事長, 地域開發研究會 顧問, 國土學會 國際委員長, 월드컵 공동議長, Viagis Center 研究部長	9
99. 6.29-99. 8.29	62	64	戶主, 教授, 研修院 指導教授, 中央都市計劃委員, 自治開發研究院 理事長, 地域開發研究會 顧問, 國土學會 國際委員長, 월드컵 공동議長, Viagis Center 研究部長, 새재會長	10
99. 8.30-00. 2.24	179	64-65	戶主, 教授, 研修院 指導教授, 中央都市計劃委員, 自治開發研究院 理事長, 地域開發研究會 顧問, 國土學會 國際委員長, 월드컵 공동議長, Viagis Center 研究部長, 새재會長, 地方移讓委員長	11
00. 2.25-00. 6.19	116	65	戶主, 教授, 研修院 指導教授, 中央都市計劃委員, 自治開發研究院 理事長, 地域開發研究會 顧問, 國土學會 國際委員長, 월드컵 공동議長, Viagis Center 研究部長, 地方移讓委員長	10
00. 6.20-00. 9.28	101	65	戶主, 教授, 研修院 指導教授, 中央都市計劃委員, 自治開發研究院 理事長, 地域開發研究會 顧問, 國土學會 國際委員長, 월드컵 공동議長, Viagis Center 研究部長, 地方移讓委員長, 國土整備委員長	11
00. 9.29-00.12.14	77	65	戶主, 教授, 研修院 指導教授, 中央都市計劃委員, 自治開發研究院 理事長, 地域開發研究會 顧問, 國土學會 國際委員長, 월드컵 공동議長, Viagis Center 研究部長, 地方移讓委員長, 國土整備委員長, 空港體系委員長	12
00.12.15-01. 6.20	188	65-66	戶主, 教授, 研修院 指導教授, 中央都市計劃委員, 自治開發研究院 理事長, 地域開發研究會 顧問, 國土學會 國際委員長, Viagis Center 研究部長, 地方移讓委員長, 國土整備委員長, 空港體系委員長	11
01. 6.21-01. 7.18	28	66	戶主, 教授, 研修院 指導教授, 中央都市計劃委員, 自治開發研究院 理事長, 地域開發研究會 顧問, 國土學會 國際委員長, Viagis Center 研究部長, 地方移讓委員長, 空港體系委員長	10
01. 7.19-01. 9.28	71	66	戶主, 教授, 研修院 指導教授, 中央都市計劃委員, 自治開發研究院 理事長, 地域開發研究會 顧問, 國土學會 國際委員長, 地方移讓委員長, 空港體系委員長	9
01. 9.29-02. 2.22	146	66-67	戶主, 教授, 研修院 指導教授, 中央都市計劃委員, 自治開發研究院 理事長, 地域開發研究會 顧問, 國土學會 國際委員長, 地方移讓委員長, 向志會 會長	9
02. 2.23-02. 8.31	190	67	戶主, 教授, 研修院 指導教授, 中央都市計劃委員, 自治開發研究院 理事長, 地域開發研究會 顧問, 地方移讓委員長, 向志會會長, 地研會會長	9
02. 9. 1-03. 1.31	153	67-68	戶主, 서울大 講師, 中央都市計劃委員, 地方移讓推進委員長, 研修院 指導教授, 國土포럼 共同代表議長, 自治發展研究院長, 地域發展研究院 顧問, 道德協會 顧問, 向志會 會長, 地研會 會長	11
03. 2. 1-03. 4.21	80	68	戶主, 서울大 講師, 中央都市計劃委員, 地方移讓推進委員長, 國土포럼 共同代表議長, 自治發展研究	

期　間	日數(日)	年齡(歲)	主　要　保　有　職　責　名	職責數(個)
			院長, 地域發展研究院長, 道德協會 顧問, 向志會 會長, 地硏會 會長	10
03. 4.22-03. 6. 5	45	68	戶主, 서울大 講師, 中央都市計劃委員, 地方移讓推進委員長, 國土포럼 共同代表議長, 自治發展硏究院長, 地域發展硏究院長, 道德協會 顧問, 向志會 會長, 地硏會 會長, 서울外廓道路路線調整委員長	11
03. 6. 6-03. 7. 6	31	68	戶主, 서울大 講師, 中央都市計劃委員, 地方移讓推進委員長, 國土포럼 共同代表議長, 自治發展硏究院長, 地域發展硏究院長, 道德協會 顧問, 向志會 會長, 地硏會 會長, 行政首都建設諮問委員長	11
03. 7. 7-03. 9.16	72	68	戶主, 서울大 講師, 中央都市計劃委員, 地方移讓推進委員長, 國土포럼 共同代表議長, 自治發展硏究院長, 地域發展硏究院長, 道德協會 顧問, 向志會 會長, 地硏會 會長, 行政首都建設諮問委員長, 書畵作家協會 顧問	12
03. 9.17-03.11. 4	49	68	戶主, 서울大 講師, 中央都市計劃委員, 國土포럼 共同代表議長, 自治發展硏究院長, 地域發展硏究院長, 道德協會 顧問, 向志會 會長, 地硏會 會長, 行政首都建設諮問委員長, 書畵作家協會 顧問, 土地公社諮問委員長	12
03.11. 5-03.12.27	53	68	戶主, 서울大 講師, 中央都市計劃委員, 國土포럼 共同代表議長, 自治發展硏究院長, 地域發展硏究院長, 道德協會 顧問, 地硏會 會長, 行政首都建設諮問委員長, 書畵作家協會 顧問, 土地公社諮問委員長	11
03.12.28-04. 4.16	110	68-69	戶主, 서울大 講師, 中央都市計劃委員, 國土포럼 共同代表議長, 自治發展硏究院長, 地域發展硏究院長, 道德協會 顧問, 行政首都建設諮問委員長, 書畵作家協會 顧問, 土地公社諮問委員長	10
04. 4.17-04. 5.20	34	69	戶主, 서울大 講師, 中央都市計劃委員, 國土포럼 共同代表議長, 自治發展硏究院長, 地域發展硏究院長, 道德協會 顧問, 書畵作家協會 顧問, 土地公社諮問委員長	9
04. 5.21-04. 5.31	11	69	戶主, 서울大 講師, 中央都市計劃委員, 國土포럼 共同代表議長, 自治發展硏究院長, 地域發展硏究院長, 道德協會 顧問, 行政首都建設推進委員長, 書畵作家協會 顧問, 土地公社諮問委員長	10
04. 6. 1-04. 7. 1	31	69	戶主, 서울大 講師, 中央都市計劃委員, 國土포럼 共同代表議長, 自治發展硏究院 顧問, 地域發展硏究院 代表 顧問, 道德協會 顧問, 行政首都建設推進委員長, 書畵作家協會 顧問, 土地公社諮問委員長	10
04. 7. 2-04. 9.13	74	69	戶主, 서울大 講師, 中央都市計劃委員, 國土포럼 共同代表議長, 自治發展硏究院 顧問, 地域發展硏究院 代表顧問, 道德協會 總裁, 行政首都建設推進委員長, 書畵作家協會 總裁, 土地公社諮問委員長	10
04. 9.14-04. 9.23	10	69	戶主, 서울大 講師, 中央都市計劃委員, 國土포럼 共同代表議長, 自治發展硏究院 顧問, 地域發展硏究院 代表顧問, 道德協會 總裁, 書畵作家協會總裁, 土地公社諮問委員長	9
04. 9.24-04.12.28	96	69	戶主, 서울大 講師, 中央都市計劃委員, 國土포럼 共同代表議長, 自治發展硏究院長, 地域發展硏究院 代表顧問, 道德協會 總裁, 書畵作家協會 總裁, 土地公社諮問委員長	9
04.12.29-05. 2.28	62	69-70	戶主, 서울大 講師 中央都市計劃委員, 國土포럼共同代表議長, 自治發展硏究院長, 地域發展硏究院 代表顧問, 道德協會 總裁, 書畵作家協會 總裁, 土地公社諮問委員長, 光云學園 理事	10
05. 3. 1-05. 4.21	52	70	戶主, 서울大 講師, 中央都市計劃委員, 國土포럼 共同代表議長, 自治發展硏究院長, 地域發展硏究院 代表顧問, 道德協會 總裁, 書畵作家協會 總裁, 土地公社諮問委員長, 光云學園 理事, 建國大 碩座敎授	11
05. 4.22-05. 5. 6	15	70	戶主, 서울大 講師, 中央都市計劃委員, 國土포럼共同代表議長, 自治發展硏究院長, 地域發展硏究院 代表顧問, 道德協會 總裁, 書畵作家協會 總裁, 土地公社諮問委員長, 建國大 碩座敎授	10
05. 5. 7-05. 5.25	19	70	戶主, 서울大 講師, 中央都市計劃委員, 國土포럼 共同代表議長, 自治發展硏究院長, 地域發展硏究院 代表顧問, 道德協會 總裁, 書畵作家協會 總裁, 土地公社諮問委員長, 建國大 碩座敎授	10
05. 5.26-05.12.31	220	70	戶主, 서울大 講師, 中央都市計劃委員, 國土포럼 共同代表議長, 自治發展硏究院長, 地域發展 硏究院 代表顧問, 道德協會 總裁, 行複都市建設諮問委員, 書畵作家協會 總裁, 土地公社諮問委員長, 建國大 碩座敎授	11
06. 1. 1-06. 7.28	209	71	戶主, 서울大 講師, 中央都市計劃委員, 國土포럼 共同代表議長, 自治發展硏究院長, 地域發展硏究院 常任顧問, 道德協會 總裁, 行複都市建設諮問委員, 書畵作家協會 總裁, 土地公社諮問委員長, 建國大 碩座敎授, 行複都市 都市名稱 制定審議委員長, 三道會 會長, 好凡會 會長	14

※ 10個 以上 職責擔當時期 : ① 78.9.1-82.2.27(1,276日), ② 89.6.5-90.5.24(354日), ③ 90.7.1-90.11.4(127日), ④ 92.5.21-92.7.21(62日), ⑤ 98.12.15-99.2.28(76日), ⑥ 99.4.19-99.5.14(26日), ⑦ 99.6.29-01.7.18 (199日), ⑧ 02.9.1-04.4.16(593日), ⑨ 04.5.21-04.9.13(116日), ⑩ 04.12.29-06.7.28(725日), (總 3,554日)

(10) 삶의 즐거움과 괴로움을 준 事件들

(發生日字順)

生涯段階		年度(年齡)	즐겁고 기쁘게 한 것들(喜樂之事)		슬프고 괴롭게 한 것들(悲苦之事)	
			日字(曜日)	事件	日字(曜日)	事件
成長修學期	幼兒期	1936(1)	7.28(火)	出現의 歡喜를 알리는 高孤의 聲을 發함	7.28(火)	人生苦樂을 겪을 삶을 시작함
			8.15(土)	長男으로 태어나서 귀여움을 받음	8.1(土)	母乳의 부족으로 배가고파 자주 울음
		1937(2)	3.1(月)	祖母가 사탕·꿀을 얻어서 먹여줌	1.1(金)	배가 고파서 자주 울음
			10.10(日)	유일한 아들이라 자상한 保護를 받음	7.10(土)	몸이 불편하여 자주 보챔
		1938(3)	5.26(木)	父母任 따라 절에 가서 재미있게 놈	4.3(日)	外祖父가 逝去하심
			10.31(月)	조금씩 밖에 나가서 놀기 시작함	7.1(火)	食糧不足으로 배가 고파 낮잠을 잠
		1939(4)	10.1(日)	동리 親舊들과 숨바꼭질을 하며 놈	10.1(日)	머리를 面刀칼로 백호를 쳐서 아파서 움
			12.31(日)	祖母가 떡을 구하여 먹여줌	10.31(火)	가을 과일을 자꾸 먹어 배가 아픔
		1940(5)	7.15(月)	水泳을 배우기 시작함	7.20(土)	熱病을 얻어 3個月간 고생함
			10.31(木)	紅柿를 따서 맛있게 먹음	8.20(火)	배가 고파 먹을 것을 찾아다님
		1941(6)	2.1(土)	노래를 배워 부름	11.15(土)	供出 不足으로 警察이 와서 집을 뒤짐
			8.10(日)	친구들과 野山을 뛰어다니며 놈	12.3(水)	방안이 추워서 이불 속에서 지냄
		1942(7)	6.1(月)	구슬치기를 하며 동리 아이들과 놈	3.17(火)	外祖母가 逝去하심
			10.31(土)	햅쌀의 흰밥을 몇번 먹음	10.5(月)	驚氣病을 얻어 여러날 앓음
		1943(8)	7.1(木)	자치기·제기차기를 하며 친구들과 놈	1.1(金)	친구들이 '까재'라고 불러 속이 상함
			9.1(水)	누님들과 같이 노래를 合唱함	4.1(木)	學校 入學을 못하여 失望함
		1944(9)	5.1(月)	딱지치기를 하면서 친구들과 놈	10.15(日)	둘째 누님이 出嫁하여 쓸쓸함
			12.25(月)	아버지가 古談小說을 읽는 것을 들음	12.10(日)	언제나 배가 고파 힘이 없음
	初等學校	1945(10)	4.2(月)	初等學校에 入學하여 으쓱해짐	4.2(月)	짚신을 신고 登校하여 창피함
			8.15(水)	解放이 되어 自由롭고 糧穀調査가 없어짐	10.1(月)	배가 고파 山에서 칡·松肌 등을 먹음
			11.1(木)	한글을 배워 漫畵를 보기 시작함	11.1(木)	남의 집 참외 등을 따먹다가 혼이 남
			12.25(土)	童話集과 小說을 읽기 시작함	12.1(土)	마을에서 問題兒로 지목됨
		1946(11)	9.5(木)	擔任 先生이 준 運動靴를 처음 신음	2.1(金)	흰쌀밥이 먹고싶어 밥床에서 칭얼 댐
			10.5(土)	叔父가 바나나를 가져와서 처음 먹음	8.22(木)	祖母가 逝去하여 집 뒤에서 혼자 움
		1947(12)	8.5(火)	鳶을 직접 만들어 날리며 즐김	3.5(水)	도시락 속이 부끄러워 밖에서 혼자 먹음
			9.5(金)	理髮所에서 機械로 머리를 깎음	4.21(月)	口腔惡臭로 學校에서 中退하여 집에 옴
			12.20(土)	썰매를 직접 만들어 얼음위에서 탐	5.15(木)	아카시아·진달래 꽃 등을 따 먹어 배를 채움
		1948(13)	3.30(火)	처음으로 映畵를 보며 신기해 함	2.5((木)	밥이 없어 늘 죽이나 국수를 먹음
			5.15(土)	曲馬團 구경을 하며 놀라워함	4.5(月)	擔任先生에 대해 授業拒否를 함
			7.24(土)	優等賞과 皆勤賞 및 賞品을 받음	9.5(日)	지게에 나무를 해 싣고 장터에 나가 팜
			9.1(水)	4學年 4班의 副級長이 됨	10.30(土)	배가고파 紅柿등 과일을 많이 따먹음
		1949(14)	3.1(火)	4學年 4班의 級長이 됨	1.15(土)	죽과 보리밥이 먹기 싫어 투정을 함
			7.12(火)	버스를 처음 타보고 신기해함	3.1(火)	工夫잘하는 轉入生이 와서 神經쓰임
			7.26(火)	學校에서 賞狀과 賞品을 많이 받음	3.15(火)	노트·鉛筆이 없어 버린 것을 구해 씀
			12.3(土)	花鬪를 배워 치기 시작함	11.1(火)	路邊에 紅柿를 내 놓고 판매함
		1950(15)	3.1(水)	5學年 2班 級長이 됨	3.10(金)	富者 父母들이 자주와서 눈에 거슬림
			5.27(土)	賞狀과 賞品을 많이 받음	6.25(日)	動亂이 일어나 食糧苦生을 함
			7.20(木)	人民軍 少尉와 사귀어 친하게 지냄	7.30(日)	北韓노래 배우고 人民軍에게 便紙함
			8.31(木)	校內 美術大會에서 3等으로 입상함	11.5(日)	中學進學 관계로 苦悶을 함
		1951(16)	3.1(木)	6學年 2班 級長이 됨	3.1(木)	級長으로서 擔任先生 卒業膳物로 고민함
			6.20(水)	中學進學 國家考試에서 聞慶郡 1等을 함	3.5(月)	課外工夫를 할 수 없어 혼자 工夫함
			7.14(土)	初等學校 卒業, 賞狀·賞品을 많이 탐	4.1(日)	市場에 나가 큰 妹兄 밑에서 장사를 배움
			8.1(水)	홀가분한 마음으로 마음껏 놀러다님	9.1(土)	中學入學金 마련으로 무척 고민함

生涯段階	年度(年齡)	즐겁고 기쁘게 한 것들(喜樂之事) 日字(曜日)	事件	슬프고 괴롭게 한 것들(悲苦之事) 日字(曜日)	事件
中等學校		9.10(月)	中學校에 1等으로 入學함	10.5(金)	自宅 회양木을 中學校庭으로 이식함
		9.15(土)	1學年 西班의 級長이 됨	10.15(月)	친구들과 놀이에 빠져 工夫를 등한시함
		12.1(土)	敎會에 나가 救護物資를 얻어옴	12.1(土)	思春期에 들어서서 雜念이 많이 생김
	1952(17)	1.3(木)	洞里 盲人 占術家의 助手로 채용되어 所得생김	1.1(火)	親舊들과 놀기만 하고 小說을 많이 읽음
		5.5(月)	花鬪를 제작·판매하여 收入생김	3.31(月)	中學 1學年 成績이 下落하여 놀라워함
		6.29(日)	汽車를 처음 타보고 신기해함	6.25(水)	自轉車 타다 負傷을 당해 學校에 못감
		8.1(金)	셋째 누님이 就職을 하여 家計가 좋아짐	10.5(日)	冊을 마음대로 사보지 못해 속상함
	1953(18)	3.26(木)	優等賞狀과 賞品을 받음	4.1(水)	高校進學 苦悶으로 '生悲'를 되새김
		5.15(金)	數學·漢文·英語의 實力이 두드러짐	5.1(金)	小說耽讀과 學校工夫의 竝行으로 매우 바쁨
		9.5(土)	擔任敎師의 勸誘로 師範學校 進學을 결심	10.1(木)	高校 進學으로 父母任과 言爭함
	1954(19)	3.3(水)	中學校 卒業, 賞狀과 賞品을 많이 받음	1.15(金)	鳶을 날리다 실타래와 함께 날아감
		3.31(水)	高等學校 進學이 확정되어 安心됨	4.5(月)	安東에 下宿을 시작, 돈 마련으로 苦悶
高等學校		4.10(土)	安東師範學校에 6等으로 入學함	5.1(土)	흙집 校舍에서 많은 補缺生과 같이 工夫함
		7.25(日)	여름放學에 故鄕을 가져 待遇를 받음	5.10(月)	學校工事에 동원되어 每日같이 일을 함
		8.10(火)	婚事말이 들어와 놀랍고 좋음	7.31(土)	親舊와 같이 自炊를 하니 힘이 듬
		9.5(日)	自炊 同僚의 祖母가 와서 밥을 해줌	10.11(月)	營養失調로 運動場에서 졸도함
		12.20(月)	겨울放學에 歸鄕하여 매우 幸福함	12.1(水)	病院 治療費가 없어 苦悶이 많음
	1955(20)	2.28(月)	家庭敎師 入住로 經濟問題 해결됨	3.2(水)	學生指導로 잠이 부족함
		3.10(木)	優等賞을 받음	5.1(日)	指導하는 學生이 놀기만 좋아하여 걱정
		4.10(日)	週末에 同鄕 親舊들을 만나 즐겁게 지냄	9.1(土)	指導學生의 成績이 좋지 않아 不安함
		8.1(月)	放學때 잠시 故鄕에 가서 머뭄	9.10(木)	家庭敎師에 대한 懷疑를 느낌
		9.1(木)	數學·英語에 頭角을 나타냄	10.10(月)	健康 不振으로 몸이 弱하여 걱정함
	1956(21)	1.10(火)	서울 누님에게 가서 서울 구경함	3.2(金)	英語·數學時間을 단축하여 걱정함
		1.12(木)	서울 電車를 타봄	3.15(木)	指導學生의 成績不振으로 不安함
		3.15(木)	優等賞·皆勤賞을 받음	9.1(土)	大學進學과 敎師就任의 選擇으로 갈등함
		7.10(火)	父親 回甲을 맞이하여 참석함	9.5(水)	學校成績을 걱정하면서 進學工夫에 열중함
		9.15(土)	敎生實習에 가끔 참석하여 즐김	11.10(土)	셋째 누님이 出嫁하여 섭섭함
	1957(22)	1.1(火)	族譜에 처음 이름이 등재됨	1.31(木)	지난 306日間 3個 職責으로 무척 바빴음
		3.2(土)	安東師範學校를 卒業함	3.18(月)	卒業成績이 좋지 않아 氣分이 나쁨
		3.20(水)	初等學校 2級正敎師 資格證을 取得함	3.25(月)	서울生活에 대한 不安感이 생김
大學校(軍服務)		4.1(月)	서울大學校 文理科大學 物理學科에 入學함	4.1(月)	龍山에서 指導學生과 自炊를 시작함
		4.10(水)	처음 구두를 신고 時計를 차고 택시도 타봄	4.10(水)	獨逸語 受業이 힘들어 고생함
		5.1(水)	級友들과 排球를 하며 놈	5.1(水)	사투리를 써서 '촌놈'이란 別名을 들음
		7.20(土)	放學때 故鄕에 가서 대우를 받음	6.30(日)	처음 中國집에 가서 짜장면을 맛이 없어 못먹음
		10.1(火)	和信 映畵館에 자주 가서 同時上映을 봄	10.1(火)	學校工夫가 점차 힘들어짐
	1958(23)	3.1(土)	休學을 하고 聞慶·安東 등을 오가며 쉼	1.1(水)	學校工夫와 軍入隊의 갈등으로 苦悶함
		4.1(火)	安東 鳳停寺에 가서 체류함	2.28(金)	軍入隊를 理由로 休學함
		7.31(木)	처음 忠南地域을 訪問함	4.1(火)	休學中 將來問題로 걱정을 많이 함
		8.1(金)	鍊武臺 5小隊 5分隊長이 되고 뒤에 嚮導됨	5.1(木)	父母 自宅을 동생 學費 때문에 매각함
		9.15(月)	처음으로 京畿道地域에 감	7.31(木)	軍入隊하여 論山訓練所에 입소함
		10.1(水)	7276部隊 聯隊 1課로 전출됨	8.13(水)	어머니 回甲을 맞았으나 참여치 못함
		10.15(水)	憲兵隊 金學澈 同期를 만나 慰勞를 받음	9.15(月)	抱川 首都師團 末端小隊에 배치됨
		11.1(土)	前 勤務小隊로 놀러가 대우받음	9.20(土)	집을 짓고 나무를 하는 등 軍生活이 힘듬
	1959(24)	3.1(日)	光州 尙武臺로 전출되어 訓練助敎가 됨	1.15(木)	宿所 先任下士의 橫暴가 심해 고생함
		3.2(月)	現役으로 大學 2學年 1學期에 등록을 함	3.2(月)	軍隊와 學校를 오가며 애를 먹음

生涯段階	區分 年度(年齡)	즐겁고 기쁘게 한 것들(喜樂之事) 日字(曜日)	事件	슬프고 괴롭게 한 것들(悲苦之事) 日字(曜日)	事件
		6.2(火)	처음으로 仁川에 가서 바다를 구경함	9.10(木)	抱川 26聯隊 小隊로 재배치됨
		12.5(土)	休暇를 얻어 처음 江原道에 가서 누님宅을 訪問	10.1(木)	機動訓練時 學校受業 때문에 고생함
	1960(25)	1.5(火)	除隊가 얼마남지 않아 氣分이 좋음	4.19(火)	學生革命으로 校內外가 무척 소란함
		4.30(土)	軍隊를 제대하여 홀가분함	4,30(土)	3個 役割로 243日間 무척 바빴음
		5.3(火)	故鄕에서 總選 啓蒙運動을 함	5.1(日)	鐵道合宿所에서 買食을 하고 時間講義를 함
		6.5(日)	李東燮 · 朴今燮 親舊들과 자주 모여 놈	6.1(水)	學生 그룹指導를 하여 收入을 얻음
		12.15(木)	放學때에 故鄕에 가니 살 것 같음	12.1(木)	合宿所가 너무 추워 工夫하기가 힘듬
	1961(26)	1.16(月)	母校 聞慶中學校의 時間講師가 됨	1.5(木)	4學年 大學登錄金 때문에 걱정을 함
		3.1(水)	登錄金이 마련되어 매우 홀가분함	5.16(火)	軍事革命 발발로 社會가 경직됨
		3.5(日)	처음으로 洋服과 넥타이를 착용함	9.1(金)	지긋지긋한 家庭敎師 生活을 다시 시작함
		9.1(金)	家庭敎師 入住로 住食問題가 해결됨	12.1(金)	學士資格考査의 처음 實施로 苦悶함
		12.1(金)	처음으로 親舊의 年賀狀을 받음	12.20(水)	卒業을 앞두고 向後進路를 苦悶함
	1962(27)	1.12(金)	學士學位資格考査에 合格하여 안심함	1.30(火)	家庭敎師의 整理件으로 갈등을 함
		2.26(月)	大學을 卒業하고 理學士 學位를 받음	2.20(火)	就職을 할 곳이 마땅치 않음
職場 · 大學院		3.30(金)	高等學校 2級 正敎師 資格證을 取得함	3.1(木)	就業件으로 걱정이 많음
		4.1(日)	大望의 下宿을 시작함	4.5(木)	父母 모시기 · 結婚 등으로 苦悶함
		4.7(土)	民衆書館 編輯社員으로 入社함	5.1(火)	職場이 마음에 안들고 紹介하기 부끄러움
		4.7(土)	入社 同僚들과 처음으로 술을 마시며 놀음	9.1(土)	大學院 進學工夫로 잠을 많이 자지 못함
		4.25(水)	처음으로 正式 俸給을 받아봄	10.1(月)	校正에 몰두하여 專門家가 되는 듯함
	1963(28)	2.1(金)	首都師大附高의 數學敎師가 됨	3.5(火)	女高敎師와 大學院進學 사이에서 번민함
		3.1(金)	서울大 行政大學院에 入學하고 5.16 奬學生이 됨	4.1(月)	다시 家庭敎師에 入住하여 苦生이 시작됨
		4.21(日)	仁川 앞바다에서 배를 타고 섬에 감	7.10(水)	家庭敎師宅과의 婚談으로 苦悶함
		5.5(日)	食堂에 가서 '갈비'를 처음 먹어봄	11.1(金)	金湖洞에서 自炊를 시작함
		9.1(日)	級友들과 친하게 지내고 學校生活이 즐거움	12.5(木)	누님 家族과 같이 있게 되어 번잡함
		9.1(日)	'地方自治' 科目에 興味를 가지고 工夫함	12.10(火)	金湖洞宅 따님 結婚으로 마음이 산란함
	1964(29)	2.1(土)	學校 級友들과 자주 모여 飮酒 · 歡談함	1.1(水)	生活費 調達로 고생을 함
		4.15(水)	內務部 地方行政硏究委員會 硏究員이 됨	3.1(日)	心亂한 상태에서 學業에만 정진함
		5.13(水)	全北에 처음 가서 茂朱郡을 訪問 · 視察함	8.1(土)	家庭敎師로 入住하여 다시 苦生이 시작됨
		7.15(水)	親舊들과 裡里 青峙鉉宅에 놀러감	9.1(火)	學校 · 內務部 · 家庭敎師 · 論文作成으로 혼이 빠짐
		7.31(金)	최초의 部分硏究인 「國民學校 運營實態」를 마침	9.10(木)	大學院에 登校拒否事件이 생겨 陣痛을 겪음
		8.1(土)	라디오를 購入 · 비치함	12.5(土)	故鄕의 父母居住 住宅이 全燒됨
		9.1(火)	金壽鶴 企劃監査課長을 만나 긴 因緣을 맺음	12.31(木)	4個 役割을 261日間 수행하느라 苦生함
	1965(30)	1.1(金)	家庭敎師 生活을 종식하게 되어 홀가분함	1.1(金)	父母任이 上京하여 누님 家族과 함께 生活함
		2.26(金)	大學院을 卒業하고 碩士學位를 取得함	2.5(金)	結婚仲媒로 선을 자주 보느라 분주함
硏究院 · 助教		3.10(水)	처음 大邱 滯留中 結婚 相對者를 만남	5.1(土)	서울과 大邱 등지를 오고 가느라 바쁜 生活을 함
		4.1(木)	內務部 硏修院에서 처음 講義함	7.10(土)	將來의 進出이 막연하여 걱정이 됨
		4.10(土)	大學院 同期生으로 行硏會를 발족시킴	7.20(火)	大邱의 심한 더위로 活動이 어려움
		5.1(土)	行政問題硏究所 硏究員이 됨	8.15(日)	家族의 生計가 무척 어려운 상황임
		7.10(土)	처음으로 釜山에 출장감	9.15(水)	오래 머물렀던 大邱를 떠나게 되어 서운함
		7.17(土)	航空機로 처음 濟州道에 놀러감	10.1(金)	大邱 硏究의 報告書 作成으로 苦生을 함
		10.15(金)	처음으로 新聞에 論文을 실음	12.1(水)	結婚準備 · 資金마련 등으로 정신이 없음
	1966(31)	1.1(土)	行硏會 모임에 幹事가 됨	1.11(火)	結婚과 함께 生活苦에 시달림
		1.11(火)	結婚式을 거행하고 釜山으로 旅行을 감	3.21(月)	4家族이 梨花洞 專貰 生活을 함
		3.10(木)	扇風機를 購入함	3.25(金)	行政大學院의 無給助敎로 채용됨
		3.25(金)	'安濟 아재'라는 別名을 얻음	3.25(金)	처음으로 담배를 피우기 시작함

生涯段階		年度(年齡) \ 區分	즐겁고 기쁘게 한 것들(喜樂之事)		슬프고 괴롭게 한 것들(悲苦之事)	
			日字(曜日)	事件	日字(曜日)	事件
			4.1(金)	保健福祉部 社會事業訓練院에 講義함	4.10(日)	將來 일에 대한 걱정이 많음
			10.1(土)	처음으로 月刊 專門誌에 論文을 실음	10.10(月)	여러 活動에 참여하느라 분주함
			10.30(日)	長女가 出生함	10.30(日)	家族이 하나 더 늘어나 걱정이 커짐
			12.20(火)	昌信洞에 自宅을 처음 購入하여 이사감	12.10(土)	住宅購入費 마련으로 苦悶함
		1967(32)	3.1(水)	明知大學에서 첫 講義를 함	9.1(金)	建國大學의 '國際行政論' 講義를 獨學으로 함
			9.1(金)	建國大學에서 첫 講義를 함	10.1(日)	將來가 막막하여 걱정이 큼
			10.1(日)	共著『國稅와 地方稅의 調整』이 발간됨	11.1(水)	京畿學院에서 行政學 講義를 함
			11.25(土)	鳥嶺會를 발족시키고 初代會長이 됨	11.24(金)	4個 職責을 가지고 389日間 바빴음
			12.31(日)	親舊들과 어울려 놀기를 좋아함	12.10(日)	生活과 活動으로 餘裕없는 時間을 보냄
		1968(33)	1.16(火)	동생이 結婚하여 獨立生活을 함	1.20(土)	동생 結婚扶助金으로 다소 갈등이 생김
			1.22(月)	처음으로 敎材本의 論文을 집필 · 발간함	5.10(金)	英語實力 부족으로 苦悶을 함
			1.27(土)	自宅에 電話가 들어옴	6.30(日)	5個 職責을 가지고 218日間 바빴음
			3.10(日)	美 平和奉仕團員 Rodney Lane을 만남	9.1(日)	처음으로 眼鏡을 착용함
			11.12(火)	長男이 出生함	11.12(火)	食口가 6名이나 되어 生活이 걱정됨
		1969(34)	3.5(水)	아들 · 딸이 귀엽게 成長함	1.5(日)	留學관련 試驗을 치기 시작함
			4.10(木)	自宅에 黑白TV를 購入 · 비치함	1.31(金)	4個 職責으로 215日間 바삐 지냈음
			7.20(日)	留學이 결정되어 喜悲가 교차함	8.1(金)	留學中 家族生活에 대해 걱정함
	美國留學		9.20(土)	留學次 出國하여 美國에 감	9.26(金)	入住한 아파트를 청소하고 自炊를 시작함
			9.30(火)	最初의 單獨硏究報告書를 간행 · 제출함	10.1(水)	言語 障壁으로 學校 工夫가 힘이 듦
			10.20(月)	오하이오街의 個人아파트로 移住함	10.1(水)	子女들이 보고 싶어 가끔 이름을 부르며 움
			11.1(土)	週末 韓國學生들과 韓國語로 회포를 품	10.10(金)	車가 없어 同僚들에게 자주 신세를 짐
			11.30(日)	첫 學期 成績이 良好하여 安心을 함	11.1(土)	美國生活에 적응이 되지 않아 힘이 듦
			12.13(土)	韓人 學生會 副會長으로 선출됨	12.5(金)	韓人들간에 葛藤이 심해 안타깝게 느낌
		1970(35)	1.2(金)	Lane 夫婦가 다녀감	1.10(土)	눈이 많이 내려 登下校에 힘이 듦
			2.11(水)	Eiko를 만나 사귐	1.30(金)	宿題와 읽을거리가 많아 잠을 못잠
			2.28(土)	大學構內에서 볼링을 배워 운동함	4.25(土)	妻가 지루하고 답답하다며 神經질을 냄.
			3.28(土)	妻가 美國에 와서 合流함	5.1(金)	두 사람의 生活로 費用이 많이 듦
			5.14(木)	아파트에 TV를 비치함	7.5(日)	妻의 不平이 심해짐
			6.5(金)	和子 누님 夫婦가 다녀감	8.1(土)	夏期學期까지 등록하여 힘이 듦
			8.28(金)	아파트에 에어콘을 설치함	10.5(月)	妻의 不滿으로 安靜이 깨어짐
			8.29(土)	妻 및 韓人學生들과 美國내 旅行을 감	11.1(日)	車가 없어 妻와 市場보러 다니기가 어려움
			9,7(月)	單獨으로 美國務省 周旋의 旅行을 함	11.15(日)	妻의 姙娠으로 擧動이 불편함
			9.25(金)	博士課程 工夫를 시작함	12.1(火)	妻가 病院에 다니기 시작하여 힘듦
		1971(36)	2.25(木)	學校成績이 좋아 만족스러움	2.22(月)	齒科治療를 까다로운 節次를 통해 받음
			3.12(金)	次女 貞娥가 病院에서 出生함	3.1(月)	妻가 治療차 病院에 자주 다님
			3.15(月)	次女가 자동적으로 美國市民이 됨	3.13(土)	次女 出生으로 病院費가 과다하게 나옴
			6.13(日)	美國大學에서 碩士學位를 받음	5.19(水)	生活費가 많이 들어 苦悶이 큼
			7.1(木)	次女가 健康하게 자라 귀여워짐	9.13(月)	博士課程 日語試驗에 애를 먹음
			8.15(日)	애기와 옆 公園에 자주 놀러나감	10.29(金)	妻가 齒科病院에 다니기 시작함
			12.13(月)	博士學位 資格試驗에 전부 合格함	12.3(金)	博士學位 資格試驗 치르느라 코피를 쏟음
			12.31(金)	韓人 忘年會에 나가 作別人事를 함	12.20(月)	歸國準備 및 돈 不足으로 苦悶이 많음
		1972(37)	1.8(土)	妻·次女와 Cincinnati를 출발하여 Hawaii에 옴	1.1(土)	歸國을 앞두고 걱정이 더 많아짐
			1.12(水)	東京에 도착 市內를 觀光함	1.13(木)	東京에서 日人知友를 만나지 못해 서운함
社會活動期	傳任講師		1.14(金)	韓國에 歸國하여 家族을 만남	2.1(火)	7名 家族이 작은 집에서 좁게 生活함
			2.1(火)	『地方行政』誌의 編輯委員(後日委員長)이 됨	4.5(水)	博士學位 받지 못한데 대한 焦燥感 생김

生涯段階	年度(年齡)	즐겁고 기쁘게 한 것들(喜樂之事) 日字(曜日)	事件	슬프고 괴롭게 한 것들(悲苦之事) 日字(曜日)	事件
		3.2(木)	個人助教로 처음 李廷植君이 入室함	5.20(土)	서울大 病院에 入院하여 急性肝炎을 치료함
		3.25(火)	처음으로 세미나의 司會를 담당함	6.1(木)	學校 일이 많아져 점차 바빠짐
		5.10(水)	서울大 行政大學院 傳任講師로 발령됨	7.10(月)	退院後에도 술을 마시기 시작하여 걱정됨
		5.20(土)	최초의 責任硏究員으로 硏究課題를 수행함	7.12(水)	4個 職責을 가지고 163日間 바쁜 生活을 함
		6.30(金)	처음으로 세니마에 討論者로 참여함	8.20(日)	어머니가 누님宅에 자주 가시어 葛藤 일어남
		7.13(木)	建設部 中央調査硏究團 計劃委員으로 위촉됨	11.25(土)	中央調査團計劃委員에 대한 猜忌의 소리가 들려옴
		7.28(金)	統一院의 5日間 勝共敎育을 수료함	12.1(金)	多數 硏究課題의 報告書 作成에 苦生함
	1973(38)	3.2(金)	長女, 初等學校에 入學함	1.18(木)	都市 및 地域計劃硏究所의 理事로 관여함
		3.10(土)	共著『地域社會開發論』을 출간함	3.2(金)	學校 및 外部活動으로 바빠짐
		5.10(木)	主題論文을 처음 세미나에서 발표함	5.10(木)	發表論文作成등으로 時間이 모자람
		5.10(木)	高校 同期會 '八京會'를 결성함	5.31(木)	5個 職啣을 가지고 323日間을 분주했음
		5.12(土)	京畿道 道立公園委員會 委員으로 위촉됨	6.1(金)	술과 담배의 量이 점차 증가하고 있음
		6.1(金)	住宅銀行 顧問으로 위촉되어 많은 일을 함	7.9(月)	큰 누님이 逝去하여 마음이 아픔
		6.27(水)	라디오에서 처음으로 放送을 함	9.1(土)	地方出張이 잦아 時間消費가 많음
		7.26(木)	처음으로 TV 放映에 나감	10.5(金)	親舊들의 付託이 많아 處理가 어려움
		7.27(金)	처음으로 特講을 함	12.4(火)	어머님이 逝去하시여 마음이 아픔
		9.1(土)	共著『地方自治論』을 출간함	12.10(月)	아버님이 무척 고독해 하시는 듯 함
		12.31(月)	收入이 조금씩 증가하여 家計가 풀림	12.31(月)	어머님이 안계서 집안이 쓸쓸함
	1974(39)	1.18(金)	처음으로 大田을 訪問함	1.15(火)	옆집과 土地所有件으로 말썽이 생김
		4.20(土)	國土計劃學會의 監事를 위시한 여러 일을 함	3.1(金)	長女 學校의 育成會 副會長이 되어 負擔이 됨
		4.23(火)	京畿道 都市計劃委員會 委員이 됨	6.1(土)	移徙를 앞두고 費用 마련으로 苦生함
		6.29(土)	東大門區 祭基洞으로 移徙를 감	6.30(日)	새집과 學校 사이의 交通不便으로 苦生함
		7.23(火)	取材次 錦山郡에 감	7.5(金)	뒷집과 담장 所有件으로 言爭을 함
		7.30(火)	取材次 光陽郡에 감	10.1(火)	國際會議 發表論文 作成으로 힘이 듬
		9.1(日)	長男이 幼稚園에 들어감	11. 30(土)	地方旅行이 잦아 집을 자주 비움
		10.1(火)	2代 助教로 金昌碩君이 入室함	12.10(火)	2層 書齋가 추워 글쓰기가 힘듬
		10.28(月)	日本 國際會議에 참석하여 發表함	12.20(金)	집 全體로 防寒施設이 잘못되어 있음
		11.28(木)	總務處 提案審查委員會 專門委員이 됨	12.29(日)	어머님 脫喪을 함
	1975(40)	2.1(土)	『地方行政』誌 編輯委員長으로 위촉됨	1.1(水)	'아저씨'라는 呼稱을 듣고 당혹함
		3.21(日)	長男, 初等學校에 入學함	1.1(水)	博士論文 提出件으로 늘 苦悶함
		4.1(火)	中央公務員 敎育院의 講師가 됨	3.1(土)	서울大學의 移轉으로 出退勤에 힘이 듬
		4.18(金)	처음으로 蔚山에 가서 行事에 참여함	6.30(月)	7個 職啣을 가지고 760日間 바빴음
		5.10(土)	在京 聞中同門會 理事로 活動함	7.27(日)	日本에서 Fu-chen Lo등이 와서 神經을 씀
		6.23(火)	敎育開發院 일로 春川 · 加平에 조사나감	10.10(金)	全國 出張 · 會議參席 등으로 東奔西走함
		8.5(火)	最初의 著書本 論文을 發表함	11.12(水)	아버님의 逝去로 日本에서 급히 歸國함
		8.13(水)	基調論文을 처음으로 發表함	11.20(木)	아버님의 逝去를 뒤 늦게 슬퍼함
		11.2(日)	日本에 가서 國際會議에 참석하고 觀光함	12.31(水)	父母任이 모두 가시어 허전함을 느낌
	1976(41)	2.20(金)	博士學位論文 提出次 美國에 감	2.20(金)	美國 大學 寄宿舍에서 自炊를 시작함
		2.28(土)	Cincinnati에서 桂仁麗를 紹介로 상봉함	3.1(月)	英語 不足으로 論文作成에 힘이 듬
		3.20(土)	비교적 즐거운 氣分으로 나날을 보냄	4.1(木)	여러 사람들의 招請으로 時間이 많이 소비됨
助教授		4.15(木)	서울大學校 助教授로 승진함	5.10(月)	費用이 많이 들어 걱정을 함
		5.4(火)	동생 京淑이가 다녀감	8.1(日)	博士論文 最終審查로 미리 걱정이 큼
		5.29(土)	Madison市에 가서 하루 쉬어옴	8.27(金)	6個 職啣을 가지고 424日間 바빴음
		6.5(土)	위싱톤市에 가서 黃鏞周 · 金鐘文을 만남	9.2(木)	Cincinnati를 떠나면서 신세진분들게 負擔을 느낌
		8.11(水)	博士論文이 審查에서 통과됨	9.2(木)	LA 叔父宅에 가서 弘濟兄任 內外分의 關係를 봄

生涯段階		年度(年齡)	즐겁고 기쁘게 한 것들(喜樂之事)		슬프고 괴롭게 한 것들(悲苦之事)	
			日字(曜日)	事件	日字(曜日)	事件
			8.27(金)	博士學位를 取得함	9.10(金)	여러 가지 敎育履修에 도맡아 나감
			9.5(日)	歸國하여 家族을 만남	10.15(金)	5個 役割로 49日間 분주했음
			9.30(木)	中央情報部에서 4日間의 安保敎育을 마침	11.30(火)	아버님의 脫喪을 지냄
			10.24(日)	日本에 가서 會議를 하고 視察을 함	12.31(金)	바쁜 1年을 정신없이 보냈음
		1977(42)	2.5(土)	서울市 首都行政諮問委員이 됨	2.4(金)	6個 職責을 가지고 112日間 바빴음
			2.15(火)	京畿道 評價敎授로 위촉됨	2.23(水)	서울大病院서 健康診斷을 받음
			3.3(木)	次女, 幼稚園에 入學함	2.28(月)	放學中인데도 바쁜 日程을 보냈음
			4.1(金)	3代 助敎로 河晟奎君이 入室함	3.5(土)	처음으로 結婚主禮를 서서 緊張을 함
			4.7(木)	京畿道 道建設 綜合計劃審議會 委員이 됨	4.6(水)	서울大 在學生에게 새마을運動을 特講
			4.17(日)	처음으로 大衆 相對의 演說을 함	4.25(月)	모임이 점점 증가하여 時間과 돈이 많이 듬
			5.9(月)	美國에서 桂仁麗가 訪韓함	5.27(金)	桂氏가 出國하여 送別해줌
			6.1(水)	臨時行政首都建設企劃團 硏究敎授가 됨	6.30(木)	家計費가 점점 증가함
			6.27(月)	韓國開發硏究院의 實務班長으로 일함	10.10(月)	活動範圍가 넓어져 交通便이 불편해짐
			9.2(金)	하와이에 가서 會議에 참석하고 觀光을 함	10.20(木)	敎授間 不協和音으로 學科長하기가 힘듬
			9.28(水)	環境計劃學科 學科長에 취임함	11.1(火)	못된 性格의 人士들이 있어 神經 쓰임
			9.30(金)	처음으로 不定期刊行物에 글을 실음	11.11(金)	7個 職責을 가지고 280日間 분주했음
			11.6(日)	日本에 가서 會議를 하고 視察을 함	12.1(木)	京畿道·敎育開發院 등에 오고가느라 힘이 듬
			11.12(土)	敎育開發院에 因緣을 맺고 여러 일을 함	12.21(水)	둘째 妹兄이 돌아가시어 애석함을 느낌
			11.18(金)	서울市 再開發審議會 委員으로 위촉됨	12.31(土)	英語會話 不足으로 1年內 苦生을 함
		1978(43)	3.1(水)	人口問題硏究所 硏究委員으로 위촉됨	1.23(月)	새 住宅을 구하느라 週末마다 돌아다님
			3.2(木)	次女가 初等學校에 入學함	3.1(水)	住宅購入費를 마련하느라 苦生함
			3.22(水)	銅雀區 上道3洞 單獨住宅으로 이사감	4.30(日)	8個職을 가지고 170日間 바빴음
			5.1(月)	KIST 地域開發硏究所 諮問委員이 됨	5.5(金)	住宅購入의 負擔 때문에 걱정함
			6.18(日)	泰國에 가서 硏究와 視察을 함	6.9(金)	UNCRD의 韓國行事를 주관하느라 분주함
			7.1(土)	4代 助敎로 朴憲注군이 入室함	8.31(木)	9個職을 123日間 수행하느라 바빴음
			7.1(土)	冷藏庫를 自宅에 비치함	9.1(金)	未來學會 幹事를 맡아 힘들게 수행함
			9.1(金)	처음으로 博士論文 審査委員長이 됨	10.1(日)	講義·講演·세미나 등으로 東奔西走함
			9.1(金)	韓陽住宅(株)과 因緣을 맺음	12.1(金)	硏究課題의 原稿作成으로 苦生함
			10.30(月)	日本에 가서 會議·觀光을 함	12.8(金)	未來學會 行事를 힘들게 주관·처리함
			11.4(土)	日本 富士山에 처음 감	12.31(日)	記錄整理에 많은 時間이 소비됨
		1979(44)	1.1(月)	國土硏究院 諮問委員 등 다수 活動 시작	1.15(月)	放學中에도 쉬지 못하고 每日 活動함
			2.20(火)	國務總理 行政改革調整委員會 諮問委員 됨	3.1(木)	敎育開發院 등에 다니느라 苦生을 함
			3.1(木)	敎育開發院 硏究敎授로 위촉됨	3.13(火)	禁煙을 시작했으나 힘이 듬
			3.3(土)	長女가 中學校에 入學함	4.9(月)	吸煙을 재개하여 번민하며 피움
			3.8(木)	漢陽大學 講師가 됨	5.6(日)	金·黃·崔敎授 夫婦와 安東에서 列車로 상경
			3.28(水)	商工部 工業配置審議會議 委員이 됨	5.10(木	安東에 다녀온 후로 妻의 言行이 이상함
			5.12(土)	서울市 市稅審議委員이 됨	7.10(火)	夫婦間에 安東事件으로 자주 언쟁을 함
			7.23(月)	內務部 地方都市評價敎授로 活動함	9.5(水)	外國·地方旅行으로 집을 자주 비움
			8.9(木)	네덜란드 등 유럽 9個國을 순방·視察함	9.10(日)	妻 자주 出他하여 崇實大學쪽으로 감
			8.19(日)	알프스山을 처음 등정함	10.26(金)	朴正熙 大統領의 急逝로 社會不安이 옴
			9.10(月)	單獨著書『環境과 國土』를 출간함	11.15(木)	政府委員등의 活動으로 時間에 쫓김
			9.13(木)	泰國에 가서 會議·視察을 함	12.1(土)	硏究課題 原稿 폭주로 잠을 자지 못함
			10.13(土)	스리랑카에 가서 會議·觀光을 함	12.31(月)	10個 職啣으로 487日間 매우 바빴음
		1980(45)	2.22(金)	鳥嶺會 會長으로 優秀 參席會員을 표창함	3.3(月)	學期 시작과 함께 바빠지게 됨
			3.1(土)	國土計劃學會의 常任理事·編輯委員長을 맡음	4.17(木)	環境計劃硏究所 所長 職代를 맡음

生涯段階		年度(年齡)	즐겁고 기쁘게 한 것들(喜樂之事)		슬프고 괴롭게 한 것들(悲苦之事)	
			日字(曜日)	事件	日字(曜日)	事件
			4.1(火)	5代 助教로 趙明來君이 入室함	4.27(日)	둘째 누님이 逝去하여 마음이 아픔
			4.10(木)	産業人力公團의 出題委員이 됨	5.26(月)	서울大病院에 診療次 入院함
			5.1(木)	KIST 地域開發硏究所長의 顧問으로 위촉됨	5.28(水)	11個 職責을 가지고 149日間 바빴음
			5.4(日)	鳥嶺會 會長으로 夫婦同伴 雪嶽山 旅行을 주관함	6.10(火)	國保委 委員으로서 마음의 葛藤을 느낌
			5.29(木)	서울市 都市計劃委員으로 위촉됨	6,30(月)	12個 職責을 가지고 33日間 분주했음
			6.1(日)	서울市 市政硏究團 硏究委員이 됨	7.1(火)	KIST 地域開發硏究所內 不和로 언짢음
			6.5(木)	國保委 委員이 되어 배정된 車輛을 탐	7.1(火)	國保委에 대한 社會的 視角이 안좋아 不安함
			7.7(月)	敎育部 一種圖書 編纂審議會 委員이 됨	7.30(水)	權力은 人間을 變質시킨다는 생각을 함
	副敎授		8.1(金)	서울大學 副敎授로 승진함	8.30(土)	國保委의 肅淸公務員中 아는 사람이 많음
			8.26(火)	店村에 가서 聘母任 回甲宴에 參席함	9.5(金)	國保委의 과격한 處理에 不安感을 느낌
			10.25(土)	保國勳章을 받음	10.10(金)	國保委 終了에 따른 向後 進路를 걱정함
			10.28(火)	立法會議 專門委員이 되고 官用車를 탐	11.1(土)	立法會議에 대한 社會的 認識이 나쁜 듯함
			11.13(木)	環境部 中央環境保全委員會 委員이 됨	12.30(火)	大學으로 復歸하는 問題로 苦悶함
			12.30(火)	交通部 交通政策審議會 委員이 됨	12.31(水)	11個 職啣으로 184日間 바쁘게 지냈음
		1981(46)	2.16(月)	內務部 政策諮問委員으로 위촉됨	2.28(土)	10個 職啣으로 59日間 東奔西走했음
			3.1(日)	中學校 同窓會 會長으로 취임함	3.16(月)	派遣勤務를 끝내고 大學으로 돌아옴
			3.1(日)	6代 助敎로 李相瑢君이 들어옴	3.17(火)	오랜만에 講義를 하니 어색함
			3.2(月)	長男이 中學校에 入學함	3.17(火)	11個 職責으로 17日間 바빴음
			3.10(火)	全斗煥 大統領을 여섯 번째로 만남	4.1(水)	明信學園 財團의 理事로 취임함
			3.18(水)	地方行政硏修院 指導敎授로 위촉됨	4.5(日)	中學 同窓會長職 遂行에 대해 苦悶함
			5.16(土)	地方行政硏究所 理事 및 編輯委員長을 함	4.16(木)	둘째 누님의 脫喪을 모심
			6.25(木)	經科同友會 幹事職을 맡음	4.20(月)	家族들이 한사람씩 떠나 허전함을 느낌
			8.10(月)	土地開發公社의 諮問委員이 되어 因緣을 맺음	5.11(月)	12個 職責으로 55日間 분주했음
			8.16(日)	中學 同窓會 體育大會에서 優勝期를 포상함	7.10(金)	地方行政硏究所의 內紛이 있어 苦悶함
			9.1(土)	延世大學의 講師가 됨	9.15(火)	中學 同窓會 活動件으로 神經을 씀
			10.1(木)	漢陽流通(株)의 顧問이 됨	10.30(金)	明信學園 財團의 紛糾로 머리 아픔
			10.14(水)	鄕志會 會員들과 丹陽에 놀러 감	12.1(火)	硏究課題 原稿作成으로 苦生함
			12.7(月)	總務處 行政高試 出題委員이 됨	12.31(木)	11個 職責을 가지고 234日間 바빴음
		1982(47)	1.1(金)	7代 助敎로 金泰鏞君이 들어옴	1.1(金)	歲拜 손님이 많아져서 처가 苦生함
			1.16(土)	인도네시아 · 濠洲 · 뉴질랜드를 訪問 · 視察함	1.3(日)	年初부터 바쁜 日程이 시작됨
			2.4(木)	科技處 科學技術審議會 委員이 됨	2.27(土)	10個 職責을 가지고 58日間 바빴음
			2.15(月)	聞慶中學校 敎育憲章碑에 碑文을 새겨 건립함	3.3(水)	子女가 모두 學校에 다니고 있어 복잡함
			2.27(土)	國土計劃學會 副會長으로 선출됨	3.27(土)	9個 職責으로 28日間 분주했음
			3.1(月)	共著 敎科書『社會 · 文化』를 출간함	4.23(金)	淸溪川 商街協議會 顧問이 됨
			3.1(月)	嶺南大學 招聘敎授로 위촉됨	4.30(金)	嶺南大 講義로 大邱에 자주 내려감
			3.3(水)	長女가 高等學校에 入學함	5.10(月)	自家用 保有로 費用이 많이 지출됨
			3.9(火)	在京 聞慶鄕友會의 補職을 맡기 시작함	5.11(火)	淸溪川商街 移轉事業이 여의치 않음
			3.12(金)	自家用 乘用車를 購入하고 技士도 채용함	5.20(木)	妻의 言行이 여전히 이상함
			4.1(木)	『地方財政』誌 編輯委員으로 위촉됨	6.20(日)	自家用을 이용한 週末 나들이가 잦음
			5.9(日)	聞慶郡 宗親會의 副會長이 됨	6.30(水)	特講 · 講義 · 세미나 등으로 地方出張이 잦음
			5.10(月)	農村經濟硏究院의 硏究諮問委員이 됨	7.15(木)	中學 同窓會 基金을 마련하느라 힘듬
			6.17(木)	統一硏修所의 3日間 敎育을 수료함	8.13(金)	同窓會 일로 자주 聞慶에 내려감
			6.20(日)	佛敎 法名 '通玄' 을 戒受함	9.1(水)	同窓會誌의 編輯 및 費用으로 苦生함
			6.30(水)	自宅에 에어콘을 설치함	10.15(金)	社會活動이 심하여 家庭에 소홀해짐
			7.24(土)	勞動部 技術資格制度 審議委員이 됨	10.31(日)	雜務가 많아 大事成就가 어렵게 됨

生涯段階		年度(年齢) \ 區分	즐겁고 기쁘게 한 것들(喜樂之事)		슬프고 괴롭게 한 것들(悲苦之事)	
			日字(曜日)	事件	日字(曜日)	事件
			8.10(火)	共著『都市行政論』이 간행됨	11.3(水)	妻의 이상한 言動이 계속됨
			8.15(日)	中學 同窓會 體育大會에서 施賞을 함	11.18(木)	環境計劃研究所長으로 研究費를 苦悶함
			8.18(水)	家族 모두 智異山에 가서 투숙함	11.30(火)	收入 · 支出의 증대로 家計가 비대해짐
			9.30(木)	同窓會誌『聞中』을 간행함	12.6(月)	큰 妹兄이 逝去하여 무척 허전함
			10.15(金)	서울大 10年勤續 表彰을 받음	12.31(金)	研究課題의 報告書作成에 힘이 들었음
			11.22(月)	炭鑛協同組合 採用試驗 委員이 됨	12.31(金)	참으로 바쁘고 고달픈 한해를 보냈음
		1983(48)	1.1(土)	8代助教로 尹鐘範君이 入室함	1.10(月)	放學中인데도 쉬지 않고 活動함
			1.23(日)	印度에 처음 가서 會議 · 視察에 참여함	1.22(土)	葬墓研究會 理事를 마지못해 맡음
			2.1(火)	처음 골프 인 · 도어에 가서 練習을 시작함	2.20(日)	親舊 및 知人들의 付託이 많아 번민함
			2.7(月)	서울市 人口抑制實務協議會 委員이 됨	3.1(火)	中學校 同窓會長에 再選되어 負擔을 느낌
			3.1(火)	弘益大學 講師가 됨	6.30(木)	술과 담배가 늘어 걱정이 됨
			3.11(金)	建設部 國土利用計劃審議會 委員이 됨	7.30(土)	골프에 趣味가 들어 너무 빈번히 나감
			4.1(金)	大韓商議 研究센터 研究委員으로 위촉됨	8.10(水)	家族과 襄陽 海水浴場에 가서 現金을 분실함
			4.7(木)	처음으로 골프 現場에 가서 골프를 시작함	9.28(水)	8個 職責을 가지고 550日間 바빴음
			5.13(金)	妻 및 聘父母任과 白岩溫泉에 놀러감	9.30(金)	골프로 인해 더 바빠지게 됨
			5.15(日)	聞慶 宗親會 會館建立 拔文을 作成함	10.1(土)	모든 部門을 고르게 조화시키기가 힘듬
			5.20(金)	風水會의 監事 · 會長 등을 맡기 시작함	10.31(月)	葬墓研究會에 內紛이 일어나 神經쓰임
			8.9(火)	家族 모두와 雪嶽山 · 白岩溫泉등에 다녀옴	11.25(金)	큰 妹兄의 脫喪을 모심
			8.15(月)	中學 同窓會 體育大會에서 施賞을 함	11.30(水)	골프에 中毒이 되는 듯하여 걱정됨
			9.29(木)	科技處 政策諮問委員으로 위촉됨	12.8(木)	스리랑카 滯留中 불편함을 느낌
			12.3(土)	9代 助教로 鄭鍾建君이 들어옴	12.9(金)	國際行事에서 英語 不足으로 苦生함
			12.8(木)	스리랑카에 가서 會議 · 골프 · 觀光을 함	12.31(土)	業務 過多로 힘든 한해를 보냈음
		1984(49)	1. 27(土)	신시내티大學 在韓 同窓會의 會長에 선임됨	1.5(木)	新年初부터 바빠지기 시작함
			2.7(火)	共著 大學教材『國民論理』 발간됨	3.15(木)	妻의 마음이 安定이 안된 것 같아 걱정됨
			3.1(木)	中學校에 '李圭璇 先生 功德碑'를 건립함	5.24(木)	7個 職責을 가지고 240日間 바빴음
			3.2(金)	次女가 中學校에 入學함	7.31(火)	큰 業績 없이 雜事에 치중하는 느낌을 가짐
			3.3(土)	長男이 高等學校에 入學함	8.31(金)	同窓會長 일로 자꾸 聞慶에 오고 감
			5.29(火)	골프運動 100回를 記錄함	9.5(水)	골프運動 回數가 줄어져서 서운함
			6.25(月)	10代 助教로 文廷鎬君이 入室함	10.1(月)	長男이 學校工夫에 등한하여 걱정이 됨
			6.26(火)	建設振興會의 編輯委員으로 위촉됨	11.20(火)	여러 곳에 관여하여 交通時間이 늘어남
			8.19(日)	中學 同窓會 體育大會에서 施賞함	11.30(金)	신시내티大學 同窓會長 役割이 不實함
			9.11(火)	知人으로부터 新規 골프채 一帙을 膳物받음	12.16(日)	土地公社 出張이 잦아 時間消費가 큼
			10.6(土)	日本 北海道를 視察 · 觀光함	12.31(月)	만족스럽지 못한 1年 活動을 마감함
		1985(50)	2.23(土)	中學校 同窓會長職을 완료하여 시원함	1.5(土)	長女의 大學進學件으로 가슴을 조림
			3.2(土)	長女가 大學에 入學하여 한 시름 놓음	1.10(木)	同窓會長 後任 物色으로 苦生이 많음
			3.5(火)	골프運動 200回를 치게 됨	1.12(土)	驪州 林野件으로 괘씸한 일이 발견됨
			3.8(金)	德丘會 夫婦들 濟州道 旅行을 감	2.23(土)	8個 職啣으로 275日間 바빴음
			4.18(木)	처음으로 81打 골프 싱글을 침	4.30(火)	時間을 쪼개에 골프를 치느라 힘이 듬
			4.19(金)	內務部 地方行政研究委員會 委員이 됨	5.27(月)	7個 職責을 가지고 4日間 바빴음
			5.25(土)	安養商議 研究委員으로 위촉됨	6.7(金)	德丘溫泉件으로 神經이 많이 쓰임
			5.25(土)	聞慶文化院 顧問으로 추대됨	8.1(木)	夏期放學中에도 무척 분주하였음
			9.1(日)	大邱大學 講師가 됨	9.30(月)	講義次 大邱에 자주 다녀옴
	正教授		10.1(火)	서울大學 正教授로 승진됨	10.20(日)	골프치는 回數가 다시 많아짐
			10.7(月)	國土建設綜合計劃審議會 委員이 됨	10.30(水)	다수의 推進課題에서 失手가 생길까 걱정함
			10.13(日)	골프의 이글打를 침	11.30(土)	地方出張이 잦아 時間이 많이 소비됨

生涯段階		年度(年齡)	즐겁고 기쁘게 한 것들(喜樂之事) 日字(曜日)	事件	슬프고 괴롭게 한 것들(悲苦之事) 日字(曜日)	事件
			10.20(日)	골프運動 300回를 記錄함	12.1(日)	研究課題의 原稿作成에 힘이 듬
			11.30(水)	國土計劃學會 代表團과 日本을 視察함	12.4(水)	日本에 出張가서까지 골프를 침
			12.5(木)	妻가 自動車 運轉免許證을 取得함	12.31(火)	寸陰을 쪼개쓴 한 해였음
		1986(51)	1.6(月)	店村市 昇格 開廳式에 參席함	2.14(金)	6個 職責을 263日間 수행하느라 바빴음
			2.15(土)	國土計劃學會 會長에 선출됨	3.5(水)	國土計劃學會 會長職遂行에 너무 진력함
			3.14(金)	科技處 研究團地作業班 班員이 됨	6.18(水)	7個 役割을 위해 124日間 바쁘게 일했음
			4.6(日)	先祖 金汎 墓所의 碑文을 作成함	8.4(月)	土地公社의 地方出張이 빈번함
			6.19(木)	建交部 中央都市計劃委員會 委員이 됨	8.11(月)	盧隆熙 敎授 回甲紀念事業會 構成에 힘이 듬
			6.28(土)	環心會를 創立하고 顧問이 됨	9.9(火)	골프를 多數 나가 時間消費가 많음
			7.27(日)	골프運動 400回를 記錄함	10.1(水)	本部의 大學院長 通報에 경악함을 느낌
			8.4(月)	土地公社 理事陣과 濟州道 出張을 감	10.1(水)	金壽鶴會長 回甲紀念事業委員長을 맡음
			8.21(木)	11代 助敎로 金京玟君이 入室함	10.15(水)	8個 役割을 119日間 수행하느라 힘이 듬
			9.7(日)	地方行政研究院의 研究諮問委員이 됨	11.1(土)	業務가 과중하다는 생각을 자주 함
			9.15(月)	말레이시아에 가서 會議 · 視察을 함	11.3(月)	盧敎授 回甲紀念事業會委員長이 長期出國함
			10.3(金)	先祖 金元弼 墓碑의 碑文을 作成함	11.4(화)	大學院長 就任에 대한 걱정이 많음
			11.1(토)	金剛山댐 對策協議會 幹事가 됨	11.4(火)	7個 職責을 가지고 20日間 바빴음
	大學院長		11.5(水)	環境大學院 院長으로 취임함	12.31(水)	研究報告書 原稿作成에 苦生했음
		1987(52)	2.26(木)	環境大學院長으로서 卒業식에서 學位證 등을 수여함	1.3(土)	正初부터 大學院長 役割로 바빠지기 시작함
			2.28(土)	國土計劃學會 總會에서 弦汀賞과 學術賞을 수여함	2.28(土)	長男의 大學進學件으로 걱정이 많음
			3.4(水)	서울大 總長으로부터 大學發展基金造成 感謝狀을 받음	4.2(木)	大學本部 · 環境大 · 社會의 일들로 분망함
			3.9(月)	새마을中央研修院에서 5日間 敎育을 받음	5.2(土)	學長團의 雰圍氣 造成에 神經을 씀
			4.13(月)	'店村市民의 노래' 作詞가 당선되어 受賞함	7.15(水)	大學院 敎授間 葛藤이 있어 힘이 듬
			4.14(火)	店村市民 體育大會에서 祝辭를 함	8.12(水)	朴奉植 總長의 最終 學長會議에 參席함
			4.16(木)	京畿道 都市計劃委員을 퇴임하고 歡待를 받음	9.14(月)	서울大 學長會議에서 前任總長時의 잘못을 성토함
			5.23(土)	妻와 瑞山에 가서 鄭周永 會長등과 투숙함	9.18(金)	盧隆熙 敎授 回甲宴에서 委員長代行을 함
			6.14(日)	골프 500回 運動을 記錄함	10.1(木)	長男의 大學件으로 苦悶함
			8.25(火)	科學技術團體總聯合會의 여러 委員을 시작함	10.31(土)	社會活動의 過多로 專門性이 결여되는 듯 함
			8.31(月)	環境大學院 卒業式에서 學位證 등을 수여함	11.3(火)	눈치를 보면서 틈틈이 골프를 침
			9.10(木)	韓德開發(株)의 諮問委員으로 위촉됨	11.5(木)	地方旅行이 너무 빈번함
			9.18(金)	盧隆熙 敎授 回甲宴에서 紀念集을 헌정함	11.9(月)	妻, 職場夫婦 모임에 不參한다고 선언함
			9.30(水)	金壽鶴 會長 回甲宴에서 紀念集을 헌정함	11.30(月)	大學院長과 學會 會長의 兼任이 어려움을 느낌
			10.1(木)	始興郡 郡誌 編輯委員으로 위촉됨	12.21(月)	除籍學生의 救濟問題로 學長會議 論難이 심함
			10.8(木)	母校 中學校의 寄贈 회양木 紀念石을 세움	12.31(木)	失手없이 모든 것을 잘 처리하느라 苦生함
		1988(53)	2.9(火)	建設部 建設政策諮問委員으로 위촉됨	1.1(金)	설날부터 바쁜 日程을 시작함
			2.13(土)	國土計劃學會 弦汀賞을 施賞함	2.1(月)	國土計劃學會 會長職 退任準備로 바쁨
			2.16(火)	黃基春恩師 停年式에서 祝辭를 함	2.13(土)	8個 職責으로 101日間 바빴음
			2.26(金)	環境大學院 卒業式에서 學位證을 수여함	3.28(月)	大學本部의 會議가 너무 빈번함
			3.3(木)	次女가 高等學校에 進學함	4.30(土)	7個 職責으로 77日間 분주했음
			4.10(日)	골프運動 600回를 記錄함	6.13(月)	MIT와 공동으로 올림픽 效果세미나를 주재함
			4.18(月)	財經部 土地課稅合理化委員이 됨	6.27(月)	臨時學長會議를 빈번히 개최함
			4.29(金)	聞友會 監事로 위촉됨	7.1(金)	移徙費의 負擔으로 번민함
			7.10(日)	著書『地域開發과 地方自治行政』을 간행함	7.28(木)	朱 源 前 國土學會 會長이 逝去함

生涯段階		年度(年齡)	즐겁고 기쁘게 한 것들(喜樂之事)		슬프고 괴롭게 한 것들(悲苦之事)	
			日字(曜日)	事件	日字(曜日)	事件
			7.19(火)	自宅에 처음 寢臺를 비치함	8.16(火)	妻, 上道洞 쪽으로 자주 왕래함
			8.14(日)	江南區 驛三1洞의 새집으로 이사감	8.31(水)	새집의 家具등 追加費用으로 걱정함
			8.30(火)	環境大學院 卒業式에서 學位證을 수여함	9.10(土)	妻, 마당 整理에 집중하여 苦悶을 해소함
			9.1(木)	自轉車를 購入함	10.1(土)	住宅購入 負債償還件으로 애를 먹음
			10.6(木)	國務總理室 西海岸開發推進委員이 됨	10.22(土)	不名譽로 물러난 朴奉植 前總長을 자주 만남
			10.12(水)	金東里 作家宅에서 飮酒 · 환담함	11.1(火)	새집에 懸板을 거는 등으로 분주함
			11.1(火)	自宅에 家號 및 書齋名의 看板을 검	11.5(土)	直選으로 취임한 院長職에 負擔을 느낌
			11.5(土)	環境大學院의 教授選出 院長職에 취임함	11.6(日)	틈틈이 골프를 치느라 힘이 듬
			11.11(金)	家旗를 제작하여 自宅에 비치함	11.30(水)	住宅件 負債로 번민함
			12.3(土)	地方自治學會 理事로 취임함	12.30(金)	長男의 일로 마음이 괴로움
			12.12(月)	教育部 地域開發課題審議委員長이 됨	12.31(土)	참으로 바쁘고 苦悶스러운 한해를 보냄
		1989(54)	1.13(金)	科技處 光州團地諮問團 委員이 됨	1.9(月)	長男의 軍入隊件으로 여러 節次를 밟음
			2.9(木)	自宅 乘用車를 교체함	2.25(土)	次女의 高校學習에 걱정이 됨
			2.18(土)	國土計劃學會로부터 弦汀賞을 受賞함	3.6(月)	長男이 팔을 부상당해 入院함
			2.25(土)	長女가 大學을 卒業함	3.10(金)	長女와 長男의 일들로 머리가 아픔
			2.25(土)	環境大學院 卒業式에서 學位證을 수여함	3.19(日)	妻의 잠자리에서의 不滿을 토로함
			2.27(月)	長男이 大學에 入學함	4.1(土)	金壽鶴 土地公社 社長 離任으로 허전함
			3.8(水)	中國 上海를 처음 訪問하여 會議 · 觀光함	4.27(木)	羅相紀 教授가 逝去하여 매우 슬펐음
			4.15(土)	聞慶發展協議會를 창립하여 副會長을 맡음	5.7(日)	8個 職責으로 372日間 바빴음
			5.1(月)	自治發展研究院의 編輯委員長 · 院長 등을 맡음	5.31(水)	長女의 結婚件으로 걱정이 됨
			5.4(木)	새마을研修院의 '友情의 밤'에 參席 · 노래함	6.4(日)	Maryland大 세미나中 골프 등을 하여 미안함
			5.6(土)	골프運動 700回를 記錄함	6.4(日)	9個 職責으로 28日間 분주했음
			5.8(月)	새마을運動中央協議會 理事로 취임함	8.22(火)	서울 · 地方에서의 特講 · 세미나로 분주함
			5.31(水)	美國 Maryland大學에 가서 會議에 參席함	9.20(水)	틈틈이 골프를 치느라 바빴음
			6.1(木)	交通開發研究院의 研究諮問委員이 됨	10.15(日)	妻와 上道洞件으로 言爭이 잦음
			6.5(月)	大統領 科學技術諮問會議 委員이 됨	10.31(火)	社會活動의 과다로 心身이 지침
			7.1(土)	現代社會研究所 編輯委員이 됨	10.31(火)	收入과 支出의 증대로 家計가 복잡해짐
			7.3(月)	聞慶郡 郡誌編輯 · 執筆委員이 됨	11.30(木)	長男의 軍隊生活에 대해 걱정을 함
			8.30(水)	環境大學院 卒業式에서 學位證을 수여함	12.14(木)	環境大學院長의 役割에 많은 時間이 듬
			10.28(土)	Corey 恩師께 漢詩를 지어 헌정함	12.15(金)	저녁會食 모임이 많아 돈 · 時間이 많이 듬
			11.15(水)	長男이 軍에 入隊함	12.31(日)	10個 職責으로 210日間 분주했음
		1990(55)	2.26(月)	環境大學院 卒業式에서 學位證을 수여함	2.28(水)	11個 職責을 가지고 59日間 바빴음
			3.3(土)	軍服務中인 長男을 面會감	5.1(火)	身長이 175cm아래로 내려가서 무척 놀람
			4.5(木)	先祖 金秉鉉 墓碑의 碑文을 지어 세움	5.24(木)	10個 職責으로 85日間 바빴음
			4.20(金)	店村市 開廳紀念 漢詩 및 時調를 지어줌	6.30(土)	9個 職責을 수행하면서 37日間 분주했음
			4.21(土)	盧泰愚 大統領을 세 번째로 만남	7.29(日)	妻와 言爭을 하고 湖巖館에 혼자 투숙함
			6.4(月)	'새마을家族의 노래' 作詞로 受賞함	7.31(火)	陰曆 生日을 湖巖館에서 혼자 맞이함
			8.30(木)	環境大學院 卒業式에서 學位證을 수여함	8.31(金)	朴寅英 親舊가 作故하여 問喪을 감
			9.10(月)	臺灣에 가서 會議 · 視察을 함	9.28(金)	妻가 朝餐을 따로 하도록 제안함
			9.15(土)	隨想集『變動과 思索』을 발간함	10.1(月)	體重이 70kg 아래로 내려가 걱정됨
			9.29(土)	自動車 運轉免許證을 取得함	10.2(火)	院長離任에 따른 準備를 함
			10.17(水)	教育部 學位種別審查委員으로 위촉됨	11.4(日)	10個 職責을 가지고 127日間 바빴음
			11.4(日)	環境大學院 院長을 任期滿了로 떠남	11.4(日)	院長職을 떠남에 시원하고 섭섭함
	平教授		11.24(土)	光州尖端產業基地 候補地를 視察함	11.5(月)	公用車輛이 없어서 不便을 느낌
			12.24(月)	鳥嶺會夫婦 送年會에서 會誌를 주고 表彰을 함	12.25(火)	長女의 結婚件으로 걱정이 큼

生涯段階	年度(年齡)	즐겁고 기쁘게 한 것들(喜樂之事)		슬프고 괴롭게 한 것들(悲苦之事)	
		日字(曜日)	事件	日字(曜日)	事件
		12.31(月)	大學院長 退任으로 홀가분한 年末을 보냄	12.31(月)	9個 職責을 가지고 57日間 분주했음
	1991(56)	1.19(土)	골프運動 800回를 記錄함	2.8(金)	次女 卒業式날 妻의 亂暴으로 언짢음
		3.1(金)	敎授 安息年을 시작함	2.18(月)	地方自治 復活에 따라 特講 등이 많아짐
		3.9(土)	檀國大學 講師가 됨	3.4(月)	次女가 暻園大學에 入學했으나 불만족스럼
		3.11(月)	12代 助敎로 金明洙君이 入室함	3.8(金)	7個 職責으로 67日間 東奔西走했음
		3.21(木)	長女와 濟州에 다녀옴	4.16(火)	포르투갈 Lisbon에서 妻와 言爭함
		4.9(火)	妻와 스페인 · 포르투갈 · 스웨덴에 감	6.9(日)	軍의 長男이 팔을 다쳐 軍病院에 入院함
		4.18(木)	妻와 獨逸 Hamburg 妻弟宅에 감	6.14(金)	골프에 대해 관심이 저하됨
		6.25(火)	趙正濟 博士에게 雅號를 지어줌	6.30(日)	次女가 硏修次 獨逸에 갔으나 걱정됨
		7.6(土)	프랑스 If섬에 가서 監獄을 視察함	7.1(月)	安息年인데도 바쁘기는 여전함
		7.16(火)	總務處 機能移管審議會 委員이 됨	9.17(火)	核廢棄物處理場 江陵 세미나가 무산됨
		7.22(月)	13代 助敎로 元東奎君이 들어옴	10.10(木)	長女의 結婚件으로 걱정이 커짐
		7.31(水)	農協中央會 運營諮問委員이 됨	11.1(金)	次女의 大學件으로 苦悶이 큼
		10.1(火)	乘用車를 교체함	11.27(水)	國內外의 旅行이 매우 빈번함
		10.31(木)	奉化 · 英陽에 가서 세미나 · 視察을 함	12.28(土)	8個 職責을 가지고 295日間 바빴음
		12.29(日)	自治新聞社의 論說顧問이 됨	12.31(火)	雜多한 일들로 時間消費가 많았음
	1992(57)	1.1(水)	Corey恩師 自宅에 懸板「高理亭」을 기증함	1.17(金)	Cincinnati大學 同窓會長을 떠나면서 미안해함
		4.25(土)	康炳基 敎授宅에서 珍島犬 새끼를 얻어옴	2.29(土)	安息年이 종료되면서 向後가 걱정됨
		5.14(木)	長男이 除隊하여 귀가함	4.30(木)	行事가 빈번하여 바쁜 日程을 보냄
		5.21(木)	國政硏을 발족시키고 政策室長이 됨	5.20(水)	9個 職責으로 144日間 바빴음
		5.30(土)	文敎部 中央敎育審議會 委員이 됨	6.7(日)	聘父任의 病患으로 걱정이 됨
		7.14(火)	白頭山을 등정하고 豆滿江에서 세수함	7.15(水)	長男의 復學件으로 苦悶이 큼
		7.20(月)	14代 助敎로 崔正錫君이 入室함	7.20(月)	國政硏의 資金과 硏究件으로 머리 아픔
硏究院長		7.21(火)	韓國地方行政硏究院 院長으로 취임함	7.21(火)	10個 職啣을 가지고 62日間 바빴음
		9.6(日)	地方行政硏究院 開院紀念式을 주관함	7.31(金)	國政硏의 運營問題로 복잡함
		9.18(金)	內務部 地方自治發展審議會 委員이 됨	7.31(金)	8個 職啣으로 6日間 분주했음
		11.2(月)	地方行政硏究院 院是를 제작함	8.27(木)	次女가 入院하여 治療를 받음
		11.23(月)	在京 大邱 · 慶北道民會 發起文을 作成함	10.9(金)	妻, 特定人의 電話받고 혼비백산함
		12.31(木)	地方行政硏究院의 年末褒賞을 施賞함	12.31(木)	地方行政硏究院의 運營으로 머리 아픔
	1993(58)	1.6(水)	長女가 結婚을 하여 夫君과 美國에 감	1.4(月)	新年 始務式부터 바빠지기 시작함
		2.1(月)	地方行政硏究院 院歌를 作詞함	2.1(月)	田英春 先生 古稀紀念事業委員長이 됨
		2.1(月)	全南道廳移轉推進委員會 指導委員이 됨	2.23(火)	國政硏의 課題 遂行으로 힘이 듦
		2.10(水)	地自體出捐硏究院長協議會 會長이 됨	4.9(金)	7個 職責으로 256日間 분주했음
		3.1(月)	15代 助敎로 朴城佑君이 入室함	4.15(木)	'地方自治發展計劃' 樹立으로 걱정이 큼
		3.21(日)	共著『21世紀의 挑戰과 韓國의 對應』을 간행	5.21(日)	次女가 留學차 美國으로 떠났으나 걱정이 됨
		4.10(土)	行政刷新委員會 委員으로 위촉됨	5.31(月)	8個 職責으로 52日間 東奔西走했음
		5.8(土)	美國 미시간大學 國際會議에서 發表를 함	7.13(土)	次女의 美國生活에 대해 걱정함
		7.1(木)	民主平總諮問會議 委員이 됨	7.21(水)	硏究院 硏究部長의 發言으로 화가 남
		7.22(木)	中溪洞 商街 店鋪를 購入함	9.1(水)	地自體 硏究院長들의 不滿이 많음
		8.2(月)	忠北 淸州圈 計劃樹立 指導委員이 됨	10.8(金)	地方行政硏究院의 國際行事로 복잡함
		8.20(金)	共著『地方自治와 地域開發』을 간행함	11.27(土)	天安 檀國大學 講義로 時間에 쫓김
		9.7(火)	地方行政硏究院 開院紀念式에서 施賞함	12.18(土)	國內外의 出張이 과다하여 바쁨
		10.16(土)	美國에서 外孫子가 태어남	12.29(水)	送年 모임이 너무 많아 분주함
		10.21(木)	平統諮問會議의 委員硏修를 받음	12.30(木)	地方硏의 두 非常任硏究委員 問題로 苦悶함
		11.29(月)	새마을勳章을 받음	12.31(金)	7個 職責으로 214日間 바빴음

生涯段階	年度(年齡)	즐겁고 기쁘게 한 것들(喜樂之事) 日字(曜日)	事件	슬프고 괴롭게 한 것들(悲苦之事) 日字(曜日)	事件
		12.31(金)	地方行政硏究院에서 年末褒賞을 함	12.31(金)	家計支出의 과다로 負擔이 큼
	1994(59)	1.29(土)	朝鮮日報 21世紀委員으로 위촉됨	1.31(月)	6個 職責을 가지고 31日間 분주했음
		2.1(火)	16代 助敎로 金周榮君이 들어옴	3.1(火)	硏究院 硏究部長 行動이 이상해짐
		2.1(火)	社稷會 硏究室長으로 취임함	4.19(火)	硏究院의 減員措置로 마음이 괴로움
		3.1(火)	地方行政硏究院 職員들에게 成果表彰을 함	7.1(金)	內務部長官의 院長留任 勸誘로 苦悶함
		6.1(水)	17代 助敎로 高文炫君이 入室함	7.2(土)	硏究部長件으로 번민함
		6.8(水)	美國 미시간大學에서 '著名訪問者牌' 를 받음	7.5(火)	硏究部長에게 辭任을 종용함
		7.20(水)	韓國地方行政硏究院長職을 退任함	7.18(月)	硏究部長의 辭表를 수리함
平敎授		9.15(木)	共著『地方自治의 發展戰略』을 간행함.	7.21(木)	7個 職責을 가지고 171日間 바빴음
		10.24(月)	萬步計를 착용하여 記錄이 쉬워짐	9.1(木)	大學에서 다시 講義를 시작함
		11.1(火)	地自體 國際交流財團 管理審議委員이 됨	11.7(月)	妻, 金氏를 崔氏로 바꾸어 부름
		11.13(日)	골프 900回를 記錄함	11.20(日)	妻, 팔을 다쳐 기부스를 함
		11.18(金)	뉴 그랜져 乘用車를 기증 받음	12.31(土)	8個 職責으로 163日間 분주했음
	1995(60)	1.3(火)	外孫子가 美國 幼稚園 Gymboree에 入學함	1.1(日)	남들로부터 '할아버지' 라는 소리를 듣고 경악함
		2.7(火)	서울市 市政改革硏究諮問委員會 委員이 됨	2.4(土)	長男이 長女 만나러 美國에 감
		2.22(水)	韓國地方自治學會 會長으로 선출됨	2.21(火)	7個 職責을 가지고 52日間 바빴음
		3.1(水)	海運産業硏究院 理事로 위촉됨	3.7(火)	大邱 金秉燦 敎授가 逝去하여 問喪감
		3.13(月)	京畿開發硏究院 硏究諮問委員이 됨	3.27(月)	妻의 눈에 살기가 서림
		4.25(火)	共著『民選地方自治團體長』을 간행함	3.31(金)	8個 職責으로 38日間 분주했음
		5.1(月)	'聞慶市民의 노래' 를 作詞 · 公布함	4.1(土)	韓自硏의 理事長을 맡아 責任이 큼
		6.15(木)	著書『韓國地方自治發展論』을 간행함	4.30(日)	9個 職責을 가지고 30日間 苦生했음
		7.18(火)	이집트를 訪問하여 歷史遺蹟을 觀覽함	5.29(月)	特講이 너무 빈번하여 苦生함
		7.20(木)	리비아를 訪問하고 Sahara沙漠을 가봄	6.18(日)	美國에 있는 次女의 生活이 걱정됨
		7.25(火)	地中海에서 海水浴을 함	8.20(日)	次女의 結婚件으로 苦悶함
		8.4(金)	自宅에 親舊가 Fax를 설치해줌	9.20(水)	長男의 일로 머리가 아픔
		8.16(水)	民主平統諮問會議 常任委員이 됨	10.25(水)	妻, 呼名하며 애걸하는 꿈을 꿈
		9.14(木)	金泳三 大統領을 일곱번째로 만남	11.18(土)	時間을 겨우 내어 골프를 침
		10.1(日)	'地方自治의 노래' 를 作詞 · 發表함	12.7(木)	Las Vegas 人士들과의 接觸으로 바쁨
		10.4(水)	美國 Las Vegas市 名譽市民이 됨	12.31(日)	8個 職責으로 245日間 분주했음
	1996(61)	1.16(火)	警察大學 講師가 됨	1.18(木)	몸살 · 感氣中에 地方特講이 있어 苦生함
		2.1(木)	韓國能率協會 大賞審査委員長으로 위촉됨	3.29(金)	聞慶大學에 寄與를 했음에도 인사가 없음.
		3.8(金)	國務總理 地方自治制度發展委員會 委員이 됨	4.5(金)	7個 職責을 가지고 96日間 분주했음
		3.19(火)	內務部 公立大學 審議委員會 委員이 됨	5.21(火)	집 生活費를 月200萬원에서 300萬원으로 올림
		3.29(金)	聞慶大學에서 3回의 特講을 함	6.6(木)	발에 水毒이 들어 病院에 다님
		4.6(土)	建交部 民間投資事業調整委員(長)이 됨	7.10(水)	民資投資事業調整委員會에 內紛이 생김
		5.10(金)	韓自硏에서 公職者論壇賞을 施賞함	7.23(火)	妻 · 次女와 中國旅行에 가서 不美한 일이 생김
		5.25(土)	自動車 運轉 綠色免許證을 取得함	8.24(土)	聘母任 問病을 가서 危篤함을 느낌
		6.8(土)	골프場 會員券을 膳物로 받음	8.26(月)	聘母任이 逝去하여 哀痛해함
		7.1(月)	外孫子, 幼稚園 Montessori에 들어감	10.7(月)	自治學會와 Las Vegas의 共同行事를 주관함
		8.26(月)	서울市 新廳舍建立諮問委員會 委員이 됨	10.13(日)	聘母任의 49祭 脫喪을 모심
		10.4(金)	大田市 世界科學都市聯合推進協議會 會長이 됨	10.14(月)	Las Vegas와의 行事에든 費用으로 苦悶함
		10.7(月)	Las Vegas市長으로부터 國際行事功勞狀을 받음	10.20(日)	長男의 學校件으로 걱정함
		12.3(火)	'白蛇' 라는 別名을 얻음	10.30(水)	回甲紀念集의 校正 등으로 바쁨
		12.31(火)	回甲紀念集『한 韓國人의 삶과 발자취』를 발간	12.31(火)	바쁘고 고된 한해를 마감함
	1997(62)	1.8(水)	回甲紀念集 發刊 祝賀宴을 개최함	1.4(土)	妻와 言爭을 하고 家庭法院에 다녀옴

生涯段階		年度(年齡)	즐겁고 기쁘게 한 것들(喜樂之事)		슬프고 괴롭게 한 것들(悲苦之事)	
			日字(曜日)	事件	日字(曜日)	事件
			1.12(日)	朝鮮日報에 回甲紀念集이 크게 報道됨	1.15(木)	回甲紀念行事 後의 處理가 복잡함
			1.14(火)	記錄集에 대한 大衆媒體의 對談이 시작됨	2.14(金)	8個 職責을 가지고 315日間 바빴음
			1.17(金)	農振公 새만금事業團 諮問委員으로 위촉됨	2.17(月)	記錄集件으로 여러 곳에 다니느라 바쁨
			1.18(土)	'記錄王'이란 別稱을 받음	2.23(日)	7個 職啣으로 9日間 바쁜 日程을 보냄
			1.27(月)	忠南 國際環境포럼 推進協議會 委員長이 됨	2.26(水)	地域發展硏究院件이 負擔을 줌
			2.24(月)	地域發展硏究院 顧問·院長을 맡음	2.28(金)	8個 職責을 수행하며 5日間 분주했음
	主任教授		3.1(土)	環境大學院 高位政策課程 主任教授가 됨	3.9(日)	長妻男宅이 逝去하여 가련한 생각을 함
			3.1(土)	學術振興財團 地域課題審議委員長이 됨	4.5(土)	濠洲 시드니 訪問中 妻가 發作을 함
			4.4(金)	高位課程生을 인솔하여 海外에 감	4.7(月)	서울大 尹定燮 教授가 逝去함
			4.24(木)	40年만에 大學入學 同期生들이 모임	8.5(火)	美國 Orlando 滯在時 妻의 言行이 난폭함.
			5.1(木)	'八方美人'이란 稱號를 들음	8.15(金)	慶北道廳推進委員會의 할 일이 거의 없음
			5.3(土)	回甲紀念으로 골프채 1帙을 膳物받음	8.28(木)	病院에 入院하여 白內障手術을 받음
			5.10(土)	韓自硏 公職者 論壇賞을 施賞함	8.30(土)	白內障手術의 效果가 좋지 않음
			6.25(水)	慶北道廳移轉推進委員長에 추대됨	9.15(月)	妻의 마음이 다른 곳에 가있는 듯함
			7.20(日)	妻·長男과 Mileage 記錄을 사용하여 美國감	9.29(月)	새재會 새재碑建立推進委員長을 맡음
			8.1(金)	처음으로 캐나다에 들어감	10.9(木)	親舊 保證으로 인해 일이 복잡해짐
			8.18(月)	18代 助教로 金湳喆君이 들어옴	10.22(水)	齒牙治療를 받기 시작함
			8.30(土)	高位課程 修了式에서 施賞함	10.28(火)	自宅에 도둑이 들어 약간의 失物이 있었음
			10.21(火)	종이博物館에 史料를 기증하여 전시함	11.5(水)	自宅에 防犯警報裝置를 설치함
			12.1(月)	國務總理 政府構造調整審議會 委員이 됨	11.20(木)	東亞建設件으로 時間을 많이 消費함
			12.6(土)	次女가 미시간大學을 卒業함	11.30(日)	妻, 通告없이 無斷外泊을 함
			12.26(金)	次女가 美國에서 완전 歸國함	12.28(日)	次女의 歸國으로 걱정이 늘어남
		1998(63)	1.1(木)	2002 월드컵組織委員會 共同議長이 됨	1.17(土)	正初부터 바빠지기 시작함
			1.10(土)	共著『未來 情報化時代의 國土經營』을 간행함	3.2(月)	8個 職責을 가지고 367日間 분주했음
			1.14(水)	次女가 就業을 하여 出勤함	3.12(木)	2002 월드컵 關係로 많은 時間을 냄
			2.10(火)	金泳三 大統領으로부터 感謝狀을 받음	3.19(木)	鄭淵壽 先輩가 逝去하여 喪家에서 울음
			2.23(月)	自宅 大門에 街路名 '幸運길 42'가 부착됨	7.2(木)	어깨가 아파 氣指壓을 받음
			4.12(日)	農協이 준 週末農場에서 農事를 지음	7.12(日)	姜信祚·李永哲氏의 紛爭調整을 함
			4.21(火)	'새마을 사랑모임'의 發起文을 제작함	9.11(金)	金在城 博士의 病으로 걱정이 됨
			5.9(土)	韓自硏에서 公職者 論壇賞을 施賞함	10.30(金)	韓·日地方自治學會 行事中 눈에 거슬리는일이 생김
			8.7(金)	中國에 가서 秦始皇陵을 觀覽함	11.19(木)	金在城 博士가 逝去하여 큰 衝擊을 받음
			8.22(土)	高位政策課程 修了式에서 施賞함	11.26(木)	家內外로 걱정거리가 많음
			9.4(金)	古州學術賞 運營委員會 委員長이 됨	12.14(月)	9個 職責으로 287日間 분주했음
			11.28(土)	金大中 大統領에게 業務報告를 함	12.24(木)	古州賞 基金 마련이 여의치 않음
			12.2(水)	長壻 文丙基, 美國에서 博士學位를 받음	12.31(木)	長男 就業 및 次女 結婚으로 苦悶함
		1999(64)	1.17(日)	노래房에서 100點을 얻음	1.18(月)	聘父任이 逝去하심
			1.18(月)	長女와 外孫子가 완전歸國하여 집에 옴	1.18(月)	本家·妻家의 父母 모두 逝去하여 허전함
			2.5(金)	韓國道德運動協議會 顧問으로 추대됨	1.20(水)	長女 歸國과 聘父 逝去가 겹쳐 바빴음
			2.18(木)	地域發展硏究院에 出勤하기 시작함	2.5(金)	長壻 文丙基君이 완전 歸國함
			2.22(月)	19代 助教로 都炯逸君이 들어옴	2.5(金)	道德協議會 일이 추가되어 더 바쁨
			2.25(木)	自治發展硏究院에 出勤하기 시작함	2.25(木)	두 硏究院의 出勤으로 더 분방해짐
			2.25((木)	韓自硏의 院訓을 제작함	2.28(日)	10個 職責을 가지고 76日間 바빴음
			2.28(日)	高位政策課程 主任教授職에서 물러남	2.28(日)	서울大學 補職은 完了했다는 생각이 듬
	平教授		3.9(火)	外孫女 文素瑛이 出生함	3.7(日)	聘父任 脫喪을 모심
			4.3(土)	外孫子, 幼稚園 Discovery School에 들어감	3.23(火)	長壻의 就業件으로 걱정이 됨

生涯段階		年度(年齡)	즐겁고 기쁘게 한 것들(喜樂之事)		슬프고 괴롭게 한 것들(悲苦之事)	
			日字(曜日)	事件	日字(曜日)	事件
			4.19(月)	Viagis Center에 관여하여 研究를 시작함	4.18(日)	9個 職啣을 가지고 49日間 바빴음
			4.20(火)	李永奭 · 禹哉永氏와 日本을 訪問 · 視察함	5.14(金)	10個 職啣을 가지고 26日間 바빴음
			4.25(日)	새재碑 碑文을 새겨 세움	6.27(日)	國土學會 터키 旅行件에 대해 妻와 言爭으로 포기함
			5.8(土)	韓自研에서 論壇賞과 古州賞을 施賞함	6.28(月)	9個 職責으로 45日間 東奔西走했음
			5.10(月)	高陽市長으로부터 國際展示場誘致功勞牌를 받음	6.29(火)	새재會 會長으로 취임하여 後日 해산시킴
			6.16(水)	高 建 서울市長이 '奇人'이란 別名을 줌	8.21(土)	國土計劃學會 研究件으로 氣分이 상함
			7.1(木)	國民勳章을 수여받음	8.29(日)	10個 職責을 가지고 62日間 분주했음
			7.1(木)	長男, 韓自研에 就業하여 출근함	9.26(日)	申熙進 先輩가 逝去하여 問喪을 감
			7.31(土)	知人들로부터 '達人'이란 稱號를 받음	11.12(金)	李永奭 會長의 傘壽紀念事業委員長이 됨
			8.17(火)	北韓에 가서 金剛山에 등정함	11.28(日)	受賞을 많이 하여 費用이 많이 나감
			8.30(月)	地方移讓推進委員會 委員長이 됨	12.24(金)	送年會에서 李永奭 會長과 言爭을 함
			10.18(月)	서울市 文化賞을 받음	12.25(土)	李永奭 會長件으로 氣分이 좋지 않음
			11.14(日)	卞 鐸 社長 父母 碑石에 碑文을 새김	12.31(金)	多事多難했던 한해를 보냄
		2000(65)	1.26(水)	베트남과 캄보디아를 訪問하여 遺蹟을 봄	2.24(木)	11個 職責을 수행하느라 179日間 바빴음
			1.28(金)	서울市政開發研究院 研究諮問委員이 됨	3.2(木)	環境大學院 院長 選出이 難産을 거듭함
			2.21(月)	金大中 大統領에게 分權業務를 보고함	3.11(土)	金剛山 旅行中 妻의 行動이 눈에 벗어남
			2.21(月)	서울市 都市政策會議 委員이 됨	3.21(火)	李永哲 會長과 돈 問題로 시비함
			2.25(金)	國土學會 會長團 選出을 하고 自祝宴을 염	4.21(金)	現代社會研究所의 告訴件으로 머리 아픔
			3.4(土)	外孫子가 初等學校에 入學함	4.26(水)	李永奭 顧問, 好凡會를 탈퇴함
			3.9(木)	外孫女의 돌잔치를 마련함	5.3(水)	外孫子가 眼鏡을 써서 속이 상함
			3.10(金)	妻와 金剛山에 감	5.25(木)	高等檢察廳에 나가 所見書를 提出함
			4.22(土)	長男이 結婚함	6.1(木)	長男 夫婦가 分家하여 나감
			5.9(火)	鬱陵島에 가서 聖人峰에 오름	6.5(月)	李圭憲 院長의 去就問題로 번민함
			5.13(土)	韓自研에서 論壇賞과 古州賞을 施賞함	6.19(月)	10個 職責을 가지고 116日間 분주했음
			6.8(木)	朴昇治 副院長에게 雅號를 지어줌	7.2(日)	妻, 서울大病院 應急室에 가서 治療받음
			6.20(火)	建交部 國土整備企劃團諮問委員長이 됨	7.10(月)	妻의 亂動으로 어깨 負傷을 당함
			7.16(日)	日本 關西地方에 가서 會議 · 視察을 함	7.26(水)	高血壓으로 診察을 받음
			8.1(火)	大韓住宅公社 諮問委員으로 위촉됨	7.29(土)	次女 韓國 國籍을 포기하고 美國市民으로 함
			8.11(金)	妻 · 次女와 같이 美國 샌프란시스코에 가서 사람 만남	9.28(木)	11個 職責을 가지고 101日間 바빴음
			9.1(金)	큰사위, 韓南大 教授로 취임함	9.29(金)	長女 家族이 大田으로 移住하여 허전함
			9.23(土)	'記錄의 名人'이란 稱號를 받음	11.6(月)	駐車違反으로 車가 牽引되어 罰金을 물음
			9.29(金)	建交部 空港運營體系審議會 委員長이 됨	12.14(木)	12個 職責으로 77日間 東奔西走했음
			12.14(木)	濟州市 名譽市民으로 추대됨	12.25(月)	시골 조카 東熙의 死亡消息을 들음
			12.26(火)	韓自研 被訴件의 無罪判決을 통보받음	12.31(日)	次女件으로 걱정이 많음
		2001(66)	1.2(火)	長男이 課長으로 승진함	2.1(木)	大田에 가서 外孫子女를 두고 상경하여 서운함
			1.27(土)	妻와 같이 大田 長女宅에 가서 애들을 봄	2.7(水)	次女의 結婚 成事가 잘 안되어 苦悶함
			2.1(木)	建設産業研究院의 研究諮問委員이 됨	2.10(土)	妻, 中東旅行中 버스에서 이상한 行動을 보임
			2.9(金)	요르단과 이라크를 訪問하여 遺蹟을 봄	2.22(木)	大成그룹 金壽根 會長이 逝去함
			2.27(火)	큰사위가 地方自治學會에서 學術賞을 받음	3.14(水)	高等檢察廳에 가서 陳述書를 씀
			5.12(土)	韓自研에서 古州賞과 論壇賞을 施賞함	3.15(木)	金壽鶴 會長을 問病하고 不安을 느낌
			6.1(金)	外孫女가 幼兒園에 들어감	4.13(金)	市民自治大學의 開講式 參席으로 바쁨
			6.2(土)	釜山市 廣域都市計劃諮問委員이 됨	5.21(月)	同期生 李東旭 辯護士가 逝去함
			6.2(土)	골프運動 1,000回를 記錄함	6.6(水)	몸살 · 感氣로 여러날 苦生함
			7.2(月)	聞慶 金龍培 將軍의 碑文을 지어 세움	6.17(日)	朴基造 教授의 逝去로 매우 놀람

生涯段階		區分 / 年度(年齡)	즐겁고 기쁘게 한 것들(喜樂之事)		슬프고 괴롭게 한 것들(悲苦之事)	
			日字(曜日)	事件	日字(曜日)	事件
			7.4(水)	러시아 · 폴란드 · 체코 · 헝가리를 訪問함	6.20(水)	11個 職責으로 188日間 바빴음
			7.20(金)	地方行政硏究所로부터 20周年紀念메달을 받음	7.18(水)	10個 職責으로 28日間 바빴음
			8.17(金)	日本都市計劃學會로부터 表彰狀을 받음	7.18(水)	Viagis Center의 硏究完了로 因緣을 끊음
			9.18(火)	地方移讓推進委員長으로 再委囑됨	8.19(日)	大田에 가서 外孫子女를 두고 와서 허전함
			10.13(土)	退溪誕辰紀念 國際行事에서 討論함	9.28(金)	9個 職責을 가지고 71日間 분주했음
			10.15(月)	서울大學校 30年勤續表彰을 받음	10.10(水)	尙州의 安璋翰 恩師의 赴告를 받음
			10.17(水)	西海岸時代 開幕 宣言文을 作成 · 낭독함	11.6(火)	親睦모임이 많아 時間消費가 큼
			11.5(月)	向志會의 初代會長이 됨	11.10(土)	地方移讓事務가 복잡하고 어려움
			12.3(月)	20代 助敎로 沈載滿君이 入室함	11.11(日)	허리에 痛症이 와서 苦生함
			12.5(水)	聞慶市長의 市民自治大學 功勞牌를 받음	12.30(日)	모임의 會長을 수행하느라 힘이 듬
			12.28(金)	地硏會의 初代 會長이 됨	12.31(月)	生涯記錄을 整理하는데 많은 時間이 듬
		2002(67)	1.2(水)	金大中 大統領에게 新年歲拜를 드림	1.1(火)	不安 · 焦燥 · 期待의 마음을 갖고 停年새날을 맞음
			1.8(火)	禹哉永 會長 古稀紀念事業會 委員長이 됨	1.22(火)	長男의 韓自硏 非理 이야기를 듣고 경악함
			1.10(木)	如意珠를 문 龍의 꿈을 꿈	2.22(金)	9個 職責을 가지고 146日間 바빴음
			1.26(土)	멕시코 · 페루 · 브라질 등을 訪問 · 觀光함	3.5(火)	마지막 學期의 講義를 시작함
			3.2(土)	美國 미시간大學 總長의 交流增進 感謝狀 받음	4.25(木)	65歲가 되어 地下鐵을 無賃乘車하니 좋고 괴로움
			3.12(火)	崔秉瑄 · 金英模 敎授에게 雅號를 지어줌	4.25(木)	長男 아파트 購入用으로 銀行融資를 냄
			3.23(土)	禹哉永 會長 古稀宴에서 紀念集을 증정함	5.10(金)	老人補助金을 받고 착잡한 氣分을 느낌
			3.27(水)	金大中 大統領께 分權業務를 보고함	5.17(金)	地發硏의 運營問題로 苦悶이 큼
			4.12(金)	中國 東港 및 丹東을 訪問 · 視察함	6.1(土)	親友 李東燮 院長의 逝去로 衝擊을 받음
			4.15(月)	中國 丹東에서 '丹濟'라는 別稱을 들음	6.11(火)	正規 敎授로서의 講義를 종료함.
			5.3(金)	外孫子, 學校長 表彰狀을 받음	7.1(月)	停年對備 記錄整理를 서둚음
			5.4(土)	長女 家族과 서울大公園을 구경함	7.10(水)	柳承眞 親舊가 逝去하여 問喪 감
			5.31(金)	월드컵 開幕式에 참여함	7.24(水)	마음이 산만하고 安定되지 못함
			6.8(土)	韓自硏에서 公職者論壇賞을 施賞함	8.1(木)	停年 마지막 달을 맞이하니 착잡함
			6.22(土)	월드컵에서 韓國의 4强 進出이 이루어짐	8.2(金)	妻의 離心으로 허탈함
			7.10(水)	尹相在 會長 古稀紀念事業會 委員이 됨	8.8(木)	退任에 따른 對策 마련에 부심함
			8.4(日)	安東師範學校 同窓會의 同門賞을 받음	8.15(木)	地發硏의 費用 때문에 苦悶됨
			8.8(木)	臺灣에 가서 金門島를 視察함	8.29(木)	敎授硏究室을 整理하고 짐을 옮김
			8.30(金)	서울大 總長으로부터 停年紀念功勞牌를 받음	8.30(金)	서울大學校 敎授停年退任式에 參席함
			8.30(金)	서울大 敎授協議會 會長으로부터 功勞牌를 받음	8.31(土)	9個 職責으로 190日間 바빴음
			8.31(土)	서울大學校로부터 停年退任을 함	8.31(土	大學敎授를 떠남에 허전하고 대견함
停年退任期	名譽敎授		9.1(日)	서울大學校 名譽敎授로 任命됨	9.3(火)	停年後 처음으로 名譽敎授室에 들어감
			9.1(日)	禹哉永 會長에게 祝詩를 지어 膳物함	9.3(火)	名譽敎授로서 처음 講義를 함
			9.4(水)	停年告別講演會에서 紀念品을 받음	9.10(火)	韓自硏과 地發硏의 일로 苦悶이 많음
			9.8(日)	21世紀 國土포럼 共同代表議長이 됨	9.12(木)	妻와 生活費 引下를 상의했으나 失敗함
			9.11(水)	韓自硏과 地發硏에 定規出勤을 함	10.4(金)	地發硏의 資金件으로 苦悶을 함
			9.28(土)	日本 對馬島를 訪問하여 觀光함	10.6(日)	外孫女가 大田으로 안갈려고 하여 마음 아픔
			10.4(金)	大統領 持續可能發展委員會 委員이 됨	10.13(日)	記錄集 編輯을 완료했으나 허전함
			10.11(金)	地發硏의 EQUUS를 타기 시작함	10.30(水)	長男과 次女의 일로 걱정이 큼
			10.24(木)	地方行政硏修院 硏修大會 審査委員長이 됨	11.19(火)	環境大學院 敎授採用의 亂脈相이 심함
			11.8(金)	榮州의 慶北 北部圈開發公聽會에서 司會를 봄	11.24(日)	長壻의 大學 轉職件으로 걱정이 됨
			11.9(土)	父母 墓所에 記錄集등을 埋立함	12.3(火)	林相夏 社長이 逝去하여 매우 슬펐음
			11.14(木)	大田에서의 地方移讓워크숍을 주관함	12.10(火)	停年 以後에도 여전히 바쁜 日程임
			11.21(木)	尹相在 會長 古稀宴에서 祝辭를 함	12.25(水)	紀念集의 校正에 많은 時間이 듬

生涯段階		年度(年齡)	즐겁고 기쁘게 한 것들(喜樂之事) 日字(曜日)	事件	슬프고 괴롭게 한 것들(悲苦之事) 日字(曜日)	事件
			11.30(土)	牙山市를 訪問하여 골프를 치고 투숙함	12.31(火)	林勝一 博士의 獨子 變死로 慰問을 감
			12.11(水)	總理會館에서 移譲委員會 送年會를 가짐	12.31(火)	人生의 變化를 가져온 한해를 보냄
		2003(68)	1.2(木)	青瓦臺에 가서 金大中 大統領께 歲拜 드림	1.3(金)	正初부터 일이 바빠지고 걱정도 많음
			1.11(土)	長女 家族이 서울로 移住하여 흡족함	1.11(土)	며칠 같이 있던 外孫女가 떠나 매우 허전함
			1.16(木)	釜山에 가서 移讓委 懇談會를 가짐	1.30(木)	長男의 事件으로 무척 화가 남
			2.6(木)	光州에서 移讓委 懇談會를 주관함	2.9(日)	妻가 外孫子女 오는 것을 싫어하여 言爭함
			2.21(金)	地方自治學會 會長으로 姜瑩基 敎授를 選出함	2.12(水)	張翰相君 家族의 電話로 氣分이 상함
			2.24(月)	오피스텔을 新規契約함	2.13(木)	齒牙의 長期治療로 時間과 돈이 많이 듬
			2.25(火)	16代 盧武鉉 大統領의 就任式에 參席함.	3.1(土)	오피스텔의 購入資金 마련으로 苦悶함
			3.5(水)	外孫女가 清潭洞 幼稚園에 들어감	3.7(金)	甥姪 黃泰鉉이 사망하여 불쌍하게 느낌
			3.5(水)	特講次 奉化郡과 聞慶市를 訪問함	4.2(水)	地研會의 不振으로 걱정함
			3.30(日)	外孫子女들과 월드컵 競技場을 구경감	4.3(木)	外孫女를 데리고 病院에 가서 皮膚治療를 함
			4.14(月)	'企業하기 좋은 地域大賞' 施賞式에서 보고함	4.10(木)	國土學會 弦汀賞 基金件으로 論爭이 일어남
			4.22(水)	'서울循環道路' 路線再檢討委員長으로 취임함	4.14(月)	韓自研 職員들의 不滿이 표출됨
			4.28(月)	警察新聞 論說委員이 됨	5.6(火)	外廓循環道路件이 극히 복잡함
			5.2(金)	몇個 機關의 代表就任 招請을 거절함	5.28(水)	李圭憲 院長을 問病하고 가련함을 느낌
			5.7(水)	濟州道 行政改革推進委員會 諮問委員이 됨	6.14(土)	泰安 골프장件으로 머리를 앓음
			5.8(木)	어버이날에 子女들로부터 待接을 받음	7.16(水)	오피스텔 購入의 資金으로 인해 걱정함
			5.10(土)	韓自研의 公職者論壇賞 施賞式을 주관함	7.30(水)	7마리 새끼를 낳은 어미개가 나가버림
			5.14(水)	環境大學院 創立30周年紀念功勞牌를 받음	7.31(木)	韓自研의 人事件으로 머리 아픔
			5.18(日)	地方行政研究院 研究諮問委員이 됨	8.20(水)	長壻의 敎授職 移轉이 여의치 못함
			6.4(水)	仁川市 政策諮問敎授로 위촉됨	8.30(土)	누님이 病院에서 手術을 하여 問病감
			6.5(木)	青瓦臺 新行政首都建設推進諮問委員長이 됨	9.3(水)	宋技士, 또 自動車 事故를 내어 불편함
			6.10(火)	大邱 行事로 자주 訪問하고 餘興을 가짐	9.14(日)	5日間 집에서 쉬고보니 지리함을 느낌
			6.20(金)	'21世紀 國土포럼'의 天安 워크숍을 주재함	9.17(水)	地方移讓委員長室을 整理하고 아주 떠남
			6.26(木)	行政首都建設諮問委員會를 주재하기 시작함	9.24(水)	行政首都關係 外部行事가 빈번함
			7.3(木)	大統領 臨席下 行政首都報告會에서 司會를 봄	9.26(金)	停年紀念集 發刊行事의 取消를 결심함
			7.6(日)	子女들과 生日紀念으로 春川 江村에 감	10.9(木)	'한글날'이 公休日이 아님을 다시 속상해함
			7.7(月)	韓國書畵作家協會 顧問으로 추대됨	10.17(金)	行政首都建設諮問委員長室로 출근함
			7.21(月)	首都視察次 터키를 訪問함	10.28(火)	平壤 觀光計劃의 中斷으로 무척 실망함
			7.23(水)	警察新聞의 記者證을 받음	10.28(火)	關係者 少數人과 紀念集發刊自祝宴을 가짐
			8.1(金)	韓國不動産聯合會 顧問으로 추대됨	10.29(水)	韓自研 · 地發研의 院長職을 辭任코자 함
			8.12(火)	行政首都와 관련된 많은 行事에서 인사함	10.30(金)	두 研究院의 일로 머리가 아픔
			8.31(日)	停年紀念集으로『人生履歷史』를 발간함	11.3(月)	行政首都反對國民連帶가 發足됨
			9.1(月)	長男, 地發研의 研究敎育室長으로 들어감	11.13(木)	知人들의 請託이 빈번함
			9.6(土)	外孫子, 初等學校 5年 6班의 會長이 됨	11.21(金)	泰安 리조트件으로 매우 번잡함
			9.17(水)	地方移讓推進委員長의 任期가 만료됨	11.25(火)	行政首都 關係로 많은 時間이 소요됨
			9.17(水)	土地公社 經營政策諮問委員長이 됨	11.28(金)	外孫子가 感氣로 苦生하여 가슴 아픔
			9.25(木)	國土學會 會館建立推進委員會 顧問이 됨	11.30(日)	次女의 結婚問題로 苦悶이 큼
			10.1(水)	東洋大學校 地域發展研究院 諮問委員이 됨	12.1(月)	行政首都의 일들이 점차 바빠짐
			10.4(土)	外孫女와 學校運動會 · 公園 등을 돌아다님	12.2(火)	長期間 · 高費用의 齒牙治療가 일단 끝남
			10.15(水)	'聞慶市民의 날'을 紀念하는 祝詩를 보냄	12.3(水)	行政首都에 대한 贊反論議가 제기됨
			11.16(日)	行政首都관련 大統領 報告會議 司會를 함	12.7(日)	次女가 結婚關係로 渡美함
			11.30(日)	自宅에 김장을 담고 팥죽을 끓임	12.19(金)	年末의 모임들이 많아 분망함
			12.11(木)	土地公社안내로 開城을 訪問하고 視察을 함	12.26(金)	地研會 會長職을 떠나면서 미안함을 느낌

生涯	段階	區分 / 年度(年齡)	즐겁고 기쁘게 한 것들(喜樂之事)		슬프고 괴롭게 한 것들(悲苦之事)	
			日字(曜日)	事　　件	日字(曜日)	事　　件
			12.29(月)	'新行政首都建設特別措置法' 이 國會에서 의결됨	12.31(水)	多事多難했던 한해를 또 보냄
		2004(69)	1.1(木)	中央都市計劃委員會 第1分科委員長이 됨	2.2(月)	어미와 강아지 모두 없어지고 '珍乭' 이만 남음
			2.1(日)	外孫子, 淸潭洞 聖堂에서 領聖體를 받음	2.3(火)	次女와 美國에 가서 結婚宣誓式을 가짐
			2.25(水)	禹哉永 會長에게 頌德詩를 지어줌	2.5(木)	美國에서 安相英 釜山市長의 自殺消息을 들음
			2.26(木)	國務總理에게 行政首都件을 보고함	3.12(金)	國會, 大統領 彈劾을 의결함
			3.7(日)	次女의 結婚準備를 함	3.14(日)	長男 移住 및 次女 結婚으로 많은 資金이 소요됨
			3.11(木)	國家專門行政硏修院의 指導敎授 功勞牌를 받음	4.1(木)	次女 結婚請牒狀 送付에 힘이 많이 듬
			3.12(金)	書畵展示會에 親筆 漢詩 1點을 전시함	4.5(月)	次女, 妻에게 맞아 눈을 다쳐 病院에 감
			3.14(日)	長男, 自家 아파트를 購入하여 入住함	5.9(日)	次女가 結婚했으나 將來에 대해 걱정됨
			4.15(木)	總選에서 열린우리黨이 압승함	5.19(水)	次女 夫婦의 相互關係가 우려됨
			4.17(土)	新行政首都 관련 自作詩를 委員長室에 걸음	5.25(火)	宋技士가 또 事故를 내어 車 運行 중단함
			4.20(火)	大統領에게 行政首都에 관해 보고함	6.7(月)	道德協會 및 作家協會의 總裁職을 사양함
			5.9(日)	次女가 結婚함	6.9(水)	行政首都에 대한 言論報道로 물의가 생김
			5.12(水)	總理에게 行政首都에 관해 보고함	6.12(土)	金永燮 敎授로부터 委員長 辭退를 종용받음
			5.14(金)	憲法裁判所에서 盧武鉉大統領 彈劾을 棄却함	6.18(金)	妻가 美國 次女에게 갔으나 걱정이 됨
			5.16(日)	次女夫婦가 美國으로 出國함	6.19(土)	次女 媤父母를 만나 次女件을 사과함
			5.21(金)	新行政首都建設推進委員會 委員長에 취임함	6.30(水)	妻가 美國에서 歸國했으나 걱정이 더 커짐
			5.21(金)	行政首都推進委員會 本會議를 주재함	7.12(月)	特別法의 違憲을 따질 提訴가 憲裁에 提出됨
			5.24(月)	行政首都推進委員會 委員長 就任式을 가짐	7.15(木)	行政首都推進委員長의 辭任을 결심함
			5.31(月)	『國政課題 3大基本法』을 간행함	7.16(金)	서울의 候補地 公聽會에 參席 · 祝辭함
			6.8(火)	行政首都推進委員會 大田事務所 懸板式을 가짐	8.5(木)	外交通商部 特講으로 물의가 일어남
			6.11(金)	大統領에게 行政首都에 대해 보고함	8.6(金)	李海瓚 總理에게 辭意를 표명함
			6.26(土)	美國의 次女夫婦, San Jose에서 Daly City로 이주함	8.13(金)	靑瓦臺 金秉準 室長을 통해 大統領에게 辭表를 提出함
			7.2(金)	道德運動協議會의 總裁로 취임함	9.1(水)	推進委員會 會議에서 辭意를 표명함
			7.2(金)	書畵作家協會의 總裁로 취임함	9.2(木)	國政課題運營協議會에서 辭任人事를 함
			7.2(金)	書畵展示會에 親筆 漢詩를 전시함	9.7(火)	出入國管理事務所에 가서 次女入國을 확인함
			7.5(月)	大統領에게 行政首都를 보고함	9.9(木)	行政首都推進委員長의 事務室을 整理함
			7.8(木)	行政首都推進委員들과 候補地를 視察함	9.10(金)	次女 所在를 찾아 鴨鳩亭 一帶를 헤맴
			7.16(金)	總理에게 行政首都를 보고함	9.13(月)	推進委員長職을 떠남
			7.21(水)	總理에게 行政首都를 보고함	9.13(月)	美國에 가서 兪書房과 證人으로 출두함
			7.24(土)	總理를 모시고 首都 立地를 시찰함	9.23(木)	知人들에게 次女件을 부탁함
			8.11(水)	總理의 最終立地 發表場에 배석함	9.25(土)	査頓 夫婦에게 사과함
			8.24(火)	委員長 辭表提出 報道에 따른 記者會見을 함	9.25(土)	골프會員券을 매각함
			9.13(月)	行政首都建設推進委員長職을 퇴임함	9.27(月)	次女 所在를 찾아다님
			9.13(月)	政府 官用車를 반납하고 地發硏 車를 탐	10.1(金)	河副院長 問病을 가서 위로함
			9.21(火)	委員長職의 業務引繼를 함	10.2(土)	廳舍에 가서 國監에 대비한 準備會議를 함
			9.22(水)	妻 및 妻男과 聞慶을 거쳐 尙州大學에서 特講함	10.4(月)	國會 國監에 출두하여 證人으로 答辯함
			9.26(日)	國技院 周邊의 早起散策을 시작함	10.10(日)	次女件에 대해 知人들에게 부탁함
			10.2(土)	吳聖三 校長으로부터 建國大學 碩座敎授 제의받음	10.21(木)	憲法裁判所의 特別法 違憲 決定에 놀람
			10.3(日)	外孫子女와 盆唐 律動公園에 가서 놀다옴	10.25(日)	盧武鉉 大統領과의 午餐會議에게서 意見 개진함
			10.4(水)	建國大學 碩座敎授를 승낙하는 전화를 함	10.27(水)	美國 兪書房과 통화함
			10.7(木)	次女의 電話가 있었다는 연락을 받고 安心함	11.9(火)	美國 次女와 통화함
			10.18(月)	建國大 不動産大學院長의 碩座敎授件 電話받음	11.10(水)	次女 媤父母로부터 연락받음
			10.22(金)	道德協會 大邱 行事에서 施賞과 講演을 함	11.11(木)	齒科에 가서 治療를 받음

生涯段階		年度(年齡) \ 區分	즐겁고 기쁘게 한 것들(喜樂之事)		슬프고 괴롭게 한 것들(悲苦之事)	
			日字(曜日)	事件	日字(曜日)	事件
			10.26(火)	土地公社 諮問委員長으로 再委囑됨	11.15(月)	次女를 마중하여 귀가함
			10.30(土)	外孫女와 같이 지냄	11.16(火)	몸살 · 감기로 苦生함
			11.5(金)	濟州道議會 議員들에게 特講함	12.6(月)	鄭世煜 · 朴昇治氏와 저녁식사를 함
			11.7(日)	白石敎會 胎信者 禮拜에 參席함	12.7(火)	崔相哲 敎授 초청 會食에 감
			11.19(金)	一山 區民自治大學에서 特講을 함	12.15(水)	몸살 · 감기로 病院에 다녀옴
			11.25(木)	聞中 4回 同期生 모임에 參席함	12.16(木)	妻, 쓰러져서 三星醫療院에 入院함
			11.26(金)	첫 눈이 내림	12.18(土)	病院에 가서 治療를 받음
			12.1(水)	聞慶 市民自治大學 閉講式에 參席함	12.21(火)	食慾이 없어 食事를 못함
			12.8(水)	21世紀 國土포럼 共同代表議長으로 선임됨	12.22(水)	아픈 몸으로 高麗大에서 特講함
			12.21(火)	妻, 病院에서 퇴원함	12.24(金)	집의 개 '진돌'이가 집을 나감
		2005(70)	1.3(月)	環境大學院 新年會에 參席함	1.1(土)	憂患으로 동생宅에서 새해 祭祀를 지냄
			1.4(火)	光云學園 理事로 선임됐다는 通報 받음	1.4(火)	妻 診療次 三星病院에 감
			1.6(木)	長女結婚紀念 會食宴을 마련해줌	1.15(土)	次女가 걱정을 하게 함
			1.11(火)	結婚39周年紀念 會食을 가짐	1.19(水)	申東培 親舊가 와서 付託을 함
			1.20(木)	天安세미나에서 基調演說을 함	1.21(金)	龍仁 市民의 抗議電話를 받음
			2.1(火)	'企業하기 좋은 地域大賞' 施賞式에 參席함	2.16(水)	張翰相君의 來訪을 받음
			2.3(木)	中央都市計劃委員으로 再委囑됨	2.16(水)	金永燮 敎授의 問喪을 감
			2.11(金)	卞 鐸 會長과 本人 出版件을 논의함	2.17(木)	林吉鎭 敎授의 問喪을 감
			2.12(土)	妻의 辰甲 會食宴을 가짐	2.19(土)	忠南知事에게 골프장件을 付託함
			2.17(木)	新聞에 碩座敎授件이 報道됨	2.21(月)	光云學園 理事長 選任競爭에 추대됨
			2.21(月)	光云學園 理事會에 처음 출석함	2.24(木)	鳥嶺會에서 身上事項을 보고함.
			2.23(水)	金敬姬 建國大 理事長과 오찬을 같이함	2.25(金)	國立 癌센터 院長과 高靈에 감
			2.28(月)	建國大 碩座敎授 委囑狀을 받음	2.26(土)	臨時行政首都 冊子의 祝辭를 付託받음
	碩座敎授		3.2(水)	意外로 눈이 많이 내림	3.3(木)	光云學園 理事會에 參席함
			3.4(金)	書畵作家協會 會員展에 參席함	3.30(水)	泰安 골프장件을 협의함
			3.9(水)	外孫女 生日宴을 가짐	4.3(日)	大邱에 가서 査頓 問病을 함
			3.10(木)	蔚山에서 嚴鶯蘭 講師등과 식사함	4.4(月)	光云學園 財團側과 식사함
			3.22(火)	친목모임 '同心會'를 창립함	4.11(月)	美國에서 歸國한 次女를 만남
			3.23(水)	建國大 碩座敎授室에 들어감	4.18(月)	黃時旭 會長과 環境部를 방문함
			3.24(木)	눈이 많이 내린 楊口郡에 감	4.21(木)	光云學園 理事職에서 물러남
			4.6(水)	尙州大學에 가서 特講을 함	4.29(金)	順天鄕病院에서 應急治療를 받음
			4.14(木)	土地博物館 開館 테이프를 끊음	4.30(土)	計劃했던 사이판 旅行을 포기함
			5.4(水)	一般 患者室로 옮겨져서 治療받음	5.1(日)	서울大 病院 重患者室에 머물음
			5.10(火)	서울大病院에서 11日만에 퇴원함	5.11(水)	某氏의 당황한 問病電話를 받음
			5.13(金)	妻와 駱山公園에 오름	5.22(日)	혼자 駱山公園과 昌信洞에 감
			6.4(土)	加平 골프場에서 골프 18홀을 다 침	5.25(水)	臨時行政首都 冊子 出版會에 參席
			6.7(火)	醫師의 診斷을 받고 安心함	5.28(土)	龍坪에서 9홀만 골프를 침
			6.9(木)	白石老人大學에서 特講을 함	6.3(金)	서울大 病院에서 세가지 檢診을 받음
			6.10(金)	地方自治發展硏究院 行事를 잘 마침	6.13(月)	三道會 會長으로 추대됨
			6.22(水)	鳥嶺會 會員들에게 저녁대접을 함	6.2(火)	朴永根 社長에게 사람을 추천함
			6.28(火)	21世紀 國土포럼을 주재함	7.9(土)	故 鄭淵壽 社長 令息 結婚主禮를 봄
			7.1(金)	書畵藝術大展에서 祝辭함	7.19(火)	尙州大學 總長 및 妻族들과 식사함
			7.5(火)	抱川 二洞 옛 軍勤務地에 감	7.27(水)	妻와 三星醫療院에 감
			7.10(日)	盧武鉉 大統領과 노래하는 꿈을 꿈	7.28(木)	옥수수를 먹다가 義齒가 부러짐
			7.14(木)	大統領으로부터 生日祝電을 받음	8.2(火)	齒科病院에 가서 義齒를 고침

生涯段階		年度(年齡)	즐겁고 기쁘게 한 것들(喜樂之事)		슬프고 괴롭게 한 것들(悲苦之事)	
			日字(曜日)	事　　件	日字(曜日)	事　　件
			7.16(土)	子女들과 夫婦同伴 仁川에 놀러감	8.3(水)	尹相在會長이 逝去하여 問喪을 함
			7.24(日)	外孫子女들과 '市民의 숲'에 가서 놈	8.5(金)	尹相在會長 永訣式에서 喪辭를 읽음
			7.28(木)	建國大學 發展基金을 냄	8.7(日)	妻의 거짓된 便紙를 받음
			7.29(金)	12師團에 가서 特講을 함	8.9(火)	美國 사위에게 生日祝賀金을 보냄
			8.15(月)	中學 同窓會 體育大會에 參席함	8.10(水)	道協 및 作家協 任員들과 협의함
			8.16(火)	隨想集『하늘의 뜻 人間의 삶』이 발간됨	8.14(日)	혼자 上道洞 옛집에 감
			8.20(土)	長男이 새車 '소나타'를 가져옴	8.19(金)	同心會에 나가 不參者를 고발함
			8.30(火)	地方移轉委員會 워크숍에서 演說함	8.23(土)	오피스텔 등의 銀行處理를 함
			9.3(土)	妻, 聞慶에 내려가서 쉼	8.24(水)	大邱 查頓이 별세했다는 연락을 받음
			9.5(月)	自治發展硏究院의 새 建物로 출근함	8.26(金)	大邱에 가서 查頓 問喪을 함
			9.8(木)	土地公社 諮問會議를 주재함	9.9(金)	星州에서 交通混雜으로 늦게 도착함
			9.15(木)	尙州 세미나에서 基調演說을 함	9.10(土)	妻로 인해 哲人이 될 듯함
			9.28(水)	孫女 旼嬉가 태어남	9.13(火)	道協 및 作家協 臨時總會를 주재함
			10.5(水)	'뉴리더大賞'을 받음	9.23(金)	麗水에 가서 都市計劃會談을 주재함
			10.7(金)	韓中日 都市計劃學會 參席次 濟州에 감	10.12(水)	行複都市 意見書를 憲裁에 提出함
			10.10(月)	仁川市 政策諮問團 團長에 추대됨	10.15(土)	平壤 空港에서 妻의 티켓을 잃어버림
			10.11(火)	全州 세미나에서 司會를 봄	10.19(水)	21世紀 國土포럼 行事를 주재함
			10.13(木)	天安 세미나에서 司會를 봄	10.22(土)	몸살로 苦生함
			10.14(金)	妻와 北韓 平壤에 가서 투숙함	10.25(火)	서울大 病院에서 CT撮影을 함
			10.28(金)	東亞大學에 가서 特講을 함	11.3(木)	5人幇 모임에서 費用을 負擔함
			10.31(月)	大田 培材大學에서 基調演說을 함	11.19(土)	趙命熙 恩師의 問喪을 감
			11.1(火)	海外旅行을 해도 좋다는 醫師 診斷을 받음	11.22(火)	泰安 리조트에 人事付託을 함
			11.7(月)	泰安半島 골프場 豫定地를 살펴봄	11.23(水)	新行政首都 關係者들의 모임에 나감
			11.8(火)	住宅公社 세미나에서 司會를 봄	11.26(土)	驛三洞 用途變更委員會 모임에 감
			11.12(土)	顔面斑點 除去手術을 받음	12.3(水)	大邱 查頓 49祭 脫喪을 모심
			11.21(月)	世宗大學 設立者 內外分과 회식함	12.6(火)	李明博 市長의 特講을 들음
			11.24(木)	行複都市의 合憲決定 뉴스를 들음	12.14(水)	世宗大 財團팀과 식사함
			11.28(月)	河東 平沙里의 '土地' 舞臺 마을에 가봄	12.19(月)	行複都市 國際公募 施賞式에 參席함
			12.3(土)	첫 눈이 많이 내림	12.19(月)	國土學會 顧問團 送年會에 參席함
			12.9(金)	蔚珍郡에 가서 特講을 함	12.20(土)	KEPSI 理事會에 나감
			12.22(木)	中央都市計劃委員會 마지막 會議를 주재함	12.23(金)	高靈郡에 갔다가 汽車를 놓침
		2006(71)	1.2(月)	環境大學院 新年會에 參席함	1.7(土)	驛三洞 委員들과 저녁을 함
			1.4(水)	'草凡詩竹'의 書畵를 완성함	1.8(日)	孫女 100日 紀念 모임을 가짐
			1.12(木)	妻와 아프리카 6國 巡訪을 떠남	1.11(水)	結婚40周年 紀念日을 맞이함
			1.14(土)	잃었던 가방을 찾아 안도함	1.13(金)	Kenya에 가방이 오지않아 苦悶함
			1.16(月)	킬리만자로山과 사파리를 관람함	1.26(木)	몸에 멍이 많이 들어 苦生함
			1.19(木)	빅토리아 瀑布를 구경함	1.31(火)	好凡會 第4代 會長으로 취임함
			1.22(日)	Cape Town 일원을 관광함	2.1(水)	妻와 三星醫療院에 감
			1.24(火)	Sun City를 구경함	2.4(土)	몸의 傷處로 인해 沐浴을 못함
			1.28(土)	새 강아지 '방울'이가 들어옴	2.6(月)	잠이 오지 않아 苦生함
			2.15(水)	外孫子 初等學校 卒業式에 參席함	2.7(火)	古州賞 審査會議에 參席함
			2.17(金)	李春熙 廳長에게 祝詩를 전달함	2.10(金)	서울市 都市計劃課에 들림
			2.19(日)	두달만에 처음 몸의 때를 밀음	2.13(月)	美國에서 보낸 옷짐을 받음
			2.25(土)	外孫女와 여러 곳을 다님	2.20(月)	朴世一 敎授의 特講을 들음
			2.27(月)	外孫女 幼稚園 卒業式에 參席함	2.23(木)	道德協會 理事會에 參席함

生涯段階	年度	(年齡)	즐겁고 기쁘게 한 것들(喜樂之事)		슬프고 괴롭게 한 것들(悲苦之事)	
			日字(曜日)	事 件	日字(曜日)	事 件
			2.28(火)	向志會 會長職을 물러남	3.1(水)	몸살로 食事를 하지 못함
			3.21(木)	外孫女 初等學校, 外孫子 中學校 入學式에 감	3.5(日)	妻가 화를 내어 長男 家族이 떠남
			3.3(金)	公州市에 가서 特講을 함	3.12(日)	居室 쇼파를 새로 구입함
			3.10(金)	行複都市 關聯人士들을 대접함	3.23(木)	世宗大 팀과 저녁모임을 가짐
			3.17(金)	'企業하기 좋은 地域大賞' 審議를 함	3.26(日)	누님 問病을 하고 저녁을 대접함
			4.8(土)	잃어버린 BC카드를 찾음	3.30(木)	驛三洞 委員들을 만남
			4.13(木)	安東 · 聞慶에서 緣故地 寫眞을 찍음	3.31(金)	칼빈大學 代表者들과 會食함
			4.16(日)	週末農場에 가서 씨앗을 뿌림	4.3(月)	옛 弟子들에 불려나가 술을 마심
			4.20(木)	妻 · 次女와 필리핀 旅行을 감	4.19(水)	同心會에서 新入會員件을 논의함
			4.21(金)	필리핀 火山등지를 구경함	4.21(金)	妻의 言行으로 旅行氣分이 감소됨
			4.22(土)	瀑布를 보고 急流 카누를 탐	4.26(水)	黃時旭 會長 등과 研究件을 논의함
			5.5(金)	長男宅에서 어버이날 待接을 받음	4.27(木)	中都委에서 首都圈計劃을 공격함
			5.6(土)	水原에 가서 雨中에 골프를 침	4.28(金)	金玉鉉 親舊가 여러 人士를 소개함
			5.17(水)	行複都市 建設廳에 가서 會議를 함	5.1(月)	蘆原區廳長 등과 저녁식사를 함
			5.20(土)	好凡會 모임을 坡州에서 주재함	5.2(火)	道協 臨時總會에 나가 祝辭함
			5.30(火)	行複都市 名稱委員會를 委員長으로 주재함	5.3(水)	現代 애드컴 代表와 出版件을 의논함
			6.1(木)	妻, 親舊들과 紅島로 旅行을 감	5.5(金)	外孫女가 귀를 다쳐 手術을 받음
			6.4(日)	農場에가서 妻와 같이 채소를 솎음	5.7(日)	自宅 作業을 2層에서 地下室로 옮김
			6.6(火)	外孫子女와 '서울의 숲' 에 놀러감	5.12(金)	公職者 論壇賞 施賞式을 주재함
			6.12(月)	韓自硏 · 自治學會 세미나에 參席함	5.19(金)	'相生會' 모임에 參席함
			6.14(水)	土地公社 諮問會議를 行複都市에서 주재함	5.27(土)	沐浴湯의 無秩序로 안오기로 작정함
			6.19(月)	처음으로 몽골旅行을 떠남	6.1(木)	行複都市 元老會議에 參席함
			6.20(火)	몽골 傳統家屋 'Ger' 에서 투숙함	6.17(土)	李景熙將軍과 점심을 같이함
			6.21(水)	몽골 草原에서 말을 탐	6.26(月)	어지러움을 느끼고 몸에 땀이 남
			6.22(木)	몽골 首都 울란바타르 市內를 관광함	6.27(火)	朴東緖 恩師 問喪을 감
			6.24(土)	地域發展研究院의 移轉告祀를 지냄	7.4(火)	서울大 病院에서 세가지 檢診을 받음
			6.25(日)	長女가 이사간 새 아파트를 방문함	7.5(水)	古稀 生日宴을 自宅에서 가짐
			6.26(月)	建交部 '葛藤 아카데미' 에서 特講을 함	7.6(木)	驛三洞件 委員들과 협의함
			6.26(月)	妻 및 누님家族들과 野外에서 식사함	7.7(金)	'必敬齋' 란 食堂에서 식사함
			6.29(木)	21世紀 國土포럼을 忠州에서 주재함	7.8(土)	尹學烈 親舊 子女 結婚式에 감
			7.4(火)	檢診結果가 좋다는 診斷을 받음	7.10(月)	道協 任員들과 會食을 가짐
			7.12(水)	몽골訪問團 解團式에 參席함	7.17(月)	制憲節에 비가 와서 國旗를 게양못함
			7.13(木)	丹陽 救仁寺를 방문 예불드림	7.19(水)	黃 會長등 여러 人士와 會同함
			7.15(土)	長女宅에서 古稀祝賀宴을 열어줌	7.21(金)	釜山에서 골프를 매우 힘들게 침
			7.17(月)	中溪洞 店鋪를 종전대로 契約함	7.24(月)	三道會 일부 會員들과 식사를 함
			7.20(木)	文化觀光部등 職員들에게 特講을 함	7.27(木)	國土學會 會長團과 會館建立件을 협의함
			7.21(金)	金 源 教授등과 釜山에 가서 머뭄	7.28(金)	매우 복잡하고 바쁜 하루를 지냄
			7.22(土)	外孫女와 같이 놀러다님	7.28(金)	古稀紀念集 編輯으로 걱정이 많음
			7.23(日)	長女 家族과 식사하고 돈 問題를 의논함		
			7.25(火)	土地公社팀과 저녁식사를 가짐		
			7.26(水)	大邱慶北研究院 討論會에서 司會를 봄		
			7.28(金)	陽曆 古稀日을 맞아 知人들과 自祝宴을 가짐		

(4) 生涯中 幸·不幸 및 平凡生活의 構成比率

(總 10點 基準)

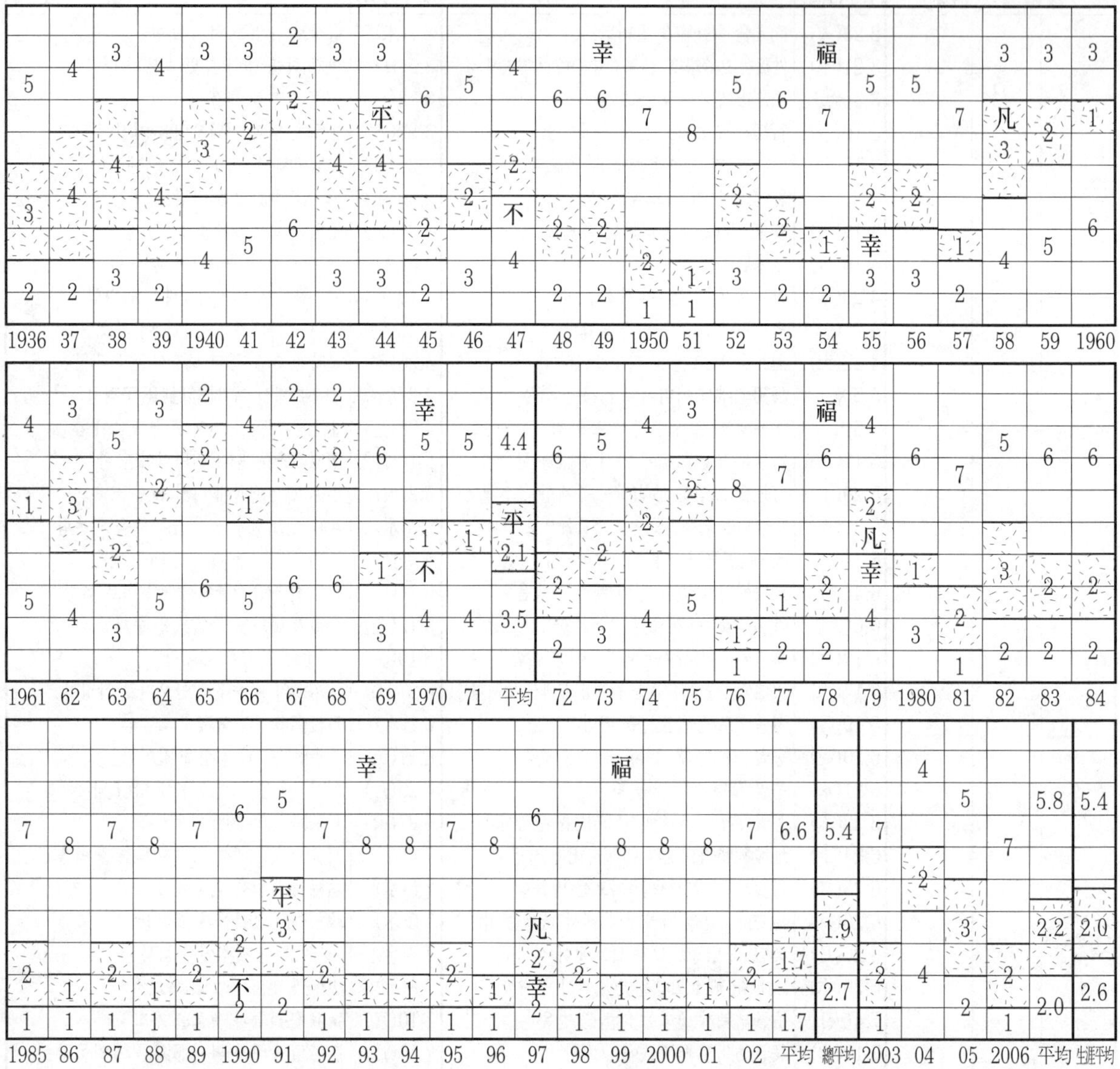

○ 幸·不幸 및 平凡生活의 比率 集計表

項 目	生 涯	成長修學期		社會活動期		出生-停年期		名譽敎授期		出生-古稀期	
		累 計	年平均	累 計	年平均	累 計	年平均	累 計	年平均	累 計	年平均
絶對價	幸福生活(A1)	157	4.4	203	6.6	360	5.4	23	5.8	383	5.4
	平凡生活(A2)	77	2.1	53	1.7	130	1.9	9	2.2	139	2.0
	不幸生計(A3)	126	3.5	54	1.7	180	2.7	8	2.0	188	2.6
	合 計(A)	360	10.0	310	10.0	670	10.0	40	10.0	710	10.0
比較價	幸福度(A1/A)	43.6		65.5		53.7		57.5		53.9	
	平凡度(A2/A)	21.4		17.1		19.4		22.5		19.6	
	不幸度(A3/A)	35.0		17.4		26.9		20.0		26.5	
	幸福·不幸度(A1/A3)	1.25		3.76		2.00		2.88		2.03	

3. 生涯中 치룬 考試와 試驗

(1) 學校 修學試驗

1) 入學考試

種類	方式	日字	地域	結果	
				合格	不合格
1. 中學入學 國家考試	筆記	1951. 6.20	慶北 聞慶	○	-
2. 高等學校 入學 考試	〃	1954. 1.13	慶北 安東	○	-
3. 大學入學 檢定考試	〃	1956. 1. 8	서울	-	○
4. 大學校 入學 考試	筆記	1957. 2. 4	〃	○	-
	面接	1957. 2. 5	〃	○	-
5. 大學院 入學考試	筆記	1963. 1.16	〃	○	-
	面接	1963. 1.17	〃	○	-
6. 美國 大學院 入學考試	英語 筆記	1969. 3.17	〃	○	-
	GRE 筆記	1969. 5.20	〃	○	-
	面接	1969. 7. 4	〃	○	-
合計(6)	10	10	3	9	1

2) 學業試驗

① 國內學校：初等學校 - 大學院

學級	學年	試驗日字					地域	結果	
		第1學期		第2學期		合計(回)		合格	不合格
		中間考查	期末考查	中間考查	期末考查				
1. 初等學校	1	-	-	-	1946.7.26	1	慶北 聞慶	○	-
	2	-	1946.12.16	-	1947.7.25	2	〃	○	-
	3	1947.10.29	1947.12.17	1948.5.27	1948.6.26	4	〃	○	-
	4	1948.10.28	1948.12.15	1949.5.26	1949.6.27	4	〃	○	-
	5	1949.10.26	1949.12.16	1950.4.24	1950.5.30	4	〃	○	-
	6	1950.10.30	1950.12.15	1951.4.27	1951.6.30	4	〃	○	-
	計(6)	4	5	4	6	19	1	6	-
2. 中等學校	1	-	1951.11.9	-	1952.2.15	2	慶北 聞慶	○	-
	2	1952.5.28	1952.7.18	1952.11.19	1953.2.16	4	〃	○	-
	3	1953.5.29	1953.7.17	1953.11.20	1954.2.15	4	〃	○	-
	計(3)	2	3	2	3	10	1	3	-
3. 高等學校	1	1954.5.28	1954.7.16	1954.11.20	1955.2.11	4	慶北 安東	○	-
	2	1955.5.28	1955.7.15	1955.11.19	1956.2.13	4	〃	○	-
	3	1956.5.26	1956.7.14	1956.11.17	1957.2. 8	4	〃	○	-
	計(3)	3	3	3	3	12	1	3	-
4. 大學校	1	1957.5.28	1957.7.14	1957.10.19	1957.12. 9	4	서울	○	-
	2	1959.5.22	1959.7.17	1959.10.16	1959.12.11	4	〃	○	-

學 級	學年	試 驗 日 字					地 域	結 果	
		第 1 學 期		第 2 學 期		合計(回)		合格	不合格
		中間考査	期末考査	中間考査	期末考査				
4. 大學院	3	1960.5.20	1960.7.15	1960.10.18	1960.12.16	4	서울	○	-
	4	1961.5.19	1961.7.15	1961.10.17	1961.12. 9	4	〃	○	-
	計(4)	4	4	4	4	16	1	4	-
5. 大學院	1	1963.4.26	1963.7.19	1963.10.25	1963.12.10	4	서울	○	-
	2	1964.4.30	1964.7.15	-	-	2	〃	○	-
	計(2)	2	2	1	1	6	1	2	-
合計(5)	18	15	17	14	17	63	3	18	-

② 國外學校 : 美國 碩 · 博士 課程

學 年 度	學年	試 驗 日 字					地 域	結 果	
		가을學期	겨울學期	봄學期	겨울學期	合計(回)		合格	不合格
1.1969-70年度	1	1969.12. 1	1970.3.10	1970.6.4	1970.8.17	4	美國신시내티	○	-
2.1970-71年度	2	1970.12.15	1976.3.10	1971.6.5	1971.8.16	4	〃	○	-
3.1971-72年度	3	1971.12.14	-	-	-	1	〃	○	-
合 計(3)	3	3	2	2	2	9	1	3	-

3) 卒業試驗

種 類	方 式	日 字	地 域	結 果	
				合格	不合格
1. 學士 資格考査	專攻筆記試驗	1962. 1.12	서울	○	-
2. 碩士論文 提出考査	〃	1964. 6.17	〃	○	-
3. 博士論文 提出考査	外國語 (日語) 試驗	1971. 9.13	美國 신시내티	○	-
	專攻 理 論 試 驗	1971.12. 2	〃	○	-
	專攻 應 用 試 驗	1971.12. 3	〃	○	-
	口 述 考 査	1971.12.13	〃	○	-
合 計(3)	6	6	2	6	-

4) 修學試驗 累計

區 分	種 類 數 (件)	試 驗 回 數 (回)	地 域 數 (個)	結 果(個)	
				合 格	不 合 格
1. 入 學 考 試	6	10	3	9	1
2. 學 業 試 驗	21	72	4	21	-
3. 卒 業 試 驗	3	6	2	6	-
合 計(3)	30	88	4	36	1

(2) 就業 및 資格取得 試驗

區 分	種 類	方 式	日 字	地 域	結 果	
					合 格	不合格
1. 就業試驗	1. 東亞日報 見習記者 募集	筆記	1962.1.20	서울	○	-
		面接	1962.2.16	〃	-	○
	2. 民衆書館 編輯社員 募集	筆記	1962.3.3	〃	○	-
		面接	1962.3.19	〃	○	-
	3. 首都女子師範大學 附設 女子	筆記	1962.12.9	〃	○	-
	高等學校 數學敎師 採用	面接 · 實技	1963.1.12	〃	○	-
	計(3)	6	6	1	5	1
2. 資格取得試驗	1. 自動車 運轉免許證 取得	筆記	1990.3.24	서울	○	-
		코스實技	1990.8. 5	〃	○	-
		走行實技	1990.9.26	〃	○	-
	計(1)	3	3	1	3	-
合計(2)	4	9	9	1	8	1

(3) 考試 · 試驗의 總累計

分 類	區 分	種類數 (件)	試驗回數 (回)	地域數 (個)	結 果 (個)	
					合 格	不合格
1. 學校 修學試驗	1. 入 學 考 試	6	10	3	9	1
	2. 學 業 試 驗	21	72	4	21	-
	3. 卒 業 試 驗	3	6	2	6	-
	合 計	30	88	4	36	1
2. 就業 및 資格試驗	1. 就 業 試 驗	3	6	1	5	1
	2. 資 格 試 驗	1	3	1	3	-
	合 計	4	9	1	8	1
總 累 計	5	34	97	4	44	2

※ 總 受驗回數 97回는 66年 生涯의 年平均으로 1.5回에 해당함.

(4) 考試 · 試驗의 年度別 分布

年度	實 施 機 關	試 驗 內 容	回數(回)
1936-45	-	-	-
1946	戶西南初等學校	1學年 2學期 期末考査(7.26), 2學年 1學期 期末考査(12.26)	2
1947	〃	2學年 2學期 期末考査(7.25), 3學年 1學期 中間考査(10.29), 3學年 1學年 期末考査(12.17)	3
1948	〃	3學年 2學期 中間考査(5.27), 3學年 2學期 期末考査(6.26), 4學年 1學期 中間考査(10.28), 4學年 1學期 期末考査(12.15)	4
1949	〃	4學年 2學期 中間考査(5.26), 4學年 2學期 期末考査(6.27), 5學年 1學期 中間考査(10.26), 5學年 1學期 期末考査(12.16)	4

年度	實 施 機 關	試 驗 內 容	回數(回)
1950	戶西南初等學校	5學年 2學期 中間考査(4.24), 5學年 2學期 期末考査(5.30),	
	〃	6學年 1學期 中間考査(10.30), 6學年 1學期 期末考査(12.15)	4
1951	〃	6學年 2學期 中間考査(4.27)	
	中 學 校 進 學	全國 國家 考試(6.20)	
	戶 西 南 初 等 學 校	6學年 2學期 期末考査(6.30)	
	聞 慶 中 學 校	1學年 1學期 期末考査(11.9)	4
1952	〃	1學年 2學期 期末考査(2.15), 2學年 1學期 中間考査(5.28),	
		2學年 1學期 期末考査(7.18), 2學年 2學期 中間考査(11.19)	4
1953	〃	2學年 2學期 期末考査(2.16), 3學年 1學期 中間考査(5.29),	
		3學年 1學期 期末考査(7.17), 3學年 2學期 中間考査(11.20)	4
1954	安 東 師 範 學 校	入學考査(1.13)	
	聞 慶 中 學 校	3學年 2學期 期末考査(2.15)	
	安 東 師 範 學 校	1學年 1學期 中間考査(5.28), 1學年 1學期 期末考査(7.16),	
		1學年 2學期 中間考査(11.20)	5
1955	〃	1學年 2學期 期末考査(2.11), 2學年 1學期 中間考査(5.28),	
		2學年 1學期 期末考査(7.15), 2學年 2學期 中間考査(11.19)	4
1956	大 學 進 學	國家 檢定考試(1.8)	
	安 東 師 範 學 校	2學年 2學期 期末考査(2.13), 3學年 1學期 中間考査(5.26),	
		3學年 1學期 期末考査(7.14), 3學年 2學期 中間考査(11.17)	5
1957	서울大學校 文理科大學 物理學科	入學筆記考査(2.4), 入學面接考査(2.5)	
	安 東 師 範 學 校	2學年 2學期 期末考査(2.8)	
	서울大學校 文理科大學 物理學科	1學年 1學期 中間考査(5.28), 1學年 1學期 期末考査(7.14),	
		1學年 2學期 中間考査(10.19), 1學年 2學期 期末考査(12.9)	7
1958	-	-	-
1959	서울大學校 文理科大學 物理學科	2學年 1學期 中間考査(5.22), 2學年 1學期 中間考査(7.17),	
		2學年 2學期 中間考査(10.16), 2學年 2學期 期末考査(12.11)	4
1960	〃	3學年 1學期 中間考査(5.20), 3學年 1學期 期末考査(7.15),	
		3學年 2學期 中間考査(10.18), 3學年 2學期 期末考査(12.16)	4
1961	〃	4學年 1學期 中間考査(5.19), 4學年 1學期 期末考査(7.15),	
		4學年 2學期 中間考査(10.17), 4學年 2學期 期末考査(12.9)	4
1962	〃	學士資格考査(1.12)	
	東 亞 日 報	記者採用 筆記試驗(1.20), 面接考査(2.16)	
	民 衆 書 館	社員採用 筆記試驗(3.3), 面接考査(3.19)	
	首都女子師範大學 附屬高等學校	教師採用 筆記試驗 (12.9)	6
1963	〃	教師採用 面接 및 實技考査 (1.12)	
	서울大學校 行政大學院	入學 筆記試驗 (1.16), 面接考査(1.17)	
	〃	1學年 1學期 中間考査(4.26), 1學年 1學期 期末考査(7.19),	
		1學年 2學期 中間考査(10.25), 1學年 2學期 期末考査(12.10)	7
1964	〃	2學年 1學期 中間考査(4.30), 碩士論文提出 資格考査(6.17),	
		2學年 1學期 期末考査(7.15)	3
1965-68	-	-	-
1969	U.S.AID支援 美國 留學	筆記試驗(3.17), GRE試驗(5.20), 面接考査(7.4)	
	美國 신시내티大學校 大學院	가을學期 期末考査(12.1)	4

年度	實施機關	試驗內容	回數(回)
1970	美國 신시내티大學校 大學院	겨울學期 期末考査(3.10), 봄學期 期末考査(6.4), 여름學期 期末考査(8.17), 가을學期 期末考査(12.15)	4
1971	〃	겨울學期 期末考査(3.10), 봄學期 期末考査(6.5), 여름學期 期末考査(8.16) 博士論文 提出資格 外國語試驗(9.13), 理論筆記試驗(12.2),應用筆記試驗(12.3), 口述考査(12.3) 가을學期 期末考査(12.14)	8
1972-89	-	-	-
1990	自動車運轉 免許取得	筆記試驗(3.24), 코스 實技試驗(8.5), 走行實技試驗(9.26)	3
1991-02	-	-	-
累計	10	97	97

Ⅱ. 出生 · 回甲 · 停年 · 古稀時의 實體와 環境

○ 要 約 : 出生 · 回甲 · 停年 · 古稀時 出生地와 居住地의 國家 · 地方 및 家庭 代表

區分 \ 職位 \ 地域 \ 時點		出生 (1936.7.28)	回甲 (1996.7.28)		停年 (2002.8.31)		古稀 (2006.7.28)	
		出生 · 成長地 (故鄕)	出生 · 成長地 (故鄕)	居住 · 活動地 (現居住地)	出生 · 成長地 (故鄕)	居住 · 活動地 (現居住地)	出生 · 成長地 (故鄕)	居住 · 活動地 (現居住地)
自宅住所		日本帝國 朝鮮 慶尙北道 聞慶郡 戶西南面 興德里 깃골 394	大韓民國 慶尙北道 聞慶市 新興洞 11統 1班 394	大韓民國 서울特別市 江南區 驛三1洞 9統 1班 618-24	大韓民國 慶尙北道 聞慶市 新興洞 11統 1班 394	大韓民國 서울特別市 江南區 驛三1洞 9統 1班 618-24	大韓民國 慶尙北道 聞慶市 新興洞 11統 1班 394	大韓民國 서울特別市 江南區 驛三 1洞 9統 1班 618-24
國家	國家代表	日本天皇 : 裕仁 (히로히도)	大統領 : 金泳三*	大統領 : 金泳三*	大統領 : 金大中*	大統領 : 金大中*	大統領 : 盧武鉉*	大統領 : 盧武鉉*
	行政首班	朝鮮總督 : 宇垣一成(우가키 이치나리)	國務總理 : 李壽成	國務總理 : 李壽成	國務總理 : (空席)	國務總理 : (空席)	國務總理 : 韓明淑	國務總理 : 韓明淑
地方	市 · 道知事	道知事 : 伊達四雄 (다테시오)	道知事 : 李義根*	特別市長 : 趙淳*	道知事 : 李義根*	特別市長 : 李明博*	道知事 : 金寬容*	特別市長 : 吳世勳*
	市長 · 郡守 · 區廳長	郡守 : 尹相曦	市長 : 金學文*	區廳長 : 權文勇*	市長 : 朴仁遠*	區廳長 : 權文勇*	市長 : 申鉉國*	區廳長 : 孟廷柱*
	邑 · 面 · 洞長	面長 : 金正九	洞長 : 李仁輝	洞長 : 方禹達	洞長 : 黃永錫	洞長 : 李敬載	洞長 : 金大益	洞長 : 金昌賢
部落	里 · 統長	里長 : 高皓林	統長 : 金用濟	統長 : 金陽哲	統長 : 鄭在三	統長 : 李寬鍾	統長 : 鄭在三	統長 : 李寬鍾
	班長	區長 : 金永濟	班長 : 安榮淑	班長 : 韓潤秀	班長 : 安榮淑	班長 : 韓允洙	班長 : 安榮淑	班長 : 金洛睦
家庭	戶主	父 : 金商樞	-	本人 : 金安濟	-	本人 : 金安濟	-	本人 : 金安濟
	主婦	母 : 鄭先岳	-	妻 : 黃蓮子	-	妻 : 黃蓮子	-	妻 : 黃蓮子

註. *는 國民直選에 의한 代表者임.

1. 出生時 家庭과 韓國 및 世界

(1) 出 生

○日時 : 1936年 7月 28日 12時, 日氣 晴, 檀紀 4269年
陰曆 丙子年 6月 (乙未) 10日 (辛亥) 午時
○身體 : 身長 50.3cm, 體重 2.7kg, 體面 1,659cm², 體積 27,357cm³
質量 2.76g, 密度 0.099 g/cm3
○時代 : 韓日合邦 27年次, 日帝統治 朝鮮總督 第 6代 宇垣, 第 7代 南次郞
人口 22,548 千人, 人口密度 102人/ Km², 國民1人當 GNP 25＄
○地域 : 慶北 聞慶郡 戶西南面 興德里 깃골 394番地
店村里에서 1.54km, 農村地域, 電氣 未架設
現在住所 - 慶北 聞慶市 新興洞 394番地

(2) 家 庭

○姓氏 : 金, 貫鄕 - 慶州
○家系 : 始祖 閼智 66世, 敬順王 傅 39世, 太師公 仁琯 26世, 桑村公 自粹 18世,
入鄕祖 秉鉉 10世, 祖父 信喜 3世
○家族 : 出生時 - 祖母 丹陽禹氏 鳳伊 69歲
父 商大 41歲
母 延日 鄭氏 先岳 39歲
姉 石順 17歲
姉 石九 11歲
姉 石出 4歲
變 動 - 同年 9月 5日 姉 石順 出家 (夫 - 虎溪 平海黃氏 在洙)

○家産 : 住 宅 - 父母所有, 土壁草家
垈地 200坪, 本間建物 25坪, 附屬建物 30坪
房2, 廊1, 廚1, 便所1, 돼지우리1, 헛간1
農 地 - 父母所有, 興德所在
畓 - 400坪, 田 - 600坪
價 格 - 當時 價格 總 2,772圓

(3) 國 內

○ 2月 : 抗日獨立運動 격렬
○ 5月 : 第 15回 朝鮮美術展覽會 개최
白貞基 義士, 日本 長崎刑務所에서 옥사
○ 6月 : 長項製錬所 준공

○ 8月 : 南次郎 大將, 第 7代 朝鮮總督에 취임
孫基禎, 베를린 올림픽大會 마라톤 競技에서 우승
東亞日報 日章旗 抹消事件 발생
○10月 : 漢江人道橋 개통
○12月 : 朝鮮 思想犯 保護觀察令 공포
共產黨 再建을 꾀하던 李載裕 등 검거
咸南 甲山을 중심으로 하여 抗日人民戰線 결성
前 韓國獨立黨 幹部 李東寧 · 金九 등, 上海에서 새로 韓國國民黨 조직

(4) 國 際

○ 3月 : 美國 · 파나마 新條約 체결
獨逸, 로카르노條約 파기, 라인랜트 진주
○ 4月 : 美 · 英 · 佛, 런던 海軍軍縮條約 조인
○ 5月 : 이탈리아, 이디오피아 併合
○ 6月 : 獨逸 · 오스트리아, 修好條約 체결
○ 9月 : 英國 · 이집트, 同盟條約 체결
○10月 : 베르린-로마 樞軸 성립
國際 義勇軍, 스페인 프랑코軍과 전투
○11月 : 獨逸 · 日本, 防共協定 체결
獨逸 · 이탈리아, 스페인 프랑코政權 승인
○12月 : 特別汎美會議, 美洲 21開國 相互防衛條約 체결

(5) 各 國

○ 1月 : 內蒙古, 自治政府 수립
英國, 조지 5世 죽고 에드워드 8世 즉위
獨逸 · 오스트리아, 4個年計劃 발표
○ 2月 : 日本, 義烈團 탄압
日本, 二.二六事件 발생
日本, 戰時體制 강화
스페인, 人民戰線內閣 성립
○ 3月 : 日本, 廣田弘毅 內閣 출범
○ 4月 : 中國, 領土保全破壞를 列國에 호소
○ 5月 : 中華民國, 憲法草案 공포
버마(現 미얀마), 新統治法에 의한 總選擧 실시
○ 6月 : 中國, 抗日 民族統一戰線 결성
프랑스, 부룸人民戰線內閣 출범
프랑스 · 벨기에, 週40時間 勞動制 실시
○ 7月 : 스페인, 內亂 발발

○ 9月 : 英 · 佛, 스페인 內亂 不干涉政策 천명
○10月 : 中國, 國共合作과 對日抗戰
스페인,프랑코 國家主席으로 취임
○12月 : 中國, 西安事件(張學良의 蔣介石 軟禁) 발생
中國, 老舍 '駱駝祥子' 발표
버마(現미얀마),쁘룸 찬도 '牛供養' 발표
英國, 샴프손 事件 발생
英國, 케인즈의 '雇傭 · 利子 · 貨幣의 一般理論' 발표
英國, 에드워드 8世 퇴위, 조지 6世 즉위
蘇聯, 스탈린 憲法 제정

2. 出生 · 回甲 · 停年 · 古稀時의 時代狀況

(1) 行政區域 實態

(單位 : 個)

區分 \ 時代		出 生 (1936.7.28 現在)	回 甲 (1996.7.28 現在)	停 年 (2002.8.31 現在)	古稀 (2006.7.28 現在)
狀況	國 家	日帝植民地	大韓民國	大韓民國	大韓民國
	國 土	韓半島全體	休戰線 以南	休戰線 以南	休戰線 以南
規模	面積(Km^2)	220,951(98,431)	99,313	99,853	99,954
	人口(千人)	22,548(14,253)	45,545	48,022	48,782
廣域團體	特 別 市	-	1*	1*	1*
	廣 域 市	-	5*	6*	6*
	道	13(8)	9*	9*	9*
	合 計	13(8)	15*	16*	16*
基礎團體	市	府 17(10)	72*	74*	75*
	郡	218(134)	93*	89*	86*
	島	2(2)	-	-	-
	自 治 區	-	65*	69*	69*
	合 計	237(146)	230*	232*	230*
下部區域	一 般 區	-	25	19	28
	邑	47(31)	193	205	209
	面	2,393(1,557)	1,236	1,217	1,208
	洞	-	2,354	2,097	2,168
	合 計	2,440(1,558)	3,783	3,519	3,585
一線單位	統	-	64,113	57,256	57,327
	里	里 · 洞 : 28,181(18,341)	32,484	35,302	35,900
	合 計	28,181(18,341)	96,597	92,558	93,227
	班	-	471,559	465,556	478,144

註. (1) 1936年에 있어 ( )內는 南韓만의 數値임.
(2)*는 地方自治團體임.

(2) 本人 · 韓國 · 世界의 發生事項

區分	出生年度 (1936.1.1-12.31 : 聞慶)	回甲年度 (1996.1.1-12.31 : 서울)	停年年度 (2002 1.1-8.31 : 서울)	古稀年度 (2006 1.1-7.28 : 서울)
本人 및 家族	· 父母, 金龍寺 · 大成寺 등의 寺刹에 가서 아들점지를 소망하는 기원을 드리다.(1-7월) · 父親,오랫동안의 옛골 高氏宅 머슴살이를 청산하고 獨立生活을 시작하다.(1월) · 祖母, 점을 치고 푸닥거리도 해주며 家計를 돕다.(1-12월) · 家族 모두 飢餓에 허덕이어 집에 돼지를 기르고(5월), 山과 들에서 나물을 뜯으며(4-7월),들판에서 벼이삭을 줍기도 하다.(10-11월) · 石順 · 石九 누님, 한글과 數字를 배워 깨우치다.(3월) · 本人,慶北 聞慶郡 戶西南面 興德里(현 聞慶市 新興洞) 394番地 自宅에서 출생하다.(7월) · 家族이 祖母,父母,누님 세분 등 모두 7명이 되다.(7월) · 父母, 절에 가서 아들 점지에 대한 감사와 건강하게 성장케 해달라는 祈願을 드리다.(8-12월) · 本人,엄마젖이 모자라 자주 울고 여위었으며, 자주 驚氣를 하고 熱病을 앓기도 하다.(7-12월) · 父母, 拱出 未納으로 面職員과 警察署員으로부터 힐책을 받고 시달리다.(10-12월) · 石順 누님, 平海黃氏 在洙氏와 約婚을 하고(8월), 結婚 후 虎溪로 시집을 가다.(9월) · 父母와 누님들, 집에서 누에를 쳐서 養蠶을 하고(5-10월),木花와 삼을 심어 무명과 삼베를 짜며(9-12월), 홍시를 말려 곶감을 만들어 팔기도 하다.(10-12월) · 父母님 함께 품앗이를 하여 收入을 얻고, 아버님 혼자 멀리 장사를 하러 다녀오기도 하	· 서울大學에서 講義와 論文指導 · 審査를 하다.(1-12월) · 濟州地方自治學會(2월), 湖南高速鐵道세미나(6월), 國土學會忠淸支會(6월), EXPO科學公園(8월),慶山産業大學(9월) 등의 행사에서 基調演說, 主題發表, 司會 등을 하다. · 서울 · 地方의 여러 機關으로부터 초청을 받아 講演과 演說을 하다.(1-12월) · 國務總理室(3-12월),京畿開發硏究院(4-12월),民主平統諮問會議(6-12월), 서울市廳建立委員會(12월) 등에서 諮問을 하다. · 內務部 地方行政硏修院, 韓國地方自治硏究院, 韓國地方行政硏究院, 地域開發硏究會 등의 指導敎授,理事長,顧問,硏究委員 등으로 활동하다.(1-12월) · 韓國能率協會(2-5월),敎育部 地域開發硏究課題(5-12월),內務部 公立大學審議會(5-12월),建交部 民間投資審議會(3-12월), 建交部 中央都市計劃委員會(8-12월)등의 委員또는 委員長으로 관련 事案을 심의하다. · 韓美自治學會세미나(10월), 韓日自治學會세미나(10월), 大田市주최 國際세미나(11월) 등을 주관하고 開會人事를 하다. · 靑陽 七甲山(5월), 原州 文幕(6월) 등을 관광하고, 발을 다쳐 고생도 하다. · 無事故 運轉者로서 7년 기한의 綠色免許證을 받다.(6월) · 在京 聞慶鄕友會 顧問(6월) 등 각종 公私 機關 · 團體의 고문,위원 등을 위촉받다. · 本人의 回甲紀念으로 妻 · 次	· 敎授停年 最終의 해를 맞이하다.(1월) · 金大中大統領 內外分께 新年人事를 드리고, 여러 곳의 新年 賀禮式에 참석하다.(1월) · 學校, 移讓委員會, 自治開發硏究院 및 地域開發硏究會에 定期的으로 출근하다. (1-8월) · 國土都市計劃學會 弦汀賞審査委員長으로 위촉되었으나 賞金이 없어 該當者 없는 것으로 결정하다.(1-2월) · 매우 특이한 吉夢을 여러번 꾸다.(1-5월) · 草友 禹哉永 會長의 古稀紀念集發刊 委員長을 맡아 冊子를 잘 만들어 기증하다.(1-3월) · 長女 家族, 雪嶽山 스키旅行(1월)과 泰國旅行(7월)을 하다. · 國土都市計劃學會 代表團과 같이 中 · 南美 4個國을 방문하여 마야,잉카文化遺蹟을 위시한 여러 名所를 시찰하다.(1-2월) · 市民自治大學, 初選地方議員硏修會 등에서 여러번 特講을 하다.(2-8월) · 國土都市計劃學會의 國際交流委員長職을 물러나다.(2월) · 서울大學校의 入學式, 卒業式, 敎授會議 등에 마지막으로 열심히 참석하다. (3-8월) · 停年 前 마지막 學期여서 한번의 休講도 없이 열심히 강의하다.(3-6월) · 國土都市計劃學會 任員들과 中國 丹東地域을 값있게 시찰하다.(4월) · 滿65歲가 되어 처음으로 無賃地下鐵을 타다.(4월) · 第17次 월드컵 蹴球大會를 끝까지 관심 있게 보다.(5-6월)	· 丙戌年 古稀의 해를 맞다.(1月) · 서울大, 建國大, 自治發展硏究院, 地域發展硏究院에 定期的으로 출근하다.(1-7月) · '草凡詩竹'의 글과 그림을 완성하여 書畵協會에 보내다.(1月) · 定期的으로 三星醫療院에 가서 妻의 診療를 돕다.(1-7月) · 世宗大學 財團팀과 가끔 만나 협의하다.(1-7月) · '週間聞慶'誌와 대담하다.(1月) · 孫女와 外孫子女들을 가끔 만나 같이 놀다.(1-7月) · 驛三洞 用途地域對策委員會와 가끔 만나 논의하다.(1-7月) · 孫女 100日 紀念宴을 마련하다.(1月) · 鳥嶺會, 好凡會, 風水會, 向志會, 三道會, 5人幇 모임을 자주 갖다.(1-7月) · 妻와 같이 아프리카 6個國을 순방 · 여행하다.(1月) · 知人들의 吉凶事에 자주 가다.(1-7月) · 建交部 中央都市計劃委員會에 자주 가다.(1-7月) · 外孫子 · 外孫女의 卒業式 및 入學式에 참석하다.(2-3月) · 市民自治大學 開講式에 가서 祝辭를 하다.(2-7月) · 國土學會 및 自治學會 行事에 참석하다.(2-7月) · '企業하기 좋은 地域 大賞' 審査會議를 주재하다.(3-7月) · 書畵作家協會 및 道德運動協議會 行事에 나가다.(3-7月) · 記錄集에 넣을 寫眞을 많이 찍다.(3-7月) · 妻 및 次女와 필리핀 旅行을 다녀오다.(4月) · 週末農場에서 농사를 짓

區分	出生年度 (1936.1.1-12.31 : 聞慶)	回甲年度 (1996.1.1-12.31 : 서울)	停年年度 (2002 1.1-8.31 : 서울)	古稀年度 (2006 1.1-7.28 : 서울)
	다.(6-11월) · 父母 · 누님들, 面과 署로부터 日本語사용을 강요당하다.(12월) · 父母, 동리 어른들과 밤에 古談小說을 가락調로 읽으면서 즐기다.(10-12월)	女 貞娥와 함께 中國을 여행하고, 귀국하여 집에서 回甲日을 맞이하다.(7월) · 聘母 金福伊, 지병으로 서거하다.(8월) · 外國에서 온 Corey, 와카야마(浩山若司), 金在城, 林吉鎭 박사등과 만나고 國內 많은 사람들과 交遊, 食事, 歡談을 하다.(1-12월) · 雪娥 家族, 本人 回甲宴 참석차 일시 귀국하다.(12월) · 本人의 回甲紀念記錄集『한 韓國人의 삶과 발자취:草凡 金安濟 博士의 60年 生涯와 業績』을 발간하다.(12월)	· 敎授로서 碩士 및 博士課程의 마지막 講義를 하다.(6월) · 外孫子, 外孫女를 데리고 果川 動物園에 구경가다.(5-6월) · 高等學校 同窓會로부터 '자랑스러운 同門賞' 을 수상하다.(8월) · 國土都市計劃學會 代表團과 臺灣에 가서 韓中日 세미나에 참석하고 金門島를 시찰하다.(8월) · 마지막 俸給을 받고 年金關係를 처리하다.(8월) · 停年退任式에 참석하고 在職 30年 4個月만에 서울大學校를 떠나다.(8월)	다.(4-7月) · 서울大 病院에 定期的으로 가다.(4-7月) · 好凡會 · 同心會 會員들과 몽골旅行을 하다.(6月) · 家族들과 조촐하게 古稀 生日宴을 갖다.(7月)
韓國	· 學生 獨立運動團體인 一片丹心會(平壤,2월), 明朗클럽(公州,3월), 一麥會(平壤,6월)등이 창립되다. · 獨立運動家이자 史學者인 申采浩 선생이 旅順監獄에서 순국하고(2월), 獨立運動家인 白貞基선생이 日本 長崎刑務所에서 옥사하다.(5월) · 中國 南京에 설치된 軍事政治幹部學校에서 第4期 訓練生 7명이 졸업하다.(3월) · 獨立運動家 徐載弼 박사, 美國 필라델피아 인접의 체스터(Chester)市에서 病院을 개업하다.(5월) · 第15回 朝鮮美術展覽會가 개최되고(5월), 長項製鍊所가 완성되었으며(6월), 漢江 人道橋가 개통되다.(10월) · 孫基禎선수, 日章旗를 달고 베를린 올림픽大會 마라톤에서 우승하다.(8월) · 東亞日報, 孫基禎선수 가슴의 日章旗 抹消報道로 停刊處分을 받다.(8월) · 朝鮮總督, 第6代 우가키(宇垣一成)경질되고 第7代 미나미(南次郎)가 취임하다.(8월)	· 서울大學校, 21代 總長으로 鮮于仲皓 교수가 취임하고(2월), 大韓國土都市計劃學會 14代 會長으로 呂鴻九교수가 취임하다.(2월) · 金泳三 大統領, 東南亞를 순방하고 ASEM에 참석하였으며(2월), 日本 하시모토(橋本龍太郎) 總理와 濟州에서 頂上會談을 가지다.(6월) · 政府, 國務總理室에 地方自治制度發展委員會를 구성하고(3월), 새로이 海洋水産部를 발족시키다.(8월) · 全斗煥 · 盧泰愚 전대통령,나란히 첫 公判을 받고(3월), 서울高法에서 각각 無期와 17年의 懲役을 선고받다.(12월) · 월드컵 豫選 韓日戰에서 2대 1로 승리하고(3월), 77회 全國體典을 春川에서 개막했으며(10월), 미국 팝스타 마이클 잭슨(Michle Jackson)이 公演次 방한하다.(10월) · 北韓, DMZ規定 遵守를 거부하고(4월), 東海岸에 潛水艦으로 武裝間諜 26명을 침투시키다.(9월)	· 國防部, 軍飛行場 周邊의 高度制限을 완화하는 방안을 밝히다.(1월) · 첫 女性將軍이 탄생하다.(1월) · 政府, 그린벨트 解除로 住宅市場 安定化를 도모한다고 발표하다.(1월) · 金鍾泌 總裁, 次期 大統領 選擧에 出馬한다고 선언하다.(1월) · 腐敗防止委員會가 발족되다.(1월) · 金大中大統領, 野黨代表들과 個別會談을 갖다.(1-2월) · KDI,地下經濟가 14~19%에 이른다고 발표하다.(1월) · 서울大學, 開校 이래 처음 追加募集키로 결정하다.(2월) · 부시 美大統領, 韓國을 방문하다.(2월) · 地方自治學會 次期會長에 姜瑩基 敎授가 당선되다.(2월) · 國土 · 都市計劃學會 會長에 元濟戊 敎授가 선출되다.(2월) · 朴槿惠議員, 한나라黨을 탈당하여 新黨을 결성하다.(2-5월)	· 새 5千원券 紙幣가 유통되다.(1月) · 黃禹錫 敎授의 줄기細胞는 당초부터 없었다고 발표되다.(1月) · 國民中心黨이 창당되다.(1月) · 三星, 8,000億원을 社會에 헌납한다고 발표하다.(2月) · 콜金利 目標値를 年3.75%에서 4% 인상하다.(2月) · 열린우리黨 새 黨議長에 鄭東泳氏가 선출되다.(2月) · 自民聯, 創黨 11年만에 한나라黨과 통합하다.(2月) · 李海瓚 總理, 골프件으로 辭意를 표하다.(3月) · 大法院 判決로 새만금事業이 다시 재개되다.(3月) · 全 · 盧 前大統領의 敍勳이 취소되다.(3月) · 새 總理로 韓明淑 議員이 내정되다.(4月) · 換率이 1달러當 957원으로 급락하다.(4月) · 民統線을 15km에서 10km로 축소하다.(4月) · 農協 鄭大根 中央會長이 구속되다.(5月) · 朴槿惠 代表, 怪漢에 얼굴을

區分	出生年度 (1936.1.1-12.31 : 聞慶)	回甲年度 (1996.1.1-12.31 : 서울)	停年年度 (2002 1.1-8.31 : 서울)	古稀年度 (2006 1.1-7.28 : 서울)
	· 朝鮮 思想犯 保護觀察令이 공포되다. (12월) · 共產黨 創建을 꾀하던 李載裕 등이 검거되고, 咸南 甲山을 중심으로 광범한 抗日人民戰線이 결성되다.(12월) · 李東寧 · 金九 선생등, 上海에서 새로 韓國國民黨을 조직하다.(12월) · 쌀輸出이 700萬섬에 이르고, 勞動者數가 1911년의 5萬名에서 50萬名으로 증가하다.(12월) · 朝鮮居住 日本人이 59萬 5千名에 이르다.(12월)	· 第15代 國會議員選擧를 실시하여 新韓國黨의 승리로 끝나다.(4월) · 光州 地下鐵 1號線 起工式을 갖고(8월), 서울 南山 1,3號 터널에서 混雜通行料 징수를 시작하다.(11월) · 東亞建設, 리비아(Libya)首都 트리폴리(Tripoli)에서 通水式을 거행하다.(9월) · 全南 靈光郡, 原電 5 · 6號機의 建築許可를 수용하다.(9월) · 白凡 殺害犯 安斗熙 피살되다.(10월) · 韓國, UN 經濟社會理事會 理事國으로 선출되다.(10월)	· 北韓 脫出者들, 계속하여 韓國으로 들어오다.(3-8월) · 韓國의 國家信用等級, 두 단계 上向 조정되다.(3월) · 서울大 環境大學院長에 金丁勖 教授가 임명되다.(3월) · 金大中 大統領의 子弟問題로 物議가 일고 두 아들이 구속되다.(3-6월) · 民主黨,盧武鉉 大選候補, 韓和甲 黨代表를 확정하다.(4월) · 金大中 大統領, 民主黨을 탈당하다.(5월) · 4大 地方選擧가 실시되다. (6월) · 韓國代表, 월드컵競技에서 4强戰에 들어가다.(6월) · 國會, 國務總理 認準을 2次에 걸쳐 부결시키다.(7-8월) · 서울大學 總長에 鄭雲燦 教授가 취임하다. (7월) · 李會昌 候補, 한나라黨 大選候補로 확정되다.(6-7월)	다쳐 入院하다.(5月) · 金秉準 青瓦臺 政策室長이 사임하고 權五奎 首席이 임명되다.(5月) · 4大地方選擧에서 與黨이 참패하고 한나라黨이 압승하다.(5月) · 새 國會議長으로 林采正 議員이 선출되다.(6月) · 韓國, 월드컵 16强 進出이 무산되다.(6月) · 颱風으로 被害가 막심하다. (7月) · 한나라黨 새 代表에 姜在涉 議員이 선출되다.(7月) · 北韓이 南北離散家族 相逢을 취소한다고 통보하다.(7月)
世界	· 日本, 軍隊에 의한 2.26叛亂事件이 발생하고, 이로 인한 히로다(廣田弘毅)首相의 新內閣이 출범하였으며(2월), 蒙古에 德王을 괴뢰로 한 蒙古自治軍政府를 세우다. (3월) · 中國, 領土保全 破壞를 列國에 호소하고(4월),中華民國 憲法草案을 공포했으며(5월), 合作社의 설립이 37,000개에 달하다.(12월) · 中國, 張學良이 國民黨 政府主席 蔣介石을 西安에서 감금한 事件이 발생했고, 이를 계기로 國民黨과 共產黨의 提携統一戰線(第2次 國共合作)이 결성되다.(12월) · 美國, 北美 大韓人國民會가 總會를 열어 團體復興策을 채택하다.(7월) · 英國, 王 조지 5世(George	· 日本, 新任總理 하시모토(橋本龍太郎)에 의한 새 內閣이 출범하고 (1월), 總選 결과 自民黨이 再執權을 하다.(10월) · 中國, 黃海에 200海里 排他的 經濟水域(EEZ)을 선포하고(5월), 核實驗을 실시하다.(7월) · 美國, 民間機 2대가 쿠바에 의해 격추되고 (2월), 클린턴(Clinton)大統領이 재선되었으며(11월), 하와이州가 同性結婚을 허용하다.(12월) · 臺灣, 최초의 總統直選制를 실시하여 李登輝 현총통을 재선시키고(3월), 核廢棄物 貯藏所를 北韓에 설치키로 하다. (12월) · 英國, 世界最古의 佛敎文書를 英國에서 발견하다.(6월) · 러시아, 옐친(Yeltsin) 現大統領이 다시 재선되고(7월), 체첸叛軍과 20년만에 內戰終	· 유럽 12個國, 유로貨의 通用을 시작하다.(1월) · 아르헨티나 새大統領에 에두사르도 두알데 上院議員이 선출되다.(1월) · 濠洲의 산불로 시드니市 市民들이 대피하다.(1월) · 世界 最古의 7萬餘年前 抽象畵가 南阿共에서 발견되다.(1월) · 世界經濟포럼, 美國 뉴욕에서 개막되다. (1월) · 美 國務長官, 北韓을 '惡의 政權'이라고 지적하다.(2월) · 世界經濟포럼, 韓國의 環境持續指數는 35.1點으로 142個國中 136位라고 발표하다.(2월) · 日本의 人工衛星 發射가 성공하다.(2월) · 世界 冬季올림픽大會, 美國 솔트레이크에서 개막되다.(2월)	· 中國, 世界 國力評價에서 韓國이 9位라고 발표하다.(1月) · 金正日 北韓 委員長, 中國을 방문하다.(1月) · 러시아, 零下30° 추위로 200여명이 사망하다.(1月) · 이집트 旅客船이 紅海를 지나다 火災로 1,000여명이 사망하다.(2月) · 어머니가 韓國人인 美國人 하인스 워드, 수퍼 보울에서 MVP로 선정되다.(2月) · 世界 冬季올림픽大會가 이탈리아 토리노에서 개막되다.(2月) · 英國 銀行에서 425억원을 강탈당하다.(2月) · 冬季올림픽大會가 폐막되고 韓國은 綜合7位를 획득하다.(2月) · 北韓, 미사일 2基를 발사하다.(3月)

區分	出生年度 (1936.1.1-12.31 : 聞慶)	回甲年度 (1996.1.1-12.31 : 서울)	停年年度 (2002 1.1-8.31 : 서울)	古稀年度 (2006 1.1-7.28 : 서울)
	Ⅴ)가 죽고 에드워드 8世(Edward Ⅷ)가 즉위하였으나(1월), 美國 女性 심프슨(Simpson)婦人과의 結婚을 위해 王位에서 물러나고 (뒤에 윈저(Windsor)公의 稱號받음) 조지 6世(George Ⅵ, 엘리자베드(Elizabeth)女王의 父)가 즉위하다.(12월) · 蘇聯, '어머니' 등을 저술한 作家 고리키(Maxim Gorki)가 사망하고 (6월), 스탈린(Stalin)은 新憲法을 공포하여 最高소비에트(Soviet, 國會)를 直接選擧로 선출케 하였으며(12월), 대대적인 肅淸에 들어가다.(12월) · 獨逸, 나치스(Nazis)政權이 1925년에 체결한 로카르노(Locarno)條約을 폐기 선언하고 非武裝地帶였던 라인란트(Rheinland)를 침입하여 점유하다. (3월) · 이탈리아,이디오피아(Ethiopia)를 정복하여 병합하고, 이탈리아 帝國이라 칭하다. (5월) · 스페인, 人民戰線內閣에 의하여 좌천당한 프랑코(Francisco Franco) 將軍이 반란을 일으켜 獨逸·이탈리아의 파시스트(Fascist)의 援助로 성공을 거두고(7월) 스페인 總統에 취임하여 軍事獨裁政權을 수립하다.(9월)	熄을 합의하다.(8월) · 아시아 · 유럽 頂上會談(ASEM)에서 2000년 第3次 會議를 서울서 개최키로 합의하고(3월), OECD는 韓國을 29번째 會員國으로 초청키로 결정했으며(10월), WTO출범 후 첫 閣僚會議가 싱가포르에서 개최되다.(12월) · 冬季 아시안 게임이 中國 하얼빈市에서 개최되고(2월), 世界올림픽大會에서 캐나다의 도노번 베일리(D.Bailey)選手가 100m를 9秒 84로 주파하여 世界 新記錄을 세우다.(7월) · 2002年 월드컵大會를 韓國과 日本이 共同으로 주최키로 결정하다.(5월) · 美國 TWA 航空機가 뉴욕 上空서 폭발하여 229명이 사망하다.(7월) · 印度 郵便列車에서 爆彈이 폭발하여 250명이 사망하다.(12월) · 페루(Peru)首都 리마(Lima)의 日本大使館邸에 武裝게릴라들이 침입하여 페루 外務長官과 韓國大使 등 高位管理 및 各國 外交官 등 200여명을 人質로 잡고 대치하다.(12월)	· 印度, 힌두 · 이슬람 敎徒間 衝突로 260여명이 사망하다.(2-3월) · 美國,韓國 등의 鐵鋼에 25% 關稅를 부과키로 결정하다.(3월) · 페루의 Machu Picchu 근방에 새 잉카 遺跡地가 발견되다.(3월) · 東티모르 初代 大統領에 사나나 구스마오가 당선되다.(4월) · 프랑스, 大統領選擧에서 자크 시라크 現 大統領이 승리하다.(5월) · EU, 65歲 停年制 廢止를 추진키로 하다.(5월) · 東티모르, 獨立國으로 공식 출범하다. (5월) · 美國 · 러시아 頂上, 모스크바에서 核戰略武器 減縮協定에 서명하다.(5월) · 第17次 월드컵大會가 韓國과 日本에서 개최되다.(5-6月) · 브라질, 월드컵大會에서 優勝을 차지하다.(6월) · 유로貨, 달러와 1 對 1 同率에 이르다. (7월) · 北韓, 配給制 廢止 등 經濟시스템 變化가 일어나고 있는 것으로 알려지다.(7월) · 北韓, '西海의 偶發的 衝突에 대한 遺憾' 을 표시하다.(7월) · 地球 氣溫이 史上 最高値에 이르다.(8월) · 北韓, 美國의 核査察 要求를 거부한다는 聲明을 발표하다.(8월) · 北韓 · 러시아 頂上, 블라디보스토크에서 會談을 가지다. (8월) · 世界環境頂上會議, 南阿共에서 개최되다.(8월)	· 탁신 泰國總理, 辭任을 발표하다.(4月) · 美國 全域에서 새 移民法에 항의하는 大規模 示威가 벌어지다.(4月) · 네팔國王, 立憲君主制를 실시한다고 발표하다.(4月) · 스위스, 韓國의 國家競爭力이 38位라고 발표하다.(5月) · 코피 아난 U.N.事務總長, 韓國을 방문하다.(5月) · 美國, 리비아와 26년만에 外交關係를 정상화한다고 발표하다.(5月) · 人間의 23個 染色體 모두를 해독했다고 보도되다.(5月) · 이라크, 완전한 主權政府를 출범시키다.(5月) · 인도네시아 자바섬에서 地震이 일어나 6千여명이 사망하다.(5月) · 人類 最初의 洞窟壁畵가 프랑스에서 발견됐다고 보도되다.(6月) · 中國, 公務員 35萬名을 韓國 새마을運動 硏修次 파견한다고 발표하다.(6月) · 日本 夕張市, 破産宣告를 하다(6月) · 北韓, 미사일 7發을 東海쪽으로 발사하다.(7月) · 월드컵 決勝戰에서 이탈리아가 우승하다.(7月) · U.N.安保理, 北韓 制裁案을 만장일치로 결의하다.(7月)

(3) 世界와 韓國 및 本人의 實體

區分	實體項目	出生時 (1936年 : 聞慶)	回甲時 (1996年 : 서울)	停年時 (2002年 : 서울)	古稀時 (2006年 : 서울)
世界	獨立國家數(國)	65	191	192	192
	面積(km²)	138,037,000	136,005,610	135,802,510	135,791,667
	人口(千人)	2,149,727	5,752,539	6,130,169	6,418,916
	1人當 所得($)	52	4,480	5,120	6,444
아시아洲	獨立國家數(國)	12	47	48	48
	面積(km²)	44,387,735	31,936,220	31,889,660	31,762,951
	人口(千人)	1,154,932	3,499,626	3,714,141	3,891,415
	1人當 所得($)	11	1,855	2,120	3,060
韓半島	獨立國家數(國)	0 (日帝統治下)	2 (南北 分斷中)	2 (U.N. 同時 加入)	2
	面積(km²)	220,951	222,075	222,615	222,716
	人口(千人)	22,548	68,015	69,984	71,656
	1人當 所得($)	25	7,364	8,418	12,230
韓國	面積(km²)	98,431	99,313	99,853	99,954
	人口(千人)	14,253	45,545	48,022	48,497
	1人當 所得($)	25	10,548	12,206	17,556
	國號	日本帝國 植民地 (朝鮮, Korea)	大韓民國 (Republic of Korea)	大韓民國 (Republic of Korea)	大韓民國 (Republic of Korea)
	政府體制	日本總督 植民統治制	民主共和制	民主共和制	民主共和制
	國家代表	日本天皇 히로히토(裕仁) 쇼와(昭和)	大統領 金泳三	大統領 金大中	大統領 盧武鉉
	首相·總理	朝鮮總督 우가키(宇垣一成), 미나미(南次郎)	總理 李壽成	總理 (空席)	總理 韓明淑
北韓	面積(km²)	122,520	122,762	122,762	122,762
	人口(千人)	8,295	22,470	23,692	23,159
	1人當 所得($)	25	910	740	1,169
	國號	日本帝國 植民地 (朝鮮, Korea)	朝鮮民主主義人民共和國 (Democratic People's Republic of Korea)	朝鮮民主主義人民共和國 (Democratic People's Republic of Korea)	朝鮮民主主義人民共和國 (Democratic People's Republic of Korea)
	政府體制	日本總督 植民統治制	勞動黨 社會主義 體制	勞動黨 社會主義 體制	勞動黨 社會主義 體制
	國家代表	日本天皇 히로히토(裕仁) 쇼와(昭和)	主席 金正日	主席 金正日	主席 金正日
	首相·總理	朝鮮總督 우가키(宇垣一成), 미나미(南次郎)	總理 姜成山	總理 洪成南	總理 朴鳳柱
本人	自家垈地(m²)	661(父 所有)	454	454	454
	家族數(名)	7	4	3	2
	總資産(千원)	468(父 所有)	1,875,000	2,067,821	3,000,000
	年收入($)	30(家計收入)	182,355	218,520	180,000

3. 古稀年의 實相

(1) 出生과 古稀의 主要事件別 時次元

(經過期間:年間)

區分	事件 / 時次元	出生年度	古稀年度
1.紀 曆	1. 創世記 紀元	5,940	6,101
	2. 猶太 紀元	5,697	5,767
	3. 檀 紀	4,269	4,339
	4. 孔子誕辰	2,487	2,557
	5. 佛 紀	2,480	2,550
	6. 소크라테스 誕辰	2,405	2,475
	7. 西 紀	1,936	2,006
	8. 回教曆	1,315	1,385
	9. 天道教 開天	79	149
	10. 圓佛教 開新	21	91
	11. 干 支	丙子	丙戌
2.國 家	1. 中國堯帝 紀元	4,293	4,363
	2. 로마國 建國	2,689	2,759
	3. 日本天皇 紀元	2,596	2,666
	4. 프랑스 獨立紀元	1,094	1,164
	5. 美國 獨立紀元	161	231
	6. 日本 明治維新	69	139
	7. 韓·日合邦	27	97
	8. 中華民國 建國	25	95
	9. 北韓 主體紀元	25	95
	10. 英國 獨立紀元	16	86
	11. 韓國 解放	-8	62
	12. 臺灣 獨立紀元	-8	62
	13. 現代 日本政府樹立	-9	61
	14. 大韓民國 建國	-11	59
	15. 朝鮮民主主義人民和國建國	-11	59
	16. 中華人民共和國 建國	-12	58
	17. 獨逸 獨立紀元	-18	52
	18. 베트남 統一紀元	-38	32
	19. 獨逸 統一紀元	-53	17
	20. 러시아 獨立紀元	-54	16
	21. 日 本	昭和 11	平成 18

區分	事件 / 時次元	出生年度	古稀年度
3. 先 代	1. 慶州金氏 始祖 閼智 誕辰	1,872	1,942
	2. 敬順王 誕辰	1,040	1,110
	3. 桑村公 自粹 誕辰	583	653
	4. 入鄉祖 秉鉉 誕辰	321	391
	5. 祖父 信喜 誕辰	75	145
	6. 外祖父 鄭成五 誕辰	72	142
	7. 祖母 禹鳳伊 誕辰	69	139
	8. 外祖母 嚴順伊 誕辰	66	136
4. 家 族	1. 父 商大 出生	41	111
	2. 母 鄭先岳 出生	39	109
	3. 聘父 黃龍燮 出生	23	93
	4. 聘母 金福伊 出生	17	87
	5. 妻 黃蓮子 出生	-7	63
	6. 長女 雪娥 出生	-29	41
	7. 長男 東爀 出生	-31	39
	8. 次女 貞娥 出生	-34	36
	9. 長女 雪娥 結婚	-56	14
	10. 外孫子 文近榮 出生	-56	14
	11. 外孫女 文素瑛 出生	-62	8
	12. 長男 東爀 結婚	-63	7
	13. 次女 貞娥 結婚	-67	3
	14. 孫女 旼嬉 出生	-68	2
5.本 人	1. 年 齡	1	71
	2. 生涯記錄 紀元	-11	59
	3. 서울 移住(本人)	-20	50
	4. 軍服務 除隊	-23	47
	5. 結 婚	-29	41
	6. 教授職 任用(助教)	-29	41
	7. 教授職 任用(專講)	-35	35
	8. 博士學位 取得	-39	31
	9. 回甲紀念	-59	11
	10. 서울大 教授 停年	-65	5
	11. 서울大 名譽教授	-65	5
	12. 建國大 碩座教授	-68	2

(2) 西曆 2006年 基準 本人과 國家 및 世界의 主要發生事件의 紀念週期

週期 \ 主體	本人 및 家族	國家 및 社會	世界 및 國際
70周年 (1936年 發生)	· 本人 出生(7.28) · 長姉 結婚(9.5)	· 孫基禎選手 베를린 올림픽大會에서 마라톤 優勝차지(8.9) · 漢江 人道橋 開通(10.23)	· 이디오피아, 이탈리인에 合併(5.9) · 中國 蔣介石 西安에서 監禁(12.12)
60周年 (1946年 發生)	· 祖母 逝去(8.22) · 짚신에서 運動靴로 轉換(9.5) · 바나나 처음 取食(10.5)	· 濟州道 分離 獨立(7.2) · 서울市 分離 獨立(9.18) · 서울大學校 綜合大學으로 開校(10.15)	· 日本 農地改革 斷行(2.1) · 필리핀 獨立(7.4) · UNESCO 發足(11.4)
50周年 (1956年 發生)	· 서울 最初 訪問(1.10) · 電車 처음 탐(1.12) · 父親 回甲 맞음(7.10) · 季姉 結婚(11.10)	· 텔레비전 放送局 發足(5.12) · '顯忠日' 制定 · 公布(6.6) · 聞慶郡 戶西南面이 店村邑으로 昇格(7.8) · 韓國行政學會 創立(10.13)	· 수단 獨立(1.1) · 모로코 獨立(3.2) · 튀니지 獨立(3.20) · 헝가리에 反蘇暴動 發生(10.23)
40周年 (1966年 發生)	· 本人結婚(1.11) · 서울大學校 行政大學院 助教 就任(3.25) · 吸煙 始作(3.25) · 長女 出生(10.30) · 自家取得 入住(12.20)	· 慶北線 鐵道 開通(1.27) · 韓國科學技術研究院(KIST) 發足(2.4) · 國稅廳 · 水產廳 新設(3.3) · 張 勉 前 總理 逝去(6.4) · 서울에 無人公衆電話 登場(9.20)	· 蘇聯 비너스3號 金星着陸(3.1) · 구아나 獨立(5.26) · 美國 서베이어號 달 着陸 成功(6.2) · 中共에 文化整風運動 展開(8.18) · 아시아 開發銀行 創立(11.24)
30周年 (1976年 發生)	· 韓國國土 · 都市計劃學會 理事就任(3.1) · 博士學位 取得(8.27) · 科學技術部 技術資格試驗委員 委囑(9.21) · 中央情報部 安保教育 入校(9.27) · 大韓國土 · 都市計劃學會 編輯委員 委囑(10.16) · 父親 脫喪(11.30)	· 韓國應用科學會 創立(6.23) · 서울 潛水橋 開通(7.15) · 板門店에서 北韓의 도끼 蠻行事件 發生(8.18) · 新安 앞바다서 宋 · 元代 遺物 引揚(10.11) · 安東多目的댐 竣工(10.27) · 汝矣島 KBS 開館(12.6)	· 英國 몽고메리 元帥 死亡(3.24) · 中國 北京 天安門廣場에서 暴動 勃發(4.5) · 獨逸 哲學者 하이데거 死亡(5.26) · 베트남 共產統一 成就(7.2) · 인도네시아, 東티모르 合併宣言(7.17) · 中國 毛澤東 死亡(9.9)
20周年 (1986年 發生)	· 大韓國土 · 都市計劃學會 會長 就任(2.15) · 建交部 中央都市計劃委員 委囑(6.19) · 環心會 顧問 推戴(6.28) · 金壽鶴 先生 回甲紀念集 發刊委員長 推戴(10.1) · 서울大 環境大學院 院長 就任(11.5) · 父母任 墓所 床石文 作成 · 建立(11.15) · '平和의 댐' 建設支援推進委員會 委員 委囑(12.15)	· 店村邑 市로 昇格(1.1) · 交通開發研究院 開院(2.6) · 土友會 創立(8.11) · 果川 現代美術館 開館(8.25) · 漢江開發 竣工式 擧行(9.10) · 韓國에서 第10回 아시안게임 開幕(9.20) · 光州市 直轄市로 昇格(11.1)	· 美 宇宙船 첼린저號 空中爆發로 宇宙人 8名 死亡(1.28) · 마르코스 필리핀 前 大統領 死亡(2.25) · 第1回 冬季아시안게임 日本 札幌市에서 閉幕(3.8) · 蘇聯 체르노빌原電 放射能 流出事故 發生(4.26) · 방콕 500年 以來 最大洪水 發生(5.8) · 濠洲, 白濠主義 抛棄宣言(6.18) · 헝가리 作曲家 리스트 死亡(7.31)
10周年 (1996年 發生)	· 國務總理室 地方自治制度發展委員會 委員 委囑(3.8) · 京畿開發研究院 研究諮問委員會 委員長 就任(4.2) · 自動車 綠色免許證 取得(5.25) · 골프會員券 膳物받음(6.8) · 在京 聞慶市 鄉友會 顧問 推戴(6.20) · 聘母任 逝去(8.26) · 大田市 世界科學都市聯合 推進協議會 會長 就任(10.4) · 回甲紀念記錄集 發刊(12.31)	· 서울大學校 第21代 總長으로 鮮于仲皓 教授가 就任(2.17) · 大韓國土 · 都市計劃學會 呂鴻九 會長 就任(2.22) · '바다의 날' 行事 처음 實施(5.31) · 聞慶 등 5個 市 · 郡이 廢鑛地域振興地區로 確定(7.23) · 海洋水產部 發足(8.6) · 金九 先生 暗殺犯 安斗熙 被殺(10.23) · U.N.經濟社會理事會 新任理事國이 됨(10.31) · '農漁民의 날' 制定 · 實施(11.11)	· 冬季아시안게임, 中國 하얼빈市에서 開幕(2.4) · 臺灣 最初의 總統直選投票 實施(3.23) · 中國, 黃海에 200海里 排他的 經濟水域(EEZ) 宣布(5.13) · 터키, 共和政 史上 첫 回教政府 出帆(6.28) · 몽골, 75年間에 걸친 共產主義 統治 終熄(6.30) · 中國 核心驗 實施(7.29) · 나이저 獨立(8.3) · 리비아 트리폴리에서 通水式 擧行(9.1)

(3) 停年 70歲 西曆 2006年의 時·空間的 座標

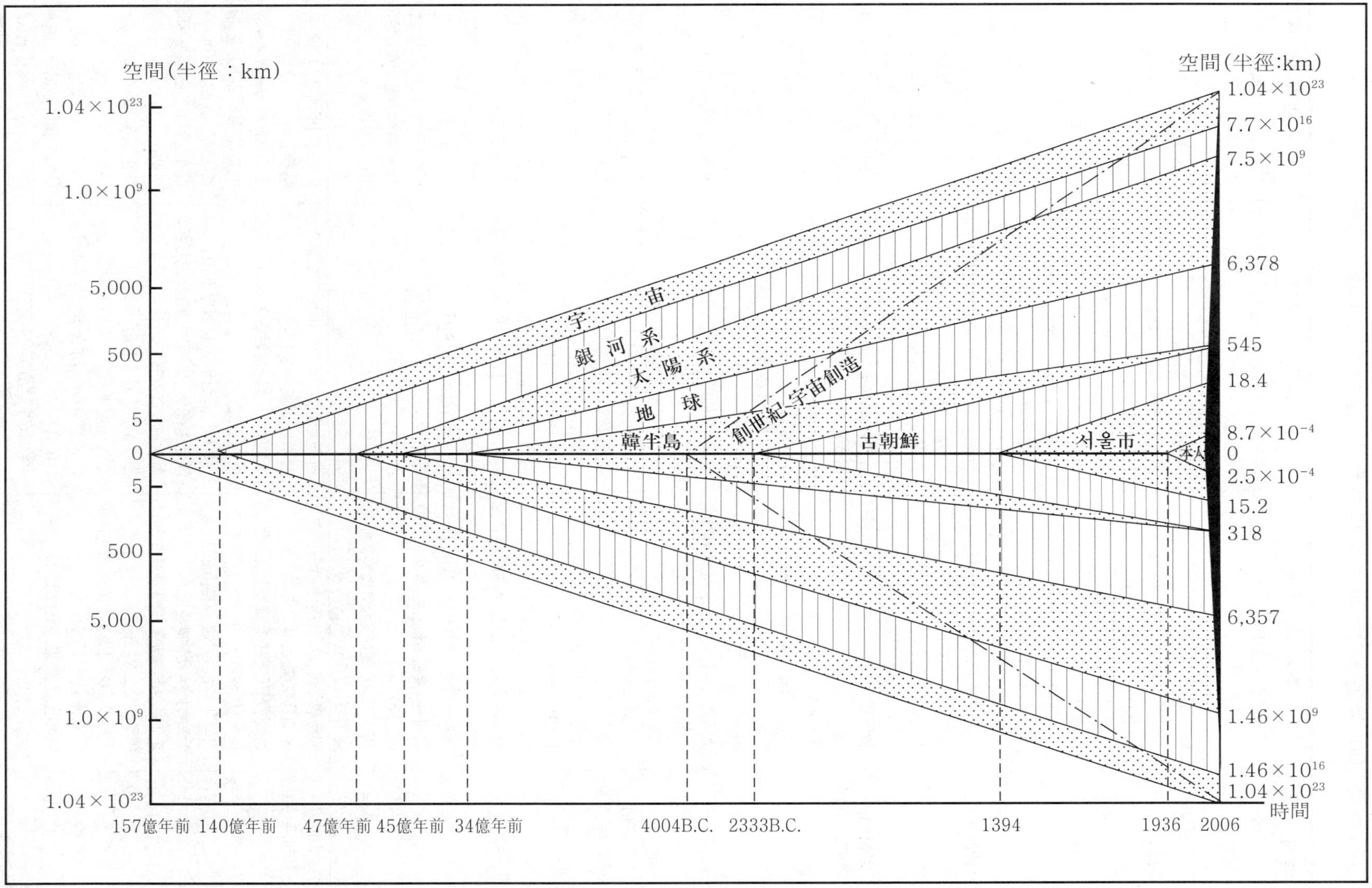

(4) 古稀年의 主要紀念日字

- 2006年 -

日字·曜日			本人·家族	韓國			北韓			24	各國
陽曆	陰曆	曜日	備忘日	國慶日	紀念日	名節	國家名節	紀念日	民俗名節	節候	獨立日
1. 1	12.2	日				新正			설날		Australia(1901) Brunei(1984) Cameroon(1960) Czech Ropublic(1993) Haiti(1804) Samoa(1962) Slovakia(1993) Sudan(1956)
4	5	水									Myammar(1948)
5	6	木								小寒*	
6	7	金	長女 結婚日(1993)		育兒의 날						
11	12	水	本人 結婚日(1966)								
12	13	木			世界에이즈의날						
15	16	日			民防衛의 날						
16	17	月	弟 結婚日(1968)								
17	18	火	長姉 兄出生日(1917) 弟嫂 出生日(1941)			土王*					
18	19	水	聘父 逝去日(1999)			臘享*					
19	20	木	季妻男 出生日(1961)								
20	21	金								大寒*	
27	28	金	外祖母 出生日*(1871)								
29	30	日	妻 出生日(1944)								
30	1.1	月				설날*			陰曆설날		El Salvador(1841)
31	2	火									Nauru(1968)
2. 2	4	木	妻 生日紀念日*								Monaco(1861)
3	5	金									Greece(1830)
4	6	土								立春*	Sri Lanka(1948)
5	7	日	長妻男 出生日(1961)								
6	8	月			育兒의날						
7	9	火									Grenada(1974)
13	15	月	仲同壻 出生日(1948)								
15	17	水	仲妻弟 出生日(1953)		民防衛의 날						
16	18	木					金正日生日				Lithuania(1918)
18	20	土									Gambia(1965)
19	21	日								雨水*	
22	24	水									St. Lucia(1979)
24	26	金									Estonia(1918)
27	29	月	外祖母 忌日*								Dominican Ropublic(1844)
28	2.1	火									Egypt(1922)
3. 1	2	水		3.1節							
2	3	木									Morocco(1956)
3	4	金			納稅者의 날						Bosnia and Herzegovinia(1992)
5	6	日						機械節			

日字·曜日			本人·家族	韓 國			北 韓			24	各 國
陽曆	陰曆	曜日	備 忘 日	國慶日	紀 念 日	名節	國家名節	紀 念 日	民俗名節	節候	獨 立 日
6	7	月			育兒의 날					驚蟄*	Ghana(1957)
8	9	水					國際婦女節	農業勤勞者節			
9	10	木	外孫女素瑛 出生日(1999)								
10	11	金	季姉 出生日(1933) 長女媤父 生日紀念日*								
12	13	日	次女 出生日(1971)								Mauritius(1968)
13	14	月									Mongolia(1921)
15	16	水			民防衛의 날						
17	18	金	外祖母 逝去日(1942)								Italy(1861)
19	20	日			商工의 날						
20	21	月									Tunisia(1956)
21	22	火								春分*	Namibia(1990)
22	23	水			물의 날						
23	24	木			氣象의 날						
24	25	金			世界結核의 날						Bhutan(1910)
26	27	日									Bangladesh(1971)
30	3. 2	木	外祖父 忌日*								Netherlands(1814)
4. 3	6	月	外祖父 逝去日(1938)								
4	7	火	季同壻 出生日(1960)								
5	8	水			植木日 鄕土豫備軍의 날			漁夫節		清明*	
6	9	木	長妻男 結婚日(再2000)		育兒의 날	寒食*		保健節			
7	10	金			保健의 날						
8	11	土						植樹節			
9	12	日									Georgia(1991)
13	16	木			臨時政府樹立紀念日						
15	18	土			民防衛의 날		金日成生日	遞信節			
17	20	月	長女媤母 生日紀念日*			土王*					Syria(1946)
18	21	火	仲姉 出生日(1926)								Zimbabwe(1980)
19	22	水	長妻男 結婚日(1981)		4·19革命紀念日						
20	23	木			障碍人의 날					穀雨*	
21	24	金			科學의 날						
22	25	土	長男結 婚日(2000)		情報通信의 날						
25	28	火					朝鮮人民軍創建日				
26	29	水	季妻弟 結婚日(1987)								
27	30	木	仲姉 逝去日(1980)								Sierra Leone(1961) Togo(1960)
28	4. 1	金	聘父母 結婚日(1941)		忠武公誕辰日						
30	3	日									Nicaragua(1838)
5. 1	4	月			法의 날 勤勞者의 날		國際勞動者節				
5	8	金			어린이날 釋迦誕辰日*						Germany(1955)
6	9	土			育兒의 날					立夏*	
8	11	月			어버이날						

日字·曜日			本人·家族	韓　國			北　韓			24	各　國
陽曆	陰曆	曜日	備 忘 日	國慶日	紀 念 日	名節	國家名節	紀 念 日	民俗名節	節候	獨 立 日
					在鄕軍人의 날						
10	13	水	本人 教授就任日(1972)								Luxembourg(1867)
11	14	木						鐵道節			
13	16	土	季妻男 結婚日(1990)								
14	17	日									Israel(1948) Paraguay(1811)
15	18	月			스승의 날 民防衛의 날			地質探査節			
18	21	木			5·18民主化運動 紀念日						
19	22	金			發明의 날 成年의 날						
20	23	土									Cuba(1902) East Timor(2002)
21	24	日			夫婦의 날			建設者節		小滿*	Romania(1877)
24	27	水									Ecuador(1822) Eritrea(1993)
25	28	木			防災의 날, 茶의 날						Jordan(1946)
26	29	金									Guyana(1966)
31	5. 5	水			바다의 날	端午*			端午*		South Atrica(1910)
6. 1	6	木						國際兒童節			
4	9	日									Tonga(1970)
5	10	月			環境의 날						
6	11	火		顯忠日	育兒의 날			朝鮮少年團創團日		芒種*	
7	12	水						地方工業節			Norway(1905)
9	14	金			鐵의 날						
15	20	木			民防衛의 날						
18	23	日			建設의 날						
19	24	月									Kuwait(1961)
21	26	水								夏至*	
25	30	日			6 · 25事變日						Croatia(1991) Mozambique(1975) Slovenia(1991)
26	6. 1	月									Madagascar(1960)
27	2	火									Djibouti(1977)
28	3	水	父 出生日*(1896)								
29	4	木									Seychelles(1976)
30	5	金									Congo(Democratic Republic)(1960)
7. 1	6	土						鑛夫節			Burundi(1962) Canada(1867) Rwanda(1962) Somalia(1960)
4	9	火	子婦 出生日(1971)								Philippines(1946) United States(1776)
5	10	水	本人 生日紀念日*								Algeria(1962)

日字·曜日			本人·家族	韓國			北韓			24	各國
陽曆	陰曆	曜日	備忘日	國慶日	紀念日	名節	國家名節	紀念日	民俗名節	節候	獨立日
			本人 陰曆 古稀日*								Cape Verde(1975) Venezuela(1811)
6	11	木			育兒의 날						Comoros(1975) Malawi(1964)
7	12	金						炭夫節		小暑*	Solomon Islands(1978)
9	14	日	長姉 逝去日(1973)								Argentina(1816)
10	15	月				流頭*					Bahamas(1973)
11	16	火	季姉兄 出生日(1932)								
12	17	水									Kiribati(1979) Liechtenstein(1806) São, Tomé & Princípe(1975)
14	19	金	長壻 出生日(1963) 仲妻男 出生日(1955)								
15	20	土			民防衛의 날						
16	21	日	聘母 出生日(1920)								
17	22	月		制憲節							Iceland(1944)
20	25	木				初伏*,土王*					Colombia(1810)
23	28	日	母 出生日*(1898)							大暑*	
26	7. 2	水									Liberia(1847) Maldives(1965)
27	3	木	聘父 出生日(1914)				祖國解放戰爭勝利紀念日				
28	4	金	本人 出生日(1936) 本人 古稀紀念日								Peru(1821)
30	6	日				中伏*					Vanuatu(1980)
31	7	月				七夕*					
8. 1	8	火									Benin(1960)
3	10	木									Niger(1960)
5	12	土	聘母 忌日* 長同壻 出生日(1942)								Burkina Faso(1960)
6	13	日	長妻男 出生日(1950)		育兒의 날						Bolivia(1825) Jamaica(1962)
7	14	月									Côte d'Ivoire(1960)
8	15	火								立秋*	
9	16	水	聘母 生日紀念日*			末伏*					Singapore(1965)
10	17	木						林業勞動者節			
11	18	金									Chad(1960)
13	20	日									Central African Republic(1960)
14	21	月	聘父 生日紀念日*								Pakistan(1947)
15	22	火		光復節	民防衛의 날		解放紀念日				Bahrain(1971) Congo(Republic)(1960) India(1947) Korea(South)(1948)
16	23	水									Cyprus(1960)
17	24	木	仲妻男 結婚日(1985)								Gabon(1960) Indonesia(1945)

日字·曜日			本人·家族	韓國			北韓			24	各國
陽曆	陰曆	曜日	備忘日	國慶日	紀念日	名節	國家名節	紀念日	民俗名節	節候	獨立日
18	25	金	祖母 忌日*								
19	26	土	弟 出生日(1941)								Afghanistan(1919)
20	27	日						空軍節			Senegal(1960)
22	29	火	祖母 逝去日(1946)								
23	30	水								處暑*	
24	閏7.1	木									Ukraine(1991)
25	2	金									Belarus(1991) Uruguay(1828)
26	3	土	聘母 逝去日(1996)								
27	4	日	本人博士學位取得日(1976)								Moldova(1991)
28	5	月						青年節			
30	7	水									Azerbaijan(1991)
31	8	木	本人 教授停年退任日 (2002)								Kyrgyzstan(1991) Malaysia(1957) Trinidad and Tobago(1962) Uzbekistan(1991)
9. 2	10	土									Vietnam(1945)
3	11	日									Qatar(1971)
4	12	月			造景의 날						
5	13	火	長姉 結婚日(1936)					教育節 都市經營節			
6	14	水	長妻男宅 出生日(1958)		育兒의 날						Swaziland(1968)
7	15	木									Brazil(1822)
8	16	金								白露*	
9	17	土					政權創建日				Korea(North)(1948) Tajikistan(1991)
10	18	日									Guinea-Bissau(1974)
15	23	金			民防衛의 날			商業節			Costa Rica(1821) Guatemala(1821)
16	24	土									Mexico(1810) Papua New Guinea(1975)
18	26	月			鐵道의 날						Chile(1810)
19	27	火									St.Kitts and Nevis(1983)
20	28	水	季妻弟 出生日(1959)								
21	29	木									Belize(1981) Malta(1964)
22	8. 1	金	季妻男宅 出生日(1965)								Mali(1960) Switzerland(1499)
23	2	土	仲姉兄 出生日(1909)							秋分*	Armenia(1991) Saudi Arabia(1932)
26	5	火			觀光의 날						New Zealand(1907)
28	7	木	孫女 出生日(2005)								
30	9	土									Botswana(1966)
10. 1	10	日			國軍의 날						Nigeria(1960) Palau(1994)

日字·曜日			本人·家族	韓 國			北 韓			24	各 國
陽曆	陰曆	曜日	備 忘 日	國慶日	紀 念 日	名節	國家名節	紀 念 日	民俗名節	節候	獨 立 日
											Tuvalu(1978)
2	11	月			老人의 날						Guinea(1958)
3	12	火		開天節							Iraq(1932)
4	13	水									Belgium(1830) Lesotho(1966)
5	14	木									Bulgaria(1908)
6	15	金			育兒의 날	秋夕*			秋夕*		
7	16	土									Iran(1906)
8	17	日								寒露*	
9	18	月	祖父 出生日*(1862)		한글날			金屬勞動者節			Uganda(1962)
10	19	火					勞動黨創建日				Fijii(1970)
12	21	木									Equatorial Guinea(1968)
14	23	土						放送節			
15	24	日	外孫子近榮 出生日(1993) 仲姉 結婚日(1944)		體育의 날 民防衛의 날			紡織工業節 體育節			
20	29	金	外祖父 出生日*(1865)		文化의 날						
21	30	土			警察의 날						
23	9.2	月								霜降*	Laos(1953)
24	3	火			國際聯合日						Zambia(1964)
25	4	水									Taiwan(1945)
26	5	木	長姉 出生日(1920)								
27	6	金									St,Vincent(1979) Turkmenistan(1991)
28	7	土			貯蓄의 날						
29	8	日									Turkey(1923)
30	9	月	長女 出生日(1966)								Austria(1918)
11.1	11	水						出版節			Antigua and Barbuda(1981)
3	13	金			學生의 날						Dominica(1978) Panama(1903)
5	15	日									Honduras(1838)
6	16	月			育兒의 날						
7	17	火								立冬*	
9	19	木			消防의 날						Cambodia(1953)
10	20	金	季姉 結婚日(1956)								Poland(1918)
11	21	土			農業人의 날						Angola(1975)
12	22	日	長男 出生日(1968) 父 逝去日(1975)								
13	23	月									Nepal(1769)
15	25	水			民防衛의 날						
16	26	木						陸海運節			Hungary(1918)
17	27	金			殉國先烈의 날						Macedonia(1991)
18	28	土									Latvia(1991)
22	10.2	水								小雪*	
24	4	金	祖父 逝去日(1918)								
25	5	土									Suriname(1975)

日字·曜日			本人·家族	韓 國			北 韓			24	各 國
陽曆	陰曆	曜日	備 忘 日	國慶日	紀 念 日	名節	國家名節	紀 念 日	民俗名節	節候	獨 立 日
26	6	日									Lebanon(1941)
28	8	火									Albania(1912)
29	9	水	父忌日* 長妻弟 出生日(1946)								Mauritania(1960)
30	10	木			貿易의 날						Barbadoa(1966)
12. 1	11	金									Yugoslavia(1918)
2	12	土	仲妻弟 結婚日(1979)								United Arab Emirates(1971)
3	13	日			消費者保護의 날						
5	15	火	仲妻男宅 出生日(1957)		國民教育憲章 宣布紀念日						
6	16	水	長姉兄 逝去日(1982)		育兒의 날			化學工業節			Andorra(1288) Finland(1917) Ireland(1921) United Kingdom(1921)
7	17	木								大雪*	
8	18	金									Russia(1991)
9	19	土									Tanzania(1961)
10	20	日	祖父 忌日*		世界人權宣言紀念日						
11	21	月	母逝去日(1973)								
12	22	火						軍需工業節			Kenya(1963)
15	25	金			民防衛의 날						
16	26	土									Kazakhstan(1991)
20	11.1	水									Oman(1951)
21	2	木	仲姉兄 逝去日(1977)								
22	3	金								冬至*	Marshall Islands(1990) Micronesia(1990)
24	5	日									Libya(1951)
25	6	月	長妻弟 結婚日(1971)		聖誕節						
27	8	水					憲法節				
28	9	木	長男聘父 生日*								
2007年 1. 3	11.15	水	長男聘母 生日*								
4	16	木	母 忌日*								
17	29	水				土王*					
18	30	木	聘父 忌日*								
25	12.7	木				臘享*					

註. (1) ＊: 陰曆日字 基準임.

(2) 獨立日字 未詳國 : China(1523 BC), Denmark(800頃), Ethiopia(1000 BC頃), France(843.8月), Japan(660BC頃), Portugal(1140頃), San Marino(855), Spain(1492), Sweden(836以前), Thailand(1350), Yemen(1918.12月)

客說 : 經驗에서 얻은 삶의 眞實

外國, 韓國 할것 없이 사람 사는 곳은 비슷하다. 내가 생각하고 처신함에 따라 모두 다 살 만하다. 人生到處에 有青山이다.

(5) 停年 및 古稀 當時 勤務地 出勤圖

1) 2002年 8月 停年前後 主要 勤務機關 · 地位 · 勤務周期 및 交通手段 · 出勤所要時間

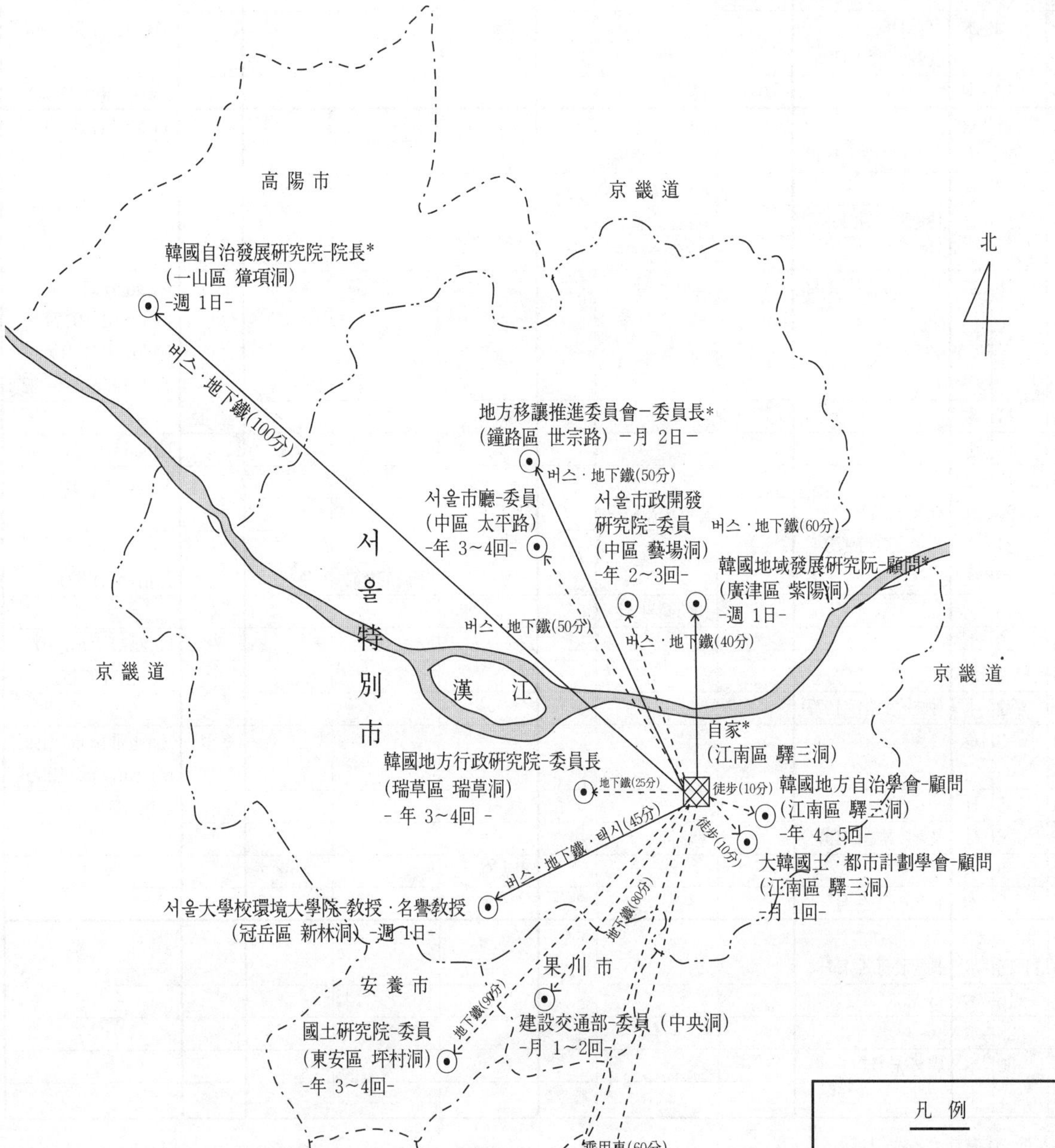

2) 2006年 古稀時 主要活動機關과 位置圖

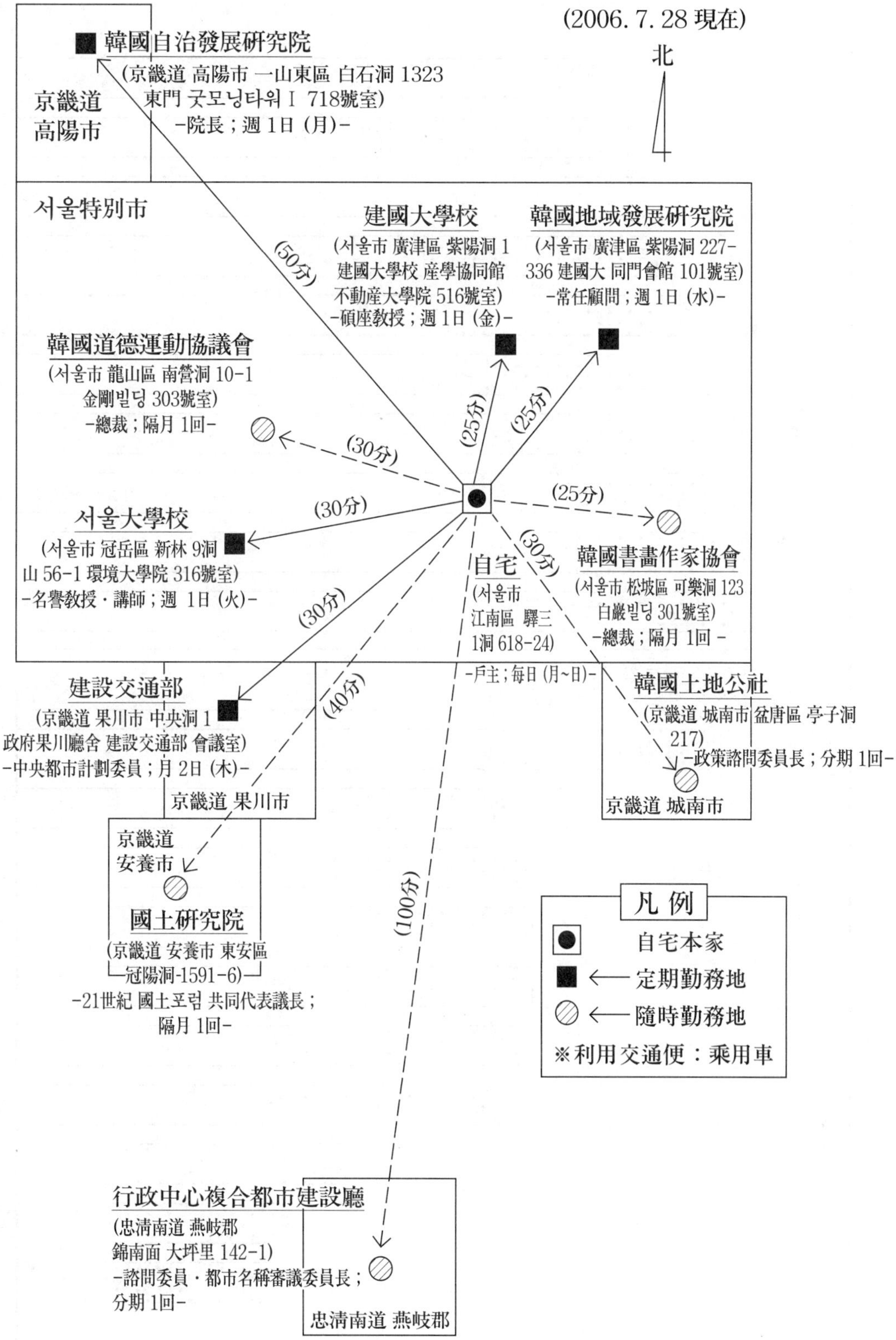

(6) 本人出生 70周年(古稀) 및 100周年(百壽)時의 家族年齡

(單位 : 歲)

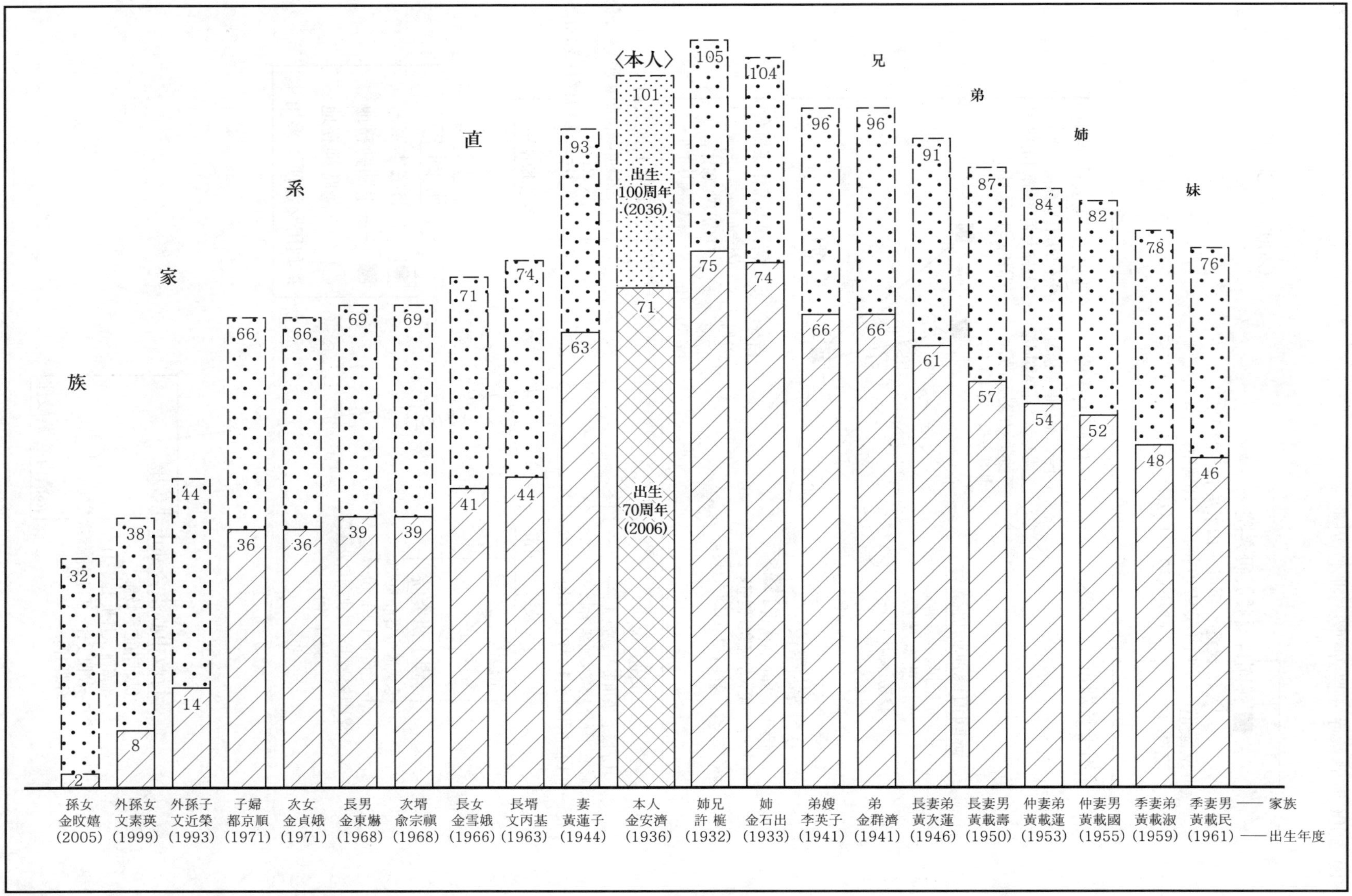

Ⅲ. 因緣을 맺은 사람들

○ 要 約 : 影響받은 事件과 關聯 있는 人物의 分類

- ○事件과 人物
  - 影響받은 事件
    - 內 的 事 件
      - 自然的事件
        - 本 人 事 件
        - 子 女 事 件
        - 先 代 事 件
      - 資質的事件
        - 身 體 事 件
        - 教 育 事 件
    - 外 的 事 件
      - 物質的事件
        - 自 宅 事 件
        - 交 通 事 件
      - 社會的事件
        - 政 治 事 件
        - 出 鄕 事 件
        - 就 業 事 件
        - 職 責 事 件
        - 業 績 事 件
  - 緣分 있는 人士
    - 住居 · 教育
      - 家族 · 洞里
        - 家族 · 親戚
        - 洞里 · 이웃
      - 修學 · 教授
        - 教育 · 研修
        - 主 職 場
        - 副 次 職 場
    - 社 會 活 動
      - 公 共 活 動
        - 公 共 機 關
        - 學術 · 協議團體
      - 個 人 活 動
        - 民間 · 海外組織
        - 親睦 · 交友모임
  - 影響받은 人物
    - 相 面 與 否
      - 未 相 面
      - 相 面
    - 影 響 類 型
      - 成長 · 育成
        - 出生 · 養育
        - 引導 · 支援
      - 意識 · 行態
        - 愛憎 · 義俠
        - 誠實 · 進就
      - 學識 · 業績
        - 學問 · 知識
        - 活動 · 功績

1. 因緣의 事件과 사람들

(1) 成長 · 變化에 影響을 준 主要事件

1) 種類別

種類 \ 區分		事件	當時位置	年齡(歲)	年月日	影響		
自然的 事件	本人	出生	聞慶	1	36. 7.28	生涯始作	家系承繼	社會一員
		結婚	서울	31	66. 1.11	家庭形成	家族責任	苦樂倂行
		回甲	〃	61	96. 7.28	六十決算	活動限界	生活躁急
	子女	長女 出生	〃	31	66.10.30	家族增員	責任加重	家風一新
		長男 出生	〃	33	68.11.12	家系承繼	家族增員	男兒貴重
		次女 出生	美國 신시내티	36	71. 3.12	美國市民	支出增加	家族增員
		長女 結婚	서울	58	93. 1. 6	家族減少	他家因緣	新規關心
		外孫子 出生	美國 컬럼버스	58	93.10.16	喜悅同伴	老人意識	姿勢愼重
		孫女 出生	서울	70	05. 9.28	直孫晩得	不如孫子	家系安堵
	先代	祖母 逝去	聞慶	11	46. 8.22	最初悲歎	人生無常	保護弱化
		母 逝去	〃	38	73.12.11	孝心後悔	人生虛無	家族減少
		父 逝去	서울	40	75.11.12	不孝之心	世代交替	家族單純
		聘母 逝去	聞慶	61	96. 8.26	人生多煩	心患不勝	保護霧散
資質的 事件	身體	運動靴 着靴	〃	11	46. 9. 5	草鞋脫皮	近代入門	生活變革
		齒牙惡臭 發生	〃	12	47. 4.21	親舊羞恥	齒牙淸掃	生活刷新
		洋服 着服	서울	26	61. 3. 5	校服脫皮	成人入門	社會適應
		飮酒 始作	〃	27	62. 4. 7	飮酒習慣	遊戱生活	交遊擴大
		吸煙 始作	〃	31	66. 3.25	吸煙習慣	經費支出	周邊不潔
		眼鏡 着用	〃	33	68. 9. 1	視力減退	眼鏡交替	活動不便
		肝炎 治療	〃	37	72. 5.20	健康留意	飮食注意	淸潔遵守
		골프 始作	〃	48	83. 2. 1	運動持續	費用追加	時間消費
		萬步機 着用	〃	59	94.10.24	步行愛用	步行記錄	健康增進
		高血壓 發生	〃	60	95. 5. 1	血壓苦悶	飮食調節	過激抑止
		白內障 手術	〃	62	97. 8.22	眼球苦悶	眼球注意	食事留意
	敎育	寺刹 參拜	聞慶	2	37. 5.17	佛敎入門	宗敎意識	釋迦崇拜
		初等學校 卒業	〃	16	51. 7.14	國文解讀	知識攝取	學問熱意
		中等學校 首席合格	〃	16	51. 9.10	自信意慾	自慢意識	勉學努力
		中等學校 卒業	〃	19	54. 3. 3	進學欲求	小說多讀	名聲波及
		高等學校 卒業	安東	22	57. 3. 2	師範敎育	進學追求	機會賦與
		軍隊 入隊	聞慶	23	58. 7.31	義務遂行	忍耐克己	唯我獨尊
		學士學位 取得	서울	27	62. 2.26	門中榮光	生活混亂	進學熱望
		碩士學位 取得	〃	30	65. 2.26	專攻變更	意識開化	活動擴大
		美國 碩士學位 取得	美國 신시내티	36	71. 6.13	留學矜持	學位滿足	學問持續
		美國 博士學位 取得	〃	41	76. 8.27	高地達成	最高學位	自信充滿
		새마을敎育 履修	서울	52	87. 3.13	自己反省	秩序確立	認識轉換
		運轉免許證 取得	〃	55	90. 9.26	自家運轉	交通變化	實行不足
		次女 美國 留學	美國 미시간	58	93. 5. 2	內心苦痛	子女矜持	支出增加
物質的 事件	自宅	家庭敎師 入住	安東	20	55. 2.28	經濟安定	時間不足	緊張生活
		故鄕本家 燒失	聞慶	29	64.12.24	經濟損失	故鄕無籍	責任莫重

種類 \ 區分		事件	當時位置	年齡(歲)	年月日	影響		
		全家族 서울 移住	서울	30	65. 1. 1	家門變革	經濟負擔	神經尖銳
		自家 購入	〃	31	66.12.20	住宅定着	家計安定	成長出發
		自宅 電話 設置	〃	33	68. 1.27	現代入門	通信迅速	生活擴張
		自宅 팩스 設置	〃	60	95. 8. 4	通信便利	文明接近	情報速達
		農協 週末農場 農事	〃	63	98. 4.12	農事趣味	家計補助	週末勞動
	交通	電車 始乘	〃	21	56. 1.12	通學手段	都市生活	支出節約
		自家用 乘用車 購入	〃	47	82. 3.12	生活變化	支出增加	活動振作
		官用車 始乘	〃	51	86.11. 5	國家惠澤	生活固定	支出減少
		地下鐵 始乘	〃	55	90.11.15	通勤手段	步行增加	接近便利
社會的 事件	政治	太平洋戰爭 勃發	聞慶	6	41.12. 8	家計壓迫	營養失調	社會緊張
		解放	〃	10	45. 8.15	自由回復	家計緩和	學業始作
		韓國動亂 勃發	〃	15	50. 6.25	生活混亂	北傀接近	人性痲痺
		4.19革命 勃發	서울	25	60. 4.19	示威加擔	意識變革	社會混亂
		軍事革命 勃發	〃	26	61. 5.16	體制革新	思考變化	秩序定立
	出鄕	安東 留學次 出鄕	聞慶	19	54. 4. 5	獨立生活	望鄕之心	自立開拓
		서울 留學次 出鄕	安東	22	57. 4. 1	都市適應	換骨奪胎	生活苦役
		美國 留學次 出國	서울	34	69. 9.20	言語難關	學問鍊磨	地位上昇
	就業	民衆書館 編輯社員	〃	27	62. 4. 7	職場生活	編輯訓練	所得確保
		首都女師大 附高 教師	〃	28	63. 2. 1	教師經驗	教授技法	交友修練
		內務部 硏究員	〃	29	64. 4.15	政府基盤	人間關係	知面擴大
		大學院 助教	〃	31	66. 3.25	硏究繼續	家計困窮	忍耐之心
		明知大學 時間講師	〃	32	67. 3. 2	講義技法	經歷蓄積	學問硏究
		서울大學 專任講師	〃	37	72. 5.10	生涯安着	職業滿足	活動振作
		서울大學 停年退任	〃	67	2002.8.31	生涯整理	生活安定	後進支援
		建國大學 碩座敎授	〃	70	2005.3. 1	名譽增進	活動擴大	所得增大
	職責	初等學校 學級 班長	聞慶	14	49. 3. 1	指導能力	責任意識	人格陶冶
		國保委 委員	서울	45	80. 6. 5	政變參與	權力理解	經歷倂行
		立法會議 專門委員	〃	45	80.10.28	國會理解	役割發揮	姿勢操心
		聞慶中學校 同窓會長	〃	46	81. 3. 1	力量發揮	時間消費	名聲擴張
		國土計劃學會 會長	〃	51	86. 2.15	地位確立	業績累積	勢力持續
		環境大學院 院長	〃	51	86.11. 5	指導發揮	多事倂行	活動擴張
		地方行政硏究院 院長	〃	57	92. 7.21	政府接近	人事重視	和睦圖謀
		行政刷新委員會 委員	〃	58	93. 4.10	革新參與	利害調整	知面增加
		地方自治學會 會長	〃	60	95. 2.22	役割定立	海外開拓	財政不實
		地方自治硏究院 理事長	〃	60	95. 4. 1	犧牲精神	時間消費	責任意識
		高位政策課程 主任敎授	〃	62	97. 3. 1	地位重視	處身操心	知面擴大
		地方移讓推進委員會 委員長	〃	64	99. 8.30	利害調整	分權强化	人和重視
		行政首都建設 諮問·推進委員長	〃	68	2003.6. 5	政策決定	利害調整	言論接觸
		行複都市名稱制定審議委員長	燕岐	71	2006.5.10	輿論收斂	愼重審議	歷史意識
	業績	日本 國際會議 參席·發表	日本 名古屋	39	74.10.28	海外進出	積極姿勢	交流增進
		結婚主禮 執典	서울	42	77. 3. 5	指導意識	言行留意	時間割愛
		著書『環境과 國土』出刊	〃	44	79. 9.10	著作業績	影響擴大	名聲提高
		隨想集『變動과 思索』出刊	〃	55	90. 9.15	認識轉換	收入增大	潛在能力
		라스베이거스市 名譽市民	美國 라스베이거스	60	95.10. 4	海外交流	知面增加	時間消費
		回甲集 出版紀念會	서울	62	97. 1. 8	歲月無情	記錄價値	名聲擴散

2) 年度別

年度	年齡(歲)	月·日	事 件	影 響
1936	1	7.28	本人 出生	生涯始作 家計繼承
1937	2	5.17	寺刹 參拜	佛敎入門 宗敎意識
1941	6	12.8	太平洋 戰爭 勃發	家計壓迫 營養失調
1945	10	8.15	解放	自由回復 家計緩和
1946	11	8.22	祖母 逝去	人生無常 保護弱化
		9.5	運動靴 着靴	草鞋脫皮 近代入門
1947	12	4.21	歯牙惡臭 發生	歯牙淸掃 生活刷新
1949	14	3.1	學級 班長	指導能力 責任意識
1950	15	6.25	韓國動亂 勃發	生活混亂 人性痲痺
1951	16	7.14	初等學校 卒業	國文解讀 知識攝取
		9.10	中等學校 首席入學	自信意慾 勉學努力
1954	19	3.3	中等學校 卒業	進學欲求 小說多讀
		4.5	安東 留學次 出鄕	望鄕之心 自立開拓
1955	20	2.28	家庭敎師 入住	經濟安定 時間不足
1956	21	1.12	서울電車 始乘	都市生活 支出節約
1957	22	3.2	高等學校 卒業	師範敎育 進學追求
		4.1	서울 留學次 出鄕	都市適應 生活苦役
1958	23	7.31	軍隊 入隊	義務遂行 忍耐克己
1960	25	4.19	4.19革命 勃發	示威加擔 意識變革
1961	26	3.5	洋服 着服	校服脫皮 成人入門
		5.16	軍事革命 勃發	體制革新 思考變化
1962	27	2.26	學士學位取得	門中榮光 生活混亂
		4.7	民衆書館 編輯社員	職場生活 編輯訓練
		4.7	飮酒始作	飮酒習慣 遊戲生活
1963	28	2.1	女高敎師 就任	敎師經驗 敎授技法
1964	29	4.15	內務部硏究員 就任	政府基盤 人間關係
		12.24	故鄕本家 燒失	經濟損失 責任莫重
1965	30	1. 1	全家族 서울 移住	家門變革 經濟負擔
		2.26	碩士學位取得	專攻變更 活動擴大
1966	31	1.11	本人 結婚	家庭形成 家族責任
		3.25	大學院 助敎就任	家計困窮 忍耐之心
		3.25	吸煙 始作	吸煙習慣 經費支出
		10.30	長女 出生	家族增員 責任加重
		12.20	自家 購入	住宅定着 家計安定
1967	32	3.2	大學 時間講師 就任	講義技法 經歷蓄積
1968	33	1.27	自宅電話 設置	現代入門 通信迅速
		9. 1	眼鏡 着用	視力減退 活動不便
		11.12	長男 出生	家系承繼 家族增員
1969	34	9.20	美國 留學次 出國	言語難關 學問鍊磨
1971	36	3.12	次女 出生	美國市民 支出增加
1971	36	6.13	美國 碩士學位 取得	留學矜持 學問持續
1972	37	5.10	서울大學 專任講師	生涯注着 活動振作
		5.20	肝炎 發生 入院	飮食注意 淸潔遵守
1973	38	12.11	母 逝去	孝心後悔 家族減少
1974	39	10.28	日本 國際會議 參席·發表	海外進出 積極姿勢
1975	40	11.12	父 逝去	世代交替 家族單純
1976	41	8.27	美國 博士學位 取得	高地達成 自信充滿
1977	42	3.5	結婚主禮 執典	指導意識 時間割愛
1979	44	9.10	著書 '環境과 國土' 出刊	著作業績 影響擴大
1980	45	6.5	國保委 委員 委囑	政變參與 權力理解
		10.28	立法會議 專門委員	國會理解 役割發揮
1981	46	3.1	中學校 同窓會長 就任	時間消費 名聲擴張
1982	47	3.12	自家用 乘用車 購入	生活變化 支出增加
1983	48	2.1	골프運動 始作	運動持續 時間消費
1986	51	2.15	國土計劃學會 會長 就任	地位確立 業績累積
		11.5	環境大學院 院長 就任	指導發揮 活動擴張
		11.5	官用車 配置 始乘	生活固定 支出減少
1987	52	3.13	새마을敎育 履修	自己反省 認識轉換
1990	55	9.15	隨想集 刊行	認識轉換 收入增大
		9.26	運轉免許證 取得	交通變化 實行不足
		11.15	地下鐵 始乘	通勤手段 步行增加
1992	57	7.21	地方行政硏究院 院長 就任	政府接近 和睦圖謀
1993	58	1.6	長女 結婚	家族減少 他家因緣
		4.10	行政刷新委員會 委員 委囑	革新參與 知面增加
		5.2	次女 美國留學	子女矜持 支出增加
		10.16	外孫子 出生	喜悅同伴 老人意識
1994	59	10.24	外步機 着用	步行記錄 健康增進
1995	60	2.22	地方自治學會 會長 就任	役割定立 海外開拓
		4.1	地方自治硏究院理事長 就任	時間消費 海外開拓
		5.1	高血壓 發生	飮食調節 過激抑止
		8.4	自宅팩스 設置	文明接近 情報速達
		10.4	라스베이거스名譽市民 獲得	海外交流 知面增加
1996	61	7.28	本人 回甲 到來	六十決算 活動限界
		8.26	聘母 逝去	人生多煩 保護霧散
1997	62	1.8	回甲集 出版紀念會 開催	記錄價値 名聲擴散
		3.1	高位課程 主任敎授 就任	地位重視 知面擴大
		8.22	白內障 手術	眼球注意 食事留意
1999	64	8.30	地方移讓推進委員長 就任	分權强化 葛藤調整
1998	63	1.12	農協週末農場 農事	家計補助 週末農場
2002	67	8.31	敎授停年 退任	生涯整理 後進支援
2003	68	6.5	首都建設委員長 就任	政策決定 利害調整
2005	70	3.1	建國大 碩座敎授 就任	名譽增進 所得向上
		9.28	孫女 出生	直孫晩得 家系安堵
2006	71	5.10	都市名稱 制定委員長	愼重審議 歷史意識

(2) 因緣과 親分을 맺은 사람들의 統計

(單位 : 名)

生涯區分		年度(年間)	年齡(歲)	1.家族·親戚						2.洞里·이웃				3.教育·研修				4.主職場 (軍·會社·高校·서울大學校)			
				親家族	兄弟姉妹結婚	親姻戚	妻家家族	子女結婚	計	親舊	年長·年下者	洞里어른	計	同級生	先後輩	教職員	計	同僚	任職員	弟子	計
成長修學期	幼兒期	1936-1944(8)	1-9	7	19	148	-	-	174	8	12	28	48	-	-	-	-	-	-	-	-
	初等學校	1945-1950(6)	10-15	-	7	42	-	-	49	3	10	10	23	271	79	54	404	-	-	-	-
	中等學校	1951-1953(3)	16-18	-	2	27	-	-	29	3	4	9	16	220	66	29	315	-	-	-	-
	高等學校	1954-1956(3)	19-21	-	11	24	-	-	35	16	28	59	103	370	71	32	473	-	-	-	-
	大學校	1957-1961(5)	22-26	-	3	26	-	-	39	24	28	38	90	79	41	55	175	221	97	180	498
	會社·大學院	1962-1964(3)	27-29	-	-	21	-	-	21	17	14	46	77	56	36	21	113	84	67	300	451
	內務部·助教	1965-1968(4)	30-33	3	8	-	28	-	39	14	16	40	70	-	-	-	-	27	72	-	99
	外國留學	1969-1971(3)	34-36	1	6	-	1	-	8	7	9	12	28	146	54	48	248	11	10	-	21
	累計	1936-1971(35)	1-36	11	56	298	29	-	394	92	121	242	455	1,142	347	239	1,728	343	246	480	1,069
社會活動期	專任講師	1972-1975(4)	37-40	-	12	-	2	-	14	8	11	24	43	130	-	21	151	43	24	195	262
	助教授	1976-1979(4)	41-44	-	10	-	1	-	11	12	13	14	39	75	-	27	102	12	7	220	239
	副教授	1980-1984(5)	45-49	-	10	39	5	-	54	20	23	10	53	70	-	13	83	9	7	290	306
	教授·大學院長	1985-1990(6)	50-55	-	9	32	6	-	47	24	19	12	55	150	-	43	193	6	9	418	433
	教授·研究院長	1991-1994(4)	56-59	-	6	-	2	13	21	2	3	-	5	160	-	9	169	102	19	175	296
	教授·主任教授	1995-1998(4)	60-63	-	3	-	-	-	3	-	1	3	4	-	-	-	-	1	6	618	625
	教授·名譽教授	1999-2006(8)	64-71	-	-	5	5	6	16	3	-	3	6	-	-	-	-	4	8	572	584
	累計	1972-2006(35)	37-71	-	50	76	21	19	166	69	70	66	205	585	-	113	698	177	80	2,488	2,745
總累計		1936-2006(70)	1-71	11	106	374	50	19	560	161	191	308	660	1,727	347	352	2,426	550	326	2,968	3,814

生涯區分		年度(年間)	年齡(歲)	5. 家庭教師·學院·教育院·他大學				6. 公共機關				7. 學術·協議團體			
				教職員	受學弟子	論文指導審査	計	國家機關	自治團體	傘下機關	計	教育研究機關	學會學術團體	協會協議會政黨	計
成長修學期	幼兒期	1936-1944(8)	1-9	-	-	-	-	-	-	-	-	-	-	-	-
	初等學校	1945-1950(6)	10-15	-	-	-	-	-	-	-	-	-	-	-	-
	中等學校	1951-1953(3)	16-18	-	-	-	-	-	-	-	-	-	-	-	-
	高等學校	1954-1956(3)	19-21	-	1	-	1	-	-	-	-	-	-	-	-
	大學校	1957-1961(5)	22-26	-	3	-	3	-	-	-	-	-	-	-	-
	會社·大學院	1962-1964(3)	27-29	-	4	-	4	-	30	-	30	-	-	-	-
	內務部·助教	1965-1968(4)	30-33	37	1,624	-	1,661	17	217	-	234	20	90	-	110
	外國留學	1969-1971(3)	34-36	12	240	-	252	5	30	-	35	-	70	-	70
	累計	1936-1971(35)	1-36	49	1,872	-	1,921	22	277	-	299	20	160	-	180

生涯區分		年度(年間)	年齡(歲)	5. 家庭教師·學院·教育院·他大學				6. 公共機關				7. 學術·協議團體			
				教職員	受學弟子	論文指導審査	計	國家機關	自治團體	傘下機關	計	教育研究機關	學會學術團體	協會協議會政黨	計
社會活動期	專任講師	1972-1975(4)	37-40	42	3,183	24	3,249	145	230	77	452	98	180	-	278
	助教授	1976-1979(4)	41-44	38	555	21	614	173	303	208	684	110	363	70	543
	副教授	1980-1984(5)	45-49	68	2,489	140	2,697	376	435	314	1,125	224	274	143	641
	教授·大學院長	1985-1990(6)	50-55	94	2,460	168	2,722	260	499	301	1,060	273	394	505	1,171
	教授·研究院長	1991-1994(4)	56-59	52	2,770	81	2,903	172	442	185	799	391	533	410	1,334
	教授·主任教授	1995-1998(4)	60-63	26	1,652	166	1,844	133	381	193	707	665	432	593	1,690
	教授·名譽教授	1999-2006(8)	64-71	20	898	142	1,060	268	437	221	926	385	267	598	1,250
	累計	1972-2006(35)	37-71	340	14,007	742	15,089	1,527	2,727	1,499	5,753	2,146	2,443	2,319	6,908
總累計		1936-2006(70)	1-71	389	15,879	742	17,010	1,549	3,004	1,499	6,052	2,116	2,603	2,319	7,088

生涯區分		年度(年間)	年齡(歲)	8. 民間·海外組織				9.親睦·交友모임				10.大衆行事 聽講者			合計
				言論文化團體	民間業體	海外機關團體	計	宗親同鄉同窓會	趣味·親睦會	個人交分	計	學術發表會	特講·演說會	計	
成長修學期	幼兒期	1936-1944(8)	1-9	-	-	-	-	-	-	-	-	-	-	-	222
	初等學校	1945-1950(6)	10-15	-	-	-	-	-	-	25	25	-	-	-	501
	中等學校	1951-1953(3)	16-18	-	-	-	-	-	-	34	34	-	-	-	394
	高等學校	1954-1956(3)	19-21	-	-	-	-	-	-	42	42	-	-	-	654
	大學校	1957-1961(5)	22-26	-	-	-	-	-	-	145	145	-	-	-	950
	會社·大學院	1962-1964(3)	27-29	-	-	-	-	-	-	130	130	-	-	-	826
	內務部·助教	1965-1968(4)	30-33	-	-	-	-	25	-	218	243	-	-	-	2,456
	外國留學	1969-1971(3)	34-36	-	-	-	-	6	-	202	208	-	-	-	870
	累計	1936-1971(35)	1-36	-	-	-	-	31	-	796	827	-	-	-	6,873
社會活動期	專任講師	1972-1975(4)	37-40	-	-	105	105	67	-	349	416	2,250	1,138	3,388	8,358
	助教授	1976-1979(4)	41-44	5	36	349	390	202	15	395	612	7,750	4,610	12,360	15,594
	副教授	1980-1984(5)	45-49	5	36	190	251	576	143	587	1,306	11,110	15,940	27,050	33,566
	教授·大學院長	1985-1990(6)	50-55	90	84	431	605	382	435	836	1,653	33,543	54,971	88,514	96,453
	教授·研究院長	1991-1994(4)	56-59	155	113	419	687	122	195	783	1,100	32,605	72,454	105,059	112,373
	教授·主任教授	1995-1998(4)	60-63	99	118	378	595	119	154	458	731	30,945	55,030	85,975	92,174
	教授·名譽教授	1999-2006(8)	64-71	133	176	441	750	131	172	338	641	24,519	112,491	137,010	142,243
	累計	1972-2006(35)	37-71	487	583	2,313	3,383	1,599	1,114	3,746	6,459	142,722	316,634	459,356	500,762
總累計		1936-2006(70)	1-71	487	583	2,313	3,383	1,630	1,114	4,542	7,286	142,722	316,634	459,356	507,635

(3) 緣故者의 親近程度別 分類

1) 親近程度別 分類統計

(單位 : 名, %)

區分 \ 程度		第 1 親近圈	第 2 親近圈	第 3 親近圈	第 4 親近圈	第 5 親近圈	合 計
家族 親戚	類型	直系 尊·卑屬, 妻, 外孫子女	外家族, 妻父母, 兄弟姉妹	妻 兄弟姉妹, 甥姪, 查頓	本家·妻家 兄弟 姉妹의 子女	親·姻戚의 近親一家	-
	人數	11	15	40	45	449	560
	比率	2.0	2.7	7.1	8.0	80.2	100.0
同窓 同僚	類型	初·中·高校의 同期生	大學·大學院의 同期生	職場同僚 및 一般職員	定規 修學學校의 同窓生	研修·訓練機關의 同窓生	-
	人數	861	281	840	347	585	2.914
	比率	29.6	9.6	28.8	11.9	20.1	100.0
弟子 聽衆	類型	教授·研究助教, 主禮執典者	論文指導·審查 對象者	個人 및 學校教育 受業者	研修機關 受講者	大衆行事 聽取者	-
	人數	152	740	2,593	15,729	53,512	72,726
	比率	0.2	1.0	3.6	21.6	73.6	100.0
社會 知人	類型	學校恩師, 社會恩人	同鄉·親睦 모임 會員	研究·學術 團體 知人	中央·地方政府 關係 人士	社會一般 親交 人士	-
	人數	352	7,131	6,688	5,752	4,184	24,107
	比率	1.5	29.6	27.7	23.9	17.3	100.0
合計	人數	1,376	8,167	10,161	21,873	58,730	100,307
	比率	1.4	8.1	10.1	21.8	58.6	100.0

※ 緣故者 507,635名中 단순한 一般聽衆 407,328 名은 除外되어 있음.

客說 : 經驗에서 얻은 삶의 眞實

父母를 잘 만나는 것은 子女의 福이다. 훌륭한 子女를 두는 것은 父母의 福이다. 父母와 子女가 다 훌륭하면 그 家族은 大福을 타고 났다고 할 수 있다

客說 : 經驗에서 얻은 삶의 眞實

團體旅行을 할 때 애를 먹이는 사람이 꼭 한두사람 있다. 약속한 集合時間에 늦는 사람, 혼자 행동하는 사람, 會費를 잘 안 내는 사람, 進行日程에 늘 불평하는 사람, 남에게 是非를 잘 거는 사람, 食事時 분위기를 흐리게 하는 사람, 現地人과 잘 다투는 사람, 자기가 맡은 役割을 소홀히 하는 사람 등이 이에 해당한다. 上策은 이들과 같이 안 가는 것이다.

2) 親近程度別 分類圖表

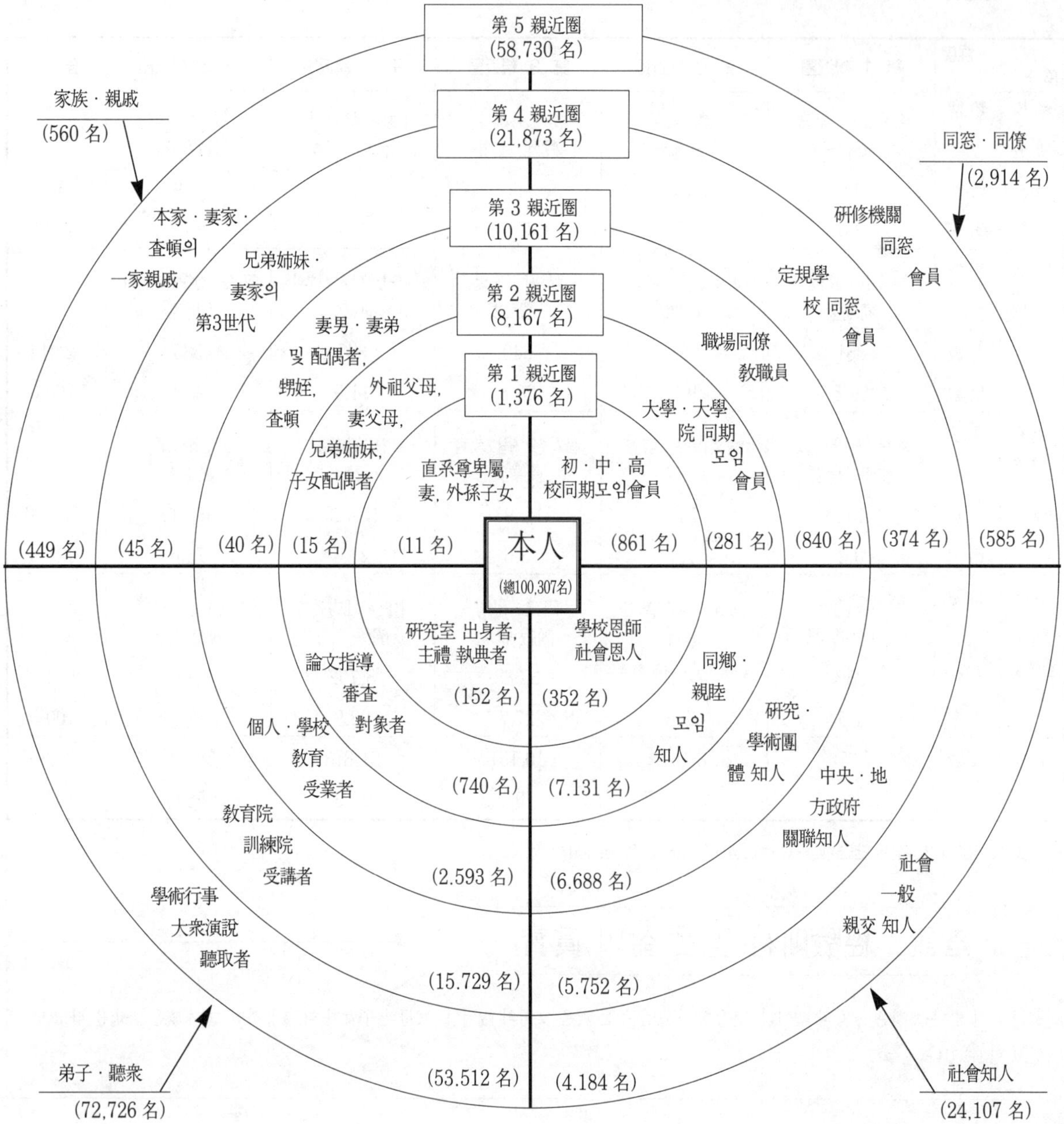

客說 : 經驗에서 얻은 삶의 眞實

사람은 公과 私를 오가며 산다. 組織生活과 社會生活에는 公이 많고 個人과 家庭生活에는 私가 많다. 公이 많으면 規制와 秩序에 매이고 私가 많으면 自律과 奔放에 치우친다.

(4) 親近知人의 年輪紀念行事에의 參與役割

(行事日字順)

項目 / 年度	主人公			本人		紀念集發刊			紀念行事開催			
	姓名	動機	當時位相	役割職責	當時位相	紀念冊子名	發刊日字	本人揭載論文(pp.)	日字	場所	賀客(名)	本人役割
1982	金雲泰	回甲	서울大 行政大敎授	-	서울大 環境大 敎授	-	-	-	82.1.15	코리아나 호텔	-	參席 祝賀
1985	朴炳柱	回甲	弘益大學 敎授	-	〃	-	-	-	85.10.18	弘益大學校	-	〃
1986	朴文玉	回甲	中央大學 敎授	寄稿	〃	菁溪 朴文玉 博士 華甲紀念論文集：行政學의 諸問題	86.10.25	地域經濟力測定의 指標와 模型開發에 관한 硏究(494-511)	-	-	-	-
1987	李鼎九	回甲	前 聞慶中學 敎師	-	서울大 環境大 院長	-	-	-	87.6.14	世宗홀	-	參席 祝賀
	金壽鶴	回甲	韓國土地 開發公社 社長	華甲紀念事業委員會 委員長(86.10.1-87.8.29)	〃	茂庭 金壽鶴 先生 華甲紀念論文集	87.8.29	地方自治行政의 着根을 위한 戰略(63-82)	87.8.29 87.9.30 (李圭孝 長官主催)	滿江鴻 建設會館	70 300	委員長 人事 및 紀念集 奉呈 委員長 奉呈辭 및 紀念集 奉呈
	盧隆熙	回甲	서울大 環境大敎授	華甲紀念事業委員會 委員(86.8.11-87.9.18)	〃	古州 盧隆熙 博士 華甲紀念論文集：國家發展과 公共行政	87.9.18	技術都市建設의 構想：必要性과 方向 및 戰略(402-422)	87.9.18	앰베서더 호텔	800	經過報告, 獻呈辭 및 紀念集 奉呈
1988	黃基春	停年	永登浦女子高等學校 敎師	-	〃	-	-	-	88.2.16	永登浦女子高等學校	500	弟子代表 祝辭
	趙完圭	回甲	서울大 總長	-	〃	-	-	-	88.3.7	總長 公館	40	學長團 代表 祝辭
1989	羅相紀	逝去	弘益大 敎授	寄稿	〃	國土計劃誌：羅相紀 敎授 逝去紀念 特輯	89.7.1 (24卷 2號)	故 羅相紀 敎授의 人間性(7-9)	-	-	-	-
	金學浩	回甲	在京 聞慶鄕友會 會長	-	〃	-	-	-	89.9.17	하야트 호텔	100	賀客 代表 祝杯 提議 人事
1990	金榮國	回甲	서울大 副總長	-	〃	-	-	-	90.6.26	新羅 호텔	-	學長團 代表 膳物 贈呈
1991	黃鏞周	回甲	中央大 敎授	-	서울大 環境大 敎授	-	-	-	91.11.19	서울클럽	100	來賓代表 祝辭
	申邦鉉	回甲	檀國大 行政大學院 院長	寄稿	〃	申邦鉉 敎授 回甲紀念 論文集：現代國家와 都市發展	91.12.3	地方自治와 地方自治團體의 役割(65-87)	91.12.3	롯데 월드	700	友人代表 祝辭

項目 / 年度	主人公			本人		紀念集發刊			紀念行事開催			
	姓名	動機	當時位相	役割職責	當時位相	紀念册子名	發刊日字	本人掲載論文(pp.)	日字	場所	賀客(名)	本人役割
	李圭憲	回甲	韓國地方自治研究院 院長	-	서울大 環境大 教授	-	-	-	91.12.29	리베라 호텔	50	參席 祝賀
1992	盧隆熙	停年	서울大 環境大 教授	寄稿	韓國地方行政研究院 院長	環境論叢：盧隆熙教授 停年退任 特輯	92.8.31	古州 盧隆熙 先生任의 人間的 風貌 (XXXⅣ-Xiiii)	92.9.17 (紀念 講演會)	서울大 教授會館	-	參席 祝賀
	金裕赫	回甲	檀國大 副總長	寄稿	〃	金裕赫 教授 回甲紀念論文集：現代社會와 地域發展	92.10.20	地方自治時代에 있어 地域經濟의 位相과 發展方向 (300-312)	92.10.20	앰배서더 호텔	-	參席 祝賀
1993	林鍾哲	回甲	서울大 社會大 教授	-	〃	-	-	-	93.2.1	인터컨티넨털 호텔	-	參席 祝賀
	李光魯	停年	서울大 工科大 教授	-	〃	-	-	-	93.9.2	롯데 호텔	-	參席 祝賀
	田英春	古稀	韓國地方行政研究院 非常任研究委員	古稀紀念事業會 委員長(93.2.1-93.9.24)	〃	石凡 田英春 先生 古稀紀念 論文集	93.9.24	奉呈辭(16-17) 地方自治 實施의 意義와 發展課題 (83-102)	93.9.24	新羅호텔	300	奉呈辭 및 紀念集 奉呈
	金東勳	回甲	忠南大 教授	寄稿	〃	義邨 金東勳 教授 華甲紀念 論文集	93.10.31	地方自治 實施와 地方財政 發展方向 (481-494)	-	-	-	-
1994	孫禎睦	停年	서울市立大 教授	-	〃	-	-	-	94.3.5	서울市立大學	-	參席 祝賀
1995	趙昌鉉	回甲	漢陽大 副總長	-	서울大 環境大 教授	-	-	-	95.10.9	롯데호텔	-	參席 祝賀
	崔昌浩	回甲	建國大 教授	寄稿	〃	崔昌浩 教授 華甲紀念論文集：地方自治와 行政	95.10.10	地方自治와 地域發展(253-269)	95.10.14	世宗文化會館	-	參席 祝賀
	蔡鴻遠	回甲	慶北大 教授	寄稿	〃	蔡鴻遠 教授 頌壽紀念論文集：運動科學研究	95.12.15	祝辭(Ⅴ)	-	-	-	-
1996	李漢彬	古稀	KIST 理事長	寄稿	〃	李漢彬 博士 古稀紀念論文集：韓國의 未來와 未來學	96.2.9	21世紀 韓國地方自治의 座標(367-382)	-	-	-	-

年度＼項目	主人公			本人		紀念集發刊			紀念行事開催			
	姓名	動機	當時位相	役割職責	當時位相	紀念册子名	發刊日字	本人揭載論文(pp.)	日字	場所	賀客(名)	本人役割
	金儀遠	停年	暻園大 總長	-	서울大 環境大 敎授	-	-	-	96.2.27	인터컨티넨털 호텔	-	參席 祝賀
1997	黃鏞周	停年	中央大 敎授	-	〃	-	-	-	97.3.12	서울敎育文化會館	400 -	祝辭 및 乾杯提議
	李永奭	喜壽	地域開發硏究會 會長	-	〃	-	-	-	97.4.22	韓國의 집	-	參席 祝賀
	鄭世煜	回甲	明知大 敎授	寄稿	〃	中堂 鄭世煜 敎授 華甲紀念論文集：政府間 關係	97.6.17	祝辭：學問의 碩學, 廣範한 活動家, 溫厚한 人品(47)	97.6.17	世宗文化會館	-	參席 祝賀
	盧隆熙	古稀	서울大 名譽敎授	-	〃	-	-	-	97.12.9	含池博	-	參席 祝賀
	權泰埈	回甲	서울大 環境大 敎授	-	〃	-	-	-	97.12.22	忠武 횟집	-	參席 祝賀
1998	徐健一	回甲	中小企業協同組合 中央會 顧問	-	〃	-	-	-	98.10.14	리츠 칼튼 호텔	-	參席 祝賀
1999	盧椿熙	停年	서울市立大 敎授	寄稿	〃	春谷 盧椿熙 敎授 停年紀念 論文集：21世紀都市行政의 비전과 課題	99.10.15	地方化와 地方自治의 發展戰略(337-354)	99.10.15	타워호텔	-	參席 祝賀
2000	李永奭	傘壽	地域開發硏究院 顧問	傘壽紀念文集編纂委員會 委員長 (99.11.12-00.1.15)	〃	厚林 李永奭 先生 傘壽 紀念文集	00.1.15	獻呈辭(20-22) 南北統一과 國土開發(183-188)	00.1.15	韓國의 집	108	獻呈辭 및 紀念集 奉呈
	金永燮	停年	漢陽大 敎授	停年紀念論文集 發刊委員會 委員 (00.4.1-00.11.8)	〃	氷溪 金永燮 敎授 定年紀念論文集 : 偉大한 社會를 위하여	00.11.8	地方自治와 國家發展의 關係模型 (429-447)	00.11.8	페레지덴트 호텔		參席 祝賀
2001	崔烈坤	古稀	韓國道德運動協議會 顧問	-	〃	-	-	-	01.2.22	世宗文化會館	-	參席 祝賀
	趙昌鉉	停年	漢陽大 副總長	-	〃	-	-	-	01.2.26	世宗文化會館	-	參席 祝賀
	金 源	停年	서울市立大 敎授	-	〃	-	-	-	01.3.8	프레스센터	500	友人代表 祝辭
	金文起	古稀	尙志財團 理事長	-	〃	-	-	-	01.11.29	世宗文化會館	500	賀客代表 祝辭
2002	禹哉永	古稀	韓國地域發展硏究院 理事長	古稀紀念集發刊委員會 委員長(02.1.8-	〃	草友 禹哉永 先生 古稀紀念集 : 보람으로	02.3.23	獻呈辭(16-17) 地方化와 地方自治	02.3.23	朝鮮 호텔	250	獻呈辭 및 紀念集 奉呈

項目 / 年度	主人公			本人		紀念集發刊			紀念行事開催			
	姓名	動機	當時位相	役割職責	當時位相	紀念册子名	發刊日字	本人揭載論文(pp.)	日字	場所	賀音(名)	本人役割
				02.3.31)		살아온 人生 七十年		(137-157)				
	尹相在	古稀	韓國道德運動協議會 會長	古稀紀念文集編纂委員會 委員(02.7.10-02.12.31)	서울大 環境大 教授 · 名譽教授	一京 尹相在 先生 古稀紀念文集 : 愚人自忙 歸去涯	02.11.21	祝辭 : 無門의 大道를 걸어오신 幅넓은 七十生涯를 敬畏하며(70-71)	02.11.21	世宗文化會館	550	賀客代表 祝辭
2003	柳致松	傘壽	前 憲政會 會長	傘壽筵 籌備委員會 委員(03.1.2-03.7.2)	서울大 環境大 名譽教授	-	-	-	03.7.2	Holiday-Inn 호텔	70	賀客代表 祝辭
	潘洸植	古稀	前 韓國自治發展研究院 編輯局長	-	〃	-	-	-	03.7.9	賀琳覺	230	知人代表 祝辭
2004	李鼎九	回婚	全 聞慶中學校 教師	寄稿	〃	李鼎九 先生 回婚紀念集 : 石齋 藝選集	04.2.22	祝辭 : 傘壽頌(263-265)	04.2.22	센트럴 시티 웨딩홀	300	弟子代表 祝辭
	李慶熙	古稀	韓國書畵作家協會 理事	-	〃	紀念作品展示會	04.10.14	-	04.10.14	白岳藝苑	100	書畵作家協會 總裁 祝辭
2005	李鍾來	古稀	韓國道德運動協議會 諮問委員長	-	〃	-	-	-	05.1.17	世宗文化會館	160	道德運動協議會 總裁 祝辭
	尹相在	永訣式	書畵協會 · 道德協議會 會長	-	서울大 名譽教授 · 建國大 碩座教授	-	-	-	05.8.5	서울中央病院 靈安室	150	書畵協會 · 道德協 總裁 弔辭

客說 : 經驗에서 얻은 삶의 眞實

40억년 뒤에는 太陽이 소멸돼 없어진다고 한다. 그 때는 우리 太陽系의 모든 별들은 돌덩어리로 바뀌거나 萬有引力의 變化로 서로 부딪쳐 산산조각이 나고 말 것이다. 우리 太陽系는 이 宇宙에서 사라지는 것이다. 그렇게 되면 創造主는 다시 새로운 太陽系를 하나 만들어 다른 곳에 위치케 할 것이다. 그 때는 새 太陽系로 옮겨가 살아야지!

(5) 生涯 變化에 顯著한 影響을 준 歷史的 人物

(影響을 준 歷史的人物의 出生年度 順位)

區分		人物의 生涯				影響의 內容		
分類	姓名	國家·地域	生存期間	時代背景	主要業績	本人과의關係	影響받은年齡(歲)	影響의 性格
韓國人物	檀君王儉	古朝鮮, 平壤	2741-833BC	檀君 建國期	朝鮮개국,1,500년 통치	元祖	13-15	開天의 神秘 - 崇拜
	朴赫居世	新羅, 慶州	69BC-4	新羅 建國期	新羅 創業, 千年王朝 출범		16-18	建國의 雄圖 - 敬畏
	東明王	高句麗, 卒本	58-19BC	高句麗 建國期	高句麗 건국, 大陸에의 定礎		〃	創業의 智慧 - 憧憬
	溫祚王	百濟, 廣州	在位:18BC-28	百濟 建國期	東明王 第3子, 百濟 건국		〃	立國의 苦難 - 同情
	好童王子	高句麗,國內城	? - 32	大武神王	王子,樂浪征伐, 自殺		13-15	忠國의 悲戀 - 可憐
	樂浪公主	樂浪, 平壤	? - 30	太守 崔理	公主,好童 사랑,自鳴鼓 찢음		〃	사랑의 至高 - 悲歎
	金閼智	新羅, 慶州	65-145	脫解王	新羅金氏 開祖	始祖	〃	創家의 偉業 - 崇仰
	朴堤上	〃 〃	? - 416	訥祇王	忠臣, 볼모 송환, 望夫石		16-18	忠心의 殺身 - 尊敬
	廣開土大王	高句麗,丸都城	375-413	第 19代王	國土 확장, 大王碑 건립		〃	統治의 壯嚴 - 矜持
	百結先生	新羅, 慶州	?	慈悲王(458-479)	거문고 名手, 淸貧樂道		〃	樂音의 超然 - 驚異
	異次頓	〃 〃	503-527	法興王	佛敎傳授, 殉敎		〃	殉敎의 神秘 - 驚歎
	眞興王	〃 〃	534-576	第 24代王	國力 확장, 花郞 창설	先代	〃	興國의 善治 - 敬畏
	溫達	高句麗,平壤	? - 590	平原王	바보,平岡公主, 將軍		13-15	努力의 功績 - 感激
	平岡公主	〃 〃	?	平原王(559-590)	公主, 溫達 妻, 敎育시킴		〃	女心의 偉大 - 驚歎
	乙支文德	〃 〃	?	嬰陽王(590-618)	名將,薩水大捷 승리		16-18	德將의 壯擧 - 矜持
	金庾信	新羅, 慶州	595-673	太宗 武烈王	將軍,三國統一 주도		〃	執念의 壯就 - 尊敬
	太宗 武烈王	〃 〃	604-661?	第 29代王	三國統一,善治,國力	先代	〃	成業의 슬기 - 敬畏
	階伯	百濟, 扶餘	? - 660	義慈王	百濟死守, 黃山벌 싸움		〃	傾國의 孤奮 - 崇仰
	淵蓋蘇文	高句麗,平壤	? - 666	菩藏王	大莫離支, 將軍, 護國		〃	終末의 暗雲 - 失望
	善德女王	新羅, 慶州	在位:632-647	第 27代王	善政,佛敎,瞻星臺	先代	〃	善心의 王政 - 尊敬
	元曉大師	〃 〃	617-686	太宗 武烈王	高僧, 瑤石公主,子 薛聰		〃	大衆의 佛心 - 憧憬
	義慈王	百濟, 扶餘	在位:641-660	第31代 最後王	방탕,滅亡,唐에서 病死		〃	亡國의 弊政 - 可憐
	楊萬春	高句麗,安市城	?	寶藏王(642-668)	安市城 싸움, 唐太宗 격퇴		〃	救國의 執念 - 快擧
	義湘	新羅, 慶州	625-702	文武王	華嚴宗 시조,寺刹 신설	先代	19-21	業績의 永遠 - 至善
	薛聰	〃 〃	?	神文王(681-691)	元曉 子,碩學,吏讀 集成		〃	智慧의 高踏 - 敬畏
	官昌	〃 〃	645-660	武烈王	花郞,黃山벌 싸움 殉死		16-18	忠義의 勇氣 - 驚歎
	元述	〃 〃	?	文武王(661-681)	花郞,金庾信 子,敗戰,流浪		〃	一失의 遺恨 - 悲痛
	大祚榮	渤海,東京城	? - 719	始祖王	高句麗 遺民,渤海 건국		〃	雪原의 불길 - 矜持
	高仙芝	唐,長安	? - 755	玄宗	高句麗 遺臣,唐將軍,西城		19-21	遺臣의 感淚 - 憐憫
	金大城	新羅, 慶州	701-774	景德王	國相,佛國寺·石窟庵 건축	先代	16-18	執念의 見現 - 驚異
	慧超	〃 〃	704 - ?	〃	高僧 印度往復, 執筆		〃	高僧의 鬪志 - 驚愕
	張保皐	〃 青海鎭	? - 846	神武王	青海鎭 大使, 叛亂, 被殺		〃	大雄의 悲運 - 憧憬
	道詵	〃 曦陽	827-898	孝恭王	僧,風水地理, 秘記	先代	19-21	神秘의 創始 - 驚異
	崔致遠	〃 慶州	857 - ?	眞聖女王	學者,中國留學,風月閑居		〃	天才의 歲月 - 憧憬
	眞聖女王	〃 〃	在位:887-897	第51代王	淫亂, 新羅 滅亡 動機	先代	16-18	自滅의 原理 - 拒否
	甄萱	後百濟, 全州	? - 936	後百濟 建國期	聞慶出生,後百濟 창건	同鄕	〃	亂世의 悲運 - 同情
	王建	高麗, 開城	877-943	高麗 建國期	高麗始祖, 德將, 善治		〃	得國의 順理 - 感服
	敬順王	新羅, 慶州	897-978	新羅 56代 最後王	유순·厚德,高麗에 항복	38代祖	13-15	弱國의 無力 - 憐憫
	麻依太子	〃 〃	?	敬順王(927-935)	太子,亡國 후 金剛山 입산	37代祖	16-18	亡國의 悲哀 - 痛恨

分類 區分	姓名	人物의生涯				影響의內容		
		國家·地域	生存期間	時代背景	主要業績	本人과의關係	影響받은年齡(歲)	影響의 性格
韓國人物	徐 熙	高麗, 開城	940-998	光 宗	將軍,契丹·女眞 퇴치,談判		〃	守國의 智慧 - 尊敬
	姜邯贊	〃 〃	948-1031	景 宗	將軍,龜州大捷 승리		16-18	救國의 洛星 - 崇仰
	萬 積	〃 〃	? - 1198	神 宗	奴隷 解放運動 선구자		19-21	身分의 限界 - 同情
	一 然	〃 〃	1206-1289	元 宗	大禪師, 三國遺事 집필		16-18	高僧의 大業 - 憧憬
	裵仲孫	〃 〃	? - 1273	〃	三別抄의 首領, 將軍		〃	最後의 正氣 - 可憐
	崔 瑩	〃 〃	1316-1388	禑 王	忠臣,遼東征伐,청렴,피살		〃	忠節의 犧牲 - 崇仰
	辛 旽	〃 〃	? - 1371	恭愍王	妖僧,急進改革, 逆謀		19-21	忘分의 最後 - 憎惡
	無學大師	朝鮮, 漢陽	1327-1405	太 祖	王師,建國·定都 도움		13-15	大佛의 應心 - 驚異
	文益漸	高麗, 開城	1329-1398	恭愍王	學者,元에서 木花씨 가져옴		16-18	爲民의 苦行 - 感謝
	恭愍王	〃 〃	1330-1374	第 31代王	元 볼모,魯國公主,書畵,피살		〃	情感의 弊端 - 同情
	李成桂	朝鮮, 漢陽	1335-1408	朝鮮 建國期	始祖, 將軍, 智德 겸비		〃	覇權의 要領 - 敬畏
	鄭夢周	高麗, 開城	1337-1392	恭讓王	性理學,忠臣, 善竹橋 피살		13-15	忠臣의 最後 - 崇拜
	鄭道傳	朝鮮, 漢陽	?-1398	太 祖	開國功臣, 制度정비, 피살		16-18	亂世의 處身 - 憐憫
	吉 再	高麗, 開城	1353-1419	恭讓王	高麗3隱, 忠節 지킴		〃	忠節의 孤高 - 敬畏
	金自粹	〃 〃	1354-1405	〃	賢臣,判書,亡國 後 自盡	17代祖派祖	13-15	忠節의 龜鑑 - 矜持
	孟思誠	朝鮮, 漢陽	1359-1438	世 宗	相臣, 左議政, 淸白, 해학		16-18	淸白의 樂道 - 憧憬
	黃 喜	〃 〃	1363-1452	〃	名相,領議政,淸廉		〃	中庸의 處世 - 敬畏
	李芳遠	〃 〃	1367-1422	第 3代王	王子亂,治績,申聞鼓		〃	權座의 愛着 - 敬畏
	金宗瑞	〃 〃	1390-1453	世 宗	6鎭 개척, 忠臣,피살		〃	權爭의 犧牲 - 憐憫
	讓寧大君	〃 〃	1394-1462	太 宗	世子 포기,詩書,風流		19-21	男兒의 一生 - 驚異
	世宗大王	〃 〃	1397-1450	第 4代王	聖君,治績,訓民正音		16-18	不朽의 聖主 - 崇拜
	興 夫	〃 智異山	?	朝鮮朝 初期	興夫錄 主人公, 善行		13-15	善惡의 歸着 - 稱頌
	鄭道令	〃 鷄龍山	?	朝鮮 中葉	鄭鑑錄 主人公,救世王		10-15	希望의 傳鈴 - 好奇
	韓明澮	〃 漢陽	1415-1487	世 祖	世祖功臣,領議政,謀士		16-18	時運의 捕捉 - 嫌惡
	首陽大君	〃 〃	1417-1468	第 7代王	王位簒奪,善治 努力		〃	權力의 悲哀 - 憎惡
	成三問	〃 〃	1418-1456	文 宗	學者,忠臣,死六臣		〃	忠臣의 殉節 - 悲痛
	徐居正	〃 〃	1420-1488	成 宗	學者,大司憲,東國輿地勝覽		19-21	大學의 業績 - 尊敬
	金宗直	〃 〃	1431-1492	〃	學者,判書,弟子育成		28-29	弟子의 養育 - 憧憬
	金時習	〃 〃	1435-1493	〃	學者,生六臣,金鰲新話		16-18	神童의 生涯 - 驚異
	薔花紅蓮	〃 鐵山	?	世宗(1418-1450)	小說 主人公,繼母 학대		10-15	人間의 善惡 - 可憐
	端 宗	〃 漢陽	1441-1457	第 7代王	首陽에게 廢位, 被殺		16-18	悲歎의 王孫 - 悲痛
	南 怡	〃 〃	1441-1468	世 祖	將軍,判書,무고로 處刑, 漢詩		〃	大雄의 中絶 - 恨歎
	柳子光	〃 〃	? - 1512	燕山君	奸臣,戊午士禍 조성		〃	奸臣의 萬弊- 憎惡
	燕山君	〃 〃	1476-1506	第 10代王	暴君,殺生,廢位		〃	王者의 悲劇 - 可憐
	張綠水	〃 〃	? - 1506	燕山君	妃, 過分의 행동, 피살		50-51	女人의 過慾 - 嫌惡
	趙光祖	〃 〃	1482-1519	中 宗	性理學, 道學政治, 희생		19-21	改革의 障壁 - 同情
	徐敬德	〃 開城	1489-1546	〃	學者,理氣說,黃眞伊		16-18	學者의 深淵 - 驚歎
	周世鵬	〃 漢陽	1495-1554	〃	淸白吏, 學者, 書院 창시		19-21	敎學의 遺風 - 敬畏
	沈 淸	〃 黃州	?	朝鮮 中葉	小說 主人公, 孝女의 표본		13-15	孝誠의 業報 - 歡喜
	콩쥐팥쥐	〃 全國	?	〃	民話 主人公, 勸善懲惡		〃	繼母의 暴政 - 愛憎
	李 滉	〃 安東	1501-1570	宣 祖	大學者,朱子學,陶山書院		16-18	學問의 精髓 - 崇仰

分類	區分 / 姓名	人物의 生涯				影響의 內容		
		國家·地域	生存期間	時代背景	主要業績	本人과의 關係	影響받은 年齡(歲)	影響의 性格
韓國	於于同	朝鮮, 漢陽	?	朝鮮中葉	妓生,絶倫,放女,男色		27-29	女人의 久怨-可憐
人物	申師任堂	〃 江陵	1512-1559	仁宗	李珥母,書畵家,賢母		16-18	母情의 標本-尊敬
	李之菡	〃 漢陽	1517-1578	宣祖	縣監,異人,土亭秘訣		〃	人間의 苦樂-驚異
	林巨正	〃 鳳山	? -1562	明宗	俠盜, 黃海 君臨,被殺		〃	時代의 抗拒-憧憬
	西山大師	〃 妙香山	1520-1604	宣祖	高僧,壬亂時 僧兵 統率		13-15	救國의 佛心-崇拜
	李珥	〃 漢陽	1536-1584	〃	大提學, 性理學, 十萬養兵說		16-18	亂世의 中庸-尊敬
	鄭澈	〃 〃	1536-1593	〃	名臣,文人,黨爭,思美人曲		〃	碩學의 處身-名作
	權慄	〃 〃	1537-1599	〃	名將,壬亂英雄, 幸州大捷		〃	大捷의 兵術-矜持
	柳成龍	〃 〃	1542-1607	〃	名宰相, 壬亂,懲毖錄		19-21	巨星의 一生-敬歎
	韓濩	〃 〃	1543-1605	〃	名筆,碑文,刻苦		13-15	達人의 投身-驚異
	黃眞伊	〃 開城	?	〃	名妓,松都三絶,碧溪水		16-18	愛憎의 女恨-哀憐
	泗溟堂	〃 金剛山	1544-1610	〃	高僧,壬亂 外交,憂國		13-15	爲國의 道力-驚異
	李舜臣	〃 漢陽	1545-1599	〃	名將,壬亂功臣,閑山大捷		〃	救國의 丹心-矜持
	申砬	〃 〃	1546-1592	〃	將軍,壬亂 失敗, 鳥嶺 포기		16-18	才將의 斷腸-輕視
	郭再祐	〃 宜寧	1552-1617	〃	壬亂 義兵將,紅衣將軍		19-21	救國의 投身-崇拜
	宣祖	〃 漢陽	1552-1608	第14代王	黨爭,壬辰倭亂,苦生		13-15	王者의 試鍊-怨望
	李恒福	〃 〃	1556-1618	宣祖	領議政, 逸話,해학		16-18	勇氣의 智慧-憧憬
	許浚	〃 〃	? -1615	〃	典醫,刻苦,東醫寶鑑		31-33	身分의 昇華-尊敬
	李德馨	〃 〃	1561-1613	〃	名臣,判書,天才,諧謔		16-18	名臣의 豪放-憧憬
	許蘭雪軒	〃 〃	1563-1589	〃	女流詩人,女神童,夭折		19-21	女人의 含怨-驚歎
	許筠	〃 〃	1569-1618	〃	文人,反骨政治,洪吉童傳		13-15	時代의 抵抗-驚異
	論介	〃 晋州	? -1592	〃	妓生,壬亂時 倭將軍과 溺死		16-18	義妓의 忠心-感泣
	洪翼漢	〃 漢陽	1586-1637	仁祖	丙子胡亂忠臣,三學士		〃	忠義의 殉國-尊敬
	尹善道	〃 〃	1587-1671	〃	時調作家,귀양,五友歌		〃	自然의 親舊-憧憬
	金自點	〃 〃	? -1651	〃	反正功臣, 橫暴,誅殺		〃	奸臣의 本色-嫌惡
	林慶業	〃 〃	1594-1646	〃	丙子胡亂英雄,謀陷被殺		〃	首將의 處身-哀惜
	金秉鉉	〃 聞慶	1616-1686	孝宗	聞慶入鄕祖,詞賦	9代祖	19-21	開拓의 精神-欽慕
	孝宗	〃 漢陽	1619-1659	第17代王	淸怨恨,北伐策		16-18	民族의 怨恨-憧憬
	金萬重	〃 〃	1637-1692	肅宗	文學者,判書,九雲夢		19-21	孝心의 作文-敬畏
	肅宗	〃 〃	在位:1675-1720	第19代王	女難,善治,夜行,定界碑		〃	王者의 苦悶-憧憬
	張禧嬪	〃 〃	? -1701	肅宗	嬪,亂暴,被殺		16-18	女欲의 末路-無視
	李重煥	〃 〃	1690- ?	英祖	實學者,地理,擇里志		37-40	實事의 追求-尊敬
	朴文秀	〃 〃	1691-1756	〃	功臣,暗行御史,逸話		19-21	名臣의 機智-憧憬
	金先達	〃 〃	?	朝鮮中葉	機智,閑良,해학,風流		13-15	浪漫의 生涯-驚歎
	英祖	〃 〃	1724-1776	第21代王	蕩平策,國防,善治		19-21	大王의 奮鬪-尊敬
	思悼世子	〃 〃	1735-1762	英祖	父에 抵抗, 뒤주에서 죽음		16-18	王子의 苦惱-憧憬
	朴趾源	〃 〃	1737-1805	〃	北學派,熱河日記,兩班傳		19-21	求是의 實事-先覺
	金萬德	〃 濟州	1739-1812	正祖	妓生,濟州救恤,醫女班首		50-51	積德의 率先-感激
	正祖	〃 漢陽	1952-1800	第22代王	蕩平策,文運부흥,治績		16-18	名君의 努力-崇仰
	鄭若鏞	〃 〃	1762-1836	正祖	實學派,귀양,牧民心書		28-29	선비의 姿勢-尊敬
	金正喜	〃 〃	1786-1856	純祖	書道,考證,秋史體완성	先代	19-21	一道의 成就-尊敬

分類	姓名 \ 區分	人物의 生涯				影響의 內容		
		國家·地域	生存期間	時代背景	主要業績	本人과의 關係	影響받은 年齡(歲)	影響의 性格
韓國	金左根	朝鮮, 漢陽	1797-1869	哲宗	領議政,外戚,暴政		16-18	傾國의 主役-嫌惡
人物	成春香	〃 南原	?	朝鮮後期	春香傳 主人公,烈女의 象徵		13-15	守節의 榮光-感激
	金正浩	〃 漢陽	? -1864	高宗	30年 踏査,大東輿地圖		19-21	國土의 發見-驚歎
	金炳淵(笠)	〃 八道	1807-1863	朝鮮初期	放浪詩人,諧謔,風流		16-18	男兒의 虛脫-憧情
	李昰應	〃 漢陽	1820-1898	高宗	大院君,改革,鎖國,閔妃 갈등		〃	亂世의 屈伸-憧憬
	哲宗	〃 〃	1831-1863	第25代王	江華農夫,外戚,國政紊亂		〃	王者의 悲劇-可憐
	崔益鉉	〃 〃	1833-1906	高宗	政治家,排日,流配殉職		22-26	忠義의 丹心-崇仰
	金玉均	〃 〃	1851-1893	〃	改革派,甲申政變,被殺		16-18	亂世의 悲運-憧情
	閔妃	〃 〃	1851-1895	〃	高宗妃,大院君 不和,被殺		〃	皇后의 不運-可憐
	高宗	〃 〃	1852-1919	第26代王	混亂,日帝侵略,皇帝稱號		〃	王位의 無力-怨望
	全琫準	〃 古阜	1853-1895	高宗	東學亂 指導者, 綠豆將軍		〃	時代의 犧牲-哀惜
	李儁	〃 漢陽	1858-1907	〃	烈士,和蘭에서 殉死		〃	救國의 熱情-崇拜
	李完用	〃	1858-1926	〃	親日賣國奴,總理,侯爵		〃	千秋의 國賊-詛呪
	孫秉熙	日帝,京城	1861-1922	大正	東學敎主, 3·1運動 代表		〃	憂國의 丹心-痛恨
	閔泳煥	朝鮮,漢陽	1861-1905	高宗	韓末 大臣,自決,忠正公		〃	忠節의 大道-矜持
	李康秊	〃 全州	1861-1908	〃	義兵將,對日鬪爭,殉國	同鄕	45-49	忠義의 成仁-矜持
	金信喜	〃 聞慶	1862-1918	純宗	放蕩,家産 蕩盡,貧寒	祖父	1-9	蕩子의 遺産-怨望
	徐載弼	日帝,美國	1863-1951	昭和	獨立運動,醫師,獨立門		16-18	憂國의 放浪-哀惜
	裵貞子	〃 京城	1870- ?	大正	親日,妖花,伊藤 養女		〃	亂世의 妖鬼-嫌惡
	金 九	〃 上海	1875-1949	昭和	獨立運動,臨時政府,暗殺		〃	救國의 一生-崇仰
	李承晩	韓國,서울	1875-1965	初代大統領	獨立運動,獨裁,失脚		10-15	風雲의 生涯-哀惜
	周時經	朝鮮,漢陽	1876-1914	純宗	한글 學者,한글 硏究·普及		16-18	執念의 苦鬪-感謝
	安昌浩	〃,京城	1878-1938	大正·昭和	獨立運動,民族精神 啓導		〃	民族의 先覺-孤獨
	安重根	朝鮮,間島	1879-1910	純宗	義士,伊藤博文 暗殺		13-15	憂國의 殺身-崇拜
	韓龍雲	日帝 ,京城	1879-1944	大正·昭和	스님, 獨立運動,님의 沈默		16-18	憂國의 佛心-感泣
	曺晩植	〃 平壤	1882-1950	純宗	反日·反共民族主義者,處刑		10-15	守志의 一貫-驚歎
	張澤相	韓國,서울	1883-1969	李承晩	首都警察廳長,國務總理		28-29	男兒의 豪放-憧憬
	呂運亨	日帝,京城	1885-1947	大正·昭和	獨立運動,言論人,暗殺		22-26	處世의 困難-憧情
	金佐鎭	〃 滿洲	1889-1930	〃	獨立運動,青山里戰鬪,將軍		16-18	救國의 獻身-矜持
	崔南善	〃 京城	1890-1957	〃	文學·史學家,〈少年〉誌,親日		19-21	時流의 便乘-哀惜
	李光洙	〃 〃	1892- ?	〃	小說家,親日, 6·25 被拉		16-18	先覺의 孤獨-哀惜
	安昌男	〃 〃	1893-1930	〃	最初 飛行士,獨立運動		〃	男兒의 忠國-憧憬
	申翼熙	韓國,서울	1894-1956	李承晩	獨立運動,政治家,病死		22-26	男兒의 九曲-憧情
	趙炳玉	〃	1894-1960	〃	政治家,大統領 候補		〃	政治의 無常-哀惜
	閔泰瑗	日帝,京城	1894-1935	大正·昭和	小說家,哀史,散文〈青春〉		19-21	文章의 香氣-敬畏
	李起鵬	韓國,서울	1896-1960	李承晩	政治家,副統領,自決		22-26	小人의 限界-可憐
	廉想涉	日帝,京城	1897-1963	大正·昭和	小說家,自然主義,寫實		16-18	先驅의 文學-敬畏
	尹心悳	〃 〃	1897-1926	大正	聲樂·俳優,投身自殺		19-21	愛情의 極致-可憐
	英親王	〃 東京	1897-1970	大正·昭和	最後 皇太子,日本 볼모		31-33	亡國의 餘恨-悲哀
	禹長春	日帝,東京	1898-1959	〃	農學 '育種學' 世界的人物		22-26	孤島의 一花-尊敬
	方仁根	〃 京城	1899-1975	〃	小說家,探偵·戀愛小說		16-18	文人의 孤獨-憧情

分類	姓名	人物의 生涯				影響의 內容		
		國家·地域	生存期間	時代背景	主要業績	本人과의 關係	影響받은 年齡(歲)	影響의 性格
韓國	方定煥	日帝,東京	1899-1932	大正·昭和	兒童文學,어린이날 制定,童話		10-15	童心의 情緒-感謝
人物	張 勉	韓國,서울	1899-1966	李承晩	第2共總理,5·16 失脚		22-26	中庸의 虛脫-哀惜
	李相和	日帝,大邱	1900-1943	大正,昭和	抗日詩人,빼앗긴들에도 봄은 오는가		16-18	亡民의 悲歎-同憐
	李守一	〃 平壤	?	日帝中葉	小說 主人公,沈順愛 變心		〃	貧富의 雙曲-怨恨
	金東仁	〃 京城	1900-1951	大正,昭和	小說家,감자,雲峴宮의 봄		〃	歷史의 吟味-感謝
	玄鎭健	〃 大邱	1900-1941	〃	小說·新聞人,寫實主義,貧妻		〃	實相의 表現-感謝
	朴鍾和	韓國,서울	1901-1981	李承晩·朴正熙	歷史小說, 詩人,多情佛心		〃	歷史의 숨결-敬畏
	金肇盛	日帝,京城	1901-1950	大正,昭和	辯士,檢事와 女先生		〃	善行의 香氣-感激
	朴 烈	〃 東京	1902-1974	〃	聞慶人,獨立運動,6·25 拉北	同鄕	28-29	獨立의 明暗-敬畏
	羅稻香	〃 京城	1902-1926	明治,大正	小說,벙어리 三龍,물레방아		16-18	啓蒙의 先驅-感謝
	金素月	〃 〃	1903-1934	〃	民謠詩人,진달래꽃,夭折		〃	民族의 抒情-哀惜
	李殷相	韓國,서울	1903-1982	李承晩·朴正熙	詩人,가고파,成佛寺		19-21	博學의 詩情-敬畏
	柳寬順	日帝,天安	1904-1920	明治,大正	3"1運動殉國處女		16-18	女人의 忠心-崇仰
	羅雲奎	〃 京城	1904-1937	大正·昭和	映畵人,아리랑,風雲兒		〃	先走의 苦鬪-尊敬
	沈 薰	〃 〃	1904-1937	〃	小說,常綠樹,織女星		〃	民族의 啓蒙-尊敬
	朴花城	韓國,서울	1904-1988	李承晩·朴正熙	女流作家,白花,사랑		〃	女心의 愛情-感謝
	馬海松	〃 〃	1905-1966	〃	兒童文學家,어린이 憲章		〃	少年의 重視-敬畏
	安益泰	日帝,美國등	1905-1965	大正·昭和	作曲·指揮,愛國歌 作曲		13-15	愛國의 執念-矜持
	李孝石	〃 京城	1907-1942	〃	小說,메밀꽃 필 무렵		16-18	人間의 本性-感謝
	尹奉吉	〃 上海	1908-1932	〃	獨立運動,虹口公園 義擧		13-15	男兒의 快擧-矜持
	金來成	〃 京城	1909-1957	〃	戀愛·探偵小說,靑春劇場		16-18	人間의 愛憎-興味
	鄭飛石	韓國,서울	1911-1991	李承晩·朴正熙	大衆小說,自由夫人		〃	時代의 描寫-好感
	金日成	北韓,平壤	1912-1994	〃	社會主義,主席,6·25 南侵		10-15	民族의 慘劇-詛呪
	盧天命	日帝,京城	1913-1957	大正·昭和	女流詩人,孤獨 등		16-18	女人의 孤獨-憧情
	朴啓周	〃 〃	1913-1966	〃	愛情小說,殉愛報 등		〃	사랑의 昇華-感謝
	尹東柱	〃 龍井	1917-1945	〃	民族詩人,獨立運動,새길 등		31-33	愛國의 詩心-憧憬
	朴正熙	韓國,서울	1917-1979	第5-9代 大統領	軍人,革命,獨裁,被殺		27-29	執念의 追求-哀惜
	韓何雲	日帝,京城	1919-1975	大正,昭和	詩人,癩病患者,보리피리 등		19-21	俗世의 憧憬-哀憐
	李炳注	韓國,서울	1921-1992	李承晩·朴正熙	大衆作家,바람과 구름과 碑		37-40	作家의 深淵-敬畏
	力道山	日本,東京	1925-1963	〃	韓國人,레슬링 選手,被殺		37-40	民族의 力士-矜持
外國	玉皇上帝	天上,極樂	∞	創生-永劫	하느님,宇宙創造·管理	創造主	1-9	萬界의 天主-敬畏
人物	아담과 이브	地上,에덴	?	人間創生 初期	舊約聖書 이야기,人間元祖	人類元祖	16-18	人類의 始源-神秘
	堯	中國, 平陽	在位:2367-2317B·C	三皇五帝時代	太古의 聖帝,善治,讓位		〃	聖德의 模型-敬拜
	舜	〃 〃	在位:2317B·C-?	〃	聖帝,孝子,虞建國,讓位		〃	善良의 表象-感服
	람세스	이집트,멤피스	在位:1301-1234B·C	第19王朝 4代王	國力伸張,植民開拓,神秘		62-63	無敵의 神王-驚異
	姜太公	中國,鎬京	?	周文王·武王	政治,戰術,忍耐,齊始祖		10-15	大器의 晩成-敬畏
	삼손	이스라엘나사레·가자	?	11世紀 B.C.	壯士,英雄,델릴라와 戀愛		19-21	力士의 憤怒-哀惜
	솔로몬	〃 팔레스티나	在位:971-932B·C	猶太王國 3代王	다윗王의 子,榮華와 智慧		16-18	榮華의 一夢-虛妄
	이솝	그리스,아테네	620-560B·C	아테네 共和政	寓話集,動物 비유		10-15	比喩의 極致-智慧
	孔子	中國,曲阜	552-479B·C	春秋時代,魯	論語,儒敎 始祖, 聖人		16-18	至高의 道德-尊敬
	夫差	〃 蘇州	在位:495-473B·C	〃 吳	越句踐 살림,敗亡,自殺		〃	戰國의 非情-憧情

分類	區分 / 姓名	人物의 生涯				影響의 內容		
		國家·地域	生存期間	時代背景	主要業績	本人과의 關係	影響받은 年齡(歲)	影響의 性格
外國	勾踐	中國, 蘇州	在位:449-465B,C	春秋時代, 越	臥薪嘗膽,吳滅亡		16-18	忍苦의 結實-驚歎
人物	소크라테스	그리스,아테네	469-399.B.C	아테네 共和政	哲學의 父, 知行一致,毒杯		〃	哲人의 孤獨-敬畏
	孫子(武)	中國, 山東省	?	春秋時代,齊·吳	兵法의 父, 實戰適用		19-21	兵術의 眞理-憧憬
	플라톤	그리스,아테네	427-347.B. C	아테네 共和政	哲人政治,Idea,思想		〃	先覺의 苦惱-敬畏
	釋迦牟尼	印度,迦毗羅衛	566-486.B. C	迦毗羅 王國	王子,부처,佛教教祖	信奉教主	1-9	救世의 煩悶-崇仰
	孟子	中國,曲阜	372-289.B. C	戰國時代, 魯	性善說,儒學,母教育		16-18	人本의 發見-尊敬
	蘇秦	〃 洛陽	?-317.B. C	〃 燕文侯	謀士,辯士,合從策		27-29	現實의 打開-理解
	張儀	〃 安邑	?-309.B. C	〃 魏	政治家,辯士,連衡策		〃	戰略의 具現-同感
	알랙산더大王	유고슬라비아,펠라-바비론	356-323.B.C	마케도니아 王國	大王, 國土擴張,指導力		22-26	統治의 達人-敬畏
	屈原	中國,楊子江중류	343-277.B, C	戰國時代,楚懷王	詩人,追放, 汨羅水 投身		〃	詩情의 煩惱-哀惜
	秦始皇	〃 西安	259-210.B. C	秦 建國初期	統一,焚書坑儒,萬里長城		16-18	獨裁의 威力-偉歎
	한니발	튜우니스, 카르타고	247-183.B. C	카르타고王國	英雄,알프스 넘어 이탈리아 침공		〃	英雄의 末路-哀痛
	張良	中國,長安	?-168.B. C	前漢 高祖	功臣,劉邦 謀臣,戰略		〃	謀略의 成事-憧憬
	司馬遷	〃 〃	145-68.B. C	〃 宣帝	太極曆,刑罰,「史記」 집필		22-26	史家의 執念-敬畏
	시저	이탈리아,로마	102-44.B. C	로마 三頭政體	戰爭英雄,獨裁,被殺		16-18	人間의 限界-驚異
	東方朔	中國,長安	100B.C-400	前漢 武帝	官吏,諧謔,辯說,三千甲子		10-15	生死의 無解-興味
	클레오파트라	이집트,알렉산드리아	69-30B.C	프톨레마이우스王朝	最後 女王, 안토니우스 사랑, 自殺		37-40	女王의 戀情-可憐
	아우구스투스	이탈리아,로마	63B.C-14	로마帝國	初代皇帝,文藝振興		19-21	最後의 勝者-敬畏
	예수그리스도	이스라엘, 베들레헴	4B.C-28	猶太王 헤롯時代	基督教 開祖,十字架		10-15	救世의 犧牲-崇仰
	벤허	〃 예루살렘	?	〃	聖經 이야기,美 월레스 小說		50-51	眞實의 歸正-憧憬
	介子推	中國, 緜山	?	晉나라 文公	功臣,隱士,寒食 유래		10-15	功臣의 含怨-哀絶
	네로	이탈리아,로마	37-68	로마帝國	暴君,로마 放火,自殺		16-18	悖王의 暴擧-嫌惡
	플루타크	그리스,아테네	46-120	〃	哲學, 傳記作家,「英雄傳」		〃	作家의 遺業-驚歎
	曹操	中國,洛陽	154-220	三國時代 魏	魏始祖,權謀,戰術		〃	亂世의 奸雄-驚異
	劉備	〃 成都	160-223	〃 蜀漢	始祖,德望,三國志 主人公		〃	德將의 餘恨-敬畏
	關羽	〃 〃	? -219	〃 〃	勇將,德望,義理		〃	忠義의 實踐-憧憬
	諸葛亮	〃 〃	181-234	〃 〃	智慧,兵法,三國志		〃	智略의 極致-感歎
	陶淵明	〃 潯陽	365-427	晉나라	詩人,歸去來辭		19-21	詩心의 歸鄕-浩然
	聖德太子	日本,飛鳥	574-622	用明·崇峻天皇	攝政,佛教,善政		37-40	德者의 善治-敬畏
	唐太宗	中國 長安	598-649	唐2代王	高句麗 侵略,安市城 싸움		16-18	大王의 一失-抵抗
	玄奘法師	〃 河南-長安	602-664	唐 太宗	高僧,印度 留學,「大唐西域記」		22-26	高僧의 長歷-敬畏
	孫悟空	〃 西城-印度	?	〃	西遊記 主人公,꾀,玄奘		10-15	猿公의 快擧-親近
	李白	〃 長安	701-762	唐 玄宗	詩宗,風流,太白		16-18	詩聖의 風月-崇仰
	安祿山	〃 〃	? -757	〃	武將,反亂,피살		19-21	凡夫의 蠻勇-嫌惡
	楊貴妃	〃 〃	719-756	〃	貴妃,榮華,安祿山,被殺		〃	奸婦의 最後-排擊
	신드바드	아라비아, 이라크, 印度	750-800	아바아시드 時代	千一夜話,冒險,賢妻		1-15	變轉의 妙味-驚歎
	朱熹	中國,安徽省	1130-1200	南宋 高宗-光宗	朱子,儒學,性理學		27-29	天理의 發見-敬畏
	징기스칸	蒙古,오손	1162-1227	元 建國 初期	太祖,統一,東西洋 장악		19-21	大雄의 君臨-驚異
	로빈훗	英國,노팅검	?	리차드1世	傳說的 義賊,활의 名手		〃	義賊의 活貧-憧憬
	단테	이탈리아, 피렌체	1265-1321	東로마帝國	詩聖,「神曲」,追放,放浪		30-33	詩情의 神曲-驚歎
	빌헬름 텔	스위스,빌그렌	?	오스트리아 支配下	傳說的 英雄, 獨立鬪爭		10-15	苦鬪의 護國-尊敬

區分		人物의 生涯				影響의 內容		
分類	姓名	國家·地域	生存期間	時代背景	主要業績	本人과의 關係	影響받은 年齡(歲)	影響의 性格
外國人物	羅貫中	中國,北京	1330-1400	元나라 順帝	小說家,三國志,水滸傳		16-18	不滅의 著作-敬畏
	잔다르크	프랑스,오를레앙	1412-1431	발로아家 王國	愛國少女,百年戰爭,英國火刑		〃	少女의 憂國-悲痛
	콜럼버스	이탈리아,스페인	1451-1506	스페인王 이사벨라	探險,아메리카大陸 발견		〃	世界의 變革-驚異
	다빈치	〃 플로렌스	1452-1529	文藝復興期	畫家·建築家,모나리자 등		17-21	永遠의 畵幅-敬畏
	마키아벨리	〃 피렌체	1469-1527	〃	政治思想,君主論,戰略論		41-44	統治의 論理-同感
	미켈란제로	〃 〃	1475-1564	〃	彫刻·畵家,最後의 審判		19-21	不滅의 巨作-敬畏
	돈키호오테	스페인,마드리드	?	16世紀初期	세르반테스 諷刺小說 主人公		16-18	反抗의 奔放-興味
	신데렐라	유럽,各國	?	〃	童話中 主人公,繼母 학대		10-15	善惡의 結果-感動
	織田信長	日本,岐阜	1534-1582	後奈良-後陽成天皇	統一조성,機敏,피살		50-51	執念의 突進-哀惜
	豊臣秀吉	〃 大阪	1536-1598	〃 〃	關白,統一,朝鮮 침략		16-18	無限의 野慾-嫌惡
	德川家康	〃 江戶	1542-1616	〃 后水尾天皇	統一完遂,幕府 시작,德治		19-21	忍者의 勝利-敬畏
	李如松	中國,北京	? -1598	明 神宗	壬亂時 支援軍大將		10-15	危局의 救援-怨望
	小西行長	日本,堺-京都	? -1600	豊臣秀吉時代	壬亂倭將,天主敎人		〃	主君의 不明-非難
	갈릴레이	이탈리아,플로렌스	1564-1642	文藝復興期	物理·天文,地動說		22-26	先見의 苦難-敬畏
	셰익스피어	英國,스트레트포드	1564-1616	엘리자베스-제임스王	劇作·詩人,不朽의 名作		19-21	萬世의 遺作-驚歎
	데카르트	프랑스,라하예	1596-1650	앙리4세-루이14세	哲學·數學, Cogito ergo sum		22-26	思考의 偉大-憧憬
	뉴턴	英國,링컨샤이어	1642-1727	찰스1세-메어리	微分法,萬有引力,힘 法則		16-18	法則의 探究-敬畏
	걸리버	英國,印度	?	18世紀 初期	쉬프트 諷刺小說 主人公		10-15	神秘의 世界-興味
	白雪公主	獨逸,宮-숲	?	프로이센 王國	그림의 童話 主人公,난장이 도움		〃	天使의 苦難-愛憎
	曺雪芹	中國,北京	?	淸 高宗	紅樓夢의 作家,흥망성쇄		41-44	人生의 苦樂-驚歎
	프랭클린	美國,워싱턴	1706-1790	워싱턴 大統領	政治·科學,自敍傳記		16-18	生活의 徹底-尊敬
	워싱턴	〃 워싱턴	1732-1799	初代 大統領	獨立戰爭,美國 建國		〃	創國의 信念-崇仰
	나폴레옹	프랑스, 파리	1769-1821	第1帝政時代	유럽 장악,皇帝,流配		22-26	過慾의 災殃-驚歎
	베토벤	獨逸,본-비엔나	1770-1827	프로이센王國	作曲 樂聖,月光曲 소나타		16-18	天音의 樂聖-心腹
	몽테크리스토伯爵	프랑스,마르세이유-파리	?	第1帝政前後	대뒤마 小說 主人公,복수		〃	骨髓의 怨恨-憧憬
	링컨	美國,워싱턴	1809-1866	第16代大統領	努力,南北戰爭,奴隷解放		10-15	盡力의 結實-尊敬
	비스마르크	獨逸,베르린	1815-1896	빌헬름 皇帝	獨逸 統一,首相,鐵血		30-33	非情의 頂上-驚歎
	카를마르크스	〃 본·파리·런던	1818-1883	〃	唯物辨證法,共産主義		〃	理念의 危險-詛呪
	프랑켄쉬타인	英國, 런던-北極	?	조지王	셸리 小說 主人公,人造人間		22-26	恐怖의 象徵-驚愕
	나이팅게일	〃 프로렌스	1820-1910	조오지-에드워드王	看護員,博愛,赤十字運動		19-21	殺身의 聖人-尊敬
	도스토예프스끼	러시아, 모스크바	1821-1881	알렉산드르 皇帝	文豪,罪와 罰 등		〃	人性의 解剖-同感
	톨스토이	〃	1828-1910	니콜라이1世	作家·思想家,戰爭과 平和		22-26	思想의 兩面-敬畏
	장발장	프랑스,파리	?	第2帝政時代	위고作 레미제라블 主人公		27-29	人本의 兩極-憧情
	福澤諭吉	日本, 東京	1834-1901	仁孝-明治天皇	先覺者,慶應義熟,敎育		52-55	先覺의 養材-尊敬
	카네기	美國,피츠버그	1835-1919	잭슨-윌슨 大統領	鋼鐵王,카네기 財團		30-33	企業의 卓越-敬畏
	坂本龍馬	日本,土佐	1836-1867	仁孝-明治天皇	幕府 타도,明治維新		58-59	革新의 陣痛-憧憬
	伊藤博文	〃 長州	1841-1909	明治時代	首相, 朝鮮侵略,被殺		10-15	侵略의 悲劇-嫌惡
	센케비치	폴란드,바르샤바	1846-1916	러시아 支配下	小說 쿼·바디스 作家		27-29	現實의 無理-哀惜
	에디슨	美國,오하이오-뉴욕	1847-1931	포크-후버 大統領	發明家,電燈 등 1千여種		10-15	努力의 天才-驚異
	東鄕平八郎	日本,鹿兒島-東京	1848-1934	明治-大正時代	艦長,발틱艦隊 격파		58-59	德將의 戰術-敬畏

區分 / 分類	姓名	人物의 生涯				影響의 內容		
		國家·地域	生存期間	時代背景	主要業績	本人과의 關係	影響받은 年齡(歲)	影響의 性格
外國人物	스티븐슨	英國,에딘버러-사모아	1850-1894	빅토리아王	小說, 寶物섬, 지킬博士와 하이드氏		10-15	興味의 創造-興味
	퀴리夫人	프랑스, 바르샤바·파리	1859-1906	第3共和政	逆境,노벨物理·化學賞		22-26	女性의 偉業-敬畏
	타고르	印度, 델리	1861-1941	英國支配下	詩人·思想家,東方의 빛 코리아		28-29	群鷄의 一鶴-憧憬
	오 헨리	美國, 뉴욕	1862-1910	링컨-태프트大統領	短篇作家,마지막 잎새		19-21	表現의 妙味-興味
	孫文	中國,北京	1866-1925	淸-中國時代	革命家,三民主義,中國國父		27-29	革命의 難題-敬畏
	간디	印度, 델리	1869-1948	英國支配下	無抵抗獨立運動,물레		“	憂國의 一生-尊敬
	레닌	러시아,모스크바	1870-1924	帝政러시아-蘇聯	소련共産黨 창시,獨裁		“	歷史의 失敗-嫌惡
	아문센	노르웨이,오슬로	1872-1928	스웨덴支配下- 獨立	南北極 探險,遭難死		41-44	天地의 開拓-憧憬
	처칠	英國, 런던	1874-1965	빅토리아·엘리자베스王	首相,2次大戰 勝利		27-29	治難의 大凡-敬畏
	슈바이처	프랑스, 알사스-콩고	1875-1965	第3-5共和政	哲學,醫師,醫療,傳道		“	獻身의 美德-尊敬
	스탈린	蘇聯,모스크바	1879-1953	帝政러시아-蘇聯	首相,元首,獨裁,共産化		16-18	獨善의 歪曲-詛呪
	아인슈타인	獨逸, 美國	1879-1955	루스벨트大統領	相對性理論,世界平和運動		22-26	天才의 發想-驚歎
	뤼팡	프랑스,파리	?	第3共和政	르블랑 小說 主人公,怪盜義俠		30-33	義盜의 感動-憧憬
	헬렌 켈러	美國,보스톤-뉴욕	1880-1968	헤이스-루스벨트大統領	盲聾啞,女流思想家,奇蹟		34-36	天刑의 克服-驚異
	맥아더	〃 워싱턴	1880-1964	트루만大統領	太平洋戰爭,6·25動亂英雄		16-18	救國의 恩人-感謝
	루스벨트	〃 워싱턴	1882-1945	第31代大統領	4回連任,2次大戰勝利		19-21	統治의 達人-敬畏
	무솔리니	이탈리아,로마	1883-1945	파시스트體制	首相,獨裁,戰爭,피살		“	獨裁의 最後-嫌惡
	몽고메리	英國, 런던	1887-1988	빅토리아-엘리자베스王	元首,2次大戰 英雄,著述		45-49	戰爭의 英雄-尊敬
	蔣介石	中國,北京-臺灣	1887-1975	淸末期-中國	革命家,總統,統一失敗		27-29	荊棘의 生涯-哀惜
	히틀러	獨逸, 베를린	1889-1945	도이치第3帝國	나치스首領,戰爭,학살		16-18	一惡의 流血-詛呪
	언더우드	美國, 서울	1890-1951	韓末-日帝-韓國	宣教,教育,延禧大 校長		27-29	弱國의 善友-感泣
	胡志明	비에트남, 하노이	1890-1969	프랑스支配下-越盟	共産主義,首相,越南統一		45-49	無慾의 成業-驚異
	롬멜	獨逸,獨-阿-佛	1891-1994	나치스政權	沙漠의 여우,奮鬪,自殺		“	誕生의 錯誤-悲痛
	펄 벅	美國,上海-南京	1892-1973	해리슨-닉슨大統領	女流作家,大地,노벨賞		22-26	女眼의 洞察-敬畏
	毛澤東	中國, 北京	1893-1976	淸末-中共	共産政權主席, 6·25動亂		16-18	統一의 戰略-驚歎
	닥터 지바고	러시아,모스크바	?	帝政-革命	파스테르나크 小說 主人公		30-33	抵抗의 人生-憧情
	林語堂	中國,北京-美國	1895-1976	淸-中國	評論·外交,北京의 好日		50-51	博學의 縱橫-敬畏
	레마르크	獨逸, 스위스	1898-1970	도이치第3帝國	反戰作家,西部戰線 이상없다		22-26	反戰의 筆書-憧情
	알캐포네	美國, 시카고	1898-1947	매킨리-트루만大統領	갱首領,密酒,脫稅		34-36	暗黑의 君主-哀惜
	川端康成	日本, 東京	1899-1972	明治-昭和天皇	作家,雪國 등		27-29	人間의 葛藤-憧憬
	헤밍웨이	美國, 미시간-아다호	1899-1961	트루만大統領	作家,多數 有名作品		22-26	人性의 昇華-驚歎
	昭和	日本, 東京	1901-1989	第124代天皇	朝鮮 壓迫,2次大戰 발발		10-15	神格의 虛實-嫌惡
	빠삐용	프랑스,파리-기아나	1906-1973	第3-5共和政	샤리르 作品 主人公,自敍傳		52-55	地獄의 脫出-憧情
	溥儀	中國,北京-滿洲	1906-1967	淸12代末皇帝	淸 멸망,傀儡皇帝		50-51	亡國의 遺帝-哀惜
	막사이사이	필리핀, 마닐라	1907-1957	필리핀大統領	抗日戰,막사이사이賞		“	偉人의 厚德-敬畏
	타잔	英國, 아프리카	?	조지5世時代	블로그스 作品 主人公,정글의 英雄		16-18	文明의 非情-憧情
	까뮈	프랑스, 파리	1913-1960	第3-5共和政	實存主義小說,異邦人 등		22-26	實存의 價値-同感
	케네디	美國, 워싱턴	1917-1963	第35代 大統領	果敢, 野心,被殺		27-29	野望의 障壁-哀痛
	나세르	이집트, 카이로	1918-1970	이집트大統領	쿠데타,首相,大統領		34-36	榮光의 回復-同感
	안네프랑크	獨逸,프랑크프르트	1929-1945	나치스政權	猶太人少女,日記기록, 毒가스 死亡		22-26	惡人의 祭物-痛恨

2. 組織 및 社會生活과 有關人士

(1) 直屬 保護者 · 指導者 · 指揮者 등 上位者의 姓名

(1936.7.28-2006.7.28)

區分 身分	機關·團體	期間	直上位者	中上位者	最上位者
1.長男	1.家庭	36.7.28-02.8.31	姉 金石順, 姉 金石九, 姉 金石出	父 金商樞, 母 鄭先岳	祖母 禹鳳伊
2.學生	1.戶西南初等學校	(1學年)45.4.1-46.7.20	擔任 閔湲植	-	校長 金興珠
		(2學年)46.9.1-47.7.25	" 金圭煥	-	〃 趙翊永
		(3學年)47.9.1-48.7.24	" 安璋翰	-	〃 趙翊永
		(4學年)48.9.1-49.7.26	" 金福順	-	〃 趙翊永
		(5學年)49.9.1-50.5.27	" 鄭載勳	-	〃 趙翊永
		(6學年)50.9.1-51.7.14	" 李成宰	-	〃 曺壯成
	2.聞慶中學校	(1學年)51.9.10-52.3.31	擔任 權赫成	校監 鄭龍和	校長 金尙槿
		(2學年)52.4.1-53.3.26	" 潘明煥	〃 鄭龍和	〃 權寧達
		(3學年)53.4.1-54.3.3	" 金七星	〃 鄭龍和	〃 劉致乙
	3.安東師範學校	(1學年)54.4.10-55.3.10	擔任 權重琪	校監 張翼煥	校長 尹一善
		(2學年)55.4.1-56.3.15	" 李用悳	〃 張翼煥	〃 尹一善
		(3學年)56.4.1-57.3.2	" 金亨燮	〃 張翼煥	〃 尹一善
	4.서울大學校 文理科大學 物理學科	(1學年)57.3.1-58.2.28	學科長 權寧大	學長 金鎭淑, 李熙昇	總長 尹日善
		(2學年)59.3.2-60.2.29	" 權寧大	〃 李敭河	〃 尹日善
		(3學年)60.3.2-61.2.28	" 趙淳卓	〃 李敭河	〃 尹日善
		(4學年)61.3.2-62.2.26	" 趙淳卓	〃 李寅基	〃 柳洪烈. 權重輝
	5.서울大學校 行政大學院	(1學年)63.3.1-64.2.28	學科長 盧隆熙	院長 金曾漢	〃 總長 權重輝
		(2學年)64.3.1-65.2.26	" 兪 焄	〃 金曾漢	〃 權重輝. 申泰煥
	6.美國 Cincinnati 大學校 大學院	(碩士課程)69.9.21-71.6.13	學科長 Hoover, K.E.Corey	學長 Hoover	總長 Walter C. Langsam
		(博士課程)70.9.25-76.8.27	〃 Albert J.Simone	〃 Albert J.Simone	〃 Warren Bennis
3.士兵	1.論山訓練所	58.7.31-58.8.30	5小隊長, 5中隊長	28聯隊長, 所長	參謀總長, 國防長官
	2.首都師團 26 聯隊(7276部隊)	(小隊)58.8.30-59.2.28	小隊長, 2中隊長	2大隊長, 聯隊長	師團長 韓信, 參謀總長
		(尙武臺)59.3.1-59.9.9	小隊長	中 · 大隊長	部隊長
		(聯隊1課)59.9.10-60.4.30	主任 金中尉, 課長 鄭大尉	聯隊長	師團長 韓信
4.職員	1.民衆書館	62.4.7-63.2.1	編輯局長 崔基元	-	社長 李炳俊
教師	2.首都女師大 附高	63.2.1-63.4.30	數學主任	校監 朱永夏	校長 崔玉子
5.研究員	1.行政問題研究所	65.5.1-68.2.28	研究委員 盧隆熙	專務理事 金海東	所長 金曾漢
	2.地方行政研究委員會	64.4.15-66.2.28	企劃監事課長 金壽鶴	地方局長 金甫炫	內務部長官 嚴敏永
6.大學 教授職	1.서울大 行政大學院	(助教)66.3.25-70.9.26	擔當教授 盧隆熙	院長 金曾漢	總長 劉基天, 崔文煥
		(專講)72.5.10-73.5.7	學科長 兪焄	〃 金雲泰	〃 韓沁錫
	2.서울大 環境大學院	(專講)73.5.8-76.4.14	〃 金安濟. 權泰埈	〃 盧隆熙	〃 韓沁錫, 尹天柱
		(助教授)76.4.15-80.7.31	〃 權泰埈. 金安濟. 金炯國	〃 盧隆熙. 權泰埈	〃 尹天柱. 高柄翊. 權彛赫
		(副教授)80.8.1-85.9.30	〃 金炯國. 林岡源	〃 權泰埈. 崔相哲	〃 權彛赫, 李賢宰, 朴奉植
		(正教授)85.10.1-86.11.4	〃 金炯國. 李正典	〃 崔相哲	〃 朴奉植
		(平教授)90.11.5-92.7.20	學科長 李正典	院長 金炯國	總長 趙完圭. 金鍾云
		(平教授)94.7.21-97.2.28	〃 金丁勛, 李道元	〃 金炯國, 林岡源, 楊秉彛	〃 金鍾云, 李壽成. 鮮于仲皓
		(平教授)99.3.1-02.8.31	〃 金成洙. 李東洙	〃 兪炳林, 李正典, 金丁勛	李基俊, 鄭雲燦
7.大學補職	1.環境計劃學科	(學科長職代)73.5.8-75.2.28	院長 盧隆熙	-	總長 韓沁錫

身分 \ 機關·團體 \ 期間 區分			直上位者	中上位者	最上位者
		(學科長)77.9.28-79.9.28	〃 盧隆熙,權泰埈	-	〃 尹天柱
	2.環境計劃研究所	(所長職代)80.4.17-80.11.17	〃 權泰埈	-	〃 高柄翊
		(所長)82.11.18-84.11.17	〃 權泰埈	-	〃 權彝赫
	3.環境大學院	(院長)86.11.5-88.11.4	總長 朴奉植,趙完圭	-	長官 孫製錫
		(院長)88.11.5-90.11.4	〃 趙完圭	-	〃
	4.高位政策過程	(主任敎授)97.3.1-99.2.28	院長 楊秉彛,兪炳林	-	總長 鮮于仲皓.李基俊
	5.서울大環境大學院	(名譽敎授)02.9.1-現在	院長 黃琪源	-	總長 鄭雲燦
	6.建國大 不動産大學院	(碩座敎授)05.3.1-現在	院長 趙周鉉	總長 鄭吉生	理事長 金敬姬
8.理事,常任理事,副會長,院長	1.都市및地域計劃研究所	(常務理事)74.3.1-75.9.30	理事長 盧隆熙	-	-
	2.大學國土·都市計劃學會	(理事)76.3.1-78.2.3	副會長 羅相紀	-	會長 盧隆熙
		(常任理事)78.2.4-82.2.27	〃 尹定燮,康炳基	-	〃 朴炳柱,尹定燮
		(副會長)82.2.28-84.2.18	會長 康炳基	-	-
		(副會長)84.2.19-86.2.15	〃 權泰埈	-	-
	3.韓國地方自治學會	(常任理事)91.2.22-93.2.25	副會長 崔昌浩	-	會長 盧隆熙
		(副會長)93.2.25-95.2.21	會長 崔昌浩	-	-
	4.韓國土地開發公社	(理事)84.5.25-87.5.24	理事長 蘇俊烈	社長 金壽鶴	長官 金聖培
		(理事)87.5.25-90.5.24	〃 崔同燮	〃 金壽鶴.李相熙	〃 李圭孝
	5.새마을運動 中央協議會	(理事)89.5.8-93.5.31	事務總長 鄭琛鎭	-	會長 金壽鶴
	6.海運産業研究院	(理事)95.3.1-97.2.28	理事長 趙商郁	院長 趙正濟	港灣廳長
	7.韓國地方行政研究院	(院長)92.7.21-94.7.20	理事長 孫在植	次官 李孝桂	長官 李同浩.李海龜,崔炯佑
	8.韓國地域發展研究院	(顧問)97.2.24-02.11.21	副會長 禹哉永	-	會長 李永奭
		(院長)02.11.22-04.5.31	理事長 禹哉永	-	-
		(代表顧問)04.6.1-現在	理事長 禹哉永	-	-
	9.韓國自治發展研究院	(院長)00.11.4-04.5.31	理事長 李圭憲	-	-
		(顧問)04.6.1-04.9.23	理事長 朴昇治	-	-
		(院長)04.9.24-現在	理事長 朴昇治	-	-
9.委員,委員長.議長	1.國家保衛非常對策常任委員會	(委員)80.6.5-80.10.27	經科分科委員長 金在益	常任委員長 全斗煥	大統領 崔圭夏
	2.國家保衛立法會議內務委員會	(專門委員)80.10.28-81.2.28	幹事 李于在	委員長 張聖泰	議長 李澔
	3.大統領 科學技術諮問會議	(委員)89.6.5-90.12.31	分科委員長 鄭根謨	委員長 趙完圭	大統領 盧泰愚
	4.大統領 行政刷新委員會	(委員)93.4.10-95.4.30	幹事 崔同燮.裵秉烋.印明鎭	委員長 朴東緖	大統領 金泳三
	5.2002年 월드컵 組織委員會 都市環境協議會	(公同議長)98.12.15-00.12.14	公同議長 姜元龍	事務總長 崔昌新	委員長 朴世直
	6.大統領 地方移讓推進委員會	(委員長)99.8.30-01.8.29	共同委員長 國務總理 金鍾泌,朴泰俊,李漢東	-	大統領 金大中
	7.新行政首都建設諮問委員會	(委員長)03.6.5-04.4.16	靑瓦臺政策室長 李廷雨	-	大統領 盧武鉉
	8.新行政首都建設推進委員會	(委員長)04.5.21-04.9.13	大統領 盧武鉉	-	-

(2) 組織生活中 直接下位者의 職位 및 姓名

(1936.7.28-2002.8.31)

區分	組織名	本人		直接下位者		
		職位	在任期間	職位	姓名	關係期間
1.家庭·家族	1.兄弟姉妹	長子	36.7.28-現在	同生(弟)	金群濟	41.8.19-現在
				弟嫂	李英子	68.1.16-現在
	2.父母·子女	父	66.10.30-現在	長女	金雪娥	66.10.30-現在
				長子	金東懒	68.11.12-現在
				次女	金貞娥	71.3.12-現在
				長女壻	文丙基	93.1.6-現在
				長男婦	都京順	00.4.22-現在
				次女壻		
2.修學學校	1.戶西南初等學校	4學年2學期 級長	49.4.1-49.7.26	副級長	權秉善	49.4.1-49.7.26
		5學年2學期 級長	50.4.1-50.5.27	副級長	金東哲	50.4.1-50.5.27
		6學年2學期 級長	51.4.1-51.7.14	副級長	李鍾德	51.4.1-51.7.14
	2.聞慶中學校	1學年1學期 班長	51.9.10-52.2.28	副級長	盧允植	51.9.10-52.2.28
3.軍隊·會社	1.陸軍 第7276部隊	聯隊1課 賞典係長	59.9.1-60.4.30	賞典係 次席	高三錫	59.9.1-60.4.30
	2.民衆書館 編輯局	物理 編輯主任	62.4.7-63.2.1	編輯次席	張大植	63.1.5-63.2.1
4.教育機關	1.서울大學校 環境大學院	講師-正教授	72.3.2-00.8.31	教授研究室助教	李廷植	72,3,2-74.9.30
					金昌碩	74.10.1-75.8.31
					河晟奎	77.4.1-78.6.10
					朴憲注	78.7.1-80.3.31
					趙明來	80.4.1-81.2.28
					李相瑢	81.3.1-81.12.31
					金泰鏞	82.1.1-82.12.31
					尹鍾範	83.1.1-83.12.2
					鄭鍾建	83.12.3-84.6.24
					文廷鎬	84.6.25-86.8.20
					金京玟	86.8.21-88.2.26
					金明洙	91.3.11-91.7.21
					元東奎	91.7.22-92.7.19
					崔正錫	92.7.20-93.2.28
					朴城佑	93.3.1-94.1.31
					金周榮	94.2.1-94.5.31
					高文炫	94.6.1-97.8.17
					金澔喆	97.8.18-99.2.21
					都炯逸	99.2.22-01.12.2
					沈載滿	01.12.3-02.8.31
	2서울大學校 環境大學院	院長	86.11.5-88.11.4	院長補,副院長	金炯國	86.11.5-86.11.17
					金基浩	86.11.18-87.9.30
					李正典	87.10.1-88.6.24
					黃琪源	88.6.25-88.11.4

區分	組 織 名	本 人		直 接 下 位 者		
		職 位	在任期間	職 位	姓 名	關係期間
				環境計劃學科長	李正典	86.11.5-88.6.24
					金丁勛	88.6.25-88.11.4
				環境造景學科長	金基浩	86.11.5-87.9.30
					黃琪源	87.10.1-88.11.4
				環境計劃研究所長	林岡源	86.11.5-86.11.17
					兪炳林	86.11.18-88.11.4
				庶務主任	李玉姃	86.11.5-88.8.22
					李鍾大	88.8.23-88.11.4
				敎務主任	李錫光	86.11.5-88.11.4
	3.서울大學校 環境大學院	院長	88.11.5-90.11.4	院長補,副院長	黃琪源	88.11.5-89.9.30
					金丁勛	89.10.1-90.6.24
					梁銃在	90.6.25-90.11.4
				環境計劃學科長	金丁勛	88.11.5-90.6.24
					李正典	90.6.25-90.11.4
				環境造景學科長	黃琪源	88.11.5-89.9.30
					梁銃在	89.10.1-90.11.4
				環境計劃研究所長	兪炳林	88.11.5-88.11.17
					楊秉彛	88.11.18-90.11.4
				庶務主任	李鍾大	88.11.5-90.10.31
					金文熙	90.11.1-90.11.4
				敎務主任	李錫光	88.11.5-89.8.15
					李敦碩	89.8.16-90.11.4
	4.서울大學校 環境大學院	高位課程 主任敎授	97.3.1-99.2.28	副主任敎授	黃琪源	97.3.1-99.2.28
5.研究機關	1. 都市 및 地域 計劃研究所	責任研究員	67.3.1-69.9.20	研究員	洪湧	67.3.1-69.9.20
				總務	潘今煥	67.9.1-68.8.31
	2.都市 및 地域計劃研究所	常務理事	74.3.1-75.9.30	事務局長	洪湧	74.3.1-75.9.30
	3.서울大 環境計劃研究所	所長職務代理	80.4.17-80.11.17	事務局長	李周熙	80.5.4-80.11.17
	4.서울大 環境計劃研究所	所長	82.11.18-84.11.17	研究部長	康泓彬	82.11.18-84.11.17
				事務局長	金鍾達	82.11.18-83.8.1
					趙舜哲	83.8.2-84.11.17
	5.韓國地方行政研究院	院長	92.7.21-94.7.20	研究部長	朴龍治	93.3.1-94.7.20
				事務局長	韓仁錫	92.7.21-93.5.4
					朴榮舜	93.6.15-94.1.2
					魏聖沼	94.1.27-94.7.20
	6.自治 體出捐 研究院長 協議會	會長	93.2.10-94.2.23	副會長	姜永善	93.2.10-94.2.23
	7.韓國自治開發研究院	理事長	95.4.1-00.11.3	院長	李圭憲	95.4.1-00.11.3
		院長	00.11.4-現在	副院長	朴昇治	00.11.4-現在
					河聖實	00.11.4-現在
6.專門學會	1.大韓國土 · 都市計劃學會	會長	86.2.15-88.2.13	副會長	朱鍾元	86.2.15-88.2.13
					張明洙	86.2.15-88.2.13

區分	組 織 名	本 人		直 接 下 位 者		
		職 位	在任期間	職 位	姓 名	關係期間
				事務局長	秋晶植	86.2.15-88.2.13
	2.韓國地方自治學會	會長	95.2.22-97.2.14	副會長	鄭世煜	95.2.22-97.2.14
					金德永	95.2.22-97.2.14
					金學魯	95.2.22-97.2.14
				事務局長	盧在原	95.2.22-97.2.14
7.委員會	1.古州賞基金管理 委員會	委員長	98.9.4-01.12.26	事務局長	潘洸植	98.9.4-01.12.26
	2.大統領地方移讓推進委員會	委員長	99.8.30-現在	幹事委員	李達坤	99.8.30-01.9.17
					朴羽緖	01.9.18-現在
				實務委員會委員長	金興來	99.8.30-00.1.26
					金在榮	00.1.27-01.4.1
					鄭榮植	01.4.2-02.7.18
					曺泳澤	02.7.19-現在
	3.新行政首都建設 推進委員會	委員長	04.5.21-04.9.13	推進團 團長	金榮柱	04.5.21-04.9.13
				推進團 副團長	李春熙	04.5.21-04.9.13
8.同窓·親睦會	1.在京安師同期會(八京會)	會長	74.5.10-75.5.10	總務	李俊	74.5.10-75.5.10
	2.聞慶中學校 同窓會	會長	81.3.1-83.2.28	副會長	黃守洪	81.3.1-83.2.28
					潘太煥	81.3.1-83.2.28
					蔡大鎭	81.3.1-83.2.28
	3.聞慶中學校同窓會	會長	83.3.1-85.2.23	副會長	金學文	83.3.1-85.2.23
					吳尙根	83.3.1-85.2.23
					潘太煥	83.3.1-85.2.23
					朴禹鎭	83.3.1-85.2.23
					蔡大鎭	83.3.1-85.2.23
	4.在韓신시내티 大學校 同窓會	會長	84.1.27-92.1.17	總務	朴弘圭	84.1.27-92.1.17
	5.골프모임 風水會	會長	92.6.1-93.5.25	總務	姜渭薰	92.6.1-93.5.25
	6.親睦모임 向志會	會長	01.11.5-03.11.4	總務	朴永根	01.11.5-03.11.4
	7.地方行政研究院 地研會	會長	01.12.28-03.12.27	總務	朴吉成	01.12.28-03.12.27
	8.三道會	會長	05.6.13-現在	總務	兪正濬	05.6.13-現在
				幹事	吳世仁	05.6.13-現在

客說 : 經驗에서 얻은 삶의 眞實

過去에 태어났다고 하면 나는 어느 時代를 택했을까? 아마 朝鮮朝 世宗大王 때거나 日帝植民時代였을 것이다. 世宗朝 때 태어났다면 集賢殿 學者가 되어 成三問 등과 한글을 創製하는 데 참여했을 것이고 日帝時代에 활동했다면 滿洲에서 말을 타고 海蘭江邊을 달리는 獨立軍이 되었을 것이다. 그러나 잘못되었으면 死六臣, 아니 死七臣이 되어 露粱津에서 死刑을 당했거나, 滿洲의 이름 모를 산골에서 銃을 맞고 죽은 無名의 獨立軍이 되었을지도 모른다.

(3) 年度別 新年歲拜 · 名節膳物 및 年賀狀授受 人員數

(單位 : 名)

年度 \ 區分	年齡	新年歲拜		名節膳物		年賀狀		合計	
		드린 사람	받은 사람	드린 사람	받은 사람	드린 사람	받은 사람	드린 사람	받은 사람
1936	1	-	-	-	-	-	-	-	-
1937	2	-	-	-	-	-	-	-	-
1938	3	-	-	-	-	-	-	-	-
1939	4	5	-	-	-	-	-	5	-
1940	5	8	-	-	-	-	-	8	-
1941	6	12	-	-	-	-	-	12	-
1942	7	17	-	-	-	-	-	17	-
1943	8	23	-	-	-	-	-	23	-
1944	9	28	-	-	-	-	-	28	-
1945	10	34	-	-	-	-	-	34	-
1946	11	39	-	-	-	-	-	39	-
1947	12	45	-	-	-	-	-	45	-
1948	13	53	-	-	-	-	-	53	-
1949	14	60	-	-	-	-	-	60	-
1950	15	64	-	-	-	-	-	64	-
1951	16	67	-	-	-	-	-	67	-
1952	17	68	-	-	-	-	-	68	-
1953	18	70	-	-	-	-	-	70	-
1954	19	71	-	-	-	-	-	71	-
1955	20	30	-	-	-	-	-	30	-
1956	21	31	3	-	-	-	-	31	3
1957	22	28	3	-	-	-	-	28	3
1958	23	28	4	-	-	-	-	28	4
1959	24	-	-	-	-	-	-	-	-
1960	25	-	-	-	-	-	-	-	-
1961	26	25	2	1	1	-	5	26	8
1962	27	24	2	2	1	-	6	26	9
1963	28	26	4	2	1	-	8	28	13
1964	29	27	4	16	2	-	10	43	16
1965	30	29	5	16	2	-	12	45	19
1966	31	15	4	10	2	-	13	25	19
1967	32	14	5	9	3	5	15	28	23
1968	33	14	5	9	3	5	17	28	25
1969	34	13	7	10	4	7	19	30	30
1970	35	5	-	4	-	8	21	17	21
1971	36	6	-	4	-	10	24	20	24

年度 \ 區分 年齡		新年歲拜		名節膳物		年賀狀		合計	
		드린 사람	받은 사람	드린 사람	받은 사람	드린 사람	받은 사람	드린 사람	받은 사람
1972	37	7	-	5	-	15	50	27	50
1973	38	17	15	13	7	30	60	60	82
1974	39	17	19	13	11	50	80	80	110
1975	40	16	23	12	15	70	100	98	138
1976	41	15	28	12	20	100	120	127	168
1977	42	13	32	11	26	100	140	124	198
1978	43	15	35	13	31	80	160	108	226
1979	44	14	40	11	35	80	180	105	255
1980	45	13	44	11	38	100	200	124	282
1981	46	12	50	10	40	100	210	122	300
1982	47	11	55	8	43	100	230	119	328
1983	48	10	60	8	45	50	250	68	355
1984	49	9	66	7	47	30	290	46	403
1985	50	10	70	7	50	30	320	47	440
1986	51	11	75	7	60	25	490	43	625
1987	52	13	110	6	88	500	520	519	718
1988	53	10	115	7	90	450	415	467	620
1989	54	8	110	5	87	430	505	443	702
1990	55	7	105	5	85	400	406	412	596
1991	56	10	86	6	69	20	360	36	515
1992	57	11	80	6	64	15	360	32	504
1993	58	12	95	7	75	250	290	269	460
1994	59	13	90	7	73	250	250	270	413
1995	60	10	70	6	70	15	213	31	353
1996	61	8	65	4	65	10	230	22	360
1997	62	9	63	4	63	10	120	23	246
1998	63	11	60	5	59	5	154	21	273
1999	64	13	55	5	55	310	300	328	410
2000	65	15	50	3	58	280	282	298	390
2001	66	13	46	3	50	250	288	266	384
2002	67	10	42	3	45	250	271	263	358
2003	68	9	35	4	40	460	292	473	367
2004	69	8	40	5	55	465	400	478	495
2005	70	8	30	5	70	265	242	278	342
2006	71	5	30	4	65	400	236	409	331
累計	70年	1,372	2,037	331	1,813	6,030	9,164	7,733	13,014
	年平均	20	29	5	26	86	131	110	186

3. 歷代 大統領과의 因緣

(1) 歷代 大統領과 本人

大統領			本人			大統領과의 因緣		
代	姓名	在任期間(年:月間)	年齢(歲)	居住地	本職	大統領 委囑職位	保有期間(年:月間)	相面回數(回)
1	李承晩	1948.8-1952.8(4:0)	13-17	聞慶	初等學生, 中學生	-	-	-
2	李承晩	1952.8-1956.8(4:0)	17-21	聞慶, 安東	中學生, 高等學生	-	-	-
3	李承晩	1956.8.1960.4(3:8)	21-25	安東, 서울, 抱川, 光州	高等學生, 大學生, 陸軍士兵	-	-	-
	代行 許政	1960.4-1960.8(0:4)	25-25	抱川, 서울	陸軍士兵, 大學生	-	-	-
4	尹潽善	1960.8-1962.3(1:7)	25-27	서울	大學生	-	-	-
	代行 朴正熙	1962.3-1963.12(1:10)	27-28	서울	出版社 社員, 高校 教師, 大學院生	5·16 奬學生	1963.3.1-1964.2.28(1:0)	-
5	朴正熙	1963.12-1967.6(3:6)	28-32	서울	大學院生, 政府 研究院, 大學院 助教	5·16 奬學生	1964.3.1-1965.2.26(1:0)	-
6	朴正熙	1967.7-1971.6(4:0)	32-36	서울, 美國 신시내티	大學院 助教, 美國 留學生	-	-	-
7	朴正熙	1971.7-1972.12(1:5)	36-37	美國 신시내티, 서울	美國 留學生, 大學 專任講師	-	-	-
8	朴正熙	1972.12-1978.12(6:0)	37-43	서울, 美國 신시내티	專任講師,美國 留學生,助教授,學科長	-	-	-
9	朴正熙	1987.12-1979.10(0:10)	43-44	서울	大學 學科長	-	-	-
	代行 崔圭夏	1979.10-1979.12(0:2)	44-44	서울	大學 助教授	-	-	-
10	崔圭夏	1979.12-1980.8(0:8)	44-45	서울	大學 助教授	國家保衛 非常對策常任委員會 委員	1980.6.5-1980.10.27(0:5)	-
11	全斗煥	1980.8-1981.2(0:6)	45-46	서울	大學 副教授	國家保衛 立法會議 專門委員	1980.10.28-1981.2.28(0:4)	4
12	全斗煥	1981.2-1988.2(7:0)	46-53	서울	大學 副教授, 研究所 所長, 大學教授, 大學院 院長	서울大學校 正教授 國土綜合計劃審議會 委員	1985.10.1-2002.8.31(16:11) 1985.10.7-1988.10.6(3:0)	2
13	盧泰愚	1988.2-1993.2(5:0)	53-58	서울	大學院 院長, 研究院 院長	國土綜合計劃審議會 委員 大統領 科學技術諮問會議 委員	1988.10.7-1993.10.6(5:0) 1989.6.5-1990.12.31(1:7)	3
14	金泳三	1993.2-1998.2(5:0)	58-63	서울	研究院 院長, 高位課程 主任教授	行政刷新委員會 委員 民主平和統一諮問會議 委員 國土綜合計劃審議會 委員 民主平和統一諮問會議 常任委員	1993.4.10-1995.4.30(2:0) 1993.7.1-1999.6.30(6:0) 1993.10.7-1998.10.6(5:0) 1995.8.16-1997.8.15(2:0)	7
15	金大中	1998.2-2003.2(5:0)	63-68	서울	高位課程 主任教授, 大學教授, 大學名譽教授	國土綜合計劃審議會 委員 民主平和統一諮問會議 委員 地方移讓推進委員會 委員長(總理級)	1998.10.7-2002.10.6(4:0) 1999.7.1-2001.6.30(2:0) 1999.8.30-2003.9.17(4:1)	10
16	盧武鉉	2003.2-2008.2(5:0)	68-73	서울	大學 名譽教授	新行政首都建設企劃團 諮問委員會委員長 新行政首都建設推進委員會委員長(總理級)	2003.6.5-2004.4.16(0:11) 2004.5.21-2004.9.13(0:4)	14
累計	16명(代行3명)	1948.8-2000.(5年 月)	13-73(60)	6地域	21職位	17職位	55年 7月間	40回

(2) 歷代 大統領 直屬의 主要 歷任 職責

區分	項目 \ 在任期間 \ 大統領 \ 政府	第3共和國		第4共和國		第5共和國	第6共和國	文民政府	國民의 政府	參與政府	
	大統領	第5~9代 朴正熙	權限代行 崔圭夏	第10代 崔圭夏	權限代行 朴忠勳	第11~12代 全斗煥	第13代 盧泰愚	第14代 金泳三	第15代 金大中	第16代 盧武鉉	
	在任期間	1963.12.17 ~1979.10.26	1979.10.26 ~1979.12.20	1979.12.21 ~1980.8.16	1980.8.16 ~1980.8.31	1980. 9. 1 ~ 1988. 2. 24	1988. 2. 25 ~ 1993. 2. 24	1993. 2. 25 ~ 1998. 2. 24	1998. 2. 25 ~ 2003. 2. 24	2003. 2. 25 ~ 2008. 2. 24	
職責	1. 組織名	臨時行政首都 建設企劃團		國家保衛 非常對策常任委員會		國家保衛 立法會議	國家科學技術諮問會議	行政刷新委員會	地方移讓推進委員會	新行政首都建設企劃團 諮問委員會	新行政首都建設推進委員會
	2. 組織責任者	團長 吳源哲(青瓦臺第2經濟首席)		委員長 全斗煥(保安司令官)		議長 李 澔(前法務長官)	委員長 趙完圭(서울大 總長)	委員長 朴東緖(서울大 行政大 教授)	委員長 金安濟(서울大 教授·名譽教授)	委員長 金安濟(서울大 名譽教授)	委員長 金安濟(서울大 名譽教授)
	3. 職位	研究 責任者		經科分科委員會 委員		內務委員會 專門委員	委員	委員	委員長	委員長	委員長
	4. 法的地位	非常任		常任(派遣)		常任(派遣)	非常任	非常任	非常任	非常任	非常任
	5. 實際勤務	非常勤		常勤		常勤	非常勤	非常勤	非常勤	非常勤	常勤
	6. 歷任期間(年:月)	1977.6.1~1979.10.26(2:5)		1980.6.5~1980.10.27(0:5)		1980.10.28~1981.2.28(0:4)	1989.6.5~1990.12.31(1:7)	1993.4.10~1995.4.30(2:1)	① 1999.8.30~2001.8.29(2:0) ② 2001.9.18~2003.11.4(2:0)	2003.6.5~2004.4.16(0:11)	2004.5.21~2004.9.13(0:4)
	7. 勤務地	서울市 鐘路區 世宗路 政府中央廳舍		서울市 鐘路區 三淸洞 中央教育研修院		서울市 永登浦區 汝矣島洞 國會議事堂	서울市 서울大 湖巖館 · 팔레스호텔 等	서울市 鐘路區 世宗路 政府中央廳舍	서울市 鐘路區 世宗路 政府中央廳舍	서울市 鐘路區 世宗路 政府中央廳舍	서울市 鐘路區 世宗路 政府中央廳舍
	8. 報酬種類	研究手當		勤務手當		勤務手當	會議手當	會議手當	勤務手當	會議手當	勤務手當, 辦公費
	9. 遂行實績	「新首都移轉에 따른 서울市 事後對策 및 移轉戰略」(200頁) 報告書提出		會議參席 : 20回 主要活動 : 10回 政策建議 : 9件		會議參席 : 10回 立法檢討 : 3件 豫算檢討 : 3件	會議參席 : 11回 主要活動 : 5回 調整活動 : 4回	會議參席 : 56回 主要活動 : 10回 事務處理 : 10,315件	會議主宰 : 53回 主要活動 : 32回 審議議決 : 1,090件	會議主宰 : 18回 主要活動 : 37回 審議議決 : 67件	會議主宰 : 38回 主要活動 : 69回 審議議決 : 46件
本人	1. 關聯專攻	行政學(碩士), 都市計劃學(碩士)		物理學(學士), 地域經濟學(博士)		行政學(碩士)	物理學(學士), 行政學(碩士)	行政學(碩士)	行政學(碩士)	都市計劃學(碩士), 地域經濟學(博士)	都市計劃學(碩士), 地域經濟學(博士)
	2. 當時年齡	42~44		45		45~46	54~55	58~60	64~68	68~69	69
	3. 本職場 및 職位	서울大 環境大學院 助教授		서울大 環境大學院 助教授 · 副教授		서울大 環境大學院 副教授	서울大 環境大學院 教授 · 院長	韓國地方行政研究院 院長, 서울大 教授	서울大 環境大學院 教授 · 名譽教授	서울大 環境大學院 名譽教授	서울大 環境大學院 名譽教授
	4. 當時居住地	서울市 東大門區 祭基3洞 176-1, 서울市 銅雀區 上道3洞256-216		서울市 銅雀區 上道3洞 256-216		서울市 銅雀區 上道3洞 256-216	서울市 江南區 驛三1洞 618-24	서울市 江南區 驛三1洞 618-24	서울市 江南區 驛三1洞 618-24	서울市 江南區 驛三1洞 618-24	서울市 江南區 驛三1洞 618-24
	5. 出退勤交通手段	버스, 택시		保安司(現 機務司) 提供 官用車		中央情報部(現 國情院)提供 官用車	서울大 環境大學院 院長 官用車	地方行政研究院 院長 官用車	버스·地下鐵·택시, 地域發展研究院 乘用車	地域發展研究院 提供 乘用車	推進委員長 專用 官用車
	6. 月收入(經常)	4,187千원		2,804千원		1,906千원	15,260千원	13,665千원	34,082千원	51,019千원	36,438千원

(3) 大統領과의 相面

事項 / 大統領	相面次數	就任前後	日字	時間	場所	相面契機	參席者數(名)	本人役割
全斗煥 大統領 (第11代:80.9.1-81.3.2) (第12代:81.3.3-88.2.24)	1	就任前	80.6.5	11:00-12:00	國保委	國保委發足에 즈음한 常任委員長 人事·訓示	80	委員으로 參席·傾聽
	2	〃	80.7.7	15:00-16:00	國保委	常任委員長의 訓示·當付	80	委員으로 參席·傾聽
	3	就任後	80.10.25	16:00-17:00	青瓦臺	國保委委員에게 勳章受與	75	委員으로 保國勳章 天授章 받음
	4	〃	80.10.27	18:00-20:00	保安司 教育院	國保委 解散紀念 夫婦招請晚餐	150	委員으로 夫婦 參席·食事
	5	〃	81.3.3	10:00-11:00	蠶室 室內體育館	第12代 大統領 就任式	2,500	立法會議 專門委員으로 參席
	6	〃	81.3.10	18:00-20:00	國會 大會議場	立法會議委員·專門委員 慰勞宴	330	內務委員會 專門委員으로 參席·食事
盧泰愚 大統領 (第13代:88.2.25-93.2.24)	1	就任前	86.6.10	18:30-20:30	三淸洞 鰒집	民正黨 代表最高委員의 專門家 招請 晚餐會	15	任哲淳 民正黨 政策委議長 招請으로 參席
	2	〃	88.1.7	7:00-9:00	롯데호텔	科總主催 大統領 當選者 招請 朝餐會	500	科學技術團體 總聯合會 運營委員으로 參席
	3	就任後	90.4.21	10:00-13:00	大德研究團地 科學財團	'科學의 날' 行事開催	350	大統領 科學技術 諮問會議 委員으로 參席·午餐
金泳三 大統領 (第14代:93.2.25-98.2.24)	1	就任前	92.6.11	7:30-8:30	63빌딩 Governor's Chamber	國政研究會 金泳三候補招請 朝餐會	35	國政研究會 研究室長으로 參席
	2	〃	92.8.25	7:30-8:30	63빌딩 Governor's Chamber	國政研究會 金泳三候補에게 政策課題報告	35	國政研究會 研究室長으로 報告
	3	就任後	93.2.25	10:00-11:00	國會庭園	第14代 大統領 就任式 擧行 參席	1,500	韓國地方行政 研究院長으로 參席
	4	就任後	93.4.20	11:00-13:00	青瓦臺	行政刷新委員會 委員委囑狀授與式	25	委員委囑狀받고 午餐을 함께함
	5	〃	93.8.31	14:00-15:00	青瓦臺	行政刷新委員會 中間報告會	25	委員으로 參加·陪席함
	6	〃	94.10.13	12:00-13:00	青瓦臺	行政刷新委員會 委員 및 提案者 招請 懇談會	50	委員으로 參席하여 午餐을 함께 함
	7	〃	95.9.14	16:00-17:00	科學技術團體總聯合會	科總會館 新館開館 紀念行事	500	科總研究委員으로 參席하여 人事드림
金大中 大統領 (第15代 : 98.2.25-2003.2.24)	1	就任後	98.11.28	11:00-13:00	青瓦臺	2002年월드컵組織委員會 業務報告	85	都市·環境分科 共同議長으로 參席
	2	〃	99.8.30	10:00-10:30	青瓦臺	地方移讓推進委員會 委員委囑狀授與式	20	委員長 委囑狀 받고 訓示 들음

事項 大統領	相面次數	就任前後	日字	時間	場所	相面契機	參席者數(名)	本人役割
	3	就任後	2000.1.3	14:45-15:45	靑瓦臺	三部要人 大統領 新年賀禮式	150	地方移讓推進委員長으로 參席,歲拜드림
	4	〃	2000.2.21	11:00-11:15	靑瓦臺	地方移讓推進委員會 新年 業務報告	5	委員長으로 獨待報告드리고 말씀을 들음
	5	〃	2000.3.22	10:00-11:15	行政自治部 狀況室	大統領의 行政自治部에 대한 新年巡視	90	質問에 대하여 要點을 答辯 드림
	6	〃	2001.1.2	15:00-16:00	靑瓦臺	三部要人 大統領 新年 賀禮式	180	地方移讓推進委員長으로 參席 歲拜드림
	7	〃	2002.1.2	15:00-15:30	靑瓦臺	三部要人 大統領 新年 賀禮式	250	地方移讓推進委員長으로 參席 歲拜
	8	〃	2002.2.25	18:30-20:30	靑瓦臺	大統領就任 4周年 紀念晩餐	201	地方移讓推進委員長으로 參席.祝賀
	9	〃	2002.3.27	16:15-16:35	靑瓦臺	地方移讓推進委員會 基本計劃報告	5	委員長으로 獨對報告드리고 當付말씀들음
	10	〃	2003.1.2	16:00-16:45	靑瓦臺	3府要人大統領 新年 賀禮式	250	地方移讓委員長으로 參席·賀禮
盧武鉉 大統領 (第16代 : 03.2.25 -2008.2.24)	1	就任後	03.7.3	10:20-12:00	政府大田廳舍 中會議室	新行政首都建設 業務報告	55	新行政首都建設諮問委員長으로 參席하여 司會 擔當
	2	〃	03.9.18	10:30-11:50	靑瓦臺 小會議室	新行政首都建設 推進報告	25	諮問委員長으로 陪席
	3	〃	03.11.6	15:00-16:30	政府廳舍 別館 國際會議場	新行政首都建設 推進報告	150	諮問委員長으로 進行 司會
	4	〃	04.1.8	09:00-10:40	靑瓦臺 中會議室	第34次 國家政策會議	80	新行政首都諮問委員長으로 同席
	5	〃	04.1.13	11:30-13:00	靑瓦臺 世宗室 및 食堂	3個特別法 署名 및 宣布式	80	〃
	6	〃	04.1.29	10:30-13:00	政府大田廳舍 大會議室	均衡發展時代開幕 宣布式	530	〃
	7	〃	04.2.27	16:20-17:00	靑瓦臺 大統領 執務室	新行政首都 立地基準報告	15	〃
	8	〃	04.4.20	09:00-11:30	靑瓦臺 大統領 官邸	新首都 推進現況 및 計劃 報告	8	新行政首都建設 推進委員長 內定者로 報告
	9	〃	04.5.21	11:00-11:45	靑瓦臺 忠武烈室	新行政首都建設推進委員長 發令	40	委員長 委囑狀 受領 및 茶菓會 代表人事
	10	〃	04.6.11	15:00-15:45	靑瓦臺 會議室	新首都候補地 및 評價方法報告	20	委員長으로 人事말씀 및 補充說明
	11	〃	04.6.17	10:00-13:00	靑瓦臺 迎賓館	國家均衡發展 5個年計劃 報告會	90	新首都委員長으로 陪席
	12	〃	04.7.5	07:00-08:30	靑瓦臺 小會議室	候補地 評價結果 報告會	12	新首都委員長으로 報告·協議
	13	〃	04.7.7	15:30-17:00	靑瓦臺 大統領 執務室	國家均衡發展委員會 報告會	11	新行政首都委員長으로 陪席
	14	〃	04.10.25	11:40-13:40	靑瓦臺 貴賓食堂	憲裁 違憲決定後의 對處方向	30	推進委員會 前委員長으로 參席·發言

客說 : 經驗에서 얻은 삶의 眞實

고대 로마 시대에 야누스(Yanus)라는 종교신이 있었다. 앞과 뒤로 두 개의 다른 얼굴을 가지고 성문이나 집의 문을 지키는 신이었다. 착한 사람에겐 선한 얼굴을, 나쁜 사람에겐 악한 얼굴을 내밀었다. 이 신을 모신 神殿이 야누스 신전인데, 신전의 문이 열려있으면 전쟁 중이라는 開戰을 나타내고 닫쳐있으면 전쟁이 없는 평화를 나타내고 있었다. 신이 가진 善惡과 安危의 양면적 神性을 보여주고 있다.

영국의 작가 스티븐슨(Robert L.B. Stevenson, 1850~1894)이 1886년에 발간한 「지킬박사와 하이드씨(The Strnage Case of Dr. Jekyll and Mr. Hyde)」라는 소설이 있다. 지킬박사라는 순박한 학자가 하이드씨라는 좋지 않은 사람으로 바뀌어서 나타나는 상반된 양면적 人間像을 대조시킨 소설이다. 인간이 가진 이중적 본성과 그것이 손쉽게 바뀔 수 있다는 가능성을 보여주고 있다. 야누스신이나 스티븐슨 소설의 주인공은 두 개의 얼굴만을 갖고 있는데, 더 많은 얼굴을 가진 사람이 오래 전에 영화로 상영된《千의 얼굴을 가진 사나이》이다.

性善說에 의하면 태어날 때 선한 본성이 살아가는 동안에 변질되어 악하게 되고, 性惡說은 태초에는 악하게 태어나지만 교육과 경험을 통해 선한 성품으로 바뀌어진다는 설이다. 따라서 선의 바탕 위에 악이 쌓이던 악의 기반 위에 선이 모이든간에 완벽한 선과 완전한 악이 존재하기는 어렵다고 할 수 있다. 흔히 우리는 聖人과 악인, 천사와 악마, 하느님과 사탄, 君子와 소인 등으로 이분화하여 사람을 여기에 비유하기도 하지만, 실제로 이렇게 극단적으로 양분화하기는 무리가 아닌가 한다. 한 사람의 가슴 속에는 누구나 천사와 같은 마음과 악마와 같은 마음을 함께 지니고 있으되, 어느 쪽의 비중이 더 크며 나타나는 행위가 어느 쪽으로 기우느냐에 따라 그 정도가 판정될 뿐이다.

良質의 사람도 가끔 低質의 생각을 하게 되고, 아울러 저질의 사람에게도 때로 양질의 마음이 일어나곤 하는 것이다. 그래서 우리는 이중 인격자, 삼중 인격자라는 말을 자주 쓰게 된다. 만일 법률이나 남의 눈이 없다고 할 때, 성인 · 천사와 같은 마음을 가지고 도덕군자와 같은 행동을 한결같이 하는 사람이 얼마나 될까? 나부터 그렇게 할 수 있다고 자신있게 말하기 어렵다. 그렇게 훌륭한 성인이자 군자인 공자님께서도 70세 고희(古稀)의 연륜에 들어서서야 '마음 내키는 대로 언동하여도 정도의 틀을 벗어나지 않았다〔從心所欲 不踰矩〕' 고 하였으니 얼마나 어려운 일인가 짐작된다.

인간이 지켜야 할 규범을 크게 나누면 법률과 도덕 및 종교로 분류할 수 있을 것이다. 가장 현실적이고 직접적이며 외면적인 것이 법률이고, 가장 이상적이고 간접적이며 내면적인 것이 종교이며, 이들의 중간쯤에 있는 것이 도덕이라고 할 수 있다.

법률의 규정을 지키기는 쉬운 편이지만 도덕의 윤리를 준수하기는 어렵고, 종교의 敎理를 따르기는 더욱 어렵다. 법률만을 지키는 데는 선 · 악의 두 마음을 갖고 있어도 괜찮지만 도덕을 준수하는 데는 선의 마음이 절대 우세해야 되고 나아가 종교의 경지에 이르는 데는 악의 마음이 조금도 있어서는 안된다. 그래서 법률만을 잘 지키는 사람을 양질의 범인이라 하고 도덕까지 준수하는 사람을 군자라 칭하며 종교의 경지까지 이른 사람을 성인이라 부른다.

모든 사람이 성인이 되는 것은 불가능하므로 도덕군자가 되도록 노력해야 하지만 이것도 어려우면 최소한도 양질의 범인은 되도록 힘써야 할 것이다.

그러나 이것 역시 인간의 타고난 본성과 인간사회의 속성으로 보아 쉬운 일이 아니다. 따라서 교육 · 훈련과 사회규범 및 국가제도를 마련하고 운용함에 있어 인간이 가진 이중적 성격, 두 개의 마음을 전제로 하여 악하고 저질적인 측면이 나타나지 않도록 억제하는 한편 그러한 마음과 행동이 가져오는 불이익과 손실이 보다 크다는 사실을 현실적으로 체험케 하도록 해야 할 것이다. 우리 모두 선한 것이 우세하는 사회질서를 확립하는 데 힘써야 하겠다.

第 4 篇

學問業績

1966年의 大學院 助教와 1972年의 專任講師를 始作으로 어려운 教授와 學問의 길에 들어서서, 講義하고 執筆하며 發表하는 聖스러운 일에 매진한 40여년간의 業績을 硏究實績과 學術發表 및 弟子育成으로 나누어 싣습니다. 다소 學問과 거리가 있는 活動도 포함되어 있으나 教授라는 職分과 직접 · 간접으로 聯關性이 있다고 보아 함께 다루었습니다.

「硏究實績」篇에서는 발간한 著書와 論文 및 硏究報告書를 類型別로 정리하였고, 「學術發表」篇은 論文發表, 司會 · 討論과 特別講演 및 演說, 그리고 新聞 · TV · 라디오에서의 發表를 수록하였으며, 「弟子育成」篇에서는 受學한 弟子數와 個人助教 및 論文 指導와 審査를 받은 者 등을 기록하고 있습니다.

教授라는 職分을 통해 이루어진 學問的 業績은 生涯를 대표하는 가장 값진 結實이자 보람이었다고 할 수 있습니다.

『博學而篤志 切問而近思 仁在其中矣』

仲尼 孔丘(孔子) (B.C. 552-B.C.479), **論語**. 子張篇

(널리 배워서 뜻을 돈독히 하고 절실하게 물어 생각함을 가까이하면 仁은 저절로 그 가운데에 있느니라.)

중니 공구(공자)(B.C.552-B.C.479), **논어**. 자장편

▨ 槪 觀

□ 學問業績의 分類

- ○ 學問業績
  - 研究實績
    - 著 書
      - 單獨著書
      - 共同著書
      - 責任編纂
    - 論 文
      - 學位論文
      - 著書本論文
      - 教材本論文
      - 不定期刊行物論文
      - 定期刊行物論文
    - 研究報告書
      - 單獨研究
      - 責任研究
      - 部分研究
  - 學術發表
    - 學術行事參席
      - 基調發表
      - 主題發表
      - 司會擔當
      - 討論參與
      - 招請參加
    - 特講 · 演說
      - 特別講演
      - 演說 · 人事
      - 報告說明
    - 大衆媒體發表
      - 新聞揭載
      - 텔레비전 放映
      - 라디오 放送
  - 弟子育成
    - 受學者
      - 家庭教師 · 中高等學校 · 學院
      - 教育院 · 訓練院
      - 大學 · 大學院
    - 個人助教
      - 教授研究室
      - 研究所
    - 論文指導 및 審査
      - 碩士課程
      - 博士課程
      - 研修課程
      - 人事銓衡

□ 論文 및 特講主題의 分類

- ○ 論文 · 特講主題
  - 開發 · 保全 · 自治
    - 都市 · 地域開發
    - 環境保全 · 管理
    - 地方自治 · 地域經濟
  - 國民意識 · 開放化
    - 새마을運動
    - 韓國病 · 新韓國 創造
    - 國際化 · 世界化
  - 難局打開 · 이벤트遂行
    - IMF · 經濟危機 打開
    - 第2建國 · 월드컵 等

第 1 章 研究實績

□ 總 括

年度	實績總件(件)	類型別			地域別			分野別						執筆量(枚)		
		著書	論文	報告書	서울	地方	外國	自治行政	空間開發	經濟技術	意識環境	其他	複合	國文	英文	計
1964	2	-	-	2	2	-	-	-	-	-	1	1	-	400	-	400
1965	3	-	1	2	3	-	-	1	-	-	2	-	-	1,778	-	1,778
1966	3	-	1	2	3	-	-	3	-	-	-	-	-	600	-	600
1967	7	1	2	4	7	-	-	5	1	-	1	-	-	3,230	-	3,230
1968	8	-	7	1	8	-	-	4	2	2	-	-	-	1,700	-	1,700
1969	8	-	7	1	8	-	-	2	2	2	1	1	-	1,385	-	1,385
1970	-	-	-	-	-	-	-	-	-	-	-	-	-	-	-	-
1971	1	-	1	-	-	-	1	-	-	-	1	-	-	-	182	182
1972	19	-	12	7	17	2	-	8	5	3	2	1	1	1,999	35	2,034
1973	16	2	13	1	16	-	-	4	3	5	2	-	1	2,758	70	2,828
1974	20	-	18	2	20	-	-	7	5	5	2	-	1	2,369	60	2,429
1975	14	-	12	2	13	-	-	4	5	5	2	-	-	1,740	350	2,090
1976	7	-	6	1	6	-	-	2	3	1	-	-	1	1,075	1,675	2,750
1977	26	-	18	8	24	2	-	5	12	1	6	-	2	3,848	70	3,918
1978	20	-	16	4	16	2	1	1	10	3	2	3	1	3,470	1,260	4,730
1979	26	1	15	10	24	-	1	3	14	2	6	1	-	8,340	60	8,400
1980	15	-	15	-	14	1	-	2	8	3	2	-	-	1,171	115	1,286
1981	26	-	20	6	22	4	-	9	8	4	3	1	1	2,679	135	2,814
1982	29	4	20	5	23	4	2	4	8	8	4	5	-	4,190	85	4,275
1983	24	1	17	6	21	3	-	3	12	5	4	-	-	3,244	260	3,504
1984	21	1	12	8	19	1	1	5	12	3	1	-	-	3,409	135	3,544
1985	29	-	20	9	26	3	-	14	11	2	-	1	1	3,119	135	3,254
1986	30	-	21	9	27	2	1	6	11	7	2	4	-	6,439	160	6,599
1987	30	-	27	3	24	5	1	10	2	3	3	6	1	3,709	435	4,144
1988	24	1	21	2	22	2	-	6	8	3	1	4	2	7,120	-	7,120
1989	39	-	35	4	32	7	-	10	12	3	7	4	3	4,812	-	4,812
1990	40	2	35	3	35	4	1	14	4	1	13	6	2	2,460	60	2,520
1991	42	-	35	7	36	6	-	17	8	2	9	4	2	2,830	-	2,830
1992	39	1	32	6	31	7	1	14	6	3	8	6	2	4,689	-	4,689
1993	33	1	29	3	25	8	-	12	6	-	7	4	4	2,250	-	2,250
1994	26	1	25	-	22	4	-	14	3	3	2	3	1	1,930	105	2,035
1995	54	4	49	1	41	12	1	26	5	6	5	6	6	5,735	-	5,735
1996	29	1	28	-	15	13	1	17	2	-	1	2	7	7,224	20	7,244
1997	35	-	33	2	29	6	-	11	3	2	7	11	1	1,385	-	1,385
1998	38	2	34	2	36	2	-	10	4	3	5	15	2	1,525	-	1,525
1999	35	1	33	1	8	7	-	17	1	1	4	10	-	1,535	-	1,060
2000	19	-	18	1	14	5	-	10	3	-	4	2	-	755	-	755
2001	20	-	17	3	7	13	-	13	-	1	4	1	1	1,225	-	1,225
2002	25	-	24	1	11	14	-	14	3	2	3	3	-	595	-	595
2003	21	1	17	3	8	13	-	6	8	1	1	3	2	1,125	-	1,125
2004	31	1	30	-	14	16	1	2	7	1	9	7	5	925	-	925
2005	15	1	14	-	8	7	-	7	3	-	4	-	1	1,572	-	1,572
2006	10	-	9	1	2	8	-	2	4	1	2	1	-	320	-	320
累計	958	26	799	133	739	202	17	324	223	101	143	116	51	122,944	5,407	128,351

* 執筆量은 200자 원고지 基準 枚數임.

Ⅰ. 著 書

○ 要 約

年度	著書總數(卷)	類型別			地域別			分野別						執筆量(枚)			發行部數(部)
		單獨著書	共同著書	責任編纂	서울	地方	外國	自治行政	空間開發	經濟技術	意識環境	其他	複合	國文	英文	計	
1967	1	-	1	-	1	-	-	1	-	-	-	-	-	1,985	-	1,985	1,000
1973	2	-	2	-	2	-	-	1	1	-	-	-	-	820	-	820	20,000
1979	1	1	-	-	1	-	-	-	1	-	-	-	-	3,210	-	3,210	4,000
1982	4	-	3	1	4	-	-	-	1	-	2	1	-	905	-	905	20,500
1983	1	-	1	-	1	-	-	-	1	-	-	-	-	160	-	160	1,000
1984	1	-	1	-	1	-	-	-	-	-	1	-	-	110	-	110	5,000
1988	1	1	-	-	1	-	-	-	-	-	-	-	1	4,295	-	4,295	2,000
1990	2	1	-	1	2	-	-	-	-	-	-	2	-	2,375	-	2,375	5,230
1992	1	-	1	-	1	-	-	-	-	-	-	-	1	105	-	105	3,000
1993	1	-	1	-	1	-	-	-	-	-	-	-	1	40	-	40	2,000
1994	1	-	1	-	1	-	-	-	-	-	-	-	-	120	-	120	1,000
1995	4	1	3	-	2	2	-	3	-	-	-	-	1	2,795	-	2,795	8,000
1996	1	-	-	1	1	-	-	-	-	-	-	1	-	5,852	-	5,852	2,500
1998	2	-	2	-	2	-	-	1	1	-	-	-	-	605	-	605	4,000
1999	1	1	-	-	-	1	-	-	-	-	-	-	1	475	-	475	2,000
2003	1	-	-	1	1	-	-	-	-	-	-	1	-	10,610	-	10,610	150
2004	1	-	-	1	1	-	-	-	-	-	-	-	1	345	-	345	1,500
2005	1	1	-	-	-	1	-	-	-	-	-	-	1	1,285	-	1,285	2,000
累計	26	5	16	5	23	3	-	7	5	-	3	5	6	35,617	-	35,617	82,880

1. 單獨 著書

1)「環境과 國土:理論과 政策」

· 性格-大學教材 겸 專門書籍

· 構成-篇章:10篇 30章

面數:642頁

表紙題字:如初 金膺顯

· 出版社-博英社(社長:安洹玉,安鍾萬)

· 弘報-廣告:東亞日報(1979.9.28)

紹介:國土開發研究院 月刊 消息(1979年 11月號),東亞日報(1979.10.6),
韓國觀光學會報(1979.10.12)

書評:盧隆熙-週刊朝鮮(1979.10.21) 崔相哲-地方行政(1979年 10月號)
宋丙洛-住宅金融(1979年 秋季號) 金炯國-都市問題(1979年10月號)
權泰埈-環境論叢(1979年 12月號) 朴炳柱-國土計劃(1979年12月號)

· 贈呈-寄贈人數:212名

祝翰接受:張明洙, 朱奉圭, 李鍾弼, 本城和彦, 朴壽弼

· 受賞-韓國出版文化賞 豫選 및 最終審查對象 決定(韓國日報: 1979.12.18)

· 發行-初版:1979.9.10 價格 6,000원 1,000部
再版:1980.9.20 價格 7,000원 1,000部
三版:1982.4.10 價格 7,000원 1,000部
補訂版:1984.2.20 價格 8,000원 1,000部

2)「地域開發과 地方自治行政 : 地方時代에의 對應과 戰略」
· 性格-大學敎材 겸 專門書籍
· 構成-篇章 : 5篇 16章
面數 : 859頁
· 出版社-大明出版社(社長 : 李澈九)
· 弘報-廣告 : 서울新聞(1988.8.16) 韓國日報(1988.9.6)
紹介 : 國土計劃(1988.7.30) 都市問題(1988年 9月號)
都市情報(1988.8.1) 大學新聞(1988.9.5)
韓國日報(1988.8.9) 地方財政(1988年 가을號)
自治行政(1988年 9月號) 店村 · 聞慶消息91988.10.1)
地方行政(1988년 8月號) 東亞日報(1989.2.7)
書評 : 月刊朝鮮(1988年 9月號) 趙正濟-國土計劃(1988.7.30)
國土와 建設(1988年 9月號) 朴炳柱-地方自治(1988年 11月號)
鄭世煜-東亞日報(1988.8.9) 空間(1989年 3月號)
· 贈呈-寄贈人數 : 256名
祝翰接受 : 黃仁星 · 金裕赫 · 許和平
· 受賞-弦汀國土開發賞 : 1989.2. 18 大韓國土計劃學會(會長 朱種元) 賞狀 · 賞牌 · 副賞(5百萬원)
韓國出版文化賞 豫選通過 · 最終對象(韓國日報 1988.12.14)
· 發行-初版 : 1988.7.10 價格 9,700원 1,700部
再版 : 1989.3.10 價格 9,700원 1,000部

3)「草凡 隨想集 : 變動과 思索」
· 性格-隨筆集
· 構成-篇章 : 15部 69題
面數 : 335頁
· 出版社-韓國自治新聞社(社長 : 李圭憲)
· 弘報-紹介 : 大韓新聞(1990.10.15) 都市情報(1990.10.1)
스포츠서울(1990.11.2) 週間朝鮮(1990.12.23)
서울新聞(1990.11.7) 穎江文化(1990.12.27)
自治行政(1990年 11月號)
書評 : 地方行政(1990年 11月號) 金源-地方自治(1991年 1月號)
康炳基-國土計劃(1990.11.1) 金裕赫-民主日報(1991.1.24)
· 贈呈-寄贈人數 : 128名
祝翰接受 : 李御寧(文化部長官)
· 發行-初版 : 1990.9.15 價格 5,000원 3,030部
再版 : 1990.12.15 價格 5,000원 2,000部

4)「韓國地方自治發展論 : 實踐課題와 指向座標」

· 性格-大學敎材 및 專門書籍
· 構成-篇章 : 3部 9章
　　面數 : 501頁
· 出版社-大明出版社(社長 : 李澈九)
· 弘報-紹介 : 韓國日報(1995.7.21)　韓國日報(1995.8.4)
　　都市情報(1995年 8月號)　統一韓國(1995年 9月號)
　　書評 : 林岡源-地方自治硏究(1995.6.30)　趙正濟-國土計劃(1995.6.30)
　　金壽鶴-自治公論(1995年 8月號)　鄭世煜-地方行政(1995年 9月號)
　　崔昌浩-自治行政(1995年 9月浩)
· 贈呈-寄贈人數 : 32名
· 發行-初版 : 1995.6.15 價格 22,000원 2,000部

5)「人生 隨想集 : 하늘의 뜻 人間의 삶」
· 性格-隨筆集
· 構成-篇章 : 5部 15章 65題
　　面數 : 257頁
· 出版社-韓國自治發展硏究院
· 印刷社-하나企劃
· 發行-初版 : 2005. 8.6 價格 10,000원 2,000部
· 紹介-自治發展(2005年 9月號)
· 書評-서울新聞(2005, 9. 15)
　　經濟風月(2005年 11月號)
　　中央日報(2005年 11.12)

2. 共同 著書

1)「國稅와 地方稅의 調整에 관한 硏究」
· 性格-硏究報告書의 單行本化
· 共著者-盧隆熙(計 2名)
· 面數-397頁
· 執筆-全部
· 出版社-韓國産業能率本部
· 發行-初版 : 1967.10.1 價格1,000원 1,000部

2)「地域社會開發論」
· 性格-放送通信大學 行政學科 敎材
· 共著者-權泰埈 · 金光雄 · 盧隆熙 · 崔相哲(計5名)
· 面數-325頁
· 執筆-第3部 地域社會開發의 計劃(pp.125-191)
· 出版社-서울大學校 出版部
· 發行-初版 : 1973.3.10 價格 500원 5,000部
　　再版 : 1976.8.10 價格 500원 5,000部

3)「地方自治論」
· 性格-放送通信大學 教材
· 共著者-盧隆熙 · 趙錫俊(計 3名)
· 面數-307頁
· 執筆-第5部 地方財政 (pp.160-256)
· 出版社-서울大學校 出版部
· 發行-初版 : 1973.9. 1 價格 500원 5,000部
再版 : 1976.8.10 價格 500원 5,000部

4)「社會 · 文化」
· 性格-高等學校 敎科書
· 共著者-韓相福 · 安啓春 · 朴禧燮 · 車京守 · 李文雄 · 趙亨 · 張仁俠(計 8名)
· 面數-219頁
· 執筆-Ⅴ-2(2) 資源과 環境問題(pp. 154-164)
· 出版社-韓國敎育開發院
· 發行-初版 : 1982.3.1 價格 500원 5,000部

5)「社會 · 文化」
· 性格-高等學校 敎師用 指導書
· 共著者-敎科書 執筆者 등 計14名
· 面數-250頁
· 執筆-第2部Ⅴ-2(2) 資源과 環境問題(pp. 170-177)
· 出版社-韓國敎育開發院
· 發行-初版 : 1982.3.1 價格 500원 5,000部

6)「都市行政論」
· 性格-放送通信大學 行政學科 敎材
· 共著者-盧隆熙 · 崔相哲(計3名)
· 面數-265頁
· 執筆-第3部 都市財政(pp.173-265)
· 出版社-韓國放送通信大學 出版部
· 發行-初版 : 1982.8.10 價格 1,000원 5,000部
再版 : 1988.7.25 價格 1,000원 5,000部

7)「韓國의 人口問題와 政策方向」
· 性格-세미나 主題論文의 單行本化
· 共著者-金正禮 · 權彛赫 · 李興卓 · 朱龍宰 · 咸淳駿 · 文玉綸 · 權肅杓 · 辛世浩 · 金秀坤 · 安啓春 · 李時伯 · 朴贊武 · 趙南勳 · 金儀遠 · 金疇洙(計16名)
· 面數-436頁
· 執筆-Ⅹ.國土空間이 利用開發과 人口問題(pp. 266-297)
· 出版社-韓國人口保健硏究院
· 發行-初版 : 1983.12.30 價格 5,000원 1,000部

8)「國民倫理」
· 性格- 大學校材
· 共著者-林元澤 · 盧泰久 · 崔京九 · 金潤煥(計5名)
· 面數-482頁
· 執筆-第8章 環境問題와 環境倫理(pp. 435-456)
· 出版社-大明出版社
· 發行-初版 : 1984.2.7 價格 6,000원 5,000部

9)「21世紀의 挑戰과 韓國의 對應」
· 性格-論文取合 單行本
· 共著者-韓昇助 · 崔淙旭 · 金文朝 · 權英子 · 李奎浩 · 羅鍾一 · 白完基 · 朴奉植 · 金炯孝 ·
李宗宰 · 權肅杓 · 劉載天 · 沈伯綱(計14名)
· 面數-406頁
· 執筆-第12章 아름다운 國土建設과 社會共同體意識(pp.246-263)
· 出版社-韓國道德政治教育研究所
· 發行-初版 : 1992.11.30 價格 : 非賣品 1,000部
· 一般冊子發刊 : 1993.3.21
總 506頁, 執筆分 : pp.303-323
螢雪出版社 刊, 價格 9,500원 2,000部

10)「韓國의 地方自治와 地域開發」
· 性格-研究物의 論文編輯
· 共著者-金炳國 · 金銑基 · 金益植 · 金興植 · 朴龍治 · 吳熙煥 · 李相龍 · 李勝鍾 · 李時慶 · 李英姬 · 林聖日 · 韓豹桓(計13名)
· 面數-503頁
· 執筆- 序說 : 地方自治와 地域開發(pp. 11-18)
· 出版社-博文閣
· 發行-初版 : 1993.8.20 價格 12,000원 2,000部
· 推薦-文化體育部長官 推薦圖書選定, 1993.12.7 公布

11)「地方自治의 發展戰略」
· 性格-韓國地方行政研究院 開院 10周年 紀念單行本
· 共著者-金炳國 · 金銑基 · 金暎洙 · 金益植 · 朴龍治 · 朴熙正 · 孫熙埈 · 沈在鉉 · 吳熙煥 · 李相龍 ·
李壽晩 · 李勝鍾 · 李英姬 · 林聖日 · 韓豹桓(計16名)
· 面數-442頁
· 執筆-第1章 地方化와 地方自治(pp.11-34)
· 出版社-博文閣
· 發行-初版 : 1994.9.15 價格 12,000원 1,000部

12)「民選地方自治團體長」
· 性格-分野別 專門家의 글모음
· 共著者-金東勳 · 姜瑩基 · 노병일 · 盧隆熙 · 孫鳳淑 · 안성호 · 오재일 · 禹東琪 · 陸東一 ·
이계희 · 임도빈 · 蔣炳九 · 鄭世煜 · 趙昌鉉 · 崔昌浩 · 정진현(計17名)
· 面數-274頁

· 執筆-15.地域經濟活性化를 위한 民選團體長의 役割과 政策課題(pp. 208-216)
· 出版社-大永文化社
· 發行- 初版 : 1995.4.25 價格 7,000원 2,000部

13)「韓國地方自治의 爭點과 課題」
· 性格-爭點別 專門家의 글모음
· 共著者-趙昌鉉 · 鄭世煜 · 朴應擊 · 이기우 · 이영균 · 정우일 · 李勝鍾 · 박희봉 · 송창석 · 김문성 · 강휘원 · 권기창 · 최길수 · 김병준 · 조일홍 · 全錫洪 · 吳然天 · 權純福 · 文昌洙 · 李圭煥 · 한상우 · 강태구 · 정진헌 · 이기옥 · 김상묵 · 김재훈 · 姜瑩基 · 김상호 · 이계식 · 이종수 · 金斗玉 · 김상호 · 呂鴻九 · 崔相哲 · 李太敎 · 이희선 · 최병대(計38名)
· 面數-656頁
· 執筆-第4部 第1章 道를 없애면 어떻게 되나(pp. 203-221)
· 出版社-文苑
· 發行-初版:1995.10.10 價格 20,000원 2,000部

14)「地方의 跳躍 : 國家發展의 새 轉機」
· 性格-專門家의 글 모음
· 共著者-朴秀永 · 孫禎睦 · 吳然天 · 趙正濟 · 金源 · 崔鎭昊 · 康炳基 · 張明洙 · 金昌浩 · 朴良浩 · 朴炳柱 · 盧隆熙 · 鄭世煜 · 金秉鐸 · 吳德成 (計16名)
· 面數-566頁
· 執筆-第1篇 第2章 地方自治制의 時代的 照明(pp.39-66)
· 出版社-弘文社
· 發行-初版:1995.11.30 價格 20,000원 2,000部

15)「未來情報化時代의 國土經營」
· 性格-分野別 論文取合 · 再編輯
· 共著者-楊枝靑
· 面數-318頁
· 執筆-1 · 3 · 7 · 9 · 14 · 15章(96頁)
· 出版社-圖書出版 靑陽
· 發行-初版:1998.1.10
· 價格-15,000원 2,000部
· 選定-第31回 文化觀光部 推薦圖書 : 1998.11.18(公告 : 文化觀光部長官)

16)「地方自治事典」
· 性格-韓國地方自治學會 編著의 用語解說事典
· 共著者-總86名
· 面數-855頁 (約1,700 用語)
· 執筆-50用語(25頁)
· 出版社-普成閣
· 發行-初版:1998.7.15
· 價格-50,000원 2,000部

3. 責任 編纂

1)「聞中」
· 性格-聞慶中學校 同窓會 會誌 創刊號
· 名義-發行 및 編輯人 (第5 · 6代 會長)
· 面數-270頁(執筆分:70頁)
· 印刷所-元一精版社
· 發行-初版:1982.9.30 價格:非賣品 500部

2)「鳥嶺會誌 : 1967年-1990年」
· 性格-親睦團體 鳥嶺會 會誌 創刊號
· 名義-發行人(第45代 會長)
· 面數-189頁(執筆分:140頁)
· 印刷所-好汀印刷社
· 發行-初版:1990.12.31 價格:非賣品 200部

3)「한 韓國人의 삶과 발자취 : 草凡 金安濟 博士의 六十年 生涯와 業績」
· 性格-回甲紀念 生涯紀錄集
· 名義-主人公
· 面數-836頁(執筆分:全頁)
· 發行處-草凡 金安濟 博士 華甲紀念事業會
· 印刷所-博文社 · 好汀印刷社
· 發行-初版:1996.12.31 價格:非賣品(實費:50,000원) 2,500部

4)「金安濟 傳 人生履歷史 : 出生에서 停年까지 66年 生涯의 記錄全集」
· 性格-教授停年紀念 生涯記錄集
· 名義-主人公
· 面數-2122 頁
· 發行處-韓國自治發展研究院 · 韓國地域發展研究院
· 印刷所-現代 애드컴
· 發行-初版 : 2003.8.31 價格 : 100,000원 150部

5) 國政課題 三大 基本法
· 性格-參與政府 3大 國政課題 特別法 및 施行令
· 名義-金安濟 編
· 面數-69頁
· 發行處-友一出版社
· 印刷所-韓國法令 · 情報株式會社
· 發行-初版:2004.5.31 價格 : 3,000원 1,500部

Ⅱ. 論 文

○ 要 約

年度	論文總數(篇)	發刊類型別					地域別			分野別						執筆量(枚)		
		學位論文	著書本	教材本	不定期刊行物	定期刊行物	서울	地方	外國	自治行政	空間開發	經濟技術	意識環境	其他	複合	國文	英文	計
1965	1	1	-	-	-	-	1	-	-	-	-	-	1	-	-	1,278	-	1,278
1966	1	-	-	-	-	1	1	-	-	1	-	-	-	-	-	50	-	50
1967	2	-	-	-	-	2	2	-	-	2	-	-	-	-	-	145	-	145
1968	7	-	-	5	-	2	7	-	-	3	1	3	-	-	-	1,550	-	1,550
1969	7	-	-	5	-	2	7	-	-	1	2	2	1	1	-	1,035	-	1,035
1970	-	-	-	-	-	-	-	-	-	-	-	-	-	-	-	-	-	-
1971	1	1	-	-	-	-	-	-	1	-	-	-	1	-	-	-	182	182
1972	12	-	-	-	-	12	12	-	-	5	3	3	1	-	-	549	35	584
1973	13	-	-	2	-	11	13	-	-	3	2	4	2	1	1	938	70	1,008
1974	18	-	-	1	-	17	18	-	-	7	4	5	1	-	1	2,069	60	2,129
1975	12	-	1	4	-	7	12	-	-	3	4	3	2	-	-	1,240	-	1,240
1976	6	1	-	-	-	5	5	-	1	1	3	1	-	-	1	925	1,675	2,600
1977	18	-	1	-	1	16	18	-	-	4	8	-	5	-	1	1,248	70	1,318
1978	16	-	1	1	2	12	15	-	1	-	8	3	2	2	1	1,770	260	2,030
1979	15	-	1	-	3	11	13	-	2	3	8	-	3	1	-	1,530	60	1,590
1980	15	-	-	3	1	11	14	1	-	2	8	3	2	-	-	1,171	115	1,286
1981	20	-	1	-	1	18	18	2	-	8	6	3	2	1	-	1,254	135	1,389
1982	20	-	-	2	2	16	16	3	1	3	5	7	1	4	-	1,610	10	1,620
1983	17	-	-	-	2	15	16	-	1	2	10	3	2	-	-	1,139	260	1,399
1984	12	-	1	1	1	9	10	1	1	4	5	3	-	-	-	954	135	1,089
1985	20	-	1	-	3	16	19	1	-	13	6	-	-	1	-	1,239	135	1,374
1986	21	-	1	-	6	14	18	2	1	4	7	4	2	4	-	1,164	160	1,324
1987	27	-	1	-	9	17	22	4	1	10	1	7	3	6	-	1,734	435	2,169
1988	21	-	2	2	3	14	19	2	-	6	6	3	1	4	1	1,615	-	1,615
1989	35	-	-	-	4	31	29	6	-	10	10	3	6	4	2	1,867	-	1,867
1990	35	-	-	1	6	28	31	3	1	13	3	1	13	4	1	1,395	60	1,455
1991	35	-	4	3	3	25	31	4	-	15	7	1	6	4	2	2,085	-	2,085
1992	32	-	-	3	6	23	26	5	1	13	5	3	5	6	-	3,794	-	3,794
1993	29	-	-	-	7	22	21	8	-	12	6	-	5	4	2	1,660	-	1,660
1994	25	-	2	-	4	19	21	4	-	13	3	3	2	3	1	1,810	105	1,915
1995	49	-	2	2	8	37	38	10	1	23	5	6	4	6	5	2,440	-	2,440
1996	28	-	-	4	9	15	14	13	1	17	2	-	1	1	7	1,372	20	1,392
1997	33	-	-	-	9	24	27	6	-	11	3	2	5	11	1	1,195	-	1,195
1998	34	-	1	-	3	30	32	2	-	9	3	3	4	14	1	835	-	835
1999	33	-	1	-	6	26	8	25	-	16	1	1	4	10	1	960	-	960
2000	18	-	2	2	5	9	13	5	-	9	3	-	4	2	-	705	-	705
2001	17	-	1	1	5	10	4	13	-	13	-	-	3	1	-	770	-	770
2002	24	-	-	1	6	17	10	14	-	14	2	2	3	3	-	595	-	595
2003	17	-	1	-	2	14	4	13	-	5	6	1	1	2	2	460	-	460
2004	30	-	-	-	11	19	13	16	1	2	7	1	9	7	4	580	-	580
2005	14	-	-	-	4	10	8	6	-	7	3	-	4	-	-	287	-	287
2006	9	-	-	-	5	4	4	5	-	2	3	1	2	1	-	320	-	320
累計	799	3	25	43	137	591	610	174	15	289	169	85	113	108	35	49,337	3,982	53,319

1. 學位 論文

1) 1965年 : 碩士學位論文

· 論文題目-「非公式集團의 構造的 分析」
· 文字-國漢文
· 面數-232頁
· 提出大學-서울大學校 行政大學院
· 擔當教授-指導 : 盧隆熙
  主審 : 金海東
  副審 : 朴東緒
· 學位名-行政學碩士, M.P.A.
· 學位取得日-1965.2.26

2) 1971年 : 碩士學位論文

· 論文題目-「Informal Groups and Community Change」
· 文字-英語
· 面數-33頁
· 提出大學-Graduate Department of Community Planning, University of Cincinnati, Cincinnati, Ohio, U.S.A.
· 擔當教授-Advisor : Margaret L. Lotspeich
  Chairman : Kenneth E. Corey
· 學位名-Master of Community Planning, M.C.P. (韓國名 : 都市計劃學碩士)
· 學位取得日-1971.6.13

3) 1976年 : 博士學位 論文

· 論文題目-「A Study on the Characteristic-finding and Correlation-modelling of Inter-regional Economic Disparity and Internal Migration Flows Being Followed by Economic Growth : The Case of Korea」
· 文字-英語
· 面數-250頁
· 提出大學-Graduate School, University of Cincinnati, Cincinnati, Ohio, U.S.A.
· 性格-Interdisciplinary Program in Regional Economics, Quantitative Analysis and Community Planning
· 擔當教授- Advisor and Chairman : Albert J. Simone
  Committee Members : Kenneth E. Corey
  Hayness C. Goddard
  John M. Mckinney
· 學位名-Doctor of Philosophy, Ph.D.(韓國名 : 地域經濟學博士)
· 學位取得日-1976.8.27

2. 著書本 論文

年度	順次	執 筆 論 文		著 書				
		題 目	該當頁(pp.)	著 書 名	代表編者	發 行 處	發行日字	面數(頁)
1975	1	人口와 環境(Ⅱ篇5章)	159-178	人口教育	愼克範	教育出版社	1975.8.5	385
1977	1	環境體系	31-50	環境教育	辛世浩	三和書籍株式會社	1977.12.20	346
1978	1	Industrialization and Growth Pole Development : A Case Study of Ulsan Industrial Complex	53-77	Growth Pole Strategy and Regional Development Policy : Asian Experiences and Alternative Approaches	Fu-chen Lo and Kamal Salih(eds.)	Pergamon Press, London, England	1978	274
1979	1 1	國土의 均衡開發(2章) 國土資源의 利用管理(3章)	61-108 111-162	韓國의 國土 · 都市 · 環境	宋丙洛	韓國開發研究院	1979.9.29	404
1981	1	中小都市開發과 據點機能强化 方案	92-125	韓國都市開發論	崔相哲	一志社	1981.10.10	461
1984	1	Growth Factor of a Smal Town in the Context of Regional Development : The Case of Jeomchon in the Republic of Korea(Chapter 7)	147-173	The Role of Small Cities in Regional Development	Om Prakash Mathur	UNCRD, Japan	1984.9.	196
1985	1	住宅需給의 基本理論	211-221	住宅政策論	黃明燦	經營文化院	1985.5.10	861
1986	1	人間과 環境(第5章)	160-179	未來志向의 人間教育	서울市教育委員會	서울市 教育委員會	1986.7.30	367
1987	1	Korea : The Rural Nonfarm Sector and the Process of Economic Development	156-198	The Rural Nonfarm Sector and the Process of Economic Development	Reza H. Syed	ADIPA Kuala Lumpur, Malaysia	1987	367
1988	1	地方自治의 將來模型	61-69	未來를 묻는다	韓國未來學會	나남	1988.8.27	378
	2	激動40年의 自畫像	55-64	未來를 되돌아본다 : 에세이-展望의 回顧	韓國未來學會	나남	1988. 8.27	272
1991	1	地方行政의 位相과 役割	207-220	오늘의 地方行政	韓國地方自治研究院	韓國地方自治研究院	1991.2.5	708
	2	地域均衡發展과 地方自治의 關係	415-422	同	同	同	1991. 2.5	708
	3	地方自治의 地域性과 社會性	33-39	오늘의 地方自治	同	同	1991. 2.5	698
	4	韓國地域計劃의 展望과 課題	507-529	地域計劃論 : 理論과 實際	大韓國土 · 都市計劃學會	大韓國土 · 都市計劃學會	1991. 6.25	534
1994	1	(英文) Summary and Evaluation (國文) 會議를 마치며	74-78 140-143	Korea into the Future:Peace, Unity and Progress 21世紀의 韓國人	Gill-Chin Lim	Michigan State University and Hanyang University	1994.7.26	183
	2	게으른 者 萬人의 賊	117-123	21世紀의 韓國人	金裕赫	김영社	1994. 11.30	325

年度	順次	執筆論文		著書				
		題目	該當頁(pp.)	著書名	代表編者	發行處	發行日字	面數(頁)
1995	1	地方自治團體長과 地方議會間의 葛藤事例	435-456	50年代의 地方自治	金秉燦, 鄭正佶	서울大出版部	1995. 3. 31	467
	2	地方議會와 執行機關의 關係	329-336	韓國地方自治論	韓國地方自治學會	三英社	1995. 7.30	604
1998	1	都市의 變化와 展望	657-671	都市計劃論	大韓國土·都市計劃學會	普成閣	1998. 2. 25	688
1999	1	우리나라 地域經濟의 課題와 展望	447-459	地域經濟論	同	同	1999.3.31	476
2000	1	韓國國土 및 地域計劃의 課題와 展望	545-557	國土·地域計劃論(改正)	同	同	2000. 2.22	566
	2	都市의 變化와 展望	653-666	都市計劃論(改正)	同	同	2000 9. 25	688
2001	1	2000年代 地方政府의 役割	135-142	地方政府의 革新	蘇鎭光·李제훈·郭일천	暻園大學校 出版部	2001. 5. 10	318
2003	1	都市의 變化와 展望	691-704	都市計劃論	大韓國土·都市計劃學會	普成閣	2003. 3. 5	727

3. 教材本 論文

年度	順次	執筆論文		著書			
		題目	該當頁(pp.)	教材名	編纂機關	發行日字	面數(頁)
1968	1	大邱市豫算活動과 市長不信任辭退	合64頁 (單行本)	事例研究集	서울大 行政大學院	1968.1.22	64
	2	地方行財政	合120頁 (單行本)	公務員教材	서울市 公務員教育院	1968.3.1	120
	3	接敵 및 收復地區에 대한 開發計劃	合55頁 (單行本)	事例研究集	서울大 行政大學院	1968.3.15	55
	4	地域經濟分析의 最近技術概觀(譯:J.R.Boudville,A Survey of Recent Techniques for Regional Economic Analysis)	255-288	空間秩序, 第1輯	서울大 行政大學院 都市 및 地域計劃學科	1968.5.1	418
	5	仁川市 九月洞의 經濟自立	合20頁 (單行本)	事例研究集	서울大 行政大學院	1968.5.15	20
1969	1	自治行政實務	合71頁 (單行本)	公務員 教材	서울市 公務員教育院	1969.4.1	71
	2	空間計劃을 위한 시스템 構築의 한 方法(譯 : J.B.Ellis, S.W.Wright and C.Aasen, A Component to System Construct for Settlement Planning)	233-244	空間秩序, 第2輯	서울大 行政大學院 都市 및 地域計劃學科	1969.5.1	677
	3	大氣汚染의 影響(譯:庄司光·山本剛夫, 環境衛生工學)	245-259	空間秩序, 第2輯	서울大 行政大學院 都市 및 地域計劃學科	1969.5.1	677
	4	交通流動의 數學的 研究 (譯:C. W.Hamilton, Mathematical Research in Traffic Flow)	260-271	空間秩序, 第2輯	서울大 行政大學院 都市 및 地域計劃學科	1969.5.1	677
	5	地域關聯分析法(譯:W.Isard, Iner-regional and Regional Input-output Techniques)	461-544	空間秩序, 第2輯	서울大 行政大學院 都市 및 地域計劃學科	1969.5.1	677

年度	順次	執筆論文		著書			
		題目	該當頁(pp.)	教材名	編纂機關	發行日字	面數(頁)
1973	1	現代行政과 管理技法	合20頁 (單行本)	國家政策發展 課程 敎材	서울大 行政大學院	1973. 4.10	20
	2	行政統計	585-614	地方行政實技班 敎材	內務部 地方行政硏修院	1973.5.1	700
1974	1	管理技法	109-184	一般幹部班 敎材	內務部 地方行政硏修院	1974.4.1	325
1975	1	計劃技法	50-59	都市行政班 敎材	內務部 地方行政硏修院	1975.3.5	350
	2	管理技法	70-79	幹部養成班 敎材	內務部 地方行政硏修院	1975.3.5	350
	3	投資效果分析論	合25頁 (單行本)	補修管理者班 敎材	中央公務員敎育院	1975.4.1	450
	4	開發行政論	81-90	初級管理者班敎材	內務部 地方行政硏修院	1975.5.15	370
1978	1	班常會의 諸機能	16-26	班常會의 時代的 意義	內務部	1978.6.30	213
1980	1	自由中國과 싱가포르의 土地 및 住宅政策	201-210	高級管理者班 敎材	中央公務員敎育院	1980.4.1	300
	2	地方行政制度	267-288	新任管理者班 敎材	內務部 地方行政硏修院	1980.5.1	400
	3	地域經濟分析	129-147	地域開發班 敎材	內務部 地方行政硏修院	1980.6.1	300
1982	1	都市行政要員의 使命	515-528	都市行政의 理論과 實際	全北 道公務員敎育院	1982.4.16	528
	2	國土開發과 都市政策	合22頁 (單行本)	國家政策發展 課程 敎材	서울大 行政大學院	1982.7.7	22
1984	1	首都圈問題와 地域開發	53-76	高級管理者班 硏修敎材	韓國住宅銀行 硏修院	1984.11.1	200
1988	1	新地方自治法의 特色과 骨子	53-82	市民自治講座敎材	韓國地方行政硏究所	1988.11.1	167
	2	國土開發과 都市政策(補)	合33頁 (單行本)	國家政策發展 課程 敎材	서울大 行政大學院	1988.11.10	33
1990	1	새마을運動의 4大 力點方向	243-299	韓國人과 새마을 運動	새마을運動中央協議會	1990.2.	313
1991	1	地方自治와 새마을運動	合20頁 (單行本)	새마을運動 會長團 硏鑽敎材	새마을運動中央硏修院	1991.1.29	20
	2	地方自治의 意義와 必要性	5-32	地方自治와 새마을 運動	새마을運動中央協議會	1991.1.30	124
	3	地方自治와 새마을運動의 相互關係	75-100	同	同	1991.1.30	124
1992	1	國土開發과 都市政策	1-41	國家發展政策 課程 敎材	서울大學校 行政大學院	1992.1.22	41
	2	地方自治의 發展方向	115-136	地域文化從事者 硏修敎材	韓國文化藝術振興院	1992.5.20	150
	3	地方自治와 地方財政	1-13	司法發展 硏究課程	서울大學校 法學硏究所	1992.12.14	13
1995	1	地方自治와 地域開發	1-10	都市 · 環境高位 政策課程 敎材	서울大學校 環境大學院	1995.9.19	13
	2	地方自治와 地域經濟活性化	5-31	우리 地域 어떻게 개발할 것인가?	農協 昌寧硏修院	1995.9.1	195
1996	1	地方自治制度의 發展方向	67-118	'96 管理者課程 基本敎材	警察大學	1996.1.10	186
	2	事業型 地方自治行政	79-82	大田市 公職者硏修	韓國科學技術院	1996.6.10	91

年度	順次	執筆論文 題目	該當頁(pp.)	著書 敎材名	編纂機關	發行日字	面數(頁)
				會 敎材			
	3	地方自治變化와 公職者의 對應姿勢	1-10	龜尾市 幹部硏鑽會 敎材	코오롱 綜合硏究院	1996.7.3	150
	4	地方自治成功을 위한 主役과 그 役割	53-65	市民大學 敎材	順天市	1996.10.1	150
2000	1	地方自治와 地域開發	5-14	市民自治大學敎材	韓國自治開發硏究院	2000.4.21	200
	2	激勵辭	3-5	地方移讓擔當公務員 專門敎育敎材	地方移讓推進委員會	2000.5.24	98
2001	1	地方自治와 地域開發	27-43	女性經濟敎育敎材	蔚山市 女性團體協議會	2001.4.24	70
2002	1	地方議員의 바람직한 役割과 使命	3-12	地方議員政策硏修敎材	國家專門行政硏修院	2002.9.5	75

4. 不定期刊行物 論文

年度	順次	執筆論文 題目	該當頁(pp.)	收錄冊子 冊子名	發刊機關	發行日字
1977	1	都市交通과 土地利用	1-26	'77市政槪要	서울市	1977.9.30
1978	1	班常會의 諸機能	16-26	班常會의 時代的意義	內務部	1978.6.30
	2	庶民住宅建設 促進方案	385-558	住宅白書	서울市	1978.10.31
1979	1	Spatial Linkage Model:Balanced Settings in Korea	21-30	Proceedings of an International Seminar on Resource Systems : Theory and Methodology	Chungang University and United Nations University	1979.5.29
	2	龜尾地域의 行財政	219-276	外國都市 走馬看山記	서울市 中期開發計劃 硏究團	1979.9.
	3	Comments on Peter Hall's Paper	56-57	Metropolitan Planning:Issues and Polices	KRIHS	1979.8.8
1980	1	工業配置法實施에 따른 京畿道의 影響과 그 對策	447-472	'79 道政硏究報告書	京畿道 地域開發評價 敎授團	1980.6.
1981	1	低所得마을의 效率的 育成方案	5-32	'80 道政硏究報告書	京畿道 地域開發評價敎授團	1981.5.
1982	1	農村·都市變換過程과 地域開發政策	151-156 (國文) 698-705 (英文)	峨山硏究論文集 -要約-	峨山 財團	1982.12.
	2	Comments on Theme Ⅳ	514-515	Proceedings of an International Seminar on Local Administration and	LATI and DSE	1982.11.8

年度	順次	執 筆 論 文		收 錄 冊 子		
		題 目	該當頁(pp.)	冊 子 名	發 刊 機 關	發行日字
				Regional Development		
1983	1	大都市土地投機가 地域經濟에 미치는 惡影響	8-11	不動産 投機抑制 對策에 관한 小考集	韓國土地開發公社	1983.4.
1983	2	Jeomchon	16-20	The Growth Profiles of Small Cities	UNCRD(Japan)	1983.9.
1984	1	우리나라 地方行政 階層 및 區域體制의 歷史的 變遷	57-76	定巖 金秉燦 回甲 紀念論文集	編纂委員會	1984.4.5
1985	1	地方行政硏修院의 새로운 座標	494-502	地方行政硏修院 20年	內務部 地方行政硏修院	1985.9.1
	2	座談: 地方行政硏修院 20年의 回顧와 發展方向	513-540	地方行政硏修院 20年	內務部 地方行政硏修院	1985.9.1
	3	祝辭		地方議會	店村邑	1985.11.15
1986	1	Information System for Planning in Seoul Metropolitan Region	435-466	Information Systems for Urban and Regional Planning: Asian and Pacific Perspectives	UNCRD(Japan)	1986.1.30
	2	政府投資機關管理基本法 制定施行에 따른 土開公의 進路	17-30	業務發展을 위한 硏鑽會 結果 報告書	韓國土地開發公社	1986.4.
	3	地方文化의 先驅者	140	나래 20年史	나래時調文學會	1986.10.1
	4	激勵辭	14	聞慶大觀	聞慶文化院	1986.10.15
		聞慶의 經濟와 産業	407-415			
	5	地域經濟力測定의 指標와 模型開發에 관한 硏究	494-511	行政學의 諸問題	菁溪 朴文玉博士 華甲紀念 論文集 編纂委員會	1986.10.25
	6	推薦辭	Ⅴ-Ⅴi	中小都市開發論 -金基玉著-	大旺社	1986.12.5
1987	1	發刊辭		都市의 計劃과 管理	大韓國土計劃學會	1987.2.28
	2	多元社會의 憲法과 民主發展：討論	253-257	國際學術討論會 報告書	民正黨 國策硏究所	1987.2.
	3	推薦辭	2	中小都市發展硏究所 案內書	張慶宇	1987.3.23
	4	祝辭	10	敎職員親睦體育大會 프로그램	店村市 敎育會	1987.5.15
	5	올림픽과 社會發展: 近視眼的 思考는 止揚돼야	220-221	聖火烽을 드높이	汎民族 올림픽 推進 中央協議會	1987.7.18
	6	地方自治行政의 着根을 위한 戰略	63-82	茂庭 金壽鶴先生 華甲 紀念論文集	編纂委員會	1987. 8.29
	7	技術都市建設의 構想: 必要性과 方向 및 戰略	402-422	國家發展과 公共行政	古州 盧隆熙博士 華甲紀念論文集 編纂委員會	1987.9.18
	8	市民의 노래 制定	260-262	穎江 스무구비:	店村青年會議所	1987.10.28

年度	順次	執筆論文		收錄冊子		
		題目	該當頁(pp.)	冊子名	發刊機關	發行日字
				店村 Jaycees20年史		
	9	公益事業行政 槪說	1,111-1,114	韓國地方行政史: 1948-1986	韓國地方行政硏究院	1987.12.31
1988	1	時代的 變化에 부응한 公社의 새로운 座標와 推進方向	合280頁 (單行本)	블레틴	韓國土地開發公社	1988.10.31
	2	地方自治制實施와 工業團地 開發方向	201-260	工業團地開發의 現況과 課題	韓國土地開發公社	1988.11
1988	3	商工業, 鑛業, 金融業, 電力, 製鹽業	323-412	始興郡誌	始興郡誌編纂委員會	1988.12.31
1989	1	새마을 家族- 우리의 다짐(解說書)	1-9	解說書	새마을運動中央協議會	1989.7.1
	2	最近10年史:1979-1988	418-470	韓國國土 · 都市計劃史: 學會創立30周年紀念	大韓國土計劃學會	1989.7.25
	3	汎國民道德性回復을 위한 우리의 宣言	合2頁 (單行本)	宣言文	새마을運動中央協議會	1989.12.1
	4	店村 사랑하기 運動의 必要性과 方向	35-60	店村을 사랑하자, 第2輯	店村市	1989.12.15
1990	1	祝辭	9-11	環境計劃硏究所 10年史	서울大 環境大學院 環境計劃硏究所	1990.4.
	2	巖溪世稿 序	1-2	巖溪世稿	金載軾	1990.4.
	3	Policy and Progress of Rural Industrialization in Korea	211-222	Dynamic Transfor-mation:Korea, NICs and Beyond	Gill-Chin Lim, ed. (CODS)	1990.8.
	4	家庭새마을運動 綱領	合19頁 (單行本)	解說書	새마을婦女會 中央協議會	1990.9.19
	5	店村 사랑하기 運動의 必要性과 方向	51-58	店村사랑 運動	店村市	1990.11.19
	6	發刊辭 隨想文: 鳥嶺會員이 아닌 親舊들에게	3-4 74-76	鳥嶺會誌 : 1967-1990	鳥嶺會(金安濟)	1990.12.31
1991	1	推薦의 말씀:國內 唯一의 炭酸溫泉	3	國內最初의 炭酸溫泉의 效能과 利用方法	炭酸溫泉(主: 高睦勳)	1991.1.12
	2	地方自治와 農民組合員의 役割	87-112	地方化時代의 農協의 役割	農業協同組合中央會	1991.4.30
	3	地方自治와 地方自治團體의 役割	65-87	現代國家와 都市發展: 華甲論文集	申邦鉉敎授 回甲紀念事業會	1991.12.3
1992	1	地方自治 對應部門	38-39	'91 農協運營諮問委員會 諮問意見集	農協中央會	1992.2.1
	2	오늘의 地域經濟 : 地域經濟와 地方政府	27-74	地域振興叢書 I	韓國地方自治硏究院	1992.4.15
	3	오늘의 都市經營 : 都市管理의 戰略	71-116	同 Ⅱ	同	同
	4	開會辭	3-7	地方自治發展을 위한 全國巡廻公聽會	韓國地方行政硏究院	1992.5.1
	5	地方自治時代에 있어 地域經濟의 位相과 發展方向	300-312	現代社會와 地域發展:華甲論文集	金裕赫敎授 回甲紀念事業會	1992.10.20
	6	地方自治의 實施(第1卷 政治篇)	367-480	第6共和國 實錄(全6卷	公報處	1992.12.30

年度	順次	執筆論文		收錄冊子		
		題目	該當頁(pp.)	冊子名	發刊機關	發行日字
				각600頁 內外)		
	7	韓國의 國土開發과 都市政策	134-167	東北亞地域開發研究	延邊大學 東北亞地域 開發研究 編輯委員會	1992.11.30
1993	1	市·郡·自治區議會 出帆의 歷史的 意義와 時代的使命	128-135	先進韓國의 摸索: 第6共和國 政策評價	金學俊·廉洪喆 編, 同和出版社	1993.2.12
	2	金泳三 名譽會長 激勵辭	iii-iv	國政研究	國政研究會	1993.2.25
		研究課題의 綜合構圖	81			
		金泳三大統領의 統治構圖	83-121			
		編輯後記	141			
1993	3	專門家가 본 建設行政5年:都市計劃分野	87-89	우리 國土 이렇게 달라졌다 : 建設行政白書	建設部	1993.2.28
	4	聞慶八景賦	24	畵報 : 聞慶八景	聞慶郡	1993.3.1
	5	奉呈辭	16-17	石凡 田英春先生	古稀紀念論文集發刊	1993.9.24
		地方自治 實施의 意義와 發展課題	83-102	古稀紀念論文集	委員會	
	6	國家發展戰略에 있어 地方發展의 當爲性	17-42	釜山發展論 : 國際化 時代 地方의 發想과 戰略	東南開發研究院	1993.10.7
	7	地方自治 實施와 地方財政 發展方向	481-494	義郁 金東勳 教授 華甲紀念論文集	紀念論文集發刊委員會	1993.10.31
1994	1	推薦辭	6	環境保全總覽	韓國地方自治研究院	1994.8.31
	2	序文,圖表,政治行政篇,後記 (원고)	40	新政府 1年治績과 向後 國政方向	社稷會	1994.4.13
	3	第5編 產業·經濟	649-805	聞慶誌	店村市·聞慶郡	1994.10.30
	4	激勵辭 : 溫故知新의 證言	1	聞慶面議會	申厚湜	1994.12.1
1995	1	推薦辭	3-4	地自制叢書	韓國地方自治研究院	1995.4.5
		地方自治出帆 : 國力分散 없는가	67-78			
		地方行政의 位相과 役割	207-220			
		地域均衡發展과 地自制	415-422			
		都市管理의 戰略	71-116			
		地域經濟와 地方政府	27-74			
	2	地方化時代 地方自治團體(長)의 役割	46-68	地方化時代 地方自治團體의 政策課題	大邱發展同友會	1995.7.28
	3	推薦辭	3	地方自治議員寶鑑	朴昇柱	1995.8.31
	4	地域情報化와 地域技術化가 地域發展에 미치는 영향	55-62	地域科學技術振興을 위한 政策課題	科學技術政策管理研究所	1995.8.31
	5	地方自治行政發展과 地方行政研修院의 役割	550-561	地方行政研修院 30年 :1965-1995	內務部 地方行政研修院	1995.9.1
	6	地方自治와 地域發展	253-269	地方自治와 行政	崔昌浩教授 華甲紀念事業會	1995.10.10
	7	國政과 地方自律의 調和	185-209	民選時代의 地方自治發展方案	國會 地方自治制度研究會	1995.10.31
	8	祝辭	V	運動科學研究	蔡鴻遠教授 頌壽	1995.12.15

年度	順次	執筆論文		收錄冊子		
		題目	該當頁(pp.)	冊子名	發刊機關	發行日字
				紀念事業會		
1996	1	韓國自治와 地域開發	1-12	地方自治團體의 地域經濟, 어떻게 할 것인가?	金剛企劃	1996.1.18
	2	21世紀 韓國 地方自治의 座標	367-382	韓國의 未來와 未來學 發刊委員會	李漢彬博士 古稀紀念集	1996.2.9
	3	地方自治時代의 住民意識과 地方政府의 役割	14-27	統一에 대비한 一等市 果川建設의 課題	民主平統諮問會議 果川市協議會	1996.5.1
	4	祝辭	4-6	民選團體長 1年의 經驗과 課題에 관한 大討論會 論文集	大邱·慶北 地方自治學會	1996.6.24
	5	'하나뿐인 最高(ONE & ONLY)'를 구현하는 길	1-15	코오롱 經營方針 解說	코오롱 綜合研修院	1996.7.15
	6	Opening Address	4	Proceedings of the Joint Seminar for City Development City of Las Vegas	Korean Association for Local Government Studies and the	1996.7.31
	7	討論 : 東北아시아의 安全과 繁榮을 공유하기 위한 상호이해의 증진과 협력체제의 구축	155-157	韓·中·日 국제심포지엄 發表 및 討論 論文集	釜山日報社	1996.9.3
	8	地方自治,어디로 가고 있는가?	315-322	21世紀 長城 아카데미 講演集 第1卷	長城郡	1996.9.13
	9	21世紀의 餘暇文化와 主題公園	9-17	EXPO開催 3周年紀念 심포지엄 報告書	大田EXPO紀念財團	1996.9.30
1997	1	開會辭	82	世界科學技術都市 國際 심포지엄 結果報告書	大田市	97.1.31
	2	討論 : 湖南高速鐵道의 路線	48-49	湖南高速鐵道建設 基本計劃 公聽會	交通開發硏究院	97.2.28
	3	推薦辭	iii	地方自治法典	地域開發硏究會	97.4.20
	4	第5篇 産業經濟	649-805	聞慶市誌(再)	聞慶市	97.4.30
	5	開會辭	國文·英文各2쪽	'97 國際環境포럼 論文集	忠淸南道	97.5.29
	6	特別寄稿 : 「同門會報」 發刊에 즈음하여	24	영원한 鷄林人	鷄林初等學校同門會	97.6.15
	7	沿革表 : 鷄林初等學校 沿革一覽表	25-38	영원한 鷄林人	鷄林初等學校同窓會	97.6.15
	8	祝辭 : 學問의 碩學,광범한 活動家, 온후한 人物	47	政府間關係 : 中堂 鄭世煜 敎授 華甲紀念論文集	鄭世煜敎授 華甲紀念集 發刊委員會	97.6.17
	9	推薦辭	2-3	金在城 編著「都市經營戰略: City of Las Vegas事例」	韓國地方自治硏究院	97.11.30
1998	1	條例 主文	1-3	慶尙北道 새마을運動育成 條例	새마을運動 中央協議會	98.2.27
	2	發起趣旨文	1-2	새마을 사랑 모임 創立發起文案	새마을運動 中央協議會	98.2.27
	3	基調論文 : 經濟環境變化와 서울市政의 方向	23-32	IMF克服을 위한 서울市 都市政策의 方向:세미나論文集	서울市立大學校 都市 科學硏究院	98.7.31

年度	順次	執筆論文		收錄冊子		
		題目	該當頁(pp.)	冊子名	發刊機關	發行日字
1999	1	地方行政의 構造와 機能	87-136	地方自治行政 50年史 : 1948-1997	韓國地方行政研究院	99.2.1
	2	새마을運動은 어떻게 始作되고 展開되었는가	10-21	韓國의 새마을運動	새마을運動中央協議會	99.3.5
		새마을運動의 推進體制와 推進方法은 어떠한가	37-48			
	3	指導層과 道德意識	23-24	道德教育 家庭에서	韓國 道德運動協議會	99.5.20
	4	地方行政 高等考試制	28-29	地友	第4期 地方高試同期會	99.8.1
	5	地方化와 地方自治의 發展戰略	337-354 비전과 課題	21世紀 都市行政의 紀念集發刊委員會	春谷 盧椿熙教授 停年	99.10.15
	6	20世紀를 살아온 나 : 青壯年期의 나의 삶	250-256	追憶의 世紀에서 꿈의 世紀로 : 20世紀 文明의 回顧와 展望	國立民俗博物館	99.11.1
2000	1	獻呈辭	20-22	厚林李永爽先生 傘壽 紀念文集	厚林李永爽先生 傘壽 紀念文集發刊委員會	00.1.15
	2	南北統一과 國土開發	183-188	上同	上同	
	3	指導層과 道德意識	29-30	道德教本	韓國道德運動協議會	00.4.20
	4	人間의 삶과 價値	33-34	上同	上同	
	5	地方自治와 國家發展의 關係模型	429-447	偉大한 社會를 위하여: 氷溪 金永燮教授停年紀念論文集	氷溪金永燮教授 停年 紀念論文集發刊委員會	00.11.8
2001	1	21世紀 地方自治時代에 있어 都市 政府의 役割과 課題	65-70	21C 都市政策論	21C 都市政策開發院	01.3.1
	2	環境水準의 提高	213-302	國家經營의 政策과 戰略 : 21世紀 韓國의 發展基調	VIAGIS센터	01.6.10
	3	祝辭 : 獻身으로 살아온 70生涯	15-16	古稀紀念魯岩金文起書藝展	韓國書畵作家協會	01.10.29
	4	地方分權時代 地方議會의 役割	152-161	地方議會 10年 : 過去와 現在 그리고 未來	忠淸南道議會	01.12.1
	5	鄕約과 地方自治	642-663	退溪와 함께 未來를 向해 : 退溪誕辰 5百周年紀念 國際學術大會論文集	世界儒教文化 祝祭委員會	01.12.31
2002	1	地方自治와 市民의 役割	424-440	濟州市民 비전21: 濟州市 民自治大學講演集	濟州市	02.2.1
	2	第5篇 産業 · 經濟	681-882	聞慶誌(增補版)	聞慶市 · 聞慶文化院	02.2.1
	3	獻呈辭	16-17	보람으로 살아온 人生 七十 年 : 草友 禹哉永先生 古稀紀念集	草友 禹哉永先生 古稀 紀念集發刊委員會	02.3.23
	4	地方化와 地方自治	137-157	上同	上同	02.3.23
	5	市民自治大學을 開設하면서	3	市民自治大學(案內冊子)	韓國自治開發研究員	02.9.1
	6	無門의 大道를 걸어 오신 폭 넓은七十 生涯를 敬畏하며	70-71	愚人自忙歸去涯 : 仁京 尹相在 先生 古稀紀念文集	古稀紀念文集 編纂委員會	02.11.21
2003	1	地域經濟發展方向(基調演說文)	7-9	京畿道 地域經濟發展方向	韓國地域經濟學會	03.1.1

年度	順次	執筆論文		收錄冊子		
		題目	該當頁(pp.)	冊子名	發刊機關	發行日字
				摸索을 위한 政策討論結果 報告書		
	2	國家均衡發展과 新行政首都建設	147-170	2003 特別 講義 모음: 感銘 · 새 認識 그리고 座標	忠淸南道	03.12.31
2004	1	發刊辭	i	韓國과 世界의 首都	新行政首都建設推進企劃團	04.1.1
	2	祝辭 : 傘壽頌	263-265	石齋 藝選集 : 李鼎九 先生 回婚紀念集	洪在裕 · 李相雨(編輯)	04.2.22
	3	열두살 때부터 읽어온 小說 ≪몽테크리스토 伯爵≫	26-39	다섯 수레의 冊	서울大學校 出版部	04.2.25
	4	祝辭	10	創立 30週年紀念 第23回 會員展	韓國書畵作家協會	04.3.12
	5	漢詩	39	上同	上同	04.3.12
	6	推薦辭	21-22	孝子 · 孝婦列傳	韓國道德運動協議會	04.3.20
	7	人事말	4	新行政首都 : 都市基本構想과 立地選定	新行政首都建設推進委員會	04.4.17
	8	總裁 祝辭 및 作詩揮毫	3, 21	第21回 韓國書畵藝術 大展圖錄	韓國書畵作家協會	04.7.2
	9	總裁 祝辭	5	延邊支部 創立10周年紀念 韓 · 中書畵交流展	韓國書畵作家協會 中國 延邊朝鮮族自治州 國際公共關係協會	04.8.7
	10	發刊辭	13-15	韓國書畵作家協會 30年史 · 韓國道德運動協議會 15年史	韓國書畵作家協會 · 韓國道德運動協議會	04.11.1
	11	道德의 得과 失	4	내 사랑 高陽 : 高陽市 一山區 區民自治大學 活動 모음集	高陽市 一山區 區民 自治大學 活動 모음集	04.11.1
2005	1	發刊辭	7	第24回 韓國書畵作家協會 會員展 圖錄	韓國書畵作家協會	05.3.4
	2	推薦辭	4-6	臨時行政首都 白紙計劃은 살아 있다	NCC 포럼	05.4.20
	3	祝辭	7	第22回 韓國書畵藝術 大展 圖錄	倫齋墨硏會	05.7.18
	4	祝辭	4	第3回 倫齋墨硏 會員展 圖錄	倫齋墨硏會	05.7.18
2006	1	近現代 聞慶의 經濟와 産業	53-96	寫眞으로 보는 聞慶의 近代 100年史	聞慶市廳	06.1.1
	2	머리말	1	國政課題 三大 基本法	友一出版社	06.1.1
	3	發刊辭	7	第25回 韓國書畵作家協會 會員展 圖錄	韓國書畵作家協會	06.3.24
	4	激勵辭 : 聞慶中學校와 나의 佳緣	261	在京聞中 30年史	在京聞慶中學校 同門會	06.5.11
	5	發刊辭	7	第23回 韓國書畵藝術 大展 圖錄	韓國書畵作家協會	06.6.23

5. 定期刊行物 論文

○ 定期刊行物 發刊機關名

(가나다 順)

順	刊 行 物	發 行 機 關
ㄱ	監査	監査院
	監査月報	監査院
	江原自治	江原自治研究會
	建設界	建設界社
	建設廣場	韓國建設産業研究院
	京畿道議會消息	京畿道議會
	京畿21世紀	京畿開發研究院
	慶北人	在京大邱 · 慶北 道民會
	警察	大韓警友會
	警察考試	警察考試社
	Goef Herald	藝脈企劃
	空間 SPACE	空間社
	公害對策	公害對策社
	公害防止協會報	公害防止協會
	關稅	關稅廳
	光州商議	光州商工會議所
	光州 · 全南經營界	光州 · 全南經營者協會
	教育月報	教育部
	國際問題	國際問題社
	國土開發研究院月刊消息	國土開發研究院
	國土計劃	大韓國土 · 都市計劃學會
	國土와 建設	大韓建設振興會
	國土情報	國土開發研究院
	國會報	國會
	技術管理	韓國産業技術振興協會
	技術協力	韓美技術協力會
	企業	現代經濟社會研究院
	企業經營	韓國生産性本部
ㄴ	나라經濟	政府國民經濟研究所
	洛江春秋	洛江春秋社
	蘆嶺	全州文化院
	뉴健康다이제스트	뉴健康다이제스트社
	뉴스피플	서울 新聞社
ㄷ	The Journal of East Asian Affairs	國際問題研究所
	都市問題	大韓地方行政共濟會
	都市情報	大韓國土 · 都市計劃學會
	都市行政研究	서울市立大學校
	道政研究	京畿道
	同窓會報	서울大 環境大學院 同窓會
	東海社會	浦項東海言論文化社
ㄹ	럭키金星	럭키金星그룹 企劃室
ㅁ	매니즈먼트	韓國産業開發研究院
	Monthly News Letter	韓國土地開發公社
	聞慶郡議會報	聞慶郡議會
	聞慶文化	聞慶文化院
	聞中	聞慶中學校 同窓會
	民族知性	民族知性社
ㅂ	法曹	法務部 法曹協會
	不動産經濟	韓國不動産經濟社
	不動産會誌	韓國不動産學會
	比較行政	(社)地方行政研究所
ㅅ	思想과 政策	京鄉新聞社
	三星뉴스	三星그룹 企劃室
	商議週報	大韓商工會議所
	새마을	새마을運動中央協議會
	새마을運動	새마을運動中央研修院
	새마을運動資料	새마을運動中央協議會
	새재의 맥	在京 聞慶學友會
	生活設計	라이프 앤 비즈니스 뉴스
	서울工大	서울大 工科大學 學生會
	서울市政포럼	서울市政開發研究院
	稅務士	韓國稅務士會
	損害保險	大韓損害保險協會
	쇳물	浦項製鐵(株)
	時事	內外問題研究所
	市政研究	서울市政研究團
	新東亞	東亞日報社
	信用經濟	韓國産業經濟研究院
ㅇ	安東商議	安東商工會議所
	安養商議	安養商工會議所
	알뜰벗	새마을婦女會 中央協議會
	에세이	元章文化社
	研修大會報告書	內務部 地方行政研修院
	研修通信	上 同
	열매	貯蓄推進中央委員會
	潁江文化	潁江文化社
	嶺友俱樂部	嶺友俱樂部
	藝鄉	光州日報社
	우먼센스	서울文化史
	院友會報	韓國地方行政研究院
	月刊考試	法學社
	月刊廣場	世界平和教授協議會
	月刊빛	大邱카톨릭新聞社
	月刊서울	서울市
	月刊朝鮮	朝鮮日報社
	月刊中央	中央日報社
	油公뉴스레터	株式會社 油公
	議會報	店村市議會
	이코노미스트	經濟通信社

順	刊 行 物	發 行 機 關
ㅇ	人口問題論集	人口問題研究所
	立法調査研究	國會
	立法會議報	國家保衛 立法會議
ㅈ	自由公論	自由公論社
	自治經營	地方自治經營協會
	自治公論	韓國地方自治研究院
	自治新聞	韓國自治新聞社
	自治研究	大邱地域社會開發研究會
	自治議政	地方議會發展研究院
	自治情報	永進專門大學
	自治通信	韓國地方自治學會
	自治行政	(社)地方行政研究所
	在京聞慶會報	在京聞慶中學校 同窓會
	全北議政	全北議政會
	店村 · 聞慶文化	店村 · 聞慶文化院
	週刊每經	每日經濟新聞社
	週刊朝鮮	朝鮮日報社
	主婦生活	主婦生活社
	住宅	大韓住宅公社
	地方稅	韓國地方財政共濟會
	地方時代	새한日報社
	地方自治	韓國自治新聞社, 現代社會研究所
	地方自治研究	韓國地方自治學會
	地方財政	韓國地方財政共濟會
	地方行政	大韓地方行政共濟會
	地方行政研究	韓國地方行政研究院
	地方行政研修	內務部 地方行政研修院
	地方行政研修院消息	行自部 國家專門行政研修院
	地方行政情報	韓國地方行政研究院
	地域社會開發研究	韓國地域社會開發學會
	地域情報	江陵大學 嶺東産業經濟研究所
	地籍	大韓地籍公社
ㅊ	Challenger	三星物産(株)
	靑五	五 · 一六奬學會 會員모임
	畜産振興	畜産振興會
	忠南저널	忠南저널社
ㅌ	太發研消息	太白發展研究會
	터전	서울大 環境大學院
	土地	韓國土地開發公社
	土地開發	上 同
	土地金融	土地金庫
	土地研究	韓國土地開發公社
ㅎ	學園	學園社
	韓國論壇	(株)韓國論壇
	韓國OR學會誌	韓國OR學會
	韓國YMCA	韓國YMCA
	韓國人	社會發展研究所
	韓國行政學報	韓國行政學會
	한겨레21	한겨레新聞社
	行政論叢	서울大 行政大學院
	行政大學院消息	上 同
	行政問題論集	漢陽大 行政問題研究所
	鄕軍	大韓民國 在鄕軍人會
	憲政	大韓民國 憲政會
	現代經營	韓國能率協會
	現代社會	現代社會研究所
	現代住宅	住宅文化社
	環境과 公害	韓國環境技術研究所
	環境論叢	서울大 環境大學院
	環境同友會報	環境處 環境同友會
	環境保全協會報	環境保全協會
	環境消息	서울大 環境大學院學生自治會

1966年 ①「地方自治團體의 事務配分 實態」
監査月報. 1966年 10月號, pp.60-69.

1967年 ①「地方自治制의 復活을 위한 提言」
法曹. 16卷 4 · 5號 (1967年 5月號), pp.71-86.
②「住民統制的 側面에서 본 市政府 執行機關의 構成形態에 관한 考察」
行政論叢. 5卷 2號 (1967.12), pp.133-145.

1968年 ①「都市政府의 執行機關形態에 관한 考察」
國土計劃(KPAJ). 3卷 2號 (1968.2), pp.35-40.
②「高密度集積의 經濟理論」(譯 : 藤井隆 論文)
行政論叢. 6卷 2號 (1968. 12), pp.195-206.

1969年 ①「敎授가 본 公務員」
地方行政. 18卷 1號(1969.1), p.172.
②「地方都市育成과 首都圈人口問題」

都市問題. 4卷 6號(1969.6), pp. 15-26.

1972年 ①「地方自治團體財政의 適正規模」
地方行政. 第21卷 2號(1972.2), pp. 60-73.
②「都市의 基盤行政區域」
都市問題. 7卷 2號(1972.2), pp.44-52.
③「地方政府의 效率的 事務管理를 위한 EDPS化」
地方行政. 第21卷 5號(1972.5), PP.66-81.
④「市民參與와 새마을運動」
都市問題. 7卷5號(1972.5), pp.16-24.
⑤「OR 의 意義와 範圍 및 制約性」
技術協力. 8卷 6號 (1972.6), pp. 41-48
⑥「地方行政 中心單位機關을 設定하기 위한 接近方法」
地方行政. 21卷 8號(1972.8), pp. 36-45.
⑦「計劃하는 群像」(卷頭言)
都市問題. 7卷 9號(1972.9), p.3.
⑧「據點開發의 理論과 實際」
都市問題. 7卷 10號(1972.10), pp. 15-24.
⑨「How Are Goals Determined for Development or Growth?」
技術協力. 8卷 12號(1972.12), pp. 39-45
⑩「70年代 都市의 主要課題 : 財源 및 技術的 能力具備와 地方行政間의 協力 및 調整體系 마련」
都市問題. 7卷 12號(1972.12), pp 10-11.
⑪「地域經濟의 均衡成長에 관한 小考」
韓國行政學報. 6號(1972.12), pp. 90-102.
⑫「適正代案의 選定을 위한 統計的 決定理論」
行政論叢. 10卷 2號(1972.12), pp. 1-15.

1973年 ①「行政區域改編의 接近方法」
地方行政. 22卷 3號(1973.3), pp. 52-61.
②「工業化와 環境保全」
建設界. 1973年 6月號, pp. 44-52.
③「行政能率을 높이기 위한 새로운 管理技法」
地方行政. 22卷 6號(1973.6), pp. 24-33.
④「Informal Groups and Community Change」
行政論叢. 11卷 1號(1973.6), pp. 223-236.
⑤「새마을 增産의 持續化를 위한 生産基盤擴充」
地方行政. 22卷 7號91973.7), pp. 90-99
⑥「새마을 增産의 要諦」(卷頭言)
地方行政. 22卷 7號(1973.7), pp. 14-15
⑦「工業化와 環境管理」
公害對策. 1973年 8月號, pp. 31-34
⑧「重化學工業團地 周邊小都市의 經濟開發」
都市問題. 8卷 9號 (1973.9), pp41-53.
⑨「工業化와 環境保全의 適正化를 위한 動態的 模型定立에 관한 研究」

行政論叢.11卷 2號(1973.9), pp.152-175.
⑩「人口管理의 天道」(卷頭言)
都市問題. 8卷 10號(1973.10), p. 3.
⑪「工業發展과 環境保存」
서울工大. 77號(1973.11), pp.12-17.

1974年 ①「우리 나라 地域間 人口移動의 動態的인 數理分析」
地方行政. 上 : 23卷1號(1974.1), pp.120-131; 中 : 23卷2號(1974.2), pp. 88-107;
下 : 23卷3號(1974.3), pp.108-122.
②「內實行政의 意義와 課題」
地方行政. 23卷 2號(1974.2), pp.50-57.
③「環境經濟學 : 槪論」(共同執筆 : 魯公均)
都市問題. 9卷3號(1974.3), pp. 53-66.
④「地域發展過程에 있어 小都市의 機能」
都市問題. 9卷4號(1974.4), pp.8-15.
⑤「Economics of the Environment」
公害對策. 5卷 2號(1974.5), pp.44-55.
⑥「經濟成長에 따른 地域間 經濟的 隔差와 地域間 人口移動의 函數關係定立에 관한研究 :
韓國의 60年代를 中心으로」(文敎部 73年度 研究課題)
國土計劃. 9卷22號 (1974.5), pp.35-123.
⑦「內實行政의 意義와 課題」
警察. 13卷 5號(1974.5), pp.8-12.
⑧「警察行政과 福祉行政」
警察. 13卷 6號(1974.6), pp.22-24.
⑨「地域社會開發의 意義를 論함」
月刊 考試. 1974年 7月號, pp. 65-70
⑩「우리 나라 地域社會의 類型別 開發模型」
地方行政. 23卷 7號(1974.7), pp. 38-43.
⑪「새마을運動에 있어 單位地域의 規模를 論함」
月刊 考試. 1974年 8月號, pp. 98-100
⑫「地域間 經濟的 隔差에 관한 研究 : 韓國의 境遇를 中心으로」
環境論叢. 1卷 1號(1974.8), pp.27-64
⑬「環境과 計劃」
環境論叢. 1卷 1號(1974.8), pp.243-261.
⑭「一線行政 强化를 위한 機能再整備」
地方行政. 23卷 9號(1974.9), pp. 34-43.
⑮「人蔘本位와 融和行政의 고장」(錦山郡 르포)
地方行政. 23卷 9號(1974.9), pp 94-100.
⑯「鑛山開發과 더불어 成長하는 고장」(聞慶郡 르포)
地方行政. 23卷 12號(1974.12), pp. 151-156.
⑰「住宅建設의 産業關聯 效果 : 産業關聯表의 分析을 中心으로」
住宅金融. 7卷 4號(1974.12), pp. 5-10.

1975年 ①「都市새마을運動의 强化」
地方行政. 24卷 1號(1975.1), pp 94-99.
②「오랜 落後에서 탈피하는 山村의 고장」(光陽郡 르포)
地方行政. 24卷 1號(1975.1), pp.123-129.
③「地域開發에 있어 住民參與의 길」
地方行政. 24卷 2號(1975.2), pp.46-53.
④「시나리오(scenario)手法이란 무엇인가? : 未來豫測의 한 方法으로」
現代經營. 1975年 7月號, pp.56-59.
⑤「首都圈의 人口分散策과 地方都市育成」
都市問題. 10卷9號(1975.9), pp. 19-25.
⑥「地方行政電算化의 길」(이달의 焦點)
地方行政. 24卷 10號(1975.10), p. 118.
⑦「標本調査에 있어 標本 크기의 決定과 母數値의 推定 및 時間 · 費用算定에 관한 硏究」
環境論叢. 2卷 1號(1975.12), pp. 67-94.

1976年 ①「農村의 近代化」(새마을 思索)
새마을. 1976年 1月號, pp.52-53.
②「工業化와 地域開發 : 苦憫과 對策」(國際會議 參加記)
都市問題. 11卷 3號(1976.3), pp.80-92.
③「Industrialization and Growth Pole Development in Korea : A Case Study of Ulsan Industrial Cmoplex in the Context of Regional Development in Southern Coastal Areas」(UNCRD Seminar Paper)
國土計劃. 11卷 1號(1976.9), pp. 50-88.
④「Possibilities and Limitations of the Application of Operations Research to Regional Planning : With a Case in Korea」(UNCRD Seminar Paper)
韓國 OR 學會誌. 1卷 1號(1976.12), pp. 89-94.
⑤「Model-building of the Relatinships between Inter-regional Economic Disparity and Internal Migration : The Case of Korea」
環境論叢. 3卷 1號(1976.12), pp.84-123.

1977年 ①「地域開發과 都市 · 農漁村 對策」(特輯 : 第4次 5個年計劃)
國會報. 156號(1977.1 · 2), pp. 49-54.
②「第4次計劃과 地方行政」
地方行政. 26卷 2號(1977.2), pp. 30-39.
③「對民行政의 民主化方案」
地方行政. 26卷3號(1977.3), pp. 46-53.
④「왜 遷都를 해야 하는가」
新東亞. 1977年 4月號, pp. 180-186.
⑤「責任 있는 自然資源의 活用」
韓國 YWCA .1977年 4月號, pp. 7-11.
⑥「社會 · 經濟的 側面에서 본 新都市 建設」
都市問題. 12卷 4號(1977.4), pp. 40-47.
⑦「經濟開發側面에서 본 環境汚染과 公害對策」

公害防止協會報. 5號(1977.5), p. 8.
⑧「水資源과 人間生活」
열매. 29號(1977.5), pp. 92-95.
⑨「首都人口分散을 위한 産業再配置」
不動産會誌. 2號(1977.5), pp. 6-7
⑩「2000年代의 서울 : 長期都市基本計劃 試案을 보고」(메아리)
이코노미스트. 1977年 6月號, p.14.
⑪「社會紀綱確立을 위한 地方行政의 役割」
地方行政. 26卷 6號(1977.6), pp. 16-23.
⑫「資源과 再生性」
열매. 31號(1977.7), pp. 52-55.
⑬「都市財政構造와 現況」
都市問題. 12卷 7號(1977.7), pp. 6-21.
⑭「現代社會와 空間革命」
國際問題. 86號(1977.10), pp.47-53.
⑮「國土開發과 自然保全」
時事. 16卷 11號(1977.11), pp. 37-42.
⑯「Desirable Policies and Strategies of Spatial Development for the Future of Korea : A Proposal」
環境論叢. 4卷 1號(1977.12), pp. 73-86.

1978年 ①「自然保護의 새로운 倫理」(새해 提言)
이코노미스트. 1978年 1月號, pp.16-18.
②「限界資源開發과 企業經營」
企業經營. 21卷 237號(1978. 1), pp. 58-61.
③「90年代의 長期展望과 都市開發政策」
都市問題. 13卷 1號(1978.1), pp. 6-13.
④「서울의 人口」
三省 News. 1978年 1月號, pp. 4-5.
⑤「據點都市開發의 課題와 發展方向」
都市問題. 13卷 3號(1978.3), pp. 22-29.
⑥「環境秩序와 自然保護運動」
地方行政. 27卷4號(1978.4), pp. 64-67.
⑦「都市化 趨勢와 宅地需要」
土地金融. 4號(1978 여름), pp. 13-25.
⑧「國民所得向上을 위한 限界資源(Marginal Resources) 開發에 관한 硏究」(‘77-’78文教部課題)
國土計劃. 13卷 1號(1978.9), pp. 12-23.
⑨「泰國의 오늘과 來日」
地方行政. 27卷 10號(1978.10), pp. 68-75.
⑩「國土擴張의 必要性과 利用方向」
國會報. 1978年 11 · 12月號, pp. 44-50.
⑪「住民所得向上을 위한 限界資源開發에 관한 硏究」
地方行政. 27卷12號(1978.12), pp. 86-103.

⑫「Structural-functional Change and Development Dimension of Small-towns in Korea :The Case Study of Five-order Centers」
環境論叢. 5卷 1號(1978.12), pp. 110-136.

1979年 ①「都市化에 부응한 地方階層 및 區域調整」
地方行政. 28卷 3號(1979.3), pp. 62-75.
②「거미줄 地下鐵, 그 위엔 遊樂地 : 어느 主婦의 日記」
主婦生活. 1979年 4月號, pp. 112-113.
③「都市環境의 政策方向」
環境과 公害. 2卷 4號(1979.4), pp. 243-246.
④「分明히 해야 할 몇 가지 : 計劃의 我執과 混亂」
國土開發硏究院 月刊 消息. Ⅱ卷 4號(1979.4), pp. 4-5.
⑤「不惑과 不學」(同窓 칼럼)
行政大學院 消息. 12號(1979. 4.30), p. 6.
⑥「小都邑, 中小都市 및 農村의 都市化 展望과 開發」
都市문제, 14卷 4號(1979.4), pp. 44-50.
⑦「슬기와 보람의 歷程」
青五. 1979年 5月號, pp. 70-72.
⑧「淳朴과 意志의 고장 : 農鑛併進으로 成長하는 聞慶」
嶺友俱樂部. 85號(1979.6), pp. 36-37.
⑨「條件 없는 큰 恩惠 : 自然을 保護하자」
새마을. 1979年 7月號, pp. 56-57.
⑩「大都市 機能分散과 住居立地」
住宅金融. 54號(1979 夏季刊), pp. 3-6
⑪「農村 · 都市變換過程과 地域開發政策 : 서울-京畿 首都圈을 中心으로」('78-'79 峨山財團課題)
環境論叢. 6號(1979.12), pp. 1-28.

1980年 ①「畜産公害 : 그 規制와 對策」(座談會)
畜産振興. 3卷 6號(1980.6), pp. 22-32.
②「都市化 趨勢와 宅地需要」
Monthly News Letter. 2卷 6號(1980.6), p. 3.
③「地方自治의 將來模型」
地方行政. 29卷 6號(1980.6), pp. 36-45.
④「中小都市의 開發方向과 據點機能强化方案」
都市問題. 15卷 6號(1980.6), pp. 8-24.
⑤「地域總生産의 資料體系化와 豫測模型開發에 관한 硏究(上)」
環境論叢. 7卷(1980.6), pp. 113-137.
⑥「住宅需給의 基本理論」
住宅. 39號(1980.8), pp. 21-26.
⑦「崔在善著 : 地域經濟論」(書評)
國土計劃. 15卷 1號(1980.9), p. 111.
⑧「새마을事業의 새로운 模型」
새마을. 392號(1980.9.27), p. 4.

⑨「福祉國家建設과 土地問題」
Monthly News Letter. 2卷 9號(1980.9), p. 2.
⑩「人口展望과 經濟社會開發計劃」
都市問題. 15卷 10號(1980.10), pp. 19-35.
⑪「A Study of External Linkages in a Self-reliant Pattern of Development : The Republic of Korea」
行政問題論集. 第1輯(1980.12), pp. 135-157.

1981年 ①「地域經濟와 地方財政」
地方行政. 30卷 1號(1981.1), pp. 93-103.
②「Korean Economic Development and External Linkages」
The Journal of East Asian Affairs. Vol.1, No. 1(Jan. 1981), pp. 228-254.
③「1981年의 時次元的 座標」
立法會議報. 2號(1981.1.2), pp. 40-43.
④「地方行政의 새로운 展開」
研修通信. 4號(1981. 3.30), pp. 3-4.
⑤「國家政策과 地方行政」
地方行政. 30卷 3號(1981.3), pp. 53- 60.
⑥「人口展望과 宅地開發」
土地開發. 3卷 4號(1981.4), pp. 9-12.
⑦「우리가 해야 할 일은」(世界環境의 날 紙上座談)
環境保全協會報. 27號(1981.5.15), p. 3.
⑧「地域 總生産의 資料體系化와 豫測模型에 관한 研究(下)」
環境論叢. 8卷(1981.6), pp. 1-22.
⑨「地方行政의 刷新問題」
地方行政. 30卷 7號(1981.7), pp. 22-30.
⑩「自然環境과 人工環境」
月刊 朝鮮. 1981年 9月號, pp. 57-67.
⑪「土地政策과 國民經濟 : 土開公의 國民經濟에의 寄與度」
土地開發. 3卷 8號(1981.8), pp. 2-4.
⑫「1980年 人口 및 住宅센서스 結果分析」
住宅金融. 14卷 4號(1981.8), pp. 9-20.
⑬「國家計劃과 地方行政」
地方行政. 30卷 10號(1981.10), pp. 16-27.
⑭「金亨培 著 : 行政指導論」(書評)
地方行政. 30卷 10號(1981.10), p. 89.
⑮「2次 據點都市開發에 力點을」(國土開發紙上公廳)
現代經營. 1981年 11月號. p. 92.
⑯「金源 著 : 都市行政論」(書評)
地方行政. 30卷 12號(1981.12), p. 129.
⑰「'81地方行政을 돌아본다.」(座談-司會)
地方行政. 30卷 12號(1981.12), pp. 60-82.
⑱「國土空間의 利用開發과 人口問題」

市政研究. 3卷(1981.12), pp. 69-104.

1982年 ①「88 서울 올림픽의 成功的 遂行과 地方行政의 役割」
地方行政. 31卷 1號(1982.1), pp. 78-85.
②「環境과 人間 : 그 屬性과 相互關係」
人口問題論集. 23號(1982.1), pp. 20-30.
③「道綜合開發計劃樹立」(座談)
都市問題. 17卷 4號(1982.4), pp. 8-39.
④「地域經濟의 發展」
地方財政. 1卷(1982.5), pp. 59-79.
⑤「都市經濟와 都市行政」
都市問題. 17卷 8號(1982.8), pp. 8-15.
⑥「地方財政과 地域經濟」
地方財政. 1卷 5號(1982.8), pp. 4-8.
⑦「創刊辭」
聞中. 創刊號(1982.9), pp. 7-8.
⑧「同窓會의 基金」
聞中. 創刊號(1982.9), pp. 43-50.
⑨「나와 聞慶」
새재의 脈.2輯(1982.9), pp. 7-13.
⑩「地域經濟 水準(民力度) 測定에 관한 研究(前篇)」
環境論叢. 10卷(1982.9), pp. 1-29.
⑪「全北禮讚論」
蘆嶺. 17號(1982.10), pp. 39-41.
⑫「올림픽과 地域經濟」
住宅金融. 15卷 5號(1982.10), pp. 3-11.
⑬「올림픽을 통한 地域經濟活性化 方案」
研修大會報告書. 第22會(1982.11), pp. 23-41.
⑭「孫禎 睦 著 : 都市變化過程研究」(書評)
週間 朝鮮. 721號(1982.12.12), pp. 70-71.
⑮「地域經濟水準(民力度) 測定에 관한 研究(後篇)」
環境論叢. 11卷(1982.12), pp. 1-39.
⑯「地方財政의 앞으로의 課題」
地方財政. 1卷 9號(1982.12), pp. 45-53.

1983年 ①「小都市成長의 動因과 地域效果 : 店村邑 事例研究」(Ⅰ, Ⅱ, Ⅲ)
地方行政. (Ⅰ) 32卷 2號(1983.2), pp. 71-84, (Ⅱ) 32卷 3號(1983.3), pp. 91-106, (Ⅲ) 32卷 4號(1983.4), pp. 53-64.
②「金儀遠 著 : 韓國國土開發史研究」(書評)
週間 朝鮮. 734號(1983. 3.20), p. 63.
③「都市와 都市基本計劃」
都市情報. 2卷 4號(1983.4), p. 1.
④「地自制 實施, 時機尙早인가」

月刊 朝鮮. 4卷 5號(1983.5), pp. 110-119.
⑤「地方交付税 配分의 合理化」
地方財政. 2卷 6號(1983.6), pp. 35-51.
⑥「우리 나라 限界地域의 性格과 變換過程」
都市問題. 18卷 6號(1983.6), pp. 83-101.
⑦「Growth Factors and External Roles of Small Town in the Context of Regional Development : A Case Study of the Republic of Korea」
國土計劃. 18卷 1號(1983.6), pp. 71-99.
⑧「環境計劃研究所 : 業績과 展望」
環境論叢. 12卷(1983.7), pp. 47-52.
⑨「環境管理 시스템 開發에 관한 研究」
環境論叢. 12卷(1983.7), pp. 93-115.
⑩「地域開發과 開發利益還收」
地方財政. 2卷 8號(1983.8), pp. 6-12.
⑪「農外所得增大를 위한 税制改善에 관한 研究」
住宅金融. 16卷 4號(1983.8), pp. 37-53.
⑫「公益性과 企業性의 調和」
土地開發. 5卷 8號(1983.8), pp. 3-6.
⑬「聞中人의 矜持와 보람」(會報發刊 祝辭)
在京聞中會報. 創刊號(1983.10.16), p. 1.
⑭「計劃家의 姿勢」(卷頭言)
國土計劃. 18卷 2號(1983.12), pp. 2-4.
⑮「The Nature and Transformation of Marginal Areas : The Case Study of Korea」
環境論叢. 13卷(1983.12), pp. 1-18.

1984年 ①「大都市의 人口集中抑制方案에 대한 檢討」(卷頭言)
都市問題. 19卷 2號(1984.2), pp. 6-7.
②「地域開發基金과 投資事業選定問題」
地方財政. 25號(1984.6), pp. 28-40.
③「地域均衡發展과 地域經濟活性化」(세미나 - 司會)
地方行政. 33卷 7號(1984.7), pp. 11-49.
④「財源配分의 制度的 裝置를」
週間每經. 257號(1984.8.2), pp. 18-19.
⑤「88高速道路 開通의 참뜻」(時論)
國會報. 215號(1984.9), pp. 4-6.
⑥「地域經濟의 活性化와 地方의 役割」
地方財政. 26號(1984.10), pp. 8-18.
⑦「2000年代의 聞慶」
穎江文化. 創刊號(1984.10), pp. 24-25.
⑧「地方自治團體의 階層構造比較」
比較行政. 創刊號(1984.12), pp. 16-26.
⑨「都市 및 地域開發과 情報管理體系(I)」
環境論叢. 15卷(1984.12), pp. 25-51.

1985年 ①「建設行政에 바란다」(座談)
國土와 建設. 2卷 1號(1985.1), pp. 29-33.
②「韓國地方自治略史 : 政府樹立以後」
比較行政. 2號(1985.3), pp. 8-21.
③「'85 地方財政에 바란다」
地方財政. 28號(1985 봄號), pp. 6-12.
④「店村市 昇格의 必要性과 當爲性」
穎江文化. 3號(1985 봄號), pp. 24-27.
⑤「地方自治와 都市計劃」(卷頭言)
國土計劃. 20卷 1號(1985.6), pp. 3-4.
⑥「Information Systems for Urban and Regional Development Planning(Ⅰ)」
國土計劃. 20卷 1號(1985.6), pp. 225-238.
⑦「地域開發과 監査」
監査. 1985年 여름號(1985.6), pp. 44-47.
⑧「地方自治 實施를 위한 地方財政의 現實的 問題와 制約條件」
地方財政. 29號(1985年 여름號), pp. 20-29.
⑨「바람직한 地方行政人」
地方行政. 34卷 7號(1985.7), pp. 18-24.
⑩「母校禮讚」
嶺友俱樂部. 21卷 3號(1985.7), p. 134.
⑪「都市 및 地域開發과 情報管理體系(Ⅱ)」
環境論叢. 16號(1985.8), pp. 1-21.
⑫「地方行政研修院 20年의 回顧와 發展方向」
地方行政研修. 2號(1985.9), pp. 7-22.
⑬「環境變化와 地方行政」(세미나 論文 收錄)
國土와 建設. 2卷 10號(1985.10), pp. 48-51.
⑭「市 61個時代의 意味」
都市問題. 20卷 12號(1985.12), pp. 18-30.
⑮「都市化와 地方財政」
地方財政. 31號(1985年 겨울號), pp. 6-10.
⑯「Information Systems for Urban and Regional Development Planning(Ⅱ)」
國土計劃. 20卷 20號(1985.12), pp. 230-242.

1986年 ①「比較行政誌 創刊 한 돌에 즈음하여」(卷頭言)
比較行政. 6號(1986.3), pp. 1-3.
②「우리 나라 地方自治의 適正模型」
比較行政. 6號(1986.3), pp. 4-65.
③「地方財政自立度와 地方自治」
國會報. 233號(1986.3), pp. 54-60.
④「地域經濟 活性化를 위한 地方行政의 役割」
地方行政. 35卷 3號(1986.3), pp. 16-22.
⑤「自然과 人間」(座談會)

思想과 政策. 3卷 2號(1986年 봄號), pp. 6-18.
⑥「集合建築과 合同開發」(卷頭言)
都市情報. 5卷 5號(1986.5), p. 1.
⑦「地域經濟發展과 技術開發」
技術管理. 1986年 5月號, pp. 12-15.
⑧「學會 27年의 業績과 向後의 發展課題」(卷頭言)
國土計劃. 21卷 1號(1986.5), pp. 3-5.
⑨「環境大學院 環境計劃學科 基礎科目의 教材開發에 관한 研究 : 都市財政論」(文教部 研究課題)
環境論叢. 18卷(1986.6), pp. 49-61.
⑩「地方財政調整制度의 改善方案」
地方行政. 5卷 3號(1986年 가을號), pp. 33-40.
⑪「地自制 實施에 따른 國土計劃의 再照明」(座談會-司會)
國土와 建設. 3卷 10號(1986.10), pp. 20-30.
⑫「建設하는 群像」
土地開發. 91號(1986.10), p. 2
⑬「北韓金剛山 댐 建設의 影響評價 및 對策 : 세미나 綜合 및 建議文」
國土計劃. 21卷 3號(1986.11), pp. 280-283.
⑭「學問精進의 氣風과 教育聖業의 使命 (卷頭言)」
環境論叢. 19卷(1986.12), pp. 2-3.

1987年 ①「韓國地方自治의 階層과 區域」
民族知性. 11號(1987.1), pp. 52-59.
②「自治時代를 여는 主役들의 役割 : 行政의 姿勢와 役割」
比較行政. 10號(1987.1), pp. 8-16.
③「地方行政誌에 바란다 : 地方行政史의 證人이 되라」(誌齡 400號 特輯)
地方行政. 36卷 2號(1987.2), pp. 74-77.
④「年輪과 人品」
쇳물. 179號(1987.2), pp. 16-17.
⑤「地域開發潛在力의 測定技法에 관한 研究」
地方行政研究. 2卷 1號(1987. 2), pp. 1-16.
⑥「農村地域의 非農業部門構造와 經濟發展過程」(Ⅰ-Ⅴ)
地方行政. (Ⅰ) 36卷 3號(1987.3), pp. 72-82.
(Ⅱ) 36卷 4號(1987.4), pp. 77-87.
(Ⅲ) 36卷 5號(1987.5), pp. 64-77.
(Ⅳ) 36卷 6號(1987.6), pp. 49-59.
(Ⅴ) 36卷 7號(1987.7), pp. 78-89.
⑦「公務員의 年輪과 德性」
地方行政研修. 8號(1987.3), pp.90-91.
⑧「地域經濟活性化와 地方自治」(세미나 基調論文 再收錄)
國土와 建設. 4卷 4號(1987.4), pp. 90-94.
⑨「地域經濟活性化와 地方自治」(세미나 基調論文 再收錄)
光州商議. 177號(1987.4), pp. 6-12 ; 比較行政. 12號(1987.5). pp. 9-19.
⑩「韓·日 都市再開發 세미나 開會辭」(要旨)

國土와 建設. 4卷 5號(1987.5), p. 94.

⑪「就任辭」(院長)
同窓會報. 14號(1987.5.14), p. 1.

⑫「地域經濟와 地方自治」
地方財政. 6卷 2號(1987年 여름號), pp. 15-21.

⑬「Structural Change of Non-farm Sector and Stages of Economic Development in the Rural Region of Korea」
環境論叢. 20號(1987.7), pp. 1-44.

⑭「2000年代 光州發展의 方向戰略」(세미나 基調論文 再收錄)
國土와 建設. 4卷 9號(1987.9), pp. 90-94.

⑮「行政需要의 變化와 行政對應」
地方行政. 36卷 10號(1987.10), pp. 38-45.

⑯「民選 새 政府에 바란다 : 住宅投資의 積極化」
現代住宅. 1987年 11月號, p. 88.

⑰「公共投資政策에 바란다」(座談會-司會)
國土와 建設. 4卷 11號(1987.11), pp. 22-23.

1988年 ①「地方自治法 逐條解說 : 機能과 事務」
比較行政. 16號(1988.1), pp. 54-65.

②「新入生 여러분에게」
環境消息. 2號(1988.2.25), p. 1.

③「88年度의 地方財政에 바란다.」
地方財政. 7卷1號(1988年 봄號), pp. 9-17.

④「盡榮責 歸凡巢 : 會長 離任辭」
國土計劃. 23卷 1號(1988.3), pp. 5-6.

⑤「아름다운 環境創造의 굳건한 터전을」(創刊 祝辭)
터전(TOPOS). 創刊號(1988.6), p. 2

⑥「서울 2000年 : 苦憫과 未來像」(市長 對談)
月刊 中央. 151卷(1988年 8月號), pp. 257-265.

⑦「地域經濟運營의 成功事例」
Challenger. 8卷 9號(1988.8), pp. 16-17.

⑧「不動産과 國民經濟」
不動産經濟. 創刊號(1988.9), pp. 38-39.

⑨「環境保全과 國土利用」
環境同友會報. 4號(1988.9), pp. 10-11.

⑩「均衡的 地域發展 및 地域社會開發의 課題」
現代社會. 31號(1988年 가을號), pp. 219-238.

⑪「土地政策과 地方自治團體의 役割」(座談會-司會)
自治行政. 1988年 11月號, pp. 10-29.

⑫「環境大學院 第2代 學生自治會 發足式에 즈음하여」
環境消息. 3號(1988.12.12), p. 2.

⑬「地方自治와 牧民官」
地方行政研修. 15號(1988.12), pp. 78-79.

⑭「韓半島改造論」
思想과 政策. 5卷 4號(1988年 겨울號), pp. 5-30.

1989年 ①「金基玉著 : 中小都市開發論」(書評)
地方自治. 2卷 1號(1989.1), p. 97.
②「地方自治制에 대한 몇가지 所見」
地方自治. 2卷 2號(1989.2), pp. 18-22.
③「地方自治와 地域開發」
地方行政研究. 4卷 1號(1989.2), pp. 63-76.
④「全南佳緣」
藝鄕. 54號(1989.3), pp. 240-241.
⑤「洛東江流域 綜合開發을 提言함」
洛江春秋. 創刊號(1989.3), pp. 156-165.
⑥「韓半島 19個道로 나누어져야 한다.」
學園. 325號(1989.3), pp. 92-95.
⑦「土地公槪念의 再照明」
不動産經濟. 2卷 3號(1989.3), pp. 156-159.
⑧「地方行政環境變化와 새로운 行政需要」
地方行政. 38卷 3號(1989.3), pp. 19-27.
⑨「地方自治 實施와 地方財政運用戰略」
地方財政. 8卷 1號(1989年 봄號), pp. 6-13.
⑩「地方化時代의 安東産業育成方向」
安東商議. 3號(1989.4 봄號), p. 4.
⑪「恐龍 서울, 이대로는 안 된다」
月刊 廣場. 189號(1989.5), pp. 32-41.
⑫「내가 본 中國 : 上海紀行(上)」
國土와 建設. 6卷 5號(1989.5), pp. 84-88.
⑬「내가 본 中國 : 上海紀行(下)」
國土와 建設. 6卷 6號(1989.6), pp. 82-86.
⑭「國土計劃 30年을 總括한다」(座談會)
國土와 建設. 6卷 7號(1989.7), pp. 22-31.
⑮「地域發展과 地方自治의 嚮導가 되소서」(創刊 祝辭)
自治研究. 創刊號(1989.7.1), p. 1.
⑯「轉換期에 있어서의 새마을 指導者의 役割과 姿勢」(講演抄錄)
새마을 運動資料. 3號(1989.7.27), pp. 2-4.
⑰「故 羅相紀 教授의 人間性」
國土計劃. 24卷 2號(1989.7), pp. 7-9.
⑱「National Land Development and Policy in Korea」
環境論叢. 24卷(1989.7), pp. 75-89.
⑲「살기 좋은 고장을 위한 새마을運動」
새마을. 16卷 3號(1989年 7,8月號), pp. 20-21.
⑳「地域均衡發展과 地方自治의 關係」
地方自治. 2卷 8號(1989.8), pp. 38-42.

㉑「土地 公槪念制度」(公廳討論會-司會)
不動産經濟. 1989年 9月號, pp. 68-83

㉒「地方自治의 地域性과 社會性」
地方自治. 2卷 9號(1989.9), pp. 18-21.

㉓「地方自治時代의 새마을運動」
自治行政. 26號(1989.9), pp. 20-24.

㉔「地方化時代의 行政需要 擴大에 따른 對應方案」
㉛ 京畿道 道政硏究. 2號(1989.9), pp. 5-22.

㉕「地方自治와 地域經濟의 關係」
地方行政. 38卷 9號(1989.9), pp. 8-16.

㉖「地方化 時代의 테크노폴리스 構想」(座談會-司會)
國土와 建設. 6卷 10號(1989.10), pp. 22-35.

㉗「江原道의 行政區域變遷과 發展方向」(세미나 論文 再收錄)
地域情報. 1卷 2號(1989年 가을號), pp. 19-27.

㉘「뿌리 깊은 고장을 찾아서 : 濟州遺憾 三題」
地方自治. 2卷 11號(1989.11), pp. 87-94.

㉙「地方自治制實施에 對備한 安東圈發展의 方向과 戰略」(세미나 論文收錄)
安東商議. 5號(1989.11), pp. 21-27.

㉚「動的 變換과 開發計劃」(國際會議參加記)
國土計劃. 24卷 3號(1989.11), pp. 161-168.
「地域開發硏究課題 長期發展計劃」(文敎部硏究課題)
環境論叢. 25號(1989.12), pp. 1-36.

1990年 ①「法의 骨格과 運營에 부쳐」
地方自治. 3卷 1號((1990.1), pp. 28-31.

②「1990年代를 사는 智慧」
열매. 1990年 1月號, pp. 42-45.

③「地方化時代의 地方政府의 役割」
매니지먼트. 1990年 2月號, pp. 94-97.

④「選擧公營制와 選擧資金許容範圍」
地方自治. 3圈2號(1990.1), pp. 24-25.

⑤「新紀元을 創造하는 覺悟로 奮發하자」(會長 新年辭에 대한 提言)
새마을. 1990年 1,2月號, p. 19-20.

⑥「激勵의 말」
環境消息. 1990年 3月號, p. 3.

⑦「趙正濟 著 : 都市經營」(書評)
國土計劃. 25卷 1號(1990.3), pp. 237-238.

⑧「地方自治와 바람직한 監査方向」
監査. 21號(1990年 봄號), pp. 34-39.

⑨「地方自治와 地方財政의 課題와 對策」
地方財政. 9卷 1號(1990年 봄號), pp. 26-30.

⑩「生活圈에 맞게 行政區域 改編해야」
韓國人. 1990年 4月號, pp. 59-62.

⑪「하나뿐인 地球를 살려야 人類가 산다」
信用經濟. 1990年 4月號, pp. 24-27.
⑫「韓國地方自治制, 이렇게 해야 한다」
鄕軍. 1990年 4月號, pp. 156-163.
⑬「새마을運動 20周年에 부쳐」
새마을. 1990年 4月號, pp. 12-13.
⑭「땅의 價値를 創造하는 사람들」
土地. 133號(1990.4), p. 2.
⑮「地方自治 實施의 政治的 意味」
韓國論壇. 1990年 5月號, pp. 28-34.
⑯「맑은 물, 깨끗한 空氣」
警察考試. 308號(1990.6), pp. 26-29.
⑰「地方自治時代의 새마을 指導者 役割」
새마을運動. 36號(1990.6.15), pp.14-15.
⑱「殘餘郡部 統廢合으로 一定規模 確保必要」
地方自治. 22卷(1990.7), pp. 29-32.
⑲「趙昌鉉 著 : 地方自治의 理論과 實際」(書評)
地方時代. 17號(1990.7), p. 148.
⑳「西紀2000年의 韓國經濟 · 産業 : 地域經濟」
商議週報. 1990.7.23(誌齡 1,000號), pp. 46-49.
㉑「都市化의 趨勢와 生活環境展望」
地方行政. 39卷 7號(1990.7), pp. 20-31.
㉒「現代社會의 環境과 人間生活」(세미나 論文 再收錄)
새마을. 1990년 9月號, pp. 14-18.
㉓「地方財政需要의 變化推移와 展望」
地方財政. 9卷 3號(1990年 가을號), pp. 20-30.
㉔「過消費 抑制와 地方行政의 役割」
地方行政. 39卷 9號(1990.9), pp. 10-17.
㉕「地方自治와 地域經濟」
道政硏究. (京畿道), 3號(1990.9), pp. 5-24.
㉖「地方自治 視點에서 본 政府組織改編, 어떻게 해야 하나」
地方自治. 25卷(1990.10), pp. 30-34.
㉗「用語解說」
自治行政. 33號(1990.11), pp. 137-138.
㉘「새마을家族의 노래 解說」
새마을. 1990年 11月號, pp. 36-39.

1991年 ①「特輯座談 : 韓國의 '91年 무엇이 달라질 것인가」
鄕軍. 20卷 1號(1991.1), pp. 32-47.
②「光州 尖端科學産業基地建設과 光州圈의 發展方向」(세미나 論文 再收錄)
國土와 建設. 1991年 1月號, pp. 92-94.
③「年頭辭 : 辛未年 새아침을 맞으면서」
自治行政. 1991年 1月號, pp. 2-4.

④「地方自治制와 우리 經濟」
週間 每經. 1991年 2月 27日, pp. 20-22.
⑤「地方自治와 國家發展」
地方行政研究. 6卷 1號(1991.2), pp. 145-160.
⑥「地域開發의 課題와 새마을運動의 役割」
새마을. 18卷 3號(1991.3), pp. 25-27.
⑦「地方自治下의 效率的인 地域均衡開發」
地方行政. 40卷 449號(1991.3), pp. 65-72.
⑧「地方自治 實施와 地方財政對應方案」
地方財政. 10卷 1號(1991.3), pp. 6-15.
⑨「院長 離任辭」
環境消息. 4號(1991.4.12), p.1.
⑩「젊은 知性들에게」
에세이. 48號(1991.4), pp. 26-29.
⑪「開發과 環境」
土地研究. 1991年 3,4月號, p. 2.
⑫「地方自治의 實際와 研究」
自治通信. 3卷 2號(1991.4.30), p. 1.
⑬「地方自治制와 都市計劃」
都市情報. 1991年 5月號, p. 1.
⑭「座談會 : 聞慶郡을 찾아서」
새마을. 18卷 6號(1991.6), pp. 26-33.
⑮「韓國의 分權化와 地方自治」
地方行政. 40卷 452號(1991.6), pp. 38-51.
⑯「書評 : 林敬鎬著 地方議會論」
地方行政. 40卷 453號(1991.7), p. 157.
⑰「基礎議會의 權限과 限界」
自治行政. 41卷(1991.8), pp. 13-18.
⑱「書評 : 林敬鎬著 地方議會論」
自治行政. 41卷 (1991.8), p. 134.
⑲「國旗揭揚 逸話」
새마을. 18卷 9號(1991.9), p. 43.
⑳「꿈」
月刊 빛. 101號(1991.9), pp. 10-11.
㉑「洛東江沿岸 新産業地帶網 構成과 中小都市開發方案」(세미나 論文 再收錄)
東海社會. 創刊號(1991.9), pp. 71-73.
㉒「우리를 感激케 하는 것들」
忠南저널. 1卷 2號(1991.9), pp. 14-15.
㉓「Decentralisation and Local Autonomy in Korea」
環境論叢. 28卷(1991.9.15), pp. 16-29.
㉔「삶의 空間과 協同意識」
空間 Space. 289號(1991.10), p. 16.
㉕「國家와 서울特別市와의 關係」

自治行政. 44卷(1991.11), pp. 6-12.
㉖「書評 : 河晟奎 著 住宅政策論」
國土計劃. 26卷 4號(1991.11), pp. 198-199.
㉗「環境變化와 地方行政人」
地方行政研修. 27號(1991.12), pp. 2-3.
㉘「地方自治機能과 廣域行政體制」(再收錄)
地方自治研究. 3卷 2號(1991.12), pp. 189-208.
㉙「地域社會 發展을 위한 地方議會議員의 役割」
地域社會開發研究. 16卷 2號(1991.12), pp. 97-114.

1992年 ①「年輪과 人品」(再收錄)
店村 · 聞慶文化. 16號(1992.1.1), pp. 39-49.
②「奉化 · 英陽 訪問記」
太發研消息. 創刊號(1992.1), pp. 3.
③「地方自治團體長 選擧의 延期와 對策」
地方行政. 41卷 459號(1992.1), pp. 19-24.
④「勤勉과 보람」
忠南저널. 1992.1, pp. 14-15.
⑤「自治團體長 選擧의 延期와 對策」(再收錄)
關稅. 24卷 257號(1992.2), pp. 40-43.
⑥「地方自治團體의 長 選擧延期」(再收錄)
自治行政. 48號(1992.3), pp. 2-4.
⑦「選擧가 地域經濟에 미치는 影響」
地方財政. 11卷 1號(1992. 봄號), pp. 21-29.
⑧「有備無患의 生活姿勢」
損害保險. 281號(1992.3), pp. 78-79.
⑨「地域發展과 指導者의 役割」
太發研 消息. 2號(1992.3), pp. 3-7.
⑩「對談 : 徐榮澤 建設部長官-21世紀 國土開發의 確固한 座標를 세운다」
나라經濟. 17號(1992.4), pp. 60-63.
⑪「環境汚染과 環境教育」
教育月報. 124號(1992.4), pp. 32-33.
⑫「2千年을 대비한 새마을運動方向」
새마을. 19卷 4號(1992.4), pp. 24-25.
⑬「院長 就任辭」
院友會報. 3號(1992.7.8), p. 1.
⑭「座談會 : 院長任과의 對話」
院友會報. 3號(1992.7.8), pp. 2-3.
⑮「古州 盧隆熙 先生任의 人間的 風貌」(停年退任 特輯)
環境論叢. 30卷(1992.8), pp. xxxiv-xiiii.
⑯「地方自治와 國家發展」(再收錄)
環境論叢. 30卷(1992.8), pp. 107-123.
⑰「新任 院長 就任辭」

地方行政情報. 31號(1992.8), pp.1-2.
⑱「卷頭言 : 自治經營事業의 役割과 方向」
自治經營. 1992年 가을號, pp. 4-5.
⑲「祝辭 : 創刊 8周年紀念辭」
穎江文化. 26號(1992. 가을號), p.8.
⑳「卷頭言 : 地方發展과 地方豫算」
自治通信. 4卷 5號(1992.10.31), p. 1.
㉑「卷頭言 : 地方自治行政과 情報」
地方行政情報. 32號(1992.10), p. 1.
㉒「國土次元의 廣域開發로 均霑이룩」
全北議政. 16號(1992.12), pp. 36-37.
㉓「國土開發과 都市政策」
地域社會開發研究. 17輯 2號(1992.12), pp. 31-56.

1993年 ①「새 政府와 地方自治」
京畿道議會 消息. 4號(1993.1.8), p. 5.
②「座談會 司會 : '93 새마을運動의 推進方向과 課題」
새마을. 1993年 1月號, pp. 23-33.
③「書評 : 金源 譯 地方行政經營論(R.W.폴저시 著)」
自治行政. 1993年 1月號, p. 141.
④「新 土開公 創造의 한 해가 되라」
土地. 166號(1993.1), pp. 30-31.
⑤「新年所感」
院友會報. 1993年 1,2月號, p. 1.
⑥「卷頭言 : 國民 모두에게 알뜰한 벗이 되소서」
알뜰벗. (새마을 父女會中央協議會), 創刊號(1993.2), pp. 18-19.
⑦「新年辭」
地方行政情報. 34號(1993.2), pp.1-2.
⑧「新韓國 컬럼-버려야 할 것 고쳐야 할 것 : 목소리 큰 사람이 이기는 風土」
自治行政. 60號(1993.3), pp. 108-110.
⑨「店村 · 聞慶文化의 潛在性과 發展性」
店村 · 聞慶文化. 21號(1993.4.1), pp. 9-10.
⑩「地方議會의 構成意義와 役割 · 使命」
聞慶郡議會報. 創刊號(1993.4.10), pp. 54-56.
⑪「苦痛의 分擔,榮光의 共有」
忠南저널. 1993年 4月號, pp. 18-19.
⑫「地方議會 要職의 機能과 役割」
自治通信. 5卷 2號(1993.4.30), p. 1.
⑬「地方行政刷新의 必要性과 當面課題」
地方行政. 42卷 476號(1993.6), pp. 11-18.
⑭「座談 司會 : 制度에 앞선 意識改革이 절실하다」
國土와 建設. 1993年 8月號, pp. 30-44.
⑮「國際學術會議 報告 : 21世紀 韓半島의 變換과 새로운 發展論理의 摸索」

國土計劃. 28卷 3號(1993.8), pp. 275-293.

⑯「道廳移轉과 道民姿勢」
忠南저널. 1993年 9月號, pp. 18-19.

⑰「都市外廓의 發展 모델」
現代住宅. 1993年 9月號, p. 63.

⑱「企業과 環境 : 企業의 지속적인 成長의 터전 環境」
럭키 金星. 1993年 9月號, pp. 26-27.

⑲「우리 나라 都市 · 農村人口 分布의 統計學的 分析」
地方行政硏究. 8卷 3號(1993.9), pp. 53-84.

⑳「送別의 人事 : 떠나시는 金壽鶴 會長任께」
새마을. 20卷 12號(1993.12), pp. 30-31.

㉑「地方自治團體에 대한 國家의 監督」
自治行政. 69號(1993.12), pp. 15-21.

㉒「卷頭言 : 地域均衡開發과 地方稅」
地方稅. 20號(1993.12), pp. 4-15.

1994年 ①「國土開發과 地方自治」(이어도)
國土情報. 12卷 1號(1994.1), p. 71.

②「新年辭」
地方行政情報. 40號(1994.2), p. 1.

③「自治와 責任」(時論)
自治情報. (永進專門大學 地方自治硏究所 刊), 創刊號(1994.2), p. 14.

④「國際化時代 바람직한 地方行政의 座標」
憲政. (大韓民國憲政會 刊) 142號(1994.3), pp. 18-19.

⑤「行政區域改編의 當爲論과 現實論」
自治行政. 73號(1994.4), pp. 2-4.

⑥「醴泉紀行 : 傳統과 끈기의 고장을 찾아서 」(Ⅰ)
새마을. 21卷 4號(1994.4), pp. 24-26.

⑦「醴泉紀行 : 傳統과 끈기의 고장을 찾아서 」(Ⅱ)
새마을. 21卷 5號(1994.5), pp. 64-66.

⑧「地方自治 着根을 위한 國會議員의 役割」(時論)
國會報. 331號(1994.5), pp. 6-7.

⑨「누구를 위하여 地方自治를 하는가」
忠南저널. 1994.6, pp. 18-19.

⑩「離任辭」
地方行政情報. 43號(1994.8), pp. 1-2.

⑪「바람직한 行政區域改編方向」
뉴스피플. (서울新聞社 時事週刊誌), 3卷 36號(1994.9.15), pp. 16-17.

⑫「市 · 郡統合과 空間計劃의 課題」(卷頭言)
都市情報. 13卷 9號(1994.9), p. 1.

⑬「座談 : 國土開發의 方向 바꿀 靑寫眞」(司會)
國土와 建設. 11卷 10號(1994.10), pp. 26-35.

⑭「國土改造의 現場을 찾아서 : 독일 · 싱가포르 · 日本 訪問記」(紀行文)

自治行政. 79號(1994.10), p. 120-126.
⑮「이해되지 않는 사실들」
忠南저널. 1994. 10.11, pp. 18-19.
⑯「地方自治團體의 資本豫算制度의 導入方案」(論壇)
地方財政. 13卷 5號(1994.10), pp. 4-13.
⑰「科學化와 未來化의 물결 : 日本關西 學研都市 國際會議를 다녀와서」
國土와 建設. 11卷12號(1994.12), pp. 110-117.
⑱「Science Parks at the Crossroads : Seeking for the Future」(共同 : 林吉鎭)
國土計劃. 29卷 4號(1994.11), pp. 367-382.
⑲「地方稅 : 그 位相과 機能」
季刊 稅務士. (韓國稅務士會 刊), 12卷 3號 (1994.가을. 겨울號), pp. 53-55.
⑳「大都市管理와 住宅行政」
都市行政研究. (서울市立大 刊) 9輯(1994.12.20), pp. 35-55.
㉑「技術革新의 全國化 促進을 위한 科學技術團地의 開發方向」(共著 : 林吉鎭)
環境論叢. 32卷(1994.12), pp. 14-39.
㉒「韓國의 地方自治는 발전하고 있는가」
地方自治研究. 6卷 2號(1994.12), pp. 3-4.

1995年 ①「地方自治 出帆. 國力分散要因 없는가」
自由公論. 334號(1995.1), pp. 112-121.
②「地方化에 대비한 土開公의 戰略」
土地. 190號(1995.1), pp. 18-20.
③「地方自治와 企業人의 役割」
安養商議. 351號(1995.2), pp. 9-11.
④「地方自治發展과 民官共同出資事業의 活性化」
地方經營. 11號(1995 新年號), pp. 10-14.
⑤「地方自治時代의 住民과 새마을 役割」
새마을. 22卷 2號(1995.2), pp. 28-29.
⑥「書評 : 全錫洪 著 '小都邑 開發論'」
國土計劃. 30卷 1號(1995.2), pp. 437-438.
⑦「地方自治學會 會長 就任辭」
自治通信. 7卷 1號(1995.3), p. 1.
⑧「할 수 있고 또 해야 할 時代的 使命 많다 : 새마을運動 25周年 紀念論文」
새마을. 22卷 4號(1995.4), pp. 28-29.
⑨「書評 : 金東勳 著 '地方議會論'」
自治行政. 85號(1995.4), pp. 137-138.
⑩「創立 20周年 祝賀메시지」
土地. 193號(1995.4), p. 11.
⑪「座談會 司會 : 全面的 地自制 出帆과 發展方向」
自治公論. 創刊號(1995.5), pp. 43-71.
⑫「激勵辭 : 地方自治發展의 참된 伴侶者가 되기를」
自治公論. 創刊號(1995.5), pp. 12-13.
⑬「歌詞 : 地方自治의 노래」

自治公論. 創刊號(1995.5), p. 8.

⑭「地方經濟時代의 出帆과 向後課題」
企業. 22號(1995.5), pp. 24-29.

⑮「地方自治時代 開幕과 企業活動」
光州 · 全南經營界. 24號(1995.5,6月號), pp. 9-13.

⑯「對談 : 金瑢泰 內務部長官」
自治公論. 1卷 2號(1995.6), pp. 15-26.

⑰「書評 : 李義根 著 '地方時代 우리의 未來'」
自治公論. 1卷 2號(1995.6), p. 162.

⑱「4大 地方選擧에의 期待」
自治行政. 87號(1995.6), pp. 17-22.

⑲「4大 地方選擧에 거는 期待」
忠南저널. 46號(1995.6), pp. 34-35.

⑳「民選團體長時代의 地方行政의 方向」
地方行政. 44卷 500號(1995.6), pp. 67-73.

㉑「名講義 紙上中繼 : 地方化의 課題와 戰略」
地方行政研修. 35號(1995.6), pp. 92-96.

㉒「한 卷의 책과 나 : 世界 · 人間 · 歷史를 보는 眼目을 키워준 '反古典의 政治經濟學'」
國土情報. 164號(1995.6), pp. 84.

㉓「名論文 半世紀 : 地方自治의 地域性과 社會性」
自治公論. 1卷 3號(1995.7), pp. 26-31.

㉔「地方自治團體의 歲入과 歲出」
自治公論. 1卷 3號(1995.7), pp. 112-125.

㉕「外國都市探訪 : 라스베이가스市는 급변하고 있다.」
自治公論. 1卷 4號(1995.8), pp. 124-138.

㉖「座談會 司會 : 民選團體長時代의 開幕과 앞으로의 課題」
自治公論. 1卷 4號(1995.8), pp. 57-74.

㉗「紀行文 : 새로운 歷史를 창조하는 나라들-몸부림치는 中東 아프리카를 가다」
國土와 建設. 12卷 9號(1995.9), pp. 118-125.

㉘「地自體間 紛爭 어떻게 調整할 것인가」
나라經濟. 58號(1995.9), pp. 40-42.

㉙「地方自治團體의 環境政策의 方向」
地方行政研究. 10卷2號(1995.9), pp. 1-8.

㉚「作詞 및 作曲發表 : 地方自治의 노래」
自治公論. 1卷 6號(1995.10), p.2.

㉛「地方化 時代의 環境親和的 環境行政體系樹立을 위한 提言」
油公 뉴스레터. 17號(1995.10), p. 3.

㉜「地方自治 土臺로서의 地域經濟」
地方行政情報. 49號(1995.10), pp. 2-3.

㉝「卷頭言 : 國土開發의 執權性과 分權性」
國土計劃. 30卷 5號(1995.10), pp. 3-4.

㉞「特別寄稿-科學と未來化の波 : 關西學研都市 國際會議に參加して」
(日語飜譯 : 四國大教授 若山浩司), Science City Journal. ((財) 大阪科學技術刊センター),

No.27(Autumn 1995), pp. 71-74.

㉟「卷頭言 : 自治時代와 內務部」
地方行政. 44卷 505號(1995.11), pp. 12-13.

㊱「鳥瞰圖 : 世界化 · 地方化 時代이 工業團地開發」
土地硏究. 6卷 6號(1995.11.12), pp. 2-3.

㊲「世界化 · 地方化 時代의 地域發展戰略」
地方行政硏修. 36號(1995.12), pp. 52-57.

1996年 ①「地方自治 實施와 學會活動」
自治通信. 8卷 1號(1996.1), p. 1.

②「地方自治와 地域開發」
立法調査硏究. 237號(1996.2), pp. 1-22.

③「地域住民輿論 收斂定着의 해」
地方行政. 45卷 508號(1996.2), pp. 15-21.

④「對談 : '96 나라살림 인터뷰- 金佑錫 內務部長官」
自治公論. 2卷 3號(1996.3), pp. 15-26.

⑤「民選團體長 이후 地方自治의 評價와 課題」
自治公論. 2卷 4號(1996.4), pp. 33-37.

⑥「住民意識과 地方自治」
江原自治. 創刊號(1996.4), pp. 30-35.

⑦「國土 善用의 嚮導가 되소서」
土地. 250號(1996.4), pp. 32-33.

⑧「民選 1周年 回顧와 展望」
地方時代. 40號(1996.6), pp. 15-17.

⑨「書評 : 地方自治硏究」
地方行政. 45卷 512號(1996.6), pp.138-139.

⑩「民選自治時代 地方公務員 育成機關의 役割과 當面課題」
地方行政硏修. 第37號(1996.6.30), pp.4-7.

⑪「民選 慶北知事에게 바란다」
慶北人.여름號(1996.6.30), pp.34-35.

⑫「卷頭言 : 自治時代 首都圈 新都市를 조망한다」
京畿 21世紀. 第8號(1996.7.1), pp.2-6.

⑬「座談會 司會 : 地方自治1年의 評價-團體長에 더 많은 힘 실어주자」
한겨레 21. 115號(1996.7.4). pp.20-23.

⑭「對談 : 韓國의 地方自治碩學-草凡 金安濟 : 回顧와 展望」
自治公論. 2卷 7號(1996.7), pp.144-154.

⑮「地方自治團體長의 政黨公薦 : 排除」
自治行政. 102號(1996.9), pp.25-29.

1997年 ①「卷頭言 : 民選自治 3次年을 맞이하여」
自治公論. 3卷 1號(1997.1), pp.28-31.

②「特輯 : 國家 · 國土 그리고 人間-國土의 참다운 主人이 되자」
國土. 183號(1997.1), pp.20-24.

③「對談 인터뷰 : 回甲紀念冊子로 묶어낸 서울大 金安濟教授의 상당히 특이한 人生明細書」
主婦生活. 34卷 2號(1997.2), pp.364-365.

④「話題 인터뷰」
우먼센스. 103號(1997.2), pp.388-389.

⑤「祝辭 : 議會發展의 燈臺役割 期待」
月刊 21世紀 議會저널. 創刊號(1997.2.1), p.14.

⑥「卷頭言:地方化時代의 自治經營」
서울市政研포럼. 38號(1997.2), p.1.

⑦「對談 인터뷰 : 人生 스토리」
NEW 健康 다이제스트. 3卷 3號(1997.3), pp.80-82.

⑧「나의 書架 · 이 한 卷의 冊 : 擇里志」
建設廣場. 12號(1997.3), p.63.

⑨「離任辭」
自治通信. 43號(1997.3), p.2.

⑩「삶과 골프」
GOLF HERALD. 69號(1997.3), pp.66-67.

⑪「生涯와 記錄」
都市 · 環境消息. 41號(1997.3.6), p.2.

⑫「往復書信 : 존경하는 李義根 慶尙北道 知事任」
自治公論. 3卷 4號(1997.4), pp.130-135.

⑬「對談 인터뷰 : 이달에 만난 사람-거대한 學問遍歷과 人生歷程을 記錄」
國土. 186號(1997.4), pp.54-57.

⑭「書評 : 鄭영섭 著「바보 區廳長」
地方行政. 46卷 523號(1997.5), pp.152-153.

⑮「地方自治와 公職者의 力量」
地方行政研修. 39號(1997.6), pp.68-69.

⑯「開會辭 : 自治公論 創刊2周年 및 古州公職者論壇賞施賞式」
自治公論. 3卷 6號(1997.6), pp.210-211.

⑰「閉會辭 : 自治公論 創刊2周年 및 古州公職者論壇賞施賞式」
自治公論. 3卷 6號(1997.6), pp.232-233.

⑱「特別寄稿 : 서울市에 힘을 실어주자」
月刊 서울. 13號(1997.7), pp.38-41.

⑲「對談 인터뷰 : 메모로 한 平生 살아온 金安濟 教授의 빛과 그림자」
生活設計. 4卷 7號(1997.7), pp.78-79.

⑳「草凡 에세이① : 觀光客의 關心」
自治公論. 3卷 10號(1997.10), pp.118-119.

㉑「地籍業務의 重要性과 公社職員의 役割」
地籍. 271號(1997.10), pp.13-15.

㉒「草凡 에세이 ② : 大統領과 大統領의 사람들」
自治公論. 3卷 11號(1997.11), pp.104-105.

㉓「草凡 에세이 ③ : 이집트의 遺物들」
自治公論. 3卷 12號(1997.12), pp.90-91.

㉔「卷頭言 : 아-大韓民國!」

國土計劃. 32卷 6號(1997.12), pp.5-6.

1998年 ①「卷頭言 : 새 政府와 地方自治」
自治公論. 4卷 1號(1998.1), pp.28-30.
②「政策討論司會 : 民選自治4年,問題點은 무엇인가」
自治公論. 4卷 1號(1998.1), pp.35-53.
③「座談 司會 : 21世紀와 새마을運動」
새마을. 25卷 1號(1998.1), pp.28-41.
④「'聞慶文化'의 10年 功績과 向後課題」
聞慶文化. 40號(1998.1), pp.18-20.
⑤「草凡에세이④:戊寅年 1998年」
自治公論. 4卷 2號(1998.2), pp.84-85.
⑥「IMF體制와 地方經營의 展望」
自治經營. 23號(1998.2), pp.4-5.
⑦「草凡에세이⑤:해야 할 일과 해서는 안 될 일」
自治公論. 4卷 3號(1998.3), pp.140-141.
⑧「指導教授의 遺憾」
地方行政研修院消息 創刊號(1998.3), p.3.
⑨「IMF時代의 都市管理」
서울市政포럼. 6卷 2號(1998.3.4), pp.2-3.
⑩「先輩가 後背에게 : 힘내라! 土公 · 土公人!」
土地. 228號(1998.3), pp.4-5.
⑪「草凡 에세이⑥ : 새 政府 새 自治」
自治公論. 4卷 4號(1998.4), pp.106-107.
⑫「卷頭言 : 都市의 失業과 非常對策」
都市問題. 33卷 353號(1998.4), pp.6-7.
⑬「草凡 에세이⑦ : 두 물고기의 生理」
自治公論. 4卷 5號(1998.5), pp.90-91.
⑭「卷頭言 : 民選時代의 都市政策」
都市情報. 194號(1998.5.1), p.2.
⑮「草凡에세이⑧ : 自治하는 사람들」
自治公論. 4卷 6號(1998.6), pp.94-95.
⑯「民選自治 第2期 出帆과 地域經濟對策」
建設廣場. 27號(1998.6), pp.2-3.
⑰「草凡에세이⑨:울지 않는 새」
自治公論. 4卷 7號(1998.7), pp.112-113.
⑱「中央政治屬性 재연한 與西野東의 地域構圖 : 6.4地方自治選擧가 남긴 것」
自治公論. 33卷 7號(1998.7), pp.97-103.
⑲「第3期地方議會에 바란다 : 民主的 指導力 涵養위해 노력하기를」
自治議政. 創刊號(1998.7.8), pp.84-85.
⑳「草凡에세이⑩ : 國富論과 鄕富論」
自治公論. 4卷 8號(1998.8), pp.98-99.
㉑「對談:앞서가는 廣域自治政府/沈大平 忠淸南道知事」

自治公論 4卷 9號(1998.9), pp.33-45.
㉒「草凡에세이⑪:삶의 記錄과 個人의 史料」
自治公論. 4卷 9號(1998.9), pp.90-91.
㉓「비온 뒤 땅은 더 단단해지는 法 : 構造調整 뒤의 土公」
土地. 234號(1998.9), pp.20-21.
㉔「對談 : 앞서가는 廣域自治政府/崔琪善 仁川廣域市長」
自治公論. 4卷 10號(1998.10), pp.33-47.
㉕「草凡에세이⑫ : 用-不用說」
自治公論. 4卷 10號(1998.10), pp.104-105.
㉖「對談 : 앞서가는 地方政府/柳鍾根 全北知事」
自治公論. 4卷 11號(1998.11), pp.33-49.
㉗「草凡에세이⑬ : 우물파기」
自治公論. 4卷 11號(1998.11), pp.108-109.
㉘「對談:앞서가는 地方政府/安相英 釜山市長」
自治公論. 4卷 12號(1998.12), pp.33-49.
㉙「草凡에세이⑭ : 自治風土 · 自治文化」
自治公論. 4卷 12號(1998.12), pp.78-79.
㉚「都心 속의 危險物, 安全管理 시급하다」
國會報. 386號(1998.12), pp.93-96.

1999年 ①「新年辭 : 새해 새 보람」
自治公論. 5卷 1號(1999.1), pp.28-30.
②「對談 : 앞서가는 地方政府/高建 서울市長」
自治公論. 5卷 1號(1999.1), pp.35-50.
③「월드컵과 環境對策」
自治情報(永進大學地方自治硏究所), 9號(1999.1.20), pp.19-25.
④「對談 : 앞서가는 地方政府/李元鍾 忠北知事」
自治公論. 5卷 2號(1999.2), pp.33-48.
⑤「草凡에세이⑮ : 大韓國人 金在城 博士」
自治公論. 5卷 2號(1999.2), pp.126-127.
⑥「對談 : 앞서가는 地方政府/高在裕 光州市長」
自治公論. 5卷 3號(1999.3), pp.61-75.
⑦「草凡에세이 ⑯ : 一人之苦 萬人之樂」
自治公論. 5卷 3號(1999.3), pp.116-117.
⑧「卷頭言 : 地方議會議員의 報酬에 관한 小考」
自治議政 2卷 2號(1999.3.4), pp.4-6.
⑨「對談 : 앞서가는 地方政府/金爀珪 慶南知事」
自治公論. 5卷 4號(1999.4), pp.33-47.
⑩「草凡에세이 ⑰ : 두 개의 마음」
自治公論. 5卷 4號(1999.4), pp.102-103.
⑪「對談 : 앞서가는 地方政府/洪善基 大田市長」
自治公論. 5卷 5號(1999.5), pp.33-48.
⑫「草凡에세이 ⑱ : 소크라테스와 그 夫人」

自治公論. 5卷 5號(1999.5), pp.80-81.
⑬「對談:앞서가는 地方政府/金進先 江原知事」
自治公論. 5卷 6號(1999.6), pp.33-47.
⑭「草凡에세이 ⑲ : 하나님,하느님」
自治公論. 5卷 6號(1999.6), pp.98-99.
⑮「對談 : 앞서가는 地方政府/李義根 慶北知事」
自治公論. 5卷 7號(1999.7), pp.35-50.
⑯「草凡에세이 ⑳ : 나의 時 · 空間座標」
自治公論. 5卷 7號(1999.7), ,pp.104-105.
⑰「學會40年의 뒷 이야기 : 學會青年期(1980-1989)」
都市情報.(大韓國土 · 都市計劃學會), 208號(1999.7), pp.26-29.
⑱「草凡에세이 ㉑ : 道德의 得과 失」
自治公論. 5卷 8號(1999.8), pp.116-117.
⑲「對談 : 앞서가는 地方政府/文喜甲 大邱市長」
自治公論. 5卷 9號(1999.9), pp.33-50.
⑳「地方自治와 地域開發紛爭」
國土.(國土硏究院), 215號(1999.9), pp.2-3.
㉑「對談 : 앞서가는 地方政府/許京萬 全南知事」
自治公論. 5卷 10號(1999.10), pp.29-45.
㉒「내 땅 金剛山을 가다 : 金剛山 訪問記」
自治公論. 5卷 10號(1999.10), pp.170-173.
㉓「卷頭言 : 地方分權의 새 地平을 연다 : 地方移讓推進委員會의 出帆에 즈음하여」
自治行政 139號(1999.10), pp.7-10.
㉔「對談 : 앞서가는 地方政府/沈完求 蔚山市長」
自治公論. 5卷 11號(1999.11), pp.49-61.
㉕「對談 : 앞서가는 地方政府/禹瑾敏 濟州知事」
自治公論. 5卷 12號(1999.12), pp.43-49.
㉖「20世紀 國土政策의 回顧와 反省 : 國土資源 및 環境」
國土. 218號(1999.12), pp.30-36.

2000年 ①「地方自治 現住所와 21世紀 發展方向」
自治21.(綠色自治新聞社刊), 2000年 1月號, pp.26-28.
②「地方分權時代 地方議會의 役割」
自治議政. 3卷 1號(2000.1.2), pp.15-23.
③「新年辭 : 21世紀와 地方自治의 座標」
自治公論. 6卷 1號(2000.1), pp.28-29.
④「特別新春對談 : 金杞載 行政自治部 長官」
自治公論. 6卷 1號(2000.1), pp.35-46.
⑤「公職者에게 勸告한다」
經濟風月. 2卷 5號(2000.5), pp.46-47.
⑥「指導層과 道德意識」
月刊 忠孝. 通卷 28號(2000.11.1), pp.63-64.
⑦「2000年 地方自治의 回顧와 評價」

自治公論. 6卷 12號(2000.12), pp.28-30.

⑧「話題人物 : 별난 敎授 별난人生 : 對談」
經濟風月. 2卷 12號(2000.12), pp.135-140.

⑨「創刊辭 : 앞서가는 地方自治時代를 열겠습니다.」
地方移讓消息.(地方移讓委員會 刊), 創刊號(2000.12.30), pp.1.

2001年 ①「新年辭 : 地方自治 正常軌道로의 進入」
自治公論. 7卷 1號(2001.1), pp.28-29.

②「對談 : 羅基正 淸州市長」
自治公論. 7卷 2號(2001.2), pp.33-47.

③「地方公務員의 專門性과 一般性」
自治行政硏修.(國家專門行政硏修院), 43號(2001.2), pp.4-5.

④「對談 : 鄭榮燮 廣津區廳長」
自治公論. 7卷 4號(2001.4), pp.33-47.

⑤「特別對談 : 高建 서울特別市長」
自治公論. 7卷 5號(2001.5), pp.33-47.

⑥「地方自治와 權限移讓 : 地方移讓推進委員會의 活動과 實績」
自治發展. 7卷 6號(2001.6), pp.32-37.

⑦「살며 생각하며 : 記錄하는 生活」
地籍. 31卷 6號(2001.6), pp.11-13.

⑧「對談 : 李祺載 蘆原區廳長」
自治公論. 7卷 7號(2001.7), pp.37-52.

⑨「對談 : 金完柱 全州市長」
自治公論. 7卷 9號(2001.9), pp.33-46.

⑩「칼럼 : 安師 3年의 喜와 悲」
安東大學校 總同窓會報. 2號(2001.12.15), p.6.(原稿 20枚)

2002年 ①「新年辭 : 時代變化와 跳躍의 轉機」
自治發展. 8卷 1號(2002.1), pp.28-29.

②「對談 : 李根植 行自部長官」
自治發展. 8卷 1號(2002.1), pp.35-46.

③「對談 : 權限移讓이 競爭力 强化」
經濟風月. 30號(2002.2), pp.72-77.

④「隨想 : 體驗逸話 2題」
自治發展. 8卷 2號(2002.2), pp.160-162.

⑤「書評 : 金裕赫 著 '우리에게 李退溪는 누구인가'」
自治發展. 8卷 3號(2002.3), pp.190-191.

⑥「나의 小說 耽讀記」
文藝生産.(서울타임스 刊, 季刊), 創刊號(2002.6.1), pp.321-323.

⑦「自治칼럼 : 地方自治의 새로운 出發」
自治發展. 8卷 7號(2002.7), pp.28-31.

⑧「地方議員의 바람직한 役割과 使命」
自治議政. 5卷 4號(2002.7 · 8月號), pp.49-54.

⑨「地方自治의 地域的 · 社會的 定着을 위한 길」
自治發展. 8卷 8號(2002.8), pp.28-31.
⑩「教授停年 紀念論文 : 記錄統計로 본 人生歷程-停年까지 生涯의 삶과 발자취」
環境論叢. 第40卷(2002.8.30), pp.21-57.
⑪「地方自治와 國家發展」
自治發展. 8卷 9號(2002.9), pp.28-31
⑫「地方自治에 있어 住民意識의 重要性」
自治發展. 8卷 10號(2002.10), pp.28-31
⑬「地方自治를 통한 地域開發의 促進」
自治發展. 8卷 10號(2002.10), pp.28-31
⑭「書評: 人間과 空間의 調和로운 結合을 위한 知慧」
國土學會 編著『都市開發論』
國土計劃. 37卷 6號(2002.11), pp.187-188
⑮「自治칼럼 : 地方行政 革新의 課題와 推進方向」
自治發展. 8卷 12號(2002.12), pp.28-31
⑯「書評 : 國家支援을 통한 地域自立의 길」
楊枝青 著『地域發展을 위한 支援實態와 政策課題』
國土. 2002年 12月號 pp.122-123
⑰「會長 創刊辭」
地研會 News Letter. 第1號(2002.12), p.1

2003年 ①「新年辭 : 새 決意 새 出發」
自治發展. 9卷 1號(2003.1), pp.28-29
②「時論 : 國土 및 都市計劃의 新紀元」
都市情報. 250號 (2003.1), pp.13-14
③「새 政府가 당면한 國土政策課題」
國土. 2003年 2月號 pp.13-14
④「地域均衡發展과 新行政首都의 建設」
都市問題. 38卷 412號(2003.3), pp.6-11
⑤「時論 : 새 政府에 바란다」
自治發展. 9卷 4號(2003.4), pp.14-15
⑥「時論 : 自治하는 群像」
自治發展. 9卷 5號(2003.5), pp.14-15
⑦「時論 : 新行政首都 建設과 地方分權의 方向」
自治發展. 9卷 6號(2003.6), pp.14-15
⑧「時論 : 自治戰線 異狀없다」
自治發展. 9卷 7號(2003.7), pp.14-15
⑨「對談 : 鄭勇植 浦項 市長」
自治發展. 9卷 8號(2003.8), pp. 27-38
⑩「時論 : 人氣의 盛衰」
自治發展. 9卷 8號(2003.8), pp. 14-15
⑪「時論 : 自治權 移讓 4年의 成果」
自治發展. 9卷 9號(2003.9), pp. 14-15

⑫「時論 : 政治와 國民」
自治發展. 9卷 10號(2003.10), pp.14-15
⑬「時論 : 世界의 首都」
自治發展. 9卷 11號 (2003.11), pp.14-15
⑭「時論 : 參與政府의 定礎 1年」
自治發展. 9卷 12號(2003.12), pp.14-15

2004年 ①「新年辭 : 所得 2萬 달러 達成을 위해 매진하자」
自治發展. 10卷 1號(2004.1), pp.14-15
②「特別對談 : 許成寬 行政自治部長官 과의 對談」
自治發展. 10卷 1號(2004. 1), pp.16-25
③「國土時論 : 所得 2萬 달러 時代에 걸맞게 國土를 改造하자」
國土. 2004年 1月號 pp. 2-3
④「紀行文 : 開城市 訪問記(上)」
自治發展. 10號 2號(2004.2) pp. 160-163
⑤「紀行文 開城市 訪問記(下)」
自治發展. 10卷 3號(2004.3), pp. 46-49
⑥「紀行文 산호세와 실리콘 밸리 踏査記(上)」
自治發展. 10卷 4號(2004.4), pp. 46-49
⑦「紀念辭 : 硏究院 創立 10週年에 즈음하여」
自治發展. 10卷 5號(2004.5), pp.14-15
⑧「紀行文 : 산호세와 실리콘 밸리 踏査記(中)」
自治發展. 10卷 5號(2004.5), pp. 50-54
⑨「世界의 首都」
在京聞中同門會報. 13號(2004.5.20), pp.20-21
⑩「紀行文 : 산호세와 실리콘 밸리 踏査記(下)」
自治發展. 10卷 6號(2004.6), pp.40-44
⑪「인터뷰 : 新行政首都建設의 必要性과 方向」
新東亞. 538號(2004.7), pp.110-119
⑫「統一後 首都立地의 假想 시나리오」
自治發展. 10卷 7號(2004.7), pp.47-52
⑬「인터뷰 : 首都移轉 贊成 對 反對로 맞선 40年 友情」
新東亞. 47卷 8號(2004.8), pp.140-145
⑭「인터뷰 : 行政首都 建設」
週刊 朝鮮. 1817號(2004.8.19), pp.30-32
⑮「人物紀行 : 몽테 크리스토 伯爵과 마리 퀴리夫人, 그리고 草凡 金安濟 博士 (上)」
自治發展. 10卷 8號(2004.8), pp.47-51
⑯「人物紀行 : 몽테 크리스토 伯爵과 마리 퀴리夫人, 그리고 草凡 金安濟 博士 (中)」
自治發展. 10卷 9號(2004.9), pp.46-51
⑰「人物紀行 : 몽테 크리스토 伯爵과 마리 퀴리夫人, 그리고 草凡 金安濟 博士 (下)」
自治發展. 10卷 10號(2004.10), pp.37-41
⑱「'自治行政' 誌齡 200號의 榮光을 기린다」
自治行政. 200號(2004.11), p.23

⑲「2004年과 나」
自治發展. 10卷 12號(2004.12), pp.66-68

2005年 ①「連續企劃 對談 1 地方自治復活 10年, 그 現住所」
政經뉴스. 通卷 58號(2005.1), pp.236-239
②「新年辭」
自治發展. 11卷 1號(2005.1), pp.236-239
③「對談: 水原市 김용서 市長」
自治發展. 11卷 3號(2005.1), pp.14-15
④「對談 淸原郡 오효진 郡守」
自治發展. 11卷 4號(2005.4), pp.16-31
⑤「울지 않는 새는 울도록 만들어라」
悅話(眞城李氏 大宗會 會報). 第20號(2005.5.20), pp.220-222
⑥「時論 : 民選自治 10年과 새로운 覺悟」
自治發展. 11卷 7號(2005.7), pp.14-15
⑦「對談 地方自治 10年을 돌아보며」
時事 뉴스피플. 11月號 (2005.11), pp.18-19
⑧「卷頭言 革新都市建設과 地域均衡發展」
都市情報. 283號(2005.10), p.2
⑨「對談 : 行政都市, 서울을 救援할 것인가」
SPACE. 457號(2005.12), p.147
⑩「對談 : 濟州 特別自治道-金泰煥 濟州道知事」
自治發展. 11卷 12號(2005.12), pp.16-21

2006年 ①「新年辭 : 건전한 國政運營과 성숙한 國民和合의 한 해가 되소서」
自治發展. 12卷 1號(2006.1), pp.14-15
②「紀行文 : 깨어나고 있는 검은 大陸: 아프리카 6個國 巡訪記(上)」
自治發展. 12卷 3號(2006.3), pp.38-43
③「紀行文 : 깨어나고 있는 검은 大陸: 아프리카 6個國 巡訪記(下)」
自治發展. 12卷 4號(2006.4), pp.42-47
④「時論 : 選擧 以後의 地方自治」
自治發展. 12卷 6號(2006.6), pp.14-15

客說 : 經驗에서 얻은 삶의 眞實

人生의 運命은 一長春夢이라고 한다. 극히 짧은 時間에 불과하다는 뜻이다. 그러나 나의 경우는 다르다. 지난 66년 生涯는 참으로 길었다고 생각되며, 대체로 만족스러워 餘恨이 없다.

Ⅲ. 研究報告書

○ 要 約

年度	研究件數(件)	形態別			依賴機關 所在別			分野別						原稿量(枚)		
		單獨研究	責任研究	部分研究	서울	地方	外國	自治行政	空間開發	經濟技術	意識環境	其他	複合	國文	英文	計
1964	2	-	-	2	2	-	-	-	-	-	1	1	-	400	-	400
1965	2	-	-	2	2	-	-	1	-	-	1	-	-	500	-	500
1966	2	-	-	2	2	-	-	2	-	-	-	-	-	550	-	550
1667	4	-	-	4	4	-	-	2	1	-	1	-	-	1,100	-	1,100
1668	1	-	-	1	1	-	-	1	-	-	-	-	-	150	-	150
1669	1	1	-	-	1	-	-	1	-	-	-	-	-	350	-	350
1970	-	-	-	-	-	-	-	-	-	-	-	-	-	-	-	-
1971	-	-	-	-	-	-	-	-	-	-	-	-	-	-	-	-
1972	7	-	1	6	5	2	-	3	2	-	1	-	1	1,450	-	1,450
1973	1	1	-	-	1	-	-	-	-	1	-	-	-	1,000	-	1,000
1974	2	-	-	2	2	-	-	-	1	-	1	-	-	300	-	300
1975	2	1	1	-	1	-	1	1	1	-	-	-	-	500	350	850
1976	1	-	-	1	1	-	-	1	-	-	-	-	-	150	-	150
1977	8	1	3	4	6	2	-	1	4	1	1	-	1	2,600	-	2,600
1978	4	2	-	2	1	2	1	1	2	-	-	1	-	1,700	1,000	2,700
1979	10	1	1	8	10	-	-	-	5	2	3	-	-	3,600	-	3,600
1980	-	-	-	-	-	-	-	-	-	-	-	-	-	-	-	-
1981	6	-	2	4	4	2	-	-	2	1	1	-	1	1,425	-	1,425
1982	5	1	1	3	3	1	1	1	2	1	1	-	-	1,675	75	1,750
1983	6	1	1	4	4	2	-	1	1	2	2	-	-	1,945	-	1,945
1984	8	2	1	5	8	-	-	1	7	-	-	-	-	2,345	-	2,345
1985	9	1	1	7	7	2	-	1	5	2	-	-	1	1,880	-	1,880
1986	9	3	-	6	9	-	-	1	4	3	-	-	-	5,275	-	5,275
1987	3	1	1	1	2	1	-	2	1	1	-	-	1	1,975	-	1,975
1988	2	1	-	1	2	-	-	-	2	-	-	-	-	1,210	-	1,210
1989	4	1	2	1	3	1	-	-	2	-	1	-	1	570	-	570
1990	3	1	-	2	2	1	-	1	1	-	-	-	1	1,065	-	1,065
1991	7	1	1	5	5	2	-	2	1	1	3	-	-	745	-	745
1992	6	3	2	1	4	2	-	1	1	-	3	-	1	790	-	790
1993	3	3	-	-	3	-	-	-	-	-	2	-	1	550	-	550
1994	-	-	-	-	-	-	-	-	-	-	-	-	-	-	-	-
1995	1	1	-	-	1	-	-	-	-	-	1	-	-	500	-	500
1996	-	-	-	-	-	-	-	-	-	-	-	-	-	-	-	-
1997	2	1	1	-	2	-	-	-	-	-	2	-	-	190	-	190
1998	2	1	-	1	2	-	-	-	-	-	1	1	-	85	-	85
1999	1	-	1	-	-	1	-	1	-	-	-	-	-	100	-	100
2000	1	-	1	-	1	-	-	1	-	-	-	-	-	50	-	50
2001	3	-	3	-	3	-	-	-	-	1	1	-	1	450	-	450
2002	1	-	1	-	1	-	-	-	1	-	-	-	-	-	-	-
2003	3	-	3	-	3	-	-	1	2	-	-	-	-	45	-	45
2004	-	-	-	-	-	-	-	-	-	-	-	-	-	-	-	-
2005	-	-	-	-	-	-	-	-	-	-	-	-	-	-	-	-
2006	1	-	1	-	1	-	-	-	1	-	-	-	-	-	-	-
累計	133	29	29	75	109	21	3	28	49	16	27	3	10	37,220	1,425	38,645

1. 單獨 研究

1)「各國 地方行政의 中央統制에 관한 研究」
 · 依賴 : 內務部 地方行政研究委員會
 · 期間 : 1969.6.1-1969.9.30(4月)
 · 分量 ; 70頁

2)「地域隔差와 人口移動」
 · 依賴 : 文教部, 學術研究
 · 期間 : 1973.5.1-1974.4.30(12月)
 · 分量 : 200頁

3)「地方行政 長期發展計劃」
 · 依賴 : 內務部
 · 期間 : 1975.4.1-1975.10.31(7月)
 · 分量 : 100頁

4)「國民所得向上을 위한 限界資源(Marginal Resources) 開發에 관한 研究」
 · 依賴 : 文教部, 學術研究
 · 期間 : 1977.5.1-1978.4.30(12月)
 · 分量 ; 100頁

5)「서울周邊 首都圈地域(京畿道)의 農村-都市變換에 관한 研究」
 · 依賴 : 京畿道, UNCRD
 · 期間 : 1978.6.15-1978.12.30(7月)
 · 分量 : 200頁(國文 및 英文)

6)「經濟成長에 副應한 京畿道 開發行政體制定立에 관한 研究」
 · 依賴 : 京畿道
 · 期間 : 1978.6.15-1978.12.30(7月)
 · 分量 :250頁

7)「地域生産(GRP)豫測模型의 開發과 適用에 관한 研究」
 · 依賴 : 韓國科學技術院 附設 地域開發研究所
 · 期間 : 1979.5.1-1980.2.29(10月)
 · 分量 : 370頁

8)「科學技術部門의 行政能率化에 관한 研究」
 · 依賴 : 科學技術財團
 · 期間 : 1982.7.15-1982.11.30(4月)
 · 分量 : 149頁

9)「地方行政 階層構造 改編에 관한 研究」
 · 依賴 : 忠淸北道(內務部 課題)
 · 期間 : 1983.7.2-1984.1.30(7月)
 · 分量 : 240頁

10)「都市化와 都市管理에 관한 研究 : 人口調整과 機能配置를 中心으로」
 · 依賴 : 大韓商工會議所 附設 韓國經濟研究센터

· 期間 : 1984.3.1-1984.7.31(5月)
· 分量 : 97頁

11)「經營指針」
· 依賴 : 韓國土地開發公社
· 期間 : 1984.10.1-1985.5.1(7月)
· 分量 : 72頁

12)「安養地域經濟力의 水準測定과 그 提高方案」
· 依賴 : 安養商工會議所 附設 安養地域經濟硏究센터
· 期間 : 1985.5.1-1985.12.31(8月)
· 分量 : 120頁

13)「國內 地域別 開發潛在力에 따른 特化産業의 發掘과 育成戰略」
· 依賴 : 韓國科學技術院
· 期間 : 1986.2.21-1986.12.30(10月)
· 分量 : 456頁

14)「地方潛在力에 基礎한 地方産業開發戰略」
· 依賴 : 大韓商工會議所 附設 韓國經濟硏究센터
· 期間 : 1986.5.1-1987.3.15(11月)
· 分量 :145頁

15)「住宅 및 工業團地 事業地區評價 : 綜合評價」
· 依賴 : 韓國土地開發公社
· 期間 : 1986.6.1-1986.12.27(7月)
· 分量 : 407頁

16)「首都圈 整備計劃과 安養地域經濟」
· 依賴 : 安養商工會議所 附設 安養地域經濟硏究센터
· 期間 : 1987.3.1-1987.12.31(10月)
· 分量 : 135頁

17)「우리의 土地는 어떻게 開發되고 活用되어야 하는가?」
· 依賴 : 韓國土地開發公社
· 期間 : 1988.8.1-1988.10.31(3月)
· 分量 : 162頁

18)「地域開發硏究課題의 長期發展計劃」
· 依賴 : 文敎部, 政策硏究課題
· 期間 : 1989.2.1-1989.12.31(11月)
· 分量 : 58頁

19)「地方自治制와 地域經濟」
· 依賴:大韓商工會議所 附設 韓國經濟硏究센터
· 期間:1990.5.1-1991.1.31(9月)
· 分量:119頁

20)「새마을運動 中長期發展基本構想」
· 依賴:새마을運動 中央協議會

· 期間:1991.6.1-1991.12.31(7月)
· 分量:49頁

21)「職場새마을運動 中長期發展基本構想」
· 依賴:職場새마을運動 中央協議會
· 期間:1992.2.1-1992.3.31(2月)
· 分量:20頁

22)「婦女새마을運動 中長期發展基本構想」
· 依賴:새마을婦女會 中央協議會
· 期間:1992.12.1-1993.1.4(1月)
· 分量:57頁

23)「新韓國創造와 새마을運動」
· 依賴:새마을運動 中央協議會
· 期間:1992.12.20-1993.1.4(1月)
· 分量:25頁

24)「金泳三 大統領의 統治構圖 : 初期1年의 國政運營基調」
· 依賴:國政硏究會
· 期間:1993.1.14-1993.1.31(18日)
· 分量:41頁

25)「韓國病의 診斷과 處方」
· 依賴:새마을運動 中央協議會
· 期間:1993.3.19-1993.4.19(1月)
· 分量:67頁

26)「새마을運動의 第2跳躍을 위한 우리의 宣言 : 새마을運動 23周年에 즈음하여」
· 依賴:새마을運動 中央協議會
· 期間:1993.4.10-1993.4.22(13日)
· 分量:2頁

27)「新코오롱 2000 VISION 實踐精神 解說」
· 依賴:코오롱 綜合硏修院
· 期間:1995.12.28-1996.3.25(3月)
· 分量:108頁

28)「地域活性化를 위한 새마을運動의 方向」
· 依賴:새마을運動 中央協議會
· 期間:1997.10.30-1997.11.6(8日)
· 分量:28頁

29)「朴正熙 大統領 紀念館 建立을 위한 事業計劃案」
· 依賴:韓國社會發展文化財團
· 期間:1998.12.23-1998.12.28(6日)
· 分量:7頁

2. 責任 研究

次順	課　題　名	依賴機關	主管機關	研　究　陣	硏究期間(月)	分量(頁)
1	浦項市 綜合開發計劃	浦項市	都市 및 地域計劃 研究所	崔相哲,兪炳林,楊秉彝,洪湧,助敎 多數	72.2.1-72.5.20(4)	500
2	Industrialization and Growth Pole Development : A Case Study of Ulsan Industrial Complex	UNCRD	UNCRD	洪湧,Yabuta	75.4.1-75.10.31(7)	200
3	新首都 移轉에 따른 서울市 事後對備 및 移轉戰略	靑瓦臺 企劃團	靑瓦臺 企劃團	黃明燦,金彰年	77.6.1-77.11.30(6)	100
4	國土 · 環境長期計劃	韓國開發硏究院	韓國開發硏究院	宋丙洛,崔相哲,黃明燦	77.6.1-77.11.30(6)	250
5	釜山의 産業施設 再配置에 관한 硏究	釜山商工會議所	釜山商工會議所	崔在善,朴性栽,方正恒	77.10.1-78.3.31(6)	400
6	環境科學 協同硏究體制 設置에 관한 硏究	文敎部('79硏究課題)	서울大 環境大學院	權泰埈,崔至薰,河永七,朴仲鉉,任慶彬,文昌奎,盧化俊 鄭文植	79.5.1-80.2.29(10)	200
7	環境體系開發에 관한 硏究(V)	文敎部	서울大 環境大學院	李正典	81.6.1-82.7.31(14)	100
8	地域經濟水準(民力度) 測定에 관한 硏究	內務部	慶尙北道	南文熙	81.8.10-82.1.11(6)	150
9	槐山郡 定住生活圈 開發計劃	槐山郡	環境計劃硏究所	崔相哲,金炯國,林岡源,楊秉彝	82.7.1-82.12.31(6)	300
10	都市行政 情報管理體制 開發에 관한 硏究	釜山市	地方行政硏究所	權純福	83.9.30-84.1.30(4)	300
11	韓國의 地方財政硏究	韓國經濟硏究院	韓國經濟硏究院	吳然天,許宣	84.5.1-85.2.28(10)	500
12	仁川 延壽 · 九月地區 宅地 開發事業 人口影響評價	韓國土地開發公社	環境計劃硏究所	林岡源,李正典	85.8.1-85.11.30(4)	200
13	都市交通施設의 計劃 및 設計 指針에 관한 硏究	學術振興財團	學術振興財團	金基浩	87.3.1-87.12.15(10)	150
14	東南圈發展을 위한 尖端技術 硏究團地造成에 따른 基本構想	大邱市	大亞綜合技術公社	金源,羅相紀,朱鍾元,黃明燦,張泰鈺,崔龍浩	89.1.1-89.8.31(8)	372
15	全國土 技術地帶網化 推進構想에 관한 硏究	科學技術處 · 韓國土地開發公社	大韓國土計劃學會	金源,朴炳柱,康炳基,朱鍾元,黃明燦,金永佑 外 地方敎授 8名	89.5.1-90.3.31(11)	541
16	一山 出版文化産業團地 基本構想	一山出版文化産業團地事業協同組合	서울大 環境大學院 環境計劃硏究所	黃琪源,兪炳林	91.4.1-91.7.27(4)	271
17	2千年代를 향한 江陵 長期 發展構想樹立에 관한 硏究	江陵市	大韓國土 · 都市 計劃學會	金源,趙正濟,黃明燦,崔昌儀,許在完 등 8名	92.2.1-92.9.30(8)	500
18	地方自治制度 中期發展計劃	內務部	韓國地方行政硏究院	硏究院 硏究陣 및 外部敎授 등 40名	92.8.1-93.7.31(12)	268
19	'98새마을運動의 推進方向과 實踐事業	새마을運動中央協議會	同協議會 企劃調整室	室 · 部長 및 硏究陣	97.12.1-97.12.16(16日)	10
20	漆谷郡 市昇格 妥當性에 관한 硏究	慶北 漆谷郡	地方議會發展 硏究院	蘇鎭光,한상훈,김상미,여상일,장해창	99.11.29-00.4.28(5)	19

次順	課　題　名	依 賴 機 關	主 管 機 關	研　究　陣	研究期間(月)	分量(頁)
21	中長期 蘆原福祉政策樹立을 위한 硏究	서울市 蘆原區	地域開發硏究會	朴熙正,安永勳, 金奎馥	00.12.30-01.4.30(4)	10
22	國家經營의 政策과 戰略 : 21世紀 韓國의 發展基調	VIAGIS센터	Coordinator硏究팀	崔基弘,李相周 등 10名	01.1.1-01.6.10(5)	90
23	外國의 大都市圈 環境行政體系 硏究	서울市政開發硏究院	地域開發硏究會	황옥진 · 孫熙俊 · 金奎馥	01.9.1-01.12.31(4)	-
24	首都圈 規制緩和에 따른 忠北의 對應戰略	忠淸北道	地域開發硏究會	朴熙正 · 孫熙俊 · 金奎馥	01.9.18-02.1.15(4)	-
25	21世紀 錦山의 環境變化와 對應 方案	忠淸南道 錦山郡	韓國地域發展硏究院	姜渭薰 · 金奎馥 外	02. 12. 5-02.12.31	-
26	向後 蘆原區 大衆交通 改善方向	서울市 蘆原區	韓國地域開發硏究院	朴熙正 · 안영훈 · 김영국 · 金圭馥	02.12.6-03.6.6	-
27	서울外廓循環高速道路 路線 再檢討報告書	國務總理室	路線再檢討委員會	金安濟 등 11名 委員	2003.4.22-2003.6.5	4
28	地方移讓 白書	靑瓦臺	地方移讓 推進委員會	金安濟 委員長 등 支援團 全員	1999.8.30-2003. 9.7	5
29	孔陵洞 配水池 綜合體育施設 公園造成 方案에 관한 硏究	서울 포시스(株)	韓國地域發展硏究院 · 漢陽大都市大學院	金圭馥 · 金東爀 · 李永哲 等	2006.1.1-06.2.28	-

3. 部分 硏究

着手年度	順次	硏究課題						擔當部分	
		課　題　名	依賴機關	主 管 機 關	硏究責任者	硏究期間(月)	總分量(頁)	硏究部門	分量(頁)
1964	1	國民學校運營實態調査	文敎部	서울大 行政大學院	金曾漢 金海東	64.5.1-64. 7.31(3)	300	奬忠國民學校	30
	2	住民自治意識調査	內務部	地方行政硏究委員會	盧隆熙	64.5.1-65. 10.31(6)	300	調査方法과 過程	50
1965	1	過去地方自治實態調査	內務部	地方行政硏究委員會	金秉燦	65.3.1-65. 12.31(10)	350	調査 · 分析方法 및 過去實態	50
	2	自治意識調査	內務部	韓國行政問題硏究所	盧隆熙	65.5.1-65. 8.31(4)	300	調査 · 分析方法	50
1966	1	地方自治團體 事務配分 實態	內務部	地方行政硏究委員會	盧隆熙	66.3.1-66. 11.30(9)	350	調査方法 및 事務 實態	60
	2	首都行政調査	서울市	韓國行政問題硏究所	金曾漢	66.5.1-66. 10.31(6)	1,000	人口部門	50
1967	1	國稅와 地方稅의 調整方案	財務部	韓國能率本部	盧隆熙	67.4.1-67. 10.31(7)	500	調整代案	70
	2	接敵 및 收復地區實態調査	內務部	內務部	盧隆熙	67.4.21-67. 5.31(1)	300	實態分析	50
	3	行政區域調査硏究	內務部	地方行政協會	盧隆熙	67.5.17-67. 11.15(6)	500	郡區域現況 및 改編案	50

着手年度	順次	研究課題						擔當部分	
		課題名	依賴機關	主管機關	研究責任者	研究期間(月)	總分量(頁)	研究部門	分量(頁)
	4	邑面行政調査研究	內務部	地方行政硏究委員會	盧隆熙	67.11.1-68.5.31(7)	400	現況 및 改善策	50
1968	1	社會救護行政	總務處	行政改革調査委員會	委員長	68.8.1-68.12.31(5)	300	自助勤勞事業	30
1972	1	地方行政體制改善	總務處	行政改革調査委員會	委員長	68.6.22-68.8.31(2)	300	現況 및 改善案	30
	2	新都市開發政策에 관한 研究	省谷財團	都市·地域計劃研究所	盧隆熙	72.8.1-72.10.31(3)	300	開發計劃의 模型	50
	3	京畿道工業團地計劃	京畿道	都市·地域計劃研究所	盧隆熙	72.9.1-72.11.30(3)	300	立地計劃	40
	4	都市計劃에 대한 市民意識調査	經濟科學審議會議	都市·地域計劃研究所	盧隆熙	72.9.1-72.11.30(3)	250	調査方法 및 實態	30
	5	通信事業 豫算會計制度改善을 위한 研究	遞信部	韓國行政問題研究所	兪焄	72.9.1-72.12.31(4)	400	體系分析技法	30
	6	南北韓 行政區域 比較研究	國土統一院	都市·地域計劃研究所	盧隆熙	72.9.20-72.12.31(3)	250	現況과 比較分析	40
1974	1	새마을 意識調査	內務部	都市·地域計劃研究所	盧隆熙	74.9.1-74.12.31(4)	250	調査方法 및 分析	30
	2	國土開發 二千年의 展望	建設部	都市·地域計劃研究所	崔相哲	74.9.1-74.12.31(4)	300	人口 및 區域	30
1976	1	計劃豫算制度下의 成果測定 및 分析研究	國防部	韓國行政問題研究所	兪焄	76.9.30-76.12.31(3)	300	成果指標와 成果情報의 活用方法	30
1977	1	大學의 研究 및 勉學雰圍氣 造成方案	文敎部	서울大行政大學院行政問題研究所	安海均	77.4.1-77.7.31(4)	300	敎授自身의 할 일	40
	2	京畿道 小都邑 機能化綜合計劃	京畿道	都市·地域計劃研究所	盧隆熙	77.5.1-77.12.31(8)	500	總括篇	40
	3	成果의 測定分析 및 活用	國防部	韓國行政問題研究所	兪 焄	77.5.1-77.12.31(8)	400	成果情報의 活用方法	30
	4	首都圈整備 調査計劃	建設部	韓國綜合開發公社	康炳基	77.5.1-77.12.31(8)	1,000	立地·機能·人口·產業	50
1978	1	長期行政組織模型研究	行政改革委員會	行政改革委員會	黃明燦	78.1.1-78.4.30(4)	200	國土開發部門中都市行政·住宅行政	40
	2	住宅白書	서울市	서울市立大首都圈研究所	柳榮進	78.6.10-78.10.30(5)	500	庶民住宅建設 促進方案	50
1979	1	80年代 住宅政策의 方向	國土開發研究院	國土開發研究院	黃明燦	79.4.1-79.8.31(5)	200	住宅價格과 國民支佛能力	30
	2	高層오피스·빌딩 建設의 妥當性調査研究	서울市	中央大	金成勳	79.5.1-79.8.31(4)	400	서울市建設行政의 變動과 展望	13
	3	80年代環境大學院 發展計劃 및 敎科課程研究	文敎部	環境大學院	崔相哲	79.5.1-80.5.30(13)	200	環境管理專攻開發, 環境研究所設立	30
	4	環境體系開發에 관한 研究(Ⅳ)	文敎部	環境大學院	崔相哲	79.5.1-81.12.31(20)	200	資源·汚染·方法	30
	5	白紙計劃의 特性研究	靑瓦臺企劃團	國土計劃學會	朴炳柱	79.6.1-79.11.30(6)	300	關聯施策	50
	6	서울 2000 都市開發	서울市	都市·地域計劃	崔相哲	79.6.1-80.	1,200	人口, 經濟 및 社會	94

<table>
<tr><th rowspan="2">着手
年度</th><th rowspan="2">順
次</th><th colspan="6">研　究　課　題</th><th colspan="2">擔 當 部 分</th></tr>
<tr><th>課 題 名</th><th>依賴機關</th><th>主 管 機 關</th><th>研究
責任者</th><th>研究期間
(月)</th><th>總分量
(頁)</th><th>研 究 部 門</th><th>分量
(頁)</th></tr>
<tr><td></td><td></td><td>長期構想 · 中期計劃</td><td></td><td>研究所</td><td></td><td>1.31(8)</td><td></td><td>開發</td><td></td></tr>
<tr><td></td><td>7</td><td>3大空間 確保를 위한
財源調達方案</td><td>서울市</td><td>서울市立大</td><td>金 源</td><td>79.7.1-79.
11.30(5)</td><td>500</td><td>公園 · 綠地</td><td>100</td></tr>
<tr><td></td><td>8</td><td>都市計劃施設基準</td><td>建設部</td><td>國土計劃學會</td><td>朴炳柱</td><td>79.7.1-79.
12.31(6)</td><td>500</td><td>指標設定方法</td><td>30</td></tr>
<tr><td>1981</td><td>1</td><td>大學院特殊分野科目의
教材開發研究</td><td>文教部</td><td>環境大學院</td><td>林岡源</td><td>81.6.1-82.
6.30(13)</td><td>200</td><td>地域經濟學</td><td>30</td></tr>
<tr><td></td><td>2</td><td>寧越地方 定住生活圈
開發計劃</td><td>寧越郡</td><td>都市 · 地域計劃
研究所</td><td>金炯國</td><td>81L8.1-82.
12.31(17)</td><td>500</td><td>住民意識, 行財政</td><td>40</td></tr>
<tr><td></td><td>3</td><td>80年代適應할 地方行政
機構 및 階層構造</td><td>內務部</td><td>全羅北道</td><td>朴文玉</td><td>81.11.1-82.
2.28(4)</td><td>100</td><td>階層構造</td><td>50</td></tr>
<tr><td></td><td>4</td><td>忠北道 綜合開發計劃</td><td>忠淸北道</td><td>都市 · 地域計劃
研究所</td><td>崔相哲</td><td>81.11.1-82.
7.31(9)</td><td>700</td><td>人口 · 經濟 · 行財政</td><td>50</td></tr>
<tr><td>1982</td><td>1</td><td>Restructuring of
Tax Incentive System</td><td>經濟企劃院</td><td>韓國開發研究院</td><td>柳秉西</td><td>82.5.1-82.
11.30(7)</td><td>국문 536
영문 178</td><td>租稅制度의 支援
方法</td><td>국문51
영문15</td></tr>
<tr><td></td><td>2</td><td>서울 教育發展을 위한
基本計劃研究</td><td>서울市教育
委員會</td><td>서울大教育研究所</td><td>李宗宰</td><td>82.8.1-84.
2.28(19)</td><td>700</td><td>首都圈 發展의 長期
展望과 教育</td><td>35</td></tr>
<tr><td></td><td>3</td><td>都市固形廢棄物의 效果
的 管理研究</td><td>IDRC</td><td>環境大學院</td><td>李正典</td><td>82.9.1-83.
8.31(12)</td><td>300</td><td>廢棄物의 管理 ·
組織 · 行政 · 財政</td><td>40</td></tr>
<tr><td>1983</td><td>1</td><td>巨濟 玉浦地區 住宅造成
事業 環境影響評價</td><td>韓國土地
開發公社</td><td>環境計劃研究所</td><td>金丁勛</td><td>83.2.1-83.
4.30(3)</td><td>200</td><td>人口 · 產業</td><td>19</td></tr>
<tr><td></td><td>2</td><td>木洞地區 宅地開發事業
環境影響評價</td><td>서울市</td><td>서울工大產業
研究所</td><td>朱鍾元</td><td>83.7.6-84.
2.27(8)</td><td>200</td><td>人口 · 產業</td><td>40</td></tr>
<tr><td></td><td>3</td><td>光明鐵山地區 宅地開發
事業 環境影響評價</td><td>住宅公社</td><td>環境計劃研究所</td><td>金丁勛</td><td>83.8.1-83.
11.30(4)</td><td>200</td><td>人口 · 產業</td><td>40</td></tr>
<tr><td></td><td>4</td><td>서울市 街路經濟部門의
實態分析에 관한 研究</td><td>서울市</td><td>環境計劃研究所</td><td>金炯國</td><td>83.11.1-94.
2.20(4)</td><td>200</td><td>實態分析</td><td>30</td></tr>
<tr><td>1984</td><td>1</td><td>蔚山 · 溫山工團 被害住
民移住對策調查研究</td><td>環境廳</td><td>環境計劃研究所</td><td>權泰埈</td><td>84.2.1-84.
11.30(10)</td><td>500</td><td>移住對策方案
効</td><td>40</td></tr>
<tr><td></td><td>2</td><td>大德研究團地 活性化方
案樹立에 관한 研究</td><td>科學技術處</td><td>科學技術處</td><td>趙炳夏</td><td>84.3.1-84.
11.30(9)</td><td>1,200</td><td>目標의 最適案, KAIST
移轉 果, 管理體系</td><td>50</td></tr>
<tr><td></td><td>3</td><td>陽洞 4 · 5地區 再開發
事業基本計劃</td><td>土地開發
公社</td><td>環境計劃研究所</td><td>金基浩</td><td>84.4.1-84.
8.31(5)</td><td>200</td><td>開發戰略</td><td>5</td></tr>
<tr><td></td><td>4</td><td>都市構造改編을 위한
多核都市開發研究</td><td>서울市</td><td>環境計劃研究所</td><td>盧隆熙</td><td>84.5.1-84.
7.30(3)</td><td>500</td><td>人口 및 產業 · 經濟</td><td>50</td></tr>
<tr><td></td><td>5</td><td>서울商易會館建立의 事業
計劃 및 妥當性檢討</td><td>서울市</td><td>環境計劃研究所</td><td>金基浩</td><td>84.10.1-85.
3.31(6)</td><td>200</td><td>人口影響評價</td><td>30</td></tr>
<tr><td>1985</td><td>1</td><td>大韓保險社屋의 人口 ·
交通影響評價</td><td>서울市</td><td>新東亞建設(株)</td><td>李仁遠</td><td>85.4.1-85.
7.31(4)</td><td>250</td><td>人口影響評價</td><td>40</td></tr>
<tr><td></td><td>2</td><td>서울驛地區 都市設計의
人口影響評價</td><td>서울市</td><td>東部圈研究所</td><td>金 源</td><td>85.5.1-85.
11.30(7)</td><td>200</td><td>人口影響評價</td><td>40</td></tr>
<tr><td></td><td>3</td><td>地自制를 위한 地方財政
制度 研究</td><td>經濟企劃院</td><td>韓國開發研究院</td><td>趙正濟</td><td>85.5.1-85.
12.31(8)</td><td>300</td><td>地方交付稅制度의
改善方向</td><td>56</td></tr>
<tr><td></td><td>4</td><td>大學院 特殊分野科目의
教材開發研究</td><td>文教部</td><td>環境大學院</td><td>李正典</td><td>85.5.1-86.
4.30(12)</td><td>100</td><td>都市財政論</td><td>26</td></tr>
</table>

着手年度	順次	研究課題						擔當部分	
		課題名	依賴機關	主管機關	研究責任者	研究期間(月)	總分量(頁)	研究部門	分量(頁)
	5	서울驛地區 開發의 人口影響評價	서울市	首都圈研究所	安永培	85.5.1-87.2.28(22)	300	人口影響評價	40
	6	2000年代 科學技術發展長期計劃	科學技術處	科學技術處	趙庚穆	85.9.1-85.12.31(4)	700	科學技術基盤構築	30
	7	京畿道 大學村 整備指針 및 評價資料作成	京畿道	環境計劃研究所	林岡源	85.9.1-85.12.31(4)	250	評價基準	20
1986	1	2000年代 科學技術發展長期計劃實踐計劃	科學技術處	科學技術處	金永佑	86.3.1-86.6.30(4)	500	研究團地開發	30
	2	陽洞5地區 再開發基本計劃의 人口影響評價	土地開發公社	環境計劃研究所	金基浩	86.4.8-86.5.31(2)	300	人口影響評價	30
	3	驛三洞 事務複合施設 人口·交通影響評價	韓國都市開發(株)	環境計劃研究所	林岡源	86.5.1-86.6.5(1)	200	人口	30
	4	2000年代 科學技術發展長期計劃	科學技術處	科學技術處	金永佑	86.6.1-86.9.30(4)	500	研究開發團地의 造成	46
	5	韓國綜合貿易센터의 人口·交通影響評價	韓國貿易協會	環境計劃研究所	林岡源	86.6.1-87.7.31(14)	500	人口影響評價	40
	6	山地開發을 위한 政策研究	經濟企劃院	經濟企劃院	崔相哲	86.9.9-87.12.31(4)	200	山地開發의 制度的 現況과 發展方向	30
1987	1	效果的上水道事業 經營體制에 관한 硏究	內務部	仁川市	鄭世煜	87.11.1-88.3.31(5)	200	上水道廣域行政體制의 現況과 問題點	30
1988	1	서울市 都市基本計劃	서울市	環境計劃研究所	康炳基	88.9.1089.7.31(11)	1,000	人口·指標·行財政	50
1989	1	技術革新促進을 위한 政策體系에 관한 硏究	科學技術處	産業技術振興協會	鄭根謨	89.3.1-89.7.31(5)	250	科學技術革新戰略의 推進體系	12
1990	1	梁山郡 東部地域發展計劃	梁山郡東部地域發展協議會	서울大 環境大學院 環境計劃研究所	梁鉱在	90.11.1-91.2.28(4)	121	開發趨勢,開發構想,地域設定,經濟	9
	2	서울의 都市計劃 : 1934-1994	서울市	環境計劃研究所	兪炳林	90.1.1-91.2.28(14)	78	首都圈의 問題와 政策	8
1991	1	首都行政의 課題와 位相定立을 위한 硏究	서울市	都市 및 地域計劃研究所	崔相哲	91.4.1-91.10.31(7)	345	中央政府와 서울市의 關係再定立	52
	2	放射性廢棄物 處分敷地確保 및 地域協力方案研究	原子力研究所	서울大 社會大 人口 및 發展問題研究所	金璟東	91.4.25-91.12.31(8)	779	敷地確保方案 (分科班長)	88
	3	梁山郡 長期綜合發展計劃	浦項製鐵	서울大 環境大 研究所	梁鉱在	91.7.1-91.12.31(6)	143	經濟·産業計劃	4
	4	地方議會議員 選擧分析을 위한 硏究	韓國地方行政研究院	韓國地方自治學會	鄭世煜	91.8.3-92.2.29(7)	300	投票結果分析	81
	5	地方自治를 통한 忠南地域開發 促進方案	忠淸南道	檀國大 政策科學研究所	金鍾表	91.9.1-92.6.30(10)	250	行政環境의 變化와 開發方向	44
1992	1	工業團地事業에 대한 評價와 向後公社의 役割 및 機能에 관한 硏究	韓國水資源公社	大韓國土·都市計劃學會	金 源	92.3.1-92.10.31(8)	350	公社의 工團實績評價,우리나라 工業用地分析·展望	96
1998	1	21世紀를 향한 새마을運動의 發展方向	새마을運動中央協議會	研究陣(李瓆鉉, 金炯國,金安濟)	李瓆鉉	98.5.20-98.6.8(1)	30	새마을運動 5個年發展計劃	10

第 2 章 學術發表

□ 總 括

○ 學術發表 分類

(單位:回)

年 度	總回數	形態別			地域別			分野別					
		學術會參加	特講演說	大衆媒體發表	서 울	地 方	外 國	自治行政	空間開發	經濟技術	意識環境	其他	複 合
1965	1	-	-	1	-	1	-	-	-	-	1	-	-
1972	6	3	3	-	5	1	-	1	2	2	-	1	-
1973	11	3	2	6	8	3	-	3	3	-	5	-	-
1974	1	3	3	3	7	1	1	1	2	1	5	-	-
1975	9	5	-	2	4	2	1	-	2	2	3	-	-
1976	7	3	5	-	6	1	1	1	2	2	2	1	-
1977	8	11	8	8	24	1	2	6	12	2	4	1	2
1978	27	7	10	3	14	2	4	4	8	-	8	-	-
1979	20	10	7	3	17	3	-	1	8	5	3	-	3
1980	20	10	11	-	19	2	-	3	6	4	7	1	-
1981	21	10	19	3	13	19	-	8	9	1	6	7	1
1982	32	14	14	4	14	18	-	8	9	6	3	4	2
1983	29	12	11	6	16	12	1	8	8	6	2	4	1
1984	33	15	15	3	13	17	3	5	14	6	4	4	-
1985	30	17	9	4	13	15	2	12	8	2	3	4	1
1986	28	16	8	4	16	11	1	7	14	4	2	1	-
1987	52	14	33	5	30	14	8	9	12	8	10	12	1
1988	69	18	29	22	45	24	-	14	18	14	1	20	2
1989	87	36	37	14	44	40	3	16	32	8	10	21	-
1990	119	25	70	24	59	59	1	20	21	3	48	25	2
1991	146	39	83	24	69	75	2	68	25	8	33	8	4
1992	137	37	84	16	64	70	3	37	21	9	28	38	4
1993	115	21	87	7	66	46	3	17	19	3	24	48	4
1994	107	24	61	22	60	44	3	44	24	5	6	23	5
1995	178	46	105	27	78	89	11	77	18	18	17	27	21
1996	151	35	93	23	68	83	-	76	12	14	10	12	27
1997	145	27	90	28	74	66	5	38	13	14	22	32	26
1998	109	33	62	14	55	49	5	32	19	4	11	35	8
1999	85	28	48	9	36	44	5	24	18	4	10	15	14
2000	97	15	72	10	49	44	4	52	10	4	11	10	10
2001	91	13	72	6	23	67	1	57	14	2	7	7	4
2002	85	15	64	6	36	45	4	47	11	6	9	9	3
2003	107	26	69	12	37	68	2	23	40	6	26	10	2
2004	155	9	103	43	79	75	1	10	108	1	22	13	1
2005	103	16	81	6	25	78	-	51	23	1	12	13	3
2006	41	7	33	1	16	23	2	16	13	-	2	8	2
累計	2,493	623	1,501	369	1,202	1,212	79	796	578	175	377	414	153

○ 執筆量 · 放送時間 및 參席者數

年 度	執 筆 量 (枚)						放 送 時 間 (分)			參 席 者 數 (名)		
	學術發表論文		新聞揭載論文		計		TV	라디오	計	學術大會	特講演說	計
		英 文		英 文		英 文						
1965	-	-	15	-	15	-	-	-	-	-	-	-
1972	-	-	-	-	-	-	-	-	-	700	130	830
1973	225	-	-	-	225	-	60	120	180	500	300	800
1974	310	150	-	-	310	150	60	60	120	400	708	1,108
1975	560	150	-	-	560	150	60	-	60	650	-	650
1976	185	25	-	-	185	25	-	60	60	500	950	1,450
1977	535	250	15	-	550	250	-	30	30	1,400	1,650	3,050
1978	260	150	30	-	290	150	-	-	-	1,850	1,390	3,240
1979	625	100	15	-	640	100	-	-	-	4,000	620	4,620
1980	290	100	-	-	290	100	-	-	-	1,460	1,505	2,965
1981	200	-	30	-	230	-	-	-	-	2,250	4,490	6,740
1982	450	-	-	-	450	-	-	-	-	2,800	3,410	6,210
1983	310	150	80	-	390	150	-	-	-	1,900	2,850	4,750
1984	325	125	-	-	325	125	-	15	15	2,700	3,685	6,385
1985	610	75	30	-	640	75	10	-	10	3,095	1,766	4,861
1986	510	150	30	-	540	150	10	5	15	3,330	2,050	5,380
1987	540	100	7	-	547	100	80	-	80	3,045	13,643	16,688
1988	375	-	104	-	479	-	290	175	465	6,260	3,944	10,204
1989	910	345	-	-	910	345	420	125	545	11,037	15,194	26,231
1990	380	-	99	-	479	-	750	40	790	6,776	18,374	25,150
1991	760	100	45	-	805	100	511	195	706	13,235	26,148	39,383
1992	720	-	95	-	815	-	9	125	134	9,640	19,556	19,196
1993	525	175	29	-	554	175	-	15	15	4,370	14,835	19,205
1994	610	125	90	-	700	125	302	32	334	5,360	11,915	17,275
1995	725	-	135	-	860	-	13	67	80	10,428	22,669	33,097
1996	395	-	85	-	480	-	353	30	383	8,168	14,049	22,217
1997	450	-	42	-	492	-	261	324	585	5,891	12,024	17,915
1998	320	-	115	-	435	-	48	6	54	6,458	6,288	12,746
1999	135	-	68	-	203	-	20	5	25	5,164	8,589	13,753
2000	145	-	21	-	166	-	200	35	235	3,225	13,080	16,305
2001	-	-	-	-	-	-	40	1	41	2,700	11,641	14,341
2002	135	-	22	-	157	-	3	-	3	2,505	9,422	11,927
2003	170	-	8	-	178	-	302	10	312	5,210	16,322	21,532
2004	20	-	44	-	64	-	69	117	186	1,655	19,627	21,282
2005	-	-	11	-	11	-	-	20	20	3,480	25,981	29,461
2006	-	-	-	-	-	-	1	-	-	580	7,829	8,409
累計	12,710	2,270	1,265	-	13,975	2,270	3,871	1,612	5,483	142,722	316,634	459,356

Ⅰ. 學術行事 參加

○ 要 約

● 學術行事 集計

年 度	總回數(回)	類 型 別					地 域 別			分 野 別					
		基調發表	主題發表	司會擔當	討論參與	招請參加	서울	地方	外國	自治行政	空間開發	經濟技術	意識環境	其他	複合
1972	3	-	-	1	1	1	3	-	-	1	2	-	-	-	-
1973	3	-	3	-	-	-	3	-	-	-	-	-	3	-	-
1974	3	-	2	-	1	-	2	-	1	-	1	1	1	-	-
1975	5	1	3	1	-	-	2	2	1	-	1	2	2	-	-
1976	3	-	2	-	-	1	1	1	1	1	-	2	-	-	-
1977	11	-	5	1	5	-	9	-	2	-	5	3	2	1	-
1978	7	-	2	2	2	1	5	1	1	-	4	3	-	-	-
1979	10	-	6	-	3	1	9	1	-	1	3	5	1	-	-
1980	10	-	2	1	6	1	8	2	-	3	1	2	3	1	-
1981	10	-	2	3	5	-	6	4	-	2	5	1	1	1	-
1982	14	-	4	4	6	-	8	6	-	2	6	4	1	1	-
1983	12	-	2	4	6	-	7	4	1	3	5	2	1	-	1
1984	15	-	3	8	4	-	7	6	2	3	6	5	1	-	-
1985	17	2	3	8	4	-	7	8	2	9	4	2	-	1	1
1986	16	1	3	5	7	-	9	6	1	5	8	2	1	-	-
1987	14	3	2	6	3	-	9	5	-	5	4	3	1	1	-
1988	18	2	2	11	3	-	10	8	-	3	8	6	-	1	-
1989	36	3	12	14	7	-	16	18	2	7	17	6	-	6	-
1990	25	1	8	11	5	-	14	10	1	5	10	1	4	4	1
1991	39	4	13	10	10	2	21	16	2	11	19	1	6	1	1
1992	37	9	6	17	5	-	10	24	3	18	13	3	3	-	-
1993	21	2	3	13	3	-	9	10	2	6	8	2	2	3	-
1994	24	6	5	11	2	-	8	15	1	5	15	1	1	-	2
1995	46	8	8	24	6	-	21	24	1	15	8	4	1	4	14
1996	35	6	1	20	8	-	14	21	-	12	10	3	2	-	8
1997	27	4	4	17	2	-	8	18	1	6	6	6	4	1	4
1998	33	4	3	19	4	3	13	20	-	10	13	1	3	3	3
1999	28	3	1	20	1	3	9	16	3	7	11	3	1	2	4
2000	15	5	-	7	-	3	5	9	1	6	4	-	-	3	2
2001	13	-	-	11	2	-	2	11	-	5	5	2	1	-	-
2002	15	3	2	9	1	-	8	6	1	5	5	3	2	-	-
2003	26	11	-	14	-	1	9	17	-	4	16	3	1	2	-
2004	9	1	1	7	-	-	3	6	-	1	7	1	-	-	-
2005	16	3	-	12	-	1	2	14	-	4	9	-	-	-	3
2006	7	-	-	7	-	-	1	5	1	2	3	-	1	1	-
累計	623	82	113	298	112	18	278	314	31	167	242	83	50	37	44

● 發表原稿量 및 行事參席者數

年度	原稿量(枚)						參席者數(名)					
	基調論文		主題論文		合計		基調發表	主題發表	司會擔當	討論參加	招請參加	合計
		英文		英文		英文						
1972	-	-	-	-	-	-	-	-	200	200	300	700
1973	-	-	225	-	225	-	-	500	-	-	-	500
1974	-	-	310	150	310	150	-	300	-	100	-	400
1975	100	-	460	150	560	150	50	400	200	-	-	650
1976	-	-	185	25	185	25	-	300	-	-	200	500
1977	-	-	535	250	535	250	-	500	100	800	-	1,400
1978	-	-	260	150	260	150	-	150	400	300	1,000	1,850
1979	-	-	625	100	625	100	-	500	-	500	3,000	4,000
1980	-	-	290	100	290	100	-	500	200	710	50	1,460
1981	-	-	200	-	200	-	-	350	700	1,200	-	2,250
1982	-	-	450	-	450	-	-	800	800	1,200	-	2,800
1983	-	-	310	150	310	150	-	200	700	1,000	-	1,900
1984	-	-	325	125	325	125	-	250	1,900	550	-	2,700
1985	225	-	385	75	610	75	500	430	1,365	800	-	3,095
1986	100	-	410	150	510	150	200	830	1,450	850	-	3,330
1987	350	100	190	-	540	100	900	500	945	700	-	3,045
1988	200	-	175	-	375	-	1,700	650	2,460	1,450	-	6,260
1989	300	-	610	345	910	345	1,000	3,180	4,587	2,270	-	11,037
1990	75	-	305	-	380	-	500	2,916	2,360	1,000	-	6,776
1991	225	-	535	100	760	100	735	3,570	3,990	4,190	750	13,235
1992	100	-	620	-	720	-	1,190	2,300	5,420	730	-	9,640
1993	125	-	400	175	525	175	400	615	2,955	400	-	4,370
1994	260	-	350	125	610	125	1,800	1,015	2,430	115	-	5,360
1995	405	-	320	-	725	-	2,260	1,158	5,760	1,250	-	10,428
1996	260	-	75	-	335	-	1,440	200	3,978	2,550	-	8,168
1997	180	-	270	-	450	-	1,870	850	2,871	300	-	5,891
1998	160	-	160	-	320	-	880	960	3,558	810	250	6,458
1999	100	-	35	-	135	-	1,200	9	3,360	100	495	5,164
2000	145	-	-	-	145	-	1,600	-	1,015	-	610	3,225
2001	-	-	-	-	-	-	-	-	2,220	480	-	2,700
2002	100	-	35	-	135	-	600	550	1,315	40	-	2,505
2003	170	-	-	-	170	-	2,950	-	2,250	-	10	5,210
2004	-	-	20	-	20	-	450	300	905	-	-	1,655
2005	-	-	-	-	-	-	1,100	-	2,230	-	150	3,480
2006	-	-	-	-	-	-	-	-	580	-	-	580
累計	3,580	100	9,070	2,170	12,650	2,270	23,325	24,783	63,204	24,595	6,815	142,722

1. 基調發表

1)「人口教育을 위한 環境教育의 課題」
· 論文量 : 20頁
· 主催 : 韓國 社會科 教育研究會
· 主題 : 社會科에 있어서의 環境教育의 座標와 方向
· 場所 : 明知大學校
· 日字 : 1975.8.13
· 參席者 : 50名

2)「21世紀를 위한 地方公務員 教育院의 役割」
· 論文量 : 20頁
· 主催 : 內務部 地方行政研修院
· 主題 : '85 全國 教官 研究發表大會
· 場所 : 內務部 地方行政研修院
· 日字 : 1985.3.7
· 參席者 : 200名

3)「政府投資機關管理基本法 制定施行에 따른 韓國土地開發公社의 進路」
· 論文量 : 25頁
· 主催 : 韓國土地開發公社
· 主題 : 業務開發을 위한 研鑽會
· 場所 : 私學年金會館
· 日字 : 1985.12.17-18
· 參席者 : 300名

4)「住民참여를 통한 地域綜合開發의 方向」
· 論文量 : 20頁
· 主催 : 內務部 地方行政研修院
· 主題 : 제26회 地方行政研修大會
· 場所 : 內務部 地方行政研修院
· 日字 : 1986.12.4-5
· 參席者 : 200名

5)「Local Autonomy and Inhabitants' Consciousness」
· 論文量 : 20頁
· 主催 : 內務部 地方行政研修院, 獨逸科學財團(DSE)
· 主題 : Decentralization and Local Government : 國際 세미나
· 場所 : 內務部 地方行政研修院
· 日字 : 1987.3.16-27
· 參席者 : 200名

6)「地域經濟活性化와 地方自治」
· 論文量 : 20頁
· 主催 : (社)地方行政硏究所
· 主題 : 地域經濟活性化와 地方行政
· 場所 : 地方行政會館
· 日字 : 1987.3.20
· 參席者 : 200名

7)「2000年代 光州發展의 方向과 戰略」
· 論文量 : 30頁
· 主催 : 大韓國土計劃學會, 光州市
· 主題 : 2000年代 光州發展 戰略摸索을 위한 세미나
· 場所 : 光州商工會議所
· 日字 : 1987.7.25
· 參席者 : 500名

8)「21世紀를 向한 廣域光陽灣圈의 未來像」
· 論文量 : 20頁
· 主催 : 麗水市, 麗水商議, 光州日報
· 主題 : 21世紀를 向한 廣域光陽灣圈의 開發戰略 심포지엄
· 場所 : 麗水 市民會館
· 日字 : 1988.5.27
· 參席者 : 1,500名

9)「慶山地域의 位相과 發展方向」
· 論文量 : 20頁
· 主催 : 慶山商工會議所
· 主題 : 慶山地域開發을 위한 세미나
· 場所 : 慶山郡廳 會議室
· 日字 : 1988.11.25
· 參席者 : 200名

10)「大邱地域開發과 硏究團地建設」
· 論文量 : 20頁
· 主催 : 大邱市
· 主題 : 大邱地域 尖端産業硏究團地造成을 위한 東南圈 大討論會
· 場所 : 大邱銀行 會議室
· 日字 : 1989.6.30
· 參席者 : 500名

11)「地方自治 實施에 따른 地方行政의 位相과 役割」

· 論文量 : 20頁
· 主催 : 內務部 地方行政硏修院
· 主題 : 第28回 地方行政硏修大會
· 場所 : 內務部 地方行政硏修院
· 日字 : 1989.11.23
· 參席者 : 200名

12)「大關嶺圈의 位置와 未來像」
· 論文量 : 20頁
· 主催 : 平昌郡 道岩面 繁榮會
· 主題 : 大關嶺圈의 位相과 開發方向에 관한 세미나
· 場所 : 龍平 리조트 觀光호텔
· 日字 : 1989.12.21
· 參席者 : 300名

13)「光州尖端科學産業基地建設과 光州圈의 發展方向」
· 論文量 : 15頁
· 主催 : 大韓國土 · 都市計劃學會, 光州市
· 主題 : 2000年代 光州尖端科學産業基地建設과 光州圈의 發展戰略
· 場所 : 新陽파크호텔
· 日字 : 1990.11.23
· 參席者 : 500名

14)「地方自治와 地域發展」
· 論文量 : 10頁
· 主催 : 韓國 EVENT開發院
· 主題 : 地自制 選擧戰略
· 場所 : 뉴월드호텔
· 日字 : 1991.1.24
· 參席者 : 35名

15)「市 · 郡 · 自治區 議會出帆의 歷史的 意義와 時代的 使命」
· 論文量 : 10頁
· 主催 : (社)地方行政硏究所
· 主題 : 市 · 郡 · 自治區議會의 效率的인 運營方案
· 場所 : 世宗文化會館
· 日字 : 1991.4.24
· 參席者 : 300名

16)「地方自治와 地域開發」
· 論文量 : 15頁

· 主催 : 江陵商工會議所
· 主題 : 地方自治와 嶺東開發을 위한 세미나
· 場所 : 韓電 嶺東支店
· 日字 : 1991.5.1
· 參席者 : 200名

17)「環境保護의 意志와 實踐」
· 論文量 : 10頁
· 主催 : 環境經濟新聞社
· 主題 : 國家發展과 環境保全
· 場所 : 大韓商工會議所
· 日字 : 1991.6.7
· 參席者 : 200名

18)「榮州地域發展과 地域住民의 役割」
· 論文量 : 15頁
· 主催 : 慶北專門大學附設 地域社會開發硏究所
· 主題 : 地方化時代의 榮州地域發展方向
· 場所 : 慶北專門大學
· 日字 : 1992.1.16
· 參席者 : 500名

19)-26)「地方自治 1年의 回顧와 向後 發展方向」
· 論文量 : 5頁
· 主催 : 韓國地方行政硏究院
· 主題 : 地方議會議員 硏鑽會
· 場所 · 日字 · 參席者 : 19) 慶北道議會-慶北道廳-92.9.21, 100名
20) 釜山市議會-釜山文化會館-92.9.22, 70名
21) 慶南道議會-議事堂-92.9.24, 80名
22) 江原道議會-道公務員敎育院-92.9.28, 100名
23) 光州市議會-敎員硏修院-92.9.29, 80名
24) 忠北道議會-運輸硏修院-92.10.1, 80명
25) 忠南道議會-道廳-92.10.5, 130名
26) 濟州道議會-議事堂-92.11.11, 50名

27)「2000年代를 향한 地方都市의 役割强化와 地域開發政策方向」
· 論文量 : 15頁
· 主催 : 韓國地域開發學會, 忠北經濟硏究所
· 主題 : 2000年代를 향한 忠北圈 開發과 地方都市 成長管理政策
· 場所 : 淸州 명암파크 觀光호텔
· 日字 : 1993.5.21

· 參席者 : 200名

28)「新韓國創造를 위한 地方行政의 役割과 課題」
· 論文量 : 10頁
· 主催 : 內務部 地方行政硏修院
· 主題 : 제31회 硏修大會 : 新韓國創造와 地方行政의 役割
· 場所 : 內務部 地方行政硏修院
· 日字 : 1993.11.5
· 參席者 : 200名

29)「都市計劃과 地域開發方向」
· 論文量 : 10頁
· 主催 : 大韓國土 · 都市計劃學會, 全南日報
· 主題 : 21世紀 光州直轄市 都市開發
· 場所 : 光州 全南日報社
· 日字 : 1994.3.24
· 參席者 : 200名

30)「慶南西部圈 中樞都市 開發方向」
· 論文量 : 10頁
· 主催 : 晋州商工會議所
· 主題 : 慶南西部圈 中樞都市開發方向
· 場所 : 慶南文化藝術會館(晋州)
· 日字 : 1994.4.15
· 參席者 : 100名

31)「地方自治와 地域開發」
· 論文量 : 7頁
· 主催 : 韓國地域開發學會
· 主題 : '94年 定期總會 세미나
· 場所 : 大邱銀行
· 日字 : 1994.4.23
· 參席者 : 100名

32)「地方自治經營과 地域發展」
· 論文量 : 7頁
· 主催 : 瑞江專門大學 地域發展硏究所
· 主題 : 硏究所 創立紀念 심포지엄
· 場所 : 光州 無等山溫泉觀光호텔
· 日字 : 1994.6.27
· 參席者 : 500名

33)「우리 나라 民官共同出資事業의 發展方向」
· 論文量 : 8頁
· 主催 : 地方自治經營協會
· 主題 : 地方經營活性化 세미나
· 場所 : 全經聯會館
· 日字 : 1994.11.17
· 參席者 : 250名

34)「地域競爭力 强化를 위한 榮州地域發展方向」
· 論文量 : 10頁
· 主催 : 榮州市, 榮豊郡議會
· 主題 : 地域競爭力 强化를 위한 榮州 發展方向 세미나
· 場所 : 榮州市民會館
· 日字 : 1994.11.30
· 參席者 : 650名

35)「21世紀 龜尾市 發展方向」
· 論文量 : 10頁
· 主催 : 龜尾商工會議所
· 主題 : 21世紀를 지향한 龜尾市 發展方案
· 場所 : 龜尾商工會議所
· 日字 : 1995.2.23
· 參席者 : 400名

36)「地方自治와 地域經濟」
· 論文量 : 10頁
· 主催 : 東城南 青年會議所
· 主題 : 地域發展大討論會
· 場所 : 城南市民會館
· 日字 : 1995.5.3
· 參席者 : 300名

37)「地方議會 議員의 機能과 役割」
· 論文量 : 7頁
· 主催 : 韓國地方行政研究院, 江原道
· 主題 : 地方議會議員(道議員) 研鑽會
· 場所 : 春川共榮開發會館
· 日字 : 1995.8.24
· 參席者 : 70名

38)「地方議會 議員의 機能과 役割」

· 論文量 : 7頁
· 主催 : 韓國地方行政研究院,江原道
· 主題 : 地方議會議員(市.道議員)研鑽會
· 場所 : 春川共榮開發會館
· 日字 : 1995.8.25
· 參席者 : 60名

39)「世界化 · 地方化時代의 地域發展戰略」
· 論文量 : 20頁
· 主催 : 內務部 地方行政研修院
· 主題 : 第33回 地方行政研修大會
· 場所 : 內務部 地方行政研修院
· 日字 : 1995.8.29
· 參席者 : 130名

40)「21世紀 京畿發展과 豫算의 役割」
· 論文量 : 10頁
· 主催 : 京畿道, 京畿開發研究院
· 主題 : 21世紀 京畿發展과 豫算의 役割
· 場所 : 龍仁 플라자 리조텔
· 日字 : 1995.9.12
· 參席者 : 300名

41)「地方自治와 地域開發」
· 論文量 : 7頁
· 主催 : 韓國地方自治經營研究所(清州)
· 主題 : 地方自治經營戰略을 위한 韓 · 日 國際심포지엄
· 場所 : 清州 藝術의 殿堂
· 日字 : 1995.11.3
· 參席者 : 300名

42)「地域經濟發展과 레저產業」
· 論文量 : 10頁
· 主催 : 甫誠그룹, 產業經營技術研究院
· 主題 : 地域經濟 심포지엄
· 場所 : 大邱銀行 會議室
· 日字 : 1995.12.5
· 參席者 : 700名

43)「世界化 · 地方化時代의 地方自治의 課題와 展望」
· 論文量 : 10頁

· 主催 : 地方自治學會 濟州支會, 共同體意識改革國民運動 濟州道協議會
· 主題 : 世界化 · 地方化時代의 地方自治의 課題와 展望에 관한 學術세미나
· 場所 : 濟州 하와이 호텔
· 日字 : 1996.2.28
· 參席者 : 90名

44)「21世紀 餘暇文化와 EXPO科學公園」
· 論文量 : 9頁(pp.3-11)
· 主催 : 大田 EXPO 紀念財團
· 主題 : EXPO開催 3周年記念 심포지엄 : 21世紀의 餘暇文化와 主題公園
· 場所 : 大田 EXPO科學公園 國際會議場
· 日字 : 1996.8.7
· 參席者 : 200名

45)「地方自治의 發展戰略」
· 論文量 : (메모 5枚)
· 主催 : 韓國能率協會
· 主題 : 基礎自治團體의 優秀自治行政 · 自治經營事例 發表大會
· 場所 : 서울 올림피아 파크텔
· 日字 : 1996.8.26
· 參席者 : 200名

46)「地方自治政府의 競爭力 向上方案」
· 論文量 : 5頁(pp.5-9)
· 主催 : 慶北産業大學校 地方自治硏究所
· 主題 : 地方自治政府의 國際競爭力向上에 관한 國際學術會議
· 場所 : 慶山市 慶北産業大學校
· 日字 : 1996.9.13
· 參席者 : 500名

47)「地方自治團體의 施策開發 및 執行能力提高方案」
· 論文量 : 28頁 (pp.3-30)
· 主催 : 忠淸南道 地方公務員敎育院
· 主題 : 忠南 市 · 郡政硏究論文 發表大會
· 場所 : 忠南 公務員敎育院(公州)
· 日字 : 1996.12.10
· 參席者 : 200名

48)「城南市 産業構造調整方向과 經濟活動 基盤强化方案」
· 論文量 : (메모 3枚)
· 主催 : 城南商工會議所

· 主題 : 城南市 産業構造調整方向과 經濟活動 基盤强化方案에 관한 討論會
· 場所 : 城南市 市民會館
· 日字 : 1996.12.12
· 參席者 : 250名

49)「21世紀 慶山科學技術都市의 發展戰略」
· 論文量 : 3頁(pp.17-19)
· 主催 : 慶山市, 大邱 · 慶北據點 慶山테크노파크 推進協議會
· 主題 : 21世紀 慶山科學技術都市의 發展戰略에 관한 政策大討論會
· 場所 : 慶山 市民會館
· 日字 : 1997.1.30
· 參席者 : 1,000名

50)「우리 民族의 새 活力과 '나부터運動'」
· 論文量 : 5頁(pp.5-9)
· 主催 : 나부터運動 慶尙北道 推進協議會
· 主題 : 나부터運動 汎道民大討論會 : 새로운共同體,우리는 무엇을 해야하나
· 場所 : 慶州 教育文化會館
· 日字 : 1997.6.9
· 參席者 : 500名

51)「聞慶經濟 어떻게 살릴 것인가」
· 論文量 : 6頁(pp.3-8)
· 主催 : 店村青年會議所
· 主題 : 聞慶經濟 어떻게 살릴 것인가 市民大討論會
· 場所 : 聞慶 市民文化會館
· 日字 : 1997.6.20
· 參席者 : 250名

52)「21世紀 地方自治團體의 課題와 對應方案」
· 論文量 : 22頁(pp.1-22)
· 主催 : 忠南 道公務員教育院
· 主題 : 第10回 市 · 郡政硏究論文 發表大會
· 場所 : 忠南 道公務員教育院(公州市)
· 日字 : 1997.12.5
· 參席者 : 120名

53)「大韓地籍公社의 어제 · 오늘 · 내일」
· 論文量 : 6頁(pp.5-10)
· 主催 : 大韓地籍公社
· 主題 : 公社創立 60周年紀念 學術 세미나

· 場所 : 大韓投資信託 會議室
· 日字 : 1998.1.23
· 參席者 : 350名

54)「經濟環境變化와 서울市政의 方向」
· 論文量 : 12頁 (,pp.15-26)
· 主催 : 서울市立大學校
· 主題 : 開校80周年 및 都市科學硏究院 開院紀念 세미나
· 場所 : 世宗文化會館
· 日字 : 1988.5.15
· 參席者 : 100名

55)「2010 海洋 엑스포 誘致를 통한 麗水 大都市圈發展의 새로운 摸索」
· 論文量 : 7頁(pp.23-29)
· 主催 : 麗水商工會議所
· 主題 : 2010 海洋EXPO 麗水 誘致 심포지엄
· 場所 : 麗水 鎭南文藝會館
· 日字 : 1998.9.10
· 參席者 : 250名

56)「第2建國과 公務員의 姿勢」
· 論文量 : 7頁(pp.1-7)
· 主催 : 忠南 道公務員敎育院
· 主題 : 第11回 市 · 郡政成功事例 發表大會
· 場所 : 忠南 道公務員敎育院(公州)
· 日字 : 1998.12.9
· 參席者 : 180名

57)「21世紀를 向한 城南市 都市開發方向」
· 論文量 : 5頁(pp.7-11)
· 主催 : 大韓國土 · 都市計劃學會
· 主題 : 21世紀를 向한 城南市 都市開發方向에 관한 學術세미나
· 場所 : 暻園大 國際會議室
· 日字 : 1999.6.30
· 參席者 : 200名

58)「21世紀 金泉發展戰略」
· 論文量 : 8頁(pp.13-20)
· 主催 : 金泉市
· 主題 : 市昇格 50周年記念 심포지엄
· 場所 : 金泉市 탑웨딩

· 日字 : 1999.10.13
· 參席者 : 500名

59)「南北統一과 國土發展」
· 論文量 : 7頁 (pp.25-31)
· 主催 : 慶尙北道. 慶一大學校
· 主題 : 南北統一時代를 對備한 國土의 發展方向
· 場所 : 大邱 그랜드 호텔
· 日字 : 1999.11.26
· 參席者 : 500名

60)「自然과 人間의 調和를 위한 合意」
· 論文量 : 4頁(pp.5-8)
· 主催 : 光州 · 全南發展硏究院, 光州市 東區廳
· 主題 : 雲林溫泉開發 公聽會
· 場所 : 光州 東區廳 會議室
· 日字 : 2000.1.12
· 參席者 : 600名

61)「2000年代 地方政府의 役割」
· 論文量 : 5頁(pp.10-14)
· 主催 : 暻園大學, 美國미시간州立大學
· 主題 : 2000年代 地方政府 役割에 대한 國際 세미나
· 場所 : 朝鮮호텔
· 日字 : 2000.1.15
· 參席者 : 150名

62)「21世紀 새로운 地域社會 開發方向」
· 論文量 : 5頁
· 主催 : 韓國地域社會開發學會
· 主題 : 持續可能한 地域社會開發을 위한 春季學術大會
· 場所 : 協成大學
· 日字 : 2000.4.8
· 參席者 : 50名

63)「規制改革의 課題와 方向」
· 論文量 : 4頁
· 主催 : 忠淸南道, 順天鄕大學
· 主題 : 忠淸南道 規制改革 大討論會
· 場所 : 忠南 道廳會議室
· 日字 : 2000.9.6

· 參席者 : 300名

64)「地方議會 10年의 成果와 發展課題」
· 論文量 : 11頁 (pp.3-13)
· 主催 : 慶尙北道 議會
· 主題 : 第2回 學術세미나
· 場所 : 慶州 教育文化會館
· 日字 : 2000.11.1
· 參席者 : 500名

65)「首都圈集中防止와 地域均衡發展」
· 論文量 : 3頁(pp.5-17)
· 主催 : 忠北開發研究院
· 主題 : 首都圈集中防止와 地域均衡發展에 대한 세미나
· 場所 : 淸州 藝術의 殿堂
· 日字 : 2002.3.28
· 參席者 : 150名

66)「地方自治와 地域發展」
· 論文量 : 10頁(pp. 5-14)
· 主催 : 서울大學校 環境大學院
· 主題 : 21世紀 國家發展과 國土環境
· 場所 : 서울大學校 教授會館
· 參席者 : 250名
· 日字 : 2002. 10.16

67)「地域經濟의 回顧와 展望」
· 論文量 : 4頁(pp.5-8)
· 主催 韓國地域經濟學會 · 京畿道
· 主題 : 京畿道 地域經濟 發展方向 摸索 政策討論會
· 場所 : 水原 Hotel Castle
· 參席者 : 200名
· 日字 : 2002. 12. 10

68)「地域均衡發展을 위한 效率的인 政策推進方案」
· 論文量 : 5頁(pp.4-8)
· 主催 : 韓國地方行政研究院 · 忠南發展研究院
· 主題 地域均衡發展을 위한 效率的인 政策推進方案 세미나
· 場所 忠淸南道 道廳 大會議室
· 參席者 350名
· 日字 : 2003. 1.15

69)「地域政策의 새로운 座標와 清州 · 清原 廣域圈의 비전」
· 論文量 : 5頁 (pp. 15-19)
· 主催 : 韓國都市行政學會
· 主題 : 次期 政府의 地域政策과 清州 · 清原의 地域發展方向
· 場所 : 清州 藝術의 殿堂
· 參席者 : 250名
· 日字 : 2003. 1. 28

70)「地方分權과 社會福祉行政의 課題」
· 論文量 : 4頁(pp.5-8)
· 主催 : 韓國社會福祉行政學會
· 主題 : 地方分權과 社會福祉行政에 관한 春季 세미나
· 場所 : 湖南大學校 國際會議室
· 參席者 : 200名
· 日字 : 2003. 5. 23

71)「產業團地 活性化 戰略」
· 論文量 : 2頁(pp.6-7)
· 主催 : 韓國地域開發學會
· 主題 : 產業團地 活性化를 위한 學術세미나
· 場所 : 大田 儒城 스파피아 호텔
· 參席者 : 200名
· 日字 : 2003. 6. 19

72)「國家均衡發展과 行政首都移轉」
· 論文量 3頁(pp.15-17)
· 主催 : 國民弘報委員 忠北協議會
· 主題 : 國家均衡發展과 行政首都 移轉에 관한 세미나
· 場所 : 清州 藝術의 殿堂
· 參席者 350名
· 日字 : 2003. 6. 19

73)「地方分權과 地域發展」
· 論文量 : 3頁(pp. 10-12)
· 主催 : 京仁行政學會
· 主題 : 地方分權과 京畿道의 地域革新 시스템 構築方案
· 場所 : 京畿道 文化藝術會館
· 參席者 : 300名
· 日字 : 2003. 7. 16

74)「新行政首都 建設과 地方大都市의 產業別 首都化」

· 論文量 : 2頁(pp.5-6)
· 主催 : 大韓國土 · 都市計劃學會 釜山 · 慶南支會
· 主題 : 地方大都市의 産業別 首都化를 위한 戰略計劃 심포지엄
· 場所 : 釜山 東亞大學校 産學協力館
· 參席者 : 50名
· 日字 : 2003. 8. 22

75)「新行政首都建設과 21世紀의 造景」
· 論文量 2頁(pp. 15-16)
· 主催 : 韓國造景學會
· 主題 : 第1回 造景의 날 紀念 심포지엄
· 場所 : 서울 프레스 센터
· 參席者 350名
· 日字 : 2003. 9. 4

76)「新行政首都移轉과 地方都市의 對備」
· 論文量 : 2頁(pp.5-6)
· 主催 : 全北 益山市
· 主題 : 新行政首都 移轉對備 政策 워크숍
· 場所 : 圓光大學 崇山紀念館
· 參席者 : 200名
· 日字 : 2003. 10. 23

77)「新行政首都 建設의 必要性과 特別措置法 制定의 時急性」
· 論文量 : 4頁(pp.10-13)
· 主催 : 行政首都移轉 汎國民連帶
· 主題 : 新行政首都 建設을 위한 國民大討論會
· 場所 : 서울 프레스 센터
· 參席者 : 250名
· 日字 : 2003. 10. 27

78)「全羅南道 道廳移轉과 西南圈 發展方向」
· 論文量 : 2頁(pp.7-8)
· 主催 : 韓國都市行政學會
· 主題 : 全南道廳 移轉에 대한 學術大會
· 場所 : 木浦大學 教授會館
· 參席者 : 450名
· 日字 : 2003. 12.1

79)「新行政首都 立地選定」
· 論文量 : -

· 主催 : 清州大學校 · 新行政首都 忠北連帶
· 主題 : 新行政首都의 立地選定: 爭點과 葛藤管理
· 場所 : 清州大學校 大講堂
· 參席者 : 450名
· 日字 : 2004. 3. 25

80)「新行政首都 後續對策에 따른 忠淸圈의 對應戰略」
· 論文量 : -
· 主催 : 忠南 西海岸 포럼
· 主題 : 第1回 忠南 西海岸 포럼 創立紀念 세미나
· 場所 : 天安 컨벤션 센터
· 參席者 : 350名
· 日字 : 2005. 1. 20

81)「慶北 北部圈 地域發展 비전과 課題」
· 論文量 : -
· 主催 : 大邱 · 慶北硏究院
· 主題 : 洛東포럼 紀念 세미나
· 場所 : 尙州 觀光호텔
· 參席者 : 250名
· 日字 : 2005. 9.15

82)「分權과 革新의 自治時代: 大田 · 忠南의 未來와 課題」
· 論文量 : -
· 主催 : 培材大學校 行政發展硏究所
· 主題 : 培材學堂 創立120周年紀念 學術세미나
· 場所 : 培材大學校 國際交流館
· 參席者 : 500名
· 日字 : 2005. 10.31

客說 : 經驗에서 얻은 삶의 眞實

나는 여러 分野의 學問을 전공하였고 많은 機關과 관계를 맺고 활동해왔다. 그래서 幅은 매우 넓으나 깊이는 얕을 수 밖에 없었다. 한 部分의 專門性을 요하는 長官 자리보다는 國政 전반을 총괄하는 大統領이나 總理 자리에 적합하지 않나 생각된다. 앞으로 나와 같은 사람은 다시 생겨나지 않을 것이며 또 생겨나서도 안 된다.

2. 主題發表

年度	順次	發表論文		主催				參席者(名)
		論文名	量(頁)	機關	主題	場所	日字	
1973	1	工業化와 環境保全	20	國土計劃學會	國土開發과 環境保全	文化觀光호텔	73.5.10	200
	2	工業發展과 環境保全	10	서울工大學生會	都市와 環境	서울工大	73.5.23	100
	3	工業化와 環境管理	15	圓光大 社會開發研究所	韓國의 工業化와 社會開發	新聞會館	73.7.6	200
1974	1	環境과 計劃	20	서울大 環境大 都市地域研究所	人間과 環境	아카데미하우스	74.3.8	200
	2	The Country Report of Korea	30	UNCRD, Nagoya, 日本	Urban Development Strategies for Ataining Desirable Population Distribution in the Context of Regional Development	UNCRD	74.10.28 -11.8	100
1975	1	人口와 環境	20	文教部 人口 教育中央本部	人口教育 研修세미나	春川 世宗호텔	75.7.3-6	100
	2	우리나라 經濟開發에 따른 地域隔差의 實態와 展望	30	國土計劃學會	地域開發세미나	全北教育委員會 會議室	75.10.18	200
	3	Industrialization and Growth Pole Development in Korea : A Case Study of Ulsan Industrial Complex in the Context of Regional Development in Southern Coastal Area	30	UNCRD, 名古屋, 日本	Industrialization Strategies and the Growth Pole Approach to Regional Planning and Development	URCRD	75.11.2 -13	100
1976	1	Possibilities and Limitations of the Application of Operations Research to Regional Planning : With A Case in Korea	5	UNCRD, 名古屋,日本	Methods of Planning for Comprehensive Regional Development	UNCRD	76.10.25 -11.1	100
	2	住宅投資가 國民經濟 및 社會福祉에 미치는 影響	30	서울大 環境大, 韓國住宅銀行	住宅投資와 國民福祉	프리지덴트 호텔	76.12.3	200
1977	1	都市成長過程과 未來像 : 經濟的 側面에서	20	全國經濟人 聯合會	都市問題 포럼	全經聯會議室	77.3.4	100
	2	國土開發計劃과 住宅政策	10	中央大 中央 經營研究所	韓美住宅政策 세미나	中央大	77.6.17	150
	3	環境體系	15	教育開發院	環境教育의 方向定立	教育開發院	77.6.22	100
	4	Resource Development	20	Technology	Renewable Resources :	TDI, EWC,	77.9.4-14	50

年度	順次	發表論文		主催				參席者(名)
		論文名	量(頁)	機關	主題	場所	日字	
		and Income Growth of Duho Village		and Development Institute	Planning and Development	Hawaii, U.S.A.		
	5	Structural-functional Change and Developmental Dimension of Small Towns in Korea : The Case Study of the Five Lower Order Centers	30	UNCRD, Nagoya, Japan	Rural-urban Relations	UNCRD	77.11.7-18	100
1978	1	都市 및 區域計劃	10	科總 · 在美韓國科學技術者協會	第5次 國內外 韓國科學技術者 綜合學術大會	서울大學校	78.7.11	50
	2	Rural-urban Transformation and Regional Development Policy in the Metropolitan Shadow Region of Seoul	30	UNCRD, Nagoya, Japan	Rural-urban Transformation and Regional Development Planning	UNCRD	78.10.31-11.10	100
1979	1	經濟開發과 環境問題	20	UNESCO	環境敎育協議會 세미나	UNESCO	79.1.18-19	100
	2	大都市化의 趨勢와 都市行政戰略	16	中央公務員敎育院	政策課題 심포지엄	中央公務員敎育院	79.4.11	100
	3	Spatial Linkage Model : Balanced Regional Settings in Korea	20	中央大 · U.N. University	Resource Systems	中央大	79.5.29-6.2	100
	4	住宅價格과 國民支拂能力	20	國土開發硏究院	80年代 住宅政策의 方向	아카데미하우스	79.7.2	50
	5	人口의 地域間 配分과 移動	25	亞細亞政策硏究院	第3回 人口政策 세미나	亞細亞政策硏究院	79.7.6	50
	6	人口, 經濟 및 社會計劃	30	都市 · 地域計劃硏究所	서울市 都市計劃基本構想에 관한 專門家 세미나	서울市公務員敎育院	79.12.27-28	100
1980	1	中小都市의 開發方向과 據點機能 强化方案 : 大都市人口集中防止 側面에서	30	內務部	第2次 都市開發硏鑽會	慶州普門團地觀光센터	80.5.15-16	300
	2	Population Perspectives and Socio-economic Development Planning of Seoul for the Year 2000	20	國土計劃學會, 서울市	The Year 2000 : Urban Growth and Perspectives for Seoul	世宗文化會館	80.10.13-18	200
1981	1	國土空間의 利用開發과 人口問題	30	家族計劃硏究院, 韓國人口學會	2000年代를 향한 韓國의 人口問題와 政策方向	家族計劃硏究院	81.6.4-5	200
	2	地方自治의 將來模型	10	民主韓國黨	地方自治와 民主發展	民韓黨	81.9.17	150
1982	1	地方都市의 均衡開發과 戰略	30	慶尙北道	慶北地域開發의 方向과 戰略	慶州觀光센터	82.2.5-6	300
	2	地域經濟의 發展	20	內務部	80年代 地方財政의 課題와 展望	全經聯會館	82.3.26	200

年度	順次	發表論文		主催				參席者(名)
		論文名	量(頁)	機關	主題	場所	日字	
	3	都市經濟와 都市行政	20	內務部	都市行政硏鑽會	光州 新陽파크호텔	82.7.22-23	200
	4	올림픽을 통한 地域經濟活性化方案	20	內務部 地方行政硏修院	第22回 地方行政硏修大會	內務部 地方行政硏修院	82.9.23-24	100
1983	1	Growth Factors and External Roles of Small Town in the Context of Regional Development : A Case Study of Korea	30	UNCRD, 印度 Ministry of Works and Housing	Small Towns and National Development	Asian Game Village, New Delhi, India	83.1.25	100
	2	經濟發展과 環境問題	20	中央大 社會福祉學科	韓國의 環境問題와 그 對策	中央大	83.11.7	100
1984	1	首都圈 및 地方都市의 諸問題와 機能强化方向	15	大韓商議 韓國經濟硏究센터	月例 經濟討論會	大韓商議 議員會議室	84.7.4	50
	2	Information System for Planning in Seoul Metropolitan Region	25	UNCRD, Kawasaki City	Information Systems for Urban and Regional Planning	Nikko Hotel, Kawasaki, Japan	84.10.3-6	250
	3	韓國地方自治의 課題와 展望	15	中央大 行政學科(安城)	第1回 세미나	中央大	84.11.22	100
1985	1	Research Proposal : Structure of Non-farm Sector and Stages of Economic Development	15	APDC, Kuala Lumpur, Malaysia	Preliminary Meeting	Bangkok, Thailand	85.6.25	30
	2	2000年代 環境變化와 地方行政	36	地方行政硏究院	2000年代 地方行政의 座標	地方行政會館	85.9.18-19	200
	3	大都市圈開發을 위한 地域情報體系 定立方向	20	韓國地域學會, 大邱市	國家發展計劃과 大邱圈 發展의 方向 및 戰略	大邱銀行	85.10.26	200
1986	1	Structure of Rural Nonfarm Sector and Stages of Economic Development in Korea	30	APDC	Rural Non-farm Sector and Stages of Economic Development	APDC Kuala Lumpur, Malaysia	86.9.16	30
	2	地方自治制下에서의 地域開發에 관한 機能配分과 組織體系	30	地方行政硏究院	地方自治의 發展戰略	地方行政會館	86.10.16-17	200
	3	綜合 및 建議文	10	學術硏究發表推進協議會	北韓 金剛山댐 建設의 影響評價 및 그 對策	私學年金會館	86.11.28	600
1987	1	西海岸時代의 創造와 臨海工業都市의 構想	15	韓南大 地域開發大學院 院友會	忠南時代 創造	瑞山 現代建設 迎賓館	87.5.24	300
	2	地域開發의 方向과 政策課題	15	中央大 社會開發大學院	先進韓國을 향한 社會發展의 課題	中央大	87.11.21	200
1988	1	地方行政階層構造 및 行政區域의 改編方向	20	行政改革委員會	地方行政 體制改編	世宗文化會館	88.7.4	500

年度	順次	發表論文		主催				參席者
		論文名	量(頁)	機關	主題	場所	日字	(名)
	2	科學技術革新戰略의 推進體系	15	技術經濟研究會	科學技術革新戰略의 新段階	프레스센터	88.12.20	150
1989	1	國土均衡開發과 首都圈의 發展方向에 따른 果川市의 將來	20	果川市	2000年代 都市開發方向	果川市廳	89.2.9	300
	2	都市行政과 隣接學問과의 關係	20	韓國都市行政學會	都市行政學 教科課程改善方案	朝鮮호텔	89.2.16	30
	3	National Land Development and Urban Policy in Korea	29	INTA, 上海市	Urban Development Policy in the Pacific Region	虹橋호텔, 上海市,中國	89.3.10-14	150
	4	地方自治時代開幕에 따른 效率的인 地域開發方案	20	大邱地域社會開發研究會	地方自治를 위한 市民大討論會	大邱市民會館	89.3.21	300
	5	地方自治 行財政制度의 現案과 發展戰略	25	世界平和教授協議會	地方化時代의 行財政改革과 地域開發	힐튼호텔	89.4.22	200
	6	大都市 人口集中抑制와 地域間 均衡發展	20	人口保健研究院	社會開發과 人口政策	人口保健研究院	89.5.10	100
	7	Policy and Progress of Rural Industrialization in Korea	40	CODS, University of Maryland	Third International Conference on Planning and Development in Rapidly Changing Societies : Dynamic Transformation -Lessons in Planning and Development from Korea and Other NICs of the Pacific Rim and Beyond	Center of Adult Education, University of Maryland, College Park, U.S.A.	89.6.2-3	150
	8	技術革新과 地域經濟	30	龜尾商工會議所	龜尾地域 長期發展에 관한 심포지엄	龜尾商工會議所	89.6.23	500
	9	江原道의 行政區域變遷과 發展方向	40	嶺東問題研究所	嶺東地域問題 學術討論會	江陵東溟劇場	89.7.27	600
	10	21世紀의 光州地方都市開發의 育成方向과 戰略	40	光州文化放送-25周年行事	2000年代 光州의 大都市化 開發戰略	新陽파크호텔	89.10.20	300
	11	地方自治制實施에 對備한 安東圈發展의 方向과 戰略 : 行政區域改編을 中心으로	50	安東地域發展協議會	地方自治制實施에 對備한 安東圈 發展의 方向定立과 推進戰略	安東文化院	89.10.21	500
	12	地域開發研究課題의 長期發展計劃	70	文教部 地域開發研究事業評價委員會	文教部 地域開發研究課題 優秀論文 發表會	學術振興財團	89.12.22	50
1990	1	地方化時代의 地方政府의 役割	20	韓國産業開發研究院	地方經濟活性化와 財政自立方案	KID綜合經營研修院	90.2.8	16
	2	國土利用과 環境	15	서울大 林學科	人間 · 環境 및 山林資源	서울大 文化館	90.5.14	300

年度	順次	發表論文		主催				參席者(名)
		論文名	量(頁)	機關	主題	場所	日字	
	3	韓國地方自治의 背景과 定着要因	20	濟州地方自治研究會, 濟州JC	地方自治를 위한 國際學術세미나	濟州 오리엔탈호텔	90.7.27	200
	4	現代社會의 環境과 人間生活	20	韓國靑年會議所	現代社會와 人間性 回復	獨立紀念館	90.8.15	500
	5	農漁村聚落地區의 效率的인 土地利用計劃	20	農漁村振興公社	農漁村定住生活圈 開發事業 세미나	扶餘 郡民會館	90.8.27	700
	6	內務部와 地方行政關聯 中央部處의 相互關係 適正化	30	地方行政研究院	地方自治團體의 機能과 內務部의 役割	地方行政會館	90.8.30-31	200
	7	地方自治와 새마을運動의 相互關係	20	새마을運動中央協議會	地方化時代와 새마을運動의 役割	새마을運動中央協議會 會議室	90.11.2	200
	8	地方自治와 農民組合員의 役割	25	農業協同組合中央會	地方化時代의 農協의 役割	農協中央會 會議室	90.11.14	800
1991	1	地自制와 農民 및 農民團體의 責任과 姿勢	20	全國農民團體協議會	地方自治制：農民團體의 役割과 對應方案	全國農業技術者協會振興館	91.1.29	100
	2	地方自治에 대비한 環境保全의 活性化 方案	20	環境經濟新聞社	地域發展과 環境保全討論會	光州商工會議所	91.3.15	300
	3	Decentralisation and Local Autonomy in Korea	20	U.N. University	Dcecntralisation and Alternative Rural-urban Configurations	Hotel Antemare, Sitges, Spain	91.4.10	70
	4	地方自治制와 地方政府 및 地方議會의 役割	25	靑丘(株)	第4次 韓日經濟 세미나	大邱銀行	91.5.3	500
	5	洛東江沿岸新産業技術地帶網造成과 中小都市發展方向	25	浦項商工會議所	國際化時代에 있어서 慶北의 位相과 發展方向	浦項商工會議所	91.8.2	800
	6	放射性廢棄物 處分場選定基準과 地域開發	15	서울大 人口 및 發展問題研究所	放射性廢棄物處分에 관한 公開討論會	프레스센터	91.8.29	300
	7	同	同	啓明大 社會科學研究所	同	大邱프린스호텔	91.9.6	180
	8	同	同	全北大 社會科學研究所	同	全州 코아호텔	91.9.12	120
	9	同	同	忠南大 社會科學研究所	同	忠南大 講堂	91.9.25	300
	10	奉化·英陽地域의 地域開發課題와 産業育成政策의 方向	25	太白發展研究會	第1回 奉化·英陽地域의 開發에 관한 세미나	奉化邑 迎賓禮式場	91.11.1	200
	11	同	同	同	同	英陽邑 靑波禮式場	91.11.2	400
	12	地方議會 議員의 役割	25	韓國地域社會開發學會	地域社會의 發展方向	東서울터미날	91.11.15	250
	13	地方自治機能과 廣域行政	20	韓國地方自治	地方自治의 發展을 위한	世宗文化會館	91.12.10	50

年度	順次	發表論文		主催				參席者(名)
		論文名	量(頁)	機關	主題	場所	日字	
				學會	세미나			
1992	1	自治團體長選擧의 延期와 對策	10	釜山大 行政大 地方行政硏究所	地方自治의 實施와 發展課題	海雲臺 朝鮮 비치호텔	92.1.28	500
	2	都市開發을 위한 市議會와 市政府의 役割	15	昌原市	市議會議員 세미나	釜谷 크라운 호텔	92.2.12	100
	3	2000年代 江陵의 豫測되는 變化와 發展方向	15	韓國藝總 江陵支部	21世紀의 江陵-그 位相을 말한다.	韓國電力 江陵支社	92.6.25	100
	4	韓國의 國土開發과 都市政策	20	中國 延邊大 東北亞經濟硏究所	東北亞 地域開發比較硏究 國際學術會	延邊大學	92.7.10	100
	5	地域發展과 地方議會의 役割	20	太白發展硏究會	第2回 地域發展을 위한 세미나	英陽郡民會館	92.11.1	500
	6	同	20	同	同	奉化郡民會館	92.11.1	1,000
1993	1	A Model of Unified Spatial Development in the Korean Peninsula	35	Michigan State University, East Lansing	International Conference on Transformation in the Korean Peninsula toward the 21st Century	Kellogg Center, MSU, Lansing, U.S.A.	93.7.8	15
	2	地方自治와 都市開發	15	(株)青丘	第6次 國際經濟 심포지엄	大邱銀行	93.9.10	500
	3	忠南地域 主要背後都市機能의 擴充方案	30	忠南地域 青年會議所	2000年代를 향한 忠南地域 開發方向 심포지엄	天安 勤勞青少年會館	93.10.22	100
1994	1	21世紀 地方自治行政의 發展課題	10	京畿道, 慶熙大 産業情報大學院	地方化時代와 京畿道의 發展戰略	京畿道 文藝會館	94.6.1	400
	2	硏究立地 擴充方案	10	科技處, 科學技術政策協議會	科學技術下部構造의 構築方案	韓國科學財團	94.9.14	100
	3	國際化・開放化・地方化에 따른 治安環境의 變化豫測	10	警察廳 治安硏究所	21世紀 警察發展方向	世宗文化會館	94.9.30	200
	4	堤川地域의 未來像을 제시한다.	15	堤川地域開發硏究所設立委員會	市郡統合 以後 堤川發展方向을 제시한다	堤川文化會館	94.10.7	200
	5	Science Parks at the Crossroads：Seeking the Future	25	日本 關西文化學術硏究都市推進機構	The Science City in a Global Context	Kansai Science City, Japan	94.10.18	115
1995	1	地方自治의 成功的인 定着을 위한 課題	2	三星經濟硏究所	地方自治 座談會	三星經濟硏究所	95.1.10	8
	2	바람직한 候補者像	6	地方自治學會, 全南道選管委	바람직한 地方選擧를 위한 市民大討論會	木浦 KBS홀	95.3.17	200
	3	同	6	同	同	順天 KBS홀	95.3.18	150
	4	地域情報化와 地域技術化가 地域發展에 미치는 影響	10	忠南大, 國家科學技術諮問會議	科學技術基調의 大田・忠南地域 發展戰略	儒城觀光호텔	95.4.27	200
	5	地方化時代의 도래와 地域	10	濟州商議,國家科	科學技術基調의 地域發展	濟州商議	95.5.2	100

年度	順次	發表論文		主催				參席者(名)
		論文名	量(頁)	機關	主題	場所	日字	
		發展戰略		學技術諮問會議	戰略			
	6	地域情報化와 地域技術化가 地域發展에 미치는 影響	10	大邱·慶北開發研究院, 國家科學技術諮問會議	科學技術基調下의 地域開發과 地方專門行政 포럼	大邱 文化藝術會館	95.5.9	100
	7	地方自治의 主役과 그 役割	10	京畿開發研究院, POSCO經營研究所, 日本 三菱總合研究所	韓國 地方自治出帆 100日 紀念 國際세미나	京畿道 文化藝術會館	95.10.12	250
	8	서울 地方自治의 本質과 意義	10	서울 市立大 서울學研究所	서울 : 地方自治와 市民의 삶	世宗文化會館	95.11.27	150
1996	1	DMZ에 대한 自治團體의 役割과 機能	15	韓國造景學會, 中央開發	韓半島 非武裝地帶의 環境保全과 開發에 관한 國際심포지엄	호텔 新羅	96.6.19	200
1997	1	洞機能 活性化方案	11	仁川市	洞機能 活性化方案에 관한 세미나	綜合文化藝術會館	97.5.2	250
	2	地域經濟活性化와 地方政府 및 議會의 役割	30	浦項MBC, 浦項商議	慶北 東海岸發展과 企業의 役割	浦項 시그너스 호텔	97.6.5	200
	3	21世紀 忠南의 世界化戰略	6	忠淸發展研究會	21世紀 忠南의 世界化戰略 세미나	壇國大 天安 캠퍼스	97.6.11	200
	4	未來社會와 大學教育 : 社會科學	7	嶺南大學校	開校50周年 紀念 심포지엄	大邱 그랜드호텔	97.10.23	200
1998	1	地方自治와 地域發展	14	慶北道立醴泉專門大學	地方自治와 地域發展에 관한 學術 세미나	醴泉文化會館	94.4.22	700
	2	월드컵과 環境對策	6	2002年 월드컵 蹴球大會 組織委員會	2002年 월드컵蹴球大會의 成功的 開催를 위한 環境分野 專門家세미나	올림픽會館	98.8.31	200
	3	월드컵과 環境改善	12	2002年 월드컵 蹴球大會 組織委員會	2002年 월드컵의 成功的 開催를 위한 市·道知事 懇談會	新羅호텔	98.10.14	60
1999	1	韓國地方自治의 現狀과 發展課題	7	地域開發研究會	韓·日 地域開發懇談會	프레스센터	99.9.7	9
2002	1	地方自治團體長의 役割과 資質 : 民選2期의 功過와 長의 未來像	8	韓國地方自治學會	2002 地方의 選擇 : 누구를 뽑을 것인가	프레스센터	02.4.17	200
	2	國家繁榮과 새마을 運動의 方向과 課題	5	새마을사랑모임 大學教授 새마을研究會	國家繁榮과 새마을運動 發展方向에 관한 세미나	大韓商工會議所	02.11.6	350
2004	1	持續可能性 對象에서 본 新行政首都建設의 安當性	4	環境財團 136 포럼	持續可能性 觀點에서 본 新行政首都移轉 시포지엄	프레스센터	04.6.28	300

3. 司會擔當

年度	順次	司會分科		主催				參席者
		分科名	發表者	機關	主題	場所	日字	(名)
1972	1	計劃家 敎育과 政府人事行政과의 調整	韓根培	國土計劃學會	都市化時代의 計劃專門家 養成과 活用	世宗호텔	72.3.25	200
1975	1	綜合討論	金炯國, 朴在潤, 李甲燮	서울大 環境大, 住宅銀行	우리 나라 住宅投資와 住宅金融制度	프레지덴트호텔	75.11.25	200
1977	1	都市人口政策	李漢淳	經濟科學審議會議	都市政策	經濟科學審議會議	77.8.1	100
1978	1	綜合進行	Fu-Chen Lo, Kamal Salih	서울大 環境大, UNCRD	New Dimensions of Spatial Development	서울大 國際會議室	78.6.9	200
	2	綜合進行	權泰埈	서울大 環境大, 住宅公社	80年代의 土地·住宅政策의 方向	프레지덴트호텔	78.9.11-12	200
1980	1	地方財政과 地域經濟	各市·道 및 市·郡	內務部 地方行政研修院	地方行政研修大會	內務部 地方行政研修院	80.12.5	200
1981	1	大邱市의 經濟·社會的特性	崔相哲, 夫光植	大邱市, 大邱每日新聞社	大邱直轄市 昇格 都市計劃研鑽會	大邱 壽城觀光호텔	81.6.12	400
	2	午後分科 및 綜合討論	權泰埈, 曺在六	서울大 環境大	地域(社會)開發學科의 敎科課程改善	全經聯	81.7.3	100
	3	3分科 및 綜合討論	崔相哲, 崔洋夫, 金炯國, 崔正福, 崔鎭昊	서울大 環境大	地方化時代에 있어 地域開發의 方向	貿易會館	81.10.13	200
1982	1	環境敎育의 回顧와 展望	盧隆熙, Sazanami	서울大 環境大	開院10周年 紀念講演	서울大 敎授會館	82.3.22	300
	2	近代 都市計劃思想의 生成過程	孫禎睦, 金儀遠, 康弘彬, 高州錫	國土計劃學會	學術發表會	國土開發研究院	82.5.29	100
	3	大田都市基本計劃	郭英勳	大田市	公聽會	大田市廳	82.9.10	300
	4	國土空間의 計劃體系	權泰埈, 盧隆熙	國土計劃學會	學術發表會	延世大 張起元紀念館	82.11.27	100
1983	1	一線行政의 先進化 推進方向	釜山, 仁川, 蔚山市 代表	內務部 地方行政研修院	地方行政發展세미나	內務部 地方行政研修院	83.6.3	200
	2	5分科 및 綜合討論	李正典, 黃義珏, 崔熙云, 丁炯鎭, 金丁勛	서울大 環境大, 環境廳	都市廢棄物管理의 合理化方案	環境研究所	83.6.11	100
	3	綜合討論	金基洙, 吳鎭模, 金政鎬, 李松晩	大韓不動産學會	不動産仲介와 去來秩序確立	全經聯	83.7.29	300
	4	財政分科	裡里·群山·城南市, 仁川北區·大田儒城區, 濟州·江原道	內務部 地方行政研修院	23回 地方行政研修大會	內務部 地方行政研修院	83.10.10	100
1984	1	農業分科	崔洋夫	全州靑年會議所	2000年代를 향한 全北圈 地域開發	全州 코아호텔	84.4.27	500
	2	3,4分科	李在昌, 安文錫	內務部 地方行政	情報技術의 發展과 地方	內務部 地方	84.5.2	100

年度	順次	司會分科		主催				參席者
		分科名	發表者	機關	主題	場所	日字	(名)
				研修院	行政	行政硏修院		
	3	成長據點都市 開發戰略의 再照明	李載明	國土開發硏究院	地方化時代의 都市開發	힐튼호텔	84.6.27-28	200
	4	地域均衡發展과 地方經濟活性化方案	趙正濟, 崔在善, 李昌洙, 崔洋夫 外 3人	內務部 地方行政硏修院	地域經濟活性化를 위한 討論會	內務部 地方行政硏修院	84.7.3	150
	5	小單位地域 開發體系와 開發戰略	高秉浩	國土計劃學會, 淸州大學校	地域開發의 새로운 課題	淸州大	84.7.7	300
	6	國土開發에 있어서 農村開發의 意義	柳佑益	農村經濟硏究院	農村地域 綜合發展	世宗文化會館	84.9.14	200
	7	都市經濟	安忠榮, 權五喆	嶺南大 環境大學院	大邱都市圈 開發의 方向과 環境管理의 改善	嶺南大 病院會議室	84.11.24	300
	8	綜合討論	鄭世煜, 趙正濟	地方行政硏究所	90年代를 向한 國家發展과 地方行政의 座標	地方行政會館	84.11.29	150
1985	1	3分科(住民自律行政) 및 綜合討論	光明市등 3市, 平昌郡등 3郡, 大田東區 등 3區	內務部 地方行政硏修院	民意行政의 實踐的 具現方案	內務部 地方行政硏修院	85.6.18	150
	2	Research Proposal Meeting	Pakistan, Nepal 代表	APDC, Malaysia	Research Meeting	Hyatt Plaza, Bangkok	85.6.25	150
	3	地方行政硏修院 20年의 回顧와 發展方向	前現院長·指導敎授外 15名	內務部 地方行政硏修院	座談會	內務部 地方行政硏修院	85.7.9	30
	4	郡分科	堤原郡 등	內務部 地方行政硏修院	地方行政硏修大會	內務部 地方行政硏修院	85.9.5	100
	5	自治團體 階層構造와 機能 및 財源配分	金學魯, 趙正濟	地方行政硏究所	우리 나라 地方自治의 適正模型과 接近方法	地方行政會館	85.10.25	250
	6	地域開發과 地域經濟活性化問題	李東信	國土計劃學會, 全南大	地方自治와 地域開發	全南大	85.11.9	300
	7	2000年의 淸州圈 行財政發展方向	申東雨	淸州大 社會科學硏究所, 忠淸日報	廣域淸州圈開發	淸州 恩城觀光호텔	85.11.16	200
	8	業務管理의 能率化方案	林鐘洙	土地開發公社	土開公 業務發展을 위한 硏鑽會	私學年金會館	85.12.17-18	300
1986	1	地方公務員 敎育	12市道 敎育院長	內務部 地方行政硏修院	敎官硏究發表大會	內務部 地方行政硏修院	86.3.21	200
	2	地域經濟活性化를 위한 商工行政의 機能配分과 組織	鄭世煜	地方行政硏究院	2000年代를 향한 地方行政 發展方向	地方行政會館	86.4.3-4	150
	3	春川圈 開發의 潛在力과 開發方向	金亨培	韓國地域學會, 江原大, 春川市	2000年代를 향한 春川圈開發의 方向과 戰略	江原大	86.7.4	300
	4	綜合討論	鮮于仲皓, 朴淳雄, 李政成, 洪淳佑, 金明基, 金儀遠	學術硏究發表推進協議會	北韓 金剛山 댐 建設의 影響評價 및 그 對策	私學年金會館	86.11.28	600

年度	順次	司會分科		主催				參席者(名)
		分科名	發表者	機關	主題	場所	日字	
	5	4分科 및 綜合討論	各市·道 및 市·郡	內務部 地方行政硏修院	26回 硏修大會	內務部 地方行政硏修院	86.12.5	200
1987	1	2分科	徐炳基,方鍾原,金庚烈,金在基	國土開發硏究院,住宅銀行,住宅公社,經濟新聞	집 없는 사람을 위한 住宅政策 : 政府는 무엇을 하여왔나?	世宗文化會館	87.6.5-7	300
	2	環境分科	3名(英語) 李基德 外 2名	韓國科學技術團體總聯合會	XVI Pacific Science Congress	롯데호텔	87.8.20-30	70
	3	浦項地域 經濟發展戰略	崔龍浩	地方行政硏究院,浦項商議	地方時代의 浦項發展戰略	浦項商議	87.8.26	100
	4	綜合討論	-	地方行政硏究所,Hanns Seidel 財團	農村開發의 當面課題	濟州 Hyatt 호텔	87.11.27-28	100
	5	遊興	趙完圭	서울大 機關長 夫婦	送年會	敎授會館	87.12.28	65
	6	綜合討論	盧隆熙,鄭英一	地方行政硏究所,Hanns Seidel 財團	地方自治時代의 地方行政·農村開發	타워호텔	87.12.29	245
1988	1	大陸交易의 前進基地로서 臨海産業基地 開發計劃	陳榮煥	群山商議	西海岸時代를 여는 群山開發 大討論會	群山 韓國유리(株)大會議室	88.2.5	250
	2	綜合討論	崔相哲,孫禎睦,朴炳柱,朴永一,李鍾烈	仁川商議	西海岸時代와 仁川의 對應戰略	仁川商議	88.4.8	200
	3	土地投機로 인한 地價上昇 現況과 問題點	李圭煌	國土開發硏究院	土地公槪念擴大와 投機抑制對策	國土開發硏究院	88.4.13	150
	4	綜合討論	李圭煌, 徐元宇,金昌根	土地開發公社	公共用地取得에 따른 損失補償制度 改善	建設會館	88.5.10	200
	5	水原圈 經濟의 長期開發方向	金洙槿	水原商議	2000年代 水原圈開發方向	水原商議	88.6.3	200
	6	公共에 의한 土地先買와 備蓄	孫在英	國土開發硏究院	90年代 土地政策方向設定	國土開發硏究院	88.6.21	100
	7	綜合討論	曺在六,尹永勛,朴炯昊,金榮紀,宋仁城	光州市,全南大,光州日報	光州 尖端科學産業硏究團地 發展構想	光州商議	88.7.1	500
	8	地方行政의 住宅行政機能	金政鎬	地方行政硏究院	地方自治制 定着을 위한 當面課題	地方行政會館	88.11.4	200
	9	綜合討論	趙正濟,李盛根,張泰鈺	慶山商議	慶山地域開發	慶山郡廳	88.11.25	500
	10	科學技術政策開發	朴益洙,張世憲,金文朝	韓國科學技術團體總聯合會	2000年代 福祉社會具現을 위한 科總의 役割과 使命	르네상스호텔	88.12.1	100
	11	綜合進行	趙完圭	서울大總長	學院長夫婦 送年會	總長公館	88.12.21	60
1989	1	綜合進行	金東云,趙錫俊,李淳元,金正年	서울大總長	退任機關長 送別	含池博	89.2.2	35
	2	'89 經營目標 達成을 위한 展望과 課題	林鍾洙	土地開發公社	經營革新을 위한 社內大討論會	土開公	89.2.10	100
	3	土地所有上限制	金南辰	國土開發硏究院	土地公槪念擴大導入方案	國土開發硏究院	89.2.23	200
	4	綜合進行	林昌亨,白樂晧	서울大總長	退任 祝賀宴(夫婦)	總長公館	89.4.7	60

年度	順次	司會分科		主催				參席者(名)
		分科名	發表者	機關	主題	場所	日字	
	5	地域開發分野	金政鎬	國土開發研究院,地域均衡發展企劃團	首都圈對策과 地域均衡發展	大韓商工會議所	89.5.30	100
	6	1,2分科	柳在賢,金英模	國土計劃學會,서울市	露店商對策	世宗文化會館	89.7.11	500
	7	綜合討論	金東勳,金洙槿,金東建	忠淸南道,忠南大	地方自治時代의 地方財政擴充	道高파라다이스호텔	89.7.20	500
	8	綜合討論	金源,徐聖漢,洪在裕	店村·聞慶地域發展協議會	店村·聞慶地域發展을 위한 學術討論會	聞慶女高 講堂	89.8.19	700
	9	土地公概念制度實施	-	韓國不動産經濟社	公聽討論會	世宗文化會館	89.8.21	500
	10	綜合進行	趙完圭	서울大總長	新·舊學院長 夫婦會	總長公館	89.9.7	80
	11	綜合進行	蔡汶植, 金學浩,黃義文,鄭承燾	盧炳太	團合大會	食堂 世味	89.9.19	12
	12	綜合進行	三安企業	浦項市	浦項 長期都市計劃變更公聽會	浦項市民會館	89.11.7	1,000
	13	綜合進行	金判旭,吳德成,李周榮	大田市,大田商工會議所	大田 尖端産業團地造成을 위한 基本構想	大田市廳	89.11.10	500
	14	綜合進行	權原庸,崔昌儀,鄭世煜	平昌郡 道岩面繁榮會	大關嶺圈의 位相과 開發方向	龍平리조트 觀光호텔	89.12.21	300
1990	1	綜合進行	聞慶代表	盧炳太	店村·聞慶新年賀禮會	인터콘티넨탈호텔	90.1.9	150
	2	綜合進行	大亞技術公社	大邱市	大邱市基本計劃修正計劃	大邱市廳	90.1.23	50
	3	綜合進行	金商周, 趙英濟	서울大總長	學長離就任會食	含池博	90.2.8	30
	4	綜合討論	李鍾皓, Amano John Kain	交通開發研究院	2000年代 交通政策	交通開發研究院	90.5.31	200
	5	綜合進行	李洸鎬,李壽成	서울大總長	學長 離任會食	總長公館	90.6.15	60
	6	Government Policies toward Public-private Partnership	渡邊俊一,朴景源,馮正民,莊麗珍	中國都市計劃學會	韓·中·日 都市計劃學會 學術交流研討會	劍潭 海外青年活動中心,臺北市,臺灣	90.9.12	300
	7	綜合進行	金榮禎,金大淵	새마을婦女會中央聯合會	家庭새마을運動 活性化	새마을運動本部	90.9.19	320
	8	北韓의 國土開發現況과 課題	金源	大韓商議 韓國經濟研究센터	'90研究課題 討論會	大韓商議會議室	90.9.28	50
	9	高速電鐵이 大田市 空間 및 經濟構造에 미치는 影響	李周榮	大田市,大韓交通學會	高速電鐵建設에 따른 驛舍立地 및 連繫交通網 整備方向	大田市 中央觀光호텔	90.10.29	200
	10	綜合進行	鄭權燮,金泰東	不動産經濟新聞	不動産意識改善	世宗文化會館	90.11.13	200
	11	綜合進行	大亞技術公社	慶州市	慶州都市基本計劃 再整備計劃 公聽會	徐羅伐文化會館	90.11.30	800
1991	1	綜合進行	大亞技術公社	大邱市	大邱市都市基本計劃公聽會	大邱市民會館	91.1.18	800
	2	綜合進行	愼富鏞	民主自由黨 政策委員會	大都市交通難 緩和對策 政策討論會	世宗文化會館	91.2.22	700
	3	産業의 育成과 配置	陳英煥	國土開發研究院	3次 國土計劃政策討論會	國土開發研究院	91.3.12	200
	4	綜合討論	趙正濟,金瑛,	國土·都市計	慶南中心圈의 發展方向과	昌原觀光호텔	91.4.27	300

年度	順次	司會分科		主催				參席者
		分科名	發表者	機關	主題	場所	日字	(名)
			權善柱	劃學會	推進戰略			
	5	綜合進行	姜明求 外2人	韓國地方自治學會	第6回 硏究發表會	地方行政會館	91.5.18	20
	6	綜合進行	黃仁星 外13人	새마을運動中央協議會	月刊 새마을誌 座談會	聞慶郡廳	91.5.22	20
	7	綜合討論	車東得,李仁遠	交通開發硏究院	京釜高速電鐵의 效率的 推進方向	63빌딩	91.7.18	500
	8	農漁村의 構造改善과 定住圈開發	李正煥	農漁村振興公社	農漁村 定住生活圈 開發 세미나	서울 敎育文化會館	91.8.16	150
	9	國會議員과 地方議員의 役割分擔模型	洪井善	地方行政硏究院	地方自治行政의 效率的 展開	世宗文化會館	91.9.10	1,000
	10	綜合進行	郭秀一	새마을運動中央協議會	열심히 일하는 社會風土造成을 위한 大討論會	大韓商工會議所	91.12.20	300
1992	1	全體進行	姜聲渭, 薛耆汶	새마을運動 中央硏修院	새마을 國民精神敎育의 새로운 摸索	새마을運動 中央硏修院	92.1.4	500
	2	綜合司會	張泰鈺,陰盛稷	慶北專門大學 硏究所	地方化時代의 榮州地域 發展方向	慶北專門大學	92.1.16	50
	3	綜合司會	趙正濟,張泰鈺, 金源	店村·聞慶地域 發展協議會	店村·聞慶의 發展方向과 戰略摸索	店村市廳	92.2.14	800
	4	全體進行	鄭世煜,白永玉	새마을婦女會 中央聯合會	公明選擧 實現을 위한 大討論會	새마을本部	92.2.26	1,000
	5	全體進行	金安濟 外7名	江陵市,國土學會	江陵市 長期發展構想 諮問會議	江陵市廳	92.3.14	50
	6	全體進行	金璟東	職場새마을運動 中央協議會	땀흘려 일하는 風土造成을 위한 討論會	새마을 本部	92.4.2	700
	7	全體進行	韓灝鮮,蔣炳九, 許萬亨	韓國地方自治學會	定期學術發表會	地方行政硏究院	92.4.24	20
	8	1,2分科(住宅金融)	金京煥,申英燮	韓國住宅銀行	創立25周年 紀念 심포지엄	大韓商議	92.7.7	300
	9	2分科	李昌洙,王東陽 外 3名	延邊大 東北亞經濟硏究所	東北亞 地域開發比較 國際會議	中國 延邊大學	92.7.11	100
	10	2分科(地方政府運營)	吳然天	韓國行政學會	地方自治 發展 워크샵	올림피아호텔	92.7.22	50
	11	全體進行	硏究陣 8名	江陵市	江陵長期發展要約報告書	江陵市廳	92.8.22	50
	12	2分科(役割·效果·航空産業)	Simpson, 金宗錫,朴基贊	交通開發硏究院	首都圈 新國際空港 심포지엄	인터콘티넨탈 호텔	92.8.25	250
	13	全體進行	楊秉彝,康炳基	富川市 南區 聯合自然保護會	'92 自然環境保全 심포지엄	富川市民會館	92.9.25	400
	14	3分科(東北亞時代의 民族生活構想)	柳佑益	21世紀 委員會	第4次 未來政策 公開討論會	新羅호텔	92.10.7	150
	15	綜合司會	崔秉瑄,黃義然, 陳英煥	忠北大,國土·都市計劃學會	廣域淸州圈의 開發戰略	忠北大學校	92.10.31	100
	16	全體進行	惟新公社 (閔泳輝)	安養市	安養 都市基本計劃公聽會	安養文藝會館	92.11.4	100
	17	全體進行	琴震鎬,趙正濟, 洪誠雄	榮州商工會議所	地方自治制下의 地域經濟活性化	小白山觀光호텔	92.11.20	300

年度	順次	司會分科		主催				參席者
		分科名	發表者	機關	主題	場所	日字	(名)
1993	1	全體進行	張泰鈺外 研究陣	大邱・慶北開發研究院	慶北 道綜合開發計劃 公聽會	大邱銀行	93.1.13	500
	2	全體進行	許在完	中央大 9個大學院 中部同門會	2000年代 首都圈地域 經濟發展方向	安養文化藝術會館	93.1.28	70
	3	綜合司會	申海雨,金裕赫	새마을運動中央協議會	新韓國創造와 市民意識改革	世宗文化會館	93.2.5	300
	4	綜合司會	宋丙洛	職場새마을運動中央協議會	新企業文化創造를 위한 戰略	새마을本部	93.2.12	700
	5	地自體의 自治立法權의 爭點과 發展方向	千柄泰	地方行政研究所	地方議會制度 發展討論會	럭키金星 會議室	93.2.26	70
	6	全體進行	李承茂	새마을婦女會 中央聯合會	生活環境運動實踐 公開討論會	世宗文化會館	93.3.3	500
	7	意識改革의 實踐方案	柳載天,韓昇助	高麗大 道德政治教育研究所	21世紀의 挑戰과 韓國의 對應	世宗文化會館	93.3.22	50
	8	全體進行	金正勳,吳熙煥,尹鍾台	韓國地方自治學會	學會 定例研究發表會	地方行政研究院	93.4.24	30
	9	綜合司會	盧椿熙,金泰福,安光涉	葦地 地域經濟研究所	開發制限區域 制度改善에 대한 政策討論會	國會議員會館	93.5.25	300
	10	Regional Development Policy	趙載成,李泰一	Michigan State University	Transformation in the Korean Peninsula	MSU, Lansing, U.S.A.	93.7.9	15
	11	全體進行	會員全員	自治體出捐研究院長協議會	定期會議 : 研究院 發展方向	東南開發研究院	93.7.27	20
	12	交通開發計劃	文東周	國土・都市計劃學會,朝鮮大	西南圈 均衡開發	光州日報社	93.8.24	100
	13	地域開發의 方向과 課題	權容大,姜炳洙	地方自治學會 大田・忠南支會	21世紀 忠南自治行政 發展方向	溫陽 그랜드 파크호텔	93.12.17	300
1994	1	全體	郭所長	天安高速道路 矯正委員會	京釜高速道路 天安區間矯正에 관한 公聽會	天安市 市民會館	94.4.9	200
	2	21世紀 大躍動을 향한 國土開發課題	朴洋浩	國土開發研究院	國土 2000年의 展望과 課題 : 廳舍竣工紀念심포지엄	國土開發研究院 新廳舍	94.5.12	100
	3	永宗島空港建設과 仁川市開發 西海岸開發과 住民參與	朴相雨 吉田信夫	大韓國土・都市計劃學會	21世紀 環太平洋時代에 대비한 西海岸開發의 戰略	롯데호텔	94.5.19	100
	4	全體	朴相雨	國土開發研究院	首都圈整備計劃案	國土開發研究院	94.8.12	30
	5	全體	金銑基	地方行政研究院	驪州郡 長期綜合發展計劃案(公聽會)	驪州郡廳	94.8.31	150
	6	地自體의 環境管理	鄭淳午, 富野暉一郎	韓國地方自治學會	韓・日地方自治學會세미나	大田 Expia World會議場	94.9.27	200
	7	全體	金炳國	韓國地方行政研究院	直轄市의 名稱變更(公聽會)	地方行政會館 會議室	94.10.6	150
	8	全體	李正典,尹明悟,申英燮	韓國住宅銀行	建設環境의 變化와 住宅產業發展方向	全經聯會館	94.11.10	250
	9	全體	禹東琪, 鄭鍾復	榮州市・榮豊	地域競爭力强化를 위한	榮州市民會館	94.11.30	650

年度	順次	司會分科		主催				參席者(名)
		分科名	發表者	機關	主題	場所	日字	
	10	第1分科 및 綜合司會	金玧墭, 河鍾根 등	郡議會 慶南開發研究院	榮州地域 發展方向 世界化·地方化를 선도하는 慶南의 位相	慶南開發研究院	94.12.9	500
	11	綜合	李基玉, 李達坤	行政刷新委員會	地方自治制度發展方向	世宗文化會館	94.12.20	100
1995	1	全體	高錫南, 金瑛	慶尙大 生産技術研究所	統合晋州市 長期計劃構想 公聽會	慶南文化藝術會館	95.1.27	250
	2	全體	黃娥蘭	地方自治學會	研究發表會	서울市政開發研究院	95.2.22	200
	3	全體	會長團		總會 : 事業, 豫算		95.2.22	100
	4	地域發展과 行政刷新	張泰鈺	行政刷新委員會	地方巡廻討論會	浦鐵人材開發院	95.3.9	250
	5	全體	朴杉沃, 金宗才, 河上注	光州商工會議所	世界化時代의 光州·全南北地域 産業發展戰略	光州商議	95.3.15	130
	6	第1分科	朴羽緖	韓國土地開發公社	世界化·地方化에 따른 土地環境의 變化와 對應	서울 教育文化會館	95.3.29	500
	7	全體	金壽鶴	코오롱 綜合研究所	新코오롱 2000建設의 基本精神	코오롱 綜合研修院	95.4.4	30
	8	第8分科	崔炳大	서울市	서울市 都市計劃基本案 公聽會	大韓商工會議所	95.4.20	300
	9	綜合	蘇鎭光	東城南青年會議所	地域發展大討論會	城南市民會館	95.5.3	300
	10	綜合	申丁澈	國土開發研究院, 浦項市	浦項 都市基本計劃公聽會	浦項市民會館	95.5.22	600
	11	綜合	左月 滋, J.P. Arduin, M.Michel	國土·都市計劃學會	高速鐵道建設과 地域均衡開發戰略 國際세미나	世宗文化會館	95.6.7	100
	12	全體	金永杓, 曺周鉉, 許在完	國土·都市計劃學會	土地資源의 效率的管理를 위한 심포지엄	世宗文化會館	95.6.12	300
	13	全體	朴洋浩	國土開發研究院, 大邱市	大邱·慶北 廣域開發計劃案 公聽會	大邱文化藝術會館	95.8.17	300
	14	全體	朴洋浩	國土開發研究院, 慶北道	大邱·慶北 廣域開發計劃案 公聽會	浦項商工會議所	95.8.18	300
	15	全體	趙錫俊, 劉鍾海	韓國地方行政研究院	地方化時代와 內務部의 바람직한 役割	世宗文化會館	95.9.4	300
	16	全體	崔鳳基	國會 地方自治研究會	民選時代의 地方自治發展方案	國會	95.9.11	50
	17	全體	禹東琪, 金貴坤	地方自治團體國際化財團	地方自治團體의 國際都市基盤 및 環境造成方案	프레스센터	95.9.15	150
	18	社會·經濟·地域開發分科	韓國3名, 日本3名, 中國3名	韓·中·日 都市計劃學會	地方都市의 國際化戰略 : 國際세미나	光州 無等山觀光호텔	95.10.19	50
	19	SOC民資誘致의 改善方案	千相晚	서울市政開發研究院	社會間接資本擴充과 民資誘致制度	서울市政開發研究院	95.10.31	300
	20	中央·地方의 財政問題	吳然天	새時代포럼	地方化時代의 中央과 地方의 關係	全經聯會館	95.11.10	150
	21	全體	李素漢, 金政鎬	韓國住宅銀行	住宅銀行의 發展方向	全經聯會館	95.11.22	350

年度	順次	司會分科		主催				參席者(名)
		分科名	發表者	機關	主題	場所	日字	
					세미나			
	22	周邊地域開發	鄭陽熙	仁川市,國土·都市計劃學會	仁川廣域都市 位相定立을 위한 討論會	仁川 松島비취 호텔	95.12.6	500
	23	全體(理事長 職務代理)	研究院,公團	海運產業研究院	定期理事會	海運產業研究院	95.12.12	20
	24	Panel Ⅱ	美國 3人, 韓國 3人	地方自治學會, Las Vegas市	Local Government and Urban Development	Charleston Heights Arts Center, Las Vegas, U.S.A.	95.12.19	30
1996	1	委員長 進行司會	擔當研究員	京畿開發研究院 研究諮問委員會	研究課題의 評價	京畿開發研究院	96.4.2	30
	2	全體	李學東, 鄭載勳, 李相薰, 趙正濟	京畿開發研究院	21世紀 京畿發展을 위한 課題와 展望	京畿銀行	96.4.16	70
	3	國家交通網體系分科	元濟戊	國土·都市計劃學會	湖南高速鐵道와 地域發展에 관한 討論會	建設會館	96.6.7	500
	4	國家와 自治團體,市道-市郡區間의 關係定立	李琦雨	明知大 地方自治大學院	地方自治實施 1年의 評價와 發展方向	프레스센터	96.6.20	100
	5	全體	金裕赫	새마을 以北 5道支部	統一以後 共同體 回復을 위한 國民運動推進 大討論會	以北5道會館	96.6.25	450
	6	行政分權化 戰略	都明正,李勝鍾	서울市政開發研究院	民選自治 1年 評價와 앞으로의 課題	大韓商工會議所	96.6.26	150
	7	全體	姜瑩基,金秉俊	韓國地方行政研究院	6·27以後 地方自治1年의 評價와 展望	世宗文化會館	96.6.27	450
	8	中部圈의 開發方向	姜秉洙,朴秉浩	國土都市計劃學會 忠淸支部	地方化時代 中部圈의 役割과 位相	儒城觀光호텔	96.6.28	300
	9	綜合討論	金安濟, 龜尾市 代表	코오롱 綜合研修院	地方自治着根과 龜尾市 發展方向	코오롱綜合研修院	96.7.3	30
	10	綜合討論	金安濟, 龜尾市 代表	코오롱 綜合研修院	地方自治 着根과 龜尾市 發展方向	코오롱 綜合研修院	96.7.10	33
	11	綜合討論	金安濟, 龜尾市 代表	코오롱 綜合研修院	地方自治 着根과 龜尾市 發展方向	코오롱 綜合研修院	96.7.13	35
	12	中部地域發展	장현봉,崔昌儀	湖南高速鐵道 驛舍誘致委員會	湖南高速鐵道와 地域發展·遺蹟保全	淸州 로얄觀光호텔	96.7.16	200
	13	1分科(環境保護 및 文化財保存)	趙基鎬,鄭鍾寬, 李南錫	忠南發展研究院	湖南高速鐵道와 國土均衡發展에 관한 專門家討論會	論山 建陽大學校	96.7.30	300
	14	綜合	高永復, 河晟奎 등 6명	慶南開發研究院	慶南誕生 100周年 紀念 심포지엄 : 慶南의 再探索	慶南貿易會館	96.8.2	200
	15	全體	方京植	住宅產業研究院	民間宅地開發 活性化方案 세미나	全經聯會館	96.9.19	200
	16	進行司會	大田市, 吳德成	大田市	世界科學都市聯合 推進協議會 會議	大田市廳	96.10.4	50
	17	1分科(地方自治의 發展方案)	5個 市·道 局長	內務部 地方行政研修院	地方行政研修大會	同研修院	96.11.12	150
	18	全體	金丁勛	九里市 새마을	'生活쓰레기,이렇게	九里市 電話	96.11.16	180

年度	順次	司會分科		主催				參席者(名)
		分科名	發表者	機關	主題	場所	日字	
				婦女會	줄이자' 公開討論會	局會議室		
	19	1分科(High Technology and Regional Innovation	韓·美·日·英 4名	大田市 科學都市聯合推進協議會	Technopolis에 관한 國際심포지엄	儒城 觀光호텔	96.11.19	300
	20	全體	蘇鎭光	城南商工會議所	城南市 産業構造 및 經濟基盤에 대한 討論會	城南市 市民會館	96.12.12	250
1997	1	綜合分科	李相文(中), K.W.Schatz (獨) 韓國 6명	國土·都市計劃學會	統一時代 韓半島 國土開發構想 國際세미나	科學技術會館	97.2.4	200
	2	全體	楊秉彝,梁鎭宇,李景載, 金炳鎭	京畿開發研究院	京畿道의 21世紀와 環境비전	京畿道文化藝術會館	97.3.24	200
	3	綜合分科	劉鍾海등 6名	忠淸南道, 忠南大 儒學研究所	人本行政 學術大會	忠南道廳 會議室	97.4.16	380
	4	發表分科	5名	韓國地方自治學會 忠南支會	廣域市와 自治區의 關係定立	忠南大 工科大學	97.4.18	300
	5	全體	許在完,權尙俊,金賢洙	國土·都市計劃學會	21世紀 大都市圈 管理戰略	科學技術會館	97.4.24	200
	6	全體	楊枝靑,林圭松,金正鎬,出井信夫	地域開發研究會	21世紀의 地域開發과 民官合同事業의 發展方向	프레스센터	97.4.25	170
	7	綜合討論	14個國代表者	忠淸南道	'97世界環境포럼 國際會議	大田 EXPO 國際會議場	97.5.30	150
	8	Session 1	Townroe, Joochul Kim, Yasuo, 趙萬衡	大田市	世界科學技術都市 市長會議('97 Technopolis Summit)	大德科學文化센터	97.6.3	200
	9	綜合討論	金安濟,邊宇熙,朴興國,李成勳	浦項 MBC, 浦項商工會議所	'97地域經濟發展심포지엄	浦項 시그너스 호텔	97.6.5	80
	10	全體	李相龍	昌原市	大洞制導入方案市民公聽會	昌原市廳	97.6.12	300
	11	綜合討論	徐聖漢,金學文	店村靑年會議所	創立30周年 紀念事業 市民大討論會	聞慶市民文化會館	97.6.20	80
	12	3·7分任	3·7分任長	內務部 地方行政研修院	新任管理者課程 分任研究結果發表會	內務部 研修院	97.7.15	100
	13	綜合分科	朴相雨,郭太烈,李基鍾	國土開發研究院, 慶南開發研究院	地域均衡發展의 새로운 摸索	慶南 敎員團體聯合會	97.9.9	150
	14	SessionⅣ : Policy and Planning	Goldschmidt, 吳德成,全炳珍,李相大	國土·都市計劃學會, 美國 CODS	Global Transformation forward A Sustainable Civil Society	서울 敎育文化會館	97.9.26	21
	15	全體	南東翊,孫義榮,李承漢	大韓商工會議所	SOC民資事業,어디로 가고 있나	大韓商議 中會議室	97.12.3	120
	16	全體	討論者 12名	새마을運動 中央協議會	21世紀와 새마을運動 : 座談會	同協議會 會議室	97.12.16	20
	17	全體	李昌洙,李贊鉉	韓國地方行政研究院	地方化時代의 地域活性化와 새마을運動	大韓商議 大會議室	97.12.23	200
1998	1	全體	김상수, 윤철홍, 양철수	大韓地籍公社	公社創立 60周年紀念 學術세미나	大韓投資信託 會議室	98.1.23	350

年度	順次	司會分科		主催				參席者(名)
		分科名	發表者	機關	主題	場所	日字	
	2	全體	음성직, 황희연, 이태일	大韓國土·都市計劃學會	IMF體制와 國土政策에 관한 政策討論會	科學技術會館	98.4.29	100
	3	全體	이시영·한영광 등7名	6個大學硏究所(浦項·慶州·蔚山)	高速鐵道 慶州路線의 妥當性 再評價와 政策課題	프레스센터	98.5.22	250
	4	全體	李萬儀,李琦雨	行自部, 地方自治硏究院	中央行政權限의 地方移讓促進 등에 관한 法律制定에 대한 公聽會	世宗文化會館	98.5.26	200
	5	全體	정희수, 노희식, 윤삼중	地域開發硏究會	第2回 地域開發세미나	出版文化會館	98.5.27	50
	6	全體	김영, 박영철, 최성연, 문태현	晋州市, 慶尙大學校	21世紀 晋州를 準備하기 위한 심포지엄	晋州市廳	98.6.16	200
	7	4分科(自治政府 政策方向)	최병학	地方自治學會 大田·忠南支會	地方選擧評價와 地方自治의 課題	忠南道廳	98.6.19	100
	8	全體	維新코퍼레이션	安養市	2016年 安養都市基本計劃 公聽會	安養市廳	98.9.11	250
	9	綜合	최병선,이성근, 박길룡,이규목	서울大 環境大學院	21世紀 都市·環境分野의 새로운 패러다임 摸索	서울大 教授會館	98.9.16	150
	10	1分科(Information Technology and the Development of Technopolis)	M.Parry, Kang and Oh, Y.Miyakawa, J.C. Kim	大田市, World Technopolis Association	International Symposium on the Development of Technopolis in the Information Society	大田EXPO 國際會議場	98.9.17	230
	11	全體	서태성	國土開發硏究院	光陽灣·晋州圈 廣域開發計劃公聽會	晋州 道文化藝術會館	98.9.29	250
	12	全體	서태성	國土開發硏究院	光陽灣·晋州圈 廣域開發計劃公聽會	光陽市文化藝術會館	98.9.30	150
	13	全體	維新 코퍼레이션	儀旺市	儀旺 都市基本計劃公聽會	儀旺市廳	98.10.16	120
	14	行政分科	8市道 代表	行自部 硏修院	第35回地方行政硏修大會	同硏修院	98.11.5	200
	15	4分科(쓰레기)	分任長	行自部 硏修院	高幹班 政策課題發表	同硏修院	98.11.19	100
	16	全體	吳주헌 理事	龍仁市	都市基本計劃公聽會	文藝會館	98.12.2	450
	17	全體	朴憲注 外	行自部,國土開發硏究院	地方公企業 發展方向	慶州 教育文化會館	98.12.18	250
	18	全體	大韓컨설탄트	軍浦市	都市基本計劃公聽會	軍浦市廳	98.12.22	150
	19	全體	出井信夫, 朴演守	地域開發硏究會	地方公企業發展 韓·日交流懇談會	프레스센터	98.12.23	8
1999	1	全體	서울市擔當官	월드컵組織委員會 都市環境協議會	蘭芝島 쓰레기場 處理方案	同委員會	99.1.15	10
	2	全體	李昌昊	大韓商工會議所	SOC民間投資促進을 위한 政策方向討論會	大韓商議	99.3.5	150
	3	全體	朴洋浩	大韓國土·都市計劃學會	第4次 國土綜合計劃樹立을 위한 學界討論會	科總會館	99.3.25	50
	4	2分科(SOC擴充과 文化	朴洋浩	慶北學硏究포럼	第4次 國土計劃과 慶北地	嶺南大 國際館	99.5.6	150

年度	順次	司會分科		主催				參席者(名)
		分科名	發表者	機關	主題	場所	日字	
		産業發展)			域 發展戰略			
	5	2分科(麗水 海洋 엑스포 位置와 麗川産團의 功過)	李상은	地方行政研究院, 麗水市	第2次 地方포럼	麗水 鎭南文藝會館	99.5.27	150
	6	全體	李元熙	地方行政研究院	消防行政 需要增加에 대비한 消防財源擴充	全經聯會館	99.6.24	550
	7	1分科(地方政府의 財政危機와 그 對策)	尹영진, 李석회	韓國地方自治學會	夏季 學術세미나	大邱 壽城觀光호텔	99.6.29	150
	8	1分科 (地方自治50年의 變遷)	鄭世煜	地方行政研究院	地方自治 50年 紀念 심포지엄	世宗文化會館	99.6.30	400
	9	綜合	全京洙, 元濟戊 등 7名	大韓交通學會, 鐵道廳	韓國鐵道 100周年紀念 세미나	世宗文化會館	99.7.15	300
	10	全體	金哲洙,河晟奎	國土·都市計劃學會	創立40周年 紀念세미나	科總會館	99.7.23	50
	11	全體	用役團	論山市	都市基本計劃公聽會	市民會館	99.8.3	100
	12	3分科(Localization)	Wikantari, 蘇鎭光등 5名	臺灣都市計劃學會	韓·中·日 都市計劃 심포지엄	臺南市 成功大學	99.9.19	30
	13	1分科(淸州·淸原統廢合方案)	沈翊燮, 南기헌	地方自治學會	21世紀 淸州市 發展方向摸索	淸州大學	99.9.28	150
	14	綜合	李盛根, 孫진혁	金泉市	市昇格50周年 紀念세미나	탑웨딩	99.10.13	400
	15	全體	김영기,안재락, 박중춘	晋州市	21世紀 晋州發展을 위한 세미나	晋州市廳	99.10.16	200
	16	全體	朴洋浩, 崔재선	忠南發展研究院, 唐津市	西海岸時代 忠南의 地域開發方向	唐津文化院	99.10.22	150
	17	第1日次	8個市·道自治行政局長	國家專門行政研修院	第36回 地方行政研修大會	同研修院	99.11.4	200
	18	全體	蘇鎭光,金鎭永	大韓商工會議所	벤처企業의 立地支援方案	同會議所	99.11.9	80
	19	2分任(社會福祉施設의 管理方案)	朴성환	國家專門行政研修院	高幹班 政策課題 大討論會	同研修院	99.11.24	60
	20	全體	朴相雨	國土研究院	首都圈 公共投資政策의 改善方向 討論會	同研究院	99.12.1	30
2000	1	全體	진광현, 이주훈	忠南發展研究院	새千年環黃海圈 據點地域으로서의 瑞山市의 發展	瑞山市 文化會館	2000.2.8	350
	2	綜合討論	蘇鎭光,韓尙勳	地方議會發展研究院, 漆谷郡	漆谷郡 市昇格 妥當性에 관한 政策討論會	漆谷郡廳 講堂	2000.2.22	350
	3	第3分科(外來觀光客誘致方案)	朴基弘	韓·日 地方自治學會協議會	韓·日 地方自治國際세미나 : 觀光文化振興	溫陽 그랜드호텔	2000.6.24	35
	4	綜合討論	金龍鶴 등 5名	大韓國土·都市計劃學會	韓半島 國土開發方向에 관한 세미나	科學技術會館	2000.7.4	50
	5	全體	金日泰 등 3名	地域開發研究會	蘆原區의 21世紀 座標와 發展戰略	蘆原區 區民會館	2000.9.29	50
	6	綜合討論	環境部·釜山市 등 6名	地方移讓推進委員會	委員會發足 1周年紀念 地方移讓 워크샵	大田市 스파피아호텔	2000.10.27	80
	7	地方議會制度分科	李勝鍾, 陳英宰	地方自治學會, 地方行政研究院	地方自治制度改善을 위한 國民大討論會	大韓商工會議所	2000.12.27	100

年度	順次	司會分科		主催				參席者
		分科名	發表者	機關	主題	場所	日字	(名)
2001	1	2分科(월드컵과 市民參與)	박영복, 정연근 등 4名	環境部, 地方議題21全國協議會	環境親和的인 월드컵大會開催를 위한 討論會	올림픽파크텔	2001.5.24	100
	2	全體	朴相雨	國土研究院, 高陽市	高陽市 産業團地造成을 위한 公聽會	高陽市 文藝會館	01.6.7	120
	3	全體	안건혁,박재길, 권경득	鮮文大 21世紀 地域發展研究所	首都圈政策과 牙山灣圈 背後新市街地 開發세미나	鮮文大學	01.6.8	200
	4	全體	都和綜合技術公社	華城市	華城市 都市基本計劃 公聽會	華城市廳	01.6.15	450
	5	綜合分科	河鍾根,朴종수	慶南發展研究院	地方自治發展을 위한 大討論會	昌原 道敎育院	01.6.27	250
	6	全體	三安建設技術公社	全州市	全州市 都市基本計劃 公聽會	全州市廳	01.7.16	300
	7	綜合分科	이규환,원윤회, 박종화,지병문	全國 市·道知事協議會 등 4個團體	21世紀 地方自治發展 大討論會	大韓商工會議所	01.9.6	180
	8	綜合分科	5個 研究院	京畿 등 5個市道 研究院	第1回 西海岸 포럼	仁川 松島비치 호텔	01.10.17	100
	9	綜合分科	中央 및 地方政府	地方移讓推進委員會	地方移讓워크샵	水安堡 常綠 호텔	01.10.27	70
	10	第1分科(英語)	스웨덴·韓國·臺灣	世界科學都市聯合會(WTA)	國際심포지엄	大田 EXPO 國際會議場	01.11.8	250
	11	全體	林敬鎬,劉信一	慶道大學	韓·中國際學術세미나	醴泉文化會館	01.11.21	200
2002	1	第4分科(地域活性化)	이동기,權純福, 이환범	韓國地方自治學會	春季學術發表會	서울大 環境大學院	02.2.20	35
	2	綜合討論	이종수,최창림, 정명희,강호상	大世研究院, 公人學會	公人의 役割과 使命에 대한 學術大會	延世大 상남 경영원	02.3.20	30
	3	綜合討論	김종운,김삼량, 이인원	大韓國土·都市計劃學會	五松 生命科學示範都市 推進戰略세미나	淸州 古印刷 博物館	02.5.9	350
	4	産業建設分科	實務委員4名	地方移讓委員會	地方移讓促進을 위한 워크샵	龍仁 中小企業 開發院	02.5.23	30
	5	綜合討論	總12名	上同	上同	上同	02.5.24	20
	6	第2部 地域差別化	裵광선	地域發展포럼	21世紀 地域産業 어떻게 成長해야 하나?	大韓商議	02.6.20	40
	7	B1 Section : Sustainable Environmental Planning	韓國·日本·臺灣代表 5名	中國(臺灣)都市計劃學會	International Symposium on Urban Planning : 韓·日·中 定例學術大會	臺北市 福華國際文教會館	02.8.7	60
	8	全體	許在完·김경석·金龍鶴	國土·都市計劃學會, 國土研究院	東北亞 經濟 協力을 위한 인프라 構築 戰略	科學技術會館	02.11.4	100
	9	全體	嚴基哲	國土研究院·慶尙北道	中部內陸 廣域圈 圈域指定 및 開發計劃案 公聽會	榮州市廳 大會議室	02.11.8	650

年度	順次	司會分科		主催				參席者
		分科名	發表者	機關	主題	場所	日字	(名)
2003	1	綜合分科	한무호·김인중	忠淸南道	'신나게 企業하는 忠南宣言' 1週年 맞이 推進狀況 報告 및 政策討論會	忠南道廳	03.1.28	350
	2	地域開發分科	신윤창·김장기 최근열·김주원 송광태	韓國地方自治學會	冬季 學術發表會	서울대 環境大學院	03.2.21	15
	3	綜合分科	강현수·안성호 권용우·박병호	大韓國土·都市計劃學會 大田·忠淸支會	新行政首都 建設 公開討論會	忠南大學	03.4.25	150
	4	國家와 市道의 關係分科	안성호·이주희	市·道知事協議會·地方自治學會	成功的 地方分權을 위한 大討論會	世宗文化會館	03.5.15	500
	5	全體	성경륭	서울大 環境大學院 CEO 포럼	國家均衡發展의 비전과 課題	서울大環境大	03.5.22	35
	6	臨時議長	仁川市	仁川市	政策諮問敎授團 議長·副議長 選出	仁川市廳	03.6.4	35
	7	綜合	朴洋浩·김용웅	國土硏究院 21世紀 國土포럼	分權型 均衡發展을 위한 워크숍	國民銀行 天安硏修院	03.6.20	70
	8	報告會	李泰一·金興來·張明洙	國土硏究院 21世紀 國土포럼	分權型 均衡發展을 위한 워크숍	國民銀行 天安硏修院	03.6.21	50
	9	全體	路線再檢討 委員會委員10名	國務總理室	서울外廓循環高速道路 路線再檢討 國民大討論會	프레스센터	03.7.1	500
	10	全體	權五奎 靑瓦臺政策首席	新行政首都建設推進企劃團	國政課題 大統領 報告會: 新行政首都建設과 21世紀 國家發展戰略	政府 大田廳舍	03.7.3	55
	11	綜合	황희연등 5名	大韓國土·都市計劃學會 釜山·慶南支會	地方大都市의 産業別 首都化를 위한 戰略計劃 심포지엄	東亞大學校 産學協力館	03.8.22	40
	12	進行司會	權五奎·李揆邦·崔秉瑄	新行政首都建設推進企劃團	大統領 國政課題 報告會: 新行政首都建設	政府廳舍別館	03.11.06	150
	13	全體司會	黃희연·吳烈根	天安 市民포럼	新行政首都建設과 市民社會의 役割	天安 市民會館	03.12.10	150
	14	會議主宰	總務	韓國地方行政硏究院·地硏會	地硏會 總會 및 任員選出	韓國地方行政硏究院	03.12.26	150
2004	1	分科司會	陸東一	韓國地方自治學會	希望은 地方에 있다: 行政首都의 法的地位와 運營體制	忠北大學校 講義室	04.2.19	20
	2	綜合司會	金惠天·李왕건	忠南發展硏究院	新行政首都建設과 地域發展	大田商工會議所	04.3.15	300
	3	全體司會	박재길 外 1人	公州大學校	新行政 首都의 建設과 地域變化	公州大學校 大講堂	04.4.29	250
	4	全體司會	강인호	서울特別市議政會	地方分權時代의 地方議會의 役割	서울 플라자 호텔	04.5.14	90
	5	全體司會	허재완·안형도	韓國經濟新聞社	企業하기 좋은 環境造成을	仁川 송도	04.6.2	150

年度	順次	司會分科		主催				參席者(名)
		分科名	發表者	機關	主題	場所	日字	
				·仁川市		비치호텔		
	6	全體司會	성경륭·최막중	서울大 環境大學院 CEO 課程	國家均衡發展과 新首都移轉	서울大 環境大學院	04.6.8	35
	7	報告會 司會	장명수·이태일 이태식·강양석	國土研究院 21C 國土포럼	第4차 國土綜合計劃 修正計劃 討論會	國民銀行 天安 研修院	04.7.16	60
2005	1	全體		龍仁市	龍仁 都市基本計劃 公聽會	龍仁 文藝會館	05.1.18	500
	2	第5分科 司會	최길수·김영미	韓國地方自治學會	冬季 學術發表會	自治人力開發院	05.2.18	20
	3	第1세션 司會	표희동·許在完	韓國 自治行政學會	새만금事業과 國家均衡發展 全國 세미나	全州 코아호텔	05.5.27	300
	4	分科司會 發表司會	張明洙·李洋宰·康炳基	國土研究院 21世紀 國土포럼	바람직한 均衡發展을 위한 워브 숍	國民銀行 天安 研修院	05.6.29	30
	5	綜合	OED 研究者 代表	金泉市	金泉 都市基本計劃 公聽會	金泉 文化藝術會館	05.7.13	400
	6	第2分科	박기관	韓國 地方自治學會	地方의 革新戰略에 관한 세미나	原州 尙知大學校	05.8.19	15
	7	Session 3(英語)	韓國·日本·臺灣 代表 5名	韓國 國土·都市計劃學會	韓·中·日 都市計劃學會 學術 세미나	濟州 韓火 리조트호텔	05.10.8	30
	8	綜合	임승빈·송화섭	全州 發展研究院	全州 革新都市 發展 모델과 傳統文化 콘텐츠 開發	全州 리베라 호텔	05.10.11	150
	9	綜合	學會 代表者 3名	韓國公共行政學會	佛堂洞 廳舍時代 開幕에 따른 紀念 세미나	天安 新廳舍	05.10.13	200
	10	綜合	이원섭·송낙헌	21世紀 國土포럼·江原發展研究院	持續可能한 國土均衡發展을 위한 워크숍	春川斗山리조트	05.10.19	35
	11	綜合	박재길·최막중 박철수·임서환	住宅公社 住宅都市 研究院	韓國 都市의 課題와 發展方向	住宅公社 大會議室	05.11.8	150
	12	第1主題	李勝鐘	韓國地方行政研究院	先進 地方自治 비전 및 政策課題	政府中央廳舍 別館	05.12.21	400
2006	1	1分科(行複都市)	최병학·이현주·김용교	韓國地方自治學會	2006年度 春季 學術大會	忠南大學校	06.2.17	35
	2	定款·任員·事業	準備委員會	Amenity Forum 準備委員會	Amenity Forum 創立 總會	서울프레스센터	06.2.22	150
	3	3分科(地方選擧)	박정규·박기관	韓國行政學會·地方自治學會	春季 共同學術大會	忠南大學校	06.4.28	30
	4	몽골 訪問團	元老 代表	好凡會·同心會	몽골 訪問 終了 行事	뭉근미리트 Khan Kherlen 캠프村	06.6.21	25
	5	主題發表	박양호·이명규 이재준·이왕건	國土研究院 21世紀 國土포럼	어디서나 살기좋은 國土 만들기 워크숍	忠州 建設經營 研究院	06.6.29	70
	6	分科別 會議 結果報告	강병기·임승달·권원용	國土研究院 21世紀 國土포럼	어디서나 살기좋은 國土 만들기 워크숍	忠州 建設經營 研究院	06.6.30	20
	7	綜合	나중규·류종현	大邱·慶北研究院	大首都論과 地域의 對應戰略 大討論會	龜尾市 慶北 中小企業 綜合支援센터	06.7.26	250

4. 討論參與

區分	順次	討論分科		主催				參席者(名)
		分科名	發表者	機關	主題	場所	日字	
1972	1	部門別 推定方法과 戰略	李廷植	서울大 行政大, 建設部	Otam-Metra의 國土計劃報告書	서울大 行政大	72.6.30	200
1974	1	行政에 있어 Computer의 活用	兪琬在	韓國行政學會	行政의 科學化	明知大	74.9.10	100
1977	1	環境管理體系	盧隆熙	科學技術處	環境管理政策	科學技術情報센터	77.7.14	200
	2	地域社會開發 專門敎育	文炳鎮	中央大 地域社會開發硏究所	地域社會開發 專門敎育	中央大	77.9.17	100
	3	Approach to the New Capital City	黃鏞周	科學技術處	Construction of the New Capital City	科學技術院	77.10.19-20	100
	4	우리 나라 長期住宅需要展望	金光錫	韓國開發硏究院, 住宅銀行	韓國住宅政策	韓國開發硏究院	77.10.28	200
	5	駐車政策의 長期展望	孫禎睦	서울市立産業大	駐車政策	프레지덴트호텔	77.12.16	200
1978	1	國土開發의 方向	宋丙洛	全國經濟人聯合會, 韓國開發硏究院	國土開發政策	全經聯	78.3.31	200
	2	知識産業土着化의 方向	金永旭	서울大 行政大	韓國型 知識産業의 土着化	코리아나호텔	78.7.21	100
1979	1	經濟政策	申현학	韓國開發硏究院	經濟政策協議會	同 硏究院	79.3.2	200
	2	Models of Development Strategy:A Critique	Peter Hall	國土開發硏究院	Metropolitan Planning : Seoul	世宗文化會館	79.8.8-10	200
	3	Singapore의 住宅政策	宋丙洛	韓國開發硏究院, 住宅銀行	國民福祉向上을 위한 住宅政策	韓國開發硏究院	79.9.7	100
1980	1	都市化趨勢에 따른 財政需要擴大와 確保案	車軒權	內務部	都市開發硏鑽會	科學技術院	80.3.26-27	300
	2	環境部門	環境廳	韓國開發硏究院	5次5個年計劃 政策協議會	韓國開發硏究院	80.4.30	100
	3	家畜汚染의 問題와 對策	-	畜産振興會	座談會	畜産振興會	80.5.9	10
	4	政府投資事業의 妥當性評價	金東建, 조성락	서울大 行政大	國家政策 세미나	코리아나호텔	80.6.13	100
	5	環境公害의 規制	徐元宇	서울大法學硏究所	'環境과 法' 學術會議	서울大敎授會館	80.10.18-19	100
	6	敎育改革과 人間發展	金仁會	大韓敎育聯合會	敎育硏究會 심포지엄	서울高等學校	80.11.7	100
1981	1	環境部門	環境廳	韓國開發硏究廳院, 環境廳	5次經濟計劃 政策協議會	韓國開發硏究院	81.2.6	100
	2	廣域都市圈과 中心都市	金良培, 蔣炳九등 10名의 市長	內務部	都市行政硏鑽會	大田 中央觀光호텔	81.4.23-24	300
	3	目標와 定住計劃	硏究陣	國土開發硏究院	第2次 國土綜合開發計劃 公聽會	世宗文化會館	81.9.23	300
	4	都市開發과 都市行政	盧隆熙, 崔相哲	內務部	都市行政硏鑽會	仁川 올림프스호텔	81.10.29-30	300
	5	國土開發의 理想과 方向	朴羽緖	嶺南大 環境大 環境問題硏究所	環境問題 심포지엄	嶺南大 人文館	81.11.7	200
1982	1	國際發展과 公務員	道敎育院長	內務部 地方	道敎育院長 硏究發表會	地方行政硏修院	82.3.25	100

區分	順次	討論分科		主催				參席者(名)
		分科名	發表者	機關	主題	場所	日字	
		教育訓練		行政研修院				
	2	慶北道綜合開發計劃	慶北道	慶尙北道	公聽會	慶北道廳	82.8.3	500
	3	環境保全과 企業經營	安基熙	大韓商議 韓國經濟硏究센터	硏究課題 發表會	大韓商議	82.10.28	100
	4	Small Cities	金源, Manan, Dheppitoon, Stack	地方行政硏究院, 獨逸科學財團	Local Administration and Regional Development	世宗文化會館	82.11.8-13	100
	5	地方計劃의 執行過程	金源	國土計劃學會	國土空間의 計劃體系	延大 張起元 紀念館	82.11.27	200
	6	住宅去來 및 流通秩序의 確立	李太教, 禹益源	國土開發硏究院	住宅政策의 當面課題와 對策	住宅硏究所	82.11.30-12.1	200
1983	1	開發利益의 社會的 還收方案	朴羽緖	建國大 行政大學院	80年代 地域 및 住宅政策 方向	建大 學生會館	83.4.21	200
	2	人口分散策의 現況과 對策	金儀遠	韓國人口保健硏究院	人口問題對策을 위한 公聽會	플라자호텔	83.8.24	200
	3	都市行政 · 都市文化	盧隆熙, 崔禎鎬	內務部	都市行政硏鑽會	大田 中央觀光 호텔	83.8.30-31	300
	4	地域開發分野	金大泳	經濟企劃院	5次計劃 修正政策協議會	韓國開發硏究院	83.11.21	100
	5	Local Level Development with Popular Participation	北,印,泰,印尼, 스리랑카, 말레이시아	Marga Institute, Colombo, Sri Lanka	International Workshop	Marga Institute	83.12.7-10	100
	6	濟州道 綜合開發計劃	國土開發硏究院	國土開發硏究院	諮問會議	國土開發硏究院	83.12.28	100
1984	1	綜合討論	徐元宇, 黃明燦, 崔錫潤	國土開發硏究院	土地政策에 관한 討論會	世宗文化會館	84.2.10	200
	2	1分科 및 2分野	K.Chivakul, J.B.Mat	UNCRD, Kawaskaki City	Urban and Regional Information Systems	Nikko Hotel, Kawasaki, Japan	84.10.3	200
	3	環境影響評價制度 運營改善方案	權肅杓	國際問題調査硏究所	學術세미나	國際問題 硏究所	84.11.16	50
	4	經濟性分析	崔在善	韓國産業經濟硏究院	콘테이너埠頭開發 立地選定調査	全國經濟人聯合會	84.12.17	100
1985	1	Technopolis의 開發現況과 定着化方案	金鍾基	韓國産業技術振興協會	Technopolis 開發方向	産業技術振興協會	85.2.14	100
	2	郡分科	抱川 · 義昌 郡守 등 9名	內務部 地方行政硏修院	地方定住圈開發과 地域開發	地方行政硏修院	85.9.4	100
	3	韓國型 地方自治制度의 構想	朴命洙	漢陽大行政問題硏究所, 京鄕新聞社	韓國의 地方自治制 定着에 관한 硏究	프레스센터	85.11.29	200
	4	綜合討論	林鍾洙, 李源卨, 李丁九, 朴來榮	韓國土地開發公社	土開公 事務發展을 위한 硏鑽會	私學年金會館	85.12.17-18	300
1986	1	科學技術院 大德移轉에 따른 洪陵科學團地의 效率的活用方案	李炳夏	科技總, 産業技術振興協會	技術人力養成과 中小中堅企業 테크노폴리스 設立	大韓商議	86.3.27	100
	2	綜合討論	張泰鈺, 鄭世煜, 金光洙, 朴連鎬,	地方行政硏究院	2000年代를 向한 地方行政發展方向	地方行政會館	86.4.3-4	200

區分	順次	討論分科		主催				參席者(名)
		分科名	發表者	機關	主題	場所	日字	
	3	店村市 都市基本計劃	崔燦煥,金東建 大亞技術公社	店村市	公聽會	店村市廳	86.4.7	100
	4	環境學的 側面	車京守	教育改革審議會	教育環境을 診斷한다.	프레스센터	86.4.30	200
	5	Decentralization Policy in Postwar Japan	Hidiki Kaji	國土開發硏究院 APDC	Rural-urban Integration	쉐라톤워커힐	86.10.21	50
	6	韓國 國土 및 地域計劃의 半世紀	金儀遠	서울大環境大	韓國都市計劃 半世紀	서울大 文化館	86.10.31	100
	7	3分科	郭相烈,姜澤俊, 吳炳夏 등 7名	內務部 地方行政 硏修院	26回 硏修大會	地方行政硏修院	86.11.5	100
1987	1	議員內閣制와 政治發展	J.Kaiser(獨), P.D.Dagto-glou(希), 尹定碩	民正黨 國策 硏究所	多元社會의 憲法과 民主發展	世宗文化會館	87.1.27	500
	2	地方財政力指標의 設定	鄭世煜,崔南星	地方行政硏究院	地方自治와 地方財政力	地方行政會館	87.10.22-23	150
	3	漢江沿岸綜合整備의 方向	朴炳柱	弘益大 環境開發 硏究院	硏究課題세미나	弘益大	87.12.21	50
1988	1	綜合討論	李漢彬,金成勳,, 李廷植,朴甘淳, 宋仁城	木浦市, 木浦商議, 光州日報	西海岸時代의 開幕과 木浦發展의 大轉換	木浦 新安비치 호텔	88.3.25	1,000
	2	綜合討論	Spiegel,미야 모토 등 8名	서울市立大學校(70周年 行事)	巨大都市 서울 : 過去, 現在,未來	世宗文化會館	88.5.6	300
	3	地方自治實施의 方向	趙昌鉉	KBS Radio	大討論會	프레스센터	88.11.28	150
1989	1	麗水 都市基本計劃	郭英勳	麗水市	公聽會	麗水市廳	89.2.7	200
	2	地方自治團體의 機關構成	金東勳	韓國地方自治學會	地方自治法 改正方向	地方行政會館	89.2.28	200
	3	一山·盆唐 新都市開發 基本計劃	硏究陣	國土開發硏究院	公聽會	建設會館	89.7.21	800
	4	江陵 테크노벨트 構想	崔昌儀,權春植	江陵市,科學 技術處	江陵테크노벨트 開發協議	江陵 東海觀光 호텔	89.10.6	250
	5	綜合討論	徐義澤,李建榮, 韓根培,宋仁明	國土計劃學會 釜山市	2000年代를 指向한 釜山의 位相과 發展方向	釜山 觀光호텔	89.11.10	500
	6	國際化·地方化에 對備한 科學技術行政의 改編方案	盧化俊	大統領 科學技術 諮問會議	政策課題討論會	파레스호텔	89.11.20	20
	7	綜合討論	金源,鄭世煜 등 8名	地方行政硏究院	大都市의 特例範圍	釜山市 다이아 몬드호텔	89.12.5-6	300
1990	1	綜合討論	朴西浩,金泳宗, 宋百憲,李昌洙	大田市, 地方 行政硏究院	大田直轄市昇格 1周年記念 市政發展 심포지엄	大田市民會館	90.1.18-19	450
	2	土地管理 및 地域均衡發展特別會計運營方案	李揆邦,楊枝青	國土開發硏究院	硏究課題討議	國土開發硏究院	90.4.13	50
	3	環境投資의 改善方案	鄭鎭勝	國會 韓國兒童 ·人口·開發 議員聯盟	環境問題에 관한 大討論會	롯데호텔	90.6.15	100
	4	平澤地域 綜合開發計劃	朴炳柱	國土計劃學會	公聽會	平澤市廳	90.6.29	300
	5	地方自治와 都市計劃 地方自治와 都市經營	大久保昌一 若山浩司	韓日協會	地方自治制度와 經濟 發展의 均衡化	韓國言論會館	90.7.20	100

區分	順次	討論分科		主催				參席者
		分科名	發表者	機關	主題	場所	日字	(名)
1991	1	綜合討論	硏究陣	國土開發硏究院	3次國土開發計劃討論會	國土開發硏究院	91.3.14	100
	2	全體討論	各國代表	U.N. University	Decentralisation and Alternative Rural-urban Configurations	Hotel Antemare, Sitges,Spain	91.4.10-12	70
	3	基礎議會議員 選擧結果 分析	李南永	韓國地方自治學會	地方自治워크샵	地方行政會館	91.5.18	20
	4	全體討論	鄭茂溶	群山市	基本計劃公聽會	群山市廳	91.5.28	1,000
	5	全體討論	白完基	高陽郡	長期計劃公聽會	郡民會館	91.6.24	200
	6	全體討論	金鍾圭	安東市	基本計劃公聽會	民防衛敎育場	91.7.24	500
	7	環境保全 및 國土資源管理	尹陽洙	國土開發硏究院	3次國土計劃公聽會	建設會館	91.8.26	200
	8	綜合討論	洪井善,池秉文,鄭世煜,朴銃炘,趙正濟	地方行政硏究院	地方自治行政의 效率的 發展	世宗文化會館	91.9.11	800
	9	綜合討論	盧椿熙,李周熙,李成福	서울市立大 都市行政學科	轉換期에 선 서울市 都市行政	世宗文化會館	91.9.26	800
	10	綜合討論	張泰鈺,陰盛稷,趙正濟	安東圈發展硏究所	3次國土開發計劃과 慶北北部圈 開發戰略	安東 農協 會議室	91.10.18	500
1992	1	全體討論	鄭世煜	民自黨 政策委員會	地方自治의 發展方向	民自黨舍 (汝矣島)	92.1.31	30
	2	綜合討論	韓·日·美3人	交通開發硏究院	首都圈 交通政策	라이프빌딩	92.4.9	100
	3	2,3,4分科討論	韓國,中國,朝鮮 15名	延邊大 東北亞 經濟硏究所	東北亞 地域開發比較會議	延邊大學,中國	92.7.11-12	100
	4	綜合討論	6名	韓國財政學會, 忠北道	地方財政의 發展方向	水安堡常綠호텔	92.9.4-5	200
	5	全體討論	姜瑩基,李昌洙	서울市 東大門區議會	地自體 住民,議會,執行部 位相定立	東大門區民會館	92.10.26	300
1993	1	全體討論	金正國	韓國開發硏究院	新經濟5個年計劃財政部門協議會	韓國開發硏究院	93.6.7	50
	2	綜合討論	金仁煥,姜泓彬 등	서울大 環境大學院	都市·環境分野 硏學의 省察과 展望	湖巖生活館	93.6.16	150
	3	釜山發展의 戰略	車東世,申正徹	東南開發硏究院	釜山直轄市昇格 30周年 紀念세미나	釜山文化會館	93.10.7	200
1994	1	全體討論	李達坤	大統領 21世紀 委員會	地方自治制 發展懇談會	大統領 21世紀 委員會會議室	94.1.12	15
	2	全體討論	李萬炯 外	國土學會, 忠北大,東明技術團	淸州圈開發計劃 中間 報告書	忠北道廳	94.3.9	100
1995	1	全體討論	中田正昭, 鄭夏容	地方自治學會 大田·忠南支會	地自體의 世界化展望과 課題	大田市民會館	95.3.10	250
	2	第1分科 및 綜合	李成福,金炳國,李周熙	韓國地方行政硏究院	自治團體長 直選以後 中央-地方의 發展的 關係	프레스센터	95.4.7	200
	3	綜合	李學東	서울市	서울市 都市基本計劃 公聽會	大韓商工會議所	95.4.20	100
	4	全體	李漢久,鄭世煜	大韓商議,서울經濟新聞,大宇經濟硏究所	世界化時代의 地方産業 發展戰略	大韓商工會議所	95.4.25	500

區分	順次	討論分科		主催				參席者 (名)
		分科名	發表者	機關	主題	場所	日字	
	5	全體	吳然天,金興來	서울大 行政 大學院	自治時代 地方財政의 展望과 政策課題	서울大 湖巖 生活館	95.6.9	100
	6	全體	崔相哲,車哲九,孫世禮,劉曙野,丁引聲	檀國大 地域 開發學科	地域文化의 比較研究	檀國大 蘭波 紀念館	95.9.29	100
1996	1	全體	黃明燦,康炳基	서울大 環境 大學院	우리 나라의 首都圈政策, 어디로 가고 있는가?	서울大 湖巖 生活館	96.3.27	150
	2	全體	委員會 幹事	全經聯 國家競爭力强化民間委員會	Midia Valley建設 構想案	全經聯會館	96.3.28	50
	3	綜合	都明正 外 5名	서울市政開發 研究院	民選自治1年 評價와 앞으로의 課題	大韓商工會議所	96.6.26	150
	4	綜合	丁錫滿(中) 西村明(日) 吳勇錫(韓)	釜山日報	韓·中·日 國際심포지엄 : 21世紀 東北아시아의 새로운 協力과 發展	釜山 파라다이스 비치호텔	96.9.3	150
	5	全體	研究用役會社	金海市	都市基本計劃公聽會	金海市廳	96.11.12	500
	6	全體	김영석	南原市	都市基本計劃公聽會	南原市廳	96.11.17	600
	7	全體	研究팀	交通開發研究院	湖南高速鐵道路線에 관한 公聽會	POSCO빌딩	96.12.27	800
	8	全體	朴相雨	國土開發研究院	第2次 首都圈整備計劃 公聽會	同研究院	96.12.27	150
1997	1	産業開發分科	S.Nishiura, A.Uchida	韓·中·日 都市計劃學會	New Paradigm in City Planning	日本 名古屋 國際會議場	97.9.17 -18	150
	2	綜合討論	韓·美 등 20餘名	國土都市計劃學會·美國CODS	Global Transformation forward A Sustainable Civil Society	서울教育文化會館	97.9.26	150
1998	1	綜合討論	신기철 등 10名	漢陽大 都市 大學院	Metropolis to Netropolis	漢陽大學校	98.6.12	350
	2	全體討論	建和엔지니어링	群山市	群山 都市計劃公聽會	群山市廳	98.7.30	200
	3	綜合評價	V.Valentine 등 5名	淸州市, Las Vegas市	City Economic Development and Hospitality Industry	淸州市藝術의 殿堂	98.10.20	60
	4	最終評價	40名	大韓國土·都市計劃學會	韓·中·日 심포지엄 : Sustainable Urban Development towards the 21st Century	江陵大學校	98.10.24	200
1999	1	地方分權 一括法後の地方自治	辻山幸宣	日本地方自治學會	韓·日 地方自治研討會	日本 東京 龍谷大學	99.11.7	100
2001	1	儒教共同體와 地方自治	金석근	退溪學研究院, 慶尙北道	退溪誕辰 500周年紀念 國際學術大會	韓國國學振興院(安東市)	01.10.13	30
	2	全體討論(一部 市民沮止로 會議中斷)	國土研究院	國土·釜山發展·慶南發展研究院	釜山圈 廣域都市計劃 公聽會	釜山 BEXCO	01.12.14	450
2002	1	綜合討論	朴洋浩, 裵광선	地域發展포럼	21世紀 地域産業 어떻게 성장해야 하나	大韓商議	02.6.20	40

5. 招請參加

順次	主催機關	行事名	場所	日字	參加者格	參加者(名)
1	國土計劃學會, EAROPH	EAROPH 第4次 서울大會	워커힐 會議室	72.9.4-10	韓國代表	300
2	內務部 地方行政 研修院	研修大會 : 班常會의 效率的 運營	워커힐 會議室	76.11.18-19	諮問 및 評價	200
3	韓國開發硏究院	長期經濟社會發展計劃	大邱市,釜山市	78.3.11-13	答辯者	1,000
4	韓國觀光公社	'79 PATA(Pacific Area Travel Association) 總會	世宗文化會館	79.4.16-18	韓國代表	3,000
5	서울市公務員敎育院	서울市 綜合資料室 開館式 및 紀念 懇談會	서울市公務員敎育院	80.5.1	諮問委員	50
6	새마을運動 서울市支部	'92서울市 새마을事業 諮問會議	새마을運動 서울 市支部	91.11.7	새마을運動中央 協議會 理事	50
7	韓國自治新聞社	不遇이웃 少年少女家長돕기 送年 조용필 特別公演	인터콘티낸탈호텔	91.12.29	自治新聞社 論說 顧問	700
8	地域開發硏究會	韓·日 間 交流에 대한 任員懇談會	韓一館	98.10.27	顧問	25
9	韓國地方自治學會	安養市長招請 韓·日 地方自治學會 代表者 歡迎晩餐	安養 三原플라자호텔	98.10.30	名譽會長	25
10	韓國地方自治學會	第7回 韓·日 地方自治세미나 : 地方 政府改革	安養市 文藝會館	98.10.31	名譽會長	200
11	高陽市	國際展示館建立 諮問會議	高陽市廳	99.5.28	審査委員	25
12	Viagis Center	政策討論 브레인 스토밍	抱川 베어스타운	99.6.19-20	Coordinator	20
13	現代商社	金剛山 觀光 프로그램	金剛山	99.8.16-19	서울大 敎授	450
14	文化日報社	金剛山 觀光 프로그램	金剛山	00.3.10-13	執筆者	380
15	國土硏究院	그린벨트 解除 및 廣域圈 都市計劃樹立 案 諮問會議	國土硏究院	00.9.19	中央都市計劃委員	30
16	金永燮敎授 停年 紀念論文集 發刊 委員會	永溪金永燮敎授 停年紀念論文集 獻呈式	프레지덴트호텔	00.11.8	知人·筆者	200
17	新行政首都建設 推進企劃團	靑瓦臺 政策首都에의 新行政首都建設 推進 報告會	靑瓦臺 政策首席室	03.9.3	諮問委員長	10
18	行政中心複合都市 建設推進委員會	行政中心複合都市 本計劃 樹立을 위한 戰略硏究課題 워크숍	서울 올림픽 파크텔	05.6.30	諮問委員	150

Ⅱ. 特講 및 演說

○ 要 約

年度	總回數(回)	類型別			地域別			分野別						聽取者數(名)			
		特別講演	演說人事	報告說明	서울	地方	外國	自治行政	空間開發	經濟技術	意識環境	其他	複合	特別講演	演說人事	報告說明	計
1972	3	-	-	3	2	1	-	-	-	2	-	1	-	-	-	130	130
1973	2	2	-	-	-	2	-	2	-	-	-	-	-	300	-	-	300
1974	3	3	-	-	2	1	-	1	1	-	1	-	-	708	-	-	708
1975	-	-	-	-	-	-	-	-	-	-	-	-	-	-	-	-	-
1976	5	4	-	1	5	-	-	-	2	-	2	1	-	850	-	100	950
1977	8	5	2	1	7	1	-	1	1	-	3	1	2	1,050	550	50	1,650
1978	10	9	-	1	6	1	3	-	3	-	7	-	-	1,290	-	100	1,390
1979	7	6	-	1	5	2	-	-	3	-	1	-	3	570	-	50	620
1980	11	8	-	3	11	-	-	-	5	2	4	-	-	1,235	-	270	1,505
1981	19	13	6	-	4	15	-	4	4	-	4	6	1	2,280	2,210	-	4,490
1982	14	11	3	-	2	12	-	6	3	1	1	3	-	2,010	1,400	-	3,410
1983	11	7	4	-	3	8	-	3	3	-	1	4	-	1,300	1,550	-	2,850
1984	15	9	6	-	4	11	-	1	6	1	3	4	-	1,385	2,300	-	3,685
1985	9	4	3	2	2	7	-	3	1	-	3	2	-	850	700	216	1,766
1986	8	4	4	-	3	5	-	2	4	2	1	1	-	950	1,100	-	2,050
1987	33	10	21	2	20	7	6	4	7	5	9	10	1	755	12,678	210	13,643
1988	29	14	15	-	21	8	-	6	1	1	1	16	-	1,866	2,078	-	3,944
1989	37	22	12	3	19	17	1	5	8	1	10	13	-	13,928	996	270	15,194
1990	70	51	19	-	28	42	-	7	6	-	36	20	-	16,886	1,488	-	18,374
1991	83	79	3	1	30	53	-	40	5	6	27	5	-	24,298	850	1,000	26,148
1992	84	56	26	2	40	44	-	15	7	5	24	29	4	16,007	3,507	42	19,556
1993	87	35	43	9	52	34	1	8	11	1	20	43	4	10,242	3,982	611	14,835
1994	61	39	17	5	34	25	2	21	7	4	5	22	2	10,741	895	279	11,915
1995	105	79	21	5	37	58	10	41	9	10	16	22	7	20,097	1,790	782	22,669
1996	93	65	24	4	38	55	-	55	1	4	8	10	15	10,569	2,140	1,340	14,049
1997	90	35	47	8	42	44	4	27	7	7	16	30	3	6,371	4,219	1,434	12,024
1998	62	19	38	5	31	26	5	17	5	2	4	29	5	3,282	2,376	630	6,288
1999	48	24	21	3	18	28	2	16	6	-	7	9	10	6,911	1,488	190	8,589
2000	72	31	36	5	35	34	3	39	6	4	10	5	8	5,760	7,000	320	13,080
2001	72	23	45	4	19	52	1	49	7	-	6	6	4	5,764	4,759	1,118	11,641
2002	64	28	30	6	22	39	3	38	5	3	7	9	2	3,388	5,090	944	9,422
2003	69	22	44	3	21	46	2	18	17	1	25	7	1	5,553	10,013	756	16,322
2004	103	25	64	14	51	52	-	8	60	-	21	13	1	7,142	11,392	1,093	19,627
2005	81	28	53	-	18	63	-	44	11	1	12	13	-	9,859	16,122	-	25,981
2006	33	7	26	-	15	17	1	14	10	-	1	7	-	1,245	6,584	-	7,829
累計	1,501	777	633	91	647	810	44	495	232	63	296	341	74	195,442	109,257	11,935	316,634

1. 特別講演

年度	順次	講 演 主 題	主 催 機 關	行 事 性 格	場 所	日 字	參席者(名)
1973	1	새로운 行政管理技法	江原道	道公務員研修	江原道 文化館	73.7.27	200
	2	地方行政의 效率化를 위한 管理技法	慶北道 公務員教育院	公務員研修	慶北公務員教育院	73.7.30	100
1974	1	地方財政上의 問題와 그 改善策	國會維政會 內務分科委員會	議員懇談會	外交俱樂部	74.4.19	8
	2	光州圈 開發과 地域偏差	全南 UNESCO	市民教養講座	光州學生會館	74.4.20	200
	3	維新課業과 새마을運動	서울大學校	職員教養講座	서울大 大講堂	74.11.18-19	500
1976	1	體系分析論	國務總理室 行政調整室	職員研修講座	中央廳 小會議室	76.10.14	50
	2	地域社會開發의 社會變化的 意味	YMCA	奉仕團講座	YMCA	76.11.15	100
	3	새마을運動과 社會變化	서울大學校	職員研修講座	서울大 自然大講堂	76.11.17	500
	4	人間과 環境問題	韓國青年會議所	政府問題리더쉽會議	유스호스텔	76.12.12	200
1977	1	審査分析의 概念,目的,節次	國防部	自體研修	國防部 會議室	77.2.2	50
	2	大學社會와 새마을運動	서울大學校	教鍊學生研修	서울大 大講堂	77.4.6	500
	3	都市生活의 問題	禾谷地區 主婦大學	主婦講座	禾谷地區 社會센터	77.6.3	100
	4	人口와 未來	文教部	職員研修	서울中央教育院	77.6.9	200
	5	都市새마을運動의 精神的 基調와 方向	文教部	高校教師研修	서울中央教育院	77.6.14	200
1978	1	自然保護 教育	서울觀光協會	觀光要員教育	三寶會館	78.3.6	200
	2	自然保護 運動	韓國觀光協會	호텔社長教育	俗離山 觀光호텔	78.3.10	300
	3	서울都市計劃 : 問題와 對策	YMCA	Y-市民論壇	YMCA會議室	78.5.8	70
	4	人工環境과 意識構造	基督教放送	公開講座	基督教放送局	78.5.11	250
	5	Saemaul Undong	泰國 內務省	職員講座	泰國 內務省	78.6.22	100
	6	Saemaul Undong	泰國 NESDB	職員研修	泰國 NESDB	78.6.23	100
	7	Saemaul Undong	Bangkok大學	教授・學生特講	Bangkok大學	78.6.26	100
	8	國土管理와 土地政策	龍馬 Lions	會員講座	Lions事務室	78.8.25	50
	9	새마을運動	陸軍士官學校	公務員試驗特講	陸軍士官學校	78.8.28	120
1979	1	工業配置法 施行의 問題와 對策	全國經濟人聯合會	實務懇談會	3.1빌딩 會議室	79.2.15	100
	2	都市開發	東草市	公務員特講	東草市廳	79.4.2	200
	3	自然保護教育의 方向	自然保護中央協議會	協議會講演	大韓商議 會議室	79.4.6	100
	4	經濟成長과 環境汚染	서울大 學生生活研究所	社會科學對話	서울大 學生生活研究所	79.5.8	30
	5	經濟成長과 環境問題	國防部 合同調査隊	自體研修	合同調査隊	79.6.9	70
	6	經濟成長과 環境影響	韓國科學院 產業工學科	在學生特講	韓國科學院	79.6.25	70
1980	1	國土開發과 地域計劃	嶺南大學校 環境大學院	在學生特講	環境大學院	80.4.11	150

年度	順次	講演主題	主催機關	行事性格	場所	日字	参席者(名)
1980	2	國土開發과 環境保全	産業管理研究所	職員硏修	産業管理研究所	80.5.1	15
	3	國土開發과 環境管理	常青會(5.16 奬學生同志會)	第13回 講演會	MBC빌딩	80.6.26	60
	4	國土開發과 環境保全	韓國土地開發公社	自體硏修會	公社 會議室	80.6.27	200
	5	2000年代 地域開發의 課題와 方向	崇田大 地域開發學科	'햇불들의 모임' 심포지엄	崇田大 大田캠퍼스 會議室	80.10.25	150
	6	計劃技法	內務部	自體硏修	內務部	80.11.15	20
	7	地方財政과 地域經濟	內務部	自體硏修	內務部	80.11.22	40
	8	國土와 環境	五山中高等學校	教養講座	學校講堂	80.12.16	600
1981	1	地域計劃의 技法	嶺南大學校 環境大學院	在學生特講	環境大學院	81.4.25	50
	2	우리 나라의 地域計劃	嶺南大學校 環境大學院	在學生特講	環境大學院	81.6.13	150
	3	地域經濟의 活性化를 위한 地方財政運用	忠淸北道	地方追修指導特講	忠北道廳	81.7.29	200
	4	地域經濟의 活性化를 위한 地方財政運用	忠淸南道	地方追修指導特講	忠南道廳	81.7.30	200
	5	地域經濟의 活性化를 위한 地方財政運用	全羅北道	地方追修指導特講	全北道廳	81.7.31	400
	6	地域經濟의 活性化를 위한 地方財政運用	全羅南道	地方追修指導特講	全南道廳	81.8.1	400
	7	福祉社會建設	聞慶郡 東魯面 鄕土福祉會	鄕土福祉會 結成 祝賀講演	東魯中學校	81.8.13	200
	8	故鄕과 大學生	聞慶郡	大學生懇談會 (慶北大生)	聞慶郡廳	81.8.13	40
	9	故鄕과 大學生	聞慶郡	大學生懇談會 (嶺南大生)	聞慶郡廳	81.8.14	50
	10	故鄕과 大學生	聞慶郡	大學生懇談會 (其他大生)	聞慶郡廳	81.8.17	60
	11	80年代 地域社會開發의 方向	店村青年會議所	月例硏修會	店村JC事務室	81.8.17	60
	12	父母와 子女	聞慶郡	學父母懇談會	聞慶郡廳	81.8.18	70
	13	地方化時代와 大都市 政策	大邱市	職員教養教育	大邱市廳	81.10.2	400
1982	1	店村市民 精神改革의 方向과 方法	店村青年會議所	月例硏修會	店村JC事務室	82.2.16	50
	2	國土 및 地域開發	弘益大學校 都市工學科	在學生特講	弘益大學校	82.5.14	200
	3	80年代의 忠北開發	淸州大學地籍學科	開校세미나	淸州大學校	82.6.9	200
	4	都市行政要員의 使命	全羅北道	職員硏修	全北道廳	82.6.12	160
	5	地方財政의 展望과 課題	釜山市	地方追修指導特講	釜山市廳	82.7.27	300
	6	地方財政의 展望과 課題	慶尙南道	地方追修指導特講	慶南道廳	82.7.27	200

年度	順次	講演主題	主催機關	行事性格	場所	日字	參席者(名)
1982	7	地方財政의 展望과 課題	大邱市	地方追修指導特講	大邱市廳	82.7.28	300
	8	地方財政의 展望과 課題	慶尙北道	地方追修指導特講	慶北道廳	82.7.29	200
	9	80年代의 聞慶	店村中央 Rotary	週例會	中央Rotary會議室	82.8.13	40
	10	都市行政의 問題點과 發展方向	監査院	全國副市長·監査院長·中央課長會議	監査院	82.9.24	240
	11	地域開發과 商工人의 役割	聞慶商工會議所	商工人硏修	聞慶文化院	82.12.15	120
1983	1	慶州金氏의 來歷과 宗親會의 意義	慶州金氏 聞慶宗親會	宗親會 總會	店村 永順遊園地	83.5.15	200
	2	土開公에 바라는 말씀	韓國土地開發公社	土開公 職員硏修	土開公會議室	83.6.2	100
	3	地方自治制 實施의 與件과 課題	國民黨	黨 政策講座	黨舍 會議室	83.6.9	60
	4	先進地方行政과 主人精神	仁川市	地方追修指導特講	仁川市廳	83.7.25	200
	5	先進地方行政과 主人精神	江原道	地方追修指導特講	江原道廳	83.7.27	500
	6	都市開發과 都市行政	太白市	支社職員硏修	太白市廳	83.10.8	120
	7	國土開發과 都市政策	東亞大學校 都市計劃科	學生特講	東亞大學校	83.11.18	120
1984	1	土開公 役割과 國民期待	韓國土地開發公社	支社職員硏修	土開公會議室	84.2.9	60
	2	土開公 役割과 國民期待	韓國土地開發公社	支社職員硏修	土開公會議室	84.2.16	60
	3	首都圈問題와 地域開發	經濟企劃院	經濟部處 合同硏修會	中央公務員敎育院	84.3.19	85
	4	首都圈問題와 地域開發	經濟企劃院	經濟部處 合同硏修會	中央公務員敎育院	84.3.26	85
	5	都市化와 行政需要	中央公務員敎育院	新任管理者班敎育	中央公務員敎育院	84.4.17	95
	6	地域均衡開發	京畿道	地方追修指導特講	京畿道廳	84.7.18	300
	7	地域均衡開發	濟州道	地方追修指導特講	濟州道廳	84.7.20	300
	8	地域經濟의 活性化	江陵市	公務員特講	江陵市廳	84.8.3	200
	9	國土開發과 環境保全	韓國貿易協會	職員硏修	貿易會館	84.8.30	200
1985	1	民意行政의 實踐方案	大邱市	地方追修指導特講	大邱市廳	85.7.22	300
	2	民意行政의 實踐方案	慶尙北道	地方追修指導特講	慶北道廳	85.7.23	300
	3	民意行政의 實踐方案	聞慶郡	地方追修指導特講	聞慶郡廳	85.7.24	100
	4	地方自治制 實施와 地域開發	漢南大學校 地域開發大學院	學生特講	漢南大學校	85.10.5	150
1986	1	現代都市의 煩悶과 順天市의 來日	順天市	公務員·市民講演	順天市廳	86.5.30	300
	2	地方化時代에 부응한 地方公務員의 姿勢	江原道	地方追修指導特講	江原道廳	86.7.30	300
	3	地方化時代에 부응한 地方公務員의 姿勢	江陵市	地方追修指導特講	江陵市廳	86.7.31	150
	4	都市와 敎育環境	渼洞初等學校	子母會講演	渼洞初等學校	86.9.29	200
1987	1	國土開發과 都市管理	永登浦로타리	會員硏修	63빌딩 別館	87.3.19	30
	2	目標意識과 組織의 活性化	韓國土地開發公社	社員敎育	安山 유스호스텔	87.4.1	100
	3	地域經濟 活性化를 위한 地方自治	內務部	市·道地域經濟局	內務部 地方行政	87.5.21	150

年度	順次	講 演 主 題	主 催 機 關	行事性格	場 所	日 字	参席者(名)
1987		行政의 時代的 使命과 展開方向		·課長研修會	研修院		
	4	科學産業 硏究開發團地의 造成 및 運營方向	科學技術處	第3回 科學技術政策月例協議會	三清호텔	87.6.4	40
	5	地域經濟 發達과 地域自治	韓國銀行研修院	韓國銀行課長教育班	同研修院	87.6.12	30
	6	地方自治實施와 地方經濟人의 役割	安養經營人協議會	會員研修	安養商工會議所	87.6.17	15
	7	地方自治時代의 開幕과 空間計劃家 및 環境管理者의 役割	漢陽大學校 環境科學大學院	學生特講	漢陽大學校	87.9.17	150
	8	地域經濟活性化를 위한 地方財政役割	内務部 地方行政研修院	地方行政과 地方財政討論會	同研修院	87.11.9	150
	9	地方自治實施에 따른 空間計劃家의 姿勢와 役割	서울市立大學校 都市計劃科	學生特講	서울市立大學校	87.11.11	60
	10	地方自治와 市民意識	北岳 라이온스	會員研修	앰버서더호텔	87.11.19	30
1988	1	公企業의 特性과 方向	韓國土地開發公社	新入社員研修	建設會館	88.2.10	96
	2	自然과 環境	大韓航 空 社內大學	釜山研修	釜山支社	88.3.28	90
	3	自然과 環境	大韓航 空 社內大學	서울研修	서울支社	88.4.13	90
	4	地自制 實施에 부응한 土開公의 役割과 姿勢	韓國土地開發公社	自體研修	土開公 會議室	88.5.2	500
	5	地方自治制實施와 地方商工會議所의 役割	大韓商工會議所	全國商議 事務局長會議	溫陽 관광호텔	88.6.2	50
	6	地方自治와 地域經濟	城南中小企業協會	社員研修	城南 관광호텔	88.6.10	30
	7	公企業의 特性과 方向	韓國土地開發公社	新入社員研修	土開公 會議室	88.6.17	70
	8	地方自治實施와 企業의 對應方案	럭키金星株式會社 그룹	任員研修	럭키金星 會議室	88.8.9	200
	9	地方自治制 實施와 企業人의 姿勢와 役割	清州商工會議所	會員研鑽	俗離山뉴스타운호텔	88.8.26	50
	10	地方自治制 實施와 關聯된 地方財政擴充方案	監査院	職員研修	監査院	88.9.16	50
	11	地域經濟의 實相과 分析技法	韓國銀行調査部	全國支店課長研修	韓國銀行	88.10.18	15
	12	新地方自治法의 特色과 骨子	地方行政研究所, Hans Seidel, 慶州商議	市民自治講座	慶州商工會議所	88.11.17	200
	13	公企業의 特色과 方向	韓國土地開發公社	新入社員研修	建設會館	88.12.8	125
	14	地方自治制의 實施展望과 定着方向	店村青年會議所	社員講演會	聞慶文化院	88.12.12	300
1989	1	地方自治特講	統一民主黨	第2次 黨政政策세미나	아카데미하우스	89.1.6	300
	2	自然과 環境	大韓航空 社內大學	釜山研修	釜山支社	89.4.11	95
	3	自然과 環境	大韓航空 社內大學	서울研修	서울支社	89.4.25	87
	4	地方自治制의 發展方向	檀國大學校 行政大學院	學生特講	檀國大學校	89.4.27	150

年度	順次	講演主題	主催機關	行事性格	場所	日字	參席者(名)
1989	5	새마을 指導者의 役割과 姿勢	새마을運動 大邱市支部會	새마을運動實踐決議大會	大邱 室內體育館	89.5.3	8,600
	6	地方政府의 財政力 强化方案	忠南大學校 行政大學院	最高管理者課程	忠南大學校	89.5.9	20
	7	公企業의 特性과 方向	韓國土地開發公社	新入社員 硏修	유스호스텔	89.5.30	150
	8	國土利用의 效率化와 地域經濟의 發展對策	檀國大學校 行政大學院	學生特講	漢南洞 美軍 클럽	89.6.19	30
	9	地自制 實施에 따른 地方公務員의 姿勢와 役割	忠淸南道	本廳職員 硏修	忠南道廳	89.6.27	350
	10	地方自治와 새마을運動	새마을運動 中央硏修院	새마을指導者班	中央硏修院	89.7.11	570
	11	轉換期에 있어 새마을 指導者의 役割과 姿勢	새마을運動 中央協議會	市郡區 새마을 支會長硏修	中央協議會大會議室	89.7.13	300
	12	地方自治와 地域開發	民主大學	自治敎室	大田 太極訓練院	89.7.16	41
	13	轉換期에 있어 婦女會長의 役割과 姿勢	새마을運動 中央硏修院	邑面洞指導責任者	中央硏修院	89.8.22	850
	14	地方自治와 地域開發	民主大學	自治敎室	YMCA 多樂園	89.10.3	25
	15	우리 나라 國土開發과 都市政策	釜山大學校 行政大學院	政策課程特講	釜山大學校	89.10.18	60
	16	店村 사랑하기 運動	새마을 店村市支會	새마을指導者硏修	店村 聞慶女高講堂	89.10.22	513
	17	國土의 새로운 設計	UNESCO, 科學技術處	全南北 大學生硏鑽	南部(長城)새마을硏修院	89.10.29	120
	18	國土의 새로운 設計	檀國大學校 行政大學院	在學生 夫婦同伴特講	롯데월드	89.11.20	50
	19	變遷하는 社會와 指導者 役割	새마을中央硏修院	全國 邑面洞 婦女會長	새마을中央硏修院	89.11.21	570
	20	變遷하는 社會와 指導者 役割	새마을中央硏修院	全國 邑面洞 婦女會長	새마을中央硏修院	89,11.24	570
	21	地方自治와 地域開發	民主大學	自治敎室	YMCA 多樂園	89.12.11	27
	22	地方自治와 새마을運動	새마을中央硏修院	全國邑面洞 男子會長	새마을中央硏修院	89.12.12	450
1990	1	國土의 새로운 設計	韓國科學技術振興財團	慶北·大邱 大學生硏鑽會	慶州花郎敎育院	90.2.7	260
	2	地方自治와 地域開發	民主大學	自治敎室	유스호스텔	90.2.8	28
	3	地方化時代를 위한 새마을運動	새마을中央硏修院	敎官敎育	새마을中央硏修院	90.2.10	28
	4	地方化時代를 위한 새마을運動	새마을中央硏修院	邑·面·洞長, 支會長 合同敎育	새마을中央硏修院	90.2.19	444
	5	地方化時代를 위한 새마을運動	새마을中央硏修院	邑·面·洞長, 支會長 合同敎育	새마을中央硏修院	90.2.23	530

年度	順次	講演主題	主催機關	行事性格	場所	日字	參席者(名)
1990	6	地方化時代를 위한 새마을運動	새마을中央研修院	邑·面·洞長, 支會長 合同教育	새마을中央研修院	90.2.27	540
	7	地方化時代를 위한 새마을運動	새마을中央研修院	邑·面·洞長, 支會長 合同教育	새마을中央研修院	90.3.1	540
	8	地方化時代를 위한 새마을運動	새마을中央研修院	邑·面·洞長, 支會長 合同教育	새마을中央研修院	90.3.19	525
	9	地方化時代를 위한 새마을運動	새마을中央研修院	邑·面·洞長, 支會長 合同教育	새마을中央研修院	90.3.23	530
	10	地方化時代를 위한 새마을運動	새마을中央研修院	邑·面·洞長, 支會長 合同教育	새마을中央研修院	90.3.28	500
	11	地方化時代를 위한 새마을運動	새마을中央研修院	邑·面·洞長, 支會長 合同教育	새마을中央研修院	90.3.31	480
	12	地方化時代를 위한 새마을運動	새마을中央研修院	邑·面·洞長, 支會長 合同教育	새마을中央研修院	90.4.11	500
	13	地方化時代를 위한 새마을運動	새마을中央研修院	邑·面·洞長, 支會長 合同教育	새마을中央研修院	90.4.13	540
	14	地方化時代를 위한 새마을運動	새마을中央研修院	邑·面·洞長, 支會長 合同教育	새마을中央研修院	90.4.17	550
	15	地方化時代를 위한 새마을運動	새마을中央研修院	邑·面·洞長, 支會長 合同教育	새마을中央研修院	90.4.24	550
	16	地方化時代를 위한 새마을運動	새마을中央研修院	邑·面·洞長, 支會長 合同教育	새마을中央研修院	90.4.28	500
	17	地方化時代를 위한 새마을運動	새마을中央研修院	邑·面·洞長, 支會長 合同教育	새마을中央研修院	90.5.11	550
	18	地方化時代를 위한 새마을運動	새마을中央研修院	邑·面·洞長, 支會長 合同教育	새마을中央研修院	90.5.15	550
	19	地方化時代를 위한 새마을運動	새마을中央研修院	邑·面·洞長, 支會長 合同教育	새마을中央研修院	90.5.18	560
	20	地方化時代를 위한 새마을運動	새마을中央研修院	邑·面·洞長, 支會長 合同教育	새마을中央研修院	90.5.22	570
	21	全國土 技術地帶網化 推進構想에 관한 研究	科學技術處	事務官以上說明會	科技處 會議室	90.2.21	200
	22	地方化時代의 市民意識	公州市	市民講演	公州市 湖西劇場	90.2.22	700
	23	地方自治制實施가 向後地域經濟에 미치는 影響	大韓投資信託經濟研究所	職員研修	大韓投資信託會議室	90.3.23	100
	24	健全生活確立과 새마을運動	새마을聞慶郡支會	새마을指導者 決議大會	聞慶國民學校	90.3.27	600
	25	家族새마을運動과 國家發展	慶北婦女새마을運動協議會	새마을婦女指導者大會	慶州文化院	90.4.10	900
	26	自然과 環境	大韓航空 社內大學	서울研修	서울支社	90.4.17	80
	27	健全社會建設과 새마을運動	永川市	市民決議大會	永川市民會館	90.4.18	600
	28	都市化와 都市行政	檀國大學校 行政大學院	在學生 特講	檀國大學校	90.4.25	150

年度	順次	講演主題	主催機關	行事性格	場所	日字	参席者(名)
1990	29	地方自治 實施와 國民意識	在鄕軍人會	會員硏修	鄕軍會館	90.4.27	200
	30	새마을運動 20周年에 즈음하여	忠北새마을支會	忠北 敍勳指導者大會	忠北銀行	90.4.30	150
	31	地方政府의 財政力强化方案	忠南大學校 行政大學院	高級管理者班特講	忠南大學校	90.5.15	15
	32	自然과 環境	大韓航空 社內大學	金海 硏修	釜山支社	90.5.22	90
	33	自然과 環境	大韓造船公社 産業大學	釜山影島 硏修	大韓造船公社	90.5.23	90
	34	地方自治 實施의 展望과 課題	檀國大學校 行政大學院	在學生 特講	天安分校	90.5.26	50
	35	國土開發과 環境保全	環境處	새精神教育	새마을中央硏修院	90.5.28	475
	36	國家經濟와 地域經濟	內務部 地方行政硏修院	高級課程班 講演	地方行政硏修院	90.5.29	35
	37	地方化時代를 위한 새마을運動	새마을中央硏修院	市・郡・邑 婦女새마을會長	새마을中央硏修院	90.6.1	270
	38	國土開發과 環境保全	環境處	새精神教育	새마을中央硏修院	90.6.7	570
	39	地方化時代의 公企業의 役割	韓國土地開發公社	課次長 硏修會	아카데미하우스	90.6.22	70
	40	家庭과 새마을運動	서울市 江南區婦女會	婦女指導者決議大會	東宮禮式場	90.6.26	250
	41	地方自治와 行政區域	延世大學校 管理科學大學院	高位管理者課程	原州分校	90.6.30	38
	42	現代社會에 있어 女性의 位相과 役割	大邱大學校 附設店村女性大學	特講	店村農協 單位組合會議室	90.7.6	86
	43	國民精神과 새마을運動	서울市 職場새마을運動協議會	會員硏修	世宗文化會館	90.7.14	200
	44	地域開發과 새마을運動	慶州市새마을支會	새마을 決議大會	慶州 隍城公團	90.8.17	600
	45	새마을運動 要員家族의 姿勢	새마을運動硏修院	要員家族教育	새마을中央硏修院	90.8.18	150
	46	地域社會開發方向과 農漁村環境改善方案	農漁村振興公社	職員硏修	農漁村振興公社	90.8.20	120
	47	地域社會開發方向과 農漁村環境改善方案	農漁村振興公社	職員硏修	農漁村振興公社	90.8.23	120
	48	現代社會와 職場人의 姿勢	韓國디자인包裝센터	職員硏修	韓國디자인包裝센터	90.9.24	100
	49	國土開發과 都市政策	釜山大學校 行政大學院	高級管理者班 特講	釜山大學校	90.10.24	70
	50	새마을運動의 基本精神과 現代社會의 女性像	富川市 中區 새마을婦女會	會員講演	富川市廳	90.10.30	350
	51	새秩序・새生活運動과 職場人의 姿勢	大韓再保險株式會社	職員硏修	大韓再保險株式會社	90.12.17	280
1991	1	地方自治 實施가 國家發展에 미치는 影響	第1軍司令部	領官級 以上 自體教育	原州 司令部 會議室	91.1.9	120
	2	地方自治 實施와 市民의 姿勢	城南市	새마을指導者教育	市民會館	91.1.10	750
	3	地方自治制 實施와 市民의 姿勢	同	바르게살기運動協議會員教育	同	91.1.10	750
	4	地方自治制 實施와 市民의 姿勢	同	統長教育	同	91.1.11	1,000

年度	順次	講演主題	主催機關	行事性格	場所	日字	参席者(名)
1991	5	地方自治制 實施와 市民의 姿勢	同	統長教育	同	91.1.11	750
	6	地方自治 實施에 따른 公務員의 姿勢	議政府市	公務員研修	同	91.1.25	450
	7	地方自治와 새마을運動	새마을中央研修院	새마을會長團 研修	새마을中央研修院	91.1.29	350
	8	地方自治 實施와 國民의 姿勢	裡里市, 益山郡	住民大會	裡里市民會館	91.1.30	1,100
	9	公明選擧 實施를 위한 公務員의 役割	金堤市, 金堤郡	公務員研修	金堤市文化會館	91.1.30	700
	10	地方自治制 選擧와 住民의 役割	全國主婦教室中央會	健全生活實踐을 위한 汎女性決議大會	鄕軍會館	91.1.31	1,000
	11	地方自治와 새마을運動	새마을中央研修院	새마을會長團研修	새마을 中央研修院	91.2.1	322
	12	地方自治의 當面課題	忠北市民團體協議會	市民團體長大會	清州商工會議所	91.2.2	150
	13	地方自治와 市民姿勢	韓國地方自治學會	地方自治를 위한 巡廻講演會	議政府市民會館	91.2.4	500
	14	地方自治와 市民姿勢	同	同	安山市廳	91.2.5	300
	15	地方自治와 새마을運動	새마을中央研修院	새마을會長團 研修	새마을中央研修院	91.2.5	400
	16	地方選擧의 重要性과 國民의 役割	韓國地方自治學會	地方自治를 위한 巡廻講演會	平澤市福祉會館	91.2.6	350
	17	地方自治와 市民意識	烏山市	市民教養講座	烏山市廳	91.2.7	200
	18	地方自治와 市民姿勢	韓國地方自治學會	地方自治를 위한 巡廻講演會	仁川市 北區·南區 相互信用金庫	91.2.7	500
	19	地方自治와 새마을運動	새마을中央研修院	새마을會長團 研修	새마을中央研修院	91.2.8	400
	20	公明選擧를 위한 市民의 姿勢	韓國地方自治學會	地方自治를 위한 巡廻講演會	仁川 南區·南洞區 婦女福祉館	91.2.9	500
	21	바른 選擧를 위한 市民講座	東豆川市	市民教育	東豆川市廳	91.2.11	250
	22	地方自治制와 國家發展	2軍團司令部	將校研修	春川 2軍團司令部 雙龍歷史觀	91.2.12	200
	23	公明選擧와 市民姿勢	韓國地方自治學會	公明選擧를 위한 巡廻講演會	濟州市民會館	91.2.18	800
	24	公明選擧와 市民姿勢	韓國地方自治學會	巡廻講演會	西歸浦市民會館	91.2.19	600
	25	地方自治 實施와 企業의 對應戰略	第一製糖(株)	幹部職研鑽會	第一製糖 食品事業本部	91.2.20	70
	26	地自制 實施의 經濟負擔과 企業影響	韓國能率協會	'91新春經濟特別 세미나	롯데호텔	91.2.20	20
	27	公明選擧와 市民姿勢	韓國地方自治學會	公明選擧를 위한 巡廻講演會	江南區廳	91.2.20	400
	28	公明選擧와 市民姿勢	同	同	江洞區 區民會館	91.2.20	600
	29	地方自治와 새마을運動	새마을中央研修院	새마을會長團 研修	새마을中央研修院	91.2.21	360
	30	公明選擧와 國民姿勢	坡州郡	地方自治를 위한 郡民講演會	坡州郡廳	91.2.22	400
	31	地方自治制와 國民姿勢	國家安全企劃部	新·舊職員精神教育	安保學校	91.2.23	250
	32	地方自治制와 市民姿勢	韓國地方自治學會	地方自治를 위한 巡廻講演會	恩平區廳	91.2.26	400
	33	地方自治와 새마을運動	새마을中央研修院	새마을會長團 研修	새마을中央研修院	91.2.26	360
	34	地方自治制와 市民姿勢	韓國地方自治學會	地方自治를 위한 巡廻講演會	恩平區廳	91.2.27	300

年度	順次	講演主題	主催機關	行事性格	場所	日字	参席者(名)
1991	35	地方自治理論	永進專門大學 地方自治硏究所	地方自治要員 硏修	永進專門大學	91.2.28	100
	36	不動産去來秩序 確立을 위한 國民의 姿勢	建設部	不動産關聯公務員 및 仲介業協會敎育	第2綜合廳舍 大會議室	91.3.11	300
	37	地方自治 實施의 참뜻과 公職者의 姿勢	國防部	係長級敎育	國防部	91.3.14	150
	38	地方自治 實施의 참뜻과 公職者의 姿勢	同	課長級 以上 敎育	同	91.3.18	200
	39	地方自治 實施와 地域指導者의 役割	濟州大 行政大學院	高級管理者課程	濟州大	91.3.21	50
	40	地方自治 實施와 地域指導者의 役割	濟州大 經營大學院	最高經營者課程	濟州大	91.3.22	60
	41	地方自治와 地方財政	忠北大 行政大學院	高級管理者課程	忠北大	91.3.28	30
	42	道德性回復을 위한 女性指導者의 使命	全國主婦敎室中央會	道德性回復을 위한 全國指導者大會	서울 敎育文化會館	91.4.23	1,000
	43	大都市의 環境問題	瑞草區새마을婦女會	主婦大學第9期敎育	뉴코아百貨店	91.4.25	200
	44	地方自治制 實施와 地域經濟活性化方案	民自黨 政策評價委員會	政策討論會	民主自由黨	91.4.26	15
	45	自然과 環境	釜山 韓進重工業 産業大學	社內大學特講	釜山韓進重工業	91.4.26	60
	46	地方政府의 財政力强化方案	忠南大 行政大學院	高級管理者課程	忠南大	91.5.8	20
	47	大都市의 敎育環境	堂中國民學校	어머니會 硏修	堂中國民學校	91.5.10	100
	48	區議會議員의 役割과 姿勢	東大門區 區議會	議員硏鑽	區民會館會議室	91.5.14	39
	49	自然과 環境	大韓航空産業大學	社內大學特講	大韓航空	91.5.14	83
	50	國土開發과 都市政策	釜山大 行政大學院	最高管理者課程	釜山大	91.5.15	30
	51	自然과 環境	韓進그룹 硏修院	社內大學特講	韓進그룹 硏修院	91.5.17	65
	52	現代社會女性의 位相과 役割	大邱大附設 店村 主婦大學	主婦大學特講	店村農協	91.5.22	83
	53	地方自治와 都市行政	中央大 建設大學院	都市計劃要員 訓練	中央大 建設大學院	91.6.3	70
	54	公明選擧의 重要性과 道民의 姿勢	忠淸北道	公務員 및 道民敎育	淸州道公務員敎育院	91.6.4	350
	55	公明選擧의 重要性과 道民의 姿勢	忠淸北道	公務員 및 道民敎育	忠州女性會館	91.6.4	500
	56	市議會의 機能과 議員의 役割	釜山市	市議員 硏修	釜山商工會議所	91.6.28	51
	57	地自制 實施에 따른 經濟負擔과 企業影響	和承그룹	'91 經營者課程 硏修	慶州 콩코드호텔	91.7.19	60
	58	참되게 사는 길	새마을南部硏修院	高等學校 2年 女學生 硏修	새마을南部硏修院	91.7.29	145
	59	地方自治와 새마을運動	利川郡새마을支會	指導者夏季修鍊大會	南漢江금모래遊園地	91.8.21	400
	60	地方自治와 住民의 姿勢	內務部 中央民防衛學校	民防衛局長·副團體長 課程	天安 民防衛學校	91.8.26	373
	61	地方議會의 役割과 機能 및 公務員의 姿勢	現代社會硏究所	市·郡·區議員과 係長 硏修	現代社會硏究所	91.8.28	96
	62	國家社會 發展과 女性團體의 役割	全國女性團體總聯合會	會長團워크샵	올림프스 유스호스텔	91.9.2	70
	63	地方自治와 地域開發	建國大 行政大學院	最高管理者課程	建國大	91.9.4	20
	64	地方自治와 國民의 姿勢	內務部 中央民防衛	副自治團體長 課程	天安 民防衛學校	91.9.9	372

年度	順次	講 演 主 題	主 催 機 關	行 事 性 格	場 所	日 字	参席者(名)
1991			學校				
	65	地方自治와 地域開發	建國大 行政大學院	最高管理者課程	建國大	91.9.10	60
	66	危機管理를 위한 指導層役割	職場새마을運動 西大門支會	社會指導者 硏修	西大門區廳	91.9.13	300
	67	自然保護의 重要性	富川市 南區 聯合 自然保護會	自然保護 指導 委員 發隊式	富川市民會館	91.9.18	1,000
	68	健全生活運動	서울信託銀行	部 · 支店長婦人 硏修教育	서울信託銀行	91.10.2	150
	69	健全消費生活과 公職者의 姿勢	大韓住宅公社	任職員 月例硏修	住宅公社 硏究所	91.10.7	250
	70	國土開發과 都市政策	釜山大 環境大學院	最高管理者課程	釜山大	91.10.22	50
	71	國土開發과 都市政策	釜山大 行政大學院	同	同	91.10.22	70
	72	地方自治의 發展方向	永進專門大行政學科	2學年 學生特講	大邱 永進專門大	91.11.5	200
	73	環境汚染防止와 主婦의 役割	江南區婦女經營大學	婦女大學特講	江南區廳	91.11.11	250
	74	地方自治와 都市行政	中央大 建設大學院	市郡區 課長班特講	中央大	91.11.26	49
	75	家庭倫理와 새마을運動	婦女새마을運動 中央協議會	社會指導層婦人 硏修	새마을中央硏修院	91.11.26	475
	76	地方自治와 地方公務員의 役割	濟州道公務員教育院	第2回 地方行政 硏修大會	濟州道公務員教育院	91.11.27	100
	77	우리 經濟現實과 公職者家族의 役割	濟州道	公務員家族 教養 講座	北濟州郡廳	91.11.27	250
	78	教育環境과 學父母의 姿勢	北齊州郡 石串國民 學校	어머니教室 教養 講座	石串國民學校	91.12.12	150
	79	勤儉氣風과 公職者의 姿勢	韓國道路公社	任職員 硏修會	道路公社	91.12.13	250
1992	1	社會發展과 勤勉精神	새마을中央硏修院	廣林企業 任職員 硏鑽會	同硏修院	92.1.5	411
	2	地方自治와 民主發展	民自黨堤川地區黨	黨員教育	堤川文化會館	92.1.15	1,200
	3	地方自治와 經濟發展	昌原商工會議所, 昌原市	市民講演會	昌原KBS홀	92.1.18	1,700
	4	'92 政治經濟環境과 企業人의 對應姿勢	青丘(株)	任員硏鑽會	儒城리베라호텔	92.1.18	22
	5	地方自治와 經濟發展	釜山市, 釜山商工 會議所	市民講演會	釜山商議	92.1.20	600
	6	國土開發과 都市政策	서울大 行政大 國家政策課程	課程講義	서울大 行政大	92.1.22	34
	7	自治團體長 選擧延期의 必要性	楊平郡	郡民講演會	郡民會館	92.1.24	500
	8	地方自治와 經濟發展	原州市, 原州郡, 原州商議	市 · 郡民講演會	雉岳會館	92.1.27	300
	9	職場人의 姿勢	大韓損害保險協會	職員硏修會	同協會	92.2.13	70
	10	公職倫理	江南區廳	職員硏修會	同區廳	92.2.15	400
	11	地方化時代의 內務公務員의 役割	內務部 硏修院	地方監査官硏修	同硏修院	92.2.18	120
	12	새마을運動의 與件變化와 우리의 姿勢	새마을中央硏修院	새마을指導者 및 公職者硏修	同硏修院	92.2.19	500
	13	오늘의 現實과 새마을 指導者의	새마을運動 慶南道	새마을 活性化大會	慶南道民홀	92.2.20	400

年度	順次	講演主題	主催機關	行事性格	場所	日字	参席者(名)
1992		役割	支部				
	14	地方自治時代에 있어 內務公務員의 役割	內務部 硏修院	地方監査官硏修	同硏修院	92.2.21	120
	15	地域發展의 摸索	새마을中央硏修院	地方議會議員硏鑽	同硏修院	92.2.25	500
	16	公明選擧實踐을 위한 有權者의 役割	全國主婦教室中央會	全國女性指導者大會	서울 教育文化會館	92.3.11	1,000
	17	새마을運動의 發展方向과 推進要領	새마을中央硏修院	새마을 教官教育	同硏修院	92.3.19	22
	18	地域開發과 地方自治	釜山韓進重工業	産業大學定規課程	同大學	92.3.23	47
	19	새마을 指導者의 役割과 姿勢	새마을運動中央協議會	새마을運動 巡廻教育	渼金市새마을會館	92.3.26	250
	20	地域開發과 地方自治	建國大 行政大學院	最高管理者 課程	同大學院	92.3.31	60
	21	오늘의 現實과 市民意識	江南區廳	民防衛隊長教育	鑑定院會議室	92.4.2	166
	22	새마을運動의 與件變化와 우리의 姿勢	새마을中央硏修院	새마을會長團 硏修	同硏修院	92.4.4	516
	23	地域開發	漢陽大 地方自治 硏究所	地方議會發展 政策課程	同硏究所	92.4.14	50
	24	地方行政變化와 地方行政對應	光州市公務員教育院	第1期高級管理者 課程	同教育院	92.4.17	26
	25	自然과 環境	大韓航空 釜山支社	産業大學定規課程	釜山支社	92.4.18	78
	26	國土開發과 都市政策	釜山大 行政大學院	政策發展過程	同大學院	92.4.22	70
	27	보람찬 일터 가꾸기	職場새마을運動 京畿道支部	職場人硏修	京畿道廳	92.4.28	300
	28	自然과 環境	韓進그룹	産業大學定規課程	韓進硏修院	92.4.28	81
	29	地域經濟의 現況과 發展方向	韓國銀行 調査部	全國支店 企劃調査 課長 硏修	同銀行	92.4.30	20
	30	地方化時代의 새마을運動	새마을中央硏修院	濟州市 새마을指導者 硏修	同硏修院	92.5.18	470
	31	地方自治의 發展方向	韓國文藝振興院	市郡區 文化公報室 職員教育	藝術舞臺硏修會館	92.5.20	61
	32	地方自治時代의 새마을運動	새마을中央硏修院	忠州市 새마을指導者 硏修	同硏修院	92.5.21	450
	33	地方自治와 都市行政	中央大 建設大學院	都市行政擔當課長 硏修	同大學院	92.5.22	61
	34	國土開發과 都市政策	釜山大 環境大學院	最高經營者 課程	同大學院	92.5.26	40
	35	오늘의 經濟現實과 主婦의 姿勢	大韓住宅公社	任職員 婦人硏修	同公社	92.5.28	150
	36	地方自治制의 發展方向	龜尾市 金鶴地域 開發硏究所	市民講座	龜尾青少年會館	92.6.1	1,000
	37	現代社會와 女性의 役割	江南區廳	主婦經營大學院	江南區廳	92.6.23	150
	38	地方自治와 地域發展	龜尾·善山 모임 東洛會	會員 朝餐會	63빌딩 가버나스챔버	92.6.30	15
	39	婦女指導者의 社會的 役割	새마을中央硏修院	婦女指導者 硏修	同硏修院	92.6.30	504
	40	韓國의 將來와 青少年	새마을中央硏修院	高等學校奬學生	同硏修院	92.8.11	455
	41	社會發展을 위한 우리의 姿勢	새마을中央硏修院	大學生	同硏修院	92.8.18	76

年度	順次	講演主題	主催機關	行事性格	場所	日字	參席者(名)
1992	42	環境教育의 方向	새마을中央硏修院	初中高校 새마을 主任敎師	同硏修院	92.8.21	502
	43	地域社會發展과 女性의 役割	慶南새마을婦女會 後援會	後援會員大會	昌原女性會館	92.8.27	429
	44	地方自治 1年의 評價와 展望	濟州大 行政大學院	高級管理者課程	同大學院	92.8.27	70
	45	環境保全運動과 女性의 役割	民自黨 大邱市女性支部	깨끗한 環境만들기 캠페인	大邱高麗禮式場	92.9.16	500
	46	環境保護運動과 女性의 役割	富川市 女性團體 聯合會	環境保護女性大會	富川市 民防衛 敎育場	92.9.18	434
	47	行政與件變化와 公職者의 姿勢	새마을中央硏修院	城南市公職者硏修	同硏修院	92.9.19	300
	48	地域開發의 課題와 發展方向	漢陽大 地方自治 硏究所	地方議會 政策發展 課程	同硏究所	92.9.22	47
	49	地方自治와 都市行政	中央大 建設大學院	都市行政要員敎育	同大學院	92.9.30	30
	50	地域社會發展과 女性의 役割	江南區廳	婦女經營大學院	江南區廳	92.10.20	100
	51	職場人의 바람직한 姿勢	뉴서울住宅建設(株)	任職員硏修	同會社	92.11.2	100
	52	地方自治時代의 地方公務員의 役割과 姿勢	淸州道廳	本廳職員 硏修	同道廳	92.11.11	200
	53	地方自治時代의 地方公務員의 役割과 姿勢	濟州道廳	本廳職員 硏修	同道廳	92.11.14	150
	54	地方自治의 現況과 發展方向	中央大 建設大學院	建設最高經營課程	同大學院	92.11.26	50
	55	國土開發과 都市政策	釜山大 行政大學院	最高管理者課程	同大學院	92.12.1	70
	56	地方自治와 地方財政	서울大 法學硏究所	司法發展硏究課程	서울大 文化館	92.12.14	30
1993	1	環境問題와 企業의 姿勢	現代그룹	任員硏鑽會	現代人力開發院	93.1.5	200
	2	新韓國創造를 위한 우리의 役割	새마을婦女會 中央 聯合會	'93推進大會	새마을本部	93.1.12	300
	3	新韓國 建設을 위한 地方公務員의 使命과 姿勢	忠淸南道	本廳公務員 硏修	同本廳	93.1.19	350
	4	新韓國 創造 및 婦女새마을 長期 構想 解說	새마을中央硏修院	새마을敎官班 硏修	同硏修院	93.2.2	50
	5	新韓國 創造 및 婦女새마을 長期 構想 解說	同	地方婦女會長 · 支援課長 硏修	同	93.2.8	400
	6	新韓國 創造 및 婦女새마을 長期 構想 解說	同	同	同	93.2.11	440
	7	地方自治와 女性의 役割	江南區	主婦經營大學院	同區廳	93.3.2	140
	8	地方自治와 地域開發	建國大 行政大學院	最高管理者 不動産課程	同大學院	93.3.17	50
	9	新韓國 創造와 公職者의 姿勢	江南區廳	公職者職場教育	同區廳	93.3.30	400
	10	新韓國 創造와 公職者의 姿勢	內務部	本部職場敎育(2回)	政府綜合廳舍	93.4.16	600
	11	韓國病의 診斷과 處方 : 解說	새마을運動 中央 協議會	第2跳躍宣言 및 施賞大會	世宗文化會館	93.4.22	500
	12	韓國病 治癒를 위한 公職者의 姿勢	天安郡廳	郡 · 邑 · 面 職員硏修	同郡廳	93.5.1	600
	13	地方自治와 地域開發	서울市立大	最高都市政策課程	同大學院	93.5.11	30

年度	順次	講演主題	主催機關	行事性格	場所	日字	參席者(名)
1993			都市行政大學院				
	14	新韓國 創造와 公職者의 姿勢	京畿道廳	本廳公務員 研修	同本廳	93.5.12	650
	15	新韓國 創造와 公職者의 役割 및 姿勢	農漁村振興公社	職員 研修	同公社	93.5.31	250
	16	新韓國 創造와 公職者의 役割 및 姿勢	同	同	同	93.6.1	250
	17	地方自治와 地域開發	安東大 行政學科	學生 · 教授特講	同大學	93.6.3	150
	18	新韓國 創造와 國民의 姿勢	安東病院	職員 研修	同病院	93.6.3	250
	19	新韓國 創造와 科學技術行政	科學技術處	本部職員 研修	同部處	93.6.9	250
	20	新韓國 創造와 地方行政의 役割	內務部 消防學校	職員 · 一線幹部教育	天安 消防學校	93.6.17	100
	21	國土開發과 都市政策	서울大 行政大 政策發展課程	國家政策發展課程	同大學院	93.6.28	25
	22	新韓國 創造와 새마을運動	慶州市 · 郡 새마을 支會	새마을指導者 夏季 修鍊大會	徐羅伐文化會館	93.7.28	700
	23	環境과 地域開發	韓國教員大學 教員研修院	初 · 中 校監研修班	同研修院	93.8.4	500
	24	新韓國 創造와 새마을運動	醴泉郡 새마을支會	새마을指導者 夏季 修鍊大會	龍門面 龍元國民學校	93.8.5	900
	25	新韓國 創造와 國民의 姿勢	韓國産業技術管理 公團	職場새마을運動 研修	同公團	93.9.16	300
	26	地方自治와 地域開發	暻園大 經營大學院	最高經營者課程 (夫婦)	同大學院	93.9.22	100
	27	地方政府의 財政力强化方案	忠南大 行政大學院	最高管理者課程	同大學院	93.10.28	20
	28	地方自治와 地方發展	中央大 社會開發 大學院	地方議員 · 管理者 課程	Evergreen Hotel	93.11.3	100
	29	地方自治와 地域開發	民主大學	地方自治教室	Youth Hostel	93.11.10	150
	30	地方財政力 强化方案	市立大 都市行政 大學院	高位都市管理者班	同大學院	93.11.11	100
	31	地自制實施에 따른 地域計劃家의 役割	江陵大 地域行政 大學院	教授 · 學生特講	同大學	93.11.18	50
	32	新韓國 創造와 市民의 姿勢	軍浦市廳	市民意識改革 特別 講演	同市廳	93.11.22	300
	33	國土開發과 都市政策	서울大 行政大學院	國家政策發展課程	同大學院	93.12.6	30
	34	行政과 住民의 役割分擔	새마을中央研修院	公職者 · 指導者 研修班	同研修院	93.12.8	507
	35	農漁村發展과 새마을運動	巨濟郡새마을支會	새마을指導者 研修 大會	巨濟郡 室內體育館	93.12.18	500
1994	1	環境과 地域開發	教員大學 教員研修院	初等學校 校長候補班	同研修院	94.1.18	450
	2	市民便宜奉仕行政과 신바람나는 職場雰圍氣	大田市	本廳幹部 研修會	大田市 公務員教育院	94.1.25	120
	3	行政改革刷新과 公職者의 姿勢	證券監督院	職員職場教育	同會議室	94.1.26	450
	4	21世紀 都市行政의 課題와 展望	서울市立大 都市	學科創立20周年	同大學講堂	94.3.5	200

年度	順次	講 演 主 題	主 催 機 關	行事性格	場 所	日 字	參席者(名)
1994			行政科	紀念式			
	5	國際化時代의 公職者의 意識改革	國立國樂院	職員 硏修	同會議室	94.3.15	200
	6	國際化時代의 公職者 姿勢	서울警察廳	서울派出所長	同講堂	94.3.21	826
	7	地方財政力 强化方案	서울市立大 都市行政大學院	城北區議會議員硏修班	同大學院	94.3.29	35
	8	地方財政力 强化方案	同	最高管理者課程	同	94.3.29	60
	9	地方의 國際化 戰略	東亞大經營大學院	最高管理者課程	同大學院	94.4.6	60
	10	우리 나라 國土開發의 將來	서울市立大 經營大學院	最高管理者課程	아카데미하우스	94.4.10	36
	11	地方自治의 發展方向	江南區 第3支會 平統諮問會議	定例會議	그랑프리百貨店 韓國館	94.4.11	30
	12	管理者의 役割과 使命	遞信部	課係長 硏修	遞信公務員敎育院	94.4.12	250
	13	地方自治團體의 機能과 構造	女性政治硏究所	地方選擧 出馬候補者 硏修	大宇文化財團	94.4.19	30
	14	地方自治와 地域開發	民主大學	地方自治敎室	유스호스텔	94.5.3	35
	15	地方의 國際化 戰略	韓南大 地域開發大學院	保寧地區 最高指導者課程	保寧農協會議室	94.5.3	100
	16	文民政府의 特性과 公社職員의 役割	大韓地籍公社	任員 · 幹部 硏修	새마을本部	94.6.25	400
	17	國土開發과 都市政策	서울大 行政大學院	國家發展政策課程	同大學院	94.7.4	35
	18	環境과 地域開發	韓國敎員大 敎員硏修院	中等學校 校長候補硏修班	同硏修院	94.7.14	500
	19	地方自治와 農村開發	새마을運動 奉化郡支會	'94 修鍊大會	奉化郡 郡民會館	94.7.22	800
	20	地方自治와 農村開發	새마을運動 英陽郡支會	同	英陽郡 遊園地	94.7.23	450
	21	地自制 實施에 따른 地方公務員의 役割과 姿勢	論山郡	郡邑面 職場敎育	同郡廳	94.7.29	350
	22	夫婦사랑 : 對話	코오롱硏修院	課長級婦人班	同硏修院	94.8.11	87
	23	地方化와 環境 : 어떻게 풀어갈 것인가	平統諮問會議 事務局	議員 硏修	大田 儒城觀光호텔	94.9.8	180
	24	地方政府의 團體長과 議會의 役割	中央大 行政大學院	高位政策課程	同大學院	94.9.15	35
	25	獨逸 · 싱가포르 · 日本視察所感	코오롱그룹企劃室	社長團 모임	프레스센터	94.9.23	13
	26	地方化와 環境 : 어떻게 풀어갈 것인가	平統諮問會議事務局	議員 硏修	大田 儒城觀光호텔	94.9.28	154
	27	地方自治와 地域經濟活性化	새마을中央硏修院	最高地域指導者課程	同硏修院	94.9.29	25
	28	地方自治行政의 發展方向	內務部 地方行政硏修院	中堅管理者班	同硏修院	94.10.10	152
	29	地方自治와 地域經濟活性化	새마을中央硏修院	最高地域指導者課程	同硏修院	94.10.13	28
	30	地方化와 環境 : 어떻게 풀어갈 것인가	平統諮問會議事務局	議員 硏修	統一硏修院	94.10.26	90
	31	地方自治와 地域經濟	曉園大 行政大學院	指導者課程	同大學院	94.11.1	60

年度	順次	講演主題	主催機關	行事性格	場所	日字	參席者(名)
1994	32	國土開發과 都市政策	朝鮮大 國土開發研究所	教授·學生講演會	同大學	94.11.3	150
	33	地方自治의 發展戰略	서울 常綠로타리클럽	月例研鑽會	新羅호텔	94.11.14	25
	34	이 時代의 經營者	새마을中央研修院	市·郡社會團體長研修	同研修院	94.11.22	556
	35	地方自治와 새마을運動	새마을運動全北支部	'94 全北새마을指導者大會	全州 室內體育館	94.12.2	3,500
	36	地方自治의 發展方向	建國大 社會科學大學院	最高經營者課程	雪嶽山 파크호텔	94.12.3	48
	37	地方自治團體의 機能과 事務	淸州大 行政大學院	高位管理者·女性指導者課程	同大學院	94.12.6	91
	38	地方自治發展을 위한 平統諮問委員의 役割	平統諮問會議江南區協議會	'94 總會	三井호텔	94.12.8	100
	39	地方財政力 强化方案	서울市立大 都市行政大學院	都市政策課程	同大學院	94.12.13	30
1995	1	職場의 意義와 職場人의 姿勢	코오롱 綜合研修院	新入社員 研修	同研修院	95.1.8	130
	2	地方自治의 發展課題	서울大 行政大學院	國家政策發展課程	同大學院	95.1.9	30
	3	地方自治時代의 開幕과 企業의 役割	韓國人間開發研究院	人間開發經營者研修會	롯데호텔	95.1.12	150
	4	職場의 意義와 職場人의 姿勢	코오롱 綜合研修院	新入社員 研修	同研修院	95.1.15	94
	5	地方自治 實施와 企業의 對應戰略	大林그룹	任員세미나	濟州 그랜드호텔	95.1.18	145
	6	地方化의 課題와 戰略	內務部	職員 研修	內務部 地方行政研修院	95.1.18	250
	7	職場의 意義와 職場人의 姿勢	코오롱 綜合研修院	新入社員 研修	同研修院	95.1.22	100
	8	地方化의 課題와 戰略	內務部	職員 研修	內務部 地方行政研修院	95.1.25	70
	9	地方自治 實施와 企業의 役割	서울青年會議所	定期總會招請講演	힐튼호텔	95.1.25	70
	10	地方行政의 世界化 推進戰略	京畿道	5級以上公職者研鑽會	京畿道 文化藝術會館	95.2.13	950
	11	地方行政의 世界化 推進戰略	京畿道	5級以上公職者研鑽會	京畿道 文化藝術會館	95.2.15	950
	12	世界化,地方化에 부응한 地方公務員의 姿勢	江原道	5級以上公職者研鑽會	春川市立文化館	95.2.16	402
	13	世界化,地方化에 부응한 地方公務員의 姿勢	江原道	5級以上公職者研鑽會	春川市立文化館	95.2.20	420
	14	地方化의 課題와 戰略	內務部 地方行政研修院	市長·郡守·區廳長 研修	同研修院	95.2.24	245
	15	地方化의 課題와 戰略	內務部 地方行政研修院	市長·郡守·區廳長 研修	同研修院	95.2.27	245
	16	地方自治時代의 開幕과 農協의 役割	農協人力開發院	組合長·支部長研修	同開發院	95.3.2	270
	17	地方自治 實施에 따른 企業의 對應戰略	中外製藥	課長級以上 幹部·任員教育	同本社 會議室	95.3.3	280

年度	順次	講 演 主 題	主 催 機 關	行 事 性 格	場 所	日 字	參席者(名)
1995	18	地方自治 實施와 地域社會指導者	曉園大 社會教育院	指導者課程入學式	同大學	95.3.3	250
	19	世界化,地方化와 國民意識	國會 國民意識硏究 모임	定期朝餐會	國會 貴賓食堂	95.3.7	30
	20	地域競爭力提高를 위한 地方政府의 世界化戰略	大邱市, 國際交流財團	5級 以上 公職者 硏修	大邱市 어린이會館	95.3.7	700
	21	世界化의 意義와 戰略	大邱地方國稅廳	稅務署長·地方廳職員 硏修	同廳舍	95.3.7	200
	22	地方自治와 地域發展戰略	慶南社會振興硏修院	里長·農民後繼者 基礎教育	同硏修院(宜寧)	95.3.8	260
	23	바람직한 地方政治人像	濟州大 行政大學院	地域社會指導者 課程	西歸浦市 임페리얼 호텔	95.3.11	80
	24	바람직한 地方政治人像	서울市立大 都市行政大學院	最高管理者課程	同大學院	95.3.14	40
	25	地方自治 實施에 對應한 企業의 對應戰略	光州·全南經營協議會	經營者클럽 朝餐硏鑽會	新陽파크호텔	95.3.17	100
	26	世界化,地方化에 따른 公職者의 姿勢	醴泉郡	郡邑面公務員 硏鑽會	醴泉郡 文化會館	95.3.24	500
	27	統合 安東市 어떻게 開發할 것인가?	安東市	市民大討論會	安東市 市民會館	95.3.24	500
	28	地方自治와 地域發展	韓南大 地域開發大學院	碩士 및 短期課程 特講	同大學院(大田)	95.3.30	150
	29	教授法	코오롱 綜合硏修院	自體職員심포지엄	同硏修院	95.4.4	30
	30	世界化,地方化時代의 公職者 姿勢	大邱市 警察廳	職員 硏修	同廳舍	95.4.11	500
	31	地方化時代의 環境問題	民主平和統一諮問會議	市郡區幹事·總務 硏鑽會	溫陽 그랜드호텔	95.4.14	70
	32	地方化時代의 環境問題	民主平和統一諮問會議	市郡區副會長 硏鑽會	溫陽 그랜드호텔	95.4.28	130
	33	地方化時代의 環境問題	民主平和統一諮問會議	市郡區副會長 硏鑽會	溫陽 그랜드호텔	95.5.3	70
	34	職場人의 役割과 姿勢	海運産業硏究院	職員修鍊大會	楊平 플라자콘도	95.5.3	100
	35	職場意識과 人生設計	코오롱 綜合硏修院	龜尾技術硏究所 硏究員 硏修	同硏修院	95.5.11	81
	36	世界化,地方化와 地自體의 役割 및 公務員의 姿勢	聞慶市	市·邑·面·洞 및 警察公務員教育	聞慶市廳	95.5.12	500
	37	地方自治 實施와 地域指導者의 役割	曉園大 社會教育院	社會指導者班	同教育院	95.5.16	100
	38	地方政府의 世界化戰略	內務部 地方行政硏修院	中堅幹部班	同硏修院	95.5.19	50
	39	地方自治 實施와 環境問題	安企部 國家情報硏修院	職員 및 硏修生 特講	同硏修院	95.5.20	300
	40	6·27選擧의 意義와 期待效果	大邱 永進專門大學	行政學科 在學生 特講	同大學	95.5.24	200
	41	地方自治制의 課題	麻浦포럼	會員(前職 長次官級) 朝餐會	全經聯會館	95.5.26	50
	42	地方自治 實施와 中央公務員 役割	總務處	經濟部處 4級以上	果川綜合廳舍大講堂	95.5.29	600

年度	順次	講演主題	主催機關	行事性格	場所	日字	參席者(名)
1995	43	地方自治 實施와 中央公務員 役割	總務處	公職者敎育 經濟部處 4級以上 公職者敎育	果川綜合廳舍大講堂	95.5.29	700
	44	地方自治 實施와 地域指導者의 役割	暻園大 社會敎育院	社會指導者班	同敎育院	95.6.1	85
	45	地方自治의 成功要件	河南市	市公務員 및 社會 團體任員敎育	同市廳	95.6.2	300
	46	韓國地方自治制의 發展課題	서울大 行政大學院	國家政策發展課程	同大學院	95.6.5	30
	47	地方自治 實施에 따른 行政環境 變化와 그 對應	警察廳	職員 硏修	同廳舍	95.6.7	750
	48	地方自治 實施에 따른 行政環境變化 와 그 對應	警察廳	職員 硏修	同廳舍	95.6.7	750
	49	地方政府의 國際化戰略	內務部 地方行政 硏修院	稅政班	同硏修院	95.6.9	50
	50	地方自治 實施에 따른 行政變化와 對應	調達廳	5級以下 公職者 硏修	同廳舍	95.6.10	300
	51	地方自治 實施에 따른 行政變化와 對應	冠岳警察署	職員特講	同警察署	95.6.12	350
	52	世界化와 우리의 對應	平統諮問會議 事務局	職員 硏修	同事務局	95.6.13	75
	53	地方自治 實施에 따른 行政變化와 對應	總務處	自體職員 硏修	同部處	95.6.14	250
	54	地方自治와 住民和合	慶尙北道	慶北發展을 위한 和合의 마당	慶州 現代호텔	95.7.11	1,500
	55	地域經濟의 活性化方案	內務部 地方行政 硏修院	高級幹部班	同硏修院	95.8.21	35
	56	地方自治와 地域開發	濟州大 行政大學院	高級管理者課程	同大學院	95.8.25	60
	57	市郡統合과 地自制 實施에 따른 새마을運動의 方向	安東市 새마을支會	새마을指導者大會	安東 市民會館	95.8.28	300
	58	地方自治時代의 새마을運動	聞慶市 새마을支會	새마을指導者大會	聞慶市 敎育館	95.8.30	350
	59	地方自治時代公職者의 役割과 姿勢	大邱市 北區廳	職員硏修大會	慶州 힐튼호텔	95.9.17	600
	60	地方自治와 地域開發	서울大 環境大學院	都市·環境高位 政策課程	同大學院	95.9.19	38
	61	地方自治와 地域開發	公州大 産業開發 大學院 保寧分院	最高指導者課程	大川文化院	95.9.26	70
	62	地方自治와 地域開發	公州大 産業開發 大學院 禮山分院	最高指導者課程	禮山 同大學院	95.9.28	67
	63	地域經濟時代의 到來와 企業人의 役割	韓國標準協會	最高經營人 硏修	同協會硏修院(安城)	95.10.5	47
	64	地方自治와 地域開發	湖南大 經營大學院	女性指導者課程	同大學院(光州)	95.10.6	70
	65	地方自治와 地域開發	湖南大 行政大學院	最高管理者課程	同大學院(光州)	95.10.6	60
	66	地方自治와 地域開發	朝鮮大 行政大學院	在學生敎養講座	同大學院(光州)	95.10.10	150
	67	平生職場人의 基本姿勢	地籍公社	新入社員 硏修	淑明女子大學(龍仁)	95.10.13	150
	68	地方自治時代의 公務員의 役割과	公州市	職員 硏修	곰나루文化會館	95.10.17	700

年度	順次	講演主題	主催機關	行事性格	場所	日字	參席者(名)
1995		姿勢					
	69	地方自治와 地域經濟 活性化	農協指導者教育院(昌寧)	星州郡 民官合同研修大會	同教育院(昌寧)	95.10.18	250
	70	地方自治와 環境 및 스포츠	韓國스포츠社會學會	月例討論會	서울大 體育館	95.10.21	30
	71	地方自治와 地域開發	湖南大 行政大學院	地方議會議員短期講座	同大學院(光州)	95.10.26	100
	72	國土開發과 都市政策	暻園大 社會教育院	高位課程	同教育院	95.10.26	30
	73	地方自治時代의 環境問題	平統諮問會議	'95新規委員研修會	溫陽 그랜드호텔	95.10.27	90
	74	地方自治와 地域經濟 活性化	農協指導者教育院(昌寧)	金海市 民官合同研修大會	同教育院(昌寧)	95.11.2	254
	75	地方自治時代의 環境問題	平統諮問會議	'95新規委員研修會	溫陽 그랜드호텔	95.11.3	150
	76	地方自治와 地域經濟 活性化	農協指導者教育院(昌寧)	密陽市 民官合同研修大會	同教育院(昌寧)	95.11.14	300
	77	地方自治時代의 住民과 公職者의 姿勢	農協指導者教育院(安城)	楊平郡 民官合同研修大會	同教育院(安城)	95.11.16	245
	78	地方自治時代의 環境問題	平統諮問會議	'95新規委員研修會	大田 儒城觀光호텔	95.11.17	145
	79	地方自治實施와 韓國的 地方自治의 着根	內務部 地方行政研修院	環境管理者課程	同研修院	95.11.24	94
1996	1	職場人의 姿勢와 마음가짐	코오롱綜合研修院	新入社員研修會	同研修院	96.1.5	91
	2	職場人의 姿勢와 마음가짐	코오롱綜合研修院	新入社員研修會	同研修院	96.1.14	99
	3	地方自治制와 發展方向	警察大學	總警班	同大學	96.1.16	36
	4	地方自治行政의 課題와 克服方案	地域發展研修센터, 慶北道	慶北道廳 公務員 研修	慶北道 公務員 教育院	96.1.17	220
	5	地方自治行政의 課題와 克服方案	地域發展研修센터, 慶北道	慶北道廳 公務員 研修	慶北道 公務員 教育院	96.1.18	220
	6	地方自治行政의 課題와 克服方案	地域發展研修센터, 慶北道	慶北道廳 公務員 研修	慶北道 公務員 教育院	96.1.19	220
	7	地方自治制의 發展方向	警察大學	總警班	同大學	96.1.22	36
	8	地方自治制의 發展方向	서울大 行政大學院	國家政策發展課程	同大學院	96.1.22	29
	9	職場人의 姿勢와 마음가짐	코오롱綜合研修院	新入社員研修會	同研修院	96.1.23	123
	10	地方自治時代의 企業人의 役割	韓國標準協會	中小企業代表研修	同協會 安城研修院	96.1.29	55
	11	地方自治와 警察의 活動	警察大學	總警候補者班	同大學	96.1.31	67
	12	地方自治時代의 中央政府와 地方政府의 關係	中央公務員教育院	最高管理者課程	同教育院	96.2.7	50
	13	成功的 地方自治를 위한 公職者의 役割과 姿勢	全南道廳	5級 以上 幹部 特別教育	새마을南部研修院	96.2.12	150
	14	地方自治時代의 企業人의 役割	韓國標準協會	中小企業代表研修	大田儒城리베라호텔	96.2.14	25
	15	成功的 地方自治를 위한 公職者의 役割과 姿勢	全南道廳	5級 以上 幹部 特別教育	새마을南部研修院	96.2.15	150
	16	職場의 重要性과 職場人의 姿勢	(株)泰榮	月例朝會職員特講	同社 會議室	96.3.4	250
	17	成功的 地域自治를 위한 公職者의 役割과 姿勢	全南道廳	消防幹部職 研修	새마을南部研修院	96.3.19	150
	18	成功的 地域自治를 위한 公職者의	全南道廳	消防幹部職 研修	새마을南部研修院	96.3.21	150

年度	順次	講演主題	主催機關	行事性格	場所	日字	参席者(名)
1996		役割과 姿勢					
	19	地方自治團體의 世界化 戰略	內務部 地方行政研修院	女性幹部班	同研修院	96.3.22	40
	20	大學生活과 未來設計	聞慶專門大學	學生教養特講	同大學	96.3.29	350
	21	大學生活과 未來設計	聞慶專門大學	學生教養特講	同大學	96.3.29	250
	22	大學生活과 未來設計	聞慶專門大學	學生教養特講	同大學	96.3.29	150
	23	地方自治와 地域開發	昌原大 經營行政大學院	最高課程	同大學院	96.4.9	60
	24	地方自治時代 出帆과 住民意識變化	內務部 地方行政研修院	新任管理者班	同研修院	96.4.16	82
	25	自治時代, 地方公務員教育이 나아갈 길	地方公務員教育發展協議會	'96年 上半期協議會議	內務部 地方行政研修院	96.4.18	75
	26	地方政府의 世界化 戰略	內務部 地方行政研修院	高級幹部班	同研修院	96.4.18	33
	27	地方自治와 地域指導者	中央大 行政大學院	高位政策課程	同大學院	96.4.23	30
	28	地域精神과 自治	江原自治研究會	創立總會	春川文化體育藝術館	96.4.26	200
	29	地方自治 着根을 위한 地域指導者의 役割	順天大 經營行政大學院	高級行政官理者課程	同大學院	96.5.2	70
	30	地方自治, 어디로 가고 있는가?	長城郡 長城 아카데미	郡公職者 · 住民代表研修會	同郡廳	96.5.3	600
	31	地方自治團體의 競爭力提高方案	明知大 地方自治大學院	高位管理者課程	同大學院	96.5.7	40
	32	地方自治와 地域開發	江陵大 經營政策科學大學院	高位經營者 · 政策管理者 課程	同大學院	96.5.9	100
	33	世界化, 自治化 時代의 公職者의 役割	平生教育院	安養市 6級公務員研修	韓國看護士研修院	96.5.11	115
	34	地方自治와 地域經濟	釜山大 經營大學	最高經營者課程	同大學	96.5.14	50
	35	世界化, 自治化時代의 公職者의 役割	平生教育院	安養市 區廳6級公務員 研修	韓國看護士研修院	96.5.20	120
	36	地方自治의 바람직한 定着方案	內務部地方行政研修院	初任管理者班	同研修院	96.5.21	545
	37	바람직한 職場人의 姿勢	大韓地籍公社	新規社員研修會	中央産業研修院	96.6.3	225
	38	企業型 地方自治行政	韓國科學技術院	大田市 公職者研修會	同科學技術院	96.6.13	47
	39	企業型 地方自治行政	韓國科學技術院	大田市 公職者研修會	同科學技術院	96.6.17	50
	40	地方自治와 地域開發	麗川市	公職者研修會	同市廳	96.7.2	300
	41	自治行政變化와 公職者의 對應姿勢	코오롱綜合研修院	龜尾市幹部研修大會	同研修院	96.7.3	30
	42	地方自治의 成功을 위한 改善方向	新韓國黨慶南道支部	慶南 道議會議員	昌寧 農協教育院	96.7.6	70
	43	自治行政變化와 公職者의 對應姿勢	코오롱綜合研修院	龜尾市幹部研修大會	同研修院	96.7.10	33
	44	自治行政變化와 公職者의 對應姿勢	코오롱綜合研修院	龜尾市幹部研修大會	同研修院	96.7.13	35
	45	地方自治와 地域經濟活性化	農協 昌寧教育院	達成郡民官合同教育	同教育院	96.7.29	273
	46	地方自治와 公職者의 姿勢	公州市	市 · 洞 · 邑 · 面	公州市廳	96.8.1	570

年度	順次	講 演 主 題	主 催 機 關	行 事 性 格	場 所	日 字	参席者 (名)
1996				公務員研鑽			
	47	地方自治와 地域經濟活性化	農協 昌寧教育院	山清郡 指導者教育	同教育院	96.8.8	267
	48	地方自治와 地域開發	서울大環境大學院	都市 · 環境高位政策課程	同大學院	96.8.20	50
	49	地方自治와 地域經濟活性化	農協 昌寧教育院	鎭海市 指導者研修	同教育院	96.8.28	265
	50	地方自治의 理論과 實際	內務部 地方行政研修院	女性指導者(5級以上) 研修	同研修院	96.9.9	47
	51	地方自治와 地域經濟活性化	農協 昌寧教育院	榮州市指導者 研修	同教育院	96.9.10	277
	52	行政環境變化와 公職風土	새마을中央研修院	冠岳區廳 公職者 研修	同研修院	96.9.11	357
	53	地方自治와 地域經濟活性化	農協 昌寧教育院	慶南 道單位機關長 研修	同教育院	96.9.19	251
	54	行政環境變化와 公職風土	새마을中央研修院	冠岳區公職者研修	同研修院	96.9.20	350
	55	行政環境變化와 公職風土	새마을中央研修院	坡州郡公職者研修	同研修院	96.9.21	109
	56	地方自治와 地域指導者의 役割	서울第5地區 醫療保險組合	事業場 醫療保險 擔當者教育	永登浦區民會館	96.10.15	800
	57	地方自治와 地域指導者	中央大 行政大學院	高位政策課程	同大學院	96.10.15	35
	58	地方化와 地域經濟	韓國自動車 廢車業 協會	第3回 全國管理者 研修會	서울 올림피아호텔	96.10.18	110
	59	地方自治와 地域發展	檀國大 行政大學院 (天安)	碩士 및 研究課程	同大學院	96.10.19	40
	60	地方自治와 地域經濟 活性化	農協 昌寧教育院	尙州市 民官研修	同教育院	96.10.24	280
	61	地方自治成功을 위한 主役과 그 役割	順天市	市民大學講座	順天 青少年會館	96.10.29	250
	62	地方自治와 地域經濟 活性化	農協 昌寧教育院	慶州市 民官研修	同教育院	96.11.7	300
	63	世界化 · 地方化時代의 商工人의 位相과 役割	麗水 · 麗川 商工 會議所	全國商議 會長團研修	同會議所	96.11.15	80
	64	地方自治의 發展課題	서울大 行政大學院	國家政策發展課程	同大學院	96.12.2	37
	65	地方自治와 地域均衡發展戰略	忠北大 地域開發 研究所	教授 · 學生 · 市民 特講	同研究所	96.12.5	100
1997	1	職場人의 바람직한 姿勢	大韓地籍公社	新入社員 研修	中央產業研修院	97.1.31	200
	2	行政環境變化와 公職風土	새마을中央研修院	坡州市 7級以下 公職者 研修	同研修院	97.2.10	170
	3	〃	〃	〃	〃	97.2.13	170
	4	〃	〃	〃	〃	97.2.18	175
	5	社會現實과 우리의 生活態度	새마을中央研修院	新規새마을指導者 研修	同研修院	97.2.18	350
	6	地方自治와 地域指導者	瑞草로타리클럽	會員研鑽會	팔레스호텔	97.2.18	50
	7	地方化時代 中央과 地方의 關係	中央公務員教育院	高位政策課程	同教育院	97.2.19	50
	8	行政環境變化와 公職風土	새마을中央研修院	坡州市 7級以下 公職者 研修	同研修院	97.2.20	170
	9	社會現實과 우리의 生活態度	새마을 中央研修院	新規새마을指導者 研修	同研修院	97.3.7	440
	10	21世紀 地方自治의 發展方向 摸索	內務部 地方行政	新任管理者課程	同研修院	97.3.24	83

年度	順次	講演主題	主催機關	行事性格	場所	日字	参席者(名)
1997	11	社會現實과 우리의 生活態度	研修院 새마을中央研修院	워크샵 마을單位指導者教育	同研修院	97.3.25	450
	12	地方自治와 地域開發	서울大 環境大學院	高位政策課程	同大學院	97.3.25	40
	13	地方自治와 地域經濟	中部大學校	碩士 및 最高經營管理者課程	同大學校(忠南錦山)	97.3.28	150
	14	地方自治 實施와 公職者의 姿勢	京畿 水原市	6級以上職員研鑽會	水原市廳	97.4.3	350
	15	地方自治와 地域指導者	中央大 行政大學院	高位政策課程	同大學院	97.4.17	35
	16	地方自治時代 地域經濟活性化方案	暻園大 行政大學院	碩士 및 管理者課程	同大學院	97.4.22	27
	17	自治時代 地方行政改革	內務部 地方行政研修院	新任管理者 課程	同研修院	97.5.1	90
	18	地方自治와 地域開發	忠南大 行政大學院	最高管理者課程	同大學院	97.5.1	35
	19	地方自治와 地域經濟 活性化	農協昌寧教育院	醴泉郡 民官合同 研修	同教育院	97.5.12	280
	20	〃	〃	固城郡 民官合同 研修	同教育院	97.5.16	288
	21	地方政府의 競爭力 提高方案	서울市 陽川區	職員研修會	陽川區民會館	97.5.22	600
	22	地方自治와 地域開發	漢陽大 地方自治研究所	茂朱郡 公職者研修會	全北 茂朱郡廳	97.5.23	280
	23	地方自治와 地域經濟 活性化	農協昌寧教育院	清道郡 民官合同 研修	同教育院	97.5.26	280
	24	不況克服을 위한 商工人의 役割	濟州商工會議所	會員研鑽會	濟州 그랜드호텔	97.5.27	98
	25	地方自治時代 公職者役割	忠北 沃川郡	公職者研修會	沃川郡廳	97.6.2	300
	26	地方自治와 地域發展	檀國大 行政大學院	碩士 및 研究課程	天安캠퍼스 行政大學院	97.6.14	20
	27	環境保全과 地方自治	國務總理室 水質改善企劃團	漢江水質改善研鑽會	春川 斗山리조트研修館	97.8.27	220
	28	地方自治評價와 向後課題	新韓國黨	市·道議會議員研修大會	新韓國黨中央研修院(忠南 天安市)	97.8.28	400
	29	記錄과 人生	(株)한솔製紙	幹部研鑽會	光化門빌딩會議室	97.9.25	120
	30	地方自治와 地域指導者	中央大 行政大學院	高位政策課程	同大學院	97.10.9	30
	31	國土開發의 未來	建設産業 營業專門最高任員모임	會員月例研修會	인터콘티넨탈호텔	97.10.23	24
	32	人生과 記錄	城南市 文化院	城南市民講座	同文化院	97.10.30	35
	33	地域社會開發과 地方自治	새마을中央研修院	地域社會開發指導者 研修	同研修院	97.11.5	16
	34	地方自治時代의 地方經營戰略	濟州大 經營大學院	最高經營者課程	同大學院	97.11.28	45
	35	우리 經濟의 現實과 對處方案	忠北 沃川郡	經濟難 克服을 위한郡民經濟教育	同郡廳 會議室	97.12.27	300
1998	1	地域活性化와 새마을運動	새마을中央研修院	새마을會長團 研修	同研修院	98.1.13	400
	2	〃	〃	〃	〃	98.1.19	390
	3	行政環境變化와 發想의 轉換	〃	地方公務員 評價對象者教育	〃	98.2.2	236

年度	順次	講演主題	主催機關	行事性格	場所	日字	參席者(名)
1998	4	經濟危機와 公職者의 姿勢	韓國高速鐵道 建設公團	任職員 敎養講座	同公團 會議室	98.2.10	310
	5	地方自治와 地域開發	全州大 地域政策 大學院	地方自治大學課程	同大學院	98.2.11	36
	6	經濟危機 克服을 위한 公職者의 役割과 姿勢	水原市 八達區	區洞職員研鑽會	京畿銀行 會議室	98.2.20	450
	7	行政環境變化와 發想의 轉換	새마을中央研修院	地方公務員 評價對象者敎育	同研修院	98.3.2	245
	8	地方自治時代 環境計劃家의 役割과 姿勢	서울大 環境大學院	1學年 共通：環境計劃·設計	서울大 IMC館	98.3.4	95
	9	地方化時代의 中央政府와 地方政府의 關係	行自部 中央公務員 敎育院	高位政策課程	同敎育院	98.3.5	50
	10	地方自治와 地域開發	서울大 環境大學院	高位政策課程	同大學院	98.3.10	50
	11	地方自治와 地域活性化	새마을中央研修院	地域社會奉仕者·公職者 合同 研修	同研修院	98.3.30	337
	12	地方自治發展方向	地方行政研修院	新任管理者課程	同研修院	98.4.10	81
	13	地域開發과 觀光産業	美國 네바다州立 大學(UNLV)	江原道 觀光産業 講座	江原道 雪嶽修練院	98.4.18	100
	14	地方自治와 地域指導者	中央大 行政大學院	高位政策課程	同大學院	98.4.23	40
	15	職場人의 바람직한 姿勢	大韓地籍公社	新入社員 研修	中央産業研修院	98.5.8	159
	16	日本人과 記錄	서울大 環境大學院 高位政策課程	夫婦同伴 海外 研修團	日本 四國 松山市 奧道後호텔	98.6.28	39
	17	韓國地方自治의 課題와 發展方向	日本 京都 立命館大學	政策科學研究科 碩士課程	同大學 盡心館	98.7.15	8
	18	地方自治 發展과 地方議會의 役割	地方自治學會, 地方行政研修院	地方議會議員 政策研修會	同研修院	98.7.29	156
	19	地方自治와 地域指導者	中部大學校 大學院	碩士 및 管理者課程	同大學院	98.9.18	100
1999	1	地方自治와 地域活性化	새마을運動 中央 研修院	地域社會奉仕者 및 公職者敎育	同研修院	99.1.25	307
	2	地方行政의 階層構造 改善方向과 對策	中央公務員敎育院	高位政策課程	同敎育院	99.2.24	43
	3	第2建國運動과 公職者의 姿勢	尙州市	公職者·議員·第2建國委員研鑽	文化會館	99.3.6	650
	4	地方自治時代 環境計劃家의 役割과 姿勢	서울大 環境大學院	1學年共通科目 特講	서울大學校	99.3.17	110
	5	韓國의 地方自治와 地域開發	巨濟市, 人間開發 研究院	巨濟市民自治大學	巨濟敎育센터	99.3.19	350
	6	地方自治와 地域開發	서울大 環境大學院	都市·環境高位 政策課程	同大學院	99.3.23	40
	7	國土開發의 課題와 方向	檀國大 政策經營 大學院	高位管理者課程	天安 檀國大캠퍼스	99.3.27	50
	8	地方自治發展의 課題와 展望	國家專門行政 研修院	5級昇進豫定者 課程	同研修院	99.4.1	565

年度	順次	講演主題	主催機關	行事性格	場所	日字	參席者(名)
1999	9	第2建國運動과 地域發展	第2의 建國 汎推進委員會	自治團體推進委員長 워크샵	茂朱 리조트	99.4.16	267
	10	指導層과 道德意識	韓國道德運動協議會	協會創立 10周年紀念行事	世宗文化會館	99.6.1	300
	11	地方自治와 地域指導者	中央大 行政大學院	高位政策課程	同大學院	99.6.3	45
	12	地方自治의 發展課題와 展望	國家專門行政研修院	5級昇進豫定者課程	同研修院	99.6.9	182
	13	地方自治와 地方人材	又石大學校	在學生의 名士와의 만남	同大學校	99.6.10	450
	14	地方自治와 地域開發	人間開發研究院, 康津郡	康津郡民自治講座	康津 郡民會館	99.6.11	550
	15	地方自治와 地域開發	人間開發研究院, 仁川 南洞區	區民·公職者自治講座	同區廳	99.6.25	500
	16	2000年代 地方發展方向	國家專門行政研修院	自治制度課程	同研修院	99.7.12	57
	17	開發과 環境保全	國家專門行政研修院	地方行政高試班	同研修院	99.7.27	45
	18	第2建國의 必要性과 市民의 役割	光陽市 第2建國汎國民推進委員會	市民 說明會	光陽市 文化藝術會館	99.7.30	600
	19	地方自治와 地域開發	人間開發研究院, 牙山市	市民 大學1周年紀念講演	牙山市廳	99.9.30	400
	20	人間과 環境	西歸浦市, 耽羅大學	西歸浦市民大學	西歸浦 市民會館	99.10.20	300
	21	地方自治와 地域開發	人間開發研究院, 居昌郡	21世紀 居昌 아카데미	居昌 綜合社會福祉館	99.10.29	300
	22	自然保護의 目的과 方法	自然保護 京畿道協議會	自然保護指導委員實踐教育	始興市 東西證券研修院	99.11.10	350
	23	第2의 建國運動과 公務員의 姿勢	國家專門行政研修院	5級昇進豫定者課程	同研修院	99.11.19	400
	24	地方自治와 地域指導者	中央大 行政大學院	高位政策課程	同大學院	99.11.30	50
2000	1	21世紀 地方自治時代에 있어 都市政府의 役割과 課題	21C 都市政策開發院	21C 都市政策포럼	서울클럽	00.2.29	75
	2	地方自治의 現實과 發展方向	中央公務員教育院	高位政策課程	同教育院	00.3.6	47
	3	21C 地方自治의 課題와 發展方向	國家專門行政研修院	地方議會 支援班課程	同研修院	00.3.8	97
	4	地方自治時代 環境計劃家의 役割과 姿勢	서울大 環境大學院	1學年 合同課程	同大學院	00.3.15	110
	5	地方自治와 地域經濟	昌原商議, 三星經濟研究所	慶南經濟 朝餐포럼	昌原 인터내셔날호텔	00.3.17	60
	6	地方自治와 地域經濟	大邱商議, 三星經濟研究所	大邱經濟 朝餐포럼	大邱 프린스호텔	00.3.24	70
	7	地方自治와 地域指導者	中央大 行政大學院	高位管理者課程	同 大學院	00.4.4	50
	8	地方自治와 地域經濟	檀國大 政策經營大學院	高位管理者課程	天安 同大學院	00.4.7	45
	9	地方自治와 地域開發	金泉市, 韓國自治開發研究院	金泉市民自治大學	金泉文化藝術會館	00.4.21	500
	10	地方自治와 地域經濟	忠北經濟研究院, 三星經濟研究所	忠北 經濟포럼	清州 觀光호텔	00.4.25	75

年度	順次	講 演 主 題	主 催 機 關	行 事 性 格	場 所	日 字	参席者(名)
2000	11	地方自治와 地域開發	聞慶市, 韓國自治開發研究院	聞慶市民自治大學	聞慶市民文化會館	00.5.12	700
	12	地方自治와 地域開發	慶州市, 韓國自治開發研究院	慶州市民自治大學	慶州青少年修練館	00.5.26	300
	13	地方自治와 地域發展	慶尙大 産業大學院	最高産業管理者課程	同大學院	00.6.7	40
	14	地方自治와 地域開發	서울大 環境大學院	高位政策課程	同大學院	00.6.8	25
	15	地方自治와 地域開發	統營市, 韓國自治開發研究院	統營市民自治大學	統營市民 文化會館	00.6.30	350
	16	記錄으로 남기는 나의 삶	韓國國家記錄研究院	記錄文化市民아카데미	同研究院	00.9.23	50
	17	行政서비스 革新을 위한 公職者와 市民의 役割	江陵市, 人間開發研究院	江陵未來아카데미	江陵藝術文化會館	00.9.27	350
	18	現代社會와 孝文化	韓國道德運動協議會	第11回 石孝行文化賞施賞式	世宗文化會館	00.10.12	500
	19	記錄으로 남기는 나의 삶	韓國國家記錄研究院	記錄文化 市民아카데미	水原文化院	00.10.28	30
	20	民主化와 公職者象	漢陽大 地方自治大學院	서울 中區廳 公職者研鑽會	서울 中區廳 企劃狀況室	00.11.8	75
	21	地方自治의 發展課題와 展望	國家專門行政研修院	5級昇進班	同研修院	00.11.16	266
	22	行政環境變化와 發想의 轉換	安養새마을教育院	始興市 公務員職員한마음教育	同教育院	00.11.17	165
	23	〃	〃	〃	〃	00.11.20	130
	24	〃	〃	〃	〃	00.11.22	165
	25	建交部 公務員의 役割과 姿勢	建設交通部	職員精神教育	果川廳舍 大講堂	00.11.23	500
	26	地方自治와 地域開發	韓國自治開發研究院	濟州市民自治大學	濟州 漢拏大學	00.11.25	150
	27	時代變化와 女性의 姿勢	南海郡 花田主婦大學	第23期課程	南海專門大學	00.12.2	70
	28	〃	河東郡 蟾津主婦大學	〃	河東 舊農村指導所	00.12.2	165
	29	地方自治와 地域指導者	中央大 行政大學院	高位政策課程	同大學院	00.12.12	20
	30	地方自治時代 環境政策의 方向	國際環境勞動文化院	創立紀念自祝行事	龍山 웨딩타운 하니	00.12.18	130
	31	地域開發과 自治行政	人間開發研究院	達城郡 民官敎養講座	達城郡 社會福祉會館	00.12.22	450
2001	1	人材의 育成과 保護	在京 聞慶市鄕友會	新年交禮會	서울 리베라호텔	01.1.16	300
	2	地方公務員의 意識과 姿勢	仁川市 公務員教育院	4·5級公職者意識教育	同教育院	01.2.22	110
	3	地方公務員의 意識과 姿勢	仁川市公務員教育院	〃	〃	01.2.23	110
	4	21世紀 地方自治制度의 發展方向	國家專門行政研修院	地方議會 支援班	同研修院	01.3.5	63
	5	國家와 地方自治團體의 關係	〃	高級幹部班	〃	01.3.21	37
	6	地方自治時代 新任管理者의 役割	〃	新任管理者課程	〃	01.3.21	23

年度	順次	講演主題	主催機關	行事性格	場所	日字	參席者(名)
	7	地方自治時代 地域指導者의 役割	檀國大學校 天安 캠퍼스	政策經營大學院 高位課程	同大學院	01.3.21	50
2001	8	地方自治와 地域開發	韓國自治開發硏究院	金泉市民 自治大學	金泉 市民文化會館	01.3.22	750
	9	地方自治와 地域發展	蔚山發展100人會議	自體硏修	뉴올림피아호텔	01.4.9	100
	10	地方自治와 地域開發	蔚山市 女性團體協議會	女性經濟敎育	蔚山市 議事堂會議室	01.4.24	230
	11	中央行政權限의 地方移讓推進方向	國家專門行政硏修院	5級昇進者課程	同硏修院	01.5.9	348
	12	地方自治와 地域開發	韓國自治開發硏究院	星州郡民自治大學	星州郡廳	01.6.13	400
	13	地方自治와 住民參與	〃	壽城區民自治大學	大邱情報産業大學	01.8.7	800
	14	地方自治와 市民의 役割	〃	濟州市民自治大學	濟州漢拏大學	01.9.1	275
	15	地方自治와 地域指導者	中央大 産業經營大學院(安城)	最高經營者課程	同大學院	01.9.20	56
	16	地方自治와 市民의 役割	韓國自治開發硏究院	慶州市民自治大學	慶州靑少年修練院	01.9.28	200
	17	地方自治와 市民의 役割	〃	群山市民自治大學	群山市民文化會館	01.11.2	400
	18	地方自治와 環境機能移讓	서울大 環境大學院	環境政策講座	同大學院	01.11.9	22
	19	地方自治와 市民의 役割	韓國自治開發硏究院	統營市民自治大學	統營市民文化會館	01.11.16	350
	20	地方自治와 市民의 役割	〃	堤川市民自治大學	堤川市 文化會館	01.11.22	500
	21	地方自治와 地域指導者	中央大 行政大學院	高位政策課程	同大學院	01.11.27	40
	22	地方自治와 市民의 役割	韓國自治開發硏究院	聞慶市民自治大學	聞慶市民文化會館	01.12.5	200
	23	地方自治와 市民의 役割	〃	義城郡 自治行政大學	義城 郡民會館	01.12.20	400
2002	1	地方自治와 市民의 役割	韓國自治開發硏究院	蔚山市 南區 한마음 自治大學	南區廳 講堂	02.2.21	200
	2	地方自治團體의 構成과 機能	檀國大 政策經營大學院	地方自治指導者課程	天安 캠퍼스 同大學院	02.2.23	20
	3	地方自治와 都市·環境 디자인	서울大 環境大學院	都市·環境高位政策課程	서울大 湖巖生活館	02.2.26	30
	4	地方自治制度의 發展方向	國家專門行政硏修院	地方議會指導者課程	同硏修院	02.3.11	52
	5	地方化時代 商工會議所의 機能과 事務局長의 役割	大韓商工會議所	全國商工會議所 事務局長會議	浦項商工會議所	02.4.3	70
	6	地方自治時代 中央과 地方의 權限分擔	中央大 建設大學院	都市管理指導者課程	同大學院	02.4.8	24
	7	우리 國土와 地域開發의 方向	韓國自治開發硏究院	堤川市民自治大學	堤川市文化會館	02.4.11	550
	8	機能移讓의 現實과 向後課題	國家專門行政硏修院	高級幹部課程	同硏修院	02.4.22	39
	9	地方自治時代 都市計劃家의 役割과 姿勢	서울大 環境大學院	新入生 共同講座 : 都市計劃·設計	서울大 人文館	02.5.1	100
	10	韓國經濟의 展望과 地域經濟 活性化方案	行政自治部	市道·市郡區地域經濟擔當官硏修	現代人力開發硏究院	02.5.2	267

年度	順次	講演主題	主催機關	行事性格	場所	日字	參席者(名)
2002	11	地方自治時代 中央과 地方의 權限分擔	中央大 建設大學院	都市管理指導者課程	同大學院	02.5.3	17
	12	地方自治時代 國家와 地方間 權限分擔	全南大學校 行政大學院	最高政策課程	同大學院	02.5.15	50
	13	地方自治制度의 發展方向	國家專門行政硏修院	中堅幹部班	同硏修院	02.5.23	50
	14	國家와 地方의 權限配分	中央大學校 建設大學院	都市管理再敎育課程	同硏修院	02.6.24	19
	15	地方自治 發展課題와 展望	國家專門行政硏修院	5級昇進者課程	同硏修院	02.7.8	101
	16	地方議會의 바람직한 役割	慶尙南道 議會	第7代 慶尙南道議會議員硏鑽會	昌原호텔	02.7.16	50
	17	地方議會의 權限과 바람직한 役割	京畿道 議政會	21世紀 議會指導者 議政포럼	京畿道議會 大講堂	02.7.19	106
	18	地方議會의 權限과 바람직한 役割	地方議會發展硏究院	初選議員硏鑽會	地方財政會館	02.7.25	186
	19	地方議會의 權限과 바람직한 役割	地方議會發展硏究院	初選議員硏鑽會	地方財政會館	02.7.26	150
	20	地方議會의 權限과 바람직한 役割	順天市 · 麗川市議會	順天 · 麗川市議員硏修會	順天 시티호텔	02.7.30	80
	21	地方議會의 權限과 바람직한 役割	地方議會發展硏究院	濟州道議會議員硏修會	地方財政會館	02.8.21	25
	22	地方議員의 役割과 바람직한 姿勢	國家專門行政硏修院	地方議員 政策硏修大會	天安 상록 리조트 호텔	02. 9. 5	98
	23	地方自治制度의 發展方向	國家專門行政硏修院	5級 特別昇進班	同 硏修院	02.9.9	135
	24	環境親和的 國土管理方向	國土硏究院	새 國土政策 高位課程	國土硏究院	02.10.17	45
	25	孝와 人間道理	韓國道德運動協議會	烜石孝行文化賞 施賞式	世宗文化會館	02.10.25	300
	26	地方自治制度의 發展方向	國家專門行政硏修院	5級 昇進班	同 硏修院	02.11.7	124
	27	地方自治와 忠北發展	忠北大 建設技術硏究所	忠北發展 講演會	忠北大學 新開文化館	02.12.2	200
	28	自治와 市民	韓國自治發展硏究院	蔚山市 南區 한마음大學	南區廳 大會議室	02.12.26	300
2003	1	人生設計와 記錄	韓國西部發電株式會社	任職員 硏鑽會	韓電 本館 會議室	03.1.6	150
	2	地方自治團體의 事務配分	國家專門行政硏修院	地方議會支援課程	同 硏修院	03.3.3	29
	3	새 時代 地方公職者의 姿勢	慶北 奉化郡	公職者 硏修	奉化郡廳 會議室	03.3.5	400
	4	地方自治時代 住民의 姿勢	韓國自治發展硏究院	聞慶 市民自治大學	聞慶市 文化會館	03.3.5	800
	5	協商論	江南大學校 都市硏究院	京畿道 地域計劃硏修課程	同 大學校	03.3.7	50
	6	地方自治 및 住民姿勢와 高陽市의 正體性	韓國自治發展硏究院	一山區 區民自治大學	同 區廳 大會議室	03.4.4	200

年度	順次	講演主題	主催機關	行事性格	場所	日字	參席者(名)
2003	7	地方分權과 地方議會의 役割	江原 原州市	市議會議員 硏鑽會	文幕 Oak Valley 리조트 會議室	03.4.8	43
	8	地方自治의 課題와 發展方向	國家專門行政硏修院	5級 昇進班 課程	同 硏修院	03.4.21	65
	9	地方自治와 地域指導者	中央大學校 行政大學院	高位政策課程	同 大學院	03.4.22	45
	10	自律과 分權의 地方化時代 國家發展戰略	國家專門行政硏修院	人事·組織管理者課程	同 硏修院	03.5.12	56
	11	地方分權과 地方의 姿勢	湖南大學校	湖南發展硏究院 講演會	同 大學 國際會議室	03.5.23	250
	12	21世紀 地方化時代 市民意識에 달려	韓國自治發展硏究院	金浦 市民自治大學	金浦 女性會館	03.6.5	250
	13	新行政首都 建設과 大邱·慶北의 對應 方案	嶺南大學校 行政大學院	碩·博士課程 終講特講	同 大學院	03.6.10	105
	14	地方分權化와 地方의 受容姿勢	光州廣域市 自治區 地方分權推進協議會	創立總會 招請講演	光州 無等山 파크호텔	03.8.7	120
	15	21世紀 地方化時代 市民意識에 달려	蔚山市 北區	住民自治大學	同 區廳 大會議室	03.10.8	450
	16	地方化時代와 市民意識	大田市 大德區	住民自治 아카데미	青少年 修鍊館	03.10.9	430
	17	國家均衡發展과 新行政首都建設	忠清南道	道民 大講演會	忠南道 公務員敎育院(公州)	03.11.5	500
	18	地方化時代의 住民姿勢	慶南 河東郡	郡民自治大學	河東 文化藝術福祉會館	03.11.24	500
	19	新行政首都의 必要性과 憂慮事項	漢陽大學校	韓國建設指導者포럼	인터컨티넨털 호텔	03.11.25	110
	20	道德運動은 家庭에서부터	韓國道德運動協議會	慶北支會 道德講演會	浦項 청솔밭 웨딩홀	03.11.26	500
	21	地方化時代 住民의 姿勢	京畿 果川市	市民自治大學	果川 市民會館	03.12.8	300
	22	地方化時代 住民의 姿勢	蔚山市 南區	한마음大學	中區廳 大會議室	03. 12.18	200
2004	1	新行政首都 建設과 住宅公社의 役割	大韓住宅公社	月例朝會	公社 大會議室	04.3.3	850
	2	自律과 分權의 地方化時代 國家發展戰略	國家專門行政硏修院	人事·組織管理者 및 議會指導者班	同 硏修院	04.3.8	65
	3	21世紀 地方化時代 住民意識에 달려	韓國自治發展硏究院	聞慶 市民自治大學	聞慶 市民文化會館	04.4.28	800
	4	人生과 記錄	韓國建設産業硏究院	職員 硏鑽會	同 硏究院	04. 5.3	60
	5	新行政首都建設의 必要性과 推進方向	國家非常企劃委員會	新行政首都建設에 대한 公職者敎育	果川 廳舍 會議室	04.7.30	90
	6	〃	外交通商部	〃	中央廳舍別館會議室	08.8.4	400
	7	〃	韓國地域煖房公社	〃	同 公社 會議室	04.8.5	250
	8	〃	財政經濟部	〃	果川 廳舍 大會議室	04.8.9	250
	9	〃	文化觀光部	〃	文化觀光部 會議室	04.8.10	200
	10	〃	敎育人的資源部	〃	中央廳舍 大會議室	04.8.12	200
	11	國家均衡發展과 警察의 役割	警察大學	第10期 治安政策課程	警察大學	04.8.17	28

年度	順次	講演主題	主催機關	行事性格	場所	日字	参席者(名)
2004	12	新行政首都建設의 必要性과 推進方向	國軍機務司令部	新行政首都建設에 대한 公職者教育	機務司令部 會議室	04.8.20	250
	13	自律·分權과 地方化時代 國家發展戰略	京畿道公務員教育院	市·郡 公務員教育	同 教育院	04.8.24	30
	14	地方分權과 均衡發展	尙州大學校	最高經營者課程	同 大學校	04.9.22	24
	15	新行政首都建設	中央大 建設大學院	建設最高經營者課程	同 大學院	04.10.12	40
	16	孝의 現實과 擴大方案	道德運動協會 大邱支會	孝運動 特講	大邱銀行 本店 講堂	04.10.22	400
	17	分權化時代 廣域議會 議員의 役割	議政發展研究院	濟州道議會 議員 研鑽會	俗離山 Lake Health Hotel	04.11.5	35
	18	21世紀 地方化時代 市民意識에 달려	韓國自治發展研究院	高陽市 一山區 區民自治大學	一山區廳 大會議室	04.11.19	150
	19	〃	〃	大田市 大德區 區民 아카데미	大德區 青少年 修練館	04.11.24	400
	20	〃	〃	洪城郡 郡民 自治大學	洪州 文化會館	04.11.26	400
	21	地方分權과 國家均衡發展	〃	河東郡 郡民自治 大學	河東郡 文化藝術福祉會館	04.11.29	500
	22	21世紀 地方化時代 市民意識에 달려	〃	丹陽郡 郡民自治 大學	丹陽 郡民會館	04.12.10	300
	23	〃	〃	水原市 市民自治 大學	水原 市民會館	04.12.13	350
	24	〃	〃	東豆川 열린 아카데미	東豆川 市民會館	04.12.17	300
	25	統一展望과 韓半島 改造論	高麗大 經營大學院 校友會	高經 아카데미 送年特講	高麗大 教友會館	04.12.22	300
2005	1	地方自治 定着을 위한 統班長의 役割	仁川市	統班長 研修大會	仁川 綜合文化藝術會館	05.3.17	1,300
	2	〃	〃	〃	〃	05.3.18	1,000
	3	統一展望과 韓半島 改造	建國大 不動産大學院	碩士課程班	建國大 産學協同館	05.3.23	50
	4	平澤市 市民 大統合을 위한 里統長 役割과 平澤市 發展方向	平澤市	里長·統長 세미나	平澤市 李忠文化體育會館	05.4.1	1,200
	5	地域均衡發展과 地方分權	尙州大學校 産業大學院	最高經營者課程	同 大學院	05.4.6	34
	6	國土開發과 디벨로퍼의 役割	韓國디벨로퍼協會	會員 워크숍	龍坪 리조트 비치 골프장	05.5.28	60
	7	보람있는 老後生活	白石 老人大學	特別講演	一山 白石教會	05.6.9	120
	8	地方行政 革新의 推進戰略 및 成功要因	全羅北道	5級 管理者 革新教育	全北 藝術會館	05.6.15	750

年度	順次	講演主題	主催機關	行事性格	場所	日字	參席者(名)
2005	9	地方自治와 住民意識	韓國自治發展硏究院	21世紀 盈德 自治大學	盈德 郡民會館	05.6.24	300
	10	國土開發의 方向과 디벨로퍼의 役割과 姿勢	韓國디벨로퍼 協會	月例 朝餐特講	그랜드 인터컨티넨탈 호텔	05.7.6	50
	11	兵營生活과 道德	韓國書畵作家協會	第12師團 將兵特講	第12師團 敎育大隊(元通)	05.7.29	450
	12	參與政府의 地方分權 推進現況과 課題	地方移讓推進委員會	地方分權 워크숍	茂朱 리조트 티롤호텔	05.8.30	75
	13	地方化時代에 있어 地方住民의 姿勢	韓國自治發展硏究院	報恩 郡民自治大學	報恩郡廳 會議室	05.9.22	200
	14	地方自治와 市民意識	〃	平澤 市民自治大學	平澤 南部文藝會館	05.10.20	250
	15	統一展望과 韓半島 改造論	東亞大 都市計劃學科	學科開設 40周年 紀念 세미나	東亞大 敎授會館	05.10.28	300
	16	人間社會와 生活規範	DO클럽	클럽 創立 4周年 紀念 總會	三成洞 韓牛一番家 食堂	05.10.30	35
	17	統一展望과 韓半島 改造論	建國大 不動産大學院	高位政策課程	建國大 産學協同館	05.10.31	35
	18	地方自治時代 住民의 役割	韓國自治發展硏究院	太白 市民敎養講座	太白市廳 講堂	05.11.11	350
	19	〃	〃	蔚州郡 職場敎育	蔚州郡廳 會議室	05.11.18	250
	20	國土政策과 地方分權	建國大 不動産學科	不動産學科 祝祭行事	새千年館 國際會議室	05.11.23	250
	21	地方分權과 均衡發展	浦項市	中央·地方 相生協力 워크숍	世宗호텔	05.11.29	100
	22	21世紀 地方化時代 住民의 姿勢	韓國自治發展硏究院	安養 市民自治大學	安養市廳 大會議室	05.12.1	500
	23	〃	〃	蔚山 北區 住民自治大學	北區 文化藝術會館	05.12.7	300
	24	〃	〃	蔚珍 郡民自治大學	蔚珍郡 靑少年修練館	05.12.9	350
	25	〃	〃	蔚山 南區 한마음自治大學	南區廳 大會議室	05.12.15	200
	26	〃	〃	高靈 郡民敎養敎室	大伽倻 國樂堂	05.12.23	300
	27	〃	〃	楊口 郡民自治大學	楊口 文化福祉센터	05.12.26	500
	28	〃	〃	釜山 金井區 금샘아카데미	金井 文化會館	05.12.27	550
2006	1	地方行政革新과 公職者 姿勢	公州市	公職者 特講	公州 文藝會館	06.3.3	500
	2	統一展望과 韓半島 改造論	建國大不動産大學院	碩·博士課程	産學協同館	06.3.20	300
	3	〃	光云大 情報 福祉 大學院	碩士課程	同 大學院	06.4.5	250
	4	〃	尙州大 産業大學院	最高經營者課程	同 大學院	06.4.13	35
	5	〃	淸州大 行政大學院	高位管理者課程	同 大學院	06.6.1	70
	6	公共事業 葛藤解消의 길	建交部 葛藤아카데미	定例 討論會	建交部 小會議室	06.6.26	40
	7	觀光레저都市 開發方案: 都市計劃學과의 만남	文化觀光部 企業都市企劃團	第7回 觀光레저 都市政策포럼	서울 플라자 호텔	06.7.20	50

2. 演說 및 人事

年度	順次	行　事　名	發　言　主　題	場　　所	日　字	參席者(名)
1977	1	在京 聞慶郡民會 總會	祝辭 : 郡民會의 意義	新興寺	77.4.17	500
	2	在京 聞慶學友會 硏修會	祝辭 : 大學生의 役割	YMCA	77.5.10	50
1981	1	聞慶中學校同窓會 總會	會長就任辭	店村 나하나禮式場	81.3.1	300
	2	在京 聞慶中學校同門會 總會	祝辭 : (同窓會長 資格)	雙龍빌딩	81.5.24	200
	3	在京 東魯學友會 總會	祝辭 : 學友會의 機能	牛耳洞 遊園地	81.5.31	30
	4	全州市 公害問題發表會	祝辭 : 都市成長과 環境問題	全州商工會議所	81.6.9	500
	5	聞慶中學校同窓會 體育大會	會長大會辭 및 閉會辭	聞慶中學校	81.8.15-16	1,100
	6	在邱 聞慶中學校同門會 發起大會	會長激勵辭	大邱 麒麟苑禮式場	81.10.31	80
1982	1	聞慶中學校同窓會 第6次定期總會	會長人事	店村 나하나禮式場	82.2.14	200
	2	聞慶中學校 第32回卒業式	同窓會長祝辭	聞慶中學校	82.2.16	1,000
	3	聞慶中學校同窓會 第9次體育大會	會長大會辭 및 閉會辭	聞慶中學校	82.8.14-15	200
1983	1	聞慶文化院主催 新年交禮會	祝辭	店村 나하나禮式場	83.1.4	300
	2	聞慶中學校同窓會 第7次總會	會長人事 및 第6代會長 就任辭	店村 나하나禮式場	83.3.1	150
	3	在京 聞慶中學校同門會 第9次總會	同窓會長 祝辭	雙龍빌딩	83.5.7	100
	4	聞慶中學校同窓會 第10次體育大會	會長 大會辭 및 閉會辭	聞慶中學校	83.8.14-15	1,000
1984	1	聞慶文化院主催 新年交禮會	祝辭	店村 나하나禮式場	84.1.4	300
	2	店村 中央로타리 月例會	祝辭	店村 中央로타리會議室	84.1.6	50
	3	聞慶中學校同窓會 第8次總會	會長人事	店村 日新禮式場	84.3.1	250
	4	在京 聞慶中學校 同門會 總會	同窓會長 祝辭	舊서울工科大學 運動場	84.6.24	300
	5	店村中學校同窓會 第5次總會	祝辭	店村中學校	84.8.15	200
	6	聞慶中學校同窓會 第11次體育大會	會長 大會辭 및 閉會辭	聞慶中學校	84.8.19	1,200
1985	1	聞慶中學校 第35回卒業式	同窓會長 祝辭	聞慶中學校	85.2.18	300
	2	聞慶中學校同窓會 第9次總會	會長人事	聞慶中學校	85.2.23	200
	3	聞慶中學校同窓會 第9次總會	會長 離任辭	聞慶中學校	85.2.23	200
1986	1	大韓國土計劃學會 · 全北大 · 全州市 세미나	學會長 開會辭(全州圈開發方向)	全州 코아호텔	86.5.3	300
	2	都市關聯學科 第13回 學術 및 體育大會	國土計劃學會長 激勵辭	暻園大學	86.10.8	500
	3	大韓國土計劃學會 主催 워크샵	學會長 開會辭(低廉住宅開發)	建設會館	86.11.7	100
	4	서울大學校 環境大學院長 就任式	院長就任辭	서울大 環境大學院	86.11.8	200
1987	1	韓國造景學會 總會	大韓國土計劃學會長 祝辭	慶熙大學校	87.2.14	100
	2	서울大 環境大學院 '87卒業生 師恩會	院長 人事	팔레스호텔	87.2.18	60
	3	서울大 環境大學院 '87年度卒業式	院長 祝辭(59名卒業)	서울大 環境大學院	87.2.26	100
	4	서울大 環境大學院 '87年度入學式	院長 致辭(86名入學)	서울大 環境大學院	87.2.28	86
	5	大韓國土計劃學會 總會	會長 人事	서울市立大學校	87.2.28	150
	6	韓 · 日 都市計劃學會 共同 세미나	國土計劃學會長 開會辭(都市再開發)	建設會館	87.4.4-5	200 (日人27名)
	7	第2回 店村市民體育大會 開會式	祝辭	店村綜合運動場	87.4.14	10,000
	8	서울大 環境大學院 프랑스都市學者招請會	院長 開會辭(都市性의 發見)	서울大 敎授會館	87.6.1	200

年度	順次	行　事　名	發　言　主　題	場　所	日　字	參席者(名)
1987	9	大韓國土計劃學會 訪日團 심포지엄	學會長 結論人事(地域活性化)	日本 大分縣 廳舍	87.7.9	100 (韓人18名)
	10	大韓國土計劃學會 訪日團歡迎宴	學會長 答辭	日本 福岡縣知事 招請	87.7.5	50
	11	大韓國土計劃學會 訪日團歡迎宴	學會長 答辭	日本 北九州市 副市長招請	87.7.6	50
	12	大韓國土計劃學會 訪日團歡迎宴	學會長 答辭	日本 大分縣副知事 招請	87.7.9	50
	13	大韓國土計劃學會 訪日團歡迎宴	學會長 答辭	日本 長崎縣 招請	87.7.10	50
	14	大韓國土計劃學會 訪日團歡迎宴	學會長 答辭	日本 唐津市市長 招請	87.7.11	50
	15	서울大 環境大學院 '87年 後期卒業式	院長式辭(12名卒業)	서울大 環境大學院	87.8.29	12
	16	茂庭 金壽鶴先生 回甲論文集奉呈式	發刊委員長人事	滿江鴻	87.8.29	70
	17	古州 盧隆熙博士 回甲論文集獻呈式	準備委員 經過報告 및 獻呈辭	앰버서더호텔	87.9.18	800
	18	李圭孝長官 金壽鶴先生 回甲祝賀宴	論文發刊委員長 獻呈辭	建設會館	87.9.30	300
	19	大韓國土計劃學會 定期學術發表會	學會長 開會人事	建設會館	87.10.17	100
	20	서울大 環境大學院 學生自治會 發隊式	院長 祝辭	韓國館	87.11.2	100
	21	서울大 環境大學院 '88 卒業生 師恩會	院長 人事	서울大 環境大學院	87.12.15	50
1988	1	서울大 環境大學院 新年交禮會	院長 新年辭	서울大 環境大學院	88.1.1	50
	2	大韓國土計劃學會主催 大邱 세미나	學會長 開會辭	東大邱 觀光호텔	88.1.19	100
	3	大韓國土計劃學會主催 大邱 세미나	學會長 開會辭	東大邱 觀光호텔	88.1.20	100
	4	大韓國土計劃學會 第27 次 定期總會	學會長人事	建設會館	88.2.13	150
	5	大韓國土計劃學會 第27 次 定期總會	第9代 學會長 離任辭	建設會館	88.2.13	150
	6	恩師 黃基春先生 停年退任式	弟子 祝辭	永登浦女子高等學校	88.2.16	500
	7	서울大 環境大學院 '88年度 卒業式	院長 致辭(35名卒業)	서울大 環境大學院	88.2.26	35
	8	서울大 環境大學院 '88年度 入學式	院長 致辭(85名入學)	서울大 環境大學院	88.2.27	85
	9	趙完圭 서울大學校 總長 回甲宴	學長團 代表祝辭	總長公館	88.3.7	40
	10	서울大 環境大學院 主催 서울市計劃公聽會	院長 開會人事	建設會館	88.5.20	300
	11	서울大 環境大學院 同窓會 總會	院長人事	建設會館	88.6.3	150
	12	서울大 環境大學院 · 美 MIT 主催 세미나	院長 開會辭(英語)(올림픽 大會의 效果)	하야트호텔	88.6.13	300
	13	서울大 環境大學院 · 美MIT 主催세미나	院長 閉會人事(英語)	하야트호텔	88.6.16	50
	14	서울大 環境大學院 後期 卒業式	院長致辭	서울大 環境大學院	88.8.30	18
	15	서울大 環境大學院第2代自治會發隊式	院長致辭	서울大 小運動場	88.9.14	50
1989	1	서울大 環境大學院 新年交禮會	院長 新年辭	서울大 環境大學院	89.1.1	50
	2	서울大 環境大學院 始務式	院長 人事	서울大 環境大學院	89.1.4	30
	3	大韓國土計劃學會 總會	弦汀國土開發賞 受賞 答辭	國土開發研究院	89.2.18	150
	4	서울大 環境大學院 '89年卒業 師恩會	院長 人事	서울大 教授會館	89.2.22	100
	5	서울大 環境大學院 卒業式	院長 致辭(42名卒業)	서울大 環境大學院	89.2.24	200
	6	서울大 環境大學院 入學式	院長 致辭(91名入學)	서울大 環境大學院	89.2.28	91
	7	美國CODS 會議參席者 招請晩餐	韓國代表 人事(英語)	美Maryland大學 Center of Adult Education	89.6.2	100
	8	서울大 環境大學院 後期 卒業式	院長 致辭(25名卒業)	서울大 環境大學院	89.8.30	25
	9	金學浩 會長 回甲宴	賀客 代表 祝杯提議人事	하야트호텔	89.9.17	100

年度	順次	行　事　名	發　言　主　題	場　　所	日　字	参席者(名)
1989	10	서울大環境大學院 第3代自治會發隊式	院長 祝辭	서울大 環境大學院	89.9.27	50
	11	文教部 地域開發課題發表 세미나	地域開發課題評價委員長開會辭	韓國學術振興財團	89.12.22	50
	12	文教部 地域開發課題發表 세미나	地域開發課題評價委員長閉會辭	韓國學術振興財團	89.12.22	50
1990	1	서울大 環境大學院 90年 卒業生師恩會	院長 人事	서울大 教授會館	90.2.14	50
	2	서울大 環境大學院 教授夫婦 晩餐會	院長 人事	滿江鴻	90.2.23	26
	3	서울大 環境大學院 卒業式	院長 致辭	서울大 環境大學院	90.2.26	200
	4	서울大 環境大學院 入學式	院長 致辭	서울大 環境大學院	90.2.28	130
	5	穎江文化誌 5周年紀念式	後援會長團 被選代表 人事	리베라호텔	90.3.16	30
	6	서울大環境大學院 環境計劃研究所 10周年紀念式	院長 致辭	서울大 文化館	90.4.7	150
	7	서울大 環境大自治會 新都市建設세미나	院長 祝辭	서울大 文化館	90.4.11	100
	8	申邦鉉著 '韓國住宅行政論' 出版紀念會	賀客代表 祝辭	롯데월드호텔	90.5.11	100
	9	서울大 環境大學院 同窓會 總會	院長 祝辭	韓國日報社	90.5.30	30
	10	서울大 環境大學院 後期卒 業式	院長 致辭(24名 卒業)	서울大 環境大學院	90.9.1	24
	11	서울大 環境大學院 第4代自治會發隊式	院長 祝辭	서울大 環境大學院	90.9.6	100
	12	서울大 環境大學院 同窓會理事會	院長 人事	綠園食堂	90.10.11	30
	13	서울大 環境大學院 同窓會 · 自治會 野遊會	院長 人事	安養 樹木園	90.10.21	100
	14	서울大 學校 定期學長會議	院長 離任告別人事	서울大 學長會議室	90.11.1	30
	15	서울大 環境大學院 院長 離就任式	院長 離就任辭	서울大 環境大學院	90.11.9	200
	16	文教部 地域開發課題發表 세미나	地域開發課題評價委員長開會辭	韓國學術振興財團	90.12.7	50
	17	文教部 地域開發課題發表 세미나	地域開發問題評價委員長 閉會辭	韓國學術振興財團	90.12.7	50
	18	서울大學校 學院長夫婦 送年會	離任 人事	서울大 總長公館	90.12.20	50
	19	鳥嶺會會員 夫婦同伴 送年會	會長 人事	캐피탈호텔	90.12.24	38
1991	1	黃鏞周博士 回甲祝賀宴	祝辭	서울클럽	91.11.19	100
	2	申邦鉉博士 回甲祝賀宴	祝辭	롯데월드	91.12.3	700
	3	教育部 地域開發研究課題發表會	開會 및 閉會 人事	學術振興財團	91.12.27	50
1992	1	Cincinnati大 同窓會 總會	會長 人事	三原가든	92.1.17	50
	2	韓國地方行政研究院 巡廻討論會	開會辭 및 閉會 人事	大田市民會館	92.5.4	500
	3	同	同	光州國民生活館	92.5.8	300
	4	同	同	釜山商工會議所	92.5.11	700
	5	韓國地方行政研究院 院長 就任式	院長 就任辭	韓國地方行政研究院	92.7.22	100
	6	韓國地方行政研究院 地方討論會	院長 開會辭 및 閉會人事	世宗文化會館	92.7.29	300
	7	韓國地方行政研究院 月例朝會	院長 訓示	韓國地方行政研究院	92.8.1	70
	8	韓國地域開發學會 · 캐나다共同세미나	Welcome Address	리베라호텔	92.8.29	200
	9	韓國地方行政研究院 月例朝會	院長 訓示	韓國地方行政研究院	92.9.2	70
	10	韓國財政學會세미나 晩餐宴	乾杯 演說	水安堡常綠호텔	92.9.4	200
	11	店村 · 聞慶代表者 招請晩餐會	招請 人事	店村 長宇食堂	92.9.5	50
	12	韓國地方行政研究院 開院8周年紀念式	院長 紀念辭	韓國地方行政研究院	92.9.7	70
	13	韓國地方行政研究院 院友會 歡迎會	院長 答辭	漢江高水敷地	92.9.18	60
	14	韓國地方行政研究院 月例朝會	院長 訓示	韓國地方行政研究院	92.10.6	70
	15	金浦郡 長期計劃 連席會議	院長 人事	金浦郡廳	92.10.16	50

年度	順次	行　事　名	發言主題	場　所	日　字	參席者(名)
1992	16	韓國地方行政研究院 諮問會議	委員委囑 및 院長 人事	韓國地方行政研究院	92.10.23	30
	17	韓國地方行政研究院 地方行政세미나	開會辭 및 閉會 人事	世宗文化會館	92.11.2	250
	18	韓國地方行政研究院 月例朝會	院長 訓示	韓國地方行政研究院	92.11.2	70
	19	韓國地方行政研究院 地方自治審議會	院長 人事	延世大 Allen館	92.11.5	60
	20	韓國地方行政研究院 職員 野遊會	院長 人事	牛耳洞 山川草木食堂	92.11.13	50
	21	韓國地方行政研究院 地方自治運營委員會	院長 人事	팔레스호텔	92.11.14	10
	22	韓國地方行政研究院 福祉委員會 結成	院長 人事	韓國地方行政研究院	92.11.17	7
	23	韓國地方行政研究院 月例朝會	院長 訓示	韓國地方行政研究院	92.12.3	70
	24	教育部 地域開發研究發表 세미나	委員長 開會 人事	學術振興財團	92.12.29	30
	25	韓國地方行政研究院 送年會	院長 人事	韓一館	92.12.30	70
	26	韓國地方行政研究院 終務式	院長 送年辭	韓國地方行政研究院	92.12.31	70
1993	1	韓國地方行政研究院 始務式	院長 新年辭	韓國地方行政研究院	93.1.4	70
	2	韓國地方行政研究院 月例朝會	院長 訓示	韓國地方行政研究院	93.2.1	70
	3	韓國地方行政研究院 月例朝會	同	韓國地方行政研究院	93.3.2	70
	4	韓國地方行政研究院 諮問委員會	院長 人事	韓國地方行政研究院	93.3.12	35
	5	地自體出捐研究院長協議會 幹事會議	會長 人事	韓國地方行政研究院	93.3.31	10
	6	韓國地方行政研究院 月例朝會	院長 訓示 및 講演	韓國地方行政研究院	93.4.1	70
	7	韓國地方行政研究院地自制發展審議會	院長 人事	韓國地方行政研究院	93.4.14	20
	8	同	同	韓國地方行政研究院	93.4.15	20
	9	韓國地方行政研究院 研修大會	同	忠州 Kotha Hotel	93.4.30	70
	10	韓國地方行政研究院 國民意識 세미나	開會辭 및 閉會 人事	世宗文化會館	93.5.6	300
	11	韓國地方行政研究院 公聽會發表者會議	院長 人事	韓國地方行政研究院	93.5.15	10
	12	새마을運動中央協議會 第82次理事會	理事退任 人事	새마을運動中央協議會	93.5.19	20
	13	韓國地方行政研究院 地方自治計劃公聽會	開會辭 및 閉會 人事	大韓商工會議所	93.5.20	289
	14	在京 聞慶中學校 同門會總會	祝辭	Ambassador Hotel	93.5.24	120
	15	風水會 總會	會長 離任辭	江陵 옛날집	93.5.25	9
	16	韓國地方行政研究院 月例朝會	院長 訓示	韓國地方行政研究院	93.6.1	70
	17	美國計劃家 學長團 特講	院長 人事	韓國地方行政研究院	93.6.5	70
	18	開院10周年事業 推進委發足	院長 訓示	韓國地方行政研究院	93.6.16	50
	19	서울大環境大 開院20周年紀念 리셉션	院長 人事	湖巖教授會館	93.6.16	150
	20	韓國地方行政研究院 公務員定員模型 워크샵	院長 人事	韓國地方行政研究院	93.6.21	10
	21	地自制發展審議委員會	院長 人事	世宗文化會館	93.6.23	80
	22	韓國地方行政研究院 月例朝會	院長 訓示	韓國地方行政研究院	93.7.1	70
	23	同	同	韓國地方行政研究院	93.7.31	70
	24	金浦郡 長期發展計劃公聽會	開會 人事	金浦郡廳	93.8.6	160
	25	國土·都市計劃學會 光州·全南 支會結成	激勵辭	光州日報社	93.8.24	30
	26	韓國地方行政研究院 地方自治 세미나	開會辭 및 閉會 人事	世宗文化會館	93.8.27	210
	27	韓國地方行政研究院開院9周年紀念式	紀念辭	韓國地方行政研究院	93.9.6	70

年度	順次	行 事 名	發 言 主 題	場 所	日 字	參席者(名)
1993	28	東園奬學財團 設立報告會	激勵辭	Renaissance Hotel	93.9.21	80
	29	田英春先生 古稀紀念論文集贈呈式	奉呈辭	新羅호텔	93.9.24	300
	30	서울市政開發研究院 開院 1周年紀念式	祝辭	世宗文化會館	93.10.6	150
	31	韓國地方行政研究院 地方自治國際 세미나	開會辭, 閉會人事 및 晩餐 人事	世宗文化會館	93.10.8	250
	32	店村廣域市推進委員會招請晩餐(Corey등)	答辭	店村 새재觀光호텔	93.10.10	25
	33	韓國地方行政研究院 諮問委員會	院長 人事	韓國地方行政研究院	93.10.14	50
	34	同研究院 江原道議員研鑽會	基調 人事	江原道教育院	93.10.25	100
	35	自治體出捐研究院長協議會 定期總會	會長 人事	光州·全南發展研究院	93.10.29	30
	36	韓國地方行政研究院光州市議員研鑽會	基調 人事	光州民俗博物館	93.11.4	100
	37	同研究院 全北道議員研鑽會	同	全州 木園타운	93.11.9	150
	38	內務部地方行政研修院 市長·郡守班 論文發表	綜合評價	地方行政研修院	93.11.11	24
	39	새마을運動中央協議會 새마을勳章 授與式	受賞所感	새마을運動中央協議會	93.12.1	300
	40	教育部 地域開發優秀論文發表 세미나	開會 및 閉會 人事	大田 儒城無窮花觀光호텔	93.12.14	50
	41	驪州郡 長期計劃樹立關係者協議會	開會 人事 및 綜合 答辯	驪州郡廳	93.12.21	40
	42	韓國地方行政研究院 送年會	送年 人事	韓一館	93.12.30	70
	43	韓國地方行政研究院 終務式	送年辭	韓國地方行政研究院	93.12.31	70
1994	1	韓國地方行政研究院 始務式	新年辭	韓國地方行政研究院	94.1.3	70
	2	韓國地方行政研究院 月例朝會	訓示	韓國地方行政研究院	94.2.1	70
	3	韓國地方行政研究院 理事會	院長 人事 및 幹部 紹介	韓國地方行政研究院	94.2.22	30
	4	地自體出捐研究院長協議會 總會	會長 人事	淸州 國際호텔	94.2.23	20
	5	서울大環境大學院 師恩會	教授 人事	서울大 教授會館	94.3.2	70
	6	韓國地方行政研究院 月例朝會	訓示	大明콘도 會議室	94.3.2	70
	7	韓國地方行政研究院 研究諮問委員會	院長 人事	韓國地方行政研究院	94.3.22	30
	8	韓國地方行政研究院 月例朝會	訓示	韓國地方行政研究院	94.4.1	70
	9	韓國地方行政研究院 驪州綜合計劃 中間報告	開會 人事	驪州郡廳	94.4.26	50
	10	韓國地方行政研究院 月例朝會	訓示	韓國地方行政研究院	94.5.2	70
	11	韓國地方行政研究院 月例朝會	訓示	韓國地方行政研究院	94.6.1	70
	12	Michigan州立大 國際大學 Pacific Rim Issue 討論	韓國의 環境變化에 대한 演說	Michigan大 Faculty Club	94.6.8	50
	13	Michigan大 國際大學討論會 參席者 會食宴	感謝 人事	韓國食堂 宇村閣	94.6.8	30
	14	韓國地方行政研究院 第7代院長離任式	院長 離任辭	韓國地方行政研究院	94.7.20	70
	15	國土計劃學會 海外視察團 終了前夜 晩餐	人事,總評 및 '國三同志會' 公布	日本 北海道 登別 Grand Hotel	94.8.27	30
	16	韓國地方行政研究院 鄭文和院長就任式	祝辭	韓國地方行政研究院	94.10.5	70
	17	韓國地方行政研究院 開院10周年 行事晩餐	祝賀人事 및 乾杯提議	韓食堂 進士宅	94.10.25	25
1995	1	서울大 環境大學院 新年賀禮式	賀禮 人事	서울大 環境大學院	95.1.3	30

年度	順次	行　事　名	發　言　主　題	場　所	日　字	參席者(名)
1995	2	韓國地方自治學會 總會	第3代會長 就任辭	서울市政開發研究院	95.2.22	200
	3	教育部 地域開發研究課題學術 세미나	委員長 開會 人事	中央教育研修院	95.2.24	50
	4	地方自治學會 大田·忠南支會總會 開幕式	會長 祝辭	大田市民會館	95.3.10	250
	5	리비아視察팀 遊會宴	感謝 人事	리비아 Tripoli 郊外 Homs 海邊	95.7.25	40
	6	地方自治學會 學術 세미나	會長 開會辭 및 閉會 人事	프레스센터	95.8.10	170
	7	大邱·慶北地方自治學會 創立總會	會長 激勵辭	大邱嶺南大行政大學院	95.9.23	220
	8	地方自治學會 自治事典編輯委員會	會長 人事	서울市政開發研究院	95.9.30	20
	9	라스베이거스市 名譽市民委囑式	答辭	서울市政開發研究院	95.10.4	150
	10	라스베이거스市 Adamsen副市長 및 金在城局長特講	感謝 人事	韓國地方行政研究院	95.10.4	70
	11	地方自治學會 光州·全南支會 研究發表會	會長 人事	湖南大學(光州)	95.10.6	100
	12	中國僑胞 車哲九教授 서울大 環境大學院特講	人事 및 講師紹介	서울大 環境大學院	95.10.23	80
	13	韓·日地方自治交流會 宮本憲一會長 招請宴	人事 및 韓國代表陣 紹介	大阪 Miyako(都)호텔	95.11.28	20
	14	第4回日·韓地方自治研究交流集會 開會式	開會 人事	大阪 國際交流센터	95.11.29	150
	15	韓·日地方自治交流會 晩餐宴會	大阪市 助役에의 膳物贈呈辭	大阪 國際交流센터	95.11.29	100
	16	地方自治學會 訪日團에의 阪神地震復舊 說明會	人事 및 訪日團 紹介	兵庫縣廳	95.12.1	20
	17	地方自治學會 訪日團에의 阪神地震復舊 說明會	人事 및 訪日團 紹介	神戶市廳	95.12.1	20
	18	地方自治學會·라스베이거스市 세미나 開會式	開會辭(英語)	라스베이거스 Charleston Heights Arts Center	95.12.18	40
	19	Mr. Allan Nel招請 韓·美代表者 晩餐宴	答辭 및 膳物贈 呈辭	라스베이거스 Frug Building	95.12.18	20
	20	地方自治學會招請 韓·美代表者午餐會	會長 歡迎辭	라스베이거스 Oakey 食堂	95.12.19	20
	21	라스베이거스市 Adamsen副市長에 대한 膳物贈呈	贈呈辭	라스베이거스市廳	95.12.19	20
1996	1	서울大 環境大學院 新年賀禮式	新年人事	서울大 環境大學院	96.1.3	40
	2	韓國地方行政研究院 第9代 林敬鎬院長 就任式	就任祝辭	韓國地方行政研究院	96.1.13	70
	3	韓國地方自治學會 總會	開會 人事	서울市政開發研究院	96.2.23	50
	4	地方自治學會 濟州支會總會	會長 祝辭	濟州 하와이 호텔	96.2.28	20
	5	明知大 地方自治大學院 開院式	開院 祝辭	明知大地方自治大學院	96.3.12	50
	6	京畿開發研究院 研究諮問委員會	委員長 就任 人事	京畿開發研究院	96.4.2	30
	7	京畿開發研究院 開發1周年紀念리셉션	乾杯提議 人事	京畿銀行	96.4.16	50

年度	順次	行　事　名	發言主題	場　所	日字	参席者(名)
1996	8	內務部地方行政研修院 中堅幹部課程 入校午餐會	祝賀 人事	地方行政研修院	96.5.6	70
	9	'月刊 自治公論' 創刊紀念式 및 公職者論壇賞施賞式	理事長 開會辭	泰榮빌딩 會議室	96.5.10	80
	10	教育部 地域開發硏究課題 發表 세미나	審査委員長 開會 人事	學術振興財團	96.5.21	50
	11	地方自治學會 民選自治1周年紀念 세미나	會長 開會 人事	서울大 湖巖教授會館	96.6.21	200
	12	地方自治學會 民選自治1周年紀念 세미나	晩餐 人事	서울大 湖巖教授會館	96.6.21	50
	13	大邱 · 慶北地方自治學會 地方自治 大討論會	會長 祝辭	大邱 프린스호텔	96.6.24	250
	14	새재會 定例 모임	蔡汶植議長 歡迎人事	萬里長城	96.9.17	15
	15	安山市長 招請 Las Vegas · 自治學會 代表 晩餐會	乾杯人事(韓國語 · 英語)	리츠 · 칼튼호텔	96.10.5	25
	16	自治學會 · 라스베이거스共同 심포지엄	會長 開會辭	리츠 · 칼튼호텔	96.10.7	130
	17	自治學會 · 라스베이거스共同 심포지엄	會長 開會辭	慶州 코오롱호텔	96.10.9	50
	18	韓 · 日地方自治學會 代表者 午餐會	歡迎人事 및 韓國代表 紹介	濟州 KAL호텔	96.10.30	30
	19	韓 · 日地方自治學會 심포지엄	會長 開會辭	濟州 KAL호텔	96.10.30	200
	20	韓 · 日地方自治學會 심포지엄	會長 閉會辭	濟州 KAL호텔	96.10.31	100
	21	內務部研修院 中堅幹部班 修了式	指導教授 代表祝辭	同研修院	96.11.8	130
	22	大田市 世界科學技術都市聯合 推進協議會 國際會議	會長 開會辭(英語)	儒城觀光호텔	96.11.19	300
	23	地方自治學會 教育自治公聽會	會長 開會辭	教育行政研修院	96.12.6	80
	24	內務部 研修院 高級幹部修了式	指導教授 代表 祝辭	同研修院	96.12.13	70
1997	1	草凡 金安濟博士華甲紀念集 獻呈式	答禮 人事	리츠 · 칼튼 서울호텔	97.1.8	600
	2	建交部 民間投資事業審議委員會 第1次會議	委員長 人事	建交部 會議室	97.2.5	50
	3	地方自治學會 總會	會長 開會辭 및 離任辭	서울市政開發硏究院	97.2.14	100
	4	地域開發研究會 創立總會	顧問 祝辭	禹哉永法務士事務室	97.2.24	100
	5	內務部 研修院 高級幹部課程 入校式	指導教授 代表 祝辭	同研修院	97.2.26	60
	6	서울大 環境大學院 高位政策過程 國內研修	主任教授 出發 人事	서울大 教授會館	97.3.8	50
	7	〃	水資源公社에의 膳物贈呈 人事	始華地區 現場事務所	97.3.8	56
	8	〃	저녁晩餐 人事	仁川 弘益뷔페食堂	97.3.8	60
	9	〃	저녁閉會 人事	仁川 弘益뷔페食堂	97.3.8	50
	10	〃	金學俊總長 特講 紹介	仁川 松島비취호텔	97.3.9	50
	11	서울大 環境大學院 高位政策過程 講義	盧隆熙講師 紹介	同大學院	97.3.11	45
	12	黃鏞周博士 停年紀念 論文集贈呈式	乾杯 人事 및 提議	서울教育文化會館	97.3.12	400
	13	서울大 環境大學院 高位政策過程講義	講師(崔相哲 · 金鍾基) 紹介	同大學院	97.3.18	45
	14	〃	講師(金炯國) 紹介	同大學院	97.3.25	45
	15	內務部 研修院 第2期新 任管理者課程 入校式	指導教授 祝辭	同研修院	97.4.1	120
	16	서울大 環境大學院 高位政策課程講義	講師(金璟東 · 李建永) 紹介	同大學院	97.4.1	45
	17	서울大 環境大學院 高位政策過程	主任教授晩餐人事	濠洲 Sydney港	97.4.6	60

年度	順次	行 事 名	發 言 主 題	場 所	日 字	參席者(名)
1997		海外硏修		Cruise 船上		
	18	〃	講師(John Toon敎授) 紹介	Sydney 韓日館食堂	97.4.7	60
	19	〃	講師(Lim Lan Yuan敎授)紹介	Singapore大學	97.4.8	60
	20	〃	硏修證書 授與人事	Singapore 中國食堂	97.4.8	60
	21	〃	硏修團 解散人事	金浦國際空港 入國場	97.4.10	60
	22	서울大環境大學院 高位政策課程 講義	講師(兪炳林 · 許信行) 紹介	同大學院	97.4.15	45
	23	內務部 硏修院 第33期 中堅幹部課程 入校式	指導敎授祝辭	同硏修院	97.4.28	80
	24	서울大環境大學院 高位政策課程 特講	講師(金建鎬)紹介	湖巖生活館	97.4.29	80
	25	서울大 環境大學院 高位政策課程 講義	講師(金基浩 · 李正典) 紹介	同大學院	97.5.6	45
	26	〃	講師(盧在植 · 李仁濟) 소개	同大學院	97.5.8	45
	27	自治公論 創刊2周年紀念 및 古州賞 施賞行事	理事長 開會辭 및 閉會人事	泰榮빌딩	97.5.10	100
	28	서울大環境大學院 高位政策課程 講義	講師(李태일 · 洪순길) 소개	同大學院	97.5.20	45
	29	〃	講師(金진균 · 박병권) 소개	同大學院	97.5.27	45
	30	忠南 '97 國際環境포럼 開會式	推進委員長 開會辭	大田 EXPO國際會議場	97.5.29	300
	31	忠南 '97國際環境포럼 知事招請晩餐會	推進委員長 乾杯	大田 리베라호텔	97.5.29	200
	32	忠南知事招請 '97國際環境포럼 推進委員 慰勞晩餐	推進委員長 答辭 · 乾杯	忠南道知事官邸	97.6.7	40
	33	서울大學校 環境大學院 高位政策課程 講義	講師(朴鍾和 · 임승빈) 소개	同大學院	97.6.10	40
	34	〃	講師(權肅杓 · 임창호) 소개	同大學院	97.6.12	35
	35	慶北 道廳移轉推進委員會	委員長 當選人事	慶北道廳	97.6.25	60
	36	서울大環境大學院高位政策課程 特講	講師(吳明) 소개	서울大 컨벤션센터	97.7.1	70
	37	〃	終講 懇談會 人事	서울大 컨벤션센터	97.7.1	70
	38	內務部硏修院中堅幹部課程 論文發表會	指導敎授 講評	同硏修院	97.9.30	55
	39	內務部硏修院 中堅幹部課程 修了式	指導敎授 祝辭	同硏修院	97.10.31	120
	40	서울大 環境大學院 第3期高位政策課程 送年會	主任敎授 人事	63빌딩	97.11.21	60
	41	忠南 道公務員敎育院 市 · 郡政 硏究發表大會	審査委員長 綜合評價 및 人事	同敎育院	97.12.5	120
	42	金在城博士 著書出版紀念會	招請人代表 人事	水安堡 파크호텔	97.12.6	100
	43	새마을中央硏修院 第1千期敎育紀念式	諮問敎授 祝辭	同硏修院	97.12.8	100
	44	建交部 民間投資事業審議會 送年會	委員長 答辭	食堂 靑紗	97.12.11	35
	45	內務部 硏修院高級幹部課程修了式	指導敎授 祝辭	同硏修院	97.12.12	90
	46	環心會 送年會	顧問 人事말	食堂 토담집	97.12.13	18
	47	學術振興財團 '97地域開發硏究學術 세미나	委員長 開會辭 및 閉會辭	同財團	97.12.22	45
1998	1	서울大 環境大學院 新年賀禮式	新年人事	同大學院	98.1.3	30
	2	서울大 環境大學院 高位政策課程 入試査定 및 運營委員會	主任敎授 司會人事	同大學院	98.2.16	10
	3	趙正濟長官 弦汀賞 受賞 感謝晩餐	國土學會 顧問祝杯	松苑食堂	98.2.16	9

年度	順次	行　事　名	發 言 主 題	場　所	日　字	参席者(名)
1998	4	地方行政研修院 第18期高幹班 入校式	指導教授代表祝辭	同研修院	98.2.18	60
	5	韓國能率協會 '自治經營硏究포럼' 創立紀念 세미나	顧問祝辭	63빌딩	98.2.27	70
	6	서울大 環境大學院 高位政策課程 國內研修	主任教授人事	서울大 教授會館	98.3.7	50
	7	〃	膳物傳達人事	淸平 揚水發電處	98.3.7	55
	8	〃	會食開會 및 閉會人事	加平豊林프랜드리콘도	98.3.7	52
	9	〃	楊秉彝院長 特講紹介	〃	98.3.8	50
	10	地方行政研修院 第3期 新任管理班入校式	指導教授 代表祝辭	同研修院	98.3.11	200
	11	서울大 環境大學院 高位政策課程	講師(崔相哲 · 朴鍾和) 소개	同大學院	98.3.17	46
	12	〃	講師(金炯國 · 金鍾基) 소개	〃	98.3.24	45
	13	地方行政研修院 第2期 新任管理班 修了式	指導教授 代表祝辭	同研修院	98.3.25	250
	14	서울大 環境大學院 同窓會總會	教授代表 乾杯 人事	常綠會館	98.3.25	80
	15	서울大 環境大 高位政策課程3 · 4期 相見禮	主任教授 乾杯 人事	湖巖컨벤션센터	98.3.31	70
	16	서울大 環境大 高位政策課程	講師(金基浩 · 진현인) 소개	同大學院	98.4.7	45
	17	서울大 環境大 高位政策課程 夫婦同伴特講	乾杯提議 및 講師(尹은기) 소개	湖巖컨벤션센터	98.4.9	100
	18	建交部 中央都市計劃委員會	臨時委員長 司會 人事	建交部	98.4.11	30
	19	서울大 環境大學院 高位政策課程	講師(兪炳林 · 金丁勛) 소개	同大學院	98.4.14	48
	20	〃	海外研修 計劃說明	〃	98.4.14	48
	21	〃	講師(최재천 · 심우갑) 소개	〃	98.4.28	40
	22	地方自治硏究院 '自治公論' 3周年紀念式	理事長 開會辭 · 閉會辭	泰榮빌딩	98.5.9	70
	23	서울大 環境大學院 高位政策課程	講師(宋丙洛 · 金成洙) 소개	同大學院	98.5.12	45
	24	地方行政研修院 中堅班 入校式	指導教授 代表祝辭	同研修院	98.5.18	70
	25	서울大 環境大學院 高位政策課程	講師(임승빈 · 선용) 소개	同大學院	98.6.2	35
	26	〃	講師(서정욱 · 이동수) 소개	〃	98.6.9	40
	27	서울大 環境大高位政策課程 海外研修	講師(藤原良교수) 소개	日本 九州大學	98.6.24	41
	28	〃	講師(九山定已교수) 소개	日本 熊本大學	98.6.26	41
	29	서울大 環境大 高位政策課程 夫婦同伴特講	主任教授 乾杯人事	서울大 教授會館	98.6.30	75
	30	〃	講師(金東吉) 소개	〃	98.6.30	75
	31	國土計劃學會訪中團離中前夜晩餐宴會	國際交流委員長 綜合報告	中國上海黃浦江河口食堂	98.8.9	31
	32	淸州市 · Las Vegas市 都市發展國際심포지움	閉會人事	淸州市 藝術의 殿堂	98.10.20	60
	33	Las Vegas 서울事務所 開所3周年紀念式	韓國人士紹介 및 祝辭	Ritz-Carlton Hotel	98.10.22	70
	34	金進㼋 江原知事招請 韓 · 中 · 日 都市計劃學會 代表者 晩餐會	乾杯提議	襄陽 洛山비치호텔	98.10.24	120

年度	順次	行 事 名	發 言 主 題	場 所	日 字	參席者(名)
	35	地方行政研修院 中堅班 修了式	指導教授祝辭	同研修院	98.11.26	110
	36	서울大 高位課程3期 送年會	主任教授人事	리츠칼턴호텔	98.12.3	35
	37	서울大 高位課程4期 送年會	主任教授人事	인터컨티넨탈호텔	98.12.4	40
	38	서울大 高位課程2期 送年會	主任教授乾杯	湖巖館	98.12.12	30
1999	1	國家專門行政研修院 地方高試合格者 4期入校式	指導教授祝辭	同研究院	99.3.16	70
	2	서울大 環境大 高位政策課程 入學生 · 卒業生 相見禮	前任主任教授 致辭 및 乾杯	湖巖館	99.3.30	80
	3	慶北學研究포럼 知事招請午餐會	來賓代表乾杯	嶺南大學 國際館 로즈가든	99.5.6	50
	4	古州盧隆熙教授 地方自治學術賞 施賞式	基金管理委員長 開會辭	泰榮빌딩	99.5.8	50
	5	〃	基金管理委員長 閉會辭	〃	〃	50
	6	國家專門行政研修院 第35期中堅班 入校式	指導教授祝辭	同研修院	99.5.12	70
	7	Viagis Center 朝餐 모임	Coordinator代表 祝辭	프레스센터	99.5.26	100
	8	韓 · 中 · 日 都市計劃交流會 歡送宴	韓國代表人士(英語)	臺南市 臺南호텔	99.9.19	80
	9	大韓國土 · 都市計劃學會 訪臺團 自體平價會	國際交流委員長 綜合平價	臺灣 墾丁 福華渡假 飯店	99.9.20	18
	10	21世紀 居昌發展研究會 懇談會	特講者人事 및 意見開陳	居昌邑 茶室 달을 삼킨 연못	99.10.29	15
	11	自治開發研究院 水原市 公職者 特別教育	理事長 人事 및 講師紹介	水原市 民防衛教育場	99.11.1	400
	12	地方自治學會 任員招待 晩餐會	서울市文化賞 受賞人事	日食 光海	99.11.1	16
	13	國家專門行政研修院 中堅班 修了式	指導教授祝辭	同研修院	99.11.11	120
	14	서울大 環境大 高位政策課程 第3期 送年會	當時主任教授 人事	르네상스호텔	99.12.3	50
	15	國家專門行政研修院 高幹班 修了式	指導教授 祝辭	同研修院	99.12.8	55
	16	韓國書畵作家協會 施賞式 및 送年會	來賓代表 祝辭	世宗文化會館	99.12.9	100
	17	서울大 環境大 高位政策課程 第4期 送年會	當時 主任教授 人事	청동오리집	99.12.10	20
	18	在京鄕友會 任員送年會	地方移讓推進委員長 就任人事	萬里長城	99.12.20	70
	19	嶺江文化後援會主催 受賞 · 委員長 就任祝賀宴	被招待者 答辭	상제리제브페	99.12.21	45
	20	韓國自治開發研究院 任職員 送年會	理事長 人事	一山 갈비집	99.12.27	9
	21	環心會 夫婦同伴 送年會	顧問 人事	韓味里食堂	99.12.29	20
2000	1	光州 · 全南發展研究院 主催 雲林 溫泉開發公聽會	基調講演者의 講演中斷抗辯 光州市	東區廳 會議室	00.1.12	600
	2	地方移讓 産業 · 建設分科委員會 會議	委員長 激勵人事	地方移讓委員會委員 長室	00.1.20	25
	3	長男結婚 相對 家族과의 相見禮會食	新郎家族代表로서人事 및紹介	三井 호텔	00.2.20	30
	4	地域開發研究會 定期總會	顧問 人事	同研究會 會議室	00.2.23	35

年度	順次	行　事　名	發 言 主 題	場　所	日　字	參席者(名)
2000	5	地方移讓實務委員會 全體會議	委員長當付 人事	政府綜合廳舍 會議室	00.2.29	60
	6	古州賞 運營委員會 定期總會	委員長 人事	韓國自治開發硏究院	00.3.4	10
	7	地方移讓推進委員會 홈페이지 開設	委員長 人事말	http://www.dpla.go.kr	00.3.22	不特定大衆
	8	地方移讓推進委員會 關係部處 擔當官會議	委員長 人事	委員會 委員長 事務室	00.4.17	10
	9	韓國自治開發硏究院 金泉市民 自治大學開講式	理事長 祝辭	金泉 文化藝術會館	00.4.21	500
	10	서울大 環境大學院 第6期高位政策 課程 入校式 리셉션	前主任敎授 乾杯人事	서울大 文化館	00.4.28	50
	11	韓國自治開發硏究院 聞慶市民 自治大學 開講式	理事長 祝辭	聞慶市民文化會館	00.5.12	700
	12	韓國自治開發硏究院 自治公論 6周年 紀念 및 古州賞施賞式	理事長 開會辭 및 閉會辭	泰榮빌딩 會議室	00.5.13	120
	13	國家專門行政硏修院 中堅幹部班 入校式	指導敎授 代表祝辭	同硏修院	00.5.17	60
	14	大韓國土都市計劃學會 都市計劃 職 擴大方案세미나	綜合人事所感	科學技術會館 會議室	00.5.17	45
	15	地方移讓 農水産福祉分科委員會會議	委員長 當付人事	委員會 委員長室	00.5.18	20
	16	韓國自治開發硏究院 濟州市民自治 大學 開講式	理事長祝辭	濟州 漢拏大學	00.5.20	350
	17	地方移讓推進委員會 擔當公務員 專門敎育	委員長激勵辭	大田 政府廳舍大講堂	00.5.24	250
	18	韓國自治開發硏究院 慶州市民自治 大學開講式	理事長 祝辭	慶州 靑少年修鍊館	00.5.26	300
	19	韓國自治開發硏究院 統營市民 自治大學開講式	理事長 祝辭	統營市廳 大講堂	00.6.2	500
	20	韓·中·日都市計劃學會 심포지엄 送別會	韓國代表人事(英語)	日本 神戶市 國際會議場	00.7.18	150
	21	大韓國土·都市計劃學會 訪日團評價會	國際交流委員會 委員長人事	日本 神戶市 相樂園	00.7.19	42
	22	國務總理招請 地方移讓1周年紀念 晩餐會	委員長答辭 및 閉會人事	國務總理公館	00.8.30	50
	23	地方移讓推進委員會 移讓擔當 公務員敎育	委員長激勵辭	國家專門行政硏修院	00.9.26	278
	24	地方移讓推進委員會 美 미시간大學 代表팀과의 協議	委員長 歡迎人事 및 紹介	委員會 委員長室	00.10.16	20
	25	韓國自治開發硏究院 群山市民自治 大會開講式	理事長祝辭	群山市 學生會館	00.10.20	1,115
	26	國家專門行政硏修院 中堅班 論文發表會	指導敎授 講評	同硏修院	00.10.25	50
	27	地方移讓推進委員會 地方移讓 워크숍	委員長 開會人事	大田市 스파피아 호텔	00.10.26	90
	28	上同 洪善基 大田市長 招請晩餐會	委員長 答禮 人事	大田市 스파피아호텔	00.10.26	90

年度	順次	行　事　名	發言主題	場　所	日　字	參席者(名)
1998	29	上同 沈大平 忠南知事 招請朝餐會	委員長 答禮 人事	大田 스파피아호텔	00.10.27	80
	30	上同 李병령 儒城區廳長 招請午餐會	委員長 答禮 人事	大田 스파피아호텔	00.10.27	70
	31	韓國自治開發硏究院 蔚山市 中區 自治大學開講式	理事長 祝辭	中區廳 大講堂	00.11.10	800
	32	國家專門行政硏修院 中堅幹部班 修了式	指導敎授 祝辭	同硏修院	00.11.16	120
	33	國家專門行政硏修院 高級幹部班 論文發表會	審査敎授 講評	同硏修院	00.11.23	35
	34	韓國自治開發硏究院 濟州市民自治 大學 修了式	理事長 祝辭	濟州漢拏大學	00.11.25	150
	35	韓國自治開發硏究院 統營市民 自治大學 修了式	理事長 祝辭	統營市廳	00.11.30	170
	36	地方移讓委員會 支援팀 前·現職員 送年會	委員長 人事	佳園	00.12.29	25
2001	1	堤川市民自治大學 開講式	院長 祝辭	堤川市 文化會館	01.1.11	1,000
	2	聞慶市民自治大學 開講式	院長 祝辭	聞慶市 文化會館	01.3.7	700
	3	釜山市 南區 한마음大學 開講式	院長 祝辭	南區廳 會議室	01.3.8	750
	4	金源敎授 停年紀念出版會	友人代表 祝辭	프레스센터	01.3.8	500
	5	金泉市民自治大學 入校式	院長 祝辭	金泉 市民文化會館	01.3.22	750
	6	濟州市民自治大學入校式	院長 祝辭	濟州 漢拏大學	01.3.24	730
	7	大邱 壽城區民自治大學 入校式	院長 祝辭	大邱 産業情報大學	01.3.27	1,000
	8	地方移讓 擔當公務員專門敎育	委員長 激勵辭	國家專門行政硏修院	01.3.29	387
	9	地方移讓委員會 廣州·龍仁 關係官 會議	委員長 人事	廣州市廳	01.3.30	40
	10	地方移讓委員會 硏究用役着手報告會	委員長 人事	綜合廳舍 同委員會	01.4.7	20
	11	慶州市民自治大學 開講式	院長 祝辭	慶州 靑少年修練院	01.4.13	300
	12	丁榮植行自部次官招請 地方移讓 委員 晩餐	委員長 乾杯·人事	草井食堂	01.5.4	25
	13	古州 盧隆熙地方自治學術賞 施賞式	運營委員長 開會辭	韓國地方行政硏究院	01.5.12	50
	14	〃	運營委員長 閉會辭	〃	01.5.12	50
	15	國家專門行政硏修院 中堅班 入校式	指導敎授 代表祝辭	同硏修院	01.5.16	70
	16	統營市民自治大學 開講式	院長 祝辭	統營市民文化會館	01.6.1	1,000
	17	韓國市民記錄文化展 開幕式	出品者 代表祝辭	淸州市 古仁刷博物館	01.6.26	150
	18	卞鐸社長 招請 中學同期生 晩餐會	同期代表 人事	食堂 未來	01.6.28	50
	19	地方行政硏究所 創立 20周年紀念式	發起人 代表祝辭	世宗文化會館 世宗홀	01.7.20	50
	20	大邱 壽城區民自治大學 修了式	院長 祝辭	大邱 情報産業大學	01.8.7	670
	21	李漢東總理招請 地方移讓委員晩餐會	委員長 答辭	國務總理公館	01.8.16	55
	22	洪善基大田市長招請 韓·中·日都市 計劃學會晩餐會	國際交流委員長 答辭(英語)	大田 儒城호텔	01.8.17	110
	23	嶺湖南 21世紀 地域포럼 創立總會 晩餐會	共同代表 人事 및 乾杯	釜山 롯데호텔	01.8.28	150
	24	地方移讓委員會 硏究用役中間報告會	委員長 開會 및 閉會人事	政府廳舍 同委員長室	01.8.29	20

年度	順次	行　事　名	發 言 主 題	場　所	日 字	参席者(名)
1998	25	濟州市民自治大學 第2期修了式	院長祝辭	濟州 漢拏大學	01.9.22	150
	26	地方移讓委員會 下半期 專門敎育	委員長 激勵辭	國家專門行政研修院 (水原)	01.10.11	360
	27	國家專門行政研修院 中堅班 論文發表	指導敎授 綜合評價	同研修院	01.10.19	50
	28	大韓國土 · 都市計劃學會 秋季學術大會 開幕式	顧問 人事	弘益大學	01.10.20	130
	29	地方移讓推進委員會 워크샵	委員長 開會 人事	水安堡 常綠호텔	01.10.26	85
	30	〃	李元鍾知事招請晩餐 答辭	〃	01.10.26	85
	31	〃	李始鍾市長招請朝餐 答辭	〃	01.10.27	70
	32	〃	羅紀正市長招請午餐 答辭	〃	01.10.27	60
	33	〃	金學文市長招請酒宴 答辭	聞慶 새재食堂	01.10.27	30
	34	金文起 理事長 古稀宴	賀客代表 祝辭	世宗文化會館	01.11.29	500
	35	國家專門行政研修院 中堅班 修了式	指導敎授 祝辭	同研修院	01.11.15	130
	36	國家專門行政研修院 高幹班 論文發表	指導敎授綜合評價	同研究院	01.11.19	37
	37	統營市長自治大學 第2期 修了式	院長 祝辭	統營市廳	01.11.23	200
	38	金泉市民自治大學 第2期 修了式	院長 祝辭	金泉藝術文化會館	01.11.29	550
	39	慶州市民自治大學 第2期 修了式	院長 祝辭	慶州青少年修練院	01.11.30	180
	40	聞慶市民自治大學 第2期 修了式	院長 祝辭	聞慶市民文化會館	01.12.5	200
	41	蔚山 中區 市民自治大學 修了式	院長 祝辭	蔚山中區廳 會議室	01.12.7	150
	42	卞鐸社長 建設大賞 受賞祝賀宴	祝辭 및 乾杯提議	韓食堂 초롱	01.12.21	25
	43	環心會 夫婦同伴 送年會	顧問人事말	POSCO日食堂 겐지	01.12.22.	30
	44	韓國地方行政研究院 Home Coming Day行事	歷代院長代表 祝辭	同研究院	01.12.28	80
	45	韓國地方行政研究院 出身者 親睦會 '地研會' 創立大會	初代會長 就任人事	同研究院	01.12.28	80
2002	1	서울大 環境大學院 新年交禮會	前院長 人事말	同大學院	02.1.2	50
	2	大韓國土 · 都市計劃學會 新年交禮會	顧問 人事말	同學會	02.1.4	30
	3	堤川市民自治大學 開講式	院長 祝辭	堤川市民文化會館	02.1.10	850
	4	大韓國土 · 都市計劃學會 中南美視察團 自體評價會	國際交流委員長 綜合評價	브라질 Curitiba市 Grand Hotel Rayon	02.2.4	21
	5	蔚山市 南區 한마음自治大學 修了式	院長 祝辭	南區廳 會議室	02.2.21	200
	6	濟州市民自治大學 開講式	院長 祝辭	濟州漢拏大學	02.3.16	450
	7	草友禹哉永先生 古稀紀念集 獻呈式	發刊委員長 獻呈辭	朝鮮호텔	02.3.23	250
	8	中國 丹東市 國際邊境經濟合作區管理委員會 主催晩餐會	人事 및 乾杯提議	丹東市 安東閣	02.4.15	25
	9	地方移讓推進委員會 自體 워크샵 開會式	委員長 開會人事	龍仁 中小企業開發院	02.5.23	40
	10	公職者 論壇賞施賞式 및 閉會式	韓國自治開發研究院院長 人事	同研究院	02.6.8	25
	11	蔚山 南區 한마음大學 開講式	院長 祝辭	蔚山市 南區廳 會議室	02.7.11	1,000
	12	安東大學校 總同窓會 '母校를 빛낸 자랑스러운 同門賞' 施賞式	受賞者 代表 答辭	安東大學校 솔뫼文化館	02.8.4	250
	13	國土 · 都市計劃學會 臺灣訪問團	參加者 所感 人事	臺灣 臺北市 大聲公食堂	02.8.9	30

年度	順次	行　事　名	發 言 主 題	場　所	日 字	參席者(名)
2002		自體評價會				
	14	서울대 環境大學院 停年敎授 告別紀念 大婦 晩餐會	停年 所感人事	新羅호텔	02.9.3	30
	15	地方移讓推進委員會 市·道, 市·郡·區 移讓事務發掘指針 示達 會議	委員長 激勵辭	國家專門行政硏修院	02.9.13	250
	16	國家專門行政硏修院 中堅班 論文發表 綜合評價 및 人事	審査委員 代表 所感	國家專門行政硏修院	02.10.16	50
	17	持續可能發展委員會 第2期 第1次 會議	乾杯提議·人事	롯데호텔	02.10.16	21
	18	鳥嶺會 定例 모임	서울大學校 敎授停年 報告 및 所感	韓 一 館	02.10.18	11
	19	統營 市民自治大學 第3回 修了式	韓國自治發展硏究院 院長 祝辭	統營市廳	02.10.22	77
	20	濟州 市民自治大學 第3回 修了式	韓國自治發展硏究院 院長 祝辭	濟州 漢拏大學	02.10.26	140
	21	地方移讓推進委員會 地方移讓推進 워크숍 開會式	委員長 開會辭	大田 儒城 스파피아호텔	02.11.14	60
	22	地方移讓推進委員會 김광희 大田 政務副市長 招請 晩餐會	委員長 感謝 人事	大田 儒城 스파피아호텔	02.11.14	60
	23	地方移讓推進委員會 沈大平 忠南道知事 招請 午餐會	委員長 感謝人事	大田 儒城 스파피아호텔	02.11.15	40
	24	一京 尹相在 先生 古稀紀念集 編纂 祝賀宴	編纂委員 祝辭	世宗文化會館	02.11.21	550
	25	金碩洙 總理招請 地方移讓委員會 要員 送年會	委員長 答辭	國務總理公館	02.12.11	50
	26	地方行政硏究院 Home Coming Day 總會	地硏會 會長 祝辭	地方行政硏究院	02.12.12	120
	27	地硏會 懇談會	地硏會 會長人事	地方行政硏究院	02.12.12	50
	28	國家專門行政硏修院 第22期 高級幹部課程 修了式 午餐會	指導敎授 代表 乾杯 人事	同 硏修院 構內食堂	02.12.13	50
	29	蔚山市 南區廳 한마음大學 修了式	韓自硏 院長 祝辭	南區廳 大會議室	02.12.26	300
	30	(社)韓國自治發展硏究院 職員 送年會	院長人事 및 乾杯	一山 新宿 食堂	02.12.30	10
2003	1	서울大 環境大學院 新年交禮會	名譽敎授 人事말 및 乾杯提議	同 大學院	03.1.2	40
	2	地方移讓推進委員會 地域 懇談會 (釜山·蔚山·慶南)	委員長 開會人事 및 綜合答辯	釜山市廳	03.1.16	50
	3	〃 (大邱·慶北·江原)	〃	大邱市廳	03.1.17	50
	4	韓國地域發展硏究院 錦山 硏究課題 報告會	硏究 責任者 人事 및 綜合答辯	錦山郡廳	03.1.18	40
	5	地方移讓推進委員會 地域 懇談會 (光州·全南北·濟州)	委員長 開會人事 및 綜合答辯	光州市廳	03.2.6	60
	6	〃 (大田·忠南北)	〃	忠南道廳	03.2.7	40
	7	〃 (首都圈)	〃	京畿道廳	03.2.14	40

年度	順次	行　事　名	發言主題	場　所	日字	参席者(名)
2003	8	建交部 中央都市計劃委員會 第3分科委員會 第1次 會議	委員長 人事말	建交部 會議室	03.2.18	25
	9	蔚山市 南區 한마음自治大學 開講式	院長 祝辭	南區廳	03.3.6	700
	10	果川市 市民自治大學 開講式	〃	果川 市民會館	03.3.10	500
	11	慶山市 市民自治大學 開講式	〃	慶山 市民文化會館	03.3.13	800
	12	濟州市 市民自治大學 開講式	〃	濟州 漢拏大學	03.3.15	380
	13	韓國道德運動協議會 第2代 總裁 就任 晩餐會	顧問人事 및 乾杯	世宗文化會館	03.3.19	200
	14	安養市 安養 木曜포럼 開講式	院長 祝辭	安養市廳	03.3.20	700
	15	蔚山市 北區 區民自治大學 開講式	〃	北區廳	03.3.26	400
	16	韓國地域發展研究院 蘆原區 交通對策 研究課題 中間報告會	研究 責任者 開會 및 閉會人事	蘆原區廳	03.3.28	15
	17	大田市 大德區 區民아카데미 開講式	院長 祝辭	大德 青少年修鍊館	03.4.29	450
	18	韓國自治發展研究院 公職者 論壇賞 施賞式	院長 開會辭	同 研究院	03.5.10	20
	19	河東 郡民自治大學 開講式	院長 祝辭	文化藝術福祉會館	03.6.9	550
	20	國土研究院 21世紀 國土포럼 主催 워크숍 開會式	國土포럼 共同代表議長 人事말	國民銀行 天安研修院	03.6.20	70
	21	晩翠 柳致松 先生 傘壽筵	韓國道德運動協議會 顧問代表 祝辭	Holiday-inn 호텔	03.7.2	70
	22	터키 Ankara Middle East Technical 大學 教授와의 討論會	新行政首都建設 諮問委員長 開會人事	터키 Ankara 同大學 講堂	03.7.24	30
	23	터키 Ankara Middle East Technical 大學 教授와의 晩餐會	新行政首都建設 諮問委員長 乾杯人事	Ankara-Kale Washington Rest.	03.7.24	20
	24	「自治發展」誌齡 100號 紀念 會食宴	韓國自治發展研究院 院長 乾杯祝辭	臨津江 遊園地 송어 횟집	03.7.31	10
	25	新行政首都 移轉對象機關 選定 公開 세미나	諮問委員長 綜合講評 人事	韓國住宅公社 國際 會議室	03.8.12	200
	26	星州 郡民自治大學 開講式	韓國自治發展研究院 院長 祝辭	星州郡廳 會議室	03.8.25	300
	27	新行政首都 環境·防災 討論會	新行政首都建設 諮問委員長 開會人事·閉會人事	韓國環境政策評價 研究院	03.9.4	15
	28	新行政首都 公募課題 責任者 會議	諮問委員長 人事·當付의 말	國土研究院	03.9.24	40
	29	大韓國土·都市計劃學會 新首都 세미나	諮問委員長 祝辭	프레스 센터	03.9.24	400
	30	濟州 市民自治大學 修了式	韓國自治發展研究院 院長 祝辭	濟州 漢拏大學	03.9.27	200
	31	聞中 同期生 夫婦 上京紀念 晩餐會	同期生 代表 乾杯人事	서울 三友亭	03.10.1	60
	32	大田市 大德區 住民自治아카데미 修了式	韓國自治發展研究院 院長 祝辭	大德區 青少年修鍊館	03.10.9	430
	33	國土研究院 創立 25週年紀念 國土政策 심포지엄	21世紀 國土포럼 共同代表議長 閉會辭	國土研究院	03.10.16	400
	34	大韓地理學會 主催 新行政首都 立地基準에 관한 세미나	諮問委員長 祝辭	프레스 센터	03.10.21	200
	35	國務總理 招請 地方移讓推進委員會	推進委員長 答辭	國務總理 公館	03.10.27	40

年度	順次	行　事　名	發 言 主 題	場　所	日　字	參席者(名)
2003		終了 紀念 晩餐				
	36	教授 停年紀念 記錄集 發刊 祝賀 晩餐會	主人公 答辭	食堂 大河	03.10.28	8
	37	潘洗植 先生 古稀紀念宴	韓國自治發展研究院 院長 祝辭	賀琳覺	03.11.9	230
	38	河東郡民 自治大學 修了式	韓國自治發展研究院 院長 祝辭	河東 文化藝術福祉會館	03.11.24	500
	39	韓國·臺灣 經濟交流協會 調印式	韓國側 參與代表 祝辭	新羅호텔	03.11.29	120
	40	韓國書畵作家協會 顧問推戴 및 送年會	顧問 受諾人事	世宗文化會館	03.12.5	250
	41	果川 市民自治大學 修了式	韓國自治發展研究院 院長 祝辭	果川 市民會館	03.12.8	300
	42	蔚山 南區 한마음大學 修了式	〃	南區廳 大會議室	03.12.18	200
	43	新行政首都研究團 主催 新行政首都 建設 首都圈 公聽會	諮問委員長 祝辭	韓國鑑定院	03.12.19	150
	44	韓國地方行政研究院 Home Coming Day 大會	地研會 會長 祝辭	同 研究院	03.12.26	150
2004	1	서울大 環境大學院 新年 交禮會	教授代表 新年人事	同 大學院	04.1.2	60
	2	新行政首都建設支援團 워크숍	諮問委員長 開會人事	韓國土地公社 研修院 (大田)	04.1.9	114
	3	〃	諮問委員長 閉會人事	韓國土地公社 研修院 (大田)	04.1.10	100
	4	新行政首都建設支援團 自體研究 懇談會	諮問委員長 報告人事	政府中央廳舍 會議室	04.1.13	20
	5	聞友會 新年 交禮會	會員代表 人事	大麗都	04.1.13	50
	6	妻 回甲宴	夫君 人事	韓食堂 韓味里	04.1.25	18
	7	大韓國土·都市計劃學會 會館建立 推進 宣布式	顧問代表 乾杯人事	同 學會 會議室	04.1.26	30
	8	大統領 臨席 地方化와 均衡發展時代 宣布式	新首都 諮問委員長 提案 및 建議	政府大田廳舍 大食堂	04.1.29	730
	9	李鼎九 先生 回婚紀念 宴會	弟子代表 祝辭	센트럴시티 웨딩홀	04.2.22	300
	10	韓國書畵作家協會 創立 30週年紀念 會員展 開幕式	顧問代表 祝辭	서울 國際디자인플라자	04.3.12	250
	11	聞慶 市民自治大學 開講式	韓國自治發展研究院 院長 祝辭	聞慶 市民文化會館	04.4.28	800
	12	新行政首都 研究課題 綜合報告會	推進委員長 內定者 激勵辭	大韓住宅公社 會議室	04.5.3	20
	13	議政府 市民自治大學 開講式	韓國自治發展研究院長 祝辭	議政府 青少年會館	04.5.6	350
	14	東豆川 열린아카데미 開講式	〃	東豆川 市民會館	04.5.14	400
	15	韓國自治發展研究院 開院 10周年 紀念式 및 施賞式	研究院長 閉會人事	同 研究院	04.5.15	35
	16	大統領 主宰 新行政首都建設推進委員 委囑式 茶菓會	推進委員長 人事말	青瓦臺 宴會室	04.5.21	40
	17	新行政首都推進委員會 委員長 就任式	委員長 就任辭	政府中央廳舍 大會議室	04.5.24	50
	18	韓國土地公私 '03 研究課題 最終報告會	推進委員長 開會辭 및 終結人事	土地公社 大會議室	04.5.24	200
	19	第17代 忠清圈 國會議員 當選者 朝餐懇談會	推進委員長 開會 및 閉會人事	國會 貴賓食堂	04.5.28	40
	20	新行政首都建設推進團 大田事務所	推進委員長 紀念辭	政府大田廳舍	04.6.8	70

年度	順次	行　事　名	發 言 主 題	場　所	日　字	參席者(名)
2004		懸板式				
	21	한나라黨 푸른政策硏究모임 朝餐懇談會	推進委員長 人事말	國會 議員會館	04.6.9	30
	22	新行政首都 建設에 따른 國家機關 移轉計劃 公聽會	推進委員長 開會辭 및 閉會辭	프레스 센터	04.6.9	200
	23	水原 市民自治大學 開講式	韓國自治發展硏究院 院長 祝辭	水原 市民會館	04.6.10	520
	24	新行政首都에 대한 黨政協議會	推進委員長 人事	國會 貴賓食堂	04.6.16	50
	25	新行政首都推進委員會 諮問委員長 委囑式	〃	政府中央廳舍 國際 會議室	04.6.17	70
	26	新行政首都 候補地 評價團 發隊式	〃	大田 土地公社 硏修院	04.6.21	81
	27	新行政首都 候補地 評價團 發隊 祝賀宴	〃	大田 土地公社 硏修院	04.6.21	110
	28	新行政首都 報告를 위한 열린우리黨 議總 會議	〃	國會 小會議室	04.6.22	160
	29	新行政首都 建設基本計劃 公聽會	推進委員長 開會辭	프레스 센터	04.6.23	150
	30	環境財團 新行政首都 移轉 심포지엄	推進委員長 答辯人事	프레스 센터	04.6.28	300
	31	韓國道德運動協議會 및 韓國書畫作家協會 總裁 就任式	總裁 就任辭	서울 國際디자인 플라자센터	04.7.2	500
	32	道德運動協議會 및 書畫作家協會 總裁就任 祝賀宴	總裁 答辭	食堂 아리랑	04.7.2	40
	33	大韓住宅公社 新行政首都 住居地 開發方向 討論會	推進委員長 祝辭 및 終結人事	銀行會館	04.7.6	300
	34	釜山地域代表 午餐招請 懇談會	推進委員長 歡迎人事	釜山 水營灣 Bexco 食堂	04.7.14	30
	35	新行政首都 立地評價 釜山 公聽會	推進委員長 開會辭	釜山 水營灣 Bexco 會議室	04.7.14	300
	36	國土硏究院 第4次 國土綜合計劃 修正計劃 討論會	21C 國土포럼 共同代表議長 開會人事	國民銀行 天安 硏修院	04.7.15	80
	37	〃	21C 國土포럼 共同代表議長 閉會人事	〃	04.7.16	60
	38	新行政首都 立地候補 서울 公聽會	推進委員長 開會辭	建設會館	04.7.16	200
	39	NGO 代表들과의 懇談會	推進委員長의 人事말 및 閉會人事	貞洞 聖프란체스카 聖堂	04.7.23	30
	40	蔚山市長 招請 地域代表 午餐會	推進委員長의 答辭人事말	蔚山 李朝食堂	04.7.26	25
	41	行政首都 蔚山 公聽會	推進委員長 開會辭	蔚山 商議 大會議室	04.7.26	250
	42	慶南 行政副知事 招請 地域代表 午餐會	推進委員長 人事	昌原市 食堂 石井	04.7.27	35
	43	行政首都 慶南 公聽會	推進委員長 開會 및 閉會人事	昌原大學 會議室	04.7.27	300
	44	열린우리黨 新行政首都委員會 主催 指導級 人士들과의 對話	推進委員長의 所見發表 및 人事말	프레스 센터 내셔널 프레스 클럽	04.7.28	25
	45	京畿道 社會團體 代表者 招請 午餐 懇談會	推進委員長 人事	水原 캐슬 호텔	04.7.29	35
	46	行政首都 京畿 公聽會	推進委員長 開會 및 閉會人事	水原 캐슬 호텔	04.7.29	150
	47	仁川 NGO代表 招請 午餐懇談會	〃	食堂 迎賓館	04.8.19	11
	48	新行政首都建設推進團 幹部會議	推進委員長의 辭意의 말	中央廳舍 推進委員會 會議室	04.8.26	14

年度	順次	行　事　名	發 言 主 題	場　所	日 字	參席者(名)
2005	49	韓國道德運動協議會 및 書畵作家協會 代表者 晩餐會	總裁 人事말	踏十里 食堂	04.8.31	30
	50	新行政首都建設推進委員會 本會議	推進委員長의 辭職人事	中央廳舍 大會議室	04.9.1	50
	51	國政課題運營協議會 午餐會議	〃	食堂 大松	04.9.2	30
	52	平澤 市民自治大學 開講式	韓國自治發展硏究院長 祝辭	平澤 南部文藝會館	04.9.6	300
	53	住宅公社 主催 新行政首都 建築祭典 施賞式	推進委員長 致辭	住宅公社 會議室	04.9.10	350
	54	韓國道德運動協議會 서울 江北支會 創立 및 懸板式	總裁 致辭	朴永根 會長 事務室	04.9.24	20
	55	李慶熙 女史 古稀 紀念作品 展示會	總裁 祝辭	白岳 藝苑	04.10.14	100
	56	安城 市民自治大學 修了式	韓國自治發展硏究院 院長 祝辭	安城 市民會館	04.11.18	350
	57	大田市 大德 區民아카데미 修了式	〃	大德區 靑少年修鍊館	04.11.24	400
	58	河東 郡民自治大學 修了式	〃	河東 文化藝術福祉會館	04.11.29	350
	59	聞慶 市民自治大學 修了式	〃	聞慶 市民會館	04.12.1	350
	60	慶山 市民自治大學 修了式	〃	慶山 市民會館	04.12.2	330
	61	又史 朴權歆 藝術文化賞 施賞式 및 道協 · 作家協 送年會	總裁 祝辭 및 送年辭	世宗文化會館 世宗홀	04.12.3	99
	62	丹陽 郡民自治大學 修了式	韓國自治發展硏究院 院長 祝辭	丹陽 郡民會館	04.12.10	250
	63	水原 市民自治大學 修了式	〃	水原 市民會館	04.12.13	350
	64	東豆川 열린아카데미 修了式	〃	東豆川 市民會館	04.12.17	300
2005	1	李鍾來 道德協會 諮問委員長 古稀宴	韓國道德運動協議會 總裁 祝辭	서울 世宗文化會館	05.1.17	160
	2	忠南 西海岸포럼 創立總會	顧問 受諾人事 및 乾杯提議	天安 컨벤션 센터	05.1.20	50
	3	韓國經濟新聞社 主催 企業하기 좋은 地域大賞 施賞式	審査委員長 審査評	韓國經濟新聞社 講堂	05.2.1	700
	4	卞鐸 會長 招請 聞中·聞高 同期會 會食宴	同期會 代表 人事말	거북亭	05.2.3	40
	5	高靈 郡民敎養敎室 開講式	韓國自治發展硏究院 院長 祝辭	高靈 大伽倻 國樂堂	05.2.25	450
	6	第24回 韓國書畵作家協會 會員 展示會 開幕式	總裁 祝辭	서울 國際디자인플라자	05.3.4	300
	7	果川 市民自治大學 開講式	韓國自治發展硏究院 院長 祝辭	果川 市民會館	05.3.7	250
	8	釜山 金井區 21世紀 금샘아카데미 開講式	〃	金井區 文化會館	05.3.8	650
	9	蔚山 北區 區民自治大學 開講式	〃	北區 文化會館	05.3.10	750
	10	蔚山 南區 한마음大學 開講式	〃	南區廳 大會議室	05.3.10	650
	11	東豆川 열린아카데미 開講式	〃	東豆川市廳 大會議室	05.3.11	250
	12	河東 郡民 自治大學 開講式	〃	河東 文化藝術福祉會館	05.3.14	750
	13	聞慶 市民自治大學 開講式	〃	聞慶市 文化會館	05.3.16	850
	14	韓國建設産業硏究院 創立10周年 紀念式	來賓代表 乾杯人事	아미가 호텔	05.3.17	500
	15	楊口郡 住民自治大學 開講式	韓國自治發展硏究院 院長 祝辭	楊口郡 文化會館	05.3.24	600
	16	大田 大德區 區民아카데미 開講式	〃	靑少年修鍊館	05.3.30	500
	17	報恩 郡民自治大學 開講式	〃	報恩郡廳 大會議室	05.4.7	250
	18	高陽市 一山區 區民自治大學 開講式	〃	一山區廳 大講堂	05.4.22	150

年度	順次	行　事　名	發 言 主 題	場　所	日 字	參席者(名)
2005	19	慶山 市民自治大學 開講式	韓國自治發展硏究院 院長 祝辭	慶山 市民會館	05.6.2	700
	20	韓國自治發展硏究院 民選自治 10周年紀念 세미나	院長 開會辭 및 閉會人事	서울 世宗文化會館	05.6.10	80
	21	安養 市民自治大學 開講式	韓國自治發展硏究院 院長 祝辭	安養市廳 大會議室	05.6.16	750
	22	安山市 열린아카데미 開講式	〃	安山市廳 大會議室	05.6.22	300
	23	21世紀 國土포럼 主催 '均衡發展을 위한 워크숍'	共同代表議長 開會辭 및 閉會人事	國民銀行 天安硏修院	05.6.28 ~29	100
	24	第22回 韓國書畵藝術大展 施賞式	韓國書畵作家協會 總裁 閉會辭	서울 國際디자인플라자	05.7.1	500
	25	尹相在 會長 永訣式	書畵作家協會 및 道德協會 總裁 弔辭	서울 中央病院 靈安室	05.8.5	150
	26	聞慶中學校 第4回 同期會 午餐 모임	同期生 代表 人事말	尹成吉 同期生 別莊(聞慶)	05.8.15	45
	27	星州 郡民自治大學 修了式	韓國自治發展硏究院 院長 祝辭	星州郡廳 大會議室	05.9.9	300
	28	書畵作家協會 및 道德協會 臨時總會	協會 總裁 人事말	國一館	05.9.13	200
	29	報恩 郡民自治大學 修了式	韓國自治發展硏究院 院長 祝辭	報恩郡廳 會議室	05.9.22	250
	30	韓·中·日 都市計劃學會 심포지엄 歡迎宴	韓國側 學會 顧問 乾杯人事 (英語)	濟州 韓火 리조트 호텔	05.10.7	100
	31	仁川市 政策諮問敎授團 綜合討論會 開會式	諮問敎授團 代表人事	仁川 松都 테크노파크 갯벌타워	05.10.10	70
	32	仁川市 政策諮問敎授團 團長選出會議	諮問敎授團 團長選出 受諾人事	仁川 松都 라마다 호텔	05.10.10	70
	33	持續可能한 國土均衡發展을 위한 워크숍 開會式	21世紀 國土포럼 共同代表議長 開會人事	春川 斗山 리조트	05.10.19	50
	34	平澤 市民自治大學 修了式	韓國自治發展硏究院 院長 祝辭	平澤 南部文藝會館	05.10.20	200
	35	聞慶 市民自治大學 修了式	〃	聞慶 文化會館	05.11.2	450
	36	大田市 大德區民 아카데미 修了式	〃	大德 靑少年修鍊館	05.11.9	400
	37	沃川 郡民自治大學 修了式	〃	沃川 管城會館	05.11.24	100
	38	水原 市民自治大學 修了式	〃	水原 靑少年文化센터	05.11.25	300
	39	河東 郡民自治大學 修了式	〃	河東 文化藝術福祉會館	05.11.28	460
	40	「自治發展」 編輯委員會 會議	韓國自治發展硏究院 院長 인사말	當 硏究院 會議室	05.11.29	10
	41	安養 市民自治大學 修了式	韓國自治發展硏究院 院長 祝辭	安養市廳	05.12.1	500
	42	果川 市民自治大學 修了式	〃	果川 市民會館	05.12.5	250
	43	蔚山 北區 區民自治大學 修了式	〃	北區 文化藝術會館	05.12.7	300
	44	蔚珍 郡民自治大學 修了式	〃	蔚珍 靑少年修鍊館	05.12.9	300
	45	韓國自治發展硏究院 送年 晩餐會	院長 乾杯人事	一山 아카사카 食堂	05.12.11	8
	46	三道會 夫婦同伴 送年會	會長 人事말	優美路 食堂	05.12.11	13
	47	蔚山市 南區 한마음自治大學 修了式	韓國自治發展硏究院 院長 祝辭	南區廳 大會議室	05.12.15	200
	48	建交部 中央都市計劃委員會 本會議	副委員長 2005年 終了會議人事말	建交部 大會議室	15.12.22	30
	49	高靈 郡民敎養敎室 修了式	韓國自治發展硏究院 院長 祝辭	大伽倻 國樂堂	05.12.23	150
	50	楊口 郡民自治大學 修了式	〃	楊口 文化福祉센터	05.12.26	400
	51	釜山 金井區 금샘아카데미 修了式	〃	金井 文化會館	05.12.27	500
	52	韓國地域發展硏究院 午餐 送年會	常任顧問 人事말	食堂 聚香樓	05.12.30	6
	53	韓國道德運動協議會 任員 送年會	總裁 人事말	食堂 恩延	05.12.30	30
2006	1	서울大 環境大學院 新年交禮會	名譽敎授 新年賀禮 人事말	同 大學院	06.1.2	50

年度	順次	行　事　名	發　言　主　題	場　所	日　字	參席者(名)
	2	韓國自治發展硏究院 新年交禮會	院長 新年辭	同 硏究院	06.1.3	8
	3	大韓國土 · 都市計劃學會 新年賀禮式	顧問 新年人事	同 學會	06.1.5	40
	4	好凡會 總會	第4代 會長 就任人事 말씀	食堂 喜多	06.1.31	10
	5	親睦團體 三道會 定期會合	會長 人事말	食堂 진지床	06.2.10	8
	6	聞慶 市民自治大學 開講式	韓國自治發展硏究院 院長 祝辭	聞慶 市民文化會館	06.2.15	850
	7	果川 市民自治大學 開講式	〃	果川 市民會館	06.2.20	650
	8	Amenity Forum 創立總會	準備委員會 共同代表 人事말	프레스 센터	06.2.22	200
	9	報恩 郡民自治大學 開講式	韓國自治發展硏究院 院長 祝辭	報恩郡 文化院	06.2.24	200
	10	水原 市民自治大學 開講式	〃	水原 青少年文化會館	06.3.17	634
	11	韓國書畵作家協會 第25會 定期會員展	總裁 開幕 激勵辭	서울國際디자인플라자	06.3.24	200
	12	韓國道德運動協議會 臨時總會	總裁 人事말	國一館 禮式홀	06.5.2	100
	13	韓國自治發展硏究院 開院紀念 및 公職者論壇賞 施賞式	院長 閉會 人事말	高陽市 一山 오피스텔 宴會室	06.5.12	30
	14	相生會 (行政首都 關係者모임) 定期모임	顧問 人事 및 乾杯提議	舍堂洞 오리집	06.5.19	25
	15	行政中心複合都市建設廳 都市名稱 制定審議委員會 本會議	委員長 就任 및 開會人事	行政中心複合都市 建設廳	06.5.30	30
	16	安養 市民自治大學 開講式	韓國自治發展硏究院 院長 祝辭	安養市廳 大會議室	06.6.8	600
	17	東豆川 열린아카데미 開講式	〃	東豆川市廳 會議室	06.6.9	350
	18	地方自治學會 · 自治發展硏究院 5.31 地方選擧 세미나	韓國自治發展硏究院長 開會人事	大韓商工會議所會議室	06.6.12	100
	19	平澤市 市民自治大學 開講式	韓國自治發展硏究院 院長 祝辭	平澤 南部文藝會館	06.6.15	500
	20	第23回 韓國書畵藝術大展 開幕 및 施賞式	韓國書畵作家協會 總裁 激勵辭	서울國際디자인플라자	06.6.23	500
	21	21世紀 國土포럼 워크숍	21世紀 國土포럼 共同代表議長 開會人事	忠州 建設經營硏修院	06.6.29	70
	22	〃	21世紀 國土포럼 共同代表議長 閉會人事	忠州 建設經營硏修院	06.6.30	20
	23	好凡會 · 同心會 몽골訪問團 解團式	訪問團長 說明 및 人事	MV샤브샤브食堂	06.7.12	11
	24	丹陽 郡民自治大學 開講式	韓國自治發展硏究院長 祝辭	丹陽 새마을會館	06.7.13	200
	25	慶山 市民自治大學 開講式	〃	慶山 市民會館	06.7.20	700
	26	蔚山市 北區 住民自治大學 開講式	〃	北區 文化藝術會館	06.7.25	500

客說 : 經驗에서 얻은 삶의 眞實

地球上에 처음부터 人間이 없었더라면 어떻게 되었을까? 수많은 動物과 植物들만 번창하여 살고 있을 것이다. 그들로 보면 훨씬 안전하고 평화로우며 自然的이었을 것이다. 이들 動植物의 입장에서는 人間을 만든 하느님의 處事는 지극히 유감스럽고도 지탄받을 일이라고 할 수 있다.

3. 報告說明

順次	年月日	發表主題	主管	場所	參席者(名)
1	72.2.11	歸國報告發表	서울大行政大學院	서울大 行政大學院	15
2	72.2.20	計量分析學 : 敎材協議	서울大行政大學院	溫陽 관광호텔	15
3.	72.6.23	適正代案의 選定을 위한 統計的 決定理論	韓國行政學會 研究發表會	基督敎會館	100
4	76.11.13	計劃에 있어 OR適用의 可能性과 限界性	國土計劃學會 '計劃家의 날' 紀念講演	科學技術團體總聯合會	100
5	77.6.25	首都圈人口再配置計劃이 京畿道에 미치는 影響과 對策	京畿道地域開發評價敎授 研究發表	京畿道廳	50
6	78.12.9	農村-都市變換과 地域開發政策	國土計劃學會 1978 UNCRD 세미나報告	韓國科學技術院	100
7	79.9.28	工業配置法施行이 京畿道에 미칠 影響과 對策	京畿道 地域開發評價敎授 研究發表	京畿道廳	50
8	80.1.8	國土開發과 觀光資源	韓國觀光學會 發表會	한글會館	150
9	80.3.24	GRP豫測模型의 開發과 適用	KIST地域開發研究所 研究發表會	韓國科學技術院	20
10	80.4.2	서울都市基本計劃報告 : 人口 · 經濟 및 社會開發	서울大 環境大學院 · 서울特別市	世宗文化會館	50
	80.4.30	上同	上同	서울市 敎育院	50
11	85.1.2	地方自治制 實施에 따른 環境計劃家의 役割과 姿勢	서울大 環境大學院 敎授 세미나	內藏山호텔	16
12	85.5.7	'經營指針' 書 解說	韓國土地開發公社 任職員特講	韓國土地開發公社	200
13	87.3.12	國民違和感의 解消를 위한 社會指導層의 姿勢와 役割	새마을研修院 社會指導者班 3班 分任發表	새마을中央研修院	110
14	87.6.26	經過報告 및 決議文	在京 聞慶 · 店村鄕友會 創立總會	世宗文化會館	100
15	89.3.27	光州研究團地와 Technobelt의 關係 : 內容說明	光州商議 科技處長官招請 懇談會	光州 新陽파크호텔	100
16	89.3.29	中國訪問 報告	서울大 環境大學院 敎授 · 學生모임	서울大 環境大學院	150
17	89.8.5	大邱 尖端研究團地計劃 最終報告	大邱直轄市	大邱市廳	20
18	91.12.7	勤勉 · 自助 · 協同의 고장 · 일터 · 社會 · 國家에서의 重要性	새마을運動中央協議會 30分記錄映畵	江南區 驛三洞 自宅庭園	最初放映: 새마을中央研修院 1,000
19	92.7.7	短期課程의 名稱과 入學資格	서울大 環境大學院	서울大 環境大學院	12
20	92.8.25	金永三大統領候補에게 報告 : 67政策課題의 總合構圖와 大選勝利의 길	國政研究會	63빌딩 가버나스 챔버	30
21	93.1.26	金永三大統領 統治構圖에 대한 自體協議	國政研究會	極東問題研究所	30
22	93.1.27	民自黨政策委 委員長 등에게 報告 : 金永三大統領 統治構圖	國政研究會	63빌딩 Sapire Room	20
23	93.2.24	'國政研究' 發刊 經過報告	國政研究會	63빌딩 Governor's	25

順次	年月日	發　表　主　題	主　　管	場　　所	參席者(名)
				Chamber	
24	93.6.30	李海龜內務長官에의 報告：地方自治 中期計劃	韓國地方行政研究院	內務部	20
25	93.7.10	美 Michigan州立大 主催 國際會議 Final Report發表	Michigan State University, Lansing, U.S.A.	Kellogg Center, MSU,U.S.A.	300
26	93.8.12	青瓦臺 金良培首席秘書官에의 報告：地方自治 中期計劃	韓國地方行政研究院	青瓦臺	6
27	93.10.16	金良培首席에의 報告：農地制度刷新案	行政刷新委員會	青瓦臺	10
28	93.11.5	農地制度刷新案 提案說明	行政刷新委員會	政府綜合廳舍	100
29	93.11.26	印鑑制度刷新案 提案說明	行政刷新委員會	政府綜合廳舍	100
30	94.2.14	行政區域改編에 대한 座談會 拔題	朝鮮日報 地方化 21世紀 포럼	朝鮮日報社	9
31	94.2.25	事業實績 및 事業計劃報告	韓國地方自治學會 總會	地方行政會館 會議室	30
32	94.5.17	實績報告, 司會 및 閉會人事	行政刷新委員會 地方公聽會	濟州道廳	150
33	94.10.28	經過 및 審査報告	地方行政研究所 懸賞論文 當選者 施賞式	韓國地方行政研究院 會議室	30
34	94.12.12	住民投票法案에 대한 公聽會에서의 公述人 意見陳述	國會 內務委員會	國會 會議室	60
35	95.2.21	短期政策過程案의 提案說明(委員長 資格)	서울大 環境大學院 敎授會議	서울大 環境大學院	16
36	95.2.22	地方自治學會 事業計劃書說明(副會長 資格)	地方自治學會 理事會 및 總會	서울市政開發研究院	100
37	95.2.23	金源敎授 論文의 代身發表 및 答辯	龜尾商工會議所 심포지엄	龜尾商工會議所	400
38	95.3.9	行政刷新 2年 成果說明(巡廻班長 資格)	行政刷新委員會 地方巡廻討論會	浦鐵人材開發院(浦項)	250
39	95.3.22	短期政策過程의 提案 및 議決(委員長 資格)	서울大 環境大學院 敎授會議	서울大 環境大學院	16
40	96.3.8	民選團體長 出帆 以後의 地方自治評價와 課題	國務總理 地方自治制度發展委員會 第1次會議	國務總理室	40
41	96.3.13	審査委員長 審査報告	地方自治團體 經營大賞 施賞式	롯데호텔	700
42	96.9.13	綜合評價	慶北産業大 地方自治 研究所 國際學術會議	同大學(慶山)	400
43	96.12.10	審査總評	忠南 市·郡政 研究發表大會	忠南公務員敎育院(公州)	200
44	97.3.7	課程案內 및 敎授·來賓紹介	서울大 環境大學院 高位政策過程 入校式	서울大 文化館	80
45	97.4.30	審査委員長 審査報告	韓國地方自治經營大賞 施賞式	63빌딩	1,200
46	97.9.29	한솔종이博物館 展示保管物 寄贈件	새재회 모임	食堂 南村	16
47	97.10.14	保管物寄贈 博物館展示 및 慶北道廳推進委員長 就任	安師8回 同期會 모임	Olimpic Parktel食堂	15
48	97.10.20	〃	在京 聞慶鄕友會 會長團	韓國村	30
49	97.10.24	〃	鳥嶺會 모임	느티나무	13

順次	年月日	發表主題	主管	場所	參席者(名)
50	97.10.28	回甲集發刊 決算 및 資料寄贈 博物館 展示	環心會 모임	韓日館	10
51	97.11.21	綜合評價報告	內務部研修院 高幹班 研究課題 討論會	同研修院	70
52	98.3.6	課程 및 教授·來賓紹介	서울大環境大 高位政策過程 入校式	서울大 文化院	80
53	98.6.13	故人 略歷紹介	故平溪 李正鎬先生 詩와 散文 '玉笛' 出版紀念會	出版文化會館	70
54	98.11.5	綜合講評	地方行政研修院 地方行政研修大會	同研修院	200
55	98.11.19	綜合講評	地方行政研修院 高幹班政策課題 發表會	同研修院	100
56	98.12.9	綜合講評	忠南 市·郡政 成功事例發表大會	忠南道 公務員教育院 (公州)	180
57	99.2.24	中國訪問 報告人事	大韓國土·都市計劃學會 定期總會	檀國大學校	50
58	99.2.25	向後事業展望 및 活動計劃報告	地域開發研究會 定期總會	同研究會 事務室	40
59	99.11.14	經緯說明 및 碑文朗讀	卞鐸社長 父母任 墓碑 除幕式	聞慶市 山陽面 辰井里 後山	100
60	00.1.15	獻呈辭 朗讀	厚林 李永爽先生 傘壽紀念集奉呈式	韓國의 집	108
61	00.1.30	視察 綜合報告	國土學會 베트남·캄보디아視察	캄보디아 프놈펜 Norko호텔	22
62	00.2.21	獨對 業務報告	金大中大統領께 地方移讓業務 報告會	青瓦臺 迎接室	5
63	00.9.5	地方移讓委員會 活動報告 및 當付人事	全國市長·郡守·區廳長協議會 共同會長團會議	昌原市廳 會議室	35
64	00.10.24	地方自治制의 過去와 現實的 課題 (錄畫放映)	經實聯 主催 第1回 地自體 改革 博覽會	서울 올림피아호텔	150
65	01.7.2	碑文奉讀	金龍培將軍 胸像 및 追慕碑 除幕式	聞慶市 聞慶邑 龍培 公園內	300
66	01.7.11	視察 綜合評價·報告	國土學會 러시아 및 東歐圈 視察	헝가리 부다페스트 Novotel Congress	18
67	01.7.18	審查結果報告	韓國地方自治經營大賞 施賞式	63빌딩 大會議室	600
68	01.10.19	審查委員長 審查報告	韓國道德運動協議會 中學生 公募論文 施賞式	大韓商工會議所	200
69	02.3.27	獨對 業務報告	金大中大統領께 地方移讓業務 報告會	青瓦臺 迎接室	5
70	02.7.12	書評 :「좁은 땅 넓은 바다」	趙正濟前長官 出版紀念會	世宗文化會館	400
71	02.9.4	生涯 省察과 向後計劃	서울大環境大學院 停年告別講演會	서울大 湖巖教授會館	350
72	02.10.25	綜合講評	國家專門行政研修院 地方行政 研修大會	同 研修院	100

順次	年月日	發表主題	主管	場所	參席者(名)
73	02.11.11	講評	國家專門行政硏修院 高幹班 論文發表	同 硏修院	49
74	02.11.15	綜合講評	地方移讓推進委員會 워크숍	大田 儒城 스파피아호텔	40
75	03.2.8	第16代 大統領 引受委員會에의 業務報告	地方分權의 基本構圖에 대한 報告會	食堂 행복한 마음	6
76	03.4.14	韓國經濟新聞社 主催 施賞式에서의 審査評	'企業하기 좋은 地域大賞' 施賞式	同 新聞社	250
77	03.7.1	國務總理室 서울外廓循環道路 路線檢討 委員會 報告	同 路線再檢討 關聯 國民大討論會	프레스 센터	500
78	04.2.26	審査委員長 審査評	新行政首都 假想都市建設競演大會	建設會館	200
79	04.4.1	中央部處 企劃管理室長會議에서 新首都 建設 報告	國家政策課題 報告會	政府中央廳舍 別館 會議室	50
80	04.4.12	靑瓦臺 및 國政課題 擔當公務員會議에서 新首都報告	國家政策課題 報告會	〃	170
81	04.4.20	大統領 新行政首都 建設推進現況 및 計劃 報告	國政課題非公開 報告會	靑瓦臺 大統領 官邸	8
82	04.6.11	大統領 行政首都 候補地 및 評價方法 報告	國政課題 報告會	靑瓦臺 小會議室	20
83	04.6.28	新行政首都建設의 爭點과 論理에 대해 大統領 報告	靑瓦臺 首席補佐官會議	靑瓦臺 會議室	50
84	04.6.29	行政首都建設의 現況과 爭點課題 報告	열린우리黨 首都圈 議員 懇談會	열린우리黨舍 會議室	75
85	04.6.30	行政首都建設方向 說明 · 質議答辯	經濟5團體 國政課題 說明會	롯데 호텔 大會議室	350
86	04.7.9	行政首都 對應戰略 說明 · 討議	黨 · 靑協議會	大統領 秘書室長 公館	15
87	04.7.16	行政首都 推進計劃 報告	總理 主宰 關係長官 워크숍	政府中央廳舍 國際 會議室	50
88	04.7.21	國政課題 推進狀況 報告	總理 主宰 新行政首都 運營協議會	中央廳舍·國務委員食堂	20
89	04.7.23	新行政首都 推進 報告	黨 · 靑 國政課題協議會	中央廳舍 大會議室	40
90	04.7.23	新行政首都 推進狀況 및 課題 說明	靑瓦臺 國政課題協議會	靑瓦臺 政策室長室	15
91	04.7.28	行政首都 推進計劃	國政課題 運營協議會	中央廳舍 別館 會議室	30

客說 : 經驗에서 얻은 삶의 眞實

生涯의 初期에는 남들이 나를 위해 무엇을 해주기를 많이 바랐고, 社會活動을 활발히 하던 中 · 壯年期에는 남을 위해 무엇을 할까를 주로 생각하였다. 이제는 나를 위해 해주기를 바라지도 않고 남을 위해 해줄 힘도 없다. 그저 무심 덤덤히 가만히 있을 뿐이다. 解脫의 경지가 아니면 끝난 人生이다.

Ⅲ. 大衆媒體 發表

○ 要 約

年度	總回數(回)	媒體別			地域別			分野別						數量		
		新聞	TV	라디오	서울	地方	外國	自治行政	空間開發	經濟技術	意識環境	其他	複合	新聞原稿(枚)	TV放映(分)	라디오放送(分)
1965	1	1	-	-	-	1	-	-	-	-	1	-	-	15	-	-
1966	-	-	-	-	-	-	-	-	-	-	-	-	-	-	-	-
1967	-	-	-	-	-	-	-	-	-	-	-	-	-	-	-	-
1968	-	-	-	-	-	-	-	-	-	-	-	-	-	-	-	-
1969	-	-	-	-	-	-	-	-	-	-	-	-	-	-	-	-
1970	-	-	-	-	-	-	-	-	-	-	-	-	-	-	-	-
1971	-	-	-	-	-	-	-	-	-	-	-	-	-	-	-	-
1972	-	-	-	-	-	-	-	-	-	-	-	-	-	-	-	-
1973	6	1	1	4	5	1	-	1	3	-	2	-	-	-	60	120
1974	3	-	1	2	3	-	-	-	-	-	3	-	-	-	60	60
1975	2	1	1	-	2	-	-	-	1	-	1	-	-	-	60	-
1976	-	-	-	-	-	-	-	-	-	-	-	-	-	-	-	-
1977	8	6	-	2	8	-	-	-	8	-	-	-	-	15	-	60
1978	3	2	-	1	3	-	-	-	2	-	1	-	-	30	-	30
1979	3	3	-	-	3	-	-	-	2	-	1	-	-	15	-	-
1980	-	-	-	-	-	-	-	-	-	-	-	-	-	-	-	-
1981	3	3	-	-	3	-	-	2	-	-	1	-	-	30	-	-
1982	4	4	-	-	4	-	-	-	-	1	1	-	2	-	-	-
1983	6	6	-	-	6	-	-	2	-	4	-	-	-	80	-	-
1984	3	2	-	1	2	-	1	1	2	-	-	-	-	-	-	15
1985	4	3	1	-	4	-	-	-	3	-	-	1	-	30	10	-
1986	4	2	1	1	4	-	-	-	2	2	-	-	-	30	10	5
1987	5	2	3	-	1	2	2	-	1	3	-	1	-	7	80	-
1988	22	11	7	4	14	8	-	5	9	3	-	3	2	104	290	175
1989	14	2	9	3	9	5	-	4	7	1	-	2	-	-	420	125
1990	24	13	9	2	17	7	-	8	5	1	8	1	1	99	750	40
1991	24	6	16	2	18	6	-	17	1	1	-	2	3	45	511	195
1992	16	6	2	8	14	2	-	4	1	1	1	9	-	95	9	125
1993	7	6	-	1	5	2	-	3	-	-	2	2	-	29	-	15
1994	22	14	5	3	18	4	-	18	2	-	-	1	1	90	302	32
1995	27	16	4	7	20	7	-	21	1	4	-	1	-	135	13	67
1996	23	14	8	1	16	7	-	9	1	7	-	2	4	85	353	30
1997	28	8	9	11	24	4	-	5	-	1	2	1	19	42	261	324
1998	14	11	2	1	11	3	-	5	1	1	4	3	-	115	48	6
1999	9	7	1	1	9	-	-	1	1	1	2	4	-	68	20	5
2000	10	3	4	3	9	1	-	7	-	-	1	2	-	21	200	35
2001	6	-	5	1	2	4	-	3	2	-	-	1	-	-	41	-
2002	6	4	2	-	6	-	-	4	1	-	-	-	1	22	3	-
2003	12	5	6	1	7	5	-	1	7	2	-	1	1	8	302	10
2004	43	20	12	11	25	17	1	1	41	-	1	-	-	44	69	117
2005	6	4	-	2	5	1	-	3	3	-	-	-	-	11	-	20
2006	1	1	-	-	-	1	-	-	-	-	-	-	1	-	-	-
累計	369	187	109	73	277	88	4	125	107	33	32	37	35	1,265	3,871	1,611

1. 新聞 揭載

年度	順次	類　　型	主　　　題	新　聞	發刊日字	原稿(枚)
1965	1	論述	主體性을 찾는 길	道德新聞	65.10.15	15
1973	1	座談(4名)	第1回 環境의 날을 맞아	大學新聞	73.6.4	-
1975	1	座談(7名)	새마을 5年, 어디까지 왔나	京鄕新聞	75.6.16-17	-
1977	1	座談(5名)	新首都建設 : 外國例	韓國日報	7.2.15	-
	2	座談(5名)	新首都建設 : 立地와 規模	韓國日報	77.2.16	-
	3	座談(5名)	新首都建設 : 機能	韓國日報	77.2.17	-
	4	座談(5名)	新首都建設 : 서울對策	韓國日報	77.2.20	-
	5	論述	首都人口 再配置10年基本計劃을 보고	韓國日報	77.3.9	15
	6	論評	第2號 地下鐵建設計劃을 보고	朝鮮日報	77.10.7	-
1978	1	論述	大學村 : 이렇게 세워져야 - 機能設定	大韓新聞	78.5.8	15
	2	論述	國土利用管理法 改正案을 보고	東亞日報	78.10.25	15
1979	1	論評	서울市 交通問題	朝鮮日報	79.1.10	-
	2	論述	環境保護의 倫理性 : 世界環境의 날에 즈음하여	大學新聞	79.6.11	15
	3	論評(證言)	에필로그 '70年代 : 집 · 都市計劃-量의 時代	東亞日報	79.10.18	-
1981	1	論述(서울廣場)	都農의 上乘發展與件을 : 새 直轄市 · 새市 誕生에 붙인다	서울新聞	81.4.5	15
	2	對談	直轄市 · 市의 무더기昇格 : 무엇이 달라지나	韓國日報	81.4.5	-
	3	論述(時論)	環境管理	週刊每經	81.6.3	15
1982	1	論評	不動産景氣 : 5.18 浮揚措置에 대한 意見	서울新聞	82.6.5	-
	2	論評	自動車 색깔	韓國日報	82.6.10	-
	3	座談(5名)	經濟成長과 環境保全	每日經濟新聞	82.10.30	-
	4	座談(5名)	環境保全과 企業經營上의 問題	商議週報	82.11.8	-
1983	1	論述(反經濟學)	地域經濟와 國民經濟	每日經濟新聞	83.2.14	15
	2	論述(反經濟學)	地域經濟의 水準과 分布	每日經濟新聞	83.2.15	15
	3	論述(反經濟學)	地域經濟의 課題와 要因	每日經濟新聞	83.2.16	15
	4	論述(反經濟學)	地域經濟의 方向과 戰略	每日經濟新聞	83.2.17	15
	5	論評	서울特別市 : 中央集權	東亞日報	83.4.26	-
	6	論述	地方自治制와 國民政治意識	德成女大新聞	83.5.9	20
1984	1	座談(4名)(研究發表)	首都圈 및 地方都市機能强化方案	每日經濟新聞	84.7.17	-
	2	論評	技術都市 : 나는 이렇게 본다	中央日報	84.8.8	-
1985	1	論述	서울市 再整備計劃의 課題와 方向	每日經濟新聞	85.1.30	15
	2	座談(5名)	Technopolis의 開發現況과 定着化 方案	韓國經濟新聞	85.2.20	-
	3	論述	會長 4年의 回顧와 反省 : 同窓會長職을 떠나면서	在京聞中會報	85.5.14	15
1986	1	論述	地域經濟 活性化의 길	每日經濟新聞	86.3.27	15
	2	論述	6次 5個年計劃을 말한다	每日經濟新聞	86.5.7	15
1987	1	座談(10名)	安養地域經濟 活性化	京仁日報	87.5.9	-
	2	論述	安養地域의 經濟的 位置와 比重	安養商議報	87.12.1	7

年度	順次	類　　型	主　　　　題	新　聞	發刊日字	原稿(枚)
1988	1	座談(5名)	2千年代 國土 未來像을 내다본다	建設經濟(週刊)	88.1.18	-
	2	論述	國土開發과 環境의 調和	産業環境新聞	88.1.20	15
1988				(週刊)		
	3	論述	企業하는 群像	安養商議報	88.2.1	7
	4	對談	西海岸時代의 開幕	商業經濟新聞	88.3.28	-
	5	論評	美8軍司 敷地 : 利用方向	韓國日報	88.8.18	-
	6	論述	人口都市集中 : 우리 經濟 - 來日을 생각한다	每日經濟新聞	88.9.20	15
	7	論述	새週 새아침에 : 自動車效用價値 享有하자	韓國自動車新報	88.10.31	15
	8	論述	國土保全과 國土利用은 相反된 關係	産業環境新聞	88.11.14	15
	9	論述	새週 새아침에 : 地域開發과 自動車普及	韓國自動車新報	88.11.21	15
	10	論述(書評)	孫禎睦著 '韓國現代都市의 발자취'	京鄕新聞	88.11.26	7
	11	論述	새週 새아침에 : 交通과 土地利用	韓國自動車新報	88.12.26	15
1989	1	論評	創刊 1周年紀念辭	産業環境新聞	89.1.2	-
	2	論評	創刊 두돌 紀念辭	産業環境新聞	89.2.4	-
1990	1	座談(5名)	'90年代 不動産 어떻게 되나 - 土地政策展望	不動産經濟新聞	90.1.14	-
	2	論評	公害追放 : 專門家의 意見	中央經濟新聞	90.2.15	-
	3	論述(冠岳世論)	新都市의 立地와 建設	大學新聞	90.3.19	15
	4	論述	'地球의 날' 에 붙여	土曜新聞	90.5.17	10
	5	論述	天惠의 寶庫 聞慶을 지키자	聞慶郡報(月刊)	90.6.1	10
	6	論述	地方自治 事前作業	土曜新聞	90.6.21	10
	7	論評(書評)	申邦鉉著 '韓國住宅行政論'	서울新聞	90.7.4	7
	8	論述	韓半島改造論	土曜新聞	90.7.11	15
	9	對談	環境處長官對談 : 公害現場 再點檢	世界日報	90.8.15	-
	10	論述	店村의 오늘과 來日	店村市報	90.9.10	10
	11	論評(書評)	申邦鉉著 '韓國住宅行政論'	檀大新聞	90.10.16	7
	12	論述(時論)	地方自治制 : 그 슬기로운 運用을 위해	世界日報	90.11.22	15
	13	對談	內務部次官對談 : 地自制의 定着方向과 問題點	서울新聞	90.21.20	-
1991	1	對談	名士招待席	不動産經濟新聞	91.3.6	10
	2	對談	自治制 成功方案	全南每日新聞	91.3.16	-
	3	論壇	地方制뿌리-당신의 한 票에 달렸다.	서울新聞	91.3.7	8
	4	論評	第3次 國土綜合開發計劃을 보고	每日經濟新聞	91.3.12	15
	5	論述	誌齡 100號 紀念辭	不動産經濟新聞	91.4.3	5
	6	論述	創刊祝辭	店村新聞	91.10.28	7
1992	1	論述	自治團體長選擧의 實施延期	聯合通信	92.1.10	15
	2	對談	民自黨·民主黨事務總長-地方自治發展方向	韓國自治新聞	92.5.1	10
	3	社說	地方自治團體長의 選擧時期	韓國自治新聞	92.5.18	15
	4	인터뷰	韓國地方行政硏究院長 就任所感	서울新聞	92.7.26	5
	5	인터뷰	韓國地方行政硏究院長 就任所感	韓國自治新聞	92.8.20	20
	6	紀行文	中國을 찾아서(1)-旅程 : 久綠의 大地	韓國自治新聞	92.9.10	30

年度	順次	類　型	主　題	新　聞	發刊日字	原稿(枚)
1993	1	論評(書評)	尹祺永著 '韓國地方自治行政論'	京畿日報	93.5.1	4
	2	論述	韓國病과 社會刷新	永嘉新聞	93.6.14	10
	3	論評	目的稅 新設에 대한 意見	韓國稅政新聞	93.6.24	3
	4	인터뷰	硏究院長 就任 1周年에 즈음하여	韓國稅政新聞	93.7.26	-
1993	5	論述	地方自治制와 住民納稅意識	韓國稅政新聞	93.8.9	12
	6	인터뷰	地方自治와 地方財政	韓國稅政新聞	93.11.1	-
1994	1	對談	本格 地方化時代-地方自治制定着을 위한 課題	嶺南日報	94.1.1	-
	2	論說	行政區域改編	世界日報	94.1.24	15
	3	座談	地方化의 課題 : 總括	朝鮮日報	94.2.9	-
	4	拔題,座談	行政階層構造와 區域改編의 問題	朝鮮日報	94.2.16	15
	5	論說	國際化 · 地方化로 가는 길은 무엇인가?	民主平統	94.2.28	15
	6	座談	地方自治法 改正方向	朝鮮日報	94.3.1	-
	7	論說	地方自治發展과 議會의 役割	서울議會報	94.3.16	15
	8	座談	地自時代 달려온다 : 4大選擧의 同時實施	東亞日報	94.3.28	-
	9	座談	地方의 國際化	朝鮮日報	94.4.11	-
	10	論說	來年 4大選擧 : 地方化 試金石	大東日報	94.5.7	15
	11	論說	都農統合과 住民負擔	韓國稅政新聞	94.5.16	15
	12	對談	地方自治-住民參與幅 넓어야 成功	中央日報	94.7.22	-
	13	座談	行政區域改編	朝鮮日報	94.9.4	-
	14	座談	地方自治 準備狀況點檢	朝鮮日報	94.11.13	-
1995	1	基調 및 座談	地自制 元年 紙上討論會	中央日報	95.1.12	10
	2	論說	地方自治 實施와 警察의 役割	한겨레新聞	95.1.12	10
	3	論評	行政區域改編의 時期	朝鮮日報	95.2.16	-
	4	論說	中央-地方政府 葛藤	全南日報	95.2.21	15
	5	論說	地方自治와 地域經濟	每日經濟新聞	95.3.14	12
	6	解說	地方自治의 實施課題	朝鮮日報	95.3.20	3
	7	論說	團體長, 어떤 사람이 좋을까?	韓國日報	95.3.23	14
	8	論說	自治團體長의 役割	國政新聞	95.4.3	5
	9	論說	地方自治와 企業	每日經濟新聞	95.4.11	12
	10	論說	地方選擧가 經濟에 미치는 影響	每日經濟新聞	95.5.9	12
	11	論說	地域特化産業 育成할 때	東亞日報	95.5.11	5
	12	解說	自治團體間 葛藤解消方案	國政新聞	95.5.15	5
	13	論說	4大地方選擧의 歷史的 意義	嶺南日報	95.6.6	12
	14	論說	6.27選擧에 바란다.	嶺南日報	95.6.22	10
	15	論說	6.27 4大地方選擧結果의 意義와 課題	每日經濟新聞	95.6.28	10
	16	인터뷰	地方自治制의 發展課題	無等日報	95.10.7	-
1996	1	祝辭	創刊 1周年을 祝賀하며	洛東新聞	96.2.13	3
	2	解說	地方自治團體 經營大賞 審査評	每日經濟新聞	96.3.12	8
	3	論說(時論)	慶州를 열린 古都로	朝鮮日報	96.5.23	10

年度	順次	類　　型	主　　　題	新　聞	發刊日字	原稿(枚)
1996	4	論說	地方自治制度의 成功的 運營으로 위대한 聞慶市 創造	市政消息 (聞慶市 刊)	96.6.13	8
	5	論說	不動産實名制 本格施行을 앞두고	不動産經濟新聞	96.6.26	8
	6	座談	民選自治1年 評價와 展望	朝鮮日報	96.7.1	-
	7	陳述	地方自治制의 課題와 方向	東亞日報	96.7.6	-
	8	社說	地方自治制와 不動産政策	不動産經濟新聞	96.7.17	8
	9	時論	社會間接資本과 民間投資	不動産經濟新聞	96.8.14	8
	10	社說	南北統一과 不動産對策	不動産經濟新聞	96.8.28	8
	11	社說	國民經濟와 家計運用	不動産經濟新聞	96.9.18	8
	12	書評	金壽鶴著 '나라 걱정에 잠못 이루는 公職者는 아직도 많다'	嶺南日報	96.10.8	7
	13	對談	잠깐 만납시다	慶北市民日報	96.10.25	2
	14	社說	建設事業과 國際開放	不動産經濟新聞	96.12.17	7
1997	1	인터뷰	人生明細書 펴냈다	朝鮮日報	97.1.12	-
	2	〃	個人史 펴낸 서울大 金安濟教授	〃	97.1.13	-
	3	論評	地方이 經濟發展 求心點 돼야 : 政府의 地方中心 經濟活性化 戰略을 보고	每日經濟	97.6.2	8
	4	讀者 칼럼	地方自治 2年과 人材活用	朝鮮日報	97.6.26	7
	5	特別寄稿	民選自治 2年 : 이것이 必須課題	國民日報	97.6.28	7
	6	時論	民選團體長의 政治外道	世界日報	97.7.31	10
	7	電話寸評	自治團體長들의 行事行政弊端	朝鮮日報	97.10.2	-
	8	時論	오늘의 國政, 누가 責任지고 있나	世界日報	97.11.20	10
1998	1	時論	構造調整, 公職者가 앞장서라	世界日報	98.1.20	11
	2	〃	누구를 위한 國政空白인가	〃	98.2.27	11
	3	〃	21世紀 새마을運動의 새 地平	새마을運動	98.3.5	12
	4	鄕土紀行	歷史의 古鄕, 孝의 고장 公州	〃	98.4.2	15
	5	時論	地方自治 成敗의 關鍵	世界日報	98.5.21	11
	6	論壇	地方行政의 虛와 實	高大新聞	98.6.1	14
	7	座談會	6.4 地方選擧結果分析	世界日報	98.6.5	-
	8	對談	金正吉行 自部長官 : 새마을運動의 方向	새마을運動	98.8.6	15
	9	時論	새마을運動의 새 進路와 發展戰略	〃	98.8.20	13
	10	祝辭	값진 消息을 전하는 聞慶市民의 눈과 귀가 되소서	聞慶新聞	98.8.26	3
	11	論壇	第2建國運動이 國民運動되려면	世界日報	98.9.24	10
1999	1	論壇	알맹이없는 聽聞會	世界日報	99.2.2	10
	2	論壇	大統領 '國民과의 對話' 에 바란다	世界日報	99.2.20	10
	3	論壇	社會指導層, 公僕精神 가져라	世界日報	99.5.3	10
	4	時論	指導層과 道德意識	韓國道德協會報	99.6.1	10
	5	포럼	水害, 막을 수 없는가	文化日報	99.8.2	11

年度	順次	類　　型	主　　　題	新　聞	發刊日字	原稿(枚)
	6	紀行文	金剛山-太古靜寂 간직한채 山河는 말이 없었다	文化日報	99.8.28	17
	7	인터뷰	地方移讓推進委員長 就任所感	大韓每日	99.8.31	-
2000	1	論壇	새마을 精神으로 돌아가라	朝鮮日報	2000.4.22	12
	2	칼럼-오피니언	朴正熙 大統領 紀念館建立 : 贊成	世界日報	2000.7.27	9
	3	對談	地方移讓委員會의 活動	中都日報	2000.9.7	-
2002	1	對談	地方移讓推進業務의 課題와 向後方向	내일新聞	2002.4.11	-
	2	對談	行政權限의 地方移讓	市民日報	2002.5.20	7
	3	論述	地方自治團體長의 役割과 資質	韓國福祉新聞	2002.6.3	15
	4	對談	教授停年 退任所感	大學新聞	2002.8.26	-
2003	1	對談	새해 아침, 盧武鉉 政府에 바란다	嶺南日報	2003.1.1	-
	2	論述	企業하기 좋은 地域大賞 審查委員長 審查評	韓國經濟新聞	2003.4.14	8
	3	인터뷰	行政首都移轉 : 爭點 大解剖	한겨레	2003.7.10	-
	4	對談	新行政首都建設 妥當性과 向後對策	中道日報	2003.10.10	-
	5	對談	新行政首都의 建設背景과 基本課題 및 向後對策	國政弘報處 國政 브리핑	2003.10.17	-
2004	1	時論	道德과 警察	警察新聞	2004.2.23	10
	2	對談	國土均衡發展의 길	京鄉新聞	2004.3.25	-
	3	인터뷰	行政首都 建設은 서울 · 地方 모두 相生	大田每日	2004.5.21	-
	4-5	對談	行政首都 推進委員長 就任에 즈음하여	大田日報	2004.5.22	-
				忠北日報	2004.5.31	-
	6-11	對談	行政首都建設의 方向	大田 · 中道 · 東亞日報, 大田每日	2004.6.10	-
				中央日報	2004.6.15	-
				來日新聞	2004.6.16	-
	12	寄稿	新行政首都 정말 時急하다	朝鮮日報	2004.6.26	9
	13-14	對談	新行政首都의 推進方向	大田日報	2004.7.6	-
				釜山日報	2004.7.15	-
	15	인터뷰	新行政首都建設	國民日報	2004.9.4	-
	16	인터뷰	新行政首都移轉	京鄉新聞	2004.9.23	-
	17	時論	憲裁違憲決定後의 對策方向	서울新聞	2004.10.27	13
	18	인터뷰	新行政首都建設推進委員長의 直擊 인터뷰	日曜新聞	2004.11.14	-
	19	時論	新行政首都建設의 理想과 現實	하우징 헤럴드	2004.12.7	12
	20	인터뷰	地方自治와 住民	東豆川新聞	2004.12.24	-
2005	1	人事말	새해 人事	하우징 헤럴드	2005.1.6	2
	2	審查評	企業하기 좋은 地域大賞 審查評	韓國經濟	2005.2.2	7
	3	인터뷰	行政區域 改編方向	韓國經濟	2005.4.20	-
	4	祝辭	創立1周年 紀念祝辭	하우징 헤럴드	2005.5.20	2
2006	1	인터뷰	出鄕人士를 찾아서	週刊 聞慶	2006.1.12	-

2.텔레비전 放映

年度	順次	類型	主題	放送局	放映日時	時間(分)
1973	1	經濟討論(5名)	大田圈 開發	大田 MBC	73.7.26 22:00	60
1974	1	座談會(4名)	環境政策을 診斷한다.	TBC	74.10.22 22:00	60
1975	1	政經討論(5名)	首都人口 分散策	MBC	75.8.7 22:00	60
1985	1	意義說明	土開公 硏鑽會	KBS1	85.12.18 6:40	10
1986	1	對策說明	金剛山 댐 建設對策	KBS1	86.11.6 9:00	10
1987	1	訪日說明	國土計劃學會 訪日目的	NHK(日本)	87.7.8 21:00	10
	2	會議說明	地域活性化 심포지엄 意義	NHK(日本)	87.7.9 21:00	10
	3	討論會	水害對策 : 水災被害 줄일 수 없었나	KBS1	87.8.3 22:00	60
1988	1	會議意義	國土計劃學會 大邱 세미나 開會式	大邱 KBS1 · MBC	88.1.19 21:00	20
	2	會議紹介	群山市 세미나內容	全州 MBC	88.2.5 22:00	20
	3	專門家意見	番地의 亂脈狀	MBC	88.3.17 21:00	10
	4	會議說明	麗水세미나 內容	麗水 KBS · MBC	88.5.27 21:00	20
	5	會議說明	光州 硏究團地 세미나	光州 KBS · MBC	88.7.1 21:00	20
	6	內容說明	行改委 行政區域 세미나	KBS,MBC	88.7.4 21:00	20
	7	深夜討論(8名)	地方自治와 行政區域	KBS1	88.7.9 23:00	180
1989	1	會議說明	世界平和敎授協議會 세미나 發表	KBS1	89.4.23 23:00	10
	2	深夜討論(8名)	新都市開發, 어떻게 할 것인가?	KBS1	89.4.29 22:30	189
	3	單獨會見	大邱 硏究團地의 方向	大邱 MBC	89.7.4 10:50	20
	4	單獨會見	行政區域改編(始興市)	KBS2	89.7.9 22:40	30
	5	單獨會見	頹廢業所 解決方案	MBC	89.8.27 21:00	10
	6	會議紹介	光州開發 세미나	光州 MBC	89.10.20 21:00	10
	7	會議紹介	安東開發 세미나	安東 MBC	89.10.21 21:00	10
	8	座談會(7名)	慶北北部圈의 發展方向	安東 MBC	89.11.2 22:00	90
	9	單獨會見	21世紀 濟州道 地方自治展望	濟州 MBC	89.12.13 22:00	60
1990	1	座談會(8名)-司會	江原 大討論 : 高原都市 開發	春川 KBS	90.2.25 22:00	100
	2	深夜討論(8名)	地方自治制 어떻게 할 것인가	KBS1	90.3.3 23:10	180
	3	日曜對談(金壽鶴會長)	살며 생각하며 : 새마을運動	KBS1	90.3.18 07:00	50
	4	會議說明	濟州道 地方自治 國際 세미나	濟州 KBS · MBC	90.7.28 21:00	20
	5	會議說明	韓國JC-人間性回復을 위한 심포지엄	KBS1	90.8.15 21:00	20
	6	會議說明	農漁村振興公社-扶餘 세미나	大田 MBC	90.8.28 21:00	20
	7	深夜討論	地方自治制(8名)	KBS1	90.10.27 22:20	180
	8	時事討論(5名)	地方自治制 언제 實施할 것인가?	MBC	90.11.16 22:00	90
	9	座談會(8名)	江原 大討論-地方自治와 地域開發	春川 KBS	90.12.13 20:00	90
1991	1	뉴스解說	地方選擧의 重要性과 國民姿勢	MBC	91.1.6 21:00	1
	2	뉴스解說	地方選擧의 意義와 國民姿勢	濟州 MBC	91.2.24 8:30	5
	3	深夜討論	基礎民主主義와 地方選擧	KBS1	91.3.9 10:20	160
	4	뉴스論評	基礎議會와 女性選出	KBS1	91.3.9 21:00	1
	5	全國은 지금	地方自治團體가 하는 일	KBS2	91.3.12 7:30	10
	6	會議說明	地自制와 環境保全	光州 MBC	91.3.16 7:00	2
	7	全國은 지금	地方選擧의 現況	KBS2	91.3.25 7:30	10

年度	順次	類　型	主　　題	放 送 局	放映日時	時間(分)
	8	全國은 지금	地方選擧의 意義와 向後課題	KBS2	91.3.27　7:30	10
1991	9	會議說明	地方自治와 環境問題	麗水 MBC	91.6.14　22:00	10
	10	企劃報道	來日은 廣域議會 選擧의 날	KBS1	91.6.19　22:00	50
	11	特輯報道	廣域議會議員 選擧結果의 意味	KBS1	91.6.21　4:45	25
	12	時事討論	廣域議會에 바란다	MBC	91.6.21　22:00	70
	13	深夜討論	廣域議會의 向後課題	KBS1	91.6.22　22:30	150
	14	뉴스解說	地方議員의 脫線問題	MBC	91.8.29　21:20	1
	15	뉴스解說	自治團體間 紛爭問題	MBC	91.9.8　21:20	1
	16	時事解說	地域開發과 地方議員	安東 MBC	91.10.29　7:30	5
1992	1	時事解說	慶北 北部圈 開發과 住民의 姿勢	安東 MBC	92.1.27　22:00	5
	2	時事解說	地方自治1年의 問題와 改善策	濟州 MBC	92.9.6　22:00	4
1994	1	深夜討論	行政區域改編 어떻게 할 것인가	KBS1	94.2.5　22:40	180
	2	名士포럼	交通問題 어떻게 할 것인가	SBS	94.2.13　7:10	50
	3	時事討論	都農總合 어떻게 할 것인가	MBC	94.3.11　23:05	70
	4	뉴스焦點	市道議會 3周年의 意義	MBC	94.7.8　21:00	0.5
	5	뉴스焦點	榮州市 · 郡 統合 以後의 方向	安東 MBC	94.11.30　21:00	1
1995	1	出鄕人士 인터뷰	어린 時節을 回想한다.	安東 MBC	95.5.10　20:00	7
	2	뉴스解說	6.27 選擧所感과 向後課題	大邱 TBC	95.6.28　16:30	3
	3	時事論評	首都圈 新都市建設計劃에 대한 論評	MBC	95.9.13　21:00	1
	4	時事論評	地自制 100日의 評價	光州 MBC	95.10.6　22:00	2
1996	1	對談	'96 나라살림 : 金佑錫 內務長官과의 對談	K-TV	96.2.13　14:00 22:30	60
	2	座談	地方自治 1年의 評價	每經K-TV	96.6.23　9:00 14:00　23:00	120
	3	座談	地方自治 1年의 評價	國立K-TV	96.6.28　22:10	60
	4	뉴스라인 解說	EXPO科學公園의 課題와 發展方向	KBS1	96.10.31　11:00	1
	5	濟州포럼 座談	自治時代의 濟州發展戰略	濟州 MBC	96.11.3　19:20	60
	6	解說	世界化 · 地方化時代의 商工人	麗水 MBC	96.11.15　20:00	1
	7	解說	麗水半島 觀光開發과 投資財源問題	麗水 KBS	96.11.15　20:00	1
	8	政策診斷座談	物流費用 어떻게 줄일 것인가-秋敬錫 建交部長官	KBS1	96.12.15　8:10	50
1997	1	出發 모닝와이드	回甲紀念集의 內容	SBS	97.1.20　7:30	10
	2	사람의 香氣	回甲紀念集의 來歷	大邱放送(TBC)	97.1.26　8:10	30
	3	MBC招待席	人生記錄의 歷程	安東 MBC	97.3.10　23:00	50
	4	테마가 있는 窓	記錄集의 內容	敎育放送(EBS)	97.4.28　19:55	10
	5	〃	〃	〃	97.5.5　19:55	10
	6	對談	環境保全 한 次元을 높인다	大田 MBC	97.6.1　7:20	60
	7	解說	環境保全을 위한 地自體의 姿勢	春川 KBS	97.8.27　21:00	1
	8	對談	民選自治制 무엇이 달라졌나	MBN(每經 케이블TV)	97.9.12　10:10 97.9.13　13:10 97.9.14　22:10	20 10 10

年度	順次	類　型	主　　題	放　送　局	放映日時	時間(分)
	9	엄앵란 · 이택림의 사랑방	金安濟 서울大 敎授의 60平生 메모日誌	KBS2	97.11.6　11:00	50
1998	1	政策診斷 座談	6.4選擧와 地方自治 : 金正吉長官 · 李진곤 委員	KBS1	98.5.24　08:20	45
	2	解說	2010 海洋엑스포와 地域開發	麗水 MBC	98.9.10　22:00	3
1999	1	對談	韓國 100年, 우리는 이렇게 살았다 : 交通篇	MBC	99.5.13　23:00	20
2000	1-4	對談	地方移讓推進委員會의 性格과 機能 및 活動	K-TV	00.7.25　08:20	50
					00.7.25　12:50	50
					00.7.25　18:40	50
					00.7.30　09:00	50
2001	1	對談	이 사람 : 記錄人生	KBS1	01.2.1　21:45	5
	2	對談	地方移讓委員會 活動	K-TV	01.7.23　11:30	30
	3	인터뷰	非首都圈結集의 必要性	釜山 KBS	01.8.28　21:30	1
	4	인터뷰	國家均衡發展의 必要性	釜山 MBC	01.8.28　21:00	2
	5	인터뷰	地方分權은 왜 잘 안되는가	馬山 MBC	01.8.28　23:00	2
2002	1	解說	地方移讓基本計劃 內容	K-TV	02.3.5　16:30	1
	2	인터뷰	地方移讓課題의 向後方向	大田 KBS	02.11.14, 22:00	1
					02.11.15, 7:30	1
2003	1	解說	'企業하기좋은 地域大賞'의 趣旨와 審査基準	韓國經濟 TV	03.4.14,　22:00	2
	2	對談	歷史스페셜 : 朴正熙大統領과 臨時行政首都計劃	KBS 1 TV	03.5.17,　20:00	60
	3	解說	地方分權, 그 成功의 條件	昌原 KBS	03.6.15,　22:00	60
	4	對談	出鄕人士 : 나의 生涯	安東 MBC	03.7.6,　07:30	60
	5	인터뷰	新行政首都建設의 背景과 推進計劃 및 課題	KTV	03.10.30, 09:30	3
					03.10.31, 09:30	3
					03.11.3,　09:30	4
	6	討論會	新行政首都建設과 國土均衡發展	TJB(大田) TV	03.12.28, 06.50	110
2004	1	座談會	포커스 : 新行政首都와 南嶽 新都市建設	木浦 MBC	04.1.31,　07.30	25
	2-3	인터뷰	新行政首都建設推進委員長 就任에 즈음하여	大田 MBC · 大田 TJB	04.5.21,　22:00	3
	4	인터뷰	行政首都 推進方向	靑瓦臺 홈페이지 入力	04.5.24,　18:00	3
	5	인터뷰	推進委員長 就任에 즈음하여	KTV	04.5.24,　21:00	3
	6	對談	行政首都 建設	淸州 KBS	04.5.28,　21:00	2
	7-11	인터뷰	新行政首都 建設方向	大田 MBC · TJB	04.6.8,　17:00	3
				YTN	04.6.8,　17:40	15
				KTV	04.6.11,　18:00	5
				MBC	04.6.16,　07:15	5
	12	對談	新行政首都의 建設	KBS	04.7.12,　21:00	5

3. 라디오 放送

年度	順次	類　　型	主　　　　題	放 送 局	放 送 日 時	時間(分)
1973	1	對談 : 오늘을 診斷한다.	研究學園都市의 意義와 方向	基督教放送	73.6.27　22:00	30
	2	對談 : 오늘을 診斷한다.	3個市 昇格에 따른 效果	基督教放送	73.7.2　22:00	30
	3	對談 : 오늘을 診斷한다.	河川과 市民生活	基督教放送	73.7.19　22:00	30
	4	對談 : 오늘을 診斷한다.	都市의 住宅問題	基督教放送	73.8.6　22:00	30
1974	1	對談 : 오늘을 診斷한다.	社會發展과 環境保護	基督教放送	74.4.4　22:00	30
	2	對談 : 오늘을 診斷한다.	公害物 放出基準	基督教放送	74.5.18　22:00	30
1977	1	解說	新首都計劃	極東放送	77.2.21　22:00	30
	2	對談 : 오늘을 診斷한다.	서울市 交通對策	基督教放送	77.3.3　22:00	30
1978	1	解說	人工環境과 意識構造	基督教放送	78.5.13　22:00	30
1984	1	인터뷰	Problems of Urbanization and Their Measures(英語)	NHK(日本)	84.10.5　21:00	15
1986	1	인터뷰	金剛山 댐 問題	KBS1	86.11.6　21:00	5
1988	1	座談(3名)	東西南北 : 地方時代를 연다.	KBS1	88.1.3　7:00	30
	2	인터뷰	午後의 交叉路 : 서울人口 1千萬 突破	KBS1	88.1.12　13:15	15
	3	解說	올림픽效果에 대한 國際 세미나의 意義	KBS1	88.6.13　15:15	15
	4	座談(5名)	地方自治實施의 方向	KBS1	88.11.30　15:05	115
1989	1	인터뷰	韓半島改造論	KBS1	89.1.16　22:15	115
	2	對談(2名)-東西南北	地方自治制의 方向	KBS1	89.2.19　22:00	5
	3	座談(5名)	서울市의 實態와 問題	KBS 서울라디오	89.3.5　14:00	60
1990	1	論評	企業人의 姿勢 : '世界環境의 날' 에 즈음하여	平和放送	90.6.4　8:00	10
	2	解說	地方自治制의 沿革과 現在 및 未來	梨花女子大學放送	90.9.10　14:00	30
1991	1	討論(6名)	基礎議會構成의 意義와 將來	KBS1	91.3.27　14:20	100
	2	討論(5名)	돈 안드는 選擧의 길	KBS1	91.11.16　21:16	95
1992	1	對談	東西南北 : 돈 안드는 選擧	KBS1	92.2.8　21:10	35
	2	解說	14代 國會議員選擧 結果解說	KBS1	92.3.25　6:00	60
	3	解說	選擧와 國家發展	KBS1	92.4.6　21:55	5
	4	解說	總選後의 國民姿勢	KBS1	92.4.7　21:55	5
	5	解說	當選된 國會議員에게 드리는 말씀	KBS1	92.4.8　21:55	5
	6	解說	우리 經濟를 살리는 길	KBS1	92.4.9　21:55	5
	7	解說	危機管理와 指導層의 役割	KBS1	92.4.10　21:55	5
	8	解說	우리 世代의 時代的 使命	KBS1	92.4.11　21:55	5
1993	1	對談 · 解說	東西南北 : 韓國病 治癒와 새마을運動	KBS1	93.2.5　20:05	15
1994	1	對談	行政階層과 行政區域	KBS1	94.2.17　8:15	15
	2	對談	地方自治制의 發展方向	CBS	94.3.6　8:30	12
	3	對談	出鄕人士가 말한다	安東 MBC	94.6.22　8:00	5
1995	1	解說	龜尾工團 · 龜尾市 發展方案	龜尾 KBS1	95.2.23　22:00	20
	2	解說	6.27 4大地方選擧의 內容과 意義 및 效果	KBS1	95.3.16　23:15	8
	3	解說	地方自治 : 오늘과 來日	KBS1	95.3.18　10:00	5
	4	解說	오늘과 來日	KBS1	95.6.1　22:00	5
	5	對談	地方自治制 實施의 意義와 影響	KBS-社會教育	95.6.13　23:15	10

年度	順次	類 型	主 題	放 送 局	放送日時	時間(分)
1995					放送	
	6	解說	地自制 100日의 評價	KBS1	95.10.5 23:30	9
	7	解說	地方財政과 自治福券	佛敎放送	95.10.25 18:30	10
1996	1	對談	韓國의 地方自治 : 어제와 오늘	KBS國際放送 (5個國語)	96.6.27 18:30	30
1997	1	電話 인터뷰	日曜日 아침입니다 : 回甲紀念集 紹介	KBS1	97.1.19, 8:20	10
	2	임국희의 라디오廣場	回甲紀念集 紹介	交通放送(TBS)	97.1.22 10:05	45
	3	언제나 靑春	記錄集 紹介	KBS2	97.1.24 5:05	7
	4	나의 人生 나의 보람	記錄集 說明	KBS 社會敎育 放送	97.1.31 11:05 97.2.1 11:05	30 30
	5	한밤에 만난 사람	記錄의 人生	KBS1	97.2.3 24:00	60
	6	안녕하세요 강부자 · 송승환입니다	回甲紀念集 解說	SBS	97.2.4 10:05	30
	7	記事작키 : 오늘과 來日	記錄集의 解說	基督敎放送 (CBS)	97.2.27 20:35	25
	8	MBC 招待席	回甲紀念集 紹介	MBC	97.3.1 11:10	30
	9	새벽을 연다 : 水曜招待席	記錄의 삶	KBS1	97.3.19 4:45	7
	10	김종찬의 交通時代	生涯記錄 이야기	交通放送(TBS)	97.9.5 10:05	25
	11	〃	〃	〃	97.9.11 10:05	25
1998	1	電話 인터뷰	生涯記錄 中 交通篇	釜山 KBS	98.8.25 18:25	6
1999	1	對談 인터뷰	20世紀의 回顧 : 生涯	KBS 第1	99.12.31 12:30	5
2000	1-2	언제나 靑春	地方自治의 現實과 課題	KBS 第1	00.5.8 05:00 00.5.8 07:00	10 10
	3	EBS 情報廣場	生涯記錄 : 對談	EBS	00.12.21 10:45	15
2001	1	뉴스 事件解說	地方移讓의 不振理由	馬山 MBC	01.6.28 21:00	1
2003	1	열린세상 오늘	서울外廓循環道路 : 論議의 焦點	平和放送	03.9.22, 08:20	10
2004	1	안녕하십니까 강지원입니다	新行政首都建設推進委員會의 出帆	KBS 第1	04.5.21, 07:45	10
	2	835情報센터	新行政首都建設推進委員會의 位相과 役割	KBS 大田 放送局	04.5.25, 08:43	9
	3	海外放送	新行政首都의 建設	KBS 프랑스語 放送	04.6.10, 08:00	15
	4-5	電話 對談	新行政首都建設	CBS 釜山 KBS	04.6.10, 08:00 04.6.10, 08:35	10 15
	6	電話 인터뷰	新行政首都의 推進課題	CBS	04.7.26, 08:10	10
	7	〃	〃	MBC	04.8.6, 07:35	10
	8	〃	委員長 辭退	MBC	04.8.25, 07:25	8
	9	〃	〃	CBS	04.8.25, 08:15	7
	10	正午 뉴스	〃	KBS	04.8.25, 12:20	8
	11	時事 뉴스	違憲後 行政都市建設	KBS	04.10.28, 18:40	15
2005	1	電話 인터뷰	行政區域 改編案	MBC	05.4.20, 07:25	10
	2	〃	地方自治 10周年 評價와 向後 發展方向	大田KBS 라디오	05.11.1, 14:40	10

第 3 章 弟子育成

□ 總括

(單位 : 名)

時代	年度	總數	類型別			地域·出身地別		分野別(講義 및 論文指導)						
			受學者	助敎	論文指導 및 審査	서울	地方	自治行政	空間開發	經濟技術	意識環境	其他	複合	計
修學過渡期	1957	1	1	-	-	-	1	-	-	-	-	1	-	1
	1958	1	1	-	-	1	-	-	-	-	-	1	-	1
	1959	1	1	-	-	1	-	-	-	-	-	1	-	1
	1960	-	-	-	-	-	-	-	-	-	-	-	-	-
	1961	180	180	-	-	-	180	-	-	-	-	180	-	180
	1962	1	1	-	-	1	-	-	-	-	-	1	-	1
	1963	301	301	-	-	301	-	-	-	-	-	301	-	301
	1964	2	2	-	-	2	-	-	-	-	-	2	-	2
	1965	44	44	-	-	44	-	40	-	-	-	4	-	44
	1966	157	157	-	-	157	-	140	-	-	-	17	-	157
	1967	197	195	2	-	195	2	80	-	40	-	75	-	195
	1968	1,220	1,220	-	-	1,220	-	1,100	-	40	-	-	80	1,220
	1969	240	240	-	-	240	-	130	-	110	-	-	-	240
	1970	-	-	-	-	-	-	-	-	-	-	-	-	-
	1971	-	-	-	-	-	-	-	-	-	-	-	-	-
	計(15年)	2,345	2,343	2	-	2,163	182	1,490	-	190	-	583	80	2,343
社會活動期	1972	6	-	1	5	5	1	2	2	1	-	-	-	5
	1973	795	765	-	30	794	1	585	15	195	-	-	-	795
	1974	1,251	1,215	1	35	1,249	2	286	248	210	4	2	500	1,250
	1975	1,775	1,738	-	37	1,753	22	39	447	666	103	-	520	1,775
	1976	78	60	-	18	78	-	5	5	66	2	-	-	78
	1977	477	430	1	46	473	4	40	111	210	111	3	1	476
	1978	182	135	1	46	181	1	92	14	15	5	-	55	181
	1979	191	150	-	41	191	-	41	78	66	6	-	-	191
	1980	490	445	2	43	473	17	168	143	165	10	2	-	488
	1981	629	557	1	71	628	1	45	527	46	8	2	-	628
	1982	697	602	1	94	654	43	56	571	55	13	-	1	696
	1983	640	562	2	76	596	44	348	221	59	10	-	-	638
	1984	703	613	1	89	663	40	63	130	500	9	-	-	702
	1985	654	578	-	76	647	7	458	131	57	7	1	-	654
	1986	585	514	1	70	584	1	453	69	61	1	-	-	584
	1987	630	572	-	58	629	1	448	124	58	-	-	-	630
	1988	634	573	-	61	632	2	56	522	56	-	-	-	634
	1989	330	271	-	59	328	2	197	74	55	4	-	-	330
	1990	419	370	-	49	419	-	296	68	55	-	-	-	419
	1991	697	680	2	15	575	122	495	104	95	1	-	-	695
	1992	1,059	1,020	1	38	907	152	627	390	39	2	-	-	1,058
	1993	656	620	1	35	504	152	315	288	50	2	-	-	655
	1994	728	695	2	31	576	152	405	286	34	1	-	-	726

時代	年度	總數	類型別			地域·出身地別		分野別(講義 및 論文指導)						
			受學者	助敎	論文指導 및 審査	서울	地方	自治行政	空間開發	經濟技術	意識環境	其他	複合	計
社會活動期	1995	859	800	-	59	709	150	372	245	183	53	1	5	859
	1996	691	636	-	55	315	376	296	204	89	36	2	64	691
	1997	606	497	1	108	273	333	318	70	121	13	70	13	605
	1998	401	335	-	66	223	178	150	61	106	35	32	17	401
	1999	379	304	1	74	154	225	155	55	98	47	11	12	378
	2000	515	455	-	60	157	358	203	61	118	52	15	66	515
	2001	230	200	1	29	71	159	148	56	13	10	2	1	230
	2002	162	144	1	17	86	76	84	52	13	12	1	-	162
	2003	61	59	1	1	60	1	59	2	-	-	-	-	61
	2004	59	57	1	1	58	1	57	2	-	-	-	-	59
	2005	48	47	1	-	47	1	47	1	-	-	-	-	48
	2006	10	10	-	-	10	-	-	10	-	-	-	-	10
	計(35年)	18,327	16,709	25	1,593	15,702	2,625	7,409	5,387	3,555	557	144	1,255	18,307
累計	50年	20,672	19,052	27	1,593	17,865	2,807	8,899	5,387	3,745	557	727	1,335	20,650

Ⅰ. 受學者

○ 要約

(單位：名)

時代	年度	受學者總數	類型別			地域別		講義分野別					
			家庭敎師 中高·學院	敎育院 訓練院	大學 大學院	서울	地方	自治行政	空間開發	經濟技術	意識環境	其他	複合
修學過渡期	1957	1	1	-	-	-	1	-	-	-	-	1	-
	1958	1	1	-	-	1	-	-	-	-	-	1	-
	1959	1	1	-	-	1	-	-	-	-	-	1	-
	1960	-	-	-	-	-	-	-	-	-	-	-	-
	1961	180	180	-	-	-	180	-	-	-	-	180	-
	1962	1	1	-	-	1	-	-	-	-	-	1	-
	1963	301	301	-	-	301	-	-	-	-	-	301	-
	1964	2	2	-	-	2	-	-	-	-	-	2	-
	1965	44	4	40	-	44	-	40	-	-	-	4	-
	1966	157	17	140	-	157	-	140	-	-	-	17	-
	1967	195	85	-	110	195	-	80	-	40	-	75	-
	1968	1,220	480	620	120	1,220	-	1,100	-	40	-	-	80
	1969	240	40	100	100	240	-	130	-	110	-	-	-
	1970	-	-	-	-	-	-	-	-	-	-	-	-
	1971	-	-	-	-	-	-	-	-	-	-	-	-
	計(15年)	2,343	1,113	900	330	2,162	181	1,490	-	190	-	583	80
	1972	-	-	-	-	-	-	-	-	-	-	-	-
	1973	765	-	230	535	765	-	580	-	185	-	-	-
	1974	1,215	-	480	735	1,215	-	280	235	200	-	-	500

時代	年度	受學者總數	類型別			地域別		講義分野別					
			家庭教師 中高·學院	教育院 訓練院	大學 大學院	서울	地方	自治 行政	空間 開發	經濟 技術	意識 環境	其他	複合
社會活動期	1975	1,738	-	1,163	575	1,718	20	30	433	655	100	-	520
	1976	60	-	-	60	60	-	-	-	60	-	-	-
	1977	430	-	380	50	430	-	30	100	200	100	-	-
	1978	135	-	80	55	135	-	80	-	-	-	-	55
	1979	150	-	80	70	150	-	30	65	55	-	-	-
	1980	445	-	385	60	430	15	160	130	155	-	-	-
	1981	557	-	500	57	557	-	25	507	25	-	-	-
	1982	602	-	500	102	562	40	30	542	30	-	-	-
	1983	562	-	450	112	522	40	330	195	35	2	-	-
	1984	613	-	500	113	573	40	35	103	475	-	-	-
	1985	578	-	500	78	571	7	436	10	35	-	-	-
	1986	514	-	440	74	514	-	430	44	40	-	-	-
	1987	572	-	500	72	572	-	430	102	40	-	-	-
	1988	573	-	500	73	573	-	38	500	35	-	-	-
	1989	271	-	200	71	271	-	180	53	38	-	-	-
	1990	370	-	300	70	370	-	280	50	40	-	-	-
	1991	680	-	500	180	560	120	490	100	90	-	-	-
	1992	1,020	-	800	220	870	150	615	375	30	-	-	-
	1993	620	-	400	220	470	150	305	275	40	-	-	-
	1994	695	-	300	395	545	150	395	275	25	-	-	-
	1995	800	-	500	300	650	150	345	235	170	50	-	-
	1996	636	-	500	136	286	350	263	191	84	35	1	62
	1997	497	-	350	147	197	300	285	30	100	5	67	10
	1998	335	-	150	185	185	150	125	45	95	25	30	15
	1999	304	-	200	104	104	200	125	35	90	35	9	10
	2000	455	-	330	125	125	330	172	48	113	45	13	64
	2001	200	-	150	50	50	150	130	50	11	8	1	-
	2002	144	-	68	76	76	68	81	42	10	11	-	-
	2003	59	-	-	59	59	-	59	-	-	-	-	-
	2004	57	-	-	57	57	-	57	-	-	-	-	-
	2005	47	-	-	47	47	-	47	-	-	-	-	-
	2006	10	-	-	10	10	-	-	10	-	-	-	-
	計(35年)	16,709	-	11,436	5,273	14,279	2,430	6,995	4,780	3,161	416	121	1,236
累計	50年	19,052	1,113	12,336	5,603	16,441	2,611	8,485	4,780	3,351	416	704	1,316

* 修了年度를 基準으로 한 集計임.

* 講義分野別 敎科目은 다음과 같음.

1.自治 · 行政-行政學, 地方自治, 地方行政, 地方財政, 行政管理, 管理技法, 管理科學

2.空間開發-計劃技法, 都市計劃, 開發行政, 土地 · 住宅, 地域開發, 都市政策, 國土開發, 人口分析, 土地利用, 地域計劃

3.經濟 · 技術-統計學, 投資分析, 地域經濟, 計量分析, 數理計劃, 調査統計, 調査方法

4.意識 · 環境-人口, 環境, 새마을精神, 資源

5.其他-國際行政, 初 · 中 · 高等學校 敎科目(數學, 英語, 物象 등)

6.複合-2個 以上 敎科目

1. 時代別 및 機關別 敎授學科目

區分	時代	機關	課程	敎授學科目
入住 및 通勤家 庭敎師	1955-1956	自宅入住	中學校 2 · 3學年	國語, 英語, 數學, 社會, 物象(5)
	1957-1958	自炊同居	高等學校 1 · 2年	國語, 英語, 代數, 幾何, 社會, 物理, 化學(7)
	1960	通勤指導	高等學校 3年	英語, 代數, 幾何(3)
	1961	自宅入住	初等學敎 6年	國語, 算數, 社會, 自然(4)
	1963	自宅入住	中學校 3年	國語, 英語, 數學, 社會, 物象(5)
	1964	通勤指導	高等學校 1年	英語, 代數, 幾何(3)
		自宅入住	中學校 3年	英語, 數學(2)
	1965-1967	通勤指導	中學校 3年	數學, 物象(2)
中 · 高校 敎師 및 學院講師	1961	聞慶中學校	2學年	數學, 物象(2)
	1963	首都女大 附屬 女子高等學校	2,3學年	代數, 幾何(2)
	1967-1969	京畿學院	公職 3級 昇進班	行政學(1)
敎育院 및 訓練 院 講師	1965-1969	內務部硏修院, 保社部訓練院, 建設部敎育院, 서울市敎育院	幹部養成班, 指導者班, 基礎硏修班, 行政班	地方自治, 地方行政, 地方行政組織, 地方財政制度, 自治實務, 自治意識, 行政管理, 開發行政, 管理技法, 計劃技法, 都市計劃技法, 統計實務(12)
	1972-1990	內務部硏修院, 中央公務員敎育院, 中央敎育硏修院	幹部養成班, 初任管理者班, 中堅敎師班	地方自治, 地方行政階層과 區域, 地域開發, 地域經濟, 地域經濟分析, 投資分析, 土地 및 住宅, 새마을精神(8)
	1991-1997	內務部硏修院, 中央公務員敎育院	幹部養成班, 高位政策班	地方自治, 地方財政, 地域開發技法, 地域經濟, 地方化戰略, 國際化戰略(6)
	1998-2002	行自部硏修院, 中央公務員敎育院	幹部養成班, 高位政策班	地方自治, 地方財政, 地域開發, 地域經濟, 國民經濟와 地域經濟, 都市開發과 都市經濟(6)
大學 및 大學院 時間講師	1967-1975	明知大, 建國大, 放送通信大, 國民大, 嶺南大	學士課程	地方自治, 地方行政, 國際行政, 地域社會開發, 經濟分析, 土地利用, 調査方法, 統計學(8)
	1979-1995	漢陽大, 崇田大, 延世大, 弘益大, 嶺南大, 檀國大	碩士課程	地域自治, 地域計劃, 地域開發, 地域經濟, 地域經濟分析, 都市計劃過程, 首都圈問題, 環境과 資源(8)
	1982-1985	漢陽大, 延世大, 大邱大	博士課程	都市政策, 都市行政, 都市開發, 地域開發, 都市計劃過程, 土地利用計劃, 首都圈問題(7)
서울大學 校 專任 敎授	1972-1973	行政大學院	碩士課程	統計學, 計劃手法(2)
	1973-2002	環境大學院	碩士課程	地方自治, 地方財政, 都市財政, 地域經濟, 都市 및 地域經濟, 地域開發, 地域計劃, 公共投資分析, 計劃手法, 人口分析, 調査統計, 統計學, 統計分析, 計量分析, 數理計劃, 住宅論(16)
	1983-2002	環境大學院	博士課程	調査統計方法, 都市 및 地域經濟硏究, 地方財政硏究, 計劃分析模型硏究, 地域計劃方法(5)
서울大學 校 名譽 敎授	2002-2006	環境大學院	碩士課程 博士課程	地方自治論 地方財政硏究, 都市 및 地域計劃硏究, 國土 및 都市政策硏究

教授科目分類	基礎 分野	人文 · 社會分野 數理 · 自然分野	國語, 英語, 社會(3) 算數, 數學, 代數, 幾何, 自然, 物象, 物理, 化學(8)
		計	11
	專門 分野	行政 · 自治分野	行政學, 地方自治. 地方行政, 都市行政, 行政管理, 開發行政, 管理技法, 地方財政, 都市財政, 地方財政制度, 地方行政組織, 地方行政階層과 區域, 自治實務, 自治意識, 國際行政(15)
		開發 · 計劃分野	地域開發, 都市開發, 地域社會開發, 都市計劃技法, 地域計劃, 都市計劃過程, 計劃技法, 計劃手法, 地域開發技法, 土地利用, 土地利用計劃, 土地 및 住宅, 住宅論(13)
		經濟 · 投資分野	地域經濟, 都市 및 地域經濟, 國民經濟와 地域經濟, 都市開發과 都市經濟, 經濟分析, 地域經濟分析, 投資分析, 公共投資分析(8)
		數理 · 統計分野	調查方法, 統計學, 調查統計, 統計分析, 統計實務, 計量分析, 數理計劃, 計量分析模型, 人口分析(9)
		政策 · 戰略分野	都市政策, 環境과 資源, 首都圈問題, 地方化戰略, 國際化戰略, 새마을精神(6)
		計	51
	合 計		62

2. 家庭教師, 中 · 高等學校 및 學院

(1) 家庭教師

(單位 : 名)

順次	期 間	性 格	對 象 者	學 科 目	學生數	累計
1	55.2.28-57.3.31(2年)	入住單獨指導	中學校 2 · 3年生	全學科目	1	1
2	57.4.1- 58.2.28(1年)	同	高等學校 1年生	同	1	2
3	59.3.1- 59.6.30(4月)	同	高等學校 2年生(女)	同	1	3
4	61.9.1- 62.2.26(1年)	同	初等學校 6年生	同	1	4
5	62.3.1- 63.10.30(8月)	同	中學校 3年生	同	1	5
6	63.11.1-64.2.28(4月)	同	高等學校 3年生(女) 및 1年生	同	2	7
7	64.3.1- 65.2.26(1年)	同	中學校 3年生	同	1	8
8	65.2.1- 65.5.30(4月)	集團指導	中學校 3年生	數學	3	11
9	65.9.1- 66.1.30(5月)	同	中學校 3年生	數學, 物象	2	13
10	66.3.21-66.5.30(3月)	同	中學校 2年生	物象	10	23
11	66.8.1- 66.12.30(5月)	同	中學校 3年生	數學	5	28
12	66.10.1-67.1.30(3月)	同	中學校 3年生	數學, 物象	1	29
13	67.2.1- 67.7.31(6月)	同	中學校 3年生	數學	4	33

(2) 中 · 高等學校

(單位 : 名)

順次	期 間	地 位	學 校 名	對 象 者	學 科 目	學生數	累計
1	61.2.6-61.3.18(2月)	講師	聞慶中學校	2學年	物象, 數學	180	180
2	63.2.1-63.4.30(3月)	敎師	首都女師大 附屬高等學校	2 · 3學年(女)	代數, 幾何	300	480

(3) 學院

(單位 : 名)

順次	期 間	地 位	學 院 名	對 象 者	學 科 目	學生數	累計
1	67.11.1-69.1.31(15月)	講師	京畿學院	3級昇進班	行政學	月40名	600

3. 敎育院 및 訓練院

(單位 : 名)

年度	順次	機 關 名	課 程	學 科 目	期 間	學生數	累 計
1965	1	內務部 硏修院	幹部養成	自治意識	4.1-9.30(6月)	40	40
1966	1	保社部 訓練院	指導者	行政管理	4.1-11.30(8月)	80	120
	2	서울市 敎育院	財政班	地方自治	5.1-5.31(1月)	60	180
1968	1	서울市 敎育院	基礎硏修	地方行政	3.8-9.30(7月)	420	600
	2	內務部 硏修院	幹部養成	地方行政組織	7.1-10.31(4月)	40	640
	3	서울市 敎育院	特殊敎養	自治實務	10.1-69.5.31(8月)	160	800
1969	1	內務部 硏修院	幹部養成	地方行政	4.1-7.31(4月)	40	840
	2	建設部 敎育院	行政班	統計實務	6.3-7.31(2月)	60	900
1973	1	서울大行政大 ACAD	政策課程	管理技法	2.1-8.31(6月)	20	930
	2	內務部 硏修院	基礎實務	行政統計	4.1-4.30(1月)	150	1,080
	3	同	幹部養成	管理技法	9.1-9.30(1月)	50	1,130
1974	1	서울大行政大 ACAD	政策課程	管理技法	2.1-8.31(6月)	30	1,160
	2	內務部 硏修院	初級管理	計劃技法	4.1-4.15(15日)	200	1,360
	3	同	同	管理技法	9.1-9.15(15日)	200	1,560
	4	同	幹部養成	同	9.1-9.30(1月)	50	1,610
1975	1	中央公務員敎育院	初任管理	投資分析	4.28-10.4(5月)	300	1,910
	2	同	管理補修	同	3.17-11.15(8月)	300	2,210
	3	서울大行政大 ACAD	政策課程	管理技法	2.1-8.31(6月)	30	2,240
	4	內務部 硏修院	初級管理	開發行政	4.21-9.6(4月)	383	2,623
	5	同	幹部養成	計劃技法	8.15-9.15(1月)	50	2,673
	6	文敎部 人口敎育本部	校長 · 敎授班	人口 · 環境	7.21-8.23(1月)	100	2,773
1977	1	서울大行政大 ACAD	政策課程	管理科學	4.1-9.30(6월)	30	2,803
	2	中央敎育硏修院	中堅敎師	새마을精神	5.1-5.31(1月)	100	2,903
	3	內務部 硏修院	幹部養成	計劃技法	5.1-7.31(3月)	50	2,953
	4	中央敎育硏修院	新規班	投資分析	4.1-7.31(4月)	100	3,053
	5	同	補修班	同	4.1-10.31(7月)	100	3,153
1978	1	서울大行政大 ACAD	政策課程	管理科學	5.1-10.31(6月)	30	3,183
	2	內務部 硏修院	幹部養成	管理技法	4.1-7.31(4月)	50	3,233
1979	1	서울大行政大 ACAD	政策課程	管理科學	5.1-10.31(6月)	30	3,263
	2	內務部 硏修院	幹部養成	都市計劃技法	4.1-6.30(3月)	50	3,313
1980	1	內務部 硏修院	新任管理	地方財政制度	3.1-4.30(2月)	160	3,473
	2	同	幹部養成	都市計劃技法	4.1-6.30(3月)	50	3,523
	3	中央公務員敎育院	補修班	土地 · 住宅	4.1-4.30(1月)	80	3,603
	4	內務部 硏修院	地域開發	地域經濟分析	6.8-6.30(1月)	95	3,698
1981	1	公務員敎育院	各種敎育班	地域開發等	1.1-12.31(1年)	300	3,998
	2	大學(校)	政策課程등	都市開發等	1.1-12.31(1年)	200	4,198
1982	1	公務員敎育院	各種敎育班	都市計劃等	1.1-12.31(1年)	300	4,498
	2	大學(校)	政策課程등	國土開發等	1.1-12.31(1年)	200	4,698

年度	順次	機 關 名	課 程	學 科 目	期 間	學生數	累 計
1983	1	公務員教育院	各種教育班	地方財政等	1.1-12.31(1年)	300	4,998
	2	大學(校)	政策課程등	都市開發等	1.1-12.31(1年)	150	5,148
1984	1	公務員教育院	各種教育班	地域經濟等	1.1-12.31(1年)	400	5,548
	2	大學(校)	政策課程等	都市開發等	1.1-12.31(1年)	100	5,648
1985	1	公務員教育院	各種教育班	地域經濟等	1.1-12.31(1年)	400	6,048
	2	大學(校)	政策課程等	都市開發等	1.1-12.31(1年)	100	6.148
1986	1	公務員教育院	各種教育班	地域經濟等	1.1-12.31(1年)	400	6,548
	2	大學(校)	政策課程等	都市開發等	1.1-12.31(1年)	40	6,588
1987	1	公務員教育院	各種教育班	地域經濟等	1.1-12.31(1年)	400	6,988
	2	大學(校)	政策課程等	都市開發等	1.1-12.31(1年)	100	7,088
1988	1	公務員教育院	各種教育班	地域經濟等	1.1-12.31(1年)	400	7,488
	2	大學(校)	政策課程等	都市開發等	1.1-12.31(1年)	100	7,588
1989	1	公務員教育院	各種教育班	地域經濟等	1.1-12.31(1年)	150	7,738
	2	大學(校)	政策課程等	都市開發等	1.1-12.31(1年)	50	7,788
1990	1	公務員教育院	各種教育班	地域經濟等	1.1-12.31(1年)	250	8,038
	2	大學(校)	政策課程等	都市開發等	1.1-12.31(1年)	50	8,088
1991	1	公務員教育院	各種教育班	地域經濟等	1.1-12.31(1年)	400	8,488
	2	大學(校)	政策課程等	都市開發等	1.1-12.31(1年)	100	8,588
1992	1	公務員教育院	各種教育班	地域經濟等	1.1-12.31(1年)	500	9,088
	2	大學(校)	政策課程等	都市開發等	1.1-12.31(1年)	300	9,388
1993	1	公務員教育院	各種教育班	地域經濟等	1.1-12.31(1年)	200	9,588
	2	大學(校)	政策課程等	都市開發等	1.1-12.31(1年)	200	9,788
1994	1	公務員教育院	各種教育班	地域經濟等	1.1-12.31(1年)	300	10,088
	2	大學(校)	政策課程等	都市開發等	1.1-12.31(1年)	200	10,288
1995	1	公務員教育院	各種教育班	地域經濟等	1.1-12.31(1年)	300	10,588
	2	大學(校)	政策課程等	都市開發等	1.1-12.31(1年)	200	10,788
1996	1	公務員教育院	各種教育班	地域經濟等	1.1-12.31(1年)	250	11,038
	2	大學(校)	政策課程等	都市開發等	1.1-12.31(1年)	250	11,288
1997	1	公務員教育院	各種教育班	地域經濟等	1.1-12.31(1年)	300	11,588
	2	大學(校)	政策課程等	都市開發等	1.1-12.31(1年)	50	11,638
1998	1	公務員教育院	各種教育班	地方自治等	1.1-12.31(1年)	165	11,803
1999	1	公務員教育院	各種教育班	地域開發等	1.1-12.31(1年)	160	11,963
2000	1	公務員教育院	各種教育班	地方自治等	1.1-12.31(1年)	155	12,118
2001	1	公務員教育院	各種教育班	地方自治等	1.1-12.31(1年)	150	12,268
2002	1	公務員教育院	各種教育班	地方自治等	1.1-12.31(1年)	68	12,336

客說：經驗에서 얻은 삶의 眞實

글을 쓴다는 것은 사람의 피를 말리는 作業이라고들 한다. 그러나 말라진 피는 쓴 글이 보람 있게 읽혀지고 활용될 때 다시 되살아난다.

4. 大學 및 大學院

(1) 서울大學校 卒業弟子

年度	大學及學科	學科目	學生數(名)	累計(名)
1973	서울大 行政大學院 都市 및 地域計劃學科	統計學, 計劃手法	35	35
1974	서울大 環境大學院 都市 및 地域計劃學科	〃	35	70
1975	〃	計量分析, 地域經濟, 人口分析	55	125
1976	〃	〃	60	185
1977	서울大 環境大學院 環境計劃學科	〃	50	235
1978	〃	〃	55	290
1979	〃	統計分析, 地域經濟, 數理計劃	55	345
1980	〃	〃	45	390
1981	〃	〃	50	440
1982	서울大環境大學院 環境計劃學科	統計分析, 地域經濟, 數理計劃	60	500
1983	〃	〃	65	565
1984	〃	〃	70	635
1985	〃	調査統計, 地方財政, 地域經濟	70	705
1986	〃	〃	70	775
1987	〃	〃	70	845
1988	〃	〃	70	915
1989	〃	〃	68	983
1990	〃	〃	70	1,053
1991	〃	〃	60	1,113
1992	〃	〃	70	1,183
1993	〃	休職	70	1,253
1994	〃	調査統計, 都市財政, 地域經濟	45	1,298
1995	〃	〃	150	1,448
1996	〃	〃	136	1,584
1997	〃	地方自治, 地域經濟, 調査統計	147	1,731
1998	〃	〃	185	1,916
1999	〃	〃	104	2,020
2000	〃	〃	125	2,145
2001	〃	地方自治, 調査統計, 地方財政	50	2,195
2002	〃	〃	76	2,271
2003	〃	地方自治, 地方財政	64	2,335
2004	〃	〃	59	2,394
2005	〃	〃	47	2,441
2006	〃	都市 및 地域計劃研究	10	2,451

(2) 外部講師 弟子

年度	學期	大學及學科	學年	學科目	學生數(名)	累計(名)
1967	1,2	明知大 行政學科	3	調査方法	40	40
	2	建國大 行政學科	4	國際行政	70	110
1968	1,2	明知大 行政學科	3	調査方法	40	150
	1,2	建國大 行政學科	3	調査方法, 地方行政	80	230
1969	1	明知大 行政學科	3	地方行政	50	280
	1	建國大 行政學科	3	調査方法	50	330
1973	2	放送通信大 行政學科	2	地方自治	500	830
1974	1,2	同	2	地域社會開發論	500	1,330
	2	國民大 法學科 · 行政學科	2	統計學	200	1,530
1975	1	嶺南大 造景學科	4	土地利用, 經濟分析	20	1,550
	2	放送通信大 行政學科	2	地方自治, 地域社會開發論	500	2,050
1979	1,2	漢陽大 行政學科	碩士	首都圈問題, 地域計劃	15	2,065
1980	1	崇田大 地域開發大學院	碩士	地域經濟分析	15	2,080
1981	2	延世大 建築學科	碩 · 博士	都市計劃過程論	7	2,087
1982	1	嶺南大 行政大學院	碩士	地域計劃	40	2,127
	1	漢陽大 行政學科	博士	首都圈問題	2	2,129
1983	1	漢陽大 行政學科	碩士	環境과 資源	2	2,131
	1	弘益大 都市工學科	碩士	地域開發	5	2,136
	1	嶺南大 環境大學院	碩士	地域計劃	40	2,176
1984	1	同	碩士	地域經濟	40	2,216
	1	漢陽大 行政學科	博士	都市政策	3	2,219
1985	2	漢陽大 行政學科	博士	都市行政論	1	2,220
	2	大邱大 地域開發學科	博士	土地利用計劃	7	2,227
1986	1,2	漢陽大 行政學科	博士	都市開發	4	2,231
1987	1,2	同	博士	地域開發	2	2,233
1988	1,2	同	博士	都市行政	3	2,236
1989	1,2	漢陽大 行政學科	博士	都市政策	3	2,239
1991	1,2	檀國大 行政大學院(天安)	碩士	地方自治, 地域經濟	120	2,359
1992	1,2	同	碩士	地方自治, 地域開發	150	2,509
1993	1,2	同	碩士	同	150	2,659
1994	1,2	同	碩士	同	150	2,809
1995	1,2	同	碩士	同	150	2,959

客說 : 經驗에서 얻은 삶의 眞實

人間은 흙으로 빚어져서 흙 위에 살다가 다시 흙으로 되돌아간다고 한다. 이렇게 깊은 因緣을 가진 흙이기 때문에 사람들은 살아 生前에 많은 땅을 갖고자 안간힘을 다 쓰는 것 같다.

Ⅱ. 個人助教

○ 要 約

(單位 : 名)

年度	總數	研究室別		出身地別		大學別		最終學位別		現在職場別		
		教授研究室	研究所	서울	地方	서울大	其他大	碩士學位	博士學位	大學	研究所	會社其他
1967	2	-	2	-	2	-	2	2	-	-	-	2
1972	1	1	-	-	1	1	-	-	1	1	-	-
1974	1	1	-	1	-	1	-	-	1	1	-	-
1977	1	1	-	-	1	-	1	-	1	1	-	-
1978	1	1	-	-	1	-	1	-	1	-	1	-
1980	2	1	1	-	2	-	2	-	2	2	-	-
1981	1	1	-	-	1	1	-	-	1	-	1	-
1982	1	1	-	-	1	1	-	1	-	-	-	1
1983	2	2	-	-	2	1	1	1	1	-	-	2
1984	1	1	-	1	-	1	-	-	1	-	1	-
1986	1	1	-	-	1	1	-	-	1	-	-	1
1991	2	2	-	-	2	-	2	-	2	1	1	-
1992	1	1	-	-	1	-	1	-	1	1	-	-
1993	1	1	-	-	1	1	-	1	-	-	-	1
1994	2	2	-	-	2	-	2	1	1	1	1	-
1997	1	1	-	-	1	-	1	1	-	-	-	1
1999	1	1	-	-	1	1	-	1	-	-	-	1
2001	1	1	-	-	1	1	-	1	-	-	-	1
2002	1	1	-	1	-	1	-	1	-	-	-	1
2003	1	1	-	-	1	-	1	1	-	-	-	1
2004	1	1	-	-	1	-	1	1	-	-	1	-
2005	1	1	-	-	1	-	1	1	-	-	-	1
2006	-	-	-	-	-	-	-	-	-	-	-	-
累計	27	24	3	3	24	11	16	13	14	8	6	13

註. 始作年度 基準임.

1. 教授 研究室

(서울大 環境大學院 金安濟 教授室)

代	期間	姓名	生年月日	出生地	大學	碩士取得年度	最終學位	現在職責
1	1972.3.2-74.9.30 (2年6月)	李廷植	1945.9.9	全北全州	서울大 資源工學科	1972	環境工學博士 (81 Hawaii大)	安養大學校 教授
2	1974.10.1-75.8.31 (11月)	金昌碩	1947.3.5	平北定州	서울大 建築工學科	1974	都市地理學博士 (85 Hawaii大)	서울市立大學校 都市工學教授
3	1977.4.1-78.6.10 (1年2月)	河晟奎	1947.9.7	慶南昌寧	啓明大 英語英文學科	1979	都市 및 地域計劃學博士(84 London大)	中央大學校 地域開發學科教授

代	期 間	姓 名	生年月日	出生地	大 學	碩士取得年度	最終學位	現在職責
4	1978.7.1-80.3.31 (1年8月)	朴憲注	1950.6.3	全北全州	建國大 行政學科	1980	社會科學博士 (91 Stockholm大)	大韓住宅公社 住宅都市硏究院 院長
5	1980.4.1-81.2.28 (11月)	趙明來	1954.3.2	慶北安東	檀國大 地域開發學科	1981	都市計劃學博士 (91 Sussex大)	檀國大學校 地域開發學科 敎授
6	1981.3.1 81.12.31 (10月)	李相瑢	1953.8.8	京畿驪州	서울大 地理敎育學科	1982	土木工學博士 (95 Maryland大)	大邱 · 慶北硏究院 팀長
7	1982.1.1-82.12.31 (1年)	金泰鏞	1958.2.26	京畿利川	서울大 農業土木工學科	1983	都市計劃學碩士 (83 서울大)	코아텍(株) 副社長
8	1983.1.1-83.12.2 (11月)	尹鐘範	1959.7.17	慶北金泉	서울大 獸醫學科	1984	(美國留學中)	(美國 滯留中)
9	1983.12.3-84.6.24 (7月)	鄭鐘建	1960.1.5	大田	航空大 航空經營學科	1985	都市計劃學碩士 (85 서울大)	大田文化放送 TV 制作部 P.D.
10	1984.6.25-86.8.20 (2年3月)	文廷鎬	1961.2.17	서울	서울大 産業工學科	1986	計劃學博士 (94 Southern California大)	國土硏究院 硏究委員
11	1986.8.21-88.2.26 (1年7月)	金京玟	1960.10.22	慶南馬山	서울大 産業工學科	1988	(美國留學中)	(美國 留學中)
12	1991.3.11-91.7.21 (4月)	金明洙	1961.7.7	釜山	釜山大 經濟學科	1989	經濟學博士(96 Pennsylvania 州立大)	가톨릭大學校 敎授
13	1991.7.22-92.7.19 (1年)	元東奎	1964.2.6	釜山	高麗大 經濟學科	1992	(KAIST經營工學科 博士課程中)	韓國科學技術情報硏究院 責任硏究員
14	1992.7.20-93.2.28 (7月)	崔正錫	1963.2.6	忠南洪城	高麗大 社會學科	1990	(서울大 環境大學院 博士課程中)	中部大學校 環境工學科 敎授
15	1993.3.1-94.1.31 (11月)	朴城佑	1968.12.4	慶南蔚山	서울大 農經濟學科	1994	都市計劃學碩士 (94 서울大)	保健福祉部 事務官
16	1994.2.1-94.5.31 (4月)	金周滎	1967.9.23	慶南金海	西江大 經濟學科	1995	都市計劃學碩士 (94 서울大)	韓國土地公社 國土都市硏究院 責任硏究員
17	1994.6.1-97.8.17 (3年3月)	高文炫	1960.7.26	慶北聞慶	慶北大 行政學科	1994	法學博士 (99 서울大)	蔚山大學校 敎授
18	1997.8.18-99.2.21 (1年6月)	金湳喆	1971.4.4	全北扶安	慶熙大 行政學科	1999	都市計劃學碩士 (99 서울大)	情報通信部 事務官
19	1999.2.22-01.12.2 (2年9月)	都炯逸	1972.5.27	慶南晋州	서울大 地理學科	2002	都市計劃學碩士 (02 서울大)	韓國西部發電(株) 總務課長
20	01.12.3-02.8.31 (9月)	沈載滿	1973.7.20	江原江陵	서울大 社會學科	2004	都市計劃學 碩士 (04 서울大)	(留學中)
21	02.9.1-03.8.31 (名譽敎授室,1年)	姜正植	1976.8.6	慶南昌寧	서울大 地理學科	2004	都市計劃學碩士 (04 서울大)	大韓住宅公社 代理
22	03.9.1-04.9.7 (名譽敎授室,1年)	金太鎬	1977.2.16	京畿水原	安養大 都市工學科	2005	都市計劃學碩士 (05 서울大)	다힘 파트너스 代理
23	04.9.8-05.10.17 (名譽敎授室,1年1月)	白一南	1976.12.17	全南寶城	檀國大 地域開發學科	2006	都市計劃學碩士 (06 서울大)	科學技術政策硏究院 委囑硏究員
24	05.10.18-現在 (名譽敎授室,9月)	朴旻暎	1977.3.22	忠北淸州	忠南大 建築工學科	2007 (豫定)	都市計劃學碩士 (07 서울大, 豫定)	環境大 名譽敎授室 助敎

2. 研究所

順	期 間	機 關	職 位	姓名	生年月日	出生地	大 學	最 終 學 位	現 在 職 責
1	1967.3.1-69.9.20 (2年7月)	都市 및 地域計劃研究所	研究責任者	洪湧	1940.4.23	大邱	靑丘大 行政學科	行政學碩士 (69 서울大)	家事
2	1967.9.1-68.8.31 (1年)	都市 및 地域計劃研究所	總務	潘今煥	1940.3.12	忠北陰城	東國大 法學科	行政學碩士 (70 서울大)	考試學院院長
3	1980.5.4-82.2.28 (1年10月)	서울大 環境大 環境計劃研究所	常任補助研究員	李周熙	1951.1.20	全南求禮	漢陽大 法學科	法學博士 (90 漢陽大)	內務部地方行政研修院敎授

Ⅲ. 論文 指導 및 審査

○ 要 約

(單位 : 名)

年 度	總 數	類型別		學 位 別				地域別		分 野 別					
		論文指導	論文審査	碩士學位	博士學位	研修課程	人事銓衡	서 울	地 方	自治行政	空間開發	經濟技術	意識環境	其他	複合
1972	5	2	3	5	-	-	-	5	-	2	2	1	-	-	-
1973	30	12	18	30	-	-	-	29	1	5	15	10	-	-	-
1974	35	16	19	35	-	-	-	33	2	6	13	10	4	2	-
1975	37	17	20	37	-	-	-	35	2	9	14	11	3	-	-
1976	18	8	10	18	-	-	-	18	-	5	5	6	2	-	-
1977	46	21	25	46	-	-	-	43	3	10	11	10	11	3	1
1978	46	20	26	45	1	-	-	46	-	12	14	15	5	-	-
1979	41	18	23	40	1	-	-	41	-	11	13	11	6	-	-
1980	43	18	25	40	-	-	3	43	-	8	13	10	10	2	-
1981	71	28	43	36	-	32	3	71	-	20	20	21	8	2	-
1982	94	30	64	45	2	27	20	92	2	26	29	25	13	-	1
1983	76	33	43	48	-	27	1	74	2	18	26	24	8	-	-
1984	89	34	55	55	-	24	10	89	-	28	27	25	9	-	-
1985	76	30	46	49	1	24	2	76	-	22	24	22	7	1	-
1986	70	26	44	37	2	26	5	70	-	23	25	21	1	-	-
1987	58	22	36	33	2	16	7	57	1	18	22	18	-	-	-
1988	61	26	35	38	2	20	1	59	2	18	22	21	-	-	-
1989	59	26	33	32	4	22	1	57	2	17	21	17	1	-	-
1990	49	23	26	28	4	16	1	49	-	16	18	15	-	-	-
1991	15	9	6	-	1	14	-	15	-	5	4	5	1	-	-
1992	38	12	26	15	9	14	-	37	1	12	15	9	2	-	-
1993	35	9	26	9	6	18	2	34	1	10	13	10	2	-	-
1994	31	14	17	8	3	18	2	31	-	11	10	9	1	-	-
1995	59	23	36	18	5	36	-	59	-	27	10	13	3	1	5
1996	55	22	33	26	2	26	1	29	26	33	13	5	1	1	2
1997	108	32	76	21	5	52	30	76	32	33	40	21	8	3	3
1998	66	30	36	21	3	42	-	38	28	25	16	11	10	2	2
1999	74	30	44	29	5	40	-	50	24	30	20	8	12	2	2
2000	60	25	35	18	2	40	-	32	28	31	13	5	7	2	2
2001	29	2	27	15	6	8	-	21	8	18	5	2	2	1	1
2002	17	3	14	7	2	8	-	9	8	3	9	3	1	1	-
2003	1	-	1	-	1	-	-	1	-	-	1	-	-	-	-
2004	1	-	1	-	1	-	-	1	-	-	1	-	-	-	-
累計	1,593	621	972	884	70	550	89	1,420	173	512	504	394	141	23	19

1. 碩士課程

(1) 指導 · 審査 學生數

(單位 : 名)

年度	論文指導			論文審査			合計		
	環境大	他大學	計	環境大	他大學	計	環境大	他大學	計
1972	-	2	2	-	3	3	-	5	5
1973	10	2	12	15	3	18	25	5	30
1974	13	3	16	15	4	19	28	7	35
1975	14	3	17	16	4	20	30	7	37
1976	7	1	8	8	2	10	15	3	18
1977	17	4	21	21	4	25	38	8	46
1978	18	2	20	22	3	25	40	5	45
1979	18	-	18	19	3	22	37	3	40
1980	16	2	18	19	3	22	35	5	40
1981	14	2	16	16	4	20	30	6	36
1982	17	3	20	21	4	25	38	7	45
1983	20	2	22	24	2	26	44	4	48
1984	22	3	25	27	3	30	49	6	55
1985	19	2	21	23	5	28	42	7	49
1986	16	-	16	19	2	21	35	2	37
1987	14	-	14	17	2	19	31	2	33
1988	12	4	16	17	5	22	29	9	38
1989	13	2	15	14	3	17	27	5	32
1990	12	1	13	12	3	15	24	4	28
1991	-	-	-	-	-	-	-	-	-
1992	3	-	3	12	-	12	15	-	15
1993	-	-	-	9	-	9	9	-	9
1994	5	-	5	3	-	3	8	-	8
1995	5	-	5	13	-	13	18	-	18
1996	9	-	9	17	-	17	26	-	26
1997	6	-	6	15	-	15	21	-	21
1998	9	-	9	12	-	12	21	-	21
1999	10	-	10	19	-	19	29	-	29
2000	5	-	5	13	-	13	18	-	18
2001	2	-	2	15	-	15	17	-	17
2002	2	-	2	5	-	5	7	-	7
累計	328	38	366	458	62	520	786	100	886

(2) 指導學生 및 論文題目

(卒業年度 基準)

卒業年度	姓名	論文題目
1973	車東源	土地利用計劃을 위한 大氣汚染濃度 算定에 관한 硏究
1974	李東昱	二重構造下의 經濟的 不平等化 要因에 관한 硏究
	河在龍	地域間 所得隔差의 人口移動에 미치는 影響
	朴亨錫	公共需要豫測을 위한 計量的 模型定立에 관한 硏究

卒業年度	姓 名	論 文 題 目
1974	全錫洪	城南市와 서울市間의 經濟的 交流에 관한 研究
	崔尙均	小河川 流域單位別 農村 綜合開發에 관한 研究
	黃鍾珆	우리 나라 農村實態 分析에 관한 研究
	李明洙	韓國 小都市의 特性과 開發戰略에 관한 研究
	李判石	우리 나라 墓地制度의 改善과 그 效果分析에 관한 研究
1975	尹碩基	A Study on the Quantitative Analysis of a Rural Community's Socio-Economic Changes with National Economic Development in Korea
	張炳文	新都市 開發의 計劃論的 接近試圖에 관한 研究 -大德研究學園都市를 中心으로
	崔大奎	自由福祉都市 建設을 위한 體系的 研究 -福祉都市(融合 모델)의 提唱
	金鍾文	大都市 經濟基盤强化를 위한 戰略研究 -大都市經濟分析을 中心으로
	周允植	地域社會開發을 통한 住民意識構造變化에 관한 研究 -새마을運動을 中心으로
	金周星	地域經濟成長을 위한 產業開發戰略에 관한 研究 -光州圈 經濟基盤强化를 中心으로
	金世鍾	住居立地 決定要因에 관한 研究 -서울市의 地價와 通勤距離를 中心으로
	張畯植	韓國의 都市化 패턴 및 都市 位階構造의 變遷에 관한 研究 -都市規模 順位配分의 變化를 中心으로
	尹伯榮	버스停留所 區間 길이의 決定에 대한 Queueing Theory의 適用에 관한 研究
	崔在墩	大都市周邊 農村地域開發의 基本戰略에 관한 研究
1976	李桓默	太白圈開發을 위한 產業構造改編方向에 관한 研究
1977	朴永吉	韓國의 落後地域開發을 위한 成長據點設定에 관한 研究
	林承達	局地公害의 實態와 그 解消方案에 관한 研究 -서울市 住宅街內 公害業所를 中心으로
1978	權 完	宅地費變動의 趨勢 및 要因究明에 관한 研究
	金泰保	地域社會의 經濟基盤强化 方案에 관한 研究
	宋京顯	새마을工場이 農村地域社會開發에 미치는 經濟的 效果分析에 관한 研究
	柳州烈	工業用水의 需要推計에 관한 研究
1979	朴良浩	韓國 地域間 賃金隔差構造와 隔差原因의 究明에 관한 研究
	柳徹相	都市 無住宅者를 위한 庶民住宅 供給促進方法에 관한 研究
	張聖洙	臨海工業都市 背後地의 開發實態에 관한 研究
	河晟奎	地域社會開發에 있어 行政指導의 役割과 方法에 관한 研究
1980	李洋宰	農村小單位地域의 開發戰略에 관한 研究
	林聖日	우리 나라의 環境汚染問題解決을 위한 經濟學的 接近에 관한 研究
1981	金成洙	Threshold Analysis를 適用한 都市成長限界에 관한 研究
	金東哲	地域開發促進을 위한 中小都市에의 資本豫算制度 導入에 관한 研究
1982	姜秉周	地域開發 戰略으로서의 地緣產業開發에 관한 研究
	李相瑢	工業成長의 隔差分析 및 適正配分規模設定에 관한 研究
	崔修鳳	地域經濟와 地方財政間의 相互作用에 관한 研究
	柳翼鉉	地域體系에 따른 都市規模分析에 관한 研究
1983	金泰鏞	地域開發에 있어서 下位 定住空間體系의 分析 및 設定에 관한 研究
	朴南洙	大都市 周邊 中小都市의 經濟基盤 强化를 위한 研究
	李完永	都市開發基金 造成方案으로 地方銀行의 活用에 관한 研究 -淸州市를 事例로
	孫晟太	待期行列模型에 의한 高速터미널의 規模設定에 관한 研究 -光州高速 버스터미널을 中心으로

卒業年度	姓 名	論 文 題 目
1983	金南鎰	鑛山地域 開發戰略에 관한 硏究 -太白圈 太白市를 中心으로
	尹大植	學校施設의 地方移轉에 따른 敎職員의 住居移轉行態에 관한 比較 硏究 -3個 大學의 地方分校設置 및 캠퍼스 移轉을 事例로
	金榮助	地域開發戰略으로서의 民統線 隣接地域 開發에 관한 硏究 -京畿道 坡州郡을 中心으로
1984	朴鶴睦	肢體障碍者를 위한 住居團地內 施設計劃에 관한 硏究
1985	李基德	地域開發을 위한 地方稅收 擴充方案에 관한 硏究
	李啓燮	우리 나라 大都市의 視覺的 · 空間的 特性에 관한 硏究
	徐貞子	우리 나라 農村開發促進을 위한 農家金融에 관한 硏究
	金點順	都市 公共서비스의 基礎需要分析에 관한 硏究
	鄭鍾建	地方都市 居住特性에 관한 硏究
	吳昇志	工團建設에 따른 入住業體의 立地特性에 관한 硏究 -半月工團을 中心으로
	全炳成	都市貧困層의 意識構造와 社會的 行態에 관한 實證的 硏究
1986	奇峻玄	地方開發 促進을 위한 地方財政制度 改善에 관한 硏究
	金奎鎬	都市人의 餘暇意識 및 行態에 관한 硏究
	朴昌範	우리 나라 靑少年을 위한 野外敎育施設의 開發에 관한 硏究 -유스호스텔의 施設基準을 中心으로
	禹濟和	宅地開發事業의 產業聯關分析에 관한 硏究
	全相佰	都市空閑地의 現況과 活用誘導政策에 대한 硏究
	朴鍾昭	地域經濟活性化를 위한 金融機能 强化에 관한 硏究 -地域金融圈 形成을 中心으로
	金鍾日	大都市 轉入人口의 人口移動特性에 관한 硏究 -纖維業界工場 勤勞者를 中心으로
1987	金正淵	農村人口의 移動과 都市適應에 관한 硏究 -全南 康津郡 松鶴里 出身 서울移住者를 事例로
	李光熙	觀光客의 觀光動態에 따른 觀光地 開發方向에 관한 硏究 -神勒寺 觀光地를 中心으로
	具本永	韓國의 人口移動에 있어서 都市別 純移動量 差異의 原因에 관한 硏究 -社會 · 經濟的 要因 究明을 中心으로
	安澈鎬	都市成長에 따른 產業構造 變動에 관한 硏究
	全明鎭	地域經濟的 影響力 測定을 위한 變化 · 割當分析技法 再構成에 관한 硏究 -模型開發과實證分析을 中心으로
	權泰均	中小都市 아파트 入住民의 住居意識 및 住居行態에 관한 硏究 -江陵市를 中心으로
1988	全大聖	地域經濟 潛在力에 副應한 地方產業의 育成方案에 관한 硏究 -慶北 北部地域을 中心으로
	朴商洛	大都市 周邊 小都邑 消費者의 消費行態에 관한 硏究 -儀旺邑을 中心으로
	李政紀	韓國農村地域의 類型區分에 관한 硏究
1989	金明洙	要因分析法을 利用한 都市分類에 관한 硏究 -우리 나라 61個 都市를 對象으로
	金承列	忠州 댐 水沒地域 移住民의 定着地 選擇特性에 관한 硏究 -新丹陽 移住團地 住民을 對象으로
	崔慶洙	公共賃貸住宅居住家口의 住居 實態에 관한 硏究 -賃貸期間의 長 · 短期 比較를 中心으로
	具良友	共同住宅의 適正修繕費 算定 및 撤去時期 決定에 관한 硏究 -제어理論과 시스템 다이나믹스 技法의 適用
	李明宰	住宅의 資產價値와 傳貰保證金 比率의 關係性에 관한 硏究
	張益壽	우리 나라의 地域隔差 現況과 變動推移 및 要因分析에 관한 硏究
1990	李東熙	地域經濟 活性化를 위한 地域金融 部門의 支援强化 方案
	金啓中	尖端產業 硏究團地 建設의 地域開發 效果에 관한 硏究
1991	金龍鶴	宅地開發에 따른 地價變動에 관한 硏究
	徐佑錫	環境汚染에 의한 社會經濟的 要素의 差別化 現象에 관한 硏究
1992	元東奎	地域間 勞動移動을 통한 地域勞動市場의 變化에 관한 硏究

卒業年度	姓 名	論 文 題 目
1995	金周榮	서울市 自治區의 財政力 分析과 그 決定要因에 관한 硏究
	朴賢豪	地域成長을 위한 觀光産業育成政策에 대한 考察
	朱埈源	都農統合市의 類型化와 定住生活圈 開發方向에 관한 硏究
	徐成一	地方債의 消化能力評價에 관한 硏究
1996	郭淳吉	都市計劃 關聯 民願의 實態 및 都市計劃過程에의 影響에 관한 硏究
	曺明鉉	公有財産의 積極的 管理方案에 관한 硏究
	李正燁	運輸保管 部門의 地域經濟 波及效果 經路 硏究
	朴相鎭	地方自治團體間의 紛爭調整에 관한 硏究
1997	李殷杓	地方自治時代 地方政府의 財政支出性格과 決定要因에 관한 硏究
	李楨錫	地方自治時代 環境行政機能의 適正配分方案에 관한 硏究
	孫芝暎	土地資本利得 還收手段으로서의 讓渡所得稅制의 기능에 관한 硏究
	朴光載	教育投資가 地域經濟成長에 미치는 효과에 관한 硏究
1998	姜相吉	都市環境變化에 따른 地域連帶 治安 프로그램의 活性化方案에 관한 硏究
	李眞奭	國公有地管理 및 活用方案 硏究
	金종호	國內不動産 컨설팅 業界의 現況分析 및 活性化 方案
1999	金淸喆	治安서비스 供給의 共同生産論的 硏究
	崔眞榮	地自制 以後 地方自治團體의 環境豫算增減에 관한 硏究
2000	吳龍來	地方自治團體와 地方自治警察間의 關係定立에 관한 硏究
	李秉埈	長期未執行 都市計劃施設의 發生原因分析과 解消方案에 관한 硏究
	尹元根	地方自治團體의 廣域上水道 利用特性과 利用의 合理化에 관한 硏究
	權炯信	地方財政 危機原因과 管理方案
	金載植	'地方議題 21'의 政策議題 形成過程과 政策決定要因 導出에 관한 硏究
	張 焴	生産的 地域失業對策 形成에서 民官 파트너십의 役割에 관한 硏究
	吳濟世	都市豪雨被害 最小化를 위한 防災對策改善에 관한 硏究
	徐奉源	統一獨逸의 住宅政策과 統一韓國에 대한 含意
	金大塤	廣域自治團體 財政支出의 性格과 決定要因에 관한 硏究
2001	林炳出	社會間接資本 民資誘致制度의 活性化 方案에 관한 硏究
	金賢貞	洞機能 轉換에 따른 住民自治센터 活性化 方案에 관한 硏究
2002	조승연	洞事務所 機能轉換에 따른 住民自治센터 活性化 方案에 관한 硏究
	都炯逸	金融環境變化에 따른 住宅建設事業의 戰略變化에 관한 硏究

2. 博士課程

(1) 指導學生 및 論文題目

卒業年度	姓 名	論 文 題 目
1994	蘇鎭光	技術發達이 製造業 立地變化에 미치는 影響 硏究
	朴英哲	韓國企業의 海外直接投資가 地域經濟에 주는 效果
2002	元東奎	知識基盤 空間構造形成과 地域間 知識連帶網 構造에 관한 硏究

(2) 審査學生 및 審査地位

順次	役 割	指導·審査期間	大學 및 學科	姓 名	學位年度	學 位 名
1	審査委員長	78.9.1- 78.12.23	建國大 行政學科	申大淳	1979	行政學博士
2	審査委員	79.3.10-79.6.28	延世大 行政學科	李忠雨	1979	〃
3	〃	82.4.1- 82.6.25	〃	韓垣澤	1982	〃
4	〃	82.4.10-82.7.5	忠南大 建築學科	張明洙	1982	工學博士
5	〃	85.9.20-85.12.16	漢陽大 行政學科	申武浩	1986	行政學博士
6	〃	86.4.1- 86.6.19	〃	河在鳩	1986	〃
7	〃	86.3.15-86.6.5	中央大 行政學科	金基玉	1986	〃
8	審査委員長	87.9.15-87.12.7	建國大 行政學科	方京植	1988	〃
9	審査委員	87.10.1-87.12.5	嶺南大 行政學科	蔡學儀	1988	〃
10	〃	88.9.10-88.11.29	檀國大 行政學科	崔龍奎	1989	〃
11	〃	88.4.10-88.6.18	漢陽大 行政學科	金光得	1988	〃
12	〃	89.3.20-89.7.5	〃	具東會	1989	〃
13	〃	89.9.25-89.12.8	서울市立大 行政學科	卓秉伍	1990	〃
14	〃	89.9.25-89.12.19	漢陽大 行政學科	權純福	1990	〃
15	〃	89.9.10-89.12.20	中央大 經濟學科	金泰保	1990	經濟學博士
16	論文指導	90.4.1- 92.7.20	서울大 環境大學院	朴英哲	1994	行政學博士
17	〃	90.4.1- 92.7.20	〃	蘇鎭光	1994	〃
18	審査委員長	90.4.1- 90.6.18	檀國大 地域開發學科	崔昌儀	1990	〃
19	〃	90.4.5- 90.12.14	서울大 環境大學院	金銑基	1991	〃
20	〃	91.10.28-92.5.1	〃	金一泰	1992	〃
21	〃	92.3.1- 92.6.9	檀國大 地域開發學科	韋元學	1992	〃
22	〃	92.3.1- 92.6.10	檀國大 行政學科	張鍾鉉	1992	〃
23	審査委員	92.3.1- 92.6.16	嶺南大 行政學科	朴枝 鉉	1992	〃
24	〃	92.3.1- 92.6.23	서울大 環境大學院	宋明圭	1992	〃
25	〃	92.3.1- 92.6.26	漢陽大 行政學科	金斗玉	1992	〃
26	審査委員長	92.4.1- 92.6.30	서울大 環境大學院	申東鎬	1992	理學博士
27	〃	92.6.30-92.11.9	〃	金敬喆	1993	行政學博士
28	審査委員	92.9.1- 92.11.19	建國大 行政學科	吳熙煥	1993	〃
29	審査委員長	92.3.1- 92.12.17	서울大 環境大學院	李盛根	1993	〃
30	〃	93.3.1- 93.6.15	成均館大 行政學科	柳在洙	1993	〃
31	〃	93.9.1- 93.12.7	檀國大 地域開發學科	羅炳三	1994	〃
32	〃	93.3.1- 93.12.23	서울大 環境大學院	盧泰旭	1994	〃
33	審査委員	93.3.1- 93.12.29	〃	邊榮進	1994	〃
34	審査委員長	93.3.1- 95.5.24	서울大 環境大學院	朴英哲	1994	行政學博士

順次	役　割	指導·審査期間	大學 및 學科	姓 名	學位年度	學 位 名
35	〃	93.3.1- 94.6.23	〃	蘇鎭光	1994	行政學博士
36	審査委員長	94.3.1- 94.6.20	漢陽大 行政學科	全錫洪	1994	〃
37	〃	94.9.1- 94.12.7	檀國大 地域開發學科	白鍾漢	1995	〃
38	〃	94.9.1- 94.12.19		權五奕	1995	〃
39	審査委員	95.3.1- 95.6.13	漢陽大 行政學科	愼元亨	1995	〃
40	〃	95.9.1- 95.12.10	檀國大 行政學科	文在祐	1996	〃
41	審査委員長	95.9.1- 95.12.22	서울大 環境大學院	尹惠禎	1996	〃
42	審査委員	95.9.1- 95.12.23	〃	安泰煥	1996	〃
43	〃	95.9.1- 95.12.28	〃	李壽長	1996	〃
44	審査委員長	96.9.1- 96.12.2	〃	林龍澤	1997.2	工學博士
45	〃	96.9.1- 96.12.4	檀國大 地域開發學科	孫世苑	〃	行政學博士
46	〃	97.3.1- 97.6.15	〃	徐廷燮	1997.8	〃
47	審査委員	97.9.1- 97.11.24	서울市立大 都市工學科	文承國	1998.2	工學博士
48	〃	97.9.1- 97.11.24	〃	徐忠元	〃	〃
49	審査委員長	97.9.1- 97.12.12	서울大 環境大學院	崔昶浩	〃	〃
50	審査委員	97.9.1- 97.12.24	〃	崔正錫	〃	行政學博士
51	審査委員長	98.6.5- 98.10.1	檀國大 地域開發學科	洪玄玉	1999.2	〃
52	審査委員	98.9.1- 98.12.14	서울市立大 都市工學科	徐佑錫	〃	工學博士
53	審査委員長	98.9.1- 98.12.24	서울大 環境大學院	趙南建	〃	〃
54	〃	99.4.15-99.6.9	檀國大 都市 및 地域開發學科	柳炳燦	1999.8	行政學博士
55	〃	99.5.1- 99.6.7	서울市立大 都市工學科	金龍鶴	〃	工學博士
56	〃	99.6.1- 99.6.7	檀國大 行政學科	鄭夏容	〃	行政學博士
57	審査委員	99.6.1- 99.6.24	國民大 行政學科	李勇吉	〃	〃
58	〃	99.9.1- 99.12.21	서울大 環境大學院	정병순	2000.2	工學博士
59	審査委員長	00.9.1- 00.12.5	〃	白承杰	2001.2	〃
60	審査委員	00.9.1- 00.12.11	檀國大 行政學科	李丙澤	〃	行政學博士
61	審査委員長	01.3.1- 01.6.5	서울大 環境大學院	高在瓊	2001.8	〃
62	〃	01.9.1- 01.12.8	〃	白南喆	2002.2	工學博士
63	〃	01.9.1- 01.12.12	〃	李信亥	〃	〃
64	〃	01.9.1- 01.12.18	〃	李美泓	〃	行政學博士
65	〃	01.9.1- 01.12.18	〃	吳容先	〃	〃
66	〃	01.9.1- 01.12.21	〃	金玄鎬	〃	〃
67	論文指導	02.4.1- 02.6.17	〃	元東奎	2002.8	都市計劃學博士
68	審査委員長	02.4.16-02.6.19	〃	文炳燮	〃	工學博士
69	〃	03.5.1- 03.6.24	〃	宋우경	2003.8	都市計劃學博士
70	審査委員	04.5.1- 04.6.30	〃	金상우	2004.8	〃

3. 硏修課程

(單位 : 名)

年度	機 關	課 程	論文指導	論文審査	合 計	累 計
1981	內務部 地方行政硏修院	中堅幹部班	12	20	32	32
1982	〃	〃	10	17	27	59
1983	〃	〃	11	16	27	86
1984	〃	高級課程班	9	15	24	110
1985	〃	〃	9	15	24	134
1986	〃	〃	10	16	26	160
1987	〃	市長 · 郡守班	8	8	16	176
1988	〃	市長 · 郡守班	10	10	20	196
1989	〃	〃	11	11	22	218
1990	〃	〃	8	8	16	234
1991	〃	〃	7	7	14	248
1992	〃	〃	7	7	14	262
1993	〃	〃	9	9	18	280
1994	〃	中堅幹部班	9	9	18	298
1995	〃	中堅 및 高幹班	18	18	36	334
1996	〃	〃	13	-	13	347
1997	〃	〃	15	15	30	377
1998	國家專門行政硏修院	〃	12	12	24	401
1999	〃	〃	10	10	20	421
2000	〃	〃	9	9	18	439
2001	〃	〃	8	8	16	455
2002	〃	〃	8	8	16	471

4. 人事銓衡

-採用 및 昇進 論文審査-

(單位 : 名)

年度	機 關	對 象	對象數	累 計
1980	서울大 環境大學院	敎授採用	3	3
1981	漢陽大學校	〃	3	6
1982	全州大學校	〃	20	26
1983	江陵大學校	敎授昇進	1	27
1984	韓國地方行政硏究院	硏究員採用	10	37
1985	江陵大學, 서울大 環境大學院	敎授昇進	2	39
1986	서울大 行政大學院	敎授採用	5	44
1987	內務部 地方行政硏修院	〃	7	51
1988	서울大 環境大學院	敎授昇進	1	52
1989	〃	〃	1	53
1990	內務部 地方行政硏修院	敎授採用	1	54
1991	-	-	-	-
1992	-	-	-	-
1993	光州大學校, 서울大 環境大學院	敎授採用	2	56
1994	內務部 地方行政硏修院	敎授昇進	2	58
1995	-	-	-	-
1996	서울大 環境大學院	敎授昇進	1	59

客說 : 經驗에서 얻은 삶의 眞實

『國富論』 또는 『富國論』이란 유명한 경제학 고전이 있다. 이 책의 원제는 「국가들의 富가 갖는 성질과 원인에 대한 탐구(*An Inquiry into the Nature and Causes of the Wealth of Nations*)」라고 되어 있으며, 영국의 아담 스미드(Adam Smith, 1723~1790)가 9년간에 걸친 집필 끝에 1776년에 처음 발간한 명작이다. 당시 풍미하던 근대 자연법 사상과 자유무역주의의 영향을 받아 쓰여진 自由放任主義의 이론서라고 할 수 있다.

이 책의 내용은 크게 다섯 부분으로 구성되어 있다. 첫째 부분은 勞動生産力이 증가하는 원인과 노동생산이 국민의 다양한 계층에 자연적으로 배분되는 질서에 대하여 기술하고 있으며, 둘째 부분은 자본의 성질과 축적 및 이용을 다루고 있다. 셋째 부분은 나라에 따라 경제적 부유함이 다르게 진전되는데 대하여 설명하였고, 넷째 부문에서는 정치경제(political economy)의 체제에 대하여 기술하였으며, 끝으로 다섯째 부분은 국가의 재정 수입 및 지출에 대한 논의를 담고 있다. 220여년이 지난 오늘날에도 그 원리와 방법에 있어 시사하는 바가 크고 취할 바가 많다고 할 수 있다. 특히 오늘의 우리 경제가 당면하고 있는 내외의 경제환경을 고려할 때 다시 한 번 깊이 탐구해 볼 가치와 필요성이 큰 문헌이라고 생각된다.

나는 아담 스미드의 『국부론』을 상기할 때마다 가끔 「鄕富論」이란 어휘를 머리에 떠올리곤 한다. 특히 우리 나라에 지방자치가 실시되면서부터는 지방자립과 지역발전의 필요성에 따라 地方鄕村을 부유롭게 만들어야겠다는 의욕이 더욱 심해졌다. 나라의 부가 아닌 고향의 부란 뜻의 「향부」, 억지로 영문으로 표기하여 'The Wealth of Countries' 는 지방화시대, 지방자치시대에 모든 지역이 추구하는 목표이고 지역주민이 희구하는 소망이다. 목표와 소망은 확실하나 이에 이르는 지름길이 희미하고 수단과 방법이 명확치 않으며 나아가는 데 필요한 힘과 능력이 부족할 것 같다. 학자를 위시한 많은 사람들이 지역을 진흥시키고 고장을 부강하게 하는 여러 가지 논리와 접근방법을 제시하고 있으나 대부분 너무 이론에 치우치거나 현실성이 없는 이상만을 주창하고 있는 것 같다. 우리의 현실에서 지방고장이 부를 축적하여 낙후를 벗어나고 경제를 진흥시켜 선진지역으로 발돋움할 수 있는 참으로 적절한 정책과 전략이 강구되어야 하며, 이는 특히 지방자치와 지역경제, 그리고 도시 및 지역개발을 연구하는 학도들에게 주어진 중요한 과제라고 할 수 있다.

오늘날의 지역경제는 나라 안의 구역경계는 물론이고 국제적인 國境도 큰 장애 없이 교류하고 이동한다. 국내외 할 것 없이 자유로운 交易의 장이 열렸다. 이러한 의미에서도 아담 스미드의 『국부론』은 오늘날 우리에게 유용한 방향과 방법을 제시해주고 있으며, 고장발전을 위한 「향부론」에까지 적용해볼 가치가 있다고 할 수 있다. 다만 우리의 현재와 미래가 요구하는 「향부론」은 단지 노동 · 자본 · 생산 · 분배 등의 경제적 요소만이 아니라 이에 더하여 기술 · 시장 · 복지 · 재정 및 정치 · 행정과 지방자치의 영역까지도 포함하는 광범위한 성격을 띠고 있어야 할 것이다.

『국부론』과 같은 불후의 거작은 언감생심 상상도 할 수 없지만 한국의 현재와 미래에 유용한 「향부론」을 집필하여 개인적으로는 불멸의 이름을 남기고 국가적으로는 모든 지역과 주민에게 유익함을 선사하고 싶은 생각이 간절하다.

아담 스미드는 에딘버러(Edinbourgh)에서 10마일 가량 떨어져 있는 소도읍인 자기의 출생고향 커크캘디(Kirkcaldy)에서 역사적 거작인 『국부론』을 썼다. 그 때 그의 나이가 44세에서 53세까지였다. 나도 태어난 고향이나 다른 조용한 시골에 묻혀서 「향부론」을 썼으면 하는 꿈이 있으나 이미 나이가 古稀를 바라보게 되었으니 꿈이 꿈으로 끝나지 않을까 하는 걱정이 앞선다. 혹시 후진 가운데 여기에 뜻을 두어 나 대신 그 꿈을 실현시켜주는 사람이 있다면 이 또한 얼마나 반갑고 고마울까? 참다운 「향부론」을 쓸 鄭道令의 출현을 손꼽아 기다려 본다.

第 5 篇

生活遍歷

生涯의 日常生活에서 일어났던 잡다한 行跡과 遍歷을 모아 個人活動과 旅行·訪問 및 趣味生活로 분류하여 수록합니다. 幼年時節의 것은 記憶의 脫漏와 記錄의 不在로 正確을 기하기가 어려웠지만 전체적으로 大勢를 이해하는 데는 지장이 없을 것으로 사료됩니다. 여기에 수록된 內容들은 草凡의 참모습을 보여주는 眞率된 것이라고 할 수 있습니다.

「個人活動」篇에서는 團體加入, 詩·歌詞·碑文 등의 紀念的 作文, 主禮 및 行事參席, 紹介弘報 및 年賀狀 接受 등을 수록하였습니다. 「旅行과 訪問」篇에서는 旅行地域과 旅行回數, 訪問機關 및 名所, 旅行 및 移動距離와 消費時間을 기술하고 있습니다. 그리고 「趣味生活」篇에서는 時代別 趣味變遷, 吸煙·飮酒量 및 愛唱曲, 耽讀小說과 觀覽映畵, 골프運動 등을 담고 있습니다.

『**地**之穢者 多生物 水之淸者 常無魚
故 君子 當存含垢納汚之量
不可持好潔 獨行之操』

還初道人 洪應明(自誠)(明 末期), **菜根譚**. 涉世篇

(땅이 더러우면 많은 生物이 살지만 물이 너무 맑으면 언제나 고기가 없다. 그러므로 君子는 마땅히 때묻은 것을 안아들이고 더러운 것을 받아들이는 너그러움을 가져야 하느니, 깨끗한 것을 좋아하고 혼자만이 행하려는 뜻을 가져서는 안 될 것이니라.)

환초도인 홍응명(자성) (명나라 말기), **채근담**. 섭세편

▨ 概觀 : 年度別 推移

年齡	年度	個人活動			旅行·訪問	
		團體加入	紀念作文	主禮執典	旅行回數	旅行距離(km)
1	1936	-	-	-	1	-
2	1937	-	-	-	-	-
3	1938	-	-	-	-	-
4	1939	-	-	-	-	-
5	1940	-	-	-	-	-
6	1941	-	-	-	-	-
7	1942	-	-	-	-	-
8	1943	-	-	-	-	-
9	1944	-	-	-	-	-
10	1945	-	-	-	-	-
11	1946	-	-	-	-	-
12	1947	-	-	-	-	-
13	1948	-	-	-	-	-
14	1949	-	-	-	-	-
15	1950	-	-	-	-	-
16	1951	-	-	-	-	50
17	1952	-	-	-	-	148
18	1953	-	-	-	-	100
19	1954	-	-	-	3	480
20	1955	-	-	-	3	296
21	1956	-	-	-	6	1,066
22	1957	-	-	-	6	1,324
23	1958	-	-	-	6	1,205
24	1959	-	-	-	6	938
25	1960	-	-	-	5	2,784
26	1961	2	-	-	5	1,684
27	1962	-	-	-	3	1,918
28	1963	-	-	-	4	1,360
29	1964	-	-	-	4	1,240
30	1965	2	-	-	7	5,281
31	1966	-	-	-	3	2,134
32	1967	1	-	-	-	-
33	1968	-	-	-	1	652
34	1969	-	-	-	3	14,344
35	1970	-	-	-	8	13,273

趣 味 活 動

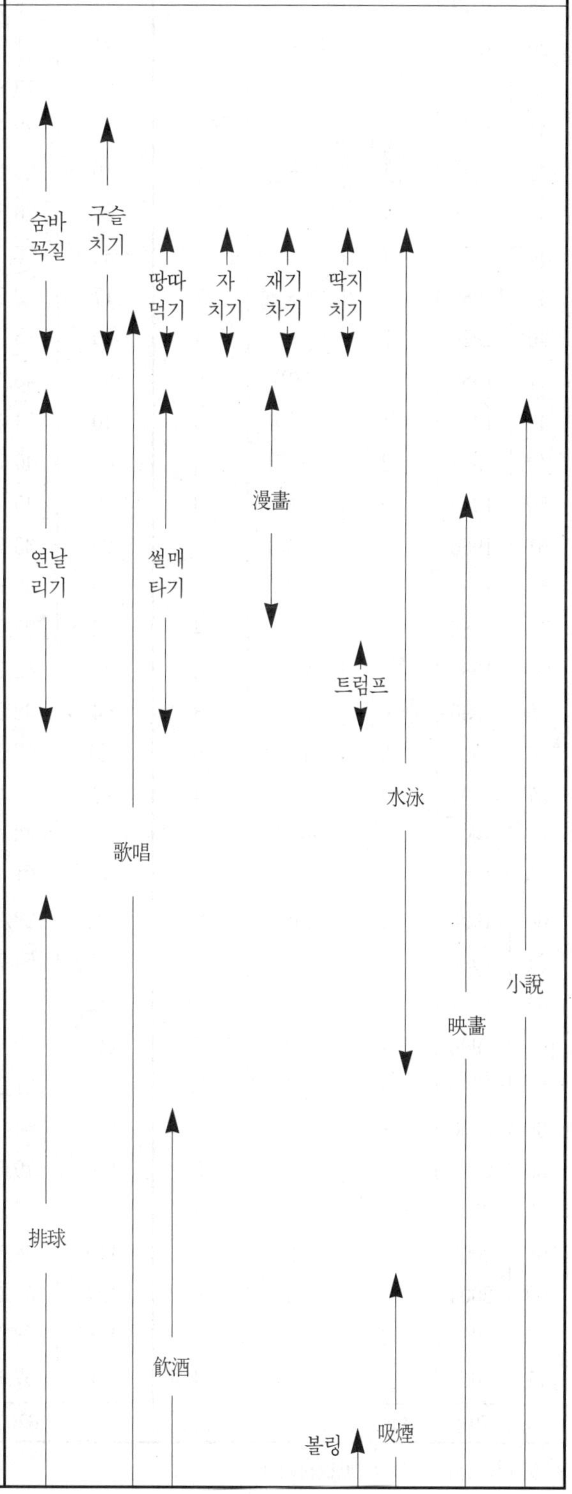

年會	年度	個人活動			旅行·訪問		趣味生活
		團體加入	紀念作文	主禮執典	旅行回數	旅行距離(km)	
36	1971	-	-	-	1	120	
37	1972	2	-	-	11	21,024	排球 歌唱 볼링
38	1973	1	-	-	11	6,990	
39	1974	-	-	-	21	11,613	
40	1975	3	-	-	28	13,811	
41	1976	-	-	-	11	32,918	
42	1977	1	-	2	19	26,101	
43	1978	1	-	3	24	20,668	
44	1979	1	-	-	32	55,050	
45	1980	1	-	2	17	9,234	
46	1981	2	-	4	29	15,610	
47	1982	-	1(2)	6	51	48,455	映畵
48	1983	1	1(10)	5	40	54,448	
49	1984	2	1(15)	3	43	40,780	
50	1985	-	-	3	36	45,273	
51	1986	3	3(45)	-	20	36,160	吸煙 小說
52	1987	1	2(5)	6	18	23,654	
53	1988	1	-	4	22	25,081	
54	1989	2	2(9)	2	48	62,764	
55	1990	-	4(28)	8	54	32,263	飮酒
56	1991	3	1(1)	5	101	87,907	
57	1992	3	3(10)	4	92	50,407	
58	1993	2	5(17)	5	67	46,561	
59	1994	1	-	7	82	71,078	
60	1995	2	2(6)	7	134	129,228	
61	1996	2	-	7	108	54,747	골프
62	1997	2	-	10	112	77,057	
63	1998	4	2	7	118	29,320	
64	1999	5	3	11	137	31,361	
65	2000	-	2	8	140	64,091	
66	2001	3	2	9	150	79,575	
67	2002	-	3	9	79	75,985	
68	2003	-	2	8	119	48,687	
69	2004	-	4	6	124	57,415	
70	2005	3	2	5	138	28,902	
71	2006	-	5	4	85	57,101	
累計	70年	52	50	160	2,415	1,621,716	골프 歌唱 飮酒 吸煙 映畵 小說

※ 紀念作文의 (　)內는 原稿枚數임.

第 1 章 個人活動

□ 總 括

年齡(歲)	年 度	加入團體數(個)	紀念作文(件)	主禮執典(件)	行事參席(回)	紹介弘報(件)	年賀狀(枚)
1	1936	-	-	-	-	-	-
2	1937	-	-	-	-	-	-
3	1938	-	-	-	-	-	-
4	1939	-	-	-	-	-	-
5	1940	-	-	-	-	-	-
6	1941	-	-	-	-	-	-
7	1942	-	-	-	-	-	-
8	1943	-	-	-	-	-	-
9	1944	-	-	-	-	-	-
10	1945	-	-	-	-	-	-
11	1946	-	-	-	-	-	-
12	1947	-	-	-	-	-	-
13	1948	-	-	-	-	-	-
14	1949	-	-	-	-	-	-
15	1950	-	-	-	-	-	-
16	1951	-	-	-	-	-	-
17	1952	-	-	-	-	-	-
18	1953	-	-	-	-	-	-
19	1954	-	-	-	-	-	-
20	1955	-	-	-	-	-	-
21	1956	-	-	-	-	-	-
22	1957	-	-	-	-	-	-
23	1958	-	-	-	-	-	-
24	1959	-	-	-	-	-	-
25	1960	-	-	-	-	-	-
26	1961	2	-	-	-	-	5
27	1962	-	-	-	-	-	6
28	1963	-	-	-	-	-	8
29	1964	-	-	-	-	-	10
30	1965	2	-	-	-	-	12
31	1966	-	-	-	-	-	13
32	1967	1	-	-	-	-	15
33	1968	-	-	-	-	-	17

年齢(歲)	年　度	加入團體數(個)	紀念作文(件)	主禮執典(件)	行事参席(回)	紹介弘報(件)	年賀狀(枚)
34	1969	-	-	-	-	-	19
35	1970	-	-	-	-	-	21
36	1971	-	-	-	-	-	24
37	1972	2	-	-	-	-	50
38	1973	1	-	-	-	-	60
39	1974	-	-	-	-	-	80
40	1975	3	-	-	-	-	100
41	1976	-	-	-	-	-	120
42	1977	1	-	2	-	-	140
43	1978	1	-	3	-	-	160
44	1979	1	-	-	-	-	180
45	1980	1	-	2	-	5	200
46	1981	2	-	4	-	4	210
47	1982	-	1	6	-	3	230
48	1983	1	1	5	1	4	250
49	1984	2	1	3	1	-	290
50	1985	-	-	3	-	4	320
51	1986	3	3	-	2	27	490
52	1987	1	2	6	11	17	520
53	1988	1	-	4	3	27	415
54	1989	2	2	2	14	48	505
55	1990	-	4	8	12	14	406
56	1991	3	1	5	18	63	360
57	1992	3	3	4	28	97	360
58	1993	2	5	5	32	48	290
59	1994	1	-	7	34	33	250
60	1995	2	2	7	32	91	213
61	1996	2	-	7	43	75	230
62	1997	2	-	10	36	78	120
63	1998	4	2	7	41	59	154
64	1999	5	3	11	38	81	300
65	2000	-	2	8	33	37	282
66	2001	3	2	9	19	53	288
67	2002	-	3	9	14	24	271
68	2003	-	2	8	14	79	292
69	2004	-	4	6	27	142	400
70	2005	3	2	5	8	28	242
71	2006	-	5	4	12	8	236
累計	70年	52	50	160	473	1,149	9,164

Ⅰ. 團體加入

○ 要 約

〈年度別 團體加入 및 任員委囑件數〉

(單位 : 件)

年度	學術團體											親睦團體											合計										
	加入	監事	幹事	理事	常任理事	分科委員長	副會長	會長	名譽會長	顧問	計	加入	監事	幹事	理事	常任理事	分科委員長	副會長	會長	名譽會長	顧問	計	加入	監事	幹事	理事	常任理事	分科委員長	副會長	會長	名譽會長	顧問	計
1961	-	-	-	-	-	-	-	-	-	-	-	2	-	-	-	-	-	-	-	-	-	2	2	-	-	-	-	-	-	-	-	-	2
1965	1	-	-	-	-	-	-	-	-	-	1	1	-	-	-	-	-	-	-	-	-	1	2	-	-	-	-	-	-	-	-	-	2
1966	-	-	-	-	-	-	-	-	-	-	-	-	-	1	-	-	-	-	-	-	-	1	-	-	1	-	-	-	-	-	-	-	1
1967	-	-	-	-	-	-	-	-	-	-	-	1	-	-	-	-	-	-	1	-	-	2	1	-	-	-	-	-	-	1	-	-	2
1972	1	-	-	-	-	-	-	-	-	-	1	1	-	-	-	-	-	-	-	-	-	1	2	-	-	-	-	-	-	-	-	-	2
1973	-	-	-	-	-	-	-	-	-	-	-	1	-	1	-	-	-	-	-	-	-	2	1	-	1	-	-	-	-	-	-	-	2
1974	-	1	-	-	-	-	-	-	-	-	1	-	-	-	-	-	-	-	1	-	-	1	-	1	-	-	-	-	-	1	-	-	2
1975	2	-	-	-	-	-	-	-	-	-	2	1	-	-	1	-	-	-	-	-	-	2	3	-	-	1	-	-	-	-	-	-	4
1976	-	-	-	1	-	1	-	-	-	-	2	-	-	-	-	-	-	-	-	-	-	-	-	-	-	1	-	1	-	-	-	-	2
1977	1	-	-	-	-	-	-	-	-	-	1	-	-	1	1	-	-	-	-	-	-	2	1	-	1	1	-	-	-	-	-	-	3
1978	-	-	1	-	1	1	-	-	-	-	3	1	-	-	-	-	-	-	-	-	-	1	1	-	1	-	1	1	-	-	-	-	4
1979	1	-	-	-	-	-	-	-	-	-	1	-	-	-	1	-	-	-	-	-	-	1	1	-	-	1	-	-	-	-	-	-	2
1980	-	-	1	-	-	1	-	-	-	-	2	1	-	-	1	-	-	-	1	-	-	3	1	-	1	1	-	1	-	1	-	-	5
1981	-	-	-	-	-	-	-	-	-	-	-	2	-	1	-	-	-	-	1	-	-	4	2	-	1	-	-	-	-	1	-	-	4
1982	-	-	-	-	-	-	1	-	-	-	1	-	-	-	1	1	-	1	-	-	-	3	-	-	-	1	1	-	2	-	-	-	4
1983	-	-	-	-	-	-	-	-	-	-	-	1	1	-	-	-	-	-	1	-	-	3	1	1	-	-	-	-	-	1	-	-	3
1984	-	-	-	-	-	-	1	-	-	-	1	2	-	-	-	-	-	1	1	-	-	4	2	-	-	-	-	-	2	1	-	-	5
1985	-	-	-	-	-	-	-	-	-	-	-	-	-	-	-	1	-	-	1	1	-	3	-	-	-	-	1	-	-	1	1	-	3
1986	-	-	-	-	-	-	-	1	-	-	1	3	-	-	-	-	-	-	1	-	1	5	3	-	-	-	-	-	-	2	-	1	6
1987	-	-	-	-	-	-	-	-	-	-	-	1	-	-	-	-	-	1	-	-	-	2	1	-	-	-	-	-	1	-	-	-	2
1988	1	-	-	2	-	-	-	-	-	-	3	-	1	-	-	-	1	-	1	-	-	3	1	1	-	2	-	1	-	1	-	-	6
1989	-	-	-	-	-	-	-	-	-	-	-	2	-	-	-	-	-	1	-	-	-	3	2	-	-	-	-	-	1	-	-	-	3
1990	-	-	-	-	-	-	-	-	-	1	1	-	1	-	-	-	-	1	2	-	-	4	-	1	-	-	-	-	1	2	-	1	5
1991	2	-	-	-	1	-	-	-	-	-	3	1	1	-	-	-	-	-	-	-	1	3	3	1	-	-	1	-	-	-	-	1	6
1992	1	-	-	1	-	1	-	-	-	-	3	2	-	-	1	-	-	1	1	-	-	5	3	-	-	2	-	1	1	1	-	-	8
1993	2	-	-	1	-	-	1	1	-	-	5	-	-	-	-	-	-	-	1	1	-	2	2	-	-	1	-	-	1	2	1	-	7
1994	1	-	-	1	-	1	-	-	-	-	3	-	-	-	-	-	-	1	-	-	-	1	1	-	-	1	-	1	1	-	-	-	4
1995	1	-	-	-	1	-	-	1	-	-	3	1	-	-	-	-	-	-	-	-	1	2	2	-	-	-	1	-	-	1	-	1	5
1996	1	-	-	-	-	-	-	-	-	-	1	1	-	-	-	-	-	-	-	-	1	2	2	-	-	-	-	-	-	-	-	1	3
1997	1	-	-	-	-	-	-	-	1	1	3	1	-	-	-	-	1	-	-	-	-	2	2	-	-	-	-	1	-	-	1	1	5
1998	2	-	-	1	-	1	-	1	-	1	6	2	-	1	1	-	-	-	-	-	1	5	4	-	1	2	-	1	-	1	-	2	11
1999	4	-	-	-	-	1	-	1	-	1	7	1	-	-	-	-	-	-	1	-	-	2	5	-	-	-	-	1	-	2	-	1	9
2000	-	-	-	-	-	-	-	1	-	-	1	-	-	-	-	-	-	-	-	-	-	-	-	-	-	-	-	-	-	1	-	-	1
2001	1	-	-	-	-	-	-	1	-	-	2	2	-	-	-	-	-	-	1	-	-	3	3	-	-	-	-	-	-	2	-	-	5
2002	-	-	-	-	-	-	-	-	-	-	-	-	-	-	-	-	-	-	-	-	-	-	-	-	-	-	-	-	-	-	-	-	-
2003	-	-	-	-	-	-	-	-	-	-	-	-	-	-	-	-	-	-	-	-	-	-	-	-	-	-	-	-	-	-	-	-	-
2004	-	-	-	-	-	-	-	-	-	-	-	-	-	-	-	-	-	-	-	-	-	-	-	-	-	-	-	-	-	-	-	-	-
2005	-	-	-	-	-	-	-	-	-	-	-	3	-	-	-	-	-	-	2	-	1	6	3	-	-	-	-	-	-	2	-	1	6
2006	-	-	-	-	-	-	-	-	-	-	-	-	-	-	-	-	-	-	-	-	-	-	-	-	-	-	-	-	-	-	-	-	-
累計	23	1	2	7	3	7	3	7	1	4	58	34	4	5	7	2	2	7	17	2	6	86	57	5	7	14	5	9	10	24	3	10	144

1. 類型別 加入團體

(1) 學術團體

(加入順)

團體名 \ 區分	性格	所屬期間			歷任職位	2006年7月 現在職位	團體 創立日字
		加入日字	終了日字	年:月			
1. 韓國行政學會	行政學者 · 行政家 모임	1965.3.1	1985.3.1	20: 0	正會員	-	1956.10.13
2. 韓國行政問題研究所	서울大行政大學院 外廓團體	1965.5.1	1968.2.28	2 :10	研究員	-	1963.10.1
3. 大韓國土 · 都市計劃學會	都市 · 地域計劃家 모임	1972.5.8	現在	34: 3	監事(74.3.1-76.2.28), 理事(76.3.1-78.2.26), 常任理事(78.3.1-82.2.26), 編輯委員長(76.10.16-82.2.26), 副會長(82.2.27-84.2.17), 副會長(84.2.18-86.2.14), 會長(86.2.15-88.2.13), 理事(88.2.14-90.3.25), 顧問(90.3.26-現在), 弦汀賞基金管理委員(94.1.18-02.2.22), 國際交流委員長(98.3.3-02.2.22)	顧問	1959.7.25
4. 都市 및 地域計劃研究所	서울大 環境大學院 外廓團體	1973.1.18	1975.9.30	2 : 9	理事(73.1.18-74.2.28), 常務理事(74.3.1-75.9.30)	-	1973.1.18
5. ILCORK 韓國委員會	美國의 韓國研究機關	1973.5.10	1975.5.9	2 : 0	研究委員	-	1973.4.1
6. 韓國未來學會	未來研究者 모임	1975.5.1	1986.12.31	11: 8	幹事(78.9.1-79.11.30)	-	1968.7.6
7. 韓國地域社會開發學會	CD研究者 모임	1975.10.25	現在	30: 9	學術理事(92.2.1-98.1.31), 理事(98.2.1-00.1.31)	正會員	1975.10.25
8. 韓國應用科學學會	OR專門家 모임	1977.5.1	現在	29: 3	正會員	終身會員	1976.6.23
9. 人口問題研究所	人口分野 研究團體	1978.3.1	1980.2.28	2 : 0	研究委員	-	1965.4.7
10. 韓國觀光學會	觀光學界 모임	1979.3.8	1986.12.31	7 :10	正會員	-	1975.10.17
11. 韓國地方行政研究所	自治行政 研究團體	1981.5.16	1993.3.31	11:11	理事(81.5.16-93.3.31), 編輯委員長(84.8.31-92.8.31)	-	1981.5.16
12. 韓國交通問題研究院	交通分野 研究團體	1981.5.18	1981.8.31	0 : 4	研究委員	-	1981.5.18
13. 韓國葬墓研究會	葬墓制度 研究團體	1983.1.22	1986.11.18	3 :10	理事	-	1983.1.22
14. 大韓商議 韓國經濟研究센터	韓國經濟 研究團體	1983.4.1	2003.5.31	20: 2	研究委員	-	1992.2.1
15. 韓國地域學會	地域科學 研究 모임	1983.8.22	現在	22:11	正會員	正會員	1983.8.22
16. 安養商議 地域經濟研究센터	安養經濟 研究團體	1985.5.25	1991.5.3	5 :11	研究諮問委員	-	1985.5.25
17. 地方經濟研究會	地方經濟 研究 모임	1985.9.30	1987.9.29	2 : 0	諮問委員	-	1985.9.30
18. 韓國災害問題研究院	災害問題 研究團體	1986.10.8	1987.10.7	1 : 0	諮問委員	-	1986.10.8
19. 韓國科學技術團體總聯合會	科學技術團體 中央聯合會	1987.8.25	2003.4.10	15:11	運營委員(87.8.25-90.4.16), 南北交流推進協議委員(90.4.17-96.1.20)研究委員(90.5.18-03.4.10)	-	1966.9.24
20. 韓國地方自治學會	地方自治關係者 모임	1988.12.3	現在	17: 8	理事(88.12.3-91.2.21), 常任理事(91.2.22-93.2.25), 副會長(93.2.25-95.2.22), 會長(95.2.22-97.2.14), 名譽會長(97.2.14-99.2.9),	顧問	1988.12.3

團體名 \ 區分	性　　格	所屬期間			歷任職位	2006年7月 現在職位	團　體 創立日字
		加入日字	終了日字	年:月			
					顧問(99.2.10-現在)		
21. 大邱地域社會開發研究會	大邱開發研究 모임	1989.3.21	1991.3.20	2 : 0	顧問	-	1989.3.21
22. 韓國地方自治研究院	地方自治 研究團體	1989.5.1	1999.4.27	10: 0	編輯委員長(89.5.1-89.6.30), 理事長(89.7.1-99.4.27)	-	1989.5.1
23. 現代社會研究所	社會科學 研究團體	1989.7.1	1992.7.20	3 : 1	編輯委員	-	1981.8.1
24. 太白發展研究會	太白地區 研究 모임	1991.11.1	1995.12.31	4 : 2	正會員	-	1991.9.30
25. 國家政策研究會	國家政策改革 研究 모임	1992.5.21	1993.12.31	1 : 7	政策研究院長	-	1992.5.21
26. 韓國住宅學會	住宅分野 研究 모임	1992.11.1	2002.10.31	10: 0	顧問	-	
27. 自治體出捐研究院長協議會	市·道出捐 研究院長 모임	1993.2.10	1994.7.20	1 : 5	初代會長(93.2.10-94.2.23)	-	1993.2.10
28. 韓國環境政策學會	環境分野 研究 모임	1993.6.18	1999.6.17	6 : 0	諮問委員	-	1993.6.18
29. 美國 CODS	空間分野 研究 모임	1994.1.1	現在	12: 7	諮問委員	諮問委員	1993.1.1
30. 社稷會	國家政策 研究 모임	1994.1.24	1994.12.31	0 :11	研究室長	-	1994.1.24
31. 國際勞動·環境研究院	勞動·環境分野 研究 모임	1994.12.6	2000.12.5	6 : 0	政策諮問委員	-	1994.12.6
32. 韓國環境科學研究協議會	環境團體 協議團體	1995.3.9	1997.2.14	1 :11	常任理事	-	1987.1.23
33. 韓蒙經濟學會	蒙古經濟 研究者 모임	1996.2.23	現在	6 : 6	正會員	正會員	1996.2.23
34. 韓國地域開發學會	地域開發 專門家 모임	1996.5.15	現在	6 : 4	正會員	正會員	1988.2
35. 地域開發研究會	地域開發 研究團體	1997.2.24	現在	9 : 5	顧問	常任顧問	1997.2.24
36. 韓國學術振興財團	學術研究 支援團體	1997.3.1	1999.8.26	2 : 6	地域開發研究事業審議委員長	-	1981.4.6
37. 韓國能率協會	能率評價 施賞團體	1998.2.27	1999.12.31	1 :10	自治經營研究포럼 顧問	-	1962.5.22
38. 古州 學術賞基金管理委員會	地方自治分野 施賞團體	1998.9.4	2001.12.26	3 : 4	委員長	-	1998.9.4
39. 21世紀 國土포럼	國土研究者 모임	1998.9.9	現在	7 :11	正會員	代表議長	1998.9.9
40. 地方포럼	地方自治研究者 모임	1999.4.15	現在	7 : 3	諮問委員	諮問委員	1999.4.15
41. Viagis Center	國策研究團體	1999.4.19	2001.7.18	2 : 3	環境分科委員長 및 研究팀長	-	1998.9.30
42. 韓國自治開發研究院	地方自治 研究團體	1999.4.28	現在	7 : 3	理事長(99.4.28-00.11.3), 院長(00.11.3-現在)	院長	1999.4.28
43. 21世紀 都市政策開發院	都市政策 研究團體	1999.7.12	現在	7 : 1	諮問委員	諮問委員	1999.7.12
44. 21世紀 地域포럼	地域發展 推進 모임	2001.8.28	現在	4 :11	共同代表	共同代表	2001.8.28
45. 韓國地方自治學會古州賞委員會	地方自治分野 施賞團體	2001.12.27	現在	4 : 7	委員	委員	2001.12.27

(2) 社會團體

(加入順)

團體名 \ 區分	性　　格	所屬期間			歷任職位	2006年7月 現在職位	團　體 創立日字
		加入日字	終了日字	年:月			
1.韓國地方行政共濟會	地方公務員共濟團體	1975.2.1	1992.7.27	17: 6	地方行政誌 編輯委員長(75.2.1-82.3.27), 地方財政誌 編輯委員(82.4.1-92.7.27)	-	1972.2.1
2.慶州金氏著名人士錄	慶州金氏 人士錄 發刊團體	1975.11.1	1977.10.31	2 : 0	委員	-	1975.11.1

區分 / 團體名	性格	所屬期間			歷任職位	2006年7月 現在職位	團體 創立日字
		加入日字	終了日字	年:月			
編輯委員會							
3.公害防止協會	公害研究 모임	1977.2.1	1979.1.31	2 : 0	會員	-	1972.2.1
4.明信初等學校 育成會	長女學級 學父母 모임	1974.3.1	1974.6.28	0 : 4	副會長	-	1974.3.1
5.UNESCO 國際 새마을訓練센터	새마을訓練所 設置團體	1978.5.12	1980.5.11	2 : 0	設置審議委員	-	1978.5.12
6.新羅金氏二千年史 編纂委員會	新羅金氏史 刊行 모임	1979.10.19	1980.12.31	1 : 2	副會長	-	1979.10.19
7.明信學園	明信女子中學校 理事會	1981.4.1	1982.10.31	1 : 7	理事	-	1975.4.1
8.環境保全協會	環境保全 運動團體	1981.8.27	1983.8.26	2 : 0	專門委員	-	1981.8.27
9.淸溪川商街移轉 推進委員會	淸溪川商街 移轉對策 모임	1982.4.23	1983.7.31	1 : 3	顧問	-	1982.4.23
10.大韓建設振興會	「建設交通」誌 發刊團體	1984.6.26	2004.4.30	19:10	編輯諮問委員	-	1984.6.7
11.聞慶文化院	聞慶文化振興團體	1985.5.25	現在	21: 7	顧問	顧問	1967.7.11
12.金剛山댐對策協議會	對策學術行事 모임	1986.11.1	1986.12.31	0 : 2	幹事	-	1986.11.1
13.平和의 댐 推進委員會	平和의 댐 建立 準備 모임	1986.12.15	1988.5.31	1 : 6	委員	-	1986.12.15
14.聞慶地域發展協議會	聞慶發展 推進 모임	1989.4.15	現在	17: 4	副會長(89.4.15-91.6.12), 顧問(91.6.13-現在)	顧問	1989.4.15
15.새마을運動 中央 協議會	새마을運動 中央本部	1989.5.8	2000.1.14	10: 8	理事(89.5.8-93.5.31), 中央硏修院敎育諮問委員 (90.2.16-00.1.14), 編輯委員 (91.5.13-93.5.12), 諮問委員(91.9.7-98.12.9)	-	1970.4.22
16.「穎江文化」後援會長團	「穎江文化」誌 支援 모임	1990.3.16	1994.3.15	4 : 0	會長團員	-	1990.3.16
17.店村市 體育振興會	店村 體育振興 모임	1990.6.9	1992.6.9	2 : 0	委員	-	1990.6.9
18.韓美友好協會	韓·美間 親善 모임	1991.6.26	1998.12.31	7 : 6	委員	-	1991.6.26
19.農協中央會	農業 및 農民 保護團體	1991.7.31	2001.5.31	9 :10	運營諮問委員	-	1961.8.15
20.2002월드컵 都市 環境分科	월드컵 環境淨化組織	1998.12.15	2000.12.14	2 : 0	共同議長	-	1998.12.15
21.韓國道德運動協議會	道德精神 涵養團體	1999.2.5	現在	3 : 7	顧問	總裁	1990.4.1
22.韓國不動産協議會	不動産業 健全化 모임	1999.2.25	現在	7 : 5	顧問	顧問	1986.3.5
23.全國市道知事協議會	市道知事 協議 모임	1999.10.25	2006.6.30	6 : 8	諮問委員	-	1999.10.25
24.韓國書畵作家協會	書藝家·畵家 團體	2003.7.7	現在	6 : 1	顧問	總裁	1974.11.1
25.韓國 Amenity Forum	社會快適化運動團體	2006.2.22	現在	5 : 0	共同代表	共同代表	2006.2.22

(3) 親睦團體

(加入順)

區分 / 團體名	性格	所屬期間			歷任職位	2006年7月 現在職位	團體 創立日字
		加入日字	終了日字	年:月			
1.戶西南初等學校 同期會	第6回 同期生 同門會	1957.8.1	現在	49:0	會長(57.8.1-67.8.1)	正會員	1957.8.1
2.在京 聞慶鄕友會	在京 聞慶人 모임	1961.4.5	現在	45:4	運營委員(82.3.9-87.6.25), 副會長(87.6.26-96.6.20), 顧問(96.6.20-現在)	顧問	1955.5.10
3.聞慶中學校總同窓會	中學校 卒業生 모임	1961.5.1	現在	45:3	5代會長(81.3.1-83.2.28),	名譽會長	1961.5.1

區分 / 團體名	性格	所屬期間			歷任職位	2006年7月 現在職位	團體 創立日字
		加入日字	終了日字	年:月			
					6代會長(83.3.1-85.2.23), 名譽會長(85.2.24-現在)		
4.서울大 物理學科 同門會	서울大 文理科大學 物理科 모임	1962.2.26	現在	44:5	會員	正會員	1960.5.1
5.서울大 行政大學院 同窓會	大學院 總同窓會	1965.2.26	現在	41:5	理事(80.3.1-88.2.28)	正會員	1961.4.29
6.戶西南初等學校 總同窓會	初等學校 全體同窓會	1965.4.1	現在	41:4	會員	正會員	1965.4.1
7.行硏會	行政大學院 一部同期生 모임	1965.4.10	現在	41:4	1次幹事(66.1.1-68.12.31), 2次幹事(73.1.1-75.12.31), 3次幹事(77.1.1-79.12.31	正會員	1965.4.10
8.鳥嶺會	在京 聞慶人 同年輩 모임	1967.11.25	現在	38:8	初代會長(67.11.25-68.6.30), 24代會長(80.1.1-80.6.30), 45代會長(90.7.1-90.12.31)	正會員	1967.11.25
9.서울大學校 總同窓會	大學校卒業生 全體 同窓會	1969.2.12	現在	37:6	理事(83.3.1-88.8.31)	正會員	1969.2.12
10.安東師範學校同期會	第8回 同期生 모임	1969.7.30	現在	37:0	會員	正會員	1969.7.30
11.在Cincinnati市 韓人會	신시내티市 居住僑胞 모임	1969.9.24	1972.1.8	2:3	會員	-	1955
12.Cincinnati大學 韓國學生會	신시내티大 在學 韓國學生 모임	1969.12.13	1972.1.8	2:1	副會長	-	1969.12.13
13.美Cincinnati 大學校 總同窓會	신시내티大學校全體同窓會	1971.6.13	現在	35:2	會員	正會員	1825
14.慶州金氏中央宗親會	慶州金氏 全國總宗親會	1972.3.1	現在	34:5	理事(77.4.17-82.4.29), 會館建立推進委員(79.7.14-87.3.31), 運營理事(82.4.30-88.4.25)	正會員	1965.5.15
15.八京會	高等學校 在京 同期 모임	1972.7.1	現在	34:1	會長(74.5.10-75.5.10)	正會員	1972.7.1
16.安東大學校總同窓會	安師·敎大·安東大 總合 同窓會	1973.4.5	現在	33:4	顧問(01.3.1-現在)	顧問	1973.4.5
17.安東師範學校 在京 同門會	高等學校 在京 同窓會	1973.4.5	現在	33:4	會員	正會員	1973.4.5
18.常靑會	5.16獎學金 受惠者 모임	1975.5.1	現在	31:3	理事(89.6.1-91.5.31)	正會員	1970
19.聞慶中學校 在京 同門會	中學校 在京 同窓會	1975.5.10	現在	31:3	理事(75.5.10-77.5.10), 諮問委員(97.5.30-99.5.30), 顧問(99.6.1-現在)	顧問	1975.5.10
20.六友會	初等學校 在京 同期 모임	1978.10.30	現在	27:9	會員	正會員	1978.10.30
21.서울大 行政大學院 同期會	第5回 同期生 모임	1980.5.1	現在	26:3	會員	正會員	1980.5.1
22.慶州金氏聞慶宗親會	聞慶出身 宗親 모임	1980.7.8	現在	26:1	副會長(82.5.9-86.4.28)	正會員	1975.5.25
23.聞慶中學校 同期會	第4回 同期生 모임	1980.8.1	現在	26:0	會員	正會員	1980.8.1
24.聞慶中學校 在京	在京 第4回 同期 모임	1981.5.1	現在	25:3	會員	正會員	1981.5.1

區分 / 團體名	性格	所屬期間			歷任職位	2006年7月 現在職位	團體 創立日字
		加入日字	終了日字	年:月			
同期會							
25.經科同友會	國保委 經科委員會出身 모임	1981.6.18	現在	25:2	幹事(81.6.18-83.12.31)	正會員	1981.6.18
26.鄕志會	在京 聞慶人 親睦會	1981.8.5	1985.12.31	4:5	會員	-	1981.8.5
27.風水會	國土計劃學會 골프 모임	1983.5.20	現在	32:2	監事(83.5.20-85.6.1), 競技委員長(88.4.30-89.4.30), 會長(92.6.1-93.5.25)	正會員	1983.5.20
28. 在韓(Cincinnati 大學 同窓會	韓國居住 신시내티大學出身 모임	1984.1.27	現在	22:6	初代會長(84.1.27-92.1.17), 名譽會長(93.5.22-現在)	名譽會長	1984.1.27
29.德邱會	德邱溫泉 關聯 4人 모임	1984.3.30	現在	22:4	會員	-	1984.3.30
30.戶西南初等學校 在京 同門會	在京 初等學校 同門 모임	1985.5.1	現在	21:3	會員	正會員	1985.5.1
31.潁江會	在京 中學校同期生골프모임	1986.5.16	1997.12.31	8:8	會員	-	1986.5.16
32.環心會	本人教授室 助教出身 모임	1986.6.28	現在	20:1	顧問	顧問	1986.6.28
33.聞友會	在京 聞慶人 골프모임	1986.7.23	現在	20:0	監事(88.4.29-93.12.10)	正會員	1982.5.30
34.土友會	韓國土地開發公社 出身者 모임	1987.3.4	現在	19:5	準會員(87.3.4-90.5.24), 正會員(90.5.25-現在)	正會員	1986.8.11
35.새재會	在京 聞慶人 親睦會	1988.5.24	2000.2.25	11:9	새재碑建立委員長 (97.9.29-99.4.25), 3代會長(99.6.29-00.2.24)	-	1988.5.24
36.東研會	在京 安東 緣故學者 모임	1991.6.15	現在	15:2	會員	正會員	1991.6.15
37.雜魚會	舊內務部 關聯人士 모임	1992.5.20	現在	14:2	總務(1998.1.17-現在)	總務	1992.5.20
38.在京大邱·慶北道民會	在京 大邱·慶北出身者 모임	1992.11.23	現在	13:8	諮問委員	諮問委員	1992.11.23
39.서울大 物理學科 入學 同期會	文理大 物理學科 入學 同期會	1995.2.1	現在	11:6	會員	正會員	1995.2.1
40.五七東阿會	東亞그룹招請리비아訪問者	1995.7.28	現在	11:0	會員	正會員	1995.7.28
41.EGO會	서울大環境大教授골프모임	1996.3.20	1998.5.31	2:2	會員	-	1996.3.20
42.高陽會	새마을關係 高陽人 모임	1997.11.22	1999.12.31	2:1	會員	-	1997.11.22
43.好凡會	在京人士 親睦 모임	1998.1.30	現在	8:6	會員	會長	1998.1.30
44.一金會	行政刷新委員會 出身 모임	1998.4.3	現在	8:4	會員	正會員	1998.4.3
45.새마을사랑 모임	새마을運動 出身者 모임	1998.4.21	현재	8:3	運營委員	運營委員	1998.4.21
46.水水會	在京人士 親睦 모임	1999.9.8	2001.7.18	1:10	會員	-	1999.9.8
47.慶北을 사랑하는 모임	在京 慶北人 모임	2001.5.1	現在	5:3	顧問	顧問	2001.5.1
48.一心會	在京 安師同期生一 部 모임	2001.7.23	現在	5:0	會員	正會員	2001.7.23
49.向志會	蘆原區 關係人士 모임	2001.11.5	現在	4:9	初代會長(01.11.5-03.11.4)	正會員	2001.11.5
50.地研會	韓國地方行政研究院 出身 모임	2001.12.28	現在	4:7	初代會長(01.12.28-03.12.27)	顧問	2001.12.28
51.同心會	在京人士 親睦 모임	2005.3.22	現在	1:4	會員	正會員	2005.3.22
52.三道會	地方出身 親睦會	2005.3.28	現在	1:4	初代會長	會長	2005.3.28
53.相生會	行政首都關聯者 모임	2005.11.23	現在	0:8	顧問	顧問	2005.11.23

2. 年度別 所屬團體 保有數

(單位 : 個)

年度	學術團體	社會團體	親睦團體	合計	年度	學術團體	社會團體	親睦團體	合計
1957	-	-	1	1	1982	7	4	24	35
1958	-	-	1	1	1983	9	3	25	37
1959	-	-	1	1	1984	9	2	27	38
1960	-	-	1	1	1985	11	3	28	42
1961	-	-	3	3	1986	11	5	30	46
1962	-	-	4	4	1987	9	4	31	44
1963	-	-	4	4	1988	8	4	32	44
1964	-	-	4	4	1989	11	5	32	48
1965	2	-	7	9	1990	11	7	32	50
1966	2	-	7	9	1991	12	9	33	54
1967	2	-	8	10	1992	13	9	35	57
1968	2	-	8	10	1993	14	7	35	56
1969	1	-	12	13	1994	15	7	35	57
1970	1	-	12	13	1995	14	6	36	56
1971	1	-	13	14	1996	15	6	37	58
1972	2	-	15	17	1997	17	6	38	61
1973	4	-	15	19	1998	19	7	41	67
1974	4	1	15	20	1999	23	9	41	73
1975	6	2	17	25	2000	20	9	40	69
1976	4	2	17	23	2001	21	7	43	71
1977	5	3	17	25	2002	19	7	43	69
1978	6	3	18	27	2003	29	26	14	69
1979	7	4	18	29	2004	27	16	13	56
1980	7	3	21	31	2005	27	16	16	59
1981	8	3	24	35	2006	25	16	16	57

3. 停年當時 所屬團體의 內譯

(2002.8.31 現在)

(類型別 加入日字順)

類 型	團 體 名	加 入 當 時		經過期間 (年:月間)	現 在	
		加入日字	團 體 長		職 位	團 體 長
1. 學術團體	1.大韓國土 · 都市計劃學會	1972.5.8	朱 源	30:4	顧問	元濟戊
	2.韓國地域社會開發學會	1975.10.25	文炳鏶	26:10	正會員	金영하
	3.韓國應用科學會	1977.5.1	申應均	25:4	終身會員	李명호
	4.韓國地域學會	1983.8.22	金儀源	19:0	正會員	崔鏞昊
	5.韓國科學技術團體總聯合會	1987.8.25	朴泰源	15:0	研究委員	金時中
	6.韓國地方自治學會	1988.12.3	盧隆熙	13:9	顧問	崔相哲
	7.大韓商議附設 韓國經濟研究센터	1992.2.1	金相厦	10:7	研究委員	朴容晟
	8.韓國住宅學會	1992.11.1	河晟奎	9:10	顧問	조주현
	9.韓國環境政策學會	1993.6.18	盧隆熙	9:2	諮問委員	金貴坤
	10.美國 Consortium on Development Studies	1994.1.1	林吉鎭	8:8	諮問委員	林吉鎭
	11.韓蒙經濟學會	1996.2.23	李孝善	6:6	正會員	李孝善
	12.韓國地域開發學會	1996.5.15	曺在六	6:4	正會員	河晟奎
	13.地域開發研究會	1997.2.24	李永奭	5:6	顧問	禹哉永
	14.21世紀 國土포럼	1998.9.9	盧隆熙	4:0	正會員	盧隆熙

類 型	團 體 名	加入當時		經過期間 (年:月刊)	現 在	
		加入日字	團體長		職 位	團體長
	15.地方포럼	1999.4.15	朴東緒	3:5	諮問委員	朴羽緒
	16.韓國自治開發研究院	1999.4.28	李圭憲	3:4	院長	朴昇治
	17.21世紀 都市政策開發院	1999.7.12	李相淵	3:2	諮問委員	李相淵
	18.21世紀 地域포럼	2001.8.28	共同代表團	1:0	共同代表	金學魯
	19.韓國地方自治學會 古州賞基金管理委員會	2001.12.27	金東勳	0:8	委員	金東勳
2.社會團體	1.大韓建設振興會「建設交通」編輯委員會	1984.6.26	朱 源	18:2	編輯委員	崔同燮
	2.聞慶文化院	1985.5.25	李昌敎	17:3	顧問	李昌敎
	3.聞慶地域 發展協議會	1989.4.15	金學浩	13:5	顧問	朴仁遠
	4.農協中央會	1991.7.31	韓灝鮮	11:1	運營諮問委員	鄭大根
	5.韓國道德運動協議會	1999.2.5	尹相在	3:7	顧問	尹相在
	6.韓國不動産聯合會	1999.2.25	李太敎	3:6	顧問	李太敎
	7.全國市 · 道知事 協議會	1999.10.25	高 建	2:10	諮問委員	李明博
3.親睦團體	1.戶西南初等學校 同期會	1957.8.1	金安濟	45:1	正會員	高普林
	2.在京聞慶鄕友會	1961.4.5	李東寧	41:5	顧問	朴炳雄
	3.聞慶中學校 總同窓會	1961.5.1	朴鍾培	41:4	名譽會長	徐聖漢
	4.서울大 文理科大學 物理學科 同門會	1962.2.26	尹世元	40:6	正會員	張會翼
	5.서울大 行政大學院 同窓會	1965.2.26	趙性瑾	37:6	正會員	韓昇洙
	6.戶西南初等學校 總同窓會	1965.4.1	金海植	37:5	正會員	錢慶洪
	7.行研會	1965.4.10	李成基	37:5	正會員	曺峙鉉
	8.鳥嶺會	1967.11.25	金安濟	34:9	正會員	鄭錫東
	9.서울大學校 總同窓會	1969.2.12	朴斗秉	33:7	正會員	임광수
	10.安東師範學校 同期會	1969.7.30	金斗榮	33:1	正會員	金惠源
	11.美國Cincinnati大學校 總同窓會	1971.6.13		31:8	正會員	
	12.慶州金氏 中央宗親會	1972.3.1	金一煥	30:6	正會員	金宗鎬
	13.安東師範學校 在京同期會	1972.7.1	李 俊	30:2	正會員	金惠源
	14.安東大學校 總同窓會	1973.4.5	金在九	29:5	顧 問	張元碩
	15.安東師範學校 在京 同門會	1973.4.5	石基洪	29:5	正會員	李洸馥
	16.常青會	1975.5.1	玄慶大	27:4	正會員	黃영재
	17.聞慶中學校 在京 同門會	1975.5.10	金炯甡	27:4	顧 問	金至薰
	18.戶西南初等學校 在京 同期會	1978.10.30	朴寅英	23:10	正會員	申相大
	19.서울大 行政大學院 同期會	1980.5.1	朴 容	22:4	正會員	朴榮一
	20.慶州金氏 聞慶宗親會	1980.7.8	金海植	22:2	正會員	金滿基
	21.聞慶中學校 同期會	1980.8.1	尹成吉	22:1	正會員	鄭錫東
	22.聞慶中學校 在京 同期會	1981.5.1	閔春植	21:4	正會員	鄭錫東
	23.經科同友會	1981.6.18	金在益	21:3	正會員	趙庚穆
	24.風水會	1983.5.20	羅相紀	19:3	正會員	朴炳柱
	25.在韓 Cincinnati大學校 同窓會	1984.1.27	金安濟	18:7	名譽會長	趙東根
	26.德邱會	1984.3.30	權在浩	18:5	正會員	權在浩
	27.戶西南初等學校 在京同門會	1985.5.1	林炳云	17:4	正會員	林炳云
	28.環心會	1986.6.28	李廷植	16:2	顧 問	文廷鎬
	29.聞友會	1986.7.23	白贊基	16:1	正會員	金喆熙
	30.土友會	1987.3.4	柳根昌	15:6	正會員	柳根昌
	31.東研會	1991.6.15	金宗吉	11:3	正會員	金璟東
	32.雜魚會	1992.5.20	金壽鶴	10:3	總務	金壽學
	33.在京 大邱 · 慶北道民會	1992.11.23	嚴三鐸	9:9	諮問委員	嚴三鐸
	34.서울大 文理大理學部 · 自然大 同窓會	1994.10.18	李龍泰	7:10	正會員	朴종세
	35.서울大 文理科大學 物理學科 入學同期會	1995.2.1	張會翼	7:7	正會員	朴星來
	36.五七東阿會	1995.7.28	尹道根	7:1	正會員	尹道根
	37.好凡會	1998.1.30	李圭憲	4:7	正會員	禹哉永
	38.一金會	1998.4.3	朴東緒	4:5	正會員	朴東緒
	39.새마을 사랑 모임	1998.4.21	曺海寧	4:4	運營委員	曺海寧
	40.慶北을 사랑하는 모임	2001.5.1	金壽鶴	1:4	顧問	金壽鶴
	41.一心會	2001.7.23	鄭龍鎬	1:1	正會員	鄭龍鎬
	42.向志會	2001.11.5	金安濟	0:10	會長	金安濟
	43.地研會	2001.12.28	金安濟	0:8	會長	金安濟

4. 古稀當時 所屬團體의 內譯

(2006.7.28 現在)

(類型別 加入日字順)

類型	團體名	加入當時		經過期間	現在	
		加入日字	團體長	(年:月間)	職位	團體長
1. 學術團體	1. 大韓國土·都市計劃學會	1972.5.8	朱 源	34:3	顧 問	金昌碩
	2. 韓國地域學會	1983.8.22	金儀遠	22:11	正會員	陳榮煥
	3. 韓國地方自治學會	1988.12.3	盧隆熙	17:8	顧 問	陸東一
	4. 美國 C.O.D.S.	1994.1.1	林吉鎭	12:7	諮問委員	權근술
	5. 韓國地域開發學會	1996.5.15	曺在六	10:2	正會員	金泰明
	6. 韓國地域發展研究院	1997.2.24	李永爽	9:5	常任顧問	禹哉永
	7. 21世紀 國土포럼	1998.9.9	盧隆熙	7:11	共同代表議長	金安濟
	8. 韓國自治發展研究院	1999.4.28	李圭憲	7:3	院 長	朴昇治
	9. 21世紀 都市政策開發院	1999.7.12	李相淵	7:0	諮問委員	李相淵
2. 社會團體	1. 聞慶文化院	1985.5.25	李昌敎	21:2	顧 問	蔡大鎭
	2. 韓國道德運動協議會	1999.2.5	尹相在	7:6	總 裁	趙士顯
	3. 韓國不動産聯合會	1999.2.25	李太敎	7:5	顧 問	吳鎭模
	4. 韓國書畵作家協會	2003.7.7	尹相在	3:1	總 裁	姜思賢
	5. 韓國 Amenity Forum	2006.2.22	徐健一	0:5	共同代表	徐健一
3. 親睦團體	1. 戶西南初等學校 同期會	1957.8.1	金安濟	49:0	正會員	高普林
	2. 在京 聞慶鄕友會	1961.4.5	李東寧	45:4	顧 問	尹成吉
	3. 聞慶中學校 總同窓會	1961.5.1	朴鍾培	45:3	顧 問	李昌茂
	4. 서울大 行政大學院 同窓會	1965.2.26	趙性瑾	41:5	正會員	鄭正佶
	5. 戶西南初等學校 總同窓會	1965.4.1	金海植	41:4	正會員	李丙根
	6. 行研會	1965.4.10	李成基	41:4	正會員	曺峙鉉
	7. 鳥嶺會	1967.11.25	金安濟	38:8	正會員	黃起大
	8. 서울大學校 總同窓會	1969.2.12	朴斗秉	37:5	正會員	林光洙
	9. 安東師範學校 同期會	1969.7.30	金斗榮	37:0	正會員	金悳源
	10. 安東大學校 總同窓會	1973.4.5	金在九	33:4	顧 問	金志默
	11. 安東師範學校 在京同門會	1973.4.5	石基洪	33:4	正會員	金珉爽
	12. 常青會	1975.5.1	玄慶大	31:3	正會員	黃영재
	13. 聞慶中學校 在京同門會	1975.5.10	金炯烒	31:3	顧 問	李璇基
	14. 聞慶中學校 在京同期會	1980.8.1	尹成吉	26:0	正會員	金正道
	15. 風水會	1983.5.20	羅相紀	23:2	正會員	朴炳柱
	16. 在韓 Cincinnati大學校 同窓會	1984.1.27	金安濟	22:6	名譽會長	趙東根
	17. 戶西南初等學校 在京同門會	1985.5.1	林炳云	21:3	正會員	金圭眞
	18. 環心會	1986.6.28	李廷植	20:1	顧 問	金明洙
	19. 聞友會	1986.7.23	白贊基	20:0	正會員	申沅湜
	20. 土友會	1987.3.4	柳根昌	19:5	正會員	李孝桂
	21. 雜魚會	1992.5.20	金壽鶴	14:2	總 務	金壽鶴
	22. 好凡會	1998.1.30	李圭憲	8:6	會 長	金安濟
	23. 向志會	2001.11.5	金安濟	4:9	正會員	朴永根
	24. 地研會	2001.12.28	金安濟	4:7	顧 問	李達坤
	25. 同心會	2005.3.22	金玉鉉	1:4	正會員	金玉鉉
	26. 三道會	2005.3.28	金安濟	1:4	會 長	金安濟
	27. 相生會	2005.11.23	李春熙	0:8	顧 問	李春熙

Ⅱ. 紀念作文

○ 要 約

年度	作文數(件)					原稿量(枚)				
	詩·時調	歌詞	碑·懸板文	其他	計	詩·時調	歌詞	碑·懸板文	其他	計
1982	-	-	1	-	1	-	-	2	-	2
1983	-	-	1	-	1	-	-	10	-	10
1984	-	-	1	-	1	-	-	15	-	15
1986	-	-	3	-	3	-	-	45	-	45
1987	-	1	1	-	2	-	3	2	-	5
1989	1	-	-	1	2	2	-	-	7	9
1990	2	1	1	-	4	5	3	20	-	28
1991	-	-	-	1	1	-	-	-	1	1
1992	-	-	2	1	3	-	-	2	8	10
1993	3	1	-	1	5	8	4	-	5	17
1995	-	2	-	-	2	-	6	-	-	6
1998	-	-	-	2	2	-	-	-	25	25
1999	-	-	2	1	3	-	-	7	1	8
2000	-	-	1	1	2	-	-	1	1	2
2001	-	-	1	1	2	-	-	15	10	25
2002	1	-	-	2	3	2	-	-	4	6
2003	1	-	-	1	2	2	-	-	5	7
2004	4	-	-	-	4	8	-	-	-	8
2005	2	-	-	-	2	2	-	-	-	2
2006	3	-	-	2	5	3	-	-	8	11
累計	17	5	14	14	50	32	16	119	75	242

客說 : 經驗에서 얻은 삶의 眞實

노래의 歌詞, 특히 機關이나 어떤 主題의 노래는 그 理念과 目標를 살리되 쉬운 우리 말로 표현하여 의미 있고 부르기 좋은 내용으로 作詞되어야 한다. 나는 몇 편의 公認된 歌詞를 지어서 지금 널리 불리어지고 있어 무척 보람스럽게 생각한다.

客說 : 經驗에서 얻은 삶의 眞實

옛날의 碑文은 漢字로만 씌어 있어 現代人이 이해하기가 어렵다. 또 한글로만 된 碑文은 어쩐지 좀 무게와 權威가 없고, 뜻이 깊지 못한 것 같은 느낌을 갖게 된다. 그래서 근자에는 한글과 漢字를 적당히 섞어서 쓰는 경우가 많다. 어쩌면 앞으로는 한글로만 쓰되 필요한 漢字를 괄호 안에 기입하는 碑文이 생겨날지도 모른다. 내가 지은 碑文은 모두 國漢文 混用으로 되어 있다.

1. 詩 및 時調

1) 獻 詩

○ 對象 : 恩師 Dr. Kenneth E. Corey

○ 日字 : 1989.10.28, 驛三洞 自宅에서 獻呈

○ 內容 : 作文 · 自筆(原稿 2枚)

「渡洋遠邦 於神市
賢者育己 恩師傅
雖膈萬里 恒咫尺
勿問星霜 緣尤深
爲高理堅 先生 弟子 草凡 金安濟 謹書
己巳年 十月二十八日 大韓民國 漢城市」

2) 祝 詩

○ 對象 : 店村市廳 新廳舍 開廳紀念

○ 日字 : 1990.4.20 於 店村市廳

○ 內容 : 作文 · 自筆(原稿 2枚)

「實事求是 繁多店
官健民安 恒平村
尤日就長 氣盛市
與意自治 和滿廳
祝 店村市廳 新築開館 庚午年 四月二十日
서울大學校 環境大學院 院長 金安濟」

3) 祝詩調

○ 對象 : 店村市廳 新廳舍 開廳紀念

○ 日字 : 1990.4.20 於 店村市廳

○ 內容 : 作文 · 自筆(原稿 3枚)

「점마을 오랜세월 한울속에 담은 전당
온백성 슬기모아 참된 보람 이루시고
영광된 고장가꾸는 알찬터전 되소서.

서기 일천구백구십년 사월
점촌시청 신축개관에 즈음하여
서울대학교 환경대학원장 초범 김안제」

4) 聞慶八景賦

○ 對象 : 聞慶八景 稱頌詩

○ 日字 : 1993.1.1 聞慶郡守(申庠澈)에게 獻呈

○ 內容 : 作文 · 自筆 (原稿 2枚)

聞慶八景賦

「嶺南第一 鳥嶺谷
太古天聲 雙龍巖
無塵淸淨 雲達川
飛龍昇天 龍湫瀑
金剛靈州 仙遊洞
鳳凰群樂 白雲臺
奇巖玉水 鎭南畔
日月落照 慶泉湖」

5) 特別寄稿 時調

○ 題目 : 어린 시절

○ 冊子 : 「나래文學」, 나래時調文學會刊, 第50號(1993 가을 · 겨울號), p.120

어린 시절

「도시락 책보자기 어깨빗겨 둘레매고
개구리 울음소리 합창삼아 뛰어가니
멀리서 학교 앞길에 종소리가 퍼진다.

송아지 풀을 뜯는 언덕바지 자갈돌밭
잔수수 긴이랑에 땀이 젖는 긴긴 하루
저무는 석양노을이 산기슭에 내린다.

한그릇 칼국수로 허기지는 배고픔에
모깃불 피워놓고 찾아보는 북두칠성
어머니 치마붙들고 칭얼대며 잠든다.」

6) 獻 詩

○ 對象 : 蘭史 李圭憲, 如仙 韓貴南

○ 日字 : 1993.11.12

○ 附着場所 : 食堂「詩人通信」

○ 內容 : 作詩 · 自筆(原稿 1枚)

「千樹萬花 不如蘭
洪色絶香 能越史
朝變夕改 眞一如
風月共有 與天仙」

7) 獻 詩

○ 對家人 : 草友 禹哉永

○ 日字 : 2002.9.1

○ 動機：禹會長의 安東 鳳停寺 訪問時 所感에 대한 作詩 要望
○ 內容：「鳳停深山 青寺體
　　　　龍飛高天 白雲浮」

8) 祝 詩
○ 對象機關：聞慶市廳
○ 日字：2003.10.15
○ 趣旨：聞慶市民의 날 祝賀詩
○ 資格：聞慶市民自治大學 講師
○ 內容：「靈山새재 정기받은 聞慶市民 하나되어
　　　　스스로 다져가는 地方自治 꽃피우고
　　　　골골마다 살기 좋은 보금자리 만들어서
　　　　기쁜소식 전해주는 복된 고장 되소서」

9) 頌德詩
○ 對象人：禹哉永
○ 日字：2004.2.25
○ 動機：好凡會 第2代 會長 歷任 紀念
○ 內容：「春風秋雨 防以身
　　　　溫和人品 遂和風
　　　　吾等保衛 監護神」

10) 出品作
○ 日字：2004.3.12
○ 動機：韓國書畵作家協會 創立 30週年 紀念 會員展 出品自作詩
○ 展示：서울 國際디자인 플라자 展示室
○ 內容：「一人之苦 萬人之樂
　　　　一人之樂 萬人之苦」

11) 自祝詩
○ 日字：2004.4.17
○ 動機：新行政首都建設特別措置法 施行 紀念 創書詩
○ 懸板：新行政首都建設推進委員會 委員長室
○ 內容：「安民平國
　　　　濟世定都」

12) 出品作
○ 日字：2004.7.2
○ 動機：韓國書畵作家協會 第21回 韓國書畵藝術大展 招待 出品作
○ 展示：서울 國際디자인 플라자 센터 展示室

○ 內容 :「安民以道 濟世以德
致知以書 格物以畵」

13) 出品作

○ 日字 : 2005.3.4
○ 動機 : 第24回 韓國書畵作家協會 會員展 出品詩書
○ 展示 : 서울 國際디자인 플라자 展示室
○ 內容 :「書道千里 平天下 畵道萬古 和蒼生」

14) 頌家詩

○ 對象人 : 朴昇治
○ 日字 : 作詩-2005.10.26, 贈呈-2005.10.31, 懸板-2005.11.8
○ 位置 : 京畿道 高陽市 一山東區 中山洞 1651 大林아파트 203棟 201號 自宅 玄關
○ 內容 :「긴 歲月 오랜 傳統 한결같은 名門世家
안으로 화목하고 밖으로는 積德施惠
하나님 깊은 사랑 온누리에 고루펴서
천만년 이 民族의 守護一家 이루소서」

15) 慶祝時調

○ 對象人 : 行政中心複合都市建設廳(廳長 李春熙)
○ 日字 : 2006.2.17
○ 主題 : 行政中心複合都市建設廳 開廳 慶祝
○ 內容 :「새 시대 밝은 내일 높은 이념 담은 전당
만 백성 뜻을 모아 참된 보람 가꾸시고
영광된 나라 세우는 알찬터전 이루소서」

16) 出品作

○ 日字 : 2006.3.24
○ 動機 : 第25回 韓國書畵作家協會 定期會員展 出品 詩畵書
○ 展示 : 서울 國際디자인 플라자 展示室
○ 主題 : 草凡詩竹
○ 內容 :「天時生一竹 地利結七節
直志成君子 靑葉化珠詩」

17) 出品作

○ 日字 : 2006.6.23
○ 動機 : 韓國書畵作家協會 第23回 韓國書畵藝術大展 出品 詩書
○ 展示 : 서울 國際디자인 플라자 展示室
○ 主題 :

○ 內容 : 「서필에 바래지면 신의 역사 창조되고
화폭에 물이 들면 선의 신화 쌓여진다
우리도 바래고 물들어 신선경지 이루리라」

2. 歌 詞

1) 作 詞

○ 題目 : 店村市民의 노래

○ 日字 : 公募提出-1986.4.13, 審査-1987.1.1~3.31
受賞-1987.4.13 : 店村市長(李源植), 作曲-1987.5.31(金聖泰)
公布-1987.6.23(原稿 3枚)

○ 歌詞 : 1. 潁江水 감싸도는 고요한 마을
祖上의 얼이서린 우리의 故鄕
기나긴 歲月속에 꿋꿋이 자라
지금은 嶺南第一 據點의都市
우리는 자랑스런 先進의 市民
힘모아 이룩하세 빛나는 店村

2. 敦達山 精氣받아 슬기찬 市民
너와나 하나되어 우렁찬 合唱
오가는 人情속에 責任다 하여
오늘도 쌓아가는 貴重한 遺産
우리는 榮光스런 文化의 市民
뜻모아 成就하세 福祉의 店村

3. 우리의 子孫萬代 살아갈 터전
아끼고 가꾸어갈 福音의 樂園
뭉쳐진 努力으로 前進 또 前進
보람을 엮어가는 永遠한 所望
우리는 矜持높은 創造의 市民
알차게 물려주세 希望찬 店村

客說 : 經驗에서 얻은 삶의 眞實

一生 살아가게 될 經路를 어렸을 때 미리 다 알고 있다면 失手나 過誤를 어느 정도 미리 예방할 수 있다는 長點은 있겠지만 매우 무미건조하고 재미 없는 삶을 살아가게 될 것 같다. 未知의 未來! 興味의 世界이고 開拓의 對象이며 創造의 餘地이다.

2) 作 詞

○ 題目 : 榮光의 부름받아

○ 性格 : 새마을家族의 노래

○ 日字 : 公募提出-1989.12.31, 審査-1990.3.1~5.31
受賞-1990.6.4 : 새마을運動中央協議會 會長(金壽鶴)
作曲-1990.9.31(全石煥)
公布-1990.10.1

○ 歌詞 : 1. 榮光의 부름받아 모인 우리는
한마음 獻身으로 슬기를 모아
보람을 創造하는 새마을 家族
모두가 살기좋은 고장 가꾸어
情다운 이웃들과 福되게 산다.

2. 거룩한 뜻을 따라 나선 우리는
다같이 和合으로 하나가 되어
내일을 建設하는 새마을 家族
바르고 活氣로운 社會 만들어
成熟한 民主터전 굳게 다진다.

3. 긴 歷史 한결같이 잇는 우리는
빛나는 傳統살려 갈고 닦아서
새로이 跳躍하는 새마을 가족
온누리 자랑스런 나라 이루어
燦爛한 民族文化 꽃 피워간다.

3) 作 詞

○ 題目 : 韓國地方行政研究院 院歌

○ 作詞者 : 金安濟 院長, 趙錫柱 研究員

○ 歌詞公布 : 1993.2.1(原稿 4枚)

○ 作曲 : 作曲者-全石煥
作曲公布-1993.4.1

○ 歌詞 : 1. 너와나 하나되어 未來를 열고
祖上의 빛난 얼을 이어가면서
先進의 行政文化 꽃피우고자
創造의 研究風土 이루어간다.
아아 우리는 韓國地方行政研究院
우리는 韓國地方行政研究院

2. 소중한 삶의 터전 바로 지키고
住民의 福祉向上 이룩하면서
참다운 自治理念 드높이고자
새로운 政策開發 펼쳐나간다
아아 우리는 韓國地方行政研究院
우리는 韓國地方行政研究院

3. 모두가 살기좋은 나라만들고
우수한 民族力量 함께모아서
民主의 참된 理念 빛내우고자
보람찬 自治育成 이끌어 간다.
아아 우리는 韓國地方行政研究院
우리는 韓國地方行政研究院

4) 作 詞

○ 題目 : 聞慶市民의 노래
○ 公布 : 1995.5.1(聞慶市長)
○ 作曲 : 全石煥

○ 歌詞 : 1. 鳥嶺의 높은 氣象 힘차게 솟은
여기가 우리들의 永遠한 故鄉
모두의 슬기모아 繁榮이루어
다같이 살기좋은 고장 만들자.
(후렴) 우리는 자랑스런 문경의 市民
來日을 創造하는 보람에 산다.

2. 긴 歷史 값진 文化 굳게 지켜온
여기가 우리 祖上 얼이 서린곳
스스로 돕고 사는 人情을 키워
만방에 기리 빛날 榮光 이루자.

3. 潁江의 맑은 물결 감돌아 드는
여기가 子孫萬代 살아갈 터전
사랑과 믿음으로 하나가 되어
世界로 뻗어가는 힘을 기르자.

5) 作 詞

○ 題目 : 地方自治의 노래

○ 發表誌 : 月刊 自治公論, 第1卷 第6號(1995.10.1)

○ 作曲 : 作曲者-全石煥

○ 公布-1995.10.1 (原稿 3枚)

○ 歌詞 : 1. 너와나 슬기모아 알뜰한 살림
스스로 自立基盤 다져나가는
생활의 참된터전 地方自治制
모두가 살기좋은 福祉의 고장
自治의 精神으로 바로가꾸자.

2. 參與와 對話속에 하나된 秩序
착실한 政治風土 키워나가는
民主의 깊은 뿌리 地方自治制
누구나 矜持로운 健康한 社會
自治의 眞理따라 바로키우자.

3. 住民은 나라사랑 뭉쳐진 國力
나라는 地方發展 이끌어가는
先進의 힘찬수레 地方自治制
온世界 자랑스런 成熟한 國家
自治의 보람살려 바로세우자.

客說 : 經驗에서 얻은 삶의 眞實

世上에는 말도 많고 글도 많다. 하느님이 全知全能하다지만 그 숱한 言語와 文字를 다 알자면 고생스러울 것이다. 後日 다시 다른 世上을 만들 때는 말도 하나, 글도 하나만 제정하여 서로간의 對話와 疎通이 쉽도록 만들어주었으면 한다. 하느님도 그게 훨씬 편하실 것이다.

客說 : 經驗에서 얻은 삶의 眞實

結婚主禮의 主禮辭를 들어보면 우리 나라 新郞 · 新婦는 모두 善男 · 善女이고 天定配匹이다. 그러나 後日에 보면 선남 · 선녀와는 거리가 먼 사람들도 있고 천정배필이 갈라서는 경우도 있다. 부디 主禮 선생님 말씀대로 훌륭한 사람이 되고 百年偕老하는 夫婦가 되기를 바란다. 賀客 앞에서 그렇게 하겠다고 서약하지 않았던가?

○ 作詞 및 作曲

店村市民의 노래

M.M. ♩ = 108～112 (씩씩하게)

金 安 濟 作詞
金 聖 泰 作曲

○ 作詞 및 作曲

榮光의 부름받아

金 安 濟 作詞
全 石 煥 作曲

뜻을 생각하며

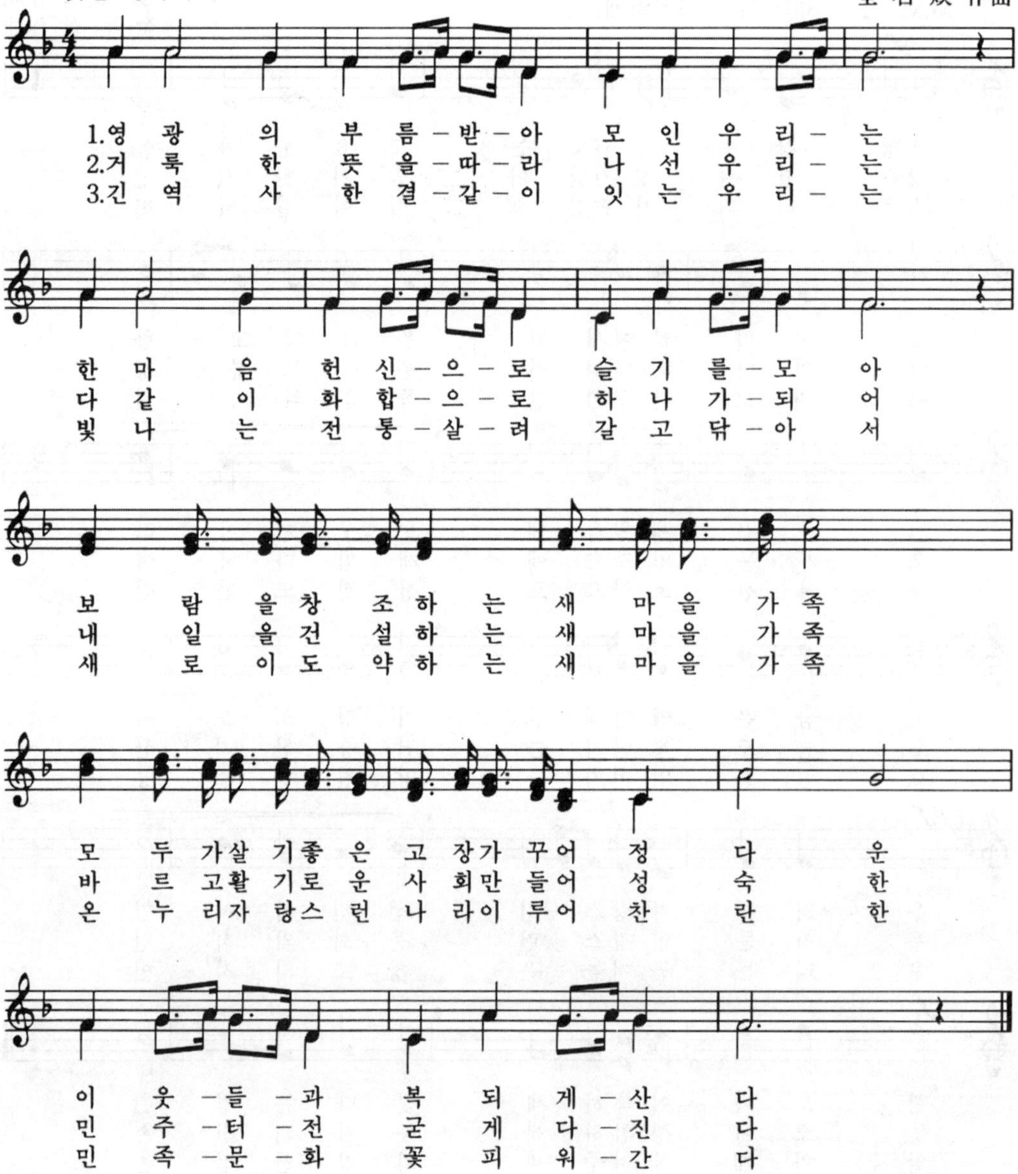

○ 作詞 및 作曲

韓國地方行政研究院 院歌

金安濟 · 趙錫柱 作詞
全 石 煥 作曲

○ 作詞 및 作曲

聞慶市民의 노래

金 安 濟 作詞
全 石 煥 作曲

○ 作詞 및 作曲

地方自治의 노래

金安濟 作詞
全石煥 作曲

3. 碑文 및 懸板文

1) 碑文：聞慶中學校 敎育憲章碑 建立文
   ○ 位置：聞慶市 聞慶中學校 校庭
   ○ 建立者：金熙鎭(第4回卒業生)
   ○ 建立日字：1982.2.15
   ○ 建立文：碑石 左面에 陰刻 (原稿 2枚)

2) 懸板文：聞慶郡 慶州金氏 宗親會館 建立跋文
   ○ 位置：聞慶市 聞慶郡 慶州金氏 宗親會 會館
   ○ 建立者：聞慶郡 慶州金氏 宗親會
   ○ 懸板日字：1983.5.15
   ○ 建立跋文：懸板 全面에 陰刻 (原稿 10枚)

3) 碑文：雲松 李圭璇 先生 功德紀念碑 碑文
   ○ 位置：聞慶市 聞慶中學校 校庭
   ○ 建立者：聞慶中學校 同窓會
   ○ 建立日字：1984.3.1
   ○ 碑文：碑石 左面 및 後面에 陰刻 (原稿 15枚)

4) 碑文：御營將軍 慶州金公 汎之碑 碑文
   ○ 位置：聞慶市 麻城面 方背館 後山
   ○ 建立者：慶州金氏 興德門中
   ○ 建立日字：1986.4.6
   ○ 碑文：碑石 左面 및 後面에 陰刻 (原稿 15枚)

5) 碑文：忠州判官公 慶州金氏 金公 元弼之碑 碑文
   ○ 位置：忠北 陰城郡 甘谷面 舟川里 後山
   ○ 建立者：慶州金氏 判官公派 宗親會
   ○ 建立日字：1986.10.3
   ○ 碑文：碑石 後面에 陰刻 (原稿 15枚)

6) 床石文：慶州金公 商樞(大)·配 延日鄭氏 先岳之墓 床石 床石文
   ○ 位置：聞慶市 茅田洞 孔坪里 梨谷 後山
   ○ 建立者：外孫 黃泰鉉·元鉉·柱鉉·慶鉉
   ○ 建立日字：1986.11.15
   ○ 床石文：床石 全面·左面·右面에 陰刻 (原稿 15枚)

7) 紀念石文：家木 회양목 移轉植樹 紀念石 石文
   ○ 位置：聞慶市 聞慶中學校 校庭

○ 建立者：金安濟
○ 建立日字：1987.10.8
○ 石文：紀念石 全面에 陰刻 (原稿 2枚)

8) 碑文：而景公派 祖宗 慶州金公 秉鉉之碑 碑文
○ 位置：聞慶市 山陽面 玉山
○ 建立者：慶州金氏 興德門中
○ 建立日字：1990.4.5
○ 碑文：碑石 後面에 陰刻 (原稿 20枚)

9) 懸板文：Corey學長 自宅 亭子 懸板文
○ 位置：美國 Michigan州 East Lansing市 Kenneth E. Corey學長 自宅 庭園
○ 建立者：K. Corey 및 林吉鎭
○ 建立日字：1992.1.1
○ 懸板文：懸板 全面：「高理亭」陰刻 (原稿 1枚)

10) 額子文：韓國地方行政研究院 院是 額子文
○ 位置：서울市 麻浦區 孔德洞 韓國地方行政研究院
○ 製作者：韓國地方行政研究院長
○ 製作日字：1992.11.2
○ 院是：「創造的 研究風土, 實質的 政策開發, 先導的 自治育成」(原稿 1枚)

11) 紀念 碑文
○ 碑名：새재碑
○ 位置：慶北 聞慶市 聞慶새재 聞慶博物館 越便
○ 除幕日字：1999.4.25
○ 建立者：새재會
○ 碑文：「千古의 새소리가 永劫을 두고 들리는 곳
嶺南의 선비들이 青雲의 꿈을 안고
漢陽을 오가던 由緖깊은 聞慶새재

祖上의 哀歡과 情趣가 깃들고
숱한 由來와 傳說을 간직한 鳥嶺溪谷

이곳 새재고개 어귀에
故鄕을 기리는 同友들이 작은 精誠을 모아
歷史의 숨결과 오늘의 所望을 담아 새재碑를 세운다.

小白山脈의 精氣를 담고 主屹山의 氣象을 살려
한마음 힘을 모아 聞慶을 키우는 靈驗을 주시고

살기좋은 우리 고장을 지키는 守護神이 되소서

글 서울大學校 敎授 金安濟
글씨 金哲漢」

12) 墓碑 碑文

○ 墓地名 : 草溪 卞公 諱元圭之墓 配光山金氏 龍姬 合墳

○ 位置 : 慶北 聞慶市 山陽面 辰井里 後山

○ 建立者 : 長-卞 鐸 · 卞 鍵 · 卞 鎔 · 卞 鐵, 女-卞鍾璣 · 卞鍾熙 · 卞金玉 · 卞鍾瑄

○ 除幕日字 : 1999.11.14

○ 碑文 : 「公의 諱는 元圭요 本貫은 草溪이며 字는 善長 號는 定山이시다. 始祖 諱庭實은 高麗 成宗朝에 登科하여 官이 門下侍中으로 八溪君에 封해지시고 文烈公 謚號를 除授받으시다. 其後 子孫顯隆이 累代連綿하였으니 公은 바로 始祖 文烈公의 二十四代孫이시다. 公은 派祖이신 提學公 諱孝文의 十五代孫이시고 鎭岑縣監을 歷任한 聞慶入鄕祖 至樂軒 諱李欽의 十四代孫이시다. 公은 一九〇七年丁未二月十三日 山陽面辰井里에서 父公愚軒 諱榮輔와 妣開城高氏基謙女의 三子로 出生하시다. 幼年時부터 才智聰明하여 일찍이 漢文修學하고 京城徽文中學에 入學修學途中 渡日하여 新紡織機術을 專修한 後 平壤에서 元一紡織會社를 設立 當時 屈指의 企業으로 育成하시다. 乙酉解放後 赤手空拳으로 率眷歸鄕하였으나 萬難을 克服하고 다시 聞慶 店村에서 紡織業을 創建하여 家業을 繁盛케 하셨으며, 一家親戚의 和睦을 敦篤히 하고 門財를 蓄積하는데 크게 盡力하시다. 公은 體貌俊秀하고 德望高邁하시어 一世 羨望이었으나 哀惜하게 一九五四年甲午十二月十八日 享年四十八歲를 一期로 逝去하시니 山陽面 辰井里 長燈 東麓 先塋下 坤坐로 安置되시다. 配 龍姬夫人은 光山金氏 永國女로 一九〇六年 丙午十月八日 安東 九潭에서 出生하시어 十四歲되던 一九一九年己未九月十九日에 結婚하시다. 至極精誠으로 內助하시어 波瀾逆境을 헤치고 家業을 隆盛케 하셨으며 公 逝去後에도 遺業을 持續 發展시키면서 膝下 四男四女를 金枝玉葉으로 訓育善導하여 안으로 家風을 振作하고 밖으로 有能한 國家棟樑으로 活躍케 하셨으니 婦德과 母誠이 能至過人이시다. 一九七六年 丙辰 八月 二十日 서울에서 享年 七十一歲로 逝去하심에 合墳安葬되시다. 이에 公의 賢者玉孫들은 兩位의 끝없는 恩惠와 厚德을 기리고자 삼가 眞率한 精誠을 碑文에 담아 今日 墓碑를 建立함으로써 그 恩德을 永久 傳授하여 後孫의 無窮한 光榮을 期約코자 하노라.

一九九九年 乙卯 十一月 十四日
서울大學校敎授 慶州人 金安濟 謹撰
安東人 金啓漢 謹書」

客說 : 經驗에서 얻은 삶의 眞實

過去에 태어났다고 하면 나는 어느 時代를 택했을까? 아마 朝鮮朝 世宗大王 때거나 日帝植民時代였을 것이다. 世宗朝 때 태어났다면 集賢殿 學者가 되어 成三問 등과 한글을 創製하는 데 참여했을 것이고 日帝時代에 활동했다면 滿洲에서 말을 타고 海蘭江邊을 달리는 獨立軍이 되었을 것이다. 그러나 잘못되었으면 死六臣, 아니 死七臣이 되어 露梁津에서 死刑을 당했거나, 滿洲의 이름 모를 산골에서 銃을 맞고 죽은 無名의 獨立軍이 되었을지도 모른다.

13) 紀念 碑石

○ 碑名 : 母校 中學校 象徵碑

○ 位置 : 慶北 聞慶市 興德洞 聞慶中學校 校庭

○ 除幕時 : 2000.8.15

○ 建立者 : 第4回 卒業生 金熙鎭

○ 碑文 : 「자랑스러운 聞中人이 되자

學校長	김종수
同窓會長	卞 鐸
聞慶市長	金學文
서울大教授	金安濟
學運委員	高榮祚」

14) 追慕 碑文

○ 碑名 : 護國人物 金龍培將軍 胸像 및 追慕碑

○ 位置 : 慶北 聞慶市 聞慶邑 下里 溫泉地區 龍培公園 內

○ 除幕日字 : 2001.7.2

○ 建立者 : 聞慶市 在鄕軍人會

○ 碑文 : (原稿 15枚)

金龍培將軍은西紀一九二一年辛酉四月十
八日聞慶市興德洞六六五番地에서金福鎭
과慶州孫氏의次男으로出生하시니始祖金
寧金公時興의二九世孫이시다將軍은一九
三四年戶西南普通學校를卒業하고日本山
口縣立農業學校로留學하셨으며一九四一
年에는丹陽禹氏元分과結婚하여膝下에昌
厚松朝의一男一女를두시다解放을맞은祖
國은온國民의기쁨과希望이컸으나社會는
매우混亂하였던바將軍은將次祖國의干城
이되어獻身코자軍門에投身할것을決心하
고陸軍士官學校第五期로入校하여軍番一
○八二八番을賦與받고一九四八年卒業과
同時에陸軍少尉로任官되시다一九四九年
八月에는少領으로昇進되어第六師團七聯
隊一大隊長으로補任되어江原道五臺山地
域에서作戰을遂行하시다一九五○年六·
二五動亂이勃發하자最前方大隊長으로서
初戰을奮鬪하고春川洪川原州神林陰城等
地의戰鬪에서連日連戰苦鬪하였으며特히
一九五○年七月의陰城戰鬪에서는同部隊
가最大戰果를올리게되어開戰以來最初로
部隊將兵全員이一階級特進하는史上初有
의記錄을남기게되었고將軍도中領으로特
進하시다將軍의故鄕인聞慶地區戰鬪에서
는主力部隊長으로서梨花嶺을지나白華山
盆地里玉女峰黃鶴山聖主山平田峙等과雷
霆山玉女峰鳥嶺佛井山水晶峰等地를連하
는線에서十五日間이란긴期間에걸친類例
가드문激戰中勇戰奮鬪끝에北韓軍의進擊
을沮止遲延시켜國軍의洛東江最後防禦線
構築에決定的인寄與를하시다때는바로寸
刻이黃金과도같은터이라그功勳의赫赫함

은말할餘地가없으며이는將軍의故鄕守護
에대한絶對的인愛鄕心發露의一面이라고
보아진다이어南下하면서永川新寧等地의
最後의激戰을거쳐國軍의仁川上陸戰과함
께시작된北進에서는尙州聞慶丹陽忠州線
과華川金化線을거쳐鐵原北進하여元山을
奪還하고一九五○年十月二十五日午後二
時十五分에는最北端楚山에最先鋒으로進
出하여鴨綠江에太極旗를揭揚한큰功을세
우기도하였다그동안의功勳으로花郞忠武
乙支武功勳章을받았으며一九五一年에는
第六師團十九聯隊및七聯隊副聯隊長을歷
任하고同年六月十二日에는大領으로昇進
하여全軍에서가장傳統이빛나고名聲이높
은第七師團五聯隊長으로赴任하시다때마
침北進中이던同聯隊를指揮하여連日連戰
連勝하면서春川北方까지進擊하여江原道
楊口郡軍糧里에서中共軍第五軍團一個聯
隊와交戰하게된土坪里戰鬪에서陣頭指揮
中날아온敵의直擊彈에의하여壯烈히戰死
하시니때는一九五一年辛卯七月二日午後
一時四十分이었고將軍의나이芳年三十一
歲이셨다國家는同年十月十五日將軍의높
은功을기려陸軍准將으로追敍하고이나라
最上의太極武功勳章을授與하였으며第七
師團에서는北漢江에建設한橋梁을龍培橋
라고命名하다將軍의遺骸는暫時梁山通度
寺에安置하였다가後日聞慶郡民葬으로先
山인山陽面鳳谷里로移葬하였으며一九七
二年서울銅雀洞國立墓地로移葬하여永眠
케하다將軍은過默沈着한性品에勇猛과智
略이뛰어났으며卓越한戰鬪指揮力을갖춤
으로서上下同僚로부터두터운信賴와尊敬
을받은名實共히勇智를兼한德將으로서祖
國과故鄕을사랑하고守護한참된軍人이요

愛國者이시다將軍은動亂勃發以後戰死하
실때까지十三個月間을하루도빠짐없이陣
中에서오로지戰鬪指揮만을하셨으며六·
二五動亂中一線聯隊長인大領으로서는唯
一한戰死者이기도하며그가세운戰鬪功績
과護國愛族의崇高한精神을높이評價하여
國家는護國의人物로指定하여온國民과함
께追慕토록하였으며이는六·二五動亂期
間을網羅하여護國의人物로指定된六名中
한분이시기도하다將軍의崇高한愛國心과
護國의獻身은靑史에燦然히빛날것이며聞
慶市民을爲始한우리國民모두의가슴속에
새겨져오래도록우리가나아갈바참된등불
이되시고民族精氣를바로세우는師表가될
지어다우리의오늘의榮光과安寧이將軍과
같은護國의守護神의陰德임을回想하면서百
尺竿頭의祖國과故鄕을守護하고자하는一
念으로强力한敵에맞서身命을바친激戰場
인이곳鳥嶺山下故鄕땅에모든機關과市民
의뜻과精誠을모아將軍을기리는像과追慕
의碑를세우고삼가우리모두옷깃을여며將
軍의靈前에머리숙여冥福을비나이다바라
건데이곳主屹山아래우뚝서시어生前에사
랑하던故鄕聞慶과祖國大韓民國의安寧과
繁榮이이루어지도록길이길이보살피고지
켜주시는靈驗한守護神이되소서

西紀二〇〇一年七月二日
將軍逝去五十周忌에즈음하여
聞慶市在鄕軍人會세움

이비는 우리 고장 문경출신으로 6.25의 영웅이며 한국전쟁사에 길이 빛나는 "호국인물" 김용배 장군의 애국충정의 높은 뜻을 추모하고 후세에 길이 전하고자 이고장의 기관단체와 시민의 정성을 모아 문경시재향군인회가 주관하고 문경시의 후원과 국가보훈처의 협찬으로 건립하였으며 동상과 조각은 이고장 산북출신 서울대학교 임대경교수가 맡았으며 비문은 홍덕출신 서울대학교 김안제교수가 짓고 글씨는 가은출신 서예가 동곡 조용철선생이 쓰고 석촌 이창호사장이 시공하여 장군의 호국의지가 서린 이곳에 장군서거 50주기를 맞아 동상과 추모비를 세우다.

2001년 7월 2일

문경시재향군인회

4. 其他

1) 發起文

○ 發起組織 : 店村 · 聞慶地域 發展協議會

○ 發起日字 : 1989.4.15

○ 發起場所 : 聞慶새재 모텔 (原稿 7枚)

2) 雅 號

○ 對象者:趙正濟

○ 贈呈日 : 1991.6.25

○ 雅號 :「智山」

○ 解說 : 天授後修艱得智 本性行姿如泰山
世俗與人輝明正 萬劫求願遂渡濟

3) 發起文

○ 發起組織 : 在京大邱 · 慶北鄕友會 協議會 (道民會)

○ 發起日字 : 1992.11.23

○ 發起場所 : 롯데호텔 (原稿 8枚)

4) 發起文

○ 發起組織 : 地方自治團體出捐硏究機關長 協議會

○ 發起日字 : 1993.2.10
○ 發起場所 : 韓國地方行政研究院 (原稿 5枚)

5) 發起文
○ 發起組織 : 새마을 사랑 모임
○ 發起日字 : 1998.4.21
○ 發起場所 : 새마을運動中央協議會

6) 決議文
○ 主催 : 東國大 地域政策研究所 등 6個 研究所
○ 行事 : 高速鐵道 慶州路線의 妥當性再評價와 政策課題 세미나
○ 日字 : 1998.5.22
○ 場所 : 프레스센터

7) 院 訓
○ 機關 : 韓國自治開發研究院
○ 揭示 : 1999.2.25
○ 內容 : 1. 民主的 自治理念의 具現
2. 均衡的 福祉故場의 創造
3. 生產的 自治役軍의 育成

8) 雅 號
○ 對象者 : 朴昇治
○ 贈呈日 : 2000.6.8
○ 雅號 :「餘山」
○ 解說 : 昇天懇地 恒空餘
治水養土 終滿山

9) 宣言文
○ 主催 : 京畿開發研究院 등 5個 市 · 道研究院
○ 行事 : 第1回 西海岸 포럼 : 西海岸時代의 展開와 開發方向
○ 日字 : 2001.10.17 (原稿 10枚)
○ 場所 : 仁川 松島 비치호텔

10) 雅 號
○ 對象者 : 崔秉瑄
○ 贈呈日 : 2002.3.12
○ 雅號 : 彌玄
○ 解說 : 彌勒濟衆生 玄武明三羅 (原稿 2枚)

11) 雅 號
○ 對象者 : 金英模

○ 贈呈日：2002.3.12
○ 雅號：松巖
○ 解說：恒心一貫 終如松
忍苦百年 肩隨巖　　(原稿 2枚)

12) 聲明書
○ 題目：서울外廓循環道路 路線再檢討委員會 報告書 發刊에 대한 立場
○ 主催：國務總理室
○ 地位：路線再檢討委員會 委員長
○ 日字：2003.9.29
○ 原稿量：5枚

13) 紀念書筆
○ 對象者：朴鍾一
○ 契　機：結婚紀念 祝賀揮毫
○ 贈呈日：2006.4.17
○ 內容：「너희가 내 안에 居하고 내말이 너희 안에 居하면
무엇이든지 願하는 대로 구하라. 그리하면 이루리라.
요한福音 15章 7節」

14) 決議文
○ 主催：大邱慶北研究院
○ 行事：大首都論과 地域의 對應戰略에 관한 大討論會
○ 日字：2006.7.26
○ 場所：龜尾市 慶北中小企業 綜合支援센터
○ 原稿量：7枚

客說：經驗에서 얻은 삶의 眞實

내 生涯에서 나의 意志와 努力으로 어떻게 해볼 수 없는 것이 세 가지 있었다. 첫째가 아내의 마음가짐이고 둘째가 子女의 進路開拓이며 셋째가 小人과의 人間關係이다

客說：經驗에서 얻은 삶의 眞實

나는 무슨 일이든 相對方의 立場에서 關聯된 문제를 생각해보는 이른바 易地思之하는 것이 慣習化되어 있다. 그래서 남들로부터 남에 대한 配慮와 理解心이 많다는 말을 자주 듣는다.

Ⅲ. 主禮 및 行事參席

○ 要 約

(單位 : 回)

年度	主禮執典			行事參席			合計		
	서울	地方·外國	計	서울	地方·外國	計	서울	地方·外國	計
1977	2	-	2	-	-	-	2	-	2
1978	3	-	3	-	-	-	3	-	3
1980	1	1	2	-	-	-	1	1	2
1981	4	-	4	-	-	-	4	-	4
1982	3	3	6	-	-	-	3	3	6
1983	5	-	5	-	1	1	5	1	6
1984	3	-	3	-	1	1	3	1	4
1985	1	2	3	-	-	-	1	2	3
1986	-	-	-	-	2	2	-	2	2
1987	6	-	6	4	7	11	10	7	17
1988	3	1	4	3	-	3	6	1	7
1989	2	-	2	7	7	14	9	7	16
1990	8	-	8	8	4	12	16	4	20
1991	4	1	5	11	7	18	15	8	23
1992	3	1	4	22	6	28	25	7	32
1993	5	-	5	27	5	32	32	5	37
1994	7	-	7	28	6	34	35	6	41
1995	6	1	7	23	9	32	29	10	39
1996	7	-	7	28	15	43	35	15	50
1997	10	-	10	24	12	36	34	12	46
1998	6	1	7	22	19	41	28	20	48
1999	10	1	11	24	14	38	34	15	49
2000	8	-	8	25	8	33	33	8	41
2001	9	-	9	16	3	19	25	3	28
2002	9	-	9	12	2	14	21	2	23
2003	7	1	8	8	6	14	15	7	22
2004	5	1	6	19	8	27	24	9	33
2005	5	-	5	4	4	8	9	4	13
2006	2	2	4	9	3	12	11	5	16
累計	144	16	160	324	149	473	468	165	633

客說 : 經驗에서 얻은 삶의 眞實

세 사람이 같이 가면 그 가운데 한 사람은 나의 스승감이라는 名句가 있다. 나의 經驗에 의하면 같이 가는 사람 모두가 무엇인가 배울만한 좋은 점을 몇 개씩은 갖고 있는 스승감이다.

1. 主禮 執典

年度	順次	新郞	新婦	日時	禮式場	關係	新郞의 當時職場	賀客(名)
1977	1	金殷泰	李貞淑	3.5.13:00	그랜드호텔	夫-放通大 弟子	調達廳, 美國移民	350
	2	權尙俊	金良默	5.7.12:00	퍼시픽호텔	夫-서울大 弟子	大林, 淸州大	600
1978	1	金圭昌	李貞姬	5.5.14:00	LCI禮式場	夫-金기묵 姪	韓國合纖	400
	2	奇元燮	李眞愛	6.3.13:30	서울禮式場	夫-聞中13回	永登浦支廳	410
	3	禹濟永	孔洙玉	10.8.13:00	太極禮式場	婦-孔태성 女	食品配達	400
1980	1	尹진석	李금자	11.13.12:00	鐘路禮式場	夫-李相伊 妻姪	牧場	300
	2	梁承福	洪正愛	12.14.11:00	仁川 新新禮式場	夫-放通大 弟子	京畿道警 情報課	400
1981	1	金翊宰	朴賢子	4.4.13:00	婚姻禮式場	夫-全福出 二子	光州漁網工業社	250
	2	張基泰	金載淑	4.26.13:00	高麗禮式場	夫-立法會議 內務委	國會事務官	390
	3	李圭完	金容玉	10.25.11:00	幸福禮式場	夫-聞中7回(金學文)	榮州市廳	360
	4	朴長洙	崔香遠	12.6.15:00	梨花禮式場	夫-聞中16回	天湖商校	350
1982	1	南昌洙	朴正熙	2.14.11:00	店村 나하나禮式場	夫-聞中16回	石峰鑛山	270
	2	梁昌煥	崔炳任	2.16.13:00	店村 나하나禮式場	婦父-崔春植	事業	290
	3	金세중	權찬옥	2.21.12:00	多福禮式場	婦-權석희 女	會社員	250
	4	高在榮	金혜경	4.18.12:00	大邱明星禮式場	夫-高喆煥 子	運輸會社	350
	5	朴영길	임미자	11.7.15:00	美美禮式場	婦-林동균 女	光州設計社	300
	6	金璟中	張庚子	12.11.13:00	丹光 禮式場	夫-朴興起 姪	事業	310
1983	1	金욱기	장윤자	5.7.12:30	世宗禮式場	夫-金學一 子	韓國電線課長	350
	2	黃표연	명옥선	5.21.15:30	結婚會館	夫-黃의락 子	仁川大土木科在學	300
	3	金容己	金季姬	9.3.14:00	外換銀行禮式場	夫-聞中18回	外銀代理	400
	4	盧太九	權玉姬	9.4.11:00	結婚會館	夫-聞中20回	半月이구産業	350
	5	尹재원	金윤자	11.19.15:30	올림피아禮式場	婦-김용균 女	國民銀行(夫婦)	360
1984	1	蔡홍욱	崔경옥	3.17.13:00	뉴코아禮式場	夫-聞中22回	서울大經理科	260
	2	蔡춘식	李順玉	4.1.14:00	名門禮式場	夫-蔡鴻碩 子	事業	380
	3	金榮勳	朴昭彦	5.2.12:00	木花禮式場	夫-金元泰 姪	事業	270
1985	1	金봉현	洪외숙	4.28.13:20	店村 나하나禮式場	婦-洪건섭 女	大學院 在學	330
	2	李完永	李恩美	5.11.11:00	東宮타운禮式場	夫-環境大 弟子	山林廳 係長	350
	3	張元圭	曺妊廷	5.19.12:00	大邱禮式場	夫-張星元 子	大學院 在學	450
1987	1	柳일선	金주한	3.8.12:10	京東禮式場	夫-環境大(87卒業)	-	270
	2	李錫光	文英順	3.15.15:00	眞珠禮式場	夫-環境大 職員	教務主任	270
	3	韓允熙	梁 善	5.9.12:00	YMCA禮式場	夫-環境大 弟子	土開公	300
	4	文廷鎬	尹禎媛	5.10.14:00	梨花女大講堂	夫-個人 助教	留學	380
	5	李敦雨	金병주	6.14.11:00	서울禮式場	夫-李鼎九 子	安國火災	370
	6	嚴춘흠	林미혜	10.29.13:00	貴賓禮式場	夫-嚴재황 子	外大 大學院 在學	380
1988	1	金善泰	崔英默	3.5.14:00	高麗禮式場	夫-88環境大 卒業	日本京都大 在學	300
	2	崔正錫	羅賢淑	9.4.11:00	서울大 同窓會館	夫-環境大 2學年	大學院 在學	300
	3	張豪淳	全純賢	11.12.14:00	江南YMCA	夫-86環境大 卒業	交通開發研究院	280
	4	金泰漢	玄暻姬	12.10.12:30	店村나하나禮式場	婦-玄基元 女	三星技術研究院	400

年度	順次	新郞	新婦	日時	禮式場	關係	新郞의 當時職場	賀客(名)
1989	1	金泰鎔	黃愛淑	10.28. 13:30	明洞YMCA	夫-個人助教	三星重工業	400
	2	徐佑錫	李정진	11.4 . 16:00	太極堂禮式場	夫-環境大 在學	土曜新聞	380
1990	1	禹寅河	尹景熙	1 .14. 14:30	서울大 同窓會館	夫-禹炳奎 子	學院講師	370
	2	安泰弘	金明希	3 .17. 13:00	靑器瓦禮式場	夫-88環境大 卒業	産業研究院	330
	3	金鉉旲	李貞和	3 .25. 13:00	萬里長城	夫-88環境大 卒業	環境計劃研究所	350
	4	鄭점래	閔은주	7 .8 . 13:00	木花禮式場	夫-環境大 2學年	大學院 在學	330
	5	南정욱	徐득진	9 .2 . 14:30	롯데禮式場	夫-南炯元 子	롯데會社	410
	6	千景旭	黃銀鏡	10.13. 12:00	幸福禮式場	婦-黃起大 女	三星電子	480
	7	李민영	정현순	10.30. 18:30	힐·톱호텔	夫-環境大 卒業	土開公	400
	8	金상윤	신순옥	12.16. 15:30	永登浦木花禮式場	夫-金종성 子	백석中學 校師	410
1991	1	元東奎	辛美仙	1 .12. 12:00	皇帝禮式場	夫婦-環境大 學生	學生	350
	2	禹廷憲	李秀賢	3 .2 . 12:30	空港터미날禮式場	夫-環境大 卒業	留學	350
	3	李계윤	李윤정	5 .5 . 12:30	새마을中央研究院	婦-李안재部長 女	弘益大學院 學生	250
	4	康享錫	張본앵	12.17. 15:00	常綠會館	夫-盧時仲 妻男	미키商社 課長	360
	5	尹碩駿	韓京美	12.24. 13:00	鄕軍會館	夫-尹正光校長 子	美國留學中	580
1992	1	朴元泰	章由美	1 .19. 12:00	蔚山泰和禮式場	夫-環境大 在學生	-	350
	2	李明宰	朴귀영	1 .25. 12:40	서울大 同窓會館	夫-環境大 卒業生	-	360
	3	禹병주	南경희	3 .8 . 14:00	木花禮式場	夫三寸:禹炳圭	亞洲工大 在學	400
	4	李기웅	李인덕	6 .20. 14:00	賀琳閣	夫:金國承 養子	롯데그룹	450
1993	1	李준헌	金자영	2 .6 . 14:00	交通會館	婦父:점촌 김 영	(株)원림	350
	2	黃泰周	金賢淑	3 .16. 13:00	交通安全協會	夫-黃起大 子	弘大 博士中	400
	3	高상현	신혜정	5 .22. 15:00	木花禮式場	夫-高재원 子	93 環境大卒	400
	4	李東熙	白勝惠	9 .17. 12:30	鄕軍會館	夫-李상경 子	同	380
	5	徐 敏	李善英	11.14. 13:00	湖巖教授會館	夫-趙옥수 子	同	300
1994	1	李원석	유선정	1 .9 . 12:00	空軍會館	夫-李영재 子	서울大 獨文科	300
	2	朴貞圭	韓畢奎	3 .5 . 14:00	建設會館	夫-稅政新聞記者	記者	380
	3	李용직	梁淑子	3 .26. 14:30	靑器瓦禮式場	婦-研究院長秘書	日本留學中	250
	4	安奭熙	鄭會陳	3 .27. 13:00	太極堂禮式場	婦-鄭진호 女	齒科修鍊醫	270
	5	金榮禛	姜有眞	5 .22. 14:00	電子會館	夫-金時泰 子	陸軍少尉	350
	6	朱성근	양지원	5 .31. 12:00	太極堂禮式場	夫-선회집 職員	-	150
	7	朴信鍾	金有振	11.27. 12:20	永登浦木花禮式場	夫-金圭鴻 子	韓國미디어 係長	330
1995	1	盧泰京	金秀美	4 .16. 15:40	大邱 宮廷禮式場	夫-盧輝準 子	東洋파이낸스	300
	2	金煥星	李貞淑	5 .27. 15:00	마샬웨딩禮式場	婦-李東奎 女	陸軍少尉	260
	3	宋禹慶	林恩靜	6 .25. 13:00	서울敎育文化會館	夫-서울大 弟子	在學中	300
	4	김병수	정윤아	8 .23. 14:40	空港터미날禮式場	婦-鄭淵壽 女	美國留學中	600
	5	성영섭	양경희	10.29. 13:00	보라매 웨딩타운	夫-成東奎 子	環境技士	280
	6	심재식	채영지	11.5 . 13:00	鴛鴦禮式場	婦-蔡大鎭 女	유베라代理	300
	7	柳政勳	정윤아	12.23. 13:00	巨龜莊	夫-柳承鎭 子	起亞서비스	280
1996	1	金 哲	崔인련	1 .4 . 17:30	리츠·칼튼호텔	夫-社會後輩	事業	150
	2	申동환	鄭현미	3 .10. 14:00	마샬웨딩禮式場	夫-申相大 子	現代電子	290

年度	順次	新郎	新婦	日時	禮式場	關係	新郎의 當時職場	賀客(名)
1996	3	嚴泰俊	兪志姸	8 .22. 13:00	空港터미날禮式場	夫父:嚴重欽	夫婦:美國留學	450
	4	鄭基錫	李媛瑛	11.2 . 16:00	東洋웨딩홀	婦:妻同窓 女	夫:金剛(株)	390
	5	정채찬	정해경	11.3 . 12:00	웨딩타운 한길	夫:中學同窓 子	-	360
	6	金明俊	南希姃	11.3 . 14:00	탑웨딩	夫:中學同窓 子	夫:龜尾 LCD工場	350
	7	강태현	최혜린	12.21. 12:00	現代本館禮式場	夫:김원모 子	夫婦:現代海上(株)	430
1997	1	尹대중	주지현	1 .19. 14:00	禾谷洞 서울프라자	婦:朱龍鐸 女	夫婦:미술학원	260
	2	金承國	鄭錦伊	3 .1 . 14:00	正一品會館	婦:金성수 家	夫:쌍방울	300
	3	朴정일	金윤정	5 .17. 12:00	힐탑호텔	婦:金종수 女	夫:취업준비	300
	4	鄭長洙	尹賢淑	5 .25. 12:00	龍山 웨딩홀	婦:朴정수 家	夫婦:第一銀行	400
	5	李욱선	金도숙	7 .12. 12:00	앰베서더호텔	婦 金용래 女	夫:會社	400
	6	韓政洙	楊錦嬉	9 .6 . 12:00	탑웨딩	夫 李강일 생질	夫:韓美建設	370
	7	崔大元	朴延薰	10.18. 15:00	늘봄禮式場	夫:崔홍규 子	夫:韓信證券	300
	8	李仁成	金成珉	11.2 . 15:00	서울教育文化會館	婦:金경환 女	夫:新韓生命	330
	9	金弘鎭	申惠卿	12.13. 15:50	南서울 웨딩홀	夫:金尙圭 子	夫:韓一銀行	350
	10	梁희석	정은경	12.20. 16:00	鄕軍會館	夫:梁昌模 子	夫:平和銀行	500
1998	1	李길호	정근희	1 .10. 13:00	南서울 웨딩홀	婦:정윤종 女	夫:教保文庫	390
	2	李문희	金선희	2 .21. 15:00	늘봄公園	夫:李相雲 子	夫:貿易會社	500
	3	朱埈源	李윤정	3 .24. 12:00	앰베서더호텔	夫:弟 子	夫:國土開發院	400
	4	강동섭	李혜수	4 .4 . 14:30	交通會館	夫:學術財團職員	夫:學術財團	380
	5	韓상준	金미정	4 .5 . 14:20	大邱 알리앙스	夫:弟子 · 聞慶人	夫:眞露環境	370
	6	成영준	郭수임	6 .21. 13:00	冠岳區民會館	夫:成東奎 子	夫:會社	230
	7	金載潤	鄭經喜	12.17. 13:00	延大 同門會館	夫:環境大 弟子	夫:水資源公社	300
1999	1	李瑞雨	權純惠	1 .16. 14:00	만추웨딩아트홀	夫:李鍾德 字	夫:現代金剛開發	500
	2	金유환	朴혜영	1 .23. 13:00	常綠會館	夫:金鍾文 子	夫:高麗大 在學	650
	3	崔秉甲	姜庚然	1 .24. 14:00	水原 草原웨딩홀	夫:研修院高試生	夫:水原市廳	400
	4	安기영	Refuqio Torros	2 .24. 12:30	63빌딩	夫:安정환 子	夫:멕시코 修學中	700
	5	申昌勳	朴秀珍	3 .20. 16:00	탑웨딩	夫:申종송 子	夫:大宇自動車	450
	6	金能植	조선주	5 .30. 15:30	常綠會館	夫:研修院高試生	夫:水原市廳	400
	7	孔정식	李미홍	6 .13. 13:00	서울大 教授會館	夫 · 婦:環境大生	夫:研修院高試班	400
	8	高政鎬	金京淑	9 .5 . 12:00	教育文化會館	夫:高時瑀 子	夫 國際科學研究所	400
	9	尹熙成	申攸卿	9 .11. 13:00	建國大 同門會館	婦:申相夏 女	夫:第一銀行	500
	10	安재희	洪동교	10.10. 13:00	鄕軍會館	夫:安根植 子	夫:金融機關	630
	11	河용주	임영주	12.11. 12:30	賀琳閣	夫:河聖實 子	夫:東亞生命所長	380
2000	1	李重燁	李先玉	1 .22. 13:00	늘봄公園	夫:李在昌 子	夫:製藥會社	500
	2	金정현	李혜원	3 .5 . 14:00	LG禮式部	夫:金景宰 子	夫:一元證券	350
	3	趙宰一	金京憙	3 .25. 14:00	샹제리제 웨딩홀	夫:趙顯碩 子	夫:現代自動車	250
	4	玄禹鎔	張沼林	4 .14. 18:00	LG禮式部	夫:環境大 弟子	夫:留學準備	350
	5	李在國	金貞娥	9 .9 . 13:00	南서울웨딩홀	夫:李春吉 子	夫:不動産 컨설팅	400
	6	姜昌德	李智愛	9 .17. 13:00	鄕軍會館	夫婦:環境大 弟子	夫:環境大 助教	450
	7	金兌遠	金政恩	10.15. 15:00	空港터미널	夫:金庚煥 子	夫:三星電子	500
	8	嚴相俊	李兮婧	12.19. 13:00	空港터미널	夫:嚴重欽 子	夫:韓電職員	600

年度	順次	新郞	新婦	日時	禮式場	關係	新郞의 當時職場	賀客(名)
2001	1	李채은	河수진	2 .3 . 14:00	纖維센터	夫:서울大 弟子	夫:高試合格硏修	650
	2	文奉錫	朴羅英	3 .11. 12:00	서울敎育文化會館	夫:文在祐敎授 子	夫:엔지니어링會社	720
	3	全裕憲	李載淑	4 .15. 13:30	63빌딩	婦:李相漢 女	夫:大韓CIS社長	850
	4	金봉기	閔경선	5 .13. 15:00	新婚웨딩文化홀	夫:金學澈 子	夫:自營業	650
	5	嚴정일	尹경선	6 .16. 14:30	리베라호텔	夫:李義寬甥姪	夫:한수綜合造景	700
	6	崔眞榮	朴宣映	9 .16. 15:00	서울敎育文化會館	夫:서울大 弟子	夫:行政考試合格	630
	7	全성준	崔소영	10.14. 15:00	調達會館	夫:全虹奎 子	夫:會社	600
	8	姜在昱	吳惠鈴	11.17. 12:00	서울敎育文化會館	夫:姜渭薰 子	夫:會社	500
	9	金丙喆	河允慶	12.23. 13:00	서울大 湖巖館	婦:河在龍 女	夫:司法硏修院生	450
2002	1	李석기	金정혜	2 .15. 13:00	프라자호텔	夫:移讓 委員會職員	夫:移讓委 公務員	50
	2	權赫祥	睦盛媛	5 .8 . 18:00	메리오트호텔	夫:權在浩 子	夫:濠洲시드니美國會社	500
	3	金相範	金芝姸	5 .12. 14:00	論峴웨딩홀	婦:金南星 女	夫:(株)이다스팀長	350
	4	朴仁權	李貞順	6 .2 . 15:00	서울大 湖巖館	夫:環境大 弟子	夫:空士敎官	400
	5	申尙淵	盧愛敏	10.5 , 12:00	戰爭紀念館	夫:後輩申俊鎬 子	夫:大宇自動車	450
	6	張조웅	吳혜경	10.19, 12:00	상젤리제	夫:張師珏 子	夫:(株)DNA	400
	7	李在秀	朴承美	10.20, 14:00	새千年 웨딩홀	夫婦: 環境大 弟子	夫:서울市政硏	400
	8	閔용재	李경옥	11.17, 11:30	宮廷會館	婦:李漢善 女	夫:(株) 빙그래	500
	9	鄭일우	李은희	12.28, 13:00	韓國日報 社屋	夫:鄭慶鎬 子	夫婦:상파울로, 事業	300
2003	1	李정목	權수영	3 .23, 14:00	밀레니엄 웨딩홀	夫:李昌洙 子	夫:日本 會社	300
	2	鄭현영	禹정은	4 .26, 11:00	陸軍會館	夫:鄭龍鎬 子	夫:벤처 企業	250
	3	金준성	金민혜	4 .27, 14:00	忠州 후랜드리 호텔	夫:硏修院 考試生	夫:硏修中	300
	4	李남진	朱자연	10.12, 17:00	팔레스호텔	夫:이제준 子	夫:會社員	250
	5	南광덕	강재영	10.19, 11:00	慶南禮式홀	婦:강수철 女	夫:食堂 主人	250
	6	姜碩鉉	金경민	11.23, 13:50	徽慶結婚會館	夫:강신억 子	夫:建設會社	200
	7	朴원호	宋희정	12.12, 17:30	LG 빌딩	夫婦:弟子	夫:LG 社員	500
	8	廉正燮	李敏熙	12.28, 11:30	瑞草 웨딩홀	夫:弟子	夫:考試合格	450
2004	1	강재환	고상숙	3 . 7, 13:00	鄕軍會館	婦:妻 親舊 令愛	夫:個人事業	300
	2	沈在滿	申殷貞	7 .18, 13:00	서울大 湖巖館	夫婦:弟子	夫婦:農村硏	350
	3	李바다	유현정	10. 2, 13:00	새마을硏修院	新郞:李安在 子	夫:高校 敎師	550
	4	李진원	Adriana	10.24, 13:00	蠶室 본 웨딩홀	新郞:李우석 子	夫:外國 會社	280
	5	李재수	朴민화	10.31, 15:30	現代타워 웨딩홀	新郞:環境大 弟子	夫:全經聯	400
	6	朱 환	羅정현	11.20, 12:00	淸潭 웨딩 플라자	新郞:朱龍鐸 子	夫:美國 會社	600
2005	1	李庸碩	鄭載熹	4 .16, 17:00	63빌딩 國際會議場	新郞:李鳳學 子	夫:總理室 事務官	650
	2	鄭유석	노은정	7 . 9, 13:30	센트럴 웨딩홀	新郞:鄭淵壽 子	夫:廣告代行社	500
	3	鄭재훈	李숙경	11. 5, 12.40	龍山 웨딩 코리아	新郞:鄭炳周 子	夫:第1相互貯蓄	450
	4	신창민	주선형	11.19, 15:30	탑 웨딩	新婦:朱龍鐸 女	夫:放送局 PD	350
	5	都炯逸	徐園花	11.26, 13:00	常綠會館	新郞:弟子	夫:韓電 課長	500
2006	1	黃辰旭	李仙美	2 .18, 13:00	安山 景福宮	新郞:黃明煥 子	夫:大隆建設	450
	2	李侊周	張恩珠	4 .15, 12:00	仁川 富平 노체	新郞:環境大 弟子	夫:土地公社	400
	3	朴준용	김인영	5 .21, 13:00	리츠 칼튼 호텔	新郞:박준서 子	夫:語學院 講師	600
	4	千官浩	邊恩伊	6 .18, 15:00	外交센터	新郞:李勳鍾 甥姪	夫:도시바 三星	400

2. 行事 參席

※특별한 役割이 없는 단순한 參席의 경우임

年度	順次	日字	行事名	場所	動機
1983	1	5.12	第21回 慶北道民體典	聞慶郡 店村邑 綜合運動場	로열박스 參觀
1984	1	5.12	戶西南初等學校 第61回開校記念式 및 同窓會	店村 戶西南初等學校校庭	參席
1986	1	1. 6	店村市 昇格 開廳式	店村市廳 講堂	壇上參席
	2	6.30	內務部硏修院 · 獨逸開發基金(DSE) 主催 세미나 開會式	內務部 地方行政硏修院	來賓參席
1987	1	4.14	第2回 店村市民體育大會	店村 綜合運動場	祝辭
	2	6.12	第5回 韓 · 日都市開發協議會 歡迎會(建設部 都市局長 主催)	가든호텔	來賓參席
	3	6.14	李鼎九恩師 書藝展示會	世宗文化會館	弟子代表
	4	6.14	李鼎九恩師 婦人回甲宴	世宗홀	弟子代表
	5	6.25	第1回 技術振興擴大會議	靑瓦臺 迎賓館	環境大 院長參席
	6	7. 4	서울大 補職者 發電所 視察	淸平 揚水發電所	院長參席
	7	7.21-24	土開公 理事陣 支社 巡視	大邱 · 釜山 · 馬山 · 光州	理事出張
	8	7.24-26	國土計劃學會 세미나	光州市	發表
	9	8. 6	中央都市計劃委員 地方視察	安養市	委員視察
	10	8.15	聞中同窓會 體育大會	店村 聞慶中學校	名譽會長參席
	11	10.28	서울市立大 國際會議 開會式	올림피아호텔	壇上參席
1988	1	1. 7	盧泰愚大統領當選者招請 科學技術人 新年朝餐會	롯데호텔	學會會長資格參席
	2	9. 3	서울大 鮮京經營館 起工式	서울大 野球場	院長參席
	3	10. 4	Juan Antonio Samaranch 國際올림픽委員長 名譽政治學博士 學位授與式	서울大 醫科大學	院長參席
1989	1	1. 5	서울大 長期計劃 워크샵 開會式	儒城 리베라호텔	院長參席
	2	3. 4	서울大 湖巖生活館 起工式	서울大 後門側	院長參席
	3	3.25	土開公 創立10周年 紀念式	土開公	理事參席
	4	3.31	土開公 10年史 發刊 紀念式	土開公	理事參席
	5	4. 1	金壽鶴社長 就任式	土開公	理事參席
	6	4.24	釜山商議 李祥羲科技處長官 招請懇談會	釜山商議	招請參加
	7	5. 3	大邱 새마을運動 實踐決議大會	大邱 室內體育館	講師參加
	8	5. 4	새마을中央硏修院 第25期指導者班友情의 밤 行事	새마을中央硏修院	祝辭 · 唱歌
	9	8.15	聞中 同窓會 體育大會	聞中 運動場	名譽會長參加
	10	9.11	檀國大 行政大學院 天安分院 懸板式	檀國大 天安分校	招請參加
	11	9.30	第38回 聞慶郡民體育大會	店村 綜合運動場	招請參加
	12	10. 5	서울大 社會大學 硏究棟 起工式	서울大 運動場	院長參加
	13	10.26	Willy Brandt 前西獨首相 名譽政治學博士 學位授與式	서울大 文化館	院長參加
	14	12.12	第2回 科學技術振興會議	靑瓦臺 迎賓館	諮問委員參加
1990	1	1. 9	科學技術處 新年賀禮式	롯데호텔	招請參加
	2	1. 9	自然과 環境을 위한 勸誘會議	가든호텔	主題說明
	3	4.17	科總 南北民間科學技術交流推進協議會 懸板式	科學技術團體 總聯合會	委員參席

年度	順次	日 字	行　事　名	場　所	動　機
1990	4	4.20	店村市廳 新廳 舍開廳式	店村市廳	招請參加
	5	5.12	平澤地域 綜合開發計劃 諮問會議	平澤郡廳	諮問委員參加
	6	7.10	第1回 科學技術振興擴大會議	大德研究團地 科學財團	科學技術諮問委員
	7	6.26	金榮國 서울大副總長 回甲宴	新羅호텔	膳物贈呈
	8	7.23	民主自由黨 새마을 · 4H代表 招請懇談會	鍾根堂 會議室	새마을本部理事參席
	9	7.25	科學技術諮問會議 金鍾仁經濟首席 招請懇談會	엔지니어스 클럽	課題說明
	10	10.15	서울大 鮮京經營館 竣工式	서울大學校	院長參席
	11	10.23	釜山市 鄭根謨科技處長官 招請懇談會	釜山市廳	招請參加
	12	11.20	서울大 環境大 · 서울市 環境對策세미나 開會式	世宗文化會館	前任院長參席
1991	1	1.12	炭酸溫泉(主:高睦動) 開業告祀祭	忠北 中原郡 頓山里 炭酸溫泉가든	祝賀參席
	2	2.23	國土計劃學會 總會	서울市立大	參加
	3	2.27	서울大 環境大 教授硏修會	慶州 朝鮮호텔	參加
	4	3. 2	서울大 環境大 入學式	서울大 環境大	參席
	5	3.18	高陽郡 綜合計劃 諮問會	高陽郡廳	諮問
	6	3.20	서울放送 開局紀念파티	하야트호텔	祝賀
	7	4.26	새마을運動 '91定期代議員總會	새마을運動中央協議會	參加
	8	5.29	서울大 環境大學院 同窓會總會	湖巖生活館	參席
	9	8.14	서울大 18代 趙完圭總長 離任式	서울大 文化館	參席
	10	9. 2	朴世直 前市長 博士學位取得祝賀宴	올림프스 유스호스텔	祝賀
	11	9. 9	仁川松島 開發計劃 諮問會議	仁川市廳	諮問
	12	10.10	國土學會 · CODS · 미시간大 主催 國際會議開會式	湖巖生活館	參加
1991	13	10.16	第1回 潁江文化祭 前夜祭	店村市廳	祝賀
	14	10.17	市民體育大會 · 文化祭 開會式	店村 綜合運動場	參加
	15	10.26	地方自治學會 硏究發表會	地方行政硏究院	參席 · 討論
	16	11.25	大統領 새마을運動團體長招請 懇談會	青瓦臺	參席
	17	12. 3	松炭市 基本計劃公聽會	松炭市廳	參席
	18	12.29	韓國自治新聞社 顧問委囑 및 李圭憲院長回甲宴모임	韓國自治新聞社	委囑狀受領 · 回甲祝賀
1992	1	3. 9	鄭棹永將軍 自由總聯盟事務總長 就任式	自由總聯盟 本部	祝賀
	2	3.15	總選合同 演說會場	聞慶西中學校	聽取 · 人事
	3	4.10-11	中央都市計劃委員會 小委員會 視察	濟州市	小委員視察
	4	5. 1	韓國地方行政硏究院 全國巡廻公聽會	서울 大韓商議	單純參席
	5	5. 6	內務部硏修院 中堅幹部班 入校式	同硏修院	指導教授參席
	6	5.24	在京聞中同窓會 體育大會	恩光女子中學校	會員參席
	7	5.28	서울大 環境大 同窓會總會	常綠會館	教授參席
	8	5.31	安東師範8回 同期會總會	大邱 1軍司令部	會員參席
	9	6.11	國政硏究會 金泳三候補招請 朝餐會	63빌딩 챔버	政策硏究室長參席
	10	6.17	새마을運動中央協議會 第1回 일하는 보람賞 施賞式	世宗文化會館	審査委員長
	11	8.10	韓國地方行政硏究院 新看板 懸板式	同硏究院	院長
	12	8.29	서울大 環境大學院 卒業式	同大學院	教授
	13	9. 2	地方自治經營協會 세미나 開會式	大韓商議	地方行政硏究院長

年度	順次	日字	行事名	場所	動機
1992	14	9. 6	金鍾鎬博士 學位取得祝賀宴	尙州市 洛上洞 自宅	親戚(姉兄)
	15	9.17	盧隆熙教授 停年退任 紀念講演會	서울大 敎授會館	弟子
	16	9.18	韓國地方行政硏究院 院友會體育大會겸 歡迎會	漢江高水敷地	院長
	17	9.19	檀國大天安行政大學院 新入生歡迎會 및 幹部認准式	天安 新羅부페식당	時間講師
	18	9.25	서울大 行政大學院 5回同期生 祝賀宴	플라자호텔	同期生
	19	10.13	同和銀行 新沙洞支店 開店式	同支店	테이프 · 커팅
	20	10.14	韓國地方自治學會 韓日세미나 開會式 및 閉會式	서울大 湖巖生活館	會員
	21	10.20	金裕赫教授 回甲宴	앰베서더호텔	知己
	22	10.27	韓國行政硏究院 國際세미나 開會式	프레스센터	硏究院長
	23	11.16	國土 · 都市計劃學會 韓 · 中 · 日都市計劃學會開會 · 晩餐會	리베라호텔	顧問
	24	11.27	在京 聞慶同門會 會館建立準備委員會 懇談會	타워호텔	顧問
	25	11.28	國政硏究會 懇談會	63빌딩	硏究室長
	26	12. 1	內務部硏修院 市長 · 郡守班 修了式	同硏修院	指導敎授
	27	12. 3	大韓地方行政共濟會 第16回公務員書畵展 開幕式	世宗文化會館 展示館	테이프 · 커팅
	28	12. 5	檀國大 天安行政大學院 終講파티 및 師恩會	天安 新羅부페食堂	時間講師
1993	1	1. 5	內務長官(白光鉉) 新年人事會	內務部	硏究院長
	2	1.12	韓 · 日 國土分野協力會議 創立會	하야트호텔	國土學會顧問
	3	1.28	鄭世煜 現代社會硏究所長 就任	現代社會硏究所	硏究院長
	4	2. 1	林鐘哲教授 回甲宴	인터컨티넨탈호텔	知面者
	5	2. 2	金玫河 中央大總長 就任式	中央大學校	同
	6	2.12	새마을硏修院 硏修前夜祭	同硏修院	講師
	7	2.25	第14代大統領 就任式	國會	硏究院長
	8	2.27	國土 · 都市計劃學會 總會	科總會館	顧問
	9	3. 4	새마을運動 代議員總會	새마을本部	理事
	10	3.27	都市開發 國際討論會	서울市政開發硏究院	硏究院長
	11	4.22	새마을 일하는 보람賞 施賞式	世宗文化會館	理事 · 特講者
	12	5.15	檀國大 行政大 體育大會	天安 檀國大 校庭	講師
	13	6.11	서울大 環境大 募金懇談會	龍水山	敎授
	14	6.15	金春道巡警 殉職殯所	第1機動隊	硏究院長
	15	6.29	自治經營協會 세미나 開會式	大韓商工會議所	同
	16	6.30	서울市政硏 國際세미나 開會式	世宗文化會館	同
	17	7.28	永川 · 茂朱 새마을結緣者 會食	慶州 天馬食堂	賀客
	18	8.10	上海 先烈五位 奉還 永訣式	國立墓地	硏究院長
	19	8.31	行政刷新委 大統領報告會	靑瓦臺	委員
	20	9. 3	財政共濟會 電算網 開所式	地方財政共濟會	硏究院長
	21	10.15	새마을會長 離就任式	새마을本部	前理事
	22	10.21	日本 國際化協會 서울事務所開所	新羅호텔	硏究院長
	23	11. 8	地方行政藝術展 開幕式	世宗展示場	硏究院長
	24	11.15	全南道廳 移轉方案會議	서울市政開發硏究院	指導委員
	25	11.24	金鍾云總長 環境大 懇談會	서울大 環境大學院	敎授

年度	順次	日字	行事名	場所	動機
1993	26	11.30	Woman World 老人慰安의 밤	Woman World 會館	後援者
	27	12. 3	市長 · 郡守班 修了式	內務部硏修院	指導敎授
	28	12. 5	全南道廳 移轉協議會	全南發展硏究院	指導委員
	29	12.15	새마을敎授세미나 決議大會	새마을本部	敎授
	30	12.19	全南道廳 移轉協議會	全南發展硏究院	指導委員
	31	12.23	國政硏 送年會 및 祝賀宴	朴世直議員 事務室	會員
	32	12.27	行政刷新委 大統領報告會	靑瓦臺	刷新委員
1994	1	1. 4	崔炯佑內務長官 新年人事會	內務部長官室	傘下團體長
	2	1. 7	李會昌國務總理 新年午餐會	國務委員食堂	行政刷新委員
	3	1. 7	趙正濟會長 新年晩餐會	中國食堂 萬寶莊	國土學會顧問
	4	1.14	崔炯佑長官 新舊公職者交禮會	地方行政會館	硏究院長
	5	1.19	聞友會 新年會	世宗會館부페	會員
	6	2.18	自治經營協會 세미나 開會式	地方行政會館	硏究院長
	7	2.25	地方自治學會 總會	同	副會長
	8	2.26	國土 · 都市計劃學會 總會	科總會議室	顧問
	9	2.28-3.2	地方行政硏究院 硏修大會	雪嶽山 大明콘도	院長
	10	3. 5	孫禎睦敎授 停年退任式	서울市立大學	知人
	11	5. 8	慶北 農産物直販場 開場式	서울 瑞草區 蠶原洞	出鄕人士
	12	5.10	行政刷新委員會 地方公聽會	釜山市 文藝會館	刷新委員
	13	5.13	行政刷新委員會 地方公聽會	忠南 公州市廳	刷新委員
	14	5.13	自治體出捐 硏究院長協 朝餐會	果川 서울호프호텔	會員
	15	5.15	在京 聞慶中學校同窓會 體育大會	江南區 體育公園	同門
	16	5.25	Marshall群島共和國大統領 招請晩餐	힐튼호텔	國政硏究會員
	17	6. 2	서울市政硏究院 國際會議開會	世宗文化會館	硏究院長
	18	6.24	崔炯佑長官 自治學會 招請午餐	鄕園	副會長
	19	6.28	盧貞鉉敎授 出版紀念會	世宗文化會館	知人
	20	6.29	在京聞慶 · 店村鄕友會 總會	鄕軍會館	副會長
	21	7. 8	地方硏究院 連絡事務所 懸板式	서울市政開發硏究院	會員
	22	7.15	地自體國際文流財團 開所式	同財團	硏究院長
	23	7.29	淸州圈綜合計劃 中間報告會	忠北道廳	諮問委員
	24	8.30	서울大 環境大 後期卒業式	同大學院	敎授
	25	9.29	朴鈗炘長官招請 韓 · 日自治學會晩餐	世宗홀	副會長
	26	10. 5	鄭文和 第8代院長 就任式	地方行政硏究院	前任院長
	27	10.13	大統領招請 刷新提案受賞者午餐	靑瓦臺	刷新委員
	28	10.14	서울大環境大學院 院長選擧	同大學院	敎授
	29	10.25	地方行政硏究院 開院10周年紀念式	地方行政會館	前任院長
	30	10.27	羅承浦硏修院長招請 指導敎授會食	食堂 三井	指導敎授
	31	11. 4	서울大 環境大學院 院長離就任式	同大學院	敎授
	32	11. 7	21世紀都市포럼 準備會議	世宗홀	專門家
	33	12. 2	94 全北새마을指導者大會	全州 室內體育館	演士
	34	12. 5	서울大 環境大學院 同窓會主催 院長祝賀宴	綠苑	前任院長

年度	順次	日字	行　事　名	場　所	動機
1995	1	1. 3	서울大學校 新年交禮會	서울大 工大食堂	賀禮客
	2	1. 3	서울大 環境大學院 交禮會	서울大 環境大學院	賀禮客
	3	2. 8	在京聞慶市鄕友會 新年交禮會	앰버서더호텔	副會長 · 祝歌
	4	2. 9	行政刷新委員會 政策討論會	世宗文化會館	刷新委員
	5	2.25	서울大 環境大學院 卒業式	同大學院	教授
	6	2.25	張明洙總長 弦汀賞受賞晩餐會	嘉喜亭	賀禮客
	7	3.13	李洪九總理 刷新委員招請晩餐	總理公館	刷新委員
	8	4. 7	行政刷新委員會 워크샵	프레스센터	刷新委員
	9	5. 8	內務部硏修院 中堅班入校式	同硏修院	指導教授
	10	5.25	서울大 環境大學院 同窓會總會	常綠會館	教授
	11	5.26	京畿開發硏究院 硏究諮問會議	同硏究院(水原)	諮問委員
	12	7.11	東園奬學會 理事會	萬里長城	顧問
	13	8.15	聞慶中學校同窓會 體育大會	聞慶中學校 運動場	名譽會長
	14	8.26	서울大 環境大學院 高位政策過程 入學式	서울大 教授會館	教授
	15	9. 1	平統諮問會議 常任委員委囑式	타워호텔	委囑狀受領
	16	9. 1	內務部硏修院 開院30周年紀念 晩餐宴	水原 孝行가든	指導教授
	17	9. 6	國土開發硏究院 4次國土計劃 諮問모임	大麗島	國土學會顧問
	18	9.14	韓國科學技術會館 開館式	同會館	科總委員
	19	9.23	大邱 · 慶北地方自治學會 創立總會	嶺南大 行政大學院	會長激勵辭
	20	10. 4	李圭憲院長 라스베이거스名譽市民 委囑 모임	麻浦 나루터	自治學會會長
	21	10. 5	라스베이거스代表團 金潤煥代表訪問場	新韓國黨舍	自治學會會長
	22	10. 9	安山市 라스베이거스公園 開場式	安山 라스베이거스公園	自治學會會長
	23	10. 9	趙昌鉉教授 回甲論文集 奉呈式	롯데호텔	友人
	24	10.14	崔昌浩教授 回甲論文集 奉呈式	世宗文化會館	友人
	25	10.19	韓中日 都市計劃學會 심포지엄 開會式	光州 無等山 觀光호텔	司會者
	26	10.20	光州 Viennale展示館 訪問	光州 市民公園	國土學會一員
	27	11. 7	地方財政共濟會 세미나 終了晩餐會	大韓商議食堂	自治學會會長
	28	11.21	內務部 地方行政政策諮問會議	플라자호텔	諮問委員
	29	11.21	姜信祚議員 後援의 밤	國會議員會館	後援會員
	30	11.21	朴世直議員 後援의 밤	63빌딩	後援會員
	31	11.27	國土 · 都市計劃學會 顧問團會議	萬寶城	顧問
	32	12. 8	內務部硏修院 高幹班修了式	同硏究院	指導教授
1996	1	1. 3	서울大學校 新年交禮會	서울大 工大食堂	賀禮客
	2	1. 3	서울大 環境大學院 交禮會	同大學院	賀禮客
	3	1.11	在京 聞慶市鄕友會 新年交禮會	앰베서더호텔	副會長
	4	1.13	地方行政硏究院 林敬鎬院長就任式	同硏究院	前任院長
	5	1.29	在京 大邱 · 慶北鄕友會 新年會	롯데호텔	聞慶代表
	6	2. 7	서울大 環境大學院 新入生歡迎會	同大學院	乾杯提議
	7	2.22	國土 · 都市計劃學會 總會 및 任員選擧	科學技術會館	顧問
	8	2.23	韓國地方自治學會 總會	서울市政開發硏究院	會長
	9	2.24	서울大 環境大 高位政策過程修了式	서울大學校	教授

年度	順次	日 字	行 事 名	場 所	動 機
1995	10	2.26	서울大環境大學院 卒業式	同大學院	教授
	11	2.26	東園奬學會 理事會	萬里長城	顧問
	12	2.27	金儀遠教授 停年紀念式	인터콘티넨탈호텔	知己
	13	3. 4	서울大 環境大學院 入學式	同大學院	教授
	14	4. 1	內務部硏修院 新任管理者班(地方行政考試合格者) 入校式	同硏修院	指導教授
	15	4.26	江原自治硏究會 創立總會	春川 文化體育藝術館	紀念講演
	16	5. 6	內務部硏修院 第32期 中堅幹部課程班 入校式	同硏修院	指導教授
	17	5.18	建交部 民資誘致調整委員會 永宗島新空港建設 現場視察	永宗島 · 龍游島	調整委員
	18	5.30	內務部 公立大學審議委員會 現地視察 및 懇談會	忠南道廳 및 青陽郡廳	審議委員
	19	6. 4	民主平統諮問會議 運營 · 常任委員會 合同會議	世宗文化會館	常任委員
	20	6.14	서울大 環境大學院 環境硏究館 起工式	서울大學校 校庭	教授
	21	6.26	全聖均博士 出版紀念式	KIST 迎賓館	友人
	22	6.28	國土 · 都市計劃學會 忠淸支部創立記念	儒城 觀光호텔	學會顧問
	23	7. 1	內務部長官 地方自治功勞團體 表彰施賞式	內務部 會議室	地方自治學會會長
	24	7.13	金壽鶴會長 自敍傳題號 作名會	咸興냉면食堂	會員
	25	8.27	聘母任 金福伊 逝去問喪	店村 妻家宅	長壻
	26	8.29	聘母任 金福伊 生辰日 紀念禮佛	聞慶 金龍寺 大成庵	長壻
	27	8.30	서울大 環境大學院 後期卒業式	同大學院	教授
	28	9.15	聘母任 第3次 49祭 禮佛式	聞慶 金龍寺 大成庵	長壻
	29	9.16	住宅產業硏究院長招請 세미나 參與者 晚餐懇談會	喜來燈	司會者
	30	9.19	林岡源院長招請 亞太訓練院設置 諮問晚餐會	食堂三珍	諮問委員
	31	9.21	國土 · 都市計劃學會 顧問團 懇談晚餐會	秀林亭	顧問
	32	10. 3	聘母任 49祭 脫喪	聞慶 金龍寺 大成庵	長壻
	33	10.17-18	建交部 中央都市委員會 釜山市都市計劃 現地調査	釜山市	委員
	34	10.23	金學澈會長 新規事務室 開業式	삼명주식회사	友人
	35	10.26	朴昇治本部長 長子結婚式 및 家族代表 幣帛場所	釜山文化會館 迎賓館	知人
	36	11. 5	서울市 新廳舍建立諮問委員會 全體會議	世宗文化會館	委員
	37	11. 6	서울大 環境大學院 新舊院長 離就任式	同大學院	教授
	38	11. 8	內務部 硏修院 中堅幹部班修了式	同硏修院	指導教授
	39	11.16	朱龍鐸會長 新築호텔開館式	驪州 宮殿파크모텔	知人
	40	12. 4	建交部長官 招請晚餐	63빌딩 萬里香	對談者
	41	12. 6	朴世直議員 後援會의 밤 및 國際環境勞動硏究院 開院2周年 紀念式	63빌딩 別館	諮問委員
	42	12.13	內務部 硏修院 高級幹部班 修了式	同硏修院	指導教授
	43	12.23	서울市 新廳舍建立諮問委員會 分科會議 및 全體會議	世宗文化會館	委員
1997	1	1.10	聞友會 新年會	世宗文化會館	會員
	2	1.15	在京 聞慶市鄕友會	앰버서더호텔	顧問
	3	1.17	農漁村振興公社 새만금事業團 諮問會議 및 干拓 現場視察	金堤 및 萬頃江河口	諮問委員

年度	順次	日字	行事名	場所	動機
1997	4	2.15	地域開發硏究會 準備委員會	禹法務士 事務室	顧問
	5	2.22	서울大 環境大學院 高位政策課程 修了式	서울大 文化館	敎授
	6	2.22	報恩동산(圓佛敎) 理事會	올림픽파크텔	理事
	7	2.26	內務部 地方行政硏修院 高級幹部課程 入校式	內務部 硏修院	指導敎授
	8	2.26	서울大 環境大學院 卒業式	同大學院	敎授
	9	2.27-28	서울大 環境大學院 敎授夫婦旅行	內藏山 · 邊山半島	敎授
	10	3. 3	서울大 環境大學院 入校式	同大學院	敎授
	11	3. 7	서울大 環境大學院 高位政策課程 入校式	서울大 文化館	主任敎授
	12	3. 8-9	서울大 環境大學院 高位政策課程 國內硏修旅行	仁川市一圓	主任敎授
	13	3.12	黃鏞周敎授 停年紀念論文集 獻呈式	서울敎育文化會館	知人(乾杯)
	14	4.16	忠南 人本行政學術大會 開會式	忠南道廳	綜合司會者
	15	4.18	忠南 '97國際環境포럼 推進委員會 會議	忠南道廳	委員長(司會)
	16	4.22	厚林 李永奭會長 喜壽日 및 出版自祝宴	韓國의 집	知人(進行司會)
	17	4.25	韓國地域開發硏究會 · 日本第3섹터硏究學會間 學術交流協定調印式	프레스센터	顧問(進行司會)
	18	4.28	內務部 硏修院長 招請指導敎授 · 幹部 會食宴	中國食堂 廣東城	指導敎授
	19	5. 3	地域開發硏究會 任員 · 諮問委員 會議	食堂 慶福宮	顧問
	20	5. 9	大成그룹 創立50周年 紀念行事	롯데호텔	會長知人
	21	5.19	忠南 '97世界環境포럼 準備委員會	忠南道廳	委員長(司會)
	22	6.17	鄭世煜敎授 回甲紀念論文集 奉呈式	世宗文化會館	知人
	23	6.25	慶北道廳 移轉推進委員會 第1次全體會議	慶北道廳	委員長(人事 및 司會)
	24	8.30	서울大 環境大學院 高位政策課程 第3期 修了式	서울大 敎授會館	主任敎授
	25	10. 3	라스베이거스市 投資誘致說明會	리츠칼튼호텔	名譽市民
	26	10. 3	라스베이거스市 서울事務所 開所2周年 紀念式	리츠칼튼호텔	顧問
	27	10. 6	地域開發硏究會 顧問團會議	食堂 慶福宮	顧問
	28	10.21	한솔종이博物館 開館式	全州市 한솔종이博物館	受賞者
	29	10.27	國土都市計劃學會 訪日團 解團式	食堂 光海	訪日團員
	30	10.31	內務部 硏修院 中堅幹部班 修了式	同硏修院	指導敎授
	31	11. 6	地方自治學會 自治法改正案 公聽會	國會議員 會館	名譽會長
	32	11. 6	'97全國새마을 指導者大會	88體育館	諮問委員
	33	12. 3	第1回 民願奉仕大賞施賞式	SBS公開홀	審査委員
	34	12. 4	農協中央會 諮問團 送年會	同中央會	諮問委員
	35	12. 6	金在城博士 著書 出版紀念會	水安堡 파크호텔	招請人
	36	12. 8	새마을中央硏修院 第1千期 敎育紀念 및 僑胞硏修 修了式	同硏修院	諮問委員
1998	1	1. 3	서울大 環境大學院 新年交禮會	同大學院	敎授
	2	1. 9	韓國地方行政硏究院 新廳舍 入住式	水原 同硏究院	前任院長
	3	1.13	高建總理 政府構造調整委員 招請晩餐宴	國務總理 公館	調整委員
	4	1.14	새마을中央硏修院 開院26周年 紀念式	同硏修院	指導敎授
	5	2.14	國土學會 硏究發表會 및 總會	漢陽大學校	顧問
	6	2.18	地方行政硏修院 高幹班 入校式	同硏修院	指導敎授

年度	順次	日字	行事名	場所	動機
1998	7	2.19	地方自治學會 理事會 및 總會	世宗文化會館	名譽會長
	8	2.23	서울大 環境大學院 敎授세미나	同大學院	敎授
	9	2.24	地域開發硏究會 理事會 및 總會	食堂 南村	顧問
	10	2.25	새마을運動中央協議會 '새마을運動' 新聞 委員委囑式	同協議會	論說委員
	11	2.26	서울大 環境大學院 卒業式	同大學院	敎授
	12	2.27	韓國能率協會 '自治經營硏究 포럼' 創立紀念세미나	63빌딩	顧問
	13	3. 2	서울大 環境大學院 入學式	同大學院	敎授
	14	3. 6	서울大 環境大 高位政策課程 入校式	서울大 文化館	主任敎授
	15	3. 7-8	서울大 環境大高位政策課程 國內硏修	淸平 · 加平	〃
	16	3. 9	새마을運動新聞 編輯會議	새마을運動中央協議會	論說委員
	17	3.18	地域開發硏究會 理事會	金鍾聲 社長室	顧問
	18	3.25	地方行政硏修院2期新任管理者班 修了式	同硏修院	指導敎授
	19	3.25	서울大 環境大學院 同窓會 總會	常綠會館	敎授
	20	3.26-27	새마을運動新聞 現地取材(公州市)	公州市一圓	論說委員
	21	4.12	農協 週末農場 開場式	盆堂區 板橋	諮問委員
	22	4.13	地方行政硏究院 10代 李達坤院長 就任式	同硏究院	前任院長
	23	4.18	美UNLV江原道觀光産業講座 開講式	江原道 雪嶽修練院	特講講師
	24	4.24	새마을硏修院 金在城博士 諮問敎授 委囑狀授與式	同硏修院	指導敎授
	25	4.26	鎭川大學 設立敷地視察	鎭川郡	金在城博士 同行
	26	5. 3	初八日 寺刹禮佛	虎壓寺	信徒
	27	5. 9	'自治公論' 發刊 3周年紀念式	泰榮빌딩	理事長
	28	5.18	地方行政硏修院 中堅班 入校式	同硏修院	指導敎授
	29	5.19	農協 李來秀副會長招請 午餐懇談會	서울大 東遠會館	諮問委員
	30	6.28	環境大高位課程 海外硏修 履修證授與式	日本四國 松山市 奧道復호텔	主任敎授
	31	7.11	朱龍鐸會長 食堂開業式	驪州 徐羅伐가든	知友
	32	7.23	國土學會 顧問團 懇談晩餐會	中國食堂 金龍	顧問
	33	8.18	環境大 高位政策課程 總同窓會 創立總會	서울大 컨벤션센터	主任敎授
	34	8.20	國會 世界化포럼 朝餐政策討論會	國會 貴賓食堂	被招請人
	35	8.22	環境大 第4期高位政策課程 修了式	서울大 文化館	主任敎授
	36	9. 2	聘母任 第2周忌 奉祭祀	聞慶 妻家宅	長壻
	37	9. 7	全州 佑石大學校 第7代 張明洙總長 就任式	佑石大學校	友人
	38	10. 1	國土開發硏究院 開院20周年 紀念리셉션	國土開發硏究院	同學
	39	10.28	한솔文化財團 종이博物館開館1周年紀念 韓紙展示會	한솔빌딩	寄贈者
	40	11. 5	地方行政硏修院 第35回 地方行政硏修大會 施賞式	地方行政硏修院	指導敎授
	41	12. 3	地方行政硏修院 第18期 高幹班 修了式	地方行政硏修院	指導敎授
1999	1	1.26	行自部 國家專門行政硏修院 開院式 및 懸板除幕式	同硏修院	指導敎授
	2	2. 2	새마을사랑모임 運營委員會 및 總會	새마을運動中央協議會	運營委員
	3	2. 5	地域開發硏究會 事務室開設 및 業務始作	同硏究會	顧問
	4	2. 6	韓國自治開發硏究院 移轉 · 開院	同硏究院	理事長
	5	2.10	地方自治學會 硏究發表會 · 理事會 및 總會	프레스센터	名譽會長
	6	2.11	서울市議會 · 地方行政硏究所 地方自治討論會	서울市議會 別館	一般人

年度	順次	日字	行事名	場所	動機
1999	7	2.23	2002年월드컵組織委員會 大會開催都市協議會 會議	水原市廳	委員
	8	2.23	水原市 월드컵의 成功的 開催를 위한 심포지엄	京畿道 文化藝術會館	委員
	9	2.24	國土 · 都市計劃學會 硏究發表會 · 施賞式 및 總會	檀國大學校	顧問
	10	2.25	地域開發硏究會 定期總會	同硏究會	顧問
	11	2.26	월드컵組織委員會 諮問委員 · 共同議長 會議	하야트호텔	共同議長
	12	2.26	서울大 環境大學院 卒業式	서울大學校	敎授
	13	3. 2	서울大 環境大學院 入學式	서울大學校	敎授
	14	3. 7	聘父任 49祭脫喪	聞慶 金龍寺 大成庵	長壻
	15	3.16	國家專門行政硏修院 地方高試班 入校式	同硏修院	指導敎授
	16	4.11	農協 樂農週末農場 開場式	城南 板橋農場	會員
	17	4.15	「地方포럼」 創立總會 및 第1次포럼	프레스센터	會員
	18	4.22	東京 國際書籍展示會(International Book Fair)	日本 東京 有名地區	訪日團員
	19	5. 4	國土 · 都市計劃學會「地域經濟學」發刊 紀念會食	日食堂 光海	共同著者
	20	5. 6	慶北學硏究포럼主催 심포지엄 開會式	嶺南大 國際館	司會者
	21	5.16	安東師範學校 第8回 同期會 全國大會	獨立記念館	會員
	22	5.17	環心會招請 스승의 날 紀念會食	全州 韓一館	恩師
	23	5.27	地方포럼主催 第2次세미나 開會式	麗水 鎭南文藝會館	司會者
	24	6. 1	韓國道德運動協議會 創立10周年紀念 및 施賞式	世宗文化會館	顧問
	25	6.30	城南市 · 暻園大 城南發展硏究所 開所式	暻園大學校	學會元老
	26	7. 1	行自部 地方自治50周年 紀念式	世宗文化會館	受勳者
	27	8.25	玄汀 千炫鵠 書伯展 테이프 커팅	孔平아트홀	被招請人
	28	8.30	大統領 地方移讓推進委員會 懸板式	政府 第1廳舍	委員長
	29	9. 4	서울大 環境大學院 第5期 高位政策課程 修了式	서울大學校	敎授
	30	10.16	國土 · 都市計劃學會 秋季綜合學術發表大會	晋州 慶尙大學	學會顧問
	31	11.10	大統領地方移讓實務委員會 分科委員長 懇談晩餐會	食堂 惟善	委員長
	32	12. 3	韓國地方行政硏究院 地方自治50周年 懸賞論文 當選者施賞式	同硏究院	前任院長
	33	12. 3	在京聞慶中學校 送年會	앰버서더호텔	顧問
	34	12. 7	서울大 環境大學院 同窓會 朝餐會	롯데호텔	敎授
	35	12. 7	姜聲龍廳長 出版紀念會	松坡區民會館	知人
	36	12.20	서울大 環境硏究館 開館式	同硏究館	敎授
	37	12.20	在京聞慶鄕友會任員送年會	萬里長城	顧問
	38	12.23	國土學會主催 江陵傳統文化示範都市造成計劃 中間報告會	江陵市廳	諮問委員
2000	1	1. 3	金大中大統領 內外分에의 新年賀禮式	靑瓦臺	地方移讓委員長
	2	1. 6	高建서울市長招請 新年賀禮式	世宗文化會館	文化賞 受賞者
	3	1.15	厚林 李永奭顧問 8旬紀念集 奉呈式	韓國의 집	編輯委員長
	4	2.18	韓國地方自治學會 理事會 및 總會	서울大 環境館	顧問
	5	2.23	地域開發硏究會 定期總會	同硏究會	顧問
	6	2.25	大韓國土 · 都市計劃學會 定期總會	科學技術會館	顧問
	7	2.26	서울大 環境大學院 卒業式	서울大 法大紀念館	敎授

年度	順次	日 字	行 事 名	場 所	動 機
2000	8	2.29	21C 都市政策開發院 第3次 定期總會	서울클럽	研究委員
	9	3. 2	서울大 環境大學院 入學式	同大學院	教授
	10	3.15	國家專門行政研修院 新任管理者班 入校式	同研修院	指導教授
	11	3.22	行政自治部 2000年大統領 年頭業務報告會	行政自治部	地方移讓委員長
	12	4. 6	黃載壽 妻男 再婚 結婚式	리베라호텔	姊兄
	13	4. 8	韓國地域社會開發學會 定期總會	協成大學	基調講演者
	14	4.19	서울大 環境大學院 同窓會 總會	롯데호텔	母校教授
	15	4.26	2000年 高陽 世界꽃博覽會 開幕式	同博覽會場	招請貴賓
	16	4.28	서울大 環境大學院 第6期 高位政策課程 入校式	서울大 文化館	教授
	17	5.8-10	韓國專門行政研修院 第20期 高幹班 心身鍛鍊旅行	慶北 鬱陵島	指導教授
	18	5.14	安東師範學校 第8回同期會 第30次總會	大邱 東仁初等學校	會員
	19	5.17	國家專門行政研修院 第36期 中堅班 入校式	同研修院	指導教授
	20	5.17	서울大 環境大學院 環境館 建立紀念 國際세미나	서울大 法大紀念館	教授
	21	5.17	大韓國土 · 都市計劃學會 都市計劃職 擴大討論會	科學技術會館	顧問
	22	5.17	大韓國土 · 都市計劃學會 九里 · 河南그린벨트 調整協議會	同學會	顧問
	23	5.28	在京 聞慶中學校 同門會 定期總會 및 體育大會	國立國樂高等學校	顧問
	24	6. 2	서울大 環境大學院 同窓會 朝餐特講모임	노보텔	顧問
	25	8. 8	2000年월드컵 組織委員會 朴世直委員長 離任式	世宗文化會館	共同議長
	26	9.15	韓國地方自治學會 學術세미나	프레스센터	顧問
	27	10.12	韓國道德運動協議會 第11回 烜石孝行文化賞 施賞式	世宗文化會館	顧問
	28	10.19	建設交通部 中央都市計劃委員會 現地視察	龍仁市	委員
	29	10.21	建交部 空港運營體系 改善審議委員會 現地視察	金浦 · 仁川 空港	委員長
	30	11.24-25	建交部 中央都市計劃委員會 그린벨트調整地域視察	釜山 · 馬山 · 金海 · 鎭海	委員
	31	12. 7	在京 聞慶中學校 同門會 總會 및 送年會	앰베서더호텔	顧問
	32	12.15	韓國國家記錄研究院主催 第1回 市民記錄文化展	江南區民會館	出品者
	33	12.18	國際環境勞動文化院 創立6周年 紀念式	龍山 웨딩타운 하니	諮問委員
2001	1	1. 2	서울大 環境大學院 新年交禮會	同大學院	教授
	2	1. 2	地方移讓推進委員會 褒賞公務員施賞式	同委員會	委員長
	3	1. 2	金大中 大統領 新年賀禮式	青瓦臺	地方移讓委員長
	4	1.16	在京 聞慶市鄕友會 新年交禮會	리베라호텔	顧問
	5	2.22	金泳三 前大統領 書藝展	世宗文化會館	一般人
	6	2.22	崔烈坤先生 古稀紀念式	世宗文化會館	知人
	7	2.23	大韓國土 · 都市計劃學會 發表會 및 定期總會	科總會館	顧問
	8	2.26	서울大 環境大學院 卒業式	서울大 藝術館	教授
	9	2.26	趙昌鉉教授 停年紀念式	世宗文化會館	知人
	10	2.27	韓國地方自治學會 理事會 · 發表會 · 總會	서울大環境大學院	顧問
	11	4. 3	동생 金群濟 回甲祝賀宴	盆唐自宅	兄
	12	5.10	韓國建設産業研究院 「建設저널」誌 創刊紀念式	르네상스호텔	諮問委員
	13	5.19	姊兄 許 榧 古稀紀念 祝賀宴	牛耳洞 月壁莊	妻男
	14	7.20	地方行政研究所 創立20周年紀念 세미나 및 自祝宴	世宗文化會館	發起人

年度	順次	日字	行事名	場所	動機
2001	15	8.13-14	農協諮問委員團京畿·忠南 現地視察	京畿·忠南地域	諮問委員
	16	8.17-18	韓·中·日 都市計劃學會 세미나	大田儒城호텔	顧問
	17	10.29	金文起先生古稀書畵展	世宗文化會館	知人
	18	11. 9	서울大韓國政治研究所·韓國行政研究所 討論會	서울大行政大學院	一般人
	19	11.10	서울 월드컵競技場 開場式	서울 麻浦區 上岩洞	서울市 委員
2002	1	2.26	서울大 環境大學院 卒業式	同大學院	教授
	2	3. 4	서울大 環境大學院 入學式	同大學院	教授
	3	3. 6	地方移讓推進委員會 退任實務委員褒賞授與式	行自部次官室	委員長
	4	3.29	地方移讓委員會와 美國미시간州立大學代表들과의 懇談會	同委員長室	委員長
	5	4.15	大韓國土計劃學會와 丹東市邊境經濟合作區管理委員會와의 會談	中國 丹東市 同委員會	學會代表
	6	5. 2	行自部 公共勤勞事業優秀事例地域公務員에 대한 施賞式	現代人力開發研究院	移讓委員長
	7	5.22	서울大環境大學院 同窓會 朝餐特講모임	롯데호텔	顧問
	8	5.26	在京 聞慶中學校同門會 第15次 體育大會	首都工高	顧問
	9	5.28	安東大學校同窓會 서울支會 定期總會	LG江南타워	會員
	10	5.31	FIFA World Cup 開幕式 및 프랑스·세네갈 1次戰	서울 上岩競技場	國民
	11	8.29	서울大 環境大學院 後期卒業式	同大學院	教授
	12	8.30	서울大學校 停年教授退任式	서울大 文化館	停年教授
	13	8.30	서울大學校 名譽教授 委囑式	서울大 教授會館	停年教授
	14	11.29	持續可能發展委員會 委員 워크숍	國際協力研修센터	委員
2003	1	3.19	韓國道德運動協議會 崔在昇 總裁 就任式	世宗文化會館	顧問
	2	4. 4	高陽市 一山區 區民自治大學 開講式	一山區廳 會議室	院長
	3	5. 7	濟州道 行政改革推進委員會 會議	濟州道廳	諮問委員
	4	5.14	安東師範學校 第8回 同期會 定期總會	올림피아 파크텔	會員
	5	5.14	서울大 環境大學院 30周年 紀念式	同大學院	前任教授
	6	9.17	忠南發展協議會 新行政首都建設 세미나	國會議員會館	諮問委員長
	7	9.18	新行政首都建設에 대한 大統領 報告會	青瓦臺	〃
	8	10. 4	서울 堰北初等學校 運動會	同校 運動場	文近榮 外祖父
	9	10.24	國土計劃學會 新行政首都建設 國際 세미나 開會式	延世大 工學院	學會 顧問
	10	11.24	河東郡 '가장 아름다운 河東' 公募 施賞式	文化藝術福祉會館	韓自研 院長
	11	11.26	韓國道德運動協議會 慶北支會 懸板式	浦項市 慶北支會	顧問
	12	12. 3	國土計劃學會 新行政首都 大討論會	프레스 센터	諮問委員長
	13	12. 5	高陽市 一山區 區民自治大學 修了式	一山區廳 會議室	韓自研 院長
	14	12.11	韓國土地公社 開城工團 開發事務所 着工式	北韓 開城工團內	土公 諮問委員長
2004	1	1. 8	第34回 大統領 改革課題 報告會	青瓦臺	諮問委員長
	2	1.13	大統領 國政課題 3個 特別法 公布式	青瓦臺 世宗室	〃
	3	1.26	國土計劃學會 都市會館建立 宣布式	同學會	建立委 顧問
	4	1.29	大統領 '地方化와 均衡發展時代' 宣布式	政府 大田廳舍	諮問委員長
	5	2.19	地方自治學會 學術大會 및 總會	忠北大學校	學會 顧問

年度	順次	日字	行事名	場所	動機
2004	6	2.24	國土 · 都市計劃學會 總會	科總會館	學會 顧問
	7	2.26	國土研究院 新行政首都 假想都市建設 競演大會	建設會館	審査委員長
	8	2.26	新行政首都建設推進狀況에 대한 國務總理 報告會	國務總理室	諮問委員長
	9	2.27	新行政首都 立地基準에 대한 大統領 報告會	大統領 執務室	〃
	10	3.12	韓國書畵作家協會 創立30週年紀念 會員展 開幕式	國際 디자인 플라자	顧問
	11	3.29	國土研究院 新行政首都 研究課題 報告 워크숍	國土研究院	諮問委員長
	12	5. 8	韓國老人福祉奉仕會 孝文化 福祉大賞 施賞式	宗廟	受賞者 知人
	13	6.17	第1次 國家均衡發展 5個年計劃 報告會	青 瓦 臺	行政首都委員長
	14	6.21	新行政首都 基本計劃 大田 公聽會	大田 EXPO會議場	〃
	15	6.25	金雨植 大統領 秘書室長 招請 晩餐會	食堂 紫霞門	〃
	16	7. 1	貧富隔差 · 差別是正委員會 懸板式	政府 中央廳舍	〃
	17	7. 7	國家均衡發展委員會 大統領 報告會	青瓦臺 執務室	〃
	18	7.8-9	行政首都建設推進委員會 候補地 視察	4個 候補地	〃
	19	7.20	열린우리黨 建交委員 行政首都 第1候補地 視察	燕岐 · 公州地區	〃
	20	7.24	李海瓚 國務總理 行政首都 第1候補地 視察	〃	〃
	21	7.28	中央日報社 主催 新行政首都 國民討論會	프레스 센터	〃
	22	8.13	東北亞時代委員會 懸板式	政府 中央廳舍	〃
	23	8.27	서울大 環境大學院 同窓會 朝餐特講會(金秉準 特講)	메리오트 호텔	前任 院長
	24	9. 7	韓國地方行政研究院 開院20周年 紀念式	同 研究院	〃
	25	10.8	中華民國(臺灣) 建國 93周年 紀念式	新羅호텔	招請來賓
	26	10.22	韓國道德運動協議會 孝行 施賞式 및 講演會	大邱銀行	總裁
	27	12.3	又史 朴權欽 藝術文化賞 施賞式	世宗 홀	〃
2005	1	1. 3	서울大學校 環境大學院 新年交禮會	環境大學院	名譽教授
	2	1.20	忠南 西海岸포럼 創立總會	天安 컨벤션 센터	顧問 推戴
	3	8.15	聞慶中學校 同窓會 第32次 體育大會 開會式	聞中 運動場	名譽大會長
	4	8.21	査頓 文廷鎬 先生 永訣式	大邱 凡魚聖堂	査頓
	5	9.28	建國大 附屬高等學校 圖書館 開館 테이프 커팅	同 高校	碩座教授
	6	10.28	東亞大 都市計劃學科 紀念作品展 테이프 커팅	東亞大 教授會館	特別講演者
	7	12.13	在京 聞慶市鄕友會 會長團 送年會	朝鮮호텔	顧問
	8	12.19	行政中心複合都市 都市概念 國際公募 施賞式	프레스 센터	初代 委員長
2006	1	2.15	서울 堰北初等學校 第56回 卒業式	同校 講堂	近榮 外祖父
	2	2.17	韓國地方自治學會 總會	忠南大學校	顧問
	3	2.22	韓國 Amenity Forum 創立總會	프레스 센터	共同代表
	4	2.27	Kid's College 幼稚園 第15回 卒業式	COEX 그랜드 볼룸	素瑛 外祖父
	5	3. 2	서울 堰北初等學校 入學式	學校 講堂	〃
	6	3. 2	서울 清潭中學校 入學式	學校 食堂	近榮 外祖父
	7	3.24	韓國書畵作家協會 第25回 會員展示會 開幕式	國際 디자인 플라자	總裁
	8	5.10	建交部 行政中心複合都市建設 基本計劃案 公聽會	全經聯會館	諮問委員
	9	5.13	金東鎭 ESOL 國際特許法律事務所 開所式	瑞草 구유빌딩	伯父
	10	6.12	金浩鎭 教授 著書「大統領과 리더십」出版紀念式	프레스 센터	先輩
	11	6.29	21世紀國土포럼 主催 '살기 좋은 國土만들기' 워크숍	忠州 建設研修院	共同代表議長
	12	7.26	大邱 · 慶北研究院 主催 大首都論 對應戰略 討論會	龜尾 企業支援센터	司會者

Ⅳ. 紹介 및 年賀狀

○ 要 約

年 度	紹 介 弘 報 (回)			年賀狀接受
	서 울	地方·外國	計	接受量(枚)
1979까지	1	-	1	1,040
1980	5	-	5	200
1981	1	3	4	210
1982	2	1	3	230
1983	4	-	4	250
1984	-	-	-	290
1985	3	1	4	320
1986	24	3	27	490
1987	13	4	17	520
1988	20	7	27	415
1989	27	21	48	505
1990	7	7	14	406
1991	17	46	63	360
1992	29	68	97	360
1993	42	6	48	290
1994	14	19	33	250
1995	40	51	91	213
1996	38	37	75	230
1997	26	52	78	120
1998	32	27	59	154
1999	53	28	81	300
2000	28	9	37	282
2001	28	25	53	288
2002	16	8	24	271
2003	30	49	79	292
2004	104	38	142	400
2005	21	7	28	242
2006	3	5	8	236
累 計	627	522	1,149	9,164

1. 紹介 弘報

(1) 大衆媒體에 의한 紹介報道

年度	順次	紹介主題	弘報媒體	弘報日字
1957	1	族譜에 名單 登載	慶州金氏大同譜	1. 1
1980	1	서울市 都市計劃 國際세미나 發表論文-人口上限 945萬名	東亞日報	10.14
	2	同-人口展望과 經濟 · 社會開發	中央日報	10.14
	3	同-서울 滿員 더욱 加速化	新亞日報	10.14
	4	同-人口와 經濟開發	每日經濟新聞	10.15
	5	同-Urban Planner Demands Seoul Population Curb	The Korea Times	10.15
1981	1	家族計劃研究所 · 韓國人口學會 세미나發表-2000年代의 人口政策	朝鮮日報	6. 3
	2	全州市 講演-環境問題 : 紹介	全北日報	6.10
1981	3	同 : 要旨	全北日報	6.13
	4	大邱直轄市昇格 研鑽會 司會	大邱每日新聞	6.12
1982	1	清州大 開校紀念講演	忠清日報	6.10
	2	安秉永論文-行政學의 學風 · 學脈	月刊朝鮮	7月號
	3	聞慶篇	嶺友俱樂部	7月號
1983	1	國民黨 세미나發表	東亞日報	6. 6
	2	國民黨 講演	朝鮮日報	6.10
	3	宗親會 講演	慶州金氏宗報	6.15
	4	第5次 經濟開發計劃 修正協議會	中央日報	11.24
1985	1	國保委員의 現住所	月刊朝鮮	6月號
	2	研究委員 委囑	安養商議報	6. 1
	3	聞中同窓會의 숨은 일꾼들	潁江文化	9月號
	4	大德研究團地 發展計劃	韓國經濟新聞	9.28
1986	1	地方自治制實施 制度 意見	東亞日報	1. 1
	2-12	大韓國土計劃學會 會長 被選	每日經濟新聞	2.18
			韓國日報	2.19
			朝鮮日報	2.20
			中央日報	2.20
			東亞日報	2.20
			新亞日報	2.20
			土地開發	2月號
			國土와 建設	3月號
			科學과 技術	3月號
			慶州金氏宗報	3.15
			潁江文化	5月號
	13	族譜 登載	判官公派世譜	5. 1
	14	環境人 86人의 環境診斷	公害對策	4月號
	15	順天市 公務員特講	順天 KBS	5.30
	16-18	中央都市計劃委員 發令	朝鮮日報	6.25
			韓國日報	6.25
			東亞日報	6.25
	19	江陵市 公務員特講	江陵 KBS, MBC	7.31

年 度	順次	紹 介 主 題	弘 報 媒 體	弘 報 日 字
1986	20	人物紹介	聞慶大觀	10.15
	21-28	서울大環境大學院長 發令	韓國日報	11. 6
			每日經濟新聞	11. 6
			韓國經濟新聞	11. 6
			大學新聞	11.10
			서울大消息	11.15
			慶州金氏 宗報	11.15
			大學新聞	11.17
			서울大 同窓會報	12. 1
1987	1	서울大 環境大學院長 發令	潁江文化	1月號
	2-3	科技處 月例政策會議 主題演說	韓國經濟新聞	6. 4
			每日經濟新聞	6. 4
	4	聞慶 · 店村人物篇	嶺友俱樂部	6月號
	5-7	國土計劃學會 訪日團 消息	西日本新聞	7. 7
			朝日新聞	7. 9
			朝日新聞	7.10
	8	國保委 委員 現住所	新東亞	7月號
	9	國土學會 · 光州市 세미나	光州日報	7.25
	10	店村市民의 노래 制定 및 在京 鄕友會 活動	潁江文化	7月號
	11	光州市 세미나	朝鮮日報	8. 6
	12	國土學會 水害義捐金 百萬원 獻金	中央日報	8. 6
	13	人物, 國土學會長. 서울大環境大學院長	大韓民國40年史	9. 1
	14	光州市 行政區域擴張解說	朝鮮日報	10. 9
	15	賞勳人物	賞勳寶鑑	10.31
	16	安樂한 나의 房	住宅情報	11月號
	17	中央大 세미나	中大 社會開發學報	11.17
1988	1-2	國土計劃學會 大邱세미나	大邱每日新聞	1.19
			中央日報	1.20
	3	土地去來許可制 實施에 대한 意見	東亞日報	2.15
	4	새 經濟팀에 바란다 : 不動産投機抑制	東亞日報	2.29
	5	國會議員 公薦內定者	中央日報	3. 7
	6	木浦 세미나 討論	光州日報	3.26
	7	88人物錄	每日年鑑	5.10
	8	人名錄	嶺南總錄	5.15
	9-10	光陽灣 세미나 基調講演	光州日報	5.28
			産業環境	6. 1
	11-13	올림픽效果 國際 세미나 開催	朝鮮日報	6. 7
			中央日報	6. 7
			韓國日報	6. 8
	14-15	光州 Technopolis 심포지엄 司會	光州日報	7. 1
			光州日報	7. 2
	16-20	行政區域改編 討論會發表	東亞日報	7. 4
			中央日報	7. 4
			朝鮮日報	7. 5

年 度	順次	紹 介 主 題	弘 報 媒 體	弘報日字
1988		行政區域改編 討論會發表	韓國日報	7. 5
			地方自治	10月號
	21	江南區 驛三洞 移徙紹介	서울大 消息	8.22
	22	새週 새아침 칼럼 筆陣 紹介	韓國自動車新報	10.20
	23-24	서울大 環境大學院長 再發令	朝鮮日報	11. 5
			中央日報	11. 5
	25	慶州 市民自治講座 特講	每日新聞	11.19
	26	慶山세미나 基調講演	每日新聞	11.26
	27	國會議員公薦者, 聞中同窓會	潁江文化	11月號
	28	姓氏紹介	韓國姓氏發展史	12.10
1989	1-2	民主黨 政策세미나 特講	朝鮮日報	1. 7
			韓國日報	1. 7
	3-8	弦汀國土開發賞 受賞	朝鮮日報	2. 2
			中央日報	2. 2
			現代公論	3月號
			國土와 建設	3月號
			空間	3月號
			潁江文化	봄號
	9	著書(地域開發과 地方自治行政)	東亞日報	2. 7
	10	大邱 Technopolis 研究	每日經濟新聞	2. 2
	11	光州研究團地 諮問委員會委員	中央日報	2.15
	12	韓國自治學會 세미나討論	朝鮮日報	3. 1
	13-14	上海 세미나 發表 · 討論	上海 TV, 杭州 TV	3.10,13
			上海人民日報	3.11
	15-17	上海 세미나 參席	中央日報	3. 9
			都市情報	3月號
			潁江文化	봄號
	18	國土計劃學會 奬學基金寄託	都市情報	3月號
	19-21	大邱市民 大討論會發表	每日新聞	3.21
			大邱 KBS	3.21
			地方自治	4月號
	22	理事, 監修委員	韓國土地開發公社10年史	3.27
	23-25	世界平和教授協議會 세미나發表	東亞日報	4.17
			朝鮮日報	4.19
			서울大消息	5. 3
	26-28	大邱市研究團地 研究諮問會議	大邱市報	5.15
			嶺南日報	5.19
			每日新聞	5.20
	29-31	大統領科學技術諮問會議 委員	中央日報	6. 1
			東亞日報	6. 2
			韓國日報	6. 2
	32	鄕土巡禮	嶺友俱樂部	6月號
	33-34	龜尾 세미나 發表	每日新聞	6.25
			國際新聞	6.28

年度	順次	紹介主題	弘報媒體	弘報日字
1989	35-39	大邱 세미나 基調講演	大邱每日	6.30
			嶺南日報	6.30
			慶北日報	6.30
			大邱 KBS, MBC, CBS	6.30
			朝鮮日報	7. 1
	40	회양木, 歷代會長, 同窓會,會員,廣告	聞中40年史	8.15
	41	人士錄	韓國人士錄	8.31
	42-45	店村 · 聞慶發展協議會 세미나司會	國際新聞	8.22
			大邱每日	8.27
			店村 · 聞慶消息	10.1
			大邱 KBS, MBC	8.19
	46	店村 · 聞慶地域發展協議會 任員	店村 · 聞慶消息	7. 1
	47	安東세미나 發表	每日新聞	10.24
	48	店村市 새마을講演	새마을運動資料	12.1
	49	族譜登載	恭平公派世譜	12.1
1990	1	店村市 새마을講演	店村 · 聞慶消息	1. 1
	2	創立5周年紀念式, 後援會長團人事	潁江文化	겨울 · 봄號
	3	聞慶郡 새마을講演	店村 · 聞慶消息	4. 1
	4	林學科 세미나發表	中央日報	5.22
	5	研究委員, 研究事業	安養商議20年史	5.31
	6	새마을家族의 노래 當選	새마을	6月號
	7	濟州 세미나 發表	漢拏日報	7.27
	8	地方行政研究院 세미나發表	東亞日報	8.27
	9	새마을運動 세미나發表	中央日報	11.3
	10	人物篇	大韓民國 5千年史	9. 1
	11-13	光州세미나 基調講演	光州 KBS, MBC	11.23
			全南日報	11.23
			無等日報	11.23
	14	論文再引用	潁江文化	12.27
1991	1-7	地方自治 巡廻講演(議政府 · 平澤 · 安山 · 仁川 · 淸州 · 西歸浦)	京仁日報	2. 4
			仁川日報	2. 7
			濟州日報	2.18
			漢拏日報	2.18
			濟民日報	2.19
			濟州 KBS	2.18
			濟州 MBC	2.18
	8-12	光州 環境 세미나 發表	全南日報	3.15
			無等日報	3.15
			全南每日新聞	3.16
			光州 KBS	3.15
			光州 MBC	3.15
	13	書評 : 金光得著 '現代 餘暇論'	交通新聞	3.21
	14	現代人名 收錄 : 聯合通信	韓國人名辭典	5. 1
	15-17	江陵 세미나 基調講演	江陵 KBS	5. 1

年度	順次	紹介主題	弘報媒體	弘報日字
1991		江陵 세미나 基調講演	江陵 MBC	5. 1
			江原日報	5. 2
	18-22	靑丘(株) 韓·日세미나 發表	每日新聞	5. 3
			嶺南日報	5. 3
			慶北日報	5. 3
			大邱 KBS	5. 3
			大邱 MBC	5. 3
	23	地方行政研究所 세미나 基調講演·	自治行政	5月號
	24	安東都市基本計劃 公聽會	安東 MBC	7.24
	25-30	浦項商議 세미나主題發表	浦項 KBS	8. 2
			浦項 MBC	8. 2
			嶺南日報	8. 3
			大邱每日	8. 3
			慶北日報	8. 3
			浦項日報	8. 3
	31-34	放射性廢棄物 處分場 討論會(서울)	東亞日報	8.29
			韓國日報	8.30
			서울新聞	8.30
			社會環境新聞	9.24
	35-38	女性團體聯合會 講演	서울新聞	9. 3
			聯合通信	9. 3
			KBS	9. 2
			MBC	9. 2
	39-43	放射性廢棄物 處分場 討論會(大邱)	嶺南日報	9. 4
			每日新聞	9. 6
			大邱 KBS	9. 6
			大邱 MBC	9. 6
			慶北日報	9. 7
	44-49	放射性廢棄物 處分場 討論會(全州)	全州日報	9.12
			全州 KBS	9.12
			全州 MBC	9.12
			全北日報	9.12
			全羅日報	9.13
			全北道民日報	9.13
	50-53	放射性廢棄物 處分場 討論會(大田)	大田 KBS	9.25
			大田 MBC	9.25
			大田日報	9.26
			忠南日報	9.26
	54	安東 세미나 討論	安東新聞	11.1
	55-57	奉化·英陽 세미나 主題發表	安東 KBS	11.1
			安東 MBC	11.1
			大邱 KBS	11.2
	58	서울大 캠퍼스擴充推進委員 委囑	서울大消息	11.27
	59-63	地方自治學會 세미나主題發表	朝鮮日報	12.7

年 度	順次	紹 介 主 題	弘 報 媒 體	弘 報 日 字
1991		地方自治學會 세미나主題發表	東亞日報	12.7
			中央日報	12.7
			東亞日報	12.10
			한겨레新聞	12.11
1992	1	일하는 風土造成을 위한 大討論會 司會	새마을	1. 1
	2	「새마을教育20年史」諮問團 · 講師	새마을教育20年史	1.14
	3-5	光州 세미나 基調講演 및 司會	安東 KBS, MBC	1.16
			每日新聞	1.17
	6	英陽 · 奉化 세미나 發表	太發硏消息	1.20
	7-8	原州講演	原州 KBS, MBC	1.27
	9-10	釜山大 主題發表	蔚山 KBS, MBC	1.28
	11-13	昌原市 議員 세미나 主題發表	昌原 KBS, MBC	2.13
			慶南日報	2.13
1992	14-16	店村 · 聞慶發展세미나 司會	每日新聞	2.15
			店村時報	3.10
			세미나結果報告書	3.31
	17-18	江陵市 長期發展構想諮問會議	江陵 KBS, MBC	3.14
	19	새마을婦女會 大討論會 司會	새마을	3.31
	20	職場새마을運動 세미나 司會	KBS1 라디오	4.29
	21	韓國地方行政硏究院長 內定	東亞日報	4.23
	22	韓國地方行政硏究院 세미나 開會	朝鮮日報	4.30
	23	韓國地方行政硏究院 세미나 結果	中央日報	5. 1
	24	韓國自治新聞 論說顧問紹介	韓國自治新聞	5. 1
	25-34	地方行政硏究院 地方公聽會 開會	大田 KBS, MBC	5. 4
			大田中都日報	5. 4
			光州 KBS, MBC	5. 8
			光州日報	5. 8
			釜山 KBS, MBC	5.11
			釜山日報	5.11
			慶北日報	5.12
	35-37	江陵藝總 세미나 主題發表	江陵 KBS, MBC	6.25
			江陵日報	6.25
	38	人名辭典紹介	韓國科學技術人名辭典	1. 1
	39-49	韓國地方行政硏究院 院長發令	京鄕新聞	7.22
			中央經濟, 第一經濟	7.23
			世界日報, 中央日報	7.24
			서울新聞	7.26
			在京 聞中通信	8. 8
			韓國自治新聞	8.20
			都市情報	9. 1
			環境大同窓會報	10.5
			穎江文化	가을號
	50	中國旅行紹介	韓國自治新聞	7.20
	51-53	地方行政硏究院 財政세미나 開會	世界日報, 서울新聞	7.29

年度	順次	紹　介　主　題	弘報媒體	弘報日字
1992		地方行政研究院 財政세미나 開會	韓國日報	7.30
	54	金壽鶴 "나의 交友記" 名單紹介	月刊中央	10月號
	55-87	地方行政研究院 市道議員硏鑽會(慶北·釜山·慶南·江原·光州·忠北·忠南·濟州)	大邱 KBS, MBC	9.21
			大邱·每日·嶺南日報	9.21
			釜山 KBS, MBC	9.22
			釜山·港都日報	9.22
			昌原 KBS, MBC	9.24
			慶南日報	9.24
			春川 KBS, MBC	9.28
			江原·春川日報	9.28
			光州 KBS, MBC	9.29
			光州·無等·全南日報	9.29
			清州 KBS, MBC	10. 1
			忠北日報	10. 1
			大田 KBS, MBC	10. 5
			忠南·大田·中都日報	10. 5
			濟州 KBS, MBC	11.11
			濟州·漢拏日報	11.11
	88	編輯委員長 退任	自治行政	10月號
	89	店村·聞慶人物	月刊 朝鮮	11月號
	90	21世紀委員會 세미나 司會	KBS1 TV	10.25
	91	富川市 自然保護會 심포지엄 司會	結果報告書	11. 1
	92	英陽·奉化 세미나 主題發表	每日新聞	11. 5
	93	榮州 세미나 司會	安東 KBS	11.21
	94	榮州 세미나 司會	安東 MBC	11.21
	95	院長動靜	地方行政情報	10月號
	96	研究院 廣告	自治通信	10.31
	97	地方公務員書藝展 開幕式	地方行政	12月號
1993	1-2	國政研究會 構成 및 活動	世界日報	1.29
	3-4	韓國地方自治學會 副會長被選	日曜新聞	2.14
			韓國·朝鮮日報	2.28
	5	새마을婦女會 環境세미나 司會	朝鮮日報	3. 4
	6	새마을本部 新韓國創造 세미나 司會	月刊 새마을	3月號
	7	韓國地方行政研究院 地方自治中期計劃 狀況	朝鮮日報	3.22
	8-20	大統領 行政刷新委員會 委員委囑	朝鮮·東亞·中央日報	4.14
			韓國日報	4.21
			KBS·MBC·SBSTV	4.20
			5個 Radio	4.20
	21	韓國地方行政研究院 院歌 및 院長 動靜	地方行政情報	4月號
	22	行政刷新委員會 構成	東亞日本	5. 2
	23	새마을 보람賞 施賞式 講演	月刊새마을	5月號
	24	韓國地方行政研究院 國民運動세미나 開催	中央日報	5. 7
	25-30	地方自治發展中期計劃 公聽會	朝鮮·京鄉新聞	5.18
			韓國·文化日報	5.19

年 度	順次	紹　　介　　主　　題	弘 報 媒 體	弘報日字
1993			서울 · 世界日報	5.20
	31	行政刷新委員 委囑	在京聞中通信	5.15
	32	雪娥 結婚	〃	5 .15
	33	行政區域 改編方向	世界日報	5.18
	34-35	美國 Michigan大學 國際會議 參加	Korea Times Chicago	7. 1
			朝鮮日報	7.13
	36-38	大邱 青丘 主催 韓 · 日세미나 主題發表	大邱 KBS, MBC	9.10
			大邱每日新聞	9.11
	39-41	韓國地方行政硏究院 主催 國際세미나 開催	世界日報	10.8
			〃	10.9
			MBC	10.8
	42-43	忠南地域青年會議所 세미나 主題發表	天安MBC	10.22
			忠南저널	11月號
	44	地方行政區域 改編方向	月刊 中央	11月號
	45-48	새마을勳章 受賞	京鄕新聞	12.1
			月刊새마을	12月號
			地方行政情報	12月號
			都市情報	12月號
1994	1	朝鮮日報 地方化 21世紀포럼 委員委囑	朝鮮日報	2. 2
	2	行政刷新委員會 活動	新韓國나라사랑	2月號
	3	行政區域改編 : 政府 立場	大邱日報	2. 9
	4	〃 : 專門家 見解	〃	2.15
	5	全南日報 · 國土學會 심포지엄 主題發表 : 豫告	全南日報	3.21
	6	〃 : 報告	〃	3.24
	7-9	天安高速道路 矯正公聽會 司會	天安 MBC TV	4. 9
			大田每日新聞	4.10
			中央日報	4.11
	10-12	晋州商議 심포지엄 基調演說	慶南日報	4.16
			晋州 KBS TV	4.16
			晋州 MBS TV	4.16
	13	人名錄	東亞年鑑	4. 1
	14	人名錄	機關長 · 行政人士要覽	4. 1
	15-17	慶熙大 세미나 主題發表	水原 KBS TV	6. 1
			水原 MBS TV	6. 2
			京畿日報	6. 2
	18-19	美 Michigan大 最高國際專門人 稱號受賞	京鄕新聞	6.12
			中央日報	6.13
	20-21	瑞江專門大 심포지엄 基調講演	光州 KBS TV	6.27
			全南日報	6.27
	22	國際人名錄 : 1991-1992	Biography International	6. 1
	23	人名錄	韓國人物年鑑	6. 1
	24	院長紹介	地方行政研究院10年史	9. 7
	25	地方行政研究院 開院 10周年 紀念行事	中央日報	10.26
	26	懸賞論文審查委員會 當選作發表 : 寫眞	自治行政	11.1

年 度	順次	紹　介　主　題	弘 報 媒 體	弘 報 日 字
1994	27	榮州 세미나 基調講演	安東 MBC	12.1
	28-30	慶南開發研究院 심포지움 司會	慶南日報	12.9
			昌原 KBS	12.9
			昌原 MBC	12.9
	31	Who's Who 人物紹介 : 聯合通信 刊	Korea Annual 1994	8. 1
	32	人士紹介 : 서진閣 刊	政府主要機關行政人士錄	8. 1
	33	參與實績	潁江文化	겨울號
1995	1-3	人間開發研究院 講演	人間開發研究院 팜프렛	1. 1
			朝鮮日報	1. 6
			東亞日報	1. 7
	4	治安研究所 세미나 主題發表	한겨레新聞	1.11
	5-6	慶尙大主催 晋州市開發 公聽會司會	晋州 KBS TV	1.27
			晋州 MBS TV	1.27
	7-9	龜尾商議主催 세미나 基調講演	龜尾 KBS TV	3. 9
			龜尾 KBS 라디오	3. 9
			嶺南日報	2.23
	10	地方自治學會 地方選擧 聲明書	JOINS 速報	2.28
	11-13	行政刷新委員會 慶北討論會 司會	浦項 KBS TV	3.10
			龜尾 MBC TV	3.10
			大東日報	3.10
	14-16	地方自治學會 大田·忠南支會 세미나 祝辭	大田日報, 大田 KBS TV, 大田 MBC TV	3.10
	17-19	光州商議 심포지엄 司會	서울經濟新聞, 光州 KBS TV, 光州 MBC TV	3.15
	20-21	全南道 選管委主催 地方自治討論會 發表(木浦)	木浦 KBS TV	3.17
			〃	4. 9
	22-24	全南道 選管委主催 地方自治討論會 發表(順天)	順天 KBS TV	3.18
			〃	4. 9
			麗水 KBS TV	4. 9
	25	安東 세미나 講演	安東 MBC TV	3.24
	26	地方自治學會 會長被選	都市情報	4. 1
	27-30	自治學會會長 被選, 紹介寫眞, 刷新委討論會, 全南道選管委討論會	自治公論	5. 1
	31-34	科學技術諮問會議 大田 세미나 主題發表	大田 KBS TV · 大田 MBC TV	4.27
			大田日報 · 中都日報	4.28
	35	東城南青年會議所 討論會 發表 및 司會	中央日報	5. 3
	36	編輯顧問委員 委囑	서울市政	5.11
	37	聞慶市民의 노래 作詞 · 受賞	潁江文化	봄號
	38	韓國人名錄	聯合年鑑	1995年版
	39	韓國人名錄	東亞年鑑	1995年版
	40	機關長紹介	機關長要覽	5. 1
	41	우리 고장 名士들 : 聞慶篇	慶北人	春號
	42	「嶺南時評」欄 새 筆陣	嶺南日報	6.22
	43-45	慶北道 和合의 마당 演說	大邱 KBS TV, 大邱 MBC	7.11

年 度	順次	紹 介 主 題	弘 報 媒 體	弘 報 日 字
1995			TV, 大邱 TBC TV	
	46-53	地方自治學會 세미나 開催	文化日報	8. 7
			韓國日報 · 韓國經濟新聞	8. 8
			서울新聞	8. 9
			朝鮮日報	8.10
			KBS TV, MBC TV	8.10
			中央日報	8.11
	54-56	大邱 · 慶北 廣域開發計劃公聽會 司會(大邱)	大邱-KBS ,MBC, TBC	8.17
	57-58	大邱 · 慶北 廣域開發計劃公聽會 司會(浦項)	浦港-KBS ,MBC, TBC	8.18
	59-67	「韓國地方自治發展論」 發刊	自治公論	8月號
			都市情報	8月號
			韓國日報	7.21
			〃	8. 4
			統一韓國	9月號
			地方自治研究	6.30
			國土計劃	6.30
			自治行政	9月號
			地方行政	9月號
	68	平統諮問會議 常任委員 委囑 .	民主平統	8.16
	69-70	地方行政研究院 세미나 司會	KBS TV, KBS 라디오	9. 4
	71	15代總選 豫備走者들	嶺南日報	9. 4
	72-74	京畿道 세미나 基調演說	水原-KBS, MBC	9.12
			京畿日報	9.13
	75-78	大邱 · 慶北地方自治學會 創立總會 祝辭	大邱-KBS, MBC, TBC	9.23
			中央日報	9.26
	79	15代總選 누가 뛰나	嶺南日報	9.28
	80-81	地方自治學會 光州 · 全南支會 研究發表會	光州- KBS, CBS	10.6
	82	創刊50周年 祝電주신 분	嶺南日報	10.12
	83	라스베이거스 名譽市民證 받음	穎江文化	여름 · 가을號
	84	Adamsen 副市長 · 鄭世煜院長 紹介場面	自治公論	11月號
	85-88	大邱 寶誠(株) 심포지엄 基調演說	大邱日報, 大邱 KBS,	12. 5
			大邱 MBC, 大邱 TBC	
	89	人物紹介 : 聞慶市篇	嶺友저널	12. 1
	90-91	國會議員 出馬豫想者	朝鮮日報	12.26
			〃	12.29
	92	韓國을 움직이는 사람들 : 人物紹介	中央日報社	12.31
1996	1-2	國會議員 出馬豫想者	中央日報, 文化日報	1. 1
	3		東亞日報	1. 4
	4	慶北道 公務員教育 特講	慶北日報	1.17
	5		每日新聞	1.17
	6-7		慶北日報, 每日新聞	1.18
	8		韓國日報	1.18
	9	國會議員 出馬豫想者	東亞日報	1.25
	10	地方自治團體 國際化財團 講演 등	財團紹介 VTR	2. 1

年 度	順次	紹 介 主 題	弘 報 媒 體	弘 報 日 字
1996	11	새時代 포럼 세미나 司會	自治公論	2月號
	12	Las Vegas市 訪問行事	〃	2月號
	13	地方自治學會 總會開催 豫告	中央日報	2.21
	14-15	地方自治學會 濟州支會 세미나 基調演說	濟州 KBS ,MBC	2.28
	16		漢拏日報	2.29
	17	特講紹介	社報 泰榮	3月號
	18	特講內容	〃	3月號
	19	國會議員 出馬豫定者	文化日報	3. 7
	20	地自體 經營大賞 審査委員 紹介	每日經濟新聞	3.12
	21	地自體 經營大賞 審査報告	〃	3.13
	22	明知大 地方自治大學院 開院式 祝辭	韓國日報	3.13
	23	地方自治制度發展委員會 委員名單	自治公論	4月號
	24	地方自治制度發展委員會 會議 畵報	〃	4月號
	25	地方自治團體 經營大賞審査報告 畵報	〃	4月號
	26	人名錄 : 人物紹介	東亞年鑑	4. 1
	27	人名錄 : 人物紹介	合同年鑑	4. 1
	28	創刊1周年紀念式 : 理事長 役割	自治公論	6月號
	29	地自制1年評價 意見 및 評價作業	NEWS PLUS	6.13
	30-31	地方自治學會 세미나 開催社告	國民日報	6.14
			〃	6.20
	32	地方自治學會 세미나 開會場面	〃	6.22
	33	서울大 都市環境館 起工式 : 畵報	都市 · 環境消息	6. 2
	34	서울大 大學發展基金寄附(100萬원)	〃	6. 2
	35	社說 및 水曜時論 筆陣	不動産經濟新聞	6.26
	36	大邱 · 慶北地方自治學會 討論會 祝辭	大邱 TBC TV	6.27
	37	國土 · 都市計劃學會 忠南支會 세미나 司會	大田 MBC TV	6.28
	38	地方公務員 教育發展協議會 懇談會 : 畵報 및 解說	地方行政研修	6.30
	39	畵報 : 自宅書齋, 自宅庭園 對談, 自治學會 세미나	自治公論	7. 1
	40-41	湖南高速鐵道 五松驛誘致 세미나 : 司會	忠淸日報	7.17
			淸州 MBC TV	7.17
	42-43	忠南發展研究院 주최 湖南高速鐵道路線 討論會 : 司會	大田 KBS · MBC TV	7.30
	44	南北共同體回復을 위한 세미나 : 司會	새마을	8月號
	45-47	慶南道誕生 100周年紀念 심포지엄 : 司會	昌原 KBS · MBC	8. 2
			慶南每日新聞	8. 3
	48	地方自治 세미나 : 司會	自治公論	8月號
	49-53	大田 EXPO 紀念 國際 심포지엄 : 基調演說	大田 KBS · MBC · TBC	8. 7
			大田日報	8. 7
			中都日報	8. 8
	54	內務部長官 自治學會 團體表彰 受賞	自治行政	8月號
	55	Who's Who	Korea Annual	8.31
	56-60	韓 · 日 地方自治學會 濟州 심포지엄 : 開會辭 및 行事主管	濟州 KBS · MBC	10.30
			濟州日報	10.31
			漢拏日報	11.1
			濟民日報	11.1

年 度	順次	紹　介　主　題	弘 報 媒 體	弘 報 日 字
	61	地方自治學會 · Las Vegas市 國際 심포지엄 : 開會辭 및 行事主管 (畵報寫眞)	自治公論	11月號
	62-63	全國商議會長 會議 : 特講	麗水 KBS · MBC	11.15
	64-70	大田市 Technopolis 國際 심포지엄 : 開會人事	大田 KBS · MBC · TBC	11.19
			中部 · 大田 · 忠清 · 中都日報	11.20
	71	忠北大 地域開發硏究所 講演會	忠淸日報	12.6
	72	韓 · 日地方自治學會 濟州 세미나 : 開會辭	自治公論	12月號
	73-75	湖南高速鐵道 路線公聽會 : 討論	KBS, MBC, SBS	12.27
1997	1-2	回甲紀念集 發刊	嶺南日報	1.13
			뉴스 피플	1.13
	3-8	慶山市 테크노파크 討論會 基調演說	嶺南日報	1.30
			每日新聞	1.30
			慶北日報	1.30
			大邱 KBS, MBC, TBC	1.30
	9	回甲紀念集 : 書評, 廣告, 獻贈式 畵報	自治公論	2月號
	10	回甲紀念集 發刊	教授新聞	2. 3
	11-12	回甲紀念集 發刊, 獻贈行事 開催	都市情報	2.v1
			서울大 同窓會報	2.15
	13	回甲紀念集 獻贈行事, 課程主任教授 就任	都市 · 環境消息	3. 6
	14	政治엘리트 : 國保委 活動委員	國民日報	4. 4
	15-17	忠南道 人本行政 세미나 開會式	大田 KBS, MBC, JCB	4.16
	18	地方自治學會 忠南支會 세미나 司會	大田 TBC	4.18
	19	大權投機教授들	週刊 朝鮮	4.24
	20-24	地方自治經營大賞 施賞式 審査報告	KBS, MBC, SBS	4.30
			大邱放送(TBS)	4.30
			每日經濟	5. 1
	25	地方自治經營大賞 審査經緯 및 審査委員	每日經濟	5. 2
	26-28	忠南 '97世界環境포럼 準備委員會 會議	大田 KBS · MBC · TJB	5.19
	29-30	回甲紀念 出版會	自治通信	3月號
			穎江文化	봄號
	31-34	濟州商工會議所 特講	濟州 KBS · MBC	5.27
			濟州日報 · 漢拏日報	5.27
	35-36	人物紹介	東亞年鑑 · 合同年鑑	1997年版
	37-42	忠南 '97國際環境포럼 開會式	大田 KBS · MBC · TJB	5.29
			大田 · 中都 · 忠南日報	5.30
	43	地方自治經營大賞 施賞式	自治公論	6月號
	44	自治公論創刊 2周年紀念式	〃	6月號
	45	地域開發硏究會 韓 · 日交流協定 및 세미나	〃	6月號
	46-51	浦項 MBC · 浦項商議 세미나	浦項 MBC	6. 5
			大東日報 · 每日新聞	6. 6
			浦項 MBC	6.12
			〃	6.19
			세미나 綜合報告書	8. 1

年 度	順次	紹　　介　　主　　題	弘 報 媒 體	弘 報 日 字
1997	52-57	'나부터 운동' 慶尙北道推進協議會 討論會	大邱 KBS	6. 9
			每日新聞 · 嶺南日報	6.10
			〃　〃	6.14
			慶北道政	7月號
	58-60	忠淸發展硏究會 세미나	大田 MBC	6.11
			大田日報	6.12
			自治公論	7月號
	61-63	昌原市 大洞制 公聽會	昌原 KBS · MBC	6.12
			慶南新聞	6.13
	64-65	店村靑年會議所 市民大討論會	安東 MBC	6.22
			聞慶文化	7. 1
	66-71	慶北 道廳移轉 推進委員會 會議	大邱 KBS · MBC · TBC	6.25
			嶺南日報 · 每日新聞	6.26
			慶北道政	7月號
	72	人物紹介(英文)	Asia/Pacific Who's Who(印度 New Delhi刊)	7. 1
	73	國土 · 都市計劃學會 · 美國CODS 國際會議	中央日報	9.29
	74	車哲九 : '손잡고 울어본 同鄕人'	吉林新聞(中國 長春市)	10.11
	75	寄贈 保管資料 展示	한솔종이博物館 이야기	10.21
	76	한솔종이博物館 開館 및 草凡史料 永久展示-寫眞畵報	自治公論	12月號
	77	第1回 民願奉仕大賞施賞 式參席	SBS TV	12. 4
	78	地方行政硏究院 '地域活性化와 새마을 運動' 세미나 司會-寫眞	韓國經濟新聞	12.24
1998	1	새마을敎育 通算1,000期 修了紀念式	새마을 (月刊)	1月號
	2	共著「未來情報化時代의 國土經營」發刊	都市情報	2. 1
	3	鄕土와 鄕土人 : 慶北 聞慶市-人物	뉴스 피플	3. 5
	4	論說委員 委囑	새마을運動新聞	3. 5
	5	共著「未來情報時代의 國土經營」發刊	自治公論	3月號
	6-8	現代人物	聯合年鑑 · 東亞年鑑 · 合同年鑑	4. 1
	9	Who's Who (世界人物)	Who's Who in the World, U.S.A.	5. 1
	10-12	서울市立大 80周年紀念 세미나 基調演說	KBS, MBC, SBS	5.15
	13-19	京釜高速鐵道 慶州路線 세미나 司會	浦項 KBS · MBC, 浦項放送	5.22
			大邱每日 · 嶺南日報 · 慶北日報 · 東海新聞	5.23
	20	硏究陣 紹介	地域開發硏究會 案內冊子	5.27
	21-23	晋州市 · 慶尙大 심포지엄 司會	晋州 KBS · MBC, 慶南日報	6.16
	24	人物紹介	韓國을 움직이는 사람들 : 中央日報社	7.25
	25	賞勳人物	國家賞勳人物大典	8. 5
	26	建國50年 우리들의 이야기 : 記錄集 旅行篇	朝鮮日報	8.21
	27-29	월드컵 組織委員會 세미나 主題發表	KBS · MBC · SBS	8.31

年 度	順次	紹　介　主　題	弘 報 媒 體	弘 報 日 字
1998	30	沈大平 忠南知事와의 對談 : 畵報	自治公論	9月號
	31-33	麗水商議 심포지움 基調演說	麗水 KBS · MBC	9.10
			全南日報	9.11
	34-37	光陽灣 · 晋州圈 公聽會 司會(晋州)	晋州 KBS · MBC · SBS	9.29
			新慶南日報	9.30
	38-41	光陽灣 · 晋州圈 公聽會 司會(光陽)	光陽 · 順天 KBS · MBC	9.30
			全南日報 · 全羅日報	10.1
	42	崔琪善 仁川市長과의 對談 : 畵報	自治公論	10月號
	43	古州 地方自治學術賞 基金管理運營委員會 委員長 選任	自治公論	10月號
	44-46	월드컵 市道知事懇談會 主題發表	KBS · MBC · SBS	10.14
	47-51	淸州市 · 라스베이거스市 심포지엄 評價 및 閉會人事	淸州 KBS · MBC · SBS	10.20
			中部日報 · 忠北日報	10.21
	52	柳鍾根 全北知事와의 對談 : 畵報	自治公論	11月號
	53	文化觀光部 '98年 推薦圖書選定 公告	한겨레新聞	11.18
	54	安相英 釜山市長과의 對談: 畵報	自治公論	12月號
	55	行自部 · 國土開發硏, 公企業發展 慶州討論會	韓國經濟新聞	12.19
	56-58	國土綜合計劃審議會 會議	TV-KBS · MBC · SBS	12.19
	59	聞慶中學校의 어제와 오늘 : 同窓會長	潁江文化	가을 · 겨울號
1999	1	월드컵 組織委員會 都市環境協議會 共同議長	World Cup Korea 2002 News	1. 1
	2	高建 서울市長과의 對談 : 畵報	自治公論	1月號
	3	서울大 環境大學院 新年交禮會 : 寫眞	都市 · 環境消息	1.16
	4	李元鍾 忠北知事와의 對談 : 畵報	自治公論	2月號
	5	高在裕 光州市長과의 對談 : 畵報	自治公論	3月號
	6	金爀珪 慶南知事와의 對談 : 畵報	自治公論	4月號
	7	第2建國 汎國民推進委員會 特講(茂朱)	朝鮮日報	4.16
	8	洪善琪 大田市長과의 對談 : 畵報	自治公論	5月號
	9-14	地方포럼 麗水 세미나 司會	麗水 KBS · MBC	5.27
			朝鮮 · 光州 · 全南日報	5.28
			YTN-TV	5.30
	15	近況紹介	潁江文化	봄 · 여름號
	16	金進烍 江原知事와의 對談 : 畵報	自治公論	6月號
	17	地方自治 50周年紀念 심포지엄(社告)	韓國日報	6.29
	18-19	地方自治學會 세미나 司會(大邱)	大邱 KBS · MBC	6.29
	20	李義根 慶北知事와의 對談 : 畵報	自治公論	7月號
	21-29	地方自治功績 國民勳章 冬栢章 受勳	KBS · MBC · SBS	7. 1
			大韓每日	7. 2
			地方自治 리포트	7.15
			地方自治情報	7.30
			都市情報	8. 1
			自治公論 · 自治行政	8月號
	30	21世紀 都市政策開發院 發起人	中央日報	7.13
	31-34	韓國鐵道 100周年 紀念 세미나 司會	KBS · MBC · SBS	7.15
			每經 TV	

年 度	順次	紹 介 主 題	弘 報 媒 體	弘 報 日 字
1999	35	自治開發硏究院 社團法人 認可 및 施賞式	地方自治 리포트	7.15
	36	弦汀賞受賞者 및 基金管理委員	弦汀國土開發賞 要覽	7.23
	37	國土 · 都市計劃學會에서의 職位 · 職責	國土 · 都市計劃學會史	7.23
	38	本人 및 家族 · 家系 登載	慶州金氏太師公派 大同譜	8. 1
	39-60	大統領 地方移讓推進委員會 委員長 發令	KBS 1 · KBS 2 · MBC · SBS	8.30
			한겨레 · 國際 · 京鄕新聞	8.30
			韓國 · 世界 · 文化 · 國民 · 大邱日報, 大韓每日	8.30
			中都日報 · 江原道民日報 · 大韓每日	8.31
			都市情報	9. 1
			自治公論 · 自治行政 · 地方行政	10月號
			自治議政	11 · 12月號
			自治公論	9月號
	61	文喜甲 大邱 市長과의 對談 : 畵報	自治公論	9月號
	62	賞勳者登載	國家賞勳人物大典	9. 1
	63	第2次 地方포럼 麗水行事 司會	地方포럼	9 · 10月
	64-69	서울市 人文 · 社會科學部門 文化賞 受賞	東亞日報 · 京鄕新聞	10. 8
			朝鮮日報	10. 9
			洛東新聞	11. 2
			自治公論	11月號
			都市情報	11. 5
	70	許京萬 全南知事와의 對談 : 畵報	自治公論	10月號
	71	地方移讓委員會 構成 · 活動	大韓每日	10.14
	72	金泉市 세미나 : 基調演說 및 司會	金泉新聞	10. 21
	73	沈完求 蔚山市長과의 對談 : 畵報	自治公論	11月號
	74	唐津 세미나 司會	忠南發展硏 뉴스레터	11.10
	75	禹瑾敏 濟州知事와의 對談 : 畵報	自治公論	12月號
	76	水原市 公職者特別敎育 開會人事	自治公論	12月號
	77	人物探求 : 金安濟敎授의 어제와 오늘	潁江文化	가을 · 겨울號
	78	會員消息 : 委員長 就任 및 受勳 · 受賞	潁江文化	가을 · 겨울號
	79	서울市文化賞 受賞 및 學會奬學金 寄託	地方自治 리포트	12月號
	80	地方移讓委員會 構成 · 活動	中都日報	12.24
	81	地方移讓 委員長 就任 및 서울市文化賞 受賞	聞慶文化	가을 · 겨울號
2000	1	金杞載 行自部長官과의 對談 및 自治學會 行事參席	自治公論	1月號
	2	人物紹介	20世紀 功勳人士總覽	1. 7
	3-4	暻園大 · 美미시간大 세미나 基調演說	東亞日報	2.12
			文化放送	2.15
	5	서울市政開發硏究院 硏究諮問委員 委囑	이달의 消息	2.15
	6	韓國自治開發硏究院 金泉市民自治大學 講師	講師陣 案內書	4.21
	7	讀者 金斗煥氏의 本人論壇에 대한 投稿	朝鮮日報	4.26
	8	서울大 環境大學院 敎授動靜	都市 · 環境消息	5.17

年 度	順次	紹　介　主　題	弘 報 媒 體	弘 報 日 字
2000	9	創刊5周年 紀念式 및 市民自治大學 開講式	自治公論	6月號
	10	市民自治大學 特講 : 畵報	自治公論	7月號
	11	聞慶市民自治大學 講師陣	聞慶文化	7月號
	12	市民自治大學 開講式 : 畵報	自治公論	8月號
	13	世界人物紹介 : 印度 New Delhi刊	Distinguished and Admirable Achievers of New Millennium	8. 1
	14	紀念特講 紹介	韓國道德運動協議會報	10. 1
	15-16	地域開發研究會 세미나 司會	蘆原新聞	10. 1
			蘆原新聞	10.11
	17	地方移譲推進委員會 워크샵 開催	內外經濟新聞	10.25
	18	記錄文化	한겨레新聞	10.31
	19	地域開發研究會 세미나 司會 : 畵報	自治公論	11月號
	20	記錄文化 市民展 紹介	朝鮮日報	12.12
	21	第1回 韓國市民記錄文化展	韓國國家記錄研究院 紹介書	12.13
	22	李漢東 國務總理招請 地方移讓委員會 委員 總理公館晩餐紀念寫眞	地方移讓消息	12.30
	23-37	地方移讓推進委員會 活動 및 審議事項	大韓每日	2.22
			世界日報 · 大韓每日	3.25
			서울經濟 · 大韓每日	3.28
			한겨레新聞	3.29
			韓國日報	6. 2
			大韓每日	7.21
			內外經濟	8.29
			大韓每日	8.31
			〃	9.27
			每日經濟	10.17
			大韓每日	10.27
			〃	12.8
			中都日報	12.9
2001	1	羅基正 淸州市長 對談 : 畵報	自治公論	2月號
	2	金源 隨筆集「집으로 가는 길」 親舊 紹介	집으로 가는 길	3. 5
	3	第1回 韓國市民記錄文化展 開幕祝辭	韓國國家記錄研究院 消息	3月號
	4	廣津區廳長 對談 및 自治學會 總會 : 畵報	自治公論	4月號
	5-6	蔚山發展 100人會議모임 特講	蔚山發展100人會議報	4月號
			慶尙日報	4.10
	7	人物紹介	2001年度 講師便覽	5. 1
	8	서울市長對談, 金泉市民自治大學講義, 濟州市長과의 協約書 締結 : 畵報	自治發展	5月號
	9-10	金龍培將軍 追慕碑 碑文作成	聞慶新聞	5. 4
			穎江文化	봄 · 여름號
	11	地域開發研究會 研究課題 責任者	蘆原新聞	5.22
	12	古州 地方自治學術賞 施賞式 : 畵報	自治發展	6月號
	13-14	人名錄	韓國人名辭典	6. 1
			東亞年鑑	6. 1
	15	顧問團	道德禮節教育	6. 5

年 度	順次	紹 介 主 題	弘 報 媒 體	弘報日字
2001	16	記錄과 나	韓國國家記錄硏究院 消息	6月號
	17	記錄 및 史料 展示 : 韓國市民記錄文化展	淸州 古印刷博物館	6.26-8.26
	18-23	慶南發展硏究院 討論會 綜合司會	昌原 KBS · 馬山 MBC · 晋州 KBS · 晋州 MBC	6.27
			慶南 · 慶南道民日報	6.28
	24	韓國市民記錄文化展 開幕 테이프 커팅 : 畵報	忠北 開發硏究院 열린 消息	6.30
	25	顧問 및 任員 紹介	安東大學校 總同窓會報	7.15
	26-27	第6回 地方自治經營大賞 施賞式 : 畵報	自治發展	8月號
			聞慶市政消息	8. 1
	28-35	嶺湖南 21世紀 地域포럼 創立大會	KBS · MBC TV, 釜山 · 朝鮮 · 中央 · 韓國 · 東亞日報, 國際新聞	8.28
	36-45	地方移讓推進委員會 活動	大韓每日	2.23
			〃	3. 3
			大韓每日 · 서울經濟	3.28
			한겨레 · 文化日報	3.29
			牙山市民新聞	6. 7
			大韓每日	9.19
			自治發展	10月號
			都市情報	10月號
	46	市民記錄文化展 開催	國家記錄硏究院 消息	9月號
	47	地方自治 大討論會 司會, 壽城自治大學 祝辭	自治發展	10月號
	48	第1回 中學生 道德글짓기 公募 審査委員長	道德運動協議會報	10. 1
	49	第1回 中學生 道德글짓기 公募審査評	글짓기 모음集	10.10
	50	西海岸세미나 綜合司會	仁川日報	10.18
	51	日本都市計劃學會 表彰狀 受領	都市情報	10月號
	52	濟州市民自治大學 修了式 祝辭 : 畵報	自治發展	11月號
	53	聞慶市民自治大學 特講	새재新聞	12.12
2002	1	人物紹介(英文)	Who's Who in Science & Engineering(U.S.A.)	1. 1
	2	大統領 新年賀禮式 參席	SBS TV	1. 2
	3	(畵報) 行自部長官 對談, 統營市民自治大學 修了式, 金泉市民自治大學 修了式	自治發展	2月號
	4	地硏會 發足 및 會長 選任	地方포럼	2.28
	5	세미나 基調講演	열린消息	3.31
	6	(畵報) 蔚山市 南區 한마음大學 特講 및 修了式 參席, 2002年度 公職者論壇賞 審査委員	自治發展	4月號
	7	地方自治學會 主催 세미나에서의 主題發表 畵報 및 發表論文	自治發展	5月號
	8	2002 人名錄-東亞日報社	東亞年鑑	4. 1
	9	2002 人名辭典-朝鮮日報社	朝鮮年鑑	4. 1
	10	2002 韓國人名辭典-聯合通信	聯合年鑑	4. 1
	11	禹哉永 同門 古稀紀念集 發刊委員長	建國家族	5. 6
	12	地域포럼 세미나 豫告	每日經濟	6.17
	13	安東大學校 總同窓會 同門賞 施賞式 廣告	安東 鄕友新聞	7.20

年 度	順次	紹 介 主 題	弘 報 媒 體	弘報日字
2002	14	아프리카 어린이 돕는 모임 會員 加入의 紹介	홈페이지	8.22
	15	서울大學校 停年退任 敎授 名單	朝鮮日報	8.27
	16	楊秉彝 敎授 : 草凡 金安濟 敎授任의 人間的 風貌	環境論叢	8.30
	17	金安濟 敎授 : 近影, 略歷과 硏究業績	環境論叢	8.30
	18	安東大學校 總同窓會 同門賞 受賞	安東大學校 消息	9. 1
	19	〃	安東 鄕友新聞	9.16
	20	敎授 停年退職	穎江文化	가을號
	21	持續可能發展委員會 委員名單	持續可能發展 消息	10. 1
	22	著書發刊 紹介	博英社 五十年	11.18
	23	第3期 濟州市民自治大學 修了式 證書 授與 畵報	自治發展	12月號
	24	韓國野生動物保護協會의 韓國地域發展硏究院 廣告	野生動物	겨울號
2003	1	人物紹介 (Kuala Lumpur, Malaysia)	Asia Men of Women of Achievement	1. 1
	2	統營 市民自治大學 修了式 畵報	自治發展	1月號
	3-6	地方移讓委員會 地域 懇談會 : 釜山 · 蔚山 · 慶南	釜山 · 慶南日報	1.16
			釜山 KBS · MBC	1.16
	7-13	〃 : 大邱 · 慶北 · 江原	嶺南日報, 大邱每日	1.17
			大邱 KBS · MBC	1.17
			KBS · MBC · SBS	1.17
	14-20	〃 : 光州 · 全南北 · 濟州	光州 · 無等 · 全南日報,	2. 6
			湖南新聞, 全南每日	2. 6
			光州KBS · MBC	2. 6
	21-25	〃 : 大田 · 忠南北	中部 · 大田日報, 忠淸新聞	2. 7
			大田 KBS · MBC	2. 7
	26-27	韓國都市行政學會 세미나 基調演說	淸州 KBS·MBC	1.28
	28-30	忠南 신나는 企業만들기 討論會 司會	大田日報, 大田 KBS·MBC	1.29
	31	韓國道德運動協議會 孝行賞 施賞式 特講	韓國道德運動協議會報	2. 5
	32-33	聞慶 市民自治大學 開講式 特講	聞慶新聞	3.14
			聞慶 市政消息	3.17
	34	安東大學校 總同窓會 同門賞 受賞	安東大學校 總同窓會報	3.20
	35	'企業하기 좋은 地域大賞' 審査委員 名單	韓國經濟新聞	4.14
	36	'企業하기 좋은 地域大賞' 施賞畵報 및 審査評 要旨	〃	4.15
	37-39	人物紹介	東亞 · 聯合 · 中央年鑑	4.30
	40	畵報:市道知事協議會 세미나 司會, 公職者 論壇賞 施賞式	自治發展	6月號
	41	서울外廓循環道路 路線檢討報告	東亞日報	6. 3
	42-53	新行政首都建設推進諮問委員會 委員長 委囑(6 · 3 大統領 發令)	朝鮮 · 東亞 · 韓國 · 世界 · 中央 · 慶南日報, 大韓每日, 한겨레, 韓國經濟	6. 4
			自治發展	7月號
			穎江文化	7.25
			在京 聞中同門會報	7.31
	54-56	嶺南大 行政大學院 特講: 新行政首都建設	大邱 MBC TV	6.10
			中央日報 · 大邱每日	6.11
	57	忠北開發硏究會 主催 세미나 基調講演	中部每日(社告)	6.16
	58	21世紀 國土포럼 共同代表議長 司會:畵報	自治發展	7月號

年 度	順次	紹 介 主 題	弘報媒體	弘報日字
2003	59-64	新行政首都建設 大統領 報告會(大田 政府廳舍, 司會 役割)	KBS, MBC, SBS, 大田 KBS, 大田 MBC TV, The Korea Times	7. 3 7. 4
	65	韓國人物研究院 人物紹介	韓國現代人物列傳 33選	7.10
	66	畵報:柳致松 先生 傘壽筵 參席 · 祝辭	韓國書畵作家協會報	7.10
	67	畵報:鄭章植 浦項市長과의 對談, 河東郡民自治大學 開講式 參席 · 祝辭	自治發展	8月號
	68	畵報:柳致松 先生 傘壽 祝賀宴 參席 · 祝辭	韓國道德運動協議會報	9. 5
	69	韓國書畵作家協會 顧問 推戴 公告	韓國書畵作家協會報	9. 5
	70	忠南發展協議會 主催 新行政首都 세미나 答辯	KBS TV	9.17
	71-72	서울外廓循環道路 路線委員會 報告內容	文化日報 東亞日報	9.27 9.29
	73	畵報:新行政首都 세미나 祝辭	自治發展	11月號
	74	新行政首都移轉 汎國民連帶 主催 國民 大討論會 基調講演	KTV	11. 9
	75-78	韓國道德運動協議會 主催 浦項道德運動 講演會 講演	警察新聞 慶北 · 嶺南日報, 大邱每日	11.24 11.25
	79	Asia's Who's Who of Men and Women of Achievement	Rifacimento Internatio- nal, New Delhi, India	12. 1
2004	1	一山 區民自治大學 修了式:畵報	自治發展	1月號
	2	新行政首都 地域別 公聽會 祝辭	〃	〃
	3	人物紹介	聯合뉴스 Korea Annual: 2003	1. 1
	4	開城工團訪問 始삽 場面:畵報	自治發展	2月號
	5	서울大 名譽敎授 執筆冊子	韓國日報	3. 4
	6-8	忠南發展研究院 新行政首都 세미나 司會	大田TJV · KBS · MBC	3.15
	9	韓國土地公社 開城工團 分讓案內 :廣告	韓國日報	4.12
	10	新行政首都建設推進委員會 委員長 有力者	朝鮮日報	5.15
	11	〃 〃 內定者	〃	5.20
	12-17	〃 〃 就任	聯合뉴스, 朝鮮닷컴, KBS, MBC, SBS, 大田每日	5.21
	18-22	〃 發足 및 委員長 就任	東亞日報, 서울新聞, 大田 日報, 中道日報, 忠北日報	5 .22
	23	金安濟敎授의 66年 履歷史	東亞日報	5.24
	24	公職者論壇賞施賞式 畵報 및 推進委員長 就任	自治發展	6月號
	25-32	新行政首都 大田事務所 懸板式	大田KBS · MBC · TJB 忠北 · 忠南 · 大田 · 中道 日報, 大田每日	6. 8 6. 9
	33-35	한나라黨 푸른政策研究모임 議員 懇談會	KBS, MBC, SBS	6. 9
	36-38	新行政首都에 대한 見解	朝鮮 · 東亞日報 朝鮮日報	6.10 6.11
	39	首都概念 및 青瓦臺 實勢屬性	朝鮮日報	6.12
	40	候補地 評價團 構成	東亞日報	6.15
	41-43	行政首都 建設	朝鮮日報 東亞日報, 京鄕新聞	6.16 6.17
	44	行政首都推進委員長, 道協 · 作協 總裁 推戴	警察新聞	6.17
	45-46	行政首都 建設 推進	東亞 · 文化日報	6.19

年度	順次	紹介主題	弘報媒體	弘報日字
2004	47	行政首都推進 爭點	朝鮮日報	6.21
	48	行政首都 基本計劃 大田 公聽會(寫眞)	朝鮮日報	6.22
	49-50	열린우리黨 議員總會 參席	東亞日報, 韓國經濟新聞	6.23
	51	新行政首都의 爭點	東亞日報	6.29
	52	經濟5團體 招請 國政課題 說明會	朝鮮日報	7. 1
	53-57	候補地 評價結果 發表	KBS, MBC, SBS, YTN, KTV	7. 5
	58-67	〃	朝鮮·東亞·中央·文化·世界·忠北·忠南·大田·嶺南日報	7. 6
	68	波瀾萬丈 行政首都移轉 里程標 세우다	이코노미스트	7.12
	69-71	新行政首都 立地評價 釜山 公聽會	釜山 KBS, MBC, 釜山TV	7.14
	72-75	〃	朝鮮·東亞·中央·釜山日報	7.15
	76-80	新行政首都立地評價 서울公聽會	KBS, SBS, MBC, YTN, KTV	7.16
	81-85	總理 主宰 行政首都 워크숍	〃	7.16
	86-90	新行政首都 立地評價 서울公聽會	朝鮮·東亞·中央·文化日報, 한겨레新聞	7.17
	91-93	李海瓚 總理 行政首都立地視察 随行	東亞·朝鮮·世界日報	7.26
	94-95	行政首都 蔚山公聽會	蔚山 KBS·MBC	7.26
	96-97	行政首都 慶南公聽會	昌原 KBS·MBC	7.27
	98	中央日報 主催 行政首都 討論會	中央日報	7.29
	99	行政首都 京畿道公聽會	東亞日報	7.30
	100	經濟5團體 招請 國政課題 報告會	經濟風月	8月號
	101	漫畫로 보는 新行政首都建設	야호 코리아	8. 2
	102-107	外交通商部 行政首都 教育特講	朝鮮·東亞·文化日報	8. 5
			朝鮮·東亞·文化日報	8. 6
	108-112	行政首都 最終立地 發表件	朝鮮·東亞日報	8.11
			朝鮮·中央·文化日報	8.12
	113-117	總理 陪席 行政首都 最終立地 發表	KBS·MBC·SBS·YTN·KTV	8.11
	118	「週刊朝鮮」 對談에 대한 意見	朝鮮日報	8.14
	119	行政首都推進委員長 辭表提出	文化日報	8.24
	120-124	〃	KBS·MBC·SBS·YTN·KTV	8.24
	125-132	〃	朝鮮·東亞·中央·京鄉·國民日報, 每日經濟, 忠淸日報, 大田日報	8.25
	133	〃	文化日報	8.26
	134	畫報:行政首都 立地發表	自治發展	9月號
	135	推進委員長 告別人事	大田日報	9. 1
	136	새 江에는 새 沙工이 必要	〃	9. 2
	137	國監 證人採擇 물밑 神經戰	文化日報	9.21
	138	〃	朝鮮日報	9.22

年 度	順次	紹 介 主 題	弘 報 媒 體	弘 報 日 字
2004	139	2004 Who's Who	聯合뉴스	10. 1
	140	李明博 서울市長의 國監發言	月刊朝鮮	11月號
	141	聞慶 市民自治大學 修了式 主宰	새재新聞	12.10
	142	高經아카데미 特講 講師紹介	高大 經營校友會報	12.16
2005	1	韓國道德運動協議會 行事紹介	警察新聞	1.10
	2	新行政首都建設推進委員會 委員長 活動	2004年度 新行政首都建設 白書	1.31
	3	아시아財團 補助 留學生 名單	Partner for Change: 50 Years of The Asia Foundation in Korea	2. 1
	4	企業하기 좋은 地域大賞 施賞式 畵報	韓國經濟新聞	2. 2
	5-7	建國大學校 碩座敎授 發令	中央日報, 韓國經濟, 警察新聞	2.17 2.21
	8	第2回 企業하기 좋은 地域大賞 施賞式 및 審査委員長 紹介	自治發展	3月號
	9	臨時行政首都 參與者 名單	臨時行政首都 白紙計劃은 살아있다.	4.20
	10	人士紹介	2005年度 講師便覽	5. 1
	11-13	韓國自治發展硏究院 民選自治 10周年紀念 세미나	서울新聞 · 東亞日報 · 한겨레	6.10
	14	韓國自治發展硏究院 세미나 및 施賞式 紹介	自治發展	7月號
	15	案內冊子 發刊	韓國自治發展硏究院	8.16
	16	人物紹介(英文)	Biography Today: Rifa-ciment(International刊, New Delhi, India)	8.31
	17	隨想集 紹介(廣告)	自治發展	9月號
	18	〃 (書評)	서울新聞	9. 5
	19-20	大邱 · 慶北硏究院 尙州 세미나 基調講演	韓國케이블TV	9.15
	21	大韓民國 엘리트 뉴리더賞 受賞實績	헤럴드經濟	9.30
	22	建國大學 發展基金 出捐者	Dream 建國	10.28
	23	隨想集 紹介 (書評)	經濟風月	11月號
	24	Do클럽 講演	週刊 聞慶	11. 1
	25	隨想集 紹介 (書評)	中央日報	11.12
	26	Do클럽 講演要旨	週刊 聞慶	11.17
	27	Do클럽 特講 紹介	東魯와 東魯 사람들	12. 1
	28	2005年 '사람 사람' 面에 실린 435名의 얼굴 寫眞	中央日報	12.30
2006	1	1960年代 家族(仲姉 · 弟 同行) 寫眞	寫眞으로 보는 聞慶의 近代 100年史	1. 1
	2	畵報 : 地方自治學會 學術大會 司會	自治發展	3月號
	3	驛三洞 住民會議 推進委員會 (委員長 高文秀) 推進事業 諮問	驛三洞 住民會議 News 書翰	3.30
	4	畵報 : 總同窓會長 祝辭, 第4回 在京 聞中同期會 紹介	在京聞中 30年史	5.11
	5	畵報 : 硏究院 開院 및 論壇賞 施賞式	自治發展	6月號
	6	畵報 및 相互關係	兪 浣 回顧錄	6. 7
	7	畵報 및 年表 : 新行政首都建設推進委員長 在任	寫眞으로 본 行政中心 複合都市 발자취	6.31
	8	畵報 : 5 · 31 地方選擧 세미나 閉會人事	自治發展	7月號

(2) 인터넷 사이트 홈 페이지에의 紹介 登載

分 類	機 關	紹 介 主 題	홈 페이지 住所 (웹 사이트)
1. 教育機關	1. 서울大學校	教授, 前職 機關長	http://www.snu.ac.kr
	2. 서울大學校 環境大學院	教授, 前職 院長	http://www.gses.snu.ac.kr
	3. 安東大學校	安東師範學校 卒業生	http://www.andong.ac.kr
2. 國家機關	1. 大統領 地方移讓推進委員會	委員長	http://www.dpla.go.kr
	2. 國務總理室	國土綜合計劃審議委員會 委員	http://www.opm.go.kr
	3. 行政自治部	政策諮問委員會 委員	http://www.mogaha.go.kr
	4. 建設交通部	中央都市計劃委員會 委員	http://www.moct.go.kr
	5. 行政自治部 國家專門行政研修院	指導教授	http://www.nipa.go.kr
3. 地方自治團體	1. 서울特別市	政策會議 委員	http://www.metro.seoul.kr
	2. 釜山廣域市	廣域都市計劃 中央諮問委員會 委員	http://www.metro. pusan.kr
	3. 慶尙北道	道廳移轉推進委員會 委員	http://www.provin.kyongbuk.kr
	4. 慶尙北道 聞慶市	出鄕人士	http://www.munkyung.com
	5. 濟州道 濟州市	名譽市民	http://www.city.cheju.cheju.kr
4. 公共機關	1. 韓國土地公社	歷代任員, 土友會 會員	http://www.koland.co.kr
	2. 大韓住宅公社	諮問委員會 委員	http://www.knhc.co.kr
5. 學術團體	1. 大韓國土·都市計劃學會	顧問. 國際交流委員會 委員長	http://www.kpa.1959.or.kr
	2. 韓國地方自治學會	顧問	http://www.kalgs.or.kr
	3. 韓國地域開發學會	會員	http://www.koreanstudies.net
	4. 韓國地方行政研究院	前任院長, 研究諮問委員會 委員長	http://www.krila.re.kr
	5. 서울市政開發研究院	研究諮問委員會 委員	http://www.sdi.re.kr
	6. 京畿開發研究院	研究諮問委員會 委員	http://www.kri.re.kr
	7. 韓國自治開發研究院	院長	http://www.kgdi.re.kr
	8. 地域開發研究會	顧問	http://www.regionaldev.re.kr
	9. 韓國建設產業研究院	諮問委員會 委員	http://www.cerik.re.kr
	10. 韓國國家記錄研究院	記錄의 名人錄	http://www.rikar.org.kr
6. 言論機關	1. 朝鮮日報	人物 DB	http://www.dbchosun.com
	2. 東亞닷컴	人物情報	http://www.donga.com
	3. 中央日報	人物情報	http://www.joins.com
	4. 韓國日報	人物紹介	http://www.hankooki,com
	5. 國民日報	人士紹介	http://www.kukminilbo.co.kr
	6. 文化日報	人士錄	http://www.munhwa.co.kr
	7. 大韓每日	人物情報	http://www.kdaily.com
	8. 世界日報	人物情報	http://www.sgt.co.kr
	9. 京鄕新聞	人物情報	http://www.kyunghyang.com
	10. 한겨레新聞	人物情報	http://www.i-soccer.co.kr
	11. 每日經濟新聞	人士紹介	http://www.mk.co.kr
	12. 嶺南日報	人士紹介	http://www.yeongnam.com
	13. 大邱每日	人士紹介	http://www.imaeil.com
	14. 聯合通信뉴스	人士紹介	http://www.yonhapnews.co.kr
	15. 새재新聞	人士紹介	http://www.saejae.co.kr
	16. KBS TV	人物臺帳	http://www.kbs.co.kr
	17. MBC TV	人物臺帳	http://www.mbc.co.kr
	18. SBS TV	人物臺帳	http://www.sbs.co.kr
	19. K-TV	人物臺帳	http://www.ktv.go.kr
7. 社會團體	1. 農協中央會	運營諮問委員會 委員	http://www.nonghyup.com
	2. 大韓商議	韓國經濟研究센터 研究委員	http://www.korcham.net
	3. 韓國道德運動協議會	顧問	http://www.kmma.or.kr
	4. 한솔文化財團	한솔종이博物館 史料展示者	http://www.papermuseum.co.kr
	5. 教授綜合情報센타	서울大學校 教授	http://www.professor.co.kr
	6. 韓國不動產聯合會	顧問	http://www.kapanet.co.kr
	7. 聞慶文化院	顧問	http://www.mgcc.or.kr
	8. 陽智리조트	陽智골프 會員	http://www.pineresort.com

2. 年賀狀 接受

(單位 : 枚)

生涯區分	年 度	서울發	地方發	外國發	合 計
在 學	1961	4	1	-	5
	1962	5	1	-	6
	1963	6	2	-	8
	1964	8	2	-	10
助 敎	1965	10	2	-	12
	1966	11	2	-	13
	1967	12	3	-	15
	1968	13	4	-	17
留 學	1969	15	2	2	19
	1970	15	2	4	21
	1971	15	3	6	24
專任講師	1972	45	3	2	50
	1973	53	5	2	60
	1974	70	7	3	80
	1975	87	9	4	100
助敎授	1976	102	13	5	120
	1977	117	17	6	140
	1978	132	21	7	160
	1979	144	27	9	180
副敎授	1980	158	32	10	200
	1981	161	37	2	210
	1982	173	44	13	230
	1983	184	51	15	250
	1984	209	63	18	290
敎授 · 大學院長	1985	225	74	21	320
	1986	335	121	34	490
	1987	348	135	37	520
	1988	270	114	31	415
	1989	321	145	39	505
	1990	250	123	33	406
研究院長 · 敎授	1991	216	114	30	360
	1992	210	119	31	360
	1993	164	100	26	290
	1994	130	97	23	250
	1995	107	86	20	213
	1996	112	95	23	230
主任敎授	1997	67	48	5	120
	1998	78	68	8	154
平敎授	1999	114	180	6	300
	2000	99	173	10	282
	2001	100	176	12	288
	2002	97	171	3	271
名譽 · 碩座敎授	2003	105	185	2	292
	2004	127	272	1	400
	2005	77	164	1	242
	2006	74	160	2	236
累 計	46年	5,375	3,273	516	9,164

第 2 章　旅行과 訪問

□ 總 括

生涯	年度	年齡	海外旅行		訪問國			訪問地域									航空搭乘						旅行距離				旅行時間(時間)		
			出國回數(日)	滯留期間(日)	最初訪問國(國)	延訪問國(國)	延訪問回數(回)	最初訪問地域(地)			延訪問地域(地)			延訪問回數(回)			搭乘回數(回)			飛行距離(km)			交通手段利用距離(km)			步行數(千步)	交通手段利用時間	步行時間	合計
								國內	國外	計	國內	國外	計	國內	國外	計	國內	國外	計	國內	國外	計	國內	國外	計				
1.成長修學期(35年)	1936	1	-	-	1	1	1	1	-	1	1	-	1	1	-	1	-	-	-	-	-	-	-	-	-	3	-	1	1
	1937	2	-	-	-	-	-	-	-	-	-	-	-	-	-	-	-	-	-	-	-	-	-	-	-	18	-	2	2
	1938	3	-	-	-	-	-	-	-	-	-	-	-	-	-	-	-	-	-	-	-	-	-	-	-	37	-	6	6
	1939	4	-	-	-	-	-	-	-	-	-	-	-	-	-	-	-	-	-	-	-	-	-	-	-	109	-	16	16
	1940	5	-	-	-	-	-	-	-	-	-	-	-	-	-	-	-	-	-	-	-	-	-	-	-	183	-	28	28
	1941	6	-	-	-	-	-	-	-	-	-	-	-	-	-	-	-	-	-	-	-	-	-	-	-	292	-	58	58
	1942	7	-	-	-	-	-	-	-	-	-	-	-	-	-	-	-	-	-	-	-	-	-	-	-	438	-	88	88
	1943	8	-	-	-	-	-	-	-	-	-	-	-	-	-	-	-	-	-	-	-	-	-	-	-	621	-	124	124
	1944	9	-	-	-	-	-	-	-	-	-	-	-	-	-	-	-	-	-	-	-	-	-	-	-	842	-	168	168
	1945	10	-	-	-	-	-	-	-	-	-	-	-	-	-	-	-	-	-	-	-	-	-	-	-	1,095	-	58	58
	1946	11	-	-	-	-	-	-	-	-	-	-	-	-	-	-	-	-	-	-	-	-	-	-	-	1,168	-	45	45
	1947	12	-	-	-	-	-	-	-	-	-	-	-	-	-	-	-	-	-	-	-	-	-	-	-	1,241	-	60	60
	1948	13	-	-	-	-	-	-	-	-	-	-	-	-	-	-	-	-	-	-	-	-	-	-	-	1,318	-	74	74
	1949	14	-	-	-	-	-	-	-	-	-	-	-	-	-	-	-	-	-	-	-	-	-	-	-	1,387	-	90	90
	1950	15	-	-	-	-	-	-	-	-	-	-	-	-	-	-	-	-	-	-	-	-	-	-	-	1,460	-	103	103
	1951	16	-	-	-	-	-	1	-	1	1	-	1	1	-	1	-	-	-	-	-	-	50	-	50	1,460	1	258	259
	1952	17	-	-	-	-	-	1	-	1	1	-	1	1	-	1	-	-	-	-	-	-	148	-	148	1,537	2	170	172
	1953	18	-	-	-	-	-	-	-	-	-	-	-	-	-	-	-	-	-	-	-	-	100	-	100	1,533	1	168	169
	1954	19	-	-	-	-	-	1	-	1	2	-	2	3	-	3	-	-	-	-	-	-	480	-	480	1,825	6	110	116
	1955	20	-	-	-	-	-	-	-	-	1	-	1	2	-	2	-	-	-	-	-	-	296	-	296	1,825	4	10	14
	1956	21	-	-	-	-	-	1	-	1	2	-	2	3	-	3	-	-	-	-	-	-	1,066	-	1,066	1,830	11	44	55
	1957	22	-	-	-	-	-	-	-	-	3	-	3	6	-	6	-	-	-	-	-	-	1,324	-	1,324	2,190	14	263	277
	1958	23	-	-	-	-	-	2	-	2	4	-	4	6	-	6	-	-	-	-	-	-	1,205	-	1,205	6,570	12	951	963
	1959	24	-	-	-	-	-	3	-	3	5	-	5	7	-	7	-	-	-	-	-	-	938	-	938	2,190	10	315	325
	1960	25	-	-	-	-	-	1	-	1	4	-	4	6	-	6	-	-	-	-	-	-	2,784	-	2,784	2,196	29	240	269
	1961	26	-	-	-	-	-	-	-	-	3	-	3	5	-	5	-	-	-	-	-	-	1,684	-	1,684	2,190	18	265	283
	1962	27	-	-	-	-	-	-	-	-	2	-	2	3	-	3	-	-	-	-	-	-	1,918	-	1,918	1,825	20	20	40
	1963	28	-	-	-	-	-	-	-	-	2	-	2	4	-	4	-	-	-	-	-	-	1,360	-	1,360	2,190	14	166	180
	1964	29	-	-	-	-	-	4	-	4	6	-	6	7	-	7	-	-	-	-	-	-	1,240	-	1,240	2,196	13	165	178

	1965	30	-	-	-	-	-	6	-	6	6	-	6	9	-	9	2	-	2	1,647	-	1,647	5,281	-	5,281	2,372	39	55	94
	1966	31	-	-	-	-	-	-	-	-	2	-	2	3	-	3	-	-	-	-	-	-	2,134	-	2,134	2,373	21	33	54
	1967	32	-	-	-	-	-	8	-	8	8	-	8	8	-	8	-	-	-	-	-	-	-	-	-	2,372	-	38	38
	1968	33	-	-	-	-	-	-	-	-	-	-	-	-	-	-	1	-	1	132	-	132	652	-	652	2,379	8	39	47
	1969	34	1	103	1	1	1	-	3	3	-	3	3	-	3	3	-	3	3	-	14,284	14,284	-	14,344	14,344	2,008	21	336	357
	1970	35	-	365	-	-	-	-	9	9	-	10	10	-	10	10	-	10	10	-	11,653	11,653	-	13,273	13,273	2,007	37	117	154
	1971	36	-	365	-	-	-	-	-	-	-	1	1	-	1	1	-	-	-	-	-	-	-	120	120	2,008	2	118	120
	累計	35年	1	833	2	2	2	29	12	41	52	14	66	74	14	88	3	13	16	1,779	25,937	27,716	22,660	27,737	50,397	57,286	283	4,802	5,085
	平均	1年	0.03	23.8	0.06	0.06	0.06	0.8	0.4	1.2	1.5	0.4	1.9	2.1	0.4	2.5	0.09	0.4	0.5	51	741	792	647	793	1,440	1,637	8	137	145
2.社會	1972	37	-	14	1	1	1	3	2	5	7	2	9	9	2	11	-	4	4	-	15,380	15,380	5,644	15,380	21,024	2,196	82	73	155
活動期	1973	38	-	-	-	-	-	1	-	1	6	-	6	11	-	11	-	-	-	-	-	-	6,990	-	6,990	2,190	72	70	142
(31年)	1974	39	1	15	-	1	1	8	6	14	13	6	19	19	6	25	-	2	2	-	3,219	3,219	7,502	4,111	11,613	2,190	95	72	167
	1975	40	1	12	-	1	1	8	1	9	14	2	16	31	2	33	-	2	2	-	3,219	3,219	10,280	3,531	13,811	2,190	116	74	190
	1976	41	2	208	-	2	2	-	3	3	2	9	11	2	9	11	-	9	9	-	28,938	28,938	1,318	31,600	32,918	2,196	90	97	187
	1977	42	2	27	-	2	2	11	-	11	16	2	18	22	2	24	-	4	4	-	17,841	17,841	7,598	18,503	26,101	2,190	114	118	232
	1978	43	2	28	1	2	2	3	4	7	11	5	16	18	5	23	4	4	8	1,426	10,612	12,038	8,806	11,862	20,668	2,190	108	136	244
	1979	44	2	32	10	10	11	6	19	25	12	18	30	16	18	34	6	18	24	2,150	41,122	43,272	10,178	44,872	55,050	2,190	182	148	330
	1980	45	-	-	-	-	-	-	-	-	8	-	8	17	-	17	6	-	6	2,018	-	2,018	9,234	-	9,234	2,196	79	225	304
	1981	46	-	-	-	-	-	3	-	3	14	-	14	30	-	30	12	-	12	3,674	-	3,674	15,610	-	15,610	2,190	138	241	379
	1982	47	1	17	3	4	4	3	7	10	14	10	24	40	10	50	8	7	15	2,852	24,632	27,384	20,886	27,569	48,455	1,095	273	87	360
	1983	48	2	15	2	3	3	12	4	16	23	5	28	40	5	45	6	8	14	2,147	27,365	29,512	26,063	28,385	54,448	1,095	340	170	510
	1984	49	1	9	-	1	1	9	4	13	26	4	30	47	4	51	7	4	11	1,936	4,876	6,812	35,268	5,512	40,780	1,098	414	171	585
	1985	50	2	16	-	2	2	2	3	5	16	7	23	32	7	39	12	4	16	4,429	10,612	15,041	33,902	11,371	45,273	1,095	390	170	560
	1986	51	1	6	1	1	1	3	1	4	16	1	17	22	1	23	7	2	9	2,696	9,234	11,930	26,726	9,434	36,160	913	314	142	456
	1987	52	1	11	-	1	1	2	7	9	10	7	17	14	7	21	4	2	6	1,793	3,219	5,012	20,035	3,619	23,654	912	238	142	380
	1988	53	-	-	-	-	-	11	-	11	22	-	22	33	-	33	20	-	20	7,197	-	7,197	25,081	-	25,081	915	231	142	373
	1989	54	2	22	1	3	3	9	5	14	20	4	24	50	4	54	33	9	42	11,622	34,074	45,696	27,470	35,294	62,764	913	273	142	415
	1990	55	1	7	1	1	1	8	3	11	28	3	31	59	3	62	27	2	29	9,868	3,071	12,939	28,792	3,471	32,263	912	248	142	390
	1991	56	4	46	4	7	11	6	19	25	35	24	59	78	28	106	35	23	58	12,652	52,429	65,081	31,280	56,627	87,907	2,190	366	252	618
	1992	57	1	10	-	1	1	4	10	14	29	11	40	74	13	87	65	7	72	24,140	8,111	32,241	40,436	9,971	50,407	1,464	263	56	319
	1993	58	2	18	-	2	2	4	3	7	27	4	31	64	4	68	29	7	36	9,488	25,763	35,251	20,202	26,359	46,561	913	187	120	307
	1994	59	3	34	-	4	5	2	11	13	23	26	49	55	26	81	24	14	38	8,383	50,258	58,641	19,183	51,895	71,078	1,460	234	176	410
	1995	60	4	37	3	6	7	6	20	26	29	32	61	97	34	131	59	21	80	20,559	86,823	107,382	35,390	93,838	129,228	2,017	420	182	602
	1996	61	1	6	-	1	1	1	-	1	29	6	35	87	6	93	57	4	61	32,362	5,436	37,798	47,811	6,936	54,747	2,054	254	188	442
	1997	62	4	55	1	6	7	3	8	11	28	23	51	80	27	107	25	13	38	9,606	49,683	59,289	22,706	54,351	77,057	2,105	296	182	478

生涯	年度	年齡	海外旅行 出國回數(日)	海外旅行 滯留期間(日)	訪問國 最初訪問國(國)	訪問國 延訪問國(國)	訪問國 延訪問回數(回)	訪問地域 最初訪問地域(地) 國內	最初訪問地域(地) 國外	最初訪問地域(地) 計	延訪問地域(地) 國內	延訪問地域(地) 國外	延訪問地域(地) 計	延訪問回數(回) 國內	延訪問回數(回) 國外	延訪問回數(回) 計	航空搭乘 搭乘回數(回) 國內	搭乘回數(回) 國外	搭乘回數(回) 計	飛行距離(km) 國內	飛行距離(km) 國外	飛行距離(km) 計	旅行距離 交通手段利用距離(km) 國內	交通手段利用距離(km) 國外	交通手段利用距離(km) 計	步行數(千步)	旅行時間(時間) 交通手段利用時間	步行時間	合計
	1998	63	3	9	-	1	2	2	4	6	28	12	40	100	12	112	17	8	25	5,846	8,066	13,912	19,026	10,294	29,320	1,687	208	129	337
	1999	64	4	18	1	3	4	3	5	8	38	7	45	127	7	134	43	8	51	5,162	8,416	13,578	22,170	9,191	31,361	1,943	232	162	394
	2000	65	4	29	2	5	5	2	8	10	34	12	46	111	14	125	37	14	51	14,193	33,739	47,932	28,340	35,751	64,091	1,870	259	152	411
	2001	66	2	25	6	8	10	1	15	16	36	18	54	120	21	141	39	11	50	15,061	39,951	55,012	33,357	46,218	79,575	1,948	374	162	536
	2002	67	3	24	4	6	6	-	16	16	20	17	37	55	20	75	15	17	32	6,058	52,593	58,651	12,767	55,747	68,514	1,441	197	144	346
	累計	31年	56	750	41	85	97	136	188	324	634	277	911	1,560	297	1,857	597	228	825	217,308	659,582	876,890	660,051	711,692	1,371,743	51,960	7,087	4,467	11,554
	年平均	1年	1.8	24.2	1.3	2.7	3.1	4.4	6.1	10.5	20.5	8.9	29.4	50.3	9.6	59.9	19.3	7.3	26.6	7,010	21,277	28,287	21,292	22,958	44,250	1,676	229	144	373
3.停年	2002	67	1	3	-	1	1	-	1	1	3	1	4	3	1	4	8	-	8	3,092	-	3,092	7,145	326	7,471	614	57	57	114
餘生期	2003	68	2	10	1	2	2	-	5	5	32	5	37	114	5	119	42	6	43	15,323	20,659	35,982	26,600	22,087	48,687	1,636	204	130	334
(4年)	2004	69	2	15	-	2	2	-	7	7	28	9	37	112	12	124	10	4	14	3,355	38,656	42,011	17,549	39,866	57,415	732	230	54	284
	2005	70	1	2	-	1	1	-	1	1	38	1	39	137	1	138	24	2	26	9,428	560	9,988	28,062	840	28,902	502	243	41	284
	2006	71	3	29	8	8	8	-	19	19	23	19	42	63	22	85	4	14	18	1,618	45,462	47,080	8,749	48,352	57,101	303	176	26	202
	累計	4年	9	59	9	14	14	-	33	33	124	35	159	429	41	470	88	26	114	32,816	105,337	138,153	88,105	111,471	199,576	3,787	910	308	1,218
	年平均	1年	2.3	14.8	2.3	3.5	3.5	-	8.3	8.3	31.0	8.8	39.8	107.2	10.3	117.5	22.0	6.5	28.5	8,204	26,334	34,538	22,026	27,868	49,894	947	228	77	305
總累計	累計	70年	66	1,642	52	101	113	165	233	398	810	326	1,136	2,063	352	2,415	688	267	955	251,903	790,856	1,042,759	770,816	850,900	1,621,716	113,030	8,280	9,577	17,857
(70年)	年平均	1年	0.9	23.5	0.7	1.4	1.6	2.4	3.3	5.7	11.6	4.7	16.2	29.5	5.0	34.5	9.8	3.8	13.6	3,599	11,298	14,897	11,012	12,156	23,167	1,615	118	137	255

客說 : 經驗에서 얻은 삶의 眞實

사탕이나 설탕 같은 단것을 많이 먹으면 머리가 좋아지고 늙어서도 癡 (치매)에 걸리지 않는다고 한다. 원래 단 飮食을 좋아하는 나지만 이 이야기를 듣고부터는 食堂을 나올 때 카운터에 있는 사탕을 한 줌 가득 들고와 먹는다. 좋다하면 양잿물도 먹을 참이다.

Ⅰ. 訪問國家 및 地域과 訪問回數

○ 要 約 : 最初訪問 國家 및 地域의 年度別 分布

(單位: 回.國.地域)

年度	年齡	出國回數	最初訪問國家數	最初訪問地域數		
				韓國	外國	合計
1936	1	-	1	1	-	1
1951	16	-	-	1	-	1
1952	17	-	-	1	-	1
1954	19	-	-	1	-	1
1956	21	-	-	1	-	1
1958	23	-	-	2	-	2
1959	24	-	-	3	-	3
1960	25	-	-	1	-	1
1964	29	-	-	4	-	4
1965	30	-	-	6	-	6
1967	32	-	-	8	-	8
1969	34	1	1	-	3	3
1970	35	-	-	-	9	9
累計	35년	1	2	29	12	41
1972	37	-	1	3	2	5
1973	38	-	-	1	-	1
1974	39	1	-	8	6	14
1975	40	1	-	8	1	9
1976	41	2	-	-	3	3
1977	42	2	-	11	-	11
1978	43	2	1	3	4	7
1979	44	2	10	6	19	25
1981	46	-	-	3	-	3
1982	47	1	3	3	7	10
1983	48	2	2	12	4	16

年度	年齡	出國回數	最初訪問國家數	最初訪問地域數		
				韓國	外國	合計
1984	49	1	-	9	4	13
1985	50	2	-	2	3	5
1986	51	1	1	3	1	4
1987	52	1	-	2	7	9
1988	53	-	-	11	-	11
1989	54	2	1	9	5	14
1990	55	1	1	8	3	11
1991	56	4	4	6	19	25
1992	57	1	-	4	10	14
1993	58	2	-	4	3	7
1994	59	3	-	2	11	13
1995	60	4	3	6	20	26
1996	61	1	-	1	-	1
1997	62	4	1	3	8	11
1998	63	3	-	2	4	6
1999	64	4	1	3	5	8
2000	65	4	2	2	8	10
2001	66	2	6	1	15	16
2002	67	4	4	-	17	17
2003	68	2	1	-	5	5
2004	69	2	-	-	7	7
2005	70	1	-	-	1	1
2006	71	3	8	-	19	19
累計	35년	65	50	136	221	357
總累計	70년	66	52	165	233	398

1. 訪問國家

(1) 年度別 最初訪問 國家 및 韓國內 市·道

(單位:個)

年度	年齡	地球上國家 國家名	國家數	韓國內市·道 市·道名	市道數	合計
1936	1	韓國(7.28)	1	慶北(7.28)	1	2
1956	21	-	-	서울(1.10)	1	1
1958	23	-	-	忠南(7.31),京畿(9.15)	2	2
1959	24	-	-	仁川(6.2),江原(12.5)	2	2
1960	25	-	-	光州(1.5)	1	1
1964	29	-	-	全北(5.13)	1	1
1965	30	-	-	大邱(3.10),忠北(4.11) 釜山(7.10),濟州(7.17)	4	4
1967	32	-	-	慶南(8.3)	1	1
1969	34	美國(9.20)	1	-	-	1
1972	37	日本(1.12)	1	全南(8.18)	1	2
1974	39	-	-	大田(1.18)	1	1
1975	40	-	-	蔚山(4.18)	1	1
1978	43	泰國(6.18)	1	-	-	1
1979	44	네덜란드(8.9),덴마크(8.10),獨逸(8.11),英國(8.12), 프랑스(8.14),오스트리아(8.18),스위스(8.19),이탈리아(8.21), 그리스(8.24),스리랑카(10.13)	10	-	-	10
1982	47	인도네시아(1.16),濠洲(1.19),뉴질랜드(1.22)	3	-	-	3
1983	48	印度(1.23),싱가포르(12.10)	2	-	-	2
1986	51	말레이시아(9.15)	1	-	-	1
1989	54	中國(3.8)	1	-	-	1
1990	55	臺灣(9.10)	1	-	-	1
1991	56	스페인(4.9),포르투갈(4.15),스웨덴(4.17),모나코(7.6)	4	-	-	4
1995	60	이집트(7.18),리비아(7.20),튜니시아(7.26)	3	-	-	3
1997	62	캐나다(8.1)	1	-	-	1
1999	64	北韓(8.17)	1	-	-	1
2000	65	베트남(1.26),캄보디아(1.29)	2	-	-	2
2001	66	요르단(2.9),이라크(2.10),러시아(7.4),폴란드(7.7), 체코(7.8),헝가리(7.11)	6	-	-	6
2002	67	멕시코(1.26),페루(1.27),브라질(2.2),아르헨티나(2.3)	4	-	-	4
2003	68	터키(7.21)	1	-	-	1
2006	71	케냐(1.13), 탄자니아(1.17), 南阿共(1.18), 짐바브웨(1.19), 보츠와나(1.20), 잠비아(1.20), 필리핀(4.20), 몽골(6.19)	8	-	-	8
累計		-	52	-	16	68

註, ( )內는 訪問 月·日임.

(2) 最初訪問 國家數의 累計 推移圖

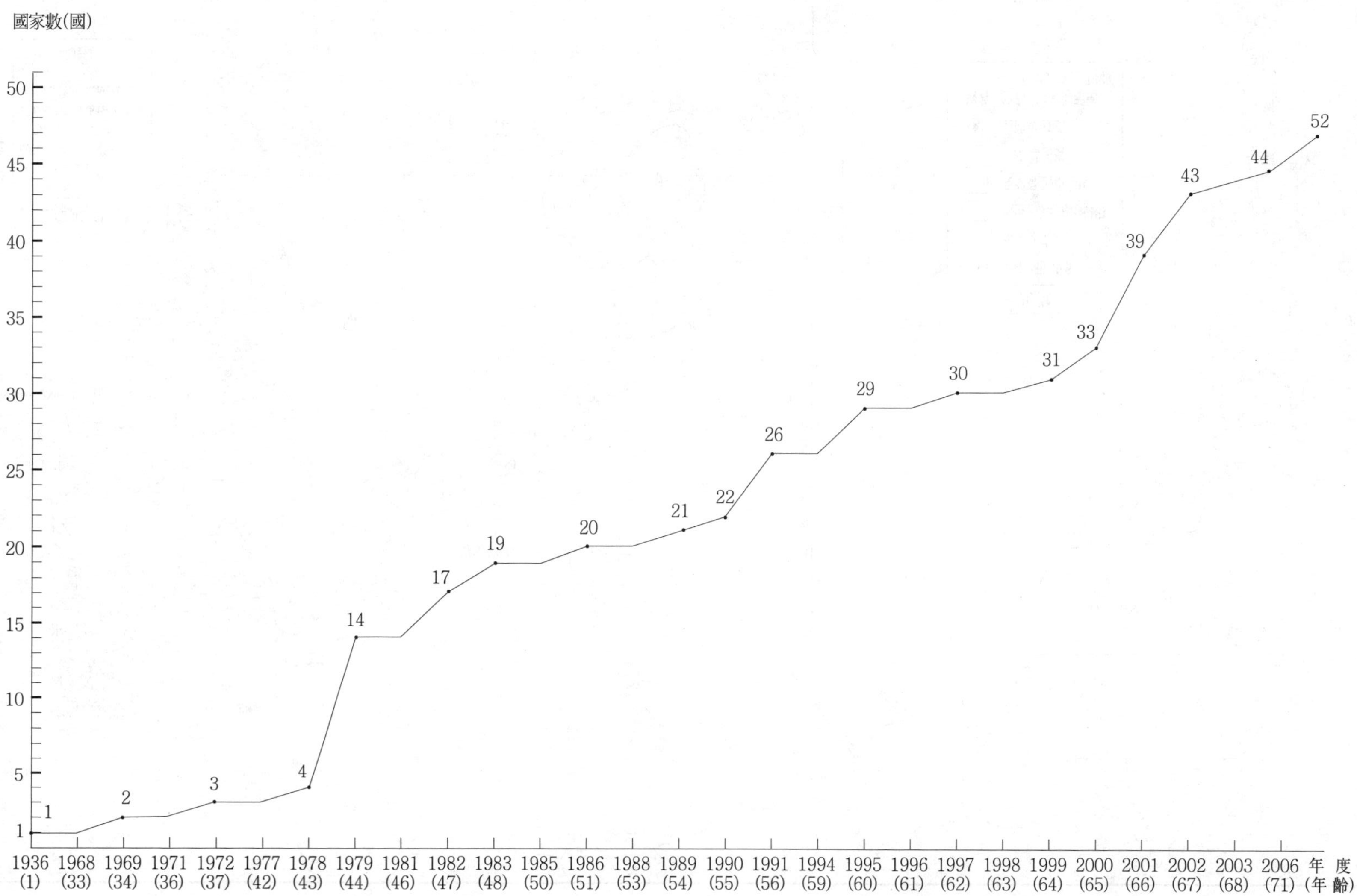

(3) 訪問國 分布圖

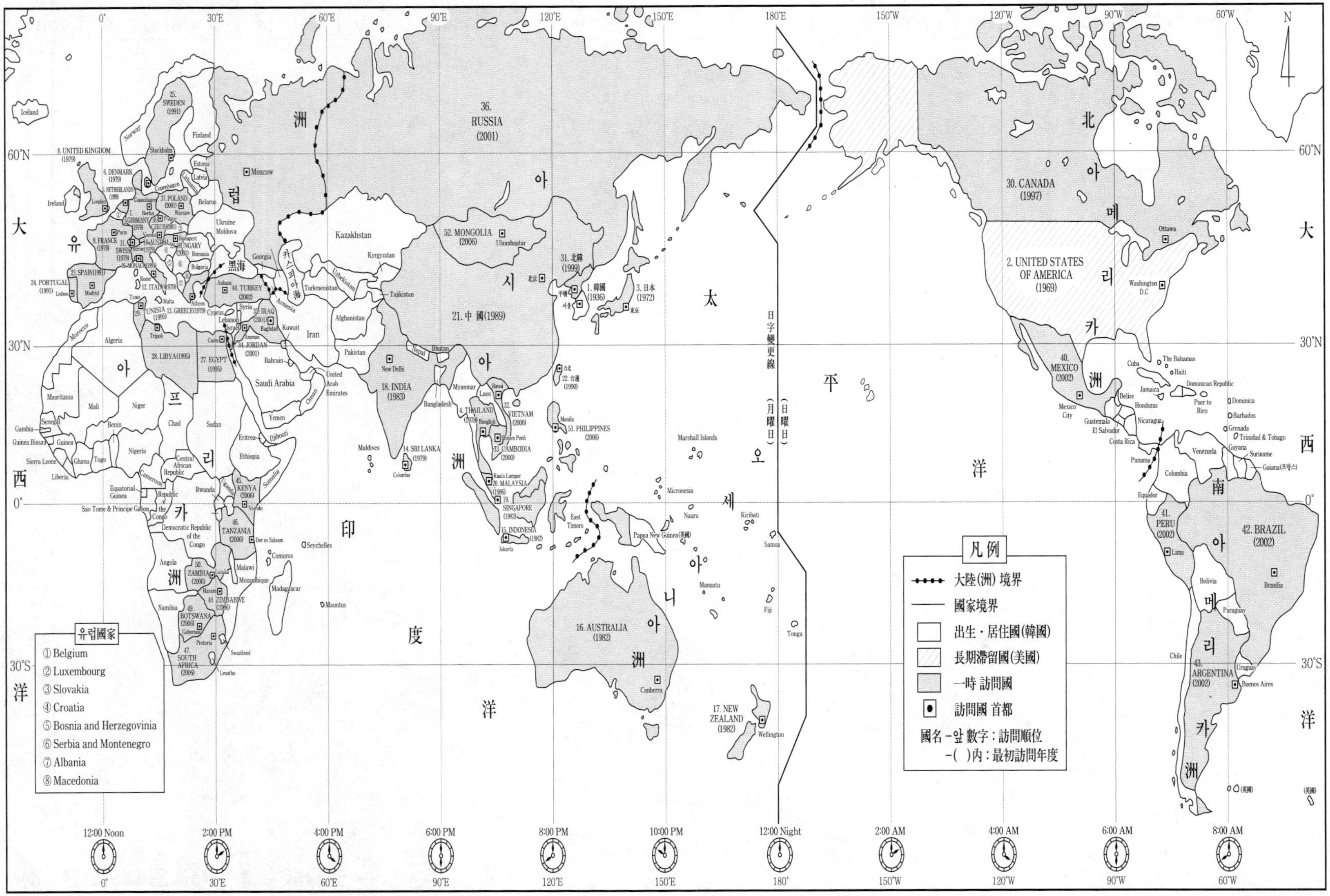
凡例
大陸(洲) 境界
國家境界
出生・居住國(韓國)
長期滯留國(美國)
一時 訪問國
訪問國 首都
國名-앞 數字 : 訪問順位
-( )內 : 最初訪問年度
유럽國家
① Belgium
② Luxembourg
③ Slovakia
④ Croatia
⑤ Bosnia and Herzegovinia
⑥ Serbia and Montenegro
⑦ Albania
⑧ Macedonia
1. 韓國 (1936)
2. UNITED STATES OF AMERICA (1969)
3. 日本 (1972)
8. UNITED KINGDOM (1979)
6. DENMARK (1979)
14. SRI LANKA (1979)
16. AUSTRALIA (1982)
17. NEW ZEALAND (1982)
18. INDIA (1983)
21. 中 國(1989)
22. 台灣 (1990)
24. PORTUGAL (1991)
25. SWEDEN (1991)
28. LIBYA(1995)
27. EGYPT (1995)
30. CANADA (1997)
31. 北韓 (1999)
33. CAMBODIA (2000)
36. RUSSIA (2001)
40. MEXICO (2002)
41. PERU (2002)
42. BRAZIL (2002)
43. ARGENTINA (2002)
45. KENYA (2006)
46. TANZANIA (2006)
47. SOUTH AFRICA (2006)
49. BOTSWANA (2006)
50. ZAMBIA (2006)
51. PHILIPPINES (2006)
52. MONGOLIA (2006)
日字變更線 (月曜日) (日曜日)
12:00 Noon
2:00 PM
4:00 PM
6:00 PM
8:00 PM
10:00 PM
12:00 Night
2:00 AM
4:00 AM
6:00 AM
8:00 AM

(4) 國內訪問 市 · 道 分布圖

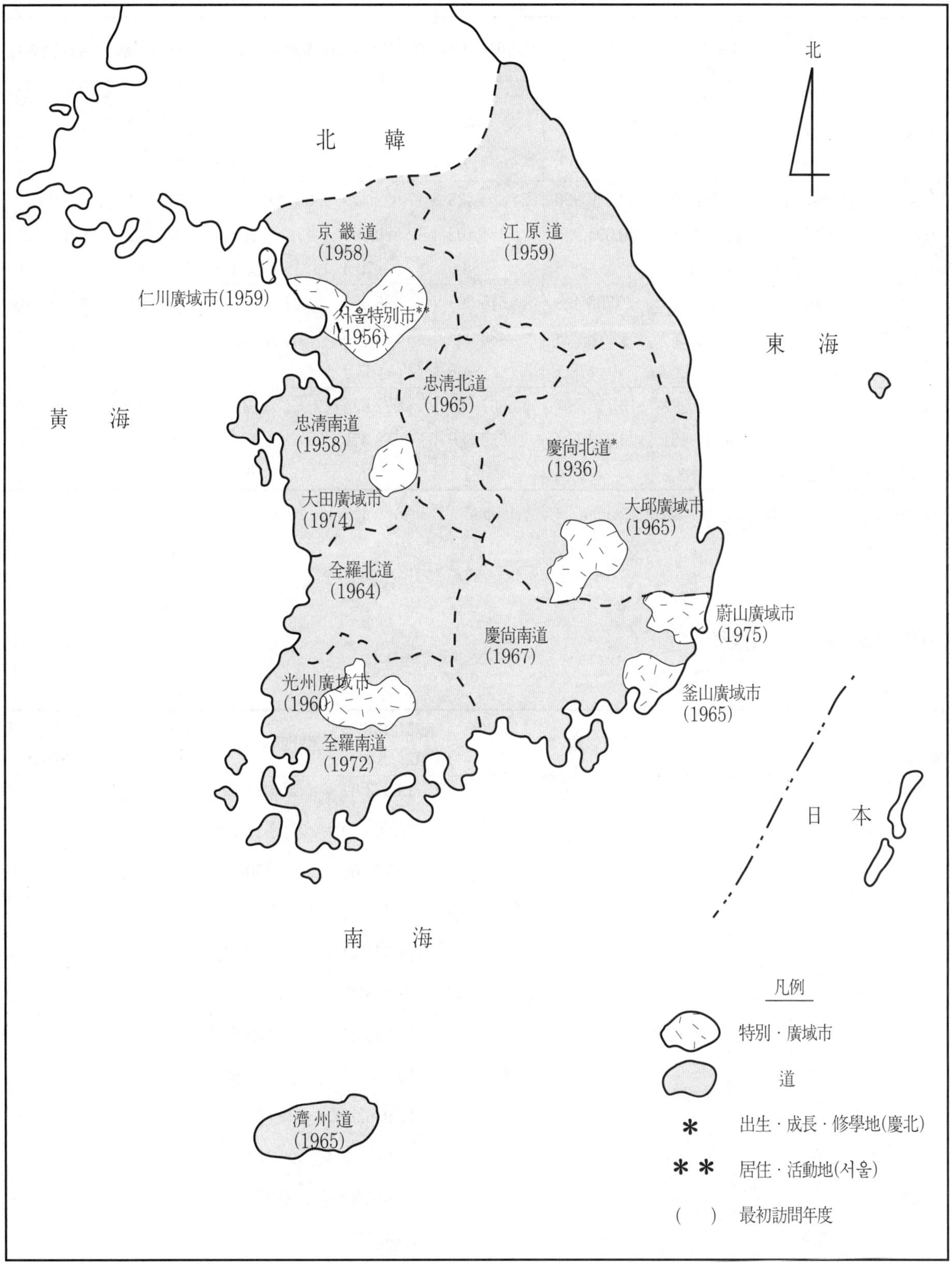

北
北 韓
京 畿 道
(1958)
江 原 道
(1959)
仁川廣域市(1959)
서울特別市**
(1956)
東 海
忠淸北道
(1965)
黃 海
忠淸南道
(1958)
慶尙北道*
(1936)
大田廣域市
(1974)
大邱廣域市
(1965)
全羅北道
(1964)
蔚山廣域市
(1975)
慶尙南道
(1967)
光州廣域市
(1960)
釜山廣域市
(1965)
全羅南道
(1972)
日 本
南 海
凡例
特別 · 廣域市
道
出生 · 成長 · 修學地(慶北)
居住 · 活動地(서울)
( ) 最初訪問年度
濟 州 道
(1965)

(5) 訪問國家의 世界속의 比重

(2005年 現在)

項目 \ 大陸		아시아 洲	유럽 洲	北아메리카 洲	南아메리카 洲	아프리카 洲	오세아니아 洲	合計(世界)
獨立	世界統計	48	42	23	12	53	14	192
國家數	訪問國合計	18	17	3	3	9	2	52
(國)	構成比(%)	37.5	40.5	13.0	25.0	17.0	14.3	27.1
面積	世界總計	31,762,951	23,040,396	24,394,535	17,822,479	30,256,320	8,514,986	135,791,667
(㎢)	訪問國合計	19,873,512	20,395,036	21,471,102	12,580,167	7,394,262	7,962,742	89,676,821
	構成比(%)	62.6	88.5	88.0	70.6	24.4	93.5	66.0
人口	世界總計	3,891,415	730,498	515,093	396,400	879,227	33,288	6,418,916
(千人)	訪問國合計	3,255,243	575,228	436,004	250,576	229,020	24,441	4,770,512
	構成比(%)	83.7	78.7	84.6	67.8	26.0	73.4	74.3
國民總生産	世界總計	9,288,291	10,715,397	13,867,159	992,634	603,612	513,414	35,988,170
GNP	訪問國合計	9,117,151	9,753,154	12,639,680	759,477	353,179	493,083	33,175,724
(100萬달러)	構成比(%)	98.8	91.0	91.1	76.5	58.5	96.0	92.2

資料: *2006 Britannica Book of the Year*. London : Encyclopaedia Britannica, Inc., 2006.

(6) 活動空間의 擴大推移

區分	年度	年齡	市道 및 國家	面積(2000年統計, Km^2)	累計面積(Km^2)	韓國 및 世界中占有率(%)	圓形假定時의半徑(km)
韓國	1936	1	慶北	19,023.69	19,023.69	19.1	78
	1956	21	서울	605.50	19,629.19	19.7	79
	1958	23	忠南, 京畿	18,721.65	38,350.84	38.6	111
	1959	24	仁川, 江原	17,536.36	55,887.20	56.2	133
	1960	25	光州	501.44	56,388.64	56.7	134
	1964	29	全北	8,050.07	64,438.71	64.8	143
	1965	30	大邱, 忠北, 釜山, 濟州	10,923.46	75,362.57	75.8	155
	1967	32	慶南	10,515.49	85,877.66	86.3	165
	1972	37	全南	11,986.97	97,864.63	98.4	176
	1974	39	大田	539.83	98,404.46	98.9	177
	1975	40	蔚山	1,056.29	99,460.75	100.0	178
	累計	39年	16市道	99,460.75	99,460.75	100.0	178

區分 \ 年度 \ 年齡 \ 項目			市道 및 國家	面積(2000年統計, Km^2)	累計面積(Km^2)	韓國 및 世界中占有率(%)	圓形假定時의半徑(km)
世界	1936	1	韓國	99,461	99,461	0.07	178
	1969	34	美國	9,518,323	9,617,784	7.1	1,750
	1972	37	日本	377,835	9,995,619	7.4	1,784
	1978	43	泰國	513,115	10,508,734	7.7	1,829
	1979	44	네덜란드, 덴마크, 獨逸, 英國, 프랑스, 오스트리아, 스위스, 이탈리아, 그리스, 스리랑카	1,853,695	12,362,429	9.1	1,984
	1982	47	인도네시아, 濠洲, 뉴질랜드	9,875,404	22,237,833	16.4	2,661
	1983	48	印度, 싱가포르	3,166,256	25,404,089	18.7	2,844
	1986	51	말레이시아	329,735	25,733,824	18.9	2.863
	1989	54	中國	9,527,900	35,261,724	25.9	3,351
	1990	55	臺灣	36,179	35,297,903	26.0	3,353
	1991	56	스페인, 포르투갈, 스웨덴, 모나코	1,047,790	36,345,693	26.8	3,402
	1995	60	이집트, 리비아, 튀니시	2,918,889	39,264,582	28.9	3,535
	1997	62	캐나다	9,970,610	49,235,192	36.3	3,960
	1999	64	北韓	122,762	49,357,954	36.4	3,964
	2000	65	베트남, 캄보디아	512,076	49,870,030	36.7	3,985
	2001	66	요르단, 이라크, 러시아, 폴란드, 체코, 헝가리	18,084,719	67,954,749	50.0	4,652
	2002	67	멕시코, 페루, 브라질, 아르헨티나	14,570,913	82,525,662	60.8	5,127
	2003	68	터키	774,815	83,300,477	61.3	5,151
	2006	71	케냐, 탄자니아, 南阿共, 짐바브웨, 보츠와나, 잠비아, 필리핀, 몽골	6,336,743	89,637,220	66.0	5,343
	累計	70年	52國	89,637,220	89,637,220	66.0	5,343
	世界	總計	192國	135,802,510	135,802,510	100.0	6,576

客說 : 經驗에서 얻은 삶의 眞實

善意의 게임을 하는 趣味活動에서 속임수를 쓰거나 게임의 룰을 어기는 것은 참으로 얄밉고 치사하다. 아니 가련하고 불쌍하다.

客說 : 經驗에서 얻은 삶의 眞實

좋은 내용으로 이름이 널리 알려지면 榮光스럽다. 그러나 그 榮光 만큼이나 處身하기도 조심스럽다. 有名說를 무는 셈이다.

(7)活動空間의 擴大推移圖

• 韓國

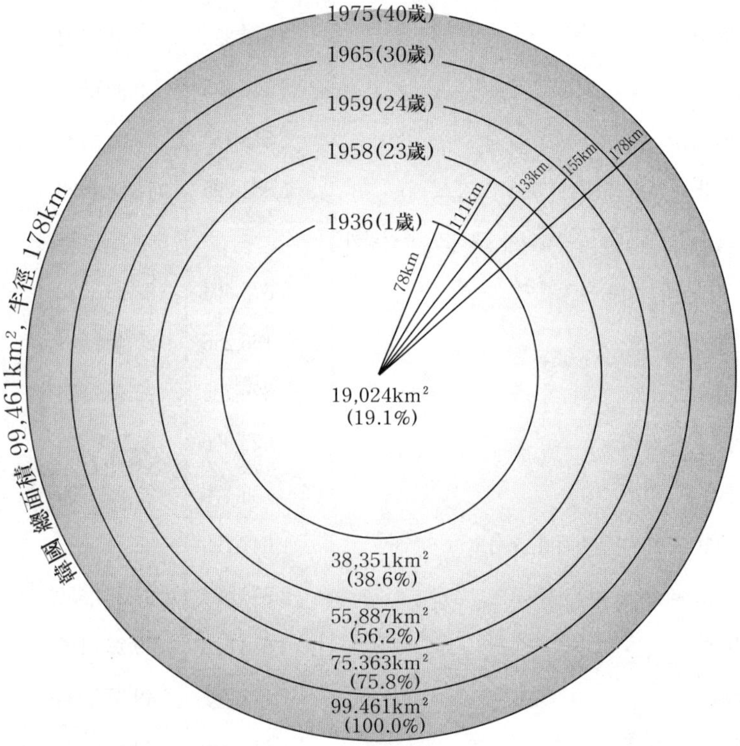

• 世界

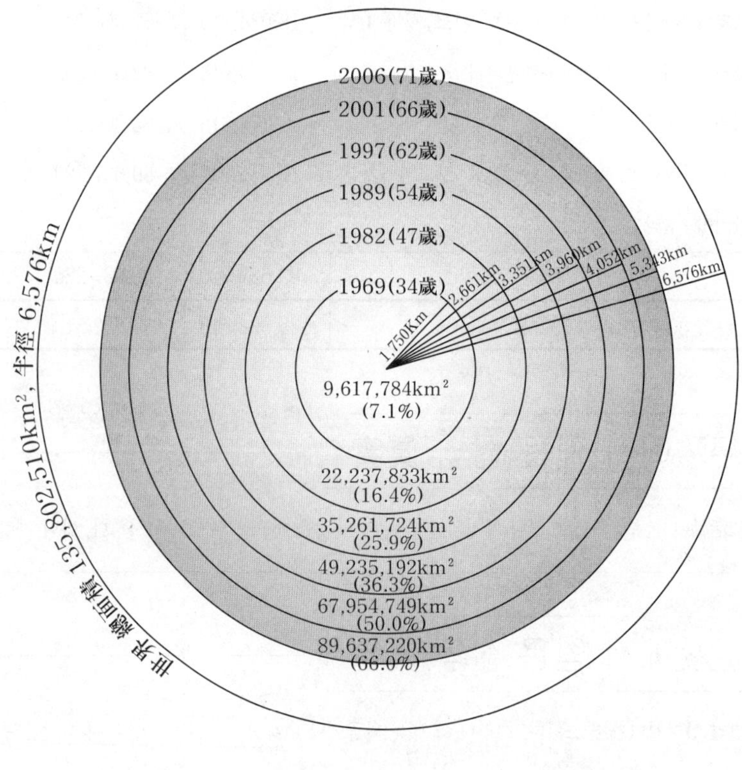

2. 訪問地域

(1) 年度別 最初訪問 國內市 · 郡 및 外國地域

(單位 : 個)

區分 年度 年齡		韓國訪問地		外國訪問地		合計
年度	年齡	市 · 郡名	市郡數	地域名	地域數	
1936	1	聞慶(7.28)	1	-	-	1
1951	16	醴泉(8.10)	1	-	-	1
1952	17	尙州(6.29)	1	-	-	1
1954	19	安東(4.5)	1	-	-	1
1956	21	서울(1.10)	1	-	-	1
1958	23	論山(7.31) 抱川(9.15)	2	-	-	2
1959	24	仁川(6.2) 原州(12.5) 橫城(12.5)	3	-	-	3
1960	25	光州(1.5)	1	-	-	1
1964	29	茂朱(5.13) 鎭安(5.14) 長水(5.15) 益山(7.15)	4	-	-	4
1965	30	大邱(3.10) 淸州(4.11) 淸道(5.2) 釜山(7.10) 北濟州(7.17) 濟州(7.17)	6	-	-	6
1967	32	咸安(8.3) 山淸(8.3) 咸陽(8.3) 居昌(8.3) 陜川(8.4) 固城(8.4) 泗川(8.4) 南海(8.4)	8	-	-	8
1969	34	-	-	San Francisco(9.20) Washington,D.C.(9.21) Cincinnati(9.24)(美國)	3	3
1970	35	-	-	Cleveland(8.29) Buffalo(8.30) Niagara Falls(8.31) Beacon(9.4) New York(9.5) Houston(9.10) Los Angeles(9.13) Denver(9.19) Chicago(9.23)(美國)	9	9
1972	37	牙山(2.19) 浦項(3.17) 順天(8.18)	3	Honolulu(1.8)(美國), 東京(1.12)(日本)	2	5
1973	38	春川(3.27)	1	-	-	1
1974	39	大田(1.18) 和順(4.10) 水原(4.23) 錦山(7.23) 光陽(7.30) 群山(8.1) 義城(9.20) 軍威(9.20)	8	名古屋(10.28) 浜松(11.1) 掛川(11.2) 京都(11.3) 大阪(11.10) 神戶(11.10) (日本)	6	14
1975	40	全州(3.3) 扶安(3.3) 井邑(3.4) 高敞(3.4) 平澤(4.12) 蔚山(4.18) 加平(6.23) 潭陽(8.9)	8	豊田(11.12)(日本)	1	9
1976	41	-	-	Madison(5.29) Pittsburgh(6.6) Columbus(8.25)(美國)	3	3
1977	42	廣州(7.16) 龍仁(7.16) 安城(7.16) 華城(7.16) 安養(7.16) 漣川(7.17) 鐵原(7.17) 楊州(7.17) 楊平(7.17) 驪州(7.17) 利川(7.17)	11	-	-	11
1978	43	報恩(3.9) 烏山(5.11) 富川(8.8)	3	Bangkok(6.18) Nakhon Nayok(6.27) Singburi(6.28) (泰國), 箱根(11.4)(日本)	4	7
1979	44	束草(4.1) 榮州(5.6)	6	Amsterdam(8.9) (네덜란드), Copenhagen(8.10)	19	25

年度 \ 區分 年齡		韓國訪問地		外國訪問地		合計
		市·郡名	市郡數	地 域 名	地域數	
		襄陽(7.7) 慶州(7.23) 金泉(7.27) 龜尾(7.28)		Helsingor(8.10)(덴마크), Hamburg(8.11)(獨逸), London(8.12) Stevenage(8.13)(英國), Paris(8.14) Versaille(8.15)(프랑스), Düsseldorf(8.16) Wuppertal(8.17) Dortmund(8.17) Heidelberg(8.17)(獨逸), Wien(8.18)(오스트리아),Zürich(8.19) Wengen(8.20) (스위스), Venice(8.21) Rome(8.22)(이탈리아), Athens(8.24)(그리스), Colombo(10.13)(스리랑카)		
1981	46	洪城(5.3) 寧越(8.28) 丹陽(10.14)	3	-	-	3
1982	47	羅州(7.21) 靈光(7.22) 槐山(9.4)	3	Jakarta(1.16) Denpasar(1.18)(인도네시아), Canberra (1.19) Sydney(1.20)(濠洲), Wellington(1.22) Rotorua(1.22)(뉴질랜드), 日光(1.27)(日本)	7	10
1983	48	巨濟(1.10) 果川(3.11) 盈德(5.13) 蔚珍(5.13) 青松(5.14) 保寧(7.30) 江陵(8.10) 三陟(8.10) 東海(8.10) 忠州(8.18) 光明(8.25) 太白(10.7)	12	New Delhi(1.23) Agra(1.29)(印度), Kandy(12.9)(스리랑카), Singapore(12.10)(싱가포르)	4	16
1984	49	南原(8.11) 高靈(8.12) 高城(10.19) 麟蹄(10.19) 楊口(10.19) 華川(10.19) 谷城(11.10) 求禮(11.10) 馬山(12.14)	9	川崎(10.2) 横濱(10.5) 札幌(10.6) 登別(10.7)(日本)	4	13
1985	50	西歸浦(8.1) 南濟州(8.1)	2	筑波(12.1) 奈良(12.6) 天理(12.7)(日本)	3	5
1986	51	燕岐(4.17) 陰城(10.3) 城南(10.8)	3	Kuala Lumpur(9.15)(말레이시아)	1	4
1987	52	瑞山(5.23) 泰安(5.24)	2	福岡(7.5) 北九州(7.6) 別府(7.7) 大分(7.8) 阿蘇(7.10) 長崎(7.10) 唐津(7.11)(日本)	7	9
1988	53	木浦(3.24) 務安(3.24) 新安(3.26) 任實(4.5) 淳昌(4.5) 麗水(5.26) 寶城(5.26) 高興(5.26) 長興(6.30) 昌原(8.6) 慶山(11.24)	11	-	-	11
1989	54	咸平(3.28) 高陽(8.4) 金海(9.2) 統營(9.3) 天安(9.11) 議政府(10.3) 長城(10.29) 平昌(12.21) 旌善(12.21)	9	上海(3.8) 蘇州(3.9) 杭州(3.13)(中國), College Park(5.13) Towson(6.1)(美國)	5	14
1990	55	海南(1.12) 珍島(1.12) 公州(2.22) 永川(4.18) 扶餘(8.27) 莞島(11.24) 舒川(12.15) 梁山(12.19)	8	臺北(9.10) 新竹(9.13) 臺中(9.14)(臺灣)	3	11
1991	56	金堤(1.30) 安山(2.5) 東豆川(2.11) 坡州(2.22) 奉化(10.31) 英陽(11.2)	6	Sitges(4.9) Barcelona(4.11) Madrid(4.13)(스페인), Lisbon(4.15)(포르투갈), Stockholm(4.17) Uppsala(4.18) (스웨덴), Berlin(7.1) Potsdam(7.2) Hannover(7.3) Peine(7.4) Gartow(7.4) Celle(7.4)(獨逸), Marseille(7.5) (프랑스), Monaco(7.6)(모나코), Nice(7.7) Antibes(7.7) Cannes(7.7) Le Havre(7.10) Normandie(7.10)(프랑스)	19	25

年度	年齡	韓國訪問地 市·郡名	市郡數	外國訪問地 地域名	地域數	合計
1992	57	堤川(1.15)南楊州(3.26) 金浦(10.2 密陽(11.14)	4	天津(7.8) 北京(7.8) 長春(7.9) 延吉(7.10) 琿春(7.13) 防川(7.13) 圖們(7.13) 白頭山(7.14) 龍井(7.15) 瀋陽(7.15)(中國)	10	14
1993	58	始興(6.30) 淸原(8.4) 洪川(9.5) 軍浦(11.22)	4	Akron(7.2) Lansing(7.6)(美國), 鎌倉(9.29)(日本)	3	7
1994	59	九里(2.7) 晋州(4.15)	2	Magdeburg(8.16) Ruhr(8.17) Essen(8.17) Köln(8.18) Bonn(8.19) Frankfurt(8.19)(獨逸), 仙臺(8.24) 小樽(8.26) 洞爺(8.26) 小牧(8.28) 千歲(8.28)(日本)	11	13
1995	60	河東(1.28) 宜寧(3.8) 河南(6.2) 儀旺(9.12) 禮山(9.28) 昌寧(10.18)	6	Las Vegas(6.19)(美國), Cairo(7.18) Luxor(7.18) Alexandria(7.20) El Alamein(7.20) Assallum(7.20)(이집트), Am Saad(7.20) Tobruk(7.20) Darnah(7.21) Susah(7.21) Al Bayda(7.21) Benghazi(7.21) Ajdabiyah(7.22) Sarir(7.22) Jalu(7.23) Sirt(7.24) Hons(7.24) Tripoli(7.24)(리비아), Ben Gardane(7.26) Djerba(7.26)(튜니시아)	20	26
1996	61	靑陽(5.30)	1	-	-	1
1997	62	鎭海(3.30) 永同(5.24) 沃川(6.2)	3	Windsor(4.6)(濠洲), Port Huron(8.1)(美國), Sarnia(8.1) Niagara Falls(8.1)(캐나다), Orlando(8.5) Cape Canaveral(8.9) Cocoa(8.9)(美國), 高山(9.19)(日本)	8	11
1998	63	鎭川(4.26) 完州(9.7)	2	熊本(6.25) 松山(6.28) 高松(6.29)(日本), 西安(8.6)(中國)	4	6
1999	64	靈岩(6.11) 康津(6.11) 唐津(10.22)	3	越谷(4.23)(日本), 高城(8.17)(北韓), 臺南(9.17) 高雄(9.20) 墾丁(9.20)(臺灣)	5	8
2000	65	漆谷(2.22) 鬱陵(5.8)	2	Hanoi(1.26) Hochiminh(1.28)(베트남), Phnom Penh(1.29) Siem Reap(1.30) Angkor(1.30)(캄보디아), 淡路島(7.19)(日本), Millbrae(8.19) Palo Alto(8.20)(美國)	8	10
2001	66	星州(6.13)	1	Amman(2.9)(요르단), Baghdad(2.10) Samarra(2.11) Hadhar(2.11) Mosul(2.11) Nasiriyah(2.13) Hilla(2.13) Babylon(2.14)(이라크), Petra(2.15)(요르단), Moscow(7.4) St Petersburg(7.4)(러시아), Warsaw(7.7)(폴란드), Praha(7.8) Brno(7.9)(체코), Budapest(7.11)(헝가리)	15	16
2002	67	-	-	Mexico City(1.26)(멕시코), Lima(1.27) Cusco(1.28) Urubamba(1.28) Machu Picchu(1.29) Ica(1.30) Nasca(1.31) Pisco(1.31)(페루), Foz do Iguaçu(2.2) Curitiba(2.3) Brasilia(2.5)(브라질), Puerto Iguazú(2.3)(아르헨티나), 丹東(4.12) 東港(4.12) 寬甸(4.15)(中國), 金門島(8.8)(臺灣), 對馬島(9.28)(日本)	17	17
2003	68	-	-	Istanbul(7.21) Ankara(7.24) Cappadocia(7.26) Konya(7.27) (터키), 開城(12.11) (北韓)	5	5
2004	69	-	-	San Jose(2.3) Santa Clara(2.4) Neward(2.7) Monterey(2.8) Pacific Grove(2.8) Camel(2.8) Daly City(9.13) (美國)	7	7
2005	70	-	-	平壤(北韓)	1	1
2006	71	-	-	Nairobi(1.13) Amboseli(1.16) Namanga(1.17) (케냐), Namanga(1.17) (탄자니아), Johannesburg(1.18) (南阿共), Victoria Falls(1.19) (짐바브웨), Chobe(1.20) (보츠와나), Livingstone(1.20) (잠비아), Cape Town(1.21) Pretoria(1.24) Sun City(1.24) (南阿共), Manila(4.20) Quezon City(4.21) Tagaytay(4.21) Pagsanjan(4.22) Alaminos(4.23) (필리핀), Ulaanbaatar(6.19) Terelj(6.20) Möngönmor' t(6.20) (몽골)	19	19
累計	70年	-	165	-	233	398

(2) 最初訪問 地域數의 累計 推移圖

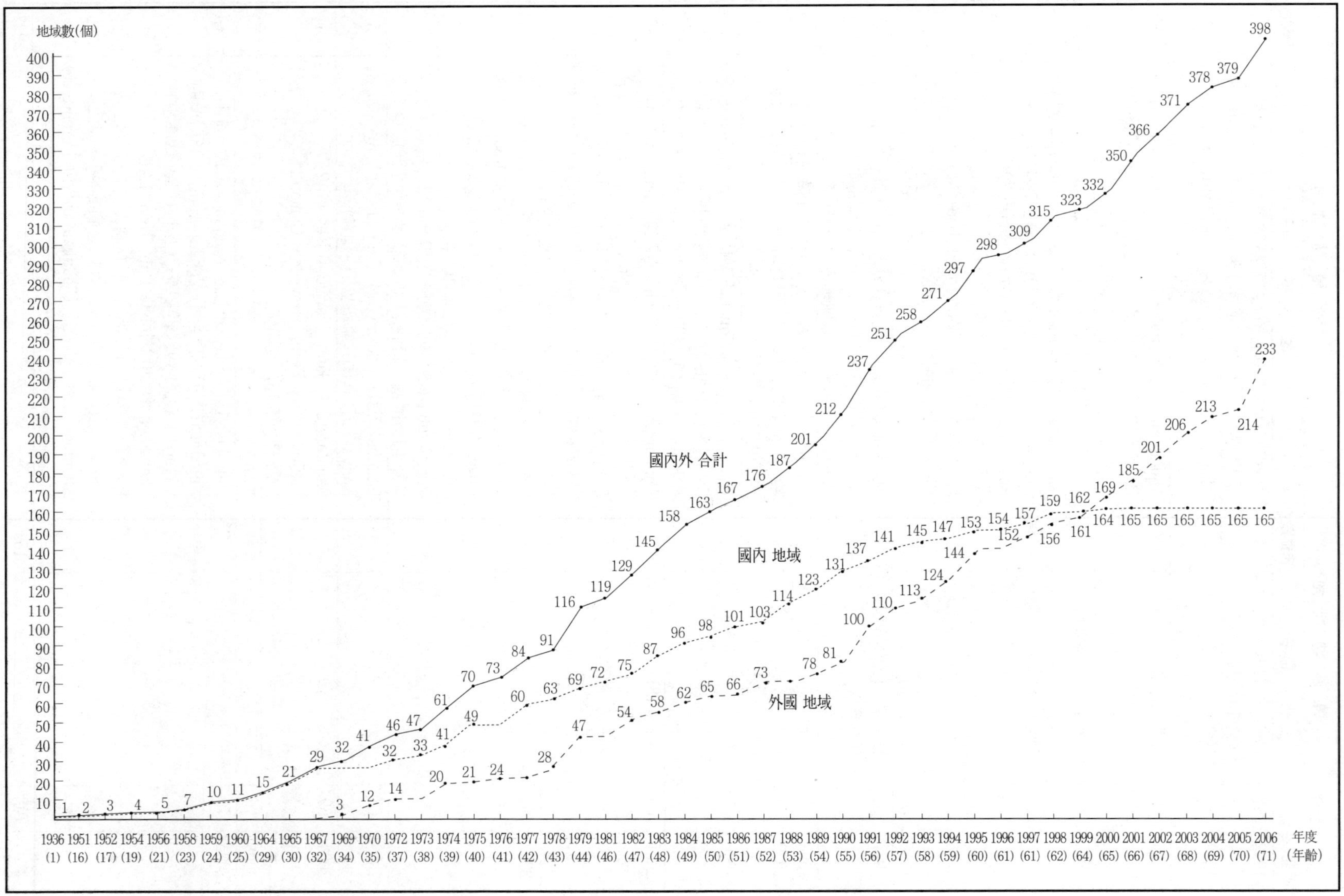

(3) 韓國 市·道別 및 年度別 最初訪問 市·郡

市道 / 年度	特別·廣域市	京 畿	江 原	忠 北	忠 南	全 北	全 南
1936							
1951							
1952							
1954							
1956	서울						
1958		抱川			論山		
1959	仁川		原州,橫城				
1960	光州						
1964						茂朱.鎭安,長水,益山	
1965	大邱,釜山			淸州			
1967							
1972					牙山		順天
1973			春川				
1974	大田	水原			錦山	群山	和順,光陽
1975	蔚山	平澤,加平				全州,扶安 井邑,高敞	潭陽
1977		廣州,龍仁,安城,華城,安養, 漣川,楊州,楊平,驪州,利川	鐵原				
1978		烏山,富川		報恩			
1979			束草,襄陽				
1981			寧越	丹陽	洪城		
1982				槐山			羅州,靈光
1983		果川,光明	江陵,三陟, 東海,太白	忠州	保寧		
1984			高城,麟蹄,楊口,華川			南原	谷城,求禮
1985							
1986		城南		陰城	燕岐		
1987					瑞山,泰安		
1988						任實,淳昌	木浦,務安,新安,麗水, 寶城,高興,長興
1989		高陽,議政府	平昌,旌善		天安		咸平,長城
1990					公州,扶餘,舒川		海南,珍島,莞島
1991		安山,東豆川,坡州				金堤	
1992		南楊州,金浦		堤川			
1993		始興,軍浦	洪川	淸原			
1994		九里					
1995		河南,儀旺			禮山		
1996					靑陽		
1997				永同,沃川			
1998				鎭川		完州	
1999					唐津		靈岩,康津
2000							
2001							
累計	7	31	18	11	15	14	22

年度＼市道	慶 北	慶 南	濟 州	合計
1936	聞慶			1
1951	醴泉			1
1952	尙州			1
1954	安東			1
1956				1
1958				2
1959				3
1960				1
1964				4
1965	淸道		北齊州,濟州	6
1967		咸安,山淸,咸陽,居昌,陜川,固城,泗川,南海		8
1972	浦項			3
1973				1
1974	義城,軍威			8
1975				8
1977				11
1978				3
1979	榮州,慶州,金泉,龜尾			6
1981				3
1982				3
1983	盈德,蔚珍,靑松	巨濟		12
1984	高靈	馬山		9
1985			西歸浦,南濟州	2
1986				3
1987				2
1988	慶山	昌原		11
1989		金海,統營		9
1990	永川	梁山		8
1991	奉化,英陽			6
1992		密陽		4
1993				4
1994		晋州		2
1995		河東,宜寧,昌寧		6
1996				1
1997		鎭海		3
1998				2
1999				3
2000	漆谷,鬱陵			2
2001	星州			1
累計	23	20	4	165

客說 : 經驗에서 얻은 삶의 眞實

한 사람의 現在 狀態를 결정하는 데 影響을 주는 것은 타고난 遺産과 그동안의 勞力, 그리고 그가 살아온 時代와 環境이라고 할 수 있다. 그러나 이들 3者가 작용한 程度의 相對的 比率은 사람에 따라 상이하다.

客說 : 經驗에서 얻은 삶의 眞實

가고 싶은 모임이나 만나고 싶은 사람은 며칠 전부터 즐겁지만 가기 싫은 모임이나 보기 싫은 사람과의 約束은 며칠 전부터 우울해진다. 人間은 感情의 動物이라더니 확실히 그러하다.

客說 : 經驗에서 얻은 삶의 眞實

乘車와 步行은 反比例한다. 技士가 있는 乘用車를 타고 다니면 매우 편하지만 몸에 좋다는 步行을 하지 못해 늘 아쉽다. 乘用車에 습관이 들면 걸을 생각은 아예 없어진다. 便한 것을 추구하는 感性은 유익한 것을 좇아야 한다는 理性을 이기고 만다.

客說 : 經驗에서 얻은 삶의 眞實

나는 많은 나라, 여러 地域, 숱한 地點을 방문하고 구경했다. 思考와 行動의 폭을 넓히고 깊이를 깊게 하는 데 많은 도움이 되었다. 韓國內의 市 · 道와 市 · 郡은 전부 가 봤지만 192개 獨立國家는 停年까지 43個國만 방문하였다. 世界 모든 國家를 다 가보고 싶었지만 이는 이제 불가능해졌고 잘 하면 60餘個國은 될 것 같다.

(4) 韓國의 訪問市 · 郡 分布圖

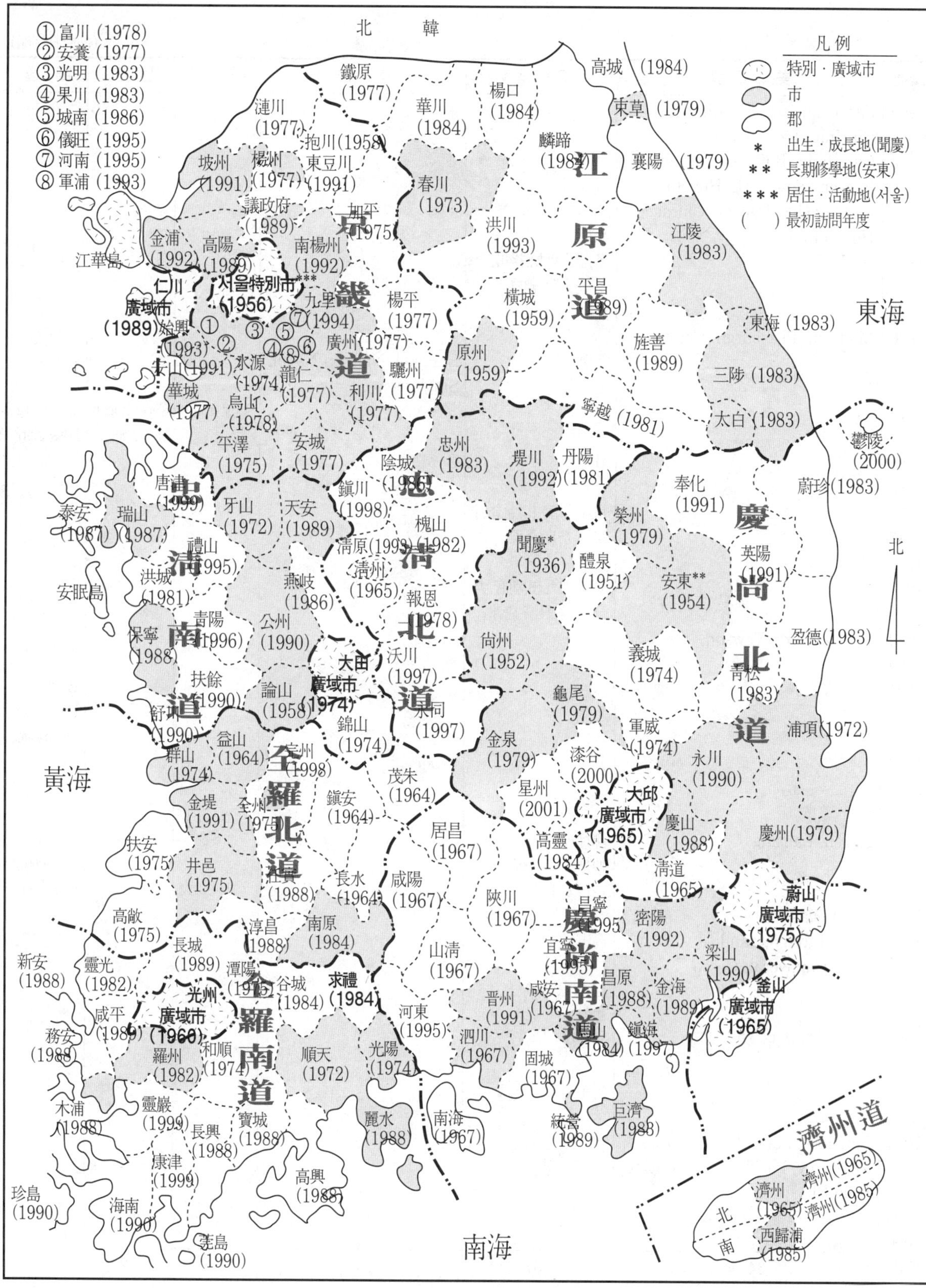

(5) 外國 國家別 및 年度別 最初訪問 地域

(訪問日字順)

國家 / 年度	美 國	日 本	泰 國	네덜란드	덴마크	獨 逸
1969	San Francisco, Washington,D.C., Cincinnati					
1970	Cleveland, Buffalo, Niagra Falls, Beacon, New York, Houston, Los Angeles, Denver, Chicago					
1972	Honolulu	東京				
1974		名古屋,浜松,掛川,京都,大阪,神戸				
1975		豊田				
1976	Madison, Pittsburgh, Columbus					
1978		箱根	Bangkok,Nakhon Nayok, Singburi			
1979				Amsterdam	Copenhagen, Helsingor	Hamburg, Düsseldorf
1982		日光				
1983						
1984		川崎,横濱,札幌,登別				
1985		筑波,奈良,天理				
1986						
1987		福岡,北九州,別府,大分,阿蘇,長崎,唐津				
1989	College Park, Towson					
1990						
1991						Berlin, Potsdam, Hannover
1992						
1993	Akron, Lansing	鎌倉				
1994		仙臺,小樽,洞爺,小牧,千歳				Magdeburg, Ruhr,Essen
1995	Las Vegas					
1997	Port Huron, Orlando, Cape Canaveral, Cocoa	高山				
1998		熊本,松山,高松				
1999		越谷				
2000	Millbrae, Palo Alto	淡路島				
2001						
2002		對馬島				
2003						
2004	San Jose, Santa Clara , Newark, Monterey, Pacific Grove, Carmel, Daly City					
2005						
2006						
累計	34	37	3	1	2	

年度＼國家	獨 逸	英 國	프 랑 스	오스트리아	스위스	이탈리아	그리스	스리랑카	인도네시아
1969									
1970									
1972									
1974									
1975									
1976									
1978									
1979	Wuppertal, Dortmund, Heidelberg	London, Stevenage	Paris, Versaille	Wien	Zürich, Wengen	Venice, Rome	Athens	Colombo	
1982									Jakarta, Denpasar
1983								Kandy	
1984									
1985									
1986									
1987									
1989									
1990									
1991	Peine, Gartow, Celle		Marseille, Nice, Antibes, Cannes, Le Havre, Normandie						
1992									
1993									
1994	Köln, Bonn, Frankfurt								
1995									
1997									
1998									
1999									
2000									
2001									
2002									
2003									
2004									
2005									
2006									
累計	17	2	8	1	2	2	1	2	2

國家 / 年度	濠 洲	뉴질랜드	印 度	싱가포르	말레이시아	中 國	臺 灣	스페인
1969								
1970								
1972								
1974								
1975								
1976								
1978								
1979								
1982	Canberra, Sydney	Wellington, Rotorua						
1983			New Delhi, Agra	Singapore				
1984								
1985								
1986					Kuala Lumpur			
1987								
1989						上海,蘇州,杭州		
1990							臺北,新竹,臺中	
1991								Sitges, Barcelona, Madrid
1992						天津, 北京, 長春, 延吉, 琿春, 防川, 圖們,白頭山,龍井,瀋陽		
1993								
1994								
1995	Windsor							
1997						西安	臺南,高雄,墾丁	
1998								
1999								
2000								
2001						丹東,東港,寬甸	金門島	
2002								
2003								
2004								
2005								
2006								
累計	3	2	2	1	1	17	7	3

國家 年度	포르투갈	스웨덴	모나코	이집트	리비아	튜니시아	캐나다	北韓
1969								
1970								
1972								
1974								
1975								
1976								
1978								
1979								
1982								
1983								
1984								
1985								
1986								
1987								
1989								
1990								
1991	Lisbon	Stockholm, Uppsala	Monaco					
1992								
1993								
1994								
1995				Cairo, Luxor, Alexandria, El Alamein, Assalum	Am Saad, Tobruk. Darnah, Susah, Al Bayda, Benghazi, Ajdabiya, Sarir, Jalu, Sirt, Homs, Tripoli	Ben Gardane, Djerba		
1997							Sarnia, Niagara Falls	
1998								高城
1999								
2000								
2001								
2002								
2003								開城
2004								
2005								平壤
2006								
累計	1	2	1	5	12	2	2	3

國家 / 年度	베트남	캄보디아	요르단	이 라 크	러 시 아	폴란드	체 코	헝가리
1969								
1970								
1972								
1974								
1975								
1976								
1978								
1979								
1982								
1983								
1984								
1985								
1986								
1987								
1989								
1990								
1991								
1992								
1993								
1994								
1995								
1997								
1998								
1999								
2000	Hanoi, Hochiminh	Phnom Penh, Siem Reap, Angkor						
2001			Amman, Petra	Baghdad, Samarra, Hadhar, Mosul, Nasiriyah, Hilla, Babylon	Moscow St. Petersburg	Warsaw	Praha, Brno	Budapest
2002								
2003								
2004								
2005								
2006								
累計	2	3	2	7	2	1	2	1

國家 年度	멕시코	페 루	브라질	아르헨티나	터 키	케 냐	탄자니아	南阿共	짐바브웨	보츠와나	잠비아	필리핀	몽골	合計
1969														3
1970														9
1972														2
1974														6
1975														1
1976														3
1978														4
1979														19
1982														7
1983														4
1984														4
1985														3
1986														1
1987														7
1989														5
1990														3
1991														19
1992														10
1993														3
1994														11
1995														20
1997														8
1998														4
1999														5
2000														8
2001														15
2002	Mexico City	Lima, Cusco, Urubamba, Machu Picchu, Ica, Nasca, Pisco	Foz do Iguaçu, Curitiba, Brasilia	Puerto Iguazú										17
2003					Istanbul, Ankara, Cappadocia. Konya									5
2004														7
2005														1
2006						Nairobi, Amboseli, Namanga	Namanga	Johannesburg, Cape Town, Pretoria, Sun City	Victoria Falls	Chobe	Livingstone	Manila, Quezon City, Tagaytay, Pagsanjan, Alaminos	Ulaanbaatar, Terelj, Möngönmor't	19
累計	1	7	3	1	4	3	1	4	1	1	1	5	3	233

(6) 訪問國家別 訪問地域 分布圖

● 日 本

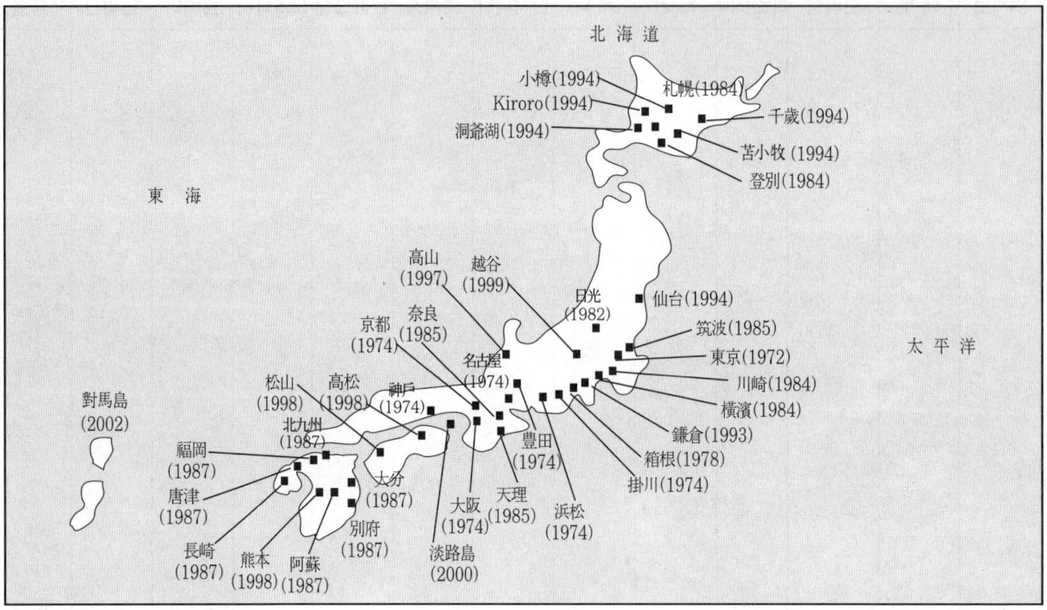

● 中國과 臺灣 및 北韓

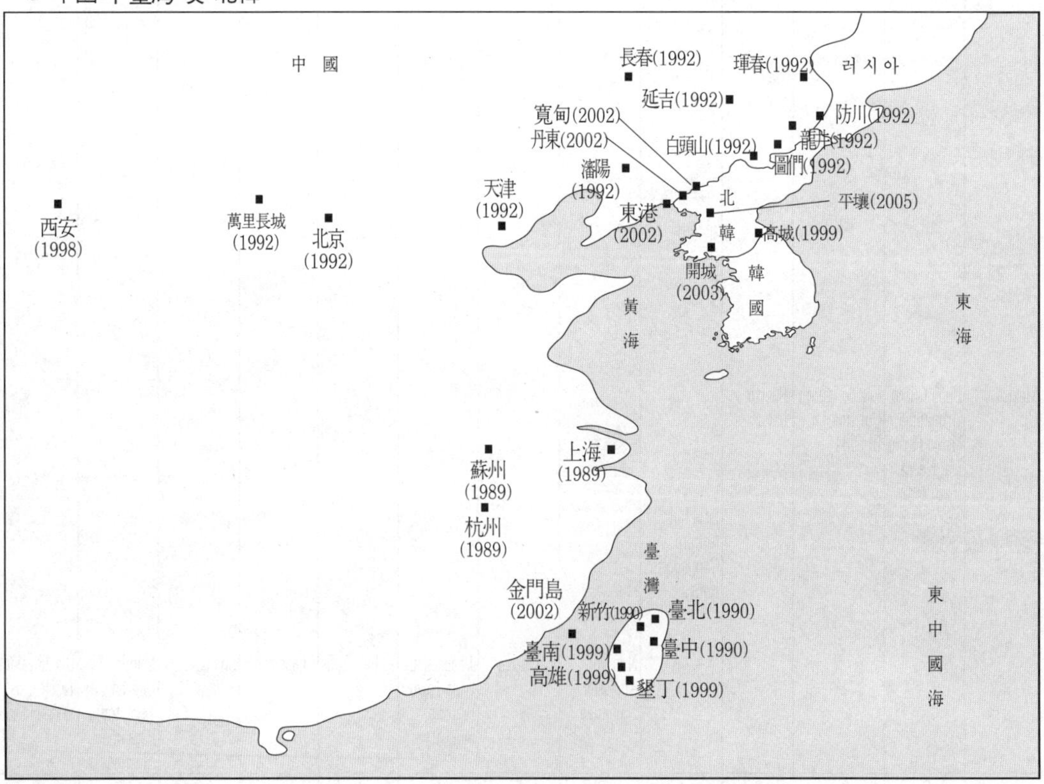

● 東南아시아 諸國

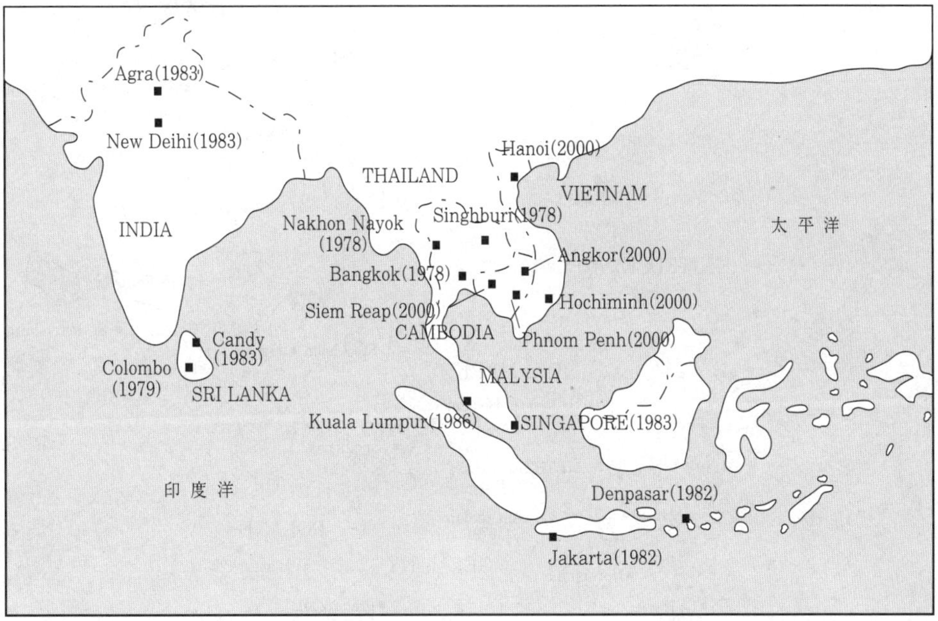

● 터키, 이라크 및 요르단

● 유럽 帝國(獨逸은 別途作成)

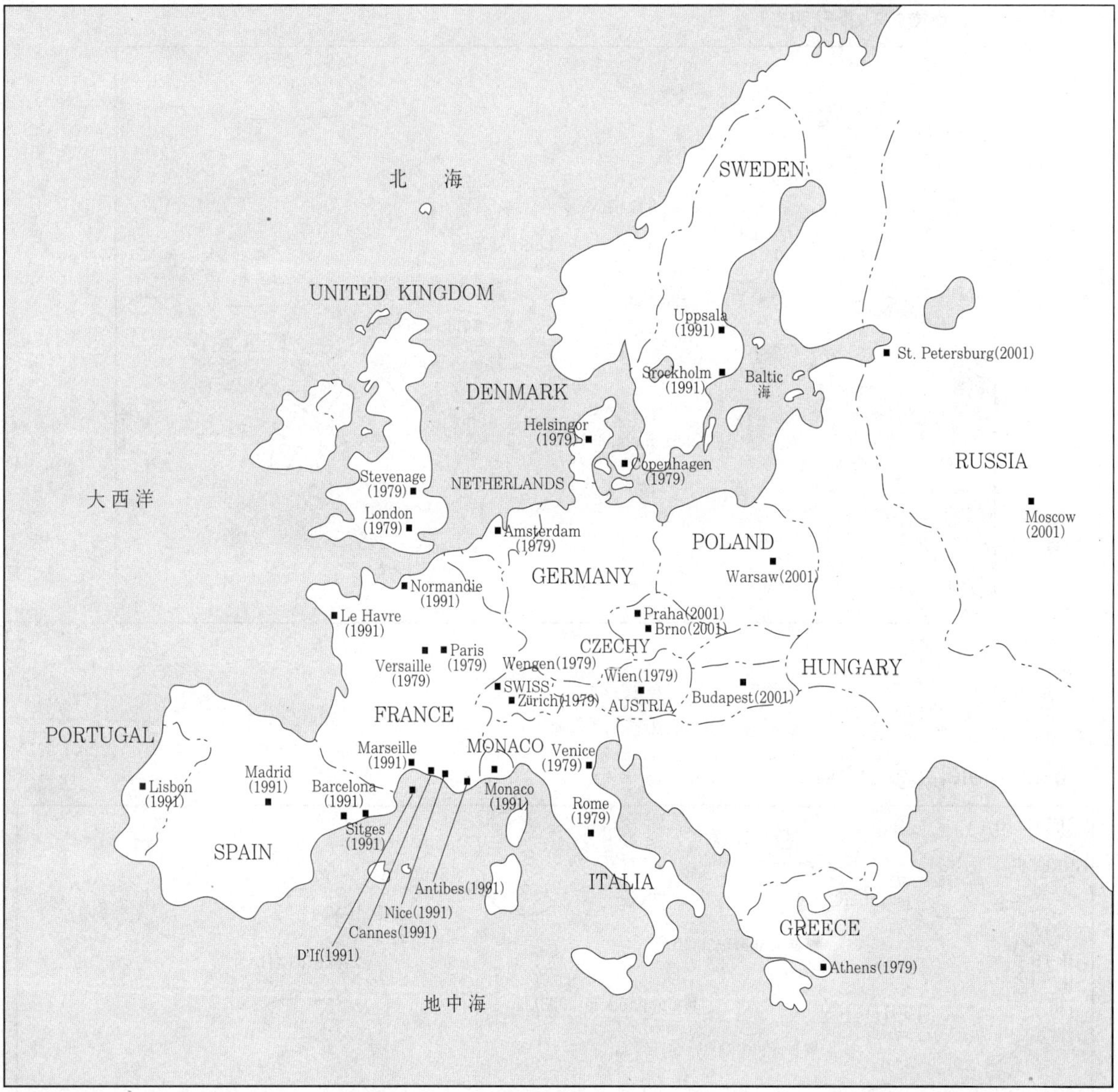

客說 : 經驗에서 얻은 삶의 眞實

지나고 나서 후회하는 것이 두 가지가 있다. 해야 할 것을 안한 것과 해서는 안 될 것을 한 것이 그것이다. 統計學에서는 앞의 경우를 第1種 誤謬라 하고 뒤의 경우를 第2種 誤謬라 한다. 波及의 影響으로 볼 때는 해서는 안될 것을 했던 경우가 해야 할 것을 안한 경우보다 더 큰 被害를 가져온다. 地位가 높고 管轄範圍가 넓을수록 第2種의 誤謬를 범하지 않도록 조심해야 한다. 나를 위해서도 그러하지만 특히 그 영향을 받는 다른 사람들을 위해서 더욱 그러하다.

● 獨逸

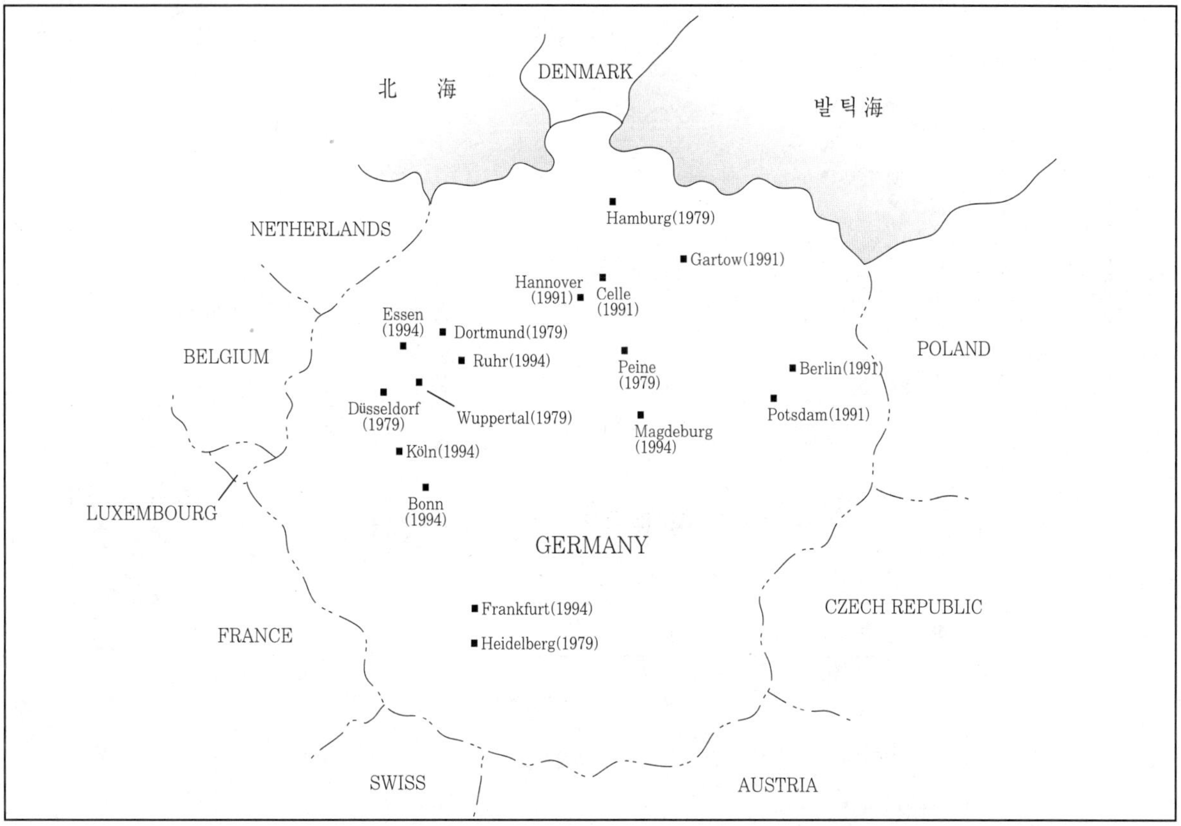
北 海
DENMARK
발틱海
NETHERLANDS
Hamburg(1979)
Gartow(1991)
Hannover (1991)
Celle (1991)
Essen (1994)
Dortmund(1979)
BELGIUM
Ruhr(1994)
Peine (1979)
Berlin(1991)
POLAND
Düsseldorf (1979)
Wuppertal(1979)
Magdeburg (1994)
Potsdam(1991)
Köln(1994)
LUXEMBOURG
Bonn (1994)
GERMANY
Frankfurt(1994)
CZECH REPUBLIC
FRANCE
Heidelberg(1979)
SWISS
AUSTRIA

● 美國 · 캐나다 · 멕시코

CANADA
Sarnia(1997)
Niagara Falls(1997)
Port Huron(1997)
Niagara Falls(1970)
Buffalo(1970)
UNITED STATES OF AMERICA
Lansing(1993)
Beacon(1970)
New York(1970)
Cleveland(1970)
Towson(1989)
Daly City (2004)
San Francisco(1969)
Newark(2004)
Chicago (1970)
College Park(1989)
Millbrae(2000)
Santa Clara(2004)
Akron (1993)
Washigton,D.C.(1969)
Palo Alto(2000)
San Jase (2004)
Denver(1970)
Pittsburgh(1976)
Patific Grove (2004)
Monterey(2004)
Columbus (1976)
Camel(2004)
Las Vegas(1995)
Cincinnati(1969)
Los Angeles(1970)
Madison(1976)
太 平 洋
大 西 洋
Houston (1970)
Cape Canaveral(1997)
Orlnndo(1997)
Cocoa(1997)
Honolulu (1972)
MEXICO
멕 시 코 灣
Mexico City (2002)

● 페루 · 브라질 · 아르헨티나

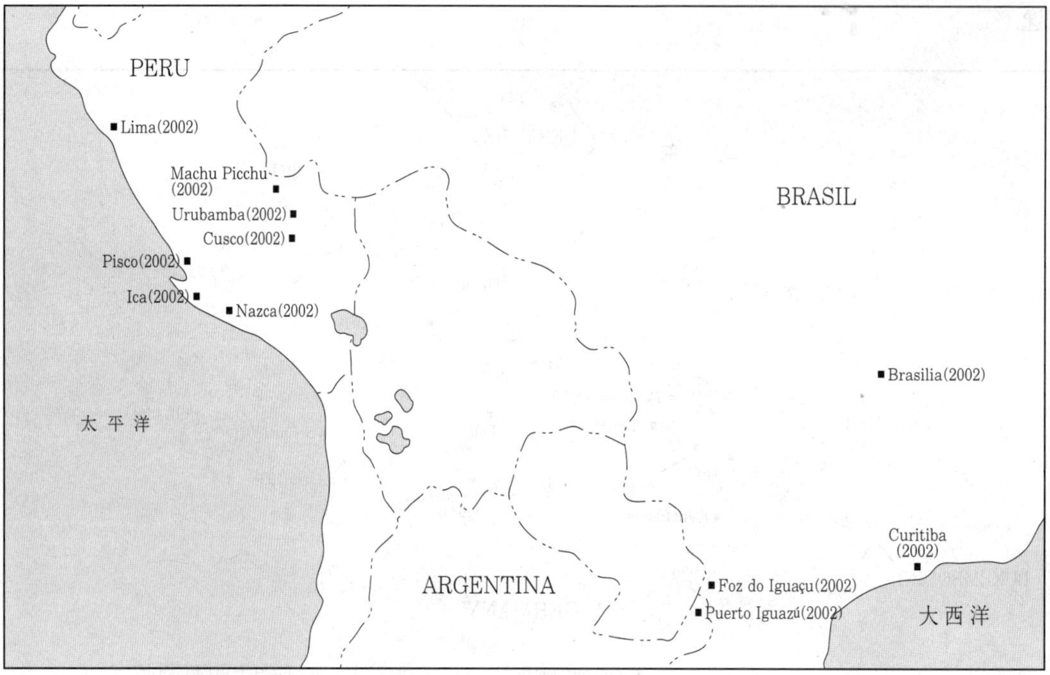

● 이집트 · 리비아 · 튜니시아

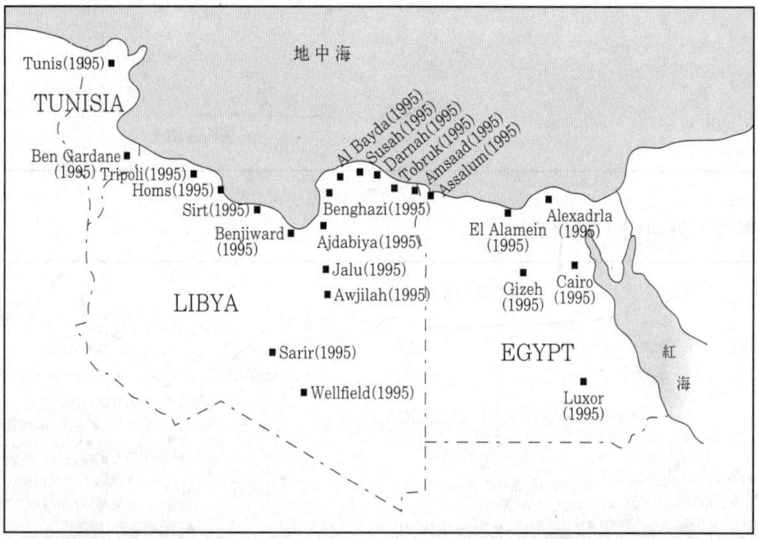

● 濠洲 · 뉴질랜드

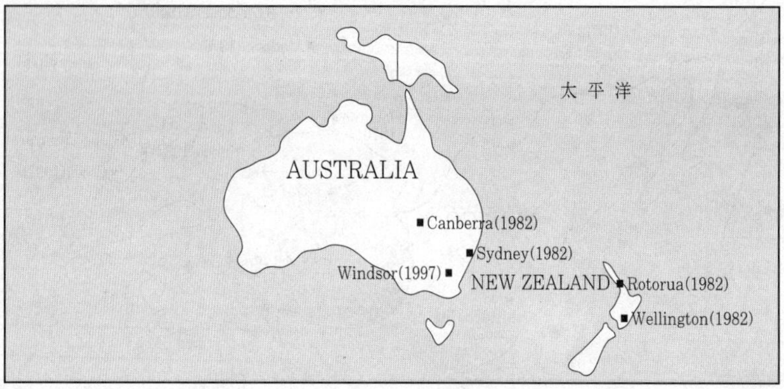

● 케냐 · 탄자니아 · 南아프리카 · 짐바브웨 · 보츠와나 · 잠비아

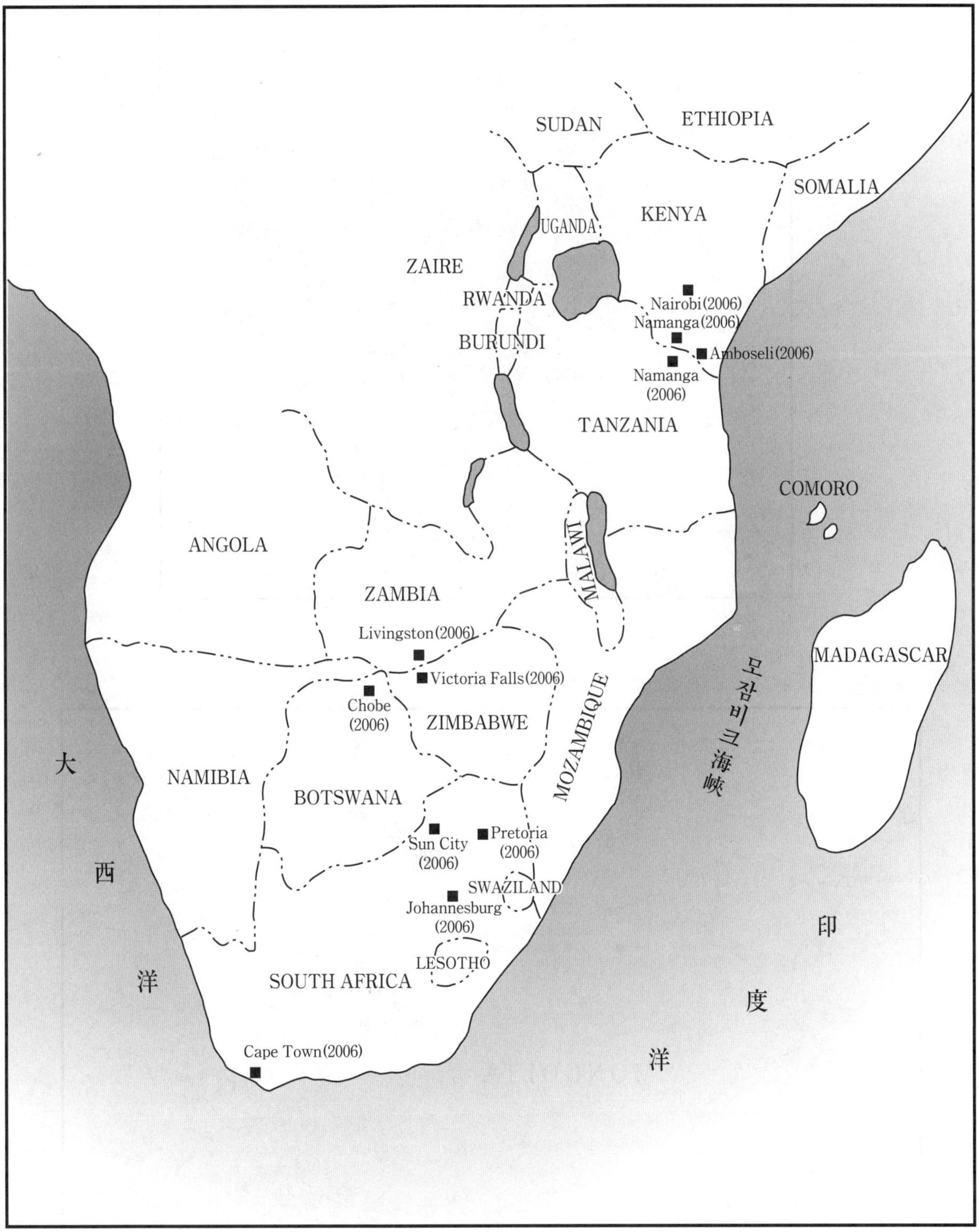

● 필리핀

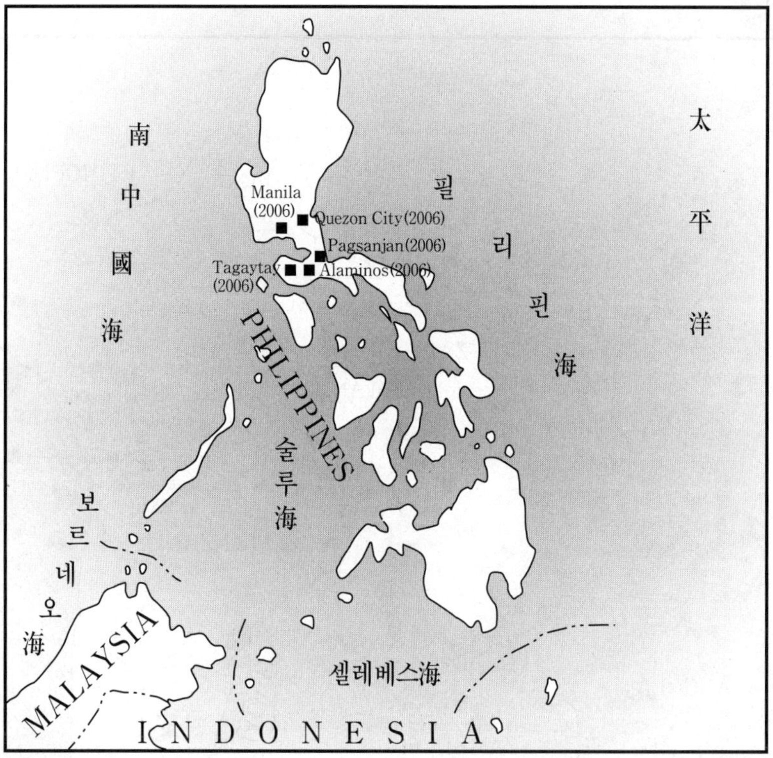
南中國海
Manila (2006)
Quezon City(2006)
Pagsanjan(2006)
Tagaytay (2006)
Alaminos(2006)
필리핀海
太平洋
PHILIPPINES
술루海
보르네오海
MALAYSIA
셀레베스海
INDONESIA

●몽골

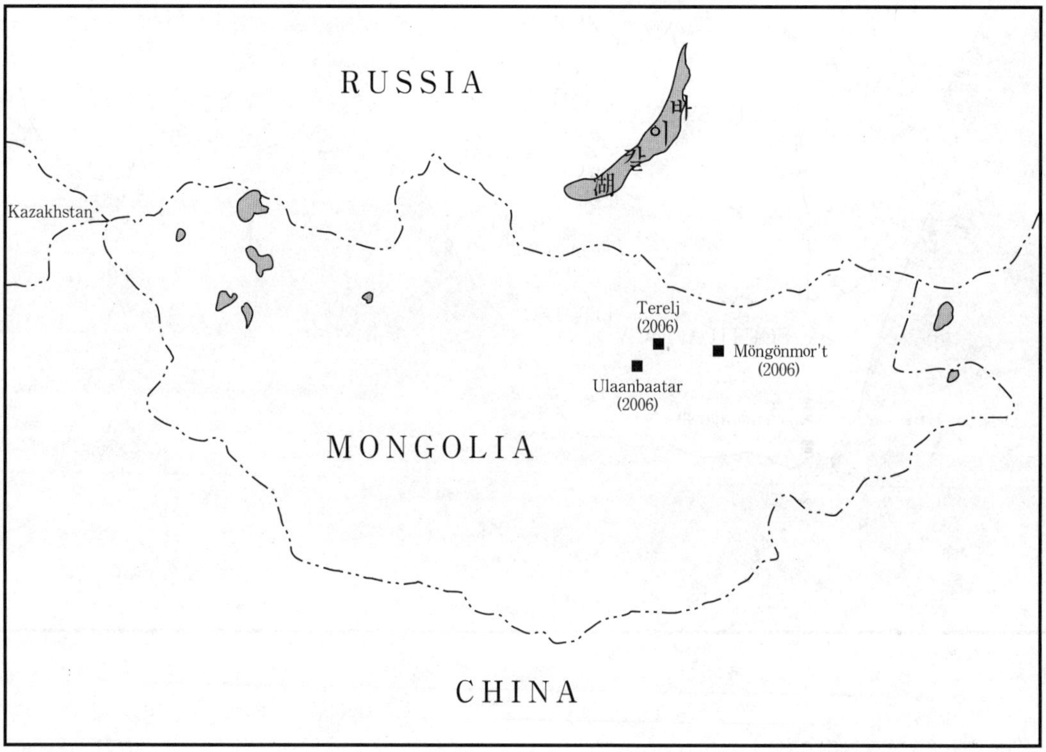
RUSSIA
바이칼湖
Kazakhstan
Terelj (2006)
Möngönmor't (2006)
Ulaanbaatar (2006)
MONGOLIA
CHINA

(7) 最初訪問 國家 및 地域의 座標上 位置圖

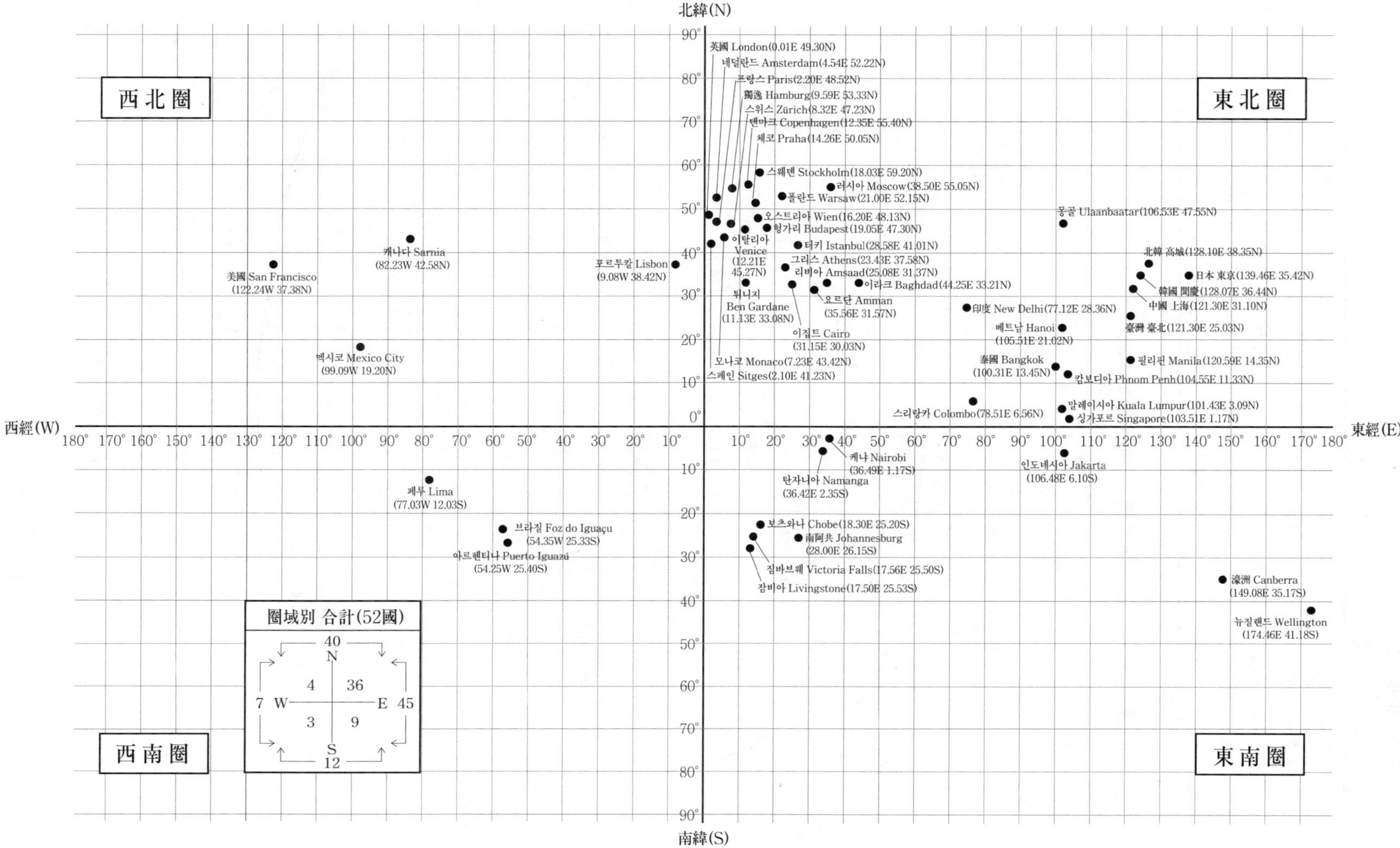

(8)서울 起点 極端訪問地

區分	極端訪問地	最初訪問日字	經　度	緯　度	直線距離(km)
極 東	브라질 Brasilia市	2002.2.5	西經 47° 55′	南緯 15° 47′	22,000
極 西	포르투갈 Cabo da Roca 곶	1991.4.16	西經 9° 30′	北緯 38° 47′	15,429
極 南	뉴질랜드 Wellington市	1982.1.22	東經 174° 46′	南緯 41° 18′	12,286
極 北	러시아 St.Petersburg市	2001.7.4	東經 30° 15′	北緯 59° 55′	11,571

(9)서울 起點 極端의 訪問地 座標와 地表上 地理的 範圍圖

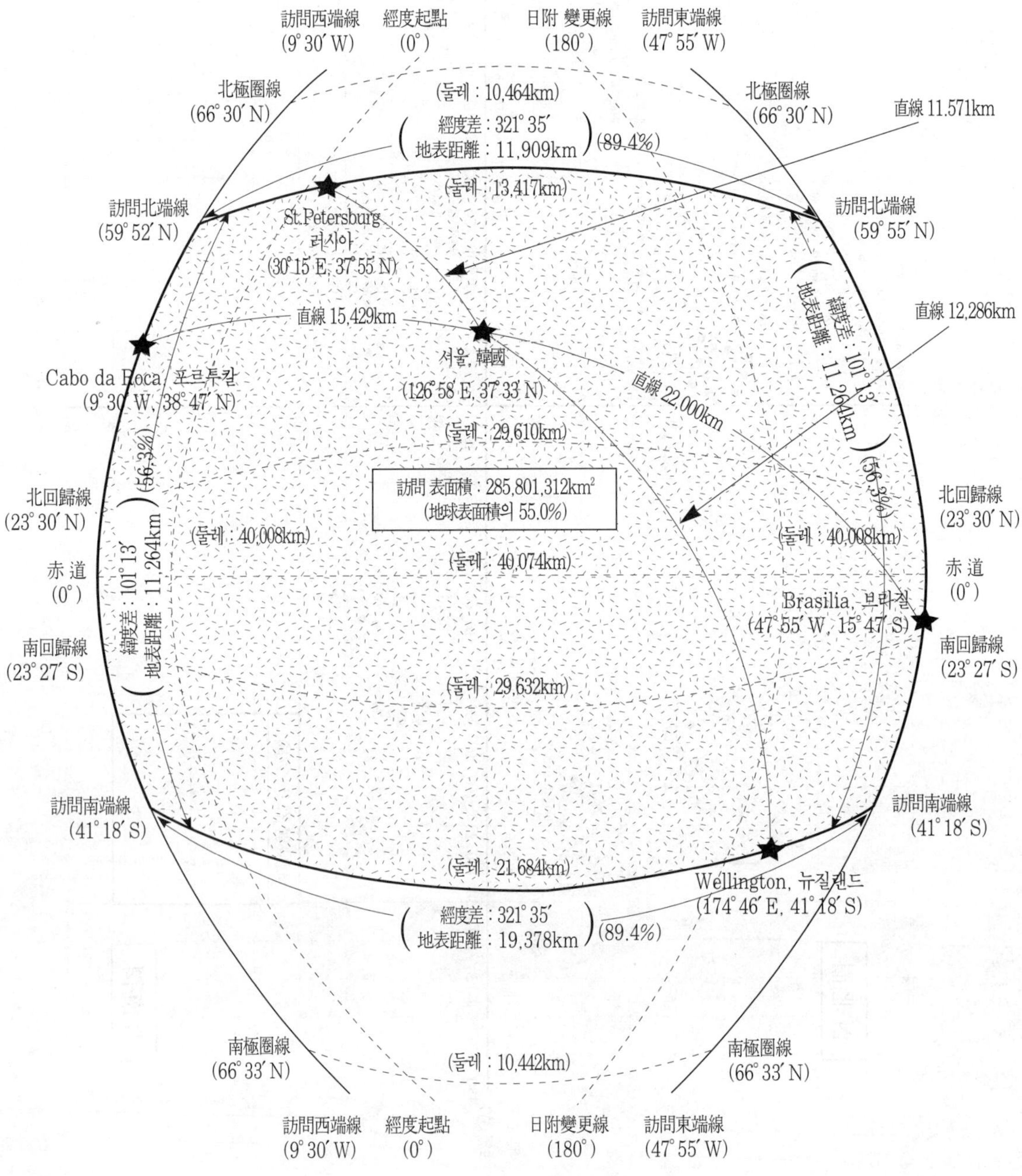

(10) 居住 및 活動의 等距離 同心圓圖

1) 出生·成長地 起點

(出生·成長地 : 慶北 聞慶市 新興洞 394)

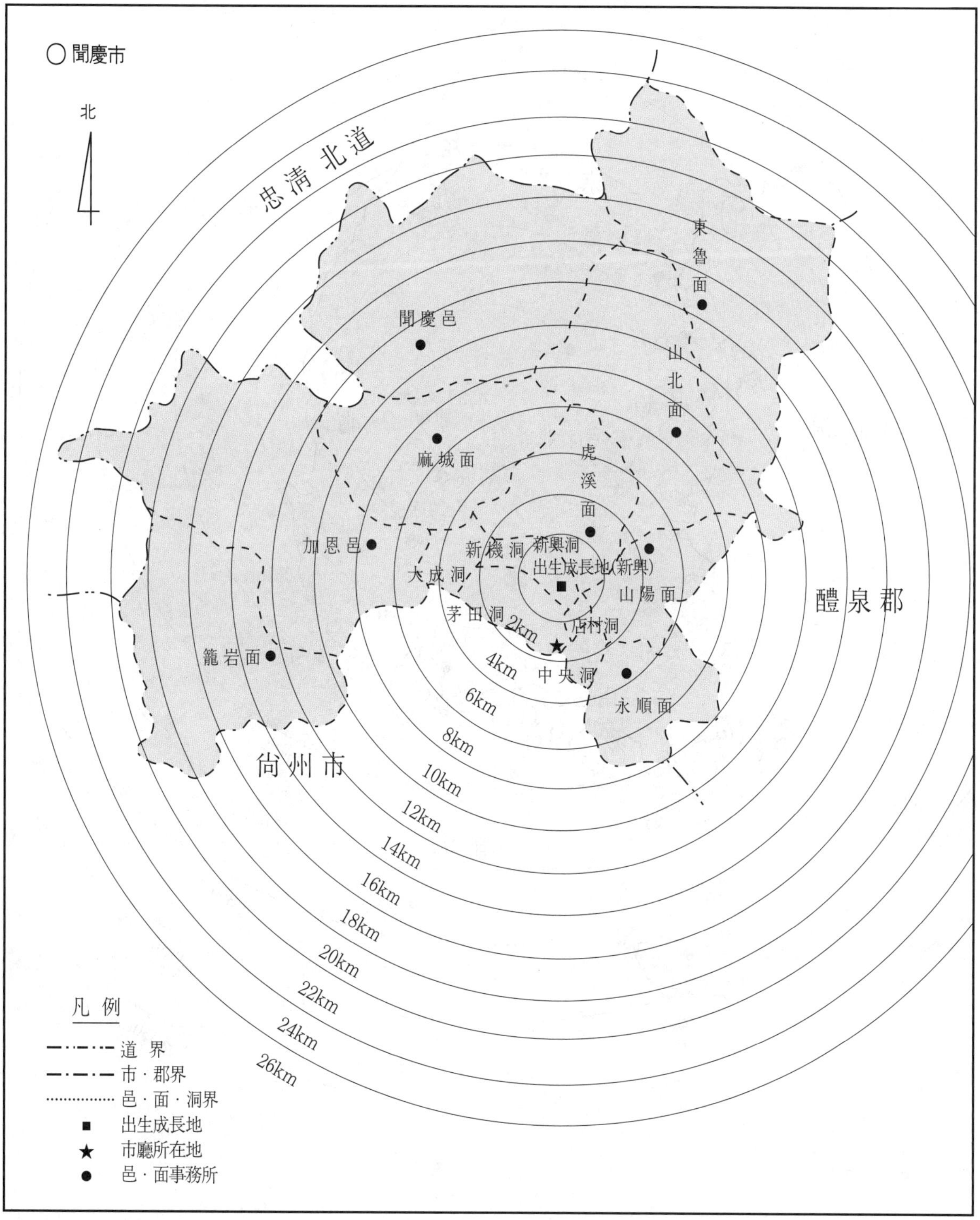

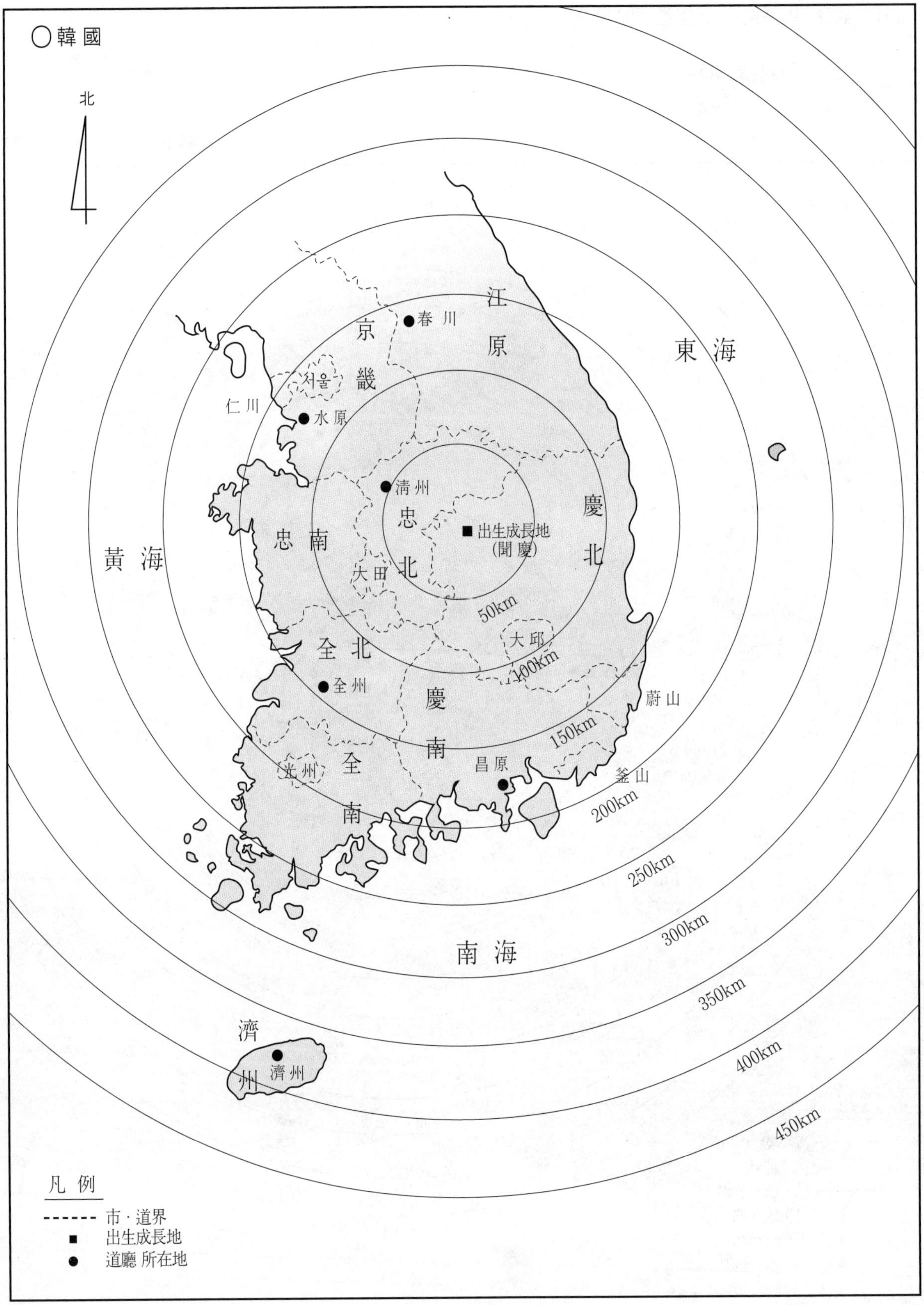
○韓國
北
江原
京畿
春川
東海
서울
仁川
水原
清州
忠北
出生成長地
(聞慶)
慶北
忠南
黃海
大田
50km
大邱
100km
全北
全州
蔚山
慶南
150km
全南
光州
昌原
釜山
200km
250km
300km
南海
350km
濟州
濟州
400km
450km
凡例
市·道界
出生成長地
道廳 所在地

2) 居住 · 活動地 起點

(居住 · 活動地 : 서울 江南區 驛三1洞 618-24)

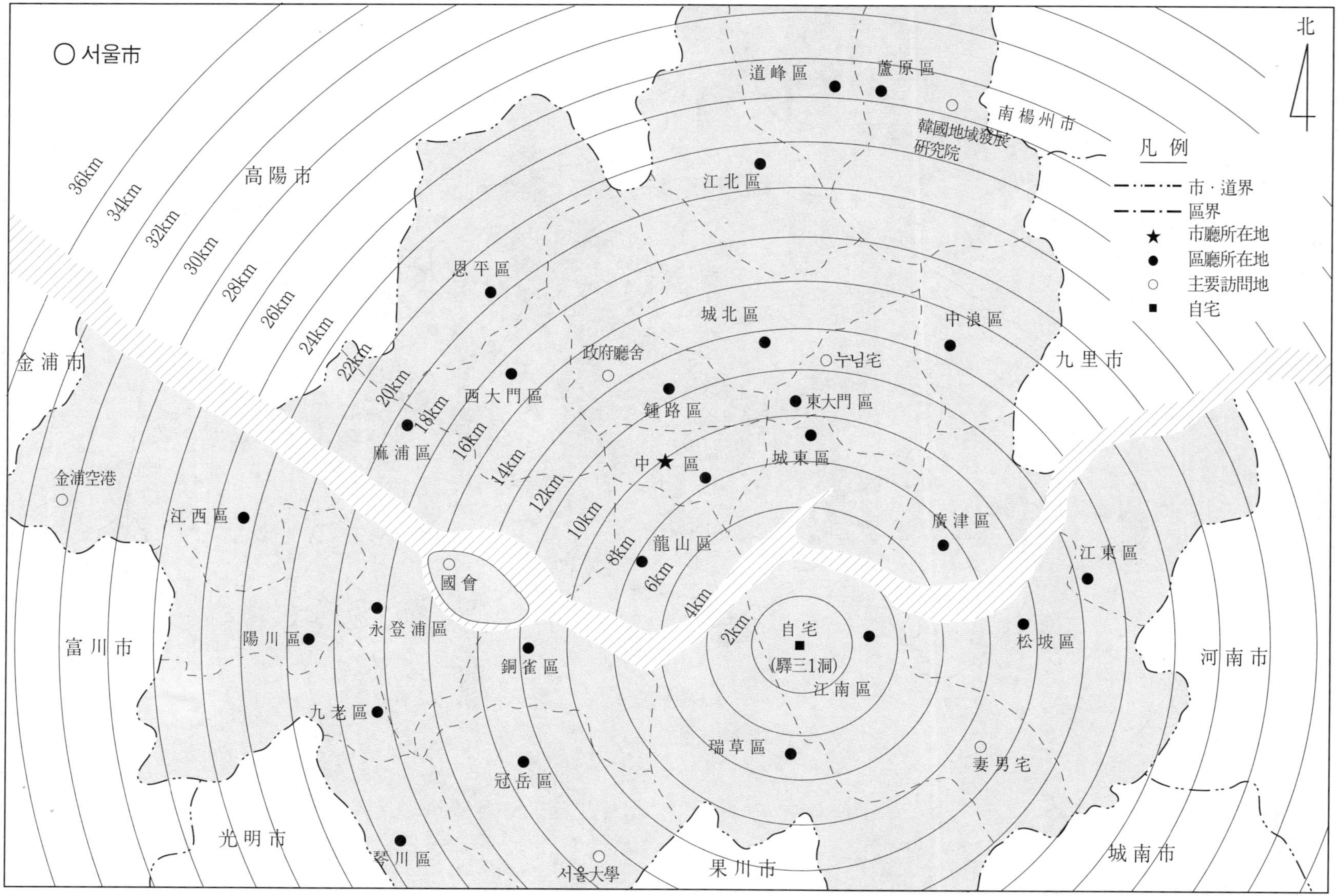

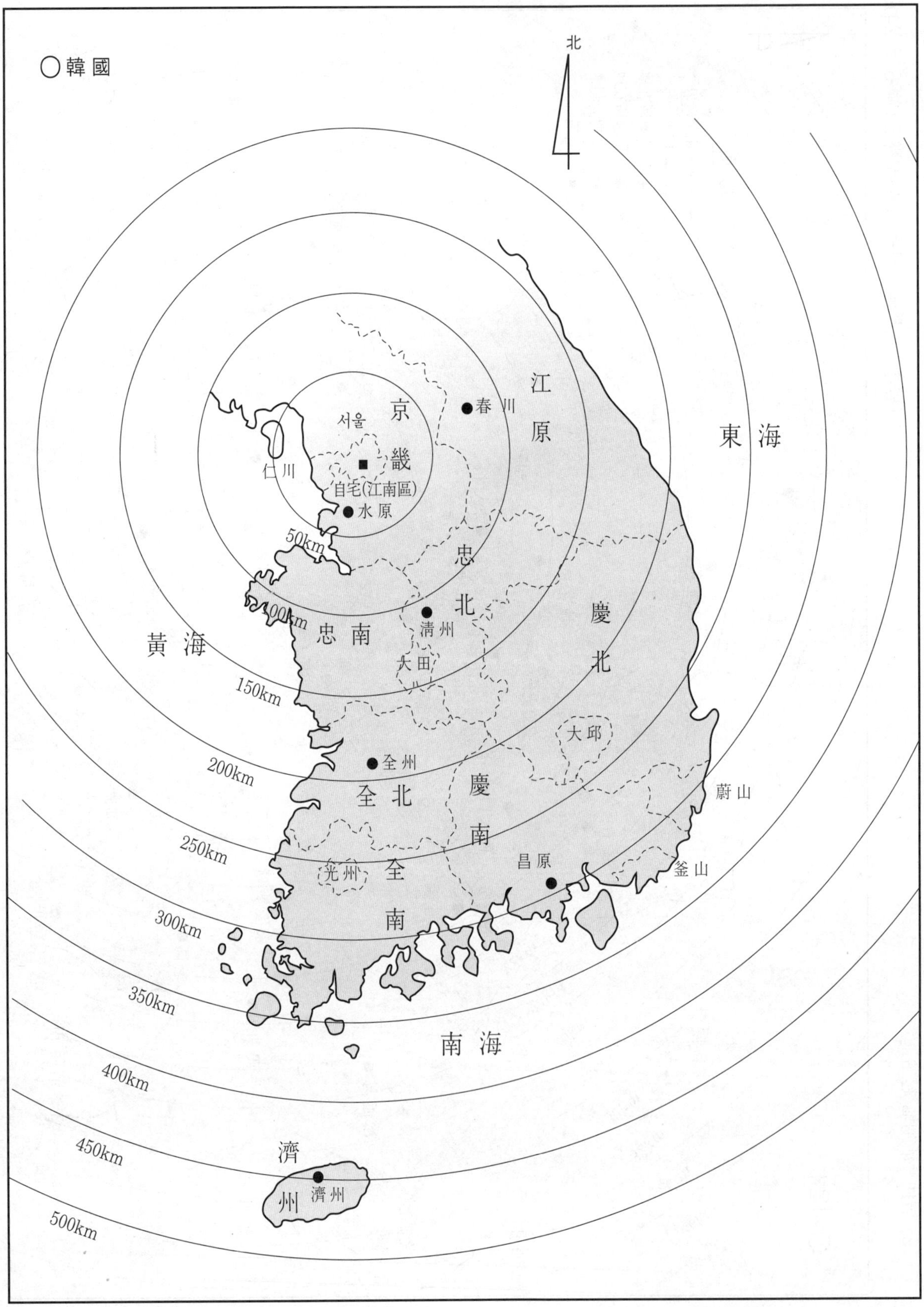
○韓國
北
京畿
서울
仁川
自宅(江南區)
水原
春川
江原
東海
忠北
清州
忠南
大田
黃海
慶北
大邱
全州
全北
慶南
蔚山
光州
全南
昌原
釜山
南海
濟州
濟州
50km
100km
150km
200km
250km
300km
350km
400km
450km
500km

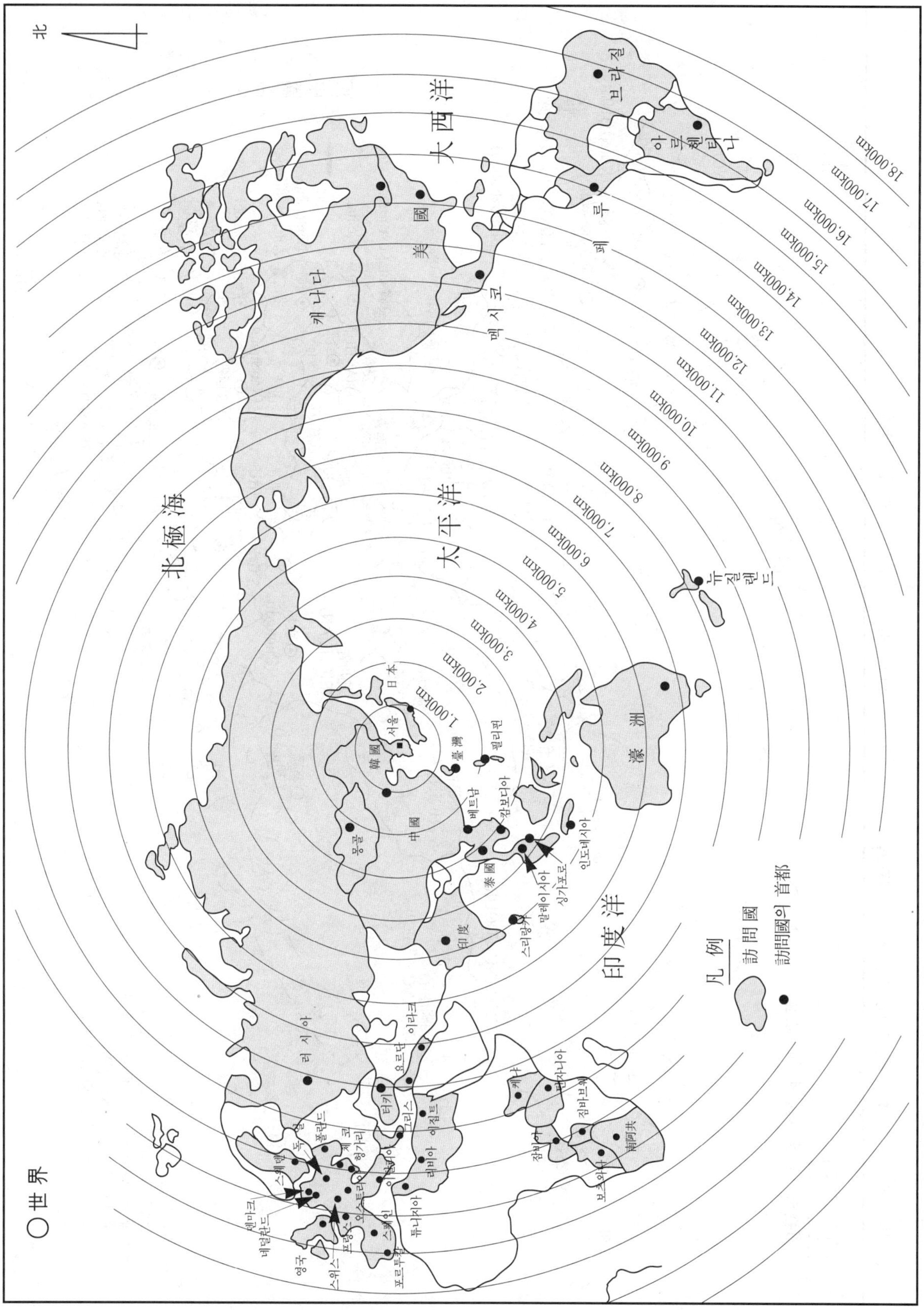
○ 世界
北
北極海
太平洋
大西洋
印度洋
凡例
訪問國
訪問國의 首都
1,000km
2,000km
3,000km
4,000km
5,000km
6,000km
7,000km
8,000km
9,000km
10,000km
11,000km
12,000km
13,000km
14,000km
15,000km
16,000km
17,000km
18,000km
韓國
서울
日本
臺灣
필리핀
中國
몽골
베트남
캄보디아
泰國
말레이시아
싱가포르
인도네시아
스리랑카
印度
濠洲
뉴질랜드
러시아
캐나다
美國
멕시코
페루
브라질
아르헨티나
이라크
요르단
터키
그리스
이집트
리비아
튀니지아
이탈리아
스페인
포르투갈
프랑스
스위스
영국
네덜란드
덴마크
스웨덴
독일
폴란드
체코
헝가리
오스트리아
케냐
탄자니아
짐바브웨
잠비아
보츠와나
南阿共

(11) 主要訪問國의 行政區域圖와 訪問州縣

○凡 例　　■ : 國家首都　　⊙ : 州縣首府　　(hatched) : 訪問州縣　　(　) : 最初訪問年度

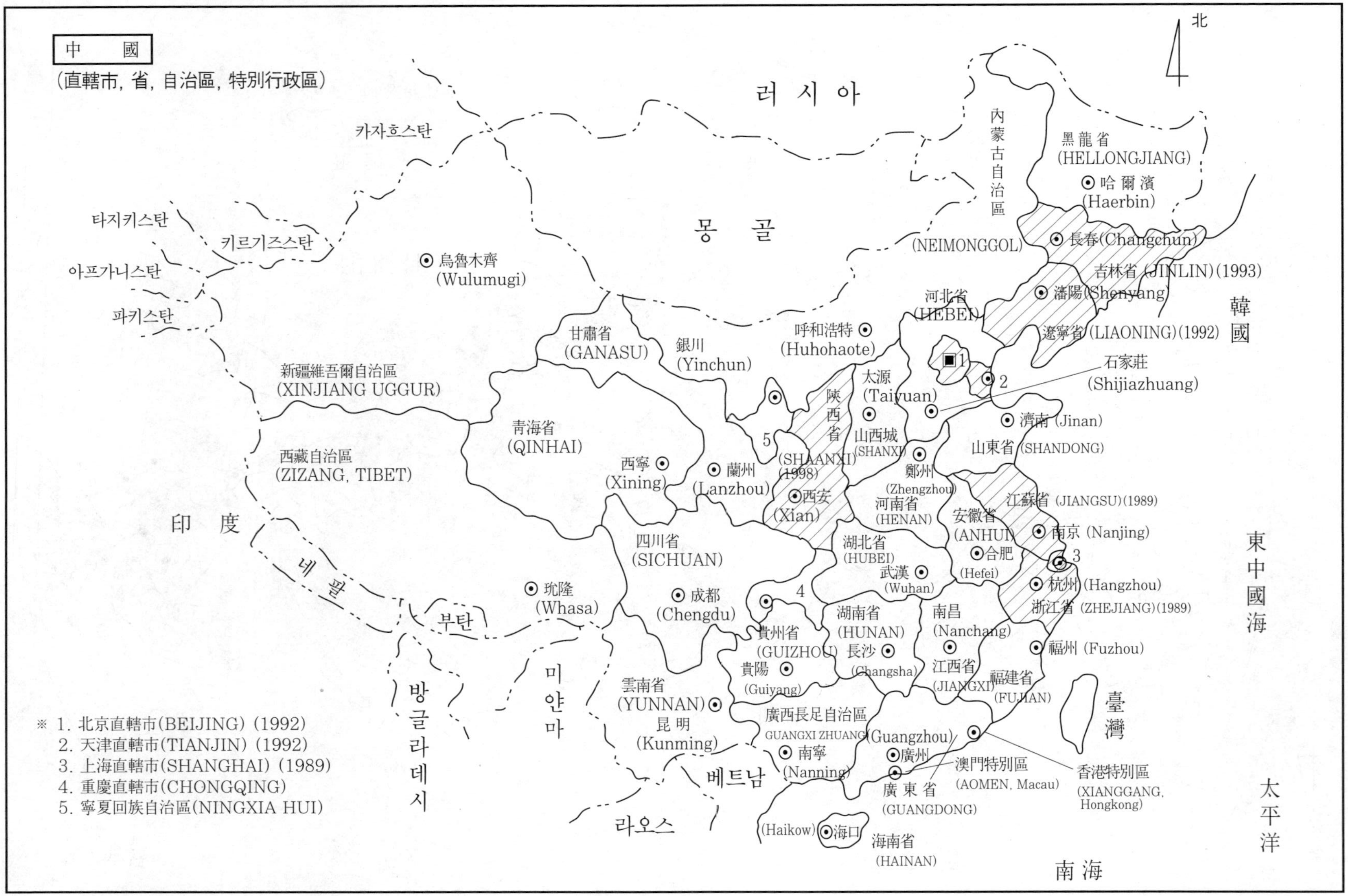

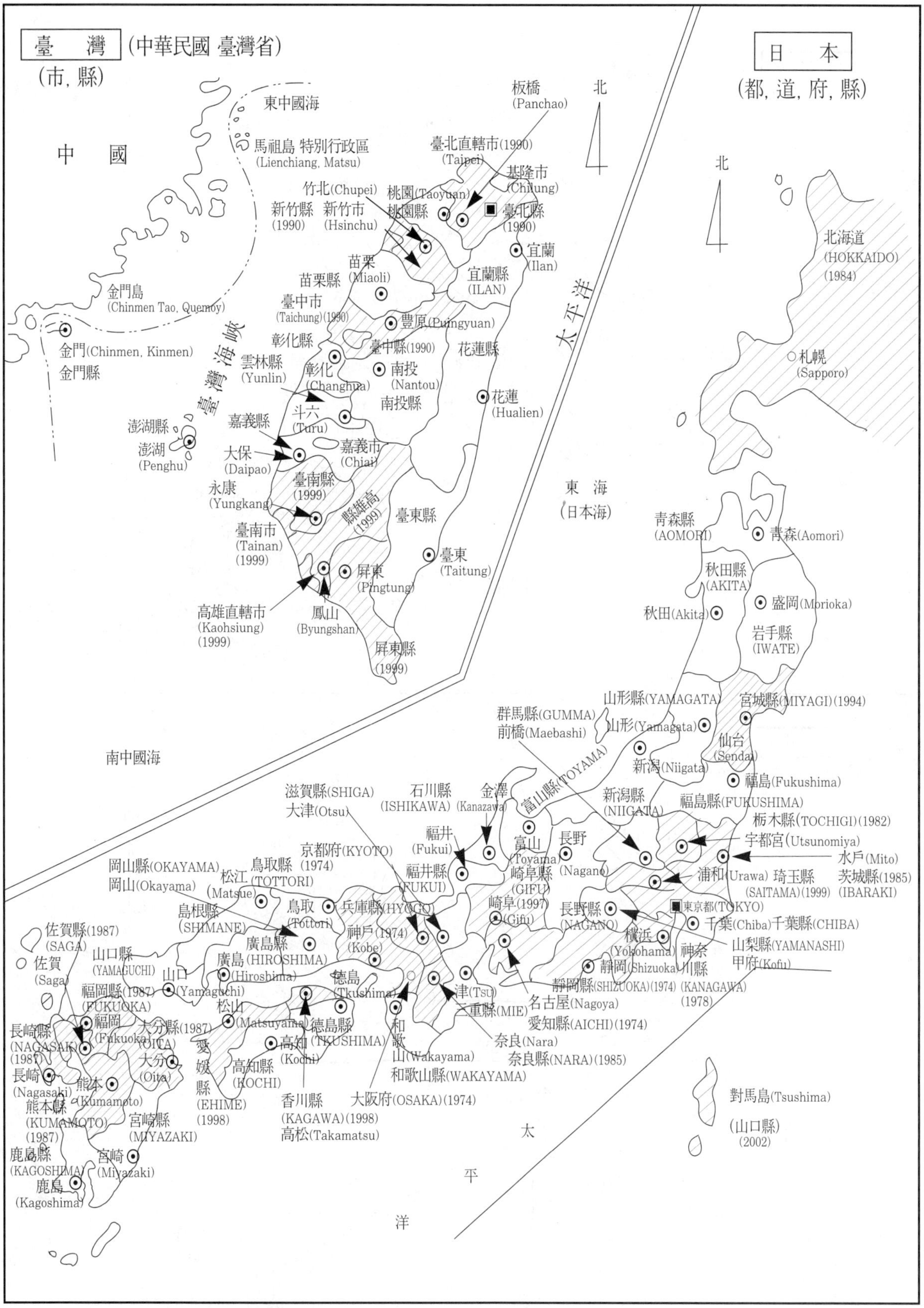
臺　灣 (中華民國 臺灣省)
(市, 縣)
日　本
(都, 道, 府, 縣)
中　國
東中國海
馬祖島 特別行政區 (Lienchiang, Matsu)
臺北直轄市(1990) (Taipei)
板橋 (Panchao)
基隆市 (Chilung)
桃園(Taoyuan)
桃園縣
臺北縣 (1990)
竹北(Chupei)
新竹縣 (1990)
新竹市 (Hsinchu)
宜蘭 (Ilan)
宜蘭縣 (ILAN)
苗栗 (Miaoli)
苗栗縣
金門島 (Chinmen Tao, Quemoy)
臺中市 (Taichung)(1990)
豐原(Puingyuan)
臺中縣(1990)
彰化縣
金門(Chinmen, Kinmen)
金門縣
雲林縣 (Yunlin)
彰化 (Changhua)
南投 (Nantou)
南投縣
花蓮縣
花蓮 (Hualien)
臺灣海峽
太平洋
澎湖縣
澎湖 (Penghu)
嘉義縣
斗六 (Turu)
大保 (Daipao)
嘉義市 (Chiai)
臺南縣 (1999)
永康 (Yungkang)
高雄縣 (1999)
臺東縣
臺南市 (Tainan) (1999)
臺東 (Taitung)
屏東 (Pingtung)
高雄直轄市 (Kaohsiung) (1999)
鳳山 (Byungshan)
屏東縣 (1999)
東海 (日本海)
北海道 (HOKKAIDO) (1984)
札幌 (Sapporo)
青森縣 (AOMORI)
青森(Aomori)
秋田縣 (AKITA)
盛岡(Morioka)
秋田(Akita)
岩手縣 (IWATE)
山形縣(YAMAGATA)
宮城縣(MIYAGI)(1994)
群馬縣(GUMMA)
前橋(Maebashi)
山形(Yamagata)
仙台 (Sendai)
南中國海
新潟(Niigata)
福島(Fukushima)
富山縣(TOYAMA)
滋賀縣(SHIGA)
大津(Otsu)
石川縣 (ISHIKAWA)
金澤 (Kanazawa)
新潟縣 (NIIGATA)
福島縣(FUKUSHIMA)
栃木縣(TOCHIGI)(1982)
福井 (Fukui)
富山 (Toyama)
長野 (Nagano)
宇都宮(Utsunomiya)
京都府(KYOTO) (1974)
水戶(Mito)
岡山縣(OKAYAMA)
岡山(Okayama)
松江 (Matsue)
鳥取縣 (TOTTORI)
福井縣 (FUKUI)
崎阜縣 (GIFU)
浦和(Urawa)
琦玉縣 (SAITAMA)(1999)
茨城縣(1985) (IBARAKI)
島根縣 (SHIMANE)
鳥取 (Tottori)
兵庫縣(HYOGO)
崎阜(1997) (Gifu)
長野縣 (NAGANO)
東京都(TOKYO)
千葉(Chiba)
千葉縣(CHIBA)
佐賀縣(1987) (SAGA)
神戶(1974) (Kobe)
横浜 (Yokohama)
神奈川縣 (KANAGAWA) (1978)
山梨縣(YAMANASHI)
甲府(Kofu)
山口縣 (YAMAGUCHI)
廣島縣 (HIROSHIMA)
佐賀 (Saga)
廣島 (Hiroshima)
靜岡(Shizuoka)
山口 (Yamaguchi)
德島 (Tkushima)
靜岡縣(SHIZUOKA)(1974)
福岡縣(1987) (FUKUOKA)
松山 (Matsuyama)
津(Tsu)
名古屋(Nagoya)
三重縣(MIE)
福岡 (Fukuoka)
大分縣(1987) (OITA)
德島縣 (TKUSHIMA)
和歌山(Wakayama)
愛知縣(AICHI)(1974)
長崎縣 (NAGASAKI) (1987)
愛媛縣 (EHIME) (1998)
高知 (Kochi)
奈良(Nara)
奈良縣(NARA)(1985)
大分 (Oita)
高知縣 (KOCHI)
和歌山縣(WAKAYAMA)
長崎 (Nagasaki)
熊本 (Kumamoto)
熊本縣 (KUMAMOTO) (1987)
香川縣 (KAGAWA)(1998)
高松(Takamatsu)
大阪府(OSAKA)(1974)
對馬島(Tsushima) (山口縣) (2002)
宮崎縣 (MIYAZAKI)
鹿島縣 (KAGOSHIMA)
宮崎 (Miyazaki)
鹿島 (Kagoshima)
太
平
洋
北

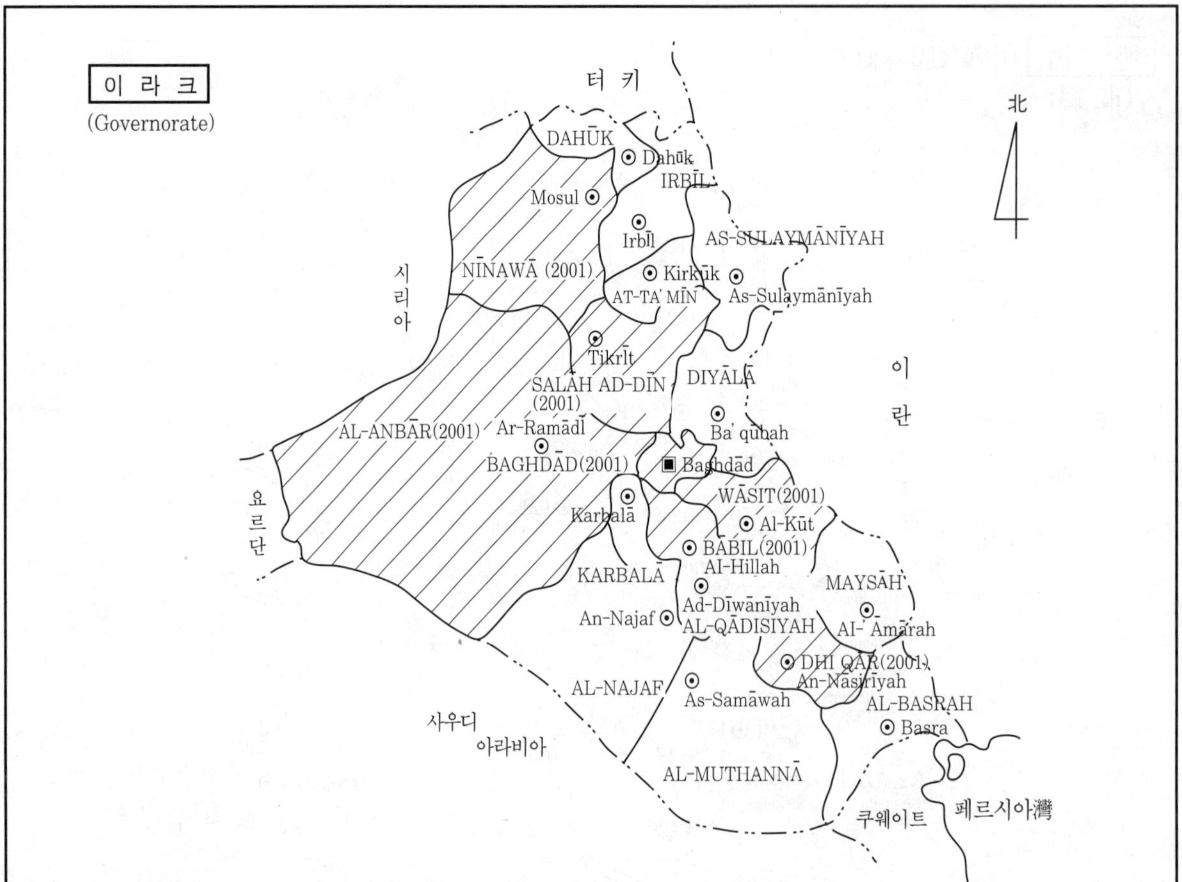
이 라 크
(Governorate)
터 키
北
DAHŪK
Dahūk
IRBĪL
Mosul
Irbīl
AS-SULAYMĀNĪYAH
시 리 아
NĪNAWĀ (2001)
Kirkūk
AT-TA'MĪN
As-Sulaymānīyah
Tikrīt
SALAH AD-DĪN (2001)
DIYĀLĀ
이 란
AL-ANBĀR(2001)
Ar-Ramādī
Ba'qubah
BAGHDĀD(2001)
Baghdād
요 르 단
WĀSIT(2001)
Karbalā
Al-Kūt
BABIL(2001)
Al-Hillah
KARBALĀ
MAYSĀH
Ad-Dīwānīyah
An-Najaf
AL-QĀDISIYAH
Al-'Amārah
DHI QĀR(2001)
An-Nāsirīyah
AL-NAJAF
As-Samāwah
AL-BASRAH
사우디 아라비아
Basra
AL-MUTHANNĀ
쿠웨이트
페르시아灣

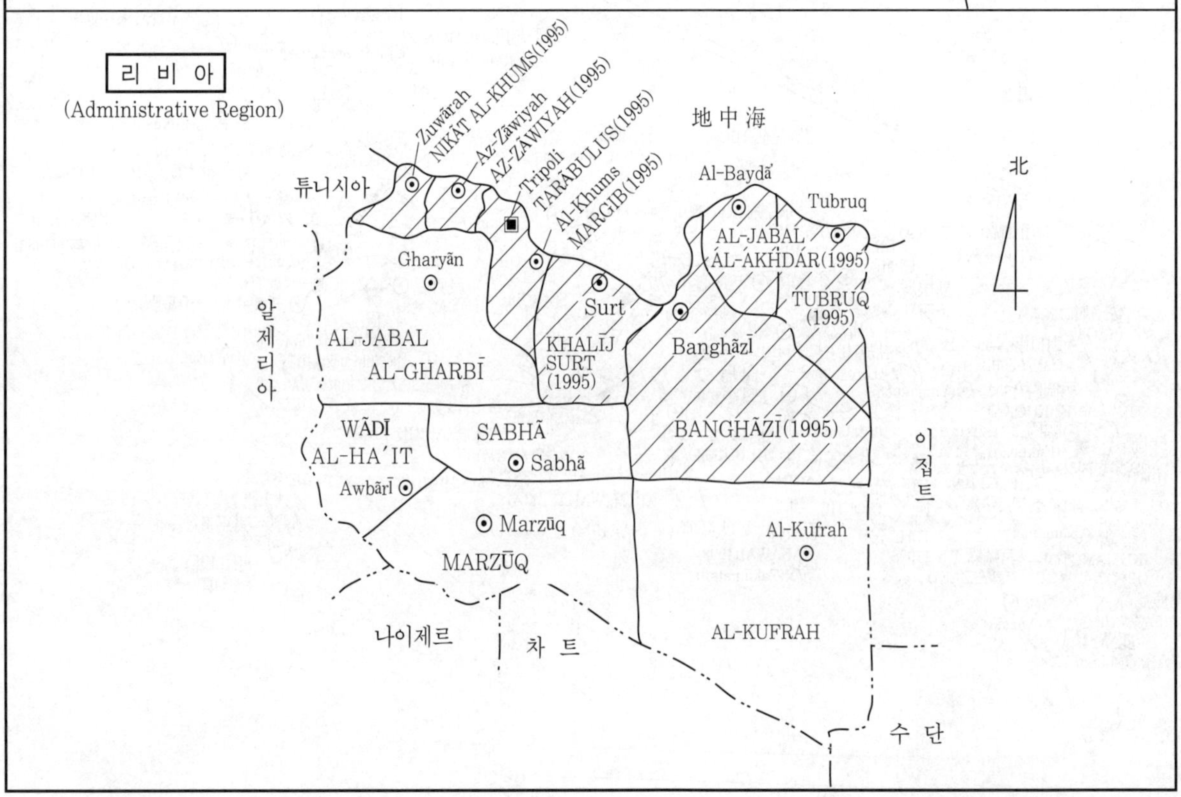
리 비 아
(Administrative Region)
Zuwārah
NIKĀT AL-KHUMS(1995)
Az-Zāwiyah
AZ-ZĀWIYAH(1995)
Tripoli
TARĀBULUS(1995)
Al-Khums
MARGIB(1995)
地中海
北
튜니시아
Al-Baydā'
Tubruq
AL-JABAL AL-AKHDAR(1995)
Gharyān
Surt
알 제 리 아
TUBRUQ (1995)
Banghāzī
AL-JABAL AL-GHARBĪ
KHALĪJ SURT (1995)
WĀDĪ AL-HA'IT
SABHĀ
BANGHĀZĪ(1995)
이 집 트
Sabhā
Awbārī
Marzūq
Al-Kufrah
MARZŪQ
나이제르
차 트
AL-KUFRAH
수 단

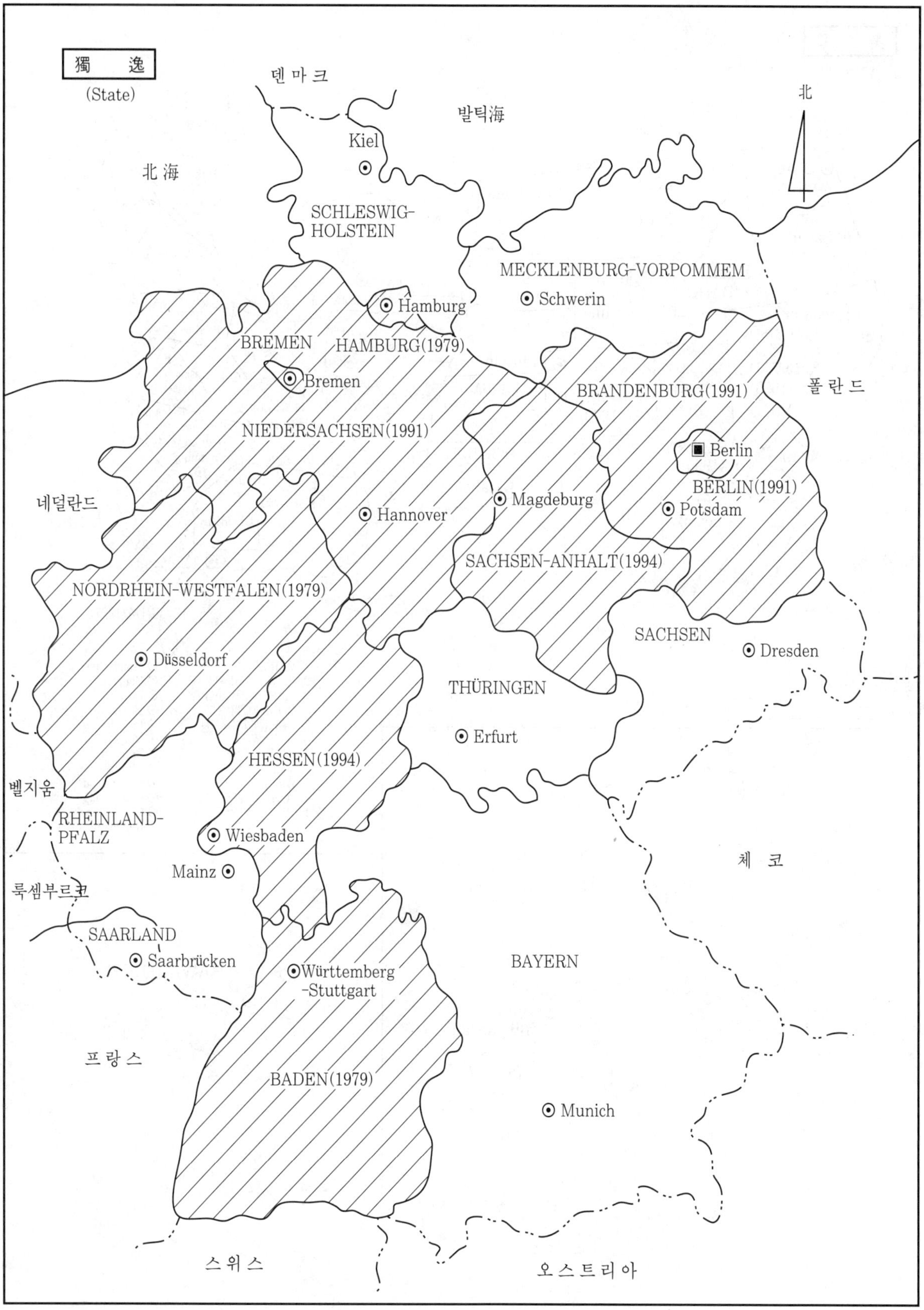
獨　逸
(State)
덴마크
발틱海
北
北海
Kiel
SCHLESWIG-
HOLSTEIN
MECKLENBURG-VORPOMMEM
Schwerin
Hamburg
BREMEN
HAMBURG(1979)
Bremen
BRANDENBURG(1991)
폴란드
NIEDERSACHSEN(1991)
Berlin
BERLIN(1991)
Potsdam
Magdeburg
네덜란드
Hannover
SACHSEN-ANHALT(1994)
NORDRHEIN-WESTFALEN(1979)
SACHSEN
Dresden
Düsseldorf
THÜRINGEN
Erfurt
HESSEN(1994)
벨지움
RHEINLAND-
PFALZ
Wiesbaden
Mainz
체코
룩셈부르크
SAARLAND
Saarbrücken
Württemberg
-Stuttgart
BAYERN
프랑스
BADEN(1979)
Munich
스위스
오스트리아

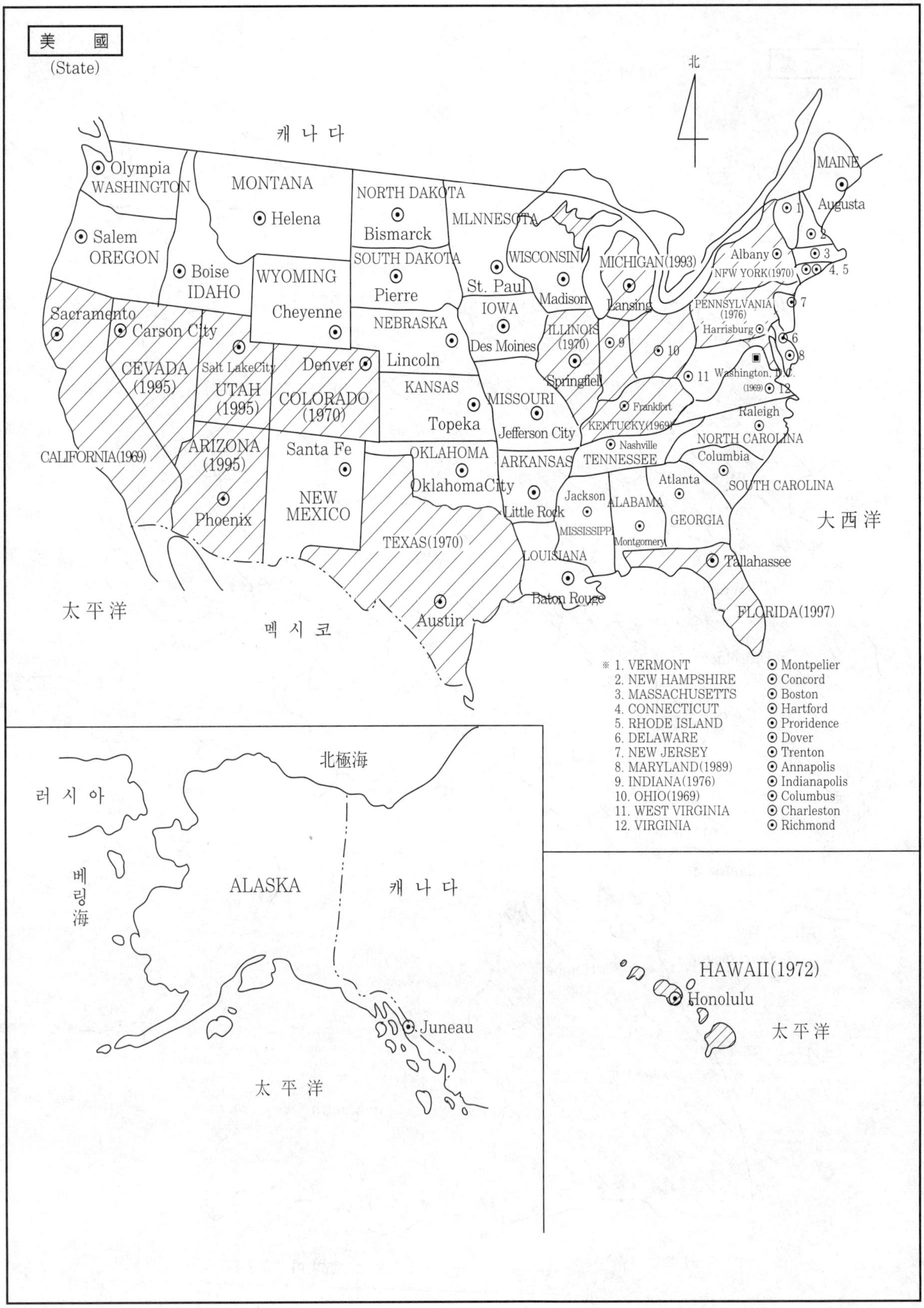
美 國
(State)
北
캐 나 다
Olympia
WASHINGTON
MONTANA
Helena
NORTH DAKOTA
Bismarck
MLNNESOTA
St. Paul
MAINE
Augusta
Salem
OREGON
Boise
IDAHO
WYOMING
Cheyenne
SOUTH DAKOTA
Pierre
WISCONSIN
Madison
MICHIGAN(1993)
Lansing
Albany
NFW YORK(1970)
PENNSYLVANIA (1976)
Harrisburg
Sacramento
Carson City
CEVADA (1995)
Salt LakeCity
UTAH (1995)
Denver
COLORADO (1970)
NEBRASKA
Lincoln
IOWA
Des Moines
ILLINOIS (1970)
Springfiell
KANSAS
Topeka
MISSOURI
Jefferson City
Washington, D.C. (1969)
Raleigh
NORTH CAROLINA
Frankfort
KENTUCKY(1969)
Nashville
TENNESSEE
Columbia
SOUTH CAROLINA
CALIFORNIA(1969)
ARIZONA (1995)
Phoenix
Santa Fe
NEW MEXICO
OKLAHOMA
OklahomaCity
ARKANSAS
Little Rock
Jackson
MISSISSIPPI
ALABAMA
Montgomery
Atlanta
GEORGIA
大西洋
TEXAS(1970)
Austin
LOUISIANA
Baton Rouge
Tallahassee
FLORIDA(1997)
太平洋
멕 시 코
※ 1. VERMONT ⊙ Montpelier
2. NEW HAMPSHIRE ⊙ Concord
3. MASSACHUSETTS ⊙ Boston
4. CONNECTICUT ⊙ Hartford
5. RHODE ISLAND ⊙ Proridence
6. DELAWARE ⊙ Dover
7. NEW JERSEY ⊙ Trenton
8. MARYLAND(1989) ⊙ Annapolis
9. INDIANA(1976) ⊙ Indianapolis
10. OHIO(1969) ⊙ Columbus
11. WEST VIRGINIA ⊙ Charleston
12. VIRGINIA ⊙ Richmond
北極海
러 시 아
베링海
ALASKA
캐 나 다
Juneau
太 平 洋
HAWAII(1972)
Honolulu
太平洋

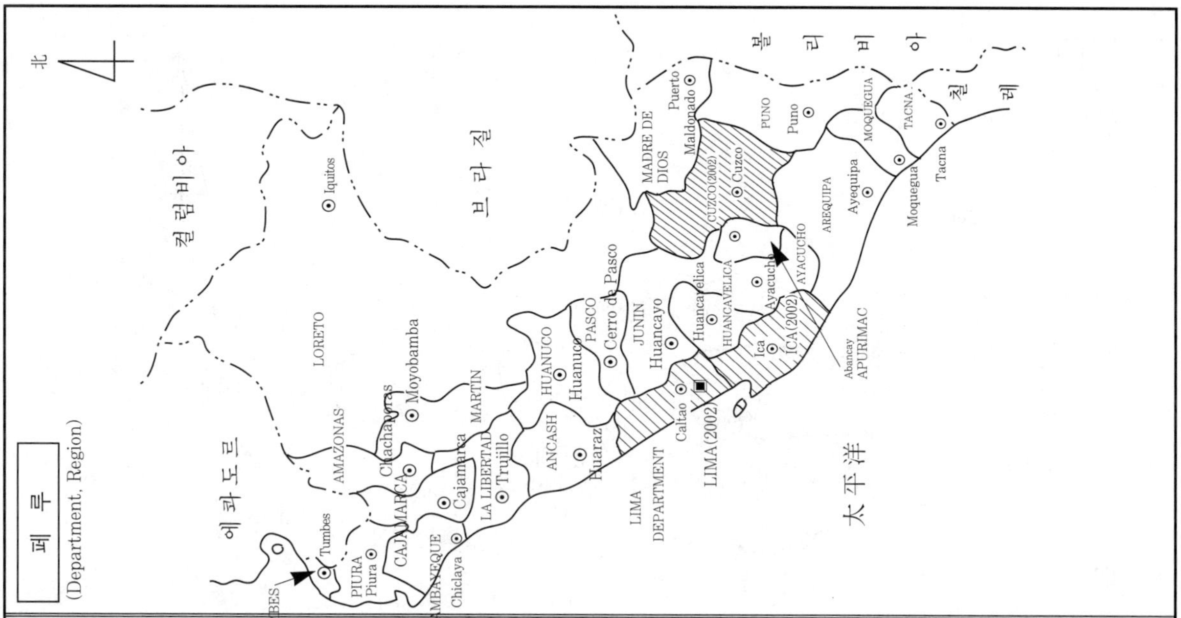

北
페 루
(Department, Region)
에 콰 도 르
콜 롬 비 아
브 라 질
볼 리 비 아
칠 레
太 平 洋
TUMBES
Tumbes
PIURA
Piura
LAMBAYEQUE
Chiclaya
CAJAMARCA
Cajamarca
Chachapoyas
AMAZONAS
LA LIBERTAD
Trujillo
ANCASH
Huaraz
MARTIN
Moyobamba
LORETO
Iquitos
HUANUCO
Huanuco
PASCO
Cerro de Pasco
JUNIN
Huancayo
LIMA DEPARTMENT
LIMA(2002)
Caltao
HUANCAVELICA
Huancavelica
ICA(2002)
Ica
AYACUCHO
Ayacucho
Abancay
APURIMAC
CUZCO(2002)
Cuzco
MADRE DE DIOS
Puerto Maldonado
AREQUIPA
Ayequipa
PUNO
Puno
MOQUEGUA
Moquegua
TACNA
Tacna

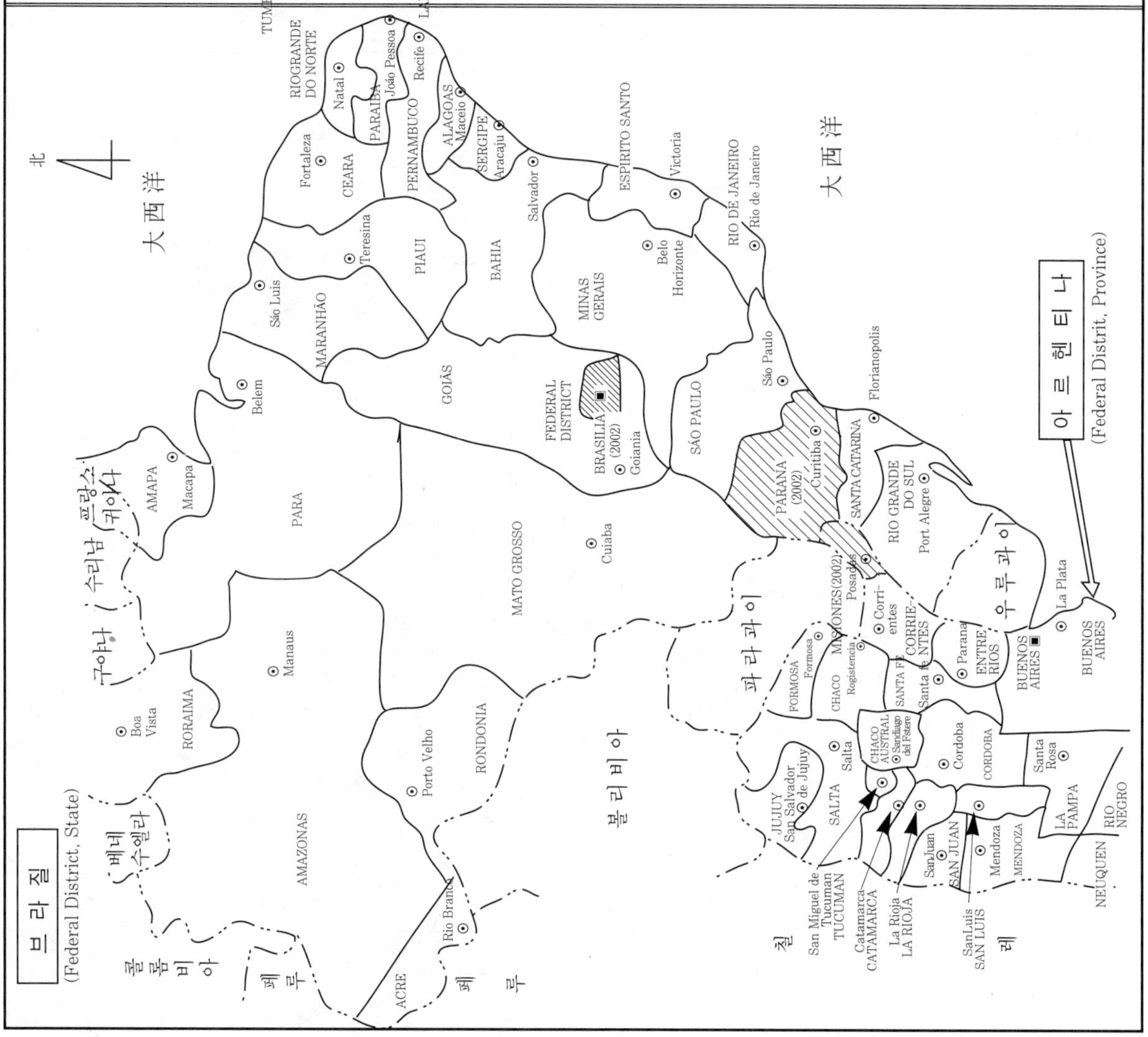

北
브 라 질
(Federal District, State)
아 르 헨 티 나
(Federal District, Province)
大 西 洋
콜 롬 비 아
베네수엘라
구아나
수리남
프랑스 귀아나
페 루
볼 리 비 아
파 라 과 이
우 루 과 이
칠 레
AMAZONAS
RORAIMA
Boa Vista
Manaus
AMAPA
Macapa
PARA
Belem
MARANHÃO
São Luís
PIAUI
Teresina
CEARA
Fortaleza
RIOGRANDE DO NORTE
Natal
PARAIBA
João Pessoa
PERNAMBUCO
Recife
ALAGOAS
Maceio
SERGIPE
Aracaju
BAHIA
Salvador
ESPIRITO SANTO
Victoria
MINAS GERAIS
Belo Horizonte
RIO DE JANEIRO
Rio de Janeiro
GOIÁS
FEDERAL DISTRICT
BRASILIA (2002)
Goiania
MATO GROSSO
Cuiaba
SÃO PAULO
São Paulo
PARANA (2002)
Curitiba
SANTA CATARINA
Florianopolis
RIO GRANDE DO SUL
Port Alegre
RONDONIA
Porto Velho
ACRE
Rio Branco
MISIONES(2002)
Posadas
CORRIENTES
Corrientes
ENTRE RIOS
Parana
BUENOS AIRES
La Plata
FORMOSA
Formosa
CHACO
Rogistencia
SANTA FE
Santa Fe
CHACO AUSTRAL
Sandiago del Estere
CORDOBA
Cordoba
JUJUY
San Salvador de Jujuy
SALTA
Salta
San Miguel de Tucuman
TUCUMAN
Catamarca
CATAMARCA
La Rioja
LA RIOJA
San Juan
SAN JUAN
San Luis
SAN LUIS
Mendoza
MENDOZA
LA PAMPA
Santa Rosa
NEUQUEN
RIO NEGRO

터키

(Geographic Region, Province)

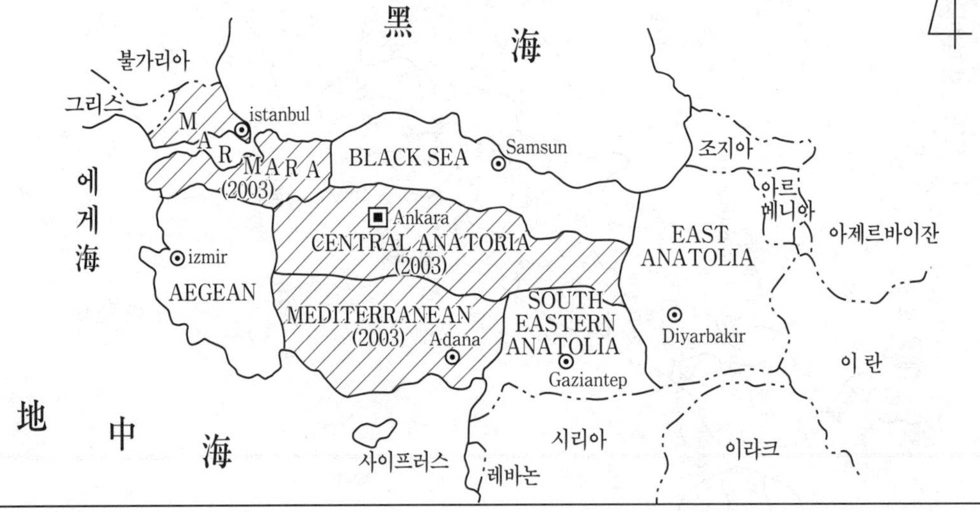

北韓

(直轄市, 道)

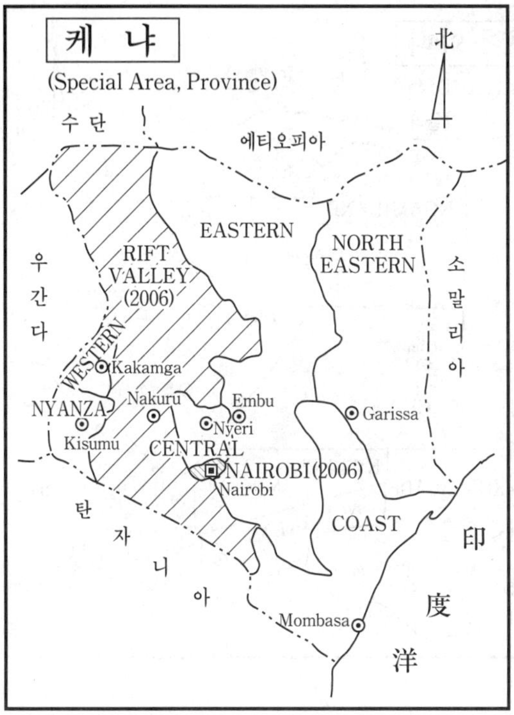
케 냐
(Special Area, Province)
北
수단
에티오피아
우간다
소말리아
탄자니아
印度洋
RIFT VALLEY (2006)
EASTERN
NORTH EASTERN
WESTERN
NYANZA
CENTRAL
NAIROBI(2006)
COAST
Kakamga
Nakuru
Embu
Nyeri
Kisumu
Nairobi
Garissa
Mombasa

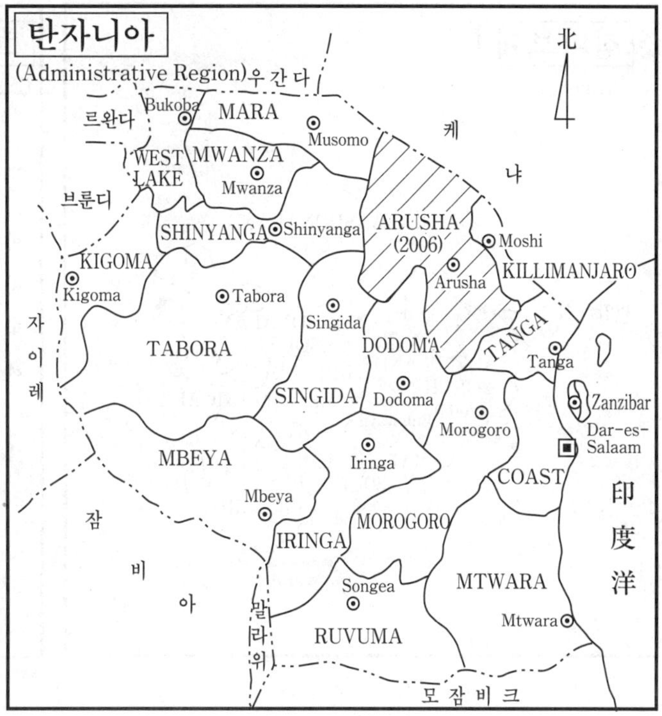
탄자니아
(Administrative Region)
北
우간다
르완다
브룬디
자이레
잠비아
말라위
모잠비크
케냐
印度洋
Bukoba
MARA
Musomo
WEST LAKE
MWANZA
Mwanza
SHINYANGA
Shinyanga
ARUSHA (2006)
Arusha
Moshi
KILLIMANJARO
KIGOMA
Kigoma
Tabora
TABORA
Singida
DODOMA
TANGA
Tanga
SINGIDA
Dodoma
Zanzibar
Morogoro
Dar-es-Salaam
MBEYA
Iringa
COAST
Mbeya
IRINGA
MOROGORO
Songea
MTWARA
Mtwara
RUVUMA

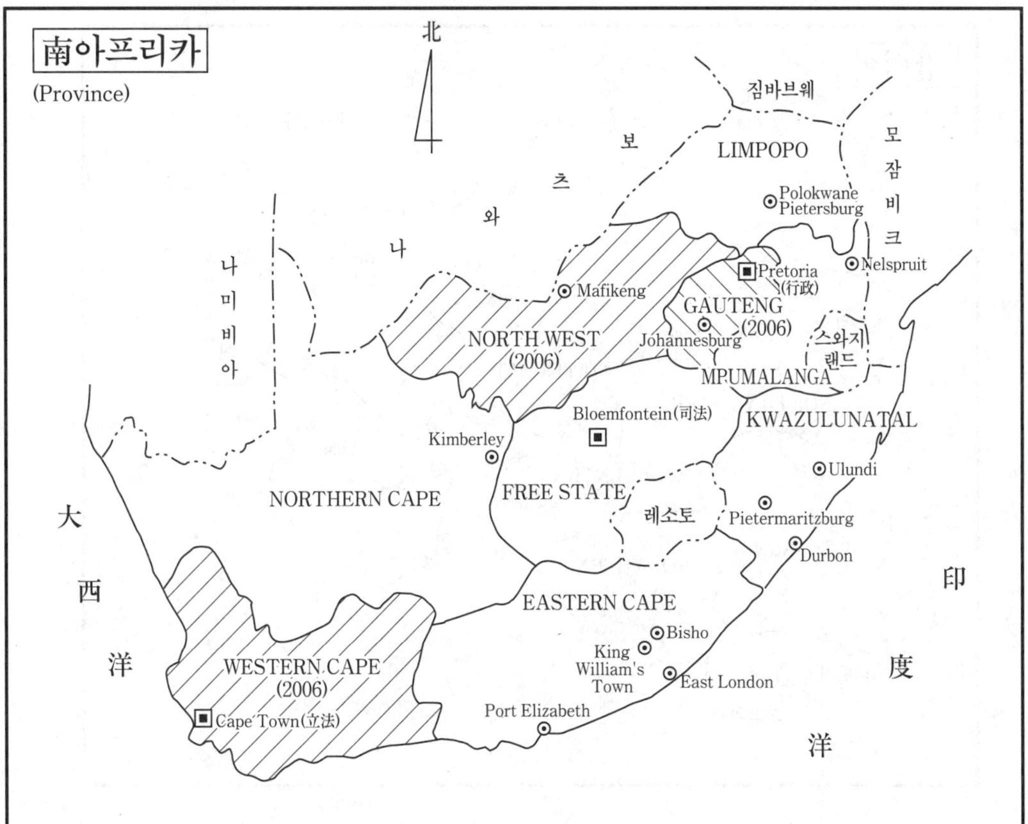
南아프리카
(Province)
北
짐바브웨
보츠와나
나미비아
모잠비크
LIMPOPO
Polokwane Pietersburg
Nelspruit
Pretoria (行政)
Mafikeng
GAUTENG (2006)
Johannesburg
NORTH WEST (2006)
스와지랜드
MPUMALANGA
Bloemfontein(司法)
KWAZULUNATAL
Kimberley
Ulundi
NORTHERN CAPE
FREE STATE
레소토
Pietermaritzburg
Durbon
大西洋
印度洋
EASTERN CAPE
Bisho
King William's Town
East London
WESTERN CAPE (2006)
Port Elizabeth
Cape Town(立法)

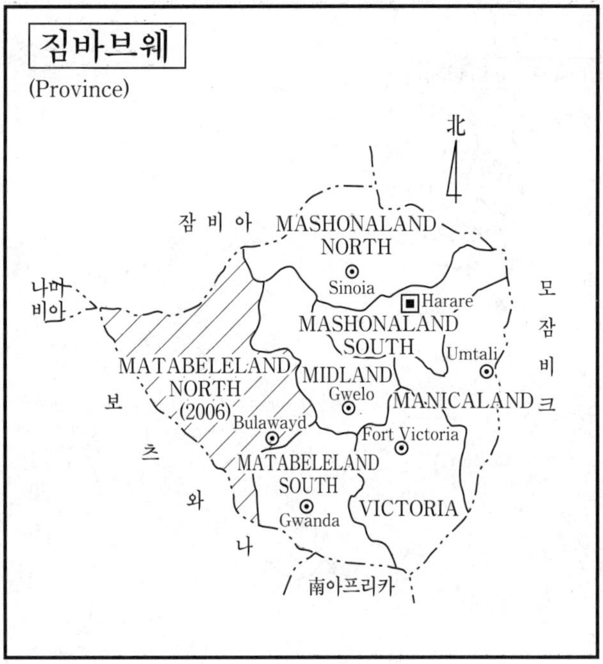
짐바브웨
(Province)
北
잠 비 아
MASHONALAND NORTH
Sinoia
Harare
나미비아
MASHONALAND SOUTH
모잠비크
Umtali
MATABELELAND NORTH (2006)
MIDLAND
Gwelo
MANICALAND
보츠와나
Bulawayd
Fort Victoria
MATABELELAND SOUTH
Gwanda
VICTORIA
南아프리카

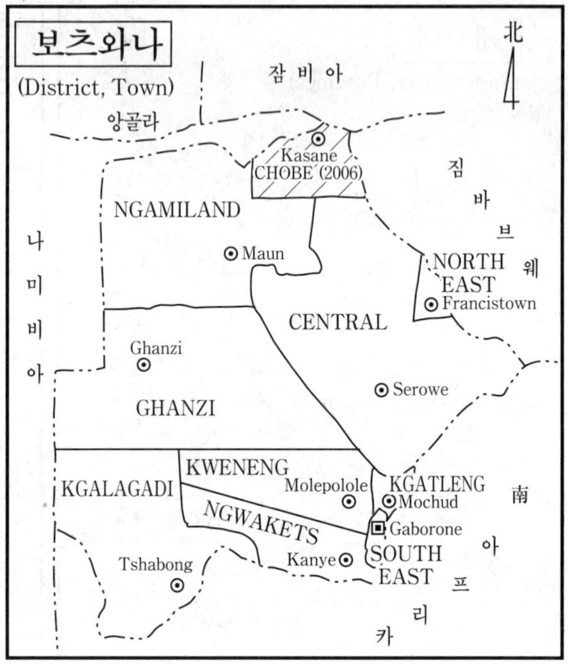
보츠와나
(District, Town)
北
잠 비 아
앙골라
Kasane
CHOBE (2006)
NGAMILAND
짐바브웨
나미비아
Maun
NORTH EAST
Francistown
CENTRAL
Ghanzi
Serowe
GHANZI
KWENENG
KGALAGADI
Molepolole
KGATLENG
Mochud
南아프리카
NGWAKETS
Gaborone
Tshabong
Kanye
SOUTH EAST

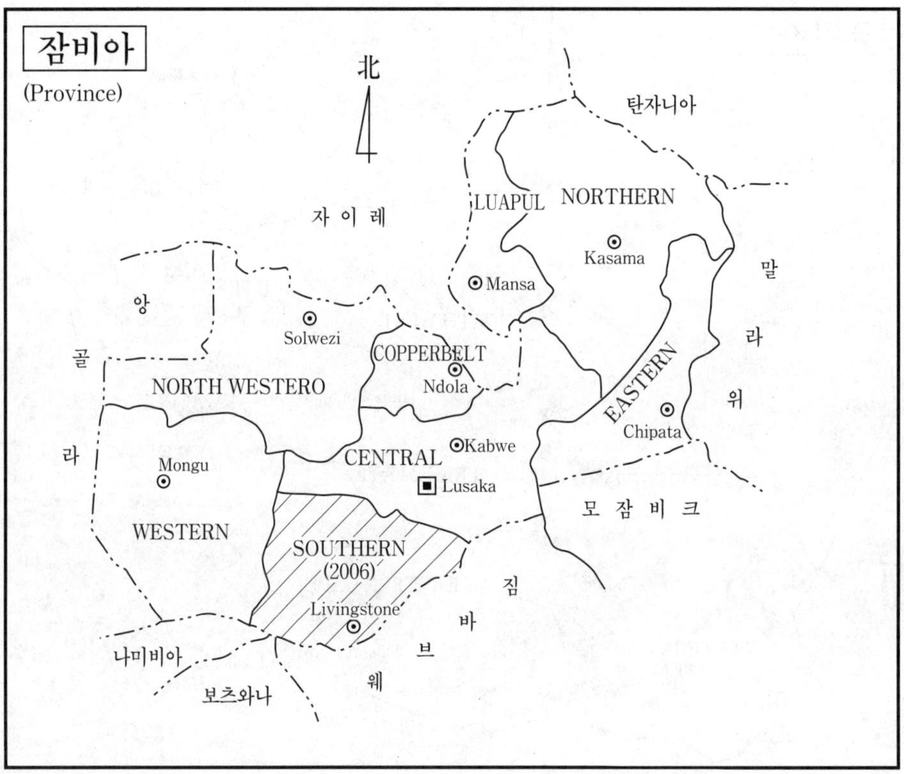
잠비아
(Province)
北
탄자니아
LUAPUL
NORTHERN
자 이 레
Kasama
Mansa
말라위
앙골라
Solwezi
COPPERBELT
EASTERN
NORTH WESTERO
Ndola
Chipata
Kabwe
CENTRAL
Mongu
Lusaka
모 잠 비 크
WESTERN
SOUTHERN (2006)
짐바브웨
Livingstone
나미비아
보츠와나

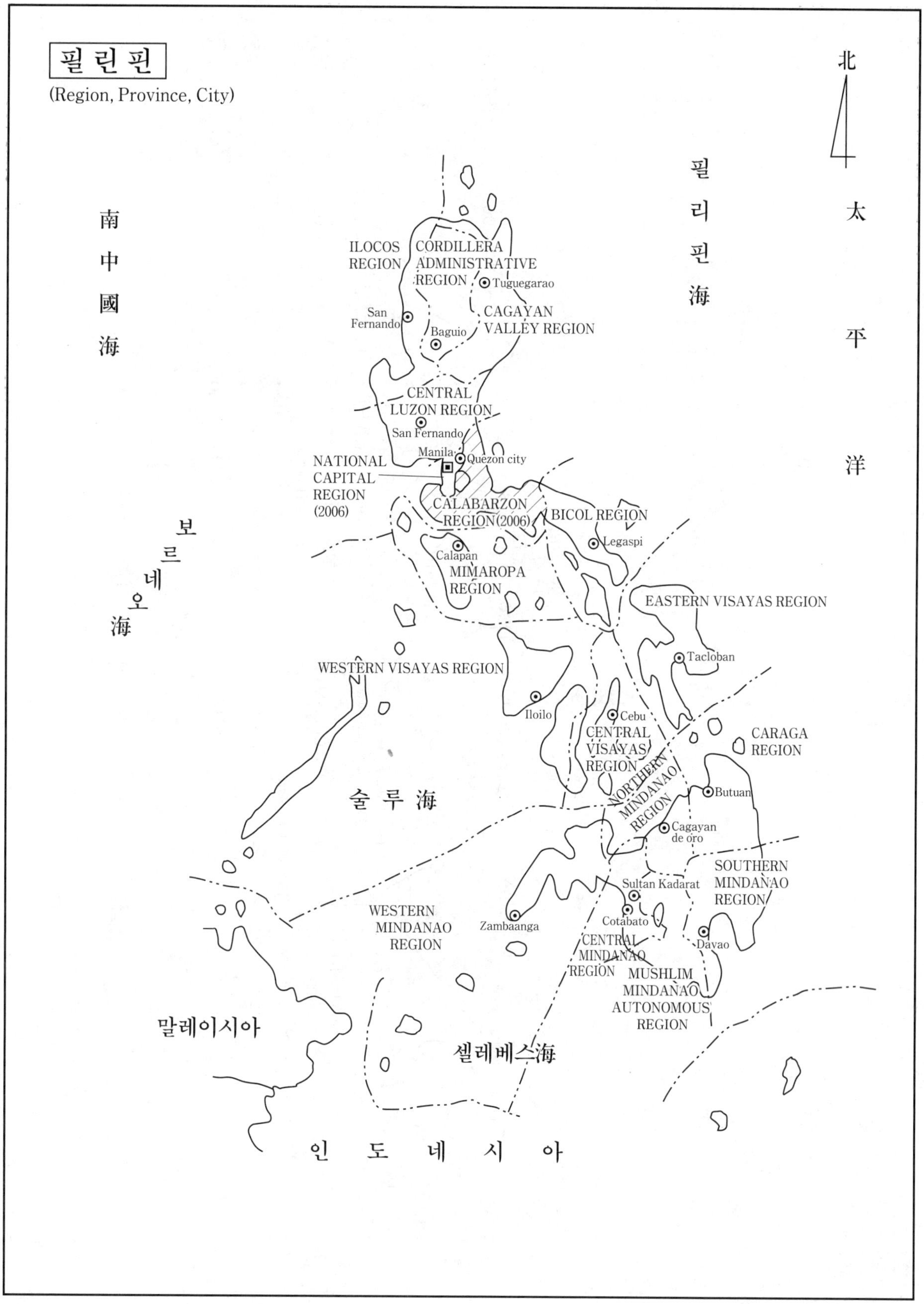
필 리 핀
(Region, Province, City)
北
北太平洋
필리핀海
南中國海
보르네오海
ILOCOS REGION
CORDILLERA ADMINISTRATIVE REGION
Tuguegarao
San Fernando
Baguio
CAGAYAN VALLEY REGION
CENTRAL LUZON REGION
San Fernando
Manila
Quezon city
NATIONAL CAPITAL REGION (2006)
CALABARZON REGION(2006)
BICOL REGION
Legaspi
Calapan
MIMAROPA REGION
EASTERN VISAYAS REGION
Tacloban
WESTERN VISAYAS REGION
Iloilo
Cebu
CENTRAL VISAYAS REGION
CARAGA REGION
NORTHERN MINDANAO REGION
Butuan
술 루 海
Cagayan de oro
SOUTHERN MINDANAO REGION
Sultan Kadarat
Cotabato
WESTERN MINDANAO REGION
Zambaanga
Davao
CENTRAL MINDANAO REGION
MUSHLIM MINDANAO AUTONOMOUS REGION
말레이시아
셀레베스海
인 도 네 시 아

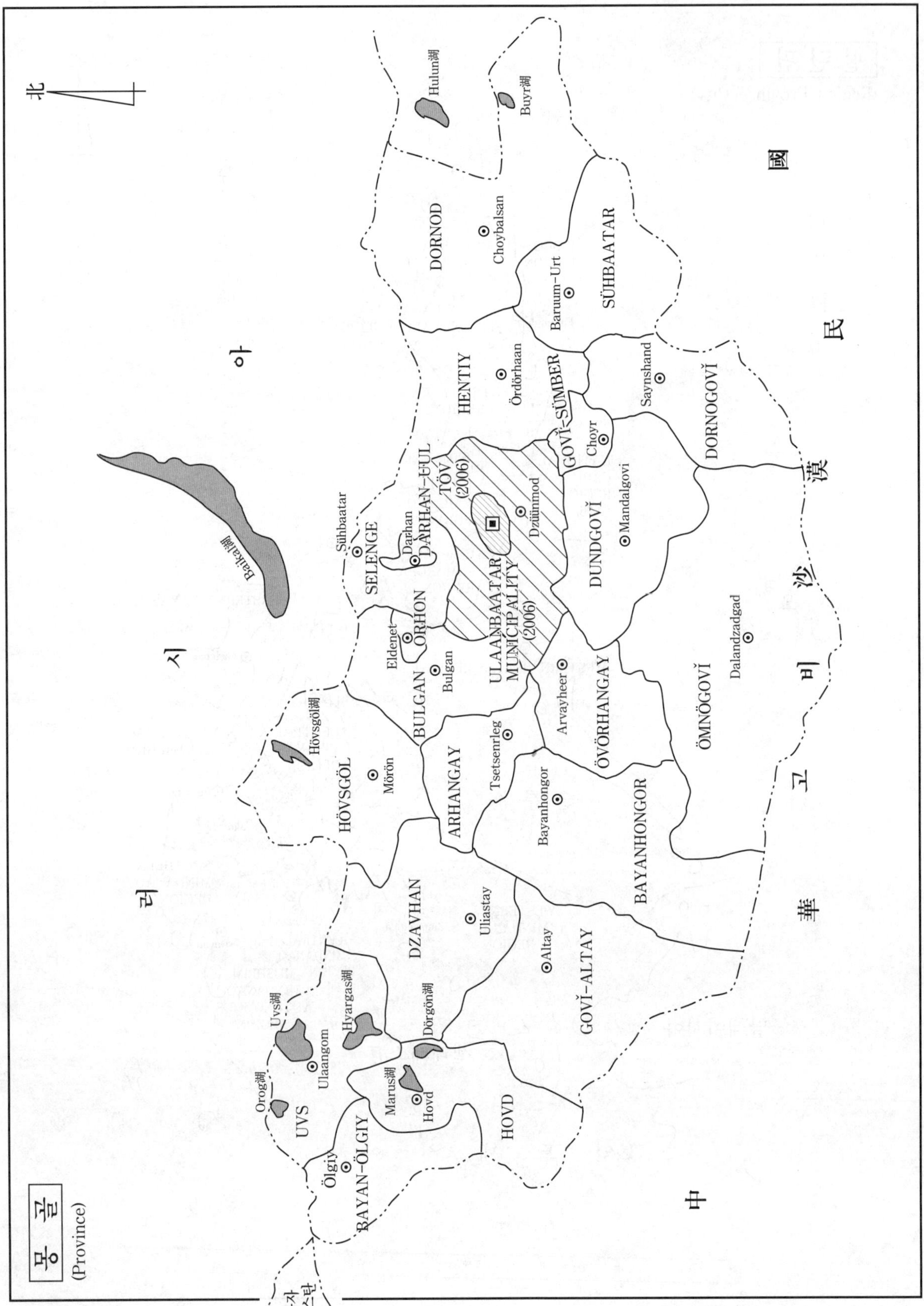

몽골
(Province)
北
러시아
Baikal湖
Hövsgöl湖
Hulun湖
Buyr湖
Uvs湖
Orog湖
Hyargas湖
Dörgön湖
Marus湖
UVS
Ulaangom
BAYAN-ÖLGIY
Ölgiy
HOVD
Hovd
HÖVSGÖL
Mörön
DZAVHAN
Uliastay
GOVĬ-ALTAY
Altay
ARHANGAY
Tsetsenleg
BAYANHONGOR
Bayanhongor
BULGAN
Bulgan
ORHON
Eldenet
SELENGE
Sühbaatar
DARHAN-UUL
Darhan
TÖV
(2006)
Dzüünmod
ULAANBAATAR
MUNICIPALITY
(2006)
ÖVÖRHANGAY
Arvayheer
ÖMNÖGOVĬ
Dalandzadgad
DUNDGOVĬ
Mandalgovi
GOVĬ-SÜMBER
Choyr
DORNOGOVĬ
Saynshand
HENTIY
Ördörhaan
SÜHBAATAR
Baruum-Urt
DORNOD
Choybalsan
中華民國
고비사막
漠沙
카자흐스탄

3. 旅行回數

(1) 訪問國家 및 訪問地域의 年度別 統計

區分			訪問國家					訪問地域								
項目								國內			國外			合計		
生涯	年度	年齡	出國回數(回)	最初訪問國家(國)	延訪問國家(國)	延訪問回數(回)	海外滯留期間(日)	最初訪問地域(個)	延訪問地域(個)	延訪問回數(回)	最初訪問地域(個)	延訪問地域(個)	延訪問回數(回)	最初訪問地域(個)	延訪問地域(個)	延訪問回數(回)
成長修學期	1936	1	-	1	1	1	-	1	1	1	-	-	-	1	1	1
	1937	2	-	-	-	-	-	-	-	-	-	-	-	-	-	-
	1938	3	-	-	-	-	-	-	-	-	-	-	-	-	-	-
	1939	4	-	-	-	-	-	-	-	-	-	-	-	-	-	-
	1940	5	-	-	-	-	-	-	-	-	-	-	-	-	-	-
	1941	6	-	-	-	-	-	-	-	-	-	-	-	-	-	-
	1942	7	-	-	-	-	-	-	-	-	-	-	-	-	-	-
	1943	8	-	-	-	-	-	-	-	-	-	-	-	-	-	-
	1944	9	-	-	-	-	-	-	-	-	-	-	-	-	-	-
	1945	10	-	-	-	-	-	-	-	-	-	-	-	-	-	-
	1946	11	-	-	-	-	-	-	-	-	-	-	-	-	-	-
	1947	12	-	-	-	-	-	-	-	-	-	-	-	-	-	-
	1948	13	-	-	-	-	-	-	-	-	-	-	-	-	-	-
	1949	14	-	-	-	-	-	-	-	-	-	-	-	-	-	-
	1950	15	-	-	-	-	-	-	-	-	-	-	-	-	-	-
	1951	16	-	-	-	-	-	1	1	1	-	-	-	1	1	1
	1952	17	-	-	-	-	-	1	1	1	-	-	-	1	1	1
	1953	18	-	-	-	-	-	-	-	-	-	-	-	-	-	-
	1954	19	-	-	-	-	-	1	2	3	-	-	-	1	2	3
	1955	20	-	-	-	-	-	-	1	2	-	-	-	-	1	2
	1956	21	-	-	-	-	-	1	2	3	-	-	-	1	2	3
	1957	22	-	-	-	-	-	-	3	6	-	-	-	-	3	6
	1958	23	-	-	-	-	-	2	4	6	-	-	-	2	4	6
	1959	24	-	-	-	-	-	3	5	7	-	-	-	3	5	7
	1960	25	-	-	-	-	-	1	4	6	-	-	-	1	4	6
	1961	26	-	-	-	-	-	-	3	5	-	-	-	-	3	5
	1962	27	-	-	-	-	-	-	2	3	-	-	-	-	2	3
	1963	28	-	-	-	-	-	-	2	4	-	-	-	-	2	4
	1964	29	-	-	-	-	-	4	6	7	-	-	-	4	6	7
	1965	30	-	-	-	-	-	6	6	9	-	-	-	6	6	9
	1966	31	-	-	-	-	-	-	2	3	-	-	-	-	2	3
	1967	32	-	-	-	-	-	8	8	8	-	-	-	8	8	8
	1968	33	-	-	-	-	-	-	-	-	-	-	-	-	-	-
	1969	34	1	1	1	1	103	-	-	-	3	3	3	3	3	3
	1970	35	-	-	-	-	365	-	-	-	9	10	10	9	10	10

生涯	年度	年齢	訪問國家					訪問地域								
								國內			國外			合計		
			出國回數(回)	最初訪問國家(國)	延訪問國家(國)	延訪問回數(回)	海外滯留期間(日)	最初訪問地域(個)	延訪問地域(個)	延訪問回數(回)	最初訪問地域(個)	延訪問地域(個)	延訪問回數(回)	最初訪問地域(個)	延訪問地域(個)	延訪問回數(回)
	1971	36	-	-	-	-	365	-	-	-	-	1	1	-	1	1
	累計(35年)		1	2	2	2	833	29	52	74	12	14	14	41	66	88
	年平均		0.03	0.06	0.06	0.06	23.8	0.8	1.5	2.1	0.4	0.4	0.4	1.2	1.9	2.5
社會活動期	1972	37	-	1	1	1	14	3	7	9	2	2	2	5	9	11
	1973	38	-	-	-	-	-	1	6	11	-	-	-	1	6	11
	1974	39	1	-	1	1	15	8	13	19	6	6	6	14	19	25
	1975	40	1	-	1	1	12	8	14	31	1	2	2	9	16	33
	1976	41	2	-	2	2	208	-	2	2	3	9	9	3	11	11
	1977	42	2	-	2	2	27	11	16	22	-	2	2	11	18	24
	1978	43	2	1	2	2	28	3	11	18	4	5	5	7	16	23
	1979	44	2	10	10	11	32	6	12	16	19	18	18	25	30	34
	1980	45	-	-	-	-	-	-	8	17	-	-	-	-	8	17
	1981	46	-	-	-	-	-	3	14	30	-	-	-	3	14	30
	1982	47	1	3	4	4	17	3	14	40	7	10	10	10	24	50
	1983	48	2	2	3	3	15	12	23	40	4	5	5	16	28	45
	1984	49	1	-	1	1	9	9	26	47	4	4	4	13	30	51
	1985	50	2	-	2	2	16	2	16	32	3	7	7	5	23	39
	1986	51	1	1	1	1	6	3	16	22	1	1	1	4	17	23
	1987	52	1	-	1	1	11	2	10	14	7	7	7	9	17	21
	1988	53	-	-	-	-	-	11	22	33	-	-	-	11	22	33
	1989	54	2	1	3	3	22	9	20	50	5	4	4	14	24	54
	1990	55	1	1	1	1	7	8	28	59	3	3	3	11	31	62
	1991	56	4	4	7	11	46	6	35	78	19	24	28	25	59	106
	1992	57	1	-	1	1	10	4	29	74	10	11	13	14	40	87
	1993	58	2	-	2	2	18	4	27	64	3	4	4	7	31	68
	1994	59	3	-	4	5	34	2	23	55	11	26	26	13	49	81
	1995	60	4	3	6	7	37	6	29	97	20	32	34	26	61	131
	1996	61	1	-	1	1	6	1	29	87	-	6	6	1	35	93
	1997	62	4	1	6	7	55	3	28	80	8	23	27	11	51	107
	1998	63	3	-	1	2	9	2	28	100	4	12	12	6	40	112
	1999	64	4	1	3	4	18	3	38	127	5	7	7	8	45	134
	2000	65	4	2	5	5	29	2	34	111	8	12	14	10	46	125
	2001	66	2	6	8	10	25	1	36	120	15	18	21	16	54	141
	2002	67	4	4	7	7	27	-	23	58	17	18	21	17	41	79
	2003	68	2	1	2	2	10	-	32	114	5	5	5	5	37	119
	2004	69	2	-	2	2	15	-	28	112	7	9	12	7	37	124
	2005	70	1	-	1	1	2	-	38	137	1	1	1	1	39	138
	2006	71	3	8	8	8	29	-	23	63	19	19	22	19	42	85
	累計(35年)		65	50	99	111	809	136	758	1,989	221	312	338	357	1,070	2,327
	年平均		1.9	1.4	2.8	3.2	23.1	3.9	21.7	56.8	6.3	8.9	9.7	10.2	30.6	66.5
總累計	70年		66	52	101	113	1,642	165	810	2,063	233	326	352	398	1,136	2,415
	年平均		0.9	0.7	1.4	1.6	23.5	2.4	11.6	29.5	3.3	4.7	5.0	5.7	16.2	34.5

(2) 大陸別 訪問國 · 訪問地 및 訪問回數

(單位 : 個, 回)

區分 / 大陸	最初訪問日字	國家·地域數		外國訪問回數				訪問地點數			
		國家	地域	修學	會議	視察	合計	機關	名所	遺蹟	合計
아시아洲	1936.7.28	18	266	1	30	24	55	8,585	9,169	7,464	25,218
유럽洲	1979.8. 9	17	49	-	2	22	24	1,393	1,062	1,183	3,638
北아메리카洲	1969.9.20	3	37	2	6	6	14	2,033	1,287	561	3,881
南아메리카洲	2002.1.26	3	11	-	-	3	3	382	307	278	967
아프리카洲	1995.7.18	9	30	-	-	10	10	1,405	707	366	2,478
오세아니아洲	1982.1.19	2	5	-	2	1	3	70	58	36	164
合　計	1936.7.28	52	398	3	40	66	109	13,868	12,590	9,888	36,346

註. 韓國이 포함되어 있음.

(3) 國家別 訪問內譯 集計

(訪問日字 順)

區分 / 國家	最初訪問日	訪問回數(回)				延滯留期間(日)	訪問地域數(個)	訪問地點數(個)			
		修學	會議	視察	合計			機關	名所	遺蹟	合計
1.韓國	1936.7.28	1	-	-	1	23,923	165	4,193	4,663	4,594	13,450
2.美國	1969.9.20	2	6	4	12	1,169	34	1,955	1,220	473	3,648
3.日本	1972.1.12	-	16	9	25	170	37	778	1,022	734	2,534
4.泰國	1978.6.18	-	2	-	2	22	3	36	31	31	98
5.네덜란드	1979.8. 9	-	-	1	1	2	1	15	7	8	30
6.덴마크	8.10	-	-	1	1	2	2	18	9	9	36
7.獨逸	8.11	-	-	4	4	24	17	146	101	82	329
8.英國	8.12	-	-	1	1	3	2	105	63	72	240
9.프랑스	8.14	-	-	4	4	15	8	261	182	213	656
10.오스트리아	8.18	-	1	1	2	5	1	111	83	93	287
11.스위스	8.19	-	-	1	1	3	2	15	11	11	37
12.이탈리아	8.21	-	-	1	1	4	2	102	73	87	262
13.그리스	8.24	-	-	1	1	3	1	29	26	30	85
14.스리랑카	10.15	-	2	-	2	10	2	23	17	14	54
15.인도네시아	1982.1.16	-	-	1	1	4	2	21	17	17	55
16.濠洲	1.19	-	1	1	2	8	3	50	45	25	120
17.뉴질랜드	1.22	-	1	-	1	5	2	20	13	11	44
18.印度	1983.1.23	-	1	-	1	8	2	19	15	12	46
19.싱가포르	12.10	-	1	2	3	8	1	26	29	22	77
20.말레이시아	1986.9.15	-	1	-	1	6	1	19	15	13	47
21.中國	1989.3. 8	-	1	4	5	38	17	626	393	311	1,330
22.臺灣	1990.9.10	-	3	-	3	17	7	253	260	211	724
23.스페인	1991.4. 9	-	1	-	1	7	3	34	33	25	92
24.포르투갈	4.15	-	-	1	1	3	1	35	21	29	85
25.스웨덴	4.17	-	-	1	1	2	2	16	16	12	44
26.모나코	7. 6	-	-	1	1	2	1	13	10	10	33

(訪問日字 順)

國家 \ 區分	最初訪問日	訪問回數(回) 修學	會議	視察	合計	延滯留期間(日)	訪問地域數(個)	訪問地點數(個) 機關	名所	遺蹟	合計
27.이집트	1995.7.18	-	-	2	2	6	5	49	44	46	139
28.리비아	7.20	-	-	1	1	7	12	57	60	60	177
29.튜니시아	7.26	-	-	1	1	1	2	10	11	9	30
30.캐나다	1997.8. 1	-	-	1	1	2	2	21	17	12	50
31.北韓	1999.8.17	-	1	3	4	11	3	1,027	1,943	673	3,643
32.베트남	2000.1.26	-	1	-	1	4	2	77	90	77	244
33.캄보디아	1.29	-	-	1	1	4	3	76	59	77	212
34.요르단	2001.2. 9	-	-	1	1	4	2	58	48	62	168
35.이라크	2.10	-	-	1	1	5	7	146	75	163	384
36.러시아	7. 4	-	-	1	1	4	2	210	187	222	619
37.폴란드	7. 7	-	-	1	1	2	1	67	39	57	163
38.체코	7. 8	-	-	1	1	2	2	114	110	130	354
39.헝가리	7.11	-	-	1	1	2	1	102	91	93	286
40.멕시코	2002.1.26	-	-	1	1	2	1	57	50	76	183
41.페루	1.27	-	-	1	1	5	7	207	147	198	552
42.브라질	2. 2	-	-	1	1	5	3	146	146	77	369
43.아르헨티나	2. 3	-	-	1	1	1	1	29	14	3	46
44.터키	2003.7.21	-	-	1	1	9	4	413	189	226	828
45. 케냐	2006.1.13	-	-	1	1	6	3	254	106	49	409
46. 탄자니아	1.17	-	-	1	1	1	1	14	6	4	24
47.南阿共	1.18	-	-	1	1	7	4	792	341	174	1,307
48. 짐바브웨	1.19	-	-	1	1	3	1	81	73	10	164
49. 보츠와나	1.20	-	-	1	1	1	1	56	39	4	99
50. 잠비아	1.20	-	-	1	1	1	1	92	27	10	129
51. 필리핀	4.20	-	-	1	1	5	5	569	180	161	910
52. 몽골	6.19	-	-	1	1	5	3	225	123	66	414
合計 韓國	1936.7.28	1	-	-	1	23,923	165	4,193	4,663	4,594	13,450
外國	1969.9.20	2	40	66	108	1,645	233	9,675	7,927	5,294	22,896
計	1936.7.28	3	40	66	109	25,568	398	13,868	12,590	9,888	36,346

(4) 地域別 訪問回數 및 訪問地點數

1) 韓 國

(行政區域 順)

市·道	市·郡	最初訪問日字	訪問回數(回) 成長·修學期 (1936-1971)	社會活動期 (1972-2006)	累計 (1936-2006)	訪問地點數(個) 機關	名所	遺蹟	合計
特別市	서울	1956.1.10	2	1	3	1,314	200	196	1,710
廣域市	釜山	1965.7.10	2	70	72	49	61	55	165
	大邱	1965.3.10	6	117	123	65	75	69	209
	仁川	1959.6.2	2	43	45	51	66	62	179
	光州	1960.1.5	1	51	52	42	39	58	139
	大田	1974.1.18	-	128	128	65	69	68	202
	蔚山	1975.4.18	-	17	17	48	62	61	171

市·道	市·郡	最初訪問日字	訪問回數(回)			訪問地點數(個)			
			成長·修學期 (1936-1971)	社會活動期 (1972-2006)	累計 (1936-2006)	機關	名所	遺蹟	合計
	計(6)	1959.6.2	11	426	437	320	372	373	1,065
京畿	水原	1974.4.23	-	151	151	29	34	37	100
	城南	1986.10.8	-	121	121	24	23	14	61
	議政府	1989.10.3	-	8	8	13	12	14	39
	安養	1977.7.16	-	30	30	15	16	17	48
	富川	1978.8.8	-	5	5	13	17	4	34
	光明	1983.8.25	-	2	2	8	10	3	21
	平澤	1975.4.12	-	11	11	18	21	20	59
	東豆川	1991.2.11	-	5	5	8	13	8	29
	安山	1991.2.5	-	8	8	11	14	13	38
	高陽	1989.8.4	-	257	257	20	25	30	75
	果川	1983.3.11	-	160	160	14	16	11	41
	九里	1994.2.7	-	3	3	8	8	10	26
	南楊州	1992.3.26	-	2	2	15	19	23	57
	烏山	1978.5.11	-	4	4	7	5	5	17
	始興	1993.6.30	-	7	7	10	14	2	26
	軍浦	1993.11.22	-	2	2	11	15	10	36
	儀旺	1995.9.12	-	2	2	7	6	5	18
	河南	1995.6.2	-	2	2	7	7	1	15
	龍仁	1977.7.16	-	32	32	23	33	25	81
	坡州	1991.2.22	-	3	3	19	20	21	60
	利川	1977.7.17	-	2	2	13	18	16	47
	安城	1977.7.16	-	4	4	11	16	17	44
	金浦	1992.10.2	-	4	4	11	13	14	38
	華城	1977.7.16	-	4	4	14	18	16	48
	廣州	1977.7.16	-	7	7	13	28	22	63
	楊州	1977.7.17	-	2	2	12	18	16	46
	驪州	1977.7.17	-	11	11	11	19	20	50
	漣川	1977.7.17	-	1	1	12	12	11	35
	抱川	1958.9.15	2	6	8	15	23	16	54
	加平	1975.6.23	-	1	1	13	18	10	41
	楊平	1977.7.17	-	5	5	13	15	14	42
	計(31)	1958.9.15	2	862	864	418	526	445	1,389
江原	春川	1973.3.27	-	24	24	26	35	27	88
	原州	1959.12.5	1	8	9	24	26	27	76
	江陵	1983.8.10	-	18	18	49	122	85	256
	東海	1983.8.10	-	5	5	9	11	8	28
	太白	1983.10.7	-	2	2	12	14	9	35
	束草	1979.4.1	-	9	9	10	11	12	33
	三陟	1983.8.10	-	1	1	16	29	27	72
	洪川	1993.9.5	-	1	1	9	23	18	50
	橫城	1959.12.5	1	1	2	10	18	15	43
	寧越	1981.8.28	-	2	2	14	22	23	59

市·道	市·郡	最初訪問日字	訪問回數(回)			訪問地點數(個)			
			成長·修學期 (1936-1971)	社會活動期 (1972-2006)	累計 (1936-2006)	機關	名所	遺蹟	合計
	平昌	1989.12.22	-	2	2	14	28	23	65
	旌善	1989.12.21	-	1	1	21	33	20	74
	鐵原	1977.7.17	-	1	1	13	18	19	50
	華川	1984.10.19	-	1	1	5	13	5	23
	楊口	1984.10.19	-	3	3	5	17	9	31
	麟蹄	1984.10.19	-	3	3	17	41	14	72
	高城	1984.10.19	-	1	1	13	23	16	52
	襄陽	1979.7.7	-	2	2	16	31	24	71
	計(18)	1959.12.5	2	85	87	283	515	380	1,178
忠北	清州	1965.4.11	1	48	49	28	31	35	94
	忠州	1983.8.18	-	13	13	25	34	35	94
	堤川	1992.1.15	-	6	6	17	23	24	64
	清原	1993.8.4	-	3	3	9	22	34	65
	報恩	1978.3.9	-	8	8	10	30	30	70
	沃川	1997.6.2	-	3	3	10	22	22	54
	永同	1997.5.24	-	2	2	8	22	20	50
	鎭川	1998.4.26	-	2	2	9	12	13	34
	槐山	1982.9.4	-	2	2	11	28	30	69
	陰城	1986.10.3	-	3	3	13	13	16	42
	丹陽	1981.10.14	-	3	3	8	32	20	60
	計(11)	1965.4.11	1	93	94	148	269	279	696
忠南	天安	1989.9.11	-	85	85	25	30	30	85
	公州	1990.2.22	-	17	17	20	45	41	106
	保寧	1983.7.30	-	4	4	18	21	18	57
	牙山	1972.2.19	-	22	22	38	39	41	118
	瑞山	1987.5.24	-	4	4	16	23	28	67
	論山	1958.7.31	1	2	3	15	16	30	61
	錦山	1974.7.23	-	4	4	16	23	24	63
	燕岐	1986.4.17	-	6	6	6	16	16	38
	扶餘	1990.8.27	-	1	1	6	33	45	84
	舒川	1990.12.15	-	2	2	7	14	13	34
	青陽	1996.5.30	-	1	1	7	9	20	36
	洪城	1981.5.3	-	2	2	5	13	20	38
	禮山	1995.9.28	-	2	2	10	12	22	44
	泰安	1987.5.24	-	2	2	6	16	7	29
	唐津	1999.10.22	-	3	3	21	22	20	63
	計(15)	1958.7.31	1	157	158	216	332	375	923
全北	全州	1975.3.3	-	27	27	22	31	33	86
	群山	1974.8.1	-	7	7	26	30	22	78
	益山	1964.7.15	1	7	8	13	26	37	76
	井邑	1975.3.4	-	3	3	11	45	50	106
	南原	1984.8.12	-	2	2	19	39	39	97
	金堤	1991.1.30	-	2	2	12	19	31	62

市·道	市·郡	最初訪問日字	訪問回數(回)			訪問地點數(個)			
			成長·修學期 (1936-1971)	社會活動期 (1972-2006)	累計 (1936-2006)	機關	名所	遺蹟	合計
	完州	1998.9.7	-	2	2	8	24	30	62
	鎭安	1964.5.14	1	-	1	5	27	25	57
	茂朱	1964.5.13	1	3	4	11	24	23	58
	長水	1964.5.15	1	-	1	5	21	27	53
	任實	1988.4.5	-	1	1	7	16	14	37
	淳昌	1988.4.5	-	1	1	5	18	17	40
	高敞	1975.3.4	-	1	1	7	26	31	64
	扶安	1975.3.3	-	3	3	14	27	23	64
	計(14)	1964.5.13	4	59	63	165	373	402	940
全南	木浦	1988.3.24	-	5	5	12	20	18	50
	麗水	1988.5.26	-	8	8	29	41	34	104
	順天	1972.8.18	-	7	7	14	21	26	61
	羅州	1982.7.21	-	1	1	12	19	27	58
	光陽	1974.7.30	-	4	4	19	27	21	67
	潭陽	1975.8.9	-	1	1	5	14	27	46
	谷城	1984.11.10	-	1	1	6	6	17	29
	求禮	1984.11.10	-	1	1	6	14	15	35
	高興	1988.5.26	-	1	1	9	27	19	55
	寶城	1988.5.26	-	1	1	7	15	18	40
	和順	1974.4.10	-	1	1	7	16	16	39
	長興	1988.6.30	-	1	1	5	25	23	53
	康津	1999.6.11	-	1	1	20	25	26	71
	海南	1990.1.12	-	1	1	15	27	27	69
	靈岩	1999.6.11	-	1	1	9	13	15	37
	務安	1988.3.24	-	1	1	9	13	10	32
	咸平	1989.3.28	-	1	1	8	9	7	24
	靈光	1982.7.22	-	1	1	6	19	17	42
	長城	1989.10.29	-	5	5	14	33	26	73
	莞島	1990.11.24	-	1	1	11	19	14	44
	珍島	1990.1.12	-	1	1	14	19	19	52
	新安	1988.3.26	-	1	1	8	22	4	34
	計(22)	1972.8.18	-	46	46	245	444	426	1,115
慶北	浦項	1972.3.17	-	14	14	23	39	38	100
	慶州	1979.7.23	-	29	29	47	63	103	213
	金泉	1979.7.27	-	6	6	21	23	23	67
	安東	1954.4.5	14	13	27	50	63	75	188
	龜尾	1979.7.28	-	5	5	13	19	29	61
	榮州	1979.5.6	-	7	7	19	25	42	86
	永川	1990.4.18	-	1	1	17	30	36	83
	尙州	1952.6.29	1	6	7	31	31	37	99
	聞慶	1936.7.28	24	118	142	167	189	215	571
	慶山	1988.11.24	-	7	7	17	19	22	58
	軍威	1974.9.20	-	1	1	6	18	26	50

市·道	市·郡	最初訪問日字	訪問回數(回)			訪問地點數(個)			
			成長·修學期 (1936-1971)	社會活動期 (1972-2006)	累計 (1936-2006)	機關	名所	遺蹟	合計
	義城	1974.9.20	-	3	3	7	26	35	68
	青松	1983.5.14	-	1	1	8	31	17	56
	英陽	1991.11.2	-	3	3	10	20	15	45
	盈德	1983.5.13	-	2	2	13	35	22	70
	淸道	1965.5.2	1	-	1	6	19	29	54
	高靈	1984.8.12	-	3	3	7	17	20	44
	星州	2001.6.13	-	3	3	18	25	27	70
	漆谷	2000.2.22	-	1	1	21	28	24	73
	醴泉	1951.8.10	1	4	5	22	16	32	70
	奉化	1991.10.31	-	4	4	18	27	31	76
	蔚珍	1983.5.13	-	5	5	14	31	27	72
	鬱陵	2000.5.8	-	1	1	51	61	22	134
	計(23)	1936.7.28	41	237	278	606	855	947	2,408
慶南	昌原	1988.8.6	-	19	19	40	57	47	144
	馬山	1984.12.14	-	3	3	29	30	35	94
	晋州	1994.4.15	-	6	6	36	35	77	148
	鎭海	1997.3.30	-	2	2	15	23	17	55
	統營	1989.9.3	-	8	8	42	78	53	173
	泗川	1967.8.4	1	-	1	15	24	25	64
	金海	1989.9.2	-	5	5	26	36	40	102
	密陽	1992.11.14	-	1	1	9	25	24	58
	巨濟	1983.1.11	-	2	2	23	29	27	79
	梁山	1990.12.19	-	2	2	11	33	31	75
	宜寧	1995.3.8	-	1	1	9	25	28	62
	咸安	1967.8.3	1	-	1	6	18	27	51
	昌寧	1995.10.18	-	14	14	10	24	24	58
	固城	1967.8.4	1	1	2	8	23	20	51
	南海	1967.8.4	1	1	2	17	28	25	70
	河東	1995.1.28	-	7	7	17	24	18	59
	山淸	1967.8.3	1	-	1	5	22	29	56
	咸陽	1967.8.3	1	-	1	9	28	26	63
	巨昌	1967.8.3	1	1	2	15	27	27	69
	陜川	1967.8.4	1	-	1	11	27	45	83
	計(20)	1967.8.3	8	73	81	353	616	645	1,614
濟州	濟州	1965.7.17	1	38	39	44	52	48	144
	西歸浦	1985.8.1	-	4	4	25	29	26	80
	北齊州	1965.7.17	1	1	2	26	36	25	87
	南濟州	1985.8.1	-	2	2	30	44	27	101
	計(4)	1965.7.17	2	45	47	125	161	126	412
道計(9)	158	1936.7.28	61	1,627	1,718	2,559	4,091	4,025	10,675
全國計(16)	165	1936.7.28	74	2,084	2,158	4,193	4,663	4,594	13,450

2) 外國

(訪問日字 順)

國 家	地 域	最初訪問日字	訪問回數(回)			訪問地點數(個)			
			成長·修學期 (1936-1971)	社會活動期 (1972-2006)	累 計 (1936-2006)	機 關	名 所	遺 蹟	合 計
美 國	San Francisco	1969.9.20	2	3	5	146	85	48	279
	Washington,D.C.	1969.9.21	2	2	4	39	12	21	72
	Cincinnati	1969.9.24	1	5	6	24	15	11	50
	Cleveland	1970.8.29	1	-	1	23	11	7	41
	Buffalo	1970.8.30	1	-	1	7	4	5	16
	Niagara Falls	1970.8.31	1	1	2	11	7	4	22
	Beacon	1970.9.4	1	-	1	6	3	2	11
	New York	1970.9.5	1	-	1	96	49	37	182
	Houston	1970.9.10	1	-	1	20	11	5	36
	Los Angeles	1970.9.13	1	2	3	124	157	60	341
	Denver	1970.9.19	1	-	1	21	12	5	38
	Chicago	1970.9.23	1	1	2	40	25	14	79
	Honolulu	1972.1.8	-	3	3	59	119	23	201
	Madison	1976.5.29	-	1	1	5	3	2	10
	Pittsburgh	1976.6.6	-	1	1	9	4	2	15
	Columbus	1976.8.25	-	5	5	17	8	7	32
	College Park	1989.5.31	-	1	1	13	7	3	23
	Towson	1989.6.1	-	2	2	7	2	2	11
	Akron	1993.7.2	-	1	1	9	5	3	17
	Lansing	1993.7.6	-	3	3	18	8	4	30
	Las Vegas	1995.6.19	-	2	2	65	63	22	150
	Port Huron	1997.8.1	-	1	1	3	5	3	11
	Orlando	1997.8.5	-	1	1	18	15	3	36
	Cape Canaveral	1997.8.9	-	1	1	6	5	3	14
	Cocoa	1997.8.9	-	1	1	6	8	2	16
	Millbrae	2000.8.19	-	1	1	12	5	2	19
	Palo Alto	2000.8.20	-	2	2	85	39	21	145
	San Jose	2004.2.3	-	2	2	267	202	37	506
	Santa Clara	2004.2.4	-	1	1	93	46	17	156
	Newark	2004.2.7	-	1	1	29	19	1	49
	Monterey	2004.2.8	-	1	1	70	59	47	176
	Pacific Grove	2004.2.8	-	1	1	23	34	7	64
	Carmel	2004.2.8	-	1	1	51	39	13	103
	Daly City	2004.9.13	-	1	1	533	134	30	697
	計(27)	1969.9.20	14	48	62	1,955	1,220	473	3,648
日 本	東京	1972.1.12	-	15	15	59	67	72	198
	名古屋	1974.10.28	-	10	10	25	37	31	93
	浜松	1974.11.1	-	1	1	10	11	8	29
	掛川	1974.11.2	-	1	1	9	11	9	29
	京都	1974.11.3	-	5	5	34	25	48	107

國家	地域	最初訪問日字	訪問回數(回) 成長·修學期 (1936-1971)	社會活動期 (1972-2006)	累計 (1936-2006)	訪問地點數(個) 機關	名所	遺蹟	合計
	大阪	1974.11.10	–	9	9	28	36	29	93
	神戶	1974.11.10	–	4	4	60	73	64	197
	豊田	1975.11.12	–	1	1	14	19	13	46
	箱根	1978.11.4	–	1	1	17	20	15	52
	日光	1982.1.27	–	1	1	12	14	12	38
	川崎	1984.10.2	–	1	1	15	6	3	24
	橫濱	1984.10.5	–	1	1	15	16	14	45
	札幌	1984.10.6	–	2	2	19	24	17	60
	登別	1984.10.7	–	2	2	12	14	11	37
	筑波	1985.12.1	–	1	1	45	11	10	66
	奈良	1985.12.6	–	2	2	16	30	23	69
	天理	1985.12.7	–	1	1	7	5	6	18
	福岡	1987.7.5	–	2	2	23	31	24	78
	北九州	1987.7.6	–	1	1	17	18	17	52
	別府	1987.7.7	–	2	2	24	31	18	73
	大分	1987.7.8	–	2	2	12	15	10	37
	阿蘇	1987.7.10	–	2	2	14	18	9	41
	長崎	1987.7.10	–	2	2	22	29	22	73
	唐津	1987.7.11	–	1	1	10	15	8	33
	鎌倉	1993.9.29	–	1	1	15	16	16	47
	仙臺	1994.8.24	–	1	1	49	56	45	150
	小樽	1994.8.26	–	1	1	12	12	10	34
	洞爺	1994.8.26	–	1	1	10	10	8	28
	小牧	1994.8.28	–	1	1	8	7	2	17
	千歲	1994.8.28	–	1	1	9	11	6	26
	高山	1997.9.19	–	1	1	18	22	17	57
	熊本	1998.6.25	–	1	1	14	17	13	44
	松山	1998.6.28	–	1	1	8	11	11	30
	高松	1998.6.29	–	1	1	10	9	9	28
	越谷	1999.4.23	–	1	1	21	24	23	68
	淡路島	2000.7.19	–	1	1	35	66	19	120
	對馬島	2002.9.28	–	1	1	50	185	62	297
	計(36)	1972.1.12	–	83	83	778	1,022	734	2,534
泰國	Bangkok	1978.6.18	–	3	3	23	21	19	63
	Nakhon Nayok	1978.6.27	–	1	1	9	4	7	20
	Singburi	1978.6.28	–	1	1	4	6	5	15
	計(3)	1978.6.18	–	5	5	36	31	31	98
네덜란드	Amsterdam	1979.8.9	–	1	1	15	7	8	30
	計(1)	1979.8.9	–	1	1	15	7	8	30
덴마크	Copenhagen	1979.8.10	–	1	1	12	6	7	25
	Helsingor	1979.8.10	–	1	1	6	3	2	11
	計(2)	1979.8.10	–	2	2	18	9	9	36

國 家	地 域	最初訪問日字	訪問回數(回)			訪問地點數(個)			
			成長·修學期 (1936-1971)	社會活動期 (1972-2006)	累 計 (1936-2006)	機 關	名 所	遺 蹟	合 計
獨 逸	Hamburg	1979.8.11	-	4	4	13	7	6	26
	Düsseldorf	1979.8.16	-	2	2	9	7	6	22
	Wuppertal	1979.8.17	-	1	1	6	4	3	13
	Dortmund	1979.8.17	-	2	2	6	5	4	15
	Heidelberg	1979.8.17	-	2	2	8	4	5	17
	Berlin	1991.7.1	-	2	2	23	15	15	53
	Potsdam	1991.7.2	-	2	2	7	4	4	15
	Hannover	1991.7.3	-	2	2	9	6	5	20
	Peine	1991.7.4	-	1	1	5	3	3	11
	Gartow	1991.7.4	-	1	1	5	4	3	12
	Celle	1991.7.4	-	1	1	8	4	2	14
	Magdeburg	1994.8.16	-	1	1	9	7	4	20
	Ruhr	1994.8.17	-	1	1	4	7	4	15
	Essen	1994.8.17	-	1	1	6	5	4	15
	Köln	1994.8.18	-	1	1	6	5	4	15
	Bonn	1994.8.19	-	1	1	12	6	4	22
	Frankfurt	1994.8.19	-	1	1	10	8	6	24
	計(17)	1979.7.11	-	26	26	146	101	82	329
英 國	London	1979.8.12	-	1	1	95	56	67	218
	Stevenage	1979.8.13	-	1	1	10	7	5	22
	計(2)	1979.8.12	-	2	2	105	63	72	240
프랑스	Paris	1979.8.14	-	4	4	111	78	86	275
	Versailles	1978.8.15	-	1	1	26	17	24	67
	Marseille	1991.7.5	-	1	1	25	15	21	61
	Nice	1991.7.7	-	1	1	31	20	24	75
	Antibes	1991.7.7	-	1	1	14	10	9	33
	Cannes	1991.7.7	-	1	1	17	13	17	47
	Le Havre	1991.7.10	-	1	1	16	12	12	40
	Normandie	1991.7.10	-	1	1	21	17	20	58
	計(4)	1979.8.14	-	11	11	261	182	213	656
오스트리아	Wien	1979.8.18	-	2	2	111	83	93	287
	計(1)	1979.8.18	-	2	2	111	83	93	287
스위스	Zürich	1979.8.19	-	1	1	10	8	7	25
	Wengen	1979.8.20	-	1	1	5	3	4	12
	計(2)	1979.8.19	-	2	2	15	11	11	37
이탈리아	Venice	1979.8.21	-	1	1	9	7	7	23
	Rome	1979.8.22	-	1	1	93	66	80	239
	計(2)	1979.8.21	-	2	2	102	73	87	262
그리스	Athens	1979.8.24	-	1	1	29	26	30	85
	計(1)	1979.8.24	-	1	1	29	26	30	85
스리랑카	Colombo	1979.10.13	-	2	2	16	12	8	36
	Kandy	1983.12.9	-	1	1	7	5	6	18
	計(2)	1979.10.13	-	3	3	23	17	14	54

國 家	地 域	最初訪問日字	訪問回數(回)			訪問地點數(個)			
			成長·修學期 (1936-1971)	社會活動期 (1972-2006)	累 計 (1936-2006)	機 關	名 所	遺 蹟	合 計
안도네시아	Jakarta	1982.1.16	-	1	1	9	8	8	25
	Denpasar	1982.1.18	-	1	1	12	9	9	30
	計(2)	1982.1.16	-	2	2	21	17	17	55
濠 洲	Canberra	1982.1.19	-	1	1	11	7	7	25
	Sydney	1982.1.20	-	2	2	28	31	14	73
	Windsor	1997.4.6	-	1	1	11	7	4	22
	計(3)	1982.1.19	-	4	4	50	45	25	120
뉴질랜드	Wellington	1982.1.22	-	1	1	11	8	6	25
	Rotorua	1982.1.22	-	1	1	9	5	5	19
	計(2)	1982.1.22	-	2	2	20	13	11	44
印 度	New Delhi	1983.1.23	-	1	1	10	8	8	26
	Agra	1983.1.29	-	1	1	9	7	4	20
	計(2)	1983.1.23	-	2	2	19	15	12	46
싱가포르	Singapore	1983.12.10	-	3	3	26	29	22	77
	計(1)	1983.12.10	-	3	3	26	29	22	77
말레이시아	Kuala Lumpur	1986.9.15	-	1	1	19	15	13	47
	計(1)	1986.9.15	-	1	1	19	15	13	47
中 國	上海	1989.3.8	-	2	2	31	40	32	103
	蘇州	1989.3.9	-	2	2	15	18	14	47
	杭州	1989.3.13	-	1	1	16	16	14	46
	天津	1992.7.8	-	1	1	8	12	9	29
	北京	1992.7.8	-	4	4	26	35	33	94
	長春	1992.7.9	-	1	1	14	12	9	35
	延吉	1992.7.10	-	3	3	14	11	8	33
	琿春	1992.7.13	-	1	1	11	10	7	28
	防川	1992.7.13	-	1	1	6	7	6	19
	圖們	1992.7.13	-	2	2	9	6	6	21
	白頭山	1992.7.14	-	2	2	10	16	12	38
	龍井	1992.7.15	-	2	2	9	7	7	23
	瀋陽	1992.7.15	-	1	1	12	15	9	36
	西安	1998.8.6	-	1	1	67	47	102	216
	丹東	2002.4.12	-	1	1	279	76	26	381
	東港	2002.4.12	-	2	2	42	34	11	87
	寬甸	2002.4.15	-	1	1	57	31	6	94
	計(17)	1989.3.8	-	28	28	626	393	311	1,330
臺 灣	臺北	1990.9.10	-	3	3	72	39	30	141
	新竹	1990.9.13	-	1	1	14	10	7	31
	臺中	1990.9.14	-	1	1	36	44	35	115
	臺南	1999.9.17	-	1	1	51	51	78	180
	高雄	1999.9.20	-	1	1	25	26	13	64
	墾丁	1999.9.20	-	1	1	20	30	18	68
	金門島	2002.8.8	-	1	1	35	60	30	125
	計(7)	1990.9.10	-	9	9	253	260	211	724

國家	地域	最初訪問日字	訪問回數(回)			訪問地點數(個)			
			成長·修學期 (1936-1971)	社會活動期 (1972-2006)	累計 (1936-2006)	機關	名所	遺蹟	合計
스페인	Sitges	1991.4.9	-	1	1	8	8	7	23
	Barcelona	1991.4.11	-	1	1	13	12	9	34
	Madrid	1991.4.13	-	1	1	13	13	9	35
	計(3)	1991.4.9	-	3	3	34	33	25	92
포르투갈	Lisbon	1991.4.15	-	1	1	35	21	29	85
	計(1)	1991.4.15	-	1	1	35	21	29	85
스웨덴	Stockholm	1991.4.17	-	1	1	10	11	8	29
	Uppsala	1991.4.18	-	1	1	6	5	4	15
	計(2)	1991.4.17	-	2	2	16	16	12	44
모나코	Monaco	1991.7.6	-	1	1	13	10	10	33
	計(1)	1991.7.6	-	1	1	13	10	10	33
이집트	Cairo	1995.7.18	-	2	2	17	13	13	43
	Luxor	1995.7.18	-	1	1	15	12	15	42
	Alexandria	1995.7.20	-	1	1	11	11	10	32
	El Alamein	1995.7.20	-	1	1	3	4	4	11
	Assallum	1995.7.20	-	1	1	3	4	4	11
	計(5)	1995.7.18	-	6	6	49	44	46	139
리비아	Am Saad	1995.7.20	-	1	1	2	4	4	10
	Tobruk	1995.7.20	-	1	1	5	5	4	14
	Darnah	1995.7.21	-	1	1	5	5	4	14
	Susah	1995.7.21	-	1	1	4	4	4	12
	Al Bayda	1995.7.21	-	1	1	5	4	3	12
	Benghazi	1995.7.21	-	1	1	7	6	5	18
	Ajdabiyah	1995.7.22	-	1	1	4	4	5	13
	Sarir	1995.7.22	-	1	1	4	5	6	15
	Jalu	1995.7.23	-	1	1	3	3	4	10
	Sirt	1995.7.24	-	1	1	4	5	4	13
	Homs	1995.7.24	-	1	1	5	6	6	17
	Tripoli	1995.7.24	-	1	1	9	9	11	29
	計(12)	1995.7.20	-	12	12	57	60	60	177
튜니시아	Ben Gardane	1995.7.26	-	1	1	4	6	5	15
	Djerba	1995.7.26	-	1	1	6	5	4	15
	計(2)	1995.7.26	-	2	2	10	11	9	30
캐나다	Sarnia	1997.8.1	-	1	1	4	5	3	12
	Niagara Falls	1997.8.1	-	1	1	17	12	9	38
	計(2)	1997.8.1	-	2	2	21	17	12	50
北韓(朝鮮)	高城	1999.8.17	-	2	2	76	124	52	252
	開城	2003.12.1	-	1	1	136	357	252	745
	平壤	2005.10.14	-	1	1	815	1,462	369	2,646
	計(1)	1999.8.17	-	4	4	1,027	1,943	673	3,643
베트남	Hanoi	2000.1.26	-	1	1	35	35	33	103
	Hochiminh	2000.1.28	-	1	1	42	55	44	141
	計(2)	2000.1.26	-	2	2	77	90	77	244

國家	地域	最初訪問日字	訪問回數(回)			訪問地點數(個)			
			成長·修學期 (1936-1971)	社會活動期 (1972-2006)	累計 (1936-2006)	機關	名所	遺蹟	合計
캄보디아	Phnom Penh	2000.1.29	-	2	2	35	20	25	80
	Siem Reap	2000.1.30	-	1	1	15	16	10	41
	Angkor	2000.1.30	-	1	1	26	23	42	91
	計(3)	2000.1.29	-	4	4	76	59	77	212
요르단	Amman	2001.2.9	-	2	2	31	24	28	83
	Petra	2001.2.15	-	1	1	27	24	34	85
	計(2)	2001.2.9	-	3	3	58	48	62	168
이라크	Baghdad	2001.2.10	-	2	2	53	39	63	155
	Samarra	2001.2.11	-	1	1	14	5	9	28
	Hadhar	2001.2.11	-	1	1	7	3	7	17
	Mosul	2001.2.11	-	1	1	27	7	37	71
	Nasiriya	2001.2.13	-	1	1	16	6	18	40
	Hilla	2001.2.13	-	1	1	12	3	2	17
	Babylon	2001.2.14	-	1	1	17	12	27	56
	計(7)	2001.2.10	-	8	8	146	75	163	384
러시아	Moscow	2001.7.4	-	2	2	136	118	128	382
	St. Petersburg	2001.7.4	-	1	1	74	69	94	237
	計(2)	2001.7.4	-	3	3	210	187	222	619
폴란드	Warsaw	2001.7.7	-	1	1	67	39	57	163
	計(1)	2001.7.7	-	1	1	67	39	57	163
체코	Praha	2001.7.8	-	1	1	87	93	111	291
	Brno	2001.7.9	-	1	1	27	17	19	63
	計(2)	2001.7.8	-	2	2	114	110	130	354
헝가리	Budapest	2001.7.11	-	1	1	102	91	93	286
	計(1)	2001.7.11	-	1	1	102	91	93	286
멕시코	Mexico City	2002.1.26	-	1	1	57	50	76	183
	計(1)	2002.1.26	-	1	1	57	50	76	183
페루	Lima	2002.1.27	-	2	2	76	64	54	194
	Cusco	2002.1.28	-	1	1	57	19	68	144
	Urubamba	2002.1.28	-	1	1	20	11	19	50
	Machu Picchu	2002.1.29	-	1	1	13	19	31	63
	Ica	2002.1.30	-	1	1	13	6	3	22
	Nasca	2002.1.31	-	1	1	17	10	20	47
	Pisco	2002.1.31	-	1	1	11	18	3	32
	計(7)	2002.1.27	-	8	8	207	147	198	552
브라질	Foz do Iguaçu	2002.2.2	-	1	1	23	24	4	51
	Curitiba	2002.2.3	-	1	1	70	78	32	180
	Brasilia	2002.2.5	-	1	1	53	44	41	138
	計(3)	2002.2.2	-	3	3	146	146	77	369
아르헨티나	Puerto Iguazú	2002.2.3	-	1	1	29	14	3	46
	計(1)	2002.2.3	-	1	1	29	14	3	46
터키	Istanbul	2003.7.21	-	1	1	208	88	98	374
	Ankara	2003.7.24	-	1	1	96	40	39	175

國 家	地 域	最初訪問日字	訪問回數(回)			訪問地點數(個)			
			成長·修學期 (1936-1971)	社會活動期 (1972-2006)	累 計 (1936-2006)	機 關	名 所	遺 蹟	合 計
	Cappadocia	2003.7.26	-	1	1	51	46	61	158
	Konya	2003.7.27	-	1	1	58	15	28	101
	計(4)	2003.7.21	-	4	4	413	189	226	828
케냐	Nairobi	2006.1.13	-	1	1	224	56	41	321
	Amboseli	2006.1.16	-	1	1	15	43	4	62
	Namanga	2006.1.17	-	1	1	15	7	4	26
	計(3)	2006.1.13	-	3	3	254	106	49	409
탄자니아	Namanga	2006.1.17	-	1	1	14	6	4	24
	計(1)	2006.1.17	-	1	1	14	6	4	24
南아프리카	Johannesburg	2006.1.18	-	1	1	275	64	53	392
	Cape Town	2006.1.21	-	1	1	278	201	57	536
	Pretoria	2006.1.24	-	1	1	171	38	57	266
	Sun City	2006.1.24	-	1	1	68	38	7	113
	計(4)	2006.1.18	-	4	4	792	341	174	1,307
짐바브웨	Victoria Falls	2006.1.19	-	1	1	81	73	10	164
	計(1)	2006.1.19	-	1	1	81	73	10	164
보츠와나	Chobe	2006.1.20	-	1	1	56	39	4	99
	計(1)	2006.1.20	-	1	1	56	39	4	99
잠비아	Livingstone	2006.1.20	-	1	1	92	27	10	129
	計(1)	2006.1.20	-	1	1	92	27	10	129
필리핀	Manila	2006.4.20	-	1	1	371	88	117	576
	Quezon City	2006.4.21	-	1	1	93	34	16	143
	Tagaytay	2006.4.21	-	1	1	54	28	10	92
	Pagsanjan	2006.4.22	-	1	1	32	15	12	59
	Alaminos	2006.4.23	-	1	1	19	15	6	40
	計(5)	2006.4.20	-	5	5	569	180	161	910
몽골	Ulaanbaatar	2006.6.19	-	2	2	198	44	52	294
	Terelj	2006.6.20	-	1	1	17	49	7	73
	Möngönmor't	2006.6.20	-	1	1	10	30	7	47
	計(3)	2006.6.19	-	4	4	225	123	66	414
合計(51)	233	1969.9.20	14	333	347	9,675	7,927	5,294	22,896

3) 國內外 總計

區分 \ 項目	國家	國家數	地域數	訪問回數(回)			訪問地點數(個)			
				成長·修學期 (1936-1971)	社會活動期 (1972-2006)	累 計 (1936-2006)	機 關	名 所	遺 蹟	合 計
總 計	韓國	1	165	74	2,084	2,158	4,193	4,663	4,594	13,450
	外國	51	233	14	333	347	9,675	7,927	5,294	22,896
	合計	52	398	88	2,417	2,505	13,868	12,590	9,888	36,346
地域當 平 均	韓國	-	1	0.5	12.6	13.1	26	28	28	82
	外國	-	1	0.1	1.4	1.5	41	34	23	98
	合計	-	1	0.2	6.1	6.3	34	32	25	91

4. 訪問地 實相

(1) 地球 大陸別 國家數 및 規模와 單位當 平均

(2005年 現在)

項目	洲	世界總計	아시아洲	유럽洲	北아메리카洲	南아메리카洲	아프리카洲	오세아니아洲
1.國家數	獨立國家	192	48	42	23	12	53	14
(國)		(100.0)	(25.0)	(21.9)	(12.0)	(6.2)	(27.6)	(7.3)
	U.N.加入國	191	47	42	23	12	53	14
		(100.0)	(24.6)	(22.0)	(12.1)	(6.3)	(27.7)	(7.3)
2.規模	面積(㎢)	135,791,667	31,762,951	23,040,396	24,394,535	17,822,479	30,256,320	8,514,986
		(100.0)	(23.4)	(17.0)	(17.9)	(13.1)	(22.3)	(6.3)
	人口(人)	6,418,916,367	3,891,415,000	730,498,100	515,092,900	369,395,500	879,227,300	33,287,567
		(100.0)	(60.6)	(11.4)	(8,.0)	(5.8)	(13.7)	(0.5)
	GNP(百萬	35,988,170	9,288,291	10,715,397	13,867,159	992,634	603,612	513,414
	U.S.$)	(100.0)	(25.8)	(29.8)	(38.5)	(2.8)	(1.7)	(1.4)
3.獨立	面積(㎢)	707,248	661,728	548,581	1,060,632	1,485,207	570,874	608,213
國家當		(100)	(94)	(78)	(150)	(210)	(81)	(86)
平均	人口(人)	33,431,856	81,071,146	17,392,812	22,395,343	30,782,958	16,589,194	2,377,683
		(100)	(242)	(52)	(67)	(92)	(50)	(7)
	GNP(百萬	187,438	193,506	255,129	602,920	82,720	11,389	36,672
	U.S.$)	(100)	(103)	(136)	(322)	(44)	(6)	(20)
4.單位當	人口密度	47.3	122.5	31.7	21.1	20.7	29.1	3.9
規模	(人/㎢)	(100)	(259)	(67)	(45)	(44)	(62)	(8)
	經濟密度	265.0	292.4	465.1	568.5	55.7	19.9	60.3
	(千U.S.$/㎢)	(100)	(110)	(176)	(215)	(21)	(8)	(23)
	1人當GNP	5,547	2,445	14,684	26,922	2,763	723	15,848
	(U.S.$/人)	(100)	(44)	(265)	(485)	(50)	(13)	(286)

註.( )內는 1과 2의 境遇 構成比率(%)이고, 3과 4의 境遇는 世界總計를 基準으로 한 指數임.
資料：*2006 Britannica Book of the Year.* Chicago：Encyclopaedia Britannica, Inc., 2006.

(2) 訪問國의 實相

大陸	國家 \ 項目	1. 獨立日	2.UN 加入	3. 面 積(km²)	4.人 口(人)	5.人口密度 (人/km²)	6.都市化率 (%)	7.GNP(百萬 U.S.달러)	8.經濟密度 (千$/km²)	9.1人當 GNP($)
1.아시아 洲	1.韓 國	1948.8.15	1991	99,601	48,294,000	484.9	80.3	673,036	6,757	13,980
	2.日 本	B.C. 660頃	1956	377,899	128,085,000	338.9	65.4	4,749,910	12,569	37,180
	3.泰 國	1350	1946	513,120	64,186,000	125.1	31.9	158,703	309	2,540
	4.Sri Lanka	1948.2.4	1955	65,610	20,743,000	316.2	21.0	19,618	299	1,010
	5.Indonesia	1945.8.17	1950	1,890,754	222,781,000	117.8	45.6	248,007	131	1,140
	6.印 度	1947.8.15	1945	3,166,414	1,103,371,000	348.5	28.3	674,580	220	620
	7.Singapore	1965.8.9	1965	699	4,291,000	6,138.8	100.0	104,994	150,206	24,220
	8.Malaysia	1957.8.31	1957	329,847	2,613,000	79.2	63.9	117,132	355	4,650
	9.中 國	B.C.1523	1945	9,572,900	1,304,369,000	136.3	38.6	1,676,846	175	1,290
	10.臺 灣	1945.10.25	-	36,188	22,726,000	628.0	80.0	295,895	8,177	13,160
	11.北 韓	1948.9.9	1991	122,762	22,488,000	183.2	61.1	20,752	169	930
	12.Vietnam	1945.9.2	1977	329,241	82,628,000	251.0	26.3	45,082	137	550

大陸 \ 國家 (項目)		1.獨 立日	2.UN 加入	3. 面 積(km²)	4. 人 口(人)	5.人口密度 (人/km²)	6.都市化率 (%)	7.GNP(百萬 U.S.달러)	8.經濟密度 (千$/km²)	9.1人當 GNP($)
1.아시아洲	13.Cambodia	1953.11.9	1955	181,035	13,327,000	73.6	18.6	4,430	24	320
	14.Jordan	1946.5.25	1955	89,342	5,182,000	58.0	78.7	11,629	130	2,140
	15.Iraq	1932.10.3	1945	434,128	27,818,000	64.1	65.0	14,100	32	540
	16.Turkey	1923.10.29	1945	783,562	72,083,000	92.0	61.2	268,741	343	3,750
	17.Philippines	1946.7.4	1945	316,294	84,191,000	266.2	61.0	92,212	292	1,090
	18.Mongolia	1921.3.13	1961	1,564,116	2,550,000	1.6	59.1	1,484	1	590
	合計(18)	18	17	19,873,512	3,255,243,000	163.8	54.8	9,177,151	462	2,819
2.유럽洲	1.Netherlands	1814.3.30	1945	41,528	16,306,000	392.7	89.6	515,148	12,405	31,700
	2.Denmark	800頃	1945	43,098	5,416,000	125.7	85.4	219,422	5,091	40,650
	3.獨 逸	1955.5.5	1973	357,023	82,443,000	230.9	88.1	2,488,974	6,971	30,120
	4.英 國	1921.12.6	1945	242,514	60,020,000	247.5	89.1	2,016,393	8,315	33,940
	5.France	843.8	1945	543,965	60,733,000	111.6	76.3	1,858,731	3,417	30,090
	6.Austria	1918.10.30	1955	83,871	8,168,000	97.4	65.8	262,147	3,126	32,300
	7.Swiss	1499.9.22	2002	41,284	7,519,000	182.1	67.5	356,052	8,624	48,230
	8.Italia	1861.3.17	1955	301,336	57,989,000	192.4	67.4	1,503,562	4,990	26,120
	9.Greece	1830.2.3	1945	131,957	11,088,000	84.0	60.8	183,917	1,394	16,610
	10.Spain	1492	1955	506,030	44,079,000	87.1	77.8	875,817	1,731	21,210
	11.Portugal	1140頃	1955	92,152	10,513,000	114.1	54.6	149,790	1,625	14,350
	12.Sweden	836	1946	450,295	9,024,000	20.0	83.4	321,401	714	35,770
	13.Monaco	1861.2.2	1993	1.97	32,700	16.599.0	100.0	1,010	512,690	29,360
	14.Russia	1991.12.8	1991	17,075,400	143,420,000	8.4	73.4	487,335	29	3,410
	15.Poland	1918.11.10	1945	312,685	38,164,000	122.1	61.9	232,398	743	6,090
	16.Czech	1933.1.1	1993	78,866	10,235,000	129.8	74.3	93,155	1,181	9,150
	17.Hungary	1944.6.17	1946	93,030	10,078,000	108.3	64.8	83,315	896	8,270
	合計(17)	17	17	20,395,036	575,227,700	28.2	75.3	11,648,567	571	20,250
3.北아메리카洲	1.美 國	1776.7.4	1945	9,522,057	296,748,000	31.2	79.0	11,031,600	1,159	37,898
	2.Canada	1867.7.1	1945	9,984,670	32,227,000	3.2	80.4	905,000	91	28,390
	3.Mexico	1810.9.16	1945	1,964,375	107,029,000	54.5	75.5	703,080	358	6,770
	合計(3)	3	3	21,471,102	436,004,000	20.3	78.3	12,639,680	589	28,990
4.南아메리카洲	1.Peru	1821.7.28	1945	1,285,198	27,968,000	21.8	73.5	65,043	51	2,360
	2.Brazil	1822.9.7	1945	8,514,877	184,016,000	21.6	83.1	552,096	65	3,090
	3.Argentina	1816.7.9	1945	2,780,092	38,592,000	13.9	90.1	142,338	51	3,720
	合計(3)	3	3	12,580,167	240,576,000	19.9	82.2	759,477	60	3,031
5.아프리카洲	1.Egypt	1922.2.28	1945	997,739	70,457,000	70.6	42.1	91,129	91	1,310
	2.Libya	1951.12.24	1955	1,759,540	5,853,000	3.3	86.3	25,257	14	4,450
	3.Tunisia	1956.3.20	1956	163,610	10,038,000	61.4	64.9	26,301	161	2,630
	4.Kenya	1963.12.12	1963	582,646	33,830,000	58.1	39.4	14,987	26	460
	5.Tanzania	1961.12.9	1961	945,090	36,766,000	38.9	23.0	11,560	12	330
	6.South Africa	1910.5.31	1945	1,219,912	46,888,000	38.4	56.9	165,542	136	3,630
	7.Zimbabwe	1980.4.18	1980	390,757	12,161,000	31.1	34.9	6,165	16	480
	8.Botswana	1966.9.30	1966	582,356	1,765,000	3.3	51.6	7,490	13	4,340
	9.Zambia	1964.10.24	1964	752,612	11,262,000	15.0	35.7	4,748	6	450
	合計(9)	9	9	7,394,262	229,020,000	31.0	48.3	353,179	48	1,542
6.오세아니아洲	1.濠洲	1901.1.1	1945	7,692,208	20,345,000	2.6	91.0	541,173	70	26,900
	2.New Zealand	1838.4.30	1945	270,534	4,096,000	15.1	86.0	82,465	305	20,310
	合計(2)	2	2	7,962,742	24,441,000	3.1	88.5	623,638	78	25,516
總 計(6)	總 計(52)	52	51	89,676,821	4,770,511,700	53.2	64.6	35,201,692	393	7,379

資料 : *Encyclopaedia Britannica 2006 Book of the Year*. London : Encyclopaedia Britannica, Inc., 2006

大陸	國家	10.公式言語	11.公式宗教	12.貨幣單位	13.換率(1$當)	14.統治形態
1.아시아洲	1.韓　國	韓國語	-	원(₩)	₩ 1,027	單院 共和制
	2.日　本	日本語	-	圓(¥)	¥ 109.71	兩院 立憲君主制
	3.泰　國	泰國語	佛教	Thai Baht(B)	B 41.10	兩院 立憲君主制
	4.Sri Lanka	Sinhala語,Tamil語	-	스리랑카 rupee(SL Rs)	SL Rs 101.33	單院 共和制
	5.Indonesia	인도네시아語	一神教	인도네시아 rupiah(Rp)	Rp 10,350	兩院 共和制
	6.印　度	힌두語,英語	-	印度 rupee(Re. Rs)	Rs 43.87	兩院 聯邦共和制
	7.Singapore	中國語,말레이語,Tamil語,英語	-	싱가코르 달러(S$)	S$ 1.68	單院 共和制
	8.Malaysia	말레이語	이슬람教	ringgit(RM)	RM 3.76	兩院 聯邦立憲君主制
	9.中　國	中國語	-	元(Y)	Y 8.09	社會主義 單院共和制
	10.臺　灣	中國語	-	新臺灣 달러(NT$)	NT$ 32.53	兩院 共和制
	11.北　韓	韓國語	-	원(Won)	Won 900	社會主義 單院共和制
	12.Vietnam	베트남語	-	dong(D)	D 15,879	社會主義 單院共和制
	13.Cambodia	Khamer語	佛教	riel	riels 4,160	兩院 立憲君主制
	14.Jordan	아랍語	이슬람教	요르단 dinar(JD)	JD 0.71	兩院 立憲君主制
	15.Iraq	아랍語	이슬람教	이라크 dinar(ID)	ID 1,470	單院 共和制
	16.Turkey	터키語	-	터키 lira(YTL)	YTL 1.34	單院 共和制
	17.Philippines	Pilipino, 英語	-	필리핀 Peso(₱)	₱ 56.05	兩院 共和制
	18.Mongolia	Khalkha,몽골語	-	tugrik (Tug)	Tug1,207	單院 共和制
	合計(18)	16	3	18	-	6
2.유럽洲	1.Netherlands	네덜란드語	-	euro(€)	€0.80	單院 立憲君主制
	2.Denmark	덴마크語	新教	덴마크 Krone(Dkr)	Dkr 5.94	兩院 立憲君主制
	3.獨　逸	獨逸語	-	euro(€)	€ 0.80	兩院 聯邦共和制
	4.英　國	英語	-	Pound Sterling(£)	£ 0.80	兩院 立憲君主制
	5.France	프랑스語	-	euro(€)	€ 0.80	兩院 共和制
	6.Austria	獨逸語	-	euro(€)	€ 0.80	兩院 聯邦제
	7.Swiss	프랑스語, 獨逸語	-	스위스 franc (ŠwF)	ŠwF 1.23	兩院 聯邦제
	8.Italia	이탈리아語	-	euro(€)	€ 0.80	兩院 共和制
	9.Greece	그리스語	東方그리스教	euro(€)	€ 0.80	單院 共和制
	10.Spain	스페인語	-	euro(€)	€ 0.80	兩院 立憲君主制
	11.Portugal	포르투갈語	-	euro(€)	€ 0.80	單院 共和制
	12.Sweden	스웨덴語	新教	스웨덴 Krona(Skr)	Skr 7.39	單院 立憲君主制
	13.Monaco	프랑스語	카톨릭教	euro(€)	€ 0.80	單院 立憲君主制
	14.Russia	러시아語	-	ruble(Rub)	Rub 28.28	兩院 共和制
	15.Poland	폴란드語	-	Zloty(ZI)	ZI 3.16	兩院 共和制
	16.Czech	체코語	-	Koruna(Kč)	Kč 23.24	兩院 共和制
	17.Hungary	헝가리語	-	forint (Ft)	Ft 194.15	單院 共和制
	合計(17)	14	3	9	-	6
3.北아메리카洲	1.美國	英語	-	dollar(U.S.$)	U.S.$ 1.00	兩院 聯邦共和制
	2.Canada	英語, 프랑스語	-	캐나다 달러(Can $)	Can$ 1.19	兩院 聯邦議會制
	3.Mexico	스페인語	-	Mexican Peso(Mex $)	Mex$ 10.68	兩院 聯邦共和制
	合計(3)	3	-	3	-	2

(2005年 現在)

15.國家元首	16.政府首班	17.首都名	18.首都人口(人)	19.國旗
大統領 : 盧武鉉	總理 : 韓明淑	서울	10,280,523	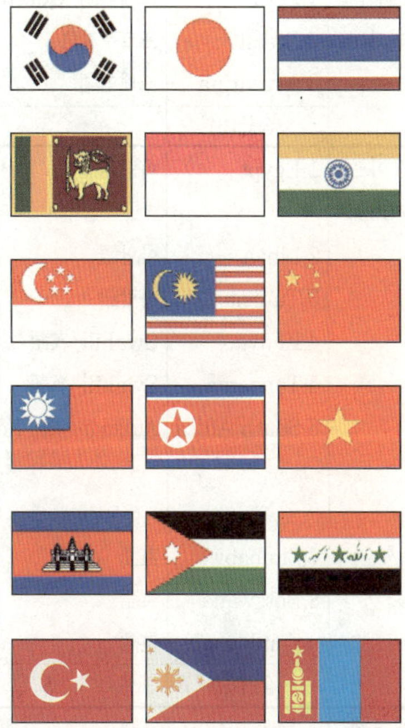
國　王 : 明仁	〃 : 安倍晋三	東京	12,378,000	
〃 : Bhumibol Adulyadej	〃 : Thaksin Shinawatra	Bangkok	6,320,174	
大統領 : M.Rajapakse	〃 : Ratansiri Wickremanayake	Colombo	642,163	
〃 : Susilo B.Yudhoyono	-	Jakarta	8,347,083	
〃 : Abdul Kalam	〃 : Manmohan Singh	New Delhi	302,363	
〃 : S. R. Nathan	〃 : Lee Hsien Leong	Singapore	4,291,000	
國　王 : Sirajuddin	〃 : Abdullah Badawi	Kuala Lumpur	1,297,526	
國家主席 : 胡錦濤	〃 : Wen Jiabao(溫家寶)	北京	7,699,300	
總統 : 陳水扁	行政院長 : 謝長延	臺北	2,622,472	
國防委員長 : 金正日	總理 : 朴鳳柱	平壤	3,164,000	
國家主席 : Tran Duc Luong	〃 : Phan Van Khai	Hanoi	1,420,400	
國　王 : Norodom Sihamoni	〃 : Hun Sen	Phnom Penh	1,272,386	
〃 : Abdullah Ⅱ	〃 : Adnan Badran	Amman	1,147,447	
大統領 : Jalal Talabani	〃 : Ibrahim al-Jaafari	Baghdad	5,750,000	
〃 : Ahmet Necdet Sezer	〃 : Recep Tayyip Erdogan	Ankara	4,611,000	
〃 : Gloria M. Arroya	-	Manila	10,352,249	
〃 : Nambaryn Enhbayar	總理 : Tsahiagiyn Elbegdorj	Ulaanbaatar	942,747	
18	16	18	82,850,833	18
國　王 : Beatrix	總理 : Jan Peter Balkenende	Amsterdam	1,002,868	
〃 : Margarethe Ⅱ	〃 : Anders Fogh Rasmussen	Copenhagen	1,086,762	
大統領 : Horst Köhler	〃 : Angela Merkel	Berlin	3,388,477	
國　王 : Elizabeth Ⅱ	〃 : Anthony Tony Blair	London	7,172,091	
大統領 : Jacques Chirac	〃 : Dominique de Villepin	Paris	2,147,274	
〃 : Heinz Fischer	〃 : Wolfgang Schüssel	Wien	1,590,242	
〃 : Samuel Schmid	-	Bern	342,887	
〃 : Carlo Azeglio Ciampi	總理 : Silvio Berlusconi	Rome	2,553,873	
〃 : Karolos Popoulias	〃 : Konstantinos Karamanlis	Athens	745,514	
國　王 : Juan Carlos Ⅰ	〃 : Jose Luis R.Zapatero	Madrid	3,099,834	
大統領 : Jorge Sampaio	〃 : José Sōcrates	Lisbon	564,657	
國　王 : Carl ⅩⅥ Gustaf	〃 : Göran Persson	Stockholm	765,044	
〃 : Albert Ⅱ	〃 : Jean-Paul Proust	Monaco	32,700	
大統領 : Vladimir V.Putin	〃 : Mikhail Y.Fradkov	Moscow	10,101,500	
〃 : Lech Kaczynski	〃 : Kazimierz Marcin Kiewicz	Warsaw	1,671,670	
〃 : Vaclav Klaus	〃 : Jiri Paroubek	Praha	1,165,581	
〃 : Laszlo Solyom	〃 : Ferenc Gyurcsany	Budapest	1,708,000	
17	16	17	37,430,974	17
大統領 : George W. Bush	-	Washington, D.C.	553,523	
國　王 : Elizabeth Ⅱ	總理 : Paul Martin	Ottawa	1,145,500	
大統領 : Vicente Fox Quesada	-	Mexico City	8,605,239	
3	1	3	10,304,262	3

大陸	國家 (項目)	10.公式言語	11.公式宗教	12.貨幣單位	13.換率 (1$當)	14.統治形態
4.南아메리카洲	1.Peru	스페인語, Quechua語	카톨릭教	nuevǒsal(S/·)	S/· 3.28	單院 共和制
	2.Brazil	포르투갈語	-	real, reais	reais 2.34	兩院 聯邦共和制
	3.Argentina	스페인語	카톨릭教	Peso(Arg $)	Arg $ 2.91	兩院 聯邦共和制
	合計(3)	3	1	3	-	2
5.아프리카洲	1.Egypt	아랍語	이슬람教	이집트 pound(£E)	£E 5.77	單院 共和制
	2.Libya	아랍語	이슬람教	리비아 dinar(LD)	LD 1.32	社會主義 單院制
	3.Tunisia	아랍語	이슬람教	dinar(D)	D 1.30	單院 共和制
	4.Kenya	Swahili, 英語	-	케냐 shilling(KSh)	KSh 74.90	單院 共和制
	5.Tanzania	Swahili, 英語	-	탄자니아 shilling(TSh)	TSh 1,138	單院 共和制
	6.South Africa	Afrikaans,英語,Ndebele 等	-	rand(R)	R 6.27	兩院 共和制
	7.Zimbabwe	英語	-	짐바브웨 dollar(Z$)	Z$ 24,521	單院 共和制
	8.Botswana	英語	-	pula(P)	P 5.29	單院 共和制
	9.Zambia	英語	-	잠비아 kwacha(K)	K 4,600	單院 共和制
	合計(9)	5	1	9	-	3
6.오세아니아洲	1.濠洲	英語	-	濠洲 달러($A)	$A 1.31	兩院 聯邦立憲君主制
	2.New Zealand	英語, Māon語	-	뉴질랜드 달러($NZ)	$NZ 1.42	單院 立憲君主制
	合計(2)	2	-	2	-	2
總計(6)	總 計(52)	34	6	44	-	10

客說 : 經驗에서 얻은 삶의 眞實

南韓 사람은 富者이고 北韓 사람은 正直하다는 이야기를 中國 사람에게서 들은 적이 있다. 이를 뒤집어 말하면 남한 사람은 正直하지 못하고 北韓 사람은 가난하다는 말이다. 조금 부끄러운 말이지만 實相은 맞는 것 같다. 어떻게 하면 正直한 富者의 國民이 될 수 있을까?

客說 : 經驗에서 얻은 삶의 眞實

옛날 物物交換 시대에는 물건을 사고 팔기가 참으로 어려웠을 것 같다. 내가 내놓은 物件을 필요로 하면서 동시에 내가 필요로 하는 물건을 팔고자 하는 同一의 사람을 만나기가 그리 쉬운 일은 아니다. 장터에서 종일 헤매면서 수많은 사람과 去來商談을 해야한다. 貨幣는 人間이 참으로 잘 고안해낸 去來의 媒介某手段이다.

15.國家元首	16.政府首班	17.首都名	18.首都人口(人)	19. 國　　旗
大統領 : Alejandro Toledo	-	Lima	7,880,039	
〃 : LuizInácio Lula da Silva	-	Brasilia	2,189.789	
〃 : Néstor Kirchner	-	Buenos Aires	2,776,138	
1	-	3	12,845,966	3
大統領 : Muhammad Hosni Mubarar Abu Minyar	總理 : Ahmad Nazif	Cairo	7,629,866	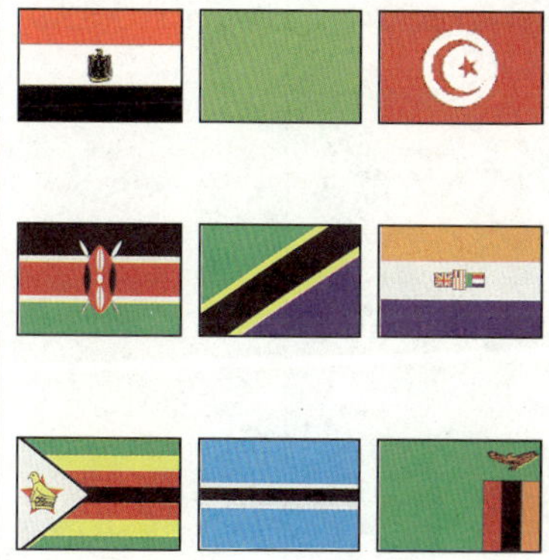
指導者 : Muammar al-Qaddafi	〃 : Shukri M. Ghanem	Tripoli	2,006,000	
大統領 : Zine al-Abidine Ben Ali	〃 : Mohamed Ghannouchi	Tunis	728,453	
〃 : Mwai Kibaki	-	Nairobi	2,143,354	
Jakaya Kikwete	〃 : Edward Lowassa	Dar es Salaam	2,336,055	
〃 : Thabo Mbeki	-	Pretoria	1,282,000	
		Cape Town	3,103,000	
		Bloemfontein	333,769	
〃 : Robert Mugabe	-	Harare	1,444,534	
〃 : Festus G. Mogae	-	Gaborone	198,822	
〃 : Levy Mwanawasa	-	Lusaka	1,084,703	
9	4	11	22,290,556	9
國　王 : Elizabeth Ⅱ	總理 : John W. Howard	Canberra	353,149	
〃 : Elizabeth Ⅱ	〃 : Helen Clark	Wellington	460,300	
2	2	2	813,449	2
52	39	54	166,536,040	52

客說 : 經驗에서 얻은 삶의 眞實

우리 나라에는 아파트가 많다. 國土가 좁고 人口는 많아 도저히 平面으로만 살 수 없어 高層으로 집을 지을 수 밖에 없는 실정이다. 다행스러운 것은 우리 國土에는 큰 地震이 일어나지 않는다는 地質學的 利益이다. 만일 서울을 위시한 首都圈에 6 내지 7度 정도의 地震이 일어난다면 특히 아파트 地區에는 말못할 참상이 벌어질 것이다. 생각만 해도 아찔하고 끔찍하다.

客說 : 經驗에서 얻은 삶의 眞實

主禮를 서고 나서 洋服票 같은 선물로 받으면 반갑고 흡족하다. 과일이나 술이나 와이셔츠 같은 것을 받으면 보통이다. 아무 答禮도 받지 못하면 무척 허전하고 섭섭하다. 아니 매우 괘씸하다.

(3) 訪問 國家 및 地域의 名稱 表記

(訪問日字順)

訪問國家			訪問地域		
自國語	英語	韓國語	自國語	英語	韓國語
1.United States of America	United States of America(U.S.A.)	미국(美國),미합중국(美合衆國),아메리카합중국(合衆國)	1.San Francisco	San Francisco	샌프란시스코, 桑港
			2. Washington,D.C.	Washington,D.C.	워싱턴.디.시.
			3. Cincinnati	Cincinnati	신시내티
			4. Cleveland	Cleveland	클리블랜드
			5. Buffalo	Buffalo	버팔로
			6. Niagara Falls	Niagara Falls	나이애가라 폴스
			7. Beacon	Beacon	비이컨
			8. New York	New York	뉴욕
			9. Houston	Houston	휴스턴
			10. Los Angeles	Los Angeles	로스앤젤레스
			11. Denver	Denver	덴버
			12. Chicago	Chicago	시카고
			13. Honolulu	Honolulu	호놀룰루
			14. Madison	Madison	매디슨
			15. Pittsburgh	Pittsburgh	피츠버그
			16. Columbus	Columbus	콜럼버스
			17. College Park	College Park	칼리지 파크
			18. Towson	Towson	타우슨
			19. Akron	Akron	애크런
			20. Lansing	Lansing	랜싱
			21. Las Vegas	Las Vegas	라스베이거스
			22. Port Huron	Port Huron	포트 후런
			23. Orlando	Orlando	올란도
			24. Cape Canaveral	Cape Canaveral	케이프 캐너베럴
			25. Cocoa	Cocoa	코코아
			26. Millbrae	Millbrae	밀브레
			27. Palo Alto	Palo Alto	팰로 알토
			28. San Jose	San Jose	산 호세
			29. Santa Clara	Santa Clara	산타 클라라
			30. Newark	Newark	뉴워크
			31. Monterey	Monterey	몬트리
			32. Pacific Grove	Pacific Grove	퍼시픽 그로브
			33. Carmel	Carmel	카멜
			34. Daly City	Daly City	댈리 시티

訪問國家			訪問地域		
自國語	英語	韓國語	自國語	英語	韓國語
2. 日本(Nihon)	Japan	일본(日本)	1.東京	Tokyo	東京,도쿄
			2. 名古屋	Nagoya	명고옥,나고야
			3. 濱松	Hamamatsu	빈송,하마마쯔
			4. 掛川	Gakekawa	괘천,가께가와
			5. 京都	Khõto	경도,교토
			6. 大阪	Õsaka	대판,오사카
			7. 神戶	Kōbe	신호,고베
			8. 豊田	Toyota	풍전,도요타
			9. 箱根	Hakone	상근, 하코네
			10. 日光	Nikko	일광, 닛코
			11. 川崎	Kawasāki	천기, 가와사키
			12. 横濱	Yokohama	횡빈, 요코하마
			13. 札幌	Sapporo	찰황, 삿포로
			14. 登別	Noboribetsu	등별, 노보리베쯔
			15. 筑波	Tsukuba	축파, 쯔쿠바
			16. 奈良	Nara	나량, 나라
			17. 天理	Chiryu	천리, 찌루
			18. 福岡	Fukuoka	복강, 후쿠오카
			19. 北九州	Kitakyshu	북구주, 기타규슈
			20. 別府	Beppu	별부, 벳부
			21. 大分	Õita	대분, 오이타
			22. 阿蘇	Aso	아소, 아소
			23. 長崎	Nagasaki	장기, 나가사키
			24. 唐津	Karatsu	당진, 가라쯔
			25. 鎌倉	Kamakura	겸창, 가마쿠라
			26. 仙臺	Sendai	선대, 센다이
			27. 小樽	Otaru	소준, 오타루
			28. 洞爺	Toya	동야, 도야
			29. 苫小牧	Tomakomai	점소목, 도마코마이
			30. 千歲	Chitose	천세, 지토세
			31. 高山	Takayama	고산, 다카야마
			32. 熊本	Kumamoto	웅본, 구마모토
			33. 松山	Matsuyama	송산, 마쯔야마
			34. 高松	Takamatsu	고송, 다카마쯔
			35. 鉞谷	Koshigaya	월곡, 고시가야
			36. 淡路島	Awaji-shima	담로도, 아와지시마
			37. 對馬島	Tsushima	대마도, 쯔시마

訪問國家			訪問地域		
自國語	英語	韓國語	自國語	英語	韓國語
3. Muang Thai	Kingdom of Thailand (Thailand)	태국(泰國),타이, 타일랜드	1. Bangkok	Bangkok	방콕
			2. Nakhon Nayok	Nakhon Nayok	나콘 나욕
			3. Singburi	Singburi	싱부리
4. Koninkrijk der Nederlanden	Kingdom of the Netherlands (Netherlands)	네덜란드,화란(和蘭)	1. Amsterdam	Amsterdam	암스테르담
5. Kongeriget Denmark	Kingdom of Denmark(Denmark)	덴마크,정말(丁抹)	1. København	Copenhagen	코펜하겐
			2. Helsingør	Helsingor	헬싱거
6. Bundesrepublik Deutschland	Federal Republic of Germany (Germany)	독일(獨逸),도이치, 덕국(德國)	1. Hamburg	Hamburg	함부르크
			2. Düsselddorf	Duesseldorf	뒤셀도르프
			3. Wuppertal	Wuppertal	뷔페르탈
			4. Dortmund	Dortmund	도르트문트
			5. Heidelberg	Heidelberg	하이델베르크
			6. Berlin	Berlin	베를린, 벌린, 伯林
			7. Potsdam	Potsdam	포츠담
			8. Hannover	Hannover	하노버
			9. Peine	Peine	파이네
			10. Gartow	Gartow	가르토우
			11. Celle	Celle	첼레
			12. Magdeburg	Magdeburg	마그데부르크
			13. Ruhr	Ruhr	루르
			14. Essen	Essen	에센
			15. Köln	Koeln	쾰른
			16. Bonn	Bonn	본
			17. Frankfurt	Frankfurt	프랑크푸르트
7. United Kingdom of Great Britain and Nothern Ireland	United Kingdom of Great Britain and Nothern Ireland (U.K., England, Britain)	영국(英國),잉글랜드, 브리턴	1. London	London	런던
			2. Stevenage	Stevenage	스티브니지
8. Republique Française	French Republic (France)	프랑스,불란서(佛蘭西), 불국(佛國)	1. Paris	Paris	파리
			2. Versailles	Versailles	베르사유
			3. Marseille	Marseille	마르세유
			4. Nice	Nice	니스
			5. Antibes	Antibes	앙티브
			6. Cannes	Cannes	칸
			7. Le Havre	Le Havre	르아브르
			8. Normandie	Normandie	노르만디

訪 問 國 家			訪 問 地 域		
自 國 語	英 語	韓 國 語	自 國 語	英 語	韓 國 語
9. Republik Österreich	Republic of Austria(Austria)	오스트리아,오지리(奧地利)	1. Wien	Vienna	빈, 비엔나
10. Confédération Suisse	Swiss Confederation (Switzerland, Swiss)	스위스,스위츠랜드, 서서(西瑞)	1. Zürich 2. Wengen	Zurich Wengen	취리히 벤겐
11. Republica Italiana	Italian Republic (Italia,Italy)	이탈리아.이탈리. 이태리(伊太利)	1. Venezia 2. Roma	Venice Rome	베네치아, 베니스 로마, 라마(羅馬)
12. Ellinikí Dhimokratía	Hellenic Republic (Greece)	그리이스, 희랍(希臘)	1. Athíani	Athens	아테네
13. Srī Lankā Prajātāntrika Samāja Vādī Janarajaya	Democratic Socialist Republic of Sri Lanka(Sri Lanka)	스리랑카	1. Colombo 2. Candy	Colombo Kandy	콜롬보 캔디
14. Republik Indonesia	Ripublic of Indonesia(Indonesia)	인도네시아	1. Djakarta 2. Denpasar	Jakarta Denpasar	자카르타 덴파사르
15. Commonwealth of Australia	Commonwealth of Australia(Australia)	오스트레일리아, 호주(濠洲)	1. Canberra 2. Sydney 3. Windsor	Canberra Sydney Windsor	캔버라 시드니 윈저
16.Aotearoa	New Zealand	뉴질랜드,신서란(新西蘭)	1.Wellington 2.Rotorua	Wellington Rotorua	웰링턴 로토루아
17. Bhārat	Republic of India (India)	인디아. 인도(印度)	1. New Delhi 2. Agra	New Delhi Agra	뉴델리 아그라
18. Hsin-Chia-P'o Kung-ho-Kuo	Republic of Singapore (Singapore)	싱가포르	1. Hsin-Chia-P'o	Singapore	싱가포르
19. Malaysia	Malaysis	말레이시아.말레이, 마련(馬聯)	1. Kuala Lumpur	Kuala Lumpur	콸라룸푸르
20. 中華人民共和國 (Chung-hua Lenmin Kung-ho-kuo)	People's Republic of China(China)	중화인민공화국(中華人民共和國), 중국(中國), 중공(中共)	1. 上海 2. 蘇州 3. 杭州 4. 天津 5. 北京 6. 長春 7. 延吉 8. 琿春 9. 防川 10. 圖們 11. 白頭山 12. 龍井 13. 瀋陽	Shanghai Suzhou Hangzhou Tianjin Beijing Changchun Yanji Hunchun Fangchuan Tumen Baitou-Shan Longjing Shenyang	상하이, 상해 쑤저우, 소주 항저우, 항주 텐진, 천진 베이징, 북경 창춘, 장춘 옌지, 연길 훈춘, 혼춘 팡촨, 방천 투먼, 도문 바이터우산, 백두산 룽징, 용정 선양, 심양

訪 問 國 家			訪 問 地 域		
自 國 語	英 語	韓 國 語	自 國 語	英 語	韓 國 語
			14. 西安 15. 丹東 16. 東港 17. 寬甸	Xi' an Tantung Donggang Kuandian	시안, 서안 단뚱, 단동 동강, 동항 쿠안디안, 관전
21. 中華民國 (Chung-hua Min-kuo)	Republic of China(Táiwān)	중화민국(中華民國), 대만(臺灣),타이완	1. 臺北 2. 新竹 3. 臺中 4. 臺南 5. 高雄 6. 墾丁 7. 金門島	Táipei Hsinchu Táichung T'ainan Kaohsiung Kenduing Chinmên-Tao, Kinmên-Tao, Quemoy	타이베이, 대북 신추, 신죽 타이충, 대중 타이난,대남 가오슝, 고웅 컨딩, 간정 친멘타오, 킨멘 타오, 금문도
22. Reine de España	Kingdom of Spain (Spain)	스페인, 에스파냐, 서반아(西班牙)	1. Sitges 2. Barcelona 3. Madrid	Sitges Barcelona Madrid	시체스 바르셀로나 마드리드
23. República Portuguesa	Portuguese Republic(Portugal)	포르투갈, 포도아 (葡萄牙)	1. Lisboa	Lisbon	리스본, 리스보아
24. Konungariket Sverige	Kingdom of Swedon (Sweden)	스웨덴, 서전(瑞典)	1. Stockholm 2. Uppsala	Stockholm Uppsala	스톡홀름 웁살라
25. Puincipauté de Monaco	Dukedom of Monaco (Monaco)	모나코공국(公國), 모나코	1. Monaco	Monaco	모나코
26. Jumhūrīyah Misr al-'Arabīyah	Arab Republic of Egypt(Egypt)	이집트, 애굽(埃及)	1. Al-Qāhirah 2. Al-Uqsur 3. Al-Iskandarīyah 4. Al-'Alamayn 5. As-Sallūm	Cairo Luxor Alexandria El Alamein Assallum	카이로 룩소르 알렉산드리아 엘 알라마인 아스살룸
27. Al-Jamāhīrīyah al-'Arabīyah al-Lībīyah ash-Sha'bīyah al-Ishtirakīyah	Socialist People's Libyan Arab Jamahiriya (Libya)	리비아	1. Am Saad 2. Tubruq 3. Darnah 4. Susah 5. Al-Banydā 6. Banghāzī 7. Ajdābiyah 8. Sarir 9. Jâlû 10. Surt 11. Al-Khums	Am Saad Tobruk Darnah Susah Beida Benghazi Ajdabiyah Sarir Jalu Sirt Homs	암 사아드 트브루크 달나흐 수사 베이다 벵가지 아즈다비야 사리르 잘루 서어트 홈스

訪 問 國 家			訪 問 地 域		
自 國 語	英 語	韓 國 語	自 國 語	英 語	韓 國 語
			12. Tārabulus	Tripoli	트리폴리
28. Al-Jumhūrīyah at-Tūnisīyah	Republic of Tunisia(Tunisia)	튜니시아	1. Ben Ghardane 2. Djerba	Ben Gardane Djerba	벤 가르데인 제르바
29. Canada	Canada	캐나다, 가나다 (加奈多)	1. Sarnia 2. Niagara Falls	Sarnia Niagara Falls	살니아 나이애가라 폴스
30. 朝鮮民主主義 人民共和國	Democratic People's Republic of Korea (D.P.R.K.)	북한(北韓),북조선 (北朝鮮),북괴(北傀)	1. 高城 2. 開城 3. 平壤	Kosŏng Kaesŏng Pyŏngyang	고성 개성 평양
31. Cong Hoa Xa Hoi Chu Nghia Viet Nam	Socialist Republic of Vietnam (Vietnam)	베트남,월남(越南)	1. Hanoi 2. Ho Chi Minh	Hanoi Hochiminh	하노이, 河內, 호치민, 胡志明
32. Preah Reach Ana Pak Kampuchea	Kingdom of Cambodia (Cambodia)	캄보디아,캄푸치아	1. Phnom Penh 2. Siĕmrĕab 3. Angkor	Phnom Penh Siem Reap Ankor	프놈펜 시엠리아프 앙코르
33. Al-Mamlakah al-Urdunnīyah al-Hāshimīyah	Hashemite Kingdom of Jordan	요르단	1. Ammān 2. Petra	Amman Petra	암만 페트라
34. Al-Jumhūrīyah al-'Irqīyah	Republic of Iraq	이라크	1. Baghdād 2. Sāmarrā 3. Al-Hadr 4. Al-Mawsil 5. An-Nāsirīyah 6. Al-Hillah 7. Babylon	Baghdad Samarra Hadhar Mosul Nasiriyah Hilla Babylon	바그다드 사마라 하다르 모술 나시리야 힐라 바빌론
35. Rossiyskaya Federatsiya	Russian Federation	러시아	1. Moskva 2. St.Petersburg	Moscow St.Petersburg	모스크바 상트 페테르부르크
36. Rzeczpospolita Polska	Republic of Poland	폴란드	1. Warszawa	Warsaw	바르샤바, 와르소
37. Ceslá Republika	Czech Republic	체 코	1. Praha 2. Brno	Prague Brno	프라하 브르노
38. Magyar Köztársaság	Republic of Hungary	헝가리	1. Budapest	Budapest	부다페스트
39. Estatos Unidos Mexicanos	United Mexican States	멕시코	1. Ciudad de México	Mexico City	멕시코 市
40. República del Perú	Republic of Peru	페 루	1. Lima 2. Cuzco 3. Urubamba	Lima Cusco Urubamba	리마 쿠즈코 우루밤바

訪 問 國 家			訪 問 地 域		
自 國 語	英 語	韓 國 語	自 國 語	英 語	韓 國 語
			4. Machu Picchu 5. Pisco 6. Ica 7. Nazca	Machu Picchu Pisco Ica Nasca	마추 픽추 피스코 이카 나즈카
41. República Federative Brasil	Federative Republic of Brazil	브라질	1. Foz do Iguaçu 2. Curitiba 3. Brasilia	Iguassu Curitiba Brazilia	이구아수 꾸리찌바 브라질리아
42. República Argentina	Argentina Republic	아르헨티나	1. Puerto Iguazú	Iguassu	이구아수
43. Türkiye Cumhuriyeti	Republic of Turkey	터키	1. Istanbul 2. Ankara 3. Cappadocia 4. Konya	Istanbul Ankara Cappadocia Konya	이스탄불 안카라 카파도키아 콘야
44. Jamhuri ya Kenya	Republic of Kenya	케냐	1. Nairobi 2. Amboseli 3. Namanga	Nairobi Amboseli Namanga	나이로비 암보셀리 나망가
45. Jamhuri ya Huungano wa Tanzania	United Republic of Tanzania	탄자니아	1. Namanga	Namanga	나망가
46. Republic of South Africa	Republic of South Africa	南아프리카, 南阿共	1. Johannesburg 2. Kaapstad 3. Pretoria 4. Sun City	Johannesburg Cape Town Pretoria Sun City	요하네스버그 케이프 타운 프레토리아 선 시티
47. Republic of Zimbabwe	Republic of Zimbabwe	짐바브웨	1. Victoria Falls	Victoria Falls	빅토리아 폴스
48. Republic of Botswana	Republic of Botswana	보츠와나	1. Chobe	Chobe	초베
49. Republic of Zambia	Republic of Zambia	잠비아.	1. Maramba (Livingstone)	Maramba (Livingstone)	마람바(리빙스톤)
50. Republikang Pilipinas	Republic of the Philippines	필리핀	1. Manila 2. Quezon City 3. Tagaytay 4. Pagsanjan 5. Alaminos	Manila Quezon City Tagaytay Pagsanjan Alaminos	마닐라 케손시티 타가이타이 팍상한 알라미노스
51. Mongol Uls	Mongolia	몽골	1. Ulaanbaatar 2. Terelj 3. Möngönmor't	Ulan Bator Terelgi Nongonmorit	울란바타르 테를지 뭉근머리트

(4) 國家別 訪問地域의 所屬行政區域

(訪問日字 順位)

訪問國家	最初訪問日字	訪 問 地 域	所屬行政區域
1.美國	1969.9 .20	San Francisco	California(State)
(The United	9 .21	Washington	Washington,D.C.
States of	9 .24	Cincinnati	Ohio
America)	1970.8 .29	Cleveland	Ohio
	8 .30	Buffalo	New York
	8 .31	Niagara Falls	New York
	9 . 4	Beacon	New York
	9 . 5	New York	New York
	9 .10	Houston	Texas
	9 .13	Los Angeles	California
	9 .19	Denver	Colorado
	9 .23	Chicago	Illinois
	1972.1 . 8	Honolulu	Hawaii
	1976.5 .29	Madison	Indiana
	6 . 6	Pittsburgh	Pennsylvania
	8 .25	Columbus	Ohio
	1989.5 .31	College Park	Maryland
	6 . 1	Towson	Maryland
	1993.7 . 2	Akron	Ohio
	7 . 6	Lansing	Michigan
	1995.6 .19	Las Vegas	Nevada
	1997.8 . 1	Port Huron	Michigan
	8 . 5	Orlando	Florida
	8 . 9	Cocoa	Florida
	2000.8 .19	Millbrae	California
	8 .20	Palo Alto	California
	2004.2 . 3	San Jose	California
	2 . 4	Santa Clara	California
	2 . 7	Newark	California
	2 . 8	Monterey	California
	2 . 8	Pacific Grove	California
	2 . 8	Carmel	California
	2 .13	Daly City	California
2.日本	1972.1 .12	東京	東京都
(Japan)	1974.10.28	名古屋	愛知縣
	11. 1	濱松	靜岡縣
	11. 2	掛川	靜岡縣
	11. 3	京都	京都府
	11.10	大阪	大阪府
	11.10	神戸	兵庫縣
	1975.11.12	豊田	愛知縣
	1978.11. 4	箱根町	神奈川縣
	1982.1.27	日光	木縣
	1984.10. 2	川崎	神奈川縣
2. 日本	1984.10.5	横濱	神奈川縣
	10.6	札幌	北海道
	10.7	登別	北海道
	1985.12.1	筑波	茨城縣
	12.6	奈良	奈良縣
	12.7	天理	奈良縣
	1987.7.5	福岡	福岡縣
	7.6	北九州	福岡縣
	7.7	別府	大分縣
	7.8	大分	大分縣
	7.10	阿蘇町	熊本縣
	7.10	長崎	長崎縣
	7.11	唐津	佐賀縣
	1993.9.29	鎌倉	神奈川縣
	1994.8.18	仙臺	宮城縣
	8.26	小樽	北海道
	8.26	洞爺湖	北海道
	8.28	苫小牧	北海道
	8.28	千歳	北海道
	1997.9.19	高山	岐阜縣
	1998.6.25	熊本	熊本縣
	6.28	松山	愛媛縣
	6.29	高松	香川縣
	1999.4.23	越谷	琦玉縣
	2000.7.19	淡路島	兵庫縣
	2000.9.28	對馬島	山口縣
3. 泰國	1978.6.18	Bangkok	Thon Buri
(Thailand)	6.27	Nakhon Nayok	Phra Nakhon
	6.28	Singburi	Nontha Buri
4.네덜란드 (The Netherlands)	1979.8.9	Amsterdam	Noord Holland
5.덴마크	1979.8.10	Copenhagen	Copenhagen
(Denmark)	8.10	Helsingor	Frederiksborg
6. 獨逸	1979.8.11	Hamburg	Hamburg
(Germany)	8.16	Düsseldorf	Nordrhein-Westfalen
	8.17	Wüppertal	Nordrhein-Westfalen
	8.17	Dortmund	Nordrhein-Westfalen

訪問國家	最初訪問日字	訪 問 地 域	所屬行政區域
6. 獨逸	8.17	Heidelberg	Baden-Würtemberg
	1991.7.1	Berlin	Berlin
	7.2	Potsdam	Potsdam
	7.3	Hannover	Niedersachsen
	7.4	Peine	Niedersachsen
	7.4	Gartow	Niedersachen
	7.4	Celle	Niedersachsen
	1994.8.16	Magdeburg	Magdeburg
	8.17	Ruhr	Baden-Würtemberg
	8.17	Essen	Baden-Würtemberg
	8.18	Köln	Baden-Würtemberg
	8.19	Bonn	Baden-Würtemberg
	8.19	Frankfurt	Hessen
7.英國 (England)	1979.8.12	London	London
	8.13	Stevenage	Hertford
8.프랑스 (France)	1979.8.14	Paris	Paris, Île-de-France
	8.15	Versaille	Yvelines, Île-de-France
	1991.7.5	Marseille	Bouches-Du-Rhône
	7.7	Nice	Alpes-Maritimes
	7.7	Antibes	Alpes-Maritimes
	7.7	Cannes	Alpes-Maritimes
	7.10	Le Havre	Seine-Maritime
	7.10	Normandie	Seine-Maritime
9.오스트리아 (Austria)	1979.8.18	Wien	Wien State
10.스위스 (Swiss)	1979.8.19	Zürich	Zürich
	8.20	Wengen	Bern
11.이탈리아 (Italy)	1979.8.21	Venice	Veneto
	8.22	Rome	Lazio
12.그리스 (Greece)	1979.8.24	Athens	Atlikí
13.스리랑카 (Sri Lanka)	1979.10.13	Colombo	Western Province
	1983.12.9	Kandy	Central Province
14.인도네시아 (Indonesia)	1982.1.16	Jakarta	Jakarta Raya
	1.18	Denpasar	Bali
15.濠洲 (Australia)	1982.1.19	Canberra	New South Wales
	1.20	Sydney	New South Wales
	1997.4.6	Windsor	New South Wales
16. 뉴질랜드 (New Zealand)	1982.1.22	Wellington	North Island
	1.22	Rotorua	North Island
17. 印度 (India)	1983.1.23	New Delhi	Delhi
	1.29	Agra	Pradesh

訪問國家	最初訪問日字	訪 問 地 域	所屬行政區域
18.싱가포르 (Singapore)	1983.12.10	Singapore	Singapore
19.말레이시아 (Malaysia)	1986.9.15	Kuala Lumpur	Selangor
20. 中國 (China)	1989.3.8	上海	上海直轄市
	3.9	蘇州	江蘇省
	3.13	杭州	浙江省
	1992.7.8	天津	天津直轄市
	7.8	北京	北京直轄市
	7.9	長春	吉林省
	7.10	延吉	吉林省
	7.13	琿春	吉林省
	7.13	防川	吉林省
	7.13	圖們	吉林省
	7.14	白頭山	吉林省
	7.15	龍井	吉林省
	7.15	瀋陽	遼寧省
	1998.8.6	西安	陝西省
	2002.4.12	丹東	遼寧省
	4.12	東港	遼寧省
	4.15	寬甸	遼寧省
21.臺灣 (Taiwan)	1990.9.10	臺北	臺北直轄市
	9.13	新竹	臺灣省 省轄市
	9.14	臺中	臺灣省 省轄市
	1999.9.17	臺南	臺灣省 省轄市
	9.20	高雄	高雄直轄市
	9.20	墾丁	臺灣省 屏東縣
	2002.8.8	金門島	臺灣省(原來는 福建省) 金門縣
22.스페인 (Spain)	1991.4.9	Sitges	Barcelona
	4.11	Barcelona	Barcelona
	4.13	Madrid	Madrid
23.포르투갈 (Portugal)	1991.4.15	Lisbon	Lisbon
24.스웨덴 (Sweden)	1991.4.17	Stockholm	Stockholm
	4.18	Uppsala	Uppsala
25.모나코 (Monaco)	1991.7.6	Monaco	Monaco
26.이집트 (Egypt)	1995.7.18	Cairo	Cairo
	7.18	Luxor	Al-Bahr Al-Ahmar
	7.20	Alexandria	Alexandria
	7.20	El Alamein	Marsā Matruh
	7.20	Assallum	Marsā Matruh

訪問國家	最初訪問日字	訪 問 地 域	所屬行政區域
27.리비아 (Libya)	1995.7.20	Am Saad	Darnah
	7.20	Tobruk	Darnah
	7.21	Darnah	Darnah
	7.21	Susah	Al-Bayda
	7.21	Al-Bayda	Al-Bayda
	7.21	Benghazi	Benghazi
	7.22	Ajdabiyah	Benghazi
	7.22	Sarir	Benghazi
	7.23	Jalu	Benghazi
	7.24	Sirt	Misratah
	7.24	Homs	Al-Khums
	7.24	Tripoli	Trabulus
28.튜니시아 (Tunisia)	1995.7.26	Ben Gardane	Djeffara
	7.26	Djerba	Djeffara
29.캐나다 (Canada)	1997.8.1	Sarnia	Ontario
	8.1	Niagara Falls	Ontario
30. 北韓 (Democratic People's Republic of Korea)	1999.8.17	高城	江原道
	2003.12.11	開城	黃海北道
	2005.10.14	平壤	平壤特別市
31. 베트남 (Vietnam)	2000.1.26	Hanoi	Hanoi
	1.28	Hochiminh	Hochiminh
32. 캄보디아 (Cambodia)	2000.1.29	Phnom Penh	Battambang Khet
	1.30	Siem Reap	Siem Reap Khet
	1.30	Angkor	Siem Reap Khet
33. 요르단 (Jordan)	2001.2.9	Amman	'Amman
	2.15	Petra	Aqabah
34. 이라크 (Iraq)	2001.2.10	Baghdad	Baghdad
	2.11	Samarra	Salah ad-Din
	2.11	Hadhar	Ninawa
	2.11	Mosul	Ninawa
	2.13	Nasiriyah	Dhí Qar
	2.13	Hilla	Babil
	2.14	Babylon	Babil
35.러시아 (Russia)	2001.7.4	Moscow	Central District
	7.4	St. Petersburg	Northwest District
36.폴란드 (Poland)	2001.7.7	Warsaw	Mazowieckie Province
37.체코 (Czechy)	2001.7.8	Praha	Central Bohemia
	7.9	Brno	South Moravia
38.헝가리 (Hungary)	2001.7.11	Budapest	Post County

訪問國家	最初訪問日字	訪 問 地 域	所屬行政區域
39.멕시코 (Mexico)	2002.1.26	Mexico City	Federal District
40.페루 (Peru)	2002.1.27	Lima	Lima Department
	1.28	Cusco	Cusco Region
	1.28	Urubamba	Cusco Region
	1.29	Machu Picchu	Cusco Region
	1.30	Ica	Ica Region
	1.31	Nazca	Ica Region
	1.31	Pisco	Ica Region
41.브라질 (Brasil)	2002.2.2	Foz do Iguaçu	Paraná State
	2.3	Curitiba	Paraná State
	2.5	Brasilia	Federal District
42.아르헨티나 (Argentina)	2002.2.3	Puerto Iguazú	Misíones Province
43. 터키 (Turkey)	2003.7.21	Istanbul	Marmara Region
	7.24	Ankara	Central Anatolia Region
	7.26	Cappadocia	Central Anatolia Region
	7.27	Konya	Mediterranean Region
44. 케냐 (Kenya)	2006.1.13	Nairobi	Nairobi Special Area
	1.16	Amboseli	Rift Valley Province
	1.17	Namanga	Rift Valley Province
45. 탄자니아 (Tanzania)	2006.1.17	Namanga	Arusha Adminis-tarative Region
46. 南阿共 (South Africa)	2006.1.18	Johannesburg	Gauteng Province
	1.21	Cape Town	Western Cape Province
	1.24	Pretoria	Gauteng Province
	1.24	Sun City	Northwest Province
47. 짐바브웨 (Zimbabwe)	2006.1.19	Victoria Falls	Matabeleland North Province
48. 보츠와나 (Batswana)	2006.1.20	Chobe	Chobe District
49. 잠비아 (Zambia)	2006.1.20	Maramba (Livingstone)	South Province
50. 필리핀 (Philippines)	2006.4.20	Manila	Metro Manila
	4.21	Quezon City	Metro Manila
	4.21	Tagaytay	Cayite Province
	4.22	Pagsanjan	Laguna Province
	4.23	Alaminos	Laguna Province
51. 몽골 (Mongolia)	2006.6.19	Ulaanbaatar	Ulaanbaatar Autonomous Municipality
	6.20	Terelj	Töv Province
	6.20	Möngönmor't	Töv Province

(5) 訪問地域의 經度 및 緯度와 標準時刻

(서울起点 東쪽으로의 經度 近接順)

國家	地域	經度 (E:東經, W:西經)	緯度 (N:北緯, S:南緯)	標準時刻							
韓國	서울	126.58E	37.33N	1 2 3	4 5 6	7 8 9	10 11 12	13 14 15	16 17 18	19 20 21	22 23 24
	水原	127.01E	37.17N								
	全州	127.08E	35.49N								
	大田	127.26E	36.20N								
	清州	127.31E	36.36N								
	春川	127.43E	37.52N								
中國	白頭山	128.03E	42.00N	**24** 1 2	3 4 5	6 7 8	9 10 11	12 13 14	15 16 17	18 19 20	21 22 23
北韓	高城	128.10E	38.35N	1 2 3	4 5 6	7 8 9	10 11 12	13 14 15	16 17 18	19 20 21	22 23 24
韓國	大邱	128.35E	35.52N								
	昌原	128.35E	35.10N								
	釜山	129.03E	35.06N								
	蔚山	129.19E	35.34N								
日本	對馬島	129.22E	34.30N								
中國	龍井	129.26E	42.47N	**24** 1 2	3 4 5	6 7 8	9 10 11	12 13 14	15 16 17	18 19 20	21 22 23
	延吉	129.32E	42.57N								
	圖們	129.49E	42.58N								
日本	長崎	129.55E	32.48N	1 2 3	4 5 6	7 8 9	10 11 12	13 14 15	16 17 18	19 20 21	22 23 24
	唐津	129.58E	33.26N								
中國	琿春	130.22E	42.54N	**24** 1 2	3 4 5	6 7 8	9 10 11	12 13 14	15 16 17	18 19 20	21 22 23
日本	福岡	130.24E	33.35N	1 2 3	4 5 6	7 8 9	10 11 12	13 14 15	16 17 18	19 20 21	22 23 24
中國	防川	130.33E	42.30N	**24** 1 2	3 4 5	6 7 8	9 10 11	12 13 14	15 16 17	18 19 20	21 22 23
日本	熊本	130.43E	32.48N	1 2 3	4 5 6	7 8 9	10 11 12	13 14 15	16 17 18	19 20 21	22 23 24
	北九州	130.50E	33.53N								
	阿蘇	131.06E	32.53N								
	別府	131.30E	33.17N								
	大分	131.36E	33.14N								
	松山	132.45E	33.50N								
	高松	134.03E	34.20N								
	淡路島	134.51E	34.21N								
	神戶	135.10E	34.41N								
	大阪	135.30E	34.40N								
	京都	135.45E	35.00N								
	奈良	135.50E	34.41N								
	名古屋	136.55E	35.10N								
	天理	137.02E	35.00N								
	豊田	137.09E	35.05N								
	高山	137.15E	36.08N								
	濱松	137.44E	34.42N								
	箱根	139.06E	35.12N								
	掛川	139.25E	35.42N								
	越谷	139.30E	35.18N								
	鎌倉	139.33E	35.19N								
	日光	139.37E	36.45N								
	橫濱	139.39E	35.27N								
	川崎	139.43E	35.32N								
	東京	139.46E	35.42N								
	筑波	140.06E	36.13N								

國家	地域	經度 (E:東經, W:西經)	緯度 (N:北緯, S:南緯)	標準時刻							
日本	洞爺湖	140.51E	42.35N								
	仙臺	140.53E	38.15N								
	小樽	141.00E	43.13N								
	登別	141.11E	42.27N								
	札幌	141.21E	43.03N								
	苫小牧	141.36E	42.38N								
	千歲	141.39E	42.49N								
濠洲	Canberra	149.08E	35.17S								
	Windsor	150.49E	33.37S	2 3 4	5 6 7	8 9 10	11 12 13	14 15 16	17 18 19	20 21 22	23 24 1
	Sydney	151.13E	33.52S								
뉴질랜드	Wellington	174.46E	41.18S	4 5 6	7 8 9	10 11 12	13 14 15	16 17 18	19 20 21	22 23 24	1 2 3
	Rotorua	176.15E	38.08S								
美國	Honolulu	175.52W	21.19N	6 7 8	9 10 11	12 13 14	15 16 17	18 19 20	21 22 23	24 1 2	3 4 5
	Daly City	122.29W	37.42N								
	San Francisco	122.24W	37.38N								
	Millbrae	122.24W	37.36N								
	Palo Alto	122.09W	37.27N								
	Newark	122.02W	37.32N								
	Santa Clara	121.57W	37.21N	8 9 10	11 12 13	14 15 16	17 18 19	20 21 22	23 24 1	2 3 4	5 6 7
	Pacific Grove	121.56W	36.38N								
	Monterey	121.55W	36.37N								
	Carmel	121.55W	36.33N								
	San Jose	121.53W	37.20N								
	Los Angeles	118.15W	34.03N								
	Las Vegas	115.08W	36.11N								
	Denver	105.01W	39.43N	9 10 11	12 13 14	15 16 17	18 19 20	21 22 23	24 1 2	3 4 5	6 7 8
멕시코	Mexico City	99.09W	19.24N								
美國	Houston	95.22W	29.46N	10 11 12	13 14 15	16 17 18	19 20 21	22 23 24	1 2 3	4 5 6	7 8 9
	Chicago	87.38W	41.53N								
	Madison	85.23W	38.44N								
	Lansing	84.34W	42.43N								
	Cincinnati	84.31W	39.06N								
	Columbus	83.00W	39.57N								
	Port Huron	82.27W	42.58N								
캐나다	Sarnia	82.23W	42.58N								
美國	Cleveland	81.41W	41.30N								
	Akron	81.31W	41.05N								
	Orlando	81.23W	28.32N								
	Cocoa	80.44W	28.21N								
	Cape Canaveral	80.37W	28.24N								
	Pittsburgh	80.00W	40.26N	11 12 13	14 15 16	17 18 19	20 21 22	23 24 1	2 3 4	5 6 7	8 9 10
캐나다	Niagara Falls	79.04W	43.06N								
美國	Niagara Falls	79.02W	43.06N								
	Buffalo	78.53W	42.54N								
페루	Lima	77.03W	12.03S								
美國	Washington,D.C.	77.01W	38.54N								
	College Park	76.55W	39.00N								
	Towson	76.36W	39.24N								
페루	Pisco	76.13W	13.42S								
	Ica	75.42W	14.04S								
	Nasca	74.55W	14.50S								

國家 \ 地域 \ 區分		經度 (E:東經, W:西經)	緯度 (N:北緯, S:南緯)	標準時刻							
美國	New York	74.01W	40.43N								
	Beacon	73.58W	41.30N								
페루	Machu Picchu	72.35W	13.10N								
	Urubamba	72.07W	13.19N								
	Cusco	71.59W	13.31N								
브라질	Foz do Iguaçu	54.35W	25.33S	13 14 15	16 17 18	19 20 21	22 23 24	1 2 3	4 5 6	7 8 9	10 11 12
아르헨티나	Puerto Iguazú	54.25W	25.40S	12 13 14	15 16 17	18 19 20	21 22 23	24 1 2	3 4 5	6 7 8	9 10 11
브라질	Curitiba	49.15W	25.25S	13 14 15	16 17 18	19 20 21	22 23 24	1 2 3	4 5 6	7 8 9	10 11 12
	Brasilia	47.55W	15.47S								
포르투갈	Lisbon	9.08W	38.43N	16 17 18	19 20 21	22 23 24	1 2 3	4 5 6	7 8 9	10 11 12	13 14 15
스페인	Madrid	3.41W	40.24N	17 18 19	20 21 22	23 24 1	2 3 4	5 6 7	8 9 10	11 12 13	14 15 16
英國	Stevenage	0.14W	51.55N	16 17 18	19 20 21	22 23 24	1 2 3	4 5 6	7 8 9	10 11 12	13 14 15
프랑스	Normandie	0.05W	49.00N	17 18 19	20 21 22	23 24 1	2 3 4	5 6 7	8 9 10	11 12 13	14 15 16
	Le Havre	0.08E	51.30N								
英國	London	0.10E	49.30N	16 17 18	19 20 21	22 23 24	1 2 3	4 5 6	7 8 9	10 11 12	13 14 15
프랑스	Versaille	2.08E	48.48N								
스페인	Sitges	2.10E	41.23N								
	Barcelona	2.11E	41.23N								
프랑스	Paris	2.20E	48.52N								
네델란드	Amsterdam	4.54E	52.22N								
프랑스	Marseille	5.24E	43.18N								
獨逸	Ruhr	6.44E	51.27N								
	Düsseldorf	6.47E	51.12N								
	Köln	6,59E	50.56N								
	Essen	7.01E	51.28N								
프랑스	Cannes	7.01E	43.33N								
獨逸	Bonn	7.05E	50.44N								
프랑스	Antibe	7.07E	43.35N								
獨逸	Wüppertal	7.11E	51.16N								
프랑스	Nice	7.15E	43.42N								
모나코	Monaco	7.23E	43.42N	17 18 19	20 21 22	23 24 1	2 3 4	5 6 7	8 9 10	11 12 13	14 15 16
獨逸	Dortmund	7.28E	51.31N								
스위스	Wengen	7.56E	46.36N								
	Zürich	8.32E	47.23N								
獨逸	Heidelberg	8.43E	49.25N								
	Hannover	9.44E	52.24N								
	Hamburg	9.59E	53.33N								
	Celle	10.05E	52.37N								
	Peine	10.13E	52.19N								
튜니시아	Djerba	10.54E	33.48N								
	Ben Gardane	11.13E	33.08N								
獨逸	Gartow	11.29E	53.02N								
	Magdeburg	11.38E	52.07N								
이탈리아	Venice	12.21E	45.27N								
	Rome	12.29E	41.54N								
덴마크	Copenhagen	12.35E	55.40N								
	Helsingor	12.37E	56.02N								
獨逸	Potsdam	13.04E	52.24N								
리비아	Tripoli	13.11E	32.54N	18 19 20	21 22 23	24 1 2	3 4 5	6 7 8	9 10 11	12 13 14	15 16 17
獨逸	Berlin	13.24E	52.30N	17 18 19	20 21 22	23 24 1	2 3 4	5 6 7	8 9 10	11 12 13	14 15 16
	Frankfurt	14.00E	52.30N								

國家	地域 (區分)	經度 (E:東經, W:西經)	緯度 (N:北緯, S:南緯)	標準時刻							
리비아	Homs	14.16E	32.39N	18 19 20	21 22 23	24 1 2	3 4 5	6 7 8	9 10 11	12 13 14	15 16 17
체코	Praha	14.26.E	50.05N	17 18 19	20 21 22	23 24 1	2 3 4	5 6 7	8 9 10	11 12 13	14 15 16
오스트리아	Wien	16.20E	48.13N								
체코	Brno	16.37E	49.12N								
스웨덴	Uppsala	17.38E	59.52N								
잠비아	Livingstone	17.50E	25.53S	18 19 20	21 22 23	24 1 2	3 4 5	6 7 8	9 10 11	12 13 14	15 16 17
짐바브웨	Victoria Falls	17.56E	25.50S								
리비아	Sirt	18.00E	31.30N								
스웨덴	Stockholm	18.03E	59.20N	17 18 19	20 21 22	23 24 1	2 3 4	5 6 7	8 9 10	11 12 13	14 15 16
南阿共	Cape Town	18.22E	33.55S	18 19 20	21 22 23	24 1 2	3 4 5	6 7 8	9 10 11	12 13 14	15 16 17
보츠나와	Chobe	18.30E	25.20S								
헝가리	Budapest	19.05E	47.30N	17 18 19	20 21 22	23 24 1	2 3 4	5 6 7	8 9 10	11 12 13	14 15 16
리비아	Benghazi	20.04E	32.07N	18 19 20	21 22 23	24 1 2	3 4 5	6 7 8	9 10 11	12 13 14	15 16 17
	Ajdabiyah	20.14E	30.48N								
폴란드	Warsaw	21.00E	52.15N	17 18 19	20 21 22	23 24 1	2 3 4	5 6 7	8 9 10	11 12 13	14 15 16
리비아	Jalu	21.32E	29.02N	18 19 20	21 22 23	24 1 2	3 4 5	6 7 8	9 10 11	12 13 14	15 16 17
	Beida	21.43E	32.46N								
	Susah	21.58E	32.54N								
	Sarir	22.32E	27.36N								
	Darnah	22.39E	32.46N								
그리스	Athens	23.43E	37.58N								
리비아	Tobruk	23.59E	32.05N								
	Am Saad	25.08E	31.37N								
이집트	Assallum	25.09E	31.34N								
南阿共	Sun City	26.59E	25.23S								
	Johannesburg	28.00E	26.15S								
	Pretoria	28.10E	25.45S								
이집트	El Alamein	28.57E	30.49N								
터키	Istanbul	28.58E	41.01N								
이집트	Alexandria	29.54E	31.12N								
러시아	St. Petersburg	30.15E	59.55N	19 20 21	22 23 24	1 2 3	4 5 6	7 8 9	10 11 12	13 14 15	16 17 18
이집트	Cairo	31.15E	30.03N	18 19 20	21 22 23	24 1 2	3 4 5	6 7 8	9 10 11	12 13 14	15 16 17
터키	Konya	32.31E	37.52N								
이집트	Luxor	32.39E	25.41N								
터키	Ankara	32.52E	39.56N								
요르단	Petra	35.26E	30.20N								
터키	Cappadocia	35.30E	38.43N								
요르단	Amman	35.56E	31.57N								
케냐	Namanga	36.42E	2.33S	19 20 21	22 23 24	1 2 3	4 5 6	7 8 9	10 11 12	13 14 15	16 17 18
탄자니아	Namanga	36.42E	2.35S								
케냐	Nairobi	36.49E	1.17S								
	Amboseli	37.08E	2.37S								
러시아	Moscow	38.50E	55.05N								
이라크	Hadhar	42.44E	35.35N								
	Mosul	43.08E	36.20N								
	Samarra	43.52E	34.12N								
	Babylon	44.24E	32.33N								
	Baghdad	44.25E	33.21N								
	Hilla	44.25E	32.29N								
	Nasiriyah	46.16E	31.02N								

國家	地域	經度 (E:東經, W:西經)	緯度 (N:北緯, S:南緯)	標準時刻							
印度	New Delhi	77.12E	28.36N	**21 22 23**	**24** 1 2	3 4 5	6 7 8	9 10 11	12 13 14	15 16 17	18 19 20
	Agra	78.01E	27.11N								
스리랑카	Colombo	78.51E	6.56N								
	Kandy	80.38E	7.18N								
泰國	Singburi	100.25E	14.53N	**2324** 1	2 3 4	5 6 7	8 9 10	11 12 13	14 15 16	17 18 19	20 21 22
	Bangkok	100.31E	13.45N								
	Nakhon Nayok	101.13E	14.12N								
말레이시아	Kuala Lumpur	101.43E	3.09N	**24** 1 2	3 4 5	6 7 8	9 10 11	12 13 14	15 16 17	18 19 20	21 22 23
싱가포르	Singapore	103.51E	1.17N								
캄보디아	Siem Reap	103.51E	13.22N	**23 24** 1	2 3 4	5 6 7	8 9 10	11 12 13	14 15 16	17 18 19	20 21 22
	Angkor	103.52E	13.25N								
	Phnom Penh	104.55E	11.33N								
베트남	Hanoi	105.51E	21.02N								
	Hochiminh	106.40E	10.45N								
인도네시아	Jakarta	106.48E	6.10S								
몽골	Ulaanbaatar	106.53E	47.55N	**24** 1 2	3 4 5	6 7 8	9 10 11	12 13 14	15 16 17	18 19 20	21 22 23
	Terelj	107.26E	48.05N								
	Möngönmer't	108.29E	48.11N								
中國	西安	108.52E	34.15N								
인도네시아	Denpasar	115.13E	8.39S								
中國	北京	116.25E	39.55N								
	天津	117.12E	39.08N								
臺灣	金門島	118.23E	24.27N								
中國	杭州	120.10E	30.15N								
臺灣	臺南	120.11E	23.00N								
	高雄	120.17E	22.38N								
中國	蘇州	120.37E	31.18N								
臺灣	臺中	120.41E	24.09N								
	墾丁	120.47E	21.58N								
필리핀	Tagaytay	120.56E	14.06N								
臺灣	新竹	120.58E	24.48N								
필리핀	Manila	120.58E	14.37N								
	Quezon City	121.03E	14.38N								
	Alaminos	121.14E	14.04N								
	Pagsanjan	121.27E	14.16N								
中國	上海	121.30E	31.10N								
臺灣	臺北	121.30E	25.03N								
中國	瀋陽	123.27E	41.48N								
	東港	124.09E	39.54N								
	丹東	124.20E	40.08N								
	寬甸	124.44E	40.43N								
	長春	125.19E	43.53N								
北韓	平壤	125.50E	39.05N	1 2 3	4 5 6	7 8 9	10 11 12	13 14 15	16 17 18	19 20 21	22 23 24
韓國	濟州	126.32E	33.31N								
北韓	開城	126.33E	37.59N								
韓國	仁川	126.38E	37.28N								
	光州	126.54E	35.09N								

註. (1) 韓國의 訪問地는 特別 · 廣域市 및 道廳所在地만 수록하였음.
(2) 標準時刻의 **굵은** 數字는 日附를 하루씩 앞당기는 것임(例 : 서울의 9時는 뉴욕에서는 前日의 19時임).

(6) 訪問地域의 面積 · 人口와 地域特性
(2000年末 現在)

1) 韓國

(市 · 道別 및 訪問日字順)

市 · 道	市 · 郡	最初訪問日字	面 積(km^2)	人 口(人)	人口密度 (人/km^2)	地 位 및 特 性
特別市	서울	1956.1.10	605,50	9,895,217	16,342	韓國首都,宗主都市,國家中心 · 國際 · 歷史都市
(1956.1.10)	合計(1)	1956.1.10	605,50	9,895,217	16,342	-
廣域市	釜山	1965.7.10	759.87	3,662,884	4,820	第1 港口都市,國際交易港,東南圈中樞都市
(1959.6.2)	大邱	1965.3.10	885.61	2,480,578	2,801	慶北內陸中心都市.教育 · 文化 · 産業都市
	仁川	1959.6.2	964,53	2,475,139	2,566	西海岸第1港口都市,國際Hub空港都市
	光州	1960.1.5	501.44	1,352,797	2,698	全南內陸中心都市,教育 · 文化 · 歷史都市
	大田	1974.1.18	539.83	1,368,207	2,535	中部圈內陸中心都市, 科學 · 教育 · 交通據點
	蔚山	1975.4.18	1,056.29	1,014,428	960	東海岸港口都市,工業都市,都農複合都市
	合計(6)	1959.6.2	4,707.57	12,354,033	2,624	-
京 畿	抱川	1958.9.15	826.38	138,654	168	農村山間地域,軍事施設 · 休息空間地域
(1958.9.15)	水原	1974.4.23	121.13	946,704	7,816	京畿道廳所在地,教育 · 文化 · 歷史都市
	平澤	1975.4.12	452.31	345,306	763	平野農業地域,都農複合 · 産業地域
	加平	1975.6.23	843.38	52,147	62	農村山間地域,觀光 · 休養地域
	廣州	1977.7.16	431.90	125,943	292	近郊農業地域,休養 · 住居地域
	龍仁	1977.7.16	591.53	386,124	653	近郊都農複合地域,休養 · 住居地域
	安城	1977.7.16	554.34	133,421	241	平野農業地域,都農複合 · 住宅地域
	華城	1977.7.16	687.62	189,467	276	近郊農業地域,休養 · 住居 · 歷史地域
	安養	1977.7.16	58.52	580,544	9,920	近郊工業 및 商業都市,住居 · 消費都市
	漣川	1977.7.17	641.31	49,483	77	山間農村地域,接敵軍事地域
	楊州	1977.7.17	310.10	110,299	356	近郊農業地域,慰樂 · 觀光 · 休養地域
	楊平	1977.7.17	878.32	75,706	86	近郊農業地域, 住居 · 休養地域
	驪州	1977.7.17	608.00	97,612	161	農業平野地帶,文化 · 歷史 · 休養地域
	利川	1977.7.17	461.15	179,719	390	農業平野地帶, 文化 · 歷史 · 休養地域
	烏山	1978.5.11	42.76	102,697	2,402	平野産業都市,軍事施設 · 住居地域
	富川	1978.8.8	53.44	761,389	14,248	近郊産業都市, 住居 · 消費都市
	果川	1983.3.11	35.86	66,706	1,860	行政中心都市, 住居 · 消費都市
	光明	1983.8.25	38.50	334,089	8,678	서울近郊베드타운, 商業 · 住居 · 消費都市
	城南	1986.10.8	141.84	914,590	6,448	서울近郊衛星都市, 住居 · 商業 · 消費都市
	高陽	1989.8.4	267.33	763,971	2,858	서울西北衛星都市, 都農複合 · 住居 · 消費地域
	議政府	1989.10.3	81.59	355,380	4,356	서울東北古都市, 歷史 · 住居 · 商業 · 消費都市
	安山	1991.2.5	144.92	562,920	3,884	西海岸工業新都市, 工業 · 商業 · 住居都市
	東豆川	1991.2.11	95.68	73,502	768	서울東北農村都市, 農業 · 流通 · 住居 · 消費地
	坡州	1991.2.22	682.61	178,434	261	서울西北農村都市, 農業 · 觀光 · 休息 · 住居地
	南楊州	1992.3.26	459.99	340,932	741	서울東部農村都市, 近郊農業 · 休息 · 住居地
	金浦	1992.10.2	276.55	150,194	543	서울西部農村地域, 近郊農業 · 觀光 · 住居地
	始興	1993.6.30	131.46	305,268	2,322	京畿西部中心都市, 工業 · 商業 · 住居地域
	軍浦	1993.11.22	36.35	263,760	7,256	서울南部近郊都市, 商業 · 住居 · 消費都市
	九里	1994.2.7	33.29	160,839	4,831	서울東部近郊都市, 流通 · 住居 · 消費都市
	河南	1995.6.2	93.08	120,513	1,295	서울衛星都市, 休息 · 近郊農 · 住居 · 消費都市
	儀旺	1995.9.12	53.96	117,821	2,183	서울衛星都市, 商業 · 近郊農 · 住居 · 消費都市
	計(31)	1958.9.15	10,135.21	8,984,134	886	-

市·道	市·郡	最初訪問日字	面 積(km²)	人 口(人)	人口密度 (人/km²)	地位및特性
江 原 (1959.12.5)	原州	1959.12.5	867.77	268,352	309	都農複合都市, 軍事·農業·工業·流通의中心地
	橫城	1959.12.5	997.87	40,990	41	原州近郊農村地域, 農業·休息·住居地域
	春川	1973.3.27	1,116.38	252,547	226	江原道廳所在地, 教育·歷史·觀光都市
	鐵原	1977.7.17	765.36	48,008	63	接敵軍事地域, 農業·休息·自然地域
	東草	1979.4.1	105.25	87,985	836	東北部港口都市,漁業·觀光·休息·消費都市
	襄陽	1979.7.7	628.68	29,130	46	東海沿岸地域,漁業·農業·觀光·休息地域
	寧越	1981.8.28	1,127.12	43,767	39	南部農村地域,鑛業·農業·觀光·休息地域
	江陵	1983.8.10	1,040.09	228,232	219	都農複合의 東海圈據點都市, 教育·文化·觀光地
	三陟	1983.8.10	1,185.79	75,647	64	都農複合의 海岸都市,鑛業·農水産業工業都市
	東海	1983.8.10	180.07	96.679	537	東海 沿岸都市, 工業·漁業·農業·消費都市
	太白	1983.10.7	303.53	54,196	179	鑛業中心의 內陸都市, 鑛業·農業·觀光의 都市
	高城	1984.10.19	579.17	32,245	56	東海北部 接敵地域, 農林業·漁業·觀光地域
	麟蹄	1984.10.19	1,621.16	30,807	19	東北部高山地域, 農業·林業·休息·自然地帶
	華川	1984.10.19	908.86	22,761	25	山間奧地地域, 農業·林業·休息地域
	楊口	1984.10.19	642.39	21,165	33	山間奧地地域,農林業·休養地域
	旌善	1989.12.21	1,220.84	46,080	38	山間農村地域, 農林業·休息·觀光地
	平昌	1989.12.22	1.463.65	41,210	28	中部山間地域,高山農業·觀光·休息·自然地帶
	洪川	1993.9.5	1,817.86	67,210	37	春川近郊農村地域,農業·休息·住居·自然地域
	計(18)	1959.12.5	16,571.83	1,487,011	90	-
忠 北 (1965.4.11)	淸州	1965.4.11	153.30	586,700	3,827	忠北道廳所在地,教育·文化·歷史都市
	報恩	1978.3.9	584.45	38,332	66	忠北農村地域,農業·林業·觀光·休息地域
	丹陽	1981.10.14	780.07	36,094	46	東部農村地域,農業·觀光·休息·住居地域
	槐山	1982.9.4	923.85	67,629	73	中部山間農村地域,農業·林業·休息·自然地域
	忠州	1983.8.18	983.95	217,927	221	都農複合都市,農業·林業·觀光·休息地域
	陰城	1986.10.3	521.05	84,433	162	中部農村地域,農業·休息·住居·自然地域
	堤川	1992.1.15	882.37	143,710	163	都農複合都市, 鑛業·農林業·住居地域
	淸原	1993.8.4	814.38	116,129	143	淸州市周邊郡部, 近郊農業·休息·住居地域
	永同	1997.5.24	844.99	60,468	72	忠北最南端山間地域,農業·林業·歷史·自然地域
	沃川	1997.6.2	537.17	57,586	107	大田近郊農村地域, 歷史·農業·休息地域
	鎭川	1998.4.26	406.12	57,559	142	中部農村地域,農業·歷史·文化·住居地域
	計(11)	1965.4.11	7,431.69	1,466,567	197	-
忠 南 (1958.7.31)	論山	1958.7.31	615.53	137,452	223	南部都農複合都市,農業·軍事·歷史·觀光地域
	牙山	1972.2.19	542.28	180,763	333	都農複合都市,農業·工業·觀光·文化·港灣都市
	錦山	1974.7.23	575.99	57,929	101	大田近郊農村郡部, 人蔘·近郊農·休息·住居地
	洪城	1981.5.3	443.58	90,658	204	西海岸農村地域, 農業·歷史·文化·觀光·休息地域
	保寧	1983.7.30	567.80	109,535	193	西海岸都農複合都市, 農業·漁業·鑛業·休息地域
	燕岐	1986.4.17	361.53	80,031	221	都市近郊農村地域,農業·居住·休息·消費地域
	瑞山	1987.5.24	739.15	143,154	194	西海岸都農複合都市,干拓·農業·歷史·文化·觀光地域
	泰安	1987.5.24	503.56	65,928	131	西海沿岸地域,農漁業·觀光·休息地域
	天安	1989.9.11	636.45	417,835	657	忠南宗主都市,都農複合·教育都市
	公州	1990.2.22	940.64	157,498	167	舊道廳所在地,都農複合·歷史·文化·教育·觀光都市
	扶餘	1990.8.27	624.48	83,687	134	西南部古都, 歷史·文化·農業·觀光·休息地域
	舒川	1990.12.15	357.66	66,929	187	西海岸錦江河口地域,漁業·産業基地
	禮山	1995.9.28	543.10	97,669	180	西北部農村地域, 農業·歷史·文化·觀光地域
	靑陽	1996.5.30	479.63	38,601	80	中部山間農村地域, 農業·觀光·休息·自然地域
	唐津	1999.10.22	654.06	117,652	180	北部海岸農工地域,農業·工業·觀光·休息地域

市·道	市·郡	最初訪問日字	面 積(km²)	人 口(人)	人口密度 (人/km²)	地位및特性
	計(15)	1958.7.31	8,586.44	1,845,321	215	-
全北 (1964.5.13)	茂朱	1964.5.13	631.68	27,462	43	東北部山間地域, 農業·觀光·休息地域
	鎭安	1964.5.14	788.94	30,276	38	山間僻村地域, 農林業·休養·自然地域
	長水	1964.5.15	533.66	23,316	44	山間奧地農村地域, 農林業·休息·觀光地
	益山	1964.7.15	507.07	323,687	638	都農複合都市, 工業·輸出·農業·住居都市
	群山	1974.8.1	377.72	272,715	722	西海岸港口都市, 歷史·文化·交易·産業·自由港都市
	全州	1975.3.3	206.25	616,468	2,989	全北道廳所在地,教育·文化·歷史都市
	扶安	1975.3.3	493.57	64,691	131	西海岸農漁村地域, 農水産·觀光·自然地域
	井邑	1975.3.4	692.66	129,152	186	都農複合都市,工業·農業·觀光·休息·歷史地域
	高敞	1975.3.4	606.89	64,936	107	黃海沿岸農村地域,農漁業·觀光·休息地
	南原	1984.8.12	752.76	94,926	126	東南部都農複合都市, 歷史·文化·觀光·農業地域
	任實	1988.4.5	596.88	30,799	52	內藏山山間農村,農林業·觀光·休養地
	淳昌	1988.4.5	495.75	30,515	62	山間農村地域, 農業·休息·自然地域
	金堤	1991.1.30	545.32	102,589	188	都農複合平野地帶, 農業·工業·歷史·住居都市
	完州	1998.9.7	820.94	79,137	96	全州近郊農村地域, 農業·歷史·觀光·休息地域
	計(14)	1964.5.13	8,050.07	1,890,669	235	-
全南 (1972.8.18)	順天	1972.8.18	907.25	265,930	293	東南部都農複合都市, 農業·歷史·文化·觀光地域
	和順	1974.4.10	786.23	72,162	92	光州近郊農業地域,觀光·休息·文化地域
	光陽	1974.7.30	446.08	132,639	297	東南端都農複合都市, 工業·輸出·農業·觀光地域
	潭陽	1975.8.9	455.10	54,597	120	光州近郊農村地域,竹細加工·休養地域
	羅州	1982.7.21	603.86	99,533	165	光州近郊都農複合都市, 農業·工業·休息·住居地域
	靈光	1982.7.22	472.91	65,529	139	西海沿岸農村地域,農水産·休息地域
	谷城	1984.11.10	547.31	38,042	70	東北部農村地域,農業·觀光·休息地域
	求禮	1984.11.10	443.03	28,705	65	智異山麓農村地域,農林業·休養地域
	木浦	1988.3.24	46.06	250,480	5,438	全南宗主都市,西南海岸港口·歷史都市
	務安	1988.3.24	436.40	62,352	143	西海沿岸地域,農水産·産業·休息地域
	新安	1988.3.26	653.29	46,315	71	西海島嶼群島地域,漁業·休養地域
	麗水	1988.5.26	498.10	303,233	609	南海岸都農複合都市,工業·農林業·觀光·歷史의 港口
	高興	1988.5.26	775.53	87,738	113	南海連接半島, 農漁業·休養·觀光地
	寶城	1988.5.26	663.14	55,924	84	南海沿岸地域, 農漁業·休息·觀光地
	長興	1988.6.30	618.04	48,305	78	南海沿岸地域,農漁業·休息·觀光地域
	咸平	1989.3.28	392.69	41,292	105	光州近郊海岸地域,近郊農漁業地域
	長城	1989.10.29	518.65	49,703	96	西北部 農村地域,農業·文化·休息·住居地域
	珍島	1990.1.12	430.33	38,459	89	南西海島嶼地域,漁業·觀光·休息地
	海南	1990.1.12	859.79	89,603	152	南海沿岸半島,農水産·文化·觀光地域
	莞島	1990.11.24	391.77	61,517	157	南海島嶼地域,漁業·文化·觀光地域
	靈岩	1999.6.11	544.41	60,343	111	西海岸農漁村地域,農漁業·觀光·休息地域
	康津	1999.6.11	495.99	44,055	89	南海岸農漁村地域, 農漁業·文化·農水産·觀光地域
	計(22)	1972.8.18	11,986.97	1,996,456	167	-
慶北 (1936.7.28)	聞慶	1936.7.28	912.07	90,846	100	北部都農複合都市,農業·鑛業·觀光·休息地
	醴泉	1951.8.10	660.71	54,291	82	北部農村地域, 農業·歷史·文化·觀光地域
	尙州	1952.6.29	1,254.72	116,493	93	西北部都農複合都市, 農業·教育·文化·住居地
	安東	1954.4.5	1,519.81	182,098	120	都農複合都市, 農業·歷史·文化·觀光·休息地域
	淸道	1965.5.2	696.53	48,229	69	大邱近郊平野地域,農業·休息地域
	浦項	1972.3.17	1,127.28	515,714	457	慶北宗主都市,東海岸港口·産業都市
	義城	1974.9.20	1,176.03	68,353	58	中部山間農村地域,農業·觀光·休息·自然地域

市·道	市·郡	最初訪問日字	面 積(㎢)	人 口(人)	人口密度 (人/km²)	地 位 및 特 性
	軍威	1974.9.20	613.98	28,747	47	內陸農村地域, 近郊農 · 休息地域
	榮州	1979.5.6	668.73	126,507	189	東北部都農複合都市,農業 · 歷史 · 文化 · 觀光地
	慶州	1979.7.23	1,323.69	275,842	208	都農複合의 古都, 農業 · 歷史 · 文化 · 觀光 · 休息地域
	金泉	1979.7.27	1,009.56	147,855	146	西部都農複合都市,農業 · 流通 · 教育 · 文化都市
	龜尾	1979.7.28	617.24	341,550	553	都農複合의 農工都市,工業 · 農業 · 文化地域
	盈德	1983.5.13	740.97	44,172	60	東海岸農漁村地域,農漁業 · 觀光 · 休息地域
	蔚珍	1983.5.13	988.90	60,011	61	東海岸農漁村地域,農漁業 · 溫泉 · 觀光 · 休息地
	青松	1983.5.14	842.51	31,302	37	內陸山間地域,農林業 · 休息 · 自然地域
	高靈	1984.8.12	383.98	35,517	92	大邱隣接地域,近郊農 · 住居 · 休息地
	慶山	1988.11.24	411.49	228,206	555	大邱近郊都農複合都市,農業 · 教育 · 研究都市
	永川	1990.4.18	919.74	111,392	121	都農複合都市,農業 · 歷史 · 文化 · 住居地域
	奉化	1991.10.31	1,200.85	38,238	32	東北部山間農村地域,農林業 · 休息 · 自然地域
	英陽	1991.11.2	815.11	20,735	25	東部山間農村地域, 農業 · 林業 · 休息地域
	漆谷	2000.2.22	451.01	101,549	225	大邱近郊農村地域,農業 · 流通 · 住居地域
	鬱陵	2000.5.8	72.56	10,150	140	東海島嶼郡,漁業 · 農業 · 觀光 · 休息 · 自然地域
	星州	2001.6.13	616.22	47,134	76	內陸農村地域,果實 · 菜蔬 · 農業地域
	計(23)	1936.7.28	19,023.69	2,724,931	143	-
慶南 (1967.8.3)	咸安	1967.8.3	416.75	58,755	141	中部山間農村地域,農業 · 歷史 · 休息地域
	山清	1967.8.3	794.59	38,190	48	西部山間農村地域,農業 · 觀光 · 休息 · 自然地域
	咸陽	1967.8.3	725.08	41,943	58	西部山間農村地域,農業 · 林業 · 休息 · 自然地域
	居昌	1967.8.3	804.09	65,963	82	西北部山間地域,農業 · 林業 · 休息 · 自然地域
	陜川	1967.8.4	983.42	54,344	55	西北部山間地域, 農業 · 林業 · 休息 · 自然地域
	固城	1967.8.4	516.59	55,808	108	南部農村地域,農漁業 · 觀光 · 休息地域
	泗川	1967.8.4	396.61	111,078	280	南海岸都農複合都市,農漁業 · 觀光 · 休息地
	南海	1967.8.4	357.33	53,144	149	南海의 島嶼郡, 漁業 · 觀光 · 休息 · 自然地域
	巨濟	1983.1.11	399.96	168,022	420	南海의 巨島,都農複合市,工業 · 漁業 · 觀光地域
	馬山	1984.12.14	329.47	434,371	1,318	南海沿岸都農複合都市, 貿易 · 漁業 · 工業 · 農業地域
	昌原	1988.8.6	292.66	517,410	1,768	慶南道廳所在地, 工業 · 都農複合都市
	金海	1989.9.2	463.26	331,979	717	釜山近郊都農複合都市,歷史 · 文化 · 近郊農 · 住居地
	統營	1989.9.3	236.51	123,842	524	南海岸都農複合都市,農漁業 · 歷史 · 觀光 · 休息港口
	梁山	1990.12.19	484.17	191,975	397	釜山近郊都農複合都市, 農業 · 工業 · 住居地
	密陽	1992.11.14	799.01	115,962	145	東北部都農複合都市,農業 · 流通 · 住居地域
	晋州	1994.4.15	712.84	339,791	477	西部慶南의 都農複合據點都市, 歷史 · 文化 · 觀光地
	河東	1995.1.28	675.44	51,583	76	西部農村地域, 農業 · 林業 · 觀光 · 自然地域
	宜寧	1995.3.8	482.95	31,395	65	中部山間農村地域,農業 · 休息 · 自然地域
	昌寧	1995.10.18	533.10	65,369	123	北部山間農村地域,農業 · 觀光 · 休息地域
	鎭海	1997.3.30	111.66	127,578	1,143	南海沿岸都市,漁業 · 軍事 · 歷史 · 文化 · 觀光港口
	計(20)	1967.8.3	10,515.49	2,978,502	283	-
濟州 (1965.7.17)	北濟州	1965.7.17	721.27	87,368	121	北部海岸農漁村地域,漁業 · 農業 · 觀光地域
	濟州	1965.7.17	255.36	279,996	1,096	濟州道廳所在地,港口 · 觀光 · 歷史都市
	西歸浦	1985.8.1	254.57	80,860	318	南端沿海都市,漁業 · 農業 · 觀光 · 休息都市
	南濟州	1985.8.1	615.08	65,036	106	南部海岸農漁村地域,農水産業 · 觀光 · 休息地域
	計(4)	1965.7.17	1,846.29	513,260	278	-
道合計(9)	158	1936.7.28	94,147.67	23,886,851	253	-
全國合計(16)	165	1936.7.28	99,460.74	46,136,101	464	-

※ 2000年 人口住宅總調查 資料임.

2) 外 國

(訪問日字順)

國　家	地　域	最初訪問日字	人 口 (人)	地 位 및 特 性
美國 (1969.9.20)	San Francisco	1969.9.20	776,733	太平洋沿岸港口都市,多樣한 歷史·觀光·教育都市
	Washington,D.C.	1969.9.21	572,059	美國首都,世界的政治·外交中心地
	Cincinnati	1969.9.24	331,285	오하이오內陸都市, 歷史·教育·文化都市
	Cleveland	1970.8.29	478,403	에리湖沿岸重工業都市,研究·生産·商業都市
	Buffalo	1970.8.30	292,648	나이애가라中心 歷史都市,科學·文化·觀光都市
	Niagara Falls	1970.8.31	114,988	나이애가라瀑布의 都市,觀光·休息·自然의 都市
	Beacon	1970.9.4	15,634	뉴욕州 纖維産業都市,生産·流通·住居都市
	New York	1970.9.5	8,008,,278	美國의 宗主都市,世界的 貿易·金融·觀光·歷史의 都市
	Houston	1970.9.10	1,953,631	南部大都市,宇宙航空産業都市,住居·消費都市
	Los Angeles	1970.9.13	3,694,820	美國 第2의 都市,太平洋沿岸觀光·消費都市
	Denver	1970.9.19	554,636	콜로라도州州都,內陸高地帶의 文化·觀光·歷史都市
	Chicago	1970.9.23	2,896,016	미시간湖大都市, 國際的交易·産業·歷史都市
	Honolulu	1972.1.8	371,657	하와이州 州都, 國際交流·文化·觀光·休息都市
	Madison	1976.5.29	11,788	인디아나州 小都市, 商業·休息·住居都市
	Pittsburgh	1976.6.6	334,563	펜실베이니아州 工業都市,生産·教育·歷史의 都市
	Columbus	1976.8.25	711,470	오하이오州 州都, 教育·文化·消費·歷史의 都市
	College Park	1989.5.31	20,755	워싱턴近郊 小都市, 教育·研究·休息·住居都市
	Towson	1989.6.1	21,438	매릴랜드州 小都市, 教育·研究·住居都市
	Akron	1993.7.2	217,074	오하이오州 東北部 小都市, 教育·工業·住居都市
	Lansing	1993.7.6	119,128	미시간州 州都, 教育·文化·休息·歷史·住居都市
	Las Vegas	1995.6.19	478,434	草原에 建設된 카지노·觀光·호텔·慰樂都市
	Port Huron	1997.8.1	40,522	카나다 國境 미시간州 小都市, 自然·休息都市
	Orlando	1997.8.5	185,951	플로리다半島의 리조트타운,觀光·스포츠都市
	Cape Canaveral	1997.8.9	10,050	大西洋沿岸 플로리다州 半島,宇宙科學·軍事地域
	Cocoa	1997.8.9	13,806	大西洋沿岸플로리다州 港口,觀光·休息·住居都市
	Millbrae	2000.8.19	17,825	샌프란시스코近郊 小都市,商業·宿泊·住居都市
	Palo Alto	2000.8.20	58,718	샌프란시스코 南部都市,실리콘밸리·教育·商業都市
	San Jose	2004.2.3	898,349	실리콘밸리·教育·歷史·文化·住居都市
	Santa Clara	2004.2.4	102,095	실리콘밸리·教育·研究·住居都市
	Newark	2004.2.7	277,911	住居·産業·商業·休息都市
	Monterey	2004.2.8	29,674	海洋·歷史·觀光·休息都市
	Pacific Grove	2004.2.8	15,522	海洋·休養·商業·住居都市
	Carmel	2004.2.8	4,081	歷史·觀光·休養·住居都市
	Daly City	2004.9.13	100,819	近郊·住居·商業·休息都市
	合計(34)	1969.9.20	23,730,760	-
日本 (1972.1.12)	東京	1972.1.12	7,967,614	日本首都,國際的 政治·外交·經濟·文化·歷史都市
	名古屋	1974.10.28	2,152,184	愛知縣 縣都,經濟·教育·文化·觀光·歷史都市
	濱松	1974.11.1	561,606	太平洋沿 岸靜岡縣 港口,觀光·休息·商業都市
	掛川	1974.11.2	157,884	靜岡縣 內陸小都市,觀光·商業·住居都市
	京都	1974.11.3	1,463,822	京都府 府都, 日本 皇都, 歷史·文化·教育·觀光都市
	大阪	1974.11.10	2,602,421	大阪府 府都,經濟·産業·交易·文化·歷史의 都市
	神戸	1974.11.10	1,423,792	兵庫縣都,港灣·交易·經濟·文化·歷史都市
	豊田	1975.11.12	341,079	愛知縣 內陸都市,自動車工業·研究·商業·住居都市
	箱根	1978.11.4	25,000	神奈川縣 山間町,觀光·休息·農村·自然都市
	日光	1982.1.27	98,000	栃木縣 山間都市,歷史·文化·觀光·住居都市

國 家	地 域	最初訪問日字	人口(人)	地 位 및 特 性
日本	川崎	1984.10.2	1,202,820	神奈川縣 港口都市,工業 · 商業 · 住居의 都市
	橫濱	1984.10.5	3,307,136	神奈川縣 縣都,交易 · 工業 · 商業 · 文化都市
	札幌	1984.10.6	1,757,025	北海道 道都, 經濟 · 商業 · 文化 · 教育 · 歷史都市
	登別	1984.10.7	50,000	北海道 南部溫泉地區, 休養 · 觀光 · 火山의 都市
	筑波	1985.12.1	156,012	茨城縣 研究學園都市, 研究 · 教育 · 國際都市
	奈良	1985.12.6	359,218	奈良縣 縣都, 舊日 本首都, 歷史 · 文化 · 觀光都市
	天理	1985.12.7	89,000	奈良縣 小都市, 天理教 發源地, 歷史 · 文化 · 觀光都市
	福岡	1987.7.5	1,284,795	福岡縣都, 九州 國際港, 交易 · 經濟 · 歷史都市
	北九州	1987.7.6	1,019,598	福岡縣 統合市, 工業 · 商業 · 貿易 · 觀光都市
	別府	1987.7.7	128,255	大分縣 港口, 溫泉 · 觀光 · 休息 · 商業都市
	大分	1987.7.8	426,979	大分縣 縣都, 交易 · 工業 · 商業 · 觀光의 都市
	阿蘇	1987.7.10	22,500	熊本縣 山間町, 自然 · 觀光 · 休養 · 阿蘇山地域
	長崎	1987.7.10	438,635	長崎縣 縣都, 國際 · 工業 · 觀光 · 歷史의 都市
	唐津	1987.7.11	98,000	佐賀縣 港都, 交易 · 商業 · 文化 · 住居의 都市
	鎌倉	1993.9.29	170,329	神奈川縣 古都, 舊日本 首都, 歷史 · 文化 · 觀光都市
	仙台	1994.8.24	971,297	宮城縣 縣都, 交易 · 商業 · 文化 · 觀光의 港口都市
	小樽	1994.8.26	157,022	北海道 南部 港都, 交易 · 商業 · 住居의 都市
	洞爺	1994.8.26	15,000	北海道 南部湖畔地域, 觀光 · 慰樂 · 休息地
	小牧	1994.8.28	169,328	北海道 東南縣 港口都市, 觀光 · 工業 · 住居地
	千歲	1994.8.28	95,000	北海道 國際空港都市, 研究 · 工業 · 交易都市
	高山	1997.9.19	89,000	岐阜縣 山間古都, 歷史 · 文化 · 觀光 · 休息의 都市
	熊本	1998.6.25	650,341	熊本縣 縣都, 教育 · 歷史 · 文化 · 觀光 · 港灣都市
	松山	1998.6.28	460,968	四國 愛媛縣 港都, 交易 · 商業 · 文化 · 觀光都市
	高松	1998.6.29	331,004	四國 香川縣 港都, 交易 · 商業 · 文化 · 觀光都市
	越谷	1999.4.23	298,253	埼玉縣 小都市, 東京近郊住居地, 商業 · 休養地
	淡路島	2000.7.19	250,000	兵庫縣 南部島嶼, 研究 · 展示 · 觀光 · 自然地域
	對馬島	2002.9.28	45,000	海洋 · 自然 · 休養 · 漁業 · 歷史島嶼
	合計(37)	1972.1.12	30,835,917	-
泰國 (1978.6.18)	Bangkok	1978.6.18	6,320,174	泰國 首都, 運河 · 交易 · 文化 · 觀光 · 歷史의 都市
	Nakhon Nayok	1978.6.27	95,000	州都, 原住民村落地域, 自然 · 觀光 · 歷史地
	Singburi	1978.6.28	50,000	방콕郊外 小都市, 農業 · 商業 · 觀光 · 農村地
	合計(3)	1978.6.18	6,465,174	-
네덜란드 (1979.8.9)	Amsterdam	1979.8.9	727,053	네덜란드 首都, 北方의 베네치아, 歷史 · 觀光 · 물의都市
	合計(1)	1979.8.9	727,053	-
덴마크 (1979.8.10)	Copenhagen	1979.8.10	495,699	덴마크의 首都, 北歐의 파리, 貿易 · 歷史 · 觀光都市
	Helsingor	1979.8.10	95,000	中部古都市, 交易 · 商業 · 文化 · 歷史의 都市
	合計(2)	1979.8.10	590,699	-
獨逸 (1979.8.11)	Hamburg	1979.8.11	1,701,800	北方 第1港口, 貿易 · 商業 · 娛樂 · 觀光 · 歷史都市
	Düsseldorf	1979.8.16	568,500	노르트라인 베스트팔렌州 州都, 文化 · 商業 · 觀光都市
	Wuppertal	1979.8.17	370,700	內陸小都市, 商工業 · 農業中心의 歷史都市
	Dortmund	1979.8.17	590,300	北部 所在 港口都市, 經濟 · 交易 · 文化 · 歷史都市
	Heidelberg	1979.8.17	139,400	南部의 古都, 歷史的 教育都市, 歷史 · 文化 · 觀光都市
	Berlin	1991.7.1	3,392,900	獨逸의 首都, 統一의 起點, 政治 · 經濟 · 歷史의 都市
	Potsdam	1991.7.2	129,500	베를린 近郊古都, 歷史 · 文化 · 觀光의 都市
	Hannover	1991.7.3	515,200	니더작센州 州都, 産業 · 經濟 · 交通 · 歷史의 都市
	Peine	1991.7.4	5,900	山岳農村地域,核廢棄物 施設地域
	Gartow	1991.7.4	25,000	山岳農村地域, 核廢棄物 貯藏施設 地域
	Celle	1991.7.4	86,000	北獨逸의 眞珠, 傳統 · 歷史 · 文化 · 觀光의 都市

國　家	地　域	最初訪問日字	人口(人)	地　位　및　特　性
獨逸	Magdeburg	1994.8.16	238,000	舊東獨 大都市, 商工業 · 觀光 · 文化 · 歷史都市
	Ruhr	1994.8.17	35,000	中部地域 炭鑛地帶, 鑛業 · 農業 · 自然地
	Essen	1994.8.17	600,700	中部地域小都市, 商業 · 農業 · 文化都市
	Köln	1994.8.18	97,000	로마時代 以來 古都, 大聖堂 · 歷史 · 文化의 都市
	Bonn	1994.8.19	304,100	前西獨首都, 베트벤 出生地, 歷史 · 觀光 · 産業都市
	Frankfurt	1994.8.19	644,700	라인江의 中部都市, 괴테 고장, 商業 · 金融都市
	合計(17)	1979.7.11	9,444,700	-
英國 (1979.8.12)	London	1979.8.12	7,187,300	英國首都, 世界的 金融 · 文化 · 觀光 · 歷史의 都市
	Stevenage	1979.8.13	55,000	런던近郊 新都市, 産業 · 商業 · 居住地域
	合計(2)	1979.8.12	7,242,300	-
프랑스 (1979.8.14)	Paris	1979.8.14	9,608,000	프랑스 首都, 藝術 · 流行 · 商業 · 觀光의 都市
	Versaille	1979.8.15	95,000	파리近郊 歷史都市, 大宮殿 · 文化 · 觀光의 都市
	Marseille	1991.7.5	797,486	地中海 港口都市, 商工業 · 觀光 · 交通 · 歷史都市
	Nice	1991.7.7	342,738	南프랑스 地中海沿岸都市, 休息 · 觀光 · 消費都市
	Antibes	1991.7.7	79,000	地中海沿岸 小都市, 科學 · 硏究 · 觀光 · 休息都市
	Cannes	1991.7.7	98,000	地中海沿岸觀光地, 國際映畵祭 開催都市
	Le Havre	1991.7.10	190,651	大西洋沿岸 小都市, 科學 · 硏究 · 觀光 · 休息의都市
	Normandie	1991.7.10	65,000	北部大西洋 海岸地域, 牧場 · 農業 · 觀光地域
	合計(8)	1979.8.14	11,275,875	-
오스트리아 (1979.8.18)	Wien	1979.8.18	1,562,676	오스트리아 首都, 音樂의 都市, 文化 · 藝術 · 歷史都市
	合計(1)	1979.8.18	1,562,676	-
스위스 (1979.8.19)	Zürich	1979.8.19	336,821	스위스 宗主都市, 金融 · 産業 · 敎育 · 觀光都市
	Wengen	1979.8.20	25,000	알프스 山麓의 高地帶 小都市, 觀光 · 休息地域
	合計(2)	1979.8.19	361,821	-
이탈리아 (1979.8.21)	Venice	1979.8.21	277,305	물의 都市, 浪漫의 都市, 歷史 · 文化 · 觀光의 都市
	Rome	1979.8.22	2,643,581	이탈리아 首都, 古로마帝國 首都, 歷史 · 觀光都市
	合計(2)	1979.8.21	2,920,886	-
그리스 (1979.8.24)	Athens	1979.8.24	772,072	그리스 首都, 古代都市國家, 歷史 · 文化 · 觀光都市
	合計(1)	1979.8.24	772,072	-
스리랑카 (1979.10.13)	Colombo	1979.10.13	800,982	스리랑카 首都, 政治 · 經濟 · 文化 · 敎育의 都市
	Kandy	1983.12.9	150,532	中部山間 古都市, 歷史 · 文化 · 觀光 · 農業地
	合計(2)	1979.10.13	951,514	-
인도네시아 (1982.1.16)	Jakarta	1982.1.16	9,112,652	인도네시아 首都, 政治 · 經濟 · 流行 · 歷史의 都市
	Denpasar	1982.1.18	345,150	발리섬 州都, 經濟 · 文化 · 觀光 · 自然의 都市
	合計(2)	1982.1.16	9,457,802	-
濠洲 (1982.1.19)	Canberra	1982.1.19	306,000	濠洲 首都, 1981年 人工都市, 政治 · 行政中心地
	Sydney	1982.1.20	3,276,207	濠洲 宗主都市, 世界的 美港, 交易 · 商業 · 觀光都市
	Windsor	1997.4.6	28,000	시드니近郊 小都市, 農業 · 自然 · 休息地域
	合計(3)	1982.1.19	3,610,207	-
뉴질랜드 (1982.1.22)	Wellington	1982.1.22	166,700	뉴질랜드 首都, 언덕의 港口, 行政 · 休息 · 住居都市
	Rotorua	1982.1.22	85,000	北部火山地域, 原住民 文化 · 觀光 · 自然의 都市
	合計(2)	1982.1.22	251,700	-
印度 (1983,1,23)	New Delhi	1983.1.23	301,297	印度首都, 政治 · 行政 · 外交 · 經濟 · 文化都市
	Agra	1983.1.29	891,790	內陸古都, 歷史 · 古蹟 · 文化 · 商業 · 農村地
	合計(2)	1983.1.23	1,193,087	-
싱가포르 (1983.12.10)	Singapore	1983.12.10	3,278,000	싱가포르都市國家 首都, 國際 · 交易 · 觀光 · 經濟都市
	合計(1)	1983.12.10	3,278,000	-

國 家	地 域	最初訪問日字	人口(人)	地 位 및 特 性
말레이시아 (1986.9.15)	Kuala Lumpur	1986.9.15	1,145,075	말레이시아 首都, 政治 · 經濟 · 文化 · 歷史의 都市
	合計(1)	1986.9.15	1,145,075	-
中國 (1989.3.8)	上海	1989.3.8	8,937,175	政府直轄市, 國際交易港, 經濟 · 産業 · 流通都市
	蘇州	1989.3.9	845,687	江蘇省의 古都, 舊吳國 首都, 運河 · 觀光 · 歷史都市
	杭州	1989.3.13	1,346,148	浙江省 省都, 舊越國首都, 歷史 · 文化 · 觀光都市
	天津	1992.7.8	4,835,327	政府直轄市, 對外貿易港, 經濟 · 商工業都市
	北京	1992.7.8	6,633,929	中國首都, 政治 · 經濟 · 外交 · 文化 · 歷史의 都市
	長春	1992.7.9	2,072,324	吉林省 省都, 舊滿洲國 首都 奉天, 工業 · 大學都市
	延吉	1992.7.10	329,112	朝鮮族自治州 州都, 文化 · 商業 · 觀光의 都市
	琿春	1992.7.13	96,000	吉林省 極東地域, 都農 · 交易 · 交通 · 産業都市
	防川	1992.7.13	8,500	러시아 · 北韓接境地帶, 戰爭遺蹟地, 農業地域
	圖們	1992.7.13	102,191	豆滿江 · 北韓 接境都市, 觀光 · 商業 · 自然의 都市
	白頭山	1992.7.14	3,800	中國의 長白山, 北韓境界地, 天池淵, 觀光名所
	龍井	1992.7.15	144,940	朝鮮族 定着地, 農村中心地, 歷史 · 自然 · 觀光都市
	瀋陽	1992.7.15	3,876,289	遼寧省 省都, 東北 最大의 工業都市, 經濟 · 歷史都市
	西安	1998.8.6	2,294,790	陝西省 省都, 3000年 古都, 歷史 · 文化 · 觀光의 都市
	丹東	2002.4.12	578,723	丹東市 市府, 舊安東市, 歷史 · 文化 · 國際交易都市
	東港	2002.4.12	104,971	鴨綠江 河口都市, 産業 · 觀光 · 港灣 · 交易都市
	寬甸	2002.4.15	69,000	滿族自治縣, 鴨綠江沿岸 農村地域, 水力 댐
	合計(17)	1989.3.8	32,278,906	-
臺灣 (1990.9.10)	臺北	1990.9.10	2,641,312	臺灣 首都, 政治 · 行政中心地, 敎育 · 文化 · 歷史都市
	新竹	1990.9.13	361,958	都農複合 田園都市, 尖端科學 · 産業都市
	臺中	1990.9.14	940,589	臺灣中部都市, 歷史 · 文化都市, 居住 · 消費都市
	臺南	1999.9.17	728,060	臺灣의 古首府, 敎育 · 文化 · 觀光 · 歷史의 都市
	高雄	1999.9.20	1,475,505	世界的 天然港, 現代的 工業都市, 觀光 · 文化都市
	墾丁	1999.9.20	48,000	臺灣最南端地域, 自然公園 · 海岸 農村地域
	金門島	2002.8.8	50,272	大陸隣接島嶼, 貿易港, 臺灣 大陸反攻基地
	合計(7)	1990.9.10	6,245,696	-
스페인 (1991.4.9)	Sitges	1991.4.9	35,000	바르셀로나近郊休養地, 地中海避暑地, 海水浴場
	Barcelona	1991.4.11	1,505,581	地中海 港口都市, 歷史 · 文化 · 觀光 · 休息의 都市
	Madrid	1991.4.13	2,881,506	스페인 首都, 鬪牛 · 文化 · 歷史의 古都
	合計(3)	1991.4.9	4,422,087	-
포르투갈 (1991.4.15)	Lisbon	1991.4.15	556,797	포르투갈 首都, 大西洋港口, 文化 · 觀光 · 歷史都市
	合計(1)	1991.4.15	556,797	-
스웨덴 (1991.4.17)	Stockholm	1991.4.17	743,703	스웨덴 首都, 北極의 베네치아, 歷史 · 觀光都市
	Uppsala	1991.4.18	188,478	스웨덴 中部의 古都, 敎育 · 文化 · 宗敎의 都市
	合計(2)	1991.4.17	932,181	-
모나코 (1991.7.6)	Monaco	1991.7.6	31,700	모나코都市國家 首都, 海岸 · 카지노 · 觀光의 都市
	合計(1)	1991.7.6	31,700	-
이집트 (1995.7.18)	Cairo	1995.7.18	6,789,479	이집트 首都, 政治 · 經濟 · 文化 · 觀光 · 歷史都市
	Luxor	1995.7.18	360,503	舊이집트 首都, 나일강中流 古都, 歷史 · 觀光都市
	Alexandria	1995.7.20	3,328,196	地中海沿岸, 나일江 三角洲 古都, 歷史 · 觀光都市
	El Alamein	1995.7.20	18,000	地中海沿岸 休養地, 戰跡地 · 休息 · 農村地域
	Assallum	1995.7.20	5,500	리비아國境地域, 地中海沿岸 休養 · 農村地域
	合計(5)	1995.7.18	10,501,678	-
리비아 (1995.7.20)	Am Saad	1995.7.20	2,800	이집트 國境地域, 地中海沿岸 農村 · 自然部落
	Tobruk	1995.7.20	100,000	地中海沿岸 東部都市, 商業 · 歷史 · 觀光都市
	Darnah	1995.7.21	25,000	地中海東部地域, 港灣 · 歷史 · 觀光都市

國　家	地　域	最初訪問日字	人口(人)	地　位　및　特　性
리비아	Susah	1995.7.21	20,000	地中海東部 港口古都, 歷史 · 觀光都市
	Al Bayda	1995.7.21	23,000	地中海沿岸 港口, 歷史 · 休養 · 觀光都市
	Benghazi	1995.7.21	650,000	地中海 中部大都市, 港灣 · 歷史 · 商業都市
	Ajdabiya	1995.7.22	15,000	中部內陸 地域, 草原 · 農村 · 自然都市
	Sarir	1995.7.22	1,500	사하라沙漠 中間地域, 水資源 埋藏地
	Jalu	1995.7.23	2,000	사하라沙漠 오아시스地域, 傳統村落地
	Sirt	1995.7.24	150,000	地中海 中部港口, 歷史 · 休養 · 觀光 · 居住都市
	Homs	1995.7.24	18,000	地中海 西部港口, 歷史的 古都, 觀光 · 休養地
	Tripoli	1995.7.24	1,140,000	리비아 首都, 政治 · 經濟 · 文化 · 觀光의 大都市
	合計(12)	1995.7.20	2,147,300	-
튜니시아 (1995.7.26)	Ben Gardane	1995.7.26	15,000	리비아國境地域, 市場 · 去來 · 農業 · 漁業地域
	Djerba	1995.7.26	99,000	南部地中海島嶼, 休養 · 文化 · 娛樂 · 歷史都市
	合計(2)	1995.7.26	114,000	-
캐나다 (1997.8.1)	Sarnia	1997.8.1	23,000	美國國境地域, Huron沿岸農村, 森林地域
	Niagara Falls	1997.8.1	76,917	나이아가라瀑布 觀光都市, 娛樂 · 休息 · 自然都市
	合計(2)	1997.8.1	99,917	-
北韓 (1999.8.17)	高城	1999.8.17	28,000	北韓東南端 東海岸地域, 觀光 · 軍事 · 農漁業地域
	開城	2003.12.11	334,433	行政 · 產業 · 歷史 · 文化 · 觀光都市
	平壤	2005.10.14	3,164,000	首都, 政治 · 行政 · 國際 · 歷史 · 敎育都市
	合計(3)	1999.8.17	3,526,433	-
베트남 (2000.1.26)	Hanoi	2000.1.26	1,073,760	베트남首都, 政治 · 行政 · 觀光 · 歷史의 都市
	Hochiminh	2000.1.28	3,015,743	舊 사이공, 觀光 · 遊興 · 經濟 · 歷史의 都市
	合計(2)	2000.1.26	4,089,503	-
캄보디아 (2000.1.29)	Phnom Penh	2000.1.29	938,000	캄보디아 首都, 觀光 · 歷史 · 經濟 · 政治의 都市
	Siem Reap	2000.1.30	230,000	西北部 中心都市. 湖水 · 歷史 · 觀光 · 休息都市
	Angkor	2000.1.30	25,000	歷史遺蹟地, 古考學 · 觀光 · 自然의 地域
	合計(3)	2000.1.29	1,193,000	-
요르단 (2001.2.9)	Amman	2001.2.9	969,598	요르단 首都, 政治 · 行政 · 經濟 · 文化中心地
	Petra	2001.2.15	20,000	古代 岩窟都市遺蹟地, 觀光 · 歷史地域
	合計(2)	2001.2.9	989,598	-
이라크 (2001.2.10)	Baghdad	2001.2.10	4,689,000	이라크의 首都, 政治 · 經濟 · 歷史의 都市
	Samarra	2001.2.11	150,000	古代歷史都市, 觀光 · 文化 · 歷史의 地域
	Hadhar	2001.2.11	250,000	Hatra文明遺蹟地, 歷史 · 文化 · 觀光地域
	Mosul	2001.2.11	664,221	앗시리아文明 中心地, 歷史 · 文化 · 觀光都市
	Nasiriyah	2001.2.13	265,937	南部大都市, 行政 · 經濟 · 文化의 中心地
	Hilla	2001.2.13	268,834	歷史 · 住居都市, 行政 · 文化 · 歷史의 都市
	Babylon	2001.2.14	200,000	바빌론 遺蹟都市, 歷史 · 文化 · 觀光都市
	合計(7)	2001.2.10	6,487,992	-
러시아 (2001.7.4)	Moscow	2001.7.4	8,389,700	러시아 首都, 古都, 政治 · 行政 · 歷史 · 文化都市
	St. Petersburg	2001.7.4	4,169,400	러시아帝國 首都, 古都, 歷史 · 文化 · 觀光 · 交易都市
	合計(2)	2001.7.4	12,559,100	-
폴란드 (2001.7.7)	Warsaw	2001.7.7	1,618,468	폴란드 首都, 古都, 政治 · 行政 · 歷史 · 文化都市
	合計(1)	2001.7.7	1,618,468	-
체코 (2001.7.8)	Praha	2001.7.8	1,186,855	체코 首都, 古都, 政治 · 行政 · 歷史 · 觀光都市
	Brno	2001.7.9	383,569	舊 首都, 歷史 · 文化 · 觀光 · 商業都市
	合計(2)	2001.7.8	1,570,424	-
헝가리 (2001.7.11)	Budapest	2001.7.11	1,811,552	헝가리 首都, 古都, 政治 · 行政 · 歷史 · 文化都市
	合計(1)	2001.7.11	1,811,552	-

國 家	地 域	最初訪問日字	人口(人)	地 位 및 特 性
멕시코 (2002.1.26)	Mexico City 合計(1)	2002.1.26 2002.1.26	8,591,309 8,591,309	멕시코 首都, 古都, 人口過多, 政治 · 歷史都市 -
페루 (2002.1.27)	Lima Cusco Urubamba Machu Picchu Ica Nasca Pisco 合計(7)	2002.1.27 2002.1.28 2002.1.28 2002.1.29 2002.1.30 2002.1.31 2002.1.31 2002.1.27	316,322 278,590 25,000 3,500 194,820 30,000 82,000 930,232	페루 首都, 政治 · 行政 · 歷史 · 文化 · 交易都市 잉카帝國 首都, 歷史 · 文化 · 서비스 · 觀光都市 잉카遺蹟都市, 農村 · 消費 · 觀光都市 잉카遺蹟地, 農村 · 山間 · 觀光都市 나즈카遺蹟都市, Ica州府, 行政 · 消費都市 나즈카遺蹟都市, 農村 · 歷史 · 觀光都市 海岸休息都市, 消費 · 觀光 · 서비스都市 -
브라질 (2002.2.2)	Foz do Iguaçu Curitiba Brasilia 合計(3)	2002.2.2 2002.2.3 2002.2.5 2002.2.2	256,349 1,586,898 1,954,442 3,797,689	이과수瀑布爲主都市, 觀光 · 休息 · 서비스都市 빠라나州府, 政治 · 行政中心地, 環境親和都市 브라질 首都, 計劃的 新都市, 政治 · 行政都市 -
아르헨티나 (2002.2.3)	Puerto Iguazú 合計(1)	2002.2.3 2002.2.3	5,000 5,000	이과수瀑布爲主都市, 觀光 · 休息 · 서비스都市 -
터키 (2003.7.21)	Istanbul Ankara Cappadocia Konya 合計(4)	2003.7.21 2003.7.24 2003.7.26 2003.7.27 2003.7.21	10,243,000 4,611,000 850,000 742,000 16,446,000	國際 · 交易 · 商業 · 歷史 · 文化 · 教育 · 觀光都市 首都, 政治 · 行政 · 歷史 · 教育都市 山嶽 · 自然 · 歷史 · 觀光地域 産業 · 農業 · 歷史 · 休息 · 住居都市 -
케냐 (2006.1.13)	Nairobi Amboseli Namanga 合計(3)	2006.1.13 2006.1.16 2006.1.17 2006.1.13	2,143,354 25,000 8,000 2,176,354	首都, 政治 · 行政 · 經濟中心地, 觀光 · 國際都市 國立公園, 自然保護區域, 사파리 · 觀光 · 休息地域 國境線部落, 原住民 居住地, 流通 · 交易地域 -
탄자니아 (2006.1.17)	Namanga 合計(1)	2006.1.17 2006.1.17	3,500 3,500	國境線部落, 原住民 居住地, 流通 · 交易地域 -
南阿共 (2006.1.18)	Johannesburg Cape Town Pretoria Sun City 合計(4)	2006.1.18 2006.1.21 2006.1.24 2006.1.24 2006.1.18	1,675,200 2,733,000 1,249,700 5,000 5,662,900	舊 金鑛地域, 國際 · 交易 · 文化 · 觀光中心都市 立法 首都, 東西交易海上都市, 文化 · 觀光 · 歷史都市 行政首都, 政治 · 行政中心地, 文化 · 流通 · 消費都市 人工慰樂타운, 觀光 · 休息 · 會議 中心地區 -
짐바브웨 (2006.1.19)	Victoria Falls 合計(1)	2006.1.19 2006.1.19	45,000 45,000	國立公園, 自然保護區域, 觀光 · 休息中心小都邑 -
보츠와나 (2006.1.20)	Chobe 合計(1)	2006.1.20 2006.1.20	10,000 10,000	國立公園, 森林保全地區, 觀光 · 休養 리조트地域 -
잠비아 (2006.1.20)	Livingstone 合計(1)	2006.1.20 2006.1.20	1,302,660 1,302,660	觀光中心都市, 行政 · 流通 · 休息 中心大都市 -
필리핀 (2006.4.20)	Manila Quezon City Tagaytay Pagsanjan Alaminos 合計(5)	2006.4.20 2006.4.21 2006.4.21 2006.4.22 2006.4.23 2006.4.20	1,581,082 2,173,831 40,000 100,000 7,000 3,901,913	首都圈中心都市, 政治 · 行政 · 流通 · 歷史 · 文化 · 國際都市 首都圈中心都市, 行政 · 教育 · 流通 · 居住 · 慰樂都市 農村中心都市, 自然 · 觀光 · 農業 · 流通都市 農村中心小都市, 自然 · 觀光 · 去來 · 農業都市 農村小都邑, 休息 · 觀光 · 去來 · 自然都市 -
몽골 (2006.6.19)	Ulaanbaatar Terelj Möngönmor't 合計(3)	2006.6.19 2006.6.20 2006.6.20 2006.6.19	810,000 1,000 2,500 813,500	首都, 政治 · 經濟中心地, 歷史 · 文化都市, 國際交易都市 國立公園地域, 自然 · 農村地域, 觀光 · 休息地域 大草原地域, 自然 · 傳統地域, 觀光 · 慰樂地域 -
總計(51國)	233	1969.9.20	250,619,707	-

(7) 訪問地域들의 訪問順位와 人口規模順位의 相互對比表

最初訪問時點		訪 問 地 域 및 人 口			訪 問 順 位			人 口 順 位		
年度(年齡)	月·日	地域名	所屬(市道·國家)	人口(2000年現在;人)	韓國	外國	全體	韓國	外國	全體
1936(1)	7.28	聞慶	慶北	90,846	1	-	1	82	-	246
1951(16)	8.10	醴泉	〃	54,291	2	-	2	122	-	297
1952(17)	6.29	尙州	〃	116,493	3	-	3	67	-	214
1954(19)	4.5	安東	〃	182,098	4	-	4	44	-	177
1956(21)	1.10	서울	서울	9,895,217	5	-	5	1	-	2
1958(23)	7.31	論山	忠南	137,452	6	-	6	56	-	200
	9.15	抱川	京畿	138,654	7	-	7	55	-	199
1959(24)	6.2	仁川	仁川	2,475,139	8	-	8	4	-	35
	12.5	原州	江原	268,352	9	-	9	34	-	155
	12.5	橫城	〃	40,990	10	-	10	141	-	322
1960(25)	1.5	光州	光州	1,352,797	11	-	11	6	-	56
1964(29)	5.13	茂朱	全北	27,462	12	-	12	160	-	350
	5.14	鎭安	〃	30,276	13	-	13	156	-	342
	5.15	長水	〃	23,316	14	-	14	161	-	358
	7.15	益山	〃	323,687	15	-	15	28	-	140
1965(30)	3.10	大邱	大邱	2,480,578	16	-	16	3	-	34
	4.11	淸州	忠北	586,700	17	-	17	13	-	97
	5.2	淸道	慶北	48,229	18	-	18	130	-	308
	7.10	釜山	釜山	3,662,884	19	-	19	2	-	20
	7.17	北濟州	濟州	87,368	20	-	20	87	-	253
	7.17	濟州	〃	279,996	21	-	21	31	-	149
1967(32)	8.3	成安	慶南	58,755	22	-	22	114	-	287
	8.3	山淸	〃	38,190	23	-	23	146	-	329
	8.3	咸陽	〃	41,943	24	-	24	138	-	319
	8.3	居昌	〃	65,963	25	-	25	102	-	274
	8.4	陜川	〃	54,344	26	-	26	121	-	296
	8.4	固城	〃	55,808	27	-	27	119	-	293
	8.4	泗川	〃	111,078	28	-	28	71	-	219
	8.4	南海	〃	53,144	29	-	29	124	-	299
1969(34)	9.20	San Francisco	美國	776,733	-	1	30	-	72	81
	9.21	Washington,D.C.	〃	572,059	-	2	31	-	86	100
	9.24	Cincinnati	〃	331,285	-	3	32	-	110	137
1970(35)	8.29	Cleveland	〃	478,403	-	4	33	-	94	111
	8.30	Buffalo	〃	292,648	-	5	34	-	118	148
	8.31	Niagara Falls	〃	114,988	-	6	35	-	148	217
	9.4	Beacon	〃	15,634	-	7	36	-	209	373
	9.5	New York	〃	8,008,278	-	8	37	-	7	8
	9.10	Houston	〃	1,953,631	-	9	38	-	38	42
	9.13	Los Angeles	〃	3,694,820	-	10	39	-	18	19
	9.19	Denver	〃	554,636	-	11	40	-	90	105
	9.23	Chicago	〃	2,896,016	-	12	41	-	26	28
1972(37)	1.8	Honolulu	〃	371,657	-	13	42	-	99	119
	1.12	東京	日本	7,967,614	-	14	43	-	8	9
	2.19	牙山	忠南	180,763	30	-	44	45	-	178
	3.17	浦項	慶北	515,714	31	-	45	17	-	107

最初訪問時點		訪問地域及人口			訪問順位			人口順位		
年度(年齡)	月·日	地域名	所屬(市道·國家)	人口(2000年現在;人)	韓國	外國	全體	韓國	外國	全體
	8.18	順天	全南	265,930	32	-	46	35	-	156
1973(38)	3.27	春川	江原	252,547	33	-	47	37	-	160
1974(39)	1.18	大田	大田	1,368,207	34	-	48	5	-	55
	4.10	和順	全南	72,162	35	-	49	96	-	267
	4.23	水原	京畿	946,704	36	-	50	8	-	70
	7.23	錦山	忠南	57,929	37	-	51	115	-	289
	7.30	光陽	全南	132,639	38	-	52	58	-	202
	8.1	群山	全北	272,715	39	-	53	33	-	153
	9.20	義城	慶北	68,353	40	-	54	97	-	269
	9.20	軍威	〃	28,747	41	-	55	158	-	346
	10.28	名古屋	日本	2,152,184	-	15	56	-	34	38
	11.1	濱松	〃	561,606	-	16	57	-	88	103
	11.2	掛川	〃	157,884	-	17	58	-	137	186
	11.3	京都	〃	1,463,822	-	18	59	-	49	53
	11.10	大阪	〃	2,602,421	-	19	60	-	31	33
	11.10	神戶	〃	1,423,792	-	20	61	-	50	54
1975(40)	3.3	全州	全北	616,468	42	-	62	12	-	94
	3.3	扶安	〃	64,691	43	-	63	108	-	281
	3.4	井邑	〃	129,152	44	-	64	59	-	204
	3.4	高敞	〃	64,936	45	-	65	107	-	280
	4.12	平澤	京畿	345,306	46	-	66	22	-	126
	4.18	蔚山	蔚山	1,014,428	47	-	67	7	-	67
	6.23	加平	京畿	52,147	48	-	68	125	-	300
	8.9	潭陽	全南	54,597	49	-	69	120	-	295
	11.12	豊田	日本	341,079	-	21	70	-	107	130
1976(41)	5.29	Madison	美國	11,788	-	22	71	-	215	379
	6.6	Pittsburgh	〃	334,563	-	23	72	-	109	134
	8.25	Columbus	〃	711,470	-	24	73	-	77	88
1977(42)	7.16	廣州	京畿	125,943	50	-	74	62	-	208
	7.16	龍仁	〃	386,124	51	-	75	20	-	117
	7.16	安城	〃	133,421	52	-	76	57	-	201
	7.16	華城	〃	189,467	53	-	77	43	-	174
	7.16	安養	〃	580,544	54	-	78	14	-	98
	7.17	漣川	〃	49,483	55	-	79	128	-	306
	7.17	鐵原	江原	48,008	56	-	80	131	-	309
	7.17	楊州	京畿	110,299	57	-	81	72	-	220
	7.17	楊平	〃	75,706	58	-	82	93	-	264
	7.17	驪州	〃	97,612	59	-	83	79	-	237
	7.17	利川	〃	179,719	60	-	84	46	-	179
1978(43)	3.9	報恩	忠北	38,332	61	-	85	144	-	327
	5.11	烏山	京畿	102,697	62	-	86	74	-	224
	6.18	Bangkok	泰國	6,320,174	-	25	87	-	12	13
	6.27	Nakhon Nayok	〃	95,000	-	26	88	-	162	242
	6.28	Singburi	〃	50,000	-	27	89	-	178	304
	8.8	富川	京畿	761,389	63	-	90	11	-	84
	11.4	箱根	日本	25,000	-	28	91	-	191	351
1979(44)	4.1	束草	江原	87,985	64	-	92	85	-	251
	5.6	榮州	慶北	126,507	65	-	93	61	-	207

最初訪問時點		訪問地域 및 人口			訪問順位			人口順位		
年度(年齡)	月·日	地域名	所屬(市道·國家)	人口(2000年現在;人)	韓國	外國	全體	韓國	外國	全體
	7.7	襄陽	江原	29,130	66	-	94	157	-	345
	7.23	慶州	慶北	275,842	67	-	95	32	-	152
	7.27	金泉	〃	147,855	68	-	96	52	-	194
	7.28	龜尾	〃	341,550	69	-	97	23	-	129
	8.9	Amsterdam	네덜란드	727,053	-	29	98	-	76	87
	8.10	Copenhagen	덴마크	495,699	-	30	99	-	92	109
	8.10	Helsingor	〃	95,000	-	31	100	-	163	243
	8.11	Hamburg	獨逸	1,701,800	-	32	101	-	41	45
	8.12	London	英國	7,187,300	-	33	102	-	9	10
	8.13	Stevenage	〃	55,000	-	34	103	-	175	294
	8.14	Paris	프랑스	9,608,000	-	35	104	-	2	3
	8.15	Versaille	〃	95,000	-	36	105	-	164	244
	8.16	Düsseldorf	獨逸	568,500	-	37	106	-	87	101
	8.17	Wuppertal	〃	370,700	-	38	107	-	100	120
	8.17	Dortmund	〃	590,300	-	39	108	-	84	96
	8.17	Heidelberg	〃	139,400	-	40	109	-	144	198
	8.18	Wien	오스트리아	1,562,676	-	41	110	-	46	50
	8.19	Zürich	스위스	336,821	-	42	111	-	108	133
	8.20	Wengen	〃	25,000	-	43	112	-	193	353
	8.21	Venice	이탈리아	277,305	-	44	113	-	120	151
	8.22	Rome	〃	2,643 581	-	45	114	-	29	31
	8.24	Athens	그리스	772,072	-	46	115	-	73	82
	10.13	Colombo	스리랑카	800,982	-	47	116	-	70	79
1981(46)	5.3	洪城	忠南	90,658	70	-	117	83	-	247
	8.28	寧越	江原	43,767	71	-	118	137	-	318
	10.14	丹陽	忠北	36,094	72	-	119	148	-	331
1982(47)	1.16	Jakarta	인도네시아	9,112,652	-	48	120	-	3	4
	1.18	Denpasar	〃	345,150	-	49	121	-	105	127
	1.19	Canberra	濠洲	306,000	-	50	122	-	114	142
	1.20	Sydney	〃	3,276,207	-	51	123	-	23	25
	1.22	Wellington	뉴질랜드	166,700	-	52	124	-	136	184
	1.22	Rotorua	〃	85,000	-	53	125	-	168	255
	1.27	日光	日本	98,000	-	54	126	-	156	233
	7.21	羅州	全南	99,533	73	-	127	77	-	231
	7.22	靈光	〃	65,529	74	-	128	104	-	276
	9.4	槐山	忠北	67,629	75	-	129	98	-	270
1983(48)	1.10	巨濟	慶南	168,022	76	-	130	48	-	183
	1.23	New Delhi	印度	301,297	-	55	131	-	116	146
	1.29	Agra	〃	891,790	-	56	132	-	66	75
	3.11	果川	京畿	66,706	77	-	133	101	-	273
	5.13	盈德	慶北	44,172	78	-	134	135	-	316
	5.13	蔚珍	〃	60,011	79	-	135	113	-	286
	5.14	青松	〃	31,302	80	-	136	152	-	338
	7.30	保寧	忠南	109,535	81	-	137	73	-	221
	8.10	江陵	江原	228,232	82	-	138	39	-	166
	8.10	三陟	〃	75,647	83	-	139	94	-	265
	8.10	東海	〃	96,679	84	-	140	80	-	239
	8.18	忠州	忠北	217,927	85	-	141	41	-	168

最初訪問時點		訪問地域 및 人口			訪問順位			人口順位		
年度(年齡)	月·日	地域名	所屬(市道·國家)	人口(2000年現在;人)	韓國	外國	全體	韓國	外國	全體
	8.25	光明	京畿	334,089	86	-	142	26	-	135
	10.7	太白	江原	54,196	87	-	143	123	-	298
	12.9	Kandy	스리랑카	150,532	-	57	144	-	140	190
	12.10	Singapore	싱가포르	3,278,000	-	58	145	-	22	24
1984(49)	8.11	南原	全北	94,926	88	-	146	81	-	245
	8.12	高靈	慶北	35,517	89	-	147	149	-	332
	10.2	川崎	日本	1,202,820	-	59	148	-	55	61
	10.5	橫濱	〃	3,307,136	-	60	149	-	21	23
	10.6	札幌	〃	1,757,025	-	61	150	-	40	44
	10.7	登別	〃	50,000	-	62	151	-	177	303
	10.19	高城	江原	32,245	90	-	152	150	-	335
	10.19	麟蹄	〃	30,807	91	-	153	153	-	339
	10.19	楊口	〃	21,165	92	-	154	163	-	364
	10.19	華川	〃	22,761	93	-	155	162	-	361
	11.10	谷城	全南	38,042	94	-	156	147	-	330
	11.10	求禮	〃	28,705	95	-	157	159	-	347
	12.14	馬山	慶南	434,371	96	-	158	18	-	114
1985(50)	8.1	西歸浦	濟州	80,866	97	-	159	90	-	259
	8.1	南濟州	〃	65,036	98	-	160	106	-	278
	12.1	筑波	日本	156,012	-	63	161	-	139	189
	12.6	奈良	〃	359,218	-	64	162	-	103	123
	12.7	天理	〃	89,000	-	65	163	-	165	249
1986(51)	4.17	燕岐	忠南	80,031	99	-	164	91	-	260
	9.15	Kuala Lumpur	말레이시아	1,145,075	-	66	165	-	57	63
	10.3	陰城	忠北	84,433	100	-	166	88	-	256
	10.8	城南	京畿	914,590	101	-	167	9	-	73
1987(52)	5.23	瑞山	忠南	143,154	102	-	168	54	-	197
	5.24	泰安	〃	65,928	103	-	169	103	-	275
	7.5	福岡	日本	1,284,795	-	67	170	-	53	59
	7.6	北九州	〃	1,019,598	-	68	171	-	60	66
	7.7	別府	〃	128,255	-	69	172	-	146	205
	7.8	大分	〃	426,979	-	70	173	-	97	115
	7.10	阿蘇	〃	22,500	-	71	174	-	200	362
	7.10	長崎	〃	438,635	-	72	175	-	96	113
	7.11	唐津	忠南	98,000	-	73	176	-	157	234
1988(53)	3.24	木浦	全南	250,480	104	-	177	38	-	161
	3.24	務安	〃	62,352	105	-	178	109	-	282
	3.26	新安	〃	46,315	106	-	179	133	-	312
	4.5	任實	全北	30,799	107	-	180	154	-	340
	4.5	淳昌	〃	30,515	108	-	181	155	-	341
	5.26	麗水	全南	303,233	109	-	182	30	-	145
	5.26	寶城	〃	55,924	110	-	183	118	-	292
	5.26	高興	〃	87,738	111	-	184	86	-	252
	6.30	長興	〃	48,305	112	-	185	129	-	307
	8.6	昌原	慶南	517,410	113	-	186	16	-	106
	11.24	慶山	慶北	228,206	114	-	187	40	-	167
1989(54)	3.8	上海	中國	8,937,175	-	74	188	-	4	5
	3.9	蘇州	〃	845,687	-	75	189	-	68	77

最初訪問時點		訪問地域및人口			訪問順位			人口順位		
年度(年齡)	月·日	地域名	所屬(市道·國家)	人口(2000年現在;人)	韓國	外國	全體	韓國	外國	全體
	3.13	杭州	中國	1,346,148	-	76	190	-	51	57
	3.28	咸平	全南	41,292	115	-	191	139	-	320
	5.13	College Park	美國	20,755	-	77	192	-	202	365
	6.1	Towson	〃	21,438	-	78	193	-	201	363
	8.4	高陽	京畿	763,971	116	-	194	10	-	83
	9.2	金海	慶南	331,979	117	-	195	27	-	136
	9.3	統營	〃	123,842	118	-	196	63	-	209
	9.11	天安	忠南	417,835	119	-	197	19	-	116
	10.3	議政府	京畿	355,380	120	-	198	21	-	124
	10.29	長城	全南	49,703	121	-	199	127	-	305
	12.21	平昌	江原	41,210	122	-	200	140	-	321
	12.21	旌善	〃	46,080	123	-	201	134	-	313
1990(55)	1.12	海南	全南	89,603	124	-	202	84	-	248
	1.12	珍島	〃	38,459	125	-	203	143	-	326
	2.22	公州	忠南	157,498	126	-	204	50	-	187
	4.18	永川	慶北	111,392	127	-	205	70	-	218
	8.27	扶餘	忠南	83,687	128	-	206	89	-	257
	9.10	臺北	臺灣	2,641,312	-	79	207	-	30	32
	9.13	新竹	〃	361,958	-	80	208	-	101	121
	9.14	臺中	〃	940,589	-	81	209	-	63	71
	11.24	莞島	全南	61,517	129	-	210	110	-	283
	12.15	舒川	忠南	66,929	130	-	211	100	-	272
	12.19	梁山	慶南	191,975	131	-	212	42	-	172
1991(56)	1.30	金堤	全北	102,589	132	-	213	75	-	226
	2.5	安山	京畿	562,920	133	-	214	15	-	102
	2.11	東豆川	〃	73,502	134	-	215	95	-	266
	2.22	坡州	〃	178,434	135	-	216	47	-	180
	4.9	Sitges	스페인	35,000	-	82	217	-	185	334
	4.11	Barcelona	〃	1,505,581	-	83	218	-	47	51
	4.13	Madrid	〃	2,881,506	-	84	219	-	27	29
	4.15	Lisbon	포르투갈	556,797	-	85	220	-	89	104
	4.17	Stockholm	스웨덴	743,703	-	86	221	-	74	85
	4.18	Uppsala	〃	188,478	-	87	222	-	132	175
	7.1	Berlin	獨逸	3,392,900	-	88	223	-	19	21
	7.2	Potsdam	〃	129,500	-	89	224	-	145	203
	7.3	Hannover	〃	515,200	-	90	225	-	91	108
	7.4	Peine	〃	5,900	-	91	226	-	221	386
	7.4	Gartow	〃	25,000	-	92	227	-	192	352
	7.4	Celle	〃	86,000	-	93	228	-	167	254
	7.5	Marseille	프랑스	797,486	-	94	229	-	71	80
	7.6	Monaco	모나코	31,700	-	95	230	-	186	336
	7.7	Nice	프랑스	342,738	-	96	231	-	106	128
	7.7	Antibes	〃	79,000	-	97	232	-	170	262
	7.7	Cannes	〃	98,000	-	98	233	-	158	235
	7.10	Le Havre	〃	190,651	-	99	234	-	131	173
	7.10	Normandie	〃	65,000	-	100	235	-	173	279
	10.31	奉化	慶北	38,238	136	-	236	145	-	328
	11.2	英陽	〃	20,735	137	-	237	164	-	366

最初訪問時點		訪問地域 및 人口			訪問順位			人口順位		
年度(年齡)	月·日	地域名	所屬(市道·國家)	人口(2000年現在;人)	韓國	外國	全體	韓國	外國	全體
1992(57)	1.15	堤川	忠北	143,710	138	-	238	53	-	196
	3.26	南楊州	京畿	340,932	139	-	239	24	-	131
	7.8	天津	中國	4,835,327	-	101	240	-	13	14
	7.8	北京	〃	6.633.929	-	102	241	-	11	12
	7.9	長春	〃	2,072,324	-	103	242	-	36	40
	7.10	延吉	〃	329,112	-	104	243	-	112	139
	7.13	琿春	〃	96,000	-	105	244	-	169	240
	7.13	防川	〃	8,500	-	106	245	-	218	383
	7.13	圖們	〃	102,191	-	107	246	-	152	227
	7.14	白頭山	〃	3,800	-	108	247	-	226	391
	7.15	龍井	〃	144,940	-	109	248	-	143	195
	7.15	瀋陽	〃	3,876,289	-	110	249	-	17	18
	10.2	金浦	京畿	150,194	140	-	250	51	-	191
	11.14	密陽	慶南	115,962	141	-	251	69	-	216
1993(58)	6.30	始興	京畿	305,268	142	-	252	29	-	143
	7.2	Akron	美國	217,074	-	111	253	-	128	169
	7.6	Lansing	〃	119,128	-	112	254	-	147	211
	8.4	清原	忠北	116,129	143	-	255	68	-	215
	9.5	洪川	江原	67,210	144	-	265	99	-	271
	9.29	鎌倉	日本	170,329	-	113	257	-	134	181
	11.22	軍浦	京畿	263,760	145	-	258	36	-	158
1994(59)	2.7	九里	〃	160,839	146	-	259	49	-	185
	4.15	晉州	慶南	339,791	147	-	260	25	-	132
	8.16	Magdeburg	獨逸	238,000	-	114	261	-	126	164
	8.17	Ruhr	〃	35,000	-	115	262	-	184	333
	8.17	Essen	〃	600,700	-	116	263	-	83	95
	8.18	Köln	〃	97,000	-	117	264	-	159	238
	8.19	Bonn	〃	304,100	-	118	265	-	115	144
	8.19	Frankfurt	〃	644.700	-	119	266	-	81	92
	8.24	仙臺	日本	971,297	-	120	267	-	61	68
	8.26	小樽	〃	157,022	-	121	268	-	138	188
	8.26	洞爺	〃	15,000	-	122	269	-	211	375
	8.28	苫小牧	〃	169,328	-	132	270	-	135	182
	8.28	千歲	〃	95,000	-	124	271	-	161	241
1995(60)	1.28	河東	慶南	51,583	148	-	272	126	-	301
	3.8	宜寧	〃	31,395	149	-	273	151	-	337
	6.2	河南	京畿	120,513	150	-	274	64	-	210
	6.19	Las Vegas	美國	478,434	-	125	275	-	93	110
	7.18	Cairo	이집트	6,789,479	-	126	276	-	10	11
	7.18	Luxor	〃	360,503	-	127	277	-	102	122
	7.20	Alexandria	〃	3,328,196	-	128	278	-	20	22
	7.20	El Alamein	〃	18,000	-	129	279	-	207	371
	7.20	Assallum	〃	5,500	-	130	280	-	222	387
	7.20	Am Saad	리비아	2,800	-	131	281	-	229	394
	7.20	Tobruk	〃	100,000	-	132	282	-	153	229
	7.21	Darnah	〃	25,000	-	133	283	-	197	357
	7.21	Susah	〃	20,000	-	134	284	-	204	368
	7.21	Al Bayda	〃	23,000	-	135	285	-	198	359

最初訪問時點		訪問地域 및 人口			訪問順位			人口順位		
年度(年齡)	月·日	地域名	所屬(市道·國家)	人口(2000年現在:人)	韓國	外國	全體	韓國	外國	全體
	7.21	Benghazi	리비아	650,000	-	136	286	-	80	91
	7.22	Ajdabiyah	〃	15,000	-	137	287	-	212	376
	7.22	Sarir	〃	1,500	-	138	288	-	232	397
	7.23	Jalu	〃	2,000	-	139	289	-	231	396
	7.24	Sirt	〃	150,000	-	140	290	-	141	192
	7.24	Homs	〃	18,000	-	141	291	-	205	369
	7.24	Tripoli	〃	1,140,000	-	142	292	-	58	64
	7.26	Ben Gardane	튀니지	15,000	-	143	293	-	213	377
	7.26	Djerba	〃	99,000	-	144	294	-	155	232
	9.12	儀旺	京畿	117,821	151	-	295	65	-	212
	9.28	禮山	忠南	97,669	152	-	296	78	-	236
	10.18	昌寧	慶南	65,369	153	-	297	105	-	277
1996(61)	5.30	青陽	忠南	38,601	154	-	298	142	-	325
1997(62)	3.30	鎭海	慶南	127,578	155	-	299	60	-	206
	4.6	Windsor	濠洲	28,000	-	145	300	-	189	348
	5.24	永同	忠北	60,468	156	-	301	111	-	284
	6.2	沃川	〃	57,586	157	-	302	116	-	290
	8.1	Port Huron	美國	40,522	-	146	303	-	182	323
	8.1	Sarnia	캐나다	23,000	-	147	304	-	199	360
	8.1	Niagara Falls	〃	76,917	-	148	305	-	171	263
	8.5	Orlando	美國	185,951	-	149	306	-	133	176
	8.9	Cape Canaveral	〃	10,050	-	150	307	-	216	381
	8.9	Cocoa	〃	13,806	-	151	308	-	214	378
	9.19	高山	日本	89,000	-	152	309	-	166	250
1998(63)	4.26	鎭川	忠北	57,559	158	-	310	117	-	291
	6.25	熊本	日本	650,341	-	153	311	-	79	90
	6.28	松山	〃	460,968	-	154	312	-	95	112
	6.29	高松	〃	331,004	-	155	313	-	111	138
	8.6	西安	中國	2,294,790	-	156	314	-	32	36
	9.7	完州	全北	79,137	159	-	315	92	-	261
1999(64)	4.23	越谷	日本	298,253	-	157	316	-	117	147
	6.11	靈岩	全南	60,343	160	-	317	112	-	285
	6.11	康津	〃	44,055	161	-	318	136	-	317
	8.17	高城	北韓	28,000	-	158	319	-	190	349
	9.17	臺南	臺灣	728,060	-	159	320	-	75	86
	9.20	高雄	〃	1,475,505	-	160	321	-	48	52
	9.20	墾丁	〃	48,000	-	161	322	-	179	310
	10.22	唐津	忠南	117,652	162	-	323	66	-	213
2000(65)	1.26	Hanoi	베트남	1,073,760	-	162	324	-	59	65
	1.28	Hochiminh	〃	3,015,743	-	163	325	-	25	27
	1.29	Phnom Penh	캄보디아	938,000	-	164	326	-	64	72
	1.30	Siem Reap	〃	230,000	-	165	327	-	127	165
	1.30	Angkor	〃	25,000	-	166	328	-	194	354
	2.22	漆谷	慶北	101,549	163	-	329	76	-	228
	5.8	欝陵	〃	10,150	164	-	330	165	-	380
	7.19	淡路島	日本	250,000	-	167	331	-	125	163
	8.19	Millbrae	美國	17,825	-	168	332	-	208	372
	8.20	Palo Alto	〃	58,718	-	169	333	-	174	288

最初訪問時點		訪 問 地 域 및 人 口			訪 問 順 位			人 口 順 位		
年度(年齡)	月·日	地 域 名	所屬(市道·國家)	人口(2000年現在:人)	韓國	外國	全體	韓國	外國	全體
2001(66)	2.9	Amman	요르단	969,568	-	170	334	-	62	69
	2.10	Baghdad	이라크	4,689,000	-	171	335	-	14	15
	2.11	Samarra	〃	150,000	-	172	336	-	142	193
	2.11	Hadhar	〃	250,000	-	173	337	-	124	162
	2.11	Mosul	〃	664,221	-	174	338	-	78	89
	2.13	Nasiryah	〃	265,937	-	175	339	-	122	157
	2.13	Hilla	〃	268,834	-	176	340	-	121	154
	2.14	Babylon	〃	200,000	-	177	341	-	129	170
	2.15	Petra	요르단	20,000	-	178	342	-	203	367
	6.13	星州	慶北	47,134	165	-	343	132	-	311
	7.4	Moscow	러시아	8,389,700	-	179	344	-	6	7
	7.4	St. Petersburg	〃	4,169,400	-	180	345	-	16	17
	7.7	Warsaw	폴란드	1,618,468	-	181	346	-	43	47
	7.8	Praha	체코	1,186,855	-	182	347	-	56	62
	7.9	Brno	〃	383,569	-	183	348	-	98	118
	7.11	Budapest	헝가리	1,811,552	-	184	349	-	39	43
2002(67)	1.26	Mexico City	멕시코	8,591,309	-	185	350	-	5	6
	1.27	Lima	페루	316,322	-	186	351	-	113	141
	1.28	Cusco	〃	278,590	-	187	352	-	119	150
	1.28	Urubamba	〃	25,000	-	188	353	-	195	355
	1.29	Machu Picchu	〃	3,500	-	189	354	-	227	392
	1.30	Ica	〃	194,820	-	190	355	-	130	171
	1.31	Nasca	〃	30,000	-	191	356	-	187	343
	1.31	Pisco	〃	82,000	-	192	357	-	169	258
	2.2	Foz do Iguaçu	브라질	256,349	-	193	358	-	123	159
	2.3	Puerto Iguzū	아르헨티나	5,000	-	194	359	-	224	389
	2.3	Curitiba	브라질	1,586,898	-	195	360	-	44	48
	2.5	Brasilia	〃	1,954,442	-	196	361	-	37	41
	4.12	東港	中國	104,971	-	197	362	-	149	222
	4.12	丹東	〃	578,723	-	198	363	-	85	99
	4.15	寬甸	〃	69,000	-	199	364	-	172	268
	8.8	金門島	臺灣	50,572	-	200	365	-	176	302
	9.28	對馬島	日本	45,000	-	201	366	-	180	314
2003(68)	7.21	Istanbul	터키	10,243,000	-	202	367	-	1	1
	7.24	Ankara	〃	4,611,000	-	203	368	-	15	16
	7.26	Cappadocia	〃	850,000	-	204	369	-	67	76
	7.27	Konya	〃	623,333	-	205	370	-	82	93
	12.11	開城	北韓	350,000	-	206	371	-	104	125
2004(69)	2.3	San Jose	美國	894,943	-	207	372	-	65	74
	2.4	Santa Clara	〃	102,361	-	208	373	-	151	225
	2.7	Newark	〃	18,000	-	209	374	-	206	370
	2.8	Monterey	〃	29,674	-	210	375	-	188	344
	2.8	Pacific Grove	〃	15,522	-	211	376	-	210	374
	2.8	Carmel	〃	4,081	-	212	377	-	225	390
	9.13	Daly City	〃	103,621	-	213	378	-	150	223
2005(70)	10.14	平壤	北韓	3,164,000	-	214	379	-	24	26
2006(71)	1.13	Nairobi	케냐	2,143,354	-	215	380	-	35	39
	1.16	Amboseli	〃	25,000	-	216	381	-	196	356

最初訪問時點		訪 問 地 域 및 人 口			訪 問 順 位			人 口 順 位		
年度(年齡)	月·日	地 域 名	所屬(市道·國家)	人口(2000年現在:人)	韓國	外國	全體	韓國	外國	全體
	1.17	Namanga	케냐	8,000	-	217	382	-	219	384
	1.17	Namanga	탄자니아	3,500	-	218	383	-	228	393
	1.18	Johnnesburg	南阿共	1,675,200	-	219	384	-	42	46
	1.19	Victoria Falls	짐바브웨	45,000	-	220	385	-	181	315
	1.20	Chobe	보츠와나	10,000	-	221	386	-	217	382
	1.20	Livingstone	잠비아	1,302,660	-	222	387	-	52	58
	1.21	Cape Town	南阿共	2,733,000	-	223	388	-	28	30
	1.24	Pretoria	〃	1,249,700	-	224	389	-	54	60
	1.24	Sun City	〃	5,000	-	225	390	-	223	388
	4.20	Manila	필리핀	1,581,082	-	226	391	-	45	49
	4.21	Quezon City	〃	2,173,831	-	227	392	-	33	37
	4.21	Tagaytay	〃	40,000	-	228	393	-	183	324
	4.22	Pagsanjan	〃	100,000	-	229	394	-	154	230
	4.23	Alaminos	〃	7,000	-	230	395	-	220	385
	6.19	Ulaanbaatar	몽골	810,000	-	231	396	-	69	78
	6.20	Terelj	〃	1,000	-	232	397	-	233	398
	6.20	Möngönmor't	〃	2,500	-	233	398	-	230	395

註. 訪問順位(Xi)와 人口順位(Yi)의 序列相關關係(rank-order coefficient of correlation: rs)의 算定:

$r_s = 1 - \Sigma di^2/n(n^2-1)$, 여기서 $di = Xi - Yi$, n : 訪問都市數

① 韓國 訪問地域 : $r_s = 0.1444$

② 外國 訪問地域 : $r_s = 0.8639$

③ 全體 訪問地域 : $r_s = 0.8492$

(8) 出生地와 居住地의 現在 實相

(2006.7.28 現在)

區分 \ 項目 \ 地域區分 / 自治團體		出 生 地		居 住 地	
		慶尙北道	聞 慶 市	서울特別市	江 南 區
1. 團體力	1. 面積(㎢)	19,026	912	606	40
	2. 人口(人)	2,688,491	78,058	10,167,344	540,909
	3. 人口密度(人/㎢)	141	86	16,778	13,523
	4. 1人當所得($)	15,548	15,236	16,509	24,764
2. 代表性	1. 首府位置	大邱市 北區 山格洞 1445-3	慶北 聞慶市 茅田洞 220	서울市 中區 太平路 1街 31	서울市 江南區 三成洞 16-1
	2. 行政區域	10市 13郡, 2區, 35邑 203面 100洞	5洞 2邑 7面, 99統215里1,560班	25自治區, 522洞	26洞,1,035統 6,648班
	3. 市道區民의 날	10月23日	10月 15日 1	0月 28日	10月 1日
	4. 團體長	金 寬 容	申 鉉 國	吳 世 勳	孟 廷 柱
3. 象徵物	1. 꽃(花)	百日紅	철쭉	개나리	木蓮
	2. 나무(木)	느티나무	박달나무	銀杏나무 銀	杏나무
	3. 새(鳥)	왜가리	매	까치	까치
	4. 旗				강남구 GANGNAM-GU

5. 訪問 特殊地域

(1) 特定 名所 및 名物의 位置와 最初 訪問日字

特定稱號		該當 名所 및 名物			最初 訪問日字
國家	稱號	名所·名物名	位置	關聯事項	
世界	6大洲 (The World Six Continents)	아시아洲	韓國 聞慶市	出生·成長地	1936.7.28
		유럽洲	네델란드 암스테르담市	都市計劃視察次 訪問	1979.8.9
		北아메리카洲	美國 샌프란시스코市	留學次 訪美	1969.9.20
		南아메리카洲	페루 리마市	視察·觀光次訪問	2002.1.27
		아프리카洲	이집트 카이로市	視察·觀光次 訪問	1995.7.18
		오세아니아洲	濠洲 캔베라市	公務員引率 硏修次 訪問	1982.1.19
	5大洋 (The World Five Oceans)	太平洋	서울-美國間 航空機內	留學次 出國·訪美旅程	1969.9.20
		大西洋	덴마크 코펜하겐市	都市計劃視察次 訪問	1979.8.10
		印度洋	서울-스리랑카間 航空機內	會議參席次 出國·訪問旅程	1979.10.13
		南氷洋	(最近接)베링海峽 上空 航空機內	留學次 出國·訪美旅程	1969.9.20
		北氷洋	(最近接)뉴질랜드 웰링톤市	公務員引率 硏修次 訪問	1982.1.22
	人類文明 4大 發祥地(The Four Cradles of Human Civilization)	이집트文明	이집트 나일江	B.C.4000年頃	1995.7.18
		黃河文明	中國 黃河·揚子江	B.C.4000年頃	1989.3.8
		메소포타미아文明	이라크 티그리스江·유프라테스江	B.C.3500年頃	2001.2.10
		인더스文明	印度 인더스江·간지스江	B.C.2500年頃	1983.1.23
	人類文明 7大 不可思議(The World Seven Mysteries)	圓形劇場	이탈리아 로마	70年頃	1979.8.22
		萬里長城	中國 北京	B.C. 200年頃	1992.7.16
		스톤 헨지 巨石	英國 샐리스버리	B.C. 2000年頃	-
		피사의 斜塔	이탈리아 피사	1088年頃	-
		아야소피아 寺院	터키 이스탄불	1238-1263年 建立	-
		앙코르 왓트	캄보디아 시엠립	1122년 着工	2000.1.30
		잉카 文化遺蹟	페루 쿠즈코의 마추 픽추	1240年頃	2002.1.29
	自然現象 7大 不可思議(The World Seven Mysteries of Natures)	얼음瀑布	中國 티베트	-	-
		모래의 바다	알제리	-	-
		死海의 秘密	요르단-이스라엘 國境線	-	2001.2.15
		아라카라山上의 怪光	아르메니아	-	-
		불의湖水(密岩湖)	美國 하와이	-	1972.1.9
		밤의 太陽	노르웨이 핀마르크	-	-
		化石木	北아메리카	-	-
	4大 古首都 (The World Four Old Capitals)	카이로	이집트 首都	이집트 파라오王國 首都	1995.7.18
		아테네	그리스 首都	아테네 都市國家 首都	1979.8.24
		로마	이탈리아 首都	로마帝國 首都	1979.8.22
		西安	中國 陝西省 省都	中國周·秦·漢·隋·唐 首都	1998.8.6
	7大景觀 (De Septem Orbis Spectaculis)	쿠푸 大피라미드	이집트 기제	B.C.2500年頃	1995.7.18
		세미라미스 空中庭園	이라크 바빌론	B.C.2000年頃	2001.2.14
		제우스像	그리이스 올림피아 神殿 內	B.C.470年頃	1979.8.24
		아르테미스 神殿	터어키 에페수스	B.C.600年頃	-
		마우솔로스 王陵	이란 할리카르나소스	B.C.800年頃	-
		太陽神 헬리오스巨像	그리이스 로도스 島	B.C.200年頃	-
		파로스 燈臺	이집트 알렉산드리아	B.C.200年頃	1995.7.20
	3大美港 (The	베니스 港	이탈리아 베네치아市	-	1979.8.21

特定稱號		該當名所及名物			最初
國家	稱號	名所·名物名	位置	關聯事項	訪問日字
世界	Three Most Beau-tiful Harbors)	시드니 港	濠洲 시드니市	-	1982.1.20
		부에노스 아이레스 港	아르헨티나 부에노스 아이레스市	-	-
	3大瀑布(The World Big-Three Falls)	나이아가라 瀑布	美國 나이아가라	-	1970.8.31
			캐나다 나이아가라	-	1997.8.1
		이구아수 瀑布	브라질 이구아수	-	2002.2.2
			아르헨티나 이구아수	-	2002.2.3
		빅토리아 瀑布	짐바브웨 빅토리아	-	2006.1.19
			잠비아 빅토리아	-	2006.1.20
中國	6大古都	北京	中國 首都, 政府直轄市	舊 遼·明·清 首都	1992.7.8
		南京	江蘇省 省都	舊 吳·東晋·宋·明·國民政府 首都	-
		洛陽	河南省 洛陽市	舊 周·後漢·晋·後唐 首都	-
		開封	河南省 省都	夏·殷·虞·北宋·唐 首都	-
		杭州	浙江省 省都	越·南宋 首都	1989.3.13
		西安	陝西省 省都	周·秦·漢·隋·唐 首都	1989.8.6
	4大名園	頤和園	北京市	1153年 建設	1992.7.8
		避暑山莊	河北省 承德市	1600年代 建設	-
		留園	江蘇省 蘇州市	1525年 建設	1989.3.9
		拙政園	江蘇省 蘇州市	1550年代 建設	1989.3.9
日本	3大名城	大阪城	大阪府 大阪市	1586년 建設	1974.11.10
		熊本城	熊本縣 熊本市	1607년 建設	1998.6.25
		姬路城	兵庫縣 姬路市	1333년 建設	-
	3大公園	松島	宮域縣 松島町	-	1989.8.19
		宮島	廣島縣 宮島町	-	-
		縮景園	廣島縣 廣島市	-	-
	3大溫泉	別府	九州 大分縣 別府市	-	1987.7.7
		登別	北海道 登別市	-	1984.10.7
		熱海	靜岡縣 熱海市	-	-
美國	5大湖 (The Five Great Lakes)	Superior 湖	美國 Michigan州와 캐나다Ontario州 사이	캐나다에서 觀覽	1997.8.2
		Michigan 湖	美國 Wisconsin州와 Michigan州 사이	Chicago에서 觀覽	1970.9.23
		Huron 湖	美國 Michigan州 와 캐나다 Ontario州 사이	Port Huron에서 觀覽	1997.8.1
		Erie 湖	美國 Ohio州등과 캐나다Ontario州 사이	Cleveland에서 觀覽	1970.8.29
		Ontario 湖	美國 New York州와 캐나다 Ontario州 사이	Niagara Falls에서 觀覽	1970.8.31
	3大溪谷 (The Three Great Canyon)	Grand Canyon	유타州와 애리조나州 境界	-	1995.6.22
		Marble Canyon	유타州와 애리조나州 境界	-	1995.6.22
		Bryce Canyon	유타州	-	1995.12.16
韓國 (全國)	10勝之地	維鳩·麻谷	忠南 公州市	-	1990.2.22
		茂豊洞	全北 茂朱郡	-	1964.5.14
		俗離山	忠北 報恩郡	-	1978.3.9
		邊山	全北 扶安郡	-	1997.2.28
		萬壽洞	慶北 星州郡	-	1975.3.3
		春陽面	慶北 奉化郡	-	1991.11.1
		金堂洞	慶北 醴泉郡	-	1993.8.5
		正東上流	江原 寧越郡	-	1981.8.28
		頭流山	咸南 永興郡 雲峰	-	-
		金鷄村	慶北 榮州市 豊基邑	-	1979.7.26

特定稱號		該當名所및名物			最初訪問日字
國家	稱號	名所·名物名	位置	關聯事項	
韓國(全國)	10大首都	慶州	慶北 慶州市	新羅 首都(B.C.57-935)	1979.7.23
		平壤	平南 平壤市(北韓 首都)	古朝鮮 首都(B.C.2333-B.C.57)	2005.10.14
		廣州	京畿 廣州市 河南慰禮城	百濟 首都(B.C.18-371)	1977.7.16
		金海	慶南 金海市	金官伽倻 首都(42-532)	1990.5.22
		高靈	慶北 高靈郡	大伽倻 首都(42-562)	1984.8.12
		公州	忠南 公州市	百濟 首都(475-538)	1990.2.22
		扶餘	忠南 扶餘郡	百濟 首都(538-660)	1990.8.27
		全州	全北 全州市	後百濟 首都(892-936)	1975.3.3
		開城	京畿 開城市(北韓 黃海北道 開城市)	高麗 首都(918-1392)	2003.12.11
		서울	서울特別市(韓國 首都)	朝鮮·韓國首都(1392-現在)	1956.1.10
	3大名山	白頭山	咸北·咸南과 中國 吉林省의 國境線	-	1992.7.14
		金剛山	江原 高城郡	-	1999.8.17
		漢拏山	濟州道	-	1965.7.17
	3大本山	梁山 通道寺	慶南 梁山市	646年 創建	1990.12.19
		東萊 梵魚寺	釜山 東萊區	678年 創建	1965.7.10
		陜川 海印寺	慶南 陜川郡	802年 創建	1967.8.4
	4大色鄕	平壤	平安南道 道廳所在地	現 北韓 首都	2005.10.14
		江界	平安北道 江界郡	現 北韓 所在	-
		江陵	江原道 江陵市	-	1983.8.10
		晋州	慶尙南道 晋州市	-	1994.4.15
韓國(地域)	서울 4大門	興仁門	鍾路區 鍾路6街(東大門)	1396-1397 建立	1956.1.11
		敦義門	俗稱 西大門	1915年에 撤去	-
		崇禮門	中區 南大門路(南大門)	1395-1398 建立	1957.4.1
		肅靖門	俗稱 北大門	撤去	-
	關東 8景	淸澗亭	江原 高城郡 杆城面	-	1984.10.19
		鏡浦臺	江原 江陵市	-	1984.8.3
		三日浦	江原 高城郡(北韓)	-	2000.3.12
		竹西樓	江原 三陟市	-	1983.8.10
		義湘臺	江原 襄陽郡	-	1979.4.1
		望洋亭	慶北 蔚珍郡	-	1983.8.11
		叢石亭	江原 通川郡 (北韓)	-	-
		越松亭	慶北 蔚珍郡 平海邑	-	1983.8.11
	慶北 8景	鎭南橋畔	聞慶市	-	1949.9.12
		聞慶새재	聞慶市	-	1952.10.30
		周王山	青松郡	-	1983.5.14
		金烏山	龜尾市	-	1979.7.28
		淸凉山	奉化郡	-	1991.11.1
		寶鏡寺	浦項市	-	1972.3.18
		喜方瀑布	榮州市	-	1979.7.26
		氷溪溪谷	義城郡	-	1976.10.15
	濟州(瀛州) 10景	城山日出	南濟州郡	-	1991.2.19
		鹿潭晩雪	西歸浦市	-	1991.2.18
		橘林秋色	北濟州郡	-	1987.11.28
		瀛邱春花	濟州市	-	1986.8.4
		山浦釣魚	南濟州郡	-	1985.8.2

特定稱號		該當名所及名物			最初訪問日字
國家	稱號	名所·名物名	位置	關聯事項	
韓國(地域)		古藪牧馬	濟州市	-	1979.8.2
		正房瀑布	西歸浦市	-	1984.7.20
		山房窟寺	南濟州郡	-	1985.8.1
		紗峯落照	濟州市	-	1986.8.5
		靈室奇岩	西歸浦市	-	1984.7.21
	丹陽 8景	上仙庵	丹城面	-	1981.10.14
		中仙庵	丹城面	-	1981.10.14
		下仙庵	丹城面	-	1981.10.14
		龜潭	丹陽邑	-	1981.10.15
		玉荀峯	丹陽邑	-	1981.10.15
		雲仙九曲	大崗面	-	1981.10.15
		島潭三峯	梅浦面	-	1981.10.14
		石門	梅浦面	-	1981.10.14
	聞慶 8景	鎭南橋畔	麻城面	-	1949.9.12
		大耶山龍湫	加恩邑	-	1964.7.16
		鳳岩寺 白雲臺	加恩邑	-	1964.7.15
		雲達山 溪谷	山北面	-	1943.5.11
		鳥嶺 溪谷	聞慶邑	-	1952.10.30
		仙遊洞 溪谷	加恩邑	-	1960.7.17
		雙龍 溪谷	籠岩面	-	1960.7.15
		慶泉湖 落照	東魯面	-	1981.8.13

(2) 白頭山 및 金剛山의 訪問記錄

項目	區分 / 次數	白頭山			金剛山(對南韓 開放開始 : 1998.11.18)			總累計
		第1次訪問	第2次訪問	累計	第1次訪問	第2次訪問	累計	
1.旅行時期	旅行季節	여름	여름	2	여름(夏蓬萊)	겨울(冬皆骨)	2	4
	旅行期間	1992.7.8-7.17(10日)	1996.7.23-7.28(6日)	16日	1999.8.16-8.19(4日)	2000.3.10-3.13(4日)	8日	24日
	當時日氣	晴	晴·雲	-	晴·雲	雲·晴	-	-
	當時氣溫	15° ~20°C	18° ~23°C	-	25° ~32°C	-7° ~5°C	-	-
2.旅行參與	旅行動機	韓·中세미나參席	本人回甲紀念旅行	-	招請參加	招請參加	-	-
	招請機關	韓國地域社會開發學會	유니버살旅行社	2	現代그룹	文化日報社	2	4
	招請對象	學會會員	하나투어 團體팀	2	大學敎授	文化日報 執筆陣	2	4
	行事主管	中國 延邊大學	-	1	現代商船	文化日報社	2	3
	參與人員(名)	20	18(妻·次女)	38	5	29(妻)	34	72
3.視察觀光	登山日字	1992.7.14	1996.7.24	2日	1999.8.17-18	2000.3.11-12	4日	6日
	當日日氣	快晴	구름·안개·强風	-	快晴	快晴·雲	-	-
	訪問地點	白頭山,天池淵, 長白瀑布, 二道白河,	白頭山,小天池, 長白瀑布, 二道白河,	10	長箭港,出入國 管理所,溫井里, 萬物相,望洋臺,	長箭港,出入國 管理所,溫井里,海金剛, 立石海岸,三日浦,	15	25

項目 (區分/次數)		白頭山 第1次訪問	白頭山 第2次訪問	白頭山 累計	金剛山(對南韓開放開始 : 1998.11.18) 第1次訪問	金剛山 第2次訪問	金剛山 累計	總累計
	特別行事	豆滿江 本人生日 祝賀宴, 咸南藝術團 公演觀覽	豆滿江 陰曆生日 回甲自祝	3	九龍瀑布,上八潭 平壤牧丹峰巧藝團 公演, 船內公演, 船內라운지 飮酒	九龍瀑布,農村部落 平壤牧丹峰巧藝團公演, 船內公演, 船內가라 오케,船內布帳馬車, 金剛山溫泉	8	11
	投宿호텔	天池賓館	天池賓館	2	金剛號	金剛號	2	4
4.旅行費用(千원)	招請者補助	-	-	-	1,200	550	1,750	1,750
	個人負擔	1,550	4,310	5,860	300	820	1,120	6,980
	合計	1,550	4,310	5,860	1,500	1,370	2,870	8,730
5.旅行距離(km)	交通便 버스	1,860	1,500	3,360	641	625	1,266	4,626
	交通便 船舶	-	-	-	418	418	836	836
	交通便 航空機	8,110	5,436	13,546	-	-	-	13,546
	交通便 合計	9,970	6,936	16,906	1,059	1,043	2,102	19,008
	步行 步行數(步)	151,653	87,304	238,957	45,681	34,171	79,852	288,809
	步行 步行距離(km)	91	52	143	27	21	48	191

(3) 北韓과의 만남

1) 만남의 日字別 發生事項

順序	日字	主題	發生事項
1	50.7.15-50.9.26	北韓治下 生活	6.25動亂中 避難을 가지 못하여 人民軍治下에서 生活하다.
2	50.7.18-50.8.10	人民軍과의 交遊	北韓治下에서 人民軍 少尉를 만나 對話 · 食事 · 沐浴 · 놀이 등으로 친해지다.
3	50.7.20-50.8.31	北韓 노래 唱歌	人民軍과 學校敎師들로부터 '金日成將軍' 등 北韓 노래를 배워 부르다.
4	50.7.25-50.9.5	人民軍 慰問便紙	學校 指示에 따라 人民軍들을 위로하는 便紙를 많이 써서 보내다.
5	50.8.1-50.9.26	누님 女性同盟 加入	셋째 누님 石出, 强制로 女性同盟에 加入하였다가 수복 후 苦役을치르다.
6	50.9.26-50.9.27	人民軍 軍馬保管	人民軍이 後退하면서 주고 간 軍馬를 하루 돌보다가 다음 날 國軍에게 빼앗기다.
7	67.3.15-67.3.18	休戰線 視察	內務部의 接敵地區 調査 · 硏究를 위해 休戰線을 訪問하고 北側을 觀察하다.
8	72.7.27	休戰線 視察	統一硏修院 敎育班 前方部隊 慰問時 休戰線 北側을 관찰하다.
9	75.11.6	日本 朝總聯 食堂	日本 名古屋市 UN 地域開發센터 會議參席時 朝總聯幹部 運營의 '倫敦亭' 에 가다.
10	76.10.28	日本 朝總聯 食堂	名古屋 所在 朝總聯幹部 運營의 빠 '倫敦亭' 에 들려 술을 마시다.
11	77.9.1-77.9.7	北韓新聞 閱覽	美國 하와이 East-West Center의 資料室에서 北韓의 '勞動新聞' 을 열람하다.
12	77.11.11	日本 朝總聯食堂	名古屋 所在 '倫敦亭' 에 가서 一行들과 술을 들며 환담하다.
13	81.5.10	北韓 땅굴 視察	陸軍5師團 尹學烈師團長 案內로 鳥嶺會 夫婦와 같이 北韓이 판 땅굴을 가다.
14	86.10.29	統一展望臺 視察	韓國土地開發公社 理事陣과 高城 統一展望臺에 가서 北 側땅을 관찰하다.
15	86.11.1-86.12.31	北韓 댐 對策會議	北韓의 '金剛山 댐' 建設에 대한 學術硏究發表推進協議會의 幹事로 역할하다.
16	86.11.28	北韓 댐 對策세미나	北韓 '金剛山 댐' 建設의 影響 및 對策에 관한 세미나에서 司會를 보고 建議文을 낭독하다.
17	86.11.30	北韓 댐 對策建議文	北韓 '金剛山 댐' 建設에 대한 세미나에서 채택된 建議文을 「國土計劃」誌에 싣다.

順序	日字·期間	主　題	發　生　事　項
18	86.12.15-88.5.31	平和의 댐 建設支援	'平和의댐' 建設支援汎國民推進委員會 委員으로 위촉되어 活動하다.
19	88.12.1	學術論文 發表	統一後國土開發을 위한 '韓半島改造論'을「思想과 政策」誌에 게재하다.
20	91.7.2	베를린北韓大使館訪問	獨逸統一後에도 잔존하고 있는 東베를린 所在 北韓大使館을 둘러보다.
21	91.11.23	東京 朝鮮大學 訪問	東京所在 朝總聯系 朝鮮大學을 訪問하여 事務部長 안내로 校庭을 둘러보다.
22	92.7.10-92.7.12	國際會議 參席	中國 延吉市 延邊大學주최 韓·中·北韓 學術大會에서 發表·司會·討論을 하다.
23	92.7.10-92.7.12	北韓代表 交遊	延邊大學 學術大會 中 全幸浩所長 등 北韓代表 5名과 親交를 다지다.
24	92.7.12	北韓藝術團 公演	延邊大學 學術大會中 北韓 咸鏡南道 藝術團의 古典舞踊 등을 관람하다.
25	92.7.13	豆滿江 洗手	延邊大學 學術大會에 참가한 韓國代表團과 豆滿江에 들어가 손을 씻다.
26	92.7.14	白頭山 登頂	延邊大學 學術大會에 참가한 韓國代表團과 白頭山에 올라 天池 등을 감상하다.
27	94.3.1	統一展望臺 觀測	韓國地方行政研究院 職員들과 江原道 高城의 統一展望臺에 가서 北韓을 보다.
28	96.1.1-02.8.31	北韓 TV프로 觀覽	'南北의 窓' '平壤25時' 등 北韓 素材의 TV 프로그램을 관람하다.
29	96.7.24	白頭山 登頂	妻·次女와 中國觀光時 白頭山에 올라 구경하다.
30	96.7.25	豆滿江 觀覽	妻·次女와 中國觀光時 圖們市에서 豆滿江을 감상하다.
31	97.11.18	서울 北韓人 食堂 食事	서울 松坡區 石村湖水 옆에 있는 歸順者가 경영하는 냉면집에서 식사하다.
32	98.9.12	盆唐 北韓人 食堂 食事	城南 盆唐에 있는 歸順者 金용氏가 경영하는 平壤飮食店에 가다.
33	98.9.19	盆唐 北韓人 食堂 食事	家族·親知들과 盆唐 平壤 食堂店에 가서 平壤燒酒와 같이 식사하다.
34	98.11.14	北韓映畵 觀覽	北韓에서 製作한 映畵 '림꺽정'을 國內 TV에서 방영하는 것을 관람하다.
35	99.8.17-99.8.18	北韓高城郡 訪問	現代商船(株)의 招請으로 金剛山訪問을 가는 길에 高城郡 一部를 시찰하다.
36	99.8.17-99.8.18	金剛山 登頂	現代商船(株) 招請으로 金剛山의 萬物相과 九龍淵 코스를 답사하다.
37	99.8.17	北韓巧藝團 觀覽	金剛山 訪問途中 溫井里 休息所 公演場에서 平壤 牧丹峰巧藝團의 公演을 보다.
38	99.8.18	北韓 담배 吸煙	金剛山 訪問中에 北韓製造 담배인'平壤'을 한 보루 사서 피우다.
39	00.3.11-00.3.12	北韓 高城郡 訪問	文化日報社 招請으로 夫婦同伴 金剛山訪問 길에 高城郡 農村部落을 살펴보다.
40	00.3.11-00.3.12	金剛山 登頂	文化日報社 招請으로 金剛山을 訪問,九龍淵·海金剛·三日浦 등을 답사하다.
41	00.3.11	北韓巧藝團 觀覽	金剛山 訪問中에 平壤巧藝團의 서커스 公演을 관람하다.
42	00.3.12	北韓 담배 吸煙	金剛山 訪問中에 北韓製造 담배인'金剛山'을 한 보루 사서 피우다.
43	00.5.1	南北合作 담배 吸煙	南北韓이 共同製造한 '한마음'이란 담배를 서울에서 사서 피우다.
44	00.6.6	서울 北韓人食堂 食事	서울 驛三洞에 있는 '玉流館'이란 北韓 食堂에서 平壤냉면을 먹다.
45	00.6.8	北韓映畵 觀覽	北韓에서 製作한 映畵 '洪吉童'을 國內 TV에서 관람하다.
46	00.6.10	北韓映畵 觀覽	北韓에서 製作한 申相玉 監督의 映畵 '사랑,사랑,내 사랑'을 관람하다.
47	02.8.13-02.8.15	北韓映畵 觀覽	北韓에서 製作한 映畵 '壬辰倭亂'을 國內 TV에서 관람하다.
48.	03.12.11	開城訪問	開城工團 行事에 참석하고 市內 善竹橋 등을 관람하다.
49.	05.10.14-05.10.15	平壤訪問	平壤에서 1泊하면서 主要施設을 시찰하고 '아리랑 公演'을 관람하다.

2) 만남의 類型別 發生事項

○ 北韓治下

事　項	內　容	時　期	場　所
1.北韓治下 生活	6.25動亂으로 避難가지 못하여 敵治下生活	1950.7.15-1950.9.26	慶北 聞慶郡 興德 自宅
2.北韓노래 배워·부름	'金日成將軍' 등 北韓노래를 學校에서 배움	1950.7.20-1950.8.31	慶北聞慶郡 戶西男國民學校
3.人民 軍慰問便紙	學校 指示로 人民軍에게 慰問便紙를 보냄	1950.7.25-1950.9.5	慶北聞慶郡戶西南國民學校
4.누님 女性同盟	北韓 女性同盟에 누님이 加入하여 苦生함	1950.8.1-1950.9.26	慶北聞慶郡 店村一圓
5.北韓軍馬 保管	철수하던 北韓軍이 주고간 말(馬)을 하루 管理함	1950.9.26-1950.9.27	慶北聞慶郡 興德 自宅

○ 人士交遊

對　象	姓 名	年齡	職 位 · 職 責	相 面 契 機	時　　期	場　　所
1.人民軍	李昌洙	25	人民軍 聞慶駐屯軍 少尉	6.25動亂時 北韓治下	1950.7.18-1950.8.10	慶北 聞慶郡 興德里
2.北韓代表	全幸浩	50	朝鮮社會科學院 經濟協力研究所長	中國延邊大 學國際會議	1992.7.10-1992.7.12	中國 延吉市 延邊大學
3. 公務員	鄭永哲	55	開城市 人民委員會 對外事業局長	開城工團 訪問時	2003.12.11	黃海北道 開城特級市
4. 案內者	金澈庸	32	北韓 平壤 案內要員	平壤 '아리랑祝典' 訪問時	2005.10.14-2005.10.15	平壤特別市

○ 文獻 · 論文

區 分	題　　目	發 表 誌	時 期 · 卷 號	場　　所
1.北韓新聞	新聞揭載 全主題	勞動新聞	1977.9.1-1977.9.7	美國 하와이 EWC
2.建議文	北韓 金剛山댐 建設에 대한 對策建議文	國土計劃	21卷 3號(1986.11月號)	서울
3.學術論文	韓半島改造論	思想과 政策	5卷4號(1988.겨울號)	서울
4.發表論文	韓國의 國土開發과 都市政策	延邊大 國際會議 論文集	1992.7.10-1992.7.12	中國　延吉市
5. 小說	黃眞伊	洪錫中 著	2004, 2005	平壤 · 서울

○ 對策活動

活 動 主 體	職 位 · 役 割	時　　期	場　　所
1.北韓金剛山 댐 關係學術研究發表 推進協議會(會長:趙完圭)	幹事	1986.11.1-1986.12.31	서울 學術振興財團 內
2.北韓金剛山 댐建設의 影響評價 및 對策세미나(會長:趙完圭)	司會,建議文作成 · 朗讀	1986.11.28	서울私學年金會館 大會議室
3.'平和의댐' 建設支援 汎國民推進委員會(委員長:鄭壽昌)	委員	1986.12.15-1988.5.31	서울 大韓商工會議所 內
4.韓國科總 南北民間交流 推進委員會	委員	1987.8.25-現在	韓國科總會館 內

○ 訪問 · 視察

訪 問 地	訪 問 契 機	同 行 者	時　　期	訪 問 場 所
1.休戰線	內務部 接敵地區研究調査次 現地踏査	盧隆熙 등 4名	1967.3.15-1967.3.18	休戰線,北方地域
2.休戰線	統一研修院 教育班의 前方地域訪問	教官 등 50名	1972.7.27	休戰線,北側陣地
3.北韓 땅굴	尹學烈5師團長招請으로 鳥嶺會夫婦 視察	尹學烈 등 30名	1981.5.10	北韓땅굴 地下 및 周邊
4.統一展望臺	韓國土地公社 理事陣의 現場 및 前方視察	蘇俊烈 등 15名	1986.10.29	高城郡一圓,統一展望臺
5.駐獨 北韓大使館	核處分場 調査次 訪獨時 東베를린市 訪問	金源 등 4名	1991.7.2	北韓大使館 및 周邊地域
6.東京 朝鮮大學	日本會議參席時 關心이 있어 찾아감	權純福 등 1名	1991.11.23	朝鮮大學 施設 및 境內
7.豆滿江	延邊大學 學術大會 參加 후 觀光次 訪問	金裕赫 등 20名	1992.7.13	豆滿江 兩岸 및 江內
8.白頭山	延邊大學 學術大會 후 觀光旅行次 訪問	金裕赫 등 20名	1992.7.14	白頭山 一帶,天池淵
9.統一展望臺	韓國地方行政研究院 職員 研修日程中 訪問	朴龍治 등 45名	1994.3.1	高城郡一圓 및 展望臺
10.白頭山	妻 · 次女와 中國旅行 一環으로 訪問	黃蓮子 등 2名	1996.7.24	白頭山一帶, 小天池
11.豆滿江	妻 · 次女와 中國旅行 一環으로 訪問	黃蓮子 등 2名	1996.7.25	圖們市一帶,豆滿江 兩岸
12.北韓 高城郡	現代商船 招請으로 金剛山訪問의 一環	盧隆熙 등 4名	1999.8.17-1999.8.18	溫井里一帶 및 農村
13.金剛山	現代商船 招請으로 大學教授團 一員	盧隆熙 등 4名	1999.8.17-1999.8.18	金剛山 萬物相 및 九龍淵
14.北韓 高城郡	文化日報社 招請으로 金剛山 訪問의 一環	黃蓮子 등 1名	2000.3.11-2000.3.12	北韓 高城郡農村 · 海邊部落
15.金剛山	文化日報社 招請으로 執筆者團 一員	黃蓮子 등1名	2000.3.11-2000.3.12	九龍淵,海金剛 및 三日浦
16.新義州	斗宇海運 李相調社長 招請	趙正濟 등 8名	2002.4.13	鴨綠江邊, 江邊建物
17.義州	斗宇海運 李相調社長 招請	趙正濟 등 8名	2002.4.15	統軍亭, 鴨綠江邊
18. 朔州郡	斗宇海運 李相調社長 招請	趙正濟 등 8名	2002.4.15	發電所 댐, 鴨綠江邊
19. 開城	韓國土地公社 招請 開城工團行事 參席	公社社長 등 86名	2003.12.11	工團, 善竹橋, 博物館
20. 平壤	'아리랑公演' 觀覽團으로 訪問	妻 등 160名	2005.10.14-2005.1015	萬景臺 등 主要施設 및 地點

○ 公演參觀

區　分	公演團體名	參觀契機	日字	場　所
1.藝術團公演	北韓 咸鏡南道 藝術團	延邊大學 國際세미나 參席時 招請觀覽	1992.7.12	中國 延吉市 人民大劇場
2.巧藝團公演	北韓 平壤牧丹峰 巧藝團	金剛山 訪問時 旅行 프로그램一環	1999.8.17	北韓 高城郡 溫井里 休憩所
3.巧藝團公演	北韓 平壤牧丹峰 巧藝團	金剛山 訪問時 旅行 프로그램一環	2000.3.11	北韓 高城郡 溫井里 休憩所
4. 祝典 合同公演	아리랑祝典公演團	平壤訪問時 旅行 프로그램一環	2005.10.14	平壤 5.1 競技場

○ 放映觀覽

區　分	製作物題目	觀覽日字	場　所
1.北韓 製作 映畵	림꺽정	1998.11.14	서울 驛三洞 自宅
2.北韓 製作 映畵	洪吉童	2000.6.8	〃
3.北韓 製作 映畵	사랑,사랑,내 사랑(春香傳)	2000.6.10	〃
4.北韓 TV 프로그램	南北의 窓, 統一로 가는 길,平壤25時,統一展望臺,北韓의 오늘 等	1996.1.1-2002.8.31	〃
5.北韓 製作 映畵	壬辰倭亂	2002.8.13-2002.8.15	〃

○ 飮食 · 煙草

區　分	種　類	同行者	日　字	場　所
1.酒類	麥酒	Fu-chen Lo, 宋丙洛,李載明	1975.11. 6	日本 名古屋 倫敦亭 (朝總聯系)
2. 〃	洋酒	Fu-chen Lo, 崔相哲,朴圭悅	1976.10.28	〃
3. 〃	麥酒	Fu-chen Lo, 宋丙洛	1997.11.11	〃
4.食事	갈비, 냉면, 平壤燒酒	妻 黃蓮子	1997.11.18	서울 松坡區 石村湖水 옆 北韓食堂
5. 〃	갈비, 냉면, 平壤燒酒	妻 및 次女 貞娥	1998. 9.12	城南市 盆唐區 平壤食堂(主:김용)
6. 〃	빈대떡, 냉면, 北韓産 燒酒	妻,누님夫婦,同生夫婦	1998. 9.19	〃
7.담배	北韓製造 '平壤'	-	1999. 8.18	北韓 高城郡 溫井里 休憩所
8. 〃	北韓製造 '金剛山'	-	2000. 3. 2	〃
9. 〃	南北韓 合作 '한마음'	-	2000. 5. 1	서울 江南區 驛三洞 商店
10.食事	물만두,냉면 ,北韓 꿀燒酒	妻 黃蓮子	2000. 6. 6	서울 驛三洞 '玉流館'
11. 〃	平壤냉면	趙正濟 등 15名	2002. 4.16	中國 東港市 '平壤 玉流館'
12. 〃	平壤냉면	妻 등 160名	2005.10.14	北韓 平壤市 '玉流館'

客說 : 經驗에서 얻은 삶의 眞實

'바이킹, 馬賊團, 마피아' 같은 말을 들으면 약간 흥분스러워진다. 무섭기도 하지만 멋이 있어 보인다. 사나이답다, 도전적이다, 모험적이다 라는 말과 통한다. 나도 한 번 해보고 싶지만 이미 지나간 時代의 遺物이고 남에게 큰 被害를 주는 集團인 것 같아 참아야겠다. 나의 몸 속에는 이런 도전적이고 위험한 성질의 피가 흐르고 있다.

(4) 100大 緣故地의 緣故程度別 分類

(緣故圈別 結緣日字順)

區分 程度	韓國 地域名	所屬市道	座標	結緣日字	緣故內譯	外國 地域名	所屬國家	座標	結緣日字	緣故內譯	合計
第1緣故圈	聞慶	慶北	128.07E36.44N	1936.7.28	出生,成長,初等學校,妻家,親戚	Cincinnati	美國	84.31W39.06N	1969.9.24	海外留學, 學位取得, 知人擴大	-
	安東	慶北	128.44E36.35N	1954.4.5	高校修學,下宿・自炊・家庭教師						-
	서울	서울	128.58E37.33N	1956.1.10	大學進學,家族移住,教授,活動,子女						-
	計(3)	2	3	3	-	計(1)	1	1	1	-	4
第2緣故圈	論山	忠南	127.05E36.12N	1958.7.31	陸軍入隊,步兵訓練,分隊長,嚮導	名古屋	日本	136.55E35.10N	1974.10.28	國際行事參席, 知人結緣,名所視察	-
	抱川	京畿	127.12E37.54N	1958.9.15	首都師團 服務,小隊員,聯隊本部	Columbus	美國	83.00W39.57N	1976.8.25	多數訪問,長女居住,地域視察	-
	光州	光州	126.54E35.09N	1960.1.5	尙武臺 勤務,熟達助教,光州市 結緣	Las Vegas	美國	115.08W36.11N	1995.6.19	市廳因緣,名譽市民,人士結緣	-
	濟州	濟州	126.32E33.31N	1965,7,17	多數訪問,名譽市民,教育,學術行事						-
	果川	京畿	126.58E37.27N	1983.3.11	中央都市計劃委員, 市民教育,公職教育						-
	高陽	京畿	126.56E37.42N	1989.8.4	博覽會場,自治發展研究院,市民教育						-
	計(6)	4	6	6	-	計(3)	2	3	3	-	9
第3緣故圈	尙州	慶北	128.09E36.26N	1952.6.29	妻弟 居住,尙州大學 特講,行事參席	San Francisco	美國	122.24W37.38N	1969.9.20	最初上陸,壻君居住,名所視察	-
	仁川	仁川	126.38E37.28N	1959.6.2	黃海遊覽,市廳諮問,都市計劃視察	Washington,D.C.	美國	77.01W38.54N	1969.9.21	政府因緣,行事參席,名所視察	-
	大邱	大邱	128.35E35.52N	1964.3.10	內務部調査,長期滯留,行事參席	Los Angeles	美國	118.15W34.03N	1970.9.13	知人訪問,名所觀覽,數回滯留	-
	大田	大田	127.26E36.20N	1974.1.18	行事參席,長女居住,市廳諮問	Honolulu	美國	175.52W21.19N	1972.1.8	會議參席,知人相面,名所觀光	-
	水原	京畿	127.01E37.17N	1974.4.23	京畿道委員,研修院 指導教授	東京	日本	139.46E35.42N	1972.1.12	會議參席,知人擴大,名所視察	-
	蔚山	蔚山	129.19E35.34N	1975.4.18	都市計劃 諮問,市民教育,行事參席	Lansing	美國	84.34W42.43N	1993.7.6	次女留學,知人相面,名所觀覽	-
	安養	京畿	126.55E37.24N	1977.7.16	都市計劃 關聯,國土研究院 諮問						-
	城南	京畿	127.07E37.26N	1986.10.8	行事參席, 弟 居住,土地公社・住宅公社諮問						-
	天安	忠南	127.09E36.48N	1989.9.11	檀國大學 講師,學術行事參席						-
	公州	忠南	127.07E36.27N	1990.2.22	行事參席,市廳支援,行政首都 立地						-
	計(10)	7	10	10	-	計(6)	2	6	6	-	16
第4緣故圈	茂朱	全北	127.40E36.02N	1964.5.13	郡政諮問,公務員教育,名所觀光	Denver	美國	105.01W39.43N	1970.9.19	知人訪問,市廳訪問,名所視察	-
	淸州	忠北	127.31E36.36N	1965.4.11	知人訪問,道政參與,行事參席	Hamburg	獨逸	9.59E53.33N	1979.8.11	妻弟 居住,名所訪問,골프運動	-
	釜山	釜山	129.03E35.06N	1965.7.10	都市計劃 關與,行事參席,大學特講	奈良	日本	135.50E34.41N	1985.12.6	會議參席,知人擴大,名所訪問	-
	浦項	慶北	129.20E36.03N	1972.3.17	都市計劃 樹立,行事參席,市民教育	上海	中國	121.30E31.10N	1989.3.8	會議參席,機關訪問,名所視察	-
	群山	全北	126.41E35.58N	1974.8.1	行事參席,都市計劃諮問,視察	Sitges	스페인	2.10E41.23N	1991.4.9	會議參席,數日滯留,內外視察	-
	全州	全北	127.08E35.49N	1975.3.3	學術行事參席,市都市計劃・道政諮問	Marseille	프랑스	5.24E43.18N	1991.7.5	小說緣故,船舶觀光,名所訪問	-
	驪州	京畿	127.37E37.18N	1977.7.17	弟 居住地 訪問,都市諮問,名所視察	延吉	中國	129.32E42.57N	1992.7.10	會議參席,知人擴大,名所訪問	-
	慶州	慶北	129.14E35.51N	1979.7.23	遺蹟視察,行事參席,市民特講	Akron	美國	81.31W41.05N	1993.7.2	長女居住,周邊視察,數日滯留	-
	金泉	慶北	128.05E36.07N	1979.7.27	市政諮問,市民教育,名所觀覽	Tripoli	리비아	13.11E32.54N	1995.7.24	機關訪問,名所視察,知人擴大	-
	保寧	忠南	126.34E36.22N	1983.7.30	都市計劃 諮問,名所視察,行事參席	高城	北韓	128.10E38.35N	1999.8.17	金剛山 訪問,域內觀光,知人擴大	-

區分 / 程度	韓國 地域名	韓國 所屬市道	韓國 座標	韓國 結緣日字	韓國 緣故內譯	外國 地域名	外國 所屬國家	外國 座標	外國 結緣日字	外國 緣故內譯	合計
	江陵	江原	128.54E37.45N	1983.8.10	行事參席,都市計劃 諮問,名所觀覽	Nairobi	케냐	36.49E1.17N	2002.1.13	韓人호텔,가방遲延,名所觀光	-
	燕岐	忠南	127.18E36.47N	1986.4.17	行政首都候補地 視察,現場會議						-
	泰安	忠南	126.16E36.46N	1987.5.24	名所觀光,골프場 候補地 踏査						-
	麗水	全南	127.44E34.46N	1988.5.26	行事參席,都市開發諮問,名所觀光						-
	奉化	慶北	128.54E36.56N	1991.10.31	行事參席,郡民特講,知人擴大						-
	計(15)	8	15	15	-	計(11)	9	11	11	-	26
第5緣故圈	扶安	全北	126.44E35.45N	1975.3.3	苗浦研究,地域視察,開發諮問	Madison	美國	85.23W 38.44N	1976.5.29	知人同行,一日投宿,周邊視察	-
	平澤	京畿	127.05E37.00N	1975.4.12	都市計劃 研究,市民教育,行事參與	Bangkok	泰國	101.13E 14.12N	1978.6.18	研究參與,行事參席,名所視察	-
	安城	京畿	127.16E37.02N	1977.7.16	都市計劃諮問,市民教育,中央大特講	Paris	프랑스	2.20E48.52N	1979.8.14	多數訪問,知人相面,名所視察	-
	報恩	忠北	127.43E36.29N	1978.3.9	郡政參與,群民教育,名所觀覽	Colombo	스리랑카	78.51E6.56N	1979.10.13	會議參席,知人擴大,名所觀光	-
	寧越	江原	128.28E37.12N	1981.8.28	都市計劃 樹立,實態視察,名所訪問	Sydney	濠洲	151.13E33.52S	1982.1.20	團體旅行,名所訪問,機關見學	-
	丹陽	忠北	128.21E36.57N	1981.10.14	郡政諮問,名所觀光,行事參席	New Delhi	印度	77.12E28.36N	1983.1.23	會議參席,首相相面,名所視察	-
	槐山	忠北	127.47E36.49N	1982.9.4	都市計劃 樹立,名所觀覽,研究報告	札幌	日本	141.21E43.03N	1984.10.6	親舊相逢,機關訪問,名所觀光	-
	盈德	慶北	129.23E36.26N	1983.5.13	名所視察,海物食事,群民教育	筑波	日本	140.06E36.13N	1985.12.1	會議參席,機關訪問,名所視察	-
	蔚珍	慶北	129.23E36.56N	1983.5.13	溫泉利用,妻家 宗家訪問,觀光	奈良	日本	135.50E34.41N	1985.12.6	會議參席,施設視察,名所觀覽	-
	太白	江原	129.00E37.10N	1983.10.7	市民教育,公務員特講,名所視察	Kuala Lumpur	말레이시아	101.43E3.09N	1986.9.15	知人擴大,會議參席,名所訪問	-
	高靈	慶北	128.15E35.44N	1984.8.12	郡民教育,遺蹟觀覽,行事參與	College Park	美國	76.55W39.00N	1989.5.13	知人相逢,會議參席,골프運動	-
	楊口	江原	127.59E38.06N	1984.10.19	郡民教育,行事參席,名所觀覽	臺北	臺灣	121.30E25.03N	1990.9.10	行事參席,機關訪問,名所觀覽	-
	木浦	全南	126.22E34.48N	1988.3.24	行事參席,市民教育,知人擴大	Stockholm	스웨덴	18.03E59.20N	1991.4.17	弟子訪問,施設視察,名所觀光	-
	昌原	慶南	128.35E35.10N	1988.8.6	道政參與,市民特講,골프運動	Le Havre	프랑스	0.08E51.30N	1991.7.10	機關訪問,施設視察,名所視察	-
	統營	慶南	128.25E34.51N	1989.9.3	市民教育,行事參席,名所觀覽	北京	中國	116.25E39.55N	1992.7.8	機關訪問,會議參席,名所觀光	-
	議政府	京畿	127.03E37.44N	1989.10.3	市民教育,開發諮問,골프運動	Urubamba	페루	72.07W13.19N	2002.1.28	團體旅行,高山不眠,名所觀光	-
	長城	全南	126.49E35.20N	1989.10.29	郡民教育,새마을教育,名所踏査	丹東	中國	124.20E40.08N	2002.4.12	船舶旅行,市廳禮訪,名所觀光	-
	東豆川	京畿	127.04E37.54N	1991.2.11	市民教育,行事參席,名所觀覽	開城	北韓	126.33E37.59N	2003.12.11	行事參席,知人緣故,名所視察	-
	英陽	慶北	129.07E36.40N	1991.11.2	郡民教育,知人擴大,名所觀光	平壤	北韓	127.16E38.26N	2005.10.14	機關訪問,公演觀覽,名所視察	-
	堤川	忠北	128.12E37.08N	1992.1.15	市民教育,知人相面,名所遊覽						-
	晉州	慶南	128.05E35.11N	1994.4.15	行事參席,知人擴大,名所觀光						-
	河東	慶南	127.44E35.20N	1995.1.28	郡民教育,行事參席,名所觀光						-
	青陽	忠南	126.48E36.27N	1996.5.30	大學立地,域內視察,代表相面						-
	康津	全南	126.45E34.39N	1999.6.11	巡廻大使,住民特講,海物食事						-
	漆谷	慶北	128.24E35.38N	2000.2.22	行事參與,開發諮問,名所觀覽						-
	星州	慶北	128.16E35.56N	2001.6.13	郡民教育,行事參席,名物觀覽						-
	計(26)	8	26	25	-	計(19)	13	19	19	-	45
合計	60	16	60	59	-	40	17	40	40	-	100

(5) 韓國의 紀念物 觀覽記

分類		指定番號	紀念物名	所在地	年度	年齡(歲)
項目		紀念物			最初訪問時期	
1.天然紀念物	1.植物	1	達城邑의 側柏樹林	大邱	1965	30
		8	서울 齊洞의 白松	서울	1956	21
		9	서울 壽松洞의 白松	〃	〃	〃
		18	薪島 芭蕉一葉 自生地	濟州 西歸浦	1985	50
		19	舊左邑 文珠蘭 自生地	濟州 北濟州	1965	30
		28	珠島의 常綠樹林	全南 莞島	1990	55
		29	彌助里의 常綠樹林	慶南 南海	1967	32
		30	龍門寺의 銀杏나무	京畿 楊平	1977	42
		35	大口面의 푸조나무	全南 康津	1999	64
		36	雙岩面의 이팝나무	全南 順天	1972	37
		38	華嚴寺의 올벚나무	全南 求禮	1984	49
		39	兵營面의 비자나무	全南 康津	1999	64
		40	禮松里의 常綠樹林	全南 莞島	1990	55
		48	通九味의 香나무 自生地	慶北 鬱陵	2000	65
		49	待風坎의 香나무 自生地	〃	〃	〃
		50	台霞洞의 솔솦나무 · 섬잣나무 · 너도밤나무群落	〃	〃	〃
		51	道洞의 섬개야광나무 · 섬댕강나무 群落	〃	〃	〃
		52	羅里洞의 鬱陵菊花 · 섬百里香 群落	〃	〃	〃
		59	서울 文廟의 銀杏나무	서울	1956	21
		60	松浦의 白松	京畿 高陽	1989	54
		62	令川里의側栢樹林	忠北 鎭川	1998	63
		63	統營 比珍島의 팔손이나무 自生地	慶南 統營	1989	54
		64	斗西面의 銀杏나무	蔚山	1975	40
		65	目島의 常綠樹林	〃	〃	〃
		66	大青島의 冬柏나무 自生 北限地帶	仁川	1959	34
		76	寧越의 銀杏나무	江原 寧越	1981	46
		78	江華 甲串里의 탱자나무	仁川	1959	34
		79	江華 砂器里의 탱자나무	〃	〃	〃
		82	務安 清川里의 팽나무와 개서어나무의 줄나무	全南 務安	1988	53
		84	錦山 杏亭의 銀杏나무	忠南 錦山	1974	39
		88	松廣寺의 곱향나무 雙香樹	全南 順天	1972	37
		89	五柳里의 藤나무	慶北 慶州	1979	44
		91	內藏山의 굴거리나무群落	全北 井邑	1975	40
		93	原城 城南里의 城隍林	江原 原州	1959	24
		95	道溪邑의 긴잎느티나무	江原 三陟	1983	48
		96	蔚珍의 굴참나무	慶北 蔚珍	〃	〃
		103	俗離의 正二品松	忠北 報恩	1978	43
		104	報恩의 白松	〃	〃	〃
		106	禮山의 白松	忠南 禮山	1995	60
		107	義新面의 常綠樹林	全南 珍島	1990	55
		108	大同面의 팽나무 · 느티나무 · 개서어나무의 줄나무	全南 咸平	1989	54
		110	咸平의 붉가시나무 自生 北限地帶	〃	〃	〃
		111	臨淮面의 비자나무	全南 珍島	1990	55
		112	佛甲面의 참식나무 自生 北限地帶	全南 靈光	1982	47
		114	英陽의 側栢나무	慶北 英陽	1991	56
		115	獨樂堂의 中國 주엽나무	慶北 慶州	1979	44
		122	道淸里의 호랑가시나무 群落	全北 扶安	1975	40
		123	格浦里의 厚朴나무 群落	〃	〃	〃
		124	中溪里의 꽝꽝나무 群落	〃	〃	〃
		136	外煙島의常綠樹林	忠南 保寧	1983	48
		138	安眠島의 모감주나무 群落	忠南 泰安	1987	52
		147	槐山의 미선나무 自生地	忠北 槐山	1982	47
		150	勿巾 防潮魚付林	慶南 南海	1967	32
		151	白蓮寺의 桐栢林	全南 康津	1999	64
		152	南海 산닥나무 自生地	慶南 南海	1967	32
		153	白羊寺 비자나무分布 北限地帶	全南 長城	1989	54
		154	咸陽 上林	慶南 咸陽	1967	32
		156	新禮里 왕벚나무 自生地	濟州 南濟州	1985	50
		158	竹邊里의 香나무	慶北 蔚珍	1983	48
		159	奉蓋洞의 왕벚나무 自生地	濟州 濟州	1965	30
		160	濟州市 곰솔(黑松)	〃	〃	〃
		161	城邑里 느티나무 및 팽나무	濟州 南濟州	1985	50
		162	道順里 녹나무 自生地群落	〃	〃	〃
		163	西歸浦 담팔수나무 自生地	濟州 西歸浦	〃	〃
		164	新方里의 음나무群	慶南 昌原	1988	53
		165	內里의 銀杏나무	忠北 槐山	1982	47
		166	長德里의 銀杏나무	江原 江陵	1983	48
		167	磻溪里의 銀杏나무	江原 原州	1959	24
		168	釜山鎭의 배롱나무	釜山	1965	30
		169	馬梁里의 冬柏나무숲	忠南 舒川	1990	55
		172	까막섬의 常綠樹林	全南 康津	1999	64
		173	大屯山 왕벚나무 自生地	全南 海南	1990	55
		174	松仕洞의 소태나무	慶北 安東	1954	19
		175	龍溪의 銀杏나무	〃	〃	〃

分類		指定番號	紀念物名	所在地	年度	年齡(歲)
		紀念物			最初訪問時期	
1.天然紀念物	1.植物	176	梵魚寺 藤나무 群生地	釜山	1965	30
		180	雲門寺의 처진소나무	慶北 淸道	〃	〃
		183	中山里의 이팝나무	全南 高敞	1975	40
		184	三仁里의 冬柏나무	〃	〃	〃
		185	新泉里의 이팝나무	慶南 金海	1989	54
		188	新鵲里의 곰솔	全北 益山	1964	29
		189	聖人峰의 原始林	慶北 鬱陵	2000	65
		191	濟州道의 寒蘭	濟州 市·郡	1965	30
		192	新基洞의 느티나무	慶北 靑松	1983	48
		193	官洞의 왕버들	〃	〃	〃
		194	昌德宮의 香나무	서울	1956	21
		207	俗離山의 망개나무	忠北 報恩	1978	43
		212	觀梅里의 후박나무	全南 珍島	1990	55
		214	平地里의 이팝나무	全北 鎭安	1964	29
		220	鍬店里의 미선나무 自生地	忠北 槐山	1982	47
		221	栗池里의 미선나무 自生地	〃	〃	〃
		223	영국寺의 銀杏나무	忠北 永同	1997	62
		225	農所의 銀杏나무	慶北 龜尾	1979	44
		232	陽地里의 香나무	京畿 南楊州	1992	57
		234	新田里의 이팝나무	慶南 梁山	1990	55
		235	柳塘公園의 이팝나무	全南 光陽	1974	39
		239	金塔寺의 비자나무숲	全南 高興	1988	53
		240	龍頭洞 宣農壇의 香나무	서울	1956	21
		241	蓮洞里의 비자나무숲	全南 海南	1990	55
		244	小白山의 주목群落	慶北 榮州	1979	44
		251	昌德宮의 다래나무	서울	1956	21
		252	九里의 側柏나무 自生地	慶北 安東	1954	19
		253	利川의 白松	京畿 利川	1977	42
		254	三淸洞 의등	서울	1956	21
		255	三淸洞 側柏	〃	〃	〃
		264	龍珠寺의 회양나무	京畿 華城		
		266	沙潭里의 망개나무 自生地	忠北 槐山	1982	47
		268	蓉山面의 푸조나무	全南 長興	1988	53
		270	水營洞의 곰솔	釜山	1965	30
		271	新林洞의 굴참나무	서울	1956	21
		272	下長面의 느릅나무	江原 三陟	1983	48
		273	安定面의 느티나무	慶北 榮州	1979	44
		274	順興面의 느티나무	〃	〃	〃
		275	祿轉面의 느티나무	慶北 安東	1954	19
		276	古縣面의 느티나무	慶南 南海	1967	32
		278	南面의 느티나무	京畿 楊州	1977	42
		279	興業面의 느티나무	江原 原州	1959	24
		280	鳳南面의 느티나무	全北 金提	1991	56
		281	寶節面의 느티나무	全北 南原	1984	49
		283	郡西面의 느티나무	全南 靈岩	1999	64
		284	積城面의 물푸레나무	京畿 坡州	1991	56
		285	昆陽面의 비자나무	慶南 泗川	1967	32
		286	臨東面의 굴참나무	慶北 安東	1954	19
		287	妙山面의 소나무	慶南 陜川	1967	32
		288	靑川面의 소나무	忠北 槐山	1982	47
		289	雪川面의 盤松	全北 茂朱	1964	29
		290	籠岩面의 盤松	慶北 聞慶	1936	1
		291	化西面의 盤松	慶北 尙州	1952	17
		292	甘泉面의 石松齡	慶北 醴泉	1951	16
		293	梅田面의 처진소나무	慶北 靑道	1965	30
		294	鳳南面의 왕버들	全北 金堤	1991	56
		295	釜谷洞의 왕버들	慶北 靑松	1983	48
		296	角北面의 털왕버들	慶北 淸道	1965	30
		297	昌善面의 왕후박나무	慶南 南海	1967	32
		298	大德面의 銀杏나무	慶北 金泉	1979	44
		299	伊西面의 銀杏나무	慶北 淸道	1965	30
		300	柳谷面의 銀杏나무	慶南 宜寧	1995	60
		301	二西面의 銀杏나무	全南 和順	1974	39
		302	西島面의 銀杏나무	仁川	1959	24
		303	江外面의 銀杏나무	忠北 淸原	1993	58
		304	酒村面의 이팝나무	慶南 金海	1967	32
		305	龜浦洞의 팽나무	釜山	1965	30
		307	玄慶面의 팽나무	全南 務安	1988	53
		309	水營洞의 푸조나무	釜山	1965	30
		310	花城里의 香나무	慶北 蔚珍	1983	48
		311	安德面의 香나무	慶北 靑松	〃	〃
		312	臥龍面의 뚝香나무	慶北 安東	1954	19
		313	新峴洞의 회화나무	仁川	1959	24
		314	松山面의 회화나무	忠南 唐津	1999	64
		315	安康邑의 회화나무	慶北 慶州	1979	44
		317	漆北面의 회화나무	慶南 咸安	1967	32
		318	內山面의 銀杏나무	忠南 扶餘	1990	55
		319	鳳山洞의 香나무	忠南 燕岐	1986	51
		320	松界里의 망개나무	忠北 堤川	1992	57
		321	禮松里의 감탕나무	全南 莞島	1990	55
		337	美羅里의 常綠樹林	〃	〃	〃
		338	孟仙里의 常綠樹林	〃	〃	〃
		339	欲知面의 모밀잣밤나무숲	慶南 統營		
		344	牛島의 생달나무와 후박나무	濟州 北濟州	1965	30
		345	楸島의 후박나무	〃	〃	〃
		346	法守面의 늪지植物	慶南 咸安	1967	32
		348	반론산의 철쭉나무와 분취류	江原 旌善		
		349	寧越의 觀音松	江原 寧越	1981	46

分類		指定番號	紀念物名	所在地	最初訪問時期 年度	最初訪問時期 年齡(歲)
1.天然紀念物	1.植物	350	三山里의 소나무	江原 江陵	1983	48
		351	雪嶽洞 소나무	江原 束草	1979	44
		352	書院里의 소나무	忠北 報恩	1978	43
		353	新松里의 곰솔	忠南 舒川	1990	55
		354	三仁里의 장사松	全北 高敞	1975	40
		356	三川洞의 곰솔	全北 全州	〃	〃
		357	冠山邑의 孝子松	全南 長興	1988	53
		358	禿洞의 盤松	慶北 龜尾	1979	44
		359	木峴里의 구松	慶南 咸陽	1967	32
		362	城隍里의 소나무	慶南 宜寧	1995	60
		363	蓬萊面의 常綠樹林	全南 高興	1988	53
		364	近德面의 음나무	江原 三陟	1983	48
		365	影島의 미선나무 自生地	釜山	1965	30
		366	寶石寺의 銀杏나무	忠南 錦山	1974	39
		367	潭陽의 官防堤林	全南 潭陽	1975	40
		369	三仁里의 松嶽	全北 高敞	〃	〃
		370	黑山島 鎭里의 초령목	全南 新安	1988	53
		371	扶安의 미선나무 群落地	全北 扶安	1975	40
		372	發山里의 모감주나무·병아리꽃나무 群落地	慶北 浦項	1972	37
		374	楊口의 개느삼 自生地	江原 楊口	1984	49
		375	舊左邑의 비자림 地帶	濟州 北濟州	1965	30
		376	納邑 暖帶林 地帶	〃	〃	〃
		377	山房山 岩壁植物 地帶	濟州 南濟州	1985	50
		378	安德溪谷 常綠樹林 地帶	〃	〃	〃
		379	天帝淵 暖帶林地帶	濟州 西歸浦	1985	50
		380	天池淵 暖帶林地帶	〃	〃	〃
		381	馬耳山의 줄사철나무 群落	全北 鎭安	1964	29
		382	柏沙 道立里의 盤龍松	京畿 利川	1977	42
		383	長延 五佳里의 느티나무	忠北 槐山	1982	47
		385	延豊 立石의 소나무	〃	〃	〃
		386	兵營面의 銀杏나무	全南 康津	1999	64
		387	銀水寺의 青실 배나무	全北 鎭安	1964	29
		388	館村面의 가침박달나무群落	全北 任實	1988	53
		396	館村面의 산개나리群落	〃	〃	〃
		397	鳳德里의 느티나무	全北 長水	1964	29
		398	長水里의 義岩松	〃	〃	〃
		399	廣德寺의 호도나무	忠南 天安	1989	54
		400	畓谷里의 만지松	慶北 英陽	1991	56
		401	琴南里의 黃木根(팽나무)	慶北 醴泉	1951	16
		402	洪源里의 개오동나무	慶北 青松	1983	48
		403	積天寺의 銀杏나무	慶北 淸道	1965	30
		404	京山里의 城밖숲	慶北 星州	2000	65
		405	慈川里의 五里長林	慶北 永川	1990	55
		406	沙村里의 가로숲	慶北 義城	1974	39
			雲谷里의 銀杏나무	慶南 咸陽	1967	32
		407	學士樓의 느티나무	〃	〃	〃
		408	雙田里의 산돌배나무	慶北 蔚珍	1983	48
		409	杏谷里의 처진소나무	〃	〃	〃
		410	棠山里의 唐松	慶南 居昌	1967	32
		424	智異山 千年松	慶南 咸陽	〃	〃
		425	存道里의 소나무	慶北 聞慶	1936	1
		426	大下里의 소나무	〃	〃	〃
		427	成歡의 香나무	忠南 天安	1989	54
		432	濟州의 寒蘭 自生地	濟州 市·郡	1965	30
		433	斗圍峰의 朱木	江原 旌善	1989	54
		441	水山里의 곰솔	濟州 北濟州	1965	30
	2.動物	11	光陵 크낙새 棲息地	京畿 南楊州	1992	57
		13	鎭川의 왜가리 繁殖地	忠北 鎭川	1998	63
		27	濟州 무태장어 棲息地	濟州 西歸浦	1985	50
		53	珍島의 珍島개	全南 珍島	1990	55
		73	淨岩寺 熱目魚 棲息地	江原 旌善	1989	54
		74	石浦面의 熱目魚 棲息地	慶北 奉化	1991	56
		101	珍島의 白鳥 渡來地	全南 珍島	1990	55
		126	克鯨 廻遊海面	蔚山	1975	40
		179	洛東江 下流 철새 渡來地	慶南 金海	1989	54
		190	漢江의 황쏘가리	서울	1956	21
		197	크낙새	全國	1936	1
		198	따오기	〃	〃	〃
		199	황새	〃	〃	〃
		200	먹황새	〃	〃	〃
		201	白鳥	〃	〃	〃
		202	두루미	〃	〃	〃
		203	재두루미	〃	〃	〃
		204	八色鳥	〃	〃	〃
		205	저어새	〃	〃	〃
		206	느시(들七面鳥)	〃	〃	〃
		209	白鷺 및 왜가리 繁殖地	京畿 驪州	1977	42
		211	龍月里의 白鷺 및 왜가리 繁殖地	全南 務安	1988	53
		215	黑비둘기	全國	1936	1
		216	麝香노루	〃	〃	〃
		217	山羊	〃	〃	〃
		218	將帥 하늘소	〃	〃	〃
		227	巨濟沿岸의 아비 渡來地	慶南 巨濟	1983	48
		228	黑두루미	全國	1936	1
		229	浦梅里의 白鷺 및 왜가리 繁殖地	江原 襄陽	1979	44

分類		紀念物 指定番號	紀念物名	所在地	最初訪問時期 年度	年齡(歲)
1.天然紀念物	2.動物	231	道善里의 白鷺 및 왜가리 繁殖地	慶南 統營	1989	54
		233	鶴洞의 冬柏林 및 八色鳥 繁殖地	慶南 巨濟	1983	48
		237	沙洞의 黑비둘기 棲息地	慶北 鬱陵	2000	65
		238	錦江의 어름치	忠北 沃川	1997	62
		242	까막 딱다구리	全國	1936	1
		243	수리類	〃	〃	〃
		245	天通里 철새 渡來地	江原 鐵原	1977	42
		248	鴨谷里의 白鷺 및 왜가리 繁殖地	江原 橫城	1959	24
		250	漢江 下流 재두루미 渡來地	京畿 坡州	1991	56
		258	무태장어	全國	1936	1
		259	어름치	〃	〃	〃
		265	連山 花岳里의 烏骨鷄	忠南 論山	1958	23
		322	雪川面의 반딧불과 그 먹이 棲息地	全北 茂朱	1964	29
		323	매 類	全國	1936	1
		324	올빼미 부엉이 類	〃	〃	〃
		325	기러기 類	〃	〃	〃
		326	검은머리 물떼새	〃	〃	〃
		327	鴛鴦	〃	〃	〃
		328	하늘 다람쥐	〃	〃	〃
		329	반달 가슴 곰	〃	〃	〃
		330	수달	〃	〃	〃
		331	물범	東·西·南海	1959	24
		332	七發島 海鳥類 繁殖地	全南 新安	1988	53
		333	沙水島 海鳥類 繁殖地	濟州 北濟州	1965	30
		334	卵島 괭이갈매기 繁殖地	忠南 瑞山	1987	52
		335	鴻島 괭이갈매기 繁殖地	慶南 統營	1989	54
		341	구굴島 海鳥類 繁殖地	全南 新安	1988	53
		347	濟州의 濟州馬	濟州 濟州	1965	30
		360	新島 노랑부리 白鷺 및 괭이갈매기 繁殖地	仁川	1959	24
		361	노랑부리 白鷺	全國	1936	1
		368	慶山의 삽살개	慶北 慶山	1988	53
		369	七山島의 괭이갈매기, 노랑부리白鷺 및 저어새 繁殖地	全南 靈光	1982	47
		412	隱垈里의 물거미 棲息地	京畿 漣川	1977	42
		419	江華 갯벌과 저어새 繁殖地	仁川	1959	24
	3.鑛物	69	云坪里 球狀花崗岩	慶北 尙州	1952	17
		98	濟州道 金寧窟 및 萬丈窟	濟州 北濟州	1965	30
		146	倭館 錦舞峰 나무고사리 化石 包含地	慶北 漆谷	2000	65
		155	蔚珍의 聖留窟	慶北 蔚珍	1983	48
		177	天壺洞窟	全北 益山	1964	29
		178	大耳里 洞窟地帶	江原 三陟	1983	48
		195	西歸浦層의 貝類化石	濟州 西歸浦	1985	50
		196	宜寧 新羅統-中의 雨痕	慶南 宜寧	1995	60
		219	寧越 高氏窟	江原 寧越	1981	46
		222	咸安層의 새발자국 化石	慶南 咸安	1967	32
		224	南明里의 얼음골	慶南 密陽	1992	57
		226	三陟 草堂窟	江原 三陟	1983	48
		236	熔岩洞 窟地帶(昭天窟·黃金窟·挾才窟)	濟州 北濟州	1965	30
		249	球狀 花崗片麻岩	全北 茂朱	1964	29
		256	古藪里 洞窟	忠北 丹陽	1981	46
		260	平昌의 白龍洞窟	江原 平昌	1989	54
		261	丹陽의 溫達洞窟	忠北 丹陽	1981	46
		262	丹陽의 蘆洞洞窟	〃	〃	〃
		263	濟州 산굼부리 噴火口	濟州 北濟州	1965	30
		267	田浦洞의 球狀斑糲岩	釜山	〃	〃
		342	濟州 於音里 빌레못 洞窟	濟州 北濟州	〃	〃
		373	義城 堤梧里의 恐龍 발자국 化石	慶北 義城	1974	39
		384	당처물 洞窟	濟州 北濟州	1965	30
		390	柳樹里의 白堊紀 古環境과 恐龍化石産地	慶南 晋州	1994	59
		391	白翎島 사곶의 砂濱	仁川	1959	24
		392	白翎島 南浦里의 콩돌 海岸	〃	〃	〃
		393	白翎島 鎭村里의 橄欖岩 抱懷 玄武岩分布地	〃	〃	〃
		394	牛項里 古生物化石 産出地 및 堆積層群	全南 海南	1990	55
		395	佳津里의 새발자국 및 恐龍 발자국 化石地	慶南 晋州	1994	59
		411	德明里의 古生物化石 産出地	慶南 固城	1967	32
		413	文谷里의 乾裂構造 및 스트로마톨라이트	江原 寧越	1981	46
		414	右井里의 恐龍알化石 産出地	京畿 華城	1977	42
		415	達田里의 柱狀節理	慶北 浦項	1972	37
		416	長省의 下部 古生代	江原 太白	1983	48

分類		指定番號	紀念物名	所在地	年度	年齡(歲)
項目		紀念物			最初訪問時期	
1.天然紀念物	3.鑛物		化石産地			
		417	太白 구문소의 古環境 및 浸蝕地形	江原 太白	1983	48
		418	飛鳳里의 恐龍알 化石 産出地	全南 寶城	1988	53
		434	狼島里의 恐龍 발자국 化石地 및 堆積層	全南 麗水	〃	〃
		435	達城 琵瑟山 岩塊類	大邱	1965	30
		436	漢灘江 大橋川 玄武岩 狹谷	江原 鐵原	1977	42
		437	正東津 海岸斷丘	江原 江陵	1983	48
		438	牛島의 紅藻團塊 海濱	濟州 北濟州	1965	30
		439	飛揚島 熔岩氣腫	〃	〃	〃
		440	백복嶺 카르스트地帶	江原 旌善	1989	54
2.文化財	1.國寶	1	서울 崇禮門	서울	1956	21
		2	圓覺寺址 10層 石塔	〃	〃	〃
		3	北漢山 新羅 眞興王 巡狩碑	〃	〃	〃
		4	高達寺址 浮屠	京畿 驪州	1977	42
		5	法住寺 雙獅子 石燈	忠北 報恩	1978	43
		6	塔坪里 7層 石塔	忠北 忠州	1983	48
		7	奉先 弘慶寺 碑碣	忠南 天安	1989	54
		8	聖住寺 郎慧和尙 白月葆光 塔碑	忠南 保寧	1983	48
		9	定林寺址 5層 石塔	忠南 扶餘	1990	55
		10	實相寺 百丈庵 3層 石塔	全北 南原	1984	49
		11	彌勒寺址 石塔	全北 益山	1964	29
		12	華嚴寺 覺皇殿 石燈	全南 求禮	1984	49
		13	無爲寺 極樂殿	全南 康津	1999	64
		14	銀海寺 居相庵 靈山殿	慶北 永川	1990	55
		15	鳳停寺 極樂殿	慶北 安東	1954	19
		16	新世洞 7層 塼塔	〃	〃	〃
		17	浮石寺 無量壽殿 石燈	慶北 榮州	1979	44
		18	浮石寺 無量壽殿	〃	〃	〃
		19	浮石寺 祖師堂	〃	〃	〃
		20	佛國寺 多寶塔	慶北 慶州	〃	〃
		21	佛國寺 3層 石塔	〃	〃	〃
		22	佛國寺 蓮華橋·七寶橋	〃	〃	〃
		23	佛國寺 靑雲橋·白雲橋	〃	〃	〃
		24	石窟庵 石窟	〃	〃	〃
		25	新羅 太宗武烈王陵碑	〃	〃	〃
		26	佛國寺 金銅 毘盧舍那佛 坐像	〃	〃	〃
		27	佛國寺 金銅 阿彌陀如來 坐像	〃	〃	〃
		28	栢栗寺 金銅 藥師如來立像	慶北 慶州	1979	44
		29	聖德大王 神鍾	〃	〃	〃
		30	芬皇寺 石塔	〃	〃	〃
		31	慶州 瞻星臺	〃	〃	〃
		32	海印寺 大藏經板	慶南 陜川	1967	32
		33	昌寧 新羅 眞興王 拓境碑	慶南 昌寧	1995	60
		34	述亭里 東3層 石塔	〃	〃	〃
		35	華嚴寺 四獅 3層 石塔	全南 求禮	1984	49
		36	上院寺 銅鍾	江原 平昌	1989	54
		37	九黃里 3層 石塔	慶北 慶州	1979	44
		38	高仙寺址 3層 石塔	〃	〃	〃
		39	羅原里 5層 石塔	〃	〃	〃
		40	淨惠寺址 13層 石塔	〃	〃	〃
		41	龍頭寺址 鐵幢竿	忠北 淸州	1965	30
		42	木彫 三尊佛含	全南 順天	1972	37
		43	高麗 高宗 制書	〃	〃	〃
		44	寶林寺 3層 石塔 및 石燈	全南 長興	1988	53
		45	浮石寺 塑造如來坐像	慶北 榮州	1979	44
		46	浮石寺 祖師堂 壁畵	〃	〃	〃
		47	雙谿寺 眞鑑禪師 大空塔碑	慶南 河東	1995	60
		48	月精寺 8角 9層 石塔	江原 平昌	1989	54
		49	修德寺 大雄殿	忠南 禮山	1995	60
		50	道岬寺 解脫門	全南 靈岩	1999	64
		51	江陵 客舍門	江原 江陵	1983	48
		52	海印寺 藏經板庫	慶南 陜川	1967	32
		53	鷰谷寺 東浮屠	全南 求禮	1984	49
		54	鷰谷寺 北浮屠	〃	〃	〃
		55	法住寺 捌相殿	忠北 報恩	1978	43
		56	松廣寺 國師殿	全南 順天	1972	37
		57	雙峰寺 澈鑒禪師塔	全南 和順	1974	39
		58	長谷寺 鐵造 藥師如來坐像 附石造臺座	忠南 靑陽	1996	61
		59	法泉寺 智光國師 玄妙塔碑	江原 原州	1959	24
		60	靑磁 獅子鈕蓋香爐	서울	1956	21
		61	靑磁飛龍形注子	〃	〃	〃
		62	金山寺 彌勒殿 到彼岸寺	全北 金堤	1991	56
		63	到彼岸 鐵造毘盧舍那佛坐像	江原 鐵原	1977	42
		64	法住寺 石蓮池	忠北 報恩	1978	43
		65	靑磁 麒麟鈕蓋香爐	서울	1956	21
		66	靑磁象嵌 柳竹蓮蘆 鴛鴦文 淨甁	〃	〃	〃
		67	華嚴寺 覺皇殿	全南 求禮	1984	49
		68	靑磁 象嵌 雲鶴文壺	서울	1956	21
		69	開國原從功臣錄券	釜山	1965	30

分類 (項目)		紀念物			最初訪問時期	
		指定番號	紀念物名	所在地	年度	年齡(歲)
2.文化財	1.國寶	70	訓民正音	서울	1956	21
		71	東國正韻 卷一·卷六	〃	〃	〃
		72	金銅 癸未銘 三尊佛	〃	〃	〃
		73	金銅 三尊佛龕	〃	〃	〃
		74	青磁 鴨形水滴	〃	〃	〃
		75	表忠寺 青銅含銀香院	慶南 密陽	1992	57
		76	李忠武公 亂中日記 附書簡帖 壬辰狀草	忠南 牙山	1972	37
		77	塔里 5層 石塔	慶北 義城	1974	39
		78	金銅 彌勒菩薩半跏像	서울	1956	21
		79	九黃里 金製如來坐像	〃	〃	〃
		80	九黃里 金製如來立像	〃	〃	〃
		81	甘山寺 石造 彌勒菩薩立像	〃	〃	〃
		82	甘山寺 石造阿彌陀如來立像	〃	〃	〃
		83	金銅 彌勒菩薩半跏像	〃	〃	〃
		84	瑞山 磨崖 三尊佛像	忠南 瑞山	1987	52
		85	金銅 辛卯銘 三佛	서울	1956	21
		86	敬天寺 10層 石塔	〃	〃	〃
		87	金冠塚 金冠	〃	〃	〃
		88	金冠塚銙帶 및 腰佩	〃	〃	〃
		89	金製 銙具	〃	〃	〃
		90	金製 天環耳飾	〃	〃	〃
		91	陶製 騎馬人物像	〃	〃	〃
		92	青銅 銀入絲浦柳水禽 淨甁	〃	〃	〃
		93	白磁 鐵畵葡萄文壺	〃	〃	〃
		94	青磁 素文瓜形甁	〃	〃	〃
		95	青磁 七寶透刻香爐	〃	〃	〃
		96	青磁 龜形水甁	〃	〃	〃
		97	青磁陰刻 蓮花唐草文 梅甁	〃	〃	〃
		98	青磁象嵌 牡丹文缸	〃	〃	〃
		99	葛項寺 3層 石塔	〃	〃	〃
		100	南溪院 7層 石塔	〃	〃	〃
		101	法泉寺 智光國師 玄妙塔	〃	〃	〃
		102	淨土寺 弘法國師 實相塔	〃	〃	〃
		103	中興山城 雙獅子 石燈	〃	〃	〃
		104	傳興法寺 廉居和尙塔	〃	〃	〃
		105	山清 泛鶴里 3層 石塔	〃	〃	〃
		106	癸酉銘 全氏阿彌陀佛 三尊石像	〃	〃	〃
		107	李朝白磁 鐵砂葡萄文壺	〃	〃	〃
		108	癸酉銘 三尊千佛碑像	忠南 公州	1990	55
		109	軍威 三尊 石窟	慶北 軍威	1974	39
		110	益齊 影幀	서울	1956	21
		111	晦軒 影幀	慶北 榮州	1979	44
		112	感恩寺址 3層 石塔	慶北 慶州	1979	44
		113	書青磁 楊柳文筒形甁	서울	1956	21
		114	青磁象嵌 牡丹菊花文瓜形甁	〃	〃	〃
		115	青磁象嵌 唐草文監	〃	〃	〃
		116	青磁象嵌 牡丹文瓢形甁	〃	〃	〃
		117	寶林寺 鐵造 毘盧舍那佛坐像	全南 長興	1988	53
		118	金銅 彌勒半跏像	서울	1956	21
		119	延嘉 7年銘 金銅如來立像	〃	〃	〃
		120	龍珠寺 梵鐘	京畿 華城	1977	42
		121	河回탈 및 屛山탈	慶北 安東	1954	19
		122	陳田寺址 3層 石塔	江原 襄陽	1979	44
		123	益山 王宮里 5層 石塔內 發見 遺物	서울	1956	21
		124	寒松寺 石造 菩薩坐像	〃	〃	〃
		125	綠釉骨壺	〃	〃	〃
		126	佛國寺 3層 石塔內 發見 遺物	慶北 慶州	1979	44
		127	三陽洞 金銅 觀音菩薩立像	서울	1956	21
		128	金銅 觀音菩薩立像	〃	〃	〃
		129	金銅 菩薩立像	〃	〃	〃
		130	竹杖洞 5層 石塔	慶北 龜尾	1979	44
		131	朝鮮太祖 戶籍原本	서울	1956	21
		132	懲毖錄	慶北 安東	1954	19
		133	青磁 辰砂蓮華文瓢形 注子	京畿 龍仁	1977	42
		134	金銅 菩薩 三尊像	忠北 槐山	1982	47
		135	蕙園 風俗圖	서울	1956	21
		136	龍頭 寶幢	〃	〃	〃
		137	大邱 飛山洞 出土 銅器類 一括	〃	〃	〃
		138	金冠 및 附屬金具 一括	〃	〃	〃
		139	群仙圖屛	〃	〃	〃
		140	螺鈿團花禽獸紋鏡	〃	〃	〃
		141	多鈕細紋鏡	〃	〃	〃
		142	東國正韻一帙	〃	〃	〃
		143	和順 大谷里出土 青銅遺物	〃	〃	〃
		144	月出山 磨崖如來坐像	全南 靈岩	1999	64
		145	鬼面 青銅爐	서울	1956	21
		146	江原道 出土遺物 一括	〃	〃	〃
		147	蔚州 川前里 石刻	蔚山	1975	40
		148	十七史纂 古今通要	서울	1956	21
		149	東萊先生 校正 北史詳節	〃	〃	〃
		150	宋朝表牋總類 1冊	〃	〃	〃
		151	朝鮮王朝實錄	〃	〃	〃

分類	項目	指定番號	紀念物名	所在地	最初訪問時期 年度	年齡(歲)
2.文化財	1.國寶	152	備邊司謄錄	서울	1956	21
		153	日省綠	〃	〃	〃
		154	金製冠飾(王) 1雙	〃	〃	〃
		155	金製冠飾(王妃) 1雙	〃	〃	〃
		156	金製心葉形耳飾(王) 1雙	〃	〃	〃
		157	金製垂飾附耳飾(王妃) 2雙	〃	〃	〃
		158	金製頸飾(王妃) 2個	〃	〃	〃
		159	金製뒤꽂이(王) 1個	〃	〃	〃
		160	銀製팔찌(王妃) 1雙	〃	〃	〃
		161	靑銅神獸鏡 外 3個	〃	〃	〃
		162	石獸 1個	〃	〃	〃
		163	誌石 2個	〃	〃	〃
		164	頭枕 1個	〃	〃	〃
		165	足座(王) 1個	〃	〃	〃
		166	白磁 鐵畵梅竹文大壺 1個	〃	〃	〃
		167	靑磁 人形 注子 1個	〃	〃	〃
		168	白磁 辰砂梅菊文甁 1個	〃	〃	〃
		169	靑磁 陽刻竹節文甁 1個	〃	〃	〃
		170	靑華白磁 梅鳥竹文壺 1個	〃	〃	〃
		171	靑銅 銀入絲 寶相唐草 鳳凰文盒 1個	〃	〃	〃
		172	晋陽郡 令人鄭氏墓出土遺物 3個	〃	〃	〃
		173	靑磁 鐵彩堆花點文 羅漢坐像1個	〃	〃	〃
		174	金銅 水晶嵌裝燭臺 1雙	〃	〃	〃
		175	白磁象嵌 蓮唐草文大楪 1個	〃	〃	〃
		176	靑華白磁 弘治銘松竹文壺 1個	〃	〃	〃
		177	粉靑沙器 印花文胎壺 2個	〃	〃	〃
		178	粉靑沙器 彫花魚 文扁甁 1個	〃	〃	〃
		179	粉靑沙器 剝地蓮魚 文扁甁1個	〃	〃	〃
		180	阮堂 歲寒圖	〃	〃	〃
		181	張良守 及第牌旨	慶北 蔚珍	1983	48
		182	金銅 如來立像	서울	1956	21
		183	金銅 菩薩立像	〃	〃	〃
		184	金銅 菩薩立像	〃	〃	〃
		185	妙法蓮華經	〃	〃	〃
		186	楊平 金銅如來立像	〃	〃	〃
		187	鳳甘模塼 5層 石塔	〃	〃	〃
		188	天馬塚 金冠	慶北 慶州	1979	44
		189	天馬塚 金帽	〃	〃	〃
		190	天馬塚 金製銙帶 및 腰佩	〃	〃	〃
		191	98號 北墳 金冠 및 垂下飾	慶北 慶州	1979	44
		192	98號 北墳 金製銙帶 및 腰佩	〃	〃	〃
		193	98號 南墳 琉璃製甁 및 杯	〃	〃	〃
		194	98號 南墳 金製頸飾	〃	〃	〃
		195	土偶裝飾 長頸壺	〃	〃	〃
		196	新羅 白紙墨書 大方廣佛華嚴經	서울	1956	21
		197	靑龍寺 普覺國師定慧圓融塔	忠北 忠州	1983	48
		198	丹陽 新羅 赤城碑	忠北 丹陽	1981	46
		199	斷石山 神仙寺磨崖佛像群	慶北 慶州	1979	44
		200	金銅 菩薩立像	釜山	1965	30
		201	北枝里 磨崖如來坐象	慶北 奉化	1991	56
		202	大方廣佛 華嚴經 晋本	서울	1956	21
		203	大方廣佛 華嚴經 周本	〃	〃	〃
		204	大方廣佛 華嚴經 周本	〃	〃	〃
		205	中原 高句麗碑	忠北 忠州	1983	48
		206	海印寺 高麗刻板	慶南 陜川	1967	32
		207	天馬圖 障泥	서울	1956	21
		208	金銅 六角舍利函	〃	〃	〃
		209	寶篋印石塔	〃	〃	〃
		210	紺紙銀泥 不空羂索紳變眞言經	〃	〃	〃
		211	白紙墨書 妙法蓮華經	〃	〃	〃
		212	大佛頂如來密因修證了義諸菩薩萬行首楞嚴經	〃	〃	〃
		213	金銅 大塔	京畿 龍仁	1977	42
		214	興王寺 銘靑銅銀入絲雲龍文香琓	서울	1956	21
		215	紺紙銀泥 大方廣佛 華嚴經	〃	〃	〃
		216	仁王霽色圖	〃	〃	〃
		217	金剛全圖	〃	〃	〃
		218	阿彌陀 三尊圖	〃	〃	〃
		219	靑華白磁 梅竹文壺	〃	〃	〃
		220	靑磁象嵌 龍鳳牡丹文蓋盒	〃	〃	〃
		221	上院寺 木彫文殊童子坐象	江原 平昌	1989	54
		222	菁華百磁 梅竹文壺	서울	1956	21
		223	景福宮 勤政殿	〃	〃	〃
		224	景福宮 慶會樓	〃	〃	〃
		225	昌德宮 仁政殿	〃	〃	〃
		226	昌慶宮 明政殿	〃	〃	〃
		227	宗廟正殿	〃	〃	〃
		228	天象列次分野之圖堅 刻石	〃	〃	〃

分類 (項目)		指定番號	紀念物名	所在地	最初訪問時期 年度	最初訪問時期 年齡(歲)
2.文化財	1.國寶	229	報漏閣 自擊漏	서울	1956	21
		230	渾天時計	〃	〃	〃
		231	鎔范	〃	〃	〃
		232	義安伯 李和 開國功臣錄券	全北 井邑	1975	40
		233	永泰二年 銘蠟石製壺	釜山	1965	30
		234	紺紙銀泥 妙法蓮華經	서울	1956	21
		235	紺紙金泥 大方廣佛 華嚴經 普賢行願品	釜山	1965	30
		236	獐項里 寺址 西5層 石塔	慶北 慶州	1979	44
		237	高山九曲 詩畵屛	서울	1956	21
		238	小苑花開帖	〃	〃	〃
		239	宋時烈 像	〃	〃	〃
		240	尹斗緖 像	全南 海南	1990	55
		241	初雕本 大般若波羅蜜多經	서울	1956	21
		242	蔚珍 鳳坪 新羅碑	慶北 蔚珍	1983	48
		243	顯揚 聖敎論			
		244	瑜伽師地論			
		245	新纘一切經源品次錄			
		246	大寶積經			
		247	公州 儀堂 金銅菩薩立像	忠南 公州	1990	55
		248	朝鮮方域之圖			
		249	東闕圖			
		250	開國原從 功臣錄券			
		251	大乘阿毗達磨 雜集論			
		252	靑磁陰刻 連花文梅甁			
		253	靑磁陽印刻 蓮唐草·象嵌牡丹文銀釦 大楪			
		254	靑磁 陰刻 蓮花折枝文梅甁			
		255	傳 忠南 出土 靑銅방울 一括			
		256	初雕本 大方廣佛 華嚴經 周本(卷 第一)			
		257	初雕本 大方廣佛 華嚴經 周本(卷 第二十九)			
		258	靑華白磁 竹文角甁			
		259	粉靑沙器 象嵌龍文壺			
		260	粉靑沙器 剝地牡丹文鐵彩 자라甁			
		261	白磁壺			
		262	白磁大壺			
		263	靑華白磁 山水花鳥文 大壺			
		264	迎日 冷水里 新羅碑	慶北 浦項	1972	37
		265	初雕本 大方廣佛 華嚴經 周本(卷 第十三)			

分類 (項目)		指定番號	紀念物名	所在地	最初訪問時期 年度	最初訪問時期 年齡(歲)
		266	初雕本 大方廣佛 華嚴經 周本(卷 第二, 七十五)			
		267	初雕本 阿毗達磨識身足論 (卷 第十二)			
		268	初雕本 阿毗曇毗婆沙論 (卷 第十一, 十七)			
		269	初雕本 佛說最上根本大樂金剛不空三昧大敎王經 (卷 第六)			
		270	靑磁 母子猿形硯滴			
		271	初雕本 顯揚聖敎論 (卷 第十二)			
		272	初雕本 瑜伽師地論 (卷 第三十二)			
		273	初雕本 瑜伽師地論 (卷 第十五)			
		275	騎馬人物形 土器			
		276	初雕本 瑜伽師地論 (卷 第五十三)			
		277	初雕本 大方廣佛 華嚴經 周本(卷 第三十六)			
		278	太宗 十一年 李衡原從功臣錄券 附函			
		279	初雕本 大方廣佛 華嚴經 周本(卷 第七十四)			
		280	聖居山 天興寺 銅鐘			
		281	白磁 注子			
		282	黑石寺 木造 阿彌陀佛坐像 井腸 遺物			
		283	通鑑 續編			
		284	初雕本 大般若波羅蜜多經 (卷 第一百六十二, 一百七十, 四百六十三)			
		285	蔚山 大谷里 盤龜臺岩刻畵	蔚山	1975	40
		286	白磁鉢			
		287	扶餘 陵山里 出土 百濟金銅大香爐			
		288	百濟 昌王銘 石造 舍利龕			
		289	王宮里 5層 石塔	全北 益山	1964	29
		290	通度寺 大雄殿 및 金剛戒壇	慶南 梁山	1990	55
		291	龍龕 手鏡			
		292	五臺山 上院寺 重創勸善文			

分類	項目	紀念物 指定番號	紀念物名	所在地	最初訪問時期 年度	年齡(歲)
2.文化財	1.國寶	293	金銅 觀世音菩薩立像			
		294	青華白磁鐵砂辰砂菊花文瓶			
		295	羅州 新村里 古墳 出土 金銅冠			
		296	七長寺 五佛會掛佛幀			
		297	安心寺 靈山會掛佛幀			
		298	甲寺 三身佛掛佛幀			
		299	新元寺 盧舍那佛掛佛幀			
		300	長谷寺 彌勒佛掛佛幀			
		301	華嚴寺 靈山會掛佛幀			
		302	青谷寺 靈山會掛佛幀			
		303	承政院 日記			
		304	麗水 鎭南館	全南 麗水	1988	53
		305	統營 洗兵館	慶南 統營	1989	54
		306	三國遺事(卷 三~五)	서울	1970	35
	2.寶物	1	서울 興仁之門	서울	1956	21
		2	서울 普信閣鍾	〃	〃	〃
		3	圓覺寺碑	〃	〃	〃
		4	中初寺址 幢竿支柱	京畿 始興	1993	58
		5	中初寺址 3層 石塔	〃	〃	〃
		6	高達寺 元宗大師 慧眞塔碑 龜趺 및 螭首	京畿 驪州	1977	42
		7	高達寺 元宗大師 慧眞塔	〃	〃	〃
		8	高達寺址 石佛座	〃	〃	〃
		9	瑞峰寺 玄悟國師塔碑	京畿 龍仁	〃	〃
		10	江華 河岾面 5層 石塔	仁川	1959	24
		11	江華 銅鐘	〃	〃	〃
		12	春宮里 5層 石塔	京畿 廣州	1977	42
		13	春宮里 3層 石塔	〃	〃	〃
		14	彰聖寺 眞覺國師 大覺圓照塔碑	京畿 華城	〃	〃
		15	法住寺 四天王石燈	忠北 報恩	1978	43
		16	億政寺 大智國師碑	忠北 忠州	1983	48
		17	淨土寺 法鏡大師慈燈 塔碑	〃	〃	〃
		18	定山 西亭里 9層 石塔	忠南 青陽	1996	61
		19	聖住寺址 5層 石塔	忠南 保寧	1983	48
		20	聖住寺址 中央 3層 石塔	〃	〃	〃
		21	唐 劉 仁願 紀功碑	서울	1956	21
		22	金山寺 露柱	全北 金堤	1991	56
		23	金山寺 石蓮臺	〃	〃	〃
		24	金山寺 慧德王師 眞應塔碑	〃	〃	〃
		25	金山寺 5層 石塔	〃	〃	〃
		26	金山寺 方等戒檀	〃	〃	〃
		27	金山寺 六角 多層石塔	〃	〃	〃
		28	金山寺 幢竿支柱	全北 金堤	1991	56
		29	金山寺 深源庵北崗 3層石塔	〃	〃	〃
		30	萬福寺址 5層 石塔	全北 南原	1984	49
		31	萬福寺址 石座	〃	〃	〃
		32	萬福寺址 幢竿支柱	〃	〃	〃
		33	實相寺 秀澈和尙 楞伽寶月塔	〃	〃	〃
				〃	〃	〃
		34	實相寺 秀澈和尙 楞伽寶月塔碑	〃	〃	〃
		35	實相寺 石燈	〃	〃	〃
		36	實相寺 浮屠	〃	〃	〃
		37	實相寺 3層 石塔	〃	〃	〃
		38	實相寺 證覺大師 凝蓼塔	〃	〃	〃
		39	實相寺 證覺大師 凝蓼塔碑	〃	〃	〃
		40	實相寺 百丈庵 石燈	〃	〃	〃
		41	實相寺 鐵製如來坐像	〃	〃	〃
		42	龍潭寺址 石佛立像	〃	〃	〃
		43	萬福寺址 石佛立像	〃	〃	〃
		45	蓮洞里 石佛坐像	全北 益山	1964	29
		46	古都里 石佛立像	〃	〃	〃
		47	聖住寺址 西3層石塔	忠南 保寧	1983	48
		48	大興寺 北彌勒庵 磨崖如來坐像	全南 海南	1990	55
		49	東門外 石幢竿	全南 羅州	1982	47
		50	北門外 3層 石塔	〃	〃	〃
		51	內化里 3層 石塔	慶北 聞慶	1936	1
		52	西洞里 3層 石塔	慶北 奉化	1991	56
		53	開心寺址 5層 石塔	慶北 醴泉	1951	16
		54	池山洞 幢竿支柱	慶北 高靈	1984	49
		55	鳳停寺 大雄殿	慶北 安東	1954	19
		56	東部洞 5層 塼塔	〃	〃	〃
		57	造塔洞 5層 塼塔	〃	〃	〃
		58	安寄洞 石佛坐像	〃	〃	〃
		59	宿水寺址 幢竿支柱	慶北 榮州	1979	44
		60	榮州里 石佛立像	〃	〃	〃
		61	佛國寺 舍利塔	慶北 慶州	〃	〃
		62	西岳里 磨崖石佛像	〃	〃	〃
		63	拜里 石佛立像	〃	〃	〃
		64	普門里 錫槽	〃	〃	〃
		65	西岳里 3層 石塔	〃	〃	〃 〃
		66	慶州 石氷庫	〃	〃	〃
		67	孝峴里 3層 石塔	〃	〃	〃
		68	皇南里 孝子孫時楊 旌閭碑	〃	〃	〃
		69	望德寺址 幢竿支柱	〃	〃	〃

分類		指定番號	紀念物名	所在地	年度	年齡(歲)
2.文化財	2.寶物	70	西岳里 龜趺	慶北 慶州	1979	44
		71	大山里 石佛	慶南 咸安	1967	32
		72	斷俗寺址 東3層 石塔	慶南 山淸	〃	〃
		73	斷俗寺址 西3層 石塔	〃	〃	〃
		74	通度寺 國長生石標	慶南 梁山	1990	55
		75	松峴洞 石佛坐像	慶南 昌寧	1995	60
		76	槿花洞 幢竿支柱	江原 春川	1973	38
		77	春川 7層 石塔	〃	〃	〃
		78	居頓寺 圓空國師 勝妙塔碑	江原 原州	1959	24
		79	希望里 3層 石塔	江原 洪川	1993	58
		80	希望里 幢竿支柱	〃	〃	〃
		81	寒松寺址 石佛像	江原 江陵	1983	48
		82	大昌里 幢竿支柱	〃	〃	〃
		83	水門里 幢竿支柱	〃	〃	〃
		84	神福寺址 石佛坐像	〃	〃	〃
		85	掘山寺址 浮屠	〃	〃	〃
		86	掘山寺址 幢竿支柱	〃	〃	〃
		87	神福寺址 3層 石塔	〃	〃	〃
		88	塔山寺 銅鍾	全南 海南	1990	55
		89	道岬寺 石造如來坐像	全南 靈岩	1999	64
		90	松廣寺 大般涅槃經疏	全南 順天	1972	37
		91	倉里 3層 石塔	京畿 驪州	1977	42
		92	下里 3層 石塔	〃	〃	〃
		93	龍尾里 石佛立像	京畿 坡州	1991	56
		94	獅子頻迅寺址 石塔	忠北 堤川	1992	57
		95	彌勒里 5層 石塔	忠北 槐山	1982	47
		96	彌勒里 石佛立像	〃	〃	〃
		97	院豊里 磨崖佛坐像	〃	〃	〃
		98	忠州 鐵佛坐像	忠北 忠州	1983	48
		99	天興寺址 幢竿支柱	忠南 天安	1989	54
		100	安國寺址 石佛立像	忠南 唐津	1999	64
		101	安國寺址 石塔	〃	〃	〃
		102	普願寺址 石槽	忠南 瑞山	1987	52
		103	普願寺址 幢竿支柱	〃	〃	〃
		104	普願寺址 5層 石塔	〃	〃	〃
		105	普願寺 法印國師 寶乘塔	〃	〃	〃
		106	普願寺 法印國師 寶乘塔碑	〃	〃	〃
		107	普光寺 大普光禪師碑	忠南 扶餘	1990	55
		108	定林寺址 石佛坐像	〃	〃	〃
		109	光州 西5層 石塔	光州	1960	25
		110	光州 東5層 石塔	〃	〃	〃
		111	開仙寺址 石燈	全南 潭陽	1975	40
		112	中興山城 3層 石塔	全南 光陽	1974	39
		113	鳳岐洞 3層 石塔	慶北 淸道	1965	60

分類		指定番號	紀念物名	所在地	年度	年齡(歲)
		114	玉洞 3層 石塔	慶北 安東	1954	19
		115	泥川洞 石佛像	〃	〃	〃
		116	石橋里 石佛像	慶北 榮州	1979	44
		117	化達里 3層 石塔	慶北 尙州	1952	17
		118	曾村里 石佛立像	〃	〃	〃
		119	伏龍里 石佛坐像	〃	〃	〃
		120	曾村里 石佛坐像	〃	〃	〃
		121	掘佛寺址 石佛像	慶北 慶州	1979	44
		122	斗垈里 磨崖石佛立像	〃	〃	〃
		123	普門里 幢竿支柱	〃	〃	〃
		124	南山里 3層石塔	〃	〃	〃
		125	鍪藏寺 阿彌陀佛 造像事蹟碑 螭首 및 龜趺	〃	〃	〃
		126	鍪藏寺址 3層 石塔	〃	〃	〃
		127	三郎寺址 幢竿支柱	〃	〃	〃
		128	般若寺 元景王師碑	慶南 陜川	1967	32
		129	月光寺址 3層 石塔	〃	〃	〃
		131	證心寺 鐵造毘盧舍那佛 坐像	光州	1960	25
		132	華嚴寺 東 5層 石塔	全南 求禮	1984	49
		133	華嚴寺 西 5層 石塔	〃	〃	〃
		134	經帙	全南 順天	1972	37
		135	石造 浮屠	大邱	1965	30
		136	南山 彌勒谷 石佛坐像	慶北 慶州	1979	44
		137	鳳巖寺 智證大師 寂照塔	慶北 聞慶	1936	1
		138	鳳巖寺 智證大師 寂照塔碑	〃	〃	〃
		139	月精寺 石造菩薩坐像	江原 平昌	1989	54
		141	서울 文廟	서울	1956	21
		142	서울 東廟	〃	〃	〃
		143	開心寺 大雄殿	忠南 瑞山	1987	52
		145	龍門寺 大藏殿	慶北 醴泉	1951	16
		146	觀龍寺 藥師殿	慶南 昌寧	1995	60
		147	密陽 嶺南樓	慶南 密陽	1992	57
		148	中洞 石槽	忠南 公州	1990	55
		149	班竹洞 石槽	〃	〃	〃
		150	班竹洞 幢竿支柱	〃	〃	〃
		151	鷰谷寺 3層 石塔	全南 求禮	1984	49
		152	鷰谷寺 玄覺禪師 塔碑	〃	〃	〃
		153	鷰谷寺 東浮屠碑	〃	〃	〃
		154	鷰谷寺 西浮屠	〃	〃	〃
		155	寶林寺 東浮屠	全南 長興	1988	53
		156	寶林寺 西浮屠	〃	〃	〃
		157	寶林寺 普照禪師 彰聖塔	〃	〃	〃
		158	寶林寺 普照禪師 彰聖塔碑	〃	〃	〃

Header groups: 項目 / 紀念物 (指定番號, 紀念物名, 所在地) / 最初訪問時期 (年度, 年齡(歲))

分類		指定番號	紀念物名	所在地	年度	年齡(歲)
2.文化財	2.寶物	159	防禦山 磨崖佛	慶南 咸安	1967	32
		160	柳成龍 宗孫家 文籍	慶北 安東	1954	19
		161	淨水寺 法堂	仁川	1959	24
		162	長谷寺 上大雄殿	忠南 靑陽	1996	61
		164	清平寺 廻轉門	江原 春川	1973	38
		165	江陵 烏竹軒	江原 江陵	1983	48
		166	弘濟洞 5層 石塔	서울	1956	21
		167	隱仙里 3層 石塔	全北 井邑	1975	40
		168	千軍里 3層 石塔	慶北 慶州	1979	44
		169	鳳巖寺 3層 石塔	慶北 聞慶	1936	1
		170	雙峰寺 澈鑒禪師 塔碑	全南 和順	1974	39
		171	鳳巖寺 靜眞大師 圓悟塔	慶北 聞慶	1936	1
		172	鳳巖寺 靜眞大師 圓悟塔碑	〃	〃	〃
		173	望海寺址 石造浮屠	蔚山	1975	40
		174	長谷寺 鐵造毘盧舍那佛坐像 附石造臺座	忠南 靑陽	1996	61
		175	松廣寺 經牌	全南 順天	1972	37
		176	松廣寺 金銅搖鈴	〃	〃	〃
		177	서울 社稷壇 正門	서울	1956	21
		178	傳燈寺 大雄殿	仁川	1959	24
		179	傳燈寺 藥師殿	〃	〃	〃
		180	神勒寺 祖師堂	京畿 驪州	1977	42
		181	長谷寺 下大雄殿	忠南 靑陽	1996	61
		182	安東 臨淸閣 正枕 君子亭	慶北 安東	1954	19
		183	江陵 海雲亭	江原 江陵	1983	48
		184	扶餘 長蝦里 3層 石塔	忠南 扶餘	1990	55
		185	無量寺 5層 石塔	〃	〃	〃
		186	南山 茸長寺谷 3層 石塔	慶北 慶州	1979	44
		187	南山 茸長寺谷 石佛坐像	〃	〃	〃
		188	觀德洞 3層 石塔	慶北 義城	1974	39
		189	松林寺 5層 塼塔	慶北 漆谷	2000	65
		190	居頓寺 圓空國師 勝妙塔	서울	1956	21
		191	普賢寺 朗圓大師 悟眞塔	江原 江陵	1983	48
		192	普賢寺 朗圓大師 悟眞塔碑	〃	〃	〃
		193	雲門寺 金堂앞 石燈	慶北 淸道	1965	60
		194	扶餘 石槽	忠南 扶餘	1990	55
		196	金銅 釋迦如來立像	서울	1956	21
		197	靑陽 石造 三尊佛立像	忠南 靑陽	1996	61
		198	南山 佛谷石佛坐像	慶北 慶州	1979	44
		199	南山 神仙庵 磨崖菩薩半跏像	〃	〃	〃
		200	南山 七佛庵 磨崖石佛	〃	〃	〃
		201	南山 塔谷 磨崖彫像群	〃	〃	〃
		202	觀德洞 石獅子	慶北 義城	1974	39
		203	珀谷洞 石造 釋迦如來坐像	慶北 淸道	1965	60
		204	松廣寺 妙法蓮華經 觀世音菩薩普門品三玄圓贊科文	全南 順天	1972	37
		205	松廣寺 大乘阿毗 達磨雜集論疏	〃	〃	〃
		206	松廣寺 妙法蓮華經纘述	〃	〃	〃
		207	松廣寺 金剛般若經疏開玄鈔	〃	〃	〃
		208	雲門寺 銅壺	慶北 淸道	1965	30
		209	懷德 同春堂	大田	1974	39
		210	陶山書院 典敎堂	慶北 安東	1954	19
		211	陶山書院 尙德祠附正門 및 四周土屛	〃	〃	〃
		212	觀龍寺 大雄殿	〃	〃	〃
		213	三陟 竹西樓	江原 三陟	1983	48
		214	文廟 大成殿	江原 江陵	〃	〃
		215	北漢山 舊基里 磨崖釋迦如來 坐像	서울	1956	21
		216	法住寺 磨崖如來倚像	忠北 報恩	1978	43
		217	大鳥寺 石造彌勒菩薩立像	忠南 扶餘	1990	55
		218	灌燭寺 石造彌勒菩薩立像	忠南 論山	1958	23
		219	開泰寺 址石佛立像	〃	〃	〃
		220	北枝里 石造如來坐像	慶北 榮州	1979	44
		221	可興里 磨崖三尊佛像	〃	〃	〃
		222	緇仁里 磨崖佛立像	慶南 陜川	1967	32
		223	到彼岸寺 三層石塔	江原 鐵原	1977	42
		224	庇仁 五層 石塔	忠南 舒川	1990	55
		225	神勒寺 多層石塔	京畿 驪州	1977	42
		226	神勒寺 多層塼塔	〃	〃	〃
		227	昌寧 塔金堂 治成文記碑	慶南 昌寧	1995	60
		228	神勒寺 普濟尊者 石鐘	京畿 驪州	1977	42
		229	神勒寺 普濟尊者 石鐘碑	〃	〃	〃
		230	神勒寺 大藏閣記碑	〃	〃	〃
		231	神勒寺 普濟尊者石鐘앞石燈	〃	〃	〃
		232	灌燭寺 石燈	忠南 論山	1958	23
		233	無量寺 石燈	忠南 扶餘	1990	55
		234	沃溝 鉢山里 石燈	全北 群山	1974	39
		235	莊義寺址 幢竿支柱	서울	1956	21
		236	彌勒寺址 幢竿支柱	全北 益山	1964	29
		237	靑磁 淳化四年銘壺	서울	1956	21
		238	白磁 博山香爐	〃	〃	〃
		239	象嵌草 花文瓶	〃	〃	〃
		240	白磁 透彫牡丹文壺	〃	〃	〃
		242	開目寺 圓通殿	慶北 安東	1954	19

項目 分類		紀念物			最初訪問時期	
		指定番號	紀念物名	所在地	年度	年齡(歲)
2.文化財	2.寶物	243	桐華寺入口 磨崖佛坐像	大邱	1965	30
		244	桐華寺 毘盧庵 石造毘盧舍那佛坐像	〃	〃	〃
		245	梧鳳洞 石造釋迦如來坐像	慶北 金泉	1979	44
		246	孤雲寺 石造釋迦如來坐像	慶北 義城	1974	39
		247	桐華寺 毘盧庵 三層 石塔	大邱	1965	30
		248	桐華寺 金堂庵 三層 石塔	〃	〃	〃
		249	浮石寺 三層 石塔	慶北 榮州	1952	17
		250	梵魚寺 三層 石塔	釜山	1965	30
		251	僊鳳寺 大覺國師碑	慶北 漆谷	2000	65
		252	寶鏡寺 圓眞國師碑	慶北 浦項	1972	37
		253	淸凉寺 石燈	慶南 陜川	1967	32
		254	桐華寺 幢竿支柱	大邱	1965	30
		255	浮石寺 幢竿支柱	慶北 榮州	1979	44
		256	甲寺 鐵幢竿 및 支柱	忠南 公州	1990	55
		257	甲寺 浮屠	〃	〃	〃
		258	石造 浮屠	大邱	1965	30
		259	水鐘寺 浮屠內 遺物	서울	1956	21
		260	眉巖日記(板木 포함)	全南 潭陽	1975	40
		261	沖齋日記	慶北 奉化	1991	56
		262	近思錄	〃	〃	〃
		263	松廣寺 下舍堂	全南 順天	1972	37
		264	海印寺 石造如來立像	慶南 陜川	1967	32
		265	淸凉寺 石造釋迦如來坐像	〃	〃	〃
		266	淸凉寺 三層 石塔	〃	〃	〃
		267	任實 龍岩里 石燈	全北 任實	1988	53
		268	粉靑沙器蓮花文扁壺	大邱	1965	30
		269	紺紙銀泥 妙法蓮華經(卷 第一)	忠南 公州	1990	55
		270	紺紙金泥妙法蓮華經(卷 第六)	〃	〃	〃
		271	麻紙銀泥首楞嚴經(卷 第十)	大邱	1965	30
		272	長水鄕校 大成殿	全北 長水	1964	29
		273	大安寺 寂忍禪師照輪淸淨塔	全南 谷城	1984	49
		274	大安寺 廣慈大師塔	〃	〃	〃
		275	大安寺 廣慈大師碑	〃	〃	〃
		276	鉢山里 五層 石塔	全北 群山	1974	39
		277	來蘇寺 高麗銅鐘	全北 扶安	1975	40
		278	法華經 折本寫本	〃	〃	〃
		279	禪雲寺 金銅菩薩坐像	全北 高敞	1975	40
		280	禪雲寺 地藏菩薩坐像	〃	〃	〃
		281	廣寒樓	全北 南原	1984	49
		282	高達寺址 雙獅子石燈	서울	1956	21
		283	琴譜	〃	〃	〃
		284	金銅如來立像	서울	1956	21
		285	金銅菩薩立像	〃	〃	〃
		286	靑磁象嵌葡萄童子文梅甁	〃	〃	〃
		287	粉靑剝地花文甁	〃	〃	〃
		288	銅製銀入絲香完	〃	〃	〃
		289	披香亭	全北 井邑	1975	40
		290	禪雲寺 大雄殿	全北 高敞	〃	〃
		291	來蘇寺 大雄寶殿	全北 扶安	〃	〃
		292	開岩寺 大雄殿	〃	〃	〃
		293	洗兵館	慶南 統營	1989	54
		294	昇安寺址 三層 石塔	慶南 咸陽	1967	32
		295	觀龍寺 龍船臺 石造釋 迦如來坐像	慶南 昌寧	1995	60
		296	靑巖寺 修道庵 藥光殿 石佛坐像	慶北 金泉	1979	44
		297	靑巖寺 修道庵 三層 石塔	〃	〃	〃
		298	月南寺址 三層 石塔	全南 康津	1999	64
		299	華嚴寺 大雄殿	全南 求禮	1984	49
		300	華嚴寺 圓通殿前 獅子塔	〃	〃	〃
		301	大興寺 北彌勒庵 三層 石塔	全南 海南	1990	55
		302	松廣寺 藥師殿	全南 順天	1972	37
		303	松廣寺 靈山殿	〃	〃	〃
		304	筏橋 虹橋	全南 寶城	1988	53
		305	安東 石氷庫	慶北 安東	1954	19
		306	安東 養眞堂	〃	〃	〃
		307	靑巖寺 修道庵 石造毘盧舍那佛坐像	慶北 金泉	1979	44
		308	豊南門	全北 全州	1975	40
		309	泉谷寺址 七層 石塔	全北 井邑	〃	〃
		310	昌寧 石氷庫	慶南 昌寧	1995	60
		311	錦溪日記	光州	1960	25
		312	小台里 五層石塔	慶南 密陽	1992	57
		313	月南寺址 眞覺國師碑	全南 康津	1999	64
		314	翠紙金泥 妙法蓮華經	慶北 安東	1954	19
		315	白紙墨書 妙法蓮華經	〃	〃	〃
		316	雲門寺 圓鷹國師碑	慶北 淸道	1965	30
		317	雲門寺 石造如來坐像	〃	〃	〃
		318	雲門寺 四天王 石柱	〃	〃	〃
		319	直指寺 石造藥師如來坐像	慶北 金泉	1979	44
		320	大興寺 應眞殿前 三層 石塔	全南 海南	1990	55
		321	至正四年銘 高麗靑銅縷銀香爐	서울	1956	21
		322	觀德亭	濟州 濟州	1965	30

分類 (項目)		紀念物			最初訪問時期	
		指定番號	紀念物名	所在地	年度	年齡(歲)
2.文化財	2.寶物	323	淸道 石氷庫	慶北 淸道	〃	〃
		325	松林寺 五層塼塔內 遺物	서울	1956	21
		326	李忠武公 遺物	忠南 牙山	1972	37
		327	義城 氷山寺址 五層 石塔	慶北 義城	1974	39
		328	金銅藥師如來立像	서울	1956	21
		329	軍守里 石造如來坐像	〃	〃	〃
		330	軍守里 金銅彌勒菩薩立像	〃	〃	〃
		331	方形臺 座金銅彌勒菩薩半跏像	〃	〃	〃
		332	春宮里 鐵造釋迦如來坐像	〃	〃	〃
		333	金銅菩薩立像	〃	〃	〃
		334	通度寺 銀入絲銅製香爐	慶南 梁山	1990	55
		335	石造如來坐像	大邱	1965	30
		336	鄭地將軍 環衫	光州	1960	25
		337	長谷寺 金銅藥師如來坐像	忠南 靑陽	1996	61
		338	金鈴塚 金冠	서울	1956	21
		339	瑞鳳塚 金冠	〃	〃	〃
		340	鐵彩白畵蔘葉文梅甁	〃	〃	〃
		342	靑磁象嵌椛紗文梅甁	〃	〃	〃
		343	文樣塼	〃	〃	〃
		344	靑磁陽刻葦蘆水禽文淨甁	〃	〃	〃
		345	白磁象嵌牡丹文梅甁	〃	〃	〃
		346	靑磁象嵌辰砂牡丹文梅甁	〃	〃	〃
		347	靑磁象嵌游魚文梅甁	〃	〃	〃
		348	粉靑砂器牡丹文飯盒	〃	〃	〃
		349	靑磁象嵌母子盒	〃	〃	〃
		350	道東書院講堂祠堂附墻垣	大邱	1965	30
		351	石造浮屠	서울	1956	21
		352	紺紙銀泥妙法蓮華經 (第 七卷)	〃	〃	〃
		353	靈岩寺址 雙獅子 石燈	慶南 陜川	1967	32
		354	天興寺址 五層 石塔	忠南 天安	1989	54
		355	洪城 新耕里磨崖石佛	忠南 洪城	1981	46
		356	無量寺 極樂殿	忠南 扶餘	1990	55
		357	淨兜寺址 五層 石塔	서울	1956	21
		358	令傳寺址 普濟尊者舍利搭	〃	〃	〃
		359	淨土寺 弘法國師 實相塔碑	〃	〃	〃
		360	月光寺 圓朗禪師 塔碑	〃	〃	〃
		361	菩提寺 大鏡大師 塔碑	〃	〃	〃
		362	鳳林寺 眞鏡大師 寶月凌空塔	〃	〃	〃
		363	鳳林寺 眞鏡大師 寶月凌空塔碑	〃	〃	〃
		364	羅州 西門石燈	〃	〃	〃
		365	興法寺 眞空大師 塔附石棺	〃	〃	〃

分類 (項目)		紀念物			最初訪問時期	
		指定番號	紀念物名	所在地	年度	年齡(歲)
		366	感恩寺址 西三層石塔內遺物	〃	〃	〃
		367	己丑銘 阿彌陀如來諸佛菩薩石像	서울	1956	21
		368	彌勒菩薩半跏石像	〃	〃	〃
		369	石南寺 浮屠	蔚山	1975	40
		370	澗月寺 址石造如來坐像	〃	〃	〃
		371	丹城 石造如來坐像	慶南 晋州	1994	59
		372	龍巖寺址 浮屠	〃	〃	〃
		373	寶泉寺址 三層 石塔	慶南 宜寧	1995	60
		374	栗谷寺 大雄殿	慶南 山淸	1967	32
		375	咸陽 馬川面磨崖如來立像	慶南 咸陽	〃	〃
		376	咸陽 石造如來坐像	〃	〃	〃
		377	居昌 陽平洞 石造如來立像	慶南 居昌	〃	〃
		378	居昌 上洞 石造觀音立像	〃	〃	〃
		379	晋陽 孝子里 三層石塔	慶南 晋州	1994	59
		380	雙磎寺 浮屠	慶南 河東	1995	60
		381	陜川 伯岩里石燈	慶南 陜川	1967	32
		382	靑松寺址 三層 石塔	蔚山	1975	40
		383	敦化門	서울	1956	21
		384	弘化門	〃	〃	〃
		385	明政殿 同廻廊 및 明政門	〃	〃	〃
		386	玉川橋	〃	〃	〃
		387	檜巖寺址 禪覺王師碑	京畿 楊州	1977	42
		388	檜巖寺址 浮屠	〃	〃	〃
		389	檜巖寺址 雙獅子石燈	〃	〃	〃
		390	廣德寺 高麗寫經	忠南 天安	1989	54
		391	釜山鎭 殉節圖	서울	1956	21
		392	東萊府 殉節圖	〃	〃	〃
		393	傳燈寺 梵鐘	仁川	1959	24
		394	羅州鄕校 大成殿	全南 羅州	1982	47
		395	仙岩寺 三層 石塔	全南 順天	1972	37
		396	興國寺 大雄殿	全南 麗水	1988	53
		397	奉先寺 大鐘	京畿 楊州	1977	42
		398	月印千江之曲	서울	1956	21
		399	洪城 高山寺 大雄殿	忠南 洪城	1981	46
		400	仙巖寺 昇仙橋	全南 順天	1972	37
		401	金銅如來立像	서울	1956	21
		402	八達門	京畿 水原	1974	39
		403	華西門	〃	〃	〃
		404	鎭川 蓮谷里 石碑	忠北 鎭川	1998	63
		405	丹陽 香山里 三層 石塔	忠北 丹陽	1981	46
		406	德周寺 磨崖佛	忠北 堤川	1992	57
		407	天原 三台里磨崖佛	忠南 天安	1989	54
		408	雙溪寺 大雄殿	忠南 論山	1958	23

項目 分類		紀念物			最初訪問時期	
		指定番號	紀念物名	所在地	年度	年齡(歲)
2.文化財	2.寶物	409	靈塔寺 金銅三尊佛	忠南 唐津	1999	64
		410	淨岩寺 水瑪瑙塔	江原 旌善	1989	54
		411	無忝堂	慶北 慶州	1979	44
		412	香壇	〃	〃	〃
		413	獨樂堂	〃	〃	〃
		414	忠孝堂	慶北 安東	1954	19
		415	祇林寺 乾漆菩薩坐像	慶北 慶州	1979	44
		416	青磁透刻墩	서울	1956	21
		417	洪武 正韻譯訓	〃	〃	〃
		418	帝王韻紀(上, 下卷)	〃	〃	〃
		419	三國遺事(卷三,四,五)	〃	〃	〃
		420	百丈庵 青銅銀入絲香爐	全北 南原	1984	49
		421	實相寺 藥水庵木彫幀畵	〃	〃	〃
		422	禪院寺 鐵造如來坐像	〃	〃	〃
		423	南原 新溪里 磨崖如來坐像	〃	〃	〃
		424	青龍寺 石造如來坐像	慶北 醴泉	1951	16
		425	青龍寺 石造毘盧舍那佛坐像	〃	〃	〃
		426	醴泉 東本洞 三層 石塔	〃	〃	〃
		427	醴泉東本洞 石造如來立像	〃	〃	〃
		428	麟角寺 普覺國師塔 및 碑	慶北 軍威	1974	39
		429	佛窟寺 三層 石塔	慶北 慶山	1988	53
		430	寶鏡寺 浮屠	慶北 浦項	1972	37
		431	冠峰石造如來坐像	大邱	1965	30
		432	泰安 磨崖三尊佛	忠南 瑞山	1987	52
		433	覺淵寺 石造毘盧舍那佛坐像	忠北 槐山	1982	47
		434	梵魚寺 大雄殿	釜山	1965	30
		435	安城 竹山里 五層石塔	京畿 安城	1977	42
		436	佛谷寺 石造毘盧舍那佛坐像	慶南 昌原	1988	53
		437	金懷鍊 功臣錄券	全北 井邑	1975	40
		438	李太祖四年 및 六年 王旨	〃	〃	〃
		439	陳田寺址 浮屠	江原 襄陽	1979	44
		440	統營 忠烈祠 八賜品	慶南 統營	1989	54
		441	太和寺址 十二支像浮屠	蔚山	1975	40
		442	觀稼亭	慶北 慶州	1979	44
		443	香城寺址 三層 石塔	江原 束草	〃	〃
		444	禪林院址 三層 石塔	江原 襄陽	〃	〃
		445	禪林院址 石燈	〃	〃	〃
		446	禪林院址 弘覺禪師 塔碑 (龜趺 및 螭首)	〃	〃	〃
		447	禪林院址 浮屠	〃	〃	〃
		448	鳳停寺 華嚴講堂	慶北 安東	1954	19
		449	鳳停寺 古今堂	〃	〃	〃
		450	安東 義城金氏 宗宅	〃	〃	〃
		451	安東 太師廟 三功臣遺物	〃	〃	〃
		452	青磁龜形水注	서울	1956	21
		453	綠釉托盞	〃	〃	〃
		454	金堤川	〃	〃	〃
		455	太環耳飾	〃	〃	〃
		456	金製頸飾	〃	〃	〃
		457	醴泉權氏 宗家 別堂	慶北 醴泉	1951	16
		459	堤川 長樂里 七層 模塼石塔	忠北 堤川	1992	57
		460	柳成龍 宗孫家遺物	慶北 安東	1954	19
		461	羅州 鐵川里 七佛石像	全南 羅州	1982	47
		462	羅州 鐵川里 石佛立像	〃	〃	〃
		463	眞空大師塔碑龜趺 및 螭首	江原 原州	1959	24
		464	興法寺址 三層 石塔	〃	〃	〃
		465	永川 新月洞 三層 石塔	慶北 永川	1990	55
		466	萬魚寺 三層 石塔	慶南 密陽	1992	57
		467	表忠寺 三層 石塔	〃	〃	〃
		468	密陽 崇眞里 三層 石塔	〃	〃	〃
		469	善山 洛山洞 三層 石塔	慶北 龜尾	1979	44
		470	桃李寺 石塔	〃	〃	〃
		471	通度寺 奉鉢塔	慶南 梁山	1990	55
		472	寶泉寺 址浮屠	慶南 宜寧	1995	60
		473	法界寺 三層 石塔	慶南 山淸	1967	32
		474	碧松寺 三層 石塔	慶南 咸陽	〃	〃
		475	安東 蘇湖軒	慶北 安東	1954	19
		477	栗谷先生 男妹 分財記	서울	1956	21
		478	甲寺 銅鐘	忠南 公州	1990	55
		479	洛山寺 銅鐘	江原 襄陽	1979	44
		480	靈岩寺址 三層 石塔	慶南 陜川	1967	32
		481	海南尹氏 家傳 古畵帖	全南 海南	1990	55
		482	尹孤山 手蹟 및 關係文書	〃	〃	〃
		483	至正十四年 奴婢文書	〃	〃	〃
		484	雲川 扈從日記	慶北 安東	1954	19
		485	大成至聖文宣王殿坐圖	慶北 榮州	1979	44
		486	銀海寺 百興庵極樂殿須彌壇	〃	〃	〃
		487	藥圃影幀	慶北 醴泉	1951	16
		488	七長寺 慧炤國師碑	京畿 安城	1977	42
		489	靈岩寺址 龜趺	慶南 陜川	1967	32
		490	金烏山 磨崖菩薩立像	慶北 龜尾	1979	44
		491	龍華寺 石造如來坐像	慶南 梁山	1990	55
		492	善山 海平洞 石造如來坐像	慶北 龜尾	1979	44
		493	舞鳳寺 石造如來坐像	慶南 密陽	1992	57
		494	藥圃遺稿 및 文書	慶北 醴泉	1951	16
		495	玉泉寺 壬子銘飯子	慶南 固城	1967	32
		496	華川 啓星里 石燈	江原 華川	1984	49
		497	襄陽 五色里 三層 石塔	江原 襄陽	1979	44

分類	項目	指定番號	紀念物名	所在地	年度	年齡(歲)
2.文化財	2.寶物	498	蔚珍 九山里 三層 石塔	慶北 蔚珍	1983	48
		499	洛山寺 七層 石塔	江原 襄陽	1979	44
		500	雙磎寺 大雄殿	慶南 河東	1995	60
		501	仁同張氏 先世紅白牌	慶北 榮州	1979	44
		502	張末孫影幀	〃	〃	〃
		503	鳴梁大捷碑	全南 海南	1990	55
		504	靈光 新川里 三層 石塔	全南 靈光	1982	47
		505	潭陽邑 石幢竿	全南 潭陽	1975	40
		506	潭陽邑 五層 石塔	〃	〃	〃
		507	無爲寺 先覺大師 遍光塔碑	全南 康津	1999	64
		508	禮山 揷橋 石造菩薩立像	忠南 禮山	1995	60
		509	求禮 論谷里 三層 石塔	全南 求禮	1984	49
		510	漆谷 箕聖洞 三層 石塔	慶北 漆谷	2000	65
		511	淸原 桂山里 五層 石塔	忠北 淸原	1993	58
		512	丹湖寺 鐵佛坐像	忠北 忠州	1983	48
		513	永川 仙源洞 鐵佛坐像	慶北 永川	1990	55
		514	銀海寺雲浮庵靑銅菩薩坐像	〃	〃	〃
		515	淑愼翁主 家垈賜給成文	서울	1956	21
		516	大邱 戊戌銘塢作碑	大邱	1965	30
		517	永川 菁堤碑	慶北 永川	1990	55
		518	海印寺 願堂庵多層石塔 및 石燈	慶南 陜川	1967	32
		519	觀龍寺 石造如來坐像	慶南 昌寧	1995	60
		520	逝亭里 西三層石塔	〃	〃	〃
		521	崇烈堂	慶北 永川	1990	55
		522	陶山書院圖	서울	1956	21
		523	釋譜詳節	〃	〃	〃
		524	正德 癸酉 司馬榜目	慶北 慶州	1979	44
		525	三國史記(卷50)	〃	〃	〃
		526	海東名蹟(上卷 二十枚 下卷 二十三枚)	〃	〃	〃
		527	檀園 風俗圖帖(二十五幅)	서울	1956	21
		528	淸風寒碧樓	忠北 堤川	1992	57
		529	金骨山 五層 石塔	全南 珍島	1990	55
		530	迦葉庵址 磨崖三尊佛像	慶南 居昌	1967	32
		531	龍門寺 正智國師 浮屠 및 碑	京畿 楊平	1977	42
		532	寧國寺 浮屠	忠北 永同	1997	62
		533	寧國寺 三層 石塔	〃	〃	〃
		535	寧國寺 圓覺國師碑	〃	〃	〃
		535	寧國寺 望塔峰 三層 石塔	〃	〃	〃
		536	牙山 坪村里 石造藥師 如來立像	忠南 牙山	1972	37
		537	牙山邑 內里 幢竿支柱	〃	〃	〃
		538	洪城 東門洞 幢竿支柱	忠南 洪城	1981	46
		539	龍淵寺 石造戒壇	大邱	1965	30
		540	洪川 掛石里 四獅子三層石塔	江原 洪川	1993	58
		541	洪川 物傑里 石造如來坐像	〃	〃	〃
		542	洪川 物傑里 石造毘盧舍那佛坐像	〃	〃	〃
		543	洪川 物傑里 佛臺座	〃	〃	〃
		544	洪川 物傑里 佛臺座 및 光背	〃	〃	〃
		545	洪川 物傑里 三層 石塔	〃	〃	〃
		546	淸風 石造如來立像	忠北 堤川	1992	57
		547	禮山 金貞喜宗家遺物	忠南 禮山	1995	60
		548	退陶先生 筆法一冊附退陶先生遺帖	慶北 安東	1954	19
		549	權柱 宗孫家 文書	〃	〃	〃
		549-1	權深妻 孫氏 分衿文記	〃	〃	〃
		549-2	漢城府 皇華坊所在 家垈賣買文書	서울	1956	21
		550	周易淺見錄	〃	〃	〃
		551	時用鄕樂譜	〃	〃	〃
		552	資治通鑑綱目	〃	〃	〃
		553	禮安李氏 忠孝堂	慶北 安東	1954	19
		554	太古亭	大邱	1965	30
		555	平底舟形土器	서울	1956	21
		556	土履	〃	〃	〃
		557	太環耳飾	〃	〃	〃
		558	靑磁象嵌雲鶴牡丹菊花文梅	〃	〃	〃
		559	有紋漆盂	〃	〃	〃
		560	晋率善濊伯長銅印	〃	〃	〃
		561	錦營測雨器	〃	〃	〃
		562	環城寺 大雄殿	慶北 慶山	1988	53
		563	興國寺 虹橋	全南 麗水	〃	〃
		564	靈山 萬年橋	慶南 昌寧	1995	60
		565	深福寺 石造毘盧舍那佛坐像	京畿 平澤	1975	40
		566	柳根影幀(七十一歲像)	忠北 槐山	1982	47
		567	萬奇寺 鐵造如來坐像	京畿 平澤	1975	40
		568	尹奉吉 義士 遺品	서울	1956	21
		569	安重根 義士 遺墨	〃	〃	〃
		570	傳高靈出土一括遺物	〃	〃	〃
		571	左水營大捷碑	全南 麗水	1988	53
		572	松廣寺 高麗文書	〃	〃	〃
		573	詩淺見錄 및 書淺見錄	서울	1956	21
		574	海西 暗行日記	〃	〃	〃
		575	大乘寺 木刻幀附關係文書	慶北 聞慶	1936	1
		576	竹州 奉業寺 貞祐五年銘鈑子	서울	1956	21
		577	正統五年銘 粉靑沙器象嵌	〃	〃	〃

分類		指定番號	紀念物名	所在地	年度	年齡(歲)
2.文化財	2.寶物		魚文盤			
		578	興國寺 大雄殿後佛幀	全南 麗水	1988	53
		579	槐山 外沙里 石造浮屠	서울	1956	21
		580	傳聞慶 五層 石塔	〃	〃	〃
		581	月城 骨窟庵 磨崖如來坐像	慶北 慶州	1979	44
		582	宣祖 二年刊 月印釋譜板木	忠南 公州	1990	55
		583	全州客舍	全北 全州	1975	40
		584	尹文孝公 神道碑	全南 求禮	1984	49
		585	退尤二先生 眞蹟	서울	1956	21
		586	李彦迪 手筆稿本一括	慶北 慶州	1979	44
		587	筆巖書院 文書一括	全南 長城	1989	54
		588	姜民瞻 影幀	서울	1956	21
		589	姜현 影幀	〃	〃	〃
		590	姜世晃 影幀	〃	〃	〃
		591	釋氏 源流應化事蹟冊板	〃	〃	〃
		592	許穆 手稿	〃	〃	〃
		593	李上佐 佛畵帖	〃	〃	〃
		594	崔德之 影幀 및 油紙草本	全北 全州	1975	40
		595	草蟲圖繡屛	釜山	1965	30
		597	隆起紋土器	〃	〃	〃
		598	馬頭飾角杯	〃	〃	〃
		599	雙字勝字銃筒	〃	〃	〃
		600	光州 藥師庵 石造如來坐像	光州	1960	25
		601	達城 道鶴洞 石造浮屠	大邱	1965	30
		602	李珥手筆 擊蒙要訣	서울	1956	21
		603	正德癸酉 文武雜科榜目	〃	〃	〃
		604	敵愾功臣 張末孫 賞勳敎書	〃	〃	〃
		605	高靈 良田洞 岩刻畵	慶北 高靈	1984	49
		606	直指寺 大雄殿앞三層 石塔	慶北 金泉	1979	44
		607	直指寺 毘盧殿앞三層 石塔	〃	〃	〃
		608	威鳳寺 普光明殿	全北 完州	1998	63
		609	化川洞 三層 石塔	慶北 英陽	1991	56
		610	縣一洞 三層 石塔	〃	〃	〃
		611	太古寺 圓證國師 塔碑	京畿 高陽	1989	54
		612	寧越 興寧寺澄曉大師塔碑	江原 寧越	1981	46
		613	保閒齋 影幀	慶北 高靈	1984	49
		614	泗川 埋香碑	慶南 泗川	1967	32
		615	江華 河岾面 石造如來立像	仁川	1959	24
		616	永川 鄕校 大成殿	慶北 永川	1990	55
		617	金製蝶形冠飾(天馬塚)	慶北 慶州	1979	44
		618	金製鳥翼形冠飾(天馬塚)	〃	〃	〃
		619	頸飾(天馬塚)	〃	〃	〃
		620	琉璃杯(天馬塚)	〃	〃	〃
		621	金銅裝鳳凰環頭大刀	〃	〃	〃
			(天馬塚)			
		622	青銅製초斗(天馬塚)	慶北 慶州	1979	44
		623	金製釧 및 指環	〃	〃	〃
			(九十八號 北墳)			
		624	琉璃製臺附杯	〃	〃	〃
			(九十八號 北墳)			
		625	銀製冠飾(九十八號 北墳)	〃	〃	〃
		626	金製高杯(九十八號 北墳)	〃	〃	〃
		627	銀製盞(九十八號 北墳)	〃	〃	〃
		628	銀製盒,銀製완,金製완	〃	〃	〃
		629	金製銙帶 및 腰佩	〃	〃	〃
			(九十八號 北墳)			
		630	金製鳥翼形冠飾	〃	〃	〃
			(九十八號 南墳)			
		631	銀冠(九十八號 南墳)	〃	〃	〃
		632	銀製脛甲(九十八號 南墳)	〃	〃	〃
		633	金製垂飾(味鄒王陵)	大邱	1965	30
		634	象嵌琉璃玉附頸飾	〃	〃	〃
			(味鄒王陵)			
		635	金製嵌裝寶劍(味鄒王陵)	慶北 慶州	1979	44
		636	瑞獸形土器(味鄒王陵)	大邱	1965	30
		637	車輪飾土器	서울	1956	21
		638	耆社契帖	〃	〃	〃
		639	耆社契帖	〃	〃	〃
		640	人天安目	〃	〃	〃
		641	禪宗 永嘉集	〃	〃	〃
		642	城石片	〃	〃	〃
		643	金銅彌勒菩薩半跏思惟像	〃	〃	〃
		644	青華白磁松竹人物文壺	〃	〃	〃
		645	白磁鐵繪雲龍文壺	〃	〃	〃
		646	青磁象嵌尙藥局銘盒	〃	〃	〃
		647	嘉靖乙卯銘 天字銃筒	〃	〃	〃
		648	萬曆乙卯銘 勝字銃筒	〃	〃	〃
		649	戊寅銘 石佛像附臺座	忠南 燕岐	1986	51
		650	七尊石佛像	〃	〃	〃
		651	益山 延安李氏 宗中文籍	서울	1956	21
		652	瓶窩遺稿	〃	〃	〃
		653	刺繡四季盆景圖	〃	〃	〃
		654	刺繡袈裟	〃	〃	〃
		655	星州 老石洞 磨崖佛像群	全南 順天	1972	37
		656	青龍寺 普覺國師 定慧圓融	忠北 忠州	1983	48
			塔前獅子石燈			
		657	三川寺址 磨崖如來立像	서울	1956	21
		658	青龍寺 普覺國師 定慧圓融	忠北 忠州	1983	48

(紀念物 / 最初訪問時期)

項目 分類		紀念物			最初訪問時期	
		指定番號	紀念物名	所在地	年度	年齡(歲)
2.文化財	2.寶物		塔碑			
		659	白磁青花梅竹文甁	서울	1956	21
		660	崔希亮 壬亂捷報書目	〃	〃	〃
		661	尙州 石刻天人像	慶北 尙州	1952	17
		662	花巖寺 雨花樓	全北 完州	1998	63
		663	花巖寺 極樂殿	〃	〃	〃
		664	安心寺 大雄殿	忠北 淸原	1993	58
		665	狼山 磨崖三尊佛	慶北 慶州	1979	44
		666	慶州 三陵溪 石佛坐像	〃	〃	〃
		667	寒天寺 鐵造如來坐像	慶北 醴泉	1951	16
		668	權應銖 將軍 遺物	서울	1956	21
		669	鄭起龍 將軍 遺物	〃	〃	〃
		670	直指寺 大雄殿三尊佛幀畵	慶北 金泉	1979	44
		671	郭忘憂堂 遺物	慶南 宜寧	1995	60
		672	金德遠墓 出土衣服	서울	1956	21
		673	玄風 石氷庫	大邱	1965	30
		674	有金寺 三層 石塔	慶北 盈德	1983	48
		675	永川 華南洞 三層 石塔	慶北 永川	1990	55
		676	永川 華南洞 石佛坐像	〃	〃	〃
		677	長淵寺址 三層 石塔	慶北 淸道	1965	30
		678	雲門寺 三層 石塔	〃	〃	〃
		679	金陵 廣德洞 石造菩薩立像	慶北 金泉	1979	44
		680	榮州 新岩里 磨崖三尊石佛	慶北 榮州	〃	〃
		681	黑石寺 石造如來坐像	〃	〃	〃
		682	持寶寺 三層 石塔	慶北 軍威	1974	39
		683	尙州 上吾里 七層石塔	慶北 尙州	1952	17
		684	龍門寺 輪藏臺	慶北 醴泉	1951	16
		685	大方廣佛華嚴經晋本(卷四)	서울	1956	21
		686	大方廣佛華嚴經晋本	〃	〃	〃
			(卷 二十八)	〃	〃	〃
		687	大方廣佛華嚴經周本 (卷 六十六)			
		688	大方廣佛華嚴經周本 (卷 十七, 五十二)	〃	〃	〃
		689	大方廣佛華嚴經貞元本 (卷 七)	〃	〃	〃
		690	大方廣佛華嚴經周本(卷 六)	〃	〃	〃
		691	小字本佛頂心觀世音菩薩 大陀羅尼經合刻	〃	〃	〃
		692	妙法蓮華經(卷七)	〃	〃	〃
		693	小字本妙法蓮華經 (卷 一~七)	〃	〃	〃
		694	佛說四十二章經合綴 (佛遺敎經,위山經策)	〃	〃	〃
		695	佛說四十二章經合綴 (佛遺敎經,위山警策)	서울	1956	21
		696	金剛般若波羅密經	〃	〃	〃
		697	懶翁和尙語錄 (懶翁和尙歌頌)	〃	〃	〃
		698	大佛頂如來密因修證了 義諸菩薩萬行首楞嚴經 (卷 六~十)	〃	〃	〃
		699	大佛頂如來密因修證了 義諸菩薩萬行首楞嚴經 (卷 六~十)	〃	〃	〃
		700	禪林寶訓(卷 上.下)	〃	〃	〃
		701	佛說長壽滅罪護諸童子經	〃	〃	〃
		702	護法論	〃	〃	〃
		703	藏乘法數	〃	〃	〃
		704	藏乘法數	〃	〃	〃
		705	佛說大報父母恩重經合綴 (佛設父母恩重胎骨經)	〃	〃	〃
		706	中庸朱子或問	〃	〃	〃
		707	中庸朱子或問	〃	〃	〃
		708	及菴先生詩集	〃	〃	〃
		709	雪谷詩藁	〃	〃	〃
		710	東人之文四六(卷 一~六, 十~十五)	〃	〃	〃
		711	東人之文四六(卷 一~六)	〃	〃	〃
		712	東人之文四六(卷 十~十二)	〃	〃	〃
		713	東人之文四六 (卷 十三~十五)	〃	〃	〃
		714	東人之文四六(卷 七~九)	〃	〃	〃
		715	金重萬將軍 影幀	〃	〃	〃
		716	純誠佐理四等功臣錄券	忠北 淸州	1965	30
		717	周世鵬 影幀	慶北 榮州	1979	44
		718	全州李氏高林君派 宗中文書	慶南 梁山	1990	55
		719	圓覺類解(卷 三)	서울	1956	21
		720	金剛般若經疏論纂要助顯錄 (卷 上·下)	〃	〃	〃
		721	金剛般若波羅密經	〃	〃	〃
		723	三國史記(卷 四十四~五十)	〃	〃	〃
		723	三國史記(卷 一~五十)	〃	〃	〃
		724	星州都氏 宗中文書	〃	〃	〃
		725	南原楊氏 宗中文書	〃	〃	〃
		726	昌山君 張寬의 原從功臣錄券	〃	〃	〃
		727	南陽田氏 宗中文書	〃	〃	〃
		728	薛氏夫人 勸善文帖	〃	〃	〃

分類		指定番號	紀念物名	所在地	年度	年齡(歲)
2.文化財	2.寶物	729	醴泉 龍門寺 敎旨	慶北 醴泉	1951	16
		730	佛影寺 應眞殿	慶北 蔚珍	1983	48
		731	宜寧菩提寺址 金銅如來立像	釜山	1965	30
		732	趙大妃 四旬稱慶陣賀圖屛	〃	〃	〃
		733	憲宗 嘉禮圖屛	〃	〃	〃
		734	海印寺 高麗刻板	慶南 陜川	1967	32
		735	浮石寺 高麗刻板	慶北 榮州	1979	44
		736	淨名經集解關中疏	서울	1956	21
	3.史蹟	1	慶州 鮑石亭	慶北 慶州	1979	44
		2	金海 會峴里貝塚	慶南 金海	1989	54
		3	水原城廊	京畿 水原	1974	39
		4	扶餘 聖興山城	忠南 扶餘	1990	55
		5	扶餘 扶蘇山城	〃	〃	〃
		6	皇龍寺址	慶北 慶州	1979	44
		7	望德寺址	〃	〃	〃
		8	四天王寺址	〃	〃	〃
		9	蔚山 鶴城	蔚山	1975	40
		10	서울 城郭	서울	1956	21
		11	廣州 風納里 土城	〃	〃	〃
		12	公州 公山城	忠南 公州	1990	55
		13	公州 宋山里 古墳群	〃	〃	〃
		14	扶餘 陵山里 古墳群	忠南 扶餘	〃	〃
		15	慶州 興輪寺址	慶北 慶州	1979	44
		16	慶州 月城	〃	〃	〃
		17	慶州 南古壘	〃	〃	〃
		18	慶州 臨海殿址	〃	〃	〃
		19	慶州 鷄林	〃	〃	〃
		20	新羅 武烈王陵	〃	〃	〃
		21	傳金庾信墓	〃	〃	〃
		22	慶州 南山城	〃	〃	〃
		23	新羅 景德王陵	〃	〃	〃
		24	新羅 眞德女王陵	〃	〃	〃
		25	慶州 富山城	〃	〃	〃
		26	慶州 掛陵	〃	〃	〃
		27	慶州 九政里 方形墳	〃	〃	〃
		28	新羅 聖德王陵	〃	〃	〃
		29	新羅 憲德王陵	〃	〃	〃
		30	新羅 興德王陵	〃	〃	〃
		31	慶州 感恩寺址	〃	〃	〃
		32	獨立門	서울	1956	21
		33	迎恩門柱礎	〃	〃	〃
		34	扶餘青馬山城	忠南 扶餘	1990	55
		37	五臺山史庫址	江原 平昌	1989	54
		38	慶州 路東里 古墳群	慶北 慶州	1979	44
		39	慶州 路西里 古墳群	慶北 慶州	1979	44
		40	慶州 皇南里 古墳群	〃	〃	〃
		41	慶州 皇吾里 古墳群	〃	〃	〃
		42	慶州 仁旺里 古墳群	〃	〃	〃
		43	慶州 金尺里 古墳群	〃	〃	〃
		44	扶餘 軍守里 寺址	忠南 扶餘	1990	55
		45	慶州 狉項里 寺址	慶北 慶州	1979	44
		46	慶州 遠願寺址	〃	〃	〃
		47	明活山城	〃	〃	〃
		48	關門城	〃	〃	〃
		49	昇州 新城里城	全南 順天	1972	37
		50	泗川 船津里城	慶南 泗川	1967	32
		51	金海 竹島城	慶南 金海	1989	54
		52	機張 竹城里城	釜山	1965	30
		53	態州 安骨里城	慶南 昌原	1988	53
		54	西生浦城	釜山	1965	30
		55	紹修書院	慶北 榮州	1979	44
		56	幸州山城	京畿 高陽	1989	54
		57	南漢山城	京畿 廣州	1977	42
		58	扶餘羅城	忠南 扶餘	1990	55
		59	扶餘 靑山城	〃	〃	〃
		60	乾芝 山城	忠南 舒川	〃	〃
		61	高靈主 山城	慶北 高靈	1984	49
		62	大邱 達城	大邱	1965	30
		63	勿禁 甑山城	慶南 梁山	1990	55
		64	火旺山城	慶南 昌寧	1995	60
		65	牧馬山城	〃	〃	〃
		66	盆山城	慶南 金海	1989	54
		67	咸安 城山山城	慶南 咸安	1967	32
		68	康津 大口面 陶窯址	全南 康津	1999	64
		69	扶安 柳川里 陶窯址	全北 扶安	1975	40
		70	扶安 鎭西里 陶窯址	〃	〃	〃
		71	星山 沙鳧洞 陶窯址	慶北 高靈	1984	49
		72	星山 箕山洞 陶窯址	〃	〃	〃
		73	首露王陵	慶南 金海	1989	54
		74	首露王妃陵	〃	〃	〃
		75	金海 龜山洞 古墳群	〃	〃	〃
		76	羅州 大安里 古墳群	全南 羅州	1982	47
		77	羅州 新村里 古墳群	〃	〃	〃
		78	羅州 德山里 古墳群	〃	〃	〃
		79	高靈 池山洞 古墳群	慶北 高靈	1984	49
		80	昌寧 校洞 古墳群	慶南 昌寧	1995	60
		81	昌寧 松峴洞 古墳群	〃	〃	〃
		82	慶州 千軍里 寺址	慶北 慶州	1979	44

分類	項目	紀念物			最初訪問時期	
		指定番號	紀念物名	所在地	年度	年齡(歲)
2.文化財	3.史蹟	83	先蠶壇址	서울	1956	21
		84	咸安 道項里 古墳群	慶南 咸安	1967	32
		85	咸安 末山里 古墳群	〃	〃	〃
		86	星州 星山洞 古墳群	慶北 星州	2000	65
		87	益山 雙陵	全北 益山	1964	29
		88	慶州 城東里 殿廊址	慶北 慶州	1979	44
		89	扶餘 石城山城	忠南 扶餘	1990	55
		90	大興 任存城	忠南 禮山	1995	60
		92	益山 土城	全北 益山	1964	29
		93	梁山 北亭里 古墳群	慶南 梁山	1990	55
		94	梁山 新基里 古墳群	〃	〃	〃
		95	梁山 中部洞 古墳群	〃	〃	〃
		96	慶州 邑城	慶北 慶州	1979	44
		97	梁山 新基里 山城	慶南 梁山	1990	55
		98	梁山 北部洞 山城	〃	〃	〃
		99	扶餘 雙北里 陶窯址	忠南 扶餘	〃	〃
		100	梁山 法基里 陶窯址	慶南 梁山	〃	〃
		101	三田渡 淸太宗功德碑	서울	1956	21
		103	扶安 龜岩里 支石墓群	全北 扶安	1975	40
		104	荒山大捷碑址	全北 南原	1984	49
		105	七百義塚	忠南 錦山	1974	39
		106	石柱關 七義士墓	全南 求禮	1984	49
		107	丁茶山遺蹟	全南 康津	1999	64
		108	文益漸 棉花始培地	慶南 山淸	1967	32
		109	牙山孟氏 杏壇	忠南 牙山	1972	37
		111	金堤 碧骨堤碑 및 堤防	全北 金堤	1991	56
		112	李忠武公墓	忠南 牙山	1972	37
		113	閑山島 李忠武公遺蹟	慶南 統營	1989	54
		114	廟堂島 李忠武公遺蹟	全南 莞島	1990	55
		115	華寧殿	京畿 水原	1974	39
		116	海美邑城	忠南 瑞山	1987	52
		117	景福宮	서울	1956	21
		118	晋州城	慶南 晋州	1994	59
		119	固城 松鶴洞 古墳群	慶南 固城	1967	32
		120	固城 內山里 古墳群	〃	〃	〃
		121	서울社稷壇	서울	1956	21
		122	昌慶宮(秘苑包含)	〃	〃	〃
		123	昌慶苑	〃	〃	〃
		124	德壽宮	〃	〃	〃
		125	宗廟	〃	〃	〃
		126	龍藏山城	全南 珍島	1990	55
		127	南挑石城	〃	〃	〃
		128	檜巖寺址	京畿 楊州	1977	42
		129	天皇山窯址群	蔚山	1975	40
		130	三郎城	仁川	1959	24
		131	陜川 靈岩寺址	慶南 陜川	1967	32
		132	江華山城	仁川	1959	24
		133	江華 高麗宮址	〃	〃	〃
		134	三姓穴	濟州 濟州	1965	30
		135	宮南池	忠南 扶餘	1990	55
		136	塹城壇	仁川	1959	24
		137	江華 支石墓	〃	〃	〃
		138	書出池	慶北 慶州	1979	44
		139	文殊山城	京畿 金浦	1992	57
		140	禿山城 및 洗馬臺址	京畿 華城	1977	42
		141	光州 忠孝洞 陶窯址	光州	1960	25
		142	西岳里 古墳群	慶北 慶州	1979	44
		143	서울文廟一圓	서울	1956	21
		144	碧蹄館址	京畿 高陽	1989	54
		145	高敞邑城	全北 高敞	1975	40
		146	赤裳山城	全北 茂朱	1964	29
		147	聞慶關門 (第1,第2, 第3關門 및 附屬城壁)	慶北 聞慶	1936	1
		148	坡州德隱里住居址 및 支石墓群	京畿 坡州	1991	56
		149	毓祥宮 (地上建物 一切 包含)	서울	1956	21
		150	益山 彌勒寺址	全北 益山	1964	29
		151	河東 姑蘇城	慶南 河東	1995	60
		152	咸陽 沙斤山城	慶南 咸陽	1967	32
		153	彦陽邑城	蔚山	1975	40
		154	玉山書院	慶北 慶州	1979	44
		155	牙山 李忠武公遺墟	忠南 牙山	1972	37
		156	甑山城	忠南 扶餘	1990	55
		157	圜丘壇	서울	1956	21
		158	文武大王陵	慶北 慶州	1979	44
		159	利見臺	〃	〃	〃
		160	箭串橋	서울	1956	21
		161	慶州 東部 史蹟地帶	慶北 慶州	1979	44
		162	北漢山城	京畿 高陽	1989	54
		163	慶州 狼山	慶北 慶州	1979	44
		164	晋州 平居洞 高麗古墳群	慶南 晋州	1994	59
		165	高靈 古衙洞 壁畵古墳	慶北 高靈	1984	49
		166	武城書院	全北 井邑	1975	40
		167	海南尹氏 綠雨壇	全南 海南	1990	55
		168	居頓寺址	江原 原州	1959	24
		169	靈山 石氷庫	慶南 昌寧	1995	60
		170	陶山書院	慶北 安東	1954	19

分類		指定番號	紀念物名	所在地	年度	年齡(歲)
		紀念物			最初訪問時期	
2.文化	3.史蹟	171	高宗 卽位 四十年 稱慶 紀念碑	서울	1956	21
財		172	新羅 五陵	慶北 慶州	1979	44
		173	新羅 逸聖王陵	〃	〃	〃
		174	新羅 脫解王陵	〃	〃	〃
		175	新羅 味鄒王陵	〃	〃	〃
		176	新羅 法興王陵	〃	〃	〃
		177	新羅 眞興王陵	〃	〃	〃
		178	新羅 眞智 文聖王陵	〃	〃	〃
		179	新羅 憲安王陵	〃	〃	〃
		180	新羅 眞平王陵	〃	〃	〃
		181	新羅 神文王陵	〃	〃	〃
		182	新羅 善德女王陵	〃	〃	〃
		183	新羅 孝恭王陵	〃	〃	〃
		184	新羅 孝昭王陵	〃	〃	〃
		185	新羅 神武王陵	〃	〃	〃
		186	新羅 定康王陵	〃	〃	〃
		187	新羅 憲康王陵	〃	〃	〃
		188	新羅 奈勿王陵	〃	〃	〃
		189	林忠愍公 忠烈祠	忠北 忠州	1983	48
		190	傳 閔哀王陵	慶北 慶州	1979	44
		191	高麗 恭讓王 高陵	京畿 高陽	1989	54
		192	東萊貝塚	釜山	1965	30
		193	東九陵	京畿 楊州	1977	42
		194	獻仁陵	서울	1956	21
		195	英寧陵	京畿 驪州	1977	42
		196	莊陵	江原 寧越	1981	46
		197	光陵	京畿 楊州	1977	42
		198	西五陵	京畿 高陽	1989	54
		199	宣靖陵	서울	1956	21
		200	西三陵	京畿 高陽	1989	54
		201	泰康陵	서울	1956	21
		202	章陵	京畿 金浦	1992	57
		203	長陵	京畿 坡州	1991	56
		204	懿陵	서울	1956	21
		205	恭順永陵	京畿 坡州	1991	56
		206	隆健陵	京畿 華城	1977	42
		207	洪裕陵	京畿 楊州	〃	〃
		208	貞陵	서울	1956	21
		209	思陵	京畿 楊州	1977	42
		210	溫陵	〃	〃	〃
		211	仁川 綠青磁 陶窯址	仁川	1959	24
		212	上黨山城	忠北 清原	1993	58
		213	郵征總局	서울	1956	21
		214	傳 仇衡王陵	慶南 山清	1967	32
		215	金井山城	釜山	1965	30
		216	架山山城	慶北 漆谷	2000	65
		217	唐城	京畿 華城	1977	42
		218	押梁遺蹟	慶北 慶山	1988	53
		219	拜里三陵	慶北 慶州	1979	44
		220	僖康王陵	〃	〃	〃
		221	祗摩王陵	〃	〃	〃
		222	景哀王陵	〃	〃	〃
		223	崇義殿址	京畿 漣川	1977	42
		224	高麗 高宗 洪陵	〃	〃	〃
		225	草芝鎭	仁川	1959	24
		226	德津鎭	〃	〃	〃
		227	廣城堡	〃	〃	〃
		228	尹奉吉 義士 遺墟地	忠南 禮山	1995	60
		229	柳寬順 義士 遺墟地	忠南 天安	1989	54
		230	洪州城	忠南 洪城	1981	46
		231	缸波頭古城	濟州 北濟州	1965	30
		232	觀音浦 李忠武 公戰沒遺墟	慶南 南海	1967	32
		233	南海 忠烈祠	〃	〃	〃
		234	阿且山城	서울	1956	21
		235	三年山城	忠北 報恩	1978	43
		236	忠武 忠烈祠	慶南 統營	1989	54
		237	含春苑址	서울	1956	21
		238	順興於宿墓	慶北 榮州	1979	44
		239	居昌 屯馬里 壁畵古墳	慶南 居昌	1967	32
		240	馬山 外洞 城山貝塚	慶南 昌原	1988	53
		241	月城 花山里 灰釉土器窯址	慶北 慶州	1979	44
		242	筆巖書院	全南 長城	1989	54
		243	石村洞 百濟 初期 積石塚	서울	1956	21
		244	新羅 敬順王陵	京畿 漣川	1977	42
		245	慶州 蘿井	慶北 慶州	1979	44
		246	財買井	〃	〃	〃
		247	舍堂洞 百濟 窯址	서울	1956	21
		249	扶餘 松菊里 先史聚落址	忠南 扶餘	1990	55
		250	高敞 粉青砂器窯址	全北 高敞	1975	40
		251	婆娑城	京畿 驪州	1977	42
		252	藥峴聖堂	서울	1956	21
		253	舊러시아公使館	〃	〃	〃
		254	舊벨기에領事館	〃	〃	〃
		255	龍山 神學校와 元曉路 聖堂	〃	〃	〃
		256	貞洞教會	〃	〃	〃
		257	雲峴宮	〃	〃	〃
		258	明洞聖堂	〃	〃	〃

分類 (項目)		指定番號	紀念物名	所在地	年度	年齡(歲)
		紀念物			最初訪問時期	
2.文化財	3.史蹟	259	江華 仙源寺址	仁川	1959	24
		260	屛山書院	慶北 安東	1954	19
		261	金海 禮安里 古墳群	慶南 金海	1989	54
		262	大邱 不老洞 古墳群	大邱	1965	30
		263	慶州 東方瓦窯址群	慶北 慶州	1979	44
		264	丹陽 溫達山城	忠北 丹陽	1981	46
		265	丹陽 赤城	〃	〃	〃
		266	東三洞 貝塚	釜山	1965	30
		267	岩寺洞 先史住居址	서울	1956	21
		268	全谷里 先史遺蹟址	京畿 漣川	1977	42
		269	廣州 美沙里 先史遺蹟	京畿 廣州	〃	〃
		270	芳荑洞 百濟古墳群	서울	1956	21
		271	慶熙宮址	〃	〃	〃
		272	萬人義塚	全北 南原	1984	49
		273	東萊 福泉洞 古墳群	釜山	1965	30
		274	宋元代 遺物埋藏海域	全南 新安	1988	53
		275	延世大學校 스팀슨館	서울	1956	21
		276	延世大學校 언더우드館	〃	〃	〃
		277	延世大學校 아펜젤라館	〃	〃	〃
		278	舊서울大學校 本館	〃	〃	〃
		279	舊工業傳習所 本館	〃	〃	〃
		281	中央高等學校 本館	〃	〃	〃
		282	中央高等學校 西館	〃	〃	〃
		283	中央高等學校 東館	〃	〃	〃
		285	高麗大學校 本館	〃	〃	〃
		286	高麗大學校 舊圖書館	〃	〃	〃
		287	仁川 沓洞聖堂	仁川	1959	24
		288	全州 殿洞聖堂	全北 全州	1975	40
		289	木浦 市立圖書館	全南 木浦	1988	53
		290	大邱 桂山洞 聖堂	大邱	1965	30
		291	鎭海 郵遞局	慶南 鎭海	1997	62
		292	德浦鎭	京畿 金浦	1992	57
		293	全琫準 先生 故宅址	全北 井邑	1975	40
		294	南固山城	全北 全州	〃	〃
		295	黃土峴 戰蹟地	全北 井邑	〃	〃
		296	觀象監 觀天臺	서울	1956	21
		297	夢村土城	〃	〃	〃
		298	南原城	全北 南原	1984	49
		299	堤岩里 3·1運動 殉國遺蹟	京畿 華城	1977	42
		300	慶山 林堂洞 古墳群	慶北 慶山	1988	53
		301	扶餘 定林寺址	忠南 扶餘	1990	55
		302	樂安邑城	全南 順天	1972	37
		303	廣寒樓苑	全北 南原	1984	49
		304	潭陽 瀟灑園	全南 潭陽	1975	40
3.유네스코 指定 韓國 遺産	1.世界遺産	1	佛國寺(1995 指定)	慶北 慶州	1979	44
		2	石窟庵(〃)	〃	〃	〃
		3	宗廟(〃)	서울	1956	21
		4	海印寺 藏經版殿(〃)	慶南 陜川	1967	32
		5	昌德宮(1997 指定)	서울	1956	21
		6	水原 華城(〃)	京畿 水原	1974	39
		7	江華 고인돌遺蹟(2000 指定)	仁川	1959	24
		8	高敞 고인돌遺蹟(〃)	全北 高敞	1975	40
		9	和順 고인돌遺蹟(〃)	全南 和順	1974	39
		10	慶州 歷史遺蹟地區(〃)	慶北 慶州	1979	44
	2.世界記錄遺産	1	訓民正音(1997 指定)	서울	1956	21
		2	朝鮮王朝實錄(〃)	〃	〃	〃
		3	承政院日記 (2001 指定)	〃	〃	〃
		4	直指心體要節(〃)	프랑스 파리	1979	44
	3.世界無形遺産	1	宗廟祭禮와 宗廟祭禮樂 (2001 指定)	서울	1956	21
		2	판소리(2003 指定)	全國	1936	1

客說 : 經驗에서 얻은 삶의 眞實

백원은 千원만 못하고 萬원에 비하면 아주 형편 없다. 그러나 그 백원도 요긴하게 쓰일 때가 있으니 결코 무시해서는 안 된다. 百원을 멸시한 者, 언젠가는 백원 때문에 울 것이다.

(6) UNESCO 指定 世界遺産(World's Heritages) 觀覽記

(國家 가나다順 및 指定年度順)

項目 / 國家(最初訪問年度)	分類	指定年度	遺産名	最初訪問時期 年度	年齡(歲)
1.가나	文化	1979	· 가나의 城砦		
		1980	· 아샨티 傳統建築物		
2.과테말라	文化	1979	· 안티과市		
		1981	· 키리과 考古遺蹟公園		
	複合	1979	· 티칼 國立公園		
3.教皇廳 (1979)	文化	1984	· 바티칸市	1979	44
4.그루지야	文化	1994	· 므츠헤타 中世教會		
			· 바그라티 聖堂과 겔라의修道院		
		1996	· 어퍼 스바네티		
5.그리스 (1979)	文化	1986	· 바사이의 아폴로 에피큐리우스神殿	1979	44
		1987	· 델피 考古遺蹟地	1979	44
			· 아테네의 아크로폴리스	1979	44
		1988	· 에피다우루스 考古遺蹟	1979	44
			· 테살로니카地域의 古代 그리스도教 및 비잔틴 紀念物群	1979	44
			· 로데스 中世都市	1979	44
		1989	· 올림피아 考古遺蹟	1979	44
			· 미스트라스	1979	44
		1990	· 델로스	1979	44
			· 다프니, 오시오스 루카스, 키오스 섬의 네아모니 修道院	1979	44
		1992	· 피타고리온과 헤라 神殿	1979	44
		1996	· 베르기나 考古遺蹟	1979	44
		1999	· 미케네와 타린스의 考古遺蹟	1979	44
	複合	1988	· 아토스山	1979	44
			· 메테오라	1979	44
6.기니/코트 디 부아르	自然	1999	· 님바山의 地域保護地域		
7.나이지리아	文化	1999	· 수크르 文化造景		
8.南아프리카共和國 (2006)	自然	1999	· 聖루시아 濕地公園	2006	71
	文化	1999	· 르벤 섬	2006	71
			· 스테르크폰테인,스와르트크란스, 크롬 드라이化石 호미니드地域	2006	71
	複合	2000	· 드라켄즈버그 公園	2006	71
9.네덜란드 (1979)	文化	1995	· 쇼클란트와 그 周邊地域	1979	44
		1996	· 암스테르담 防禦線	1979	44
		1997	· 킨더디지크엘슈트 風車網	1979	44
			· 빌렘스타드 內陸地方 歷史地域과 港口	1979	44
		1998	· 디에프보우다 蒸氣機關車驛	1979	44
		1999	· 벰스터 干拓地	1979	44
		2000	· 리트펠트 슈뢰더 하우스	1979	44
10.네팔	自然	1979	· 사가르 마타 國立公園		
		1984	· 로열 치트완 國立公園		
	文化	1979	· 카르만두 溪谷		
		1997	· 룸비니 釋迦誕辰地		
11.노르웨이	文化	1979	· 베르겐의 브리겐 地域		
			· 우르네스 木造教會		
		1980	· 로로스 鑛山타운		
		1985	· 알타의 岩石灰		
12.뉴질랜드 (1982)	自然	1990	· 테와히 포우 나무 公園	1982	47
		1998	· 南極沿岸 섬	1982	47
	複合	1990/93	· 통가리로 國立公園	1982	47
13.니제르	自然	1991	· 아이르 · 테네레 自然保護地域		
	文化	1996	· W 國立公園		
14.니카라과	文化	2000	· 레옹 비에조 遺蹟		
15.덴마크 (1979)	文化	1994	· 옐링 언덕, 루닉 바위와 教會	1979	44
		1995	· 로스킬레 大聖堂	1979	44
		2000	· 크론보리 城	1979	44
16.도미니카共和國	文化	1990	· 산토 도밍고 植民都市		
17.도미니카聯邦	自然	1997	· 모르네트루아피통 國立公園		
18.獨逸 (1979)	文化	1978	· 아헨 大聖堂	1979	44
		1981	· 슈파이어 大聖堂	1979	44
			· 뷔르츠부르크 主教館	1979	44
		1983	· 비스 巡禮聖堂	1991	56
		1984	· 브륄의 아우구수투스부르크 城	1991	56
		1985	· 聖母 마리아 大聖堂과 聖 미카엘 教會	1991	56
		1986	· 트리어(로마時代 紀念物, 聖堂과 리브프로엔 教會)	1991	56
		1987	· 뤼베크 한자 都市	1991	56
		1990/1992	· 베를린과 포츠담의 宮殿 · 公園들	1991	56
		1991	· 로르슈의 알렌 뮌스터 修道院	1994	59
		1992	· 탐멜스부르크 鑛山과 고슬라르 歷史地區	1994	59

項目 / 國家 (最初訪問年度)	世界遺産 分類	指定年度	遺産名	最初訪問時期 年度	年齡(歲)
		1993	· 밤베르크 中世都市	1994	59
			· 마울브론 修道院 地區		
		1994	· 퀠들린브르크의 協同敎會, 城, 옛 市街地	1994	59
			· 푈클링겐 製鐵所		
		1995	· 메셀 化石 遺蹟	1994	59
		1996	· 쾰른 大聖堂	1994	59
			· 바이마르와 데사우의 바우하우스 遺蹟	1994	59
			· 아이슬레벤과 비텐베르크의 루터 紀念館	1994	59
		1998	· 바이마르 地域	1991	56
		1999	· 뮤지엄 신셀(博物館 섬)	1991	56
			· 바르트부르크 城	1991	56
		2000	· 라이헤나우 修道院 섬	1994	59
			· 데시우 뵐리츠의 庭園	1994	59
		2001	· 에센의 촐베라인 炭鑛地	1994	59
		2002	· 슈트랄준트와 비스마르의 歷史地區	1994	59
			· 中北部 라인 溪谷	1979	44
19.라오스	文化	1995	· 루앙 프라방市		
		2001	· 참파삭 文化景觀內의 배트 포우와 隣接古代마을		
20.라트비아	文化	1997	· 리가 歷史센터		
21.러시아 (2001)	自然	1995	· 코미 原始林		
		1996	· 바이칼 湖		
			· 캄차카반도의 火山群		
		1998	· 알타이 黃金山		
		1999	· 카프카스 西部地域		
		2001	· 中央 시호테알린		
	文化	1990	· 상트 페테르부르크(歷史센터와 關聯紀念物群)	2001	66
			· 키시 섬		
			· 모스크바의 크레물린 宮과 붉은 廣場	2001	66
		1992	· 노브고로트 歷史紀念物群과 周邊地域		
			· 솔로베츠키 섬		
			· 블라드미르와 수즈달의 白色紀念物群		
		1993	· 트로이체 세르기예프 修道院		
		1994	· 콜로멘스코예 敎會		

項目 / 國家 (最初訪問年度)	世界遺産 分類	指定年度	遺産名	最初訪問時期 年度	年齡(歲)
		2000	· 페라폰토프 修道院		
			· 카잔 크렘린 歷史 建築物		
22.레바논	文化	1984	· 안자르 遺蹟		
			· 티레 考古遺蹟		
			· 바알베크		
			· 비블로스		
		1998	· 콰디샤 溪谷과 개잎갈나무 숲		
23.루마니아	自然	1991	· 다뉴브江 三角洲		
	文化	1993	· 몰도바 聖堂		
			· 호레주 修道院		
		1993/99	· 트란실바니아 要塞聖堂		
		1999	· 시기쇼아라 歷史地區		
			· 마라무레스 木造敎會		
			· 오라스티에 山 다키안 要塞		
24.룩셈부르크	文化	1994	· 룩셈부르크 中世要塞都市		
25.리비아 (1995)	文化	1982	· 키레네 考古遺蹟	1995	60
			· 렙티스 마그나 考古遺蹟	1995	60
			· 사브라타	1995	60
		1985	· 타드라르트 아카쿠스의 岩刻藝術遺蹟	1995	60
		1986	· 가다메스 옛 都市	1995	60
26.리투아니아	文化	1994	· 빌뉴스 歷史地區		
27.리투아니아/러시아 (/2001)	文化	2000	· 쿠로니안 스피트		
28.마다가스카르	自然	1990	· 베마라하 自然保護區域		
	文化	2001	· 앙보히망가 王室언덕		
29.말라위	自然	1984	· 말라위 湖水 國立公園		
30.말레이시아(1986)	自然	2000	· 키나바루 公園	1986	51
			· 구능물루 國立公園	1986	51
31.말리	文化	1988	· 젠네의 옛 市街地		
			· 통북투(팀북투)		
	複合	1989	· 반디아가라 絶壁		
32.말타	文化	1980	· 발레타 옛 市街地		
			· 할사 플리에니 地下神殿		
		1980/92	· 巨石寺院		
33.멕시코 (2002)	自然	1987	· 시안카안 生物圈 保護地域		
		1993	· 엘비스카이노 고래 保護地域		
	文化	1987	· 멕시코시티 歷史地區	2002	67
			· 테오티우아칸의 先 스페인 都市	2002	67

國家(最初訪問年度) \ 項目	世界遺産			最初訪問時期	
	分類	指定年度	遺産名	年度	年齡(歲)
			· 푸에블라 歷史地區		
			· 오악사카 센터 및 몬테알반 考古遺蹟地		
		1988	· 치첸이트사 先 스페인 都市		
			· 과나후아토 타운과 周邊 鑛山地帶		
		1991	· 모렐리아 歷史센터		
		1992	· 엘타힌 先 스페인 都市		
		1993	· 산프란스스코 山地 岩壁畵		
			· 사카테카스 歷史센터		
		1994	· 포포카페틀의 16世紀 修道院		
		1996	· 케레타로 歷史紀念物地帶		
			· 욱스말 先 스페인 都市		
		1997	· 과달라하라의 호스피시오 카바냐스		
		1998	· 파키 메카사스 그란데스 考古遺蹟地		
			· 티아코탈판 歷史紀念物地域		
		1999	· 캄페체 要塞都市		
			· 소키칼코 考古紀念地域		
		2002	· 칼라크물, 캄페체의 古代 마야都市		
	複合	1987	· 팔렝케의 先 스페인 都市와 國立公園		
34.모로코	文化	1981	· 페스의 메디나		
		1985	· 마라케시의 메디나		
		1987	· 아이트벤하두 要塞마을		
		1996	· 메크네스 歷史都市		
		1997	· 블루비유스 考古學地域		
			· 테투안의 메디나		
		2001	· 에사우이라의 메디나		
35.모리타니	自然	1989	· 방 다르긴 國立公園		
	文化	1996	· 우아단, 싱게티, 티시트, 우알라타 古代都市		
36.모잠비크	文化	1991	· 모잠비크 섬		
37.美 國 (1969)	自然	1978	· 옐로 스톤 國立公園		
		1979	· 그랜드 캐니언	1995	60
			· 에버글레이즈 國立公園		
		1980	· 레드 우드 國立公園		
		1981	· 올림픽 國立公園		
			· 매머드 洞窟 國立公園		
		1983	· 그레이트 스모키 山脈公園		

國家(最初訪問年度) \ 項目	世界遺産			最初訪問時期	
	分類	指定年度	遺産名	年度	年齡(歲)
		1984	· 요세미티 國立公園		
		1987	· 하와이 火山公園	1972	37
		1995	· 칼즈배드 洞窟 國立公園		
	文化	1978	· 메사 버드		
		1979	· 獨立紀念館	1969	34
		1982	· 카호키아 歷史遺蹟		
		1983	· 푸에리토리코 라포르 탈레사-산후안 歷史地區		
		1984	· 自由의 女神像	1970	35
		1987	· 차코 文化歷史公園		
			· 몬티첼로와 버지니아大學		
		1992	· 푸에블로 데타오스		
38.美國/캐나다 (1969/1997)	自然	1979	· 타첸시니앨섹/클루에인/랭겔-세인트 일라이어스/글레이셔만 山嶽公園群		
		1995	· 워티턴 氷下 國際平和公園		
39.방글라데시	自然	1997	· 순다르 반스		
	文化	1985	· 파하르푸르의 佛敎遺蹟		
			· 바게르하트의 모스크 都市		
40.베냉	文化	1985	· 아보메 王宮		
41.베네수엘라	自然	1994	· 카나이가國立公園		
	文化	1993	· 코로 港口		
		2000	· 카라카스 大學 建築物		
42.베트남 (2000)	自然	1994	· 하롱灣		
	文化	1993	· 위에 紀念物 集中地帶		
		1999	· 호이안 옛 都市		
			· 聖者 神殿	2000	65
43.벨기에	文化	1998	· 브뤼셀의 라그랑 폴리스		
			· 베긴 修女院		
			· 中央運河의 다리와 周邊		
		1999	· 플랑드르와 왈로니아 鐘樓		
		2000	· 브뤼헤 歷史地區		
			· 建築家 빅토르 오르타의 마을		
			· 스피에네스의 플린트 鑛山		
			· 투르네의 노트르담 聖堂		
44.벨라루스	文化	2000	· 미르 城		
45.벨라루스/폴란드 (/2001)	自然	1979/92	· 벨로베시즈스카야후 슈차/바이알로비에자 森林地帶		
46.벨리즈	自然	1996	· 벨리즈 珊瑚礁 保護地域		
47.보츠와나 (2006)	文化	2001	· 초딜로	2006	71
48.볼리비아	自然	2000	· 노엘 켐프 메르카도 國立公園		

國家 (最初訪問年度) \ 項目	世界遺産			最初訪問時期	
	分類	指定年度	遺産名	年度	年齡(歲)
	文化	1987	· 포토시 鑛山都市		
		1990	· 치키토스의 예수會 宣敎道 施設		
		1991	· 수크레 歷史都市		
		1998	· 사마이 파타 岩壁畵		
		2000	· 티와나쿠		
49.불가리아	自然	1983	· 스레바르나 自然保護區域		
			· 피린 國立公園		
	文化	1979	· 이바노보의 岩窟聖堂群		
			· 마다라 旗手像		
			· 보야나 聖堂		
			· 카잔루크의 트라키아人 古墳		
		1983	· 네세비르 옛 都市		
			· 릴라 修道院		
		1985	· 스베슈타리의 트라키아人 古墳		
50.브라질 (2002)	自然	1986	· 이과수 國立公園	2002	67
		1999	· 디스커버리 海岸 大西洋林 保護地域		
			· 南東部 大西洋林 保護地域		
		2000	· 하우 國立公園		
			· 판타날 保存地區		
		2001	· 브라질 大西洋 섬(페르난두 데누로냐와 아톨다스로카스 保護區域)		
			· 세라도 保護地域(차파다도스버데이로스와 에마스 國立公園		
	文化	1980	· 오루프레투 歷史地區		
		1982	· 올린다 歷史센터		
		1985	· 살바도르 데 바이아 歷史地區		
			· 콘고냐스의 봉제수스 聖域		
		1987	· 브라질리아	2002	67
		1991	· 세라다카피바라 國立公園		
		1997	· 상루이스 歷史地區		
		1999	· 디아만티나시 歷史地區		
		2001	· 고이시 歷史센터		
51.세네갈	自然	1981	· 주지 國立鳥類 保護地		
			· 니오콜로코바 國立公園		
	文化	1978	· 고레 섬		
		2000	· 생 루이 섬		
52.세이셸	自然	1982	· 알 다브라		
		1983	· 마이 溪谷 自然保護地域		
53.세인트 크리스토퍼 네비스	文化	1999	· 硫黃山 要塞 國立公園		
54.솔로몬 諸島	自然	1998	· 이스트레넬		
55.수리남	自然	2000	· 수리남 自然保全地區		
	文化	2002	· 파라마리보의 歷史的 內部 都市		
56.스리랑카 (1979)	自然	1988	· 신할라자 森林保護地域		
	文化	1982	· 시기리야 古代都市		
			· 폴로나루와 古代都市		
			· 아누라다푸라 神聖都市		
		1988	· 캔디 神聖都市	1983	48
			· 갈 옛 都市 및 要塞		
		1991	· 담불라 黃金寺院	1979	44
57.스웨덴 (1991)	自然	2000	· 하이 코스트		
	文化	1991	· 트로트닝홀름 王室領地	1991	56
		1993	· 비르카-호브가르텐		
			· 엥겔스 베리 製鐵所		
		1994	· 타눔 岩刻畵		
			· 스코그스퀴코가르덴 墓地 公園		
		1995	· 비스뷔 한자同盟都市		
		1996	· 룰레오-감멜스다드 聖堂마을		
		1998	· 칼스 크로나 港口		
		2000	· 南部 올란드 景觀		
		2001	· 팔룬 구리山의 炭鑛地		
	複合	1996	· 라포니안 地域		
58.스위스 (1979)	自然	2001	· 융프라우·알레치·비치호른	1979	44
	文化	1983	· 베른 옛 市街地	1979	44
			· 산갈 修道院		
			· 뮈스타이르의 聖 요한 베네딕투스 修道院		
		2000	· 베린초나 市場마을의 城과 城壁		
59.스페인 (1991)	自然	1986	· 갈라호네이 國立公園		
		1994	· 도냐나 國立公園		
	文化	1984	· 바르셀로나의 궬公園 및 카사빌라 邸宅	1991	56
			· 부르고스 大聖堂		
			· 살라망카 옛 都市		
			· 마드리드의 에스퀴리알	1991	56

項目 國家(最初訪問年度)	世界遺産			最初訪問時期	
	分類	指定年度	遺産名	年度	年齡(歲)
			修道院 遺蹟		
		1984/94	· 코르도바 歷史地區		
			· 알람브라/알바이신/그라나다		
		1985	· 산티아고 데 콤포스 텔라 옛 市街地		
			· 알타미라 洞窟		
			· 오비에도 및 아스투리아스 王國 紀念物群		
			· 세고비아 옛 市街地와 水路		
			· 아빌라 옛 市街地		
		1986	· 테루엘의 무데하르 建築		
			· 톨레도 옛 市街地		
			· 카세레스 옛 市街地		
		1987	· 세비야 地域 大聖堂 · 城砦		
		1991	· 포블레트 修道院		
		1993	· 메리다 考古遺蹟群		
			· 산타 마리아 데 과달루페 王立修道院		
			· 산티아고 데 콤포스텔라 巡禮길		
		1996	· 쿠엥카 옛 城郭都市		
			· 발렌시아의 라론하데 라세다		
		1997	· 라스 메들라스		
			· 뮤지카 카탈루냐 팔라우와 바르셀로나 산트파우 病院	1991	56
			· 산 밀란 유소-수소 修道院		
		1998	· 이베리아 半島 地中海 沿岸 岩壁畵 地域		
			· 알칼라 데 에나레스 大學 및 歷史地區		
		1999	· 聖 라구나 크리스탈		
		2000	· 엘체시의 椰子樹林景觀		
			· 타라코 考古遺蹟		
			· 루고 로마時代 城壁		
			· 발데부아의 카탈루냐 로마네스크 敎會		
			· 아타푸에르카 考古遺蹟		
		2001	· 아랑후에스 文化景觀		
	複合	1999	· 아비사 섬의 生物 多樣性과 文化		
60.슬로바키아	文化	1993	· 반스카슈티아브니차		
			· 스피슈城과 周邊文化財		

項目 國家(最初訪問年度)	世界遺産			最初訪問時期	
	分類	指定年度	遺産名	年度	年齡(歲)
			· 블콜리네츠 傳統建築物 保存地區		
		2000	· 바르데조프 都市保存地區		
61.슬로베니아	自然	1986	· 뉴코치안 洞窟		
62.시리아	文化	1979	· 다마스쿠스 옛 市街地		
		1980	· 보스라 古代都市		
			· 팔미라 遺蹟		
		1986	· 알레포 옛 市街地		
63.아르메니아	文化	1996	· 하흐파트 修道院		
		2000	· 게하르트의 修道院과 아자트 溪谷		
			· 에치미아진의 聖堂 · 敎會와 즈바르트노츠의 考古遺蹟		
64.아르헨티나(2002)	自然	1981	· 로스氷下 國立公園		
		1984	· 이과수 國立公園	2002	67
		1999	· 발데스 半島		
		2000	· 이치괄라스토/탈람파야 自然公園		
	文化	1999	· 리오핀투라스 岩刻畵		
		2000	· 코르도바의 예수會 修士遺蹟		
65.아르헨티나/브라질(2002/2002)	文化	1983/84	· 과라니族의 예수會 宣敎團 施設		
66.아이티	文化		· 시타델/상수리/라미에르 歷史公園		
67.아일랜드	文化	1993	· 보인 屈曲部의 考古遺蹟		
		1996	· 스켈리그 마이클		
68.아제르바이젠	文化	2000	· 바쿠 城郭都市		
69.아프가니스탄	文化	2002	· 잠무의 尖塔과 考古學的 遺蹟		
70.알바니아	文化	1992/99	· 부트린트 考古遺蹟		
71.알제리	文化	1980	· 베니함마드 要塞		
		1982	· 제밀라 로마時代 遺蹟		
			· 팀가드 로마 遺蹟		
			· 티파사 考古遺蹟		
			· 타실리-나제르 遺蹟		
			· 음자브 溪谷		
		1992	· 알제의 카스바		
72.에스토니아	文化	1997	· 탈린 歷史센터		
73.에콰도르	自然	1978	· 갈라파고스 섬		

項目 國家(最初訪問年度)	世界遺産 分類	指定年度	遺産名	最初訪問時期 年度	年齡(歲)
		1983	· 상가이 國立公園		
	文化	1978	· 키토 옛 都市		
		1999	· 쿠엥카 歷史센터		
74.에티오피아	自然	1978	· 시멘 國立公園		
	文化	1978	· 랄리벨라 岩窟聖堂		
		1979	· 파실게비/곤다르 遺蹟		
		1980	· 악숨 考古遺蹟		
			· 아와시江 下流遺蹟		
			· 티야 碑石群		
			· 오모江 下流遺蹟		
75.엘살바도르	文化	1993	· 호야데세렌 遺蹟地		
76.英國(1979)	自然	1986	· 세인트 킬다 群島		
			· 자이언츠 코즈웨이와 一帶沿岸		
		1988	· 핸더슨 섬		
		1995	· 고프 섬 野生生物 保護地域		
		2001	· 도싯과 이스트 데븐 海岸		
	文化	1986	· 스터들리 王立公園과 파운틴스 修道院 廢墟		
			· 더럼 大聖堂		
			· 에드워드 1世時代의 城과 邑城들		
			· 아이언 브리지 溪谷		
			· 스톤헨지 遺蹟(巨石遺蹟)		
		1987	· 하드리아누스 防壁		
			· 블레넘 宮殿		
			· 바스市		
			· 웨스터민스터 寺院과 세인트 마그릿 敎會	1979	44
		1988	· 런던 타워	1979	44
			· 캔터버리 大聖堂/聖 오거스틴 修道院과 세인트 마틴 敎會		
		1995	· 에든버러 新·舊 都市	1979	44
		1997	· 그리니치 海邊	1979	44
		1999	· 오크니 諸島 新石器遺蹟		
		2000	· 블러네이븐 産業景觀		
			· 聖조지 歷史마을과 버뮤다 防禦物		
		2001	· 더 웬트 溪谷 製造所		
			· 뉴래너크 마을		
			· 샐타이어 마을		

項目 國家(最初訪問年度)	世界遺産 分類	指定年度	遺産名	最初訪問時期 年度	年齡(歲)
77.예루살렘	文化	1981	· 예루살렘 옛 都市와 城壁		
78.예멘	文化	1982	· 시밤 古代 城廓 都市		
		1986	· 사나 옛 市街地		
		1993	· 자비드 歷史都市		
79.옛 유고聯邦/마케도니아	複合	1980	· 오흐리드와 그 湖水		
80.오만	自然	1994	· 아라비아 오릭스 保護地域		
	文化	1987	· 바흘라 要塞		
		1988	· 바트/알크틈/알아인 考古遺蹟		
		2000	· 프란킨센스 遺蹟		
81.오스트레일리아(1982)	自然	1981	· 그레이트 배리어 리프		
		1986/94	· 濠洲 中東部 熱帶雨林地帶	1982	47
		1988	· 퀸즐랜드 熱帶濕潤地域	1982	47
		1991	· 샤크만		
		1992	· 프레이저 섬		
		1994	· 濠洲 哺乳類 化石 保存地區		
		1997	· 허드/맥도널드 섬		
			· 매쿼리 섬		
		2000	· 블루 마운틴 山嶽地帶	1982	47
	複合	1981	· 윌랜드라 湖水地域		
		1981/87/92	· 카카두 國立公園		
		1982/89	· 태즈메이니아 野生地帶		
		1987/94	· 울루루 카타추타 國立公園		
82.오스트리아(1979)	文化	1996	· 잘츠부르크市 歷史센터		
			· 쇤브룬 宮殿과 庭園	1979	44
		1997	· 할슈타트/다흐슈타인 잘츠카어수트 歷史現場		
		1998	· 제메링 鐵道		
		1999	· 그라츠 市 歷史地區		
		2000	· 바하우 文化景觀		
		2001	· 빈 歷史센터	1979	44
83.오스트리아/헝가리(1979/2001)	文化	2001	· 피트 누이지들러시 文化景觀		
84.온두라스	自然		· 플라타노江 生物圈 保護地域		
	文化	1980	· 코판의 마야 遺蹟		
85.요르단(2001)	文化	1985	· 카스트 암라		
			· 페트라	2001	66
86.우간다	自然	1994	· 루웬조리山 國立公園		
			· 브윈디 天然 國立公園		

國家(最初訪問年度)	世界遺産 分類	指定年度	遺産名	最初訪問時期 年度	年齡(歲)
	文化	2001	· 카수비의 우간다 王陵		
87.우루과이	文化	1995	· 콜로니아 델사크와 멘토 歷史地區		
88.우즈베키스탄	文化	1990	· 이찬칼라		
		1993	· 부하라 歷史센터		
		2000	· 샤흐리스 야부즈 歷史地區		
		2001	· 사마르칸드 歷史都市-文化의 岐路		
89.우크라이나	文化	1990	· 키예프의 城 소피아 大聖堂과 키예프, 페체르 스카야 大修道院		
		1998	· 리비프 遺蹟地區		
90.유고슬라비아	自然	1980	· 두루미토르 國立公園		
	文化	1979	· 스타리라스와 소포차니		
		1986	· 수투데니카 修道院		
	複合	1979	· 코도르 地域의 自然文化遺蹟地		
91.이라크 (2001)	文化	1985	· 하트라	2001	66
92.이란	文化	1979	· 이스파한 이맘 廣場		
			· 페르세 폴리스		
			· 초가잔빌		
93.이스라엘	文化	2001	· 마사다 國立公園		
			· 아크레 옛 都市		
94.이집트 (1995)	文化	1979	· 아부메나 그리스敎 遺蹟		
			· 古代 테베와 네크로폴리스	1995	60
			· 이슬람 都市 카이로	1995	60
			· 멤피스와 墓地地域 (기제에서 다슈르까지의 大피라미드 地域)	1995	60
			· 누비아 地域(아부심벨에서 필라에 섬 까지)		
		2002	· 세인트 카테리네 地區		
95.이탈리아 (1979)	自然	1998	· 실렌토/발로/디디아노 國立公園		
		2000	· 에폴리에 諸島		
	文化	1979	· 카모니카 溪谷 岩石畵		
		1980	· 산타 마리아의 修道院과 델레그라치에 敎會의 레오나르도 다빈치 '最後의 晩餐'		
		1982	· 피렌체 歷史센터		
		1987	· 피사의 두오모 廣場		
			· 베네치아와 潟湖	1979	14
		1990	· 산지미냐소 歷史센터		
		1993	· 마테라의 洞窟 住居地		
		1995	· 크레스피다다		
			· 비첸차의 팔라디오의 建築物		
		1995	· 나폴리 歷史地區		
			· 시에나 歷史地區		
		1995/99	· 르네상스 都市 페라라와 포 三角洲		
		1996	· 몬테 城		
			· 알베로 벨로의 트룰리		
			· 라벤나의 初期 그리스도敎 紀念物과 모자이크		
			· 피엔차市 歷史센터		
		1997	· 카세르타 18世紀 宮殿과 公園, 반비텔리 水路, 산 루치오		
			· 사보이 宮中 邸宅		
			· 파도바 植物園		
			· 모데나의 토레시비카와 피아차 그란데 聖堂		
			· 폼페이/헤르클라네움 考古學 地域과 토레안눈치아타		
			· 카살레의 빌라로마나		
			· 바루에니의 수 누락시		
			· 코스티에라 아말피타라		
			· 포르토베네레, 생케테레와 섬들		
			· 아그리젠토 考古學 地域		
		1998	· 아킬레이아 考古遺蹟地 및 카톨릭 敎會		
			· 우르비노 歷史遺蹟地		
		1999	· 안드리아나 古代建築		
		2000	· 아시시, 산프란체스코의 바실리카 遺蹟		
			· 베로나 市		
		2001	· 티볼리의 에스테家 別莊		
		2002	· 都市 발디노토의 後期바로크		
96.이탈리아/敎皇廳 (1979/1979)	文化	1980/90	· 로마 歷史地區	1979	44
97.印度 (1983)	自然	1985	· 케올라데오 國立公園		
			· 마나스 野生動物 保護地域		
			· 카지란가 國立公園		

項目 國家(最初訪問年度)	世界遺産 分類	指定年度	遺産名	最初訪問時期 年度	年齡(歲)
		1987	· 순다르반스 國立公園		
		1988	· 난다데비 國立公園		
	文化	1983	· 아그라 城砦	1983	48
			· 타지마할	1983	48
			· 엘로라 石窟		
			· 아잔타 洞窟		
		1984	· 마하 발리푸람 紀念物群		
			· 코나라크의 太陽神寺院		
		1986	· 파떼푸르시크리		
			· 카주라호 紀念物群		
			· 고아의 聖堂과 修道院		
			· 함피의 紀念物群		
		1987	· 엘레판타 石窟		
			· 탄자부르의 브리하디스와라 寺院		
		1989	· 산치의 佛敎 紀念物群		
		1993	· 델리의 쿠트브미나르 遺蹟地	1983	48
			· 델리의 후마윤 墓地	1983	48
		1997	· 파타다칼 紀念物群		
		1999	· 다르질링의 히말라야 鐵道		
		2002	· 부다가야의 마하보디 寺院 團地		
98.인도네시아(1982)	自然	1991	· 코모도 國立公園		
			· 우중쿨론 國立公園		
		1999	· 로렌츠 國立公園		
	文化	1991	· 프람바난 힌두 寺院	1982	47
			· 보로부두르 佛敎寺院	1982	47
		1996	· 산기란 初期 人類遺蹟地		
99.日 本(1972)	自然	1993	· 시라카미 山地		
			· 야쿠 섬		
	文化	1993	· 히메지城		
			· 호류寺 地域 佛敎 紀念物群	1993	58
		1994	· 古代 교토의 歷史紀念物群	1974	39
		1995	· 시라카와 地方과 고카山 歷史마을		
		1996	· 히로시마 平和紀念館(原爆돔)	1987	52
			· 이쓰쿠시마神社		
		1998	· 나라 歷史紀念物	1985	50
		1999	· 닛코 祠堂과 寺院	1982	47
		2000	· 구스크 遺蹟 및 류큐王國 遺蹟		
100.잠비아/	自然	1989	· 모시오아 툰야(빅토리아	2006	71

項目 國家(最初訪問年度)	世界遺産 分類	指定年度	遺産名	最初訪問時期 年度	年齡(歲)
짐바브웨(2006/2006)			瀑布)		
101.中 國(1989)	自然	1992	· 주자이거우의 自然景觀 및 歷史地區		
			· 우링위안의 自然景觀		
			· 황룽溪谷		
		1987	· 明 · 淸代 宮殿 紫禁城	1992	57
			· 저우커우뎬의 北京猿人 遺蹟		
			· 萬里長城	1982	47
			· 둔황의 모가오 洞窟		
			· 泰始皇陵	1998	63
		1994	· 淸代의 유샤山莊		
			· 라사의 포탈라宮		
			· 曲阜의 孔子遺蹟		
			· 우당山 古代 建築物群		
		1996	· 루산 國立公園		
		1997	· 蘇州의 傳統庭園	1989	54
			· 핑양오 古代 都市		
			· 리장 古代 마을		
		1998	· 이 허위안		
			· 北京 郊外의 天壇	1992	57
		1999	· 大足 岩刻畵		
		2000	· 칭창山과 도우장언 用水路 시스템		
			· 안후이-쯔디아 홍쿤 古代 마을		
			· 룽먼 石窟		
			· 明 · 淸代의 皇陵	1992	57
		2001	· 원강 石窟		
	複合	1987	· 타이 山		
		1990	· 黃山		
		1996	· 어메이山과 러山 大佛		
		1999	· 우이山		
102.中央아프리카 共和國	自然	1988	· 마노보군다 생플로리스 國立公園		
103.짐바브웨(2006)	自然	1984	· 마나풀스 國立公園(사피/ 츄어 保護地域)	2006	71
	文化	1986	· 카미 遺蹟	2006	71
			· 大 짐바브웨 遺蹟	2006	71
104.체코(2001)	文化	1992	· 프라하 歷史地區	2001	66
			· 텔치 歷史센터		
			· 체스키 크룸로프 歷史센터		
		1994	· 젤레 나호라의 聖 요한 네포		

項目 國家(最初訪問年度)	世界遺産			最初訪問時期	
	分類	指定年度	遺産名	年度	年齡(歲)
			묵 巡禮敎會		
		1995	· 쿠트 나호라 歷史타운		
		1996	· 레드니체 발티체 文化景觀		
		1998	· 홀라주도 비체 歷史마을 保存地區		
			· 크로메르지시의 庭園과 城		
		1999	· 리토 미슐城		
		2000	· 올로모우츠의 三位一體 石柱		
		2001	· 브르노의 투겐드하트 別莊	2001	66
105.칠레	文化	1995	· 라파누이 國立公園		
		2000	· 칠로에의 敎會		
106.카메룬	自然	1987	· 드자의 動物保護區域		
107.캄보디아 (2000)	文化	1992	· 앙코르	2000	65
108.캐나다 (1997)	自然	1978	· 나하니 國立公園		
		1979	· 앨비타 州立 恐龍公園		
		1983	· 우드 버펄로 國立公園	1997	62
		1984	· 캐나디안 로키山脈 公園		
		1987	· 그로스 몬 國立公園		
		1999	· 미과사 公園		
	文化	1978	· 란 세오메도스 國立歷史公園		
		1981	· 버펄로의 헤드스매시드 地帶		
			· 앤터니 섬		
		1985	· 퀘벡 歷史地區		
		1995	· 루넌버그 옛 市街地		
109.케냐 (2006)	自然	1997	· 케냐 國立公園	2006	71
			· 시빌로이/中央 섬 國立公園		
	文化	2001	· 라무 古代都市		
110.코스타리카	自然	1997	· 코코스 섬 國立公園		
		1999	· 과나카스테 保護地域		
111.코스타리카/파나마	自然	1983/90	· 라아미스 타드 保護地域		
112.코트디부아르	自然	1982	· 타이 國立公園		
		1983	· 코모에 國立公園		
113.콜롬비아	自然	1994	· 로스카티오스 國立公園		
	文化	1984	· 카르타헤나의 港口/城砦 紀念物群		
		1995	· 산타크루스데 몸포스 歷史地區		
			· 티에라 덴트로 國立考古學公園		
			· 산 아구스틴 考古學公園		
114.콩고民主 共和國 (舊 자이르)	自然	1979	· 비중가 國立公園		
		1980	· 가람바 國立公園		
			· 카후지비에가 國立公園		
		1984	· 살롱가 國立公園		
		1996	· 오카퍼 野生保護地帶		
115.쿠바	自然	1999	· 데셈바르코 델 그란마 國立公園		
		2001	· 훔볼트의 알레한드로 國立公園		
	文化	1982	· 옛 아바나시 要塞		
		1988	· 트리니다드와 로스인제니오스 溪谷		
		1997	· 산티아고 로카城의 산 페드로		
		1999	· 비날레스溪谷		
		2000	· 쿠바 東南部의 最初 커피 栽培地 考古學的 景觀		
116.크로아티아	自然	1979	· 프리트비체 湖水 國立公園		
	文化	1979	· 스플리트의 디오클레티아누스 宮殿과 歷史建築物		
		1979/94	· 두브로 브니크 옛 市街地		
		1997	· 트로지르 歷史都市		
			· 포렉 歷史센터 聖公會 建築物		
		2000	· 시베닉의 聖 제임스 聖堂		
117.키프로스	文化	1980	· 파포스 考古遺蹟		
		1985	· 트로오도스의 壁畵聖堂群		
		1998	· 초이로코이티아 考古遺蹟		
118.탄자니아 (2006)	自然	1979	· 응고롱고로 自然保護地域	2006	71
		1981	· 세렝게티 國立公園	2006	71
		1982	· 셀루스 動物保護地域	2006	71
		1987	· 킬리만자로 國立公園	2006	71
	文化	1981	· 킬와키 시외니/송고음 나라 遺蹟		
119.泰國 (1978)	自然	1991	통야이 화이 카카엥 動物保護區域	1978	43
	文化	1991	· 아유타야 歷史都市	1978	43
			· 수코타이 歷史都市	1978	43
	複合		반 치엥 考古遺蹟	1978	43
120.터키 (2003)	文化	1985	· 이스탄불 歷史地區	2003	68
			· 大 모스크와 디브리지 病院	2003	68
		1986	· 하투샤		
		1987	· 넴루트다이 考古遺蹟		
		1988	· 크산토스/레툰		
		1994	· 사프란볼루 市		

國家(最初訪問年度) \ 項目	世界遺産 分類	指定年度	遺産名	最初訪問時期 年度	年齡(歲)
		1998	·트로이 考古遺蹟地		
	複合	1985	·괴레메 國立公園과 카파도키아 바위 遺蹟	2003	68
		1988	·히에라폴리스/파우칼레		
121.튀니지 (1995)	自然	1980	·이츠케울 國立公園		
	文化	1979	·카르타고 考古遺蹟	1995	60
			·엘젬의 圓形鬪技場		
			·튀니스의 메디나		
		1985/86	·케르쿠안의 카르타고 遺蹟 및 大規模 共同墓地		
		1988	·수스의 메디나		
			·카이르완 古代都市		
		1997	·투가		
122.파나마	自然	1981	·다리엔 國立公園		
	文化	1980	·모르토 벨로와 산 로렌소 要塞		
		1997	·살롱 볼리바르와 파나마 歷史遺蹟		
123.파라과이	文化	1993	·라산티시 마트리니다드의 파라나 제수스 데타바랑게 제수이트 宣敎壇 施設		
124.파키스탄	文化	1980	·모헨조다로 考古遺蹟		
			·탁실라		
			·탁티바이 佛敎遺蹟과 사리발롤 周邊 都市遺蹟		
		1981	·라호르의 城砦와 샬라미르 庭園		
			·타타 紀念物		
		1997	·로타스 要塞		
125.페루 (2002)	自然	1985	·우아스카란 國立公園		
		1987	·마누 國立公園		
	文化	1983	·쿠스코 옛 市	2002	67
		1985	·차빈 考古遺蹟地		
		1986	·찬찬 考古遺蹟地帶		
		1988/91	·리마 歷史센터	2002	67
		1994	·나스카와 후마나 平原	2002	67
		2000	·아레키파 歷史都市		
	複合	1983	·마추 픽추 歷史保護地區	2002	67
		1990/92	·리오아 비세오 國立公園		
126.포르투갈 (1991)	自然	1999	·마데이라의 라우리실바		
	文化	1983	·앙그라 두에루 이스무 市 中央地域		
			·토마르의 그리스도 修道院		
			·바탈랴 修道院		
			·이에로니미테스 修道院과 리스본의 벨렘塔	1991	56
		1986	·에보라 歷史센터		
		1989	·알코바차 修道院		
		1995	·신트라 文化景觀	1991	56
		1996	·포르투 歷史센터		
		1998	·코아溪谷 先史時代 岩壁畵		
		2001	·알루도루 와인 生産地		
			·기마랑스 歷史센터		
127.폴란드 (2001)	文化	1978	·크라쿠프 歷史센터		
			·비엘리치카 소금鑛山		
		1979	·아우슈비츠 强制收容所		
		1980	·바르샤바 歷史센터	2001	66
		1992	·자모시치 옛 市街地		
		1997	·토룬 中世마을		
			·말보르크의 게르만 樣式 城		
		1999	·갈바리아 제브르 지도 프스카(폴란드의 골고다 언덕)		
		2001	·야보르와 시비드니차의 自由敎會		
128.프랑스 (1979)	自然	1983	·지롤라타 곶과 포르토만/스캔돌라 自然保護地域		
		1997	·피네네-몽 페르 뒤		
	文化	1979	·베르사유 宮園	1979	44
			·몽생 미셸灣		
			·사르트르 大聖堂		
			·베즐레의 聖堂과 언덕		
			·베제르 溪谷의 洞窟壁畵		
		1981	·아미앵 大聖堂		
			·퐁텐블로 宮殿과 庭園		
			·샹보르 聖館		
			·퐁트네의 시토派 修道院		
			·오랑주 地方의 로마時代 劇場과 凱旋門		
			·아를의 로마時代 紀念物		
		1982	·아르케스낭 王立 製鹽所		
		1983	·낭시의 스타니슬라스 廣場, 카리에르와 알리앙스 廣場		
			·생사뱅쉬르가르탕프 聖堂		
		1985	·퐁뒤가르-로마時代 水路		
		1988	·스트라스부르 옛 市街地		
		1991	·파리市의 센 江邊	1979	44

項目 國家 (最初訪問年度)	世界遺産			最初訪問時期	
	分類	指定年度	遺産名	年度	年齡(歲)
			· 노트르담 聖堂과 생 레미 修道院, 토 宮殿	1979	44
		1992	· 부르주 大聖堂		
		1995	· 아비뇽 歷史地區		
		1996	· 머디 運河		
		1997	· 카르카손 歷史都市		
		1998	· 리옹 遺蹟地		
			· 콩포스텔라의 상티아주 길		
		1999	· 생테밀리옹 葡萄栽培地區		
		2001	· 프로뱅 中世貿易都市		
129.프랑스/스페인(1979/1991)	文化	1991	· 핀란드 라우마 옛 市街地		
			· 수오멘린나 要塞		
		1994	· 페테예베시 教會		
		1996	· 베를라의 木材와 널빤지 製作所		
		1999	· 삼말라 덴마키 青銅器 時代 埋藏地		
	複合	1997/99	· 피레네-몽페르 뒤		
130.필리핀(2006)	自然	1993	· 투바타하 暗礁 國立海洋公園		
		1999	· 푸에르토프린세사 地下江 國立公園		
	文化	1993	· 필리핀 바로크 樣式 教會	2006	71
			· 필리핀의 階段式 논 코르딜레라스	2006	71
		1999	· 비간 歷史都市		
131.韓國(1936)	文化	1995	· 佛國寺	1979	44
			· 石窟庵	1979	44
			· 海印寺 八萬大藏經과 藏經版殿	1967	32
			· 宗廟	1956	21
		1997	· 昌德宮	1956	21
			· 水原 華城	1974	39
		2000	· 慶州 歷史遺蹟地區	1979	44
			· 江華 고인돌 遺蹟	1977	42
			· 高敞 고인돌 遺蹟	1975	40
			· 和順 고인돌 遺蹟	1974	39
132.헝가리(2001)	文化	1987/2000	· 부다페스트의 다뉴브江 沿岸과 부다 王宮	2001	66
		1987	· 홀로쾨		
		1996	· 펀넌헐머의 베네딕트 千年 王國 修道院과 自然環境	2001	66
		1999	· 호르토바기 國立公園		
		2000	· 페치(소피아나) 初期 基督教 墓地		
		2002	· 토리이 와인 地域 文化遺産		
133.헝가리/슬로바키아(2001/　)	自然	1995	· 헝가리의 어그텔레키 洞窟과 슬로바키아의 카르스트 地形		

客說 : 經驗에서 얻은 삶의 眞實

財貨를 사용한 후에는 使用期間에 비례하여 그 價格이 감소하는게 일반적이다. 5年 타고난 自動車를 팔려고 하면 얼마 받지 못한다. 그런데 우리 나라 住宅, 특히 아파트는 오랫동안 잘 살고도 팔 때는 購入價보다 훨씬 더 높은 값으로 팔게 된다. 이런 장사가 어디 있겠는가? 참으로 우리 나라는 좋은 나라다.

客說 : 經驗에서 얻은 삶의 眞實

일반적으로 投入과 産出의 量은 비례한다. 사람의 몸도 먹은 만큼 배설하고 방앗간도 넣은 벼 만큼 쌀이 나오며 財政도 수입만큼 支出이 이루어진다. 그런데 나의 경우 停年 後의 家計는 이 一般的 原理가 통용되지 않는 것 같다. 年金에 주로 의존하기 때문에 收入은 크게 줄어들었는데 家計支出은 크게 줄지 않고 그대로이다. 들어오는 돈은 극히 있는데 써야 할 돈은 오히려 더 필요하게 되었다. 앞으로 살아갈 길이 막막하고 답답하다. 아 - 어찌 살꼬!

(7) 韓國의 歷代首都

1) 韓國 歷代首都의 概要와 訪問內譯

(訪問日字 順)

區分 / 項目 / 現名稱	所屬市道	首都當時概要				現在概要(2005年 現在)				訪問內譯(2006年 現在)					
		王朝·國家	當時名稱	統治者數	存續期間(年)	法的地位	面積(km²)	人口(人)	人口密度(人/km²)	最初訪問日字	訪問回數(回)	訪問地點數(個) 機關	名所	遺蹟	計
1.서울	서울	百濟	慰禮城	10王	371-475(104)	特別市, 國都	606.5	10,167,344	16,764	1956.1.10	3	1,314	200	196	1,710
		朝鮮	漢山·漢陽·漢城	27王	1394-1910(516)										
		日帝	京城	10總督	1910-1945(35)										
		美軍政	서울	3軍政長官	1945-1948(3)										
		大韓民國	서울特別市	16大統領	1948-現在(58)										
2.光州	光州	後百濟	武珍州	1王	892-900(8)	廣域市	501.4	1,401,745	2,796	1960.1.5	52	42	39	58	139
3.濟州	濟州	耽羅國	耽羅	?	?-1105(約1,000)	市,道都	255.5	303,499	1,188	1965.7.17	39	44	52	48	144
4.全州	全北	後百濟	完山州	2王	900-936(36)	市,道都	206.2	621,749	3,015	1975.3.3	27	22	31	33	86
5.廣州	京畿	百濟	河南慰禮城	13王	18B.C.-371(389)	市	432.0	214,498	497	1977.7.16	7	13	28	22	63
6.鐵原	江原	摩震·泰封	鐵圓	1王	905-918(13)	郡	898.7	48,933	54	1977.7.17	1	13	18	19	50
		高麗	鐵圓	1王	918-919(1)										
7.慶州	慶北	新羅	徐羅伐·鷄林	56王	57B.C.-935(992)	市	1,323.8	275,087	208	1979.7.23	29	47	63	103	213
8.江陵	江原	臨屯郡	溟州	?	108-82B.C.(26)	市	1,040.3	224,391	216	1983.8.10	18	49	122	85	256
9.高靈	慶北	大伽耶	高靈	16王	42-562(520)	郡	384.0	34,271	89	1984.8.12	3	7	17	20	44
10.金海	慶南	金官伽耶	金海	10王	42-532(490)	市	463.3	443,017	956	1989.9.2	5	26	36	40	102
11.公州	忠南	百濟	熊州	5王	475-538(63)	市	940.8	129,489	138	1990.2.22	17	20	45	41	106
12.扶餘	忠南	百濟	泗沘	6王	538-660(122)	郡	624.5	81,430	130	1990.8.27	1	6	33	45	84
13.鬱陵	慶北	于山國	于山	?	?-1438(約1,000)	郡	72.6	9,538	131	2000.5.8	1	51	61	22	134
14.開城	開城	高麗	松嶽·松都·開京	34王	919-1392(473)	特級市	1,255.0	334,433	266	2003.12.11	1	136	357	252	745
		朝鮮	開城	1王	1392-1394(2)										
15.平壤	平壤	檀君朝鮮	阿斯達	25王	2333-1122B.C.(1.211)	特別市,國都	2,629.4	3,164,000	1,203	2005.10.14	1	815	1,462	369	2,646
		箕子朝鮮	阿斯達	41王	1122-194B.C.(928)										
		衛滿朝鮮	王儉城	3王	194-108B.C.(86)										
		樂浪郡	王儉城	?	108B.C.-313(421)										
		高句麗	平壤	9王	427-668(241)										
		蘇軍政	平壤	1民政司令官	1945-1948(3)										
		朝鮮人民共和國	平壤 特別市	2主席	1968-現在(58)										
累計(15)	11	21	28	290+α	2333B.C.-現在(4,339)	6	11,634.0	17,453,424	1,500	15	205	2,605	2,564	1,353	6,522

2)韓半島 歷代首都의 經緯上 座標圖

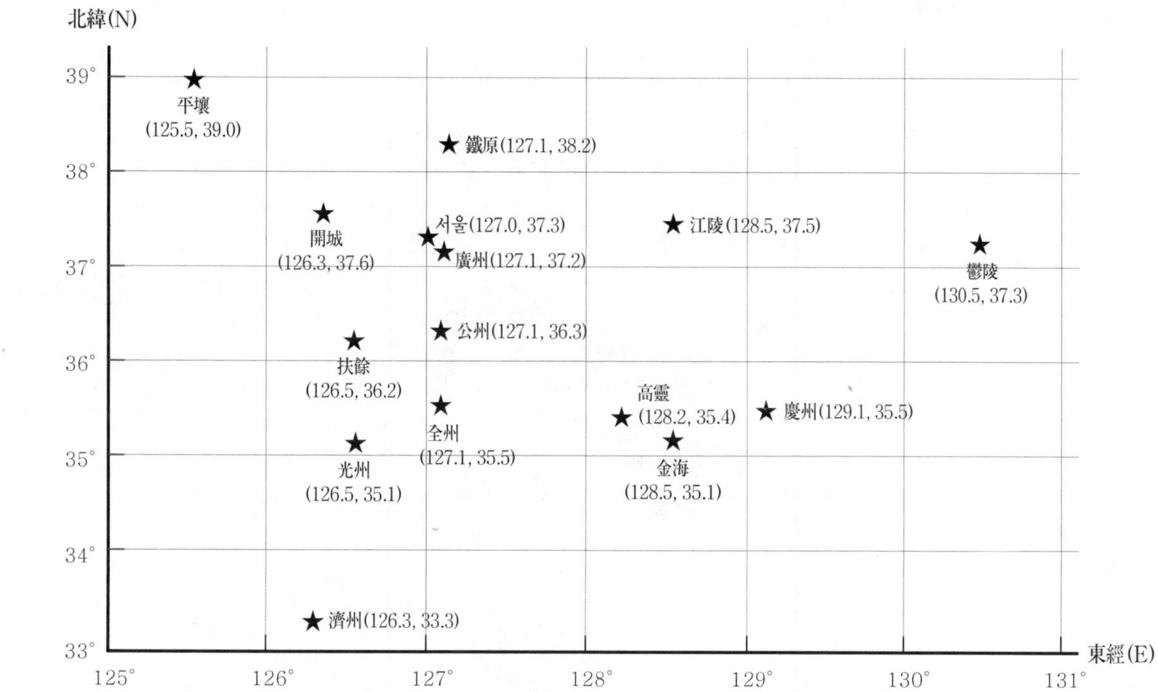

3)韓半島 歷代首都의 訪問年度 및 開都年別 分布圖

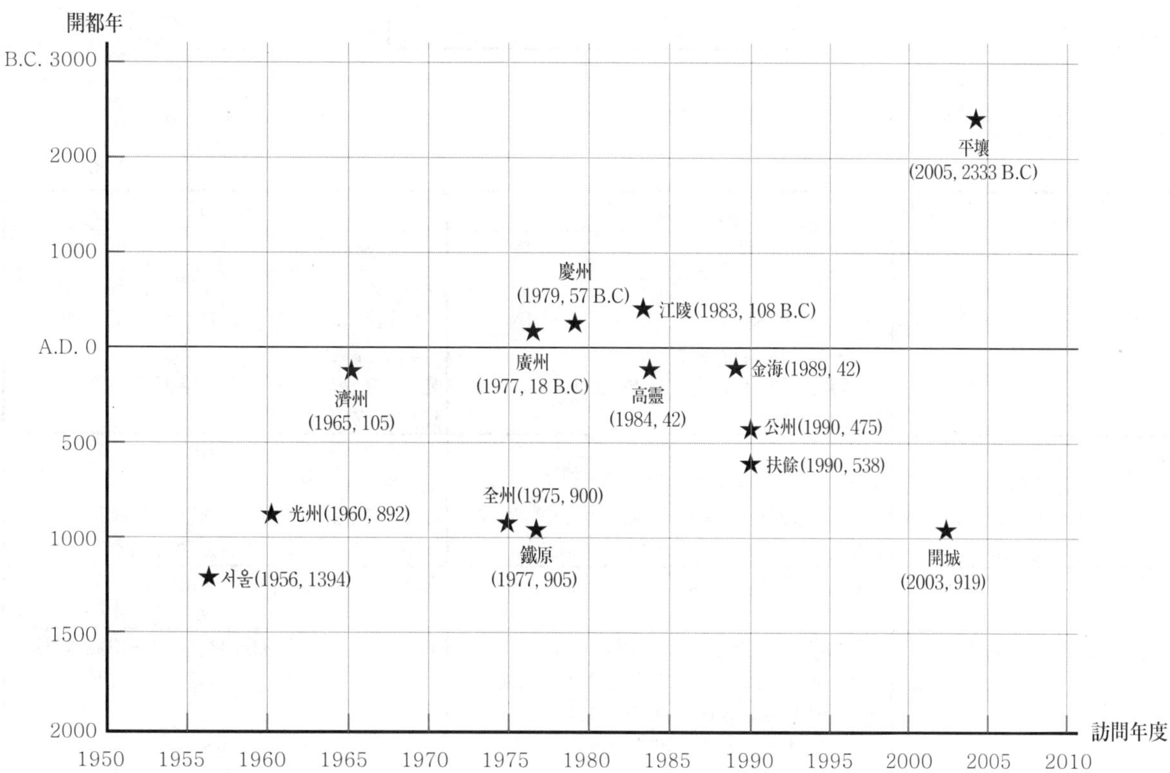

4) 韓國 歷代 主要首都인 서울 · 平壤 · 慶州 · 開城의 比較

○ 歷代 4大 首都의 位置 및 變遷圖

○ 歷代 4大 首都의 相互比較

(2006年 現在)

區分 / 項目 / 分類 / 都市		大都市		中小都市	
		서울	平壤	慶州	開城
1.位置와 地位	1. 所屬國家 2. 座標 3. 法的地位 4. 市府住所	大韓民國 126.58E, 37.33N 首都,特別市,廣域自治團體 서울特別市 中區 太平路 1街 31	朝鮮民主主義人民共和國 125.45E, 39.01N 首都, 特別市 平壤特別市 中區域	大韓民國 129.14E, 35.51N 一般市, 基礎自治團體 慶尙北道 慶州市 路東洞 12	朝鮮民主主義人民共和國 126.33E, 37.59N 直轄市 開城直轄市 開城市
2.自然	1. 平均氣溫(℃) 2. 年降雨量(mm) 3. 主要山 4. 主要江	12.5 949.3 北漢山, 道峰山, 冠岳山 漢江, 淸溪川, 中浪川	9.3 940.0 大成山, 龍岳山, 牧丹峰 大同江, 普通江, 南江	13.3 1,028.6 吐含山, 明活山, 南山 兄山江, 密陽江, 南川	10.3 1,329.0 松嶽山, 萬壽山, 子男山 臨津江, 禮成江, 沙美川
3.歷史	1. 名稱變遷	慰禮城-漢陽-漢城-京城-서울	阿斯達 -王儉城-平壤	徐羅伐-鷄林-慶州	松嶽-松都-開京-開城
	2.首都地位 沿革 (王朝 · 年代 · 年間)	百濟(371-475:104) 朝鮮(1394-1910:516) 日帝(1910-1945:35) 美軍政(1945-1948:3) 大韓民國(1948-現在:58)	檀君朝鮮(2333-1122B.C.:1211) 箕子朝鮮(1122-194B.C.:928) 衛滿朝鮮(194-108B.C.:86) 樂浪郡(108B.C.-313:421) 高句麗(427-668:241)	新羅(57B.C.-935:992)	高麗(919-1392:473) 朝鮮(1392-1394:2)

區分	分類 項目　　都市	大　都　市		中　小　都　市	
		서　울	平　壤	慶　州	開　城
			蘇軍政(1945-1948; 3) 朝鮮人民共和國(1948-現在; 58)		
	3. 首都地位延期間(年)	716	2,948	992	475
4.行政 區域	1. 面　積(㎢) 2. 區 域 數(個)	605.78 · 25區(25) · 522洞(522)	2,629.4 · 19區域 4郡(23) · 284洞 4邑 118里 10勞動者區(416)	1,324.82 · 13洞 4邑 8面(25)	1,255.0 · 1市 3郡(4) · 21洞 3邑 61里 1勞動者區(86)
5.人口 (人)	1. 1970年 2. 1975年 3. 1980年 4. 1985年 5. 1990年 6. 1995年 7. 2000年 8. 2005年 年平均增加率(1970-2005,%)	5,536,337 6,889,502 8,364,379 9,639,110 10,612,577 10,231,217 9,895,217 10,167,344 1.8	956,200 1,157,000 1,261,100 1,923,400 2,402,400 2,483,500 3,382,100 3,164,000 3.5	274,468 287,848 289,234 274,803 267,494 273,968 275,842 275,087 0.005	281,000 261,500 243,400 295,000 332,700 335,600 335,016 334,433 0.5
6.主要 機關 및 遺蹟	1. 主 要　機 關	青瓦臺,國會議事堂,法院,政府廳舍,서울市廳,各區廳,서울大,高麗大,延世大,硏究所,硏修院,金融機關,言論社,學會,社會團體,經濟團體,空港,驛,터미널,百貨店,호텔	主席宮,萬壽臺議事堂,金日成大學,萬景臺革命學院,市人民委員會,平壤學生少年宮殿,人民文化宮殿,昌廣院,平壤體育館,金日成競技場,平壤大劇場,柳慶호텔,平壤驛	市廳,市議會,徐羅伐文化會館,慶州大學,東國大學,花郎敎育院,慶州文化院,慶州商議,敎育文化會館,新羅村,青少年修鍊館,普門觀光團地센터,普門團地호텔,골프場,食堂	市人民委員會,開城共産大學,開城師範大學,開城工業大學,開城學生少年宮殿,統一館,板門閣,人民病院,開城工團,高麗人蔘加工工場,開城百貨店,開城驛,子男山호텔
	2. 主 要　遺 蹟	南漢山城,景福宮,德壽宮,南大門,東大門,光化門,仁政殿,百濟古墳,王陵,銅像,國立博物館,紀念館,碑石,宗廟,鄕校,書院,曹溪寺,道詵寺,奉恩寺,明洞聖堂,教會	平壤城,萬景臺,고향집,乙密臺,浮碧樓,七骨革命事蹟地,高句麗古墳群,高句麗壁畵,檀君陵,東明王陵,朝鮮革命博物館,黨創建事蹟館,廣法寺,銅像,碑石	月城,明活山城,瞻星臺,鮑石亭,雁鴨池,鷄林,石氷庫,石窟庵,天馬塚,王陵,古墳群,國立博物館,民俗博物館,南山石佛,校桐鄕校,書院,佛國寺,傳統韓屋村	大興山城,半月城,滿月臺,王宮址,南大門,壽德宮,昭格殿,國子監,高麗成均館,善竹橋,瞻星臺,象嵌青瓷,王建陵,恭愍王陵,敬順王陵,崧陽書院,演福寺,華藏寺,敬天寺
7.經濟 및 社會	1. 地域總生産(百萬$) 2. 1人當生産($)				
	3. 産業構造(%) 1次産業 2次産業 3次産業				
	4. 平 均 壽 命(歲)	男 71.8歲, 女 79.1歲	男 60.5歲, 女 66.0歲	男 71.8歲, 女 79.1歲	男 60.5歲, 女 66.0歲
8.市의 象徵	1. 市　旗 2. 市　歌 3. 市　花 4. 市　木 5. 市　鳥 6. 市民의 날	 개나리 銀杏나무 까치 10月 18日		 개나리 소나무 까치 -	
9.本人의 緣故	1. 最初訪問日字 2. 訪問回數(回)	1956.1.10(21歲) 3(長期 居住)	2005.1.14(70歲) 1(一時訪問)	1979.7.23(44歲) 29(一時訪問)	2003.12.11(68歲) 1(一時訪問)
	3. 訪問地點數(個) 機關 名所 遺蹟 計	1,314 200 196 1,710	815 1,462 369 2,646	47 63 103 213	136 257 252 745

5) 行政首都 및 行政都市 建設計劃과 本人의 參與

區分 \ 項目 \ 計劃 / 期間 / 政府		Ⅰ.臨時行政首都建設計劃	Ⅱ.新行政首都建設計劃	Ⅲ.行政中心複合都市建設計劃
期間		1977.2.10~1980.8.20(3年6月)	2002.9.30~2004.10.21(2年1月)	2004.11.18~2006.7.28(1年8月)
政府		第8·9代 大統領 朴 正 熙	第16代 大統領 盧 武 鉉	第16代 大統領 盧 武 鉉
1.主要事件	1. 活 動	· 朴正熙 大統領, 서울市 年頭巡視에서 臨時行政首都構想 公表(77.2.10) · 靑瓦臺 重化學工業推進委員會에 實務企劃團 構成(77.3.26) · '行政首都建設을 위한 特別措置法' 制定·公布(77.7.23) · KIST內 地域開發硏究所를 設立하고 白紙計劃 綜合硏究 着手(78.6.10) · 朴正熙 大統領 逝去(79.10.26) · '行政首都 建設을 위한 白紙計劃 綜合報告書' 作成(79.12.30) · 重化學工業推進委員會 廢止에 따라 行政首都建設計劃業務가 建設部로 移管(80.8.20) · 『臨時行政首都 白紙計劃은 살아 있다』(金秉麟 外 篇) 刊行(05.4.20)	· 盧武鉉 大統領 候補, 中央選對委 出帆式에서 行政首都 公約 發表(02.9.30) · 新行政首都建設推進委員會 發足(02.11.21) · 靑瓦臺 新行政首都建設推進企劃團 및 支援團 結成(03.4.14) · 靑瓦臺 政策室 新行政首都建設諮問委員會 構成(03.5.13) · 新行政首都建設硏究團 結成(03.5.13) · 新行政首都建設調査團 結成(03.6.25) · '新行政首都의 建設을 위한 特別措置法' 公布(04.1.16) · 「2003年度 新行政首都建設 推進白書」(新行政首都建設推進企劃團 篇) 刊行(04.4.1) · 大統領 新行政首都建設推進委員會 發足(04.5.21) · 推進委 諮問委員會 發足(04.6.17) · 特別措置法에 대한 憲法訴願 提起(崔相哲·이석연 등)(04.7.12) · 新行政首都建設 基本計劃 確定(04.8.10) · 新行政首都 最終立地 決定·發表(04.8.11) · 憲法裁判所, 特別措置法의 違憲判決 내림(04.10.21) · 「2004年度 新行政首都建設推進白書」(新行政首都 後續對策委員會 篇) 刊行(05.1.1)	· 國務總理室 新行政首都 後續對策委員會 및 企劃團 發足(04.11.18)」 · '新行政首都 後續對策을 위한 燕岐·公州地域 行政中心複合都市建設을 위한 特別法' 制定·公布(05.3.18) · 大統領 行政中心複合都市建設推進委員會 및 推進團 構成(05.4.7) · 韓國土地公社를 事業施行者로 指定(05.5.24) · 推進委 諮問委員會 構成(05.5.26) · 特別法에 대한 憲法訴願 提起(崔相哲·이석연 등)(05.6.15) · 都市槪念國際公募 發表·施賞(05.11.15) · 憲法裁判所, 特別法의 合憲判決 내림(05.11.24) · 建交部 行政中心複合都市建設廳 開廳(06.1.1) · 行政中心複合都市 建設基本計劃 確定·告示(06.7.)
	2. 法 律	· 行政首都 建設을 위한 特別措置法(77.7.23 制定·公布)	· 新行政首都의 建設을 위한 特別措置法(03.12.29 國會議決, 04.1.16 公布, 04.4.17 시행)	· 新行政首都 後續對策을 위한 燕岐·公州地域 行政中心複合都市 建設을 위한 特別法(05.3.18制定·公布)
	3. 組 織	· 靑瓦臺 重化學工業推進委員會 行政首都建設實務企劃團(團長 吳源哲, 副團長 朴鳳煥, 77.3.26) · KIST地域開發硏究所(所長, 黃鏞周, 78.6.10)	· 新行政首都建設推進委員會(常任委員長 姜溶植, 02.11.21) · 靑瓦臺 新行政首都建設推進企劃團(團長 權五奎, 03.4.14) · 建交部 新行政首都建設推進支援團	· 國務總理室 新行政首都後續對策委員會(委員長 崔秉瑄, 04.11.18) · 後續對策委員會 企劃團(團長 李春熙, 04.11.18) · 大統領 行政中心複合都市建設推進

<table>
<tr><td colspan="2" rowspan="3">計劃 / 期間 / 政府
區分 / 項目</td><td colspan="3">Ⅰ.臨時行政首都建設計劃</td><td colspan="2">Ⅱ.新行政首都建設計劃</td><td colspan="3">Ⅲ.行政中心複合都市建設計劃</td></tr>
<tr><td colspan="3">1977.2.10~1980.8.20(3年6月)</td><td colspan="2">2002.9.30~2004.10.21(2年1月)</td><td colspan="3">2004.11.18~2006.7.28(1年8月)</td></tr>
<tr><td colspan="3">第8 · 9代 大統領 朴 正 熙</td><td colspan="2">第16代 大統領 盧 武 鉉</td><td colspan="3">第16代 大統領 盧 武 鉉</td></tr>
<tr><td></td><td></td><td colspan="3"></td><td colspan="2">(團長 李春熙, 03.4.14)
· 靑瓦臺 新行政首都建設推進 諮問委員會(委員長 金安濟, 03.5.13)
· 新行政首都建設 · 硏究團(團長 李揆邦 · 崔秉瑄, 03.5.13)
· 新行政首都建設調査團(團長 金在賢, 03.6.25)
· 大統領 新行政首都建設推進委員會(初代 委員長 金安濟, 04.5.21, 第2代 委員長 崔秉瑄, 04.9.14)
· 推進委 諮問委員長(委員長 姜溶植, 04.6.17)</td><td colspan="3">委員會(初代 委員長 崔秉瑄 05.4.7, 第2代 委員長 徐義澤)
· 推進委員會 推進團(團長 李春熙, 05.4.7)
· 推進委 諮問委員會(委員長 姜溶植, 05.5.26)
· 建交部 行政中心複合都市建設廳(廳長 李春熙, 06.1.1)</td></tr>
<tr><td rowspan="6">2.最終計劃案</td><td>1.最終立地</td><td colspan="3">忠南 公州市-長岐面 一帶</td><td colspan="2">忠南 燕岐郡-南面 · 錦南面 · 東面, 忠南 公州市-長岐面</td><td colspan="3">忠南 燕岐郡-南面 · 錦南面 · 東面 忠南 公州市-長岐面 · 反浦面</td></tr>
<tr><td>2.開發面積</td><td colspan="3">2,600萬坪</td><td colspan="2">2,160萬坪</td><td colspan="3">2,212萬坪</td></tr>
<tr><td>3.目標人口</td><td colspan="3">50萬人</td><td colspan="2">50萬人</td><td colspan="3">50萬人</td></tr>
<tr><td>4.移轉機關</td><td colspan="3">靑瓦臺 · 立法府 · 行政府 · 司法府</td><td colspan="2">靑瓦臺 · 行政府</td><td colspan="3">總理室 · 行政府 12部 4處 2廳</td></tr>
<tr><td>5.建設期間</td><td colspan="3">1982~1996</td><td colspan="2">2007~2030</td><td colspan="3">2007~2030</td></tr>
<tr><td>6.所要豫算</td><td colspan="3">34,409億원(1978年 價格)</td><td colspan="2">456,000億원(2004年 價格)</td><td colspan="3">85,000億원(2006年 價格)</td></tr>
<tr><td rowspan="3">3.本人參與</td><td>1.職 責</td><td>①實務企劃團諮問委員會委員(綜合計劃 · 制度, 都市運營 · 經濟社會分科委員會)</td><td>②硏究擔當遂行(跡地活用方案, 移轉戰略, 財源調達方案 硏究責任者)</td><td>③KIST地域開發硏究所 諮問委員會 委員(人力需給計劃 및 移轉計劃分科委員會) 및 硏究所長顧問</td><td>①靑瓦臺 政策室 新行政首都建設推進諮問委員會 委員長</td><td>②大統領 新行政首都建設推進委員會 初代 委員長</td><td>①行政中心複合都市建設推進委員會 諮問委員會 委員</td><td>②'내가 살고싶은 幸福한 都市의 모습'에세이 公募 審査委員會 委員長</td><td>③行政中心複合都市 都市名稱制定 審議 委員會 委員長</td></tr>
<tr><td>2.日 字</td><td>77. 3. 26
-78.6.9</td><td>77. 6. 1
-77.11.30</td><td>78. 6. 10
-79.12.30</td><td>03. 5. 13
-04. 4. 17</td><td>04.12. 5
-04. 9. 13</td><td>05. 5. 26
-現 在</td><td>05.10.1
-05.10.12</td><td>06. 5. 10
-07. 5. 9</td></tr>
<tr><td>3.期 間</td><td>1年 2月</td><td>6月</td><td>1年 7月</td><td>11月</td><td>4月</td><td>1年 2月</td><td>12日</td><td>1年</td></tr>
</table>

客說 : 經驗에서 얻은 삶의 眞實

나의 記錄하는 習慣은 초등학교 3, 4학년 무렵에 시작된 듯하다. 記錄의 價値를 스스로 깨달아서도 아니고 누가 그렇게 하라고 시켜서도 아니며, 순전히 어떤 必要에서 시작되었던 것이다. 한글을 깨우치면서 親舊들에게 빌린 만화책과 동화집을 많이 읽게 되었는데 나중에는 읽은 것과 읽지 않은 것을 區分하기가 어려워 몇 페이지 보다 '아하! 이건 읽은 것이구나' 하고 중단하는 경우가 자주 생겼다. 그래서 읽은 책을 가, 나, 다별로 적기 시작했다. 필요는 發明의 어머니라는 말이 그대로 적용된 셈이다. 그렇게 하나씩 記錄 項目이 늘어나서 60세가 될 무렵에는 150개 정도의 項目으로 늘어났고 記錄帳簿가 여러 권이 되었다. 그리고 아울러 賞狀, 任命狀, 通信簿, 卒業狀 등 기념될만한 것은 버리지 않고 모두 보관하였다.

(8) 世界의 現在首都

1) 世界 現在首都 沿革과 訪問 및 因緣內譯

(訪問日字 順)

首都名	該當國家	首都沿革			首都訪問 內譯(2006年 現在)						該當國家와의 因緣(2006年 現在)						
							訪問地點數(個)				訪問因緣			趣味因緣			
		開都年度	終結期間(年)	現人口(2005年現在,人)	最初訪問日字	訪問回數(回)	機關	名所	遺蹟	計	最初訪問日字	訪問數(回)	訪問地點(個)	골프(回)	小說(卷)	映畫(篇)	計(件)
1.서울	大韓民國	1394	612	10,280,523	1956.1.10	3	1,314	200	196	1,710	1936.7.28	1	13,450	1,006	882	791	2,679
2.Washington,D.C.	美國	1800	206	553,523	1969.9.21	4	39	12	21	72	1969.9.20	12	1,800	9	114	559	682
3.東京	日本	1603	403	8,025,538	1972.1.12	15	59	67	72	198	1972.1.12	25	2,237	5	52	22	79
4.Bangkok	泰國	1782	224	6,320,174	1978.6.18	3	23	21	19	63	1978.6.18	2	98	1	-	-	1
5.Amsterdam	네덜란드	1275	731	1,002,868	1979.8.9	1	15	7	8	30	1979.8.9	1	30	-	3	-	3
6.Copenhagen	덴마크	1445	561	1,086,762	1979.8.10	1	12	6	7	25	1979.8.10	1	36	-	11	6	17
7.London	英國	1180	826	7,172,091	1979.8.12	1	95	56	67	218	1979.8.12	1	240	-	102	129	231
8.Paris	프랑스	843	1,163	2,125,244	1979.8.14	4	111	78	86	275	1979.8.14	4	656	-	111	92	203
9.Wien	오스트리아	1558	448	1,550,123	1979.8.18	2	111	83	93	287	1979.8.18	2	287	-	3	2	5
10.Rome	이탈리아	1500 B.C.	3,506	2,553,873	1979.8.22	1	93	66	80	239	1979.8.21	1	262	-	13	42	55
11.Athens	그리스	1200 B.C.	3,206	745,514	1979.8.24	1	29	26	30	85	1979.8.24	1	85	-	12	1	13
12.Colombo	스리랑카	1815	191	642,163	1979.10.13	2	16	12	8	36	1979.10.13	2	54	1	-	-	1
13.Jakarta	인도네시아	1949	57	8,347,083	1982.1.16	1	9	8	8	25	1982.1.16	1	55	-	-	-	-
14.Canberra	濠洲	1927	79	353,149	1982.1.19	1	11	7	7	25	1982.1.19	2	120	1	1	-	2
15.Welligton	뉴질랜드	1865	141	339,750	1982.1.22	1	11	8	6	25	1982.1.22	1	44	-	-	1	1
16.New Delhi	印度	1912	94	302,363	1983.1.23	1	10	8	8	26	1983.1.23	1	46	-	11	2	13
17.Singapore	싱가포르	1965	411	4,291,000	983.12.10	3	26	29	22	77	1983.12.10	3	77	1	-	-	1
18.Kuala Lumpur	말레이시아	1880	126	1,297,526	1986.9.15	1	19	15	13	47	1986.9.15	1	47	1	-	-	1
19.臺北	臺灣	1895	111	2,622,472	1990.9.10	3	72	39	30	141	1990.9.10	3	724	1	1	5	7
20.Madrid	스페인	1607	399	3,099,834	1991.4.13	1	13	13	9	35	1991.4.9	1	92	-	7	9	16
21.Lisbon	포르투갈	1256	750	564,657	1991.4.15	1	35	21	29	85	1991.4.15	1	85	-	1	-	1
22.Stockholm	스웨덴	1523	483	765,044	1991.4.17	1	10	11	8	29	1991.4.17	1	44	-	5	2	7
23.Berlin	獨逸	1871	135	3,388,434	1991.7.1	2	23	15	15	53	1979.8.11	4	329	4	44	23	71
24.Monaco	모나코	1861	145	32,020	1991.7.6	1	13	10	10	33	1991.7.6	1	33	-	-	-	-
25.北京	中國	1272	734	7,699,300	1992.7.8	4	26	35	33	94	1989.3.8	5	1,330	1	106	46	153
26.Cairo	이집트	1260	746	6,789,000	1995.7.18	2	17	13	13	43	1995.7.18	2	139	-	6	-	6
27.Tripoli	리비아	1551	455	1,140,000	1995.7.24	1	9	9	11	29	1995.7.20	1	177	-	-	-	-

首都名	該當國家	首都沿革			首都訪問 內譯(2006年 現在)						該當國家와의 因緣(2006年 現在)						
		開都年度	終結期間(年)	現人口(2005年現在,人)	最初訪問日字	訪問回數(回)	訪問地點數(個)				訪問因緣			趣味因緣			
							機關	名所	遺蹟	計	最初訪問日字	訪問數(回)	訪問地點(個)	골프(回)	小說(卷)	映畵(篇)	計(件)
28.Hanoi	베트남	1010	996	1,420,400	2000.1.26	1	35	35	33	103	2000.1.26	1	244	-	-	-	-
29.Phnom Penh	캄보디아	1865	141	1,157,000	2000.1.29	2	35	20	25	80	2000.1.29	1	212	-	-	-	-
30.Amman	요르단	3000B.C.	5,006	969,598	2001.2. 9	2	31	24	28	83	2001.2. 9	1	168	-	-	-	-
31.Baghdad	이라크	762	1,244	5,750,000	2001.2.10	2	53	39	63	155	2001.2.10	1	384	-	-	-	-
32.Moscow	러시아	1918	88	10,101,500	2001.7. 4	2	136	118	128	382	2001.7. 4	1	619	-	24	7	31
33.Warsaw	폴란드	1596	410	1,671,670	2001.7. 7	1	67	9	57	163	2001.7. 7	1	163	-	18	1	9
34.Prague	체코	1919	87	1,165,581	2001.7. 8	1	87	93	111	291	2001.7. 8	1	354	-	1	2	3
35.Budapest	헝가리	1872	134	1,708,000	2001.7.11	1	102	91	93	286	2001.7.11	1	286	-	2	1	3
36.Mexico City	멕시코	1521	485	8,605,239	2002.1.26	1	57	50	76	183	2002.1.26	1	183	-	-	-	-
37.Lima	페루	1544	462	7,496,831	2002.1.27	2	76	64	54	194	2002.1.27	1	552	-	-	-	-
38.Brasilia	브라질	1960	46	2,094,100	2002.2. 5	1	53	44	41	138	2002.2. 2	1	369	-	-	1	1
39.Ankara	터키	1923	83	4,611,000	2003.7.24	1	96	40	39	175	2003.7.21	1	828	-	-	-	-
40.平壤	朝鮮	2333B.C.	4,339	3,164,000	2005.10.14	1	815	1,462	369	2,646	1999.8.17	4	3,643	-	1	-	1
41.Nairobi	케냐	1905	102	2,143,354	2006.1.13	1	224	56	41	321	2006.1.13	1	409	-	-	-	-
42.Pretoria	南阿共	1860	147	1,282,000	2006.1.24	1	171	38	57	266	2006.1.18	1	1,307	-	4	1	5
43.Manila	필리핀	1571	436	1,581,082	2006.4.20	1	371	88	117	576	2006.4.20	1	910	-	-	-	-
44.Ulaanbaatar	몽골	1911	96	942,747	2006.6.19	2	198	44	52	294	2006.6.19	1	414	-	2	-	2
合 計(44)	44	3000B.C.~1965	41~5,006	138,954,132	1956.1.10	85	4,828	3,190	2,293	10,311	1936.7.28	101	33,622	1,031	1,537	1,745	4,313

註.複數의 首都인 경우는 주된 行政中心首都만을 表記하였음.

客說 : 經驗에서 얻은 삶의 眞實

故鄕 사람을 대할 때는 과장된 示威나 僞裝된 言動이나 이중적인 人格의 탈을 깨끗이 벗어버리고 眞實과 謙虛와 協調의 姿勢를 가져야 한다는 게 나의 生活哲學이며 또 그렇게 實踐하려고 노력하고 있다. 이것이 우리가 추구해야 할 人間本然의 자세이고, 또 참다운 삶의 가치는 거기에 있음을 굳게 믿고 있다.

2) 訪問한 世界 首都의 分布地圖

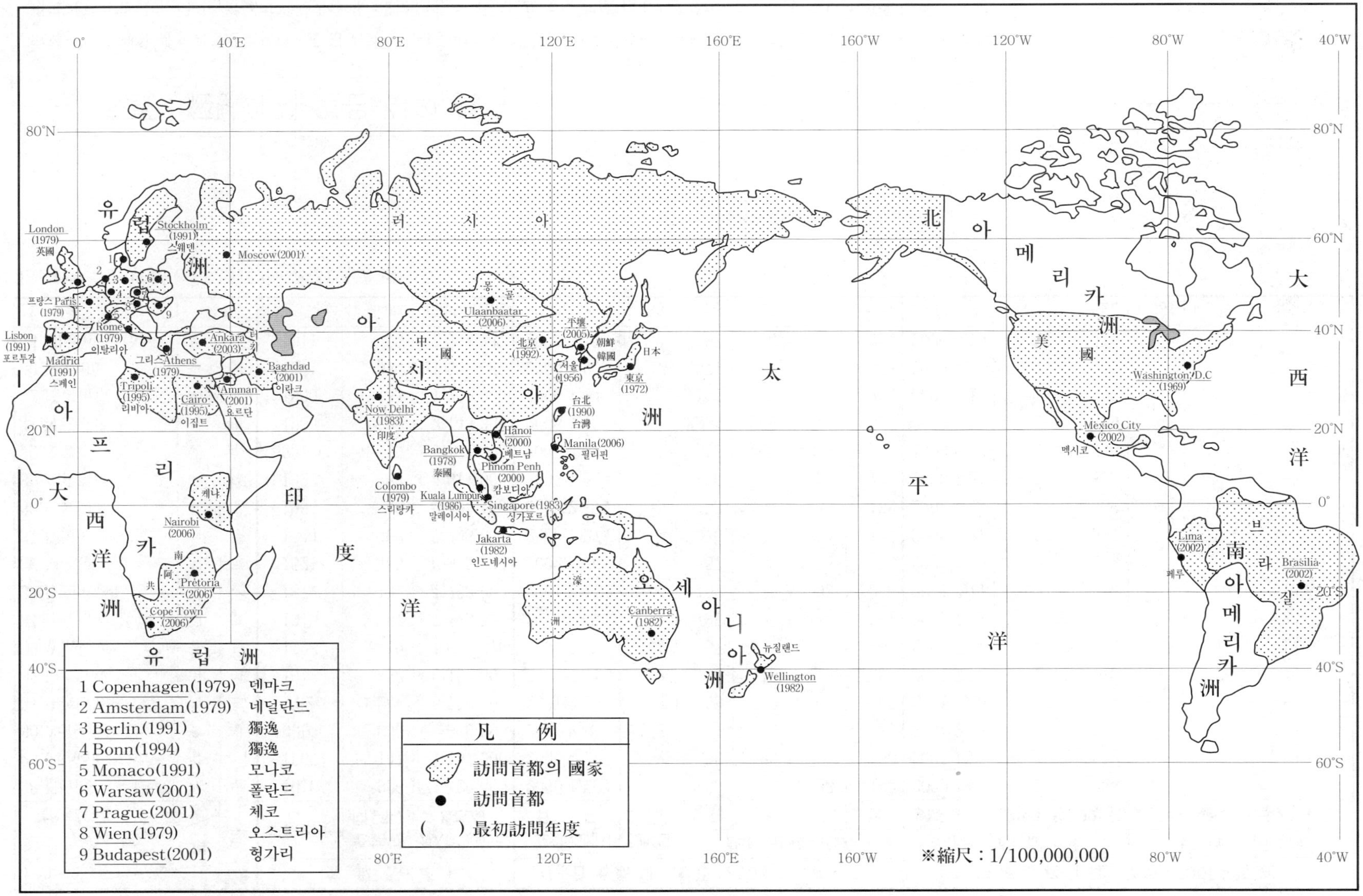

3) 世界 訪問 首都의 經緯上 座標圖

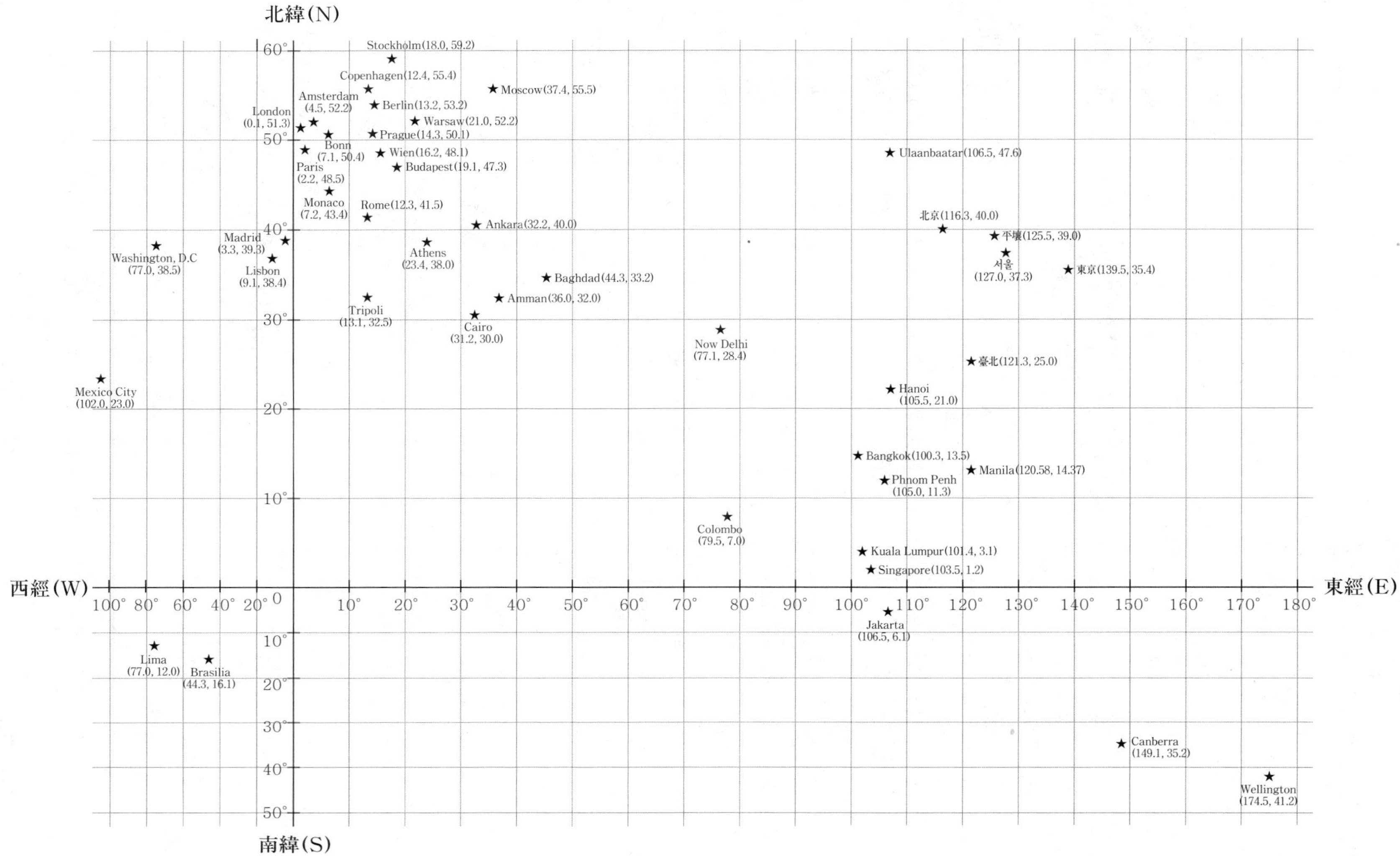

4) 世界 首都의 訪問年度 및 開都年別 分布圖

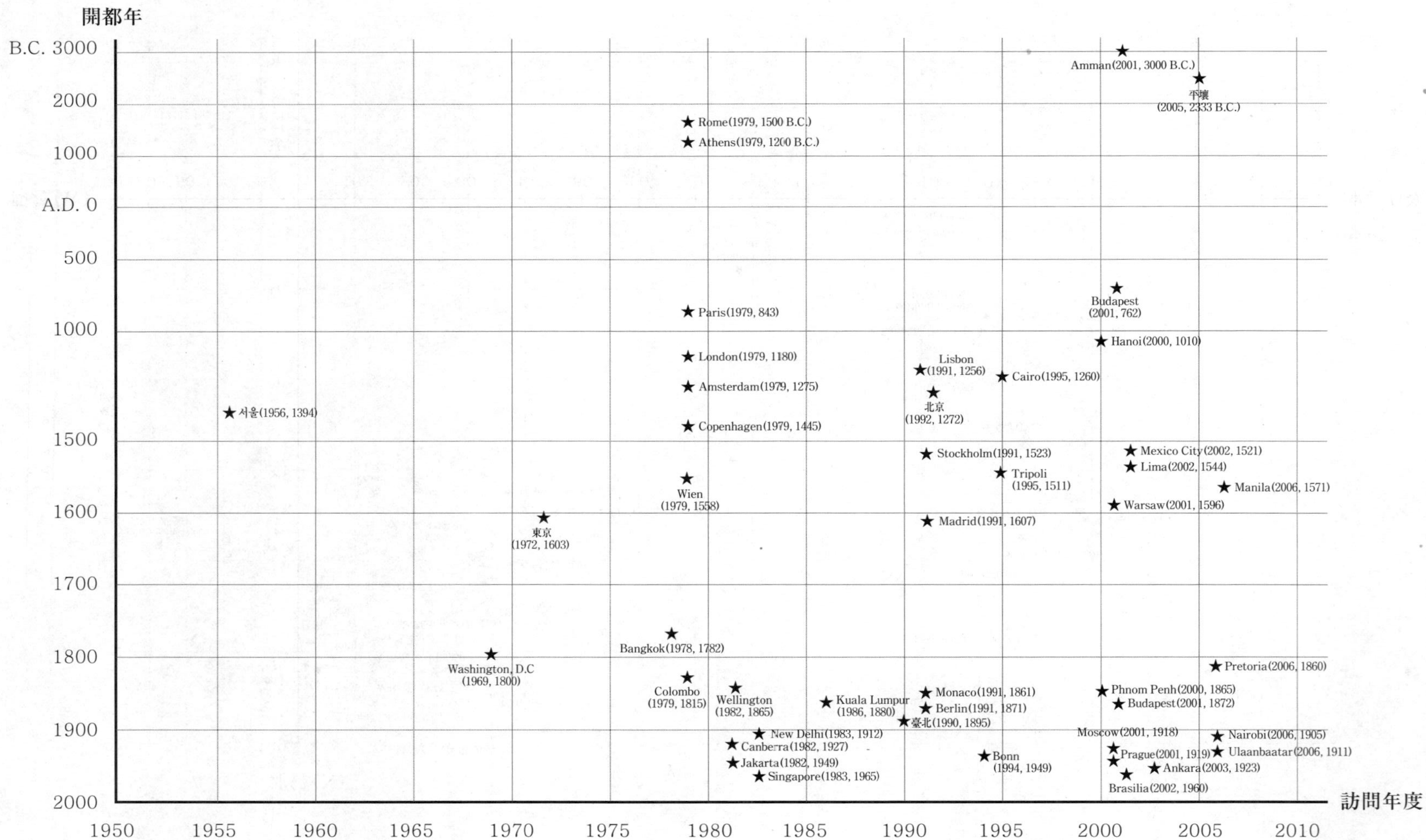

(9) 旅行統計 베스트 5

區分	項目	順位	國內 市·道	國內 市·郡	外國 國家	外國 市·郡
1.訪問地距離	1.最遠隔訪問地(km)	1	濟州(450)	濟州 南濟州郡(478)	브라질(22,000)	브라질 Curitiba(22,286)
		2	釜山(327)	濟州 西歸浦市(478)	아르헨티나(21,929)	브라질 Brasilia(22,000)
		3	慶南(304)	濟州 北濟州郡(450)	페루(18,714)	아르헨티나 Puerto Iguazú(22,000)
		4	全南(274)	濟州 濟州市(450)	포르투갈(15,286)	브라질 Foz do Iguaçu(21,929)
		5	光州(274)	全南 莞島郡(365)	멕시코(15,143)	페루 Cusco(19,286)
	2.最近接訪問地(km)	1	京畿(31)	京畿 九里市(12)	北韓(210)	北韓 高城郡(170)
		2	仁川(36)	京畿 果川市(14)	中國(980)	中國 長白山(白頭山)(500)
		3	江原(78)	京畿 光明市(16)	日本(1,120)	日本 唐津市(520)
		4	忠北(106)	京畿 城南市(18)	臺灣(1,560)	日本 福岡市(525)
		5	忠南(139)	京畿 高陽市·河南市(19)	베트남(2,800)	日本 北九州市(530)
2.訪問地規模	1.最廣面積訪問地(㎢)	1	慶北(19,024)	江原 洪川郡(1,818)	러시아(17,075,400)	中國 北京市(16,800)
		2	江原(16,874)	江原 麟蹄郡(1,646)	캐나다(9,970,610)	中國 天津市(11,305)
		3	全南(11,987)	慶北 安東市(1,519)	中國(9,572,900)	中國 上海市(6,185)
		4	慶南(10,515)	江原 平昌郡(1,464)	美國(9,363,364)	브라질 Brasilia(5,814)
		5	京畿(10,190)	慶北 慶州市(1,324)	브라질(8,547,404)	英國 London(1,554)
	2.最多人口訪問地(千人)	1	서울(10,311)	서울市(10,311)	中國(1,265,207)	프랑스 Paris(9,608)
		2	京畿(9,219)	釜山市(3,797)	印度(1,014,004)	인도네시아 Jakarta(9,113)
		3	釜山(3,797)	仁川市(2,546)	美國(275,372)	中國 上海 (8,937)
		4	慶南(3,094)	大邱市(2,524)	인도네시아(209,342)	멕시코 Mexico City(8,591)
		5	慶北(2,797)	大田市(1,385)	브라질(166,113)	러시아 Moscow(8,390)
3.訪問時期	1.最初期訪問地(日字)	1	慶北(1936.7.28)	慶北 聞慶市(1936.7.28)	美國(1969.9.20)	美國 San Francisco(1969.9.20)
		2	서울(1956.1.10)	慶北 醴泉郡(1951.8.10)	日本(1972.1.12)	美國 Washington,D.C.(1969.9.21)
		3	忠南(1958.7.31)	慶北 尙州市(1952.6.29)	泰國(1978.6.18)	美國 Cincinnati(1969.9.24)
		4	京畿(1958.9.15)	慶北 安東市(1954.4.5)	네덜란드(1979.8.9)	美國 Cleveland(1970.8.29)
		5	仁川(1959.6.2)	서울市(1956.1.10)	덴마크(1979.8.10)	美國 Buffalo(1970.8.30)
	2.最近期訪問地(日字)	1	京畿(2002.8.27)	京畿 高陽市(2002.8.27)	臺灣(2002.8.6)	臺灣 金門島(2002.8.8)
		2	慶北(2002.8.23)	慶北 榮州市(2002.8.23)	中國(2002.4.12)	臺灣 臺北市(2002.8.6)
		3	仁川(2002.8.6)	京畿 水原市(2002.8.13)	아르헨티나(2002.2.3)	中國 寬甸縣(2002.4.16)
		4	全南(2002.7.30)	仁川市(2002.8.6)	브라질(2002.2.2)	中國 丹東市(2002.4.13)
		5	慶南(2002.7.16)	慶北 安東市(2002.8.3)	페루(2002.1.27)	中國 東港市(2002.4.13)
4.訪問頻度	1.最多訪問回數(回)	1	京畿(521)	慶北 聞慶市(120)	日本(24)	日本 東京都(11)
		2	慶北(239)	大邱市(107)	美國(10)	日本 名古屋市(8)
		3	忠南(135)	大田市(97)	獨逸(6)	日本 大阪市(6)
		4	大邱(107)	京畿 果川市(93)	프랑스,中國(4)	日本 京都市,美國 San Francisco,

區分	項目	順位	國內 市·道	國內 市·郡	外國 國家	外國 市·郡
		5	大田(97)	京畿 高陽市(91)	싱가포르,이집트,臺灣(3)	美國 Cincinnati(5) 日本神戶市,中國北京市,美Columbus, 獨逸 Hamburg, 프랑스 Paris(4)
	2.最長滯留期間(年,日)	1	서울(46年)	서울市(46년)	美國(1,154日)	美國 Cincinnati(1,046일)
		2	慶北(20年)	慶北 聞慶市(17年)	日本(167日)	日本 名古屋市(68日)
		3	京畿(2年)	慶北 安東市(3年)	中國(38日)	日本 東京都(37日)
		4	大邱(1年)	京畿 抱川郡(2年)	獨逸(24日)	美國 Columbus (36日)
		5	釜山(6月)	大邱市 (1年)	泰國(22日)	泰國 Bangkok,美國 San Francisco(20日)
	3.最多訪問市·郡數(個)	1	京畿(31)	-	日本(36)	-
		2	慶北(23)	-	美國(27)	-
		3	全南(22)	-	獨逸(17)	-
		4	慶南(20)	-	中國(17)	-
		5	江原(18)	-	리비아(12)	-
5.訪問地點	1.最多機關·施設訪問地(個)	1	서울(1,314)	서울市(1,314)	美國(826)	美國 San Francisco(146)
		2	慶北(606)	慶北聞慶市(167)	日本(728)	러시아 Moscow(136)
		3	京畿(418)	大邱市,大田市(65)	프랑스(261)	美國 Los Angeles(124)
		4	慶南(353)	仁川市,慶北 鬱陵郡(51)	中國(248)	프랑스 Paris,오스트리아 Wien(111)
		5	江原(283)	慶北 安東市 (50)	러시아(210)	헝가리 Budapest(102)
	2.最多名所·觀光訪問地(個)	1	慶北(885)	서울市(200)	日本(837)	美國 Los Angeles(157)
		2	慶南(616)	慶北 聞慶市(189)	美國(668)	美國 Honolulu (119)
		3	京畿(526)	江原 江陵市(122)	中國(252)	러시아 Moscow(118)
		4	江原(515)	慶南 統營市(78)	러시아(187)	체코 Praha(93)
		5	全南(444)	大邱市(75)	프랑스(182)	헝가리 Budapest(91)
	3.最多遺物·遺蹟訪問地(個)	1	慶北(947)	慶北 聞慶市(215)	日本(672)	러시아 Moscow(128)
		2	慶南(645)	서울市(196)	美國(306)	체코 Praha(111)
		3	京畿(445)	慶北 慶州市(103)	中國(268)	中國 西安(102)
		4	全南(426)	江原 江陵市(85)	러시아(222)	러시아 St.Petersburg(94)
		5	全北(402)	慶南 晋州市(77)	프랑스(213)	오스트리아 Wien,헝가리Budapest(93)
	4.總最多地點訪問地(個)	1	慶北(2,408)	서울市(1,710)	日本(2,237)	러시아 Moscow(382)
		2	서울(1,710)	慶北 聞慶市(571)	美國(1,800)	美國 Los Angeles(341)
		3	慶南(1,614)	江原 江陵市(256)	中國(768)	체코 Praha(291)
		4	京畿(1,389)	慶北 慶州市(213)	프랑스(656)	오스트리아 Wien(287)
		5	江原(1,178)	大邱市(209)	러시아(619)	헝가리 Budapest(286)

註. (1)訪問地 距離는 서울에서 中心都市까지의 直線距離임.
(2) 面積 및 人口는 2000年 現在의 것임.
(3) ( )內는該當項目의 頻度値임.

Ⅱ. 海外旅行 內譯

○ 要 約 : 訪問國 · 出國 및 訪問回數

(單位 : 國, 回)

年 度	訪問國數	修 學 滯 留		會 議 參 席		視 察 · 訪 問		合 計	
		出國回數	訪問回數	出國回數	訪問回數	出國回數	訪問回數	出國回數	訪問回數
1969	1	1	1	-	-	-	-	1	1
1972	1	-	-	-	-	-	1	-	1
1974	1	-	-	1	1	-	-	1	1
1975	1	-	-	1	1	-	-	1	1
1976	2	1	1	1	1	-	-	2	2
1977	2	-	-	2	2	-	-	2	2
1978	2	-	-	2	2	-	-	2	2
1979	10	-	-	1	1	1	10	2	11
1982	4	-	-	-	-	1	4	1	4
1983	3	-	-	2	2	-	1	2	3
1984	1	-	-	1	1	-	-	1	1
1985	2	-	-	1	1	1	1	2	2
1986	1	-	-	1	1	-	-	1	1
1987	1	-	-	-	-	1	1	1	1
1989	3	-	-	2	2	-	1	2	3
1990	1	-	-	1	1	-	-	1	1
1991	7	-	-	3	3	1	8	4	11
1992	1	-	-	1	1	-	-	1	1
1993	2	-	-	2	2	-	-	2	2
1994	4	-	-	1	1	2	4	3	5
1995	6	-	-	2	2	2	5	4	7
1996	1	-	-	-	-	1	1	1	1
1997	5	-	-	2	2	2	4	4	6
1998	2	-	-	2	1	1	2	3	3
1999	3	-	-	2	2	2	2	4	4
2000	5	-	-	-	1	4	4	4	5
2001	8	-	-	-	-	2	10	2	10
2002	7	-	-	-	-	3	6	3	6
2003	2	-	-	-	-	2	2	2	2
2004	2	-	-	-	-	2	2	2	2
2005	1	-	-	-	-	1	1	1	1
2006	8	-	-	-	-	3	8	3	8
累計	100	2	2	32	32	32	78	65	111

1. 海外旅行과 訪問地

(1) 國家別 訪問年度 및 滯在期間

訪問順	國 家 名	訪 問 年 度(滯在日數 : 日)	訪問總數(回)	滯在日數(日)
1	美 國	①1969-72(847) ②1976(199) ③1977(14) ④1989(11) ⑤1993(13) ⑥1994(11) ⑦1995(10) ⑧1995(8) ⑨1997(29) ⑩2000(12) ⑪2004(9) ⑫2004(6)	12	1,169
2	日 本	①1992(3) ②1974(15) ③1975(12) ④1976(9) ⑤1977(13) ⑥1978(13) ⑦1982(4) ⑧1984(9) ⑨1985(9) ⑩1987(11) ⑪1989(2) ⑫1991(4) ⑬1991(7) ⑭1993(5) ⑮1994(5) ⑯1994(8) ⑰1995(5) ⑱1997(6) ⑲1997(4) ⑳1998(6)	25	170

訪問順	國 家 名	訪 問 年 度(滯在日數 : 日)	訪問總數(回)	滯在日數(日)
		㉑1998(3) ㉒1999(5) ㉓1999(4) ㉔2000(5) ㉕2002(3)		
3	泰 國	①1978(15) ②1985(7)	2	22
4	네덜란드	①1979(2)	1	2
5	덴 마 크	①1979(2)	1	2
6	獨 逸	①1979(2) ②1979(3) ③1991(3) ④1991(6) ⑤1991(3) ⑥1994(7)	6	24
7	英 國	①1979(3)	1	3
8	프 랑 스	①1979(3) ②1991(2) ③1991(7) ④1995(3)	4	15
9	오스트리아	①1979(2) ②2001(3)	2	5
10	스 위 스	①1979(3)	1	3
11	이탈리아	①1979(4)	1	4
12	그 리 스	①1979(3)	1	3
13	스리랑카	①1979(5) ②1983(5)	2	10
14	인도네시아	①1982(4)	1	4
15	濠 洲	①1982(4) ②1997(4)	2	8
16	뉴질랜드	①1982(5)	1	5
17	印 度	①1983(8)	1	8
18	싱가포르	①1983(2) ②1994(3) ③1997(3)	3	8
19	말레이시아	①1986(6)	1	6
20	中 國	①1989(9) ②1992(10) ③1996(6) ④1998(7) ⑤2002(6)	5	38
21	臺 灣	①1990(7) ②1999(5) ③2002(5)	3	17
22	스 페 인	①1991(7)	1	7
23	포르투갈	①1991(3)	1	3
24	스 웨 덴	①1991(2)	1	2
25	모 나 코	①1991(2)	1	2
26	이 집 트	①1995(3) ②2001(1) ③2001(2)	3	6
27	리 비 아	①1995(7)	1	7
28	튜니시아	①1995(1)	1	1
29	캐 나 다	①1997(2)	1	2
30	北 韓	①1999(4) ②2000(4) ③2003(1) ④2005(2)	4	11
31	베 트 남	①2000(4)	1	4
32	캄보디아	①2000(4)	1	4
33	요 르 단	①2001(2) ②2001(2)	2	4
34	이 라 크	①2001(5)	1	5
35	러 시 아	①2001(4)	1	4
36	폴 란 드	①2001(2)	1	2
37	체 코	①2001(2)	1	2
38	헝 가 리	①2001(2)	1	2
39	멕 시 코	①2002(2)	1	2
40	페 루	①2002(5)	1	5
41	브 라 질	①2002(5)	1	5
42	아르헨티나	①2002(1)	1	1
43	터 키	①2003(9)	1	9
44	케 냐	①2006(6)	1	6
45	탄자니아	①2006(1)	1	1
46	南阿共	①2006(7)	1	7
47	짐바브웨	①2006(3)	1	3
48	보츠와나	①2006(1)	1	1
49	잠 비 아	①2006(1)	1	1
50	필 리 핀	①2006(5)	1	5
51	몽 골	①2006(5)	1	5
合計	51	-	111	1,644

(2) 出國順次別 海外旅行 概要

(單位 : 日,個,名)

出國順次	日字			訪問國空港		訪問國			同行者數(本人包含)	旅行目的
	出國	歸國	期間(日)	到着空港	出發空港	訪問國名	國家數	地域數		
1	69.9.20	72.1.14	847	美國 샌프란시스코	日本 東京	美國 · 日本	2	15	1(3)	海外留學
2	74.10.28	74.11.8	12	日本 大阪	日本 大阪	日本	1	5	2	會議參席
3	75.11.2	75.11.13	12	日本 大阪	日本 大阪	日本	1	2	3	〃
4	76.2.20	76.9.5	199	美國 시카고	美國 로스안젤레스	美國	1	8	1	海外留學
5	76.10.24	76.11.1	9	日本 大阪	日本 大阪	日本	1	3	3	會議參席
6	77.9.2	77.9.15	14	美國 호놀룰루	美國 호놀룰루	美國	1	1	1	〃
7	77.11.6	77.11.18	13	日本 大阪	日本 大阪	日本	1	1	2	〃
8	78.6.18	78.7.2	15	泰國 방콕	泰國 방콕	泰國	1	3	1	研究協議
9	78.10.30	78.11.11	13	日本 大阪	日本 大阪	日本	1	3	4	會議參席
10	79.8.8	79.8.27	20	네덜란드 암스테르담	그리스 아테네	네덜란드 · 덴마크 · 獨逸 · 英國 · 프랑스 · 오스트리아 · 스위스 · 이탈리아 · 그리스	9	21	3	都市計劃視察
11	79.10.13	79.10.17	5	스리랑카 콜롬보	싱가포르 싱가포르	스리랑카 · 싱가포르	2	2	1	會議參席
12	82.1.16	82.1.29	14	인도네시아 자카르타	日本 東京	인도네시아 · 濠洲 · 뉴질랜드 · 日本	4	10	12	地方行政視察
13	83.1.23	83.1.30	8	印度 뉴델리	印度 뉴델히	印度	1	2	1	會議參席
14	83.12.6	83.12.10	5	스리랑카 콜롬보	스리랑카 콜롬보	스리랑카	1	2	1	〃
15	84.10.2	84.10.10	9	日本 東京	日本 札幌	日本	1	6	1	〃
16	85.6.23	85.6.27	5	泰國 방콕	泰國 방콕	泰國	1	1	1	〃
17	85.11.30	85.12.8	9	日本 東京	日本 大阪	日本	1	5	8	都市計劃視察
18	86.9.15	86.9.20	6	말레이시아 쿠아르룸푸르	말레이시아 콸라룸푸르	말레이시아	1	2	1	會議參席
19	87.7.5	87.7.15	11	日本 福岡	日本 東京	日本	1	9	20	都市計劃視察
20	89.3.7	89.3.16	10	中國 上海	中國 上海	中國	1	5	3	會議參席
21	89.5.31	89.6.10	11	美國 워싱턴	美國 호놀룰루	美國	1	4	11	〃
22	90.9.10	90.9.16	7	臺灣 臺北	臺灣 臺北	臺灣	1	4	19	〃
23	91.4.8	91.4.21	14	스페인 바로셀로나	獨逸 프랑크푸르트	스페인 · 포르투갈 · 스웨덴 · 獨逸	4	10	2	會議參席 · 親知訪問
24	91.6.30	91.7.14	15	獨逸 프랑크푸르트	獨逸 함부르크	獨逸 · 프랑스 · 모나코	3	10	3	核廢棄物處分場視察
25	91.8.5	91.8.8	4	日本 東京	日本 東京	日本	1	1	6	研究資料取得
26	91.11.18	91.11.24	7	日本 東京	日本 東京	日本	1	3	23	會議參席
27	92.7.8	92.7.17	10	中國 天津	中國 北京	中國	1	11	21	〃
28	93.7.2	93.7.14	13	美國 클레블랜드	美國 시카고	美國	1	5	1	〃
29	93.9.26	93.9.30	5	日本 東京	日本 東京	日本	1	2	18	〃
30	94.6.7	94.6.17	11	美國 시카고	美國 시카고	美國	1	2	1(3)	親知 · 機關訪問
31	94.8.14	94.8.28	15	獨逸 베를린	日本 千歲	獨逸 · 싱가포르 · 日本	3	18	28	國土開發視察
32	94.10.16	94.10.23	8	日本 關西	日本 關西	日本	1	3	4	會議參席
33	95.6.15	95.6.24	10	美國 시카고	美國 샌프란시스코	美國	1	3	2	機關訪問 · 視察
34	95.7.17	95.7.29	13	이집트 카이로	프랑스 파리	이집트 · 리비아 · 튜니시아 · 프랑스	4	27	14	國土開發視察 · 觀光
35	95.11.28	95.12.2	5	日本 關西	日本 關西	日本	1	2	10	會議參席 · 視察

出國順次	日字			訪問國空港		訪問國			同行者數(本人包含)	旅行目的
	出國	歸國	期間(日)	到着空港	出發空港	訪問國名	國家數	地域數		
36	95.12.14	95.12.21	8	美國 샌프란시스코	美國 로스안젤레스	美國	1	5	10	〃
37	96.7.23	96.7.28	6	中國 北京	中國 北京	中國	1	8	3	家族單位觀光
38	97.4.4	97.4.10	7	濠洲 브리스베인	싱가포르 싱가포르	濠洲 · 싱가포르	2	3	61	海外研修 · 視察
39	97.7.20	97.8.17	29	美國 시카고	美國 시카고	美國 · 캐나다	2	10	3	親知訪問 · 觀光
40	97.9.16	97.9.21	6	日本 關西	日本 關西	日本	1	3	47	會議參席 · 視察
41	97.11.7	97.11.10	4	日本 東京	日本 東京	日本	1	1	11	會議參席
42	98.6.24	98 6.29	6	日本 福岡	日本 高松	日本	1	11	42	海外研修 · 視察
43	98.7.14	98.7.16	3	日本 關西	日本 關西	日本	11	3	(1)	外國大學 特講
44	98.8.4	98.8.10	7	中國 北京	中國 上海	中國	1	4	30	機關訪問 · 視光
45	99.4.20	99.4.24	5	日本 東京	日本 東京	日本	1	2	3	機關訪問 · 視察
46	99.8.16	99.8.19	4	北韓 高城港	北韓 高城港	北韓	1	1	5	觀光
47	99.9.17	99.9.21	5	臺灣 臺北	臺灣 臺北	臺灣	1	3	21	會議參席 · 觀察
48	99.11.5	99.11.8	4	日本 關西	日本 關西	日本	1	1	5	會議參席
49	00.1.26	00.2.1	7	베트남 호치민	베트남 호치민	베트남 · 캄보디아	2	5	20	機關訪問 · 觀光
50	00.3.10	00.3.13	4	北韓 高城港	北韓 高城港	北韓	1	1	29	觀光
51	00.7.16	00.7.20	5	日本 關西	日本 關西	日本	1	2	42	會議參席 · 視察
52	00.8.11	00.8.22	12	美國 샌프란시스코	美國 샌프란시스코	美國	1	4	3	訪問 · 觀光
53	01.2.8	01.2.17	10	이집트 카이로	이집트 카이로	이집트 · 요르단 · 이라크	3	10	16	視察 · 觀光
54	01.7.4	01.7.13	10	러시아 모스크바	러시아 모스크바	러시아 · 폴란드 · 체코 · 오스트리아 · 헝가리	5	7	19	訪問 · 視察 · 觀光
55	02.1.26	02.2.7	13	멕시코 멕시코市	브라질 상파울루	멕시코 · 페루 · 브라질 · 아르헨티나	4	12	19	訪問 · 視察 · 觀光
56	02.4.12	02.4.17	6	中國 丹東 東港	中國 丹東 東港	中國	1	3	9	訪問 · 視察 · 觀光
57	02.8.6	02.8.10	5	臺灣 臺北	臺灣 臺北	臺灣	1	2	56	會議 · 視察 · 觀光
58	02.9.28	02.9.30	3	日本 對馬島 嚴原港	日本 對馬島 比田勝港	日本	1	1	11	視察 · 觀光
59	03.7.21	03.7.29	9	터키 이스탄불	터키 이스탄불	터키	1	4	10	視察 · 協議
60	03.12.11	03.12.11	1	北韓 開城	北韓 開城	北韓	1	1	86	行事 · 觀光
61	04.2.3	04.2.11	9	美國 샌프란시스코	美國 샌프란시스코	美國	1	6	2	訪問 · 觀光
62	04.9.13	04.9.18	6	美國 샌프란시스코	美國 샌프란시스코	美國	1	1	1	訪問 · 協議
63	05.10.14	05.10.15	2	北韓 平壤	北韓 平壤	北韓	1	1	160	觀光 · 觀覽
64	06.1.12	06.1.26	15	케냐 나이로비	南阿共 요하네스버그	케냐 · 탄자니아 · 南阿共 · 짐바브웨 · 보츠와나 · 잠비아	6	11	24	觀光 · 視察
65	06.4.20	06.4.24	5	필리핀 마닐라	필리핀 마닐라	필리핀	1	5	13	觀光 · 視察
66	06.6.19	06.6.23	5	몽골 울란바타르	몽골 울란바타르	몽골	1	3	11	觀光 · 視察
累計	66回	66回	1,605日	66個	66個	-	86	343	1,012	留學 · 會議 · 視察

주. (1) 韓國에서의 出發空港은 모두 서울 金浦空港이고 歸國時 到着空港은 1975.11.13만 釜山 金海空港이고 나머지는 모두 서울 金浦空港이며, 2002年 부터는 出國 · 入國 공히 仁川 國際空港임.

(2) 船泊利用時 2000年 3月 北韓 金剛山 訪問에는 江原道 東海邑을, 2002年 4月 中國 丹東 訪問에는 仁川港을, 2002年 9月 日本 對馬島 訪問時는 釜山港을 이용하였음.

(3) 北韓 開城 訪問의 경우는 서울 - 開城間 버스를 이용하였음.

(4) 同行者數에 있어 ( )內는 歸國時 人員임.

(3) 國家別 訪問期間과 訪問地域 및 旅行經路

順	訪問國家	訪問滯留期間(日間)	前 出 發 地	訪 問 都 市 및 經路	後 向 發 地
1	美 國	① 69.9.20-72.1.11(847)	韓國 서울	-San Francisco-Washington,D.C.-Cincinnati-Cleveland-Buffalo-Niagara Falls-Beacon-New York-Houston-Los Angeles-San Francisco-Denver-Chicago-Cincinnati(↔Marydale)(↔ Newport) (↔Washington, D.C.)-Honolulu-	日本 東京
		② 76.2.20-76.9.5(199)	韓國 서울	-Cincinnati(↔Madison) -Washington,D.C.-Pittsburgh-Cincinnati (↔Columbus)-Chicago-San Francisco -Los Angeles-	韓國 서울
		③ 77.9.2-77.9.15(14)	韓國 서울	-Honolulu-	韓國 서울
		④ 89.5.31-89.6.10(11)	韓國 서울	-College Park(↔Towson)-Cincinnati-Honolulu-	韓國 서울
		⑤ 93.7.2-93.7.14(13)	韓國 서울	-Akron-Lansing-	韓國 서울
		⑥ 94.6.7-94.6.17(11)	韓國 서울	-Lansing-Columbus-	韓國 서울
		⑦ 95.6.15-95.6.24(10)	韓國 서울	-Columbus(↔Cincinnati)-Las Vegas(↔ Grand Canyon)-	韓國 서울
		⑧ 95.12.14-95.12.21(8)	韓國 서울	-Las Vegas(↔Arizona · Utah)-	韓國 서울
		⑨ 97.7.20-97.8.17(29)	韓國 서울	-Columbus(↔Cincinnati) (↔Loudonville)-Lansing-Port Huron-	캐나다 Sarnia
			캐나다 Niagara Falls	-Niagara Falls-Columbus-Orlando-Cape Canaveral-Cocoa-Columbus-	韓國 서울
		⑩ 00.8.11-00.8.22(12)	韓國 서울	-San Francisco(↔San Bruno)-Los Angeles-San Francisco(↔Millbrae) (↔Palo Alto)	韓國 서울
		⑪ 04.2.3-04.2.11(9)	韓國 仁川	-San Francisco-San Jose-Santa Clara-Newark- -Palo Alto-Monterey-Pacific Grove-Carmel-San Jose-San Francisco-	韓國 仁川
		⑫ 04.9.13-04.9.18(6)	韓國 仁川	-San Francisco-Daly City-San Jose-Daly City-San Francisco-	韓國 仁川
		累計(12回,1,169日)	3	35	4
2	日 本	① 72.1.12-72.1.14(3)	美國 Honolulu	-東京-	韓國 서울
		② 74.10.28-74.11.11(15)	韓國 서울	-名古屋-浜松-掛川-京都-名古屋-東京-大阪-神戸-大阪-	韓國 서울
		③ 75.11.2-75.11.13(12)	韓國 서울	-名古屋-豊田-名古屋-大阪-	韓國 釜山
		④ 76.10.24-76.11.1(9)	韓國 서울	-名古屋-	韓國 서울
		⑤ 77.11.6-77.11.18(13)	韓國 서울	-名古屋-	韓國 서울
		⑥ 78.10.30-78.11.11(13)	韓國 서울	-名古屋-富士山-箱根-名古屋-	韓國 서울
		⑦ 82.1.26-82.1.29(4)	뉴질랜드 Wellington	-東京-日光-東京-京都-大阪-	韓國 서울
		⑧ 84.10.2-84.10.10(9)	韓國 서울	-東京-川崎-横濱-東京-札幌-登別-札幌-	韓國 서울
		⑨ 85.11.30-85.12.8(9)	韓國 서울	-東京-筑波-名古屋-奈良-天理-大阪-	韓國 서울
		⑩ 87.7.5-87.7.15(11)	韓國 서울	-福岡-北九州-大分-別府-長崎-阿蘇-唐津-東京-	韓國 서울
		⑪ 89.3.7-89.3.8(2)	韓國 서울	-東京-	中國 上海
		⑫ 91.8.5-91.8.8(4)	韓國 서울	-東京-	韓國 서울
		⑬ 91.11.18-91.11.24(7)	韓國 서울	-大阪-神戸-東京-	韓國 서울
		⑭ 93.9.26-93.9.30(5)	韓國 서울	-東京-鎌倉-東京-	韓國 서울
		⑮ 94.8.24-94.8.28(5)	싱가포르	-東京-仙臺(↔松島)-千歳- 札幌- 小樽-洞爺湖-登別-苫小牧-千歳-	韓國 서울
		⑯ 94.10.16-94.10.23(8)	韓國 서울	-大阪-奈良-京都-大阪-	韓國 서울

順	訪問國家	訪問滯留期間(日間)	前 出 發 地	訪 問 都 市 및 經路	後 向 發 地
		⑰ 95.11.28-95.12.2(5) ⑱ 97.9.16-97.9.21(6) ⑲ 97.11.7-97.11.10(4) ⑳ 98.6.24-98.6.29(6) ㉑ 98.7.14-98.7.16(3) ㉒99.4.20-99.4.24(5) ㉓ 99.11.5-99.11.8(4) ㉔ 00.7.16-00.7.20(5) ㉕ 02.9.28-02.9.30(3) 累計(25回,170日)	韓國 서울 韓國 서울 韓國 서울 韓國 서울 韓國 서울 韓國 서울 韓國 서울 韓國 서울 韓國 釜山 5	-大阪-神戶-大阪- -名古屋-白川郷-高山-名古屋- -東京- -福岡-長崎-能本-阿蘇-大分-別府-松山-高松- -大阪-京都-大阪- -東京-越谷-東京- -大阪-京都-大阪- -大阪-神戶-淡路島-神戶-大阪 - 對馬島 嚴原港-南對馬郡-北對馬郡-對馬島 比田勝港- 40	韓國 서울 韓國 서울 韓國 서울 韓國 서울 韓國 서울 韓國 서울 韓國 서울 韓國 서울 韓國 釜山 3
3	泰國	① 78.6.18-78.7.2(15) ② 85.6.23-85.6.27(7) 累計(2回,22日)	韓國 서울 韓國 서울 1	-Bangkok-Nakhon Nayok-Singburi-Bangkok- -Bangkok- 3	韓國 서울 韓國 서울 1
4	네델란드	①79.8.9-79.8.10(2) 累計(1回,2日)	韓國 서울 1	-Amsterdam- 1	덴마크 Copenhagen 1
5	덴마크	①79.8.10-79.8.11(2) 累計(1回,2日)	네덜란드 Amsterdam 1	-Copenhagen-Helsingor-Copenhagen- 2	獨逸 Hamburg 1
6	獨逸	①79.8.11-79.8.12(2) ②79.8.16-79.8.18(3) ③91.4.18-91.4.20(3) ④91.6.30-91.7.5(6) ⑤91.7.11-91.7.13(3) ⑥94.8.14-94.8.20(7) 累計(6回,24日)	덴마크 Copenhagen 프랑스 Paris 스웨덴 Stockholm 韓國 서울 프랑스 Paris 韓國 서울 4	-Hamburg- -Düsseldorf-Dortmund-Heidelberg- -Hamburg- -Hamburg-Berlin-Potsdam-Hannover-Peine-Gartow-Celle-Hannover- -Hamburg-Bergen-Hamburg- -Berlin-Potsdam-Magdeburg-Hannover-Ruhr-Essen-Dortmund-Düsseldorf-Köln-Bonn-Frankfurt-Heidelberg- 17	英國 London 오스트리아 Wien 韓國 서울 프랑스 Marseille 韓國 서울 싱가포르 5
7	英國	①79.8.12-79.8.14(3) 累計(1回,3日)	獨逸 Hamburg 1	-London-Stevenage-London- 2	프랑스 Paris 1
8	프랑스	①79.8.14-79.8.16(3) ②91.4.8-91.4.9(2) ③91.7.5-91.7.7(7) ④95.7.26-95.7.28(3) 累計(4回,15日)	英國 London 韓國 서울 獨逸 Hannover 튜니시아 Tunis 4	-Paris- -Paris- -Marseille-Nice-Cannes-Antipolis-Paris-La Hague-Normandie-Paris- -Paris- 7	獨逸 Düsseldorf 스페인 Sitges 獨逸 Hamburg 韓國 서울 4
9	오스트리아	①79.8.18-79.8.19(2) ②01.7.9-01.7.11(3) 累計(2回,5日)	獨逸 Frankfurt 체코 Brno 2	-Wien- -Wien- 1	스위스 Zürich 헝가리 Budapest 2
10	스위스	①79.8.19-79.8.21(3) 累計(1回,3日)	오스트리아 Wien 1	-Zürich-Wengen-Zürich- 2	이탈리아 Venice 1
11	이탈리아	①79.8.21-79.8.24(4) 累計(1回,4日)	스위스 Zürich 1	-Venice-Rome- 2	그리스 Athens 1
12	그리스	①79.8.24-79.8.26(3) 累計(1回,3日)	이탈리아 Rome 1	-Athens- 1	韓國 서울 1
13	스리랑카	①79.10.13-79.10.17(5) ②83.12.6-83.12.10(5) 累計(2回,10日)	韓國 서울 韓國 서울 1	-Colombo- -Colombo-Kandy-Colombo- 2	韓國 서울 싱가포르 2
14	인도네시아	①82.1.16-82.1.19(4) 累計(1回,4日)	韓國 서울 1	-Jakarta-Denpasar-Jakarta 2	濠洲 Sydney 1
15	濠洲	①82.1.19-82.1.22(4) ②97.4.4-97.4.7(4)	인도네시아 Jakarta 韓國 서울	-Sydney-Canberra-Sydney- -Sydney-Windsor-Sydney	뉴질랜드 Wellington 싱가포르

順	訪問國家	訪問滯留期間(日間)	前出發地	訪問都市 및 經路	後向發地
		累計(2回,8日)	2	3	2
16	뉴질랜드	① 82.1.22-82.1.26(5) 累計(1回,5日)	濠洲 Sydney 1	-Wellington-Rotorua-Wellington- 2	日本 東京 1
17	印度	① 83.1.23-83.1.30(8) 累計(1回,8日)	韓國 서울 1	-New Delhi-Agra-New Delhi- 2	韓國 서울 1
18	싱가포르	①83.12.10-83.12.11(2) ②94.2.21-94.2.23(3) ③97.4.7-97.4.9(3) 累計(3回,8日)	스리랑카 Colombo 獨逸 Frankfurt 濠洲 Sydney 3	-Singapore- -Singapore- -Singapore- 1	韓國 서울 日本 東京 韓國 서울 2
19	말레이시아	①86.9.15-86.9.20(6) 累計(1回,6日)	韓國 서울 1	-Kuala Lumpur- 1	韓國 서울 1
20	中國	①89.3.8-89.3.16(9) ②92.7.8-92.7.17(10) ③69.7.23-96.7.28(6) ④98.8.4-98.8.10(7) ⑤02.4.12-02.4.17(6) 累計(5回,38日)	日本 東京 韓國 서울 韓國 서울 韓國 서울 韓國 仁川港 3	-上海-蘇州-杭州-上海- -天津-北京-長春-延吉-　春-防川-豆滿江 -圖們-延吉-白頭山-龍井-延吉-瀋陽-北京- 萬里長城-北京- -北京-延吉-白頭山-龍井-圖們-豆滿江-延吉- 北京-萬里長城-北京- -北京-萬里長城-北京-西安-上海-蘇州-上海- -東港-丹東-寬甸-丹東-東港- 17	韓國 서울 韓國 서울 韓國 서울 韓國 서울 韓國 仁川港 2
21	臺灣	①90.9.10-90.9.16(7) ②99.9.17-99.9.21(5) ③02.8.6-02.8.10(5) 累計(3回,17日)	韓國 서울 韓國 서울 韓國 仁川 3	-臺北-新竹-臺中-臺北- -臺北-臺南-高雄-墾丁-高雄-臺北- -臺北-金門島-臺北- 7	韓國 서울 韓國 서울 韓國 仁川 3
22	스페인	①91.4.9-91.4.15(7) 累計(1回,7日)	프랑스 Paris 1	-Sitges-Barcelona-Sitges-Madrid- 3	포르투갈 Lisbon 1
23	포르투갈	①91.4.15-91.4.17(3) 累計(1回,3日)	스페인 Madrid 1	-Lisbon- 1	스웨덴 Stockholm 1
24	스웨덴	①91.4.17-91.4.18(2) 累計(1回,2日)	포르투갈 Lisbon 1	-Stockholm-Uppsala-Stockholm- 2	獨逸 Hamburg 1
25	모나코	①91.7.6-91.7.7(2) 累計(1回,2日)	프랑스 Marseille 1	-Monaco- 1	프랑스 Nice 1
26	이집트	①95.7.18-95.7.20(3) ②01.2.9(1) ③01.2.15-01.2.16(2) 累計(3回,6日)	韓國 서울 韓國 서울 요르단 Amman 2	-Cairo(↔Gizeh)-Luxor-Cairo- Alexandria-El Alamein-Assallum- -Cairo(↔Gizeh)- -Cairo- 5	 리비아 Amsaad 요르단 Amman 韓國 서울 3
27	리비아	①95.7.20-95.7.26(7) 累計(1回,7日)	이집트 Assallum 1	-Amsaad-Tobruk-Darnah-Susah-Al Bayda-Benghazi-Ajdabiyah-Sahara- Sarir-Jalu-Benghazi-Sirt-Homs-Tripoli- 12	 튜니시아 Ben Gardane 1
28	튜니시아	①95.7.26(1) 累計(1回,1日)	리비아 Tripoli 1	-Ben Gardane-Djerba-Tunis- 2	프랑스 Paris 1
29	캐나다	①97.8.1-97.8.2(2) 累計(1回,2日)	美國 Port Huron 1	-Sarnia-Niagara Falls- 2	美國 Niagara Falls 1
30	北韓	①99.8.16-99.8.19(4) ②00.3.10-00.3.13(4) ③03.12.11(1) ④05.10.14-05.10.15(2) 累計(4回,11日)	韓國 東海 韓國 東海 韓國 서울 韓國 仁川 3	-高城-金剛山-高城- -高城-金剛山-三日浦-高城- -開城- -順安-平壤-順安- 3	韓國 東海 韓國 東海 韓國 서울 韓國 仁川 3
31	베트남	①00.1.26-00.1.29(4) 累計(1回,4日)	韓國 서울 1	-Hochiminh-Hanoi-Hochiminh- 2	캄보디아 Phnom Penh 1

順	訪問國家	訪問滯留期間(日間)	前出發地	訪問都市및 經路	後向發地
32	캄보디아	①00.1.29-00.2.1(4) 累計(1回,4日)	베트남 Hochiminh 1	-Phnom Penh-Siem Reap-Angkor- Siem Reap-Phnom Penh- 3	韓國 서울 1
33	요르단	①01.2.9-01.2.10(2) ②01.2.14-01.2.15(2) 累計(2回,4日)	이집트 Cairo 이라크 Badylon 2	-Amman- -Amman-Petra-Amman- 2	이라크 Baghdad 이집트 Cairo 2
34	이라크	①01.2.10-01.2.14(5) 累計(1回,5日)	요르단 Amman 1	-Baghdad-Samarra-Hadhar-Mosul- Assur-Baghdad-Kut-Nasiriya-Ur-Hilla- Babylon- 7	요르단 Amman 1
35	러시아	①01.7.4-01.7.7(4) 累計(1回,4日)	韓國 仁川 1	-Moscow-St.Petersburg-Moscow- 2	폴란드 Warsaw 1
36	폴란드	①01.7.7-01.7.8(2) 累計(1回,2日)	러시아 Moscow 1	-Warsaw- 1	체코 Praha 1
37	체코	①01.7.8-01.7.9(2) 累計(1回,2日)	폴란드 Warsaw 1	-Praha-Brno- 2	오스트리아 Wien 1
38	헝가리	①01.7.11-01.7.12(2) 累計(1回,2日)	오스트리아 Wien 1	-Budapest- 1	러시아 Moscow 1
39	멕시코	①02.1.26-02.1.27(2) 累計(1回,2日)	美國 Los Angeles 1	-Mexico City- 1	페루 Lima 1
40	페루	①02.1.27-02.2.1(5) 累計(1回,5日)	멕시코 Mexico City 1	-Lima-Cusco-Urubamba-Machn Picchu -Cusco-Lima-Ica-Nazca-Pisco-Lima- 7	브라질 São Paulo 1
41	브라질	①02.2.2-02.2.6(5) 累計(1回,5日)	페루 Lima 1	-São Paulo-Foz do Iguaçu-Curtiba- Brasilia-São Paulo- 3	美國 Los Angeles 1
42	아르헨티나	①02.2.3(1) 累計(1回,1日)	브라질 Foz do Iguaçu 1	-Puerto Iguazú- 1	브라질 Foz do Iguaçu 1
43	터키	①03.7.21-03.7 29(9) 累計(1回, 9日)	韓國 仁川 1	-Istanbul-Ankara-Cappadocia-Konya- Istanbul-Frankfurt(獨)- 4	韓國, 仁川 1
44	케냐	①06.1.13-06.1.18(6) 累計(1回, 6日)	韓國 仁川 1	-Hong Kong-Johannesburg-Nairobi- Amboseli-Namanga-Nairobi- 3	南阿共 Johannesburg 1
45	탄자니아	①06.1.1(1) 累計(1回, 1日)	케냐 Namanga 1	-Namanga- 1	케냐 Namanga 1
46	南阿共	①06.1.18-06.1.19(2) ②06.1.21-06.1.25(5) 累計(2回, 7日)	케냐 Nairobi 짐바브웨 Victoria Falls 2	-Johannesburg- -Johannesburg-Cape Town-Johannesburg- Pretoria-Sun City-Johannesburg-Hong Kong- 4	짐바브웨 Victoria Falls 韓國 仁川 2
47-49	짐바브웨 보츠와나 잠비아	①06.1.19-06.1.21(3) 累計(1回, 3日)	南阿共 Johannesburg 1	-Victoria Falls-Chobe(보츠와나)- Livingstone(잠비아)-Victoria Falls- 3	南阿共 Johannesburg 1
50	필리핀	①06.4.20-06.4.24(5) 累計(1回, 5日)	韓國 仁川 1	-Manila-Tagaytay-Pagsanjan-Alaminos -Manila- 5	韓國 仁川 1
51	몽골	①06.6.19-06.6.23(5) 累計(1回, 5日)	韓國 仁川 1	-Ulaanbaatar-Terelj-Möngönmor' t- Ulaanbaatar- 3	韓國 仁川 1
總計	51	111回, 1,643日	52	236	50

2. 目的別 旅行內譯

(1) 修學滯留

1) 碩士學位 取得 및 博士課程 履修
國家 및 場所 : 美國 Ohio州 Cincinnati市
機關 : University of Cincinnati, Graduate Program
招請 : USAID
期間 : 1969.9.20-1972.1.14(2年4月)
同行 : 妻 黃蓮子 : 1970.3.25-1972.1.14(1年10月)
次女 貞娥 : 1971.3.12-1972.1.14(10月)
旅券 : 196411(1969.9.15 發行)

2) 博士學位 論文準備 및 博士學位 取得
國家 및 場所 : 美國 Ohio州 Cincinnati市
機關 : University of Cincinnati, Graduate Program
招請 : Asia Foundation
期間 :1976.2.20-1976.9.5(6月15日)
旅券 : S 45319(1976.2.6 發行)

(2) 會議參席

順次	期 間	國家 및 場所	主 催 機 關	招請機關	遂行役割	同 行 者	旅 券	
							番 號	發行日
1	74.10.28- 11.8(12日)	日本 名古屋市	United Nations Centre for Regional Development(UNCRD)	UNCR	發表	柳常悅	S40547	74.10.17
2	75.11.2- 11.13(12日)	日本 名古屋市	UNCRD	UNCRD	發表	宋丙洛 · 李載明	S44258	75.10.22
3	76.10.24- 11.1(9日)	日本 名古屋市	UNCRD	UNCRD	討論	崔相哲 · 朴圭悅	S45319	76.2.6
4	77.9.2- 9.15(14日)	美國 Hawaii Honolulu 市	Technology& Development Institute,EWC	East-West Center	發表	金成勳 · 安忠榮	S52475	77.8.19
5	77.11.6- 11.18(13日)	日本 名古屋市	UNCRD	UNCRD	發表	宋丙洛	S53638	77.10.28
6	78.6.18- 7.2(15日)	泰國 Bangkok 市	NESDB	UNCRD	比較硏究協議 및 特講	-	S57246	78.6.7
7	78.10.30- 11.11(13日)	日本 名古屋市	UNCRD	UNCRD	發表	宋丙洛 · 尹琪永 · 李賢直	S59721	78.10.11
8	79.10.13- 10.17(5日)	Sri Lanka Colombo 市	Marga Institute	Marga Institute	共同硏究協議	-	S67613	79.10.8
9	83.1.23- 1.30(8日)	印度 New Delhi市	印 Ministry of Works and Housing	UNCRD	發表(25個國)	-	S02642	82.1.5
10	83.12.6- 12.10(5日)	Sri Lanka Colombo市 (經由:싱가포르)	Marga Institute	Marga Institute	討論(10個國)	-	同	同
11	84.10.2- 10.10(9日)	日本 川崎市 · 札	Kawasaki City Government	UNCRD	發表 · 討論 (21個國)	-	同	同

順次	期間	國家 및 場所	主催機關	招請機關	遂行役割	同行者	旅券	
							番號	發行日
		幌市(訪問)						
12	85.6.23-6.27(5日)	泰國 Bangkok市	APDC	APDC	發表 · 司會 (7個國)	-	SO2642 同	82.1.5 同
13	86.9.15-9.20(6日)	Malaysia Kuala Lumpur市	APDC	APDC	發表 · 討論 (7個國)	-	同	同
14	89.3.7-3.16(10日)	中國 上海市	Shanghai Academy of Social Sciences	INTA (France)	發表 · 討論 (20個國)	金祥基 · 林光元	S0048484	87.6.25
15	89.5.31-6.10(11日)	美國 College Park	University of Maryland	CODS	發表 (15個國)	金源 外10名	同	同
16	90.9.10-9.16(7日)	臺灣 臺北市	中國都市計劃學會	大韓國土 計劃學會	司會	金源 外18名	同	同
17	91.4.8-4.21(14日)	Spain Sitges (訪問:프랑스, Portugal, Sweden,獨逸)	U.N.University	U.N. University	發表 (10個國) 觀光(4個國)	妻	同	同
18	91.8.5-8.8(4日)	日本 東京	日本 東京都	서울市	研究協議 資料取得	崔相哲 · 趙正濟 · 李圭煥 · 李周熙 · 姜炳秀	同	同
19	91.11.18-11.24(7日)	日本 東京 (訪問:神戶,掛川市)	日本都市計劃學會	大韓國土 · 都市 計劃學會	單純參加	金源會長外22名	同	同
20	92.7.8-7.17(10日)	中國 吉林省 延吉市(訪問: 北京 · 長春 · 琿春 · 白頭山等)	延邊大學 東北亞 經濟研究所	韓國地域社會 開發學會	發表 · 司會 · 討論	金裕赫外 20名	S0133436	92.6.30
21	93.7.2-7.14(13日)	美國 Lansing (訪問:Akron)	Michigan州立大學	Michigan 州立大學	發表 · 司會 · 討論 · 綜合報告	-	4902096	93.6.9
22	93.9.26-9.30(5日)	日本 東京 (訪問:世田谷區 · 鎌倉市)	韓 · 日 地方自治學會	日本地方自 治學會	討論	崔昌浩 會長外 17名	同	同
23	94.10.16-10.23(8日)	日本 東京 · 大阪 · 奈良	關西文化學術研究都市	關西文化學 術研究都市	發表 · 討論	金東勳 · 吳德成 · 林吉鎭	同	同
24	95.11.28-12.2(5日)	日本 大阪 · 神戶	韓日地方自治交流會	日本地方 自治學會	團長(開會辭 · 紹介 · 質疑)	盧隆熙 · 崔昌浩 · 鄭世煜 · 禹東琪 · 文昌洙 · 李圭煥 · 李周熙 · 鄭德柱 · 金始英	同	同
25	95.12.14-12.21(8日)	美國 Las Vegas市	地方自治學會 · Las Vegas市	Las Vegas 市長	團長(開會辭 · 司會 · 人事)	鄭世煜 · 金德永 · 禹東琪 · 金源 · 李周熙 · 金炳國 · 金東勳 · 이재성 · 李圭憲	同	同
26	97.9.16-9.21(6日)	日本 名古屋 (1國3市)	韓 · 中 · 日 都市計劃學會	日本都市 計劃學會長 (國土學會補助)	顧問 (討論)	여홍구 · 김원 · 김영모 등 46名	同	同
27	97.11.7-11.10(4日)	日本 東京 (1國1市)	韓 · 日地方自治學會	日本地方自 治學會長(自費)	名譽會長 (單純參加)	정세욱 · 김동훈 · 임경호 등 10名	同	同
28	98.7.14-7.16(3日)	日本 京都 (1國1市)	立命館大學	盧隆熙	講師	盧隆熙教授 夫婦	JR0832752	98.6.10
29	99.9.17-9.21(5日)	臺灣 臺南 (1國3市)	韓 · 中 · 日都市 計劃 交流會	臺灣都市 計劃學會長	國際交流 委員長	金英模會長 등 20名	同	同
30	99.11.5-11.8(4日)	日本 京都 (1國1市)	韓 · 日地方 自治研討會	日本地方 自治學會	顧問 (討論)	金東勳 · 崔昌浩 · 林敬鎬 · 姜瑩基	同	同
31	00.7.16-7.20(5日)	日本 神戶 · 淡路 (1國1市1島)	韓 · 中 · 日都市計劃學會 交流會	日本都市 計劃學會	國際交流 委員長	崔秉瑄會長 등 42名	同	同
32	02.8.6-8.10(5日)	臺灣 臺北 · 金門 (1國1市1島)	韓 · 中 · 日都市計劃 學會 交流會	中國(臺灣) 都市計劃學會	學會顧問	元濟戊會長 · 趙正 濟委員長 등 56名	同	同

(3)視察 · 訪問

順次	期 間	視察 · 訪問地	目 的	經費支援機關	遂行役割	同行者	旅券	
							番 號	發行日
1	72.1.12-1.14(3日)	日本-東京 (1國1市)	視察 · 觀光	自費	家長	妻 · 次女(2名)	196411	69.9.15
2	79.8.8-8.27(20日)	네덜란드 · 덴마크 · 獨逸 · 英國 · 프랑스 · 오스트리아 · 스위스 · 이탈리아 · 희랍(9國21市)	都市計劃視察	서울市	視察팀 一員 (財政管理)	康炳基 · 崔相哲(2名)	S65608	79.7.21
3	82.1.16-1.29(14日)	인도네시아 · 濠洲 · 뉴질랜드 · 日本 (4國10市)	內務部研修院 高級班 海外研修 視察	內務部地方行政研修院	指導教授	嚴恒燮 · 白將紘 · 李永海 · 朴三吉 · 金榮澈 · 金壽鎭 · 趙恒奎 · 成夏慶 · 孔明澤 · 鄭千燮 · 郭昭烈 (11名)	S02642	82.1.5
4	85.11.30-12.8(9日)	日本-筑波 · 東京 · 名古屋 · 奈良 · 大阪 · 天理(1國6市)	大韓國土計劃學會 訪日團 視察 · 懇談會	國土計劃學會(會長團)	副團長	康炳基 · 黃鏞周 · 張泰鈺 · 郭英勳 · 李鼎九 · 李學東 · 高秉浩(7名)	S02642	82.1.5
5	87.7.5-7.15(11日)	日本-九州地方(福岡 · 大分 · 熊本 · 長崎 · 佐賀縣 (1國5縣20市)	大韓國土計劃學會 訪日團 視察 및 심포지엄開催	科學技術處(會長團) · 土開公(本人)	團長	金源 · 康炳基 · 林相夏 · 李仁遠등 (17名)	S0048484	87.6.25
6	91.6.30-7.14(15日)	獨逸 · 프랑스 · 모나코 (3國10市)	核廢棄物處分場 視察	서울大 人口 · 發展問題 研究所	視察者	金源 · 李俊善(2名)	S0048484	87.6.25
7	94.6.7-6.17(11日)	美國 (1國2市)	Michigan大 會議, 雪娥 · 貞娥 訪問	韓國地方行政研究院	單獨役割	-	4902096	93.6.9
8	94.8.14-8.28(15日)	獨逸 · 싱가포르 · 日本 (3國18市)	國土計劃學會 國土改造視察	三星經濟研究所	學會顧問	兪浣 · 朴炳柱 · 呂鴻九 등(27名)	4902096	93.6.9
9	95.6.15-6.24(10日)	美國 (1國3市)	Las Vegas訪問 · 視察	Las Vegas	視察 · 座談 金在城局長	李圭憲(1名)	4902096	93.6.9
10	95.7.17-7.29(13日)	Egypt · Libya · Tunisia · France (4國16市)	Libya大水路工事 視察	東亞建設	視察 · 觀光	兪浣 · 呂鴻九 · 金源 · 金英模 · 尹道根 · 千炳植 · 申芳雄 · 李東培 · 姜良錫 · 元濟戊 · 崔燦煥 · 安慶洙 · 梁鈗在(13名)	4902096	93.6.9
11	96,7.23-7.28(6日)	中國 (1國8市)	回甲紀念觀光旅行	自費	視察 · 觀光	妻黃蓮子 · 次女 金貞娥)(2名)	4902096	93.6.9
12	97.4.4-4.10(7日)	濠洲 · 싱가포르(2國3市)	서울大 環境大學院 高位政策課程 海外研修	課程補助	視察 · 特講	妻 黃蓮子 등 夫婦 60名	4902096	93.6.9
13	97.7.20-8.17(29日)	美國 · 캐나다 (2國10市)	美國居住 家族訪問	自費	訪問 · 視察	妻 · 子(2名)	4902096	93.6.9

順次	期　間	視察·訪問地	目　的	經費支援機關	遂行役割	同 行 者	旅券	
							番 號	發行日
14	98.6.24-6.29(6日)	日本 九州·四國(1國11地域)	서울大 高位課程 海外硏修	課程補助	視察·特講	妻·黃琪源夫婦 등 41名	JR0832752	98.6.10
15	98.8.4-8.10(7日)	中國(1國4市)	大韓國土計劃學會 中國訪問	學會補助	協議·觀光	金英模會長 등 29名	同	同
16	99.4.20-4.24(5日)	日本(1國2市)	地域開發硏究會 日本訪問	硏究會 負擔	機關訪問·視察	李永奭·禹哉永	同	同
17	99.8.16-8.19(4日)	北韓 金剛山(1國1郡)	서울大環境大學院 金剛山視察	現代商船 招請	觀光·視察	盧隆熙·金丁勖 敎授夫婦	-	-
18	00.1.26-2.1(7日)	베트남·캄보디아(2國5市)	大韓國土計劃學會 機關訪問 및 視察	學會補助	訪問·視察·觀光	金英模會長·妻 등 20名	同	同
19	00.3.10-3.13(4日)	北韓 金剛山(1國1郡)	文化日報社招請 金剛山 觀光	文化日報社	視察·觀光	妻	-	-
20	00.8.11-8.22(12日)	美國(1國4市)	知人訪問 및 視察·觀光	自費	訪問·視察·觀光	妻·次女	同	同
21	01.2.8-2.17(10日)	이집트·요르단·이라크(3國10市)	大韓國土計劃學會 視察·觀光	學會補助	視察·觀光	會員·妻 등 16名	同	同
22	01.7.4-7.13(10日)	러시아·폴란드·체코·오스트리아·헝가리(5國7市)	大韓國土計劃學會 機關訪問 및 視察	學會補助	訪問·視察·觀光	崔秉瑄會長 및 會員 18名	同	同
23	02.1.26-2.7(13日)	멕시코·페루·브라질·아르헨티나(4國12市)	大韓國土計劃學會 視察·觀光	學會補助	視察·觀光	崔秉瑄會長 등 19名	同	同
24	02.4.12-4.17(6日)	中國(1國3市·縣)	大韓國土·都市計劃學會 招請訪問	學會 및 斗宇海運	訪問·視察·觀光	趙正濟·元濟戊·金源·秋晶植·李相潤·李相調·李翔生·李求烈 등 8名	同	同
25	02.9.28-9.30(3日)	日本(1國 1島)	好凡會 海外旅行	好凡會 一部 補助	視察·觀光	好凡會 夫婦 11名	同	同
26	03.7.21-7.29(9日)	터키(1國4市)	外國 首都 視察	新行政首都 建設支援團	視察·協議	諮問委員 및 支援團 10名	KN00560666	03.6.12
27	03.12.11(1日)	北韓(1國 1市)	開城工團行事參席 및 視察	韓國土地公社	行事·視察	社長·諮問委員 등 86名	-	-
28	04.2.3-2.11(9日)	美國(1國 8市)	家族訪問 및 觀光	自費	訪問·家事	次女	KN00560666	03.6.12
29	04.9.13-9.18(6日)	美國(1國 2市)	家族訪問	自費	訪問·家事	-	同	同
30	05.10.14-10.15(2日)	北韓 (1國 1市)	觀光·觀覽	自費	觀光·觀覽	妻	051013 US0091	05.10.13
31	06.1.12-1.26(15日)	케냐·탄자니아·南阿共·짐바브웨·보츠와나·잠비아(6國 11市)	視察·觀光	自費	視察·觀光	妻	KN00560666	03.6.12
32	06.4.20-4.24(5日)	필리핀(1國 5市)	視察·觀光	自費	視察·觀光	妻·次女	同	同
33	06.6.19-6.23(5日)	몽골(1國 3市)	視察·觀光	自費	視察·觀光	好凡會·同心會 11名	同	同

3. 海外旅行 經費와 負擔構成

(單位 : 千원)

順次	旅行期間(日間)	旅行國家 및 地域	同伴家族數(本人包含,名)	旅行經費(經常價格)			旅行經費(2006年 不變價格)			構成比(%)		
				總經費	本人負擔	機關·他人負擔	總經費	本人負擔	機關·他人負擔	合計	本人	機關他人
1	69.9.20-72.1.14(847)	美國·日本-2國15市	3	3,664	381	3,283	108,178	11,249	96,929	100.0	10.4	89.6
2	74.10.28-11.8(12)	日本-1國5市	1	110	10	100	1,565	142	1,423	100.0	9.1	90.9
3	75.11.2-11.13(12)	日本-1國2市	1	144	15	129	1,620	169	1,451	100.0	10.4	89.6
4	76.2.20-9.5(199)	美國-1國8市	1	832	101	731	7,558	918	6,640	100.0	12.1	87.9
5	10.24-11.1(9)	日本-1國3市	1	167	17	150	1,517	154	1,363	100.0	10.2	89.8
	年計(2:208)	2國11市	2	999	118	881	9,075	1,072	8,003	100.0	11.8	88.2
6	77.9.2-9.15(14)	美國-1國1市	1	250	20	230	1,943	155	1,788	100.0	8.0	92.0
7	11.6-11.18(13)	日本-1國1市	1	208	20	188	1,616	155	1,461	100.0	9.6	90.4
	年計(2:17)	2國2市	2	458	40	418	3,559	310	3,249	100.0	8.7	91.3
8	78.6.18-7.2(15)	泰國-1國3市	1	280	-	280	1,768	-	1,768	100.0	-	100.0
9	10.30-11.11(13)	日本-1國3市	1	247	27	220	1,560	171	1,389	100.0	10.9	89.1
	年計(2:28)	2國6市	2	527	27	500	3,328	171	3,157	100.0	5.1	94.9
10	79.8.8-8.27(20)	유럽-9國21市	1	768	18	750	4,031	94	3,937	100.0	2.3	97.7
11	10.13-10.17(5)	스리랑카·싱가포르-2國2市	1	256	-	256	1,344	-	1,344	100.0	-	100.0
	年計(2:25)	11國23市	2	1,024	18	1,006	5,375	94	5,281	100.0	1.8	98.2
12	82.1.16-1.29(14)	인도네시아등-4國10市	1	1,140	5	1,135	3,825	17	3,808	100.0	0.4	99.6
13	83.1.23-1.30(8)	印度-1國2市	1	500	-	500	1,579	-	1,579	100.0	-	100.0
14	12.6-12.10(5)	스리랑카-1國2市	1	265	-	265	837	-	837	100.0	-	100.0
	年計(2:13)	2國4市	2	765	-	765	2,416	-	2,416	100.0	-	100.0
15	84.10.2-10.10(9)	日本-1國6市	1	432	42	390	1,288	125	1,163	100.0	9.7	90.3
16	85.6.23-6.27(5)	泰國-1國1市	1	290	-	290	825	-	825	100.0	-	100.0
17	11.30-12.8(9)	日本-1國5市	1	504	54	450	1,434	154	1,280	100.0	10.7	89.3
	年計(2:14)	2國6市	2	794	54	740	2,259	154	2,105	100.0	6.8	93.2
18	86.9.15-9.20(6)	말레이시아-1國2市	1	288	-	288	777	-	777	100.0	-	100.0
19	87.7.5-7.15(11)	日本-1國9市	1	847	80	767	2,160	204	1,956	100.0	9.4	90.6
20	89.3.7-3.16(10)	中國-1國5市	1	780	150	630	1,748	336	1,412	100.0	19.2	80.8
21	5.31-6.10(11)	美國-1國4市	1	1,789	289	1,500	4,009	648	3,361	100.0	16.2	83.8
	年計(2:21)	2國9市	2	2,569	439	2,130	5,757	984	4,773	100.0	17.1	82.9
22	90.9.10-9.16(7)	臺灣-1國4市	1	1,595	1,595	-	3,237	3,237	-	100.0	100.0	-
23	91.4.8-4.21(14)	유럽-4國10市	2	7,555	4,095	3,460	13,855	7,510	6,345	100.0	54.2	45.8
24	6.30-7.14(15)	유럽-3國10市	1	7,710	1,860	5,850	14,139	3,411	10,728	100.0	24.1	75.9
25	8.5-8.8(4)	日本-1國1市	1	576	15	561	1,056	28	1,028	100.0	2.6	97.4
26	11.18-11.24(7)	日本-1國3市	1	2,500	2,500	-	4,585	4,585	-	100.0	100.0	-
	年計(4:40)	9國24市	5	18,341	8,470	9,871	33,635	15,534	18,101	100.0	46.2	53.8
27	92.7.8-7.17(10)	中國-1國11市	1	1,700	1,700	-	2,897	2,897	-	100.0	100.0	-
28	93.7.2-7.14(13)	美國-1國5市	1	3,690	500	3,190	5,913	801	5,112	100.0	13.6	86.4
29	9.26-9.30(5)	日本-1國2市	1	985	985	-	1,578	1,578	-	100.0	100.0	-
	年計(2:18)	2國7市	2	4,675	1,485	3,190	7,491	2,379	5,112	100.0	31.8	68.2
30	94.6.7-6.17(11)	美國-1國2市	1	6,700	1,200	5,500	9,953	1,783	8,170	100.0	17.9	82.1
31	8.14-8.28(15)	獨逸 등-3國18市	1	6,300	500	5,800	9,359	743	8,616	100.0	7.9	92.1
32	10.16-10.23(8)	日本-1國3市	1	2,040	1,080	960	3,030	1,604	1,426	100.0	52.9	47.1
	年計(3:34)	5國23市	3	15,040	2,780	12,260	22,342	4,130	18,212	100.0	18.5	81.5
33	95.6.15-6.24(10)	美國-1國3市	1	2,200	1,200	1,000	3,042	1,659	1,383	100.0	54.5	45.5
34	7.17-7.29(13)	아프리카·프랑스-4國27市	1	5,000	500	4,500	6,914	691	6,223	100.0	10.0	90.0

順次	旅行期間(日間)	旅行國家 및 地域	同伴家族數(本人包含,名)	旅行經費(經常價格)			旅行經費(2006年 不變價格)			構成 比(%)		
				總經費	本人負擔	機關·他人負擔	總經費	本人負擔	機關·他人負擔	合計	本人	機關他人
35	11.28-12.2(5)	日本-1國2市	1	910	610	300	1,258	844	414	100.0	67.0	33.0
36	12.14-12.21(8)	美國-1國5市	1	3,500	1,000	2,500	4,840	1,383	3,457	100.0	28.6	71.4
	年計(4;36)	7國37市	4	11,610	3,310	8,300	16,054	4,577	11,477	100.0	28.5	71.5
37	96.7.23-7.28(6)	中國-1國8市	3	4,310	4,310	-	5,668	5,668	-	100.0	100.0	-
38	97.4.4-4.10(7)	濠洲 · 싱가포르-2國3市	2	2,600	1,600	1,000	3,419	2,104	1,315	100.0	61.5	38.5
39	7.20-8.17(29)	美國 · 캐나다-2國10市	3	18,760	18,760	-	24,672	24,672	-	100.0	100.0	-
40	9.16-9.21(6)	日本-1國3市	1	2,220	220	2,000	2,920	289	2,631	100.0	9.9	90.1
41	11.7-11.10(4)	日本-1國1市	1	1,480	1,480	-	1,946	1,946	-	100.0	100.0	-
	年計(4;46)	6國17市	7	25,060	22,060	3,000	38,625	34,679	3,946	100.0	88.0	12.0
42	98.6.24-6.29(6)	日本-1國11市	2	2,600	600	2,000	3,089	713	2,376	100.0	23.1	76.9
43	7.14-7.16(3)	日本-1國1市	1	650	-	650	772	-	772	100.0	-	100.0
44	8.4-8.10(7)	中國-1國4市	1	1,650	200	1,450	1,960	238	1,722	100.0	12.1	87.9
	年計(3;16)	3國16市	4	4,900	800	4,100	5,821	951	4,870	100.0	16.3	83.7
45	99.4.20-4.24(5)	日本-1國2市	1	2,165	165	2,000	2,575	196	2,379	100.0	7.6	92.4
46	8.16-8.19(4)	北韓-1國1市	1	1,424	224	1,200	1,694	266	1,428	100.0	15.7	84.3
47	9.17-9.21(5)	臺灣-1國3市	1	1,400	200	1,200	1,665	238	1,427	100.0	14.3	85.7
48	11.5-11.8(4)	日本-1國1市	1	1,732	1,732	-	2,060	2,060	-	100.0	100.0	-
	年計(4;18)	4國7市	4	6,721	2,321	4,400	7,994	2,760	5,234	100.0	34.5	65.5
49	00.1.26-2.1(7)	베트남 · 캄보디아-2國5市	2	3,633	2,033	1,600	4,291	2,401	1,890	100.0	56.0	44.0
50	3.10-3.13(4)	北韓-1國1市	2	1,965	1,115	850	2,321	1,317	1,004	100.0	56.7	43.3
51	7.16-7.20(5)	日本-1國2市	1	1,800	600	1,200	2,126	709	1,417	100.0	33.3	66.7
52	8.11-8.22(12)	美國-1國4市	3	7,390	7,390	-	8,728	8,728	-	100.0	100.0	-
	年計(4;28)	5國12市	8	14,788	11,138	3,650	17,466	13,155	4,311	100.0	75.3	24.7
53	01.2.8-2.17(10)	이라크 등-3國10市	2	7,000	3,900	3,100	7,987	4,450	3,537	100.0	55.7	44.3
54	7.4-7.13(10)	유럽-5國7市	1	3,650	700	2,950	4,165	799	3,366	100.0	19.2	80.8
	年計(2;20)	8國17市	3	10,650	4,600	6,050	12,152	5,249	6,903	100.0	43.2	56.8
55	02.1.26-2.7(13)	中南美-4國12市	1	6,100	900	5,200	6,764	998	5,766	100.0	14.8	85.2
56	4.12-4.17(6)	中國-1國3市	1	1,550	550	1,000	1,719	610	1,109	100.0	35.5	64.5
57	8.6-8.10(5)	臺灣-1國2市	1	1,088	1,088	-	1,207	1,207	-	100.0	100.0	-
58	9.28-9.30(3)	日本-1國 1島	2	1,300	1,000	300	1,442	1,109	333	100.0	76.9	23.1
	年計(4;27)	7國 18市 · 島	5	10,038	3,538	6,500	11,132	3,924	7,208	100.0	35.2	64.8
59	03.7.21-7.29(9)	터키-1國 4市	1	2,870	442	2,428	3,098	477	2,621	100.0	15.4	84.6
60	12.11(1)	北韓-1國 1市	1	500	-	500	540	-	540	100.0	-	100.0
	年計(2;10)	2國5市	2	3,370	442	2,928	3,638	477	3,161	100.0	13.1	86.9
61	04.2.3-2.11(9)	美國-1國8市	2	6,901	6,901	-	7,257	7,257	-	100.0	100.0	-
62	9.13-9.18(6)	美國-1國2市	1	7,600	7,600	-	7,993	7,993	-	100.0	100.0	-
	年計(2;15)	2國10市	3	14,501	14,501	-	15,250	15,250	-	100.0	100.0	-
63	05.10.14-10.15(2)	北韓-1國1市	2	2,365	2,365	-	2,425	2,425	-	100.0	100.0	-
	年計(1;2)	1國1市	2	2,365	2,365	-	2,425	2,425	-	100.0	100.0	-
64	06.1.12-1.26(15)	아프리카-6國11市	2	16,700	15,700	1,000	16,700	15,700	1,000	100.0	94.0	6.0
65	4.20-4.24(5)	필리핀-1國5市	3	3,737	3,637	100	3,737	3,637	100	100.0	97.3	2.7
66	6.19-6.23(5)	몽골-1國3市	1	2,029	1,779	250	2,029	1,779	250	100.0	87.7	12.3
	年計(3;20)	8國19市	6	22,466	21,116	1,350	22,466	21,116	1,350	100.0	94.0	6.0
累計	66回 1,595日間	延106國 346市	延89名	185,891	107,760	78,131	373,807	147,431	226,376	100.0	39.4	60.6
回平均	1回 24日間	延1.6國 5.2市	1.3名	2,817	1,633	1,184	5,664	2,234	3,430	100.0	39.4	60.6
日平均	1日	-	-	117	68	49	234	92	142	100.0	39.4	60.6

4. 海外旅行 루트 地圖

(1) 人類出現과 人類文明의 源流 흐름圖

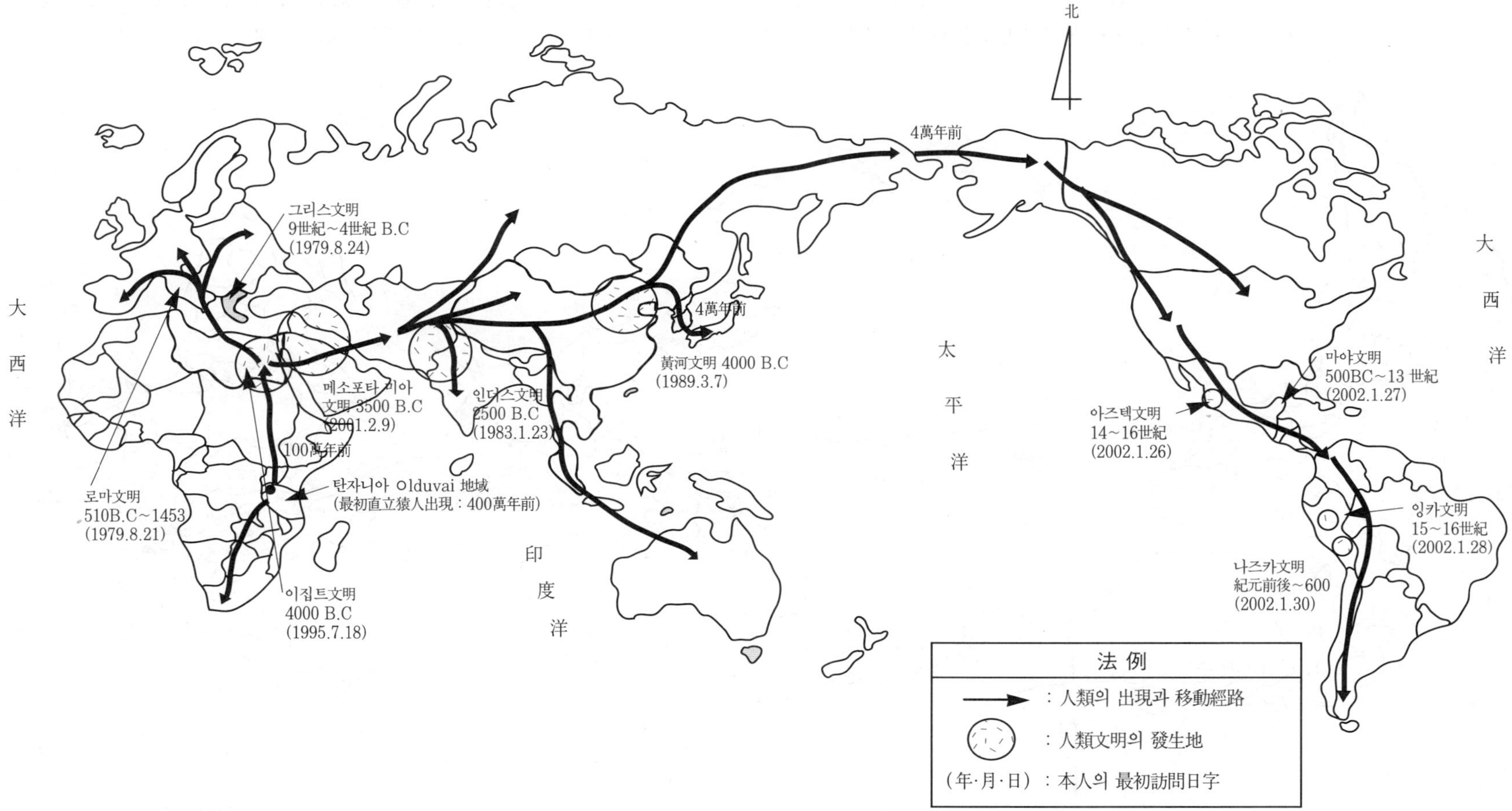

(2)世界旅行 訪問國 루트圖

Ⅰ 1969~1979

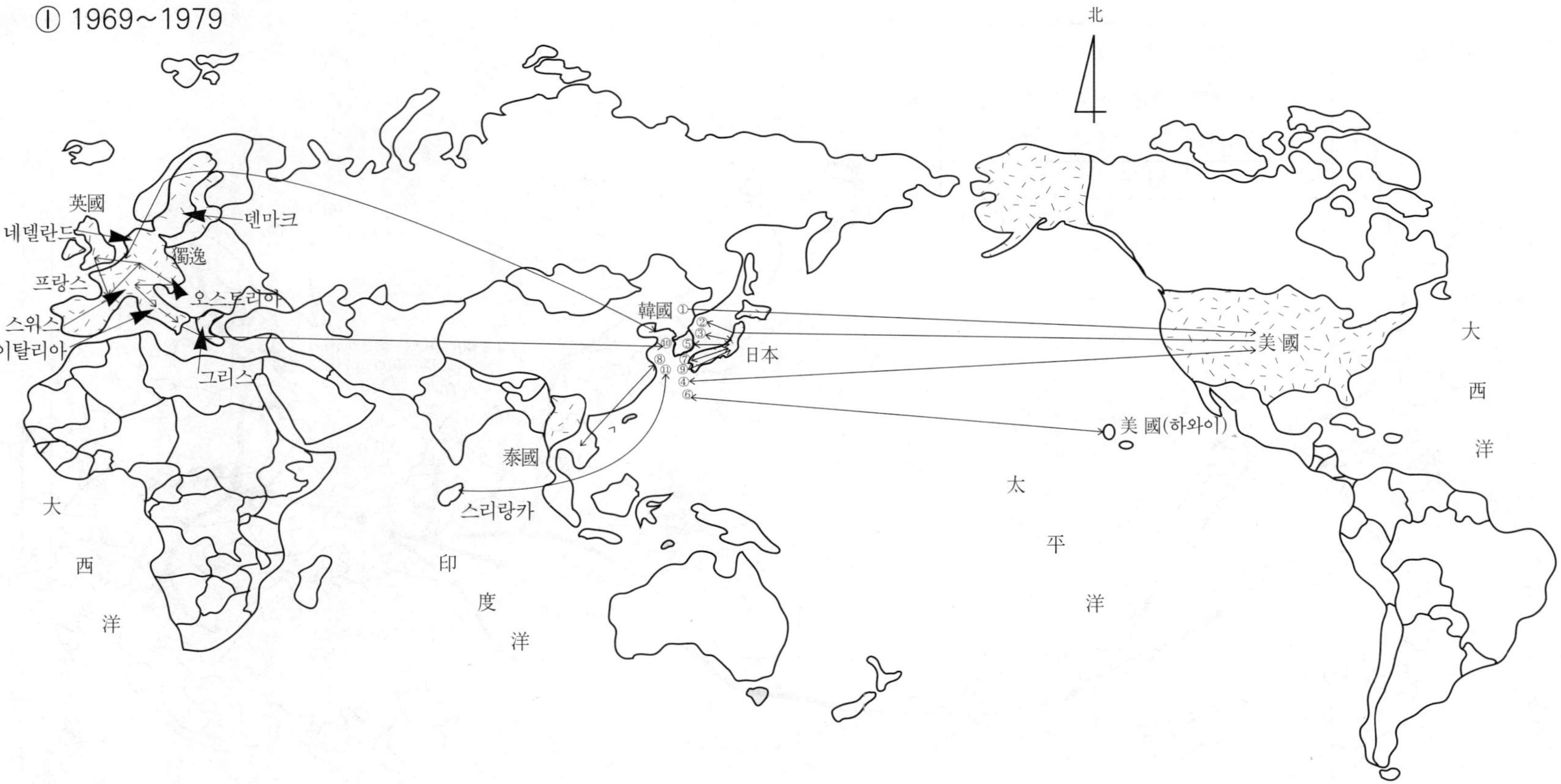

① 第1次 旅行(1969.9.20~1973.1.14)：美國-日本
② 第2次 旅行(1974.10.28~1974.11.11)；日本
③ 第3次 旅行(1975.11.2~1975.11.13)：日本
④ 第4次 旅行(1976.2.20~1976.9.5)；美國
⑤ 第5次 旅行(1976.10.24~1976.11.1)：日本
⑥ 第6次 旅行(1977.9.2~1977.11.1)：美國
⑦ 第7次 旅行(1977.11.6~1977.11.18)：日本
⑧ 第8次 旅行(1978.6.18~1978.7.2)：泰國
⑨ 第9次 旅行(1978.10.30~1978.11.11)；日本
⑩ 第10次 旅行(1979.8.8~1979.8.27)：네덜란드-덴마크-獨逸-英國-프랑스-獨逸-오스트리아-스위스-이탈리아-그리스
⑪ 第11次 旅行(1979.10.13~1979.10.17)：스리랑카

② 1980~1989

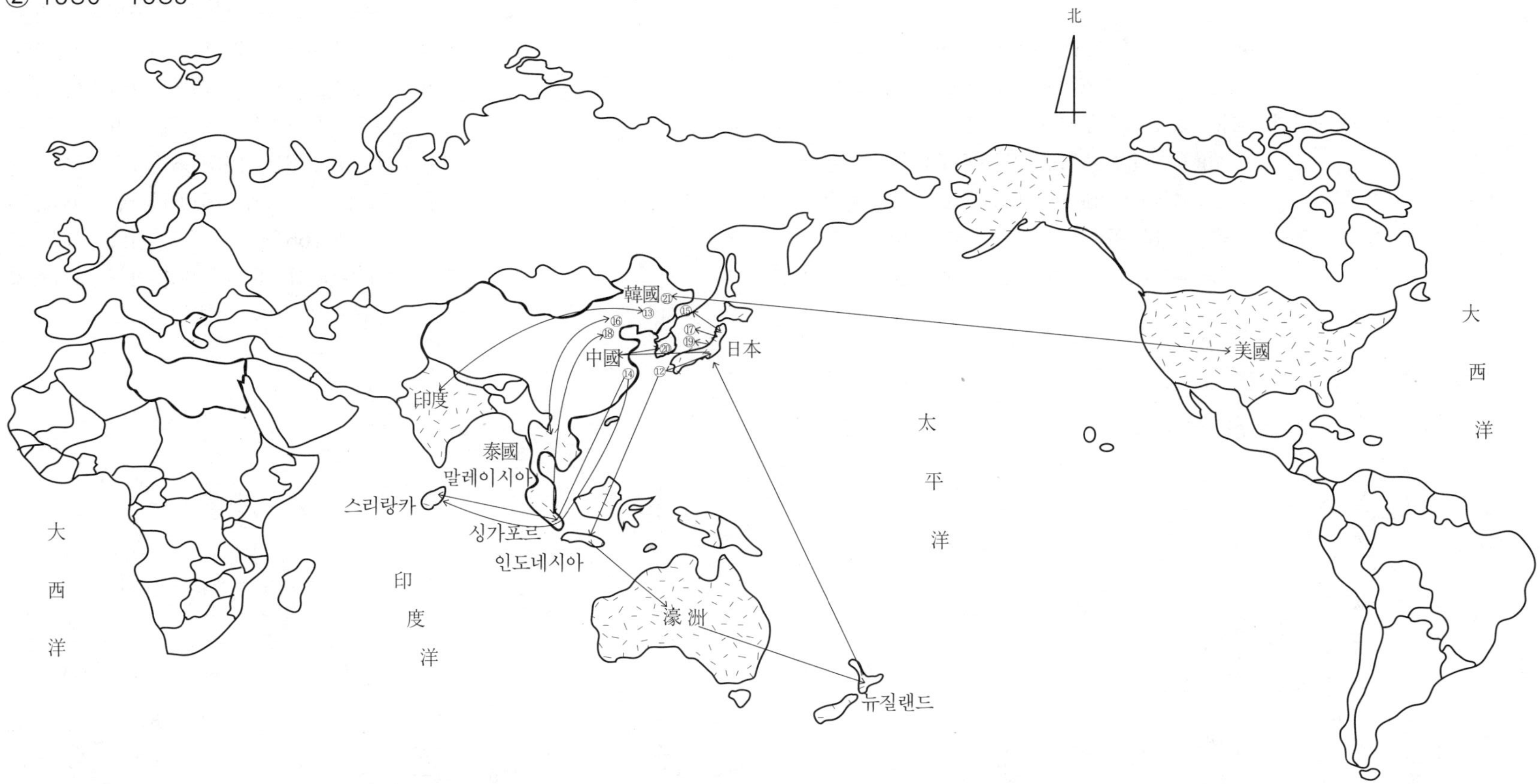

⑫ 第12次 旅行(1982.1.16~1982.1.29) : 인도네시아-濠洲-뉴질랜드-日本

⑬ 第13次 旅行(1983.1.23~1983.1.30) : 印度

⑭ 第14次 旅行(1983.12.6~1983.12.10) : 스리랑카-싱가포르

⑮ 第15次 旅行(1984.10.2~1984.10.10) : 日本

⑯ 第16次 旅行(1985.6.23~1985.6.27) : 泰國

⑰ 第17次 旅行(1985.11.30~1985.12.8) : 日本

⑱ 第18次 旅行(1986.9.15~1986..9.20) : 말레이시아

⑲ 第19次 旅行(1987.7.5~1987.7.15) : 日本

⑳ 第20次 旅行(1989.3.7~1989.3.16) : 中國

㉑ 第21次 旅行(1989.5.31~1989.6.10) : 美國

③ 1990~1995

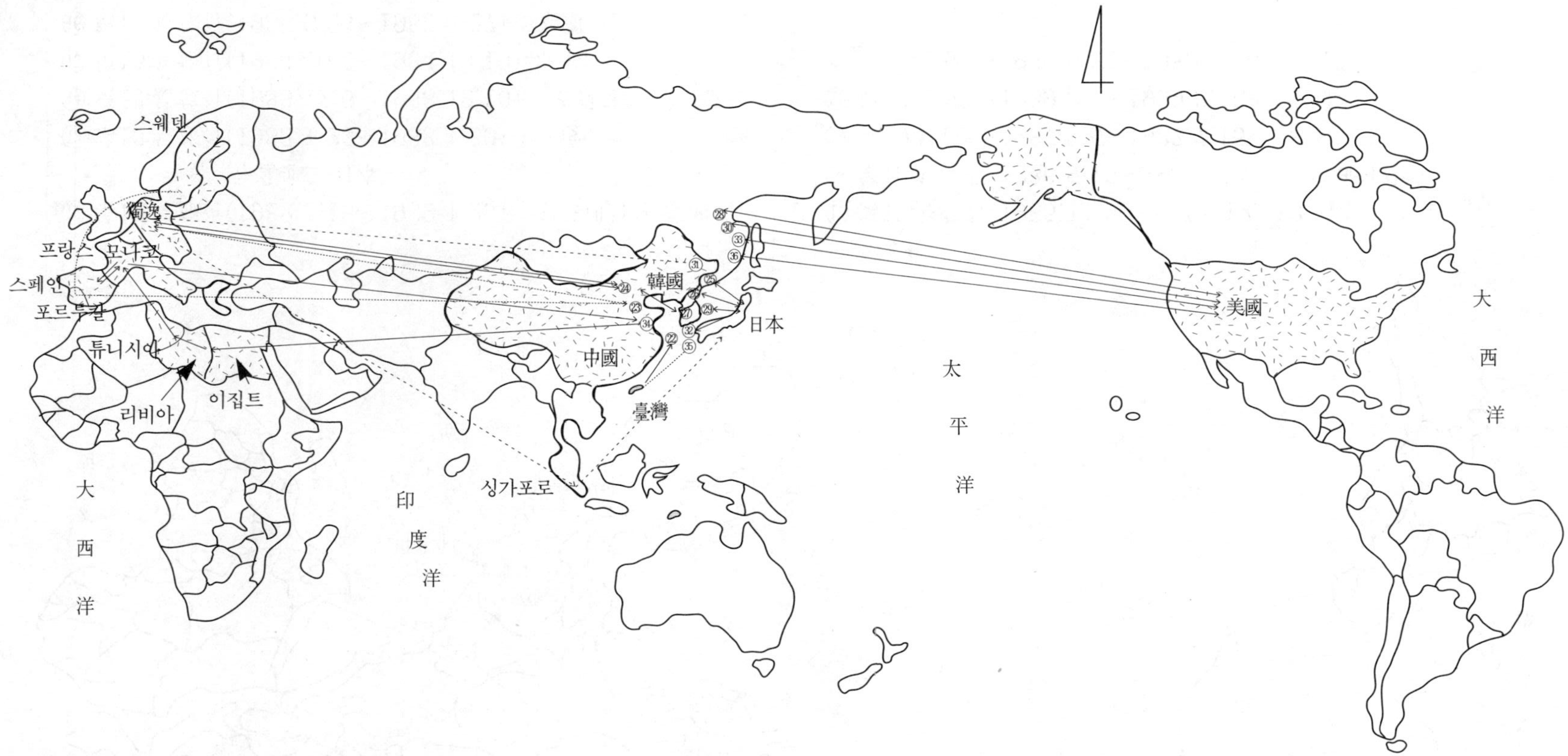

㉒ 第22次 旅行(1990.9.10~1990.9.16) : 臺灣
㉓ 第23次 旅行(1991.4.8~1991.4.21) ; 스페인-포르투갈-스웨덴-獨逸
㉔ 第24次 旅行(1991.6.30~1991.7.14) : 獨逸-프랑스-모나코 -프랑스-獨逸
㉕ 第25次 旅行(1991.8.5~1991.8.8) : 日本
㉖ 第26次 旅行(1991.11.18~1991.11.24) : 日本
㉗ 第27次 旅行(1992.7.8~1992.7.17) : 中國
㉘ 第28次 旅行(1993.7.2~1993.7.14) : 美國
㉙ 第29次 旅行(1993.9.26~1993.9.30) : 日本
㉚ 第30次 旅行(1994.6.7~1994.6.17) : 美國
㉛ 第31次 旅行(1994..8.14~1994.8.28) : 獨逸-싱가포르-日本
㉜ 第32次 旅行(1994.10.16~1994.10.23) : 日本
㉝ 第33次 旅行(1995.6.15~1995.6.24) ; 美國
㉞ 第34次 旅行(1995.7.17~1995.7.29) : 이집트-리비아-튜니시아-프랑스
㉟ 第35次 旅行(1995.11.28~1995.12.2) : 日本
㊱ 第36次 旅行(1995.12.14~1995.12.21) : 美國

④ 1996~1999

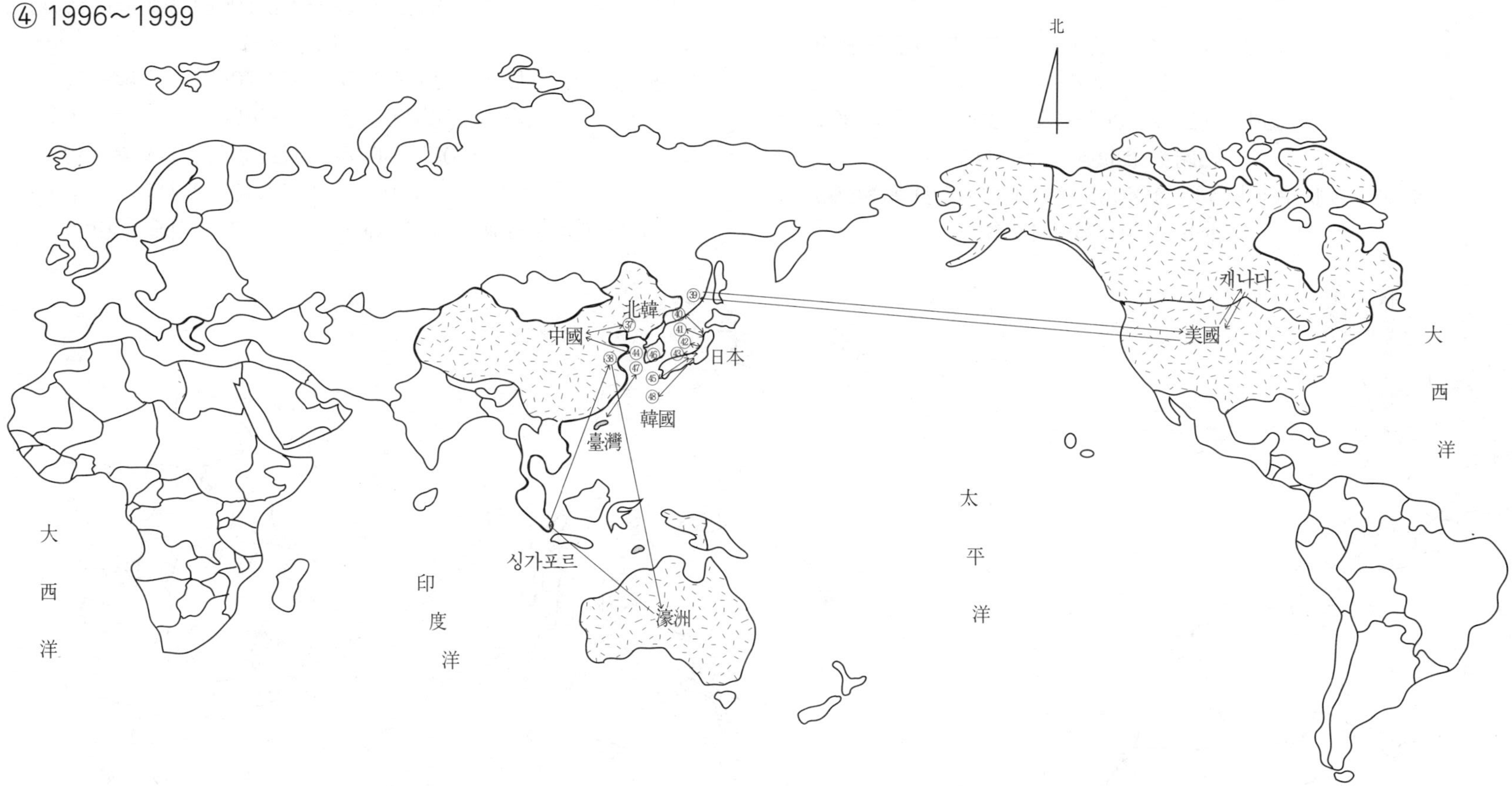

㊲ 第37次 旅行(1996.7.23~1996.7.28) : 中國
㊳ 第38次 旅行(1997.4.14~1997.4.10) : 濠洲-싱가포르
㊴ 第39次 旅行(1997.7.20~1997.8.17) : 美國-캐나다-美國
㊵ 第40次 旅行(1997.9.16~1997.9.21) : 日本
㊶ 第41次 旅行(1997.11.7~1997.11.10) : 日本
㊷ 第42次 旅行(1998.6.24~1998.6.29) ; 日本
㊸ 第43次 旅行(1998.7.14~1998.7.16) : 日本
㊹ 第44次 旅行(1998.8.4~1998.8.10) : 中國
㊺ 第45次 旅行(1999.4.20~1999.4.24) : 日本
㊻ 第46次 旅行(1999.8.16~1999.8.19) : 北韓
㊼ 第47次 旅行(1999.9.17~1999.9.21) ; 臺灣
㊽ 第48次 旅行(1999.11.5~1999.11.8) : 日本

⑤ 2000~2002

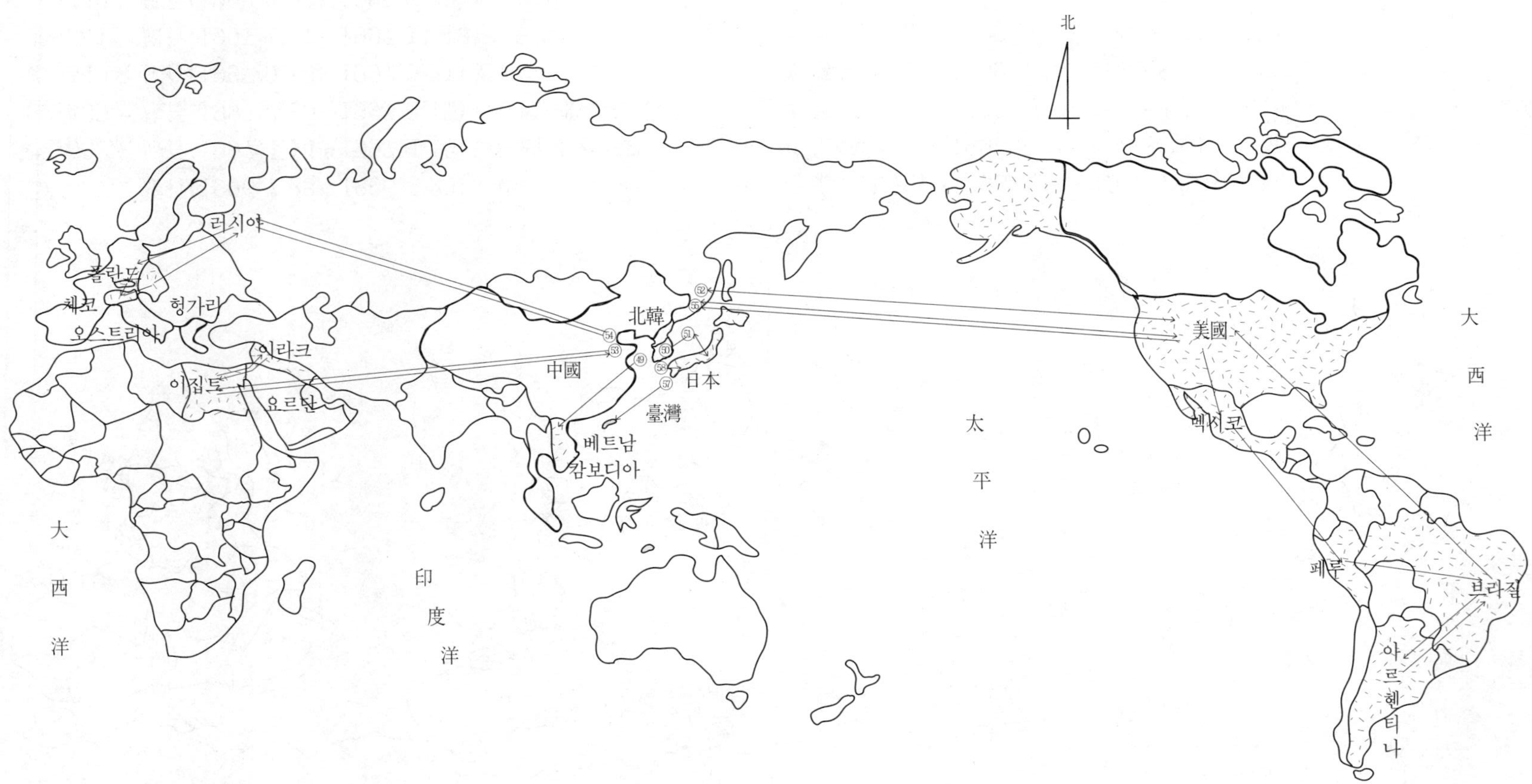

㊾ 第49次 旅行(2000.1.26~2000.2.1) : 베트남-캄보디아
㊿ 第50次 旅行(2000.3.10~2000.3.13) : 北韓
51 第51次 旅行(2000.7.16~2000.7.20) : 日本
52 第52次 旅行(2000.8.11~2000.8.22) : 美國
53 第53次 旅行(2001.2.8~2001.2.17) : 이집트-요르단-이라크-요르단-이집트
54 第54次 旅行(2001.7.4~2001.7.13) : 러시아-폴란드-체코-오스트리아-헝가리-러시아
55 第55次 旅行(2002.1.26~2002.1.7) : 멕시코-페루-브라질-아르헨티나-브라질-美國
56 第56次 旅行(2002.4.12~2002.4.17) : 中國
57 第57次 旅行(2002.8.6~2002.8.10) : 臺灣
58 第58次 旅行(2002.9.28~2002.9.30) : 日本

⑥2003~2006

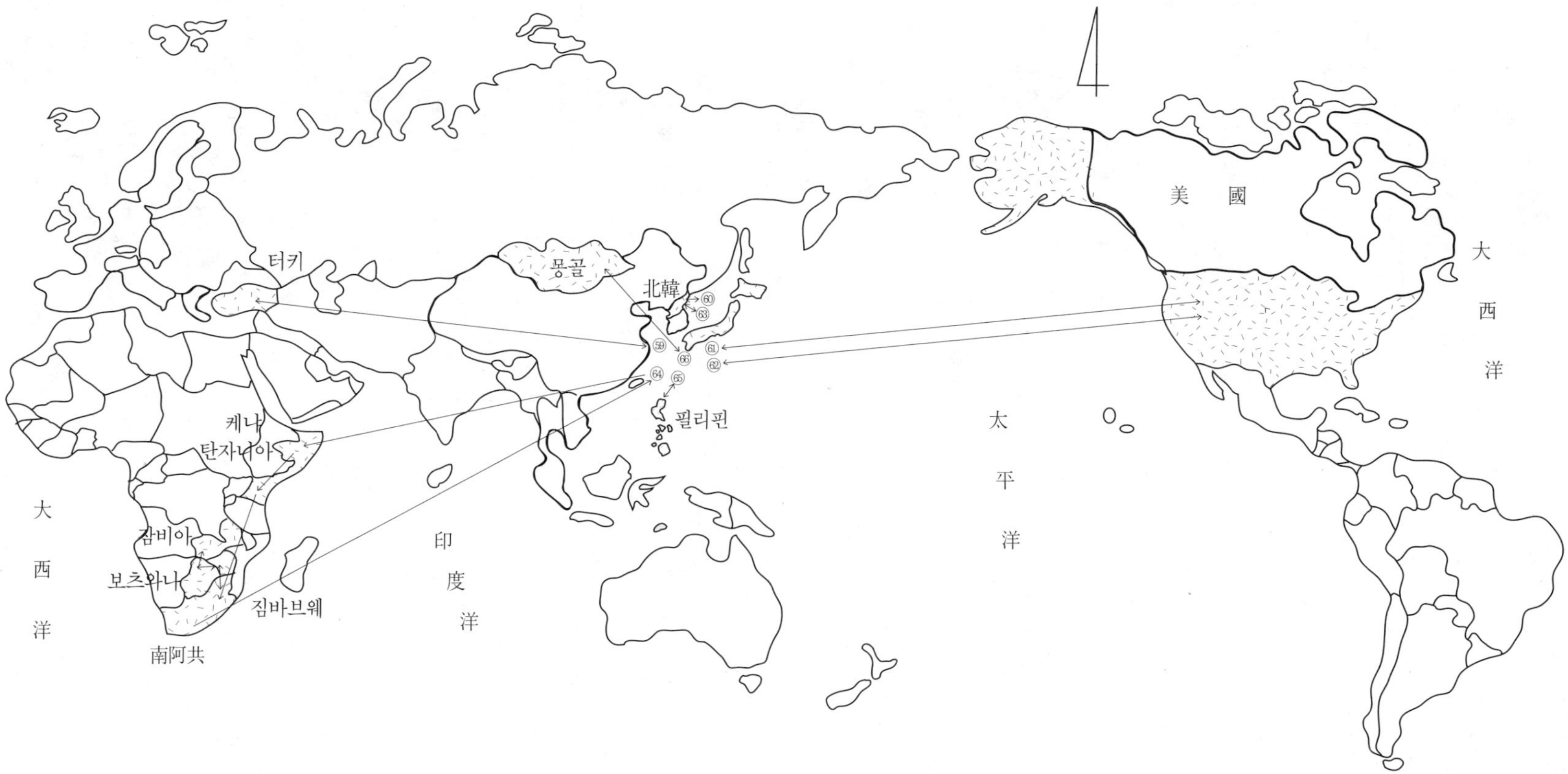

⑲ 第 59次 旅行(2003. 7. 21~2003. 7. 29) : 터키

⑳ 第 60次 旅行(2003. 12. 11) : 北韓

㉑ 第 61次 旅行(2004. 2. 3~2004. 2. 11) : 美國

㉒ 第 62次 旅行(2004. 9. 13~2004. 9. 18) : 美國

㉓ 第 63次 旅行(2005. 10. 14~2005. 10. 15) : 北韓

㉔ 64 第 64次 旅行(2006. 1. 12~2006. 1. 26) : 케냐-탄자니아-南阿共-짐바브웨-보츠와나-잠비아

㉕ 65 第 65次 旅行(2006. 4. 20~2006. 4. 24) : 필리핀

㉖ 66 第 66次 旅行(2006. 6. 19~2006. 6. 23) : 몽골

(3) 國家別 旅行 루트圖

日 本

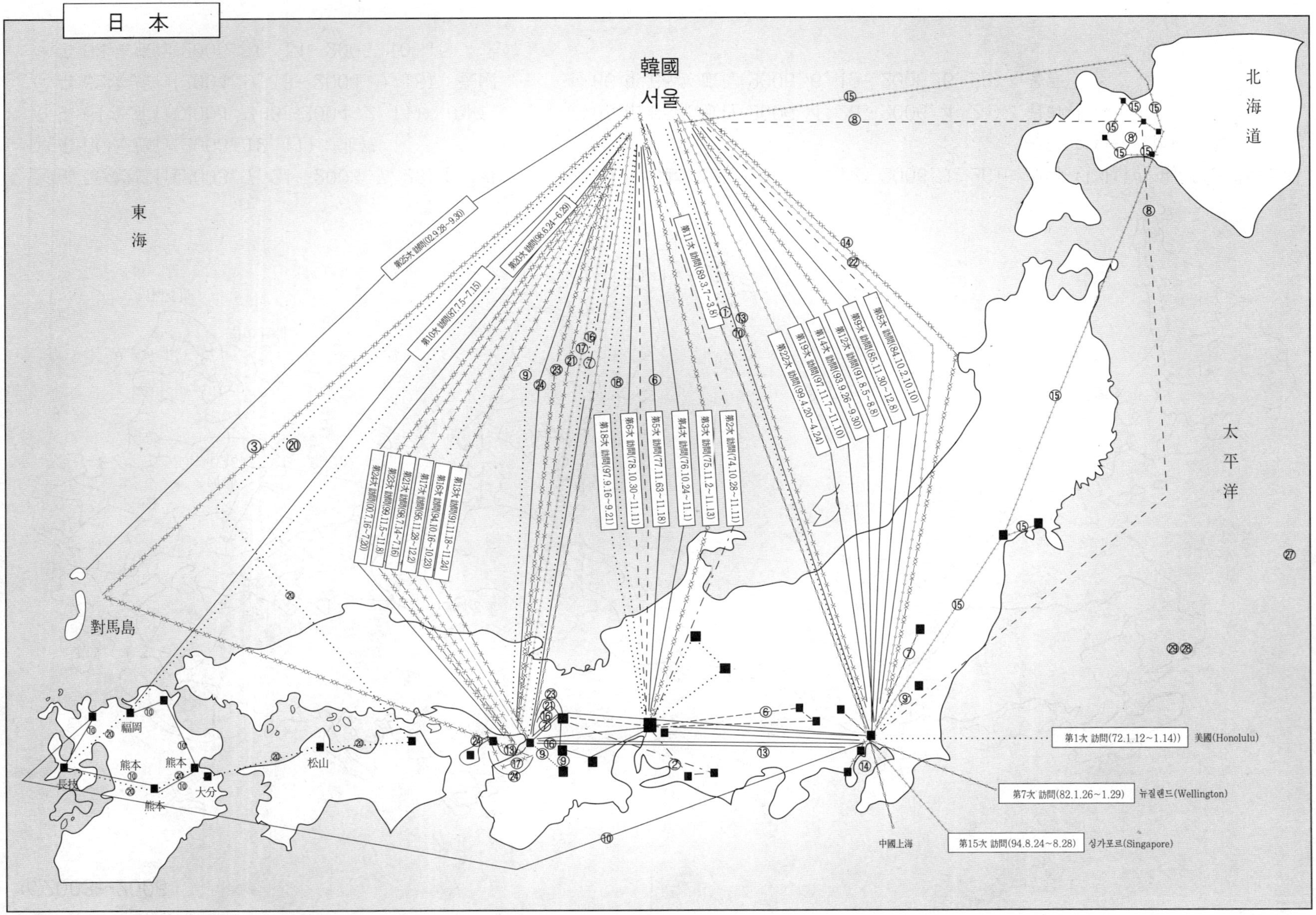

北韓·中國

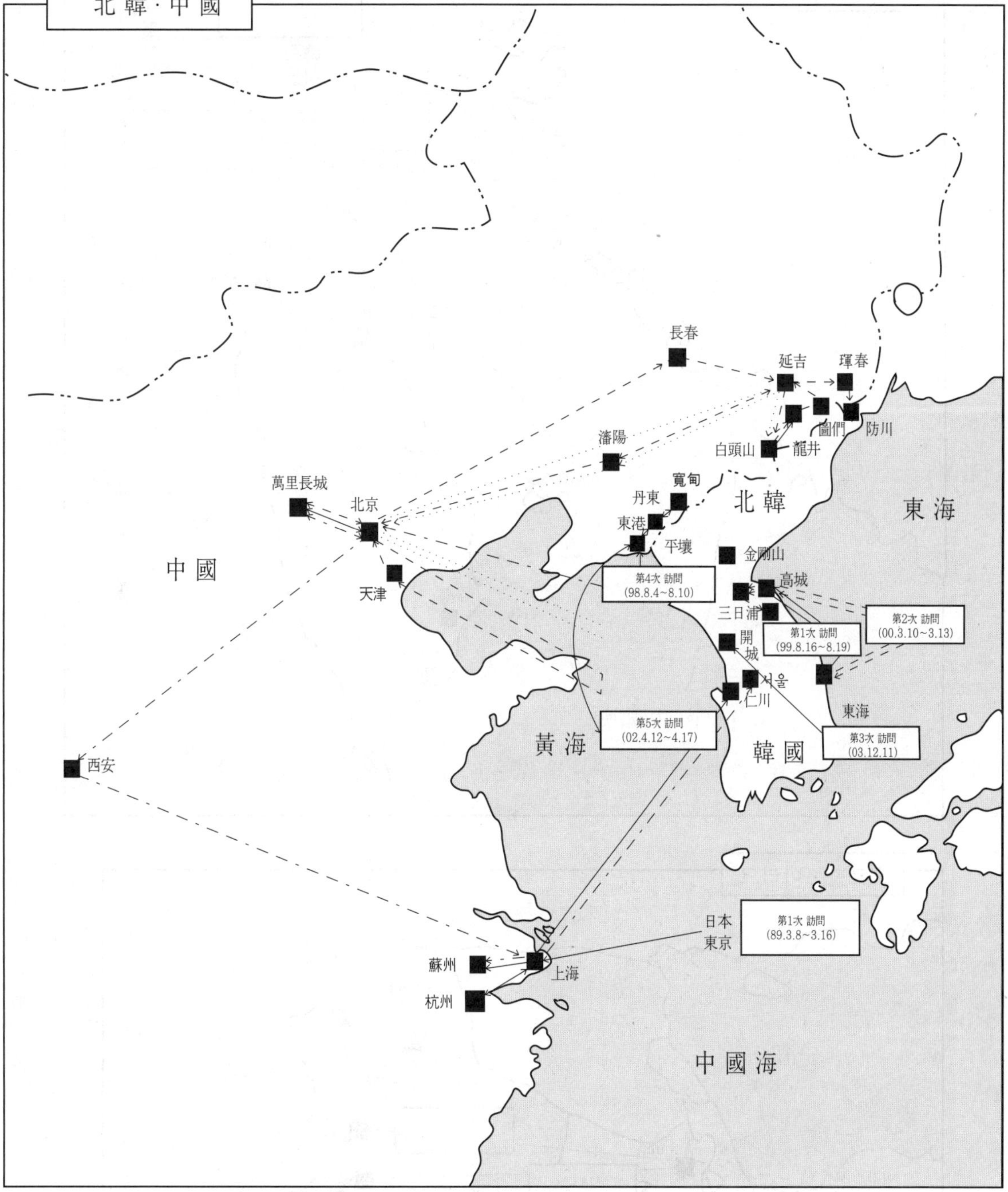

客說：經驗에서 얻은 삶의 眞實

사람이 하나도 없는 깊은 山 속이나 無人島에 가서 혼자 얼마 동안 살아봤으면 하는 생각이 가끔 든다. 그만큼 人間社會가 골치 아프다는 뜻이다. 언젠가 한 번은 無人之境에 가서 살아봐야 할텐데-.

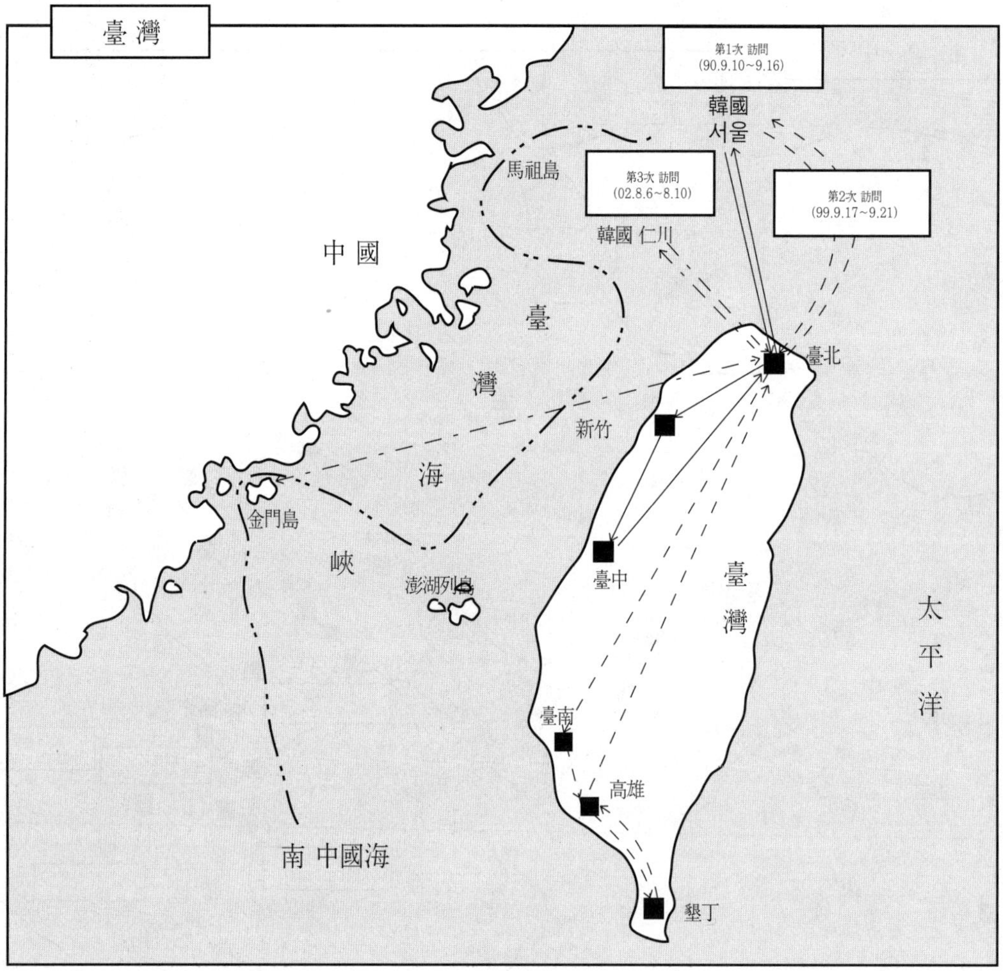
臺灣
第1次 訪問
(90.9.10~9.16)
韓國
서울
第3次 訪問
(02.8.6~8.10)
第2次 訪問
(99.9.17~9.21)
馬祖島
韓國 仁川
中國
臺
灣
海
峽
新竹
臺北
金門島
澎湖列島
臺中
臺
灣
太
平
洋
臺南
高雄
南 中國海
墾丁

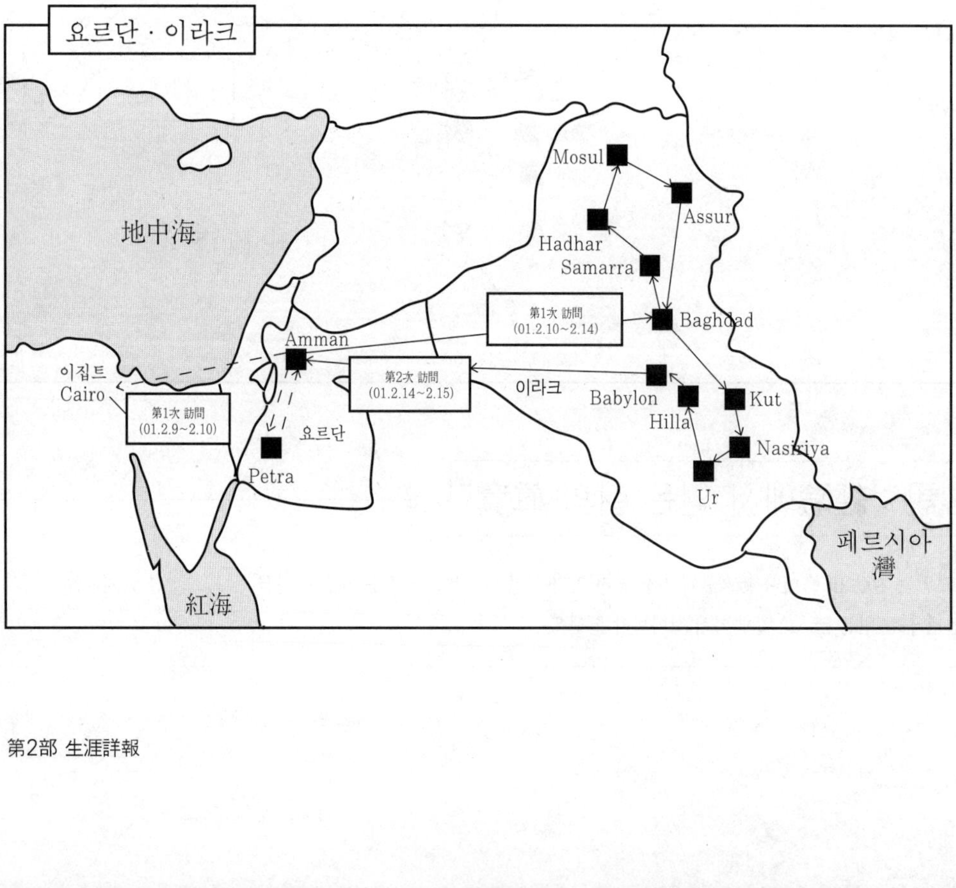
요르단 · 이라크
Mosul
Assur
Hadhar
Samarra
地中海
第1次 訪問
(01.2.10~2.14)
Baghdad
Amman
이집트
Cairo
第2次 訪問
(01.2.14~2.15)
이라크
Babylon
Kut
Hilla
第1次 訪問
(01.2.9~2.10)
요르단
Nasiriya
Petra
Ur
페르시아
灣
紅海

印度 · 스리랑카 · 泰國 · 말레이시아 · 싱가포르 · 인도네시아 · 베트남 · 캄보디아

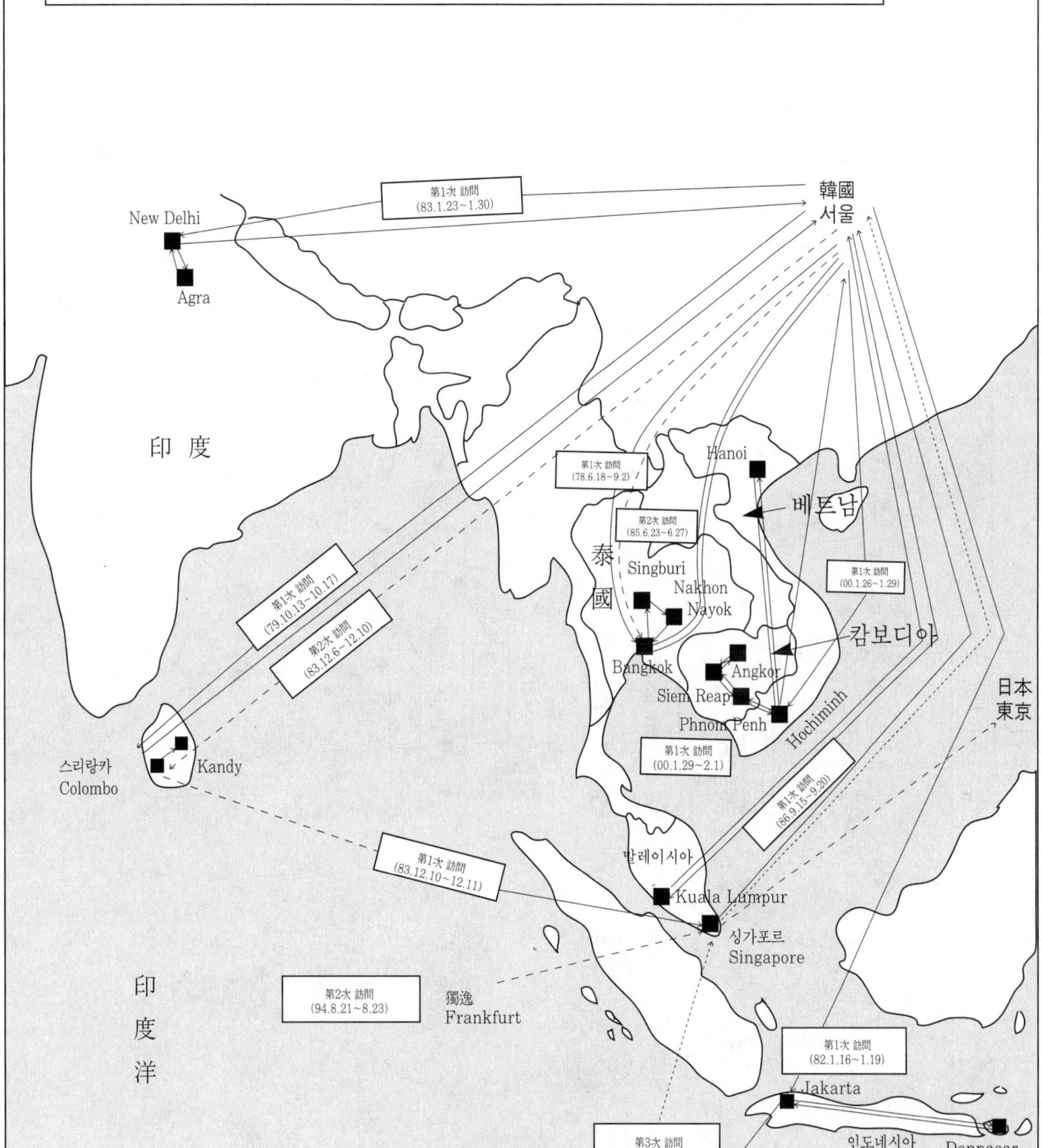

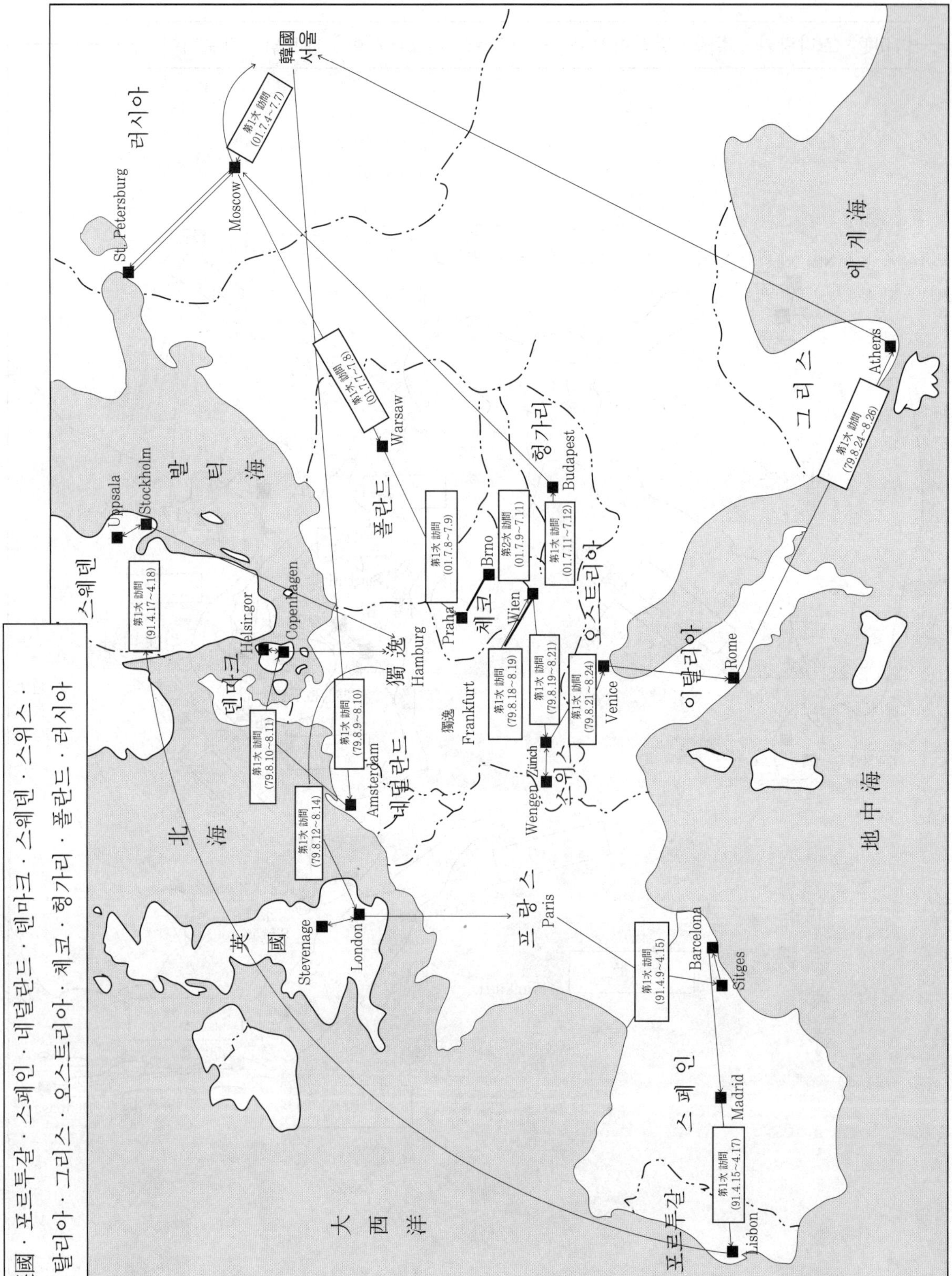

英國 · 포르투갈 · 스페인 · 네덜란드 · 덴마크 · 스웨덴 · 스위스 ·
이탈리아 · 그리스 · 오스트리아 · 체코 · 헝가리 · 폴란드 · 러시아
大西洋
北海
英國
Stevenage
London
第1次 訪問 (79.8.12~8.14)
포르투갈
Lisbon
第1次 訪問 (91.4.15~4.17)
스페인
Madrid
Barcelona
Sitges
第1次 訪問 (91.4.9~4.15)
프랑스
Paris
네덜란드
Amsterdam
第1次 訪問 (79.8.9~8.10)
第1次 訪問 (79.8.10~8.11)
덴마크
Helsingor
Copenhagen
스웨덴
Uppsala
Stockholm
第1次 訪問 (91.4.17~4.18)
발틱海
獨逸
Hamburg
Frankfurt
스위스
Wengen
Zürich
第1次 訪問 (79.8.18~8.19)
第1次 訪問 (79.8.19~8.21)
第1次 訪問 (79.8.21~8.24)
오스트리아
Wien
Venice
체코
Praha
Brno
第1次 訪問 (01.7.8~7.9)
第2次 訪問 (01.7.9~7.11)
第1次 訪問 (01.7.11~7.12)
폴란드
Warsaw
第1次 訪問 (01.7.7~7.8)
헝가리
Budapest
이탈리아
Rome
地中海
그리스
Athens
第1次 訪問 (79.8.24~8.26)
에게海
러시아
St. Petersburg
Moscow
第1次 訪問 (01.7.4~7.7)
韓國 서울

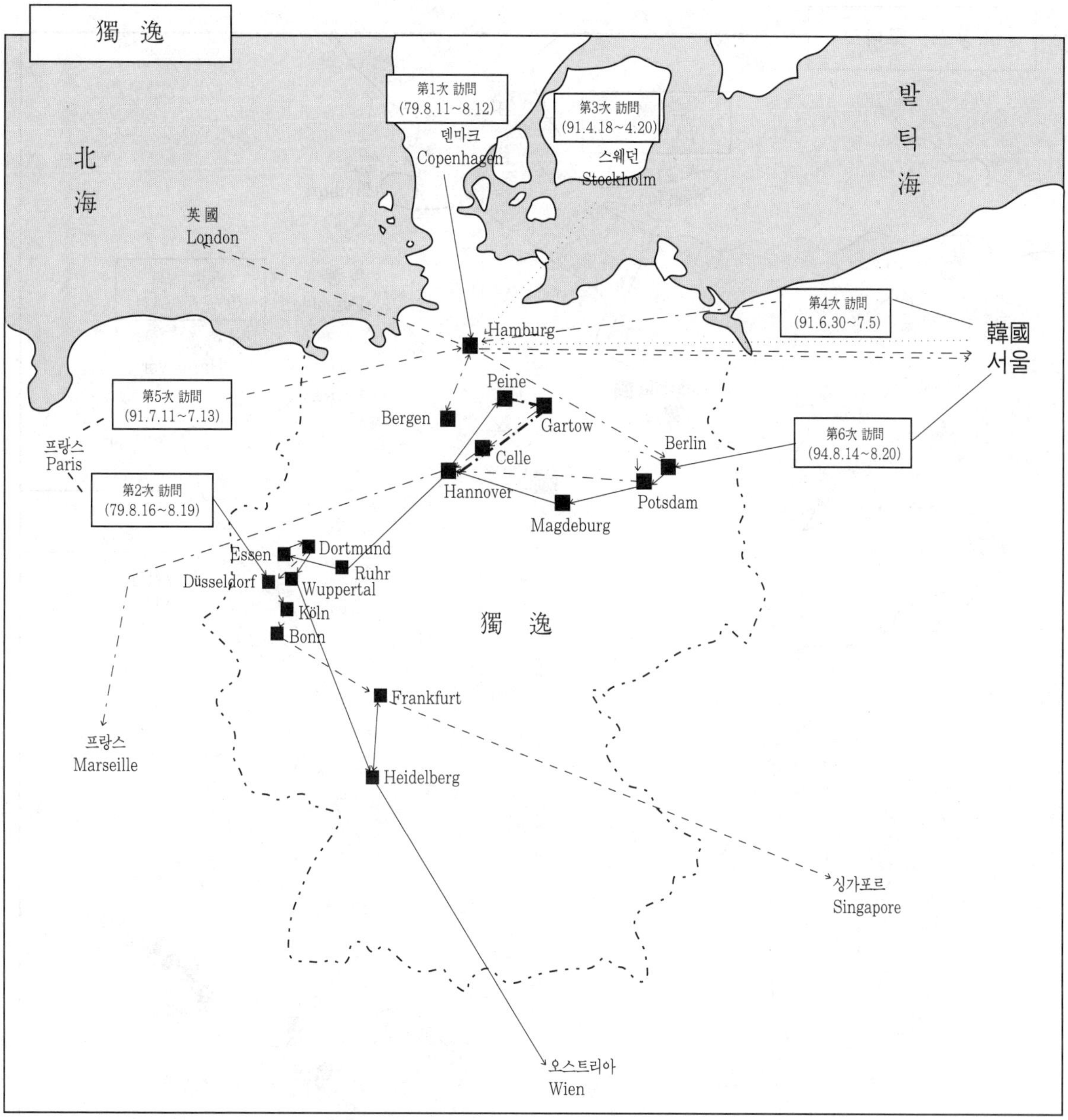

客說 : 經驗에서 얻은 삶의 眞實

사람의 智慧는 정말 놀랍다. 그동안 이룩한 文明과 文化의 發展은 눈부시다. 그리고 앞으로 發展될 前途와 깊이는 상상을 초월한다. 자기가 만든 人間이 이런 動物이 될 줄은 造物主도 미처 몰랐을 것이다. 지금 하늘에서 경악을 금치 못하실 것이다. 후회하실까, 아니면 대견해하실까?

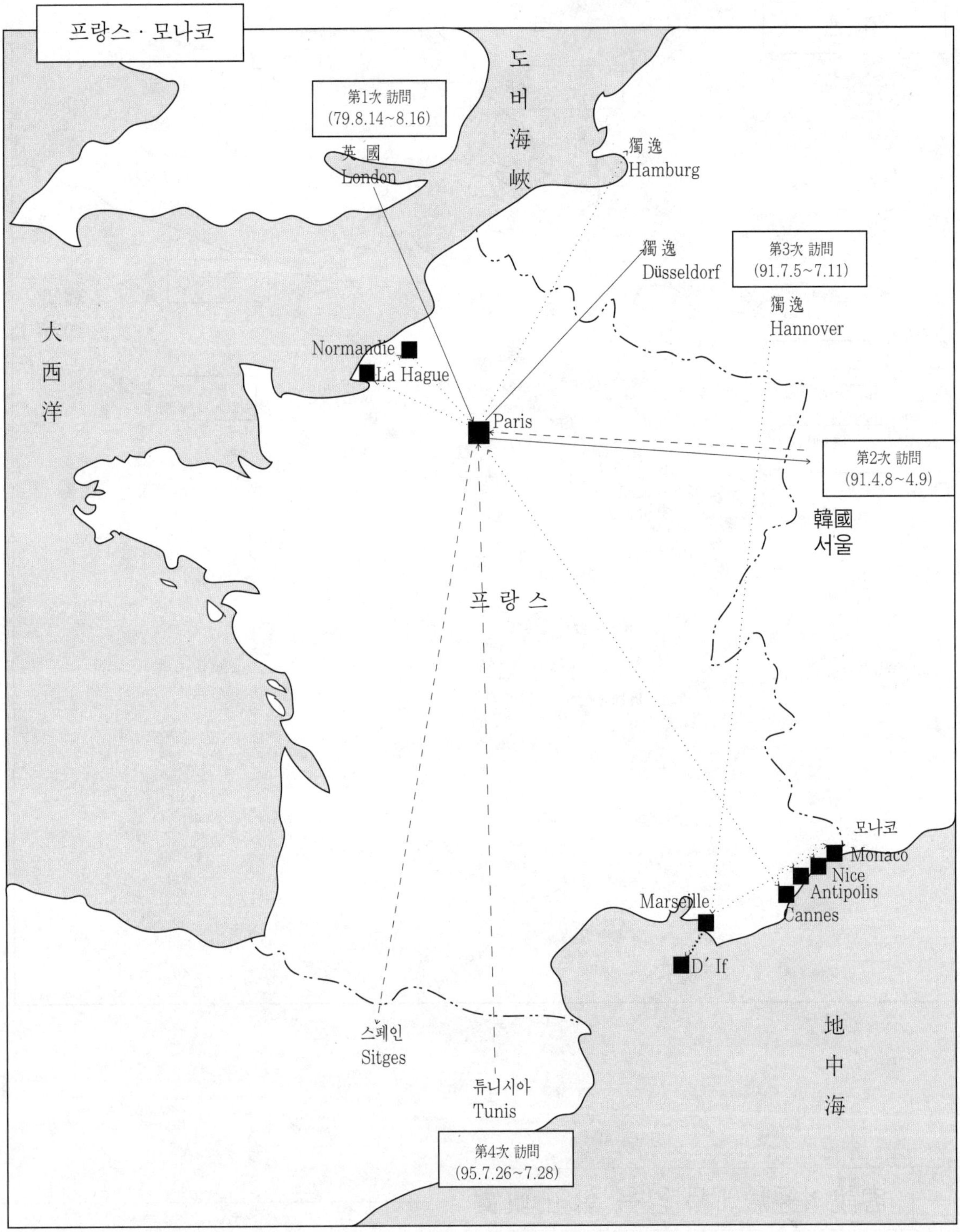
프랑스 · 모나코
도버海峽
第1次 訪問
(79.8.14~8.16)
英國
London
獨逸
Hamburg
獨逸
Düsseldorf
第3次 訪問
(91.7.5~7.11)
獨逸
Hannover
大西洋
Normandie
La Hague
Paris
第2次 訪問
(91.4.8~4.9)
韓國
서울
프랑스
모나코
Monaco
Nice
Antipolis
Cannes
Marseille
D' If
스페인
Sitges
튜니시아
Tunis
地中海
第4次 訪問
(95.7.26~7.28)

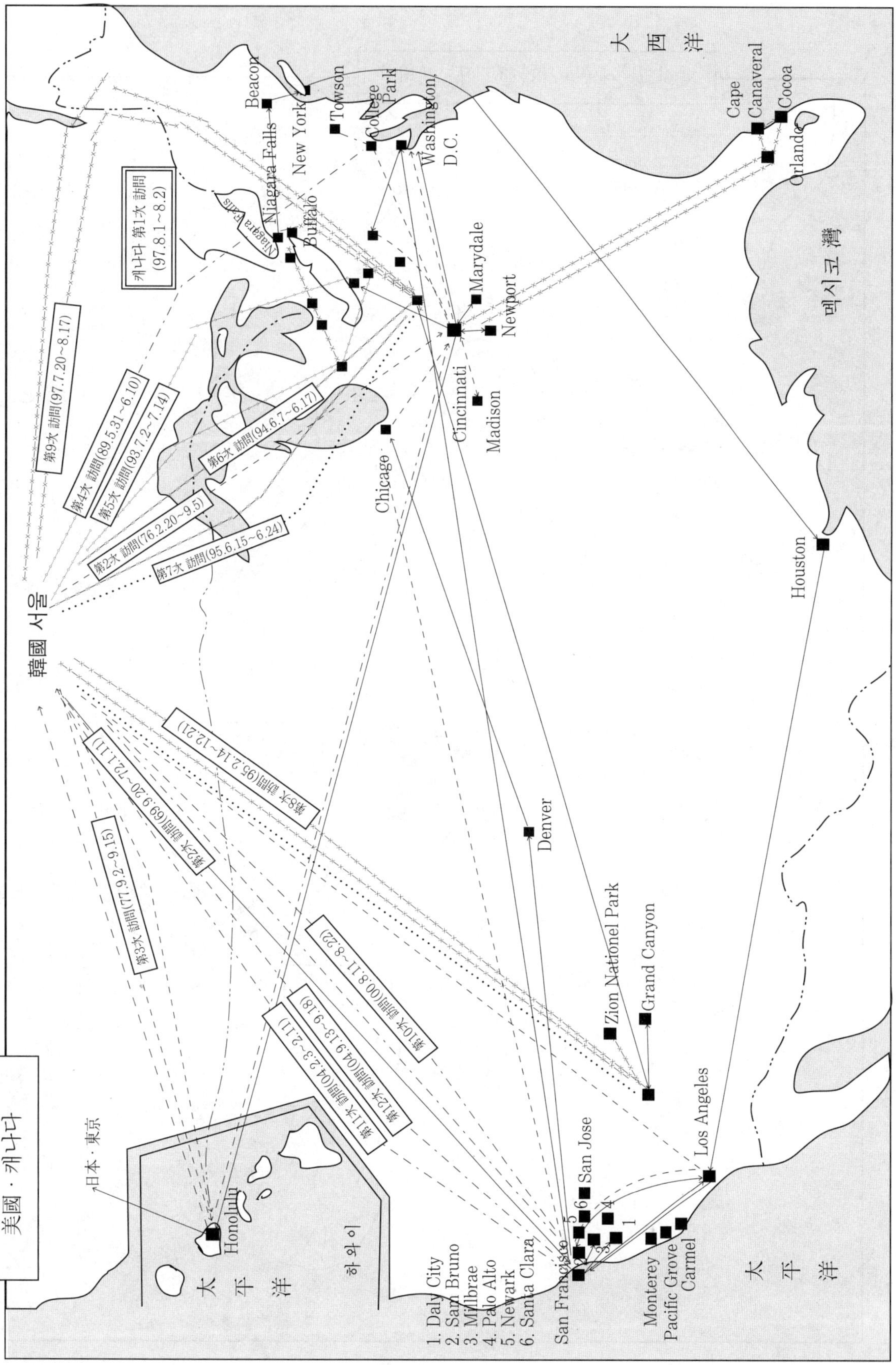

美國 · 캐나다
韓國 서울
캐나다 第1次 訪問 (97.8.1~8.2)
第2次 訪問(76.2.20~9.5)
第3次 訪問(77.9.2~9.15)
第4次 訪問(89.5.31~6.10)
第5次 訪問(93.7.2~7.14)
第6次 訪問(94.6.7~6.17)
第7次 訪問(95.6.15~6.24)
第8次 訪問(95.2.14~12.21)
第9次 訪問(97.7.20~8.17)
第10次 訪問(00.8.11~8.22)
第11次 訪問(04.2.3~2.11)
第12次 訪問(04.9.13~9.18)
第2次 訪問(69.9.20~72.1.11)
日本 · 東京
Honolulu
하와이
太平洋
大西洋
멕시코 灣
Beacon
New York
Towson
College Park
Washington, D.C.
Niagara Falls
Buffalo
Marydale
Newport
Cincinnati
Madison
Chicago
Cape Canaveral
Cocoa
Orlando
Houston
Denver
Zion Nationel Park
Grand Canyon
Los Angeles
San Jose
San Francisco
Santa Clara
Monterey
Pacific Grove
Carmel
1. Daly City
2. Sam Bruno
3. Millbrae
4. Palo Alto
5. Newark
6. Santa Clara

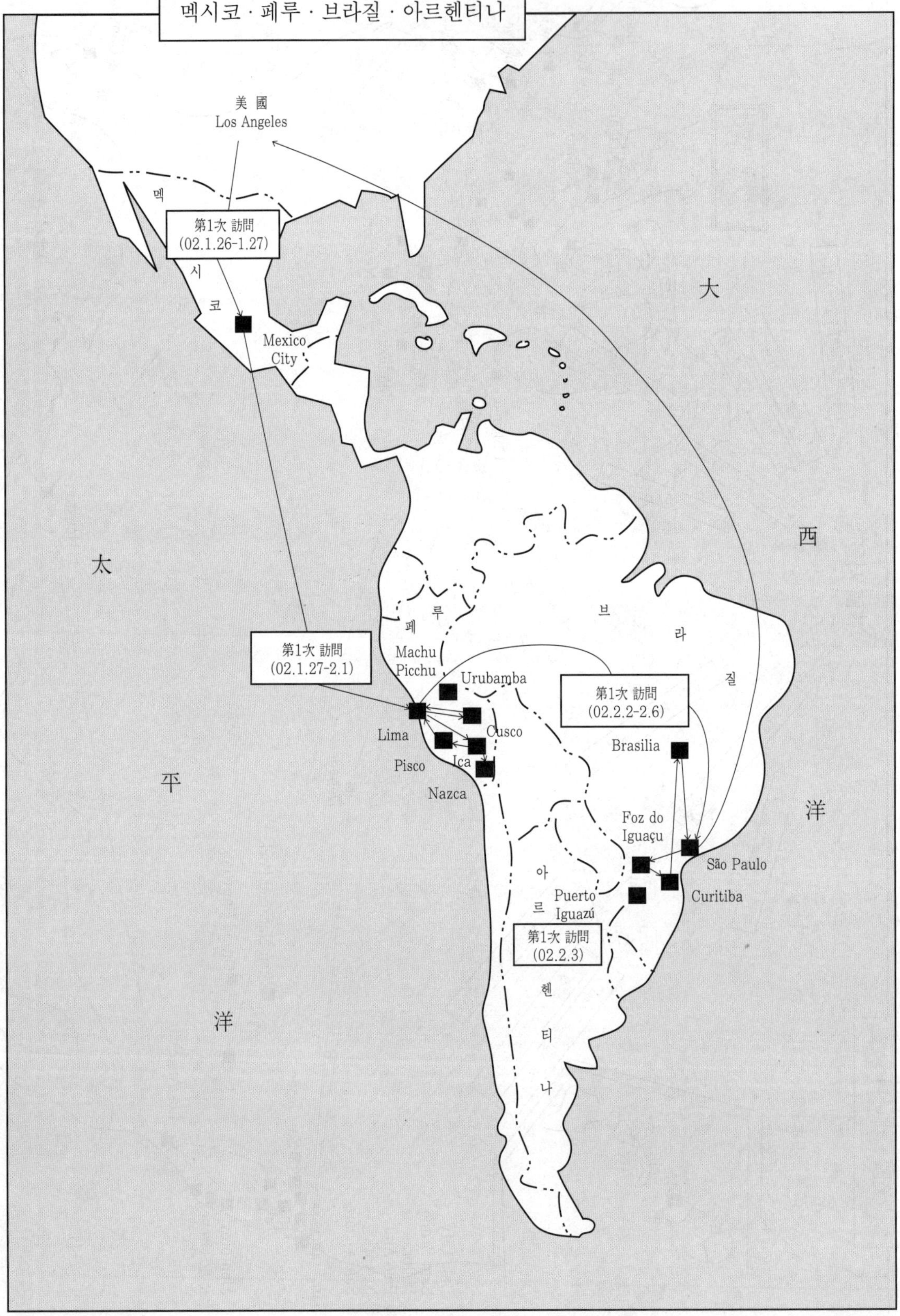
멕시코 · 페루 · 브라질 · 아르헨티나
美國
Los Angeles
멕
시
코
第1次 訪問
(02.1.26-1.27)
Mexico City
大
西
洋
太
平
洋
페
루
브
라
질
第1次 訪問
(02.1.27-2.1)
Machu Picchu
Urubamba
Lima
Cusco
Pisco
Ica
Nazca
第1次 訪問
(02.2.2-2.6)
Brasilia
Foz do Iguaçu
São Paulo
Curitiba
아
르
헨
티
나
Puerto Iguazú
第1次 訪問
(02.2.3)

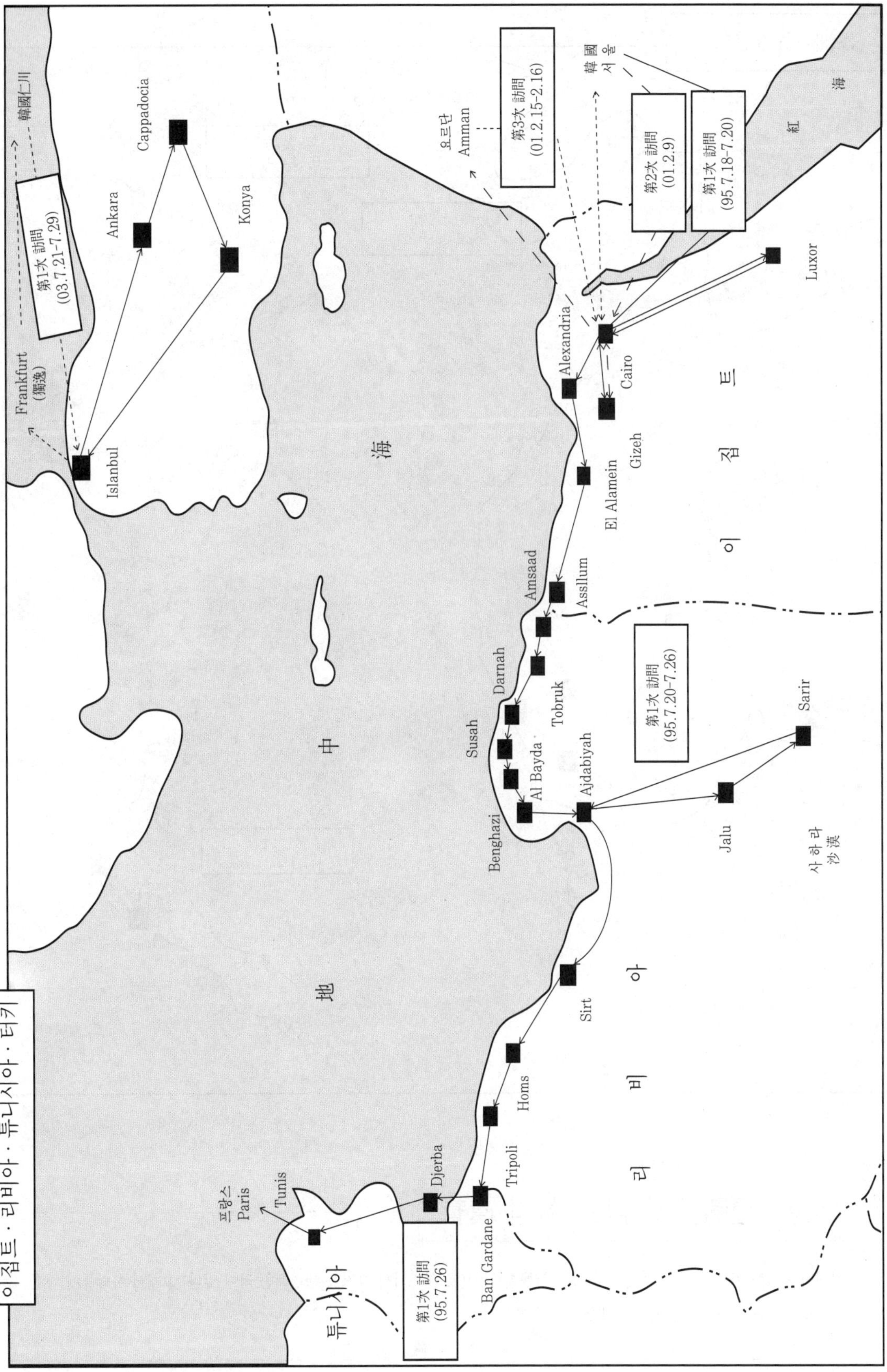
이집트 · 리비아 · 튜니시아 · 터키
地中海
Islanbul
Frankfurt
(獨逸)
第1次 訪問
(03.7.21-7.29)
韓國仁川
Ankara
Cappadocia
Konya
요르단
Amman
第3次 訪問
(01.2.15-2.16)
韓國
서울
第2次 訪問
(01.2.9)
第1次 訪問
(95.7.18-7.20)
紅海
Luxor
Alexandria
Cairo
Gizeh
El Alamein
이집트
Amsaad
Assllum
Darnah
Tobruk
Susah
Al Bayda
Ajdabiyah
Benghazi
第1次 訪問
(95.7.20-7.26)
Sarir
Jalu
사하라
沙漠
Sirt
리비아
Homs
Tripoli
Djerba
Ban Gardane
第1次 訪問
(95.7.26)
Tunis
프랑스
Paris
튜니시아

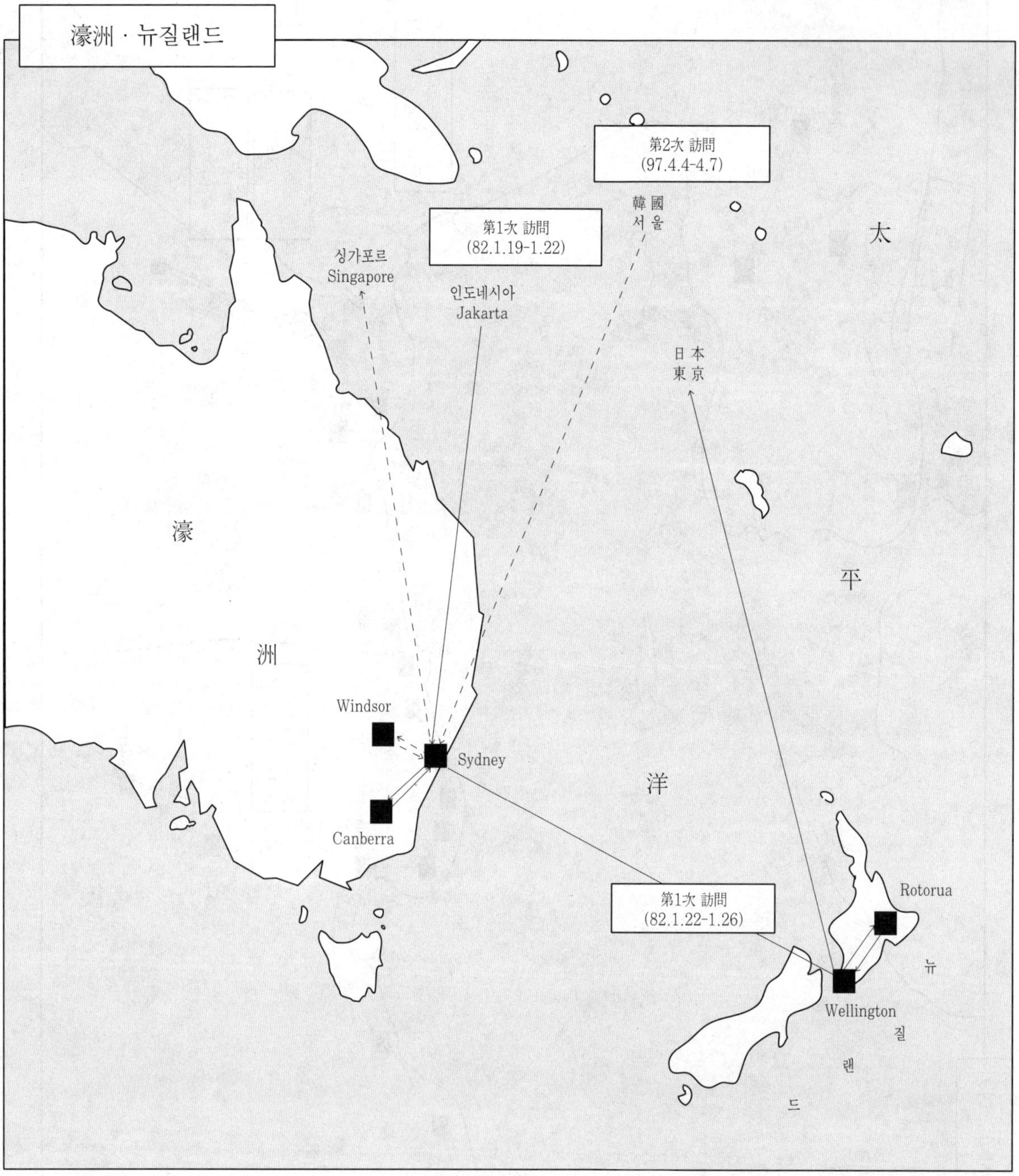

客說 : 經驗에서 얻은 삶의 眞實

利害가 상반되어 解決이 안 나는 事件이 있으면 나는 調整委員長으로 위촉되어 그것을 해결해준 적이 많다. 그래서 사람들이 나를 協商의 名手, 또는 解決師라고 부른다. 國難이면 思賢臣인 법이다.

케냐 · 탄자니아 · 南아프리카 · 짐바브웨 · 보츠와나 · 잠비아

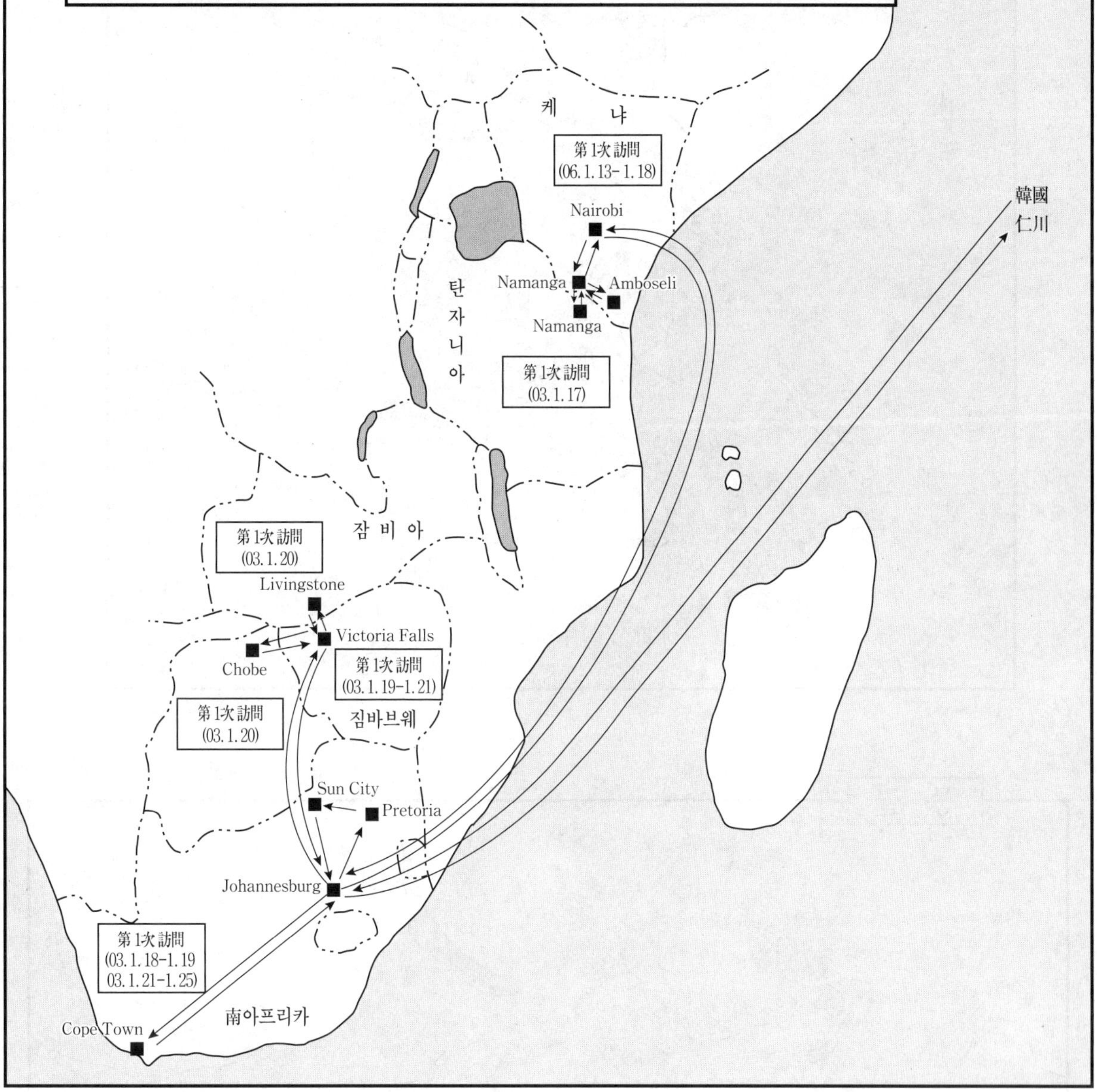

客說 : 經驗에서 얻은 삶의 眞實

사람이 生을 마감하는 瞬間 平素 가장 즐기던 趣味나 嗜好生活을 하는 도중에 運命을 한다면 무척 幸福할 것 같다. 愛酒家는 술을 마시다가 죽고, 愛煙家는 담배를 피우며 죽고, 낚시꾼은 고기를 낚다가 죽고, 藝術家는 글씨를 쓰거나 그림을 그리다 죽는다. 또한 장기나 바둑을 두다가 죽은 죽은 사람, 水泳을 하다 죽은 사람, 映畵를 보다가 죽은 사람, 演說을 하다가 죽은 사람들도 幸福하다. 腹上死도 여기에 해당된다. 나는 아마 記錄하는 도중에 筆을 들고 죽을 것 같다.

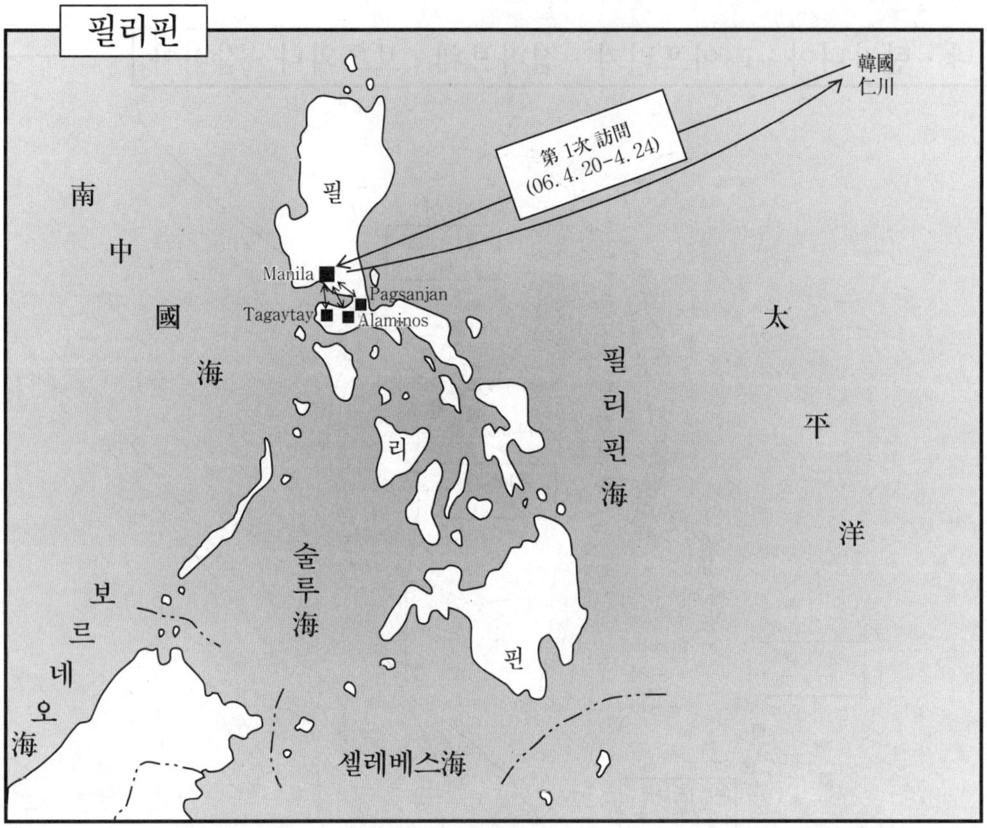
필리핀
韓國
仁川
第 1次 訪問
(06. 4. 20-4. 24)
南
中
國
海
필
Manila
Pagsanjan
Tagaytay
Alaminos
太
平
洋
필
리
핀
海
리
술
루
海
보
르
네
오
海
핀
셀레베스海

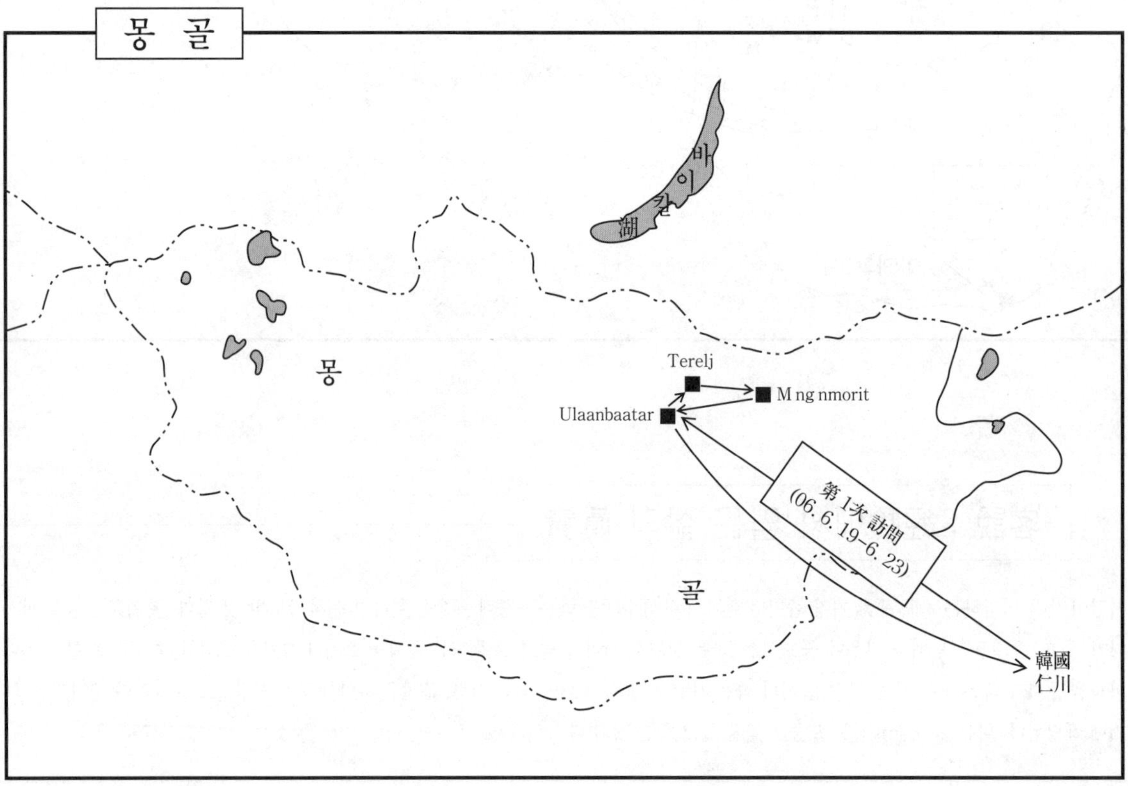
몽 골
바
이
칼
湖
몽
Terelj
M ng nmorit
Ulaanbaatar
第 1次 訪問
(06. 6. 19-6. 23)
골
韓國
仁川

5. 家族의 海外旅行

(1) 本人 및 家族의 海外旅行 集計

區分	項目	本人	家族 妻	長女	長男	次女	計	合計
1.旅行回數 및 期間	出國回數(回)	66	17	5	2	11	35	101
	滯留期間(日)	1,642	909	2,270	48	2,923	6,150	7,792
2.目的別 旅行回數 (回)	留學 · 硏修	2	3	1	-	2	6	8
	會議 · 發表	32	1	-	-	1	2	34
	訪問 · 視察	32	13	4	2	8	27	59
3.訪問國家數 (國)	最初訪問國家	52	34	16	2	11	63	115
	延訪問國家	101	43	16	3	18	80	181
4.訪問地域數 (地域)	最初訪問地域	233	114	51	16	67	248	481
	延訪問地域	326	127	52	18	74	271	597
5.關聯者人員 (名)	旅費負擔者	53	2	3	1	2	8	61
	旅行同伴者	1,012	218	12	2	16	248	1,260

(2) 家族別 海外旅行 內譯

(家族別 旅行日字順)

家族 \ 區分	回次	旅行期間	旅行目的	旅費負擔者	同伴者	訪問國家	主滯留地	訪問地域
妻 (黃蓮子)	1	70.3.25-72.1.14 (1年9月20日)	夫君 留學 補助	夫	夫,次女 (2)	美國,日本 (2)	美國 신시내티 (1)	(美國)신시내티 · 클리블랜드 · 버팔로 · 나이아가라瀑布 · 비컨 · 뉴욕 · 하와이,(日本)東京 (8)
	2	89.4.23-89.6.13 (1月20日)	同生訪問및 觀光	夫	長女 (1)	獨逸,프랑스,덴마크,네덜란드,스위스,英國,벨지움,이탈리아,모나코,오스트리아,스웨덴,산마리노共和國 (12)	獨逸 함부르그 (1)	(獨逸)함부르크 · 베를린 · 쾰른 · 뤼벡 · 본 · 하이델베르크 · 뮌헨,(프랑스) 파리,(덴마크)코펜하겐,(네델란드)암스테르담,(스위스)취리히,(英國)런던,(벨지움)브뤼셀,(이탈리아)로마 · 나폴리 · 베니스 · 피렌체 · 폼페이 · 바티칸市,(모나코)몬테카를로,(오스트리아)비엔나 · 잘츠부르크,(스웨덴)말뫼,(산마리노共和國)산마리노 (24)
	3	91.4.8-91.4.21 (14日)	夫君同行 및 同生訪問	夫	夫 (1)	프랑스,스페인,포르투갈,스웨덴,獨逸 (5)	스웨덴 싯체스,獨逸 함부르그 (2)	(프랑스)파리,(스페인)시체스 · 바르셀로나 · 마드리드,(포르투갈)리스본,(스웨덴)스톡홀름 · 웁살라,(獨逸)함부르크 (8)
	4	93.10.2-93.12.3 (2月1日)	長女出産 補助	夫	-	美國 (1)	美國 컬럼버스 (1)	(美國)컬럼버스 · 랜싱 · 시카고 · 클리블랜드 · 디트로이트 (5)
	5	96.7.23-96.7.28 (6日)	夫君回甲 紀念旅行	夫	夫,次女 (2)	中國 (1)	-	(中國)北京 · 延吉 · 龍井 · 圖們 · 白頭山 · 豆滿江 · 長白瀑布 · 明13陵 · 萬里長城 (9)
	6	97.4.4-97.4.10 (7日)	서울大高位 課程 海外 硏修同行	서울大 環境 大學院	夫,課程 生夫婦 (60)	濠洲,싱가포르 (2)	濠洲 시드니,싱가포르 (2)	(濠洲)시드니 · 캔버라,(싱가포르)싱가포르 (3)
	7	97.7.20-97.8.17 (29日)	子女訪問 및 觀光	夫	夫,長男 (2)	美國,캐나다 (2)	美國 컬럼버스 (1)	(美國)컬럼버스 · 신시내티 · 로돈빌 · 랜싱 · 포트후론 · 나이아가라瀑布 · 올란도 · 디즈니

區分 家族	回次	旅 行 期 間	旅行目的	旅費 負擔者	同伴者	訪問國家	主滯留地	訪 問 地 域
妻 (黃蓮子)								월드 · 캐이프캐나베럴 · 코코아 · 올렌탄지, (캐나다)살리아 · 나이아가라瀑布 (13)
	8	98.6.24-98.6.29 (6日)	서울大高位 課程海外 硏修同行	서울大 環境 大學院	夫,課程 生夫婦 (40)	日本 (1)	-	(日本)福岡 · 長崎 · 島原 · 熊本 · 阿蘇 · 大分 · 別府 · 宇和島 · 松山 · 瀨戶大橋 · 高松 (11)
	9	00.1.26-00.2.1 (7日)	國土計劃學 會海外視察 同行	夫	夫,學會 代表夫婦 (19)	베트남, 캄보디아 (2)	-	(베트남)하노이 · 호치민,(캄보디아)포놈펜 · 시엠립 · 앙코르 (5)
	10	00.3.10-00.3.13 (4日)	文化日報 招請金剛山 訪問	夫	夫,執筆 陣夫婦 (20)	北韓 (1)	北韓 高城 (1)	(北韓)長箭港 · 溫井里 · 九龍淵 · 海金剛 · 三日浦 (5)
	11	00.8.11-00.8.22 (12日)	訪問 및 視察 · 觀光	夫	夫,次女 (2)	美國 (1)	美國샌프란 시스코,로스 안젤레스(2)	(美國)샌프란시스코 · 로스앤젤레스 · 샌브루노 · 밀브레 · 팔알토 · 리알토 (6)
	12	01.2.8-01.2.17 (10日)	國土計劃 學會海外 視察同行	夫	夫,學會 代表夫 婦(16)	이집트, 요르단, 이라크 (3)	-	(이집트)카이로,(요르단)암만 · 페트로, (이라크)바그다드 · 사마라 · 하다르 · 모술 · 나시리야 · 힐라 · 바빌론 (10)
	13	02.9.28-02.9.30 (3日)	好凡會 旅行 同伴	夫	夫,好凡 會夫婦 (11)	日本 (1)	對馬島 (1)	(日本) 對馬島 全 地域 (1)
	14	04.6.18-04.6.30 (13日)	子女 訪問	夫	夫(1)	美國 (1)	샌프란시스코 (1)	(美國) 산호세 · 샌프란시스코 (2)
	15	05.10.14-05.10.15 (2日)	觀光 및 觀覽	夫	夫 등 (5)	北韓 (1)	平壤 (1)	(平壤) 平壤 一圓 (1)
	16	06.1.12-06.1.26 (15日)	觀光	夫	夫 등 (23)	南阿共 등 6國 (6)	케냐 나이로비(1)	(케냐) 나이로비 · 암보셀리 · 나망가, (탄자니아) 나망가,(南阿共) 요하네스버그 · 캐이프타운 · 프리토리아 · 선시티, (짐바브웨)빅토리아 폴스, (보츠와나) 초베, (잠비아) 리빙스톤 (11)
	17	06.4.20-06.4.24 (5日)	觀光	夫	夫 · 次女 등(13)	필리핀 (1)	필리핀 마닐라 (1)	(필리핀) 마닐라 · 캐손시티 · 타가이타이 · 팍상한 · 알라미노스 (5)
	累計 (17)	70.3.25-06.4.24 (909日)	3	2	218	34	13	114
長女 (金雪娥)	1	89.4.23-89.6.13 (1月20日)	姨母訪問 및 觀光	父	母 (1)	獨逸,프랑스, 덴마크,네덜 란드,스위스, 英國,벨지움, 이탈리아, 모나코, 오스트리아, 스웨덴,산마 리노共和國 (12)	獨逸 함부 르크 (1)	(獨逸)함부르크 · 베를린 · 퀠른 · 퀘벡 · 본 · 하이델베르크 · 뮌헨,(프랑스)파리,(덴마크) 코펜하겐,(네덜란드)암스테르담,(스위스)취리히, (英國)런던,(벨지움)브뤼셀,(이탈리아) 로마 · 나폴리 · 베니스 · 피렌체 · 폼페이 · 바티칸市,(모나코)몬테카를로,(오스트리아) 비엔나 · 잘츠부르크,(스웨덴)말뫠,(산마리노 共和國)산마리노 (24)
	2	91.10.15-91.10.26 (12日)	親舊 訪問 및 觀光	父	-	日本 (1)	日本東京(1)	(日本)東京 · 大阪 · 橫濱 (3)
	3	93.1.10-99.1.17 (6年7日)	男便留學 補助	父,媤 父母	夫,長男 (2)	美國 (1)	美國 애크론 · 컬럼버스(2)	(美國)하와이 · 애드론 · 컬럼버스 · 신시내티 · 데이튼 · 클리블랜드 · 로스앤젤레스 · 나이아가라瀑布 · 랜싱 · 디토로이트 · 앤아버 · 워싱턴D.C. · 뉴욕 · 시카고 · 로돈빌 · 포트후론 · 올란도 · 디즈니월드 · 캐이프캐나베럴 · 코코아 · 올렌탄지 (21)
	4	97.8.1-97.8.2	父母 및	父	父,母,弟,	캐나다 (1)	나이아가라	(캐나다)살리아 · 나이아가라瀑布 (2)

區分 / 家族	回次	旅行期間	旅行目的	旅費負擔者	同伴者	訪問國家	主滯留地	訪問地域
長女 (金雪娥)		(2日)	家族旅行		妹,夫, 長男(6)		폴스 (1)	
	5	02.7.4-02.7.8 (5日)	家族旅行	夫君	夫,子女 (3)	泰國 (1)	방콕 (1)	(泰國)방콕 · 파타야 (2)
	累計 (5)	89.4.23-02.7.8 (2,270日)	2	3	12	16	6	51
長男 (金東爀)	1	95.2.4-95.2.22 (19日)	姉妹訪問	父	-	美國 (1)	美國 랜싱 · 컬럼버스 (2)	(美國) 랜싱 · 콜럼버스 · 디트로이트 · 클리블랜드 · 시카고 (5)
	2	97.7.20-97.8.17 (29日)	姉妹訪問 및 觀光	父	父,母 (2)	美國,캐나다 (2)	美國 콜럼버스 (1)	(美國) 컬럼버스 · 신시내티 · 로돈빌 · 랜싱 · 포트후론 · 나이아가라瀑布 · 올란도 · 디즈니월드 · 케이프캐나베럴 · 코코아 · 올렌탄지,(캐나다)살니아 · 나이아가라瀑布 (13)
	累計 (2)	95.2.4-97.8.17 (48日)	1	1	2	2	2	16
次女 (金貞娥)	1	71.3.12-72.1.14 (10月2日)	出生 · 成長 및 歸國	父	父,母 (2)	美國,日本 (2)	美國 신시내티 (1)	(美國)신시내티 · 하와이,(日本)東京 (3)
	2	91.6.30-91.8.13 (1月13日)	研修 및 視察	父	-	獨逸,덴마크, 네델란드, 프랑스, 이탈리아, 오스트리아 (6)	獨逸 함부르그 (1)	(獨逸)함부르크 · 베를린,(덴마크)코펜하겐,(네델란드)암스테르담,(프랑스)파리,(이탈리아)로마 · 나폴리 · 베니스 · 폼페이 · 피렌체 · 바티칸市,(오스트리아)비엔나 · 잘츠부르크 (13)
	3	93.5.2-97.12.26 (4年7月24日)	海外留學	父	-	美國,캐나다 (2)	美國 랜싱 (1)	(美國)랜싱 · 애크론 · 콜럼버스 · 시카고 · 앤아버 · 디트로이트 · 클리블란드 · 오클랜드 · 신시내티 · 포트후론 · 나이아가라瀑布 · 올란도 · 디즈니월드 · 케이프캐나베럴 · 코코아 · 올렌탄지,(캐나다)토론토 · 윈저 · 온타리오 (19)
	4	96.7.23-96.7.28 (6日)	父回甲紀念旅行	父	父,母 (2)	中國 (1)	-	(中國)北京 · 延吉 · 龍井 · 圖們 · 白頭山 · 長白瀑布 · 豆滿江 · 明13陵 · 萬里長城 (9)
	5	97.8.1-97.8.2 (2日)	家族旅行	父	父,母,姉, 오빠,兄夫, 甥姪 (6)	캐나다 (1)	-	(캐나다)살니아 · 나이아가라瀑布 (2)
	6	98.3.20-98.4.5 (17日)	비자延長處理	父	-	美國 (1)	美國 랜싱(1)	(美國)랜싱 · 컬럼버스 (2)
	7	00.8.11-00.8.22 (12日)	訪問 및 視察 · 觀光	父	父,母 (2)	美國 (1)	美國 샌프란시스코 · 로스앤젤레스 (2)	(美國) 샌프란시스코 · 로스앤젤레스 · 샌브루노 · 밀브레 · 하프문 · 온타리오 · 리알토 (7)
	8	03.12.7-03.12.20 (14日)	結婚者相逢	父 · 媤父	-	美國 (1)	산 호세 (1)	(美國)샌프란시스코 · 라스베이거스 · 그랜드캐년 · 자이언國立公園 · 산호세 (5)
	9	04.2.3-04.2.11 (9日)	結婚申告	父	父(1)	美國 (1)	산 호세 (1)	(美國)산타클라라 · 팔로알토, 뉴워크, 몬트리 · 카멜 · 그로브 · 샌프란시스코 · 산 호세 (8)
	10	04.5.16-現在 (804日)	結婚移住	父 · 夫	夫(1)	美國 (1)	댈리 시티(1)	(美國)댈리 시티 (1)
	11	06.4.20-06.4.24 (5日)	觀光	父	父 · 母 (2)	필리핀 (1)	마닐라 (1)	(필리핀)마닐라 · 캐손시티 · 타가이타이 · 팍상한 · 알라미노스 (5)
	累計 (11)	71.3.12-現在 (2,923日)	6	3	16	11	8	67
總累計 (4名)	35	70.3.25-現在 (6,150日)	12	10	248	63	29	248

Ⅲ. 國內外 地域別 訪問 機關과 名勝地 및 遺蹟地

○ 要 約 : 訪問對象分類 및 記載順序

〈1〉 機關 · 施設 · 地區

(1) 國家公共機關-①行政府 ②立法府 ③司法府 ④委員會 ⑤公社 ⑥公團
(2) 地方公共機關-①市 · 道 ②市 · 郡 · 區 ③邑 · 面 · 洞 ④所屬機關 ⑤傘下機關 ⑥國家特別官署
(3) 教育 · 研修機關-①幼稚園 ②初等學校 ③中學校 ④高等學校 ⑤大學校 ⑥公共研修機關 ⑦民間研修機關
(4) 研究機關-①研究團地 ②國家研究機關 ③地方研究機關 ④民間研究機關
(5) 言論 · 金融機關-①新聞 ②TV ③라디오 ④雜誌 ⑤銀行 ⑥金庫 ⑦保險
(6) 民間企業體 · 會社-①大企業 ②中企業 ③小企業
(7) 學會 · 協會-①學會 ②協會 ③協議會
(8) 社會 · 親睦團體-①政黨 ②社會團體 ③親睦團體
(9) 交通 · 通信施設-①空港 ②港灣 ③驛 ④버스터미널 ⑤道路 ⑥鐵道 ⑦通信機關 · 施設
(10) 病院 · 藥局-①綜合病院 ②醫療院 ③病院 ④醫院 ⑤藥局 · 藥房 ⑥漢醫房
(11) 圖書館 · 書店-①中央圖書館 ②地方圖書館 ③讀書室 ④文庫 ⑤書店 ⑥冊房 ⑦書 · 畵室
(12) 百貨店 · 商街-①百貨店 ②綜合商街 ③商店 ④가게
(13) 會館 · 빌딩-①會館 ②빌딩 ③센터 ④建物
(14) 運動 · 休息施設-①競技場 ②體育施設 ③休息施設
(15) 紀念館 · 劇場-①紀念館 ②公演場 ③展示場 ④劇場 ⑤映畵館 ⑥寫眞館
(16) 호텔 · 旅館-①호텔 ②모텔 ③旅館 ④莊 ⑤旅人宿 ⑥民泊
(17) 結婚禮式場-①호텔禮式場 ②結婚會館 ③禮式場 ④禮式홀
(18) 外國機關-①國際機構 ②外國公共機關 ③外國民間機關
(19) 韓國飮食店-①料亭 ②會館 ③館 ④屋 ⑤食堂 ⑥茶房 ⑦노래房
(20) 外國飮食店-①中國食堂 ②日本食堂 ③西洋食堂 ④其他 外國食堂 ⑤茶室
(21) 地區 · 地點-①邑 · 面 · 洞 ②里 · 村 · 部落 ③街路 ④團地 ⑤地區 ⑥地點

〈2〉 名勝 · 觀光 · 慰樂地

(1) 바다-①洋 ②海 ③海峽 ④灣 ⑤水道 ⑥半島 ⑦島嶼 ⑧비치 ⑨海水浴場 ⑩港
(2) 山-①山脈 ②山 ③嶺 ④峰 ⑤嶽 ⑥峙 ⑦峠 ⑧峴 ⑨丘 ⑩고개 ⑪언덕 ⑫谷 ⑬峽
(3) 江-①河 ②江 ③川 ④溪 ⑤水 ⑥瀑布 ⑦湖 · 沼 ⑧댐 · 堤 ⑨運河
(4) 遊園地-①國立公園 ②道立公園 ③自然公園 ④都市公園 ⑤遊園地 ⑥保全地 ⑦動物園 ⑧植物園 ⑨溫泉
(5) 名所-①洞 ②路 ③院 ④園 ⑤苑 ⑥臺 ⑦亭 ⑧樓 ⑨堂 ⑩橋 ⑪石 ⑫洞窟 ⑬木 ⑭花 ⑮棲息地
(6) 골프場-①定規골프場 ②퍼블릭 골프場 ③골프演習場

〈3〉 遺物 · 紀念 · 遺蹟地

(1) 遺蹟 · 遺物-①先史地 ②城 ③宮 ④門 ⑤廟 ⑥殿 ⑦祠 ⑧堂 ⑨閣 ⑩莊 ⑪垈 ⑫壇 ⑬臺 ⑭庫 ⑮園 · 苑

⑯齋 ⑰館 ⑱ 樓 ⑲ 亭 ⑳ 碑 ㉑ 塔 ㉒ 佛像 ㉓ 聖地 ㉔ 遺址
(2) 陵 · 墓-①古墳 ②王陵 ③陵 ④墓地 ⑤墓 ⑥納骨堂
(3) 銅像-①王 ②忠臣 ③將軍 ④學者 ⑤德者 ⑥善行者 ⑦孝子 · 孝女 · 孝婦 ⑧烈女
(4) 博物館 · 紀念館-①博物館 ②美術館 ③紀念館 ④資料館 ⑤展示館
(5) 鄕校 · 書院 · 寺院-①鄕校 ②書院 ③寺刹 · 精舍 ④庵 ⑤聖堂 ⑥敎會 ⑦寺院 ⑧神社

1. 國內 訪問地點

(行政區域 順)　　　　(數字單位:個, 處)

市 · 道	市 · 郡	機關 · 施設 · 地區	名勝 · 觀光 · 慰樂地	遺物 · 紀念 · 遺蹟地	合計
特別市 (1956)	1.서울 (1956)	(國家機關)靑瓦臺, 國會議事堂, 大法院, 國務總理室, 監査院, 安企部(國家情報院), 外務部, 國防部, 總務處, 內務部(行政自治部), 文敎部(敎育部), 經濟企劃院, 財務部, 財政經濟部, 建設部, 交通部, 建設交通部, 統一院(統一部), 商工部, 保社部, 環境廳, 環境處(環境部), 科學技術處(科學技術部), 勞動部, 遞信部, 海洋水産部, 警察廳, 兵務廳, 統計廳, 調達廳, 鐵道廳, 港灣廳, 國稅廳, 專賣廳, 法務部出入國管理事務所, 陸軍本部, 國軍保安司令部, 國防部合同調査隊, 國立映畵製作所, 石炭産業合理化本部, 行政改革調査委員會, 國家保衛非常對策常任委員會, 大統領21世紀委員會 社會淨化委員會, 88서울올림픽組織委員會, 行政刷新委員會, 民主平和統一諮問會議, 大統領科學技術諮問會議,2002年월드컵組織委員會, 大統領地方移讓推進委員會, 中央觀象臺, 韓國鑑定院, 證券監督院, 韓國土地公社, 大韓住宅公社, 韓國道路公社, 大韓地籍公社, 韓國電力株式會社, 産業技術管理公團, 空港管理公團, 韓國디자인包裝센타, 高速鐵道建設公團, 外務部, 外交通商部, 動力資源部, 文化觀光部, 保健福祉部, 工業振興廳, 關稅廳, 特許廳, 法制處, 氣象廳, 國家報勳處, 서울高等檢察廳, 서울民事地方法院 (75) (地方公共機關) 서울市廳, 서울市議會, 서울市敎育委員會, 中 · 鍾路 · 龍山 · 城東 · 廣津 · 東大門 · 中浪 · 城北 · 江北 · 道峰 · 蘆原 · 恩平 · 西大門 · 麻浦 · 陽川 · 江南 · 九老 · 衿川 · 銅雀 · 冠岳 · 瑞草 · 江西 · 松坡 · 江東 · 永登浦 區廳, 東大門區 · 江南區 · 九老區 議會, 淸凉里1洞 · 梨花洞 · 昌信4洞 · 祭基3洞 · 上道3洞 · 驛三1洞 事務所, 서울市綜合建設本部, 炭川自動車運轉試驗場, 江南區民防衛隊, 서울市 地下鐵建設本部, 서울市 地下鐵公社, 開浦 · 驛三 稅務署, 서울遞信廳直營 · 龍山 · 中央 · 國際 · 江南 · 驛三 · 서울大學 郵遞局, 서울警察廳, 東大門 · 西大門 · 露梁津 · 瑞草 · 鐘路 · 中部 · 南大門 · 城北 · 江南 · 淸凉里 · 麻浦 · 龍山 · 恩平 警察署, 昌信 · 祭基 · 驛陵 · 驛三 派出所, 警察第1機動隊, 廣津區 議會, 서울市敎育廳, 서울市敎育委員會, 서울施設管理公團, 交通管理事業所 (79) (敎育 · 硏修機關) 小花幼稚園, 明信 · 鍾岩 · 上道 · 渼洞 · 堂中 · 三淸 · 東大門 · 永林 · 서울大師大附屬 · 서울牛岩 初等學校, 江南女子 · 城南女子 · 永登	(山)北漢山 北岳山 道峰山 水落山 逍遙山 仁旺山 佛岩山 烽火山 九陵山 白蓮山 鞍 山 開花山 南 山 宮 山 駱駝山 駱 山 冠岳山 淸溪山 塔 山 曾 山 天摩山 牛眠山 大茅山 仁陵山 毋岳山 臥牛山 牛藏山 地香山	(遺蹟 · 遺物) 先史遺蹟地,, 北漢山城 · 南漢山城 · 風納土城 · 百濟土城 ,夢村土城. 阿嵯山城 ,景福宮 · 昌慶宮 · 德壽宮 · 雲峴宮 · 昌德宮 · 毓祥宮 · 於義宮, 東大門 · 南大門 · 彰義門 · 光化門 · 光熙門 · 獨立門 · 大漢門 · 西大門 · 永樂門 · 敦化門 · 金虎門 · 迎恩門 · 迎秋門 · 惠化門, 宗廟 · 東廟 · 關王廟 · 文廟, 勤政	1,710

市 · 道	市 · 郡	機 關 · 施 設 · 地 區	名勝 · 觀光 · 慰樂地	遺物 · 紀念 · 遺蹟地	合計
特別市	1.서울	浦 · 文昌女子 · 恩光女子 · 新一 · 聖一 中學校, 首都女子 · 城南 · 永登浦女子 · 淑明女子 · 瑞草 · 首都女師大附屬女子 · 五山 · 서울 · 京畿 · 永東 · 德壽 · 東城 · 中央 · 龍山 · 鐵道 高等學校, 서울 · 高麗 · 延世 · 成均館 · 中央 · 漢陽 · 서울市立 · 明知 · 建國 · 檀國 · 弘益 · 慶熙 · 國民 · 世宗 · 西江 · 外國語 · 崇實 · 서울教育 · 韓國放送通信 · 카톨릭 · 光云 · 三育 · 總神 · 韓國體育 · 漢城 · 韓信 · 淑明女子 · 梨花女子 · 德成女子 · 同德女子 · 祥明女子 · 서울女子 · 京畿 · 서울產業 · 聖信女子 大學校, 民主 · 中央僧伽 · 江南區婦女經營 · 瑞草區主婦 大學, 陸軍 · 空軍士官學校, 中央公務員 · 建設公務員 · 遞信公務員 · 서울市公務員 · 民自黨中央政治 教育院, 統一 · 地方行政 · 中央教育 · 安企部國家情報 · 司法 · 韓國銀行 · 交通 研修院, 保安司 · 銀行團 訓練院, 文教部 人口教育本部, 斗山 · 코오롱 研修院, 京畿學院, 永興運轉學院 (94) (研究機關) 韓國 · 韓國教育 開發院, 韓國科學技術院, 國土開發 · 韓國地方行政 · 韓國行政 · 韓國人口 · 保健 · 海運產業 · 家族計劃 · 交通開發 · 農村經濟 · 環境政策 研究院, 國立地理院, 國立國樂院, 서울市政開發研究院, 學術振興財團, 國際勞動環境本部, 韓國綜合建設公社, 韓國生產性本部, 大韓商議 韓國經濟研究센터, 韓國自治開發 · 產業經濟 · 公害問題 三星經濟 · 人間開發 · 建設產業 · 亞細亞政策 · 產業開發 · 陰陽氣流 研究院, 地方行政 · 住宅 · 國際問題 · 人口問題 · 極東問題 · 現代社會 · 女性發展 · 產業管理 · 韓國行政問題 · 都市 및 地域計劃 研究所, 地域開發 · 國政 · 葬墓 研究會, 社稜會, 21C都市政策開發院, 韓國國家記錄研究院, 議會發展研究院, 中小都市研究所, 生產技術研究所 (49) (言論 · 金融機關) 朝鮮 · 東亞 · 韓國 · 中央 · 世界 · 文化 · 한겨레 · 京鄉 · 서울(大韓每日) · 每日經濟 · 韓國自治 · 環境經濟 · 새마을 · 韓國不動產經濟 · 國民 · 綠色自治新聞, 嶺南日報서울支社, 韓國放送公社, 文化 · 서울 · 平和 · 極東 · 佛教 · 基督教 · 交通 · 케이블TV · 每經KTV 放送局, Cable TV, 韓國 · 住宅 · 朝興 · 第一 · 新韓 · 中小企業 · 韓國產業 · 商業 · 外換 · 同和 · 서울信託 · 韓美 · 農協 銀行, 東遠 · 東洋 · 相互信用金庫, 大韓再 · 興國生命 · 第一生命 · 三星生命 保險株式會社, 大韓投資信託株式會社, 信用保證基金 (49) (民間企業體 · 會社) 漢陽 · 現代 · 三星 · 大宇 · 韓進 · 東亞 · LG · 한솔 · 코오롱 그룹, 漢陽流通 · 漢陽住宅 · 泰榮 · 뉴서울住宅建設 · 同昌實業 · 共信企業 · 大韓航空 · 아시아나航空 · 中外製藥 · 第一製糖 株式會社, 民衆書館, 博英社, 大明出版社, 峨山 · 大宇文化 · 한솔 文化財團, 明信學園, 東一技術公社, 유니버설旅行社, 住宅情報社, 現代旅行社, 旅行社 世界를 간다, 아시아시멘트, 鳳鳴株式會社, Sub Ad社, 大宇 · 現代 · 雙龍 · 아시아 · 起亞 自動車 (39) (學會 · 協會), 大韓國土都市計劃 · 韓國地方自治 · 韓國行政 · 韓國未來 · 韓國地域開發 · 韓國地域社會開發 · 韓國住宅 · 韓國地域 · 韓國經營科學 · 韓國造景 · 韓國觀光 · 韓國不動產 · 大韓不動產 · 韓國環境政策 · 韓國交通 · 韓蒙經濟學會, 韓美友好 · 產業技術振興 · 農業技術者 · 大韓損害保險 · 公害防止 · 韓國觀光 · 住宅事業 · 地方自治經營 · 韓國書畫作家 協會, 韓國道德運動協議會, 새마을運動中央 · 婦女새마을運動中央 · 自然保護中央 · 農民團	阿嵯山 雅致山 北嶽山 三聖山 老姑山 飛 峰 龍馬峰 鷹 峰 梅 峰 蓮花峰 一蠶頭峰 仁壽峰 國望峰 南泰嶺 狄踰嶺 (43) (江) 漢江 清溪川 中浪川 安養川 炭 川 良才川 倉陵川, 弘濟川, 王肅川, 道峰川, 牛耳川, 放鶴川,黑洞川, 唐峴川, 佛光川, 貞陵川, 安岩川, 盤浦川, 開花川, 道林川, 城內川 , 旭川 ,沙川 (23) (遊園地) · 公園-孝昌 · 獎忠 · 南山 · 三清 · 牛藏 · 宣陵 · 梧琴 · 올림픽 · 龍馬 ·	殿 · 仁政殿 · 白岳殿 · 檀君殿, 義節祠 · 碑閣 · 鐘閣 · 普信閣, 梨花莊 · 落星垈 · 觀天臺 · 社稷壇 · 圜丘壇 · 受降壇, 三田渡汗碑 · 圓覺寺碑 · 巡狩碑 · 先蠶壇址 · 清太宗頌德碑, 西氷庫 · 東氷庫, 秘苑 · 永徽園, 南怡將堂 · 牧隱先生影堂 · 武漢精舍 · 樂善齊 · 舊 러시아公館 · 成均館, 慶熙樓 · 洗劍亭 · 黃鶴亭, 切頭山聖地 · 含春苑址 · 百濟窯址 · 箭串橋 · 楊花津터 · 새남터 · 郵政總局 · 西大門刑務所(72) (陵墓) 百濟古墳 · 百濟積石塚, 宣陵 · 靖陵 ·	

市·道	市·郡	機關·施設·地區	名勝·觀光·慰樂地	遺物·紀念·遺蹟地	合計
特別市	1.서울	體 協議會, 韓國科學技術團體總·教育總·새마을金庫 聯合會, 農業協同組合, 全國主婦教室中央會, 自由總·韓國反共 聯盟, 大韓商工會議所, 在鄉軍人會, 建設·畜産 振興會, 地方行政·地方財政·教員 共濟會, 大韓炭鑛協同組合, 地方自治團體國際化財團, 새마을運動서울市支部, 새마을運動 江南區·瑞草區·西大門區 支會, 새마을 江南區·瑞草區 婦女會, 禾谷洞 婦女會, 永登浦醫療保險組合, 韓國能率協會, 道路交通安全協會, 朴正熙大統領紀念事業會, 朴正熙大統領紀念館建立 汎國民推進委員會, '思想界' 復刊準備委員會 (59) (社會·親睦團體) 新韓國·民韓·國民·民主自由·民主正義·統一民主·한나라·民主 黨, 國民會議, 自民聯, 社會科學研究會, 世界平和教授協議會, 韓國·서울 青年會議所, 世運商街移轉推進委員會, 冠岳主婦教室, YMCA, 禾谷地區社會센터, 常青會, 北岳·龍馬라이온스클럽, 永登浦로터리클럽, 慶州金氏大宗親會, 在京大邱·慶北道民會, 在京聞慶市鄉友會, 在京東魯面民會, 在京安東師範學校同窓會, 在京聞慶中學會同門會, 在京戶西南初等學校同門會, 在京聞慶學友會, 在京東魯學友會, 土友會, 鳥嶺會, 새재會, 聞友會, 好凡會, 行硏會, 一心會, Viagis Center, 安東大學校 總同窓會, 在京安東師範同期會, 서울大 物理學科 同期會, 서울大行政大學院同期會, 在韓신시내티大學同窓會 (44) (交通·通信施設) 金浦空港, 서울·龍山·清凉里·永登浦·露梁津 驛, 地下鐵驛, 都心空港·江南高速버스·東서울·南部 터미널, 龍山市外버스停留場, 韓進高速·그레이하운드 高速버스場, 大路, 道路, 터널, 橋梁, 電車, 地下鐵, 中央·國際·龍山·驛三·清凉里·新設洞·上道洞 郵遞局, 仁川國際空港高速道路, 廣壯橋, 清潭大橋, 올림픽大橋 (31) (病院·藥局) 서울大學校·서울大齒科·세브란스·漢陽大·慶熙大·中央大·梨花女子大學·鐵道·警察·서울中央·聖母·서울市立·서울보라매·伽倻·高麗大·南서울綜合·安世·東·카톨릭·現代·順天鄉·原子力·高麗·白·江南 病院, 三星·國立 醫療院, 鞠弘一皮膚科醫院·李東燮成形外科, 朴宇鎭外科, 保寧·百濟·釜山·玉·驛三 藥局 (35) (圖書館·書店) 國立中央·國會·正讀·鐘路·南山 圖書館, 國立中央圖書館 江南分館, 教保文庫, 鐘路書籍, 大學書林, 政府廳舍·江南驛 書店, 鐵道文庫, 廣津情報圖書館, 4.19圖書館, 시네마·南大門 書店 (17) (百貨店·商街) 和信·롯데·美都波·新世界·現代·뉴코아·韓信코아·맘모스·새로나·第一·갤러리·永東·汝矣島·三豊·그랜드·그랑프리·새나라 百貨店, 現代·同和·올림픽·뉴타운·ASEM·서울驛 플라자, 漢陽·라이프·大林 쇼핑센타, 東大門·南大門·可樂·露梁津水産·清凉里·京東·龍山·金湖·新村·平和·吉音·成大·中部·芳山·永登浦 市場, 롯데월드, 昌信·龍頭·樂園·中溪洞·龍山電子·世運·銀馬綜合·江南꽃·永東 商街, 農協하나로賣場, 慶北農産物直賣場, 聞慶土産品販賣場, 半島·朝鮮 아케이드, 成大街路店, 센트럴시티, 電子情報綜合流通團地 (63) (會館·빌딩) 世宗文化·地方行政·地方財政·私學年金·貿易·建設·言論·서울教育文化·科總·基督教·한글·어린이·東大門區·三寶·國會議員·江東區民·江南區民·우먼월드·圓佛教 서울·青少年·救世軍·올림	體育·마로니에·木洞·汝矣島·어린이大·島山·漢江市民·보라매·江南體育·上溪近隣·綠草·花西·龍馬自然·獨立·慶熙宮·孫基禎紀念·塔골·社稷·良川近隣·木三·文萊·死六臣·貞洞·壽松近隣·西小門近隣·宣貞陵·良才市民·長安坪近隣·東大門近隣·龍馬山기고랑體育·高德近隣·파리·木一·金湖·姊妹都市·鶴洞·清潭·아시아·善隣地球村·新村·松坡나루·兒童交通·島山·올림픽 公園·遊園地-뚝	軌陵·泰陵·洪陵·康陵·貞陵·健元陵·穆陵·獻陵·獻仁陵·懷陵, 燕山君墓·讓寧大君墓·孝寧大君墓·死六臣墓·李儁烈士墓·金九先生墓·申翼熙先生墓, 國立墓地·4.19墓地 外人墓地·忘憂里墓地(25) (銅像) 李舜臣將軍·四溟大師·閔忠正公·孫秉熙先生·金九先生· 金庾信將軍·元曉大師·方定煥先生 (8) (博物館·紀念館) 國立博物館·民俗博物館·綜合博物館, 國立美術館·傳統工藝館, 安重根義士紀念館·尹奉吉義士紀念館·柳寬順紀念館·仁村紀念館·切頭山殉教紀念館·西大門刑務所歷史館·戰爭	

市·道	市·郡	機　關　·　施　設　·　地　區	名勝·觀光·慰樂地	遺物·紀念·遺蹟地	合計
特別市	1.서울	픽·유네스코·全經聯·YMCA·YWCA·松坡區民 會館, 泰榮·東亞·63·三豊·31·코스모스·로얄·海南·環境·MBC·라이프·雙龍·한솔·大旺·大成·極東·利馬·現代 빌딩, 大宇·드라마·컨벤션·프레스·科學技術情報 센타, 三星本館, 韓國綜合·綜合安保 展示場, 大韓商工會議所, 國務總理·서울大學校總長 公館, 아카데미 하우스, 鍾根堂, 社稷注油所建物, 文化福祉·報勳福祉 會館, 老人綜合福祉館, 廣津綜合文化센터, 인사이더 센터, 松坡女性文化會館, 聞慶學舍, 無形文化財傳授會館 (67) (運動·慰樂施設) 綜合·東大門·孝昌 運動場·國立綜合, 올림픽蹴球 競技場, 蠶室·KBS文化·獎忠 體育館, 國技院, 東大門·普光洞 볼링場, 奉天·上道·驛三·瑞草·教育文化會館 골프鍊習場, 南山케이블카, 世界平和의門, 서울溫泉, 江南區民會館, 노보텔 골프場, 리츠칼튼호텔 室內體練場, 江南·驛三·가라오케·上溪·朗朗 노래房 (27) (紀念館·劇場) 世宗大王·百想 紀念館, 國立科學館, 藝術의 殿堂, 어린이大公園 文化館, 湖巖아트홀, 國立·大韓·國際·和信·城南·孝昌·시네마·明寶·清凉里·東亞·樂園·國都·大地·明洞·스카이·亞細亞·中央·코리아·피카디리·허리우드·오스카·安岩·아카데미·龍山·新村·現代·서울·피카소·韓一·清溪·西大門·東大門·Z00002·金湖·獎忠·南大門·프린스·파고다·시티·高速버스터미널 劇場, 團成社, 시네플라자 (48) (호텔·旅館) 리츠칼튼·三井·瑞麟·워커힐·뉴월드·文化觀光·프레지덴트·朝鮮·半島·앰베서더·코리아나·플라자·르네상스·하야트·인터컨티넨탈·타워·新羅·힐튼·世宗·팔레스·리베라·캐피털·그랜드·퍼시픽·힐텁·가든·올림피아·스위스 그랜드·그린파크·北岳파크·크라운·훼밀튼·알프스·京南·맨하탄·汝矣島·리버사이드·프리마·永東·로얄·뉴서울·新沙·사보이·南서울·뉴國際·아스토리아·이스턴·西橋·맘모스·豊田·센추럴·뉴內資·에머랄드·富林觀光·서울觀光·코리아·天池·三湖·크로바·乙支·리오觀光·大和·프린세스·아미가·홀리데이·梨泰院·하이랜드·百濟·메트로 호텔, 서울·올림프스·올림픽 유스호스텔, 노보텔, 올림픽파크텔, 清水莊 (75) (結婚禮式場) 서울大同窓·陸軍·空軍·交通·電子·結婚·水雲·女傳道·延世大同門·常綠·鄉軍·湖巖教授 會館, 서울·鐘路·高麗·東宮·LCI·太極·婚姻·幸福·梨花·多福·美美·圓光·世宗·結婚·올림피아·名門·뉴코아·木花·京東·珍珠·YMCA·貴賓·江南YMCA·明洞YMCA·青器瓦·永登浦木花·皇帝·空港터미널·서울教育文化會館·太極堂·戰爭紀念館·마샬웨딩·鴛鴦·江南宮殿·그랜드·뉴서울·뉴코리아·大地·東宮타운·로얄·文化·美花·白堊館·三寶·成婚·新羅·新村·新村現代·新婚·迎賓館·第一·藝一·五福·王室·乙支·薔薇·中央·祝福·新一·平和·漢江·太平·城北·長安·맘모스·東大門·庭園·宮林·京南·閨秀堂·新村로타리·孔崔·花郎·國賓·新中央·眞善美·가든·新龍山·宮苑·美洲·陽地·奉天·늘봄公園 禮式場, 리츠칼튼·롯데·힐탑·리베라 호텔禮式部, 明洞聖堂, 忠賢·온누리·光林 教會, 보라매 웨딩타운, 交通安全協會, 萬里長城, 賀琳閣, 巨龜莊, 產業銀行 電算센터, 纖維센터, 晩秋웨딩아트홀, 늘봄公園, 63빌딩·LG·冠岳區民 會館, 탑웨딩·空	섬·雅致山·광나루·九宜·道峰山 遊園地, 石村湖水·牛耳洞·貞陵·漢江高水敷地·푸른동산·光陵·늘봄農場·人工瀑布·서울드림랜드·汝矣島廣場·市民의 숲·훼미리랜드·宗廟市民廣場·南山 어린이놀이터·石村湖 매직랜드·炭川留水池·노들江邊·뚝도水源池·살곶이, 動物園·植物園 (81) (名所) 明洞·仁寺洞·韓屋마을·清進洞골목·南山外人住宅村, 統一路·大學路·梨泰院·미아리고개·白凡廣場·弘濟院·文化藝術거리·철새渡來地, 靈珠臺·	紀念館 (12) (鄉校·書院·寺院) 鄉校, 曹溪寺·道詵寺·新興寺·圓覺寺·佛岩寺·恩惠寺·三清寺·眞觀寺·道林寺·僧伽寺·法院寺 興靖寺·蓮花寺·花溪寺·奉恩寺·白蓮寺·大覺寺·圓通寺·道德寺·虎岩寺·觀音寺·九龍寺·藥師寺·成佛寺·禪院寺·龍德寺·天眞寺·成道寺·道峰寺·靈夢寺·法道寺·松巖寺·天寶寺·大華寺·法印寺·德雲寺·香林寺·念佛寺·	

市 · 道	市 · 郡	機 關 · 施 設 · 地 區	名勝 · 觀光 · 慰樂地	遺物 · 紀念 · 遺蹟地	合計
特別市	1.서울	港 · 國民 · 뉴월드 · 新宮展 · 南서울 禮式場, 結婚會館 (123) (外國機關) 美國 · 日本 · 中國 · 獨逸 · 프랑스 · 英國 · 泰國 · 印度 · 스리랑카 · 인도네시아 · 말레이시아 · 캐나다 · 이집트 · 濠洲 · 뉴질랜드 · 러시아 · 오스트리아 大使館, 美國 · 日本 · 괴테 文化院, 美國AID, UNDP, 아시아財團, UNESCO, 獨逸財團, ILCORK, 日本自治體 國際化協會 서울事務所, 美八軍本部, Las Vegas市 서울事務所 (29) (韓國飮食店) 烏珍庵, 三淸閣, 香白, 秘苑, 德和, 嘉會亭, 藝杬, 山河, 西姫莊, 韓一莊, 惟洞, 有情, 中苑, 湖亭, 海林, 松竹軒, 明星, 銀河, 蓮白, 漢城, 松竹, 泗川, 世宗文化 · 盤浦 · 幸福 · 朝陽 · 家族 會館, 韓國 · 韓一 · 國一館, 三五 · 石基 · 嘉 · 北岳 · 三味 · 水 · 長安 · 石湖 · 國一 亭, 眞倂 · 晋州 · 尙州 · 又來 · 鮮味 · 宣川 · 三味 · 薔薇 · 淸進 · 淸溪 · 沃川 · 朝鮮 · 漢城屋, 레팡 · 駱山 · 南山 · 三原 · 新川 · 名宮 · 내故鄕 · 中央 · 梨花 · 南原 · 金浦 가든, 대나무 · 느티나무 · 해나무 · 青坡 · 珠安 · 社稷대포 · 聞慶 · 江陵有名 · 배나무 · 푸른 · 버드나무 · 青器瓦 · 勇士의 · 榮豊 · 소나무 · 寡婦 · 興南 · 青銅오리 · 農園草家 · 兄弟 · 韓國의 · 安東黃牛 집, 聞慶새재 · 漢陽 · 光陽 · 京南숯불 불고기집, 洪陵 · 솔밭 · 多松 · 上道 · 水原 · 大湖 · 瑞草 · 草原 · 陽地 갈비집, 咸興 · 舊基 · 江村 · 朝鮮 · 平壤 · 南浦 · 江西 · 滿浦 · 乙支麵屋, 永東 · 濟州 · 青海鎭 · 釜山 복집, 聞慶새재 · 安東 · 驛三 · 三仙 · 明洞국시집, 明洞 · 驛三 칼국수집, 國際빌딩 · 泰榮빌딩 · 國務委員 · 技士 · 全州 · 新村 · 瑞山 食堂, 海珍 · 샹제리제 · 三井 · 노보텔 · 리츠칼튼 브페, 碧蹄 · 泰陵참숯 · 長壽 갈비, 마당 · 盤浦 설렁탕, 汝矣宮, 할매蔘足湯, 大夏, 龍水山, 綠苑, 山川草木, 進士宅, 鄕園, 麻浦나루터, 錦繡江山, 南村, 巨村, 新羅, 松苑 · 景福宮, 늘봄公園, 草幕골, 故鄕山川, 大苑閣, 香苑, 雪中梅, 金剛山, 漢拏山, 比沙伐, 將軍, 新沙골, 감자바우, 徐羅伐, 壅固執, 大苑, 青松, 山淸, 熊潭, 玄風할매곰탕, 鬱陵島, 장터국밥, 春夏秋冬, 驛三등심, 山城, 阿友郎, 아리랑, 土俗蔘鷄湯, 莊園, 白鯨, 秘苑, 兩班골, 牛村閣, 진고개, 河東館, 花園, 三湖, 한마을, 談笑園, 湖巖生活館, 猪八戒, 巨龜莊, 正一品, 兄弟鰍魚湯, 淸進屋, 瑃園, 한미리, 두레, 仙姫, 木土房, 玉流館, 樂園가든, 시골집, 香苑, 장터집, 巨富食堂, 만만나, 高麗蔘鷄湯, 옛날집, 奉化묵집, 金萬鐵咸興冷麵집, 롯데월드 韓國館, 濟州갈치집 (221) (外國飮食店) 龍門島, 含池博, 仙樂園, 大生館, 美和飯店, 千玉城, 寶城館, 美都飯店, 北京, 東原莊, 悅賓亭, 東寶城, 鴻寶莊, 西湖莊, 滿江鴻, 萬里長城, 中國城, 賀琳閣, 萬寶莊, 大麗都, 都梨, 名寶莊, 長漢城, 伽倻城, 長江, 萬里城, 桃園, 金龍, 安東莊, 金 · 吳 · 栢 · 崔 · 菊 · 車 壽司, 姉妹, 梨花, 味樂, 世味, 新新園, 光海, 三鶴島, 多島, 多島海, 庭園, 長喜, 南海, 海金剛, 喜樂, 香珍, 南江, 二鄕, 仙遊島, 味調里, 忠武商會, 五洋시푸드, 注文津, 木浦세발낙지, 獨島해물탕집, 서울 · 스칸디나비아 · 美軍 · 엔지니어스 클럽, 外交俱樂部, 스테미나의 집, 엠파이어홀, 프라이데이, 뉴코리아, 이탈리아니스, 稹舍富, 東草횟집, 뉴욕 · 파리 · 런던 · 크라운 · 獨逸 製菓店, 大橋, Marche, 日光, 미얏꼬, 日食風雲, 世宗홀, 三井 · 노보텔 · 리츠칼튼 · 新羅 · 힐튼 · 타워 · 하야트 · 가든 호텔食堂 (90)	南將臺 · 萬景臺 · 弼雲臺 · 白雲臺, 北岳八角亭 · 南山八角亭 · 國立墓地八角亭 · 觀瀑亭 · 石坡亭 · 龍鳳亭 · 香遠亭 · 芙蓉亭 · 望遠亭 · 鴨鳩亭,我笑堂 · 樂安堂 · 安養閣, 漢江大橋 · 올림픽大橋 · 幸州大橋 · 水標橋, 蘭芝島 · 春塘池 · 鷺梁津 · 살곶이다리 · 玉流泉 · 毋岳재 · 三角山 · 修道山, 南山타워 · 永登浦工團 · 塔골僧房, 付岩 · 白松 · 白佛 (49) (골프場) 南星臺 · 泰陵 · 馬事會 · 美八軍 (4)	佛光寺 · 大乘寺 · 大興寺 · 智慧寺 · 桐華寺 · 普林寺 · 奉國寺 · 保國寺 · 萬德寺 · 極樂寺 · 開雲寺 · 普門寺 · 普賢寺 · 凡華寺 · 青龍寺 · 虎壓寺 · 津寬寺 · 淸溪寺 · 敬天寺 · 淸凉寺 · 冠岳寺 · 三幕寺 · 彌陀寺 · 元曉寺 · 南妙寺 · 龍珠寺 · 觀門寺, 師子庵 · 七星菴 · 成佛菴 · 金剛庵 · 紫雲庵, 明洞聖堂 · 驛三聖堂 · 惠化聖堂, 永樂敎會 · 光林敎會 · 貞洞敎會 · 聖訣敎會, 天道敎會堂 (79)	
	合計(1)	1,314	200	196	1,710

市·道	市·郡	機關·施設·地區	名勝·觀光·慰樂地	遺物·紀念·遺蹟地	合計
廣城市 (1959)	1, 釜山 (1965)	市廳,市議會, 光復洞, 南浦洞, 凡一洞, 草梁洞, 釜山鎭, 市公務員教育院, 文化藝術會館, 韓國土地公社支社, 釜山·東亞·海洋大學, 釜山發展研究院, 韓進重工業, 大韓航空支社, 造船公社, 商工會議所, 空港, 釜山港, 釜山驛, 凡一驛, 버스터미널, 影島大橋, 釜山大橋, 釜山터널, 海雲臺觀光·朝鮮비치·그랜드·太宗臺觀光·파라다이스 비치·半島·釜山觀光 호텔, 廣安里횟집, 戡蠻半島, 太極村, 古賓, 四十階段, 國際市場, 자갈치市場, 市街地, 水營, 草梁텍사스거리, 그린벨트調整對象地區, 豊山金屬, 프리마호텔, 大魚초밥집, 비자살롱, 열린畵廊 (49)	東海, 南海, 釜山港, 水營灣, 五六島, 桐栢섬, 松島, 巨雄島, 竹島, 絶影島, 影島, 朝島, 海雲臺·多大浦·廣安里·松島·松亭·龍塘海水浴場, 金井山, 龜峰山, 九德山, 蓬萊山, 天馬山, 白羊山, 龍頭山, 水晶山, 高遠見山, 峨嵋山, 寶水山, 荒嶺山, 盃山, 萬德고개, 峨嵋湖고개, 洛東江, 水營江, 鐵馬川, 東萊川, 太宗臺·東萊金剛·에덴·岩南·松島·桐栢·明朗·水營·龍頭山·堂谷 公園, 東萊·海雲臺 溫泉, 철새渡來地, 自殺바위, 神仙臺, 四王臺, 洛東江河口三角洲, 海雲臺, 釜山鎭百日紅나무, 등나무群生地, 楊亭洞이팝나무, 釜山·東萊 골프場 (61)	釜山城, 金井山城, 竹島城, 西生浦倭城, 東萊城, 竹城里城, 三城, 機張城, 忠烈祠, 武愍祠, 子城臺, 太宗臺, 龍浦橋, 烽燧臺, 城隍堂, 賞春殿, 望美樓, 多大浦 僉使營客舍, 鄭公壇, 宋公壇, 三層石塔, 釜山紀念塔, 松亭, 東萊貝塚, 古墳群, 壬亂戰亡遺骸塚, U.N.墓地, 李舜臣將軍銅像, 東萊·機張鄕校, 梵魚寺, 石佛寺, 文殊寺, 傳燈寺, 興國寺, 內院精寺, 瀑布寺, 吉祥寺, 聖岩寺, 影華寺, 錦華寺, 大興寺, 影光寺, 福泉寺, 摩訶寺, 萬壽寺, 金井寺, 文殊庵, 七星庵, 成佛庵, 藥水庵, 修道庵, 金剛庵, 白雲庵, 市立博物館, 海月亭 (55)	165
	2. 大邱 (1965)	市廳, 市議會, 慶北道廳, 慶北道議會, 第1軍司令部, 地方國稅廳, 市警察廳, 道警察廳, 土地公社支社, 東仁初等學校, 慶北·啓明·大邱·青丘·榮進專門 大學, 嶺南大學 行政大學院, 慶北道公務員教育院, 大邱·慶北開發研究院, 大邱每日·嶺南·慶北日報, 大邱放送, 大邱銀行, 大邱·慶北 地方自治學會, 大邱地域社會開發研究會, 民自黨市支部, 婦女새마을運動協議會, 聞中大邱同門會, 空港, 大邱·東大邱驛, 버스터미널, 嶺南大學病院, 大邱百貨店, 文化藝術會館, 市民會館, 어린이會館, 室內體育館, 壽城觀光·프린스·東大邱觀光·東山·大邱·뉴嶺南·그랜드·파크호텔, 高麗·麒麟苑·明星·大邱·宮廷禮式場, 春鶯閣, 雪宮, 白鹿, 丹秋房, 祿泉, 松竹梅, 琴湖平野, 市街地, 西門市場, 統一大橋, 達城郡廳, 達成文化會館 (65)	八公山, 砧山, 앞山, 大德山, 登天山, 飛化山, 冠峰山, 靑龍山, 架山, 琵瑟山, 頭里峰, 兄弟峰, 帽峰, 龍祭峰, 東峰, 主山峰, 洛東江, 琴湖江, 不老川, 新川, 壽城川, 大川, 達成·龍頭·大德·城西·大佛·砧山·上里·本里·앞山·泛魚·忘憂·燕岩·峰武·中央 公園, 壽城·東村·花園·淸川 遊園地, 島湖, 壽城池, 江蒼나루터, 嘉昌댐, 中央路, 覺華臺, 迎月臺, 聽松臺, 常花土臺, 觀鳳樓, 어린이憲章碑, 李相和詩碑, 達成側柏樹林, 八公·K2飛行場 골프場, 大邱國債報償公園, 慶尙監營公園, 龍門·龍淵 瀑布, 藥山溫泉, 壽昌湖, 玉淵池, 達昌貯水池, 안개溪谷, 얼음·花園東山, 自然休養林, 亭垈숲, 숲속의 집, 冷泉自然랜드, 善政碑公園, 江亭遊園地, 참꽃群落地, 陟眞橋, 友鹿里 (75)	達成, 土城, 石門山城, 嶺南第一關門, 八角亭, 太古亭, 玄風十二旌閭, 忠魂塔, 忠烈塔, 石造浮屠, 石造如來·磨崖佛·毘盧舍那佛坐像, 三層石塔, 幢竿支柱, 郭再祐神道碑閣, 許旺山功德碑, 觀風樓, 望鄕樓, 忘憂堂, 獨茂齋, 慕夏堂, 廣去堂, 三忠閣, 表忠堂, 藥令市, 坡平尹氏村, 不老洞古墳群, 道洞古墳, 支石墓, 郭再祐·崔濟愚銅像, 洛東江戰勝紀念館, 大邱·玄風鄕校, 道東·龜岩·洛濱·仁興書院, 桐華寺, 把溪寺, 龍泉寺, 大德寺, 大成寺, 日光寺, 釋迦寺, 萬岩寺, 慶興寺, 雲興寺, 逍遙寺, 龍淵寺, 瑜伽寺, 南地藏寺, 消災寺,臨休寺, 龍門寺, 符仁寺, 安逸寺, 安逸庵, 白興庵, 明寂庵, 桂山洞聖堂, 漆谷鄕校, 鹿洞書院, 國立大邱博物館, 自然史博物館, 玄風石氷庫, 冷泉農耕民俗資料館, 金忠善先生遺跡地 (69)	209
	3. 仁川 (1959)	市廳, 市議會, 南區廳, 南洞區廳, 北區廳, 江華郡廳, 甕津郡廳, 仁川大學, 仁荷大學, 韓國銀行研修院,	黃海, 仁川灣, 江華灣, 京畿灣, 江華島, 月尾島, 永宗島, 龍游島, 白翎島, 芍藥島, 注文島, 喬桐島, 掘	檀君城址, 江華山城, 三郎城, 中心城, 鼎足山城, 長城, 喬桐邑城, 玉林里城, 高麗宮址, 僉使鎭營舊	179

市·道	市·郡	機關·施設·地區	名勝·觀光·慰樂地	遺物·紀念·遺蹟地	合計
廣城市	3. 仁川	仁川發展硏究院, 仁川商議, 仁川國際空港, 仁川港, 南港, 閘門, 仁川港船渠, 船着場, 仁川驛, 버스터미널, 京仁高速道路, 仁川空港高速道路, 市民·福祉·南區·南洞區 婦女福祉會館, 南區·北區 相互信用金庫, 올림포스·松島비치·松島 호텔, 新新禮式場, 蘇來浦口, 九月洞·延壽洞 新開發地, 下水終末處理場, 江華人蔘밭, 江華花紋席販賣場, 江華반닫이販賣場, 中國人村, 輸出産業團地, 自由의 女神像, 信仰村, 江華大橋, 市街地, 文化의 거리, 永宗大橋, 仁川國際空港管制塔, 草之大橋, 江華敎育廳, 江華邑 (51)	業島, 大靑島, 德積島, 小靑島, 蘇爺島, 仙才島, 鷹島, 大阜島, 文甲島, 三木島, 紫月島, 西浦里·八美島·乙旺理·矢島海水浴場, 鼎足山, 雄峰山, 高麗山, 摩尼山, 冠岩山, 鐵馬山, 五峰山, 露積山, 滿月山, 虎峰山, 水山, 洛迦山, 桂陽山, 落照峰, 涵盧東川, 自由·鐵馬·虎峰·白雲·藥師·市立體育·桂陽公園, 松島·새仁川遊園地, 浴恩池, 奉哥池, 內可貯水池, 甲串墩臺, 長山串, 粉岩, 千人臺, 雙獅子岩, 漁遊井, 怪石群, 骸骨岩, 甲串탱자나무, 仁川國際골프장, 東幕海邊, 海岸生態觀光地 (66)	址, 江華南門, 江華西門, 龍興門, 忠烈祠, 塹星壇, 表忠壇,燕尾亭, 史庫, 廣城堡, 德津鎭, 草之鎭, 海岸國防遺蹟, 燕山君死地, 五層塔, 船首·望海·蛇頭·彌串墩臺, 陶窯址, 坤陵, 石陵, 嘉陵, 洪陵, 支石墓, 맥아더將軍銅像, 仁川上陸作戰紀念館, 開港百周年紀念塔, 哲宗外家, 仁川·江華·富平·喬桐鄕校, 傳燈寺, 普門寺, 護佛寺, 興倫寺, 精佛寺, 藥師寺, 淨水寺, 白蓮寺, 龍宮寺, 法性寺, 虎鳴寺, 瑞光寺, 積石寺, 宣院寺址, 圓通庵, 淸水庵, 華蓄庵, 塔洞聖堂, 南障砲臺, 勝戰碑 (62)	
	4. 光州 (1960)	市廳, 市議會, 全南道廳, 全南道議會, 土地公社支社, 陸軍尙武臺, 全南大學, 朝鮮大學, 瑞江大學, 湖南大學, 市公務員敎育院, 敎員硏修院, 光州·全南發展硏究院, 全南日報, 光州日報, 無等山日報, KBS, MBC, 光州商議, 光州·全南經營者協會, 光州空港, 光州驛, 松汀里驛, 버스터미널, 國民生活館, 學生會館, 新陽파크·無等山觀光·錦水莊호텔, 黃金莊, UNESCO, 松竹軒,黃龍江龍鳳湯, 市街地, 黃金洞, 錦南路, 松汀市街地, 河南工團, 아시아自動車工場, 尖端硏究團地, 綜合流通團地, 望月平野 (42)	無等山, 南漢山, 師月山, 魚登山, 三角山, 壯元峰, 깃대峰, 璽印峰, 板峙, 榮山江, 黃龍江, 光州川, 市民·어린이大·無等山 道立·體育·念珠·光州公園, 芝山遊園地, 普智池, 景陽池, 今勿梯池, 掛長天瀑布, 風岩堤, 龍寶堤, 萬頃臺, 비엔날레 展示館, 花房山, 建德山, 乾芝山, 淨光山, 霽峰山, 白麓山, 開金山, 極樂江, 南星貯水池, 雲水堤, 芝竹堤, 松汀公園 (39)	光州城, 客館, 表忠祠, 壯烈祠, 褒忠祠, 花潭祠, 鷄山祠, 秉元祠, 道林祠, 諷詠亭, 浩歌亭, 石犀亭, 芙蓉亭, 觀水亭, 晩歸亭, 樓亭, 喜慶樓, 松江先生碑, 五層石塔, 毘盧舍那佛坐像, 陶窯址, 望月洞墓地, 支石, 誌石, 金大建神父銅像, 國立博物館, 光州鄕校, 武陽·永月堂·黃山書院, 證心寺, 無量寺, 薦福寺, 開龍寺, 元曉寺, 大德寺, 普德寺, 七願寺, 光明寺, 興龍寺, 成佛寺, 聖林寺, 一蓮寺, 萬德寺, 光德寺, 報恩寺, 花潭寺, 德林寺, 三精寺, 東苑寺, 細心精寺, 一心精寺, 大光精寺, 一石寺, 獨玉寺, 聖君寺, 藥師庵, 紫雲庵 (58)	139
	5. 大田 (1974)	市廳, 市議會, 大田市 新廳舍, 忠南道廳, 忠南道議會, 儒城區廳, 忠南敎育委員會 中央政府大田廳舍, 土地公社支社, 水資源公社, 煙草人蔘公社, 煙草製造廳, 國立中央科學館, 大德硏究團地, 忠南大學, 韓南大學, 大田大學, 牧園大學, 培材大學, 中央公務員敎育院, 市公務員敎育院, 太極訓練院, 科學技術院, 科學財團, KBS, MBC, 大田驛, 버스터미널, 儒城	錦繡山, 九峰山, 胎封山, 寶文山, 食藏山, 鷹峰山, 玉峰山, 印丹山, 金屛山, 鷄足山, 壯泰山, 馬道嶺, 天皇峰, 玉女峰, 蘇來峰, 金水峰, 鷄峰재, 大田川, 儒登川, 甲川, 大同川, 柳等川, 鷄龍山國立公園, 芼山·文藝·南山峰·月坪·EXPO科學·寶文山·都心小·細川·파리·鷄足山·大淸湖·佳陽·尤庵史跡·뿌리·沙亭公園, 儒城溫泉, 比來藥水泉, 寶文	月坪山城, 寶文山城, 百濟山城, 鷄足山城, 崇節祠, 文忠祠, 南瑚舍, 東村堂, 同春堂, 有懷堂, 松厓堂, 雙淸堂, 濟月堂, 三梅堂, 奇窮齋, 杞菊亭, 翠白亭, 玉溜閣, 寶文臺, 玉五齋, 水雲敎天壇, 屯山先史遺蹟地, 宋時烈遺蹟, 大田塔, 平和塔, 大田地區戰勝塔, 朴彭年先生遺墟碑, 磨崖如來坐像, 水雲敎石鐘, 尤庵史跡公園, 古墳, 支石墓, 國立大田顯忠園(舊國立墓	202

市·道	市·郡	機關·施設·地區	名勝·觀光·慰樂地	遺物·紀念·遺蹟地	合計
廣城市	5. 大田	버스터미널, 大田·東洋·세일·韓信코아·엔비百貨店, 大田中央市場, 中央路地下商街, 市民會館, 資料館, 建設展示館, Expia World 會議場, 한밭綜合運動場, 公園體育施設, 靑少年修練院, 靑少年修練村, 儒城觀光·中央觀光·리베라·無窮花·軍人休養·스파피아 호텔, 昌原館食堂, 한밭食堂, 新灘津, 大田市街地, 九則洞묵마을, 大德포도園地, 大田工業團地, 山林浴場, 九峰農場, 西大田市民廣場, 食物植栽地, 沼地帶, 한밭圖書館, 長女아파트 (65)	山藥水, 꿈도리동산, 野外音樂堂, 展望臺, 그린랜드, 野外水泳場, 스톤골, 鳳巢樓, 八角亭, 九角亭, 萬人里自然休養林, 大淸湖, 人工湖水, 뱃골貯水池, 大淸댐, 大田驛廣場, EXPO科學館, 儒城골프場, 安平山, 壯泰山湖水, 細川公園, 森林公園, 푸푸랜드, 自尼그랜드, 靑年廣場, 市民廣場, 都心小公園, 田民어린이公園, EXPO아파트놀이터, 甲川高水敷地(69)	地), 國立中央科學館, 大田市立美術館, 貨幣博物館, 한밭敎育博物館, 春秋民俗館, 懷德·鎭岺鄕校, 齋月堂·雙淸堂·松崖堂· 有懷堂, 陶山書院, 松鶴寺, 聖光寺, 雲殊寺, 福傳寺, 天福寺, 高山寺, 龍華寺, 德岩寺, 比來寺, 東鶴寺, 零落院, 竹林精舍, 寶文寺址, 靑龍庵, 德殊庵, 甘露庵, 飛來庵, 神仙庵, 先史遺跡地, 鳳凰亭, 金淨先生墓所, 開心寺, 玄岩寺(68)	
	6. 蔚山 (1975)	市廳, 市議會, 蔚州郡廳, 蔚山大學, 蔚山工團, 溫山工團, 現代自動車, 蔚山造船所, 精油工場, 火力發電所, 空港, 蔚山港, 驛, 버스터미널, 文殊蹴球競技場, 文殊市民運動公園, 蔚山觀光·다이아몬드호텔, 太和禮式場, 海岸平野, 長生浦, 方魚津,市街地, 彦陽市街, 太和橋, 蔚崎燈臺, 海岩岬燈臺, 鳳溪韓牛團地, 文化放送, 中部圖書館, 文化의 집, 中區廳, 中區議會, 南區廳, 中區文化院, 女性會館, 氣象臺, 蔚山機能大學, 韓國放送通信大學, 홀트兒童福祉會, 老人福祉會館, 蔚山綜合市立公設運動場, 現代重工業, 石油化學産業團地, 現代百貨店, 太和·코리아나觀光 호텔(48)	東海, 蔚山灣, 椿島, 作島,方魚津·日山海水浴場, 含月山, 肝月山, 高獻山, 封胎山, 鹽浦山, 天皇山, 鶴城山, 二水三山, 鷲棲山, 神佛山, 內鷲山, 王山, 舞龍山, 達川山, 文殊山, 大雲山, 迦智山, 國讐峰, 太和江, 懷野江, 呂川江, 回夜江, 雄谷川, 明村川, 淸凉川, 龍岩川, 龍江水, 勺掛川, 東川, 虹流瀑布, 海雲瀑布, 迦智山道立公園, 鶴城·蔚山·松島·市民體育·海洋·蔚山大公園, 白龍潭, 玉蓮井, 藥水터, 龍窟, 彦陽紫水晶洞窟, 龍岩, 立岩, 遮日岩, 御使岩, 盤龜臺, 御風臺, 奇巖絶壁, 大岩댐, 回夜댐, 銀杏나무, 椿島常綠樹林, 蔚山골프場, 克鯨廻遊海面 (62)	蔚山·鶴城·西生·兵營·開雲浦·山城城址, 彦陽邑城, 神鶴城, 寡婦城, 柳浦城, 酌川亭, 二休亭, 三休亭,同春堂, 萬年閣, 伴鷗臺, 烽燧臺, 太和樓, 川前里石刻,三層石塔, 塼塔, 靑松塔, 忠魂塔, 建設塔, 工業塔, 處容岩, 陶窯址, 花郞遺蹟, 望夫石, 祈雨所,嘉瑟嶺, 古墳群, 蔚山·白亭·彦陽鄕校, 峙山·太和書院, 普賢寺, 南山寺, 極樂寺, 釋南寺, 新興寺, 白楊寺, 五峰寺, 滅殃寺, 望海寺, 東竺寺, 石南寺, 內院寺, 檢圓寺址, 文殊庵, 川前里城, 南牧馬城, 關門城, 晩定軒, 朴堤上遺蹟, 蔚山東軒, 孝子宋滔先生旌閭碑, 崔濟愚遺墟址, 支石墓, 磨崖如來坐像 (61)	171
	合計(6)	320	372	373	1,065
京畿道 (1958)	1. 水原 (1974)	市廳, 市議會, 京畿道廳, 京畿道議會, 勸善區廳, 土地開發公社 京畿支社, 亞洲大學, 水原大學 成均館大學, 國家專門行政硏修院, 道公務員敎育院, 地方行政硏究院, 京畿開發硏究院, 職場새마을運動京畿支部, 道文化藝術會館, 勸善區民會館, 公設運動場, 京畿銀行빌딩, 驛, 버스터미널, 뉴아리랑	八達山, 麗笑山, 光敎山, 白雲山, 華山, 熟知山, 兄弟峰, 遲遲臺고개, 水原川, 黃口池川, 源泉川, 八達·올림픽·埋炭·孝元公園, 遠川遊園地, 廣橋원더랜드, 西湖, 廣橋·日月·日旺·南谷·大成·半月·峰潭貯水池, 庵池, 北池, 西北角樓, 忠魂塔,푸른地帶, 老松地帶, 아랫防築, 할미통수바	水原城, 禿山城, 八達門(南北), 蒼龍門, 華西門, 長安門, 華虹門, 華寧殿, 山一亭, 杭眉亭,訪花隨柳亭, 城隍堂, 華城將臺, 鍊武臺, 燃爐臺, 西將臺, 烽燧臺, 洗馬臺, 義聖塔, 3.1節紀念碑, 空心墩, 西浦樓, 建陵, 隆陵, 金正浩先生銅像, 水原鄕校, 鳳靈寺, 奉寧寺, 興國寺, 紹修寺, 道詵寺, 八達寺, 龍珠	100

市·道	市·郡	機關·施設·地區	名勝·觀光·慰樂地	遺物·紀念·遺蹟地	合計
京畿道	1. 水原	호텔, 草原웨딩홀, 韓一館, 孝行가든, 京南가든, 水原갈비집, 市街地, 브라운觀光호텔, 호텔 캐슬 (29)	위, 空軍골프장, 香洞 (34)	寺, 彰聖寺址, 花山陵, 鐵道博物館, 世界文化遺産 華城 (37)	
	2. 城南 (1986)	市廳, 市議會, 住宅公社, 土地公社, 暻園大學, 새마을中央硏修院, 韓國精神文化硏究院, 世宗文化硏究院, 市文化院, 市民會館, 中小企業協會, 住宅展示館, 서울空港, 地下鐵驛, 버스터미널, 百貨店, 牧丹市場, 金龍의 牧丹食堂, 盆唐갈매기食堂, 동생 群濟家, 市街地, 盆唐市街地, 城南綜合運動場, 뉴타운호텔 (24)	南漢山, 淸溪山, 仁陵山, 淸凉山, 國恩峰, 炭川, 盆唐川, 上笛川, 圓垈川, 中央·亭子·近隣公園, 大旺·盆唐·二梅貯水池, 盆唐高水敷地, 樂安農場, 동생 群濟農場, 南서울골프場, 日長山, 雙月峰, 南漢山城道立公園, 竹田休憩所 (23)	南漢山城, 土亭幕, 八角亭, 顯忠塔, 望鏡岩, 藥師寺, 釋皇寺, 骨安寺, 七寶庵, 守禦將臺, 顯節寺, 無忘樓,東南門樓, 演武館 (14)	61
	3. 議政府 (1989)	市廳, 市議會 京畿道北部出張所, 市民會館, YMCA多樂園, 驛, 버스터미널, 牛市場, 市街地, 이탈리아食堂 La Fonte, 輕電鐵車輛基地, 民樂地區 (13)	道峰山, 水落山, 賜牌山, 天寶山, 佛國山, 中浪川, 芙蓉川, 北漢山國立公園, 안골遊園地, 議政府貯水池, 韓美聯合司골프場, 芙蓉山 (12)	喜龍寺, 雙岩寺, 石林寺, 大覺寺, 觀音寺, 成佛寺, 釋天寺, 圓心寺, 法皇寺, 雙龍寺, 望月寺, 回龍寺, 彌勒寺, 藥水庵 (14)	39
	4. 安養 (1977)	市廳, 市議會, 矯導所, 農漁村振興公社, 安養商議, 經營人聯合會, 文藝會館, 驛, 버스터미널, 三元플라자호텔, 安東黃牛村, 中年재즈室, 安養工業地帶, 市街地, 다이아나호텔 (15)	修理山, 淸溪山, 白雲山, 三聖山, 冠岳山, 秀巖峰, 安養川, 水鐘瀑布, 安養·修理山遊園地, 서울大樹木園, 딸기農場, 포도밭, 安養牧場, 君子鹽田, 陽地公園 (16)	萬安橋, 甘露井, 望海樓, 三層石塔, 幢竿支柱, 三幕寺, 富興寺, 報德寺, 觀音寺, 龍華寺, 佛成寺, 望月庵, 念佛庵, 藥師庵, 戀主庵, 上佛庵, 中初寺址 (17)	48
	5. 富川 (1978)	市廳, 市議會 市民會館, 民防衛敎育場, 聯合自然保護會, 女性團體協議會, 驛, 버스터미널, 工業團地, 信仰村, 복숭아밭, 市街地, 뉴프린스호텔 (13)	蘇萊山, 白雲山, 桂陽山, 地香山, 聖住山, 할미산, 屯德山, 三胎氣山, 春意山, 앞산, 遠美山, 中央·深谷·陶唐·體育市民公園, 果林貯水池 (17)	蓮興寺, 奉天寺, 釋王寺, 天根寺 (4)	34
	6. 光明 (1983)	市廳, 市議會, 市民會館, 鐵山아파트團地, 驛, 버스터미널, 市場, 市街地 (8)	廣德山, 道德山, 구름山, 安養川, 開花川, 道德山·市民·鐵山·下安公園, 光明山 (10)	大王寺, 東方精舍, 蘇田美術館 (3)	21
	7. 平澤 (1975)	市廳, 郡廳, 松炭市廳, 市議會, 福祉會館, 火力發電所, 萬都機械工場, 平澤驛, 松炭驛, 버스터미널, 李東變醫院, 松炭美軍基地, 平澤平野, 市街地, 西海大橋, 安仲里, 호텔 킴스클럽, 西海觀光호텔 (18)	黃海, 南陽灣, 牙山灣, 武城山, 釜山, 母山, 芙蓉山, 安城川, 振威川, 東朔川, 牙山湖, 南陽湖, 牙山·南陽 防潮堤, 牙山湖댐, 南陽댐, 平澤·市民體育 公園, 배다리貯水池, 英雄岩, 平澤湖觀光地 (21)	農城, 文廟, 釜山亭, 八角亭, 德東樓, U.N.軍初戰紀念碑, 褒義閣, 忠魂塔, 顯忠塔, 石佛坐像, 如來무쇠坐像, 平澤振威鄕校, 萬奇寺, 心福寺, 藥師寺, 明法寺, 聖觀寺, 望漢寺, 蓮花庵 (20)	59
	8. 東豆川 (1991)	市廳, 市議會, 市民會館, 驛, 버스터미널, 三原가든, 市街地, 裕林호텔 (8)	逍遙山, 甘岳山, 玉露峰, 觀音峰, 東豆川川, 진내川, 玉流·飛龍·八仙·淸凉·元曉瀑布, 藥水터,	顯忠塔, 노르웨이參戰紀念碑, 벨기에·룩셈브르크 參戰碑, 知音寺, 觀音寺, 廣德寺, 自在庵 (8)	29

市·道	市·郡	機關·施設·地區	名勝·觀光·慰樂地	遺物·紀念·遺蹟地	合計
京畿道	8. 東豆川		塔洞溪谷 (13)		
	9. 安山 (1991)	市廳, 市議會, 驛, 버스터미널, 유스호스텔, 自動車運轉免許試驗場, 工業團地, 市街地, 親戚宅, 羅城觀光호텔, 仁川미라마호텔 (11)	黃海, 京畿灣, 胎峰, 安山川, 花井川, 中央·샛터·元谷·라스베이거스·半月中央 公園, 始華湖, 花林, 第一골프場, 修理山 (14)	鷺望城, 忠烈門, 五旋閣, 四旋門閣, 八角亭, 枯松亭, 展望臺,忠魂塔, 顯忠塔, 忠烈碑, 星湖先生墓, 普賢寺, 天主敎 聖堂 (13)	38
	10. 高陽 (1989)	郡廳, 市廳, 市議會, 市民會館, 農協大學, 農協人力開發院, 文藝振興院硏修院, 藝術舞臺硏修會館, 韓國地方自治硏究院 (後 韓國自治開發硏究院), 院堂驛, 馬頭地下鐵驛, 버스터미널, 統一路, 興國生命빌딩, 一山불고기집, 市街地, 一山地區 國際綜合展示場 建立候補地, 山城史蹟管理事務所 (20)	北漢山, 大德山, 德陽山, 望月山, 高峰山, 大慈山, 國師峰, 漢江, 昌陵川, 湖水·自石·정발山·성저公園, 松浦白松, 2000年高陽世界꽃博覽會場, 123·뉴코리아·서울·漢陽골프장, 大化레포츠公園, 幸州山城公園, 꽃展示館, 水族館, 一山文化센터, 德陽文化體育센터 (25)	幸州·北漢·高峰山城, 碧蹄館, 權栗將軍祠堂, 昭慶園, 八角亭, 烽燧臺, 眞興王巡狩碑, 幸州大捷紀念館, 昌·明·翼·弘·敬陵(西五陵), 禧·孝·睿陵(西三陵), 昭陵, 恭讓王陵, 崔瑩將軍墓, 生六臣墓, 屈墓, 月山大君墓, 高陽鄕校, 香州書院, 太古·津寬·興國寺 (30)	75
	11. 果川 (1983)	市廳, 市議會, 政府綜合廳舍, 中央公務員敎育院, 市民會館, 地下鐵驛, 버스停留場, 外換銀行支店, 뉴코아百貨店, 서울호프호텔, 곰자리食堂, 市街地 食堂黃土, 코오롱빌딩 (14)	冠岳山, 淸溪山, 梅峰·鷹峰, 南泰嶺, 良才川, 莫溪川, 서울大公園, 서울랜드, 競馬場, 彫刻噴水臺, 복돌이동산, 果川貯水池, 淸溪山·冠岳山·牛眠山 都市自然公園 (16)	戀主臺, 國立現代博物館, 始興·果川鄕校, 鷺江書院, 文川·寶光·惠仁寺, 龍馬·蓮珠·龍門庵 (11)	41
	12. 九里 (1994)	市廳, 市議會, 市民會館, 驛, 버스停留場, 딸기園, 宋海氏유직훌, 市街地(8)	阿嵯山, 九陵山, 忘憂里고개, 숫돌고개, 漢江, 王肅川, 九里公園, 장자못 (8)	健元·顯·穆·徽·崇·惠·元·綏·景陵(東九陵), 大聖堂 (10)	26
	13. 南楊州 (1992)	市廳, 市議會, 가나안農軍學校, 새마을會館, 水力發電所, 驛, 버스터미널, 늘봄가든, 市街地, 渼金·水洞地區, 光陵크낙새棲息地, 서울綜合映畵撮影所, 리바쉬호텔, 退溪院 (15)	水落山, 天摩山, 天寶山, 雲吉山, 蘆原고개, 여우고개, 漢江, 北漢江, 南漢江, 王肅川, 洪陵川, 八堂샛터遊園地, 八堂湖, 八堂댐, 새말貯水池, 스키場, 楊州골프場, 文萊山, 培養貯水池 (19)	宮闕터, 鄭茶山先生生家, 李光洙紀念碑, 金谷·光·洪裕·洪·思陵, 光海君·大院君·高宗·純宗墓, 親知墓所, 奉先·興國·普光·南寂·水鍾·佛岩·龍頭·觀音·妙寂寺, 藥水庵 (23)	57
	14. 烏山 (1978)	市廳, 市議會, 市民會館, 驛, 食文化센타, 美空軍基地, 農協 (7)	汶山, 烏山川, 園洞貯水池, 都市·自然公園 (5)	秀山城, 洗馬臺址, U.N.軍初戰碑, 顯忠塔, 仙佛寺 (5)	17
	15. 始興 (1993)	市廳, 市議會, 市民會館, 水資源公社 始華地區事務所, 버스터미널, 타이거스호텔, 始興工團, 市街地, 始興호텔 (10)	黃海, 京畿灣, 始華湖, 琴湖, 桂壽貯水池, 月串浦口, 修理山, 蘇萊山, 聖住山, 馬山, 범배山, 오난山, 君子峰, 여우고개, (14)	奉安寺, 眞德寺 (2)	26
	16. 軍浦 (1993)	市廳, 市議會, 女性會館, 少年院, 軍浦·山本·衿井驛, 버스터미널, 工業團地, 場터, 市街地 (11)	修理山, 九峰山, 安養川, 山本川, 半月川, 堂井川, 竹岩川, 맑은내, 中央·陵內·陽地 公園, 半月·갈치貯水池, 修理藥水터, 安養골프場 (15)	朝鮮白瓷窯址, 金萬基先生墓, 修理·成佛·上淵·龍津·勝利·南精寺, 寶承·法海庵 (10)	36
	17. 儀旺 (1995)	市廳, 市議會, 市民會館, 驛, 버스터미널, 家具商街, 市街地 (7)	淸溪山, 母落山, 梅峰, 무재峰, 맑은내, 白雲貯水池 (6)	顯忠塔, 鐵道博物館, 極樂寶殿, 淸溪·龍雲寺 (5)	18
	18. 河南	市廳, 市議會, 버스터미널, Live	天摩山, 쥐峰, 漢江, 德豊川, 德農	南漢山城 (1)	15

市·道	市·郡	機關·施設·地區	名勝·觀光·慰樂地	遺物·紀念·遺蹟地	合計
京畿道	(1995)	Cafe 벤허 · 쉘브르, 東서울 만남의 廣場, 市街地 (7)	公園, 올림픽槽艇競技場, 東서울골프場 (7)		
	19. 龍仁 (1997)	市廳, 市議會, 警察大學, 現代人力開發院, 地籍公社, 코오롱中央·産業開發 硏修院·中央産業·淑明女大·韓國看護師 硏修院, 버스터미널, 市街地, 工業地域, 新開發地區, 器興邑, 駒城·水枝·南四·二東·慕賢面, 衙谷里, 下水道終末處理場, 잔다리部落 (23)	光敎山, 按山, 上峰山, 京仁川, 安城川, 元川, 陽智川, 京安川, 金鶴川, 松田·新葛·驛東·東津·官谷貯水池, 自然農園, 遠川遊園地, 스키場, 陽智·器興·南部·信元·華山·芝山·코리아·泰榮·烏山·골드·八八·레이크사이드·플라자·韓仁·水原·韓城골프場, (33)	老枯城, 處仁·寶蓄城址, 龍華殿, 鳳瑞亭, 五層石塔, 顯忠塔, 玄悟國師塔碑, 鄭夢周生家, 韓國民俗村, 立石·支石墓, 鄭圃隱墓, 趙光祖墓, 吳達濟墓, 閔泳煥墓, 先代墓, 陽智·駒城鄕校, 瑞峰·龍德·萬儀·長庚寺, 白蓮庵, 殺將터 (25)	81
	20. 坡州 (1991)	市廳, 市議會, 驛, 버스터미널, 統一路, 돌아오지 않는 다리, 鐵道中斷點, 民統線, 休戰線, 市街地, 黃복食堂, 板門店, 汶山, 金谷, 交河里, 삼거리, 碧蹄館, 自由의 다리, 法院 (19)	月籠山, 鳳棲山, 鳳凰山, 錦屛山, 漢江, 臨津江, 漢灘江, 交河, 谷登川, 恭陵湖, 臨津閣, 龍淵, 高浪浦, 積城마을, 재두루미渡來地, 惠陰嶺, 望客嶺, 숫돌고개, 越川, 第3땅굴 (20)	重城山城, 臨津鎭址, 伴鷗亭, 花石亭, 鳳棲, 石佛立像, 달리고싶은 鐵馬, 支石墓群, 洪·長·永·順陵, 李栗谷·申師任堂墓, 交河·坡州·積城鄕校, 坡山·紫雲書院, 黔丹寺, 尹瑾將軍墓 (21)	60
	21. 利川 (1977)	市廳, 市議會, 새마을支會, 市長官舍, 버스터미널, 陶磁器工場, 膏米屋, 長湖院, 市街地, 쌀栽培地, 미란다觀光호텔, 德坪, 戶法地區 (13)	雪峰山, 雪城山, 孝養山, 猪鳴山, 鳳美峰, 文峴峙, 永美川, 楊花川, 北河川, 中利川, 利川溫泉, 溫泉公園, 官庫貯水池, 金모래遊園地, 六槐亭, 德坪골프場, 利川休憩所, 都得藍山 (18)	雪城, 竹南樓, 魚在淵將軍生家, 顯忠塔, 磨崖觀音菩薩伴迦像, 徐熙將軍立像, 金大建神父銅像, 陶藝村, 栢沙面, 白松, 利川鄕校, 新興·觀音·松廣·彌勒寺, 映月庵, 海剛陶瓷美術館 (16)	47
	22. 楊州 (1977)	郡廳, 郡議會, 郡民會館, 버스터미널, 陸軍 第5師團 司令部, 市街地, 碧蹄갈비집, 德沼第2信仰村, 밤나무團地, 古邑里, 지게홀部落, 에버그린호텔 (12)	道樂山, 水落山, 逍遙山, 道峰山, 老姑山, 開明山, 天寶山, 雲岳山, 雲吉山, 漢灘江, 松楸, 日迎遊園地, 南仙窟, 로얄골프場, 天寶峰, 賜牌山, 五峰山, 萬丈峰 (18)	大母·楊州山城, 太極亭,御射臺, 토탈美術館, 光·康·溫陵, 楊州鄕校, 望月·寶光·興國·回龍·回岩寺, 檜巖寺址, 楊州別山臺놀이 技能傳授館 (16)	46
	23. 驪州 (1977)	郡廳, 郡議會, 大神面事務所, 陸軍20師團 109機補部隊, 버스터미널, 驪州橋, 市街地, 동생自宅, 徐羅伐가든, 白瓷産地, 加南休憩所 (11)	楊子山, 圓寂山, 馬嶺, 文峴峙, 南漢江, 福河川, 黑川, 楊花川, 永美川, 端宗御水井, 白鷺渡來地, 慕賢祠, 江漢祠, 迎月樓, 寧越樓, 馬岩, 驪州·클럽700골프場, 神勒寺觀光地 (19)	婆娑城, 淸心樓, 江月軒, 閔妃生家, 三層石塔, 五層石塔, 慧眞塔, 浮屠, 한글紀念碑, 世宗大王像, 英·寧陵, 李浣大將墓, 驪州鄕校, 梅山書院, 高達院址, 神勒·江漢·彌勒·興旺寺 (20)	50
	24. 華城 (1977)	郡廳, 郡議會, 郡民會館, 水原大學, 協成大學, 驛, 버스터미널, 韓牛村, 南陽鹽田, 市街地, 京畿道公務員修鍊院, 農協, 食堂 自然水, 오리정 순두부집 (14)	黃海, 京畿·南陽灣, 菊花·立波·魚島, 修理山, 華山, 鎭霞山, 黃口池川, 南陽湖, 奇巖絶壁岩, 南陽防潮堤, 觀岳·南水原골프場, 古琴山, 濟扶島, 華城溫泉 (18)	唐城, 秀山城, 洗馬臺址, 錦山祠, 龍珠寺梵鐘, 龍珠寺회양木, 隆·健陵, 南怡將軍墓, 南陽鄕校, 龍珠·興法·奉靈·彰聖·修理·七寶寺 (16)	48
	25. 廣州 (1977)	市廳, 市議會, 버스터미널, 市街地, 소머리국밥집, 昆池岩地域, 고골마을, 고골初等學校, 五浦下水終末處理場, 五浦邑, '農村' 盆	日長山, 武申山, 龍馬山, 泰華山, 淸溪山, 七士山, 鶯子峰, 漢江, 島坪里개울, 八堂湖, 客山瀑布, 鷹岩, 屛岩, 昆池岩, 駐驛岩, 落花	南漢·風納里山城, 溫祚王古城, 先史時代遺蹟, 陶窯址, 崇烈殿, 瀋武官, 枕戈亭, 三田渡 淸太宗功德碑, 五層石塔, 三層石塔, 獻·	63

市·道	市·郡	機關·施設·地區	名勝·觀光·慰樂地	遺物·紀念·遺蹟地	合計
京畿道	25. 廣州	唐店, 遮集管路現場, 世界陶瓷器 엑스포場 (13)	岩, 西將臺, 望京臺, 六角亭, 迎月亭, 迎春亭, 地水堂, 中部·뉴서울·昆池岩골프場, 三聖山, 黔丹山, 八堂댐 (28)	宣·仁陵, 先代墓所, 廣州鄕校, 四忠書院, 延慶·奉恩寺, 天眞庵址, 天主教聖地, 天眞岩聖地 (22)	
	26. 漣川 (1977)	郡廳, 郡議會, 郡民會館, 美軍基地村, 驛, 버스터미널, 市街地, 民統線, 休戰線, 全谷邑, 漢灘江호텔, 颱風展望臺 (12)	寶蓋山, 種子山, 地藏峰, 漢灘江, 臨津江, 才人瀑布, 龍湫, 文人浜, 風穴, 前方땅굴, 紺岳山, 漢灘江觀光地 (12)	七重城, 保架山城, 先史時代遺蹟, 崇義殿, 羽化亭, 文人石, 고인돌, 곰보돌, 敬順王陵, 漣川鄕校, 深源寺 (11)	35
	27. 抱川 (1958)	郡廳, 郡議會, 郡民會館, 光陵林業試驗場, 首都師團司令部, 陸軍第7276部隊, 首都師團憲兵隊, 버스터미널, 市街地, 青鶴洞, 할머니純豆腐집, 二東마을, 美軍基地村, 베어스타운, 山井湖水 家族호텔 (15)	白雲山,興龍山, 雲岳山, 加里山, 廣德山, 明城山, 胎峰山, 觀音山, 金桂山, 國望峰, 漢灘江, 漣平川, 山井湖水, 仙遊潭, 禾積淵, 白鷺洲, 著瀑, 元曉瀑布, 青玉屛, 倉玉屛, 永平八景, 國立樹木園, 葯寺洞溪谷 (23)	半月城, 姑蘇城, 忠穆壇, 金水亭, 錦繡亭址, 古墳, 支石, 光陵, 仁興王陵, 興君陵, 李恒福墓, 抱川鄕校, 花山·龍淵書院, 玉屛書院址, 檜巖寺 (16)	54
	28. 加平 (1975)	郡廳, 郡議會, 加平初等學校, 國軍綜合病院, 清平揚水發電所, 清平·加平驛, 버스터미널, 市街地, 잣나무숲, 江村마을, 清平豊林콘도미니엄, 縣里 (13)	石龍山, 雲岳山, 明智山, 華嶽山, 虎鳴山, 中峰, 北漢江, 加平川, 朝宗川, 水落瀑布, 西往瀑布, 龍湫, 天池, 清平湖, 清平댐, 清平遊園地, 山莊, 새터遊園地 (18)	大報壇, 朝宗岩, 三層石塔, 七層石塔, 涵虛堂浮屠, 寶納寺, 懸燈寺, 甘露庵, 裵商晃, 술博物館 (10)	41
	29. 楊平 (1977)	郡廳, 郡議會, 郡民會館, 驛, 버스터미널, 兩水橋, 市街地, 플라자콘도, 食堂 帆船311, 楊平韓火콘도, 大明楊平콘도, 兩水里, 龍川里 (13)	龍門山, 北漢江, 南漢江, 黑川, 中元瀑布, 八堂湖, 八堂댐, 宅勝亭, 鳳凰亭, 普山亭, 龍門山 鳥溪, 兩水里 水上스키場, 露積峰, 龍泉파라다이스리조트 (15)	婆娑城, 咸王城, 洗心亭, 金銅如來立像, 龍門寺銀杏木, 애기陵, 楊根·砥平鄕校, 水谷·雲溪書院, 龍門·馬岩·舍那寺, 露積寺 (14)	42
	30. 安城 (1977)	市廳, 市議會, 市民會館, 中央大學安城캠퍼스, 標準協會研修院, 安城鍮器工場, 市街地, 버스터미널, 安城平野, 葡萄밭, 一竹 (11)	瑞雲山, 竹山, 老星山, 神裁峰, 獐項嶺, 安城川, 永美川, 振威川, 黃口池川, 石川, 老星山瀑布, 古三·松田貯水池, 東一亭, 安城公園, 七賢山 (16)	竹住城,瑞雲山城, 舞陽城, 山城臺, 紀功樓, 5層石塔, 忠靈塔, 永世不忘功積碑, 惠素國師碑, 白鷺棲息地, 安城鄕校, 德峰書院, 七長·石南·青龍寺, 雲水庵, 美里내聖地 (17)	44
	31. 金浦 (1992)	郡廳, 郡議會, 郡民會館, 버스터미널, 市街地, 金浦平野, 鹽河, 通津, 德浦津, 江華大橋, 休戰線 (11)	黃海, 京畿灣, 文殊山, 章陵山, 愛妓峰, 漢江, 鹽河, 金浦水路, 彫刻公園, 孫乭頂, 韓屋마을, 臨津江, 藥岩溫泉 (13)	文殊山城, 章陵, 金浦·通津鄕校, 牛渚書院 奉陵寺, 文殊寺, 藥泉寺, 廣恩寺, 龍革寺, 望海庵, 藥師庵, 大聖院, 德浦鎭 (14)	38
	計(31)	418	526	445	1,389
江原道 (1959)	1. 春川 (1973)	道廳, 道議會, 市廳, 市議會, 道公務員教育院, 江原開發研究院, 土地開發公社支社, 江原大學, 陸軍第2軍司令部, 道文化館, 文化體育藝術館, 共榮開發會館, 斗山研修院, KBS, 驛, 버스터미널, 市街地, 世宗호텔, 에티오피아會館,	龍華山, 加里山, 廣德山, 石龍山, 鳳儀山, 大龍山, 五峰山, 烽火山, 三岳山, 華岳山, 富昌峴, 馬峴, 沙峴, 國師峰, 北漢江, 昭陽江, 紫陽江, 孔之川, 登仙·九曲·九聲瀑布, 鏡川瀑, 春川湖, 昭陽湖, 衣岩湖, 春川댐, 衣岩댐, 昭陽댐, 中	鳳儀山城, 貊國城地, 三岳山城址, 穴居遺址, 洞窟住居址, 廻轉門, 春川文廟, 朝陽樓, 七層石塔, 幢竿支柱, 殉義碑, 6.25參戰紀念碑, 先史時代積石塚, 先史時代酋長墓, 申崇謙의 墓, 鄕土博物館, 上院寺, 清平寺, 居頓寺, 文殊寺,	88

市·道	市·郡	機關·施設·地區	名勝·觀光·慰樂地	遺物·紀念·遺蹟地	合計
江原道	1. 春川	막국수집, 송어횟집, 江村, 文幕, 장수하늘 發生地, 芳谷마을, 金玉洞 (26)	島, 南怡섬, 孔之川公園, 八角亭, 昭陽亭, 自由守護의 집, 春川골프場 (35)	昭陽寺, 淨土寺, 鳳儀寺, 三雲寺, 正法寺, 奉賢禪院, 金玉洞玉山家 (27)	
	2. 原州 (1959)	市廳, 市議會, 延世大學, 尙知大學, 陸軍第1軍司令部, 雉嶽會館, 原州商議, 驛, 버스터미널, 中小企業支援센타, 醫療機器 創業保育센터, 文幕地方産業團地, 勤勞者綜合福祉會館, 土地文化院, 市街地, 雉嶽또아리窟, 樹林地,城隍林, 文幕邑, 平庄里, 板富里, 오크벨리콘도,姉兄宅, 富論里(24)	雉岳山, 白雲山, 牛頭山, 鳴鳳山, 鳳山, 建登山, 梅花山, 南台峰, 三峰, 시루峰, 周峰, 南大峰, 毘爐峯, 香爐峯, 文幕江, 横城江, 蟾江, 原州川, 鳳川, 雙樹臺, 酒泉石, 鶴峰亭, 宣化堂, 魔鬼바위, 磻溪銀杏나무, 오크벨리골프場(26)	鴒願山城, 甄萱城, 錦臺城, 梵鍾閣, 崇化亭, 淸陰亭, 淸虛樓, 布政樓, 憑虛樓, 奉命樓, 智光國師玄妙塔碑, 雉嶽山시루峰돌탑, 幢竿支柱, 原州鄕校, 龜龍寺, 天王寺, 白蓮寺, 法泉寺, 覺林寺, 法量寺, 少林寺, 普賢寺, 上院庵, 居頓寺址, 圓空國師勝妙碑, 興原倉址 (26)	76
	3. 江陵 (1983)	市廳, 市議會, 溟州郡廳, 土地公社支社, 韓電支社, 江陵商工會議所, 江陵大學, 關東大學, 嶺東專門大學, 師任堂敎育院, 嶺東問題硏究所, 空港, 江陵驛, 正東津驛, 버스터미널, 嶺東高速道路, 大關嶺옛길, 大關嶺半程, 文化의 거리, 文化藝術會館, 大關嶺休憩所, 드라마映畵館, 東溟劇場, 嶺東火力發電所, 江陵綜合運動場, 靑少年海洋修練村, 江陵乘馬場, 東海觀光호텔, 임페리얼觀光호텔, 이스턴호텔, 호텔現代鏡浦臺, 호텔鏡浦海邊, 江陵콘도, 草堂食堂, 正東津食堂, 草堂豆腐腦, 카페 윌(Will), 注文津, 正東津, 龍淵洞, 金剛坪, 草堂마을, 北韓潛水艦浸透地, 市街地, 嶺東土種密 生産團地, 高冷地野菜團地, 注文津 燈臺, 注文津 銀杏나무, 長德里 銀杏나무 (49)	東海, 注文津·燕谷·潮山·鏡浦·江門·松亭·安木·南項津·臨田·安仁·燈明·高城目·正東津·金津·玉溪·道直·沙斤津·領津·連谷·荷坪海水浴場, 注文津·金津·安木·玉溪·沙川港, 五臺山, 東臺山, 月臺山, 伏龍山, 魯鄒山, 高飛德山, 德九山, 帶玉山, 石屛山, 皮來山, 大花實山, 德牛山, 紫屛山, 望雲山, 五峰山, 小黃柄山, 帝王山, 大關嶺, 鐵甲嶺, 挿唐嶺, 火飛峇, 石頭峰, 頭老峰, 시루峰, 玉女峰, 老人峰, 望德峰, 鷹峰, 白馬峰, 三兄弟峰, 雲溪峰, 坤申峰, 胎藏峰, 凌頃峰, 花郎峰, 萬德峰, 斗里峰, 前後池, 漢江發源地, 南大川, 燕谷川, 大基川, 松峴川, 西大川, 雁峴川, 新里川, 普光川, 長川, 連谷川, 新旺川, 普賢川, 九龍·三淵瀑布, 鏡浦湖, 楓湖, 香湖, 金光·東幕·北洞·香湖·新旺·池邊·長峴·五峰·七星貯水池, 五臺山國立·鏡浦道立·南山·正東津 日出, 砂時計, 觀光·旺山彫刻公園, 壇京谷·長川·龍淵洞·普賢川休養地, 松林溫泉, 江陵·沙川溫泉地區, 松川·釜淵藥水, 玉溪, 魯鄒山溪谷, 龍召谷, 武陵溪, 龍水谷, 小金剛, 九切谷, 萬物相, 彫刻詩碑道路, 三布岩, 食堂岩, 紅粧岩, 玉溪窟,	穢國古城, 大公山城, 雅馬山城, 高麗城址, 客舍門, 金剛門, 文廟大成殿, 鄕賢祠, 花浮山祠, 篁山祠, 鍾陽祠, 篁山祠, 烏竹軒, 桂蓮堂, 淸風堂, 臨鍾堂, 仙人堂, 七事堂, 圃隱祠堂, 龍池閣, 船橋莊, 鏡浦臺, 七星臺, 鶴遊臺, 淸心臺, 黃浦亭, 金觀亭, 海雲亭, 湖海亭, 鏡湖停, 松波亭, 五星亭, 琴仙亭, 高城山迎人亭, 禁蘭亭, 放海亭, 滄浪亭, 石蘭亭, 申師任堂思親碑, 許蘭雪軒詩碑, 許筠詩碑, 金東鳴詩碑, 大關嶺半程碑, 善政碑群, 6.25南侵史蹟碑, 注文津港戰蹟碑, 郎圓大師悟眞塔, 觀音里五層石塔, 三層石塔, 普光里石瓷如來坐像, 寒松寺址, 石佛坐像, 普光里粉靑瓷窯址, 許蘭雪軒生家, 幢竿支柱, 浮屠, 端午祭, 領津里·下詩洞 古墳群, 三王陵, 溟州郡王陵, 江陵市立·大關嶺·참소리博物館, 栗谷紀念館, 길목民俗村, 江陵鄕校, 五峰·松潭書院, 普賢寺, 燈明洛伽寺, 極山寺, 寒松寺, 觀音寺, 凰山寺, 靑松寺, 龍淵寺, 大成寺, 法王寺, 靑鶴寺, 三德寺, 金剛寺, 掘山寺址, 尋福寺址, 神福寺址 (85)	256

市·道	市·郡	機關·施設·地區	名勝·觀光·慰樂地	遺物·紀念·遺蹟地	合計
江原道	3. 江陵		江陵空軍골프場 (122)		
	4. 東海 (1983)	市廳, 市議會, 訪北出入國事務所, 驛, 버스터미널, 墨湖燈臺, 藥泉洞, 東海莊, 有名食堂 (9)	東海, 墨湖港, 北坪港, 青王山, 津川, 武陵溪谷, 鶴巢臺, 望君臺, 落花岩, 촛대바위, 千谷洞窟 (11)	고인돌, 立石, 羅·麗國境碑, 花郎遺蹟, 海東寺, 三和寺, 大願寺, 心影寺 (8)	28
	5. 太白 (1983)	市廳, 市議會, 鐵岩驛, 버스터미널, 市街地, 無煙炭鑛, 德大事務所, 黃池邑, 長省邑, 堂谷, 太白莊, 大師莊 (12)	太白山, 蓮花山, 百屛山, 晩項재, 松茸재, 五十川, 鐵岩川, 松乃川, 黃池川, 黃池,源深못, 龍潭, 蓮花山遊園地, 桶里 (14)	天祭壇, 産業戰士慰靈塔, 望鏡寺, 淨岩寺, 深遠寺, 太山寺, 興福寺, 東光寺, 長明寺 (9)	35
	6. 束草 (1979)	市廳, 市議會, 空港, 버스터미널, 市街地, '99江原道 國際觀光博覽會場, 雪嶽洞觀光村, 束草觀光호텔, 雪嶽莊, 오징어乾燥場 (10)	東海, 鳥島, 大浦港, 海水浴場, 雪嶽山, 永郎湖, 青草湖, 尺山溫泉, 雪嶽山國立公園, 塔公園, 束草燈臺 (11)	道門閣, 飛仙臺, 永琴亭, 忠魂碑, 三層石塔, 五層塔, 收復紀念塔, 神興寺, 普光寺, 香城寺址, 繼祖庵, 內院庵 (12)	33
	7. 三陟 (1983)	市廳, 市議會, 驛, 버스터미널, 市街地, 東洋시멘트工場, 三陟鑛山, 陟州東海硎, 穿穴洞窟地帶, 草堂窟, 龍窟, 道溪里긴잎느티나무, 錦庭食堂, 炭鑛村, 新基里 (16)	東海, 北坪港, 莊湖港, 海水浴場, 大德山, 德頂山, 頭陀山, 中峰山, 蓮花山, 鳳凰山, 青玉山, 石炭山, 高聖山, 福頭山, 太白山, 頭理峰, 望芝峰, 猫峰, 殺害峙, 五十川, 柯谷川, 馬泣川, 南大川, 海金剛, 龍湫, 武陵溪, 長湖休養地, 孟房, 湫岩 (29)	子開門, 海神堂, 萬景臺, 竹西樓, 養德亭, 海岩亭, 玉石亭, 湖海亭, 映湖亭, 金蘭亭, 永慕亭, 鳳凰亭, 平水大贊碑, 東海碑, 民俗遺物, 花石池, 草堂洞窟, 穆祖皇孝陵, 皇妣陵, 恭讓王陵, 三陟鄕校, 山陽·龍山書院, 神興寺, 三和寺, 藪後寺, 甘露寺 (27)	72
	8. 洪川 (1993)	郡廳, 郡議會, 버스터미널, 市街地, 留眞마을, 大谷마을, 開野里, 옥수수栽培地, 火田民村 (9)	加里山, 桂芳山, 五臺山, 八峰山, 孔雀山, 鷹峰山, 拔喬山, 梅花山, 髮坊山, 蓮花山, 青碧山, 種子山, 雲頭嶺, 柯仁峰, 酒飮峙, 馬峴, 昭陽江, 洪川江, 橫城江, 桂芳川, 暮谷里川, 乃村川, 鶴橋 (23)	이괴리山城, 八烈祠, 鶴鳴樓, 君業城洋亭, 三層石塔, 如來石坐像, 毘盧舍那佛坐像, 佛像坐臺, 佛臺坐, 月印釋譜, 幢竿支柱, 洪川鄕校, 魯東書院, 壽陀寺, 懷眞寺, 門岩寺, 安養寺, 鳳凰門 (18)	50
	9. 橫城 (1959)	郡廳, 郡議會, 버스터미널, 출렁다리, 市街地, 老松林, 白鷺棲息地, 安興찐빵業所, 安興里, 講林里 (10)	雉岳山, 拔喬山, 泰岐山, 泰姑山, 五音山, 聖智山, 竹林山, 五龍山, 兵武山, 御搭山, 鳳腹山, 蟾江, 橫城江, 甲川, 鶴松公園, 蟾江遊園地, 노구沼, 軍人골프場 (18)	德高山城, 城谷대궐터, 酉卒石亭, 太宗臺, 寒岡臺, 御林臺, 雲巖亭, 甕器가마터, 兵之坊, 橫城鄕校, 開院寺, 鳳腹寺, 光腹寺, 覺林寺址, 天主教 聖堂 (15)	43
	10. 寧越 (1981)	郡廳, 郡議會, 驛, 버스터미널, 市街地, 雙龍시멘트工場, 火力發電所, 上東重石鑛山, 寧越旅館, 꽁보리밥食堂, 든돌마을, 銀杏木, 炭釜마을, 芳節里 (14)	白德山, 白雲山, 九峰山, 望景臺山, 獅子山, 太華山, 壯山, 蓬萊山, 先達山, 每峰山, 太白山, 鷄足山, 南台峰, 南漢江, 平昌江, 東江, 西江, 玉洞川, 正東上流, 落花岩, 高氏洞窟, 龍潭窟 (22)	鷄足山城, 永慕殿, 觀風軒, 愍忠祠, 彰節祠, 慕賢祠, 靖閭閣, 子規樓, 邀仙亭, 觀蘭亭, 錦江亭, 禁標碑, 淸冷浦, 莊陵, 金笠詩人墓所, 寧越鄕校, 彰節書院, 法興寺, 報恩寺, 興寧寺, 普德寺, 報德寺, 梅竹軒 (23)	59
	11. 平昌 (1989)	郡廳, 郡議會, 道岩面繁榮會, 버스터미널, 市街地, 大關嶺 스키場, 龍坪호텔, 龍坪觀光호텔, 大關嶺牧場, 감자栽培地, 메밀밭, 橫溪里, 車來地 (14)	白德山, 大美山, 桂芳山, 白石山, 白積山, 錦塘山, 加里旺山, 東台山, 獅子山, 薄芝山, 中旺山, 胎基山, 黃玉山, 巨文山, 泰姑山, 五臺山, 南屛山, 發旺山, 大關嶺, 會靈峰, 頭老峰, 平昌江, 松川, 龍坪리	魯城山城, 魚山城, 五臺山 史庫址, 勸善門, 淸心臺, 松鶴樓, 八石亭, 南山亭, 龍山亭, 李孝石紀念碑, 九層石塔, 上院寺銅鐘, 石佛坐像, 李승복銅像, 蓬山書院, 峰山書齋, 月精舍, 上院寺, 靈感寺,	65

市·道	市·郡	機關·施設·地區	名勝·觀光·慰樂地	遺物·紀念·遺蹟地	合計
江原道	11. 平昌		조트, 鷹岩窟, 白龍洞窟, 李孝石의 물레방앗간, 龍坪골프場 (28)	北臺寺, 法藏寺, 大德寺, 觀音庵 (23)	
	12. 旌善 (1989)	郡廳, 郡議會, 旌善驛, 舍北驛, 九切里驛, 버스터미널, 市街地, 旌善장터, 五日場, 藥草市場, 旌善골 황기보쌈집, 熱目魚棲息地, 落帽岩, 沒雲臺, 畵岩鐘乳窟, 喇叭鳳石窟, 旌善물레방아, 아우라지나무, 舍北邑, 九切里, 泉捕鑛山址 (21)	白雲山, 靑玉山, 加里旺山, 中旺山, 瑞雲山, 高陽山, 黃柄山, 上元山, 竹簾山, 石耳岩山, 上將山, 文來山, 伯夷山, 民屯山, 太白山, 白石峰, 葛味峰, 上將峰, 玉甲山峰, 小金剛, 南漢江, 東江, 松川, 骨池川, 餘糧川, 五大川, 地藏川, 龍潭川, 白石瀑布, 火岩藥水, 白鳥潭, 宿岩溪谷, 九雲屛 (33)	松溪里山城, 寂滅寶宮, 守孤堂, 淸心臺, 霽月臺, 九美亭, 伴山亭, 水瑪瑙塔, 雲錦障, 吹笛屋, 아오라지處女銅像, 高石責谷, 물레방아, 居七賢洞(旌善아리랑 發祥地), 旌善鄕校, 鳳山書院, 淨岩寺, 修德寺, 玉甲寺, 沒雲臺 (20)	74
	13. 鐵原 (1977)	郡廳, 郡議會, 驛, 버스터미널, 市街地, 철새渡來地, 楓川原, 民統線, 休戰線, 菩提浦, 金化邑, 龍華洞, 大馬里 (13)	大成山, 鳴城山, 金鶴山, 五姓山, 高岩山, 鳴聲山, 車踰嶺, 地藏峰, 大德峰, 孝女峰, 馬峴, 漢灘江, 三釜淵瀑布, 直湯, 篝潭, 軍炭公園, 漢灘江遊園地, 七萬岩 (18)	南山城, 萬景山城, 土城, 弓裔城址, 孤石城址, 孤石亭, 北寬亭, 朴正熙將軍轉役碑, 白馬高地勝捷碑, 三層石塔, 鐵佛坐像, 石燈, 白馬高地, 御水井, 劍佛浪, 承日橋, 支石墓, 到彼岸寺, 深源寺 (19)	50
	14. 華川 (1984)	郡廳, 郡議會, 水力發電所, 버스터미널, 市街地 (5)	白岩山, 大成山, 四明山, 龍華山, 日山, 白雲山, 屛風山, 北漢江, 華川江, 華川湖, 破虜湖, 華川댐, 屛風바위 (13)	貊國城址, 七星樓, 石燈, 華川鄕校, 觀音寺 (5)	23
	15. 楊口 (1984)	郡廳, 郡議會, 버스터미널, 市街地, 曲溪 (5)	四明山, 魚隱山, 智慧山, 兜率山, 古方山, 峰水山, 廣峙嶺, 加七峰, 文筆峰, 北漢江, 昭陽江, 水入川, 直淵瀑布, 昭陽湖, 破虜湖, 頭陀淵, 華川貯水池 (17)	飛鳳山城, 靑巖寺, 南津亭, 東頭洑, 피의 陵線, 고인돌, 楊口鄕校, 深谷寺, 永川寺 (9)	31
	16. 麟蹄 (1984)	郡廳, 郡議會, 버스터미널, 市街地, 土種꿀栽培地, 不死岩壁, 옥새바위, 黃太德場, 元通里, 南橋里, 金富里, 다물함병골, 독박골, 甲屯里, 王谷, 옥새골, 龍垈里 (17)	雪嶽山, 大岩山, 兜率山, 芳臺山, 可馬山, 鞍山, 鷹峰山, 牛角山, 點鳳山, 陳富嶺, 寒溪嶺, 大間嶺, 大勝嶺, 馬登嶺, 待仙峰, 可得峰, 加里峰, 香爐峰, 柯仁峰, 加七峰, 間舞峰, 九龍德峰, 神仙峰, 砥石峰, 七節峰, 一圓峰, 阿七峰, 車踰峴, 殺人峙, 昭陽江, 鶴江, 麟北川, 內麟川, 桂芳川, 大勝·盜賊瀑布, 盜賊沼, 玉女湯, 金剛門, 將帥臺, 隱飛嶺 (41)	寒溪山城, 城谷城址, 大王堂, 合江亭, 忠臣塚, 陵墓, 卍海紀念館, 麟蹄鄕校, 百潭寺, 五歲庵, 永矢庵, 圓明庵, 鳳頂庵, 卍海堂 (14)	72
	17. 高城 (1984)	郡廳, 郡議會, 郡民會館, 버스터미널, 市街地, 花津浦, 三日浦, 寒霞溪, 新坪里, 鶴垈里, 草島里, 世界잼버리大會 開催地, 凌波橋 (13)	東海, 大津港, 巨津港, 竹島, 金龜島, 海水浴場, 馬山, 古城山, 乾鳳山, 老人山, 國師峰, 文殊峰, 三摩峰, 香爐峰, 竹辯峰, 一圓峰, 七節峰, 陳富嶺, 淸澗川, 松池湖, 三浦門岩, 北韓展望臺, 冷泉 (23)	烽燧址, 不二門, 金將臺, 淸澗亭, 天鶴亭, 茂松亭, 李承晩·李起鵬·金日成 別莊, 支石墓, 高城鄕校, 乾鳳寺, 楡岾寺, 新溪寺, 禾谷寺, 釋迦如來齒相立塔碑 (16)	52

市·道	市·郡	機關·施設·地區	名勝·觀光·慰樂地	遺物·紀念·遺蹟地	合計
江原道	18. 襄陽 (1979)	郡廳, 郡議會, 버스터미널, 市街地, 케이블카, 襄陽鐵鑛, 飛龍橋, 金剛窟, 蔚山바위, 鬼面岩, 大明콘도, 雪嶽山파크호텔, 洛山비치호텔, 白鷺棲息地, 巽陽面, 鶴浦里 (16)	東海, 襄陽·洛山·河趙臺·水山浦海水浴場, 雪嶽山, 伏龍山, 洛山, 滿月山, 五臺山, 寒溪嶺, 大間嶺, 柯仁峰, 頭老峰, 大青峰, 華彩峰, 滿月峰, 祖峰, 阿七峰, 南大川, 雙川, 飛龍瀑布, 南雪嶽雙瀑, 飛仙臺, 望鏡臺, 將帥臺, 臥仙臺, 五色溫泉, 五色藥水, 千佛洞溪谷, 플라자골프場 (31)	權金城, 河趙臺, 飛仙臺, 義湘臺, 臥仙臺, 望月臺, 清澗亭, 梵鐘, 38度線紀念碑, 三層石塔, 七層石塔, 海水觀音像, 聖主井, 襄陽鄉校, 洛山寺, 神興寺, 明珠寺, 靈穴寺, 繼祖庵, 鳳頂庵, 紅蓮庵, 城國寺址, 陳田寺址, 禪林院址 (24)	71
	計(18)	283	515	380	1,178
忠清北道 (1965)	1. 清州 (1965)	道廳, 道議會, 市廳, 市議會, 忠北大學, 清州大學, 教育大學, 道公務員教育院, 忠北開發研究院, 土地公社支社, 忠北銀行, 清州商議, 새마을運動道支部, 慶州金氏判官公派宗親會, 清州空港, 清州驛, 버스터미널, 市街地, 藝術의 殿堂, 公設運動場, 清州觀光·恩城觀光·로얄觀光·國際 호텔, 都城韓食堂, EOS레스트랑, 工業團地, 食堂 大家 (28)	堂山, 父母山, 牛岩山, 九龍山,社稷山, 華清嶺, 無心川, 美湖川, 永雲川, 石南川, 明岩藥水, 明岩貯水池, 中央·三一·上堂·鳳鳴·新鳳·清州大·雲泉·慕忠·西公園, 올림픽동산, 2000年清州印刷出版博覽會館, 忠魂塔, 清寧閣, 鴨脚樹, 清州市進入路 街路樹林, 清州動物園, 木蓮公園, 牛岩어린이會館, 記錄文化展 (31)	上堂山城, 父母山城, 表忠祠, 慕忠祠, 望仙樓, 孝子碑, 忠血塔, 彌勒佛, 日月巖堤, 櫻馬場, 南石橋, 鐵幢竿, 國立清州博物館, 清州古印刷博物館, 清州鄉校, 華巷書院, 龍華寺, 菩薩寺, 蓮花寺, 奉德寺, 華嚴寺, 龍德寺, 白雲寺, 牛岩寺, 廣德寺, 深谷寺, 觀音寺, 普賢寺, 七星寺, 普門精舍, 龍頭寺址, 興德寺址, 丹齋影堂, 斥和碑, 孫秉熙遺墟地 (35)	94
	2. 忠州 (1983)	市廳, 市議會, 建國大學, 女性會館, 泰昌鑛山, 忠州驛, 버스터미널, 市街地, 水安堡觀光·常綠·코타·파크 호텔, 炭酸溫泉가든, 工業地區, 忠州肥料工場, 滑石製粉工場, 尖端科學産業團地, 中央塔, 사과塔, 彌勒마을, 감나무골, 梨花嶺터널, 丹月驛, 모시내, 合水머리, 琴休浦 (25)	月岳山, 德周山, 見聞山, 大盾山, 伽葉山, 人登山, 國望山, 大門山, 寶連山, 鷄足山, 天登山, 梨花嶺, 二門峴, 싸리고개, 南漢江, 達川江, 忠州川, 忠州湖, 大堤池, 虎岩貯水池, 忠州댐, 彫刻·水石公園, 漆琴地區國民觀光地, 水安堡溫泉, 三焦臺, 丹月臺, 十二臺, 六角亭, 八角亭, 慶迎樓, 노래碑, 忠州·南江골프場 (34)	忠州城址, 南山城址, 林慶業忠烈祠, 道統祠, 護聖祠, 朴彭年祠宇, 申砬將軍祠堂址, 彈琴臺, 製錦堂, 清燕堂, 于勒堂, 彈琴亭, 清寧軒, 慕賢亭, 高句麗碑, 大智國師碑, 慈燈塔碑, 彈琴臺碑, 七層石塔, 壬辰亂古戰場, 楊津溟所, 林慶業將軍墓, 慰靈塔, 忠州鄉校, 樓岩書院, 開元寺, 月桂寺, 大圓寺, 大興寺, 龍雲寺, 觀音寺, 彌勒寺址, 億政寺, 蒼龍寺, 丹湖寺 (35)	94
	3. 堤川 (1992)	市廳, 市議會, 世明大學, 文化會館, 驛, 버스터미널, 玉筍大橋, 堤川고추市場, 藥草市場, 清風文化財團地, 國民年金타운, 天主教배론聖地, 旺巖工業團地, 鳳陽, 清風, 흥연食堂, 堤川地籍博物館 (17)	月岳山, 白雲山, 大美山, 天登山, 松鶴山, 鶴城山, 錦繡山, 侍郎山, 龍頭山, 城山, 玉筍峰, 國師峰, 박달재, 南漢江, 堤川川, 源西川, 吾峙藥水, 절골小溜池, 水境公園, 望沼臺, 鏡湖樓, 映湖樓, 市民憲章塔 (23)	義林池, 寒碧樓, 八詠樓, 錦南樓, 濯斯亭, 觀瀾亭, 德周亭, 西倉址, 七層石塔, 長樂塔, 如來立石像, 堤川·清風鄉校, 黃江書院, 月明寺, 德周寺, 神勒寺, 白蓮寺, 合願寺, 通佛寺, 福天寺, 圓覺寺, 寒山寺, 江天寺 (24)	64
	4. 清原 (1993)	郡廳, 郡議會, 韓國教員大學, 忠北道 運輸研修院, 버스터미널, 邑·面市街地, 明岩파크호텔, 蠶業研修院, 空軍士官學校 (9)	座龜山, 老姑峰, 錦江, 美湖川, 明岩·椒井·笑江 藥水터, 月松亭, 石窟, 龍穴, 白鷺棲息地, 清州·空軍골프場, 冠峰, 聖武峰, 胎峰,	上堂·彌勒·猪·謳羅·兵馬 山城, 父母城, 九女城, 檀君祭壇, 文山館, 忠賢祠, 牧隱影堂, 舍利塔, 五層石塔, 申叔周影幀, 孫秉熙生	65

市·道	市·郡	機關·施設·地區	名勝·觀光·慰樂地	遺物·紀念·遺蹟地	合計
忠淸北道	4. 淸原		鶴天·鶴洞·隱谷·細橋 貯水池, 淸愛園 (22)	家, 先代祖墓所, 文義鄕校, 白麗·西溪·德川·儉岩·棣華·墨井·蘆潭·竹溪·菊溪·松泉書院, 安心寺, 旺岩寺, 蓮萊寺, 東華寺, 月裡寺, 縣岩寺, 自足寺,(34)	
	5. 報恩 (1978)	郡廳, 郡議會, 버스터미널, 市街地, 靑石橋, 俗離山觀光호텔, 뉴스타운 호텔, 法住寺 五里숲, 俗離山망개나무, 觀大石 (10)	俗離山, 月岳山, 檢丹山, 毘盧峰, 甑峰, 天皇峰, 國師峰, 觀音峰, 水晶峰, 熊峙, 普淸川, 龍川, 長角瀑布, 沐浴沼, 南山藥水, 文藏臺, 鶴巢臺, 慶業臺, 春盛臺, 拜石臺, 珊湖臺, 神仙臺, 淸法臺, 龜岩, 馬峴薄石, 墜來岩, 隱瀑洞, 雙岩石窟, 土窟, 五十洞土窟(30)	三年·烏頂·含林·昧谷·虎岾山城, 酒城, 老姑城址, 一柱門, 大雄·圓通寶殿, 白松, 正二品松, 三山樓, 獨樂亭, 韡松亭, 幢竿石工橋, 報恩·懷仁鄕校, 尙賢·金華書院, 法住寺, 報恩寺, 龍庵寺, 龍雲寺, 水晶庵, 中獅子庵, 塔골庵, 麗寂庵, 福泉庵 (30)	70
	6. 沃川 (1997)	郡廳, 郡議會, 驛, 버스터미널, 市街地, 黑鉛鑛山, 沃川莊, 구전벼루, 靑馬里, 甑山里 (10)	長龍山, 陽山, 月伊山, 環山, 三城山, 食藏山, 道德峰, 깃대峰, 鷄峙, 炭峴, 錦江, 沃川川, 狗川, 赤登津, 唐灘津, 錦江遊園地, 管山臺, 白雲亭, 楸沼樓, 赤登樓, 姜節窟, 錦江어름치 (22)	己城·城峙山城, 環山城, 管山城, 咸昌金氏孝子門, 後栗堂, 二止堂, 逐惡臺, 母山亭, 宋時烈先生遺墟碑, 斥崖碑, 塔神祭石塔, 斷崖佛, 靑銅彌勒大佛, 靑石橋, 陸英修女史生家, 趙憲先生墓所, 말무덤, 沃川·沃川·靑山鄕校, 龍岩寺, 佳山寺 (22)	54
	7. 永同 (1997)	郡廳, 郡議會, 驛, 버스터미널, 市街地, 五日場, 三黃鶴金鑛, 黃澗 (8)	角虎山, 黃嶽山, 月伊山, 眠周之山, 秋風嶺, 三道峰, 四郡峰, 月流峰, 葛峴, 錦江, 寒泉川, 玉溪瀑布, 鳳詔堤, 降仙臺, 觀魚臺, 龍淵臺, 龍岩, 法尊岩, 花獻岩, 淸鶴窟, 山陽璧, 陽山八景 (22)	關羽祠堂, 楓川堂, 寧國寺銀杏木, 湖西樓, 把淸樓, 駕鶴樓, 氷玉亭, 三呼亭, 如意亭, 三層石塔, 浮屠, 圓覺國師碑, 永同·黃澗鄕校, 松溪書院, 般若寺, 寧國寺, 蘭溪寺, 重華寺, 深妙寺 (20)	50
	8. 鎭川 (1998)	郡廳, 郡議會, 버스터미널, 市街地, 大學候補地, 鎭川호텔, 人蔘밭, 栢谷面, 梨月面 (9)	萬拏山, 將軍峰, 美湖川, 洗錦川, 栢谷池, 草平·鎭川貯水池, 왜가리·白鷺渡來地, 中央골프場, 靑龍골프場, 栢谷貯水池 (12)	萬拏山城, 崇烈祠, 萬賴祠, 金庾信祠堂, 鄭松江祠宇, 吉祥祠, 錦城大君祠宇, 思美人曲碑石, 鄭澈墓所, 鎭川石碑, 石佛石塔, 鎭川鄕校, 永壽庵 (13)	34
	9. 槐山 (1982)	郡廳, 버스터미널, 市街地, 水力發電所, 農村聚落, 旅人宿, 美扇나무自生地, 銀杏나무, 靑川面, 七星面, 長延面 (11)	俗離山, 白華山, 座龜山, 檢丹山, 大山, 落影山, 雪雲山, 梨花嶺, 鷄立嶺, 達川江, 華陽川, 玄川, 臥龍·漱玉瀑布, 雲影潭, 金砂潭, 椒井藥水, 槐山貯水池, 槐山댐, 華陽洞國立公園, 雙谷小金剛, 孤山九景, 華陽九曲, 仙遊洞溪谷, 淸安八景, 霽月臺, 鶴巢臺, 隱屛岩 (28)	檀君殿, 箕子影殿, 司馬所, 忠烈祠, 忠愍祠, 落影祠, 淸德祠, 齋月臺, 岩棲齋, 尊賓樓, 孤山亭, 雲江亭, 避世亭, 愛閑亭, 幢竿支柱, 金銅菩薩, 三尊像, 磨崖佛像, 醉默亭, 宋時烈墓, 槐山·延豊·淸安鄕校, 華陽·花岩書院, 覺淵寺, 龜石寺, 普光寺, 啓明寺, 煥影寺 (30)	69
	10. 陰城 (1986)	郡廳, 靑少年修練院, 靑少年文化의 집, 버스터미널, 市街地, 水晶	車嶺山脈, 水晶山, 八聖山, 白馬峙, 二門峴, 美湖川, 淸美川, 觀光	水晶山城, 泰喬祠, 忠龍祠, 道莊祠, 大佛壇址, 烽火臺, 景湖亭, 五	42

市·道	市·郡	機關·施設·地區	名勝·觀光·慰樂地	遺物·紀念·遺蹟地	合計
忠淸北道	10. 陰城	橋, 農産物流通團地, 人蔘栽培地, 煙草耕作地, 無極鑛山, 無極里, 陰城꽃동네 (13)	休養地, 三兄弟水邊觀光地, 將帥岩, 鐘子岩, 鶴棲息地, 無極戰蹟國民觀光地 (13)	層石塔, 石佛立像, 先代祖墓所, 陰城鄕校, 雲谷·知川書院, 迦葉寺, 普德寺, 花寺 (16)	
	11. 丹陽 (1981)	郡廳, 驛, 버스터미널, 警察署, 丹陽시멘트工場, 炭田, 丹陽山莊, 側柏나무숲 (8)	太白山, 小白山, 月岳山, 太華山, 錦繡山, 兜率山, 三臺山, 鶴城山, 竹嶺, 龜潭峰, 兄弟峰, 島潭三峰, 神仙峰, 玉筍峰, 蓮花峰, 國望峰, 守理峰, 南漢江, 丹陽川, 竹嶺瀑布, 復道沼, 雲仙九曲, 日光窟, 古藪洞窟, 南窟, 뒤뜰窟, 雪馬洞, 場石, 溫達洞窟, 舍人石, 隱舟岩, 北壁 (32)	溫達城, 赤城山城, 石門, 濯吾臺, 降仙臺, 翔輝樓, 水雲亭, 江瀛亭, 新羅赤城碑, 三層石塔, 丹陽·永春鄕校, 救仁寺, 白雲寺, 安娘寺, 七星庵, 上仙庵, 中仙庵, 下仙庵, 圓通庵 (20)	60
	計(11)	148	269	279	696
忠淸南道 (1958)	1. 天安 (1989)	市廳, 市議會, 郡廳, 郡議會, 檀國大學, 民防衛學校, 消防學校, 한나라黨中央政治研修院, 市民會館, 勤勞青少年會館, 忠南青年會議所, 驛, 버스터미널, 市街地, 天安사랑房, Small City빌딩, 新羅부페, 학화胡豆菓子工場, 胡豆栽培地, 成歡참외밭, 天安葡萄밭, 望鄕동산, 木川地域, 木川地域, 湖西大學 (25)	廣德山, 王子山, 聖居山, 黑城山, 蜂蝶山, 日峰山, 太祖峰, 東峴, 安城川, 懷龍川, 天安川, 天湖·淸水洞貯水池, 日峰山·南山·太祖山體育公園, 龍珠亭, 濟源亭, 宣化樓, 鵂鶹岩, 天安三巨里, 友情힐스골프場, 天安三巨里公園, 흥타령碑, 大禪寺語錄碑, 尹東柱·沈薰·李陸史·李尙和·韓龍雲詩碑 (30)	慰禮山城, 柳寬順祠宇, 永南樓, 懷古亭, 老隱亭, 胡豆傳來史蹟碑, 五層石塔, 斷崖佛像, 青銅大坐佛, 幢竿支柱, 柳寬順生家, 朴文秀墓, 天下大將軍, 獨立紀念館, 天安·木川·稷山鄕校, 廣德寺, 成佛寺, 九龍寺, 萬鏡寺, 隱石寺, 紅鏡寺,. 華音寺, 光明寺, 佛岩寺, 晩日寺, 普門寺, 覺圓寺, 天興寺址 (30)	85
	2. 公州 (1990)	市廳, 市議會, 公州大學, 公州教育大學, 道公務員教育院, 公州文化院, 곰나루文藝會館, 새마을支會, 버스터미널, 市街地, 錦江大橋, 湖西劇場, 公州觀光호텔, 韓一館, 公州莊, 茶室 달아 높이곰 돋아샤, 沙器店골, 鄕校골, 송장배미, 시엿골 (20)	鷄龍山, 鳳凰山, 泰華山, 公山, 冠岩山, 寒山, 銅穴山, 武盛山, 天台山, 細成山, 觀音峰, 三佛峰, 將軍峰, 連天峰, 國師峰, 牛金峙, 陵峙, 금잔디고개, 錦江, 流丘川, 시엿골개천, 龍門·隱仙瀑布, 蓮池, 곰나루國民觀光地, 甲寺, 麻谷寺溪谷, 곰나루, 君子臺, 五星臺, 展望臺, 烽火臺, 雙水亭, 新豊山亭, 拱北樓, 鎭南樓, 光復樓, 維鳩, 蒼壁, 金龍岩, 石窟, 황새바위, 中嶽壇, 新都案地域, 朴山 (45)	公·良化·儒城·里人·新豊山城, 肅慕殿, 忠烈祠, 宣化堂, 三隱閣, 臨流閣, 公州牧東軒, 表忠院, 天眞寶塔, 東學革命慰靈塔, 男妹塔, 石熊, 幢竿支柱, 舊石器遺蹟地, 古墳群, 武寧王陵, 百濟王陵, 自然城陵, 王子陵, 靈圭大師墓, 金宗瑞墓, 國立博物館, 山林博物館, 메밀博物館, 公州鄕校, 忠賢·紅蘭書院, 東鶴寺, 甲寺, 麻谷寺, 新元寺, 聖谷寺, 靈隱寺, 鷄龍寺, 德津寺, 銅穴寺, 古王庵 (41)	106
	3. 保寧 (1983)	市廳, 市議會, 公州大學分院, 大川文化院, 保寧農協, 驛, 버스터미널, 市街地, 潛水橋, 炭田地帶, 비치호텔, 周浦, 藍浦, 熊川地區, 外煙島, 常綠樹林, 馬梁里, 冬柏, 文藝會館 (18)	黃海, 吉山島, 長古島, 竹島, 揷矢島, 栗島, 大川海水浴場, 聖住山, 五西山, 烏棲山, 明月山, 珠簾山, 梨峙, 大川川, 淸羅湖, 保寧댐, 大川堤, 大川·保寧貯水池, 桃花潭, 大川港 (21)	保寧·鰲川·藍浦城址, 水鉉祠, 龍巖祠宇, 白月葆光塔碑, 崔致遠遺蹟碑, 朗慧和尙塔碑, 五層石塔, 三層石塔, 保寧·鰲川·藍浦鄕校, 花巖書院, 白雲寺, 神興寺, 大乘寺, 聖住寺址 (18)	57
	4. 牙山 (1972)	市廳, 市議會, 郡廳, 順天鄕大學, 鮮文大學, 湖西大學, 市民會館, 黃	黃海, 牙山灣, 廣德山, 水漢山, 靈仁山, 道高山, 雪華山, 桐林山, 鶴	薪城·排芳山城, 鶴城, 伏俯城, 溫井衙門, 顯忠祠, 城隍堂, 牙山	118

市·道	市·郡	機關·施設·地區	名勝·觀光·慰樂地	遺物·紀念·遺蹟地	合計
忠淸南道	4. 牙山	土마루 修鍊院, 文化의 집, 現代自動車工場, 三星半導體工場, 萬都機械牙山事業場, 驛, 버스터미널, 市街地, 牙山灣防潮堤, 挿橋川防潮堤, 京釜高速鐵道, 溫陽觀光·溫陽그랜드파크·道高파라다이스·第一觀光호텔, 故鄕불고기집, 現代會館, 倂川순대집, 詩人과 村長(洋食堂), 鄕林, 兄弟松, 溫井葡萄밭, 屯浦牧場, 屯浦·白石浦地域, 道高産地流通센터, 松巖食堂, 三水甲山食堂, 靑松日食, 木花飯店 (38)	城山, 廣德山, 講堂골, 懷龍川, 挿橋川, 谷橋川, 安城川, 溫陽川, 五木川, 挿橋湖, 神井湖, 鹽峙·道高·松岳貯水池, 南山公園, 神井湖遊園池, 忠武遊園池, 道高레저타운, 溫陽·道高·牙山溫泉, 靈槐臺, 虛民樓, 奧奧岩, 桐林山 佛巖, 外岩里民俗村, 道高골프場, 屯浦牧場, 兄弟松, 토스비 콘도, DACOM放送施設, 韓屋保全地域 (39)	孟氏杏壇, 洪北亭, 忠武公 神道碑, 三道海運判官碑, 李南奎殉死碑, 神井碑, 藥師如來立石像, 幢竿支柱, 李舜臣生家, 忠武公遺墟, 石瓦家, 孟思誠舊宅, 尹潽善大統領生家, 御醫井, 李忠武公墓, 金玉均墓, 尹潽善大統領墓所, 溫陽民俗博物館, 올림픽國民生活紀念館, 牙山·溫陽·新昌鄕校, 仁山· 靜退書院址, 普光寺, 聖德寺, 鳳谷寺, 洗心寺, 龍華寺, 慧明寺, 淨業院, 修道菴, 白蓮菴, 健齋古宅 (41)	
	5. 瑞山 (1987)	市廳, 市文化會館, 버스터미널, 市街地, 現代迎賓館, 現代干拓農場, 石油化學團地, 現代莊旅館, 韓一館, 伽倻食堂, 노래房, 鹽田, 大山地區, 돌곶里, 家畜改良事業所, 家畜農場 (16)	黃海, 淺水灣, 加露林灣, 友島, 花島, 看月島, 萬點島, 馬島, 夢山浦·燕浦海水浴場, 雲山, 鳥飛山, 八峰山, 伽倻山, 玉女峰, 驛川, 豊田·靜岩貯水地, 中央池, 海岸國立, 富春山 公園, 望雲臺, 鶴渡來地 (23)	白華山城, 安興城, 海美邑城, 瑞寧郡門, 檀君殿, 富城祠, 嶺南樓, 法仁國師寶乘塔, 五層石塔, 三尊佛像, 幢竿支柱, 干拓埋立紀念場, 瑞山·海美鄕校 , 松谷·聖岩書院, 開心寺, 浮石寺, 文殊寺, 興王寺, 日樂寺, 天藏寺, 安興寺, 觀音寺, 海明寺, 安國寺址, 普願寺址, 玉泉庵 (28)	67
	6. 論山 (1958)	市廳, 市議會, 建陽大學, 鍊武臺, 市民會館, 驛, 버스터미널, 市街地, 돌체會館, 내故鄕 韓牛村, 黃鰒食堂, 黃山벌, 시정골, 假葬골, 茅村里 (15)	江景港, 鷄龍山, 般若山, 大芚山, 烽火山, 安平山, 觀燭山, 首落山, 깃대峰, 國師峰, 곰티재, 錦江, 論山川, 長線川, 論山貯水地, 鷄龍臺골프場 (16)	烽火·魯城·黃嶺·山直里·茅村里·靑銅里·外城里 山城, 黃山城, 連山衙門, 恩津彌勒立像, 石燈, 甄萱墓, 成三問墓, 階伯將軍墓, 魯城·恩津·連山 鄕校, 竹林·魯崗·養性堂·忠谷·遯岩·杏林·孝巖 書院, 觀燭寺, 雙溪寺, 開泰寺, 觀音寺, 寶明寺, 解脫門 (30)	61
	7. 錦山 (1974)	郡廳, 群議會, 中部大學, 母子保健센터, 衛星通信地區局, 蔘業組合, 버스터미널, 市街地, 人蔘製品工場, 人蔘栽培地, 錦山旅館, 珍山邑, 錦城面, 눈벌, 延昆平野, 銀杏나무 (16)	小白山脈, 大芚山, 進樂山, 西臺山, 鐵馬山, 安平山, 五臺山, 景陽山, 梨峙嶺, 國師峰, 德고개, 錦江, 赤壁江, 川內江, 鳳凰川, 猉嘶川, 十二瀑, 淸風祠, 忠烈祠, 毅禪閣, 水谷洞窟, 절구통바위, 開蔘터 (23)	錦山城, 梨峙大捷地, 눈벌戰蹟地, 義塚門, 取義門, 趙憲祠宇, 從容堂, 御筆閣, 太祖臺, 太祖胎室, 權忠愍公碑刻, 元帥權公梨峙大捷碑, 重峰趙先生一軍殉義碑, 눈의塔, 七百義塚, 錦山·珍山鄕校, 龍江書院, 太古史, 寶石寺, 身安寺, 彌勒寺, 靈泉庵, 元曉庵 (24)	63
	8. 燕岐 (1986)	郡廳, 郡議會, 鳥致院驛, 버스터미널, 市街地, 美湖平野 (6)	雲柱山, 元帥山, 琴華山, 李城山, 正左山, 錦江, 懷龍川, 忠靈公園, 植物園, 燕喜樓, 忠魂塔, 紫壇香樹, 엑스포골프場, 金屛山, 修養	雲柱山城, 五父子忠臣門, 文節祠, 忠靈祠, 御書閣, 四觀亭, 三尊天佛碑像, 七尊石佛, 燕岐·全義鄕校, 金湖·崇慕閣·舊書書院, 飛	38

市·道	市·郡	機關·施設·地區	名勝·觀光·慰樂地	遺物·紀念·遺蹟地	合計
忠淸南道	8. 燕岐		山, 飛鶴山 (16)	岩寺, 碑岩寺, 白雲寺 (16)	
	9. 扶餘 (1990)	郡廳, 郡議會, 郡民會館, 버스터미널, 市街地, 구두레나루 (6)	扶蘇山, 萬壽山, 九龍山, 화지山, 錦城山, 浮山, 祝融峰, 白馬江, 錦江, 九龍浦, 盤山·福琴貯水地, 宮南池, 구두레公園, 自溫臺, 迎月臺, 送月臺, 釣龍臺, 天政臺, 戱女臺, 扶將臺, 百花亭, 水北亭, 望海亭, 胞龍亭, 泗沘樓, 迎日樓, 半月樓, 三忠祠, 彰烈祠, 宮女祠, 落花岩, 꽃바위 (33)	扶餘·靑馬·石城·扶蘇·聖興山城, 泗沘城, 半月城, 靑山城, 羅城, 曾山城, 宮터, 義烈碑, 百濟塔, 五層石塔, 石佛坐像, 彌勒佛, 百濟瓦窯址, 軍倉址, 鹽倉址, 陶窯址, 氷庫址, 古墳群, 百濟王陵, 石槽, 階伯將軍銅像, 國立博物館, 扶餘博物館, 扶餘·鴻山·林川·石城 鄕校, 滄江·七山·武成·退修·南山·東谷 書院, 皐蘭寺, 大島寺, 無量寺, 忠烈寺, 驚龍寺址, 王興寺址, 虎岩寺址, 印江寺址 (45)	84
	10. 舒川 (1990)	郡廳, 郡議會, 驛, 버스터미널, 市街地, 長項渡船場, 長項 大製鍊所 (7)	黃海, 有父島, 庇仁·桐柏亭海水浴場, 長項港, 希夷山, 花山峙, 雁峙, 錦江, 紅林貯水地, 庇仁八景, 展望山燈臺, 冬柏林 (14)	舒川·韓山·庇仁邑城, 乾芝山城, 桐柏亭, 韓山李穡神道碑, 五層石塔, 韓山세모시, 舒川·韓山·庇仁鄕校, 文獻書院, 永慕庵 (13)	34
	11. 靑陽 (1996)	郡廳, 郡議會, 버스터미널, 市街地, 忠南道立大學, 枸杞子栽培地, 九鳳鑛山 (7)	七甲山, 九峰金山, 定山, 獐項嶺, 錦江川, 獐項川, 蛇川, 靑獐貯水池, 七甲山休憩所 (9)	靑陽邑城, 杜陵山城, 豆陵尹城, 鷄鳳山城, 慈悲城, 牛山城, 慕德祠, 表節祠, 遺衣閣, 七甲山노래紀念碑, 九層石塔, 石造三尊佛, 鐵造藥師如來坐像, 百濟瓦窯址, 靑陽·定山 鄕校, 長谷寺, 法雲寺, 鷄鳳寺, 定慧寺 (20)	36
	12. 洪城 (1981)	郡廳, 驛, 버스터미널, 市街地, 洪城盆地 (5)	黃海, 淺水灣, 伽倻山, 鳳首山, 月山, 烏棲山, 靑龍山, 八峰山, 揷橋川, 曲橋川, 龍巖湖, 禮唐貯水池, 九萬浦 (13)	洪州城, 任存城, 朝陽門, 安懷堂, 魯恩壇, 餘何亭, 梅竹軒, 成三問遺墟碑, 淸難碑, 幢竿支柱, 斷崖佛像, 義士塚, 金馬塚, 洪城·結城 鄕校, 高山寺, 淨巖寺, 龍鳳寺, 內院寺, 石蓮寺 (20)	38
	13. 禮山 (1995)	郡廳, 郡議會, 公州大學分校, 驛, 버스터미널, 市街地, 瓮器工場, 五日場, 禮唐平野, 德山溫泉 觀光호텔 (10)	伽倻山, 金烏山, 德崇山, 德峰山, 鳳首山, 揷橋川, 禮唐貯水池, 揷橋川防潮堤, 德山溫泉, 秋史白松, 鶴渡來地, 새마을運動塔 (12)	任存城, 南岑城, 周留城址, 石城門, 忠義祠, 狙韓堂, 金正喜遺物, 尹奉吉遺蹟, 軍幕터, 大院君父墓, 崔益鉉墓, 尹奉吉義士銅像, 禮山·大興·德山 鄕校, 修德寺, 報德寺, 大蓮寺, 香泉寺, 定慧寺, 華巖寺, 見性庵 (22)	44
	14. 泰安 (1987)	郡廳, 郡議會, 버스터미널, 市街地, 安興梁, 三和牧場 (6)	黃海, 淺水灣, 加露林灣, 永興灣, 泰安半島, 安眠島, 荒島, 看月島, 萬里浦·千里浦·燕浦·蒙山浦海水浴場, 白華山, 海岸國立公園, 모감주나무숲 (16)	白花山城, 石塔, 磨崖三尊佛, 石槽, 泰安鄕校, 興住寺址, 太乙庵 (7)	29

市·道	市·郡	機關·施設·地區	名勝·觀光·慰樂地	遺物·紀念·遺蹟地	合計
忠淸南道	15. 唐津 (1999)	郡廳, 郡議會 唐津文化院, 揷橋川展望臺, 常綠初等學校, 버스터미널, 市街地, 西海大橋, 船着場, 水協회센터, 갤러리 티이 그릴, 沔川地域, 소들平野, 두루미渡來地, 采元浦, 鶴渡來地, 西海岸高速道路, 牛江農業協同組合, PRC工場 (21)	黃海, 牙山灣, 唐津灣, 蘭芝島, 小蘭芝島, 內島, 草落島, 行淡島, 海水浴場, 漢津港, 上王山, 松嶽山, 揷橋川, 曲橋川, 驛川, 唐津川, 揷橋湖, 禮唐貯水地, 君子池, 合德蓮池, 揷橋川防潮堤, 唐津農協観光農園 (22)	沔川·唐津邑城, 唐津浦鎭城, 國師峰山城, 蒙山城, 忠莊祠, 筆耕舍, 石塔, 金銅三尊佛, 石佛立像, 金大建神父遺蹟地, 義兵塔, 聖母마리아像, 4.4獨立萬歲紀念碑, 沈薰紀念館, 唐津·沔川 鄕校, 靈塔寺, 影浪寺, 安國寺址 (20)	63
	計(15)	216	332	375	923
全羅北道 (1964)	1. 全州 (1975)	道廳, 道議會, 市廳, 市議會, 敎育委員會, 土地公社支社, 全北大學, 全州大學, 全州商議, 한솔製紙工場, 室內體育館, 全州公設運動場, 驛, 버스터미널, 市街地, 韓屋地區, 코아호텔, 韓一館, 木園타운, 惠園館, 韓食堂 佳禾, 노래房 드림 (22)	天馬山, 多佳山, 見池山, 西山, 荒芳山, 南固山, 高德山, 天蠶峰, 麒麟峰, 完山七峰, 僧岩峰, 熊峙, 萬頃江, 全州川, 三川川, 德津池, 德津市民·多佳·佳蓮山·完山·體育公園, 全州動物園, 湖南第一門, 梧木臺, 楸川臺, 文學臺, 醉香亭, 多佳亭, 八角亭, 穿揚亭, 老松廣場 (31)	南固山城, 東固山城, 豊南門, 關聖廟, 慶基殿, 客舍, 寒碧堂, 肇慶壇, 寒碧樓, 한솔종이博物館, 全州鄕校, 盤谷·黃岡書院, 南固寺, 麒麟寺, 僧巖寺, 東國寺, 鎭北寺, 定慧寺, 七聖事, 佛頂寺, 龍華寺, 法雨寺, 三敬寺, 東固寺, 觀音禪院, 三星庵, 日出庵, 鶴巢庵, 極樂庵, 日光庵, 碧松庵, 全州聖堂 (33)	86
	2. 群山 (1974)	市廳, 市議會, 市民會館, 學生會館, 群山商議, 群山大學, 湖原大學, 西海大學, 群山職業訓鍊院, 群山測候所, 美軍基地村, 空港, 驛, 버스터미널, 市街地, 韓國琉璃(株), 群山海上都市, 群山自由貿易地域, 群長國家産業團地, 群山地方産業團地, 새萬金綜合開發事業地區, 鹽田, 호텔, 旅人宿, 二鶴食堂, 群山횟집 (26)	黃海, 群長新港灣, 內港, 外港, 防築島, 內草島, 歌島, 古群山列島, 仙遊島, 壯子島, 飛雁島, 於靑島, 新侍島, 銀波·仙遊島 海水浴場, 月明山, 五聖山·長溪山, 錦江, 萬頃江, 錦江河口둑, 沃女·沃溝貯水池, 月明·體育·통배·錦江·群山 公園, 銀波遊園地, 候島瞭望臺 (30)	雪林祠, 紫泉臺, 蔡萬植文人碑, 百濟古塔, 塔洞塔, 五層石塔, 守市塔, 石燈, 金도시窟, 蔡萬植文學記念館, 沃溝·臨陂·養土齋鄕校, 廉義院·樂英堂·玉山院·紫泉臺書院, 隱寂寺, 上柱寺, 佛智寺, 日光寺, 興天寺 (22)	78
	3. 益山 (1964)	市廳, 市議會, 郡廳, 咸悅邑事務所, 市民會館, 市民文化館, 圓光大學, 驛, 버스터미널, 市街地, 鑛山地區, 益山輸出産業工團, 黃登採石場 (13)	金馬山, 龍華山, 背山, 修德山, 長子山, 馬山, 天壺山, 孟山, 母岳山, 將軍峰, 錦江, 萬頃江, 王龍川, 腰橋湖, 上水道貯水池, 侍女池, 慕賢堤, 背山·寶石테마 公園, 新鵲里곰솔, 烈女碑·石檣洞, 天壺洞窟, 淸心樓, 浮石, 八峰골프場 (26)	益山土城, 王宮城, 金馬諸城, 箕準城, 報德城, 梅谷祠, 柏山院, 王宮塔, 五層石塔, 石佛立像, 古墳, 益山雙陵, 礪山, 金馬·咸悅·龍安鄕校, 五岡·華巖·華山 書院, 圓佛敎大宗寺, 上院寺, 五金寺, 崇林寺, 深谷寺, 自鳴寺, 南原寺, 文殊寺, 白雲寺, 石佛寺, 八等寺, 觀音寺, 大聖寺, 東柱寺, 胎奉寺, 慧峰院, 獅子庵, 彌勒寺址 (37)	76
	4. 井邑 (1975)	市廳, 市議會, 驛, 버스터미널, 市街地, 七寶山水力發電所, 內藏山호텔, 旅館, 古阜, 禮洞마을, 소금나들이 (11)	內藏山, 白山, 楚山, 斗升山, 七寶山, 高堂山, 城隍山, 望上峰, 神仙峰, 西來峰, 將軍峰, 蓮就峰, 文筆峰, 佛出峰, 黃土峴, 東津江, 高楚	楚山·古阜 山城, 白山城, 笠巖·斗升·香壇·平沙·優德·象頭山城址, 城隍堂, 披香亭, 井邑詞노래碑, 黃土峴戰蹟碑, 東學革命紀念	106

市·道	市·郡	機關·施設·地區	名勝·觀光·慰樂地	遺物·紀念·遺蹟地	合計
全羅北道	4. 井邑		川, 井邑川, 頃川, 金仙瀑布, 龍山貯水地, 訥堤, 國立公園, 忠武·井邑詞 公園, 金仙谷, 流觴臺, 忠烈祠, 民樂亭, 落城亭, 坡香亭, 蘭菊亭, 君子亭, 五倫亭, 感雲亭, 絃歌樓, 涵碧樓, 御賜閣, 浮屠殿, 龍窟, 立石, 忠烈塔, 千年松, 굴거리나무群落, 泰仁골프場 (45)	搭, 三層石塔, 七層石塔, 石佛立像, 萬石洑址, 宋時烈遺址, 全琫準古宅, 黃土硯, 東學軍旗址, 獄址, 古墳, 古塚, 高麗葬址, 鳴琴山墓, 侍天敎墓, 井邑·古阜·泰仁 鄕校, 南皐·慕賢齋·東竹·滄東·道溪·魯陽 書院, 內藏寺, 寶林寺, 靈隱寺, 龍藏寺, 淨土寺, 玉泉寺, 華藏寺, 石佛寺, 大成寺, 日光寺, 彌勒寺, 圓寂庵, 道德庵 (50)	
	5. 南原 (1984)	市廳, 市議會, 市民會館, 驛, 버스터미널, 市街地, 藝術館, 國樂院, 龍城初等學校, 展望臺, 雲峰·大山 牧場, 荒山峽谷, 引月里, 半月岡, 鬼面石, 사랑의 廣場, 興夫마을, 뱀사골 (19)	智異山, 德頭山, 三峰山, 實相山, 峰火山, 大頭山, 長白山, 古南山, 荒山, 蛟龍山, 백공山, 宿星嶺, 般若峰, 麒麟峰, 德音峰, 環峰, 德峰, 鼎山峰, 雲峰, 금암峰, 蟾津江, 源川, 姚川, 栗川, 南原川, 蓼川, 源川瀑布, 龍潭, 智異山國立公園, 南原觀光團地, 十老祠, 老姑壇, 錦水亭, 五里亭, 十水亭, 方丈亭, 萬福臺, 피바위, 고로쇠藥水 (39)	蛟龍山城, 南原城址, 關王廟, 春香祠, 忠烈祠, 春香閣, 龍城館, 廣寒樓, 烏鵲橋, 石장승, 荒山大捷碑址, 龍潭石塔, 五層石塔, 幢竿支柱, 鐵造如來坐像, 萬人義塚, 南原·雲峰鄕校, 滄州·禮山·龍陽·楡川·龍章·楓溪·湖岩 書院, 實相寺, 善國寺, 禪院寺, 歸政寺, 道印寺, 德陰寺, 雲智寺, 普賢寺, 大福寺, 百藏寺, 普門寺, 求印寺, 萬福寺址, 春香墓 (39)	97
	6. 金堤 (1991)	市廳, 市議會, 郡廳, 市民會館, 文化會館, 驛, 버스터미널, 仙佛敎本部, 萬頃平野, 市街地, 됫뱀(升田), 松嶽나무 自生地帶 (12)	黃海, 母岳山, 솔개山, 聖山, 金山, 신털미山, 僧伽山, 萬頃江, 東津江, 두월川, 水源池, 八孝祠, 四賢祠, 西崗祠, 石蓮臺, 七星閣, 華東院, 龍巖院, 石鐘 (19)	碧骨堤, 金山寺 金剛門, 金山石虹門, 碧骨堤碑, 眞興塔碑, 義犬碑, 六角多層石塔, 幢竿支柱, 大鐵釜, 露柱, 金堤·萬頃·金溝 鄕校, 碧城·承芳院·芝陰·龜岩 書院, 金山寺, 歸信寺, 文殊寺, 望海寺, 震默寺, 相仰寺, 興福寺, 萬福寺, 錦福寺, 龍鳳寺, 觀應寺, 圓覺寺, 芙蓉寺, 龍華寺 (31)	62
	7. 完州 (1998)	郡廳, 郡議會, 又石大學, 버스터미널, 市街地, 全州平野, 아리랑가든, 三禮邑 (8)	大芚山, 終南山, 靈岩山, 雲長山, 鳳西山, 萬德山, 完山七峰, 萬頃江, 威鳳瀑布, 德津湖, 江川·大雅里 貯水地, 雲長山·金鷄 溪谷, 母岳山道立公園, 竹林溫泉, 庚天댐, 摩天臺, 鶴川祠, 三賢祠, 泉谷壇, 多嘉亭, 梵鐘閣, 寒碧樓 (24)	威鳳山城, 松廣寺一柱門, 高山鄕校, 湖山·鳳岡·龜湖·淸河·鳳陽·龍岡 書院, 松廣寺, 正覺寺, 南姑寺, 西姑寺, 威鳳寺, 華嚴寺, 花岩寺, 鳳樓寺, 淨水寺, 天國寺, 西國寺, 鶴林寺, 高德寺, 柏雲寺, 大院寺, 丹岩寺, 遠燈寺, 普光明殿, 完崗庵, 安心寺址, 되재聖堂 (30)	62
	8. 鎭安 (1964)	郡廳, 郡議會, 버스터미널, 市街地, 竹島 (5)	九峰山, 德泰山, 馬耳山, 仙角山, 八公山, 萊東山, 聖水山, 富貴山, 鼓山, 烽火山, 明道峰, 明德峰, 門德峰, 太陽峙, 熊峙, 蟾津江, 九里	龍古潭·龍潭玉渠里 山城, 駬山廟, 忠節祠, 崇慕祠, 三義堂, 雙忠壇, 睡仙樓, 永慕亭, 忠木亭, 太古亭, 鎭安·龍潭 鄕校, 靈溪·華山	57

市·道	市·郡	機關·施設·地區	名勝·觀光·慰樂地	遺物·紀念·遺蹟地	合計
全羅北道	8. 鎭安		香川, 天皇門 銀水川, 黃金瀑布, 甑淵, 龍潭耶馬溪, 風穴冷泉, 銀水臺, 華岩窟, 雲日岩, 半日岩, 이팝나무 (27)	書院, 銀水寺, 金塘寺, 天皇寺, 古林寺, 寶石寺, 深院寺, 馬耳塔舍, 南庵, 玉泉庵, 魚銀洞聖堂 (25)	
	9. 茂朱 (1964)	郡廳, 郡議會, 郡民會館, 버스터미널, 市街地, 旅人宿, 茂朱리조트호텔, 內島里, 茂豊洞, 赤裳面, 雪川面 (11)	小白山脈, 德裕山, 赤裳山, 興德山, 大德山, 峰周之山, 居七峰, 三道峰, 香爐峰, 古老峙, 錦江, 南大川, 九里香川, 九千瀑布, 蓮華瀑, 龍湫瀑, 茂朱湖, 茂朱댐, 琵琶潭, 水城臺, 德裕山國立公園, 茂朱九千洞, 茂朱리조트, 按廉臺 (24)	裳山古城, 赤裳山城, 茂豊城址, 羅濟通門, 史庫址, 東軒, 雪湖祠, 道通祠, 棲碧亭, 忠烈閣, 寒風樓, 栖碧亭, 茂朱鄕校, 栢山書院, 安國寺, 高境寺, 佛頭寺, 白蓮寺, 北固寺, 香山寺, 觀音寺, 圓通寺, 裕川寺 (23)	58
	10. 長水 (1964)	郡廳, 郡議會, 버스터미널, 市街地, 文化會館 (5)	德裕山, 白雲山, 白華山, 八公山, 峰火山, 長安山, 聖壽山, 六十嶺, 蛇頭峰, 旗臺峰, 脫惡峰, 水分峴, 錦江, 姚川, 九里香川, 龍湫, 天淵臺, 動靜臺, 龜蓮臺, 白樂亭, 龍淵亭 (21)	合米城址, 論介祠堂, 義岩祠, 月岡祠, 御書閣, 戀思樓, 論介碑, 去恩碑, 墮淚碑, 樹烈碑, 支石, 長水鄕校, 創溪·御筆閣·鴨溪·陶岩·興學堂·近水樓·知今堂 書院, 釋王寺, 雲帖寺, 新光寺, 道光寺, 洗心寺, 錦德寺, 龍雲寺, 映月庵 (27)	53
	11. 任實 (1988)	郡廳, 郡議會, 驛, 버스터미널, 市街地, 雲岩大橋, 流路變更式發電所 (7)	聖壽山, 靈鷲山, 三日洞山, 萬德山, 玉女峰, 蟾津江, 五元江, 烏院江, 龍湫瀑布, 玉井湖, 葛潭貯水地, 蟾津江댐, 四仙臺, 映碧亭, 雲棲樓, 雲巖 (16)	四仙門, 柳誠源祠堂, 昭忠祠, 御筆閣, 光明燈, 龍岩里石燈, 任實鄕校, 寧川·新安 書院, 新興寺, 仙押寺, 白蓮寺, 元寂寺, 上耳庵 (14)	37
	12. 淳昌 (1988)	郡廳, 郡議會, 버스터미널, 市街地, 한가실觀光開發 豫定地 (5)	剛泉山, 白羊山, 歲月山, 無量山, 內藏山, 如粉山, 투구峰, 神仙峰, 蟾津江, 合江, 鏡川, 龍沼, 合江亭, 兄弟窟, 金돼지窟, 부처바위, 屛風岩, 彌勒岩, 北岩 (18)	淳昌邑城, 大母·홀어머니山城, 金剛門, 檀君殿, 三印臺, 客舍, 歸來亭, 支石, 立石, 돌장승, 淳昌鄕校, 剛泉寺, 龜岩寺, 大母庵, 蓮拾庵, 將軍庵 (17)	40
	13. 高敞 (1975)	郡廳, 郡議會, 버스터미널, 市街地, 高敞수박밭, 中山里 이팝나무, 三仁里 冬柏나무숲(7)	黃海, 外竹島, 冬湖海水浴場, 禪雲山, 兜率山, 松林山, 逍遙山, 鏡水山, 文殊山, 方丈山, 笠岩山, 蘆嶺, 將軍峰, 天摩峰, 碧悟峰, 仁川江, 舟津江, 瀧湫瀑布, 東林貯水池, 落照臺, 冬柏亭,萬歲樓,鎭茂樓, 拱北樓, 龍門窟, 眞興窟 (26)	高敞邑城, 八相殿, 靈山殿, 龍岩祠, 道岩祠, 龍光祠, 茂長東軒, 申在孝碑, 倡義碑, 斥和碑, 沙器窯址, 興德堤, 仁村先生生家, 斷崖佛, 고인돌, 高敞·茂長·興德 鄕校, 月岩·雲谷·華東·萬化 書院, 禪雲寺, 文殊寺, 逍遙寺, 蓮華寺, 新旺寺, 懺堂寺, 上院寺, 夢佛寺, 兜率庵 (31)	64
	14. 扶安 (1975)	郡廳, 郡議會, 새萬金干拓事業 現場管理事務所, 버스터미널, 市街地, 새萬金干拓事業場, 鹽田, 界火干拓地, 福祉호텔, 호랑가시나무 群落, 후박나무 群落, 神仙洞,	黃海, 茁浦灣, 界火島, 食島, 蝟島, 蝦島, 邊山·蝟島海水浴場, 邊山半島, 邊山, 峰火峰, 萬頃江, 彩石江, 赤壁江, 東津江, 浮石江, 直沼·直演·仙溪 瀑布, 粉玉潭,	울금바우山城, 馬延城址, 繼陽祠, 開岩祠, 設禪堂, 落照臺, 蓬萊樓, 柳川陶窯址, 堂山, 古代 南方式支石墓群, 立石, 將敗塚, 扶安鄕校, 東林書院, 實相寺, 來蘇寺, 開巖	64

市·道	市·郡	機關·施設·地區	名勝·觀光·慰樂地	遺物·紀念·遺蹟地	合計
全羅北道	14. 扶安	茁浦, 漁港 (14)	仙女湯, 蓬萊洞泉, 굴바위洞窟, 棲雲岩, 禹金岩, 白沙靑松, 觀音峰 (27)	寺, 城隍寺, 龍華寺, 望月寺, 明月庵, 靑蓮庵, 水聖堂 (23)	
	計(14)	165	373	402	940
全羅南道 (1972)	1. 木浦 (1988)	市廳, 市議會, 市民會館, 綜合文化藝術會館, 木浦大學, 空港, 驛, 버스터미널, 市街地, KBS홀, 大佛工團, 湖南線鐵道終着驛標識點, 新安비치호텔 (12)	黃海, 南海,, 海南灣, 靈岩灣, 高下島, 屯兵島, 外達島, 友島,長座島, 갯바위 海水浴場, 木浦港, 儒達山, 부주山, 立岩山, 榮山江, 第一貯水池, 逍遙亭, 木浦의 눈물노래碑, 一等岩, 二等岩 (20)	露積峰遺址, 達城閣, 儒城閣, 李舜臣將軍碑刻, 人魚像, 南濃紀念館, 朴花城文學紀念館, 조개 博物館, 鄕土文化館, 儒達寺, 法住寺, 鶴岩寺, 修道寺, 觀音寺, 般若寺, 幸奉寺, 善應寺, 普賢精舍 (18)	50
	2. 麗水 (1988)	市廳, 市議會, 麗川市廳, 麗川郡廳, 全南道 水産綜合館, 市民會館, 鎭南文藝會館, 麗水大學, 水族實驗館, MBC홀, 麗水商議, 空港, 驛, 버스터미널, 市街地, 突山大橋, 虹橋, 麗水 水産센터, 現代플라자, 突山횟집거리, 麗川工團, 湖南精油工場, 요트 競技場, 世宗호텔, 麗水觀光호텔, 바다낚시터, 梧桐島, · 巨文島燈臺, 中村마을(雙童村) (29)	南海, 光陽灣, 順天灣, 麗水灣, 閑麗水道, 金鰲水道, 賀莫洋, 金鰲島, 鏡鼓島, 白島, 沙島, 猫島, 突山島, 萬聖里海水浴場, 突山, 虎岩山, 馬來山, 天聖山, 高藥山, 靈聚山, 甑峰, 閑麗海上國立公園, 突山 · 南山 · 安山 · 龍基 · 舞仙公園, 모세의 奇蹟地, 麗川堤八角亭, 望海臺, 梧桐島箭竹, 桐柏林, 竹林, 거북등바위, 雙峰山, 國師峰, 三台峰 (41)	掛樂 · 虎狼山城, 都督城, 鳳溪城, 石倉城, 自也城, 猿村 · 海雲 · 高麗 城址, 左水營址, 船所, 鎭南館, 忠愍祠, 五忠祠, 海雲臺址, 忠武公大捷碑, 李舜臣碑刻, 墮淚碑, 碑刻址, 顯忠塔, 突山大橋竣工紀念塔, 忠武公銅像, 孫良源牧師紀念館, 麗水 · 突山 鄕校, 興國寺, 白蓮寺, 普光寺, 石泉寺, 箕山寺, 觀音寺, 道峯精舍, 隱寂庵, 栗村向日庵 (34)	104
	3. 順天 (1972)	市廳, 市議會, 順天大學, 驛, 버스터미널, 市街地, 順天橋, KBS홀, 順天호텔, 밤나무團地, 이팝나무, 雙香樹, 長省浦, 新城浦 (14)	南海, 順天灣, 烽火山, 伯夷山, 望日山, 棲籠山, 言溪山, 飛鳳山, 竹島峰, 樹裏峙, 松峙, 寶城江, 東川, 順天體育 · 竹島峰 · 竹頭 公園, 臨淸臺, 倭城臺, 鷰子樓, 忠魂塔, 八美塔 (21)	新城里城, 樂安城, 樂安客舍, 忠武祠, 忠節祠, 六忠祠, 四休祠, 伊川祠, 月溪寺, 喚仙亭, 江南亭, 八馬碑, 順天 · 樂安 鄕校, 玉川 · 松川 · 玉溪 · 曲水 書院, 泰華門, 松廣寺, 曹溪寺, 仙巖寺, 香林寺, 定慧寺, 南興寺, 桐樺寺 (26)	61
	4. 羅州 (1982)	市廳, 市議會, 東信大學, 驛, 버스터미널, 市街地, 松月洞 新市街地, 湖南肥料工場, 榮山浦, 羅州平野, 羅州배밭 (12)	錦城山, 錦京山, 재신山, 玉山, 食山, 德龍山, 榮山江, 沙湖江, 底石江, 羅州댐, 寒水堤, 羅州貯水池, 삼도리못, 南山公園, 錦城館, 榮山舊橋, 挽湖亭, 碧流亭, 正綏樓 (19)	錦城山城, 南固門, 文廟, 旌烈祠, 八忠祠, 松齋祠, 錦湖祠, 寶山祠, 武烈祠, 黃厖村祠宇, 三王廳, 不桃廳, 三層石塔, 外石幢竿, 七佛石像, 石佛立像, 古墳群, 南平 · 羅州 鄕校, 雪濟書院, 多寶寺, 竹林寺, 尋香寺, 鳳岩寺, 雲興寺, 佛會寺, 靑虎寺 (27)	58
	5. 光陽 (1974)	市廳, 市議會, 郡廳, 市文化藝術會館, 光陽工團, 聯關工業團地, 光陽金鑛, 光陽製鐵, 驛, 버스 터미널, 市街地, 金湖大橋, 市體育館, 市民休養所, 和信食堂, 작은도나루, 이팝나무棲息地, 錦梨里部落, 梅花마을 (19)	南海, 光陽灣, 金湖島, 內島, 金塘島, 三和島, 小堂島, 拜謁島, 太仁島, 望德海水浴場, 白雲山,白鷄山, 伽倻山, 天王山, 望德山, 兜率山, 松峙, 水達峙, 蟾津江, 水魚川, 東川, 西川, 龍門瀑布, 靈天溫泉湯, 馬洞堤, 柳塘公園, 桐栢林	中興 · 馬老 · 佛岩 · 峰岩 山城, 兄弟義兵將祠堂, 學士臺, 永慕齋, 梅泉先生追慕碑, 松川寺石碑, 三層石塔, 石影墓, 蔡九淵義士墓, 光陽鄕校, 白雲寺, 中興寺, 成佛寺, 西山寺, 觀音寺, 德山寺, 玉龍寺址, 松川寺址 (21)	67

市·道	市·郡	機關·施設·地區	名勝·觀光·慰樂地	遺物·紀念·遺蹟地	合計
全羅南道	5. 光陽		(27)		
	6. 潭陽 (1975)	郡廳, 郡議會, 버스터미널, 市街地, 堤防숲 (5)	金城山, 屛風山, 星山, 秋月山, 國守峰, 榮山江, 竹錄川, 潭陽湖, 龍淵, 龍龜샘, 光州댐, 潭陽댐, 宮防堤, 俛仰亭 (14)	金城山城, 瀟灑園, 大成祠, 獨守亭, 南喜亭, 觀水亭, 上月亭, 息影亭, 松江亭, 石棹, 石刀, 石燈, 潭陽鄕校, 三賢影堂·學求堂·聚斯堂·敬瞻堂·一等樓·竹林 書院, 普光寺, 龍興寺, 綠泉寺, 正道寺, 龍秋寺, 普在寺, 開仙寺址, 菩提庵 (27)	46
	7. 谷城 (1984)	郡廳, 驛, 버스터미널, 市街地, 蘇俊烈將軍 牧場, 말목石 (6)	桐裏山, 國師峰, 蟾津江, 寶城江, 石鴨江, 光州골프場 (6)	檀君殿, 道東廳, 武山祠, 武候祠, 玉山祠, 忠烈祠, 龜岩祠, 德溪祠, 金銅觀世音菩薩坐像, 谷城·玉果鄕校, 道林寺, 觀音寺, 華嚴寺, 泰安寺, 西山寺, 大安寺 (17)	29
	8. 求禮 (1984)	郡廳, 郡議會, 버스터미널, 市街地, 피아골, 올벚나무 (6)	棲籠山, 般若峰, 兜率峰, 蟾津江, 天檀·落水瀑布, 智異山國立公園, 老姑檀, 萬福臺, 展望臺, 雲鳥樓, 石瓮, 四兄弟岩, 山茱萸 (14)	覺皇殿, 南岳祠, 竹淵祠, 雲興亭, 梅泉祠, 高光洵義士碑, 支石, 七義士墓, 求禮鄕校, 華嚴寺, 泉隱寺, 鷰谷寺, 鰲山寺, 龍湖寺, 五鳳精舍 (15)	35
	9. 高興 (1988)	郡廳, 郡議會, 驛, 버스터미널, 市街地, 김養殖場, 호텔 선비치, 宇宙센터 建立地, 활개바위 (9)	南海, 多島海, 濟州海峽, 寶城灣, 順天灣, 得糧灣, 汝自灣, 海蒼灣, 高興半島, 居金島, 小鹿島, 舞鶴島, 元珠島, 羅老島, 新錦·大田海水浴場, 新坪港, 錦津港, 八影山, 三岩山, 天燈山, 鷺舞山, 雲岩山, 龍頭峰, 中央公園, 八影山自然 休養林, 비자나무숲 (27)	自治城, 忠烈祠, 雲谷祠, 星山祠, 紫陽祠, 虹橋, 支石墓群, 立石群, 高興鄕校, 德陽·齋洞 書院, 楞伽寺, 尖山寺, 瀛洲寺, 帝釋寺, 龍興寺, 蓬萊寺, 金塔寺, 修道庵 (19)	55
	10. 寶城 (1988)	郡廳, 郡議會, 驛, 버스터미널, 市街地, 水力發電所, 筏橋 (7)	南海, 寶城灣, 栗浦海水浴場, 天馬山, 碧玉山, 日林山, 方文山, 伯夷山, 望日山, 寶城江, 寶城江댐, 龍湫, 茶園, 劍岩, 筏橋銀杏나무 (15)	德岩齋, 樂川齋, 龜岩齋, 永月亭, 石湖亭, 龜山亭, 烽燧臺址, 流民救濟報恩墻, 虹橋, 寶城鄕校, 古山寺, 大原寺, 龍淵寺, 玉蓮寺, 日林寺, 木美庵, 都大門, 船所 (18)	40
	11. 和順 (1974)	郡廳, 郡議會, 驛, 버스터미널, 市街地, 和順炭田, 勿染 (7)	無等山, 海望山, 甕岩山, 黃鶴山, 天雪山, 母后山, 多塔峰, 雁峙, 赤壁江, 萬淵瀑布, 和順溫泉, 沙坪물통, 玲瓏臺, 松石亭, 寶山赤壁, 南光州골프場 (16)	禮城山城, 金鰲山城址, 竹樹節制衙門, 忠臣閣, 七忠閣, 雙忠閣, 映碧亭, 勿染亭, 千佛千塔, 和順·同福·綾州 鄕校, 雙峰寺, 觀音寺, 寒山寺, 維摩寺 (16)	39
	12. 長興 (1988)	郡廳, 郡議會, 버스터미널, 市街地, 水門浦 (5)	南海, 得糧灣, 得糧島, 水門浦海水浴場, 迦智山, 天冠山, 億佛山, 修仁山, 龍頭山, 碧玉山, 日林山, 富谷山, 芙蓉山, 廣春山, 國師峰, 老僧峰, 古峙, 熊峙, 龍湖亭, 舍人岩, 龍湖岩, 望夫岩, 舍那岩, 幢岩,	天冠·修仁 山城, 懷州城址, 會寧鎭, 楊江祠, 萬壽祠, 長川齋, 永錫齋, 月山齋, 雪峰臺, 富春亭, 舍人亭, 花樹亭, 豪俗堤古家, 石墳, 義馬塚, 長興鄕校, 江城·蓮谷 書院, 天冠寺, 寶林寺, 迦智寺, 淨水	53

市·道	市·郡	機關·施設·地區	名勝·觀光·慰樂地	遺物·紀念·遺蹟地	合計
全羅南道	12. 長興		立岩 (25)	寺(23)	
	13. 康津 (1999)	郡廳, 郡議會, 成和專門大學, 郡立圖書館, 버스터미널, 市街地, 郡民會館, 農工團地, 干拓地, 綜合運動場, 月出青少年野營場, 沙內地域, 沙內防潮堤, 돌담, 鏡布臺旅館, 青瓷골宗家집,觀光案內所, 沙內觀光農園, 鵲川平野, 第6回 康津青瓷文化祭 (20)	南海, 康津灣, 古今島, 駕牛島, 馬良港, 月出山, 修仁山, 琵瑟山, 萬德山, 茶山, 牛頭峰, 兵峙, 黃峙, 耽津江, 錦江, 金凌鏡布臺, 萬景樓, 天一閣, 게팽나무, 비자나무, 柊柏林, 까막섬 常綠樹林, 月出山國立公園, 道岩石門, 郡東유리溫室 (25)	萬戶城, 兵營城, 陶窯址, 丁茶山遺蹟, 博山祠, 康德祠, 龜谷祠, 忠靖祠, 茶山草堂, 御筆閣, 紅橋, 永郎生家, 青瓷資料博物館, 康津鄕校, 秀岩書院, 無爲寺, 白蓮寺高城寺, 淨水寺, 金谷寺, 花坊寺, 石門寺, 紅蓮寺, 修仁寺, 月南寺址, 茶山遺物展示館 (26)	71
	14. 海南 (1990)	郡廳, 郡議會, 버스터미널, 市街地, 碧波津, 於蘭津, 葛頭村, 右水營部落, 三岐院, 土末里, 왕벚나무自生地, 白鷺·왜가리 渡來地, 비자나무숲, 聲山玉돌 (15)	南海, 黃海, 鳴梁海峽, 海南灣, 錦湖島, 鹿島, 大連浦產島, 三鞍島, 竹島, 於佛島, 中馬島, 澄衣島, 甫吉島, 松旨·松湖里 海水浴場, 大興山, 達磨山, 白房山, 頭輪山, 金剛山, 大芚山, 獅子峰, 格紫峰, 兵峙, 採石江, 牛項川, 藥水場 (27)	檀君殿, 右水營, 李忠武公祠堂, 表忠祠, 五忠祠, 海村祠, 龍井祠, 琴城祠, 三忠祠, 老松祠, 英山祠, 孤山綠雨堂, 忠武公 大捷壇, 鳴梁大捷碑, 土末碑, 淸虛堂西山大師傳堵, 皇朝別墓, 尹善道墓, 海南鄕校, 芳春書院, 大興寺, 美黃寺, 瑞洞寺, 隱蹟寺, 道場寺, 塔山寺, 一枝庵 (27)	69
	15. 靈岩 (1999)	郡廳, 郡議會, 버스터미널, 市街地, 靈明食堂, 鳩林, 白鷺棲息地, 팽나무產地, 錦江里 香나무 (9)	黃海, 海南灣, 羅佛島, 狗臥島, 鼠島, 外島, 月出山, 國師峰, 九井峰, 華峙, 榮山江, 大洞瀑布, 榮山湖 (13)	鳩林王仁博士遺蹟地, 靈湖·芽山·竹峯·雲湖·忠孝 祠宇, 會社亭, 遊山亭, 永保亭, 磨崖如來坐像, 靈岩鄕校, 道岬寺, 天皇寺, 望月寺, 東鳩寺 (15)	37
	16. 務安 (1988)	郡廳, 郡議會, 버스터미널, 邑·面市街地, 夢灘, 三香面, 白鷺·왜가리 渡來地 (9)	黃海, 咸平灣, 鷄島, 大竹島, 黑山島, 中島, 月出山, 牛明山, 烽臺山, 僧達山, 榮山江, 榮山湖, 紅島天然保護區域 (13)	平山祠, 思悼世子祭堂, 忠孝壇, 三休亭, 立石, 務山鄕校, 僧達寺, 法泉寺, 道德寺, 磨谷寺 (10)	32
	17. 咸平 (1989)	郡廳, 郡議會, 버스터미널, 市街地, 石頭海岸, 鄕校里팽나무·느티나무·개서나무 群生地 (8)	黃海 咸平灣, 酒浦海水浴場, 佛甲山, 君遊山, 高山峰, 箕山峰, 榮山江, 箕山穎 (9)	甑山祠, 竹林祠, 穎水亭, 躍馬燈, 독다리, 咸平鄕校, 龍華寺 (7)	24
	18. 靈光 (1982)	郡廳, 郡議會, 버스터미널, 市街地, 法聖浦 굴비漁場, 참식나무自生 北限地帶 (6)	黃海, 七山바다, 落月島, 七山島, 竹島, 老因島, 壬丙島, 鞍馬島, 가매리海水浴場,月出山, 古城山, 佛甲山, 君遊山,老人峰, 陰陽水, 靈光八景, 佛影臺, 鵂巖齊月, 靈光八怪 (19)	建武山鐵馬, 白草鄕螺殼, 鶴橋酒旗, 西堤煙柳, 浮石, 浮金, 三層石塔, 靈光鄕校, 畝長·長山 書院, 佛甲寺, 道甲寺, 煙興寺, 隱仙庵, 海佛庵, 餞日庵, 修道庵 (17)	42
	19. 長城 (1989)	郡廳, 郡議會, 尙武臺, 새마을南部研修院, 溫突紙製造工場, 프란치스코의 집, 白羊驛, 버스터미널, 市街地, 洪吉童路, 방울샘(鈴泉), 長城邑왕버들, 비자나무分布北限地帶, 붓바위(筆岩) (14)	內藏山, 白羊山, 白岩山, 方丈山, 笠岩山, 屛風山, 古城山, 將軍峰, 砧嶺峙, 黃龍江, 藥水川, 北河川, 大岳川, 三溪川, 生態河川, 蒙溪瀑布, 羅州湖, 長城湖, 長城댐, 長城公園, 黃龍江芚峙公園, 남창溪谷, 方丈山休養林, 洪吉童우드랜	笠岩·利陟·望帖·三城·碧梧山城, 珍原城, 萬洞民堡城, 丘珍城址, 養蠶發祥地, 누에祠堂, 通引廳, 野隱齊, 湖南倡義領袖 省齋奇參衍先生殉國紀念碑, 亞次谷洪吉童生家, 支石, 長城鄕校, 高山·筆岩·介川·追遠齋 書院,	73

市·道	市·郡	機關·施設·地區	名勝·觀光·慰樂地	遺物·紀念·遺蹟地	合計
全羅南道	19. 長城		드, 淸溪亭, 碁翁亭, 靈泉庵洞窟, 鶴바위, 비녀바위, 감투바위, 耳岩, 浮岩, 儒佛仙三岩 (33)	白羊寺, 鳳停寺, 石水庵, 淸流庵, 下請寺址, 鷲棲寺址 (26)	
	20. 莞島 (1990)	郡廳, 郡議會, 버스터미널, 市街地, 魚龍島燈臺, 靑山島漁場, 굴養殖場, 珠島常綠樹林, 禮松里常綠樹林, 郡外面팽나무, 竹靑里桐柏나무 (11)	南海, 莞島港, 生日島, 釜島, 金塘島, 平日島, 古今島, 九龍島, 珠島, 仙山島, 蘆花島, 長島, 廟堂島, 鳴沙場, 薪智島海水浴場, 上皇峰, 射峴, 正道里九溪洞, 굴바위 (19)	靑海鎭址, 李忠武公遺蹟, 尹善道流謫址, 九階燈, 글쓰인바위, 支石, 莞島鄕校, 玉泉寺, 白蓮寺, 南銀寺, 觀音寺, 新興寺, 學書庵, 法華庵 (14)	44
	21. 珍島 (1990)	郡廳, 郡議會, 漁港, 버스터미널, 市街地, 珍島犬飼育地, 碧波津, 於蘭浦, 노루목, 白鳥渡來地, 臨淮面비자나무自生地, 枸杞子栽培地, 常綠樹林 (14)	黃海, 南海, 鳴梁海峽, 右水營半島, 加沙島, 鳥島, 巨次島, 佛島, 寶島, 觀梅島, 大馬島, 長島, 金湖島, 智力山, 女貴山, 金骨山, 王무덤재, 尖察峰, 굴바위 (19)	鐵馬·龍藏 山城, 南桃石城, 僞王城, 右水營, 金甲鎭, 烽燧臺, 碧波亭, 鴨鷗亭, 李忠武公破 倭鐵環架設地, 女岐及唱두멍, 五層石塔, 童子石像, 溫王墓, 珍島鄕校, 雙溪寺, 龍藏寺, 竹林寺, 金骨庵 (19)	52
	22. 新安 (1988)	郡廳, 郡議會, 漁港, 버스터미널, 邑·面市街地, 智島邑, 黑山島漁場 (8)	黃海, 黑山島, 紅島, 桃岩島, 屛風島, 半月島, 古耳島, 梅花島, 上下臺島, 荷衣島, 飛禽島, 荷衣·飛禽·荏子·하우리 海水浴場, 七星窟, 龍城岩窟, 龍난窟, 獨立門구멍바위, 뜬바위, 피바위, 돛대바위 (22)	蓮溪祠, 고인돌, 先史貝塚, 智島鄕校 (4)	34
	計(22)	245	444	426	1,115
慶尙北道 (1936)	1. 浦項 (1972)	市廳, 市議會, 迎日郡廳, 市民會館, 浦項大學, 浦鐵人材開發院, 浦項商議, 浦項綜合製鐵工場, 空港, 驛, 버스터미널, 市街地, 松島橋, 虎尾곶廣場, 浦項防波堤, 浦項 테크노파크호텔, 시그너스溫泉 觀光호텔, 食堂 해뜨는집, 大甫燈臺, 長鬐岬, 興海邑, 延日邑, 九龍浦邑 (23)	東海, 迎日灣, 月浦灣, 竹島, 華津·松島·七浦·北部·都邱·月浦·九龍浦·浦項 海水浴場, 浦項港, 九龍浦港, 迎日灣新港, 妙峰山, 九巖山, 水道山, 竹林山, 內延山, 機峰, 香爐峰, 琴湖江, 兄山江, 觀音·相生·直沼 瀑布, 日月池, 大岺池, 吾魚貯水池, 배머리못, 神光溫泉, 水道山·海道·相生漁村·虎尾곶 公園, 松島國民觀光地, 下仙臺 (39)	彌秩夫城, 萬活堂, 崇安齋, 琴山齋, 勸武亭, 永慕亭, 忠魂塔, 鄭圃隱遺墟碑刻, 圓眞國師碑, 眞覺鍾, 龍溪亭, 支石, 迎日民俗博物館, 長鬐곶燈臺博物館, 淸河·長鬐·興海·延日 鄕校, 廣南·立岩·烏川·鶴三·德林·西山·竹林 書院, 寶鏡寺, 吾魚寺, 古石寺, 竹林寺, 海峰寺, 龍山寺, 法光寺, 觀音寺, 雲梯寺, 大成寺, 普賢寺, 安樂寺, 龍興寺 (38)	100
	2. 慶州 (1979)	市廳, 市議會, 月城郡廳, 徐羅伐文化會館, 敎育文化會館, 慶州中學校, 慶州大學, 東國大學校 慶州캠퍼스, 花郞敎育院, 靑少年修鍊館, 慶州商議, 普門團地觀光센터, 慶州文化院, 새마을支會, 和星그룹, 驛, 버스터미널, 市街地, 普門路, 佛國寺路, 新羅村, 도투락牧	東海, 五柳·羅亭·奉吉·羅兒·觀星 海水浴場, 吐含山, 明活山, 金烏山, 龜尾山, 南山, 小金剛山, 仙桃山, 大德山, 望山, 磨石山, 金鰲山, 斷石山, 東山嶺, 兄弟峰, 玉女峰, 萬孝峰, 鵲峰, 박두峰, 제비고개, 소태고개, 兄山江, 密陽江, 東川, 南川, 西川, 北川, 薪坪川,	月城, 慶州邑城, 鵲城, 關門城, 富山城, 明活山城, 釜山城, 南山·千軍里 城址, 統一殿, 崇信殿, 宋德殿, 臨海殿址, 書百堂, 孤雲先生讀書堂, 東軒建物, 瞻星臺, 鳳凰臺, 石氷庫, 鮑石亭, 朴武毅公收復東都碑, 釋迦塔, 多寶塔, 奉德寺鍾, 南山石佛, 四面石佛, 石窟庵, 南古	213

市·道	市·郡	機關·施設·地區	名勝·觀光·慰樂地	遺物·紀念·遺蹟地	合計
慶尙北道	2. 慶州	場, 公設運動場, 코오롱호텔, 콩코드호텔, 現代호텔, 朝鮮호텔, 힐튼호텔, 無盡藏食堂, 天馬食堂, 食堂5609, 日食祐禎, 佛國寺溫泉호텔, 慶州平野, 安康, 甘浦, 外東, 良洞, 傳統韓屋村, 乾川邑, 苗木團地, 校洞, 金壽鶴會長宅, 五柳里등나무, 中國주엽나무, 外東왕버들나무 (47)	普門湖, 德洞湖, 大堤池, 忠孝池, 鮑石亭池, 北軍池, 影池, 德洞댐, 普門觀光團地, 隍城·慶州國立·慶州월드主題 公園, 大陵苑, 柳林, 女根谷, 浮石, 龍潭亭, 茶亭, 獨樂堂, 北角壇, 西角壇, 異見臺, 展望臺, 普門塔, 八等塔, 慶州世界文化엑스포 1988展示場, 民俗工藝村, 朝鮮골프場, 코오롱 골프場 (63)	疊, 雁鴨池, 書出池, 財買井, 蘿井, 狼山西麓, , 桂林, 鷄林, 幢竿支柱, 崔濟愚生家, 秀峰亭古宅, 月城孫氏宗家, 古墳群, 支石墓, 方形墳, 金冠塚, 瑞鳳塚,金鈴塚, 天馬塚, 皇南大塚, 文武王水中王陵, 眞德·景德·武烈·味鄒·法興·聖德·憲德·興德·脫解·眞興·眞平·神文·孝恭·孝昭·神武·靖康·憲康·奈勿·景哀·閔哀·祗摩·僖康王陵, 五陵, 桂陵, 掛陵, 薛聰墓, 金庾信墓, 先祖墓所, 國立慶州博物館, 花郎教育壇, 民俗資料展示室, 良洞民俗館, 校洞鄕校, 西岳·龍山·玉山·龜岡·雲谷·東江·景山 書院, 佛國寺, 祇林寺, 栢栗寺, 神仙寺, 聖岩寺, 深遠寺, 甲山寺, 觀音寺, 青龍寺, 釋迦寺, 臥龍寺, 淨惠寺, 仙岩寺, 皇龍·芬皇·感恩 寺址 (103)	
	3. 金泉 (1979)	市廳, 市議會, 金陵郡廳, 文化藝術會館, 僧伽大學, 金泉科學大學, 驛, 버스터미널, 市街地, 甘川橋, 金泉農機械工團, 市民塔, 五日장터, 탑웨딩, 秋風嶺休憩所, 松竹休憩所, 紗帽岩, 青山고을飮食店, 食堂 太白山脈, 龜城面, 代項面 (21)	金烏山, 黃鶴山, 修道山, 黃岳山, 秋風嶺, 牛頭嶺, 三道峰, 葛項峴, 過夏川, 甘川, 金池川, 道指川, 蓮花池, 過夏샘, 金烏山道立·南山·자산 公園, 龍湫甌穴, 鳳凰臺, 紗帽岩, 南山樓, 反共慰靈塔, 忠魂塔 (23)	金烏·秀明 山城, 如來石坐像, 石窟古墳, 金山·開寧·知禮 鄕校, 金烏·遠溪 書院, 直指寺, 雙溪寺, 修道寺, 青巖寺, 開雲寺, 觀音寺, 虎狼寺, 九華寺, 金剛寺, 精心寺, 古芳寺, 鷄林寺, 新興寺, 鳳谷寺 (23)	67
	4. 安東 (1954)	市廳, 市議會, 郡廳, 市民會館, 文化院, 農協, 警察署, 西部·中央·松峴·川前 初等學校, 安東·豊山·安東女子 中學校, 安東師範學校, 安東·慶安·安東農林 高等學校, 安東大學校, 安東情報科學大學, 民防衛教育長, 韓國國學振興院, 安東發展研究所, 地域發展協議會, MBC, 安東病院, 驛, 버스터미널, 市街地, 安東橋, 法興橋, 安東觀光호텔, 食堂山河, 傳統飮食店, 河回마을, 佳日村, 知禮藝術村, 素山洞, 마을굿터, 陶山, 臥龍, 臨東, 禮安, 豊山, 瓮泉, 龜里側柏나무自生地, 龍溪銀	天燈山, 鶴駕山, 鉛店山, 清凉山, 花釜山, 普門山, 黃鶴山, 劍舞山, 萬里山, 峰燧山, 白長山, 鷹羅山, 靈芝山, 臥龍山, 南山, 遠志山, 花山, 文殊山, 照骨山, 왕모山, 日月山, 劍磨山, 長葛山, 龍角山, 屛山, 碧鎭嶺, 長葛嶺, 洛東江, 乃城川, 伴邊川, 陶淵瀑布, 安東湖, 臨河湖, 安東댐, 臨河댐,陶山溫泉, 古蘭藥水터, 清凉山道立·體育彫刻 公園, 義湘窟, 新基窟, 立石, 임금바위, 三綱堂, 明玉臺, 仙魚臺, 芙蓉臺, 八仙臺, 白雲亭, 三龜亭, 孤山亭, 伴鷗亭, 山水亭, 曜清亭, 玉淵亭, 評庵亭, 白鶴棲息地,	安珦文廟, 關王廟, 太師廟, 養眞堂, 吾山堂, 忠孝堂, 臨淸閣, 孝婦閣, 石氷庫, 映湖樓, 石門亭, 晩休亭, 歸來亭, 孤山亭, 晩松亭, 一松金東三先生語錄碑, 李陸史 詩碑, 玉洞三層石塔, 五層石塔, 五層塼塔, 七層塼塔, 幢竿支柱, 제비院彌勒, 石佛像, 烏川遺蹟地, 木石居, 義城金氏宗宅, 禮安李氏宗宅, 安東金氏宗宅, 先代墓所, 安東民俗博物館, 安東民俗村, 安東鄕校址, 陶山·臨川·青城·屛山·芥城·默溪·虎溪·鳥溪·鳳岩·西山·易東·龜溪·光川齋·道溪·高山·泗濱·臨湖·芝山·	188

市·道	市·郡	機關·施設·地區	名勝·觀光·慰樂地	遺物·紀念·遺蹟地	合計
慶尙北道	4. 安東	杏나무, 開湖松, 張完實家, 金源家, 文化財團地 (50)	太祖王建撮影場, 鷄鳴山, 鷄鳴山自然休養林, 月川, 龍頭山, 芙蓉峰 (63)	岐陽·魯東 書院, 芝藝書堂, 鳳停寺, 西嶽寺, 開目寺, 妙雲寺, 法龍寺, 廣興寺, 眞月寺, 龍潭寺, 黃山寺, 海東寺, 淸凉寺, 雨谷寺, 鷲棲寺, 開日庵, 月山峰庵, 金井庵, 石壽庵, 玉淵精舍, 蒼巖亭, 王母山城, 月川書堂 (75)	
	5. 龜尾 (1979)	市廳, 市議會, 善山郡廳, 龜尾商議, 靑少年會館, 龜尾工團, 驛, 버스터미널, 市街地, 輸出産業의 塔, 龜尾호텔, 善山邑, 海平地域 (13)	小白山脈, 金烏山, 八公山, 靑華山, 天生山, 兄弟峰, 長子峰, 洛東江, 甘川, 연곡川, 큰瀑布, 鳴金瀑布, 荊谷池, 林隱池, 털레샘, 吳太堤, 金烏山道立公園, 道詵窟, 農所銀杏나무 (19)	金烏·崇信山城, 忠烈堂, 松堂, 梅鶴亭, 採薇亭, 月巖亭, 五層石塔, 三層石塔, 磨崖佛, 朴正熙生家, 義牛塚, 義狗塚, 善山鄕校, 金烏·洛峰·松山 書院, 桃李寺, 水多寺, 大芚寺, 文殊寺, 桐華寺, 龍臥寺, 義天寺, 金剛寺, 海雲寺, 寶泉寺, 東顯寺, 藥師庵 (29)	61
	6. 榮州 (1979)	市廳, 市議會, 榮豊郡廳, 市民會館, 慶北專門大學,東洋大學, 榮州商議, 人蔘栽培地, 喜方寺 休憩所, 옛고개 休憩所, 驛, 順興묵마을, 市街地, 西川橋, 小白山觀光호텔, 浮石面, 豊基邑, 順興面, 白雲洞 (19)	小白山, 兜率山, 鐵呑山, 珍峰山, 峰燧山, 鳳凰山, 龜山, 竹嶺, 國望峰, 蓮花峰, 老人峰, 毘盧峰, 乃城川, 主山川, 竹溪川, 南院川, 西川, 喜方·石泉 瀑布, 小白山道立公園, 龜城公園, 將軍臺, 金城坍, 祖師堂, 金鷄村 (25)	兜率·飛鳳 山城, 崇德祠, 錦城壇, 奉松臺, 鳳棲樓, 駕鶴樓, 濟民樓, 錦山亭, 德泉亭, 龜鶴亭, 梅陽亭, 四賢亭, 伴鷗亭, 無信塔, 幢竿支柱, 磨崖三尊佛像, 如來坐像, 支石墓, 柳陵, 安珦影幀, 周世鵬影幀, 順興·榮州·豊基 鄕校, 紹修·義山·伊山·道林·正庵 書院, 鳳康·道岡 書堂, 浮石寺, 喜方寺, 龍泉寺, 安養寺, 黑石寺, 陳月寺, 雲崗寺, 觀音寺, 金剛寺, 白雲寺 (42)	86
	7. 永川 (1990)	市廳, 市議會, 郡廳, 市民會館, 陸軍3士官學校, 驛, 버스터미널, 市街地, 永川橋, 安康休憩所, 五日場, 牛市場, 琴湖平野, 安東食堂, 산정돌솥밥, 紫陽面, 琴湖邑 (17)	普賢山, 石心山, 八公山, 鵲山, 完山, 方可山, 老姑山, 採藥山, 琴湖江, 子陽川,新寧川, 永川, 紫湖川, 古村川, 北安川, 八公瀑布, 永川湖,紫陽貯水池, 청못, 黃水湯藥水, 新安藥水場, 永川댐, 上大溫泉, 化龍·馬峴·아현山 公園, 忠魂塔, 勝烈堂, 돌할매, 保護閣 (30)	金剛山城, 靈山殿, 慕古軒, 崇烈堂, 鮮陽閣, 朝陽閣, 西洗樓, 環望亭, 山水亭, 鄭圃隱遺墟碑, 淸帝碑, 三層石塔, 菩薩坐像, 冠峰石造如來坐像, 古墳, 貝塚, 支石, 永川·新寧 鄕校, 昌臺·龜川·臨皐·古川·道峰·道溪·龍溪 書院, 銀海寺, 鳳林寺, 法龍寺, 妙覺寺, 報國寺, 普賢寺, 鳳停寺, 成道寺, 海光寺, 居祖庵 (36)	83
	8. 尙州 (1952)	市廳, 市議會, 尙州郡廳, 尙志女子高等學校, 尙州産業大學, 敎育館, 文化會館, 存愛院, 障碍人綜合福祉館, 靑里地方工業團地, 驛, 버스터미널, 市街地, 恭儉休憩所, 水泳場, 洛江食堂, 할매묵집, 尙	俗離山, 黃嶺山, 毘盧峰, 觀音峰, 兄弟峰, 熊峙, 竹峴, 洛東江, 利安川, 石川, 屛城川, 開雲川, 北川, 五松·玉樑·長角·人工 瀑布, 恭儉池, 龍下里溫泉, 南山公園, 俗離山國立公園, 어린이놀이터,	沙伐國古城, 甄萱山城, 今突城, 忠義壇, 對山樓, 咸寧樓, 勒川亭, 龍驗亭, 王子亭, 塔洞石佛, 善政碑, 三層石塔, 忠魂塔, 抗日獨立運動紀念塔, 幢竿支柱, 石佛坐像, 石刻佛立像, 石刻千人像, 沙伐王	99

市·道	市·郡	機關·施設·地區	名勝·觀光·慰樂地	遺物·紀念·遺蹟地	合計
慶尙北道	8. 尙州	州칼국수집, 金鍾基自宅, 金鍾鎬自宅, 咸昌, 外西, 銀尺, 恭儉, 沙伐, 中東, 洛東, 化西, 化北, 化南, 利安 (31)	龍遊溪谷, 雙龍溪谷, 文藏臺, 商山館, 太平樓, 尙武亭, 擎天臺, 球狀花崗岩, 化西面盤松 (31)	陵, 伽倻王妃陵, 鄭起龍將軍墓, 民俗資料館, 尙州·咸昌 鄕校, 玉洞·興岩 書院, 南長寺, 龍興寺, 東海寺, 北長寺, 深遠寺, 龍門寺, 靑龍寺, 興福寺, 白華寺, 東學敎堂, 尙志聖堂 (37)	
	9. 聞慶 (1936)	(公共機關) 市廳, 市議會, 郡廳, 敎育廳, 警察署, 電話局, 郵遞局, 市民文化會館, 戶西南面· 店村邑·聞慶邑·加恩面·虎溪面·山陽面·永順面·東魯面·山北面·麻城面·籠岩面· 新興洞·店村洞·茅田洞 事務所, 聞慶새재管理事務所 (敎育·硏究機關) 戶西南·店村·中央·虎溪·聞慶·山北·山陽·籠岩·鳥嶺·曦陽·新機初等學校, 聞慶·店村·聞慶西·虎溪·東魯·聞慶女子 中學校, 聞慶·文昌·聞慶綜合·聞慶女子高等學校, 聞慶大學, 聞慶女性大學, 聞慶文化院, 地域發展協議會, 市民自治大學, 聞慶書畵院 (企業·社會團體) 恩城炭鑛, 鳳鳴炭鑛, 聞慶시멘트工場, 聞慶病院, 保命堂藥局, 새마을支會, 店村JC, 中央로타리, 店村로타리, 聞中同窓會, 戶西南初等學校 同窓會, 政黨地區黨事務室, 慶州金氏聞慶宗親會館, 東魯福祉會, 興德門中會, 聞慶·店村·七七 老人會, 信望愛育院, 聞慶새재新聞社, 聞慶新聞社 (交通·通信) 店村驛, 加恩驛, 聞慶驛, 버스터미널, 市街地,穎江橋, 鳥嶺터널, 永順橋, 三江橋 (圖書館·運動場) 市立圖書館, 國際書林, 綜合運動場, 室內體育館, 滑空場, 室內골프練習場, 市民庭球場 (禮式場·旅館·飮食店) 나하나·日新·宮殿 禮式場, 새재觀光호텔, 極東호텔, 리버사이드호	(山) 小白山脈, 小白山, 主屹山, 烏井山, 曦陽山, 鳳鳴山, 敦達山, 興德山, 水晶山, 깃골東山, 엣골山, 孔坪배실山, 白華山, 大美山, 俗離山, 黃腸山, 檀山, 雲達山, 布岩山, 箕山, 封山, 四佛山, 雷震山, 鳥項山, 靑華山, 大耶山, 所屯山, 皇庭山, 荀藥山, 屯德山, 黃鶴山, 月芳山, 天馬山, 王衣山, 道藏山, 七峰山, 魚龍山, 蓮葉山, 鳥嶺, 梨花嶺, 鷄立嶺, 馬轉嶺, 天柱峰, 圓通峰, 촛대峰, 九王峰, 애기암峰, 釜峰, 文繡峰, 國師峰, 숫돌峰, 神仙峰, 馬閉峰, 二萬峰, 甑峰, 聖主峰, 玉女峰, 文殊峰, 功德峰, 鳥峰, 黃腸封山 (江) 洛東江, 穎江, 鳥嶺川, 身北川, 山陽川, 加恩川, 籠岩川, 所耶川, 東魯川, 大下川, 錦川, 耶城川, 鶴泉, 自噴泉, 寅泉, 農泉, 雙泉, 雲達溪谷, 雙龍·八王·女宮·돼지골·大耶山龍湫·中坪·金龍寺溪谷 瀑布, 慶泉湖, 慶泉댐, 敦達山藥水湯, 鳥嶺藥水 (遊園地) 月岳山國立公園, 聞慶새재道立公園, 聞慶새재 自然生態公園, 聞慶랜드, 聞慶리조트, 永新遊園地, 聞慶溫泉, 鳥嶺步行路, 佛井洞自然休養林, 鎭南金, 鎭南湖畔, 梨花嶺·鎭南 休憩所, 곳감천, 龍培公園, 聞慶綜合溫泉 (名所) 仙遊洞, 牛腹洞, 鷄立嶺路, 葛坪十勝地, 玉石臺, 白雲臺, 玉潟臺, 玉河臺, 白石亭, 鶴泉停, 七愚停, 뱀바위, 夜遊岩, 靈鬼岩, 壯烈閣, 祈雨壇, 꽃밭서덜, 籠岩面盤松, '太祖王建' 드라마撮影세	(城·門) 麻姑·姑母 山城, 鳥嶺關北暗門·東暗門 山城, 甄萱城址, 天馬山城, 第1關門(主屹關), 第2關門(鳥谷關), 第3關門(鳥嶺關) (祠·堂·閣 等)忠孝祠, 主屹山城隍堂, 涵虛堂, 幻寂堂, 永紹堂, 慕鵑堂, 主屹山山神閣, 靑雲閣(朴正熙大統領 下宿집), 金仙臺, 秋聾臺, 冠山之館, 至樂軒, 進鄕樓 (齋) 龜壽·蓮峯·永慕·敬慕·誠敬·乳泉·尊敬·鳧谷·啓養·寓慕·發蔭·尙義·忠思·遠慕·東隱·慕遠·屹慕·聚奎·追遠·活土·古山·思鄕·思考·土牧·追慕·退山·靑山·達池·沙峴·幷峴·石山·聖溪·栗谷大·眞木·間谷·池上·水上·荷淵·東山·山澤·膽掃·景慕 齋, 穎皐書齋 (亭) 交龜·景松·葛隱·上江·映流·穎樂·金霞·晩翠·甁泉·四佳·五槐·允下·靑華·四友·石門·山水·舟巖·友巖·鳳山·玉蓮·潤峯·靖湖·望越·溪隱·松德·碧松·瑟琶·北坡·綠陽·景棣·陽坡·崇孝·鶴陰·弄淸·柳川·籠巖·杜隱·洗塵·竹軒·天淵·海雲·望月·穎隱·月皐·溯源·然石·南皐·盤石·遠慕·天山·松澗·石溪·竹林·松梢·弄山·屛巖·七門·鳳笙·月峯·萬樹·良山·九峯·仰巢·穎雲·蘇州·望山·棣華·枕石 亭, 文龜亭址 (碑·塔·像) 義兵大將申泰植	571

市·道	市·郡	機關·施設·地區	名勝·觀光·慰樂地	遺物·紀念·遺蹟地	合計
慶尙北道	9. 聞慶	텔, 三一旅館, 長宇·別宮·李朝·大賢館 食堂, 東南가든, 鎭南·穎江橋·永新金 매운탕집, 골목집, 虎溪松魚횟집, 골뱅이 국밥집, 三江長魚집, 새재民俗酒店, 綜合溫泉莊食堂, 店村칼국수집, 聞慶보리밥집 (地域·地區) 溫泉地區,山陽農工團地, 炭鑛地區, 松茸地區, 새재步行者專用道路, 鳳岩寺一般人出入禁止區域, 採石禁止地域, 上水源保護區域 (兄弟姉妹 家宅) 長姉兄宅, 仲姉兄宅, 季姉兄宅, 甥姪 黃泰鉉·黃元鉉·黃周鉉宅 (親戚家宅) 姨母宅, 永濟·石濟·學濟·元濟·弘濟·星濟·升濟·廣濟·光濟·斗濟·九濟·轍濟·成濟·順濟·龍濟·蓮濟宅, 妻父母宅, 妻男宅, 妻弟宅 (恩師·知人家宅)鄭載勳·李寂宰·金八岩·潘明植·趙命熙·金七星·曺良淑·蔡鴻碩·崔昞植恩師宅, 虎溪 徐錫奎社長宅 (親舊家宅) 白永鶴·鄭圭珍·鄭·圭和·高普林·李春雨·黃宇洪·金奎吾·錢慶洪·張大植·卞鐸·金學澈·尹成吉·李東燮宅 (167)	트場, 觀音里하늘재, 加恩甄萱遺蹟地域, 6·25動亂激戰地, 聞慶自然休養林, 加恩在來市場터, 盤谷반반모티, 水晶沼, 松晶沼, 店村의 배실(梨谷)·佛井里·新機里·소못골·幽谷·수통백이·興德洑·機堤窟, 聞慶의 舊火田民村·龍馬골·배나무골·池谷窟·우무실窟·궁골窟, 加恩의 完章里·旺陵里·仙遊洞九曲·벌바우·茅山窟, 永順의 새갓, 山南揚水場, 山陽의 鹿門마을·佛岩里·잔두리· 미터물(辰井)·秋山里·縣里, 虎溪의 加道里·大灘里·鳳棲里·上仙岩·下仙岩·자래바우·뱃들·뱃나들·降神터·舟坪洑·申塘洑·大正洑·幕谷洑·黃土器窟·富谷숫窟·富谷암窟, 山北의 한두리·大上洑·굴곡窟, 東魯의 生達里, 麻城의 新峴里·九郎里·龍岩洑·所耶橋, 籠岩의 宮基里·姑母里·籠岩장터·相信因·말바우 (189)	先生碑, 申吉元縣監忠烈碑, 洪貴達先生神道碑, 高永和先生追慕碑, 金龍培將軍銅像 및 追慕碑, 市民憲章碑, 새재碑, 산불됴심標石, 智證國師寂照塔, 靜眞大師圓悟塔, 內化里三層石塔, 葛坪里五層石塔, 忠魂塔, 藥師如來坐像, 觀世音菩薩立像, 觀音里石佛立像, 嚴興道忠節像 (遺物·遺蹟) 黃尨村遺物, 幽谷驛古文書, 李萬敷典籍, 聞慶湖山春, 幽谷驛址, 鳥嶺院址, 唐橋史蹟, 嶺南窯, 聞慶窯, 葛田金霞窟, 加恩茅山窟, 軍幕址, 大闕터, 禪岩山烽燧址, 長水黃氏 宗宅, 李康季先生生家址, 盤谷支石墓, 先祖·親知 墓所 (博物·紀念館)自然史·새재·石炭 博物館, 李康季先生 紀念館, 聞慶새재 陶瓷器展示館 (鄕校·書院) 聞慶鄕校, 近嵒·瀟 書院, 穎濱書堂 (寺院·聖堂) 金龍寺, 大乘寺, 惠國寺, 鳳岩寺, 雲岩寺, 圓寂寺, 深源寺, 東珠寺, 天興寺, 聞量寺, 海張寺, 黃嶺寺, 花溪·礪陽·茂林·黔州 精舍, 道泉·金鶴·烏井·機堤·米麵·鳳西 寺址, 潤筆庵, 大成庵, 內院庵, 養眞庵, 華藏庵, 鳳鳴庵, 雲水庵, 金剛庵, 四佛庵, 妙寂庵, 店村聖堂, 長老敎會, 聞慶聖堂 (215)	
	10. 慶山 (1988)	市廳, 市議會, 市民會館, 嶺南大學, 慶北産業大學, 大邱大學, 慶山大學, 慶山商議, 驛, 버스터미널, 市街地, 사과밭, 河陽, 珍良, 押梁, 安心, 慈仁 (17)	大德山, 九龍山, 冠峰山, 八公山, 三望山, 到天山, 琴湖江, 五味川, 南川, 男妹池, 藥水湯, 體育公園, 雙松亭, 心義亭, 龜淵亭, 布敎堂, 忠魂塔, 斬倭石, 大邱골프場 (19)	韓廟, 旌忠閣, 道東齋, 押梁遺蹟, 冠峰石造如來坐像, 南方式支石群, 慶山·慈仁·河陽 鄕校, 孤山·琴湖·早谷·觀瀾 書院, 慶興寺, 佛窟寺, 萬岩寺, 環城寺, 文廣寺, 安興寺, 修精寺, 盤龍寺, 藥水庵 (22)	58
	11. 軍威 (1974)	郡廳, 郡議會, 郡民會館, 圖書館, 버스터미널, 市街地 (6)	八公山, 石心山, 船巖山, 華山, 月影山, 鳥林山, 峨嵋山, 方可山, 船放山, 馬頂山, 渭川, 南川,塔山溫	華山城, 華山城北門, 將軍堂, 兩岩亭, 陟西亭, 羅湖亭, 三詠亭, 大廳, 普覺國尊碑, 斥和碑, 三尊石佛, 僧	50

市·道	市·郡	機關·施設·地區	名勝·觀光·慰樂地	遺物·紀念·遺蹟地	合計
慶尙北道	11. 軍威		泉,八公山道立公園, 長谷自然休養林, 三尊石窟, 豊穴, 피밭골 (18)	一然 塼屠, 軍威·義興 鄕校, 北山·陽山·鳳岡·良川 書院, 麟角寺, 法住寺, 持寶寺, 鴨谷寺, 新興寺, 永泰寺, 法迦寺, 鴨赤庵 (26)	
	12. 義城 (1974)	郡廳, 安溪面事務所, 驛, 버스터미널, 市街地, 安溪濁酒工場, 銅鑛山 (7)	門峰山, 黃鶴山, 飛鳳山, 船巖山, 鷹峰山, 金城山, 蔦羅山, 騰雲山, 海望山, 天祭峰, 莊子峰, 洛東江, 南大川, 美川, 謂川, 氷溪, 氷穴, 風穴, 海望石窟, 孔亭洞窟, 氷山氷穴, 베틀바위, 玉谷巖, 新郎角氏바위, 巨石, 石獅子 (26)	金城山古城, 黃山城, 太一殿, 樂善堂, 晩翠堂, 金致中義烈閣, 晩休亭, 詠歸亭, 湖源亭, 文益漸先生紀念碑, 塔里五層石塔, 石造如來坐像, , 古墳, 景德王陵, 義城·比安 鄕校, 氷溪凍水· 德陽·屛岩·白鶴·明谷 書院, 孤雲寺, 水淨寺, 海望寺, 大谷寺, 地藏寺, 修道寺, 靑龍寺, 觀音寺, 住月寺, 鳳林寺, 登龍寺, 鶴林寺, 仙岩寺 (35)	68
	13. 靑松 (1983)	郡廳, 郡議會, 周王山國立公園 管理事務所, 버스터미널, 市街地, 황장재·노귀재 休憩所, 眞寶 (8)	周王山, 門峰山, 顧母山, 飛鳳山, 石心山, 九巖山, 大頂山, 舞抱山, 太行山, 鉛店山, 中臺山, 普賢山, 機峰, 蓮花峰, 玉蓮峰, 金容峰, 羅漢峰, 周山川, 伴邊川, 靑潭瀑, 龍瀑布, 雙瀑布, 注心池, 達基藥水, 周王山國立公園, 靑松自然休養地, 薪城溪谷, 周王窟, 飛仙臺, 鶴巢臺, 紫霞岩 (31)	讚慶樓, 萬歲樓, 芳壹亭, 歸岩亭, 新基洞느티나무, 官洞왕버들, 靑松民俗博物館, 靑松·眞寶 鄕校, 松鶴書院, 大典寺, 普光寺, 水淨寺, 光岩寺, 氷山寺址, 白蓮庵, 周王庵 (17)	56
	14. 英陽 (1991)	郡廳, 郡議會, 郡民會館, 버스터미널, 市街地, 靑坡禮式場, 고추栽培地, 南怡浦, 道溪里, 東部里 (10)	日月山, 蔚蓮山, 嶺燈山, 掛山, 興林山, 屛岩山, 長葛嶺, 王避川, 伴邊川, 上溪·下溪 瀑布, 龍化仙女湯, 遊園地, 水下溪谷, 三宜溪谷, 側柏樹林, 仙遊窟, 仙바위, 招仙臺, 英陽立石 (20)	山城址, 月潭軒, 汝南講堂, 琵琶堂, 頌詠堂, 樂天亭, 鳳甘模塼五層石塔, 三層石塔, 塼塔, 鳳鑑塔, 英陽鄕校, 月麓·石川 書院, 無量寺, 天華寺 (15)	45
	15. 盈德 (1983)	郡廳, 郡議會, 圖書館, 郡民會館, 버스터미널, 市街地, 柄谷休憩所, 盈德대게市場, 海岸斷丘, 독紙골, 寧海, 丑山, 下渚 (13)	東海, 竹島, 江口港, 丑山港, 大津·長沙·長津 海水浴場, 龍頭山, 峰火山, 丑山, 明童山, 臥牛山, 七寶山, 登雲山, 明龍山, 內延山, 華柿山, 甑山, 鯨山, 兄弟峰, 五十川, 松川, 道谷川, 방가골藥水, 가산藥水, 周王山國立公園, 三思海上公園, 고래불·南湖·七寶山自然休養林, 龍湫遊園地, 觀魚臺, 臨鏡臺, 浩浩臺, 神仙臺 (35)	尙義堂, 獨娛堂, 三碧堂, 靑心樓, 蘭皐亭, 景廉亭, 越松亭址, 牧隱·申乭石將軍·南氏 遺墟碑, 寧海朴氏村, 務安朴氏村, 載寧李氏村, 寧海鄕校, 廣興寺, 永慧寺, 龍雲寺, 有金寺, 莊陸寺, 德興寺, 奉松寺, 靑蓮寺 (22)	70
	16. 淸道 (1965)	郡廳, 郡議會, 驛, 버스터미널, 市街地, 華陽邑 (6)	華岳山, 雲門山, 琵瑟山, 九萬山, 加智山, 架山, 八鳥嶺, 南省峴, 密	虎踞山城, 淸道城址, 淸道亭, 山水亭, 石氷庫, 鶴巢臺, 雲崗古宅,	54

市·道	市·郡	機關·施設·地區	名勝·觀光·慰樂地	遺物·紀念·遺蹟地	合計
慶尙北道	16. 淸道		陽江, 藥水瀑布, 柳湖蓮池, 龍岩·淸道溫泉, 雲門댐, 孔岩, 龍頭岩, 竹바위, 雲門寺盤松, 君子亭 (19)	三層石塔, 如來坐像, 華陽鄕校, 紫溪·琴湖·鳳陽·石岡·車山·仙巖 書院, 雲門寺, 大悲寺, 仙靈寺, 湧泉寺, 金龍寺, 磧川寺, 大山寺, 大寂寺, 大應寺, 礦川寺, 佛靈寺, 鳳凰寺, 雲溪精舍 (29)	
	17. 高靈 (1984)	郡廳, 郡議會, 郡民會館, 버스터미널, 市街地, 大伽倻國樂堂, 琴谷 (7)	主山, 美崇山, 萬臺山, 蘆太山, 小鶴山, 洛東江, 會川, 大伽川, 小伽川, 錦川, 安林川, 東蒼川, 仁佳川, 龍起渡·隱光 瀑布, 碧松亭, 岩刻畵 (17)	高靈土山城, 主山城, 義兵城址, 伽倻都城址, 高靈伽倻遺蹟, 于勒遺蹟地, 古蹟群, 古墳群, 古衙洞古墳 壁畵, 星山沙凫, 陶窯址, 幢竿支柱, 大伽倻遺物館, 于勒紀念館, 老江書院, 鳳凰寺, 光明寺, 靑龍寺, 窺月寺, 盤龍寺 (20)	44
	18. 星州 (2001)	郡廳, 郡議會, 郡民會館, 버스터미널, 市街地, 수박밭, 참외밭, 겨자나무群, 靑少年修練院, 文化藝術會館, 月恒環境農業참외團地, 星州참외輸出團地, 木花農場, 늘푸른 有機農場, 金水文化藝術마을, 福祉마을, 竹田里곰죽골, 郡民憲章碑 (18)	道高山, 伽倻山, 棲鎭山, 靈鷲山, 厭谷山, 胎峰, 洛東江, 仁佳山, 伊川, 星州댐, 伽倻山國立公園, 修道溪谷, 臨風樓, 萬壽洞, 蓼島, 星山, 秀用山, 七佛峰, 牛頭峰, 大家川, 南陽公園, 배바위, 선바위, 星山里城밖숲, 海平洞側柏나무 (25)	凡龍山城, 星山城址, 敬牧堂, 追遠堂, 百世閣, 星山齋, 白雲亭, 大覺國師碑, 九層塔, 磨崖三尊佛, 星山呂氏村, 支石, 幢竿支柱, 伽倻古墳群, 星州鄕校, 檜淵書院, 禪石寺, 感應寺, 龍起寺, 天海寺, 安養寺, 龍華寺, 仁興寺, 東草寺, 靑岩寺, 東方寺址, 禿用山城 (27)	70
	19. 漆谷 (2000)	郡廳, 郡議會, 文化院, 郡民會館, 圖書館, 東國專門大學, 돈보스코藝術學校, 天主敎修道院, 驛, 버스터미널, 市街地, 人道橋, 洛東江 舊鐵橋, 産業團地, 美軍駐屯地, 泉坪休憩所, 느티나무 巨樹, 古宮·慶北 食堂, 倭館, 仁洞 (21)	金烏山, 八公山, 架山, 白雲山, 巢鶴山, 黃鶴山, 遊鶴山, 道高山, 錦舞峰, 多富院고개, 洛東江, 同廷川, 鏡湖川, 江亭川, 豆滿川, 伊彦川, 蓮湖川, 八莒川, 九池川, 한내, 落花潭, 道開溫泉, 金烏山·八公山 道立公園, 八公山테마休養地, 南浦樓, 慶北골프場 (28)	架山·天生 山城, 如比亭, 化石包含地, 大覺國師碑, 張鎭弘紀念碑, 多富院戰跡碑, 五層石塔, 多富院戰跡紀念館, 漆谷·仁同 鄕校, 金烏·東洛·泗陽 書院, 松林寺, 興國寺, 金谷寺, 崖岩寺, 月南寺, 大覺寺, 上東寺, 僊鳳寺, 鳥蓮寺, 聖堂 (24)	73
	20. 醴泉 (1951)	郡廳, 郡議會, 文化會館, 龍元初等學校, 醴泉初等學校, 醴泉道立(慶道)大學, 空港, 驛, 버스터미널, 市街地, 空軍基地, 金堂室, 맛질, 龍門, 知保, 甘泉, 柳川, 開浦, 豊壤, 龍宮, 天宮館, 智山가든 (22)	小白山脈, 普門山, 鳳德山, 龍門山, 石松嶺, 芙蓉峰, 洛東江, 乃城川, 都心湖, 慶泉댐, 水香나무, 醴城골프場, 蓮花山, 鳳凰山, 鶴駕山, 文殊山 (16)	德峯山城, 御林城址, 藥圃祠堂, 屛柏堂, 百承閣, 追遠齋, 草澗亭, 野翁亭, 龍頭亭, 栗湖亭, 三樹亭, 石松亭, 自鳴琴, 輪藏臺, 五層石塔, 醴泉權氏宗宅, 咸陽朴氏宗宅, 醴泉·龍宮 鄕校, 金谷·新川·玉泉·魯峰 書院, 龍門寺, 鳴鳳寺, 普門寺, 開心寺, 靑龍寺, 東岳寺, 白雲寺, 寒天寺, 鼎山書院 (32)	70
	21. 奉化 (1991)	郡廳, 郡議會, 郡民會館, 太白發展硏究會, 迎賓館, 驛, 버스터미널, 市街地, 奉化學塾, 奉化터널, 옥방休憩所, 鉛鑛山, 熱目魚棲息地, 春陽木, 韓食堂, 茶房, 春陽,	淸凉山, 太白山, 王頭山, 文殊山, 覺華山, 靑玉山, 九靈山, 小白山, 玉石山, 三同山, 蓮華山,橫嶽山, 舟巖山, 萬里山, 珍峰山, 九雲山, 先達山, 將軍峰, 洛東江, 乃城川,	太白山史庫, 愛日堂, 二五堂, 吾山堂, 景翁亭, 寒水亭, 靑岩亭, 石泉亭, 權沖齋遺蹟, 法田姜氏宗宅, 金井鑛山遺蹟, 三層石塔, 奉化鄕校, 三溪·龜灣·鶴麓·文陽·杏	76

市·道	市·郡	機關·施設·地區	名勝·觀光·慰樂地	遺物·紀念·遺蹟地	合計
慶尙北道	21. 奉化	法田, 李永哲 古宅 (18)	東川, 神岩瀑布, 梧田藥水湯, 淸凉山道立公園, 靑玉山自然休養林, 鐘善亭, 金生窟 (27)	溪·龜山 書院, 鳳山書堂, 法溪書室, 淸凉寺, 覺華寺, 弘濟寺, 靑岩寺, 中臺寺, 顯佛寺, 觀音寺, 鷲棲寺, 水月庵, 昌海書院 (31)	
	22. 蔚珍 (1983)	郡廳, 郡議會, 漁港, 버스터미널, 市街地, 東海·佛影 休憩所, 平海, 厚浦, 竹邊, 天山, 月松, 箕城, 굴참나무 (14)	東海, 蔚珍·羅谷·後亭·望洋·德新·邱山 海水浴場, 白岩山, 通古山, 鷹峰山, 竹邊山, 錦山, 懸鐘山, 七寶山, 德峰山, 쇠치峰, 小太川, 王避川, 富邱川, 梅花川, 九龍·白岩 瀑布, 蒙泉, 白岩·德邱·臺谷 溫泉, 通古山 自然休養林, 竹邊燈臺, 佛影溪谷, 聖留窟, 竹邊里香나무 (31)	安逸王山城, 古山城, 海月軒, 凌虛樓, 翠雲樓, 望洋亭, 越松亭, 蓮湖亭, 靑岩亭, 平海黃氏宗宅, 海月先生生家, 三層石塔, 蔚珍·平海 鄕校, 目溪·新溪·鵝山·玉溪·孤山·蒙泉·明溪·魯東·雲巖 書院, 佛影寺, 佛歸寺, 眞觀寺, 劍山寺 (27)	72
	23. 鬱陵 (2000)	郡廳, 郡議會, 警察署, 敎育廳, 圖書館, 農協, 엿工場, 鄕土自生植物 展示圃場, 버스·택시 停留場, 市街地, Sun Flower號(浦項-鬱陵間 往復페리號), 忠武號(섬 一周循環船), 섬 一周道路, 索道, 左岸道, 右岸道, 마리나호텔, 羅里村白熟집, 船窓횟집, 原始林, 너도밤나무 群落, 섬댕강나무 群落, 菊花香群, 厚朴나무, 香나무 自生地, 섬百里香, 萬病草, 冬柏, 나리꽃, 苧洞漁業前進基地, 오징어 乾燥場, 소 牧場, 黑비둘기 棲息地, 海鳥類繁殖地, 日沒展望臺, 道洞, 鬱陵邑, 西面, 北面, 南陽, 鶴浦, 臺霞洞, 石圃, 苧洞, 羅里洞, 玄圃洞, 沙洞, 天府里, 通九味, 섬폭 (51)	東海, 獨島, 觀音島, 구멍섬, 竹島, 竹岩海岸, 竹岩海水浴場, 道洞港, 天府港, 沙洞港, 苧洞港, 天頭山, 錐山, 琵琶山, 彌勒山, 太河嶺, 西達嶺, 大風嶺, 聖人峰, 老人峰, 알峰, 초峰, 冠帽峰, 투구峰, 峰萊瀑布, 道洞藥水, 神靈水, 龍出沼, 羅里盆地, 朱沙谷, 自然洞窟, 風穴, 가재窟, 黃土窟, 龜岩, 송곳바위, 燭臺岩, 孔岩, 一仙岩, 三仙岩, 투구바위, 곰바위, 通龜尾바위, 獅子岩, 오리바위, 將軍바위, 獨立門바위, 男根石, 無影바위, 북리바위, 萬物相, 瀑布展望臺, 藥水公園, 休憩廣場, 山林浴場, 樹木園, 花木園, 野營場, 羅里嶺, 兄弟峰 (61)	城隍堂, 聖霞禪堂, 三仙臺, 觀海亭, 眞覺宗聖地, 獨島浦口遺地, 투막집, 너와집, 李奎遠史蹟碑, 安龍福將軍 忠魂碑, 金夏雨翁功德碑, 獨島紀念碑, 韓國領表示碑石, 新羅古墳, 鄕土史料館, 獨島博物館, 普德寺, 大願寺, 一仙庵, 武陵亭, 龍窟, 觀音窟 (22)	134
	計(23)	606	855	947	2,408
慶尙南道 (1965)	1. 昌原 (1988)	市廳, 市議會, 道廳, 道議會, 道民홀, 市立圖書館, 土地公社支社, 昌原大學, 慶南發展硏究院, 昌原商議, 새마을支部, 새마을婦女會, 女性會館, 驛, 버스터미널, 市街地, 昌原工團, KBS홀, 城山아트홀, 昌原廣場, 젊은이의 廣場, 中心業務地區, 綜合運動場,競輪場, 水泳場, 綜合射擊場, 昌原體育館, 昌原觀光호텔, 호텔인터내셔날, 金剛山食堂, 熊南횟집, 그린벨트	南海, 鎭海灣, 馬山灣, 加德島, 松內島, 安骨島, 水牛島, 天柱山, 馬金山, 子母山, 火旺山, 佛母山, 斗尺山, 長福山, 貴山, 精岳山, 昌原山, 河南山, 鳳林山, 梁谷山, 南山, 吐月山, 八龍山, 白月山, 無等山, 天摩山, 盤龍山, 九龍山, 長福山, 선풍고개, 부처고개, 孝子고개, 만날재, 注川江, 旱湯川, 龍池湖水, 春山·周南·龍湫·龍洞貯水池, 東部·西部 小溜池, 達川	安骨里城, 進禮山城, 熊川城址, 客舍, 柳珠閣, 靑龍臺, 蓬萊亭, 觀術亭, 御賜玉碑, 忠魂塔, 工業振興塔, 三層石塔, 石造毘盧舍那佛坐像, 石造如來坐像, 達川井, 冶鐵地址, 崔潤德將軍生家址, 德川里遺蹟, 注南돌다리, 南山遺蹟, 昌原의집, 龍池文化벨트, 茶丘里古墳群, 外洞支石墓, 坡山貝塚, 都彌之墓, 貞烈公崔潤德墓, 昌原鄕校, 東軒·道峰 書院, 聖住寺,	144

市·道	市·郡	機關·施設·地區	名勝·觀光·慰樂地	遺物·紀念·遺蹟地	合計
慶尙南道	1. 昌原	調整對象地域, 梁谷里, 엄나무群, 含浦, 薺浦, 龍津, 南津, 道公務員敎育院, 韓定食 珊湖莊 (40)	龜泉, 吐月·龍池·88올림픽·中央·中央體育·盤松·大原레포츠·加音丁·西上 公園, 馬金山溫泉, 牛山八景, 龍湫골, 達川洞溪谷, 加德燈臺 (57)	觀德寺, 醫山寺, 龍雲寺, 聖興寺, 龍珠寺, 義林寺, 龍井寺, 牛谷寺, 佛谷寺, 瑞龍寺, 觀音寺, 西龍寺, 熊神寺, 鳳林寺址, 成佛庵, 天柱庵 (47)	
	2. 馬山 (1984)	市廳, 市議會, 馬山地方海洋水産廳, 慶南大學校, 慶南大 經營大學院, BBC, 慶南銀行本店, 馬山矯導所, 馬山商議, 驛, 버스터미널, 市街地, 旅客船터미널, 午東橋, 山伏道路, 臨港線, 蒙古간장 製造工場, 下水終末處理場, 馬山結核病院, 일성플라자, 輸出自由地域, 그린벨트 調整對象地域, 齊浦, 檜城洞, 架浦洞, 德東마을, 縣洞마을, 禮谷마을 (29)	南海, 馬山灣, 鎭海灣, 猪島, 竹島, 돗섬, 架浦海水浴場, 馬山港, 天柱山, 春山, 八龍山, 舞鶴山, 太谷山, 龍馬山, 烽火山, 三峰山, 大谷山, 新月山, 만날고개, 수리峰, 書院谷, 鳳岩貯水池, 騶山藥水터, 山湖·八龍山·騶山·中央公園, 돗섬遊園地, 月影臺, 觀海臺 (30)	龍馬山城, 倭城, 馬山·合浦·餘德山 城址, 一柱門, 孝子閣, 蒙古井, 李殷相生家, 合浦(舊 合城, 麗蒙聯合軍 東征出戰地), 李殷相詩碑, 3·15義擧紀念塔, 4·19義擧塔, 石坐像, 支石墓, 貝塚, 月影臺立石, 張將軍墓, 張志淵先生墓, 文信美術館, 馬山鄕校, 觀海亭書院, 聖住寺, 佛谷寺, 成佛寺, 龍華寺, 觀音寺, 金剛寺, 佛岩寺, 海雲寺, 黃龍寺, 普光寺, 鶴龍寺, 海恩寺, 極樂庵 (35)	94
	3. 晋州 (1994)	市廳, 市議會, 晋陽郡廳, 慶南文化藝術會館, 文化館, 市立圖書館, 晋州高等學校, 晋州女子高等學校, 晋州看護保健專門大學, 晋州實業專門大學, 晋州敎育大學, 晋州産業대학, 慶尙大學, 山林環境硏究所, 晋州商議, 文化觀光센터, 晋州驛, 雨若寧驛, 船着場, 버스터미널, 市街地, 晋陽橋, 晋州橋, 文化의 거리, 뒤벼리, 새벼리, 緋緞織物工場, 東邦觀光호텔, 石井韓定食, 서울설렁탕食堂, 酒店 박카스, 上平工團, 高水敷地, 開寧벌 (36)	月牙山, 飛鳳山, 將臺山, 仙鶴山, 集賢山, 望津山, 瓶峰山, 大堂山, 防禦山, 順王堂山, 玉峰, 廣濟峰, 馬峴, 南江, 德川江, 鏡湖江, 晋陽湖, 琴湖池, 斗良貯水池, 南江댐, 晋州·石榴·松林·금山 公園, 班城樹木園, 森林浴場, 놀이동산, 動物園, 乘馬場, 上大洞뒤벼리, 울돌, 南岳祠, 琴湖亭, 八角亭, 晋州골프場 (35)	晋州城, 矗石樓城, 矗石門, 文廟, 嶺南布政司, 彰烈祠, 義妓祠, 道統祠, 殷烈祠, 論介祠堂, 臨川堂, 河進士祠堂, 雙忠閣, 鳴石閣, 壬辰大捷癸巳殉義壇, 北將臺, 西將臺, 南將臺, 屯將臺, 砲臺, 東山齋, 飛鳳樓, 矗石樓, 鳳鳴樓, 孤山亭, 龍湖亭, 隅谷亭, 李忠武公碑, 矗石旌忠壇碑, 金時習將軍碑, 三壯士紀實碑, 諸將軍卒之位碑, 三層石塔, 忠魂塔, 浮屠, 平居石造如來坐像, 如來石坐像, 鳳의 알자리, 義岩, 涉川故址, 古墳, 平居高麗古墳群, 玉峰古墳, 國立晋州博物館, 民俗博物館, 苔井博物館, 晋州·孤山亭·東山齋 鄕校, 南岳·龍江 書院, 凝石寺, 義谷寺, 淸谷寺, 護國寺, 蓮花寺, 正法寺, 興林寺, 杜芳寺, 寂光寺, 元曉寺, 寒山寺, 聖衆寺, 廣德寺, 龍山寺, 芙蓉寺, 龍會寺, 靑谷寺, 妙心寺, 安全寺, 觀音寺, 成佛寺, 聖殿寺, 月明庵, 鶴山庵, 杜芳庵, 開慶院 (77)	148
	4. 鎭海 (1997)	市廳, 市議會, 中央圖書館, 海運大學, 驛, 버스터미널, 市街地, 漁	南海, 鎭海灣, 馬山灣, 椽島, 水島, 友島, 陰地島, 草理島, 苕島,	飛鳳山城, 熊川倭城, 李忠武公詩碑, 鎭海塔, 忠武公銅像, 彭都督	55

市·道	市·郡	機關·施設·地區	名勝·觀光·慰樂地	遺物·紀念·遺蹟地	合計
慶尙南道	4. 鎭海	港, 軍港, 安民터널, 馬鎭터널, 벚꽃길, 軍港祭, 慶和洞, 그린벨트 調整對象地域 (15)	帝皇山, 長福山, 熊山, 보배山, 婦人堂山, 行岩山, 天子峰, 慶和川, 鎭海川, 바가지샘, 冷泉소풀 藥水터, 帝皇山公園, 시리바위, 德祚바위 (23)	將軍墓, 聖住寺, 眞興寺, 龍雲寺, 觀興寺, 妙法寺, 成道寺, 一禪寺, 藏福寺, 淨岩寺, 文殊庵, 法性院 (17)	
	5. 統營 (1989)	市廳, 市議會, 市民文化會館, 慶尙大學校 海洋科學大學, 버스터미널, 市街地, 統營文化마당, 山陽觀光道路, 헬기場, 요트場, 海底터널, 거북燈臺, 忠武運河, 統營運河, 統營大橋, 忠武橋, 遊覽船터미널, 旅客船터미널, 特産物展示販賣帳, 公設運動場, 忠武觀光·統營觀光·비치 호텔, 忠武마리나 콘도, 閑麗山莊, 慶南日食, 天池淵횟집, 春原浦, 唐浦, 統營盤製造地, 거북船復元船, 螺鈿漆器工場, 統營갓 製造地, 海岸낚시터, 江口岸, 紅島海猫繁殖地, 下項島왜가리·白鷺 棲息地, 楸島의 厚朴나무, 팔손이나무 自生地, 메밀잣밤 나무숲 (42)	南海, 閑山灣, 固城灣, 西湖灣, 東湖灣, 閑麗水道, 忠武半島, 統營半島, 閑山島, 蓬島, 內草島, 納島, 葛島, 大每勿島, 小每勿島, 漁遊島, 昆里島, 老大島, 目島, 大德島, 欲知島, 楸島, 秋峰島, 頭尾島, 燈臺島, 解甲島, 鴻島, 飛山島, 彌勒島, 紅島, 下項島, 比珍島, 蓮花島, 公主섬, 紙島, 上島, 下島, 於義島, 牛島, 忠武港, 統營港, 忠武·比珍島·鳳岩몽돌·德洞·烟臺島·大項·統營·公設海水浴場, 碧芳山, 南望山, 碧鉢山, 女皇山, 琴井山, 蛇梁島 智異山, 不毛山, 彌勒山, 洛駕山, 七賢山, 望山, 玉女峰, 望日峰, 明井고개, 鼓動山, 閑麗海上國立公園, 忠武·南望彫刻·達牙·南望山公園, 彌勒島觀光特區, 都南觀光地, 山林浴場, 福岩, 義傷岩, 雲峰庵聖石, 鳳岩水石, 笐籬바위, 돛단녀, 돌벅수 (78)	唐浦·五倫 山城, 古縣城, 營吏廳, 營奴廳, 海晏和門, 鼇梁廟, 忠烈祠, 忠武祠, 制勝堂, 運籌堂, 百和堂, 崔瀅將軍祠堂, 三德里部落祭堂, 白雲書齋, 洗兵館, 北鋪樓, 望日樓, 水鄕亭, 觀海亭, 分廖亭, 閑山大捷紀念碑, 統制使碑群, 九龍浦紀祠碑, 石塔, 忠魂塔, 李舜臣遺蹟, 統制營址, 忠武都南, 中營, 工房, 頭億개 弓道場, 明井, 長佐島 藥泉, 浦口나무, 柳致環先生復元生家, 支石, 李忠武公銅像, 鄕土歷史館, 靑馬文學館, 統營鄕校, 湖上齋書院, 安靜寺, 龍華寺, 觀音寺, 彌來寺, 大覺寺, 蓮華寺, 四界寺, 隱峰庵, 義湘庵, 伽襲庵 (53)	173
	6. 泗川 (1967)	市廳, 市議會, 勝共教育館, 空港, 驛, 버스터미널, 市街地, 造船所, 水産物통조림工場, 泗川冷麵집, 白鷺 및 왜가리 渡來地, 港口, 三千浦, 陵華里, 船津浦 (15)	南海, 泗川灣, 閑麗水道, 固城半島, 別鶴島, 馬島, 鶴섬, 神樹島, 底島, 楮島, 南逸臺海水浴場, 大芳津堀港, 臥龍山, 所谷山, 鳳鳴山, 角山, 三千浦川, 魯山·仙龜·山城·慕忠 公園, 南逸臺, 코끼리바위, 탄건바위 (24)	角山·泗川 山城, 船津里城, 洙陽樓, 枕山亭, 靑瓷窯址, 角山峰燧, 洞窟, 駕山神將, 孝子碑, 埋香碑, 泗川·昆陽 鄕校, 龜溪書院, 多率寺, 九龍寺, 起龍寺, 美丘寺, 大芳寺, 法輪寺, 月就寺, 尼丘寺, 鵲島精舍, 彌勒庵, 龍雲庵 (25)	64
	7. 金海 (1989)	市廳, 市議會, 市民天文臺, 伽倻研修院, 市民會館, 仁濟大學, 驛, 버스터미널, 市街地, 늘푸른殿堂, 佛岩橋, 市民橋, 龜浦橋, 中小企業團地, 市民生活體育館, 스포츠센터, 江村가든, 仙遊臺,招仙臺, 철새渡來地, 進永邑, 駕洛面, 進禮面, 陶藝村, 新泉里이팝나무群, 그린벨트 調整對象地域 (26)	南海, 熊川灣, 白頭山, 神魚山, 까치山, 돗대山, 龍頭山, 流山, 舍屛山, 件龍山, 鏡允山, 盆城山, 佛母山, 芍藥山, 龜旨峰, 황새峰, 玉女峰, 洛東江, 해반川, 신오川, 三溪瀑布, 無隻山天池, 金海大公園, 南山公園, 三芳公園, 起亞랜드, 하키競技場, 奉花寺窟, 洞窟, 鳳凰臺, 황새바위, 空岩, 德岩, 兄弟	良洞山城, 竹島城, 盆山城, 伽倻宮址, 大園寺龍王堂, 宣祖御筆閣, 四忠壇, 萬丈臺, 鳳凰臺, 就正齋, 伽洛樓, 露積峰, 柳公井, 興宣大院君紀念碑, 婆娑石塔, 三層石塔, 招仙臺磨崖石佛, 陵洞石人像, 伽倻民俗村, 進禮陶藝村, 禮安古墳群, 大成洞古墳群, 支石, 貝塚, 金首露王陵, 許后陵, 水安共同墓地,	102

市·道	市·郡	機關·施設·地區	名勝·觀光·慰樂地	遺物·紀念·遺蹟地	合計
慶尙南道	7. 金海		岩, 선달바위, 네바위, 伽倻골프場 (36)	金海鄕校, 青南漁書院, 新魚寺, 銀河寺, 海恩寺, 千佛寺, 寶鳳寺, 白馬寺, 惠光寺, 龍華寺, 海星寺, 圓佛教寺刹, 龍谷庵 (40)	
	8. 密陽 (1992)	市廳, 市議會, 驛, 버스터미널, 市街地, 青年會議所, 三浪津, 三綱洞, 月影淵白松 (9)	迦智山, 華嶽山, 慈氏山, 天皇山, 雲門山, 載藥山, 衙東山, 虎岩山, 熊峙, 洛東江, 密陽江, 月盈淵, 詩禮臼淵, 金剛·層層 瀑布, 龍津, 密陽湖, 密陽댐, 새마을·舞鳳 公園, 龍頭淵·긴늪·三門松林 遊園地, 얼음골, 龍岩臺 (25)	䎙院關, 守山堤, 表忠祠, 阿娘閣, 籠岩臺, 嶺南樓, 三浪樓, 月淵亭, 將軍井, 高麗塔, 三層石塔, 如來石坐像, 松雲大師碑, 博物館, 泗溟大師遺物館, 密陽鄕校, 禮林書院, 萬魚寺, 聖住寺, 瑩原寺, 表忠寺, 舞鳳寺, 奉火寺, 台山寺 (24)	58
	9. 巨濟 (1983)	市廳, 市議會, 巨濟教育센터, 헬機場, 버스터미널, 市街地, 巨濟大橋, 巨濟新大橋, 玉浦造船所, 室內體育館, 金泳三大統領成長마을, 長承浦, 玉浦, 城浦, 栗浦, 港口, 鶴洞海岸, 松谷溪谷, 展望臺, 河清나루, 등칠끝, 物安浦口, 冬柏숲 (23)	南海, 巨濟海峽, 玉浦灣, 鎭海灣, 長承浦灣, 閑麗水道, 漆川梁, 內島, 猪島, 龜島, 黃德島, 漆川島, 莉島, 豬島, 蛇頭島, 花島, 外島, 明沙의 白沙, 鷄龍山, 海金剛, 山芳山, 栗川山, 九川溪谷, 門東瀑布, 鵝陽·玉浦彫刻 公園, 물안개, 조골개, 揚之岩 (29)	王山金城, 沙等城, 廢王城, 古縣城, 水晶峰城, 知世浦城, 舊栗浦城, 烏良城, 倭城, 多大城, 萬里城, 龍岩·軍威臺 山城, 岐城館, 運籌堂, 玉浦亭, 捕虜收容所遺蹟地, 金泳三前大統領生家, 桐柏나무숲, 金泳三前大統領慈堂墓所, 巨濟鄕校, 盤谷書院, 普光寺, 玉聖寺, 普賢寺, 玉蓮庵, 聰明庵 (27)	79
	10. 梁山 (1990)	市廳, 市議會, 驛, 버스터미널, 市街地, 西生浦, 佐川, 鎭下, 長生面, 熊上面, 이팝나무숲 (11)	東海, 竹島, 日光·松亭·月內·津下·西生浦 海水浴場, 金井山, 巨文山, 千聖山, 迦智山, 佛光山, 靈鷲山, 大雲山, 北岩山, 鐵馬山, 洛東江, 梁山川, 北部川, 虹龍·龍沼·虹流洞·曲水龍 瀑布, 銀洞窟, 侍郎臺, 斗淵臺, 盤龍臺, 蓮龜臺, 泳龜臺, 講學臺, 臨鏡臺, 沂湖臺, 御使岩 (33)	甑山城, 西生浦城, 竹城里城, 古山城, 新基里·北部洞·火旺 山城, 七賢祠, 琴湖祠, 蒼表堂, 獎忠壇, 愁離亭, 山間亭, 勝捷碑, 豆毛浦營, 陶窯地, 古墳群, 梁山鄕校, 忠孝·蘇溪·小魯 書院, 通度寺, 內院寺, 新興寺, 長安寺, 大芚寺, 龍華寺, 春秋願寺, 栗里精舍, 彌陀庵, 元曉庵 (31)	75
	11. 宜寧 (1995)	郡廳, 郡議會, 慶南社會振興硏修院, 버스터미널, 市街地, 獐叱浦, 鼎岩津, 柳谷面, 芝正面 (9)	闍堀山, 外古地山, 碧華山, 鳳舞山, 火旺山, 蠶尾山, 龍臥山, 南山, 靈山, 應峰, 洛東江, 南江, 岐江, 馬金山溫泉, 新羅雨痕, 釜岩, 孝感天桃, 鳳凰臺, 降仙臺, 嘉禮洞天, 清署樓, 塔岩, 솟대바위, 神仙岩 (25)	碧華山城, 尙忠祠, 報德閣, 義兵樓, 沙月亭, 學稼亭, 臨川亭, 二宜亭, 紅衣亭, 鼎岩津大捷碑, 紅衣將軍戰蹟碑, 忠翼公郭先生報德不忘碑, 三層石塔, 義兵塔, 浮屠, 懸鼓樹, 郭再祐將軍生家, 郭再祐우물, 支石墓群, 宜寧鄕校, 德谷·泰巖 書院, 修道寺, 菩提寺, 雲岩寺, 留鶴寺, 寶泉寺址, 金剛庵 (28)	62
	12. 咸安 (1967)	郡廳, 郡議會, 郡民會館, 驛, 버스터미널, 市街地 (6)	城山, 三峰山, 龍華山, 討隊山, 防禦山, 艅艎山, 蓬山, 棋臺峰, 入谷, 洛東江, 南江, 少浪江, 高麗石	城山·武陵·蓬山·防禦山城, 三峰山城址, 三節閣, 聚友亭, 廣心亭, 臥龍亭, 無盡亭, 東山亭, 紫微	51

市·道	市·郡	機關·施設·地區	名勝·觀光·慰樂地	遺物·紀念·遺蹟地	合計
慶尙南道	12. 咸安		犬, 義湘臺, 無臺亭, 合江亭, 岳陽樓, 빗자국바위 (18)	亭, 采薇亭, 佛塔, 三尊佛, 磨崖佛, 石佛, 化石, 伽倻古墳群, 武山·西山·德淵 書院, 長春寺, 長安寺, 寶泉寺址, 主吏寺址, 元曉庵 (27)	
	13. 昌寧 (1995)	郡廳, 郡議會, 農協教育院, 버스터미널, 市街地, 南友橋, 釜谷크라운호텔, 釜谷하와이호텔, 臨海津, 白鳥渡來地 (10)	觀龍山, 靈鷲山, 九龍山, 火旺山, 靈山, 琵瑟山, 德岩山, 聖智山, 洛東江, 南川, 龍湖, 丈尺湖, 靈山硯池, 木浦늪, 萬玉亭公園, 靈山藥水, 芍藥山藥泉, 釜谷溫泉, 紫霞谷, 梨房東山窟, 吏隱臺, 佛衣臺, 火旺山배바위, 靈山文戶長발자국 (24)	九鎭·新堂·靈鷲·城山·火旺·牧馬 山城·石氷庫, 忘憂亭·八樂亭, 萬玉亭, 眞興王拓境碑, 三層石塔, 石刻佛坐像, 靈山萬年橋, 赤布橋, 古墳群, 支石墓, 新羅太子墓, 昌寧·靈山 鄕校, 觀龍寺, 明道寺, 甘露寺, 玉泉寺址 (24)	58
	14. 固城 (1967)	郡廳, 郡議會, 圖書館, 버스터미널, 市街地, 塘港浦, 花村마을, 古鳳休憩所 (8)	南海,固城灣, 閑麗水道, 巨流山, 蓮花山, 金太山, 琴井山, 大谷山, 文殊山, 玉女峰, 南江, 九節山瀑布, 玉流潭, 蓮洞溪谷, 寶德窟, 白虎窟, 長山窟, 宋是岩, 황소바위, 雙足岩, 床足岩, 흔들바위, 神仙岩 (23)	巨流·鐵馬 山城, 虎岩祠, 大岩臺, 舍利塔, 古墳群, 固城鄕校, 纁林·葛川·道淵·葦溪·道山·育英齋 書院, 玉泉寺, 普光寺, 藏義寺, 文殊寺, 雪興寺, 文殊庵, 柳石庵址 (20)	51
	15. 南海 (1967)	郡廳, 郡議會, 圖書館, 南海專門大學, 버스터미널, 市街地, 南海大橋, 知足銅鑛山, 錦山風蘭地帶, 산닥나무 自生地, 勿巾里防潮魚遊林, 南海三子(柚子·榧子·梔子), 李落浦, 觀音浦, 魚遊村, 露梁, 申里長壽마을 (17)	南海, 露梁海峽, 光陽灣, 閑麗水道, 露梁津, 李落波, 南海島, 果島, 竹島, 昌善島, 尙州·萬城里海水浴場, 彌助港, 錦山, 松嶝山, 虎丘山, 鷹峰山, 望雲山, 猿山, 大將峰, 帝釋峰, 甘露藥水터, 天南臺, 望臺, 塔臺, 坐禪臺, 常綠樹金, 蘭陰榧子林 (28)	大局·玉崎 山城, 壬辰城, 昌善城, 城山城, 雙紅門, 武愍公祠, 忠烈祠, 雲谷祠, 蘭谷祠, 李落祠, 祈壇, 李舜臣戰沒遺墟, 徐氏過次文字, 雪屹山烽燧臺, 龜文彫刻石, 李舜臣碑, 李落祠墓碑, 陶窯址, 李舜臣將軍 臨時假墓, 龍門寺, 花芳寺, 雲興寺, 普光寺, 菩提庵 (25)	70
	16. 河東 (1995)	郡廳, 郡議會, 驛, 버스터미널, 市街地, 南海大橋, 雙磎寺十里벚꽃길, 高嶺土鑛山, 舊農村指導所, 茶文化센터, 廣坪里솔밭, 葛四里김養殖場, 河東浦口, 漁港, 竹林地, 露梁, 제첩국食堂 (17)	南海, 光陽灣, 閑麗水道, 葛島, 大島, 砧島, 靭島, 望德浦海水浴場, 智異山, 姑蘇山, 芳梨山, 玉山, 兄弟峰, 鄭景峰, 龜在峰, 蟾津江, 德川江, 橫川江, 良川江, 敬湖江, 第一瀑布, 洞庭湖, 山郎山臺岩, 花開장터 (24)	古縣城, 姑蘇城, 敬天廟, 景忠堂, 岳陽樓, 蟾湖亭, 河上亭, 七佛亞字房, 眞鑑國師碑, 茶始培地, 河東鄕校, 玉山·宗川 書院, 雙磎寺, 良川寺, 寒山寺, 多平寺, 七佛庵 (18)	59
	17. 山淸 (1967)	郡廳, 郡議會, 郡民會館, 버스터미널, 市街地 (5)	智異山, 王山, 巢賢山, 松義山, 屯鐵山, 赤壁山, 退峰山, 熊石峰, 望海峰, 天王峰, 南江, 敬湖江, 順頭流, 龍湫, 智異山國立公園, 望京臺, 文昌臺, 春來亭, 挹淸亭, 劍岩, 望岩, 細石平田 (22)	尼丘山城, 德讓殿, 社稷堂, 敬信齋, 洗心亭, 換鵝亭, 文益漸碑, 射臺碑, 舍利塔, 斷俗寺塔, 木花始培地, 물레방아, 立石, 仇衡王陵, 讓王陵, 文益漸墓, 丹城·山淸 鄕校, 德川·西溪·培山·尼東 書院, 栗谷寺, 法界寺, 大源寺, 道岩	56

市·道	市·郡	機關·施設·地區	名勝·觀光·慰樂地	遺物·紀念·遺蹟地	合計
慶尙南道	17. 山淸			寺, 白馬寺, 新安精舍, 七佛庵 (29)	
	18. 咸陽 (1967)	郡廳, 郡議會, 圖書館, 郡民會館, 버스터미널, 市街地, 牧場, 上林, 臥松 (9)	白雲山, 德裕山, 智異山, 金猿山, 月峰山, 箕白山, 蓮花山, 六十嶺, 葛隱峙, 敬湖江, 南江, 渭川, 錦川, 藍溪川, 玉溪, 西溪, 龍湫瀑布, 浴水潭, 蓮塘, 錦川溪谷, 琴嘯壇, 吏隱臺, 大孤臺, 弄月臺, 東湖亭, 君子亭, 松石亭, 咸陽山林 (28)	沙斤山城, 合未城, 白雲殿, 學士樓, 光風樓, 弄月亭, 涵虛亭, 居然亭, 晩歸亭, 敎授亭, 碧松亭, 思雲亭, 望月亭, 崔致遠神道碑, 三層石塔, 磨崖如來立像, 河東鄭氏宗家, 咸陽·安義 鄕校, 靑溪, 藍溪·松湖 書院, 法華寺, 龍湫寺, 碧松寺, 靈覺寺 (26)	63
	19. 居昌 (1967)	郡廳, 郡議會, 道立居昌專門大學, 居昌技能大學, 居昌綜合社會福祉館, 靑少年修練館,忠孝會館, 버스터미널, 市街地, 懸垂橋, 金猿山自然休養林, 黃土食堂, 淸國醬食堂, 茶室 달을 삼킨 연못, 加祚面 (15)	德裕山, 飛鷄山, 金猿山, 伽倻山, 修道山, 月峰山, 箕白山, 吾道山, 普海山, 二上峰,日傘峰, 金龜峰, 義湘峰, 黃江, 渭川川, 二月川, 東川, 東邊川, 龍瀑布, 加祚溫泉, 月城溪谷, 搜勝臺, 望華臺, 水泡臺, 降仙臺, 四仙臺, 靑少年쉼터 (27)	居列山城, 盆山城, 表忠祠, 褒忠祠, 三友堂, 四友堂, 樂水亭, 心蘇亭, 健溪亭, 立巖亭, 東海亭, 駕仙亭, 三尊佛像, 如來石佛立像, 觀音立像, 支石, 壁畫古墳, 居昌事件犧牲者合同墓域, 居昌博物館, 居昌鄕校, 龜淵·景慕齋·濬濱·迎勝 書院, 演水寺, 古見寺, 迦葉庵址 (27)	69
	20. 陜川 (1967)	郡廳, 郡議會, 버스터미널, 市街地, 百里벚꽃길, 緇仁里, 紅流洞, 內谷里, 杜門洞, 남정골, 栗津나루 (11)	智異山, 伽倻山, 飛鷄山 黃梅山, 吾道山, 巢谷山, 九谷山, 小龍山, 萬代山, 美崇山, 梅花山, 吹笛산, 南山第一峰, 二上峰, 黃江, 洛東江, 南汀江, 黃溪瀑布, 噴玉瀑, 陜川湖, 落花潭, 江流洞十里溪谷, 疊石臺, 將軍臺, 籠山亭, 盤松亭, 三嘉牧場 (27)	白馬·岳堅·姑蘇·渴馬 山城, 大倻城, 性道門, 半夜祠, 八莊閣, 望美臺, 凌虛臺, 龜陰齋, 涵碧樓, 望月樓, 甲川亭, 龍門亭, 六友亭, 修岩亭, 浩然亭, 父子亭, 崔致遠題詩石碑, 泗溟大師石藏碑, 竹竹碑, 三層石塔, 月光塔, 磨崖佛立像, 石燈, 八萬大藏經, 古墳群, 冶爐·三嘉·草溪 鄕校, 玉溪·小學堂 書院, 東山書堂, 海印寺, 龍興寺, 馬嶺寺, 燕湖寺, 淸凉寺, 美崇寺, 龍雲寺, 奎月寺, 月光寺址, 靈岩寺址, 弘濟庵 (45)	83
	計(20)	353	616	645	1,614
濟州道 (1965)	1. 濟州 (1965)	市廳, 市議會, 道廳, 道議會, 國立濟州試驗所, 土地公社支社, 濟州大學, 濟州漢拏大學, 濟州敎育大學, 觀光專門大學, 濟州專門大學, 道公務員敎育院, 市民會館, 自由會館, 濟州商議, 濟州地方自治硏究會, 火力發電所, 空港, 港口, 산지港, 旅客船 船着場, 버스터미널, 舊市街地, 新市街地, 第二橫斷道路, 海岸道路, 産業道路, 山麓道路, 5·16	南海, 濟州海峽, 濟州灣, 楸子島, 冠脫島, 三陽海水浴場, 漢拏山, 민오름山, 광이오름山, 남조순오름山, 萬歲童山, 紗羅峰, 禾北峰, 道頭峰, 老路嶽, 大月岳, 星坂岳, 城板岳, 御乘生岳, 土赤岳, 水長兀, 漢川, 道近川, 山也川, 仙女瀑布, 白鹿潭, 龍淵, 漢拏山國立公園, 신산·레포츠·龍潭·彫刻·三無 公園, 漢拏山天然保護區域,	缸坡頭城, 三姓穴, 訪仙門, 孔子廟, 船倉, 王聖祠, 慕忠祠, 龍珍閣, 五賢壇, 山天壇, 三射臺, 月臺, 觀德亭, 望洋亭, 探勝亭, 抗蒙殉義碑, 殉國志士趙鳳鎬紀念碑, 義兵抗爭紀念塔, 五層石塔, 醫女班首金萬德墓塔, 石像, 돌하루방, 元堂史址, 瀛邱春花, 紗峰落照, 木石苑, 濟州競馬公園, 貝類化石, 支石墓, 고인돌, 王冠陵, 濟州博	144

市·道	市·郡	機關·施設·地區	名勝·觀光·慰樂地	遺物·紀念·遺蹟地	合計
濟州道	1. 濟州	橫斷道路, 柑橘栽培地, 標高·油菜 栽培地, 奉蓋洞왕벚나무自生地, 我羅洞곰솔, 古藪牧馬場, 濟州觀光·하와이·KAL·오리엔털·하야트·그랜드 호텔, 秘境會館, 新大阪초밥집, 朝貢浦 (44)	水山遊園地, 木石苑, 漢拏樹木園, 切物自然休養林, 耽羅·花郎·明道觀光·金山 牧場, 濟州寒蘭, 山泉壇, 龍頭岩, 屛風바위, 耽羅溪谷, 아흔아홉골, 燈臺, 도깨비道路, 我羅골프場, 吾羅골프場 (52)	物館, 新天地博物館, 民俗自然史博物館, 濟州民俗博物館, 漁村博物館, 漢拏民俗館, 濟州鄕校, 觀音寺, 天王寺, 紗羅寺, 帝釋寺, 下觀音寺, 龍潭寺, 觀音亭寺, 普賢寺, 龍華寺, 石窟庵 (48)	
	2. 西歸浦 (1985)	市廳, 市議會, 耽羅大學, 市民會館, 女性會館, 文藝會館, 港口, 버스터미널, 市街地, 南仙燈臺, 蜜柑·파인애플·바나나 農場, 牧場, 展望臺, 西歸浦黑松, 椰子樹, 西歸港터미널, 海洋水族館, 임페리얼·프린스·파크觀光·西歸浦KAL·파라다이스西歸浦 호텔, 단팥수나무 (25)	南海, 東支那海, 새섬, 森島, 蚊島, 虎島, 中文海水浴場, 유토피아海岸淡水浴場, 漢拏山, 孤根山, 三梅峰, 雄嶽, 百九川, 淵外川, 솟발내, 에이리내, 正房·小正房·天地淵·天帝淵·돈내코 물맞이 瀑布, 中文觀光團地, 海底觀光코스, 植物園, 바다낚시場, 靈實奇岩, 외돌塊, 正房窟, 中文골프場 (29)	舊石器時代遺蹟, 堆積岩化石層, 貝類化石, 複式火山, 中央火口, 八角亭, 入勝亭, 天帝樓, 仙人橋, 天帝橋, 하멜漂流紀念碑, 小正房, 如美地, 傳統漁村, 中文漁村博物館, 山房窟寺, 法輪寺, 九龍寺, 大願寺, 法華寺, 正房寺, 慈光寺, 天帝寺, 光明寺, 龍大寺, 天主教會 (26)	80
	3. 北濟州 (1965)	郡廳, 郡議會, 石串初等學教, 邑面市街地, 濟州·松堂·이시돌·納邑觀光·濟東 牧場, 蜜柑農場, 榧子林, 兎島文珠蘭自生地, 盆栽藝術園, 철새渡來地, 朝天邑, 舊左邑, 涯月邑, 翰林邑, 軍港浦, 咸德浦, 아흔아홉골, 碑石거리, 산굼부리, 海女, 節婦岩, 엉알 (26)	南海, 飛揚島, 楸子群島, 牛島, 遮歸島, 秋浦島, 橫于島, 토끼섬, 咸德·挾才·郭支·細花·梨湖 海水浴場, 漢拏山, 高內峰, 波軍峰, 노루오름峰, 池美峰, 높은오름峰, 성널오름峰, 極樂峰, 안오름峰, 多栗岳, 道乙岳, 石間水, 溫泉리조트, 牛島·飛揚島·遮歸島 燈臺, 萬丈窟, 挾才窟, 金寧蛇窟, 臥屹窟, 빌레못窟, 볼레목窟, 昭天窟 (36)	缸波頭里城, 明月城址, 別坊鎭, 南守門, 海神堂, 崔瑩將軍祠堂, 明月臺, 戀北亭, 國只烈女碑, 忠魂碑, 抗蒙遺蹟址, 金通精활돌, 月汀貝沙丘, 말방아, 남방아, 陶窯址, 濟州草家, 濟州工藝團地, 萬歲童山, 支石, 노르오 陵, 黃龍寺, 月星寺, 忠魂寺, 成林寺 (25)	87
	4.南濟州 (1985)	郡廳, 郡議會, 摹瑟浦空軍飛行場, 靜石飛行場, 邑面市街地, 五日市場, 表善港, 城山浦港, 陽地·觀光紀念 牧場, 蜜柑農場, 꿩사냥터, 속나무 自生地, 南元月桂樹, 왕벚나무 自生地, 薪島파초일엽自生地, 大鰻棲息地, 城邑里느티나무·팽나무, 담밭수나무自生地, 꿩料理食堂, 大靜, 安德, 南元, 表善, 城山, 摹瑟浦, 和順, 海女, 숲섬, 燈臺 (30)	南海, 東支那海, 加波島馬羅島, 파랑島, 地歸島, 兄弟島, 牛島, 大靜·和順·表善·中文 海水浴場, 漢拏山, 山房山, 瀛州山, 松岳山, 軍山, 大鹿山, 城山, 牛頭山, 摹瑟峰, 城山日出峰, 성널오름峰, 獨子峰, 매오름峰, 姉妹峰, 道乙岳, 水靈岳, 城板岳, 紗羅岳, 安德溪谷, 白鹿潭, 中文觀光團地, 土山觀光地區, 松岳山觀光地區, 濟州彫刻公園, 西廣茶園, 大維랜드, 외돌塊, 將軍石, 산굼부리, 海女作業場, 핀크스 골프클럽 (44)	西歸浦層貝類化石, 秋史謫居址, 美天窟, 구렁이窟, 水山窟, 고래窟, 東安洞窟, 庶民白捨, 城山, 三聖女漂流地, 濟州民俗村, 城邑民俗村, 婚姻地, 고인돌, 貝塚, 노르오陵, 忠烈碑, 烈女碑, 映畵博物館, 靜石航空館, 大靜鄕校, 洪烈寺, 惠林寺, 法精寺, 觀通寺, 山房窟寺, 城山日光寺 (27)	101
	計(4)	125	161	126	412
9道合計(158)		2,559	4,091	4,025	10.675
16市·道總計(165)		4,193	4,663	4,594	13.450

註. 地域名 아래의 ( )內는 最初訪問 年度임.

2. 國外 訪問地點

(最初訪問日字 順) (數字單位 : 個, 處)

國 家	地 域	機關·施設·地區	名勝·觀光·慰樂地	遺物·紀念·遺蹟地	合計
1.美國 (1969)	1. San Francisco (1969)	聯邦政府廳舍, 市廳, 市議會, 市開發廳, 法院, 裁判所, 中央圖書館, 公共保健센터, 데이비스홀, 데이비스 심포니홀, 오페라 하우스, 大아메리카 音樂홀, 아시아財團本部, 버클리 캘리포니아 州立大學, 聯邦·캘리포니아·아메리카銀行, 샌프란시스코·오클랜드 國際空港, Power-Hason·Power-Hyde·California 케이블카 路線, 케이블카 轉換點, Trans Bay 터미널, Earthquake 트레일, Pt.Reyes 燈臺, 샌프란시스코·Millbrae·Hills-borough·Burlingame·San Mateo·Hayward Park·Bay Meadow·Hillsdale·Belmont· San Carlos·Rodwood City·Atherton·Menlo Park 驛, 버스터미널, Finacial·Marina·Italian·Mission 디스트릭트, Market·O'Farrell·Fillmores·Coastal Walk·Stockton·Lombard·Castro·Union·Sacramento·Clement·Haight and Ashbury 스트리트, Grant 애베뉴, Broadway, Bridgeway, Ghirardeli·Union·Alamo·Portsmou-th·Jackson·Showplace·Washington·Jack London·市廳앞 廣場, 金門·Bay·San Mateo·Dumbarton橋, 샌프란시스코 Shopping·World Trade·California Welcome·Nichi Beikai Cul-tural·Moscone Covention·Ft.Mason·Chinese Cul-tural·샌프란시스코·Design·Embarcadero ·Fashion·Bear Valley Visitor·샌프란	太平洋, Raccoon海峽, 샌프란시스코·Half Moon·South·Richardson·Monterey 灣, Marin· Monterey 半島, Angel·Alcatraz·Treasure·Yerba Buena 섬, North·Pebble·West Marin and Stinson·State·Ocean·San Mateo·Baker비치, San Bruno·Twin Peaks·Da-vidson·Tamalpais山, Potrero언덕, China Basin, South Beach港 2·39·45 Pier, Mission·Islais川, 샌프란시스코 國際空港·Muir Woods國立·China Camp 州立·Menlo·Lake Side·Golden Gate·Victorian·Mt. Tamalpais·State·Lincoln·Holly·Lafayette·3 Com·Costal Redwood·Angel Island州立·Corona Heights·Buena Vista·Aquatic ·Alta Plaza·Jack-son·Mission Dolors·Har-ding·Pac Bell·Maritime 國立 Historic· Duboce·Paci-fic Bell·Glen Canyon·Ber-nal Height·Jack Ball 公園, Yerba Buena·Japanese Tea 庭園, Sea Lions, 샌프란시스코 動物園·植物園, Golden Gate 國立· Candle Stick Point 州立 慰樂地, Moscone慰樂센터, Merced·Merritt·Mountain· Mallard 湖, Vista Point North, Mystery Spot, Fort·Sausalito Point, Presidio 綠地帶, Seal·Bird 岩, Santa Cruz Broadwalk 遊園地, Pebble비치 골프場, Golf Links (85)	Legion of Honor·Cow·Fine Arts 宮殿, Trans-america 피라밋, 마닐라 戰爭紀念塔, 陸軍工兵隊 샌프란시스코灣 地域模型, Octagon·Haas-Lilienthal·戰爭紀念 오페라 하우스, 潛水艦 Pampanito, 네덜란드風 퍼피 風車, Serra神父 上陸地, 歷史의 거리, Legion 紀念地, Junipero Serra 神父墓, Modern Arts·Craft and Fork Art·Museo Italo-American·Mexican·Maritime·샌프란시스코市·Bay Area Discovery·Cable Car·De Young·Asian Art·Money of the American West·Wells Fargo History·Ripley's Believe It or Not!·Wax·기네스 世界記錄·自然科學·Oakland·陸軍·Fort Point 博物館, 캘리포니아大學 美術館, 戰爭紀念館, Muirwoods National Monu-ment, SONY Metreon, Mis-sion Dolors, 中國歷史學會, 아프리카·아메리카 文化學會, Center for the Arts, Temple Emannel, Ching Chung寺, Grace 大聖堂, St. Mary 聖堂, St, Peter and Paul 敎會 (48)	279

國 家	地 域	機關·施設·地區	名勝·觀光·慰樂地	遺物·紀念·遺蹟地	合計
1.美國	1. San Francisco	시스코 Visitor 센터, Ferry · Veteran's, Transamerica 빌딩, Macy's 百貨店, Walgreens, Crocker Galleria, Gabbiano's, Sea Candy Shop, F.A.O. 슈바르츠 장난감 百貨店, 韓國自動車店, Nihonmachi몰, Maritime · Aeta 플라자, Coit · Columbus · Sutro 타워, Airport North Travelodge, Best Western · Commodore호텔, 서울가든, IHOP, 月星館, Lee's Buffet, McDonnald House, Alioto's, Hornblower Dining Yatch, Buena Vista Bar, Cliff House, San Bruno, Santa Cruz, San Mateo, Sausalito, Oakland, Berkeley, Daly City, Camel City, Sacramento, Marin City, Napa · Sonoma · Mill 溪谷, Chinatown, Japantown, Little Italy, Fisherman's Wharf, Nob · Russian · Telegraph Hill, East Fort Baker, Victorians, Cable Car Barn, Anchorage, Ashbury, Cannery, Hyde Street Pier, Waverly Place, Davenport, Civic Center, Presidio 陸軍基地, Land End, Point Reyes National Seashore, 南샌프란시스코 工業團地, 日本타운 再開發地區, 市廳앞 露店商街 (146)			
	2. Washington, D.C. (1969)	白堊館, 聯邦政府, 國會議事堂, 美國務省, 住宅都市開發省, USAID本部, 市廳, 市議會, 펜타곤, 上院議員會館, 國會圖書館, 世界銀行, 韓國大使館, 조지 워싱턴 · 조지타운 · 아메리칸 大學, 덜레스 國際空港, 워싱턴 國家空港, 유니언 · 메트로 센터驛, 그레이하운드 버스터미널, 地下鐵, 조지타운 · 펜실베이니아 · 大使館거리, Lafayette · Thomas 廣	포토맥 · 아나코스티아 江, Theodore Roosevelt섬, 워싱턴運河, 東Potomac · 西 Potomac · Rock Creek · Montrose · Cleveland 公園, 리프랙팅 풀, Tidal Basin, Washington Square (12)	워싱턴 · 제퍼슨 紀念塔, 海兵隊戰爭紀念碑, 韓國戰爭戰沒者慰靈塔, 베트남 參戰勇士碑, Arlington國立墓地, 워싱턴 海軍墓地, 매크나이아 墓地, 케네디墓, 無名勇士의 墓, Smith Sonian · 自然史 · 美國歷史 · 航空宇宙 博物館, 國立國立肖像畵 · Corcoran · Freer · Mirshhorn 美術館, Lincoln · Roosevelt 紀念館, 케네디센터 (21)	72

國 家	地 域	機關·施設·地區	名勝·觀光·慰樂地	遺物·紀念·遺蹟地	合計
1.美國	2. Washington, D.C.	場, 워싱턴 · Dupont Circle, 루즈벨트 · Geo Mason · Rochambeau 橋, Watergate, 인터내쇼날센터, 스미소니언本部, OAS · FBI 빌딩, 國立 · Ford 劇場, 워싱턴호텔 (39)			
	3. Cincinnati (1969)	市廳, 市議會, 聯邦環境廳, 市立圖書館, 신시내티大學, 신시내티國際空港, 유니언驛, 그레이하운드 버스터미널, 다운타운, New Port 酒店家, 펀딘 · 파운틴 廣場, Good Samaritan病院, Carew 타워, Sears百貨店, River Front 野球場, 신시내티 · Marriott · Best Western Marienmont 호텔, 아파트, 大學寄宿舍, McCue · 魯公均 · 嚴基文氏宅 (24)	아우범山, 오하이오 · 마이아미江, Mirror湖水, 에덴 · 휴스튼우드 州立 · 벨레뷰힐 · 에어리아山 · 에트만 · 코브 公園,, 신시내티 動物園 · 植物園, 마운트 아담地域, 페어필드, 메인 스트라세村 (15)	Taft國立歷史地, 舊湖水遺跡, 크론溫室, 서스펜션橋, 킨킨나투스銅像, 自然史博物館, 신시내티 · 태프트 · 그랜트 美術館, 州立古代 · 州立 해리슨 紀念館 (11)	50
	4. Cleveland (1970)	市廳, 市議會, 오하이오 州立 · 케이스 웨스턴 리저브 · 클리블랜드 美術 · 클리블랜드 音樂 · 노트르담 女子 · 쿠야호가 커뮤니티 · 로마카톨릭 · 존 캐롤 大學, 電氣 · 루이스航空 · 醫療技術硏究所, 클리블랜드 Clinic, 홉킨스 國際空港, 汽車驛, 터미널타워, 세브런스 · 시비어린슨 홀, 휴그거리, 市街地, 工業團地, 重工業團地 (23)	에리 · 카이어 湖, 쿠야호가 · 로키江, 시웨이港, 오하이오-에리運河, 뉴욕州-에리運河, 에머랄드 · 네크리스 都市公園, 클리블랜드 動物園, 퍼블릭 廣場 (11)	카라무 · 클리블랜드 프레이 하우스, 自然 · 클리블랜드 健康 · 西區保全歷史學會 博物館, 클리블랜드 美術館, 알렌紀念 醫學圖書館 (7)	41
	5. Buffalo (1970)	市廳, 市議會, 音樂홀, 뉴욕州立大學, 레인보우 브리지,市街地, 崔致郎氏宅 (7)	에리湖, 나이아가라江, 그랜드섬, 나이아가라 瀑布 (4)	歷史 · 科學 博物館, 버팔로美術館, 매킨리 · 籠球紀念館 (5)	16
	6. Niagara Falls (1970)	市廳, 市議會, 나이아가라大學, 汽車驛, 그레이하운드 버스터미널, 레인보우 브리지, 水力發電所, 觀光客情報센터, Imax 劇場, 展望타워, 市街地 (11)	나이아가라 · 세인트로렌스江, 고트 · 누나 섬, 나이아가라瀑布, 프로스 팩트 公園, 바람의 洞窟 (7)	나이아가라 保全 州立公園, 인디안 保全地區, Whirlpool高速橋梁, 나이아가라瀑布博物館 (4)	22
	7.Beacon (1970)	市廳, 市議會, 驛, 버스터미널, 市街地, 纖維工場 (6)	北비컨山, 허드슨江, 휘시킬川 (3)	휘시킬地區, 홈스테드 博物館 (2)	11
	8.New York (1970)	聯邦政府, 市廳, 市議會, U.N. 本部, 뉴욕市立 · U.N. 하마숄드 圖書館, 美國稅關, 뉴욕 · Columbia · Fordham 大學, 美國陸軍士官學校, Julliard 音樂院, 케네디 國際空港, La Guardia · Newark 空港, 그랜드 센트럴驛, Port Authority버	大西洋, 뉴욕 · 자메이카 灣, 맨해튼半島, 롱 · Staten · 엘리스 · 리버티 · 루즈벨트 · Coney · The Thousand · Fire 島, Jones 비치, 뉴욕 · Sag 港, South Street Seaport, Adirodack山脈, Brooklyn Heights, 허드슨 · 이스트 · 할렘	클린턴 城砦, Theodore Roosevelt生家, Alice in Wonderland, 그린우드 · 그랜트將軍墓, 워싱턴 메모리얼 아치, 自由의 女神像, 베라자노銅像, 青銅소, 프로메테우스 彫刻像, 피스톨像, 아메리카 自然史 · 移民 · 아프리카 美術 · 現代美術 · 사우스	182

國 家	地 域	機關·施設·地區	名勝·觀光·慰樂地	遺物·紀念·遺蹟地	合計
1.美國	8.New York	스터미널, 뉴욕港, 페리터미널, 蒸汽船船着場, Circle Line遊覽船, 브로드웨이, Madison애비뉴, Wall · Canal · Millbury 스트리트, 모트거리, Times · Union · Madison · Washington · Grand Army 廣場, Columbus 서클, Brooklyn · Queensboro · Manhattan · Williamsburg橋, 聯邦準備 · Chase Manhattan 銀行, 뉴욕 證券去來所, Macy's · Blooming Dale's 百貨店, 로어플라자, Tiffany 寶石商店, 풀턴마켓, 링컨 · Sheraton · Rockfeller · 世界貿易 · Citicorp · RCA · Civic · 世界金融 센터, 카네기 · Federal · 에이버리 피셔 · 라디오시티 뮤직 홀, 摩天樓 · Manhattan Bank · Lincoln · Chrysler · General Motors 빌딩, 메트로폴리탄 오페라 하우스, Trump · 트윈 · 타임스 타워, 양키 스타디움, Majestic · 뉴욕州立 · 아폴로 · 비비안 버몬트 劇場, 잉글우드 · 뉴욕 힐튼 · 뉴욕 비스타 · 인터컨티넨탈 뉴욕 · 홀리데이 인 뉴욕 브로드웨이 · 에섹스 하우스 웨스틴 · 래디슨 · 포트리 힐튼 호텔, Manhattan · Brooklyn · Queens · Bronx · Station Island 自治區, West Point, Catskill 山岳地, Chinatown, Greenwich Village, Little Italia, 리치몬드타운, Wine County, Albany 地域, Coopers Town, SOHO地域, 할렘街 (96)	江, 롱아일랜드 · 사운드 · Placid · Belvedere 湖, Ashokan 貯水池, Mudson Valley, Montauk觀光地, 센트럴 · Battery · 自由의 女神像 · 사우스 스트리트 놀이空間 · 이스트江 · Dewitt Clinton · 國際野生動物保護 · Hyde · Gramercy · City Hall · Fulton · Jeanette · Madison廣場 · Washington廣場 · Prospect · Corona 公園, 섹스피어 · Conservatory 庭園, Flushing Meadow, 뉴욕 · 어린이 動物園, 뉴욕 植物園 (49)	스트리트 港 · 美國映像 · 陸軍 博物館, Guggenheim · 現代 · Whitney · American Craft · 메트로폴리탄 · American Illustration · Cloisters · Holography · Brooklyn · Cooper · Hewit 美術館, 國立 · 링컨 紀念館, Frick Collection, 뉴욕 歷史協會, 聖패트릭 · 聖존 디바인 聖堂, Trinty · St. Paul 教會 (37)	
	9. Houston (1970)	市廳, 市議會, Jeorge Bush國際空港, 임트랙 유니언驛, 그레이하운드 버스디포, Hobby空港, 中央圖書館, Gorge Brown Convention · NASA Johnson Space · Texas Medical 센터, St.Joseph病院, Astro-	멕시코 · 갈베스튼 灣, 버팔로 · 산 잭싱토 江, 애딕스 댐, 휴스턴港, 휴스턴 運河, Herman · Sam Houston 公園, 日本庭園, Long Point (11)	휴스턴 自然科學 · 自然史 博物館, 휴스턴 美術館, 산 잭싱토 紀念館, 산 하신토 戰爭紀念物 (5)	36

國家	地域	機關·施設·地區	名勝·觀光·慰樂地	遺物·紀念·遺蹟地	合計
1.美國	9. Houston	dome 室內球場, 알레이 劇場, 휴스턴호텔, Chinatown, Montrose거리, 劇場地域, 精油工場, 都市計劃施設地區, Rice大學(20)			
	10. Los Angeles (1970)	聯邦政府廳舍, 州廳舍, 州議會, 市廳, 市議會, 聯邦裁判所, County舍, County Courthouse, 市警察署, 中央·法律·헌팅턴·市立 圖書館, 그리피스 天文臺, 南加州·L.A.·California·Loma Linda·California State Polytechnic· Pacific States·Southwestern 大學, University of California/Ervine·L.A.·Riverside, L.A.Times社, L.A.國際·國內空港, Union 驛, Terminal Annex, 그레이하운드 버스터미널, Catalina島 페리號, Sunset Strip, Freeway 10·101, Olvera Street, Universal City·Venice Ocean Front Walk, Pershing廣場, Star의 거리, Melrose Avenue, Courtyard of Mann's Chinese Theater, California·Anaheim·Valley·Broadway·Long Beach·Riverside 플라자, L.A.County/U.S.C.·Medical Center, Central City·Fax Hills·Whittwood몰, Mall of Orange, Farmer's·Grand Central·California Appard Market, Bristol Marketplace, Huntington·Del Amo Fashion Center, The Citadel Crystal Court, The Oaks, Santa Monica Place, Civic·Hollywood·AVC TV·Anaheim Convention·Long Beach Convention·L.A. Convention·Music·Orange City Arts·Beverly·Convention and Exhibition·	太平洋, Santa Monica·San Pedro 灣, San Pedro水路, Balboa島, Redondo·Long·Manhattan·Hermosa·Seal·Sunset·Huntington·New Port·Laguna·Santa Monica·Venice·Balibu·Royal Palms 비치, Huntington·L.A.·Long Beach·San Pedro 港, San Gabriel·Santa Monica·Santa Ana 山脈, Hollywood·Gilason·Lukens·Brown·Big Bear·Wilson·San Antonio·Six Flags Magic·Sugarpine·Harrison山, Monrovia·Sunset·Cucamonga·Arrowhead峰, 푸엔테 언덕, L.A.·Rio Honda·San Gabriel·Santa Ana 江, Sulphur·Lytle 川, Bard·West·Big Bear·Malibu·Sunnymead·Silver·Anaheim·Silverwood·Irvine·Mission Viejo·Vail·Norconian·Mathews·Evans·Elsimore·Gregory·Skinner·Ranch·Canyon·Arrowwhead·Perris 湖, Las Vigenes·Chatsworth·Encino·L.A.·Dacoima·Stone Cyn·Canyon·Lower Franklin·Hollywood·Tujunga·San Gabriel·Big Cyn·Morris·Puddingstone·Bonita·San Jodquin·Sand Cyn·Cypper Oso·Prenda·Mockingbird·Woodcrest·San Jacinto·Lambert·Laguna·Rattlesnake·Sulphur Creek·Horris 貯水池, 디즈니	Ambassador·Pasadena Civic·Shrine Auditorium, Hollywood Palladium, San Gabriel Mission, Universal City Hilton塔, Evergreen·우드론·Hollywood 紀念公園墓地, Japanese-American 國立·L.A.County 美術·Almand Hammer·美術·Cabrillo Marine·J.P. Getty·Guinness World of Records·Hollywood Studio·Hollywood Entertainment·Hollywood Wax·Movieland Wax·Lomita Railroad·International Printing·Norton Simon·California科學產業·Afro-American·自然史·歷史·Georg C.Page·Tar Pits·Rock Art·Fowler 文化歷史·Angels Attic·現代美術·기온 아트·Long Beach Children's·Hollywood Bowl·Orange Empire Railway·Wells Fargo History·Southwest·Long Beach美術·L.A. Children's·L.A. 自然史·Flying·Norton Simon 美術·Tolerance·Pacific Asia 博物館, Autry Museum of Western Heritage, Bowers Museum of Cultural Art, California Museum of Photography, Huntington Library and Art Gallery, Page Museum of La Brea Discoveries, L.A. County·장폴게티·現代·Amand Hammer 美術館, Crysta聖堂, Old Plaza 敎會, Mormon寺院, 로댕의 '생각하는 사람' 銅像,	341

國 家	地 域	機關·施設·地區	名勝·觀光·慰樂地	遺物·紀念·遺蹟地	合計
1.美國	10. Los Angeles	World Trade·Vistor Information 센터, Bradbury·Coca Cola 빌딩, Lincoln Heights, Griffith·Mt. Wilson 展望臺, CBS·Universal·20 Century Fox 스튜디오, San Fernando·San Gabriel 미션, Watts·알코·Capitol Records 타워, UCLA Marina Del Rey, Hollywood Bowl, Dodger·Anaheim 스타디움, Greek·Chinese·John Anson·Ahmanson 劇場, Universal·Irvine Meadows Amphitheater, Geffen Playhouse, Best Western호텔, Empire Inn, 靑器瓦·Izumi 食堂, Sushi Oriental Food, Rialto·Studo·Century·Universal City, Orange County, Koreatown, Little Tokyo, Chinatown, Fishman's Village, Ports O'Call Village, Mark Taper Forum, Queen Mary, San Antonio Winery, Knott's Berry Farm, 叔父·余永琦 아파트, 姜信子宅, 로데오 거리, 露天食堂, Walk of Fame道路, Hollywood 사인 看板, Dorothy Chandler Pavilion劇場 (124)	랜드, El Pueblo De L.A. State Historical·Malibu Creek State·Tepnanga State·Will Rogers State Historical·Chino Hills State·Pio Pico State Historic·L.A. State and County Arboretum·Elysian-Ernest County·Frank G. Bonelli County·Lake Skinner County·Hazard·Hollenbeck·Buena·O'Melveny-Griffith·Hollywood·Prado Regional·Lincoln·Ronald W. Caspers Wilderness·Sycamore Cyn Wilderness·Box Springs Mountain·Descanso Gardens·Exposition·Arthur·Echo·Monterey·Plummer·Burns·Pan Pacific·Hancock·Ball·西Hollywood·Murphy彫刻·Memo-rial·Ocean 公園, Santa Monica Mountains 國立·Lake De-rris州立·Santa Fe Dam·Sepulveda Dam·Hamsen Dam·Whittier Narrows·Evergreen 慰樂地, Big Tujunga·La Tuna·San Gabriel·San Antonio 케년, L.A.·Santa Ana 動物園, 太平洋水族館, Ripley's Believe It or Not!, Entertainment센터, 國立 Angeles 森林, Hollywood公園競馬場, Hollywood Bowl 野外公演場, Santa Monica Pier, South Coast植物園, Beverly Hills 住宅地, Ghost Town, Hollywood 사인板, Semi·San Fernando 溪谷, San Vincente燈臺, Wilshire 골프場, Majic山 테마 公園 (157)	L.A.最初消防署 (60)	
	11.Denver (1970)	市廳, 市議會, 州廳舍, 州議會, 美國造幣局, Denver國際空港, 유니언 驛, 덴버 버스센터, Lari-	록키·에반스 山, 콜로라도·베어·그린혼 江, Cherry川, 그랜비湖, Rock山 國立·Civic中	神의 동산, 몰리 브라운 邸宅, 콜로라도 歷史·自然史 博物館, 덴버 美術館 (5)	38

國家	地域	機關·施設·地區	名勝·觀光·慰樂地	遺物·紀念·遺蹟地	合計
1.美國	11.Denver	mer廣場, Convention · Performing Art · Visitor · Coors Beer Brewery 麥酒釀造場, H.G. Bonfils劇場, 덴버 市街地, 16th Street Mall, Golden · Colorado Springs · Central · Grand Lake · Boulder 市, Lodney Lane 自宅(21)	央 · Estes · Winter 公園, 州廳舍庭園 (12)		
	12. Chicago (1970)	市廳, 市議會, 市圖書館, Civic Opera House, Adler 天文臺, 시카고 · 시카고 工科 · Illinois 大學, Prairie School, O'Hare 國際空港, Midway空港, Union 驛, 그레이하운드 버스터미널, 워싱턴廣場, The Loap, Illinois 州 · John Hancock · World Trade · 圖書文化 센터, Marina City · Wrigley 빌딩, Convention홀, 시카고 商品 · 시카고穀物 去來所, Sears · Water · Tribune 타워, Merchandise Mart, Marshall Field 百貨店, 시카고 스타디움, 시카고 劇場, Orchestra Hall, Sheraton Chicago Hotel, 市街地, 埠頭, Milwaukee Village, Chinatown, Enterprise · Empowerment Zone, 李仁遠 아파트 (40)	미시간湖, 시카고灣, 시카고 · Belmont港, 시카고 · 北쇼어 運河, 호즈킨스山, 펠로스 언덕, 시카고江, Grant · Lincoln · Oak · Milton Lee Olive · Bunham · Sherman · Jackson · Seward · Lake · Shore · Navy · Columbus 公園, 버킹검噴水, 시카고 動物園, Shedd水族館, 시카고 橋 (25)	國立歷史遺蹟地, Piccaso 彫刻, 核融合紀念碑, 自然史 · 科學産業 博物館, 시카고 · 現代 · 아메리카 美術館, Capone's Chicago · Rockefeller 紀念館, 시카고 歷史協會, 시카고 科學아카데미, Robie House, 바하이 寺院 (14)	79
	13. Honolulu (1972)	州廳舍, 州議會, 市廳, 市議會, 韓國 · 日本 領事館, 하와이大學, East-west · 韓國學 센터, 하와이 國際空港, Dole Cannery廣場, Polynesian Cultural · Maui Divers Jewelry Design · Hawaii Maritime · Ward 센터, Aloha타워, Dole Cannery Outlet, The Ward Warehouse, Ohau Market, Royal Hawaiian Shopping Center, 하와이 · 호놀룰루 호텔, 酒店街, 韓國 바, Paradise · Kaneana Cave, Wainae · Koolau Rango, 美國海軍保全地, Barber's Point 海軍 ·	太平洋, Pearl · Waialua · Mamala · Maunalua · Kahana · Hanauma · Waimanalo · Kailua · Kaneohe 灣, Kaiwi海峽, O'Hau · Kaua'i · Maui · Hawaii · Meloka'i · Ni'ihau · Lana'i · Sand · Kaho'olawe · Chinaman's Hat 島, Kahuku · Kaena · Barbers · Keahi · Kahe · Kupikipikio · Kawaihoa · Makapuu · Mokapu · Mahahoe 곶, Waikiki · Sunset · Ewa · Kawailoa · Lualualei · Pokai · Makaha · Ulehawa · Ka-	Iolani · Queen Emma's Summer 宮殿, 국上陸紀念碑, King Kamehameha銅像, Waikiki 水族館, Royal Birthing Stones, USS Bowfin, 原住民村, Punchbowl國立墓地, Pacific Submarine · U.S. Army · 25th Infantry's Tropic Lightening · Bishop · Battleship Missouri Memorial · Mission Houses 博物館, 하와이 美術館, USS Arizona · 眞珠灣 紀念館, Kaneaki Heiau · ByodoIn · Memon 寺, Kawaiaho敎會 (23)	201

國 家	地 域	機關·施設·地區	名勝·觀光·慰樂地	遺物·紀念·遺蹟地	合計
1.美國	13. Honolulu	Kaneohe Bay海兵隊 空軍基地, Kaena Point, Hawaii's Plantation Village, Kualoa Ranch, Paradise Cruise's Star of Honolulu, Schofield Barracks, Kolenkole Pass, Chinatown, Campbell工業團地, Honolulu市, Makakilo市, Pearl市, Kapaa · Lahaina · Makaha · Waianae · Maili · Nanakuli · Waimanalo · Kailua · Heeia · Laie · Waimalu · Halawa · Aiea · Waipahu · Miliani · Wahiawa · Ewa 地域 (59)	hana · Hawaiian Electric County · Nanakuli 비치, Pearl · Waianae's · Keehi Lagoon 港, Puu Iki · Puu Kainapuaa · Kaala · Puu Kaua · Palikea · Eleao · Puu Manawahua · Ko'olau · Konahuanni · Diamond Head 山, Anahulu江, Poamoho · Kaukonahua · Kamananui · Waikele · Waiawa · Kipapa · Helemano · Opaeula · Punaluu川, Waimea · Sacred 瀑布, Diamond Head · Koko Head, Nuuanu · Waimea Valley, Kaena Point · Heeia · Kahana Valley · Sacred Falls 州立公園, Kualoa 地域公園, Mokuleia · Keaau · Lualualei · Nanakuli · Kahe Point · Bellows Field · Waimanalo · Makapuu · Hauula · Swanzy · Kahana Bay 비치 公園, Hanauma灣水中公園, Temples Memorial · Hawaiian Waters Adventure 公園, Sea Life Park Hawaii, Wahiawa Botanical · Del Monte Variety · Japanese Garden, Kuaokala · Mkua Keeau · Mokuleia · Wainae Kai · Honouliuli · Kahuku · Kawailoa · Kaipapau · Hauula · Waiahole · Ewa · Honolulu Watershed · Waimanalo 森林保全地, Kaiaka · Malaekahana · Wahiawa Freshwater · Sand Island · Keaiwa Heiau · Waimanalo 灣 · Waahila Ridge · Kakaako Waterfront · Aina Moana 州立慰樂地域, Atlantis Submarines, Halona Blowhole, Pali Lookout (119)		
	14.Madis-	市廳, 市議會, 市街地, 매디슨 호	오하이오江, 매디슨 河港, 瀑布公	디니어 紀念館, 탈보트 庭園 (2)	10

國 家	地 域	機關·施設·地區	名勝·觀光·慰樂地	遺物·紀念·遺蹟地	合計
1.美國	on(1976)	텔, 酒店 (5)	園 (3)		
	15.Pitts-burgh (1976)	市廳, 市議會, 피츠버그大學, 카네기財團本部, 피츠버그 國際空港, 그레이하운드 버스터미널, 市街地, 製鐵工場地區, 崔禎苾아파트 (9)	오하이오·알레가니 江, 三江河口, 프릭公園 (4)	피츠버그 博物館, 핏츠버그 美術館 (2)	15
	16. Columbus(1976)	州廳舍, 州議會, 市廳, 市議會, 오하이오州立大學, 컬럼브스國際空港, 그레이하운드 버스터미널, 科學産業센터, 空軍基地, 百貨店, 마이어·Outlet 商店, 커뮤니티 水泳場, 韓國·日本·中國食堂, 長女自宅(17)	소시오토·올렌탄지 江, 후버 댐과 貯水池, 로든 빌 모히칸 溪谷, 컬럼브스·불라 公園, Kings Island, 야셔빌 쿡스 크릭 골프場 (8)	올렌탄지 인디언 居住洞窟, 獨逸人村, 더블린地區, 그랜드 뷰 언덕, 링컨塔, 歷史博物館, 컬럼브스 美術館 (7)	32
	17. College Park (1989)	市廳, 市議會, 매릴랜드大學, 陸軍飛行學校, 國立農業硏究所, 고다트 宇宙飛行센터, 空軍硏究基地, 市街地, 그린벨트·캠퍼스 타운, 張旭自宅, 李正典 아파트, China Pearl 中國食堂 (13)	포토맥江, 노스히스트·패인트川, 로키조지湖, 大學·랭그리 公園, 매릴랜드大學 골프場 (7)	포트미데 遺蹟地, 칼리지 파크 博物館, 칼리지 파크 美術館 (3)	23
	18. Towson (1989)	市廳, 市議會, 타우슨大學, 워싱턴-볼티모어 高速道路, 高級住宅地, 市街地, 辛奉柱 住宅 (7)	롱 뷰· 헌트 벨리 골프場 (2)	햄프튼 國立歷史遺蹟地, 금지 안맨션 (2)	11
	19. Akron (1993)	市廳, 市議會, 애크론大學, 애크론空港, 驛, 고무工場, 市街地, 百貨店, 長女아파트 (9)	쿠야호가瀑布, 都市·近隣 公園, Sea World, 베이커스 에이커스 골프場 (5)	애크론 博物館, 애크론 美術館, 世界고무科學館 (3)	17
	20. Lansing (1993)	州廳舍, 州議會, 市廳, 市議會, 미시간州立大學, 랜싱 커뮤니티大學, 盲啞學校, 驛, 버스터미널, Kellog센터, Mariott호텔, 韓國·카부키·牛村·中國 食堂, K. Corey·林吉鎭 自宅, 次女寄宿舍 (18)	그랜드·赤세다 江, 랜싱·파크湖, Rose·州公會堂 庭園, 포리스트 에이커스·파인 골프場 (8)	自動車製造工場遺蹟地, 農業硏究保全地, 州立博物館, 市立美術館 (4)	30
	21. Las Vegas (1995)	市廳, 市議會, 裁判所, 警察署, 刑務所, 네바다 州立大學, 核實驗基地, McCarran國際空港, Ethel M. Chocolate·Grand Canyon 空港, Union驛, 그레이하운드 버스터미널, The Strip大路, Freemont Street, Circus Circus, 찰스튼 헤이츠 藝術·業務·컨벤션·Hoover Dam Visitors 센터, Stratosphere타워, 메도스·Fashion Show 몰, Belz Factory Outlet World, Forum Shop, Bryce Amphitheater, MGM	Charleston·무니피크·윌슨·Hayford·Tipton·Troy·Frisco·Shoshone·Bangs·Telescope·McCullbough 山, 스프링 山脈, 콜로라도·Virgin·Amargosa·White江, Mead·Mohave·Red 湖, 후버·Laughlin·Davis·Boulder 댐, Grand Canyon·Zion·Bryce Canyon·Death Valley·Great Basin 國立公園, Valley of Fire·Spring Mountain Ranch·Cathedral Gorge 州立公園, Cragin·	國立 Death Valley 保全地, Valley of Fire의 인디언 住居洞窟과 壁畵, Scotty's Castle, Ward Charcoal Ovens, 州 歷史遺蹟地, Old Nevada·Historic Las Vegas Area, 네바다 州立·후버댐·Liberace·야바파이·King Tut·Debbie Reynolds Hollywood Movie·Guinness World of Records· Gold Well·White Pine County·Lost City·Searchlight Historic·Boulder Dam 博物館, 歷史資料	150

國家	地域	機關·施設·地區	名勝·觀光·慰樂地	遺物·紀念·遺蹟地	合計
1.美國	21. Las Vegas	Grand · Sahara · Circus Circus · Treasure Island · Mirage · Bally's · Theme Park · Luxor · Union Plaja · Excalibur · Caesars Palace · Desert Inn · Flamingo Milton · Mizpah · Santa Fe 호텔, 캐딜락 그릴, 韓國食堂, Sun City, 硏究團地, 섬마린 住宅地, 스펙트럼, 市街地, 골든 누겟 인디언 居住地, Bonnie Springs Ranch, Henderson · Center · Boulder · Goldfield · Spring Valley · Overton · Bullhead · Pahrump · Beatty · Rhyolite · Tonopah 市, 金在城 自宅, Charlston 통나무집, 쇼핑몰, Mesquite市, Amusement Parks (65)	Baker · Ban Baskin · Red Rock · Wet'n Wild Water 公園, MGM Grand · Grand Slom Canyon · Treasure Island Hotel · Luxor Hotel 테마公園, Lake Mead 國立慰樂地域, Toiyabe · Dixie · Humboldt 國立森立地, Desert · Ash Meadows 國立野生區域, Red Rock Canyon岩山, Grand Canyon Village, Grand Canyon Yavapai Point, Bottle House, White River Valley, Ghosts of the Last Supper, 草原地帶, 카지노場, 주빌리쇼場, Lee Canyon Ski Area, Pahrump Valley Vineyard, Bonnie Springs' Old Nevada, Hilton · Desert Inn · Sahara Nevada 골프場, 모하브 沙漠 (63)	館,Hesselzesser · Imperial Palace's Antique and Classic Auto Collection (22)	
	22. Port Huron(1997)	出入國管理事務所, 美國-캐나다 國境線, 靑水國際橋梁 (3)	후론湖, 클레어海峽, 聖클레어江, 國境休憩所, 森林地 (5)	토마스 에디슨 遺跡, 포트 그래티오燈臺, 製鹽地遺址 (3)	11
	23. Orlando (1997)	市廳, 市議會, 존스 · 플로리다 技術 · 발렌치아 컴뮤니티 大學, 올란도 海軍訓練센터, 올란도國際空港, 임트랙 驛, Church Street驛, 그레이 하운드 버스터미널, 클라리온 샤이츠 리조트 월드 콘도, 航空産業團地, 電子産業基地, 東洋食品店, 商街, 市街地, 韓食堂, 中國부페 食堂 (18)	아포카 · 부에나 · Butler · Tibert · Sheen · Conway湖, Walter Disney World, Sea World, 에을라 湖水 · Wet'n Wild Theme · Splendid China Theme 公園, Cypress 庭園, Gatorland 動物園, Universal Studio, Grand Cypress Golf Club (15)	自然保全地, 올란도 博物館, 올란도 美術館 (3)	36
	24.Cape Canaveral (1997)	海岸埠頭, 케네디 宇宙센터, 宇宙船發射基地, 宇宙硏究所, 패트릭 空軍基地, 國立海岸地域 (6)	大西洋, 메리트島, 인디언 · 바나나 江, 鰐魚정글 (5)	Space Camp, 미디벌 타임스, 鰐魚保護棲息地 (3)	14
	25. Cocoa (1997)	驛舍, 95番高速道路, Cocoa-Merritt橋, City Point, Rockledge, 市街地 (6)	大西洋, Intracoastal海路, 코코아 비치, Indian江, Johns川, Poinsett · Winder 湖, 코코아 海水浴場 (8)	코코아 博物館, 코코아 水族館 (2)	16
	26. Millbrae (2000)	市廳, 市議會, 샌프란시스코 國際空港, Millbrae驛, 버스 스테이션, Safeway商店, Walgreens, Hart Mart, 中古車賣買場, Airport Clarion · Westin 호텔, 南샌프란시스코 工業地帶 (12)	샌프란시스코灣, San Mateo川, San Andreas湖, 샌프란시스코灣 公園, 샌프란시스코 州立 낚시 · 競技保存地 (5)	Millbrae紀念館, Millbrae市立圖書館 (2)	19

國 家	地 域	機關·施設·地區	名勝·觀光·慰樂地	遺物·紀念·遺蹟地	合計
1.美國	27. Palo Alto (2000)	市廳, 市議會, Stanford 大學, Foothill College, Menlo College, Sacred Heart Academy, International School of the Peninsula, Palo Alto 商工會議所, Stanford University Center, Canter Center, Vetrans Administration Medical Center, Stanford Linear Accelerator Center, Mitchell Park Library and Community Center, Municipal Service Center, Brouer Medical Center, Stanford Medical Center, Recycling Center, Baylands Athletic Center, Visitors Center, Rogis Mckenna빌딩, Hewlett-Packard Company, Varian Company, Sun Microsystems Company, Orchard Supply Hardware Company. Loral Space Systems Company, Federal Telegraph Company, Xerox PARC Company, College Terrace Library, Main Library, Downtown Library, Children's Library, Hewlett-Packard Stanford Hesath Library, Varian Associates, Stanford Stadium, Stanford Hospital, Pet Hospital, Veteran's Hospital, Stanford Theater, Lucie Stern Theater, Stanford Shopping Center, Neiman Marcus, Macy's, Bloomingdale's, Nordstrom, Cardinal Hotel, Menlo Park Inn, Westin Hotel, Municipal Game Refuge, Bay Meadows Horse Racing Track, Municipal Airport, Palo Alto驛, Dumbarton橋, Lytton · University Aven-	San Francisco 灣, Meadow 灣, Santa Cruz 山脈, Sierra 山脈, Barrow川, Adobe川, San Francisquito川, Mayfield Slough川, Matadero 運河, Lagoon 湖, Lagunita 湖, Duck 沼, Palo Alto Baylands Nature Preserve, Ranger Station, Lucy Evans Nature Center, Palo Alto Zoo, Menlo · Rinconada · Byxbee · Eleanor Pardee · El Camino · Seale · Kellogg · Boulware · Robles · Briones · Terman · Alta Mesa Memorial · Stanford Hills · Huddat County · Don Jesus Ramos · Peers · Mitchell · Greer · Hoover · Bowden Bowling Green · Bol Park, Palo Alto Municipal Golf Course, Stanford University Golf Course (39)	Uncle Jim's Cabin, Filoli 맨션, El Camino Mission Bells, The Quad, Wood Store, 로댕의 '생각하는 사람' 銅像, Hoover Tower, Iris and B.Gerald Cantor Center for Visual Arts, Museum of American Heritage, Palo Alto Junior Museum, Allied Atrs Guild, Cantor Center for the Arts, Junior Museum and Zoo, Pacific Art League, Palo Alto Art Center, Rodin Sculture Garden, Stanford Art Gallery, University Art Center, Stanford Museum of Atr, Memorial Church, Stanford Memorial Chapel (21)	145

國 家	地 域	機關·施設·地區	名勝·觀光·慰樂地	遺物·紀念·遺蹟地	合計
1.美國	27. Palo Alto	ue, Ramona · Carlson · Starrking廣場, 버스停留場, Junipero Serra Boulevard, Interstate Highway 880, Bayshore 101 Freeway, Oregon · Foothill · El Camino Real Expressway, Alma · Hanover · Ash · Emerson · El Centro · Seneca Street, University · California · Colorado · Searle · Santa Cruz · Hopkins Avenue, Sand Hill · Willow · Page Mill · Alpine · Middlefield · Louis Foad, Meadow · Palm · Campus Drive (85)			
	28. San Jose (2004)	Santa Clara County 廳舍빌딩, 市廳, 市議會, 法院, 裁判所, 警察署, 消防署, 郵遞局, 市民會館, 商工會議所, San Jose State University, San Jose City College, San Jose Christian College, Valley Transportion Authority, San Jose Main Post Office, Hayes Mansion and Convention Center, Evergreen Community College, McEnery Convertion Center, Bank of America Building, Federal Building, Combaq Center, San Jose Convention and Visitors Bureau, San Jose Visitor Information and Business Center, Alma Senior Center, Blackford High Center, Cypress Senior Center, Fair Swim Center, Neighborhood Development Center, Sherman Oaks, Southside Community and Senior Center, St. James Senior Center, The Spot Youth Center, Willows Senior Center, Almaden · Alviso ·	Santa Cruz山脈,Sierra山脈, Diable Range, Guadalupe 江, Coyote 江, Babb川, Silver 川, Yerba Buena川, Fowler 川, Swiss川, Stevens川, Quimby川, Thompson川, Los Gatos川, Penitencia川, Isbel 山, Joseph D.Grant County 山, Mount Hamilton山, San Juan Bautista 언덕, Santa Clara · Silicon · Bloosom · Almaden · Coyote 溪谷, Cunningham · Cottonwood · Almaden · Coyote 湖, Evergreen · Coyote · Alamitos 運河, Steven Creek Reservoir, Raging Waters, Mirassou Vineyards, Children's Carousel, Discovery Meadow, San Pedro Square, Billy Jones Wildcat Railroad, Municipal Rose Garden, Guadalupe · Overfelt Gardens, Peralta Adobe/Fallon House, Albertson Parkway, Almaden Winery, Avenida Espana, Brigadoon Tot Lot, Children of the Rainbow, Forestdale Tot Lot, Gregory Plaza Tot Lot,	Winchester Mystery House, The Peralta Adobe and Fallon House Historic Site, Original Joe's Restaurant, California's First State Capital Building, First Church of Christ Scientist Building, Sainte Claire Club Building, California Room, Hayes Mansion, U.S. President William McKinley 銅像, Senator Robert Kennedy 銅像, San Jose History Park, Oak Hill Memorial Park, San Jose Historical Museum, San Jose's Merican Heritage Plaza, Tech Museum of Innovation, Rosicrucian Egyptian Museum, San Jose Museum of Art, Japanese-American Museum of San Jose, Lou's Living Donut Museum, Children's Discovery Museum of San Jose, Winchester Firearms Museum, Museum of the Americas, Museum of Quilts and Textiles, San Jose Institute of Contemporary Art, San Jose	506

國 家	地 域	機關·施設·地區	名勝·觀光·慰樂地	遺物·紀念·遺蹟地	合計
1.美國	28. San Jose	Berryessa · Camden · Gardner · Evergreen · Grace · Hoover · Hank Lopez · Kirk · Mayfair · Millbrook · Moreland-West San José · Olinder · Roosevelt · Shirakawa · Solari · Starbird · Watson Community Center, Barnes and Noble Bookstore, 市立圖書館, Eastside San José Carnegie Branch, Biblioteca Branch Latinoamericana, Rosegarden · Santa Teresa · Seventrees · West Valley · Willow Glen 圖書館, Almaden · Alviso · Berryessa · Cambrian · Joyce Ellington · Calabazas · Pearl Avenue · Educational Park · Evergreen · Hillview 分院圖書館, Dr.Martin Luther King Jr.Main 分院圖書館, Santa Clara Valley Medical Center, Alerian Brothers Hospital, Mirassou Winery, Plaza de César Chávez, Park Center Plaza, Corona of Palms Plaza, Adobe Towers, Lick 展望臺, Lick 觀測所, San José State's Spartan Stadium, Municipal Stadium, Santa Clara County Fairgrounds, Sports Center, Knight-Ridder Building, Ice Center of San Jose, San Jose Hockey Team the Sharks, Westgate Shopping Center, Oakridge Mall, Westgate Mall, Farmers' Markets, Eastridge Shopping Mall, San Jose Flea Market, Macy's 百貨店, Sears 百貨店, JC Penney 百貨店, Oakridge 商街, Westfield Shoppingtowm, Great Mall of the	Guadalupe Oak Grove, Happy Hollow Park and Zoo, Huerta Tot Lot, Los Gator Creek Trail, Nancy Lane Plaza, Pal Stadium, Parkview, Parque De La Amistad, Parque De Los Pobladores, Playa Del Rey, Rock Spring Playground, Silver Creek Linear Picnic Meadow, Watson Soccer Bowl, Los Alamitos Calero Creek Trail, Japanese Friendship Garden, Aborn · Almaden Lake · Almaden Meadows · Alum Rock · Alviso · Backesto · Basking Ridge · Bernal · Calero · Berryessa Creek · Biebrach · Boggini · Bramhall · Branham · Brigadoon · Brooktree · Chris Hotts · Butcher · Cahalan · Cahill · Calabazas · Camden · Canoas · Capital · Carrabelle · Cassell · Cataldi · Century Oaks · Chynoweth · Cimarron · Columbus · Comanche · Coy · Coyote Creek · Danna Rock · De Anza · Doerr · Dove Hill · Edenvale Garden · Emma Prusch Farm · Erikson · Evergreen · Fernish · Flickinger · Foothill · George Page · Great Oaks · Glenview · Graystone · Groesbeck Hill · Guadalupe River · Gullo · Hamann · Hathaway · Hester · Hillview · Houge · Hummingbird · Jeffrey Fontana · Kelley · Kirk · La Colina · Lake Cunningham · Lincoln Glen · Lone Hill · Los Paseos · Martin · Mayfair · Mcenery · Mclaughlin	Center for the Performing Arts, Ira F.Brilliant Center for Beethoven Studies and Museum, Bay Area Glass Institute, Center for Latino Arts, San Jose Works Gallery, Machu Picchu Gallery and Museum of the Americas, General Henry Morris Naglee 紀念館, Japanese-American Citizens 紀念館, Saint Joseph's Cathedral, First Unitarian Church, Trinity Episcopal Church, Scottish Rite Temple, Labor Temple (37)	

國 家	地 域	機關·施設·地區	名勝·觀光·慰樂地	遺物·紀念·遺蹟地	合計
1.美國	28. San Jose	Bay Area, Donna Karan, Cranberry Hill Mercantile, Antiques Colony, Santana Row, East San Jose 商街, Willow Glen 商街, Valley Fair 商街, Almaden Plaza Shopping Center, Fox · Montgomery · Jose · San Jose Repertory · Burbank · AMC 劇場, Camera One Cinema, Camera Cinemas, San Jose Arena 競技場, Hyatt Sainte Claire Hotel, Fairmont Hotel, Arena Hotel, Double Tree Hotel, Fountain Restaurant, Waves Smokehouse and Saloon, 洋食 뷔페食堂, 楓林中館, 金鳳凰大酒店, 漢城 갈비집, 韓國의 집, 韓國 燒肉뷔페집, 韓食堂山莊, 楊平신내해장국집, Nortel Networks · Adobe · Systems · Cadence Design Systems · Agilent · Altera · Cisco Systems · KLA-Tencor Company, Atmel Corporation, IBM Corporation, Alum Rock · Alviso · Berryessa · Edenvale · Evergreen · Westgate · Santa Teresa · Fruitdale · Willow Gren 地域, Central Son Jose · Burbank · Hanchett · Reed Street · SOFA 地區, Civic · San Jose East · Valley Fair · Eastland 센터, Japan Town, China Town, San Jose 國際空港, Reid-Hillview Municipal Airport, San Jose 驛, 버스停留場, Coyote Creek Trail, No.880 · 680 · 280 · 85 · Highway, No.101 · No.87 · Bayshore · Aimaden Expressway, Sinclair Freeway, Santa Teresa · Almaden Blouevard, Co-	· Melody · Meadowfair · Meadows · Miner · Metcalf · Mese · Miyuki Dog · Moitozo · Montgomery Hill · Mt. Pleasant · Northwood · Murdock · Noble · O' Connor · Olinder · Our · Palmia · Parma · Paul Moore · Plata Arroyo · Pellier · Pfiffer · Penitencia Creek · Plaza De Cesar Chavez · Rainbow · Ramblewood · River Glen · Roosevelt · Rosemary · Gardens · Roy Avenue · Rubino · Ryland · San Tomas · Santana · Selma Olinder · Saratoga Creek · Scottsdale · Shady Oaks · Silver Leaf · Solari · Stevens Creek · St.James · Starbird · Stonegate · St. Tomas · T.J.Martin · Terrell · Thousand Oaks · Townsend · Turtle Rock · Vinci · Vista · Wallenberg · Waterford · Watson · Welch · Wilcox · William Street · Willow Street Frank Bramhall · Windmill Springs · Zolezzi 公園, Municipal · Rancho Del Pueblo · San Jose · Spring Valley · Deep Cliff · Los Lagos Golf Course (202)		

國 家	地 域	機關·施設·地區	名勝·觀光·慰樂地	遺物·紀念·遺蹟地	合 計
1.美國	28. San Jose	yote Valley Driving Range, Branham Line, Market · San Carlos · Julian · St. James · Santa Clara · San Carlos · Bassett · Devine · St. John · Carlysle · Post · San Fernando · San Salvador · San Antonio · Balbach · Reed · William · Grant · 1st · 2nd · 3rd · 4th · Market · San Pedro · Vine · Terraine · Notre Dame · Palm · Locust · River · Montgomery · Sonoma · Brown · Autumn · Oak · Willow · Floyd · Cimino · Julian · St.John · Margaret · Empire · Jackson Street, Park · Viola · Auzerais · Curtner · Almaden · Pierce · Minor · Willis · Landess · Gifford · Cropley, Alum Rock · Morrill · Capitol · McLaughlin · Murphy · Tayon · Park · Snell · Ruby · Minnesota · Foxworthy · Hamilton · Hillsdale · Camden Avenue, Blossom Hill · Tully · Senter · Flea Market · King · Hostetter · Sierra · Story · Berryessa · Piedmont · Mabury · Penitencia Creek · McKee · Monterey · San Jose · Alviso · Parkland · White · Silver Creek · Silver Creek Valley · Yerba Buena · San Felipe Road (267)			
	29. Santa Clara (2004)	市廳, 市議會, Convention and Visitors Bureau, Ricard 觀測所, 郵遞局, 警察署, 消防署, Santa Clara 大學, Municipal Court, Mission College, Agnews Developmental Center, Civic Center, Community Center, Conven-	San Francisco灣, Santa Cruz 山脈, Sierra 山脈, Santa Clara Valley, Guadalupe江, San Aquino川, Calabozas川, Saratoga川, Ulistac Natural Area, Paramount's Great America Theme Park, Agnew · Alva-	Mission Santa Clara De Asis, Santa Clara University Mission, Headen-Inman House, Jamison-Brown House, Harris-Lass House, Genealogy Room, Carmelite Monastery, Saint Clare 銅像, Mission City	156

國家	地域	機關·施設·地區	名勝·觀光·慰樂地	遺物·紀念·遺蹟地	合計
1.美國	29. Santa Clara	tion Center, Senior Center, University of California Bay Area Research and Extension Center, Teen Center, Youth Activity Center, San Francisco 49ers Headquarters and Training Facility, Department of Motor Vehicles, 商工會議所, Public Library, Mission Branch Library, Central Library, Kaiser Permanente Medical Center, National Semiconductor Company, Three Com Company, Applied Materials Company, Intel Corporation, YAHOO! Company, Human Society Animal Shelter, International Swim Club, Tennis Centers, George F. Haines International Swim Center, Buck Shaw Stadium, Football Field, Baseball Field, Santa Clara Corporation Yards, Skate Park, Swimming Pool, Tennis Courts, Westfield Shoppingtown Valley Fair Shopping Mall, Macy's, Nordstrom, Santa Clara Chorale 合唱團, Santa Clara 驛, Caltrain驛, Old Ironsides 驛, Lick Mill驛, Great America驛, Amtrak驛, 버스停留場, 880 Highway, 237 Freeway, Bayshore 101 Freeway, Montague · Central · Lawrence · San-Omas Expressway, Kiely · Scott · Stevens Creek · De La Cruz Boulevard, Monroe · Benton · Market · Bellomy · Lincoln · Newhall · Lafayette Street, Walsh · Martin · Pruneridge · Cabrillo · Bowers Avenue, Camino Real,	rez · Central · Warburton · Westwood Oaks · Washington · Youth Soccer · Fuller Street · Agnew · Lick Mill · Angelina · Fairway Glen · Monague · Bracher · Machado · Bowers · Pool Warburton · Rotary · Civic Center · Earl Carmichael · Memorial Closs · Fremont · Marsalli · Steve Carli · City Plaza · Home Ridge · Mary Gomez · Henry Schmidt · Alvarez · Prune Ridge · Jenny Strand · Maywood · Parkway 公園, Planet Granite 놀이公園, Santa Clara Golf and Tennis Club, Pruneridge Golf Club (46)	Memorial Park Cemetery, Santa Clara Mission Cemetery, De Saisset Art Museum, Triton Museum of Art, Harris-Lass Historical Museum, Santa Clara History Museum, Intel Museum, South Bay Historical Railroad Museum, Mission Church (17)	

國家	地域	機關·施設·地區	名勝·觀光·慰樂地	遺物·紀念·遺蹟地	合計
1.美國	29. Santa Clara	Great America Parkway, Agnew · Homestead · Brokaw · Kifer Road, Tasman · Buchanan · Gallup · Hogan · Kerry · Linden · McKinley Drive, Adams · Daniel · Garden · Kevin Way, Austin · Kimberlin Place (93)			
	30. Newark (2004)	市廳, 市議會, Visitor Center, 버스停留場, 鐵道線, Newark 驛, Westbound Toll Plaza, Refuge Headquarter, Centerville District, Park and Ride, Dumbarton橋, Refuge 小木橋, 880 Interstate Highway, No.84 Expressway, Altamont Commuter Expressway, Cherry · Willow Street, Jarvis · Thorton · Central · Smith · Mowry Avenue, Blacow · Marshlands Road, Paseo Padre Parkway, Hilton Hotel, Suits Hotel, Holiday Inn Express Hotel, Residence Inn (29)	San Francisco灣, Almeda County Flood江, Plummer 川, Newark川, Coyote Hills 川, Salt 沼, Don Edwards San Francisco Bay National Wildlife Refuge, Quarry Lakes Reservoir, Recreation Area, La Riviera Marsh, Salt Marsh, Harrier Spur, Fishing Pier, Newark Slough Trail, Tidelands Trail, Eucalyplus Grove, Hilltop Overlook, Coyote Hills Regional Park, Fremont Park Golf Course (19)	Ardenwood Historic Farm (1)	49
	31. Monterey (2004)	市廳, 市議會, Monterey County Building, 法院, 警察署, 消防署, 郵遞局, 商工會議所, Police-Fire Station, Employment Development Department, Coast Guard Regional Headquarters, Municipal Wharf, U.S. Navy, Monterey Peninsula Transit, Monterey Institute of International Studies, Monterey Peninsula College, Naval Postgraduate School, Defense Language Institute, Cannery Row地域, Wave Foam地域, Lighthouse Hawthorne地域, Monterey County Convention and Visitors Bureau, Visitor Center, Civic Center, Mon-	太平洋, Monterey灣, Monterey半島, Monterey State Beach, Marina海岸, Del Monte Beach, Municipal Beach, Breakwater Cove Marina, Monterey Municipal Marina, Monterey Bay Kayaks, Coast Guard Pier, Coast Guard Wharf, El Estero湖, Del Monte湖, Roborts湖, Washer Woman's 沼, Lake Laguna Grande, Presidio of Monterey U.S. Military Reservation, Huckleberry Hill Nature Preserve, Laguna Seca Recreation Area, Monterey Bay Aquairium, Caesa Soberanes and Garden, Cooper Molera Adobe and	Boston Store, California's First Theatre, Casa Amesti, Casa Estrada, Casa Serrano, Casa Soberanes, First Brick House, Cooper-Molera Adobe, Colton Hall, Customs House, First French Consul, Larkin House, Mayo Hayes O'Donnell Library, Pacific House, San Carlos Cathedral, Stevenson House, Vizcaino-Serra Landing Site, Fort Mervine Site, Sloat Monument, Serra Monument, Doud House, Merritt House, Lara-Soto Adobe, Vasquez Adobe, Casa Abrego, Casa Pacheco, La Mirada, Madariaga Adobe, Royal Presidio	176

國 家	地 域	機關·施設·地區	名勝·觀光·慰樂地	遺物·紀念·遺蹟地	合計
1.美國	31. Monterey	terey Conference Center, Monterey Sport Center, Monterey Senior Center, Custom House Plaza, Friendly Plaza, Jules Simoneau Plaza, Herman Hall, Monterey Peninsula College Theater Company, Fisherman's Wharf, Menace Playground, Monterey Fairgrounds, Monterey Tennis Center, Monterey Farmers Market, Dol Monte Shopping Center, Community Hospital, Public Library, Monterey Hostel, Monterey Peninsula Airport, 버스停留場, Monterey驛, 101 Highway, 156 Freeway, No.1 Expressway, Seventeen-Mile Drive Course, Wave · Foam · Pacific · Pearl · 3rd · 6th · 10th · Fremont · Madison · Martin · Abrego · Figuerosa · Washington · Alvarado · Cass Street, Lighthouse · Munras · Sloat · Del Monte Avenue, Aguajito Road, Soledad · Mark Thomas Drive (70)	Garden, San Carlos Beach · Don Dahvee · Vetrans Memorial · Via Paraiso · Monterey Bay · Scholze · Jacks · Monterey State Beach · Dennis the Menace · Lake El Estero · Vetorans Memorial · Jacks Peak Regional · Monterey Bay · Ball · Oak · Newton · Peter J.Ferrante · Iris Canyon Greenbelt · Skyline Greenbelt · Quarry · Garden Court · Shoreline · Whispering Pines · Soldier Field · Casanova · Oak Knoll · Cypress · Deer Flats · Hilltop · Fishman's Flats · Hoffman · Lagunita Mirada · Larkin · Lower Presido · Montecito Park, Del Mont Golf Course (59)	Chapel, Monterey Presidio, Pacific House Museum, My Museum, Perry-Downer Historic Costume Gallery, Ansel Adams Gallery, Monterey Museum of Art, Venture Gallery, Thomas Kinkade Museum, Presidio Museum, Maritime Museum, Monterey State Historic Park, The Lower Presidio Historic Park, The Presidio of Monterey Museum, National Steinbeck Center, Steinbeck's Spirit of Monterey, Wax Museum, Worker's Shacks, Doc's Lab (47)	
	32. Pacific Grove (2004)	市廳, 市議會, 警察署, 郵遞局, 消防署, 商工會議所, Pacific Grove Senior Center, 高等學校, 中學校, 初等學校, Hopkins Marine Station of Stanford University, Community Center, Asilomar Conference Grounds, American Tin Cannery Premium Outlets, Shopping Areas, Ocean View Boulevard, Asilomar Boulevard, Sinex · Lighthouse · Central · Forest Avenue, Sunset · Seventeen Mile Drive (23)	太平洋, Monterey半島, Monterey灣, Del Monte Beach, Asilomar State Beach, Lover's Point Beach, Lover's Point, Point Piños, Forest Lake, Del Monte Forest, Point Piño Lighthouse Reservation, Pacific Grove Marine Gardens Fish Refuge, Lucas Point, Monterey Peninsula Racreational Trail, Pacific Grove Marine Gardens Park,City Ball · Rip Van Winkle Open Space · Andy Jacobsen · Arnett · Berwick · Caledonia · Chase	Point Piños Lighthouse, El Camelo Cemetery, Artists Forum Gallery, Lisa Cosino Gallery, Hauk Fine Atrs, Pacific Grove Art Center, Pacific Grove Museum of Natural History (7)	64

國家	地域	機關·施設·地區	名勝·觀光·慰樂地	遺物·紀念·遺蹟地	合計
1.美國	32. Pacific Grove		· City Ball · Esplanade · George Washington · Hays Perkins · Greenwood · Lovers Point · Higgins · Lighthouse Reservation · Jewell · Platt · Shoreline Park, Pacific Grove Municipal Golf Course (34)		
	33. Carmel (2004)	市廳, 市議會, 警察署, 郵遞局, 消防署, 高等學校, 鐵道線, 驛, 商工會議所, 圖書館, Visitor Center, Carmel Valley Village Community Center, Sunset Cultural Center, Youth Center, Tor House and Hawk Tower, Forest Theater, Magic Circle Theater, Pacific Repertory Theater, Outdoor Forest Theater, Shopping Areas, Crossroads Shopping Center, 버스停留場, No.1 Highway, Dolares · Monte Verde · San Carlos · Mission · Carpenter Street, 3rd · 4th · 5th · 6th · 7th · 8th · San Antonio · Santa Lucia · Junipero · Sierra · Ocean Avenue, Rio · Carmel Valley · Hatton · Martin · Taylor · Juan · Oliver · Scenic Road, Seventeen Mile Drive, Lazarro Drive, Carmel Way, Carmel Walks (51)	太平洋, Carmel灣, Monterey 半島, Carmel · Pebble · Carmel River State · Gibson · Monastery · Hidden Beach, Jacks Peak, Carmel Highlands, Carmel River, San Jose Creek, Bird Island, Carmel Valley, Pescadero Canyon, Martin Canyon, Point Lobos, Carmel Point, Point Lobos State Reserve, Carmel Bay Ecological Reserve, Point Lobos Ecological Reserve, Point Lobos Underwater Reserve, Carmel River Lagoon and Wetland Nature Preserve, Carmel Valley Ranch Scenic Open Space Easement, Harriet Roundtree 樹木園, Devendorf · Carmel Beach City · Garland Ranch Rogional · Andrew Molera State · Julia Pfiffer Burns State · Pfiffer Big Sur State · Vista Lobbos · First Murphy · Forest Hills · Mission Trails · Carmel Beach City · Carmel River State Park, Pebble Beach Golf Links, Rancho Cañada Golf Club · (39)	Father Serra's Carmel Mission 遺蹟, Robinson Jeffers Tor House, The Barnyard, Carmel Art Association, Center for Photographic Art, Rodrigue Studio, Carmel Mission Museum Store, Simic New Renaissance Galleries, Coast Gallery, Gallery Sur, Hanson Gallery, The Weston Gallery, Winfield Gallery (13)	103
	34. Daly City (2004)	• 市廳, 市議會, 市警察署, 郵遞局, 都市計劃局, 消防署, Information Desk, Community Service Center, Social Security Administration, Department of Motor Vehicles,	• 太平洋 • Thornton State Beach • Merced 湖 • San Bruno Nountain, Mt. Davidson, Cypress Hills · John Glen · Lycett · Aleris	• War Memorial Community Center and Library, Doelger Art Center, Legion of Honor, Westlake School for the Performing Art, • Mussel Rock, Lox Palace	697

國 家	地 域	機關·施設·地區	名勝·觀光·慰樂地	遺物·紀念·遺蹟地	合計
1.美國	34. Daly City	Parks and Recreation Office • San Mateo County Health Center, Human Services • Califonia State Automobile Association • San Jose 所在 美國 移民局 • 初等學校, 中等學校, 高等學校, 圖書館, 어린이 保護센터 • 商工會議所, Seton Medical Center • Pacific Plaza Office, Moscone Convention Center, Business Center, Serramonte Del Rey • Bayshore Community Center, Westlake Park Community and Pacelli Event Center, Serramonte Corporate Center, Doelger Senior Center, Bayshore Heights Park Community Center, Lincoln Park Community Center, Teglia, Albert M.Community Center • Mixed-Use Facility, East Moor 兪宗禎 아파트 • Gideon Gym, Lucky Chances Casino, What a Racquet Athletic Club, 劇場, 映畵館, Jefferson High School Pool, Westmoor-Giammona Swimming Pool, Westmoor Park Clubhouse, Pacelli Gym, David R.Rowe Park Clubhouse, Gellert Park Clubhouse, Larcombe Club-House • 國際 수퍼마켓, Walgreen, Westlake Shopping Center, Serramonte Shopping Center, Retail Complex, 280 Metro Mall, Commercial Building, Corporation Yard, Target, Southgate Office and Rotail • San Francisco 國際空港,	· Berta · Innisfree · Melissa · Mission · Plymouth · San Antonio · San Gabriel Circle • Cannery Square • Brumiss Terrace • Dirate Cove • Beachside · Blossom · Cerro · Brandon · Brighton · Dover · Bromley · Brosnan · Estate · Chelsea · Christopher · Kent · Clayton · Hampshire · Mary · Cobblestone · Edgewood · Dixon · Garibaldi · Jacqueline · Jennifer · John Papan • Lupine · Lynvale · Martin · Wildflower · Wilshire · Hillview · Midway · Miravista · Penhurst · Meath · Pamela · Saint James · Saint Mark's · Saint Michael's · Northgate · Lycett · Manor • Nelson · Surrey · Terrace View · Wessix · Amhurst · Cypress · Dalerose · Fairlawn · Verducci · Camelot · Cameo · Seacrest · Sharen · Ravilla · Ward · Hill · Hyde • Roslyn · Pine · Olcese · Oak · Orange · Red Leaf · South Hill · Arden · Arley · Bacon · Cedar · Craig Court • John Daly · Marchbank · Alta Loma · Westmoor · Canterbury · Gellert · Camelot · Hampshire · Longview · Northridge · Cameo · Palisades · Polaris · Westlake ·Pac Bell · Candle Stick • Lycett · Cow Palace Arena Bayshore · Mini · Lincaln · Dan Gilbrech · Skate · David R. Rowe · Mission Hills · Hillside · Edgewood · Gillbrech · Bayshore Heights · Gellert · Alden · Sky-	• Oliver · Woodlawn · Burnity · Glenlawn 紀念公園 • Holy Cross 墓地, Cypress Lawn 墓地, Woodlawn 墓地, 中國人 墓地, Woodlawn Crematory, Woodlawn Masaleum • St. Andrew's 카톨릭 聖堂, Holy Angels 카톨릭 聖堂 • Bay Pente Costal · St. Joseph Episcopal · Iglesia Ni Cristo · Greater Calvary Hill Missionary Baptist · Broadmoor Presbyterian · Jesus Christ of LDS · Daly City Unified Methodist · Hope Lutheran · Fellowship • Lighthouse Christian Followship · St. Martin's Episcopal · Westlake Community Baptist 教會 (30)	

國家	地域	機關·施設·地區	名勝·觀光·慰樂地	遺物·紀念·遺蹟地	合計
1.美國	34. Daly City	BART驛, 버스停留場 • Franciscan Mobile Country Club, Golden Gate Trailer Park • John Daly橋 • 州間高速道路 280 • Highway 1 · 35 · 82 · 101 • John Daly · Saint Francis · Junipero Serra · Hickey · Serramonte · Skyline · Callaan · Lake Merced · South Hill · Hillside · Gellert · Bayshore Boulevard • El Camino Real • E. Market · Mission · 87th · 88th · 89th · 90th · 91st · 92nd · A · School · Washington · Markets · Westlake · Alemany · Accadia · Action · Allan · Bepler · Bonnie · Beverly · Bismark · Briggs · Brunswick · Bryant · Chester · Cordlova · Drake · East Cavour · Dunks · E. Market · E. Moltke · Edgermar · Garibaldi · Goethe · Guttenberg · Hanover · Lycett · Margate · E.Market · W. Market · Martin · N. Lycett • Stafford · Sylvan · Talbert • Teresa · Ford · Thiers · Warwick · Washington · W. Cavour · W.Market · Willits · W.Moltke · Whittier · Wilson · Winchester · Woodrow · York · Florence · Flournoy · Lowell · Frankfort · Gambetta · Hill · Hoffman · Irvington · Liebig · Linden · Lisbon · Miriam · Paul · Mission · Moltke · Parma · Peter · Pasadena · Peoria · Shakespeare · Pierce · School · Oliver · Pope · Orange · Oriente	line 公園 • Bopys and Girls Club, Bocce Ball Courts, Margate Tennis Complex, Alta Loma · Camelot · Cameo · Cantebury · Hampshire · John Daly · Lycett · Northwood · Polaris 어린이 地區(Tot Lot) • Lake Merced Golf and Country Club, Cypress Golf Course, San Francisco Golf Club, Olympic Country Club (134)		

國 家	地 域	機 關 · 施 設 · 地 區	名 勝 · 觀 光 · 慰 樂 地	遺 物 · 紀 念 · 遺 蹟 地	合 計
1.美國	34. Daly City	· Ottilla · Price · Pueblo · Rhine · Rio Verde · Rice · Schwerin · S. Lycett · Victoria Valley · Villa · Annie · Vale · Atlanta · B.Byrme · Calgary · Carter · Castillo · Castle · D. Cavour · County · Derby · Fisher · F. De Long Street • Geneva · Westmoor · Hillside · Eastmoor · Southgate · Sullivam · Park Plaza · Mayfair · Mission · San Jose · 1st · 2nd · 3rd · Alp · Abbott · Alexander · Alpine · Alta Loma · Bol Mar · Beta · Belcrest · Belhaven · Bruno · Bellevue · Bromley · Brooklawn · Christen · Citrus · Clarinada · Clark · Como · Coronado · Eaton · E.Vista · Eastlake · Eastmoor · Eastwood · Edgeworth · Niantic · Glenbrook · Glenrose · Marbly · Glenwood · Grandview · Station · Guadalupe · Hampshire · Terrace · Knowless · MacDonald · Theta · Manzanita · Mariposa · Werner · N.Cororado · N.Mayfair · Casa · S. Parkview · Southdale · Southgate · Sullivan · Templeton · Woodside · Wakefield · Wellington · Mateo · Westbrook · Westdale · Westfield · Westlake · Westlawn · Westmoor · Westridge · Wildwood · Wilshire · Woodland · Wyandotte · Vista · Highland · Hillsdale · Lake Vista · Larkspur · Lansanne · Lincoln · Los Vanos · Los Olivos · Mayfair · Mayfield · Maywood · Monteclair · Menlo · Montrose · Palmdale · Pacifico · Parkrose · Parkside · Parkview · Pamell · Partridge · Penhurst · San Diego · San Jose · San Juan · San Miguel · Santa Ana · Santa Barbara · San Louis · Santa Cruz · Santa Elena · Santa Paula · Santa Rita · Crestline · Creston · Crestview · Crocker · Estrada · Evergreen · Fairlawn · Fairview · Fern-			

國家	地域	機關·施設·地區	名勝·觀光·慰樂地	遺物·紀念·遺蹟地	合計
1.美國	34. Daly City	wood · Northgate · Norwood · Ocean Grove · Portola · Risel · Ridgefield · Rockford · Carmel · Rockridge · Roosevelt · Seacliff • Serravista · Shelbourme · Vista Grande · Shipley · S.Mayfair · Upland · Velasco · Canterbury · Vendome · Baldwin · Campana · Buena Vista · Carleton · Castleton · Castlemont Avenue • Beechwood · Belford · Belmont · Bradley · Cerro · City View · Clearview · Cliffside · Cottonwood · Clifton · Club View · Eastgate · Haven · Edgemont · Eldorado · Elmwood · Escuela · Garwood · Gateway · Gilman · Green Ridge · Greenview · Harbor · John Muir · King · Lake Forest · Maddux · Mandarin · Mar Vista · Higate · Mountain View · Muirwood · Shoal · Northaven · Stonyford · Dennis · Tallwood · Wavecrest · Wembley · Westbrae · Westhaven · Westline · Westmont · Weston · Westpak · Windsor · Zita · Manor · Pointe Pacific · Saddleback · Saint Catherine · Fleetwood · Forest Grove · Franciscan · Garden Grove · Hillcrest · Huntington · Innisfree · Lakemeadow · Del Prado · Lakemont · Lakeshire · Lakeview · Lakewood · Linda Vista · Longview · Midvale · Midway · Mirada · Mission Hills · Montebello · Monterey · Palomar · Momingside · Morton · Palisades · Palmcrest · Park Mamor · Park Plaza · Parkwood · Pinehowen · Perita · Phillip · Northridge · Oaklawn · Oakmont · Oakridge · Oceanside · Poncetta · Reservoir Hill · Robinson · Seashore · Tree View · Seaview · Sheffield · Simpson · Skyline · Ardendale · Verando · Verducci · Dorchester · Arcadia · Ashland · Bayridge · Avalon · Camelia · Castillejo ·			

國 家	地 域	機關·施設·地區	名勝·觀光·慰樂地	遺物·紀念·遺蹟地	合計
1.美國	34. Daly City	Campus · Canyon · Crenshaw · Crestwood · Dockside · Fairway · Fairmont · Fieldcrest Drive • Brittany · Yacht · Shelter · Arington · Barbara · Cameron · Driftwood · Eddington · Edge View · Graystone · Catamaran · Half Moon · Hampton · Nancy · Jacqueline · Jameston · Cypress · Danberry · Deanne · Estelle · Foxhollow · Frigate · Ipswich · Lighthouse · Michelle · Mooring · Monte Vista · Partridge Lane • Brotherhood · Alta Vista · El Portal · Alturas · Bolero · Royce · Clipper · Cloister · Southridge · Mariner · Marshall · Baltimore · Steve Courter · Stowa · Savage · Waverly · Olympic · Rampart · Caroline · Imperial · Polaris · San Fernando Way • San Pedro Road • Coral Windjammer · Farrier Place • Martin Trail • Guadalupe Canyon Parkway • Garden Gateway • Lake Merced Hill • Bayshore · Colma-Bart Station Area · Crocker · Hillside · Mission Street Corridor · Original Daly City · Peninsula Gateway · Saint Francis · Serramonte · Skyline Area · Westlake · Southern Hills · Sullivan Corridor · Pacific Plaza · Broadmoor · Civic Center · Broderick-Terry Duel Site 地區 • Hampton Inn • Pacific Restaurant(太平洋 餐廳), Vals Restaurant, Carl's Junior, McDonalds, IHOP, Todai Restau-rant, San Bruno 韓國 갈비집, Bankok Garden(正宗 泰國菜) (533)			
	計(34)	1,955	1,220	473	3,648

國家	地域	機關·施設·地區	名勝·觀光·慰樂地	遺物·紀念·遺蹟地	合計
2. 日本 (1972)	1. 東京 (1972)	中央政府, 國會議事堂, 都廳, 都議會, 世田谷區廳, 自治省, 參議院, 韓國·中國 大使館, 日本地域開發센터, 民間活力開發機構, 地域振興整備公團, 民間都市開發推進機構, 第3섹터 硏究學會, '地域創造' 財團, 第一敎科書株式會社, 住宅新報社, 東京·明治·早稻田·朝鮮 大學, 東京天文臺, 國際文化會館, 都養老館, 迎賓館, 有明淸掃工場, 政府刊行物센터, 東京國際書籍展示會館, 百貨店, 大書店, 東京타워, 成田·羽田 空港, 東京驛, 버스터미널, 東京港, 아메 橫市場, 秋葉原商街, 築地生鮮市場, 玉川堂書畵店, Japan·Grand City·Grand Pace·六本木 Prince·新宿 Washington·리흐가 로열 호텔, 嘟嘟中國食堂, 居酒屋, 再開發地區, 丸の內, 銀座, 有樂町, 新宿, 新宿歌舞伎座, 東京歌舞伎座有明埋立地區, 中央通り, 晴海通り, 音樂堂 (59)	太平洋, 東京灣, 夢の島, 東松·雲取·御殿·東叡 山, 神奈·隅田·多摩·中·秋·平井·日原·邑·荒·日江戶·新河岸 川, 多摩·狹山 湖, 不忍の池, 上野·日比谷·原宿·葛西臨海·砧 公園, 新宿御苑, 神宮外苑, 豊島園, 東御園, 動物園, 植物園, 디즈니랜드, 仲見世, 東內野, 田島原, 櫻草自生地, 國際·都民 골프場, 샤워트리 瀑布, 東京 조이 폴리스, 馱ケ谷, 皇宮濠, 南池, 神田川, 神宿中央·代代木·宮下·北の丸·千島ケ渕水上·淺草·오다이바 海邊公園, 日本庭園, 惠北壽가든 플레이스, 池袋展望臺, 國際水族館, 東洋館, 表慶館, 迎賓館, 日本酒 情報館, 日本武道館, 東鄕紀念會館, 下町風俗資料館, 法隆寺寶物館, 烏山川綠道, 多摩川, 平和都市象徵彫刻 (67)	東京城, 江戶城跡, 皇宮, 明治神宮, 東照宮, 金刀比羅宮, 濱離宮, 七左衛門, 日本橋の道路元標, 日本·京·二重 橋, 見沼用水通船堀, 谷在家, 西新 井大師, 明治村, 戶塚, 國立·江戶 博物館, 船科學館, 本願·護國·國分·觀音·高丹·淺草·平林·武藏國分·東禪·大德·寬水 寺, 大佛殿, 淸水·法華·辯天·釋迦 堂, 山口觀音, 어린이城, 東鄕·靖國·日枝·八幡·淺草·乃木 神社, 放送·日本카메라·遞信總合·日本刀劍·담배·소금·國立科學·大名時計·古代오리엔트·交通 博物館, 太田紀念·네즈·根津·國立近代·東京都·國立西洋·上野森·산토리 美術館, 憲政紀念館, 電力館, 科學技術館, 水科學館, 江戶城天守臺遺跡, 赤坂御所, 五重塔, 玉藏門, 湯島·니콜라이 聖堂 (72)	198
	2. 名古屋 (1974)	市廳, 市議會, 愛知縣廳, 縣議會, U.N.地域開發센터, 名古屋大學, 名古屋國際空港, 名古屋驛, 버스터미널, 名古屋港, 名港西大橋, 市街地, 國際會議場, 大江實驗所, 愛知縣貿易센터, 政府刊行物센터, 火力發電所, 百貨店, 映畵館, 빠찡고 娛樂場, 名古屋城·名古屋新驛·파크사이드 호텔, 倫敦亭, 酒店家 (25)	伊勢灣, 和歌·東·覺王·釜 山, 荒子·庄內·天白·矢田·日光·堀·天日·木曾·揖斐·主內·矢作·朝明·町尾川, 名城·平和·中村·稻永·鶴舞·瑞穗·久屋大路·雁宿·森林 公園, 東山動物園, 東京植物園, 白川·下園·東山 公園, 飛驒 木曾川國定公園, 日本 몽키파크, 텔레비전塔, 프트 빌딩, 遊園地 (37)	名古屋·崎阜城·東照·熱田神·岩津天滿 宮, 伊勢灣颱風殉難之塔, 桶狹間·長久手 古戰場, 關が原, 明治村, 白鳥古墳, 大曲輪貝塚, 海洋博物館, 情妙·建中·甚目·日泰·長母·大永寺, 寶生院, 荒子·笠寺 觀音, 豊國·那古野 神社, 太山城, 市立科學館, 貨幣資料館, 市立·德川 美術館, 瑞泉寺 (31)	93
	3. 浜松 (1974)	市廳, 市議會, 浜松驛, 버스터미널, 遠州·浜名湖 大橋, 市街地, 三方原, 砂丘, 食堂 (10)	太平洋, 駿河灣, 遠州灘, 中田島, 秋葉山, 天龍·大井·新川, 濱名·佐鳴 湖, 總合公園 (11)	浜松城, 蜆塚遺跡, 根洗松, 赤門上古墳, 食官山·方正·龍潭·岩水寺 (8)	29
	4. 掛川 (1974)	市廳, 市議會, 掛川驛, 버스터미널, 東海道本線鐵道, 第二東名高速道路, 市街地, 熊谷, 酒店 (9)	高天神·小笠山, 原野谷·吉·西谷·逆·菊·太田 川, 菖蒲池, 瀧之谷溫泉, 高田地域 (11)	天方·諏訪原 城跡, 法泉·岩井·潮海·油山 寺, 正觀音 大頭龍·小笠 神社 (9)	29
	5. 京都 (1974)	府廳, 府議會, 京都·立命館·龍谷·府立·同志社·佛敎 大學, 京都驛, 深草驛, 버스터미널, 近江大橋, 京都타워, 洛西情報·洛西淨化 센터, 京都·國際 會館, 高島屋 百貨店, 京都·京阪 호텔,	比叡·嵐·鞍馬·大峰·高雄·醍醐·東·稻荷·音羽·淸水·桃山, 朝日峰, 木津·桂·淀·宇治·保津·鴨川, 淸水·圓山·祇園·丹山·梅小路·寶ケ池·쇼라잔 公園, 淸風莊·鶴龜の 庭園,	二條·伏見桃山 城, 平安神·東照·離·九條大·城南 宮, 京都御所, 三門, 三十三間·龍天 閣, 將軍塚, 國立·京都文化 博物館, 神宮創建百周年紀念祝祭, 淸水·金閣·銀閣·東福·南禪·萬福·	107

國家	地域	機關·施設·地區	名勝·觀光·慰樂地	遺物·紀念·遺蹟地	合計
2. 日本	5. 京都	日食嵐亭, 酒店婉, 居酒屋, 茶屋八千代, 市街地, 商店街, 九條通, 宇治川地城, 大津, 向日市, 京都市廳, 市議會, 西京極球場, 松尾橋 (34)	京都御苑, 花園, 雄琴溫泉, 詩仙堂, 金地院, 木古山水, 府立動物園, 府立植物園, 白砂·大文字·衣笠·船岡 山, 高野·有楢 川, 大澤·廣澤 池, 岡崎公園, 神泉苑 (25)	龍安·本能·東本願·西本願·泉湧·東·善峰·光明·勸修·相國·高山·淸凉·壬生·苔·高臺·建仁·妙心·大德·大覺寺, 隨心·內藏·智積·妙法·法金剛院, 松尾大社, 豊國神社 (48)	
	6. 大阪 (1974)	府廳, 府議會, 大阪大學, 關西國際空港, 大阪空港, 大阪驛, 버스터미널, 堺港, 船場, 心齋橋,世界貿易·國際交流센터, 소니타워, 黑門市場, 電子商街, 天保山 마켓플레이스, 미야코 호텔, 市街地, 居酒屋, 本町, 松屋町, 島之內, 道頓堀地域, 파나소닉廣場, 阪急32番街, Cosmosquare, 法善寺 横丁, 臨港工團 (28)	大阪灣, 堂·中之 島, 生駒·金剛·信遺·六甲·天保 山, 大和·神崎·安治·淀·木津·堂島·道頓堀·土佐堀 川, 大阪城·三角·浜寺·城北·靭·長居 公園, 大阪비지네스 파크, 通天閣·空中庭園 展望臺, 大阪海遊館, 尻無川, 新平野川, 十三·下福島·中之島·住之江·千島·天王寺·스파월드·Festivalgate 公園 (36)	大阪城, 籬宮跡, 難波宮遺址, 通天閣, 아메리카村, 仁德天皇陵, 大塚山·石寶殿·黑姬山 古墳, 大阪市立博物館, 大阪市立東洋陶磁美術館, 天王·四天王·願得·仁和·神光·教興·法善·圓明寺, 住吉大社, 中央公會堂, 御勝山古墳, 壽の宮, 大滿宮, 天守閣, 黑門市場, 鶴橋, 交通科學博物館, 大長寺 (29)	93
	7. 神戶 (1974)	兵庫縣廳, 縣議會, 市廳, 市議會, 神戶稅關, 韓國領使館, 神戶·神戶女子單科 大學, 神戶驛, 三宮驛, 버스터미널, 兵庫·摩耶·新港 埠頭, 摩耶·新戶·灘·六甲大橋, 南京町, 市民廣場, 野田北部마치쓰쿠리協議會, 天文通信·고매치스·훼닉스 館, 國際會議場, 阪神·淡路大震災復興支援團, 神戶文化홀, 貿易센터, 포트아일랜드홀, 神戶國際展示場, 中突堤, 商工센터·이코르마린 빌딩, 포트·쉐라톤호텔 타워, 大丸·소고·Daie 百貨店, 쇼핑 Complex, 神戶中央球技場, 王子競技場, 포트 아일랜드 스포츠센터, Green Stadium Kobe, 須磨요트場, 酒店街, 韓食堂 相樂園, Portopia·Oriental·Sunroute Saporo Kobe 호텔, 地震被害地區, 和田岬, 中央區中心地, 野田北部 마치쓰쿠리 地區, 災害復舊地區, 西神地域, HAT神戶, 鷹取東, 研究學園都市, Harborland (60)	大阪·神戶 灣, 港·六甲 島, 神戶港, 須磨海水浴場, 六甲·平章·摩耶·菊水·布章·金苗·諏訪·石楠花·堂德·金烏 山, 武庫·福田·妙法寺·都賀·西鄕川, 天神泉源, 呑吐댐, 布引湧, 王子·三宮諏訪山·須磨浦·農業·舞子·平磯海釣魚·須磨海浜·再慶·須磨浦山上·綜合運動·大倉山·相樂園·花隈·北·南·中·鼓ケ瀧·瑞寶寺·岡本·住都·離宮 公園, 布引허브園, 觀光農園, 須磨·有馬 溫泉, 六甲山牧場, 花時計, 王子動物園, 高山·森林 植物園, 東六甲十國展望臺, 灘の酒藏, 六甲山골프場, 東遊園地, Tor Road, 하버랜드廣場, 雄瀧, 夫婦瀧, 雌瀧, 鼓ケ瀧, 神戶포트 타워, 六甲山 메리켄公園, 비너스 브리지 展望臺, 國立海上公園, 三宮地城, 舞子地域, 明石海峽大橋, 明石海峽, 大鳴巾橋 (73)	三の宮, 關帝廟, 樓門, 異人館, 竹中大工道具·風見鷄の·萌黃の館, 苦樂·甲陽 園, 和田岬砲臺, 紀念碑臺, 天賢臺, 箱木千年家, 埋藏文化財, 舊外國人居留地, 朝霧所, 雪見御所舊跡, 歷史的西洋建物, 학삼 邸宅, 多井火田厄神, 敦盛·淸盛·琵琶·阿彌陀 塚, 五色塚古墳, 外國人·鵯越遊園墓地, 明石·神戶寶 塚線, 神戶·水科學·神戶海洋·市立·神戶패션 博物館, 靑少年科學館, 神戶·白鶴·小磯 美術館, 孫文紀念館(移情閣), 森林展示館, 須磨·大山·石峰·如意·山田·無動·大龍·牧丹·切利天上·妙法寺, 倚松庵, 兵庫大佛, 中山手카톨릭 敎會, 이슬람 모스크, 聖堂, 花 隈城跡, UCC 커피博物館, 우루코의 집, 國敎寺院, 北野天神, 諏訪·湊川·生田 神社 (64)	197
	8. 豊田 (1975)	市廳, 市議會, 愛知教育大學, 豊田財團, 豊田驛, 버스터미널, 東	猿投·奇發御嶽·下野見·炮烙·十明 山, 長峰, 山峰, 矢作·	飯盛城跡, 岩津天滿宮, 舞木廢寺塔跡, 猿投神, 長興·眞福·隱	46

國家	地域	機關·施設·地區	名勝·觀光·慰樂地	遺物·紀念·遺蹟地	合計
2. 日本	8. 豊田	名高速道路, 豊田自動車株式會社, 豊田自動車工場, 豊田自動車工業聯關團地, 豊田鐵工團地, 東海電子工團, 岡崎平野, 市街地 (14)	境·女 川, 洲原·岩·若王子 池, 國定公園, 甚力八峽谷, 王龍溪谷, 香嵐溪, 애치 高原, 東海道散策路 (19)	松·瀧山·香積 寺, 高月院, 八柱·八幡·熊野 神社 (13)	
	9. 箱根 (1978)	町廳, 箱根驛, 버스터미널, 湖水遊覽船, 溫泉旅館, 彫刻の森, 芦, 酒店村, 原始植物群落, 自然硏究路, 市街地, 어린이村, 桃源臺, 湖畔展望館, 箱根登山鐵道, 外輪山周步道, 元箱根 (17)	富士·神·大觀·箱根·愛鷹 山, 明星が·駒ケ 岳, 箱根峠, 午歲·狩野 川, 山中·芦の 湖, 溫泉溪谷, 富士箱根伊豆國立·恩賜箱根公園, 箱根園, 富士箱根랜드, 大涌谷, 湯の花澤, 强羅公園 (20)	山中·深澤 城跡, 箱根關所, 箱根舊街道, 箱根美術館, 早雲·妙法華·嚴華·總世 寺, 箱根·桃澤 神社, 小田原城, 賽の河原, 箱根彫刻の森 美術館, 杉竝木 (15)	52
	10. 日光 (1982)	市廳, 市議會, 日光驛, 버스터미널, 日光街道, 長坂路, 大倉屋旅館, 溫泉莊, 地獄茶屋, 屛風岩, 市街地, 明智平展望臺 (12)	男體·女峰·爐尻 山, 大谷·稻荷川, 中禪寺湖, 赤·鳴·荒 澤, 華嚴瀧, 日光國立·峰の池 公園, 浩養園, 逍遙園 (14)	東照宮, 古戰の丘, 神橋, 兒子墓, 日光博物館, 輪王·中禪 寺, 立木觀音, 法門院, 二荒山神社, 本宮神社, 鄕土센터 (12)	38
	11. 川崎 (1984)	縣廳, 縣議會, 市廳, 市議會, 川崎驛, 버스터미널, 埠頭, 東京國際空港, 自動車專用道路, 日産自動車工場, 靑少年館, 市街地, Ecotown, 臨海工團, 니코호텔 (15)	東京灣, 多摩川, 三池·砧 公園, 丘遊園, 綱島溫泉 (6)	川崎舊中心地, 川崎博物館, 川崎美術館 (3)	24
	12. 横浜 (1984)	縣廳舍, 縣議會, 市廳, 市議會, 横浜商科大學, 横浜驛, 버스터미널, 瑞穗埠頭, 市街地, 中華街, Marine타워, 横浜호텔, 臨海工團, 三菱重工業工場, 랜드마크 타워 (15)	東京·横浜灣, 横浜港, 野毛山, 浦賀水道, 横浜·野毛山·山下·保土ケ谷·森林 公園, 三溪園, 石川, 린코 파크, 日本丸메모리얼 파크, 臨港파크, 이탈리아山庭園 (16)	金澤文庫, 鐵道發祥紀念碑, 俱野, 外人墓地, 關帝廟, 太陽の母子像, 人形の家, 神奈川縣立·横浜海洋·장난감·실크 博物館, 横浜美術館, 가나가와 文學館, 오사라기 지로 紀念館 (14)	45
	13. 札幌 (1984)	北海道廳, 道議會, 北海道開發廳, 市廳, 市議會, 北海道大學, 札幌驛, 버스터미널, TV塔, 北俱樂部建物, 時計臺, 뉴타니호텔, 傳統札幌라면집, 市街地, 時計臺地區, 競馬場, 商店街, 新住宅地區, 라면 横丁 (19)	三角·圓·羊蹄·藻岩·手稻 山, 豊平·月寒·厚別·石狩·創成川, 모에레沼, 노아 箱舟, 大通·中島·圓山·月寒·旭山紀念 公園, 茨戶園, 포플러 竝木, 月寒클라크 골프場, 大倉山, 羊ケ丘展望臺, 麥酒公園 (24)	北海道神宮, 클라크 銅像, 平和塔, 開拓紀念館, 彫刻美術館, 東本願·敬願·春光·妙福·光丹寺, 五天神社, 北海道廳舊本廳舍, 北海道開拓村, 豊平館, 八窓庵, 北海道大學附屬植物園, 눈祝祭 (17)	60
	14. 登別 (1984)	市廳, 市議會, 登別驛, 버스터미널, 幌別橋, 溫泉商街, 市街地, 노보리베츠 그랜드 호텔, 登別原始林, 蘭法華岬, 地球岬, 登別觀光協會 (12)	太平洋, 熊山, 登別川, 支笏·俱多樂 湖, 大湯沼, 溫泉地區, 地獄谷, 곰動物園, 閻羅堂, ポロト湖, オロフレ고개, 마린 파크닉스, 日歸り入浴 (14)	南部陣屋跡, 金屛風, 紅葉大橋, 아이누 集團村, 아이누 民俗博物館, 地獄祭, 藥師如來石佛, 코만코르쿠르像, 도깨비像, 登別萬世閣, 花鍾亭 (11)	37
	15. 筑波 (1985)	市廳, 市議會, 筑波大學, 圖書館情報·筑波技術 短期大學, 東光臺硏究團地, 北部·西部 工業團地, 筑波Research Park/羽成, 筑波Technopark/豊里, 筑波	富士·筑波 山, 鬼怒·櫻·小貝川, 水鄕筑波國定·洞峰 公園, 美浦村, 東筑波自然休養林, 屛風岩, 霞ケ浦 (11)	土浦·大寶 城跡, 二の宮址, 椎尾藥師像, 陸平貝塚, 國立科學博物館, 筑波美術館, 東城寺, 西光院, 筑波神社 (10)	66

國 家	地 域	機關·施設·地區	名勝·觀光·慰樂地	遺物·紀念·遺蹟地	合計
2. 日本	15. 筑波	Technopark /大穗, 筑波 Technopark/櫻, 國立防災科學技術·Science筑波研究·農業研究·研究交流·宇宙開發事業筑波宇宙 센터, 土木·建築·國立環境·計量·生命工學工業技術·資源環境技術總合·農業生物資源·農業環境技術·食品總合·森林總合 研究所, 國土地理院, 地質調査所, 國立教育會館分館, 筑波驛, 버스터미널, 東·西·南·北 大通り, 步行者專用公園通り, 筑波센터 빌딩, 國際會議場, 市街地, 新治村, 竹園·竝木·手代木住宅地區 (45)			
	16. 奈良 (1985)	市廳, 市議會, 奈良大學, 關西文化學術硏究都市, 高山科學플라자, 國際高等硏究所, 이온工學硏究所, 京阪奈플라자빌딩, 茶硏究院, 奈良驛, 버스터미널, 京阪奈都호텔, 市街地, 酒店街, 李鍾洙自宅, 縣立圖書館 (16)	良·笠置·若草·春日·生駒·光·吉野·大慈·忍辱·信貴·高圓 山, 木津·鹿·鳴子·不動·天神·和束·富雄 川, 奈良·大和青垣國定 公園, 御蓋山, 佐保川, 荒·狼澤·鍾·鷺 池, 사合園, 依水園, 吉城園, 萬葉植物園 (30)	平城·藤原 宮跡, 獻門, 二月·三月 堂, 飛鳥, 淺芽一原, 春日野, 地方特産品販賣場, 百濟·東大·興福·法隆·大安·法華·藥師·正曆·安 寺, 春日大社, 地獄谷石窟佛, 聖武天皇陵, 正倉院, 空海寺 (23)	69
	17. 天理 (1985)	市廳, 市議會, 天理大學, 王理圖書館, 王理驛, 버스터미널, 新都市地區 (7)	大和郡·龍王·天神 山, 笠間川, 大和青垣國定公園 (5)	石上神宮, 古遺跡地, 西山·櫛山古墳, 天理教本部, 天理博物館 (6)	18
	18. 福岡 (1987)	縣廳舍, 縣議會, 市廳, 市議會, 福岡·九州 大學, 福岡國際空港, 福岡驛, 버스터미널, 福岡·博多·門司 港, 觀月橋, 福岡타워, 후쿠오카 돔, 油山青年の家, 博多미야코 호텔, 中央區市街地, 大濠地區, 中心街, 天神地區, 住吉通り, 荒津大橋 (23)	玄海·玄界 灘, 福岡港·博多港·今津 灣, 志賀·能古 島, 油·西·城ノ越山, 協岳, 多多良·室見·那珂·石堂·三月川, 東平尾·大濠·舞鶴·東·南·金印·福祉·人工海邊 公園, 人工運河, 博多川, 平和臺, 머린 월드, Hawks Town, 西公園, 日本庭園 (31)	福岡·怡土 城跡, 元寇防禦跡, 鴻臚館, 都府樓, 能樂堂, 武道館, 貴賓館, 友泉亭, 篠栗耶馬溪, 蒙古塚, 福岡·西部가스 博物館, 歷史資料館, 福岡美術館, 聖福·梅岳寺, 油山觀音, 志賀海·住吉·櫛田·高祖·元寇 神社, 浦の城 (24)	78
	19. 北九州 (1987)	市廳, 市議會, 北九州大學, 北九州空港, 關門橋, 小倉競馬場, 北九州호텔, 工業團地, 柳川地區, 住友金屬工場, 宇佐市, 杵築市, 九州國際大學, 市民會館, 平尾臺, 케이블카, 노픽廣場 (17)	關門海峽, 玄海·周防 灘, 洞海·小倉 港灣, 風師·足立·貫·四倉·金剛 山, 築後·遠賀 川, 畑貯水池, 北九州國定·足立森林公園, 千佛鍾乳洞, 青馬窟, 三岳梅林 (18)	小倉·京良 城, 九州民藝村, 龍王峽, 萬原古墳, 秋月美術館, 烟觀音·大興善·福聚禪·等覺·富貴 寺, 妙見神社, 赤間神社, 和布刈神社, 門司洋館, 松本邸, 宇宙博物館 (17)	52
	20. 別府 (1987)	市廳, 市議會, 別府大學, 別府驛, 버스터미널, 別府호텔, 城島高原, 由布川溪谷, 別府港埠頭, 由布院驛, 城島高原, 若山展望臺, 豊肥	別府灣, 高崎·實相寺 山, 由布·鶴見·雨乞·伽藍 岳, 山口·由布·朝見 川, 志高湖, 佛崎公園, 城島後樂園, 由布山莊, 御園,	祚原八幡宮, 實相寺古代遺跡, 古市, 사루 生息地, 千代丸古墳, 大分香氣舍博物館, 觀海·淨土·松屋·覺雲 寺, 大杵社, 實相寺, 竹	73

國家	地域	機關·施設·地區	名勝·觀光·慰樂地	遺物·紀念·遺蹟地	合計
2. 日本	20. 別府	本線鐵道, 別府타워, 市街地, 驛前高等溫泉 · 스기노이 · 花菱 · 大吉莊 · 鶴水苑 호텔, 호텔 淸風, 호텔 好樂, 茶房 信濃屋, 후쿠松食堂 (24)	Harmonyland, 高崎山自然動物園, 別府 · 竹瓦 · 濱協 · 鐵輪 · 明艦 溫泉, 別府 · 血池 · 海 · 龍卷 · 金龍 · 山 · 木坊王 · 鶴見 地獄 (31)	の博物館, 秘寶館섹스博物館, 마린 팔레스 水族館, 志高湖傳說地, 別府溫泉祝祭, 別府 여름祝祭 (18)	
	21. 大分 (1987)	縣廳舍, 縣議會, 市廳, 市議會, 大分驛, 버스터미널, 大分港 埠頭, 巨大迷路, 市街地, 新日本製鐵工場, 共同火力發電所, 衫の井호텔 (12)	大分 · 別府 灣, 周防灘, 豊後水道, 高崎 · 古城 · 本宮 山, 野津 · 大分 · 大野 · 丹生川, 佛崎 · 高崎山원숭이 公園, 海 · 龍卷 地獄 (15)	大分城, 府內城跡, 宇佐神宮, 千代丸古墳, 臼杵 · 大分元町 · 高瀨石佛, 滿月寺, 豊國後國分寺跡, 靑島神社 (10)	37
	22. 阿蘇 (1987)	町廳, 町議會, 버스터미널, 阿蘇山 登山路, 京大 火山硏究所, 草千里が濱, 阿蘇山 빌라 파크 · 프린스 호텔, 砂千里ヶ浜, 草千里, 阿蘇谷, 阿蘇牧場, 阿蘇驛, 원숭이 劇場 (14)	阿蘇 · 城 山, 根子 · 往生 · 高 岳, 中岳活火山 噴火口, 仙醉峽, 黑 · 白川, 阿蘇溫泉, 米 · 高塚, 프린스 호텔 골프場, 外輪山, 大觀峰, 赤水溫泉, 丸山, 鍋平캠프場 (18)	藤崎八幡宮, 舍利塔, 高森山村部落, 火山博物館, 本妙 · 西巖殿寺, 阿蘇神社, 砂千里ヶ浜, 草千里遺跡地 (9)	41
	23. 長崎 (1987)	縣廳, 縣議會, 市廳, 市議會, 長崎大學, 長崎空港, 長崎驛, 버스터미널, 長崎 · 島原 港, 國際文化會館, 市街地, 福田本町, 三菱重工業工場, 佐世保, 新地(차이나 타운), 오란다坂, 眼鏡橋, 長崎原爆病院, 活水女子大學, 大橋球場, 展望臺 (22)	天草灘, 長崎半島, 出島, 天狗 · 權現 · 岩屋 · 彦 · 秋葉 · 稻佐 山, 矢著 · 舞 · 八郎 岳, 浦上 · 中島 · 大浦川, 川原大池, 展望 · 平和 · 原爆中心 · 長崎 · 玄山 · 中央公園, Bio Park, グラバー園, 長崎水族館, 唐八景, 雲仙, 하우스 텐보스, 五島 (29)	孔子廟, 和蘭商館, 토마스 글로버 邸宅, 高島秋帆舊宅, 시보루도宅跡, 平和 · 三浦環 紀念像, 外人墓地, 中國 歷史博物館, 原爆資料館, 福濟 · 聖福 · 興福 · 崇福 · 延命 · 大音 · 發心 · 大光 · 淸水 寺, 浦上天 · 大浦 天主堂, 諏訪神社 (22)	73
	24. 唐津 (1987)	市廳, 市議會, 唐津驛, 버스터미널, 唐津港埠頭, 唐津會館, 曳山展示場, 唐津호텔, 市街地, 立神岩 (10)	玄海灘, 唐津灣, 高 · 大 島, 東松浦半島, 鍾 · 十防 · 夕日 · 三方山, 松浦 · 玉島 · 德須惠 川, 觀音瀧, 蛐の松原, 相賀崎 (15)	唐津城, 名護屋城跡, 芥屋大門, 唐津窯址, 屋形石七釜址, 葉山尻支石墓群, 惠日 · 近松 寺 (8)	33
	25. 鎌倉 (1993)	市廳, 市議會, 市公會堂, 文學館, 鎌倉驛, 버스터미널, 東京-鎌倉鐵道, 東海道, 市街地, 逗子 · 藤澤 · 三浦 市, 小町通り, 長谷驛, 鎌倉彫會館 (15)	相模灘, 東京 · 橫須賀 灣, 八景 · 江の 島, 三浦半島, 瑞鹿 · 六國見島, 引地 · 片瀨 · 滑 · 境 · 柏尾 · 相模 川, 湘南海岸公園, 胡桃山 (16)	鎌倉 · 鶴岡 八幡宮, 鎌倉大佛, 圓覺 · 建長 · 長谷 · 極樂 · 淨智 · 淨妙 · 報國 · 龍國 · 定泉 寺, 大船觀音, 北鎌倉 · 近代 · 寶飾 美術館 (16)	47
	26. 仙台 (1994)	宮城縣廳, 縣議會, 市廳, 市議會, 宮城 · 東北 · 東北福祉 · 東北工科 · 宮城學院女子 · 東北學院 大學, 仙台國際空港, 仙台 · 多賀城 · 陸前山王 驛, 버스터미널, 仙台人工 · 鹽釜 · 松島 · 石卷 港, 靑葉 · 미야기 거리, 國分町, 靈屋橋, 一番町 · 東二番町 · 中央 · 廣瀨 · 西公園 · 定禪寺 通り, 縣民 · 商工 會館, 東北本線鐵道, 地下鐵, 澱橋, 越橋, 評定司原橋, 東	太平洋, 仙台 · 松島 灣, 深沼海水浴場, 松 · 福浦 · 宮戶 · 雄 · 雙子島, 靑葉 · 金華 · 藏王 · 大墨天 · 日和 · 太白 · 笹倉 山, 廣瀨 · 七北田 · 名取 · 阿武隈川, 貞山堀運河, 秋保大 · 鳳鳴四十八 · 三階の · 不動 · 不歸の 瀧, 藏王國定 · 天守閣自然 · 松島縣立自然 · 八木山 · 西 · 勾堂臺 · 榴ヶ岡 · 仙台港中央 · 台原森林 · 八木山動物 · 三神峯 公園, 野鳥	仙台宮城, 靑葉城址, 若林城跡, 東照宮, 大崎幡宮, 多賀城 · 賴賢の 碑, 伊達政宗像, 芭蕉の迷, 晩翠草堂, 五大堂, 龍見臺, 觀瀾亭, 大賞酒造, 遠見塚古墳, 大木圍貝 · 天皇 塚, 林子平墓, 仙台市 · 松島 博物館, 伊達政宗歷史館, 瑞巖寺寶物館, 宮城縣 · ガラス(유리) 美術館, 靑葉城展示 · 仙台市歷史民俗 · 東北歷史 · 道路 資料館, こども宇宙館, 復興紀念館,	150

國家	地域	機關·施設·地區	名勝·觀光·慰樂地	遺物·紀念·遺蹟地	合計
2. 日本	26. 仙台	北大學附設研究所, 東北大學附屬病院, 仙台百貨店, 仙台千登勢·松島 유스 호스텔, 不老莊 호텔, 相崎旅館, 닛카위스키 工場, 瀧見臺, 藏王地區, 치즈 캐빈, 뉴월드 호텔, 茶寮宗園호텔 (49)	の·縣民の森, 秋保·作竝·遠刈田·鹽釜·峨峨·青根 溫泉, 磊磊峽, 西行戾松, 大高森, 高森林, 伊達安藝邸, 瑞鳳殿, 觀瀾亭, 青葉山公園, 良寬院庭園, 青銅彫刻像, 御釜湖水 (56)	松島水族館, 瑞巖·瑞鳳·輪王·西方·陸奧國分·大滿·大年·定禪 寺, 瑞鳳殿, 丑藏庵, 多賀城廢寺跡, 青葉·鹽釜·八幡·志波彦 神社 (45)	
	27. 小樽 (1994)	市廳, 市議會, 小樽驛, 버스터미널, 運河플라자, 港灣施設, 人工港, 驛前開發區, 茅柴·高島 岬, 朝里十字街, 市街地 (12)	東海, 石狩灣, 天狗·毛無山, 小樽峠, 朝里川, 手宮公園, 朝里川溫泉, 旭展望臺, 토토바위, 小樽運河, 小樽公園 (12)	오다모이 地藏, 忍路環狀列石, 潮見臺, 精周·寶海 寺, 市博物館, 베네치아 美術館, 銀星館, 運河工藝館, 舊壽原邸 (10)	34
	28. 洞爺 (1994)	青少年自然の家, 키로로 피아노 호텔, 觀潮臺, 岩屋, 사슴·村營·곰 牧場, 伊達市, 八江月浦, 湖畔莊 (10)	洞爺湖, 中島, 有珠·昭和新 山, 기문토瀧, 伊達테마公園, 키로로 觀光地, 溫泉, 植物園, 湖畔亭 (10)	洞爺村, 淨見堂, 義經岩, 森林博物館, 아이누·開拓紀念館, 德淨寺, 火山博物館 (8)	28
	29.苫小牧 (1994)	市廳, 市議會, 市街地, 中野地區, 臨海工團, 製紙工場, 야마臺 牧場, 人工港 (8)	太平洋, 樽前山, 苫小牧·男拂·小糸魚 川, 아일랜드 스케이트場, 苫 東栢原 山林地 (7)	오로후루 高原, 樽前山神社 (2)	17
	30.千歲 (1994)	市廳, 市議會, 千歲國際空港, 市街地, 臨海工團, 都地區, 新住宅地, 科學研究團地, 東千歲駐屯地 (9)	安平·熊頭 山, 千歲·長都·漁川, 우도나이·白島 湖, 青葉公園, 長沼花菖蒲園, 信田溫泉, 白鳥飛來地 (11)	인디언 水車, 極樂·大聖·長勝·本誓 寺, 幌內神社 (6)	26
	31.高山 (1997)	市廳, 市議會, 高山驛, 下呂驛, 버스터미널, 市街地, 朝市場, 繪馬市場, 荻町村, 白川鄕, 合掌村, 飛驒の里, 郡上八幡, 美濃大田, 아소시아 高山리조트·飛驒그린 호텔, 市民文化會館, 鍛冶橋 (18)	穗高·乘鞍·白·高屹 山, 源氏·白馬·五龍·蓮華 岳, 莊山高原, 長良·宮·飛驒·庄·川上·小鳥川, 御母衣湖, 白山國立公園, 下呂溫泉, 城山公園, 飛驒の里, 日野主家, 飛驒開運の森 (22)	大山城, 城跡, 櫻山八幡宮, 高山陣屋, 明治村, 飛驒民俗村, 白川鄕合掌造り集落, 眞宗別館, 屋臺會館, 市鄕土館, 綠山美術館, 明善·飛驒國分·善光·禪昌 寺, 東照宮, 高山別院 (17)	57
	32. 熊本 (1998)	熊本縣廳, 縣議會, 市廳, 市議會, 熊本大學, 熊本空港, 熊本驛, 버스터미널, 白川橋, 市街地, 金尾·長浦 地區, 뉴스카이 호텔, 體育館 (14)	天草灘, 熊本港灣,金峰·芝·花岡·船野·本妙寺 山, 白·坪井·綠·木山 川, 江津湖, 立田自然·北岡自然·水前寺 公園, 河內溫泉地區, 立田山 (17)	熊本城, 藤崎八幡宮, 佛舍利塔, 釜尾·井手 古墳, 宮本武藏墓, 細川家墓所, 水前·本妙·東門 寺, 岩戶觀音, 市立博物館, 縣立美術館 (13)	44
	33. 松山 (1998)	市廳, 市議會, 버스터미널, 松山港, 市街地, 三津濱, 地藏坂, 奧道後호텔 (8)	伊予灘, 宇和島, 勝岡·夫婦·潮見 山, 石手·重信·久萬 川, 石手川댐, 道後溫泉, 砥部(11)	松山城, 北土居地, 札所, 南劑院, 石手·正宗·圓明·大山·繁多·淨土·西林寺 (11)	30
	34. 高松 (1998)	市廳, 市議會, 高松國際空港, 高松港, 高松道路, 瀨戶大橋, 市街地, 高照院, 五色臺, 坂本市 (10)	瀨戶內海, 瀨居島, 尾島, 五劍·城·雨瀧 山, 本津·香東 川, 栗林公園 (9)	高松城跡, 金刀比羅宮, 四國村, 高燈籠, 屋島·八栗·根香·白峰·國分 寺 (9)	28
	35. 越谷 (1999)	市廳, 市議會, 新越谷·JR南越谷驛, 逆川綠道, 中央通路, 切橋, 市立圖書館, 中央市民會館, 兒童館, 大袋·新方 公民館, 農業技術·데이서비스 센터, 고시가야 커뮤니티 플라자(Sun City), 市立病	元荒·中·右利根·新方·綾瀨川, 大吉調節池, 溜井, 葛西用水, 水山·梅林·運動·平方·大杉·第四·出羽·越谷流通·川柳·見田方遺跡 公園, 老人農園, 花田苑, 宮內廳 崎玉鴨場, 櫻竝	能樂堂, 平人司, 西福·弘福·淸淨·觀照·照蓮·迎攝·淸藏·一乘 院, 大聖·天嶽·淨山·林泉·安口·淨光·林西·勝林·金剛·聖德 寺, 久伊豆·淺間·香取 神社 (23)	68

國家	地域	機關·施設·地區	名勝·觀光·慰樂地	遺物·紀念·遺蹟地	合計
2. 日本	35. 越谷	院, 市立總合體育館, 中川の鄉, 荻島村, Daie南越谷店, 東部清掃組合 第一工場 (21)	木, 相生陸橋, 崎玉縣民 健康福祉村 (24)		
	36. 淡路島 (2000)	洲本市, 淡路·東浦·北淡·一宮·津名·五色·三原·緑·西淡·南淡 町, 神戶空港, 버스터미널, 中津·松帆の 浦, 雁子·押登岬, 新川·炬口, 江崎燈臺, 神戶道路, 淡路鳴門自動車道路, 若人の廣場, 大鳴·明石 海峽大橋, 國際會議場, 成山莊, 淡路青年の家, 國民宿舍, 西新工業團地, 西新뉴타운, 研究學園都市, 鍾乳洞, 淡路島休憩所, 展望臺 (35)	瀨戶內海, 明石·鳴門·紀淡 海峽, 播磨灘, 大阪灣, 紀伊水道, 大和·沖の·成ケ大園·總·沼 島, 岩尾·洲本·日良 港, 諭鶴羽·王拔·柏原·高熊·横·妙見·熊野·高·摩耶·竹場·城越·龍寶寺·高倉·先·兜花丸 山, 猪鼻·郡家·新·東桃·西桃·佐野·三原·洲本·千草·竹原·島飼·大日·津井·倭文·成相·鮎屋 川, 淡路花博(Japan Flora 2000), 竹原·上池 貯水池, 國營明石海峽·瀨戶內海國立·縣立淡路·淺野·三熊 公園, 淡路島國際公園都市, 國際庭園, 虹の花壇·伊勢の森, 慶野松原, 岩尾·大磯·鮎屋 溫泉, 國民休暇村, 立川水仙鄉, 灘の水仙鄉, 淡路夢舞臺 (66)	伊井諾神宮, 慶野松原莊, 淡路國分寺 塔跡, 高田屋嘉兵衛碑, 淳仁王皇陵, 當麻夫人墓, 妙勝·惠時·興隆·東山·安住·千光·瀧水·寶明·善光·感應·中高·滿泉 寺, 月の山觀音 (19)	120
	37. 對馬島 (2002)	(町)嚴原, 美津島, 豊玉, 峰, 山縣, 上大馬 (機關) 對馬支廳, 合同廳舍, 町廳·村廳·町議會, 警察署, 陸上自衛隊, (學校) 小學校,中學校,高等學校, 比田勝幼稚園 (體育) 室內體育館, 克己訓鍊場, 野營場 (交通) 對馬空港, 嚴原 國際旅客船 터미널, 比田勝 國際旅客船 터미널, 버스 터미널, 南北高速路, 地方路, 萬關橋, 베이세븐 브릿지, Sea Flower 國際船, 嚴原大橋, 카누 乘船場, 漁火道路. (施設) 縣立 對馬 青年의 집, 文化會館, 十八銀行, 豆酘崎燈臺, 區民會館) (市場) 上對馬 綜合센터, 上對馬町 商工會, 100Yen Shop Best, 水産物센터, 슈퍼(展望臺) 韓國展望臺, 上見坂 展望臺, 島帽子岳	(海), 東海, 南海, 大口瀨海, 玄海灘, 大韓海峽, 對馬海峽, 東水道, 西水道 (灣) 淺茅灣, 三根灣, 仁田灣, 泉灣, 西泊灣, 舟志灣, 三浦灣, 豆酘灣, 仁位淺茅灣, 濃部淺茅灣, 阿須灣, 人工海峽 (浦) 安神浦, 久和浦, 下穴浦, 尾浦浦, 內院浦, 松無浦, 西浦, 洲藻浦, 高坊浦, 唐洲浦, 津和浦, 佐賀浦, 大漁浦, 芦ケ浦, 阿須浦 (港) 嚴原港, 鹿見港, 佐賀港, 比田勝港 (島) 上對馬島, 下大馬島, 海票島, 椎根島, 志古島, 丸島, 神島, 綱島, 榎島, 牛島, 草島, 枇杷島, 鼠島, 浦島, 志志加島, 烏耙島, 大島, 內院島, 九十島, 上根緒島, 下根緒島, 黑島, 島ノ壇島, 三中島, 中ノ島, 赤島, 錢道, 小姓島, 松島, 萩島, 品木島, 大千切島 (崎) 鬼崎, 白派崎, クノ下崎, 長	(遺蹟) 金田城跡, 淸水山城跡, 金石城, ね船江跡, 日本最古銀山跡, 兵金跡, ロうン局, 上大馬莊, 大馬領主祭留場, 高麗門, 日新館門, 石屋根倉庫, 主藤家住宅, 武家邸宅 담장, 防火壁, 朝鮮通信使 案內道路, 아리랑祝祭 (碑石) 德惠公主 紀念碑, 朝鮮通信使碑, 崔益鉉 先生 追慕碑, 崔益鉉 先生 殉國碑, 朝鮮譯官使 受難碑, 天地守碑石 (立像) 銅製菩薩坐像, 眞珠女人像 (墓地) 根曾 古墳群, 雨森芳洲墓, 美女塚 (史料館) 長崎縣立歷史民俗資料館, 鄕土資料館, 幡宮神社寶物館, (神社) 嚴原神社, 琴崎神社, 多久頭魂神社, 木坂海神神社, 和多都美神社, 天諸羽神社, 小茂田浜神社, 八幡宮神社, 金比羅神社, (寺院) 王泉寺, 圓通寺, 桂輪寺, 梅林寺, 與良內院, 萬松院, 修善	297

國家	地域	機關·施設·地區	名勝·觀光·慰樂地	遺物·紀念·遺蹟地	合計
2. 日本	37. 對馬島	展望臺 (宿食) Ocean Hotel, 소바(蕎麥) 道場 (地域) 眞珠 養殖場, 카미쯔시마 초 마을, 若田 벼루 産地 (50)	崎, トロク崎, 棹崎 田里生崎, 伊奈崎, 劍崎, 唐ノ崎, 保利崎, 新崎 トフ崎, 妙見崎, 小松崎, 具鮒崎, 白方崎, 狹間崎, 竿崎, 大ケ首崎, 吹崎, 鳥帽子崎, ユッチ一崎, オリグチ崎, 郷崎, 豆酘崎, 長瀨崎, 神崎, 松無崎, 龍ノ崎, 大崎, 大梶崎, 太田崎, 網掛崎, 竹崎, タタミ崎, 千ケ崎, 松ノ崎, 淺黃崎, 琴崎, 茂木崎, 赤崎, 殿崎, 厚崎, 日浜崎, 錘掛崎 (鼻)塔ノ鼻, 黑島鼻, 見通鼻 (山) 千俵蒔山, 太田隈山, 香ノ木山, オロン岳山, 鳴瀧山, 丸倉山, 高野山, 神山, 鹿ノ內山, 白椿山, 黑隈山, 鳥帽子岳, 淺茅山, 城山, 持山, 白岳山, 丸山, 黑土山, 三隈山, 冷水山, 月輪山, 矢立山, 舞石壇山, 大崎山, 萱場山, 龍良山, 木槲山, 雲刺山, 碇隈山, 松無山, 久和山, 御岳山 (川) 佐護川, 三根川, 仁田川, 佐須川, 瀨川, 阿須川, 飼所川 (댐) 鷄知 댐 (公園) 壹岐對馬國定公園, 尾崎山公園, 綜合公園, 鮎(아유)모도시 自然公園, 豆酘崎公園, 上見坂園地, 淺茅灣公園, 今尾敦公園, 心字池公園, 日吉臺公園(保護地), 對馬木坂野鳥の森, 洲藻白岳原始林, 對馬野生生物保護센터, 對馬사슴保護區 (名勝地) 萬關橋, 神話の村, 鰐浦ヒトツバタユ自生地, 椎根の石屋根, 琴の大イチョウ, 青潮の里遊園地, 茂木浜 海水浴場, 立龜岩, 鋸割岩, 鬼の洗濯岩, 網代の漣痕と 洗濯岩 (185)	寺, 寶泉寺, 太平寺, 成相寺, 長壽院, 醴泉院, 天澤寺, 國分寺, 國昌寺, 西山寺, 慶雲寺, 光淸寺, 海岸寺, 安國寺, 東谷院, 以酊庵(62)	
	計(37)	778	1,022	734	2,534
3. 泰國 (1978)	1. Bangkok (1978)	中央政府廳舍, NESDB, 國會議事堂, 市廳, 市議會, 방콕·출라롱콘 大學, 방콕 國際空港, 방콕驛, 버스터미널, 水上·광람푸·프라투남 市場, 國立劇場, 하야트	타일랜드·시암 灣, 차오프라야·수판부리·타랑·메남 江, 市內運河, 港口, 룸핀公園, 두싯 動物園, 뱀農場, Railway골프場, 푸켓섬, 파티야섬, 란섬, 사메	프라스맹 城砦, 王宮, 비만메크·치트라레드·수안파카드 宮殿, 짐 톤슨 타이 하우스, 킹 라마 5世·킹 탁신 銅像, 國立博物館, 民主·Victory 紀念館, 國立美術	63

國 家	地 域	機關·施設·地區	名勝·觀光·慰樂地	遺物·紀念·遺蹟地	合計
3. 泰國	1. Bangkok	플라자, 방콕호텔, 아리랑 食堂, 水上家屋, 市街地, 팟퐁 地區, 삼펭 中國人地區, 차이나 타운, 라용 漁村 (23)	트섬, 파통·파티야 비치, 랑 힐 언덕, 나이양 國立海洋公園, 王室 漁船 (21)	館, 에머랄드大·왓프라케오·왓포·왓수타트·왓사게트·왓트라밋·왓 아룬 寺院 (19)	
	2.Nakhon Nayok (1978)	道廳舍, 道知事官邸, 市街地, 商街, 카오파 마을, 農村住宅, 農地改良地區, 穀物集荷·去來場 (9)	카오라엠山, 나콘 나요크江, 카오야이 國立公園, 나콘 나요크 瀑布 (4)	佛敎·피마이 遺跡, 寺塔, 傳統村落, 架空住宅, 傳統基地, 나콘 나요크 寺院 (7)	20
	3.Singburi (1978)	롭부리 마을, 原住民村, 酋長 自宅, 마을會館 (4)	차오 프라야, 숩반부리·핀·얌江, 運河, 自然公園 (6)	방파인 別宮, 傳統村落, 寺塔, 寺院, 佛敎遺跡 (5)	15
	計(3)	36	31	31	98
4. 네덜란드 (1979)	1. Amster-dam (1979)	政府廳舍, 國會議事堂, 市廳, 市議會, 암스테르담大學, 암스테르담 國際空港, 암스테르담 驛, 버스터미널, 埠頭, 步行者專用道路, 市街地, 水上住宅, 라이체·담·뉴 마르크트 廣場 (15)	大西洋, 北海, 암스테르江, 市內運河, 風車, 遊覽船, 폰델 公園 (7)	王宮, 안네 프랑크 ·렘 브란트 生家, 戰爭慰靈碑, 눈물의 塔, 歷史博物館, 國立美術館, 반 고흐 美術館 (8)	30
	計(1)	15	7	8	30
5. 덴마크 (1979)	1. Copenh-agen (1979)	政府廳舍, 國會議事堂, 市廳, 市議會, 國際空港, 驛, 버스터미널, 埠頭, 市街地, 市廳앞·뉴토어 廣場, 스토로이 步行者道路 (12)	北·발틱·內 海, 王立·티볼리·오아스테즈 公園 (6)	카스 텔레트 城址, 古城, 아말리엔보·크리스티앙스 보어 宮殿, 안데르센 銅像, 人魚像, 노트르담 寺院 (7)	25
	2.Helsi-ngor(1979)	市廳, 市議會, 驛, 버스터미널, 市街地, 헬싱거 廣場 (6)	사운드 海峽, 페지港, 에스룸湖 (3)	크론 보그城, 海洋博物館 (2)	11
	計(2)	18	9	9	36
6. 獨逸 (1979)	1.Ham-burg (1979)	市廳, 市議會, 空港, 驛, 버스터미널, 埠頭, 展望臺, 市街地, 魚市場, 레퍼반 거리, 獨逸食堂, 韓國食堂, 金英世 自宅 (13)	Hamburg港, 엘베江, 알스터湖, 블로멘 公園, 하겐베 動物園, TV塔, 본 베크 골프場 (7)	비스마르크 紀念塔, 알스타 바빌론, 베르겐 나치 虐殺場, 歷史博物館, 市立美術館, 聖미하엘 敎會 (6)	26
	2.Düsse-lodorf (1979)	市廳, 市議會, 뒤셀돌프大學, 驛, 버스터미널, 市街地, 오베르 카셀러 地區, 日本타운, 뒤셀돌프 百貨店 (9)	라인江, 自然 슈츠게비트湖, 埠頭·江邊·王宮 公園, 驛前·마르크트 廣場 (7)	하이네 出生地, 라인코니·오베르카셀러·호이스 橋, 괴테·쿤스 博物館 (6)	22
	3.Wüpper-tal(1979)	市廳, 市議會, 驛, 버스터미널, 모노레일驛, 步行者專用地區 (6)	리츠텐 高地, 뷰페르江, 公園, 遊園地 (4)	뷔페르탈 古城, 舊市街地, 市博物館 (3)	13
	4.Dort-mund (1979)	市廳, 市議會,IBA本部, 도르트문트大學, 郊外아파트 團地, 스칸딕 크라운 호텔 (6)	엠세르·엠스江·河港, 도르트문트-엠스 運河, 技術公園 (5)	라인란트 地城, 웨스트 파렌 홀, 도르트문트 博物館, 도르트문트 寶物 (4)	15
	5.Heid-elberg (1979)	市廳, 市議會,, 空港, 驛, 버스터미널, 하이델베르그 大學, 市街地, 步行者專用地區 (8)	네카江, 코른 마르크 廣場, 하이델베르크 公園, 遊園地 (4)	하이델베르크 古城, 學生監獄, 騎士의 집, 哲學者의 길, 칼테오 도르 橋 (5)	17
	6.Berlin (1991)	政府廳舍, 國會議事堂, 市廳, 市議會, 韓國大使館, 北韓大使館, 國際空港, 驛, 버스터미널, 베를린 大學, 올림피아 運動場, 西베	하벨·스프레·다흐메-랑게르江, 텔토브·호헨졸레른 運河, 하펠 湖水, 트럽타워·動物·폭스公園, 판호프 動物園, 줄리아스	부르크城, 王宮, 共和國宮殿, 브란덴부르크門, 베를린 障壁, 東獨人民大會堂, 나치 親衛隊本部, 포츠담·마르크스-엥겔스 廣場, 베	53

國家	地域	機關·施設·地區	名勝·觀光·慰樂地	遺物·紀念·遺蹟地	合計
6. 獨逸	6.Berlin	를린 · 東베를린 市街地, 東베를린 再開發地區, 쿠담路, 한자地區, 國際會議場, 유럽센터, 라디오 타워, 베를린 호텔, 野外劇場, 露店食堂, 베를린 州政府 (23)	타워, 콜베제 하우스, U.S. Army 골프場, 파리廣場, 운터 덴 린덴 거리 (15)	를린 大空輪 紀念館, 인겔 博物館, 戰勝紀念館, 카이저 빌헬름 紀念敎會, 獨逸帝國議會, 프리드리히 大王 銅像 (15)	
	7.Potsdam (1991)	市廳, 市議會, 驛, 베를리너 高速路, 市街地, 再開發地區, 統一廣場 (7)	하벨江, 템프리네르 · 하일리게르 湖, 와일드 公園 (4)	포츠담會談 宮殿(Cecilienhof), 상수시 · 新 宮殿, 포츠담 博物館 (4)	15
	8.Hannover (1991)	市廳, 市議會, 空港, 驛, 버스터미널, 大陸高速列車, 市街地, 酒店街, 마리팀 그랜드 호텔 (9)	라이네 · 이메 江, 미텔란드 運河, 觀光案內道路, 헬렌 하우젠 王宮庭園, 하노버 公園 (6)	하노버 古城, 라이네城, 헬렌 하우젠 王宮, 歷史 · 케스트너 博物館 (5)	20
	9. Peine (1991)	市廳, 市議會, 市街地, 核廢棄物處分場, 核廢棄物管理廳 (5)	푸세江, 미텔란드運河, 自然公園 (3)	파이네 古城, 舊市街住宅, 自然農村聚落 (3)	11
	10.Gartow (1991)	市廳, 市議會, 核廢棄物埋設場, 核廢棄物管理센터, 核廢棄物埋立反對示威 落書場 (5)	메츠틴山, 엘베 · 비제 江, 엘부페르-드라벤 自然公園 (4)	東西獨境界線, 벤드란트 地域, 가르토우 遺跡地 (3)	12
	11.Celle (1991)	市廳, 市議會, 驛舍, 버스터미널, 市街地, 農村地域, Bergen, Gross-Hehlen Westercelle (8)	Aller · Örtze 江, 遊園地, Südheide 自然公園 (4)	Celle宮城, Bergen-Belsen-Denkmal遺蹟地 (2)	14
	12.Magdeburg (1994)	市廳, 市議會, 州廳舍, 州議會, 驛, 버스터미널, 市街地, 再開發地區, 벼룩 市場 (9)	엘베 · 에레 · 세베江, 미텔란트 運河, 마그데부르크 河港, 市廳앞 廣場, 市街公園 (7)	오토大帝 墓所, 마그데부르크 博物館, 카톨릭 大聖堂, 아우어 래디 敎會 (4)	20
	13.Ruhr (1994)	루르開發廳, 鑛山 舊村落, 河川復舊地, 實習場 (4)	빈테르베르크 · 벨베르크 山 · 루르 · 파스바흐 · 달바흐江, 鑛山音樂堂, 自然公園 (7)	廢鑛地區, 廢鑛鐵鋼工場, 鑛山博物館, 鑛山美術館 (4)	15
	14.Essen (1994)	市廳, 市議會, Essen驛, 市街地, 步行者專用地區, 工業地帶 (6)	루르江,발데니湖,라인-헤르네運河, 크루가公園, 自然公園 (5)	휘겔 빌라, 産業硏究所, 보크방 博物館, 뮌스터 大寺院 (4)	15
	15.Köln (1994)	市廳, 市議會, 中央驛, 市街地, 步行者專用道路, 도린트 호텔 (6)	라인江, 市廳앞 廣場, 쾰른 香水販賣店, 江邊公園, 近隣公園 (5)	쾰른 博物館, 쾰른 大聖堂, 돔 舊公會堂, 마르틴 敎會 (4)	15
	16.Bonn (1994)	政府廳舍, 國會議事堂, 市廳, 市議會, 空港, 驛, 버스터미널, 韓國大使館, 官衙地區, 市街地, 본大學, 百貨店 (12)	라인 · 시그江, 코텐포스트 自然公園, 꽃 展示公園, 遊園地, 綠地地帶 (6)	베토벤 · 아데나워 生家, 300年 古食堂, 傳統住宅地區 (4)	22
	17.Frankfurt (1994)	市廳, 市議會 프랑크푸르트 大學, 國際空港, 中央驛, 버스터미널, 新規빌딩地區, 市街地, 百貨店, 홀리데이 인 호텔 (10)	라인 · 마인 · 니더江, 로렐라이 언덕, 포도밭 田園, 週末農場, 自然公園, 遊園地 (8)	舊市廳舍, 에센 하이머塔, 괴테의 집, 自然博物館, 敎會돔, 카탈리엔 敎會 (6)	24
	計 (17)	146	101	82	329
7. 英國 (1979)	1.London (1979)	政府廳舍, 國會議事堂, 大法院, 王立法院, 王立裁判所, 다우닝街 10番地 總理官邸, 檢察廳, 런던	北海, 프림로스 언덕, 템스江, 리江, 웨스트본江, 티번江, 로딩江, 리네비게이션江, 그랜드유니언 ·	윈저城, 에딘버러城, 허스트 몬코옥城, 러 로열 마일城, 버킹검 · 웨스트 민스터 · 세인트 제임스 ·	218

國 家	地 域	機關·施設·地區	名勝·觀光·慰樂地	遺物·紀念·遺蹟地	合計
7. 英國	1.London	州廳舍, 市廳, 市議會, 市長官邸, 公文書紀錄局, 王立天文臺, 그리니치天文臺, 郵遞局, 海軍本部, 大英·런던·보들레이언 圖書館, 런던·비크백·王立美術·國立科學技術·王立音樂·王立科學·런던衛生地帶醫學 大學, 임페리얼 칼리지, 슬레이드 美術學校, 劇藝術 로열 아카데미, 코토울드 硏究所, 職業訓練所, 硏究訓練센터, 王立證券去來所, 英國銀行本店, 觀光廳案內所, 서머셋·퀸스·맨션·퍼블릭 하우스, 퀸엘리자베스·길드 홀, 同業組合·宴會場·호스가드 퍼레이드 建物, 런던·빅토리아 타워, 가이스·미들섹스·세인트 토마스 病院, 타임스 新聞社, 허슬르國際空港, 런던·파딕텀·마스·유스톤·킹스 크로스·런던 브리지·워털루·리버플·빅토리아 驛, 버스·市內 에어 터미널, 브랙웰터널, 中央大路, 피카딜리·본드·킹스·슬론·롬바드·다우닝·이스트 엔드·소호·웨스트 엔드 거리, 타워·워털루·런던·웨스트 민스터·첼시 다리, 해로드 百貨店, 로드 메이어 市場, 國立·王立오페라·셰익스피어 글로브 劇場, 런던호텔, 센트럴 런던, 리치몬드·뱅크 사이드·햄프턴 고트 地域, 소호·웨스트 엔드·步行者專用 地區, 요크市, 에딘버러市 (95)	리전트 運河, 서렌타인湖, 하이드·세인트·제임스·윈저大學·배터시·그린·켄싱턴·리전트·그리니치·리치먼드·햄프턴코트·부시·덜위치·옐탐·글래드스톤·홀란드·빅토리아 公園, 큐·켄싱턴 庭園, 링컨스 인 필드, 소호 休養地, 웨스트민스터 江나루, 王立動物協會 動物園, 王立植物園, 트라팔가·채링·피카딜리·다르메·코벤트 가든·블룸스 베리·베드 퍼드·러셀·레스러·議會·런던·차람·마켓·브론즈 噴水·빅토리아 廣場, 뉴 스코틀랜드 야드, 마블 비치, 켄 우드, 코벤트 가든, 블랙홀 필드, 호클리 牧場, 윌드니스 골프場 (56)	켄싱턴·램버스·햄프톤 코트 宮殿, 화이트홀 宮, 템플바 城門, 빅벤 넬수 紀念碑, 시온·디킨즈 하우스, 王立 알프트 홀, 웨스트 민스터 홀, 셰익스피어 生家, 퀸 매리의 人形의 집, 빅벤 時計塔, 런던 發祥地 'The City', 로마 浴湯, Rosetta石, 웨딩턴 墓,넬슨 墓, 터너墓, 라이언像, 빅토리아 女王 立像, 넬슨提督 銅像, 피터 반의 像, 엘로스의 像, 블러디타워 女王像, 大英·런던·自然史·웰링턴·地質·캐슬·鐵道·國立海洋·빅토리아 앨버트·蜜蠟細工品 博物館, 國立·女王·테이트·헤이워드 美術館, 퀸 빅토리아·넬슨 紀念館, 앨버트 紀念몰, 마담터오스館, 세인트 폴 大聖堂, 세인트 앨반스 大聖堂, 템플·웨스트민스터 聖堂, 세인트 메리·세인트 클레멘트·세인트 마틴 인더필즈·크라이스트·세인트 새빈수르 敎會, 聖 조지·알버트 紀念 禮拜堂, 요크 민스터 大寺院, 버드 寺院, 웨스트민스터 修道院, 자메 마스지드 敎會, 세인트 팬크러스驛의 尖塔, 클레오파트라의 바늘(紀元前 1500年頃의 이집트 오벨리스크) (67)	
	2.Stevenage (1979)	市廳, 市議會, 커뮤니티 센터, 驛, 버스터미널, 驛前地區, 市街地, 住宅地區, 工業地帶, 步行者專用 地區 (10)	리어江, 히츠江, 그레이트 北路, 中央公園, 自然公園, 近隣遊園地, 驛廣場 (7)	新都市建設紀念館, 新都市展示館, Stevenage歷史館, 16世紀建立 中等學校, 12世紀建立 敎會 (5)	22
	計(2)	105	63	72	240
8. 프랑스 (1979)	1.Paris (1979)	政府廳舍, 國民議會堂, 센州廳舍, 州議會, 市廳, 市議會, 司法府, 裁判所, 警視廳, 造幣局, 國土地理院, 海軍本部, 海外領事部, 韓國大使館, ANDRA本部, 샹젤리제	배이유山, 몽마르트르·생 젠느비에브 언덕, 센·마네·우아즈江, 시테·생루이 섬, 오울크·생마르탱 運河,Bassin Octogonal 못, 이노상트의 噴水,로쟁·랑베	엘리제宮, 루브르·샤이요·뤽상부르 宮殿, 凱旋門, 카루젤 凱旋門, 그랑드 아르슈, 에펠·생 자크塔, 오벨리스크, 발자크의 집, 빅토르 위고의 집, 로잔 邸宅, 랑	275

國 家	地 域	機關·施設·地區	名勝·觀光·慰樂地	遺物·紀念·遺蹟地	合計
8. 프랑스	1.Paris	派出所, UNESCO 本部, 파리 1·2·3·4·5·6·7大學, 소르본·國立美術 大學, 프랑스學士院, 아랍世界硏究所, 國立·파리市 歷史 圖書館, 샤를 드골 國際·오를리 空港, 리옹·생 라자르·몽 파르나스·北·東·오스테를리츠·Châtelet驛, 시테·오페라·샤를 드 골 에투왈 地下鐵驛, 에어·버스 터미널, 바토무슈 乘船場, 샹젤리제·클링시·포부로 생 토노레·라볼리·생재르맹·몽미셸·리볼리·몽파르나스·오페라·平和 거리, 생미셸·생 제드맹·샤를 드골 大路, 高速環狀道路, 샹젤리제 로터리, 파리 비종 플라자 , 유리 피라밋, 파리 觀光案內所, 國際會議센터, 파리 地下下水道, 몽파르나스타워, 市立病院, 라파야테 百貨店, 퐁피두 센터, 商品去來所, 벼룩市場 Puces, 베르시의 多目的體育館, 障碍物競走·롱샹 競馬場, 오페라·바스티유 오페라 하우스, 프랑스·마트랭·몽마르트·市民·올림피아·파리 샤틀레 뮤지컬 劇場, 니코·마레·St. Paul·Stellar de Lonis·北 호텔, 프랑스·日本 食堂, 龍鳳酒樓, 서울 ·우리· 漢城·翰林食堂, 레알·마레·유대人·카르티에 라탱·데팡스·파시住宅地區, 라데팡스 新市街地, 國際藝術都市, 라 빌레트 科學産業都市, 스위스村, 앵발리드地域, 말메종地域, 포르트 마이요·데릴라·드 벵센느·디탈리·도를레앙 (111)	르·루앙·수비즈 館, 도비 散策·앵발리드·藝術·알렉상드르 3世橋, 비르아켐·이에나·아르마·퐁쇠프·생 루이·쉴리·밀라보·퐁루와얄·퐁토 샹주·투르넬·비르아캥·아르 슈베셰·노트르담·마리·콩코르드 다리, 오를레앙·金銀細工 江邊, 부르봉 河岸, 白鳥의 散策路, 에드몽·로스탕·소르본·므베르·트로카데로·앵발리드·노트르담·콩코르드·드골·피갈·보주·샤텔로·도핀·카투젤·방동·테르트르·아베스·바스티유 廣場, 센江邊遊覽船 Bateaux-Mouches, 케이블 카, 샹젤리제·튜렐리스·뤽 상부르·몽소·발레도·상 드마르스·바가텔 公園, 튈르리·루와얄 庭園, 퐁텐블로·불로뉴·벵센느 숲, 몽마르트르 葡萄밭, 센江邊 그림露店街, 물랭 루주, 팡테옹, 칼레트의 風車, 앵발리드돔, 舊 陸軍士官學校, 파리 動物園, 熱帶植物園 (78)	베르 邸宅, 피카소 아파트 '洗濯船', 발자크像, 조르주 상드 銅像,몽파르나스·페르 라셰즈·몽마르트르·생 뱅상·팡테옹 墓地, 地下墓地 '카타콩브', 나폴레옹·보봐르·사르트르·보들레르墓, 에르네스·몽가르토로·蜜蠟人形·카르나 발레 歷史·人類·文化財·郵便·映畵·蓄音機·모던 外裳·담배·軍事·模型團地·中世·藝術·海洋 博物館, 루브르·오르세·오랑주리·죄 드 폼 國立 近代·클뤼니·유다·홀로 그래피·코냑 제이·피카소·부르델·기메·파리 市立近代·로댕·귀스타브 모로·마르모탕 美術館, 죄 드 폼 國立 갤러리, Grand Palais, Petit Palais, 나폴레옹·市立빅토르위고·들라크루아·발자크·그랑드 아르슈·그랑 루브르·라빌레트 紀念館, 콩시에르 줄리 監獄, 라 빌레트 科學館, 노트르담大聖堂, 사크레 쾨르·생 제르망로세르·생 세브랭·생 줄리앙르 포브르 聖堂, 생 피에르·생장 몽마르트·생 제르맹 데 프레·생 레옹·생 피에르 뮈그로바이유·생 루이·생 프랑수아자비에 敎會, 생샤펠 禮拜堂, 마들렌 寺院 (86)	
	2.Versailles (1979)	市廳, 市議會, 오페라 劇場, Saint-Cyr-L' Eaele空軍基地, Château·Chantiers·Rive Droite·Rive Gauche·리브고쉬 驛,버스터미널, 高速地下鐵, 아를 廣場, 그랑 트리아농·프티	센·Biévre·Ru de Gally 江, Étang de Saint-Quentin 湖水, 大運河, 小運河, Bois de Meudon, Camp de Satory, Ecole Militaire, 베르사유 庭園 (Le Parc), Petit Trianon 庭	샹티·가이야르·피에르퐁 城, 베르사유·트리아농 宮殿, 사랑의 神殿, 거울의 房(Galerie des Glaces), 戰鬪의 房(Salon de la Guerre), 루이 14世 騎馬像, 아폴론의 샘,넵튠의 샘, 봄·여	67

國 家	地 域	機關·施設·地區	名勝·觀光·慰樂地	遺物·紀念·遺蹟地	合計
8. 프랑스	2.Versailles	트리 아농 地區, la Reine廣路, Trianon · Solein · Paris · Sceaux · St.Cloud · Clevent Ader Avenue, Fontenay · Bailly · Paons · Matelots Allee, du Solein Axe, Hotél de France, 食堂, 카페 (26)	園, 그랑 트리아농 庭園, 都市 · 自然 公園, 랑부이에 숲, 遊園地, 休息空間 (17)	름 · 가을 · 겨울 · 라톤 · 거울의 湖水, 프티 트리아농 王妃의 집, 시골집, 세브로 美術館, 생 루이스 · 사르트르 大聖堂, 보베 聖堂, 禮拜堂 (24)	
	3. Marseille (1991)	市廳, 市議會, 州政府, 裁判所, 토마스 쿡 換錢所, 市立病院, 오페라 劇場, 마르세유 空港, 생 샤를 中央驛, 버스터미널, 地下鐵, 마르세유 벨주 · 리브 쇠브 埠頭, 이프섬 船着場, 觀光案內所, Canebiére大路, 아텐 · 아랍人 거리, 부르스 센터, 海底터널, Alizé · Azur · 보스 호텔, La Daurade · 中國 食堂 (25)	地中海, 리옹灣, 舊 · 新 港灣, Bassin de la Grande Joliette, 이프섬, 센 · 사론 · 론 · 후비운 · 카랑크 江, 파로 · 都市 · 自然 公園, 海邊休養地 (15)	생 니콜라 · 생 장 要塞, Longchamp · du Pharo 宮, 이프 城 (몽테 크리스토 伯爵 背景의 監獄), 凱旋門, 마리 像, 아테네 거리, 마르세유 歷史 · 古代마르세유 · 도크 · 海洋 博物館, 마르세유 · 古代마르세유 美術館, 가르드 · 생 마리 마주르 · Basilique St. Victor · N. D. du Mont · La Vielle Charité · St. Ferréol Rue · St. Vincent de Paul 寺院 (21)	61
	4. Nice (1991)	市廳, 市議會, Cóte d' Azur 空港, 니스 · La Vésurbíe · Entreraux · Digne 驛, 버스터미널, 電車, 海岸道路, Jean Jaures · Victor Hugo 大路, 마세나 · 장 메드생 · 프롬나드 데 장글레 · 聖 프랑수아 드 폴 · 프랑스 · 생 레파라트 거리, 프롬나드 散策路, 꽃 市場, 市街地, Masséna 廣場, National · Interlaken 호텔, 別莊, 食堂, 카페, Vence · Cagnes-Aur-Mer · St. Paul de Vence · Eze Aur Mer 地域 (31)	地中海, 아메리카 海, 안 · 天使의 灣, 니스港, Capéu · Côte d' Azur 海岸, 알프스 山脈, Gorger du Cians 山, Vilille Ville언덕, Estéron · Vesubie 江, 市營카지노, 샤토 展望臺, 꽃市場거리, 샤토 · 都市 · 自然 公園, 알베르 1世 庭園, 海邊休養地 (20)	Cagnes城, Château城址, 그리스 · 로마 遺跡, 아크로폴리스, 로마 圓型競技場, 로마 鬪技場, 로마 沐浴湯, 市立 오페라劇場, 舊市街地, Cimiez地區, 墓地, 自然史博物館, 니스 · 海洋 · 마세나 · 마티스 · 샤갈 · 미로나 피카소 · 니스 近現代 美術館, 달리의 Lithographie保管所, 展示館, 禮拜堂, 생 레파라트 寺院 (24)	75
	5. Antibes (1991)	市廳, 市議會, 硏究團地管理廳, 科學硏究施設, 앙티브驛, 버스터미널, 海岸道路, 市街地, 商街, 食堂, 카페, Sophia · Juan-les-Pins · Golfe-Juan 地域 (14)	地中海, Antibe港, Côte d' Azur 海岸, Loup江, Cap d' Antibes곶, 都市 · 海岸 · 自然 公園, 遊園地, 休息施設 (10)	Grimaldi城, 그리스 · 로마 遺蹟地, 자코메티의 彫刻像, 앙티브 博物館, 앙티브 美術館, 科學技術 紀念館, 앙티브 科學館, 피카소 美術館 (9)	33
	6. Cannes (1991)	市廳, 市議會, 발레 데 페스티발 에 콩그레, 國際映畫祭 開催센터, 香水工場, 칸驛, 버스터미널, 海岸道路, 장 조르제 거리, 크루아제트大路, Paul-Isnard 廣場, 쉬 페르칸 展望臺, 高級호텔街,	地中海, 칸灣, Lérins諸島, 칸港, Côte d' Azur海岸, 칸 비치, 슈발리에 山, Siagne江, 都市 · 海岸 · 自然 公園, 遊園地, 休養地 (13)	St. Marguerite城砦, 발로리스 城, 그리스 · 로마 遺蹟, 舊港口, 羊을 안은 少年彫刻像, 카스트로 · 프로방스 美術歷史博物館, 칸 · 國立 · 市立 · 國立레제 · 프라고나르 美術館, 칸 映畫祭紀念	47

國 家	地 域	機關·施設·地區	名勝·觀光·慰樂地	遺物·紀念·遺蹟地	合計
8. 프랑스	6.Cannes	Cannet 地域, Grasse · Biot · Vallauris 마을 (17)		館, 映畵展示館, 노트르담敎會, St-Honorat城 修道院 (17)	
	7. Le Havre (1991)	市廳, 市議會, COGEMA廳舍, 核廢棄物處理施設, 르 아브르驛, TGV高速鐵道, 버스터미널, 市街地, 商街, Strasbourg大路, Foch路, 노르망디橋, 바나호텔, Cap de la Have · Sainte-Adresse · Montivilliers 地域 (16)	大西洋, 英國海峽, Baie de la Seine灣, 센江, 센河口, 르 아브르港, Tancarville運河, 都市 · 海岸 · 自然 公園, 遊園地, 休養空間 (12)	Fort de St-Adresse 要塞, 歷史遺蹟地, Rue de Paris 地區, Cours de la République廣場, 舊市街地, 核博物館,앙드레 말로 美術館, 科學館, 核處理 展示館, Le Havre資料 · 圖書室, 聖堂, 敎會 (12)	40
	8.Normandie (1991)	市廳, 市議會, 캉大學, 캉驛, 도빌驛, 버스 停留場, 생 피에르 거리, 캉驛 廣場, 海岸道路, 노르망디橋, Central Hôtel, 食堂, 農業地帶, 農村部落, Caen · Bayeux 市, Honfleur · Pont-l' Eveque · Deauville · Cabourg · Lisieux 地域 (21)	大西洋, 英國海峽, Baie de la Seine灣, 옹플뢰르港, 칼바도스海岸, 오마하 비치, Côte Fleurie, 센 · 오른 · Touques · Dives江, 牧場, 노르망디 平原, 農場, 도빌 꽃 庭園,캉 植物園, 도빌 休養地 (17)	Blonvillesur-Mer 遺蹟, 聯合軍上陸地點, 獨逸軍防禦 벙커, 總督邸宅, 마틸드 王妃墓, 노르망디戰爭 · 郵便通信技術 · 古代옹플뢰르 · 노르망디 博物館, 부댕 美術館, 싱비셜 · 생 테티엔 · 트리니테 · 생 피에르 · 생트 카로린 · 노트르담 · 생 레오나르 敎會, 트리니테 寺院, 男子 · 女子 修道院 (20)	58
	計(8)	261	182	213	656
9. 오스트리아 (1979)	1. Wien (1979)	政府廳舍, 國會議事堂, 市廳, 市議會, 大統領執務室, 出入國稅關, 最高裁判所, 中央郵遞局, 電話局, 造幣局,國立圖書館, 市廳都市計劃局, U.N.本部,빈 大學, 工藝美術大學, 獸醫科大學, 技術大學, 스페인 美術學校, 스페인 乘馬學校, 聯邦職業學校, 美術아카데미, 빈 觀光協會案內所, 藝術家協會, 빈 野球協會, 빈 少年合唱團, 國際센터, 證券去來所, 觀光案內所, 콘체르토 하우스, 칼렌山 頂上休憩所, 스티프트 兵營, 綜合病院, 호모 集合所, 슈페아트 國際空港, 西部驛, 南部驛, 그루터 驛, 미테驛, 버스터미널, 市內空港터미널, 大觀覽車, 도나우江 遊覽船, 電車, 地下鐵, 버스 , 環狀道路, 自轉車 · 步行者專用道路, 링 · 캐른트너 · 프란츠 오이겐 · 그라벤 · 코올마르크트 · 카이저 · 로텐투름 · 마리아 힐프 거리, 라이스 · 北 · Floridsdorfer · Nord-	소 카르파티아 山脈, Hermann山, Kahlenberg山, Skogle山, Höllenstein山, Laaerberg山, Pfaffenoden山, Bisamberg山, 빈 高地, 칼렌베르크 · 허만스 코겔 언덕, 도나우江, 빈江, 라이타江, 도나우運河, 도나우섬, 地下洞窟湖水, 遊覽船乘船場, 도나우 · 부르크 · 쉔브룬, 國民 · 宮殿 · 皇室 · 市立 · 市民 · 國立 · 市廳 · 슈타트 · 아우 · 암모드나 · Rossel · Pötzlenin · Adorfer · Olympia · Laxenberger · Schubertring · Alfred Grünwald · Rathaus · Weghuber · Arenberg · Kongreβ · Merrmann公園, 빈숲, 公共 · 市民 · 부르크 · 슈베르첸 베르크 · Fasan · An 庭園, 플라터 遊園地, 빈 動物園, 빈 植物園, 빈 골프場, 오페라座 · 勇士의 · 슈테판 · 미카엘 · 키오틀 · 첸슈 루즈벨트 · 시바르젠 베르	가이 뮐러 城, 호프 부르크王宮, 新王宮, 쉔 브륜宮殿, 슈바르첸베르크宮殿, 베르베 델레宮, 벨 베르트宮殿, 암가르텐宮殿, 부르크門, 모차르트 紀念碑, 도나우 塔, Dee Felio 紀念塔, 베토벤 · 하이든 · 프로이트 · 슈베르트 · 모차르트 生家, 나비의 집, Majolica · Loos · Hundertwasser House, 舊市廳舍, 最古의 公衆便所, 로마 遺蹟, 베토벤 散策路, Haydn의 居住地, 쉔브룬宮殿 宴會場建物, 카를마르크스 Housing Project, Anker時計, 國立墓地, 中央墓地, 地下納骨堂, 音樂家의 墓地, 베토벤墓,슈베르트 墓, 모차르트 墓, 주페墓, 볼프墓, 브람스墓, 요한 슈트리우스 墓, 듀마墓, 聖마르크墓, 요한 슈트라우스 · 유진將軍 · 카를大公 · 프랑스 2世 · 러시아士兵 銅像, 오리겐公 騎馬像, 카를大公 紀念像, 슈베르트紀念	287

國家	地域	機關·施設·地區	名勝·觀光·慰樂地	遺物·紀念·遺蹟地	合計
9. 오스트리아 (1979)	1.Wien	bahn · Brigittenauer · Erdberger · Reichs · Prater다리, Stadlauer鐵橋, 産業展示販賣場, 그라벤 · 高級 · Hoher 商街, Wien Lee Shop, 在來市場, 벼룩 市場, 書店, 오페라座, 國立오페라 · 市民오페라 · 콘서트 하우스, 音樂家協會大홀, 音樂홀, 音樂堂, 民藝展示所, 國立 · 빈 · 부르크 · 王立 · 아카데미 · 國立오페라 · Ronacher劇場, 콘서트홀, 에리카키노 映畵館, Big Apple · Beverly Hills 쇼場, Crowne Plaza호텔, 現地食堂 Weinwald, 日食堂 Suki, 오이리게 술집, 葡萄酒집, 露天食堂 A Tavola, 高級住宅地區, 그린칭, 호프부르크, 프라터, 코벤트르, 칼렌베르크, 슈바르첸베르크, 하일리겐 슈타트村, 옛 도나르 地區, 체코-오스트리아 國境線, 農村部落, 農地地帶, 오스트리아-헝가리 國境線, 高速道路 (111)	크 · 헬렌 · 베토벤 · Concordia · Jul Raab · Börse · Passauer · Morzin · Rudolfs · Maria Theresien · Friedrich · Schmidt · Stolz · Rathaus · Schweden · Helden · Schiller · Lothringerberg · Antonvon-Webern · Karls · Josefs · Robert 廣場, 칼스 마리아 테레지아 (83)	像, 모차르트像, 괴테像, 베토벤像, 마리아 테레지아像, 나폴레옹建國독수리像, 市立 · 自然史 · 戰史 · 武器-樂器 · 美術 · 바로크 美術 · 劇場 · 時計 · 猶太 · 歷史 · 王室 · 應用美術 · 民俗 · 美術史 · 하이든 · 슈베르트 · Heeres · Ephesus · Lippizaner 博物館, 오스트리아 國立 갤러리, 工藝 · 알베르티나 美術館, 美術史館, 슈베르트 紀念館, 스테파니 · 리히텐탈 聖堂, 요셉 · 카알스 · 포리프 · 암호프 · 스티프트 · 페테스 · St. Rupert · St. Charles Borromeo敎會, 王宮 · 부르크 禮拜堂, 聖슈테판 大寺院, 미햐엘 寺院 (93)	
	計(1)	111	83	93	287
10. 스위스 (1979)	1. Zürich (1979)	市廳, 市公會堂, Zürich大學, 國際空港, 驛, 버스터미널, 市街地, 반호프 거리, 步行者專用地區, Zürich호텔 (10)	라마트江, 길江, 취리히 · 튀네르湖, 반호프橋, 반호프 · 벨뷰廣場, 취리히 植物園 (8)	베른市 古村, 길드 하우스 , 페스탈로치 公園, 美術館, 스위스 民藝館,토마스만 紀念館, 大寺院 (7)	25
	2.Wengen (1979)	市廳, 市議會, 버스터미널, 市街地, 自動車通行禁止區域 (5)	알프스山, 융프라우山頂 登山 캐블카, 벤겐湖水 (3)	인터라켄 古村, 觀光博物館, 紀念資料館, 벤겐 寺院 (4)	12
	計(2)	15	11	11	37
11. 이탈리아 (1979)	1. Venice (1979)	市廳, 市議會, 國際空港,버스터미널, 市街地, 交通乘換地區, 베니스 호텔, 食堂,酒店 (9)	베니스灣, 무라노島, 大運河, 市內公園, 파파드 폴리 庭園, 소피아 廣場, 곤돌라 (7)	도제宮, 레초니코宮, 두칼레宮殿, 산마르크 廣場, 베니스 博物館, 베니스 美術館, 大寺院 (7)	23
	2. Rome (1979)	政府廳舍, 上院議事堂, 下院議事堂, 市廳, 市議會, 最高裁判所, 司法省, 文部省, 財務省, 商工省, 農林省, 國防省, 內務省, 大統領官邸, 首相官邸, 知事會館,政府觀光局, 公文書館, 郵遞局, 保健所, 登紀所,刑務所, 中央警察署, 韓國大使館, 美國大使館, 로마大學, 린체이 學士院, 陸軍士官學校, 物理研究所,化學研究所, 國立保險協	地中海, 몽테 마니오山, 몽테 라스코네山, 팔라티노 · 자니 콜로외 · 판초 · 오피오 · 캄피 돌리오 · 아벤티노 · 비미날 언덕, 테베레江, 아니에네江, 티베나 섬, 트레비 섬, 파르네시나 · 자니콜렌세 · 톨로냐 · 콜로나 · 트라이야노 公園, 바티칸 · 퀴리날레 庭園, 로마 動物園, 로마 植物園, 스페인 · 베네치아 · 테르미니驛, 산	바티칸 公國, 산탄젤로城, 베네치아 · 보르게제 · 브라스키 · 칸체렐리아 · 마시모 · 비드니 · 파르네제 · 코르시니 · 첸치 · 기지 · 퀴리날레 宮殿, 판테온 · 베스타 · 네로 神殿, 포풀로門, 핀차나門, 지아노의 凱旋門, 콘스탄티누스 凱旋門, 티볼리의 에스테家의 別莊, 빌라 아드리아나 別莊, 콘스탄티노 會堂, The New Big	239

國 家	地 域	機關·施設·地區	名勝·觀光·慰樂地	遺物·紀念·遺蹟地	合計
11. 이탈리아	2. Rome	會, 觀光案內所, 學生旅行센터, 이탈리아 銀行, 담배 工場, 會話館, 산스피리트·산가리카노·체리오·산조반니·軍人 病院, 레오나르드 다빈치 空港, 테르미니驛, 피라미데驛, 바티칸驛, 산 피에트로 驛,버스터미널, 에어터미널, 地下鐵, 아피아·아우렐리아街道, 이탈리아·9月 20日·코르소·포리 임페리알리·라비카나·산조반니 인라 텔라노·밀리치에·줄리오 체잘레·크레첸치오·트라스 테베레·나치오날레거리, 시스트·가리발디·마치니·파체오·사보이아 아오스타·파라티노·에마누엘레2世·산탄젤로·움베르토1世·마테오리치·세스티오·카블 다리, 크리스탈 센터, CIM 百貨店, 트라스 테베레의 벼룩 市場, 露店商, 馬術競技場, 展覽會場, 코무날레·밀라노 스칼라·마르첼로·野外圓型劇場, 오페라 하우스, 로마노 호텔, Hotel Capitol, Crazy Horse, 피우 미치노·티볼리·콜롬보海岸 地域, 新行政業務地區, 캠피도리오, 오스티아海岸都市 (93)	피에트로·보카 델라 베리타·바르벨리니·포로 로마노·나보나·포폴로 칼리티·콜라디 리엔초·리소르지멘토·아우구스투스 皇帝·아드리아나·카부르·보르게제·산 마르크·피오7世·로만다·로벨러·미네르바·피올리·파르네제·아레눌라·산크지마르·마스타이·세나·살루스티오·피렌체·산 베르나르토·獨立·산시르 베스트로·친쿠에첸토·共和國·몬테치테리오·트라이아노·아우구스토·에마누엘레2世·단테·콜로세움·산 조반니인 라테라노·임페리얼·누오바 教會·聖베드로 廣場 (66)	Dipper of London, 콜로세움 圓型劇場, 카리칼라 沐浴湯, 트라이야노 浴場 遺蹟, 眞實의 입, 스페인 階段, 神父遺骨保管室, 트레비샘, 스페인 廣場·넵튠·무어인의·트리토네 噴水, 산 칼리스토地下墓地, 산 세바스티아노 地下墓地, 메테라의 墓, 로물루스墓, 셜리墓, 키츠墓, 로마의 피라미드, 피에타 像, 카리발디 像, 마르코아우렐리오 像, 로마 國立·國立樂器·바티칸·나폴레옹·베네치아·콘설 바토리 博物館, 빌라 줄리아 國立·바티칸·카피톨리노·스파다·도리아·콜로나 美術館, 에마누엘레 2世紀念館, 산피에트로 大聖堂, 산조반니·산타마라아 코스 메딘·산타 마리아델라 콘체치오네·산타 크로체·산 아우구스티노·산타 마리아 데라니스·누오바·산타 마리아 인트라스 테베레·산 피에트로인 몬트리오·산타 마리아 델 안젤리·이그나치오·프라 미네르바·산타마리아 마조레·산 피에트로 인빈콜리·베네레에 로마·산타마리아 인 아라코 엘리·산 클레멘테·산 조반니 인 라테라노 教會, 시스티나 禮拜堂, 산피에트로·산클레멘테 寺院 (80)	
	計(2)	102	73	87	262
12. 그리스 (1979)	1. Athens (1979)	政府廳舍, 國會議事堂, 市廳, 市議會, 아테네 大學, 國際空港, 아테네 驛, 버스터미널, 신 타그마 地下鐵驛, 아테네 피레우스 港, 오모니아·신타그마·디오니소스·모나스티라키 廣場, 第1回近代올림픽 開催運動場, 아테네 호텔, 食堂, 市街地, 아고라 市場, 리카 비트스·아크로폴리스 언덕, 바자·프라카·델포이·아티카·마라톤 地域, 프루타네이온, 에피다우로스 케다메이코스, 步行者專用地區 (29)	에게·이오니아 海, 가로니크스·살로니크·에기나 마리나灣, 피레우스 港, 벨레폰네소스半島,델로스·애기나·포로스·이드라 섬, 에뎀 비치, 핀도스 山脈,히메토스·에갈레오스·아르디토스山, 피닉스·아레오파고스·스트레피·필로파포스 언덕, 프라피라이아 入口, 키피소스·일리소스 江, 國民·아고라 公園, 王宮庭園, 이로제수아 티쿠스 音樂堂 (26)	아크로폴리스·제우스·파르테논·데 세이온·포세이든·델피·히에론·헤파이스토스·판테온·올림피아·키벨라·아테네·델포이·圓型·아페아·니게·에레티본·니케 神殿, 憲法廣場, 올림픽 競技場, 바람塔, 아폴론像, 아테네 女神立像, 올빼이像, 無名勇士의 墓, 國立考古學·아크로폴리스 博物館, 아크로폴리스 美術館, 미트로 폴레오스 大聖堂, 聖게오르기오스 禮拜堂 (30)	85

國 家	地 域	機關·施設·地區	名勝·觀光·慰樂地	遺物·紀念·遺蹟地	合計
	計(1)	29	26	30	85
13. 스리랑카 (1979)	1. Colombo (1979)	政府廳舍, 國會議事堂, 市廳, 市議會, 大法院, Marga研究所, 콜롬보大學, 國際空港, 콜롬보驛, 버스터미널, 市街地, 市場, 蹴球競技場, 콜롬보·Galle Fau 호텔, 茶栽培地 (16)	印度洋, 만나르灣, 포트·페타港, 콜롬보 海邊, Mount Lavina 비치, 칼라니 江, Vihara Maha Devi 公園, Galle Face 그린, Golf Links, Dehiwala 動物園, Royal Colombo 골프場 (12)	聖루시아 카톨릭 돔, 英國總督官邸, 國立博物館, St. Lucia's 聖堂, Wolvendahl教會, 大·佛敎·힌두 寺院 (8)	36
	2. Kandy (1983)	市廳, 실론大學, 農村村落, 市場, 茶商街, 茶栽培地, 캔디 高原 (7)	크룩레스·페스로 탈라갈라山, 마하웨리江, 로열 보타니 庭園, 避暑地 (5)	캔디 古城, 캔디 王宮, 시기리아 石窟壁畵, 캔디·Tooth·달라다 말리가바 寺院 (6)	18
	計(2)	23	17	14	54
14. 인도네시아 (1982)	1. Jakarta (1982)	政府廳舍, 國會議事堂, 市廳, 市議會, 韓國大使館, 國際空港, 인도네시아 大學, 埠頭, 市街地 (9)	印度洋, 자바海, 자카르타灣, 자바島, 트지리웅江, 반드지르 運河, 가우르 廣場, 어린이 公園 (8)	바타비아城, 멀데카 宮殿, 國立墓地, 자카르타 博物館, 인도네시아 歷史館, 웰컴 紀念館, 古文書館, 大寺院 (8)	25
	2.Denpasar (1982)	州政府, 州議會, 우다야나大學, 空港, 버스터미널, 市街地, 쇼핑센터, 라둥 商街, 郊外農村部落, 階段式水田, 덴파사르 호텔, 인도네시아 食堂 (12)	印度洋, 발리섬, 바투카우火山, 아궁山, 순단列島, 숭기江, 브라딴·바뚜루湖, 傳統舞踊場 (9)	原始部落, 民俗村, 民俗춤, 墳墓群, 발리博物館,聖요셉敎會, 께헨·울룬다누·페메쿠스탄 寺院 (9)	30
	計(2)	21	17	17	55
15. 濠洲 (1982)	1.Canberra (1982)	聯邦政府, 國會議事堂, 市廳, 市議會, 國際空港, 버스터미널, 캔베라 호텔, 市街地, 住宅街, 市民廣場, 新首都建設地域 (11)	아인글리·스토롬로山, 몰롱그로江, 벌리·그리핀湖, 커먼 웰스·캥거루自然 公園 (7)	캔베라 타워, 스토롬로山 觀望臺, 캡틴 쿡 紀念噴水, 國立博物館, 國立美術館, 戰爭紀念館, 新首都建設資料館 (7)	25
	2. Sydney (1982)	政府廳舍, 市廳, 市議會, 州立圖書館, 시드니大學, 國際空港, 킹스 크로스驛, 버스터미널, 달링港埠頭, 하버 브리지, 시드니 타워, 展望臺, 타운 홀, 오페라 하우스, 리제스 웬트워스 호텔, 韓一館, 酒店街, 市街地, 킹스 크로스 地區, Chinatown, 도스·베네통·포츠꿎, 郊外農村地域, 天文臺,韓國大使館, 모노레일, Holiday Inn Old Sydney (28)	太平洋, 보타니·파라마드·윌쉬·시드니·판·울루물루灣, 달링·잭슨·서큘러 키 港, 쿡스川, 본다이 비치, 알렉산드라 運河, 캔터버리·中央·하이드·도메인·天文臺·피원·쿡·와라타·코알라·퀸스·블루 마운틴스國立 公園, 로열 보타닉 가든, 아치 볼드 紀念噴水, 타롱가·野生動物園, 王立植物園, Blue Mountains, Hunter Valley (31)	룩스 地區, 轉役者紀念碑, 록우드墓地, 濠洲博物館, 濠洲美術館, 戰爭紀念館, 聖메리 大聖堂, 빅토리아 빌딩, 港灣局遺址, 中國庭園, 國立海洋博物館, 現代美術館, 州立美術館, 시드니 水族館 (14)	73
	3. Windsor (1997)	市廳, 市議會, 空軍飛行場, Royal Austrarian Air Force Station, 農村商店, 市街地, 農村部落, Quakey's Hill, Riverstone, Blacktown, Schofields (11)	Tootie山, Nepean江, South·Eastern 川, Prospect 貯水池, Riverstone Wildlife Rufuge, 윈저 리버사이드 옥스 골프場 (7)	윈저 紀念館,윈저 資料館, 市立圖書館, 紀念公園 (4)	22

國家	地域	機關·施設·地區	名勝·觀光·慰樂地	遺物·紀念·遺蹟地	合計
	計(3)	50	45	25	120
16. 뉴질랜드 (1982)	1.Welli-ngton (1982)	市廳廳舍, 國會議事堂, 市廳, 市議會, 韓國大使館, 國際空港, 웰링턴驛, 市街地, 웰링턴호텔, 뉴질랜드 食堂 (11)	太平洋, 쿡海峽, 펠리스 · 램턴灣, 와이라라파湖, 켈빈 · 프랭키츠 公園, 遊園地 (8)	뉴질랜드 · 海事 博物館, 웰링턴美術館, 캐서린 맨스필드 紀念碑, 올드 세인트 폴 敎會, 大寺院 (6)	25
	2. Rotorua (1982)	市廳, 市議會, 링컨빌딩, 野外音樂堂, 市街地, 로토루아 호텔, 羊牧場, 레인보 農場, 바아 農村 (9)	타라웨라山, 로토이티 · 로토루아湖, 가번먼트 公園, 와카레와레와 硫黃間歇泉 (5)	地獄의 門, 原住民村落,와이망구溪谷, 테와이로아 火山埋沒村, 앵글리칸 敎會 (5)	19
	計(2)	20	13	11	44
17.印度 (1983)	1. New Delhi (1983)	政府廳舍, 國會議事堂, 市廳, 市議會, 國際空港, 버스터미널, 델리 大學, 國立競技場, 아시안競技村, 뉴델리 호텔 (10)	야무나 · 나자프 갈호江, 델리 테일 運河, 야무나橋, 비스타 公園, 都市 · 近隣 公園, 遊園地 (8)	델리 城, 印度門, 델리 舊市街地, 印度-무슬람式 建築物, 랑푸리, 國立博物館, 나레이얀 寺院, 佛敎寺刹 (8)	26
	2. Agra (1983)	州政府, 州議會, 市廳, 市議會, 아그라大學, 市場, 土産品店, 市街地, 傳統村落 (9)	야무나 · 참발江, 運河, 市內公園, 무굴 庭園, 自然公園, 遊園地 (7)	아그라 城, 무굴帝國 遺跡, 악바르 大帝 墓所, 타지마할 寺院 (4)	20
	計(2)	19	15	12	46
18. 싱가포르 (1983)	1.Sing-apore (1983)	政府廳舍, 國會議事堂, 市廳, 市議會 大法院, 싱가포르大學, NCB, PSA, 建築士協會, 公共住宅情報센터, 싱가포르 國際空港, 通行稅道路, 클라크 埠頭, 미시시피 리버보트, 오차드路, 아랍스트리트, 市街地, 뉴 오 티니 · 래플스 호텔, Chinatown, 리틀印度거리, 都心再開發 · 露天集團食堂 地區, 주롱 地域, 싱가포르 科學센터, 國際貿易센터 (26)	印度洋, 싱가포르 海峽, 조호르水路, 케펠 港灣, 센토사 · 어빈섬, 패버山, 싱가포르 · 캘랑川, 맥리치湖, 볼케이노 랜드 · 나이트 사마리 · 만다이 蘭草 · 주롱새 · 패터 · 마리나 · 캐닝 · 하우파 빌라公園, 보타닉 · 中國 · 日本 庭園, 싱가포르動物園, 鰐魚農場, 언더워터 월드, 볼케이노랜드 遊園地, 센토사 골프場, 주롱섬, 주롱湖, Bukit Timah 自然保護區域 (29)	唐城, 실로소 · 캐닝 要塞, Merlion彫刻像, 裕華園, 星和園, 國立博物館, 빅토리아 紀念館, 힌두 寺刹, 聖앤드루 聖堂, 回敎술탄 · 시안 호켕 · 千燈 · 힌두敎 마리아만 寺院, 貨幣 · 銅錢博物館, 싱가포르 歷史博物館, 海洋博物館, 크란지 戰爭紀念館, Luined City and Lost Civilization, Colombo Court歷史地, 싱가포르 美術博物館, 스리암만 寺院 (22)	77
	計(1)	26	29	22	77
19. 말레이시아 (1986)	1. Kuala Lumpur (1986)	政府廳舍, 國會議事堂, 市廳, 市議會, 말레이시아大學, APDC 本部, 國際空港, 버스터미널, 市街地, 華僑거리, Kuala Lumpur호텔, 建築家協會建物, High Court, China Town, Korean Town, KL Tower, KLCC Twin Towers, 驛, 市場 (19)	印度洋, 말래카海峽, Kuala Lumpur港, 겐팅 하이랜드山, 클랑江, 寺院 · 都市 公園, 湖水庭園, 이와히 골프場, 動物園, Le Coq D' or, Gombak江, Bunus江, Merdeka 스퀘어, Golden Triangle, Selangor Club (15)	말레이시아 宮殿, 岩石窟, 森林保護地, 말레이시아 遺跡, 말레이시아 博物館, 大寺院, 老술탄 · 힌두 · 佛敎 寺院, City Mosque, National Mosque, Masjid Jamer, Sultan Abdul Samad 빌딩 (13)	47
	計(1)	19	15	13	47
20. 中國 (1989)	1. 上海 (1989)	市廳, 市人民委員會, 新地區 開發廳, 上海大學, 上海城市計劃廳, 上海 · 浦東 國際空港, 虹橋空港, 上海 · 錦江樂園 驛, 버스터미널,	黃海, 外灘, 杭州灣, 彭越 · 兪涇 · 白蓮涇 浦, 浦東港, 蘇州河, 長 · 黃浦 · 吳淞 江, 浦東 · 人民 · 黃浦 · 淮海 · 中山 · 復興 ·	一大會址, 外國租借地區, 湖心亭, 烈士陵園, 上海 · 自然 博物館, 魯迅紀念館, 大韓民國臨時政府廳舍遺蹟, 玉佛 · 龍華 寺, 上海城, 天	103

國 家	地 域	機關·施設·地區	名勝·觀光·慰樂地	遺物·紀念·遺蹟地	合計
20.中國	1. 上海	世紀大路, 南京路, 人民廣場, 外商·陽浦大·南浦大橋, 東方明珠타워, 長技劇場, 上海百貨店, 豫園商場, 虹橋賓館, 新錦江大酒店, 市街地, 虹橋開發·浦東開發·陸家嘴金融貿易·保稅·金橋輸出加工 地區, 하이테크 技術團地, 中國銀行 (31)	魯迅(舊虹口) 公園, 豫園, 上海展覽中心, 長興島, 横沙島, 小島, 南餘山, 大假山, 應奎山, 横瀝河, 淀山湖, 澄湖, 鴛鴦湖, 柳堤湖, 匯龍潭, 玉蓮池, 余山國家深林公園, 東海影視樂園, 上海動物園,上海植物園, 東方明珠塔, 上海大劇院, 方拾園 (40)	妃宮, 魯迅·孫文·宋慶齡 故居, 嘉定孔廟, 城隍廟大殿, 古猗園, 方塔園, 周莊, 名園秋霞圃, 人民英雄紀念塔, 興聖教師塔, 大觀園, 共産黨創立大會地, 獅子石柱, 歷史博物館, 民間收藏品陳列館, 梅花廳, 萬國公墓, 魯迅墓, 靜安寺 (32)	
	2. 蘇州 (1989)	市廳, 市人民委員會, 蘇州驛, 버스터미널, 綢緞練梁廠, 市街地, 人民路, 白塔路, 太湖埠頭, 觀前街, 新住宅地, 集團農場, 蘇州飯店, 蘇州大學, 虎口酒店 (15)	太湖, 澹臺湖, 澄湖, 西洞庭·天平·靈巖·東洞 庭山, 字洋·外城·西塘 河, 市內運河, 姑蘇臺, 蘇州公園, 遊園地, 長江, 瑞光塔, 滄浪亭, 盤門 (18)	古運河, 北寺塔, 古家保全地區, 虎丘, 獅子林, 拙政園, 留園, 西園, 網師園, 席家花園, 蘇繡藝術博物館, 寒山寺, 玄妙觀, 雙塔 (14)	47
	3. 杭州 (1989)	市廳, 市人民委員會, 省廳, 버스터미널, 杭州驛, 市街地, 南山·虎跑·西山·環城路, 淸泰街, 蘇堤, 製藥會社, 金山·閔行 開發區, 華橋飯店 (16)	西湖, 小瀛洲, 玉泉·寶石·南屛·天目 山, 五老峰, 錢塘江, 京杭運河, 玉泉, 龍井泉, 三潭印月, 植物園, 長堤, 湖浜公園, 紅魚池 (16)	岳廟, 赤山埠, 湧金門, 六和塔, 王子塘, 虎跑泉, 茶協博物館, 革命烈士紀念館, 靈隱·鳳凰·笂天·徑山·淨慈 寺, 浙江省博物館 (14)	46
	4. 天津 (1992)	市廳, 市人民委員會, 國際空港, 天津新港埠頭, 京津塘高速公路, 市街地, 解放路, 天津大學 (8)	黃海, 渤海灣, 黃·新開·永定河, 北運河, 天津新港, 都市·水上·自然 公園, 遊園地, 渤海兒童世界 (12)	天后宮, 大沽口砲臺, 歷史遺跡地, 歷史博物館, 周恩來紀念館, 靑眞大寺, 潮音寺, 獨樂寺, 租界地 (9)	29
	5. 北京 (1992)	政府廳舍, 人民大會堂, 市廳, 市人民委員會, 北京·淸華 大學, 北京首都空港, 北京驛, 버스터미널, 醫療研究院, 雜技劇場, 博覽城友誼廳, 國家올림픽 스포츠센터, 市街地, 商街, 西單·萍果園 地域, 琉璃廠, 倖家村, 新大都飯店, 新萬壽호텔, 中苑賓館, 國際飯店, 全聚德오리料理店, 長安大假, 地下鐵 (26)	萬壽·房 山, 八達嶺, 崑明·西·南·龍潭·人定 湖, 筒字·馬·凉水·通惠·永定 河, 瓊島, 玉淵潭, 蓮花池, 京密引水渠, 天安門廣場, 十渡, 居庸關, 瓊島山, 北海·景山·中山·陶然亭·紫竹院·人定湖·香山 公園, 大觀園, 北京動物園, 北京植物園, 都市遊園地, 萍果園, 佛香閣, 石舫 (35)	紫禁城, 萬里長城, 雍和宮, 建國·復興·神武·天安 門, 白塔, 鼓樓, 鐘樓, 天壇, 地壇, 萬春亭, 人民英雄紀念碑, 頤和園, 蘆溝橋, 茅盾故居, 宋慶齡古居, 恭王府花園, 圓明園, 定陵, 明十三陵, 歷史·古宮·革命 博物館, 毛澤東紀念館, 臥佛·护國寺, 離宮, 舊內城, 舊外城, 海晏堂址 (33)	94
	6. 長春 (1992)	省廳, 省人民委員會, 市廳, 市人民委員會, 吉林大學, 空港, 長春驛, 버스터미널, 市街地, 自由大路, 解放廣場, 酒店, 長白山호텔, 人民廣場 (14)	南湖, 伊通河, 文化·新民 廣場, 南湖·勝利·兒童·近隣 公園, 長春體育中心, 遊園地, 大房身貯水댐, 長春 動·植物園 (12)	僞·地質皇 宮, 舊滿洲國 國會議事堂, 舊關東軍司令部, 電影制片廠, 美術工藝品店, 長春博物館, 同德殿, 般若寺 (9)	35
	7. 延吉 (1992)	省廳, 省人民委員會, 市廳, 市人民委員會, 延邊大學, 空港, 延吉驛, 버스터미널, 公演堂, 西市場, 防空地下道商場, 夜市場, 陽光大廈, 太陽村(安東마을) (14)	長白山脈, 城子·寒·磨盤山, 天橋嶺, 布爾哈通河, 烟集河, 海蘭江, 人民·延吉 公園, 遊園地 (11)	城子山城, 古城址, 靑山里抗戰碑, 鳳凰樓, 歌舞劇, 朝鮮村落住宅, 朝鮮自治州博物館, 吉林省 化龍縣 靑山里戰跡地 (8)	33
	8. 琿春 (1992)	縣廳, 市廳, 市人民委員會, 버스터미널, 市街地, 新開發地, 園	牧丹·密江 嶺, 琿春·安雅 河, 豆滿·牧丹 江, 都市公園, 遊園	半拉城, 土壇, 一松亭, 江相望, 舊市街地, 傳統家屋, 長嶺子村(7)	28

國家	地域	機關·施設·地區	名勝·觀光·慰樂地	遺物·紀念·遺蹟地	合計
20.中國	8.琿春	丁·琿春·文化 路, 月晴鎭, 洋水鎭 (11)	地, 密江, 箇山屯口岸 (10)		
	9. 防川 (1992)	中·朝國境線, 蘇·朝國境線, 蘇·朝連結鐵道, 防川部落, 展望臺, 遊覽船港口 (6)	防川背·森林 山, 張鼓峰, 豆滿江河口, 防川, 金三角, 防川平野, 러시아 領土 (7)	原始文化遺跡, 土字碑, 四道溝, 舊港口址, 傳統中國家屋, 傳統朝鮮家屋 (6)	19
	10. 圖們 (1992)	市廳, 市人民委員會, 中·朝國境, 國門展望臺, 圖們江鐵道大橋, 圖們大橋, 錦水橋, 市街地, 商店 (9)	高麗嶺, 豆滿江, 人民體育場, 國境寫眞撮影臺, 江邊公園, 鳳梧貯水池樂園 (6)	老松嶺, 鳳梧洞戰鬪地, 鳳梧洞戰鬪紀念碑, 中·朝紀念塔, 人民法院, 健設橋 (6)	21
	11. 白頭山 (1992)	林木輸送驛, 찝車乘降場, 白頭山進入路, 天池登山路, 泳場招待所, 觀光賣店街, 天池賓館, 韓國食堂, 天坪, 天池氣象臺 (10)	白頭山, 將軍·龍門·天文·兵使峰, 白河, 松花江, 天池, 小天池, 長白·玉壁 瀑布, 溫泉湯, 風口, 長白林海, 嚥脂峰, 乘搓河 (16)	八卦廟, 岳華樓, 古火山, 別墅, 金壁, 賽棋崖, 長白人蔘圃, 長白山自然保護區域, 火山石展示館, 神武城, 觀瀑亭, 女眞祭臺 (12)	38
	12. 龍井 (1992)	市廳, 市人民委員會, 龍井第一中學(舊 大成中學), 한글 讀書舍, 市街地, 東市場, 酒店街, 住民休息場, 韓國飮食店 (9)	飛巖山, 布爾哈通河, 海蘭江,一松亭, 一松亭碑石, 先驅者노래碑, 龍井公園 (7)	龍井地名起源之井泉, 尹東柱詩碑, 傳統朝鮮村落, 化龍墓地, 朝鮮族民俗博物館, 尹東柱紀念館, 尹東柱生家 (7)	23
	13. 瀋陽 (1992)	市廳, 市人民委員會, 空港, 瀋陽驛, 市街地, 中山廣場, 工業地帶, 友誼호텔, 遼寧鳳凰飯店, 海外風味餐廳, 遼寧大學, 瀋陽大學 (12)	小山, 柳條湖, 北陵·中山·魯迅·南湖·青年·八一 公園, 遊園地, 渾河, 本溪水洞, 石灰岩鍾乳洞, 百鳥·碧塘 公園, 動物園 (15)	故宮, 滿洲國遺構, 張作霖爆殺現場, 昭陵, 東陵, 遼寧省博物館, 抗美援朝烈士陵園, 張氏師府, 大淸興跡宮 (9)	36
	14. 西安 (1998)	陝西省政府, 省人民委員會, 市廳, 市人民委員會, 郵政局, 省汽車貿易公司, 交通·西北女子·西安理工·建築科技·公路交通 大學, 旅游·省糧食 學校, 西安中學, 西安·咸陽 國際空港, 西安驛, 버스터미널, 北大·東大·西大·北新·古文化 街, 解放·朱宏公·環城·大唐·西五·第二環 路, 鎭鼓樓廣場, 渭水橋, 唐城百貨大廈, 世紀金花購物中心, 民生百貨商店, 人民大廈, 新世界大酒店, 榮盛齋餐廳, 奉都酒店, 回民飮食市場, 種類食品店, 夜市場, 工業團地, 回民居住區, 馬嵬坡村, 五丈塬, 西安高新技術産業開發區, 咸陽市, 蓮湖路, 大慶路, 西安賓館, 唐花賓館, 西安皇城賓館, 阿房宮飯店, 喜來登大酒店, 西安大學, 西北大學, 南大街, 陝西省體育場, 陝西體育館, 公安局外事處, 書院門 古文化街, 文豪購物中心, 西安百貨大廈, 陝西文物大廈, 微生物研究所, 皇后大酒店, 解放飯	驪·終南·賀蘭·天臺·太白·華·梁·葯王 山, 奏嶺山脈, 黃·渭·滻·涇·洛 河, 銀川, 市內運河, 風翔東·興慶 湖, 興慶·革命·蓮湖·兒童·興慶宮 公園, 西湯浴溫泉, 게임센터, 黃土高·白鹿·小陵 原, 半坡洞母系氏族村, 藍田溶洞, 三門峽水禽, 映畵秦始皇 세트場'秦王宮', 自然保護區, 薦福寺公園, 鍾鼓樓公園, 南山, 勞働公園, 北方樂園, 西安動物園, 小陵原, 唐樂宮, 空海紀念碑, 西安民間藝術館, 八路軍西安辨事處紀念館, 文寶齋, 唐歌舞餐廳, 陝西歌舞大劇院 (47)	南門·西安府 城, 半坡遺蹟, 周原·藍田猿人遺址, 地下家屋遺蹟, 唐玉華·重陽·咸陽 宮, 九成宮·阿房宮·長樂宮·未安宮 遺址, 北院·永寧·文昌·長安·南·西院·玄武·青龍·白虎 門, 大雁·小雁·善導高 塔, 李白彫刻像, 絲綢之路起點群望像, 鳳凰·沈香·望河 亭, 海常·蓮華·星辰·太子·尙食 湯, 華淸·九龍池, 大唐三奬至敎序·千字文·唐三藏大遍覺法師法銘·逑垩記·無字 碑, 碑林, 樓觀·南五·西五·嘉牛 臺, 含元殿, 五間·朱雀廳, 木牌·名牌坊, 鼓·鍾 樓, 司馬道, 司馬遷祠, 西岳·城隍 廟, 大佛寺石窟, 秦始皇陵兵馬俑, 秦始皇·乾·茂·黃帝·順·長·黃·泰·昭 陵, 司馬遷·永泰公主·楊貴妃·懿德太子·章懷太子·蔡文姬·藿去病·楊家灣漢墓, 秦始皇陵殉葬墓群, 乾陵·茂陵·昭陵·秦始皇兵馬俑·陝西歷史·西安碑林·半坡遺蹟·咸陽	216

國 家	地 域	機關·施設·地區	名勝·觀光·慰樂地	遺物·紀念·遺蹟地	合計
20.中國	14. 西安	店 (67)		市·耀州 瓷窯 博物館, 楊虎城·西安事變·八路軍西安辨事處 紀念館, 慈恩·香積·薦福·草堂·興教·罔板·青龍·臥龍·淸眞·廣仁·法門 寺, 八仙庵 (102)	
	15. 丹東 (2002)	市政府, 市委員會, 市人大, 市政協, 國家安全局, 港務局, 風景園林局, 老幹部局, 土地規劃管理局, 國稅振興局, 地稅振興局, 文化局, 技術監督局, 電業局, 民政局, 海送商檢局, 旅游局, 丹東客運廳, 氣象臺, 丹鐵檢察院, 鐵路法院, 看守所, 寶山監獄, 外經貿委, 丹東邊境 經濟合作區管理委員會, 金礦街道辨事處, 市交通局, 市中級法院, 市地稅局, 振興·元寶·振安 區廳舍, 元寶區 檢察院·供電局, 振安區檢察院·公安分局·招待所, 市經山·市實驗·太平·浪頭小學校, 朝鮮族·第六·第七·第十三·第十四·第十九·第二十五·第二十七 中學, 省財政高等學科·建工·第一技工·職業技術·經濟管理幹部·五一八子弟學校, 市委黨校, 教育學院, 教養院, 鴨綠江綜合·丹東師範·丹東財務 大學, 輕化工·市林業科學·水技術 研究院, 市蔬菜科學研究所, 丹東市圖書館, 丹東·市委 印刷廠, 刻字印刷部, 市公汽·鴨綠江造紙有限責任·化學纖維工業·水産·手表工業·電影·中國外運丹東·市房地産開發總·國貿大廈有限責任·浪頭港務·媒氣 公司, 黃海汽車大修廠, 石油化工總廠, 汽車製造廠, 造紙廠, 丹東海送, 國家糧穀貯藏所, 輕工機械·黃海汽車造立·化學纖維工場, 總公會, 市工會, 工會會館, 國際俱樂部, 農行鴨綠江支行, 浪頭信用社, 銀行園, 郵電大廈, 農行浪頭分理處, 丹東日報社, 軍分區招待所, 浪頭飛行場, 丹東站, 市外버스터미널, 市街地, 黃海	丹東港, 浪頭港, 月亮島, 太平島, 珍珠島, 大磧子島, 燕窩小磧子島, 馬市夾心子島, 珍珠海水浴場, 鳳凰山, 回手摸山, 帽盔山, 元寶山, 桃源山, 錦江山, 安眠山, 五龍山, 虎山, 臥女山, 西于石砬子山, 北于石砬子山, 三孤頂, 鴨綠江, 瑷河, 大沙河, 花園河, 股流河, 橫道河, 五道洶河, 頭道洶, 青山洶, 青年湖, 五龍潭, 黑洶水庫, 五龍背·東湯·金牛 溫泉, 鴨綠江·大孤山國家森林·錦江山·青年湖·五龍山城市·江濱·珍珠 公園, 濱江游園, 民政碼頭, 水晶碼頭, 森林地, 五龍山風景區, 五龍背溫泉療養區, 鴨綠江口 國家濱海濕地 自然保護區, 丹東市大千圃花, 園林苗圃, 金牛溫泉山庄, 河口, 海華珍奇館, 丹東娛樂宮, 行李房, 鴨綠江遊覽船, 丹東市歌舞團, 丹東市活劇團, 市花杜鵑, 밤나무, 文化·青年·花園 廣場, 五龍國際高爾夫골프場, (北韓側) 新義州港, 威化島, 柳草島, 楸桑島, 多智島, 어린이 놀이施設, 金正日 카지노 배, 鴨綠江邊遊園地, 江邊休憩施設 (76)	虎山長城, 九連城古城址, 天后宮, 麒麟宮, 凱旋門, 五龍門, 錦江亭, 回歸亭, 凱旋樓, 爬山樓, 抗美援朝紀念塔, 遼東解放烈士紀念塔, 毛澤東塑像, 鴨綠江斷橋, 城隍廟, 花園公墓, 革命烈士陵園, 九道公墓, 丹東市文化宮, 丹東市鐵路文化宮, 遼東解放烈士紀念館, 抗美援朝紀念館, 科技館, 彌陀寺, 靈峰禪寺, (北韓側) 鴨綠江閣 (26)	381

國家	地域	機關·施設·地區	名勝·觀光·慰樂地	遺物·紀念·遺蹟地	合計
20.中國	15.丹東	大·勝利·福春·錦山大·天后宮·經山·愛民·青年大·五經·六經·七經·八經·九經·十經·江城大·新安·寶山大·崇健中街, 金礦街道, 浪港·北環·江沿·國禎·站后·十緯·九緯·八緯·七緯 路, 中朝友誼橋(鴨綠江橋), 頭道·馬車·勝利·福春·人民·沙河·南立交 橋, 中國·丹鐵 國際旅行社, 賣票·候車 大廳, 丹鐵大廈, 丹鐵招待所, 新安百貨大樓, 安東大世界, 工商大廈, 國貿家具城, 丹東新柳·金元堂 商業城, 金湯商貿城, 市蔬菜批發市場, 白山金店, 丹東環球電腦廣場, 一百商店, 藥市場, 江城鞋業, 新友誼商場, 三和商場, 金夫人婚紗影樓, 丹東市新華書店, 婦女兒童·中·振興區第二 醫院, 頤壽堂, 回春堂, 康齒靈牙膏有限公司, 市體育館, 萬隍體育場, 射擊場, 青少年宮, 八八洗浴中心, 海金剛 맛사지浴場, 韓氏美容, 中聯大飯店, 永立·丹東華美科技·鴨綠江·交通·巨星大廈, 萬壽·丹東·長城·良茂·遼東·金華·華林 賓館, 國際·錦山·金海灣·江濱· 皇朝·國門·通盛源·日月潭·富興·江園酒店, 朝鮮族·新柳 飯店, 安東閣, 清流館, 玉流館, 鐵路食堂, 華士派美食, 大韓埠俱樂部, 振興·元寶·振安 區, 沙河·同興·蛤蟆塘·樓房·浪頭 鎭, 金安·北安民·金板·中和·忠杰·瓦房·濱江·變電·同興·五道·白房·花園·龍母·前迓·新興·宏升·古城·女子場·金山·山城·武營·星光·通天·套外·龍頭·套里·下尖·馬家·孤山 村, 文安·勝天·光明·虎山·九龍城·老古洵·新康·石橋·西民主·安民·湯山城·五龍背·鴻安新村 地區, 工人村, 丹東電視臺, 音樂廳, 金 礦, 銀 礦, 江灣工業區, 丹東邊境 經濟			

國 家	地 域	機關·施設·地區	名勝·觀光·慰樂地	遺物·紀念·遺蹟地	合計
20.中國	15. 丹東	合作區, 化學纖維工團, 仁川工團 造成地, 丹東市廳 移轉候補地, 丹東-新義州 新設道路候補地, (北韓側)新義州市, 蓮下洞, 造船所, 江邊施設, 映畵館, 住宅, 荷置場, 船舶, 江邊露店商, 軍人哨所, 埠頭倉庫 (279)			
	16. 東港 (2002)	市政府, 市交通局, 丹東海關, 出入國管理事務所, 港臨, 新洵街道辨事處, 火力發電所, 保險公司, 丹東國際航運有限公司, 客運站, 버스터미널, 市街地, 新洵街道, 東港路, 黃海路, 新興路, 黃海大市場, 百貨大樓, 港口商店街, 健身館, 平壤玉流館, 東港啤酒廳, 孤山湯池鎭, 石佁·萌芽·金崮·接梨樹·集賢 村, 新興·新洵·前陽·老虎 地區, 東港經濟開發區, 海上旅游開發區, (北韓側)龍川郡, 龍岩浦, 黃金坪, 西湖邑, 師里 (42)	黃海, 大東港, 月亮灣, 鹿島, 大鹿島, 獐島, 大孤山, 東尖山, 駱駝峰, 鴨綠江, 大洋河, 股流河, 大東洵, 半截洵, 蚊字洵, 大洋洵, 鐵甲水庫, 虫下池, 天然湯場, 大孤山·大鹿島·獐島 風景區, 示範農場, 二郎石, 江口, 漁船群, (北韓側) 西朝鮮灣, 薪島, 草介島, 馬鞍島, 綢緞島, 觀城列島, 座草島,蚊字洵 (34)	后注原始村落遺址, 甲午海戰古戰場, 天后宮, 鄭世昌塑像, 毛文龍碑, 甲午海戰無名將士墓, 鄭世昌墓,大孤山古建築群, 前陽洞穴遺址, 海神娘娘廟, (北韓側) 三寶塔 (11)	87
	17. 寬甸 (2002)	寬甸滿族自治縣政府, 鎭政府, 供電局, 郵電局, 郵遞局, 人民政府招待所, 太平灣街道辦事處, 太平灣發電廠, 中學校, 小學校, 對外貿易總公司, 保險公司, 建設銀行, 太平灣船着場, 驛站, 버스터미널, 市街地, 太平灣街道, 南門街, 新華街, 府前街, 東·西·南·北 環城路, 中心路,道路招待所, 百貨公司, 果品食糧公司, 友誼商店, 貿易商場, 五文化商場, 山城美賓館, 長甸·永甸·老邁墻·古樓子·瓦房店·東陽河·上河口·下河口·大江口·臺洵·虎山·碑碣子·前迊地域,(北韓 義州郡側) 義州邑, 龍溪·水鎭·大蝦 地域, (北韓 朔州郡側) 方山面, 昌城·靑水·玉江 地域, 國境線, 北韓軍哨所, 出入國關所 (57)	河口, 虎山, 靑椅山, 鴨綠江, 褑河, 蒲石河, 南股河, 下露河, 八河川, 虎塘洵, 靑山洵, 石湖洵, 楊木川, 飛瀑澗, 靑山湖, 太平灣貯水池, 天橋洵國家森林公園, 太平灣·靑山洵·拉古哨 風景區,白石砬子自然保護區, 河口昌德慶假村, 中國畵家村, 淸源山庄, (北韓義州郡側) 鴨綠江, 鴨綠江細流, 水口島, (北韓 朔州郡側) 水豊댐, 水豊湖, 水豊發電所, 鴨綠江岸 風景 (31)	九連城古城址, 赫甸城址, 萬里長城 東端起點 虎山長城, 渾江瓦窯址, 抗日聯軍遺址, (北韓 義州郡側) 統軍亭 (6)	94
	計(17)	626	393	311	1,330
21. 臺灣 (1990)	1. 臺北 (1990)	總統府, 政府廳舍, 國會議事堂, 市政府, 市議會, 市警察廳, 臺灣大學, 中央圖書館, 臺北圖書館, 中央郵遞局,	太平洋, 中國海, 臺灣海峽, 翡翠灣, 基隆港, 淡水港, 金山海水浴場, 陽明山, 金山, 嵩山, 白雲山,	淸의 府城, 覺修宮, 指南宮, 保安宮, 東門(景福門), 南門(麗正門), 北門(承恩門), 小南門(重熙門),	141

國家	地域	機關·施設·地區	名勝·觀光·慰樂地	遺物·紀念·遺蹟地	合計
21. 臺灣	1. 臺北	中國電影文化城, 中央電影公司, 天文臺, 臺灣觀光協會, 新光摩天樓, 劍潭海外靑年活動中心, 福華(Howard) 國際館, 中正國際空港, 松山國內空港, 鐵道, 臺北驛, 華山驛, 萬華驛, 버스터미널, 臺北大橋, 忠孝大橋, 中興大橋, 高速公路, 中山路, 忠孝路, 南京路, 八德路, 長安路, 重慶路, 延平路, 民生路, 民權路, 長春路, 建國路, 新生路, 松江路, 承德路, 成都路, 中華路, 仁愛路, 信義路, 平和路, 愛國路, 羅斯福路, 交流道, 中華商場, 頂好市場, 百貨店, 西門市場, 東門市場, 夜市場, 露店商, 大聲公食堂, 電影院劇場, 圓山大飯店, 麒麟大飯店, 西門町, 萬華地區, 華西街, 圓環食堂街, 士林學生街, 圓山地區, 烏來地區, 迪化街, 酒店거리, 桃園工業都市, 三重市 (72)	釜山, 基隆河, 淡水河, 石門水庫댐, 烏來瀑布, 中正·臺北新·陽明山·靑年·北安·劍潭江邊·介壽·逸仙·外雙溪 公園, 兒童樂園, 南海學園, 雲仙樂園, 新北投溫泉地區, 陽明山溫泉, 烏來溫泉鄕, 亞洲樂園遊園地, 圓山動物園, 六福村野生動物園, 植物園, 野柳岬勝地, 新店溪谷, 夫婦岩, 臺灣高爾夫골프球場 (39)	孔子廟, 殷王廟, 中山堂, 忠烈祠, 故宮·國立歷史·中山·省立 博物館, 國軍歷史文物館, 美術館, 國立科學館, 國父紀念館, 中正紀念堂, 國軍英雄館, 泰雅文化村, 小人國, 慈湖陵寢, 淸眞寺, 平光寺, 龍山寺, 發山寺, 觀世音菩薩 (30)	
	2. 新竹 (1990)	市政府, 市議會, 新竹驛, 西部幹線縱貫鐵道, 버스터미널, 西部幹線高速公路, 新竹高新硏究地區, 工業團地, 新住宅地區, 市街地, 新豊·新浦·竹東·尖石 地域 (14)	臺灣海峽, 獅頭大山, 南朝大山, 角板山, 古奇峰, 慈湖, 石門水庫댐, 小人國, 頭前溪, 都市公園 (10)	普天宮, 城隍廟, 關羽神像, 新竹科學技術館, 新竹高新硏究區 展示館, 佛教寺院, 教會 (7)	31
	3. 臺中 (1990)	市政府, 市議會, 中興·東海·逢甲大學, 臺中空港, 臺中驛, 버스터미널, 交流道, 南北高速公路, 市街地, 中正路, 公園路, 民權路, 自由路, 中華路, 忠孝路, 市立文化中心, 省立圖書館, 教師會館, 文英館, 兒童館, 中興堂, 大大·龍心·千越·遠東·財神·永琦·未來 百貨公司, 夜市場, 體育場, 新天地大飯店, 長靑服務中心, 省府黎明辦公區, 工業區, 南投市 (36)	臺灣海峽, 臺中港, 光華島, 大月土山, 阿里山, 玉山, 大坑山, 斎華主山, 合歡山, 彰化山, 八卦山, 綠川, 柳川, 梅川, 筏子溪, 島溪, 旱溪, 另有大里溪, 麻園頭溪, 黃湖溪, 油水溪, 日月潭, 臺中·市民그랜드·民俗·美術·中山·中正·興中·長春·忠明·兒童·勞工·英才·河濱·東峯·彰化公園, 卡多里·威尼期 樂園, 孔雀園, 亞哥花園, 觀光農場, 大杭登山步道, 梧棲地域 (44)	聖壽宮, 樂成宮, 元保宮, 萬春宮, 醒修宮, 萬和宮, 南天宮, 孔子廟, 文武廟, 五妃廟, 城隍廟, 張家祖廟, 張廖家廟, 文昌公廟, 林氏宗廟, 玉皇上帝祠堂, 忠烈祠, 延平郡王祠, 古堡, 中山堂, 圓環樓, 介壽亭, 南屯古街, 九族文化村, 臺灣民俗村, 高山博物館, 國立自然科學博物館, 省立美術館, 抗日起義紀念碑, 琴山紀念碑, 慈恩塔, 慈雲寺, 萬物寺, 德化寺, 佛教蓮舍 (35)	115
	4. 臺南 (1999)	市廳, 市議會, 國立成功大學, 郵政局, 臺南驛, 버스터미널, 萬安橋, 開運橋, 西門路, 南門路, 開山路, 金華路, 忠義路, 勝利路, 臨安路, 成功路, 民權路, 民生路, 友愛路, 保安路, 大勇路, 永華路, 大學路, 民族路, 中小路, 環華企業家聯誼會館, 瞭望臺, 信號臺, 臺南紡	南中國海, 臺灣海峽, 澎湖水道, 鹿耳港, 四五保漁港, 麥坎納安平港, 安平新港, 鯤鯓海水浴場, 臺南運河, 鯤鯓湖, 四草湖, 珊瑚潭, 魚池, 曾文溪, 鹽水溪, 日新溪, 爺宮溪, 鹿耳門溪, 二仁溪, 鹿耳·鳳凰·鄭成功紀念·梅花·小康社區·開元·日新·八十三·八	億載金城, 土城安平古堡, 淸安宮, 福聖宮, 神農宮, 祿龍宮, 媽祖宮, 鹿耳門天后宮, 安興宮, 萬安宮, 龍山宮, 南天宮, 朝興宮, 保安宮, 鎭安宮, 慶興宮, 朝皇宮, 天福宮, 復興宮, 文靈宮, 保慈宮, 三元宮, 大興宮, 保山宮, 龍鳳宮, 中安宮, 福安宮, 德濟宮, 天水宮, 孔子廟,	180

國家	地域	機關·施設·地區	名勝·觀光·慰樂地	遺物·紀念·遺蹟地	合計
21. 臺灣	4. 臺南	織廠, 遠東百貨公司, 十大·今日·統一 百貨, 萬皇市場, 夜市場, 臺南호텔, 朝代·白熊·赤嵌·鳳凰城·凱弘·臺南 大飯店, 東興餐廳, 거북이 料理廳, 市街地, 桂花堂, 牧場, 鹽田, 排水溝, 鯤鯓海堤, 安平區 傳統家屋地區 (51)	十五·八十八·中山·慶平·公二·公四·公五·公七·公八·公九·市立體育·中正紀念運動·西湖·連雅堂紀念 公園, 悟智樂園, 民生綠園, 國花飲茶, 秋茂園, 翡翠屋, 中國城, 安平燈塔, 黃金海岸休憩區, 西門·小西門圓環 (51)	關雲長武廟, 聖母廟, 萬聖公廟, 武聖廟, 萬聖將軍廟, 文武聖廟, 海城隍廟, 五妃廟, 慶隆廟, 鯤鯓廟, 濟公廟, 三鯤鯓 碼交臺, 安平小砲臺, 國民·二二八·鄭成功登陸 紀念碑, 赤嵌樓, 萬仙堂, 鎭安堂, 忠烈祠, 延平郡王祠, 鎭海壇, 天壇, 蟠龍殿, 海中聖人, 鄭成功銅像, 萬應公, 五姓公, 公墓, 納骨塔, 臺南博物館, 永漢民藝館, 開元寺, 聖天池寺, 萬化心眞寺, 妙姿寺, 靜心禪寺, 清水寺, 超峰寺, 龍山寺, 竹溪寺, 法華寺, 靜隱寺, 香嚴寺, 圓通寺, 慈光精舍, 天主堂 (78)	
	5. 高雄 (1999)	市廳, 市議會, 電信局, 體育館, 中正文化中心, 青年活動中心, 市立病院, 中山大學, 高雄師範學校, 高雄醫學院, 高雄空港, 高雄驛, 버스터미널, 曲橋釣月橋, 中山海岸高速公路, 原子力發電所, 國際·國賓 大飯店, 高雄牛乳大王, 市街地, 遠東·大統 百貨店, 三民市場, 軍事基地, 大樹鄕 (25)	南海, 臺灣海峽, 澎湖水道, 旗津半島, 西子灣, 枋寮港, 高雄外港, 高雄港, 小港, 萬丹東港, 페리터미널, 旗津船着場, 旗津海水浴場, 萬壽山, 北大武山, 半屛山, 佛光山, 旗山, 仁愛河, 愛河運河, 澄淸湖, 蓮池潭, 萬壽山·扶輪·旗津海洋 公園, 林園 (26)	三鳳宮, 城隍廟,忠烈祠, 春秋閣, 五里亭, 龍虎塔, 濟公像, 歷史博物館, 蔣公紀念館, 電信大樓, 傳統果實 '檳榔', 義永寺, 元喜寺 (13)	64
	6. 墾丁 (1999)	墾丁國家公園管理廳, 鵝鑾鼻, 貓鼻頭, 生態保護區, 墾丁福華渡假飯店, 枋寮·楓港·恒春·屛東·內埔·潮州·新埤·枋山·東城·南 灣, 港口·東港·林園·小港·林邊 地域 (20)	太平洋, 南中國海, 巴士海峽, 南灣, 潭子灣, 香蕉灣, 墾丁半島, 貝殼砂島, 後壁 湖漁港, 大山母山, 大尖石山, 大圓山, 門馬羅山, 南仁山, 紫檞山, 馬鞍山, 龍鑾潭, 四重溪, 石牛溪, 網紗溪, 保力溪, 港口溪, 七孔·欖仁溪·山海 瀑布, 墾丁國家·龍盤 公園, 四重溪溫泉, 森林遊樂區, 佳洛水風景區 (30)	恒春古城, 東城古城, 石門古戰場, 東門, 石棺, 蔣介石銅像, 鵝鑾碑石, 鵝鑾 碑燈臺, 石板屋, 船帆石, 七星岩, 工業歷史展示區, 永世界, 出火, 白砂, 社頂, 瓊林場, 羅峯寺 (18)	68
	7. 金門島 (2002)	金門縣廳, 縣議會, 鎭廳, 鄕廳, 國家公園管理處, 林務所, 國立空中大學, 金門農工職校, 抵達金門空港, 大陸反攻基地, 浯 洲柴窯, 田墩養殖場, 花崗石醫院, 縣立體育館, 室內體育館, 金門陶藝廠, 金合利鋼刀金城本廠, 金門酒廠, 貢糖廠, 浯 洲陶藝店, 金門名紀貢糖, 碧山林, 湖井頭地域, 統領金酒廣場, 사탕수수밭, 模範街, 上古厝麵線食堂, 紅高粱製草店, 農	南中國海, 臺灣海峽, 圍頭灣, 廈門灣, 料羅灣, 青嶼灣, 洋山灣, 後江灣, 金沙灣, 金門港道, 金烈水道, 鼓浪嶼, 小金門島, 大擔島, 廈門島, 母嶼, 建功嶼, 金門港,後浦港, 田墩海堤, 太武山, 麒麟山, 紅山, 乳山, 昔果山, 美人山, 鵲山, 三獅山, 天摩山, 面前山, 五虎山, 鷄鳴山, 北鵲山, 連山, 廈門江, 鷺江, 慈湖, 雙鯉湖, 古崗湖, 榮湖, 太湖, 陵水湖, 西湖, 莒光湖, 陽明	金門城, 明城, 烈女廟, 李光前將軍廟, 牧馬侯祠, 朱子祠, 延平郡王祠, 勝利門, 八達樓子, 莒光樓, 魁星樓, 北山古洋樓, 得月樓, 蔡氏祠堂, 魯王墓, 陳健古墓, 太武公墓, 中山紀念林, 邱良功墓園, 風獅爺, 馬山觀測所, 雙鯉濕地 自然中心, 湖井頭戰史館, 古寧頭戰史館, 八二三戰史館, 蔣經國先生紀念館, 民俗文化村, 水頭村, 海印寺, 金剛寺 (30)	125

國家	地域	機關·施設·地區	名勝·觀光·慰樂地	遺物·紀念·遺蹟地	合計
21. 臺灣	7. 金門島	耕地, 原鄉緣食堂, 浯江大酒店, (中國大陸)福建省, 廈門市, 圍頭市, 蓮河市(35)	湖, 龍陵湖, 蘭湖, 蓮湖, 長沙·瓊林·田埔水庫, 金門國家公園, 中正公園, 彫刻公園, 中山紀念林, 楓香林, 四維·翟山坑道, 陽山遊憩區, 溪邊, 高級高梁酒(Kaoliang) (60)		
	計(7)	253	260	211	724
22. 스페인 (1991)	1. Sitges (1991)	타운 廳舍, Sitges驛, Sitges港埠頭, 市街地, 商店街, 食堂地區, 안테마레 호텔, 住宅地域 (8)	地中海, Sitges港, Sitges海水浴場, 논세라트山, 노야·료브레가트 江, 自然公園, 海岸가든 (8)	Sitges古城, 高樓, 로마遺蹟, 고딕型 建築物, Sitges紀念館, 바실리카聖堂, Sitges教會 (7)	23
	2. Barcelo-na(1991)	市廳, 市議會, 國際空港, 바르셀로나驛, 버스터미널, 港口埠頭, 올림픽 競技場, 市街地, 고딕地區, 步行者專用道路, 바르셀로나 호텔, 食堂街, 바르셀로나大學 (13)	地中海, 몬주이크 언덕, 베세스·료브레카트·토데라 江, 카탈루냐 廣場, 바르셀로나 鬪牛場, 自然·都市 公園, 올림픽 가든, 遊園地, Cerdanyola 테크노 파크 (12)	凱旋門, 스페인 마을, 舊市街地, 바르셀로나 遺跡, 考古學博物館, 피카소 美術館, 벨런·산파울로 教會, 바르셀로나 大寺院 (9)	34
	3. Madrid (1991)	政府廳舍, 國會議事堂, 大法院, 市廳, 市議會, 國際空港, 마드리드驛, 버스터미널, 市街地, Colmenar Viejo 研究團地, 플라멩코 타블라오, 산 호세 호텔, 스페인 食堂 (13)	피레네 山脈, 엘파르도山, 자라마江, 만자레스運河, 河港, 사바티니 庭園, 레티로·都市·自然 公園, 마드리드 鬪牛場, 遊園地, 마드리드 파크, 푸에르타 델솔 廣場 (13)	王宮, 몽크로아 宮, 太陽의 門, 돈키호테 銅像, 마요르·스페인 廣場, 바이렌 거리, 傳統 古빌딩, 마드리드 大寺院 (9)	35
	計(3)	34	33	25	92
23. 포르투갈 (1991)	1. Lisbon (1991)	政府廳舍, 國會議事堂, 市廳, 市議會, 裁判所, Gulben Kian財團, 리스본 國際空港, 로시오驛, 버스터미널, 埠頭, 페리乘船場, 市街地, 쇼핑 디스트릭트, Mafra's Vineyards, 리베르다데 거리, Rossio·Empire·Black Horse·라드·코메르시오 廣場, 테조江·'25th of April' 橋, 國立劇場, Belém 타워, New Convent, Jerónimos Abbey, O'bidos·Torres Vedras·Mafra·Cascais·Sintra·Setúbal·Estoril·Arrábida·Sesimbra 타운 (35)	大西洋, 타구스 灣, 리스본·Setúbal港, Tamarzi·Estoril 비치, Sintra山脈, 팔규·Arrábida 山, Tejo·Sado 江, EdwardⅦ公園, Estrela庭園, 에스토릴 海邊休養地, 地獄의 洞窟(Mouth of Hell), Campo Pequeno 鬪牛場, 산타루치아 展望臺, 黃金의 거리, 바이샤 地區, Portinho·Arrábida 地域 (21)	페나·산 조르주·Arab·聖 조지·聖 필리페 城, Mafra·Convent·Pena·Seteais·國立 Sintra 宮, 聖Anthony 出生地, Henry王子·Christ the King 銅像, Belém타워, 알파마地域, Bragansa王朝 王들의 무덤, Jerónimos Monastery, 古代美術·現代美術·Casriage·Castel Convent·軍事·海軍博物館, King D. PetroⅣ·發見者들 紀念館, Romanesque聖堂, Mother of God·Jesus·St. Vincent's 教會 (29)	85
	計(1)	35	21	29	85
24. 스웨덴 (1991)	1.Stoc-kholm (1991)	政府廳舍, 國會議事堂, 市廳, 市議會, 國際空港, 버스터미널, 市街地, 세르겔 廣場, 노벨賞 晩餐場, 朴憲注 아파트 (10)	살트송海, 바른후스·니브로灣, 홀멘島, 피리산江, 멜라렌湖, 칼라廣場, 시나빅·린네·都市 公園, 遊園地 (11)	王宮, 스코가홀름大邸宅·王立·노벨 公園, 歷史博物館, 國立美術館, 大寺院, 獨逸教會 (8)	29
	2.Uppsala	市廳, 市議會, 웁살라大學, 市街	피리산江, 린네·都市·自然公	歷史遺蹟地, 바이킹 博物館, 大聖	15

國 家	地 域	機關·施設·地區	名勝·觀光·慰樂地	遺物·紀念·遺蹟地	合計
	(1991)	地, 學生村, 住宅地區 (6)	園, 遊園地 (5)	堂, 웁살라 敎會 (4)	
	計(2)	16	16	12	44
25. 모나코 (1991)	1. Monaco (1991)	政府廳舍, 國會議事堂, 市廳, 모나코 驛, 버스터미널, 埠頭, 市街地, 팔레데콩그레, 드아메스 廣場, 베르세이 호텔, 海邊食堂, 商街區域, 住宅街 (13)	地中海, 리규리아海, 모나코灣, 로카곶, 카지노 遊興場, 앙투와네트·모나코 公園, 熱帶庭園, 遊園地, 어린이 놀이施設 (10)	王宮, 王宮앞 廣場, 모나코 城址, 몽테칼롱, 宮殿·海洋 博物館, 蜜蠟人形館, 모나코 聖堂, 모나코 敎會, 大寺院 (10)	33
	計(1)	13	10	10	33
26. 이집트 (1995)	1.Cairo (1995)	政府廳舍, 國會議事堂, 市廳, 市議會, 카이로 大學, 카이로驛, 버스터미널, 市街地, 商街, 불라크, 케옵스, Gizeh地區, 카이로 호텔, 아타비 市場, Pyramid호텔, 富一食堂, 空港 (17)	나일江, 마즈-자마리크·알-루다 호島, 나일江 河港, 나일江橋, 나일江 船着場, 나일江 遊覽船, 都市·自然·江邊 公園, 시타텔 城壁, 로다섬, 動物園 (13)	피라밋, 스핑크스, 기제·멤피스 遺跡地, 이집트學 資料保管所, 이집트學 硏究學會, 카이로 博物館, 이슬람 美術博物館, 엘마무디에·하산回敎·아코르 聖殿, 佛敎寺院,이브딘 宮殿 (13)	43
	2.Luxor (1995)	市廳, 市議會,空港,船着場, 遺物監視廳, 市街地, 住宅街, 商店街, 룩소르 호텔, 上이집트 地域, 메다무드, 墳墓盜堀村 구르나 마을, 草原地帶, 在來市場, 廣場 (15)	나일江, 나일江 河港, 라메스塔門地區, 回敎地區, 都市·自然·나일江邊 公園, 遊園地, 江邊休憩空間, 나일江 遊覽船, 룩소르 運河, 클레오파트라 거리 (12)	룩소르·테베·하버브·아몬·카르나크 神殿, 오벨리스크塔, 룩소르·테베 遺蹟, 王陵의 溪谷, 女王들의 溪谷, 투탕카멘王陵, 토드의 무덤, 貴族들의 墓地, Memnon·람세스2世 巨像 (15)	42
	3.Alex-andria (1995)	市廳, 市議會, 알렉산드리아驛, 버스터미널, 카이로-알렉산드리아 高速道路, 草原, 로제타 地區, 市街地, 商街, 오라비 廣場, 要塞 (11)	地中海, 나일江, 下나일江 地域, 나일江 三角洲, 알렉산드리아港, 파로스 섬, 鹽田地區, 都市·海岸公園, 마스터 休憩所, 運河 (11)	알렉산드리아舊港, 알렉산드리아 遺蹟, 파로스섬의 燈臺, 國立圖書館, 그리스-로마 博物館, 알렉산드리아大王紀念館, 카톨릭 聖堂, 敎會, 寺院, 美術館 (10)	32
	4. El Ala-mein(1995)	地中海 沿岸道路, 海邊 아파트, 農村聚落地 (3)	地中海, 草原地帶, 沙漠地域, 海岸休憩所 (4)	이집트 遺蹟, 英國·獨逸戰跡地, 戰爭紀念館, 戰沒者墓地 (4)	11
	5.Assall-um(1995)	이집트-리비아 國境線, 出入國管理事務所, 베두인 村落 (3)	地中海, 아살룸灣, 草原地帶, 休憩所 (4)	이슬람 遺蹟, 傳統家屋, 在來商店, 國境線標識塔 (4)	11
	計(5)	49	44	46	139
27. 리비아 (1995)	1. Am Saad(1995)	리비아-이집트 國境線, 出入國管理事務所 (2)	地中海, 아살룸 灣, 草原地帶, 休憩施設 (4)	그리스 遺蹟, 로마 遺跡, 傳統家屋, 國境線標識板 (4)	10
	2.Tobruk (1995)	市廳, 市街地, 住宅地區, 商街, 알마세라 호텔 (5)	地中海, 토브루크 灣, 海岸·自然公園, 休息空間 (5)	로마 遺跡, 英國·프랑스·獨逸戰沒者 墓地 (4)	14
	3.Darnah (1995)	市廳, Darnah港埠頭, 市街地, 住居地, 商街 (5)	地中海, Darnah灣, Darnah港, 都市·海岸 公園 (5)	그리스·로마 遺蹟, 岩石墓, 大寺院 (4)	14
	4.Susah (1995)	市廳, 市街地, 住宅地區, 商店街 (4)	地中海, 시레네·프토레마이스 언덕, 海岸公園 (4)	Susah遺蹟地, 아폴로니아, 古代居住洞窟, 寺院 (4)	12
	5.Al Bayda (1995)	市廳, 市街地, 住宅地區, 商店街, 리비아 食堂 (5)	地中海, 草原地, 都市·海岸 公園 (4)	Al Bayda遺蹟地, 古代居住洞窟, 寺院 (3)	12
	6.Beng-hazi (1995)	市廳, 벵가지大學, 東亞建設本部, 東亞農場, 市街地, 住宅街, 商店街 (7)	地中海, 시드라灣, 地下水供給施設, 草原地, 沙漠地帶, 海邊公園 (6)	그리스·로마 遺蹟, 傳統住宅, 集團墓地, 寺院 (5)	18
	7.Ajdabi-	市廳, 東亞建設施設, 整備工場,	地中海, 시드라灣, 供給中間貯水	로마·비잔틴 遺蹟, 傳統村落, 墓	13

國 家	地 域	機關·施設·地區	名勝·觀光·慰樂地	遺物·紀念·遺蹟地	合計
27. 리비아	yah(1995)	市街地 (4)	施設, 公園 (4)	地, 寺院 (5)	
	8. Sarir (1995)	東亞建設 사리르現場事務所, 水路管製作工場, 地下水取水場, 아우질라村 (4)	사하라沙漠, 草原地帶, 水路管노래房, 알-이라크地區, 沙漠골프場 (5)	오아시스, 駱駝隊商道路, 駱駝隊商, 草原墓地, 傳統家屋, 回教寺院 (6)	15
	9. Jalu (1995)	東亞通運캠프, 오질라 마을, 住居地域 (3)	사하라 沙漠, 草原地帶, 車輛休憩地點 (3)	原住民 居宅, 原住民 마을, 古寺院, 鐘樓 (4)	10
	10. Sirt (1995)	市廳, 東亞通運 캠프, 市街地, 住宅地區 (4)	地中海, 시드라 灣, 都市·海邊·自然公園 (5)	그리스·로마 遺跡, 카다피指導者 生家, 마블 아치 (4)	13
	11.Homs (1995)	市廳, 버스터미널, 海岸道路, 東亞建設水路管 埋設現場, 商店街 (5)	地中海, 홈스 海水浴場, 홈스港, 올리브 農場, 公共庭園, 海岸休息處 (6)	렙티스-마그나 遺跡地, 로마·그리스 遺蹟, 古代遺物, 古代劇場, 古寺院 (6)	17
	12. Tripoli (1995)	政府廳舍, 市廳, 카다피指導者 官邸, 韓國大使官邸, 市街地, 트리폴리·알 파테흐 大學, 市場거리, 엘 마흐리 호텔 (9)	地中海, 트리폴리海水浴場, 트리폴리港, 올리브 農園, 都市·海邊·自然 公園, 海岸慰樂施設, 遊園地 (9)	트리폴리 城廓, 스페인城, 오토만帝國 遺跡, 사브라타 遺跡地, 王宮, 凱旋門, 舊市街地, 在來市場, 聖堂, 敎會, 寺院 (11)	29
	計(12)	57	60	60	177
28. 튀니지 (1995)	1. Ben Gardane (1995)	튀니지-리비아 國境, 國境出入國管理事務所, 市街地, 海岸道路 (4)	地中海·가베스 灣, 잘지스 마을, 올리브 農場, 草原地帶, 海邊休息處 (6)	카르타고 遺址, 로마 遺跡, 原住民 家屋, 傳統墓地, 在來市場 (5)	15
	2. Djerba (1995)	市廳, Djerba空港, 連陸堤防, 市街地, 商店, Djerba호텔 (6)	地中海, 가베스灣, 제르바島, 아틀라스 山脈, 海岸慰樂地區 (5)	카르타고 遺址, 로마 遺跡, 줄리어스 시저 紀念像, 호우메트 에스소욱 市域 (4)	15
	計(2)	10	11	9	30
29. 캐나다 (1997)	1.Sarnia (1997)	캐나다·美國國境, 出入國管理事務所, 高速道路, 鐵道터널 (4)	후론湖, 聖클레어江, 살리아 港, 休息公園, 森林地帶 (5)	製鹽·精油施設 遺址, 傳統 農村部落 (3)	12
	2. Niagara Falls (1997)	市廳, 市議會, 市觀光局, 나이아가라 폴스驛, 버스터미널, 엘리자베스女王道路, 시닉 터널, 레인보우·워풀 高速橋, 船着場, 水力發電所, 工場地帶, Kodak·Minolta·Skylon 타워, 베스트 웨스턴 케른 크롭트 호텔, Maple Leaf村 (17)	온타리오湖, 나이아가라江, 고트島, 遊覽船, 워풀州立·빅토리아女王 公園, Maid of the Mist, 나이아가라·Horseshoe 瀑布, Skyline Foxhead, Whirpool Spanish Aerocar, Clifton Hill (12)	Table Rock House, 옥스庭園劇場, 데이비스 홀 레비드, 옥스庭園, 나이아가라 골즈 地域, 기네스 博物館, 나이아가라瀑布 資料館, 聖堂, 敎會 (9)	38
	計(2)	21	17	12	50
30.朝鮮 (1999)	1. 高城 (1999)	郡人民委員會, 郵遞局, 現代商船 金剛號, 金剛山 出入國事務所, 溫井里 休憩所, 北韓要人休養所, 金貞淑 休養所, 高城農業專門學校, 高城中學校, 高城小學校, 高城郡 群衆文化會館, 高城水産事業所, 豆浦水産事業所, 長箭協同組合, 南涯協同組合, 東谷水産協同組合, 高城食料工場, 高城醬工場, 高城菓子工場, 高城닭工場, 高城참대	東海, 高城(長箭)灣, 靈津灣, 靈津半島, 臥牛島, 松島, 崔島, 大峯島, 竹島, 水簾島, 방울섬, 浮섬, 兄弟섬, 검은섬, 사이섬, 개지섬, 배섬, 三섬, 구명섬, 돌섬, 솔섬, 하야섬, 길마섬, 다섯개바위섬, 솔난섬, 黃달섬, 海金剛솔섬, 馬巖浦섬, 말동이섬, 玉바위섬, 金剛莊海水浴場, 말머리海水浴場, 四月岬, 水源端곶, 太白山脈, 金剛山, 內金	高城邑城, 豆浦里城, 萬里城, 溫井里城, 仝城里山城, 注驗里城, 舊邑城, 城北里 古城址, 三日浦里古墳群, 新溪寺 幢竿支柱, 新溪寺 三層塔, 本祭서낭터, 外金剛驛址, 舊高城邑, 楡岾寺 石橋, 무지개다리, 埋香碑, 海金剛里 水源壇, 七松亭, 萬相亭, 四仙亭, 觀瀑亭, 九龍閣, 金剛山 革命史蹟館, 木蘭館, 丹楓館, 望洋臺, 仰止臺, 安心臺, 蓮花	252

國家	地域	機關·施設·地區	名勝·觀光·慰樂地	遺物·紀念·遺蹟地	合計
30.朝鮮	1. 高城	日用品工場, 高城오리牧場, 陵洞國營果樹農場, 바다가養殖場, 靈津漁場, 高城人民競技場, 軍人 海岸哨所, 高城(長箭)港, 高城驛, 南涯驛, 豆浦驛, 濂城驛, 金剛青年驛, 養珍里驛, 金剛山青年線, 元山-金剛山間 觀光 道路, 溫井-金剛山間 道路, 烽火-月飛山間道路, 果樹園거리, 少年거리, 青年거리, 排水車거리, 碑石거리, 배터거리, 三街里거리, 세거리, 밤나무거리, 평두나무거리, 鑛山거리, 56m 출렁다리, 高城郡 人民病院, 金剛山호텔, 海金剛 海上호텔, 金剛山溫泉莊, 百石洞 溪谷, 高城平野, 玉流洞, 千佛洞, 長壽園 마을, 창터솔기地域, 高城邑, 溫井里, 立石里, 養珍里, 城北里, 寶湖里, 浦外津里, 末茂里, 烽燧里, 龍溪里, 新興里, 雲谷里, 桂月里, 沙湖里, 長亭里, 兩松里 (76)	剛, 外金剛, 海金剛, 霧山, 五峯山, 仙蒼山, 매山, 月飛山, 南山, 別金剛山, 烽火山, 北山, 奧萬物山, 千佛山, 塔山, 龍山, 赤壁山, 遮山, 金鷄抱山 , 青龍山, 虎巖山, 望台山, 城隍堂山, 學校山, 鶯巢形山, 燕巢形山, 將軍山, 亭子山, 蝶舞山, 陽地山, 馬城隍山, 德谷山, 蛇頭穴山,神鶴山, 喇叭山, 墓地山, 安邊山, 雲峰山, 萬物相, 海萬物相, 毗盧峯, 月出峯, 遮日峯, 國士峯, 國地峯, 白馬峯, 水晶峯, 秀淸峯, 嘉女峯, 바리(鉢)峯, 永郎峯, 大峯, 千佛峯, 文殊峯, 勢至峯, 露積峯, 望峯, 望海峯, 友誼峯, 杖鼓峯, 全米峯, 天女峯, 天柱峯, 天津峯, 燭臺峯, 禍峯, 高峯, 孤岑峯, 蓮花峯, 雙支峯, 老丈峯, 玉女峯, 世尊峯, 觀音峯, 集仙峯, 大子峯, 七星峯, 香爐峯, 魚頭峯, 旗臺峯, 一字峯, 大慈峯, 望守峯, 文筆峯, 錦繡峯, 溫井嶺, 外霧在嶺, 曳輪嶺, 司令嶺, 靈津嶺, 草峴, 臥牛峴, 極樂峴, 放送高地, 三五一高地, 金剛門, 海金剛門, 毘沙門, 三仙岩, 鬼面岩, 折斧岩, 佛岩, 五仙岩, 神仙岩, 五怪岩, 東龜岩, 西龜岩, 沙孔岩, 燭臺岩, 玄鍾岩, 夫婦岩, 丹書岩, 매바위, 金剛山닭알바위, 토끼바위, 彌勤바위, 立石, 屛風石, 金剛窟, 蓬萊窟, 南江, 千佛洞江, 北江, 赤壁江, 後天江, 上松江, 溫井川, 雲田川, 廉城川, 千佛川, 仙蒼川, 金剛川, 鉢淵川, 新溪川, 後川, 盤谷川, 雲谷川, 百川川, 長浦川, 間材川, 普玄川, 南涯川, 豆白川, 豆浦川, 神鶴川, 九龍川, 福松川, 城北川, 靈神川, 龍溪川, 龍川水, 萬相溪, 寒霞溪, 天仙溪, 三日浦, 長箭浦, 城隍浦, 金剛山溫泉, 外金剛溫泉, 福松藥水, 松坊藥水, 三日浦샘물, 溫井샘물, 龍門샘물, 種谷샘물, 永郎湖, 鑑湖, 逞湖, 金燕湖, 湲湖, 寶湖, 龍沼,	臺, 將軍臺, 天仙臺, 三仙臺, 獨仙臺, 蓬萊臺, 瀑布臺, 望長天, 金剛園, 高城분취, 남생이, 큰뚝사초, 흑고니, 外金剛 남생이살이터, 高城 참대밭, 창터 소나무林, 月飛山里 石佛坐像, 文殊庵, 普光庵, 楡岾寺址, 新溪寺址, 鉢淵寺址, 夢泉庵址 (52)	

國家	地域	機關·施設·地區	名勝·觀光·慰樂地	遺物·紀念·遺蹟地	合計
30.朝鮮	1. 高城		江達沼, 龍川沼, 三湯沼, 亭子沼, 九龍潭, 連珠潭, 上八潭, 船潭, 龍潭, 九龍淵, 黑鉛吴, 九龍瀑布, 飛鳳瀑布, 觀音瀑布, 金剛水晶, 石門布 (124)		
	2. 開城 (2003)	開城市人民委員會, 北韓出入國事務所, 北韓稅關, 韓國土地公社 開城工團建設事務所, 金日成同志革命思想硏究室, 開城新聞, 開城放送, 開城TV, 高麗幼稚園, 人民學校, 延江中學校, 善竹高等中學校, 開城藝術專門學校, 開城高等專門學校, 開城農業專門學校, 開城共産大學, 開城輕工業總合大學, 開城醫學大學, 開城敎員大學, 松都師範大學, 開豊農業專門學校, 長豊農業專門大學, 板門農業專門大學, 京義線 鐵道, 白川線 鐵道, 開城-元山線 鐵道, 開城驛, 板門驛, 開豊驛, 桃源驛, 礪峴驛, 平壤-開城高速道路, 開城-서울高速道路, 開城-海州道路, 開城-元山道路, 開城-板門-開豊道路, 開城-長豊道路, 開城-石門道路, 開城-豊德道路, 松都거리, 勝戰거리, 統一거리, 青年거리, 雲鶴거리, 碑石거리, 紡織線거리, 統一橋, 大路橋, 駱駝橋, 萬夫橋, 北辰橋, 天水橋, 吹笛橋, 板門橋, 自由의 다리, 수박다리, 月淸다리, 開城學生少年宮殿, 開城文化會館, 板門文化會館, 板門店會議場, 朴淵協同農場, 開城人蔘圃田, 開豊硅石鑛山, 解線石灰石鑛山, 織維製造廳, 寶石加工工場, 開城手藝品工場, 高麗人蔘加工工場, 開城人蔘酒工場, 開城紡織工場, 開城裁縫絲工場, 開城被服工場, 9月14日皮服工場, 子男山輸出皮服工場, 開城高麗藥加工工場, 開城砂器製品工場, 開城樹脂日用品工場, 開城綜合食料工場, 開豊織物工場, 開豊草物工場, 長豊織物工場, 長豊草物製品工場, 長豊食料加工工場, 板門織	黃海, 海州灣, 德積島, 威惡山脈, 阿虎飛嶺山脈, 松嶽山, 天磨山, 白岳山, 萬壽山, 自馬山, 扶蘇山, 由岩山, 聖居山, 高達山, 大德山, 子男山, 五松山, 德勿山, 龍裕山, 夜味山, 寶鳳山, 吹笛山, 鳳鳴山, 大興山, 墓地山, 南山, 玉山, 洪山, 林山, 崔山, 將山, 華藏山, 氷庫山, 龍首山, 進鳳山, 留巖山, 富興山, 蘿蔔山, 五冠山, 蓬萊山, 法國山, 帽子山, 月陽山, 帝釋山, 活人山, 廣德山, 神巖山, 月巖山, 豆石山, 天臺山, 蜈蚣山, 社稷山, 湧巖山, 牛頭山, 紅血山, 孤雲山, 烽山, 白山, 喪山, 雪山, 神山,具山, 金山, 吳山, 王山, 張山, 馬山, 朴山, 車山, 高山, 孫山, 陽山, 兪山, 松泰山, 入龍山, 郭載山, 府院君山, 監察使山, 所米山, 五峯山, 擬屛山, 胎峯山, 首龍山, 道高山, 盤龍山, 烽火山, 杉松山, 元通山, 軍藏山, 土城山, 念佛堂山, 舞鳳山, 鶴山, 黃山, 高柱態山, 共同地山, 大牛山, 天祭山, 兩山, 永安山, 化龍山, 九段山, 七寶山, 鷄頭山, 高尺山, 飛月山, 鳥足山, 陶匠山, 敗將山, 三道山, 天光山, 妙德山, 花月山, 天德山, 極樂峯, 銳峯, 月峯, 弔慰峯, 露積峯, 望月峯, 喪山峯, 殿座峯, 蓮花峯, 國使峯, 末峯, 牛峯, 鷹峯, 裔峯, 中峯, 鷄峯, 國粹峯, 文筆峯, 高山峯, 琴德峯, 喪興峯, 將軍峯, 國師峯, 五個峯, 玉女峯, 國祀峯, 冠帽峯, 因達峯, 阿虎飛嶺, 檜嶺, 馬踰嶺, 立巖峴, 掛冠峴, 金峴, 盤峴, 不朝峴, 炭峴, 沙峴, 舞峴, 廣鷄峙, 白鷄峙, 林巨正바위, 燈檠岩, 留岩, 屛岩, 水落岩, 醉岩, 皮岩, 山臺岩, 遮日	開城城, 半月城, 大興山城, 羅城, 松嶽城廓, 拔禦塹城, 青石鎭城, 官山城, 礪峴陣城, 昇天城, 魚餓山城, 永安城, 九化山城, 白峙山城, 舊邑里土城, 新聖里土城, 後江土城, 臨漢里土城, 背南山土城, 琴德城址, 古美城址, 興城址, 德壽宮, 三峴新宮, 滿月臺 王宮址, 壽昌宮址, 敬德宮址, 南大門, 大興山城北門, 南門址, 禪門址, 迎秋門址, 禪義門址, 炭峴門址, 大興山城 東門址, 大興山城 西門址, 大興山城南門址, 國子監, 力齋學, 穆淸殿, 昭格殿, 延興殿, 仁熙殿, 板門閣, 觀德亭, 九君亭, 泛槎亭, 虎亭, 長源亭址, 反求亭址, 步仙亭址, 雲錦樓, 南大門樓, 大興山 城門樓, 留守營門樓, 解慍樓址, 海雲樓址, 淸寧齋, 善竹橋, 善竹危橋 石罅, 玄化寺 石橋, 演福寺 梵鐘, 滿月臺獅子像, 觀音寺 大理石觀音像, 彌勒寺 石佛立像, 佛日寺 四天王像, 寂照寺 鐵製如來像, 觀音寺 石佛, 福靈彌勒, 新聖里 彌勒, 壽昌宮 龍頭 金日成 銅像, 敬天塔, 元通寺法華經塔, 興國寺塔, 觀音寺 七層石塔, 玄化寺 七層塔, 塔洞 三層塔, 佛日寺 五層石塔, 華藏寺 七層石塔, 華藏寺 舍利塔, 南溪院 七層石塔, 靈通寺 五層石塔, 靈通寺 三層石塔, 歸法寺 石塔, 敬天寺 十層石塔, 心腹寺 七層塔, 宣傳塔, 善竹橋 碑閣, 鄭夢周 史蹟碑, 韓石峰善竹橋 書碑, 善竹綠事碑, 善竹橋改築碑, 鄭夢周 書院碑, 表忠碑, 杜門洞碑, 齊陵碑, 聖人碑, 花潭神道碑, 不朝峴碑, 朴淵瀑布 獻詩碑, 崧陽書院 紀念碑, 金敬朝 記實碑, 顯陵 修整 記實碑, 玄化寺碑, 靈通	745

國家	地域	機關·施設·地區	名勝·觀光·慰樂地	遺物·紀念·遺蹟地	合計
30.朝鮮	2. 開城	物工場, 板門人蔘加工工場, 板門草物製品工場, 開城工團建設現場, 現代重機械事務所, 開城市人民病院, 開城競技場, 開城體育館, 開城市藝術團, 開城百貨店, 開城商店, 開城劇場, 子男山旅館, 開城民俗旅館, 驛前旅館, 朴淵瀑布外國人호텔, 朴淵休憩所, 開城特級市, 開豊郡, 長豊郡, 板門郡, 板門店, 滿月洞, 高麗洞, 非武裝地域內 平和里 部落, 化谷勞動者區, 紡織洞, 冠訓洞, 南門洞, 南山一洞, 南山二洞, 南安洞, 內城洞, 德巖洞, 銅峴洞, 東興洞, 龍山洞, 龍興洞, 步仙洞, 扶山洞, 善竹洞, 城南洞, 松嶽洞, 勝戰洞, 驛前洞, 雲鶴一洞, 雲鶴二洞, 恩德洞, 子男洞, 海雲洞, 朴淵里, 三距里 (136)	岩, 馬岩, 步仙岩, 槽岩, 乳石, 恩德窟, 漢江, 臨津江, 禮成江, 西江, 沙川江, 黃江, 後江, 朴淵川, 芝波里川, 沙彌川, 良峴川, 竹白川, 月岩川, 箭門川, 錦城川, 蘿蔔川, 馬尾川, 新垈川, 暎波川, 吾助川, 板門川, 雨城川, 烏川, 西門川, 龍興川, 善竹川, 龍屯川, 鷄井川, 松化川, 率賢川, 貴存川, 美堂川, 小沙彌川, 熊川, 玉蓮川, 冷井川, 南浦川, 墨松川, 舊邑川, 長傾川, 臥龍川, 古邑川, 九化川, 門안川, 菊花川, 篤正川, 栗木川, 席屯川, 知谷川, 紫霞川, 上煌川, 長佐川, 三佐川, 前溪川, 末尾川, 德水川, 龍屯川, 佳林川, 綠楊川, 朴淵瀑布, 大興瀑布, 淸凉瀑布, 朴淵淵, 故母潭, 白玉潭, 龍淵, 丹楓沼, 巫堂沼, 王建王陵못, 大井藥水, 水山藥水, 江西藥水, 青山藥水, 居昌藥水, 道德井, 瑤泉, 洗身井, 衛水井, 御水井, 恭愍王陵샘물터, 松都貯水池, 玉蓮貯水池, 東蒼貯水池, 德水貯水池, 上道貯水池, 龍興貯水池, 新興浦閘門貯水池, 黃江浦排水閘門貯水池, 玉山貯水池, 長傾貯水池, 永豊貯水池, 墨山貯水池, 武泰貯水池, 德積貯水池, 新村貯水池, 中房貯水池, 仙跡貯水池, 禾谷貯水池, 嶺井貯水池, 羊司貯水池, 軍藏山貯水池, 三峯貯水池, 山峴貯水池, 平和貯水池, 興天貯水池, 木蓮貯水池, 青年貯水池. 上谷貯水池, 土峴貯水池, 쑥골貯水池, 德山貯水池, 三合貯水池, 長佐貯水池, 五六月貯水池, 三峰貯水池, 밤陵貯水池, 臨津江平野, 月岩平野, 延白平野, 豊德平野, 三城平野, 新光平野, 敬天平野, 佳谷平野, 冷井平野, 青巖平野, 和平平野, 沙川平野, 土城平野, 廣村平野, 黃江浦排水閘門, 엄개排水閘門, 新興浦排水閘門, 義浦, 黃江浦, 碧瀾渡, 開城盆地, 松嶽明堂,	寺 大覺國師碑, 五龍寺 法鐘大師浮屠碑, 洪灌碑, 廣通普濟禪師碑, 成汝完 遺獻碑, 金濤 遺墟碑, 劉克良遺墟碑,李齊賢 遺墟碑, 宋象賢遺墟碑, 禹玄寶 遺墟碑, 步仙洞 革命史蹟碑, 板門 革命史蹟碑, 祖國統一碑, 象嵌青瓷, 開城 鑄錢, 鶴구름무늬 象嵌青瓷甁, 高麗觀音圖, 開國寺 石燈, 玄化寺 幢竿支柱, 靈通寺 幢竿支柱, 圓通寺 浮屠, 華藏寺 浮屠, 由巖山古蹟, 復興寺 雙塔古蹟, 板積窟, 靈昌里雙明齊契會地, 國師堂 烽火址, 坐犬橋址, 開城 革命史蹟地, 大德山 革命史蹟地, 龍山 革命史蹟地, 長佐革命史蹟地, 鳳東 革命史蹟建物, 停戰談判會議場, 板門 停戰協定調印場, 高麗 成均館, 高麗 博物館, 順天館, 金日成同志 革命事跡館, 統一館, 敬順王陵 顯陵(王建王陵), 玄陵(恭愍王陵), 正陵, 七陵, 溫鞋陵, 肅宗陵, 明宗陵, 昭陵, 安陵, 陽陵, 裕陵, 昌陵, 聰陵, 乾陵, 景陵, 元陵, 康陵, 成陵, 榮陵, 貞陵, 齊陵, 厚陵, 文萊墓, 朴趾源墓, 黃眞伊墓, 冷井一陵, 冷井二陵, 冷井三陵, 花谷陵, 田齋里 墳群, 水落洞一號무덤, 獐鶴里 積石무덤, 高麗 石棺, 革命烈士墓, 朝鮮人民軍烈士墓, 中國人民支援軍烈士墓, 崧陽書院, 大興寺, 光明寺, 日月寺, 觀音寺, 龜山寺, 奉恩寺, 旻天寺, 妙蓮寺, 崇敎寺, 興王寺, 天壽寺, 復興寺, 元通寺, 國淸寺, 江西寺, 雲岩寺, 王輪寺, 寂照寺, 崇仰寺院, 敬天寺址, 佛日寺址, 墨寺址, 玉山寺址, 報法寺址, 翫月寺址, 心腹寺址, 極樂寺址, 洛山寺址, 圓通寺址, 永燈寺址, 法華寺址, 興旺寺址, 衍慶寺址, 排也寺址, 玉泉寺址, 元明寺址, 玄化寺址, 興敎寺址, 安和寺址, 郭莊寺址, 佛恩寺址, 華藏寺址, 開國寺址, 地藏寺址, 普賢寺址, 長明寺	

國家	地域	機關·施設·地區	名勝·觀光·慰樂地	遺物·紀念·遺蹟地	合計
30.朝鮮	2. 開城		開城金剛, 臨浦赤壁, 觀德停, 逝斯停, 太平停, 泛槎停, 中和堂, 神仙臺, 會盟臺, 首龍山 動物保護區, 韓屋保存地, 軍事分界線, 非武裝地帶, 西興休憩所, 開城물놀이場, 子男山公園, 顯陵公園, 크낙새保護區, 子男院, 植物園, 觀音窟, 天然紀念物 크낙새, 高麗人蔘, 高麗人蔘酒, 開城商人, 開城花紋席, 開城花崗石, 붉은목쇠물까마귀, 수리부엉이, 섬蛇, 臨津江자라살이터, 板門店 흰두루미살이터, 開城금송, 開城호박, 開城봄무우, 開城배추, 開城 흰 복숭아, 成均館銀杏나무, 開城白松, 成均館느티나무, 開城紫木蓮, 開城회화나무, 滿月臺느티나무, 開城草物, 開豊銀杏나무, 長豊느티나무, 삼거리느티나무, 板門탱자나무, 애기송이풀, 王建王陵 소나무숲 (357)	址, 松林寺址, 歸法寺址, 大院寺址, 五龍寺址, 摠持寺址, 安心寺址, 輔國寺址, 妙覺寺址, 靈通寺址, 法國寺址, 神巖寺址, 天和寺址, 彌勒寺址, 吉祥寺址, 雲溪寺址, 正明寺址, 元寂寺址, 演福寺址, 興國寺址, 菩月庵址, 道詵庵址, 七星庵址, 南溪院址 (252)	
	3.平壤 (2005)	(公共機關) •國家機關-主席宮, 中央人民委員會, 萬壽臺議事堂, 政務院, 朝鮮勞動黨, 國家計劃委員會, 國家政治保衛部, 社會安全部, 中央裁判所, 中央檢察廳, 體育指導委員會, 朝鮮中央電信電話局, 國家觀光總局, 國家醫藥品檢定院 •地方機關-平壤市人民委員會, 平壤市廳, 平壤都市計劃設計事務所, 平壤電話局, 區域·郡人民委員會, 西浦資料所 •外國機關-各國大使館, 朝鮮外國船舶事業會社, 萬壽臺 뮌드 아시아合作會社 (教育機關) •大學-金日成綜合·平壤共産黨·平壤醫學·平壤建設建材·平壤工業·輕工業·平壤鐵道·第1師範·第2師範·外國語師範·運輸·平壤機械·平壤外國語·貿易·美術·平壤演劇映畵·平壤音樂舞踊·平壤體育·理科·商業·國際關係·人民經濟·社勞青·錦域政治·金鐵柱師範·金亨稷師範·金策工業綜合·韓德洙平	(山) •山脈-狼林·彦眞·青龍·鳥石·江東·北大峯·阿虎飛嶺·白虎발 山脈 •山-大城·錦繡·青龍·晩達·烽火·昌光·龍岳·賢明·龍骨·大帽·五鳳·太乙德·海鴨·觀音·臥龍·佛谷·解放·蒼光·高靈·馬場·大青·五峯·雲華·尋聖·青雲·孫子·玄明·秋峯·弄鶴·阿枇·夜岩·高坊·龍南·九龍·魯陽·峨嵋·龍頭·嵋岩·青岩·珠岩·楸南墟·三馬·乾芝·沙浪·長帥·四方·西明·三峰·月峯·黃龍·大寶·貧葬·鳳岫·金泉·馬形·清水·廣大·小龍·煙頭·黃口·山羊·者墓·獨立·玉兎·紙庄·戰勝·戰友·坎北·作藥·高頭·月明·大雅·龜越·李生·祭靈·朴家·夜芳·猿岩·松泰·大門·白鶴·東魯·北兄弟·北邙·臥牛·官廳·無鷺·凄凉·雲鷲·宴場·明堂·陣峯·立佛·堂祭·猪及·兄弟·氷藏·鐵峯·露積·百足·白雲·交梅·鳳	(遺蹟·遺物·事跡地) •遺蹟-青岩洞窟 舊石器遺蹟, 蔓達里 舊石器遺蹟, 寺洞꿈灘里 新石器遺蹟, 寺洞差林里 青銅器遺蹟, 朝鮮 옛類型 사람뼈遺蹟, 樂浪史蹟, 高山洞 高句麗우물, 大同江 高句麗나무다리, 安鶴宮 王宮우물, 童谷洞窟遺蹟, 烽火里 烽燧터, 文家峯烽燧, 烽火山 烽燧, 獨子山 烽燧, 山稷山 烽燧터, 舞鶴山 烽燧, 臥山洞遺蹟, 南京遺蹟, 立石里 遺蹟, 蔓達里 遺蹟, 貨泉洞 遺蹟, 검은모루遺蹟, 寺洞 史蹟, 大峴洞 遺蹟, 猿岩里 遺蹟, 大成山 遺蹟地, 鰲村遺蹟地, 土城장터, 城隍祭터, 祈雨祭터, 石戰터, 安定館터, 彌勒자리, 長村遺蹟, 裁松院터, 甕器店터, 大成學校, 大成山 연못群, 萬景臺 故鄕집(金日成 生家), 蔓達里 살림집, 朝國凱旋나루터 •遺物-高句麗 古墳壁畵, 平壤 貞拍里 出土遺蹟, 麥田 나룻짐배, 慈悲寺 浮圖, 永明寺 石佛龕 •事跡地-萬景臺 革命事跡地, 大	2,646

國家	地域	機關·施設·地區	名勝·觀光·慰樂地	遺物·紀念·遺蹟地	合計
30.朝鮮	3.平壤	壤輕工業·平壤藝術·張鐵久 平壤商業·平壤教員·平壤農業·平壤印刷工業·姜盤石 遺子女·平壤外科·金普賢·龍城食料工業·平壤化成工業·平壤컴퓨터技術·西城工業·勝湖工業 大學 • 學校-金日成 高級黨·平壤市高級黨·中央保健幹部·中央教育幹部政治·順和·人民·昌德·平壤統計專門·平壤高等建材工業專門·大成·明信·中和農業專門·祥原農業專門 學校 • 學院-마르크스·레닌主義·萬景臺革命·平壤巧藝·明倫 學院 ·中學校-平壤 第1高等·平壤 第1·東平壤 第1·樂浪 第1·金星第1·牧丹峯 第1·姜盤石·萬景臺·大陽·遺逸·大泉·吉英祚·江東 中學校 • 小學校-倉田·西浦·中和公立小學校 • 幼稚園-蒼光·西浦·平壤國際婦女節 50周年 幼稚園 • 託兒所-平壤 9.15周·江南邑託兒所 • 學習所-人民大學習堂, 平壤 學生少年宮殿, 萬景臺 學生少年宮殿, 科學獎勵館, 松花 美術院 (研究機關) ·科學院-朝鮮民主主義人民共和國 社會·醫學 科學院 • 研究院-農業科學·教育科學·白頭山建築 研究院 • 研究所-數學·體育科學·中央鑛業·石炭採掘工學·植物學·出版印刷科學·口腔材料·農業化學·農業化學化·獸醫學·土壤學·都市經營科學·平壤手藝·農業機械化·水利工學·平壤남새科學·氣象水文機械·紡織·藥學·日用品·被服·建設機械化·建築工學·養魚科學·機械工學·勞動安全工學·選鑛工學·自動化·地質學·尹伊桑音樂·中央豫報·人	凰·將軍·栗谷·戊辰·西浦·將忠·黃哥九曲·城隍堂·王子·老樂·浮自·書堂·齋宮·山稷·燈鏡·白石·釜架·黑龍·對鷹·三角臺·慈北·感嘆·曇革·東金剛·德峯·太陽·石磚·新昌·共同墓·舞鶴·大峯·城隍·烽燧·獨子·杏花·模範·卷龍·白神德·蔓達·祭嶺·白土·附近·吳家·石巖·裨將·松頭·陵長·黃頭·吏房·玄武·佛堂·中櫶·冠帶·密峰·龍馬·石田·解于·虛川·龍南·玉荇·祭東·祭通·月歡·冷井·白岩·上登·許家·鼎年·尹峰·嵲鷹·龍盤·白楊·三泉·小監·前南·巘岩·大月·鯨城·六岩·角屹·楓於·祭嶺·高飛·阿達·洞里·帝釋·鐵峯·黑嶺·平德·四大溝池·廣德·兩舟·祭靈·始祖·硯滴·仙女·原巖·銀奇才·柳安·鳳尾·金城溝池·朴達溝池·三方·水硯·角厚·白家·盆地·三百·小架·徐家·滿戶·放馬·張孟·會堂·保護·都堂·木炭·顯明·歡喜·黃白·狗牙堂·模範林·鳳頭·七峰·文仙堂·渤海·破産所·方家德·成功壇·雲鷲·馬場·舞童·月隱·於郎·魚龍·王林·坤開·鳳岩·家後·高陵·土窟·窟洞·長髮·遮日·平壤·茱峯·窟峯·屈奉·鞍裝·白馬·七丘·陷穽·德嶺·月炯·獅子·青嶺·王馬·加連·虎狼·大青·燕崔·汗蒸·墨桶·藥水·高靈·松竹·三角·金泉·陽地·都監·大德·觀音·龍卯·竝雲·鷲岩·鄉校·遮日峯·白虎·氷倉·城主·盤龍·雲秋·長趙·繁洞·雪嶺·窟峯·楊家·東南·東堂·臨饋臺·寂寞·非家·李·黃·龍·許·魯·馬·楊·明·東·造·玉·長·宋·崔·白·玄·案·姜·松·匙·朴·朱·姜·庄·洪·權·郭·	成山 革命事跡地, 千里馬 革命事跡地, 於隱 革命事跡地, 美林벌 革命事跡地, 池灘 革命事跡地, 五柳革命事跡地, 廣井 革命事跡地, 黃岳山 革命事跡地, 七骨 革命事跡地, 三登里 革命事跡地, 歸賢 革命事跡地, 烽火里 革命事跡地, 쑥섬革命事跡地, 頂山 革命事跡地, 乾池里 革命事跡地, 八淸 革命事跡地, 麻山 革命事跡地, 里峴 革命事跡地, 檀君陵 革命事跡地, 三和 革命事跡地, 魚銀 革命事跡地, 圓和革命事跡地, 麻炭고개 革命事跡地, 凱旋 革命事跡地, 戰勝 革命事跡地, 乾芝里 事跡地 (化石·墳墓) • 化石-大成山 中生代化石, 龍谷 化石人, 龍山里 海藻類化石, 中城 化石村, 牧丹峯 나무化石 • 고인돌-先史時代 고인돌, 廣灘마을 고인돌, 文興里 고인돌, 花岡里 고인돌, 黃大城 고인돌, 下里고인돌, 遺逸里 고인돌, 金村 고인돌, 靈泉里 고인돌, 龍谷里 고인돌, 소내골 고인돌, 場里 고인돌, 중돌 고인돌, 植松里 고인돌, 舞鶴山 고인돌, 河上골 고인돌 • 古墳群-樂浪 古墳群, 大成山 高句麗古墳群, 戊辰里 高句麗古墳群, 廣大山 高句麗古墳群, 芮里 高句麗古墳群, 道德里 샘골高句麗古墳群, 渡浦里 高句麗古墳群, 高山洞 옛무덤떼, 大城洞 옛무덤떼, 淸溪洞 月峯山 옛무덤떼, 松石里 검은개돌관 옛무덤떼, 順昌里 굴바위 돌관옛무덤떼, 香丹里 돌관옛무덤떼, 蔓達山 옛무덤떼, 梧山里 고인돌 옛무덤떼, 廣德里옛무덤떼, • 古墳-大成 壁畵古墳, 平壤驛前壁畵古墳, 眞坂里 第1號·第4號 옛무덤, 龍宮洞 巫堂골 옛무덤, 梨峴里 옛무덤 • 王陵-檀君陵, 箕子陵, 東明王陵	

國 家	地 域	機關·施設·地區	名勝·觀光·慰樂地	遺物·紀念·遺蹟地	合計
30.朝鮮	3.平壤	口·人民·家禽工學 研究所 •其他-平壤天文臺, 朝鮮文化保存社, 朝鮮高麗藥技術센터, 朝鮮컴퓨터센터, 集團體操創作團, 輕工業科學分院, 山林科學分院 (言論·出版機關) •新聞社-勞動新聞社, 民主朝鮮社, 平壤新聞社, 朝鮮前衛新聞社, The Pyong Yang Times社 •放送局-朝鮮中央放送局, 平壤放送局, 救國의 소리放送, 朝鮮中央 TV, 萬壽臺 TV, 教育文化 TV, 平壤市 有線放送 •放送委員會-朝鮮中央·平壤市 放送委員會 •通信社-朝鮮中央通信社, 國際通信局, 國際衛星通信局, 國際通信센터, 中央科學技術通報社 •創作社-千里馬社, 朝鮮文學社, 萬壽臺 創作社, 高麗美術創作社, 映畫文學創作社, •出版社-朝鮮勞動黨·外國文圖書·金星青年·科學百科辭典·工業·教育圖書·高等教育圖書·文學藝術·醫學·農業·2.16藝術教育·鐵道 出版社, 勤勞者社, 人民保健社 (銀行·會社) •銀行-朝鮮中央·朝鮮貿易·朝鮮金剛·朝鮮大成·朝鮮昌光信用銀行 •會社-普通江合營會社, 牧丹峯合營會社, 낙연 合作會社, 朝鮮明心貿易會社, 朝鮮出版物 輸出入社, 朝鮮萬年保健總會社, 平壤프로그램 센터, 메아리音響社, 朝鮮園藝센터, 朝鮮國際旅行社, 國際青年旅行社, 金剛山國際觀光會社, 觀光宣傳社 (藝術團體) •撮影所-朝鮮藝術映畫·朝鮮人民軍 4.25藝術映畫·朝鮮 4.26兒童映畫 撮影所 •團體-萬壽臺藝術團, 國立交響樂團, 피바다 歌劇團, 旺載山輕音樂團, 平壤巧藝團, 平壤人形劇團,	羅·安·文·空·鄭·梁·金·裴·趙·殿·石·冠·禹·堂·床·王·鞍·兄·藤·德·防·架·鵂·杏·陽·仝·上·車·孫·深·鎭·香·孤·稜·林·鶴·孟·墓·族·險·古·劉·吳·銅·陳·尹·蘇·韓·高·花·柳·禁·嚴·張·胡·元·塔·康·城·邊·抗·池·仙·表·石·禾·乾 山 •峯-牧丹·將帥·國師·乙支·頂首·珠洛·小門·萬景·蘇文·長壽·乙密·朱雀·紋繡·松嶺·時嶺·五代·日傘·嶺軍·十字·遮日·連流·德望·五柳·秋順·七星·蓮花·雲頭·江西·扇子·神筆·次洛·國守·九一·九日·六道·氈帽·萬石·排水池·下楸·轎赭·先達·國寺·丘絶·文家·椎貍·喪德·兄弟·拳袖·塞絶·三胎·殿座·月出·追馬·驛馬·四界·進士·鶴頭·望頭·鹿角·青龍·禮義·開耕·神仙·墨房·香爐·境手·國祀·城岩·趙山·拳頭·日出·空手·喪具·長鼓·近池·玉露·井水·太子·對西·玉麗·五里·天主·嘆冠·頭二·三大·前頭·三泰·烟頭·女岐·六頭·將軍·廣大·旗臺·紗帽·避難·千壽·文筆·獅子·前樓·十字形局·聞具·彌勒·月下·角大·燭臺·大·陣·九·太·松·院·卯·三·祭·雙·蓮·冠·陳·初·塔·王·작은·개지·둥글·이랴·비비리·두루·감투·고밀개·소가지·홍두깨·매·독수리·네귀·사이·박달·할미·연수 峯 •嶺-成功·北大·車踰·長岾·清溪 嶺 •峴-地境·臥牛·九里·臥·松 峴 •臺-萬壽·最勝·北將·乙密·三峰 臺	•墓地-革命烈士陵, 愛國烈士陵, 愛國志士墓, 金亨稷先生의 墓, 姜盤石女史의 墓, 金普賢先生의 墓, 李輔益女史의 墓, 金日成主席의 墓, 張家墓 •무덤-弟山 움무덤, 長山洞 1號·2號 무덤, 南京 獨무덤, 渡浦里 큰 무덤, 渡浦里 1號·2號·3號 무덤, 湖南里 使臣무덤, 革命鬪士의 무덤, 게마 무덤 (城·王宮) •城-大城山城, 赤頭山城, 高坊山城, 馬場山城, 間川里山城, 王山城, 平壤城, 芮城, 平壤內城, 平壤中城, 平壤外城, 平壤北遮城, 樂浪里 土城, 清岩里 土城, 江東邑城, 麻姑城, 바위城, 德山城, 城末城, 東鎭城, 숫골峯城, 잣바위城, 黃大城, 龍羊城 •城址-長安城址, 廣德里城址, 楊武岱山城址 •王宮-大花宮, 龍堰宮, 麒麟宮 ·宮址-安鶴宮址, 鄭齋宮址, 朴齋宮址, 城宮址, 萬壽臺 宮殿터 (殿閣·祠堂) •殿-崇仁殿, 崇寧殿, 崇靈殿, 檀君殿터 •閣-牧丹閣, 文殊閣, 七星閣, 船橋閣, 勝利閣, 休憩閣, 興夫閣, 殿閣 •祠-檀君祠, 箕子祠, 東明王祠, 三忠祠, 義烈祠 •堂-敬臨堂, 城隍堂터, 山堂터, 竹群堂터 (門樓·鐘閣) •門-大同門, 普通門, 七星門, 大城山城 南門, 玄武門, 轉錦門, 含毬門, 大東門, 車岩門, 凱旋門, 革命烈士陵大門, 多慶門터, 車避門터, 東門터, 烈女門터, 陵路門터, 東岩門터, 牧丹峯門터, 北門터 •樓-浮碧樓, 風月樓, 芝苑樓, 黃鶴樓터 •鐘·鐘閣-平壤鐘, 平壤 銅鐘, 平壤鐘閣 (亭子·臺壇) •亭子-練光亭, 清	122

國家	地域	機關·施設·地區	名勝·觀光·慰樂地	遺物·紀念·遺蹟地	合計
30.朝鮮	3.平壤	集團體操創作團, 4.25體育選手團, 平壤市體育選手團 (交通施設) •航空-平壤順安國際空港, 高麗民航機 •鐵道-平壤線, 平元線, 平南線, 平德線, 平羅線, 平斧線, 滿浦線, 平壤-順安線, 平壤炭鐵線 •鐵道驛-平壤·順安·東平壤·西平壤·中和·平城·大同江·普通江·三登·下里·痲山·七骨·大平·間里·龍成·東北里·力浦·美林·青龍·立石·松虎·華川·金玉·黑林·江東·松信·大園·德洞·梨峴·勝湖里·中二·宅奄·貨泉·蔓達里·裴山店·榮光·烽火·富興·西浦·黑嶺·石廩·松街 驛 •地下鐵·電鐵-地下鐵 1號線, 地下鐵 2號線, 革新線, 千里馬線, 軌道電車, 無軌道電車 •地下鐵驛-光復·統一·勝利·凱旋·普通江·黃金벌·建設·革新·全勝·復興·榮光·烽火 驛 •高速道路-平壤-開城·平壤-順安·平壤-南浦·平壤-元山 高速道路 •道路-西山·三石-平壤間 道路·街路-普通江驛前·柳城通 街路·거리-光復·統一·船橋·青年·江岸·西門·새살림·主體塔·文殊·大學·春春·西川·大學法堂·革新·驛前·英雄·樂園·慶興·붉은·烽火·凱旋·七星門·萬壽臺·勝利·새마을·安山·昌光·千里馬·解放山·榮光·玉流·牧丹峯·大同江江岸·東大院·産院·平川江岸·仁興·西城·上新·下新·五炭江岸·安上宅·塔堤·蒼光·大同門·玉流橋·鞍山·琵琶·安尙·버드나무·文德·金星·船橋江岸·紡織·龍南·龍北·人民經濟大學앞·피나무·碑石·雙·술막·五方·버들·뻥대·體育村·錦繡	•고개-고비리·거치리·國守·당안·어미·덕받이·龍塘·우물·興富·城隍堂·매峯·彌勒·三神·青龍·塔재·文殊·三馬·서말·짤룩·자주·아래·개지·진·國守堂·굴등·깨골등세기·德西·먹방·붉은·자작·누운·목넘이·긴재·德守·下平·아리랑·金廊·큰·나무·머리·日和里·돌·龍岳·선·세·쉬여·첫·뚱·龍·裵·여우·獄·院·이라·옷·登坐·赤頭·숫돌·에운·嶺·도둑·며느리·사이·새리·城門·오리·나무·사골·헤매이·누티·銅골·勞動·머리·숨복골·中·限西골·多多·堂골·땅골·망당골·안개·兄弟山·勿兒視·스무나무 고개 •재-將臺·南山·山등·멀·다락·연장·넘·四界·外佛堂·할매·네바위·草堂·배다리·堂·六골·빼꾹·骸骨·모름·望月·大동절·뒤메·살명·塔·가내나무·큰메·벼랑·뒤·望·石灰·아래·독가마·바라·큰峯·城·긴·小頭幕·山幕·장대 재 •메-齋官·조롱·매사냥군·주발·딴·가재·山幕·陽달·독구·뒤·들·바라·梧桐柏이·큰山水·각담·둥글·青齊·佛堂·작은문·돌바위·벼랑·삿갱이·웅구리·삼솔·반달·당반·兪士村·끝·長·구먹당·堂밭·堂·共同·洞데·줄·首頭·七星·大同 메 •등-堂·긴·원山·작은재·큰재·달린절·선바위·긴재·주山·塔재·말잔·자개·쟁비나무·스무나무·새말쥐·앞재·왕재 등 •其他-붉은덕, 鳳凰臺둔덕, 自施院덕, 매배벼랑, 盜賊메덩이 (江) •江-大同·普通·順和·昆陽·合掌·上院·沸流·南·北·	流亭, 石湖亭, 主泉亭, 梨花亭, 四虛亭, 郭豊亭, 五詢亭, 勝仙亭, 閱波亭, 江亭, 長帥峯 亭子, 乙支峯 亭子, 小文峯 亭子, 聽琴亭터, 廣寒亭터 •臺壇-乙密臺, 萬景臺, 最勝臺, 臨鐘臺, 牧丹臺, 錦繡臺, 萬壽臺, 北將臺, 東樂臺, 風警臺, 滄浪臺, 皇甫垈, 暮雲臺터 (塔碑·銅像) •塔-廣法寺 8角5層塔, 弘福寺 6角7層塔, 永明寺 8角5層塔, 三青5層돌塔, 金剛寺塔, 永生塔, 友誼塔, 解放塔, 千里馬塔, 人民軍烈士塔, 統一戰線塔, 祖國解放戰爭勝利紀念塔, 祖國統一三大憲章紀念塔, 朝鮮中央텔레비전放送塔, 普通江 改修工事紀念塔 •碑-萬壽臺 大紀念碑, 凱旋演說親筆碑, 王村山 大紀念碑, 美帝侵略戰 '샤만號' 擊沈紀念碑, 東明王陵 親筆碑, 史蹟碑, 忠義碑, 應岩治道碑, 朝鮮國民會 創建事蹟碑, 萬景臺 갈림길 獻詩碑, 갈림길 由來碑, 大城山 遊園地 由來碑, 大同門 重修碑, 練光亭 重修碑, 普通門 重修碑, 普通江 重建碑, 東金剛庵 重建碑, 東明王陵 改建碑 •幢竿支柱-重興寺 幢竿支柱, 慈悲山 幢竿支柱 •銅像-金日成 銅像, 千里馬 銅像, 永明寺 돌獅子, 高句麗 돌獅子, 곰彫刻像, 平壤城 글자새긴 城돌, 北南 處女들의 相逢彫刻 (博物館·紀念館) •博物館-朝鮮民族中央歷史博物館, 朝鮮中央歷史博物館, 朝鮮美術博物館, 植物博物館, 藝術博物館, 朝鮮民俗博物館, 朝鮮革命博物館, 七骨革命史博物館, 戰爭勝利博物館, 萬壽臺朝鮮革命博物館 •紀念館-金日成紀念館, 祖國解放紀念館, 戰爭勝利紀念館, 全勝革命館 •史蹟館-萬景臺革命事跡館, 三	

國家	地域	機關·施設·地區	名勝·觀光·慰樂地	遺物·紀念·遺蹟地	合計
30.朝鮮	3.平壤	山·北塞江岸·興富·運河·丱川·院堂·射閣·烈女門·孝子門·샘물·塔·汗蒸·紅門·각담·四方·聖文·長山·굽인·梨木場·驛·뒤새·앞새·輪環線·新陽驛前·鳥灘江岸·飮食店·人民軍·北城·西浦·上南浦·웃場·蓮못·표동·우물·柳洞 거리 •세거리-寺洞·龍南·龍北·錦繡山·北塞江岸·작은·船橋江岸·東岸·東興·北城·새마을·井平 세거리 •네거리·大同橋·八骨·産院·高山立體橋·動物園·嵋山·安鶴·合掌橋·東大院·龍興·萬壽橋·普通江驛·黃金벌·비슬·長山·戰勝·紡織·青年·船橋·敬臨·大劇場·西門·新西·鐘路·體育館·解放山·鳳池·새마을 네거리, 七骨立體交叉路 •廣場-金日成·凱旋門·人民文化 廣場 •橋·大同·羊角·玉流·陵羅·安山·西城·全勝·普通·仁興·萬壽·合掌·龍興·樂浪·元魯·第3普通·琵瑟·永濟·全村·船불·軍民·大成·東城·白雲·青雲·新美·鶴山·龍川·官船·江東·新邑·直峴·興天·龍泉橋 •다리-光復·萬壽臺·普通江·興夫·忠誠의·清流·順和江·八達·八骨·烽火·城西·新西·七骨立體·안골立體·長山·九·九節·馬山·樂園·美林·松新·松新立體·丱川·貞梧·쑥섬1·쑥섬2·貞任·順和·烽燧·廣德·三成·圓興·돌개·驛·새마을·貨泉·한·큰·陸橋·鞍山·操車場·西浦川·麥田·臨鏡·卵山·孝誠·龍·閱波·九龍·南江·防火洞·범바위·順昌·香木·龍谷·龍山 다리 •터널-金陵洞窟 터널	西便·古邑·內·古泉·小龍·垌막·새구비·샘·큰 江 •川-黃州·雅·祥原·戊辰·水晶·東里·三青·陽地·休岩·廣德·圓興州·聖文·魯山·龍山·繁洞·松石·江南·文浦·寺谷·林興·三神·巨浪·大城·小新·南寺·孝南·甫城·松南·石井·松坡·裴山·三石·龍沼·和盛·東·南里·萬景·日和·匙山·吳·五柳·龍岳·元魯·營豆·休岩·開氷·大園·東倉·冷酒·鐵峯·聖文·長壽·三成·西浦·神誠·圓興·坎興小河·新美·東山·沙大·曇華·梧山·上西·在京·紫是·貨泉·農場·立石·串赤·龍·新倉·金玉·檍山·瓮井·玄岩·川南·柴井·江南·龍橋·龍浦·柳花·垈里·內洞·德山·祭靈·黑嶺·九賓·卵山·龍興·香泉·文旺·馬場·中和·龍舞·雪梅·眞廣·大長·銀口·小梅·看東·太岺·박메·맹추리江邊川 •灘-金剛·石灰·王城·於丁·鳥·馬 灘 •개-멀짝·거스리·龍興·고승·붉은·두둥·뒤둑·무너리·三水·나무·한우물·말머리·새·멘·乾·劍浦·구유·궁·칼·가는·將進·蔘밭골·담배·뱀골·於隱골·高順·泗鳴·丱川·四골 개 •내-朱家浦·세가름·강풍돌창·낚시터·仙女 내 •개울-中洞·새·앞·五骨 개울 •여울-모래 여울 (平野·나루) •벌-平壤·江東·林原·林興·大城·山堂·東大院·樂浪·古屯·將進·邊家·변개·안동네·해다리·王村·웃·紅橋·基龍·盧천·자라·흙다리·너른·동안·日和·갈매기·松山·추리·楸子里·普通·美	登革命事跡館, 烽火革命事跡館, 朝鮮勞動黨創建事跡館, 三大革命展示館 (鄕校·寺院) •鄕校·書院-中和鄕校, 龍谷書院 •寺刹-永明寺, 法雲寺, 法興寺, 廣法寺, 龍華寺, 東金剛庵寺, 法雲庵 •聖堂·教會-奬忠聖堂, 七骨教會, 烽燧教會 •遺址-金剛寺址, 貞陵寺址, 定陵寺址, 沼龍寺址, 時嶺寺址, 高防寺址, 青雲寺址, 主岩寺址, 松泰寺址, 畵寺址, 加八寺址, 太陽寺址, 雲岩寺址, 重興寺址, 弘福寺址, 清溪寺址, 門安寺址, 崇通寺址, 帝釋寺址, 大明寺址, 眞登寺址, 法華寺址, 水落寺址, 深谷寺址, 吉祥寺址, 龍山寺址, 海養寺址, 黑龍寺址, 慈悲寺址, 月明寺址, 保住寺址, 奉國寺址, 架山寺址, 東林寺址, 高山寺址, 노둑寺址, 東大院址, 大同館址, 廣濟院址, 上五里절터, 青湖里절터, 猿岩里절터, 冷泉庵터, 藥泉庵터, 白雲庵터 (369)	

國家	地域	機關·施設·地區	名勝·觀光·慰樂地	遺物·紀念·遺蹟地	合計
30.朝鮮	3.平壤	(醫療 · 保健施設) •病院-高麗 · 平壤赤十字綜合 · 平壤市 第一人民 · 平壤市 第二人民 · 平壤市 第三人民 · 平壤醫學大學 · 平壤親善 · 金萬有 · 口腔綜合 · 江南人民 · 祥院人民 · 中和人民 · 烽火人民 病院, 平壤産院, 口腔病豫防院, 恩德院, 皮膚病豫防院 •療養所-德洞 · 蔓達 · 東山 · 龍谷 · 松山 · 川南 · 九瑞藥水氣候療養所 •野營所-龍岳山 · 萬景臺少年團 · 文興里 野營所 •其他-順昌診療所, 烽火休養所, 西城高麗藥局 (百貨店 · 市場) •百貨店-平壤 第一 · 平壤 第二 · 東平壤 · 西平壤 · 平壤驛前 · 平壤兒童 · 大城 · 樂園 · 光復 百貨店 •商店-輸出外貨 · 平壤地下 · 蒼光 · 大同江區域食料品綜合 · 신발 · 洋服店 · 물고기 · 食料品 · 上興食料品 商店 •店鋪-水産物直賣場, 西安眼境店, 冊房, 鴨綠江 돌寫眞奉仕所, 大同橋寫眞館, 尖端技術奉仕所, 平壤至誠 車 奉仕所 (會館, 展示館) •宮殿-人民文化 · 錦繡山紀念 · 2.28文化 宮殿 •會館-中央勞動者 · 青年中央 · 大同江外交官 · 텔레비전放送 · 女性 · 平壤國際文化 · 千里馬文化 · 使勞青中央 · 平壤國際映畵 · 大成青年 · 4.25文化 · 寺洞文化 · 間里文化 · 上院文化 · 中里文化 · 兄弟山學生少年 · 兄弟山區域青年 · 花岡里文化 · 江東文化 會館 •展示館-三大革命 · 銀河輸出被服 · 民藝 展示館 •其他-國際文化센터, 蒼光園, 慶興館 (運動 · 慰樂施設) •運動施設-金日成 · 羊角島蹴球 · 西山蹴球 · 5月1日 競技場, 平壤體育館, 氷上	林 · 東倉 · 朱家洞 · 湖南 · 坑通 · 新安 · 馬灘 · 文岩里 · 上岩里 · 新興里 · 永津 · 二山里 · 長橋里 · 龍頭里 · 龍谷 · 祥原 · 江東 · 麥田 · 普坪 · 鳳鶴 개 •들-走馬 · 범바위 · 빈촌 · 冷泉 · 柳洞 · 맹군돌이 들 •나루-寺洞 · 옷바위 · 林興 · 芮城 · 堂 · 작은 · 큰 · 東林船倉 · 祖國凱旋 · 平壤배재 · 昆陽 · 望日浦 · 梨津 · 防火洞 · 平川 · 鸚鵡洲 · 아래동네 나루 •其他-江東盆地, 柳津埠頭, 물덕船艙, 새水口船艙, 西浦灌漑網, 馬灘灘灌漑體系 (島嶼 · 湖沼 · 우물) •島嶼-陵羅 · 半月 · 羊角 · 斗團 · 文發 · 西川 · 興川 · 禽卵 · 狸岩 · 桃花 · 小平 · 碧只 · 東角 · 西角 島, 두루 · 쑥 · 昆裕 · 大醉 · 雙瀑 · 두단 · 데끼 · 復 · 각새 · 燻岩 · 큰 · 運河 · 닭알 · 大 · 柴花 · 許개 · 羊移 · 웃 · 中 · 까마귀 · 아래 · 一年 · 긴 · 부항 · 서쪽 · 아기 · 移 · 桃浪 · 새 · 달안 · 앞달안 · 고니 · 반달 · 작은 · 고노 · 둥근 · 딸기 · 어머니 섬 •瀑布-美川 · 大城山 未崔 · 牧丹 · 清流 瀑布 •湖-太星 · 通夫 · 美川 · 東川 · 龍泉 · 美林 · 樂園 · 運河 · 三江湖 •沼-돌이 · 노랑 · 뒤 · 臨鏡 · 龍頭 · 巫堂 · 景左 · 太平 · 牛登 · 處女 · 矗矗 · 廣寒洞 · 高河 · 너판바위 · 매상 · 가마 · 갈밭 · 青龍 · 九龍 · 龍 · 合 沼 •淵-九龍 · 圓 淵 •池-壁月 · 大城溝 · 大山溝 · 初溝 · 中溝 · 上溝 · 窟溝 · 長溝 · 龍水洞溝 · 巖盤모루溝 · 眼鏡溝 池 · 못-眞珠 · 절골 · 거북 · 사슴 · 鞍山 三號 · 鞍山 二號 · 鞍山 一號 · 將帥 · 兄弟 · 龍興噴水 · 시		

國家	地域	機關·施設·地區	名勝·觀光·慰樂地	遺物·紀念·遺蹟地	合計
30.朝鮮	3.平壤	館, 볼링館, 메아리射擊館, 船橋水泳館, 力技·籠球·排球·送球·卓球·水泳·배드민튼·重·經競技館 •慰樂施設-紋繡遊戲場, 萬景臺遊戲場, 萬景臺물놀이場, 光復園沐浴湯, 理髮利用館, 疲勞恢復館, 於隱院 •劇場-平壤大·東平壤·牧丹峯·萬壽臺藝術·烽火藝術·平壤巧藝·青年野外·人民軍巧藝 劇場 •映畫館-大同門·藥園·凱旋·統一거리·船橋 映畫館 (호텔·食堂) •호텔-高麗·柳慶·普通江·平壤·昌光·兩江·羊角島國際·西山·青年 호텔 •旅館-平壤·大同江·牧丹峯·錦繡山·西平壤·烽火山·蒼光山·解放山 旅館 •迎賓館-牧丹峯·百花園 迎賓館·招待所-大同江·文殊里·烽火里·서재골 招待所 •宿營所-平壤革命事跡地 踏査宿營所 •食堂-玉流館, 清流館, 安山館, 蓮못館, 青春二館, 牧丹閣, 七星閣, 船橋閣, 平川閣, 香滿樓, 平壤麵屋,平南麵屋, 民俗食堂, 銀盤食堂, 松山食堂, 體育人食堂, 東泉湖食堂, 小門峰食堂, 사슴食堂, 갈매기食堂, 昌光거리 飮食店, 平壤단고기집, 남비탕집, 국수집, 生麥酒집, 平壤 숭어국집 (生産施設) •農業-青山里·和盛·安鶴·柳巢里·將泉·大園·小三井·元新·湖南·順安·宅奄·金玉·蔓達·鳳島·下里·九賓·川南·兄山·두루섬 協同農場, 駝鳥綜合農場, 平壤溫室·鳳岫·平壤과수·陽陰·恩情溫室·畜産을 잘 하는·遺逸藥草 農場, 力浦·金山里10月 21日·三成 젖소牧場, 金城養苗場, 上岩里과수園, 中和溫室建設事業所, 圓興	루·푸른·긴재·웃솔골·삿갓·鄕校·잉어굳이·닭알연·西城연·青灘 못 •貯水池-普通江·魚凫山·長壽院·聖文·林原·魚龍·馬場·眞廣·祥原·새글·大中·三石·平城·乾芝·大平·順昌·山陽·川東·峰龍골·初掌·沙器·大興·青年·明月·川南·錢山·繁洞 貯水池 •閘門-美林·西海·烽火·成川·麻林 閘門 •藥水-三神·三馬·高坊山·光復거리·普通江·烽火山·九瑞·蔓達山·玉流·玉流橋·龍橋·蘆洞·下里·下堂·建國·鶴山 藥水 •샘물-廣法寺·龍泉湖·長帥峯·龍岳山·聖文·川東·金玉·蔓達·허재물·잠재물·間川·上岩·高靈山·黑隅里·文興·논골·넘어골·阿達山 샘물 •우물-郡守·미친·소·쇠실리·찬·큰·官·뒤·박·龍·도·中·새·학내·당재·仙女·汗蒸·窟·溏·쑥·兄弟·나비·먼·고양이·전·새말·아래말 우물 •샘-晩堂·百年·烽燧·韓村·龍·玉·변두네·檀君·모래·孝子·아들·臨鏡臺·옹달 샘 •井-草堂·馬·柳 井 •溫泉-成川·三神 溫泉 •泉-藥泉 •湯-冷泉湯 (洞窟·바위) •洞窟-錦陵1號·錦陵2號·青龍山·黑嶺·感嘆山·麒麟·避難·長財洞·佳池洞窟, 塔洞電車窟 •岩-衣·猿·狸·牛鼻·龜·北沼·德·清泉·燻·冠 岩 •바위-于勒·삿갓·雙·누운·쉴·범·푸른·屛風·망·선·애기·비긋는·軍艦·개·祈雨祭·		

國家	地域	機關·施設·地區	名勝·觀光·慰樂地	遺物·紀念·遺蹟地	合計
30.朝鮮	3.平壤	里·梨峴 揚水場 • 漁業-萬景臺 養魚場, 선돌 고기못, 新興 養魚場, 南江東 養魚못, 立石 養魚場 • 鑛業-江東·黑嶺·三神·嶺南·德山·金玉·龍興·도골·垈里·三登·高飛·平山·長林 炭鑛, 寺洞無煙炭田, 石湖苦灰石鑛山, 江東地區 炭鑛聯合企業所, 祥原시멘트聯合企業所 • 製造業-陶瓷器產地, 金宗泰電氣機關車綜合企業所, 平壤光學유리生產協同組合眼鏡製作所, 大安重機械綜合·平壤紡織機械·普通江電氣·平壤電具·새날電氣·平壤小型電動機·祥院電氣·西平壤베아링·萬景臺工作機械·平壤炭鑛機械·東平壤機械·力浦附屬品·平川裁縫機附屬品·平壤製絲·平壤紡織·平壤愛國編織物·平壤船橋織機·平壤어린이옷·平壤日用品·平壤家具·平壤化粧品·平壤時計·愛國崔鐘洛被服·大城製藥·龍北綜合食料·東大院被服·경련愛國사이다·平壤신발·두단오리·樂浪종이·愛國豫防藥生產·勝湖里시멘트·平壤木材·平壤金屬建材·平壤블로크·美林블로크·平壤服材建具·平壤化學建材·平壤石材·大城窯業·平壤麥酒·平壤밀가루綜合加工·平壤卽席국수·龍城고기加工·平壤穀產·平壤基礎食品·光復거리김치·萬景臺닭·平壤精米·平壤돼지·9月27日닭·龍城닭·7月28日窯業·平壤가죽이김·平壤8月17日副材·馬嵐配合飼料·龍城매추리·牧丹峰김치·平壤요구르트·萬景臺렌트겐·萬景臺榮譽軍人萬年筆·平壤알루머니움製品·平壤필름·牧丹峯綜合食料·愛國牧丹被服·平壤牧丹榮譽軍人樂器·樂園眼鏡알·普通江被服·平壤製藥·樂園食料加工·長壽高	둥근·소코·썰매·廣·仙女·古今·감투·고양이·龍·總角·黑桶·帽子·벼락·將帥·둥지·범의 사람·범·廣大·곰발·차돌·희돌·佛堂이마·살기·수리·오누이·紫珠·둘레·사이·언덕·벌통·초臺·海龍·槍·門·上·가슴·七星·落岩亭·말·臨鐘臺·喪祭·洗踏·雙鷄·藥·둥지·메주·朝庭·삐알·將軍·彌勒·제비·雪嶺·애겸·애기업은·낚시·德·노란·白虎머리·青龍머리 바위 • 바우-금·울·여·도치·선 바우 • 石-朝天石 • 壁-清流壁 (公園·遊園地) • 公園-青年·凱旋·牧丹峰·江邊·牧丹峰青年·凱旋青年·紋繡·文殊峯·寺洞·產院·陵羅島·江岸·新里 유보도·三馬兒童·쑥섬·琵琶兒童·西將·上興兒童·三角·西川·西平壤驛前·船橋·萬壽臺噴水·驛前·烏灘兒童·蒼光山·解放山·大同江兒童·敬臨兒童·鞍山 公園 • 溫室·園-金日成花·金正日花溫室, 中央動物園, 中央植物園, 4月 15日 少年百花園, 昌光園, 紋繡園 • 名勝·遊園地-大成山 名勝地, 大同江·普通江·大成山·羊角島·陵羅島 遊園地, 大成山 遊戲場, 文殊遊戲場, 高坊山 休養所, 뱃놀이場, 물놀이場, 춤추는 噴水 • 골프場-平壤·西山·羊角島 호텔 골프場, 골프演習場 (動·植物 및 紀念物) • 動物-順安오리 • 植物-平壤뽀뿌라·平壤丹楓·大成山水蔘·大成山木丹·大成山香梧桐·大成山두충·大成山미선·大成山뚝향·大成山참등·文		

國家	地域	機關·施設·地區	名勝·觀光·慰樂地	遺物·紀念·遺蹟地	合計
30.朝鮮	3.平壤	麗藥輸出品·平壤染化비닐신발·大同江텔레비전受像機·大同江麥酒·寺洞綜合食料·平壤大興毛皮加工·平壤毛皮輸出加工·道德오리·三石8月풀精製·平壤昇降機·西平壤寶石加工·平壤手紙建材·平壤鋼鐵·平壤고무·平壤紡織器材·平壤照明器具綜合·順安오리털加工·平壤蒼光옷·祥原製藥·祥原日用品·中和製藥·中和食品·中和닭·中和電動機·江東醬·江東製藥·江東編織·江東樹脂日用品·江東樂器·江東農器具·大同江蓄電池·牧丹峰自動車器具·3月26日·10月5日自動化機具·鐵道省컴퓨터·平壤구두·平壤基泡副材·平壤男子옷·平壤어린이食料品·兄弟山學用品·西浦닭·下堂닭·平壤映畵필름複寫·兄弟山輸出編織 工場 •印刷業-平壤綜合·教育圖書·平壤高等教育圖書 印刷工場 •發電所-平壤火力·東平壤火力·南江·祥原郡民·大城山1號~4號 小型發電所, 平壤火力發電聯合企業所 (行政區域) •區域-大同江區域(25洞), 大城區域(15洞), 東大院區域(18洞), 樂浪區域(21洞9里), 力浦區域(6洞6里), 龍城區域(15洞), 萬景臺區域(29洞2里), 牧丹峰區域(17洞), 普通江區域(15洞), 寺洞區域(13洞6里), 三石區域(4洞7里), 西城區域(15洞), 船橋區域(21洞), 順安區域(5洞9里), 勝湖區域(8洞6里), 恩情區域(4洞), 中區域(21洞), 平川區域(17洞), 兄弟山區域(15洞3里) •郡-江南郡(1邑18里), 江東郡(1邑9勞動者區 15里), 祥原郡(1邑1勞動者區21里), 中和郡(1邑16里)〈19區域 4郡, 284洞 4邑 10勞動者區 118里〉(815)	殊峰이깔·牧丹峰전나무와 잣·陵羅島산벚나무와 전·龍岳山 회화·龍岳山참중·龍岳山느티·勝湖洞버드·德洞대추·玉流능수버들·淸流壁회화·大洞里들메·祥原가둑·昌城이깔·가래·水蔘·잣·柏羊·수유·물푸레·싸리·다릅·사시·개암·고욤·노가지·느릅·추향배·江東참·소·신갈·황철·분지·쪽가래 나무, 麥田아카시아숲, 龍山里소나무林, 祥原丹香살구, 江東王대추, 綾羅島 회봄무우, 蔓達山黃精, 祥原地黃, 萬景臺벗, 왕고들빼기, 닥지싹, 柴胡, 고비, 곰취, 조뱅이, 활량·찟개·반디·박쥐 나물 •天然紀念物-湖南里자라살이터, 高靈山 平灘面, 西平壤 褶曲 (名勝地) •平壤八景-密臺賞春, 浮碧翫月, 永明尋僧, 普通送客, 東門泛舟, 蓮塘聽雨, 龍山晩翠, 馬灘春漲 •平壤形勝-萬景臺, 乙密臺, 楸南墟, 鳳凰臺, 陵羅島, 淸流壁, 春陽臺, 秋陽臺, 東陽臺 •江東八景-大船山採薇, 臺山寺暮鐘, 水晶川釣魚, 舍人岩放鷹, 鳳岳齊雪, 龍橋晩泊, 進士峯翫月, 暮雲臺觀燈 •三登八景-架山暮鐘, 鷹岩垂釣, 鶴樓秋月, 孤山點雁, 廣亭飛雪, 墨村春耕, 鸚洲泛舟, 鳳岑晴嵐(1,462)		
	計(3)	1,027	1,943	673	3,643

國 家	地 域	機關·施設·地區	名勝·觀光·慰樂地	遺物·紀念·遺蹟地	合計
31. 베트남 (2000)	1. Hanoi (2000)	政府廳舍, 人民議事堂, 市廳,市人民委員會, 韓國·北韓 大使館, 大宇 하노이新都市開發 現地事務所, 하노이建築·警察 大學, 大宇비지네스 센터, 하노이 노이바이 國際空港, 하노이 驛, 버스터미널, 오토바이, 시크로 人力車, 트랑티엔·장보·하이바충·리동게이트·캄티엔·구온타이호크·디엔 비엔푸·홍봉·레혼풍 거리, 바딘 廣場, 추온지온·롱 비엔橋, 36거리 商街, 동쑤안 市場, 商店街, 大宇호텔, 河內大酒店, 瑞河食堂, 후에 市, 大統領宮 (35)	南支那海, 톤킨灣, 판시판山, 동다 언덕, 紅河, 香河, 두옹·루옥·토리치·체이·감·카우·루 江, 還劍湖水, 西·호타이·호안키엠·베이마우·틴쾅·바마우·동다·반푹·기앙보·투레·느곡칸·크사단·탕콩·트룩베치 湖, 붉은 廣場, 레닌·배치탁·쿠앙트룽 公園, 투레 動物園, 하노이 植物園, 바딘 廣場 (35)	紫禁城, 文廟(國子監), 玉山祠, 國旗塔, 胡志明 生前居宅, 美軍벙커 遺跡, 민망陵, 뜨둑의 陵, 胡志明墓所, 胡志明·革命·戰爭·陸軍 博物館, 하노이 美術館, 鎭國古寺, 單柱寺刹, 바딩 會堂, 하노이 大敎會, 트란 콱·콴탄·복·린파이·콴수·느곡손·트룽姉妹·타이호·봉티·축탄·호아센·보이푹·사치·하이바퉁·킴리엔 寺院 (33)	103
	2. Hochi-minh (舊 Saigon) (2000)	政府廳舍, 人民委員會廳舍(舊 사이공市廳), 市廳, 市人民委員會, 中央郵遞局, 사이공大學, 반한佛敎大學(國立胡志明大學), 世宗會館, 國立劇場, 市立劇場(舊 國會議事堂), 오페라 하우스, 사이공旅行社, 투즈病院, 胡志明 탄손넛 國際空港, 사이공驛, 사이공 船着場, 사이공號 船舶, 오토바이, 시크로 自轉車, 차이나타운, 드로이·동코이·쿠엔후에·빈타이·꼴롱·레주안·샹제리제 거리, 國際百貨公司, 벤탄·빈떠이·출론 市場, 콩호競技場, 푸토競馬場, Equatorial·렉스·카라벨 호텔, 人蔘가든 食堂, 메콩델타, 나롱 쾌이, 기아딘 部落, 미토 地域, 촐롱 區域 (42)	南支那海, 타이손島, 메콩·사이공·티게·동나이·나베·라츠벤카트·킨테·킨벤·킨도이·칸지옥·라치카우·라치 동넨 江, 春香湖, 프렌 瀑布, 사랑의 溪谷, 벤드게·타우후·니브록·티느게·카우봉 運河, 민쯔랑, 農村休憩所, 풍손투 파고다, 文化·타오캄벤·호앙반투·레티링·키호아·타오단 公園, 西海園, 사이공 動物園, 東海植物園, 티우 別莊, 家族·平和·레티지엥·音樂文化·반타인·레반탐·푸토體育 公園, 키호아유·덤센·반타인 遊園地, 타인터 湖水, 람서 水泳湖水, 누이 노산, 사이공港, 바이저우·바이쭈옥·바이투이반비치, 콤퐁 섬, 혼바 섬 (55)	統一宮(舊 大統領宮), 義安會館(關雲長奉安所), 福安會館(關雲長奉安所), 胡志明·어린이 彫刻像, 포나카르 참 塔, 쿠치(Cuchi)地下땅굴, 舊駐越韓國軍司令部, 베트남 歷史博物館(舊 國立博物館), 美術·戰爭犯罪·胡志明 博物館, 革命·胡志明戰爭紀念館, 레반 두엣·氷嚴·카오다이·靈山·龍山 寺, 天后宮·天王 古刹, 탄딘 聖堂, 사이공 大敎會, 노트르담·반짱·벤듀옥·지악럼·빈 김·크사로이·나롱 쾌이 寺院, 舊 總督官邸, 釋迦佛臺, 쩐홍다오 銅像, 그리스도像, 東南部博物館, 南部女性博物館, 大道三期普慶, 베트남 國寺, 三皇槃寺, 티엔하우·기이안호이콴·푹안호이콴·빈응이엠·안쿠앙 寺院 (44)	141
	計(2)	77	90	77	244
32. 캄보디아 (2000)	1. Phnom Penh (2000)	政府廳舍, 國會議事堂, 市廳, 市議會, 國防部, 韓國·北韓 大使館, 프놈펜 綜合國立大學, 經濟研究所, 首相官邸, 올림픽 競技場, 市立·바사크 劇場, 展示館, 프놈펜 포첸 國際空港, 프놈펜 驛, 버스터미널, 船着場, 러시아·毛澤東·金日成大元帥 路, 아차민 거리, 1·2·3·4·5番 國道, 中央	왓트놈·프놈아오랄 山, 펜부인 언덕, 메콩·톤레삽·바사크·도트江, 벙칵·트라벡·보엥칸 湖, 훈세·勝利塔·툴콕地區 中央·越南-캄보디아 紀念·트라벡 湖畔 公園, 보잉사캉·톤레삽江邊·벙칵湖畔 遊園地, 올림픽 스타디움 休憩場, 파라다이스 쇼 (20)	王宮, 獨立紀念·越南友情·찔렁慰靈·勝利紀念塔, 실버 파고다, 왓트놈, Choeng Ek 虐殺地(Killing Field), 國立 툴 슬렝 戰犯博物館(舊刑務所), 코끼리室, 스라스차·프놈·모니람·스투파와·톤레바티·프놈펜·모하 몬트레이·오우나 로르·사라보안·크호·당쿰·랑카·프라	80

國 家	地 域	機關·施設·地區	名勝·觀光·慰樂地	遺物·紀念·遺蹟地	合計
32. 캄보디아		市場, 在來綜合商街, 高麗堂, 샤라톤·Sunway 호텔, 소나무 食堂, 農村地方, 투코르크 地區 (35)		유봉·스베이포프·삼푸미스 寺院 (25)	
	2. Siem Reap (2000)	市廳, 首相別莊, 시엠립 空港, 버스터미널, 6·29番 國道, 休息施設, 單獨住宅, 庭園, Norko Phnomh 호텔, 綠野餐廳, 農村地域, 늪地帶, 保存地域, 市街地 (15)	프놈복山, 씨엠립·르루오스·차스·타우치·오톰·캄퐁·테안·시스폰·몽콜·오 크록스江, 톤레삽·바이그나데 湖, 코우렌 溪谷, 잔디·自然 公園 (16)	시스폰 遺蹟地, 트라페앙 톰, 트놈크롬·반테아이·파이린·벵미리·프리칸·프리비히르·시엠립 佛教, 寺院 (10)	41
	3. Angkor (2000)	앙코르·바탐방州, 야소다 라프라 原都市, 대프레아칸 團地, 自動車停留場, 시엠립-앙코르間 道路, 콤퐁크레이 大橋, 寺院賣店商街, 休憩施設, 東바라이, 西바라이, 프레아칸, 포놈크롬, 바탐방, 벵메 알레아, 삼보르, 프레이쿠크, 콤퐁톰, 크발 스페안, 바켕, 니크혼, 프놈쿨렌, 롤루오스, 프놈바켕, 타케오, 피페아 다카스 (26)	프놈쿨렌·Meru·Phnom Bakheng·寺院 山, 쿨렌 언덕, 시엠립·푸옥·1000린감의 江, 大湖 풀리사프, 東·西·톤궤사프·스라스 스랑·東쪽 바라이湖, 네아크 페안·湖·東쪽 메본島, 앙코르運河, 코란高原, 메남溪谷, 森林地域, 늪地帶, 垓子貯水池 (23)	앙코르 와트, 앙코르 톰, 王宮遺蹟地, 至聖所, 문둥이 王像, 코끼리·문둥이王 테라스, 롤푸오스 紀念物, Phnom Kulen·Prasat Kuk Bangro·롤루오스·타게오·바욘 神殿, 바푸온, 프라사트 크라반, 대프레아 칸, 타솜, 타 케오, 프놈바켕, 바콩 피라밋, 롤레이 바라이, 네아크 페안, 토마논, 차우 사이 테보다, 반테아이 크데이, 프레루프, 西메본, 반테이 삼레, 타프롬, 바온, 프라칸, 반테이 키데이, 스라 스랑, 크롤 크로, 프라 팔릴라이, 프라사트 수오르 프라트, 바이온·東메본·프레이크·平地·타프롬·프놈바켕寺院 (42)	91
	計(3)	76	59	77	212
33. 요르단 (2001)	1. Amman (2001)	中央政府廳舍, 中央情報部, 法院, 警察廳, 암만 市廳, 요르단大學, 體育大學, Zarka私立大學, 요르단放送局, 퀸 알리아 空港, Aldeasa요르단 空港, 암만驛, King Hussein橋, 産業鐵道線, 市街地, 쇼핑센터, 風力發電所, 地下水取水場, 15番 高速道路, 베두윈族 村落, 中古車 去來場, 工業地帶, 베이루트 國際호텔, Madiba市, Zarka市, Azaq市, Sadawi市, Ruwaished市, 沙漠의 道路, 國境出入國管理所, 國境免稅店 (31)	Nebo山, Mishqal山, Citadel Hill, 요르단溪谷, Prince Abdullah·Prince Faysal·Prince Tharwat·King Talal·Wasfi Tall·Wadi Sagra·Golden Jubilee 廣場, 요르단江, 시리아 沙漠, 가나안 땅, 오아시스, Sport City, Dibbin 國立公園, Abdullah王 庭園, Royal·Goethe·American·British·French Cultural Centre, Orthodox Sport Centre (24)	알-라바르城, 王宮, Jerash遺蹟地, Al-Muwaggar·Al-Mushatta·Dabah遺蹟, 모세의 샘, Qalat Rabadh, Hadrian의 凱旋門, 로마式 圓型劇場, 市立博物館, 衣裳 및 民俗博物館, 考古學博物館, Roman Amphitheater 紀念館, Roman Forum 紀念館, 압둘라大寺院, Omayyad 宮殿, Hercules 로마寺院, 비잔틴 教會, Hussein王 모스크, Martyr's紀念館, 國立美術博物館, 소금考古博物館, Haya Center 博物館, 大衆傳統 博物館, Odeson劇場, Odeon, Nymphaeum (28)	83
	2. Petra	市街地, 商店, Visitors Center,	Nabi Harun 山, M'Elsrat 山	Petra 遺蹟地, Al-Azra城, 寶庫	

國家	地域	機關·施設·地區	名勝·觀光·慰樂地	遺物·紀念·遺蹟地	合計
33. 요르단	(2001)	Rest House, Forum Guest House, Forum Hotel, Almehbash食堂, Sultan食堂, 카지노, Conway타워, Nazzal 캠프, 乘馬場, 分水터널, Dorotheos House, 沙漠의 길, Maan市, Al-Karak市, Shawbak市, Wadi Musa市, King's Highway, Grand View Hotel, 休息處, Jebel al Khubtha · Jebel Madhbah · Jebel al Deir · Umm al Biyara · Wadi Mousa地區 (27)	脈, Thugra谷, Sabra谷, Farasa谷, Siyfagh谷, Turkmaniyya谷, Musa谷, Al Deir谷, Nmeir谷, Abu Ullayqa谷, Umm谷, Jurayma谷, Al-Siyyagh샘, 모세의 溪谷, Ash-Sharah平原 돌溪谷, 댐, Al-Flabis Fort, Ad Dayr, 페트라 國立公園, Djinn Blocks, Facades Street, Sacrifice 高地帶, Crusader Fort 高地帶 (24)	神殿(Al-Khazna), 紀念門, 勝利의 門, 로마式劇場, Nabataean 劇場, Roman Wall, 모세의 샘, As Siq, Qasr 'Amra, Qasr Al-Harana, Qasr Al-Bint, Temenos, 獅子形椅子, Nabataean王陵, Tower墓, Snakes 墓, Obelisks墓, Salij墓, Minister 'Unayshu墓, Urn墓, Corinthian墓, Palace墓, Sextius Florentinus墓, Turkmaniyya墓, 考古學博物館, Nymphaeum博物館, Al Malik Abdullah Mosque, Nabataean Temple, Winged Lions Temple, Colonnaded Street, Jarash, Bab Al-Siq Triclinium (34)	85
	計(2)	58	48	62	168
34. 이라크 (2001)	1. Baghdad(2001)	中央政府廳舍, 市廳, 바그다드 · 이슬람 法科 · Mustansiriya · Al-Bakr · 技術 · 市立醫科 · 美術 · 行政經濟 · 法政治 · 科學 · 工科 大學, 알-아우카프 圖書館, 바그다드 타워(걸프戰 勝利紀念館), 國際空港, 國際鐵道驛, 버스 터미널, 市街地, 橋梁, 舊市街地, 在來市場, Bazzazeem商街, Abu Newas Street商街, Coopersmith商街, 國際展示場, 國際水泳場, 세라이 빌딩, Shabb競技場, 運動場, Al-Sadeer Novotel, 朴相化 大使館課長 自宅, 食堂 Candles, 食堂 Amal Qura, Iraq-Jordan 國境管理所, 國境線 中立地帶, 油田地帶, 精油工場, 高速道路, Rutba · Toliaha · Ramadi · Falluja · Karkh · Kadhimiya · Dujail · Tikrit · Mahamadia · Yusulia · Salman Park · Aziziya · 카파제地域, 高速道路休憩所 (53)	시리아沙漠, 신자르山脈, 자그로스山脈, Tigris江, 디얄라江, 아드하임江, Khirr江, Habbaniya湖, 샤리湖, Abu Rmail島, Umm Khanazir島, Sudoor Diyaia댐, Al Hurriya · Ammar Ibn Yasir · Iman Al' Adham · Shabab · Antar · Unknown Soldier · Fountain · Shuhada · Republic · Amin · Zahra · Muadham · Abdul Nasir 廣場, Jaza'ir Street, Zawra · Wahda · Huriya · Sa'adun · Luna · Dawudi 公園, 바그다드動物園, 競馬場, Culture and Arts Palace, Amana Nursery, Amusement Town, Tourist Camp, Armeian Camp (39)	Madhrid · Adiamiya · Abbasid 宮殿, Middle Gate, Chosroes · Ctesiphon Arch, Sheikh · Ma'rouf 尖塔, 'Aqar Quf 지구라트, 함무라비 銅像, 大地의 女神像, Tell Harmal · Tell al-Dhibái · 'Aqar Quf · Seleucia · Ctesiphon · Dair · Sippar · Slucia · Principal Temple · Baghdad Walls and Gates 遺蹟地, Marjaniyn · Mustansiriya · Khan Murjan School, Mustansiriya College, Kadhimain Shire, 파이살 1世 · Sitt Zubeida 王陵, Sheikh Abdul-Qadir 陵, Kadhimain · Harifa · Zumurrad Khatun 墓, 이라크國立 · 바그다드 市立 · 國立衣裳 및 民俗 · Arab Ba'th Socialist Party · 自然史 · 戰爭 · 革命 · 軍事 · 現代美術 · Iraq Art Pioneers 博物館, Al-'Umm · Soldier of 14 Ramadham · Baghdadian Jars · Arabian	155

國家	地域	機關·施設·地區	名勝·觀光·慰樂地	遺物·紀念·遺蹟地	合計
34. 이라크	1. Baghdad			Lady · Eagles · 無名戰士 · Liberty Memorial 紀念館, Califs · Marjan · Sin · Kadhemain · Samarra · Gailani · Al-Iman al- A'dham · Shuhada · Al-Shawi · Haiderkhana · Adhamiy · Sahrawardi · Qamariya 寺院, Orthodox Armenian · Ras al-Qaria 敎會 (63)	
	2. Samarra (2001)	州政府, 市廳, 驛, 市街地, 工業地帶, 油田地帶, Al-Ameen食堂, Qasir Al-Heer水泳場, Qasir Al-Ashiq빌딩, Tikrit · Baiji · Daur · Balad · Dhuluiya 地域(14)	Hemren山, 티그리스江, 아드하임江, Tharthar運河, Shari湖 (5)	Al-Mu'tasim · Ma'shouq 宮殿, Bab al-Amma公共大門, 말위아 尖塔, 아스카리 寺院, 사마라 大寺院, 王妃 水泳場, Caliph 住居地, , Qadisiya遺蹟地 (9)	28
	3. Hadhar (2001)	市廳, 市街地, Hatra Rest House, 農村部落, 住宅內部, Tell Abta地域, 軍駐屯地 (7)	沙漠地帶, 草原地帶, Euphrates 江(3)	Hatra王國遺蹟地, 王宮 · 神殿遺蹟, 4大門, Hatra寺院, Maran寺院, Abbu石像 (7)	17
	4. Mosul (2001)	州政府廳舍, 市廳, 모술大學, 驛, 버스터미널, 市街地, Forest Tourist Casino, Forest Chalets, 精油工場, Tell Quyunjug, Tell Nebi Yunis, Ninevah International Hotel, Al-Nugoon食堂, Al-Ameen食堂, Shirqat · Shak · Hamman Al Alil · Qaraqosh · Hamdaniya · Bashiqa · Talkait · Nineveh · 코르사바드 · 아르파치야 · 탈아파르 · Nimrud 地域, Sellamier 部落 (27)	자그로스山脈, 티그리스江, 大자브江, 小자브江, 하부르江, 카지르江, 자지라 丘陵 (7)	Nineveh城, 나비요니스城, Bash Tapia城, Assuknasirpal 2世宮殿, Black 宮殿, Esarhaddon · Habur 宮殿址, 니네베 城門, Sharmash · Adad · Nergal · Maski 門, Abul Kassem 돔, 오벨리스크, 지구라트, Mosul尖塔, 아슈탈테 神像, 女性大理石立像, Nimrud · Nineveh · Sinn · Assur · Jarwan · Khursabad · Huwaish · Tal Hassuna 遺蹟地, 요나의 무덤, Mosul博物館, Umayyard · Mujahidi · Nurid · Prophet Jonah · Prophet Jerjis · 나비요니스寺院, Al-Tahira · Simon Peter · St. Thomas 敎會 (37)	71
	5. Nasiriya (2001)	州政府廳舍, 市廳, 都心地, Gulf 戰時 破壞橋梁, 發電所, 遺蹟地出入檢問所, 食堂 Wasot Kut · Hai · Rifa · Shatra · Islah · An-Nasiriyah · Gharraf · Ikaikah · Shuyuku 地域 (16)	히자라 沙漠, 大平原, Euphrates江, 리파이江, Ghacrat江, 하마르湖 (6)	王宮, 王宮復元基盤, 수메르人 文明 · 보르시파王國 · 우르 · 우르크 · 에리두 · Adab · Tell Al Ubaid · Larsa 遺蹟地, 아브라함 生家, 黃金牛頭像 發掘遺地, 王族住宅址, 난나神 지구라트, 舊裁判所, 世界 最初의 아치, 나	40

國家	地域	機關·施設·地區	名勝·觀光·慰樂地	遺物·紀念·遺蹟地	合計
34. 이라크	5.Nasiriya			시리아 博物館, 우르크 에아나 大寺院 遺蹟地, Enk 寺院(18)	
	6. Hilla (2001)	州政府廳舍, 市廳, 市街地, Babel International호텔, 原住民部落, 카지노, 農村住宅, Hashimiya · Hindiya · Madhatiya · Mahawil · Musayab 地域 (12)	유프라테스江, 힐라江, 運河 (3)	Babylon · Borsipa 遺蹟地 (2)	17
	7. Babylon (2001)	市廳, 市街地, 觀光客案內所, 觀光客 아파트, 訪問客休憩所, VIP休息施設, 高速道路, 바빌론橋, Hilla · 안나자프 · 알하라 · 비르스 님루드 · 보르시파 · Karbala · Mahawil · Haswa · Eskardarda 地域 (17)	엘벤드山, 베히스툰山, 미아 平原, 유프라테스江, 티그리스江, Shatt江, 힐라江, Borsippa · Shishi · Yousfiah 運河, 나크시에로 스탐 岩壁, 椰子樹 숲 (12)	Babil · Qusr 宮殿, 에마크神殿, Ishtar門, 南 · 北 庭園, 에사길라 聖壇, 훔라 · 그리스 劇場, The Lion of Babylon, 메르키즈 古代住居地, Procession Street, 바빌론 帝國 · 에사길라 · 보르시파 지구라트 · 하마단 · 페르세 폴리스 · 바벨塔 · 空中庭園 遺蹟地, 바빌론 · Hammurabi · Nabuchdnazzer 博物館, 니마크 · Madukh · Ninurta · Ishtar · Ninmakh 寺院 (27)	56
	計(7)	146	75	163	384
35. 러시아 (2001)	1. Moscow (2001)	大統領宮, 中央政府廳舍, 國會議事堂, 市廳, 市議會, 聯邦會議 빌딩, 元老院, 모스크바市 소비에트, 內務部, 外國貿易省, 國家統計局, 國立圖書館, 中央郵遞局, 中央電話局, 中央電信局, 모스크바大學, 로마노소브大學, 알렉산드롭스키大學, 科學技術大學, 모스크바 音樂院, 고르바초프 硏究所, 러시아 國際友好 · 文化交流協會, 大統領迎賓館, 國際貿易센터, 러시아 文化센터, 中央銀行, 對外弘報會館, 音樂會講堂, 이스베스치아 新聞社, 베베체 建物(前展覽會센터), 인투리스트 本部, 勞動組合의 집, 文化人아파트, 제츠키 미르 어린이 建物, 어린이圖書館, 세레메티예보Ⅱ國際空港, 세레메티예보Ⅰ · 도모제도보 · 브수코보 · 비코보 國內空港, 레닌그라드驛, 카잔스키驛, 벨라루시驛, 키예프驛, 쿠르스크驛, 파벨레츠驛, 리가驛, 사볼로프驛,	Vorobiovy山脈, 레닌 · 붉은 · 참새 · 바라뵤비 · 파크론스이 언덕, 모스크바江, 야우자江, 이스트라江, 크리야지마江, 코첼니체스카야江, Skhodnya江, Muravka江, Kopytovka江, Setun江, Ramenka江, Krovyankya江, Los江, Ochakovka江, Bittsa江, Samorodinka江, Yauza江, Kotlovka江, Gorodnya江, Chertanovka江, Ichka江, Chermyankya江, Budayk江, Serebryanka江, Ponomark江, Nishohenka江, Im · Moscow · Vodootvodny · Grebnoy 運河, 힘키 貯水場, Novospasskiy못, Bolshoy湖, Kuzminskiy湖, Lyublinskiy湖, Verkhniy湖, Dznamgarjvskiy湖, Shibaevskiy湖, Beket湖, Borisovskiy湖, Bolshoy Sadovy湖, Golovinskiye湖,	크렘린 城壁, 大크렘린 · 大會 · 그라노비타야 · 페트로프스키 · 오스탄키노 · 피오네르 · 쩨렘노이 · 모스크바 · 쿠스코보 · 쉐레메체브 伯爵 · 바트로프스키通路 宮殿, 凱旋門, 호레브니에 大門, 아르바트門, 니키트스키門, 天使의 塔, 스파스카야塔, 니콜리스카야 塔, 크타파야塔, 크로이츠카야塔, 볼로비츠카야塔, 트로이츠카야塔, 오스탄킨스카야塔, 텔레비전塔, 이반大帝의 鐘樓, 보고브즈보드나야 · 트로이츠카야 · 마로비츠카야 · 크레믈린 望樓, 宮殿兵器庫, 武器庫, 모스크바 藝術座舊館, 舊KGB建物, 체호프의 집, 유스포프公의 집, 러시아호텔, 파슈코프公의 집, 러시아호텔, 파슈코프의 집,이탈리아집, 네덜란드 집, 이구노프의 집, 英國會館, 舊國防省, 야스나야 팔라나市의 톨스토이 生家, 大砲의 王, 鐘의 王, 꺼지지 않는 불, 噴水臺	382

國家	地域	機關·施設·地區	名勝·觀光·慰樂地	遺物·紀念·遺蹟地	合計
35. 러시아	1. Moscow	야로슬라프스키驛, 키에프스키驛, 브리얀스크驛, 스몰레스크·키에프 地下鐵驛, 버스터미널, 시티 에어 터미널, 모스크바·불리바르·사드바야 環狀道路, 레닌·레닌그라드·쿠푸조프·콤소몰·고골·舊마르크스 大路, 新아르바트·대니키츠카야·트베로스카야·대류반크·먀스니츠카야·大오르딘크 볼혼크·프레치시첸크·그르키·大피르고프스카야·아르바트·모호바야·니콜리스카야·보즈드비젠크·스레첸크·第一메샨스카야·大그루진스카야·트베로스카야·中國人·콤사볼스키 거리, 크라스노 프레스넨스카야 江邊道路, 모스크바레츠키·볼쇼이·카멘누이·二層·칼리닌·크라스노 홀름스키·안드레이 예프스키·크리미야·우스첸스키·보로지노·크림스키·보로진스키·루즈코브·바그라티오노프스키 다리, 國營·굼 百貨店, 돔크니기 書店, 레닌中央·디나모 스타디움, 루즈니키 大運動場, 올림픽 主競技場, 中央競馬場, 全러시아 展示센터, 中央展示홀, 스타니슬라프스키 音樂堂, 플라네타륨, 러시아 발레團, 國立서커스, 自由式場, 크렘린·볼쇼이·오페레타·고리키·박탄코프·니쿨린 서커스·國立中央人形 劇場, 코스모스 映畵館,메트로폴·우크라이나·Rossia·Mezhdunarodnaya·르네상스·발틱 호텔, 韓食堂 '아리랑'·'우리 가든', 現地食堂 '제인', 맥도날드 하우스, 칼로멘스코에市, 쿠스코보市, 레닌스키에 고리키市, 보로지노市, 코리아 타운 (136)	Tsaritsynskiy湖, 北河港, 遊覽船乘船場, 文化·고리키·소콜니키·三角·알렉산드로포스키·中央·藝術·크라스노 프레스렌스키·Losiny Ostrov國立·國內空港앞·칼로멘스코에市 自然保護·Fili·Khimkinskiy·Glebovo·Pokrovskoe·Streshnevo·Timiryazeva·Tsaritsyno·Perovskiy·Kuntsevskiy·Berezovaya Roshcha·Dubki·Khlebnikovskiy·Vorontsovskiy·Pobedy·Troparevskiy·Terletskiy·Bittsevskiy·Kuzminskiy·Ismaylovskiy·Kuskovskiy·Nagatinskaya Poyma·Biryulevskiy 公園, 銀色의 숲, 알렉산드로프스키·네스쿠츠느이·에르미타츠·바우만·아브람체보市 庭園, 모스크바 動物園, 科學아카데미·地下鐵 植物園, 자작나무숲, 보로지노市 平原, 文學散策路, 아이스 서커스, 붉은·콤소몰·소보르나야·류반크·사과나무·革命·마네지·自由의·퓨슈킨·凱旋·쿠드린스카야·아르바트·레핀·콤나·스몰렌스카야·벨라루시·소비에트·타간카·크레믈린 寺院·유리 가가린·十月革命 廣場 (118)	'人民友好', 로브노에 베스트 演壇, 水泳場遺蹟, Vagankovskoe墓地, 레닌墓, 톨스토이墓, 無名勇士의 墓, 스탈린墓, 흐루시초프墓, 레닌·유리 가가린·페테르大帝 1世·도스토예프키·카를 마르크스·푸슈킨·차이코프스키·쿠투조프·마야코프스키·유리도르 고리키公·라마노스·英雄 미닌과 포자르스키 銅像, 國立歷史·舊 레닌中央·中央革命·中央音樂·國立美術·軍事·工業技術·모스크바 歷史再建·톨스토이·시추세프 紀念建築·마야코프스키·푸슈킨·마르크스-엥겔스·東方文化·쿠스코보·고리키의 집·체호프의 집·레닌의 집·안드레이 벨리 紀念·아브람체보市立·보로지노市立軍事歷史 博物館, 푸슈킨·노보데비치·트레챠코프 國立·修道院의 美術館, 도스토에프스키·시추세프·바스네초프·고골·大祖國戰爭戰勝 紀念館, 보로지노 戰鬪파노라마館, 차이코프스키 紀念音樂院, 바실리聖堂, Great Assumption Cathedral, 아르항겔 가브리엘·트리니티·聖三位一體·칼로멘스크의 昇天·洗禮 요한·게오르기 엡스카야·聖 세르게이 라도네즈스키·聖일리에 先知者·聖니콜 추도토보르츠·聖母聖像·聖그리고리에 네오케사리스카야·聖요한보인·聖母保護教會, 聖바실리·12使徒·우스펜스키·블라고 베시첸스키·아르항겔리스키·예수 救世主·클레믈리·카잔 聖母·바크로프스키·스몰렌스크 寺院, 聖다닐로브·노보데비치·몸소코에 修道院 (128)	
	2. St. Petersburg	州廳舍, 州議會, 市廳, 市議會, 造幣局, 郵遞局, 살리코프 시체드린	발틱海, 핀란드 灣, 페트로그라츠키 섬, 바실리에프스키 섬, 토끼	페트로파블로프스크 要塞, 여름·겨울·美의·치킨·타부리다·미	237

國家	地域	機關·施設·地區	名勝·觀光·慰樂地	遺物·紀念·遺蹟地	合計
35. 러시아	(2001)	圖書館, 페테르부르크 綜合大學, 콘서바토리 音樂大學, 科學아카데미, 美術아카데미, 발레學校, 푸슈킨市의 學習院, 市소비에트執行委員會會館, 풀크보 空港, 모스크바驛, 핀란드驛, 바르샤바驛, 발티스키驛, 피테포스크驛, 電車, 地下鐵, 버스터미널, 볼쇼이 삼푸소네프스키 · 네프스키 · 라가프스키 · 보즈네센스키 · 스보로프 · 카멘나 오스트로프 · 넵스키大路, 12街路交叉點, 비보르 · 몬탄가大學 · 페트로프 스카야 江邊道路, 카로하바야 · 大몰스카야 · 미하일로프 · 이탈리아 · 建築家로시 · 퓨슈킨市의 샤드바야 거리, 宮殿 · 겨울宮殿 · 아니츠코프 · 토로츠키 · 리테이니 · 舊商去來 · 볼리세오프 · 슈미트 中尉 · 알렉산드로 네프스키 다리, 가스티네이 드보르 · Torgovli · Moskovsky · Passage 百貨店, 商店 Red October, 中央콘서트홀, 콘서트 大公演場, 필하모니, 아카데미 合唱團, 서커스, 알렉산드리아 · 마린스키 · 볼쇼이 드라마 · 뮤지컬 코미디 · 말리 발레오페라 劇場, Pribaltiskaya호텔, 韓食堂 '新羅', 現地食堂 '겔리콘', 中國村, 네바江河口 델타地帶, 페트로드 보레초市, 푸슈킨市, 파블로프스크市, 레피노市 (74)	섬, 상트 페테르부르크港, 大네바江, 小네바江, 大네프카 江, 小네프카江, 모이카江, 지다도프江, 카르포프카江, 파블로프스쿠市의 슬라반카江, 폰탄가 · 에카테리나 · 白鳥 · 모이카 · 크론베르크 · 그이바이도바 · 그리보에도바 · 오브포드니 運河, 라드가湖, 페트로드보레츠市의 라이온 瀑布, 黃金의 山 瀑布, 체스의 山 瀑布, 네바江 乘船場, 遊覽船, 페트로드보레츠市의 船着場, 파블로프스크 · 마르세 公園, 페트로드보레츠市의 위 · 아래 公園, 에카테리닌스키 公共 · 여름 庭園, 페트로드보레츠市의 이브 · 로마 · 벤치 · 장난꾸러기 · 아담 · 太陽 · 피라밋 · 떡갈나무 · 雨傘 · 넵튠 噴水, 動物園, 植物園, 파블로프스크 花園, 붉은 · 宮殿 · 레닌 · 烽起 · 聖이사크 · 미하일로프 · 알렉산드리아 · 元老院 · 투르게네프 · 데카브리스트 · 아드미랄 · 證券去來所 · 즈나멘스카야 · 마로스 · 트로이츠카야 · 藝術 · 니유라이 · 테아트라리나야 · 센나야 · 빌체바야 廣場, 스트렐카 곶 (69)	르마르 · 피터大帝 宮殿, 푸슈킨市의 에카테리나 宮殿, 파블로프스크市의 大宮殿, 페트로드보레초市의 大 · 마르리 · 몽프레지르 · 여름宮殿, 凱旋門, 페트로프門, 네프스키門, 이바노프門, 戰士의 紀念碑, 勝利의 塔, 舊參謀本部, 舊海軍省, 고골리의 집, 라스콜리니코프(小說 '罪와 罰' 의 主人公)의 下宿집, 페트로드 보레초市의 네오 고딕樣式집, 알렉산드르 圓기둥, 로스트랄 燈臺기둥, 모스크바 大砲, 바실리 貿易場, 넵튠 샘, 삼손 샘, 로마의 샘, 스핑크스, 발틱 巡洋艦 오로라號, 레피노市의 레핀의 아틀리에, 페트로드보레초市의 마굿간, 라자레프墓地, 티흐빈墓地, 도스토예프스키墓, 차이코프스키墓, 무소르크스키墓, 레피노市의 레핀 무덤, 니콜라이1世 騎馬像, 표트르 青銅騎士像, 勝利의 女神像, 퓨슈킨 · 스볼로프將軍 紀念銅像, 에카테리나2世 · 레닌 · 피터大帝 · 구토조프 銅像, 바르클레이드토리像, 페트로드보레초市의 표트르大帝像, 에르미타주 國立 · 러시아 · 겨울宮殿 · 미르마르宮殿 · 멘시코프宮殿 · Stroganoff宮殿 · 國立러시아 · 人類學 · 歷史 · 러시아 文學 · Shalypin · 音樂 · 美術 · 都市 · 動物 · 武器 · 十月革命 · 砲兵 · 海軍中央 · 民族學 · 러시아民族 · 無神論 · 舊카잔聖堂 · 표트르오두막집 博物館, 퓨슈킨市의 푸슈킨 博物館, 에르미타주 國立 · 西유럽 · Anna · Art-Gorod · Delta · Gostinaya · Finae Art Academy Gallery · National Center 美術館, 푸슈킨 紀念館, 이사크 · 니콜라이 · 스파스 나크라비 · 페트로 파블로프스크 · 카잔스키 聖堂, 피의 救援의 寺堂, 스몰리 · 알렉산드로 네프스키 修道院 (94)	

國 家	地 域	機關·施設·地區	名勝·觀光·慰樂地	遺物·紀念·遺蹟地	合計
	計(2)	210	187	222	619
36. 폴란드 (2001)	1. Warsaw (2001)	政府廳舍, 國會議事堂, 市廳, 市議會, 大法院, 外務省, 國立圖書館, 共産黨本部, 러시아大使館, 바르샤바·빅토리아 大學, 科學아카데미本部, 藝術아카데미, 폴란드 國立쇼팽(Szopena)協會, 學生旅行協會(ACMATUR), 國立銀行, 메디컬센터, 旅行案內所(ORBIS),國際空港, 中央驛, 그다니스크 驛, 바르샤바驛, Ochota驛, 버스터미널, 電車·地下鐵, 마르샤뮤 코프스카 大路, 예로 졸림스키·루트코프스키·크라코프 郊外·노비시비트·Ciolka·Nowy Świat·Chmielna·Marszalkowska·Jerozolimskie 거리, 시론스코든 브론스키·포니야도프스키·Ślasko·Srednicowy·Łazienkowski·Gdański·Świetokrzyski·Dabrowski다리, Galeria Mokotow百貨店, 舊市街市場, 벼룩 市場, Amerian Bookstore, 國立·國立오페라·國立필하모니·Buffo·Dramatyczny·Syrena·Kámeralny Komedia·Kwadrat·Polski·Baj 劇場, Vera호텔, 韓食堂 '실로암', 現地食堂 '카르치마', 酒店 '푸키에르', 카페 '크로코딜', 舊市街地(Stare Miasto), 新市街地(Nowe Miasto), 젤라조바 볼라(Zelazowa Wola)村 (67)	Wisla(비스와)江, Narew江, Bug江, Praski河港, Łazienkowski湖, Oko湖, Belwedorski湖, Morskie湖, Promenada湖, 와지엔키·사스키·그라신스키·Kultury·Skaryszewski·Lazienki·Pole Mokotowskie·Praski·Morskie Oko·Ujazdowski·Kusociúskiego·Traugutta·Rydza-Śmiglego·王立·Pilsudskiego·Kazimierzowski 公園, Praski·Krasi'nski·Edward Rydz-Smigly·Saski 庭園, 動物園, 植物園, 젤라조바市의 植物園, 데필라트·憲法·잠코비·勝利·리넥·舊市街地市場·新市街地市場 廣場 (39)	Barbakan城壁, Ujazdowski城, 王宮, 벨베드리宮, 라지르宮, 와지엔키·文化科學·빌라노프·水上·大統領·Jablonowski·Wilanów·Staszic 宮殿, 지그문르 3世·쇼팽의·英雄 紀念碑, 바르샤바 蜂起紀念塔, 큐리夫人 生家, 프레데릭 쇼팽(Fre-deryk Chopin)의 生家, 꺼지지 않는 불, 포반스키·無名勇士·猶太人 墓地, 聖요한聖堂 墓, 코페르니쿠스 坐像, 니케(Nike)·바자 3世王·Ghetto英雄·P.Wysocki·JanⅢSobieski·Jan Kiliński·Adam Mickiewicz·쇼팽·Sigismund 3世王·코슈스코·J. Pitsudski·미츠키에비치 銅像, 人魚 시레나의 像, 國立·바르샤바歷史·民俗·軍事·技術·퀴리·쇼팽·國立人類學·王宮·아시아-太平洋·Wilanów後期 博物館, 現代·Wilanów宮殿 美術館, 現代美術센터, 聖十字架·聖 洗禮요한 聖堂, 聖 안나·러시아 正·聖카지미르 敎會 (57)	163
	計(1)	67	39	57	163
37. 체코 (2001)	1. Praha (2001)	政府廳舍, 國會議事堂, 市廳, 市議會, 大統領官邸, 外務省, 中央郵遞局, 프라하 國立大學(舊 카를大學), 貿易部建物, 市民會館, 市立情報센터, 新都市홀, 放送타워, 藝術家의 집, 프라하 國際空港, 本驛, 中央驛, 프라하 홀레쇼비치	프라하·흐라차니 언덕, 블타바(Vltava)江, 도나우江, Labe江, Elbe江, Certovky江, 캄파섬, 스트렐스키섬, 데키섬, 슬로반스키섬, Štvanice·Cisařský·Détský·Libeňský섬, Botič 運河, Slapy댐, Rasín乘船場, 브	프라하城(Pražsky Hrad), 칼스타인城, 비셰흐라트城址, 王宮, 벨베데레宮, 슈바르첸 베르크宮, 발렌스타인宮, 토스카닉 別宮, 舊宮殿, 킨스키·체르린·슈가센베르크·돌스킨스키·産業 宮殿, 프라하塔, 火藥塔(Prašná	291

國家	地域	機關·施設·地區	名勝·觀光·慰樂地	遺物·紀念·遺蹟地	合計
37. 체코	1. Praha	驛, 버스터미널, 電車, 地下鐵, 市街高速道路, 바싱토소바 거리, 카를(Karluv)·체하·마네수프·찰스·슈베르미·5月1日·이라스코프·Lesser Town·Barikádniku·Stefánikuv·Palackého·Libeňsky·Hlávkův·Legil 다리, Bilá Labut·Palác Koruna·Myslblk·Tesco·Kotva 쇼핑센터, Celetná·Rott·Rückl크리스탈 商店, 膳物商街, 在來市場, Mládeže·Velký Strahovský스타디움, Permanent展示館, Goja音樂홀, Galerie·Art Deco·Gambra·O'Art·Soho·Vltavin·Hollar·Miro 갤러리, 國立·All Colours·州立오페라·國立Marionette·Royal Road·Ta Fantastika·Estates·Kalin音樂·Opera Mozart·Congress Center·Kalich 劇場, Rudolfinum빌딩, Hotel Praha, 現地食堂 'Cafe Poet', 中國食堂 '東方大酒店', 現地食堂 'Union Restaurant', 展望臺, 小地區(Malá Straná), 第6地區, 大使館 地區, 猶太人居住地, 新市街地, Melník Town·Lidice·Troja 地區, Praha-Brno間 高速道路, 高速道路 休憩所 Moto Rest 9 Krizu (87)	르흘라츠키·페트린스케·레렌스케·Kosíře-Motol·Sárka-Lysolaje·Caravan 公園, 프라하城·발렌스 타인·Vrtbovská·Husory·Thomayerovy·Heroldovy·Vyšehradské·Kaizlovy·Vojanovy·Svat. Čecha·Riegrovy·Vrchlického·Chotkovy·Bezručovy·Letenské 庭園, 프라하 動物園,프라하 植物園, 프라하·共和國·舊市街·작은·十字架騎士團·프라고투르·바츨라프·호라트차니·고르케오·로레토·바실리·프라하城·Velkopřevorské·Miru·Maltézské·Dražického·Křížovnické·Anenské·Valdštejnské·Vitězné·Hradčanské·Macharovo·Bachmačské·Sibiřské·Na Santince·Svobody·Předbateriemi·Jiřiho·Josefa Machka·Lyčkovo·Loretánské·Koštnické·Krupkovo·Pod Kastany·Karlínské·Betlémské·Staroméstské J. Hus·Mariánské·Senovázné·W. Churchilla·Skroupovo·Generála Kutlvasra·Na Balabence·Anenské·Pod Emauzy·Barikád·Kubánaské·Vršovické·Jiriha Z Lobkovic·Bratři Synků·Svat-Čecha·Boh Hrabala 廣場 (93)	brána), 달리 보르카 塔, 로레토 聖堂鍾塔, 플래그塔, 舊市廳 廳舍塔, Minulka Powder塔, Petřín View塔, Lesser Town 橋塔, Old Town橋塔, 舊市廳舍, 聖母마리아의 집, 카프카의 집, 兵士의 집, 퀸 안나의 여름의 집, 프란츠 카프카 生家, 테레진 强制收容所, Rudolfinum, Golden Ring·Stone Bell·Black Madonna 하우스, 猶太人回廊·Pinkas·Maisel·Klaus·스페인 시나고그, 大主教廳, 天文時計, 舊市街地, 黃金의 小路, 개스燈 遺物, 舊Ghetto地區, 猶太人葬禮場, 양 빨라君 焚身自殺 焚香所, Bila Mora, Loreta, Maze, 비셰흐라트 墓地, 猶太人墓地, 聖바츨라프 騎馬像, 양후스의 像, 싸우는 巨人像, 카를4世 銅像, 토마스大統領 銅像, 骸骨銅像, 國立·레닌·市立·自然史·戰爭歷史·國立技術·軍事·航空·寶石·장난감·人物·어린이·빌라·郵便·猶太人·應用美術·Labkowicz宮·Mucha·Bedřich Smetana·Antonin Dvorák·Náprstek博物館, 國立·프라하城·王宮·市立·聖조지·Troja宮·Sternberg宮·現代·Zbraslav宮·Kinský宮·Strahove 美術館, 寶物館, 모차르트 紀念館, 聖비토 大聖堂, 聖니콜라스·聖母마리아·로레토聖堂, 英國·國際·로마캐도릭·틴·聖니콜라스·聖十字架·聖이르지·시나고그 猶太·조지 바실리카·빅토리우스 敎會,猶太人·Bethlehem 公會堂, 스트라호프·크레문트룸 修道院 (111)	
	2. Brno (2001)	이호모라프스키 州廳舍, 市廳, 市議會, 國立銀行, 오스트리아 國境稅關, 푸르키네大學, 國際貿易博覽會長, CKM, 風力發電所, 오페	Tatra山脈, Gerlachovský Stit山, 보헤미아·모라비아 高地, 파블르프 丘陵地, Dyie江, Svrarka江, Svirava江,	슈필베르크城, 聖야곱 聖堂尖塔, 크로마뇽人들의 野營地遺蹟, 멘델의 완두콩 栽培庭園, 機關銃ZB開發遺蹟地, 멘델 紀念銅像, 市	63

國家	地域	機關·施設·地區	名勝·觀光·慰樂地	遺物·紀念·遺蹟地	合計
37. 체코	2. Brno	라 하우스, 브르노 中央驛, 버스터미널, 市街地, Husova · Května · Masarykova · Janska 거리, Prior百貨店, 商街地域, 舊市街地, 新市街地, 工業地域, 모라비아 平原,모라비아 카르스트 石灰岩 地帶, 마초하 地域, 農村地域, 오스트리아 國境線 (27)	Jihlava江, 스비타바江, 스비라트카江, 自由 · 멘델 廣場, 鍾乳洞, 藝術의 집, 모라비아 카르스트, 스베두프스 툴 洞窟 (17)	立 · 人類學 · 産業 博物館, 멘델 資料館, 聖야곱 · 聖페테르 파울 · 코멘스키 · 聖토마스 · 聖미하일 · 장코트 토마스 · 장코트 야코프 敎會, 멘델 · 아우구스티누스 修道院 (19)	
	計(2)	114	110	130	354
38. 헝가리 (2001)	1. Budapest (2001)	政府廳舍, 國會議事堂, 市廳, 市議會, 中央郵遞局, 電話局, 시체니 圖書館, 헝가리 入國稅關, 韓國大使館, 부다페스트 大學(舊 로란드 大學), 부다 工科大學, 科學아카데미, 音樂아카데미, 리스트 音樂院, 地理學研究所, 軍事研究所, IBUSZ本社, 結婚禮式場, 展望臺, 韓國 하나銀行, 하나 라면 生産工場, 페리헤지 國際空港, 中央驛, 南部驛, 西部驛, 델리驛, 피오닐 驛, Keleti驛, Nyugati驛, 아이들鐵道, 엘리자베스 橋, 駐車場, 漁父의 要塞 馬車, 고리키 街路樹길, 토트아르파드 散策路, 電車, 地下鐵, 레닌大路,人民共和國 · 멕시코 · 라코치 · 탄치치 · 미하이 · 포르투나 · 國會 · 紳士의 · 에베트케 · 지외르지 · 레게 · 베셀레니 · 바치 · 뱀(蛇)의 · 하리슈 · 필박스 · 紀念館 · 안드라시 · 비치 거리, 中央殘橋, 懸垂 · 自由의 · 에르제베트 · 외스체쾨퇴 · 마르키트 · 페퇴피 · 위페슈티 · 아르파드 · Szabadsag · Cable · Chain 다리, 土産品店거리, 쇼핑센터, 뵈뢰슈마르티 케이크 가게, 벼룩 市場, Grand Market Hall, Astoria Mirror, 自由 스위밍 풀, 부다페스트 컨벤션 센터, 리스트 音樂홀, 콘서트 홀, Petőfi홀, Planetarium, Grand Circus, 國立오페라 · 野外 · Duna宮殿 · Erkel 劇場, Novotel Congress	聖겔러리터 山, Margita山, Kis-kevély山, Nagy-kevély山, Kálvária-domb山, Óhegy山, Kálvária-hegy山, Hármashatár-hegy山, Kis-Sváb-hegy山, Csúcs-hegy山, Gyertyános山, János-hegy山, Vadász-hegy山, Fóti Somlyó山, Bolnoka 山, 겔레르트 언덕, 에스테르 곰市의 王宮의 언덕, 도나우(Duna, Danube, Donau)江, Soroksári江, Szentendrei江, Rakós · Szilas · Mogyoródí · Arany-hegyi · Ráckevei · Barosjenói · Messúréti · Csömöri · Omszki · Ördög · Gyáli 運河, 마르키트섬, 人民의 섬, Háros섬, Obudai섬, Szentendre섬, 市立公園湖水, Naplás湖, Kávicsos湖, Omszki湖, Lányi湖, Városligeti湖, 國際乘船場, 國內船乘船場, 市民 · 파리의 · 타반 · 市立 · 부다 · 바로슈마요르 · Statue · Függ · Besenyo · Germanus Gy. · Szent István · Jubileumi 公園, 遊園地, 薔薇園, 샤그바리의 숲, Novetel호텔 庭園, 카지노場, 루다슈 · 세체니 · 테르말 · 聖靈降臨節 溫泉, 부다페스트 動物園, 부다페스트 植物園, 모스크바 · 겔레르트 · 自由 · 엥겔스 · 11月7日 · 마르크스 · 빈의 門 ·	바이다후냐드 城, 漁父의 要塞, 聖겔러리터城, 王城, Buda城, Citadellla城, Vajdahunyad城, 돌이 城砦, 에스테르곰市의 城壁, 舊王宮, 부다 王宮, 解放紀念碑, 에스테르곰市의 紀念碑 · 터키 碑文, 마리아 마그다리아 가브리엘 銅像塔, 蘇聯解放紀念塔, 비셰그라드市의 솔로몬의 塔, 舊市廳舍, 三位一體의 기둥, Aqunicum 遺蹟, 戰爭殘骸建物, 비셰그라드市의 王宮遺蹟 · 要塞遺蹟, Gül Baba의 墓, 아라파드 騎馬像, 無明歷史學者 · St. Gellért · 이슈트반 1世 · 리스트 페렌츠 · 엘겔 페렌츠 · 라코지 · 英雄 · 페퇴피샨드로 · 가브리엘 天使 銅像, 自由의 女神像, 울지 않는 獅子像, 코슈트라요슈像, 天使像, 6名의 部族長 浮彫, 二頭코끼리像, 國立 · 부다페스트 歷史 · 民俗學 · 軍事 · 軍事歷史 · 音樂史 · 音樂 · 農業 · 商業 · 藥業 · 郵便 · 交通 · 工藝 · 電話 · 地下鐵 · 猶太 · 헝가리 勞動運動 · 리스트 · Aqincum · 漁父의 要塞 · Statue Park 博物館, 國立資料館, 全國猶太人宗教 · 歷史 컬렉션, 센텐드레市의 村落 · 아퀸博物館, 에스테르곰市의 王宮 · 中央敎會 博物館, 國立 · 極東 美術館, 現代갤러리, 國立갤러리, 아트 갤러리, 센텐드레市의 코바치 마르키드 · 페렌치 美術	286

國 家	地 域	機關 · 施設 · 地區	名勝 · 觀光 · 慰樂地	遺物 · 紀念 · 遺蹟地	合計
38. 헝가리	1. Budapest	Hotel, 韓國食堂 '韓國館' · '서울의 집', 現地食堂 'Piroska', 부다 地區, 페스트 地區, 文化財保護區域, 猶太人居住地區, 헝가리 平野, 도나우벤트 地方, 센텐드레(Szentendre)市, 비세그라드(Bisegrad)市, 에스테르곰(Esztergom)市, 오스트리아 國境線-부다페스트間 高速道路, 農業地帶, 農村部落 (102)	바챠니 · 클라크아담 · 解放 · 칼빈 · 페퇴피 · 로즈벨트 · 파샤레티 · 코슈트 라요슈 · 코다이 · 英雄 · 바로스 · 데아크 · 뵈뢰슈마르티 · 엘문카스 · 페렌츠 · 비가도 · 코르빈 · Óbuda 廣場 (91)	館, 바로토크 紀念館, 센텐드레市의 民藝의 집, 세인트 이슈트반 大聖堂, 마챠시 聖堂, 에스테르곰市의 바질리카 大聖堂, 마챠시 · 市區 · 마리아 막달라나 · 猶太 · 칼비니스트 · 바로슈마요르 · 聖 이슈테판 · 칼빈 · 루터 · Matthias · 스테판 바실리카 · 헝가리正 敎會, 센텐드레市의 그리스正敎 敎會堂 (93)	
	計(1)	102	91	93	286
39. 멕시코 (2002)	1. Mexico City (2002)	大統領宮, 中央政府廳舍, 國會議事堂, 州廳舍, 市廳, 中央郵遞局, 멕시코 大學, 멕시코 國立自治大學, Unam 大學, 베니또 후아레스 國際空港, 부에나비스따 驛, 버스터미널, 地下鐵, 라틴 아메리카 타워, PTE. Adolfo Lopez Mateos大路, Paseo de la Roforma路, Parque Lira路, Constituyentes路, Presidente Masaryk路, 우아레스路, 과달루뻬 路,이사벨 라까또리까 路, Melchor Ocampo路, Insurgentes路,Chapultepec 路, 까란사路, 라사르 까르데나스 路, 소칼로路, 綜合病院, 國立 · 市立 圖書館, 산본스 百貨店, 시우다데라 · 산후안 · 大學都市 · 中央 · 라구니야 市場, 디에고 리베라의 스튜디오, 올림픽 스타디움, 運動場, 室內體育館, Hermanos Rodriquez競馬場, 國立藝術院, 國營殿堂, Melia Mexico Reforma호텔, 韓國亭, 소나리사 地域, 산 양헬 地區, 꼬요아깐 地區, 소치밀꼬 地域, 차풀테펙 地域, 貧民住宅街, 山保護壁, (Teotihuacan地域 內)버스 停留場, 土産品店거리, 바이킹 그룹, 洞窟食堂 La Gruta Restaurant (57)	Madre 山脈, Picacho 山, Chiconautla山, Cuautzin山, Campamento山, Teutli山, La Estrella山, Pelado山, Ajusco山, Penon山, 포포카테페틀 火山, Mateo江, La Magdalena江, Lerina江, Hondo Canada de los Helechos江, Lorenzo江, Tula江, 발사스江, Lago · Norte · Desague · Colorado 運河, Guadalupe · Colorado · Rancho · Tenantongo 湖水, Tepozteco 國立公園, 차뿔떼뻭 · 알라메다 · 美術 · 센떼나리오 · 라봄비야 · Lira 公園, Coyoacan Botanical 庭園, 보르다 庭園, 動物園, 植物園, 디아나 噴水, 아즈텍王 休養地, 植物엘마게이, 데낄라 酒, 소칼로 · 三文化 · 가리발디 · 미라마에 · 리오데하네이로 · 산하신또 · 마리아치 廣場, (Teotihuacan地域內) 달의 廣場, 太陽의 廣場 (50)	마야 · 아즈텍 遺蹟地, 차뿔떼뻭城, 이뜨루비데 · 獨立 · 꼬르떼스 宮殿, 타일의 집, 산 마떼오 데 발빠라이노 伯爵의 집, 리스꼬의 집, 뗌쁠로마요르 · 뚤라 · Alixtlahuaco · Tzintzuntjan遺蹟, 革命 · 獨立紀念塔, 꽈우떠목 · 컬럼버스 紀念像, 오보레곤 將軍 紀念碑, 비의 神 드롤라크 石像, 과달루뻬 聖母像, 뱀을 물은 독수리 像, 國立人類學 · 티마요 · 蜜蠟人形 · 뗌쁠로마요르 · 멕시코 市立 · 國立革命 · 레몬 트로츠키 · 까르멘 · 아나와까이 · 國立民藝品 · 國立歷史 · 國立美術 · 自然史 · Nino · Antiguo Cotegio de San Ildefonso · La Acuarela · Jose Luis Cuevas · Bellas Artes 宮殿 · Claustro de Sor Juana · Franz Mayer · Arte Internacional Rufino Tamayo · Arte Carrillo Gil · Casa Estudio Diego Rivera Y Frida Kahlo 博物館, 現代 · 까리요힐 美術館, Zaragoza將軍紀念館, 까떼드랄 大聖堂, 과달루뻬 寺院, 산또도밍고 · 산 프란시스코 · 라 쁘로페사 · 산따 까따리나 · 산후안 바우띠스따 敎會, (Teotihuacan地域 內) 아즈텍 文明遺蹟, 太陽의 · 달의 · 農耕의 · 께쌀꼬아뜰 神殿, 께쌀빨로뜰 · 하과레스 · 제규어 · 東門神話의 · Tetitla ·	183

國 家	地 域	機關·施設·地區	名勝·觀光·慰樂地	遺物·紀念·遺蹟地	合計
39. 멕시코	1. Mexico City			Tepantitla 宮殿, 시우다데라 城壁, 피라밋, 死者의 길, 떼빤띠뜰라 뜰락록의 壁畵, 彫刻,浮彫, 千寺院의 삐띠오, 地下寺院, Yayahuala 住居地 遺蹟, 애니깽 抽出絲, 떼오띠후아깐 博物館 (76)	
	計(1)	57	50	76	183
40. 페루 (2002)	1. Lima (2002)	大統領宮, 中央政府廳舍, 國會議事堂, 리마州 廳舍, 市廳, 市議會, 裁判所, 中央郵遞局, 페루 國立·산 모르코스·아그라리아·카톨리카·인제니에리아 大學, 리마 호르헤챠베스 國際空港, 空軍飛行場, 데삼파라토스驛, 버스터미널, 판 아메리칸·센트랄·海岸高速道路, 아베니다 大路, 그라우·아반카이·라르코·타그나·아레키파·브라질·알폰소 우라르테·루즈벨트·라우니온·콜메나·우카야리·호세라르코·디아고나·아레키파·레카르도·호세파르도·아레끼바·핏자 거리, 國立圖書館, 中央市場, 슈퍼마켓, 土産品센터, Jockey Plaza 몰, El Polo 몰, Camino Real몰, 카사파라토스 文化센터, 시 빅큐센터, 證券去來所, 몬테리코·國立·圓型 競技場, Acho 鬪牛場, 市立·Segura 劇場, Bruce 호텔(布魯斯酒店), Riviera·볼리바르·크리욘·셰라톤 리마 호텔, 高麗亭, 韓國食堂, Hon Fok Restaurant(鴻福食街), 舊市街地, 미라 플로레스 新市街地, 차이나타운, 센트랄 리마 , 산 이시드로 地區, 미라 플로레스 海岸地區, 헤수스 마리아 地區, 몬테리코 地區, 바다 埋立地, 레몬 밭, Canete市, Peaje市 (76)	太平洋, San Lorenzo섬, Cavinzas섬, Fronton섬, 가야호港, 리마港, Callao港, 리마 海水浴場, 안데스山脈, 피노山, 모리나山, Lomas Negras山, Mirador山, Santa Maria山, San Cristobal山, Agustino山, Colorado山, Morro Solar山, 신 크리스토발 언덕, Rimac江, Chillón江, 칠까江, 라스레젠다스·투바쿠아마루·女人像이 있는·大學센터럴·게오티·케네디·어린이·사랑의·La Expocion·Daytona·Las Tradiciones·Eduardo Villena·Correa Elias·Dunnant·Leoncio Prado·Carosio·Reducto·中央·Arguedas·Leguia 公園, 動物園, 植物園, 라스 잉카스·와카와라 마르카 골프場, 아르마스·5月2日·라반테라·잉카시시온·聖마르크·Morales Barro·Centro America·Acho·Jorge Chavez·San Martin·Union·Castilla·Republica·Raimondi·Bolognesi·Francia·Grau·Mayor 廣場 (64)	파차카마 神殿, 라인키시온·토레타글레 宮殿, Real Felipe城, 舊宗敎裁判所, 와카와랴마르나·와카후리아나·카흐마르키야·Pachacamac·Huaca·Atocongo·Juliana 遺蹟地, 타타쿰바 地下墓地, 산마르틴 騎馬像, 國立·黃金·아마노·國立人類考古學·라파엘 라르코 에레라·露天·國立歷史·銅錢·엔리코 폴리·自然史·Bellas 美術·現代 民俗藝術·宗敎美術·電氣·軍事歷史·페루 文化·海軍·San Marcos·Descalzos·Miguel Grau·Sitio de Pachacamac·Taurino·Huaca Huallamarca·Huaca Pucllana 博物館, 國立·페루·이탈리아 藝術·페드로 데 오사마 總督 美術館, 카세드랄 大聖堂, 산 프란시스코 敎會와 修道院, 산 페드로·산토 도밍고·산 오거스틴·라스 나사레나스·라 메르세·산 마르세로·헤수스마리아·산타로자·Main·Los Descalzos 敎會 (54)	194
	2. Cusco (2002)	쿠스코 州廳舍, 市廳, 裁判所, 移民局, 郵遞局, 警察署, 쿠스코 大學, San Antonio Abad大學, 코스코 空港, 솔驛, 산페드로驛,	안데스 山脈, 사르칸라이山, 푸만죠山, Urubamba江, Vilcanotar江, Saphi江, Huatanay江, 우아이포湖, 피우	잉카·Pisac·시크사이와만·켄코·피우라이호·타폰·피키랴쿠타 遺蹟地, 코리칸차 太陽神殿 遺蹟, 삭사이후아만 要塞, 푸카푸	144

國 家	地 域	機關 · 施設 · 地區	名勝 · 觀光 · 慰樂地	遺物 · 紀念 · 遺蹟地	合計
40. 페루	2. Cusco	이다르코 버스터미널, 엘솔 · 아툰 루이요쿠 · 로레토 · 아레키파 · 文化 · 太陽의 · Del Medio · Santa Teresa · Del Ejercito · Collasuyu · Grau · Wuayrurupata · Antonio Lorena · Tullumayu · Iulio · Thupaq Amaru 거리, 綜合病院, 市立圖書館, 百貨店, 中央市場, 슈퍼마켓, 콘트라반도 商街, 民藝品商店, 樂器店, 商店街, 觀光案內所, 크리세오 體育館, 디스코텍, San Agustin · International Cusco호텔, Don Antonio · Q'ori Cháska · Paititi 食堂, 사크사이와만 入口 · 타폰 · 안타 이스쿠챠카 · 친체로 · 안타 후아로 콘도 · 안다와이라스 · 우로고스 · 살바도루 · 피사크 地域, 庶民住宅街, 안데네스 階段式 밭, 쿠스코 麥酒 쿠스케냐 (57)	라이湖, 露天溫泉, 山에 새겨진 口號板 'Viva el Peru', 中央 · 아르마스 · 리맛쿠판다 · 레고시오 · 산 프란시시코 · 마요르 · Cusipata 廣場, 觀光폴리스 (19)	카라 要塞, Inka Mango Qhapaq · Virgins of the Sun · Inka Yupanqui · Inca Pachacuteg · Inka Roq'a · Inca Wiracocha · Inka Wayna Qhapaq · Pukamarka 神殿, 산타구라라 門, 잉카 石壁, 잉카 壁畵, 12角의 돌, 잉카地下道, 잉카의 길, 잉카의 성스러운 溪谷, 파차쿠테 銅像, 紀念碑, 考古學 · 宗敎藝術 · 自然史 · 大衆藝術 · Saint Catherine · Manco Capac · Admiral 博物館, Concha · Oliart · Admiral · Four Busts · Four Pumas · Inca Garcilaso de Lavega · Marques de Valleumbroso · Clorinda Matto de Turner House, 大寺院, 산토도밍고 聖堂, 산타카타리나 修道院, 太陽의 寺院, 산타테레사 · 라콤파냐 헤수스 · 라메루세 · 산프란시시코 · 산타구라라 · 엘 트린포 · 라콤파냐 · Recoleta · Saint Blas · Nazarenas · Saint Anthony Abbot · Saint Christopher · Jesus-Joseph-Mary · Saint Catherine · Saint Francis · Triumph · Company of Jesus · Saint Sunday · Saint Merced · Saint Clare · Saint Peter · Belen 敎會 (68)	
	3.Urubamba (2002)	市廳, 國立銀行, 信用銀行, 컨티넨탈銀行, 電話局, Aguas Calientes驛, Ollantaytambo驛, 과일市場, San Agustin 호텔, Infaland호텔, Centro Vacacional Urubamba, 스리테 · 유카이 · 올란타이 탐보 · 우츄이 · 라마이 · 코아 · Calca · Lares · Maras 地域 (20)	안데스 山脈, 사르칸라이 山, 푸만죠 山, Nevado de Salkantay 山, Ocobamba 山, 우루밤바江, 빌카노타 江, 올란타이탐보 江, Paccha 江, Santa Catalina, Casa Cabrera (11)	모라이 · 올란타이탐보 · 쿠스코 · 카르카 遺蹟地, Inka Trail, 人類學 · 自然史 · 地域歷史 · 宗敎美術 博術館, La Catedral · La Compania · La Merced · San Francisco · Santo Domingo · San Blas · San Cristobal · San Pedro · Santa Teresa · Santa Clara 聖堂 (19)	50
	4. Machu	Aguas Calientes 마을, Chaullay 地域, 잉카 다리, 잉카	안데스 山脈, 비르카밤바 山, Nevado Salcantay 山, 사르칸	마추픽추 空中都市遺蹟 (2,430m), 3個窓宮殿, 王女의	63

國 家	地 域	機關·施設·地區	名勝·觀光·慰樂地	遺物·紀念·遺蹟地	合計
40. 페루	Picchu (2002)	길, 뱀의 길(빙검의 길), 階段式 밭, 푸엔테루이나스驛, 訪問案內所, 食堂, 賣店, Turistas호텔, 마추픽추 호텔, 食堂 Toto's House (13)	라이 山, 푸만죠 山, 마추픽추 山, Huayna Picchu 山, Pumasillo 山(6,245m), 베로니카峰, 코르디에라峰, 성스러운 바위, 우루밤바江, 빌카노타江, Alcamayo江, Vilcanota江, Aguas Calientes江,작은 展望臺, 오두막 展望臺, Goodby Boy (19)	宮殿, 太陽의 神殿, 파차마마 神殿, 콘도르 神殿, 主神殿, 달의 神殿, 神宮의 집, 太陽의 門, 인티와타나(時計臺), 신성한 廣場, 大廣場, 中心廣場, 聖職者沐浴湯, 王女沐浴湯, 貴族居住地域, 聖職者居住地域, 庶民居住地域, 揚水場, 돌절구, 움막 哨所, 葬儀石, 地下監獄, 陵墓, 墓地, 技術者居住地, 牢獄, 寺院, 古代 소금製造山, 인티푼쿠 遺蹟地 (31)	
	5. Ica (2002)	이카州廳舍, 市廳, 市議會, 아이르 콘도르 輕飛行場, 판 아메리칸 高速道路, 室內體育館, 公設運動場, 葡萄酒製造工場, 葡萄栽培地, 木花栽培地, 와치카 地域, Santiago 地域, Huwachica Mossone 호텔 (13)	안데스 山脈, 이카江, 아르마스 廣場, 沙漠, 모래山, 와카치나 리조트 地域 (6)	考古學 博物館, 共同墓地, 라메르세 教會 (3)	22
	6. Nasca (2002)	市廳舍, 판 아메리칸 高速道路, 市場, Bolognesi · Bolivar · Marsesk · Grau · Fermin de Castillo · Arica · Mariategui · Callao 거리, Palpa市, Lineas · Nasca · Montecalro · Turistas 호텔, Los Angeles 食堂 (17)	안데스 山脈, 미라도루 언덕, 나즈카江, 인헤니오江, 그란데 江, 아카리江, 나즈카 平原, 아르마스 廣場, 나즈카 地上圖 展望臺, 市內公園 (10)	나즈카 文化遺蹟, 파레도네스 遺蹟, 나즈카 墓地터, 프레 잉카時代의 水路, 나즈카 博物館, (나즈카 地上繪畵, Nasca Geoglyphs) 벌새, 거미, 콘도르, 원숭이, 도마뱀, 나무, 개, 펠리칸,앵무새, 물고기, 트라이 앵글, 고래, 不等4邊形, 宇宙飛行士, 飛行場 (20)	47
	7. Pisco (2002)	市廳, 市街地, 魚油製造工場, 痲藥重毒靑少年 收容所, 판 아메리칸 高速道路, 페헤레이 곶, 파라카스 · 미라도루 호텔, Johnney and Jennifer 食堂, San Crimente市, 친차市 (11)	太平洋, Paracas 半島, Ballestas · Blanca · San Gallan · Sangayan · Chincha 섬, 물개 · 팽귄 棲息地, 카야오 · San Andres · Museo de Sitio · Playa Chae · Pto. San Martin · Pisco 港, 안데스 山脈, 네바도 시라크 山, 피스코江, 산유안江 (18)	파라카스 文化遺蹟, 탐보 콜로라도 잉카 遺蹟地, 칸델라브라 地上그림 (3)	32
	計(7)	207	147	198	552
41. 브라질 (2002)	1. Foz do Iguaçu (2002)	市廳, 브라질-아르헨티나 國境管理所, 이따이푸 訪問者센터, 觀光案內所, 이따이푸 댐, 아따이푸 水力發電所, 이과수 空港, 버스터미널, 船着場, 展望橋, Tancredo Nevas橋, 브라질 大路, 브라셀 에베뉴, 友情의 다리, 競技場,	이과수江, 파라나江, Monday 江, Acaray江, 이과수 瀑布, 이따이푸 湖, 地中湖水, 이따이푸다무 湖, Amizade섬, 무지개 다리, 마꾸코 사파리, 보트 觀光, 動物푸마, 이과수 國立公園, 이과수 정글, Visitors Wood, 이과수	이과수 博物館, 이따이푸 生態博物館, São João Batista 教會, 이슬람 教會(4)	51

國 家	地 域	機關·施設·地區	名勝·觀光·慰樂地	遺物·紀念·遺蹟地	合計
41. 브라질	1. Foz do Iguaçu	展望臺, 土産品店, 紀念品商會 (Artesanato and Chocolate Caseiro), Cataratas地域, Bourbon·Das Cataratas 호텔, Refain Buffet Restaurant, Galeteria La Mamma 食堂 (23)	公園, Da Barragem 公園, Mundo Selvagem 公園, Kayser 公園, Las Aves 公園, Embalse 公園, 캠핑 地域, 이과수 골프 코스 (24)		
	2. Curitiba (2002)	빠라나 州廳舍, 州議會, 市廳, 市議會, 電話局, 天文觀測臺, Parana大學, 都市計劃硏究所 (IPPUC), 大衆交通運送公社 (URBS), 園藝試驗場, 市保健所, 職業訓練所, 職業斡旋所, 꾸리찌바 文化財團, 가리발디 協會, 環境託兒所, 綠色交換(Cambio Verde) 프로그램 事業, Afonso Pena 國際空港, 튜브驛, 버스터미널, 市內버스, 聯邦高速道路, 24時·惡魔의 구멍·Rua 15 de Novembro 거리, 步行者道路, 탑의 街路, 市民의 길, 市民의 꽃길, 自轉車專用道路, Parama 公共·市燈臺·아라비안 紀念圖書館, 中央·露天·夜·手工藝 市場, 꾸리찌바 컨벤션 센터, 展示센터, Expotrade Pinhais, Marumby Expocenter, 收容歸還의 집, 中央體育館, Wire Opera, 州立·Paulo Leminski·Paiol·Guaira·Quarry 劇場, 나이트 클럽 'Sex', Grand Hotel Rayon, Roochelle Park·Itaipu·Tree Tower Curitiba 호텔, Pertutti·Madallos 食堂, Nakaba(中場 日食堂), 세트로 이스토리코 舊市街地, 센트 베지스타 地區, 이탈리아人 居住地域, 工團地域, 쓰레기 埋立地, 中央·Bogueirao·Felicidade·Portao·Boa Vista·Cajuru·Pinheirinho·Bairro Novo 行政區 (70)	大西洋, Geral 山脈, Parana Piacaba山脈, Barigui江, Atuba江, 바리기·바가제리·黃金의 湖水, Alto São Francisco 貯水池, Barigüi·Caiua·Do Bacacheri·Nautico·Iguaçu·Trabalhador·Tropeiros·Pedreiras·Diadema·General Iberê de Mattos·Roochelle·市民·빌라 벨라 州立·그라시오사 州立·폴란드·산토스 안 드레데스·大衆·獨逸人·Barreirinha·São Lourenço·Passauna·Ibere de Mattos·Tangua·Tingüi·Open University for the Environment·Passeio Publico·Ukrainan Memorial·Trooper's 公園, 보타니칼 庭園, 動物園, 植物園, 水族館, Alemão Boavista·Capão·da Imbuia·João Paulo Ⅱ·Pilarzinho·Gutierrez·Fazendinha·Gutierrez·Pope John Paul Ⅱ·Portugal·Reinhard Maack 숲, 꽃時計, 地獄의 큰 가마솥, 時計塔, 展望塔, 智慧의 燈臺, 텔레비전 塔, 都市의 燈臺, Mercês塔, Garibaldi·Tiradentes·Japan·Carlos Gomes·19 de Dezembro·João Candido·Rui-Barbosa·Eufrāsio Correia·Rio Iguaçu·Generoso Marques·29 de Março·Zacaria·Oswāldo Cruz·do Expedicionārio·Santos	이과수 宮殿, 舊郵遞局, 紀念噴水, 國立墓地, 브라사 베제소塔, 빠라나 州立·自動車·自然史·鐵道·Alfredo Andersen·Parana's Art·Sacred Art·Rosae Crucis Egyptian·에너지·Expedicionary·Image and Sound 博物館, Metropolitan Museum of Art, 現代 美術館, 市紀念館, Andrade Muricy·Romario Martins·Curitiba's Memorial·Brasilian Popular·Red·Music Conservatory·Leão Junior Palace·Avenida Palace·Solar do Barão 文化館, 이집트 寺院, 카데드랄 大寺院, 오르템 테르세라 教會, 로사리오 教會 (32)	180

國 家	地 域	機關·施設·地區	名勝·觀光·慰樂地	遺物·紀念·遺蹟地	合計
41. 브라질	2. Curitiba		Andrade · 오르뎀 · 오소리오 · 산토스 두몬트 廣場 (78)		
	3. Brasilia (2002)	大統領執務室, 大統領官邸, 政府廳舍, 國會議事堂, 大法院, 最高裁判所, 市廳舍, 住宅 · 都市部, 中央銀行, 陸軍本部, 軍司令部, 브라질 大學, 브라질리아大學, 市郡市 都市計劃研究所, 브라질리아 空港, 長距離 · 近距離버스터미널, 汽車驛, , 地下鐵, 官廳 · 大使館 · 맨숀 · Asa Norte · W3 Sul · W3 Norte · Asa Sul · Eixo Monumental 거리, Ponte Costa e Silva · Ponte do Bragueto · Ponte Lago Sul 다리, Sia Park 쇼핑센터, 쇼핑몰, 벼룩 市場, 텔레비전 塔, 都心展望臺, 各種클럽, 國立 · Acoustic · 大 劇場, Planetarium, Churrascario Do Lago 食堂, 住居團地, 大使館 · Militar Urbano · 中心 · 銀行 · 호텔 · 庶民아파트 · Embaxiadas Norte · 北部호텔 · 南部호텔 · Industurias Graficias · Embaxia das Sul · Planaltina 地區(53)	Geral do Parana 山脈, Piloes 山脈, Morro do Centenario 언덕, 파라노아江, Sao Marcos 江, Preto江, Corumbia江, Paracutu江, Tocantins江, Paço Azul江, Sao Bartolomen 江, Jardim江, Momunhas江, Das Salinas江, Pabanda江, Cachoeira e Gruta do Rio sol 江, Sobradinho 江, Bartolomen江, 파라노아湖, Jaburu湖, 北쪽 半島, Dos Ministros半島, 國立 · 市立 · Saah · Dacidade Sarah · Sia · Kubitscheck 公園, 보타니칼 庭園, Jardim動物園, 植物園, 캠프場, Cafuringa 保護區域, Estasão Ecologica de Aguas Emendadus 保護地, 大型國旗, 市마크, Solarius造形物, Salto do Tororo · Cacho- eira do Piriripau · Cachoeira de Saia Velha 流域, 三權 · 쁘라사 지트 레스버데 · Municipal 廣場, 브라질리아 交叉路(44)	Buriti · Itamaraty · Planalto · Alvorada · Jaburu 宮殿, 歷史地域, Nation's Pyre, Nation's Pantheon, 쿠비체크 大統領石像, 勞動戰士의 石像, 歷史 · 軍事 · 잉비엔사 · 地球科學 · 大法院 · 中央銀行 · 郵便 및 電報 · Vivo da Memoria Candanga · Catetinho · Espaço Lucio Costa · Espaço Cultural Oscar Niemeyer · Caixa Economica Federal · Sector de Hoteis de Turismo Norte · Federal Senate · Academia de Policia Federal · Nacional de Gamas · Imprensa Nacional Arte de Brasilia · da SUCAM 博物館, 존 F. 케네디 紀念館, Eixo紀念館, 大聖堂, Dom Bosco Chapel, Nossa Senhora da Apareciola Cathedral, World Messianic Church of Brasil, Igreja Nossa Senhora de Fatima, Dom Bosco Sanctuary, National Presbyterian Church, Pure Land Buddhist Temple, Good-Will Temple, Templo Seicho-No-lê, Rosecrucian Temple (41)	138
	計(3)	146	146	77	369
42. 아르헨티나 (2002)	1. Puerto Iguazú (2002)	市廳, 電話局, Puerto Iguazú空港, 버스터미널, 船着場, Tancredo Neves 橋, 아르헨티나共和國 大路, 散策路, Plaza · Inferior · Superior 循環路, Green · Macuco · Yacaratia Trail, 빅토리아 아구레 거리, 中央驛, Garganta del Diablo 驛, Cataratas 驛, 列車, 展望臺, 쇼핑店, Dos Hermanas 休	이과수江, 파라나江, 몬다이江, Acaray江, San Martin섬, 이과수 瀑布, Ramirez · San Martin · Bosseti 瀑布, 瀑布웅덩이 水泳場, 惡魔의 목구멍 (Garganta del Diablo), 이과수 國立公園, 獨立公園, 카지노 施設 (14)	聖堂, 敎會, Marco Argentina (3)	46

國家	地域	機關·施設·地區	名勝·觀光·慰樂地	遺物·紀念·遺蹟地	合計
42. 아르헨티나	1. Puerto Iguazú	憩所, Iguaz · Parana · Alexander · Sant George 호텔, Visitor Center, Puerto Canoas, 아르헨티나-브라질 出入國 事務所(29)			
	計(1)	29	14	3	46
43.터키 (2003)	1. Istanbul (2003)	州廳舍, 州議會, 市廳舍, 市議會, Istanbul · Mimar Sinan · Teknik · Marmara · Galata 大學, 陸軍士官學校, 文化센터, Tourist Police, 觀光案內所, Galata Tower, Inönü 蹴球競技場, Vefa Stadı 體育館, 베스타시蹴球場, Cerrahpaşa 病院, Spice Bazaar, Mlslr Çarşlsl (이집트香辛料市場), 그랜드 바자르(Kapalı Çarşı), 魚市場 (Balık Çarşısı), 쇼핑센터, 패션거리, 아타튀르크 國際空港 (Atatürk Hava Limani), Sirkeci · Yedicule · Yenikapl · Cankurtaran · Kumkapl · Haydarpaşa · Yelşilyur · Yeşilköy驛, Aksaray · Karaköy 地下鐵驛, Topkapl · Harem · Otogar · Garaji · Eminönü 버스터미널, 돌무쉬 버스, Eminönü · Halem · Sarayburnu · Üsküdar · Karaköy 乘船場, Bosphorus · Faith Sultan Mehmet · Galata · Atatürk · Haliç 橋 (道路, Bulvarl) Atatürk, Piyalepaşa, Barbaros, (道路, Yolu) Çevre, Sılıvrıkapı, Topkapl, Edlrnekapl, Sahil, Divan, Harem Sahıl, Üsküdar (道路, Caddesi) Raglp, Gümüşpala, Bahriye, Fevzipaşa, Kemeraltı, Macarkardeşler, Ordu, Şehzadebaşl, Millet, Yeniçeriler, Vatan, Cumhuriyet, Çarşı, Necatibey,	地中海, 黑海(Black Sea), 마르마라 海(Marmara Denizi), 보스포루스(Bosphorus) 海峽, 골든 혼(Golden Horn)灣, 프린세스 諸島(Princes Islands), Kınalıada섬, Adası섬, Burgazadası섬, Heybeliada섬, 公主塔섬, Galatasaray섬, 킬리오스(Kilyos) 海水浴場, 보스포루스 海岸線, 보스포루스 크루즈(遊覽船), işklı · Rumelifeneri · Kiz Kulesi · Anadolufeneri 燈臺, 아나톨리아 半島, Alem山, Kayis 山, Kırbaçbayırlı山, Göz Tepe山, Yusa Tepesi山, Çamlıca언덕, Seytan江, Alibey 江, Kāğıthane江, Vidos江, Nakkaş江, Kemer江, Uzunca江, Kurbari江, Çavuşabaşı 江, Goksu江, Deresı江, Bahçekoy Su Kemeri運河, Efrikemer運河, Ömerli貯水池, Gülhane · Emirgan · Yıldız · Rumeli · Anadolu Hisari · Kūçūk Çiftlik 公園, Istanbul 動物園, Kuz,塔, 터키式 沐浴湯 (Hasek Hürrem), 탁심(Taksim) 廣場 (港)Ataköy, Harem, Yenikapı, Haydarpaşa, Sirkeci, Eminönü, Karaköy, Beşiktaş, Üsküdar, Kadiköy, Anadolu Kavaği, Yeniköy, Ayvansaray, Deniz Otobüsü, Cibali, Ortaköy, Kasımpaşa, Fener, Balat, Eyüp, Hasköy, Çengelköy, Beylerbeyi, Merkez,	아나돌루城, 로마城壁, 테오도시우스의 城壁, 예디쿠레城趾, 루멜리 要塞(Rumeli Hisari), Dolmabahçe · Topkapı · Yıldız · Beylerbeyi · Çinili Köşk · 바그다드 · Pera · 地下(Yerebatan)宮殿, Byzantine · Üsküdar · Imrahor · Teffur Sarayı遺蹟地, 비잔틴 地下貯水池, 발렌스의 水道橋(Bozdoğan Kemeri), Bozdoğan Arches, 메두사 頭像石臺, 메두사의 눈물기둥, 競技場(Hippodrom), 베야짓(Beyazit Kulesi), Obelisk, ill · Sultan Ahmet샘, Hatice Sultan샘, Tophane샘, Yerebatan 물貯藏庫, Bınbırdırek 물貯藏庫, Beyazit塔, Galata塔, Kiz 塔(Maiden Tower), 尖塔, 共同墓地, 베리 댄스(배꼽춤) (Fortress) Yekikule, Rumeli Hisarı, Anadolu Hisarı (Columns) Got Sütunu, Çemberlitas, Kiztaşı, Hipodrome, Dıkılıtas, Yılanlısütun, Örme Sütun, Alman Çeşmesi (博物館) Ayasofya, Fethiye, 軍事(Askeri),裝飾타일(Çinili Köşkü), 모자이크(Mozaik), 터키 이슬람 美術(Türk ve islam Eserleri), 傳統樂器(Galata Mevievihane), 古代 오리엔트 (Eskişark Eserleri), Maritime, Archeological, Kilims, Municipal, Atatürk, Works of Painting and of	394

國 家	地 域	機關·施設·地區	名勝·觀光·慰樂地	遺物·紀念·遺蹟地	合計
43.터키	1. Istanbul	Beşiktas, Meclisi, Dolmabahçe, Meclisi Mebusan, Çıva Gan, Kuzguncuk, Muallim Nacı, Yalı, Paşalimanı, Boyu, Abdullah Ağa, Şemsipaşa, Bağlarbaşi, Nuh Kuyusu, Ankara, Demihisar, Hasköy, Abdülezel Paşa, Kumbaracı, Yenisehir, Bahnye, Refik Saydam, Tarlabaşı, istiklal, Meşrutiyet, Rıhtım, Dere (호텔 · 食堂) Ceylan Intercontinental Hotel, Citadel Restaurant, Şehir Restaurant, 韓食堂 서울亭, 日食堂 豊, 롯디에 찻집(鹽野七生 作家가 즐겨찾던 茶房), Efes 麥酒 (市 · 地域) 살리에, 베벡, 오르타코이, 베스타시, Sariyer, Beykoz, Bakırköy, 舊首都 遺蹟地 (舊市街地 區域) Vefa, Sarayburnu, Sirkeci, Sultanahmet, Laleli, Cankurtaran, Eyüp, Cağaloğlu, Eminönü, Gedikpaşa, Bayazit, Unkapanı, Kumkapı, Cibali, Karagümvük, Saraçhane, Aksaray, Ayvansaray, Haseki, Fatih, Fener, Balat, çarşamba, Opkapı, Findikzade, Çapa, Şehremini, Top Çular, Mevlanakapı, Samatya, Yedikule, Belgradkapı, Sllivrikapı, Defterdar, Kocamustafapaşa, Edirnekapı (新市街地 區域) Taksim, Harbiye, Kabataş, Cihangir, Kasımpaşa, Galata, Halıcıoğlu, Karaköy, Dolmabahçe, Tepebaşı, Dolapdere, Beyoğlu, Kurtuluş, Hasköy, Beşikaş Maçka, Arnavutköy, Sütlüce, Okmeydanı,	Kuzguncuk, Mezarliğı, Kavak, Karacaahmet, Sultan, Topkapı, Yahudi, Edirnekap, Feriköy, Efendi, Kulaksiz, Fransız, Ermeni, Rum, Musevi (88)	Sculpture, Aşiyan, Chora Church, St.Irene, Turkish Cappets, Sadberk Hanim, Basilica Cistern, Calligraphy, Important Buildings and Turkish Art, Little Palace of Aynali Kavak, Little Palace of Küçüksu, Little Palace of Ihlamur, 寶石館 (寺院) St. Sophia, Eyüpsultan, Boyazıt, Mihrimah, Şemsipaşa, Yeni, Rüstempaşa, Sultanahmet(Blue), Nuruosmaniye, Fafif, Süleymaniye, Eyüp, Aksaray Valide Sultan, Sokollu Mehmet Paşa, Sultan Selim, Hagia Sophia (聖堂 · 敎會) Mirene, Aya Sofya(Saint-Sophia), Saint Irene, St. Sergius and Bacchus(Small Ayasofya), Kariye(St. Saviour in Chora), Fethiye, Zeyrek, Ayairini Kirisesi (98)	

國 家	地 域	機關·施設·地區	名勝·觀光·慰樂地	遺物·紀念·遺蹟地	合計
43.터키	1. Istanbul	Pangaltı, Teşvikiye, Yıldız, Mecidiyeköy, Feriköy, Kuruçeşme, Ortaköy, Nişantaşı, Dikiltaş, Şişli, Osmanbey, Esentepe, Gayrettepe, Kăğıthane, Talatpaşa, Karaagaç (아시아地域區域) Kuleli, Üsküdar, Doğancilar, Sultantepe, Harem, Paşalimanı, Kadıköy, Bağlarbaşı, Selimiye, Nakkaştepe, Acibadem, Kuzguncuk, Koşuyolu, Beylerbeyi, Validebağı, Çengelköy, Altunizade, Çavuşdere, Haydarpaşa, Zeynepkâmil (208)			
	2. Ankara (2003)	大統領宮, 首相官邸, 內務省, 建設省, 政府廳舍, 國會議事堂, 法院, 各國 大使館, 州廳舍, 市廳舍, 市議會, Ankara大學, Middle East Technical大學, 國家計劃部, 아타튀르크 文化센터(Atatürk Kültür Mrk.), 觀光案內所, 蹴球競技場, 쇼핑 센터, 商業中心地, 소금製造工場, Kale Washington食堂, Aksaray市의 Özeller食堂, 맥도널드 食堂, Berger King食堂, 廣州 五羊酒店, Altakule Tower, Etap Altinel Hotel, Dikman溪谷開發地, 舊市街地, 新市街地, Koçhisu市, Aksaray市, 비시디안 안디옥 地區, Ulus · Kızılay · Mamak · Ş. Koçhisar · Sincan · Gölbaşı · Bağlum · Çubuk · Citadel · Atakule 地域, 앙카라 國際空港, 앙카라 中央驛, 오토가르 버스停留場, 버스會社, 南行國道, Baran 休憩所, Aksaray 4거리 休憩所, 銀行거리 (街路, Bulvari) Gazi Mustata Kemal, Celâl Bayar, Cum-	아나톨리아半島, 아나톨리아高原, Elma Dağı山, Hasandai山, Doğu山, Ada山, Taşh山, Kırllar山, Menivenlikaya山, Kale山, Kızıl江, Ankara江, Persuk江, Çubuk江, Peçenek江, Gölbası湖, Bayındon · Çubuk · Kurtboğazi · Hirfanlı 貯水池, Bogazkale 國立公園, 韓國公園(韓國 參戰 土耳其 紀念塔) (公園, Parkı) Youth, Gençlik, Kurtulus, Abudi ipekçi, Cemre, Güven, Seymenler, Botanik, Kuğulu, Demetevler, Kale, Orman Çiftligi, Altin, Atatürk, Lunapark (廣場) Ulus(Nation), 政府部處들, 하지 바이람(Haci Bayram) (40)	앙카라 城(Ankara Kalesi), 비잔틴 時代의 城壁, 차타르 후유크 遺蹟地, Gardium 遺蹟地, 아우구스투스 神殿(Augustus Tapınagı), 皇帝官 遺蹟, Calum 市의 王의 門, 獅子門, 地下터널, 로마劇場, 로마時代 沐浴湯(Roma Hamamlari), 土器遺物, 스탠더드 造形物, 히타이트 戰士像, 히타이트 사슴像, 유리아누스의 기둥, 아타튀르크像, 最初國會 빌딩, 航空빌딩, 아타튀르크의 祠堂墓(Anıtkabir), 第2代 大統領 Ismet Inonu의 墓 아나톨리아(Anadolu)文明博物館(Anatolian Civilization Museum), 民俗學 博物館(Etnoğrafya Müzesi), 小아시아 文明博物館, Painting 博物館, 共和國(Republic) 博物館, 郵便(Post) 博物館, 美術館, 舊 國會 紀念館 (寺院, Camii) Yeni, Cenabı Ahmet Paşa, Alaaddin, Maltepe, Kocatepe, Augustus, Hacı Bayram, Roman, Arslanhane, Ahi Elvan (39)	175

國 家	地 域	機關·施設·地區	名勝·觀光·慰樂地	遺物·紀念·遺蹟地	合計
43.터키	2. Ankara	huriyet, Atatürk, Turgutözal, ismet inönü, Çetin Emeç (街路, Yolu) Çiftlik, Eskişehir, Konya Devlet (街路, Caddesi) ırı, istanbul, Çınardibi, ivedik, Hipodrum, Bağdat, Güıhane, Eşref Bitlis, Fatih, Cumhuriyet, Ulucanlar, Kāzim Karabekir, Çankiri, Gençlik, Irfan Baştuğ, Çank, Hasır Cılar, Ottogar, Talat Paşa, Akdeniz, Bahçelerarası, Tuna, Cemal Gürsel, Dikmen, Ziya Gökalp, iran, Yahya Galip, Cinnah, Necatibey, Strazburg, Müdafaa, Reşit Galip, Çankaya, Meşrutiyet (96)			
	3. Cappadocia (2003)	市廳, 市議會, 카펫學校, 觀光案內所, 旅行社, 藥局, 버스停留場 오트가르, 自轉車·오토바이貸與店, 國道道路, 市街地, 寶石商(Onyx), 카펫센터, 카펫店, 露天麥酒집, Nevşehir市의 Dedeman Hotel (市·邑·村) Nevşehir, Ürgüp, Uçhisar, Zelve, Göreme, Gülsehir, Avanos, Ortahisar, Soltanhan, Kaymaku, Derinkuyu, Çavuşin, Mustafupasa, Aksaray, Kızılçukur, Aksaluri, Sarman, Zemi Deresi, Paşabag, Kayseri, Güllüdere, Meskendir, Aktepe, Akdag, Görkün, Çavuşin, Eşmekaya, Bozcamahnut, Göre, Kaymaklı, Soğanlı, Taşkınpaşa, Mazıköy, Semil, Bogazkale (51)	아나톨리아(Anatolia) 高原, 타우르스 山脈, Uçhisar山, Erciyeş山, Melendiz山, Hasan山, Akdag山, Dede山, Yassıtumba山, Kızıl江, Delice江, Yenice江, Göksu江, Kanak江, Molendiz瀑布河川, 소금湖水(Tuz Gölu), Kurbağa湖, Hirfanlı貯水池, Mamasun貯水池, Seyfe湖水, Yay湖水, 캡運河(Kamal Köp), 버섯바위, 駱駝바위, 3美女바위, 새들의 樂園(Bird' s Paradise) (溪谷) Ihlara, Pigeon, Zelve, Arcılar, Güvercinlik, Kızıl, Güllüdere, Kızıl Çukur, Selime, Soğanlı, Kılıçlar, Derbent, Aşıklar, Çavuşin, Maccan, 砂巖·버섯·妖精·파샤바·駱駝 골짜기 (46)	Nevşehir城, Uçhisar城塞, Ortahisar要塞, Göreme 遺蹟地, Kültepe 遺蹟地, 秘密 터널, Derinkuyu·Kaymaklı·Özkonak·Mazıköy 地下都市, Avanos 陶藝品, 프레스코畫, Uçhisar 洞窟집, Selime墓地, 괴레메 野外博物館(Göreme Açik Müzesi), 젤베의 野外 博物館(Zelve Açik Müzesi), St. Jean 博物館, Göreme·Kızlar 修道院, Ağzikara Han, Saruhan, Alay Han, Öresin Han, Bezirhan (敎會) Elmalı, Saint Barbara, Çurıklı, Soğanlıdrere, Ayvalı, Kokar, Haçlı, Koc, Akdağ, S. Georges, Sütunlu, El Nazar, Pürenli Seki, Yusuf, Agaçlı, Karagedik, Durmus, Kırkdamaltı, Eskli, Meryem Ana, Saklı, Tokalı, Aynalı, Ağaçaltı, Karagedik, Kale, Davullu,	158

國 家	地 域	機關·施設·地區	名勝·觀光·慰樂地	遺物·紀念·遺蹟地	合計
43.터키	3. Cappadocia			Balli, Ala, Selime, Yılanlı, Eğritaş, Dirkekli, Samanlıgı, Kuzey Ambar, Sümbüllü, Kara Baca (61)	
	4. Konya (2003)	州廳舍(Belediye), 州議會, 市廳舍(Valilik), 市議會, 콘야空港(Konya Havaalanı), 警察署, Selçuk大學, 列車驛(Tren Gari), 鐵道, 電車, 버스停留場(Otogar), 돌무쉬 停留場, 郵遞局, 觀光案內所, 스타디움, 農産物加工工場, 男性專用 터키式 沐浴湯, 女性 專用 터키式 沐浴湯, Gold Bazaar, Masera · Real · Afra · Adese 쇼핑 센터, 과일 菜蔬市場, 市街地, Horozluhan Restaurant(옛 隊商들의 宿所), Hilton Hotel, Aladdin · Hstane · istanbul · Ankara · Karaman · Şerafettin · Mevlana · Tevfikiye · Aziziye · Köpübaı · Nazimbey · Selimiye · Sirçali Medrese · Arapoğlu Markası · Türbe 街路, Meram · Karatay · Selçuklu 地區, Sille · Meram · Tomek · Yarma · Hatip · Cumra 市(邑), Kızören · Sakyatam · Dokuz · Aşağıpınarbaşı · Çayırbağı · Kaşınhani · Çarıklar 村落 (58)	아나톨리아(Anatolia) 高原, Nurasdağı山, Atağnı山, 알라딘(Alaadin)언덕, Çarşamba江, Uluçay江, 타우루스山脈(Toros Dağlari), Beyşehir湖, Meke Krater湖, May · Apa · Altınapa 貯水池, Hadim의 Yerköprü 瀑布, 메이다스(Hükümet Meydanı) 廣場, 메블라나(Mevlana) 廣場 (15)	Selçuk 遺蹟, Beyşehir의 Kubadabat Sarayı 遺蹟, St. Paulos의 Hidden City Kilistra, 인제 미나레(InCe Minare) 神學校, 뷔윽 카라타이(Büyük Karatay) 神學校, Çumra의 Çatahöyük 石像, ivriz/Ereğli의 Hitit Relief 岩壁像, Beyşehir의 Eflatunpınar Hitit 紀念像, Meram Tavusbaba墓, Merlana墓, Semsitebrizi墓所 寺院, 市內 墓地, 사마춤(Sama Dance), Mevlana · Karatay · inceminare · Arkeoloji · Koyunoğlu · Etnoğrafya · Sırçalı Anitlar · Tile 博物館, Alaaddin · Şerafettin · Aziziye · Mevlana · Serimiye · Kapı 寺院, Sille Ayaelena 敎會 (28)	101
	計(4)	413	189	226	828
44.케냐 (2006)	1. Nairobi (2006)	• 大統領 執務室, 國會議事堂, 政府廳舍, 州議會, 州廳舍, 市議會, 市廳舍, 法院, 保健省, 敎育省, 農業省, 土地 · 住居省, 交通 · 通信省, 水資源開發省, 勞動省, 社會保障處, 情報處, 移民局, 所得稅局, 土地局, 國立銀行, 郵便局, 小包 郵便局, 케냐 警察本部, 나이로비 交通警察本部, 中央警察署, 刑務所, 消防署, 鐵道本部, 公園管理本部, 政府 新聞社, 케냐 放送局, Kenya Times Media	• Kenya山, Orek山, Ngong Hills • Athi 平原, Kaputiei 平原 • Athi江, Tana江, Nairobi江, Thika江, • Fountain 瀑布 • Naivasha湖, Magadi湖, Kreit湖 • Nairobi댐, Masinga댐 • Nairobi 國立公園, Ol 國立公園, Maasaimara 國立公園, Olorgasailie 國立公園, 地獄門	• Taveta族 居住地, 美國大使館 破壞 遺跡 • Anniversary塔, Campus塔, Highway塔 • Bomas of Kenya(傳統部落家屋) • Taveta族, Maasai族 • Kenya 住民 結婚式(新郎 Carol, 新婦 Ashanti:Safari Park Hotel 연못 옆) • Kenya 民俗歌舞, Kenya 傳統舞踊	321

國 家	地 域	機關·施設·地區	名勝·觀光·慰樂地	遺物·紀念·遺蹟地	合計
44.케냐	1. Nairobi	Complex, British Council, U.N.機構 • 國立文書保管所, 나이로비 文書保管所, 國立圖書館, Macmillan 圖書館 • Aga Kham 初等學校, Kenya University College, Kenya School of Law, Kenya Polytechinic, Kenya Institute of Administration, Kenya Institute of Education, Co-operative College of Kenya, University of Nairobi, Aga Khan Academy, Kalengata Academy • Kenya Art Society, American Cultural Centre, French Cultural Centre, Italian Cultural Centre, Kenya Cultural Centre, Japan Information Centre, Goethe Institute, United Kenya Club, Railway Sports Club, Railway Golf Club, Nairobi Club • Embakasi 國際空港, Jombo Kenyatta國際空港 • 鐵道驛, 鐵道線 • 버스 터미널, Country 버스 터미널 • Uhuru Highway • University · City Hall · Waiyaki · Mbagathi Way • Ronald · Ngala · Sheikh · Kimathi · Tom Mboya · Shelkh Karume · Banda · Mama Ngina · Moktar · Daddah · Monrovia Street • Luthuli · Harambee · Mei · Kenyatta · Harambe · Haile Selaisse · Moi · Easlein Avenue • River · Lagos · Latema · Cross · Accra · Kumasi · Ga-	公立公園, Abidei 國立公園, Odonyo Sabuk 國立公園 • City · Central · Uhuru · Sanke · Bomb Blast Memorial · August 7th Memorial 公園, Cirafee Centre 麒麟 센터 • Jeevanjee Gardens, Uhuru Gardens, • Mwea National Reserve, Maasai National Reserve, Amboseli Game Reserve, Ngong Reserve, Ngong Road Forest, Ololua Forest • 動物園, 植物園, Arboretum • 獅子, 코뿔소, 麒麟, 얼룩말, 코끼리, 물소, 큰귀여우 • International Casino, Hollywood Night Club, New Florida Night Club, Visions Night Club, Safari Park Hotel 韓國 노래방 · 디스코場 • 사파리 캣츠 쇼 • Karen Country Club, Railway Golf Coruse (56)	• Langate Cemetery, 市內 共同墓地, Jomo Kenyatta's Mausoleum • Kenya 國立博物館, Nairobi 國立博物館, Karen Blixen 博物館, 鐵道 博物館, Kenya Conservatoir of Music • 初代 大統領 紀念館, Amreef 紀念館, Nyayo Monument, McMillan Memorial Library • Sorsbie Art Gallery, Gallery Watatu • 로마 聖堂, All Saints Cathedral, Holy Family Basilica Cathedral, First Church of Christian Scientist, Greek Orthodox Church, Lutheran Church, Nairobi Chapel, Pentecostal Church, St Andrew's Church, Paul's Chapel, St Peter Claver's Church, Seventh Day Adventist, 유대敎會 Synagogue, Jamia Mosque, Khoja Mosque, Railway Landhies Mosque (41)	

國 家	地 域	機關·施設·地區	名勝·觀光·慰樂地	遺物·紀念·遺蹟地	合計
44.케냐 (2006)	1. Nairobi	berone · Race Course · Duruma · Kirinyanga · Slip · Muranga · Valley · Ngong · Limuru · Juja · Gichuru · Langate · Ruaka · Lower Kabete · Denis Pritt · State House · Lanoata · Thika · Jogoo · Heshima · Enterprise · Mombasa · Outer Ring · Karen · Airport Road • Kenyatta 國立病院, Nairobi 病院, Aga Khan 病院 • 시멘트 工場, 食品加工工場, 담배工場, 飮料工場, 커피農場, 家畜牧場 • City Market, Kariokor Market, Machakos Market, Wakulima Market, Elite Arcade, Baring Arcade, Utamaduni Craft Centre, 商業地區, 露天市場, 路店商, 都賣商 , 暗달러商 • Nation · Bank of India · African Heritage · Commercial Bank 빌딩, Barclays · Emperor 플라자, Ambassador · Afya Co-operative · Agip · Agriculture · Ambank · Alico · Arcade · Bank · Bibilia · Braid Wood · Bima · Bruce · Brighton · Caltex · City · India · Commonwealth · Electricity · Development · Diamond Trust · International · Embassy · Garden Chambers · Nairobi · Nairobi Sports Westminster · State House • Kenyatta International Conference Centre, Convention Centre, Textbook Centre, Game Park Car Passes Offece, 觀光案內所 • Aga Khan Sports Centre,			

國 家	地 域	機關·施設·地區	名勝·觀光·慰樂地	遺物·紀念·遺蹟地	合計
44.케냐	1. Nairobi	Railway Sports Ground • Kenya 國立劇場, 中國 · 印度 映畵館, Cameo · Casino · Embassy · Globe · Kenya · Nairobi · Odeon · Shan · 20th Century Cinema • Africana · Ambassadeur · Embassy · Intercontinental · Safari Park · Igbal · Dama Hotel, Oriental Palace, Youth Hostel, New Kenya Lodge • New Seoul Garden · 東京 · 露天 食堂 • Downtown, Westland 地區, 工業地區, 世界 10大 슬럼地區, 쓰레기 줍는 住民 住居地 Gorogoche, 家具店 地區 • Thika · Kiambu · Ngong · Lumuru · Dagoretti · Machakos · Athi River · Konza · Kajiado · Magadi · Oi Doruye 地域 (224)			
	2. Amboseli (2006)	• 國立公園管理事務所, 郡廳, 邑事務所, 物品保管所 Algului Trust • 非鋪裝道路, Dry Season中 自動車道路 2個路線, 里程標石, Sinet橋 • 公園 入口門, Game Drive Circuits • Ol Tukai Medical Clinic • Ol Tukai Lodge, Amboseli Serena Lodge • Tanzania 國境線 • Sinya Mine 地域 (15)	• Kilimanjaro山, Moomotio Hill, Chyulu Hills • Keju Adu江, Tsavo江, Kiboko江 • Amboseli湖, Conch湖, Kjoko 湖 • Amboseli國立公園, Kibo Villa 庭園 • Selenkei Community Wildlife Sanctuary, Kimana Community Wildlife Sanctuary • Ololorashi · Kuku · Mbirikani · Rombo · Kimma 集團農場 • Lenkisim · Meshenani · Kitirua · Eremito · Namelok • Kirunyet · Lemomo · Mbirikani 公園地區 • 動物들의 Great Migration Route	• Maasai族 部落, • Maasai族 傳統家屋 • Maasai族, Amboseli族 (4)	62

國家	地域	機關·施設·地區	名勝·觀光·慰樂地	遺物·紀念·遺蹟地	合計
44.케냐	2. Amboseli		•獅子, 호랑이, 표범, 코끼리, 麒麟, 코뿔소, 河馬, 치타, 브팔로, 하이에나, 얼룩말, 타조, 두루미, 황새 •平原 展望臺 •Safari (43)		
	3. Namanga (2006)	•出入國事務所, 稅關, 面事務所 •鐵道驛, 鐵道線 •버스터미널, 高速道路 •Maasai Trading Centre, 商街, 路店商 •食堂, 休憩所 •Tanzania 國境線 •Lianai地域, Kajiado 地域 (15)	•Ol Doinyo Orok山, Meto Hills •Nyiri Desert •Keju Adu 江 •Natron湖, Amboseli湖 •Masi-Amboseli Game 保護區 (7)	·Maasai族 傳統部落 ·Maasai族 傳統家屋 ·Maasai族 ·德泉敎會(韓人 牧使) (4)	26
	計(3) 1.	254	106	49	409
45. 탄자니아 (2006)	Namanga (2006)	•出入國事務所, 稅關, 面事務所 ·鐵道線 •버스터미널, 高速道路 •商店, 路店商 •食堂, 休憩所 •Kenya 國境線 •Longindo 地域, Kibalbal 地域, Lelelek 地域 (14)	·Ol Doinyo Orok山, Kilimanjaro山, Meto Hills, Ondinda Legeru 高地, Looru-kuruko 高地 ·Lake Amboseli (6)	·傳統 마을 ·傳統 家屋 ·原住民 ·Tanzanite 寶石 (4)	24
	計(1)	14	6	4	24
46. 南아프리카 共和國 (2006)	1. Johannesburg (2006)	•市議會, 市廳舍, 憲法裁判所, 大審院, 中央郵遞局, 中央消防署, Traffic Department, 요하네스버그 Convention Bureau, 警察署, 移民局, 짐바브웨 觀光局, First National Bank, Ned Bank, West Bank, 中央圖書館, 新圖書館 Tourism Information Services, South Africa Broadcasting Corporation, 證券去來所 •National School for Arts, St Kathorine's School, Medical School, Roseneath School, JNB Girls School, Barnato Park School, JNB College of Education, St. John's College, Newgate College, JNB Technical	•Transvaal Highvold, Constitution Hill •Bezuidenhout Valley •Sterkfontein 洞窟 •Vaal江, Olifants江, Tugela 江 •Leeupan湖, Zoo湖 •Vaal 댐, Klipdrif 댐, Hartebeespoort 댐 •Witwatersrand 地帶 •Mogale's Gate •Kruger 國立公園, Pilansberg 國立公園 •Saneton · Pioneer · Lion · Kempton · Joubert · Marks · Parktown Boys · Gold Reef City Theme · Delta · Pieter Roos · Trim · Mitchell · De Villiers · Rand Girls ·	•Emperors Palace, Victory House, Old Fort Prison Complex, Parktown and Westcliff Heritage Trust, 舊 證券去來所, 廢鑛地域 Gold Reef City, 民俗村 Lesedi Cultural Village, Baker Village •J.G.Strijdom塔, Post Office塔 •名酒 Amalula •南아프리카 國立博物館, 軍事歷史 · 醫學 · 人類學 · 아프리카 · Robert Bloom · National Spoonet · Chris Lessing Boxing · JNB Art · Railway · Worker's · Apartheid · Hector Pietersen · Nelson Mandela House · The Fort 博物館, The African Museum	392

國 家	地 域	機關·施設·地區	名勝·觀光·慰樂地	遺物·紀念·遺蹟地	合計
46. 南 아프리카 共和國	1. Johan-nesburg	College, University of the Witwatersrand, University of the Witwatersrand East Campus, African University, Wits Graduate School of Business, Teaching-Training Institute, South African Institute for Medical Research, Republic Observatory, Witwatersrand Technikon • YMCA, Beaconsfield Bowling Club, 觀光案內所, The Rand Club, Inanda Club • Jan Smuts 國際空港, Southern Sun Airport • 中央驛, 鐵道線, Blue Train • 버스 터미널, 空港行 버스 터미널, 미니 버스 · 택시 터미널 • Sandton Square, Magistrate's Court • 高速道路網, De Villiers Graaff Motorway • Commissioner · Market · Smit · Rocky · Wolmarans · Plein · Queen Elizabeth · Bree · Jeppe · Pritchard · Kerk · President · Marshall · Fox · Anderson · Albert · King George · Loveday · Von Welligh · Simmonds · Sauer · Queens · Claim · Jorrisen · Twist · De Korte · Bertha · Joubert · Hoofd · Klein · Pretoria · End · Kotze · Main · Troye · Rissik · Wielligh · Mooi · Moseley · Main Reef · Trump · Eloff · Rosettenville Street • Victoria · Jan Smuts · Rissik · Saradoga · Harrison · Sivewright Avenue • Jubilee · St Andrews · York · Empire · Houghton ·	Donald Mackay · Ellis · Pullinger Kop · End Street · Alexander · Rodes 公園, Recreational Gardens and Parks • Walter Sisulu National Botanical Gardens, Brenthurst Gardens, Highway Gardens, JNB Botanical Gardens • Cradle · Transvaal · Bedfordview · Rhino and Lion · Melville Koppies 自然保護區, Krugersdrop 게임 保護區 • JNB 動物園, JNB 植物園 • Carton Panorama 展望臺 • Newtown Music Hall, The Songwriters Club, Kilimanjaro, Gold Reef City Casino, Moute Casino, Caesar's Gauteng Casino, The Dance Factory • Royal Johannesburg · Observatory · Eastgate · Huddle Park · Inanda Club · Kempton Park · Kinanei · Grand Wood 골프 코스 (64)	in Progress, Museum of Man and Science, Africa Cultural Centre, Scio-Bono Discovery Centre, Heia Safari, Minor's Monument • JNB Art · Stand Bank · ABSA · Carfax · The Bag Factory · The Premises · Warren Siebrite · Goodman · Everard Read · David Krust Publishing 갤러리, Goethe Institute, Gallery Momo, Hans House, Photo ZA, Spaza Art, Artists under the Sun, Arton Paper • 鑛山 模型 • Regina Mundi 大聖堂, Jooma 모스크 (53)	

國 家	地 域	機關·施設·地區	名勝·觀光·慰樂地	遺物·紀念·遺蹟地	合計
46. 南아프리카共和國	1. Johannesburg	Carse O'Gowrie · Louis Botha · Abel · Harrow · Booysens · Seimert · Heidelberg Road • Mandela橋 • JNB General · Mirpark · Kenridge · Brenthurst · Child Health · Karos JNB · Park Lane Hospital, Towers • Lister · Berea Clinic • 發電所, Gauteng 産業團地, Dé Wildth Cheetah 農場, Kimberly 鑛石 • Flea Market World, Cape Union Mart, Norwood Hyper Market, African Craft Market, Sandton Shop, Carlton Shopping Centre, Oriental Plaza, Bedford Plaza, Rosebank Mall, Kiradei Mall, Bolivick Mall, Melrose Arch, Hyde Park Corner, Sandton City, Eastgate, The Firs, Monte Casino, Northgate, Out of Africa Fashion, Village Walk, Southgate, Giraff Centre, African Renaissance, Djinn Palace, Kim Sacks Gallery, Art Africa, Diamoad Centre, 벼룩市場 • Pilring House, Stone House, St Margaret's House, Hazeldene Mall, Dolobran' House, Jan Smuts House, Nazareth House, First National Bank 빌딩, 市民會館, 드비아 本社, First Central Insurance 保險會社, World of Beer, Linder Auditorium • Carlton Centre, World Trade Centre, Broadway Centre, Bedford Centre, Alexandra Thusong Youth			

國家	地域	機關·施設·地區	名勝·觀光·慰樂地	遺物·紀念·遺蹟地	合計
46. 南 아프리카 共和國	1. Johannesburg	Centre • 運動競技場, Union Ground, S.A.P. Sports, Linden Swimming Pool, JNB Stadium, Kyalami Race Track • Civic · Market · African Bank Market · Nelson Mandela · South African Ballet · Alhambra · Globe · Pieter Toerien · JNB Youth Theatre • Airport Grand · Monte Carlo · Park Hyatt · Mala Mala · Rand Interantional · Londolozi Hotel, Holiday Inn, Hillbrow Protea Inn, Ulusaba 宿泊施設, North Lodge, Stone Lodge • 아리랑 · Café Flo · Bite · Yum · Karma · Anno Domini · Zenbu · Xai-Xai · Mondego Bay · The Zone · Ile de France · Plaka · Benkei · Pescador Restaurant • Civic Center · Parktown · JNB · Houghton · Hillbrow · Berea · Doornfontein · Newtown · Selby · Claims · Joubert Park · Westgate · Marshalltown · Ussher · Ferreiradorp · Salisbury · Village Main · Wemmer 地區, City and Suburban Area, RDP(黑人 單獨住宅 建設計劃) 地區, 黑人 마을 Tenbishi 地區, 有色人居住區 Coronation Ville, 아시아人 居住區 Lenasia • Mine Dump · Gold Reef City · Yeoville · Kempton City · Fisherman's Village · Witwatersrand · Springs · Sandton · Soweto · Evaton · Vereeniging · Socunda ·			

國 家	地 域	機關·施設·地區	名勝·觀光·慰樂地	遺物·紀念·遺蹟地	合計
46. 南아프리카共和國	1. Johannesburg	Villiers · Frandfort · Gold City · Potchefstroom · Hillbrow · Tombsa · Alexandra · Sandton · Alberton · Midrand · Pimvilb · Modderfontein · Brakpan · Germiston · Boksburg · Daleside · Westonaria · Grasmere · Fochville · Carletonvill 地域 (275)			
	2.Cape Town (2006)	• 國會議事堂, 州議會, 州廳舍, 市議會, 市廳舍, 勞動廳, 稅關, 中央郵遞局, 警察署, 消防署, 國立圖書館, 天文臺, First National Bank, Trust Bank • Jan Van Riebeeck 初等學校, Cape Town 高等學校, City Varsity Multi Media School, Waterfront Theatre School, Cape Town 大學校, 南아프리카 大學校, Cape Town 大學校 經營大學院, Good Hope Seminary High, National Sea Rescue Institute, 海洋硏究센터 • D. F. Malan 國際空港, SAA 南阿共 航空 • 港口, 보트 船着場, 페리 터미널 • 鐵道驛, 鐵道線, 軌道列車, 케이블 카 • 버스 터미널, 長距離 버스 터미널 • Riebeeck · Trafalgar · Church · Green Market · Tulbagh · Thibault 廣場, Malay Quarter, Grand Parade • Table Bay · De Wasl · Eastern · Settlers · Cape Flats · Kromboom · Simon van der Stel · Vanguard · Parkway 高速道路 • Marine 國道, Vanguard 國道	• 南太平洋, 印度洋 • Table · False · Fish Hoek · Mackerel · Smitswinkel · Simon's · Muishond · Buffels · Olifantsbos · Schusfer's · Mossel · Hout · Witsand · Kommetjie · Chapman's · Lui · Koeël · Sandy · Llandudno · Logie's · Bakoven · Camps · Clifton · Bantry · Boat · Three Anchor 灣 • Cape半島, Duiker섬, Seal섬, Woodbridge섬, Robben섬(만델라 大統領이 18년간 투옥되었던 섬) • Boulders · Clifton · Camps · Stoney · Seaforth · Shelly · Long · Danger · West · East · Sunrise · Middle · Queens · Bokram · Noordhoek · 1st~4th 비치 • Cape Adulhas(最南端 곶) • Cape Peak, Devil's Peak • Pegrum's · Platboom · Cape · Olifantsbos · Rartridge · Finday's · Miller's · Passie · Rocklands · Sea · Oatland · Slangkop · Klein Slangkop · Chapman's · Duiker · Mouille · Green · Waterfront · Pier Place Point • 希望峰 燈臺, Green Point 燈	• Good Hope城, Malay Quarter 城 • Tokai Manor · Block · King's Block · Koopmans de Wet · Queen's Block · Martin Melck · St. Paul's Guest • Old Town House • East 要塞, West 要塞 • Rhodes Cotage • Lion's Head Battery Noon-Day Gun • Postal Stone • Groote Schuur • Cesil Rhodes의 古建物 • Cesil Rhodes의 紀念碑 • Old Clock Tower • 쇼나族 彫刻品 • Bartolomen Diaz 銅像, Jan van Riedbeeck 銅像, Botha 銅像, Dias 銅像, Rhodes 銅像 • 南아프리카 文化史 · 南아프리카 · 유대 · 南아프리카 海洋 · 말레이 · 南아프리카 海軍 · Castle Military · Bo-kaap · Bertrans' · District Six · Simon's · Two · Wine · Fisheries · Fort Wynyard 博物館, 南아프리카 國立美術館, South Africa Museum and Planetarium • 自由의 紀念館, Rhodes Memorial, World War Ⅱ Memorial, Da Gama Monument, Dias Monument • South Africa National	536

國 家	地 域	機關·施設·地區	名勝·觀光·慰樂地	遺物·紀念·遺蹟地	合計
46. 南아프리카共和國	2.Cape Town	• Main · Beach · Camps Bay · Kloof Nek · Victoria · Peak · Chapman's · Ou Kaapse · Noordhoek · Lighthouse · Plateau · Miller's Point · Queens · St.Geores · Newlands · Baden Powell Rhodes · Keegberg · Voortrekker · Jan Smuts · Klipfontein · Prince George · Strandfontein 基幹道路 • Table Bay · Western · Hertzog · Hope · Breda · Upper Orange Boulevard · Adderley · Queen Victoria · Long · Wale · Rose · Chappini · Pirow · Hans Strijdom · Strand · Riebeeck · Hout · Darling · Burg · Castle · Church · Short Market · Long Market · Leeuwen · Dorp · Pepper · Buitem · Bloem · Orphan · Military · Buitensingel · Bryant · Kloofnek · Annandale · Mill · Hof · Albertus · Loop · Plein · Jordaan · Kloof · Buitenkont · Newchurch · Gradstone · Keeroom · Faure · St. Johns · Orange · Hatfield · Parade · Roladn · Buitengracht · Waterkant · Heerengracht · Roeland · Tennant · De Villiers Street • Jutland · Government · Coen Steytler · Hans Strijdom Avenue • Main · Portswood · Dock · Beach · High Level · Sir Lowry · Somerset · New Market Road • Boye's Drive Course, Chapman's Peak Drive Course, Sea Peint 散策路	臺, Mouille Point 燈臺 • Sentinel 絶壁 • Duncan Dock • Victoria Basin • Black · Batsata · Castle · Spaniard · Quarry · Ratel · Skeleton · Sugarloaf · Logie · Pegram's · Sunset · Whale 岩石 • Swartruggens 山脈, Hx-Reverberge 山脈, • Tabll山, Sentinel山, Silvermine山, Cableway山, Wynberg山, Klaas山, Sinonsberg山, Swartkop山, Jagersberg山, Muizenberg 山, Grootkop山, Constantiaberg山, Skoorsteenkop山, Eastern Table山, Maclear's Beacon山, Signal Hill • 希望峰(Cape of Gook Hope), Lion's Head, Ridge峰, Chapman's峰, Hoër Steenberg峰, Reserve峰, Junction峰, Devil's峰 • Peers 洞窟 • Table Mountain: Upper Cable Station, 12 Aposties Terrace, Shop, 食堂, Upper View Terrace, Direction Finder, Dassie Walk, Agama Walk, Klipspringer Walk • Diep江, Bot江, Else江, Silvermine江, Krom江 Zeckoevlei江, Disa江, Klaas Jagers 江, Hout Bay江, Liesbeck江, Canal江, Olifants江, Bree江, Touws江, Doring江, Groat江, Berg江 • Zeekovlei湖, Princess V湖, Sand V湖 Wildevoëi湖, Sirkelsvlei湖, Steenbras湖, Zeekoevlei湖 • Kogelberg댐, Lewis Gay댐,	Gallery, Michael Gallery, Grand Parade • St. George's Cathedral, 세멘트리 教會, Good Kerk 教會, 그루트 教會, 세인트 메리 教會, 루틴派 敎會, 유대敎 寺院, 모스크 (57)	

國 家	地 域	機關·施設·地區	名勝·觀光·慰樂地	遺物·紀念·遺蹟地	合計
46. 南아프리카共和國	2.Cape Town	• 大學病院(世界 最初 心臟移植手術 成功한 곳) • 火力發電所, 石油精製 · 化學製品 · 肥料 · 시멘트 · 自動車 造立 · 船舶修理 · 가죽製品 工場, 乾船渠, 와인農場 Stellembosch, Imhaff 農場 • Golden Acre · Victoria Walf · Waterfront · Alfred Mall 쇼핑센터, Ok Bazar 슈퍼마켓, Green Market Square, Green Point Market, Flea Market, St. George's Mall, Oriental Plaza, Weekend Plaza, Mariner's Walf 魚市場, Cape Gold Mine, Diamond Exchange, Woolworth Shops, Wellington Dry Fruits Market, Gardens Centre, 露天마켓, 벼룩市場, 레니즈 換錢所 • Paul Sauer · 現代 · 三星 · LG 빌딩 • Convention · Imax · Nico Malan Theatre · Tourism · Good Hope 센터 • Green Point Stadium, Kenilworth 競馬場, 水泳場, Longstreet 公衆沐浴湯 및 풀場 • Imax Cinema, Little and UCT Theatre, Little Theatre, Artsape Theatre, Labia Theatre • Garden Court · Table Bay Sun · Cape Grace · Arabella Sheraton · Cape Sun · Table Bay at Waterfront · Seu International 호텔, Holiday Inn, Cape Town Lodge • 韓國食堂, 中國食堂 Mr. Chan, 泰國食堂 Tom and Yum, 日本食堂 港, Milder Brand · Merlion · Buccaneer · City Lodge · Black Brailin · Ranch · Wes-	Elkenhof댐, Kleinplaas댐, Threewaters Kloof댐, Assegaaibos댐 • Westcoast 國立公園, Bontebok 國立公園, Da Gama 公園, Castle Rocks Marine 公園, City 公園, De Waal 公園, Portwood 公園, Business 公園 · Harold Porter National Botanical Gardens, Company's Gardens, Kirstenbosch Gardens, Holiday Inn Garden Court, Gardens Centre, Protea Gardens, 香氣庭園, 藥草庭園 • Cape of Good Hope · Silvermine · Hottentots · Holland · Kogelberg · De Hoop · Tokai Forest · Birds Forest 自然保護區 • 國立動物園, 國立植物園, World of Birds, 二大洋 水族館 • 물개 棲息地, 팽귄 棲息地, 駝鳥農園 • Cape 展望臺 • Seal Island Cruise, Glass Bottomed Boat, Long Street Baths • Metropolitan · Green Point · Pineland · King David · Parow · Mowbray · Royal Cape · Milnerton 골프 코스 (201)		

國 家	地 域	機關·施設·地區	名勝·觀光·慰樂地	遺物·紀念·遺蹟地	合計
46. 南아프리카共和國	2.Cape Town	tcoast Ostrich Restaurant • Green Point 地區, Gardens 地區, Schotschekloof 地區, District Six 地區, Zonnebloem 地區, 有色人種 住居地, 유대인 住居地, 黑人 貧民村, 新興住宅地, 工業地域, Civic Centre • Cape Flats · Victoria and Alfred Waterfront · Paal · Kommetjie · Llandudno · Nyanga · Bellville · Ceres · Bakoven · Scarbourgh · Kalkbay · Constantia · Bredasdorp · Wellington · Malmersbury · Saldanha · Vredenburg · Robertson · Worcester · Wynberg · Vishlek · Simonstad · Houtbaal · Hermanus · Philadelphia · Betty's Bay · Melkbosststrand · Gordon's Bay · Kleinmood 地域 • Goodwood · Parow · Simon's Town · Strand · Durbanville · Brackentell · Somerset West · Table View · Bloubergstraand · Stellenbosch · Kuils River · Kraaifontein · Khayelitsha · Mitchells Plain · Muizenberg · Hout Bay · Fish Hoek 市 (278)			
	3. Pretoria (2006)	• Union宮(大統領 執務建物), 政府中央廳舍, 트란스발 州廳舍, 市議會, 市廳舍, 法院, 南阿共 標準局, 國立公園管理廳, 博物館行政廳, 國立文書保管所, 裁判所, 消防署, 警察署, 中央銀行, 標準銀行, 州立博物館, 各國 大使館 • 私立女子高等學校, Pretoria 한글學校, Capital Park School, Langenhoren High School, Sunnyside School, Japie Fo-	• Magaliesberg 山, Bourke's Hill • Pienaars江, Apies江, Hennops江, Olifants江, Walkerspruit江, Crocodale 江, Mphongolo江 • Roodeplaat댐, Rietvlei댐, Bon Accord댐, Hartbeespoort댐, Bronkherstspruit댐 • Venning 公園, Burgers 公園, Capital 公園, Aquarium	• 南아프리카 舊 聯邦議會 議事堂 The Old Kaadsaal, 舊 더치 洋式建物, Melrose, House, Paul Kruger's House, 世界最大 다이아몬드, 馬車바퀴, 오팔寶石, Oeverzicht Art Village • 보어人 開拓者 紀念碑, 핫 트레커 紀念碑, 보어 트레커 紀念碑 • 最初 發見者 Andries Pretorius and His Son Mardinus 銅像, 初代 大統領 Paul Kruger	266

國家	地域	機關·施設·地區	名勝·觀光·慰樂地	遺物·紀念·遺蹟地	合計
46. 南아프리카共和國	3. Pretoria	urie School, Pretoria Hospital School, Damsa International College, Nurses Training College, Pretoria Teachers' College, University of South Africa, University of Pretoria, UNISA (世界最大放通大學), 工科大學, 教育大學, 골프大學, Council for Scientific and Industrial Research, Pretoria Academic, Onderstepoort Veterinary Research Institute • 鐵道驛, 鐵道線, Blue Train, Cableway • 버스 터미널, 요하네스버그 國際空港 버스 터미널, 駐車場 • Church · Sammy · Markets · Strijdom · Pretorius · Jubilee 廣場 • Magistrates Court • 박췌나 高速道路 • Church · Struben · Proes · Edmond · Schoeman · Boom · Pretorius · Hamilton · Blood · Beatrix · Vermeulen · Skinner · Visagie · Hears · Kotze · Jorrisen · Rissik · Jacob Mare · Scheiding · Walker · Paul Kruger · Prinsloo · Andries · Van der Walt · Bosman · Schbart · Potgieter · Jeppe · Troye Street • Soutpanberg · Dr Savage Road • Nelson Mandela Drive • Lion Bridge • Ellerines 百貨店, Brits Plaza, Carabanos and Sons Shops, 쇼핑 몰 • Pretoria Heart Hospital, Pretoria Gynaecological Hospital, College Medical	and Snake 公園, Berea 公園, Arcadia 公園, Sunny 公園, George Brink 公園, Jack Repton 公園, Union 빌딩 階段式 公園 • 國立動物 가든, 國立植物 가든, 丘陵地帶 庭園 • Wonderboom 自然保護區, Faerie Glen 自然保護區, Fountains Valley 自然保護區, Rietvlei 自然保護區, Graenkloof 自然保護區, Onderstopoort 自然保護區, 市營 自然保護區域 • 水族館, 沈床園, 관목숲, 자카란다 나무 • Safari (38)	銅像, Louis Botha 銅像, Burgers 銅像, 보어인 銅像, 말彫刻像, 버팔로 머리像 • Heroe's Acre • National Cultural History 博物館, National Open Air 博物館, Dierneef 博物館, Transvaal 博物館, Pretoria 博物館, Melrose House 博物館, Pretoria Art 博物館, Geographical Research 博物館, Museum for Science and Technology • Andries Pretorius and His Son Mardinus 紀念館, 戰爭紀念館, Voortrekker 紀念館, 네덜란드 開拓 紀念堂, 警察 紀念館 • 로마카톨릭 大聖堂, 聖公會 大聖堂, 教會堂, 무슬렘 寺院 (57)	

國 家	地 域	機關·施設·地區	名勝·觀光·慰樂地	遺物·紀念·遺蹟地	合計
46. 南아프리카共和國	3. Pretoria	Centre, Dental Clinic, Femina Clinic • State Theatre, Little Theatre • Sports Ground, Caledonian Sports Ground • Cruger House, Melrose House, Kirkness House, Iona Convert, Loret Convert, South Africa Iron and Steel Corporation, ISCOR (南아프리카製鐵會社), 現代支店빌딩, Sanlam Centre, Arcadia Centre, 觀光案內所 • 發電所, 鐵鋼 · 機械 · 食品加工 · 絨維 · 製油 · 化學製品 · 電氣器具 · 自動車 · 印刷 · 出版 工場, 옥수수 · 밀 · 감자 · 오렌지 · 사탕수수 農場, 소 · 양 · 앙고라 염소 牧場, 프레미아 다이아몬드 鑛山, 金鑛, 白金鑛, 크롬鑛, 石炭鑛 • Boulevard · Assembly · Host International · Victoria Karos Manhattan · Garden Court Hotel, Hotel 224, Holiday Inn • 日食堂 Sakura, 案內孃 父母自宅 食堂 • Pretoria Central · Arcadia · Riviera · Muvleneuk · Trevenna · Sunnyside · Salvokop · Lukasrand 地區 • Brits · Witbank · Irene · Valhatta · Lyttelton · Bon Accord · Silveron · Hartsbeespoon · Rayton · Cullinan 地域 • Centurion · Mamelodi · Atteridgeville · Hercules · Garsfontein · Lyttelton · Barracks · Cor Delfos · Riekert · Pretoria North · Bon Accord · Mitrand 市 (171)			
46. 南	4.Sun	• Northwest 州廳舍, Rusten-	• Magaliesberg 山脈, Adven-	• 王의 庭園 '波濤 풀'	113

國家	地域	機關·施設·地區	名勝·觀光·慰樂地	遺物·紀念·遺蹟地	合計
아프리카共和國	City (2006)	burg 市廳舍, Welcome Centre, Conference Centre • Riding School • Pilanesberg 空港, Heliport, Helipad • 鐵道驛, 鐵道線, Skytrain Station • 버스 터미널, Inter-Hotel Shuttle, Hotel 駐車場, 居住者駐車場 • Sacred River Ride 타는 곳, Boat House • Old East Gate Bridge, Hanging Bridge, The Bridge of Time • 정글 하이킹 코스 • Entrance Gate • 쇼핑 센터, 벼룩市場 • Tennis Court, Bowling Green, 野外 水泳場, Royal Bath, Treehouse Playground, 乘馬場, Hipp Pool, Grand Pool, Squash Court, Pool Bar, Observatory Bar • The Lost City Entertainment Centre, Sun International Vacation Club, Sun Group Company, Place of Adornment, Cascades House · Staff Village, Village Wall, The Grotto, Royal Observatory • Royal Amphitheatre, 圓型劇場, Extravaganza Theatre • 精油工場, 시멘트 工場, 牧場 • The Palace Hotel, Sun City Hotel, The Lost City Hotel, Cabanas Hotel • Pool Restaurant, Hotel Restaurant • The Lost City 地區 • Rustenburg · Kana · Thabazimbi · Sonop · Zeerust ·	ture 山, Slide Hill • Mphongolo 江, Hex 江, Crocodile 江 • Hidden Cave 瀑布, Bospoort 瀑布, Olifantsnek 瀑布 • Pilanesburg 國立公園 • Cadecades Botanical Gardens, Valley of Waves Botanical Gardens, Kwena Gardens, Kamp Kwena Forté, Crocodile Farm Complex • Madikwe 動物保護區, Rainforest 自然保護區, Baobab Forest Rusenburg 自然保護區, Pilansberg Game 保護區 • Safari 地域 • Sun City Resort, Extra Baganza, Water World, The Roaring Lagoon, Water Slides, Valley of Waves, 溫泉場 • Big Five 動物, Animal Farm • 民俗춤 Afro-Dizzia, Superbowl and Slots Area, 카지노場, 쇼 • Lost City 골프 코스, Gray Player 골프 코스 (38)	• Africa Cultural Village, 太陽의 溪谷 • Lost City • Monkey Spring Fountain 石像 • Temple of Creation, Temple of Courage (7)	

國家	地域	機關·施設·地區	名勝·觀光·慰樂地	遺物·紀念·遺蹟地	合計
46. 南아프리카共和國	4.Sun City	Gaborone · Warmbaths · Derby · Kroondal · Koster · Marikama 地域 (68)			
	計(4)	792	341	174	1.307
47. 짐바브웨 (2006)	1. Victoria Falls (2006)	• Town 議會, Town 廳舍, 出入國事務所, 稅關, Victoria Falls 公園事務所, 郵遞局, 警察署, 銀行 • 航空社, 觀光會社, 觀光案內所, Victoria Falls Boat Club • Victoria Falls 空港, Sprayview Airfield • 汽車驛, 鐵道線 • 버스 터미널 • Car and Bicycle Hire • 船着場 • Livingston Way, Park Way • Wood · Gibson · Clark · Squire Cummings · Manyika · Mohogani · Nguvhuma Crescent · Pioneer · Spencer · Dale Cres · Courtney · Selous Cres Road • Zambezi · Mallet · West Drive • Chundu Loop, Liunga Loop • Victoria Falls Bridge • Clinic 病院 • Silent Pool 發電所, 輕工業地區, 上水道 水源池 • Curio Market, Shops, 小商品店, 骨董品店 • Victoria Falls Centre, Tourist Information Centre • Sports Club, Zambezi Horse Trails, A' Zambezi 水泳場 • Victoria Falls Hotel, Kingdom Hotel, Resort Hotel, Mercure Rainbow Hotel, Elephant Hill's Hotel, Sprayview Hotel • A' Zambezi River Lodge, Family Lodge, Hunters	• Elephant Hills, Sprayview, Nyangani峰 • Zambezi 溪谷 • Zambezi江, San Simba江, Deka江, Gwai江, Mpala江, Liwunga江, Sjaminungu江, Kanukananalitanya江, Hipp川 • Victoria Falls(原語:모시오아 퉁야, 世界 3大 瀑布), Devils Cataract, Main Falls • Kariba 湖 • Princess Elizabeth섬, Princess Marie섬, Princess Victoria섬, Princess Christian섬, Cataract섬, Kandahar섬, Livingstone섬, Namakav섬 • Victora Falls · Hwange · Zambezi · Dazumopan · Chizaria · Matabo 國立公園 • Curios and Snake 公園, Chogum 公園 • Zambezi 自然保護區(악어農場), 山林地區, Rain Forest, Zambezi Camp and Game Area, Public Camping Area, Crocodile Ranch • Danger Point, Boiling Pot, 1 · 2 · 3 · 4 峽谷, Launch Site · 카누, Rafting, 카지노, Zambezi Camp, 시닉 플라이트, 번지점프, 파라슈팅 • Zambezi River Cruise, Sun Set Cruise • 코끼리, 버팔로, 獅子, 치타, 하이에나, 자갈, 원숭이, 영양, 멧돼지, 악어, 河馬, 낱라, 킹 치타, 사망가 원숭이, 코뿔소 • 바오바브 나무, 소시지 나무	• 原住民 住居地 Chinotimba, African Cultural Village • Mopane Bushland(2億年前 生成), Zambezi Teak Woodland(2萬年前 生成) • The Big Tree 'Baobab' (1,500年 樹齡) • 最初 發見者 David Livingstone 銅像, 돌 彫刻像 • 民俗 傳統歌舞 • Curios African Art • R.C. Church (10)	164

國家	地域	機關·施設·地區	名勝·觀光·慰樂地	遺物·紀念·遺蹟地	合計
47. 짐바브웨	1. Victoria Falls	Lodge, Victoria Falls Safari Lodge, Ilala Lodge, Lokathula Lodge, Municipal Lodge, Makasa Sun Lodge • Boma 食堂, Falls Craft Village • Zambia 國境線, Botswana 國境線, Namibia 國境線 • Shops 地區, Bars 地區, Restaurant 地區 • Hwange · Kamativi · Date · Masuie · Lukosi · Matetsi · Sambawizi · Wankie 地域 (81)	· Elephant Hill's Golf Course (73)		
	計(1)	81	73	10	164
48. 보츠와나 (2006)	1.Chobe (2006)	• Kasane 市廳, 市議會, 警察署, 消防署, 郵遞局, 銀行 • 出入國事務所, 稅關, Regional Wildlife Office • Kasane 國際空港, Caprivi Strip 滑走路 • 버스 터미널 • Makwetus Road East, Makwetus Road West, Kangoma Road, Chobe Road • Bushbuck Drive • Moselese Loop, Ihaha Loop, Karama-Ya-Moburu Loop, Birch Watching Loop • Situdu Gate, Mgoma Gate, Chobe Gate, Ghoha Gate • Ngoma Bridge • Chobe Farms • Bowana 施設 • Chobe Marina · Chobe Valley · Kubu · Chobe River · Chobe Chilwero · Chobe Game · Safaris · Monwana · Chobe Lodge • 食堂 Mokoros • Zimbabwe 國境線, Namibia 國境線, Zambia 國境線 • Kasane · Kavimba · Ihaha · Kasinka · Pandamatenga	• Ghoha Hills • Sidudu 溪谷, Simwanza 溪谷, Kaswabenga 溪谷 • Chobe江, Zambezi江, Linyanti江, Kashaba江, Ngwezumba江 • Sidudu 섬 • Chobe 國立公園 • Kgalagdi Transfrontier 公園 • Kasane 森林保護區, Chobe 森林保護區, 中央 Kalahari 게임 保護區, 野生動物保護區域 • Lookout Point, Elephant-Watching Spot, Mababe 沈下地帶, 野生地域, Sabutimashi 地域 • 코끼리, 코뿔소, 獅子, 하이에나, 豹범, 원숭이, 들개, 얼룩말, 버팔로, 악어, 河馬, 쿠두, 붉은 딱새, 바오보브나무, 江물고기 • Chobe River Cruise, Boat Safari (39)	• Serondela Old Composite • 傳統마을 • 傳統家屋 • 原住民 (4)	99

國 家	地 域	機關·施設·地區	名勝·觀光·慰樂地	遺物·紀念·遺蹟地	合 計
48. 보츠와나	1.Chobe	· Kakaaka · Kumha Pits · Kazungula · Nogatsaa · Liyanti · Serondela · Ruku Flats · Kangoma · Kabula-bula · Nanyanga 地域 (56)			
	計(1)	56	39	4	99
49. 잠비아 (2006)	1. Marambo (Livingstone) (2006)	• 出入國事務所, 稅關, 市議會, 市廳舍, 警察署, 消防署, 郵遞局, 銀行 • Livingstone School • Boat Coub, African Queen Cruise Company • Maramba 國際空港, 헬리콥터場 • Old Drift Ferry Statoin • 버스 터미널 • Nehru · Maambo · Kuta · Chisamba · Chimwemwe · Likuti · John Hunt Way • Mose · Mwela · Mutelo · Akapelwa Street • Kazimula Avenue • Kanyeta · Nakatindi · Kabompo · Mosi-O-Tunya · Nkumbi · Senanga · Ngoma · Nyerere · Maramba · Limulunga · Tanzania · Chipembere · Sichango · Libala Road • Game Drive, Riverside Drive • Royal Mile • Victoria Falls Bridge, Knife Edge Bridge • Livingstone 病院, Bakoka 病院 • 水力發電所, 自動車 造立 · 製材 · 담요 · 직조 · 家具製作 · 酪農製品 · 煙草 工場, Jolly Boys · Only Resort · Fawlty Towers 통조림業, Gwembi Casle Crocodile Farm • 잎담배, 밀, 옥수수, 감자 生産地	• Zambezi江, Kalombo江, Ngwezi江, Maramba江 • Victoria Falls(Livingstone Falls), Eastern Cataract, Rainbow Falls, Armchair Falls, Horseshoes Falls • Kariba湖 • Kalunda섬, Lwanda섬, Kalai섬, Livingstone섬 • Second · Third · Fourth Gorge 溪谷 • Mosi-oa-Tunya 國立公園, Kafue 國立公園, Wankie 國立公園 • Livingstone Game 公園, Zoological 公園, Makuni 公園 • Boiling Pot, Knife' s Edge • Sun Set Cruise • Livingstone Golf Course (27)	• Mosi-O-Tunya House • Livingstone 博物館, Intercontinental 博物館, Railway 博物館 • David Livingstone 紀念館, 戰爭紀念館 • Lookout Tree • 聖堂, 教會, 모스크 (10)	129

國 家	地 域	機關·施設·地區	名勝·觀光·慰樂地	遺物·紀念·遺蹟地	合計
49. 잠비아	1. Marambo (Livingstone)	• Curio Market, Maramba Market, 土産品 販賣場, 農産物 集散地, 木材 集散地 • The Falls Visitors Centre • Intercontinental · Rainbow · Zambezi Sun · Royal Livingstone · Fairmount · Wasawanga · North Western Hotel • Maramba River · Tunya · The Waterfront · Maloke · Ngolide · Nyala Lodge • Zimbabwe 國境線, Namibia 國境線, Botswana 國境線 • Senkobo · Kazungulu · Mapoli · North Eastern Mansions 地域 (92)			
	計(1)	92	27	10	129
50. 필리핀 (2006)	1. Manila (2006)	• 國會議事堂, 政府中央廳舍, Rizal州廳舍, 市議會, 市廳舍, 大藏省, 政府觀光廳, 財務部, 法院, 中央郵遞局, 電話局, 警察署, 消防署, Heeitagw圖書館, 國立圖書館, Mkati 中央郵遞局, U.N. WHO, 韓國 大使館, 美國 大使館, 日本 大使館 • University of the City of Manila, National Institute of Science and Technology, Technological University of the Philippines, St. Thomas University, Atenneo de Manila University, De la Salle University, Adomson University, Uneversity of Santo Tomas, 필리핀大學 醫學部 • Ninoy Aquino 國際空港, 國內線 空港, 필리핀航空社(PA), 大韓航空 마닐라 支社, Cathay Pacific 航空, 民航 Grand Air, Northwest 航空, 필리핀 旅行社協會(PHILTOA), 필리핀 觀光交通協會,	• 太平洋, 南中國海, Manila灣, Canacao灣, Bacoor灣, Laguna de Bay • Bataan 半島 • Luzon섬, Mindoro섬, Visaya群島, Bataan섬, Corregidor섬, Talim섬, Isla de le Convalencia • Caladang山, Mataba山, Pulog山, Makiling山, Mamon 山 • Luzon 平原 • Pasig江, Marikina江, San Juan江, Tagig江, Nangka江, Bagbag江, Sapang Baho江, Paranaque江 • Laguna湖, Philippine Model못, La Masa댐 • Rizal · Central · 어린이 娛樂 · Nayong Pilipine · Ayala Triangle · Greenbelt · Pako · Forbos · Ninoy Aquino · Fort Santiago · Freedom · Century · Remedios · Malacanang · Mini-Forest 公園 • Malacanang · Sunken ·	• Fort Santiago 要塞, Fort Bonifacio 要塞, Intramuros 外壁 • Malacanang Palace, Coconuts Palace, 市民體育宮殿 • Mabini Mansion, Yuan Nakpil-Bautista House, Robinson' s Place • Vielsen Tower, Legazpi Tower • Jose Rizal 銅像 • Rizal 紀念館 • Arch of Goodwill • 이멜다 女史 衣裳類 • 傳統舞踊, 傳統 맛사지 • 리잘 紀念日 祝祭, 라나발 데 마닐라 祝祭, 파테로스 江 祝祭 • Rizal Shrine · UN · 中國人 · Miguel Lopez de Legazpi · 美軍紀念 · Manila North · Manila South · Malabon · San Felipe Catholic · Agripayan · Catholic · Municipal · Roman Catholic · Golden Haven Memorial Park · A Everest Memorial	576

國 家	地 域	機關·施設·地區	名勝·觀光·慰樂地	遺物·紀念·遺蹟地	合計
50. 필리핀	1. Manila	• Manila South Harbor(國際港), Manila North Harbor(國內港), Manila Bay 船着場, Ferry 터미널 • 國有鐵道, 高架鐵道, 通勤列車(Metro Tran), Mass Rail Transit(MRT), Light Rail Transit(LRT) • Jose Abad Santos驛, Manila Central驛, Bang Bang 驛, Baclaran驛, Jose驛, Tayuman驛, 5th Avenue驛, Blumentritt驛, Monument驛, Doroteo驛, Romero Papa驛, Hill Puyat驛, Carriedo驛, Edusa驛, Quirino驛, Libertad驛, Magallanes驛, Paco 驛, U.N.Avenue驛, Pedro Gil 驛, Vito Cruz驛, Gil Puyat驛, D.Jose驛, Central Terminal 驛 • BLTB 버스 터미널, Kiapo 行 버스 터미널, Roson 버스 터미널, 필리핀 Rabbit 버스 터미널, JB Bicol Express Bus Line, Makati Bus Line, San Juan Bus Line, 미니 버스 Zeepney, • Plaza de Roma 廣場, Remadios Circle 廣場, • South Express Way, North Express Way, South Super Highway • Roxas · Jones · Quezon · Ayala · Nagtahan · Pandacan · Sevilla · Mandaluyong · Old Sta Mesa · Bambang · Buting · Guadalupe · Makati-Mandaluyong Boundary Bridge • T.M. Kalaw · Mavini · A. Flores · Harrison · Arquiza · Alhambra · Padro Faura · Santa Manica · R.Salas ·	Mehan · Chinese · Japanese 庭園 • 마닐라 動物園, 마닐라 植物園, 水族館 Malabon 動物園 • Bay View Prince 展望臺 • Casino場, Ball Roo Dancing Club, Go Go Bar, Discotheque, 마닐라灣 沿岸 Live Show 舞臺, Casino Filipino, Orchidarium, Plaza Miranda, Edsa Entertainment Complex, Manila Bay Sunset Cruise, Amazing Show, 어린이 놀이터 • 農産物, 鑛山物, 조개 眞珠, 熱帶 과일 • Manila · Wack-Wack · Villaor · Fort Bonifacio · Intramuros · Alabang · The Palms · Capitol Hills · Camp Aquinaldo · Philippine Navy · Valle Verde · Vetran's · Vilamor 골프場, Polo Field, Practice Range, South-Point Driving Range (88)	Park · Loyola Memorial Park · Manila Memorial Park · Muslim · New Bilibid Prison · Baranka · La Loma · Libingan Ng Mga Bayani · Mandaluyong Municipal · Pasay Municipal · Pasig · Pateros · San Juan · Taguig Catholic · Sangandaan 墓地 • 國立 · 市民 · Casa Manila · San Agustin · Metropolitan · Ayala · Malacanang · Puerto de Isabel Ⅱ · Bahay Tsinoy · Aquario de Manila · Central Bank Money · GSIS · Lopez Memorial · Ethnology · Philippine Airforce · Philippine Science · Marikina Shoe 博物館, Museo Pambata, Museo Ng Kalinagang Pilipino, UST Museum of Arts and Sciences, Filipinas Heritage Library, Museum of Philippino Humanities, Museum of Philippine Political History • Rizal 紀念館, Bonifacio Monument, 民俗藝術센터, Nayong Pilipino 展示館 • INC Central Temple, 마닐라 大聖堂, Mabini 聖堂, San Miguel 大聖堂, National Shrine of the Sacred Heart, Paco 聖堂, Plus XII 聖堂, Immaculate Heart of Mary 教區 • San Agustin · Malate · Santa Clus · Ermita · Quiapo · Santa Cruz · Binondo · International Baptist · Latter Day Saints · Baclaran Redemptorist · Balintawak Philippine Gospel Christian	
50.					

國家	地域	機關·施設·地區	名勝·觀光·慰樂地	遺物·紀念·遺蹟地	合計
필리핀	1. Manila	M.H. del Pilar · A. Mabini · J.C.Bocobo · Maria Orosa · Aduana · Evagelista · Anda · Victoria · Fundicion · Real · Burgos · Kalaw · Gen Luna · Santa Lucia · Muralla · Luna · Salana · Indiana · L.M. Guerrero · M.Y. Bocobo · Carolina · Vito Cruz · Pres.E.Quirino · San Andres · Remedios · Malvar · Pedro Gil · Santa Monica · Dolores · Libertad · Claudio · J. Rizal · Edison · Gandara · Soler · Alonzo Street • Paseo de Roxas · United Nations · Airport · Roosevelt · Taft · Quezon · A.Benifacio · Sen Gil J · Puyat · Kalentong · E.Rodriguez · C.M. Recto · Gilmore Granado Ortigas · A.Francisco · Pasang Tamo · Andrew · Bvemdid · Quirino · E de los Santos · Urdaneta · Edsa · Makati · Espana · Rizal Avenue • Domestic · Pasay · Edsa · Airport · Mia Road • Bonifacio · Boni Fauo · Magatlanes Drive • Milanta Tunnel • 證券去來所, 國際會議센터, Roman Cojuangco 빌딩, Pedro 빌딩, 디자인 센터, Cultural 센터, 필리핀 博物館 文化센터, 展示센터, 映畵센터, 필리핀 貿易센터, PNB Financial Center, Tanghalang Nicanor Abelardo • Rustan's · Shoemart · Isetaan · Glorietta 百貨店, Times · Harrison · The Western Philippine Plaza,		· Bishop Sebrepena Memorial · Christ the King · Pateros · Transfiguration · Espirito Santo · Holy Family · Holy Trinity · Iglesia ni Christo · Immaculate Concepcion · Jehovah's Witness Watch Tower · Kanlaon Baptist · Nuestra Santa de Gracia · Our Lady of Carmel · Our Lady of Fatima · Our Lady of Grace · Our Lady of La Paz · Our Lady of Lourdes · Our Lady of Sorrows · Trinity Baptist · San Antonio · St. Andrew · Westminister 敎會 (117)	

國家	地域	機關·施設·地區	名勝·觀光·慰樂地	遺物·紀念·遺蹟地	合計
50. 필리핀	1. Manila	Baclaram Flea · Pistang Pilipino · Quinta · San Andres · Farmers · Baclaram Market, Green Hills Commercial · Makati Commercial · Magallanes Commercial Center, Robinson Commercial Complex, National Book Store, Huji Mart, SM Shoemart, Greenbelt Mall, Land Mark, National Food Store, National Fook Court, Shopping Complex, World Trading and Handicrafts, Under-the-Bridge, Minstop, Seven-Eleven, Mananzon 商店, 中央市場, 民俗品店, 필리핀 免稅點, 骨董品店, 手工藝品店, 膳物가게, 벼룩市場 • Folk Arts · Star · GSIS · Meralco · Tanghalang Francisco Balagtas · William J.Shaw · Rizal Park Open-Air 劇場 • 필리핀 綜合病院, 마닐라 病院, Makati Medical Center · Rizal Momorial Stadium, Santana 競技場, Araneta 競技場, Rizal Memorial Coliseum and Stasian, Manila Paricion, 스케이트場, 競馬場 • 필리핀 國立銀行, 홍콩 銀行, City Bank, Philam Savings Bank, Banco Filipino • 마닐라 요트 클럽, Makati Sports Club • 食品加工 · 織維 · 페인트 · 藥材 · 알류미뉴製品 · 로프 · 신발 · 담배 · 코코너트 기름 · 비누 · 木材 · 印刷 出版 工場 • Akmiral · The Grove · Manila · Zomboanga · Sheraton Manila · Peninsula · Intercontinental			

國家	地域	機關·施設·地區	名勝·觀光·慰樂地	遺物·紀念·遺蹟地	合計
50. 필리핀	1. Manila	Manila · La Corona · Manila Diamond · Manila Midtown · Sophitel Grand Blvd · West Philippines Plaza · Caliriya · Ambassador · Century Park · The Bay View Park · Parm Plaza · Atrium · Heritage · First · Manila Fortune Land · Merchants' Hotel, Mayumi Inn, Blvd Mansion, Malate Pension, Youth Hostel Philippines, YMCA, YWCA, Pension Virginia, Hyatt Regency, Holiday Inn Manila, Manila Pavilion, Mandarin Oriental Manila • Korean Palace, 莊園食堂, 獎忠洞 왕족발집, 한마당, 日本海, 明星海鮮火鍋酒家, 삿포르 라면, 田舍, 불고기 韓食堂, Korean Jinsen Restaurant, Azuma-Ya, Inagiku, Champagne Room, Seafood Market, Food Plaza, La Taverna, Korean Village Restaurant, Sky High Seafood, Kenta, Friday's, Aristocrat, Pink Patio, Jolibee, Italiannis, Mongalian Shabu-Shabu, McDonald's, Havana Cafe, Intramuros Ice Cream House • Tondo · San Nicolas · San Miguel · Binondo · Rockwell · Nayong Pilipino · St. Cruz · Chinatown · Quiapo · Malate · Doroteo Jose · Mandaluyong · Simpaloc · Ermita · Sun Juan · Ba Claran · Salcedo · San Isidro · Intramuros · Urdaneta Village · Cubao Shopping · Makati Commercial Shopping 地區,			

國 家	地 域	機關·施設·地區	名勝·觀光·慰樂地	遺物·紀念·遺蹟地	合計
50. 필리핀	1. Manila	Puertazul 레저 타운, Ermita 遊興거리, Pasay市 遊興거리, 海軍基地 • Batangs · Puerto Galera · Blanga · Munt in Lupa市 • Metro Manila 區域(City of Manila, Quezon City, Pasay City, South Caloocan City, North Caloocan City, San Juan, Makati, Navotas, Mandaluyong, Valenzuela, Malabon, Marikina, Pasig, Pateros, Taguig, Paranaque, Las Pinas, Muntinlupa ; 18區域) (371)			
	2. Quezon City (2006)	• 政府中央廳舍, 市議會, 市廳舍, 警察署, 消防署, 中央銀行, 國立電力公社, Philippines Coconut Authority, Philippine Tobacco Administration, Philippines Government Employers Association, Social Security System, MBS TV, City Bank • 필리핀 大學校(UP), 필리핀 女子大學, College of Business Administration, St. Joseph College, St.Paul College, St. Theresa's College • Metro Rail Transit(MRT), Kamning驛, Cubao驛, North Avenue驛, Quezon Avenue 驛 • Pantranco North Bus Terminal, Dagiam Bus Terminal, Victory Liner Terminal, Balinag Transit Terminal, Dangha Tranco Termianl, Zeepney 昇降場 • Quezon Memorial Circle • Aurora Blvd, P. Tuazon Blvd • Quezon · Katipunan · Sola · Tandang · Mindanao ·	• 太平洋, 필리핀海, 南中國海, Manila灣, Laguna de Bay · Caladang山, Mataba山, Pasig江, Marikina江, San Juan江, Tagig江, Sapang Baho江, Nangka江, San Francisco江, Tanque川, Culiat川, Dario川, Ermitano 川 • La Masa 댐 • Ninoy Aquino 公園, MWSS San Juan 保護區 • Parks and Wildlife Nature Center, 野生動物 救助센터 • Equine Stud Farm • Joto Health Center 맛사지場, Happy 사우나場, Atienza 캠프場 • 動物園, 植物園, 水族館 • Capitol Hills 골프場, Veteran's 골프場, Camp Aquinaldo 골프場 (34)	• Aquino 銅像, Manuel 大統領 紀念銅像 • People Power Monument 紀念碑 • Jehovah's Witness Watch Tower • AFP 博物館, • Holly Budhist Temple • 道教寺院 • Iglesia Ni Christo Church, Christ the King Church, Church of Jesus Christ, Quezon Memorial Circle and Shrine, Sta Mana Della Estrada Parish, Christ the King Parish, Our Lady of Lour-des Parish, Our Lady of the Carmel Parish, San Vicente of Ferrer Parish (16)	143

國家	地域	機關·施設·地區	名勝·觀光·慰樂地	遺物·紀念·遺蹟地	合計
50. 필리핀	2. Quezon City	Marcos · University · C.P. Garoia · Edsa · Carlos P. Garcia · Kalayaan · V. Luna · Tomas Morato · Don Alexandro Roces · Bahol · West · North Avenue • E.Rodrigues · Timog · Scout Borromeo Street • Elliptical · Kamias · Ermin Garcia · New York · Columbia Road • Araneta Coloseum • V.Luna 綜合病院, 메디칼 센터, 필리핀 兒童 메디칼 센터, Philippine Heart Center for Asia • Teatro Aguinaldo, University Theater • 루스탄즈 百貨店, National Book Store, SM Maga Mall, SM City, 알리 몰, SM Shoemart, Seven-Eleven • Gloria Maris Dimsum and Noodles, Coconut Grill Restaurant, McDonald's, Pier One Bar and Grill • Great Eastern Hotel, Sulo Hotel, University Hostel, Alumni Hostel, Sunriser Suits, Metropolitan Apartment • 高級住宅街, Zeepney 地區, Libis 地區, Cafe村, New Manila, Cubao, Roxas, Kamning, Triahgle, Quirino, Teachers Village (93)			
	3. Tagaytay (2006)	• 州廳舍, 市廳舍, 警察署, 消防署, 郵遞局, 觀光案內所 • Philippine Public Safty College, Tagaytay Science High School • Manila-Batangas 高速道路, 國道, 地方道 • 高速道路 休憩所 Treats	• Tanauan灣 • Batulao山, Maculot山, Taal 火山 • Taal火山 噴火口 • Taal湖, Yellow湖 • Lagdauin섬, Napayung섬, Dalig섬, Bubuin섬, Taal 火山섬	• Old Taal Church 遺蹟, Tevesita 教會遺蹟 • 原住民 마을, 傳統住宅 • Zeepney車, 傳統 배 '방카' • General Maivar Museum and Library • 파이프 오르간이 있는 Las	92

國家	地域	機關·施設·地區	名勝·觀光·慰樂地	遺物·紀念·遺蹟地	合計
50. 필리핀	3. Tagaytay	• 버스 停留場, Jeepney 停留場 • Rotnda 廣場 • Taal Lake Yacht Club • Salakat 빌딩 • 乘馬場 • Tagaytay 쇼핑센터, Olivaraz Plaza, 路店商, 路店 精肉店, 과일가게 • 지프니 工場, 파인애플 農場 • Diner's Cafe, Dunkin Donuts, Yak Hua Mami House, Tom Sawyer's Burger, Biniyaya-Li • Club Estancia Resort Hotel, Taal Vista Hotel, Talisay Hotel, Rancho Freva Lodge, S Hotel, Center View Inn, Tourist Office Cottage, Tagaytay Picnic Grove Cottage • Crossing Silang Rotonda 地域, 農村地域 • Looc · Tabla · Turan · Pulang Bato · Saluyan 地點 · Nasgbu · Naugbu · Taal · Palapala · Calamba · Laurel · Talisay · Sampaloc · Miranda 市 (54)	· Balantok Point, Kalawit Point, Sulayan Point · People's Park in the Sky, Picnic Grove Nature's Park · Natalia's Resort, Fantasy World, Perfect View Picnic Table, Green View Picnic Table, Casino Filipino, 黃土房 맛사지 · Taal 展望臺, View Site Josephine, Tagaytay Picnic Grove Complex · 휜소 · Buenavista Nature Park 골프場 (28)	Pinyas 敎會, Mabini Shrine, St. Pierre's Home (10)	
	4. Pagsanjan (2006)	• Town 廳舍, 警察署, 消防署, 郵遞局 • 필리핀 大學 • 버스 터미널, Zeepney 停車場, 乘船場, 亞洲旅行社 • Rizal Street, Mabini Street, Garcia Street, General Lunna Street, Gen Taino Street, National Road · 카누 急流 타기(Shooting the Rapids), 보트 투어 • Oli Valez Plaza • Pagsanjan Rapids Hotel, Hidden Valley Springs Hotel, Magadapio Lodge, Rio Vista Lodge, Pagsanjan	• Banahau山, Makiling山, Hitoji(慈眼)山 • Pagsanjan 江 • Pagsanjan 瀑布, Talahib 瀑布 • Laguna湖, Caliraya湖 • Pagsanjan Garden, Paradise Resort, Los Banos 溫泉, Picnic Groove and Aquatic • 熱帶優林地, 絶壁 • 카누 타기 (15)	• 映畵 '地獄의 默示錄', '黎明의 눈동자' 로케場 • 慈母觀音像 • 戰歿者 慰靈碑 • 造道門 • Caliraya 戰死者 追慕庭園(美國, 필리핀, 日本) • 市民墓地 • Lumban 敎會, Cavinti 敎會, Pagsanjan 敎會, Rizal Shrine (12)	59

國家	地域	機關·施設·地區	名勝·觀光·慰樂地	遺物·紀念·遺蹟地	合計
50. 필리핀	4. Pagsanjan	Falls Lodge, Rivosta Lodge, Riverside Bangalow, Pagsanjan Village • Santa Cruz · Lumban · Paete · Siniloan · Alaminos • Caliraya市 (32)			
	5. Alaminos (2006)	• Town 廳舍, 警察署, 消防署, 郵遞局 • Limao 初等學校 • 南部高速道路, 國道, 地方道 • 輕工業 파크, Caltex 注油所, 地熱發電所, 세멘트 工場 • Health 센터 • Hidden Valley Springs Hotel • San Juan · San Jose · San Andres · San Miguel · San Agustin 市 (19)	• Claire 山, Bulalo 山, Olila 山, Makiling 山, Puting Lupa 山 • Seven Lakes • Hidden Valley Resort, 森林浴場, 天然 水泳場, 休憩所, 방갈로 • 熱帶動物, 熱帶植物, 熱帶과일 • 벼농사 農場 (15)	• 傳統마을, 傳統家屋, 在來市場 • Claire 山 村落 • 共同墓地 • Iglesia Ni Christo 教會 (6)	40
	計(5)	569	180		910
51.몽골 (2006)	1.Ulaan-baatar (2006)	• 國會議事堂, 中央政府廳舍, 法院, Neoclassic Palladian Government Building, Ministry of Foreign Admission, 大統領宮, 大統領 夏季官邸, 몽골 觀光局, 市議會, 市廳, 國立公共圖書館, 中央銀行, 中央郵遞局, 中央警察局, 수트 바토르區域 警察署, 韓國 大使館, 日本 大使館, 中國 大使館, 美國 大使館, 러시아 大使館, 北韓 大使館, • 몽골 國立大學, 울란바타르 大學, Academy of Sciences of the Mongolian People's Republic, 農業專門大學, 醫學專門大學 • The Center of Science and Information, Central Palace of Culture, Cultural Center of Mongolian Trade Union, Russian Cultural Center, Youth Cultural Palace • Peace 빌딩, Tuushin 빌딩, Joint Stock Company, • Unen(Truth) 新聞社, Pion-	• Hentiyn 山脈, Gurvansaikan 山脈, Cojbalsan山, Zuun Shireet山, Bogd Khan 山, Tusheegun山, Tsetseegun山, Zaisan 언덕 • Tuul江, Sharïn江, Orhon 江, Selengo江, Selbe江 • Khubsgul湖 • Gobi沙漠 • 自然保護區域, The National Recreational Park, Youth Park, 李泰俊 醫師 紀念公園, 나이라 부탈 公園 • Nukht Resort, Zaisan Resort, Children's Recreation Center, 칭기스 후레 休養地, 활쏘기場, 흡스골 낚시터, Irish Pub 露天 休憩所 • Chinggis Khani Khuree Ger Camp, Great Sky Camp, Mongolian Golden Tours Camp, Mongolian Voyages Camp, Mungut Haihan UUl Camp, Three Camel Lodge, Tuvshin Tour Camp	161 • Handdorj Palace, 겨울宮殿 '복흣드항(Bogd Khan)' • Sühbaatar 遺蹟, 恐龍뼈 化石, 恐龍알 化石, Khorloghiyin Choybalsan 遺蹟 • Da Khure Manastery 建物, 傳統住宅 Ger, 울란바타르 舊 驛舍 • Zaisan 勝戰塔, 凱旋門 • 칭기스칸 돌 얼굴像, Lenin 銅像, Jukov 銅像, 미그짓 잔라이식 釋迦如來佛像, Damdiny Sühbaatar 紀念騎馬像 • 獨立宣言의 수크바토르 廣場 • 傳統歌舞, 傳統飮食, 順鹿 사람, 하라호름, 傳統音樂 • 共同墓地 • 國立中央博物館, Temple 博物館, 自然史 博物館, 藝術博物館, 歷史博物館, 恐龍化石 博物館, 복흣드항 博物館, 칭기스후레 博物館, 바자르 美術館, Jukov 博物館, Bogd King's Palace 博物館, Fine Art 博物館, Cho-	294

國家	地域	機關·施設·地區	名勝·觀光·慰樂地	遺物·紀念·遺蹟地	合計
51.몽골	1.Ulaan-baatar	yeriyn Unen (Pioneers' Truth) 新聞社, Daily Newspaper, Mongol Daatgal, Irmuun Designing & Printing Agency, Mongol Messenger Newspaper, Mongolian National TV, MobiCom, New Com Tel, Mongolian Telecommunication Building, Skytel, UB Television, UB Post Newspaper • The Golomt 銀行, The Trade & Development 銀行, Ulaanbaatar City 銀行 • Ulaanbaatar Chinggis Khan 國際空港, 鐵道驛, 鐵道線, 버스 터미널 • Sukhbaatar 廣場, 革命廣場, Sünbaatar 廣場 • Marx · Prime Minister Amar's · Khasbaatar · Chinggis · Teeverchid · Ard Ayush · Magsariav · Zamchid · Amarsanaa · Seoul • Ikh Toíruu · Undur Gegeen Zanabazar · Tumur · Hudldanii · Namnansuren · Baruun Selbe · Sukhbaatar · Tseren Dorj · Khand Dorj · Negdsen Undestinii · Amar · Ikh Surguuli · Jamyangun · Baga Toiruu · Irkutsk · Olympic · Khuh Tenger Street • Chinggis Khan · Jukov · Peace · Zaluuchuud Avenue · Khuvisgal Road • 中央運動場, 동행 運動場, 스키場, The Taikhal Bodybuilding Center, The Central Sport Palace, The Swimming Pool, Wrestling Palace, Stadium • 中央病院, 結婚宮殿	· Naadam 祝祭, 씨름大會, 말타기 祝祭, 활쏘기 祝祭, 民俗公演 · 영양, 駱駝, Argali 野生羊, 고라니, 사슴 (44)	ijinlam's Temple 博物館, Hunting Trophy 博物館, Natsagdorj's 博物館, The National Toys Museum, The Museum of Ulaanbaatar, The Memorial Museum of Victims of Political Persecution • Art Gallery Exhibi-tion of Mongolian Artists • Gandan 寺, Choijinlam 寺, Bakula Renbuch 寺, Geser 寺, 라마 佛教寺院, 잔라이식 寺院, 초이진 라마 寺院, Dashchoilon 修道院, Gandan Tegchlen 修道院 (52)	

國 家	地 域	機關·施設·地區	名勝·觀光·慰樂地	遺物·紀念·遺蹟地	合計
51.몽골	1.Ulaan-baatar	·國立 Opera 劇場, 國立 서커스劇場, 國立劇場, 文化劇場, 國立 Drama劇場, The Moon Stone 民俗劇場, Ard Cinema, The Mongolian Folk Song & Dance Ensemble, Od Cinema, Serelt Och Cinema, The Opera & Ballet House, Urguu Cinema, Tengis Cinema •몽골 航空社(MIAT), Juulchin Corporation, Bayangobi Juulchin, Mongol Tours Expeditions, Mongol Altai Travel, Nature Tours, Dream Land, Great Steppes 社 •가죽·카페트·Felt·비누·織維·Garments·시멘트·鋼鐵·乳製品·自動車 修理·Brick Warks·製粉·Distillery·食品加工·캐시미어 工場, 니켈 鑛山 •國立 百貨店, Tushig 百貨店, TBD Anduud 百貨店, Naran 百貨店, 西方外交官 商店, 中國 合作商店, 在來市場, 郊外 綜合市場, Bishrelt Shopping Center, Nomin Hypermarket, East Trading Center, APTI Grocery Market, Ider Plaza, Lucky Shopping Center, Mercury Food Market, Naran Tuul Central Market, National Cashmere Shop, Nomin Plaza, Tsagaan Art Shop, Sarny Titem Center •서울食堂, 서울클럽, 楊州골, 레인보우 클럽, 韓國會館, 하나 中國食堂, Altai 食堂, Bayangol 食堂, Beijing·Boston·Silk Road·Chinggis·Si Si·Ikh Mongol·Mr. Wang ·Taj Mahal·Chinggis Ko-			

國 家	地 域	機關·施設·地區	名勝·觀光·慰樂地	遺物·紀念·遺蹟地	合計
51.몽골	1.Ulaan-baatar	rean Restaurant • Ulaanbaatar Hotel, 鐵道 호텔, Hotel Altai, New Capital Hotel, Great Sky Hotel, Star Hotel, Tuushin Hotel, Flower Hotel, Bayangol Hotel, Chinggis Khan Hotel, Palace Hotel, Bishrelt Hotel, Amarbayasgalant Hotel, Continental Hotel, Diplomat Hotel, Mika Hotel, Edelwiss Hotel, White House, Nuht Hotel, Peace Bridge Hotel, Puma Imperial Hotel, Khongor · Nassan · UB 迎賓館 (198)			
	2.Terelj (2006)	• 邑事務所, 警察署, 郵遞局, 銀行, Gorkhi-Terelj 國立公園 入口 管理事務所 • 버스 停留場, Ulaanbaatar-Terelj 間 國道 • 乘馬場, 활쏘기場 • 牧場, 草原 • 닛켈 鑛山 • Molor 地區 Ger 食堂, 돌 훈제식 羊고기 바베큐 食堂 • Ulaanbaatar 第2 호텔 • Aryapala Meditation Center • 바크노 市 (17)	• 바위山, Orog Yamaat山, Chingisiyn Hur山, Ikh Most 山, Bayan Baraatyn山, Avkhan山, Altan Olgii山, Jalman山, Asgatyn Saridag山, Ukhaa Saridag山, Ereenii Saridag山, Narangiin Saridag山, Khort Davaany Saridag 山, Tereljiin Saridag山 • Tuul江, Terelj江, Galttain Gol江, Dund Bayangiin Gol 江, Khokh Chuluutyn Gol江, Ikh Akhain Gol江, Zegstiin Gol江, Guagiin Gol江, Khurkhree Gol江, Zaan江, Bayan 江, Bugat江, Khag江, • Gorkhi 溪谷, Terelj 溪谷, Khokh Chuluutyn 溪谷 • 草原 • Khan Khentii Strictly Protected Area • Gorkhi-Terelj 國立公園, 恐龍公園 • 거북바위 • Lama 洞窟 • 테를지 休養所, Gorkhi Pass, Bayantsagaan Pass • Gunj 觀光 Camp村, Molor	· 遊牧民마을, 傳統家屋 '게르(Ger)', 傳統飮食 '허르덕', 게르式食事, 傳統 술 '馬乳酒' · 傳統信仰祠堂 '어워' · Aryapala 寺院 (7)	73

國家	地域	機關·施設·地區	名勝·觀光·慰樂地	遺物·紀念·遺蹟地	合計
51.몽골	2.Terelj		觀光 Camp村, Gorkhi 溪谷 게르 Camp村 •羊, 염소, 소, 말, 駱駝, 야크 •울란바타르 第2 호텔 6홀 골프場 (49)		
	3. Möngö-nmor't (2006)	•邑事務所, 警察署, 郵遞局, 銀行 •Ulaanbaatar-Möngönmor't 間 國道, 뭉근머리트-테를지間 國道 •牧場, 草原 •Khan Khelen Camp Ger 宿所 •헨티아이막(칭기스칸 故鄕)地域 (10)	• Chentijn Nuruu 山脈, Hentey 山脈, Chentii Chan 山, 부르한 칼둔山 •Herlen江, Cherlen江, Ker-ulen江, Tuul江, Tenuun江 •大草原 •Khan Kherlen 觀光캠프村, 파이어 캠프, 休養 캠프 •활쏘기場, 乘馬場, 플라이 낚시터 •사슴農場, 牧場 •傳統料理 '허르럭', 숯불 바베큐 •名馬, 羊, 염소, 소, 말 駱駝, 야크, 쥐科動物 '타르박' •野生花 群落地, 에델바이스 群落地 (30)	•칭기스칸 歷史遺蹟, 古代遺蹟 •傳統遊牧民 마을, 傳統家屋 '게르', 마을 村長집 •사슴바위 碑石 •傳統飮食 '보독' (타르박으로 만듬) (7)	47
	計(3)	225	123		414
總計(51個)	233	9,675	7,927	66	22,896

※ 國名 및 地域名 아래의 ( )內는 最初訪問年度임.

客說 : 經驗에서 얻은 삶의 眞實

後進國家를 보면 國民의 多數가 게으른 習性을 갖고 있으며 같은 나라 안에서도 落後된 地域의 住民은 대개 부지런하지 못하다.

客說 : 經驗에서 얻은 삶의 眞實

옛날에는 큰 뱀이나 이무기가 비오는 날 구름을 타고 하늘로 올라가 龍이 되었다고 한다. 나는 비행기를 타고 하늘에 올라가면 구름속에서 龍을 찾는 습관이 있다. 아직은 보지 못했다. 있다손 치더라도 비행기에 부딪쳐 큰 事故가 생길게 뻔하다. 아마 비행기 같이 하늘을 날으는 物體가 생기면서 龍은 다 사라진 것 같다. 이미 이 地球는 龍이 살 곳이 못된다. 부디 멀리 있는 다른 조용한 별들로 옮겨가서 안전하게 살아가기를 바란다.

3. 國內外 總計

(1) 國內外 訪問地點 總計

(單位 : 個)

區分	訪問國家 (訪問順)	最初訪問年度	訪問 市·郡數	訪問地點數				市·郡當平均地點數			
				機關·施設·地區	名勝·觀光·慰樂地	遺物·紀念·遺蹟地	合計	機關施設	名勝慰樂	遺物遺蹟	合計
國內	韓　國	1936	165	4,193	4,663	4,594	13,450	26	28	28	82
國外	1. 美國	1969	34	1,955	1,220	473	3,648	57	36	14	107
	2. 日本	1972	37	778	1,022	734	2,534	21	28	20	69
	3. 泰國	1978	3	36	31	31	98	12	10	11	33
	4. 네덜란드	1979	1	15	7	8	30	15	7	8	30
	5. 덴마크	1979	2	18	9	9	36	9	5	4	18
	6. 獨逸	1979	17	146	101	82	329	8	6	5	19
	7. 英國	1979	2	105	63	72	240	53	31	36	120
	8. 프랑스	1979	8	261	182	213	656	33	23	26	82
	9. 오스트리아	1979	1	111	83	93	287	111	83	93	287
	10. 스위스	1979	2	15	11	11	37	8	5	6	19
	11. 이탈리아	1979	2	102	73	87	262	51	37	43	131
	12. 그리스	1979	1	29	26	30	85	29	26	30	85
	13. 스리랑카	1979	2	23	17	14	54	12	8	7	27
	14. 인도네시아	1982	2	21	17	17	55	11	9	8	28
	15. 濠洲	1982	3	50	45	25	120	17	15	8	40
	16. 뉴질랜드	1982	2	20	13	11	44	10	7	5	22
	17. 印度	1983	2	19	15	12	46	9	8	6	23
	18. 싱가포르	1983	1	26	29	22	77	26	29	22	77
	19. 말레이시아	1986	1	19	15	13	47	19	15	13	47
	20. 中國	1989	17	626	393	311	1,330	37	23	18	78
	21. 臺灣	1990	7	253	260	211	724	36	37	30	103
	22. 스페인	1991	3	34	33	25	92	12	11	8	31
	23. 포르투갈	1991	1	35	21	29	85	35	21	29	85
	24. 스웨덴	1991	2	16	16	12	44	8	8	6	22
	25. 모나코	1991	1	13	10	10	33	13	10	10	33
	26. 이집트	1995	5	49	44	46	139	10	9	9	28
	27. 리비아	1995	12	57	60	60	177	5	5	5	15
	28. 튀니지	1995	2	10	11	9	30	5	6	4	15
	29. 캐나다	1997	2	21	17	12	50	11	8	6	25
	30. 朝鮮	1999	3	1,027	1,943	673	3,643	342	648	224	1,214
	31. 베트남	2000	2	77	90	77	244	39	45	38	122
	32. 캄보디아	2000	3	76	59	77	212	25	20	26	71
	33. 요르단	2001	2	58	48	62	168	29	24	31	84
	34. 이라크	2001	7	146	75	163	384	21	11	23	55
	35. 러시아	2001	2	210	187	222	619	105	94	111	310
	36. 폴란드	2001	1	67	39	57	163	67	39	57	163
	37. 체코	2001	2	114	110	130	354	57	55	65	177
	38. 헝가리	2001	1	102	91	93	286	102	91	93	286

區分	訪問國家 (訪問順)	最初訪問年度	訪問 市·郡數	訪問地點數				市·郡當 平均地點數			
				機關·施設·地區	名勝·觀光·慰樂地	遺物·紀念·遺蹟地	合計	機關施設	名勝慰樂	遺物遺蹟	合計
國外	39. 멕시코	2002	1	57	50	76	183	57	50	76	183
	40. 페루	2002	7	207	147	198	552	30	21	28	79
	41. 브라질	2002	3	146	146	77	369	49	49	25	123
	42. 아르헨티나	2002	1	29	14	3	46	29	14	3	46
	43.터키	2003	4	413	189	226	828	103	47	57	207
	44.케냐	2006	3	254	106	49	409	85	35	16	136
	45.탄자니아	2006	1	14	6	4	24	14	6	4	24
	46.南阿共	2006	4	792	341	174	1,307	198	85	44	327
	47.짐바브웨	2006	1	81	73	10	164	81	73	10	164
	48.보츠와나	2006	1	56	39	4	99	56	39	4	99
	49.잠비아	2006	1	92	27	10	129	92	27	10	129
	50.필리핀	2006	5	569	180	161	910	114	36	32	182
	51.몽골	2006	3	225	123	66	414	75	41	22	138
	國外合計(51國)	1969	233	9,675	7,927	5,294	22,896	41	34	23	98
世界總計 (52國)		1936	398	13,868	12,590	9,888	36,346	35	31	25	91

(2) 國內外 訪問地點의 地域別 分類集計

○ 韓國

(單位 : 個)

區分	市·道名	最初訪問日字	訪問 市·郡數	訪問地點數				市·郡當 訪問地點數
				機關·施設	名勝·慰樂	遺物·遺蹟	合計	
特別市	서울	1956.1.10	1	1,314	200	196	1,710	1,710
	計(1)	1956.1.10	1	1,314	200	196	1,710	1,710
廣域市	釜山	1965. 7.10	1	49	61	55	165	165
	大邱	1965. 3.10	1	65	75	69	209	209
	仁川	1959. 6.2	1	51	66	62	179	179
	光州	1960. 1.5	1	42	39	58	139	139
	大田	1974. 1.18	1	65	69	68	202	202
	蔚山	1975. 4.18	1	48	62	61	171	171
	計(6)	1959.6.2	6	320	372	373	1,065	178
道	京畿	1958.9.15	31	418	526	445	1,389	45
	江原	1959.12.5	18	283	515	380	1,178	65
	忠北	1965.4.11	11	148	269	279	696	63
	忠南	1958.7.31	15	216	332	375	923	62
	全北	1964.5.13	14	165	373	402	940	67
	全南	1972.8.18	22	245	444	426	1,115	51
	慶北	1936.7.28	23	606	855	947	2,408	105
	慶南	1967.8.3	20	353	616	645	1,614	81
	濟州	1965.7.17	4	125	161	126	412	103
	計(9)	1936.7.28	158	2,559	4,091	4,025	10,675	68
合計	16	1936.7.18	165	4,193	4,663	4,594	13,450	82
市·道當 平均	1	-	10.3	262.1	291.4	287.1	840.6	82

○ 外 國

(單位 : 個)

洲	訪問國家名	最初訪問日字	訪問都市數	訪問地點數				市·郡當 訪問地點數
				機關·施設	名勝·慰樂	遺物·遺蹟	合計	
아시아洲	日 本	1972.1.12	37	778	1,022	734	2,534	69
	泰 國	1978.6.18	3	36	31	31	98	33
	스리랑카	1979.10.13	2	23	17	14	54	27
	인도네시아	1982.1.16	2	21	17	17	55	28
	印 度	1983.1.23	2	19	15	12	46	23
	싱가포르	1983.12.10	1	26	29	22	77	77
	말레이시아	1986.9.15	1	19	15	13	47	47
	中 國	1989.3.7	17	626	393	311	1,330	78
	臺 灣	1990.9.10	7	253	260	211	724	103
	朝 鮮	1999.8.16	3	1,027	1,943	673	3,643	1,214
	베 트 남	2000.1.26	2	77	90	77	244	122
	캄보디아	2000.1.29	3	76	59	77	212	71
	요 르 단	2001.2.9	2	58	48	62	168	84
	이 라 크	2001.2.10	7	146	75	163	384	55
	터 키	2003.7.21	4	413	189	226	828	207
	필 리 핀	2006.4.20	5	569	180	161	910	182
	몽 골	2006.6.19	3	225	123	66	414	138
	計 (17)	1972.1.12	101	4,392	4,506	2,870	11,768	117
유럽洲	네덜란드	1979.8.9	1	15	7	8	30	30
	덴 마 크	1979.8.10	2	18	9	9	36	18
	獨 逸	1979.8.11	17	146	101	82	329	19
	英 國	1979.8.12	2	105	63	72	240	120
	프 랑 스	1979.8.14	8	261	182	213	656	82
	오스트리아	1979.8.18	1	111	83	93	287	287
	스 위 스	1979.8.19	2	15	11	11	37	19
	이탈리아	1979,8.21	2	102	73	87	262	131
	그 리 스	1979.8.24	1	29	26	30	85	85
	스 페 인	1991.4.9	3	34	33	25	92	31
	포르투갈	1991.4.15	1	35	21	29	85	85
	스 웨 덴	1991.4.17	2	16	16	12	44	22
	모 나 코	1991.7.6	1	13	10	10	33	33
	러 시 아	2001.7.4	2	210	187	222	619	310
	폴 란 드	2001.7.7	1	67	39	57	163	163
	체 코	2001.7.8	2	114	110	130	354	177
	헝 가 리	2001.7.11	1	102	91	93	286	286
	計 (17)	1979.8.9	49	1,393	1,062	1,183	3,638	74
北아메리카洲	美 國	1969.9.20	34	1,955	1,220	473	3,648	107
	캐 나 다	1997.8.1	2	21	17	12	50	25

洲	訪問國家名	最初訪問日字	訪問都市數	訪問地點數				市·郡當 訪問地點數
				機關·施設	名勝·慰樂	遺物·遺蹟	合計	
	멕시코	2002.1.26	1	57	50	76	183	183
	計 (3)	1969.9.20	37	2,033	1,287	561	3,881	105
南아메리카洲	페루	2002.1.27	7	207	147	198	552	79
	브라질	2002.2.2	3	146	146	77	369	123
	아르헨티나	2002.2.3	1	29	14	3	46	46
	計 (3)	2002.1.27	11	382	307	278	967	88
아프리카洲	이집트	1995.7.18	5	49	44	46	139	28
	리비아	1995.7.20	12	57	60	60	177	15
	튀니지	1995.7.26	2	10	11	9	30	15
	케냐	2006.1.13	3	254	106	49	409	136
	탄자니아	2006.1.17	1	14	6	4	24	24
	南阿共	2006.1.18	4	792	341	174	1,307	327
	짐바브웨	2006.1.19	1	81	73	10	164	164
	보츠와나	2006.1.20	1	56	39	4	99	99
	잠비아	2006.1.20	1	92	27	10	129	129
	計 (9)	1995.7.18	30	1,405	707	366	2,478	83
오세아니아洲	濠洲	1982.1.19	3	50	45	25	120	40
	뉴질랜드	1982.1.22	2	20	13	11	44	22
	計 (2)	1982.1.19	5	70	58	36	164	33
合計	51	1969.9.20	233	9,675	7,927	5,294	22,896	98
國家當 平均	1	-	4.6	190	155	104	449	-

○ 國內外 總計

(單位 : 個)

區分	訪問國家 및 地域數						單位當平均		
	訪問國家數	訪問市·郡數	訪問地點數				國家當 訪問市·郡數	國家當 訪問地點數	市·郡當 訪問地點數
			機關·施設	名勝·慰樂	遺物·遺蹟	合計			
韓國	1	165	4,193	4,663	4,594	13, 450	165	13, 450	82
外國	51	233	9,675	7,927	5,294	22,896	4.6	449	98
總計	52	398	13,868	12,590	9,888	36,346	7.7	699	91

客說 : 經驗에서 얻은 삶의 眞實

술이나 담배를 애용하다가 끊은 사람일수록 처음부터 경험하지 않은 사람보다 훨씬 더 술과 담배에 대해 비판적이고 공격적이다. 그러나 修養이 제대로 된 사람은 그러하지 않는 것 같다.

(3) 訪問 地域 및 地點의 空間的 分布圖

1) 國內 市·道間 分布比較圖

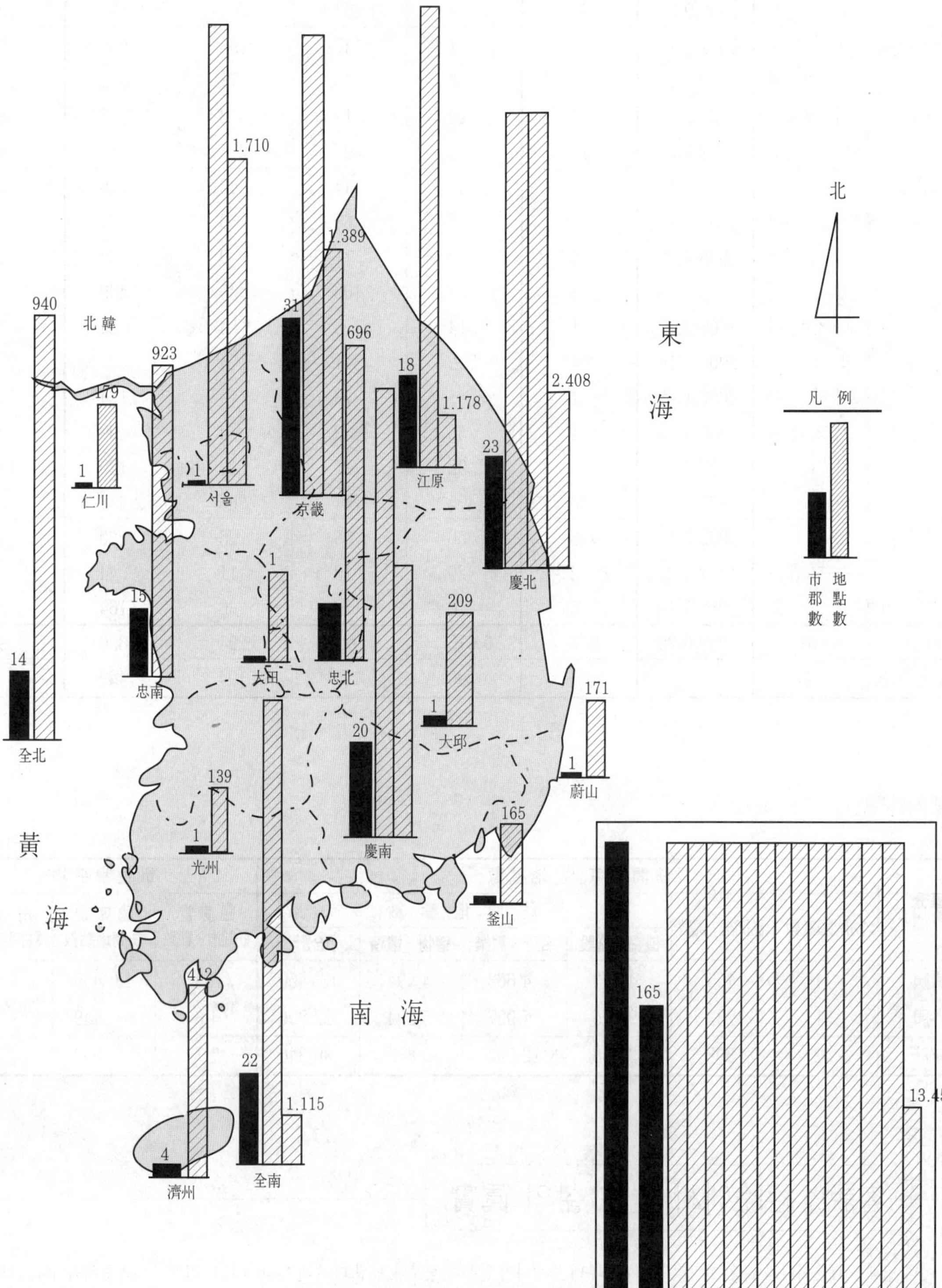

2) 外國 國家間 分布比較圖

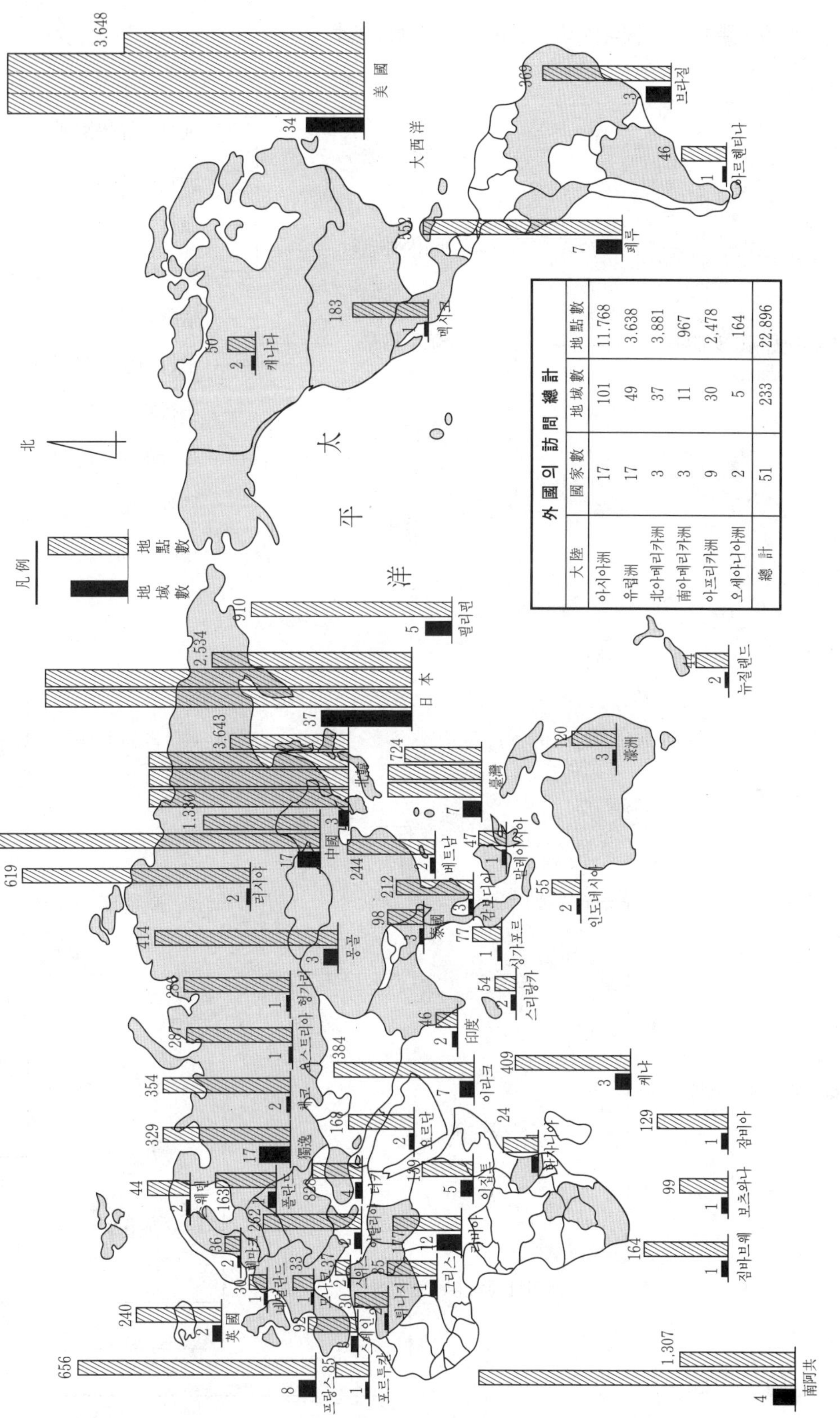

外國의 訪問 總計			
大陸	國家數	地域數	地點數
아시아洲	17	101	11.768
유럽洲	17	49	3.638
北아메리카洲	3	37	3.881
南아메리카洲	3	11	967
아프리카洲	9	30	2,478
오세아니아洲	2	5	164
總計	51	233	22.896

Ⅳ. 移動 및 旅行의 距離와 時間

○ 要 約 : 距離 및 時間의 分類와 移動手段 및 測定基準

- ● 移動距離 및 時間
  - 通勤 · 通學
    - 通勤 · 通學距離
    - 通勤 · 通學時間
  - 國內外旅行
    - 旅行距離
    - 旅行時間
  - 航空搭乘
    - 搭乘回數
    - 飛行距離 · 時間
  - 步行記錄
    - 步行數
    - 步行距離 · 時間
  - 合算集計
    - 移動距離
    - 移動時間

- ● 空間移動 手段
  - 通勤 · 通學
    - 交通便
      - 自動車
        - 버스
        - 通勤버스
        - 個人乘用車
        - 官用乘用車
        - 택시
      - 軌道車
        - 電車
        - 地下鐵
    - 步行
  - 國內外 旅行
    - 交通便
      - 自動車
        - 버스
        - 個人乘用車
        - 官用乘用車
        - 택시
      - 軌道車
        - 汽車
        - 地下鐵
      - 船舶
      - 航空機
    - 步行

● 移動手段別 移動時間 算定基準

(1時間當 平均速度 : km)

移 動 手 段	地 域	移動手段種類	成長修學期(1936-1971)	社會活動期(1972-2006)
自動車	市內	버스	15.9	12.6
		通勤버스	20.0	20.0
		個人乘用車	-	30.0
		官用乘用車	-	30.0
		택시	-	24.0
	市外	버스	80.0	80.0
		通勤버스	-	-
		個人乘用車	-	80.0
		官用乘用車	-	80.0
		택시	-	80.0
軌道車	-	汽車	100.0	100.0
	-	電車	15.0	-
	-	地下鐵	-	37.0
船舶	-	-	20.0	24.7
飛行機	國內	-	600.0	600.0
	國外	-	950.0	1,000.0
步行	市內	-	3.9	4.2
	市外	-	4.1	4.5

客說 : 經驗에서 얻은 삶의 眞實

牧者나 信者의 대부분은 자기가 믿는 宗敎의 經典만을 유일한 것으로 믿고 다른 것은 모두 異端視하는 성향을 띄고 있다. 그러나 佛經 · 聖經 · 코란 등 모두가 사람이 기술했고, 또 어느 정도 당시의 時代狀況을 반영하고 있다. 하느님이 직접 쓴 神書도 아니고 하느님의 口述로 씌어진 代書도 아니다. 그것은 긴 세월에 걸쳐 많은 사람들에 의해 씌어진 人書들이다. 전후좌우를 살펴서 읽어야 할 必讀書들이다.

1. 通學 · 通勤의 距離 및 時間

(1) 住居地와 主勤務地間의 移動手段과 距離 · 時間

(住所名 : 2006年 現在)

生涯區分	區分 年度(年:月間)	住居地及主勤務地: 住居地 住所 및 住宅區分	住居地及主勤務地: 主勤務地 住所 및 機關名	一方移動內譯: 距離(km)	一方移動內譯: 主移動手段	一方移動內譯: 時間(分)	一方移動內譯: 出勤日數(日/週)
初等學校	45.4.1-51.7.14(6:3)	慶北 聞慶市 興德洞 394 自宅	慶北 聞慶市 興德洞 384 戶西南初等學校	0.8	步行	20	6
中等學校	51.9.10-54.3.3(2.6)	〃 〃	〃 705 聞慶中學校	0.75	〃	15	6
高等學校	54.4.10-54.5.9(0:1)	慶北 安東市 法尙洞 下宿집	〃 安東市 明倫洞344 安東師範學校	0.8	〃	13	6
	54.5.10-54.6.9(0:1)	〃 〃 花城洞 〃	〃 〃	0.5	〃	8	6
	54.6.10-54.7.30(0:2)	〃 〃 堂北洞 〃	〃 〃	1.4	〃	23	6
	54.7.31-55.2.27(0.7)	〃 〃 太華洞 自炊宅	〃 〃	2.0	〃	33	6
	55.2.28-57.3.2(2:0)	〃 〃 平和洞 家庭教師宅	〃 〃	1.9	〃	32	6
大學校	57.4.1-57.5.31(0:2)	서울市 龍山區 龍山洞5街65 自炊宅	서울市鍾路區東崇洞1 서울大學校文理科大學	8.8	電車	50	5
	57.6.1-58.2.28(0:9)	〃 〃 孝昌洞 111 〃	〃 〃	7.8	〃	56	5
	60.5.1-61.8.29(1:4)	〃 〃 龍山洞5街40 鐵道合宿所	〃 〃	9.5	〃	56	5
	61.8.30-62.2.26(0:6)	〃 鍾路區 樂園洞 196 家庭教師宅	〃 〃	2.9	〃	26	5
職場	62.4.7-62.4.30(0:1)	〃 〃 臥龍洞 20 下宿집	서울市鍾路區 通義洞35 民衆書館	2.4	步行	30	6
	62.5.1-63.1.31(0:9)	〃 〃 宛西洞140 〃	〃 〃	2.4	〃	30	6
	63.2.1-63.2.28(0:1)	〃 〃	서울市中區忠武路2街61 首都女師大附屬女子高等學校	3.4	〃	27	6
職場 · 大學院	63.3.1-63.3.31(0:1)	〃 〃	〃 〃	3.4	버스	27	6
	〃	〃 〃	서울市鍾路區東崇洞1 서울大學校行政大學院	2.0	步行	25	3
	63.4.1-63.4.30(0:1)	〃 東大門區祭基洞430 家庭教師宅	〃 〃	6.1	電車	42	3
	〃	〃 〃	서울市中區忠武路2街61 首都女師大附屬女子高等學校	8.0	버스	55	6
大學院	63.5.1-63.10.31(0:6)	〃 〃	〃 鍾路區東崇洞1 서울大學校行政大學院	6.1	電車	42	5
大學院 · 職場	63.11.1-64.7.31(0:9)	〃 城東區 金湖洞2街421 自炊宅	〃 〃	6.5	버스	42	3
	〃	〃 〃	〃 中區 乙支路2街181 內務部	6.0	〃	40	3
	64.8.1-64.12.31(0:5)	〃 東大門區淸凉里1洞235 家庭教師宅	〃 鍾路區 東崇洞1 서울大學校行政大學院	6.1	〃	41	3
	〃	〃 〃	〃 中區 乙支路2街181 內務部	8.2	通勤버스	44	3
	65.1.1-65.2.26(0:2)	〃 〃 〃 92-1 專貰집	〃 鍾路區 東崇洞1 서울大學校行政大學院	6.1	버스	41	1
	〃	〃 〃	〃 中區 乙支路2가181 內務部	8.2	通勤버스	44	5
職場	65.2.27-66.2.28(1:0)	〃 〃 〃 42 〃	〃 〃	8.2	〃	44	6
	66.3.25-66.12.19(0:9)	〃 鍾路區 梨花洞9-38 〃	서울市 鍾路區東崇洞1 서울大學校行政大學院	0.8	步行	10	6
	66.12.20-69.9.20(0:9)	〃 〃 昌信4洞13-73 自宅	〃 〃	2.4	〃	30	6
留學	69.9.25-69.10.19(0:1)	美國오하이오州신시내티市 맥밀란路123 아파트	美國오하이오州신시내티市 유니버시티路 신시내티大學校	1.2	〃	15	5
	69.10.20-72.1.8(2:3)	〃 〃 오하이오街2223 〃	〃 〃	1.6	〃	20	5
職場	72.3.2-72.5.9(0:2)	서울鍾路區昌信4洞13-73 自宅	서울市鍾路區東崇洞1 서울大學校行政大學院	2.4	〃	30	5
	72.5.10-74.6.28(2:2)	〃 〃	〃 서울大學校行政大學院 · 環境大學院	2.4	〃	30	6
	74.6.29-75.2.28(0:8)	〃 東大門區 祭基3洞176-1 〃	〃 서울大學校環境大學院	5.1	버스	37	6
	75.3.1-76.2.20(1:0)	〃 〃	〃 冠岳區 新林9洞 山56-1 서울大學校環境大學院	23.3	通勤버스	85	5
留學	76.2.20-76.8.27(0:6)	美國오하이오州신시내티市소시오토路2910大學寄宿舍	美國오하이오州신시내티市유니버시티路 신시내티大學校	0.8	步行	10	2
職場	76.9.5-78.3.21(1:7)	서울市 東大門區 祭基3洞176-1 自宅	서울市冠岳區新林9洞山56-1 서울大學校環境大學院	23.3	通勤버스	85	5
	78.3.22-82.3.20(4:0)	〃 銅雀區 上道3洞256-216 〃	〃 〃	7.6	〃	26	5
	82.3.21-86.11.4(4:8)	〃 〃	〃 〃	7.6	乘用車	26	5
	86.11.5-88.8.13(1:9)	〃 〃	〃 〃	7.6	官用車	26	6
	88.8.14-90.11.4(2:3)	〃 江南區 驛三1洞 618-24 〃	〃 〃	11.3	〃	29	6
	90.11.5-92.7.20(1:9)	〃 〃	〃 〃	11.7	버스	42	4
	92.7.21-94.7.20(2:0)	〃 〃	서울市麻浦區孔德1洞234-2 韓國地方行政硏究院	13.7	官用車	27	6
	94.7.21-02.8.31(8:1)	〃 〃	〃 冠岳區新林9洞山56-1 서울大學校環境大學院	11.7	地下鐵·택시	42	2
	02.9.1-現在(3:11)	〃 〃	〃 〃	11.7	乘用車	30	1

(2) 通學 · 通勤에 소요된 距離와 時間 : 利用手段別

利用手段 \ 生涯區分 / 通學·通勤日數 / 區分		修學期 (45.4.1-72.1.14) 6,359日 移動距離 (km)	所要時間 (時間)	速度 (km/時間)	活動期 (72.1.15-2006.7.28) 8,257日 移動距離 (km)	所要時間 (時間)	速度 (km/時間)	累計 (45.4.1-2006.7.28) 14,616日 移動距離 (km)	所要時間 (時間)	速度 (km/時間)
步行		19,223 (56.7)	4,934 (84.6)	3.9	15,357 (9.3)	3,360 (37.3)	4.6	34,580 (17.3)	8,294 (55.9)	4.2
交通便	電車	8,626 (25.5)	575 (9.9)	15.0	-	-	-	8,626 (4.3)	575 (3.9)	15.0
	버스	1,570 (4.6)	99 (1.7)	15.9	4,797 (2.9)	240 (2.7)	20.0	6,367 (3.2)	339 (2.3)	18.8
	通勤버스	4,464 (13.2)	223 (3.8)	20.0	42,315 (25.6)	2,095 (23.2)	20.2	46,779 (23.5)	2,318 (15.6)	20.2
	個人乘用車	-	-	-	28,375 (17.1)	940 (10.4)	30.2	28,375 (14.2)	940 (6.3)	30.2
	官用乘用車	-	-	-	48,836 (29.5)	1,619 (18.0)	30.2	48,836 (24.5)	1,619 (10.9)	30.2
	地下鐵	-	-	-	21,929 (13.2)	592 (6.6)	37.0	21,929 (11.0)	592 (4.0)	37.0
	택시	-	-	-	4,024 (2.4)	167 (1.8)	24.0	4,024 (2.0)	167 (1.1)	24.0
	計	14,660 (43.3)	897 (15.4)	16.3	150,276 (90.7)	5,653 (62.7)	26.6	164,936 (82.7)	6,550 (41.1)	25.2
合計		33,883 (100.0)	5,831 (100.0)	5.8	165,633 (100.0)	9,013 (100.0)	18.4	199,516 (100.0)	14,844 (100.0)	13.4
通學·通勤 1日當 平均	步行	3.0	0.8	3.9	1.9	0.4	4.8	2.4	0.6	4.0
	交通便	2.3	0.1	16.3	18.2	0.7	26.0	11.3	0.4	28.3
	合計	5.3	0.9	5.8	20.1	1.1	18.3	13.7	1.0	13.7

註.(　)內는 合計基準의 利用手段別 占有率임(%).

客說 : 經驗에서 얻은 삶의 眞實

나는 鳶이 되고 싶다. 하늘 높이 두둥실 떠서 멀리까지 山川景槪 구경하고, 끈이 떨어지면 훨훨 날아다니다가 깊은 산속 나무가지에 걸리면 편안히 쉬고, 東海바다 물 위에 떨어지면 물결 따라 이리저리 흘러다니면 좋겠다. 다만 大都市 복판에 떨어져 사람 발에 밟히는 신세만 되지 않으면 좋겠다. 누가 나를 연줄에 달아 하늘 높이 띄워주지 않겠는가?

(3) 通學·通勤에 소요된 距離와 時間 : 生涯區分別

(初等學校 入學~大學教授 停年)

生涯區分	區分	期間		通學·通勤起終点				總移動距離및所要時間						
		年代	通學·通勤日數(日)	住宅位置	學校·職場位置	距離·時間		步行		交通便利用			合計	
						km	分	km	時間	主交通手段	km	時間	km	時間
修學期	初等學校	45.4.1-51.7.14	1,684	聞慶郡戶西南面 興德4里 깃골	聞慶郡 戶西南面 戶西南初等學校	0.8	20	2,694	1,123	-	-	-	2,694	1,123
	中等學校	51.9.10-54.3.3	620	〃	聞慶郡 戶西南面 聞慶中學校	0.75	15	930	310	-	-	-	930	310
	高等學校	54.4.10-57.3.2	778	安東市法尙·花城·堂北·太華·平和洞	安東市 明倫洞 安東師範學校	1.8	30	2,788	774	-	-	-	2,788	774
	大學校	57.4.1-62.2.26	514	서울市龍山·孝昌·新龍山·樂園洞	서울市 東崇洞 서울大文理科大學	8.3	53	1,945	463	電車	6,585	439	8,530	902
	會社·高校	62.4.7-63.4.30	308	서울市 苑西洞	서울市 通義洞 民衆書館, 忠武路 首都女師大 附屬女高	2.6	30	1,397	291	버스	184	12	1,581	303
	大學院	63.3.1-65.2.26	386	서울市 淸凉里·金湖洞	서울市 東崇洞 서울大行政大學院	6.3	42	1,546	322	電車·버스	3,288	214	4,834	536
	內務部	65.1.1-66.2.28	360	서울市 淸凉里洞	서울市 乙支路1街 內務部	8.2	44	1,440	300	通勤버스	4,464	223	5,904	523
	助教	66.3.25-69.9.20	1,105	서울市 淸凉里·梨花·昌信洞	서울市 東崇洞 서울大行政大學院	2.1	26	4,550	948	電車	139	9	4,689	957
	美國留學	69.9.21-72.1.14	604	美國 Cincinnati市 Ohio街	美國 Cincinnati市 McMillan路 Cincinnati大學校	1.6	20	1,933	403	-	-	-	1,933	403
	累計	45.4.1-72.1.14	6,359	聞慶·安東·서울·美國Cincinnati市	聞慶·安東·서울·美國Cincinnati學校	2.7	28	19,223	4,934	電車·버스·通勤버스	14,660	897	33,883	5,831
活動期	專任講師	72.5.10-76.4.14	1,152	서울市 昌信·祭基洞, 美國 Cincinnati大 寄宿舍	서울市東崇洞·新林洞 서울大學校, 美國Cincinnati市 Cincinnati大學校	8.0	44	4,834	1,007	버스·通勤버스	13,677	697	18,511	1,704
	助教授	76.4.15-80.7.31	1,100	美國 Cincinnati大 寄宿舍, 서울市 祭基·上道洞	美國Cincinnati市 Cincinnati大學校, 서울市新林洞 서울大學校	13.3	57	3,891	811	通勤버스	25,451	1,273	29,342	2,084
	副教授	80.8.1-85.9.30	1,077	서울市 上道洞	서울市 新林洞 서울大學校	7.5	24	1,352	282	通勤버스·乘用車	14,833	565	16,185	847
	教授	85.10.1-86.11.4	228	〃	〃	7.2	14	-	-	乘用車	3,283	109	3,283	109
	大學院長	86.11.5-90.11.4	1,038	서울市 上道·驛三洞	〃	9.3	19	-	-	〃	19,348	645	19,348	645
	教授	90.11.5-92.7.20	354	서울市 驛三洞	〃	11.7	42	991	236	地下鐵·택시·버스	7,292	255	8,283	491
	研究院長	92.7.21-94.7.20	626	〃	서울市孔德洞 地方行政研究院	13.7	27	-	-	乘用車	17,152	572	17,152	572
	教授	94.7.21-97.2.28	406	〃	서울市 新林洞 서울大學校	11.7	42	1,137	271	地下鐵·택시·버스	8,364	293	9,501	564
	主任教授	97.3.1-99.2.28	313	〃	〃	11.7	42	876	209	〃	6,448	225	7,324	434
	教授	99.3.1-2002.8.31	546	〃	〃	11.7	42	1,529	364	〃	11,248	393	12,777	757
	累計	72.5.10-2002.8.31	6,840	서울, 美國 Cincinnati市	서울·美國Cincinnati大學·研究院	10.4	36	14,610	3,180	버스·通勤버스·乘用車·地下鐵·택시	127,096	5,027	141,706	8,207
總累計		45.4.1-2002.8.31	13,199	聞慶·安東·서울·美國Cincinnati	聞慶·安東·서울·美國Cincinnati學校·機關	6.7	32	33,833	8,114	電車·通勤버스·버스·乘用車·地下鐵·택시	141,756	5,924	175,589	14,038

(4) 通學 · 通勤에 소요된 距離와 時間 : 住居地別

(初等學校 入學~大學教授 停年)

地域	住居地	居住期間	通學·通勤日數(日)	機關 및 位置	距離·時間 km	距離·時間 分	步行 km	步行 時間	交通便 利用 主交通手段	交通便 利用 km	交通便 利用 時間	合計 km	合計 時間
聞慶郡	1.戶西南面 興德4里 (自宅)	45.4.1-51.7.14	1,684	戶西南國民學校(戶西南面興德1里)	0.8	20	2,694	1,123	-	-	-	2,694	1,123
		51.9.10-54.3.3	620	聞慶中學校 (〃)	0.75	15	930	310	-	-	-	930	310
	聞慶累計	45.4.1-54.3.3	2,304	國民學校 · 中學校 (〃)	0.79	19	3,624	1,433	-	-	-	3,624	1,433
安東市	1.法尙洞(下宿)	54.4.5-54.5.10	30	安東師範學校(明倫洞)	0.8	13	48	12	-	-	-	48	12
	2.花城洞(〃)	54.5.10-54.6.10	26	〃 (〃)	0.5	8	26	6	-	-	-	26	6
	3.堂北洞(〃)	54.6.10-54.7.31	45	〃 (〃)	1.4	23	126	34	-	-	-	126	34
	4.太華洞(〃)	54.7.31-54.10.31	52	〃 (〃)	1.9	32	198	54	-	-	-	198	54
	5.太華洞(〃)	54.7.31-55.2.28	76	〃 (〃)	2.0	33	304	83	-	-	-	304	83
	6.平和洞(家庭教師)	55.2.28-57.3.31	549	〃 (〃)	1.9	32	2,086	585	-	-	-	2,086	585
	安東累計	54.4.5-57.3.31	778	〃 (〃)	1.8	30	2,788	774	-	-	-	2,788	774
서울市	1.龍山洞(家庭教師)	57.4.1-57.6.1	52	서울大 文理科大學(東崇洞)	8.8	50	147	35	電車	770	52	917	87
	2.孝昌洞(〃)	57.6.1-58.4.30	154	〃 (〃)	7.8	56	756	180	〃	1,653	110	2,409	290
	3.新龍山洞(合宿所)	60.5.1-61.8.30	257	〃 (〃)	9.5	56	899	214	〃	4,009	267	4,908	481
	4.樂園洞(家庭教師)	61.8.30-62.3.31	51	〃 (〃)	2,9	26	143	34	〃	153	10	296	44
	5.苑西洞(下宿)	62.4.1-63.2.1	257	民衆書館(通義洞)	2.4	30	1,234	257	-	-	-	1,234	257
		63.2.1-63.3.30	51	首都女師大附屬女高(忠武路)	3.4	27	163	34	버스	184	12	347	46
	(累計)	62.4.1-63.3.30	308	會社 · 女高(通義洞 · 忠武路)	2.6	30	1,397	291	버스	184	12	1,581	303
	6.淸凉里洞(家庭教師)	63.4.1-63.11.1	129	서울大 行政大學院(東崇洞)	6.1	42	519	108	電車	1,058	71	1,577	179
	7.金湖洞(自炊)	63.11.1-64.7.31	154	〃 (〃)	6.5	42	614	128	버스	1,386	87	2,000	215
	8.淸凉里洞(家庭教師)	64.8.1-65.1.1	103	〃 (〃)	6.1	41	413	86	電車	844	56	1,257	142
	9.淸凉里洞(專貰)	65.1.1-66.2.28	360	內務部(乙支路1街)	8.2	44	1,440	300	通勤버스	4,464	223	5,904	523

地域	住居地	居住期間	通學·通勤日數(日)	機關 및 位置	距離 km	時間 分	步行 km	步行 時間	交通便利用 主交通手段	交通便利用 km	交通便利用 時間	合計 km	合計 時間
서울市		66.3.1-66.3.20	17	서울大 行政大學院(東崇洞)	6.1	41	67	14	電車	139	9	206	23
	(累計)	65.1.1-66.3.20	377	內務部·大學院(乙支1·東崇洞)	8.1	43	1,507	314	通勤버스·電車	4,603	232	6,110	546
	10.梨花洞(專貰)	66.3.21-66.12.20	231	서울大 行政大學院(東崇洞)	0.8	10	369	77	-	-	-	369	77
	11.昌信洞(自宅)	66.12.20-69.9.21	857	〃 (〃)	2.4	30	4,114	857	-	-	-	4,114	857
		72.1.14-74.6.28	667	〃 (〃)	2.4	30	3,202	667	-	-	-	3,202	667
	(累計)	66.12.20-74.6.28	1,524	〃 (〃)	2.4	30	7,316	1,524	-	-	-	7,316	1,524
	12.祭基洞(自宅)	74.6.29-75.3.14	162	서울大 環境大學院(東崇洞)	5.1	37	648	135	버스	1,004	63	1,652	198
		75.3.14-78.3.21	703	〃 (新林洞)	23.3	85	2,249	469	通勤버스	30,510	1,526	32,759	1,995
	(累計)	74.6.29-78.3.21	865	〃 (東崇·新林洞)	19.9	76	2,897	604	버스·通勤버스	31,514	1,589	34,411	2,193
	13.上道洞(自宅)	78.3.22-88.8.13	2,378	〃 (新林洞)	7.6	26	3,808	794	通勤버스·乘用車	32,340	1,275	36,148	2,069
	14.驛三洞(自宅)	88.8.14-92.7.20	933	〃 (〃)	11.3	29	991	236	乘用車·地下鐵·택시	20,030	680	21,021	916
		92.7.21-94.7.20	626	地方行政研究院(孔德洞)	13.7	27	-	-	乘用車	17,152	572	17,152	572
		94.7.21-2002.8.31	1,265	서울大 環境大學院(新林洞)	11.7	42	3,542	844	地下鐵·택시·버스	26,060	771	29,602	1,615
	(累計)	88.8.14-2002.8.31	2,824	서울大·研究院(新林·孔德洞)	12.0	34	4,533	1,080	乘用車·地下鐵·택시·버스	63,242	2,023	67,775	3,103
	서울 累計	57.4.1-2002.8.31	9,407	大學·會社·研究院(7個洞)	8.9	36	25,318	5,469	電車·버스·通勤버스·乘用車·地下鐵·택시	141,756	5,784	167,074	11,253
美國	1.오하이오街(自炊)	69.9.21-72.1.14	604	신시내티大學(맥밀란路)	1.6	20	1,933	403	-	-	-	1,933	403
신시	2.大學寄宿舍(〃)	76.2.20-76.8.27	106	〃 (〃)	0.8	10	170	35	-	-	-	170	35
내티市	美國 累計	69.9.21-72.1.14 76.2.20-76.8.27	710	〃 (〃)	1.5	19	2,103	438	-	-	-	2,103	438
總 累 計		45.4.1-2002.8.31	13,199	聞慶·安東·서울·美國	6.7	32	33,833	8,114	電車·버스·通勤버스·乘用車·地下鐵·택시	141,756	5,784	175,589	13,898

(5) 서울市內 主要訪問處의 地下鐵 連結網圖
(2000年 現在)

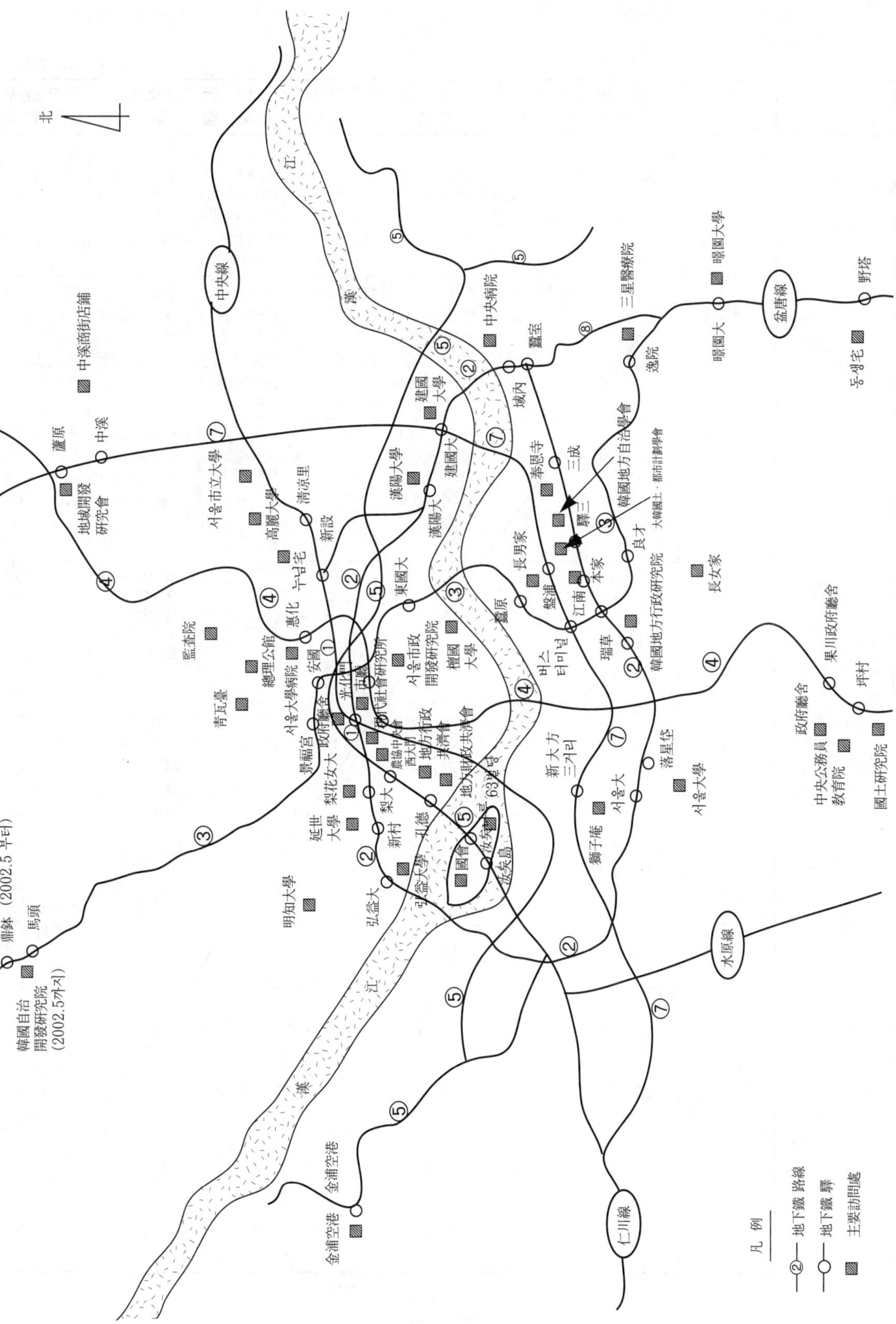

(6) 主要 勤務地間의 交通距離 및 時間

(2005 · 06年 現在)

(自宅에서의 距離順)

自 ＼ 至	1.自 宅	2.建 國 大學校	3.서 울 大學校	4.建 設 交通部	5.道德協會 · 書畵作家協	6.光 云 學 園	7.地域發展 研究院	8.自治發展 研究院
1. 自宅戶主 (서울市 江南區 驛三洞 618-24)		自宅-奉恩寺路-永東大路-永東大橋-東二路-九宜路-建國大	自宅-江南大路-瑞草路-名達길-南部循環路-落星垈길-서울大	自宅-奉恩寺路-京釜高速道路-선바위길-廳舍路-建交部	自宅-江南大路-漢南大橋-江邊北路-東部幹線道路-君子橋-千戶大橋-協會	自宅-江南大路-漢南大橋-江邊北路-東部幹線道路-月陵橋-花郎路-寒川路-光云學園	自宅-江南大路-漢南大橋-江邊北路-東部幹線路-蘆畯길-地發硏	自宅-奉恩寺路-沙坪路-盤浦大橋-江邊北路-自由路-白馬路-中央路-韓自硏
2. 建國大學校 碩座敎授 (서울市 廣津區 華陽洞 1)	8.2 / 20		建國大-九宜路-東二路-永東大橋-永東大路-南部循環路-落星袋길-서울大	建國大-九宜路-東二路-永東大橋-永東大路-良才大路-선바위길-廳舍路-建交部	建國大-九宜路-東二路-君子橋-千戶大路-協會	建國大-九宜路-東二路-東部幹線道路-月陵橋-花郎路-寒川路-光云學園	建國大-九宜路-東二路-東部幹線道路-蘆畯길-地發硏	建國大-九宜路-東二路-江邊北路-自由路-白馬路-中央路-韓自硏
3. 서울大學校 名譽敎授 · 講師 (서울市 冠岳區 新林 9洞 山 56-1)	12.0 / 40	20.0 / 67		서울大-落星垈길-南部循環路-銅雀大路-선바위길-廳舍路-建交部	서울大-落星垈길-南部循環路-銅雀大路-銅雀大橋-江邊北路-東部幹線道路-君子橋-千戶大路-協會	서울大-落星垈길-南部循環路-銅雀大路-銅雀大橋-江邊北路-東部幹線道路-月陵橋-花郎路-寒川路-光云學園	서울大-落星垈길-南部循環路-銅雀大路-銅雀大橋-江邊北路-東部幹線道路-蘆畯길-地發硏	서울大-冠岳路-上道터널-漢江大橋-江邊北路-自由路-白馬路-中央路-韓自硏
4. 建設交通部 中央都市計劃委員會 副委員長 · 分科委員長(京畿道 果川市 中央洞 1)	13.0 / 40	20.8 / 64	11.7 / 36		建交部-廳舍路-선바위길-良才大路-永東大路-永東大橋-東二路-君子橋-千戶大路-協會	建交部-廳舍路-선바위길-良才大路-永東大路-永東大橋-東二路-東部幹線道路-月陵橋-花郎路-寒川路-光云學園	建交部-廳舍路-선바위길-良才大路-永東大路-永東大橋-東二路-東部幹線道路-蘆畯길-地發硏	建交部-廳舍路-선바위길-銅雀大路-江邊北路-自由路-白馬路-中央路-韓自硏
5. 韓國道德運動協議會 · 韓國書藝作家協會 總裁 (서울市 東大門區 踏十里 5洞 492-2)	13.0 / 30	5.2 / 12	22.8 / 53	27.0 / 62		協會-千戶大路-君子橋-東部幹線道路-月陵橋-花郎路-寒川路-光云學園	協會-千戶大路-君子橋-東部幹線道路-蘆畯길-地發硏	協會-千戶大路-東部幹線道路-江邊北路-自由路-白馬路-中央路-韓自硏
6. 學校法人 光云學園 (서울市 蘆原區 月溪洞 447-1)	19.0 / 40	12.7 / 27	30.3 / 64	31.5 / 66	11.3 / 24		光云學園-寒川路-花郎路-月陵橋-東部幹線道路-蘆畯길-地發硏	光云學園-寒川路-花郎路-內部循環路-自由路-白馬路-中央路-韓自硏
7. 韓國地域發展研究院 常任顧問(서울市 蘆原區 上溪 6洞 731-5 國民銀行 4層)	23.0 / 30	16.6 / 22	34.2 / 45	35.4 / 46	15.2 / 20	8.1 / 11		地發硏-蘆畯길-東部幹線道路-月陵橋-花郎路-內部循環路-自由路-白馬路-中央路-韓自硏
8. 韓國自治發展研究院 院長 (京畿道 高陽市 一山東區 獐項洞 714-11 單獨建物)	35.0 / 60	42.7 / 73	38.4 / 66	44.1 / 76	45.2 / 77	41.9 / 72	48.2 / 83	

經由路線

距離(km) / 時間(分)

(7) 主要 勤務地의 自宅에서의 接近道路網圖

(2005~06年 現在)

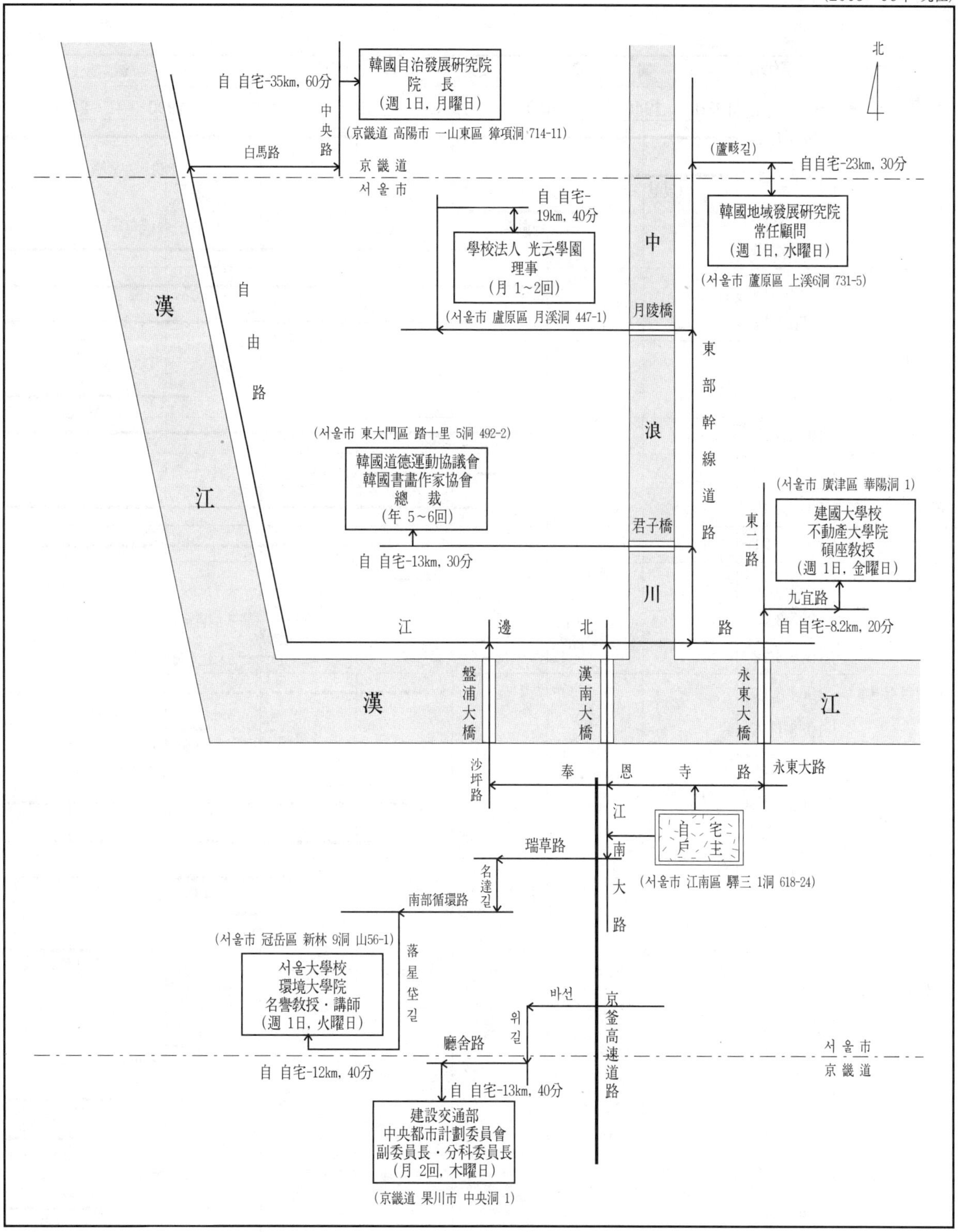

※主交通手段 : 乘用車

2.旅行距離

(1) 交通利用手段의 變化推移

(利用順)

手段	最初利用日	居住地: 聞慶 / 安東 / 서울 / 美國 / 서울 — 年代: 1930 1940 1950 1960 1970 1980 1990 2000
1.步行	1936.7.28	
	1936.7.28	(짚신)
	1946.9.5	運動靴
	1957.4.10	구두
2.버스	1949.9.12	市外버스
	1956.1.12	市內버스
3.自動車	1952.4.1	借用
	1988.9.1	購入
4.汽車	1952.6.29	
5.電車	1956.1.12	(1968.11.29 撤去)
6.택시	1957.5.10	
7.船泊	1963.4.21	
8.通勤버스	1964.4.15	(內務部)
	1975.3.1	(祭基洞自宅) (서울大)
	1978.3.22	(上道洞自宅) (서울大)
9.官用乘用車	1964.8.1	
	1986.11.5	(大學院長)
	1992.7.21	(研究院長)
10.航空機	1965.7.17	(國內航空)
	1969.9.20	(國際航空)
11.地下鐵	1974.8.15	(市內全域)
	1990.11.5	(出退勤)
	1994.7.21	(出退勤)
12.個人乘用車	1982.3.12	(마크V)
	1989.2.9	(르망)
	1991.10.1	(프린스)
	1994.11.18	(뉴그랜저)
	2005.7.12	(에쿠스)
13.運轉免許	1990.9.26	(普通)
	1996.5.25	(綠色)
	1996.6.1	(國際)

(2) 年度別 및 交通手段別 旅行距離

(單位 : km)

生涯區分	學級職位	年度	國內旅行				外國旅行				合計			
			自動車	汽車	飛行機	計	自動車	汽車	飛行機	計	自動車	汽車	飛行機	計
成長修學期	中等學校	1951	50	-	-	50	-	-	-	-	50	-	-	50
		1952	100	48	-	148	-	-	-	-	100	48	-	148
		1953	100	-	-	100	-	-	-	-	100	-	-	100
		累計(3年)	250	48	-	298	-	-	-	-	250	48	-	298
		年平均	83	16	-	99	-	-	-	-	83	16	-	99
	高等學校	1954	480	-	-	480	-	-	-	-	480	-	-	480
		1955	296	-	-	296	-	-	-	-	296	-	-	296
		1956	524	542	-	1,066	-	-	-	-	524	542	-	1,066
		累計(3年)	1,300	542	-	1,842	-	-	-	-	1,300	542	-	1,842
		年平均	433	181	-	614	-	-	-	-	433	181	-	614
	大學校	1957	240	1,084	-	1,324	-	-	-	-	240	1,084	-	1,324
		1958	264	941	-	1,205	-	-	-	-	264	941	-	1,205
		1959	308	630	-	938	-	-	-	-	308	630	-	938
		1960	376	2,408	-	2,784	-	-	-	-	376	2,408	-	2,784
		1961	512	1,172	-	1,684	-	-	-	-	512	1,172	-	1,684
		累計(5年)	1,700	6,235	-	7,935	-	-	-	-	1,700	6,235	-	7,935
		年平均	340	1,247	-	1,587	-	-	-	-	340	1,247	-	1,587
	職場	1962	256	1,662	-	1,918	-	-	-	-	256	1,662	-	1,918
		累計(1年)	256	1,662	-	1,918	-	-	-	-	256	1,662	-	1,918
		年平均	256	1,662	-	1,918	-	-	-	-	256	1,662	-	1,918
	大學院	1963	240	1,120	-	1,360	-	-	-	-	240	1,120	-	1,360
		1964	120	1,120	-	1,240	-	-	-	-	120	1,120	-	1,240
		累計(2年)	360	2,240	-	2,600	-	-	-	-	360	2,240	-	2,600
		年平均	180	1,120	-	1,300	-	-	-	-	180	1,120	-	1,300
	研究員	1965	256	3,378	1,647	5,281	-	-	-	-	256	3,378	1,647	5,281
		累計(1年)	256	3,378	1,647	5,281	-	-	-	-	256	3,378	1,647	5,281
		年平均	256	3,378	1,647	5,281	-	-	-	-	256	3,378	1,647	5,281
	助教	1966	-	2,134	-	2,134	-	-	-	-	-	2,134	-	2,134
		1967	-	-	-	-	-	-	-	-	-	-	-	-
		1968	520	-	132	652	-	-	-	-	520	-	132	652
		累計(3年)	520	2,134	132	2,786	-	-	-	-	520	2,134	132	2,786
		年平均	173	711	44	928	-	-	-	-	173	711	44	928
	留學	1969	-	-	-	-	60	-	14,284	14,344	70	-	14,284	14,344
		1970	-	-	-	-	1,620	-	11,653	13,273	1,620	-	11,653	13,273
		1971	-	-	-	-	120	-	-	120	120	-	-	120
		累計(3年)	-	-	-	-	1,800	-	25,937	27,737	1,800	-	25,937	27,737
		年平均	-	-	-	-	600	-	8,646	9,246	600	-	8,646	9,246
	累計	21年	4,642	16,239	1,779	22,660	1,800	-	25,937	27,737	6,442	16,239	27,716	50,397
		年平均	221	773	85	1,079	86	-	1,235	1,321	307	773	1,320	2,400
	專任講師	1972	1,240	4,404	-	5,644	-	-	15,380	15,380	1,240	4,404	15,380	21,024
		1973	800	6,190	-	6,990	-	-	-	-	800	6,190	-	6,990

生涯區分	學級職位	年度	國內旅行				外國旅行				合計			
			自動車	汽車	飛行機	計	自動車	汽車	飛行機	計	自動車	汽車	飛行機	計
社會活動期	專任講師	1974	2,236	5,266	-	7,502	408	484	3,219	4,111	2,644	5,750	3,129	11,613
		1975	2,080	8,200	-	10,280	-	312	3,219	3,531	2,080	8,512	3,219	13,811
		累計(4年)	6,356	24,060	-	30,416	408	796	21,818	23,022	6,764	24,856	21,818	53,438
		年平均	1,589	6,015	-	7,604	102	199	5,455	5,756	1,691	6,214	5,455	13,360
	助教授	1976	1,318	-	-	1,318	2,350	312	28,938	31,600	3,668	312	28,938	32,918
		1977	1,816	5,782	-	7,598	100	562	17,841	18,503	1,916	6,344	17,841	26,101
		1978	1,398	5,982	1,426	8,806	688	562	10,612	11,862	2,086	6,544	12,038	20,668
		1979	3,048	4,980	2,150	10,178	1,450	1,300	42,122	44,872	4,498	6,280	44,272	55,050
		累計(4年)	7,580	16,744	3,576	27,900	4,588	2,736	99,513	106,837	12,168	19,480	103,089	134,737
		年平均	1,895	4,186	894	6,975	1,147	684	24,878	26,709	3,042	4,870	25,772	33,684
	副教授	1980	1,670	5,546	2,018	9,234	-	-	-	-	1,670	5,546	2,018	9,234
		1981	5,336	6,600	3,674	15,610	-	-	-	-	5,336	6,600	3,674	15,610
		1982	6,570	11,464	2,852	20,886	2,600	437	24,532	27,569	9,170	11,901	27,384	48,455
		1983	18,634	5,282	2,147	26,063	1,020	-	27,365	28,385	19,654	5,282	29,512	54,448
		1984	24,938	8,394	1,936	35,268	574	62	4,876	5,512	25,512	8,456	6,812	40,780
		累計(5年)	57,148	37,286	12,627	107,061	4,194	499	56,773	61,466	61,342	37,785	69,400	168,527
		年平均	11,430	7,457	2,525	21,412	839	100	11,355	12,294	12,269	7,557	13,880	33,706
	教授	1985	25,918	3,555	4,429	33,902	300	459	10,612	11,371	26,218	4,014	15,041	45,273
		1986	21,668	2,362	2,696	26,726	200	-	9,234	9,434	21,868	2,362	11,930	36,160
		累計(2年)	47,586	5,917	7,125	60,628	500	459	19,846	20,805	48,086	6,376	26,971	81,433
		年平均	23,793	2,958	3,563	30,314	250	230	9,923	10,403	24,043	3,188	13,486	40,717
	大學院長	1987	17,352	890	1,793	20,035	400	-	3,129	3,619	17,752	890	5,012	23,654
		1988	17,707	814	7,197	25,081	-	-	-	-	17,070	814	7,197	25,081
		1989	14,002	1,846	11,622	27,470	900	320	34,073	35,294	14,902	2,166	45,696	62,764
		1990	14,074	4,850	9,868	28,792	400	-	3,071	3,471	14,474	4,850	12,939	32,263
		累計(4年)	62,498	8,400	30,480	101,378	1,700	320	40,364	42,384	64,198	8,720	70,844	143,762
		年平均	15,625	2,100	7,620	25,345	425	80	10,091	10,596	16,050	2,180	17,711	35,941
	教授	1991	15,780	2,848	12,652	31,280	1,880	2,318	52,429	56,627	17,660	5,166	65,081	87,907
		1992	12,544	3,762	24,130	40,436	1,860	-	8,111	9,971	14,404	3,762	32,241	50,407
		累計(2年)	28,324	6,610	36,782	71,716	3,740	2,318	60,540	66,598	32,064	8,928	97,322	138,314
		年平均	14,162	3,305	18,391	35,858	1,870	1,159	30,270	33,299	16,032	4,464	48,661	69,157
	研究院長	1993	9,044	1,670	9,488	20,202	596	-	25,763	26,359	9,640	1,670	35,251	46,561
		1994	8,796	2,004	8,383	19,183	1,356	281	50,258	51,895	10,152	2,285	58,641	71,078
		累計(2年)	17,840	3,674	17,871	39,385	1,952	281	76,021	78,254	19,792	3,955	93,892	117,639
		年平均	8,920	1,837	8936	19,693	976	141	38,010	39,127	9,896	1,978	46,946	58,820
	教授	1995	12,369	2,462	20,559	35,390	7,015	-	86,823	93,838	19,384	2,462	107,382	129,228
		1996	12,929	2,520	32,362	47,811	1,500	-	5,436	6,936	14,429	2,520	37,798	54,747
		累計(2年)	25,298	4,982	52,921	83,201	8,515	-	92,259	100,774	33,813	4,982	145,180	183,975
		年平均	12,649	2,491	26,461	41,601	4,258	-	46,129	50,387	16,907	2,491	72,590	91,988
	主任教授	1997	8,932	4,168	9,606	22,706	4,612	56	49,683	54,351	13,544	4,224	59,289	77,057
		1998	11,349	1,831	5,846	19,026	1,818	410	8,066	10,294	13,167	2,241	13,912	29,320
		累計(2年)	20,281	5,999	15,452	41,732	6,430	466	57,749	64,645	26,711	6,465	73,201	106,377
		年平均	10,141	2,999	7,726	20,866	3,215	233	28,875	32,323	13,356	3,232	36,601	53,189

生涯區分	學級職位	年度	國內旅行				外國旅行				合計			
			自動車	汽車	飛行機	計	自動車	汽車	飛行機	計	自動車	汽車	飛行機	計
社會活動期	教授	1999	13,394	3.614	5,162	22,170	585	190	8,416	9,191	13,979	3,804	13,578	31,361
		2000	10,035	4,112	14,193	28,340	1,881	131	33,739	35,751	11,916	4,243	47,932	64,091
		2001	13,691	4,605	15,061	33,357	6,237	30	39,951	46,218	19,928	4,635	55,012	79,575
		2002	6,945	3,817	9,150	19,912	2,292	1,188	52,593	56,073	9,237	5,005	61,743	75,985
		累計(4年)	44,065	16,148	43,566	103,779	10,995	1,539	134,699	147,233	55,060	17,687	178,265	251,012
		年平均	11,016	4,037	10,892	25,945	2,749	385	33,674	36,808	13,765	4,422	44,566	62,753
	名譽教授	2003	10,645	632	15,323	26,600	1,406	22	20,659	22,087	12,051	654	35,982	48,687
		2004	11,342	2,852	3,355	17,549	1,210	-	38,656	39,866	12,552	2,852	42,011	57,415
		2005	16,672	1,962	9,428	28,062	280	-	560	840	16,952	1,962	9,988	28,902
		2006	6,470	661	1,618	8,749	2,846	44	45,462	48,352	9,316	705	47,080	57,101
		累計(4年)	45,129	6,107	29,724	80,960	5,742	66	105,337	111,145	50,871	6,173	135,061	192,105
		年平均	11,282	1,527	7,431	20,240	1,435	17	26,334	27,786	12,718	1,543	33,765	48,026
	累計	35 年	362,105	135,927	250,124	748,156	48,764	9,480	764,919	823,163	410,869	145,407	1,015,043	1,571,319
		年平均	10,346	3,884	7,146	21,376	1,393	271	21,855	23,519	11,739	4,155	29,001	44,895
累計	總累計	56 年	366,747	152,166	251,903	770,816	50,564	9,480	790,856	580,900	417,311	161,646	1,042,759	1,621,716
		年平均	6,549	2,717	4,498	13,764	903	169	14,123	15,195	7,452	2,886	18,621	28,959

(3) 飛行回數 및 距離

年度	飛行回數(回)			飛行距離(km)		
	國內線	國際線	計	國內線	國際線	計
1965	2	-	2	1,647	-	1,647
1968	1	-	1	132	-	132
1969	-	3	3	-	14,284	14,284
1970	-	10	10	-	11,653	11,653
1972	-	4	4	-	15,380	15,380
1974	-	2	2	-	3,219	3,219
1975	-	2	2	-	3,219	3,219
1976	-	9	9	-	28,938	28,938
1977	-	4	4	-	17,841	17,841
1978	4	4	8	1,426	10,612	12,038
1979	6	18	24	2,150	41,122	44,272
1980	6	-	6	2,018	-	2,018
1981	12	-	12	3,674	-	3,674
1982	8	7	15	2,852	24,632	27,384
1983	6	8	14	2,147	27,365	29,512
1984	7	4	11	1,936	4,876	6,812
1985	12	4	16	4,429	10,612	15,041
1986	7	2	9	2,696	9,234	11,930
1987	4	2	6	1,793	3,219	5,012
1988	20	-	20	7,197	-	7,197
1989	33	9	42	11,622	34,074	45,696

年　度	飛 行 回 數 (回)			飛 行 距 離 (km)		
	國 內 線	國 際 線	計	國 內 線	國 際 線	計
1990	27	2	29	9,868	3,071	12,939
1991	35	23	58	12,652	52,429	65,081
1992	65	7	72	24,130	8,111	32,241
1993	29	7	36	9,488	25,763	35,251
1994	24	14	38	8,383	50,258	58,641
1995	59	21	80	20,559	86,823	107,382
1996	57	4	61	32,362	5,436	37,798
1997	25	13	38	9,606	49,683	59,289
1998	17	8	25	5,846	8,066	13,912
1999	43	8	51	5,162	8,416	13,578
2000	37	14	51	14,193	33,739	47,932
2001	39	11	50	15,061	39,951	55,012
2002	23	17	40	9,150	52,593	61,743
2003	42	6	48	15,323	20,659	35,982
2004	10	4	14	3,355	38,656	42,011
2005	24	2	26	9,428	560	9,988
2006	4	14	18	1,628	45,462	47,080
累　計	688	267	955	251,903	790,856	1,042,759

(4) 航空 Mileage Cards 記錄

○ Card 取得: 大韓航空(KAL)-1990.6.27
아시아나航空(AAL)-1990.8.1
United Airline(UA,美國)-1995.10.14

(단위 : 回,km)

年　度	K A L		ASIANA		U.A.		合　計	
	搭乘回數	飛行距離	搭乘回數	飛行距離	搭乘回數	飛行距離	搭乘回數	飛行距離
1990	8	16,771	2	1,946	-	-	10	18,717
1991	15	31,446	7	6,807	-	-	22	38,253
1992	10	20,964	5	4,863	-	-	15	25,827
1993	12	25,153	4	3,890	-	-	16	29,043
1994	12	25,160	5	4,863	-	-	17	30,023
1995	44	71,572	21	16,093	8	18,591	73	106,256
1996	51	38,623	6	5,632	-	-	57	44,255
1997	17	23,335	9	7,242	1	1,609	27	32,186
1998	3	2,414	14	16,093	-	-	17	18,507
1999	25	18,507	22	20,116	-	-	47	38,623
2000	24	20,578	17	16,093	-	-	41	36,671
2001	27	35,231	14	12,070	-	-	41	47,301
2002	18	23,917	8	3,975	-	-	26	27,892
2003	34	50,728	20	33,512	-	-	54	84,240
2004	39	79,754	3	35,582	-	-	42	115,336
2005	18	19,075	9	11,658	-	-	27	30,733
2006	6	7,793	4	12,400	-	-	10	20,193
累 計	363	511,021	170	200,766	9	20,200	542	731,987

(5) 서울-東海-金剛山 距離

1. 서울-東海港 : 陸路-自動車 : 279km
2. 東海港-高城 長箭港 : 海路-船舶 : 209.2km
   - 休戰線南側 : 167.3km
   - 〃 北側 : 41.9km
3. 長箭港 出入國管理所-溫井里休憩所 : 陸路-自動車 : 7km
4. 溫井里休憩所-金剛山
   (1) 萬物相코스 : ① 溫井里-萬相亭駐車場 : 陸路-自動車 : 14km
   ② 駐車場-望洋臺 · 天仙臺 : 陸路-徒步 : 2.2km
   ③ 望洋臺-天仙臺 : 陸路-徒步 : 1km
   ※ 往復總距離 : 33.4km
   (2) 九龍淵코스 : ① 溫井里-駐車場 : 陸路-自動車 : 7.6km
   ② 駐車場-九龍淵 : 陸路-徒步 : 3.9km
   ③ 九龍淵-上八潭 : 陸路-徒步 : 1km
   ④ 上八潭-駐車場 : 陸路-徒步 : 4.3km
   ※ 往復總距離 : 24.4km
   (3) 海金剛 · 三日浦코스 : ① 溫井里-駐車場 : 陸路-自動車 : 12km
   ② 駐車場-軍哨所駐車場 : 陸路-自動車 : 3.5km
   ③ 軍哨所駐車場-海金剛 : 陸路-徒步 : 0.5km
   ④ 駐車場-三日浦 : 陸路-徒步 : 1km
   ※ 往復總距離 : 34.0km

※ 略圖

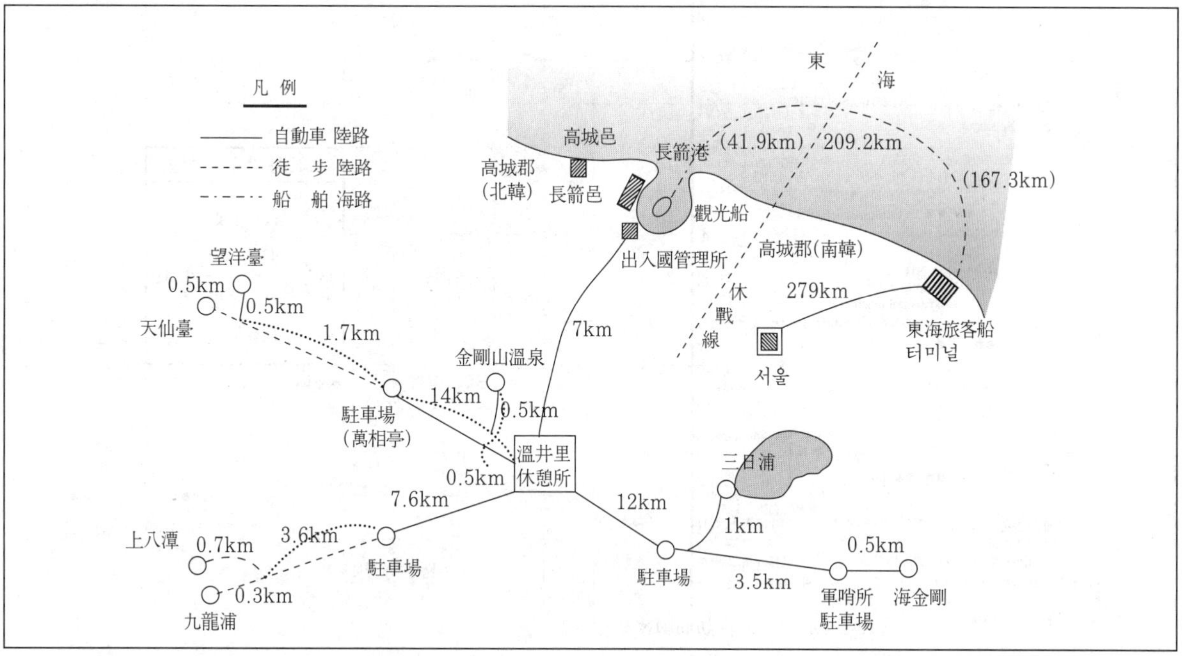

(6) 訪問國의 最初 및 最終訪問時期와 訪問地 距離別 分布圖

(距離: 서울 起點 航路 · 海路 · 陸路의 實際 到達距離)

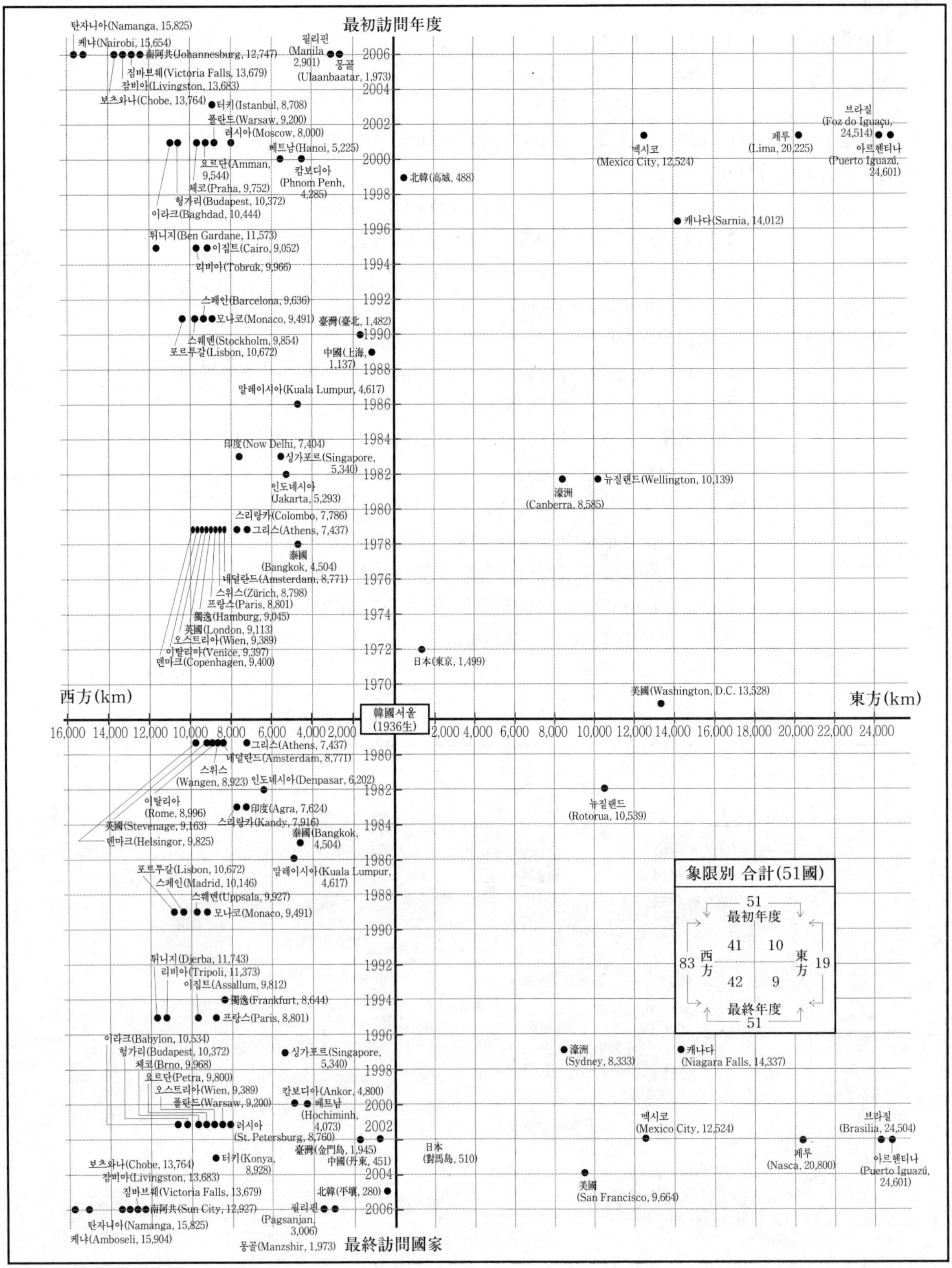

(7) 参考資料 : 國內外 地域間 距離基準表

(單位: km)

※ 海路 · 地下鐵 · 電鐵은 鐵路에 포함됨

1) 國家間 距離

(訪問日字 順位)

國家 A		國家 B		手段別距離		
國家名	地域Ai	國家名	地域Bi	陸路	鐵路	空路
韓國	서울	美國	San Francisco	-	-	9,664
			New York	-	-	12,544
			Los Angeles	-	-	10,233
			Chicago	-	-	10,512
			Honolulu	-	-	7,791
		日本	東京	-	-	1,449
			名古屋	-	-	1,049
			大阪	-	-	982
			福岡	-	-	618
			長崎	-	-	1,396
			仙臺	-	-	1,473
			千歲	-	-	1,609
		泰國	Bangkok	-	-	4,504
		네덜란드	Amsterdam	-	-	8,771
		獨逸	Frankfurt	-	-	8,644
		英國	London	-	-	9,113
		프랑스	Paris	-	-	8,801
		스위스	Zürich	-	-	8,798
		이탈리아	Rome	-	-	8,996
		그리이스	Athens	-	-	7,437
		스리랑카	Colombo	-	-	7,786
		인도네시아	Jakarta	-	-	5,293
		濠洲	Sydney	-	-	8,333
		뉴질랜드	Wellington	-	-	10,139
韓國	서울	印度	New Delhi	-	-	7,404
		싱가포르	Singapore	-	-	5,340
韓國	서울	말레이시아	Kuala Lumpur	-	-	4,617
		中國	上海	-	-	1,137
			天津	-	-	1,024
			北京	-	-	1,184
			香港	-	-	2,578
		臺灣	臺北	-	-	1,482
		이집트	Cairo	-	-	9,052
		베트남	Hochiminh	-	-	4,073
		北韓	開城	60	58	-
			平壤	220	210	201
	仁川	러시아	Moscow	-	-	8,000
		中國	東港(丹東)	-	451(海路)	-
		美國	Los Angeles	-	-	10,233
		터키	Istanbul	-	-	8,708
		中國	Hongkong	-	-	2,578
		필리핀	Manila	-	-	2,901
		몽골	Ulaanbaatar	-	-	1,973
	釜山	日本	大阪	-	-	758
			仙臺	-	-	1,250
			福岡	-	-	300
	濟州	日本	大阪	-	-	980
			福岡	-	-	433
	東海	北韓	高城	-	209(海路)	-
美國	Port Huron	캐나다	Sarnia	12	12	-
	Niagara Falls	캐나다	Niagara Falls	49	30	-
	Los Angeles	멕시코	Mexico City	-	-	2,291

國家 A		國家 B		手段別距離		
國家名	地域 Ai	國家名	地域 Bi	陸路	鐵路	空路
美國		브라질	São Paulo	-	-	9,902
日本	東京	美國	Honolulu	-	-	6,061
			San Francisco	-	-	7,799
			Los Angeles	-	-	8,772
		뉴질랜드	Wellington	-	-	9,669
		印度	New Delhi	-	-	6,199
		싱가포르	Singapore	-	-	5,005
		中國	上海	-	-	1,934
			香港	-	-	2,958
			北京	-	-	2,623
泰國	Bangkok	印度	New Delhi	-	-	2,900
		스리랑카	Colombo	-	-	2,161
		싱가포르	Singapore	-	-	1,509
네덜란드	Amsterdam	덴마크	Copenhagen	-	-	629
덴마크	Copenhagen	獨逸	Hamburg	-	-	290
獨逸	Hamburg	英國	London	-	-	726
		프랑스	Paris	-	-	750
		스웨덴	Stockholm	-	-	809
	Heidelberg	스위스	Zürich	225	230	-
	Berlin	스위스	Zürich	-	-	480
	Hannover	벨지움	Brussels	-	-	406
	Düsseldorf	프랑스	Paris	-	-	410
		오스트리아	Wien	-	-	776
	Frankfurt	英國	London	-	-	629
		프랑스	Paris	-	-	447
		싱가포르	Singapore	-	-	7,977
英國	London	프랑스	Paris	-	-	325
		포르투갈	Lisbon	-	-	1,559
		스웨덴	Stockholm	-	-	1,500
프랑스	Paris	스페인	Barcelona	-	-	835

國家 A		國家 B		手段別距離		
國家名	地域 Ai	國家名	地域 Bi	陸路	鐵路	空路
프랑스		모나코	Monaco	-	-	690
		튜니시아	Tunis	-	-	1,500
	Marseille	모나코	Monaco	200	215	-
		벨지움	Brussels	-	-	850
오스트리아	Wien	스위스	Zürich	-	-	591
스위스	Zürich	이탈리아	Venice	-	-	365
이탈리아	Rome	그리스	Athens	-	-	1,049
스리랑카	Colombo	싱가포르	Singapore	-	-	2,446
인도네시아	Jakarta	濠洲	Canberra	-	-	4,379
濠洲	Sydney	뉴질랜드	Wellington	-	-	2,559
		싱가포르	Singapore	-	-	6,288
이집트	Assallum	리비아	Am Saad	4	-	-
	Cairo	요르단	Amman	-	-	492
리비아	Tripoli	튜니시아	Ban Gardane	200	-	-
베트남	Hochiminh	캄보디아	Phnom Penh	254	-	212
요르단	Amman	이라크	Baghdad	900	-	794
러시아	Moscow	폴란드	Warsaw	-	-	1,200
		헝가리	Budapest	-	-	1,591
폴란드	Warsaw	체코	Praha	630	711	552
체코	Praha	오스트리아	Wien	350	360	-
헝가리	Budapest	오스트리아	Wien	270	277	-
멕시코	Mexico City	페루	Lima	-	-	7,705
브라질	São Paulo	페루	Lima	-	-	3,459
	Iguaçu	아르헨티나	Iguazú	87	-	-
南阿共	Johannes-burg	中國	Hongkong	-	-	10,679
		케냐	Nairobi	-	-	2,907
		짐바브웨	Victoria Falls	-	-	932
케냐	Namanga	탄자니아	Namanga	0.5	-	-
짐바브웨	Victoria Falls	보츠와나	Chobe	85	-	-
		잠비아	Livingstone	16	-	-

2) 韓國 國內地域間 距離

(行政區域 順位)

地 域		手段別距離			地 域		手段別距離			地 域		手段別距離		
地域A	地域B	陸路	鐵路	空路	地域A	地域B	陸路	鐵路	空路	地域A	地域B	陸路	鐵路	空路
서울	金浦空港	12	-	-	서울	安城	77	-	-	서울	錦山	198	-	-
	仁川空港	52	-	-		金浦	29	-	-		燕岐	137	130	-
	釜山	453	445	417		春川	85	93	-		扶餘	195	-	-
	大邱	302	327	296		原州	132	108	-		舒川	235	231	-
	仁川	40	44	-		江陵	237	412	239		青陽	201	-	-
	光州	329	331	300		東海	279	365	-		洪城	157	159	-
	大田	164	167	-		太白	271	253	-		禮山	134	137	-
	蔚山	414	427	392		東草	213	-	281		泰安	169	-	-
	水原	46	42	-		三陟	290	378	-		唐津	123	-	-
	城南	24	26	-		洪川	102	-	-		全州	243	246	-
	議政府	23	16	-		橫城	137	-	-		群山	274	269	218
	安養	23	24	-		寧越	204	189	-		益山	250	250	-
	富川	22	10	-		平昌	162	-	-		井邑	276	294	-
	光明	17	-	-		旌善	214	337	-		南原	289	333	-
	東豆川	48	50	-		鐵原	77	89	-		金堤	262	264	-
	安山	42	45	-		華川	118	-	-		完州	243	246	-
	高陽	20	30	-		楊口	175	-	-		鎭安	283	-	-
	果川	18	16	-		麟蹄	165	-	-		茂朱	241	-	-
	九里	15	16	-		高城	216	-	-		長水	318	-	-
	平澤	70	75	-		襄陽	215	-	-		任實	300	300	-
	南楊州	17	22	-		清州	137	138	-		淳昌	364	-	-
	烏山	55	57	-		忠州	147	209	155		高敞	296	-	-
	始興	27	17	-		堤川	168	155	-		扶安	280	-	-
	軍浦	30	30	-		清原	137	131	-		木浦	410	419	386
	儀旺	33	34	-		報恩	180	-	-		麗水	455	449	387
	河南	30	-	-		沃川	174	183	-		順天	415	410	387
	龍仁	49	-	-		永同	214	212	-		羅州	355	358	-
	坡州	34	41	-		鎭川	91	-	-		光陽	423	419	-
	利川	80	-	-		槐山	157	-	-		潭陽	344	-	-
	楊州	23	32	-		陰城	131	-	-		谷城	408	353	-
	驪州	105	-	-		丹陽	193	178	-		求禮	472	374	-
	華城	55	40	-		天安	92	97	-		高興	473	-	-
	廣州	38	-	-		公州	162	-	-		寶城	397	424	-
	漣川	62	74	-		保寧	190	192	-		和順	434	381	-
	抱川	46	-	-		牙山	107	112	-		長興	394	-	-
	加平	60	63	-		瑞山	151	-	-		康津	412	-	-
	楊平	55	52	-		論山	213	213	-		海南	423	-	-

地域		手段別距離			地域		手段別距離			地域		手段別距離		
地域 A	地域 B	陸路	鐵路	空路	地域 A	地域 B	陸路	鐵路	空路	地域 A	地域 B	陸路	鐵路	空路
서울	靈岩	384	-	-	서울	梁山	420	-	-	釜山	昌寧	96	-	-
	務安	385	385	386		宜寧	396	-	-		固城	214	-	-
	咸平	383	-	-		咸安	392	478	-		南海	211	-	-
	靈光	322	-	-		昌寧	347	-	-		河東	173	194	-
	長城	308	322	-		固城	466	-	-		山淸	187	-	-
	莞島	474	-	-		南海	495	-	-		咸陽	208	-	-
	珍島	472	-	-		河東	473	572	-		居昌	186	-	-
	新案	410	-	386		山淸	362	-	-		陜川	130	-	-
	浦項	374	399	384		咸陽	330	-	-		濟州	-	272	316
	慶州	371	363	-		居昌	297	-	-	大邱	光州	219	369	183
	金泉	234	255	-		陜川	354	-	-		大田	149	160	-
	安東	268	256	-		濟州	-	574	511		蔚山	107	116	-
	龜尾	261	278	-		西歸浦	-	590	-		南原	155	321	-
	榮州	229	219	-		北濟州	-	574	511		昌原	108	99	-
	永川	344	342	-		南濟州	-	590	-		馬山	102	134	-
	尙州	270	291	-	釜山	大邱	136	117	-		金海	131	-	-
	聞慶	215	315	-		光州	271	349	202		昌寧	48	-	-
	慶山	331	340	-		大田	283	278	-		居昌	65	-	-
	軍威	309	-	-		蔚山	57	74	-		陜川	57	-	-
	義城	334	284	-		江陵	420	462	367		浦項	84	109	-
	靑松	322	-	-		木浦	347	434	341		慶州	66	76	-
	英陽	328	-	-		麗水	231	146	-		金泉	63	73	-
	盈德	349	-	-		順天	194	228	-		安東	105	127	-
	淸道	357	363	-		浦項	107	148	-		龜尾	52	46	-
	高靈	340	-	-		慶州	78	114	-		榮州	147	166	-
	星州	296	-	-		金泉	209	190	-		永川	37	38	-
	漆谷	282	297	-		安東	209	246	-		慶山	19	-	-
	醴泉	254	340	261		聞慶	325	250	-		尙州	100	109	-
	奉化	244	234	-		昌原	58	79	-		聞慶	122	133	-
	蔚珍	330	-	-		馬山	78	82	-		馬山	16	16	-
	鬱陵	-	616	-		晋州	113	149	-		軍威	53	-	-
	昌原	398	426	-		鎭海	72	99	-		義城	74	99	-
	馬山	388	461	-		統營	123	-	-		靑松	157	-	-
	晋州	434	528	421		泗川	183	-	-		英陽	165	-	-
	鎭海	410	446	-		金海	22	-	-		盈德	185	-	-
	統營	488	-	-		密陽	71	60	-		淸道	40	39	-
	泗川	454	-	421		巨濟	168	67	60		高靈	38	-	-
	金海	449	-	417		梁山	50	-	-		星州	35	-	-
	密陽	386	384	-		宜寧	87	-	-		漆谷	31	28	-
	巨濟	539	-	-		咸安	72	100	-		醴泉	137	158	-

地域		手段別距離		
地域A	地域B	陸路	鐵路	空路
大邱	奉化	163	180	-
	蔚珍	257	-	-
	鬱陵	-	301	-
	濟州	-	610	396
仁川	群山	281	274	-
	木浦	450	419	-
	濟州	-	500	-
	水原	55	46	-
	富川	18	18	-
	議政府	68	76	-
	金浦	30	-	-
	高陽	45	-	-
光州	大田	209	343	-
	蔚山	328	417	-
	江陵	494	721	-
	清州	253	225	-
	全州	105	123	-
	井邑	64	54	-
	南原	69	184	-
	淳昌	37	-	-
	昌原	213	270	-
	晋州	110	200	-
	陜川	181	-	-
	木浦	79	85	-
	麗水	121	161	-
	順天	113	121	-
	羅州	26	28	-
	光陽	88	130	-
	潭陽	20	-	-
	谷城	49	173	-
	求禮	77	152	-
	高興	105	-	-
	寶城	60	68	-
	和順	13	26	-
	長興	71	-	-
	康津	77	-	-
	海南	92	-	-
	靈岩	51	-	-
	務安	53	-	-
	咸平	46	-	-
光州	靈光	48	-	-
	長城	21	21	-
	莞島	134	-	-
	珍島	135	-	-
	新安	-	116	-
	濟州	-	240	209
大田	蔚山	256	288	-
	水原	133	126	-
	平澤	100	93	-
	安城	104	-	-
	清州	44	48	-
	報恩	68	-	-
	沃川	18	17	-
	永同	54	46	-
	全州	109	108	-
	群山	101	111	-
	益山	95	82	-
	金泉	88	75	-
	龜尾	101	111	-
	尙州	115	124	-
	聞慶	130	148	-
	昌原	244	259	-
	晋州	250	330	-
	陜川	256	-	-
	天安	73	71	-
	公州	38	-	-
	保寧	105	165	-
	牙山	88	86	-
	瑞山	187	-	-
	論山	40	40	-
	錦山	36	-	-
	燕岐	45	38	-
	扶餘	61	-	-
	舒川	101	205	-
	青陽	77	-	-
	洪城	102	133	-
	禮山	94	111	-
	泰安	159	-	-
	唐津	134	-	-
蔚山	江陵	322	401	-
蔚山	東海	306	356	-
	東草	399	-	-
	三陟	287	369	-
	清州	300	325	-
	浦項	77	85	-
	慶州	48	52	-
	金泉	181	189	-
	安東	178	170	-
	龜尾	160	166	-
	聞慶	237	249	-
	慶山	93	128	-
	蔚珍	201	-	-
	鬱陵	-	302	-
	昌原	112	142	-
	馬山	103	177	-
	晋州	163	212	-
	鎭海	123	162	-
	金海	95	-	-
	巨濟	263	141	-
	梁山	52	-	-
	昌寧	150	-	-
	密陽	116	135	-
	濟州	-	346	398
水原	城南	33	68	-
	議政府	68	68	-
	安養	19	18	-
	富川	43	39	-
	安山	24	27	-
	高陽	60	75	-
	果川	24	58	-
	烏山	16	16	-
	龍仁	22	-	-
	利川	51	-	-
	驪州	72	-	-
	安城	42	-	-
	金浦	60	-	-
城南	議政府	38	42	-
	果川	27	42	-
	廣州	13	-	-
	南陽州	23	48	-

地域		手段別距離		
地域A	地域B	陸路	鐵路	空路
城南	楊平	63	78	-
議政府	高陽	32	32	-
	抱川	24	-	-
高陽	江華	38	-	-
	果川	51	-	-
	安養	41	-	-
	安城	57	-	-
果川	龍仁	62	-	-
	東豆川	58	-	-
	安養	5	-	-
春川	原州	84	196	-
	江陵	188	497	-
	東草	154	-	-
	洪川	36	-	-
	平昌	154	-	-
	鐵原	93	176	-
	華川	40	-	-
	楊口	66	-	-
	麟蹄	98	-	-
	高城	150	-	-
	襄陽	136	-	-
原州	江陵	118	302	-
	太白	159	338	-
	橫城	16	-	-
	寧越	72	276	-
江陵	東海	37	45	-
	太白	106	110	-
	東草	71	-	-
	三陟	52	58	-
	平昌	96	-	-
	高城	99	-	-
	襄陽	52	-	-
	榮州	230	194	-
	蔚珍	124	-	-
	鬱陵	-	210	-
	濟州	-	-	683
清州	忠州	67	71	-
	堤川	117	111	-
	報恩	44	-	-

地域		手段別距離		
地域A	地域B	陸路	鐵路	空路
清州	尙州	108	175	-
	聞慶	111	199	-
忠州	堤川	50	43	-
	陰城	26	27	-
	尙州	101	246	-
	聞慶	64	270	-
堤川	寧越	30	34	-
	丹陽	30	29	-
	安東	119	101	-
	榮州	75	64	-
	聞慶	106	119	-
鎭川	陰城	38	-	-
永同	茂朱	30	-	-
天安	清州	48	41	-
	忠州	115	112	-
	鎭川	38	-	-
	燕岐	38	-	-
	陰城	76	-	-
	公州	46	-	-
	保寧	98	95	-
	牙山	17	15	-
	瑞山	93	-	-
	論山	82	116	-
	洪城	65	62	-
	舒川	124	134	-
	慶州	302	306	-
	聞慶	203	218	-
公州	保寧	72	-	-
	牙山	64	-	-
	論山	35	-	-
	錦山	68	-	-
	燕岐	27	-	-
	扶餘	37	-	-
	青陽	39	-	-
	聞慶	184	-	-
牙山	唐津	49	-	-
全州	群山	47	49	-
	益山	29	26	-
	井邑	46	44	-

地域		手段別距離		
地域A	地域B	陸路	鐵路	空路
全州	南原	58	61	-
	金堤	27	43	-
	完州	14	-	-
	務安	97	-	-
	長水	60	-	-
	淳昌	67	-	-
	扶安	44	-	-
	平昌	273	-	-
井邑	南原	76	175	-
	金堤	38	26	-
	扶安	29	-	-
金堤	扶安	18	-	-
木浦	麗水	183	246	-
	順天	145	206	-
	羅州	53	57	-
	康津	51	-	-
	務安	26	29	-
	長城	81	93	-
	莞島	100	-	-
	珍島	97	-	-
	新安	-	48	-
麗水	順天	38	40	-
	光陽	61	49	-
	巨文島	-	82	-
	南海	85	-	-
	河東	65	-	-
順天	光陽	13	9	-
	潭陽	33	-	-
	谷城	60	52	-
	求禮	37	31	-
	高興	56	-	-
	寶城	52	53	-
	晋州	86	79	-
	河東	45	34	-
浦項	慶州	30	34	-
	金泉	148	179	-
	安東	189	160	-
	龜尾	136	154	-
	永川	47	71	-

地域		手段別距離		
地域 A	地域 B	陸路	鐵路	空路
浦項	尙州	181	215	-
	聞慶	207	239	-
	慶山	74	125	-
	蔚珍	132	-	-
	盈德	50	-	1
	鬱陵	-	217	-
慶州	金泉	137	145	-
	安東	178	133	-
	龜尾	105	122	-
	榮州	221	165	-
	永川	28	38	-
	聞慶	197	206	-
	慶山	43	92	-
金泉	安東	120	159	-
	龜尾	27	23	-
	榮州	87	120	-
	尙州	37	36	-
	聞慶	57	60	-
安東	榮州	43	39	-
	聞慶	60	100	-
	義城	31	29	-
	靑松	52	-	-
	英陽	60	-	-
	盈德	81	-	-
	醴泉	32	67	-
	奉化	58	53	-
	蔚珍	152	-	-
龜尾	榮州	113	149	-
	永川	77	85	-
	尙州	46	59	-
	聞慶	68	83	-
	慶山	68	62	-
	義城	78	145	-
榮州	聞慶	55	55	-
	英陽	81	-	-
	醴泉	27	30	-
	奉化	15	15	-
	蔚珍	110	-	-
永川	尙州	138	144	-
	聞慶	161	168	-
	慶山	14	54	-
尙州	報恩	54	-	-
	槐山	103	-	-
	聞慶	22	24	-
	義城	72	152	-
	醴泉	50	53	-
英陽	醴泉	93	-	-
	奉化	66	-	-
	蔚珍	98	-	-
醴泉	義城	64	99	-
	靑松	84	-	-
	奉化	42	46	-
	蔚珍	136	-	-
昌原	馬山	15	4	-
	晋州	61	70	-
	鎭海	18	12	-
	金海	40	-	-
	昌寧	55	-	-
馬山	鎭海	19	29	-
晋州	泗川	33	34	-
	宜寧	36	-	-
	昌寧	89	-	-
	高城	65	-	-
	南海	62	-	-
	河東	61	45	-
	居昌	98	-	-
	陜川	54	-	-
	光陽	73	70	-
泗川	統營	54	-	-
	巨濟	98	-	-
金海	鎭海	62	-	-
	統營	103	-	-
	密陽	43	-	-
	宜寧	74	-	-
	昌寧	59	-	-
	梁山	50	46	-
河東	南海	41	-	-
濟州	西歸浦	44	-	-
	北濟州	4	-	-
	南濟州	37	-	-
	群山	-	-	350
	木浦	-	155	204
	麗水	-	-	224
	浦項	-	-	485
	晋州	-	-	270
西歸浦	北濟州	48	-	-
	南濟州	4	-	-
聞慶	報恩	78	-	-
	槐山	79	-	-
	陰城	95	-	-
	丹陽	75	90	-
	水安堡	60	-	-
	慶山	139	145	-
	義城	91	128	-
	靑松	112	-	-
	英陽	121	-	-
	盈德	141	-	-
	醴泉	28	25	-
	奉化	69	75	-
	蔚珍	164	-	-
店村	聞慶	25	22	-
	加恩	27	25	-
	永順	4	-	-
	山陽	4	5	-
	虎溪	4	-	-
	山北	13	-	-
	東魯	33	-	-
	麻城	18	17	-
	籠岩	35	-	-
	咸昌	2	4	-
	龍宮	6	7	-
自宅	골프場(平均)	70	-	-

3) 外國 國內地域間 距離

(訪問日字順位)

國家	地域		手段別距離		
	地域 A	地域 B	陸路	鐵路	空路
美國	San Francisco	Washington, D.C.	4,570	4,707	3,864
		Chicago	3,457	3,526	3,076
		Los Angeles	612	618	552
		Cincinnati	3,870	4,451	3,264
		Columbus	3,973	4,569	3,372
		Detroit	3,880	4,462	3,300
		Houston	3,130	3,287	2,640
		Denver	2,023	1,922	1,524
		Honolulu	-	3,940	3,940
		Las Vegas	914	877	636
		Cleveland	3,991	4,590	3,468
		Grand Canyon	1,283	-	900
		Orlando	4,685	4,919	3,888
		Millbrae	21	24	-
		Palo Alto	52	56	-
		San Jose	89	93	-
		Daly City	15	-	-
	Washington, D.C.	New York	381	379	360
		Chicago	1,151	1,036	960
		Los Angeles	4,327	4,111	3,822
		Cincinnati	848	763	636
		Columbus	676	658	516
		Detroit	859	850	648
		Houston	2,276	2,248	1,236
		Albany	581	570	492
		Buffalo	629	660	480
		Pittsburgh	404	380	300
		College Park	15	13	-
		Towson	65	60	-
	Cincinnati	Columbus	179	188	168
		Detroit	438	416	372
		Houston	1,693	1,778	1,452

國家	地域		手段別距離		
	地域 A	地域 B	陸路	鐵路	空路
美國	Cincinnati	Orlando	1,450	1,378	1,212
		Buffalo	706	678	636
		Pittsburg	473	497	408
		New Port	15	13	-
		Madison	150	173	-
		Cleveland	406	398	360
		Honolulu	-	-	7,429
		Dayton	89	98	-
		Las Vegas	3,156	3,251	2,700
		Denver	1,944	2,002	1,740
	Cleveland	Detroit	280	252	156
		Buffalo	307	290	276
		Akron	63	113	-
	Buffalo	Detroit	587	528	348
		Albany	476	428	408
		Niagara Falls	34	33	-
	New York	Chicago	1,321	1,387	1140
		Los Angeles	4,545	4,318	3,900
		San Francisco	4,741	4,693	4,068
		Cincinnati	1,069	1,122	912
		Columbus	896	914	744
		Detroit	1,030	1,133	780
		Houston	2,660	2,633	2,280
		Albany	251	246	216
		Buffalo	632	619	468
		Pittsburgh	624	593	384
		Las Vegas	4,118	4,530	3,552
		Grand Canyon	3,901	-	3,324
		Niagara Falls	703	690	480
	Los Angeles	Cincinnati	3,532	3,709	3,036
		Columbus	3,647	3,829	3,168
		Detroit	3,697	3,771	3,144

國家	地域		手段別距離		
	地域 A	地域 B	陸路	鐵路	空路
美國	Los Angeles	Houston	2,520	2,545	2,220
		Disney Land	40	48	-
		Las Vegas	443	478	452
		Honolulu	-	4,109	4,109
		Denver	1,646	1,811	1,320
		Grand Canyon	805	-	600
	Denver	Rocky Mountain	50	-	-
	Chicago	Los Angeles	3,273	3,109	2,948
		Cincinnati	481	457	396
		Columbus	581	564	396
		Detroit	460	460	384
		Denver	1,627	1,708	1,476
		Cleveland	571	600	504
		Honolulu	-	-	7,203
		Lansing	360	342	276
		Las Vegas	2,834	2,899	2,436
		Buffalo	879	870	720
		Orlando	1,862	1,802	1,596
		Grand Canyon	2,721	-	2,172
		Pittsburgh	760	684	660
		Houston	1,746	1,711	1,584
	Columbus	Detroit	332	398	264
		Buffalo	529	508	468
		Pittsburgh	301	316	258
		Cleveland	229	218	204
		Orlando	1,530	1,454	1,224
		Raleigh	960	864	596
		Dayton	122	126	-
		Lansing	409	532	336
		Niagara Falls	585	562	480
		Dublin	80	76	-
		Ashville	68	115	-

國家	地域		手段別距離		
	地域 A	地域 B	陸路	鐵路	空路
美國	Columbus	Loudonville	121	-	-
		Hoover Dam	40	38	-
		Indian	48	-	-
		Akron	206	212	180
		Las Vegas	3,270	3,368	2,820
		Grand Canyon	3,003	-	2,568
	Akron	Sea World	50	75	-
	Lansing	Detroit	150	140	130
		Cleveland	360	389	270
		Port Huron	190	182	180
	Las Vegas	Detroit	3,257	3,332	2,784
		Grand Canyon	814	-	312
		Zion Park	250	-	-
		Hoover Dam	100	-	-
		Mt. Charleston	50	-	-
	Orlando	Raleigh	1,080	1,112	859
		Disney World	32	-	-
		Cape Canaveral	103	-	-
	Cape Canaveral	Cocoa	35	-	-
	San Jose	Santa Clara	16	-	-
		Newark	34	-	-
		Palo Alto	40	-	-
		Monterey	114	-	-
		Camel	122	-	-
		Daly City	52	-	-
	Pacific Grove	Monterey	6	-	-
		Carmel	11	-	-
	Monterey	Carmel	8	-	-
	Palo Alto	Newark	23	-	-
	Daly City	San Bruno	11	-	-
日本	東京	羽田空港	20	16	-
		成田空港	65	60	-
		大阪	550	581	430
		京都	50	531	387
		名古屋	340	370	270
日本	東京	仙臺	350	367	297
		奈良	640	581	-
		箱根	123	111	-
		筑波	89	91	-
		日光	156	140	-
		川崎	31	30	-
		鎌倉	54	67	-
		富士山	122	-	-
		掛川	208	169	-
		成田	60	56	-
		千葉	41	48	-
		浜松	260	270	231
		神戸	584	618	-
		下關	1,069	1,194	-
		横濱	33	29	-
		札幌	1,120	1,127	909
		千歳	1,105	1,141	909
		函館	840	859	690
		廣島	920	958	-
		福岡	1,140	1,287	900
		北九州	1,080	1,215	-
		大分	1,210	1,355	819
		熊本	1,250	1,373	900
		姫路	640	677	-
		長崎	1,300	1,442	975
		青森	730	739	578
		岡崎	320	326	-
		越谷	35	36	-
	名古屋	空港	30	25	-
		奈良	158	134	-
		浜松	110	100	93
		岐阜	43	34	-
		豊田	15	62	-
		伊勢	119	107	-
		白川鄉	170	-	-
日本	名古屋	高山	160	135	-
		札幌	1,460	1,497	948
		福岡	806	917	621
		大分	994	985	534
		長崎	1,090	1,072	702
		小牧	21	15	-
		仙臺	690	737	507
		函館	1,180	1,229	831
	京都	名古屋	162	161	105
		奈良	49	50	-
		大津	13	11	-
		伊勢	260	171	-
		下關	567	583	-
		關西空港	55	59	-
	大阪	京都	45	50	-
		名古屋	210	211	138
		仙臺	850	948	636
		奈良	37	36	-
		和歌山	71	72	-
		神戸	34	37	-
		姫路	90	96	-
		札幌	1,670	1,708	1,056
		函館	1,390	1,440	1,200
		福岡	630	706	486
		長崎	790	861	564
		青森	1,080	1,296	875
		岡崎	240	231	-
		關西空港	10	9	-
	神戸	姫路	59	55	-
		淡路島	33	-	-
	箱根	掛川	95	100	-
		浜松	196	212	-
		富士山	43	-	-
	札幌	旭川	125	120	120
		函館	280	268	138

國家	地域		手段別距離		
	地域 A	地域 B	陸路	鐵路	空路
日本	札幌	洞爺湖	137	209	-
		登別	120	260	-
		苫小牧	57	72	-
		千歲	43	40	-
		小樽	36	38	-
	登別	苫小牧	63	47	-
		洞爺湖	45	51	-
		函館	190	207	-
	奈良	伊勢	134	121	-
		天理	9	10	-
		上野	46	39	-
		橿原	19	23	-
		和歌山	109	112	-
	福岡	長崎	170	155	-
		熊本	110	86	-
		唐津	52	30	-
		阿蘇山	130	139	-
		北九州	65	72	-
		下關	78	80	-
		廣島	278	282	263
	北九州	大分	130	140	-
		下關	15	21	-
		別府	110	123	-
		廣島	230	214	-
	大分	別府	23	17	-
		長崎	243	307	-
		阿蘇山	90	83	-
		熊本	130	148	-
		下關	145	144	-
		宇和島	-	100	-
	唐津	長崎	118	125	-
	仙臺	竈鹽	15	12	-
		松島	19	21	-
		青森	347	378	-
		千歲	712	774	626
		函館	447	492	399

國家	地域		手段別距離		
	地域 A	地域 B	陸路	鐵路	空路
日本	小樽	洞爺湖	145	171	-
		函館	240	230	-
	千歲	苫小牧	30	32	-
		登別	75	79	-
		函館	265	282	-
	白川鄕	高山	60	-	-
		莊川	21	-	-
	熊本	阿蘇山	40	53	-
		別府	133	160	84
		島原	-	20	-
	長崎	島原	99	103	-
	松山	宇和島	92	97	-
		瀨戶大橋	134	169	-
	高松	松山	142	195	138
		瀨戶大橋	40	26	-
	函館	青森	100	129	-
		旭川	420	423	359
		苫小牧	260	249	-
泰國	Bangkok	Singburi	180	-	-
		Nakhon Nayok	120	-	-
	Nakhon Nayok	Sinburi	150	-	-
덴마크	Copenhagen	Helsingor	425	450	-
獨逸	Berlin	Hamburg	400	410	249
		Potsdam	40	40	-
		Magdeburg	165	150	-
		Hannover	360	350	242
	Hannover	Hamburg	150	160	-
		Celle	48	41	-
		Peine	50	45	-
		Gratow	100	95	-
		Wuppertal	251	240	-
		Ruhr	260	250	-
		Dortmund	220	205	-
		Essen	250	235	-
獨逸	Hannover	Düsseldorf	275	255	-
		Frankfurt	300	280	270

國家	地域		手段別距離		
	地域 A	地域 B	陸路	鐵路	空路
獨逸	Frankfurt	Hamburg	485	470	401
		Essen	250	240	-
		Köln	225	210	-
		Bonn	200	190	-
		Heidelberg	100	90	-
英國	London	Stevenage	50	40	-
프랑스	Paris	Versailles	35	30	-
		Le Havre	216	210	190
		Marseille	878	810	675
	Le Havre	Normandie	50	-	-
	Marseille	D' If	-	30	-
스위스	Zürich	Wengen	125	100	-
이탈리아	Rome	Venice	600	550	401
스리랑카	Colombo	Kandy	130	150	-
인도네시아	Jakarta	Denpasar	1,480	-	909
	Denpasar	Mt.Agung	80	-	-
濠洲	Sydney	Canberra	302	295	252
		Brisbane	850	805	732
		Helbourne	845	910	780
		Windsor	80	70	-
뉴질랜드	Wellington	Rotorua	480	600	400
印度	New Delhi	Agra	220	200	-
싱가포르	空港	都心	20	17	-
말레이시아	Kuala Lumpur	Mt.Highland	50	-	-
中國	上海	蘇州	100	86	-
		杭州	200	196	-
		西安	1,742	1,509	1,200
	蘇州	杭州	120	110	-
	北京	天津	130	137	110
		長春	1,009	1,046	955
		瀋陽	818	741	695
		萬里長城	60	50	-
		西安	1,350	1,165	1,100
	北京	上海	1,500	1,463	1,200
		香港	2,932	2,795	2,103
	長春	瀋陽	310	305	282

國家	地域		手段別距離		
	地域 A	地域 B	陸路	鐵路	空路
中國		延吉	530	508	455
	延吉	瀋陽	840	813	568
		吉林	385	367	270
		白頭山	450	-	-
		防川	320	-	-
		琿春	245	-	-
		圖們	100	95	-
		龍井	40	38	-
	琿春	防川	75	-	-
	龍井	琿春	200	-	-
		白頭山	380	-	-
	丹東	東港	40	-	-
		太平灣(寬甸)	50	-	-
臺灣	臺北	空港	50	-	-
		臺中	160	147	-
		新竹	80	70	-
		臺南	286	-	-
		高雄	341	-	295
		墾丁	435	-	-
		金門島	-	-	463
	臺中	新竹	80	77	-
		臺南	137	-	-
		高雄	192	-	-
		墾丁	286	-	-
	臺南	高雄	45	-	-
		墾丁	260	-	-
	高雄	墾丁	150	-	-
스페인	Madrid	Barcelona	605	650	510
	Barcelona	Sitges	85	70	-
포르투갈	Lisbon	C.da Roca	74	-	-
스웨덴	Stockholm	Uppsala	75	70	-
이집트	Cairo	Gizeh	12	-	-
		Luxor	585	540	450
		Alexandria	230	210	175
	Alexandria	Assallum	530	550	-
리비아	Tripoli	Homs	150	-	-
		Workfield	135	-	-

國家	地域		手段別距離		
	地域 A	地域 B	陸路	鐵路	空路
리비아		Benghazi	1,140	-	660
	Benghazi	Ajdabiya	140	-	-
		Sarir	462	-	-
		Wellfield	522	-	-
		Tobruk	267	-	-
	Tobruk	Amsaad	150	-	-
튜니시아	Tunis	Djerba	425	410	320
	Djerba	BenGardane	170	-	-
캐나다	Sarnia	Niagara Falls	325	357	-
北韓	平壤	開城	160	152	-
		南浦	55	55	-
		香山	160	140	-
		順安空港	22	20	-
	高城港	溫井里	7	-	-
	溫井里	溫泉莊	1	-	-
		萬相亭	15	-	-
		望洋臺	17	-	-
		天仙臺	17	-	-
		九龍淵	12	-	-
		上八潭	12	-	-
		三日浦	13	-	-
		海金剛	16	-	-
	望洋臺	天仙臺	1	-	-
	九龍淵	上八潭	1	-	-
	三日浦	海金剛	5	-	-
베트남	Hanoi	Hochiminh	1,576	1,590	1,152
	Hochiminh	Guzi	40	-	-
캄보디아	Phnom Penh	Seam Reap	485	-	230
	Seam Reap	Angkor	30	-	-
요르단	Amman	이라크國境	345	-	-
		Petra	256	243	-
이라크	Baghdad	요르단國境	555	-	-
		Samarra	121	125	-
		Hadhar	250	275	-
		Mosul	396	435	-
		Basrah	549	522	-
		Hilla	100	110	-

國家	地域		手段別距離		
	地域 A	地域 B	陸路	鐵路	空路
이라크		Babylon	90	96	-
		Ramadi	110	-	-
		Kut	172	-	-
		Dohuk	465	-	-
		Nasiriyah	375	394	-
	Nasiriyah	Ur	15	-	-
러시아	Moscow	St. Petersburg	960	864	760
체코	Praha	Brno	216	248	-
페루	Lima	Cusco	-	-	580
		Paracas	297	-	-
		Ica	315	-	-
	Cusco	Urubamba	100	-	-
		Machu Picchu	181	-	-
	Urubamba	Machu Picchu	81	-	-
	Ica	Nasca	-	-	260
		Paracas	18	-	-
브라질	Brasilia	São Paulo	-	-	820
		Curitiba	-	-	900
	Iguaçu	São Paulo	-	-	830
		Curitiba	-	-	544
터키	Istanbul	Ankara	-	-	419
		Konya	-	-	530
	Cappadocia	Ankara	300	-	-
		Konya	200	-	-
케냐	Nairobi	Namanga	170	-	-
	Namanga	Amboseli	80	-	-
南阿共	Johannesburg	Cape Town	-	-	1,271
		Pretoria	45	-	-
	Pretoria	Sun City	140	-	-
필리핀	Manila	Quezon City	50	-	-
		Tagaytay	64	-	-
		Pagsanjan	105	-	-
		Alaminos	100	-	-
몽골	Ulaanbaatar	Terelj	75	-	-
		Möngönmor't	190	-	-
	Terelj	Möngönmor't	140	-	-

3. 步行記錄

(1) 年度別 步行數 및 步行距離

時 代	年 度	日 數 (日)	年 間 合 計		1 日 平 均	
			步 行 數(步)	步 行 距 離(km)	步 行 數(步)	步 行 距 離(m)
幼 年 期	1936	157	3,140	1	20	6
	1937	365	18,250	5	50	15
	1938	365	36,500	11	100	30
	1939	365	109,500	33	300	90
	1940	366	183,000	55	500	150
	1941	365	292,000	117	800	320
	1942	365	438,000	175	1,200	480
	1943	365	620,500	248	1,700	680
	1944	366	841,800	337	2,300	920
初 等 學 校	1945	365	1,095,000	438	3,000	1,200
	1946	365	1,168,000	584	3,200	1,600
	1947	365	1,241,000	621	3,400	1,700
	1948	366	1,317,600	659	3,600	1,800
	1949	365	1,387,000	694	3,800	1,900
	1950	365	1,460,000	730	4,000	2,000
中等學校	1951	365	1,460,000	876	4,000	2,400
	1952	366	1,537,200	922	4,200	2,520
	1953	365	1,533,000	920	4,200	2,520
高等學校	1954	365	1,825,000	1,095	5,000	3,000
	1955	365	1,825,000	1,095	5,000	3,000
	1956	366	1,830,000	1,190	5,000	3,250
大學校	1957	365	2,190,000	1,424	6,000	3,900
軍隊	1958	365	6,570,000	4,271	18,000	11,700
	1959	365	2,190,000	1,424	6,000	3,900
	1960	366	2,196,000	1,427	6,000	3,900
	1961	365	2,190,000	1,533	6,000	4,200
職場	1962	365	1,825,000	1,278	5,000	3,500
大學院	1963	365	2,190,000	1,533	6,000	4,200
	1964	366	2,196,000	1,537	6,000	4,200
大學院 助教	1965	365	2,372,500	1,661	6,500	4,550
	1966	365	2,372,500	1,661	6,500	4,550
	1967	365	2,372,500	1,661	6,500	4,550
	1968	366	2,379,000	1,665	6,500	4,550
美國留學	1969	365	2,007,500	1,405	5,500	3,850
	1970	365	2,007,500	1,405	5,500	3,850
	1971	365	2,007,500	1,405	5,500	3,850

時 代	年 度	日 數 (日)	年 間 合 計		1 日 平 均	
			步 行 數(步)	步 行 距 離(km)	步 行 數(步)	步 行 距 離(m)
社會活動	1972	366	2,196,000	1,537	6,000	4,200
	1973	365	2,190,000	1,533	6,000	4,200
	1974	365	2,190,000	1,533	6,000	4,200
	1975	365	2,190,000	1,533	6,000	4,200
	1976	366	2,196,000	1,537	6,000	4,200
	1977	365	2,190,000	1,533	6,000	4,200
	1978	365	2,190,000	1,533	6,000	4,200
	1979	365	2,190,000	1,533	6,000	4,200
	1980	366	2,196,000	1,537	6,000	4,200
	1981	365	2,190,000	1,533	6,000	4,200
乘用車	1982	365	1,095,000	767	3,000	2,100
保有	1983	365	1,095,000	767	3,000	2,100
	1984	366	1,098,000	769	3,000	2,100
	1985	365	1,095,000	767	3,000	1,750
	1986	365	912,500	639	2,500	1,750
	1987	365	912,500	639	2,500	1,750
	1988	366	915,000	641	2,500	1,750
	1989	365	912,500	639	2,500	1,750
	1990	365	912,500	639	2,500	1,750
	1991	365	2,190,000	1,424	6,000	3,900
乘用車	1992	366	1,464,000	952	4,000	2,600
保有	1993	365	912,500	539	2,500	1,625
	1994	365	1,460,000	949	4,000	2,600
	1995	365	2,017,380	1,311	5,527	3,593
	1996	366	2,054,102	1,335	5,612	3,648
	1997	365	2,105,326	1,263	5,768	3,461
	1998	365	1,687,364	1,012	4,623	2,774
	1999	365	1,942,943	1,166	5,323	3,194
	2000	366	1,870,211	1,122	5,110	3,066
	2001	365	1,947,415	1,168	5,335	3,201
	2002	365	2,054,935	1,233	5,630	3,378
	2003	365	1,636,433	900	4,483	2,466
乘用車	2004	366	731,651	402	1,999	1,099
保有	2005	365	502,197	276	1,376	757
	2006	209	303,400	152	1,452	726
總 累 計	70年	25,568	113,030,347	72,557	4,421	2,838

※ 1936.7.28-1994.10.23은 推定値이고 1994.10.24부터는 萬步計에 의한 實測値임.

※ 步行距離는 1步의 平均 길이를 5歲(1940)까지30cm,10歲(1945)까지40cm,15歲(1959)까지 50cm,20歲(1955)까지 60cm, 25歲(1960)까지 65cm, 55歲(1990)까지 70cm,61歲(1996)까지 65cm,71歲(2006)까지 60cm로 하여 계산된 것임.

(2) 萬步計 步行記錄

(着用日字:1994.10.24)

(單位：步)

年	日＼月	1	2	3	4	5	6	7	8	9	10	11	12	年計
1994	1	-	-	-	-	-	-	-	-	-	-	5,227	3,513	
	2	-	-	-	-	-	-	-	-	-	-	7,204	2,083	
	3	-	-	-	-	-	-	-	-	-	-	5,000	5,000	
	4	-	-	-	-	-	-	-	-	-	-	4,940	10,357	
	5	-	-	-	-	-	-	-	-	-	-	1,000	10,704	
	6	-	-	-	-	-	-	-	-	-	-	18,000	3,004	
	7	-	-	-	-	-	-	-	-	-	-	5,000	2,103	
	8	-	-	-	-	-	-	-	-	-	-	7,000	6,702	
	9	-	-	-	-	-	-	-	-	-	-	4,000	6,593	
	10	-	-	-	-	-	-	-	-	-	-	3,000	5,545	
	11	-	-	-	-	-	-	-	-	-	-	6,400	10,662	
	12	-	-	-	-	-	-	-	-	-	-	8,315	6,802	
	13	-	-	-	-	-	-	-	-	-	-	12,000	6,327	
	14	-	-	-	-	-	-	-	-	-	-	7,500	6,557	
	15	-	-	-	-	-	-	-	-	-	-	5,500	4,458	
	16	-	-	-	-	-	-	-	-	-	-	3,700	3,291	
	17	-	-	-	-	-	-	-	-	-	-	4,805	4,709	
	18	-	-	-	-	-	-	-	-	-	-	10,291	3,500	
	19	-	-	-	-	-	-	-	-	-	-	5,333	4,660	
	20	-	-	-	-	-	-	-	-	-	-	3,503	7,182	
	21	-	-	-	-	-	-	-	-	-	-	5,500	4,214	
	22	-	-	-	-	-	-	-	-	-	-	4,820	4,273	
	23	-	-	-	-	-	-	-	-	-	-	18,363	7,421	
	24	-	-	-	-	-	-	-	-	-	2,500	7,804	3,035	
	25	-	-	-	-	-	-	-	-	-	4,100	7,500	3,616	
	26	-	-	-	-	-	-	-	-	-	4,889	7,800	6,056	
	27	-	-	-	-	-	-	-	-	-	898	5,500	6,492	
	28	-	-	-	-	-	-	-	-	-	5,890	6,135	4,105	
	29	-	-	-	-	-	-	-	-	-	6,337	5,276	3,000	
	30	-	-	-	-	-	-	-	-	-	17,000	7,586	4,730	
	31	-	-	-	-	-	-	-	-	-	4,047	-	5,000	
	月計	-	-	-	-	-	-	-	-	-	46,021	204,002	165,694	415,717
	1日平均	-	-	-	-	-	-	-	-	-	5,753	6,800	5,345	6,025

年 \ 日 \ 月		1	2	3	4	5	6	7	8	9	10	11	12	年計
1995	1	2,677	300	16,000	16,198	4,544	3,000	1,328	3,900	5,000	5,000	4,000	15,000	
	2	1,718	4,500	3,457	200	4,507	1,05*	4,451	2,000	3,500	3,212	6,733	5,000	
	3	4,300	7,678	5,383	5,517	2,507	15,367	4,548	500	500	16,000	3,905	17,000	
	4	1,640	2,500	3,365	6,086	17,891	300	4,683	5,391	4,000	3,224	15,542	6,402	
	5	6,000	500	500	200	200	5,202	5,671	1,000	3,000	3,500	2,000	6,558	
	6	3,315	7,000	5,800	5,826	20,695	1,251	17,017	500	6,218	6,872	2,000	6,293	
	7	3,000	7,000	6,059	4,390	3,214	3,984	2,442	1,814	3,112	6,100	3,300	7,445	
	8	1,193	2,500	6,347	*,488	4,540	18,000	3,000	15,840	16,000	500	3,500	4,021	
	9	2,218	7,600	4,360	11,372	4,753	3,892	2,000	500	500	9,200	3,300	4,200	
	10	5,518	7,212	4,544	4,402	4,500	521	4,574	5,000	500	6,200	6,300	3,500	
	11	878	16,377	3,726	4,308	4,629	3,500	5,992	24,304	5,300	6,831	4,783	18,000	
	12	5,653	2,500	6,750	4,503	4,400	7,095	3,000	3,000	3,000	3,365	17,625	4,986	
	13	1,868	1,550	5,000	1,748	4,028	1,200	7,096	500	7,342	3,940	4,576	4,200	
	14	1,600	2,500	4,032	5,800	300	2,835	6,000	18,000	5,000	13,000	4,912	12,000	
	15	2,182	6,000	5,603	3,220	4,500	5,415	5,010	9,200	6,900	1,500	5,252	16,581	
	16	4,269	2,788	5,025	4,797	3,028	5,422	1,000	7,000	4,630	6,500	8,000	25,454	
	17	17,056	3,000	3,668	4,510	3,113	10,000	2,000	3,110	4,600	5,205	12,000	14,530	
	18	3,447	3,550	2,273	3,043	5,940	3,000	16,600	3,200	4,500	4,200	16,700	4,500	
	19	5,521	2,500	200	3,638	4,110	6,000	15,000	1,000	2,330	3,800	500	4,000	
	20	3,811	500	5,193	3,642	4,380	7,000	6,351	4,500	4,000	8,154	5,800	13,500	
	21	5,311	3,000	3,803	3,429	2,745	8,000	17,000	2,333	4,000	3,538	7,647	1,000	
	22	1,573	3,826	4,913	3,747	3,874	7,000	10,352	2,500	2,000	6,799	4,688	4,500	
	23	1,500	6,734	17,268	1,600	17,095	5,000	14,000	3,000	4,500	6,127	3,500	4,400	
	24	3,352	3,334	4,225	3,689	6,500	800	11,700	2,500	1,500	5,000	3,400	2,000	
	25	17,625	2,500	14,020	4,173	4,511	2,500	8,000	3,500	5,400	7,531	9,856	3,000	
	26	5,383	300	17,914	4,744	4,130	5,000	12,000	3,700	5,800	5,766	4,000	3,225	
	27	4,783	3,350	4,806	3,800	3,639	3,500	15,642	500	4,890	4,500	11,607	3,600	
	28	6,000	5,000	5,084	2,403	13,300	1,000	11,470	5,014	5,511	6,332	5,500	5,214	
	29	3,000	-	9,014	200	6,000	5,571	3,000	4,300	10,880	7,600	4,500	3,500	
	30	500	-	4,027	3,550	20,000	3,500	1,000	7,000	7,177	4,114	7,800	7,660	
	31	677	-	6,175	-	3,500	-	5,000	1,800	-	7,383	-	1,800	
	月計	127,569	116,099	188,534	129,223	191,073	145,800	226,900	146,404	138,790	180,993	192,926	233,069	2,017,380
	1日平均	4,115	4,146	6,082	4,307	6,164	4,860	7,319	4,723	4,626	5,838	6,431	7,518	5,527

年＼日＼月		1	2	3	4	5	6	7	8	9	10	11	12	年計
1996	1	2,800	2,000	17,500	3,788	8,500	3,231	6,786	3,951	500	7,000	8,600	500	
	2	500	4,500	4,300	8,019	3,000	5,575	4,350	5,237	7,000	5,000	5,600	7,800	
	3	3,500	1,500	500	8,500	3,500	5,829	5,870	2,700	4,800	6,500	7,800	8,200	
	4	4,300	9,655	5,200	6,617	16,000	7,100	3,570	4,200	2,894	7,890	8,100	7,600	
	5	3,500	4,432	4,500	3,800	700	10,000	3,600	6,890	5,300	8,650	12,000	8,000	
	6	2,500	5,000	5,100	3,000	4,300	5,853	5,000	6,197	4,800	4,800	5,000	9,600	
	7	500	4,325	2,500	500	5,100	2,669	7,500	5,160	9,800	4,600	5,600	800	
	8	4,280	3,077	3,800	6,500	5,200	800	5,015	5,067	18,022	10,891	3,700	4,600	
	9	4,083	4,034	700	4,000	6,200	800	8,510	6,743	5,000	5,800	6,200	5,600	
	10	4,801	3,200	2,500	4,500	6,085	1,450	2,693	4,950	4,900	17,000	1,600	6,500	
	11	3,800	3,400	3,800	3,100	4,500	800	5,200	4,200	4,860	10,500	2,500	7,000	
	12	2,500	3,600	7,500	16,000	1,500	2,636	18,400	9,500	4,800	7,000	5,600	9,600	
	13	2,800	6,158	7,300	1,036	5,872	7,800	6,800	7,687	7,336	15,000	4,900	8,500	
	14	4,500	8,150	4,700	2,300	7,800	5,500	5,000	5,528	1,546	6,500	5,200	4,200	
	15	4,800	5,162	18,000	5,900	6,623	606	7,600	2,496	3,500	8,300	6,700	8,600	
	16	2,100	6,027	2,600	4,200	7,186	850	3,000	4,306	4,200	4,200	8,500	4,500	
	17	4,826	3,025	2,500	5,700	1,718	5,800	17,783	5,341	4,500	19,500	3,800	8,600	
	18	2,647	500	3,800	2,578	8,101	5,100	2,800	500	6,000	7,500	3,200	5,800	
	19	4,308	3,100	7,500	17,000	18,005	4,600	7,355	6,856	5,000	8,650	6,500	7,600	
	20	17,301	500	4,013	2,500	5,085	6,500	6,597	5,544	8,000	5,500	5,800	5,800	
	21	1,500	1,500	5,724	500	2,409	6,800	700	4,500	6,200	5,700	4,500	5,900	
	22	3,517	3,045	3,000	3,800	5,978	15,200	5,000	6,600	4,500	4,800	5,700	3,300	
	23	2,451	4,800	3,700	4,000	2,004	2,767	8,785	2,500	4,800	9,600	7,800	7,800	
	24	3,583	5,810	3,625	3,900	7,476	9,700	14,450	4,000	4,000	5,800	500	2,800	
	25	7,856	1,300	500	800	3,500	6,986	19,268	2,211	8,500	4,500	3,000	6,500	
	26	4,068	5,086	3,500	4,091	800	5,613	18,277	6,848	600	7,600	7,200	9,800	
	27	2,500	2,500	3,500	5,448	5,080	9,650	21,524	7,129	4,000	4,100	8,600	5,700	
	28	3,000	4,086	8,500	4,413	6,125	4,067	5,000	5,000	3,000	3,500	3,800	6,900	
	29	3,500	7,259	10,126	5,000	7,677	3,467	6,300	10,135	3,053	7,800	1,100	4,200	
	30	3,352	-	5,161	700	9,800	1,800	6,375	6,397	3,500	6,000	6,800	7,800	
	31	2,337	-	3,873	-	17,786	-	6,517	4,000	-	6,500	-	5,400	
	月計	118,010	130,231	159,522	142,190	193,610	149,549	245,625	162,373	154,911	236,681	165,900	195,500	2,054,102
	1日平均	3,807	4,491	5,146	4,740	6,245	4,985	7,923	5,238	5,164	7,635	5,530	6,306	5,612

年 \ 日 \ 月		1	2	3	4	5	6	7	8	9	10	11	12	年計
1997	1	3,200	2,000	6,500	4,100	5,500	16,500	3,700	11,000	2,700	4,500	2,500	2,703	
	2	500	2,300	2,100	4,500	4,400	15,800	5,900	7,800	4,500	1,200	1,500	4,603	
	3	5,985	2,500	4,500	5,100	4,000	4,950	3,800	5,600	5,200	5,700	3,100	5,050	
	4	1,600	6,800	3,000	2,500	3,800	7,500	7,800	1,100	7,500	5,000	6,100	4,800	
	5	800	3,500	4,300	17,505	4,500	5,800	4,800	7,200	5,500	2,500	6,500	5,100	
	6	3,500	3,300	4,100	15,000	4,500	4,500	2,800	11,500	3,400	7,500	7,100	4,224	
	7	2,500	1,700	4,200	13,500	6,500	5,700	11,800	15,500	1,850	5,800	5,500	3,305	
	8	4,300	500	2,500	12,000	14,500	5,800	2,300	12,800	4,600	4,700	8,550	5,300	
	9	4,000	1,850	3,200	24,117	12,300	7,500	4,300	10,000	7,700	7,500	11,167	4,953	
	10	4,500	4,500	4,050	2,800	6,600	4,500	7,500	4,000	3,500	8,800	18,000	2,095	
	11	4,000	3,500	2,600	6,227	13,000	7,600	7,800	7,500	8,100	4,600	4,950	3,800	
	12	4,500	2,600	5,000	2,500	4,800	7,800	8,600	5,800	7,100	500	5,035	2,250	
	13	6,500	3,500	17,500	3,500	4,500	8,300	3,000	13,000	4,950	7,300	7,537	4,668	
	14	3,700	7,300	8,500	3,800	4,600	19,100	4,000	13,200	3,000	14,700	4,100	500	
	15	4,800	3,500	4,800	6,117	3,400	7,100	4,650	4,500	2,000	5,000	4,584	4,384	
	16	6,200	4,325	600	9,000	7,300	3,500	2,800	6,500	10,000	3,300	4,300	2,203	
	17	5,800	2,600	3,500	5,300	3,500	6,950	3,500	1,700	10,400	4,150	5,100	3,800	
	18	3,600	3,800	3,700	6,500	6,100	5,000	7,700	2,500	12,000	6,000	4,600	3,554	
	19	3,500	2,700	3,500	12,500	16,153	17,500	5,000	7,700	7,000	2,830	3,623	3,000	
	20	4,100	3,680	9,845	2,600	4,500	7,000	13,000	7,100	14,000	8,400	3,902	5,333	
	21	3,800	6,750	9,313	18,080	8,500	4,800	3,000	4,500	10,200	6,900	6,806	1,755	
	22	6,000	5,100	6,310	11,000	4,500	1,500	9,500	1,500	7,700	1,850	8,180	2,780	
	23	4,800	1,500	1,700	6,300	7,860	2,900	500	2,500	5,500	6,150	1,950	4,255	
	24	4,500	4,500	4,033	5,500	4,500	3,000	12,500	500	2,400	5,400	3,600	3,429	
	25	1,500	5,500	1,900	7,700	4,400	4,100	4,500	4,800	10,000	10,500	11,350	500	
	26	2,800	2,700	4,855	16,000	9,600	7,100	13,500	2,500	4,800	10,805	5,172	8,558	
	27	3,500	8,600	6,067	1,900	13,075	8,800	4,500	4,500	3,800	8,100	3,420	6,800	
	28	4,300	4,800	10,100	4,600	4,300	11,000	7,800	2,600	500	8,526	5,005	3,000	
	29	5,571	-	3,000	5,500	5,800	1,900	1,600	5,100	7,600	6,500	4,100	4,816	
	30	3,000	-	19,500	5,800	6,223	5,700	4,800	4,500	5,500	7,160	3,158	5,727	
	31	2,080	-	5,000	-	7,800	-	5,300	3,300	-	4,600	-	3,500	
	月計	119,436	105,905	169,773	241,546	211,011	219,200	182,550	192,300	182,900	186,471	170,489	123,745	2,105,326
	1日平均	3,853	3,782	5,477	8,052	6,807	7,307	5,889	6,203	6,097	6,015	5,683	3,982	5,768

年	日＼月	1	2	3	4	5	6	7	8	9	10	11	12	年計
1998	1	2,390	1,999	1,300	1,881	2,769	3,618	5,939	3,950	5,448	5,154	1,877	2,457	
	2	1,100	8,005	2,941	3,141	2,850	1,458	2,765	1,374	4,452	2,719	2,510	2,006	
	3	3,255	5,025	2,970	6,681	3,972	2,838	10,844	5,086	2,217	2,007	2,925	2,759	
	4	1,200	4,658	4,401	2,776	6,388	6,683	5,448	11,167	2,958	500	500	17,874	
	5	9,100	2,383	3,781	2,476	1,500	3,969	2,123	15,138	2,327	11,567	1,540	5,585	
	6	5,200	7,830	4,986	3,109	5,486	2,818	8,074	13,883	2,672	500	1,762	17,979	
	7	5,021	4,750	6,753	3,244	2,500	6,011	6,648	18,425	3,279	3,999	15,000	1,057	
	8	7,282	6,900	2,219	3,486	3,790	4,585	4,260	9,824	3,680	2,274	1,253	5,037	
	9	10,000	7,150	2,836	2,382	4,568	3,914	4,398	17,075	3,519	1,934	1,544	6,500	
	10	6,500	1,490	2,721	4,419	2,872	16,898	2,113	5,506	2,283	11,988	1,791	5,023	
	11	500	4,152	3,707	2,815	2,522	7,310	2,455	3,438	1,707	1,821	1,352	4,934	
	12	4,566	2,825	3,500	1,928	6,046	4,725	2,050	11,333	1,689	2,953	2,249	4,614	
	13	9,579	4,500	5,045	5,403	2,551	5,974	8,888	6,075	1,371	2,712	2,017	4,904	
	14	5,800	5,200	5,044	2,709	4,107	2,750	7,073	4,875	1,632	3,496	500	5,976	
	15	10,500	1,105	2,350	5,760	6,624	3,363	8,973	2,866	2,019	3,996	1,832	7,999	
	16	2,900	3,835	500	3,353	17,203	4,748	6,670	4,429	7,815	5,419	782	2,424	
	17	4,600	3,286	4,500	8,381	4,061	4,586	3,492	500	1,835	11,640	4,942	3,245	
	18	2,500	1,607	3,771	17,546	2,100	5,198	8,876	5,511	3,679	1,899	4,576	5,649	
	19	3,055	2,500	1,565	2,781	3,050	5,814	2,349	3,578	4,487	4,684	2,550	6,063	
	20	4,198	2,100	2,086	2,027	3,575	17,816	5,801	4,064	1,857	2,236	6,331	3,274	
	21	7,900	4,500	1,659	4,242	2,025	2,700	1,928	3,190	2,324	2,500	1,500	4,061	
	22	4,600	1,382	500	4,444	5,840	4,830	2,218	6,349	2,888	4,351	1,000	3,051	
	23	5,700	5,390	500	4,786	4,813	7,971	8,288	500	4,245	2,277	1,382	7,315	
	24	4,045	4,460	1,596	4,739	2,650	8,200	7,636	4,558	6,500	3,062	5,915	6,481	
	25	1,300	4,231	1,757	7,534	2,585	10,501	4,547	5,945	4,298	1,758	5,358	500	
	26	1,590	4,528	8,155	3,000	7,253	10,012	5,293	5,549	12,735	3,001	2,058	2,058	
	27	500	1,780	866	4,011	4,151	25,500	4,154	6,037	3,100	2,749	500	500	
	28	1,750	1,246	2,579	2,455	4,737	8,500	6,387	7,807	2,505	4,500	10,099	5,764	
	29	3,776	-	1,750	5,728	5,066	7,464	6,489	1,405	1,924	3,788	21,175	5,385	
	30	7,535	-	856	9,381	2,674	3,584	4,365	500	2,528	4,058	4,532	1,139	
	31	4,635	-	1,972	-	2,835	-	9,878	8,466	-	4,513	-	7,005	
	月計	142,577	108,817	90,066	136,618	133,163	203,338	170,424	198,363	103,973	120,055	121,352	158,618	1,687,364
	1日平均	4,599	3,886	2,905	4,554	4,296	6,778	5,498	6,399	3,466	3,873	4,045	5,117	4,623

年	月 日	1	2	3	4	5	6	7	8	9	10	11	12	年計
1999	1	3,235	3,588	500	2,057	4,566	5,482	7,730	2,157	2,515	7,350	3,506	2,895	
	2	3,988	3,182	6,691	2,900	7,800	8,612	9,348	3,621	3,812	4,100	6,572	4,373	
	3	1,403	4,502	5,685	3,619	8,105	4,215	6,538	1,633	1,950	2,950	5,252	5,477	
	4	3,087	5,714	7,011	2,500	5,700	7,747	4,650	6,143	3,500	3,000	3,855	500	
	5	8,104	6,473	7,965	1,950	17,500	14,003	4,409	4,276	3,685	3,387	7,481	3,936	
	6	5,500	5,565	5,686	4,999	5,100	27,973	5,487	8,164	4,230	2,856	7,880	3,032	
	7	6,825	2,921	6,853	4,706	6,230	6,358	500	2,223	4,500	4,959	12,696	4,795	
	8	1,500	5,617	4,826	4,723	5,652	3,362	5,299	1,750	7,230	5,500	7,098	1,837	
	9	500	4,741	6,378	7,508	4,586	4,970	5,815	2,889	3,750	15,555	4,310	3,970	
	10	1,026	5,839	9,272	3,886	3,585	5,150	7,346	6,453	4,409	8,055	5,180	3,344	
	11	3,526	5,282	8,192	1,378	6,825	2,957	3,743	7,655	2,800	1,755	3,209	1,747	
	12	3,892	4,416	3,650	10,999	7,860	4,343	5,475	2,700	4,560	3,367	4,258	850	
	13	4,837	2,417	2,100	9,372	6,536	5,958	4,898	4,686	6,660	5,230	7,138	3,898	
	14	2,500	1,247	500	8,754	650	4,403	3,963	4,599	7,200	5,000	3,869	2,429	
	15	3,788	500	7,558	9,500	7,500	2,300	4,746	550	6,250	6,008	6,534	3,076	
	16	6,166	3,150	6,736	5,392	6,670	3,275	7,076	4,962	4,200	5,200	3,524	4,059	
	17	4,500	500	8,133	4,100	5,860	5,798	15,766	16,552	7,250	7,015	3,093	3,354	
	18	8,120	5,994	9,588	3,464	3,550	4,604	2,083	21,129	12,500	4,411	1,555	3,583	
	19	8,756	5,200	2,466	7,988	3,660	18,950	6,063	3,038	4,520	5,392	2,872	2,704	
	20	2,286	1,900	2,404	10,310	18,056	4,416	4,879	4,640	9,600	2,948	11,963	3,525	
	21	3,058	2,292	4,722	10,345	4,860	2,992	4,597	3,761	4,355	5,364	1,428	3,625	
	22	1,863	7,619	6,825	12,338	19,362	3,115	6,787	4,358	4,523	4,109	2,279	3,662	
	23	6,776	8,949	786	12,999	2,540	3,538	4,901	5,557	1,672	14,258	3,589	4,236	
	24	5,500	5,006	6,458	6,822	7,839	6,142	13,166	4,751	1,652	3,253	3,664	3,330	
	25	7,612	5,121	3,179	7,866	4,037	4,972	3,763	6,333	1,890	4,326	5,162	1,522	
	26	7,378	5,175	5,085	3,500	8,276	9,973	5,019	4,205	4,093	5,497	6,588	1,044	
	27	6,990	4,777	1,683	4,927	7,280	10,713	2,406	4,307	4,250	15,972	878	4,040	
	28	5,131	2,005	2,000	5,655	8,785	4,127	6,773	16,500	5,160	4,498	16,310	2,918	
	29	6,352	-	500	6,589	4,260	7,029	8,772	5,699	6,770	4,473	3,377	1,299	
	30	1,684	-	4,230	4,580	3,100	8,779	5,279	4,500	2,926	6,168	2,859	2,881	
	31	6,082	-	4,172	-	4,614	-	3,883	3,330	-	3,228	-	3,648	
	月計	140,965	119,692	151,834	185,727	210,944	206,276	180,160	173,121	147,472	175,184	157,979	93,589	1,942,943
	1日平均	4,547	4,275	4,898	6,191	6,805	6,876	5,812	5,585	4,916	5,651	5,266	3,019	5,323

年＼日＼月		1	2	3	4	5	6	7	8	9	10	11	12	年計
2000	1	1,756	1,536	2,304	17,001	7,653	4,310	2,500	4,976	6,777	7,091	6,054	5,794	
	2	1,618	3,128	3,953	3,850	5,264	4,090	1,950	2,587	12,038	2,770	4,738	5,543	
	3	2,247	4,578	3,900	7,924	2,260	2,566	1,530	5,798	3,833	4,110	3,700	4,899	
	4	3,054	500	5,500	4,979	2,300	7,899	2,690	7,413	3,515	3,988	17,609	11,212	
	5	4,080	2,676	4,478	2,702	4,776	5,600	2,050	850	5,700	4,500	500	7,981	
	6	5,783	3,000	2,839	4,992	2,162	2,400	5,570	2,183	7,772	10,358	7,640	6,889	
	7	2,895	5,818	3,500	4,302	3,300	4,512	5,235	4,645	4,105	4,531	4,638	7,332	
	8	3,405	2,777	2,955	4,672	6,555	3,310	5,078	8,611	18,147	7,454	7,857	7,232	
	9	557	1,883	7,977	2,500	21,400	5,230	3,900	3,956	7,941	5,690	1,925	14,342	
	10	1,877	1,519	6,256	3,507	2,100	5,150	4,222	1,595	4,809	5,461	5,639	4,327	
	11	2,532	1,162	15,727	2,840	3,550	3,020	4,560	9,912	3,387	5,006	2,100	3,000	
	12	4,768	1,030	10,111	5,948	5,366	4,855	5,790	8,192	500	7,959	3,433	4,227	
	13	3,644	8,650	2,077	4,955	4,500	2,560	795	20,220	4,723	4,569	5,351	3,971	
	14	2,029	3,178	2,600	5,800	3,995	3,100	5,090	9,616	5,021	8,030	5,528	4,456	
	15	4,042	2,910	3,800	17,500	3,896	3,995	2,100	13,397	2,500	8,045	5,834	2,843	
	16	1,673	4,379	2,950	1,500	3,420	5,960	5,162	10,355	10,878	4,421	1,231	500	
	17	6,330	3,968	3,999	3,868	4,300	17,200	4,150	6,547	5,600	6,775	3,062	2,500	
	18	4,099	3,404	15,250	4,393	7,200	3,160	3,100	11,860	4,584	5,668	17,182	14,247	
	19	3,212	17,550	1,100	2,536	3,500	4,050	18,500	21,944	4,476	6,668	2,319	6,619	
	20	3,219	1,328	2,500	4,576	2,512	4,888	2,050	21,304	2,999	6,121	4,867	5,010	
	21	2,336	3,218	5,312	4,168	3,155	3,110	4,848	9,757	6,322	8,550	4,082	9,001	
	22	2,151	3,524	4,361	3,100	3,560	2,845	3,944	1,702	7,692	8,370	5,009	6,521	
	23	750	3,136	3,696	2,500	4,220	2,977	2,596	7,350	5,300	5,271	5,155	1,990	
	24	4,214	2,892	4,748	2,700	4,150	2,300	5,578	3,019	9,255	4,817	4,593	1,406	
	25	2,202	2,500	1,890	3,000	1,881	570	6,001	5,544	4,896	2,718	6,851	500	
	26	5,112	2,450	2,152	6,626	4,050	5,650	7,729	1,558	7,155	6,323	13,691	7,335	
	27	10,415	1,500	3,921	3,724	1,585	4,391	6,173	3,318	4,881	7,419	5,166	6,174	
	28	6,126	1,733	4,101	5,780	4,550	5,577	6,353	3,818	6,533	3,300	2,916	7,038	
	29	8,331	3,581	5,279	3,320	3,895	3,999	5,287	4,500	3,416	5,957	5,077	5431	
	30	10,408	-	7,550	500	3,100	3,005	2,435	4,535	11,212	6,120	5,474	7,140	
	31	10,727	-	1,500	-	4,555	-	5,734	6,060	-	5,033	-	500	
	月計	125,592	98,508	148,286	145,763	138,710	132,279	142,700	227,122	185,967	183,093	169,221	172,970	1,870,211
	1日平均	4,051	3,397	4,783	4,859	4,475	4,409	4,603	7,327	6,199	5,906	5,641	5,580	5,110

년	월 / 일	1	2	3	4	5	6	7	8	9	10	11	12	年計
2001	1	1,351	3,660	2,719	5,208	3,012	5,643	1,743	6,161	4,896	550	5,052	2,291	
	2	4,462	5,626	6,353	2,746	4,622	16,374	3,584	1,871	500	600	6,760	500	
	3	6,452	5,722	3,354	16,419	3,685	3,850	3,688	5,336	2,745	2,196	5,687	8,231	
	4	4,244	5,560	2,510	2,026	6,586	9,278	8,986	1,100	5,215	670	3,474	6,223	
	5	4,628	3,384	4,456	650	8,999	4,108	8,867	3,234	2,023	2,401	4,668	1,737	
	6	3,750	3884	3,825	6,374	7,980	3,100	17,962	4,966	5,382	3,613	8,307	13,506	
	7	2,100	7,876	3,295	6,500	6,850	5,527	16,680	4,119	5,109	2,500	5,242	5,265	
	8	3,620	3,766	3,366	7,205	5,770	4,500	15,028	5,322	955	1,168	4,890	8,074	
	9	7,595	12,383	5,267	11,956	4,551	11,599	12,748	2,510	4,480	6,025	5,658	12,638	
	10	5,198	5,569	16,778	3,114	4,500	5,963	21,955	6,842	3,183	5,100	7,841	7,399	
	11	3,156	9,109	3,212	3,833	4,750	1,996	15,866	5,018	4,102	4,907	2,127	4,228	
	12	4,580	12,132	4,717	4,307	3,985	5,822	7,838	4,250	8,092	6,476	6,678	3,931	
	13	500	2,146	6,865	6,966	4,800	6,790	2,500	6,315	4,855	8,497	5,971	4,366	
	14	3,212	10,151	5,614	5,010	3,050	5,993	3,870	5,916	4,864	4,406	5,594	18,336	
	15	6,094	14,900	1,506	2,980	4,155	3,370	2,297	3,457	7,244	5,238	5,079	6,856	
	16	5,031	6,389	7,597	5,072	5,698	3,571	18,950	5,835	5,710	5,963	6,325	17,827	
	17	4,049	536	1,501	4,038	2,380	2,525	2,254	3,500	2,605	4,252	3,516	7,153	
	18	4,776	2,500	2,028	17,400	4,900	3,354	8,538	11,657	7,689	6,529	2,023	9,498	
	19	6,370	6,560	3,281	3,200	3,899	3,902	6,598	10,751	1,669	6,055	2,804	13,919	
	20	7,608	6,590	2,868	9,209	2,550	5,020	7,507	4,800	1,988	7,869	5,525	5,719	
	21	500	7,080	4,959	12,133	3,800	1,869	3,724	5,113	3,737	2,119	3,745	9,011	
	22	5,172	8,519	1,502	7,100	2,409	4,128	3,088	1,848	5,985	3,015	4,749	1,680	
	23	500	5,012	7,337	7,922	4,555	2,000	10,334	4,144	1,281	4,496	6,299	3,394	
	24	6,200	2,570	1,703	5,945	19,050	2,100	7,246	4,530	1,515	4,985	6,084	8,112	
	25	2,154	2,100	2,897	5,644	7,209	6,400	5,357	2,543	6,025	18,156	2,464	1,344	
	26	2,331	6,150	4,669	3,959	10,500	4,419	7,502	500	6,573	7,307	5,153	7,295	
	27	4,740	6,584	5,795	3,756	999	3,971	3,769	2,100	7,360	9,455	6,066	5,568	
	28	12,701	6,556	4,133	18,775	6,500	6,172	2,600	7,640	4,921	1,642	6,337	4,268	
	29	4,262	-	5,380	4,003	2,752	7,011	3,999	5,815	2,302	9,459	6,605	10,000	
	30	4,581	-	2,597	3,900	5,493	3,902	12,731	10,336	1,700	5,843	9,913	6,128	
	31	5,644	-	5,227	-	8,004	-	5,488	3,357	-	10,600	-	7,825	
	月計	137,561	179,014	137,311	197,350	167,993	154,257	253,288	150,886	124,705	162,092	160,636	222,322	1,947,415
	1日平均	4,437	6,393	4,429	6,578	5,419	5,142	8,171	4,867	4,157	5,229	5,355	7,172	5,335

年 \ 日 \ 月		1	2	3	4	5	6	7	8	9	10	11	12	年計
2002	1	3,760	12,037	500	1,947	4,132	3,900	1,100	6,119	3,517	6,094	16,419	1,239	
	2	6,345	9,311	5,797	5,586	2,737	7,891	2,360	2,338	3,786	4,841	5,202	3,124	
	3	500	15,546	1,674	5,665	4,816	750	10,005	6,096	4,952	1,867	2,250	3,824	
	4	5,538	11,915	4,056	11,048	18,236	5,749	1,350	4,680	5,770	5,822	5,054	4,448	
	5	2,623	10,083	4,214	11,441	713	4,893	4,182	5,611	1,916	8,801	3,603	6,797	
	6	500	7,801	4,553	8,040	3,423	1,749	4,048	11,486	7,712	3,345	5,835	2,391	
	7	5,578	2,738	5,343	2,200	4,058	18,360	790	10,032	500	4,828	6,177	7,088	
	8	4,733	5,546	6,570	6,968	5,176	5,415	5,916	15,784	5,388	4,587	3,514	8,424	
	9	9,632	4,428	4,761	5,259	7,633	3,784	7,806	16,021	3,922	19,576	8,001	6,233	
	10	2,660	500	13,853	4,911	6,213	4,613	2,997	5,742	5,686	5,055	4,050	3,577	
	11	3,492	3,177	1,864	4,328	2,500	10,661	6,940	500	5,534	3,760	3,010	5,569	
	12	5,041	1,811	6,058	3,525	4,504	3,980	8,870	6,558	7,489	6,273	17,642	3,191	
	13	2,107	6,312	5,501	9,383	6,664	3,161	2,700	4,180	5,038	2,379	6,498	3,242	
	14	7,957	4,895	5,277	15,221	5,356	5,018	5,915	5,743	2,462	6,819	6,058	3,539	
	15	5,290	7,403	4,155	11,950	4,242	6,873	4,783	5,252	500	3,697	5,219	2,995	
	16	5,100	2,108	7,779	4,725	2,477	13,393	8,574	9,542	1,801	5,330	5,999	2,366	
	17	8,359	2,100	1,929	6,399	5,946	3,405	2,168	3,056	5,881	5,130	2,307	2,230	
	18	6,139	6,895	5,505	6,261	2,034	5,410	6,230	5,525	6,878	4,005	3,844	3,984	
	19	9,319	4,366	5,106	2,049	4,053	8,983	4,620	5,860	7,375	4,919	3,161	3,125	
	20	2,450	5,913	6,391	4,285	500	7,644	12,708	4,250	2,694	2,207	4,944	3,690	
	21	7,155	5,810	12,398	650	3,588	6,774	2,108	5,233	500	1,952	4,383	500	
	22	5,956	5,141	9,416	5,240	7,359	3,600	5,280	7,931	500	6,157	6,188	3,971	
	23	5,536	5,030	7,315	6,344	5,588	780	6,037	6,214	1,895	3,762	500	3,095	
	24	6,527	4,113	500	11,679	4,548	10,630	500	5,354	3,783	5,742	2,896	1,984	
	25	2,273	5,850	6,367	6,937	4,153	6,380	7,243	600	5,158	4,004	2,541	500	
	26	11,099	4,237	13,196	9,719	3,111	5,424	9,085	5,438	12,826	7,281	3,396	7,600	
	27	9,540	6,858	8,999	2,305	4,136	16,280	4,503	7,137	5,734	1,964	4,261	4,908	
	28	9,964	9,330	5,815	500	5,968	10,307	500	5,738	7,325	5,384	10,375	1,885	
	29	11,638	-	9,904	10,275	6,326	1,901	9,221	3,837	8,537	6,702	1,742	6,580	
	30	6,759	-	500	5,826	6,373	500	6,007	8,980	7,815	9,436	16,025	2,450	
	31	11,548	-	500	-	13,850	-	5,679	8,835	-	7,826	-	1,516	
	月計	185,118	171,254	175,796	190,666	160,413	188,208	160,225	209,672	142,874	173,550	181,094	116,065	2,054,935
	1日平均	5,972	6,116	5,671	6,356	5,175	6,274	5,169	6,764	4,762	5,598	6,036	3,744	5,630

年 \ 日	月	1	2	3	4	5	6	7	8	9	10	11	12	年計
2003	1	3,887	1,135	500	2,845	3,497	1,647	3,422	1,999	1,923	2,500	9,913	5,621	
	2	3,128	14,358	12,199	3,085	3,589	5,012	2,187	7,892	3,452	1,500	9,557	1,875	
	3	3,655	5,581	3,511	4,106	500	5,113	4,997	3,790	7,328	500	2,247	4,371	
	4	2,857	5,100	2,331	2,480	2,499	4,370	3,136	3,111	3,453	16,238	2,684	4,253	
	5	6,729	2,777	3,120	6,500	2,071	7,125	3,777	2,439	3,282	15,309	2,356	3,757	
	6	12,222	6,167	4,155	2,000	4,517	650	5,138	2,095	2,566	4,254	3,059	2,264	
	7	2,271	4,620	4,074	1,931	6,659	7,860	7,548	5,575	5,248	3,590	1,150	1,677	
	8	10,418	4,169	3,380	2,145	2,535	3,694	2,301	3,575	2,886	5,587	4,321	3,900	
	9	1,488	9,997	17,120	5,153	3,107	7,848	5,341	13,045	2,358	2,290	3,266	2,297	
	10	4,904	2,347	4,307	4,131	3,975	5,712	3,600	1,952	1,713	4,758	1,387	1,913	
	11	1,614	4,226	2,688	3,350	2,621	5,000	2,218	4,588	500	3,443	1,150	4,136	
	12	2,043	5,707	4,401	6,159	3,132	4,732	7,118	3,236	5,633	5,751	5,556	11,620	
	13	3,786	6,619	5,324	5,714	2,879	4,256	1,971	3,607	8,184	4,336	7,553	2,760	
	14	3,321	2,750	3,850	6,784	3,568	7,987	3,175	6,692	2,105	3,636	2,015	5,500	
	15	2,917	4,400	5,150	4,999	3,966	3,003	4,311	2,103	4,211	4,401	15,019	6,672	
	16	2,231	4,957	2,266	2,760	3,299	9,002	2,218	1,270	4,325	4,450	500	2,793	
	17	5,979	3,023	3,859	2,080	12,269	3,775	750	750	3,172	6,474	3,106	4,747	
	18	2,841	3,880	4,165	2,299	1,937	2,861	5,213	5,986	1,392	4,161	2,287	5,880	
	19	7,091	2,853	3,156	6,241	4,318	3,227	4,359	4,500	3,363	5,221	1,855	1,574	
	20	3,700	2,114	3,088	500	3,454	5,500	14,737	3,446	1,600	1,896	10,302	4,895	
	21	2,656	4,504	4,706	4,148	3,539	5,888	6,593	1,527	6,527	4,454	6,828	1,715	
	22	2,986	3,889	3,803	2,701	3,361	4,385	14,297	6,253	2,405	2,890	4,845	2,525	
	23	2,675	1,400	1,069	2,747	10,472	3,645	15,486	2,999	2,659	1,938	2,612	3,455	
	24	11,965	4,873	1,562	3,206	2,829	4,266	8,704	500	8,080	1,692	4,968	3,345	
	25	4,833	7,298	3,255	2,985	3,348	5,063	15,103	3,028	4,766	16,272	6,059	9,902	
	26	2,112	4,167	7,312	2,116	3,133	5,176	10,349	5,998	5,836	7,768	6,835	4,282	
	27	2,631	3,704	1,600	2,003	2,023	3,390	8,843	4,117	7,600	5,597	3,556	2,605	
	28	4,296	5,061	7,165	4,303	4,063	4,476	7,938	3,232	2,050	13,503	10,254	2,466	
	29	3,398	-	4,857	2,551	2,867	11,830	3,501	2,439	3,858	4,393	3,660	4,148	
	30	2,083	-	11,484	5,341	5,500	2,500	2,862	3,331	2,948	2,226	2,965	2,339	
	31	500	-	2,836	-	3,286	-	16,110	2,034	-	6,166	-	1,737	
	月計	127,217	131,946	142,293	107,363	118,813	148,993	197,283	117,109	115,423	167,194	141,875	120,924	1,636,433
	1日平均	4,104	4,712	4,590	3,579	3,853	4,966	6,364	3,778	3,847	5,393	4,729	3,901	4,483

年＼日＼月		1	2	3	4	5	6	7	8	9	10	11	12	年計
2004	1	1,015	3,958	2,870	1,391	1,877	1,466	2,237	3,572	3,500	1,332	1,352	757	
	2	1,031	876	612	2,000	1,291	3,550	622	3,078	1,272	4,856	986	1,511	
	3	600	2,177	721	1,150	1,198	2,260	1,638	1,658	1,622	1,996	1,459	2,158	
	4	6,386	1,825	2,455	666	1,638	2,560	560	1,781	3,281	1,496	500	2,781	
	5	1,488	1,093	1,531	1,759	2,270	2,834	1,594	1,695	4,196	1,170	1,822	1,162	
	6	10,120	2,050	3,924	1,332	1,606	500	1,091	2,188	1,302	2,058	1,800	1,278	
	7	2,380	1,905	1,214	988	1,193	1,936	1,039	8,019	1,139	7,501	2,389	2,435	
	8	1,375	1,716	680	1,466	2,100	2,512	1,476	5,060	1,993	2,128	1,086	1,189	
	9	1,679	1,279	650	2,067	2,923	1,591	1,302	1,966	1,221	5,852	753	857	
	10	1,994	1,547	1,819	2,535	2,542	913	1,282	1,876	1,371	5,711	818	991	
	11	1,112	500	1,455	3,837	2,603	1,320	3,553	3,029	500	2,384	813	1,055	
	12	1,803	810	1,369	2,791	1,251	2,682	850	3,133	3,656	1,559	2,285	964	
	13	1,267	2,176	1,454	2,057	1,012	1,530	894	2,121	4,800	669	13,073	934	
	14	2,708	500	830	2,434	2,257	1,183	2,860	1,741	1,005	1,150	700	556	
	15	2,970	2,770	869	1,829	1,699	1,138	2,483	6,741	4,013	1,253	1,817	650	
	16	830	1,678	1,861	2,350	1,662	1,652	2,256	1,340	7,319	9,915	1,248	1,017	
	17	1,106	3,107	978	2,000	1,053	1,307	1,500	1,194	2,300	2,319	1,001	957	
	18	2,078	1,366	1,194	1,569	812	1,802	3,341	1,827	700	1,240	1,630	661	
	19	2,105	1,431	542	1,399	2,506	1,082	987	946	2,545	1,135	1,561	500	
	20	1,450	1,260	2,267	2,063	1,236	1,745	2,901	1,830	2,550	2,500	915	658	
	21	2,031	1,083	500	3,900	1,937	1,027	891	1,062	2,263	2,495	5,610	902	
	22	500	906	1,250	958	2,425	1,035	1,269	4,717	6,500	3,197	1,049	892	
	23	1,100	1,088	850	1,429	3,312	1,481	1,342	1,286	4,326	3,102	1,243	500	
	24	2,158	856	2,925	2,395	1,906	531	3,136	1,747	2,832	3,366	1,303	500	
	25	727	1,806	1,123	1,744	1,668	1,410	4,270	1,368	5,235	1,927	1,240	500	
	26	2,407	974	944	1,756	2,943	1,402	2,598	1,302	2,247	2,614	1,399	677	
	27	1,278	1,682	750	1,040	1,821	5,465	1,803	4,500	10,255	1,103	2,341	607	
	28	925	752	500	1,915	784	2,247	1,827	4,273	8,418	6,576	500	751	
	29	1,037	728	1,140	905	882	2,409	1,086	6,047	5,446	1,069	1,415	563	
	30	1,031	-	930	1,803	1,812	2,309	1,535	1,625	2,428	3,600	1,349	953	
	31	655	-	1,270	-	1,692	-	2,699	2,943	-	4,662	-	681	
	月計	59,346	43,899	41,477	55,528	55,911	54,879	56,722	85,665	100,235	91,935	55,457	30.597	731,651
	1日平均	1,914	1,514	1,338	1,851	1,804	1,829	1,830	2,763	3,341	2,966	1,849	987	1,999

年	日 \ 月	1	2	3	4	5	6	7	8	9	10	11	12	年計
2005	1	618	811	1,116	739	10	3,136	825	864	1,051	2,458	925	1,200	
	2	1,238	740	1,258	6,218	10	1,525	2,544	987	716	1,433	829	695	
	3	1,297	700	666	1,059	10	1,137	2,100	1,087	2,289	1,429	725	742	
	4	1,057	820	1,099	802	30	2,960	649	500	2,413	800	1,000	676	
	5	1,536	976	1,752	850	50	2,936	849	3,569	1,435	952	2,741	916	
	6	714	3,500	2,054	1,233	50	1,885	1,354	1,458	1,128	1,932	3,918	846	
	7	1,032	1,001	1,172	3,340	70	1,425	541	5,529	850	1,442	1,041	808	
	8	1,003	647	1,605	2,302	50	1,932	827	846	1,150	1,698	1,227	908	
	9	500	500	1,017	863	30	1,994	1,680	668	1,204	899	820	697	
	10	517	594	770	2,978	450	1,052	1,956	1,124	500	664	857	761	
	11	815	864	823	1,357	500	5,700	711	500	1,361	1,632	766	1,327	
	12	893	2,713	749	1,215	2,500	2,904	671	1,830	855	1,441	1,399	708	
	13	1,115	1,001	1,000	1,713	1,964	1,259	1,011	3,312	1,402	1,119	585	659	
	14	1,022	872	1,037	1,255	1,127	2,061	1,194	6,500	2,012	4,885	608	981	
	15	755	873	1,400	1,774	2,283	1,800	959	1,700	3,107	4,153	721	906	
	16	500	855	929	1,633	672	2,094	1,507	1,500	960	1,693	614	786	
	17	947	696	913	1,318	569	1,180	2,451	1,590	1,559	1,370	994	2,000	
	18	8,389	966	1,360	1,374	769	3,100	893	598	954	1,122	1,401	650	
	19	531	1,336	1,942	828	2,826	835	1,067	1,088	2,411	1,301	1,193	787	
	20	808	638	874	1,615	583	1,855	1,256	1,598	941	1,264	500	5,070	
	21	615	838	787	576	3,375	1,315	627	5,158	1,037	1,933	832	681	
	22	640	666	700	1,013	4,982	1,071	1,390	1,009	1,137	500	1,159	708	
	23	1,553	646	750	1,464	692	1,018	2,285	1,808	3,054	1,147	968	994	
	24	769	698	774	500	1,483	1,156	4,609	1,547	1,856	676	640	2,000	
	25	786	1,394	858	1,244	1,157	1,818	787	1,059	1,552	665	3,791	703	
	26	828	847	2,633	1,148	1,399	2,616	764	2,793	894	1,263	4,528	1,100	
	27	1,037	1,731	1,610	939	953	764	1,308	1,828	1,249	800	2,747	1,016	
	28	616	1,408	948	1,518	3,372	2,526	1,767	1,500	1,167	1,715	1,661	627	
	29	1,533	-	608	1,800	2,000	1,636	2,382	1,733	1,209	881	1,151	636	
	30	677	-	724	50	733	787	1,345	1,125	1,002	858	1,027	1,203	
	31	846	-	550	-	1,169	-	2,535	1,625	-	879	-	1,841	
	月計	35,187	29,331	34,480	44,718	35,868	57,477	44,644	58,033	42,455	45,004	41,368	33,632	502,197
	1日平均	1,135	1,048	1,112	1,491	1,157	1,916	1,440	1,872	1,415	1,452	1,379	1,085	1,376

年	日 \ 月	1	2	3	4	5	6	7	年計 (7個月)
2006	1	1,560	1,034	2,000	500	1,102	833	703	
	2	659	784	2,798	1,142	1,074	1,115	1,024	
	3	646	765	692	1,426	1,553	500	761	
	4	657	1,812	500	752	1,468	2,106	961	
	5	893	500	2,000	828	2,084	574	789	
	6	905	556	633	862	3,995	2,135	909	
	7	2,010	1,586	1,118	786	2,551	800	857	
	8	824	600	905	1,107	1,186	578	588	
	9	996	656	1,000	842	1,075	732	1,500	
	10	697	865	1,314	856	961	1,141	2,208	
	11	1,020	2,000	2,458	744	1,046	929	606	
	12	3,500	500	2,667	847	925	884	623	
	13	2,000	4,500	781	945	1,072	608	665	
	14	1,823	1,200	722	3,788	1,730	633	697	
	15	1,835	1,236	1,191	542	950	631	649	
	16	2,000	614	1,320	1,388	870	783	943	
	17	2,500	1,003	938	891	1,091	1,482	921	
	18	1,435	808	1,292	702	729	1,440	697	
	19	5,561	1,808	1,600	1,102	798	850	652	
	20	4,605	655	1,611	890	3,001	1,855	1,134	
	21	1,756	987	689	5,503	2,500	2,500	18,301	
	22	6,104	1,122	1,085	6,572	950	2,995	3,511	
	23	4,615	874	2,100	3,937	588	2,900	938	
	24	4,909	562	1,663	1,425	823	808	777	
	25	2,008	2,145	2,249	908	841	3,285	1,851	
	26	1,040	2,000	1,268	888	892	972	775	
	27	691	950	708	817	1,355	1,507	689	
	28	500	787	500	760	524	989	750	
	29	649	-	868	924	698	1,034	-	
	30	948	-	1,242	2,066	650	891	-	
	31	1,173	-	761	-	1,608	-	-	
	月計	60,519	32,909	40,673	44,640	40,690	38,490	45,479	303,400
	1日平均	1,952	1,175	1,312	1,488	1,313	1,283	1,624	1,452

寄說：經驗에서 얻은 삶의 眞實

남의 趣味나 嗜好는 존중까지는 몰라도 인정 내지 묵인은 해주는게 좋다. 취미나 기호는 일종의 私生活이고 選好의 취향이기 때문에 이를 무시하거나 억제하면 感情을 유발하기 쉽다.

나는 남이 가진 취미나 기호에 대해서는 매우 좋은 것이라고 언제나 칭찬을 하고 同感을 표해준다. 그래서인지 많은 사람들이 나를 좋아한다.

(3) 步行數의 最多 · 最少 記錄

區分	期間	하루單位	한달單位	1年單位
最多	年 · 月 · 日	1958年8月18日	1958年 8月	1958年
	當時年齡(歲)	23	23	23
	職場 및 職位	陸軍 訓練兵	陸軍 訓練兵	陸軍 訓練兵
	地域 및 狀況	忠南 論山 鍊武臺	忠南 論山 鍊武臺	忠南 論山 鍊武臺
	步行數(步)	59,070	1,800,500	6,570,000
	步行距離(km)	38	1,170	4,271
最少	年 · 月 · 日	1936年7月28日	1936年7 · 8月	1936年
	當時年齡(歲)	1	1	1
	職場 및 職位	幼兒	幼兒	幼兒
	地域 및 狀況	慶北 聞慶市 自宅	慶北 聞慶市 自宅	慶北 聞慶市 自宅
	步行數(步)	0	10	3,140
	步行距離(m)	0	3	942

(4) 年度別 步行數와 칼로리 消耗量

生涯區分		區分 / 年度 · 年齡		單位基準値		1日平均値		年間平均値	
				體重(kg)	1步當칼로리(cal)	步行數(步)	칼로리消耗量(cal)	步行數(步)	칼로리消耗量(Kcal)
1.成長 · 修學期	1.幼年期	1936	1	2.7	1.35	20	27	3,140	4
		1937	2	5.0	2.50	50	125	18,250	46
		1938	3	6.9	3.45	100	345	36,500	126
		1939	4	8.8	4.40	300	1,320	109,500	482
		1940	5	10.9	5.45	500	2,725	183,000	997
		1941	6	13.0	6.50	800	5,200	292,000	1,898
		1942	7	15.1	7.55	1,200	9,060	438,000	3,307
		1943	8	17.2	8.60	1,700	14,620	620,500	5,336
		1944	9	18.9	9.45	2,300	21,735	841,800	7,955
		計(9年)	3,079日	15.8	7.92	826	6,545	2,542,690	20,151
	2.初等學校	1945	10	21.0	10.50	3,000	31,500	1,095,000	11,498
		1946	11	23.1	11.55	3,200	36,960	1,168,000	13,490
		1947	12	25.0	12.50	3,400	42,500	1,241,000	15,513
		1948	13	28.1	14.05	3,600	50,580	1,317,600	18,512

生涯區分	區分	年度	年齡	單位基準値 體重 (kg)	單位基準値 1步當칼로리(cal)	1日平均値 步行數 (步)	1日平均値 칼로리消耗量 (cal)	年間平均値 步行數 (步)	年間平均値 칼로리消耗量 (Kcal)
1.成長·修學期		1949	14	31.2	15.60	3,800	59,280	1,387,000	21,637
		1950	15	34.3	17.15	4,000	68,600	1,460,000	25,039
		計(6年)	2,191日	27.6	13.78	3,500	48,238	7,668,600	105,689
	3.中·高等學校	1951	16	37.1	18.55	4,000	74,200	1,460,000	27,083
		1952	17	39.0	19.50	4,200	81,900	1,537,200	29,975
		1953	18	41.3	20.65	4,200	86,730	1,533,000	31,656
		1954	19	43.2	21.60	5,000	108,000	1,825,000	39,420
		1955	20	45.1	22.55	5,000	112,750	1,825,000	41,154
		1956	21	47.0	23.50	5,000	117,500	1,830,000	43,005
		計(6年)	2,192日	42.4	21.21	4,567	96,849	10,010,200	212,293
	4.大學·軍·職場	1957	22	48.9	24.45	6,000	146,700	2,190,000	53,546
		1958	23	50.8	25.40	18,000	457,200	6,570,000	166,878
		1959	24	52.7	26.35	6,000	158,100	2,190,000	57,707
		1960	25	54.9	27.45	6,000	164,700	2,196,000	60,280
		1961	26	57.0	28.50	6,000	171,000	2,190,000	62,415
		1962	27	59.1	29.55	5,000	147,750	1,825,000	53,929
		計(6年)	2,191日	53.0	26.50	7,832	207,556	17,161,000	454,755
	5.大學院·職場·留學	1963	28	61.1	30.55	6,000	183,300	2,190,000	66,905
		1964	29	63.2	31.60	6,000	189,600	2,196,000	69,394
		1965	30	,64.1	32.05	6,500	208,325	2,372,500	76,039
		1966	31	65.0	32.50	6,500	211,250	2,372,500	77,106
		1967	32	65.9	32.95	6,500	214,175	2,372,500	78,174
		1968	33	67.0	33.50	6,500	217,750	2,379,000	79,697
		1969	34	68.1	34.05	5,500	187,275	2,007,500	68,355
		1970	35	68.5	34.25	5,500	188,375	2,007,500	68,757
		1971	36	68.9	34.45	5,500	189,475	2,007,500	69,158
		計(9年)	3,287日	65.7	32.84	6,055	198,839	19,903,500	653,585
	累計	36年	12,940日	50.5	25.25	4,427	111,783	57,285,990	1,446,473
2.社會活動期	1.專講·助敎授	1972	37	69.3	34.65	6,000	207,900	2,196,000	76,091
		1973	38	69.6	34.80	6,000	208,800	2,190,000	76,212
		1974	39	69.8	34.90	6,000	209,400	2,190,000	76,431
		1975	40	70.0	35.0	6,000	210,000	2,190,000	76,650
		1976	41	70.0	35.0	6,000	210,000	2,196,000	76,860
		1977	42	70.0	35.0	6,000	210,000	2,190,000	76,650
2.社會活動期		1978	43	70.0	35.0	6,000	210,000	2,190,000	76,650

生涯區分		年度	年齡	單位基準值 體重 (kg)	單位基準值 1步當칼로리(cal)	1日平均值 步行數 (步)	1日平均值 칼로리消耗量 (cal)	年間平均值 步行數 (步)	年間平均值 칼로리消耗量 (Kcal)
		1979	44	70.0	35.0	6,000	210,000	2,190,000	76,650
		計(8年)	2,922日	69.8	34.92	6,000	209,512	17,532,000	612,194
	2.副教授·教授	1980	45	70.1	35.05	6,000	210,300	2,196,000	76,970
		1981	46	70.0	35.00	6,000	210,000	2,190,000	76,650
		1982	47	70.2	35.10	3,000	105,300	1,095,000	38,435
		1983	48	70.1	35.05	3,000	105,150	1,095,000	38,380
		1984	49	70.0	35.00	3,000	105,000	1,098,000	38,430
		1985	50	69.9	34.95	3,000	104,850	1,095,000	38,270
		1986	51	70.0	35.00	2,500	87,500	912,500	31,938
		計(7年)	2,557日	70.1	35.03	3,786	132,606	9,681,500	339,073
	3.大學院長·教授·研究院長	1987	52	70.0	35.00	2,500	87,500	912,500	31,938
		1988	53	70.0	35.00	2,500	87,500	915,000	32,025
		1989	54	70.0	35.00	2,500	87,500	912,500	31,938
		1990	55	69.9	34.95	2,500	87,375	912,500	31,892
		1991	56	69.8	34.90	6,000	209,400	2,190,000	76,431
		1992	57	69.6	34.80	4,000	139,200	1,464,000	50,947
		1993	58	69.4	34.70	2,500	86,750	912,500	31,664
		1994	59	69.2	34.60	4,000	138,400	1,460,000	50,516
		計(8年)	2,922日	69.7	34.86	3,312	115,452	9,678,500	337,351
	4.主任教授·平教授	1995	60	69.0	34.50	5,527	190,682	2,017,380	69,600
		1996	61	68.7	34.35	5,612	192,772	2,054,102	70,558
		1997	62	68.4	34.20	5,768	197,266	2,105,326	72,002
		1998	63	68.1	34.05	4,623	157,413	1,687,364	57,455
		1999	64	67.8	33.90	5,323	180,450	1,942,943	65,866
		2000	65	67.5	33.75	5,110	172,463	1,870,211	63,120
		2001	66	68.0	34.00	5,335	181,390	1,947,415	66,212
		2002	67	70.0	35.00	5,630	197,050	2,054,935	71,923
		計(8年)	2,922日	68.4	34.20	5,366	183,517	15,679,676	536,245
	5.名譽教授·碩座教授	2003	68	67.95	33.98	4,483	152,332	1,636,433	55,606
		2004	69	64.15	32.08	1,999	64,128	731,651	23,471
		2005	70	67.00	33.50	1,376	46,096	502,197	16,824
		2006	71	67.00	33.50	1,452	48,642	303,400	10,164
		計(4年)	1,305日	66.53	33.27	2,432	80,912	3,173,681	106,065
	累計	35年	12,628日	68.9	34.45	4,414	152,062	55,744,357	1,930,555
總累計		71年	25,568日	59.77	29.80	4,421	131,746	113,030,347	3,377,028

(5) 體重別 步行數와 칼로리 消耗量의 關係圖

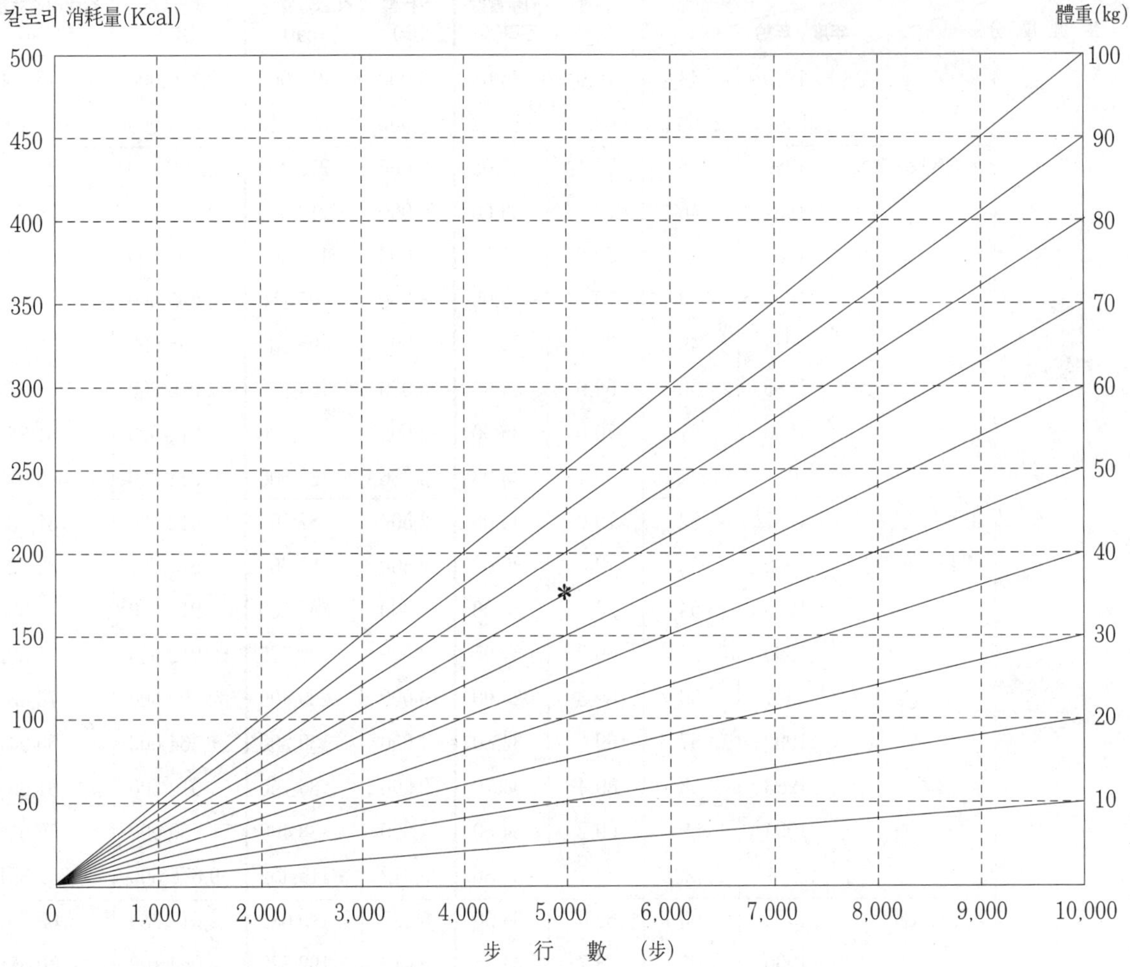

註. *는 本人의 1日 平均數値임(70kg, 5,000步, 175Kcal).

(6) 體重別 步行 1步當 칼로리 消耗量

(單位 : kg, cal)

體重	1步當 칼로리	體重	1步當 칼로리	體重	1步當 칼로리	體重	1步當 칼로리	體重	1步當 칼로리	體重	1步當 칼로리	體重	1步當 칼로리	體重	1步當 칼로리	體重	1步當 칼로리	體重	1步當 칼로리
1	0.5	11	5.5	21	10.5	31	15.5	41	20.5	51	25.5	61	30.5	71	35.5	81	40.5	91	45.5
2	1.0	12	6.0	22	11.0	32	16.0	42	21.0	52	26.0	62	31.0	72	36.0	82	41.0	92	46.0
3	1.5	13	6.5	23	11.5	33	16.5	43	21.5	53	26.5	63	31.5	73	36.5	83	41.5	93	46.5
4	2.0	14	7.0	24	12.0	34	17.0	44	22.0	54	27.0	64	32.0	74	37.0	84	43.0	94	47.0
5	2.5	15	7.5	25	12.5	35	17.5	45	22.5	55	27.5	65	32.5	75	37.5	85	42.5	95	47.5
6	3.0	16	8.0	26	13.0	36	18.0	46	23.0	56	28.0	66	33.0	76	38.0	86	43.0	96	48.0
7	3.5	17	8.5	27	13.5	37	18.5	47	23.5	57	28.5	67	33.5	77	38.5	87	43.5	97	48.5
8	4.0	18	9.0	28	14.0	38	19.0	48	24.0	58	29.0	68	34.0	78	39.0	88	44.0	98	49.0
9	4.5	19	9.5	29	14.5	39	19.5	49	24.5	59	29.5	69	34.5	79	39.0	89	44.5	99	49.5
10	5.0	20	10.0	30	15.0	40	20.0	50	25.0	60	30.0	70	35.0	80	40.0	90	45.0	100	50.0

4. 移動 및 旅行距離와 時間 總計

(1) 年度別 및 交通手段別 總移動距離

(單位 : km)

生涯區分		年度(年齡)	通學·通勤						域內外旅行						總合計					
			步行	交通手段				合計	步行	交通手段				合計	步行	交通手段				合計
				乘用車	버스택시	電車地下鐵	計			自動車	汽車	航空機	計			自動車	汽車	航空機	計	
成長修學期	幼兒期	1936(1)	-	-	-	-	-	-	1	-	-	-	-	1	1	-	-	-	-	1
		1937(2)	-	-	-	-	-	-	5	-	-	-	-	5	5	-	-	-	-	5
		1938(3)	-	-	-	-	-	-	11	-	-	-	-	11	11	-	-	-	-	11
		1939(4)	-	-	-	-	-	-	33	-	-	-	-	33	33	-	-	-	-	33
		1940(5)	-	-	-	-	-	-	55	-	-	-	-	55	55	-	-	-	-	55
		1941(6)	-	-	-	-	-	-	117	-	-	-	-	117	117	-	-	-	-	117
		1942(7)	-	-	-	-	-	-	175	-	-	-	-	175	175	-	-	-	-	175
		1943(8)	-	-	-	-	-	-	248	-	-	-	-	248	248	-	-	-	-	248
		1944(9)	-	-	-	-	-	-	337	-	-	-	-	337	337	-	-	-	-	337
		合計	-	-	-	-	-	-	982	-	-	-	-	982	982	-	-	-	-	982
		年平均	-	-	-	-	-	-	123	-	-	-	-	123	123	-	-	-	-	123
		1日平均	-	-	-	-	-	-	0.3	-	-	-	-	0.3	0.3	-	-	-	-	0.3
	初等學校	1945(10)	300	-	-	-	-	300	138	-	-	-	-	138	438	-	-	-	-	438
		1946(11)	476	-	-	-	-	476	108	-	-	-	-	108	584	-	-	-	-	584
		1947(12)	477	-	-	-	-	477	144	-	-	-	-	144	621	-	-	-	-	621
		1948(13)	478	-	-	-	-	478	181	-	-	-	-	181	659	-	-	-	-	659
		1949(14)	479	-	-	-	-	479	215	-	-	-	-	215	694	-	-	-	-	694
		1950(15)	484	-	-	-	-	484	246	-	-	-	-	246	730	-	-	-	-	730
		合計	2,694	-	-	-	-	2,694	1,032	-	-	-	-	1,032	3,726	-	-	-	-	3,726
		年平均	449	-	-	-	-	449	1.72	-	-	-	-	172	621	-	-	-	-	621
		1日平均	1.2	-	-	-	-	1.2	0.5	-	-	-	-	0.5	1.7	-	-	-	-	1.7
	中等學校	1951(16)	103	-	-	-	-	103	773	50	-	-	50	823	876	50	-	-	50	926
		1952(17)	413	-	-	-	-	413	509	100	48	-	148	657	922	100	48	-	148	1,070
		1953(18)	414	-	-	-	-	414	506	100	-	-	100	606	920	100	-	-	100	1,020
		合計	930	-	-	-	-	930	1,788	250	48	-	298	2,086	2,718	250	48	-	298	3,016
		年平均	310	-	-	-	-	310	596	83	16	-	99	695	906	83	16	-	99	1,005
		1日平均	0.9	-	-	-	-	0.9	1.6	0.2	0.1	-	0.3	1.9	2.5	0.2	0.1	-	0.3	2.8
	高等學校	1954(19)	697	-	-	-	-	697	398	480	-	-	480	878	1,095	480	-	-	480	1,575
		1955(20)	1,060	-	-	-	-	1,060	35	296	-	-	296	331	1,095	296	-	-	296	1,391
		1956(21)	1,031	-	-	-	-	1,031	159	524	542	-	1,066	1,225	1,190	524	542	-	1,066	2,256
		合計	2,788	-	-	-	-	2,788	592	1,300	542	-	1,842	2,434	3,380	1,300	542	-	1,842	5,222

生涯區分		年度(年齡)	通學·通勤 步行	交通手段 乘用車	버스택시	電車地下鐵	計	合計	域內外旅行 步行	交通手段 自動車	汽車	航空機	計	合計	總合計 步行	交通手段 自動車	汽車	航空機	計	合計
成長修學期		年平均	930	-	-	-	-	930	197	433	181	-	614	811	1,127	433	181	-	614	1,741
		1日平均	2.6	-	-	-	-	2.6	0.5	1.2	0.5	-	1.7	2.2	3.1	1.2	0.5	-	1.7	4.8
	大學校(軍)	1957(22)	371	-	-	1,372	1,372	1,743	1,053	240	1,084	-	1,324	2,377	1,424	240	2,456	-	2,696	4,120
		1958(23)	469	-	-	850	850	1,319	3,802	264	941	-	1,205	5,007	4,271	264	1,791	-	2,055	6,326
		1959(24)	165	-	-	888	888	1,053	1,259	308	630	-	938	2,197	1,424	308	1,518	-	1,826	3,250
		1960(25)	468	-	-	1,737	1,737	2,205	959	376	2,408	-	2,784	3,743	1,427	376	4,145	-	4,521	5,948
		1961(26)	472	-	-	1,738	1,738	2,210	1,061	512	1,172	-	1,684	2,745	1,533	512	2,910	-	3,422	4,955
		合計	1,945	-	-	6,585	6,585	8,530	8,134	1,700	6,235	-	7,935	16,069	10,079	1,700	12,820	-	14,520	24,599
		年平均	389	-	-	1,317	1,317	1,706	1,627	340	1,247	-	1,587	3,214	2,016	340	2,564	-	2,904	4,920
		1日平均	1.1	-	-	3.6	3.6	4.7	4.4	1.0	3.4	-	4.4	8.8	5.5	1.0	7.0	-	8.0	13.5
	會社·大學院	1962(27)	1,197	-	184	-	184	1,381	81	256	1,662	-	1,918	1,999	1,278	440	1,662	-	2,102	3,380
		1963(28)	870	-	680	1,000	1,680	2,550	663	240	1,120	-	1,360	2,023	1,533	920	2,120	-	3,040	4,573
		1964(29)	876	-	706	902	1,608	2,484	661	120	1,120	-	1,240	1,901	1,537	826	2,022	-	2,848	4,385
		合計	2,943	-	1,570	1,902	3,472	6,415	1,405	616	3,902	-	4,518	5,923	4,348	2,186	5,804	-	7,990	12,338
		年平均	981	-	524	634	1,158	2,139	468	205	1,301	-	1,506	1,974	1,449	729	1,935	-	2,664	4,113
		1日平均	2.7	-	1.4	1.8	3.2	5.9	1.3	0.6	3.5	-	4.1	5.4	4.0	2.0	5.3	-	7.3	11.3
	研究員·助教	1965(30)	1,440	-	4,464	-	4,464	5,904	221	256	3,378	1,647	5,281	5,502	1,661	4,720	3,378	1,647	9,745	11,406
		1966(31)	1,530	-	-	47	47	1,577	131	-	2,134	-	2,134	2,265	1,661	-	2,181	-	2,181	3,842
		1967(32)	1,510	-	-	46	46	1,556	151	-	-	-	-	151	1,661	-	46	-	46	1,707
		1968(33)	1,510	-	-	46	46	1,556	155	520	-	132	652	807	1,665	520	46	132	698	2,363
		合計	5,990	-	4,464	139	4,603	10,593	658	776	5,512	1,779	8,067	8,725	6,648	5,240	5,651	1,779	12,670	19,318
		年平均	1,498	-	1,116	34	1,150	2,648	164	194	1,378	445	2,017	2,181	1,662	1,310	1,412	445	3,167	4,829
		1日平均	4.1	-	3.0	0.1	3.1	7.2	0.4	0.6	3.8	1.2	5.6	6.0	4.5	3.6	3.9	1.2	8.7	13.2
	外國留學	1969(34)	60	-	-	-	-	60	1,345	60	-	14,284	14,344	15,689	1,405	60	-	14,284	14,344	15,749
		1970(35)	940	-	-	-	-	940	465	1,620	-	11,653	13,273	13,738	1,405	1,620	-	11,653	13,273	14,678
		1971(36)	933	-	-	-	-	933	472	120	-	-	120	592	1,405	120	-	-	120	1,525
		合計	1,933	-	-	-	-	1,933	2,282	1,800	-	25,937	27,737	30,019	4,215	1,800	-	25,937	27,737	31,952
		年平均	644	-	-	-	-	644	761	600	-	8,646	9,246	10,007	1,405	600	-	8,646	9,246	10,651
		1日平均	1.8	-	-	-	-	1.8	2.1	1.6	-	23.7	25.3	27.4	3.9	1.6	-	23.7	25.3	29.2
	累計	1936-71	19,223	-	6,034	8,626	14,660	33,883	16,873	6,442	16,239	27,716	50,397	67,270	36,096	12,476	24,865	27,716	65,057	101,153
	年平均	35年	549	-	173	246	419	968	482	184	464	792	1,440	1,922	1,031	357	710	792	1,859	2,890
	1日平均	12,940日	1.5	-	0.5	0.6	1.1	2.6	1.3	0.5	1.3	2.1	3.9	5.2	2.8	1.0	1.9	2.1	5.0	7.8
	專任講師	1972(37)	1,208	-	2,512	-	2,512	3,720	329	1,240	4,404	15,380	21,024	21,353	1,537	3,752	4,404	15,380	23,536	25,073
		1973(38)	1,215	-	3,010	-	3,010	4,225	318	800	6,190	-	6,990	7,308	1,533	3,810	6,190	-	10,000	11,533
		1974(39)	1,210	-	3,655	-	3,655	4,865	323	2,644	5,750	3,129	11,613	11,936	1,533	6,299	5,750	3,129	15,268	16,801
		1975(40)	1,201	-	4,500	-	4,500	5,701	332	2,080	8,512	3,219	13,811	14,143	1,533	6,580	8,512	3,219	18,311	19,844

生涯區分		移動區分 / 年度(年齡)	通學·通勤						域內外旅行						總合計					
			步行	交通手段				合計	步行	交通手段				合計	步行	交通手段				合計
				乘用車	버스택시	電車地下鐵	計			自動車	汽車	航空機	計			自動車	汽車	航空機	計	
社會活動期	專任講師	合計	4,834	-	13,677	-	13,677	18,511	1,302	6,764	24,856	21,818	53,438	54,740	6,136	20,441	24,856	21,818	67,115	73,251
		年平均	1,209	-	3,419	-	3,419	4,628	325	1,691	6,214	5,455	13,360	13,685	1,534	5,110	6,214	5,455	16,779	18,313
		1日平均	3.3	-	9.4	-	9.4	12.7	0.9	4.6	17.0	14.9	36.5	37.4	4.2	14.0	17.0	14.9	45.9	50.1
	助教授	1976(41)	1,100	-	5,100	-	5,100	6,200	437	3,668	312	28,938	32,918	33,355	1,537	8,768	312	28,938	38,018	39,555
		1977(42)	1,005	-	5,985	-	5,985	6,990	528	1,916	6,344	17,841	26,101	26,629	1,533	7,901	6,344	17,841	32,086	33,619
		1978(43)	920	-	6,570	-	6,570	7,490	613	2,086	6,544	12,038	20,668	21,281	1,533	8,656	6,544	12,038	27,238	28,771
		1979(44)	866	-	7,796	-	7,796	8,662	667	4,498	6,280	44,272	55,050	55,717	1,533	12,294	6,280	44,272	62,846	64,379
		合計	3,891	-	25,451	-	25,451	29,342	2,245	12,168	19,480	103,089	134,737	136,982	6,136	37,619	19,480	103,089	160,188	166,324
		年平均	973	-	6,363	-	6,363	7,336	561	3,042	4,870	25,772	33,684	34,245	1,534	9,405	4,870	25,772	40,047	41,581
		1日平均	2.7	-	17.4	-	17.4	20.1	1.5	8.3	13.3	70.6	92.2	93.7	4.2	25.7	13.3	70.6	109.6	113.8
	副教授	1980(45)	526	-	4,101	-	4,101	4,627	1,011	1,670	5,546	2,018	9,234	10,245	1,537	5,771	5,546	2,018	13,335	14,872
		1981(46)	450	-	3,010	-	3,010	3,460	1,083	5,336	6,600	3,674	15,610	16,693	1,533	8,346	6,600	3,674	18,620	20,153
		1982(47)	376	1,630	936	-	2,566	2,942	391	9,170	11,901	27,384	48,455	48,846	767	11,736	11,901	27,384	51,021	51,788
		1983(48)	-	1,650	400	-	2,050	2,050	767	19,654	5,282	29,512	54,448	55,215	767	21,704	5,282	29,512	56,498	57,265
		1984(49)	-	1,645	1,461	-	3,106	3,106	769	25,512	8,456	6,812	40,780	41,549	769	28,618	8,456	6,812	43,886	44,655
		合計	1,352	4,925	9,908	-	14,833	16,185	4,021	61,342	37,785	69,400	168,527	172,548	5,373	76,175	37,785	69,400	183,360	188,733
		年平均	271	985	1,981	-	2,966	3,237	804	12,269	7,557	13,880	33,706	34,510	1,075	15,235	7,557	13,880	36,672	37,747
		1日平均	0.7	2.7	5.4	-	8.1	8.8	2.2	33.6	20.7	38.0	92.3	94.5	2.9	41.7	20.7	38.0	100.4	103.3
	正教授	1985(50)	-	1,641	-	-	1,641	1,641	767	26,218	4,014	15,041	45,273	46,040	767	27,859	4,014	15,041	46,914	47,681
		1986(51)	-	1,642	-	-	1,642	1,641	639	21,868	2,362	11,930	36,160	36,799	639	23,510	2,362	11,930	37,802	38,441
		合計	-	3,283	-	-	3,283	3,283	1,406	48,086	6,376	26,971	81,433	82,839	1,406	51,369	6,376	26,971	84,716	86,122
		年平均	-	1,642	-	-	1,642	1,642	703	24,043	3,188	13,485	40,716	41,419	703	25,685	3,188	13,485	42,358	43,061
		1日平均	-	4.5	-	-	4.5	4.5	1.9	65.9	8.7	37.0	111.6	113.5	1.9	70.4	8.7	37.0	116.1	118.0
	大學院長	1987(52)	-	4,900	-	-	4,900	4,900	639	17,752	890	5,012	23,654	24,293	639	22,652	890	5,012	28,554	29,193
		1988(53)	-	4,855	-	-	4,855	4,855	641	17,070	814	7,197	25,081	25,722	641	21,925	814	7,197	29,936	30,577
		1989(54)	-	4,800	-	-	4,800	4,800	639	14,902	2,166	45,696	62,764	63,403	639	19,702	2,166	45,696	67,564	68,203
		1990(55)	-	4,793	-	-	4,793	4,793	639	14,474	4,850	12,939	32,263	32,902	639	19,267	4,850	12,939	37,056	37,695
		合計	-	19,348	-	-	19,348	19,348	2,558	64,198	8,720	70,844	143,762	146,320	2,558	83,546	8,720	70,844	163,110	165,668
		年平均	-	4,837	-	-	4,837	4,837	639	16,050	2,180	17,711	35,941	36,580	639	20,887	2,180	17,711	40,778	41,417
		1日平均	-	13.2	-	-	13.2	13.2	1.8	43.9	6.0	48.5	98.4	100.2	1.8	57.1	6.0	48.5	111.6	113.4
	平教授	1991(56)	289	-	78	567	645	934	1,135	17,660	5,166	65,081	87,907	89,042	1,424	17,738	5,733	65,081	88,552	89,976
		1992(57)	702	6,030	334	283	6,647	7,349	250	14,404	3,762	32,241	50,407	50,657	952	20,768	4,045	32,241	57,054	58,006
		合計	991	6,030	412	850	7,292	8,283	1,385	32,064	8,928	97,322	138,314	139,699	2,376	38,506	9,778	97,322	145,606	147,982
		年平均	495	3,015	206	425	3,646	4,141	693	16,032	4,464	48,661	69,157	69,850	1,188	19,253	4,889	48,661	72,803	73,991
		1日平均	1.3	8.2	0.6	1.2	10.0	11.3	1.9	43.9	12.2	133.1	189.2	191.1	3.2	52.7	13.4	133.1	199.2	202.4
		1993(58)	-	10,341	-	-	10,341	10,341	539	9,640	1,670	35,251	46,561	47,100	539	19,981	1,670	35,251	56,902	57,441

生涯區分		移動區分 / 年度(年齡)	通學·通勤						域內外旅行						總合計					
			步行	交通手段				合計	步行	交通手段				合計	步行	交通手段				合計
				乘用車	버스택시	電車地下鐵	計			自動車	汽車	航空機	計			自動車	汽車	航空機	計	
社會活動期	研究院長	1994(59)	158	6,032	229	550	6,811	6,969	791	10,152	2,285	58,641	71,078	71,869	949	16,413	2,835	58,641	77,889	78,838
		合計	158	16,373	229	550	17,152	17,310	1,330	19,792	3,955	93,892	117,639	118,969	1,488	36,394	4,505	93,892	134,791	136,279
		年平均	79	8,187	114	275	8,576	8,655	665	9,896	1,978	46,946	58,820	59,485	744	18,197	2,253	46,946	67,396	68,140
		1日平均	0.2	22.4	0.3	0.8	23.5	23.7	1.8	27.2	5.4	128.6	161.2	163.0	2.0	49.9	6.2	128.6	184.7	186.7
	平敎授	1995(60)	489	780	130	3,270	4,180	4,669	822	19,384	2,462	107,382	129,228	130,050	1,311	20,294	5,732	107,382	133,408	134,719
		1996(61)	490	800	120	3,264	4,184	4,674	845	14,009	2,520	37,798	54,327	55,172	1,335	14,929	5,784	37,798	58,511	59,846
		合計	979	1,580	250	6,534	8,364	9,343	1,667	33,393	4,982	145,180	183,555	185,222	2,646	35,223	11,516	145,180	191,919	194,565
		年平均	490	790	125	3,267	4,182	4,672	833	16,697	2,491	72,590	91,778	92,611	1,323	17,612	5,758	72,590	95,960	97,283
		1日平均	1.3	2.2	0.3	9.0	11.5	12.8	2.3	45.7	6.8	198.6	251.1	253.4	3.6	48.2	15.8	198.6	262.6	266.2
	主任敎授	1997(62)	445	815	140	2,360	3,315	3,760	818	13,544	4,224	59,289	77,057	77,875	1,263	14,499	6,584	59,289	80,372	81,635
		1998(63)	431	820	150	2,163	3,133	3,564	581	13,167	2,241	13,912	29,320	29,901	1,012	14,137	4,404	13,912	32,453	33,465
		合計	876	1,635	290	4,523	6,448	7,324	1,399	26,711	6,465	73,201	106,377	107,776	2,275	28,636	10,988	73,201	112,825	115,100
		年平均	438	817	145	2,262	3,224	3,662	699	13,356	3,232	36,601	53,189	53,888	1,137	14,318	5,494	36,601	56,413	57,550
		1日平均	1.2	2.2	0.4	6.2	8.8	10.0	1.9	36.5	8.9	100.3	145.7	147.6	3.1	39.2	15.1	100.3	154.6	157.7
	平敎授	1999(64)	436	805	145	2,248	3,198	3,634	730	13,979	3,804	13,578	31,361	32,091	1,166	14,929	6,052	13,578	34,559	35,725
		2000(65)	437	790	148	2,356	3,294	3,731	685	11,916	4,243	47,932	64,091	64,776	1,122	12,854	6,599	47,932	67,385	68,507
		2001(66)	440	781	140	2,270	3,191	3,631	728	19,928	4,635	55,012	79,575	80,303	1,168	20,849	6,905	55,012	82,766	83,934
		2002(67)	326	616	164	1,568	2,348	2,674	907	9,237	5,005	61,743	75,985	76,892	1,233	10,017	6,573	61,743	78,333	79,566
		合計	1,639	2,992	597	8,442	12,031	13,670	3,050	55,060	17,687	178,265	251,012	254,062	4,689	58,649	26,129	178,265	263,043	267,732
		年平均	410	748	149	2,111	3,008	3,418	763	13,765	4,422	44,566	62,753	63,516	1,172	14,662	6,533	44,566	65,761	66,933
		1日平均	1.1	2.0	0.4	5.8	8.2	9.3	2.1	37.7	12.1	122.0	171.8	173.9	3.2	40.1	17.9	122.0	180.0	183.2
	名譽·碩座敎授	2003(68)	315	1,440	96	864	2,400	2,715	585	12,051	654	35,982	48,687	49,272	900	13,587	1,518	35,982	51,087	51,987
		2004(69)	161	2,268	151	101	2,520	2,681	241	12,552	2,852	42,011	57,415	57,656	402	14,971	2,953	42,611	59,935	60,337
		2005(70)	111	10,950	50	45	11,045	11,156	165	16,952	1,962	9,988	28,902	29,067	276	27,952	2,007	9,988	39,947	40,223
		2006(71)	50	6,387	25	20	6,432	6,482	102	9,316	705	47,080	57,101	57,203	152	15,728	725	47,080	63,533	63,685
		合計	637	21,045	322	1,030	22,397	23,034	1,093	50,871	6,173	135,061	192,105	193,198	1,730	71,916	6,495	136,091	214,502	216,232
		年平均	159	5,261	81	258	5,600	5,759	273	12,718	1,543	33,765	48,026	48,299	433	17,979	1,624	34,023	53,626	54,058
		1日平均	0.5	16.1	0.2	0.8	17.2	17.7	0.8	39.0	4.7	103.5	147.2	148.0	1.3	55.1	5.0	104.3	164.4	165.7
	累計	1972-2006	15,357	77,211	51,136	21,929	150,276	165,633	21,104	410,869	145,407	1,015,043	1,571,319	1,592,423	36,461	539,216	167,336	1,015,043	1,721,595	1,758,056
	年平均	35年	439	2,206	1,461	627	4,294	4,733	603	11,739	4,154	29,001	44,895	45,498	1,042	15,406	4,781	29,001	49,188	50,230
	1日平均	12,628日	1.2	6.1	4.0	1.7	11.9	13.1	1.7	32.5	11.5	80.4	124.4	126.1	2.9	42.7	13.3	80.4	136.3	139.2
總累計		1936-2006	34,580	77,211	57,170	30,555	164,936	199,516	37,977	417,311	161,646	1,042,759	1,621,716	1,659,693	72,557	551,692	192,201	1,042,759	1,786,652	1,859,209
年平均		70年	494	1,103	817	437	2,356	2,850	543	5,962	2,309	14,897	23,167	23,710	1,037	7,881	2,746	14,897	25,523	26,560
1日平均		25,568日	1.4	3.0	2.2	1.2	6.5	7.9	1.5	16.3	6.3	40.8	63.4	64.9	2.9	21.6	7.5	40.8	69.9	72.8

註. 總合計에 있어 交通手段中 自動車는 乘用車·버스·택시를, 汽車는 電車·地下鐵·船舶을 포함함.

(2) 年度別 및 交通手段別 總移動時間

(單位 : 時間)

生涯區分		移動區分 / 年度(年齡)	通學·通勤 步行	通學·通勤 交通手段 乘用車	通學·通勤 交通手段 버스택시	通學·通勤 交通手段 電車地下鐵	通學·通勤 交通手段 計	通學·通勤 合計	域內外旅行 步行	域內外旅行 交通手段 自動車	域內外旅行 交通手段 汽車	域內外旅行 交通手段 航空機	域內外旅行 交通手段 計	域內外旅行 合計	總合計 步行	總合計 交通手段 自動車	總合計 交通手段 汽車	總合計 交通手段 航空機	總合計 交通手段 計	總合計 合計
成長修學期	幼兒期	1936(1)	-	-	-	-	-	-	1	-	-	-	-	1	1	-	-	-	-	1
		1937(2)	-	-	-	-	-	-	2	-	-	-	-	2	2	-	-	-	-	2
		1938(3)	-	-	-	-	-	-	6	-	-	-	-	6	6	-	-	-	-	6
		1939(4)	-	-	-	-	-	-	16	-	-	-	-	16	16	-	-	-	-	16
		1940(5)	-	-	-	-	-	-	28	-	-	-	-	28	28	-	-	-	-	28
		1941(6)	-	-	-	-	-	-	58	-	-	-	-	58	58	-	-	-	-	58
		1942(7)	-	-	-	-	-	-	88	-	-	-	-	88	88	-	-	-	-	88
		1943(8)	-	-	-	-	-	-	124	-	-	-	-	124	124	-	-	-	-	124
		1944(9)	-	-	-	-	-	-	168	-	-	-	-	168	168	-	-	-	-	168
		合計	-	-	-	-	-	-	491	-	-	-	-	491	491	-	-	-	-	491
		年平均	-	-	-	-	-	-	61.4	-	-	-	-	61.4	61.4	-	-	-	-	61.4
		1日平均	-	-	-	-	-	-	0.2	-	-	-	-	0.2	0.2	-	-	-	-	0.2
	初等學校	1945(10)	125	-	-	-	-	125	58	-	-	-	-	58	183	-	-	-	-	183
		1946(11)	198	-	-	-	-	198	45	-	-	-	-	45	243	-	-	-	-	243
		1947(12)	199	-	-	-	-	199	60	-	-	-	-	60	259	-	-	-	-	259
		1948(13)	199	-	-	-	-	199	74	-	-	-	-	74	273	-	-	-	-	273
		1949(14)	200	-	-	-	-	200	90	-	-	-	-	90	290	-	-	-	-	290
		1950(15)	202	-	-	-	-	202	103	-	-	-	-	103	305	-	-	-	-	305
		合計	1,123	-	-	-	-	1,123	430	-	-	-	-	430	1,553	-	-	-	-	1,553
		年平均	187.2	-	-	-	-	187.2	71.7	-	-	-	-	71.7	258.9	-	-	-	-	258.9
		1日平均	0.5	-	-	-	-	0.5	0.2	-	-	-	-	0.2	0.7	-	-	-	-	0.7
	中等學校	1951(16)	34	-	-	-	-	34	258	1	-	-	1	259	292	1	-	-	1	293
		1952(17)	138	-	-	-	-	138	170	1	1	-	2	172	308	1	1	-	2	310
		1953(18)	138	-	-	-	-	138	168	1	-	-	1	169	306	1	-	-	1	307
		合計	310	-	-	-	-	310	596	3	1	-	4	600	906	3	1	-	4	910
		年平均	103.3	-	-	-	-	103.3	198.7	1.0	0.3	-	1.3	200.0	302.0	1.0	0.3	-	1.3	303.3
		1日平均	0.3	-	-	-	-	0.3	0.5	0.0	0.0	-	0.0	0.5	0.8	0.0	0.0	-	0.0	0.8
	高等學校	1954(19)	194	-	-	-	-	194	110	6	-	-	6	116	304	6	-	-	6	310
		1955(20)	294	-	-	-	-	294	10	4	-	-	4	14	304	4	-	-	4	308
		1956(21)	286	-	-	-	-	286	44	6	5	-	11	55	330	6	5	-	11	341
		合計	774	-	-	-	-	774	164	16	5	-	21	185	938	16	5	-	21	959
		年平均	258.0	-	-	-	-	258.0	54.7	5.3	1.7	-	7.0	61.7	312.7	5.3	1.7	-	7.0	319.7
		1日平均	0.7	-	-	-	-	0.7	0.2	0.0	0.0	-	0.0	0.2	0.9	0.0	0.0	-	0.0	0.9
	大學校	1957(22)	88	-	-	91	91	179	263	3	11	-	14	277	351	3	102	-	105	456

生涯區分		移動區分 / 年度(年齡)	通學·通勤						域內外旅行						總合計					
			步行	交通手段				合計	步行	交通手段				合計	步行	交通手段				合計
				乘用車	버스택시	電車地下鐵	計			自動車	汽車	航空機	計			自動車	汽車	航空機	計	
成長修學期	大學校(軍)	1958(23)	112	-	-	57	57	169	951	3	9	-	12	963	1,063	3	66	-	69	1,132
		1959(24)	39	-	-	59	59	98	315	4	6	-	10	325	354	4	65	-	69	423
		1960(25)	112	-	-	116	116	228	240	5	24	-	29	269	352	5	140	-	145	497
		1961(26)	112	-	-	116	116	228	265	6	12	-	18	283	377	6	128	-	134	511
		合計	463	-	-	439	439	902	2,034	21	62	-	83	2,117	2,497	21	501	-	522	3,019
		年平均	92.6	-	-	87.8	87.8	180.4	406.8	4.2	12.4	-	16.6	423.4	499.4	4.2	100.2	-	104.4	603.8
		1日平均	0.3	-	-	0.2	0.2	0.5	1.1	0.0	0.1	-	0.1	1.2	1.4	0.0	0.3	-	0.3	1.7
	會社大學院	1962(27)	249	-	12	-	12	261	20	3	17	-	20	40	269	15	17	-	32	301
		1963(28)	181	-	43	67	110	291	166	3	11	-	14	180	347	46	78	-	124	471
		1964(29)	183	-	44	60	104	287	165	2	11	-	13	178	348	46	71	-	117	465
		合計	613	-	99	127	226	839	351	8	39	-	47	398	964	107	166	-	273	1,237
		年平均	204.3	-	33.0	42.3	75.3	279.6	117.0	2.7	13.0	-	15.7	132.7	321.3	35.7	55.3	-	91.0	412.3
		1日平均	0.6	-	0.1	0.1	0.2	0.8	0.3	0.0	0.0	-	0.0	0.3	0.9	0.1	0.1	-	0.2	1.1
	研究員助教	1965(30)	300	-	223	-	223	523	55	3	34	2	39	94	355	226	34	2	262	617
		1966(31)	318	-	-	3	3	321	33	-	21	-	21	54	351	-	24	-	24	375
		1967(32)	315	-	-	3	3	318	38	-	-	-	-	38	353	-	3	-	3	356
		1968(33)	315	-	-	3	3	318	39	7	-	1	8	47	354	7	3	1	11	365
		合計	1,248	-	223	9	232	1,480	165	10	55	3	68	233	1,413	233	64	3	300	1,713
		年平均	312.0	-	55.7	2.3	58.0	370.0	41.3	2.5	13.8	0.7	17.0	58.3	353.3	58.2	16.1	0.7	75.0	428.3
		1日平均	0.9	-	0.1	0.0	0.1	1.0	0.1	0.0	0.1	0.0	0.1	0.2	1.0	0.1	0.1	0.0	0.2	1.2
	外國留學	1969(34)	13	-	-	-	-	13	336	1	-	20	21	357	349	1	-	20	21	370
		1970(35)	196	-	-	-	-	196	117	20	-	17	37	154	313	20	-	17	37	350
		1971(36)	194	-	-	-	-	194	118	2	-	-	2	120	312	2	-	-	2	314
		合計	403	-	-	-	-	403	571	23	-	37	60	631	974	23	-	37	60	1,034
		年平均	134.3	-	-	-	-	134.3	190.3	7.7	-	12.3	20.0	210.3	324.6	7.7	-	12.3	20.0	344.6
		1日平均	0.4	-	-	-	-	0.4	0.5	0.0	-	0.1	0.1	0.6	0.9	0.0	-	0.1	0.1	1.0
	累計	1936-71	4,934	-	322	575	897	5,831	4,802	81	162	40	283	5,085	9,736	403	737	40	1,180	10,916
	年平均	35年	141.0	-	9.2	16.4	25.6	166.6	137.2	2.3	4.6	1.2	8.1	145.3	278.2	11.5	21.0	1.2	33.7	311.9
	1日平均	12,940日	0.4	-	0.0	0.1	0.1	0.5	0.4	0.0	0.0	0.0	0.0	0.4	0.8	0.0	0.1	0.0	0.1	0.9
社會活動期	專任講師	1972(37)	252	-	128	-	128	380	73	16	44	22	82	155	325	144	44	22	210	535
		1973(38)	253	-	154	-	154	407	70	10	62	-	72	142	323	164	62	-	226	549
		1974(39)	252	-	186	-	186	438	72	33	58	4	95	167	324	219	58	4	281	605
		1975(40)	250	-	229	-	229	479	74	26	85	5	116	190	324	255	85	5	345	669
		合計	1,007	-	697	-	697	1,704	289	85	249	31	365	654	1,296	782	249	31	1,062	2,358
		年平均	251.8	-	174.2	-	174.2	426.0	72.2	21.3	62.2	7.8	91.3	163.5	324.0	195.5	62.2	7.8	265.5	589.5

生涯區分		移動區分 / 年度(年齡)	通學·通勤						域內外旅行						總合計					
			步行	交通手段				合計	步行	交通手段				合計	步行	交通手段				合計
				乘用車	버스택시	電車地下鐵	計			自動車	汽車	航空機	計			自動車	汽車	航空機	計	
社		1日平均	0.7	-	0.5	-	0.5	1.2	0.2	0.1	0.1	0.0	0.2	0.4	0.9	0.6	0.1	0.0	0.7	1.6
會	助教授	1976(41)	229	-	255	-	255	484	97	46	3	41	90	187	326	301	3	41	345	671
活		1977(42)	209	-	299	-	299	508	118	24	64	26	114	232	327	323	64	26	413	740
動		1978(43)	192	-	329	-	329	521	136	26	65	17	108	244	328	355	65	17	437	765
期		1979(44)	181	-	390	-	390	571	148	56	63	63	182	330	329	446	63	63	572	901
		合計	811	-	1,273	-	1,273	2,084	499	152	195	147	494	993	1,310	1,425	195	147	1,767	3,077
		年平均	202.7	-	318.3	-	318.3	521.0	124.8	38.0	48.7	36.8	123.5	248.3	327.5	356.3	48.7	36.8	441.8	769.3
		1日平均	0.5	-	0.9	-	0.9	1.4	0.4	0.1	0.1	0.1	0.3	0.7	0.9	1.0	0.1	0.1	1.2	2.1
	副教授	1980(45)	110	-	176	-	176	286	225	21	55	3	79	304	335	197	55	3	255	590
		1981(46)	94	-	129	-	129	223	241	67	66	5	138	379	335	196	66	5	267	602
		1982(47)	78	46	40	-	86	164	87	115	119	39	273	360	165	201	119	39	359	524
		1983(48)	-	47	17	-	64	64	170	245	53	42	340	510	170	309	53	42	404	574
		1984(49)	-	47	63	-	110	110	171	319	85	10	414	585	171	429	85	10	524	695
		合計	282	140	425	-	565	847	894	767	378	99	1,244	2,138	1,176	1,332	378	99	1,809	2,985
		年平均	56.4	28.0	85.0	-	113.0	169.4	178.8	153.4	75.6	19.8	248.8	427.6	235.2	266.4	75.6	19.8	361.8	597.0
		1日平均	0.1	0.1	0.2	-	0.3	0.4	0.5	0.4	0.2	0.1	0.7	1.2	0.6	0.7	0.2	0.1	1.0	1.6
	正教授	1985(50)	-	54	-	-	54	54	170	328	40	22	390	560	170	382	40	22	444	614
		1986(51)	-	55	-	-	55	55	142	273	24	17	314	456	142	328	24	17	369	511
		合計	-	109	-	-	109	109	312	601	64	39	704	1,016	312	710	64	39	813	1,125
		年平均	-	54.5	-	-	54.5	54.5	156.0	300.5	32.0	19.5	352.0	508.0	156.0	355.0	32.0	19.5	406.5	562.5
		1日平均	-	0.1	-	-	0.1	0.1	0.4	0.8	0.1	0.1	1.0	1.4	0.4	0.9	0.1	0.1	1.1	1.5
	大學	1987(52)	-	163	-	-	163	163	142	222	9	7	238	380	142	385	9	7	401	543
	院長	1988(53)	-	162	-	-	162	162	142	213	8	10	231	373	142	375	8	10	393	535
		1989(54)	-	160	-	-	160	160	142	186	22	65	273	415	142	346	22	65	433	575
		1990(55)	-	160	-	-	160	160	142	181	48	19	248	390	142	341	48	19	408	550
		合計	-	645	-	-	645	645	568	802	87	101	990	1,558	568	1,447	87	101	1,635	2,203
		年平均	-	161.3	-	-	161.3	161.3	142.0	200.5	21.7	25.3	247.5	389.5	142.0	361.8	21.7	25.3	408.8	550.8
		1日平均	-	0.4	-	-	0.4	0.4	0.4	0.6	0.0	0.1	0.7	1.1	0.4	1.0	0.0	0.1	1.1	1.5
	平教授	1991(56)	69	-	4	15	19	88	252	221	52	93	366	618	321	225	67	93	385	706
		1992(57)	167	210	18	8	236	403	56	180	37	46	263	319	223	408	45	46	499	722
		合計	236	210	22	23	255	491	308	401	89	139	629	937	544	633	112	139	884	1,428
		年平均	118.0	105.0	11.0	11.5	127.5	245.5	154.0	200.5	44.5	69.5	314.5	468.5	272.0	316.5	56.0	69.5	442.0	714.0
		1日平均	0.3	0.2	0.1	0.1	0.4	0.7	0.4	0.6	0.1	0.2	0.9	1.3	0.7	0.9	0.2	0.2	1.3	2.0
	研究	1993(58)	-	344	-	-	344	344	120	120	17	50	187	307	120	464	17	50	531	651
	院長	1994(59)	38	201	12	15	228	266	176	127	23	84	234	410	214	340	38	84	462	676

生涯區分		移動區分 / 年度(年齡)	通學·通勤						域內外旅行						總合計					
			步行	交通手段				合計	步行	交通手段				合計	步行	交通手段				合計
				乘用車	버스택시	電車地下鐵	計			自動車	汽車	航空機	計			自動車	汽車	航空機	計	
社會活動期	研究院長	合計	38	545	12	15	572	610	296	247	40	134	421	717	334	804	55	134	993	1,327
		年平均	19.0	272.5	6.0	7.5	286.0	305.0	148.0	123.5	20.0	67.0	210.5	358.5	167.0	402.0	27.5	67.0	496.5	663.5
		1日平均	0.1	0.7	0.0	0.0	0.7	0.8	0.4	0.3	0.1	0.2	0.6	1.0	0.5	1.0	0.1	0.2	1.3	1.8
	平敎授	1995(60)	116	26	7	89	122	238	182	242	25	153	420	602	298	275	114	153	542	840
		1996(61)	117	27	6	88	121	238	188	175	25	54	254	442	305	208	113	54	375	680
		合計	233	53	13	177	243	476	370	417	50	207	674	1,044	603	483	227	207	917	1,520
		年平均	116.5	26.5	6.5	88.5	121.5	238.0	35.0	208.5	25.0	103.5	337.0	522.0	301.5	241.5	113.5	103.5	458.5	760.0
		1日平均	0.3	0.1	0.0	0.3	0.4	0.7	0.5	0.6	0.0	0.3	0.9	1.4	0.8	0.7	0.3	0.3	1.3	2.1
	主任敎授	1997(62)	106	27	7	64	98	204	182	169	42	85	296	478	288	203	106	85	394	682
		1998(63)	103	28	8	58	94	197	129	165	23	20	208	337	232	201	81	20	302	534
		合計	209	55	15	122	192	401	311	334	65	105	504	815	520	404	187	105	696	1,216
		年平均	104.5	27.5	7.5	61.0	96.0	200.5	155.5	167.0	32.5	52.5	252.0	407.5	260.0	202.0	93.5	52.5	348.0	608.0
		1日平均	0.3	0.1	0.0	0.1	0.2	0.5	0.4	0.4	0.1	0.2	0.7	1.1	0.7	0.6	0.2	0.2	1.0	1.7
	平敎授	1999(64)	104	27	8	61	96	200	162	175	38	19	232	394	266	210	99	19	328	594
		2000(65)	104	26	8	64	98	202	152	149	42	68	259	411	256	183	106	68	357	613
		2001(66)	105	26	7	61	94	199	162	249	46	79	374	536	267	282	107	79	468	735
		2002(67)	78	21	8	42	71	149	201	115	50	68	233	434	279	144	92	68	304	583
		合計	391	100	31	228	359	750	677	688	176	234	1,098	1,775	1,068	819	404	234	1,457	2,525
		年平均	97.7	25.0	7.8	57.0	89.8	187.5	169.3	172.0	44.0	58.5	274.5	443.8	267.0	204.8	101.0	58.5	364.3	631.3
		1日平均	0.3	0.1	0.0	0.1	0.2	0.5	0.5	0.5	0.1	0.1	0.7	1.2	0.7	0.6	0.3	0.1	1.0	1.7
	名譽·碩座敎授	2003(68)	75	48	4	23	75	150	130	151	7	46	204	334	205	203	30	46	279	484
		2004(69)	38	76	7	3	86	124	54	157	29	44	230	284	92	240	32	44	316	408
		2005(70)	28	365	2	1	368	396	41	212	20	11	243	284	69	579	21	11	611	680
		2006(71)	12	213	1	0.4	214.4	226.4	26	117	7	52	176	202	38	330	8	52.4	390.4	428.4
		合計	153	702	14	27.4	743.4	896.4	251	637	63	153	853	1,104	404	1,339	77	180.4	1,596.4	2,000.4
		年平均	38.3	175.5	3.5	6.9	185.9	224.1	62.8	159.3	15.8	38.3	213.3	276.0	101.0	334.8	19.3	45.1	399.1	500.1
		1日平均	0.1	0.5	0.01	0.02	0.6	0.7	0.2	0.5	0.1	0.1	0.7	0.9	0.3	1.0	0.1	0.1	1.2	1.5
	累計	1972-2006	3,360	2,559	2,502	592	5,653	9,013	4,775	5,131	1,456	1,410	7,997	12,772	8,135	10,192	2,048	1,410	13,650	21,785
	年平均	35年	96.0	73.1	71.5	16.9	161.5	257.5	136.4	146.6	41.6	40.3	228.5	364.9	232.4	291.2	58.5	40.3	390.0	622.4
	1日平均	12,628日	0.3	0.2	0.2	0.1	0.5	0.8	0.4	0.4	0.1	0.1	0.6	1.0	0.7	0.8	0.2	0.1	1.1	1.8
總累計		1936-2006	8,294	2,559	2,824	1,167	6,550	14,844	9,577	5,212	1,618	1,450	8,280	17,857	17,871	10,595	2,785	1,450	14,830	32,701
年平均		70年	118.5	36.6	40.3	16.7	93.6	212.1	136.8	74.5	23.1	20.7	118.3	255.1	255.3	151.3	39.8	20.7	211.9	467.2
1日平均		25,568日	0.3	0.1	0.1	0.1	0.3	0.6	0.4	0.2	0.1	0.1	0.3	0.7	0.7	0.4	0.1	0.1	0.6	1.3

註. 總合計에 있어 交通手段中 自動車는 乘用車·버스·택시를, 汽車는 電車·地下鐵·船舶을 포함함.

(3) 通學 · 通勤 및 國內外 旅行에 소요된 移動距離 및 時間의 總合

區分	移動手段		生涯區分 / 地域	修學期(36.7.28-71.12.31) 35年, 12,940日 域內通學·通勤	域外旅行	合 計	活動期(72.1.1-06.7.28) 35年, 12,628日 域內通學·通勤	域外旅行	合 計	累計(36.7.28-06.7.28) 70年, 25,568日 域內通學·通勤	域外旅行	合 計
距離 (km)	步行			19,223	16,873	36,096	15,357	21,104	36,461	34,580	37,977	72,557
				(56.7)	(25.1)	(35.7)	(9.3)	(1.3)	(2.1)	(17.3)	(2.3)	(3.9)
	交通便	自動車		6,034	6,442	12,476	128,347	410,869	539,216	134,381	417,311	551,692
				(17.8)	(9.6)	(12.3)	(77.5)	(25.8)	(30.7)	(67.4)	(25.1)	(29.7)
		汽車		8,626	16,239	24,865	21,929	145,407	167,336	30,555	161,646	192,201
				(25.5)	(24.1)	(24.6)	(13.2)	(9.1)	(9.5)	(15.3)	(9.8)	(10.3)
		航空機		-	27,716	27,716	-	1,015,043	1,015,043	-	1,042,759	1,042,759
					(41.2)	(27.4)		(63.8)	(57.7)		(62.8)	(56.1)
		計		14,660	50,397	65,057	150,276	1,571,319	1,721,595	164,936	1,621,716	1,786,652
				(43.3)	(74.9)	(64.3)	(90.7)	(98.7)	(97.9)	(82.7)	(97.7)	(96.1)
	合計			33,883	67,270	101,153	165,633	1,592,423	1,758,056	199,516	1,659,693	1,859,209
				(100.0)	(100.0)	(100.0)	(100.0)	(100.0)	(100.0)	(100.0)	(100.0)	(100.0)
時間 (時間)	步行			4,934	4,802	9,736	3,360	4,775	8,135	8,294	9,577	17,871
				(84.6)	(94.4)	(89.2)	(37.3)	(37.4)	(37.3)	(55.9)	(53.6)	(54.7)
	交通便	自動車		322	81	403	5,061	5,131	10,192	5,383	5,212	10,595
				(5.5)	(1.6)	(3.7)	(56.1)	(40.2)	(46.8)	(36.3)	(29.2)	(32.4)
		汽車		575	162	737	592	1,456	2,048	1,167	1,618	2,785
				(9.9)	(3.2)	(6.7)	(6.6)	(11.4)	(9.4)	(7.8)	(9.1)	(8.5)
		航空機		-	40	40	-	1,410	1,410	-	1,450	1,450
					(0.8)	(0.4)		(11.0)	(6.5)		(8.1)	(4.4)
		計		897	283	1,180	5,653	7,997	13,650	6,550	8,280	14,830
				(15.4)	(5.6)	(10.8)	(62.7)	(62.6)	(62.7)	(44.1)	(46.4)	(45.3)
	合計			5,831	5,085	10,916	9,013	12,772	21,785	14,844	17,857	32,701
				(100.0)	(100.0)	(100.0)	(100.0)	(100.0)	(100.0)	(100.0)	(100.0)	(100.0)
平均	距離	年平均 (km)	步行	549	482	1,031	439	603	1,042	494	543	1,037
			交通便	419	1,440	1,859	4,294	44,895	49,188	2,356	23,167	25,523
			計	968	1,922	2,890	4,733	45,498	50,230	2,850	23,710	26,560
		日平均 (km)	步行	1.5	1.3	2.8	1.2	1.7	2.9	1.4	1.5	2.9
			交通便	1.1	3.9	5.0	11.9	124.4	136.3	6.5	63.4	69.9
			計	2.6	5.2	7.8	13.1	126.1	139.2	7.9	64.9	72.8
	時間	年平均 (時間)	步行	141	137	278	96	136	232	118	137	255
			交通便	26	8	34	162	228	390	94	118	212
			計	167	145	312	258	364	622	212	255	467
		日平均 (分)	步行	23	22	45	0.3	0.4	0.7	0.3	0.4	0.7
			交通便	4	1	5	0.5	0.6	1.1	0.3	0.3	0.6
			計	27	23	50	0.8	1.0	1.8	0.6	0.7	1.3

註. (　)內는 移動手段別 占有率(%)임.

客說 : 經驗에서 얻은 삶의 眞實

우리 나라도 소득이 향상되고 생활의 여유가 생겨 국내는 물론 외국으로까지 관광이나 시찰 또는 견학 등의 여행을 하는 사람이 많아졌다. 많은 것을 보고 느끼며 생각하는 기회를 가짐으로써 새로운 것을 배우고 깨닫는다는 점에서 매우 좋은 현상이라고 할 수 있다. 특히 우리가 외국에 나가 관광이나 시찰을 하는 것은 우리들에게 많은 도움을 주게 되므로 유익한 일이라고 볼 수 있다.

그러나 외국 도시의 카지노장에 가서 도박판에 열중하여 수만 내지 수십만 달러를 잃었다는 유명인사나 점잖지 못한 자세와 행동으로 품위를 잃은 사회 지도자들에 대한 소식을 접할 때는 부끄럽고 창피한 생각이 든다. 개인으로 보나 국가 전체에서 보나 그러한 추태를 보여 경제적 · 시간적 손실은 물론 위신까지 추락시켜 우리의 눈살을 찌푸리게하는 행위는 아무리 생각해도 이해될 수 없고 용서 받을 수 없다. 이런 사태는 워낙 특수하고 이런 사람은 지극히 저질이기 때문에 논의의 대상으로 삼을 가치도 없다 하겠다.

금년 여름에 방학을 이용하여 미국과 캐나다 등 지를 여행하는 기회를 가졌다. 나이아가라 폭포와 디즈니랜드 등의 관광지에서 일본인 · 중국인과 함께 많은 한국인을 만났다. 개인, 가족, 단체로 된 우리 나라 사람들이 여름 휴가를 이용하여 많이 온 듯하였다. 국력의 신장을 보는 듯하여 무척 흐뭇하였다. 평소 관심도 있고 호기심도 많았던 미국 케이프 캐나베럴의 우주선 발사기지를 가보기로 하고 플로리다주의 올란도 시에 갔었다. 올란도 시의 바로 서쪽에 디즈니랜드(공식 명칭은 월트 디즈니 월드 리조트)가 붙어 있고, 동쪽으로 1시간 정도 차로 가면 대서양 연안에 케이프 캐나베럴이 있다.

미 우주국(NASA) 산하의 존 F.케네디 스페이스 센터와 우주선 발사기지를 방문하여 여러 가지 시설과 그 동안의 역사적 유물들을 관람하였다. 우주시대를 개척해나가는 최첨단의 전진기지에 와있다는 사실에서 약간의 흥분과 기쁨을 느꼈다. 남미와 유럽에서 온 사람, 중국(본토인지 대만인지는 잘 몰랐음)과 일본 등 아시아에서 온 사람들이 많이 보였다. 그런데 이상한 것은 한국 사람이 거의 없었다는 사실이다. 외국어는 바로 옆에서 이야기해도 잘 못 알아듣지만 한국말은 10리 밖에서 소근 거려도 귀에 쏙 들어오기 마련인데 통 들을 수가 없었다. 같이 동행한 사람이 한국 사람은 잘 보이지 않는다고 하기에, "아마 그동안 한국 사람은 거의 모두 다 보고간 모양이군요." 하고, 말도 안 되는 답변을 했던 기억이 난다. 그렇게 되었으면 좋겠지만 사실은 그렇지 않을 것이라는 씁쓸한 생각을 했다.

이곳은 플로리다의 디즈니랜드에서 한 시간 남짓 걸리는 거리에 있어 마음만 먹으면 쉽게 가볼 수 있는 곳이고 또 볼 만한 가치가 있는 견학 시설이기도 하다. 흥미와 오락 중심의 관광을 하는 우리 나라 사람들에게 있어 딱딱한 과학기술의 시설은 관심 대상에서 멀어질 수 밖에 없을 것이다. 우리 나라 안에서도 롯데 월드, 드림랜드, 경마장, 해수욕장 등은 인산인해로 붐비지만 대전의 엑스포 과학공원은 내방객이 적어 적자에 허덕이고 있는 실정이다.

물론 관광여행은 피곤한 일상생활에서 벗어나 휴식을 취하고 명승지를 찾아 즐거움을 만끽하려는 데 주된 목적이 있기 때문에 신경쓰는 일이나 머리 아픈 일은 가능한 한 피하고자 하는 것은 인지상정으로 쉽게 이해될 수 있다. 그러나 귀중한 시간의 여행이니 만큼 휴식과 즐거움에 더하여 약간이나마 도움이 되고 배움이 되는 보람도 함께 얻을 수 있다면 더 값진 관광이 아닐까 한다. 그 멀리 미국의 서남쪽 끝까지 날아왔다면 디즈니 랜드와 마이애미 비치에서 즐거움과 휴식을 맛본 다음에 잠시나마 우주시대를 개척하는 우주선 발사기지도 둘러보는게 좋을 것이다. 특히 자녀를 동반하는 경우에는 교육적 관점에서도 매우 유익할 것이다.

국내외를 막론하고 여행을 떠날 때, 특히 관광목적의 여행을 떠날 때 미리 구체적 계획을 수립해야 하며, 가능하면 휴식과 즐거움을 위한 일정에 7할정도를 배정하고 나머지 3할은 무엇인가 배울 수 있는 보람스러운 프로그램에 할애하는 계획을 가지고 출발하는 슬기로움을 우리 모두 발휘하기를 바라는 마음 간절하다.

第 3 章 趣 味 生 活

□ 總 括

○ 趣味生活의 分類

- ● 趣味生活
  - 趣味生活變遷
    - 幼兒·成長時代
      - 趣味種類
      - 愛用期間
    - 學校修學時代
      - 趣味種類
      - 愛用期間
    - 社會活動時代
      - 趣味種類
      - 愛用期間
  - 趣味別 集計
    - 吸 煙
      - 年度別 吸煙量
      - 吸煙 支出費用
    - 飮 酒
      - 年度別 飮酒量 및 酒種構成
      - 飮酒 支出費用
    - 歌 唱
      - 時代別·國內外別 歌唱曲名
      - 主題의 時代別 變化
    - 小說耽讀
      - 時代別 小說名 및 著者·國家
      - 主題의 時代別 變化
    - 映畵觀覽
      - 時代別 映畵名 및 製作國家
      - 主題의 時代別 變化
    - 골프運動
      - 골프會員券
      - 골프채
      - 골프練習
      - 最初訪問 골프場
      - 골프日誌

○ 愛唱曲·小說·映畵의 主題分類

- ● 愛唱曲·小說·映畵 主題
  - 愛唱曲
    - 家族과 故鄕
      - 父母와 家族
      - 故鄕과 自然
    - 希望과 愛國
      - 希望과 慶祝
      - 戰爭과 友情
    - 사랑과 人生
      - 港口와 바다
      - 사랑과 離別
      - 人生과 彷徨
  - 小說·映畵
    - 愛憎과 歷史
      - 愛憎과 悲劇
      - 歷史와 傳記
    - 冒險과 空想
      - 探偵과 冒險
      - 戰爭과 活劇
      - 科學과 空想

○ 趣味生活의 變化推移

時 代	年齡	年 度	趣 味 活 動
幼年期	1	1936	
	2	1937	
	3	1938	
	4	1939	
	5	1940	
	6	1941	숨바꼭질
	7	1942	구슬치기
	8	1943	자치기, 재기차기, 딱지치기, 땅따먹기
	9	1944	
初等學校	10	1945	
	11	1946	
	12	1947	연날리기, 썰매타기, 漫畵읽기, 水泳
	13	1948	
	14	1949	
	15	1950	
中等學校	16	1951	
	17	1952	트럼프놀이
	18	1953	
高等學校	19	1954	
	20	1955	
	21	1956	
大學校	22	1957	
	23	1958	小說읽기
	24	1959	歌唱
	25	1960	
	26	1961	
大學院	27	1962	
	28	1963	排球運動
	29	1964	
助 教	30	1965	
	31	1966	飮酒, 映畵보기
	32	1967	
	33	1968	
留 學	34	1969	
	35	1970	볼링運動, 吸煙
	36	1971	
專任講師	37	1972	
	38	1973	
	39	1974	
	40	1975	

時 代	年齡	年 度	趣 味 活 動
助敎授	41	1976	
	42	1977	
	43	1978	
	44	1979	
副敎授	45	1980	
	46	1981	
	47	1982	
	48	1983	
敎授・大學院長	49	1984	
	50	1985	
	51	1986	
	52	1987	
	53	1988	
	54	1989	
	55	1990	
硏究院長・敎授	56	1991	
	57	1992	
	58	1993	골프運動
	59	1994	
	60	1995	
	61	1996	
主任敎授	62	1997	
	63	1998	
平敎授	64	1999	
	65	2000	
	66	2001	
	67	2002	
名譽・碩座敎授	68	2003	
	69	2004	
	70	2005	
	71	2006	
2006년 7월 現在			골프 飮酒 歌唱 吸煙 映畵 小說

○ 歌唱曲・耽讀小說・觀覽映畵의 主題別 및 時期別 分布

(單位: 曲・卷・篇, %)

區分	主題 / 時期	1. 사랑・離別 愛憎・悲劇	2. 家族・自然 歷史・傳記	3. 希望・港口 探偵・冒險	4. 戰爭・友情 活劇・義俠	5. 人生・彷徨 科學・空想	合 計
1. 唱 歌	成長修學期	97(30.4)	97(30.4)	41(12.9)	15(4.7)	69(21.6)	319(100.0)
	社會活動期	179(49.9)	66(18.3)	27(7.5)	6(1.7)	81(22.6)	359(100.0)
	累 計	276(40.7)	163(24.1)	68(10.0)	21(3.1)	150(22.1)	678(100.0)
2. 小 說	成長修學期	205(39.6)	182(35.1)	71(13.7)	21(4.1)	39(7.5)	518(100.0)
	社會活動期	466(44.2)	331(31.4)	158(15.0)	37(3.5)	63(5.9)	1,055(100.0)
	累 計	671(42.6)	513(32.6)	229(14.6)	58(3.7)	102(6.5)	1,573(100.0)
3. 映 畵	成長修學期	301(54.3)	93(16.8)	67(12.1)	81(14.6)	12(2.2)	554(100.0)
	社會活動期	355(29.4)	137(11.4)	404(33.5)	198(16.4)	112(9.3)	1,206(100.0)
	累 計	656(37.3)	230(13.1)	471(26.8)	279(15.8)	124(7.0)	1,760(100.0)
合 計	成長修學期	603(43.4)	372(26.7)	179(12.9)	117(8.4)	120(8.6)	1,391(100.0)
	社會活動期	1.000(38.1)	534(20.4)	589(22.5)	241(9.2)	256(9.8)	2,620(100.0)
	總 累 計	1,603(40.0)	906(22.6)	768(19.1)	358(8.9)	376(9.4)	4,011(100.0)

Ⅰ. 趣味生活의 變遷

○ 要 約

趣味種類	年 齡	年 代	期 間(年)	活 動 地 域
1. 숨바꼭질	4 - 9	1939 - 1944	6	聞慶市 新興洞 일원
2. 구슬치기	5 - 9	1940 - 1944	5	〃
3. 자 치 기	6 - 9	1941 - 1944	4	〃
4. 재기차기	6 - 9	1941 - 1944	4	〃
5. 딱지치기	6 - 9	1941 - 1944	4	〃
6. 땅따먹기	6 - 9	1941 - 1944	4	〃
7. 水 泳	6 - 26	1941 - 1961	21	聞慶市·安東市·서울市 일원
8. 歌 唱	6 - 현재	1941 - 현 재	66	國內外 主要地域
9. 연날리기	10 - 18	1944 - 1953	9	聞慶市 新興洞
10. 썰매타기	10 - 18	1944 - 1953	9	〃
11. 漫畵읽기	10 - 15	1945 - 1950	6	〃
12. 트럼프놀이	16 - 18	1951 - 1953	3	〃
13. 小說읽기	10 - 현재	1945 - 현 재	62	聞慶市·安東市·서울市 ·Cincinnati市 일원
14. 映畵보기	10 - 현재	1945 - 현 재	62	〃
15. 排球運動	22 - 36	1957 - 1971	15	서울市 ·Cincinnati市 일원
16. 飮 酒	27 - 현재	1962 - 현 재	45	國內外 主要地域
17. 喫 煙	31 - 현재	1966 - 현 재	41	〃
18. 볼링運動	34 - 36	1969 - 1971	3	Cincinnati市 일원
19. 골프運動	48 - 현재	1983 - 현 재	24	國內外 主要地域

1. 時代別 趣味

(1) 幼兒·成長時代 : 1936~1944(1~9歲)

① 숨바꼭질 : 4~9세　　聞慶市 新興洞 일원
② 구슬치기 : 5~9세　　〃
③ 자치기 (마대) : 6~9세　　〃
④ 재기차기 : 6~9세　　〃
⑤ 딱지치기 : 6~9세　　〃
⑥ 땅따먹기 : 6~9세　　〃
⑦ 水　泳 : 6~9세　　〃
⑧ 歌　唱 : 6~9세　　〃

(2) 學校修學時代 : 1945~1971(10~36歲)

1) 初等學校時代 (1945~1950;10~15歲)

① 연날리기 : 10~15세　　聞慶市 新興洞 일원
② 썰매타기 : 10~15세　　〃

③ 水　　泳 : 10~15세　　　　　　　　"
④ 歌　　唱 : 10~15세　　　　　　　　"
⑤ 漫畵읽기 : 10~15세　　　　　　　　"
⑥ 小說읽기 : 10~15세　　　　　　　　"
⑦ 映畵보기 : 10~15세　　　　　　　　"

2) 中等學校時代 (1951~1953;16~18歲)

① 연날리기 : 16~18세　　　　聞慶市 일원
② 썰매타기 : 16~18세　　　　　"
③ 水　　泳 : 16~18세　　　　　"
④ 歌　　唱 : 16~18세　　　　　"
⑤ 트럼프놀이 : 16~18세　　　　"
⑥ 小說읽기 : 16~18세　　　　　"
⑦ 映畵보기 : 16~18세　　　　　"

3) 高等學校時代 (1954~1956;19~21歲)

① 水　　泳 : 19~21세　　　　安東市 일원
② 歌　　唱 : 19~21세　　　　　"
③ 小說읽기 : 19~21세　　　　　"
④ 映畵보기 : 19~21세　　　　　"

4) 大學校時代 (1957~1961;22~26歲)

① 排球運動 : 22~26세　　　　서울市 일원
② 水　　泳 : 22~26세　　　　　"
③ 歌　　唱 : 22~26세　　　　　"
④ 小說읽기 : 22~26세　　　　　"
⑤ 映畵보기 : 22~26세　　　　　"

5) 大學院時代 (1962~1964;27~29歲)

① 歌　　唱 : 27~29세　　　　서울市 일원
② 飮　　酒 : 27~29세　　　　　"
③ 排球運動 : 27~29세　　　　　"
④ 小說읽기 : 27~29세　　　　　"
⑤ 映畵보기 : 27~29세　　　　　"

6) 助教時代 (1965~1968;30~33歲)

① 歌　　唱 : 30~33세　　　　서울市 일원
② 吸　　煙 : 30~33세　　　　〃
③ 飮　　酒 : 30~33세　　　　〃
④ 排球運動 : 30~33세　　　　〃
⑤ 小說읽기 : 30~33세　　　　〃
⑥ 映畵보기 : 30~33세　　　　〃

7) 留學時代 (1969~1971;34~36歲)

① 歌　　唱 : 34~36세　　　　美國 Cincinnati市 일원
② 볼링運動 : 34~36세　　　　〃
③ 吸　　煙 : 34~36세　　　　〃
④ 飮　　酒 : 34~36세　　　　〃
⑤ 排球運動 : 34~36세　　　　〃
⑥ 小說읽기 : 34~36세　　　　〃
⑦ 映畵보기 : 34~36세　　　　〃

(3) 社會活動時代 : 1972~2002(37~67歲)

1) 專任講師時代 (1972~1975;37~40歲)

① 歌　　唱 : 37~40세　　　　서울市 및 國內外 主要地域
② 吸　　煙 : 37~40세　　　　〃
③ 飮　　酒 : 37~40세　　　　〃
④ 小說읽기 : 37~40세　　　　〃
⑤ 映畵보기 : 37~40세　　　　〃

2) 助教授時代 (1976~1979;41~44歲)

① 歌　　唱 : 41~44세　　　　서울市 및 國內外 主要地域
② 吸　　煙 : 41~44세　　　　〃
③ 飮　　酒 : 41~44세　　　　〃
④ 小說읽기 : 41~44세　　　　〃
⑤ 映畵보기 : 41~44세　　　　〃

3) 副教授時代 (1980~1984;45~49歲)

① 골프運動	: 45~49세	서울市 및 國內外 主要地域
② 歌　唱	: 45~49세	〃
③ 吸　煙	: 45~49세	〃
④ 飮　酒	: 45~49세	〃
⑤ 小說읽기	: 45~49세	〃
⑥ 映畵보기	: 45~49세	〃

4) 敎授 및 大學院長時代 (1985~1990;50~55歲)

① 골프運動	: 50~55세	서울市 및 國內外 主要地域
② 歌　唱	: 50~55세	〃
③ 吸　煙	: 50~55세	〃
④ 飮　酒	: 50~55세	〃
⑤ 小說읽기	: 50~55세	〃
⑥ 映畵보기	: 50~55세	〃

5) 硏究院長 및 敎授時代 (1991~1996;56~61歲)

① 골프運動	: 56~61세	서울市 및 國內外 主要地域
② 歌　唱	: 56~61세	〃
③ 吸　煙	: 56~61세	〃
④ 飮　酒	: 56~61세	〃
⑤ 小說읽기	: 56~61세	〃
⑥ 映畵보기	: 56~61세	〃

6) 主任敎授・平敎授 및 名譽・碩座敎授時代(1997~2006;62~71歲)

① 골프運動	: 62~71세	서울市 및 國內外 主要地域
② 歌　唱	: 62~71세	〃
③ 吸　煙	: 62~71세	〃
④ 飮　酒	: 62~71세	〃
⑤ 小說읽기	: 62~71세	〃
⑥ 映畵보기	: 62~71세	〃

(4) 趣味生活의 總括

區分	種類	住居地	聞慶市																		安東市			서울市		論山市 抱川市 光州市	서울市										美國 신시내티市		서울市				신시내티市
		生涯段階	幼兒期									初等學校						中學校			高等學校			大學校		軍隊服務	大學校		社會高校		大學院		硏究員·助教				美國大學院		專任講師				大學院
		年度	1936	1937	1938	1939	1940	1941	1942	1943	1944	1945	1946	1947	1948	1949	1950	1951	1952	1953	1954	1955	1956	1957	1958	1959	1960	1961	1962	1963	1964	1965	1966	1967	1968	1969	1970	1971	1972	1973	1974	1975	1976
		年齡	1	2	3	4	5	6	7	8	9	10	11	12	13	14	15	16	17	18	19	20	21	22	23	24	25	26	27	28	29	30	31	32	33	34	35	36	37	38	39	40	41
1. 享有數量	1.놀이 (回)	1. 숨바꼭질	-	-	-	10	50	104	110	60	20	-	-	-	-	-	-	-	-	-	-	-	-	-	-	-	-	-	-	-	-	-	-	-	-	-	-	-	-	-	-	-	-
		2. 구슬치기	-	-	-	-	30	100	150	90	30	-	-	-	-	-	-	-	-	-	-	-	-	-	-	-	-	-	-	-		-	-	-	-	-	-	-	-	-	-	-	-
		3. 자치기	-	-	-	-	-	50	100	100	40	-	-	-	-	-	-	-	-	-	-	-	-	-	-	-	-	-	-	-	-	-	-	-	-	-	-	-	-	-	-	-	-
		4. 재기차기	-	-	-	-	-	60	104	102	50	-	-	-	-	-	-	-	-	-	-	-	-	-	-	-	-	-	-	-	-	-	-	-	-	-	-	-	-	-	-	-	-
		5. 딱지치기	-	-	-	-	-	50	120	110	40	-	-	-	-	-	-	-	-	-	-	-	-	-	-	-	-	-	-	-	-	-	-	-	-	-	-	-	-	-	-	-	-
		6. 땅따먹기	-	-	-	-	-	40	95	90	30	-	-	-	-	-	-	-	-	-	-	-	-	-	-	-	-	-	-	-	-	-	-	-	-	-	-	-	-	-	-	-	-
		7. 鳶날리기	-	-	-	-	-	-	-	-	4	7	10	13	12	10	8	6	4	3	-	-	-	-	-	-	-	-	-	-	-	-	-	-	-	-	-	-	-	-	-	-	-
		8. 트럼프놀이	-	-	-	-	-	-	-	-	-	-	-	-	-	-	-	50	20	5	-	-	-	-	-	-	-	-	-	-	-	-	-	-	-	-	-	-	-	-	-	-	-
		計				10	80	404	679	552	214	7	10	13	12	10	8	56	24	8	-	-	-	-	-	-	-	-	-	-	-	-	-	-	-	-	-	-	-	-	-	-	-
	2.運動 (回)	1. 水泳	-	-	-	-	-	3	6	10	12	15	20	30	35	30	27	25	22	18	15	15	14	13	12	10	7	5	-	-	-	-	-	-	-	-	-	-	-	-	-	-	-
		2. 썰매타기	-	-	-	-	-	-	-	-	2	6	9	12	13	12	11	10	8	2	-	-	-	-	-	-	-	-	-	-	-	-	-	-	-	-	-	-	-	-	-	-	-
		3. 排球	-	-	-	-	-	-	-	-	-	-	-	-	-	-	-	-	-	-	-	-	-	10	2	2	5	4	1	3	4	5	20	52	53	30	2	1	-	-	-	-	-
		4. 볼링	-	-	-	-	-	-	-	-	-	-	-	-	-	-	-	-	-	-	-	-	-	-	-	-	-	-	-	-	-	-	-	-	-	10	50	40	-	-	-	-	-
		5. 골프	-	-	-	-	-	-	-	-	-	-	-	-	-	-	-	-	-	-	-	-	-	-	-	-	-	-	-	-	-	-	-	-	-	-	-	-	-	-	-	-	-
		計	-	-	-	-	-	3	6	10	14	21	29	42	48	42	38	35	30	20	15	15	14	23	14	12	12	9	1	3	4	5	20	52	53	40	52	41	-	-	-	-	-
	3.素養 (曲, 卷,篇)	1. 歌唱	-	-	-	-	-	1	1	1	2	3	3	5	3	4	2	14	13	10	24	14	10	12	15	13	8	6	19	29	12	16	17	21	16	9	9	7	15	20	15	7	14
		2. 漫畵	-	-	-	-	-	-	-	-	-	10	30	50	45	40	35	-	-	-	-	-	-	-	-	-	-	-	-	-	-	-	-	-	-	-	-	-	-	-	-	-	-
		3. 小說	-	-	-	-	-	-	-	-	-	2	4	7	10	13	8	39	70	11	22	30	26	27	13	25	26	15	20	19	20	22	27	22	22	9	5	4	16	21	22	23	10
		4. 映畵	-	-	-	-	-	-	-	-	-	-	-	-	7	12	6	10	19	11	12	25	11	89	14	27	22	17	36	38	32	30	33	29	25	5	27	17	12	22	26	23	25
		計	-	-	-	-	-	1	1	1	2	15	37	62	65	69	51	53	102	32	58	69	47	128	42	65	56	38	75	86	64	68	77	72	63	23	41	28	43	63	63	53	49
	4.者好 (甁,匣)	1. 飮酒	-	-	-	-	-	-	-	-	-	-	-	-	-	-	-	-	-	-	-	-	-	-	-	-	-	-	26	26	52	52	156	156	210	104	130	130	315	312	546	546	628
		2. 吸煙	-	-	-		-	-	-	-	-	-	-	-	-	-	-	-	-	-	-	-	-	-		-	-	-	-	-	-	-	91	91	183	182	183	183	274	274	274	274	366
		計	-	-	-	-	-	-	-	-	-	-	-	-	-	-	-	-	-	-	-	-	-	-	-	-	-	-	26	26	52	52	247	247	393	286	313	313	589	586	820	820	994
	合計	19種	-	-	-	10	80	408	686	563	230	43	76	117	125	121	97	154	156	60	73	84	61	151	56	77	68	47	102	115	120	125	344	371	509	349	406	382	632	649	883	873	1,043
2. 消費時間	1.놀이	1.숨바꼭질	-	-	-	20	100	208	220	120	40	-	-	-	-	-	-	-	-	-	-	-	-	-	-	-	-	-	-	-	-	-	-	-	-	-	-	-	-	-	-	-	-
		2.구슬치기	-	-	-	-	60	200	300	180	60	-	-	-	-	-	-	-	-	-	-	-	-	-	-	-	-	-	-	-	-	-	-	-	-	-	-	-	-	-	-	-	-

		3. 자 치 기	–	–	–	–	–	100	200	80	–	–	–	–	–	–	–	–	–	–	–	–	–	–	–	–	–	–	–	–	–	–	–	–	–	–	–	–	–	–	–	–
		4. 재기차기	–	–	–	–	–	60	104	102	50	–	–	–	–	–	–	–	–	–		–	–	–	–	–	–	–	–	–	–	–	–	–	–	–	–	–	–	–	–	–
		5. 딱지치기	–	–	–	–	–	50	120	110	40	–	–	–	–	–	–	–	–	–	–	–	–	–	–	–	–	–	–	–	–	–	–	–	–	–	–	–	–	–	–	–
		6. 땅따먹기	–	–	–	–	–	80	190	180	60	–	–	–	–	–	–	–	–	–	–	–	–	–	–	–	–	–	–	–	–	–	–	–	–	–	–	–	–	–	–	–
		7. 鳶날리기	–	–	–	–	–	–	–	–	12	21	30	39	36	30	24	18	12	9	–	–	–	–	–	–	–	–	–	–	–	–	–	–	–	–	–	–	–	–	–	–
		8. 트럼프놀이	–	–	–	–	–	–	–	–	–	–	–	–	–	–	–	150	60	15	–	–	–	–	–	–	–	–	–	–	–	–	–	–	–	–	–	–	–	–	–	–
		計	–	–	–	20	160	698	1,134	892	342	21	30	39	36	30	24	168	72	24	–	–	–	–	–	–	–	–	–	–	–	–	–	–	–	–	–	–	–	–	–	–
	2.運動(回)	1. 水泳	–	–	–	–	–	12	24	40	48	60	80	120	140	120	108	100	88	72	60	60	56	52	48	40	28	20	–	–	–	–	–	–	–	–	–	–	–	–	–	–
		2. 썰매타기	–	–	–	–	–	–	–	–	6	18	27	36	39	36	33	30	24	6	–	–	–	–	–	–	–	–	–	–	–	–	–	–	–	–	–	–	–	–	–	–
		3. 排球	–	–	–	–	–	–	–	–	–	–	–	–	–	–	–	–	–	–	–	–	–	30	6	6	15	12	3	9	12	15	60	156	159	90	6	3	–	–	–	–	–
		4. 볼링	–	–	–	–	–	–	–	–	–	–	–	–	–	–	–	–	–	–	–	–	–	–	–	–	–	–	–	–	–	–	–	–	–	30	150	120	–	–	–	–	–
		5. 골프	–	–	–	–	–	–	–	–	–	–	–	–	–	–	–	–	–	–	–	–	–	–	–	–	–	–	–	–	–	–	–	–	–	–	–	–	–	–	–	–	–
		計	–	–	–	–	–	12	24	40	54	78	107	156	179	156	141	130	112	78	60	60	56	80	54	46	43	32	3	9	12	15	60	156	159	120	156	123	–	–	–	–	–
	3.素養	1. 歌唱	–	–	–	–	–	2	2	2	4	6	6	10	6	8	4	28	26	20	48	28	20	24	30	26	16	12	38	58	24	32	34	42	32	18	18	14	30	40	30	14	28
		2. 漫畫	–	–	–	–	–	–	–	–	–	10	30	50	45	40	35	–	–	–	–	–	–	–	–	–	–	–	–	–	–	–	–	–	–	–	–	–	–	–	–	–	–
		3. 小說	–	–	–	–	–	–	–	–	–	12	23	41	58	76	47	228	408	64	128	175	152	158	76	146	152	87	117	111	117	128	158	128	128	52	29	23	93	122	128	134	58
		4. 映畫	–	–	–	–	–	–	–	–	–	–	–	–	11	18	9	15	29	17	18	38	17	133	21	40	33	25	54	57	48	45	49	43	38	7	41	25	18	33	39	35	37
		計	–	–	–	–	–	2	2	2	4	28	59	101	120	142	95	271	463	101	194	241	189	315	127	212	201	124	209	226	189	205	241	213	198	77	88	62	141	195	197	183	123
	4.者好	1. 飮酒	–	–	–	–	–	–	–	–	–	–	–	–	–	–	–	–	–	–	–	–	–	–	–	–	–	–	52	52	104	104	312	312	420	208	260	260	630	624	1,092	1,092	1,256
		2. 吸煙	–	–	–	–	–	–	–	–	–	–	–	–	–	–	–	–	–	–	–	–	–	–	–	–	–	–	–	–	–	–	137	137	274	273	274	274	411	411	411	411	549
		計	–	–	–	–	–	–	–	–	–	–	–	–	–	–	–	–	–	–	–	–	–	–	–	–	–	–	52	52	104	104	449	449	694	481	534	534	1,041	1,035	1,503	1,503	1,805
	合計	19種	–	–	–	20	160	712	1,160	934	400	127	196	296	335	328	260	569	647	203	254	301	245	397	181	258	244	156	264	287	305	324	750	818	1,051	678	778	719	1,182	1,230	1,700	1,686	1,928
3. 支出經費 (2006年 價格 千원)	1.運動	1. 볼링	–	–	–	–	–	–	–	–	–	–	–	–	–	–	–	–	–	–	–	–	–	–	–	–	–	–	–	–	–	–	–	–	–	50	250	200	–	–	–	–	–
		2. 골프	–	–	–	–	–	–	–	–	–	–	–	–	–	–	–	–	–	–	–	–	–	–	–	–	–	–	–	–	–	–	–	–	–	–	–	–	–	–	–	–	–
		計	–	–	–	–	–	–	–	–	–	–	–	–	–	–	–	–	–	–	–	–	–	–	–	–	–	–	–	–	–	–	–	–	–	50	250	200	–	–	–	–	–
	2.素養	1. 小說	–	–	–	–	–	–	–	–	–	6	12	21	30	39	24	117	210	33	66	90	78	81	39	75	78	45	60	57	60	66	81	66	66	27	15	12	48	63	66	69	30
		2. 映畫	–	–	–	–	–	–	–	–	–	–	–	–	14	24	12	20	38	22	24	50	22	179	28	54	44	34	72	76	64	60	66	58	50	10	54	34	24	44	52	46	50
		計	–	–	–	–	–	–	–	–	–	6	12	21	44	63	36	137	248	55	90	140	100	260	67	129	122	79	132	133	124	126	147	124	116	37	69	46	70	107	118	115	80
	3.者好	1. 飮酒	–	–	–	–	–	–	–	–	–	–	–	–	–	–	–	–	–	–	–	–	–	–	–	–	–	–	78	78	156	156	468	468	630	312	390	390	945	936	1,638	1,638	1,884
		2. 吸煙	–	–	–	–	–	–	–	–	–	–	–	–	–	–	–	–	–	–	–	–	–	–	–	–	–	–	–	–	–	–	91	91	183	182	183	183	274	274	274	274	366
		計	–	–	–	–	–	–	–	–	–	–	–	–	–	–	–	–	–	–	–	–	–	–	–	–	–	–	78	78	156	156	559	559	813	494	573	573	1,219	1,210	1,912	1,912	2,250
	合計	6種	–	–	–	–	–	–	–	–	–	6	12	21	44	63	36	137	248	55	90	140	100	260	67	129	122	79	210	211	280	282	706	683	929	581	892	639	1,289	1,317	2,030	2,027	2,330

區分	分類	種類	1977	1978	1979	1980	1981	1982	1983	1984	1985	1986	1987	1988	1989	1990	1991	1992	1993	1994	1995	1996	1997	1998	1999	2000	2001	2002	2003	2004	2005	2006	累計 70年累計	累計 年平均
住居地			서울市																															
生涯段階			助教授				副教授					教授	大學院長				教授		研究院長		教授		主任教授		教授				名譽教授		碩座教授			
年齡			42	43	44	45	46	47	48	49	50	51	52	53	54	55	56	57	58	59	60	61	62	63	64	65	66	67	68	69	70	71		
1. 享有數量	1.놀이(回)	1.숨바꼭질	–	–	–	–	–	–	–	–	–	–	–	–	–	–	–	–	–	–	–	–	–	–	–	–	–	–	–	–	–	–	354	5.1
		2.구슬치기	–	–	–	–	–	–	–	–	–	–	–	–	–	–	–	–	–	–	–	–	–	–	–	–	–	–	–	–	–	–	400	5.7
		3.자치기	–	–	–	–	–	–	–	–	–	–	–	–	–	–	–	–	–	–	–	–	–	–	–	–	–	–	–	–	–	–	290	4.1
		4.재기차기	–	–	–	–	–	–	–	–	–	–	–	–	–	–	–	–	–	–	–	–	–	–	–	–	–	–	–	–	–	–	316	4.5
		5.딱지치기	–	–	–	–	–	–	–	–	–	–	–	–	–	–	–	–	–	–	–	–	–	–	–	–	–	–	–	–	–	–	320	4.6
		6.땅따먹기	–	–	–	–	–	–	–	–	–	–	–	–	–	–	–	–	–	–	–	–	–	–	–	–	–	–	–	–	–	–	255	3.6
		7.鳶날리기	–	–	–	–	–	–	–	–	–	–	–	–	–	–	–	–	–	–	–	–	–	–	–	–	–	–	–	–	–	–	77	1.1
		8.트럼프놀이	–	–	–	–	–	–	–	–	–	–	–	–	–	–	–	–	–	–	–	–	–	–	–	–	–	–	–	–	–	–	75	1.1
		計	–	–	–	–	–	–	–	–	–	–	–	–	–	–	–	–	–	–	–	–	–	–	–	–	–	–	–	–	–	–	2,087	29.8
	2.運動(回)	1.水泳	–	–	–	–	–	–	–	–	–	–	–	–	–	–	–	–	–	–	–	–	–	–	–	–	–	–	–	–	–	–	344	4.9
		2.썰매따기	–	–	–	–	–	–	–	–	–	–	–	–	–	–	–	–	–	–	–	–	–	–	–	–	–	–	–	–	–	–	85	1.2
		3.排球	–	–	–	–	–	–	–	–	–	–	–	–	–	–	–	–	–	–	–	–	–	–	–	–	–	–	–	–	–	–	194	2.8
		4.볼링	–	–	–	–	–	–	–	–	–	–	–	–	–	–	–	–	–	–	–	–	–	–	–	–	–	–	–	–	–	–	100	1.4
		5.골프	–	–	–	–	–	–	62	120	141	134	111	99	81	51	46	39	7	12	27	15	12	12	13	11	13	12	6	1	4	2		
		計	–	–	–	–	–	–	62	120	141	134	111	99	81	51	46	39	7	12	27	15	12	12	13	11	13	12	6	1	4	2		
	3.素養(曲, 卷篇)	1.歌唱	18	19	15	13	16	10	12	8	16	14	7	7	6	4	6	9	12	7	27	28	2	1	2	–	2	6	5	3	6	7	678	9.7
		2.漫畫	–	–	–	–	–	–	–	–	–	–	–	–	–	–	–	–	–	–	–	–	–	–	–	–	–	–	–	–	–	–	210	3.0
		3.小說	26	22	25	22	22	14	23	20	17	17	13	10	14	11	29	13	12	14	25	34	31	65	51	55	81	98	26	55	75			
		4.映畫	28	26	24	22	22	19	18	20	25	30	22	19	19	15	31	27	16	27	35	49	58	84	58	102	59	70	27	54	52			
		計	72	67	64	57	60	43	53	48	58	61	42	36	39	30	66	49	40	48	87	111	91	150	111	157	142	174	58	112	133			
	4.嗜好(瓶,匣)	1.飮酒	624	702	702	785	780	780	1,045	941	941	836	836	732	732	732	732	627	627	468	468	468	390	390	374	359	365	270	235	366	364	134	21,194	302.8
		2.吸煙	365	365	365	458	456	456	456	549	547	547	548	548	638	639	639	732	730	730	730	732	730	840	803	769	730	730	730	805	803	460	21,098	301.4
		計	989	1,067	1,067	1,243	1,236	1,236	1,501	1,490	1,488	1,383	1,384	1,280	1,370	1,371	1,371	1,359	1,357	1,198	1,198	1,200	1,120	1,230	1,177	1,128	1,095	1,000	965	1,171	1,167	594	42,292	604.2
	合計	19種	1,061	1,134	1,131	1,300	1,296	1,279	1,616	1,658	1,687	1,578	1,537	1,415	1,490	1,452	1,483	1,447	1,404	1,258	1,312	1,326	1,223	1,392	1,301	1,296	1,250	1,186	1,029	1,284	1,304			
2. 消費時間	1.놀이	1.숨바꼭질	–	–	–	–	–	–	–	–	–	–	–	–	–	–	–	–	–	–	–	–	–	–	–	–	–	–	–	–	–	–	708	10.1
		2.구슬치기	–	–	–	–	–	–	–	–	–	–	–	–	–	–	–	–	–	–	–	–	–	–	–	–	–	–	–	–	–	–	800	11.4

		3. 자치기	–	–	–	–	–	–	–	–	–	–	–	–	–	–	–	–	–	–	–	–	–	–	–	–	–	–	–	–	–	–	580	8.3
		4. 재기차기	–	–	–	–	–	–	–	–	–	–	–	–	–	–	–	–	–	–	–	–	–	–	–	–	–	–	–	–	–	–	316	4.5
		5. 딱지치기	–	–	–	–	–	–	–	–	–	–	–	–	–	–	–	–	–	–	–	–	–	–	–	–	–	–	–	–	–	–	320	4.6
		6. 땅따먹기	–	–	–	–	–	–	–	–	–	–	–	–	–	–	–	–	–	–	–	–	–	–	–	–	–	–	–	–	–	–	510	7.3
		7. 鳶날리기	–	–	–	–	–	–	–	–	–	–	–	–	–	–	–	–	–	–	–	–	–	–	–	–	–	–	–	–	–	–	231	3.3
		8. 트럼프놀이	–	–	–	–	–	–	–	–	–	–	–	–	–	–	–	–	–	–	–	–	–	–	–	–	–	–	–	–	–	–	225	3.2
		計	–	–	–	–	–	–	–	–	–	–	–	–	–	–	–	–	–	–	–	–	–	–	–	–	–	–	–	–	–	–	3,690	52.7
	2.運動(回)	1. 水泳	–	–	–	–	–	–	–	–	–	–	–	–	–	–	–	–	–	–	–		–	–	–	–	–	–	–	–	–	–	1,376	19.7
		2. 썰매타기				–	–	–	–	–	–	–	–	–	–	–	–	–	–	–	–	–	–	–	–	–	–	–	–	–	–	–	255	3.6
		3. 排球	–	–	–	–	–	–	–	–	–	–	–	–	–	–	–	–	–	–	–	–	–	–	–	–	–	–	–	–	–	–	582	8.3
		4. 볼링	–	–	–	–	–	–	–	–	–	–	–	–	–	–	–	–	–	–	–		–	–	–	–	–	–	–	–	–	–	300	4.3
		5. 골프	–	–	–	–	–	–	619	1,198	1,408	1,339	1,109	990	807	509	459	930	67	119	269	150	117	119	130	110	130	120	60	10	40	–		
		計	–	–	–	–	–	–	619	1,198	1,408	1,339	1,109	990	807	509	459	390	67	119	269	150	117	119	130	110	130	120	60	10	40	–		
	3.素養	1. 歌唱	36	38	30	26	32	20	24	16	32	28	14	14	12	8	12	18	24	14	54	56	4	2	4	–	4	12	10	6	12	14	1,356	19.4
		2. 漫畵	–	–	–	–	–	–	–	–	–	–	–	–	–	–	–	–	–	–	–	–	–	–	–	–	–	–	–	–	–	–	210	3.0
		3. 小說	152	128	146	128	128	82	134	117	99	99	76	58	82	64	169	76	70	82	146	198	181	379	297	321	472	572	152	321	437			
		4. 映畵	42	39	36	33	33	29	27	30	37	45	33	29	28	23	46	41	24	40	53	73	87	126	87	153	89	105	41	81	78			
		計	230	205	212	187	193	131	185	163	168	172	123	101	122	95	227	135	118	136	253	327	272	507	388	474	565	689	203	408	527			
	4.者好	1. 飮酒	1,248	1,404	1,404	1,570	1,560	1,560	2,090	1,882	1,882	1,672	1,672	1,464	1,464	1,464	1,464	1,254	1,254	936	936	936	780	780	748	718	730	540	470	732	728	268	42,388	605.5
		2. 吸煙	548	548	548	687	684	684	684	823	820	820	822	822	957	959	959	1,098	1,095	1,095	1,095	1,098	1,095	1,260	1,204	1,153	1,095	1,095	1,095	1,207	1,204	690	31,647	452.1
		計	1,796	1,952	1,952	2,257	2,244	2,244	2,774	2,705	2,702	2,492	2,494	2,286	2,421	2,423	2,423	2,352	2,349	2,031	2,031	2,034	1,875	2,040	1,952	1,871	1,825	1,635	1,565	1,939	1,952	958	74,035	1,057.6
	合計	19種	2,026	2,157	2,164	2,444	2,437	2,375	3,578	4,066	4,278	4,003	3,726	3,377	3,350	3,027	3,109	2,877	2,534	2,286	2,553	2,511	2,264	2,666	2,470	2,455	2,520	2,444	1,828	2,357	2,499			
3. 支出經費 (2006年 價格 千원)	1.運動	1. 볼링	–	–	–	–	–	–	–	–	–	–	–	–	–	–	–	–	–	–	–	–	–	–	–	–	–	–	–	–	–	–	500	7.1
		2. 골프	–	–	–	–	–	–	2,384	5,592	4,769	5,050	2,918	2,357	784	363	183	445	167	30	202	723	371	428	1,047	283	–	244	–	–	–			
		計	–	–	–	–	–	–	2,384	5,592	4,769	5,050	2,918	2,357	784	363	183	445	167	30	202	723	371	428	1,047	283	–	244	–	–	–	–		
	2.素養	1. 小說	78	66	75	66	66	42	69	60	51	51	39	30	42	33	87	39	36	42	75	102	93	195	153	165	243	294	78	115	225	–	63,582	908.3
		2. 映畵	56	52	48	44	44	38	36	40	50	60	44	38	38	30	62	54	32	54	70	98	116	168	116	204	118	140	54	108	104	–	21,098	301.4
		計	134	118	123	110	110	80	105	100	101	111	83	68	80	63	149	93	68	96	145	200	206	363	269	369	361	434	132	223	329	–	84,680	1,209.7
	3.者好	1. 飮酒	1,872	2,106	2,106	2,355	2,340	2,340	3,135	2,823	2,823	2,508	2,508	2,196	2,196	2,196	2,196	1,881	1,881	1,404	1,404	1,404	1,170	1,170	1,122	1,077	1,095	810	705	1,098	1,092	402		
		2. 吸煙	365	365	365	458	456	456	456	549	547	547	548	548	638	639	639	732	730	730	730	732	730	840	803	769	730	730	730	805	803	460		
		計	2,237	2,471	2,471	2,813	2,796	2,796	3,591	3,372	3,370	3,055	3,056	2,744	2,834	2,835	2,835	2,613	2,611	2,134	2,134	2,136	1,900	2,010	1,925	1,846	1,825	1,540	1,435	1,903	1,895	862		
	合計	6種	2,371	2,589	2,594	2,923	2,906	2,876	6,080	9,064	8,240	8,216	6,057	5,169	3,698	3,261	3,167	3,151	2,846	2,260	2,481	3,059	2,477	2,801	3,241	2,498	2,186	2,218	1,567	2,126	2,224			

2. 趣味生活과 人格形成

(1) 趣味生活과 人格形成의 聯關圖

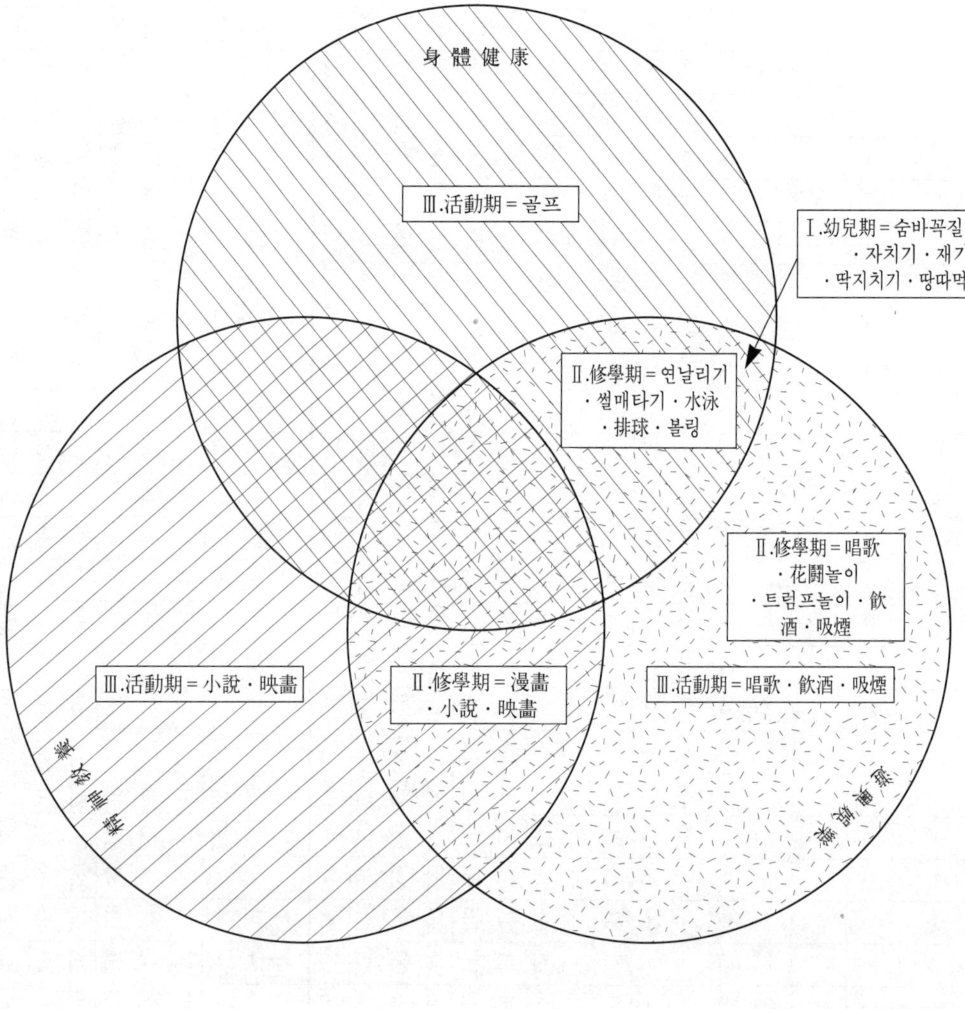

客說 : 經驗에서 얻은 삶의 眞實

天堂이나 極樂에서는 취미생활을 할 수 없고 地獄에서는 할 수 있다고 하면 어느 곳을 택할까? 정말 그렇다면 괴로운 일이다. 天堂이나 極樂은 누구나 선호하지만 수많은 세월을 아무런 취미 없이 무미건조하게 어떻게 생활할 수 있단 말인가? 그것도 지옥의 생활이나 다를 바 없을 것이다. 나는 閻羅大王에게 부탁하여 낮에는 지옥에 가 놀다가 밤에는 천당에 와 자야지-.

(2) 趣味生活과 生涯變化

(最初始作 年度順)

趣味種目과 享有期間			趣味屬性과 形成意識								形成意識	趣味生活의 歸結
			利用身體部位					寄與程度				
趣味種目	享有期間(年間)	年齡(歲)	눈	입	손	발	몸	身體健康	精神教養	遊興娛樂		
1. 숨바꼭질	1939~1944(6)	4~9	●			△	○	○	●	△	判斷力, 瞬發力, 敏捷性	能出能沒의 變身
2. 구슬치기	1940~1944(5)	5~9	●		○	△		○	●	△	競爭力, 所有慾, 正確性	精神一到의 集中
3. 자치기	1941~1944(4)	6~9			○	△	●	○	●	△	讀地術, 判斷力, 速走力	遠近一視의 能力
4. 재기차기	1941~1944(4)	6~9			●	○	△	○	●	△	正確性, 均衡性, 持久力	均衡持久의 體位
5. 딱지치기	1941~1944(4)	6~9			○	△	●	○	●	△	勝負慾, 巧技性, 腕力度	瞬發巧力의 合成
6. 땅따먹기	1941~1944(4)	6~9	●		○	△		○	●	△	競爭心, 所有慾, 土地重視	個人土地의 保有
7. 水 泳	1941~1961(21)	6~26			●	△	○	○	●	△	技術性, 多樣性, 均衡性	水上蜘蛛의 水準
8. 歌 唱	1941~現在(66)	6~71	●	○	△			△	●	○	滿足感, 誇示慾, 暗記力	名唱歌手의 境地
9. 鳶날리기	1944~1953(9)	9~18			○	●	△	○	●	△	製作術, 浩然性, 敬天感	天氣人性의 一體
10. 썰매타기	1944~1953(9)	9~18			△	●	○	○	●	△	製作術, 安全性, 迅速性	氷上悅樂의 滿喫
11. 漫畵읽기	1945~1950(6)	10~15	○	●				●	○	△	興味慾, 好奇心, 理解力	實畵不異의 沒入
12. 小說읽기	1945~現在(62)	10~71	○	●				●	○	△	理解心, 常識力, 原理性	人生本價의 道通
13. 映畵보기	1945~現在(62)	10~71	○				●	●	○	△	理解力, 興味慾, 特殊性	萬有法則의 攄得
14. 트럼프놀이	1951~1953(3)	16~18	△		○				●	○	競爭心, 堵博性, 投機心	Las Vegas의 名譽市民
15. 排球運動	1957~1971(15)	22~36			○	△	●	○	●	△	競爭心, 技術力, 協同心	一絲不亂의 團合
16. 飮 酒	1962~現在(45)	27~71		○	△				△	○	食道樂, 和睦性, 平常心	斗酒不辭의 飮力
17. 吸 煙	1966~現在(41)	31~71		○	△				△	○	安定感, 餘裕性, 深思性	創意發想의 持續
18. 볼링運動	1969~1971(3)	34~36			○	●	△	○	●	△	排戰性, 集中力, 正確性	一心打盡의 怪力
19. 골프運動	1983~現在(24)	48~71			○	●	△	○	●	△	滿足感, 競爭心, 探索力	싱글水準의 到達

※ ○는 크게, △는 상당, ●는 약간의 程度를 뜻함.

3. 趣味生活의 分類 · 集計

(1) 年度別 趣味生活의 數量 및 費用集計

項目 / 年度	年齡	享有數量						推計費用 (2006年 價格基準, 千원)					
		吸煙 (匣)	飮酒 (甁)	唱歌 (曲)	小說 (卷)	映畫 (篇)	골프 (回)	吸煙	飮酒	小說	映畫	골프	合計
1941	6	-	-	1	-	-	-	-	-	-	-	-	-
1942	7	-	-	1	-	-	-	-	-	-	-	-	-
1943	8	-	-	1	-	-	-	-	-	-	-	-	-
1944	9	-	-	2	-	-	-	-	-	-	-	-	-
1945	10	-	-	3	2	-	-	-	-	6	-	-	6
1946	11	-	-	3	4	-	-	-	-	12	-	-	12
1947	12	-	-	5	7	-	-	-	-	21	-	-	21
1948	13	-	-	3	10	7	-	-	-	30	14	-	44
1949	14	-	-	4	13	12	-	-	-	39	24	-	63
1950	15	-	-	2	8	6	-	-	-	24	12	-	36
1951	16	-	-	14	39	10	-	-	-	117	20	-	137
1952	17	-	-	13	70	19	-	-	-	210	38	-	248
1953	18	-	-	10	11	11	-	-	-	33	22	-	55
1954	19	-	-	24	22	12	-	-	-	66	24	-	90
1955	20	-	-	14	30	25	-	-	-	90	50	-	140
1956	21	-	-	10	26	11	-	-	-	78	22	-	100
1957	22	-	-	12	27	89	-	-	-	81	178	-	259
1958	23	-	-	15	13	14	-	-	-	39	28	-	67
1959	24	-	-	13	25	27	-	-	-	75	54	-	129
1960	25	-	-	8	26	22	-	-	-	78	44	-	122
1961	26	-	-	6	15	17	-	-	-	45	34	-	79
1962	27	-	26	19	20	36	-	-	78	60	72	-	210
1963	28	-	26	29	19	38	-	-	78	57	76	-	211
1964	29	-	52	12	20	32	-	-	156	60	64	-	280
1965	30	-	52	16	22	30	-	-	156	66	60	-	282
1966	31	91	156	17	27	33	-	91	468	81	66	-	706
1967	32	91	156	21	22	29	-	91	468	66	58	-	683
1968	33	183	210	16	22	25	-	183	630	66	50	-	929
1969	34	182	104	9	9	5	-	182	312	27	10	-	531
1970	35	183	130	9	5	27	-	183	390	15	54	-	642
1971	36	183	130	7	4	17	-	183	390	12	34	-	619
1972	37	274	315	15	16	12	-	274	945	48	24	-	1,291
1973	38	274	312	20	21	22	-	274	936	63	44	-	1,317
1974	39	274	546	15	22	26	-	274	1,638	66	52	-	2,030
1975	40	274	546	7	23	23	-	274	1,638	69	46	-	2,027
1976	41	366	628	14	10	25	-	366	1,884	30	50	-	2,330
1977	42	365	624	18	26	28	-	365	1,872	78	56	-	2,371
1978	43	365	702	19	22	26	-	365	2,106	66	52	-	2,589
1979	44	365	702	15	25	24	-	365	2,106	75	48	-	2,594
1980	45	458	785	13	22	22	-	458	2,355	66	44	-	2,923

年度	年齡	享有數量						推計費用(2006年 價格基準, 千원)					
		吸煙(匣)	飮酒(甁)	唱歌(曲)	小說(卷)	映畵(篇)	골프(回)	吸煙	飮酒	小說	映畵	골프	合計
1981	46	456	780	16	22	22	-	456	2,340	66	44	-	2,906
1982	47	456	780	10	14	19	-	456	2,340	42	38	-	2,876
1983	48	456	1,045	12	23	18	62	456	3,135	69	36	1,918	5,614
1984	49	549	941	8	20	20	120	549	2,823	60	40	4,609	8,081
1985	50	547	941	16	17	25	141	547	2,823	51	50	3,955	7,426
1986	51	547	836	14	17	30	134	547	2,508	51	60	4,298	7,464
1987	52	548	836	7	13	22	111	548	2,508	39	44	2,536	5,675
1988	53	548	732	7	10	19	99	548	2,196	30	38	2,104	4,916
1989	54	638	732	6	14	19	81	638	2,196	42	38	703	3,617
1990	55	639	732	4	11	15	51	639	2,196	33	30	327	3,225
1991	56	639	732	6	29	31	46	639	2,196	87	62	166	3,150
1992	57	732	627	9	13	27	39	732	1,881	39	54	408	3,114
1993	58	730	627	12	12	16	7	730	1,881	36	32	155	2,834
1994	59	730	468	7	14	27	12	730	1,404	42	54	28	2,258
1995	60	730	468	27	25	35	27	730	1,404	75	70	197	2,476
1996	61	732	468	28	34	49	15	732	1,404	102	98	710	3,046
1997	62	730	390	2	31	58	12	730	1,170	93	116	360	2,469
1998	63	840	390	1	65	84	12	840	1,170	195	168	413	2,786
1999	64	803	374	2	51	58	13	803	1,122	153	116	1,006	3,200
2000	65	769	359	-	55	102	11	769	1,077	165	204	262	2,477
2001	66	730	365	2	81	59	13	730	1,095	243	118	-	2,186
2002	67	730	270	6	98	70	12	730	810	294	140	220	2,194
2003	68	730	235	5	26	27	6	730	705	78	54	-	1,567
2004	69	805	366	3	55	54	1	805	1,098	165	108	-	2,176
2005	70	803	364	6	75	52	4	803	1,092	225	104	-	2,224
2006	71	460	134	7	43	40	2	460	402	129	80	-	1,071
累計		21,098	21,194	678	1,573	1,760	1,031	21,098	63,582	4,719	3,520	24,375	117,294

註. 費用推計는 2006年 價格基準으로 平均 담배는 1匣에 1千원, 술은 燒酒 2홉1甁에 3千원, 小說은 1卷에 3千원, 映畵는 1篇에 2千원씩 산정하였고, 골프는 실제 支出額으로 하였음.

客說 : 經驗에서 얻은 삶의 眞實

自然을 상대로 하는 취미나 기호는 자연에 被害를 주는 다소 잔인한 것들이 많다. 낚시, 사냥, 꽃꽂이, 壽石 등이 그러하다. 그리고 人間을 상대로 하는 취미와 기호는 대체적으로 勝負를 거는 競爭의 것들이다. 많은 운동 경기를 위시한 바둑·장기·화투 등이 그러하다. 모두다 厚德한 것은 못된다. 그런 의미에서는 그림을 그리고 글씨를 쓰며 樂器를 연주하고 노래를 부르는 취미는 매우 고상하고 남에게 피해도 주지 않아 좋은 것 같다. 나는 노래를 즐겨 부른다.

(2) 主要 趣味의 年度別 享有數量과 投入時間

年度	年齡	享有數量 小說(卷)	享有數量 映畵(篇)	享有數量 飮酒(甁)	享有數量 골프(回)	年間投入時間(時間) 小說	年間 映畵	年間 飮酒	年間 골프	年間 合計	月平均投入時間(時間) 小說	月平均 映畵	月平均 飮酒	月平均 골프	月平均 合計	週平均投入時間(時間) 小說	週平均 映畵	週平均 飮酒	週平均 골프	週平均 合計
1936	1	-	-	-	-	-	-	-	-	-	-	-	-	-	-	-	-	-	-	-
1937	2	-	-	-	-	-	-	-	-	-	-	-	-	-	-	-	-	-	-	-
1938	3	-	-	-	-	-	-	-	-	-	-	-	-	-	-	-	-	-	-	-
1939	4	-	-	-	-	-	-	-	-	-	-	-	-	-	-	-	-	-	-	-
1940	5	-	-	-	-	-	-	-	-	-	-	-	-	-	-	-	-	-	-	-
1941	6	-	-	-	-	-	-	-	-	-	-	-	-	-	-	-	-	-	-	-
1942	7	-	-	-	-	-	-	-	-	-	-	-	-	-	-	-	-	-	-	-
1943	8	-	-	-	-	-	-	-	-	-	-	-	-	-	-	-	-	-	-	-
1944	9	-	-	-	-	-	-	-	-	-	-	-	-	-	-	-	-	-	-	-
1945	10	2	-	-	-	12	-	-	-	12	1.0	-	-	-	1.0	0.2	-	-	-	0.2
1946	11	4	-	-	-	23	-	-	-	23	1.9	-	-	-	1.9	0.4	-	-	-	0.4
1947	12	7	-	-	-	41	-	-	-	41	3.4	-	-	-	3.4	0.8	-	-	-	0.8
1948	13	10	7	-	-	58	11	-	-	69	4.9	0.9	-	-	5.8	1.1	0.2	-	-	1.3
1949	14	13	12	-	-	76	18	-	-	94	6.3	1.5	-	-	7.8	1.5	0.3	-	-	1.8
1950	15	8	6	-	-	47	9	-	-	56	3.9	0.8	-	-	4.7	0.9	0.2	-	-	1.1
1951	16	39	10	-	-	228	15	-	-	243	19.0	1.3	-	-	20.3	4.4	0.3	-	-	4.7
1952	17	70	19	-	-	408	29	-	-	437	34.0	2.4	-	-	36.4	7.8	0.6	-	-	8.4
1953	18	11	11	-	-	64	17	-	-	81	5.4	1.4	-	-	6.8	1.3	0.3	-	-	1.6
1954	19	22	12	-	-	128	18	-	-	146	10.7	1.5	-	-	12.2	2.5	0.3	-	-	2.8
1955	20	30	25	-	-	175	38	-	-	213	14.6	3.2	-	-	17.8	2.4	0.7	-	-	4.1
1956	21	26	11	-	-	152	17	-	-	169	12.7	1.4	-	-	14.1	2.9	0.3	-	-	3.2
1957	22	27	89	-	-	158	133	-	-	291	13.2	11.1	-	-	24.3	3.0	2.6	-	-	5.6
1958	23	13	14	-	-	76	21	-	-	97	6.3	1.8	-	-	8.1	1.5	0.4	-	-	1.9
1959	24	25	27	-	-	146	40	-	-	186	12.2	3.3	-	-	15.5	2.8	0.8	-	-	3.6
1960	25	26	22	-	-	152	33	-	-	185	12.7	2.7	-	-	15.4	2.9	0.6	-	-	3.5
1961	26	15	17	-	-	87	25	-	-	112	7.2	2.1	-	-	9.3	1.6	0.5	-	-	2.1
1962	27	20	36	26	-	117	54	52	-	223	9.8	4.5	4.3	-	18.6	2.3	1.0	1.0	-	4.3
1963	28	19	38	26	-	111	57	52	-	220	9.2	4.8	4.3	-	18.3	2.1	1.1	1.0	-	4.2
1964	29	20	32	52	-	117	48	104	-	269	9.7	4.0	8.7	-	22.4	2.2	0.9	2.0	-	5.1
1965	30	22	30	52	-	128	45	104	-	277	10.7	3.7	8.7	-	23.1	2.4	0.9	2.0	-	5.3
1966	31	27	33	156	-	158	49	312	-	519	13.2	4.1	26.0	-	43.3	3.1	0.9	6.0	-	10.0
1967	32	22	29	156	-	128	43	312	-	483	10.7	3.6	26.0	-	40.3	2.5	0.8	6.0	-	9.3
1968	33	22	25	210	-	128	38	420	-	586	10.7	3.1	35.0	-	48.8	2.5	0.7	8.0	-	11.2
1969	34	9	5	104	-	52	7	208	-	267	4.3	0.6	17.3	-	22.2	1.0	0.1	4.0	-	5.1
1970	35	5	27	130	-	29	41	260	-	330	2.4	3.4	21.7	-	27.5	0.5	0.8	5.0	-	6.3
1971	36	4	17	130	-	23	25	260	-	308	1.9	2.1	21.7	-	25.7	0.4	0.5	5.0	-	5.9
累計	35年	518	554	1,042	-	3,022	831	2,084	-	5,937	7.1	2.0	4.9	-	14.0	1.6	0.5	1.1	-	3.2
年平均	1年	14.8	15.8	29.8	-	86.3	23.8	59,5	-	169,6	7.1	2.0	4.9	-	14.0	1.6	0.5	1.1	-	3.2

年度 \ 區分	年齡 \ 趣味	享有數量				年間投入時間(時間)					月平均投入時間(時間)					週平均投入時間(時間)				
		小說(卷)	映畵(篇)	飮酒(甁)	골프(回)	小說	映畵	飮酒	골프	合計	小說	映畵	飮酒	골프	合計	小說	映畵	飮酒	골프	合計
1972	37	16	12	315	-	93	18	630	-	741	7.8	1.5	52.5	-	61.8	1.8	0.3	12.1	-	14.2
1973	38	21	22	312	-	122	33	624	-	779	10.2	2.7	52.0	-	64.9	2.3	0.6	12.0	-	14.9
1974	39	22	26	546	-	128	39	1,092	-	1,259	10.7	3.2	91.0	-	104.9	2.5	0.7	20.9	-	24.1
1975	40	23	23	546	-	134	35	1,092	-	1,261	11.2	2.9	91.0	-	105.1	2.6	0.7	20.9	-	24.2
1976	41	10	25	328	-	58	37	1,256	-	1,351	4.8	3.1	104.7	-	112.6	1.1	0.7	24.0	-	25.8
1977	42	26	28	624	-	152	42	1,248	-	1,442	12.7	3.5	104.0	-	120.2	2.9	0.8	23.9	-	27.6
1978	43	22	26	702	-	128	39	1,404	-	1,571	10.7	3.2	117.0	-	130.9	2.5	0.7	26.9	-	30.1
1979	44	25	24	702	-	146	36	1,404	-	1,586	12.2	3.0	117.0	-	132.2	2.8	0.7	26.9	-	30.4
1980	45	22	22	785	-	128	33	1,570	-	1,731	10.7	2.8	130.8	-	144.3	2.5	0.6	30.0	-	33.1
1981	46	22	22	780	-	128	33	1,560	-	1,721	10.7	2.7	130.0	-	143.4	2.5	0.6	29.9	-	33.0
1982	47	14	19	780	-	82	29	1,560	-	1,671	6.8	2.4	130.0	-	139.2	1.6	0.5	29.9	-	32.0
1983	48	23	18	1,045	62	134	27	2,090	619	2,870	11.2	2.2	174.2	51.6	289.2	2.6	0.5	40.1	11.9	55.1
1984	49	20	20	941	120	117	30	1,882	1,198	3,227	9.8	2.5	156.8	99.8	268.9	2.2	0.6	36.0	22.9	61.7
1985	50	17	25	941	141	99	37	1,882	1,408	3,426	8.3	3.1	156.8	117.3	285.5	1.9	0.7	36.1	27.0	65.7
1986	51	17	30	836	134	99	45	1,672	1,339	3,155	8.3	3.7	139.3	111.6	262.9	1.9	0.9	32.1	25.6	60.5
1987	52	13	22	836	111	76	33	1,672	1,109	2,890	6.3	2.8	139.3	92.4	240.8	1.4	0.6	32.1	21.3	55.4
1988	53	10	19	732	99	58	29	1,464	990	2,541	4.9	2.4	122.0	82.5	211.8	1.1	0.5	28.0	19.0	48.6
1989	54	14	19	732	81	82	28	1,464	807	2,381	6.8	2.3	122.0	67.3	198.4	1.6	0.5	28.1	15.5	45.7
1990	55	11	15	732	51	64	23	1,464	509	2,060	5.4	1.9	122.0	42.4	171.7	1.2	0.4	28.1	9.8	39.5
1991	56	29	31	732	46	169	46	1,464	459	2,138	14.1	3.8	122.0	38.3	178.2	3.2	0.9	28.1	8.8	41.0
1992	57	13	27	627	39	76	41	1,254	390	1,761	6.4	3.4	104.5	32.5	146.8	1.5	0.8	24.0	7.4	33.7
1993	58	12	16	627	7	70	24	1,254	67	1,415	5.8	2.0	104.5	5.6	117.9	1.3	0.5	24.0	1.3	27.1
1994	59	14	27	468	12	82	40	936	119	1,177	6.8	3.4	78.0	9.9	98.1	1.6	0.8	19.9	2.3	22.6
1995	60	25	35	468	27	146	53	936	269	1,404	12.2	4.4	78.0	22.4	117.0	2.8	1.0	18.0	5.1	26.9
1996	61	34	49	468	15	198	73	936	150	1,357	16.5	6.1	78.0	12.5	113.1	3.8	1.4	17.9	2.9	26.0
1997	62	31	58	390	12	181	87	780	117	1,165	15.1	7.3	65.0	9.7	97.1	3.5	1.7	14.9	2.2	22.3
1998	63	65	84	390	12	379	126	780	119	1,404	31.6	10.5	65.0	9.9	117.0	7.3	2.4	14.9	2.3	26.9
1999	64	51	58	374	13	297	87	748	130	1,262	24.8	7.3	62.3	10.8	105.2	5.7	1.7	14.3	2.5	24.2
2000	65	55	102	359	11	321	153	718	110	1,302	26.8	12.7	59.8	9.2	108.5	6.1	2.9	13.8	2.1	24.9
2001	66	81	59	365	13	472	89	730	130	1,421	39.4	7.4	60.8	10.8	118.4	9.1	1.7	14.0	2.5	27.3
2002	67	98	70	270	12	572	105	540	120	1,337	47.6	8.8	45.0	10.0	111.4	11.0	2.0	10.3	2.3	25.6
2003	68	26	27	235	6	152	41	470	60	723	12.7	3.4	39.2	5.0	60.3	2.9	0.8	9.0	1.2	13.9
2004	69	55	54	366	1	321	81	732	10	1,144	26.7	6.8	61.0	0.8	95.3	6.1	1.6	14.0	0.2	21.9
2005	70	75	52	364	4	437	78	728	40	1,283	36.4	6.5	60.7	3.3	106.9	8.4	1.5	14.0	0.8	24.6
2006	71	43	40	134	2	251	60	268	20	599	35.9	8.6	38.3	2.9	85.6	8.4	2.0	9.0	0.7	20.1
累計	35年	1,055	1,206	20,152	1,031	6,154	1,809	40,304	10,310	58,577	14.8	4.4	97.1	24.8	141.1	3.4	1.0	22.3	5.7	32.5
年平均	1年	30.1	34.5	575.8	29.5	175.8	51.7	1,151.5	294.6	1,673.6	-	-	-	-	-	-	-	-	-	-
總累計	70年	1,573	1,760	21,194	1,031	9,176	2,640	42.388	10,310	64,514	10.9	3.1	50.5	12.3	76.8	2.5	0.7	11.6	2.8	17.7
年平均	1年	22.5	25.1	302.8	14.7	131.1	37.7	605.5	147.3	921.6	-	-	-	-	-	-	-	-	-	-

註. (1) 趣味別 單位當 所要時間
- 小說 : 1卷當 平均 5.83333時間
- 映畵 : 1篇當 平均 1.5時間
- 飮酒 : 燒酒1甁當 平均 會食時間 2時間
- 골프 : 往復交通, 運動, 沐浴, 食事 時間 合計 1回當 10時間

(2) 年間 週 回數
- 平年 : 52.142857週
- 閏年 : 52.285714週

(3) 趣味生活의 關聯 國家別 分類

1) 趣味生活의 國內外 分類

趣味 / 國內外 / 生涯	歌 唱 (曲)			小 說 (卷)			映 畵 (篇)			골 프 (回)			合 計 (件)		
	韓國	外國	計	韓國	外國	計	韓國	外國	計	韓國	外國	計	韓國	外國	計
成長修學期(1936~1971)	294	25	319	321	197	518	382	172	554	-	-	-	997	394	1,391
年 平 均	8.4	0.7	9.1	9.2	5.6	14.8	10.9	4.9	15.8	-	-	-	28.5	11.2	39.7
構 成 比 (%)	92.2	7.8	100.0	62.0	38.0	100.0	69.0	31.0	100.0	-	-	-	71.7	28.3	100.0
社會活動期(1972~2006)	32.2	37	359	561	494	1,055	409	797	1,206	1,006	25	1,031	2,298	1,353	3,651
年 平 均	9.2	1.1	10.3	16.0	14.1	30.1	11.7	22.8	34.5	28.7	0.8	29.5	65.7	38.6	104.3
構 成 比 (%)	89.7	10.3	100.0	53.2	46.8	100.0	33.9	66.1	100.0	97.6	2.4	100.0	62.9	37.1	100.0
累計 (1936~2006)	616	62	678	882	691	1.573	791	969	1,760	1,006	25	1,031	3,295	1,747	5,042
年 平 均	8.8	0.9	9.7	12.6	9.9	22.5	11.3	13.8	25.1	14.4	0.3	14.7	47.1	24.9	72.0
構 成 比 (%)	90.9	9.1	100.0	56.1	43.9	100.0	44.9	55.1	100.0	97.6	2.4	100.0	65.4	34.6	100.0

2) 趣味生活의 該當國家別 分布

(合計 順位)

趣味 / 國家	小 說 (卷, %)		映 畵 (篇, %)		골 프 (回, %)		合 計 (件, %)	
總 計	1,573	100.0	1,760	100.0	1,031	100.0	4,364	100.0
韓 國	882	56.1	791	44.9	1,006	97.6	2,679	61.4
外國合計	691	43.9	969	55.1	25	2.4	1,685	38.6
·美 國	113	7.2	559	31.8	9	0.9	681	15.6
·英 國	103	6.5	129	7.3	-	-	232	5.3
·프랑스	111	7.1	92	5.2	-	-	203	4.7
·中 國	106	6.7	46	2.6	1	0.1	153	3.5
·日 本	52	3.3	22	1.3	5	0.5	79	1.8
·獨 逸	44	2.8	23	1.3	4	0.4	71	1.6
·이탈리아	13	0.8	42	2.4	-	-	55	1.3
·러시아	24	1.5	7	0.4	-	-	31	0.7
·폴란드	18	1.1	1	0.06	-	-	19	0.4
·덴마크	11	0.7	6	0.3	-	-	17	0.4
·스페인	7	0.4	9	0.5	-	-	16	0.4
·그리스	12	0.8	1	0.06	-	-	13	0.3
·印 度	11	0.7	2	0.1	-	-	13	0.3
·노르웨이	9	0.6	2	0.1	-	-	11	0.3

國家 \ 趣味	小 說 (卷, %)		映 畵 (篇, %)		골 프 (回, %)		合 計 (件, %)	
·이스라엘	8	0.5	-	-	-	-	8	0.2
·스 웨 덴	5	0.3	2	0.1	-	-	7	0.2
·臺 灣	1	0.06	5	0.3	1	0.1	7	0.2
·아일랜드	6	0.4	1	0.06	-	-	7	0.2
·이 집 트	6	0.4	-	-	-	-	6	0.1
·오스트리아	3	0.2	2	0.1	-	-	5	0.1
·南 阿 共	4	0.3	1	0.06	-	-	5	0.1
·이 란	-	-	4	0.2	-	-	4	0.1
·네덜란드	3	0.2	-	-	-	-	3	0.1
·스위스	2	0.1	1	0.06	-	-	3	0.1
·루마니아	3	0.2	-	-	-	-	3	0.1
·유고슬로비아	1	0.06	2	0.1	-	-	3	0.1
·체코슬로바키아	1	0.06	2	0.1	-	-	3	0.1
·헝 가 리	2	0.1	1	0.06	-	-	3	0.1
·몽 골	2	0.1	-	-	-	-	2	0.05
·핀 란 드	2	0.1	-	-	-	-	2	0.05
·캐 나 다	-	-	2	0.1	-	-	2	0.05
·濠 洲	1	0.06	-	-	1	0.1	2	0.05
·말레이시아	-	-	-	-	1	0.1	1	0.02
·싱가포르	-	-	-	-	1	0.1	1	0.02
·스리랑카	-	-	-	-	1	0.1	1	0.02
·아이슬란드	1	0.06	-	-	-	-	1	0.02
·포르투갈	1	0.06	-	-	-	-	1	0.02
·불가리아	1	0.06	-	-	-	-	1	0.02
·콜럼비아	1	0.06	-	-	-	-	1	0.02
·과테말라	1	0.06	-	-	-	-	1	0.02
·브 라 질	-	-	1	0.06	-	-	1	0.02
·泰 國	-	-	-	-	1	0.1	1	0.02
·뉴질랜드	-	-	1	0.06	-	-	1	0.02
·아라비아	1	0.06	-	-	-	-	1	0.02
·北 韓	1	0.06	-	-	-	-	1	0.02
·유 고	-	-	1	0.06	-	-	1	0.02
·슬로바키아	-	-	1	0.06	-	-	1	0.02
·쿠 바	-	-	1	0.06	-	-	1	0.02

客說 : 經驗에서 얻은 삶의 眞實

남의 趣味나 嗜好는 존중까지는 몰라도 인정 내지 묵인은 해주는게 좋다. 취미나 기호는 일종의 私生活이고 選好의 취향이기 때문에 이를 무시하거나 억제하면 感情을 유발하기 쉽다. 나는 남이 가진 취미나 기호에 대해서는 매우 좋은 것이라고 언제나 칭찬을 하고 同感을 표해준다. 그래서인지 많은 사람들이 나를 좋아한다.

(4) 生活中 耽溺·中毒된 經驗들

(類型別 始發日字順)

類型	種類 \ 時期	始發		絶頂		後尾		總期間(年:月間)
		日字(年齡)	地域	時期(年齡)	地域	日字(年齡)	地域	
1. 놀이	1. 구슬치기	1942.6.1(7)	聞慶	1943-1946(8-11)	聞慶	1947.7.25(12)	聞慶	5:2
	2. 자치기	1943.7.1(8)	〃	1944-1947(9-12)	〃	1948.7.24(13)	〃	5:1
	3. 재기차기	1943.9.1(8)	〃	1944-1949(9-14)	〃	1950.5.27(15)	〃	6:9
	4. 딱지치기	1944.5.1(9)	〃	1945-1950(10-15)	〃	1951.7.14(16)	〃	7:3
	5. 윷놀이	1945.11.1(10)	〃	1948-1953(13-18)	〃	現 在(71)	서울	60:9
	6. 鳶날리기	1947.8.5(12)	〃	1948-1953(13-18)	〃	1954.3.3(19)	聞慶	6:7
2. 運動	1. 水 泳	1940.7.15(5)	聞慶	1948-1956(13-21)	聞慶·安東	現 在(71)	서울	66:0
	2. 썰매타기	1947.12.20(12)	〃	1948-1953(13-18)	聞慶	1954.3.3(19)	聞慶	6:3
	3. 自轉車타기	1952.3.1(17)	〃	1952-1954(17-19)	〃	現 在(71)	서울	54:5
	4. 排球運動	1954.5.1(19)	安東	1959-1962(24-27)	서울	1969.9.20(34)	〃	15:5
	5. 볼링運動	1970.2.28(35)	美國 신시내티	1970-1971(35-36)	美國 신시내티	1972.12.31(37)	〃	2:10
	6. 골프運動	1983.4.7(48)	서울	1984-1987(49-52)	서울·地方·外國	現 在(71)	서울·地方·外國	23:4
3. 趣味	1. 노래부르기	1941.2.1(6)	聞慶	1963(28), 1995-96 (60-61)	서울·地方·外國	現 在(71)	서울·地方·外國	65:6
	2. 漫畵보기	1945.11.1(10)	〃	1946-1951(11-16)	聞慶	現 在(71)	〃 〃 〃	60:9
	3. 小說읽기	1945.12.15(10)	〃	1951-1952(16-17), 1996-2002(61-67)	聞慶·서울	現 在(71)	〃 〃 〃	60:8
	4. 映畵보기	1948.3.30(13)	〃	1962-1966(27-31), 1999-2002(60-67)	서울	現 在(71)	〃 〃 〃	58:4
	5. 曲馬團구경	1948.5.15(13)	〃	1951-1953(16-18)	聞慶	1985.10.31(60)	서울	40:6
	6. 花鬪치기	1949.12.3(14)	〃	1950-1952(15-17)	〃	現 在(71)	〃	56:8
	7. 트럼프게임	1951.10.15(16)	〃	1951-1952(16-17)	〃	1952.8.31(17)	聞慶	0:11
	8. 하모니카 불기	1952.7.1(17)	〃	1952-1956(17-21)	聞慶·安東	現 在(71)	서울	54:1
4. 嗜好	1. 淸麴醬(담북장)	1941.11.5(6)	聞慶	1948-1954(13-19)	聞慶	現 在(71)	서울·地方	64:9
	2. 팥죽(小豆粥)	1942.12.22(7)	〃	1949-1954(14-19)	〃	現 在(71)	〃 〃	64:7
	3. 칼국수	1943.4.5(8)	〃	1950-1954(15-19)	〃	現 在(71)	〃 〃	63:4
	4. 飮 酒	1962.4.7(27)	서울	1978-1990(43-55)	서울·地方·外國	現 在(71)	서울·地方·外國	44:4
	5. 吸 煙	1966.3.25(31)	〃	1992-2006(57-71)	〃 〃 〃	現 在(71)	〃 〃 〃	40:4

註. 日常中 '現在'는 2006. 7.28 古稀日임.

○ 耽溺·中毒된 經驗들의 變遷圖

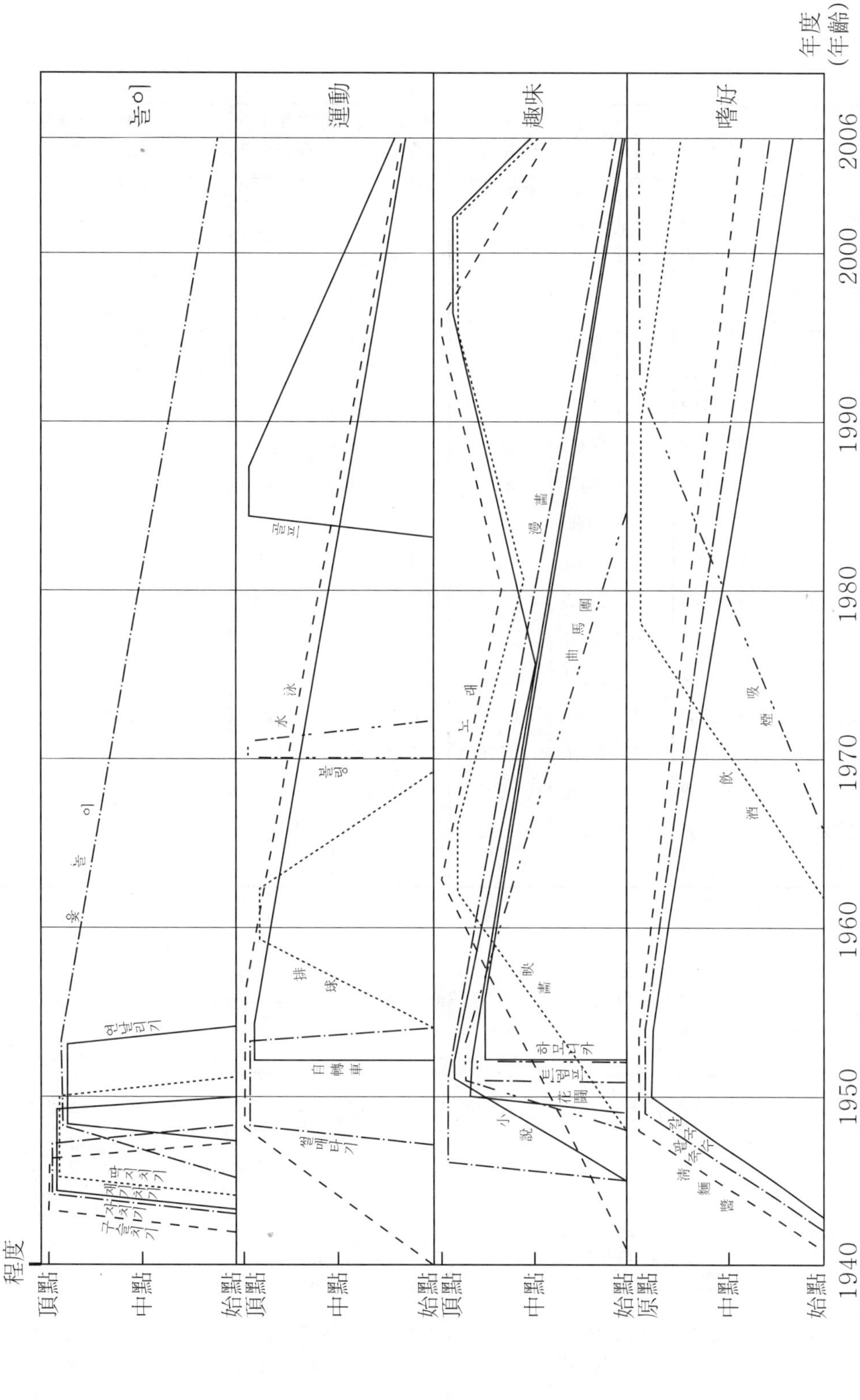

Ⅱ. 吸煙 · 飮酒 및 歌唱

○ 要 約

生涯區分	年齡(歲)	年度	吸煙量(匣)			飮酒量(2홉燒酒, 甁)			愛唱曲(最初年度, 曲)				
			1日平均	累計	가격(1千원基準)(千원)	1回平均	累計	가격(3千원基準)(千원)	童謠民謠	歌曲指定歌	大衆歌謠	外國歌謠	計
成長期	1-9	1936-1944	-	-	-	-	-	-	4	-	-	1	5
初等學校	10-15	1945-1950	-	-	-	-	-	-	15	4	-	1	20
中等學校	16-18	1951-1953	-	-	-	-	-	-	11	4	19	3	37
高等學校	19-21	1954-1956	-	-	-	-	-	-	6	8	28	6	48
大學校	22-26	1957-1961	-	-	-	-	-	-	3	6	41	4	54
職場 · 大學院	27-29	1962-1964	-	-	-	0.7	104	312	3	6	49	2	60
研究員 · 助教	30-33	1965-1968	0.33	365	365	1.5	574	1,722	1	6	59	4	70
留學	34-36	1969-1971	0.5	547	547	2.3	364	1,092	2	3	16	4	25
專任講師	37-40	1972-1975	0.75	1,096	1,096	3.3	1,719	5,157	5	5	45	2	57
助教授	41-44	1976-1979	1.0	1,461	1,461	4.3	2,656	7,968	4	5	53	4	66
副教授	45-49	1980-1984	1.3	2,375	2,375	4.9	4,331	12,993	2	5	48	4	59
教授 · 大學院長	50-55	1985-1990	1.63	3,561	3,561	3.8	4,809	14,427	1	2	46	5	54
教授 · 研究院長	56-59	1991-1994	1.94	2,831	2,831	3.1	2,454	7,362	-	1	29	4	34
平教授	60-61	1995-1996	2.0	1,462	1,462	3.0	936	2,808	5	7	36	7	55
主任教授	62-63	1997-1998	2.2	1,570	1,570	2.5	780	2,340	-	-	3	-	3
平教授	64-67	1999-2002	2.1	3,032	3,032	2.1	1,368	4,104	-	-	6	4	10
名譽教授	68-71	2003-2006	2.2	2,798	2,798	1.8	1,099	3,297	1	3	10	7	21
累計	70年	1936-2006	1.56	21,098	21,098	3.3	21,194	63,582	63	65	488	62	678

客說 : 經驗에서 얻은 삶의 眞實

태어나서는 물만 마시며 자랐다. 크면서 사이다, 콜라, 주스 같은 飮料水를 마시기 시작했고 나중에는 藥酒, 濁酒, 淸酒라는 술을 마시게 되었으며 결국은 麥酒, 燒酒, 洋酒로까지 발전했다. 飮料水는 점점 독한 쪽으로 진전되었고, 이에 따라 健康은 점점 약해져 왔다.

客說 : 經驗에서 얻은 삶의 眞實

자기가 좋아하는 趣味나 嗜好를 오랫동안 향유하려면 健康과 時間과 돈의 세 가지 要件을 언제나 갖추고 있어야 한다. 셋 중 어느 하나만 부족해도 안 된다. 자기가 좋아하는 趣味나 嗜好를 오래도록 유지하기 위해서도 健康해야 하고 時間을 아껴써야 하며 돈을 모아야 한다.

1. 吸煙量

(1) 吸煙量 推移(1日平均量)

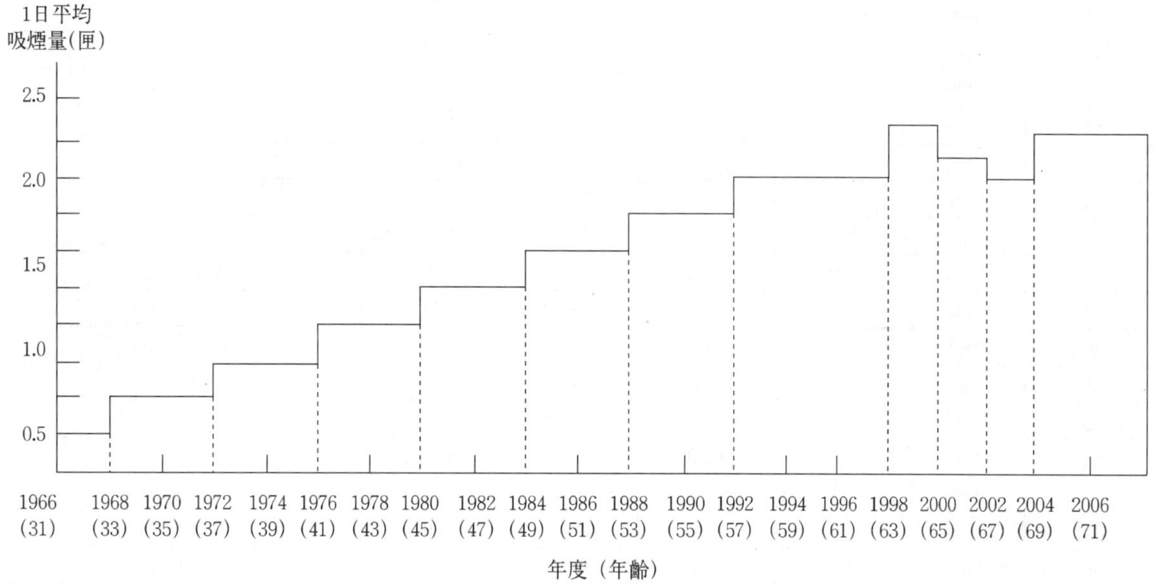

(2) 年度別 吸煙總量

年 齡(歲)	年 度	1日平均	1週平均	1月平均	年 計	2006年 現在價格(원) (1갑당 2,000원基準)
31	1966	0.25	1.75	7.6	91.25	182,500
32	1967	0.25	1.75	7.6	91.25	182,500
33	1968	0.5	3.5	15.25	183.0	366,000
34	1969	0.5	3.5	15.21	182.5	365,000
35	1970	0.5	3.5	15.21	182.5	365,000
36	1971	0.5	3.5	15.21	182.5	365,000
37	1972	0.75	5.25	22.88	274.5	549,000
38	1973	0.75	5.25	22.81	273.75	547,500
39	1974	0.75	5.25	22.81	273.75	547,500
40	1975	0.75	5.25	22.81	273.75	547,500
41	1976	1.0	7.0	30.05	366.0	732,000
42	1977	1.0	7.0	30.42	365.0	730,000
43	1978	1.0	7.0	30.42	365.0	730,000
44	1979	1.0	7.0	30.42	365.0	730,000
45	1980	1.25	8.75	38.13	457.5	915,000
46	1981	1.25	8.75	38.02	456.25	912,500
47	1982	1.25	8.75	38.02	456.25	912,500

年 齡 (歲)	年 度	1 日 平 均	1 週 平 均	1 月 平 均	年 計	2006年 現在價格(원) (1갑당 2,000원基準)
48	1983	1.25	8.75	38.02	456.5	912,500
49	1984	1.5	10.5	45.75	549.0	1,098,000
50	1985	1.5	10.5	45.63	547.5	1,095.000
51	1986	1.5	10.5	45.63	547.5	1,095.000
52	1987	1.5	10.5	45.63	547.5	1,095.000
53	1988	1.75	12.25	53.38	547.5	1,095.000
54	1989	1.75	12.25	53.23	638.75	1,277,500
55	1990	1.75	12.25	53.23	638.75	1,277,500
56	1991	1.75	12.25	53.23	638.75	1,277,500
57	1992	2.0	14.0	61.00	732.0	1,464,000
58	1993	2.0	14.0	60.83	730.0	1,460,000
59	1994	2.0	14.0	60.83	730.0	1,460,000
60	1995	2.0	14.0	60.83	730.0	1,460,000
61	1996	2.0	14.0	60.0	732.0	1,464,000
62	1997	2.0	14.0	60.0	730.0	1,460,000
63	1998	2.3	16.0	69.0	840.0	1,680,000
64	1999	2.2	15.0	66.0	803.0	1,606,000
65	2000	2.1	14.0	63.0	769.0	1,538,000
66	2001	2.0	14.0	60.0	730.0	1,460,000
67	2002	2.0	14.0	60.0	730.0	1,460,000
68	2003	2.0	14.0	60.0	730.0	1,460,000
69	2004	2.2	15.4	66.0	805.0	1,610,000
70	2005	2.2	15.4	66.0	803.0	1,606,000
71	2006	2.2	15.4	66.0	460.0	920,000
累 計	總 計	-	-	-	21,098.25	42,196,500
	平 均	1.56	11.07	48.00	570.22	1,140,446

※ 世界 5大 吸煙國家 : 吸煙者1人當 平均 吸煙量

① 韓 國 : 年 208갑, 日 11.3 개비
② 日 本 : 〃 137〃, 〃 7.5 〃
③ 헝가리 : 〃 134〃, 〃 7.4 〃
④ 그리스 : 〃 132〃, 〃 7.3 〃
⑤ 폴란드 : 〃 127〃, 〃 6.3 〃
(資料 : *Euro-Monitor Report*. 1997)

客說 : 經驗에서 얻은 삶의 眞實

趣味에 너무 몰두하면 本業이 흔들리고 趣味가 전연 없으면 삶의 情緖가 메마르게 된다. 이들 역시 적정한 均衡과 調和를 요한다.

客說 : 經驗에서 얻은 삶의 眞實

적절치 못한 관계의 사랑을 할 때, 내가 하면 낭만이요 남이 하면 不倫이라는 말이 있다. 비슷한 말들이 여럿 있다. '내가 하면 愛國이고 남이 하넌 御用이다', '내가 벌면 정상이고 남이 벌면 罪理이다', '내가 놀면 休息이고 남이 놀면 懶怠이다', '나의 말은 고상하고 남의 말은 저속하다'.

2. 飮酒量

(1) 飮酒量 推移(1回 平均量)

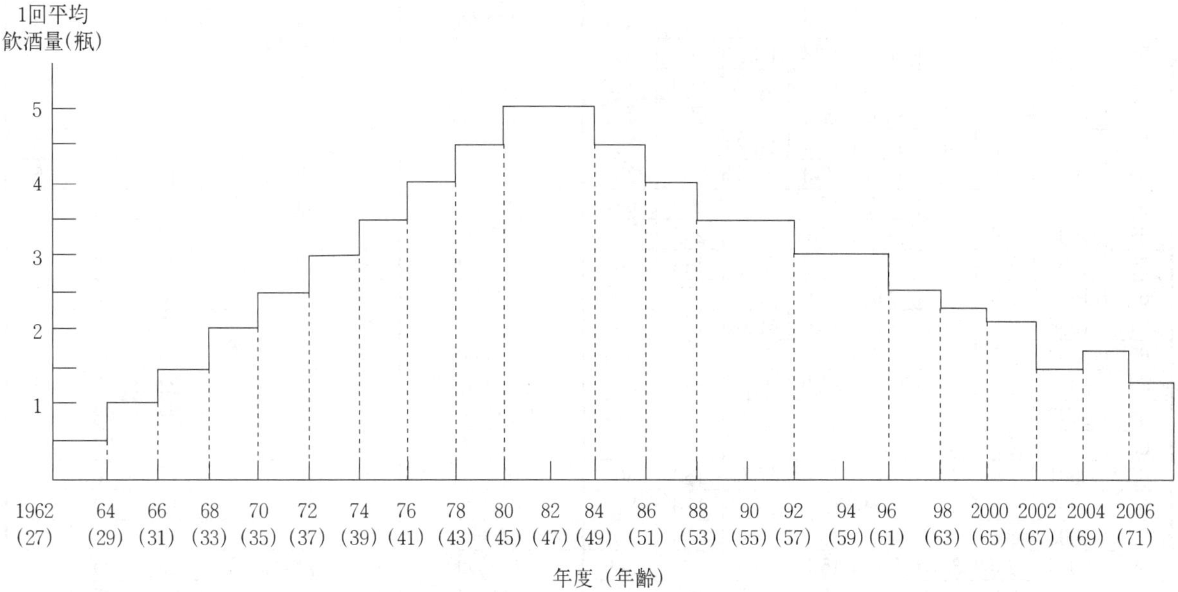

(2) 年度別 飮酒總量

年齡(歲)	年度	飮酒量(2홉들이 燒酒甁 기준, 병)							2006年現在價格(원)(1병당3,000원基準)	酒類別構成(%)					
		1回	週當		月當		年間			濁酒	燒酒	民俗酒	麥酒	洋酒	其他
		平均	回數	酒量	回數	酒量	回數	酒量							
27	1962	0.5	1	0.5	4.3	2.2	52	26	78,000	100	-	-	-	-	-
28	1963	0.5	1	0.5	4.3	2.2	52	26	78,000	100	-	-	-	-	-
29	1964	1.0	1	1.0	4.3	4.3	52	52	156,000	100	-	-	-	-	-
30	1965	1.0	1	1.0	4.3	4.3	52	52	156,000	90	5	-	5	-	-
31	1966	1.5	2	3.0	8.7	13.1	104	156	468,000	90	5	-	5	-	-
32	1967	1.5	2	3.0	8.7	13.1	104	156	468,000	90	5	-	5	-	-
33	1968	2.0	2	4.0	8.8	17.6	105	210	630,000	80	10	-	10	-	-
34	1969	2.0	1	2.0	4.3	8.6	52	104	312,000	80	-	-	20	-	-
35	1970	2.5	1	2.5	4.3	10.8	52	130	390,000	-	-	-	90	10	-
36	1971	2.5	1	2.5	4.3	10.8	52	130	390,000	-	-	-	90	10	-
37	1972	3.0	2	6.0	8.8	26.4	105	315	945,000	20	5	-	70	5	-
38	1973	3.0	2	6.0	8.7	26.1	104	312	936,000	20	5	-	70	5	-
39	1974	3.5	3	10.5	13.0	45.5	156	546	1,638,000	20	5	-	70	5	-
40	1975	3.5	3	10.5	13.0	45.5	156	546	1,638,000	20	5	-	70	5	-
41	1976	4.0	3	12.0	13.1	52.4	157	628	1,884,000	-	-	-	80	20	-
42	1977	4.0	3	12.0	13.0	52.0	156	624	1,872,000	10	5	5	70	10	-
43	1978	4.5	3	13.5	13.0	58.5	156	702	2,106,000	10	5	5	70	10	-
44	1979	4.5	3	13.5	13.0	58.5	156	702	2,106,000	5	5	5	70	15	-
45	1980	5.0	3	15.0	13.1	65.5	157	785	2,355,000	5	10	5	60	20	-
46	1981	5.0	3	15.0	13.0	65.0	156	780	2,340,000	5	10	5	60	20	5
47	1982	5.0	3	15.0	13.0	65.0	156	780	2,340,000	5	10	5	60	20	5

年齡(歲)	年度	飮 酒 量 (2홉들이 燒酒甁 기준, 병)							2006年現在價格(원)(1병당3,000원基準)	酒 類 別 構 成 (%)					
		1回平均	週當 回數	週當 酒量	月當 回數	月當 酒量	年間 回數	年間 酒量		濁酒	燒酒	民俗酒	麥酒	洋酒	其他
48	1983	5.0	4	20.0	17.4	87.0	209	1,045	3,135,000	5	10	5	60	20	5
49	1984	4.5	4	18.0	17.4	78.3	209	941	2,823,000	5	10	5	60	20	5
50	1985	4.5	4	18.0	17.4	78.3	209	941	2,823,000	-	10	5	60	20	5
51	1986	4.0	4	16.0	17.4	69.6	209	836	2,508,000	-	20	5	50	20	5
52	1987	4.0	4	16.0	17.4	69.6	209	836	2,196,000	-	20	5	50	20	5
53	1988	3.5	4	14.0	17.4	60.9	209	732	2,196,000	-	20	5	50	20	5
54	1989	3.5	4	14.0	17.4	60.9	209	732	2,196,000	-	30	5	40	20	5
55	1990	3.5	4	14.0	17.4	60.9	209	732	2,196,000	-	30	5	40	20	5
56	1991	3.5	4	14.0	17.4	60.9	209	732	2,196,000	-	30	5	40	20	5
57	1992	3.0	4	12.0	17.4	52.2	209	627	1,881,000	-	30	5	30	30	5
58	1993	3.0	4	12.0	17.4	52.2	209	627	1,881,000	-	30	5	30	30	5
59	1994	3.0	3	9.0	13.0	39.0	156	468	1,404,000	-	30	5	30	30	5
60	1995	3.0	3	9.0	13.0	39.0	156	468	1,404,000	-	30	5	20	40	5
61	1996	3.0	3	9.0	13.0	39.0	156	468	1,404,000	2	35	3	25	32	3
62	1997	2.5	3	7.5	13.0	32.5	156	390	1,170,000	2	37	3	25	30	3
63	1998	2.5	3	7.5	13.0	32.5	156	390	1,170,000	1	40	2	23	32	2
64	1999	2.4	3	7.2	13.0	31.2	156	374	1,122,000	1	45	2	23	28	1
65	2000	2.3	3	6.9	13.0	29.9	156	359	1,077,000	1	46	1	23	28	1
66	2001	2.0	3.5	7.0	15.0	30.0	183	365	1,095,000	1	50	2	17	30	-
67	2002	1.5	3.5	5.3	15.0	22.5	180	270	810,000	1	50	2	18	29	-
68	2003	1.5	3	4.5	13.0	19.6	156	235	705,000	0.8	51.2	2	19	27	-
69	2004	2.0	3.5	7.0	15.3	30.5	183	366	1,098,000	0.6	52.4	2	20	25	-
70	2005	2.0	3.5	7.0	15.3	30.5	182	364	1,092,000	0.4	52.6	2	22	23	-
71	2006	1.5	3	4.5	12.9	19.3	90	134	402,000	0.2	54.8	2	23	20	-
累計	總計	-	-	-	-	-	6,657	21,194	63,582,000	-	-	-	-	-	-
	平均	3.3	3	9.1	12.9	42.4	148	471	1,412,933	19	20	3	39	17	2

※ 主要國의 15世 以上 人口 1人當 年間 술 消費量

① 韓 國 : 14.40ℓ (2홉들이 40 甁)
② 프랑스 : 13.74ℓ (〃 38 〃)
③ 獨 逸 : 11.67ℓ (〃 32 〃)
④ 英 國 : 9.41ℓ (〃 26 〃)
⑤ 美 國 : 8.90ℓ (〃 25 〃)
⑥ 日 本 : 7.85ℓ (〃 22 〃)
⑦ 멕시코 : 5.04ℓ (〃 14 〃)

(資料 : 世界保健機構(WHO)提供,1996)

客說 : 經驗에서 얻은 삶의 眞實

사람이 生을 마감하는 순간 평소 가장 즐기던 趣味나 嗜好生活을 하는 도중에 운명을 한다면 무척 행복할 것 같다. 愛酒家는 술을 마시다가 죽고, 愛煙家는 담배를 피우며 죽고, 낚시꾼은 고기를 낚다가 죽고, 藝術家는 글씨를 쓰거나 그림을 그리다 죽는다. 또한 장기나 바둑을 두다가 죽은 사람, 수영하다 죽은 사람, 映畵보다 죽은 사람, 연설하다 죽은 사람들도 행복하다. 腹上死도 여기에 해당된다. 나는 아마 記錄하는 도중에 筆을 들고 죽을 것 같다.

3. 歌唱曲

(1) 年度別 歌唱 曲目數

(最初習得基準, 曲)

年 度	童 謠	歌 曲	大衆歌謠	外國歌謠	計	年 度	童 謠	歌 曲	大衆歌謠	外國歌謠	計
1941	1	-	-	-	1	1975	1	-	6	-	7
1942	1	-	-	-	1	1976	1	2	10	1	14
1943	1	-	-	-	1	1977	1	1	15	1	18
1944	1	-	-	1	2	1978	2	1	15	1	19
1945	3	-	-	-	3	1979	-	1	13	1	15
1946	3	-	-	-	3	1980	1	1	10	1	13
1947	3	2	-	-	5	1981	1	2	11	2	16
1948	2	1	-	-	3	1982	-	1	9	-	10
1949	2	1	-	1	4	1983	-	1	10	1	12
1950	2	-	-	-	2	1984	-	-	8	-	8
1951	4	1	8	1	14	1985	-	1	13	2	16
1952	4	2	6	1	13	1986	1	-	12	1	14
1953	3	1	5	1	10	1987	-	1	5	1	7
1954	2	3	16	3	24	1988	-	-	6	1	7
1955	2	3	7	2	14	1989	-	-	6	-	6
1956	2	2	5	1	10	1990	-	-	4	-	4
1957	1	1	9	1	12	1991	-	-	5	1	6
1958	1	4	10	-	15	1992	-	-	8	1	9
1959	1	1	10	1	13	1993	-	1	9	2	12
1960	-	-	7	1	8	1994	-	-	7	-	7
1961	-	-	5	1	6	1995	2	4	18	3	27
1962	1	2	15	1	19	1996	3	3	18	4	28
1963	2	2	24	1	29	1997	-	-	2	-	2
1964	-	2	10	-	12	1998	-	-	1	-	1
1965	1	1	12	2	16	1999	-	-	1	1	2
1966	-	2	15	-	17	2000	-	-	-	-	-
1967	-	2	18	1	21	2001	-	-	2	-	2
1968	-	1	14	1	16	2002	-	-	3	3	6
1969	-	1	7	1	9	2003	1	-	2	2	5
1970	1	1	5	2	9	2004	-	1	1	1	3
1971	1	1	4	1	7	2005	-	1	3	2	6
1972	1	2	11	1	15	2006	-	1	4	2	7
1973	2	2	15	1	20	累 計	63	65	488	62	678
1974	1	1	13	-	15	年平均	1.0	1.0	7.4	0.9	10.3

客說 : 經驗에서 얻은 삶의 眞實

나는 즐겁되 相對方은 괴로운 게임의 趣味는 안 갖는게 좋다. 일시적 기분은 좋을지 모르나 길게 보면 人間關係에서 손실이 크다. 趣味야 말로 'win-win' 이어야 한다.

(2) 歌唱曲名

※ 처음 부르기 시작한 年度를 기준으로 記錄

生涯區分	年齡(歲)	年 度	童謠·民謠	歌曲·指定曲	大 衆 歌 謠	外國歌謠	合計
成長期	1-9	1936-44	각설이타령, 고드름, 설날, 아리랑(4)	-	-	豫科練の歌 (1)	5
初等學校	10-15	1945-50	강원도아리랑, 고기잡이, 고향의 봄, 낮에 나온 반달, 노들강변, 농부, 도라지타령, 맴맴, 반달, 산토끼, 얼룩송아지, 오빠생각, 자전거, 학교종, 희망가 (15)	복숭아, 애국가, 졸업식 노래, 戶西南校歌(4)	-	이별의 노래 (1)	20
中等學校	16-18	1951-53	달맞이, 밀양 아리랑, 봄, 봄맞이가자, 뻐꾹, 신고산타령, 어린음악대, 우산, 고향땅, 학도가 (10)	고향생각, 금강에 살으리랏다, 聞中校歌, 봄이오면 (4)	군사우편, 굳세어라 금순아, 나그네 설움, 낙조, 눈물젖은 두만강, 목포의 눈물, 백마강 달밤, 백마야 울지마라, 번지 없는 주막, 복지만리, 봄날은 간다, 비내리는 고모령, 서귀포 칠십리, 아내의 노래, 오동동타령, 전우야 잘자거라, 타향살이, 호동왕자와 모란공주, 홍도야 울지마라, 찔레꽃(20)	고요한 밤 거룩한 밤, 기쁘다 구주 오셨네, 클레멘타인(3)	37
高等學校	19-21	1954-56	방울새, 산바람 강바람, 어머님은혜, 엄마야 누나야, 울산아가씨, 천안삼거리 (6)	개나리꽃, 고향그리워, 그 집앞, 금잔디, 바위고개, 성불사의 밤, 安師校歌, 安師응원가 (8)	가거라 삼팔선, 감격시대, 강남달, 고향만리, 귀국선, 꼬집힌 풋사랑, 꿈꾸는 백마강, 난 열일곱살이에요, 님, 님계신 전선, 대한팔경, 목포의 눈물, 미사의 노래, 발길로 차려무나, 사의 찬미, 슈사인보이, 연락선은 떠난다, 왕서방연서, 울고넘는 박달재, 유정천리, 이별의 부산정거장, 청춘고백, 페르샤 왕자, 풍년가, 한강, 해조곡, 홍콩 아가씨, 효녀심청 (28)	매기의 추억, (When You and I Were Young, Maggie), 산타루치아, 소나무, 언덕에 올라, 즐거운 우리집, 징글벨 (6)	48
大學校 (軍服務)	22-26	1957-61	새타령, 성주풀이, 창부타령 (3)	금강에 살으리랏다, 동무생각, 바위고개, 육군가, 육군훈령병가, 희망의 나라로 (6)	가는 봄 오는 봄, 고향설, 고향은 내 사랑, 고향초,기타부기, 꽃마차, 꿈에 본 내고향, 나룻배처녀, 난 울었네, 남원의 애수, 노래가락 차차차, 님이라 부르리까, 단장의 미아리고개, 대지의 항구, 목포는 항구다, 물레방아 도는 내력, 봄처녀, 비내리는 고모령, 사막의 한, 선창, 신라의 달밤, 아메리카 차이나 타운, 알뜰한 당신, 앵두나무처녀, 어머님 안심하소서, 엘레나가 된 순이, 연분홍치마, 엽전열닷냥, 울고넘는 박달재, 울며헤진 부산항, 유정천리, 이별의 仁川港, 印度의 향불, 전선야곡, 짝사랑, 피리부는 사나이, 하룻밤 풋사랑, 한많은 대동강, 향기품은 군사우편, 황성옛터, 희망의 나라로 (41)	고향생각 (Flee as a Bird), Goodbye My Friend, 바다로 가자, 아! 목동아 (4)	54
職場·大學院	27-29	1962-64	아리랑낭랑, 아리랑목동, 한오백년 (3)	가고파, 그네, 물망초, 봄이 오면, 산들바람, 옛동산에 올라, 얼굴 (7)	가는세월, 갈대의 순정, 고향초, 꽃사시오, 꿈속의 사랑, 꿈이여 다시 한번, 나를 두고 아리랑, 노란샤쓰 입은 사나이, 닐리리야, 달도 하나 해도 하나, 대전블루스, 럭키서울, 마도로스朴, 마음의 자유천지, 무너진 사랑탑, 미사의 鐘, 바다의 교향시, 바람에 구름가듯, 방랑시인 김삿갓, 방울새, 彷徨,	에델바이스 (Edelweiss), 친구의 이별 (Juanita) (2)	60

生涯區分	年齡(歲)	年　度	童謠·民謠	歌曲·指定曲	大　衆　歌　謠	外國歌謠	合計
					베사메무초, 서울구경, 서울 夜曲, 십오夜, 아리조나 카우보이, 아메리칸 마도로스, 哀愁의 소야곡, 애원, 앵두, 어머니마음, 오동잎, 용두산 엘레지, 울산큰애기, 울어라 기타줄, 울어라 열풍아, 잃어버린정, 情, 조약돌, 진짜 사나이, 처녀뱃사공, 처녀총각, 청춘의 꿈, 청포도사랑, 카추샤의 노래, 토요일밤, 휘파람을 불며, 흰구름 먹구름(51)		
硏究員·助　敎	30-33	1965-68	자장가 (1)	가는길, 나물캐는 처녀, 同心草, 봄처녀, 산들바람, 진달래꽃 (6)	경상도 아가씨, 경상도 청년, 고향처녀, 과거를 묻지마세요, 꿈에 본 내고향, 羅星에 가면, 나하나의 사랑, 단골손님, 大田블루스, 두견화사랑, 마도로스 부기, 萬里浦 사랑, 明洞부루스, 무정한 그 사람, 밀짚모자 목장아가씨, 바닷가에서, 白馬江, 봄바람 님바람, 부산행진곡, 비의 탱고, 빨간 마후라, 사랑에 속고 돈에 울고, 산까치야, 山莊의 女人, 소녀의 꿈, 소쩍새 슬피우는, 슬픔의 心路, 쌍고동우는 항구, 아네모네 아니야, 아마도 빗물이겠지, 아주까리등불, 아침이슬, 알뜰한 당신, 愛人, 어디쯤 가고 있을까, 열아홉순정, 왜 불러, 우리 애인은 올드미스, 원통해서 못살겠네, 流浪오천키로, 流浪者, 이거야 정말, 이름모를 少女, 이별의 종착역, 里程標, 인생은 나그네, 잃어버린 삼십년, 제비처럼, 지평선은 말이 없다, 찾아온 산장, 첫사랑 마도로스, 靑山流水, 청실홍실, 평양기생, 하늘의 황금마차, 하숙생, 허무한 마음, 화물선 사랑, 黃昏의 부루스(59)	Diana, Love Me Tender, Sweet Carolline, 女子의 마음(La Donna émobile) (4)	70
留　學	34-36	1969-71	新아리랑, 珍島아리랑 (2)	南村, 못잊어, 이별의 노래 (3)	개나리처녀, 고향의 그림자, 꽃중의 꽃, 나는 가야지, 나하나의 사랑, 내고향, 父母, 삼다도 소식, 섬마을 선생님, 영등포의 밤, 옛생각, 이정표 없는 거리, 인생은 未完成, 秋風嶺, 충청도 아줌마, 鄕愁(16)	마리아 마리(Maria! Mari!), She's Gone, 오! 나의 太陽(O Sole Mio), Johnny Guitar (4)	25
專任講師	37-40	1972-75	고향땅, 새나라의 어린이, 앞으로, 옹달샘, 우리나라꽃(5)	내마음, 보리밭, 碑木, 사공의 노래, 산넘어 남촌에는(5)	가을비, 우산속, 갑돌이와 갑순이, 검은장갑, 故鄕無情, 고향에 찾아와도, 공항의 이별, 금자동아 은자동아, 기분파 인생, 꽃이야기, 꿈속의 사랑, 꿈은 사라지고, 나는 어떡하라고, 노래하는 곳에, 눈물을 감추고, 눈이 내리는데, 댄서의 순정, 돌아가는 三角地, 떠날 때는 말없이, 마음약해서, 마음은 서러워도, 마지막포옹, 望鄕, 못잊어, 못잊어서 또 왔네, 미련 때문에, 밤안개, 4月이 가면, 서귀포를 아시나요, 소양강처녀, 아니벌써, 아!대한민국, 아리랑 목동, 아침이슬, 愛慕, 漁父의 노래, 女高時節, 旅路, 愛愁, 이별, 잊지는 말아야지, 情에 약한 남자, 친구야 친구, 커피 한잔, 해변의 女人, 흑산도 아가씨(45)	Love is Many Splendored Thing, 돌아오라 소렌토로(Torna a Surriento) (2)	57
助敎授	41-44	1976-79	과수원길, 꽃밭에서, 우리유치원, 엄마 앞에서 짝짜꿍(4)	기다리는 마음, 보리밭, 山有花, 새마을 노래,	가슴 아프게, 가지를 마오, 갈대의 순정, 검은 장갑, 그대가 떠나신 후에, 그대 없이는, 그리움은 가슴마다, 그 얼굴에 햇살을, 기다리게 해놓고, 기다리는 마음, 기러기 아빠, 난이야, 날보러 와요,	꿈길에서(Beautiful Dreamer), My Way,	66

生涯區分	年齡(歲)	年 度	童謠·民謠	歌曲·指定曲	大 衆 歌 謠	外國歌謠	合計
				엄마야 누나야 (5)	너, 달타령, 당신의 마음, 大同江 편지, 대머리 총각, 덕수궁 돌담길, 同伴者, 동백아가씨, 동숙의 노래, 떠날때는 말없이, 뜨거운 안녕, 마음이 고와야지, 麻浦終點, 맨발의 청춘, 먼데서 오신 손님, 멍에, 미워도 다시한번, 背信者, 비둘기집, 사랑의 미로, 사랑이란 두글자, 사랑이여, 瑞山 갯마을, 修德寺의 女僧, 안개낀 장충단공원, 안개속으로 가버린 사람, 애정이 꽃피던 시절, 얄미운사람, 어차피 떠난 사람, 옛생각, 외나무다리, 우연히 정들었네, 울려고 내가왔나, 님과 함께, 임그리워, 戰友가 남긴 한 마디, 情, 하와이 戀情, 행복이란, 회전의자(53)	You Mean Everything to Me, Too Young (4)	
副教授	45-49	1980-84	눈, 어린이 날 노래 (2)	나의 조국, 보리피리, 先驅者, 저구름 흘러가는 곳, 좋아졌네 (5)	감수광, 江村에 살고 싶네, 故鄕驛, 고향은 좋아, 사나이, 그대여 변치마오, 그때 그사람, 그러긴가요, 나침반, 낙엽따라 가버린 사랑, 男性 넘버원, 南行列車, 내곁에 있어주, 누가 이사람을 모르시나요, 당신도 울고 있네요, 돌아와요 부산 항에, 돌지 않는 風車, 마음약해서, 머나먼 고향, 모닥불, 못잊겠어요, 물레방아 도는데, 물새야 왜우느냐, 바다가 육지라면, 사랑만은 않겠어요, 사랑은 눈물의 씨앗, 사랑의 頌歌, 사랑의 슬픔, 사랑이여, 사랑해, 아내에게 바치는 노래, 앉으나 서나 당신 생각, 愛慕의 노래, 애수의 네온街, 어느날 오후, 여자이니까, 雨中의 여인, 울고 싶어라, 울긴 왜 울어, 울지마, 잊을수가 있을까, 잊혀진 季節, 잊혀진 사랑, 조약돌, 죄많은 인생, 추억의 소야곡, 카페에서, 海邊의 女人(48)	라팔로마(La Paloma), And I Love You So, Only You, Put Your Hand on My Shoulder(4)	59
教授·大學院長	55-55	1985-90	휘날리는 太極旗(1)	榮光의 부름받아, 店村市民의 노래(2)	다 그런거지 뭐, 너무합니다. 너와 나의 고향, 눈물의 블루스, 당신도 울고있네요, 두메산골, 두줄기 눈물, 둘이 걸었네, 뜨거운 안녕, 모두가 사랑이에요, 못난 내 청춘, 못잊겠어, 못잊어, 물레야, 보고싶은 얼굴, 보슬비 오는 거리, 봉선화 연정, 불효자는 웁니다, 비내리는 영동교, 사랑은 나비인가봐, 사랑은 이제 그만, 사랑의 거리, 사랑의 모닥불, 사랑의 기로, 서울의 찬가, 어화둥둥 내사랑, 옥경이, 우린 너무쉽게 헤어졌어요, 울면서 후회하네, 월남에서 돌아온 김상사, 인생수첩, 일편단심 민들레야, 잊으라면 잊겠어요, 작은 연인들, 정말로, J에게, 짝사랑, 차표한장, 처음 느낀 사랑이야기, 최진사댁 셋째딸, 친구여, 키다리 미스터 김, 타타타, 행복을 비는 마음, 호반의 벤취, 칠갑산(46)	La Novia, 港町 13番地, Autumn Leaves, Wonderful Tonight, Wait for Me (5)	54
教授·研究院長	56-59	1991-94	-	韓國地方行政研究院歌(1)	가는 세월, 慶州 나그네, 고목나무, 그때 그사람, 당신이 누구시길래, 만남, 미안미안해, 미워하지 않으리, 바보같은 사나이, 비내리는 명동거리, 비에젖은 터미널, 사랑, 사랑만은 않겠어요, 사랑사랑 누가말했나, 신사동 그사람, 영영, 蔚珍 뱃사공, 작은 연인들, 청춘을 돌려다오, 초연, 波濤, 팔도강산, 한백년, 한번준 마음인데, 함경도 사나이, 港口의 사랑, 항구의 青春詩, 행복이란, 행복한 사람(29)	Dream Lover, Let It Be, Stand by Me, 旅愁(Dreaming of Home and Mother) (4)	34

生涯區分	年齡(歲)	年度	童謠·民謠	歌曲·指定曲	大衆歌謠	外國歌謠	合計
教　授	60-61	1995-96	歲歲年年, 양산도, 육자배기, 天安삼거리, 청포장수(5)	국화옆에서, 도라지꽃, 聞慶 市民의 노래, 아!가을인가, 어머니 마음, 地方自治의 노래, 한송이 흰 百合花(7)	가버린 사랑, 고향이 남쪽이랬지, 그대와 탱고를, 그 이름, 落花流水, 浪漫에 대하여, 내마음 별과 같이, 떠나는 마음, 떠난 男子, 또 만났네요, 마지막 잎새, 마지막 편지, 물새우는 강언덕, 미워 미워 미워, 美人, 밤차, 白痴아다다, 벽오동 심은 뜻은, 비오는 海館, 사랑에 폭빠졌나봐, 사랑은 장난이 아니랍니다, 산팔자 물팔자, 三角山손님, 아빠의 青春, 안녕, 우리 마을, 잃어버린 季節, 잊으리, 잊을수 없는 戀人, 잊혀진 계절, 張綠水, 항구의 선술집, 海南아가씨, 허공, 흙에 살리라, 原點(36)	스잔나, I Miss You, I Will Always Love You, I Just Called to Say I LoveYou, Yesterday, Old Black Joe, 즐거운 나의 집(7)	55
主任教授	62-63	1997-98	-	-	異國 땅, 西쪽으로 간 女子, 南原의 哀愁(3)	-	3
教　授	64-67	1999-2002	-	-	波濤, 사랑은 아무나 하나, 男子라는 理由로, 사나이 눈물, 들菊花 女人(5)	有樂町で會いましょう, El Condor Pasa(2)	7
名譽教授·碩座教授	67-71	2002-2006	동무생각(1)	아침이슬, 강남달, 우리의 所願은 統一(3)	朝鮮八景, 오빠는 잘 있단다, 希望歌, 저하늘 별을 찾아, 하늘아 하늘아, 사랑은 장난이 아니야, 男子의 길, 미련도 後悔도 없다. 男子의 눈물, 사는동안 애오라지, 나비야 青山가자. (11)	휘파람, 處女時節, 金日成 將軍의 노래, 여성은 꽃이라네, 날보고눈이 높대요, 모르는가봐, 心臟에 남는 사람, 반갑습니다. 우리는 하나(9)	24

客說 : 經驗에서 얻은 삶의 眞實

年輪에 맞는 훌륭한 人格과 性品과 언행은 결코 하루아침에 형성되는 것이 아니고 또 저절로 이루어지는 것도 아니다. 일생을 통한 기나긴 歲月에 걸쳐 꾸준한 노력과 수련을 통해서만 가능하다.

客說 : 經驗에서 얻은 삶의 眞實

趣味生活 가운데는 가만히 앉아서 하는 것이 있고 돌아다니면서 하는 것이 있다. 점잖고 고상하기는 앉아서 하는 것이 좋지만 健康을 생각하면 돌아다니는게 좋다.

客說 : 經驗에서 얻은 삶의 眞實

一般人의 趣味가 專門家의 職業이 되는 경우가 많다. 바둑, 골프, 노래나 여러 가지 運動競技가 그러하다. 趣味의 水準을 職業의 水準으로까지 올리려고 애 쓰는 것은 무리이고 과욕이다. 그럴려면 아예 그 趣味를 職業으로 바꾸는게 좋다.

(3) 愛唱曲 主題의 時代別 變化推移

(單位 : 曲, %)

生涯區分	年度 (年間)	年齡 (歲)	1. 希望과 慶祝의노래	2.父母와 家族의노래	3.故鄕과 自然의노래	4.戰爭과 友情의노래	5.港口와 바다의노래	6.사랑과 離別의노래	7.人生과 旅程의노래	合計
內容			希望, 發展 意志, 決意 團結, 努力 愛國, 愛校 愛社, 行事 紀念, 慶祝	父母, 兄弟 姉妹 親戚 夫婦, 子女	故鄕, 시골 山川, 自然 動物, 樹木 花草, 農事 農村, 山村	戰爭, 戰友 親舊, 友情 벗, 사나이	港口, 바다 燈臺 갈매기 마도로스 물새	사랑, 愛情 戀情, 純情 貞操, 純潔 失戀, 離別 눈물, 悲戀 純愛, 殉愛	人生, 青春 幼兒, 青年 老人, 黃昏 放浪, 彷徨 追憶, 遊戲 喜怒哀樂	
幼兒期	1936-1944(8)	1-9	2(40.0)	-	1(20.0)	-	-	1(20.0)	1(20.0)	5(100.0)
初等學校	1945-1950(6)	10-15	5(25.0)	2(10.0)	9(45.0)	-	1(5.0)	1(5.0)	2(10.0)	20(100.0)
中等學校	1951-1953(3)	16-18	5(13.5)	3(8.1)	8(21.6)	2(5.4)	1(2.7)	8(21.6)	10(27.1)	37(100.0)
高等學校	1954-1956(3)	19-21	6(12.5)	4(8.3)	10(20.8)	3(6.3)	1(2.1)	17(35.4)	7(14.6)	48(100.0)
大學校	1957-1961(5)	22-26	4(7.4)	4(7.4)	16(29.7)	6(11.1)	6(11.1)	6(11.1)	12(22.2)	54(100.0)
會社·大學院	1962-1964(3)	27-29	3(5.0)	2(3.3)	17(28.4)	3(5.0)	2(3.3)	27(45.0)	6(10.0)	60(100.0)
內務部·助教	1965-1968(4)	30-33	-	1(1.4)	13(18.6)	1(1.4)	5(7.2)	28(40.0)	22(31.4)	70(100.0)
外國留學	1969-1971(3)	34-36	-	1(4.0)	6(24.0)	-	-	9(36.0)	9(36.0)	25(100.0)
累計	1936-1971(35)	1-36	25(7.9)	17(5.3)	80(25.1)	15(4.7)	16(5.0)	97(30.4)	69(21.6)	319(100.0)
專任講師	1972-1975(4)	37-40	4(7.0)	1(1.8)	13(22.8)	1(1.8)	-	20(35.1)	18(31.5)	57(100.0)
助教授	1976-1979(4)	41-44	3(4.6)	2(3.0)	8(12.1)	1(1.5)	-	38(57.6)	14(21.2)	66(100.0)
副教授	1980-1984(5)	45-49	3(5.1)	1(1.7)	12(20.3)	1(1.7)	-	31(52.5)	11(18.7)	59(100.0)
教授·大學院長	1985-1990(6)	50-55	4(7.4)	1(1.9)	4(7.4)	2(3.7)	1(1.9)	35(64.8)	7(12.9)	54(100.0)
教授·硏究院長	1991-1994(4)	56-59	1(2.9)	1(2.9)	2(5.9)	-	3(8.8)	16(47.1)	11(32.4)	34(100.0)
教授·主任教授	1995-1998(4)	60-63	2(3.4)	2(3.5)	17(29.3)	-	2(3.4)	24(41.4)	11(19.0)	58(100.0)
平教授	1999-2002(4)	64-67		2(8.7)	1(4.2)	-	-	6(85.7)	1(14.3)	7(100.0)
名譽·碩座教授	2002-2006(4)	67-71	4(16.7)	-	2(8.3)	1(4.2)	-	9(37.5)	8(33.3)	24(100.0)
累計	1972-2006(35)	37-71	21(5.8)	8(2.2)	58(16.1)	6(1.7)	6(1.7)	179(49.9)	81(22.6)	359(100.0)
總累計	1936-2006(70)	1-71	46(6.8)	25(3.7)	138(20.4)	21(3.1)	22(3.2)	276(40.7)	150(22.1)	678(100.0)

客說 : 經驗에서 얻은 삶의 眞實

많은 사람이 오랫동안 즐겨 부르는 노래를 名曲이라 한다면 우리 나라에도 名曲은 많다. 고향 눈, 나그네 설움, 번지 없는 주막, 홍도야 울지마라, 울고 넘는 박달재, 눈물젖은 두만강, 백마강 달밤 등은 아마 앞으로도 두고 두고 불리어질 韓國의 名曲들이다.

客說 : 經驗에서 얻은 삶의 眞實

趣味生活은 웃으면서 즐거운 마음으로 해야 한다. 험한 印象을 해가지고 안간힘을 쓰거나 신경질을 내면서 是非를 걸거나 하면 그것은 이미 趣味生活이 아니라 싸움이요 鬪爭이다.

Ⅲ. 小說 耽讀

○ 要 約

(單位 : 卷)

生涯區分	職級·職位	年 次	年 度	國內小說	外國小說	合 計
初·中·高等學校時代	初等學校	1	1945	2	-	2
		2	1946	4	-	4
		3	1947	6	1	7
		4	1948	8	2	10
		5	1949	10	3	13
		6	1950	5	3	8
		計	(6年)	35	9	44
	中等學校	1	1951	30	9	39
		2	1952	55	15	70
		3	1953	7	4	11
		計	(3年)	92	28	120
	高等學校	1	1954	15	7	22
		2	1955	20	10	30
		3	1956	13	13	26
		計	(3年)	48	30	78
	累 計	累計	1945-56	175	67	242
		年平均	(12年)	14.6	5.6	20.2
		月平均	(136月)	1.3	0.5	1.8
大學·大學院時代	大學校	1	1957	10	17	27
		2	1958	7	6	13
		3	1959	17	8	25
		4	1960	16	10	26
		5	1961	8	7	15
		計	(5年)	58	48	106
	會社·高校	1	1962	10	10	20
	大學院	1	1963	10	9	19
		2	1964	10	10	20
		計	(2年)	20	19	39
	內務部	1	1965	12	10	22
	助 教	1	1966	15	12	27
		2	1967	12	10	22
		3	1968	12	10	22
		計	(3年)	39	32	71
	留 學	1	1969	3	6	9
		2	1970	2	3	5
		3	1971	2	2	4
		計	(3年)	7	11	18
	累 計	累計	1957-71	146	130	276
		年平均	(15年)	9.7	8.7	18.4
		月平均	(180月)	0.8	0.7	1.5

生涯區分	職級·職位	年次	年度	國內小說	外國小說	合計
社會活動 時代	專任講師	1	1972	5	11	16
		2	1973	9	12	21
		3	1974	13	9	22
		4	1975	12	11	23
		計	(4年)	39	43	82
	助教授	1	1976	5	5	10
		2	1977	14	12	26
		3	1978	11	11	22
		4	1979	13	12	25
		計	(4年)	43	40	83
	副教授	1	1980	10	12	22
		2	1981	11	11	22
		3	1982	6	8	14
		4	1983	11	12	23
		5	1984	8	12	20
		計	(5年)	46	55	101
	教授	1	1985	11	6	17
		2	1986	11	6	17
		計	(2年)	22	12	34
	大學院長	1	1987	9	4	13
		2	1988	7	3	10
		3	1989	9	5	14
		4	1990	7	4	11
		計	(4年)	32	16	48
	教授	1	1991	20	9	29
		2	1992	9	4	13
		計	(2年)	29	13	42
	研究院長	1	1993	8	4	12
		2	1994	10	4	14
		計	(2年)	18	8	26
	平教授	1	1995	16	9	25
		2	1996	21	13	34
		計	(2年)	37	22	59
	主任教授	1	1997	16	15	31
		2	1998	48	17	65
		計	(2年)	64	32	96
	平教授	1	1999	43	8	51
		2	2000	17	38	55
		3	2001	23	58	81
		4	2002	41	57	98
		計	(4年)	124	161	285
	名譽教授·碩座教授	1	2003	8	18	26
		2	2004	28	27	55
		3	2005	50	25	75
		4	2006	21	22	43
		計	(4年)	107	92	199
	累計	累計	1972-2006	736	561	1,297
		年平均	(35年)	21.0	16.0	37.0
		月平均	(415月)	1.8	1.3	3.1
總累計	累計	累計	1945-2006	882	691	1,573
		年平均	(62年)	14.2	11.2	25.4
		月平均	(731月)	1.2	1.0	2.2

1. 時代別 耽讀小說

(1) 初·中·高等學校 時代

學　級	學年	年度	國　內　小　說	國　外　小　說	合計
初等學校	1	1945	○ 콩쥐팥쥐 (未詳) ○ 어린이 동화집 (方定煥) (2)	-	2
	2	1946	○ 仙女와 나무꾼 (미상) ○ 九尾狐 (미상) ○ 지네와 고양이 (미상) ○ 心懷歌 (미상) (4)	-	4
	3	1947	○ 好童王子와 樂浪公主 (미상) ○ 雍固執傳 (미상)(○ 回心曲 (休靜) ○ 저승使者 (미상) ○ 江原道砲手 (미상) ○ 도깨비傳 (미상 (6)	○ 白雪公主 (The Snow White; Jakob Grimm and Wilbelm Grimm, 독일) (1)	7
	4	1948	○ 春香傳 (미상) ○ 沈淸傳 (미상) ○ 興夫傳 (미상) ○ 漢陽歌 (漢山居士) ○ 劉忠烈傳 (미상) ○ 淑香傳 (미상) ○ 咸興差使 (미상) ○ 장끼傳 (미상) (8)	○ 寶物섬(Treasure Island; R.L.Stevenson, 영국) ○ 신드바드의 冒險(The Adventure of Sindbad;미상, 이집트) (2)	10
	5	1949	○ 바보溫達 (미상) ○ 사랑의 膳物 (方定煥) ○ 玉丹春傳 (미상) ○ 奉伊 金仙達(미상) ○ 四溟堂 (미상) ○ 眞珠塔 (金來成) ○ 牽牛·織女 (미상) ○ 토끼의 肝 (金東仁) ○ 무쇠탈 (閔우보) ○ 까치의 報恩 (미상) (10)	○ 걸리버 旅行記(Gulliver's Travels; Jonathan Swift, 영국) ○ 이솝寓話(Fables of Aesop; Aesop, 그리스) ○ 하멜漂流記(The Driftage of Hamel; Hendrik Hamel, 네덜란드) (3)	13
	6	1950	○ 洪吉童傳 (許筠) ○ 孝女知恩 (미상) ○ 楚漢傳 (미상) ○ 鼈主簿傳 (미상) ○ 白假面 (金來成) (5)	○ 東方朔 (미상, 中國) ○ 孫悟空 (羅貫中, 中國) ○ 박타는 處女 (미상, 蒙古) (3)	8
	計	6年	35	9	44

學　級	學年	年度	國　內　小　說	國　外　小　說	合計
中等學校	1	1951	○ 朴赫居世 (미상) ○ 金閼智 (미상) ○ 팥죽할머니와 늑대(미상) ○ 孝子지게 (미상) ○ 너도밤나무 (미상) ○ 玉娘子傳 (미상) ○ 젊어지는 샘물 (미상) ○ 도깨비 방망이 (미상) ○ 곰나루 (미상) ○ 遁甲여우와 소금장수 (미상) ○ 나뭇잎과 도적 (미상) ○ 三年고개 (미상) ○ 금도끼·은도끼 (미상) ○ 거위 (미상) ○ 임금님의 귀는 당나귀 귀 (미상) ○ 痲姑山城 (미상) ○ 誕生의 神話 (미상) ○ 申砬將軍과 聞慶새재 (미상) ○ 百結先生과 거문고 (미상) ○ 怪美人 (方仁根) ○ 美人 스파이 (方仁根) ○ 怪屍體 (方仁根) ○ 怨恨의 復讐 (方仁根) ○ 花郞 官昌 (미상) ○ 檀君神話 (미상) ○ 階伯將軍 (미상) ○ 趙雄傳 (미상) ○ 黃山벌싸움 (미상) ○ 人生劇場 (方仁根) ○ 怪青年 (方仁根) (30)	○ 三國志 (羅貫中, 중국) ○ 西遊記 (吳承恩, 중국) ○ 水湖誌 (羅貫中, 중국) ○ 少公子 (Little Lord Fauntleroy; Frances E.H. Burnett, 미국) ○ 少公女 (Little Saint Elizabeth; Frances E.H. Burnett, 미국) ○ 돈 키호테 (Don Quixote; Miguel de Cervantes Saavedra, 스페인) ○ 人魚公主 (The Little Mermaid; Hans C. Andersen, 덴마크) ○ 三銃士 (Les Trás Mousquetaires; A.D. Pére, 프랑스) ○ 플루타크英雄傳(對比列傳) (Plutarch; Plutarchos, 그리스) (9)	39
	2	1952	○ 愚夫歌 (미상) ○ 元述郞 (미상) ○ 李守一과 沈順愛 (미상) ○ 長恨夢 (이문구) ○ 三姓穴 (미상) ○ 放火殺人事件 (方仁根) ○ 女學生의 貞操 (方仁根) ○ 새벽길 (方仁根) ○ 雲英傳 (미상) ○ 假面舞蹈會 (方仁根) ○ 朴氏夫人傳 (미상) ○ 薔花紅蓮傳 (미상) ○ 檢事와 女先生 (金肇盛) ○ 魔都의 향불 (方仁根) ○ 義賊 一枝梅 (미상) ○ 새 出發 (方仁根) ○ 惡魔 (方仁根) ○ 愛情 (方仁根)] ○ 젊은 안해 (方仁根) ○ 青春夜話 (方仁根) ○ 紅雪白雪 (方仁根) ○ 人生行路 (方仁根)	○ 三皇五帝 (미상, 중국) ○ 黃巾賊 (미상, 중국) ○ 許由와 巢父 (미상, 중국) ○ 알리바바와 40人의 盜賊 (Alibaba; The Arabian Nights Entertainment; 미상, 이집트) ○ 千一夜話 (The Arabian Nights Entertainment;미상, 이집트) ○ 幽靈 (Gengangere; H.Ibsen, 노르웨이) ○ 人形의 집 (Et Dukkehjem; Henrik Ibsen, 노르웨이) ○ 잔·다르크 (Jeanne d'Arc; George B.Shaw, 영국) ○ 노트르담의 꼽추 (Notre Dame de Paris; Victor M. Hugo, 프랑스) ○ 솔로몬王 (King Solomon; 미상, 이스라엘) ○ 율리우스·시저 (Gaius Julius Caesar; 미상, 이탈리아) ○ 黃金의 항아리 (A Golden Jar; Titus M.Plautus, 이탈리아) ○ 플란더스의 개 (A Dog of Flanders; Ouida Louise de la Ramée, 영국)	70

學　級	學年	年度	國　內　小　說	國　外　小　說	合計
中等學校	2	1952	○ 海賊 (方仁根) ○ 女性의 貞操 (方仁根) ○ 아리랑 (方仁根) ○ 殺人犯의 정체 (方仁根) ○ 明暗雙奏曲 (方仁根) ○ 薔薇夫人 (方仁根) ○ 그 女子의 日記 (方仁根) ○ 巖窟王 (金來成) ○ 烏有蘭傳 (미상) ○ 朴文秀傳 (미상) ○ 青春劇場 (金來成) ○ 魔人 (金來成) ○ 失樂園의 별 (金來成) ○ 邊강쇠傳 (미상) ○ 廣開土大王 (미상) ○ 楊萬春傳 (미상) ○ 甄萱傳 (미상) ○ 弓裔傳 (미상) ○ 梁風雲傳 (미상) ○ 花郎徒 (미상) ○ 사랑 (李光洙) ○ 無情 (李光洙) ○ 有情 (李光洙) ○ 異次頓의 死 (李光洙) ○ 꿈 (李光洙) ○ 麻衣太子 (李光洙) ○ 흙 (李光洙) ○ 端宗哀史 (李光洙) ○ 革命家의 아내 (李光洙) ○ 放浪者 (李光洙) ○ 元曉大師 (李光洙) ○ 世祖大王 (李光洙) ○ 無明 (李光洙) (55)	○ 크리스마스·캐럴(A Christmas Carol; Charles Dickens, 영국) ○ 로빈슨 漂流記 (Robinson Crusoe; Daniel Defoe, 영국) (15)	
	3	1953	○ 再生 (李光洙) ○ 許生傳 (李光洙) ○ 돌벼개 (李光洙) ○ 標本室의 청개구리 (廉想涉) ○ 벙어리 三龍이 (羅稻香) ○ 물레방아 (羅稻香) ○ 젊은이의 時節 (羅稻香) (7)	○ 好逑傳 (미상, 중국) ○ 金甁梅 (王世貞, 중국) ○ 프랭클린 自敍傳 (Autobiography; Benjamin Franklin, 미국) ○ 셜록·호옴즈의 冒險 (Sherlock Holmes; Arthur Conan Doyle, 영국) (4)	11
	計	3年	92	28	120
高等學校	1	1954	○ 血의 淚 (李人稙) ○ 鬼의 聲 (李人稙) ○ 雉岳山 (李人稙) ○ 長恨夢 (趙一齊) ○ 감자 (金東仁) ○ 臨終 (廉想涉) ○ 雲峴宮의 봄 (金東仁) ○ 三代 (廉想涉) ○ B舍監과 러브레터 (玄鎭健) ○ 貧妻 (玄鎭健)	○ 나이팅게일 (Florence Nightingale; 미상, 영국) ○ 사랑하는 女人들 (Sons and Lovers; David H.Lawrence, 영국) ○ 마지막 잎새 (The last Leaf; O.Henry, 미국) ○ 賢者의 膳物 (The Gift of the Magi; O.Henry, 미국) ○ 天路歷程 (The Pilgrim's Progress; J.Bunyan, 영국)	22

學 級	學年	年度	國 內 小 說	國 外 小 說	合計
高等學校	1	1954	○ 술 권하는 社會 (玄鎭健) ○ 불 (玄鎭健) ○ 義慈王 (미상) ○ 望夫石 (미상) ○ 玭吝考妣 (미상) (15)	○ 폼페이 最後의 날 (The Last Days of Pompeii: E.G. Lytton, 영국) ○ 아버지와 아들 (Fathers and Sons: Ivan S.Turgenev, 러시아) (7)	
	2	1955	○ 黎明 (朴鐘和) ○ 前夜 (朴鐘和) ○ 錦衫의 피 (朴鐘和) ○ 世宗大王 (朴鐘和) ○ 洪景來 (朴鐘和) ○ 秋月色 (崔瓈植) ○ 花史 (林悌) ○ 癸丑日記 (미상) ○ 常綠樹 (沈薰) ○ 織女星 (沈薰) ○ 永遠의 微笑 (沈薰) ○ 해와 바람 (미상) ○ 恩津彌勒과 두더지 (미상) ○ 義狗傳說 (미상) ○ 시집가는 날 (미상) ○ 배따라기 (金東仁) ○ 젊은 그들 (金東仁) ○ 首陽大君 (金東仁) ○ 鐵假面 (金東仁) ○ 사랑방 손님과 어머니 (朱耀燮) (20)	○ 징기스칸 (成吉思汗: 미상, 중국) ○ 안나·카레니나 (Anna Karenina: Lev N.Tolstoi, 러시아) ○ 데카메론 (Decameron: Giovanni Boccaccio, 이탈리아) ○ 보바리 夫人 (Madame Bovary: Gustave Flaubert, 프랑스) ○ 올리버·트위스트 (Oliver Twist: Charles J.U.Dickens, 영국) ○ 두 都市 이야기 (A Tale of Two Cities: Charles J.H.Dickens, 영국) ○ 피노키오의 冒險 (Le Adventure di Pinocchio: Carlo Collodi, 이탈리아) ○ 飢餓 (Hungry:Knut Hamsun, 노르웨이) ○ 톰·존스의 이야기 (Tom Jones: Henry Fieldiny, 영국) (10)	30
	3	1956	○ 失樂園 (李箱) ○ 銀世界 (李仁稙) ○ 白雲小說 (李奎報) ○ 우등불 (李範奭) ○ 兩班傳 (朴趾源) ○ 殉愛譜 (朴啓周) ○ 待春賦 (朴鐘和) ○ 自由鐘 (李海朝) ○ 메밀꽃 필 무렵 (李孝石) ○ 三學士 (미상) ○ 海東野言 (許葑) ○ 黃土記 (金東里) ○ 海東歌謠 (金壽長) (13)	○ 飮中八仙歌 (杜甫: 중국) ○ 牧丹亭還魂記 (湯臨川, 중국) ○ 邯鄲之夢 (미상, 중국) ○ 첫사랑 (First Love:Ivan S.Turgenev, 러시아) ○ 皇太子의 첫사랑 (카를·하인리히)(Karl Heinrich: Wilhelm Meyer-Förster, 독일) ○ 차털리夫人의 사랑 (Lady Chatterley's Lover: David H.Lawrence, 영국) ○ 이상한 나라의 앨리스 (Alice's Adventures in Wonderland: Lewis Carroll, 영국) ○ 로미오와 줄리에트 (Romeo and Juliet: William Shakespeare, 영국) ○ 베니스의 商人 (The Merchant of Venice: William Shakespeare, 영국) ○ 햄릿 (Hamlet:William Shakespeare, 영국) ○ 오델로 (Othello:William Shakespeare, 영국) ○ 罪와 罰 (Prestuplenie i Nakazaine: F.M.Dostoevski, 러시아) ○ 女子의 一生 (Une Vie: Guyde Maupassant, 프랑스) (13)	26
	計	3年	48	30	78
累 計	12年		175	67	242

(2) 大學校·大學院 時代

學　級	學年	年度	國　內　小　說	國　外　小　說	合計
大學校	1	1957	○ 찔레꽃 (金末峰) ○ 許生傳 (朴趾源) ○ 多情佛心 (朴鐘和) ○ 西山大師傳 (미상) ○ 독짓는 늙은이 (黃順元) ○ 보리고개 (田榮澤) ○ 소나기 (黃順元) ○ 나 (李光洙) ○ 耳談續纂 (丁若鏞) ○ 淚 (李相協) (10)	○ 大唐西域記 (玄奘, 중국) ○ 獨逸國民에 告함 (Reden an die Deutsche Nation; Johann Gottlieb Fichte, 독일) ○ 오 헨리의 短篇小說 (O. Henry's Short Stories; O.Henry, 미국) ○ 좁은 門 (Strait is the Gate; André Gide, 프랑스) ○ 가난한 사람들 (Poor Folk; Fyodor M. Dostoevski, 러시아) ○ 카라마조프의 兄弟 (The Brothers' Karamazov; Fyodor M.Dostoevski, 러시아) ○ 달과 6펜스 (The Moon and Six Pence; W.S. Maugham, 영국) ○ 카르멘 (Carmen; Prospér Mérimée, 프랑스) ○ 偉大한 돌얼굴 (The Great Stone Face; N.Hawthorne, 미국) ○ 한여름밤의 꿈 (A Midsummer Night's Dream; William Shakespeare, 영국) ○ 외로운 사람들 (Einsame Menschen; Gerhart Hauptmann, 독일) ○ 歸鄕 (The Return of the Native; Thomas Hardy, 영국) ○ 가련한 하인리히 (Der Arme Heinrich; von Aue Hartmann, 독일) ○ 피가로의 結婚 (Le Mariage de Figaro; Pierre-Augustin Caron de Beaumarchais, 프랑스) ○ 戀愛對位法 (Point Counter Point; Aldous Leonard H. Huxley, 영국) ○ 알렉산더大王 (The Great King Alexander; 미상, 영국) ○ 알프스의 少女 (A Girl of Alps; Johanna Spyri, 스위스) (17)	27
	2 (軍隊)	1958	○ 白痴 아다다 (桂鎔默) ○ 馬夫 (桂鎔默) ○ 金春秋傳 (미상) ○ 李儁烈士 (미상) ○ 高朱蒙傳 (미상) ○ 仁祖反正 (洪曉民) ○ 裵裨將傳 (미상) (7)	○ 青春은 아름다워라 (Shön ist die Jugent; Hermann Hesse, 독일) ○ 지킬博士와 하이드氏 (The Strange Case of Dr.Jekill and Mr. Hyde; Robert L.B.Stevenson, 영국) ○ 50個의 유명한 이야기 (Fifty Famous Stories; J.M. Baldwin, 미국) ○ 젊은 베르테르의 슬픔 (Die Leiden des Jungen Werther; Johann W.von Goethe, 독일) ○ 椿姬 (La dame aux Camélias; A.D. fils Dumas, 프랑스) Schiller, 독일) ○ 群盜 (Die Räuber; Johann C.F.von Schiller, 독일) (6)	13

學　級	學年	年度	國　內　小　說	國　外　小　說	合計
大學校	3	1959	○ 意幽堂日記 (意幽堂 金氏) ○ 燃黎室記述 (李肯翊) ○ 乙巴素 (미상) ○ 隱士歌 (미상) ○ 貞操怨 (李相協) ○ 黃昏의 노래 (李石薰) ○ 白薔薇夫人 (李石薰) ○ 賣笑婦 (李善熙) ○ 樂院故事 (李世弼) ○ 姜邯贊傳 (미상) ○ 讓寧大君 (미상) ○ 安重根義士 (미상) ○ 黃喜政丞 (미상) ○ 死六臣傳 (미상) ○ 生六臣傳 (미상) ○ 自鳴鼓 (미상) ○ 古今笑叢 (미상) (17)	○ 警察官과 讚美者 (The Cop and the Anthem; O.Henry, 미국) ○ 大地 (The Good Earth; Pearl S.Buck, 미국) ○ 누구를 위하여 鐘은 울리나 (For Whom the Bell Tolls; Ernest Hemingway, 미국) ○ 武器여 잘있거라 (Farewell to Arms; Ernest Hemingway, 미국) ○ 老人과 바다 (The Old Man and the Sea; Ernest Hemingway, 미국) ○ 해는 또다시 떠오른다 (The Sun Also Rises; Ernest Hemingway, 미국) ○ 25時 (Vingt-Cinquiéme Heure; E.V.Gheorghiu, 루마니아) ○ 톰·소여의 冒險 (The Adventures of Tom Sawyer; Mark Twain, 미국) ○ 외로운 사람들 (Einsame Menschen; Gerhart Hauptmann, 독일) (8)	25
	4	1960	○ 鶴 (黃順元) ○ 恨中錄 (惠慶宮 洪氏) ○ 仁顯王后傳 (미상) ○ 虎叱 (朴趾源) ○ 張三李四 (崔明翊) ○ 尹奉吉義士 (미상) ○ 李春風傳 (김영석) ○ 萬歲前夜 (廉想涉) ○ 紅桃의 半生 (尹白南) ○ 카인의 後裔 (黃順元) ○ 處女地 (朴啓周) ○ 秘密의 門 (金來成) ○ 妙淸의 亂 (미상) ○ 金蛙王說話 (미상) ○ 三學士傳 (宋時烈) ○ 惡夜 (金光洲) (16)	○ 氷點 (三浦綾子, 일본) ○ 魔女의 빵 (Witches' Loaves; O.Henry, 미국) ○ 나폴레옹傳 (Bonaparte N.Napoléon, 미상, 프랑스) ○ 젊은 獅子들 (The Young Lions; I.Show, 미국) ○ 戰爭과 平和 (Voina i Mir; Lev N.Tolstoi, 러시아) ○ 復活 (Resurrection; Lev N.Tolstoi, 러시아) ○ 凱旋門 (Arc de Triomphe; E.M.Remarque, 프랑스) ○ 프랑켄쉬타인 (Frankenstein; Mary W. Shelley, 영국) ○ 舊約聖書 (The old Testament; 미상, 이스라엘) ○ 夢魔修道院 (Crotchet Castle; Thomas L.Peacock, 영국) (10)	26
	5	1961	○ 白馬江 (金東仁) ○ 自由夫人 (鄭飛石) ○ 歷史는 흐른다 (韓末淑) ○ 金鰲神話 (金時習) ○ 閑良傳 (미상) ○ 三國史記 (金富軾) ○ 青春山脈 (鄭飛石) ○ 徐羅伐 (金東仁) (8)	○ 南柯記 (李公佐, 중국) ○ 퀴리夫人傳 (Mádame Curie; Éve Curie, 프랑스) ○ 안네의 日記 (Achterhuis; The Diary of a Young Girl; Anne Frank, 네덜란드) ○ 異邦人 (L'Etranger; Albert Camus, 프랑스) ○ 페스트 (Peste; Albert Camus, 프랑스) ○ 大尉의 딸 (The Captain's Daughter; Aleksander S.Pushkin, 러시아) ○ 新約聖書(The New Tistament;미상, 이스라엘) (7)	15
	計	5年	58	48	106

學　級	學年	年度	國　內　小　說	國　外　小　說	合計
職　場 (出版社・ 高等學校)	1	1962	○ 三國遺事 (金一然) ○ 大盜傳 (尹白南) ○ 愛情無限 (鄭飛石) ○ 不死鳥 (沈薰) ○ 紅桃의 一生 (현병주) ○ 벌레먹은 薔薇 (崔仁旭) ○ 落照의 노래 (尹白南) ○ 地下室의 美女 (나만식) ○ 黑眞珠 (박용환) ○ 謙齋集 (趙泰億) (10)	○ 20年後 (After Twenty Years; O.Henry, 미국) ○ 템피스트 (Tempest; William Shakespeare, 영국) ○ 約束의 나라 (The Promised Land; Henrik Pontoppidan, 덴마크) ○ 오이디푸스王 (Oedipus of Colonus; Sophoklés, 그리스) ○ 파우스트 (Faust; Johann W.von Goethe, 독일) ○ 城 (Dos Schloss; Franz Kafka, 독일) ○ 마농・레스코 (Manon Léscaut; A.F. Prévost d'Exiles, 프랑스) ○ 人間無情 - 레・미제라블(Les (Misérables; Victor M.Hugo, 프랑스) ○ 荒野의 부르짖음 (The Call of the Wild; J.London, 미국) ○ 靑春 (Jugent; Max Halbe, 독일) (10)	20
	計	1年	10	10	20
大 學 院	1	1963	○ 謝氏南征記 (金萬重) ○ 張保皐 (미상) ○ 孟思誠傳 (미상) ○ 鄭夢周傳 (미상) ○ 綠豆將軍 (미상) ○ 申遺腹傳 (미상) ○ 怪奇의 畵帖 (金來成) ○ 愛人 (金來成) ○ 多情도 病이런가 (장덕조) ○ 眞聖女王 (朴容九) (10)	○ 雪國 (川端康成, 일본) ○ 名臣言行錄 (朱熹, 중국) ○ 탈무드 (Talmud; 미상, 이스라엘) ○ 간디傳 (Mohandas Karamchand Gandhi; 미상, 印度) ○ 오뒤세이아 (Odysseia; Homeros, 그리스) ○ 일리아스 (Illias; Homeros, 그리스) ○ 裸者와 死者 (The Naked and the Dead; Norman K.Mailer, 미국) ○ 파름의 僧院 (La Chatreuse de Parme; Stendhal, Marie Henri Beyle, 프랑스) ○ 쿠오・바디스 (Quo Vadis; Henryk Sienkiwicz, 폴란드) (9)	19
	2	1964	○ 雁의 聲 (崔瓚植) ○ 崔瑩將軍 (미상) ○ 彩鳳感別曲 (미상) ○ 義妓論介 (미상) ○ 全琫準 (미상) ○ 鄭汝立의 亂 (미상) ○ 趙光祖傳 (미상) ○ 鄭鑑錄 (鄭鑑・李沁) ○ 갯마을 (吳泳壽) ○ 冬柏꽃 (金裕貞) (10)	○ 資治通鑑 (司馬光, 중국) ○ 蘇秦과 張儀 (미상, 중국) ○ 孫文 (미상, 중국) ○ 蔣介石 (미상, 중국) ○ 朱紅글씨 (The Scarlet Letter; Nathaniel Hawthorne, 미국) ○ 돈・환 (Don Juan; Jean B.P. Moliére, 프랑스) ○ 戀愛論 (Almance; Stendhal, Marie Henri Beyle, 프랑스) ○ 모르그家의 殺人 (The Murders in the Rue Morgue; Edgar Allan Poe, 미국) ○ 죽음의 勝利 (IITríonfo della Morte; Gabriele D'Annunzio, 이탈리아) ○ 約束의 나라 (The Promised Land; Henrik Pontoppidan 덴마크) (10)	20
	計	2年	20	19	39

學 級	學年	年度	國 內 小 說	國 外 小 說	合 計
職 場 (內務部)	1	1965	○ 토끼와 원숭이 (馬海松) ○ 花王戒 (金時習) ○ 夢遊歌 (미상) ○ 梅月堂集 (金時習) ○ 慾望海峽 (鄭飛石) ○ 黃眞伊 (미상) ○ 黃金박쥐 (金來成) ○ 無人島의 秘密 (羅萬植) ○ 武士好童 (朴淵禧) ○ 繁城과 漢陰 (朴興民) ○ 슬픈 牧歌 (鄭飛石) ○ 나무들 비탈에 서다 (黃順元) (12)	○ 赤壁賦 (蘇軾, 중국) ○ 剪燈新話 (瞿祐, 중국) ○ 戰國策 (미상, 중국) ○ 神曲 (La Davina Comedia; Dante Alighieri, 이탈리아) ○ 아웃사이더 (The Outsider; Richard Wright, 미국) ○ 죽음에 이르는 病 (Krankheit Zum Tode; Söln A. Kierkegaard, 덴마크) ○ 죽음의 舞蹈 (Dödsdansen; Johan A. Strindberg, 스웨덴) ○ 卽興詩人 (Improvisatoren; Hans C.Andersen, 덴마크) ○ 地上樂園 (The Earthly Paradise; William Morris, 영국) ○ 田園交響樂 (Symphonie Pastorale; André Gide, 프랑스) (10)	22
	計	1年	12	10	22
職 場 (大學院助教)	1	1966	○ 素月放浪記 (金龍濟) ○ 玄海灘은 말이 없다 (韓雲史) ○ 玄海灘은 알고 있다 (韓雲史) ○ 鶴마을 사람들 (李範宣) ○ 황포필 무렵 (孫素姬) ○ 樂浪公主와 好童王子 (김송) ○ 사랑의 東明王 (李光洙) ○ 淑英娘子傳 (미상) ○ 김삿갓 (金龍濟) ○ 故國 (崔曙海) ○ 運數좋은 날 (玄鎭健) ○ 爐邊鄕思 (梁柱東) ○ 울밑에선 鳳仙花 (허문영) ○ 에밀레鐘 (朴容九) ○ 波市 (朴景利) (15)	○ 杜子春傳 (鄭還古, 중국) ○ 桃花源記 (陶淵明, 중국) ○ 介子推 (미상, 중국) ○ 悉達多 (Sidhartha, 미상, 인도) ○ 釋迦牟尼 (미상, 인도) ○ 빌헬름·텔 (Willhelm Tell; Friédrich von Schiller, 독일) ○ 어느 夫人의 肖像 (The Portrait of a Lady; Henry J.James, 영국) ○ 젊은 藝術家의 肖像 (A Portrait of the Artist as a Young Man; James Joyce, 영국) ○ 鍊金術師 (The Alchemist; Ben Jonson, 영국) ○ 캔터버리 이야기 (Canterbury Tales; Geoffrey Chaucer, 영국) ○ 神父 브라운 (Father Brown; Gilbert K.Chesterton, 영국) ○ 木櫨酒店 (L'Assommior;Émile Zola, 프랑스) (12)	27
	2	1967	○ 자고가는 저 구름아 (朴鐘和) ○ 서울은 滿員이다 (李浩哲) ○ 阿娘傳 (미상) ○ 南怡將軍 (미상) ○ 思悼世子 (미상) ○ 濁流 (蔡萬植) ○ 朴文秀 (허문영) ○ 大野望 (韓雲史) ○ 壬辰倭亂 (朴鐘和) ○ 青年 金玉均 (김기진) ○ 沙畔의 十字架 (金東里) ○ 大首陽 (金東仁) (12)	○ 漁夫辭 (屈原, 중국) ○ 左氏春秋傳 (左丘明, 중국) ○ 天上聖母(天后) (미상, 중국) ○ 萬里長城 (미상, 중국) ○ 멕베스 (Macbeth; William Shakespeare, 영국) ○ 出埃及記 (Exodus; The Old Testament, 이스라엘) ○ 白痴 (Idiot; Fyodor M.Dostoevski, 러시아) ○ 세 姉妹 (The Three Sisters; Anton P.Chekhov, 러시아) ○ 青春 (Jugent; Max Halbe, 독일)	22

學　級	學年	年度	國　內　小　說	國　外　小　說	合計
職　場 (大學院助教)	2	1967		○ 鐵血宰相 비스마르크 (Otto Edward von Bismarck, 미상, 독일) (10)	
	3	1968	○ 處容歌 (處容) ○ 乙支文德 (申采浩) ○ 淵蓋蘇文 (미상) ○ 金庾信將軍 (미상) ○ 金庾信과 金春秋 (미상) ○ 李退溪先生 (미상) ○ 李栗谷先生 (미상) ○ 幸州大捷 (미상) ○ 妖僧辛旽 (미상) ○ 破落戶 (미상) ○ 山有花 (鄭飛石) ○ 木花씨 뿌릴 때 (朴榮濬) (12)	○ 秦始皇 (미상, 중국) ○ 則天武后 (미상, 중국) ○ 天路歷程 (The Pilgrim's Progress; John Bunyan, 영국) ○ 怪盜뤼팡 (Arséne Lupin; Maurice Leblanc, 프랑스) ○ 告白 (Confessions; Aurelius Augustinus, 이탈리아) ○ 懺悔錄 (Confessions; Jean Jacques Rousseau, 프랑스) ○ 에밀 (Emile; Jean Jacques Rousseau, 프랑스) ○ 차라투스트라는 이렇게 말했다 (Also Sprach Zarathustra; Friedrich W.Nietzsche, 독일) ○ 카네기傳 (Andrew Carnegie, 미상, 미국) ○ 닥터 지바고 (Doctor Zhivago; Boris Pasternak, 러시아) (10)	22
	計	3年	39	32	71
美國留學	1	1969	○ 放浪詩人 김삿갓 (鄭飛石) ○ 裵裨將 (권영운) ○ 戰爭과 修女 (이용우) (3)	○ 콜럼버스 (Christopher Columbus, 미상, 미국) ○ 링컨傳 (Abraham Lincoln; Carl A. Sandburg, 미국) ○ 헬렌 켈러 (Helen Adams Keller; 미상, 미국) ○ 알·캐포네 (Alphonso Capone; 미상, 미국) ○ 리어王 (King Lear; William Shakespeare, 영국) ○ 이상한 魔法師 (EI Mágico Prodigioso; Pedro Calderón de la Barca, 스페인) (6)	9
	2	1970	○ 물레방아 (羅稻香) ○ 驛馬 (金東里) (2)	○ 정글 북 (Jungle Book; Rudyard Kipling, 영국) ○ 데드 엔드 (Dead End; Sydney Kingsley, 미국) ○ 킨제이 報告 (Kinsey Reports; Alfred C. Kinsey, 미국) (3)	5
	3	1971	○ 爐邊情談 (鄭飛石) ○ 불꽃 (鮮于輝) (2)	○ 피터 팬 (Peter Pan; James M.Barrie, 영국) ○ 瞑想錄 (Pensées; Blaise Pascal, 프랑스) (2)	4
	計	3年	7	11	18
累　計	15年		146	130	276

(3) 社會活動 時代

職 位	年次	年度	國 內 小 說	國 外 小 說	合計
專任講師	1	1972	○ 西浦漫筆 (金萬重) ○ 大院君 (柳周鉉) ○ 不死鳥 (沈薰) ○ 찔레꽃 (金來成) ○ 關釜連絡船 (李炳柱) ○ 타오르는 별: 아 柳寬順의 一生 (朴花城) (5)	○ 삼손과 데릴라 (Samson et Delilah: F.Lemaire, 프랑스) ○ 클레오파트라와 안토니우스 (Cleopatra and Antonius: 미상, 이탈리아) ○ 베토벤 月光曲 (Moonlight Sonata of Beethoven: 미상, 독일) ○ 開拓者 (The Pioneers: James F.Cooper, 미국) ○ 모히칸族의 最後 (The Last of the Mohicans: James F.Cooper, 미국) ○ 나시서스號의 黑人 (The Nigger of the 'Narcissus': Joseph Conrad, 영국) ○ 눈먼 音樂師 (The Blind Musician: Vladimir G.Korolenko, 러시아) ○ 킬리만자로의 눈 (The Snows of Kilimanjaro: Ernest H.Hemingway, 미국) ○ 癡愚神禮贊 (Encomium Moria: D.Erasmus, 네덜란드) ○ 暴風의 밤 (The Stormy Night: Loan L.Caragiale, 루마니아) ○ 잃어버린 便紙 (The Lost Letter: Loan L.Caragiale, 루마니아) (11)	16
	2	1973	○ 古今錄 (朴寅亮) ○ 熱河日記 (朴趾源) ○ 賓兮歌 (賓兮) ○ 雪中梅 (李仁植) ○ 서울 1964年 겨울 (金承鈺) ○ 感激時代 (權泰雄) ○ 薔薇의 寢室 (金光洲) ○ 생각하는 갈대 (安壽吉) ○ 無影塔 (玄鎭健) (9)	○ 十王世界 (미상, 인도) ○ 神仙說 (미상, 중국) ○ 孟姜女 (미상, 중국) ○ 破戒 (島崎藤村, 일본) ○ 詩學 (Poetica: Aristoteles, 그리스) ○ 신데렐라 (Cinderella: Charles Perrault, 프랑스) ○ 우리의 時代 (In our Times: Ernest H.Hemingway, 미국) ○ 정글 (The Jungle: Upton B.Sinclair, 미국) ○ 세계의 終焉 (World's End: Upton B.Sinclair, 미국) ○ 失樂園 (Paradise Lost: John Milton, 영국) ○ 실다市의 사람들 (Schilda: 미상, 독일) ○ 深淵에서 (De Profundis: Oscar O.W.Wilde, 아일랜드) (12)	21
	3	1974	○ 阿佐太子 (미상) ○ 十二月令歌 (미상) ○ 暗行御史 (미상) ○ 李舜臣傳 (申采浩) ○ 驅魔劒 (李海朝) ○ 난제오 (李光洙) ○ 狂炎소나타 (金東仁)	○ 暗夜行路 (志賀直哉, 일본) ○ 시저와 클레오파트라 (Ceasar and Cleopatra: George Bernard Shaw, 영국) ○ 골로블레프家의 사람들 (The Messieurs Golovlev: Shchedrin M.E.Saltykov, 러시아)	22

職位	年次	年度	國內小說	國外小說	合計
專任講師	3	1974	○ 少年 (金東里) ○ 찔레꽃 (金末峰) ○ 리빠똥社長 (김용성) ○ 凍土 (박경수) ○ 靑春告白 (이원석) ○ 黃昏의 戀歌 (崔仁浩) (13)	○ 月世界 旅行記 (Histoire Comique des États et Empires de la Lune; Savinien de Cyrano de Bergerac, 프랑스) ○ 피라밋과 스핑크스 (Pyramid and Sphinx; 미상, 이집트) ○ 빵과 葡萄酒 (Bread and Wine; Ignazio Silone, 이탈리아) ○ 赤과 黑 (Le Rouge et le Noir; Stendhal, Marie Henri Beyle, 프랑스) ○ 復樂園 (Paradise Regained; John Milton, 영국) ○ 地上에서 永遠으로 (From Here to Eternity; James Jones, 미국) (9)	
	4	1975	○ 落花岩 (미상) ○ 申師任堂 (미상) ○ 아내 (廉想涉) ○ 失踪 (廉想涉) ○ 故鄕 (玄鎭健) ○ 剩餘人間 (孫昌燮) ○ 화수분 (田榮澤) ○ 소 (田榮澤) ○ 女人天下 (朴鐘和) ○ 太平天下 (蔡萬植) ○ 叛逆者 (金東仁) ○ 내 마음의 風車 (崔仁浩) (12)	○ 阿房宮 (미상, 중국) ○ 列國志 (미상, 중국) ○ 아담과 이브 (Adam and Eve; John Erskin, 미국) ○ 아시아의 빛 (The Light of Asia; Edwin Arnold, 영국) ○ 심프슨 夫人 (Wallis W.Simpson; 미상, 영국) ○ 아이반호 (Ivanhoe; Walter Scott, 스코틀랜드) ○ 나사렛 사랑 (The Nazarene; Sholem Asch, 폴란드) ○ 위대한 遺産 (Great Expectations; Charles J.H.Dickens, 영국) ○ 몽크 (The Monk; Matthew G.Lewis, 영국) ○ 中國에서의 便紙 (Letters from China; Anna L.Strong, 미국) ○ 7人의 兄弟 (The Seven Brothers; Alexis Kivi, 핀란드) (11)	23
	計	4年	39	43	82
助教授	1	1976	○ 키다리 金先生 (馬海松) ○ 愛路歷程 (朴啓周) ○ 阿娘의 貞操 (朴鐘和) ○ 第15病棟 (이종환) ○ 破天舞 (柳周鉉) (5)	○ 아서王 이야기 (Arthurian Romance; 미상, 영국) ○ 엉클 톰스 캐빈 (Uncle Tom's Cabin; Harriet B.Stowe, 미국) ○ 우리 마을 (Our Town; Thornton N.Wilder, 미국) ○ 고상한 사람들 (The English Eccentrics ; Edith S.Sitwell, 영국) ○ 白鳥 (A Swan; Henry D.Lawrence, 영국) (5)	10
	2	1977	○ 土亭秘訣 (李之菡) ○ 琉璃王 (미상) ○ 燕山君 (미상) ○ 張禧嬪 (미상) ○ 張綠水 (미상) ○ 林慶業將軍傳 (미상)	○ 兒女英雄傳 (文康, 중국) ○ 長恨歌 (白居易, 중국) ○ 아서王의 죽음 (Le Morte d'Arthur; Thomas Malory, 영국) ○ 아테네와 스파르타 (Athens and Sparta; 미상, 그리스)	26

職 位	年次	年度	國 內 小 說	國 外 小 說	合計
助 教 授	2	1977	○ 破閑集 (李仁老) ○ 날개 (李箱) ○ 貧上雪 (李海朝) ○ 無花果 (廉想涉) ○ 크리스마스 前夜의 風景 (田榮澤) ○ 휘청거리는 午後 (朴榮濬) ○ 久遠의 情火 (朴啓周) ○ 異端者 (李浩哲) (14)	○ 아메리카 (America; Franz Kafka, 독일) ○ 아메리카의 悲劇 (An American Tragedy; Theodore Dreiser, 미국) ○ 아문젠 (Ronald Amundsen; 미상, 노르웨이) ○ 기탄잘리 (Gitanjali; Rabĺndranāth Tagore, 인도) ○ 레우킵페와 클레이토폰의 이야기 (Ta Kata Leukippen Kai Kleitophonta; Archilleus Tatios, 그리스) ○ 아틀란티스 (Atlantis; 미상, 그리스) ○ 惡靈 (Besi; Fyodor M.Dostoevski, 러시아) ○ 惡德의 繁榮 (Histoiro de Juliette ou les Prospérités du Vice; D.A.F.Sade, 프랑스) (12)	
	3	1978	○ 懲毖錄 (柳成龍) ○ 金首露王 (미상) ○ 李适의 亂 (미상) ○ 海王星 (李相協) ○ 淚 (李相協) ○ 悲劇은 있다 (洪性裕) ○ 碑木 (이재현) ○ 밤의 讚歌 (韓水山) ○ 사랑의 條件 (崔仁浩) ○ 잔인한 都市 (李清俊) ○ 칸나의 뜰 (구혜영) (11)	○ 安祿山의 亂 (미상, 중국) ○ 白雪公主 (The Snow Queen; Hans C.Andersen, 덴마크) ○ 빨간 구두 (The Red Shoes; Hans C.Andersen, 덴마크) ○ 默示錄의 네 騎士 (The Four Horsemen of the Apocalypse; Vicente Blascolbáñez, 스페인) ○ 드리나江의 다리 (The Bridge of Drina; Ivo Andric, 유고슬라비아) ○ 紅唐무 (Poil de Carotte; Jules Renard, 프랑스) ○ 醜聞 (EI Escándalo; Pedro A.de Alarcón, 스페인) ○ 奇蹟 (The Miracle; Alain Fournier, 프랑스) ○ 알사스 로렌 (Alsace-Lorraine; 미상, 프랑스) ○ 放浪의 天使 (Cherubinischer Wandersmann; Angolus Silesius, Johannes Scheffler, 독일) ○ 가난한 白人勞動者 (Poor White; Sherwood Anderson, 미국) (11)	22
	4	1979	○ 星湖僿說 (李瀷) ○ 帝王韻記 (李承休) ○ 芝峰類說 (李睟光) ○ 櫟翁稗說 (李齊賢) ○ 李生窺墻傳 (金時習) ○ 無學大師 (미상) ○ 三田渡 (미상) ○ 金萬德 할머니 (미상) ○ 三別抄의 亂 (미상) ○ 月光曲 (洪蘭坡) ○ 洪景來傳 (이명선) ○ 白雪賦 (金晋燮)	○ 紅樓夢 (曺雪芹·高鶚, 중국) ○ 商山四皓 (미상, 중국) ○ 燕子箋 (阮大鋮, 중국) ○ 烈女傳 (劉向, 중국) ○ 理想鄉 (Utopia; T.Moor, 영국) ○ 잉카帝國 (Inca; 미상, 미국) ○ 노아의 方舟 (The Ark of Noah; 미상, 이스라엘) ○ 폼페이 最後의 날 (The last Days of Pompeii; Edward G.Lytton, 영국) ○ 透明人間 (The Invisible Man; Herbert G.Wells, 영국)	25

職　位	年次	年度	國　內　小　說	國　外　小　說	合計
助教授	4	1979	○ 明沙十里 (韓龍雲) (13)	○ 民衆의 賊 (An Enemy of the People; Henrik Ibsen, 노르웨이) ○ 사랑의 戲劇 (Love's Comedy; Inrik Ibsen, 노르웨이) ○ 고요한 돈江 (And Quiet Flows the Don; Mikhail A.Sholokhov, 러시아) (12)	
	計	4年	43	40	83
副教授	1	1980	○ 月沙集 (李廷龜) ○ 雲英傳 (柳泳) ○ 耽羅國 (미상) ○ 烏鵲橋 (미상) ○ 溫祚王 (미상) ○ 脫出記 (崔曙海) ○ 별 (黃順元) ○ 慟哭 (柳周鉉) ○ 張氏一家 (柳周鉉) ○ 等身佛 (金東里) (10)	○ 吳越春秋 (趙曄, 중국) ○ 聊齋志異 (浦松齡, 중국) ○ 그리스 로마神話 (The Age of Fable; Thomas Bulfinch, 미국) ○ 프로타고라스 (Protagoras; Plato, 그리스) ○ 미이라 (Mirrai; 미상, 이집트) ○ 올림피아 (Olympia; 미상, 그리스) ○ 워싱턴傳 (Life of Washingtion; Washington Irving, 미국) ○ 오네긴 (Onegin; Sergeevich Pushkin, 러시아) ○ 숲의 生活 (Walden, Life in the Woods; Henry D.Thoreau, 미국) ○ 水平線 너머로 (Beyond the Horizon; Eugene G. O'Neill, 미국) ○ 兵士의 歸還 (The Return of the Soldier; Rebecca Wess, 영국) ○ 세일즈맨의 죽음 (Death of a Salesman; A. Miller, 미국) (12)	22
	2	1981	○ 薛聰 (金時習) ○ 慕夏堂述懷錄 (金忠善) ○ 桂苑筆耕集 (崔致遠) ○ 語錄總覽 (白斗鏞) ○ 於于野談 (柳夢寅) ○ 江都日記 (魚漢明) ○ 魚龍傳 (미상) ○ 大東野乘 (미상) ○ 梁山泊傳 (미상) ○ 烈女傳 (劉向) ○ 林巨正 (洪命憙) (11)	○ 諸葛孔明 (陳舜臣, 중국) ○ 楊貴妃 (미상, 중국) ○ 에디슨傳 (Thomas A.Edison; 미상, 미국) ○ 리프 밴 윙클 (Rip Van Winkle; Washington Irving, 미국) ○ 怪奇短篇集 (Tales of the Grotesque and Arabesque; Edgar Allan Poe, 미국) ○ 어리석은 戀人들 (The Foolish Lovers; St.John G.Ervine, 아일랜드) ○ 自畵像 (Peints Par Eux-Mémes; Paul Ernest Hervieu, 프랑스) ○ 約婚者 (I Promessi Sposi; A.Manzoni, 이탈리아) ○ 모겐스 (Mogens; Jens P.Jacobsen, 덴마크) ○ 스케치 북 (Sketch Book; Washington Irving, 미국) ○ 最後의 바이킹 (The Last Viking; Johan Bojer, 노르웨이) (11)	22
	3	1982	○ 怨恨歌 (許蘭雪軒) ○ 井邑詞 (미상) ○ 王建 (미상) ○ 李成桂 (미상)	○ 오싱 (オシン; 橋田澄子, 일본) ○ 李太白傳 (미상, 중국) ○ 李太白詩集 (李白, 중국) ○ 三俠五義 (白玉崑, 중국)	14

職　位	年次	年度	國　內　小　說	國　外　小　說	合計
副 敎 授	3	1982	○ 世界代表風流全集: 中國篇 (中央書館) ○ 王昭君 (미상) (6)	○ 매기 (Maggie: A Girl of the Street; Stephen Crane, 미국) ○ 붉은 武勳章 (The Red Badge of Courage; Stephen Crane, 미국) ○ 어린 王子 (The Little Prince; Antoine de Saint-Exupèry, 프랑스) ○ 夜間飛行 (Vol de Nuit; Antoine de Saint- Exupèry, 프랑스) (8)	
	4	1983	○ 龍飛御天歌 (權踶・鄭麟趾・安止) ○ 慵齋叢書 (成俔) ○ 均如傳 (赫連挻) ○ 列朝通紀 (安鼎福) ○ 要路院夜話記 (朴斗世) ○ 許蘭雪軒 (미상) ○ 肅宗夜行 (미상) ○ 善德女王 (미상) ○ 眞成女王 (미상) ○ 女子忠孝錄 (미상) ○ 義妓 論介(미상) (11)	○ 黃書(王夫之, 중국) ○ 龍圖公案 (미상, 중국) ○ 夷堅志 (洪邊, 중국) ○ 女媧(미상, 중국) ○ 大望 (德川家康; 山岡莊八, 일본) ○ 엘・시드 (Ei Cid Campeador; 미상, 스페인) ○ 銀杯 (The Silver Tassie; Sean O'Casley, 아일랜드) ○ 欲望이라는 이름의 電車 (A Streetcar Named Desire; T.Williams, 미국) ○ 미들마치 (Middlemarch; George Eliot, 영국) ○ 큰바위 얼굴 (The Grand Stone Face; Nathaniel Hawthorne, 미국) ○ 決鬪 (The Dual; Aleksandr I.Kuprin, 러시아) ○ 西方으로 (Westward Ho!; Charles Kingsley, 영국) (12)	23
	5	1984	○ 白頭山 定界碑 (張志淵) ○ 龍宮赴宴錄 (金時習) ○ 女將軍傳 (鄭秀貞傳) (미상) ○ 玉蓮夢 (南永魯) ○ 玉麟夢 (李廷綽) ○ 玉仙夢 (宕翁) ○ 誤發彈 (李範宣) ○ 第二의 靑春 (安壽吉) (8)	○ 呂氏春秋 (呂不韋, 중국) ○ 西廂記 (王實甫, 중국) ○ 女人國 (미상, 중국) ○ 姜太公 (미상, 중국) ○ 後大望 (司馬遼太郞, 일본) ○ 메인 스트리트 (Main Street; Sinclair Lewis, 미국) ○ 티보家의 사람들 (Les Thibaults; R.Martin du Gard, 프랑스) ○ 사랑의 이야기 (Love Srory; Erich Segal, 미국) ○ 호밀밭의 把守군 (Cather in the Rye; Jerome D.Salinger, 미국) ○ 에덴의 동쪽 (East of Eden; John E.Steinbeck, 미국) ○ 1984年 (The Year 1984; George Owell, 영국) ○ 動物農場 (The Animal Farm; George Owell, 영국) (12)	20
	計	5年	46	55	101
敎　授	1	1985	○ 海西奇聞 (미상) ○ 柳愚春傳 (柳得恭)	○ 儒林外史 (吳敬梓, 중국) ○ 元朝秘史 (미상, 몽고)	17

職　位	年次	年度	國　內　小　說	國　外　小　說	合計
教　授	1	1985	○ 金太子傳 (六美唐記) (金在堉) ○ 偉人奇談 (劉如大) ○ 怨恨歌 (미상) ○ 於于集 (柳夢寅) ○ 孀婦詩 (柳夢寅) ○ 遊仙歌 (미상) ○ 柳向烈女傳 (柳耳孫) ○ 金藥局의 딸들 (朴景利) ○ 北間島 (安壽吉) (11)	○ 벤・허 (Ben Hur; A Tale of the Christ; Lewis Wallace, 미국) ○ 크롬웰 (Cromwell; Victor M.Hugo, 프랑스) ○ 波濤 (The Waves; Virginia Woolf, 영국) ○ 그대 다시는 故鄕에 돌아가지 못하리 (You Can't Go Home Again; Thomas C.Wolfe, 미국) (6)	
	2	1986	○ 泡 (李圭憲) ○ 孔子의 生涯 (崔賢) ○ 이어島 (李淸俊) ○ 花郞道 (미상) ○ 불꽃 (鮮于煇) ○ 小說 알렉산드리아 (李炳注) ○ 아버지의 땅 (林哲雨) ○ 人間市場 (金洪信) ○ 별들의 故鄕 (崔仁浩) ○ 失樂園 (郭夏信) ○ 霧津紀行 (金承鈺) (11)	○ 漁父詞 (屈原, 중국) ○ 北京好日 (林語堂, 중국) ○ 워렌夫人의 職業 (Mrs. Warren's Profession; G.Bernard Shaw, 영국) ○ 헬리오폴리스 (Holiopolis; Ernest J.Junger, 독일) ○ 제인・에어 (Jane Eyre; Charlotte B. Brontë, 영국) ○ 西部戰線 이상없다 (Im Westen Nichts Neues; Erich M.Remarque, 독일) (6)	17
	計	2年	22	12	34
大學院長	1	1987	○ 城隍堂 (鄭飛石) ○ 玄海灘 (李炳注) ○ 回轉木馬 (李建榮) ○ 赤道의 꽃 (崔仁浩) ○ 智異山 (李炳注) ○ 流刑의 땅 (趙廷來) ○ 비틀거리는 都市 (金洪信) ○ 머나먼 쏭바江 (朴榮濬) ○ 불의 나라 (朴範信) (9)	○ 孼海花 (曾樸, 중국) ○ 白鯨 (Moby Dick; Herman Melville, 미국) ○ 征服者 (Les Conquérants; André Malraux, 프랑스) ○ 사랑할때와 죽을 때 (Zeit zu Leben und Zeit Zu Sterben; Erich M.Remarque, 독일) (4)	13
	2	1988	○ 바람과 구름과 碑 (李炳注) ○ 마루타 (鄭賢雄) ○ F學點의 天才들 (李周熙) ○ 恨 (千鏡子) ○ 佛陀 釋迦牟尼 (法頂) ○ 내 故鄕 사람들 (黃順元) ○ 목마른 季節 (田惠麟) (7)	○ 人間의 條件 (人間の條件; 五味川純平, 일본) ○ 웨이크필드의 牧師 (The Vicar of Wakefield; Gold Smith, 영국) ○ 波岸 (En Rade; Joris K.Huysmans, 프랑스) (3)	10
	3	1989	○ 晦齋齊集 (李彦迪) ○ 玉麟夢 (李廷綽) ○ 楮生傳 (李詹) ○ 日月說話 (미상) ○ 李泰景傳 (미상) ○ 숲 속의 나라 (李元壽) ○ 李忠武公 一代記 (李殷相) ○ 狂亂 (李益相) ○ 都市와 幽靈 (李孝石) (9)	○ 遊仙窟 (張文成, 중국) ○ 雪中梅 (末廣鐵腸, 일본) ○ 율리시즈 (Ulysses; James Joyce, 아일랜드) ○ 生의 한가운데 (Mitte des Lebens; Luise Rinser, 독일) ○ 푸가초프 叛亂史 (History of the Revolt of Pugachyov of 1973; Aleksander S.Pushkin, 러시아) (5)	14
	4	1990	○ 老村集 (林象德) ○ 休窩野談 (任有後)	○ 淮南子 (劉安, 중국) ○ 風雨談 (周作人, 중국)	11

職　位	年次	年度	國　內　小　說	國　外　小　說	合計
大學院長	4	1990	○ 林虎隱傳 (미상) ○ 四姓奇緣(林花鄭延) (미상) ○ 竹夫人傳 (李穀) ○ 竹旨郎 (미상) ○ 天君演義 (鄭泰齊) (7)	○ 테스 (Tess of the D'Urbervilles; Thomas Hardy, 영국) ○ 어떤 女子:로댕의 戀人 카미유·클로델 (Une Femme; Anne Delbèe, 프랑스) (4)	
	計	4年	32	16	48
教　授	1	1991	○ 張吉山 (黃晳暎) ○ 英雄時代 (李文烈) ○ 小說 元曉 (南정희) ○ 三浦가는 길 (黃晳暎) ○ 雜同散異 (安鼎福) ○ 張人傑傳 (미상) ○ 谿谷漫筆 (張維) ○ 張豊雲傳 (미상) ○ 張韓節孝記 (미상) ○ 戰線點描 (全鳳來) ○ 天痴? 天才? (田榮澤) ○ 田禹治傳 (全雲治傳) (미상) ○ 臥龍誌 (鄭逑) ○ 抱節君節 (丁壽崗) ○ 菊의 香 (趙重桓) ○ 病者三人 (趙重桓) ○ 弔針文(祭針文) (兪氏夫人) ○ 洪桂月傳 (미상) ○ 脫出記 (崔曙海) ○ 童子像 (崔仁旭) (20)	○ 十二樓 (李浣, 중국) ○ 李氏焚書 (李卓吾, 중국) ○ 삼손과 데릴라 (Samson and Delilah; Felix Salten, 헝가리) ○ 나의 生涯 (The Story of My Life; Helen A.Keller, 미국) ○ 거위 아주머니의 이야기 (Mother Goose Tales; Charles Perrault, 프랑스) ○ 콜로메아의 돈 환 (Don Juan of Kolomea; Leopold von Sacher-Masoch, 오스트리아) ○ 카인의 後裔 (Das Vermächtnis Kains; Leopold von Sacher-Masoch, 오스트리아) ○ 悲戀 (Tristiamori; Giuseppe Giacosa, 이탈리아) ○ 외제니 그랑데 (Eugénie Grandet; Honoré de Balzac, 프랑스) (9)	29
	2	1992	○ 補閑集 (崔滋) ○ 道詵國師 (미상) ○ 山寺에 심은 뜻은 (李淸潭) ○ 잃어버린 王國 (崔仁浩) ○ 小說 東醫寶鑑 (李恩成) ○ 小說 牧民心書 (黃仁耕) ○ 사람의 아들 (李文烈) ○ 野人 (洪在圭) ○ 우리는 모두 날아가고 싶다 (강난경) (9)	○ 隱遁의 나라 韓國 (Corea;The Hermit Nation; W.E.Griffs, 미국) ○ 人間과 超人 (Man and Superman; George B.Shaw, 영국) ○ 데미안 (Demian; Hermann Hesse, 독일) ○ 나의 안토니아 (My Antonia; Willa S.Cather, 미국) (4)	13
	計	2年	29	13	42
研究院長	1	1993	○ 西便制 (李淸俊) ○ 東便制 (尹영근) ○ 孫子兵法 (鄭飛石) ○ 바다로 간 木馬 (韓水山) ○ 거문고의 秘密 (崔仁浩) ○ 불새 (崔仁浩) ○ 欲望의 거리 (韓水山) ○ 太白山脈 (趙廷來) (8)	○ 六韜三略 (太公望·黃石公, 중국) ○ 不毛地帶 (山崎豊子, 일본) ○ 海底二萬里 (Vingt Mille Lieues Sons Les Mers; Jules Verne, 프랑스) ○ 주라기 公園 (Jurassic Park; Michael Crichton, 미국) (4)	12
	2	1994	○ 西山大師 (崔영익) ○ 活貧黨 (金周榮) ○ 白丁 (鄭동주)	○ 몽테 크리스토伯爵 (Le Comte de Monte Cristo; Alexandre Dumas, 프랑스)	14

職 位	年次	年度	國 內 小 說	國 外 小 說	合計
研究院長	2	1994	○ 華嚴經 (高銀) ○ 하얀戰爭 (安정효) ○ 土地 (朴景利) ○ 영원한 帝國 (李인하) ○ 諸葛孔明 (鄭飛石) ○ 海賊 (金重泰) ○ 最後의 密書 (金聖鐘) (10)	○ 肉體의 惡魔 (Raymond Radiguet, 프랑스) ○ 暴風의 언덕 (Withering Heights:Emily J.Brontë, 영국) ○ 百年間의 殺人 (A Murder in a Hundred Years, E.S.Gardner, 미국) (4)	
	計	2年	18	8	26
教 授	1	1995	○ 梅月堂 金時習 (李文求) ○ 碧梧金鶴圖 (李外秀) ○ 카페 바바누사(Cafe Babanussa) (鄭조화) ○ 터:六觀道士의 風水·明堂 이야기 (孫錫佑) ○ 하나코는 없다 (崔允) ○ 삼십년보다 길었던 그 열흘 (박부직) ○ 겨울 무지개 (李光馥) ○ 神이 선택한 女子 (沈진송) ○ 유리城 (오인정) ○ 淸江笑叢 (李濟臣) ○ 僧房悲曲 (崔獨鵑) ○ 淸江使者玄夫傳 (李奎報) ○ 純情海峽 (咸大勳) ○ 海東高僧傳 (覺訓) ○ 青邱野談 (미상) ○ 故國 (崔曙海) (16)	○ 메디슨 카운티의 다리 (The Bridges of Madison County; Robert J.Waller, 미국) ○ 人間의 條件 (La Condition Humaine; Andrè Malraux, 프랑스) ○ 고리오 영감 (Le Père Goriot;Honorè de Balzac, 프랑스) ○ 人造人間 ((Rossum's Universal Robots;Karel Capek, 체코슬로바키아) ○ 閑人閑話 (The Idle Thoughts of an Idle Fellow; Jerome K.Jerome, 영국) ○ 보트의 세사람 (Three Men in a Boat; Jerome K.Jerome, 영국) ○ 제르미날 (Germinal;Emile Zola, 프랑스) ○ 第二의 性 (Le deuxième Sexe; Simone de Beauvoir, 프랑스) ○ 루공家의 運命 (Les Rougon-Macquart; Emile Zola, 프랑스) (9)	25
	2	1996	○ 女子의 男子 (김한길) ○ 먼동 (洪盛原) ○ 억새풀 (임선영) ○ 만남 (韓戊淑) ○ 늘푸른 소나무 (金源一) ○ 太祖 王建 (崔仁旭) ○ 糞女 (李孝石) ○ 始發點 (李清俊) ○ 聖女와 魔女 (朴景利) ○ 찬란한 슬픔 (康信哉) ○ 子規야 알라마는 (崔仁旭) ○ 千年의 사랑 (楊貴子) ○ 王朝의 祭壇:趙光祖 (徐基源) ○ 朝鮮總督府 (柳周鉉) ○ 鳳伊 金先達·夏園 鄭壽銅(金容喆) ○ 모래時計 (金知原) ○ 青史에 얽힌 紅史 (李炳注) ○ 小說 莊子 (李炳注) ○ 小說 杜甫 (김수영) ○ 名僧과 怪僧, 異人과 奇人 (金容喆) ○ 匿名의 섬 (李文烈) (21)	○ 齊東野語 (周密, 중국) ○ 長生傳 (洪昇, 중국) ○ 걸망과 바리때 (鉢囊與應器; 陳秉豪, 중국) ○ 天國과 地獄 (Orphèe aux Enfers; J.Offenbach, 프랑스) ○ 장 크리스토프 (Jean Christophe; Romain Rolland, 프랑스) ○ 喪失의 時代 (ルラエーの森 〈Norwegian Wood〉; 村山春樹, 일본) ○ 좀머氏 이야기 (Die Geschichte von Herrn Sommer; Patrick Süskind, 독일) ○ 하늘은 끝내 沈默을 지키는 것인가 (泥流地帶; 三浦綾子, 일본) ○ 古都 (川端康成, 일본) ○ 로마人 이야기 1:로마는 하루 아침에 이루어지지 않았다 (Res Gestae Populi Romani 1: Roma Non Uno Die Aedificata Est; Nanami Shiono (塩野七生), 일본) ○ 로마人 이야기2: 한니발 戰爭 (Res Gestae Populi Romani 2 : Bellum Hannibalicum;Nanami Shiono, 일본) ○ 로마人 이야기 3: 勝者의 昏迷 (Res Gestae Populi Romani 3: Bellorum Civilium, Nanami Shiono, 일본)	34

職　位	年次	年度	國 內 小 說	國 外 小 說	合計
教　授	2	1996		○ 로마人 이야기 4·5:율리우스 카이사르 上·下 (Res Gestae Populi Romani 4·5: C.Julius Caesar; Nanami Shiono, 일본) (13)	
	計	2年	37	22	59
主任教授	1	1997	○ 실크로드: 征服者 高仙芝 將軍 (劉賢鐘) ○ 朝鮮宮中秘話 (金容喆) ○ 아버지 (김정현) ○ 開天 (李英浩) ○ 渤海를 꿈꾸며 (이수광) ○ 代哭 (金洪信) ○ 小說 尹東柱 (崔仁樹) ○ 小說 春秋 (金東里) ○ 日出峰 (林忠) ○ 한 권으로 읽는 高麗王朝實錄 (朴永圭) ○ 元曉訣書 (金重泰) ○ 한 권으로 읽는 朝鮮王朝實錄 (朴永圭) ○ 薛公瓚이 (蔡壽) ○ 綠色의 門 (崔貞熙) ○ 徐羅伐의 魂 (신주현) ○ 이야기 日本史 (金희영) (16)	○ 고라 (Gora;Rabindranath Tagore, 인도) ○ 리바이어던 (Leviathan; Paul Auster, 미국) ○ 람세스: 빛의 아들 (Ramsés: Le Fils de La Lumiére; Christian Jacq, 프랑스) ○ 람세스: 永遠의 神殿 (Ramsés: Le Temple des Millions D'années; Christian Jacq, 프랑스) ○ 람세스:카데슈 戰鬪 (Romsés:La Bataille de Kadesh; Christian Jacq, 프랑스) ○ 람세스:아부 심벨의 女人 (Ramsés: La Dame d'Abou Simbel; Christian Jacq, 프랑스) ○ 람세스: 帝王의 길 (Ramsés: Sous l'acacia d'Occident; Christian Jacq, 프랑스) ○ 나의 親舊 마키아벨리 (Waga Tomo Machiavelli; 塩野七生, 일본) ○ 나일江의 豫言 (Barrage sur le Nil; Christian Jacq, 프랑스) ○ 마음을 열어주는 101가지 이야기 (A 2nd Helping of Chicken Soup for the Soul; 101 More Stories to Open the Heart and Rekindle the Spirit; Jack Canfield and Mark Victo Hansen, 미국) ○ 凱旋門 (Arc de Triomphe; Erich Maria Remarque, 독일) ○ 로마人 이야기: 팍스 로마나 (Res Gestae Populi Romani Ⅵ: Pax Romana; Nanami Shiono, 일본) ○ 日本沈沒 (小松左京, 일본) ○ 魔王 (Le Roides Aulnes; Michel Tournier, 프랑스) ○ 한 권으로 보는 史記 (史記; 司馬遷, 중국) (15)	31
	2	1998	○ 젖은 골짜기 (李혜경) ○ 新鷄龍山 (宋明鎬) ○ 羽化登仙 (李光洙) ○ 片紙 I (梁善奎) ○ 外出 (梁善奎) ○ 加羅都 (梁善奎) ○ 낮과 꿈 (강석경) ○ 徐載弼 (李廷植) ○ 풀잎처럼 눕다 (朴範信) ○ 歲寒圖 (吳成贊) ○ 난쟁이가 쏘아올린 작은 공 (조세희) ○ 廣場 (崔仁勳) ○ 九雲夢 (崔仁勳) ○ 神들의 고향 (高大卿)	○ 戰爭의 歷史 (A History of Warfare; Bernard Law Montgomery, 영국) ○ 悖倫의 秘密 (悖倫の秘密; 森村誠一, 일본) ○ 宇宙의 秘密 (The Secrets of the Worlds; Isaac Asimov, 미국) ○ 배꼽 (Tao: The Pathless Path; Sufis: The People of the Path; Osho Rajneesh, 인도) ○ 소크라테스의 辨明·크리톤·파이돈 (Apology, Crito and Phaedo of Socrates; Platon, 그리스) ○ 바다의 都市이야기:베네치아 共和國 1千年의 메시지 (Storia di Una Cittá di Mare; 塩野七生, 일본)	65

職　位	年次	年度	國　內　小　說	國　外　小　說	合計
主任教授	2	1998	○ 刑場의 神 (朴範信) ○ 당신들의 天國 (李清俊) ○ 碑銘을 찾아서 (卜鉅一) ○ 課外修業 (金周榮) ○ 馬君寓話 (金周榮) ○ 模範飼育 (金周榮) ○ 천둥소리 (金周榮) ○ 도둑見習 (金周榮) ○ 腕章 (尹興吉) ○ 灰色 冕旒冠의 季節 (尹興吉) ○ 氷青과 深紅 (尹興吉) ○ 아홉켤레의 구두로 남은 사내 (尹興吉) ○ 꿈꾸는 자의 羅城 (尹興吉) ○ 벌거벗은 日本 (李정수) ○ 中國革命戰爭과 林彪 (李基奉) ○ 仁祖反正 (洪曉民) ○ 朝鮮朝 黨爭秘史 (洪曉民) ○ 남쪽으로 가는 배 (洪曉民) ○ 大耶城의 血戰 (洪曉民) ○ 壬辰倭亂 最後의 倭兵 (李상우) ○ 달宮 (徐廷仁) ○ 아카시아 꽃 (金容誠) ○ 暴力療法 (李東河) ○ 親舊 (송영?) ○ 外村場紀行 (金周榮) ○ 말하는 돌 (文淳太) ○ 아테네 가는 배 (鄭昭盛) ○ 뜨거운 江 (鄭昭盛) ○ 佛面獸心 (김원우) ○ 朝鮮勞動黨 (李基奉) ○ 白凡逸志 : 完結原本 (金九) ○ 韓國戰爭硏究 (崔章集) ○ 世界代表風流全集: 中國篇 (中央書館) ○ 가람 건너지 마소 (우광훈, 中國長春僑胞, 月刊 '長白山' 掲載小說) (48)	○ 크눌프, 삶으로부터의 세 이야기 (Knulp, Dri Gcschichten aus dem leben Knulps: Herman Hessay, 독일) ○ 아름답고 평등한 퀴리夫婦 (Pierre and Marie Curie: Eve Curie, 프랑스) ○ 마지막 皇帝 (The Last Emperor; Edward Behr, 프랑스) ○ 强大國의 興亡:1500-2000年의 經濟變化와 軍事衝突 (The Rise and Fall of the Great Powers: Economic Change and Military Conflict from 1500 to 2000; Paul Kennedy, 미국) ○ 中國革命의 노래 (Battle Hymn of China: Agnes Smedley, 미국) ○ 로마人의 삶: 祝福받은 帝國의 歷史 (Nos ancétres les Romains: John Scheid and Roger Hanoune, 프랑스) ○ 로마는 왜 滅亡했는가? (ローマはなぜほろんだか? ; 弓削達, 일본) ○ 大長征: 작은 巨人 鄧小平 (The Long March: The Untold Story: Harrison E.Salisburg, 미국) ○ 秦始皇陵: 中國 古代史의 不可思議 (世界 第八奇迹: 岳南, 중국) ○ 덤불 속 (藪の中: 芥川龍之介, 일본) ○ 폼페이 最後의 날 (Pompéi, la Cité ensevelie: Robert Etienne, 프랑스) (17)	
	計	2年	64	32	96
平教授	1	1999	○ 베니스의 開城商人 (吳세영) ○ 다큐멘터리 中國現代史 (書文堂 編) ○ 先驅者 李東寧 一代記 (金錫營) ○ 죽음보다 더한 아픔 (鄭永烈) ○ 韓國近代小說의 探求 (任軒永) ○ 禽獸會議錄 (安國善) ○ 들 (李孝石) ○ 地下村 (姜敬愛) ○ 赤貧 (白信愛) ○ 運數 좋은 날 (玄鎭健) ○ 金따는 콩밭 (金裕貞) ○ 봄 · 봄 (金裕貞) ○ 秋山堂과 곁 사람들 (金廷漢) ○ 밤길 (李尙虛) ○ 花郎의 後裔 (金東里) ○ 新作路 (郭夏信) ○ 素服 (金永壽) ○ 病院 (安懷南)	○ 로마人 이야기: 惡名 높은 皇帝들 (Res Gestae Populi Romani Ⅶ: Imperatores Malae Famae; 塩野七生, 일본) ○ 이슬람의 挑戰 (Militant Islam; G.H.Jansen, 印度) ○ 動物들의 사랑 이야기 (Sex Link; H.Y.Freedman, 美國) ○ 第3의 길 이야기 (Is There a Third Way?: Essays on the Changing Direction of Socialist Thought; Michael Novak, 英國) ○ 징기즈칸 (Genghis Khan:The Emperor of All Men : Harold Lamb, 美國) ○ 偉大한 파라오의 이집트 (L'Egypte des Grands Pharaons; Christian Jacq, 프랑스) ○ 로마人 이야기: 危機와 克服 (Res Gestae Populi Romani Ⅷ: Crisis et ab ea Exitus; 塩野七生, 日本)	51

職　位	年次	年度	國　內　小　說	國　外　小　說	合計
平 教 授	1	1999	○ 習作室에서 (許俊) ○ 大河 (金南天) ○ 골목안 (朴泰遠) ○ 摸索 (韓雪野) ○ 失職과 강아지 (趙碧岩)) ○ 金講師와 T教授 (兪鎭午) ○ 레디메이드人生 (蔡萬植) ○ 玩具商 (李周洪) ○ 再出發 (李石薰) ○ 模範耕作生 (朴榮濬) ○ 第1課 第1章 (李無影) ○ 牧畜記 (安壽吉) ○ 고향 사람들 (李根榮) ○ 寫生帖 (玄卿駿) ○ 韓國 上古史의 爭點 (千寬宇)) ○ 붉은 별 鄧小平 (陳東日) ○ 딱듣 하슈 (金元泰) ○ 千年의 智慧가 담긴 109가지 이야기 (金尨枱) ○ 굽은 길도 바로 간다 (許和平) ○ 小說 百濟 (教養歷史小說 執筆委員會) ○ 노스트라다무스 (Nostradamus) (李소영) ○ 숨쉬는 돌 (정채봉) ○ 金剛山은 부른다 (朝鮮日報社) ○ 想像의 戀人 (정창인) ○ 實證 桓檀古記 (李一峰) (43)	○ 洋鐵북 (Die Blechtrommel; Gunter Grass, 獨逸) (8)	
	2	2000	○ 雅歌 (李文烈) ○ 日本 鬼神傳 (朴종환) ○ 槊樹의 개 (李준연) ○ 테에베 通信 (都태우) ○ 北韓記行 (梁性喆 · 朴漢植 編著) ○ 非法 · 不法 · 合法 (李浩哲) ○ 그토록 긴 歲月을 (정도상) ○ 밤의 大統領 (李원호) ○ 가시고기 (조창인) ○ 너희가 재즈를 믿느냐 (장정일) ○ 基督教 罪惡史 (조찬선) ○ 菊花꽃 香氣 (金하인) ○ 宋時烈과 그들의 나라 (李덕일) ○ 그리스 로마 神話 (李윤기) ○ 그의 즐겨 찾기 (咸정임) ○ 당신의 바다 (전운영) ○ 내 몸은 너무 오래 서 있거나 걸어왔다 (李文求) (17)	○ 해리포터와 魔法師의 돌 (Harry Potter and the Philosopher's Stone; J.K.Rowling, 英國) ○ 百年 동안의 孤獨 (One Hundred Years of Solitude ; Gabriel García ; a Márques, 콜롬비아) ○ 미야모토 무사시 (宮本武藏;吉川英治, 日本) ○ 앙코르: 壯嚴한 城壁都市 (Angkor: La Forét de Pierre; Bruno Dagens, 프랑스) ○ 갈리아 戰記 (Commentaii de Bello Gallico; Gaius Julius Caesar, 이탈리아) ○ 잊혀진 이집트를 찾아서 (A'la Recherche de l'Egypt oubliée; Jean Vercoutter, 프랑스) ○ 그리스 文明의 誕生 (A'la Origine de l'Grec Civilisation; Pierre Lêvêque, 프랑스) ○ 잉카: 太陽神의 後裔들(Les Incas: Peuple du Soleil; Carmen Bernard, 프랑스) ○ 數의 世界 (L'empire des Nombres; Deni Guedj, 프랑스) ○ 文字의 歷史 (The History of Writings; Georges Jean, 프랑스) ○ 美德의 冊 (The Book of Virtues; William J.Bennett, 美國)	55

職　位	年次	年度	國　內　小　說	國　外　小　說	合計
平 教 授	2	2000		○ 체 게바라 評傳 (Che Guebara; Jean Cormier, 프랑스) ○ 歷史의 秘密 (Sphinx-Geheimnisse der Geschichte; Vol.1; Hans Christian Huf, 獨逸) ○ 神의 거울 (Heaven′s Mirror; Graham Hancock, 英國) ○ 도쿠가와 이에야스의 人間經營 (德川家康の人間經營; 童門冬二, 日本) ○ 광인일기 (狂人日記; 魯迅(本名:周樹人), 中國) ○ 고독한 사람 (孤獨者;魯迅(本名:周樹人), 中國) ○ 이혼 (離婚;魯迅(本名:周樹人), 中國) ○ 춘타오(春桃; 許地山, 中國) ○ 어려움에 처한 판선생 (潘先生在難中; 葉聖陶(本名:葉紹鈞), 中國) ○ 타락 (沈淪;郁達天(本名:郁文), 中國) ○ 전당포 앞에서 (當鋪前;茅盾, 中國) ○ 간판에 얽힌 이야기 (老字號; 老舍(本名:舒慶春), 中國) ○ 초인 (超人;氷心(本名:謝婉瑩), 中國) ○ 한 통의 부치지 않은 편지 (一封未寄的信; 蔣光慈, 中國) ○ 장부 (丈夫; 沈從文(本名:沈岳煥), 中國) ○ 죄와 벌 (罪與罰; 巴金(本名:李堯棠),中國) ○ 달밤 (月夜; 巴金(본명:李堯棠), 中國) ○ 인생철학의 한 수업(人生哲學的一課; 艾蕪(本名:湯道耕), 中國) ○ 어느 가을날 저녁에(一個秋天晩上;沙汀(本名:揚祖熙), 中國) ○ 살인자 (凶手;沙汀(本名:揚祖熙), 中國) ○ 화웨이 선생 (華威先生; 張天翼(本名 :張元定),中國) ○ 광란의 파도 (大波;蕭軍(本名:劉鴻霖), 中國) ○ 잠시 동안의 이별 (暫別; 軍(本名: 劉鴻霖), 中國) 蕭 ○ 어느 마음의 기록 (悠悠寸草心; 王蒙, 中國) ○ 담임선생 (班主任; 劉心武, 中國) ○ 어머니와 아들 (母與子; 曺抄, 臺灣) ○ 해리포터와 秘密의 房 (Harry Potter and the Chamber of Secrets;J.K.Rowling, 英國) (38)	
	3	2001	○ 歷史의 古戰場 (曺康煥) ○ 聖女 루치아 (김별아) ○ 浮石寺 (신경숙) ○ 새야 새야 (신경숙) ○ 사운드 오브 사일런스 (구효서) ○ 그림자들 (윤성희) ○ 나는 아주 오래 살 것이다 (이승우) ○ 拷問하는 拷問당하는 者 (정영문) ○ 비파나무 그늘아래 (조용호) ○ 모든 나무는 얘기를 한다 (최인석) ○ 世上의 끝으로 간 사람 (한창훈) ○ 그 섬에 가기 싫다 (조성기) ○ 商道 (崔仁浩)	○ 로마人 이야기: 賢帝의 世紀 (Res Gestae Populi Romani Ⅸ: Saeculum Aureum; 塩野七生, 日本) ○ 女子는 두 번 울지 않는다 (The Best Laid Plans; Sidney Sheldon, 美國) ○ 람세스 2世: 이집트의 偉大한 太陽 (Ramsés Ⅱ:Souverain des Souverains; Bernadette Menu, 프랑스) ○ 다 잘할 必要는 없다(讀む藥; 上前淳一郎, 日本) ○ 異端者 아케나톤 (Akenaton L′Heretique; Alain Darne, 프랑스)	81

職　位	年次	年度	國　內　小　說	國　外　小　說	合計
平 教 授	3	2001	○ 까마귀가 쓴 글 (김현영) ○ 學者의 黃昏 (崔昌學) ○ 弔文 (崔昌學) ○ 聖河 (柳在用) ○ 鳴川遺事 (李文求) ○ 白宮 (鄭賢雄) ○ 韓國鬼神傳 (未詳) ○ 回鄕 (金연혜) ○ 삿뽀로 共產黨 (李성아) ○ 盆地에서-노래하는 앵벌이 (崔인석) (23)	○ 미켈란젤로의 復讐: 시스티나 天障畵의 秘密 (Sixtinische Verschwörung; Philipp Vandenberg, 獨逸) ○ 메소포타미아: 死藏된 楔形文字의 秘密 (Ilétait une feis la Mésopotamie; Jean Bottero, 프랑스) ○ 파라오의 陰謀 (Das Pharao-Komplott; Philipp Vandenberg, 獨逸) ○ 金閣寺 (三島由紀夫, 日本) ○ 에디슨은 메모狂이었다. (讀む藥:上前淳一郎, 日本) ○ E=MC ^{2}(David Bodanis, 英國) ○ 羅生門 (芥川龍之介, 日本) ○ 杜子春 (芥川龍之介, 日本) ○ 죽은 者의 奢侈 (死者の奢侈; 大江健三郎, 日本) ○ 하룻밤에 읽는 世界史 (速やわかり世界史; 宮崎正勝, 일본) ○ 野望 (井澤元彦, 日本) ○ 覇者 (井澤元彦, 日本) ○ 康熙大帝 (二月河(本名:凌解放, 中國) ○ 仁川撤收誌 (仁川引揚誌; 小谷益次郎, 日本) ○ 메디치家 이야기 (The House of Medici; Its Rise and Fall; Christopher Hibbert, 英國) ○ 호치민 評傳 (Ho Chi Minh; Charles Fenn, 美國) ○ 惡魔의 詩 (The Satanic Verses; Salman Rushdie, 英國) ○ 마야: 잃어버린 都市들 (Les cités perdues des Mayas; Claude Baudez, 프랑스) ○ 프린키피아의 天才 (The Life of Isaac Newton; Richard Westfall, 英國) ○ 요시츠네 (義經記:古典英雄小說, 未詳, 日本) ○ 솔로몬의 노래 (Song of Solomon; Toni Morrison, 美國) ○ 絶叫 (大江健三郎, 日本) ○ 파리大王 ((Lord of the Flies; William Golding, 英國) ○ 魔의 山 (Der Zauberberg; Thomas Mann, 獨逸) ○ 그리고 아무 말도 하지 않았다 (Und Sagte kein einziges Wort; Heinrich Böll, 獨逸) ○ 바리새 女人 (La Pharisienne; François Mauríac, 프랑스) ○ 메인 스트리트 (Main Street; Sinclair Lewis, 美國) ○ 盜賊과 개들 (The Thief and the Dogs; Naguib Mahfouz, 이집트) ○ 고도를 기다리며 (Waiting for Godot; Samuel Beckett, 아일랜드) ○ 쓰러지는 모든 사람들 (All That Fall; Samuel Beckett, 아일랜드)	

職　位	年次	年度	國　內　小　說	國　外　小　說	合計
平 教 授	3	2001		○ 파스쿠알 두아르테의 家族 (The Hive and the Family of Pascual Duarte; Camilo Jose Cela, 스페인) ○ 알카리아로의 旅路 (The Journey to Alcarria; Camilo Jose Cela, 스페인) ○ 運命 (Fate; Isaac B.Singer, 폴란드) ○ 카프카의 한 親舊 (A Friend of Kafka; Isaac B.Singer, 폴란드) ○ 무덤파는 사람 (The Grave Digger; Isaac B.Singer, 폴란드) ○ 모이셸리 (Moishele; Isaac B.Singer, 폴란드) ○ 피 (Blood; Isaac B.Singer, 폴란드) ○ 禁食 (The Fast; Isaac B.Singer, 폴란드) ○ 冒險 (The Adventure; Isaac B.Singer, 폴란드) ○ 運命論者(The Fatalist; Isaac B.Singer, 폴란드) ○ 바보 김펠 (Gimpel the Fool; Isaac B.Singer, 폴란드) ○ 群衆과 權力 (Crowds and Power; Elias Canetti, 불가리아) ○ 비의 王 헨더슨 (Henderson, The Rain King; Saul Bellow, 美國) ○ 곤사家의 遺稿들 (Gonzage Manuscripts; Saul Bellow, 美國) ○ 陽地바른 언덕의 少女 (Synnövé Solbbkken; Björnstjerne Björnson, 노르웨이) ○ 늪덧집 處女 (Kristuslegender; Selma Lagerlöf, 스웨덴) ○ 地主宅 이야기 (En Herrgårdssägen; Selma Lagerlöf, 스웨덴) ○ 능금나무 (The Apple Tree; John Galsworthy, 英國) ○ 우리를 위해 춤을 추어라 (Salta pro Nobis; John Galsworthy, 英國) ○ 美德 (Virtue; John Galsworthy, 英國) ○ 산타루치아 (Santa Lucia; John Galsworthy, 英國) ○ 번갯불 (Stroke of Lightning; John Galsworthy, 英國) ○ 森林 (Timber; John Galsworthy, 英國) (58)	
	4	2002	○ 이슬람 (李희수 · 李원삼 外) ○ 退溪先生 一代記 (權五鳳) ○ 弓裔 · 甄萱 · 王建과 熱情의 時代 (李道學) ○ 玄海灘 波濤는 아직도: 回顧錄 (金鍾忠) ○ 最後의 韓 · 日戰 (김민) ○ 우리에게 있어서 李退溪는 누구인가 (金裕赫) ○ 觀 (강석경) ○ 우리는 누구이며 어디서 와서 어디로 가는가 (공지영)	○ 라라비아타 (L'Arrabbiata; Paul Heyse 獨逸) ○ 트레피의 處女 (Das Mädchen von Treppi; Paul Heyse, 獨逸) ○ 목마른 諸神 (Les Dieux ont Soif; Anatole France, 프랑스) ○ 舞姬 타이스 (Thais; Anatole France, 프랑스) ○ 실베스트르 보나르의 罪 (Le Crime de Sylvestre Bonnard; Anatole France, 프랑스)	98

職　位	年次	年度	國　內　小　說	國　外　小　說	合計
平 教 授	4	2002	○ 世上은 그저 밤 아니면 낮이고 (구효서) ○ 未歸 (김하기) ○ 에코르체 혹은 보이지 않는 男子 (박정규) ○ 秘密 (서하진) ○ 그해 겨울을 우리는 이렇게 보냈다 (송하춘) ○ 나비의 傳說 (윤후명) ○ 검은 나무 (이승우) ○ 日蝕 (이혜경) ○ 同時에 (조경란) ○ 눈보라콘 (천운영) ○ 世界 偉人逸話 (金道彬) ○ 金剛錄: 復庵先生 金剛山 遊覽記 (李鼎九) ○ 그 많던 싱아는 누가 다 먹었을까 (朴婉緖) ○ 評說 興夫傳 (尹영근) ○ 評說 春香傳 (崔정주) ○ 바이올린 맨 (채영주) ○ 失踪 (박성원) ○ 純粹 (정이현) ○ 飛虎 (金光洙) ○ 北行列車 (柳熙殷, 中國僑胞) ○ 雪山의 매 (柳熙殷, 中國僑胞) ○ 하얼빈 戀歌 (柳熙殷, 中國僑胞) ○ 붓다 (The Buddha, 유홍종) ○ 諸子百家 (李명식 편주) ○ 뱀장어 스튜 (權지예)_ ○ 내 가슴에 찍힌 새의 발자국 (權지예) ○ 첫 사랑 (金연수) ○ 밤의 高速道路 (金인수) ○ 二人笑劇 (尹영수) ○ 죽은 사람의 衣服 (정영문) ○ 마리의 집 (조경란) ○ 女人 (韓창운) ○ 幽靈의 집 (崔仁浩) (41)	○ 가믄 9月 (Dry September; William H. Faulkner, 美國) ○ 强風 (L′ouragan; Miguel A.Austrias, 과테말라) ○ 癌病棟 (PaKOBЫЙ KOPПyC; Aleksandr Solzhenitsyn, 舊蘇聯) ○ 불타버린 사람들 (The Burnt Ones; Patrick White, 濠洲) ○ 將軍과 메신저 보이 (The General and the Messenger Boy; Halldór K.Laxness, 아이슬란드) ○ 카마니타와 바시티 (Kamanita and Vasithi; Karl Gjellerup, 덴마크) ○ 아프리카의 秘話 (Confidence Africaine; Roger Martin du Gard, 프랑스) ○ 타베티 안틸라 (Taavetti Antila; Frans Eemi Sillanpää, 핀란드) ○ 어린 아하슈에루스 (Little Ahasuerus; Johannes V.Jensen, 덴마크) ○ 안과 암소 (Ann and the Cow; Johannes V.Jensen, 덴마크) ○ 미이챠의 사랑 (МИТшНА JIIOБOBЪ; Ivan A.Bunin, 舊蘇聯) ○ 에라긴 騎兵少尉 事件 (ПEJIO Kopheta EJIAPИ HA; Ivan A.Bunin, 舊蘇聯) ○ 約婚女 (Betrothed; Samuel J.Agnon, 이스라엘) ○ 에도와 에남 (Edo and Enam: Samuel J.Agnon, 이스라엘) ○ 正義 (Sprawiedliwie; Wladyslaw S.Reymont, 폴란드) ○ 가을밤 (W Jesienną Noc; Wladyslaw S.Reymont, 폴란드) ○ 靈魂의 山 (靈山, Lingshan, Soul Mountain; Gao Xingjian (高行健), 프랑스(出身: 中國)) ○ 薔薇와 불의 꿈 (Drömmar om Rosor och Eld; Eyvind Johnson, 스웨덴) ○ 未來로의 歸還 (Return to the Future; Sigrid Undset, 노르웨이) ○ 거짓의 날들 (The Lying Days; Nadine Gordimer, 南阿共和國) ○ 修道院의 備忘錄 (Memorial do Convento; José Saramago, 포르투갈) ○ 흉내 (The Mimic Men; Vidiadhar S.Naipaul, 英國) ○ 自由國家에서 (In a Free State; Vidiadhar S.Naipaul, 英國) ○ 미겔 스트리트 (Miguell Stereet; Vidiadhar S.Naipaul, 英國) ○ 레 제오르지크 (Les Géorgiques; Claude Simon, 프랑스) ○ 오페라의 幽靈 (Le Fantôme de l′Opéra; Gaston Leroux, 프랑스)	

職　位	年次	年度	國　內　小　說	國　外　小　說	合計
平教授	4	2002		○ 舊約聖書 이야기 (The Story of the Bible: Henrik Willem Van Loon, 美國) ○ 아즈텍 帝國: 그 榮光과 沒落 (Le Destin Brisē de L'Empire Aztéque: Serge Gruzinski, 프랑스) ○ 宇宙의 運命: 빅뱅과 그 以後 (Le Destin de I'Univers: Le Big Bang et Aprés: Trinh Xuan Thuan, 프랑스) ○ 人類의 起源: 化石人類를 찾아서 (L'Homme avant L'Homme: Le Scénario des Origins: Herbert Thomas, 프랑스) ○ 智聖 東方朔 (龍吟, 中國) ○ 斑指의 帝王(The Lord of the Rings: J.R.R.Tolkien, 英國) ○ 放浪兒 이야기 (Aus dem Leben eines Taugenichts: Josep von Eichendorff, 獨逸) ○ 모래 사나이 (Der Sandmann: Ernest T.A.Hoffmann, 獨逸) ○ 적막한 집(Das Öde Haus: Ernest T.A.Hoffmann, 獨逸) ○ 長子 相續(Das Majorat: Ernest T.A.Hoffmann, 獨逸) ○ 로마人 이야기: 모든 길은 로마로 통한다 (Res Gestae Populi Romani X: Omniae viae Quae ad Romam Duxerunt: 塩野七生, 日本) ○ 셜록 홈즈 全集: 恐怖의 溪谷 (Sherlock Homes: The Valley of Fear: Sir Arthur Conan Doyle, 英國) ○ 奇巖城 (L'Aiguille Creuse: Maurice Leblanc, 프랑스) ○ 위대한 캐츠비 (The Great Gatsby: Francis Scott Fitzgerald, 美國) ○ 어머니 (The Mother: Grazia Deledda, 이탈리아) ○ 바라바 (Barabbas: Pär F.Lagerkvist, 스웨덴) ○ 모래郡의 열두달, 그리고 이곳 저곳의 스케치 (A Sand County Almanac and Sketches Here and There: Aldo Leopold, 美國) ○ 왜 나 自身을 밝히기를 두려워하는가? (Why Am I Afraid to Tell You Who I Am?: John Dowell, 美國) ○ 百濟花苑 (宇田伸夫, 日本) ○ 義理있는 戰友 (Act of Faith: Irwin Shaw, 美國) ○ 問題兒 폴 (Paul's Case: Willa Cather, 美國) ○ 아인슈타인의 꿈 (Einstein's Dream: Alan Lightman, 美國) ○ 나스카의 수수께끼: 神들의 出現 (Zeichen für die Ewigkeit: Erich von Däniken, 스위스)	

職位	年次	年度	國內小說	國外小說	合計
平教授	4	2002		○ 明治天皇 (Meiji Tenno; Donald Keene, 美國) ○ 유쾌하게 나이드는 法 58 (Rules for Aging; Roger Rosenblatt, 美國) ○ 天路歷程 (The Pilgrim's Progress; John Bunyan, 英國) (57)	
	計	4年	124	161	285
名譽教授	1	2003	○ 福 많은 늙은이 (조영주) ○ 후쿠자와 유키치 (福澤諭吉) (丁日聲) ○ 貞觀政要 (나채훈) ○ 不夜城 (海林) ○ 모랫말 아이들 (黃晳英) ○ 漢江 (趙廷來) ○ 懲毖錄 (柳成龍) ○ 滋養强壯劑 (정영) (8)	○ 요재지이 (聊齋志異; 蒲松齡, 中國) ○ 運命 (Sorstalanság; Imre Kertész, 헝가리) (2002年度 노벨文學賞 作品) ○ 로마人 이야기; 終末의 始作 (Res Gestae Populi Romani XI; Finis Principium ; Nanami Shiono, 日本) ○ 難破船의 歷史 (The History of Shipwrecks; Angus Konstam, 美國) ○ 神의 指紋; 사라진 文明을 찾아서 (Fingerprints of the Gods : The Evidence of Earth's Lost Civilization; Graham Hancock, 英國) ○ 反經 (趙家生, 中國) ○ 野蠻人을 기다리며 (Waiting for the Barbarians; John M. Coetzee, 南阿共) ※2003 노벨文學賞 ○ 페테르부르크의 大家(The Master of Peterburg; John M.Coetzee,南阿共) ○ 墜落 (Disgrace; John M. Coetzee, 南阿共) ※2003 노벨文學賞 ○ 海邊의 카프카 (海邊のカフカ, Kafka on the Shore; 村上春樹, 日本) ○ 몽테 크리스토 伯爵 (Le Comte de Monte Cristo; Alexandre Dumas Pére, 프랑스) ○ 稱讚은 고래도 춤추게 한다 (Whale Done! ;Ken Blanchard, Thad Lacinak, Chuck Tompkins and Jim Ballard, 美國) ○ 智經 (馮夢龍, 中國 明代) ○ 마리 퀴리 (Marie Curie; Remi Dussart, 프랑스) ○ 롬멜 (Mythos Rommel; Maurice Philip Remy, 獨逸) ○ 퀴리夫人; 科學의 眞理에 산 女性 (キエリ-夫人; 科學の眞理に 生た 女性; 松岡洋子, 日本) ○ 아름답고 平等한 퀴리夫婦 (Pierre and Marie Curie ; Éve Curie, 프랑스) ○ 정말 地獄은 있습니다 (A Divine Revelation of Hell; Time is Running Out; Mary K. Baxter, 美國) (18)	26

職　位	年次	年度	國　內　小　說	國　外　小　說	合計
名譽敎授	2	2004	○ 바다와 나비 (김인숙) ○ 모텔 알프스 (김인숙) ○ 플라나리아 (전상국) ○ 내 얼굴에 어린 꽃 (복거일) ○ 고양이의 私生活 (김경욱) ○ 노란 燃燈 드높이 내걸고 (김연수) ○ 婦人 內室의 哲學 (전경린) ○ 너의 意味 (김영하) ○ 自傳小說 (하성란) ○ 그 男子의 冊 198쪽 (윤성희) ○ 호텔 유로 (정미경) ○ If You Ask Me About Life (Yoo Jeong Gap, 兪政甲) ○ 우렁쉥이 이야기: 어머니, 당신을 사랑합니다.(兪宗禎, 兪侑廷) ○ 비르발 아니면 누가 그런 생각을 해 (이균형) ○ 칼의 노래 (金勳) ○ 꿈 만들기 (김용식) ○ 안개야 南쪽으로 (李준희) ○ 100살 自信있다 (金相文) ○ 圓佛敎 全書 (圓佛敎正化社) ○ 絃의 노래 (金勳) ○ 어둠속의 女人 (신동소) ○ 廣告 (오은주) ○ 엄마의 바다 (이민정) ○ 나의 茶사랑 이야기 (朴權欽) ○ 千年前의 글로벌 CEO, 海上王 張保皐 (한창수) ○ 松下秘訣 : 亂世의 國運 (松下 金老人 作, 黃南松·金星九 解) ○ 私生活로 본 金正日 (宋봉선) ○ 韓國 유머 (韓國諧謔硏究會) (28)	○ 정말 天國은 있습니다 (A Divine Revelation of Heaven: Mary K. Baxter, 美國) ○ 로마人 이야기 12: 危機로 치닫는 帝國 (Res Gestae Populi Romani Ⅻ: Tertii Saeculi Crisis; 鹽野七生, 日本) ○ 패션 오브 크라이스트 (The Dolorous Passion of Our Lord Jesus Christ: Anne Catherine Emmerich, 獨逸) ○ 킹 아더 (King Arthur: Frank Thompson, 美國) ○ 1984 (Nineteem Eighty-Four: George Orwell, 英國) ○ 大豫言: 2008~2080 (Prophecy: What the Future Holds for You: Sylvia Browne, 美國) ○ 피아노 치는 女子 (Die Klavierspielerin : Elfriede Jelinek, 오스트리아, 2004年度 노벨文學賞 受賞) ○ 꾸란 (Qur'ān: Muhammad, 아라비아) ○ 列國志 (馮夢龍, 中國 明代) ○ 다 빈치 코드 (Da Vinci Code: Dan Brown, 美國) ○ 새들은 페루에 가서 죽다 (Les Oiseauy vont Mourir au Péru; Romain Gary, 프랑스) ○ 류트(Le luth: Romain Gary, 프랑스) ○ 어떤 휴머니스트 (Un Humaniste; Romain Gary, 프랑스) ○ 沒落 (Dé Cadence; Romain Gary, 프랑스) ○ 가짜 (Le faux; Romain Gary, 프랑스) ○ 本能의 기쁨 (Les joies de la Nature; Romain Gray, 프랑스) ○ 高尙함과 偉大함 (Noblesse et Grandeur ; Romain Gray, 프랑스) ○ 비둘기 市民 (Citoyen Pigeon; Romain Gary, 프랑스) ○ 歷史의 한 페이지 (Une Page d'Histoire; Romain Gary, 프랑스) ○ 壁: 짤막한 크리스마스 이야기 (Le Mur: Simple Conte de Noel; Romain Gary, 프랑스) ○ 킬리만자로에서는 모든게 순조롭다 (Tout ua Bien sur le Kilimandjaro; Romain Gary; 프랑스) ○ 英雄的 行爲에 대해 말하자라면 (Je parle de l'Héroïsme; Romain Gary; 프랑스) ○ 地上의 住民들 (Les Habitants la Terre; Romain Gary; 프랑스) ○ 도데체 純粹는 어디에 (Jái soif d'Innocence; Romain Gary, 프랑스) ○ 世上에서 가장 오래된 이야기 (La Plus Vieille Histoire du Monde; Romain Gary, 프랑스) ○ 우리 고매한 先驅者들에게 榮光있으라 (Gloire á nos Illustres Pionniers; Romain Gary, 프랑스) ○ 聖杯와 잃어버린 薔薇 (The Woman with the Alabaster Jar; Margaret Starbird, 美國) (27)	55
	計	2年	36	45	81

職 位	年次	年度	國 內 小 說	國 外 小 說	合 計
名譽敎授·碩座敎授	1	2005	○ 메모리얼 가든 (반수연) ○ 민지가 웃던 날 (임선아) ○ 銀波를 넘어서 (趙正濟) ○ 達磨僧의 목에 眞珠 목걸이를 걸다 (김임순) ○ 여름 休暇 (전경린) ○ 薔薇 十字架 (전경린) ○ 슬픈 人魚 (손영목) ○ 階段위의 天國 (김성례) ○ 카프카의 女人 (이순원) ○ 雲山神話 (김준응) ○ 그림자 아이 (하성란) ○ 落書 文學社 發興者篇 (김동광) ○ 새들은 어디로 갔을까 (은미희) ○ 이제 그는 詩人을 믿지 않는다 (김도연) ○ 이반 언니 (정지형) ○ 스카다시 人生 (임정연) ○ 蒙古斑點 (한강) ○ 아기 부처 (한강) ○ 都市의 불빛 (이혜경) ○ 내 女子 親舊의 귀여운 戀愛 (윤영수) ○ 表情管理株式會社 (이만교) ○ 나비를 위한 알리바이 (김경욱) ○ 세 번째 乳房 (천운영) ○ 甲乙考試院 滯留記 (박민규) ○ 漫畵 三國志 (高羽榮) ○ 漫畵 그리스·로마 神話 (홍은영) ○ 우리들의 일그러진 英雄 (李文烈) ○ 젖어드는 땅 (崔一男) ○ 썩지 아니할 씨 (金商國) ○ 흐르는 山 (李淸俊) ○ 매우 잘 생긴 雨傘 하나 (尹興吉) ○ 쇠둘레를 찾아서 (金周榮) ○ 文身의 땅 (文淳太) ○ 못 (이승우) ○ 소낙비 (金裕貞) ○ 노다지 (金裕貞) ○ 總角과 맹꽁이 (金裕貞) ○ 金따는 콩밭 (金裕貞) ○ 마무방 (金裕貞) ○ 아내 (金裕貞) ○ 봄봄 (金裕貞) ○ 冬柏꽃 (金裕貞) ○ 산골 나그네 (金裕貞) ○ 가을 (金裕貞) ○ 산골 (金裕貞) ○ 夜櫻 (金裕貞) ○ 따라지 (金裕貞) ○ 땡볕 (金裕貞) ○ 北行列車 (趙正濟) ○ 山河 (李炳注) (50)	○ 살아있는 동안 꼭 해야할 49가지 (生要做的 99件事; 覃卓穎, 中國) ○ 黃眞伊 (洪錫中, 北韓) ○ 로마人 이야기 13: 最後의 努力 (Res Gestae Populi Romani XIII: De Ultimis Laboribus; 鹽野七生, 日本) ○ 變身 (Die Verwandlung; Franz Kafka, 폴란드) ○ 流刑地에서 (In Der Strafkolinie; Franz Dafka, 폴란드) ○ 斷食 광대 (Ein Hungerküntler; Franz Kafka, 폴란드) ○ 시골 醫師 (Ein Landarzt; Franz Kafka, 폴란드) ○ 判決 (Das Urteil; Fanz Kafka, 폴란드) ○ 風車방앗간 便紙 (Les Lettres de Mon Moulin; Alphonse Daudet, 프랑스) ○ 타르타랭의 신기한 冒險 (Les Aventures Prodigieuses de Tartarin de Tarascon; Alphonse Daudet, 프랑스) ○ 검은 고양이 (The Black Cat; Edgar Allan Poe, 美國) ○ 모르그 거리의 殺人 (The Murders in the Rue Morgue; Edgar Allan Poe, 美國) ○ 犯人은 너다 (The Criminal is You!; Edgar Allan Poe, 美國) ○ 도둑맞은 便紙 (The Purloined Letter; Edgar Allan Poe, 美國) ○ 赤死病 假面 (The Masque of the Red Death; Edgar Allan Poe, 美國) ○ 黃金 풍뎅이 (The Gold Bug; Edgar Allan Poe, 美國) ○ 어셔 집안의 沒落 (The Fall of the House of Usher; Edgar Allan Poe, 美國) ○ 절름발이 개구리 (The Lame Frog; Edgar Allan Poe, 美國) ○ 아몬틸라도 술통 (The Cask of Amontillado; Edgar Allan Poe, 美國) ○ 일러바치기 心臟 (The Tell-Tale Heart; Edgar Allan Poe, 美國) ○ 生日파티 (The Birthday Party; Harold Pinter, 英國, 2005年 노벨文學賞 受賞者) ○ 산골 사투리 (Mountain Language; Harold Pinter, 英國) ○ 時事諷刺劇 (Revue Sketches; Harold Pinter, 英國) ○ 審問 (The Examination; Harold Pinter, 英國) ○ 最後의 한잔 (One for the Road; Harold Pinter, 英國) (25)	75

職 位	年次	年度	國 內 小 說	國 外 小 說	合 計
名譽教授·碩座教授	2	2006	ㅇ 明朗한 밤길 (공선옥) ㅇ 맥도널드 死守大作戰 (김경욱) ㅇ 베타별이 子午線을 지나갈 때, 내게 (김애란) ㅇ 浪漫 삼겹살 (김종광) ㅇ 에스키모, 여기가 끝이야 (김중혁) ㅇ 囚人 (이기호) ㅇ 江을 건너는 사람들 (전성태) ㅇ 그 男子의 리허설 (정이현) ㅇ 消滅 (정지아) ㅇ 나는 여기가 좋다 (한창훈) ㅇ 寫眞으로 보는 聞慶의 近代 100年史 (聞慶市廳) ㅇ 밤이여 나뉘어라 (정미경) ㅇ 나의 피투성이 戀人 (정미경) ㅇ 긴 하루 (구광본) ㅇ 자두 (함정임) ㅇ 위험한 讀書 (김경욱) ㅇ 아이스크림 (김영하) ㅇ 夜想錄 (전경린) ㅇ 무릎 (윤성희) ㅇ 少西弩 (최정주) ㅇ 排戰 100歲 (박효) (21)	ㅇ 목걸이 (Rivière; Guy de Maupassant, 프랑스) ㅇ 트완느(Toine; Guy de Maupassant, 프랑스) ㅇ 되찾은 改心 (Regained Reform; O. Henry, 美國) ㅇ 狂人日記 (魯迅, 中國) ㅇ 故鄕 (魯迅, 中國) ㅇ 아기 도련님 (A Baby Boy; Rabindranath Tagore, 印度) ㅇ 삶이냐 죽음이냐 (Life or Death; Rabindranath Tagore, 印度) ㅇ 아내 (To Please His Wife; Thomas Hardy, 英國) ㅇ 아들의 拒否權 (The Son's Veto; Thomas Hardy, 英國) ㅇ 密會 (A Clandestine Meeting; Ivan Sergeevich Turgenev, 러시아) ㅇ 산 송장 (A Walking Corpse; Ivan Sergeevich Turgenev, 러시아) ㅇ 漫畵 平壤 (PYONGYANG; Guy Delisle, 프랑스) ㅇ 나니아 年代記 (The Chronicles of Narnia; C.S. Lewis, 英國) ㅇ 모모 (Momo; Michael Ende, 獨逸) ㅇ 로마人 이야기 14: 그리스도의 勝利 (Res Gestae Populi Romani XIV: De Christi Victoria; Nanami Shiono, 日本) ㅇ 大命 : 夜行派 (梶山季之 外, 日本) ㅇ 放浪兒 이야기 (Aus dem Leben eines Taugenichts; Joseph von Eichendorff, 獨逸) ㅇ 바이블 코드 Ⅱ(Bible Code Ⅱ: The Countdown; Michael Drosnin, 美國) ㅇ 大命: 死角派 (梶山季之 外, 日本) ㅇ 大命: 背德派 (梶山季之 外, 日本) ㅇ 東京奇譚集(村上春樹, 日本) ㅇ 人生修業 (Life Lessons; Elisabeth Kübler-Ross and David Kessler, 美國) (22)	43
	計	2年	71	47	118
累 計		35年	561	494	1,055

客說 : 經驗에서 얻은 삶의 眞實

술이나 담배를 애용하다가 끊은 사람일수록 처음부터 경험하지 않은 사람보다 훨씬 더 술과 담배에 대해 비판적이고 공격적이다. 그러나 修養이 제대로 된 사람은 그러하지 않는 것 같다.

2. 耽讀小說 主題의 時代別 變化推移

(單位 : 卷, %)

生涯區分	年度(年間)	年齡(歲)	1. 愛憎과 悲劇의 小說 사랑, 로맨스 怨恨, 悲劇 家族, 家庭	2. 歷史와 傳記의 소설 歷史, 傳記 紀行, 實談 다큐멘터리	3. 探偵과 冒險의 소설 探偵, 搜査 諜報, 犯罪 暴露, 告發 冒險, 探險	4. 戰爭과 活劇의 소설 戰爭, 戰鬪 活劇, 義俠	5. 科學과 空想의 소설 科學, 空想 未來, 宇宙 幻想, 恐怖 怪奇, 傳說 童話, 유머 諧謔	合計
初等學校	1945-1950(6)	10-15	14(31.8)	10(22.7)	8(18.2)	3(6.8)	9(20.5)	44(100.0)
中等學校	1951-1953(3)	16-18	46(38.4)	37(30.8)	19(15.8)	6(5.0)	12(10.0)	120(100.0)
高等學校	1954-1956(3)	19-21	41(52.6)	18(23.1)	10(12.8)	2(2.5)	7(9.0)	78(100.0)
大學校	1957-1961(5)	22-26	45(42.4)	43(40.6)	5(4.7)	7(6.6)	6(5.7)	106(100.0)
會社·大學院	1962-1964(3)	27-29	18(30.5)	25(42.4)	13(22.6)	2(3.4)	1(1.7)	59(100.0)
內務部·助教	1965-1968(4)	30-33	34(36.6)	44(47.3)	11(11.8)	-	4(4.3)	93(100.0)
外國留學	1969-1971(3)	34-36	7(38.9)	5(27.8)	5(27.8)	1(5.5)	-	18(100.0)
累 計	1945-1971(27)	10-36	205(39.6)	182(35.1)	71(13.7)	21(4.1)	39(7.5)	518(100.0)
專任講師	1972-1975(4)	37-40	44(53.6)	24(29.3)	9(11.0)	-	5(6.1)	82(100.0)
助教授	1976-1979(4)	41-44	32(38.6)	35(42.2)	8(9.6)	4(4.8)	4(4.8)	83(100.0)
副教授	1980-1984(5)	45-49	24(23.8)	51(50.5)	13(12.9)	7(6.9)	6(5.9)	101(100.0)
教授·大學院長	1985-1990(6)	50-55	27(32.9)	25(30.5)	15(18.3)	8(9.8)	7(8.5)	82(100.0)
教授·研究院長	1991-1994(4)	56-59	26(38.2)	22(32.4)	13(19.1)	6(8.8)	1(1.5)	68(100.0)
教授·主任教授	1995-1998(4)	60-63	63(40.6)	60(38.7)	13(8.4)	6(3.9)	13(8.4)	155(100.0)
平教授	1999-2002(4)	64-67	145(52.7)	77(28.0)	34(12.4)	3(1.1)	16(5.8)	275(100.0)
名譽·碩座教授	2002-2006(4)	67-71	105(50.2)	37(17.7)	53(25.4)	3(1.4)	11(5.3)	209(100.0)
累 計	1972-2006(35)	37-71	466(44.2)	331(31.4)	158(15.0)	37(3.5)	63(6.0)	1,055(100.0)
總累計	1945-2006(62)	10-71	671(42.7)	513(32.6)	229(14.6)	58(3.7)	102(6.5)	1,573(100.0)

客說 : 經驗에서 얻은 삶의 眞實

'세 사람이 같이 가면 그 가운데 반드시 나의 스승감이 있다' [三人行 必有我師] 라는 孔子님의 말씀이 있다. 내가 살아본 경험으로는 같이 가는 세 사람 모두가 나의 스승감이라고 생각한다. 아무리 무식하거나 低質의 사람이라도 한 두가지 취할 바는 반드시 갖고 있는 듯 하다.

客說 : 經驗에서 얻은 삶의 眞實

東西洋을 막론하고 歷史的으로 '遠交近功策'을 쓴 나라들이 많다. 먼 나라들과는 親交를 유지하는 하는 동안 가까이 있는 나라들을 쳐서 자기 것으로 만드는 戰略이다. 國家로서는 좋은 成果일지 몰라도 個人의 경우로 보면 별로 좋지 않다. 이런 類의 사람과는 너무 가까이 하지 않는게 좋다.

3. 노벨文學賞 受賞者와 耽讀作品

(1) 歷代 노벨文學賞 受賞者

施賞年度	受賞者	國家	部門
1901	Sully Prudhomme	프랑스	詩
1902	Theodor Mommsen	獨逸	歷史學
1903	Björnstjerne Björnson	노르웨이	小說
1904	Frédéric Mistral	프랑스	詩
	J.Echegaray y Eizaguirre	스페인	戱曲
1905	H. Sienkiewicz	폴란드	小說
1906	Giosue Carducci	이탈리아	詩
1907	Rudyard Kipling	英國	詩·小說
1908	Rudolf Eucken	獨逸	哲學
1909	Selma Lagerlöf (女)	스웨덴	小說
1910	Paul von Heyse	獨逸	小說
1911	Maurice Maeterlinck	벨기에	戱曲
1912	Gerhart Hauptmann	獨逸	戱曲
1913	Robindranath Tagore	印度	詩
1915	Romain Rolland	프랑스	小說
1916	V.von Heidenstam	스웨덴	詩
1917	Karl Gjellerup	덴마크	小說
	Henrik Pontoppidan	덴마크	小說
1919	Carl Spitteler	스위스	詩
1920	Knut Hamsun	노르웨이	小說
1921	Anatole France	프랑스	小說
1922	J.Benavente y Martinez	스페인	戱曲
1923	William Butler Yeats	아일랜드	詩
1924	Wladyslaw S. Reymont	폴란드	小說
1925	George Bernard Shaw	英國 (出身:아일랜드)	戱曲
1926	Grazia Deledda (女)	이탈리아	小說
1927	Henri Berson	프랑스	哲學
1928	Sigrid Undset (女)	노르웨이	小說
1929	Thomas Mann	獨逸	小說
1930	Sinclair Lewis	美國	小說
1931	Erik Axel Karlfeldt	스웨덴	詩
1932	John Galsworthy	英國	小說
1933	Ivan A. Bunin	舊蘇聯	小說
1934	Luigi Pirandello	이탈리아	戱曲
1936	Eugene O'Neill	美國	戱曲

施賞年度	受賞者	國家	部門
1937	Roger Martin du Gard	프랑스	小說
1938	Pearl Buck (女)	美國	小說
1939	Frans Eemil Sillanpää	핀란드	小說
1944	Johannes V. Jensen	덴마크	小說
1945	Gabriela Mistral (女)	칠레	詩
1946	Hermann Hesse	獨逸 (出身:스위스)	小說
1947	André Gide	프랑스	小說
1948	T.S. Eliot	英國	詩
1949	Willian H. Faulkner	美國	小說
1950	Bertrand Russell	英國	哲學
1951	Pär F. Lagerkvist	스웨덴	小說
1952	François Mauríac	프랑스	小說
1953	Sir Winston Churchill	英國	歷史學
1954	Ernest Hemingway	美國	小說
1955	Halldór K. Laxness	아이슬란드	小說
1956	Juan Ramón Jiménez	스페인	詩
1957	Albert Camus	프랑스	小說
1958	Boris L. Pasternak	舊蘇聯	小說
1959	Salvatore Quasimodo	이탈리아	詩
1960	Saint-John Perse	프랑스	詩
1961	Ivo Andrić	유고	小說
1962	John Steinbeck	美國	小說
1963	George Seferis	그리스	詩
1964	Jean-Paul Sartre	프랑스	哲學
1965	Mikhail Sholokhov	舊蘇聯	小說
1966	Samuel J. Agnon	이스라엘	小說
	Nelly Sachs (女)	獨逸 (出身:스웨덴)	詩
1967	Miguel A. Asturias	과테말라	小說
1968	Kawabata Yasunari (川端康成)	日本	小說
1969	Samuel Beckett	아일랜드	小說
1970	Aleksandr Solzhenitsin	舊蘇聯	小說
1971	Pablo Neruda	칠레	詩
1972	Heinrich Böll	獨逸	小說
1973	Patrick White	濠洲	小說

施賞年度	受 賞 者	國 家	部門	施賞年度	受 賞 者	國 家	部門
1974	Eyvind Johnson	스 웨 덴	小 說	1989	Camilo Jose Cela	스 페 인	小 說
	Harry Martinson	스 웨 덴	詩	1990	Octavio Paz	멕 시 코	詩
1975	Eugenio Montale	이탈리아	詩	1991	Nadine Gordimer (女)	南 阿 共	小說
1976	Saul Bellow	美 國	小 說	1992	Derek Walcott	세인트 루시아	詩
1977	Vicente Alexandre	스 페 인	詩	1993	Toni Morrison (女)	美 國	小 說
1978	Isaac B. Singer	美 國 (出身:폴란드)	小 說	1994	Ōe Kenzaburō (大江建三郎)	日 本	小 說
1979	Odysseue Elytis	그 리 스	詩	1995	Seamus Heaney	아일랜드	詩
1980	Czestaw Mitosz	폴 란 드 (出身:美國)	詩	1996	Wistawa Szymborska (女)	폴 란 드	詩
1981	Elias Canetti	英 國 (出身:불가리아)	小 說	1997	Dario Fo	이탈리아	戲 曲
1982	Gabriel G. Márquez	콜롬비아	小 說	1998	José Saramago	포르투갈	小 說
1983	William Golding	英 國	小 說	1999	Günter Grass	獨 逸	小 說
1984	Jaroslav Seifert	체 코	詩	2000	Gao Xingjian (高行健)	프 랑 스 (出身:中國)	小 說
1985	Claude Simon	프 랑 스	小 說	2001	Vidiadhar S. Naipaul	英 國 (出身:트리니다드 트바고)	小 說
1986	Wole Soyinka	나이지리아	戲 曲	2002	Imre Kertész	헝가리	小 說
1987	Joseph Brodsky	美 國	詩	2004	Elfriede Jelinek	오스트리아	小 說
1988	Naguib Mahfouz	이 집 트	小說	2005	Harold Pinter	英 國	戲 曲

註. 노벨賞은 스웨덴人 알프레드 노벨(Alfred Bernhard Nobel,1833-1896)에 의해 制定되어 1901.12.10에 첫번째 施賞이 있었으며, 2001年으로 100周年이 됨.

資料: *The New Encyclopaedia Britannica.* Chicago: Encyclopaedia Britannica Inc., 1989.
The Year book of Encyclopaedia Britannica. Chicago: Encyclopaedia Britannica Inc., 1982~2006 (各年度).

(2) 노벨文學賞 小說部門 受賞者 및 耽讀作品

施賞	受 賞 者		耽 讀 作 品	
年度	姓 名	國 家	作 品 (小 說) 名	年 度
1903	Björnstjerne Björnson	노르웨이	陽地바른 언덕의 少女 (Synnövé Solbbkken)	2001
1905	H. Sienkiewicz	폴 란 드	쿠오 바디스 (Quo Vadis)	1963
1907	Rudyard Kipling	英 國	정글 북 (Jungle Book)	1969
1909	Selma Lagerlöf (女)	스 웨 덴	늪덧집 處女 (Kristuslegender), 地主宅 이야기 (En Herrgårdssägen)	2001
1910	Paul von Heyse	獨 逸	라라비아타 (L'Arrabbiata), 트레피의 處女 (Das Mädchen von Treppi)	2002
1913	Rabindranath Tagore	印 度	기탄잘리 (Gitanjali) 고라 (Gora)	1977 1997
1915	Romain Rolland	프 랑 스	장 크리스토프 (Jean Christophe)	1996
1917	Karl Gjellerup	덴 마 크	카마니타와 바시티 (Kamanita and Vasithi)	2002
	Henrik Pontoppidan	덴 마 크	約束의 땅 (The Promised Land)	1962

施賞年度	受賞者		耽讀作品	
	姓名	國家	作品(小說)名	年度
1920	Knut Hamsun	노르웨이	飢餓 (Hunger)	1955
1921	Anatole France	프랑스	목마른 諸神 (Les Dieux ont Soif), 舞姬 타이스 (Thais), 실베스트르 보나르의 罪 (Le Crime de Sylvestre Bonnard)	2002
1924	Wladyslaw S. Reymont	폴란드	正義 (Sprawiedliwie), 가을밤 (W Jesienną Noc)	2002
1926	Grazia Deledda (女)	이탈리아	어머니 (The Mother)	2002
1928	Sigrid Undset (女)	노르웨이	未來로의 歸還 (Return to the Future)	2002
1929	Thomas Mann	獨逸	魔의 山 (Der Zauberberg)	2001
1930	Sinclair Lewis	美國	메인 스트리트 (Main Street)	2001
1932	John Galsworthy	英國	능금나무 (The Apple Tree), 우리를 위해 춤을 추어라 (Salta Pro Nobis), 美德 (Virtue), 산타루치아 (Santa Lucia), 번갯불 (Stroke of Lightning), 森林 (Timber)	2001
1933	Ivan A. Bunin	러시아	미이차의 사랑 (МитпТia ЛЮБОВЬ), 에라긴 騎兵小尉 事件 (ПеЛО Kopheta ЕЛaРИТia)	2002
1937	Roger Martin du Gard	프랑스	아프리카의 秘話 (Confidence Africaine)	2002
1938	Pearl Buck (女)	美國	土地 (The Good Earth)	1959
1939	Frans Eemi Sillanpää	핀란드	타베티 안틸라(Taavetti Antila)	2002
1944	Johannes V. Jensen	덴마크	어린 아하슈에루스 (Little Ahasuerus), 안과 암소 (Ann and the Cow)	2002
1946	Hermann Hesse	獨逸	靑春은 아름다워라 (Shön ist Die Jugent)	1958
		(出身:스위스)	데미안 (Demian)	1992
1947	André Gide	프랑스	좁은 門 (Strait is the Gate)	1957
			田園交響樂 (Symphonie Pastorale)	1965
1949	Willian H. Faulkner	美國	가문 9월 (Dry September)	2002
1951	Pär F. Lagerkvist	스웨덴	바라바 (Barabbas)	2002
1952	François Mauríac	프랑스	바리세 女人 (La Pharisienne)	2001
1954	Ernest Hemingway	美國	老人과 바다 (The Old Man and the Sea), 누구를 위하여 鐘은 울리나 (For Whom the Bell Tolls), 武器여 安寧 (Farewell to Arms), 해는 또다시 떠오른다 (The Sun Also Rises)	1959
			우리들의 時代 (In Our Times)	1973
1955	Halldór K. Laxness	아이슬란드	將軍과 메신저 보이 (The General and the Messenger Boy)	2002
1957	Albert Camus	프랑스	異邦人 (L'Etranger), 페스트 (Peste)	1961
1958	Boris L. Pasternak	러시아	닥터 지바고 (Doctor Zhivago)	1968
1961	Ivo Andrić	유고	드리나 江의 다리 (The Bridge of Drina)	1978
1962	John Steinbeck	美國	에덴의 東쪽 (East of Eden)	1984
1965	Mikhail Sholokhov	러시아	고요한 돈江 (And Quiet Flows the Don)	1979
1966	Samuel J. Agnon	이스라엘	約婚女 (Betrothed), 에도와 에남 (Edo and Enam)	2002
1967	Miguel A. Asturias	과테말라	强風 (L'ouragan)	2002
1968	Kawabata Yasunari	日本	雪國	1963
	(川端康成)		古都	1996
1969	Samuel Bockett	아일랜드	고도를 기다리며 (Waiting for Godot), 쓰러지는 모든 사람들 (All That Fall)	2001
1970	Aleksandr Solzhenitsin	러시아	癌病棟 (РаКОВЫЙ)	2002
1972	Heinrich Böll	獨逸	그리고 아무말도 하지 않았다 (Und sagte kein einziges Wort)	2001
1973	Patrick White	濠洲	불타버린 사람들 (The Burnt Ones)	2002

施賞年度	受賞者		耽讀作品	
	姓名	國家	作品(小說)名	年度
1974	Eyvind Johnson	스웨덴	장미와 불의 꿈 (Drömmar om Rosor och Eld)	2002
1976	Saul Bellow	美國	비의 王 헨더슨 (Henderson, The Rain King), 곤사家의 遺稿들 (Gonzage Manuscripts)	2001
1978	Isaac B. Singer	美國 (出身:폴란드)	카프카의 한 親舊 (A Friend of Kafka), 運命 (Fate), 무덤파는 사람 (The Grave Digger), 모이셸리 (Moishele), 피 (Blood), 禁食 (The Fast), 冒險 (The Adventure), 運命論者 (The Fatalist), 바보 김펠 (Gimpel the Fool)	2001
1981	Elias Canetti	英國 (出身:불가리아)	群衆과 權力 (Crowds and Power)	2001
1982	Gabriel G. Márquez	콜롬비아	百年 동안의 孤獨 (One Hundred Years of Solitude)	1999
1983	William Golding	英國	파리大王 (Lord of the Flies)	2001
1985	Claude Simon	프랑스	레 제오르지크 (Les Géorgiques)	2002
1988	Naguib Mahfouz	이집트	盜賊과 개들 (The Thief and the Dogs)	2001
1989	Camilo Jose Cela	스페인	파스쿠알 두아르테의 家族 (The Hive and the Family of Pascual Duarte), 알카리아로의 旅路 (The Journey to Alcarria)	2001
1991	Nadine Gordimer (女)	南阿共	거짓의 날들 (The Lying Days)	2002
1993	Toni Morrison (女)	美國	솔로몬의 노래 (Song of Solomon)	2001
1994	Ōe Kenzaburō (大江建三郎)	日本	絶叫, 죽은 者의 奢侈 (死者の奢侈)	2001
1998	José Saramago	포르투갈	修道院의 備忘錄 (Memorial do Convento)	2002
1999	Günter Grass	獨逸	洋鐵북 (Die Blechtrommel: The Tin Drum)	1999
2000	Gao Xingjian (高行健)	프랑스(出身:中國)	靈魂의 山 (靈山, Lingshan: Soul Mountain)	2002
2001	Vidiadhar S. Naipaul	英國(出身:트리니다드 토바고)	흉내 (The Mimic Men), 自由國家에서 (In a Free State), 미겔 스트리트 (Miguell Street)	2002
2002	Imre Kertész	헝가리	運命(Sorstalanság)	2003
2003	John M. Coetzee	南阿共	野蠻人을 기다리며(Waiting for the Barbarians),페테르부르크의 大家(The Master Petersburg),墜落(Disgrace)	2003
2004	Elfriede Jelinek	오스트리아	피아노 치는 女子 (Die Klavierspielerin)	2004
2005	Harold Pinter	英國	生日 파티(The Birthday Party) 最後의 한잔(One for the Road), 산골사투리(Mountain Language), 時事諷刺劇(Revue Sketches), 審問(The Examination)	2005
累計(60年)	61名	25國	104卷	25年

客說 : 經驗에서 얻은 삶의 眞實

小說을 먼저 읽고 그 映畵를 보면 너무 단순하여 무미건조함을 느낀다. 映畵를 먼저 보고 다음에 그 小說을 읽는게 좋다. 나는 보통 그렇게 한다.

客說 : 經驗에서 얻은 삶의 眞實

小說은 보통 한 번만 읽는다. 나의 경우 두 번 이상 읽은 小說은 三國志, 水滸誌, 몽테크리스토 伯爵, 레 미제라블 등에 불과하다. 이들은 그만큼 나에게 깊은 感銘과 興味를 준 作品들이다.

Ⅳ. 映畵 觀覽

○ 要 約

生涯區分	學級 · 職位	年代 · 期間	觀 覽 映 畵 篇 數 (篇)		
			國內映畵	外國映畵	合 計
成長·修學期	初等學校	1945-50 (6년)	18	7	25
	中等學校	1951-53 (3년)	33	7	40
	高等學校	1954-56 (3년)	35	13	48
	大學校	1957-61 (5년)	135	34	169
	會社 · 高教	1962 (1년)	26	10	36
	大學院	1963-64 (2년)	51	19	70
	內務部	1965 (1년)	18	12	30
	助教	1966-68 (3년)	53	34	87
	留學	1969-71 (3년)	13	36	49
	累計	總 計(1945-1971)	382	172	554
		年平均(27年)	14.1	6.4	20.5
		月平均(316月)	1.2	0.6	1.8
社會活動期	專任講師	1972-75 (4년)	39	44	83
	助教授	1976-79 (4년)	44	59	103
	副教授	1980-84 (5년)	46	55	101
	教授	1985-86 (2년)	27	28	55
	大學院長	1987-90 (4년)	33	42	75
	教授	1991-92 (2년)	23	35	58
	研究院長	1993-94 (2년)	17	26	43
	平教授	1995-96 (2년)	26	58	84
	主任教授	1997-98 (2년)	32	110	142
	平教授	1999-2002 (4년)	68	221	289
	名譽教授	2003-2006 (4년)	54	119	173
	累計	總 計(1972-2006)	409	797	1,206
		年平均(35年)	11.7	22.8	34.5
		月平均(415月)	1.0	1.9	2.9
總累計	總計	1945-2006	791	969	1,760
	年平均	62年	12.8	15.6	28.4
	月平均	731月	1.1	1.3	2.4

客說 : 經驗에서 얻은 삶의 眞實

宇宙를 관장하는 하느님은 趣味로 하는 놀이가 없을 것 같다. 아니 있어서는 안 된다. 하느님이 비록 재미로 하는 놀이라도 그 餘波는 全宇宙에 미칠 것이기 때문이다. 指導者의 趣味生活은 部下나 남들에게 적잖은 영향을 끼치게 된다.

1. 年度別 觀覽映畵 篇數

(單位: 篇)

年　度	國內映畵	外國映畵	合　計	年　度	國內映畵	外國映畵	合　計
1948	4	3	7	1979	10	14	24
1949	8	4	12	1980	9	13	22
1950	6	-	6	1981	10	12	22
1951	8	2	10	1982	8	11	19
1952	16	3	19	1983	8	10	18
1953	9	2	11	1984	11	9	20
1954	8	4	12	1985	13	12	25
1955	20	5	25	1986	14	16	30
1956	7	4	11	1987	11	11	22
1957	68	21	89	1988	9	10	19
1958	9	5	14	1989	8	11	19
1959	25	2	27	1990	5	10	15
1960	18	4	22	1991	12	19	31
1961	15	2	17	1992	11	16	27
1962	26	10	36	1993	6	10	16
1963	28	10	38	1994	11	16	27
1964	23	9	32	1995	15	20	35
1965	18	12	30	1996	11	38	49
1966	20	13	33	1997	14	44	58
1967	18	11	29	1998	18	66	84
1968	15	10	25	1999	12	46	58
1969	2	3	5	2000	13	89	102
1970	7	20	27	2001	15	44	59
1971	4	13	17	2002	28	42	70
1972	5	7	12	2003	4	23	27
1973	12	10	22	2004	6	48	54
1974	13	13	26	2005	26	26	52
1975	9	14	23	2006	18	22	40
1976	10	15	25	累　計	791	969	1,760
1977	1	16	28	年平均	12.8	15.6	28.4
1978	1	14	26				

客說 : 經驗에서 얻은 삶의 眞實

兩班과 地主에게 趣味生活을 가능케 해준 것은 庶民이요 小作人이다. 時間과 經費를 마련해주는 다른 手段이 없다면 趣味生活은 하기 어렵다. 살아가기 어려운 형편인데 취미가 무슨 잠꼬대인가?.

客說 : 經驗에서 얻은 삶의 眞實

外國에 사는 우리 僑胞들을 보면 좀 외롭다는 생각이 든다. 祖國에서는 뿌리가 뽑혀버렸고 지금 살고 있는 나라에서는 아직 뿌리가 내리지 않은채 虛空에 떠있기 때문이다.

2. 觀覽映畵 題名

(映畵館과 TV · 비디오 등에서 본 映畵)

生涯區分	學級·職位	國內映畵	外國映畵	合計
成長·修學期 (1945-1971)	初等學校 (1945-1950)	○ 興夫와 놀부 ○ 沈淸傳 ○ 아리랑 ○ 柳寬順 ○ 콩쥐 · 팥쥐 ○ 孝女沈淸 ○ 洪吉童 ○ 春香傳 ○ 薔花紅蓮傳 ○ 不滅의 密使 ○ 北地萬里 ○ 九尾狐 ○ 獨立前夜 ○ 먼동이 틀때 ○ 마음의 故鄕 ○ 똘똘이의 冒險 ○ 成佛寺 (17)	○ 걸리버 旅行記 (Gulliver's Travels, 영국) ○ 로빈손 漂流記 (Robinson Crusoe, 영국) ○ 링컨 (Abraham Lincoln, 미국) ○ 寶物섬 (Treasure Island, 영국) ○ 人魚公主 (The Little Mermaid, 덴마크) ○ 피터 · 팬 (Peter Pan, 영국) ○ 알리바바와 40人의 盜賊 (Alibābā and Fouty Thieves, 미국) ○ 간디 (Gandhi, 영국) (8)	25
	中等學校 (1951-1953)	○ 檢事와 女先生 ○ 階伯將軍 ○ 나그네 ○ 내가 넘은 38線 ○ 洛東江 ○ 端宗哀史 ○ 大春香傳 ○ 無花果 ○ 成春香 ○ 常綠樹 ○ 城隍堂 ○ 守一과 順愛 ○ 西部戰線 ○ 月夜의 共同墓地 ○ 安昌男 ○ 靑年 金玉均 ○ 戰友 ○ 집없는 天使 ○ 長恨夢 ○ 前科者 ○ 自由萬歲 ○ 春風 ○ 進擊萬里 ○ 眞珠塔 ○ 장발장 ○ 靑실 · 紅실 ○ 紅桃야 울지마라 ○ 好童王子 ○ 紅殺門 ○ 荒蕪地 ○ 漢江	○ 나이팅게일 (Florence Nightingale, 영국) ○ 나폴레옹 (Napoléon, 프랑스) ○ 노아의 方舟 (The Arc of Noah, 영국) ○ 돈키호테 (Don Quixote, 스페인) ○ 로미오와 줄리에트 (Romeo and Juliet, 영국) ○ 신드바드의 冒險 (The Adventure of Sindbad, 영국) ○ 月光曲 (Moonlight Sonata, 영국) (7)	40

生涯區分	學級·職位	國內映畵	外國映畵	合計
成長·修學期 (1945-1971)	中等學校 (1951-1953)	○ 花郞徒 ○ 回心曲 (33)		
	高等學校 (1954-1956)	○ 김삿갓 ○ 가거라 슬픔이여 ○ 恐怖의 밤 ○ 落花流水 ○ 論介 ○ 노들江邊 ○ 나그네 설움 ○ 물레방아 ○ 無影塔 ○ 無情 ○ 白痴 아다다 ○ 悲流 ○ 鳳仙花 ○ 배뱅이굿 ○ 鳳伊 金先達 ○ 사랑에 속고 돈에 울고 ○ 山有花 ○ 淑英娘子傳 ○ 思悼世子 ○ 사랑 ○ 山賊의 딸 ○ 純愛譜 ○ 純情海峽 ○ 善花公主 ○ 玉女 ○ 임자 없는 나룻배 ○ 逆襲 ○ 아리랑 고개 ○ 榮光의 길 ○ 王子好童과 樂浪公主 ○ 찔레꽃 ○ 綠豆將軍 ○ 젊은 그들 ○ 죽음의 箱子 ○ 天宮女 (35)	○ 怪盜 뤼팡 (Arséne Lupin, 프랑스) ○ 리어王 (King Lear, 영국) ○ 로빈훗 (Robin Hood, 미국) ○ 白雪公主 (The Snow White, 미국) ○ 빌헬름·텔 (Willhelm Tell, 독일) ○ 삼손과 데릴라 (Samson and Delilah, 미국) ○ 三銃士 (Les Trás Mousquetaires, 프랑스) ○ 신데렐라 (Cinderella, 미국) ○ 少公子 (Little Lord Faunteeroy, 미국) ○ 알프스의 少女 (A Girl of Alps, 스위스) ○ 자이언트 (Giant, 미국) ○ 미이라 (The Mummy, 미국) ○ 아이브라함·링컨 (Abe Lincoln in Illinois, 미국) (13)	48
	大學校 (1957-1961)	○ 구름은 흘러도 ○ 갈매기 우는 港口 ○ 歸鄕 ○ 꿈 ○ 갈매기 ○ 久遠의 愛情 ○ 交叉路 ○ 久遠의 情火 ○ 그 女子의 一生 ○ 곰 ○ 고바우 ○ 高宗皇帝와 義士安重根 ○ 꿈이여 다시 한번	○ 凱旋門 (Arc de Triomphe, 프랑스) ○ 그리스도 最後의 誘惑 (The Last Temptation of Christ, 미국) ○ 國家의 誕生 (The Birth of Nation, 미국) ○ 禁止된 장난 (Jeux Interdits, 프랑스) ○ 가슴에 빛나는 별 (A Star Shining on the Breast, 미국) ○ 007 殺人番號 ((007/Dr.No., 영국) ○ 누구를 위하여 鐘은 울리나 (For Whom The Bell Tolls, 미국) ○ 大列車强盜 (The Great Train Robbery, 미국) ○ 뜨거운 것이 좋아 (Some Like It Hot, 미국) ○ 단디 少領 (Magar Dandee, 미국) ○ 다링 (Darling, 영국) ○ 멕베드 (Macbeth, 영국) ○ 바이킹 (The Vikings, 미국)	169

生涯區分	學級·職位	國內映畵	外國映畵	合計
成長·修學期 (1945-1971)	大學校 (1957-1961)	○ 過去를 묻지 마세요 ○ 慶尙道 사나이 ○ 歸去來 ○ 牽牛 織女 ○ 눈 내리는 밤 ○ 느티나무 있는 언덕 ○ 나비夫人 ○ 論山訓練所에 가다 ○ 나는 告發한다 ○ 落花岩과 三千宮女 ○ 내마음의 노래 ○ 冬柏꽃 ○ 大地의 아들 ○ 多情도 病이련가 ○ 돌아온 港口 ○ 大院君과 閔妃 ○ 同心草 ○ 大地의 어머니 ○ 돌아온 사나이 ○ 馬夫 ○ 未亡人 ○ 망난이 悲史 ○ 麻衣太子 ○ 魔人 ○ 母情 ○ 魔都의 香불 ○ 마음의 眞珠 ○ 母女 ○ 木浦의 눈물 ○ 勿忘草 ○ 悲情 ○ 悲劇은 없다 ○ 비오는날의 午後 3時 ○ 바위고개 ○ 番地없는 酒幕 ○ 바보 七星이 ○ 白晝의 暗黑 ○ 烽火 ○ 바보溫達과 平康公主 ○ 별아 내 가슴에 ○ 白眞珠 ○ 시집가는 날 ○ 失樂園의 별 ○ 僧房悲曲 ○ 愛情無限 ○ 水晶塔 ○ 시집살이 ○ 사랑의 十字架 ○ 슬픈 牧歌 ○ 深夜의 블루스 ○ 愛情山脈 ○ 惡夜 ○ 誘惑의 거리 ○ 熱愛	○ 빨간구두 (The Red Shoes, 덴마크) ○ 放浪의 天使 (Cherubinischer Wandersmann, 독일) ○ 孫悟空 (중국) ○ 솔로몬王 (King Solomon, 영국) ○ 十誡 (The Ten Commandments, 미국) ○ 알렉산더大王 (The Great King Alexander, 영국) ○ 아담과 이브 (Adam and Eve, 미국) ○ 에디슨 (Thomas Edison, 미국) ○ 시저와 크레오파트라 (Caesar and Cleopatra, 영국) ○ 戰鬪 (Attack, 미국) ○ 용서받지 못한 者 (Unforgiven, 미국) ○ 三銃士 (The Three Musketeers, 미국) ○ 十字軍 (The Crusaders, 영국) ○ 사랑은 비를 타고 (Singin′ in the Rain, 미국) ○ 圓卓의 騎士 (Knights of the Round Table, 미국) ○ 웨딩 · 마치 (The Wedding March, 미국) ○ 戰艦 포템킨 (Battleship Potemkin, 미국) ○ 죽음의 溪谷 (Death Valley, 미국) ○ 快傑 조로 (The Mark of Zorro, 프랑스) ○ 硫黃島의 모래 (Sands of Iwo Jima, 미국) ○ 千의 얼굴을 가진 사나이 (A Man of Thousand Faces, 미국) (34)	

生涯區分	學級·職位	國內映畫	外國映畫	合計
成長·修學期 (1945-1971)	大學校 (1957-1961)	○ 玉丹春 ○ 愛人 ○ 流轉의 哀愁 ○ 人生畫報 ○ 잃어버린 青春 ○ 어느 女大生의 告白 ○ 人傑 洪吉童 ○ 誘惑의 江 ○ 이름 없는 별들 ○ 有情無情 ○ 有情千里 ○ 肉體의 길 ○ 哀愁 ○ 人生劇場 ○ 離別의 終着驛 ○ 自由夫人 ○ 續·自由夫人 ○ 자장가 ○ 地獄花 ○ 自由結婚 ○ 地平線 ○ 青春劇場 ○ 青山流水 ○ 追憶 ○ 椿姬 ○ 出擊命令 ○ 處女별 ○ 青春 雙曲線 ○ 千秋의 恨 ○ 첫사랑 ○ 初雪 ○ 青春悲歌 ○ 最後의 審判 ○ 青春 1番地 ○ 鐵條網 ○ 카추샤 ○ 濁流 ○ 太陽의 거리 ○ 他鄕살이 ○ 透明人의 最後 ○ 風雲兒 ○ 피아골 ○ 波市 ○ 砲火 속의 十字架 ○ 暴風의 언덕 ○ 푸른 하늘 銀河水 ○ 흙 ○ 黃眞伊 ○ 幻想의 거리 ○ 黃昏列車 ○ 港口의 一夜 ○ 흐르는 별 ○ 恨많은 青春 ○ 花柳春夢		

生涯區分	學級·職位	國內映畵	外國映畵	合計
成長·修學期 (1945-1971)	大學校 (1957-1961)	○ 홀로 우는 별 ○ 黃昏의 哀傷 ○ 韓末風雲과 閔忠正公 ○ 黃金의 傷處 ○ 幸福의 條件 ○ 黃昏 ○ 黃眞伊의 一生 ○ 黑頭巾 ○ 花郞徒 ○ 懸賞붙은 사나이 ○ 8.15 前夜 ○ 暴君燕山 ○ 平壤妓生 桂月香 ○ 天下泰平 (135)		
	職場 (會社 및 高校) (1962)	○ 굳세어라 琴順아 ○ 그리움은 가슴마다 ○ 검은 장갑의 女人 ○ 거지王子 ○ 恐怖의 8時間 ○ 두고온 山河 ○ 東京悲歌 ○ 大盜傳 ○ 다이알112를 돌려라 ○ 로맨스 빠빠 ○ 孟進士宅 慶事 ○ 豆滿江아 잘 있거라 ○ 馬牌와 劍 ○ 바보溫達과 平康公主 ○ 비단이 장수 王書房 ○ 부라보 青春 ○ 사랑房 손님과 어머니 ○ 深夜의 告白 ○ 서울의 지붕밑 ○ 聖雄 李舜臣 ○ 燕山君 ○ 義賊 一枝梅 ○ 異次頓 ○ 元曉大師 ○ 임꺽정 (林巨正) ○ 불러도 對答없는 이름이여 (26)	○ 타임·머쉰 (Time Machine, 미국) ○ 避暑地에서 생긴 일 (A Summer Place, 미국) ○ 包裝馬車 (The Covered Wagon, 미국) ○ 피와 薔薇 (Blood and Rose, 프랑스) ○ 파리의 情事 (Love for Life, 프랑스) ○ 海棠花 (대만) ○ 아라비아의 로렌스 (Lawrence of Arabia, 이탈리아) ○ 더블·다이나마이트 (Double Dynamite, 미국) ○ 리오·그란데 (Rio Grande, 미국) ○ 戀人들 (Les Amants, 프랑스) (10)	36
	大學院 (1963-1964)	○ 金藥局의 딸들 ○ 건너지 못하는 江 ○ 歸國船 ○ 家庭敎師 ○ 江華道令 ○ 노란샤쓰입은 사나이 ○ 눈물젖은 豆滿江 ○ 내 마음 별과 같이 ○ 내 青春에 恨은 없다 ○ 돌아오지 않은 海兵	○ 奇蹟 (The Miracle, 프랑스) ○ 開拓者 (The Pioneers, 미국) ○ 007 골드·핑거 (007/Gold Finger, 영국) ○ 노트르담의 꼽추 (Notre Dame de Paris, 프랑스) ○ 니콜라이 二世 (Nikolai II, 영국) ○ 大地 (The Good Earth, 미국) ○ 레·미제라블 (Les Misérables, 프랑스) ○ 로망스 (Romance, 프랑스) ○ 마농·레스코 (Manon Léscaut, 프랑스) ○ 마지막 잎새 (The Last Leaf, 미국)	70

生涯區分	學級·職位	國內映畵	外國映畵	合計
成長·修學期 (1945-1971)	大學院 (1963-1964)	○ 또순이 ○ 로맨스 그레이 ○ 무덤에서 나온 新郎 ○ 望夫石 ○ 北極星 ○ 비나리는 湖南線 ○ 밤에 걸려온 電話 ○ 秘密通路를 찾아라 ○ 紳士는 새것을 좋아한다 ○ 사랑의 東明王 ○ 李春風傳 ○ 女人天下 ○ 외나무다리 ○ 안개낀 거리 ○ 流浪劇場 ○ 暗行御史 朴文秀 ○ 女子의 一生 ○ 잉꼬夫婦 ○ 誤發彈 ○ 人生航路 ○ 元述郎 ○ 臥龍先生 上京記 ○ 울며헤진 釜山港 ○ 雍固執 ○ 왈순아지매 ○ 아아-白凡 金九先生 ○ 惡의 꽃 ○ 漁夫들 ○ 이별의 釜山停車場 ○ 에밀레鐘 ○ 戰爭과 사랑 ○ 잔혹한 青春 ○ 追憶은 영원히 ○ 青春山脈 ○ 哲宗과 福女 ○ 창살없는 監獄 ○ 張禧嬪 ○ 追憶의 小夜曲 ○ 秦始皇과 萬里長城 ○ 血脈 ○ 후라이보이 無錢旅行記 (51)	○ 마태福音 (Il Vangelo Secondo Matteo, 이탈리아) ○ 白鯨 (Moby Dick, 미국) ○ 로마帝國 (Roman Empire, 이탈리아) ○ 旅程 (Summertime, 미국) ○ 友情어린 說服 (Friendly Persuasion, 미국) ○ 헌터 (The Hunter, 미국) ○ 海賊 (The Pirate, 미국) ○ 最後의 命令 (The Last Order, 미국) ○ 열두번째의 밤 (Twelfth Night, 영국) (19)	
	職場 (內務部) (1965)	○ 伽倻琴 ○ 機首를 남쪽으로돌려라 ○ 내가 설 땅은 어디냐 ○ 烙印찍힌 사나이 ○ 눈물의 자장가 ○ 男兒一生 ○ 단골손님 ○ 大石窟庵 ○ 大陸의 密使 ○ 魔의 階段 ○ 빨간 마후라	○ 創世記 (Genesis, 미국) ○ 크리스마스 캐럴 (A Christmas Carol, 영국) ○ 퀴리夫人 (Mádame Curie, 프랑스) ○ 톰소여의 冒險 (The Adventures of Tom Sawyer, 미국) ○ 타잔 (Targan, 미국) ○ 폼페이 最後의 날 (The Last Days of Pompeii, 미국) ○ 皇太子의 첫사랑 (Karl Heinrich, 독일) ○ 하이 눈 (High Noon, 영국) ○ 징기스 칸 (Jinghis Khan, 미국) ○ 돌아오지 않는 江 (The River of No Return, 미국) ○ 西部開拓史 (How the West Was Won, 미국)	30

生涯區分	學級·職位	國 內 映 畵	外 國 映 畵	合計
成長·修學期 (1945-1971)	職 場 (內務部) (1965)	○ 벙어리 三龍이 ○ 四溟堂 ○ 神話를 남긴 海兵 ○ 肉體의 告白 ○ 眞聖女王 ○ 必死의 追跡 ○ 學士酒店 (18)	○ 클레오파트라 (Cleopatra, 미국) (12)	
	大學院助教 (1966-1968)	○ 갯마을 ○ 긴 旅路 ○ 귀신잡는 海兵 ○ 기른 情 낳은 情 ○ 나그네 밤거리 ○ 蘭의 悲歌 ○ 나룻터 處女 ○ 冬柏아가씨 ○ 大劍客 ○ 大陸의 英雄들 ○ 돌지 않는 風車 ○ 마도로스 朴 ○ 母女悲劇 ○ 密會 ○ 滿船 ○ 母女기타 ○ 말없이 바치련다 ○ 목마른 나무들 ○ 無情의 40階段 ○ 裵裨將傳 ○ 빗나간 青春 ○ 白雪公主 ○ 밤이 그리워 ○ 碧梧桐 심은 뜻은 ○ 불붙은 大陸 ○ 殉教者 ○ 쌍무지개 뜨는 언덕 ○ 성난 독수리 ○ 柵湖의 門 ○ 削髮의 母情 ○ 三統八班 女班長 ○ 釋迦牟尼 ○ 世宗大王 ○ 殺人命令 ○ 성난 英雄들 ○ 슬픔이여 잘있거라 ○ 傷處 뿐인 사나이 ○ 李守一 과 沈順愛 ○ 安重根 義士 ○ 李儁 烈士 ○ 義妓 論介 ○ 肉體의 門 ○ 仁川上陸作戰 ○ 아빠의 青春 ○ 이 땅에도 저 별빛을 ○ 剩餘人間	○ 金瓶梅 (중국) ○ 007 선더볼 作戰 (007/Thunderball, 영국) ○ 데미안 (Demian, 독일) ○ 데카메론 (Decameron, 이탈리아) ○ 돌아오라 소렌토로 (Torna a Surrient, 이탈리아) ○ 돈 환 (Don Juan, 스페인) ○ 돌아온 無法者 (Minesota Clay, 이탈리아) ○ 돌아온 荒野의 無法者 (The Hius Run Red, 이탈리아) ○ 리자의 戀人 (Mosca, 이탈리아) ○ 몽테 크리스토 伯爵 (Le Comte de Monte Cristo, 프랑스) ○ 默示錄의 네 騎士 (The Four Horsemen of the Apocalypse, 미국) ○ 武器여 잘 있거라 (Farewell to Arms, 미국) ○ 벤 허 (Ben Hur, 미국) ○ 바람과 함께 사라지다 (Gone With the Wind, 미국) ○ 베니스의 商人 (The Merchant of Venice, 영국) ○ 兵士의 歸還 (The Return of the Soldier, 영국) ○ 悲戀 (Tristiamori, 이탈리아) ○ 셜록 홈즈의 冒險 (Sherlock Holmes, 영국) ○ 스파르타 (Sparta, 미국) ○ 哀愁 (Waterloo Bridge, 미국) ○ 오케이 牧場의 決鬪 (Gunfight at the O.K.Corral, 미국) ○ 25時 (The 25th Hour, 미국) ○ 아더王 이야기 (Arthurian Romance, 영국) ○ 荒野의 無法者 (Per Un Pugno di Pollari, 이탈리아) ○ 續·荒野의 無法者 (Django, 이탈리아) ○ 白晝의 無法者 (Massache Time, 이탈리아) ○ 어디 머피 (Urdy Murphey, 미국) ○ 太陽은 가득히 (Plein Solei, 프랑스) ○ 카사블랑카 (Casablanca, 프랑스) ○ 招待받지 않은 손님 (Guess Who's Coming to Dinner, 미국) ○ 西部戰線 이상 없다 (No News in the Western Front, 미국) ○ 慾望 (Blow Up, 이탈리아) ○ 日曜日은 참으세요 (Never on Sunday, 미국) ○ 킹 콩 (King Kong, 미국) (34)	87

生涯區分	學級·職位	國內映畵	外國映畵	合計
成長·修學期 (1945-1971)	大學院助教 (1966-1968)	○ 阿娘의 貞操 ○ 玉이 엄마 ○ 有夫女 ○ 連絡船은 떠난다 ○ 진고개 紳士 ○ 피어린 母情 ○ 幸州치마 (53)		
	美國留學 (1969-1971)	○ 내 青春을 변상하라 ○ 피어린 九月山 ○ 黑龍江 ○ 活貧黨 ○ 人生借押 ○ 高麗葬 ○ 烈女門 ○ 갈매기 ○ 晩秋 ○ 忘覺 ○ 民族의 새벽 ○ 不孝子 ○ 횃불 (13)	○ 고요한 돈江 (And Quiet Flows the Don, 미국) ○ 굳바이 미스터 칩스 (Good-bye Mr. Chips, 미국) ○ 巨人 (The Titan, 미국) ○ 南太平洋 (The Southern Pacific, 미국) ○ 老人과 바다 (The Old man acd the Sea, 미국) ○ 裸者와 死者 (The Naked and the Dead, 미국) ○ 都市의 빛 (City Lights, 미국) ○ 로마의 休日 (Roman Holiday, 미국) ○ 매인·스트리트 (Main Street, 미국) ○ 모히칸族의 最後 (The Last of the Mohicans, 미국) ○ 세일즈맨의 죽음 (Death of a Salesman, 미국) ○ 西部戰線 이상 없다 (In West No News, 미국) ○ 슈퍼맨 (Supperman, 미국) ○ 水平線 너머로 (Beyond the Horizon, 미국) ○ 살로매 (Salomé, 미국) ○ 殺人者 (The Murder, 미국) ○ 알 카포네 (Alphonso Capone, 미국) ○ 엘 시드 (El Cid, 미국) ○ 人造人間 (Universal Robots, 미국) ○ 慾望이라는 이름의 電車 (A Streetcar Named Desire, 미국) ○ 언클 톰스 캐빈 (Uncle Tom's Cabin, 미국) ○ 아메리카의 悲劇 (An American Tragedy, 미국) ○ 驛馬車 (Stagecoach, 미국) ○ 사운드 오브 뮤직 (The Sound of Music, 미국) ○ 셰인 (Shane, 미국) ○ 올드 블랙 조 (Old Black Joe, 미국) ○ 王中王 (The King of Kings, 미국) ○ 위대한 探偵家 (The Great Dictator, 미국) ○ 영 건 (Young Gun, 미국) ○ 아라모 (The Alamo, 미국) ○ 아라비안 나이트 (Araban Nights, 미국) ○ 우리에게 來日은 없다 (Bonie and Clyde, 미국) ○ 미키 마우스 (Mickey Mouse, 미국) ○ 미드나잇 카우보이 (Midnight Cowboy, 미국) ○ 밴드 워곤 (The Band Wagon, 미국) ○ 파리의 女人 (A Girl of Paris, 미국) (36)	49
	累計 (27年)	382	172	554
社會活動期 (1972-2006)	專任講師 (1972-1975)	○ 恐妻家 三代 ○ 毒거미 ○ 大脫出 ○ 大地의 風雲兒 ○ 물레방아 ○ 맨발의 青春	○ 告白 (Canfessions, 이탈리아) ○ 길 (La Strata, 이탈리아) ○ 고리오 영감 (La Pére Goriot, 프랑스) ○ 金刀怪客 (臺灣) ○ 007 危機一髮 (From Rusia with Love, 영국) ○ 屠殺者 (Le Bouher, 프랑스)	83

生涯區分	學級·職位	國 內 映 畫	外 國 映 畫	合計
社會活動期 (1972-2006)	專任講師 (1972-1975)	○ 不死鳥 ○ 밤하늘의 부르스 ○ 山有花 ○ 尹奉吉 義士 ○ 愛人 ○ 惡名 높은 사나이 ○ 驛馬 ○ 얄개傳 ○ 임금님의 첫사랑 ○ 안개낀 草原 ○ 妖花 裵貞子 ○ 里程標 ○ 春夢 ○ 靑春事業 ○ 赤線地帶 ○ 貞操城 ○ 戰場과 女敎師 ○ 草雨 ○ 7人의 亂暴者 ○ 硝煙 ○ 민며느리 ○ 告發 ○ 冀禮記 ○ 돌아온 八道 사나이 ○ 비내리는 船窓街 ○ 소장수 ○ 戰爭과 人間 ○ 大追擊 ○ 잃어버린 靑春 ○ 白蛇夫人 ○ 蛇女 ○ 走馬燈 ○ 太陽은 다시 뜬다 (39)	○ 木櫨酒店 (L'Assommior, 프랑스) ○ 모르그家의 殺人 (The Murders in the Rue Morgue, 미국) ○ 復活 (Resurrection, 미국) ○ 白鳥 (A Swan, 영국) ○ 보봐리 夫人 (Madame Bovary, 프랑스) ○ 夕陽의 無法者 (For a Few Dollars More, 이탈리아) ○ 쉘부르의 雨傘 (Les Parapluies de Cherbourge, 프랑스) ○ 싯달다 (Sidhartha, 인도) ○ 오델로 (Othello, 영국) ○ 銀杯 (The Silver Tassie, 영국) ○ 人形의 집 (Et Dukkehjem, 노르웨이) ○ 鍊金術師 (The Alchemist, 영국) ○ 阿房宮 (중국) ○ 女子의 마음 (La Donna Emobile, 프랑스) ○ 旅行者 (The Passenger, 이탈리아) ○ 肉體의 惡魔 (Le Diable au Corps, 프랑스) ○ 윌리암 텔 (William Tell, 이탈리아) ○ 오네긴 (Onegin, 러시아) ○ 楊子江 (중국) ○ 理由 없는 反抗 (Rebel without Cause, 미국) ○ 우리 生涯 最高의 해 (The Best Years of Our Lives, 미국) ○ 人生流轉 (Les Enfants du Paradis, 프랑스) ○ 戀人들의 窓 (The Family Way, 영국) ○ 어두워질 때까지 (Wait until Dark, 영국) ○ 情婦 마농 (Manon, 프랑스) ○ 젊은 베르테르의 슬픔 (Die Leiden des Jungen Werthers, 독일) ○ 좁은 門 (Strait is the Gate, 미국) ○ 武士道 殘酷記 (일본) ○ 돌아온 건 맨 (El Rojo, 이탈리아) ○ 부베의 戀人 (La Ragazza di Bube, 이탈리아) ○ 放浪의 無法者 (A Pistol for Ringo, 이탈리아) ○ 罪와 罰 (Crime and Punishment, 미국) ○ 내일을 향해 쏴라 (Boutch Cassidy and the Sundance Kid, 미국) ○ 逃亡者 (The Fugitive, 미국) ○ 黃飛鴻 (홍콩) ○ 신시내티 키드 (A Cincinnati Kid, 미국) ○ 도라! 도라! 도라! (Tora! Tora! Tora!, 미국) ○ 로마帝國의 滅亡 (The Fall of the Roman Empire, 미국) (44)	
	助敎授 (1976-1979)	○ 靑春行進曲 ○ 太祖 李成桂 ○ 太白山脈 ○ 平壤妓生 ○ 후회하지 않겠다 ○ 한많은 大同江 ○ 學士와 妓生 ○ 黑髮의 靑春 ○ 海女 ○ 下宿生 ○ 홍콩의 왼손잡이 ○ 回轉椅子 ○ 그리움은 가슴마다	○ 길 위의 女人 (A Girl on the Street, 미국) ○ 눈먼 音樂士 (The Blind Musician, 영국) ○ 나사렛 사랑 (The Nazarene, 영국) ○ 大統領의 사람들 (All the President Men, 미국) ○ 大劍王 (臺灣) ○ 大俠客 (臺灣) ○ 미드웨이 (Midway, 미국) ○ 뻐꾸기 둥지위로 날아간 새 (One Flew over the Cuckoo's Nest, 미국) ○ 베니스에서의 죽음 (Morte a Venezia, 이탈리아) ○ 西遊記 (중국) ○ 三國志 (중국) ○ 서커스 (Circus, 미국)	103

生涯區分	學級·職位	國內映畵	外國映畵	合計
社會活動期 (1972-2006)	助教授 (1976-1979)	○ 歸路 ○ 大佐의 아들 ○ 두 나그네 ○ 메밀꽃 필무렵 ○ 馬賊 ○ 마음의 旅路 ○ 막車로 온 손님들 ○ 氷點 ○ 報恩의 奇蹟 ○ 悲情의 港口 ○ 슬픔은 波濤를 넘어 ○ 싸리골의 神話 ○ 修羅門의 血鬪 ○ 새벽길 ○ 사르빈江에 노을이 진다 ○ 어느 女大生의 告白 ○ 妖花 張禧嬪 ○ 哀愁 ○ 年上의 女人 ○ 엘레지의 女王 ○ 망나니 ○ 肉體의 約束 ○ 심봤다 ○ 겨울女子 ○ 이어도 ○ 옛날옛적에 훠이 훠이 ○ 原點 ○ 暗殺者 ○ 惡夢 ○ 脅迫者 ○ 韓石峰 (44)	○ 旅愁 (Dreaming of Home and Mother, 영국) ○ 愛情의 쌀 (The Rice of Love, 이탈리아) ○ 里程標 (Milestones, 영국) ○ 처칠 (Winston Churchill, 영국) ○ 暗黑街 (Under World, 미국) ○ 엘리자베스 女王 (Queen Elizabeth, 프랑스) ○ 意志의 勝利 (Triumph des Willens, 독일) ○ 죽음의 舞蹈 (Dödsdansen, 독일) ○ 田園交響樂 (La Symponie Pastorale, 프랑스) ○ 猛進 로이王 (Lloyd, 영국) ○ 마타 하리 (Mata Hari, 프랑스) ○ 水蓮救母 (臺灣) ○ 지킬博士와 하이드氏 (Dr. Jekill and Mr. Hyde, 영국) ○ 戰爭과 平和 (War and Peace, 러시아) ○ 정글 북 (Jungle Book, 영국) ○ 조지 워싱턴 (Jeorge Washington, 미국) ○ 제인 에어 (Jane Eyre, 영국) ○ 征服者 (Les Conquerants, 프랑스) ○ 줄리어스 시이저 (Julius Caesar, 이탈리아) ○ 젊은 獅子들 (The Young Lions, 미국) ○ 秦始皇 (중국) ○ 眞珠灣 (Pearl Harvor, 미국) ○ 집시 (Gypsy, 프랑스) ○ 젊은이의 陽地 (A Place in the Sun, 미국) ○ 鐵假面 (The Iron Mask, 프랑스) ○ 첫사랑 (First Love, 독일) ○ 차털리夫人의 사랑 (Lady Chatterley's Lover, 영국) ○ 最後의 바이킹 (The Last Viking, 노르웨이) ○ 天地創造 (The Creation of Heaven and Earth, 미국) ○ 킬리만자로의 눈 (The Snows of Kilimanjaro, 미국) ○ 쿠오 바디스 (Quo Vadis, 미국) ○ 카르멘 (Carmen, 프랑스) ○ 클레오파트라와 안토니우스 (Cleopatra and Antonius, 미국) ○ 카라마조프의 兄弟 (The Brothers' Karamazov, 미국) ○ 콜럼버스 (Christopher Columbus, 미국) ○ 카추샤 (Katyusha, 미국) ○ 카우보이 (Cow Boys, 미국) ○ 파리에서의 마지막 탱고 (The Last Tango in Paris, 프랑스 · 이탈리아 · 미국) ○ 스타 워즈 (Star Wars, 미국) ○ 티파니에서 아침을 (Breakfast at Tiffany's, 미국) ○ 갬블러 (Gambler, 미국) ○ 록키 (Rocky, 미국) ○ 무솔리니 (Benito Mussolini, 영국) ○ 人形의 집 (A Doll's House, 미국) ○ 조스 (Jaws, 미국) ○ 追憶 (The Way We Were, 미국) ○ 허리케인 (Hurricane, 미국) (59)	
	副教授 (1980-1984)	○ 寡婦 ○ 갑돌이와 갑순이 ○ 金髮의 女人 ○ 公山城의 血鬪 ○ 落照 ○ 內侍	○ 結婚行進曲 (La Marche Nuptiale, 프랑스) ○ 드라큘라 (Dracula, 영국) ○ 루공家의 運命 (Les Rougon-Mocquart, 프랑스) ○ 女子의 一生 (Une Vie, 프랑스) ○ 안네의 日記 (Anne Frank, 덴마크) ○ 엑소더스 (Exodus, 미국)	101

生涯區分	學級·職位	國內映畵	外國映畵	合計
社會活動期 (1972-2006)	副教授 (1980-1984)	○ 나무들 비탈에 서다 ○ 돌아온 왼손잡이 ○ 大劍客 ○ 대머리 總角 ○ 迷路 ○ 勿忘草 ○ 無情劍 ○ 望鄕 ○ 壁 속의 女人 ○ 별아 내 가슴에 ○ 白夜 ○ 밤피리 ○ 深夜의 悲鳴 ○ 岩窟王 ○ 울고 넘는 박달재 ○ 안개 ○ 女子의 一生 ○ 李朝女人 殘酷史 ○ 아 - 無情 ○ 靑春告白 ○ 젊은 戀人들 ○ 將軍의 수염 ○ 傳說따라 三千里 ○ 저 하늘에도 슬픔이 ○ 椿姬 ○ 初夜 ○ 處女鬼神 ○ 天下豪傑 金先達 ○ 暴風의 사나이 ○ 黃昏의 劍客 ○ 울지마라 물새야 ○ 사람의 아들 ○ 最後의 證言 ○ 만다라 ○ 平壤爆擊隊 ○ 宮女 ○ 多情도 病이련가 ○ 英子의 全盛時代 ○ 슬픈 牧歌 ○ 永遠의 微笑 (46)	○ 樂聖 베토벤 (Bethoven, 프랑스) ○ 王과 나 (The King and I, 미국) ○ 에덴의 東쪽 (East of Eden, 미국) ○ 안나 카레니나 (Anna Karenina, 프랑스) ○ 예수 그리스도 (Jesus Christ, 영국) ○ 엠 (M, 독일) ○ 約束의 나라 (The Promised Land, 덴마크) ○ 에라스무스 (Erasmus, 미국) ○ 알트 하이델베르크 (Alt Heidelberg, 독일) ○ 人間의 條件 (La Condition Humaine, 프랑스) ○ 王道 (Les Conquérants, 프랑스) ○ 유로파 (Europa, 덴마크·독일) ○ 이티 (E.T., 미국) ○ 웨스트 사이드 스토리 (West Side Story, 미국) ○ 薔薇戰爭 (The Wars of the Roses, 영국) ○ 몬도 카네 (Mondo Cane, 이탈리아) ○ 보카치오 70 (Vocacio 70, 이탈리아) ○ 放浪의 決鬪 (放浪之決鬪, 홍콩) ○ 戰鬪 (The Battles, 미국) ○ 정글 (The Jungle, 미국) ○ 地上에서 永遠으로 (From Here to Eternity, 미국) ○ 荒野의 七人 (The Magnificents Seven, 미국) ○ 제르미날 (Germinal, 프랑스) ○ 제너럴 (The General, 미국) ○ 잔다르크의 熱情 (La Passion de Jeanne D'Arc, 덴마크) ○ 椿姬 (La Dame aux Camélias, 프랑스) ○ 天國과 地獄 (Orphée aux Enfers, 프랑스) ○ 草原의 빛 (Splendor in the Grass, 미국) ○ 天使의 詩 (Incompreso, 이탈리아) ○ 카인의 後裔 (Das Vermächtnis, Kains, 오스트리아) ○ 透明人間 (The Invisible Man, 영국) ○ 템페스트 (Tempest, 영국) ○ 테스 (Tess, 영국) ○ 太陽은 가슴마다 (Spencers Mountain, 미국) ○ 틴 에이저 스토리 (Teen-age Story, 미국) ○ 鬪牛士 (Bullfighters, 스페인) ○ 피노키오 (The Adventure of Pinocchio, 미국) ○ 플란더즈의 개 (A Dog of Flanders, 영국) ○ 피라밋의 秘密 (The Secret of Pyramid, 영국) ○ 후크 (Hook, 미국) ○ JFK (미국) ○ 스팅 (The Sting, 미국) ○ 喋血雙雄 (홍콩) ○ 마지막 왈츠 (The Last Waltz, 미국) ○ 빅 레드 원 (Big Red One, 미국) ○ 憤怒의 주먹 (Raging Bull, 미국) ○ 엑소시스트 (Exorcist, 미국) ○ 엠마뉴엘 (Emmannuelle, 프랑스) ○ 알 카포네 (Al Capone, 미국) (55)	
	教授 (1985-1986)	○ 머무르고 싶었던 瞬間들 ○ 독짓는 늙은이 ○ 미워도 다시 한 번 ○ 魔谷의 決鬪	○ 나아시서스號의 黑人 (The Nigger of the Narcissus, 영국) ○ 까마귀떼 (Les Corbeaux, 프랑스) ○ 뜨거운 양철지붕 위의 고양이 (A Cat on the Hot Tin Roof, 미국)	55

生涯區分	學級·職位	國內映畫	外國映畫	合計
社會活動期 (1972-2006)	教　授 (1985-1986)	○ 不請客 ○ 復讐 ○ 十五夜 ○ 妖花 張祿水 ○ 안개낀 上海 ○ 征服者 징기스칸 ○ 第3地帶 ○ 織女星 ○ 千年狐 ○ 蒼空에 산다 ○ 黃眞伊의 사랑 ○ 黃金馬車 ○ 꼬방동네 사람들 ○ 愛馬夫人 ○ 火女 82 ○ 校長先生 上京記 ○ 男寺黨 ○ 三浦가는 길 ○ 紅衣將軍 ○ 장마 ○ 배따라기 ○ 三日天下 ○ 離別 (27)	○ 빠삐용 (Papillon, 프랑스) ○ 미치광이 삐에로 (Pierrot le Fou, 프랑스) ○ 上과 下 (The Upper and the Below, 미국) ○ 미션 (Mission, 영국) ○ 미션 임파서블 (Mission Impossible, 미국) ○ 異邦人 (L'Etranger, 프랑스) ○ 아이반호 (Ivanhoe, 영국) ○ 肉體의 惡魔 (Le Diable au Corps, 프랑스) ○ 上官과 紳士 (An Officer and Gentleman, 미국) ○ 위대한 幻想 (La Grande Illusion, 프랑스) ○ 魔의 山 (The Magic Mountain, 독일) ○ 브레이브하트 (Braveheart, 영국) ○ 赤과 黑 (Le Rouge et le Noir, 프랑스) ○ 赤壁大戰 (중국) ○ 自轉車도둑 (Ladri di Biciclette, 이탈리아) ○ 朱紅글씨 (The Scarlet Letter, 미국) ○ 콰이江의 다리 (The Bridge on River Kwai, 영국) ○ 갈리갈리博士의 密室 (Das Kabinett des Dr. Galigali, 독일) ○ 토스카 (Tosca, 이탈리아) ○ 텍사스의 4人 (Four for Texas, 미국) ○ 플래툰 (Platoon, 미국) ○ 디어 헌터 (The Deer Hunter, 미국) ○ 天國의 門 (Heaven's Gate, 미국) ○ 포세이돈 어드벤쳐 (The poseidon Adventure, 미국) ○ 下午의 愛情 (L'Amour, L'Apresmidó, 프랑스) (28)	
	大學院長 (1987-1990)	○ 렌의 哀歌 ○ 맨발의 青春 ○ 糞女 ○ 벙어리 三龍이 ○ 悲劇은 있다 ○ 별들의 故鄕 ○ 北間島 ○ 불꽃 ○ 배따라기 ○ 背信者 ○ 바보들의 行進 ○ 淑英娘子 ○ 十字星 ○ 雪中梅 ○ 시라소니 ○ 李成桂 ○ 流浪者 ○ 里程標 ○ 旅路 ○ 愛情이 꽃피던 時節 ○ 傳說의 故鄕 ○ 八道江山 ○ 必殺의 劍 ○ 八道사위 ○ 黃布 필 무렵 ○ 湖畔의 女人 ○ 恨	○ 귀여운 女盜賊 (La Petite Voleuse, 프랑스) ○ 羅生門 (일본) ○ 나바론 (Navaron, 미국) ○ 뿌리 (The Roots, 미국) ○ 無情의 浪人 (無情の浪人, 일본) ○ 메시아 (Messiah, 이탈리아) ○ 사랑의 이야기 (Love Story, 미국) ○ 傷處뿐인 榮光 (A Glory Only in Wound, 미국) ○ 사랑과 靈魂 (Ghost, 미국) ○ 서스펙트 (Suspect, 미국) ○ 위대한 遺產 (Great Expectations, 영국) ○ 워터 프론트 (Water Front, 미국) ○ 暗夜行路 (일본) ○ 晚鐘 (Evening Bells, 유고슬라비아) ○ 代父 (The God Father, 미국) ○ 부시맨 2 (Bushman 2, 남아프리카공화국) ○ 베트맨 (Batman, 미국) ○ 赤과 白 (Csillagosok, Katonáke, 헝가리) ○ 青春 (Jugent, 독일) ○ 椿三十郎 (일본) ○ 續·콰이江의 다리 (The Bridge on River Kwai II, 영국) ○ 破戒 (일본) ○ 프랑켄슈타인의 逆襲 (Frankenstein, 영국) ○ 피가로의 結婚 (Le Mariage de Figaro, 프랑스) ○ 波濤 (The Waves, 영국) ○ 파비안 (Fabian, 독일)	75

生涯區分	學級·職位	國內映畫	外國映畫	合計
社會活動期 (1972-2006)	大學院長 (1987-1990)	○ 돌지않는 風車 ○ 大院君 ○ 玄海灘 ○ 깊고 푸른 밤 ○ 뽕 ○ 거리의 樂師 (33)	○ 8日間의 世界一週 (Le Tour du Monde en Quatre-Vingts Jours, 프랑스) ○ 파우스트博士 (Dr. Faust, 미국) ○ 黑假面 (The Black Mask, 프랑스) ○ 헬렌 켈러 (Helen Keller, 미국) ○ 海底二萬里 (Vingt Mille Lieues Sons les Mers, 프랑스) ○ 한 여름밤의 꿈 (A Midsummer Night's Dream, 영국) ○ 荒野의 부르짖음 (The Call of the Wild, 미국) ○ 吸血鬼 드라큘라 (Dracula, 영국) ○ 黑騎士 (The Black Knight, 프랑스) ○ 獨孤九劍 (중국) ○ 革命前夜 (Before the Revolution, 이탈리아) ○ 戀人 (The Lover, 프랑스) ○ 目擊者 (Witness, 미국) ○ 킬링 필드 (The Killing Field, 미국) ○ 히틀러 (Our Hitler, 독일) ○ 少林寺 (중국) (42)	
	教　　授 (1991-1992)	○ 바람과 구름과 碑 ○ 佛陀 釋迦牟尼 ○ 邊강쇠 ○ 首陽大君 ○ 死六臣 ○ 先驅者 ○ 사랑의 戀歌 ○ 씨받이 ○ 씨내리 ○ 死의 讚美 ○ 殉敎者 ○ 於于同 ○ 離別 ○ 카인의 後裔 ○ 童貞女 ○ 待合室 ○ 愛慕 ○ 젊은 날의 肖像 ○ 南部軍 ○ 將軍의 아들 1 ○ 하얀 戰爭 ○ 開闢 ○ 將軍의 아들 2 (23)	○ 結婚 (중국) ○ 귀여운 도둑 (A Cute Robber, 미국) ○ 가위손 (Edward Scissorhands, 미국) ○ 늑대人間 (Wolf Woman, 미국) ○ 늑대와 춤을 (Dances with Wolves, 미국) ○ 大追擊 (Duel, 미국) ○ 德川家康 (일본) ○ 群衆 (Crowd, 미국) ○ 雪國 (일본) ○ 沙漠의 勝利 (Victory of the Desert, 미국) ○ 約婚者 (I Promessi Sposi, 이탈리아) ○ 오싱 (オシン, 일본) ○ 夜間飛行 (Vol de Nuit, 프랑스) ○ 熱血男兒 (홍콩) ○ 인디애나 존스 (Indiana Jones, 미국) ○ 地上 最大의 作戰 (The Longest Day, 미국) ○ 위험한 女子 (Mother's Boys, 미국) ○ 憤怒의 逆流 (Backdraft, 미국) ○ 파리는 불타고 있다 (Paris is Burning, 미국) ○ 7人의 사무라이 (七人の侍, 일본) ○ 타워링 (Towering Inferno, 미국) ○ 닥터 지바고 (Doctor Zhivago, 이탈리아) ○ 실크·로드 (Silk Road, 영국) ○ 人間의 條件 (人間の條件, 일본) ○ 縱橫四海 (홍콩) ○ 舞姬 (일본) ○ 마지막 皇帝 (The Last Emperor, 홍콩·중국·미국) ○ 호밀밭의 把守꾼 (Catcher in the Rye, 미국) ○ 下宿人 (The Lodger, 영국) ○ 荒野의 銀貨 (A Silver Dollar, 이탈리아) ○ 荒野의 無賴漢 (Texas Addio, 이탈리아) ○ 람보 (The First Blood, 미국) ○ 위험한 關係 (Dangerous Liaisons, 미국) ○ 非情城市 (중국) ○ 쿵 후 (Kung Fu: The Movie, 미국) (35)	58

生涯區分	學級·職位	國內映畫	外國映畫	合計
社會活動期 (1972-2006)	研究院長 (1993-1994)	○ 三浦 가는 길 ○ 안개 ○ 아재아재 바라아재 ○ 惡의 꽃 ○ 流浪劇團 ○ 將軍의 아들 3 ○ 智異山 ○ 土地 ○ 투·캅스 (Two Cops) ○ 破戒 ○ 破天舞 ○ 罷業前夜 ○ 깃발없는 旗手 ○ 警察官 ○ 亂中日記 ○ 우리들의 일그러진 英雄 ○ 招待받은 사람들 (17)	○ 모던 타임즈 (Modern Times, 미국) ○ 魔女와 野獸 (La Belle et la Bête, 프랑스) ○ 마지막 皇帝 푸이 (溥儀, 중국) ○ 三俠五義 (중국) ○ 주라기 公園 (Jurassic Park, 미국) ○ 暴風의 밤 (The Storming Night, 미국) ○ 判官 捕廳天 (중국) ○ 暴風의 언덕 (Withering Heights, 영국) ○ 햄릿 (Hamlet, 미국) ○ 해는 또다시 떠오른다 (The Sun Also Rises, 미국) ○ 俠女 (중국) ○ 鄕愁 (Nostalghia, 러시아) ○ 湖上의 美人 (The Lady of the Lake, 영국) ○ 黑과 白 (The Black and the White, 미국) ○ 血과 砂 (Sangre y Arena, 스페인) ○ 黃金의 七人 (Sette Uomini Pora, 이탈리아) ○ 菊豆 (Ju Dou, 중국) ○ 原始人의 騷動 (Encino Man, 미국) ○ 다윗王 (King David, 미국) ○ 루키 (The Rookie, 미국) ○ 패튼 (Patton, 미국) ○ 패키지 (Package, 미국) ○ 老兵은 죽지 않는다 (Life and Death of Colonel Blimp, 미국) ○ 英雄本色 (홍콩) ○ 도둑 (Le Voleur, 프랑스) ○ 데미지 (Damage, 프랑스) (26)	43
	教授 (1995-1996)	○ 매직·맨 (Magic Man) ○ 西便制 ○ 榮光의 블루스 ○ 길소뜸 ○ 고래사냥 ○ 燕山日記 ○ 將軍의 아들 4 ○ 天國의 階段 ○ 미워도 다시 한번 ○ 少林寺 물장수 ○ 少林과 太極門 ○ 밤의 熱氣 속으로 ○ 배뱅이 ○ 返魂女 ○ 寡婦三代 ○ 離別 ○ 同伴者 ○ 護國八萬大藏經 ○ 돈을 갖고 튀어라 ○ 그 섬에 가고 싶다 ○ 거지王 金春三 ○ 海賊 ○ 太白山脈 ○ 南部軍 ○ 무궁화 꽃이 피었습니다	○ 쉰들러 리스트 (Schindler's List, 미국) ○ 붉은 가마 (血色淸員, 중국) ○ 죽음의 審判 (Dead Reckogning, 미국) ○ 紅燈 (중국) ○ 프로젝트 A (Project A, 홍콩) ○ 론머 맨 (The Lawnmower Man, 미국) ○ 엑소시스트(Exocist, 미국) ○ 매쉬 (M·A·S·H, 미국) ○ 다이나스티 (Dynasty, 미국) ○ 보디 가드 (Body Guard, 미국) ○ 터미네이터 Ⅱ (The TerminatorⅡ, 미국) ○ 에일리언 3 (Alien 3, 미국) ○ 필라델피아 엑스페리먼트 2 (Philadelphia Experiment 2, 미국) ○ 라스베이거스를 떠나며 (Leaving Las Vegas, 미국) ○ 放浪者 (Vagabond, 영국) ○ 영 아인슈타인 (Young Einstein, 미국) ○ 언터처블(Untouchables, 미국) ○ 월 스트리트 (Wall Street, 미국) ○ 天使의 날개 (Always, 미국) ○ 프랑스 大革命 (La Revolution Francaise, 프랑스) ○ 覇王別會 (Farewell to My Concubine, 미국) ○ 말괄량이 길들이기 (The Taming of the Shrew, 미국) ○ 倩女幽魂 (홍콩) ○ 트리스타나 (Tristana, 스페인) ○ 척노리스의 復讐血戰 (The Octagon, 미국)	84

生涯區分	學級·職位	國內映畵	外國映畵	合計
社會活動期 (1972-2006)	教　授 (1995-1996)	ㅇ 밥만 먹고 못살아 (26)	ㅇ 人造人間 (Automatic, 미국) ㅇ 페페 르 모코 (Pepe Le Moko, 프랑스) ㅇ 暗黑街의 追跡 (To Live and Die in L.A., 미국) ㅇ 라이온 電擊作戰 (Lion Strike, 미국) ㅇ 트위스터 (Twister, 미국) ㅇ 父子 (Fathers and Sons, 영국) ㅇ 孩子王 (중국) ㅇ 切腸 (일본) ㅇ 인디애나 존스 3 (Indiana Jones 3, 영국) ㅇ 인터셉터 (Interceptor, 미국) ㅇ 에얼리언 2 (Alien 2, 미국) ㅇ 네버 세이 네버 어게인 (Never Say Never Again, 영국) ㅇ 미시시피 버닝 (Mississippi Burning, 미국) ㅇ 스타 게이트 (Star Gate, 미국) ㅇ 포릭스 冒險 (Freakeo, 미국) ㅇ 幽靈아빠 (Ghost Dad, 미국) ㅇ 女王陛下 大作戰 (On Her Majesty's Secret Service, 영국) ㅇ 두 번 산다 (You Only Twice Live, 영국) ㅇ 죽음의 戰士 (Deadly Heroes, 미국) ㅇ 캠퍼스 夜間파티 (The Allnighter, 미국) ㅇ 유로파 (Europa, 독일·덴마크) ㅇ 아름다운 時節 (Belle Epouque, 스페인) ㅇ 로메로 (Romero, 스페인) ㅇ 깊은 밤 깊은 곳 (Memories Midnight, 미국) ㅇ 언터쳐블 (The Untouchables, 미국) ㅇ 憤怒의 逆流 (Backdraft, 미국) ㅇ 慾望의 破片 (Shattered Image, 미국) ㅇ 톰 소아의 하늘에서 온 葉書 (Radio Flyer, 미국) ㅇ 透明人間의 사랑 (The Memoir of an Invisible Man, 미국) ㅇ 스트라이킹 디스턴스 (Striking Distance, 미국) ㅇ 폴리스 스토리 3 (Police Story Ⅲ, 홍콩) ㅇ 터미네이터 (Terminator, 미국) (58)	
	主任教授 (1997)	ㅇ 테러리스트(Terrorist) ㅇ 死後廊婦也勿 ㅇ 피아골 ㅇ 지네바위 ㅇ 씨내리 ㅇ 딸의 魂靈 ㅇ 殉葬 ㅇ 五月에 내리는 서리 ㅇ 气鬼 ㅇ 業 ㅇ 母情佛心 ㅇ 還鄕女 ㅇ 死神의 微笑 ㅇ 都彌의 妻 (14)	ㅇ 다이 하드 3 (Die Hard, 미국) ㅇ 青蛇 (홍콩) ㅇ 미세스 다웃화이어 (Mrs. Doubtfire, 미국) ㅇ 히든 (The Hidden, 미국) ㅇ 쿨 러닝 (Cool Runnings, 미국) ㅇ 토털 리콜 (Total Recall, 미국) ㅇ 덴젤워싱턴의 刑事 퀸 (Police Detective Queen, 미국) ㅇ 주만지 (Jumanji, 미국) ㅇ 소리의 障壁 (Breaking the Sound Barrier, 미국) ㅇ 데몰리션 맨 (Demolition Man, 미국) ㅇ 三國志 (중국) ㅇ 나딘 (Nadine, 미국) ㅇ 잃어버린 世界 (The Lost World: Jurasik Park, 미국) ㅇ 幻想의 사슬 (Lookalike , 미국) ㅇ 버림받은 者의 肖像 (Outcast of The Island, 영국) ㅇ 에어 벤투라 (Air Ventura, 미국) ㅇ 라이온 하트 (Lion Heart, 미국) ㅇ 드라큘라 (Bram Stoker's Dracula, 영국) ㅇ 8人의 乘客 (The Night My Number Came Up, 영국) ㅇ 나일 殺人事件 (Death on the Nile, 영국) ㅇ 火山 (Volcano, 미국)	58

生涯區分	學級·職位	國內映畵	外國映畵	合計
社會活動期 (1972-2006)	主任敎授 (1997)		ㅇ 厄運 (The Devil's Own, 미국) ㅇ 잃어버린 方舟의 侵略者들 (Raiders of the Lost Ark, 미국) ㅇ 쇼생크 脫出 (The Shawshank Redemption,미국) ㅇ 地球의 法則 (The Rules of the Earth, 미국) ㅇ 콜리아 (Kolya, 체코슬로바키아) ㅇ 메트로 (Metro, 미국) ㅇ 벵갈의 호랑이 (Der Tiger von Eschnapur, 독일) ㅇ 一級殺人 (Murder in the First, 미국) ㅇ 奇緣出師 (중국) ㅇ 印度의 무덤 (Das Indisch Grabmal, 독일) ㅇ 할로우 포인트 (Hollow Point, 미국) ㅇ 투루 라이즈 (True Lies, 미국) ㅇ 컷스로트 아일랜드 (Cutthroat Island, 영국) ㅇ 失樂園 (Lost Paradise, 일본) ㅇ 푸른 天使 (Der Blaue Engel, 독일) ㅇ 이너 스페이스 (Inner Space, 미국) ㅇ 必死의 追跡者 (Narrow Margin, 미국) ㅇ 몬테 카를로에서 생긴 일 (Bomden auf Monte Carlo, 독일) ㅇ 파 앤드 어웨이 (Far and Away, 미국) ㅇ 來日을 향해 쏴라 (Butch Cassidy and Sundance Kid, 미국) ㅇ 라스베이거스 代父 (The Neon Empire, 미국) ㅇ 컬러 오브 머니 (The Color of Money, 미국) ㅇ 아나스타시아 (Anastasia, 미국) (44)	
	主任敎授 (1998)	ㅇ 사랑방 손님과 어머니 ㅇ 모래時計 (TV 드라마) ㅇ 아씨 (TV 드라마) ㅇ 龍의 눈물 (TV 드라마) ㅇ 一松亭 푸른 솔은 ㅇ 內侍 ㅇ 눈물의 女王(劇作歌劇) ㅇ 마유미 ㅇ 휘모리 ㅇ 魔女 ㅇ 殺生簿 ㅇ 竹鬼 ㅇ 방울소리 ㅇ 天女圖 ㅇ 洪吉童 (TV 드라마) ㅇ 白夜3.98 (TV 드라마) ㅇ 歸天星 ㅇ 림꺽정 (北韓 TV 드라마) (18)	ㅇ 高空浸透 (Drop Zone, 미국) ㅇ 아우트브레이크 (Outbreak, 미국) ㅇ 낯선 사람으로부터의 電話 (Phone Call from a Stranger, 미국) ㅇ 悲戀의 新婦 (La Mariée Etait En Noir, 프랑스) ㅇ 나일 大冒險 (Jewel of the Nile, 미국) ㅇ 라스트 맨 스탠딩 (Last Man Standing, 미국) ㅇ 히트 (Heat, 미국) ㅇ 프레데터 2 (Predator II, 미국) ㅇ 은밀한 去來 (The Dogs of War, 미국) ㅇ 上海 1920 (Shanghai 1920, 중국·미국) ㅇ 페드로 船長의 冒險 (Captain from Castile, 미국) ㅇ 메두사 破壞作戰 (Leonard Part 6, 미국) ㅇ 블랙 라이온 (Hellbound, 미국) ㅇ 恐怖의 大邸宅 (The Innocents, 영국) ㅇ 쉰들러 리스트 (Schindler's List, 미국) ㅇ 골든 차일드 (The Golden Child, 미국) ㅇ 사샤를 위하여 (Pour Sacha, 프랑스) ㅇ 에어 아메리카 (Air America, 미국) ㅇ 유주얼 서스펙트 (The Usual Suspect, 미국) ㅇ 海賊船長과 少女 (A High Wind in Jamaica, 영국) ㅇ 나는 살고 싶다 (I Want to Live, 미국) ㅇ 羊들의 沈默 (The Silence of the Lambs, 미국) ㅇ 逃亡者 (The Fugitive, 미국) ㅇ 妨害者를 없애라 (Old Man Out, 영국) ㅇ 미스터 베이스 볼 (Mr. Base Ball, 미국) ㅇ 平等 (Blanc-White, 프랑스) ㅇ 7年만의 復讐 (Hard to Kill, 미국) ㅇ 르네상스 맨 (Renaissance Man, 미국)	84

生涯區分	學級·職位	國 內 映 畵	外 國 映 畵	合計
社會活動期 (1972-2006)	主任敎授 (1998)		○ 압솔름 脫出 (No Escape, 미국) ○ 사하라 (Sahara, 미국) ○ 사보타지 (Sabotage, 미국) ○ 고독한 靈魂 (In a Lonely Place, 미국) ○ 미스터 발렌베르크 (Good Evening, Mr. Wallenberg, 스웨덴) ○ 닥터 모로의 DNA (The Island of Dr. Moreau, 영국) ○ 深海의 襲擊者 (Beast, 미국) ○ 언더 시즈 (Under Siege, 미국) ○ 畵中仙 (중국) ○ 엑소시스트 3 (The Exocist Ⅲ, 미국) ○ 다이하드 3 (Die Hard with a Vengeance, 미국) ○ 도플갱어 (Doppleganger, 미국) ○ 20世紀 레미제라블 (Les Misérables, 프랑스) ○ 惡緣의 사슬 (The Tie That Binds, 미국) ○ 死刑臺의 엘리베이터 (Ascenseur pour l'Echafaud, 프랑스) ○ 거미의 計略 (Strategia Del Ragno, 이탈리아) ○ 죽음의 戰士 (Deadly Heroes, 미국) ○ 파이널 오더 (Strategic Command, 미국) ○ 이연걸의 방세옥 (方世玉, 홍콩) ○ 패신저 (Passenger, 미국) ○ 브로큰 애로우 (Broken Arrow, 미국) ○ 카피캣 (Copycat, 미국) ○ 스피드 (Speed, 미국) ○ 파이널 디시전 (Executive Decision, 미국) ○ 타이타닉 (Titanic, 미국) ○ 채플린 (Chaplin, 미국) ○ 野生의 엘자 (Born Free, 영국) ○ 夜半歌聲 (홍콩) ○ 危險한 關係 (The Reckless Moment, 미국) ○ 인터셉터 2 (Interceptor Ⅱ, 미국) ○ 고질라 (Godzilla, 미국) ○ 에프 엑스 2 (FX2: The Deadly Art of Illusion, 미국) ○ 파고 (Fargo, 미국) ○ 黑幕 (Rive Droite Rive Gauche, 프랑스) ○ 이반 大帝 (Ivan the Terrible, 러시아) ○ 密會 (Encounter, 영국) ○ 縱橫四海 (홍콩) ○ 노스트라다무스 (Nostradamus, 프랑스) (66)	
	平敎授 (1999)	○ 同行 ○ 永遠한 帝國 ○ 北京列車 ○ 一松亭 푸른 솔은 ○ 白凡 金九 ○ 御使出道: 布木商 殺人事件 ○ 쉬리 ○ 살아 있는 무덤: 傳說의 故鄕 ○ 마지막 防衛 ○ 八道 사나이 ○ 王과 妃 (TV 드라마)	○ 올리버 트위스트 (Oliver Twist, 英國) ○ 매디슨 카운티의 다리 (The Bridges of Madison County, 美國) ○ 킹핀 (Kingpin, 美國) ○ 依賴人 (The Client, 美國) ○ 화이트 스콜 (White Squall, 美國) ○ 미스터 존슨 (Mister Johnson, 英國) ○ 서든 데드 (Sudden Death, 美國) ○ 로마行 特急列車 (The Rome Express, 英國) ○ 슬램덩크 어니스트 (Slamdunk Ernest, 美國) ○ 아폴로 13 (Apollo 13, 美國) ○ 제네비에브 (Geneviève, 英國) ○ 신바드의 일곱 번째 冒險 (The 7th Voyage of Sinbad, 美國) ○ 레옹 (Léon, 프랑스)	58

生涯區分	學級·職位	國內映畫	外國映畫	合計
社會活動期 (1972-2006)	平敎授 (1999)	○ 마릴린몬로의 幻想 (12)	○ T 博士의 피아노 레슨 (The 5,000 Finger of Dr. T, 英國) ○ 何日君再來 (홍콩) ○ 4重奏 (Quartet, 英國) ○ 퀘스트 (The Quest, 美國) ○ 콜리야 (Kolya, 체코슬로바키아) ○ 잃어버린 地平線 (Lost Horizon, 美國) ○ 最後의 證人 (Tight Spot, 美國) ○ 거울의 房 (The Spell, 이란) ○ 허슬러 (Hustler, 美國) ○ 마야 (Maya, 印度) ○ 라스트 모히칸 (The Last of the Mohicans, 美國) ○ 토린號의 運命 (In Which We Serve, 英國) ○ 特急列車 (Von Ryan's Express, 美國) ○ 戰艦 포템킨 (The Battleship Potemkin, 러시아) ○ 우리 아저씨 앙트완 (Mon Uncle Antoine, 캐나다) ○ 라이언 一兵 求하기 (Saving Private Lion, 美國) ○ 울프 (Wolf, 美國) ○ 어느날 밤에 생긴 일 (It Happened One Night, 美國) ○ 고스트 앤 다크니스 (The Ghost and the Darkness, 英國) ○ 렐릭 (The Relic, 美國) ○ 파이널 프로젝트 (The Devil's Keep, 美國) ○ 유어 아이즈 온리 (For Your Eyes Only, 美國) ○ 검은 水仙花 (Black Narcissus, 英國) ○ 워터 월드 (Water World, 美國) ○ 아나콘다 (Anaconda, 美國) ○ 단테스 피크 (Dante's Peak, 美國) ○ 제이슨 앤 아거노츠 (Jason and the Argonauts, 美國) ○ 一級殺人 (Murder in the First, 美國) ○ 블루 데블 (Devil in a Blue Dress, 美國) ○ 네바다의 불가사리 (Tremors, 美國) ○ 그들만의 거리 (Mean Streets, 美國) ○ 아프리카의 女王 (The African Queen, 美國) ○ 로메노 (Romeno, 美國) (46)	
	平敎授 (2000)	○ 할렐루야 ○ 土地 (TV 드라마) ○ 투 갑스 3 ○ 漢陽乾達 ○ 뻐꾸기도 밤에 우는가 ○ 그가 簡易驛에 내렸다 ○ 王과 妃 (TV 드라마) ○ 太陽은 없다. ○ 洪吉童 (北韓映畫) ○ 사랑, 사랑, 내 사랑 (北韓映畫) ○ 내 마음의 風琴 ○ 死의 讚美 ○ 가시고기 (TV 드라마) (13)	○ 브레이브하트 (Braveheart, 英國) ○ 물랭 루즈 (Moulin Rouge, 프랑스) ○ 레드 히트 (Red Heat, 美國) ○ 非常着陸 (Final Descent, 美國) ○ 데스페레이트 (Desperate Measures, 美國) ○ 비오는 午後의 陰謀 (Seance on a Wet Afternoon, 美國) ○ 007 나를 사랑한 스파이 (The Spy who Loved Me, 美國) ○ 와일드 빌 (Wild Bill, 美國) ○ 게임의 사랑을 위하여 (For Love of the Game, 美國) ○ 二重危險 (Double Jeopardy, 美國) ○ 패트리오트 게임 (Patriot Games, 美國) ○ 데들리 히어로 (Deadly Hero, 美國) ○ 랜섬 (Ransom, 美國) ○ 銀十字의 秘密 (The Keep, 美國) ○ 오멘 (Omen, 美國) ○ 엘리게이터 II (Alligator II:Mutation, 美國) ○ 헐크 호건 (Mr. Nanny, 美國) ○ 레인보우 워리어 (Rainbow Worrior, 英國) ○ 퍼즐 게임 (The Puzzle, 美國) ○ 언더 파이어 (Under Fire, 美國)	102

生涯區分	學級·職位	國內映畵	外國映畵	合計
社會活動期 (1972-2006)	平敎授 (2000)		○ 비욘드 랭군 (Beyond Rangoon, 美國) ○ 카사블랑카 (Casablanca, 美國) ○ 숲속의 눈동자 (The Watcher in the Woods, 美國) ○ 代父 II (The Godfather Part II, 美國) ○ 카벨 修女 이야기 (Nurse Edith Cavell, 英國) ○ 마크 팬 (Mark Pen, 美國) ○ 람보 III (Rambo III, 美國) ○ 다이얼 M을 돌려라 (Dial M for Murder, 英國) ○ 이집트 王子 (The Prince of Egypt, 美國) ○ 퀵 앤 데드 (The Quick and the Dead, 美國) ○ 하사모테 女王의 秘密 (She, 英國) ○ 오스틴 파워 (Austin Power, 美國) ○ 虛妄한 競走 (Bite the Bullet, 美國) ○ 울프 캅 (Full Eclipse, 美國) ○ 모스크바에서 온 사나이 (Moscow on the Hudson, 美國) ○ 딥 블루 씨 (Deep Blue Sea, 美國) ○ 미믹 (Mimic, 美國) ○ 키스 더 걸 (Kiss the Girls, 美國) ○ 마농의 샘 (Jean de Florette, 프랑스) ○ 벨라 도나 (Bela Donna, 브라질·美國) ○ 레드 코너 (Red Corner, 美國) ○ 뱀파이어와의 인터뷰 (Interview with the Vampire, 美國) ○ 비포 앤 애프터 (Before and After, 美國) ○ 破滅의 늪 (Le Testament du Docteur Cordelir, 프랑스) ○ 데드 프레지던트 (Dead Presidents, 美國) ○ 슬레이어 (Vampires, 美國) ○ 파리의 하늘 아래 (L'air de Paris, 프랑스) ○ 憤怒의 바다 (Survive the Savage Sea, 美國) ○ 록 (The Rock, 美國) ○ 로미오는 죽어야 한다 (Romeo Must Die, 美國) ○ 끝없는 水平線 (Horizons Sans Fin, 프랑스) ○ 마지막 戰士 (The Last Great Warrior, 美國) ○ 007 문레이커 (Moonraker, 美國) ○ 스피드 2 (Speed II, 美國) ○ 逃亡者 2 (U.S. Marshals, 美國) ○ 볼케이노 (Volcano, 美國) ○ 다이너소아 (Dinosaua, 美國) ○ 데이라이트 (Daylight, 美國) ○ 버팔로 빌과 인디안 (Buffalo Bill and the Indians, 美國) ○ 라스트 댄스 (Last Dance, 美國) ○ 다이 하드 3 (Die Hard with a Vengeance, 美國) ○ 해리와 핸더슨 (Harry and the Hendersons, 美國) ○ 칼라하리의 冒險 (A Far Off Place, 美國) ○ 바람과 라이온 (The Wind and the Lion, 美國) ○ 페노메논 (Phenomenon, 美國) ○ 都市 속의 인디언 (An Indian, 프랑스) ○ 侵入者들 (49th Parallel, 캐나다) ○ 딥 임팩트 (Deep Impact, 美國) ○ 푸른 수염 (Landru , 프랑스) ○ 詛呪 받은 都市 (Village of the Damned, 美國) ○ 아미스타드 (Amistad, 美國) ○ 사랑과 靈魂 (The Ghost, 美國) ○ 모니카의 여름 (Sommaren Med Monika, 스웨덴) ○ 밤의 熱氣 속으로 (In the Heat of the Night, 美國)	

生涯區分	學級·職位	國內映畵	外國映畵	合計
社會活動期 (1972-2006)	平敎授 (2000)		○ 주라기 公園 2: 잃어버린 世界 (The Lost World, 美國) ○ 몽테 크리스토 伯爵 (Le Comte de Monte Cristo, 프랑스, TV 드라마) ○ 크라우 (The Crow, 美國) ○ 007 殺人免許 (Licence to Kill, 英國) ○ 파우더 (Powder, 美國) ○ 마스크 오브 조로 (Mask of Joro, 美國) ○ 에일리언 4 (Alien Resurrection, 美國) ○ 데블스 애드버킷 (The Devil's Advocate, 美國) ○ 엘머 갠트리 (Elmer Gantry, 美國) ○ 牧師의 아내 (The Preacher's Wife, 美國) ○ 모세 對 람세스 (Moses, 미국) ○ 플레시드 (Placid, 美國) ○ 시티 오브 엔젤 (City of Angels, 美國) ○ 데들리 보이지 (Deadly Voyage, 美國) ○ 춤추는 大搜査線 (踊ろ大捜査線 , 日本) (89)	
	平敎授 (2001)	○ 幽靈 ○ 라몬으로 가는 地圖 ○ 하면된다 (Just Do It) ○ 自鬼모 ○ 가위 ○ 섬 ○ 킬리만자로 ○ 共同警備區域 (JSA) ○ 테러리스트 ○ 退魔錄 ○ 山戰水戰 ○ 花山宅 ○ 無宿者 ○ 千年狐 ○ 울려고 내가 왔던가 (15)	○ 식스 맨 (The Sixth Man, 美國) ○ 딥 라이징 (Deep Rising, 美國) ○ 캐논볼 (Cannonball, 美國) ○ 로스트 시티 (Tarzan and the Lost City, 美國) ○ 鐵道員 (日本) ○ 스피드 (Speed, 美國) ○ 潛望鏡을 올려라 (Down Periscope, 美國) ○ 파리 텍사스 (Paris Texas, 獨逸) ○ 개미 (Antz, 독일) ○ 아무도 들어주지 않는 이야기 (When No One Would Listen, 美國) ○ 죽음의 게임 2 (The Death Game Ⅱ, 美國) ○ 妖魔錄 (中國) ○ 레트로액티브 (Retroactive, 美國) ○ 엑소시스트 (The Exorcist, 美國) ○ 父母 相逢 (Meet Parents, 美國) ○ 目擊者 (The Watcher, 美國) ○ 眩惑 (Be Dazzled, 美國) ○ 西部戰線 異常 없다 (No News in the Western Front, 美國) ○ 브레이크다운 (Breakdown, 美國) ○ 榮光의 脫出 (Exodus, 美國) ○ 아미스타드 (Amistad, 美國) ○ 파리大王 (Lord of the Flies, 美國) ○ 陷穽 (Arlington Road, 美國) ○ 라이드 위드 데블 (Ride With Devil, 美國) ○ 大脫走 (The Great Escape, 美國) ○ 데스페라도 (Desperado, 美國) ○ 로빈슨 家族 (Swiss Family Robinson, 美國) ○ 브레이브하트 (Braveheart, 英國) ○ 에어 포스 원 (Air Force One, 美國) ○ 아우스테리츠 (Austerlitz, 프랑스·이탈리아·유고) ○ 眞珠灣 (Pearl Harbor, 美國) ○ 데스티네이션 (Final Destination, 美國) ○ 나이스 가이 (The Nice Guy, 홍콩) ○ 고스트 앤 다크니스 (The Ghost and the Darkness, 英國) ○ 슈렉 (Shrek, 美國) ○ 터뷸런스 (Turbulence, 美國)	59

生涯區分	學級·職位	國內映畵	外國映畵	合計
社會活動期 (1972-2006)	平敎授 (2001)		ㅇ 太陽의 帝國 (Empire of the Sun, 英國) ㅇ 유-571 (U-571, 美國) ㅇ 아마겟돈 (Armageddon, 美國) ㅇ 아이언 마스크 (The Man in the Iron Mask, 프랑스) ㅇ 歸鄕 (The Long Voyage Home, 英國) ㅇ 白晝의 惡魔 (Evil Under the Sun, 美國) ㅇ 검은 고양이 흰 고양이 (Black Cat White Cat, 유고슬라비아) ㅇ 해리 포터와 魔法師의 돌 (Harry Potter and the Sorcerer's Stone, 美國) (44)	
	平敎授·名譽敎授 (2002)	ㅇ 純愛譜 (韓國·日本) ㅇ 延烏郞과 細烏女 ㅇ 太祖王建 (TV드라마) ㅇ 江華道令 ㅇ 집으로··· ㅇ 釋迦牟尼 ㅇ 鐘閣 ㅇ 불꽃 ㅇ 시집가는 날 ㅇ 帝國의 아침 (TV 드라마) ㅇ 白蛇夫人 ㅇ 野人時代 (TV 드라마) ㅇ 危險한 招待-凶家로 간 사나이 ㅇ 장수 하늘소 ㅇ 銃알 彈 사나이 ㅇ 種豚 ㅇ 守節 ㅇ 두 男子 이야기 ㅇ 비오는 날의 水彩畵 ㅇ 막車로 온 손님 ㅇ 壬辰倭亂-紅衣將軍 (北韓映畵) ㅇ 醉畵仙 ㅇ 나는 집으로 간다 ㅇ 達磨야 놀자 ㅇ 北京列車 ㅇ 新羅의 달밤 ㅇ 山川도 울었다 ㅇ 御使 朴文秀-軍役 (28)	ㅇ 鐵道 위의 아이들 (The Railway Children, 英國) ㅇ 暴風의 月曜日 (The Stormy Monday, 美國·英國) ㅇ 사냥 (La Caza, 스페인) ㅇ 그레디에이터 (Gradiator, 美國) ㅇ 주라기 公園 3 (Jurassic Park Ⅲ, 美國) ㅇ 公主 日記 (The Princess Diaries, 美國) ㅇ 벤디츠 (Bandits, 美國) ㅇ 티벳에서의 7年 (Seven Years in Tibet, 프랑스) ㅇ 눈오는 날의 왈츠 (Une Vie Independante, 러시아) ㅇ 시암 선셋 (Siam Sunset, 英國) ㅇ 마스크 (Mask, 美國) ㅇ 孤獨한 追跡 (Monsieur Klein, 프랑스) ㅇ 디어 헌터 (The Deer Hunter, 美國) ㅇ 地獄行 列車 (Train D'enfer, 프랑스) ㅇ U 571 (美國) ㅇ 징 돌 벨몽도의 暗殺者 (Scoumoune, 프랑스) ㅇ 데블 스네이크 (Devil Snake, 美國) ㅇ 율리시즈의 視線 (Le Rgard d'Ulysse, 그리스) ㅇ 榮光의 길 (Paths of Glory, 美國) ㅇ 길 (La Strada, 이탈리아) ㅇ 賭博師 봅 (Bob Le Flambeur, 프랑스) ㅇ 天使의 憤怒 (The Simple Minded Murderer, 폴란드) ㅇ 프로듀서 (The Producers, 美國) ㅇ 버티칼 리미트 (Vertical Limit, 美國) ㅇ 神이 저주한 헤라클레스 (Hercules: Power of the God, 美國) ㅇ 名探偵 셜록 홈즈: 네개의 署名 (The Four Signatures: Sherlock Holmes, 프랑스) ㅇ 압솔롬 脫出 (Escape from Absolom, 뉴질랜드) ㅇ 체크 포인트 (Check Point, 美國) ㅇ 나이스 가이 (Nice Guy, 美國) ㅇ 紅番區 (中國-홍콩) ㅇ 이레이져 (Eraser, 美國) ㅇ 에어포트 (Airport, 美國) ㅇ 逃亡者 (U.S. Marshal, 美國) ㅇ 고질라 (Godzila, 美國) ㅇ 天國의 아이들 (Bacheha-Ye aseman, 이란) ㅇ 붉은 江 (The Red River, 美國) ㅇ 나일의 大冒險 (The Jewel of the Nile, 美國) ㅇ 스타워즈 에피소드 1 (Star Wars Episode Ⅰ, 美國) ㅇ 집시의 時間 (Time of the Gypsies, 유고슬라비아) ㅇ 나의 親舊 집은 어디인가 (Where Is My Friend's House, 이란)	70

生涯區分	學級·職位	國內映畵	外國映畵	合計
社會活動期 (1972-2006)	平教授·名譽教授 (2002)		○ 페데리코 펠리니의 로마 (Federico Felini's Roma, 이탈리아) ○ 미이라 (The Mummy, 美國) (42)	
	名譽教授 (2003)	○ 帝國의 아침 (TV 드라마) ○ 二重間諜 ○ 俠客 金斗漢 ○ 組暴 마누라 (4)	○ 미이라 2 (The Mummy Returns, 美國) ○ 에너미 오브 스테이트 (Enemy of the State, 美國) ○ 라이언 킹(The Lion King, 美國 ○ 헨리 포터 : 秘密의 房 (Henry Porter : The Chamber of Secretes, 美國) ○ 인터셉터 (Intercepter, 美國) ○ 캐스트 어웨이 (Cast Away, 美國) ○ 매트릭스 (Matrix, 美國) ○ 디 아더스 (The Others, 英國) ○ 秦俑 (中國) ○ 斑指의 帝王 : 斑指 遠征隊 (The Lord of the Rings : The Fellowship of the Ring, 美國) ○ 클리프행어 (Cliffhanger, 美國) ○ 少林蹴球 (中國) ○ 스파이더 맨 (Spiderman, 美國) ○ 터미네이터 2 (Terminator 2, 美國) ○ 불의 戰爭 (Chariots of Fire, 英國) ○ 트로이의 헬렌 (Helene in Troy, 美國) ○ 패닉 룸 (Panic Roon, 美國) ○ 엑스페리먼트 (Das Experment, 獨逸) ○ 더블 팀 (Double Team, 美國) ○ 로마 帝國의 滅亡 (The Fall of the Roman Empire, 美國) ○ 코렐리의 만돌린 (The Captain Corelli's Mandolin, 英國) ○ 北京의 55日 (55 Days at Peking, 美國) ○ 白人酋長 (Lo Scejcco Bianco, 이탈리아) (23)	27
	名譽教授 (2004)	○ 길은 그리움을 부른다 ○ 東海물과 白頭山이 ○ 아나키스트 ○ 傳說의 故鄕 : 猫哭聲 ○ 武人時代 (TV 드라마) ○ 스빠꾸 (6)	○ 원 맨 히어로 (One Man Hero, 英國) ○ 風景 (Landscape, 슬로바키아) ○ 러브 레터 (Love Letter, 日本) ○ 斑指의 帝王 : 王의 歸還 (The Lord of the Rings : The Return of the King, 美國) ○ 몬테 크리스토 (The Count of Monte Cristo, 英國) ○ 글래디에이터 (Gladiator, 美國) ○ 캐치 미 이프 유 캔 (Catch Me If You Can, 美國) ○ 아이언 마스크 (Iron Mask, 프랑스) ○ 英雄 (中國) ○ 미노를 찾아서 (Finding Meno, 美國) ○ 옛날의 獅子 (Secondhand Lions, 美國) ○ 롹의 學校 (School of Rock, 美國) ○ 大徽章 (The Medallion, 中國) ○ 정글에의 招待 (Welcome to the Jungle, 美國) ○ 마스터 앤 컴맨더 (Master and Commander : The Far Side of the World, 美國) ○ 火鳥 (Fire Birds, 美國) ○ 빌로우 (Below, 英國) ○ 딥 레드 (Deep Red, 美國) ○ 데이브 (Dave, 美國) ○ 딥 식스 (Deep Six, 美國) ○ 헌티드 힐 (House of Haunted Hill, 美國) ○ 더블 크라임 (Double Jeopardy, 美國) ○ 비둘기가 날아갈 때 (When Pigeons Have a Fly, 아일랜드)	54

生涯區分	學級·職位	國內映畫	外國映畫	合計
社會活動期 (1972-2006)	名譽教授 (2004)		○ 발지 大戰鬪 (Battle of the Bulge, 美國) ○ 벤즈 오브 브러더즈 (Bends of Brothers, 美國) ○ 레이 다스 (Ray Doss, 美國) ○ 名探偵 필립 (The Big Sleep, 美國) ○ 엘 도라도 (The Road to El Dorado, 美國) ○ 델타 포스 (A Delta Force, 美國) ○ 슈렉 2 (Schrek 2, 美國) ○ 해리포터와 아즈카반의 罪囚 (Harry Porter and the Prisoner of Azkarban, 美國) ○ 騎士 윌리엄 (A Knight's Tale, 英國) ○ 베가번스의 傳說 (The Legend of Baggar Bance, 美國) ○ 가필드 : 더 무비 (Garfield : The Movie, 美國) ○ 모래 (The Day After Tomorrow, 美國) ○ 뉴욕에서의 脫出 (Escape of New York, 美國) ○ 프로텍터 (Protector, 美國) ○ 바비 존스, 스크로크 오브 지니어스 (Babby Jones, Stroke of Genis, 美國) ○ 알라모 (Alamo, 美國) ○ 地球再發育 (Evolution, 美國) ○ 스파르타커스(Spartacus, 美國) ○ 다크맨 (The Darkman, 美國) ○ 스피시즈 (Spicies, 美國) ○ 트라이앵글 (Triangle, 美國) ○ 肝腸先生 (日本) ○ 로맨싱 스톤 (Romancing Stone, 美國) ○ 陰陽社 (日本) ○ 少女劍客 아즈미의 活躍 (すずみ, 日本) (48)	
	名譽·碩座教授 (2005)	○ 英雄時代 (TV 드라마) ○ 겨울戀歌 (TV 드라마) ○ 土地 (TV 드라마) ○ 거울 속으로 ○ 孝子洞 理髮師 ○ 太極旗 휘날리며 ○ 實尾島 ○ 木浦는 항구다 ○ 海神 ○ 不滅의 李舜臣 (TV 드라마) ○ 第5共和國 (TV 드라마) ○ 組暴마누라 2 : 돌아온 傳說 ○ 四人用 食卓 ○ 뽕 3 ○ 웰컴투 洞幕골 ○ 武士 ○ 銀粧刀(TV 드라마) ○ 蛇女 (TV 드라마) ○ 菊花天女 (TV 드라마) ○ 地獄圖 (TV 드라마) ○ 蛇窟 (TV 드라마) ○ 亡者의 所願 (TV 드라마) ○ 母情佛心 (TV 드라마) ○ 三日天下	○ 스피릿 (Spirit, 美國) ○ 이스케이프 (The Escape, 美國) ○ 防彈僧 (Bulletproof Monk, 홍콩) ○ 하늘의 나르는 城 (ハウルの動けい城, 日本) ○ 레옹 (Leon, 美國) ○ 자토이치 (ザトイチ, 日本) ○ 시에라 마드레의 黃金 (The Treasure of the Sierra Madre, 美國) ○ 드블 임팩트 (Double Impact, 美國) ○ 내 이름은 쿠바 (Soy Cuba, 쿠바) ○ 眞珠 목걸이를 한 少女 (Girl With A Pearl Earing, 英國) ○ 나자렛 예수 (Nazareth's Jesus, 美國) ○ 머시니스트 (The Machinist, 美國) ○ 에니미 에트 게이트 (Enemies at Gates, 美國) ○ 聖衣 (The Holy Cloth, 美國) ○ 나바론 要塞 (The Fortress of Navaron, 英國) ○ 라스트 사무라이 (The Last Samurai, 美國) ○ 젠틀멘 리그 (League of Gentlemen, 美國) ○ 헬 (The Hell, 美國) ○ 싸이코 (Psycho, 美國) ○ 캐리비안의 海賊 (Pirates of Caribbean, 英國) ○ 반 헬싱 (Van Helsing, 英國) ○ 패션 오브 크라이스트 (The Passion of the Christ, 美國) ○ 斑指의 帝王 3 : 王의 歸還 (The Lord of the Rings 3 : The Return of the King, 美國) ○ 식스 데이 세븐 나잇 (Six Days Seven Nights, 美國)	52

生涯區分	學級·職位	國內映畵	外國映畵	合計
社會活動期 (1972-2006)	名譽·碩座敎授 (2005)	○ 辛旽 (TV 드라마) ○ 칭기즈칸 (TV 드라마) (26)	○ 皇妃 시씨의 運命 (Sissi-Schicksalsjahre einer Kaiserin, 오스트리아) ○ 라스트 캐슬 (The Last Castle, 美國) (26)	
	名譽·碩座敎授 (2006)	○ 金삿갓 ○ 血花 ○ 金의 戰爭 ○ 나비 ○ 馬芭島 ○ 黃山벌 ○ 南과 北 ○ 오늘은 王 ○ 雙胎바위 ○ 公共의 賊 2 ○ 예라이샹 (夜來香) ○ 서울 1945 (TV 드라마) ○ 씨내리 ○ 朱蒙 (MBC TV 드라마) ○ 淵蓋蘇文 (SBS TV 드라마) ○ 王의 男子 ○ 家門의 榮光 ○ 저 언덕을 넘어서 (18)	○ 해리 포터 4 : 해리 포터와 불의 盞 (Harry Potter and the Goblet of Fire, 英國) ○ 이퀼리브리엄 (Equilibrium, 美國) ○ 드리머 (Dreamer, 英國) ○ 롱 라이더스 (The Long Riders, 美國) ○ 킹 아더 (King Arthur, 英國) ○ 미션 클레오파트라 (Mission Cleopatra, 이탈리아) ○ 러브 인 아프리카 (Nowhere in Africa, 美國) ○ 콘스탄틴 (Constantine, 美國) ○ 脫走者 (A Want to Die, 美國) ○ 익스칼리버 (Excaliver, 英國) ○ 바람의 傳說 (The Oyster and the Wind, 스페인) ○ 아나콘다 2 (Anacondas : The Hunter for Blood Orchard, 美國) ○ 아웃 오브 아프리카 (Out of Africa, 美國) ○ 나니아 年代記 (The Chronicles of Narnia, 英國) ○ 인게이지먼트 (Engagement, 프랑스) ○ 투모오루 (The Day After Tomorrow, 美國) ○ 그림 兄弟 (Grimm Brothers, 英國) ○ 쎄로또레 (Scream of Stone, 이탈리아) ○ 夜間奇襲 (Ill Met by Moonlight, 英國) ○ 醉한 말을 위한 時間 (A Time for Drunken Horses, 이란) ○ 傲慢과 偏見 (Pride and Prejudice, 英國) ○ 살아가는 하루 하루 (The River, 美國) (22)	40
	累 計(35年)	409	797	1,206
統 合 計	62年	791	969	1,760

客說 : 經驗에서 얻은 삶의 眞實

나라마다 歷史가 있고 地域마다 特色이 있다. 그리고 어디를 가도 訪問客에게는 친절하다. 돈과 時間만 있으면 그저 아무데나 나다니고 싶다.

客說 : 經驗에서 얻은 삶의 眞實

政治家는 술에 취하면 愛國者가 되고 敎授는 술에 취하면 毒舌家가 된다. 나는 술에 취하면 노래방에 가서 歌手가 된다.

3. 觀覽映畫 主題의 時代別 變化推移

(單位: 篇, %)

生涯區分	年度 (年間)	年齡 (歲)	1. 愛憎과 悲劇의 映畫 사랑, 로맨스 怨恨, 悲劇 家族, 家庭	2. 歷史와 傳記의 映畫 歷史, 傳記 紀行, 實談 다큐멘터리	3. 探偵과 冒險의 映畫 探偵, 搜査 諜報, 犯罪 暴露, 告發 冒險, 探險	4. 戰爭과 活劇의 映畫 戰爭, 戰鬪 活劇, 義俠	5. 科學과 空想의 映畫 科學, 空想 未來, 宇宙 幻想, 恐怖 怪奇, 傳說 童話, 유머 諧謔	合 計
初等學校	1945-1950(6)	10-15	10 (40.0)	6(24.0)	7(28.0)	1(4.0)	1(4.0)	25(100.0)
中等學校	1951-1953(3)	16-18	18 (45.0)	10(25.0)	5(12.5)	6(15.0)	1(2.5)	40(100.0)
高等學校	1954-1956(3)	19-21	26 (54.1)	16(33.3)	2(4.2)	2(4.2)	2(4.2)	48(100.0)
大學校	1957-1961(5)	22-26	108 (63.9)	24(14.2)	15(8.9)	20(11.8)	2(1.2)	169(100.0)
會社・大學院	1962-1964(3)	27-29	59 (55.7)	18(17.0)	14(13.2)	13(12.2)	2(1.9)	106(100.0)
內務部・助敎	1965-1968(4)	30-33	59 (50.4)	15(12.8)	15(12.8)	27(23.1)	1(0.9)	117(100.0)
外國留學	1969-1971(3)	34-36	21 (42.8)	4(8.2)	9(18.4)	12(24.5)	3(6.1)	49(100.0)
累 計	1945-1971(27)	10-36	301 (54.3)	93(16.8)	67(12.1)	81(14.6)	12(2.2)	554(100.0)
專任講師	1972-1975(4)	37-40	43 (51.8)	10(12.0)	13(15.7)	15(18.1)	2(2.4)	83(100.0)
助敎授	1976-1979(4)	41-44	44 (42.8)	19(18.4)	19(18.4)	14(13.6)	7(6.8)	103(100.0)
副敎授	1980-1984(5)	45-49	43 (42,6)	12(11.9)	19(18.8)	16(15.8)	11(10.9)	101(100.0)
敎授・大學院長	1985-1990(6)	50-55	45 (34.6)	10(7.7)	34(26.2)	31(23.8)	10(7.7)	130(100.0)
敎授・硏究院長	1991-1994(4)	56-59	27 (26.7)	14(13.9)	26(25.8)	29(28.7)	5(4.9)	101(100.0)
敎授・主任敎授	1995-1998(4)	60-63	42 (18.6)	20(8.8)	92(40.7)	39(17.3)	33(14.6)	226(100.0)
平敎授	1999-2002(4)	64-67	67 (24.6)	19(7.0)	127(46.7)	27(9.9)	32(11.8)	272(100.0)
名譽・碩座敎授	2002-2006(4)	67-71	44 (23.2)	33(17.4)	74(38.9)	27(14.2)	12(6.3)	190(100.0)
累 計	1972-2006(35)	37-71	355 (29.4)	137(11.4)	404(33.5)	198(16.4)	112(9.3)	1,206(100.0)
總累計	1945-2006(62)	10-71	656(37.3)	230(13.1)	471(26.8)	279(15.8)	124(7.0)	1,760(100.0)

客說 : 經驗에서 얻은 삶의 眞實

자기가 죽지 않는다는 보장만 있으면 戰爭 만큼 흥미롭고 스릴 넘치는 게임은 없다. 징기스칸, 알렉산더, 나폴레옹, 히틀러, 昭和와 같은 사람들이 이 게임을 즐겼다. 그러나 戰爭이란 놀이는 結果에 있어 後遺症이 좋지 않고 때로는 비참하다. 결코 즐겨할 게임이 못된다.

V. 골프 運動

○ 要 約

● 골프채 · 골프練習 및 最初訪問 골프場數

年 度	골프채取得		골프練習		最初訪問골프場(個)		
	種 類	方 法	月 數(月)	經 費(千원)	國 內	國 外	合 計
1982	中古채 일습	寄 贈	-	-	-	-	-
1983	-	-	11	383	16	1	17
1984	新規채 일습	寄 贈	12	250	16	2	18
1985	新規 드라이버	寄 贈	12	250	2	2	4
1986	-	-	12	250	7	1	8
1987	-	-	-	-	5	1	6
1988	-	-	-	-	2	-	2
1989	-	-	-	-	4	3	7
1990	-	-	-	-	1	1	2
1991	4번 아이언 채	절단·수선	-	-	5	2	7
1992	新規 드라이버	寄 贈	-	-	4	-	4
1993	-	-	-	-	1	3	4
1994	-	-	-	-	4	-	4
1995	-	-	-	-	5	1	6
1996	-	-	-	-	4	-	4
1997	新規채 일습	寄 贈	-	-	1	3	4
1998	-	-	-	-	2	1	3
1999	-	-	-	-	1	-	1
2000	-	-	-	-	5	-	5
2001	-	-	-	-	2	-	2
2002	-	-	-	-	2	1	3
2003	-	-	-	-	2	-	2
2004	-	-	-	-	-	-	-
2005	-	-	-	-	4	-	4
2006	-	-	-	-	-	-	-
累 計	6	2	47	1,133	95	22	117

客說 : 經驗에서 얻은 삶의 眞實

남에게 주기를 좋아하는 사람이 있는가 하면 받기를 좋아하는 사람이 있다. 나는 학생시절과 사회생활을 하면서 받는 데 이골이 났기 때문에 받는 것을 좋아할뿐 아니라 당연시하여 왔다. 그러나 이제부터는 남에게 주는 것에 치중할까 한다. 그런데 뭐 줄 것이 있어야지!

客說 : 經驗에서 얻은 삶의 眞實

소속된 團體 중에는 돈이 생기는 것과 돈이 나가는 것, 그리고 돈과 아무 관계가 없는 것이 있다. 돈이 생기는 團體만 찾아다니면 經濟的 利得은 있으나 너무 메마르고 경직된 生活이 되고, 돈이 안생기는 團體만 찾아다니면 稱頌은 들을지 모르나 損失이 크다. 돈 생기는 團體에서 돈을 벌어 돈 안생기는 團體에서 돈을 쓰는 생활을 함이 옳을 것이다. 돈은 돌고 돌아야 하기 때문이다.

• 필드(Field) 운동의 主要集計

年度	始終日		運動回數(回)								하루18홀以上運動回數		連日運動回數(回)				
	開始日	納閉日	總回數	平均		最多月			週末(土·日)				2日連續	3日連續	4日連續	5日連續	6日連續
				月	週	最多	次多	次次多	回數	%	27홀	36홀					
1983	4.7	12.31	62	7.0	1.6	7월(12)	11월(10)	12월(9)	25	40.3	5	-	7	2	-	-	-
1984	1.4	12.30	120	10.0	2.3	7,11,12월(14)	6월(12)	8,9월(11)	49	40.8	2	-	15	8	1	-	-
1985	1.3	12.31	141	11.8	2.7	6월(15)	3,9월(14)	4,5,7월(13)	60	42.6	5	2	12	8	3	1	-
1986	1.3	12.29	134	11.2	2.6	8월(18)	5,7월(15)	4월(14)	50	37.3	4	-	17	9	1	1	1
1987	1.11	12.30	111	9.3	2.1	6,10월(13)	5월(12)	7,8,9,12월(10)	50	45.0	1	-	15	7	1	1	-
1988	1.2	12.18	99	8.3	1.9	4월(14)	2월(13)	10월(10)	50	50.5	-	-	21	1	2	-	-
1989	1.3	12.15	81	6.8	1.6	2월(12)	9월(10)	4,7,11월(8)	43	53.1	-	-	10	3	-	-	-
1990	1.11	12.22	51	4.3	1.0	5월(7)	6월(6)	4,11,12월(5)	24	47.1	-	-	3	-	-	-	-
1991	1.19	12.22	46	3.8	0.9	10월(9)	9월(7)	8월(6)	15	32.6	-	-	6	1	-	-	-
1992	1.26	12.6	39	3.3	0.7	4월(8)	5월(6)	6월(5)	24	61.5	-	-	2	1	-	-	-
1993	1.31	11.28	7	0.6	0.1	7월(4)	1,2,11월(1)	-	3	42.9	-	-	-	-	-	-	-
1994	6.8	12.11	12	1.0	0.2	9,11월(3)	10,12월(2)	6,8월(1)	9	75.0	-	-	1	-	-	-	-
1995	1.17	12.17	27	2.3	0.5	9,11월(3)	10,12월(2)	6,8월(1)	13	48.1	-	-	1	-	-	-	-
1996	1.20	10.17	15	1.25	0.3	5월(3)	3,4,7,9월(2)	1,2,6,10월(1)	6	40.0	-	-	1	-	-	-	-
1997	3.13	7.26	12	1.0	0.2	4월(4)	6월(3)	3,5월(2)	7	58.3	-	-	-	-	-	-	-
1998	5.16	12.6	12	1.0	0.2	6,10월(3)	11,12월(2)	5,9월(1)	9	75.0	-	-	-	-	-	-	-
1999	5.5	11.28	13	1.08	0.3	5,6,10월(3)	11월(2)	7,8월(1)	9	69.2	-	-	-	-	-	-	-
2000	1.19	12.9	11	0.92	0.2	11월(3)	4,9월(2)	2,3,6,12월(1)	10	90.9	-	-	-	-	-	-	-
2001	3.10	12.16	13	1.08	0.3	4,12월(4)	3,5,6,7,10월(1)	-	7	53.8	-	-	1	-	-	-	-
2002	3.10	11.30	12	1.00	0.2	11월(4)	6월(3)	3월(2)	4	33.3	-	-	-	-	-	-	-
2003	3.9	12.25	6	0.50	0.1	10월(2)	3,7,11,12월(1)	-	4	66.7	-	-	-	-	-	-	-
2004	11.13	11.13	1	0.08	0.02	11월(1)	-	-	1	100.0	-	-	-	-	-	-	-
2005	4.2	11.27	4	0.33	0.08	4,5,6,11월(1)	-	-	4	100.0	-	-	-	-	-	-	-
2006	5.6	7.21	2	0.29	0.07	5,7월(1)	-	-	1	50.0	-	-	-	-	-	-	-
累計	1983 4.7	2006 7.21	1,031	3.7	0.85	7월(104)	4월(101)	6월(100)	477	46.3	17	2	112	40	8	3	1

年度	運動골프場數(個)							延同行者數(本人包含)(名)				
	總數	場當回數	最初訪問地數	外國골프場	最多回數			總數	回當人數	最多者		
					最多	次多	次次多			最多	次多	次次多
1983	17	3.6	17	스리랑카1	南城臺(18)	南서울(7)	醴城(7)	269	4.3	崔相哲(30)	權泰俊(12)	金 源(10)
1984	31	3.9	18	일본2	南城臺(20)	陽智(10)	觀岳(9)	558	4.7	崔相哲(41)	金 源(34)	姜渭薰(26)
1985	27	5.2	4	태국1, 일본1	南城臺(20)	南서울(13)	陽智(11)	723	5.1	金 源(42)	崔相哲(29)	姜渭薰(22)
1986	29	4.6	8	말레이시아1	南城臺(17)	韓仁(16)	南서울(13)	630	4.7	金 源(35)	崔相哲(23)	黃鏞周(20)
1987	29	3.8	6	일본1	安養(12)	陽智(12)	韓仁(10)	541	4.9	金 源(39)	朱鍾元(27)	羅相紀(26)
1988	34	2.9	2	-	플라자(11)	觀岳(7)	水原(6)	594	6.0	崔相哲(29)	羅相紀(17)	朱鍾元(13)
1989	37	2.2	7	미국3	南서울(10)	第一(6)	大邱(6)	503	6.2	金 源(34)	康炳基(16)	朱鍾元(12)
1990	25	1.0	2	대만1	中部(5)	프라자(5)	儒城 (5)	260	5.1	金 源(18)	崔相哲(12)	朴炳柱 · 朱鍾元(5)
1991	27	1.7	7	독일4	레이크사이드(7)	뉴서울(6)	Hamburg(3)	248	5.4	金 源(21)	趙正濟(15)	朴炳柱(12)
1992	25	1.6	4	-	中部(3)	뉴서울(3)	레이크사이드 · 남서울(3)	201	5.2	金 源(17)	趙正濟(9)	宋鍾元(5)
1993	6	1.2	4	미국3	第一(2)	其他각(1)	-	24	3.4	金壽鶴(2)	金 源(2)	河晟奎(2)
1994	9	1.3	4	미국1	泰榮(4)	其他각(1)	-	74	6.2	林岡源 · 卞鐸(3)	鄭淵壽 · 李世茂 등 5名(2)	其 他(1)
1995	20	1.4	6	미국1	中部 · 南城臺(3)	信元 · EXPO · 中央(2)	其他각(1)	206	7.6	金 源(7)	崔相哲(5)	呂鴻九(3)

年度	運動 골프 場數 (個)							延同行者數 (本人包含) (名)				
	總數	場當回數	最初訪問地數	外國골프場	最多回數			總數	回當人數	最多者		
					最多	次多	次次多			最多	次多	次次多
1996	14	1.1	4	-	淸州(2)	其他각(1)	-	87	5.8	金源·崔相哲·兪炳林(5)	朴炳柱·康炳基·梁東陽·梁銃在·朴鐘和(3)	其他각(1)
1997	11	1.1	4	호주1,싱가포르1,미국1	南部(2)	其他각(1)	-	68	5.7	崔相得· 兪炳林·朴鍾和(3)	梁銃在·金榮九·金光年(2)	其他각(1)
1998	9	1.3	3	일본1	南江(3)	水原(2)	其他(1)	91	7.6	朴炳柱·崔相哲(4)	康炳基·黃鏞周·梁東陽(3)	金源·趙正濟·姜渭薰(2)
1999	11	1.2	1	-	中部·88(2)	其他(1)	-	99	7.6	趙正濟(5)	朴炳柱·黃鏞周(4)	林相夏·梁東陽·鄭武一(3)
2000	9	1.2	5	-	南江(3)	其他(1)	-	81	7.4	朴炳柱(7)	趙正濟·梁東陽(6)	黃鏞周·崔相哲·金洙根(5)
2001	11	1.2	2	-	Pine Creek·益山(2)	其他(1)	-	86	6.6	朴炳柱(5)	康炳基·金源·姜渭薰·金洙根(4)	林相夏·黃鏞周·趙正濟(3)
2002	11	1.1	3	1	리베라(2)	其他(1)	-	85	7.1	金 源(7)	黃鏞周(6)	其他各(5)
2003	6	1.0	2	-	各(1)	-	-	32	5.3	金 源(3)	其他各(1)	-
2004	1	1.0	-	-	釜山(1)	-	-	7	7	各(1)	-	-
2005	4	1.0	4	-	各(1)	-	-	52	13.0	各(1)	-	-
2006	2	1.0	-	-	各(1)	-	-	7	3.5	各(1)	-	-
累計	405	2.5	117	10國25回	南城臺(89)	南서울(63)	陽智(56)	5,526	5.4	金 源(297)	崔相哲(216)	朴炳柱(159)

年度	得點 (打)			싱글打 回數		受賞 (個)								支出經費(千원)		會員券 및 골프會加入			
																會員券		골프會加入	
	平均	最良	最不良	回數	打 點	싱글	이글	메달리스트	優勝	長打	近接	其他	計	總額	回當	取得	喪失	加入	脫退
1983	102	91(1)	125(1)	-	-	-	-	-	-	-	-	-	-	755	12	-	-	1	-
1984	95	84(4)	108(2)	-	-	-	-	1	1	-	-	-	2	1,875	16	1	-	1	-
1985	90	79(2)	102(1)	5	81,81,80,79,79	2	1	2	5	1	1	1	13	1,676	12	-	-	-	-
1986	88	77(1)	101(2)	9	81,81,81,79,79,79,79,78,77	1	-	3	2	-	1	-	7	1,873	14	-	-	1	-
1987	87	75(1)	97(1)	8	81,81,81,80,79,79,76,75	1	-	2	3	1	2	1	10	1,144	10	-	1	-	-
1988	87.5	78(2)	99(1)	7	81,81,81,79,79,78,78	1	-	-	2	-	-	3	6	994	10	-	-	-	-
1989	89.1	80(2)	97(3)	3	81,80,80	-	-	2	-	-	1	1	4	350	4	-	-	-	-
1990	90.3	80(1)	98(2)	3	81,81,80	-	-	3	1	1	-	1	6	179	4	-	-	-	-
1991	92.2	85(1)	105(1)	-	-	-	-	1	3	1	-	2	7	100	2	-	-	-	-
1992	90.7	83(1)	97(2)	-	-	-	-	1	-	-	-	-	1	261	7	-	-	1	-
1993	93.1	86(1)	98(1)	-	-	-	-	-	-	-	-	-	-	104	15	-	-	-	-
1994	92.4	89(1)	97(1)	-	-	-	-	-	-	-	-	-	-	20	2	-	-	-	-
1995	92.0	84(1)	100(1)	-	-	-	-	1	-	-	-	1	2	146	5	-	-	-	-
1996	90.0	85(2)	97(1)	-	-	-	-	1	-	1	-	-	2	550	37	1	-	1	-
1997	93.7	88(1)	104(1)	-	-	-	-	-	-	-	-	-	-	295	25	-	-	-	-
1998	91.6	87(2)	97(1)	-	-	-	-	1	-	-	1	1	3	360	30	-	-	-	-
1999	89.8	81(1)	96(1)	-	-	-	-	-	1	-	-	-	1	880	68	-	-	-	-
2000	90.5	86(1)	96(1)	-	-	-	-	-	1	-	-	-	1	240	22	-	-	-	-
2001	93.3	89(1)	98(2)	-	-	-	-	-	-	-	-	-	-	-	-	-	-	-	-
2002	91.7	87(1)	106(1)	-	-	-	-	1	-	-	-	-	1	220	18	-	-	-	-
2003	94.8	91(1)	100(1)	-	-	-	-	-	-	-	-	-	-	-	-	-	-	-	-
2004	95.0	95(1)	95(1)	-	-	-	-	-	-	-	-	-	-	-	-	-	1	-	-
2005	92.3	88(1)	100(1)	-	-	-	-	-	-	-	-	1	1	-	-	-	-	-	-
2006	94.0	93(1)	95(1)	-	-	-	-	-	-	-	-	-	-	-	-	-	-	-	-
累 計	90.8	75(1)	125(1)	35	75(1),76(1),77(1),78(3),79(10),80(5),81(14)	5	1	19	19	5	6	12	67	12,022	12	2	2	5	-

1. 골프 準備와 골프場

(1) 골프 會員券

① 醴城 골프場
- ○ 所 有 者 : 空軍-醴泉飛行場
- ○ 位 置 : 慶北 醴泉郡 柳川面
- ○ 規 模 : 9홀
- ○ 開場日字 : 1973
- ○ 取得日字 : 1984. 3. 1
- ○ 消滅日字 : 1987. 3. 1
- ○ 取得價額 : 無料
- ○ 賣却處分 : 4,200만원(2004.9.24)

② 陽智 골프場
- ○ 所 有 者 : (株) 陽智리조트
- ○ 位 置 : 京畿道 龍仁市 內四面 南谷里 34-1
- ○ 規 模 : 28홀
- ○ 開場日字 : 1970. 5. 12
- ○ 取得日字 : 1996. 6. 8
- ○ 寄 贈 者 : 黃蓮子(妻)- 回甲紀念膳物
- ○ 取得價額 : 3,600만원(賣却: 2004. 9. 24; 4,200만원)

(2) 골프채 (Golf Club)

① 중고채 一襲 : Slingers
鄭棵永 先輩 寄贈, 1982. 10. 1; 10만원

② 新規채 一襲 : Featherite Golden Ram
尹世榮 社長 寄贈, 1984, 9, 11; 150만원

③ 드라이버채 1個 新品 : George Burns
李世茂 社長 寄贈, 1985. 4. 13; 15만원

④ 드라이버채 1個 新品 : Gate Way
張鍾鉉 理事長 寄贈, 1992. 7. 4; 18만원

⑤ 新規채 一襲 : Maruman (日製)
林相夏 社長 寄贈, 1997. 5. 3; 440만원

(3) 골프 演習 (In-door)

順次	練 習 場	位 置	코치名	期 間	指導與否	費 用(원)
1	奉天골프장	奉天洞 사거리	鄭프로	83. 2. 1 - 3. 17 (1월16일)	指導받음	100,000
2	上道골프장	上道洞 장승백이	宋東一	83. 3. 18 - 4. 17 (1월)	〃	110,000
3	〃	〃	〃	83. 4. 18 - 7. 19 (3월)	-	70,000
4	店村골프장	店村市 中央洞	-	83. 8. 13 - 8. 16 (4일)	-	8,000
5	上道골프장	上道洞 장승백이	宋東一	83. 8. 19 - 11. 21 (3월)	-	65,000

順次	練 習 場	位 置	코치名	期 間	指導與否	費 用(원)
6	上道골프장	上道洞 장승백이	宋東一	83. 11. 22 - 12. 31 (1월)	-	30,000
7	〃	〃	〃	84. 1. 1 - 12. 31 (12월)	-	250,000
8	〃	〃	〃	85. 1. 1 - 12. 31 (12월)	-	250,000
9	〃	〃	〃	86. 1. 1 - 12. 31 (12월)	-	250,000
合 計	3場所	3地域	2名	83. 2. 1 - 86. 12. 31 (3년11월)	83.2.1 - 4.17 (2월16일)	1,133,000

(4) 最初 訪問 골프場

順次	골프場		運動日字	經歷 回順	参席者 數(名)	스폰서	得 點
	名稱(C.C.)	位 置					
1	南城臺	서울 송파구 장지동	1983. 4. 7	1	2	李相伊	125
2	南서울	경기 성남시 백현동	1983. 4.13	2	7	金翊鎭	119
3	觀 岳	경기 화성시 동탄면	1983. 4.24	3	7	金儀遠	118
4	韓美聯合司	경기 의정부시	1983. 5. 1	5	6	李海載	93
5	壹貳參	경기 고양시 신도읍	1983. 5. 7	6	4	-	96
6	로 얄	경기 양주군 주내면	1983. 5.20	7	14	姜昌成	114
7	서 울	경기 고양시 원당동	1983. 6.19	10	4	金翊鎭	106
8	清州空港	충북 청원군	1983. 7. 7	16	2	-	84
9	醴 城	경북 예천군 유천면	1983. 7.10	18	5	李 炫	111
10	朝 鮮	경북 경주시 신평동	1983. 7.14	19	3	李鍾烈	104
11	水原空港	경기 수원시	1983. 7.16	20	5	卞 鐸	102
12	正 亞	경기 용인시 남사면 (後 明星·플라자)	1983. 7.17	21	3	-	102
13	儒 城	대전 유성구 덕명동	1983. 7.23	23	8	標準研 監事	103
14	陽 智	경기 용인시 양지면	1983. 7.26	24	4	-	112
15	道 高	충남 아산시 선장면	1983. 7.30	25	3	-	113
16	八 峰	전북 익산시 덕기동	1983.11. 6	46	8	金永培	97
17	Royal Colombo	Colombo, Sri Lanka	1983.12. 8	57	2	-	92
18	大 邱	경북 경산시 진량면	1984. 1.21	67	8	金鍾圭	95
19	韓 仁	경기 용인시 기흥읍 (後 泰光)	1984. 4. 8	86	4	白世鉉	100
20	水 原	경기 용인시 기흥읍	1984. 4.18	89	4	許社長	94
21	國 際	인천 서구 경서동	1984. 4.19	90	2	車敬模	99
22	뉴코리아	경기 고양시 신원동	1984. 5.25	99	6	鄭社長	94
23	吾 羅	제주 제주시 오라동	1984. 7.21	122	4	金柱鳳	104
24	韓 城	경기 용인시 구성면	1984. 7.27	125	11	成社長	107
25	烏 山	경기 용인시 남사면	1984. 7.28	126	8	鄭世煜·崔相哲·本人	100
26	驪 州	경기 여주군 여주읍	1984. 8. 2	128	4	姜渭薰	95
27	江陵空港	강원 강릉시	1984. 8. 3	129	3	同	103
28	安 養	경기 군포시 부곡동	1984. 8. 9	132	4	尹世榮	97
29	漢 陽	경기 고양시 원당동	1984. 8. 25	137	4	卞 鐸	106
30	月 寒	일본 札幌市	1984.10. 8	150	4	金熙鎭	102
31	Clark	일본 札幌市	1984.10. 9	151	4	金熙鎭	106
32	雪嶽正亞	강원 속초시 장사동 (後 明星·플라자)	1984.10.19	152	4	土開公	101
33	泰陵 (陸士)	서울 노원구 공릉동	1984.10.26	153	3	高承錄	92

順次	골프場		運動日字	經歷回順	參席者數(名)	스폰서	得點
	名稱(C.C.)	位置					
34	光 州	전남 곡성군 옥과면	1984. 11. 10	159	8	申遠植	98
35	東 萊	부산 금정구 선동	1984. 12. 15	174	7	朴常務	97
36	Railway	Bangkok, Thailand	1985. 6. 26	251	1	-	93
37	馬事會	서울 성동구 성수1가	1985. 10. 15	297	2	趙正濟	87
38	K2飛行場	대구시	1985. 11. 23	313	3	嚴恒燮	87
39	國 際	日本 友都市	1985. 12. 4	316	4	郭英薰	87
40	横城空港	강원 횡성군	1986. 5. 16	365	12	尹學烈	88
41	東서울	경기 하남시 감2동	1986. 5. 23	369	4	權在浩	87
42	美八軍	서울 용산구	1986. 5.27	372	4	安鍾萬	83
43	我 羅	제주 제주시 영평동 (後 濟州)	1986. 8. 5	403	6	朴定熙	89
44	釜 山	부산 금정구 노포동	1986. 9. 9	421	3	李相鐵	87
45	通 道	경남 양산시 하북면	1986. 9. 10	422	2	韓根培	88
46	Iwahi	Genting Highland, Kuala Lumpur, Malaysia	1986. 9. 18	424	3	朴相吉	94
47	第 一	경기 안산시 부곡동	1986. 11. 16	446	11	롯데會社	85
48	德 坪	경기 이천시 호법면	1987. 3. 1	468	13	土開公	92
49	골 드	경기 용인시 기흥읍	1987. 6. 23	505	4	權在浩	75
50	東京都民	日本 東京都 足立區 新田	1987. 7. 13	510	4	本 人	86
51	昌 原	경남 창원시 봉림동	1987. 7. 23	515	4	土開公	89
52	中 部	경기 광주시 실촌면	1987. 10. 24	549	13	建設部	86
53	뉴서울	경기 광주시 광주읍	1987. 11. 3	552	3	丁炅錫	87
54	八 八	경기 용인시 구성면	1988. 7. 19	627	3	-	88
55	八 公	대구 동구 도학동	1988. 11. 6	657	6	金鍾圭	88
56	南水原	경기 화성시 태안읍	1989. 2. 2	675	4	-	96
57	蔚 山	울산 울주군 웅촌면	1989. 2. 20	683	6	金學魯	91
58	Long View	Towson, Maryland, U.S.A.	1989. 6. 1	703	3	辛奉柱	90
59	University of MaryLand	College Park, Maryland, U.S.A.	1989. 6. 3	704	3	李正典	93
60	Hunt Valley	Towson, Maryland, U.S.A.	1989. 6. 4	705	2	辛奉柱	84
61	中 文	제주 서귀포시 색달동	1989. 8. 10	718	5	土開公	88
62	伽 倻	경남 김해시 삼방동	1989. 9. 3	722	5	宋支社長	97
63	清 州	충북 청원군 오창면	1990. 2. 13	755	3	辛奉柱	93
64	臺灣高爾夫	中國 臺灣省 臺北市	1990. 9. 10	786	4	元濟茂	95
65	Bornbek	Hamburg, Germany	1991. 4. 19	802	2	金英世	105
66	龍 平	강원 평창군 도암면	1991. 5. 2	804	5	金滇來	94
67	鷄龍臺	충남 논산시 두마면	1991. 5. 31	807	3	金璟東	97
68	忠 州	충북 충주시 금가면	1991. 6. 1	808	5	-	90
69	Lakeside	경기 용인시 모현면	1991. 6. 14	809	9	李太洋	89
70	U.S.C.C.	Golfweg22, 1000Berlin39, 獨逸	1991. 7. 3	812	2	-	90
71	器 興	경기 화성시 동탄면	1991. 10. 27	837	8	尹漢道	87
72	Club700	경기 여주군 대신면	1992. 4. 5	853	4	許 統	93
73	南 部	경기 용인시 기흥읍	1992. 4. 12	855	4	李世茂	97
74	楊 州	경기 남양주시 화도읍	1992. 9. 10	874	4	龐光錫	96
75	春 川	강원 춘천시 신동면	1992. 10. 3	877	4	江陵프로젝트	95

順次	골 프 場		運動日字	經歷 回順	参席者 數(名)	스폰서	得點
	名稱(C.C.)	位 置					
76	Baker's Acres	Cuyahoga, Ohio, U.S.A.	1993. 7. 5	887	2	本 人	86
77	Forest Acres	Michigan State University, East Lansing, Michigan, U.S.A.	1993. 7. 7	888	4	各 自	96
78	Pine	East Lansing, Michigan, U.S.A.	1993. 7. 11	889	4	各 自	92
79	Kolon Public	경북 경주시 코오롱 호텔	1993. 7. 28	890	2	金壽鶴	95
80	泰 榮	경기 용인시 원삼면	1994. 9. 1	894	4	金璟東	91
81	南 江	충북 충주시 앙성면	1994. 10. 30	898	10	高睦勳	92
82	南光州	전남 화순군 춘양면	1994. 11. 23	901	3	張炯泰	91
83	昆池岩	경기 광주시 도척면	1994. 12. 4	902	4	金利煥	89
84	信 元	경기 용인시 이동면	1995. 2. 11	906	4	盧貞男	92
85	友情Hills	충남 천안시 목천면	1995. 3. 25	909	4	김만재	96
86	EXPO	충남 연기군 전의면	1995. 5. 6	914	4	김만재	84
87	中 央	충북 진천군 백곡면	1995. 6. 3	918	8	權五均	92
88	華 山	경기 용인시 이동면	1995. 12. 3	928	8	朴炳柱	98
89	Hilton	美國 Las Vegas市	1995. 12. 17	930	8	各 自	94
90	芝 山	경기 이천시 마장면	1996. 3. 15	934	8	朴炳柱	90
91	Korea	경기 용인시 이동면	1996. 7. 12	941	10	郭正煥	85
92	一東Lake	경기 포천군 일동면	1996. 9. 7	943	3	洪盛寬	93
93	龍 院	경남 진해시 용원동	1996. 10 17	945	4	金仲宰	95
94	Reverside Oaks	濠洲 Cattai, Windsor	1997. 4. 6	948	6	동아리會	94
95	Santosa	싱가포르 Santosa 섬	1997. 4. 9	949	12	동아리會	93
96	常 綠	충남 천안시 수신면	1997. 6. 14	955	6	檀國大29期	96
97	Cooks Creek	美國 Ohio州 Ashville	1997. 7. 26	957	3	姜成勳	93
98	新 羅	경기 여주군 북내면	1998. 6. 20	960	11	金鍾圭	88
99	프린스호텔골프場	日本 熊本縣 阿蘇郡 阿蘇町	1998. 6. 27	961	14	高位課程訪日團	93
100	長湖院	충북 충주시 앙성면	1998. 11. 29	967	7	風水會	87
101	新 安	경기 안성시 고삼면	1999. 6. 19	975	8	風水會	87
102	Oak Valley	강원 원주시 지정면	2000. 2. 19	983	3	兪炳林	92
103	Sun Hill	경기 가평군 하면	2000. 3. 18	984	7	風水會	86
104	Pine Creek	경기 안성시 안성면	2000. 9. 2	988	12	黃鏞周	89
105	梨 浦	경기 여주군 금사면	2000. 9. 8	989	4	柳穆基	94
106	Adonis	경남 양산시 웅상읍	2000. 11. 26	992	4	柳穆基	96
107	天 龍	충북 진천군 이월면	2001. 4. 18	996	4	禹哉永	96
108	T G V	충북 청원군 옥산면	2001. 12. 9	1,004	8	李元鐘	93
109	五 龍	中國 丹東市 振安區 樓房鎭	2002. 4. 14	1,009	8	李相周	106
110	抱川 Adonis	경기 포천군 신북면	2002. 6. 16	1,011	4	柳穆基	90
111	Green Hill	경기 광주시 실촌면	2002. 6. 27	1,012	11	金東一	88
112	Vision Hlills	경기 남양주시 화도읍	2003.10.28	1,022	4	南時旭	100
113	松 湫	경기 양주시 광적면	2003.11.15	1,023	4	高秀永	91
114	Silver Rives	충북 청원군 남이면	2005.4.2	1,026	8	咸秉德	89
115	Birch	강원 평창군 도암면	2005.5.28	1,027	36	柳常悅	100
116	Crystal Valley	경기 가평군 상면	2005.6.4	1,028	4	洪誠杓	88
117	East Valley	경기 광주시 실촌면	2005.11.27	1,029	4	李재홍	92

(5) 最初訪問 골프場 位置圖

國內 (首都圈) ※ ( )내는 訪問順位와 最初訪問 年度임

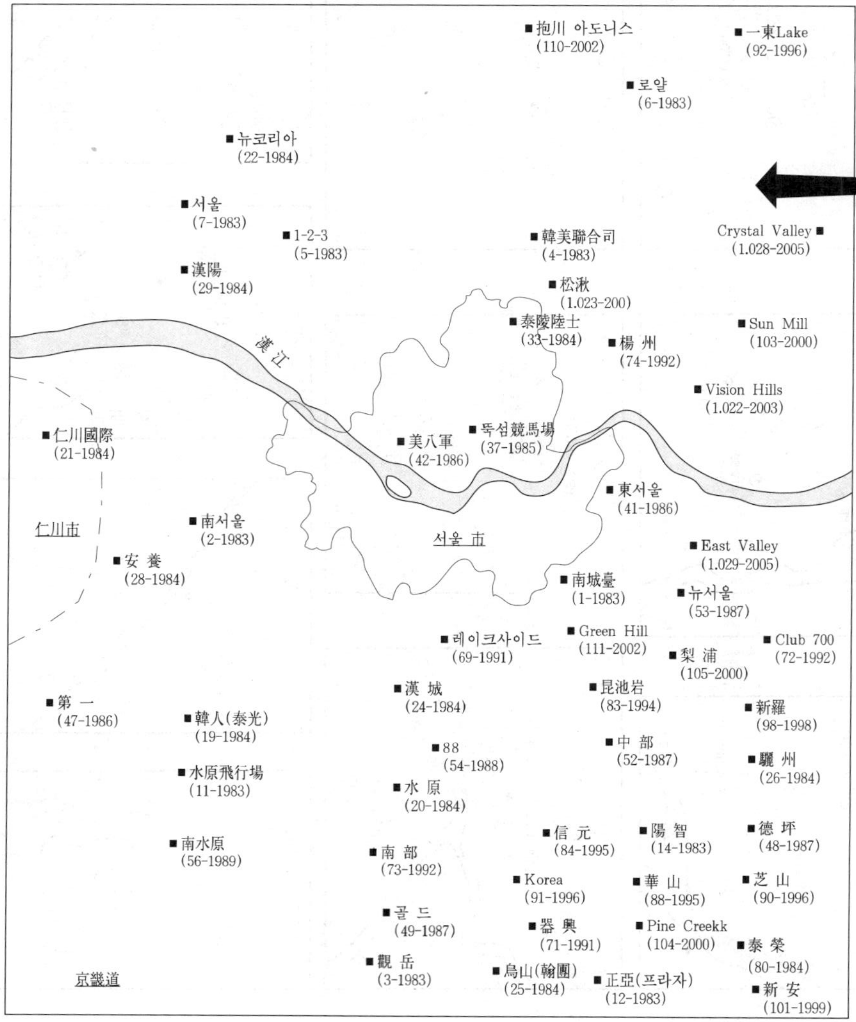

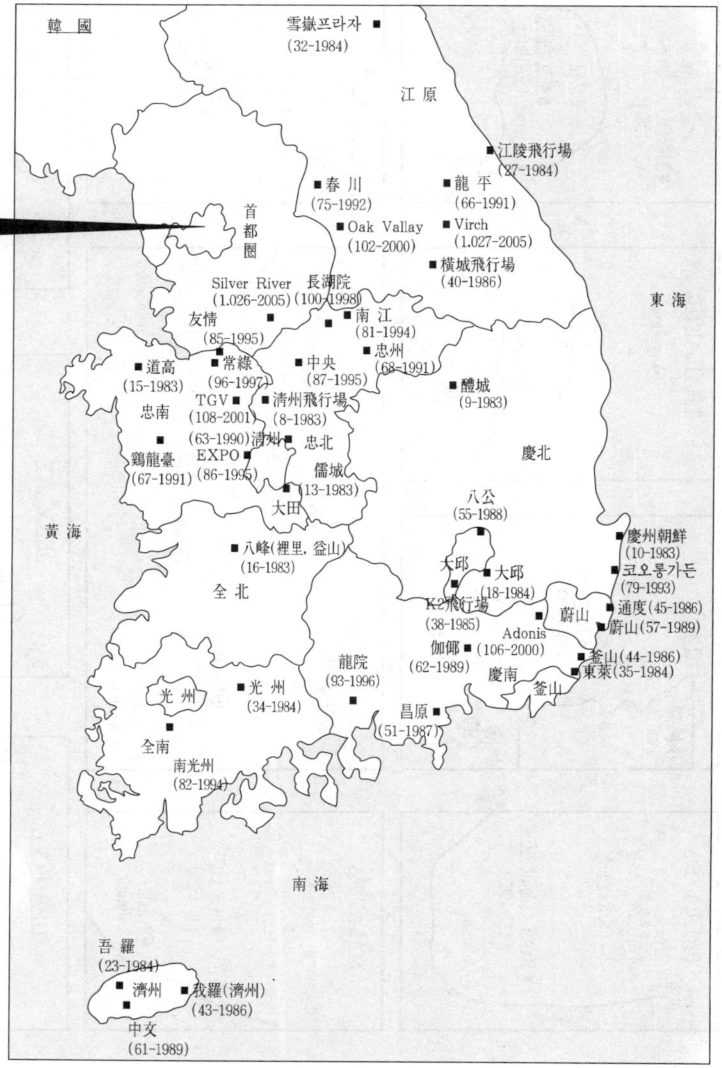

國外

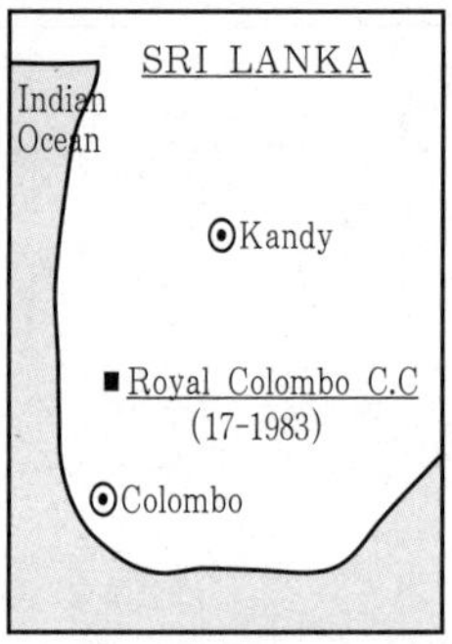
SRI LANKA
Indian Ocean
Kandy
Royal Colombo C.C
(17-1983)
Colombo

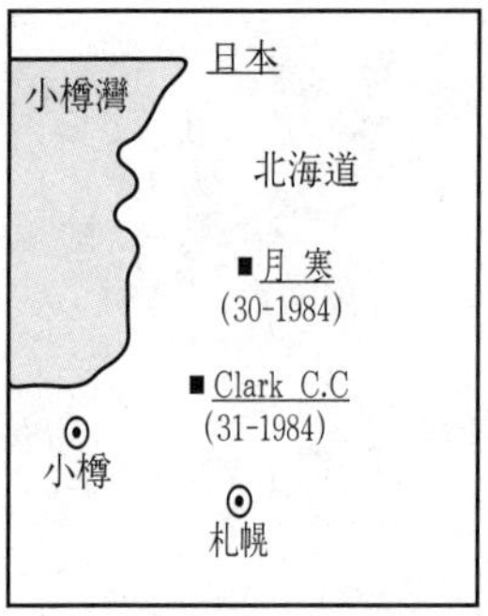
日本
小樽灣
北海道
月寒
(30-1984)
Clark C.C
(31-1984)
小樽
札幌

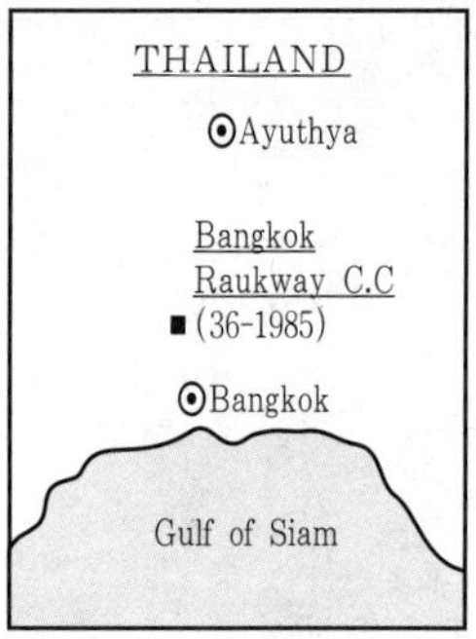
THAILAND
Ayuthya
Bangkok
Raukway C.C
(36-1985)
Bangkok
Gulf of Siam

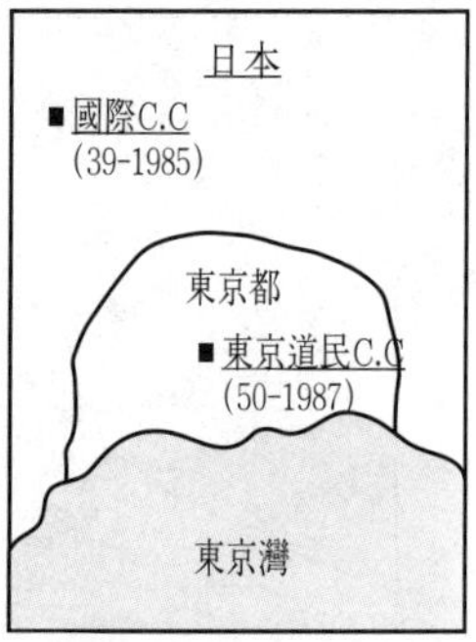
日本
國際C.C
(39-1985)
東京都
東京道民C.C
(50-1987)
東京灣

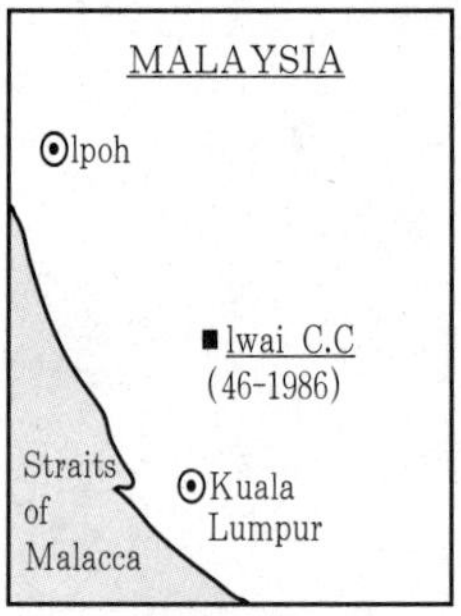
MALAYSIA
Ipoh
Iwai C.C
(46-1986)
Straits of Malacca
Kuala Lumpur

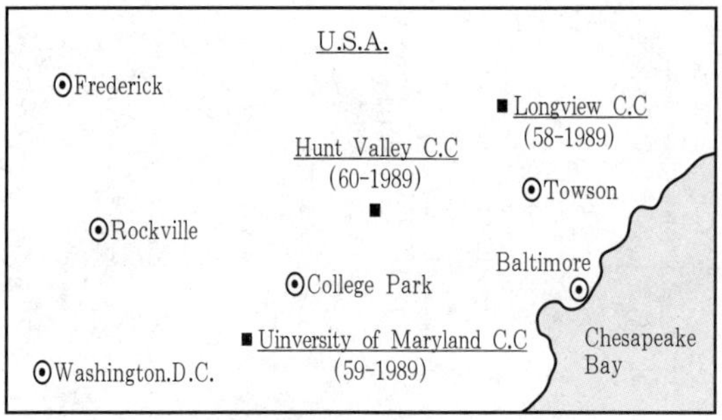
U.S.A.
Frederick
Longview C.C
(58-1989)
Hunt Valley C.C
(60-1989)
Towson
Rockville
Baltimore
College Park
Uinversity of Maryland C.C
(59-1989)
Chesapeake Bay
Washington.D.C.

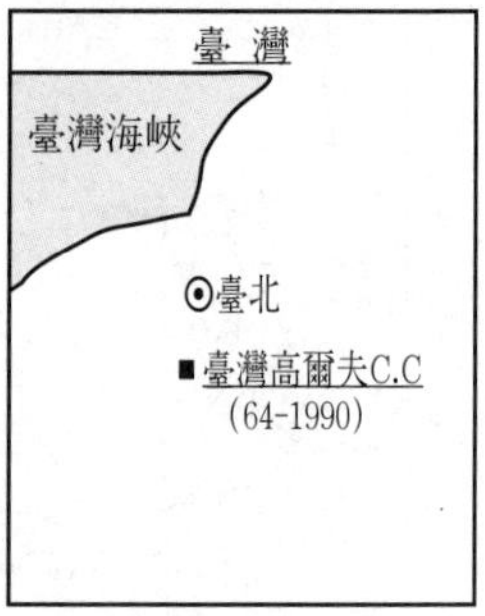
臺灣
臺灣海峡
臺北
臺灣高爾夫C.C
(64-1990)

GERMANY
Pinneberg
Garstedt
Bornbek C.C
(65-1991)
Elbe River
Hamburg

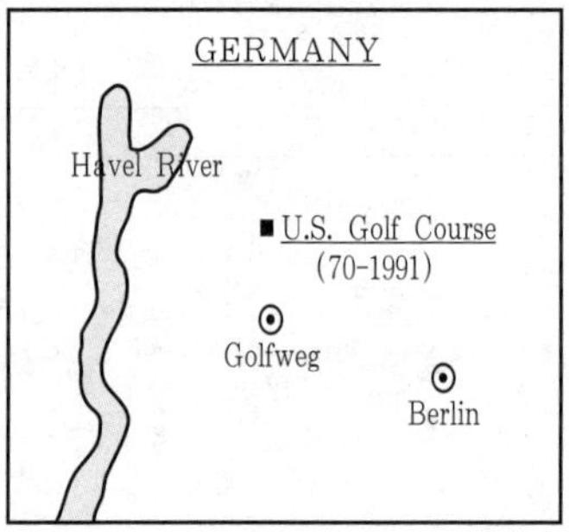
GERMANY
Havel River
U.S. Golf Course
(70-1991)
Golfweg
Berlin

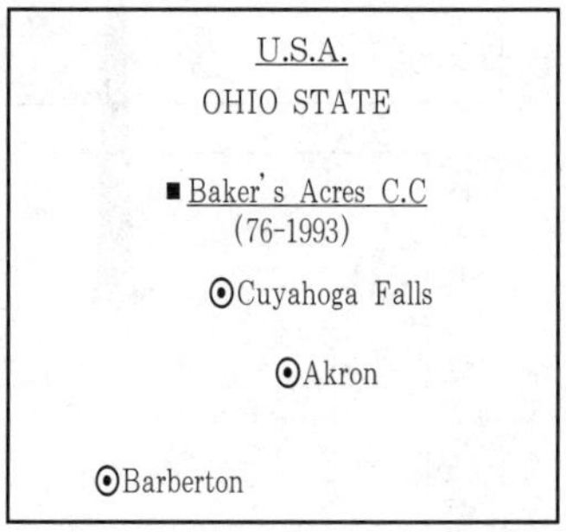
U.S.A.
OHIO STATE
Baker's Acres C.C
(76-1993)
Cuyahoga Falls
Akron
Barberton

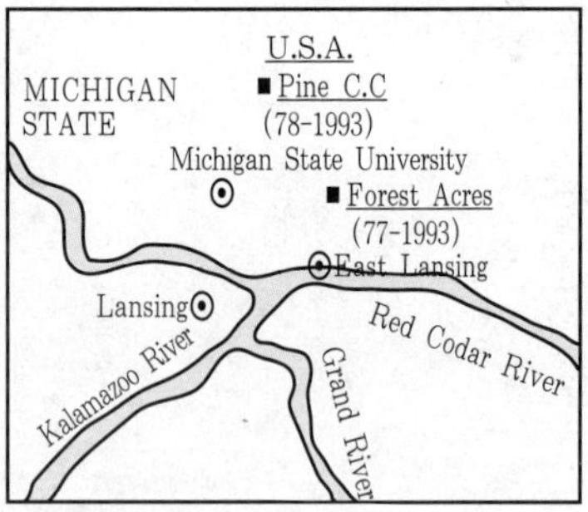
U.S.A.
MICHIGAN STATE
Pine C.C
(78-1993)
Michigan State University
Forest Acres
(77-1993)
East Lansing
Lansing
Red Codar River
Kalamazoo River
Grand River

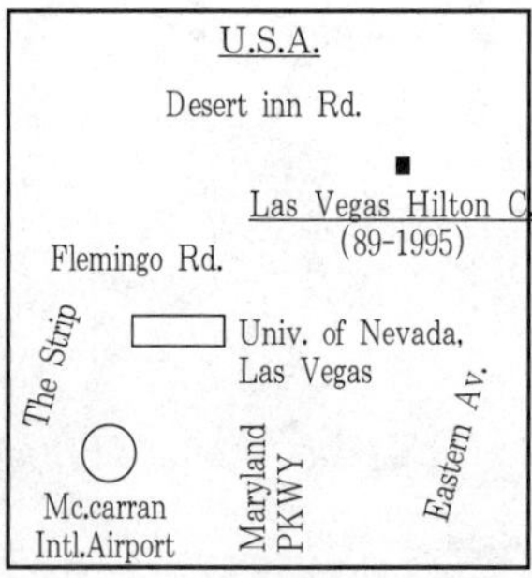
U.S.A.
Desert inn Rd.
Las Vegas Hilton C.C
(89-1995)
Flemingo Rd.
The Strip
Univ. of Nevada, Las Vegas
Eastern Av.
Mc.carran Intl.Airport
Maryland PKWY

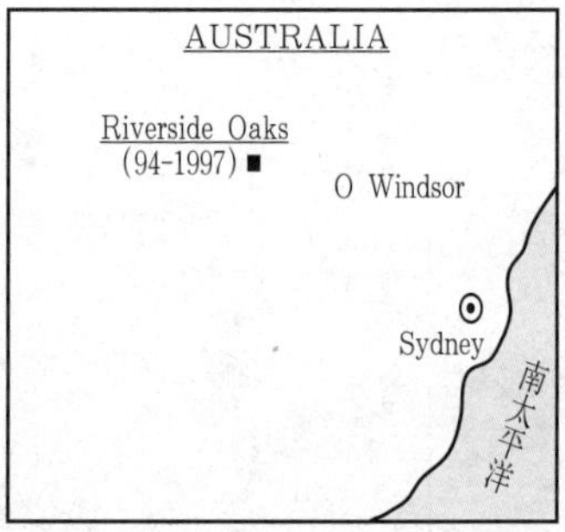
AUSTRALIA
Riverside Oaks
(94-1997)
O Windsor
Sydney
南太平洋

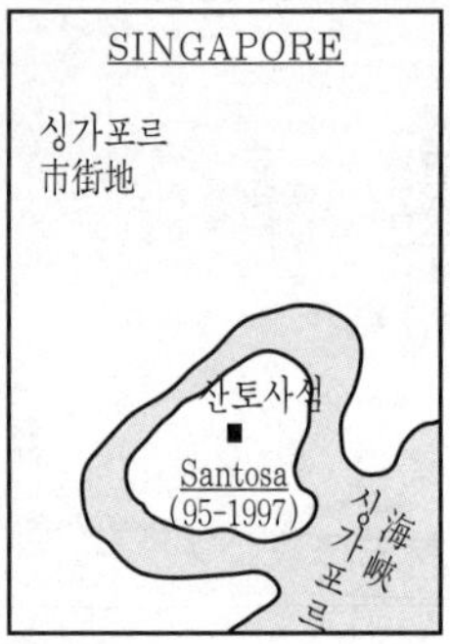
SINGAPORE
싱가포르
市街地
산토사섬
Santosa
(95-1997)
싱가포르
海峽

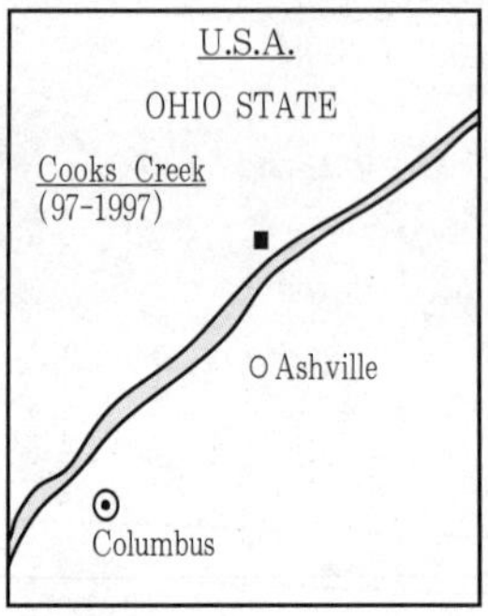
U.S.A.
OHIO STATE
Cooks Creek
(97-1997)
Ashville
Columbus

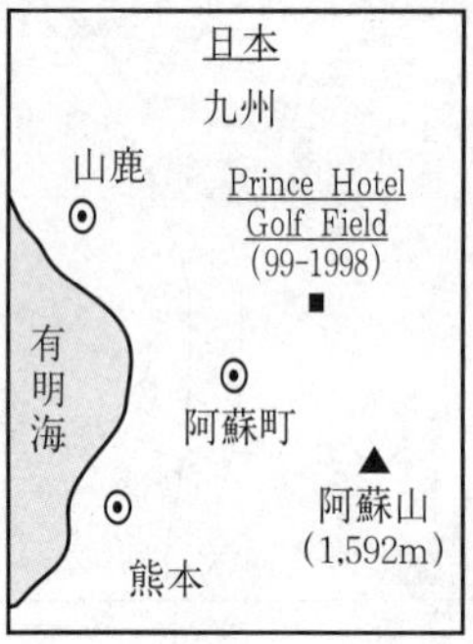
日本
九州
山鹿
Prince Hotel
Golf Field
(99-1998)
有明海
阿蘇町
阿蘇山
(1,592m)
熊本

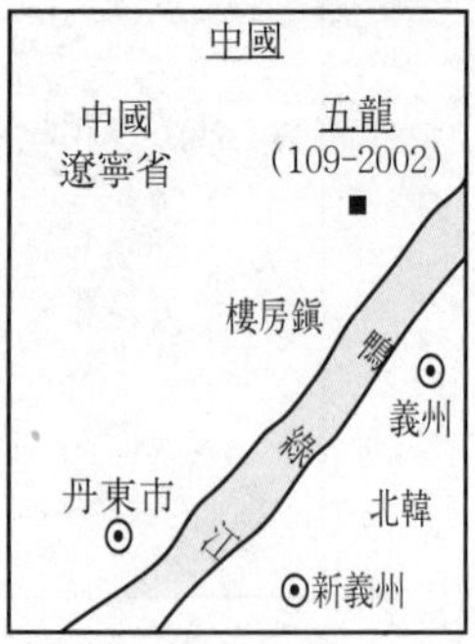
中國
中國
遼寧省
五龍
(109-2002)
樓房鎭
鴨綠江
義州
丹東市
北韓
新義州

2. 골프運動에 所要된 距離·時間 및 費用의 算定

(1) 年度別 골프場까지의 往復距離 및 골프運動距離 集計

(單位 : km)

區分 \ 年度	골프回數(回)			往復移動距離			골프運動距離						總距離		
							步行數(步)			步行距離					
	國內	國外	合計	國內	國外	合計	國內	國外	合計	國內	國外	合計	國內	國外	合計
1983	61	1	62	8,540	100	8,640	1,132,404	18,564	1,150,908	793	13	806	9,333	113	9,446
1984	118	2	120	16,520	200	16,720	2,040,220	34,580	2,074,800	1,428	24	1,452	17,948	224	18,172
1985	139	2	141	19,460	200	19,660	2,276,820	32,760	2,309,580	1,594	23	1,617	21,054	223	21,277
1986	133	1	134	18,620	100	18,720	2,130,128	16,016	2,146,144	1,491	11	1,502	20,111	111	20,222
1987	110	1	111	15,400	100	15,500	1,741,740	15,834	1,757,574	1,219	11	1,230	16,619	111	16,730
1988	99	-	99	13,860	-	13,860	1,576,575	-	1,576,575	1,104	-	1,104	14,964	-	14,964
1989	78	3	81	10,920	300	11,220	1,264,864	48,648	1,313,512	885	34	919	11,805	334	12,139
1990	50	1	51	70,000	100	7,100	821,730	16,435	838,165	575	12	587	7,575	112	7,687
1991	42	4	46	5,880	400	6,280	704,777	67,121	771,898	458	44	502	6,338	444	6,782
1992	39	-	39	5,460	-	5,460	643,789	-	643,789	418	-	418	5,878	-	5,878
1993	4	3	7	560	300	860	67,776	50,833	118,609	44	33	77	604	333	937
1994	11	1	12	1,540	100	1,640	184,985	16,817	201,802	120	11	131	1,660	111	1,771
1995	26	1	27	3,640	100	3,740	435,344	16,744	452,088	283	11	294	3,923	111	4,034
1996	15	-	15	2,100	-	2,100	245,700	-	245,700	160	-	160	2,260	-	2,260
1997	9	3	12	1,260	300	1,560	153,477	51,159	204,638	92	31	123	1,352	331	1,683
1998	11	1	12	1,540	100	1,640	183,381	16,671	200,052	110	10	120	1,650	110	1,760
1999	13	-	13	1,820	-	1,820	212,472	-	212,472	127	-	127	1,947	-	1,947
2000	11	-	11	1,540	-	1,540	181,181	-	181,181	109	-	109	1,649	-	1,649
2001	13	-	13	1,820	-	1,820	220,753	-	220,753	132	-	132	1,952	-	1,952
2002	11	1	12	1,540	100	1,640	186,186	16,926	203,112	112	10	122	1,652	110	1,762
2003	6	-	6	840	-	840	101,556	-	101,556	61	-	61	901	-	901
2004	1	-	1	140	-	140	13,073	-	13,073	8	-	8	148	-	148
2005	4	-	4	560	-	560	19,647	-	19,647	12	-	12	572	-	572
2006	2	-	2	280	-	280	34,216	-	34,216	19	-	19	299	-	299
累計	1.006	25	1,031	140,840	2,500	143,340	16,572,794	419,108	16,991,902	11,354	278	11,632	152,194	2,778	154,972

註. (1) 出發地 - 골프場間 平均距離基準
- ·國內 골프場 : 70km
- ·國外 골프場 : 50km

(2) 步行數 基準 : 1年間 골프運動 步行數 = (當該年度 平均打点 × 年間골프回數 × 182步)

(3) 步幅 基準 : 1983(48歲) ~ 1990(55歲) : 70cm
1991(56歲) ~ 1996(61歲) : 65cm
1997(62歲) ~ 2002(67歲) : 60cm
2003(68歲) ~ 2006(71歲) : 55cm

(2) 골프運動에 所要된 時間

(單位 : 時間)

年度 \ 區分	골프回數(回)			往復移動時間(乘用車)			運動時間			沐浴·食事時間			總時間		
	國內	國外	合計	國內	國外	合計	國內	國外	合計	國內	國外	合計	國內	國外	合計
1983	61	1	62	183	2	185	305	5	310	122	2	124	610	9	619
1984	118	2	120	354	4	358	590	10	600	236	4	240	1,180	18	1,198
1985	139	2	141	417	4	421	695	10	605	278	4	282	1,390	18	1,408
1986	133	1	134	399	2	401	665	5	670	266	2	268	1,330	9	1,339
1987	110	1	111	330	2	332	550	5	555	220	2	222	1,100	9	1,109
1988	99	-	99	297	-	297	495	-	495	198	-	198	990	-	990
1989	78	3	81	234	6	240	390	15	405	156	6	162	780	27	807
1990	50	1	51	150	2	152	250	5	255	100	2	102	500	9	509
1991	42	4	46	126	8	134	210	20	230	84	8	92	420	36	456
1992	39	-	39	117	-	117	195	-	195	78	-	78	390	-	390
1993	4	3	7	12	6	18	20	15	35	8	6	14	40	27	67
1994	11	1	12	33	2	35	55	5	60	22	2	24	110	9	119
1995	26	1	27	78	2	80	130	5	135	52	2	54	260	9	269
1996	15	-	15	45	-	45	75	-	75	30	-	30	165	-	150
1997	9	3	12	27	6	33	45	15	60	18	6	24	90	27	117
1998	11	1	12	33	2	35	55	5	60	22	2	24	110	9	119
1999	13	-	13	39	-	39	65	-	65	26	-	26	130	-	130
2000	11	-	11	33	-	33	55	-	55	22	-	22	110	-	110
2001	13	-	13	39	-	39	65	-	65	26	-	26	130	-	130
2002	11	1	12	33	2	35	55	5	60	22	2	24	110	9	119
2003	6	-	6	18	-	18	30	-	30	12	-	12	60	-	60
2004	1	-	1	3	-	3	5	-	5	2	-	2	10	-	10
2005	4	-	4	12	-	12	20	-	20	8	-	8	40	-	40
2006	2	-	2	6	-	6	10	-	10	4	-	4	20	-	20
累計	1,006	25	1,031	3,018	50	3,068	5,030	125	5,155	2,012	50	2,062	10,060	225	10,285

註. (1) 出發地 - 골프場間 乘用車利用 一方移動時間 基準
　　· 國內 골프場 : 1時間 30分
　　· 國外 골프場 : 1時間
(2) 골프運動時間 基準　: 1回當 5時間
(3) 沐浴·食事時間 基準　: 1回當 2時間

客說 : 經驗에서 얻은 삶의 眞實

소속된 團體가 많을수록 生活이 바빠진다. 義務的으로 참여할 團體가 있고 損害가 나는 團體도 있다. 나에게는 손해나는 團體가 너무 많다. 이제부터는 이런 團體에 참여하는 것을 좀 줄여야 하겠다. 무척 고달프고 신경 쓰인다.

(3) 골프費用의 負擔者別 集計

(單位 : 千원, %)

區分	年度	回數	經常價格			2006年 不變價格			構成比		
			本人	他人	合計	本人	他人	合計	本人	他人	合計
1. 골프會員券	1996	1	-	36,000	36,000	-	47,345	47,345	-	100.0	100.0
	累 計	1	-	36,000	36,000	-	47,345	47,345	-	100.0	100.0
2. 골프채	1984	1	-	1,500	1,500	-	4,473	4,473	-	100.0	100.0
	1985	1	-	150	150	-	427	427	-	100.0	100.0
	1992	1	-	180	180	-	307	307	-	100.0	100.0
	1997	1	-	4,400	4,400	-	5,534	5,534	-	100.0	100.0
	累 計	4	-	6,230	6,230	-	10,741	10,741	-	100.0	100.0
3. 골프백·裝身具	1983	2	200	-	200	632	-	632	100.0	-	100.0
	1984	1	100	-	100	298	-	298	100.0	-	100.0
	1985	1	50	-	50	142	-	142	100.0	-	100.0
	累 計	4	350	-	350	1,072	-	1,072	100.0	-	100.0
4. 인·도어 練習	1983	275	383	-	383	1,209	-	1,209	100.0	-	100.0
	1984	240	250	-	250	746	-	746	100.0	-	100.0
	1985	180	250	-	250	711	-	711	100.0	-	100.0
	1986	120	250	-	250	674	-	674	100.0	-	100.0
	累 計	815	1,133	-	1,133	3,340	-	3,340	100.0	-	100.0
5. 휠드運動	1983	62	755	3,585	4,340	2,384	11,321	13,705	17.4	82.6	100.0
	1984	120	1,875	7,125	9,000	5,592	21,249	26,841	20.8	79.2	100.0
	1985	141	1,676	9,604	11,280	4,769	27,331	32,100	14.9	85.1	100.0
	1986	134	1,873	9,517	11,390	5,050	25,662	30,712	16.4	83.6	100.0
	1987	111	1,144	8,846	9,990	2,918	22,564	25,482	11.5	88.5	100.0
	1988	99	994	8,411	9,405	2,357	19,947	22,304	10.6	89.4	100.0
	1989	81	350	7,750	8,100	784	17,368	18,152	4.3	95.7	100.0
	1990	51	179	5,176	5,355	363	10,503	10,866	3.3	96.7	100.0
	1991	46	100	4,960	5,060	183	9,096	9,279	2.0	98.0	100.0
	1992	39	261	4,224	4,485	445	7,198	7,643	5.8	94.2	100.0
	1993	7	104	736	840	167	1,179	1,346	12.4	87.6	100.0
	1994	12	20	1,480	1,500	30	2,198	2,228	1.3	98.7	100.0
	1995	27	146	3,364	3,510	202	4,652	4,854	4.2	95.8	100.0
	1996	15	550	1,475	2,025	723	1,940	2,663	27.2	72.8	100.0
	1997	12	295	1,385	1,680	371	1,742	2,113	17.6	82.4	100.0
	1998	12	360	1,380	1,740	428	1,639	2,067	20.7	79.3	100.0
	1999	13	880	1,070	1,950	1,047	1,272	2,319	45.1	54.9	100.0
	2000	11	240	1,465	1,705	283	1,731	2,014	14.1	85.9	100.0
	2001	13	-	2,080	2,080	-	2,373	2,373	-	100.0	100.0
	2002	12	220	1,760	1,980	244	1,952	2,196	11.1	88.9	100.0
	2003	6	-	1,080	1,080	-	1,166	1,166	-	100.0	100.0
	2004	1	-	180	180	-	189	189	-	100.0	100.0
	2005	4	-	800	800	-	820	820	-	100.0	100.0
	2006	2	-	400	400	-	400	400	-	100.0	100.0
	累 計	1,031	12,022	87,853	99,875	28,340	195,492	223,832	12.7	87.3	100.0
	年平均	44.8	522.7	3,819.7	4,342.4	1,232.2	8,499.6	9,731.8	12.7	87.3	100.0
	回平均	1.0	11.7	85.2	96.9	27.5	189.6	217.1	12.7	87.3	100.0
總 計	23年	1,855	13,505	130,083	143,588	32,752	253,578	286,330	11.4	88.6	100.0
	年平均	80.7	587.2	5,655.8	6,243.0	1,424.0	11,025.1	12,449.1	11.4	88.6	100.0

3. 골프 運動回數와 平均打點의 推移圖

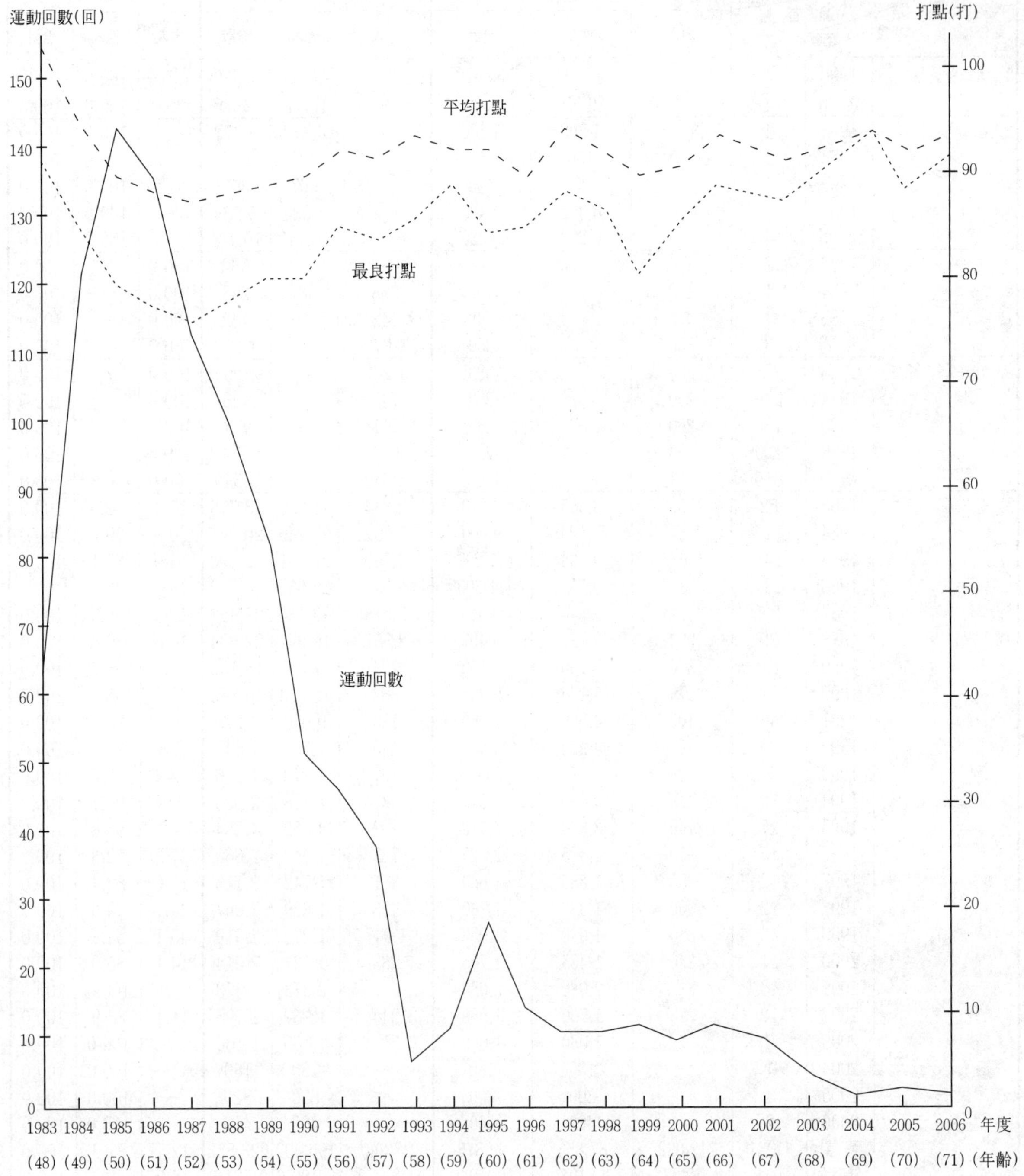

4. 골프 日誌

回順	年度	月	次順	日/時	日氣	골프場	參席者(명)	스폰서 姓名	同行者姓名	運動量(홀)	得點	受賞	負擔(千원)	備考
1	1983	4	1	7목 9:00	晴	南城臺	2	李相尹	-	18	125	-	-	開始
2			2	13수 9:00	晴	南서울	7	李翊鎭	나상기, 박병주, 황명찬, 최상철, 김사장	18	119	-	-	-
3			3	24일 8:10	晴	觀岳	7	金儀遠	권태준, 나상기, 황명찬, 최상철, 조정제	18	118	-	-	-
4			4	28목 14:00	晴	南城臺	3	林相夏	신희진	18	105	-	-	-
5		5	1	1일 9:00	晴	韓美司	6	李海載	황명찬, 최상철, 김 원, 박교수	27	93	-	20	-
6			2	7토 9:00	晴	1.2.3	4	-	권태준, 최상철, 김 원	18	96	-	25	釋誕日
7			3	20금 8:00	晴	로얄	12	姜昌成	진만현, 나상기, 황명찬, 박병우, 최상철, 김익진 외 4명	18	114	-	-	風水會
8		6	1	12일 8:20	晴	南서울	6	러키개발	권태준, 최상철, 이사장, 윤전무, 전이사	18	112	-	-	-
9			2	16목 9:30	晴	로얄	6	權純福	장형태, 황용주, 김재완, 설사장	27	108	-	-	-
10			3	19일 8:42	晴	서울	4	金翊鎭	최상철, 김 원	18	106	-	-	-
11			4	22수 12:50	晴	南城臺	3	李世茂	이상이	18	107	-	-	-
12			5	23목 15:00	晴	觀岳	3	李昇茂	신희진	18	105	-	-	-
13			6	26일 11:00	晴	韓美司	12	陳滿鉉	나상기, 박병주, 최상철, 김 원, 김의원, 권태준 외 4명	27	85	-	10	風水會
14			7	30목 5:00	晴	南城臺	4	-	전영춘, 김 원, 최상철	18	108	-	30	-
15		7	1	5화 7:30	晴	南서울	3	-	이상이, 변 탁	18	108	-	50	-
16			2	7목 7:30	晴	清州空	2	-	이승우(충북 내무국장)	16	84	-	25	-
17			3	8금 12:00	晴	同	2	-	同	11	85	-	20	-
18			4	10일 9:00	晴	醴城	5	李炫	김석종, 김황일, 배치과	18	111	-	5	-
19			5	14목 12:00	晴	朝鮮	3	李鍾烈	주종원	18	104	-	30	土開公 出張
20			6	16토 14:00	晴	水原空	5	卞鐸	곽만섭, 김덕용, 이상이	18	102	-	-	-
21			7	17일 9:00	晴	明星	3	-	이종욱, 김재원	18	102	-	30	-
22			8	19화 9:00	晴	南서울	3	-	권태준, 최상철	18	113	-	40	-
23			9	23토 15:00	晴	儒城	8	標準硏	조경목, 김영준, 이종욱, 최창건, 이박사, 김박사	18	103	-	5	-
24			10	26화 12:30	晴	陽智	4	-	이세무, 이상이, 변 탁	18	112	-	30	-
25			11	30토 10:00	晴	道高	3	-	황용주, 최상철	18	113	-	30	-
26			12	31일 10:00	晴	同	3	金壽鎭	同	18	108	-	-	-
27		8	1	1월 8:00	晴	南城臺	3	-	권태준, 최상철	18	106	-	30	-
28			2	5금 10:00	晴	清州空	2	-	이승우	18	103	-	30	-
29			3	13토 14:00	晴	醴城	11	柳社長	서장, 군수, 현기원 외 6인	18	109	-	-	-
30			4	17수 9:00	晴	同	4	李東寧	군수, 서장	18	107	-	-	-
31			5	26금 14:30	晴	로얄	7	林相夏	나상기, 황용주, 조정제, 권태준, 최상철	18	99	-	-	切百(風水會)
32			6	28일 14:00	晴	醴城	10	朴世明	현기원 외 7명	27	110	-	3	-

回順	年度	月	次順	日/時	日氣	골프場	參席者(명)	스폰서 姓名	同行者姓名	運動量(홀)	得點	受賞	負擔(千원)	備考
33	1983	8	7	31수 7:00	晴	儒城	7	(沈大平)	나상기, 황용주, 황명찬, 박병주, 김 원, 최상철	18	105	-	10	風水會
34		9	1	7금 12:30	晴	南서울	4	權在浩	강위훈, 권영광	18	106	-	-	-
35			2	12월 8:00	晴	南城臺	3	-	권태준, 최상철	18	103	-	45	-
36			3	16금 7:00	晴	同	4	-	김창호, 김 원, 최상철	18	100	-	40	-
37			4	22목 8:30	晴	同	4	-	김영섭, 김 원, 최상철	18	106	-	40	-
38			5	26월 8:00	晴	南城臺	9	店村팀	신희진, 현기원, 박세명, 이현 외 4명	18	108	-	30	-
39			6	29목 8:30	晴	同	3	-	최상철, 황명찬	18	99	-	20	-
40		10	1	17월 8:00	晴	同	2	-	최상철	18	103	-	30	-
41			2	24월 8:00	晴	同	2	-	同	18	105	-	30	-
42			3	25화 11:40	晴	明星	4	林相夏	송동일, 최상철, 신희진, 변 탁, 김석종,	18	98	-	20	上道팀
43			4	30일 9:00	晴	醴城	32	李世茂	김황일, 조대규, 현기원, 박세명 외 23인	21	102	-	-	-
44		11	1	4금 9:00	晴	明星	3	(上開公)	김운제, 정영호	18	104	-	-	出張時
45			2	5토 13:00	晴	儒城	7	(大田市長)	나상기, 박병주, 최상철, 황용주, 조정제, 김익진	18	98	-	-	風水會
46			3	6일 10:00	晴	八峰	7	(金永培)	同	18	97	-	-	裡里市長
47			4	11금 7:00	雨	南서울	3	權在浩	강위훈	18	105	-	13	-
48			5	13일 10:00	晴	明星	3	卞鐸	임상하	18	104	-	-	-
49			6	14월 8:30	晴	南城臺	4	-	임상하, 송동일, 최상철	18	99	-	50	上道팀
50			7	20일 11:00	晴	道高	4	崔相哲	권태준, 정창현	14	98	-	-	서울市研究班
51			8	23수 8:00	雲	南城臺	4	-	이상이, 김학철, 김사장	18	92	-	50	金學澈開始
52			9	26토 12:00	風	醴城	8	柳宗植	서장, 현기원, 이창교 외3명	18	101	-	-	-
53			10	27일 8:00	晴	同	8	-	서장, 박세명, 현기원, 이현, 권오식, 배치과 외 1인	27	95	-	-	-
54		12	1	1목 8:00	晴	南城臺	8	店村팀	조대규, 현기원, 박세명, 이현, 이창교, 박종락, 신희진	18	92	-	20	-
55			2	2금 9:00	晴	同	4	崔相哲	임상하, 송동일	18	91	-	18	上道팀
56			3	4일 9:00	晴	韓美司	3	-	김원, 김기원	24	77	-	20	-
57			4	8목 13:30	晴	Royal Colombo	2	-	Mrs. Pam Fernando	9	92	-	600게 =2만원	스리랑카
58			5	18일 11:00	晴	로얄	13	-	김종규, 김 원, 강위훈, 김익진, 나상기, 박병주, 최상철 외 5명	18	96	-	22	風水會
59			6	20화 13:00	晴	南서울	4	-	이세무, 이상이, 변 탁	18	96	-	35	-
60			7	25일 8:00	雪 (-13℃)	明星	3	林相夏	최상철	18	96	-	27	上道팀

回順	年度	月	次順	日/時	日氣	골프場	參席者 (명)	스폰서 姓名	同行者姓名	運動量 (홀)	得點	受賞	負擔 (千원)	備考
61	1983	12	8	29목 12:00	晴	南城臺	5	-	임상하, 신회진, 이상이, 김학철	18	95	-	20	-
62			9	31토 12:00	晴	同	4	-	권태준, 김 원, 최상철	18	95	-	50	-
63	1984	1	1	4수 13:00	晴	醴 城	7	朴世明	현기원, 권오석, 오상근, 조대규, 박종락	16	105	-	-	-
64			2	6금 10:00	晴	同	7	-	전경홍, 배원장, 오상근, 현기원, 서인수, 박세명	18	100	-	15	-
65			3	11수 11:00	晴	뉴코리아	5	羅相紀	권태준, 최상철, 황명찬	18	100	-	17	-
66			4	13금 11:00	晴	南城臺	4	林相夏	최상철, 송동일	18	97	-	18	上道팀
67			5	21토 9:00	晴	大 邱	8	金鍾圭	나상기, 박병주, 최상철, 김 원, 조정제, 강위훈	18	95	-	-	風水會
68			6	22일 8:30	晴	朝 鮮	11	李世茂	김종규, 송전무, 강상무,김 원, 최상철, 나상기 외 3명	18	96	-	-	風水會
69		2	1	4토 11:00	晴	觀 岳	7	同	권태준, 박병주, 황용주, 최상철, 강상무	18	96	-	-	-
70			2	11토 11:30	晴	明 星	6	-	유종해, 황명찬, 김영섭, 김 원, 최상철	15	87	-	25	切九
71			3	21화 11:00	晴	同	4	本 人	임상하, 최상철, 송동일	18	97	-	70	上道팀
72			4	24금 13:00	晴	儒 城	3	-	이종욱, 김풍작	27	97	-	35	-
73			5	29수 10:00	風	醴 城	4	-	현기원, 권오석, 서인수	18	108	-	15	-
74		3	1	3토 12:00	雪	清州空	5	卞 鐸	박성달, 김덕영, 정건설국장	18	103	-	-	-
75			2	6화 11:00	風	觀 岳	2	安恒玉	-	18	99	-	-	-
76			3	8목 11:00	晴	로 얄	3	卞 鐸	이세무	18	96	-	-	-
77			4	16금 8:00	風	南城臺	7	-	강병기, 나상기, 최상철, 박병주, 주종원, 김 원	18	92	-	26	康炳基 開始
78			5	18일 8:00	晴	水原空	4	許 燮	곽만섭, 이해봉	18	93	-	-	水原 市長
79			6	23금 14:00	晴	陽 智	4	崔相哲	임상하, 송동일	18	94	-	18	上道팀
80			7	25일 9:00	晴	大 邱	3	呂彧東	김 원	18	102	-	40	張泰鈺 同行
81			8	28수 8:00	晴	南城臺	4	本 人 崔相哲	김영섭, 최명호 프로	18	97	-	60	-
82			9	30금 8:00	晴	同	4	權在浩	김 원, 강위훈	18	95	-	60	德丘會
83			10	31토 12:00	晴	觀 岳	10	金儀遠	권태준, 김 원 외 6명	18	108	-	23	風水會
84		4	1	4수 8:00	晴	同	4	權純福	장현태, 허사장	18	105	-	-	-
85			2	5목 9:30	晴	同	4	三都物産	최을용, 김이사, 백이사	18	102	-	-	-
86			3	8일 10:00	晴	韓 仁	4	白世鉉	박병주, 황용주	18	100	優勝	-	Open前
87			4	13금 13:00	晴	明 星	4	林相夏	최상철, 송동일	18	93	-	-	上道팀
88			5	15일 10:00	雨	韓 仁	4	金利煥	권태준, 최상철	18	96	-	-	Open前
89			6	18수 9:00	雨	水 原	4	許社長	권순복, 강병기	18	94	-	-	釜山人
90			7	19목 13:00	晴	시사이드	2	車敬模	-	18	99	-	-	-

回順	年度	月	次順	日/時	日氣	골프場	参席者(명)	스폰서姓名	同行者姓名	運動量(홀)	得點	受賞	負擔(千원)	備考
91	1984	4	8	22일 8:00	晴	大　邱	4	-	김 원, 여욱동	18	99	-	50	-
92			9	27금 9:00	晴	八　峰	5	金世鍾	강병기, 박병주, 권순복	27	90	-	10	-
93		5	1	4금 8:30	晴	觀　岳	3	權純福	김 원	18	94	-	-	-
94			2	5토 10:30	晴	道　高	4	-	薛國煥, 황용주, 최상철	18	95	-	35	-
95			3	6일 8:00	晴	同	3	-	황용주, 최상철	18	95	-	35	-
96			4	15화 14:00	晴	陽　智	4	本　人	임상하, 최상철, 송동일	18	92	-	70	上道팀
97			5	18금 8:00	晴	南城臺	2	本　人	차경모	18	90	-	50	-
98			6	24목 13:30	晴	明　星	4	權純福	김영섭, 김 원	18	98	-	-	-
99			7	25금 8:00	晴	뉴코리아	6	鄭社長	벽병주, 강병기, 오휘영, 김형만	18	94	-	-	-
100			8	29화 13:00	晴	陽　智	28	-	송동일, 임상하, 최상철 외 상도골프장회원 24명	18	84	優勝	33	上道人
101			9	30수 14:30	晴	韓　仁	12	本人,權泰 埈,崔相哲	나상기, 박병주, 김 원, 강병기, 강위훈, 황용주 외 3명	18	99	-	78	風水會
102		6	1	3일 8:30	晴	同	11	金仁植	나상기, 박병주, 오휘영, 안원태, 김 원 외 5명	18	89	準優勝	-	中央·서울 都市委員
103			2	6수 8:30	晴	시사이드	4	李相伊 卞　鐸	정경호	18	97	-	-	-
104			3	8금 7:30	晴	南城臺	3	-	권재호, 강위훈	18	85	-	18	德丘會
105			4	9토 13:30	晴	同	4	土開公	소준열, 심찬섭, 문제곤	18	92	-	-	土開公
106			5	10일 13:00	晴	韓　仁	4	趙溶熙	채문식, 신희진	18	93	-	-	-
107·			6	15금 14:00	晴	儒　城	4	權在浩	김 원, 강위훈	18	93	-	-	德丘會
108			7	17일 9:00	晴	大　邱	7	金社長 (금복주)	김진하, 권재호, 김 원, 장태옥, 강위훈	18	96	-	-	-
109			8	20수 14:00	晴	陽　智	4	崔相哲	임상하, 송동일	18	91	-	18	上道會
110			9	23토 14:40	晴	同	6	硏修院	장병구, 곽만섭, 이해봉, 전세욱 최상철	18	88	-	-	硏修院
111			10	26화 7:00	晴	南서울	4	權在浩 金　源	강위훈	18	84	-	-	德丘會
112			11	28목 8:30	雨	陽　智	16	-	임상하, 이대길, 김사장, 이사장 외 11명	18	89	長打賞	33	上道會
113			12	30토 13:30	晴	南城臺	4	土開公	소준열, 심찬섭, 문제곤	18	92	-	-	土開公
114		7	1	4수 14:00	晴	시사이드	3	車敬模	진복희	18	102	-	18	-
115			2	5목 14:00	晴	南城臺	3	-	최상철, 김 원	18	94	-	28	-
116			3	6금 14:00	晴	觀　岳	5	-	김창균, 박창호, 최상철, 강위훈	18	104	-	18	-
117			4	8일 9:00	雨	淸州空	20	康祐赫	부지사, 이승우, 김창호, 최상철, 김 원 외 13명	18	92	準優勝	-	風水會 忠北知事
118			5	11수 9:00	晴	醴　城	7	-	형기원, 박세명, 오상근 권오석, 권영호, 서인수	18	99	-	15	
119			6	14토 14:00	晴	시사이드	4	-	이상이, 이세무, 변 탁	18	90	-	40	-
120			7	15일 12:00	晴	韓　仁	24	高承鉢	채문식, 이세무, 변 탁 외19명	18	91	準優勝	20	聞友會

回順	年度	月	次順	日/時	日氣	골프場	參席者(명)	스폰서 姓名	同行者姓名	運動量(홀)	得點	受賞	負擔(千원)	備考
121	1984	7	8	16월 6:30	晴	南城臺	4	-	황용주, 김 원, 최상철	18	94	-	28	-
122			9	21토 13:30	晴	吾羅	4	金柱鳳	강위훈, 高敏洙	18	104	-	-	濟州市長
123			10	24화 6:30	晴	南서울	4	權在浩 姜渭薰	김 원	18	101	-	-	德丘會
124			11	26목 14:00	晴	陽智	4	林相夏	최상철, 송동일, 나상기, 박병주, 최상철	18	94	-	18	上道會
125			12	27금 13:30	暴暑 35℃	韓城	10	成社長	김 원, 김익진 외 3명	18	107	幸運賞	-	風水會
126			13	28토 14:00	晴	烏山	6	本人,鄭世煜 崔相哲	장병구, 곽만섭, 이해봉	18	100	-	100	研修院
127			14	30월 8:00	晴	南城臺	3	黃鏞周	안충영	18	92	-	18	三人會
128		8	1	2목 10:00	雨	驪州	4	姜渭薰	권재호, 김 원	18	95	-	10	德丘會
129			2	3금 13:00	晴 33℃	江陵空	3	同	김 원	18	103	-	-	同
130			3	4토 8:00	晴 33℃	同	4	趙誠雲	김 원, 강위훈	18	88	-	-	江陵市長
131			4	8수 9:00	晴 33℃	南城臺	3	李炫	신희진	18	91	-	-	-
132			5	9목 14:00	晴 35℃	安養	4	尹世榮	신희진, 이세무	18	97	-	-	-
133			6	15수 9:00	晴 35℃	醴城	5	-	김석종, 조대규, 오석창, 서인수	18	101	-	20	光復節
134			7	18토 13:00	晴	同	8	申熙進	권오석, 이상이, 변 탁, 전경홍	18	88	-	-	-
135			8	23목 14:00	晴	陽智	6	林相夏	강위훈, 박병주, 주종원, 최상철	18	90	-	-	-
136			9	24금 11:00	雨	시사이드	9	康炳基	김 원, 황명찬, 박병주, 최상철, 나상기 외 2명	9	86	메달리스트	18	風水會
137			10	25토 11:00	晴	漢陽	4	卞鐸	이세무, 강상무	18	100	-	-	-
138			11	30목 7:00	晴	南城臺	4	-	황용주, 안충영, 엄기문	18	95	-	50	-
139		9	1	6목 7:30	晴	南서울	4	姜渭薰	권재호, 김 원	18	103	-	20	德丘會
140			2	9일 11:50	晴	明星	4	深台錫	임상하, 최상철	18	92	-	25	-
141			3	11화 14:00	晴	觀岳	4	李世茂	윤세영, 신희진	18	103	-	-	新規채
142			4	13목 13:30	晴	陽智	6	-	임상하부부, 최상철, 송동일, 양태석	18	95	-	60	-
143			5	15토 13:00	晴	驪州	4	李社長	양태석, 김순경(포장센터)	18	90	-	-	-
144			6	17월 13:00	晴	南城臺	4	申熙進	이세무, 윤세영	18	93	-	-	-
145			7	19수 13:30	晴	明星	4	黃鏞周	권태준, 김 원	17	94	-	-	-
146			8	22토 9:00	雨	儒城	4	土開公	소준열, 심찬섭, 문재곤	18	96	-	-	出張中
147			9	23일 11:00	晴	韓仁	20	申明澈	신희진, 이동녕, 채문식, 백찬기, 조용희 외 13명	18	92	-	-	聞友會
148			10	28금 7:00	晴	南城臺	4	權在浩	김 원, 강위훈	18	96	-	10	德丘會
149			11	30일 8:00	晴	觀岳	4	金仁植	권태준, 최상철	18	90	-	-	-

回順	年度	月	次順	日/時	日氣	골프場	參席者 (명)	스폰서 姓名	同行者姓名	運動量 (홀)	得點	受賞	負擔 (千원)	備考
150	1984	10	1	8일 9:00	晴	月寒	4	金熙鎭	김해진, 윤선한	18	102	-	-	日本
151			2	9화 10:00	晴	Clark	4	金海鎭	김희진, 김홍량	18	106	-	-	日本
152			3	19금 8:00	風	雪嶽	4	土開公	소준열, 심찬섭, 문재곤	18	101	-	-	出張中
153			4	26금 11:20	晴	泰陵	4	高承錄	심희진 외 1명	18	92	-	-	-
154			5	28일 13:00	晴	儒城	9	-	권태준, 최상철, 박병주, 주종원, 김종규, 유원규 외 2명	13	84	-	36	KPA實務委員會
155		11	1	1목 7:00	晴	南城臺	3	安忠榮	황용주	18	94	-	18	三人會
156			2	2금 9:00	晴	陽智	6	林相夏	송동일, 전교수, 임상하부인 등	18	92	-	23	-
157			3	3토 13:00	晴	驪州	4	金舜經	이대길, 박정환	18	93	-	-	-
158			4	4일 11:00	晴	安養	4	姜信浩	김수학, 황용주	18	97	-	-	-
159			5	10토 10:30	雨	光州	8	申連植	소준열, 문재곤, 심찬섭, 한수생, 김사장, 김사장	18	98	-	-	土開公
160			6	11일 10:00	晴	儒城	7	金社長	同	18	92	-	-	同
161			7	14수 11:30	晴	泰陵	3	本人	신희진, 윤세영	18	96	-	200	-
162			8	16금 7:30	晴	南서울	4	姜渭薰	권재호, 김 원	18	98	-	15	德丘會
163			9	17토 10:30	晴	시사이드	9	金鍾圭	나상기, 임상하, 최상철, 황명찬, 강위훈 외 2명	18	91	-	-	風水會
164			10	18일 11:30	晴	水原	7	研修院	이창수, 곽만섭, 이해봉, 김광원, 최상철, 정세욱	18	101	-	-	研修院
165			11	22목 7:00	晴	南서울	4	權在浩	김 원, 강위훈	18	92	-	-	德丘會
166			12	25일 8:00	晴	大邱	6	金鍾圭	최상철, 조정제, 김 원, 권재호	18	97	-	-	-
167			13	26월 12:00	晴	南城臺	4	曺翊煥	박병주, 조회장(全대통령 妹弟)	18	84	-	-	-
168			14	30금 12:00	晴	同	6	土開公	소준열, 심찬섭, 문재곤 외 2명	18	95	-	-	土開公
169		12	1	1토 12:00	晴	뉴코리아	4	-	최상철, 김영섭, 김 원	18	89	-	60	-
170			2	2일 13:00	晴	安養	4	朴相熙	최석윤, 서건일(서울신문)	18	96	-	-	美洲實業社長
171			3	6목 7:30	-5℃	水原	4	權純福	김영섭, 김 원	18	98	-	-	-
172			4	9일 9:30	晴	驪州	6	申京松	송인식, 곽만섭, 김광원, 최상철	18	89	-	-	-
173			5	11화 12:00	晴	水原	2	金學澈	-	18	94	-	5	-
174			6	15토 9:00	晴	東草	8	朴常務	소준열, 심찬섭, 문재곤, 김용대, 김영대, 윤사장	18	97	-	-	國際商社
175			7	16일 8:00	雨	朝鮮	7	金榮大	소준열, 심찬섭, 문재곤, 이사장, 최전무	18	88	-	-	-
176			8	19수 12:00	雪	南城臺	10	店村팀	조대규, 현기원, 박세명, 이창교, 권오석 외 4명	18	93	-	-	-
177			9	22토 11:00	晴 -7℃	로얄	8	朱鍾元	나상기, 강병기, 박병주, 최상철, 조정제, 강위훈	18	95	-	27	風水會
178			10	23일 8:30	晴 -11.5℃	韓城	3	楊昶榮	김 원	18	94	-	-	汎興公社專務
179			11	25화 9:00	晴 -13.5℃	同	6	黃明燦	김영섭, 최상철, 김 원 외1명	18	96	-	-	6人幇

回順	年度	月	次順	日/時	日氣	골프場	參席者 (명)	스폰서 姓名	同行者姓名	運動量 (홀)	得點	受賞	負擔 (千원)	備考
180	1984	12	12	27목 9:00	晴 -12℃	水　原	3	金　源	권태준	18	99	-	23	-
181			13	29토 8:00	晴 -12.5℃	南城臺	4	曺載煥	조익환, 박병주	18	91	-	10	-
182			14	30일 9:35	晴 -9℃	驪　州	8	本人,崔相哲,鄭世煜	이창수, 관만섭, 이해봉, 김광원, 송인식	18	90	-	90	研修院
183	1985	1	1	3수 10:40	晴	로　얄	4	-	김 원, 최상철, 황명찬	18	89	-	51	-
184			2	6일 10:30	晴	泰　陵	6	土開公	김수학, 소준열, 문재곤, 최석윤, 심찬섭	27	96	-	-	土開公
185			3	8화 11:30	晴	南서울	4	-	권재호, 강위훈, 김 원	18	98	-	12	德丘會
186			4	11금 14:00	晴	大　邱	3	金瑨河	권재호	18	97	-	-	-
187			5	12토 10:30	風	朝　鮮	4	權在浩	김진하, 신현택	18	98	-	-	-
188			6	24목 11:00	雪	韓　仁	6	安鍾萬	김영섭, 김 원, 최상철, 유종해	9	100	-	-	-
189			7	26토 13:00	雪	로　얄	4	-	강위훈, 최상철, 황명찬	16	100	-	23	-
190			8	30수 10:00	雪 -15℃	南城臺	4	崔實泳	권태준, 최상철	18	96	-	-	-
191		2	1	2토 7:30	晴	八　峰	3	崔相哲	권태준	18	88	-	-	-
192			2	6수 11:30	晴	醴　城	3	-	강위훈, 임상하	18	90	-	20	-
193			3	10일 9:00	晴	泰　陵	3	金萬基	이상선(한전감사)	18	84	-	-	-
194			4	11월 9:00	晴	南城臺	4	金永燮	권순복, 백장기 (대구병원장)	18	89	-	-	-
195			5	15금 8:00	晴	同	4	姜渭薰	권재호, 김 원	18	89	-	-	德丘會
196			6	20수 12:00	風	醴　城	3	金奭鍾	김황일	18	99	-	-	舊正
197			7	24일 10:00	風	同	6	姜渭薰	김석종, 김황일, 권오석, 백장현	27	92	-	-	-
198			8	27수 8:30	晴	南城臺	3	-	권태준, 최상철	18	89	-	28	感氣中
199		3	1	1금 12:06	晴	同	4	土開公	소준열, 문재곤, 김전무 (현대엔지니어링)	18	91	-	-	同 3.1節
200			2	5화 12:30	晴	韓　城	4	尹世榮	변 탁, 정도영	18	91	-	-	-
201			3	9토 7:00	晴	吾　羅	3	濟州市	강위훈, 김 원	18	96	-	-	德丘會
202			4	10일 8:00	晴	同	4	同	강위훈, 김 원, 고민수(제주부시장)	27	93	-	-	-
203			5	15금 8:30	晴	南城臺	11	李春雨	임상하, 최상철, 이대길, 전교수, 나사장 외 4명	18	91	-	13	-
204			6	17일 12:36	晴	韓　城	8	研修院	이창수, 곽만섭, 이해봉, 조해녕, 김광원, 최상철, 정세욱	18	91	-	-	研修院
205			7	21목 8:00	晴	南서울	3	權在浩	김 원	18	91	-	-	德丘會
206			8	22금 12:00	晴	陽　智	5	林相夏	송동일, 이춘우, 전영호	18	91	-	18	-
207			9	23토 8:00	晴	觀　岳	4	-	김한교, 김보환, 엄기문	18	85	-	44	-
208			10	24일 9:00	晴	韓　仁	12	金仁植	나상기, 박병주, 최상철, 김 원, 오휘영, 신동호 외 4명	18	85	優勝	-	中央·서울 都市委員
209			11	27수 8:00	晴	泰　陵	7	土開公	소준열, 심찬섭, 문재곤, 김운제, 이용구, 최비상관	18	89	-	-	土開公6周年紀念

回順	年度	月	次順	日/時	日氣	골프場	參席者(명)	스폰서姓名	同行者姓名	運動量(홀)	得點	受賞	負擔(千원)	備考
210	1985	3	12	29금 8:00	晴	南城臺	4	盧椿熙	권태준, 최상철	18	97	-	-	-
211			13	30토 13:30	晴	로 얄	12	權錫忠	나상기, 박병주, 권태준, 최상철, 김 원, 조정제, 외 4인	18	88	優勝	-	風水會HC :94→88
212			14	31일 7:30	晴	同	3	楊州郡守	최상철, 한양수	18	85	-	-	鄭誠宇
213		4	1	1일 8:30	晴	南城臺	4	曺翊煥	박병주, 조회장	18	93	-	-	-
214			2	6토 13:00	晴	醴 城	3	姜渭薰	김형선	27	86	-	-	-
215			3	7일 13:00	晴	儒 城	3	金㷜	강위훈	18	92	-	-	-
216			4	12금 8:00	晴	南서울	4	權在浩	강위훈, 김 원	18	91	-	-	德丘會
217			5	13토 8:00	晴	南城臺	4	李世茂	윤세영, 정도영	18	97	-	-	-
218			6	14일 11:00	晴	水 原	3	鄭慶鎬	백세현	18	94	-	-	-
219			7	16화 14:00	晴	韓 城	4	金㷜	서성한, 변 탁	18	89	-	-	-
220			8	18목 13:00	晴	陽 智	3	本 人	임상하, 송동일	18	81	싱글	40	牌受
221			9	20토 12:18	晴	驪 州	3	李大吉	양태석	18	87	-	-	-
222			10	21일 12:00	晴	로 얄	12	-	김의원, 김익진, 최상철, 나상기, 김 원 외 6명	18	91	優勝	27	風水會
223			11	25목 8:30	晴	儒 城	4	權在浩	강위훈, 김 원	18	86	-	-	德丘會
224			12	26금 14:00	晴	大 邱	4	姜渭薰	권재호, 김 원	18	93	-	-	同
225			13	28일 7:00	晴	醴 城	4	同	同	18	100	-	-	同
226		5	1	3금 14:00	晴	南城臺	5	金㷜	고승록, 김학철, 신희진	18	83	-	-	-
227			2	4토 7:00	晴	同	3	鄭棹永	김형선	18	83	-	-	-
228			3	5일 7:20	暴雨	로 얄	4	徐正雄	김 원, 황명찬	18	89	-	-	-
229			4	6월 12:00	暴雨	南城臺	3	金㷜	김희진	18	94	-	-	-
230			5	9목 8:00	晴	韓 城	4	權純福	김영섭, 김 원	18	92	-	-	-
231			6	10금 8:30	晴	南城臺	4	朴炳柱	조익환, 조석윤	18	91	-	-	-
232			7	16목 7:00	晴	南서울	4	權在浩	강위훈, 김 원	18	90	-	14	德丘會
233			8	17금 13:00	晴	陽 智	4	金永運	임상하, 송동일	18	88	-	18	-
234			9	18토 13:00	晴	로 얄	4	-	나상기, 강위훈, 박병주	18	83	-	22	-
235			10	21화 14:00	晴	韓 仁	3	金基準	이인원	18	89	-	-	新東亞常務
236			11	22수 14:00	晴	南서울	3	金㷜	정도영	18	96	-	-	-
237			12	27월 7:00	晴	韓 城	4	吳世玟	조정제, 한이헌	18	94	-	-	釋誕日
238			13	31금 12:30	晴	南서울	3	李 炫	권재호	18	85	-	-	-
239		6	1	2일 8:24	晴	驪 州	4	黃明燦	조정제, 최상철	18	87	-	40	試合勝利
240			2	4화 14:00	晴	南서울	2	金㷜	-	18	86	-	-	-
241			3	6목 12:30	晴	시사이드	4	林相夏	신희진, 채문식	18	90	-	-	顯忠日
242			4	7금 8:30	晴	儒 城	3	權在浩	김 원	18	90	-	-	德丘會
243			5	9일 7:00	晴	大 邱	6	同	김 원, 김각현, 이상직, 황귀암	36	89	-	-	-
244			6	12수 14:00	晴	水 原	3	金基準	이인원	18	89	-	-	-
245			7	13목 8:00	晴	南城臺	3	黃鏞周	안충영	18	86	-	20	三人會

回順	年度	月	次順	日/時	日氣	골프場	參席者 (명)	스폰서 姓名	同 行 者 姓 名	運動量 (홀)	得點	受賞	負擔 (千원)	備考
246	1985	6	8	15토 13:00	晴	로 얄	11	李相守	나상기, 김 원, 박병주, 강병기, 최상철, 황명찬 외 3명	18	85	優勝	-	風水會 HC: 88→85
247			9	16일 13:00	晴	泰 陵	6	崔專務	소준열, 문재곤, 이용구, 이전무	18	93	-	-	先進엔지니어링
248			10	20목 7:30	晴	南서울	3	安忠榮	황용주	18	92	-	-	三人會
249			11	21금 7:00	晴	同	4	姜渭薰	권재호, 김 원	18	91	-	-	德丘會
250			12	22토 14:30	晴	水 原	4	白世鉉	김 원, 박찬무	18	88	-	-	-
251			13	26수 9:00	晴	Bangkok Railway	1	-	캐디: 러러디(女)	18	93	-	800Baht=25千	泰國
252			14	29토 13:45	晴	陽 智	4	-	조정제, 최상철, 황명찬	18	88	-	32	-
253			15	30일 8:05	晴	正 亞	3	林相夏	김광호(배구협회이사)	18	87	-	-	-
254		7	1	4목 12:00	晴	泰 陵	3	李承河	신희진	18	97	-	-	-
255			2	5금 6:30	晴	南城臺	4	-	권태준, 김 원, 주종원	18	86	-	23	-
256			3	7일 8:00	晴	觀 岳	4	尹世榮	소준열, 문재곤	18	91	-	-	-
257			4	12금 8:00	暴雨	儒 城	3	科技處	김 원, 조정제	18	100	-	-	-
258			5	13토 8:00	雨	同	3	權在浩	김 원	18	91	-	-	德丘會
259			6	14일 10:00	晴	大 邱	7	同	이상희, 황귀암, 이상직, 서영훈, 김 원	27	88	-	-	-
260			7	17수 6:00	晴	正 亞	3	-	권재호, 김 원	18	91	-	40	制憲節
261			8	20토 13:00	晴	로 얄	12	-	권태준, 김의원, 황용주, 홍성웅, 박병주 외 6명	18	90	近接賞	27	風水會
262			9	21일 10:00	晴 34℃	大 邱	4	南永載	이상희, 황귀암	9	90	-	30	-
263			10	26금 8:00	晴 35℃	韓 城	3	李 炫	김황일	18	93	-	-	-
264			11	28일 15:00	晴 35℃	韓 仁	7	本人,崔相哲,鄭世煜	이창우, 임경호, 정태수, 김재완	18	89	-	95	硏修院
265			12	29월 13:30	晴 35℃	觀 岳	3	李仁遠	김기준	18	96	-	-	-
266			13	31수 6:00	晴	水 原	4	金昌成	김 원, 주종원	18	90	-	-	-
267		8	1	2금 6:30	晴	吾 羅	4	-	이인원, 김기준, 김상우	18	91	-	150	-
268			2	3토 6:50	晴 35℃	同	3	-	이인원, 김기준	36	88	-	80	-
269			3	5월 6:00	晴	吾 羅	4	-	장병구, 이인원, 김기준	18	84	-	35	-
270			4	7수 7:00	晴	水 原	4	姜渭薰	권재호, 김 원	18	90	-	-	德丘會
271			5	11일 6:00	晴	南서울	4	李成柱	노건일, 이세무	18	88	-	-	MBC 專務
272			6	13화 7:00	晴	儒 城	2	本 人	신희진	18	90	-	36	-
273			7	18일 9:00	晴 35℃	醴 城	4	朴世明	권오석, 서인수	18	94	-	-	-
274			8	25일 12:24	晴 35℃	正 亞	4	-	김창호, 강위훈, 이인원	18	81	-	40	싱글

回順	年度	月	次順	日/時	日氣	골프場	參席者(명)	스폰서姓名	同行者姓名	運動量(홀)	得點	受賞	負擔(千원)	備考
275	1985	8	9	26월 7:00	晴	觀 岳	4	權在浩	강위훈, 김 원	18	93	-	12	德丘會
276			10	28수 8:00	晴	韓 城	8	金東錫	나상기, 박병주, 최상철, 김 원, 주종원, 강병기	18	90	-	-	暻園大理事長
277			11	30금 15:00	晴	水 原	4	-	강위훈, 이인원 외 1명	18	86	-	39	-
278			12	31토 15:30	晴	道 高	7	金鍾煥	김수진, 최상철, 정세욱, 박춘배, 이상근	18	83	-	-	-
279		9	1	1일 6:30	晴	同	8	同	김수진, 최상철, 정세욱, 박춘배, 이상근, 한양수	18	88	-	-	-
280			2	7토 13:00	晴	南城臺	8	土開公	감수학, 소준열, 문재곤, 심찬섭, 이용구, 황용주, 박국장	18	96	-	-	土開公
281			3	8일 6:48	晴	뉴코리아	8	元會長	나상기, 박병주, 최상철, 박규열, 이인원, 우성주택	18	97	-	-	-
282			4	12목 10:30	晴	陽 智	4	金炯銑	변 탁, 정도영	18	80	-	30	싱글
283			5	13금 7:00	晴	同	4	姜渭薰	권재호, 정도영	18	88	-	-	德丘會
284			6	14토 13:30	晴	醴 城	4	玄基元	이 현, 신희진	18	93	-	-	-
285			7	16월 13:30	晴	뉴코리아	4	-	나상기, 박병주, 최상철	18	92	優勝	17	試合勝利
286			8	19목 10:00	雨	驪 州	42	李東寧	聞友會 16명, 店村會 26명	18	89	-	18	店村,서울합동
287			9	21토 13:00	晴	로 얄	16	住宅公社	나상기, 박병주, 김의원, 김 원, 최상철, 강병기 외 9명	18	89	메달리스트	-	風水會
288			10	26목 7:00	晴	陽 智	4	權在浩	강위훈, 김 원	18	84	-	14	德丘會
289			11	27금 13:30	晴	南서울	5	金東錫	나상기, 박병주, 김 원	18	100	-	-	-
290			12	28토 13:42	晴	觀 岳	4	尹世榮	이수성, 황명찬	18	92	-	-	-
291			13	29일 14:10	晴	陽 智	3	申理事長	임경호	18	88	-	-	성보학원
292			14	30월 11:00	晴	南城臺	3	蔡汶植	신희진, 백두진(3홀)	18	79	-	-	싱글·切八
293		10	1	3목 13:30	晴	正 亞	4	-	임상하, 최상철, 황명찬	18	84	이글	70	이글牌
294			2	4금 6:40	晴	뉴코리아	8	-	김 원, 최상철, 나상기, 박병주, 이인원, 강병기, 주종원	18	86	-	65	風水會
295			3	9수 12:10	晴	驪 州	7	研修院	이창수, 임경호, 김재완, 정부장, 최상철, 정세욱	18	93	-	-	-
296			4	12토 6:30	晴	南城臺	2	-	조규화	18	92	-	50	-
297			5	15화 16:30	晴	馬事會	2	趙正濟	-	9	87	-	-	開校日
298			6	17목 14:00	晴	烏 山	3	金炯銑	서성한	18	90	-	20	-
299			7	19토 13:00	晴	正 亞	4	本 人	임상하, 황명찬, 최상철	18	97	-	180	이글 턱
300			8	20일 11:00	晴	시사이드	16	安燦會	김의원, 황명찬, 최상철, 김 원, 나상기 외 9명	18	86	-	-	仁川市長 風水會
301			9	24목 13:00	晴	陽 智	4	-	김 원, 임상하, 송동일	18	79	-	24	싱글
302			10	27일 7:30	晴	大 邱	20	金鍾圭	권태준, 조정제, 이봉학, 한양수, 이용섭, 장태옥 외 13인	18	84	-	-	風水會
303			11	29화 9:30	晴	韓 仁	4	李 炫	이세무, 윤성길	18	92	-	-	-

回順	年度	月	次順	日/時	日氣	골프場	參席者(명)	스폰서姓名	同行者姓名	運動量(홀)	得點	受賞	負擔(千원)	備考
304	1985	10	12	31목 11:30	晴	陽 智	3	權在浩	강위훈	18	92	-	20	德丘會
305		11	1	2토 7:00	晴	南城臺	4	李仁遠	김기준, 백정기(장군)	18	97	-	-	-
306			2	3일 10:24	晴	시사이드	12	金壽鶴	이용구, 박규열, 최상철, 김 원, 김종규, 강병기 외 4명	18	90	幸運賞	-	土開公
307			3	10일 8:20	晴	光 州	11	曺在六	전석홍, 부지사, 기획실장, 강병기, 김 원, 장태옥 외 3인	18	87	-	-	KPA세미나後
308			4	12화 12:00	晴	水 原	3	本 人	김기준, 이인원	18	91	-	100	-
309			5	14목 12:00	晴	陽 智	3	-	전영춘, 김 원	18	87	-	46	-
310			6	17일 9:00	晴	淸州空	7	金德永	강우혁, 박성달, 김명희, 김 원, 이우회	18	89	-	-	-
311			7	19화 13:00	晴	韓 仁	4	本 人	채문식, 운세영, 신회진	18	96	-	100	-
312			8	21목 9:30	晴	韓 城	4	金永燮	김 원, 유종해	18	94	-	-	-
313			9	23토 13:30	晴	K2空	3	嚴恒燮	장태옥	18	87	-	-	-
314			10	24일 8:00	晴	烏 山	4	硏修院	이창수, 임경호, 조창현	18	87	-	-	硏修院
315			11	27수 8:30	晴	觀 岳	4	權在浩	김 원, 강위훈	18	98	-	-	德丘會
316		12	1	4수 13:00	晴 -10℃	東京國際	4	郭英薰	장태옥, 황용주	16	87	-	-	KPA訪日
317			2	14토 12:30	晴 -12℃	韓 城	8	硏修院	이창수, 임경호, 김재완, 권태준, 최상철, 조창현, 정부장	18	96	-	-	硏修院
318			3	15일 9:00	晴 -13℃	淸州空	6	康祐赫	박성달, 김덕영, 권태준, 최상철	18	102	-	-	-
319			4	16월 11:00	晴 -10℃	南城臺	3	(申武浩)	김 원, 조창현	18	87	-	-	-
320			5	24화 12:30	晴	南서울	2	權在浩	-	18	96	-	-	德丘會
321			6	25수 7:30	晴	同	3	申理事長	임경호	18	86	-	-	-
322			7	26목 12:00	晴	뉴코리아	8	金秉麟	나상기, 박병주, 강병기, 황용주, 김의원, 주종원	18	89	長打賞	-	風水會
323			8	31화 12:00	晴	同	12	李相守	나상기, 박병주, 김 원, 최상철, 김의원 외 5명	18	86	메달리스트	-	先進會長
324	1986	1	1	3금 9:00	晴	正 亞	3	-	임상하, 최상철	18	91	-	45	上道팀
325			2	21화 11:00	晴	觀 岳	3	本 人	안충영, 황용주	18	89	-	150	三人會
326			3	22수 10:00	晴	뉴코리아	8	金儀遠	나상기, 박병주, 강병기, 주종원, 김 원, 최상철	18	87	近接賞	-	風水會
327			4	23목 12:30	晴	水 原	3	權在浩	김 원	18	93	-	22	德丘會
328			5	27월 12:00	晴	南城臺	3	-	안충영, 전영운	18	101	-	30	-
329			6	31금 10:00	晴	韓 城	4	孫理事長	임경호, 조창현	18	87	-	-	-
330		2	1	7금 12:00	晴	南城臺	3	-	김 원, 주종원	18	95	-	30	-
331			2	8토 12:00	晴	뉴코리아	3	-	변 탁, 임상하	18	89	-	40	-
332			3	14금 13:00	晴	南城臺	4	朱鍾元	박병주, 황용주	18	91	-	-	-
333			4	20목 12:00	晴	觀 岳	3	本 人	김기준, 이인원	27	86	-	125	-
334			5	23일 12:24	晴	正 亞	4	卞 鐸	박상무, 김사장	18	101	-	-	-

回順	年度	月	次順	日/時	日氣	골프場	參席者(명)	스폰서 姓名	同行者姓名	運動量(홀)	得點	受賞	負擔(千원)	備考
335	1986	2	6	25화 11:30	晴	水原	4	卞鐸	윤성길, 홍사장	18	95	-	-	-
336		3	1	1토 12:40	晴	南城臺	4	同	김만기, 신희진	18	86	-	-	-
337			2	2일 12:00	晴	正亞	3	-	임상하, 최상철	18	94	-	40	上道팀
338			3	5수 13:00	晴	南城臺	3	黃鏞周	안충영	18	87	-	-	三人會
339			4	11화 13:00	晴	泰陵	4	蘇俊烈	심찬섭, 주종원	18	96	-	-	土開公
340			5	21토 13:00	晴	南城臺	4	尹世榮	김만기, 신희진	18	91	-	-	-
341			6	22일 8:06	晴	南서울	4	黃明燦	류상열, 김민희(매경부장)	18	92	-	-	-
342			7	25화 8:06	晴	安養	4	全炳守	김병린, 최상철	18	90	-	-	-
343			8	28금 8:00	晴	觀岳	4	姜渭薰	권재호, 김원	18	89	-	-	德丘會
344			9	30일 8:20	晴	安養	4	蘇室長	송병락, 김전무(삼성물산)	18	93	-	-	삼성그룹 싱글
345			10	31월 7:30	晴	韓仁	3	安忠榮	황용주	18	78	-	-	三人會
346		4	1	1화 7:30	晴	南서울	4	(金永佑)	김원, 지용희, 박대위	18	87	-	-	産技協
347			2	4금 7:00	晴	同	3	-	김원, 양태석	18	85	-	40	-
348			3	6일 13:00	晴	醴城	3	-	김원, 박시헌	18	95	-	60	-
349			4	8화 12:30	晴	觀岳	3	-	권순복, 황용주	18	92	-	50	-
350			5	11금 13:00	晴	陽智	4	權在浩	강위훈, 김원	18	86	-	16	德丘會
351			6	12토 8:00	晴	正亞	3	金炯㓻	서성한	18	88	-	-	-
352			7	15화 12:45	晴	韓仁	4	李炫	윤성길, 이세무	18	92	-	-	-
353			8	18금 8:30	晴	儒城	4	朴定熙	소준열, 심찬섭	18	86	-	-	土開公
354			9	21월 6:30	晴	뉴코리아	6	本人 崔相哲	나상기, 박병주, 강위훈, 강병기	18	92	-	110	-
355			10	23수 8:00	晴	韓仁	4	任哲淳	조경목, 한영환	18	82	-	-	-
356			11	25금 8:00	晴	陽智	3	李仁遠	김기준	18	92	-	-	-
357			12	26토 7:00	晴	南城臺	3	同	박병주	18	85	-	-	-
358			13	27일 7:00	晴	南서울	3	趙康穆	안충영, 한영환	18	88	-	-	-
359			14	29화 13:00	晴	水原	3	本人	안충영, 황용주	18	92	-	150	三人會
360		5	1	1목 12:30	晴	南城臺	3	元秉羲	김원	18	85	-	-	-
361			2	4일 10:00	晴	八峰	16	姜相遠	김원, 오제세, 권원용, 나상기, 최상철 외 9명	18	98	近接賞	-	風水會
362			3	6화 14:00	晴	南서울	7	趙康穆	임철순, 안충영, 한영환, 박차장, 이과장	18	87	-	20	-
363			4	9금 12:00	晴	同	4	蘇俊烈	심찬섭, 임상하	18	81	-	-	싱글
364			5	13화 10:30	晴	同	4	卞鐸	김학철, 이상이	18	86	-	-	-
365			6	16금 10:00	晴	橫城空	10	尹學烈	변탁, 이상이, 윤성길, 양재의, 이종덕, 문원식 외 2명	18	88	-	-	穎江會 結成
366			7	17토 14:00	晴	道高	4	-	조정제, 최상철, 황용주	18	93	-	35	-
367			8	18일 7:00	晴	同	4	-	同	18	83	-	35	-
368			9	22목 13:30	晴	韓仁	4	林相夏	소준열, 심찬섭	18	91	-	-	-
369			10	23금 7:30	晴	東서울	4	權在浩	강위훈, 김원	18	87	-	-	德丘會
370			11	24토 8:40	晴	正亞	3	金在浣	조창현	18	94	-	-	-

回順	年度	月	次順	日/時	日氣	골프場	參席者(명)	스폰서姓名	同行者姓名	運動量(홀)	得點	受賞	負擔(千원)	備考
371	1986	5	12	26월 7:40	晴	韓城	3	黃鏞周	안충영	18	94	-	-	三人會
372			13	27화 12:00	晴	美八軍	4	安鍾萬	유종해, 한영환	18	83	-	-	-
373			14	28수 13:00	晴	韓仁	3	金源	원병희	18	88	-	30	-
374			15	31토 12:00	晴	光州	5	朴社長	소준열, 박정희, 심찬섭, 김기옥	23	86	-	-	광주고속(失足부상)
375		6	1	11수 15:00	晴	觀岳	4	姜渭薰	권재호, 김 원	18	88	-	-	德丘會 싱글
376			2	12목 13:30	晴	南城臺	4	蘇俊烈	박정희, 심찬섭	18	79	-	-	牌受
377			3	13금 13:30	晴	國際	6	梁在義	이상이, 변 탁, 윤성길, 김학철	18	85	메달리스트	29	영강회 싱글
378			4	14토 14:12	晴	韓仁	8	金壽鶴	박정희, 이송만, 심찬섭, 이용구, 양원명, 주종원	18	79	-	-	土開公
379			5	17화 9:00	晴	南서울	3	-	심찬섭, 한영환	18	82	-	18	-
380			6	19목 8:00	晴	陽智	4	金昌成	김 원, 박병주	18	84	-	-	천일기술
381			7	21토 11:00	晴	韓仁	14	成均館大	심경구, 정창모, 나상기, 김 원, 최상철 외 8명	18	84	3등상	-	-
382			8	23월 7:00	晴	南城臺	6	-	현기원, 신희진, 임상하, 윤성길, 김학철	18	77	-	30	싱글
383			9	26목 9:00	晴	觀岳	4	-	정연수, 이 현, 윤성길	18	90	-	50	-
384			10	27금 14:00	晴	泰陵	4	-	소준열, 박정희, 심찬섭	18	82	메달리스트	-	土開公
385			11	29일 13:18	晴	陽智	4	任哲淳	조경목, 한영환	18	84	-	-	-
386		7	1	1화 10:00	晴	韓城	4	(河在鳩)	김영섭, 김 원, 유종해	18	88	-	-	-
387			2	2수 8:00	晴	陽智	4	-	임상하, 송동일, 최상철	18	82	-	40	上道팀
388			3	5토 7:00	晴	韓城	4	南基松	유종해, 한영환	18	83	-	40	尙州人
389			4	8화 15:30	晴	觀岳	4	-	김민하, 안충영, 배사장	18	89	-	28	-
390			5	9수 7:00	晴	南서울	4	權在浩	강위훈, 김 원	18	89	-	-	德丘會
391			6	10목 7:00	晴	南城臺	5	林相夏	신희진, 김학철, 최상철	18	79	-	-	싱글
392			7	12토 16:00	晴	國際	4	李義根	나상기, 최상철	18	85	-	-	富川市長
393			8	15화 11:03	晴	安養	10	安國火災	나상기, 김 원, 최상철, 강병기, 강위훈 외 4명	18	86	우승	-	風水會
394			9	16수 8:00	晴	韓仁	4	權相俊	김 원, 박병주	18	91	-	-	金源처남
395			10	17목 8:00	晴	뉴코리아	4	李東春	나상기, 최상철	18	87	-	-	制憲節
396			11	18금 8:00	晴	陽智	3	安忠榮	황용주	18	82	-	-	三人會
397			12	19토 11:30	晴	光州	7	金基玉	한영환, 유종해, 진필중, 김효수, 정상무	18	91	-	-	順天市長
398			13	20일 10:05	晴	同	8	同	한영환, 유종해, 김박사, 정상무 외 2명	27	84	-	-	-
399			14	23수 11:00	晴	泰陵	4	申熙進	임상하, 김학철	18	85	-	-	-
400			15	27일 9:30	晴	로얄	4	黃明燦	강병기, 박병주	18	89	-	-	-
401		8	1	2토 7:00	晴	南城臺	2	-	한영환	18	94	-	35	-
402			2	2토 14:00	晴	泰陵	4	朴圭悅	김의원, 윤홍기(장군)	18	89	-	-	-

回順	年度	月	次順	日/時	日氣	골프場	參席者(명)	스폰서 姓名	同行者姓名	運動量(홀)	得點	受賞	負擔(千원)	備考
403	1986	8	3	5화 14:00	晴	我羅	6	朴定熙	소준열, 심찬섭, 김경열 외 1인	18	89	-	-	土開公 싱글
404			4	6수 8:00	晴	吾羅	6	同	소준열, 심찬섭, 김경열	18	81	-	-	土開公
405			5	8금 7:00	晴	國際	4	-	전영춘, 나상기, 최상철	18	93	-	50	-
406			6	9토 14:00	晴	南城臺	4	金壽鶴	김만기, 정도영	18	92	-	-	-
407			7	10일 9:18	晴	泰陵	4	朴炳柱	이송만, 이홍구	18	83	-	-	-
408			8	12화 7:00	晴	觀岳	4	朴奎永	김 원, 김학철	18	90	-	-	-
409			9	13수 8:00	晴	뉴코리아	9	崔錫允	나상기, 박병주, 강병기, 김창호, 최상철 외 2인	27	87	優勝	-	風水會
410			10	14목 13:00	晴	南城臺	4	蘇俊烈	박정희, 심찬섭	18	88	-	-	土開公
411			11	16토 9:00	晴	水原	4	金源	유종해, 조용효	18	81	-	-	싱글
412			12	19화 8:00	晴	陽智	3	權在浩	김 원,	18	89	-	30	德丘會
413			13	21목 8:00	晴	南서울	4	金炯兟	안충영, 한영환	18	87	-	30	-
414			14	23토 14:00	晴	水原	6	本人,崔相哲,鄭世煜	이창수, 김재완, 정태수	18	87	-	90	硏修院
415			15	24일 9:00	晴	韓仁	4	金學澈	박정희, 이송만	18	87	-	-	-
416			16	26화 14:00	晴	儒城	4	李仁遠	이용구, 주종원	18	91	-	-	-
417			17	27수 7:00	暴雨	로얄	4	朴奎永	김 원, 김학철	9	90	-	-	中斷
418			18	31일 14:30	晴	陽智	3	卞鐸	신선호(감사원)	18	88	-	-	-
419		9	1	4목 8:00	晴	韓仁	4	權泰浩	김 원, 박원탁	18	89	-	-	-
420			2	6토 8:00	晴	東서울	4	李仁遠	박병주, 주종원	18	84	-	-	-
421			3	9화 7:00	晴	釜山	3	李相鐵	황용주	18	87	-	-	-
422			4	10수 7:30	晴	通度寺	2	韓根培	-	18	88	-	-	-
423			5	13토 12:00	晴	國際	12	朴培根	나상기, 강병기, 김 원, 홍성웅, 김의원 외 5명	18	85	-	-	仁川市長 風水會
424			6	18금 13:30	晴	Iwahi	3	朴商吉	서 영(건설관)	18	94	-	-	말레이시아 參事官
425			7	23화 14:30	晴	美八軍	4	南基明	유종해, 한영환	18	82	-	-	-
426			8	24수 13:00	晴	南城臺	4	土開公	소준열, 박정희, 심찬섭	18	90	-	-	土開公
427			9	25목 7:30	晴	南서울	3	本人	이종욱, 안충영	18	91	-	100	-
428			10	26금 7:30	晴	正亞	4	姜渭薰	권재호, 김 원	18	90	-	-	德丘會
429			11	27토 13:20	晴	韓仁	8	李松晩	이용구, 박정희, 주종원, 심찬섭, 양원명, 이정구	18	88	-	-	土開公
430			12	30화 7:30	晴	美八軍	5	劉鍾海	김광웅, 박창록, 이상희	18	90	-	-	-
431		10	1	1수 11:40	晴	陽智	8	-	양재의, 김학철, 윤성길, 변 탁, 이상이, 정경호, 김희진	18	79	메달리스트	-	싱글 潁江會
432			2	4토 7:30	晴	韓城	4	趙正濟	안충영, 황용주	18	88	-	-	-
433			3	7화 8:00	晴	陽智	4	權純福	김 원, 유종해	18	84	-	-	-
434			4	9목 11:30	晴	로얄	4	鄭淵壽	이세무, 김황일	18	85	-	-	-
435			5	11토 13:30	晴	韓仁	10	柳根昌	김수학, 박정희, 황용주, 심찬섭, 주종원 외 3명	18	93	-	-	土開公
436			6	12일 12:00	晴	正亞	4	研修院	이창수, 정태수, 최상철	18	86	-	-	硏修院

回順	年度	月	次順	日/時	日氣	골프場	參席者(명)	스폰서姓名	同行者姓名	運動量(홀)	得點	受賞	負擔(千원)	備考
437	1986	10	7	15수 12:30	晴	로 얄	4	卞 鐸	윤성길, 황원탁	18	88	-	-	-
438			8	19일 13:00	晴	南서울	4	權在浩	권원기, 김 원	18	92	-	40	德丘會
439			9	22수 7:30	晴	韓 仁	3	權在浩	김 원	18	100	-	15	德丘會
440			10	26일 11:30	晴	同	11	金鍾球	이홍구, 나상기, 김 원, 김의원, 주종원, 유상열 외 3명	18	91	近接賞	-	-
441			11	29수 12:30	晴	雪 嶽	4	土開公	소준열, 박정희, 심찬섭	18	86	-	-	土開公
442			12	30목 11:30	晴	驪 州	4	同	同	18	87	-	-	同
443		11	1	2일 14:30	晴	韓 仁	4	鄭理事	김 원, 최상철	15	86	-	-	成大
444			2	3월 9:00	晴	陽 智	3	黃鏞周	안충영	18	91	-	-	三人會
445			3	14금 13:00	晴	南城臺	4	土開公	소준열, 박정희, 심찬섭	18	86	-	-	土開公
446			4	16일 9:10	晴	第 一	10	롯데그룹	나상기, 김 원, 최상철, 조정제, 주종원 외 4명	18	85	3等賞	-	風水會
447			5	22토 8:30	晴	韓 仁	3	姜渭薰	권재호	18	89	-	-	德丘會
448			6	23일 13:30	晴	第 一	3	李世茂	정연수	18	85	-	-	-
449			7	30일 9:30	晴	儒 城	7	忠南道廳	최상철, 정세욱, 이봉학, 김수진, 김국장 외 1명	18	92	-	-	-
450		12	1	6토 12:36	晴	南서울	4	尹世榮	김만기, 정도영	18	92	-	-	-
451			2	9화 12:00	雨	韓 城	6	金永燮	유종해, 한영환, 박수영, 김번웅	18	91	-	-	祝賀會
452			3	13토 12:06	晴	同	4	本 人	최영환, 최희운, 이종욱	18	93	-	220	-
453			4	14일 7:10	晴	泰 陵	20	金壽鶴	소준열, 박정희, 이송만, 유상열, 황용주 외 13명	18	90	-	-	土開公
454			5	21일 8:24	晴	驪 州	4	金景宰	장효상, 허지점장(상은)	18	88	-	-	-
455			6	24수 8:30	晴	水 原	8	金翊鎭	나상기, 박병주, 김 원, 주종원, 최상철, 신사장	18	90	-	-	風水會
456			7	27토 12:00	晴	南城臺	4	李松晩	박정희, 양원명	18	88	-	-	土開公
457			8	29월 12:10	晴	東서울	3	權在浩	김 원	18	90	-	-	德丘會
458	1987	1	1	11일 12:30	晴 -10℃	正 亞	3	趙男星	이의근	18	97	-	-	-
459			2	20화 12:30	晴	韓 仁	2	本 人	임강원	18	94	-	100	開始
460			3	26월 13:00	晴	南城臺	4	李仁遠	박병주, 주종원	18	87	-	-	-
461			4	29목 11:25	晴	同	4	柳常悅	이형구 차관, 나상기	18	82	-	-	舊正
462		2	1	1일 8:04	晴 -10℃	觀 岳	11	朴定熙	안교선, 쓰시마, 녹우회 7명	18	88	-	-	-
463			2	8일 12:13	晴	安 養	4	朴奉植	조영제, 이돈희	18	86	-	-	서울大
464			3	10화 13:00	雨	韓 城	4	姜大植	임강원, 유 완	18	93	-	-	KOEX
465			4	15일 13:25	晴	安 養	4	趙正濟	이형구, 김영윤(외대)	18	91	-	-	-
466			5	22일 10:00	晴	韓 仁	7	尹世榮	김만기, 정도영, 김정룡, 이세무, 변 탁	18	85	-	-	-
467			6	25수 7:30	晴	同	4	姜渭薰	권재호, 김 원	18	87	-	-	德丘會
468		3	1	1일 10:05	晴	德 坪	12	土開公	김수학, 이송만, 김경열, 건설부 기자단 등 8명	18	92	-	-	土開公

回順	年度	月	次順	日/時	日氣	골프場	參席者 (명)	스폰서 姓名	同 行 者 姓 名	運動量 (홀)	得點	受賞	負擔 (千원)	備考
469	1987	3	2	7토 13:30	晴	水 原	4	金永燮	황명찬, 백광현	18	83	-	-	-
470			3	14토 7:30	晴	南城臺	4	李仁遠	박병주, 주종원	18	90	-	-	-
471			4	21토 8:00	晴	南서울	3	權在浩	김 원	18	88	-	28	德丘會
472			5	22일 13:06	晴	安 養	4	朱鍾元	김성배, 황명찬	18	86	-	-	-
473			6	27금 13:06	晴	南城臺	12	千社長	김수학, 류근창, 문재곤, 이송만, 주종원, 박정희 외 4명	18	87	-	-	土開公 창립일
474			7	28토 11:48	晴	韓 城	3	卞 鐸	김각현	18	91	-	-	-
475			8	29일 14:06	晴	泰 陵	4	余明賢	조영제, 이돈희	18	91	-	-	학훈단장
476		4	1	17금 13:00	晴	南城臺	4	土開公	소준열, 박정희, 심찬섭	18	91	-	-	土開公
477			2	18토 9:00	晴	陽 智	4	權在浩	김각현, 김 원	18	86	-	-	-
478			3	19일 12:00	晴	德 坪	26	-	이동녕, 채문식 외 23명	18	96	-	-	聞友會
479			4	24금 8:00	晴	水 原	13	金鍾圭	나상기, 김 원, 강병기, 안충영, 홍성웅 외 6명	18	89	-	-	風水會
480			5	25토 14:00	晴	安 養	4	李建熙	박봉식, 남상수(나영나이롱)	18	88	-	-	-
481			6	26일 14:18	晴	南서울	8	鄭又謨	박봉식, 조영제, 이돈희, 이해재, 여명현, 유동수	18	87	-	-	泰榮(株)
482			7	27월 14:00	晴	陽 智	3	林岡源	주종원	18	85	-	10	-
483			8	29수 7:30	晴	同	4	姜渭薰	권재호, 김 원	18	88	-	6	德丘會
484		5	1	2토 13:24	晴	韓 仁	4	朴明根	유 완, 이건영	18	86	-	-	국일공영 부사장
485			2	3일 9:30	晴	水 原	7	金永燮	황명찬, 조정제, 김 원, 한영환, 황인정	18	88	-	-	-
486			3	5화 9:45	晴	第 一	4	卞 鐸	황원탁, 이진하(정우개발)	18	76	-	-	釋誕日 싱글
487			4	8금 8:00	晴	韓 仁	4	本 人 朱鍾元	박병주, 이인원	18	83	-	90	-
488			5	13수 7:00	晴	南서울	4	朴斗榮	김학철, 김 원	18	88	-	-	-
489			6	15금 14:00	晴	韓 仁	7	林相夏	소준열, 박정희, 심찬섭, 주종원, 이송만	18	83	-	-	土開公
490			7	16토 14:30	晴	東서울	3	申浩能	황면찬	18	85	-	-	-
491			8	19화 7:30	晴	陽 智	4	權在浩	강위훈, 김 원	18	89	-	25	德丘會
492			9	22금 15:00	晴	水 原	4	本 人	안충영, 임강원, 황용주	18	85	-	160	三人會
493			10	24일 15:00	晴	道 高	3	金壽鎭	김실장(충남도)	18	90	-	-	妻동행
494			11	30토 12:30	晴	觀 岳	11	洪性雄	나상기, 박병주, 김의원, 김 원, 황용주 외 4명	18	87	-	10	風水會
495			12	31일 7:45	晴	第 一	7	韓永澈	박봉식, 조영제, 이돈희, 정학장, 부원장	18	85	-	-	서울대 병원장
496		6	1	3수 14:00	晴	南城臺	3	余團長	조영제	18	85	-	-	서울대
497			2	5금 7:00	晴	韓 仁	4	李榮雄	김 원, 주종원	18	87	-	-	-
498			3	7일 9:05	雨	韓 城	4	趙男星	이창수, 강운태	18	90	-	-	-
499			4	13토 13:30	晴	德 坪	12	土開公	김수학, 류근창, 소준열, 이송만, 박정희 외 6명	18	85	-	-	留任祝賀

回順	年度	月	次順	日/時	日氣	골프場	參席者(명)	스폰서姓名	同行者姓名	運動量(홀)	得點	受賞	負擔(千원)	備考
500	1987	6	5	14일 14:36	晴	韓仁	4	金學澈	이송만, 이정구	18	83	-	-	食中毒
501			6	16화 14:00	晴	뉴코리아	2	林岡源	-	18	80	-	-	病中
502			7	18목 7:30	晴	韓仁	4	同	김 인, 김 원	18	93	-	10	-
503			8	20토 14:40	晴	水原	3	金永燮	이송만	18	85	-	-	-
504			9	21일 11:40	晴	뉴코리아	8	韓永澈	박봉식, 배재식, 조영제, 이돈희, 여단장, 유부원장	18	88	-	-	서울대
505			10	23화 7:30	晴	골드	4	權在浩	김 원, 이동현	18	75	-	-	싱글
506			11	26금 6:56	晴	同	4	-	이상이, 양재의, 김학철	18	81	-	30	싱글
507			12	28일 14:25	晴	德坪	9	申社長	박정희, 문재곤, 이송만, 주종원, 이용구, 양원명, 주전무	18	81	-	-	싱글 土開公
508			13	30화 7:30	晴	골드	4	-	강병기, 김 원, 주종원	18	86	-	43	-
509		7	1	3금 15:30	晴	南城臺	10	住宅公社	나상기, 박병주, 최상철, 김 원, 양동양, 강위훈 외 3명	18	88	-	-	風水會 (HC:88)
510			2	13월 7:00	晴	東京道民	4	-	강병기, 주종원, 김 원	29	86	-	9천엔 =5만원	日本
511			3	19일 8:30	晴	第一	4	李世茂	변 탁, 고목훈	18	96	-	-	-
512			4	20일 15:00	晴	陽智	4	-	권재호, 김 원, 이동현	18	86	-	50	-
513			5	21화 16:00	晴	大邱	4	土開公	소준열, 박정희, 심찬섭	15	83	-	-	土開公
514			6	22수 16:00	雨	東草	6	同	소준열, 박정희, 심찬섭, 허재영, 황인욱	18	86	-	-	同
515			7	23목 15:30	雨	昌原	4	同	박정희, 심찬섭, 허재영	18	89	-	-	同
516			8	24금 15:30	晴	光州	5	同	소준열, 박정희, 심찬섭, 허재영	18	84	-	-	同
517			9	26일 9:00	晴	同	13	光州市廳	소준열, 나상기, 김 원, 임강원, 권원용, 강승필, 부시장 외 5명	18	84	-	-	-
518			10	31금 14:00	晴	水原	8	-	나상기, 박병주, 김 원, 강병기, 강위훈, 주종원, 김의원	18	80	優勝	42	風水會 싱글
519		8	1	5수 8:30	晴	골드	4	-	강위훈, 유 완, 임강원	18	86	-	40	-
520			2	8토 8:30	晴	陽智	4	本人 趙社長	조영제, 이돈희	18	79	-	70	싱글
521			3	9일 11:30	晴	驪州	4	黃明燦	임강원, 박교수(고대)	18	88	-	-	-
522			4	16일 8:00	雨	醴城	7	玄基元	박세명, 김병욱, 서인수, 정택훈, 채사장	18	93	-	-	-
523			5	19수 9:40	晴	安養	3	李圭煥	나상기	18	86	-	-	병원장
524			6	20목 12:40	晴	同	4	-	박봉식, 조영제, 이돈희	18	93	-	75	서울대
525			7	21금 13:00	晴	觀岳	10	三友技術	나상기, 박병주, 김 원, 김의원, 황용주 외 4명	18	96	행운상	-	風水會
526			8	23일 8:45	晴	安養	4	金杞載	나상기, 임강원	18	89	-	-	-
527			9	24월 8:00	晴	陽智	4	丁炅錫	나상기, 김 원	18	87	-	-	-
528			10	27목 9:00	晴	朝鮮	6	姜信祐	황용주, 정세욱, 장태옥, 이영철	18	86	-	-	-
529		9	1	4금 14:30	晴	南서울	8	白承基	나상기, 박병주, 김 원, 김의원, 주종원, 강병기	18	83	-	-	경원대
530			2	5토 13:24	暴雨	韓城	4	卞鐸	이세무, 김사장	13	88	-	-	-

回順	年度	月	次順	日/時	日氣	골프場	參席者 (명)	스폰서 姓名	同行者姓名	運動量 (홀)	得點	受賞	負擔 (千원)	備考
531	1987	9	3	6일 8:00	晴	安 養	4	鄭採鎭	김수학, 김 원	18	89	-	-	-
532			4	12토 13:40	晴	同	4	金溶喆	박봉식, 조영제	18	94	-	-	-
533			5	15화 14:00	晴	泰 陵	4	朴定熙	심찬섭, 김영선의원(국회)	18	89	-	-	-
534			6	16수 12:24	晴	뉴코리아	4	金 源	노정현, 나상기	18	87	-	-	-
535			7	18금 8:00	晴	陽 智	10	申吉雄	나상기, 박병주, 김 원, 주종원, 강병기, 황용주 외 2명	18	81	근접상	-	풍수회 싱글No.1
536			8	19토 14:45	晴	泰 陵	8	土開公	김수학, 소준열, 박정희, 이송만, 이용구 이정구, 양원명	18	86	-	-	土開公
537			9	23수 14:30	晴	韓 仁	4	-	박봉식, 이상만, 정원근	18	88	-	191	서울대
538			10	26토 13:00	晴	水 原	7	金永燮	김 원, 유종해, 황인정, 황명찬, 백위원(헌법위)	18	88	-	-	-
539		10	1	1목 7:30	晴	뉴코리아	8	安範守	최국장, 오휘영, 안영배, 신동호, 여홍구, 이실장	18	84	메달 리스트	-	국군의날 서울시의원
540			2	2금 9:00	晴	陽 智	7	林岡源	박병주, 이인원, 김의원, 김 원, 주종원	18	79	-	-	싱글
541			3	3토 13:45	晴	陽 智	4	鄭棹永	박봉식, 김민하	18	84	-	-	개천절
542			4	7수 14:00	晴	뉴코리아	3	段四千	나상기	18	88	-	-	추석 Close중
543			5	10토 11:45	晴	플라자	4	-	김 원, 임상하, 임강원	18	82	-	62	-
544			6	15목 13:25	晴	安 養	8	金溶喆	박봉식, 이상만, 정원근, 조영제, 이돈희, 김정년	18	95	-	-	개교일
545			7	16금 8:30	晴	陽 智	7	朴炳柱	나상기, 강병기, 김 원, 강위훈, 황용주	18	87	-	-	風水會
546			8	17토 8:30	晴	烏 山	9	市 長 郡守班	정세욱, 김재완, 한세권, 김한배, 최선길 외 3명	18	86	-	-	재정반
547			9	23금 8:00	晴	뉴코리아	4	-	나상기, 박병주, 임강원	18	90	-	43	-
548			10	24토 12:40	晴	플라자	11	코롱그룹	석진학, 김수학, 박정희, 이송만, 주종원 외 5명	18	88	메달 리스트	-	土開公
549			11	25일 10:06	晴	中 部	12	建設部	이형구, 류상열, 나상기, 김 원, 양동양 외 6명	18	86	우승	-	풍수회 HC:86
550			12	28수 12:30	晴	플라자	4	-	강위훈, 임상하, 임강원	18	93	-	35	-
551			13	30금 8:00	晴	南서울	9	金東錫	나상기, 박병주, 강병기, 김 원, 임강원, 김의원, 양도양	18	86	-	-	중앙 도시위
552		11	1	3화 14:00	晴	뉴서울	3	丁炅錫	나상기	18	87	-	-	학생의날
553			2	6금 8:00	晴	陽 智	6	李仁遠	나상기, 김 원, 박병주, 임강원,	18	86	-	-	-
554			3	13금 8:30	晴	뉴서울	5	金 源	강위훈, 박병주, 김의원	18	86	-	-	KPA 연구진
555			4	14토 13:00	晴	第 一	3	卞 鐸	박전무(태영)	18	92	-	-	-
556			5	20금 8:00	晴	뉴서울	10	金守根	나상기, 김 원, 박병주, 김의원, 강병기, 황용주 외 3명	18	86	우승	-	풍수회 HC:86
557			6	22일 12:00	晴	同	19	서울市廳	김의원, 김 원, 나상기, 김종표, 유상열, 오휘영 외 12명	18	90	근접 상	-	중앙·서울 도시위

回順	年度	月	次順	日/時	日氣	골프場	參席者(명)	스폰서 姓名	同 行 者 姓 名	運動量(홀)	得點	受賞	負擔(千원)	備考
558	1987	11	7	29일 10:00	晴	吾 羅	3	(權純福)	장형태, 문병집	18	87	-	-	-
559		12	1	8화 12:48	晴	安 養	4	黃載璣	박봉식, 김년식(사대교수)	18	86	-	-	사대교수
560			2	9수 9:00	晴	南서울	9	梁東陽	나상기, 박병주, 김의원, 김 원 강병기, 주종원, 임강원	18	90	長打賞	-	중앙 도시위
561			3	11금 8:00	晴	同	8	(金東錫)	나상기, 박병주, 강병기, 주종원, 김의원, 임강원, 양동양	18	87	-	-	同
562			4	12토 12:00	晴	로 얄	6	金正年	박봉식, 이상만, 조영제, 이돈희	18	85	-	-	서울대
563			5	14월 11:30	晴	플라자	3	林岡源	정세욱	18	84	-	-	-
564			6	16수 12:58	晴	安 養	4	權純福	박봉식, 박재윤	18	86	-	-	대통령 투표일
565			7	17목 8:10	晴	東서울	3	金昌善	김 원	18	84	-	-	-
566			8	19토 12:00	晴	韓 城	11	姜渭薰	황용주, 나상기, 박병주, 김 원, 조정제, 홍성웅 외 3명	18	90	-	-	風水會
567			9	20일 12:00	晴	觀 岳	11	白世鉉	류상열, 나상기, 김의원, 김 원, 강병기, 주.임.양	18	84	優勝	-	중앙 도시위
568			10	30수 11:30	晴	南서울	3	權在浩	김 원	18	91	-	-	德丘會
569	1988	1	1	2토 10:00	晴	德 坪	2	李松晩	-	18	89	-	-	신정연휴
570			2	6수 13:00	晴	韓 仁	3	李 炫	이의관	18	93	-	-	-
571			3	11월 12:30	晴	觀 岳	3	林岡源	최상철	18	91	-	50	-
572			4	17일 13:06	晴	水 原	7	鄭淵壽	정도영, 이세무, 이 현, 백수진, 신사장	18	96	-	-	-
573			5	20수 12:30	晴	大 邱	12	金鍾圭	강병기, 김 원, 주종원, 김의원, 권순복, 장태옥 외 4명	18	83	-	-	-
574		2	1	1월 10:00	晴	東 草	6	鄭源根	박봉식, 김용철, 황인숙, 공사장	18	93	-	-	서울대
575			2	2화 12:15	晴	東 草	3	金溶喆	박봉식	18	91	-	-	-
576			3	6토 10:30	晴	八 峰	7	高太坤	이봉학, 고판남, 황명찬, 박병주, 이사장(한국유리)	18	90	-	-	群山商議
577			4	9화 13:00	晴	韓 城	4	金永燮	손제석, 박봉식	18	90	-	-	-
578			5	11금 10:30	晴	同	4	劉鍾海	김영섭, 김 원	18	84	-	-	김원 도미축하
579			6	14일 12:30	晴	烏 山	5	朱鍾元	김 원, 조정제, 박병주	18	86	-	-	KPA회장 취임
580			7	18목 13:24	晴	泰 陵	4	梁東陽	김 원, 주종원	18	92	-	-	-
581			8	19금 12:30	晴	陽 智	4	姜渭薰	권재호, 김 원	18	82	-	-	德丘會
582			9	20토 9:30	晴	플라자	4	趙英濟	박봉식, 최상철	18	79	-	-	싱글
583			10	21일 9:00	晴	同	12	梁東陽	박병주, 나상기, 김의원, 홍성웅, 최상철 외 5명	18	78	優勝	-	싱글
584			11	24수 12:30	晴	同	4	林岡源	유 완, 황용주	18	82	-	-	-
585			12	25목 9:30	晴	韓 仁	4	趙英濟	정원근, 엄택균(음대)	18	85	-	55	대통령 취임일
586			13	28일 13:15	晴	뉴코리아	4	羅相紀	이용구, 안영배	18	85	-	-	-
587		3	1	1화 12:06	晴	韓 城	4	蔣炳九	백세현, 최상철	18	84	-	-	3.1절

回順	年度	月	次順	日/時	日氣	골프場	參席者(명)	스폰서姓名	同行者姓名	運動量(홀)	得點	受賞	負擔(千원)	備考
588	1988	3	2	6일 12:06	晴	觀岳	6	金原奭	정세욱, 최상철, 김운태, 신과장	18	89	-	-	研修院
589			3	12토 15:00	晴	光州空	4	金興來	나상기, 진해술	18	86	-	-	-
590			4	13일 10:00	晴	光州	7	同	나상기, 진해술, 이병내, 조재욱, 유경호	27	78	-	-	싱글
591			5	18금 12:30	晴	水原	3	安忠榮	황용주	18	86	-	-	三人會
592			6	19토 14:30	晴	로얄	3	文杰	김수학	18	85	-	-	汎韓상무
593			7	20일 7:18	晴	韓城	6	本人,崔相哲,鄭世煜	김원석, 강운태, 정과장	18	85	-	140	研修院
594			8	21월 7:30	晴	水原	4	-	Fu-Chen Lo, 송병락, 최상철	18	91	-	42	-
595			9	26토 12:00	晴	光州	4	金興來	이병내, 정건조(경향신문)	18	82	-	-	-
596		4	1	2토 14:12	晴	골드	12	朱鍾元	나상기, 박병주, 최상철, 강위훈, 양동양 외 5명	18	81	-	-	風水會 싱글No.3 牌受 HC:81
597			2	3일 9:30	晴	國際	7	李在昌	황귀암, 황명찬, 최상철, 나상기, 박국장	18	88	-	-	인천시장 한가실사장
598			3	5화 13:00	晴	光州	6	金社長	김학철, 김원장 외 2명	18	90	-	-	식목일
599			4	9토 11:54	晴	플라자	7	金景宰	조영제, 정원근, 김정년, 김상주, 이광호	18	86	-	-	학장단
600			5	10일 13:42	晴	골드	3	趙正濟	박병주	18	86	-	-	-
601			6	16토 13:30	晴	醴城	7	玄基元	신희진, 김학철, 박세명, 권오석, 최가원	18	89	-	-	-
602			7	20수 14:30	晴	水原	2	黃鏞周	-	18	86	-	20	三人會
603			8	21목 7:30	晴	南서울	4	本人	이 현, 임강원, 강위훈	18	85	-	200	-
604			9	23토 13:30	晴	美八軍	4	黃源卓	신희진, 이상이	18	87	-	15	-
605			10	24일 14:30	晴	同	4	-	이상이, 양해찬 대령 외1인	18	81	-	50	싱글
606			11	26화 14:09	晴	플라자	4	沈慶九	임강원, 최상철	18	86	-	-	국회의원 투표일
607			12	27수 8:00	晴	南서울	3	本人	권재호, 강위훈	18	86	-	80	德丘會
608			13	29금 13:00	晴	로얄	19	-	변 탁, 백찬기, 신영식, 고승록, 양재의 외 13명	18	82	優勝	80	聞友會 HC:82 감사
609			14	30토 14:00	晴	골드	12	서울市	나상기, 박병주, 최상철, 황용주, 주종원 외 6명	18	82	-	-	風水會
610		5	1	3화 13:00	晴	韓仁	4	李炫	정연수, 이세무	18	92	-	-	-
611			2	11수 13:30	晴	泰陵	4	朴定熙	이송만, 백승희	18	92	-	-	-
612			3	15일 10:30	晴	水原	4	許淵道	김영섭, 조창현	18	92	-	-	-
613			4	16월 14:30	晴	國際	5	-	나상기, 최상철, 임강원, 양동양	18	87	-	60	-
614			5	21토 14:30	晴	플라자	9	-	조정제, 나상기, 백세현, 최상철, 황용주 외 3명	18	89	행운상	25	風水會
615			6	22일 13:00	雨	로얄	3	盧椿熙	주종원	18	90	-	-	-
616			7	28토 12:30	晴	光州	8	麗水市	이병내, 강병기, 박규열, 나상기, 최상철, 조제욱, 정기자	18	84	-	-	-

回順	年度	月	次順	日/時	日氣	골프場	參席者(명)	스폰서姓名	同行者姓名	運動量(홀)	得點	受賞	負擔(千원)	備考
617	1988	5	8	29일 8:45	晴	플라자	6	同和製藥	박봉식, 정원근, 박교수, 김부사장, 전전무	18	82	-	-	-
618			9	31화 13:30	晴	골 드	19	-	이상이, 이세무, 변 탁, 양제의, 김정도 외 13명	18	86	-	26	聞友會
619		6	1	4토 13:30	晴	通度寺	4	金溶喆	박봉식, 김병린	18	92	-	-	-
620			2	5일 10:00	晴	同	4	同	同	18	88	-	-	-
621			3	18토 14:00	晴	플라자	14	土開公	이송만, 이용구, 나상기, 강병기, 최상철, 황용주 외 7명	18	89	-	24	風水會
622		7	1	2토 10:00	晴	光 州	12	光州市廳	김홍래, 김기재, 나상기, 최상철, 조재욱 외 6명	18	89	-	-	-
623			2	6수 7:10	晴	뉴서울	3	林相夏	임강원	18	94	-	-	-
624			3	7목 12:50	晴 35℃	安 養	6	白將鉉	연수원 시장, 군수 지도반 4명	18	99	-	-	硏修院
625			4	9토 13:36	雨	第 一	8	卞 鐸	정연수, 이세무, 윤성길, 정용덕 외 2명	18	90	-	-	-
626			5	13수 15:00	晴	플라자	8	(崔局長)	백세현, 최상철, 나상기, 황용주, 홍성표 외 2명	18	89	3등상	24	-
627			6	19화 13:30	晴	88	3	-	임강원, 최상철	18	88	-	47	-
628			7	23토 13:30	晴	同	8	金原奭	김재완, 강운태, 최상철, 정세욱, 박문영, 박사장	18	90	-	-	硏修院
629			8	27수 13:30	晴	南城臺	6	李松晩	소준열, 심찬섭, 허재영, 이정구	18	91	-	-	土開公
630			9	28목 14:00	晴	플라자	3	辛奉柱	박봉식	18	90	-	-	-
631		8	1	3수 14:00	晴	國 際	4	朴奎永	이영화, 김학철	18	87	-	-	-
632			2	5금 11:00	晴	昌 原	4	李相守	최상철, 조해녕	18	81	-	-	싱글
633			3	6토 9:00	晴	同	4	同	同	18	92	-	-	-
634			4	7일 7:00	晴	大 邱	10	李鐘圭	김상조, 임경호, 이원식, 백장현, 장태욱, 최상철 외 2명	18	89	-	-	-
635			5	13토 14:42	晴	泰 陵	4	金光得	윤사장(중앙고속), 최이사장(버스)	18	93	-	-	-
636			6	15월 15:00	晴	觀 岳	4	卞 鐸	김덕영, 최상철	18	86	-	-	光復節
637			7	17수 15:00	晴	로 얄	3	林岡源	강위훈	18	89	-	-	-
638			8	18목 7:15	晴	뉴코리아	3	崔永哲	신봉주	18	88	-	-	國一製紙
639			9	21일 13:36	晴	뉴서울	8	金璟東	조완규, 김종운, 김상만, 조영제, 김동진, 조동성	18	83	-	-	서울대
640		9	1	2금 10:00	晴	東서울	4	金昌鎭	김 원, 강병기	18	96	-	-	-
641			2	3토 13:50	晴	南城臺	4	柳根武	김광득, 최갑석	18	82	-	-	-
642			3	12월 14:00	晴	陽 智	4	權在浩	강위훈, 김 원	18	95	-	-	德丘會
643			4	17토 14:12	晴	플라자	4	李康斗	한원택, 최실장(EPB)	18	91	-	-	EPB국장 올림픽개막
644			5	19월 8:30	晴	水 原	3	黃鏞周	안충영	18	87	-	-	三人會
645			6	23금 7:30	晴	88	3	金正道	김희진	18	95	-	30	-
646			7	26월 9:45	晴	美八軍	4	李正九	이송만, McAfee 외 1인	18	82	-	-	公休日
647		10	1	3월 10:12	晴	觀 岳	4	李太洋	임강원, 최상철	18	90	-	-	同

回順	年度	月	次順	日/時	日氣	골프場	參席者(명)	스폰서姓名	同 行 者 姓 名	運動量(홀)	得點	受賞	負擔(千원)	備考
648	1988	10	2	9일 8:30	晴	88	4	鄭源根	박봉식, 정태수	18	91	-	-	-
649			3	15토 8:30	晴	뉴서울	4	林岡源	김경동, 황용주	18	83	-	-	개교일
650			4	16일 12:00	晴	觀 岳	4	趙英濟	조완규, 김경동	18	89	-	-	서울대
651			5	19수 11:00	晴	驪 州	58	-	문우회 26명, 점촌팀 32명	18	79	多파賞	50	서울,점촌합동
652			6	22토 13:30	晴	東 草	8	釜山市廳	박병주, 강병기, 최상철, 주종원, 김의원 외 2명	18	89	-	-	-
653			7	23일 8:20	晴	同	10	同	박봉식, 안상영, 나상기, 박병주, 강병기 외 4명	18	83	-	-	-
654			8	25화 13:00	晴	觀 岳	4	丁炅錫	김 원, 나상기	18	92	-	-	-
655			9	29토 12:12	晴	昌 原	4	李相守	조해녕, 최상철	18	82	-	-	-
656			10	30일 8:50	晴	同	4	同	同	18	88	-	-	-
657		11	1	6일 8:06	晴	八 峰	8	金鍾圭	나상기, 김 원, 이실장, 최국장, 김국장, 이국장	18	88	-	-	-
658			2	9수 8:00	晴	南城臺	4	申邦鉉	김 원, 나상기	18	87	-	-	-
659			3	13일 11:10	晴	漢 陽	7	兪在昭	김원석, 김재완, 강운태, 최상철, 정세욱	18	88	-	-	도화기술
660			4	18금 9:30	晴	朝 鮮	3	李東天	권순복	18	91	-	-	-
661			5	21월 12:00	晴	골 드	3	(金基準)	박봉식, 이창수	18	83	-	-	-
662			6	23수 8:00	晴	88	2	南基洙	-	18	89	-	-	-
663			7	26토 10:00	晴	大 邱	3	慶山商議	장태옥, 조정제	18	93	-	-	-
664			8	27일 9:18	晴	泰 陵	7	朴春培	김병린, 김이환, 이평제, 최상철, 임강원	18	82	-	-	환경대
665		12	1	7수 12:30	晴	南서울	4	姜渭薰	권재호, 김 원	18	87	-	-	덕구회
666			2	11일 12:00	晴	醴 城	4	蔡佳允	현기원, 윤성길	18	92	-	-	-
667			3	18일 10:18	晴	觀 岳	4	徐泰植	김일섭, 김상주, 윤길상, 조동성, 김동진	18	86	-	-	三逸회계
668	1989	1	1	3화 9:30	晴	韓 城	4	金彩潤	김상현, 김 원	18	87	-	-	-
669			2	5목 10:00	晴	儒 城	12	金璟東	정원근, 이광호, 김정년, 조영제, 김종운 외 5명	18	87	-	-	서울대
670			3	12목 10:00	晴	뉴코리아	8	李相守	나상기, 박병주, 강병기, 최상철, 김 원, 주종원	18	90	-	-	풍수회
671			4	15일 8:45	晴	德 坪	4	李松晩	이정구, 황용주	18	91	-	-	-
672			5	19목 11:00	晴	南서울	4	金國承	윤성길, 한인성	18	85	-	-	-
673			6	21토 11:40	晴	大 邱	5	金鍾圭	나상기, 김 원, 장태옥	18	95	-	-	-
674			7	22일 10:00	晴	同	7	朴成達	나상기, 김 원, 장태옥, 최병린, 이국장	18	95	-	-	대구시장
675		2	1	2목 8:30	晴	南水原	4	-	양재의, 김정도, 이상이	18	96	-	23	-
676			2	4토 14:00	晴	골 드	4	鄭世彩	이송만, 이정구	18	90	-	-	고려증권3홀리이터
677			3	7화 11:00	晴	第 一	4	羅相紀	임사빈, 이상용	18	82	-	-	공휴일

回順	年度	月	次順	日/時	日氣	골프場	參席者(명)	스폰서姓名	同 行 者 姓 名	運動量(홀)	得點	受賞	負擔(千원)	備考
678	1989	2	4	10금 8:00	晴	南서울	4	權在浩	강위훈, 김 원	18	80	-	-	싱글 德丘會
679			5	11토 13:00	晴	第 一	4	李相守	나상기, 서정만	18	84	-	-	-
680			6	12일 12:30	晴	淸州空	4	-	김광득, 조치현, 최우식	18	96	-	45	-
681			7	15수 8:00	晴	南서울	4	尹相天	김 원, 황귀암	18	85	-	-	京仁 에너지
682			8	19일 12:45	晴	大 邱	9	金鍾圭	나상기, 강병기, 황명찬, 김 원, 서성만, 장태옥	14	89	-	-	-
683			9	20월 10:45	晴	蔚 山	6	金學魯	김 원, 서의택, 이사장, 정사장	18	91	-	-	-
684			10	22수 8:00	晴	뉴서울	4	-	임강원, 박종화, 최상철	18	92	-	41	-
685			11	23목 13:00	晴	泰 光	4	李 炫	이세무, 이의관	18	86	-	-	-
686			12	26일 12:36	晴	88	8	(中大理事長)	황용주, 전영춘, 김 원, 박병주, 박경환 외 2명	18	93	근접상	-	(재일교포)
687		3	1	1수 10:30	晴	同	4	南基洙	김민하 부부	18	92	-	-	3.1절
688			2	5일 13:00	晴	뉴코리아	3	羅相紀	서정만	18	85	-	-	-
689			3	24금 12:00	雨	南서울	6	金鍾圭	나상기, 강병기, 김 원, 황명찬,	18	81	-	-	싱글
690			4	25토 13:20	晴	플라자	3	尹相天	황귀암	18	87	-	-	-
691		4	1	1토 13:30	晴	로 얄	4	禹社長	나상기, 김부시장(의정부)	18	92	-	-	建築士
692			2	5수 11:00	晴	南水原	4	-	정원근, 심경구, 신의철	18	94	-	50	식목일
693			3	16일 11:00	雨	醴 城	9	朴時煥	김학호, 신우석, 윤성길, 서성한, 구서장 외 2명	18	87	-	-	-
694			4	18화 14:00	晴	韓 城	4	權純福	김성배 부부	18	92	-	-	-
695			5	19수 12:00	晴	南서울	3	金昌善	김 원	18	88	-	-	-
696			6	21금 8:00	晴	뉴코리아	12	李太洋	나상기, 강병기, 백세현, 김 원, 최상철 외 5명	18	96	-	-	-
697			7	25화 8:40	晴	中 部	3	鄭源根	박봉식	18	91	-	-	서울대
698			8	30일 9:30	晴	골 드	4	全錫永	임강원, 박종화	18	85	-	-	-
699		5	1	5금 14:00	晴	第 一	8	吳雄錫	이회장, 임강원, 이인원, 음성직, 주종원, 여홍구	18	83	-	-	어린이날
700			2	6토 11:30	晴	同	8	卞 鐸	김학호, 정도영, 이세무, 신우식, 김정룡, 윤성길	18	88	-	-	-
701			3	7일 6:50	晴	觀 岳	4	李太洋	최상철, 황용주	18	88	-	-	-
702			4	19금 14:00	晴	八 公	13	金鍾圭	박병주, 김 원, 최상철, 조정제, 황명찬 외 5명	14	90	-	-	風水會
703		6	1	1목 14:15	晴	Long View	3	辛奉柱	이정진	18	90	-	-	美國
704			2	3토 12:08	晴	Univ. of Maryland	3	李正典	김 원	18	93	-	-	美國
705			3	4일 13:00	晴	Hunt Valley	2	辛奉柱	-	18	84	-	-	후반美國人夫婦
706			4	18일 7:30	晴	水 原	7	金利煥	최상철, 한양수, 권 완, 구자윤, 강말길(희성)	18	85	-	-	-

回順	年度	月	次順	日/時	日氣	골프場	參席者(명)	스폰서 姓名	同 行 者 姓 名	運動量(홀)	得點	受賞	負擔(千원)	備考
707	1989	6	5	24토 10:00	暴雨	朝 鮮	11	龜尾商議	김 원, 주종원, 장태욱, 문대식, 박진용 외 5명	9	95	-	-	-
708		7	1	1토 8:30	晴	大 邱	12	金鍾圭	안충영, 김 원, 강병기, 이순택, 서정만 외 5명	18	85	-	-	-
709			2	2일 10:00	晴	醴 城	12	權五奭	구서장, 김학호, 현기원, 조용희, 이창교 외 5명	18	83	-	-	-
710			3	7금 7:00	晴	東서울	2	金昌善	-	18	86	-	-	-
711			4	14금 8:00	晴	뉴서울	4	-	임강원, 이정진, 박종화	18	94	-	84	환경대
712			5	16일 15:00	雨	儒 城	4	金壽鎭	정세욱, 한양수	18	89	-	-	-
713			6	17월 15:30	晴	安 養	7	土開公	이상희, 최동섭, 이송만, 심찬섭, 박정희, 박창근	18	93	-	-	제헌절
714			7	19수 7:00	晴	東서울	6	-	강병기, 박병주, 백세현, 김 원, 주종원	18	91	-	52	풍수회
715			8	26수 6:30	晴	南서울	4	權在浩	강위훈, 김 원	18	87	-	-	덕구회
716		8	1	2수 7:00	晴	同	4	全炳宇	임강원, 최상철	18	95	-	-	-
717			2	5토 13:36	晴	大 邱	6	金鍾圭	정충검, 강병기, 박병주, 김 원	18	86	-	-	-
718			3	10목 7:06	晴	中 文	5	土開公	최동섭, 박정희, 허재영, 심찬섭	18	88	-	-	토개공
719			4	17목 10:00	晴	水 原	6	康炳基	김의원, 황용주, 황명찬, 주종원	18	91	-	-	풍수회
720			5	20일 10:00	晴	醴 城	9	店村팀	고정환, 구종태, 현기원, 권오석, 김 원, 신희진 외 2명	18	94	-	-	-
721		9	1	2토 8:00	晴	大 邱	4	土開公	최동섭, 박정희, 심찬섭	18	90	-	-	경북출장
722			2	3일 7:30	晴	伽 倻	5	同	최동섭, 박정희, 심찬섭, 허재영	18	97	-	-	경남출장
723			3	5화 8:00	晴	通度寺	4	同	최동섭, 박정희, 심찬섭	18	89	-	-	부산출장
724			4	8금 9:00	晴	安 養	4	서울市廳	김경동, 김성배, 정광모	18	90	-	-	시정개혁위
725			5	9토 15:45	晴	골 드	4	金永實	김 원, 심경구	18	83	-	-	문일고교장
726			6	10일 11:45	晴	南서울	3	(卞 鐸)	황원탁, 이운하(정우개발)	18	87	-	-	-
727			7	16토 7:25	晴	뉴서울	4	愼富鏞	임강원, 송병락	18	87	-	-	-
728			8	20수 8:45	晴	驪 州	52	黃義文	이동녕, 신희진, 황의문, 권오석, 조용희 외 47명	18	80	-	-	싱글,서울, 점촌합동
729			9	23토 8:45	晴	韓 城	4	李相守	김 원, 김명년	18	92	-	-	-
730			10	27수 7:00	雨	南서울	4	姜渭薰	권재호, 김 원	18	87	-	-	덕구회
731		10	1	6금 8:30	晴	江陵空	7	(江陵市長)	박병주, 강병기, 김 원, 곽영훈, 유희열, 안재근	14	90	-	-	-
732			2	13금 6:30	雲	韓 城	9	李相守	김명년, 강병기, 김 원, 조정제, 주종원 외 2명	18	93	-	-	풍수회
733			3	15일 9:18	晴	觀 岳	4	卞 鐸	김정도, 양재의	18	96	-	-	-
734			4	16월 10:00	晴	泰 光	4	-	임강원, 박종화, 양윤재	18	90	-	-	서울대공휴
735			5	18수 10:40	晴	釜 山	4	金學魯	김 원, 서의택	18	94	-	-	-
736			6	24화 7:45	晴	中 部	4	金昌善	김 원, 황명찬	18	91	-	-	-
737		11	1	1수 7:35	晴	同	4	兪 浣	김 원, 박병주	18	94	-	-	-
738			2	3금 7:00	晴	플라자	6	朴炳柱	강병기, 김 원, 황명찬, 최상철	18	85	메달리스트	-	풍수회 학생의날

回順	年度	月	次順	日/時	日氣	골프場	參席者(명)	스폰서 姓名	同行者姓名	運動量(홀)	得點	受賞	負擔(千원)	備考
739	1989	11	3	5일 13:00	雨	第一	7	硏修院	이판석, 나승포, 최상철, 정세욱 외 2명	18	85	-	-	연수원
740			4	8수 12:25	晴	陽智	4	-	임강원, 양윤재, 박종화	18	88	-	-	환경대
741			5	11토 9:05	晴	東草	15	金在城	김 원, 최상철, 서의택, 한근배, 장태옥 외 8명	18	89	행운상	-	부산인
742			6	21화 7:10	晴	南서울	4	權在浩	강위훈, 김 원	18	97	-	-	덕구회
743			7	23목 12:24	晴	安養	4	朴賢奎	박일재, 장인숙	18	97	-	-	해사문제연
744			8	26일 12:48	晴	골드	11	建設次官	박병주, 강병기, 김 원, 유상열, 김의원 외 4명	18	82	-	-	이형구
745		12	1	2토 11:00	晴	第一	8	李太教	이광호, 조영제, 권숙일, 선우중호, 김상주, 김선구	18	84	-	-	서울대
746			2	5수 8:30	晴	蔚山	5	蔚山市廳	김 원, 김학로, 정세욱, 최창호	18	85	-	-	-
747			3	9토 10:30	晴	國際	7	白世鉉	강병기, 주종원, 김 원, 강위훈, 홍성웅	18	90	메달리스트	55	풍수회
748			4	15금 8:42	晴	뉴서울	3	全敬守	임강원	18	87	-	-	-
749	1990	1	1	11목 7:30	晴	八峰	5	土開公	최동섭, 오일랑, 허재영, 심찬섭	18	91	-	-	토개공
750			2	12금 7:30	晴	光州	5	同	同	18	89	-	-	同
751			3	20토 8:30	晴	儒城	6	盧相善	한영환, 최상철, 황용주, 김기옥	18	86	-	-	대전도시국장
752			4	23화 9:30	晴 -12℃	大邱	6	金鍾圭	박병주, 김 원, 최상철, 장태옥	18	94	-	-	-
753		2	1	11일 8:40	晴	南城臺	8	曺宇鉉	윤학열, 김익영, 김학철, 정연수, 이의관, 신희진	18	87	-	-	-
754			2	13화 7:30	晴	儒城	3	土開公	최동섭, 심찬섭	18	85	-	-	충남출장
755			3	14수 7:30	晴	清州	3	同	同	18	93	-	-	충북출장
756		3	1	9금 9:18	晴	中部	4	-	황명찬, 임강원, 백상걸	18	86	-	57	-
757			2	11일 12:18	雨	골드	4	金利煥	김창년, 변휘철	18	85	-	-	-
758			3	20화 12:30	晴	水原	4	嚴彩永	주종원, 박병주	18	96	-	-	-
759			4	30금 8:00	晴	國際	7	安忠榮	김 원, 강병기, 박병주, 최상철, 강위훈	18	89	우승	-	풍수회
760		4	1	6금 8:00	晴	中部	4	兪 浣	김 원, 주종원	18	89	-	-	-
761			2	8일 12:30	晴	儒城	6	權泰完	권이혁, 박승덕, 유희열, 안충영	18	80	-	-	싱글
762			3	15일 10:00	晴	플라자	4	權在浩	김 원, 황상구(부장검사)	18	88	-	-	-
763			4	27금 14:00	晴	뉴서울	24	林相夏	문우회원 24명	18	95	-	42	문우회
764			5	29일 10:15	晴	漢陽	4	金利煥	김수학, 이상희	18	86	-	-	-
765		5	1	1화 12:00	晴	水原	3	嚴彩永	임강원	18	90	-	-	-
766			2	5토 11:25	晴	儒城	3	科學技術會	김영욱, 최영복	18	89	-	-	-
767			3	9수 8:00	晴	雪嶽	3	土開公	오일랑, 심찬섭	18	81	-	-	싱글 토개공

回順	年度	月	次順	日/時	日氣	골프장	參席者(명)	스폰서姓名	同行者姓名	運動量(홀)	得點	受賞	負擔(千원)	備考
768	1990	5	4	12토 14:00	晴	道高	8	權達洙	박병주, 김 원, 주종원, 방회장, 노국장, 성사장	18	83	-	-	국회의원
769			5	23수 10:18	晴	釜山	3	金學魯	김 원	18	97	-	-	-
770			6	27일 10:00	晴	道高	3	申邦鉉	최상철	18	83	-	-	-
771			7	29화 14:24	晴	水原	3	嚴彩永	임강원	18	91	-	-	-
772		6	1	2토 14:20	晴	大邱	5	金鍾圭	김 원, 박병주, 최상철	18	85	-	-	-
773			2	6수 9:57	晴	清州	4	金炯柱	김영세, 주종원	18	81	-	-	싱글 현충일
774			3	10일 7:00	晴	觀岳	4	李太洋	임강원, 정세욱	18	94	-	-	-
775			4	16토 9:00	晴	플라자	6	洪承寬	최병선, 최상철, 양윤재, 박종화	18	90	-	-	-
776			5	27수 8:00	晴	同	9	朴炳柱	강병기, 주종원, 김 원, 최상철, 유 완, 김창호, 강위훈	18	90	메달리스트	-	풍수회
777			6	30토 7:00	晴	陽智	3	金源	유 완	18	89	-	-	-
778		7	1	1일 12:12	晴	플라자	4	李相守	박병주, 최상철	18	98	-	-	-
779			2	18수 10:30	晴	水原	7	郭, 朴	주종원, 최상철, 강위훈, 안충영	13	90	메달리스트	-	-
780			3	24화 8:00	晴	陽智	3	成斗永	김홍인	18	90	-	60	-
781			4	28토 11:00	晴 34℃	中文	4	尹昌完	송승필, 박동환(미국교수)	18	89	-	-	-
782		8	1	2목 9:00	晴	플라자	7	(李相守)	황용주, 주종원, 강병기, 박병주, 강위훈, 최상철	18	98	장타상	-	풍수회
783			2	8수 8:18	晴	뉴서울	3	林岡源	박종화	18	94	-	-	환경대
784		9	1	5수 8:30	晴	同	3	同	강승필	18	95	-	-	-
785			2	8토 8:25	晴	同	4	鄭鐘晩	김 원, 임상하	18	93	-	-	-
786			3	10월 13:10	晴	臺灣高爾夫	4	元濟戊	김 원, 서의택	18	95	-	-	臺灣
787		10	1	12금 8:18	晴	韓城	4	趙正濟	김 원, 김영섭	18	90	-	-	-
788			2	24수 9:00	晴	伽倻	3	金學魯	김 원	18	94	-	-	-
789			3	28일 10:30	晴	儒城	3	林岡源	황용주	18	95	-	-	-
790		11	1	8목 13:36	晴	安養	3	朴鐘和	임강원	18	91	-	-	-
791			2	9금 7:30	晴	中部	7	趙正濟	주종원, 김 원, 황명찬, 강위훈, 유 완	18	92	메달리스트	20	풍수회
792			3	19월 11:30	雨	뉴코리아	7	李相守	이규호, 박병주, 김 원, 김의원, 조정제	18	90	-	-	-
793			4	25일 7:30	雨	光州	10	鄭明煥	박병주, 최상철, 김 원, 권순복, 장형태 외 3명	18	96	-	-	동명상무
794			5	28수 8:00	晴	陽智	4	兪浣	주종원, 조정제	18	90	-	-	-
795		12	1	1토 9:00	晴	朝鮮	6	丁副社長	박병주, 김종규, 장태옥, 박제우(경주상의 회장)	18	91	-	-	도투락
796			2	4화 8:30	晴	觀岳	4	賈甲孫	김 원, 여홍구	18	94	-	-	진로사장
797			3	8토 7:30	晴	中部	9	金鍾圭	주종원, 최상철, 황명찬, 조정제, 유 완, 강위훈 외 1인	18	88	행운상	-	풍수회

回順	年度	月	次順	日/時	日氣	골프場	參席者(명)	스폰서 姓名	同行者姓名	運動量(홀)	得點	受賞	負擔(千원)	備考
798	1990	12	4	13금 8:20	晴	中部	3	黃明燦	김 원	18	90	-	-	-
799			5	22토 10:00	雪	觀岳	4	嚴彩永	임강원, 양윤재	18	90	-	-	-
800	1991	1	1	19토 10:30	晴	大邱	8	金鍾圭	김 원, 박병주, 장태옥, 김대웅, 공장표, 김철수	18	99	-	-	감기중
801		3	1	29금 10:00	晴	中部	9	金秉麟	주종원, 최상철, 김 원, 김의원, 장병구, 강위훈, 유 완	18	92	우승	-	풍수회
802		4	1	19금 11:00	晴	Hamburg Bornbek	2	金英世	-	18	105	-	-	독일
803			2	28일 13:00	晴	伽倻	10	李相守	이규호, 김 원, 강병기, 주종원, 박병주, 이홍구, 서의택, 황명찬	18	90	3등상	-	-
804		5	1	2목 9:30	雲	龍坪	5	(金溟來)	김 원, 조정제, 임강원, 강승필	18	94	-	-	강릉상의회장
805			2	7화 8:18	晴	뉴서울	3	盧萬永	임가원	18	96	-	-	-
806			3	16목 10:20	晴	뉴서울	3	金學魯	김 원	18	94	-	-	-
807			4	31금 7:30	晴	鷄龍臺	3	金璟東	김 원	18	97	-	-	-
808		6	1	1토 13:12	晴	忠州	5	-	김학철, 조우현, 채근식, 이의관	18	90	-	70	-
809			2	14금 7:30	晴	레이크사이드	9	李太洋	김 원, 박병주, 강병기, 주종원, 강위훈, 최상철, 조정제	18	89	메달리스트	-	풍수회
810			3	18화 7:30	晴	뉴서울	3	林岡源	박종화	18	92	-	-	-
811			4	25화 6:30	晴	레이크사이드	8	(鄭茂鏞)	김 원, 박병주, 강병기, 강위훈, 주종원, 조정제, 황용주	18	92	-	-	풍수회
812		7	1	3수 8:00	晴	U.S.C.C.	2	-	김 원	18	90	-	30	Berlin
813			2	11목 16:30	晴	Bornbek	2	金英世	-	18	95	-	-	Hamburg
814			3	12금 8:00	晴	同	2	(妻 弟)	김종선	18	95	-	-	同
815			4	23화 10:30	晴	大邱	4	金鍾圭	김 원, 장태옥	18	98	-	-	-
816		8	1	3토 8:30	晴	朝鮮	3	朴會長	장태옥, 문종호	18	98	-	-	경주상의
817			2	4일 7:10	晴	安養	4	徐柱仁	조정제, 정시전	18	101	-	-	제1합성
818			3	10토 14:10	晴	烏山(翰園)	4	嚴彩永	전성환, 진홍균	18	96	-	-	-
819			4	14수 7:06	晴	레이크사이드	9	金守根	조정제, 박병주, 황용주, 김의원, 최상철, 주종원, 강위훈	18	89	준우승	-	풍수회
820			5	18일 14:00	晴 32℃	國際	3	朴演守	정세욱	18	90	-	-	-
821			6	20화 7:18	晴 32℃	레이크사이드	3	趙正濟	신방현	18	90	-	-	-
822		9	1	4수 6:24	雲雨	뉴서울	3	林岡源	박종화	18	97	-	-	싱글
823			2	6금 7:00	霧	八公	3	金鍾圭	김경동	18	101	-	-	-
824			3	12목 14:24	晴	裡里	3	金璟東	강창순	18	95	-	-	-
825			4	14토 13:36	晴	레이크사이드	16	安相英	김 원, 박병주, 황용주, 조정제, 강병기, 최상철 외	18	91	우승	-	풍수회
826			5	15일 10:36	晴	第一	4	李松晩	유종해, 이정구	18	88	-	-	-

回順	年度	月	次順	日/時	日氣	골프場	參席者(명)	스폰서姓名	同行者姓名	運動量(홀)	得點	受賞	負擔(千원)	備考
827	1991	9	6	17화 6:00	晴	江陵(飛)	3	白承哲	김경동	18	95	-	-	-
828			7	19목 13:18	晴	레이크사이드	3	權忠善	김 원, 박병주	18	85	-	-	-
829		10	1	4금 8:00	晴	泰 陵	3	盧椿熙	조정제	18	94	-	-	-
830			2	8화 11:30	晴	水 原	4	李昌淳	김경동, 김원	18	86	-	-	-
831			3	15화 7:18	晴	레이크사이드	3	申邦鉉	조정제	18	88	-	-	-
832			4	19토 8:30	晴	醴 城	10	姜寶永	김 원, 박병주, 강병기, 조정제, 장태욱, 김학로, 권순복	18	92	-	-	安東행사
833			5	20일 6:24	晴	南서울	4	(吳成洙)	정세욱, 황용주, 김 원	18	88	-	-	-
834			6	23수 9:00	晴	釜 山	4	李光太	김 원, 김학로	18	88	-	-	-
835			7	24목 7:45	晴	뉴서울	4	嚴彩永	임강원, 양윤재	18	94	-	-	-
836			8	25금 7:30	晴	同	10	金鍾圭	김 원, 강병기, 강위훈, 박병주, 황용주, 최상철, 조정제, 김수근	18	92	3등	-	풍수회
837			9	27일 7:25	晴	器 興	8	尹漢道	정세욱, 최상철, 조영택, 정 영, 예강환, 박상홍	18	87	-	-	연수원
838		11	1	6수 8:42	晴	韓 城	6	金 源	조정제, 유 완, 여홍구, 양윤재	18	91	-	-	-
839			2	8금 7:30	晴	88	10	盧萬永	조정제, 박병주, 최상철, 강병기, 강위훈, 양동양 외 2명	18	90	장타상	-	풍수회
840			3	10일 7:45	晴	器 興	8	尹漢道	정세욱, 최상철, 조영택, 정 영, 예강환, 박상홍	18	90	-	-	연수원
841			4	29금 7:00	晴	골 드	9	林相夏	박병주, 강병기, 김 원, 주종원, 양동양 외 2명	18	86	우승	-	풍수회
842		12	1	6금 8:30	晴	골 드	9	梁東陽	박병주, 강병기, 김 원, 최상철, 임상하 외 2명	18	89	3등	-	同
843			2	8일 8:12	晴	南서울	7	許泰烈	이판석, 정세욱, 최상철, 임 백, 이부장	18	89	-	-	내무부
844			3	21토 9:12	晴	安 養	6	金 源	김영섭, 최상철, 조정제, 유종해	18	88	-	-	수자원팀
845			4	22금 9:24	晴	뉴서울	4	李太洋	심대평, 황용주	18	87	-	-	-
846	1992	1	1	26일 10:40	晴	清 州	7	李太敎	김 원, 조정제, 김영섭, 최상철, 송화영	18	91	-	-	수자원팀
847			2	30목 12:24	晴	中 部	4	兪 浣	김 원, 조정제	18	83	-	-	-
848		3	1	1일 8:30	晴	Gold	4	-	김정도, 양재의, 임전무	18	94	-	95	-
849			2	6금 9:00	晴	中 部	3	黃明燦	조정제	18	92	-	80	-
850			3	22일 9:45	晴	第 一	4	呂鴻九	김 원, 주종원	18	88	-	-	-
851		4	1	1수 13:25	晴	뉴서울	4	林岡源	박종화, 유병림	18	92	-	56	-
852			2	4토 11:42	晴	Lakeside	8	洪誠杓	원제무, 신정철, 송원방, 박종화, 임강원, 유병림	18	90	-	-	-
853			3	5일 15:00	晴	Club700	4	許 統	김 원, 조정제	18	93	-	-	-
854			4	10금 10:30	風雨	吾 羅	3	(濟州市)	강병기, 김 원	18	97	-	-	중앙도 시위
855			5	12일 11:25	晴	南 部	4	李世茂	정연수, 윤성길	18	97	-	-	-

回順	年度	月	次順	日/時	日氣	골프場	參席者(명)	스폰서 姓名	同行者姓名	運動量(홀)	得點	受賞	負擔(千원)	備考
856	1992	4	6	23목 8:00	晴	蔚山	4	李光泰	김 원, 김학로	18	91	-	-	-
857			7	26일 8:00	晴	儒城	10	大田市廳	김 원, 주종원, 양동양, 김종욱, 부시장, 실장, 국장 등	18	89	-	-	중앙도 시위
858			8	29수 12:30	晴	中部	7	洪誠杓	박병주, 김 원, 주종원, 여홍구, 유 완	18	85	-	-	-
859		5	1	3일 13:00	晴	儒城	12	大田市廳	허태열, 정세욱, 한원택, 박윤흔, 부시장, 실국장 등	18	93	-	-	자치단
860			2	10일 12:45	晴	伽倻	8	金海市長	허태열, 정세욱, 한원택, 곽만섭, 시장, 군수 등	18	96	-	-	同
861			3	14목 14:20	晴	韓城	4	洪瑛基	최상철, 박영로	18	88	-	-	-
862			4	15금 6:42	晴	뉴서울	4	兪 浣	박병주, 강병기	18	87	-	-	-
863			5	16토 8:40	晴	南서울	4	張鐘鉉	김 원, 신방현	18	88	-	-	-
864			6	27수 9:12	晴	東草	4	金乙宰	김 원, 김학로	18	96	-	-	-
865		6	1	7일 14:36	晴	Plaza	4	邊徽哲	김 원, 최병태	18	89	-	-	-
866			2	10수 11:42	晴	南서울	4	金璟東	조영제, 정원근	18	91	-	-	-
867			3	16화 13:42	晴	伽倻	6	金芝鉉	김학로, 김시현, 백상기, 윤병태	18	88	-	-	-
868			4	24수 7:30	晴	Lakeside	11	鄭賢滿	김의원, 박병주, 강병기, 주종원, 김 원, 조정제, 양동양, 임상하 외	18	85	-	-	풍수회
869			5	28일 11:30	晴	南部	4	李世茂	정연수, 이 현	18	88	-	10	-
870		7	1	1수 8:12	晴	陽智	4	鄭源根	조영제, 김경동	18	87	-	-	-
871			2	2목 13:54	晴	뉴서울	4	盧萬永	임강원, 유병림	18	97	-	-	-
872			3	4토 8:36	晴	南서울	3	張鐘鉉	김 원	18	90	-	-	-
873		8	1	15토 13:12	晴	뉴코리아	4	李相根	장병구, 문창수	18	96	-	-	-
874		9	1	10목 7:45	晴	楊洲	4	厖光錫	장병구, 문창수	18	96	-	-	-
875			2	13일 8:15	晴	泰光	4	盧椿熙	김대영, 허언도	18	92	-	-	-
876			3	26토 13:00	晴	Lakeside	8	(金守根)	김 원, 박병주, 조정제, 주종원, 강위훈, 양동양, 임상하	18	90	메달리스트	-	풍수회
877		10	1	3토 11:13	雨	春川	4	本 人	김진선, 김 원, 조정제	18	95	-	-	강릉팀
878			2	11일 10:45	晴	Gold	4	卞 鐸	이상희, 정우일	18	89	-	-	-
879			3	18일 6:45	晴	韓城	4	呂鴻九	김 원, 조정제	18	90	-	-	-
880			4	25일 12:30	晴	八公	4	崔達坤	유종해, 김영섭	18	95	-	-	-
881		11	1	8일 7:40	晴	器興	4	嚴彩永	김영환, 한철종	18	86	-	-	-
882			2	29일 11:30	晴	東서울	11	- (卞 鐸)	백종갑, 박인영, 윤성기, 이세무, 이상이, 김지훈, 서성한, 서 황	18	84	-	-	영강회
883		12	1	2수 8:28	晴	通度寺	4	朴洪九	김학로, 박동천	18	94	-	-	-
884			2	6일 11:36	雨	Plaza	4	兪 浣	조정제, 김 원	18	91	-	-	-
885	1993	1	1	31일 10:30	晴	道高	4	李秉吉	신방현, 이사장	18	97	-	-	-
886		2	1	14일 7:45	晴	第一	4	曺海寧	김수학, 김 원	18	88	-	-	-
887		7	1	5월 7:30	晴	美Baker's	2	本 人	문병기	18	86	-	40	미국
888			2	7수 7:45	晴	美Forest	4	-	하성규, 김명모, 이현경	18	96	-	32	미국
889			3	11월 7:40	晴	美 Pine	4	-	하성규, 김중환, 염재선	18	92	-	32	미국

回順	年度	月	次順	日/時	日氣	골프場	參席者(명)	스폰서 姓名	同 行 者 姓 名	運動量(홀)	得點	受賞	負擔(千원)	備考
890	1993	10	4	28수 8:30	晴	Kolon	2	金壽鶴	-	18	95	-	-	-
891		11	1	28일 8:45	晴	第 一	4	呂鴻九	김 원, 조정제	18	98	-	-	-
892	1994	6	1	8수 10:00	晴	美 Forest	4	金永來	진 념, 장길원	18	91	-	-	미국
893		8	1	6토 6:00	晴	水 原	4	白守信	정연수, 이 현	18	95	-	-	35℃
894		9	1	1목 8:22	晴	泰 榮	4	金環東	정원근, 노태근	18	91	-	-	-
895			2	17토 13:24	晴	第 一	4	卞 鐸	정연수, 이세무	18	95	-	20	-
896			3	18일 9:00	晴	南 部	4	梁在賢	유병림, 손석호	18	95	-	-	-
897		10	1	3월 7:12	細雨	뉴서울	4	林岡源	박종화, 양윤재	18	91	-	-	-
898			2	30일 11:10	晴	南 江	10	(高睦動)	임상하, 박병주, 강병기, 주종원, 김의원, 강위훈, 양동양, 김수근	18	92	-	-	풍수회 (미개장)
899		11	1	6일 12:45	晴	泰 榮	11	卞 鐸	이세무, 윤성길, 황원탁, 고진태, 김형선, 이상이, 김정도, 신국환	18	92	-	-	문경인
900			2	13일 12:00	晴	泰 榮	3	嚴彩永	임강원	18	97	-	-	-
901			3	23수 12:40	晴	南光州	3	張炯泰	권순복	18	91	-	-	-
902		12	1	4일 12:44	初雪	昆池岩	4	金利煥	임강원, 최상철	18	89	-	-	-
903			2	11일 12:05	晴	泰 榮	19	朴仁遠	변 탁, 윤성길, 박병웅, 천기호, 신국환, 백종갑 등	18	90	-	-	문경인
904	1995	1	1	17화 13:00	晴	吾 羅	3	(大林)	노정현, 강문규	18	96	-	-	-
905			2	25수 8:45	晴	韓 城	3	朴永旭	김영섭	18	95	-	-	-
906		2	1	11토 11:45	晴	信 元	4	盧正男	노정현, 한원택	18	92	-	-	-
907		3	1	1수 7:42	晴	中 部	4	金澤龍	최상철, 김우성	18	89	—	-	-
908			2	23목 13:30	晴	中 部	13	同	최상철, 박병주, 강병기, 김 원, 양동양, 강위훈 등	18	89	메달리스트	-	풍수회
909			3	25토 10:00	晴	友 情	4	金滿載	권오균, 오재완	18	96	-	-	-
910			4	26월 13:35	晴	第 一	4	黃鏞周	김재철, 박상규	18	86	-	-	-
911		4	1	1토 7:50	晴	觀 岳	3	嚴彩永	유 완	18	99	-	-	-
912			2	9일 12:37	晴	泰 榮	4	金環東	조영제, 임강원	18	94	-	-	-
913		5	1	4목 11:10	晴	信 元	4	朴守永	박병주, 김 원	18	89	-	-	-
914			2	6토 8:35	晴	Expo	4	金滿載	신방현, 권오균	18	84	-	-	-
915			3	23화 7:00	晴	朝 鮮	4	李石壽	임회장, 전사장	18	93	-	-	-
916			4	28일 5:12	晴	南서울	7	金武雄	임강원, 최상철, 양윤제, 유병림, 박종화	18	91	-	-	-
917			5	30화 7:50	晴	陽 智	4	兪炳林	정경상, 허영환	18	91	-	-	-
918		6	1	3토 9:15	細雨	中 央	8	權五均	신방현, 김만재, 정낙현 등	18	92	-	-	-
919			2	8목 12:36	晴	楊 州	4	金 鐵	주영택, 김태욱	18	86	-	-	-
920		7	1	6목 9:00	晴	中 央	22	-	백찬기 등	18	95	행운상	76	문우회
921		8	1	8화 8:00	晴	淸 州	4	蔡賢植	신방웅, 김 원	18	96	-	-	-
922			2	14월 10:30	晴	忠 州	59	卞 鐸	정도영, 박인원, 김형선, 천기호 등	18	87	-	-	문경인
923		9	1	8금 6:00	晴	南城臺	4	尹宇吉	김 원, 여홍구	18	100	-	-	-

回順	年度	月	次順	日/時	日氣	골프場	參席者(명)	스폰서 姓名	同 行 者 姓 名	運動量(홀)	得點	受賞	負擔(千원)	備考
924	1995	10	1	3화 11:12	晴	中 部	4	林岡源	이수성, 최송화	18	87	-	-	-
925		11	1	4토 8:30	晴	南城臺	4	呂鴻九	김 원, 곽소장	18	96	-	-	-
926			2	12일 12:10	晴	골 드	4	金德永	장병구, 연구현	18	91	-	-	-
927			3	18토 8:30	晴	南城臺	4	趙英濟	임강원, 최상철	18	88	-	-	-
928		12	1	3일 10:00	晴	華 山	8	朴炳柱	임상하, 최상철, 황용주, 김 원, 강위훈 등	18	98	-	-	풍수회
929			2	11월 9:40	晴	EXPO	8	權五均	여홍구, 김만재 등	18	91	-	-	-
930			3	17일 8:00	風多	Hilton	8	-	김덕영, 김 원, 정세욱, Las Vegas 교포 등	18	94	-	70	미국Las Vegas
931	1996	1	1	20토 10:15	晴	淸 州	11	李相錄	이홍구, 강병기, 김 원, 원제무, 홍성표, 신방웅, 강형기 외 2명	18	94	-	-	-
932		2	1	21수 12:30	晴	南 部	3	兪炳林	최상철	18	92	-	-	-
933		3	1	1금 8:35	晴	88	4	-	이상이, 김정도, 박종범	18	85	-	130	雪上
934			2	15금 11:30	雲	芝 山	8	朴炳柱	강병기, 최상철, 양동양, 임상하, 강위훈, 김수근	18	90	메달리스트	-	풍수회
935		4	1	12금 8:20	晴	昆池岩	7	會 費	양윤재, 박종화, 최상철 부부, 유병림 부부	18	90	-	140	EGO회
936			2	19금 11:45	晴	南 江	3	梁東陽	최상철	18	88	-	-	풍수회
937		5	1	4토 6:30	雨	南城臺	4	姜渭薰	김 원, 윤우길	18	87	-	-	-
938			2	19일 8:06	晴	泰 光	4	金永燮	유종해, 김 원	18	86	-	-	-
939			3	31금 9:00	32℃	信 元	7	會 費	박종화, 양윤재, 유병림 부부, 부인 2명	18	97	-	140	EGO회
940		6	1	22토 8:30	晴	陽 智	7	會 費	양윤재, 박종화, 최상철 부부, 유병림 부부	18	91	-	140	EGO회
941		7	1	12금 13:30	晴	Korea	10	郭正煥	박병주, 강병기, 황용주, 양동양, 김수근, 유 완, 박명근, 권만영	18	85	장타상	-	풍수회
942			2	17수 6:15	晴	淸 州	8	李相錄	박병주, 강병기, 김 원, 신방웅, 김대웅, 권상준	18	88	-	-	현충일
943		9	1	7토 11:06	晴	一東 Lake	3	洪誠寬	유병림	18	93	-	-	-
944			2	8일 11:25	晴	골 드	4	南斗熙	김종모, 한형문	18	89	-	-	-
945		10	1	17목 9:30	晴	龍 院	4	金伸宰	김 원, 김학로	18	95	-	-	鎭海
946	1997	3	1	13목 10:00	晴	南 部	4	孫雲翼	노춘희, 이창훈	18	93	-	-	-
947			2	30일 10:20	晴	伽 倻	7	朴鍾德	송은복, 김경환, 최상철, 양동양, 오교수	18	104	-	-	-
948		4	1	6일 11:00	晴	Riversi-de Oaks	6	동아리會	김영구, 이명길, 김광두, 장현수, 전두환	18	94	-	-	濠洲
949			2	9수 7:30	晴	Sentosa	12	동아리會	송달용, 오원근, 최재희, 박만길, 송신호, 조성원 등	18	93	-	-	싱가포르
950			3	21월 6:45	晴	漢 陽	4	金炳鎭	유종해, 박수영	18	88	-	-	-
951			4	26토 8:25	晴	芝 山	4	林相夏	유병림, 박종화	18	89	-	-	-
952		5	1	8목 7:47	晴	昆池岩	6	會 費	최상철 부부, 유병림 부부, 박종화, 양윤재	18	101	-	140	新規채
953			2	11일 11:00	晴	春 川	4	金宗槿	남두희, 한형문	18	93	-	15	-

回順	年度	月	次順	日/時	日氣	골프場	參席者(명)	스폰서姓名	同行者姓名	運動量(홀)	得點	受賞	負擔(千원)	備考
954	1997	6	1	1일 7:00	晴	陽智	4	李澈九	이훈균, 윤 (동참)	18	90	-	-	멤버데이
955			2	14토 8:25	晴	常綠	6	權五均	김만재, 정낙헌, 박권병, 변학섭	18	96	-	-	32℃
956			3	19목 14:25	晴	南部	8	會費	박종화, 양윤재, 윤영호, 최상철 부부, 유병림 부부	18	90	-	140	EGO
957		7	1	26토 14:30	晴	Cooks Creek	3	姜成勳	인은경 (부인)	18	93	-	-	美國, 35℃
958	1998	5	1	16토 9:44	雨	南江	5	會費	강병기, 양동양, 임상하, 최상철	18	94	-	80	風水會
959		6	1	10수 11:18	晴	水原	3	盧熙植	이영석	18	94	-	-	-
960			2	20토 8:45	晴	新羅	11	金鍾圭	최상철, 강병기, 황용주, 박병주, 조정제 등	18	88	근접상	-	풍수회
961			3	27토 7:15	雲	프린스호텔골프場	14	高位課程	김석준, 조영원, 채일식, 박인구, 김정모 등	18	93	-	-	日本 阿蘇
962		9	1	26토 11:32	晴	南江	7	鄭茂鎔	박병주, 황용주, 최상철, 양동양, 강위훈	18	88	메달리스트	-	風水會
963		10	1	5월 12:13	晴	安養	4	李漢俊	김 원, 여홍구	18	97	-	-	秋夕
964			2	10토 13:18	晴	水原	8	各自	최상철, 유병림, 양윤재, 노화준, 강신택, 이달곤, 김동근	18	95	-	50	環大,行大
965			3	17토 8:03	雲	南江	7	會費	강병기, 박병주, 강위훈, 김수근, 정무용	18	93	-	150	정무용 加入
966		11	1	7토 8:18	雲	中部	4	辛室長	조정제, 김 원, 허 통	18	91	-	-	-
967			2	29일 8:04	晴	長湖院	7	會費	박병주, 임성하, 황용주, 양동양, 정무용, 김수근	18	87	-	80	風水會
968		12	1	4금 10:24	晴	뉴서울	15	서健會	김석준, 유희용, 조영운 등	18	87	妙技賞	-	高位課長
969			2	6일 11:24	晴	韓火 (프라자)	6	各自	강신택, 노화준, 이달곤, 유병림, 임강원	18	92	-	兪炳林 찬조	環大,行大
970	1999	5	1	5수 12:54	晴	南江	7	會費	박병주, 임상하, 황용주, 양동양, 강위훈, 김수근	18	81	-	110	風水會
971			2	20목 12:12	晴	陽智	4	本人	김명세 부부, 황재수	18	96	-	420	-
972			3	22토 8:18	晴	中部	4	權慶九	조정제, 김원용	18	91	-	-	-
973		6	1	5토 11:35	晴	南部	4	盧椿熙	원제무, 이영웅	18	90	-	-	-
974			2	6일 9:45	雲	로얄	8	各自	변 탁, 이동섭, 윤성길, 윤학열, 고진태, 이상이, 김정도	18	91	-	220	同期生
975			3	19토 10:30	晴	新安	8	會費	박병주, 강병기, 황용주, 임상하, 양동양, 조정제, 정무용	18	87	-	130	風水會
976		7	1	16금 11:55	晴	88	12	朴光洵	허화평, 오자복 최평길 등	18	88	-	-	Viagis 맴버
977		8	1	28토 7:45	雲	儒城	12	黃鏞周	박병주, 조정제, 강위훈, 양동양, 박기조, 정무용 등	18	90	-	-	風水會
978		10	1	9토 12:50	晴	Lakeside	8	土地公社	김 원, 조정제, 여홍구, 허재완, 오국환, 우제화, 박환직	18	87	-	-	-
979			2	23토 9:00	晴	常綠	4	黃鏞周	김명석, 이왕기	18	91	-	-	-
980			3	27수 8:12	雲	88	11	朴光洵	허화평, 오자복, 최평욱, 이택형, 최기홍 등	18	87	-	-	-
981		11	1	20토 7:45	雲	昆池岩	12	李相權	박병주, 여홍구, 강병기, 조정제, 임상하, 박기조, 정무일 등	18	94	優勝	-	-
982			2	28일 8:35	晴	泰榮	5	卞鐸	김제윤, 조한유, 오연천	18	95	-	-	-

回順	年度	月	次順	日/時	日氣	골프場	參席者 (명)	스폰서 姓名	同 行 者 姓 名	運動量 (홀)	得點	受賞	負擔 (千원)	備考
983	2000	2	1	19토 13:00	晴	Oak Valley	3	兪 炳 林	박종화	18	92	-	-	-
984		3	1	18토 11:50	晴	Sun Hill	7	各 自	박병주, 황용주, 조정제, 최상철, 양동양, 김수근	18	86	-	120	風水會
985		4	1	1토 11:35	晴	南 部	3	盧 椿 熙	음성직	18	94	-	-	-
986			2	15토 8:20	雲	南 江	11	LG팀	박병주, 임상하, 황용주, 최상철, 강위훈, 여홍구, 조정제 등	18	92	-	-	風水會
987		6	1	17토 9:00	雲	南 江	7	各 自	박병주, 강병기, 황용주, 김수근, 양동양, 정무용	18	92	-	120	風水會
988		9	1	2토 12:00	晴	Pine Creek	12	京東企業	박병주, 황용주, 강병기, 최상철, 양동양, 임상하, 김수근 등	18	89	-	-	風水會
989			2	8금 8:45	雲	梨 浦	4	柳 穆 基	김 원, 조정제	18	94	-	-	-
990		11	1	4토 8:06	晴	Lakeside	10	芮 康 煥	박병주, 김 원, 조정제, 황용주, 양동양, 여홍구, 김수근, 강위훈 등	18	85	-	-	風水會
991			2	18토 12:00	晴	南 江	8	鄭 茂 鎔	박병주, 강병기, 조정제, 최상철, 양동양, 강위훈	18	88	-	-	風水會
992			3	26일 10:45	晴	Adonis	4	柳 穆 基	김 원, 서의택	18	96	-	-	-
993		12	1	9토 11:00	晴	泰 榮	12	卞 鐸	박병주, 김 원, 조정제, 양동양, 최상철, 강위훈, 정무용, 임상하, 김수근	18	88	準優勝	-	風水會
994	2001	3	1	10토 7:20	雲	Lakeside	4	許 在 完	김 원, 서창원	18	93	-	-	-
995		4	1	3화 10:24	晴	泰 光	4	金 利 煥	김 원, 조정제	18	94	-	-	-
996			2	18수 11:33	晴	天 龍	4	禹 哉 永	윤상재, 박권흠	18	96	-	-	-
997			3	21토 7:34	晴	Pine Creek	12	許 統	박병주, 강병기, 임상하, 조정제, 김 원, 김수근, 강위훈 등	18	90	準優勝	-	風水會
998			4	28토 11:18	雲	益 山	4	李 洋 宰	박병주, 이정규	18	89	-	-	-
999		5	1	24목 7:30	晴	뉴 서 울	10	柳 穆 基	박병주, 강병기, 화용주, 조정제, 최상철, 강위훈 등	18	92	-	-	風水會
1,000		6	1	2토 14:00	晴	Adonis	8	徐 義 澤	김 원, 허재완, 송인명, 오교수 등	18	92	-	-	-
1,001		7	1	16월 6:35	雲	益 山	3	李 康 建	이양재	18	98	-	-	-
1,002		10	1	25목 12:11	晴	Korea	8	盧 椿 熙	박병주, 황용주, 임상하, 양동양, 여홍구, 김수근	18	91	-	-	風水會
1,003		12	1	6목 10:52	晴	Pine Creek	13	崔 秉 瑄 元 濟 戊	박병주, 강병기, 황용주, 조정제, 임상하, 최상철, 강위훈, 유 완, 김수근, 정무용	18	98	-	-	風水會
1,004			2	9일 11:45	雲	TGV	8	李 元 鍾	김 원, 여홍구, 강위훈, 전경수, 박창호, 황희연	18	93	-	-	-
1,005			3	15토 11:06	晴	釜 山	4	宋 仁 明	서의택, 김 원	18	92	-	-	-
1,006			4	16일 11:30	晴	芝 山	4	金 敬 姬	김광웅, 강병기	18	95	-	-	-
1,007	2002	3	1	10일 10:30	雲	TGV	4	羅 紀 正	김 원, 신방웅	18	90	-	-	-
1,008			2	21목 7:28	雨	昆 池 岩	12	金 容 鎭	박병주, 강병기, 황용주, 조정제, 양동양, 최상철, 김 원, 여홍구, 강위훈, 정무용	18	90	메달리스트	-	風水會

回順	年度	月	次順	日/時	日氣	골프場	參席者(명)	스폰서姓名	同 行 者 姓 名	運動量(홀)	得點	受賞	負擔(千원)	備考
1,009	2002	4	1	14일 11:30	强風	五 龍	8	李相調	조정제, 김 원, 원제무, 이상생, 이상윤, 홍만수	18	106	-	-	中國丹東
1,010		6	1	7금 10:45	晴	Rievera (舊觀岳)	4	李相調	조정제, 이상윤	18	94	-	-	-
1,011			2	16일 8:45	晴	抱 川 Adonis	4	柳穆基	김 원, 양하백	18	90	-	20	-
1,012			3	27목 11:52	晴	Green Hill	11	金東一(金 源)	박병주, 강병기, 임상하, 최상철, 황용주, 강위훈, 양동양, 정무용, 김수근	18	88	-	-	風水會
1,013		9	1	26木 11:45	晴	뉴서울	6	風水會	박병주, 황용주, 양동양, 정무용, 김수근	18	90	-	-	風水會
1,014		10	1	9水 8:30	〃	南部	4	金利煥	정영식, 최상철	18	93	-	-	停年紀念
1,015		11	1	1金 12:32	〃	Rivera	8	金景煥	채일석 조영원, 박인규, 박준세, 최영규, 김형주	18	90	-	-	서健會
1,016			2	12火 12:28	〃	新羅	11	風水會	박병주, 강병기, 황용주, 조정제, 김 원, 김수근, 양동양, 강위훈, 여홍구, 정무용	18	93	-	-	風水會
1,017			3	28木 11:45	雲	Pine Creek	9	許 統	박병주, 강병기, 황용주, 김 원, 양동양, 김수근, 정무용	18	87	-	-	風水會
1,018			4	30土 11:25	晴	道高	4	韓相龜	황용주, 김수진	18	89	-	-	-
1,019	2003	3	1	9日 10:00	〃	益山	4	全州副市長	김 원, 김현식	18	91	-	-	-
1,020		7	1	9土 12:48	〃	뉴서울	8	朴光泰	김원, 조재육, 부시장, 김·이·오위원	18	94	-	-	-
1,021		10	1	25土 11:38	〃	Benest (舊安養)	4	柳津	유목기, 김 원	18	100	-	-	-
1,022			2	28火 08:25	〃	Vision Hills	4	黃時旭	우재영, 이영옥	18	100	-	-	-
1,023		11	1	15土 12:51	雲	松湫	4	高秀永	임충빈, 장사장	18	91	-	-	-
1,024		12	1	25木 08:36	〃	器興	8	崔秉瑄	이규방, 이춘희, 박상규, 허용석, 진영환, 서태성	18	93	-	-	-
1,025	2004	11	1	13土 12:20	〃	釜山	7	釜山市	김 원, 서의택, 여홍구, 이우종, 김현식, 안국장	18	95	-	-	-
2,026	2005	4	1	2土 13:19	〃	실버리버	8	함병덕	박병주, 조정제, 황희연, 이인원, 박창호 등	18	89	-	-	-
1,027		5	1	28土 08:12	晴	비치	36	디벨로퍼協會	유상열, 정춘보 등	9	100	特別賞	-	憂患中
1,028		6	1	4土 11:45	雲	크리스탈밸리	4	洪誠杓	이정식, 최병선	18	88	-	-	-
1,029		11	1	27日 11:53	晴	이스트밸리	4	이재홍	김 원, 이부식	18	92	-	-	-
1,030	2006	5	1	6土 13:30	雨	水原	4	이재홍	구보환, 이과장	18	93	-	-	-
1,031		7	1	21金 10:30	雲	釜山	3	李康建	김 원	18	95	-	-	-

客說 : 經驗에서 얻은 삶의 眞實

골프를 같이 쳐보면 相對方의 性質과 人格을 알 수 있다. 競爭心이 과한 사람, 運動規約을 자주 어기는 사람, 속임수를 쓰는 사람, 돈내기에 열중하는 사람 등과는 같이 안 치는게 좋다. 같이 물이 들거나 氣分을 잡치는 경우가 있기 때문이다.

第 6 篇

家 計 財 政

人間의 生存과 生活을 적절히 유지하기 위해서는 필요한 만큼의 經費를 조달하고 이를 올바로 지출하는 것이 必隨的 要件이라 할 수 있습니다. 父母任과 兄弟姉妹, 奬學金과 苦學, 職場과 社會活動 등으로부터 들어온 收入, 그리고 成長과 教育, 家族과 住宅, 個人 및 社會生活을 위해 사용된 支出을 年度別 및 月別로 기록하였습니다.

크게 1971년까지의 成長 · 修學期와 1972년 이후의 社會活動期로 나누어 정리하였고, 收入의 源泉과 支出의 用途를 각각 5~6個씩으로 분류하였습니다. 당시의 經常價格을 基本으로 하고 아울러 2006년을 基準으로 한 不變價格을 함께 수록함으로써 比較와 理解를 높이고자 하였습니다.

收入 · 支出의 計定 이외에 特定部門에 대한 集計와 分析, 國家에 대한 財産申告 內譯, 몇 개 機關 · 團體에의 財産寄贈 內容, 그리고 家庭의 主要行事에 대한 內容과 收入 · 支出事項을 수록하였습니다.

『**無**恒産而 有恒心者 唯士爲能
若民則 無恒産 因無恒心
苟無恒心 放辟邪侈 無不爲己
及陷罪然後 從而刑之 是罔民也』

孟子(B.C.372~B.C.289), **孟子**. 梁惠王 上編

(일정한 재산이 없어도 떳떳한 마음을 가지는 것은 오직
선비만이 가능한 일이다. 백성은 일정한 재산이 없으면 따라서 떳떳한 마음도 없게 된다. 떳떳한 마음이 없으면 방탕, 괴벽, 사악, 탈선 등을 저지르지 않을 수 없게 된다.
그들이 죄를 범한 연후에 법으로 처벌하는 것은 백성을 그물질하는 것과 같게 된다.)

맹자(B.C.372~B.C.289), **맹자**. 양혜왕 상편

▨ 槪觀 : 家計財政 構成

- ○ 家計財政
  - 收入 및 支出
    - 收入
      - 經常價格
      - 不變價格
    - 支出
      - 經常價格
      - 不變價格
    - 均衡
      - 經常價格
      - 不變價格
  - 財産申告 및 寄贈
    - 財産申告
      - 事由
      - 時機
      - 內譯
    - 財産寄贈
      - 契機
      - 時機
      - 內譯
  - 家庭行事決算
    - 行事槪要
      - 行事種類
      - 行事動機
      - 行事時機
      - 行事場所
      - 行事內容
    - 行事決算
      - 收入・支出
      - 後續處理

客說 : 經驗에서 얻은 삶의 眞實

무식한 富者와 유식한 貧者의 어느 것이 좋을까? 나는 둘 다 싫다. 有識한 富者가 되고 싶다. 그러나 그렇게 되지 못했다.

第 1 章　收入·支出 計定

□ 總 括

○ 家計收支의 分類

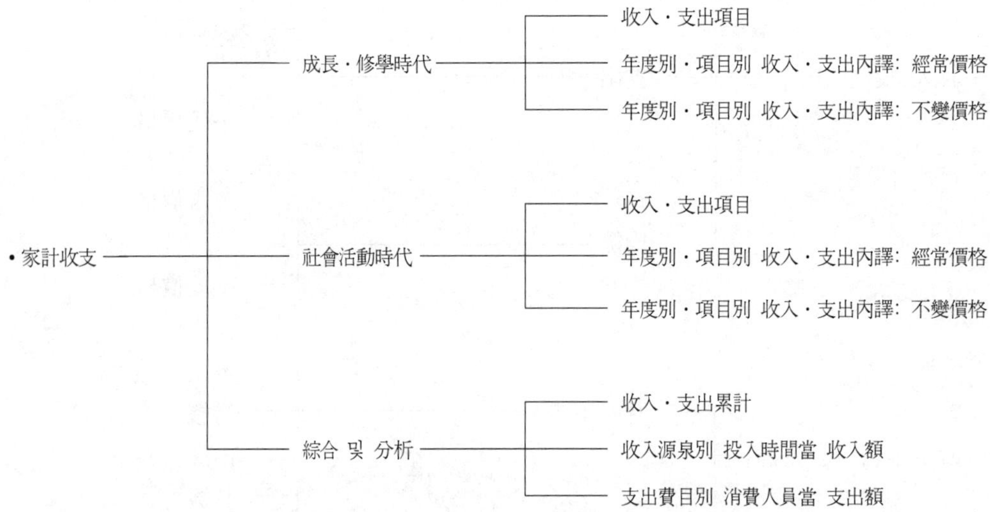

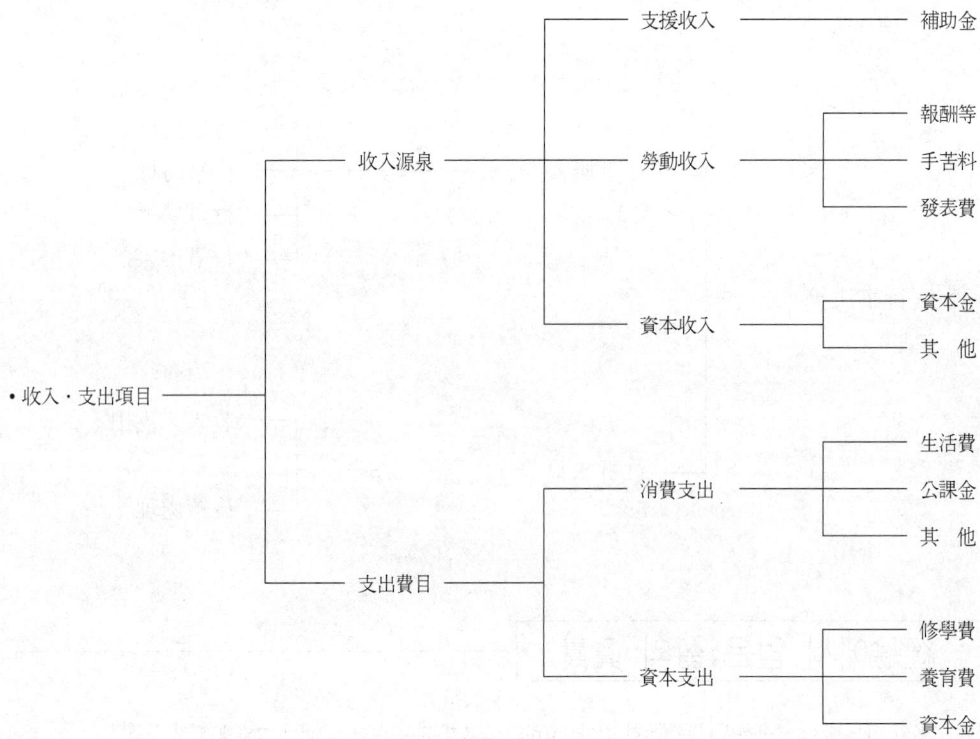

○ 年度別 收入・支出

時代	年度	經常價格			不變價格(2006年基準) (千원)			參考統計		
		收入	支出	均衡	收入	支出	均衡	1人當GNP(經常) 원(千원)	1人當GNP(經常) 달러	Deflator
成長修學期	1936	0.27원	0.27원	0원	9	9	0	0.031원	25	0.00003
	1937	1.41	1.41	0	14	14	0	0.093	27	0.00010
	1938	4.20	4.20	0	20	20	0	0.278	30	0.00021
	1939	8.07	8.07	0	25	25	0	0.498	33	0.00033
	1940	12.54	12.54	0	29	29	0	0.753	36	0.00043
	1941	17.61	17.61	0	35	35	0	1.042	39	0.00050
	1942	23.37	23.37	0	38	38	0	1.367	42	0.00061
	1943	29.70	29.70	0	44	44	0	1.726	45	0.00068
	1944	44.06	44.06	0	57	57	0	2.120	48	0.00078
	1945	52.45	52.45	0	59	59	0	2.50	50	0.00089
	1946	163.91	163.91	0	171	171	0	0.08	53	0.00096
	1947	309	309	0	297	297	0	15.90	57	0.00104
	1948	481	481	0	411	411	0	24.08	60	0.00117
	1949	601	601	0	485	485	0	28.62	63	0.00124
	1950	2,894	2,894	0	2,192	2,192	0	167.50	65	0.00132
	1951	6,907	6,894	13	4,699	4,690	9	330	67	0.00147
	1952	13,003	12,965	38	7,929	7,905	24	572	68	0.00164
	1953	28,690	28,610	80	16,118	16,073	45	1,314	70	0.00178
	1954	60,662	60,452	170	27,431	27,354	77	2,557	72	0.00221
	1955	88,704	88,457	247	22,629	22,566	63	3,880	74	0.00392
	1956	101,480	101,203	277	20,337	20,281	56	4,056	75	0.00499
	1957	123,422	123,081	341	23,070	23,006	64	4,312	77	0.00535
	1958	74,674	74,471	203	12,322	12,289	33	4,698	80	0.00606
	1959	54,339	54,191	148	8,477	8,454	23	5,084	82	0.00641
	1960	250,473	249,783	690	36,997	36,896	101	9,800	85	0.00677
	1961	319,589	318,701	888	40,712	40,599	113	11,400	88	0.00785
	1962	421,638	420,469	1,169	45,484	45,358	126	13,400	92	0.00927
	1963	498,269	496,882	1,387	41,077	40,963	114	18,400	96	0.01213
	1964	840,474	689,554	150,920	53,567	43,949	9,618	25,600	100	0.01569
	1965	905,332	1,051,815	-146,483	55,203	64,135	-8,932	28,398	105	0.01640
	1966	1,754,848	1,938,792	-183,944	92,849	102,582	-9,733	35,482	131	0.01890
	1967	1,312,454	1,308,814	3,640	59,360	59,196	164	41,712	152	0.02211
	1968	1,950,525	1,946,065	4,460	75,985	75,811	174	51,713	184	0.02567
	1969	2,226,825	2,177,808	49,017	76,183	74,506	1,677	66,545	219	0.02923
	1970	2,546,856	2,483,986	62,870	75,195	73,339	1,856	81,295	257	0.03387
	1971	2,737,796	2,865,827	-128,031	70,290	73,577	-3,287	99,018	265	0.03895
	計(35年)	16,321,562	16,503,462	-181,900	869,800	877,415	-7,615	-	-	-

時 代	年度	經 常 價 格			不變價格(2006年 基準) (千원)			參 考 統 計		
		收入	支出	均衡	收入	支出	均衡	1人當GNP(經常)		Deflator
								원(千원)	달러	
社會活動期	1972	4,130千원	5,212千원	-1,082千원	90,331	113,996	-23,665	119千원	299	0.04572
	1973	4,270	4,084	186	81,332	77,786	3,546	149	375	0.05250
	1974	14,102	12,675	1,427	200,653	180,350	20,303	194	402	0.07028
	1975	8,454	6,010	2,444	95,085	67,596	27,489	257	532	0.08891
	1976	6,576	7,146	-570	59,738	64,918	-5,180	370	765	0.11008
	1977	17,101	10,598	6,503	132,875	82,346	50,529	467	966	0.12870
	1978	84,443	74,828	9,615	533,303	472,576	60,727	620	1,281	0.15834
	1979	30,057	24,867	5,190	157,763	130,524	27,239	775	1,394	0.19052
	1980	34,072	26,934	7,138	144,225	114,012	30,213	966	1,507	0.23624
	1981	28,412	20,513	7,899	101,682	69,835	31,847	1,171	1,619	0.27942
	1982	120,730	91,078	29,652	405,083	305,581	99,502	1,297	1,732	0.29805
	1983	46,608	32,287	14,321	147,178	101,955	45,223	1,484	1,866	0.31668
	1984	98,096	97,826	270	292,552	291,748	804	1,739	2,102	0.33531
	1985	127,638	44,342	83,296	363,225	126,187	239,038	1,910	2,146	0.35140
	1986	105,102	78,526	26,576	283,393	211,735	71,658	2,207	2,562	0.37087
	1987	76,935	42,348	34,587	196,242	108,019	88,223	2,557	2968	0.39204
	1988	477,481	474,586	2,895	1,132,330	1,125,466	6,864	3,015	4,407	0.42168
	1989	71,955	57,774	14,181	161,251	129,471	31,780	3,353	4,934	0.44623
	1990	252,956	242,894	10,062	513,304	492,887	20,417	3,942	5,503	0.49280
	1991	231,603	119,212	112,391	424,725	218,617	206,108	4,957	6,516	0.54530
	1992	126,183	77,520	48,663	214,943	132,108	82,835	5,470	6,938	0.58679
	1993	193,461	438,825	-245,364	310,009	703,189	-393,180	6,031	7,463	0.62405
	1994	189,380	210,753	-21,373	281,330	313,081	-31,751	6,818	8,508	0.67316
	1995	139,029	113,915	25,114	192,262	157,532	34,730	7,770	10,076	0.72312
	1996	145,884	143,366	2,518	191,202	188,548	7,654	9,160	11,380	0.76037
	1997	453,458	481,569	-28,111	570,322	605,679	-35,357	9,800	10,307	0.79509
	1998	483,599	511,086	-27,487	574,576	607,237	-32,661	9,430	6,742	0.84166
	1999	406,542	396,262	10,280	483,511	471,286	12,225	10,210	8,581	0.84081
	2000	518,849	548,405	-29,226	669,853	708,010	-38,157	12,122	9,650	0.84674
	2001	440,120	422,531	17,589	525,082	504,096	20,986	14,392	10,853	0.87638
	2002	384,849	348,586	36,263	426,767	386,553	40,214	14,388	11,499	0.90178
	2003	311,487	276,616	34,871	378,009	344,578	33,431	15,161	12,720	0.92633
	2004	586,108	549,471	36,637	616,378	577,851	38,527	16,211	14,162	0.95089
	2005	729,749	706,980	22,769	748,122	724,780	23,342	16,324	16,292	0.97544
	2006	122,668	119,320	3,348	122,668	119,320	3,348	16,431	16,398	1.00000
	計 (35年)	7,071,887	6,818,945	252,942	11,821,304	11,029,453	791,851	-	-	-
累 計(70年)		7,088,209	6,835,449	252,760	12,691,104	11,906,868	784,236	-	-	-

○ 項目別 收入・支出

(2006年 基準 不變價格; 千원)

項目 \ 時代		成長・修學期(1936~1971)(35年:425月) 累計	年平均	月平均	社會活動期(1972~2006)(35年:415月) 累計	年平均	月平均	總期間(1936~2006)(70年:840月) 總累計	年平均	月平均
收入部門	1.補助金	221,496	6,328	521	-	-	-	221,496	3,164	264
	2.報酬等	242,388	6,925	570	1,374,376	39,268	3,312	1,616,764	23,097	1,925
	3.手苦料	101,004	2,886	238	2,463,369	70,382	5,936	2,564,373	36,634	3,053
	4.發表費	140,595	4,017	331	755,743	21,592	1,821	896,338	12,805	1,067
	5.資本金	65,991	1,886	155	5,730,541	163,730	13,808	5,796,532	82,807	6,901
	6.其 他	98,326	2,809	232	1,497,275	42,779	3,608	1,595,601	22,794	1,899
	計(A)	869,800	24,851	2,047	11,821,304	337,751	28,485	12,691,104	181,301	15,109
支出部門	1.生活費	514,153	14,690	1,210	1,867,874	53,368	4,501	2,382,027	34,029	2,836
	2.修學費	133,729	3,821	315	-	-	-	133,729	1,910	159
	3.養育費	20,507	586	48	851,961	24,342	2,053	872,468	12,464	1,039
	4.公課金	16,124	460	38	602,879	17,225	1,453	619,003	8,843	737
	5.資本金	95,158	2,719	224	6,132,285	175,208	14,776	6,227,443	88,964	7,413
	6.其 他	97,744	2,793	235	1,574,454	44,984	3,794	1,672,198	23,888	1,991
	計(B)	877,415	25,069	2,065	11,029,453	315,127	26,577	11,906,868	170,098	14,175
均衡	(A-B)	-7,615	-218	-18	791,851	22,624	1,908	784,236	11,203	934

Ⅰ. 成長・修學 時代

○ 要 約

(2006年 基準 不變價格; 千원)

項目 \ 時代		幼兒期 36-44(8年)	初等學校 45-50(6年)	中等學校 51-53(3年)	高等學校 54-56(3年)	大學校 57-61(5年)	職場 1962(1年)	大學院 63-64(2年)	助敎 65-68(4年)	留學 69-71(3年)	累計 36-71(35年)
收入部門	1.補助金	271 (100.0)	3,615 (100.0)	26,055 (90.6)	30,256 (43.0)	10,026 (8.3)	-	34,059 (36.0)	-	117,214 (53.1)	221,496 (25.5)
	2.報酬等	-	-	-	38,670 (54.9)	111,552 (91.7)	45,484 (100.0)	46,682 (49.3)	-	-	242,388 (27.9)
	3.手苦料	-	-	-	-	-	-	4,407 (4.7)	70,658 (24.9)	25,939 (11.7)	101,004 (11.6)
	4.發表費	-	-	-	-	-	-	-	117,762 (41.6)	22,833 (10.1)	140,595 (16.1)
	5.資本金	-	-	-	-	-	-	9,496 (10.0)	18,244 (6.4)	38,251 (17.3)	65,991 (7.6)
	6.其 他	-	-	2,691 (9.4)	1,471 (2.1)	-	-	-	76,733 (27.1)	17,431 (7.8)	98,326 (11.3)
	計(A)	271 (100.0)	3,615 (100.0)	28,746 (100.0)	70,397 (100.0)	121,578 (100.0)	45,484 (100.0)	94,644 (100.0)	283,397 (100.0)	221,668 (100.0)	869,800 (100.0)
	年平均	34	603	9,582	23,466	24,316	45,484	47,322	70,849	73,889	24,851
支出部門	1.生活費	265 (98.6)	3,253 (90.0)	19,094 (66.6)	46,465 (65.9)	78,391 (64.7)	27,215 (60.0)	55,193 (65.0)	162,054 (53.7)	162,223 (55.1)	514,153 (58.5)
	2.修學費	6 (1.4)	362 (10.0)	8,233 (28.7)	21,060 (30.0)	36,791 (30.3)	-	25,474 (30.0)	-	41,803 (19.0)	133,729 (15.3)
	3.養育費	-	-	-	-	-	-	-	6,235 (2.1)	14,272 (6.5)	20,507 (2.4)
	4.公課金	-	-	-	-	-	-	-	15,671 (5.2)	453 (0.2)	16,124 (1.8)
	5.資本金	-	-	-	-	-	13,608 (30.0)	-	77,017 (25.5)	4,533 (9.0)	95,158 (10.8)
	6.其 他	-	-	1,341 (4.7)	2,676 (4.1)	6,062 (5.0)	4,535 (10.0)	4,245 (5.0)	40,747 (13.5)	38,138 (17.2)	97,744 (11.2)
	計(B)	271 (100.0)	3,615 (100.0)	28,668 (100.0)	70,201 (100.0)	121,244 (100.0)	45,358 (100.0)	84,912 (100.0)	301,724 (100.0)	221,422 (100.0)	877,415 (100.0)
	年平均	34	603	9,556	23,400	24,249	45,358	42,456	75,431	73,807	25,069
均衡(A-B)		0	0	78	196	334	126	9,732	-18,327	246	-7,615
年 平 均		0	0	26	66	67	126	4,866	-4,582	82	-218

※ ( ) 내는 時代別 百分率(%)임.

1. 收入 · 支出 項目

(1) 收入部門

① 補助金 - (i) 父母로부터 받은 養育費 · 教育費
(ii) 親戚 등으로부터 받은 補助金 · 支援金
(iii) 學校 · 機關 · 團體 등으로부터 받은 奬學金 · 後援金
② 報酬等 - (i) 家庭教師의 對價로 받은 住居保障 및 補助金
(ii) 時間制 講師의 對價로 받은 講義料
(iii) 主職場에서 받은 俸給 등
③ 手苦料 - (i) 論文執筆에 의한 原稿料
(ii) 委員會手當 및 會議手當
(iii) 研究課題 遂行을 통해 들어오는 研究費 收入 등
④ 發表費 - (i) 講師料
(ii) 講演 · 세미나 發表 등에서 받은 手當
(iii) TV · 라디오 등에 출연하여 받은 手當 등
⑤ 資本金 - (i) 保有資産의 賣却代金
(ii) 積金의 受領額
(iii) 元利 償還金 收入 등
⑥ 其 他 - (i) 慶弔事에 의한 收入
(ii) 退職金
(iii) 借入金
(iv) 雜收入 등

(2) 支出部門

① 生活費 - (i) 家庭 및 住宅 維持費
(ii) 衣食住 관련 費用
(iii) 活動 및 旅行費
(iv) 醫療 · 健康 維持費
(V) 其他 成長에 필요한 費用 등
② 修學費 - (i) 本人의 學校 登錄金
(ii) 本人의 校服 · 教材 · 學用品 費用
(iii) 本人의 教育履修 費用 일체
③ 養育費 - (i) 子女의 養育 · 生活 · 活動 · 旅行에 필요한 經費
(ii) 子女의 教育에 소요되는 經費
(iii) 子女의 婚事 및 補助費用 등
④ 公課金 - (i) 租稅
(ii) 會費

(iii) 寄附金

(iv) 保險 및 負擔金 등

⑤ 資本金 - (i) 資産 取得費

(ii) 積金 및 信託金

(iii) 利子負擔

(iv) 其他 資産形成費用

⑥ 其 他 - (i) 慶弔事 扶助金

(ii) 社會活動費

(iii) 其他 諸費用

客說 : 經驗에서 얻은 삶의 眞實

理財는 人間生活을 영위함에 필요한 手段이다. 그러나 거기에 不正이나 無理가 개입되면 目標達成은 될지 몰라도 生涯를 통해 언제나 마음 한 구석에 허전함과 부끄러움이 남아 있게 된다.

客說 : 經驗에서 얻은 삶의 眞實

個人의 收入과 支出, 그리고 保有資産의 規模와 內譯을 속임없이 公開하는 데는 상당한 勇氣가 필요하다. 그리고 이러한 勇氣는 收入과 資産形成의 過程과 方法이 한 점 부끄럼 없이 公明正大하게 이루어졌을 때 비로소 생겨나게 된다.

客說 : 經驗에서 얻은 삶의 眞實

가까운 사람일수록 돈 去來를 하지 말고 財産保證을 서지 말라는 옛말이 있다. 돈 잃고 사람 잃는 경우가 많은 데서 온 先祖들의 오랜 經驗이 낳은 格言이자 後孫들에게 주는 간곡한 당부이다. 그러나 이 말은 틀렸다. 가깝고 친하지 않은 사람과 어떻게 돈 去來가 이루어지고 保證을 설 수 있단 말인가? 問題는 돈을 빌리거나 保證을 받은 사람의 信義에 있는 것이다.

客說 : 經驗에서 얻은 삶의 眞實

돈은 말이 없고 발도 없다. 그러나 그 하는 일은 대단하다. 사람을 즐겁게 하고 물건을 구입할 能力을 주며 사람들의 行動을 유발한다. 그리고 남에게 恩德을 베풀기도 하고 때로는 사람을 해치거나 죽이기까지 한다. 경우에 따라 善財이기도 하고 惡財이기도 하다. 조심해서 다루어야 할 대상이다.

2. 收入 · 支出 內譯: 經常價格

(單位: 經常價格, 원)

年度	前(1月~6月) 後(7月~12月)	收入							支出							均衡
		1 補助金	2 報酬等	3 手苦料	4 發表費	5 資本金	6 其他	計(A)	1 生活費	2 修學費	3 養育費	4 公課金	5 資本金	6 其他	計(B)	(A-B)
	前	-	-	-	-	-	-	-	-	-	-	-	-	-	-	-
1936	後	0.27	-	-	-	-	-	0.27	0.27	-	-	-	-	-	0.27	0
	計	0.27	-	-	-	-	-	0.27	0.27	-	-	-	-	-	0.27	0
	前	0.57	-	-	-	-	-	0.57	0.57	-	-	-	-	-	0.57	0
1937	後	0.84	-	-	-	-	-	0.84	0.84	-	-	-	-	-	0.84	0
	計	1.41	-	-	-	-	-	1.41	1.41	-	-	-	-	-	1.41	0
	前	1.68	-	-	-	-	-	1.68	1.68	-	-	-	-	-	1.68	0
1938	後	2.52	-	-	-	-	-	2.52	2.52	-	-	-	-	-	2.52	0
	計	4.20	-	-	-	-	-	4.20	4.20	-	-	-	-	-	4.20	0
	前	3.54	-	-	-	-	-	3.54	3.54	-	-	-	-	-	3.54	0
1939	後	4.53	-	-	-	-	-	4.53	4.53	-	-	-	-	-	4.53	0
	計	8.07	-	-	-	-	-	8.07	8.07	-	-	-	-	-	8.07	0
	前	5.70	-	-	-	-	-	5.70	5.70	-	-	-	-	-	5.70	0
1940	後	6.84	-	-	-	-	-	6.84	6.84	-	-	-	-	-	6.84	0
	計	12.54	-	-	-	-	-	12.54	12.54	-	-	-	-	-	12.54	0
	前	8.16	-	-	-	-	-	8.16	8.16	-	-	-	-	-	8.16	0
1941	後	9.45	-	-	-	-	-	9.45	9.45	-	-	-	-	-	9.45	0
	計	17.61	-	-	-	-	-	17.61	17.61	-	-	-	-	-	17.61	0
	前	10.95	-	-	-	-	-	10.95	10.95	-	-	-	-	-	10.95	0
1942	後	12.42	-	-	-	-	-	12.42	12.42	-	-	-	-	-	12.42	0
	計	23.37	-	-	-	-	-	23.37	23.37	-	-	-	-	-	23.37	0
	前	14.04	-	-	-	-	-	14.04	14.04	-	-	-	-	-	14.04	0
1943	後	15.66	-	-	-	-	-	15.66	15.66	-	-	-	-	-	15.66	0
	計	29.70	-	-	-	-	-	29.70	29.70	-	-	-	-	-	29.70	0
	前	20.95	-	-	-	-	-	20.95	18.85	2.10	-	-	-	-	20.95	0
1944	後	23.11	-	-	-	-	-	23.11	20.80	2.31	-	-	-	-	23.11	0
	計	44.06	-	-	-	-	-	44.06	39.65	4.41	-	-	-	-	44.06	0
幼兒期	累計	141.23	-	-	-	-	-	141.23	136.82	4.41	-	-	-	-	141.23	0
合 計	年平均	17.65	-	-	-	-	-	17.65	17.10	0.55	-	-	-	-	17.65	0
(8年)	月平均	1.40	-	-	-	-	-	1.40	1.35	0.04	-	-	-	-	1.40	0
(101月)																
	前	25.20	-	-	-	-	-	25.20	22.68	2.52	-	-	-	-	25.20	0
1945	後	27.25	-	-	-	-	-	27.25	24.52	2.73	-	-	-	-	27.25	0
	計	52.45	-	-	-	-	-	52.45	47.20	5.25	-	-	-	-	52.45	0
	前	63.11	-	-	-	-	-	63.11	56.80	6.31	-	-	-	-	63.11	0
1946	後	100.80	-	-	-	-	-	100.80	90.70	10.10	-	-	-	-	100.80	0
	計	163.91	-	-	-	-	-	163.91	147.50	16.41	-	-	-	-	163.91	0

年度	前 (1月~6月) 後(7月~12月)	收入 1 補助金	2 報酬等	3 手苦料	4 發表費	5 資本金	6 其他	計(A)	支出 1 生活費	2 修學費	3 養育費	4 公課金	5 資本金	6 其他	計(B)	均衡 (A-B)
1947	前	136.1	-	-	-	-	-	136.1	122.5	13.6	-	-	-	-	136.1	0
	後	172.8	-	-	-	-	-	172.8	155.5	17.3	-	-	-	-	172.8	0
	計	308.9	-	-	-	-	-	308.9	278.0	30.9	-	-	-	-	308.9	0
1948	前	218	-	-	-	-	-	218	196	22	-	-	-	-	218	0
	後	263	-	-	-	-	-	263	237	26	-	-	-	-	263	0
	計	481	-	-	-	-	-	481	433	48	-	-	-	-	481	0
1949	前	288	-	-	-	-	-	288	259	29	-	-	-	-	288	0
	後	313	-	-	-	-	-	313	282	31	-	-	-	-	313	0
	計	601	-	-	-	-	-	601	541	60	-	-	-	-	601	0
1950	前	1,069	-	-	-	-	-	1,069	962	107	-	-	-	-	1,069	0
	後	1,825	-	-	-	-	-	1,825	1,643	182	-	-	-	-	1,825	0
	計	2,894	-	-	-	-	-	2,894	2,605	289	-	-	-	-	2,894	0
初等學校 合 計 (6年) (72月)	累計	4,501	-	-	-	-	-	4,501	4,052	449	-	-	-	-	4,501	0
	年平均	750	-	-	-	-	-	750	675	75	-	-	-	-	750	0
	月平均	63	-	-	-	-	-	63	56	7	-	-	-	-	63	0
1951	前	2,711	-	-	-	-	-	2,711	2,440	271	-	-	-	-	2,711	0
	後	3,776	-	-	-	-	420	4,196	2,720	1,254	-	-	-	209	4,183	13
	計	6,487	-	-	-	-	420	6,907	5,160	1,525	-	-	-	209	6,894	13
1952	前	5,160	-	-	-	-	573	5,733	3,712	1,718	-	-	-	286	5,716	17
	後	6,543	-	-	-	-	727	7,,270	4,712	2,175	-	-	-	362	7,249	21
	計	11,703	-	-	-	-	1,300	13,003	8,424	3,893	-	-	-	648	12,965	38
1953	前	10,788	-	-	-	-	1,199	11,987	7,769	3,586	-	-	-	598	11,953	34
	後	15,033	-	-	-	-	1,670	16,703	10,827	4,997	-	-	-	833	16,657	46
	計	25,821	-	-	-	-	2,869	28,690	18,596	8,583	-	-	-	1,431	28,610	80
中等學校 合 計 (3年) (36月)	累計	44,011	-	-	-	-	4,589	48,600	32,180	14,001	-	-	-	2,288	48,469	131
	年平均	14,670	-	-	-	-	1,530	16,620	10,727	4,667	-	-	-	762	16,156	44
	月平均	1,223	-	-	-	-	127	1,350	894	389	-	-	-	63	1,346	4
1954	前	28,118	-	-	-	-	-	28,118	19,629	8,412	-	-	-	-	28,041	77
	後	29,254	-	-	-	-	3,250	32,504	21,067	9,723	-	-	-	1,621	32,411	93
	計	57,372	-	-	-	-	3,250	60,622	40,696	18,135	-	-	-	1,621	60,452	170
1955	前	4,040	36,364	-	-	-	-	40,404	26,189	12,087	-	-	-	2,015	40,291	113
	後	4,830	43,470	-	-	-	-	48,300	31,308	14,450	-	-	-	2,408	48,166	134
	計	8,870	79,834	-	-	-	-	88,704	57,497	26,537	-	-	-	4,423	88,457	247
1956	前	4,992	44,933	-	-	-	-	49,925	32,364	14,937	-	-	-	2,490	49,791	134
	後	5,155	46,400	-	-	-	-	51,555	33,417	15,424	-	-	-	2,571	51,412	143
	計	10,147	91,333	-	-	-	-	101,480	65,781	30,361	-	-	-	5,061	101,203	277

年度	前（1月～6月）後(7月～12月)	收入 1 補助金	2 報酬等	3 手苦料	4 發表費	5 資本金	6 其他	計(A)	支出 1 生活費	2 修學費	3 養育費	4 公課金	5 資本金	6 其他	計(B)	均衡 (A-B)
高等學校 合計 (3年) (36月)	累計	76,389	171,167	-	-	-	3,250	250,806	163,974	75,033	-	-	-	11,105	250,112	694
	年平均	25,463	57,056	-	-	-	1,083	83,602	54,658	25,011	-	-	-	3,702	83,371	231
	月平均	2,122	4,755	-	-	-	90	6,967	4,555	2,084	-	-	-	309	6,948	19
1957	前	3,039	57,746	-	-	-	-	60,782	36,368	21,215	-	-	-	3,031	60,614	168
	後	3,132	59,508	-	-	-	-	62,640	37,481	21,863	-	-	-	3,123	62,467	173
	計	6,171	117,251	-	-	-	-	123,422	73,849	43,078	-	-	-	6,154	123.081	341
1958 (軍服務)	前	29,449	19,633	-	-	-	-	49,082	36,712	9,790	-	-	-	2,447	48,949	133
	後	256	25,336	-	-	-	-	25,592	24,246	-	-	-	-	1,276	58,522	70
	計	29,705	44,969	-	-	-	-	74,674	60,958	9.790	-	-	-	3,723	74,471	203
1959 (軍服務)	前	267	26,377	-	-	-	-	26,644	25,243	-	-	-	-	1,329	26,572	72
	後	277	27,418	-	-	-	-	27,695	26,238	-	-	-	-	1,381	27,619	76
	計	544	53,795	-	-	-	-	54,339	51,481	-	-	-	-	2,710	54,191	148
1960	前	5,405	102,705	-	-	-	-	108,110	64,691	37,736	-	-	-	5,391	107,818	292
	後	7,118	135,245	-	-	-	-	142,363	85,180	49,687	-	-	-	7,098	141,965	398
	計	12,523	237,950	-	-	-	-	250,473	149,871	87,423	-	-	-	12,489	249,783	690
1961	前	7,699	146,285	-	-	-	-	153,984	92,134	53,745	-	-	-	7,678	153,557	427
	後	8,280	157,325	-	-	-	-	165,605	99,087	57,800	-	-	-	8,257	165,144	461
	計	15,979	303,610	-	-	-	-	319,589	191,221	111,545	-	-	-	15,935	318,701	888
大學校 合計 (5年) (60月)	累計	64,922	757,575	-	-	-	-	822,497	527,380	251,836	-	-	-	41,011	820,227	2,270
	年平均	12,984	151,515	-	-	-	-	164,499	105,476	50,367	-	-	-	8,202	164,045	454
	月平均	1,082	12,626	-	-	-	-	13,708	8,790	4,197	-	-	-	684	13,671	37
1962	前	-	202,646	-	-	-	-	202,646	121,250	-	-	-	60,626	20,208	202,084	562
	後	-	218,992	-	-	-	-	218,992	131,029	-	-	-	65,518	21,838	218,385	607
	計	-	421,638	-	-	-	-	421,638	252,279	-	-	-	126,144	42,046	420,469	1,169
職場 合計 (1年) (12月)	累計	-	421,638	-	-	-	-	421,638	252,279	-	-	-	126,144	42,046	420,469	1,169
	年平均	-	421,638	-	-	-	-	421,638	252,279	-	-	-	126,144	42,046	420,469	1,169
	月平均	-	35,137	-	-	-	-	35,137	21,023	-	-	-	10,512	3,504	35,039	98
1963	前	92,390	138,586	-	-	-	-	230,976	149,716	69,100	-	-	-	11,517	230,333	643
	後	106,917	160,376	-	-	-	-	267,293	173,257	79,965	-	-	-	13,327	266,549	744
	計	199,307	298,962	-	-	-	-	498,269	322,973	149,065	-	-	-	24,844	496,882	1,387
1964	前	127,836	159,795	31,958	-	-	-	319,589	207,156	95,610	-	-	-	15,935	318,701	888
	後	148,754	185,943	37,188	-	149,000	-	520,885	241,054	111,256	-	-	-	18,543	370,853	150,032
	計	276,590	345,738	69,146	-	149,000	-	840,474	448,210	206,866	-	-	-	34,478	689,554	150,920
大學院 合計 (2年) (24月)	累計	475,897	644,700	39,146	-	149,000	-	1,338,743	771,183	355,931	-	-	-	59,322	1,186,436	152,307
	年平均	237,949	322,350	34,573	-	74,500	-	669,372	385,592	177,965	-	-	-	29,661	593,218	76,154
	月平均	19,829	26,862	2,881	-	6,208	-	55,780	32,133	14,830	-	-	-	2,472	49,435	6,345

年度	前(1月~6月) 後(7月~12月)	收入							支出							均衡
		1 補助金	2 報酬等	3 手苦料	4 發表費	5 資本金	6 其他	計(A)	1 生活費	2 修學費	3 養育費	4 公課金	5 資本金	6 其他	計(B)	(A-B)
1965	前	-	-	132,370	220,617	-	88,247	441,234	303,605	-	-	4,400	193,001	88,002	589,008	-147,774
	後	-	-	139,229	232,049	-	92,820	464,098	319,337	-	-	4,628	46,281	92,561	462,807	1,291
	計	-	-	271,599	452,666	-	181,067	905,332	622,942	-	-	9,028	239,282	180,563	1,051,815	-146,483
1966	前	-	-	156,594	260,990	-	384,396	801,980	359,168	-		5,205	332,053	104,107	800,533	1,447
	後	-	-	173,960	289,934	93,000	395,974	952,868	398,983	-	15,000	5,783	617,826	100,667	1,138,259	-185,391
	計	-	-	330,554	550,924	93,000	780,370	1,754,848	758,151	-	15,000	10,988	949,879	204,774	1,938,792	-183,944
1967	前	-	-	189,232	315,387	-	126,155	630,774	433,997	-	30,000	6,290	62,902	95,835	629,024	1,750
	後	-	-	204,504	340,840	-	136,336	681,680	469,025	-	30,000	6,798	67,979	105,988	679,790	1,890
	計	-	-	393,736	656,227	-	262,491	1,312,454	903,022	-	60,000	13,088	130,881	201,823	1,308,814	3,640
1968	前	-	-	229,021	381,702	342,000	152,680	1,105,403	525,258	-	30,000	349,613	76,129	122,287	1,103,287	2,116
	後	-	-	253,537	422,561		169,024	845,122	581,476	-	40,000	8,428	84,278	128,596	842,778	2,344
	計	-	-	482,558	804,263	342,000	321,704	1,950,525	1,106,734	-	70,000	358,041	160,407	250,883	1,946,065	4,460
助教 合計 (4年) (48月)	累計	-	-	1,478,447	2,464,080	435,000	1,545,632	5,923,159	3,390,849	-	145,000	391,145	1,480,449	838,043	6,245,486	-322,327
	年平均	-	-	369,612	616,020	105,750	386,408	1,480,790	847,712	-	36,250	97,786	370,112	209,511	1,561.371	-80,581
	月平均	-	-	30,801	51,335	9,063	32,200	123,399	70,642	-	3,021	8,149	30,843	17,459	130,114	-6,715
1969	前	-	-	289,896	483,160	-	193,263	966,319	664,848	-	60,000	9,636	96,364	132,787	963,635	2,684
	後	623,000	-	108,752	181,253	150,000	197,501	1,260,506	614,438	257,920	60,000	3,615	36,150	242,050	1,214,173	46,333
	計	623,000	-	398,648	664,413	150,000	390,764	2,226,825	1,279,286	257,920	120,000	13,251	132,514	374,837	2,177,808	49,017
1970	前	710,664	-	-	-	300,000	25,280	1,035,944	651,359	252,800	60,000	-	-	219,580	1,183,739	-147,795
	後	983,392	-	189,600	-	300,000	37,920	1,510,912	712,567	203,504	60,000	-	-	324,176	1,300,247	210,665
	計	1,694,056	-	189,600	-	600,000	63,200	2,546,856	1,363,926	456,304	120,000	-	-	543,756	2,483,986	62,870
1971	前	1,223,067	-	223,800	-	300,000	67,140	1,814,007	736,857	676,995	198,010	-	-	60,000	1,671,862	142,145
	後	564,109	-	37,300	-	300,000	22,380	923,789	750,574	82,806	60,000	-	-	300,585	1,193,965	-270,176
	計	1,787,176	-	261,100	-	600,000	89,520	2,737,796	1,487,431	759,801	258,010	-	-	360,585	2,865,827	-128,031
留學 合計 (3年) (36月)	累計	4.104.232	-	849.348	664.413	1.350.000	543.484	7.511.477	4.130.643	1.474.025	498.010	13.251	132.514	1.279.178	7.527.621	-16.144
	年平均	1.368.077	-	283.116	221.471	450.000	181.161	2.503.825	1.376.881	491.342	166.003	4.417	44.171	426.393	2.509.207	-5.382
	月平均	114.006	-	23.593	18.456	37.500	15.097	208.652	114.740	40.945	13.834	368	3.681	35.533	209.101	-449
總計 (1936~1971) (35年) (425月)	累計	4,770,093	1,995,080	2,396,941	3,128,493	1,934,000	2,096,955	16,321,562	9,272,677	2,171,279	643,010	404,396	1,739,107	2,272,993	16,503,462	-181,900
	年平均	136,288	57,002	68,484	89,386	55,257	59,913	466,330	264,934	62,037	18,372	11,554	49,689	64,943	471,527	-5,197
	月平均	11,224	4,694	5,640	7,361	4,551	4,934	38,404	21,818	5,109	1,513	952	4,092	5,348	38,832	-428

客說 : 經驗에서 얻은 삶의 眞實

小說을 많이 읽으면 理解力을 폭넓게 한다는 것, 常識이 풍부해진다는 것, 통찰력과 응용력이 커진다는 것, 어휘가 풍부해지고 對話의 능력이 높아진다는 것 등 좋은 효과가 있다.

3. 收入 · 支出 內譯 : 不變價格

※ 2006年 基準 (單位: 千원)

年度	前(1月~6月) 後(7月~12月)	收入							支出							均衡 (A-B)
		1 補助金	2 報酬等	3 手苦料	4 發表費	5 資本金	6 其他	計(A)	1 生活費	2 修學費	3 養育費	4 公課金	5 資本金	6 其他	計(B)	
1936	前	-	-	-	-	-	-	-	-	-	-	-	-	-	-	-
	後	9	-	-	-	-	-	9	9	-	-	-	-	-	9	0
	計	9	-	-	-	-	-	9	9	-	-	-	-	-	9	0
1937	前	6	-	-	-	-	-	6	6	-	-	-	-	-	6	0
	後	8	-	-	-	-	-	8	8	-	-	-	-	-	8	0
	計	14	-	-	-	-	-	14	14	-	-	-	-	-	14	0
1938	前	8	-	-	-	-	-	8	8	-	-	-	-	-	8	0
	後	12	-	-	-	-	-	12	12	-	-	-	-	-	12	0
	計	20	-	-	-	-	-	20	20	-	-	-	-	-	20	0
1939	前	11	-	-	-	-	-	11	11	-	-	-	-	-	11	0
	後	14	-	-	-	-	-	14	14	-	-	-	-	-	14	0
	計	25	-	-	-	-	-	25	25	-	-	-	-	-	25	0
1940	前	13	-	-	-	-	-	13	13	-	-	-	-	-	13	0
	後	16	-	-	-	-	-	16	16	-	-	-	-	-	16	0
	計	29	-	-	-	-	-	29	29	-	-	-	-	-	29	0
1941	前	16	-	-	-	-	-	16	16	-	-	-	-	-	16	0
	後	19	-	-	-	-	-	19	19	-	-	-	-	-	19	0
	計	35	-	-	-	-	-	35	35	-	-	-	-	-	35	0
1942	前	18	-	-	-	-	-	18	18	-	-	-	-	-	18	0
	後	20	-	-	-	-	-	20	20	-	-	-	-	-	20	0
	計	38	-	-	-	-	-	38	38	-	-	-	-	-	38	0
1943	前	21	-	-	-	-	-	21	21	-	-	-	-	-	21	0
	後	23	-	-	-	-	-	23	23	-	-	-	-	-	23	0
	計	44	-	-	-	-	-	44	44	-	-	-	-	-	44	0
1944	前	27	-	-	-	-	-	27	24	3	-	-	-	-	27	0
	後	30	-	-	-	-	-	30	27	3	-	-	-	-	30	0
	計	57	-	-	-	-	-	57	51	6	-	-	-	-	57	0
幼兒期	累計	271	-	-	-	-	-	271	265	6	-	-	-	-	271	0
(8年)	年平均	34	-	-	-	-	-	34	33	1	-	-	-	-	34	0
(101月)	月平均	2.7	-	-	-	-	-	2.7	2.6	0.1	-	-	-	-	2.7	0
1945	前	28	-	-	-	-	-	28	25	3	-	-	-	-	28	0
	後	31	-	-	-	-	-	31	28	3	-	-	-	-	31	0
	計	59	-	-	-	-	-	59	53	6	-	-	-	-	59	0

年度	前(1月～6月) 後(7月～12月)	收入							支出							均衡(A-B)
		1 補助金	2 報酬等	3 手苦費	4 發表費	5 資本金	6 其他	計(A)	1 生活費	2 修學費	3 養育費	4 公課金	5 資本金	6 其他	計(B)	
1946	前	66	-	-	-	-	-	66	59	7	-	-	-	-	66	0
	後	105	-	-	-	-	-	105	95	10	-	-	-	-	105	0
	計	171	-	-	-	-	-	171	154	17	-	-	-	-	171	0
1947	前	131	-	-	-	-	-	131	118	13	-	-	-	-	131	0
	後	166	-	-	-	-	-	166	149	17	-	-	-	-	166	0
	計	297	-	-	-	-	-	297	267	30	-	-	-	-	297	0
1948	前	186	-	-	-	-	-	186	168	18	-	-	-	-	186	0
	後	225	-	-	-	-	-	225	202	23	-	-	-	-	225	0
	計	411	-	-	-	-	-	411	370	41	-	-	-	-	411	0
1949	前	232	-	-	-	-	-	232	209	23	-	-	-	-	232	0
	後	253	-	-	-	-	-	253	227	26	-	-	-	-	253	0
	計	485	-	-	-	-	-	485	436	49	-	-	-	-	485	0
1950	前	810	-	-	-	-	-	810	729	81	-	-	-	-	810	0
	後	1,382	-	-	-	-	-	1,382	1,244	138	-	-	-	-	1,382	0
	計	2,192	-	-	-	-	-	2,192	1,973	219	-	-	-	-	2,192	0
初等學校	累計	3,615	-	-	-	-	-	3,615	3,253	362	-	-	-	-	3,615	0
(6年)	年平均	603	-	-	-	-	-	603	542	61	-	-	-	-	603	0
(72月)	月平均	50	-	-	-	-	-	50	45	5	-	-	-	-	50	0
1951	前	1,844	-	-	-	-	-	1,844	1,660	184	-	-	-	-	1,844	0
	後	2,569	-	-	-	-	286	2,855	1,850	853	-	-	-	143	2,846	9
	計	4,413	-	-	-	-	286	4,699	3,510	1,037	-	-	-	143	4,690	9
1952	前	3,146	-	-	-	-	350	3,496	2,263	1,048	-	-	-	174	3,485	11
	後	3,990	-	-	-	-	443	4,433	2,874	1,326	-	-	-	220	4,420	13
	計	7,136	-	-	-	-	793	7,929	5,137	2,374	-	-	-	394	7,905	24
1953	前	6,061	-	-	-	-	673	6,734	4,365	2,015	-	-	-	335	6,715	19
	後	8,445	-	-	-	-	939	9,384	6,082	2,807	-	-	-	469	9,358	26
	計	14,506	-	-	-	-	1,612	16,118	10,447	4,822	-	-	-	804	16,073	45
中等學校	累計	26,055	-	-	-	-	2,691	28,746	19,094	8,233	-	-	-	1,341	28,668	78
(3年)	年平均	8,685	-	-	-	-	897	9,582	6,365	2,744	-	-	-	447	9,556	26
(36月)	月平均	724	-	-	-	-	75	799	530	229	-	-	-	37	796	3
1954	前	12,723	-	-	-	-	-	12,723	8,882	3,806	-	-	-	-	12,688	35
	後	13,237	-	-	-	-	1,471	14,708	9,532	4,400	-	-	-	734	14,666	42
	計	25,960	-	-	-	-	1,471	27,431	18,414	8,206	-	-	-	734	27,354	77
1955	前	1,031	9,276	-	-	-	-	10,307	6,681	3,083	-	-	-	514	10,278	29
	後	1,232	11,090	-	-	-	-	12,322	7,987	3,687	-	-	-	614	12,288	34
	計	2,263	20,366	-	-	-	-	22,629	14,668	6,770	-	-	-	1,128	22,566	63

年度	前(1月~6월) 後(7月~12月)	收入							支出							均衡(A-B)
		1 補助金	2 報酬等	3 手苦費	4 發表費	5 資本金	6 其他	計(A)	1 生活費	2 修學費	3 養育費	4 公課金	5 資本金	6 其他	計(B)	
1956	前	1,000	9,005	-	-	-	-	10,005	6,486	2,993	-	-	-	499	9,978	27
	後	1,033	9,299	-	-	-	-	10,332	6,897	3,091	-	-	-	315	10,303	29
	計	2,033	18,304	-	-	-	-	20,337	13,383	6,084	-	-	-	814	20,281	56
高等學校	累計	30,256	38,670	-	-	-	1,471	70,397	46,465	21,060	-	-	-	2,676	70,201	196
(3年)	年平均	10,085	12,890	-	-	-	491	23,466	15,488	7,020	-	-	-	892	23,400	66
(36月)	月平均	840	1,074	-	-	-	41	1,955	1,291	585	-	-	-	74	1,950	5
1957	前	568	10,793	-	-	-	-	11,361	6,798	3,965	-	-	-	567	11,330	31
	後	585	11,124	-	-	-	-	11,709	7,006	4,087	-	-	-	583	11,676	33
	計	1,153	21,917	-	-	-	-	23,070	13,804	8,052	-	-	-	1,150	23,006	64
1958 (軍服務)	前	4,860	3,239	-	-	-	-	8,099	6,058	1,616	-	-	-	403	8,077	22
	後	42	4,181	-	-	-	-	4,223	4,001	-	-	-	-	211	4,212	11
	計	4,902	7,420	-	-	-	-	12,322	10,059	1,616	-	-	-	614	12,289	33
1959 (軍服務)	前	42	4,115	-	-	-	-	4,157	3,938	-	-	-	-	207	4,145	12
	後	43	4,277	-	-	-	-	4,320	4,093	-	-	-	-	216	4,309	11
	計	85	8,392	-	-	-	-	8,477	8,031	-	-	-	-	423	8,454	23
1960	前	798	15,171	-	-	-	-	15,969	9,556	5,574	-	-	-	796	15,926	43
	後	1,052	19,976	-	-	-	-	21,028	12,582	7,339	-	-	-	1,049	20,970	58
	計	1,850	35,147	-	-	-	-	36,997	22,138	12,913	-	-	-	1,845	36,896	101
1961	前	98	19,518	-	-	-	-	19,616	11,737	6,846	-	-	-	980	19,563	53
	後	1,938	19,158	-	-	-	-	21,096	12,622	7,364	-	-	-	1,050	21,036	60
	計	2,036	38,676	-	-	-	-	40,712	24,359	14,210	-	-	-	2,030	40,599	113
大學校	累計	10,026	111,552	-	-	-	-	121,578	78,391	36,791	-	-	-	6,062	121,244	334
(5年)	年平均	2,005	22,311	-	-	-	-	24,316	15,678	7,358	-	-	-	1,213	24,249	67
(60月)	月平均	167	1,859	-	-	-	-	2,026	1,307	613	-	-	-	101	2,021	5
1962	前	-	21,860	-	-	-	-	21,860	13,080	-	-	-	6,540	2,180	21,800	60
	後	-	23,624	-	-	-	-	23,624	14,135	-	-	-	7,068	2,355	23,558	66
	計	-	45,484	-	-	-	-	45,484	27,215	-	-	-	13,608	4,535	45,358	126
職場	累計	-	45,484	-	-	-	-	45,484	27,215	-	-	-	13,608	4,535	45,358	126
(1年)	年平均	-	45,484	-	-	-	-	45,484	27,215	-	-	-	13,608	4,535	45,358	126
(12月)	月平均	-	3,790	-	-	-	-	3,790	2,268	-	-	-	1,134	378	3,780	10
1963	前	7,617	11,425	-	-	-	-	19,042	12,343	5,697	-	-	-	949	18,989	53
	後	8,814	13,221	-	-	-	-	22,035	14,283	6,592	-	-	-	1,099	21,974	61
	計	16,431	24,646	-	-	-	-	41,077	26,626	12,289	-	-	-	2,048	40,963	114

年度	前(1月~6月) 後(7月~12月)	收入							支出							均衡 (A-B)
		1 補助金	2 報酬等	3 手苦費	4 發表費	5 資本金	6 其他	計(A)	1 生活費	2 修學費	3 養育費	4 公課金	5 資本金	6 其他	計(B)	
1964	前	8,148	10,185	2,036	-	-	-	20,369	13,203	6,094	-	-	-	1,015	20,312	57
	後	9,480	11,851	2,371	-	9,496	-	33,198	15,364	7,091	-	-	-	1,182	23,637	9,561
	計	17,628	22,036	4,407	-	9,496	-	53,567	28,567	13,185	-	-	-	2,197	43,949	9,618
大學院 (2年) (24月)	累計	34,059	46,682	4,407	-	9,496	-	94,644	55,193	25,474	-	-	-	4,245	84,912	9,732
	年平均	17,030	23,341	2,203	-	4,748	-	47,322	27,597	12,737	-	-	-	2,122	42,456	4,866
	月平均	1,419	1,945	184	-	396	-	3,944	2,300	1,061	-	-	-	177	3,538	406
1965	前	-	-	8,071	13,452	-	5,382	26,905	18,513	-	-	268	11,768	5,366	35,915	-9,010
	後	-	-	8,490	14,150	-	5,658	28,298	19,471	-	-	282	2,822	5,645	28,220	78
	計	-	-	16,561	27,602	-	11,040	55,203	37,984	-	-	550	14,590	11,011	64,135	-8,932
1966	前	-	-	8,285	13,809	-	20,339	42,433	19,004	-	-	275	17,569	5,508	42,356	77
	後	-	-	9,205	15,340	4,921	20,950	50,416	21,110	-	794	306	32,689	5,327	60,226	-9,810
	計	-	-	17,490	29,149	4,921	41,289	92,849	40,114	-	794	581	50,258	10,835	102,582	-9,733
1967	前	-	-	8,559	14,264	-	5,706	28,529	19,629	-	1,357	284	2,845	4,335	28,450	79
	後	-	-	9,249	15,416	-	6,166	30,831	21,213	-	1,357	308	3,075	4,793	30,746	85
	計	-	-	17,808	29,680	-	11,872	59,360	40,842	-	2,714	592	5,920	9,128	59,196	164
1968	前	-	-	8,922	14,870	13,323	5,947	43,062	20,462	-	1,169	13,620	2,966	4,763	42,980	82
	後	-	-	9,877	16,461	-	6,585	32,923	22,652	-	1,558	328	3,283	5,010	32,831	92
	計	-	-	18,799	31,331	13,323	12,532	75,985	43,114	-	2,727	13,948	6,249	9,773	75,811	174
助教 (4年) (48月)	累計	-	-	70,658	117,762	18,244	76,733	283,397	162,054	-	6,235	15,671	77,0179	40,747	301,724	-18,327
	年平均	-	-	17,665	29,440	4,561	19,183	70,849	40,513	-	1,559	3,918	19,254	10,187	75,431	-4,582
	月平均	-	-	1,472	2,453	380	1,599	5,904	3,376	-	130	326	1,605	849	6,286	-382
1969	前	-	-	9,918	16,530	-	6,611	33,059	22,745	-	2,053	330	3,297	4,542	32,967	92
	後	21,314	-	3,720	6,303	5,132	6,655	43,124	21,021	8,824	2,052	123	1,236	8,283	41,539	1,585
	計	21,314	-	13,638	22,833	5,132	13,266	76,183	43,766	8,824	4,105	453	4,533	12,825	74,506	1,677
1970	前	20,982	-	-	-	8,857	747	30,586	19,231	7,464	1,771	-	-	6,483	34,949	-4,363
	後	29,034	-	5,598	-	8,858	1,119	44,609	21,038	6,008	1,772	-	-	9,572	38,390	6,219
	計	50,016	-	5,598	-	17,715	1,866	75,195	40,269	13,472	3,543	-	-	16,055	73,339	1,856
1971	前	31,401	-	5,746	-	7,702	1,724	46,573	18,918	17,381	5,084	-	-	1,540	42,923	3,650
	後	14,483	-	957	-	7,702	575	23,717	19,270	2,126	1,540	-	-	7,718	30,654	-6,937
	計	45,884	-	6,703	-	15,404	2,299	70,290	38,188	19,507	6,624	-	-	9,258	73,577	-3,287
留學 (3年) (36月)	累計	117,214	-	25,939	22,833	38,251	17,431	221,668	122,223	41,803	14,272	453	4,533	38,138	221,422	246
	年平均	39,072	-	8,646	7,611	12,750	5,810	73,889	40,741	13,934	4,757	151	1,511	12,713	73,807	82
	月平均	3,256	-	721	634	1,063	484	6,158	3,395	1,161	397	13	126	1,059	6,151	7

年度	前(1月~6月) 後(7月~12月)	收入							支出							均衡 (A-B)
		1 補助金	2 報酬等	3 手苦費	4 發表費	5 資本金	6 其他	計(A)	1 生活費	2 修學費	3 養育費	4 公課金	5 資本金	6 其他	計(B)	
總計 (1936~1971) (35年) (425月)	累計	221,496	242,388	101,004	140,595	65,991	98,326	869,800	514,153	133,729	20,507	16,124	95,158	97,744	877,415	-7,615
	年平均	6,328	6,925	2,886	4,017	1,886	2,809	24,851	14,690	3,821	586	460	2,719	2,793	25,069	- 218
	月平均	521	570	238	331	155	232	2,047	1,210	315	48	38	224	230	2,065	- 18

客說 : 經驗에서 얻은 삶의 眞實

組織生活이나 公的 活動에 있어 私利私慾에 치우쳐 公共資金을 잘못 사용하는 일은 절대로 삼가야 한다. 一生을 통틀어 계산해 보면 그것은 個人의 입장에서도 負의 效果를 가져온다. 특히 機關이나 團體의 長인 경우에는 더욱 그러하다.

客說 : 經驗에서 얻은 삶의 眞實

우리 나라 國民은 租稅抵抗이 심하다. 오랫동안 王權統治와 日帝植民支配下에서 많은 수탈을 당해온 歷史가 우리를 그렇게 만든 것 같다. 그러나 지금은 國民이 主權을 가지고 통치하는 독립된 民主國家이다. 國民이 누리는 自由와 權利, 그리고 國家로부터 받은 安保와 서비스에 대한 反對給付로서 소정의 稅金을 자진하여 흔쾌히 납부하여야 한다. 國民의 納稅意識을 보면 그 國民의 成熟度를 알 수 있다.

客說 : 經驗에서 얻은 삶의 眞實

사람들이 나를 보고 理財에 밝다고 한다. 과연 理財에 밝은지 확신이 없지만 나는 돈과 財産에 관한 한 알뜰하고 계획적인 편이다. 알뜰하고 계획적으로 생활하는 것이 理財에 능한 것이라고 한다면 나는 확실히 理財에 밝고 능하다.

客說 : 經驗에서 얻은 삶의 眞實

政府를 위시한 公共機關은 1年을 單位로 하여 會計를 운영한다. 그래서 合計年度가 있고 歲入·歲出이 있다. 그러나 家庭은 일반적으로 月給을 基準으로 삼기 때문에 1個月을 家計의 週期로 삼아 운영한다. 週給을 받는 사람은 家計의 單位가 1週日이 되고 日當으로 살아가는 사람은 하루를 週期로 삼아야 할 것이다. 이런 사람은 극히 바쁘고 불안정한 會計가 될 것 같다. 月給으로 살아온 나는 천만다행이었다.

Ⅱ. 社會活動 時代

○ 要 約

(2006年基準 不變價格;千원)

部門	項目＼時代	專任講師 1972-75 (4년)	助敎授 76-79 (4년)	副敎授 80-84 (5년)	敎授 85-86 (2년)	大學院長 87-90 (4년)	敎授 91-92 (2년)	研究院長 93-94 (2년)	敎授 95-96 (2년)	主任敎授 97-98 (2년)	敎授 99-2002 (4년)	名譽敎授 2003-06 (4년)	總累計 1972-2006 (35년)
收入部門	1.報酬等	74,455	75,931	129,405	44,332	110,358	56,811	88,056	130,947	131,072	291,566	241,443	1,374,376
		(15.9)	(8.6)	(11.9)	(6.9)	(5.5)	(8.9)	(14.9)	(34.1)	(11.4)	(13.8)	(13.0)	(11.6)
	2.手苦料	155,500	310,776	401,743	313,649	294,016	219,959	58,792	72,722	113,260	282,045	240,907	2,463,369
		(33.3)	(35.2)	(36.8)	(48.5)	(14.7)	(34.4)	(9.9)	(19.0)	(9.9)	(13.4)	(12.9)	(20.8)
	3.發表費	30,831	24,852	59,059	18,706	91,102	120,588	70,515	115,323	54,719	74,229	95,819	755,743
		(6.6)	(2.8)	(5.4)	(2.9)	(4.6)	(18.8)	(11.9)	(30.1)	(4.8)	(3.5)	(5.1)	(6.4)
	4.資本金	114,227	380,861	487,962	263,185	1,024,209	240,015	229,404	33,106	627,790	1,280,951	1,048,831	5,730,541
		(24.4)	(43.1)	(44.7)	(40.7)	(51.1)	(37.5)	(38.8)	(8.6)	(54.8)	(60.9)	(56.2)	(48.5)
	5.其 他	92,388	91,259	12,551	6,746	483,442	2,275	144,572	31,366	218,057	176,422	238,177	1,497,275
		(19.8)	(10.3)	(1.2)	(1.0)	(24.1)	(0.4)	(24.5)	(8.2)	(19.1)	(8.4)	(12.8)	(12.7)
	計	467,401	883,679	1,090,720	646,618	2,003,127	639,668	591,339	383,464	1,144,898	2,105,213	1,865,177	11,821,304
	(A)	(100.0)	(100.0)	(100.0)	(100.0)	(100.0)	(100.0)	(100.0)	(100.0)	(100.0)	(100.0)	(100.0)	(100.0)
	年平均	116,850	220,920	218,144	323,309	500,782	319,834	295,670	191,732	572,449	526,303	466,294	337,751
支出部門	1.生活費	94,881	119,481	237,490	112,105	247,899	126,705	96,595	118,018	161,278	276,811	276,611	1,867,874
		(21.6)	(15.9)	(26.9)	(33.2)	(13.4)	(36.1)	(9.5)	(34.1)	(13.3)	(13.4)	(15.7)	(16.9)
	2.養育費	13,582	9,628	27,237	13,158	86,196	58,063	123,037	70,421	59,055	159,405	232,179	851,961
		(3.1)	(1.3)	(3.1)	(3.9)	(4.6)	(16.6)	(12.1)	(20.3)	(4.9)	(7.7)	(13.2)	(7.7)
	3.公課金	7,820	17,626	108,047	63,274	72,470	20,625	22,585	50,456	65,540	108,458	65,978	602,879
		(1.8)	(2.4)	(12.2)	(18.7)	(3.9)	(5.9)	(2.2)	(14.6)	(5.4)	(5.2)	(3.7)	(5.5)
	4.資本金	194,778	418,952	408,731	115,471	1,050,271	104,117	627,853	74,261	755,060	1,375,170	1,007,621	6,132,285
		(44.3)	(55.8)	(46.3)	(34.2)	(56.6)	(29.7)	(61.8)	(21.5)	(62.2)	(66.4)	(57.0)	(55.6)
	5.其 他	128,667	184,677	101,626	33,914	399,007	41,215	146,200	32,924	171,983	150,101	184,140	1,574,454
		(29.2)	(24.6)	(11.5)	(10.0)	(21.5)	(11.7)	(14.4)	(9.5)	(14.2)	(7.3)	(10.4)	(14.3)
	計	439,728	750,364	883,131	337,922	1,855,843	350,725	1,016,270	346,080	1,212,916	2,069,945	1,766,529	11,029,453
	(B)	(100.0)	(100.0)	(100.0)	(100.0)	(100.0)	(100.0)	(100.0)	(100.0)	(100.0)	(100.0)	(100.0)	(100.0)
	年平均	109,932	187,591	176,626	168,961	463,961	175,363	508,135	173,040	606,458	517,486	441,632	315,127
均衡 (A-B)		27,673	133,315	207,589	308,696	147,284	288,943	-424,931	37,384	-68,018	35,268	98,648	791,851
年平均		6,918	33,329	41,518	154,348	36,821	144,471	-212,465	18,692	-34,009	8,817	24,662	22,624

※ (　) 내는 時代別 百分率(%)임.

1. 收入 · 支出 項目

(1) 收入部門

① 報酬等 - (ⅰ) 主職場으로부터의 俸給과 手當 등
(ⅱ) 硏究費 및 補助金 등
② 手苦料 - (ⅰ) 委員 · 顧問 등의 手當
(ⅱ) 諮問 및 會議의 手當
(ⅲ) 著書 · 論文의 印稅 및 稿料
(ⅳ) 硏究課題의 執筆手當
③ 發表費 - (ⅰ) 論文發表 · 司會 · 討論의 手當
(ⅱ) 講師 · 特講 · 演說의 手當
(ⅲ) 放送 · 座談 등의 手當
④ 資本金 - (ⅰ) 資產의 賣却收入 및 專貰收入
(ⅱ) 積金 · 信託 등의 元金 및 利子收入
⑤ 其　他 - (ⅰ) 慶弔事 收入 및 行事收入
(ⅱ) 退職金
(ⅲ) 借入金
(ⅳ) 其他 雜收入

(2) 支出部門

① 生活費 - (ⅰ) 經常家計費
(ⅱ) 家庭行事 및 生活費
(ⅲ) 衣類 및 消費財 家具 取得費
(ⅳ) 醫療 및 保健費
② 養育費- (ⅰ) 子女의 生活 · 活動費
(ⅱ) 子女의 敎育費
(ⅲ) 子女의 婚事 行事費
(ⅳ) 子女의 生活補助費
③ 公課金 - (ⅰ) 租稅 등 諸公課金
(ⅱ) 被告傭人의 報酬 · 手當 등
(ⅲ) 加入團體의 會費, 保險料 및 寄附金 등
(ⅳ) 골프 등 運動費用
④ 資本金 - (ⅰ) 資產取得費
(ⅱ) 積金拂入 및 信託預置金
(ⅲ) 耐久材家具 및 自動車 등 購入費
⑤ 其　他 - (ⅰ) 慶弔事經費
(ⅱ) 行事支出費
(ⅲ) 負債償還 및 利子支佛
(ⅳ) 社會活動費
(ⅴ) 其他 諸充當金

2. 收入 · 支出 內譯 : 經常價格

(單位: 經常價格, 千원)

年	月	收入 1 報酬等	收入 2 手苦費	收入 3 發表費	收入 4 資本金	收入 5 其他	收入 計 (A)	支出 1 生活費	支出 2 養育費	支出 3 公課金	支出 4 資本金	支出 5 其他	支出 計 (B)	均衡 (A-B)
1972	1	35	20	-	-	319	374	148	20	-	-	237	405	-31
	2	-	20	-	-	280	300	85	18	-	-	227	330	-30
	3	-	20	50	-	235	305	87	17	-	-	229	333	-28
	4	-	20	20	-	265	305	88	18	10	-	224	340	-35
	5	65	70	20	-	195	350	90	16	-	-	249	355	-5
	6	65	20	-	-	266	351	90	15	20	-	231	356	-6
	7	65	160	-	-	128	353	93	18	-	-	239	350	3
	8	65	60	-	-	230	355	95	20	-	1,000	200	1,315	-960
	9	65	92	-	-	200	357	97	21	-	-	237	355	2
	10	65	169	10	-	115	359	98	19	13	85	140	355	4
	11	65	142	10	25	118	360	100	18	18	45	177	358	2
	12	100	243	13	5	-	361	105	21	17	55	162	360	1
	年 計	590	1,036	123	30	2,351	4,130	1,176	221	78	1,185	2,552	5,212	-1,082
	月平均	49	86	10	3	196	344	98	18	6	99	213	434	-90
1973	1	65	215	20	-	-	300	100	10	15	-	110	235	65
	2	65	238	-	-	-	303	105	10	10	-	120	245	58
	3	65	200	30	-	10	305	110	50	20	-	74	254	51
	4	65	200	40	-	-	305	106	20	15	20	103	264	41
	5	65	113	50	80	-	308	103	30	20	-	120	273	35
	6	100	170	40	-	-	310	100	30	20	-	133	283	27
	7	65	118	130	-	-	313	110	20	25	-	137	292	21
	8	65	230	20	-	-	315	111	25	15	23	128	302	13
	9	65	253	-	-	-	318	107	50	10	50	94	311	7
	10	65	225	30	-	-	320	106	30	15	50	120	321	-1
	11	65	218	40	-	-	323	108	40	25	373	122	668	-345
	12	100	230	20	-	500	850	115	50	25	-	446	636	214
	年 計	850	2,410	420	80	510	4,270	1,281	365	215	516	1,707	4,084	186
	月平均	71	201	35	7	42	356	107	30	18	43	142	340	16
1974	1	80	228	20	-	-	328	117	44	1	113	62	337	-9
	2	74	178	32	-	-	284	85	-	5	113	82	285	-1
	3	155	332	30	-	-	517	116	-	27	113	80	336	181
	4	99	326	30	-	30	485	161	-	13	115	47	336	149
	5	174	223	-	-	20	417	25	25	17	115	217	399	18
	6	110	189	32	6,100	2,005	8,436	40	-	-	8,115	70	8,225	211
	7	58	197	10	-	-	265	110	-	8	153	113	384	-119
	8	149	198	-	1,000	-	1,347	-	-	3	94	170	267	1,080
	9	134	305	24	-	-	463	250	3	5	33	305	596	-133
	10	193	165	128	-	-	486	285	15	2	93	107	502	-16

年	月	收入						支出						均衡 (A-B)
		1 報酬等	2 手苦費	3 發表費	4 資本金	5 其他	計 (A)	1 生活費	2 養育費	3 公課金	4 資本金	5 其他	計 (B)	
1974	11	140	165	147	-	-	452	245	-	9	181	85	520	-68
	12	263	292	52	-	15	622	250	-	3	157	78	488	134
	年 計	1,629	2,798	505	7,100	2,070	14,102	1,684	87	93	9,395	1,416	12,675	1,427
	月平均	136	233	42	592	172	1,175	140	7	8	783	118	1,056	119
1975	1	93	202	23	-	40	358	160	10	3	156	71	400	-42
	2	173	360	7	20	20	580	25	-	5	396	366	792	-212
	3	103	732	6	-	30	871	44	-	-	155	164	363	508
	4	100	795	186	250	45	1,376	268	10	10	315	85	688	688
	5	298	276	55	600	-	1,229	171	-	20	155	58	404	825
	6	160	329	330	-	-	819	151	-	7	192	40	390	429
	7	100	220	75	-	-	395	150	-	-	120	40	310	85
	8	77	80	46	-	25	228	85	-	-	153	245	483	-255
	9	313	550	341	-	-	1,204	236	30	8	153	312	739	465
	10	103	210	53	-	-	177	209	-	-	153	210	572	-395
	11	279	150	20	10	-	459	160	-	9	153	101	423	36
	12	173	475	10	100	-	758	190	-	-	153	103	446	312
	年 計	1,972	4,190	1,152	980	160	8,454	1,849	50	62	2,254	1,795	6,010	2,444
	月平均	164	349	96	82	13	704	154	4	5	188	150	501	203
專任講師 合 計 (4年) (48月)	累 計	5,041	10,434	2,200	8,190	5,091	30,956	5,990	723	448	13,350	7,470	27,981	2,975
	年平均	1,260	2,608	550	2,048	1,273	7,739	1,498	181	112	3,337	1,067	6,995	744
	月平均	105	217	46	171	106	645	125	15	9	278	156	583	62
1976	1	130	211	50	35	80	506	243	-	99	153	92	587	-81
	2	223	226	30	150	679	1,308	460	-	-	153	739	1,352	-44
	3	103	100	-	-	221	424	150	-	-	153	261	564	-140
	4	103	120	-	-	221	444	150	-	-	153	261	564	-120
	5	103	60	-	-	221	384	150	-	-	153	261	564	-180
	6	103	60	-	100	361	624	150	-	-	153	401	704	-80
	7	103	60	-	-	221	384	150	-	-	153	261	564	-180
	8	103	60	-	-	272	435	150	-	-	153	312	615	-180
	9	211	273	24	100	25	633	150	-	5	153	45	353	280
	10	103	130	73	-	-	306	150	-	-	153	40	343	-37
	11	283	238	23	-	-	544	278	-	6	151	84	519	25
	12	213	246	50	65	10	584	97	5	8	51	256	417	167
	年 計	1,781	1,784	250	450	2,311	6,576	2,278	5	118	1,732	3,013	7,146	-570
	月平均	148	149	21	37	193	548	190	1	10	144	251	596	-48
1977	1	133	91	54	6	100	384	217	-	14	105	43	379	5
	2	273	110	63	20	200	666	140	67	-	245	94	546	120
	3	250	319	17	-	-	586	156	50	30	105	366	707	-121
	4	143	386	40	-	-	569	119	10	122	117	43	411	158

年	月	收入						支出						均衡 (A-B)
		1 報酬等	2 手苦費	3 發表費	4 資本金	5 其他	計 (A)	1 生活費	2 養育費	3 公課金	4 資本金	5 其他	計 (B)	
1977	5	287	355	300	700	-	1,642	130	78	150	105	107	570	1,072
	6	287	829	87	-	15	1,218	305	-	38	81	154	578	640
	7	143	1,148	26	-	-	1,317	625	26	58	130	236	1,075	242
	8	270	1,596	25	200	40	2,131	580	-	5	210	544	1,339	792
	9	247	368	803	-	50	1,468	280	20	3	131	340	774	694
	10	117	885	60	-	-	1,062	410	178	33	131	365	1,117	-55
	11	273	2,811	-	25	-	3,109	305	20	-	130	193	648	2,461
	12	253	2,642	20	9	25	2,949	455	60	-	1,010	929	2,454	495
	年 計	2,676	11,540	1,495	960	430	17,101	3,722	509	453	2,500	3,414	10,598	6,503
	月平均	223	962	124	80	36	1,425	310	42	38	208	285	883	542
1978	1	133	252	-	59	-	444	410	-	30	3,110	786	4,336	-3,892
	2	293	1,745	20	-	-	2,058	210	-	6	3,894	680	4,790	-2,732
	3	309	1,872	103	33,000	10,000	45,284	200	-	-	43,293	233	43,726	1,558
	4	308	3,661	-	-	300	4,269	470	24	951	303	830	2,578	1,691
	5	270	152	74	5,100	-	5,596	335	20	73	420	1,439	2,287	3,309
	6	310	922	20	3,500	-	4,752	625	5	-	377	1,305	2,312	2,440
	7	277	572	50	9,523	10	10,432	380	-	204	384	2,090	3,058	7,374
	8	220	255	95	300	-	870	350	20	-	601	405	1,376	-506
	9	87	1,337	75	300	-	1,799	434	-	113	384	595	1,526	273
	10	300	1,434	94	-	-	1,828	565	-	8	370	731	1,674	154
	11	220	1,617	77	10	-	1,924	414	100	-	370	496	1,380	544
	12	290	4,867	30	-	-	5,187	695	6	-	370	4,714	5,785	-598
	年 計	3,017	18,686	638	51,792	10,310	84,443	5,088	175	1,385	53,876	14,304	74,828	9,615
	月平均	252	1,557	53	4,316	859	7,037	424	15	115	6,990	1,192	6,236	801
1979	1	500	672	37	35	50	1,294	560	70	6	386	436	1,458	-164
	2	310	789	50	20	100	1,269	360	192	4	370	495	1,421	-152
	3	280	766	21	-	2	1,069	240	9	38	370	441	1,098	-29
	4	280	1,103	50	130	-	1,563	558	10	63	370	430	1,431	133
	5	250	325	110	230	-	915	385	97	121	690	450	1,743	-828
	6	340	1,394	199	330	-	2,263	450	5	164	778	846	2,243	20
	7	300	2,267	208	-	-	2,775	630	44	5	470	783	1,932	843
	8	316	1,090	205	130	30	1,771	681	50	-	370	859	1,960	-189
	9	280	788	114	3,130	133	4,445	657	5	177	1,410	801	3,050	1,395
	10	330	4,790	228	1,000	-	6,348	743	251	193	1,340	1,387	3,914	2,434
	11	316	771	50	739	30	1,906	1,107	119	6	370	480	2,082	-176
	12	290	1,799	50	2,300	-	4,439	818	10	40	1,370	297	2,535	1,904
	年 計	3,792	16,554	1,332	8,044	345	30,057	7,189	862	817	8,294	7,705	24,867	5,190
	月平均	316	1,380	110	670	29	2,505	599	72	68	691	642	2,072	433
助教授 合 計 (4年) (48月)	累 計	11,266	48,564	3,705	61,246	13,396	138,177	18,277	1,551	2,773	66,402	28,436	117,439	20,738
	年平均	3,017	12,141	926	15,311	3,349	34,544	4,569	388	693	16,601	7,109	29,360	5,184
	月平均	235	1,012	77	1,276	279	2,879	381	32	58	1,383	593	2,447	432

年	月	收入						支出						均衡 (A-B)
		1 報酬等	2 手苦費	3 發表費	4 資本金	5 其他	計 (A)	1 生活費	2 養育費	3 公課金	4 資本金	5 其他	計 (B)	
1980	1	619	1,492	-	40	-	2,151	1,570	175	118	370	268	2,501	-350
	2	356	1,630	34	120	15	2,155	655	411	15	370	250	1,701	454
	3	426	5,405	26	25	-	5,882	955	285	20	3,370	620	5,250	632
	4	425	2,942	677	-	-	4,044	670	5	85	370	2,160	3,290	754
	5	376	597	311	110	30	1,424	610	45	137	370	150	1,312	112
	6	426	1,537	505	-	-	2,468	610	5	60	407	575	1,657	811
	7	725	1,445	300	1,980	-	4,450	830	243	19	50	150	1,292	3,158
	8	516	1,245	90	-	5	1,856	775	6	35	-	580	1,396	460
	9	666	1,822	72	-	-	2,560	1,475	16	610	-	267	2,368	192
	10	505	1,906	267	-	10	2,688	1,387	113	63	-	268	1,831	857
	11	416	963	80	-	-	1,459	1,059	34	36	-	190	1,319	140
	12	491	2,424	20	-	-	2,935	1,643	126	18	454	776	3,017	-82
	年 計	5,947	23,408	2,382	2,275	60	34,072	12,239	1,464	1,216	5,761	6,254	26,934	7,138
	月平均	496	1,951	198	189	5	2,839	1,020	122	101	480	521	2,244	595
1981	1	220	829	-	41	-	1,590	783	49	5	-	216	1,053	537
	2	380	1,261	-	-	-	1,641	923	160	10	-	205	1,298	343
	3	511	945	60	-	-	1,516	1,056	98	31	50	191	1,426	90
	4	650	747	200	-	450	2,047	810	20	-	-	485	1,315	732
	5	380	533	90	-	50	1,053	510	54	305	-	200	1,069	-16
	6	500	952	365	2,537	-	4,354	1,374	5	20	-	188	1,587	2,767
	7	950	1,362	330	-	-	2,642	1,300	140	10	-	180	1,630	1,012
	8	430	1,476	60	-	-	1,966	843	140	355	-	330	1,668	298
	9	530	1,372	264	-	30	2,196	760	-	155	410	380	1,705	491
	10	630	1,330	400	-	-	2,360	1,180	110	335	140	600	2,365	-5
	11	440	1,754	264	-	1,500	3,958	1,470	70	184	140	770	2,634	1,324
	12	410	2,500	139	-	40	3,089	1,110	-	973	140	540	1,763	1,326
	年 計	6,531	15,061	2,172	2,578	2,070	28,412	12,119	846	2,383	880	4,285	20,513	7,899
	月平均	544	1,255	181	215	173	2,368	1,010	70	199	73	357	1,709	659
1982	1	1,000	1,538	-	60	35	2,633	1,539	-	30	140	890	2,599	34
	2	450	2,750	540	7,620	810	12,170	700	454	170	290	700	2,314	9,856
	3	480	8,400	560	10,325	-	19,765	700	130	405	6,990	550	8,775	10,990
	4	1,000	1,240	440	875	220	3,775	750	10	567	185	365	1,877	1,898
	5	480	2,530	716	875	-	4,601	2,450	120	765	230	725	4,285	316
	6	590	1,398	741	1,294	-	4,023	1,050	-	928	170	605	2,753	1,270
	7	1,040	1,916	630	900	-	4,486	1,150	240	385	160	740	2,675	1,811
	8	480	2,000	475	900	-	3,855	1,165	-	305	870	755	3,095	760
	9	590	2,790	330	-	-	3,710	860	-	1,034	120	730	2,744	966
	10	1,010	1,186	289	600	-	3,085	1,195	20	1,350	70	250	2,885	200
	11	400	2,200	116	51,720	-	54,436	1,559	140	435	51,130	470	53,734	702

年	月	收入						支出						均衡 (A-B)
		1 報酬等	2 手苦費	3 發表費	4 資本金	5 其他	計 (A)	1 生活費	2 養育費	3 公課金	4 資本金	5 其他	計 (B)	
1982	12	510	2,735	346	600	-	4,196	1,870	-	552	-	920	3,342	854
	年 計	8,030	30,683	5,183	75,769	1,065	120,730	14,988	1,114	6,926	60,355	7,695	91,078	29,652
	月平均	669	2,557	432	6,314	89	10,061	1,249	93	577	5,030	641	7,590	2,471
1983	1	1,450	1,980	50	600	-	4,080	1,150	-	408	-	260	1,818	2,262
	2	500	2,200	-	600	-	3,300	1,660	198	1,150	-	410	3,418	-118
	3	700	1,682	40	600	-	3,022	1,025	603	897	-	295	2,820	202
	4	450	1,740	195	640	-	3,025	430	100	602	-	280	1,412	1,613
	5	800	4,109	515	600	-	6,024	1,420	-	1,991	-	260	3,671	2,353
	6	700	3,472	890	600	-	5,662	930	50	524	-	250	1,754	3,908
	7	800	3,500	50	600	-	4,950	1,201	24	284	-	400	1,909	3,041
	8	800	1,310	250	600	-	2,960	2,000	130	537	-	810	3,477	-517
	9	700	2,005	410	800	-	3,915	1,328	40	1,454	-	660	3,482	433
	10	500	907	400	1,000	-	2,807	1,160	190	597	-	960	2,907	-100
	11	800	600	634	1,000	-	3,034	1,360	100	945	-	500	2,905	129
	12	800	1,769	230	1,000	30	3,829	1,350	100	874	-	390	2,714	1,115
	年 計	9,000	25,274	3,664	8,640	30	46,608	15,014	1,535	10,263	-	5,475	32,287	14,321
	月平均	750	2,106	305	720	3	3,884	1,251	128	855	-	456	2,690	1,194
1984	1	800	590	50	1,000	-	2,440	1,550	150	1,136	-	620	3,456	-1,016
	2	700	1,411	190	52,306	-	54,607	1,200	490	645	51,233	350	53,918	689
	3	900	1,186	310	1,000	-	3,396	1,050	380	876	488	360	3,154	242
	4	450	1,626	540	1,000	-	3,616	700	200	770	488	560	2,718	898
	5	800	1,100	300	1,000	-	3,200	800	381	1,908	488	340	3,917	-717
	6	800	600	410	1,000	-	2,810	772	120	589	488	644	2,613	197
	7	900	6,630	216	1,000	-	8,746	2,522	-	1,546	688	230	4,986	3,760
	8	800	1,687	650	1,000	20	4,157	840	-	1,474	488	870	3,672	485
	9	800	3,427	185	1,000	110	5,522	2,060	450	1,509	488	470	4,977	545
	10	500	1,687	180	1,000	40	3,407	880	-	766	3,588	350	5,584	-2,177
	11	900	630	640	1,000	120	3,290	1,660	350	746	741	220	3,717	-427
	12	800	935	450	600	120	2,905	2,130	640	1,020	741	583	5,114	-2,209
	年 計	9,150	21,509	4,121	62,906	410	98,096	16,164	3,161	12,985	59,919	5,597	97,826	270
	月平均	763	1,793	343	5,242	34	8,175	1,347	263	1,082	4,994	466	8,152	23
副教授 合 計 (5年) (60月)	累 計	38,658	115,935	17,522	152,168	3,635	327,918	70,524	8,120	33,773	126,915	29,306	268,638	59,280
	年平均	7,732	23,187	3,504	30,434	727	65,584	14,105	1,624	6,755	25,383	5,861	53,728	11,856
	月平均	644	1,932	292	2,536	61	5,465	1,176	135	563	2,115	488	4,477	988
1985	1	700	1,970	210	58,600	-	61,480	400	396	765	638	260	2,459	59,021
	2	600	1,420	50	600	-	2,676	1,520	160	1,957	488	510	4,635	-1,959
	3	700	1,030	160	700	520	3,110	1,880	160	758	488	270	3,556	-446
	4	700	3,750	140	600	150	5,340	1,080	-	915	698	220	2,913	2,427
	5	600	7,790	450	600	-	9,440	1,470	150	750	588	250	3,208	6,232

年	月	收入						支出						均衡 (A-B)
		1 報酬等	2 手苦費	3 發表費	4 資本金	5 其他	計 (A)	1 生活費	2 養育費	3 公課金	4 資本金	5 其他	計 (B)	
1985	6	700	1,042	140	600	-	2,482	1,660	-	563	488	320	3,031	-549
	7	700	675	270	2,840	-	4,485	1,340	140	540	488	220	2,728	1,757
	8	600	6,830	-	600	-	8,030	200	570	540	488	300	2,098	5,932
	9	700	3,020	510	1,100	-	5,330	1,455	260	1,633	488	290	4,126	1,204
	10	700	2,600	410	600	-	4,310	1,730	90	320	741	905	3,786	524
	11	600	2,150	340	600	-	3,690	4,462	251	690	741	250	6,394	-2,704
	12	700	4,295	370	11,600	300	17,265	3,075	360	1,002	741	230	5,408	11,857
	年 計	8,000	36,578	3,050	79,040	970	127,638	20,272	2,537	10,433	7,075	4,025	44,342	83,296
	月平均	667	3,048	254	6,587	81	10,637	1,689	212	869	590	335	3,695	6,942
1986	1	700	8,420	530	660	-	10,310	1,000	-	772	488	230	2,490	7,820
	2	600	6,953	-	1,030	-	8,583	1,030	700	1,056	488	495	3,769	4,814
	3	700	8,200	95	1,000	-	9,995	1,300	-	1,206	488	490	3,484	6,511
	4	700	2,030	400	3,000	273	6,403	1,250	-	699	488	360	2,797	3,606
	5	600	3,490	390	1,000	335	5,815	1,060	200	506	488	580	2,834	2,981
	6	700	12,451	434	1,500	20	15,105	4,150	60	857	29,988	640	35,695	-20,590
	7	700	390	150	1,000	400	2,640	1,200	130	1,436	488	470	3,724	-1,084
	8	600	12,191	140	1,000	250	14,181	1,042	690	1,416	488	900	4,536	9,645
	9	700	1,910	210	1,000	-	3,820	1,800	60	2,194	488	1,140	5,682	-1,862
	10	700	19,100	520	1,000	200	21,520	3,150	113	541	488	885	5,177	16,343
	11	600	1,460	600	1,000	-	3,660	1,200	60	1,276	488	820	3,844	-184
	12	700	1,120	250	1,000	-	3,070	2,000	190	496	488	1,320	4,494	-1,424
	年 計	8,000	77,715	3,719	14,190	1,478	105,102	20,182	2,203	12,455	35,356	8,330	78,526	26,576
	月平均	667	6,476	310	1,183	123	8,759	1,682	184	1,038	2,946	694	6,544	2,215
教授 合計 (2年) (24月)	累 計	16,000	114,293	6,769	93,030	2,448	232,740	40,454	4,740	22,888	42,431	12,355	122,868	109,872
	年平均	8,000	57,146	3,385	46,615	1,224	116,370	20,227	2,370	11,444	21,215	6,178	61,434	54,936
	月平均	667	4,762	282	3,885	102	9,698	1,685	198	954	1,768	515	5,120	4,578
1987	1	1,000	12,950	500	1,000	-	15,450	1,000	60	1,355	488	4,320	7,223	8,227
	2	900	935	330	1,000	-	3,165	1,460	1,080	355	488	2,630	6,013	-2,848
	3	1,000	5,340	800	21,000	-	28,140	1,600	680	475	-	300	3,055	25,085
	4	1,000	1,010	136	1,160	-	3,306	1,500	80	435	-	800	2,815	491
	5	1,000	200	1,300	1,000	340	3,840	1,500	120	695	460	310	3,085	755
	6	1,000	1,000	220	1,000	-	3,320	1,580	80	335	-	280	2,275	1,045
	7	1,000	1,860	-	1,000	-	3,860	1,820	80	335	-	500	2,735	1,125
	8	1,000	250	200	1,000	-	2,450	1,600	698	265	-	500	3,063	-613
	9	1,000	353	150	1,000	-	2,503	1,950	80	465	-	770	3,265	-762
	10	1,000	1,021	50	1,000	-	3,071	2,020	80	599	-	380	3,079	-8
	11	1,000	1,560	720	1,000	-	4,280	2,260	120	215	-	290	2,885	1,395
	12	1,000	1,380	170	1,000	-	3,550	2,000	80	265	-	510	2,855	695
	年 計	12,000	27,859	4,576	32,160	340	76,935	20,290	3,238	5,794	1.436	11,590	42,348	34,587
	月平均	1,000	2,322	381	2,680	28	6,411	1,691	270	483	119	966	3,529	2,882

年	月	收入						支出						均衡 (A-B)
		1 報酬等	2 手苦費	3 發表費	4 資本金	5 其他	計 (A)	1 生活費	2 養育費	3 公課金	4 資本金	5 其他	計 (B)	
1988	1	1,000	325	200	1,165	-	2,690	2,030	80	203	-	470	2,783	-93
	2	1,000	230	420	1,000	-	2,650	2,000	910	203	-	480	3,593	-943
	3	1,000	570	1,150	1,000	-	3,720	1,410	130	363	270	340	2,513	1,207
	4	1,000	770	750	2,000	-	4,520	1,300	130	213	253	320	2,216	2,304
	5	1,000	220	1,050	2,000	100	4,370	1,600	995	823	253	420	4,091	279
	6	1,000	2,550	870	2,000	-	6,420	1,000	2,190	455	25	350	4,020	2,400
	7	1,000	2,402	780	221,000	200,000	425,182	1,600	302	253	420,253	300	422,708	2,474
	8	1,000	1,500	1,100	1,000	-	4,600	4,792	831	213	520	470	6,826	-2,226
	9	1,000	887	70	1,000	-	2,957	4,470	1,555	243	267	480	7,015	-4,058
	10	1,000	6,587	240	1,000	-	8,827	5,800	195	794	1,245	380	8,414	413
	11	1,000	3,440	1,195	1,000	-	6,635	3,200	330	203	744	390	4,867	1,768
	12	1,000	2,360	550	1,000	-	4,910	2,250	1,370	653	327	940	5,540	-630
	年 計	12,000	21,841	8,375	235,165	200,100	477,481	31,452	9,018	4,619	424,157	5,340	474,586	2,895
	月平均	1,000	1,820	698	19,597	16,675	39,790	2,621	752	385	35,346	445	39,549	241
1989	1	1,000	850	200	1,000	-	3,050	1,980	130	179	267	390	2,946	104
	2	1,000	1,540	950	1,872	2,600	7,962	3,210	30	179	1,767	545	5,731	2,231
	3	1,000	4,533	350	1,000	-	6,883	2,200	329	269	537	440	3,775	3,108
	4	1,000	6,060	1,790	1,000	-	9,850	2,761	830	1,239	918	320	6,068	3,782
	5	1,000	3,150	2,050	1,000	20	7,220	2,555	832	289	1,177	440	5,293	1,927
	6	1,000	1,450	1,600	1,000	-	5,050	1,300	250	622	537	360	3,069	1,981
	7	1,000	3,986	1,100	1,000	60	7,146	2,930	298	319	537	250	4,334	2,812
	8	1,000	1,963	300	1,000	-	4,263	2,813	270	909	676	490	5,158	-895
	9	1,000	1,850	-	1,000	-	3,850	2,900	260	252	727	350	4,489	-639
	10	1,000	601	1,660	1,000	250	4,511	2,500	650	909	727	410	5,196	-685
	11	1,000	2,790	1,550	1,000	-	6,340	4,840	250	179	727	620	6,616	-276
	12	1,000	1,930	1,900	1,000	-	5,830	3,650	440	179	460	370	5,099	731
	年 計	12,000	30,703	13,450	12,872	2,930	71,955	33,639	4,569	5,524	9,057	4,985	57,774	14,181
	月平均	1,000	2,558	1,121	1,073	244	5,996	2,803	381	460	755	416	4,815	1,181
1990	1	1,000	1,200	-	1,000	-	3,200	2,380	180	185	727	410	3,882	-682
	2	699	2,133	1,750	1,000	-	5,582	2,360	240	185	877	380	4,042	1,540
	3	1,178	2,585	800	1,000	-	5,563	1,120	1,712	815	727	400	4,774	789
	4	899	3,172	1,670	1,000	-	6,741	1,000	2,440	185	727	370	4,722	2,019
	5	714	3,195	2,550	1,000	450	7,909	3,000	2,270	515	727	810	7,322	587
	6	1,191	10,591	1,590	1,000	-	14,372	1,800	2,040	1,432	1,527	582	7,381	6,991
	7	1,306	4,945	800	164,000	30	171,081	1,100	2,500	405	727	163,330	168,062	3,019
	8	745	8,667	2,190	1,000	-	12,602	1,650	3,000	11,255	727	400	17,032	-4,430
	9	1,253	2,426	170	1,000	248	5,097	1,655	2,090	265	927	2,165	7,102	-2,005
	10	974	4,843	1,552	1,000	-	8,369	2,956	2,160	285	927	410	6,738	1,631
	11	786	4,230	700	1,000	-	6,716	1,590	2,349	1,286	727	590	6,542	174

年	月	收入						支出						均衡 (A-B)
		1 報酬等	2 手苦費	3 發表費	4 資本金	5 其他	計 (A)	1 生活費	2 養育費	3 公課金	4 資本金	5 其他	計 (B)	
1990	12	1,281	2,450	730	1,263	-	5,724	2,140	1,840	118	727	470	5,295	429
	年 計	12,026	50,437	14,502	175,263	728	252,956	22,751	22,821	16,931	10,074	170,317	242,894	10,062
	月平均	1,002	4,203	1,209	14,605	61	21,080	1,896	1,902	1,411	839	14,193	20,241	839
大學院長合計 (4年) (48月)	累 計	48,026	130,840	40,903	455,460	204,098	879,327	108,132	39,646	32,868	444,724	192,232	817,602	61,725
	年平均	12,006	32,710	10,226	113,865	51,025	219,832	27,033	9,912	8,217	111,181	48,058	204,401	15,431
	月平均	1,000	2,726	852	9,489	4,252	18,319	2,253	826	684	9,265	4,005	17,033	1,286
1991	1	1,633	1,140	3,770	60	-	6,603	2,000	140	130	759	320	3,349	3,254
	2	963	1,620	7,350	-	-	9,933	2,200	3,610	508	727	717	7,762	2,171
	3	1,583	987	2,680	-	200	5,450	1,600	417	134	450	476	3,077	2,373
	4	830	3,782	2,146	-	842	7,600	2,900	265	8	190	7,905	11,268	-3,668
	5	828	7,446	4,790	-	-	13,064	1,500	700	758	490	570	4,018	9,046
	6	1,583	2,525	2,650	130,820	-	137,578	6,480	2,960	3,243	490	990	14,163	123,515
	7	1,671	2,530	1,600	-	-	5,801	1,750	1,380	8	10,660	450	14,248	-8,447
	8	819	6,252	2,220	-	-	9,291	3,060	1,210	8	490	680	5,448	3,843
	9	1,633	4,458	3,820	-	200	10,111	2,732	905	216	1,290	500	5,643	4,468
	10	544	7,710	2,080	-	-	10,334	1,503	1,210	220	34,310	510	37,753	-27,419
	11	719	3,304	2,310	-	-	6,333	4,510	990	439	490	550	6,979	-646
	12	1,365	6,328	1,812	-	-	9,505	2,940	330	874	490	870	5,504	4,001
	年 計	14,171	48,082	37,228	130,880	1,242	231,603	33,175	14,117	6,546	50,836	14,538	119,212	112,391
	月平均	1,181	4,007	3,102	10,907	103	19,300	2,765	1,176	846	4,236	1,211	9,934	9,366
1992	1	1,630	4,760	6,000	-	-	12,390	2,700	3,590	15	490	490	7,285	5,105
	2	1,470	11,024	3,510	-	-	16,004	1,600	2,030	65	300	490	4,485	11,519
	3	1,521	5,037	1,730	-	-	8,288	2,390	842	15	300	570	4,117	4,171
	4	592	1,956	3,810	-	-	6,358	4,600	860	110	1,300	620	7,490	-1,132
	5	800	13,511	1,920	-	-	16,231	2,580	620	635	300	480	4,615	11,616
	6	1,521	11,100	2,600	-	-	15,221	4,100	790	1,787	300	590	7,567	7,654
	7	1,448	5,950	1,700	-	10	9,108	5,400	860	15	300	1,040	7,615	1,493
	8	1,725	3,500	1,600	-	-	6,825	1,200	3,180	15	700	400	5,495	1,330
	9	1,682	50	2,500	-	-	4,232	3,750	1,161	15	600	500	6,026	-1,794
	10	1,991	1,480	2,700	-	-	6,171	2,000	1,230	1,885	600	840	6,555	-384
	11	1,524	4,430	1,900	-	-	7,854	4,290	560	485	600	1,160	7,095	759
	12	2,183	14,588	730	-	-	17,501	4,040	3,160	15	600	1,360	9,175	8,326
	年 計	18,087	77,386	30,700	-	10	126,183	38,650	18,883	5,057	6,390	8,540	77,520	48,663
	月平均	1,507	6,449	2,558	-	1	10,515	3,221	1,574	421	532	712	6,460	4,055
教授合計 (2年) (24月)	累 計	32,258	125,468	67,928	130,880	1,252	357,786	71,825	33,000	11,603	57,226	23,078	196,732	161,054
	年平均	16,129	62,734	33,964	65,440	626	178,893	35,913	16,500	5,801	28,613	11,539	98,366	80,527
	月平均	1,344	5,228	2,830	5,453	52	14,907	2,993	1,375	483	2,384	962	8,197	6,710
1993	1	2,061	2,550	2,250	-	70,627	77,488	2,870	1,450	-	30,600	74,475	109,395	-31,907
	2	1,780	1,350	1,640	-	-	4,770	2,000	3,082	60	600	2,760	8,502	-3,732

年	月	收入						支出						均衡 (A-B)
		1 報酬等	2 手苦費	3 發表費	4 資本金	5 其他	計 (A)	1 生活費	2 養育費	3 公課金	4 資本金	5 其他	計 (B)	
1993	3	2,290	100	1,950	-	-	4,340	2,000	1,000	100	600	700	4,400	-60
	4	1,818	5,790	1,500	-	30	9,138	2,000	500	100	600	500	3,700	5,438
	5	2,373	725	2,200	-	-	5,298	2,242	6,700	-	600	550	10,092	-4,794
	6	3,090	1,050	800	-	-	4,940	2,033	300	1,741	600	630	5,304	-364
	7	2,220	620	800	50,000	-	53,640	1,530	-	404	230,600	500	233,034	-179,394
	8	1,073	550	1,500	1,300	-	4,423	3,130	1,321	-	32,010	500	36,961	-32,538
	9	2,290	1,879	1,800	1,300	-	7,269	5,920	3,480	460	600	600	11,060	-3,791
	10	1,818	1,050	1,500	1,300	-	5,668	920	1,480	1,600	600	750	5,350	318
	11	3,551	965	1,800	1,300	-	7,616	50	2,680	77	600	500	3,907	3,709
	12	2,940	2,831	1,800	1,300	-	8,871	3,700	1,980	140	600	700	7,120	1,751
	年 計	27,304	19,460	19,540	56,500	70,657	193,461	28,395	23,973	4,682	298,610	83,165	438,825	-245,364
	月平均	2,275	1,622	1,629	4,708	5,888	16,122	2,366	1,998	390	24,884	6,931	36,569	-20,447
1994	1	2,517	1,344	1,800	1,300	-	6,961	2,000	2,980	380	600	500	6,460	501
	2	2,405	650	2,200	1,300	-	6,555	2,000	1,721	100	600	500	4,921	1,634
	3	2,741	2,239	2,200	1,300	-	8,480	2,000	2,960	130	600	1,200	6,890	1,590
	4	2,297	2,410	2,950	1,300	-	8,957	2,400	1,900	-	600	560	5,460	3,497
	5	1,369	1,476	1,100	1,300	-	5,245	2,300	1,415	100	300	500	4,615	630
	6	2,815	749	1,800	1,300	-	6,664	4,900	1,490	4,985	1,300	700	13,375	-6,711
	7	3,068	850	1,500	1,300	20,473	27,191	2,100	1,000	-	11,300	830	15,230	11,961
	8	2,549	700	800	35,300	-	39,349	2,000	4,881	-	96,348	500	103,729	-64,380
	9	2,311	1,860	3,208	14,181	326	21,886	3,000	2,700	270	14,448	730	21,148	738
	10	2,638	1,465	2,587	1,300	-	7,990	3,593	300	3,558	1,648	870	9,969	-1,979
	11	1,728	1,444	3,398	33,600	-	40,170	2,000	2,400	500	4,148	650	9,698	30,472
	12	3,384	2,400	2,848	1,300	-	9,932	6,100	430	130	1,648	950	9,258	674
	年 計	29,822	17,587	26,391	94,781	20,799	189,380	34,393	24,177	10,153	133,540	8,490	210,753	-21,373
	月平均	2,485	1,466	2,199	7,899	1,733	15,782	2,866	2,015	846	11,128	708	17,563	-1,781
研究院長 合 計 (2年) (24月)	累 計	57,126	37,047	45,931	151,281	91,456	382,841	62,788	48,150	14,835	432,150	91,655	649,578	-266,737
	年平均	28,563	18,524	22,966	75,640	45,728	191,421	31,394	24,075	7,417	216,075	45,828	324,789	-133,368
	月平均	2,380	1,544	1,914	6,303	3,811	15,952	2,616	2,006	618	18,006	3,819	27,065	-11,113
1995	1	2,491	1,264	4,498	1,300	-	9,553	2,650	2,736	646	1,672	330	8,034	1,519
	2	4,205	1,556	3,200	1,300	-	10,261	2,210	5,927	1,032	2,218	810	12,197	-1,936
	3	3,822	2,150	8,450	1,300	800	16,522	2,790	1,500	1,060	1,972	1,790	9,112	7,410
	4	2,649	1,802	3,287	1,300	-	9,038	2,165	2,109	762	1,972	470	7,478	1,560
	5	5,267	2,116	5,300	1,300	-	13,983	2,173	4,176	915	1,972	1,020	10,256	3,727
	6	3,660	1,020	3,300	1,300	2,000	11,280	3,394	4,600	2,984	1,972	1,010	13,960	-2,680
	7	2,758	2,325	551	-	2,030	8,964	3,579	590	1,040	1,972	276	7,457	1,507
	8	4,200	380	3,260	-	-	7,840	3,950	1,800	1,040	1,972	760	9,522	-1,682
	9	4,364	2,386	3,430	-	1,000	11,180	3,478	1,500	1,040	1,672	280	7,970	3,210
	10	3,600	50	4,110	-	-	7,760	1,860	1,380	3,148	1,672	770	8,830	-1,070

年	月	收入 1 報酬等	收入 2 手苦費	收入 3 發表費	收入 4 資本金	收入 5 其他	收入 計 (A)	支出 1 生活費	支出 2 養育費	支出 3 公課金	支出 4 資本金	支出 5 其他	支出 計 (B)	均衡 (A-B)
1995	11	4,500	4,880	4,210	-	2,000	15,590	5,540	1,200	1,040	1,672	535	9,987	5,603
	12	3,600	5,658	2,260	-	5,540	17,058	3,940	1,300	1,330	1,672	870	9,112	7,946
	年 計	45,116	25,587	45,856	9,100	13,370	139,029	37,729	28,818	16,037	22,410	8,921	113,915	25,114
	月平均	3,760	2,132	3,822	758	1,114	11,586	3,144	2,402	1,336	1,868	743	9,493	2,093
1996	1	3,900	240	4,200	1,300	1,640	11,280	2,115	4,560	916	1,672	1,707	10,970	310
	2	5,300	1,586	2,410	1,300	1,000	11,596	2,000	160	960	1,672	1,284	6,076	5,520
	3	3,900	691	3,250	1,300	450	9,591	3,015	2,380	3,800	1,672	430	11,297	-1,706
	4	4,000	4,410	2,300	1,300	-	12,010	3,500	800	1,720	4,172	1,040	11,232	778
	5	4,800	4,988	3,460	1,300	400	14,948	3,567	1,600	1,287	1,672	940	9,066	5,882
	6	4,500	3,150	4,320	1,300	100	13,370	4,220	800	4,406	11,672	780	21,878	-8,508
	7	3,900	1,628	3,841	1,300	1,700	12,369	7,950	2,680	960	1,372	850	13,812	-1,443
	8	3,500	1,990	3,650	1,300	-	10,440	3,748	2,082	1,026	1,800	1,992	10,648	-208
	9	4,700	2,710	3,400	1,300	1,300	13,410	4,400	2,090	1,160	1,800	1,570	11,020	2,390
	10	2,860	2,470	2,790	1,300	500	9,920	7,100	1,711	3,060	1,800	930	14,601	-4,681
	11	5,400	2,050	2,970	1,300	700	12,420	3,000	2,150	960	1,800	2,920	10,830	1,590
	12	5,370	2,480	2,880	1,300	2,000	14,030	5,450	2,230	1,246	1,800	1,210	11,936	2,094
	年 計	52,130	28,393	39,471	15,600	10,290	145,884	50,065	23,243	21,501	32,904	15,653	143,366	2,518
	月平均	4,344	2,366	3,289	1,300	858	12,157	4,172	1,937	1,792	2,742	1,304	11,947	210
教授合計	累 計	97,246	53,980	85,327	24,700	23,660	284,913	87,794	52,061	37,538	55,314	24,574	257,281	27,632
(2年)	年平均	48,623	26,990	42,664	12,350	11,830	142,457	43,897	26,030	18,769	27,657	12,287	128,640	13,817
(24月)	月平均	4,052	2,249	3,555	1,029	986	11,871	3,658	2,169	1,564	2,305	1,024	10,720	1,151
1997	1	4,100	2,877	1,420	-	143,202	151,599	3,223	1,900	1,174	1,672	107,283	115,252	36,347
	2	4,565	1,500	2,310	-	-	8,375	3,640	4,010	1,300	1,672	2,060	12,682	-4,307
	3	4,100	23,400	2,620	-	1,926	32,046	3,000	951	1,430	4,883	2,550	12,814	19,232
	4	4,400	1,850	1,850	-	100	8,200	6,100	2,500	1,400	2,672	465	13,137	-4,937
	5	4,500	3,000	4,495	-	2,000	13,995	4,486	2,645	1,359	3,672	583	12,745	1,250
	6	4,700	4,405	5,400	-	3,000	17,505	7,245	220	2,936	5,672	5,575	21,648	-4,143
	7	4,100	2,320	-	-	800	7,220	22,320	1,100	1,170	2,300	540	27,430	-20,210
	8	4,700	2,920	880	-	1,000	9,500	4,515	6,000	970	4,300	220	16,005	-6,505
	9	5,300	1,700	1,070	-	3,400	11,470	3,450	200	615	32,000	1,985	38,250	-26,780
	10	3,500	3,188	2,500	139,190	700	149,078	5,274	1,578	4,104	172,500	985	184,441	-35,363
	11	6,500	3,900	1,661	1,010	720	13,791	8,259	2,466	1,170	2,500	490	14,885	-1,094
	12	4,700	3,503	2,382	17,194	2,900	30,679	3,664	3,200	1,146	2,500	1,770	12,280	18,399
	年 計	55,165	54,563	26,588	157,394	159,748	453,458	75,176	26,770	18,774	236,343	124,506	481,569	-28,111
	月平均	4,597	4,547	2,216	13,116	13,312	37,788	6,265	2,231	1,565	19,695	10,375	40,131	-2,343

客說 : 經驗에서 얻은 삶의 眞實

世上에는 말도 많고 글도 많다. 하느님이 全知全能하다지만 그 숱한 言語와 文字를 다 알자면 고생스러울 것이다. 後日 다시 다른 世上을 만들 때는 말도 하나, 글도 하나만 제정하여 서로간의 對話와 疎通이 쉽도록 만들어주었으면 한다. 하느님도 그게 훨씬 편하실 것이다.

年	月	收入						支出						均衡 (A-B)
		1 報酬等	2 手苦費	3 發表費	4 資本金	5 其他	計 (A)	1 生活費	2 養育費	3 公課金	4 資本金	5 其他	計 (B)	
1998	1	5,000	3,253	1,000	76,893	1,200	87,346	7,501	1,030	1,868	78,000	1,219	89,618	-2,272
	2	4,700	2,470	1,900	54,150	-	63,220	7,736	2,120	3,197	55,000	1,014	69,067	-5,847
	3	4,180	3,460	2,000	7,600	-	17,240	3,824	14,149	2,480	6,500	410	27,363	-10,123
	4	3,500	1,470	1,600	16,700	800	24,070	3,400	330	3,244	18,500	500	25,974	-1,904
	5	3,000	5,350	1,040	1,700	-	11,090	3,315	300	2,399	3,500	493	10,007	1,083
	6	4,050	2,264	1,300	3,700	5,500	16,814	4,455	590	4,457	3,500	2,460	15,462	1,352
	7	4,200	4,842	1,800	87,266	2,500	100,608	4,220	200	2,199	92,616	1,550	100,785	-177
	8	4,700	2,750	650	11,660	1,450	21,210	3,449	1,530	2,175	14,500	2,492	24,146	-2,936
	9	3,870	2,200	3,770	-	2,300	12,140	5,964	250	4,974	3,500	524	15,212	-3,072
	10	4,400	3,240	700	89,291	375	98,006	3,444	365	5,376	92,491	644	102,320	-4,314
	11	5,450	2,880	550	11,512	-	20,392	3,210	270	1,170	13,712	720	19,082	1,310
	12	4,873	3,390	1,600	1,300	300	11,463	5,644	230	1,750	3,500	926	12,050	-587
	年 計	51,923	37,569	17,910	361,772	14,425	483,599	56,162	21,364	35,289	385,319	12,952	511,086	-27,487
	月平均	4,327	3,131	1,492	30,148	1,202	40,300	4,680	1,781	2,941	32,110	1,079	42,591	-2,291
主任敎授 合 計 (2年) (24月)	累 計	107,088	92,132	44,498	519,166	174,173	937,057	131,338	48,134	54,063	621,662	137,458	992,655	-55,598
	年平均	53,544	46,066	22,249	259,583	87,087	468,529	65,669	24,067	27,031	310,831	68,729	496,327	-27,798
	月平均	4,462	3,839	1,854	21,632	7,257	39,044	5,472	2,006	2,253	25,903	5,727	41,361	-2,317
1999	1	4,700	2,350	300	67,560	191	75,101	3,424	900	976	69,488	2,090	76,878	-1,777
	2	4,640	2,083	700	1,300	1,800	10,523	4,528	100	1,006	3,488	550	9,672	851
	3	4,200	2,625	2,250	-	500	9,575	3,614	150	1,355	3,488	370	8,977	598
	4	3,600	2,560	400	1,300	2,030	9,890	3,150	3,280	992	3,488	2,220	13,130	-3,240
	5	3,200	3,900	700	1,300	340	9,440	3,389	524	1,018	3,488	1,010	9,429	11
	6	4,882	4,663	4,200	1,300	625	15,670	4,057	370	2,910	2,488	476	10,301	5,369
	7	4,200	3,770	1,750	82,847	-	92,567	15,285	4,930	834	68,988	460	90,497	2,070
	8	4,300	5,068	650	1,742	2,000	13,760	4,441	220	822	3,988	2,407	11,878	1,882
	9	5,132	5,583	400	1,600	4,500	17,215	4,190	50	880	3,988	2,180	11,288	5,927
	10	3,600	4,000	3,540	97,946	10,300	119,386	4,260	1,840	2,945	109,234	3,145	121,424	-2,038
	11	5,900	3,910	2,060	1,600	1,620	15,090	8,200	600	3,840	3,988	2,650	19,278	-4,188
	12	4,800	8,598	452	1,600	2,875	18,325	3,020	2,273	1,129	3,988	3,100	13,510	4,815
	年 計	53,154	49,110	17,402	260,095	26,781	406,542	61,558	15,237	18,707	280,102	20,658	396,262	10,280
	月平均	4,430	4,092	1,450	21,675	2,232	33,879	5,130	1,270	1,559	23,342	1,721	33,022	857
2000	1	4,413	4,597	200	1,600	2,530	13,340	3,467	1,070	881	3,988	2,914	12,320	1,020
	2	4,478	5,812	1,300	48,333	2,200	62,123	4,573	20,900	952	3,988	1,680	32,093	30,030
	3	3,500	4,270	1,350	3,200	10,950	23,270	4,700	25,700	1,636	3,988	505	36,609	-13,339
	4	4,600	3,650	2,350	116,885	65,928	193,413	3,330	1,460	1,330	190,988	53,375	250,483	-57,070
	5	3,900	4,397	1,000	71,600	700	81,597	4,216	1,883	1,873	73,988	1,163	83,123	-1,526
	6	5,100	4,013	900	1,600	120	11,733	3,860	420	3,004	3,988	595	11,867	-134
	7	9,180	4,610	800	18,778	1,700	35,068	10,237	100	1,020	21,166	3,777	36,300	-1,232
	8	5,573	3,500	567	11,600	250	21,490	5,519	144	955	3,988	242	11,148	10,342
	9	4,400	4,630	1,800	-	800	11,630	4,317	660	931	3,988	630	10,526	1,104
	10	5,500	3,864	750	23,087	-	33,201	4,646	150	3,324	4,288	577	12,985	20,216
	11	3,900	4,600	2,623	3,200	200	14,523	3,506	30,370	1,039	3,488	1,153	39,556	-25,033
	12	5,700	8,011	1,750	-	2,000	17,461	4,536	420	1,600	3,488	1,351	11,395	6,066
	年 計	60,244	55,954	15,390	299,883	87,378	518,849	56,987	83,577	18,545	321,334	67,962	548,405	-29,556
	月平均	5,020	4,663	1,283	24,990	7,281	43,237	4,749	6,965	1,545	26,778	5,663	45,700	-2,463

年	月	收入						支出						均衡 (A-B)
		1 報酬等	2 手苦費	3 發表費	4 資本金	5 其他	計 (A)	1 生活費	2 養育費	3 公課金	4 資本金	5 其他	計 (B)	
2001	1	6,700	6,900	-	42,092	700	56,392	4,591	1,610	1,858	63,485	1,791	73,335	-16,943
	2	4,100	3,725	50	19,761	900	28,536	8,221	370	1,762	22,303	308	32,964	-4,428
	3	4,940	6,172	1,860	1,600	950	15,522	3,396	476	1,302	2,503	1,091	8,768	6,754
	4	4,941	4,410	1,000	1,600	1,800	13,751	7,440	1,520	1,676	2,503	1,275	14,414	-663
	5	5,360	6,492	225	4,800	800	17,677	3,826	5,245	1,340	2,553	1,420	14,384	3,293
	6	4,941	6,338	2,999	1,600	800	16,678	4,382	920	1,563	3,403	579	10,847	5,831
	7	6,141	3,817	600	1,800	4,950	17,308	4,034	800	1,143	3,003	3,992	12,972	4,336
	8	5,360	5,040	500	21,800	1,600	34,300	4,146	950	1,359	23,003	640	30,098	4,202
	9	6,454	8,325	1,800	94,800	2,900	114,279	5,296	600	1,002	91,453	783	99,134	15,145
	10	4,940	5,643	1,150	71,800	157	83,690	5,548	650	10,180	83,689	1,460	101,527	-17,837
	11	6,800	4,641	2,500	1,800	300	16,041	4,777	350	930	3,353	1,556	10,966	5,075
	12	6,766	6,080	1,300	11,800	-	25,946	4,686	1,570	1,973	3,353	1,540	13,122	12,824
	年 計	67,443	67,583	13,984	275,253	15,857	440,120	60,343	15,061	26,088	304,604	16,435	422,531	17,589
	月平均	5,620	5,632	1,165	22,938	1,322	36,677	5,028	1,255	2,174	25,384	1,370	35,211	1,466
2002	1	6,771	4,400	-	1,800	5,200	18,171	3,856	1,000	2,191	3,533	5,778	16,358	1,813
	2	5,778	4,759	1,530	1,800	1,000	14,867	5,357	2,950	1,563	3,533	590	13,993	874
	3	5,500	4,550	1,000	11,800	1,000	23,850	3,295	1,050	1,675	13,533	1,070	20,623	3,227
	4	6,510	4,542	2,278	51,800	-	65,130	5,326	650	2,081	53,533	375	61,965	3,165
	5	5,969	4,405	2,200	1,959	800	15,333	4,194	1,005	1,930	3,533	613	11,275	4,058
	6	5,822	4,087	400	1,800	-	12,109	4,002	720	2,363	3,533	597	11,215	894
	7	8,870	4,488	2,452	1,800	-	17,610	3,997	1,475	3,819	1,533	556	11,380	6,230
	8	5,930	4,550	350	25,800	250	36,880	5,316	1,090	3,154	26,669	626	36,855	25
	9	3,664	5,440	1,052	126,960	1,500	138,616	4,540	670	1,765	118,353	770	126,098	12,518
	10	2,800	6,280	1,050	1,800	336	12,266	4,918	970	4,224	3,353	900	14,365	-2,099
	11	2,800	8,552	1,280	1,800	1,000	15,432	4,107	1,020	1,661	3,353	545	10,686	4,746
	12	2,800	7,765	1,720	1,800	500	14,585	3,578	1,650	1,639	3,413	3,493	13,773	812
	年計	63,214	63,818	15,312	230,919	11,586	384,849	52,486	14,250	28,065	237,872	15,913	348,586	36,263
	月平均	5,268	5,318	1,276	19,243	966	32,071	4,374	1,187	2,339	19,823	1,326	29,049	3,022
教授 合計 (4年) (44月)	累 計	244,055	236,465	62,088	1,066,150	141,602	1,750,360	231,374	128,125	91,405	1,143,912	120,968	1,715,784	34,576
	年平均	61,014	59,116	15,522	266,538	35,400	437,590	57,844	32,031	22,851	285,978	30,242	428,946	8,644
	月平均	5,084	4,926	1,294	22,212	2,950	36,466	4,821	2,669	1,904	23,832	2,520	35,746	720
2003	1	2,876	5,884	3,500	3,392	336	15,988	4,357	966	1,081	3,413	849	10,666	5,322
	2	2,876	7,270	30	1,800	1,000	12,976	4,688	816	1,184	12,413	750	19,851	-6,875
	3	2,934	8,150	1,119	41,800	-	54,003	3,822	990	1,124	11,821	570	18,327	35,676
	4	2,895	6,486	2,676	1,800	136	13,993	5,110	1,020	1,257	3,124	10,872	21,383	-7,390
	5	2,895	14,630	2,724	1,800	5,500	27,549	4,716	985	878	3,124	960	10,663	16,886
	6	2,895	13,240	3,552	1,800	6,500	27,987	8,121	3,385	913	3,305	10,680	26,404	1,583
	7	2,895	7,100	2,002	2,500	10,789	25,286	7,558	3,700	2,615	2,980	4,282	21,135	4,151
	8	2,895	6,492	1,300	2,500	200	13,387	4,477	2,124	811	3,136	10,893	21,441	-8,054
	9	2,895	7,150	1,000	2,500	8,500	23,045	9,381	1,010	530	1,284	1,451	13,656	8,389
	10	2,895	5,700	2,776	2,500	1,836	15,707	7,659	1,180	3,094	3,136	15,467	30,536	-14,829
	11	2,895	6,070	4,551	2,500	52,600	68,616	5,659	2,902	648	3,136	1,494	13,839	54,777
	12	2,896	7,720	3,307	28,700	10,000	52,623	4,416	2,550	732	103,103	490	111,291	-58,668
	年計	28,952	82,300	25,235	88,592	86,408	311,487	57,929	15,804	11,441	147,859	43,583	276,616	34,871
	月平均	2,412	6,858	2,103	7,383	7,201	25,957	4,827	1,317	953	12,322	3,632	23,051	2,906

年	月	收入						支出						均衡 (A-B)
		1 報酬等	2 手苦費	3 發表費	4 資本金	5 其他	計 (A)	1 生活費	2 養育費	3 公課金	4 資本金	5 其他	計 (B)	
2004	1	3,000	7,734	-	2,500	9,136	22,370	16,345	1,485	725	13,029	743	32,327	-9,957
	2	3,000	6,000	300	272,324	2,430	284,054	4,510	118,320	1,252	142,628	820	267,530	16,524
	3	3,000	6,823	1,750	2,500	875	14,948	3,575	7,350	1,611	2,554	310	15,400	-452
	4	3,000	6,360	2,276	2,500	52	14,188	4,018	1,650	1,114	3,082	1,774	11,638	2,550
	5	3,000	7,730	1,972	2,500	80,458	95,660	3,894	20,790	724	2,775	81,693	109,876	-14,216
	6	6,889	4,800	2,221	2,500	360	16,770	6,833	104	833	2,660	2,401	12,831	3,939
	7	6,525	4,855	1,450	-	1,588	14,418	4,552	765	1,953	2,627	1,799	11,696	2,722
	8	6,525	4,600	2,280	5,000	500	18,905	3,633	2,512	582	2,734	1,920	11,381	7,524
	9	4,528	4,420	1,144	44,500	1,300	55,892	9,157	4,211	581	2,659	3,061	19,669	36,223
	10	3,000	5,620	1,057	3,088	336	13,101	3,658	888	7,591	2,874	628	15,639	-2,538
	11	3,000	5,500	4,255	2,500	3,000	18,255	3,765	820	901	2,885	570	8,941	9,314
	12	3,000	5,875	4,672	2,500	1,500	17,547	6,666	1,500	724	22,654	999	32,543	-14,996
	年計	48,467	70,317	23,377	342,412	101,535	586,108	70,606	160,395	18,591	203,161	96,718	549,471	36,637
	月平均	4,039	5,860	1,948	28,534	8,461	48,842	5,884	13,366	1,549	16,930	8,060	45,789	3,053
名譽教授 合計 (2年) (24月)	累計	77,419	152,617	48,612	431,004	187,943	897,595	128,535	176,199	30,032	351,020	140,301	826,087	71,508
	年平均	38,710	76,308	24,306	215,502	93,972	448,798	64,268	88,100	15,016	175,510	70,150	413,044	35,754
	月平均	4,075	8,032	2,559	22,684	9,892	47,242	6,765	9,274	1,580	18,475	7,384	43,478	3,764
2005	1	3,107	5,080	1,700	2,500	236	12,623	3,474	1,140	1,383	2,554	481	9,032	3,591
	2	3,107	4,800	200	2,500	50	10,657	13,821	605	693	2,554	1,427	19,100	-8,443
	3	4,307	6,725	1,000	2,500	2,453	16,985	5,141	4,266	726	2,554	926	13,613	3,372
	4	8,107	5,154	1,926	2,500	436	18,123	2,950	1,016	1,411	2,635	1,620	9,632	8,491
	5	9,107	1,330	2,496	2,620	2,640	18,193	6,729	770	1,484	2,628	262	11,873	6,320
	6	9,607	1,740	2,976	2,620	4,500	21,443	6,429	1,540	650	12,628	1,098	22,345	-902
	7	9,107	2,560	2,462	2,620	1,686	18,435	3,873	460	3,902	2,628	722	11,585	6,850
	8	9,107	1,200	-	142,620	300	153,227	4,284	2,638	507	164,468	1,908	173,805	-20,578
	9	5,607	5,500	2,450	2,620	200	16,377	6,051	410	2,660	2,868	455	12,444	3,933
	10	9,107	1,937	4,157	2,620	336	18,157	3,777	2,665	989	3,361	1,083	11,875	6,282
	11	5,607	7,150	3,881	385,701	1,100	403,439	3,740	1,840	1,034	385,635	1,470	393,719	9,720
	12	9,107	4,567	5,496	2,620	300	22,090	4,680	3,498	5,255	3,554	970	17,957	4,133
	年計	84,984	47,743	28,744	554,041	14,237	729,749	64,949	20,848	20,694	588,067	12,422	706,980	22,769
	月平均	7,082	3,979	2,395	46,170	1,186	60,812	5,412	1,737	1,725	49,006	1,035	58,915	1,897
2006	1	9,698	1,100	-	820	4,636	16,254	21,211	1,237	1,053	3,554	1,266	28,321	-12,067
	2	9,191	1,000	600	3,440	1,500	15,731	4,712	760	1,004	3,554	760	10,790	4,941
	3	10,191	1,380	1,450	3,440	1,000	17,461	9,798	1,880	750	3,554	1,106	17,088	373
	4	9,191	3,972	1,757	2,620	536	18,076	8,492	97	1,396	3,554	751	14,290	3,786
	5	9,191	1,730	981	2,620	1,000	15,522	4,420	11,050	1,346	3,554	872	21,242	-5,720
	6	9,191	3,764	1,976	3,480	550	18,961	7,185	3,410	1,246	3,554	720	16,115	2,846
	7	9,191	1,550	4,196	3,290	2,436	20,663	4,419	345	2,369	3,554	787	11,474	9,189
	年計	65,844	14,496	10,960	19,710	11,658	122,668	60,237	18,779	9,164	24,878	6,262	119,320	3,348
	月平均	9,406	2,071	1,566	2,816	1,665	17,524	8,605	2,683	1,309	3,554	895	17,046	478
碩座教授 合計 (2年) (19月)	累計	150,828	62,239	39,704	573,751	25,895	852,417	125,186	39,627	29,858	612,945	18,684	826,300	26,117
	年平均	75,414	31,120	19,852	286,875	12,948	426,209	62,593	19,814	14,929	306,472	9,342	413,150	13,059
	月平均	7,938	3,276	2,090	30,197	1,363	44,864	6,589	2,086	1,571	32,260	983	43,489	1,375
總計 (1972~2006) (35年) (415月)	累計	885,011	1,180,014	465,187	3,667,026	874,649	7,071,887	1,082,217	580,076	362,084	3,968,051	826,517	6,818,945	252,942
	年平均	25,286	33,715	13,291	104,772	24,990	202,054	30,920	16,574	10,345	113,373	23,615	194,827	7,227
	月平均	2,133	2,843	1,121	8,836	2,108	17,041	2,608	1,398	872	9,561	1,992	16,431	610

客說 : 經驗에서 얻은 삶의 眞實

돈을 버는 사람은 돈을 잘 못쓴다. 그러나 돈을 얻어 쓰거나 財産을 물려받은 사람은 돈을 잘 쓴다. 그래서 두 代를 이어 富를 유지하기는 어렵다고 한다.

客說 : 經驗에서 얻은 삶의 眞實

젊어서 고생은 사서도 한다 라는 옛말이 있다. 그러나 사서 한 젊은 시절의 苦生이 참다운 보람이 있자면 늙어서 이를 바탕으로 한 큰 業績을 쌓아야만 한다. 그렇지 못하면 젊어서 고생은 아무 의미가 없는 헛고생이 되고 만다.

3. 收入 · 支出 內譯 : 不變價格

※ 2006年 基準 (單位:千원)

年	月	收入						支出						均衡
		1 報酬等	2 手苦費	3 發表費	4 資本金	5 其他	計 (A)	1 生活費	2 養育費	3 公課金	4 資本金	5 其他	計 (B)	(A-B)
1972	1	766	437	-	-	6,977	8,180	3,237	437	-	-	5,184	8,858	-678
	2	-	437	-	-	6,124	6,561	1,859	394	-	-	4,965	7,218	-657
	3	-	437	1,094	-	5,140	6,671	1,903	372	-	-	5,009	7,284	-613
	4	-	437	437	-	5,796	6,670	1,925	394	219	-	4,899	7,437	-767
	5	1,422	1,531	437	-	4,265	7,655	1,969	350	-	-	5,446	7,765	-110
	6	1,422	437	-	-	5,818	7,677	1,969	328	437	-	5,052	7,786	-109
	7	1,422	3,500	-	-	2,800	7,722	2,034	394	-	-	5,227	7,655	67
	8	1,422	1,312	-	-	5,031	7,765	2,078	437	-	21,872	4,374	28,761	-20,996
	9	1,422	2,012	-	-	4,374	7,808	2,122	459	-	-	5,183	7,764	44
	10	1,422	3,696	219	-	2,515	7,852	2,143	416	284	1,859	3,062	7,764	88
	11	1,422	3,106	219	547	2,581	7,875	2,187	394	394	984	3,871	7,830	45
	12	2,187	5,315	284	109	-	7,895	2,297	459	372	1,203	3,543	7,874	21
	年 計	12,907	22,657	2,690	656	51,421	90,331	25,723	4,834	1,706	25,918	55,815	113,996	-23,665
	月平均	1,076	1,888	224	55	4,285	7,528	2,144	403	142	2,160	4,651	9,500	-1,972
1973	1	1,238	4,095	381	-	-	5,714	1,905	190	286	-	2,095	4,476	1,238
	2	1,238	4,533	-	-	-	5,771	2,000	190	190	-	2,286	4,666	1,105
	3	1,238	3,810	571	-	190	5,809	2,095	952	381	-	1,410	4,838	971
	4	1,238	3,810	762	-	-	5,810	2,019	381	286	381	1,962	5,029	781
	5	1,238	2,152	952	1,524	-	5,866	1,962	571	381	-	2,286	5,200	666
	6	1,905	3,238	762	-	-	5,905	1,905	571	381	-	2,533	5,390	515
	7	1,238	2,248	2,476	-	-	5,962	2,095	381	476	-	2,610	5,562	400
	8	1,238	4,381	381	-	-	6,000	2,114	476	286	438	2,438	5,752	248
	9	1,238	4,819	-	-	-	6,057	2,038	952	190	952	1,790	5,922	135
	10	1,238	4,286	571	-	-	6,095	2,019	571	286	952	2,286	6,114	-19
	11	1,238	4,152	762	-	-	6,152	2,057	762	476	7,105	2,324	12,724	-6,572
	12	1,905	4,381	381	-	9,524	16,191	2,190	952	476	-	8,495	12,113	4,078
	年 計	16,190	45,905	7,999	1,524	9,714	81,332	24,399	6,949	4,095	9,828	32,515	77,786	3,546
	月平均	1,349	3,825	667	127	810	6,778	2,033	579	341	819	2,710	6,482	296
1974	1	1,138	3,244	285	-	-	4,667	1,665	626	14	1,608	882	4,795	-128
	2	1,053	2,533	455	-	-	4,041	1,209	-	71	1,608	1,167	4,055	-14
	3	2,205	4,724	427	-	-	7,356	1,651	-	384	1,608	1,138	4,781	2,575
	4	1,409	4,638	427	-	427	6,901	2,291	-	185	1,636	669	4,781	2,120
	5	2,476	3,172	-	-	285	5,933	355	356	242	1,636	3,088	5,677	256
	6	1,565	2,689	455	86,796	28,529	120,034	569	-	-	115,467	996	117,032	3,002
	7	825	2,804	142	-	-	3,771	1,565	-	114	2,177	1,608	5,464	-1,693
	8	2,120	2,817	-	14,229	-	19,166	-	-	43	1,338	2,418	3,799	15,367
	9	1,907	4,340	341	-	-	6,588	3,556	43	71	470	4,340	8,480	-1,892
	10	2,746	2,348	1,821	-	-	6,915	4,057	213	28	1,323	1,522	7,143	-228
	11	1,992	2,347	2,092	-	-	6,431	3,487	-	128	2,575	1,209	7,399	-968
	12	3,742	4,155	740	-	213	8,850	3,557	-	43	2,234	1,110	6,944	1,906
	年 計	23,178	39,811	7,185	101,025	29,454	200,653	23,962	1,238	1,323	133,680	20,147	180,350	20,303
	月平均	1,931	3,318	599	8,419	2,454	16,721	1,997	103	110	11,140	1,679	15,029	1,692

年	月	收入						支出						均衡 (A-B)
		1 報酬等	2 手苦費	3 發表費	4 資本金	5 其他	計 (A)	1 生活費	2 養育費	3 公課金	4 資本金	5 其他	計 (B)	
1975	1	1,046	2,272	259	-	450	4,027	1,799	112	34	1,755	799	4,499	-472
	2	1,946	4,048	79	225	225	6,523	281	-	56	4,454	4,117	8,908	-2,385
	3	1,158	8,234	67	-	337	9,796	495	-	-	1,743	1,845	4,083	5,713
	4	1,125	8,941	2,092	2,812	506	15,476	3,015	112	112	3,543	956	7,738	7,738
	5	3,352	3,104	619	6,748	-	13,823	1,924	-	225	1,743	652	4,544	9,279
	6	1,800	3,700	3,712	-	-	2,212	1,699	-	78	2,159	450	4,386	4,826
	7	1,125	2,474	844	-	-	4,443	1,687	-	-	1,350	450	3,487	956
	8	866	900	517	-	281	2,564	955	-	-	1,721	2,756	5,432	-2,868
	9	3,520	6,187	3,835	-	-	13,542	2,655	337	90	1,721	3,509	8,312	5,230
	10	1,158	237	596	-	-	1,991	2,350	-	-	1,721	2,362	6,433	-4,442
	11	3,138	1,688	225	112	-	5,163	1,800	-	101	1,721	1,136	4,758	405
	12	1,946	5,342	112	1,125	-	8,525	2,137	-	-	1,721	1,158	5,016	3,509
	年 計	22,180	47,127	12,957	11,022	1,799	95,085	20,797	561	696	25,352	20,190	67,596	27,489
	月平均	1,848	3,927	1,080	919	150	7,924	1,733	47	58	2,113	1,682	5,633	2,291
專任講師	累 計	74,455	155,500	30,831	114,227	92,388	467,401	94,881	13,582	7,820	194,778	128,667	439,728	27,673
(4年)	年平均	18,613	38,875	7,708	28,557	23,097	116,850	23,720	3,395	1,955	48,695	32,167	109,932	6,918
(48月)	月平均	1,551	3,240	642	2,380	1,925	9,738	1,977	283	163	4,058	2,680	9,161	577
1976	1	1,181	1,917	454	318	727	4,597	2,207	-	899	1,390	836	5,332	-735
	2	2,026	2,052	273	1,363	6,168	11,882	4,179	-	-	1,390	6,713	12,282	-400
	3	936	908	-	-	2,008	3,852	1,363	-	-	1,390	2,371	5,124	-1,272
	4	936	1,089	-	-	2,008	4,033	1,363	-	-	1,390	2,371	5,124	-1,091
	5	936	544	-	-	2,008	3,488	1,363	-	-	1,390	2,371	5,124	-1,636
	6	936	546	-	908	3,279	5,669	1,363	-	-	1,390	3,643	6,395	-726
	7	936	544	-	-	2,008	3,488	1,363	-	-	1,390	2,371	5,124	-1,636
	8	936	545	-	-	2,471	3,952	1,363	-	-	1,390	2,834	5,587	-1,635
	9	1,917	2,480	218	908	227	5,750	1,363	-	45	1,390	409	3,207	2,543
	10	936	1,181	663	-	-	2,780	1,363	-	-	1,390	363	3,116	-336
	11	2,571	2,162	209	-	-	4,942	2,525	-	55	1,372	763	4,715	227
	12	1,935	2,235	454	590	91	5,305	881	45	73	463	2,326	3,788	1,517
	年 計	16,182	16,203	2,271	4,087	20,995	59,738	20,695	45	1,072	15,735	27,371	64,918	-5,180
	月平均	1,349	1,350	189	340	1,750	4,978	1,725	4	89	1,311	2,281	5,410	-432
1977	1	1,033	707	420	47	777	2,984	1,686	-	109	816	334	2,945	39
	2	2,121	855	490	155	1,554	5,175	1,087	521	-	1,904	730	4,242	933
	3	1,943	2,478	132	-	-	4,553	1,211	389	233	816	2,844	5,493	-940
	4	1,111	2,999	311	-	-	4,421	924	78	948	909	334	3,193	1,228
	5	2,230	2,758	2,331	5,439	-	12,758	1,010	606	1,166	816	831	4,429	8,329
	6	2,230	6,441	676	-	117	9,464	2,370	-	295	629	1,197	4,491	4,973
	7	1,111	8,920	202	-	-	10,233	4,856	202	451	1,010	1,834	8,353	1,880
	8	2,098	12,401	194	1,554	311	16,558	4,506	-	39	1,632	4,227	10,404	6,154
	9	1,919	2,859	6,239	-	389	11,406	2,176	155	23	1,018	2,642	6,014	5,392
	10	909	6,877	466	-	-	8,252	3,186	1,383	256	1,018	2,836	8,679	-427
	11	2,121	21,842	-	194	-	24,157	2,370	155	-	1,010	1,500	5,035	19,122
	12	1,966	20,529	155	70	194	22,914	3,536	466	-	7,848	7,218	19,068	3,846
	年 計	20,792	89,666	11,616	7,459	3,342	132,875	28,918	3,955	3,520	19,426	26,527	82,346	50,529
	月平均	1,733	7,472	968	622	278	11,073	2,410	330	293	1,619	2,210	6,862	4,211

年	月	收入						支出						均衡 (A-B)
		1 報酬等	2 手苦費	3 發表費	4 資本金	5 其他	計 (A)	1 生活費	2 養育費	3 公課金	4 資本金	5 其他	計 (B)	
1978	1	840	1,591	-	373	-	2,804	2,590	-	189	19,641	4,964	27,384	-24,580
	2	1,850	11,021	126	-	-	12,997	1,325	-	38	24,593	4,295	30,251	-17,254
	3	1,951	11,824	650	208,412	63,155	285,992	1,263	-	-	273,418	1,472	276,153	9,839
	4	1,945	23,121	-	-	1,895	26,961	2,967	152	6,006	1,914	5,242	16,281	10,680
	5	1,705	961	467	32,209	-	35,342	2,116	126	461	2,653	9,088	14,444	20,898
	6	1,958	5,823	126	22,104	-	30,011	3,946	32	-	2,381	8,242	14,601	15,410
	7	1,749	3,613	316	60,143	63	65,884	2,401	-	1,288	2,425	13,199	19,313	46,571
	8	1,389	1,611	600	1,895	-	5,495	2,210	126	-	3,796	2,558	8,690	-3,195
	9	549	8,444	474	1,895	-	11,362	2,740	-	714	2,425	3,758	9,637	1,725
	10	1,895	9,056	594	-	-	11,545	3,567	-	51	2,337	4,617	10,572	973
	11	1,389	10,213	486	63	-	12,151	2,614	632	-	2,337	3,132	8,715	3,436
	12	1,832	30,738	189	-	-	32,759	4,389	38	-	2,337	29,771	36,535	-3,776
	年 計	19,052	118,016	4,028	327,094	65,113	533,303	32,128	1,106	8,747	340,257	90,338	472,576	60,727
	月平均	1,588	9,835	335	27,258	5,426	44,442	2,677	92	729	28,355	7,528	39,381	5,061
1979	1	2,624	3,528	194	184	262	6,792	2,941	367	31	2,026	2,288	7,653	-861
	2	1,627	4,142	262	105	525	6,661	1,890	1,008	21	1,942	2,598	7,459	-798
	3	1,470	4,021	110	-	10	5,611	1,260	47	199	1,942	2,315	5,763	-152
	4	1,470	5,790	262	682	-	8,204	2,929	52	331	1,942	2,257	7,511	693
	5	1,312	1,707	577	1,207	-	4,803	2,021	509	635	3,622	2,362	9,149	-4,346
	6	1,785	7,316	1,045	1,732	-	11,878	2,362	26	861	4,084	4,440	11,773	105
	7	1,575	11,898	1,092	-	-	14,565	2,307	231	26	2,467	4,110	10,141	4,424
	8	1,659	5,722	1,076	682	157	9,296	3,575	262	-	1,942	4,509	10,288	-992
	9	1,470	4,136	598	16,429	698	23,331	3,449	26	929	7,401	4,204	16,009	7,322
	10	1,732	25,141	1,197	5,249	-	33,319	3,901	1,317	1,013	7,033	7,280	20,544	12,775
	11	1,659	4,047	262	3,879	157	10,004	5,811	625	31	1,942	2,519	10,928	-924
	12	1,522	9,443	262	12,072	-	23,299	4,294	52	210	7,191	1,559	13,306	9,993
	年 計	19,905	86,891	6,937	42,221	1,809	157,763	37,740	4,522	4,287	43,534	40,441	130,524	27,239
	月平均	1,659	7,241	578	3,518	151	13,147	3,145	377	357	3,628	3,370	10,877	2,270
助教授	累 計	75,931	310,776	24,852	380,861	91,259	883,679	119,481	9,628	17,626	418,952	184,677	750,364	133,315
(4年)	年平均	18,983	77,694	6,213	95,215	22,815	220,920	29,870	2,407	4,407	104,738	46,169	187,591	33,329
(48月)	月平均	1,582	6,474	518	7,935	1,901	18,410	2,489	201	367	8,728	3,848	15,633	2,777
1980	1	2,620	6,316	-	169	-	9,105	6,647	741	499	1,566	1,134	10,587	-1,482
	2	1,507	6,900	144	508	63	9,122	2,773	1,740	63	1,566	1,058	7,200	1,922
	3	1,803	22,879	110	106	-	24,898	4,043	1,206	85	14,265	2,624	22,223	2,675
	4	1,799	12,453	2,866	-	-	17,118	2,837	21	360	1,566	9,143	13,927	3,191
	5	1,592	2,527	1,316	466	127	6,028	2,583	190	580	1,566	635	5,554	474
	6	1,803	6,506	2,138	-	-	10,447	2,582	21	254	1,723	2,434	7,014	3,433
	7	3,069	6,117	1,270	8,381	-	18,837	3,513	1,029	80	212	635	5,469	13,368
	8	2,184	5,270	381	-	21	7,856	3,281	25	148	-	2,455	5,909	1,947
	9	2,819	7,712	305	-	-	10,836	6,244	68	2,582	-	1,130	10,024	812
	10	2,138	8,068	1,130	-	42	11,378	5,872	478	267	-	1,134	7,751	3,627
	11	1,761	4,076	339	-	-	6,176	4,483	144	152	-	804	5,583	593
	12	2,078	10,261	85	-	-	12,424	6,955	533	76	1,922	3,285	12,771	-347
	年 計	25,173	99,085	10,084	9,630	253	144,225	51,813	6,196	5,146	24,386	26,471	114,012	30,213
	月平均	2,098	8,257	840	803	21	12,019	4,318	516	429	2,032	2,206	9,501	2,518

年	月	收入						支出						均衡
		1 報酬等	2 手苦費	3 發表費	4 資本金	5 其他	計 (A)	1 生活費	2 養育費	3 公課金	4 資本金	5 其他	計 (B)	(A-B)
1981	1	787	4,756	-	147	-	5,690	2,803	175	18	-	773	3,769	1,921
	2	1,360	4,513	-	-	-	5,873	3,302	573	36	-	734	4,645	1,228
	3	1,829	3,382	215	-	-	5,426	3,778	351	111	179	684	5,103	323
	4	2,326	2,674	716	-	1,610	7,326	2,898	72	-	-	1,736	4,706	2,620
	5	1,360	1,908	322	-	179	3,769	1,825	193	1,092	-	716	3,826	-57
	6	1,789	3,406	1,306	9,080	-	15,582	4,917	18	72	-	673	5,680	9,902
	7	3,400	4,874	1,181	-	-	9,455	4,653	501	36	-	644	5,834	3,621
	8	1,539	5,282	215	-	-	7,036	3,018	501	1,270	-	1,181	5,970	1,066
	9	1,897	4,910	945	-	107	7,859	2,720	-	436	1,467	1,360	6,102	1,757
	10	2,255	4,759	1,432	-	-	8,446	4,223	394	1,199	501	2,147	8,464	-18
	11	1,575	6,278	945	-	5,368	14,165	5,260	251	659	501	2,756	9,427	4,738
	12	1,467	8,948	497	-	143	11,055	393	-	3,482	501	1,933	6,309	4,746
	年 計	21,584	55,690	7,774	9,227	7,407	101,682	39,790	3,029	8,530	3,149	15,337	69,835	31,847
	月平均	1,799	4,641	648	769	617	8,474	3,316	252	711	263	1,278	5,820	2,654
1982	1	3,355	5,161	-	201	117	8,834	5,163	-	101	470	2,986	8,720	114
	2	1,510	9,226	1,812	25,566	2,718	40,832	2,349	1,523	570	973	2,349	7,764	33,068
	3	1,610	28,183	1,879	34,642	-	66,314	2,349	436	1,359	23,452	1,845	29,441	36,873
	4	3,355	4,211	1,426	2,936	738	12,666	2,516	34	1,902	621	1,225	6,298	6,368
	5	1,610	8,489	2,402	2,936	-	15,437	8,203	403	2,567	772	2,432	14,377	1,060
	6	1,980	4,690	2,486	4,342	-	13,498	3,523	-	3,114	570	2,030	9,237	4,261
	7	3,489	6,428	2,114	3,020	-	15,051	3,858	805	1,292	537	2,483	8,975	6,076
	8	1,610	6,710	1,594	3,020	-	12,934	3,909	-	1,023	2,919	2,533	10,384	2,550
	9	1,980	9,361	1,107	-	-	12,448	2,886	-	3,469	403	2,449	9,207	3,241
	10	3,389	3,979	970	2,013	-	10,351	4,010	67	4,529	235	839	9,680	671
	11	1,342	7,381	389	173,528	-	182,640	5,231	470	1,459	171,548	1,577	180,285	2,355
	12	1,711	9,193	1,161	2,013	-	14,078	6,274	-	1,852	-	3,087	11,213	2,865
	年 計	26,941	103,012	17,340	254,217	3,573	405,083	50,271	3,738	23,237	202,500	25,835	305,581	99,502
	月平均	2,245	8,584	1,445	21,185	298	33,757	4,189	312	1,936	16,875	2,153	25,465	8,292
1983	1	4,579	6,252	158	1,895	-	12,884	3,632	-	1,288	-	821	5,741	7,143
	2	1,579	6,947	-	1,895	-	10,421	5,242	625	3,631	-	1,295	10,793	-372
	3	2,210	5,312	126	1,895	-	9,543	3,236	1,904	2,833	-	932	8,905	638
	4	1,421	5,494	616	2,021	-	9,552	1,358	316	1,901	-	884	4,459	5,093
	5	2,526	12,975	1,626	1,895	-	19,022	4,484	-	6,287	-	821	11,592	7,430
	6	2,210	10,964	2,810	1,895	-	17,879	2,937	158	1,655	-	789	5,539	12,340
	7	2,526	11,052	158	1,895	-	15,631	3,792	76	897	-	1,263	6,028	9,603
	8	2,526	4,137	789	1,895	-	9,347	6,315	411	1,696	-	2,558	10,980	-1,633
	9	2,210	6,332	1,295	2,526	-	12,363	4,194	126	4,591	-	2,084	10,995	1,368
	10	1,579	2,864	1,263	3,158	-	8,864	3,664	600	1,885	-	3,031	9,180	-316
	11	2,526	1,895	2,002	3,158	-	9,581	4,294	316	2,984	-	1,579	9,173	408
	12	2,526	5,586	726	3,158	95	12,091	4,262	316	2,760	-	1,232	8,570	3,521
	年 計	28,418	79,810	11,569	27,286	95	147,178	47,410	4,848	32,408	-	17,289	101,955	45,223
	月平均	2,368	6,651	964	2,274	8	12,265	3,951	404	2,700	-	1,441	8,496	3,769

年	月	收入						支出						均衡
		1 報酬等	2 手苦費	3 發表費	4 資本金	5 其他	計 (A)	1 生活費	2 養育費	3 公課金	4 資本金	5 其他	計 (B)	(A-B)
1984	1	2,386	1,760	149	2,982	-	7,277	4,623	447	3,388	-	1,849	10,307	-3,030
	2	2,088	4,207	567	155,993	-	162,855	3,578	1,461	1,924	152,793	1,044	160,800	2,055
	3	2,684	3,537	925	2,982	-	10,128	3,131	1,133	2,613	1,455	1,074	9,406	722
	4	1,342	4,850	1,610	2,982	-	10,784	2,089	596	2,296	1,455	1,670	8,106	2,678
	5	2,386	3,280	895	2,982	-	9,543	2,387	1,136	5,690	1,455	1,014	11,682	-2,139
	6	2,386	1,789	1,223	2,982	-	8,380	2,302	358	1,757	1,455	1,921	7,793	587
	7	2,684	19,773	644	2,982	-	26,083	7,521	-	4,611	2,052	686	14,870	11,213
	8	2,386	5,030	1,939	2,982	60	12,397	2,505	-	4,396	1,455	2,595	10,951	1,446
	9	2,386	10,220	552	2,982	328	16,468	6,144	1,342	4,500	1,455	1,402	14,843	1,625
	10	1,491	5,032	537	2,982	119	10,161	2,624	-	2,284	10,701	1,044	16,653	-6,492
	11	2,684	1,879	1,909	2,982	358	9,812	4,950	1,044	2,225	2,210	656	11,085	-1,273
	12	2,386	2,789	1,342	1,789	358	8,664	6,352	1,909	3,042	2,210	1,739	15,252	-6,588
	年 計	27,289	64,146	12,292	187,602	1,223	292,552	48,206	9,426	38,726	178,696	16,694	291,748	804
	月平均	2,274	5,345	1,024	15,634	102	24,379	4,017	786	3,227	14,891	1,391	24,312	67
副教授	累 計	129,405	401,743	59,059	487,962	12,551	1,090,720	237,490	27,237	108,047	408,731	101,626	883,131	207,589
(5年)	年平均	25,881	80,349	11,812	97,592	2,510	218,144	47,498	5,448	21,609	81,746	20,325	176,626	41,518
(60月)	月平均	2,157	6,696	984	8,133	209	18,179	3,958	454	1,801	6,812	1,694	14,719	3,460
1985	1	1,992	5,605	598	166,762	-	174,957	1,138	1,127	2,177	1,816	740	6,998	167,959
	2	1,707	4,059	142	1,707	-	7,615	4,326	455	5,569	1,389	1,451	13,190	-5,575
	3	1,992	2,931	455	1,992	1,480	8,850	5,351	455	2,157	1,389	768	10,120	-1,270
	4	1,992	10,672	398	1,707	427	15,196	3,074	-	2,604	1,986	626	8,290	6,906
	5	1,707	22,169	1,281	1,707	-	26,864	4,184	427	2,134	1,673	711	9,129	17,735
	6	1,992	2,966	398	1,707	-	7,063	4,723	-	1,602	1,389	911	8,625	-1,562
	7	1,992	1,921	768	8,082	-	12,763	3,813	398	1,537	1,389	626	7,763	5,000
	8	1,707	19,437	-	1,707	-	22,851	568	1,622	1,537	1,389	854	5,970	16,881
	9	1,992	8,595	1,451	3,130	-	15,168	4,141	740	4,647	1,389	825	11,742	3,426
	10	1,992	7,399	1,167	1,707	-	12,265	4,923	256	911	2,109	2,575	10,774	1,491
	11	1,707	6,119	968	1,707	-	10,501	12,698	714	1,964	2,109	711	18,196	-7,695
	12	1,992	12,222	1,053	33,011	854	49,132	8,751	1,024	2,851	2,109	655	15,390	33,742
	年 計	22,764	104,095	8,679	224,926	2,761	363,225	57,690	7,218	29,690	20,136	11,453	126,187	237,038
	月平均	1,897	8,675	723	18,744	230	30,269	4,808	602	2,474	1,678	954	10,516	19,753
1986	1	1,887	22,703	1,429	1,780	-	27,799	2,696	-	2,082	1,316	620	6,714	21,085
	2	1,618	18,748	-	2,777	-	23,143	2,778	1,887	2,847	1,316	1,335	10,163	12,980
	3	1,887	22,111	256	2,696	-	26,950	3,505	-	3,252	1,316	1,321	9,394	17,556
	4	1,887	5,474	1,079	8,089	736	17,265	3,370	-	1,885	1,316	971	7,542	9,723
	5	1,618	9,410	1,052	2,696	903	15,679	2,858	539	1,364	1,316	1,564	7,641	8,038
	6	1,887	33,573	1,170	4,045	54	40,729	11,189	162	2,311	80,859	1,726	96,247	-55,518
	7	1,887	1,052	404	2,696	1,079	7,118	3,235	351	3,872	1,316	1,267	10,041	-2,923
	8	1,618	32,872	377	2,696	674	38,237	2,810	1,860	3,818	1,316	2,427	12,231	26,006
	9	1,887	5,151	566	2,696	-	10,300	4,853	162	5,916	1,316	3,074	15,321	-5,021
	10	1,887	51,502	1,402	2,696	539	58,026	8,493	305	1,459	1,316	2,386	13,959	44,067
	11	1,618	3,937	1,618	2,696	-	9,869	3,235	162	3,441	1,316	2,211	10,365	-496
	12	1,887	3,021	674	2,696	-	8,278	5,393	512	1,337	1,316	3,559	12,117	-3,839
	年 計	21,568	209,554	10,027	38,259	3,985	283,393	54,415	5,940	33,584	95,335	22,461	211,735	71,658
	月平均	1,797	17,463	836	3,188	332	23,616	4,535	495	2,799	7,944	1,872	17,645	5,971
教授	累 計	44,332	313,649	18,706	263,185	6,746	646,618	112,105	13,158	63,274	115,471	33,914	337,922	308,696
(2年)	年平均	22,166	156,824	9,353	131,593	3,373	323,309	56,053	6,579	31,637	57,735	16,957	168,961	154,348
(24月)	月平均	1,847	13,069	779	10,966	281	26,942	4,671	548	2,637	4,811	1,413	14,080	12,862

年	月	收入						支出						均衡 (A-B)
		1 報酬等	2 手苦費	3 發表費	4 資本金	5 其他	計 (A)	1 生活費	2 養育費	3 公課金	4 資本金	5 其他	計 (B)	
1987	1	2,551	33,032	1,275	2,551	-	39,409	2,551	153	3,456	1,245	11,019	18,424	20,985
	2	2,296	2,384	842	2,551	-	8,073	3,724	2,755	906	1,245	6,708	15,338	-7,265
	3	2,551	13,620	2,041	53,566	-	71,778	4,081	1,735	1,212	-	765	7,793	63,985
	4	2,551	2,576	347	5,959	-	8,433	3,825	204	1,110	-	2,041	7,180	1,253
	5	2,551	510	3,316	2,551	867	9,795	3,826	306	1,773	1,173	791	7,869	1,926
	6	2,806	2,551	561	2,551	-	8,469	4,030	204	855	-	714	5,803	2,666
	7	2,551	4,744	-	2,551	-	9,846	4,642	204	855	-	1,275	6,976	2,870
	8	2,551	637	510	2,551	-	6,249	4,082	1,780	676	-	1,275	7,813	-1,564
	9	2,551	900	383	2,551	-	6,385	4,974	204	1,186	-	1,964	8,328	-1,943
	10	2,551	2,603	128	2,551	-	7,833	5,153	204	1,528	-	969	7,854	-21
	11	2,551	3,978	1,837	2,551	-	10,917	5,765	306	548	-	740	7,359	3,558
	12	2,551	3,519	434	2,551	-	9,055	5,101	204	676	-	1,301	7,282	1,773
	年 計	30,612	71,054	11,674	82,035	867	196,242	51,754	8,259	14,781	3,663	29,562	108,019	88,223
	月平均	2,551	5,921	973	6,836	73	16,354	4,313	688	1,232	305	2,464	9,002	7,352
1988	1	2,371	771	474	2,763	-	6,379	4,814	190	481	-	1,115	6,600	-221
	2	2,371	546	996	2,371	-	6,284	4,744	2,158	481	-	1,138	8,521	-2,237
	3	2,371	1,353	2,727	2,371	-	8,822	3,344	308	861	640	806	5,959	2,863
	4	2,371	1,826	1,779	4,743	-	10,719	3,083	308	505	600	759	5,255	5,464
	5	2,371	520	2,490	4,743	239	10,363	3,794	2,360	1,952	600	996	9,702	661
	6	2,371	6,048	2,063	4,743	-	15,225	2,371	5,194	1,079	59	830	9,533	5,692
	7	2,371	5,697	1,850	524,094	474,293	1,008,305	3,795	716	600	996,616	711	1,002,438	5,867
	8	2,371	3,558	2,609	2,371	-	10,909	11,364	1,971	505	1,233	1,115	16,188	-5,279
	9	2,371	2,104	166	2,371	-	7,012	10,601	3,688	576	633	1,138	16,636	-9,624
	10	2,371	15,622	569	2,371	-	20,933	13,756	462	1,883	2,952	901	19,954	979
	11	2,371	8,159	2,834	2,371	-	15,735	7,589	783	481	1,764	925	11,542	4,193
	12	2,371	5,598	1,304	2,371	-	11,644	5,336	3,249	1,549	775	2,229	13,138	-1,494
	年 計	28,452	51,802	19,861	557,683	474,532	1,132,330	74,591	21,387	10,953	1,005,872	12,663	1,125,466	6,864
	月平均	2,371	4,317	1,655	46,474	39,544	94,361	6,216	1,782	913	83,823	1,055	93,789	572
1989	1	2,241	1,905	448	2,241	-	6,835	4,438	291	401	598	874	6,602	233
	2	2,241	3,451	2,129	4,195	5,827	17,843	7,194	67	401	3,960	1,221	12,843	5,000
	3	2,241	10,159	784	2,241	-	15,425	4,931	737	603	1,203	986	8,460	6,965
	4	2,241	13,581	4,011	2,241	-	22,074	6,187	1,860	2,777	2,057	717	13,598	8,476
	5	2,241	7,059	4,594	2,241	45	16,180	5,725	1,865	648	2,638	986	11,862	4,318
	6	2,241	3,249	3,586	2,241	-	11,317	2,914	560	1,394	1,203	807	6,878	4,439
	7	2,241	8,933	2,465	2,241	134	16,014	6,566	668	715	1,203	560	9,712	6,302
	8	2,241	4,399	672	2,241	-	9,553	6,304	605	2,037	1,515	1,098	11,559	-2,006
	9	2,241	4,146	-	2,241	-	8,628	6,499	583	565	1,629	784	10,060	-1,432
	10	2,241	1,347	3,720	2,241	560	10,109	5,602	1,457	2,037	1,629	919	11,644	-1,535
	11	2,241	6,252	3,474	2,241	-	14,208	10,847	560	401	1,629	1,389	14,826	-618
	12	2,241	4,325	4,258	2,241	-	13,065	8,180	986	401	1,031	829	11,427	1,638
	年 計	26,892	68,806	30,141	28,846	6,566	161,251	75,387	10,239	12,380	20,295	11,170	129,471	31,780
	月平均	2,241	5,734	2,512	2,404	547	13,438	6,282	853	1,032	1,691	931	10,789	2,649

年	月	收入						支出						均衡 (A-B)
		1 報酬等	2 手苦費	3 發表費	4 資本金	5 其他	計 (A)	1 生活費	2 養育費	3 公課金	4 資本金	5 其他	計 (B)	
1990	1	2,029	2,436	-	2,029	-	6,494	4,830	365	375	1,475	832	7,877	-1,383
	2	1,418	4,329	3,551	2,029	-	11,327	4,789	487	375	1,780	771	8,202	3,125
	3	2,390	5,247	1,623	2,029	-	11,289	2,273	3,474	1,654	1,475	812	9,688	1,601
	4	1,824	6,437	3,389	2,029	-	13,679	2,029	4,952	375	1,475	751	9,582	4,097
	5	1,449	6,483	5,175	2,029	913	16,049	6,088	4,606	1,045	1,475	1,644	14,858	1,191
	6	2,417	21,492	3,226	2,029	-	29,164	3,653	4,139	2,906	3,099	1,181	14,978	14,186
	7	2,650	10,035	1,623	332,792	61	347,161	2,232	5,073	822	1,475	331,433	341,035	6,126
	8	1,512	17,587	4,444	2,029	-	25,572	3,348	6,088	22,839	1,475	812	34,562	-8,990
	9	2,543	4,923	345	2,029	503	10,343	3,358	4,242	538	1,881	4,393	14,412	4,069
	10	1,976	9,829	3,149	2,029	-	16,983	5,998	4,384	578	1,881	832	13,673	3,310
	11	1,595	8,584	1,420	2,029	-	13,628	3,226	4,767	2,610	1,475	1,197	13,275	353
	12	2,599	4,972	1,481	2,563	-	11,615	4,343	3,734	239	1,475	954	10,745	870
	年 計	24,402	102,354	29,426	355,645	1,477	513,304	46,167	46,311	34,356	20,441	345,612	492,887	20,417
	月平均	2,033	8,530	2,452	29,637	123	42,775	3,847	3,859	2,863	1,704	28,801	41,074	1,701
大學院長	累 計	110,358	294,016	91,102	1,024,209	483,442	2,003,127	247,899	86,196	72,470	1,050,271	399,007	1,855,843	147,284
(4年)	年平均	27,590	73,504	22,775	256,052	120,861	500,782	61,975	21,549	18,117	262,568	99,752	463,961	36,821
(48月)	月平均	2,299	6,125	1,898	21,338	10,072	41,732	5,164	1,796	1,510	21,880	8,313	38,663	3,069
1991	1	2,995	2,090	6,914	110	-	12,109	3,668	257	238	1,392	587	6,142	5,967
	2	1,766	2,971	13,479	-	-	18,216	4,034	6,620	932	1,333	1,315	14,234	3,982
	3	2,903	1,809	4,915	-	367	9,994	2,934	765	246	825	873	5,643	4,351
	4	1,522	6,936	3,935	-	1,544	13,937	5,318	486	15	348	14,497	20,664	-6,727
	5	1,518	13,655	8,784	-	-	23,957	2,751	1,283	1,390	899	1,045	7,368	16,589
	6	2,903	4,630	4,860	239,905	-	252,298	11,883	5,428	5,947	899	1,816	25,973	226,325
	7	3,064	4,640	2,934	-	-	10,638	3,209	2,531	15	19,549	825	26,129	-15,491
	8	1,502	11,465	4,071	-	-	17,038	5,612	2,218	15	899	1,247	9,991	7,047
	9	2,995	8,175	7,005	-	367	18,542	5,010	1,659	396	2,366	917	10,348	8,194
	10	998	14,139	3,814	-	-	18,951	2,756	2,220	403	62,919	935	69,233	-50,282
	11	1,319	6,059	4,236	-	-	11,614	8,271	1,814	805	899	1,009	12,798	-1,184
	12	2,503	11,605	3,323	-	-	17,431	5,392	605	1,603	899	1,595	10,094	7,337
	年 計	25,988	88,174	68,270	240,015	2,278	424,725	60,838	25,886	12,005	93,227	26,661	218,617	206,108
	月平均	2,166	7,348	5,689	20,001	190	35,394	5,070	2,157	1,000	7,769	2,222	18,218	17,176
1992	1	2,778	8,010	10,225	-	-	21,013	4,601	6,118	26	835	835	12,415	8,598
	2	2,505	18,787	5,982	-	-	27,274	2,727	3,459	111	511	835	7,643	19,631
	3	2,592	8,584	2,948	-	-	14,124	4,073	1,435	26	511	971	7,016	7,108
	4	1,009	3,333	6,493	-	-	10,835	7,839	1,466	187	2,215	1,057	12,764	-1,929
	5	1,363	23,026	3,272	-	-	27,661	4,397	1,057	1,082	511	818	7,865	19,796
	6	2,592	18,916	4,431	-	-	25,939	6,987	1,348	3,045	511	1,005	12,896	13,043
	7	2,468	10,140	2,897	-	17	15,522	9,203	1,465	26	511	1,772	12,977	2,545
	8	2,940	5,964	2,727	-	-	11,631	2,045	5,419	26	1,193	682	9,365	2,266
	9	2,866	86	4,260	-	-	7,212	6,391	1,977	26	1,023	852	10,269	-3,057
	10	3,393	2,523	4,601	-	-	10,517	3,408	2,096	3,212	1,023	1,432	11,171	-654
	11	2,597	7,555	3,238	-	-	13,390	7,311	953	827	1,023	1,977	12,091	1,299
	12	3,720	24,861	1,244	-	-	29,825	6,885	5,384	26	1,023	2,318	15,636	14,189
	年 計	30,823	131,785	52,318	-	17	214,943	65,867	32,177	8,620	10,890	14,554	132,108	82,835
	月平均	2,569	10,982	4,360	-	1	17,912	5,489	2,681	718	908	1,213	11,009	6,903

年	月	收入						支出						均衡 (A-B)
		1 報酬等	2 手苦費	3 發表費	4 資本金	5 其他	計 (A)	1 生活費	2 養育費	3 公課金	4 資本金	5 其他	計 (B)	
教授	累 計	56,811	219,959	120,588	240,015	2,295	639,668	126,705	58,063	20,625	104,117	41,215	350,725	288,943
(2年)	年平均	28,406	109,979	60,294	120,008	1,147	319,834	63,353	29,031	10,313	52,058	20,608	175,363	144,471
(24月)	月平均	2,367	9,165	5,024	10,001	96	26,653	5,279	2,419	860	4,338	1,718	14,614	12,039
1993	1	3,303	3,635	3,605	-	113,627	124,170	4,599	2,323	-	49,035	119,341	175,298	-51,128
	2	2,852	2,164	2,628	-	-	7,644	3,205	4,939	96	961	4,423	13,624	-5,980
	3	3,670	160	3,125	-	-	6,955	3,205	1,603	160	961	1,122	7,051	-96
	4	2,913	9,278	2,404	-	48	14,643	3,205	481	160	961	1,122	5,929	8,714
	5	3,803	1,162	3,525	-	-	8,490	3,593	10,737	-	961	881	16,172	-7,682
	6	4,952	1,682	1,282	-	-	7,916	3,258	480	2,790	961	1,010	8,499	-583
	7	3,557	994	1,282	80,122	-	85,955	2,452	-	647	369,522	801	373,422	-287,467
	8	1,719	882	2,404	2,083	-	7,088	5,016	2,117	-	51,294	801	59,228	-52,140
	9	3,670	3,011	2,884	2,083	-	11,648	9,486	5,578	737	961	961	17,723	-6,075
	10	2,913	1,681	2,404	2,083	-	9,081	1,474	2,372	2,564	961	1,202	8,573	508
	11	5,690	1,547	2,884	2,083	-	12,204	80	4,296	123	961	801	6,261	5,943
	12	4,711	4,537	2,884	2,083	-	14,215	5,929	3,173	224	961	1,122	11,409	2,806
	年 計	43,753	30,733	31,311	90,537	113,675	310,009	45,502	38,099	7,501	478,500	133,587	703,189	-393,180
	月平均	3,646	2,561	2,609	7,545	9,473	25,834	3,792	3,175	625	39,875	11,132	58,599	-32,765
1994	1	3,739	3,928	2,674	-	-	10,341	2,971	4,427	565	891	743	9,597	744
	2	3,573	966	3,268	1,931	-	9,738	2,971	2,556	149	891	743	7,310	2,428
	3	4,072	3,326	3,268	1,931	-	12,597	2,971	4,397	193	891	1,783	10,235	2,362
	4	3,412	3,581	4,382	1,931	-	13,306	3,565	2,823	-	891	832	8,111	5,195
	5	2,034	2,193	1,634	1,931	-	7,792	3,417	2,101	149	446	743	6,856	936
	6	4,182	1,113	2,674	1,931	-	9,900	7,279	2,214	7,405	1,931	1,040	19,869	-9,969
	7	4,558	1,263	2,228	1,931	30,413	40,393	3,120	1,486	-	16,786	1,233	22,625	17,768
	8	3,787	1,040	1,188	52,439	-	58,454	2,971	56,274	-	94,105	743	154,093	-95,639
	9	3,433	2,763	4,766	21,066	484	32,512	4,457	4,011	401	21,463	1,084	31,416	1,096
	10	3,919	2,176	3,843	1,931	-	11,869	5,338	445	5,286	2,448	1,292	14,809	-2,940
	11	2,567	2,145	5,048	49,914	-	59,674	2,971	3,565	743	6,162	966	14,407	45,267
	12	5,027	3,565	4,231	1,931	-	14,754	9,062	639	193	2,448	1,411	13,753	1,001
	年 計	44,303	28,059	39,204	138,867	30,897	281,330	51,093	84,938	15,084	149,353	12,613	313,081	-31,751
	月平均	3,692	2,338	3,267	11,572	2,575	23,444	4,258	7,078	1,257	12,446	1,051	26,090	-2,646
研究院長	累 計	88,056	58,792	70,515	229,404	144,572	591,339	96,595	123,037	22,585	627,853	146,200	1,016,270	-424,931
(2年)	年平均	44,028	29,396	35,258	114,702	72,286	295,670	48,298	61,518	11,293	313,926	73,100	508,135	-212,465
(24月)	月平均	3,669	2,450	2,938	9,558	6,024	24,639	4,025	5,127	941	26,160	6,092	42,345	-17,706
1995	1	3,445	1,748	6,220	1,798	-	13,211	3,665	3,784	893	2,312	456	11,110	2,101
	2	5,815	2,152	4,425	1,798	-	14,190	3,056	8,197	1,427	3,067	1,120	16,867	-2,677
	3	5,285	2,974	11,685	1,798	1,106	22,848	3,858	2,075	1,466	2,727	2,475	12,601	10,247
	4	3,663	2,492	4,546	1,798	-	12,499	2,994	2,916	1,054	2,727	650	10,341	2,158
	5	7,284	2,926	7,329	1,798	-	19,337	3,005	5,775	1,265	2,727	1,411	14,183	5,154
	6	5,061	1,410	4,564	1,798	2,766	15,599	4,694	6,360	4,127	2,727	1,397	19,305	-3,706
	7	3,814	3,215	762	1,798	2,807	12,396	4,949	816	1,438	2,727	382	10,312	2,084
	8	5,808	526	4,508	-	-	10,842	5,462	2,490	1,438	2,727	1,051	13,168	-2,326
	9	6,035	3,300	4,743	-	1,383	15,461	4,810	2,075	1,438	2,312	387	11,022	4,439
	10	4,978	69	5,684	-	-	10,731	2,572	1,909	4,353	2,312	1,065	12,211	-1,480
	11	6,223	6,748	5,822	-	2,766	21,559	7,661	1,660	1,438	2,312	740	13,811	7,748
	12	4,978	7,825	3,125	-	7,661	23,589	5,449	1,798	1,839	2,312	1,203	12,601	10,988
	年 計	62,389	35,385	63,413	12,586	18,489	192,262	52,175	39,855	22,176	30,989	12,337	157,532	34,730
	月平均	5,199	2,949	5,284	1,049	1,541	16,022	4,348	3,321	1,848	2,583	1,028	13,128	2,894

年	月	收入 1 報酬等	收入 2 手苦費	收入 3 發表費	收入 4 資本金	收入 5 其他	收入 計 (A)	支出 1 生活費	支出 2 養育費	支出 3 公課金	支出 4 資本金	支出 5 其他	支出 計 (B)	均衡 (A-B)
1996	1	5,129	315	5,524	1,710	2,157	14,835	2,782	5,996	1,205	2,199	2,245	14,427	408
	2	6,970	2,085	3,170	1,710	1,315	15,250	2,630	210	1,263	2,199	1,689	7,991	7,259
	3	5,129	909	4,274	1,710	592	12,614	3,965	3,129	4,998	2,199	566	14,857	-2,243
	4	5,261	5,799	3,025	1,710	-	15,795	4,603	1,052	2,262	5,487	1,368	14,772	1,023
	5	6,313	6,560	4,550	1,710	526	19,659	4,691	2,104	1,693	2,199	1,236	11,923	7,736
	6	5,918	4,143	5,681	1,710	132	17,584	5,550	1,052	5,795	15,350	1,026	28,973	-11,189
	7	5,129	2,141	5,051	1,710	2,236	16,267	10,455	3,525	1,263	1,804	1,118	18,165	-1,898
	8	4,603	2,617	4,800	1,710	-	13,730	4,929	2,739	1,349	2,367	2,620	14,004	-274
	9	6,181	3,563	4,472	1,710	1,710	17,636	5,787	2,748	1,526	2,367	2,065	14,493	3,143
	10	3,761	3,248	3,669	1,710	658	13,046	9,338	2,250	4,024	2,367	1,223	19,202	-6,156
	11	7,102	2,695	3,906	1,710	921	16,334	3,945	2,828	1,263	2,367	3,840	14,243	2,091
	12	7,062	3,262	3,788	1,710	2,630	18,452	7,168	2,933	1,639	2,367	1,591	15,698	2,754
	年 計	68,558	37,337	51,910	20,520	12,877	191,202	65,843	30,566	28,280	43,272	20,587	188,548	2,654
	月平均	5,713	3,111	4,326	1,710	1,073	15,933	5,487	2,547	2,357	3,606	1,715	15,712	221
敎授	累 計	130,947	72,722	115,323	33,106	31,366	383,464	118,018	70,421	50,456	74,261	32,924	346,080	37,384
(2年)	年平均	65,474	36,361	57,661	16,553	15,683	191,732	59,009	35,211	25,228	37,130	16,462	173,040	18,692
(24月)	月平均	5,456	3,030	4,805	1,380	1,307	15,978	4,918	2,934	2,102	3,094	1,372	14,420	1,558
1997	1	5,157	3,618	1,786	-	180,108	190,669	4,054	2,389	1,477	2,103	134,932	144,955	45,714
	2	5,741	1,887	2,905	-	-	10,533	4,578	5,043	1,635	2,103	2,591	15,950	-5,417
	3	5,157	29,431	3,295	-	2,422	40,305	3,773	1,196	1,799	6,141	3,207	16,116	24,189
	4	5,534	2,326	2,327	-	126	10,313	7,672	3,144	1,761	3,361	585	16,523	-6,210
	5	5,660	3,774	5,653	-	2,515	17,602	5,642	3,328	1,709	4,618	733	16,030	1,572
	6	5,911	5,540	6,792	-	3,773	22,016	9,112	276	3,693	7,134	7,012	27,227	-5,211
	7	5,157	2,918	-	-	1,006	9,081	28,072	1,383	1,472	2,893	679	34,499	-25,418
	8	5,911	3,672	1,107	-	1,258	11,948	5,679	7,546	1,220	5,408	277	20,130	-8,182
	9	6,666	2,138	1,346	-	4,276	14,426	4,339	252	773	40,247	2,497	48,108	-33,682
	10	4,402	4,010	3,144	175,062	880	187,498	6,633	1,984	5,162	216,957	1,239	231,975	-44,477
	11	8,175	4,905	2,089	1,270	906	17,345	10,388	3,101	1,472	3,144	616	18,721	-1,376
	12	5,911	4,407	2,996	21,625	3,647	38,586	4,608	4,026	1,441	3,144	2,226	15,445	23,141
	年 計	69,382	68,626	33,440	197,957	200,917	570,322	94,550	33,668	23,614	297,253	156,594	605,679	-35,357
	月平均	5,782	5,719	2,787	16,496	16,743	47,527	7,879	2,806	1,968	24,771	13,049	50,473	-2,946
1998	1	5,941	3,864	1,188	91,359	1,426	103,778	8,912	1,225	2,219	92,674	1,448	106,478	-2,700
	2	5,584	2,935	2,257	64,337	-	75,113	9,191	2,519	3,798	65,347	1,205	82,060	-6,947
	3	4,966	4,111	2,376	9,030	-	20,483	4,543	16,811	2,947	7,723	487	32,511	-12,028
	4	4,158	1,746	1,901	19,842	951	28,598	4,040	392	3,854	21,980	594	30,860	-2,262
	5	3,564	6,356	1,236	2,020	-	13,176	3,939	357	2,850	4,158	586	11,890	1,286
	6	4,812	2,689	1,545	4,396	6,535	19,977	5,293	702	5,295	4,158	2,923	18,371	1,606
	7	4,990	5,753	2,139	103,683	2,970	119,535	5,014	237	2,613	110,040	1,842	119,746	-211
	8	5,584	3,267	772	13,854	1,723	25,200	4,098	1,818	2,584	17,228	2,961	28,689	-3,489
	9	4,598	2,614	4,479	-	2,733	14,424	7,086	297	5,910	4,158	623	18,074	-3,650
	10	5,228	3,849	832	106,089	446	116,444	4,092	434	6,387	109,891	765	121,569	-5,125
	11	6,475	3,422	653	13,678	-	24,228	3,814	321	1,390	16,292	855	22,672	1,556
	12	5,790	4,028	1,901	1,545	356	13,620	6,706	274	2,079	4,158	1,100	14,317	-697
	年 計	61,690	44,634	21,279	429,833	17,140	574,576	66,728	25,387	41,926	457,807	15,389	607,237	-32,661
	月平均	5,141	3,720	1,773	35,819	1,428	47,881	5,561	2,116	3,494	38,150	1,282	50,603	-2,722
主任敎授	累 計	131,072	113,260	54,719	627,790	218,057	1,144,898	161,278	59,055	65,540	755,060	171,983	1,212,916	-68,018
(2年)	年平均	65,536	56,630	27,360	313,895	109,028	572,449	80,639	29,528	32,770	377,530	85,991	606,458	-34,009
(24月)	月平均	5,461	4,719	2,280	26,158	9,086	47,704	6,720	2,460	2,731	31,461	7,166	50,538	-2,834

年	月	收入						支出						均衡 (A-B)
		1 報酬等	2 手苦費	3 發表費	4 資本金	5 其他	計 (A)	1 生活費	2 養育費	3 公課金	4 資本金	5 其他	計 (B)	
1999	1	5,590	2,795	357	80,351	227	89,320	4,072	1,070	1,161	82,644	2,486	91,433	-2,113
	2	5,518	2,477	833	1,546	2,141	12,515	5,385	120	1,196	4,148	654	11,503	1,012
	3	4,995	3,122	2,676	-	595	11,388	4,298	179	1,612	4,148	440	10,677	711
	4	4,282	3,044	476	1,546	2,414	11,762	3,746	3,903	1,179	4,148	2,640	15,616	-3,854
	5	3,806	4,638	833	1,546	404	11,227	4,031	623	1,211	4,148	1,201	11,214	13
	6	5,806	5,547	4,995	1,546	743	18,637	4,825	440	3,461	2,959	566	12,251	6,386
	7	4,995	4,485	2,081	98,532	-	110,093	18,179	5,864	992	82,049	547	107,631	2,462
	8	5,114	6,027	773	2,072	2,379	16,365	5,282	261	978	4,743	2,863	14,127	2,238
	9	6,104	6,639	476	1,903	5,352	20,474	4,983	59	1,047	4,743	2,593	13,425	7,049
	10	4,282	4,757	4,210	116,490	12,250	141,989	5,067	2,188	3,503	129,915	3,740	144,413	-2,424
	11	7,017	4,650	2,450	1,903	1,927	17,947	9,753	713	4,567	4,743	3,152	22,928	-4,981
	12	5,709	10,225	538	1,903	3,419	21,794	3,592	2,703	1,343	4,743	3,687	16,068	5,726
	年 計	63,218	58,406	20,698	309,338	31,851	483,511	73,213	18,123	22,250	333,131	24,569	471,286	12,225
	月平均	5,268	4,867	1,725	25,778	2,655	40,293	6,101	1,510	1,854	27,761	2,048	39,274	1,019
2000	1	5,697	5,935	259	2,066	3,266	17,223	4,476	1,382	1,137	5,149	3,762	15,906	1,317
	2	5,781	7,504	1,678	62,399	2,841	80,203	5,905	26,982	1,229	5,149	2,168	41,433	38,770
	3	4,519	5,513	1,743	4,131	14,136	30,042	6,068	33,179	2,112	5,148	757	47,264	-17,222
	4	5,939	4,711	3,034	150,902	85,116	249,702	4,299	1,885	1,717	246,573	68,909	323,383	-73,681
	5	5,036	5,676	1,291	92,438	903	105,344	5,444	2,430	2,418	95,520	1,503	107,315	-1,971
	6	6,584	5,181	1,162	2,066	155	15,148	4,983	542	3,878	5,149	769	15,321	-173
	7	11,851	5,952	1,032	24,244	2,195	45,274	13,214	129	1,317	27,326	4,878	46,864	-1,590
	8	7,195	4,519	732	14,976	322	27,744	7,106	185	1,253	5,149	700	14,393	13,351
	9	5,681	5,977	2,324	-	1,033	15,015	5,573	852	1,202	5,148	815	13,590	1,425
	10	7,102	4,987	968	29,806	-	42,863	5,998	194	4,292	5,535	745	16,764	26,099
	11	5,035	5,939	3,386	4,131	259	18,750	4,526	39,209	1,342	4,503	1,488	51,068	-32,318
	12	7,359	10,346	2,259	-	2,581	22,545	5,856	542	2,066	4,503	1,742	14,709	7,836
	年 計	77,779	72,240	19,868	387,159	112,807	669,853	73,448	107,511	23,963	414,852	88,236	708,010	-38,157
	月平均	6,482	6,020	1,656	32,263	9,400	55,821	6,121	8,959	1,997	34,571	7,353	59,001	-3,180
2001	1	7,993	8,233	-	50,217	835	67,278	5,478	1,920	2,217	75,740	2,137	87,492	-20,214
	2	4,893	4,444	59	23,575	1,074	34,045	9,807	442	2,102	26,608	369	39,328	-5,283
	3	5,894	7,363	2,219	1,909	1,133	18,518	4,029	568	1,553	2,986	1,324	10,460	8,058
	4	5,895	5,260	1,194	1,909	2,147	16,405	8,877	1,813	1,999	2,986	1,522	17,197	-792
	5	6,395	7,745	268	5,727	954	21,089	4,564	6,258	1,599	3,045	1,694	17,160	3,929
	6	5,895	7,562	3,578	1,909	954	19,898	5,229	1,098	1,864	4,060	690	12,941	6,957
	7	7,328	4,553	715	2,147	5,906	20,649	4,812	954	1,364	3,583	4,763	15,476	5,173
	8	6,395	6,013	597	26,008	1,909	40,922	4,947	1,133	1,621	27,444	763	35,908	5,014
	9	7,700	9,933	2,147	113,099	3,460	36,339	6,318	715	1,196	109,107	935	118,271	18,068
	10	5,894	6,733	1,372	85,660	187	99,846	6,620	776	12,145	99,844	1,741	121,126	-21,280
	11	8,114	5,536	2,983	2,147	358	19,138	5,699	418	1,109	4,001	1,855	13,082	6,056
	12	8,072	7,254	1,551	14,078	-	30,955	5,589	1,874	2,354	4,001	1,837	15,655	15,300
	年 計	80,468	80,629	16,683	328,385	18,917	525,082	71,969	17,969	31,123	363,405	19,630	504,096	20,986
	月平均	6,706	6,719	1,390	27,366	1,576	43,757	5,997	1,497	2,594	30,284	1,636	42,008	1,749

年	月	收入						支出						均衡 (A-B)
		1 報酬等	2 手苦費	3 發表費	4 資本金	5 其他	計 (A)	1 生活費	2 養育費	3 公課金	4 資本金	5 其他	計 (B)	
2002	1	7,509	4,879	-	1,996	5,766	20,150	4,276	1,109	2,430	3,918	6,407	18,140	2,010
	2	6,407	5,277	1,697	1,996	1,109	16,486	5,941	3,271	1,733	3,918	654	15,517	969
	3	6,099	5,046	1,109	13,085	1,109	26,448	3,654	1,164	1,857	15,007	1,187	22,869	3,579
	4	7,219	5,037	2,526	57,442	-	72,224	5,905	721	2,308	59,364	416	68,714	3,510
	5	6,619	4,885	2,440	2,172	887	17,003	4,651	1,114	2,140	3,918	680	12,503	4,500
	6	6,456	4,532	444	1,996	-	13,428	4,439	798	2,620	3,918	662	12,437	991
	7	9,836	4,977	2,719	1,996	-	19,528	4,431	1,636	4,235	1,700	617	12,619	6,909
	8	6,576	5,046	388	28,610	277	40,897	5,894	1,209	3,498	29,574	694	40,869	28
	9	4,063	6,033	1,167	140,788	1,663	153,714	5,034	743	1,957	131,244	854	139,832	13,882
	10	3,105	6,964	1,164	1,996	373	13,602	5,454	1,076	4,684	3,718	998	15,930	-2,328
	11	3,106	9,483	1,419	1,996	1,109	17,113	4,535	1,131	1,842	3,718	624	11,850	5,263
	12	3,106	8,611	1,907	1,996	554	16,174	3,967	1,830	1,818	3,785	3,873	15,273	901
	年 計	70,101	70,770	16,980	256,069	12,847	426,767	58,181	15,802	31,122	263,782	17,666	386,553	40,214
	月平均	5,842	5,898	1,415	21,339	1,070	35,564	4,848	1,317	2,594	21,982	1,472	32,213	3,351
教授	累計	291,566	282,045	74,229	1,280,951	176,422	2,105,213	276,811	159,405	108,458	1,375,170	150,101	2,069,945	35,268
(4年)	年平均	72,892	70,511	18,557	320,238	44,105	526,303	69,203	39,851	27,114	343,793	37,525	517,486	8,817
(48月)	月平均	6,074	5,876	1,547	26,686	3,676	43,859	5,767	3,321	2,260	28,649	3,127	43,124	735
2003	1	3,105	6,352	3,778	3,662	363	17,260	4,703	1,043	1,167	3,684	917	11,514	5,746
	2	3,105	7,848	32	1,943	1,080	14,008	5,061	881	1,278	13,400	810	21,430	-7,422
	3	3,168	8,798	1,208	45,124	-	58,298	4,127	1,069	1,213	12,761	615	19,785	38,513
	4	3,125	7,002	2,889	1,943	147	15,106	5,517	1,101	1,357	3,372	11,737	23,084	-7,978
	5	3,125	15,794	2,941	1,943	5,937	29,740	5,092	1,063	948	3,372	1,036	11,511	18,229
	6	3,126	14,293	3,834	1,943	7,017	30,213	8,767	3,654	986	3,568	11,529	28,504	1,709
	7	3,125	7,665	2,161	2,699	11,647	27,297	8,159	3,994	2,823	3,217	4,623	22,816	4,481
	8	3,126	7,008	1,403	2,699	216	14,452	4,834	2,293	875	3,385	11,759	23,146	-8,694
	9	3,124	7,719	1,080	2,699	9,176	23,798	10,128	1,090	572	1,386	1,566	14,742	9,056
	10	3,125	6,153	2,997	2,699	1,982	16,956	8,268	1,274	3,340	3,385	16,697	32,964	-16,008
	11	3,125	6,553	4,913	2,699	56,783	74,073	6,109	3,133	700	3,385	1,613	14,940	59,133
	12	3,127	8,334	3,570	30,982	10,795	56,808	4,767	2,753	790	111,303	529	120,142	-63,334
	年 計	37,506	103,519	30,806	101,035	105,143	378,009	75,532	23,348	16,049	166,218	63,431	344,578	33,431
	月平均	3,125	8,627	2,567	8,420	8,762	31,501	6,294	1,946	1,337	13,852	5,286	28,715	2,786
2004	1	3,155	8,133	-	2,629	9,608	23,525	17,190	1,562	762	13,702	781	33,997	-10,472
	2	3,155	6,310	315	286,389	2,555	298,724	4,743	124,431	1,317	149,994	862	281,347	17,377
	3	3,155	7,175	1,840	2,629	921	15,720	3,759	7,730	1,694	2,686	326	16,195	-475
	4	3,155	6,688	2,394	2,629	55	14,921	4,225	1,735	1,172	3,241	1,866	12,239	2,682
	5	3,155	8,129	2,074	2,629	84,613	100,600	4,096	21,864	761	2,918	85,912	115,551	-14,951
	6	7,245	5,048	2,336	2,629	378	17,636	7,187	109	876	2,797	2,525	13,494	4,142
	7	6,862	5,106	1,525	-	1,670	15,163	4,786	805	2,054	2,763	1,892	12,300	2,863
	8	6,862	4,838	2,398	5,258	525	19,881	3,821	2,642	612	2,875	2,019	11,969	7,912
	9	4,762	4,648	1,203	46,798	1,368	58,779	9,631	4,428	611	2,796	3,219	20,685	38,094
	10	3,155	5,910	1,112	3,247	354	13,778	3,848	934	7,983	3,022	660	16,447	-2,669
	11	3,155	5,784	4,475	2,629	3,155	19,198	3,960	862	948	3,034	599	9,403	9,795
	12	3,155	6,178	4,913	2,629	1,578	18,453	7,011	1,577	761	23,824	1,051	34,224	-15,771
	年 計	50,971	73,947	24,585	360,095	106,780	616,378	74,257	168,679	19,551	213,652	101,712	577,851	38,527
	月平均	4,248	6,162	2,049	30,008	8,898	51,365	6,188	14,057	1,629	17,804	8,476	48,154	3,211

年	月	收入						支出						均衡 (A-B)
		1 報酬等	2 手苦費	3 發表費	4 資本金	5 其他	計 (A)	1 生活費	2 養育費	3 公課金	4 資本金	5 其他	計 (B)	
名譽教授	累計	88,477	177,466	55,391	461,130	211,923	994,387	149,789	192,027	35,600	379,870	165,143	922,429	71,958
(2年)	年平均	44,238	88,733	27,696	230,565	105,962	497,194	74,894	96,014	17,800	189,935	82,572	461,215	35,979
(24月)	月平均	3,687	7,394	2,308	19,214	8,830	41,433	6,241	8,001	1,484	15,828	6,881	38,435	2,998
2005	1	3,185	5,208	1,743	2,563	242	12,941	3,561	1,169	1,418	2,618	493	9,259	3,682
	2	3,185	4,921	205	2,563	51	10,925	14,169	620	711	2,618	1,463	19,581	-8,656
	3	4,416	6,894	1,025	2,563	2,515	17,413	5,271	4,374	744	2,618	949	13,956	3,457
	4	8,311	5,284	1,974	2,563	447	18,579	3,024	1,042	1,446	2,701	1,661	9,874	8,705
	5	9,336	1,364	2,559	2,686	2,706	18,651	6,899	789	1,521	2,694	269	12,172	6,479
	6	9,849	1,784	3,051	2,686	4,613	21,983	6,591	1,579	666	12,946	1,126	22,908	-925
	7	9,336	2,624	2,524	2,686	1,729	18,899	3,971	472	4,000	2,694	740	11,877	7,022
	8	9,336	1,230	-	146,211	308	157,085	4,392	2,704	520	168,609	1,956	178,181	-21,096
	9	5,748	5,638	2,512	2,686	205	16,789	6,203	420	2,727	2,940	467	12,757	4,032
	10	9,336	1,986	4,262	2,686	344	18,614	3,872	2,732	1,014	3,446	1,110	12,174	6,440
	11	5,748	7,330	3,979	395,412	1,128	413,597	3,834	1,886	1,060	395,345	1,507	403,632	9,965
	12	9,336	4,682	5,634	2,686	308	22,646	4,798	3,586	5,387	3,644	994	18,409	4,237
	年 計	87,122	48,945	29,468	567,991	14,596	748,122	66,585	21,373	21,214	602,873	12,735	724,780	23,342
	月平均	7,260	4,079	2,456	47,332	1,216	62,343	5,549	1,781	1,768	50,239	1,061	60,398	1,945
2006	1	9,698	1,100	-	820	4,636	16,254	21,211	1,237	1,053	3,554	1,266	28,321	-12,067
	2	9,191	1,000	600	3,440	1,500	15,731	4,712	760	1,004	3,554	760	10,790	4,941
	3	10,191	1,380	1,450	3,440	1,000	17,461	9,798	1,880	750	3,554	1,106	17,088	373
	4	9,191	3,972	1,757	2,620	536	18,076	8,492	97	1,396	3,554	751	14,290	3,786
	5	9,191	1,730	981	2,620	1,000	15,522	4,420	11,050	1,346	3,554	872	21,242	-5,720
	6	9,191	3,764	1,976	3,480	550	18,961	7,185	3,410	1,246	3,554	720	16,115	2,846
	7	9,191	1,550	4,196	3,290	2,436	20,663	4,419	345	2,369	3,554	787	11,474	9,189
	年計	65,844	14,496	10,960	19,710	11,658	122,668	60,237	18,779	9,164	24,878	6,262	119,320	3,348
	月平均	9,406	2,071	1,566	2,816	1,665	17,524	8,605	2,683	1,309	3,554	895	17,046	478
碩座教授	累 計	152,966	63,441	40,428	587,701	26,254	870,790	126,822	40,152	30,378	627,751	18,997	844,100	26,690
(2年)	年平均	76,483	31,720	20,214	293,851	13,127	435,395	63,411	20,076	15,189	313,876	9,498	422,050	13,345
(19月)	月平均	8,051	3,339	2,128	30,931	1,382	45,831	6,675	2,113	1,599	33,039	1,000	44,426	1,405
總 計 (1972~	累 計	1,374,376	2,463,369	755,743	5,730,541	1,497,275	11,821,304	1,867,874	851,961	602,879	6,132,285	1,574,454	11,029,453	791,851
2006)	年平均	39,268	70,382	21,593	163,730	42,779	337,752	53,368	24,342	17,225	175,208	44,984	315,127	22,625
(35年) (415月)	月平均	3,312	5,936	1,821	13,808	3,608	28,485	4,501	2,053	1,453	14,776	3,794	26,577	1,908

客說 : 經驗에서 얻은 삶의 眞實

내가 그동안 얻어먹은 食事와 술, 공짜로 친 골프 운동, 받은 선물, 他의 補助로 한 國內外旅行 등에 소요된 金額을 전부 합치면 아마 서울에 있는 60坪 짜리 아파트 몇 채 값에 이를 것이다. 복 탄 사람이거나 파렴치한이다.

Ⅲ. 收入과 支出의 綜合과 分析

○ 要 約 : 生涯段階別 年平均 收入·支出의 推移圖

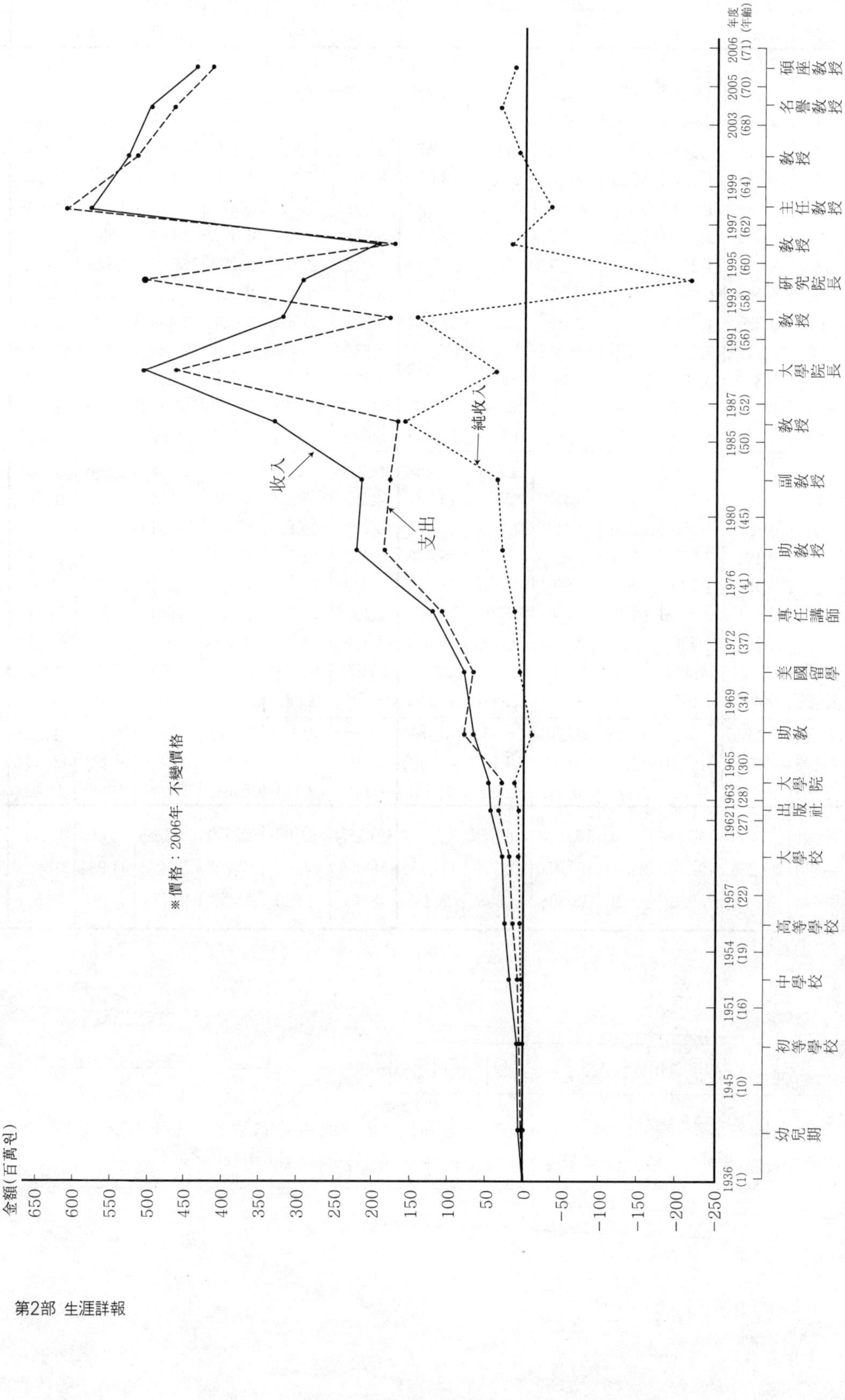

1. 家計財政의 綜合

(1) 本人 收入・支出의 源泉 및 歸屬과 經路

1) 收入의 源泉 및 經路

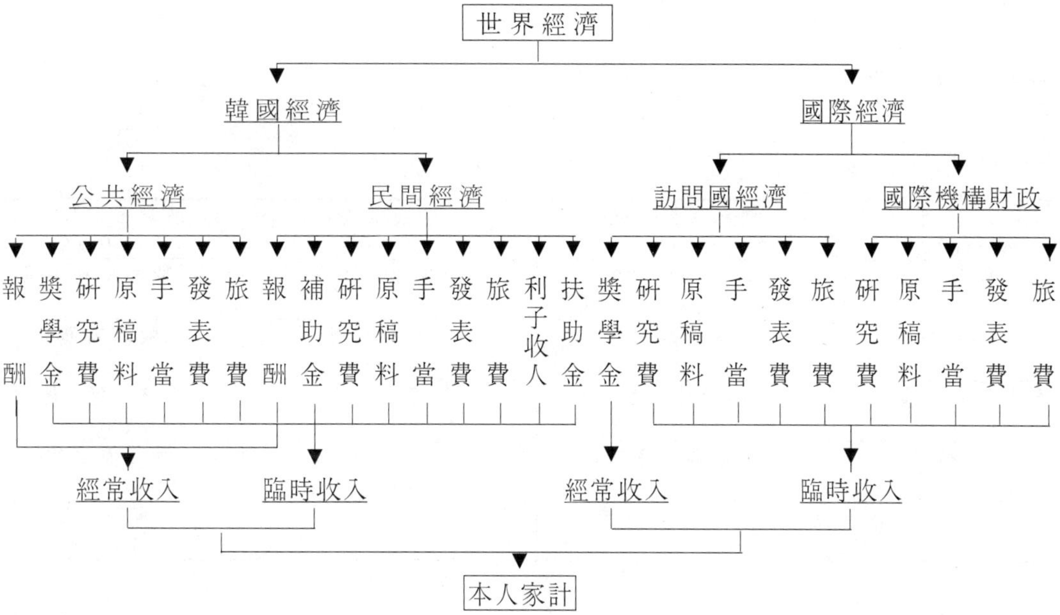

2) 支出의 經路 및 歸屬

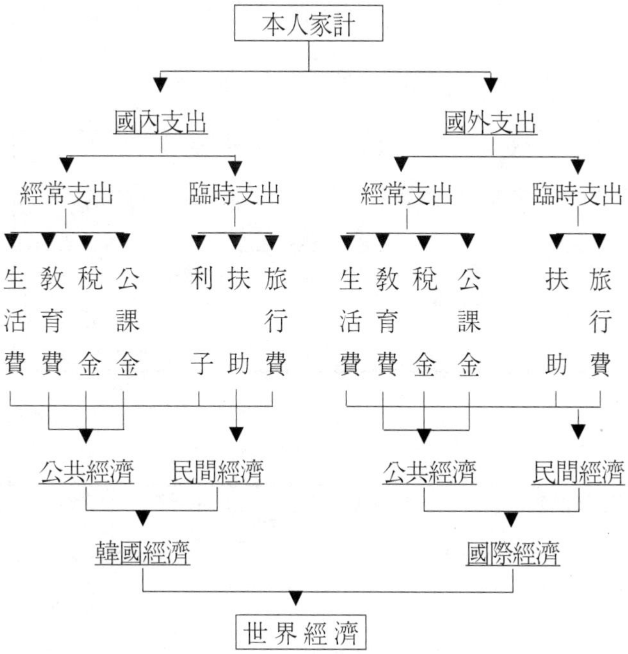

3) 教授報酬 最終分 明細書

(停年日 : 2002. 8. 31)

· 年月 : 2002年 8月分
· 入金日 : 17日
· 所屬 : 서울大學校 環境大學院 (環境計劃學科)
· 姓名 : 金 安 濟
· 職號俸 : 1442
· 個人番號 : A000827

① 報酬明細

俸給	期末(精勤) 手當	家族手當	精勤手當加算金
2,750,600	-	30,000	130,000
子女學費手當	管理業務手當	待遇手當	特殊業務手當
-	-	-	-
自運(請願) 手當	必隨實務手當	定額給食費	職級補助費
-	-	80,000	-
育兒休職手當	名節休暇費	教育支援費	交通費
-	-	-	100,000
家計支援費	俸給調整手當	教授補職手當	其他手當
1,357,800	-	-	-
			報酬計(A)
			4,413,400

② 控除明細

所得稅	住民稅	財形貯蓄	寄與金(國民年金)
495,300	49,530	-	316,260
醫療保險	年金貸付(一般)	國民貯蓄	教員共濟
89,840	-	-	300,000
國民銀行貸付	年金貸付(住宅)	農協貸付	教授協議費
-	-	-	-
學資金貸付(國庫)	學資金貸付(年金)	駐車管理費	紀念品費(組合費)
-	-	10,000	-
테니스會費	職場協議會費	機關別控除	醫療保險年末精算
-	-	-	-
發展基金	雇傭保險	湖巖控除	
-	-	-	
		控除計(B)	受領額(A-B)C
		1,264,930	3,148,470

③ 期成會明細

教育(研究)補助費	教材(職務)研究費	特殊業務手當	教員研究補助費	教員研究費成果金	業務推進費
1,100,000	-	-	420,000	-	-
				計(D)	1,520,000
				受領額合計(C+D)	4,668,470
				農協中央會	079-01-019211

4) 古稀年 古稀月의 收入·支出 明細書

○ 古稀日字 : 2006. 7. 28

○ 該當年月 : 2006年 7月分

○ 收入內譯 :

收入源	收入內譯	金額(千원)	比率(%)
1. 報酬收入	1. 公務員 年金	3,191	15.5
	2. 建國大學校 碩座敎授	2,500	12.1
	3. 韓國自治發展硏究院 院長	3,500	16.9
	計	9,191	44.5
2. 手當收入	1. 韓國地域發展硏究院 常任顧問	1,000	4.8
	2. 建交部中央都市計劃委員會委員	250	1.2
	3. 韓國土地公社 顧問	300	1.5
	計	1,550	7.5
3. 發表收入	1. 서울大 環境大學院 講師	996	4.8
	2. 文化觀光部 企業都市特講	2,000	9.7
	3. 大邱慶北硏究院 討論會司會	600	2.9
	4. 市民自治大學 開講 祝辭	600	2.9
	計	4,196	20.3
4. 資本收入	1. 中溪洞 店鋪 月貰	2,620	12.7
	2. 泰榮 오피스텔 月貰	670	3.2
	計	3,290	15.9
5. 其他收入	1. 서울市 老人補助金	36	0.2
	2. 古稀生辰 祝賀金	2,400	11.6
	計	2,436	11.8
合計	收入 合計	20,663	100.0

○ 支出內譯 :

支出處	支出內譯	金額(千원)	比率(%)
1. 家計生活	1. 家庭 運營	3,000	26.1
	2. 醫療 保險	246	2.1
	3. 病院 診療	353	3.1
	4. 交通費	122	1.1
	5. 沐浴費	80	0.7
	6. 理髮費	20	0.2
	7. 담배값	138	1.2
	8. 眼鏡 購入	430	3.7
	9. 釜山 出張	30	0.3
	計	4,419	38.5
2. 子女養育	1. 子婦生日祝賀	200	1.7
	2. 次女支援	120	1.1
	3. 外孫女 용돈	25	0.2
	計	345	3.0
3. 諸稅公課	1. 所得 源泉徵收	500	4.3
	2. 自宅 財産稅	1,215	10.6
	3. 中溪店鋪 稅金	176	1.5
	4. 泰榮 오피스텔 稅金	190	1.6
	5. 電話料	117	1.0
3. 公 課	6. 케이블 TV料	42	0.4
	7. 都市가스料	41	0.4
	8. 警報機 料金	88	0.8
	計	2,369	20.6
4. 資本形成	1. 農協 積金	2,000	17.5
	2. 收益証券 積金	1,000	8.7
	3. 郵遞 積金	208	1.8
	4. 保險 積金	346	3.0
	計	3,554	31.0
5. 其他支出	1. 結婚 扶助	150	1.3
	2. 問喪 扶助	200	1.7
	3. 助敎 補助	100	0.9
	4. 寫眞 調査 現像	100	0.9
	5. 花盆 移動	50	0.5
	6. 他人 接待	187	1.6
	計	787	6.9
合 計	支出 合計	11,474	100.0

○ 收支均衡 :

收入總計(A)	支出總計(B)	純收入(A-B)	純收入率((A-B)/A)
20,663千원	11,474千원	9,189千원	44.5%

(2) 生涯段階別 및 項目別 收入·支出 集計

(單位 : 2006年 不變價格, 千원)

生涯	期間	項目	收入 補助	報酬	手苦	發表	資本	其他	合計	支出 生活	修學	子女	公課	資本	其他	合計	均衡
成長·修學期	出生幼兒	8年,101月	271	-	-	-	-	-	271	265	6	-	-	-	-	271	0
		年平均	34	-	-	-	-	-	34	33	1	-	-	-	-	34	0
		月平均	2.7	-	-	-	-	-	2.7	2.6	0.1	-	-	-	-	2.7	0
		比率(%)	100.0	-	-	-	-	-	100.0	98.6	1.4	-	-	-	-	100.0	-
	初等學校	6年,72月	3,615	-	-	-	-	-	3,615	3,253	362	-	-	-	-	3,615	0
		年平均	603	-	-	-	-	-	603	542	61	-	-	-	-	603	0
		月平均	50	-	-	-	-	-	50	45	5	-	-	-	-	50	0
		比率(%)	100.0	-	-	-	-	-	100.0	90.0	10.0	-	-	-	-	100.0	-
	中等學校	3年,36月	26,055	-	-	-	-	2,691	28,746	19,094	8,233	-	-	-	1,341	28,668	78
		年平均	8,685	-	-	-	-	897	9,582	6,365	2,744	-	-	-	447	9,556	26
		月平均	724		-	-	-	75	799	530	229	--	-	-	37	796	3
		比率(%)	90.6		-	-	-	9.4	100.0	66.6	28.7	-	-	-	4.7	100.0	-
	高等學校	3年,36月	30,256	38,670	-	-	-	1,471	70,397	46,465	21,060	-	-	-	2,676	70,201	196
		年平均	10,085	12,890	-	-	-	491	23,466	15,488	7,020	-	-	-	892	23,400	66
		月平均	840	1,074	-	-	-	41	1,955	1,291	585	-	-	-	74	1,950	5
		比率(%)	43.0	54.9	-	-	-	2.1	100.0	65.9	30.0	-	-	-	4.1	100.0	-
	大學軍隊	5年,60月	10,026	111,552	-	-	-	-	121,578	78,391	36,791	-	-	-	6,062	121,244	334
		年平均	2,005	22,311	-	-	-	-	24,316	15,678	7,358	-	-	-	1,213	24,249	67
		月平均	167	1,859	-	-	-	-	2,026	1,307	613	-	-	-	101	2,021	5
		比率(%)	8.3	91.7	-	-	-	-	100.0	64.7	30.3	-	-	-	5.0	100.0	-
	職場	1年,12月	-	45,484	-	-	-	-	45,484	27,215	-	-	-	13,608	4,535	45,358	126
		年平均	-	45,484	-	-	-	-	45,484	27,215	-	-	-	13,608	4,535	45,358	126
		月平均	-	3,790	-	-	-	-	3,790	2,268	-	-	-	1,134	378	3,780	10
		比率(%)	-	100.0	-	-	-	-	100.0	60.0	-	-	-	30.0	10.0	100.0	-
	大學院	2年,24月	34,059	46,682	4,407	-	9,496	-	94,644	55,193	25,474	-	-	-	4,245	84,912	9,732
		年平均	17,030	23,341	2,203	-	4,748	-	47,322	27,597	12,737	-	-	-	2,122	42,456	4,866
		月平均	1,419	1,945	184	-	396	-	3,944	2,300	1,061	-	-	-	177	3,538	406
		比率(%)	36.0	49.3	4.7	-	10.0	-	100.0	65.0	30.0	-	-	-	5.0	100.0	-
	助教	4年,48月	-	-	70,658	117,762	18,244	76,733	283,397	162,054	-	6,235	15,671	77,017	40,747	301,724	-18,327
		年平均	-	-	17,665	29,440	4,561	19,183	70,849	40,513	-	1,559	3,918	19,254	10,187	75,431	-4,582
		月平均	-	-	1,472	2,453	380	1,599	5,904	3,376	-	130	326	1,605	849	6,286	-382
		比率(%)	-	-	24.9	41.6	6.4	27.1	100.0	53.7	-	2.1	5.2	25.5	13.5	100.0	-
	留學	3年,36月	117,214	-	25,939	22,833	38,251	17,431	221,668	122,223	41,803	14,272	453	4,533	38,138	221,422	246
		年平均	39,022	-	8,646	7,611	12,750	5,810	73,889	40,741	13,934	4,757	151	1,511	12,713	73,807	82
		月平均	3,256	-	721	634	1,063	484	6,158	3,395	1,161	397	13	126	1,059	6,151	7
		比率(%)	53.1	-	11.7	10.1	17.3	7.8	100.0	55.1	19.0	6.5	0.2	9.0	17.2	100.0	-
	累計	35年,425月	221,496	242,388	101,004	140,595	65,991	98,326	869,800	514,153	133,729	20,507	16,124	95,158	97,744	877,415	-7,615
		年平均	6,328	6,925	2,886	4,017	1,886	2,809	24,851	14,690	3,821	586	460	2,719	2,793	25,069	-218
		月平均	521	570	238	331	155	232	2,047	1,210	315	48	38	224	230	2,065	-18
		比率(%)	25.5	27.9	11.6	16.1	7.6	11.3	100.0	58.5	15.3	2.4	1.8	10.8	11.2	100.0	-
社會活動期	專任講師	4年,48月	-	74,455	155,500	30,831	114,227	92,388	467,401	94,881	-	13,582	7,820	194,778	128,667	439,728	27,673
		年平均	-	18,613	38,875	7,708	28,557	23,097	116,850	23,720	-	3,395	1,955	48,695	32,167	109,932	6,918
		月平均	-	1,551	3,240	642	2,380	1,925	9,738	1,977	-	283	163	4,058	2,680	9,161	577
		比率(%)	-	15.9	33.3	6.6	24.4	19.8	100.0	21.6	-	3.1	1.8	44.3	29.2	100.0	-
	助教授	4年,48月	-	75,931	310,776	24,852	380,861	91,259	883,679	119,481	-	9,628	17,626	418,952	184,677	750,364	133,315
		年平均	-	18,983	77,694	6,213	95,215	22,815	220,920	29,870	-	2,407	4,407	104,738	46,169	187,591	33,329

生涯	期間	項目	收入 補助	報酬	手苦	發表	資本	其他	合計	支出 生活	修學	子女	公課	資本	其他	合計	均衡
社會活動期		月平均	-	1,582	6,474	518	7,935	1,901	18,410	2,489	-	201	367	8,728	3,848	15,633	2,777
		比率(%)	-	8.6	35.2	2.8	43.1	10.3	100.0	15.9	-	1.3	2.4	55.8	24.6	100.0	-
	副教授	5年,60月	-	129,405	401,743	59,059	487,962	12,551	1,090,720	237,490	-	27,237	108,047	408,731	101,626	883,131	207,589
		年平均	-	25,881	80,349	11,812	97,592	2,510	218,144	47,498	-	5,448	21,609	81,746	20,325	176,626	41,518
		月平均	-	2,157	6,696	984	8,133	209	18,179	3,958	-	454	1,801	6,812	1,694	14,719	3,460
		比率(%)	-	11.9	36.8	5.4	44.7	1.2	100.0	26.9	-	3.1	12.2	46.3	11.5	100.0	-
	教授	2年,24月	-	44,332	313,649	18,706	263,185	6,746	646,618	112,105	-	13,158	63,274	115,471	33,914	337,922	308,696
		年平均	-	22,166	156,824	9,353	131,593	3,373	323,309	56,053	-	6,579	31,637	57,735	16,957	168,961	154,348
		月平均	-	1,847	13,069	779	10,966	281	26,942	4,671	-	548	2,637	4,811	1,413	14,080	12,862
		比率(%)	-	6.9	48.5	2.9	40.7	1.0	100.0	33.2	-	3.9	18.7	34.2	10.0	100.0	-
	大學院長	4年,48月	-	110,358	294,016	91,102	1,024,209	483,442	2,003,127	247,899	-	86,196	72,470	1,050,271	399,007	1,855,843	147,284
		年平均	-	27,590	73,504	22,775	256,052	120,861	500,782	61,975	-	21,549	18,117	262,568	99,752	463,961	36,821
		月平均	-	2,299	6,125	1,898	21,338	10,072	41,732	5,164	-	1,796	1,510	21,880	8,313	38,663	3,069
		比率(%)	-	5.5,	14.7	4.6	51.1	24.1	100.0	13.4	-	4.6	3.9	56.6	21.5	100.0	-
	教授	2年,24月	-	56,811	219,959	120,588	240,015	2,295	639,668	126,705	-	58,063	20,625	104,117	41,215	350,725	288,943
		年平均	-	28,406	109,979	60,294	120,008	1,147	319,834	63,353	-	29,031	10,313	52,058	20,608	175,363	144,471
		月平均	-	2,367	9,165	5,024	10,001	96	26,653	5,279	-	2,419	860	4,338	1,718	14,614	12,039
		比率(%)	-	8.9	34.4	18.8	37.5	0.4	100.0	36.1	-	16.6	5.9	29.7	11.7	100.0	-
	研究院長	2年,24月	-	88,056	58,792	70,515	229,404	144,572	591,339	96,595	-	123,037	22,585	627,853	146,200	1,016,270	-424,931
		年平均	-	44,028	29,396	35,258	114,702	72,286	295,670	48,298	-	61,518	11,293	313,926	73,100	508,135	-212,465
		月平均	-	3,669	2,450	2,938	9,558	6,024	24,639	4,025	-	5,127	941	26,160	6,092	42,345	-17,706
		比率(%)	-	14.9	9.9	11.9	38.8	24.5	100.0	9.5	-	12.1	2.2	61.8	14.4	100.0	-
	教授	2年,24月	-	130,947	72,722	115,323	33,106	31,366	383,464	118,018	-	70,421	50,456	74,261	32,924	346,080	37,384
		年平均	-	65,474	36,361	57,661	16,553	15,683	191,732	59,009	-	35,211	25,228	37,130	16,462	173,040	18,692
		月平均	-	5,456	3,030	4,805	1,380	1,307	15,978	4,918	-	2,934	2,102	3,094	1,372	14,420	1,558
		比率(%)	-	34.1	19.0	30.1	8.6	8.2	100.0	34.1	-	20.3	14.6	21.5	9.5	100.0	-
	主任教授	2年,24月	-	131,072	113,260	54,719	627,790	218,057	1,144,898	161,278	-	59,055	65,540	755,060	171,983	1,212,916	-68,018
		年平均	-	65,536	56,630	27,360	313,895	109,028	572,449	80,639	-	29,528	32,770	377,530	85,991	606,458	-34,009
		月平均	-	5,461	4,719	2,280	26,158	9,086	47,704	6,720	-	2,460	2,731	31,461	7,166	50,538	-2,834
		比率(%)	-	11.4	9.9	4.8	54.8	19.1	100.0	13.3	-	4.9	5.4	62.2	14.2	100.0	-
	教授	4年,48月	-	291,566	282,045	74,229	1,280,951	176,422	2,105,213	276,811	-	159,405	108,458	1,375,170	150,101	2,069,945	35,268
		年平均	-	72,892	70,511	18,557	320,238	44,105	526,303	69,203	-	39,851	27,114	343,793	37,525	517,486	8,817
		月平均	-	6,074	5,876	1,547	26,686	3,676	43,859	5,767	-	3,321	2,260	28,649	3,127	43,124	735
		比率(%)	-	13.8	13.4	3.5	60.9	8.4	100.0	13.4	-	7.7	5.2	66.4	7.3	100.0	-
	名譽教授	2年,24月	-	88,477	177,466	55,391	461,130	211,923	994,387	149,789	-	192,027	35,600	379,870	165,143	922,429	71,958
		年平均	-	44,239	88,733	27,695	230,565	105,962	497,194	74,895	-	96,013	17,800	189,935	82,572	461,215	35,979
		月平均	-	3,687	7,394	2,308	19,214	8,830	41,433	6,241	-	8,001	1,484	15,828	6,881	38,435	2,998
		比率(%)	-	8.9	17.8	5.6	46.4	21.3	100.0	16.2	-	20.8	3.9	41.2	17.9	100.0	-
	碩座教授	2年19月	-	152,966	63,441	40,428	587,701	26,254	870,790	126,822	-	40,152	30,378	627,751	18,997	844,100	26,690
		年平均	-	76,483	31,720	20,214	293,851	13,127	435,395	63,411	-	20,076	15,189	313,876	9,498	422,050	13,345
		月平均	-	8,051	3,339	2,128	30,931	1,382	45,831	6,675	-	2,113	1,599	33,039	1,000	44,426	1,405
		比率(%)	-	17.6	7.3	4.6	67.5	3.0	100.0	15.2	-	4.8	3.6	74.4	2.3	100.0	-
	累計	35年415月	-	1,374,376	2,463,369	755,743	5,730,541	1,497,275	11,821,304	1,867,874	-	851,961	602,879	6,132,285	1,574,454	11,029,453	791,851
		年平均	-	39,268	70,382	21,593	163,730	42,779	337,752	53,368	-	24,342	17,225	175,208	44,984	315,127	22,625
		月平均	-	3,312	5,936	1,821	13,808	3,608	28,485	4,501	-	2,053	1,453	14,776	3,794	26,577	1,908
		比率(%)	-	11.6	20.8	6.4	48.5	12.7	100.0	16.9	-	7.7	5.5	55.6	14.3	100.0	-
總累計		70年 840月	221,496	1,616,764	2,564,373	896,338	5,796,532	1,595,601	12,691,104	2,382,027	133,729	872,468	619,003	6,227,443	1,672,198	11,906,868	784,236
		年平均	3,164	23,097	36,634	12,805	82,808	22,794	181,302	34,029	1,910	12,464	8,843	88,963	23,889	170,098	11,204
		月平均	264	1,925	3,053	1,067	6,901	1,900	15,109	2,836	159	1,038	737	7,414	1,991	14,175	934
		比率(%)	1.7	12.7	20.2	7.1	45.7	12.6	100.0	20.0	1.1	7.3	5.2	52.3	14.1	100.0	-

(3) 年間 家計支出에 對한 輸入指數의 推移

(年間支出額=100)

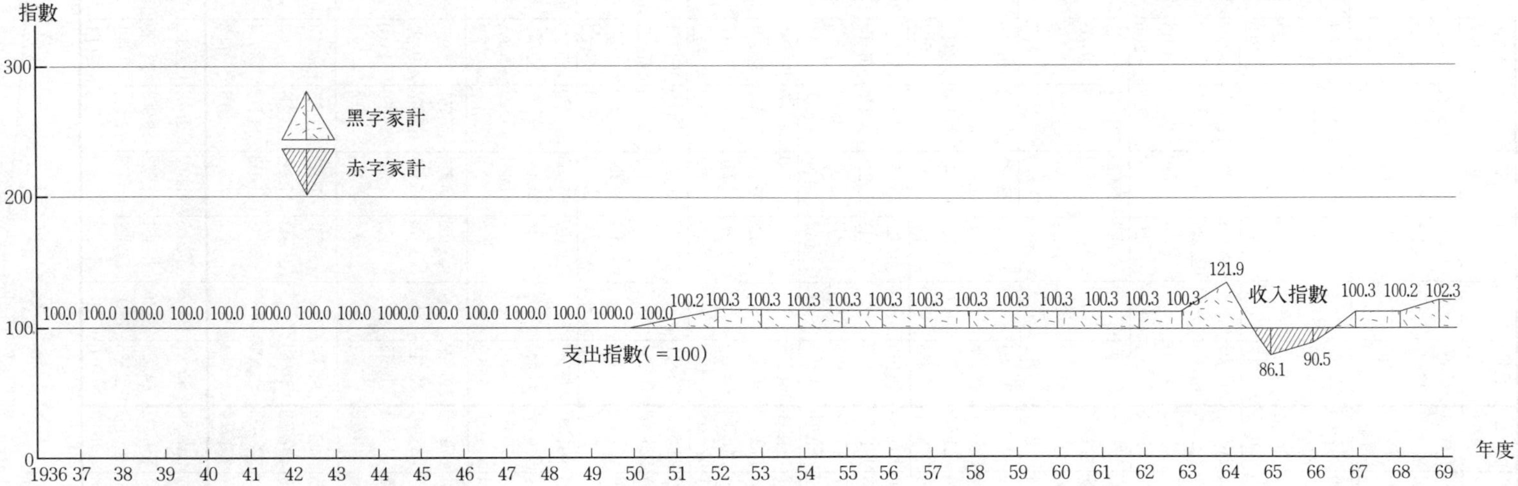

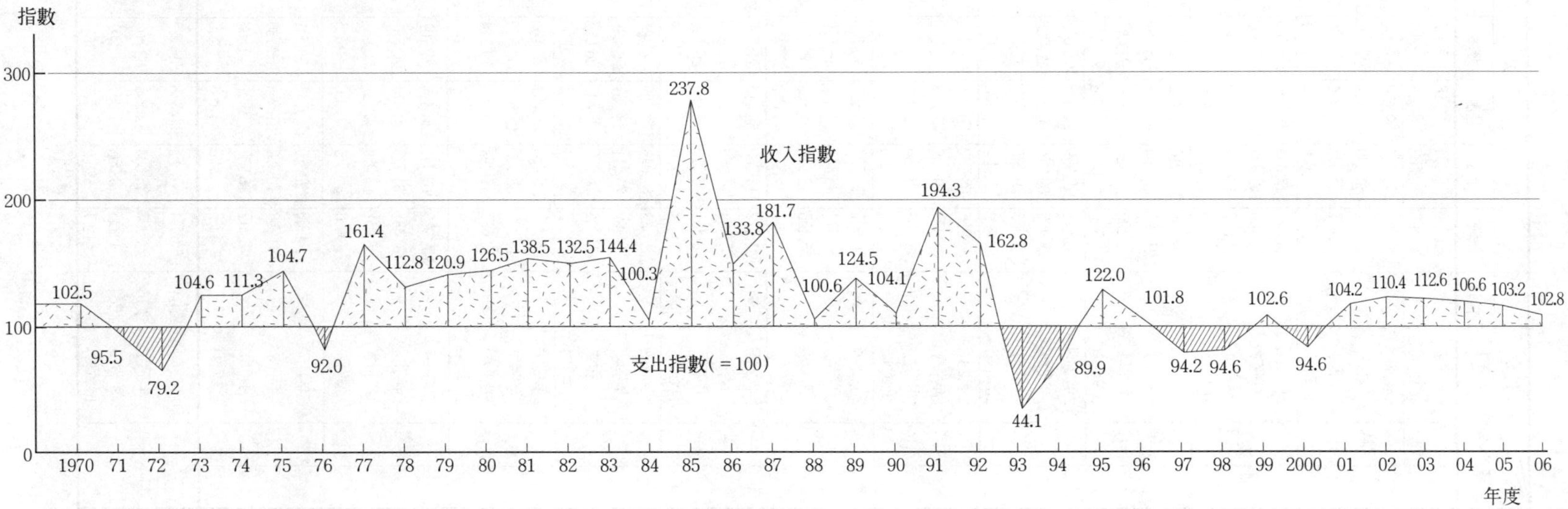

(4) 年度別 保有資産의 規模

(單位 : 千원)

生涯區分	年度	年齡	資産價額(經常) 不動産 住宅	土地商街	合計	動産 家具·乘用車·會員券	年金共濟金	銀行·債券·現札	合計	總額 (A)	國民1人當 GNP(經常) 金額 (B)	A/B (倍)	2006年基準 不變價格 (總額)
研究員·助教	1965	30	150 (31.1)	-	150 (31.1)	30 (6.2)	-	302 (62.7)	332 (68.9)	482 (100.0)	28	17	29,390
	1966	31	280 (61.7)	-	280 (61.7)	56 (12.3)	-	118 (26.0)	174 (38.3)	454 (100.0)	35	13	24,021
	1967	32	560 (83.3)	-	560 (83.3)	112 (16.7)	-	-	112 (16.7)	672 (100.0)	42	16	30,393
	1968	33	737 (87.1)	-	737 (87.1)	105 (12.4)	-	4 (0.5)	109 (12.9)	846 (100.0)	52	16	32,957
外國留學	1969	34	914 (85.9)	-	914 (85.9)	97 (9.1)	-	53 (5.0)	150 (14.1)	1,064 (100.0)	67	16	36,401
	1970	35	1,091 (84.1)	-	1,091 (84.1)	90 (6.9)	-	116 (9.0)	206 (15.9)	1,297 (100.0)	81	16	38,293
	1971	36	1,269 (94.8)	-	1,269 (94.8)	82 (6.1)	-	-12 (-0.9)	70 (5.2)	1,339 (100.0)	99	14	34,377
專任講師	1972	37	1,446 (285.2)	-	1,446 (285.2)	75 (14.8)	80 (15.8)	-1,094 (-215.8)	-939 (-185.2)	507 (100.0)	119	14	11,089
	1973	38	1,623 (70.0)	-	1,623 (70.0)	67 (2.9)	110 (4.7)	519 (22.4)	696 (30.3)	2,319 (100.0)	149	61	44,171
	1974	39	8,000 (81.5)	-	8,000 (81.5)	1,660 (16.9)	150 (1.6)	-	1,810 (18.5)	9,810 (100.0)	194	51	139,585
	1975	40	10,000 (70.4)	-	10,000 (70.4)	1,545 (10.9)	210 (1.5)	2,444 (17.2)	4,199 (29.6)	14,199 (100.0)	257	55	159,701
助教授	1976	41	12,000 (76.9)	-	12,000 (76.9)	1,434 (9.2)	290 (1.9)	1,874 (12.0)	3,596 (23.1)	15,596 (100.0)	370	42	141,679
	1977	42	14,000 (58.1)	-	14,000 (58.1)	1,317 (5.5)	400 (1.6)	8,377 (34.8)	10,094 (41.9)	24,094 (100.0)	467	52	187,211
	1978	43	43,000 (80.6)	-	43,000 (80.6)	9,803 (18.4)	550 (1.0)	-	10,353 (19.4)	53,353 (100.0)	620	86	336,952
	1979	44	52,200 (77.6)	-	52,200 (77.6)	9,116 (13.6)	770 (1.1)	5,190 (7.7)	15,076 (22.4)	67,276 (100.0)	775	87	353,118
副教授	1980	45	61,400 (73.8)	-	61,400 (73.8)	8,428 (10.1)	1,060 (1.3)	12,328 (14.8)	21,816 (26.2)	83,216 (100.0)	966	86	352,252
	1981	46	70,600 (70.6)	-	70,600 (70.6)	7,740 (7.7)	1,460 (1.5)	20,227 (20.2)	29,427 (29.4)	100,027 (100.0)	1,171	85	357,981
	1982	47	79,800 (41.8)	52,120 (26.8)	130,920 (68.6)	13,854 (7.2)	2,020 (1.1)	44,087 (23.1)	59,961 (31.4)	190,881 (100.0)	1,297	147	640,433
	1983	48	89,000 (39.1)	65.105 (28.6)	154,105 (67.7)	12,316 (5.4)	2,780 (1.2)	58,408 (25.7)	73,5104 (32.3)	227,609 (100.0)	1,484	153	718,735
	1984	49	98,200 (33.1)	130,323 (44.0)	228,523 (77.1)	10,779 (3.6)	3,840 (1.3)	53,285 (18.0)	67,904 (22.9)	296,427 (100.0)	1,739	170	884,039

生涯區分	年度	年齡	資産價額(經常) 不動産 住宅	土地商街	合計	動産 家具·乘用車·會員券	年金共濟金	銀行·債券·現札	合計	總額(A)	國民1人當 GNP(經常) 金額(B)	A/B(倍)	2006年基準 不變價格(總額)
正教授	1985	50	107,400 (30.5)	93,075 (26.5)	200,475 (57.0)	9,243 (2.6)	5,310 (1.5)	136,581 (38.9)	151,134 (43.0)	351,609 (100.0)	1,910	184	1,000,595
正教授	1986	51	116,600 (27.2)	136,560 (31.9)	253,160 (59.1)	7,704 (1.8)	7,330 (1.7)	160,207 (37.4)	175,241 (40.9)	428,401 (100.0)	2,207	194	1,155,124
大學院長	1987	52	125,800 (24.8)	170,645 (33.6)	296,445 (58.4)	6,167 (1.2)	10,120 (2.0)	194,959 (38.4)	211,246 (41.6)	507,691 (100.0)	2,557	199	1,294,998
大學院長	1988	53	420,000 (57.7)	204,730 (28.2)	624,730 (85.9)	88,631 (12.1)	13,970 (1.9)	-	102(601 (14.1)	727,331 (100.0)	3,015	241	1,724,841
大學院長	1989	54	535,099 (59.7)	238,815 (26.7)	773,914 (86.4)	88,693 (9.9)	19,290 (2.1)	14,481 (1.6)	122,164 (13.6)	896,078 (100.0)	3,353	267	2,008,108
大學院長	1990	55	650,197 (72.9)	109,900 (12.3)	760,097 (85.2)	81,020 (9.1)	26,640 (3.0)	24,243 (2.7)	131,903 (14.8)	892,000 (100.0)	3,942	226	1,810,065
平教授	1991	56	765,296 (74.8)	-	765,296 (74.8)	84,347 (8.2)	36,780 (3.6)	136,634 (13.4)	257,761 (25.2)	1,023,057 (100.0)	4,957	206	1,876,136
平教授	1992	57	880,394 (73.8)	-	880,394 (73.8)	76,173 (6.4)	50,790 (4.3)	204,640 (15.5)	312,260 (26.2)	1,192,654 (100.0)	5,470	218	2,032,506
研究院長	1993	58	995,493 (68.8)	206,280 (14.3)	1,201,773 (83.1)	68,000 (4.7)	70,130 (4.8)	107,120 (7.4)	245,250 (16.9)	1,447,023 (100.0)	6,031	240	2,318,761
研究院長	1994	59	1,017,779 (65.9)	211,437 (13.7)	1,229,216 (79.6)	78,400 (5.1)	96,840 (6.3)	139,253 (9.0)	314,493 (20.4)	1,543,709 (100.0)	6,818	226	2,293,227
平教授	1995	60	1,040,564 (63.3)	216,723 (13.2)	1,257,287 (76.5)	71,300 (4.4)	133,720 (8.1)	181,025 (11.0)	386,045 (23.5)	1,643,332 (100.0)	7,770		2,272,558
平教授	1996	61	1,063,859 (59.?)	222,141 (12.3)	1,286,000 (71.3)	78,714 (5.5)	204,640 (10.2)	235,329 (13.0)	518,683 (28.7)	1,804,683 (100.0)	9,160	107	2,373,427
主任教授	1997	62	1,087,676 (56.9)	227,695 (11.9)	1,315,371 (68.8)	89,129 (4.7)	210,200 (10.5)	305,921 (16.0)	596,250 (31.2)	1,911,621 (100.0)	9,800	195	2,404,283
主任教授	1998	63	1,112,026 (54.7)	233,387 (11.5)	1,345,413 (66.2)	79,543 (3.9)	209,220 (10.3)	397,190 (19.6)	685,953 (33.8)	2,031,366 (100.0)	9,430		2,413,523
平教授	1999	64	1,136,921 (53.6)	239,222 (11.3)	1,376,143 (64.9)	69,957 (3.3)	223,810 (10.6)	449,524 (21.2)	743,291 (35.1)	2,119,434 (100.0)	10,210	208	2,520,705
平教授	2000	65	1,162,373 (52.3)	245,202 (11.1)	1,407,575 (63.4)	60,371 (2.7)	245,813 (11.1)	508,115 (22.8)	814,299 (36.6)	2,221,874 (100.0)	12,122	183	2,624,033
平教授	2001	66	1,188,395 (50.5)	251,332 (10.7)	1,439,727 (61.2)	50,786 (2.1)	289,287 (12.3)	574,342 (24.4)	914,415 (38.8)	2,354,142 (100.0)	14,392	164	2,686,211
平教授	2002	67	1,346,253 (54.2)	351,115 (14.2)	1,697,368 (68.4)	40,025 (1.6)	316,038 (12.7)	429,621 (17.3)	785,684 (31.6)	2,483,052 (100.0)	14,388	173	2,753,501
名譽教授	2003	68	1,362,600 (52.3)	358,137 (13.7)	1,720,737 (66.0)	31,544 (1.2)	345,263 (13.3)	508,370 (19.5)	885,177 (34.0)	2,605,914 (100.0)	15,161	172	2,813,159
名譽教授	2004	69	1,395,043 (51.0)	368,881 (13.5)	1,763,924 (64.5)	24,860 (0.9)	377,190 (13.8)	566,988 (20.8)	969,038 (35.5)	2,732,962 (100.0)	16,211	169	2,874,109
碩座教授	2005	70	1,427,486 (49.8)	557,573 (19.5)	1,985,055 (69.3)	54,860 (1.9)	412,069 (14.4)	412,279 (14.4)	879,208 (30.7)	2,844,263 (100.0)	16,324	174	2,936,380
碩座教授	2006	71	1,459,929 (48.7)	585,452 (19.5)	2,045,381 (68.2)	54,010 (1.8)	450,174 (15.0)	450,435 (15.0)	954,619 (31.8)	3,000,000 (100.0)	16,431	183	3,000,000

註. ( ) 內는 構成比率(%)임.

客說 : 經驗에서 얻은 삶의 眞實

하루에 세 번씩 스스로를 돌아보지 못하더라도 한 해에 몇 번씩은 나이보다 지나치거나 모자라는 人品을 갖지 않도록 애써야 할 것이다. 그리고 그 나이에 나타나기 쉬운 나쁜 性格이나 行動을 범하지 않도록 修養을 게을리 해서는 안 된다.

(5) 收入·支出 및 資産形成의 構成과 單位規模

(單位: 2006年不變價格, 千원)

項目 \ 時代			出生~教授停年 時期			名譽·碩座 教授時期	總累計
			成長修學期	社會活動期	累計		
年代	年度		1936~1971	1972~2002	1936~2002	2003~2006	1936~2006
	年齡(歲)		1~36	37~67	1~67	68~71	1~71
	期間	年 數	35	31	66	4	70
		月 數	425	372	797	43	840
		日 數	12,940	11,319	24,259	1,309	25,568
		時間數	310,560	271,656	582,216	31,416	613,632
總收入	收入總計 (構成比,%)		869,800 (100.0)	9,956,127 (100.0)	10,825,927 (100.0)	1,865,177 (100.0)	12,691,104 (100.0)
	平均	年	24,851	321,165	164,029	466,294	181,301
		月	2,047	26,764	13,583	43,376	15,108
		日	67	880	446	1,425	496
		時間	2.8	36.7	18.6	59.4	20.7
消費支出	消費支出合計 (構成比, %)		835,423 (96.0)	7,237,003 (72.7)	8,072,426 (74.6)	1,618,678 (86.8)	9,691,104 (76.4)
	平均	年	23,869	233,452	122,309	404,669	138,444
		月	1,966	19,454	10,129	37,644	11,537
		日	65	639	333	1,237	379
		時間	2.7	26.6	13.9	51.5	15.8
資産形成	資産形成合計	總資産 (構成比, %)	34,377 (4.0)	2,719,124 (27.3)	2,753,501 (25.4)	246,499 (13.2)	3,000,000 (23.6)
		平均 年	982	87,714	41,720	61,625	42,857
		平均 月	81	7,309	3,455	5,753	3,571
		平均 日	3	240	114	188	117
		平均 時間	0.1	10.0	4.7	7.9	4.9
	不動産	總不動産 (構成比, %)	32,580 (3.8)	1,850,815 (18.6)	1,883,395 (17.4)	161,986 (8.7)	2,045,381 (16.1)
		平均 年	931	59,704	28,536	40,497	29,220
		平均 月	77	4,975	2,363	3,767	2,435
		平均 日	3	164	78	124	80
		平均 時間	0.1	6.8	3.2	5.2	3.3
	動産	總動産 (構成比, %)	1,797 (0.2)	868,309 (8.7)	870,106 (8.0)	84,513 (4.5)	954,619 (7.5)
		平均 年	51	28,010	13,184	21,128	13,637
		平均 月	4	2,334	1,092	491	1,136
		平均 日	0.1	77	36	16	37
		平均 時間	0.01	3.2	1.5	0.7	1.6

客說 : 經驗에서 얻은 삶의 眞實

나는 稅金을 위시한 모든 公課金을 납부하는데 누구보다 솔선하고 또 신속하다는 自負心을 갖고 있다. 내가 이렇게 하는 것은 愛國心이 높아서가 아니고 더욱이 돈이 많아서도 아니다. 납부할 때까지 늘 그 생각만 하여 精神健康이나 時間活用면에서 좋지 않고, 특히 稅金을 남보다 먼저 내지 않으면 學校講義나 大衆演說에서 納稅意識을 강조하는 말에 힘이 생기지 않기 때문이다.

2. 收入 · 支出의 分析

(1) 收入 · 支出의 性質別 構成比率 對比

(收入 · 支出別 合計 100% 基準)

生涯 區分		年度(年齡) ＼ 收支區分 / 對比項目	收入部門		支出部門	
			本源收入[1]對 副次收入	勞動收入對 資産收入[2]	生計經費[3] 對 附隨經費	投資支出[4] 對 消費支出
成長 修學期	幼兒期	1936(1)	0.0 : 100.0	0.0 : 0.0	100.0 : 0.0	0.0 : 100.0
		1937(2)	0.0 : 100.0	0.0 : 0.0	100.0 : 0.0	0.0 : 100.0
		1938(3)	0.0 : 100.0	0.0 : 0.0	100.0 : 0.0	0.0 : 100.0
		1939(4)	0.0 : 100.0	0.0 : 0.0	100.0 : 0.0	0.0 : 100.0
		1940(5)	0.0 : 100.0	0.0 : 0.0	100.0 : 0.0	0.0 : 100.0
		1941(6)	0.0 : 100.0	0.0 : 0.0	100.0 : 0.0	0.0 : 100.0
		1942(7)*	0.0 : 100.0	0.0 : 0.0	100.0 : 0.0	0.0 : 100.0
		1943(8)	0.0 : 100.0	0.0 : 0.0	100.0 : 0.0	0.0 : 100.0
		1944(9)	0.0 : 100.0	0.0 : 0.0	90.0 : 10.0	0.0 : 100.0
		累 計(9)	0.0 : 100.0	0.0 : 0.0	98.6 : 1.4	0.0 : 100.0
	初等學校	1945(10)	0.0 : 100.0	0.0 : 0.0	90.0 : 10.0	0.0 : 100.0
		1946(11)	0.0 : 100.0	0.0 : 0.0	90.0 : 10.0	0.0 : 100.0
		1947(12)	0.0 : 100.0	0.0 : 0.0	90.0 : 10.0	0.0 : 100.0
		1948(13)	0.0 : 100.0	0.0 : 0.0	90.0 : 10.0	0.0 : 100.0
		1949(14)	0.0 : 100.0	0.0 : 0.0	90.0 : 10.0	0.0 : 100.0
		1950(15)	0.0 : 100.0	0.0 : 0.0	90.0 : 10.0	0.0 : 100.0
		累 計(6)	0.0 : 100.0	0.0 : 0.0	90.0 : 10.0	0.0 : 100.0
	中等學校	1951(16)	6.1 : 93.9	6.1 : 0.0	74.8 : 25.2	0.0 : 100.0
		1952(17)	10.0 : 90.0	10.0 : 0.0	65.0 : 35.0	0.0 : 100.0
		1953(18)	10.0 : 90.0	10.0 : 0.0	65.0 : 35.0	0.0 : 100.0
		累 計(3)	9.4 : 90.6	9.4 : 0.0	66.6 : 33.4	0.0 : 100.0
	高等學校	1954(19)	5.4 : 94.6	5.4 : 0.0	67.3 : 32.7	0.0 : 100.0
		1955(20)	90.0 : 10.0	90.0 : 0.0	65.0 : 35.0	0.0 : 100.0
		1956(21)	90.0 : 10.0	90.0 : 0.0	66.0 : 34.0	0.0 : 100.0
		累 計(3)	54.9 : 45.1	54.9 : 0.0	65.9 : 34.1	0.0 : 100.0
	大學校	1957(22)	95.0 : 5.0	100.0 : 0.0	60.0 : 40.0	0.0 : 100.0
		1958(23)	60.2 : 39.8	100.0 : 0.0	81.9 : 18.1	0.0 : 100.0
		1959(24)	99.0 : 1.0	100.0 : 0.0	95.0 : 5.0	0.0 : 100.0
		1960(25)	95.0 : 5.0	100.0 : 0.0	47.0 : 53.0	0.0 : 100.0
		1961(26)	95.0 : 5.0	100.0 : 0.0	60.0 : 40.0	0.0 : 100.0
		累 計(5)	91.7 : 8.3	100.0 : 0.0	64.7 : 35.3	0.0 : 100.0
	職場	1962(27)	100.0 : 0.0	100.0 : 0.0	60.0 : 40.0	30.0 : 70.0
		累 計(1)	100.0 : 0.0	100.0 : 0.0	60.0 : 40.0	30.0 : 70.0
	大學院	1963(28)	60.0 : 40.0	100.0 : 0.0	65.0 : 35.0	0.0 : 100.0
		1964(29)	41.1 : 58.9	82.3 : 17.7	65.0 : 35.0	0.0 : 100.0
		累 計(2)	49.3 : 50.7	90.0 : 10.0	65.0 : 35.0	0.0 : 100.0
	助教	1965(30)	0.0 : 100.0	100.0 : 0.0	59.2 : 40.8	22.7 : 77.3
		1966(31)	0.0 : 100.0	94.7 : 5.3	39.1 : 60.9	49.0 : 51.0
		1967(32)	0.0 : 100.0	100.0 : 0.0	69.0 : 31.0	10.0 : 90.0
		1968(33)	0.0 : 100.0	82.5 : 17.5	56.9 : 43.1	8.2 : 91.8
		累 計(4)	0.0 : 100.0	93.6 : 6.4	53.7 : 46.3	25.5 : 74.5
	留學	1969(34)	0.0 : 100.0	93.3 : 6.7	58.7 : 41.3	6.1 : 93.9
		1970(35)	0.0 : 100.0	76.4 : 23.6	54.9 : 45.1	0.0 : 100.0
		1971(36)	0.0 : 100.0	78.1 : 21.9	51.9 : 48.1	0.0 : 100.0
		累 計(3)	0.0 : 100.0	82.7 : 17.3	55.1 : 44.9	1.8 : 98.2
	累 計(35)		27.8 : 72.2	92.4 : 7.6	58.5 : 41.5	10.8 : 89.2

生涯 區分	年度(年齡)		收入部門 本源收入[1]對 副次收入	收入部門 勞動收入對 資産收入[2]	支出部門 生計經費[3] 對 附隨經費	支出部門 投資支出[4] 對 消費支出
社會活動期	專任講師	1972(37)	14.3 : 85.7	99.3 : 0.7	22.6 : 77.4	22.7 : 77.3
		1973(38)	19.9 : 80.1	98.1 : 1.9	31.4 : 68.6	12.6 : 87.4
		1974(39)	11.6 : 88.4	49.7 : 50.3	13.3 : 86.7	74.1 : 25.9
		1975(40)	23.3 : 76.7	88.4 : 11.6	30.8 : 69.2	37.5 : 62.5
		累 計(4)	16.0 : 84.0	75.3 : 24.7	21.5 : 78.5	44.7 : 55.3
	助敎授	1976(41)	27.1 : 72.9	93.2 : 6.8	31.9 : 68.1	24.2 : 75.8
		1977(42)	15.6 : 84.4	94.4 : 5.6	35.1 : 64.9	23.6 : 76.4
		1978(43)	3.6 : 96.4	38.7 : 61.3	6.8 : 93.2	72.0 : 28.0
		1979(44)	12.6 : 87.4	73.2 : 26.8	28.9 : 71.1	33.4 : 66.6
		累 計(4)	8.5 : 91.5	56.7 : 43.3	15.9 : 84.1	55.9 : 44.1
	副敎授	1980(45)	17.5 : 82.5	93.3 : 6.7	45.4 : 54.6	21.4 : 78.6
		1981(46)	23.0 : 77.0	90.9 : 9.1	59.1 : 40.9	4.3 : 95.7
		1982(47)	6.7 : 93.3	37.2 : 62.8	16.5 : 83.5	66.3 : 33.7
		1983(48)	19.3 : 80.7	81.5 : 18.5	46.5 : 53.5	0.0 : 100.0
		1984(49)	9.3 : 90.7	35.9 : 64.1	16.5 : 83.5	61.3 : 38.7
		累 計(5)	12.0 : 88.0	55.1 : 44.9	27.1 : 72.9	46.2 : 53.8
	敎授	1985(50)	6.3 : 93.7	38.1 : 61.9	45.7 : 54.3	16.0 : 84.0
		1986(51)	7.6 : 92.4	86.5 : 13.5	25.7 : 74.3	45.0 : 55.0
		累 計(2)	6.9 : 93.1	59.6 : 40.4	33.1 : 66.9	34.3 : 65.7
	大學院長	1987(52)	15.6 : 84.4	58.2 : 41.8	47.9 : 52.1	3.4 : 96.6
		1988(53)	2.5 : 97.5	50.7 : 49.3	6.6 : 93.4	89.4 : 10.6
		1989(54)	16.7 : 83.3	82.1 : 17.9	58.2 : 41.8	15.7 : 84.3
		1990(55)	4.8 : 95.2	30.7 : 69.3	9.4 : 90.6	4.1 : 95.9
		累 計(4)	5.5 : 94.5	48.8 : 51.2	13.3 : 86.7	56.5 : 43.5
	敎授	1991(56)	6.1 : 93.9	43.5 : 56.5	27.8 : 72.1	42.6 : 57.4
		1992(57)	14.3 : 85.7	100.0 : 0.0	49.9 : 50.1	8.2 : 91.8
		累 計(2)	8.9 : 91.1	62.7 : 37.3	36.2 : 63.8	29.6 : 70.4
	硏究院長	1993(58)	14.1 : 85.9	70.8 : 29.2	6.5 : 93.5	68.0 : 32.0
		1994(59)	15.7 : 84.3	50.0 : 50.0	16.3 : 83.7	63.4 : 36.6
		累 計(2)	14.9 : 85.1	60.8 : 39.2	9.6 : 90.4	66.6 : 33.4
	敎授	1995(60)	32.5 : 67.5	93.5 : 6.5	33.1 : 66.9	19.7 : 80.3
		1996(61)	35.7 : 64.3	89.3 : 10.7	34.9 : 65.1	23.0 : 77.0
		累 計(2)	34.1 : 65.9	91.4 : 8.6	34.1 : 65.9	21.5 : 78.5
	主任敎授	1997(62)	12.2 : 87.8	65.3 : 34.7	15.6 : 84.4	49.1 : 50.9
		1998(63)	10.7 : 89.3	25.2 : 74.8	11.0 : 89.0	75.4 : 24.6
		累 計(2)	11.4 : 88.6	45.2 : 54.8	13.3 : 86.7	62.2 : 37.8
	敎授	1999(64)	13.1 : 86.9	36.0 : 64.0	15.5 : 84.5	70.7 : 29.3
		2000(65)	11.6 : 88.4	42.2 : 57.8	10.4 : 89.6	58.6 : 41.4
		2001(66)	15.3 : 84.7	37.5 : 62.5	14.3 : 85.7	72.1 : 27.9
		2002(67)	25.1 : 74.9	51.7 : 48.3	19.2 : 80.8	59.6 : 40.4
		累 計(4)	14.6 : 85.4	40.3 : 59.7	13.8 : 86.2	65.5 : 34.5
	累 計(31)		11.6 : 88.4	53.2 : 46.8	17.2 : 82.8	55.7 : 44.3
出生-停年 總累計(66)			12.6 : 87.4	55.7 : 44.3	19.9 : 80.1	52.7 : 47.3
名譽敎授期	停年～古稀	2002(67)	6.7 : 93.3	26.8 : 73.2	10.4 : 89.6	77.9 : 22.1
		2003(68)	9.3 : 90.7	71.6 : 28.4	20.9 : 79.1	53.5 : 46.5
		2004(69)	8.3 : 91.7	41.6 : 58.4	12.9 : 87.1	37.0 : 63.0
		2005(70)	11.7 : 88.3	24.1 : 75.9	9.2 : 90.8	83.2 : 16.8
		2006(71)	53.7 : 46.3	83.9 : 16.1	50.5 : 49.5	20.9 : 79.1
		累 計(4)	14.4 : 85.6	53.9 : 46.1	15.7 : 84.3	57.0 : 43.0
出生～古稀 總累計(70)			14.5 : 85.5	54.3 : 45.7	21.1 : 78.9	52.3 : 47.7

註. 項目- 1) 本源收入: 主된 職場에서의 俸給 및 手當

2) 資産收入: 不動産 및 動産의 賣却代 賃貸料 및 利子收入
3) 生計經費: 순수한 家庭 生活費
4) 投資支出: 貯蓄 및 不動産 買入費

年度- 1936年 : 7月 28日부터임.
2002年 : 8月 31日(敎授停年日)을 基準으로 區劃함.
2006年 : 7月 28日까지임.

○ 收入·支出의 性質別 構成比率 對比의 推移圖

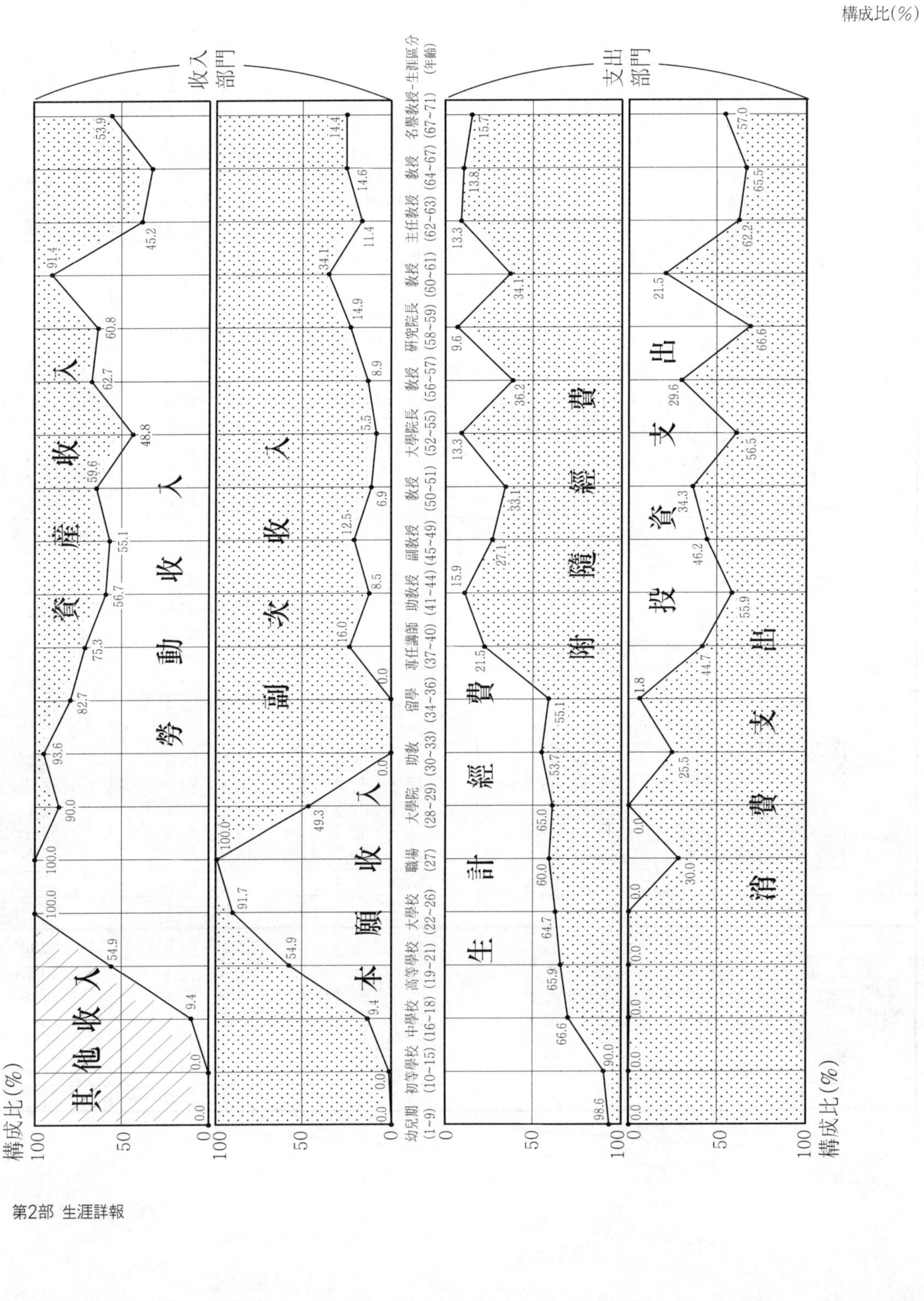

(2) 收入・支出의 時間當 및 家口員當 平均値

1) 家庭形成 以後 年度別 收入・支出의 活動時間 및 家族員當 平均金額

(2006年 不變價格 : 千원)

年度・年齡 / 區分		收入部門			支出部門		
		收入總額	活動時間(時間)	時間當收入額	支出總額	家族員數(名)	家族當支出額
1965	30	55,203	4,745	11.6	64.,135	3	21,378
1966	31	92,849	4,745	19.6	102,582	5	20,516
1967	32	59,360	4,745	12.5	59,196	5	11,839
1968	33	75,985	4,758	16.0	75,811	6	12,635
1969	34	76,183	5,110	14.9	74,506	6	12,418
1970	35	75,195	5,110	14.7	73,339	6	12,223
1971	36	70,290	5,110	13.8	73,577	7	10,511
1972	37	90,331	4,758	19.0	113,996	7	16,285
1973	38	81,332	4,745	17.1	77,786	6	12,964
1974	39	200,653	4,745	42.3	180,350	6	30,058
1975	40	95,085	4,745	20.0	67,596	5	13,519
1976	41	59,738	4,758	12.6	64,918	5	12,984
1977	42	132,875	4,745	28.0	82,346	5	16,469
1978	43	533,303	4,745	112.4	472,576	5	94,515
1979	44	157,763	4,745	33.2	130,524	5	26,105
1980	45	144,225	4,758	30.3	114,012	5	22,802
1981	46	101,682	4,745	21.4	69,835	5	13,967
1982	47	405,083	4,745	85.4	305,581	5	61,11
1983	48	147,178	4,745	31.0	101,955	5	20,391
1984	49	292,552	4,758	61.5	291,748	5	58,350
1985	50	363,225	4,380	82.9	126,187	5	25,237
1986	51	283,393	4,380	64.7	211,735	5	42,347
1987	52	196,242	4,380	44.8	108,019	5	21,604
1988	53	1,132,330	4,392	257.8	1,125,466	5	225,093
1989	54	161,251	4,380	36.8	129,471	5	25,894
1990	55	513,304	4,380	117.2	492,887	5	98,577
1991	56	424,725	4,380	97.0	218,617	5	43,723
1992	57	214,943	4,392	48.9	132,108	5	26,422
1993	58	310,009	4,380	70.8	203,189	4	50,797
1994	59	281,330	4,380	64.2	313,081	4	78,270
1995	60	192,262	4,380	43.9	157,532	4	39,383
1996	61	191,202	4,392	43.5	188,548	4	47,137
1997	62	570,322	4,380	130.2	605,679	4	151,420
1998	63	574,576	4,380	131.2	607,237	4	151,809
1999	64	483,511	4,380	110.4	471,286	4	117,822
2000	65	669,853	4,392	152.5	708,010	3	236,003
2001	66	525,082	4,382	119.8	504,096	3	168,032
2002	67	426,767	4,380	97.4	386,553	3	128,851
2003	68	378,009	3,650	103.6	344,578	3	114,859
2004	69	616,378	3,660	168.4	577,851	3	192,617
2005	70	748,122	3,285	227.7	724,780	2	362,390
2006	71	122,668	1,881	65.2	119,320	2	59,660
累計	42年	12,326,369	187,452	65.8	11,552,599	194	59,549

2) 個人生活의 時間當 金錢的 價值

(2006年 不變價格)

生涯 \ 項目	年度	年齡	年間實質的 努力所得 및 生活費支出(千원)			1日24時間基準 金錢價值(원)		活動時間基準 金錢價值(원)	
			努力所得(A)	生活費(B)	A-B	1時間當	1分間當	1時間當	1分間當
修學·準備期	1965	30	43,613	37,984	5,629	643	11	1,186	20
	1966	31	46,058	40,908	5,150	588	10	1,085	18
	1967	32	46,896	43,556	3,340	381	6	704	12
	1968	33	36,182	45,841	-9,659	-1,100	-18	-2,030	-34
	1969	34	36,018	56,695	-20,677	-2,360	-39	-4,046	-67
	1970	35	5,598	57,284	-51,686	-5,900	-98	-10,115	-169
	1971	36	6,703	64,319	-57,616	-6,577	-110	-11,275	-188
	累 計	7年	221,068	346,587	-125,519	-2,046	-34	-3,657	-61
教授·研究期	1972	37	36,548	30,557	5,991	682	11	1,259	21
	1973	38	65,999	31,348	34,651	3,956	66	7,303	122
	1974	39	68,851	25,200	43,651	4,983	83	9,199	153
	1975	40	81,568	21,358	61,210	6,987	116	12,900	215
	1976	41	33,584	20,740	12,844	1,462	24	2,699	45
	1977	42	118,554	32,873	85,681	9,781	163	18,057	301
	1978	43	132,349	33,234	99,115	11,314	189	20,888	348
	1979	44	109,446	42,262	67,184	7,669	128	14,159	236
	1980	45	129,196	58,009	71,187	8,104	135	14,962	249
	1981	46	76,518	42,819	33,699	3,847	64	7,102	118
	1982	47	123,966	54,009	69,957	7,986	133	14,743	246
	1983	48	87,389	52,258	35,131	4,010	67	7,404	123
	1984	49	65,001	57,632	7,369	839	14	1,549	26
	1985	50	105,848	64,908	40,940	4,674	78	9,347	156
	累 計	14年	1,234,817	567,207	667,610	5,439	91	10,097	168
補職·奉仕期	1986	51	207,565	60,355	147,210	16,805	280	33,610	560
	1987	52	98,559	60,013	38,546	4,400	73	8,800	147
	1988	53	89,162	95,978	-6,816	-776	-13	-1,552	-26
	1989	54	113,459	85,626	27,833	3,177	53	6,355	106
	1990	55	121,826	92,478	29,348	3,350	56	6,700	112
	1991	56	170,427	86,724	83,703	9,555	159	19,110	319
	1992	57	206,306	98,044	108,262	12,325	205	24,650	411
	1993	58	98,296	83,601	14,695	1,678	28	3,355	56
	1994	59	96,482	136,031	-39,549	-4,515	-75	-9,029	-150
	1995	60	139,011	92,030	46,981	5,363	89	10,726	179
	1996	61	129,525	96,409	33,116	3,770	63	7,540	126
	1997	62	147,834	128,218	19,616	2,239	37	4,479	75
	1998	63	85,677	92,115	-6,438	-735	-12	-1,470	-24
	1999	64	120,072	91,336	28,736	3,280	55	6,561	109
	2000	65	145,924	180,959	-35,035	-3,989	-66	-7,977	-133
	2001	66	146,657	89,938	56,719	6,475	108	12,944	216
	2002	67	126,729	73,983	52,746	6,021	100	12,042	201
	累 計	17年	2,243,511	1,643,838	599,673	4,024	67	8,048	134
名譽.碩座教授期	2003	68	155,782	98,880	56,902	6,496	108	15,590	260
	2004	69	129,952	242,936	-112,984	-12,862	-214	-30,870	-515
	2005	70	144,321	87,958	56,363	6,434	107	15,441	257
	2006	71	82,136	79,016	3,120	622	10	1,492	25
	累 計	4年	512,191	508,790	3,401	109	2	261	4
總 累 計		42年	4,211,587	3,066,422	1,145,165	3,142	52	7,542	126

註. (1) 實質努力所得=(俸給+手當+發表費)-公課金; 實質生活費=家庭生活費+本人修學費+子女養育費

(2) 公式 : 1時間當의 金錢的價値(V)=個人의 時間當賃金(W)×{〔100-擔稅率(t)〕÷100}-時間當 生活費支出額(C); 2002年 Ian Walker 教授(英國)가 作成·發表

(3) 英國人의 平均 1分當 金錢的價値는 男子가 180원, 女子가 144원임. (CNN報道)

(3) 收入과 支出의 韓國 및 外國 平均値와의 比較

1) 月別 家計支出構成의 韓國家口 平均과의 比較

(單位 : 經常價格; 千원,%)

區分 年度	年齡	本人家口			韓國家口平均			韓國對比 本人指數(韓國=100)		
		支出總額	消費支出	非消費支出	支出總額	消費支出	非消費支出	支出總額	消費支出	非消費支出
1965	30	1,052(100.0)	804(76.4)	248(23.6)	10.0(100.0)	9.8(98.0)	0.2(2.0)	10,520	8,204	124,000
1966	31	1,939(100.0)	978(50.4)	961(49.6)	13.9(100.0)	13.5(97.1)	0.4(2.9)	13,950	7,244	240,250
1967	32	1,309(100.0)	1,165(89.0)	144(11.0)	21.4(100.0)	20.6(96.3)	0.8(3.7)	6,117	5,655	18,000
1968	33	1,946(100.0)	1,428(73.4)	518(26.6)	24.5(100.0)	23.2(94.7)	1.3(5.3)	7,943	6,155	39,846
1969	34	2,178(100.0)	2,032(93.3)	146(6.7)	27.7(100.0)	26.1(94.2)	1.6(5.8)	7,863	7,785	9,125
1970	35	2,484(100.0)	2,484(100.0)	0(0.0)	31.8(100.0)	30.3(94.3)	1.8(5.7)	7,811	8,280	0
1971	36	2,866(100.0)	2,866(100.0)	0(0.0)	37.0(100.0)	35.0(94.6)	2.0(5.4)	7,746	8,189	0
1972	37	5,212(100.0)	3,949(75.8)	1,263(24.2)	40.7(100.0)	38.5(94.6)	2.2(5.4)	12,806	7,660	57,409
1973	38	4,084(100.0)	3,353(82.1)	731(17.9)	44.0(100.0)	41.5(94.3)	2.5(5.7)	9,282	8,080	29,240
1974	39	12,675(100.0)	3,187(25.1)	9,488(74.9)	51.2(100.0)	50.1(97.9)	1.1(2.1)	24,756	6,361	862,545
1975	40	6,010(100.0)	3,694(61.5)	2,316(38.5)	67.5(100.0)	65.3(96.7)	2.2(3.3)	8,904	5,657	105,273
1976	41	7,146(100.0)	5,296(74.1)	1,850(25.9)	75.9(100.0)	72.7(95.8)	3.2(4.2)	9,415	7,285	57,813
1977	42	10,598](100.0)	7,645(72.1)	2,953(27.9)	87.4(100.0)	84.2(96.3)	3.2(4.2)	12,126	9,080	92,281
1978	43	74,823(100.0)	19,562(26.1)	55,261(73.9)	116.8(100.0)	112.7(96.5)	4.1(3.7)	64,061	17,358	1,347,829
1979	44	24,867(100.0)	15,756(63.4)	9,111(36.6)	154.8(100.0)	148.1(95.7)	6.7(4.3)	16,064	10,639	135,985
1980	45	26,934(100.0)	19,957(74.1)	6,977(25.9)	187.7(100.0)	179.3(95.5)	8.4(4.5)	14,349	11,131	83,060
1981	46	20,513(100.0)	17,250(84.1)	3,263(15.9)	225.5(100.0)	215.3(95.5)	10.2(4.5)	9,097	8,012	31,990
1982	47	91,078(100.0)	23,797(26.1)	67,281(73.9)	263.1(100.0)	249.0(94.6)	14.1(5.4)	34,617	9,557	477,070
1983	48	32,287(100.0)	22,024(68.2)	10,263(31.8)	288.6(100.0)	271.0(93.9)	17.6(6.1)	11,187	8,123	58,313
1984	49	97,826(100.0)	24,922(25.5)	72,904(74.5)	314.4(100.0)	294.4(93.6)	20.0(6.4)	31,115	8,465	364,520
1985	50	44,342(100.0)	26,834(60.5)	17,508(39.5)	341.1(100.0)	317.0(92.9)	24.1(7.1)	13,000	8,465	72,647
1986	51	78,526(100.0)	30,715(39.1)	47,811(60.9)	373.3(100.0)	348.2(93.3)	25.1(6.7)	21,036	8,821	190,482
1987	52	42,348(100.0)	35,118(82.9)	7,230(17.1)	432.0(100.0)	400.0(92.6)	32.0(7.4)	9,803	8,780	22,594
1988	53	474,586(100.0)	45,810(9.7)	428,776(90.3)	509.1(100.0)	467.6(91.8)	41.5(8.2)	93,221	9,797	1,033,195
1989	54	57,774(100.0)	43,193(74.8)	14,581(25.2)	657.2(100.0)	594.3(90.4)	62.9(9.6)	8,791	7,268	23,181
1990	55	242,894(100.0)	215,889(88.9)	27,005(11.1)	755.4(100.0)	685.7(90.8)	69.7(9.2)	32,154	31,484	38,745
1991	56	119,212(100.0)	61,830(51.9)	57,382(48.1)	895.8(100.0)	818.3(91.3)	77.5(8.7)	13,3085	7,556	74,041
1992	57	77,520(100.0)	66,063(85.2)	11,457(14.8)	1,039.5(100.0)	941.9(90.6)	97.6(9.4)	7,457	7,014	11,739
1993	58	438,825(100.0)	135,533(30.9)	303,292(69.1)	1,130.1(100.0)	1,021.0(90.3)	109.1(9.7)	38,831	13,275	277,995
1994	59	210,753(100.0)	67,060(31.8)	143,693(68.2)	1,279.1(100.0)	1,140.4(89.2)	138.7(10.8)	16,477	5,880	103,600

區分 年度 年齡		本人家口			韓國家口平均			韓國對比 本人指數(韓國=100)		
		支出總額	消費支出	非消費支出	支出總額	消費支出	非消費支出	支出總額	消費支出	非消費支出
1995	60	113,915(100.0)	75,468(66.2)	38,447(33.8)	1,425.8(100.0)	1,265.9(88.8)	159.9(11.2)	7,990	5,962	24,044
1996	61	143,366(100.0)	88,961(62.1)	54,405(37.9)	1,611.6(100.0)	1,426.9(88.5)	184.7(11.5)	8,896	6,235	29,456
1997	62	481,569(100.0)	226,452(47.0)	255,117(53.0)	1,692.9(100.0)	1,489.5(88.0)	203.4(12.0)	28,446	15,203	125,426
1998	63	511,086(100.0)	90,478(17.7)	420,608(82.3)	1,531.4(100.0)	1,316.2(85.9)	215.2(14.1)	33,374	6,874	195,450
1999	64	396,262(100.0)	97,453(24.6)	298,809(75.4)	1,720.5(100.0)	1,478.9(86.0)	241.6(14.0)	23,032	6,590	123,679
2000	65	548,405(100.0)	208,526(38.0)	339,879(62.0)	1,883.9(100.0)	1,632.3(86.6)	251.6(13.4)	29,110	12,775	135,087
2001	66	422,531(100.0)	91,839(21.7)	330,692(78.3)	2,062.8(100.0)	1,801.6(87.3)	261.2(12.7)	20,483	5,098	126,605
2002	67	348,586(100.0)	82,649(23.7)	265,937(76.3)	2,077.2(100.0)	1,751.1(84.3)	326.1(15.7)	16,782	4,720	81,551
2003	68	276,616(100.0)	117,316(42.4)	159,300(57.6)	2,091.8(100.0)	1,748.7(83.6)	343.1(16.4)	13,224	6,709	46,430
2004	69	549,471(100.0)	327,719(59.6)	221,752(40.4)	2,106.4(100.0)	1,763.1(83.7)	343.3(16.3)	26,086	18,588	64,594
2005	70	706,980(100.0)	98,219(13.9)	608,761(86.1)	2,123.2(100.0)	1,772.9(83.5)	350.3(16.5)	33,298	5,571	173,783
2006	71	119,320(100.0)	85,278(71.5)	34,042(28.5)	2,206.0(100.0)	1,842.0(83.5)	364.0(16.5)	5,409	4,630	9,352
累計(42年) 年平均		6,832,719(100.0) 162,684	2,500,567(36.6) 59,537	4,332,152(63.4) 103,147	32,030.0(100.0) 762.6	28,003.8(87.4) 666.7	4,026.2(12.6) 95.9	21,332 -	8,929 -	107,599 -

2) 우리 나라 家口當 月平均 家計所得과 家計支出의 推移

(單位 : 經常價格, 千원)

年度	勤勞者 家口의 家口當 月平均 所得			都市家口 家口當 月平均 家計支出		
	合計	經常所得	其他所得	合計	消費支出	非消費支出
1980	234.1(100.0)	228.1(97.4)	6.0(2.6)	187.7(100.0)	179.3(95.5)	8.4(4.5)
1985	423.8(100.0)	411.5(97.1)	12.3(2.9)	341.1(100.0)	317.0(92.9)	24.1(7.1)
1990	943.3(100.0)	887.8(94.1)	55.5(5.9)	755.4(100.0)	685.7(90.8)	69.7(9.2)
1995	1,911.1(100.0)	1,798.3(94.1)	112.8(5.9)	1,425.8(100.0)	1,265.9(88.8)	159.9(11.2)
2000	2,386.9(100.0)	2,214.2(92.8)	172.7(7.2)	1,883.9(100.0)	1,632.3(86.6)	251.6(13.4)
2005	2,938.0(100.0)	2,658.9(90.5)	279.1(9.5)	2,123.2(100.0)	1,772.9(83.5)	350.3(16.5)

資料 : 韓國統計年鑑: 2005. 統計廳, 2006.

客說 : 經驗에서 얻은 삶의 眞實

나에게는 담배를 끊을 생각도 없고 또 그럴 勇氣도 없다. 담배를 끊으려고 애쓰면서 끊었다 피웠다 하는 사람들을 보면 나도 그렇게 될 것 같아 아예 포기했다. 그저 피울 때까지 피우다 갈까 한다. 참으로 한심하고 못 말릴 사람이다.

客說 : 經驗에서 얻은 삶의 眞實

내가 그동안 稅金을 포함한 公課金을 낸 額數는 막대하다. 그러나 나의 收入總額에서 차지한 比率은 우리 나라에서 國民의 1人當 租稅負擔率에 미치지 못한다. 그래서 나는 納稅率에서 平均國民에 미달한다.

3) 國家別 國民1人當 消費支出額과 1人1日 攝取營養量의 比較

國　家	國民1人當 消費支出 (1995,U.S.$)	1人1日 攝取營養 (1998, 칼로리)	國　家	國民1人當 消費支出 (1995,U.S.$)	1人1日 攝取營養 (1998, 칼로리)
Argentina	6,620	3,144	Monaco	-	3,541
Australia	12,040	3,190	Netherlands	15,290	3,282
Brazil	4,420	2,926	New Zealand	10,300	3,315
Cambodia	280	2,078	Norway	16,570	3,425
China	260	2,972	Peru	1,820	2,420
Denmark	17,730	3,443	Philippines	800	2,280
Egypt	740	3,282	Poland	1,940	3,351
France	15,810	3,541	Russia	1,180	2,835
Germany	16,850	3,402	Singapore	11,710	-
Greece	8,140	3,630	South Africa	1,970	2,909
Hong Kong	13,880	3,200	Spain	8,840	3,348
Hunngary	4,270	3,408	Sri Lanka	520	2,314
India	210	2,466	Sweden	13,680	3,114
Indonesia	640	2,850	Switzerland	26,060	3,222
Iraq	1,710	2,419	Taiwan	12,230	-
Italy	11,860	3,608	Thailand	1,540	2,462
Japan	24,670	2,874	Tunisia	1,260	3,297
Korea, North	-	1,899	Turkey	1,940	3,554
Korea, South	5,390	3,069	United Kingdom	12,020	3,257
Libya	2,330	3,267	United States	18,840	3,757
Malaysia	2,090	2,901	Vietnam	280	2,422
Mexico	2,110	3,144	Zimbabwe	580	2,153

資料 : *2002 Britannica Book of the Year*. London : Encyclopaedia Britannica, Inc., 2002.

4) 特定 地方自治團體 財政規模와 本人 生涯收入의 比較

(單位 : 百萬원)

區　分	歲　入　純　計 (2000年 決算)			地　方　稅　收　入 (2000年 決算)		
	該 當 團 體	歲　入	本人收入對比指數*	該 當 團 體	稅 收 入	本人收入對比指數*
出生 및 現居住團體	出生 : 慶北 聞慶市 居住 : 서울 江南區	160,953 242,595	1,811 2,729	出生 : 慶北 聞慶市 居住 : 서울 江南區	11,736 138,940	132 1,563
全國中 最少財政規模團體	市 : 京畿 烏山市 郡 : 慶北 鬱陵郡 區 : 大邱 南區	113,545 41,263 26,612	1,277 464 299	市 : 江原 太白市 郡 : 慶北 鬱陵郡 區 : 仁川 東區	10,147 1,522 4,999	114 17 56

註. * : 本人의 65年間 (1936~2001) 總收入 8,889百萬원(2002年 不變價格)을 100으로 한 指數値임.
資 料 : 地方財政年鑑 : 2001. 行政自治部, 2001. 12.

5) 本人 所得의 國際比較: 2005年度

・本人 家族 1人當 所得 : 364,874,500원 ; U.S.$ 355,282

(*는 訪問國임)

(알파베트 順)

區分 / 國家	國民 1人當GNP		本人 所得과의 比較		區分 / 國家	國民 1人當GNP		本人 所得과의 比較	
	U.S.달러($)	自國貨幣單位(A)	各國貨幣單位(B)	B/A(倍)		U.S.달러($)	自國貨幣單位(A)	各國貨幣單位(B)	B/A(倍)
Afghanistan	340	Afghani(Af)14,620	Af 15,227,126	1,045	Barbados	9,270	Bardados dollar(BDS$) 18,540	BDS$ 710,564	38
Albania	2,080	leks 206,960	leks 35,350,559	171	Belarus	2,120	rubel(Rbl) 4,566,480	Rbl 765,277,428	168
Algeria	2,280	Algerian dinar(DA) 164,798	DA 25,679,783	156	Belgium	34,370	euro(€) 27,496	€ 284,226	10
Andorra	22,120	euro(€) 17,696	€ 284,226	16	Belize	3,100	Belize dollar(BZ$) 6,200	BZ$ 710,564	115
Angola	1,030	refloated kwanza 91,876	refloated kwanza 31,691,154	345	Benin	530	CFA franc(CFAF) 277,073	CFAF 185,734,324	670
Antigua & Barbuda	10,000	Eastern Caribbean dollar(EC$) 27,000	EC$ 959,261	36	Bhutan	760	ngultrum(Nu) 33,341	Nu 15,586,221	467
Argentina*	3,720	peso(Arg$) 10,825	Arg$ 1,033,871	96	Bolivia	960	boliviano(Bs) 7,728	Bs 2,860,020	370
Armenia	1,120	drams 519,120	drams 164,673,207	317	Bosnia & Herzegovina	2,040	marka(KM) 3,182	KM 554,240	174
Australia*	26,900	Australian dollar($A) 35,239	$A 465,419	13	Botswana*	4,340	pula(P) 22,959	P 1,879,442	82
Austria*	32,300	euro(€) 25,840	€ 284,226	11	Brazil*	3,090	reais 7,231	reais 831,360	115
Azerbaijan	950	manat(A.M.) 4,382,350	A.M. 1,638,915,866	374	Brunei	20,360	Brunei dollar(B$) 34,205	B$ 596,874	17
Bahamas	10,450	Bahamian dollar(B$) 10,450	B$ 355,282	34	Bulgaria	2,740	leva 4,274	leva 554,240	130
Bahrain	11,880	Bahrain dinar(BD) 4,466	BD 133,565	30	Burkina Faso	360	CFA franc(CFAF) 188,201	CFAF 185,734,324	987
Bangladesh	440	Bangladesh taka(Tk) 28,921	Tk 23,352,686	807	Burundi	100	Burundi franc(FBu) 103,600	FBu 368,072,152	3,553
					Cambodia*	320	riels 1,331,200	riels 1,477,973,120	1,110

區分 / 國家	國民 1人當 GNP		本人 所得과의 比較	
	U.S.달러($)	自國貨幣單位(A)	各國貨幣單位(B)	B/A(倍)
Cameroon	800	CFA franc(CFAF) 418,224	CFAF 185,734,324	444
Canada*	28,390	Canadian dollar(Can$) 33,784	Can$ 422,786	13
Cape Verde	1,770	escudo(C.V.Esc.) 157,353	C.V.Esc. 31,584,570	201
Central African Republic	310	CFA franc(CFAF) 162,062	CFAF 185,734,324	1,146
Chad	260	CFA franc(CFAF) 135,923	CFAF 185,734,324	1,366
Chile	4,910	peso(Ch$) 2,628,814	Ch$ 190,217,983	72
China*	1,290	yuan(元:Y) 10,436	Y 2,874,231	275
Colombia	2,000	peso(Col$) 4,590,000	Col$ 815,372,190	178
Cornoros	530	Comorian franc(Cf) 207,802	CF 139,298,967	670
Congo, Dem. Rep.	120	Congo franc(FC) 56,700	FC 167,870,745	2,961
Congo, Republic	770	CFA franc (CFAF) 402,541	CFAF 185,734,324	461
Costa Rica	4,670	Costa Rican Colōn(₡)2,263,082	₡ 172,169,657	76
Côte d'lvoire	770	CFA franc(CFAF) 402,541	CFAF 185,734,324	461
Croatia	6,590	kuna(HrK) 39,079	HrK 2,106,822	54

區分 / 國家	國民 1人當 GNP		本人 所得과의 比較	
	U.S.달러($)	自國貨幣單位(A)	各國貨幣單位(B)	B/A(倍)
Cuba	2,880	Cuban peso(CUP) 60,480	CUP 7,460,922	123
Cyprus	17,580	Cyprus pound(£C) 8,027	£C 162,229	20
Czech Republic*	9,150	koruna(Kč) 212,646	Kč 8,256,754	39
Denmark*	40,650	Danish krone(Dkr) 241,461	Dkr 2,110,375	9
Djibouti	1,030	Djibouti franc(DF) 183,052	DF 63,140,717	345
Dominica	3,650	East Caribbean dollar(EC$) 9,895	EC$ 959,261	97
Dominican Rep.	2,080	Dominican peso(RD$) 60,840	RD$ 10,391,999	171
East Timor	550	U.S. dollar(U.S.$) 550	U.S.$ 355,282	646
Ecuador	2,178	U.S. dollar(U.S.$) 2,178	U.S.$ 355,282	163
Egypt*	1,310	Egyptian pound(£E) 7,559	£E 2,049,977	271
El Salvador	2,350	U.S. dollar(U.S.$) 2,350	U.S.$ 355,282	151
Equatorial Guinea	9,110	CFA franc(CFAF) 4,762,526	CFAF 185,734,324	39
Eritrea	180	nakfa(Nfa) 2,482	Nfa 4,899,339	1,974
Estonia	7,010	Kroon(EEK) 87,415	EEK 4,430,367	51
Ethiopia	110	birr(Br) 958	Br 3,094,506	3,230

區分 / 國家	國民 1人當 GNP		本人 所得과의 比較	
	U.S.달러($)	自國貨幣單位(A)	各國貨幣單位(B)	B/A(倍)
Fiji	2,690	Fiji dollar(F$) 4,546	F$ 600,427	132
Finland	32,790	euro(€) 26,232	€ 284,226	11
France*	30,090	euro(€) 24,072	€ 284,226	12
Gabon	3,940	CFA franc(CFAF) 2,059,753	CFAF 185,734,324	90
Gambia	290	dalasi(D) 8,077	D 9,894,604	1,225
Georgia	1,040	Georgian lari 1,862	lari 635,955	342
Germany*	30,120	euro(€) 24,096	€ 284,226	12
Ghana	380	Cedi(¢) 3,444,700	¢ 3,220,631,330	935
Greece*	16,610	euro(€) 13,288	€ 284,226	21
Grenada	3,760	East Caribbean dollar(EC$) 10,152	EC$ 959,261	94
Guatemala	2,130	guetzal(Q) 16,188	Q 2,700,143	167
Guinea	460	Guinean franc(GF) 1,736,500	GF 1,341,189,550	772
Guinea-Bissau	160	CFA franc(CFAF) 83,645	CFAF 185,734,324	2,221
Guyana	990	Guyana dollar(G$) 188,100	G$ 67,503,580	359
Haiti	390	gourde(G) 16,146	G 14,708,675	911
Honduras	1,030	Honduran lempira(L) 19,426	L 6,700,619	345
Hungary*	8,270	forint(Ft) 1,605,621	Ft 68,978,000	43

區分 / 國家	國民 1人當 GNP		本人 所得과의 比較	
	U.S.달러($)	自國貨幣單位(A)	各國貨幣單位(B)	B/A(倍)
Iceland	38,620	krona(ISK) 2,363,930	ISK 21,746,811	9
India*	620	Indian rupee(Rs) 27,199	Rs 15,586,221	573
Indonesia*	1,140	Indonesian rupiah(Rp) 11,799,000	Rp 3,677,168,700	312
Iran	2,300	rial(Rls) 20,718,400	Rls 3,200,380,256	154
Iraq*	540	Iraqi dinar(ID) 793,800	ID 522,264,540	658
Ireland	34,280	euro(€) 27,424	€ 284,226	10
Israel	17,380	New Israeli shegel(NIS) 78,036	NIS 1,595,216	20
Italy*	26,120	euro(€) 20,896	€ 284,226	14
Jamaica	2,900	Jamaica dollar(J$) 181,337	J$ 22,215,783	123
Japan*	37,180	yen(圓,¥) 4,079,018	¥ 38,977,988	10
Jordan*	2,140	Jordan dinar(JD) 1,518	JD 251,973	166
Kazakhstan	2,260	tenge(T) 305,394	T 48,009,257	157
Kenya*	460	Kenya shilling(KSh) 34,454	KSh 26,610,622	772
Kiribati	970	Australian dollar($A) 1,271	$A 465,419	366
Korea, North*	930	won(원) 837,000	won 319,753,800	382
Korea, South*	13,980	won(원,W) 14,357,460	W 368,874,500	25

區分 國家	國民 1人當 GNP		本人 所得과의 比較	
	U.S.달러($)	自國貨幣單位(A)	各國貨幣單位(B)	B/A(倍)
Kuwait	17.970	Kuwaiti dinar(KD) 5,254	KD 103,884	20
Kyrgyzstan	400	Som(K.S.) 16,380	K.S. 14,548,798	888
Laos	390	Kop(KN) 4,056,000	KN 3,694,932,800	911
Latvia	5.460	lats(Ls) 3,003	Ls 195,405	65
Lebanon	4.980	Lebanese pound(£L) 7,509,840	£L 535,765,256	71
Lesotho	740	loti(M) 4,640	M 2,227,618	480
Liberia	110	Liberian dollar(L$) 6,160	L$ 19,895,792	3,230
Libya*	4.450	Libyan dinar(LD) 5,874	LD 468,972	80
Liechtenstein	67.510	Swiss franc(SwF) 83,037	SwF 436,997	5
Lithuania	5.740	litas(LTL) 15,785	LTL 977,026	62
Luxernbourg	56.230	euro(€) 44,984	€ 284,226	6
Macedonia	2.350	denar(MKD) 116,137	MKD17,558,036	151
Madagascar	300	ariary(MGA) 603,000	MGA 714,116,820	1,184
Malawi	170	Malawi Kwacha(MK) 21,109	MK 44,115,366	2,090
Malaysia*	4.650	ringgit(RM) 17,484	RM 1,335,860	76
Maldives	2.510	Maldivian rufiyaa(Rf) 32,128	Rf 4,547,610	142
Mali	360	CFA franc(CFAF) 188,201	CFAF 185,734,324	987

區分 國家	國民 1人當 GNP		本人 所得과의 比較	
	U.S.달러($)	自國貨幣單位(A)	各國貨幣單位(B)	B/A(倍)
Malta	12.250	Maltese lira(Lm) 4,165	Lm 120,796	29
Marshall Islands	2.710	U.S. dollar(U.S.$) 2,710	U.S.$ 355,282	131
Mauritania	420	ouguiya(UM) 112,631	UM 95,275,974	846
Mauritius	4.640	Mauritian rupee(Mau Rs) 136,973	Mau Rs 10,487,925	77
Mexico*	6.770	Mexican peso(Mex$) 72,304	Mex$ 3,794,412	52
Micronesia	1.990	U.S. Dollar(U.S.$) 1,990	U.S.$ 355,282	179
Moldova	710	Moldovan lei 8,861	lei 4,433,919	500
Monaco*	29.360	euro(€) 23,488	€ 284,226	12
Mongolia*	590	tugrik(Tug) 712,130	Tug 712,130	602
Morocco	1.520	Moroccan dirham(DH) 13,376	DH 3,126,482	234
Mozambique	250	meitical(Mt) 6,114,500	Mt 8,689,487,156	1,421
Myanmar	1.170	Myanmar Kyat(K) 7,511	K 2,280,910	304
Namibia	2.370	Namibian dollar(N$) 14,860	N$ 2,227,618	150
Nauru	3.740	Australian dollar($A) 4,899	$A 465,419	95
Nepal	260	Nepalese rupee(NRS) 18,247	NRs 24,933,691	1,366
Netherlands*	31.700	euro(€) 25,360	€ 284,226	11

國家 \ 區分	國民 1人當 GNP		本人 所得과의 比較	
	U.S.달러($)	自國貨幣單位(A)	各國貨幣單位(B)	B/A(倍)
New Zealand*	20.310	New Zealand dollar($NZ) 28,840	$NZ 504,500	17
Nicaragua	790	Córdoba oro(C$) 12,932	C$ 5,815,966	450
Niger	230	CFA franc(CFAF) 120,239	CFAF 185,734,324	1,545
Nigeria	390	Nigerian naira(₦) 52,163	₦ 47,518,968	911
Norway	52,030	Norwegian Krone(NKr) 323,106	NKr 2,206,301	7
Oman	7.830	rial Omani(RO) 3,012	RO 136,647	45
Pakistan	600	Pakistan rupee(PRs) 35,832	PRs 21,217,441	592
Palau	6,870	U.S.dollar(U.S.$) 6,870	U.S.$ 355,282	52
Panama	4,450	balboa(B) 4,450	B 355,282	80
Papua New Guinea	580	kina(K) 1,752	K 1,072,952	613
Paraguay	1,170	Guarani(₲) 7,154,550	₲ 2,172,549,430	304
Peru*	2,360	nuevo Sol(S/.) 7,741	S/. 1,165,325	151
Philippines*	1,090	Philippine peso (₱) 61,095	₱ 19,913,556	326
Poland*	6,090	Zloty(Zł) 19,244	Zł 1,122,691	58
Portugal*	14,350	euro(€) 11,480	€ 284,226	25
Qatar	37,690	riyal(QR) 137,192	QR 1,293,226	9
Romania	2,920	euro(€) 2,336	€ 284,226	122

國家 \ 區分	國民 1人當 GNP		本人 所得과의 比較	
	U.S.달러($)	自國貨幣單位(A)	各國貨幣單位(B)	B/A(倍)
Russia*	3.410	ruble(Rub)96,435	Rub 10,047,375	104
Rwanda	220	Rwanda franc(RF) 119,405	RF 192,829,306	1,615
St. Kitts & Nevis	7,600	Eastern Caribbean dollar(EC$) 20,520	EC$ 959,261	47
St. Lucia	4,310	Eastern Caribbean dollar(EC$) 11,637	EC$ 959,261	82
St. Vincent	3,650	Eastern Caribbean dollar(EC$) 9,855	EC$ 959,261	97
Samoa	1,860	tala(SA$) 5,022	SA$ 959,261	191
San Marino	39,830	euro(€) 31,864	€ 284,226	9
São, Tomé & Príncipe	370	dobra(Db) 2,943,350	Db 2,826,268,310	960
Saudi Arabia	10,430	Saudi riyal(SRIs) 39,113	SRIs 1,332,308	34
Senegal	670	CFA franc(CFAF) 350,263	CFAF 185,734,324	530
Serbia & Montenegro	2,620	Serbian dinars 177,164	dinars 24,024,169	136
Seychelles	8,090	Seychelles rupee(SR) 44,495	SR 1,954,051	44
Sierra Leone	200	leone(Le) 580,400	Le 1,031,028,364	1,776
Singapore*	24,220	Singapore dollar(S$) 40,690	S$ 596,874	15
Slovakia	6,480	Slovak koruna(Sk) 198,482	Sk 10,882,288	55
Slovenia	16,250	Slovene tolar(SIT) 3,104,563	SIT 67,876,626	22

區分 國家	國民 1人當 GNP		本人 所得과의 比較	
	U.S.달러($)	自國貨幣單位(A)	各國貨幣單位(B)	B/A(倍)
Solomon Islands	550	Solomon Islands dollar(SI$) 4,015	SI$ 2,593,559	646
Somalia	240	Somali shilling(So.Sh.) 654,720	So.Sh. 969,209,296	1,480
South Africa*	3,630	rand(R) 22,760	R 2,227,618	98
Spain*	21,210	euro(€) 16,968	€ 284,226	17
Sri Lanka*	1,010	Sri Lanka rupee(SL Rs) 102,343	SL Rs 36,000,725	352
Sudan	530	Sudanese dinar(Sd) 128,408	Sd 86,077,723	670
Suriname	2,250	Suriname dollar(SRD) 6,165	SRD 973,473	158
Swaziland	1,660	lilangeni(E) 10,408	E 2,227,618	214
Sweden*	35,770	Swedish krona(SKr) 264,340	SKr 2,625,534	10
Switzerland*	48,230	Swiss franc(SwF) 59,323	SwF 436,997	7
Syria	1,190	Syrian pound(LS) 62,130	LS 18,549,273	299
Taiwan*	13,160	New Taiwan dollar(NT$) 428,095	NT$ 11,557,323	27
Tajikistan	280	Somoni 893	Somoni 1,133,350	1,269
Tanzania*	330	Tanzania shilling(TSh) 375,540	TSh 404,310,916	1,077
Thailand*	2,540	Thai baht(B) 104,394	B 14,602,090	140
Togo	380	CFA franc(CFAF) 198,656	CFAF 185,734,324	935
Tonga	1,830	Pa'anga(T$)3,532	T$ 685,694	194
Trinidad &Tobago	8,580	Trinidad & Tobago dollar(TT$) 53,797	TT$ 2,227,618	41
Tunisia*	2,630	dinar(D) 3,419	D 461,867	135
Turkey*	3,750	New Turkish lira(YTL) 5,025	YTL 476,078	95
Turkmenistan	1,340	manat 6,898,320	manat 1,828,991,736	265
Tuvalu	2,100	Australian dollar($A) 2,751	$A 465,419	169
Uganda	270	Uganda shilling (U Sh) 495,180	U Sh 651,587,188	1,316
Ukraine	1,260	hryvnyas 6,300	hryvnyas 1,776,410	282
United Arab Emirates	20,000	U.A.E.dirham(Dh) 73,400	Dh 1,303,885	18
United Kingdom*	33,940	pound sterling(£) 18,328	£ 191,852	10
United States*	37,898	dollar(U.S.$) 37,898	U.S.$ 355,282	9
Uruguay	3,950	Peso Uruguayo($U) 95,551	$U 8,594,272	90
Uzbekistan	460	Sumy 521,180	Sumy 402,534,506	772
Vanuatu	1,340	vatu(VT) 149,678	VT 39,684,999	265
Venezuela	4,020	bolivar(Bs) 10,214,820	Bs 902,771,562	88
Vietnam*	550	dong(D) 8,733,450	D 5,641,522,878	646
Yemen	570	Yemeni rial(YRIs) 109,816	YRIs 68,448,630	623
Zambia*	450	Zambian Kwacha(K) 2,070,000	K 1,634,297,200	790
Zimbabwe*	480	Zimbabwe dollar(Z$) 11,770,080	Z$ 8,711,869,922	740
世界 平均(192國)	5,547	-	-	64

資料: 各國 統計는 *Encyclopaedia Britannica 2006 Book of the Year*(London : Encyclopaedia Britannica, Inc., 2006)에서 拔萃하였음.

6) 世界 主要都市 生計費 指數

順 位	國 家	都 市	生計費 指數
1	노르웨이	오 슬 로	130
2	日 本	東 京	128
3	아이슬란드	레이캬비크	127
4	프 랑 스	파 리	126
5	日 本	大 阪	122
6	덴 마 크	코펜하겐	121
7	英 國	런 던	118
8	韓 國	서 울	116
9	스 위 스	취 리 히	114
10	핀 란 드	헬 싱 키	111
11	中 國	홍 콩	109
13	스 위 스	제 네 바	108
15	싱가포르	싱가포르	107
22	美 國	뉴 욕	100
	러 시 아	모스크바	100
32	美 國	로스안젤레스	95
65	中 國	北 京	82

註. 基準指數 : 뉴욕=100
資 料 : 이코노미스트 인텔리전스 유닛(EIU) 提供, 2006.

(4) 公課金 負擔額과 國民 租稅負擔額의 比較

(單位: 經常價格 ;千원)

區分 / 年度·年齡		本人		韓國		韓國對比 本人指數(韓國=100)	
		家族1人當 公課金負擔額(A)	收入中 公課金比率(%)(B)	國民1人當 租稅負擔額(C)	國民 租稅負擔率*(%)(D)	A/C ×100	B/D×100
1965	30	2	1.0	2	8.6	100	12
1966	31	2	0.6	4	10.8	50	6
1967	32	2	1.0	5	12.1	40	8
1968	33	60	18.4	8	14.4	750	128
1969	34	2	0.6	10	15.1	20	4
1970	35	0	0	13	15.4	0	0
1971	36	0	0	15	15.6	0	0
1972	37	11	1.9	16	13.5	69	14
1973	38	36	5.0	19	13.3	189	38
1974	39	16	0.7	29	15.1	55	5
1975	40	12	0.7	43	16.4	28	4
1976	41	24	1.8	65	17.4	37	10
1977	42	91	2.6	81	17.4	112	15
1978	43	277	1.6	111	16.9	250	9
1979	44	163	2.7	143	17.2	114	16
1980	45	243	3.6	172	17.7	141	20
1981	46	477	8.4	211	17.9	226	47
1982	47	1,385	5.7	242	18.2	572	31
1983	48	2,053	22.0	287	18.5	715	119
1984	49	204	35.1	307	17.7	66	198
1985	50	2,087	8.2	335	17.3	623	47
1986	51	2,491	11.9	374	17.0	666	70
1987	52	1,159	7.5	446	17.5	260	43
1988	53	924	1.0	538	17.9	172	6
1989	54	1,105	7.7	618	18.5	179	42
1990	55	3,386	6.7	775	18.6	437	36
1991	56	1,309	2.8	886	17.9	148	16
1992	57	1,011	4.0	1,023	18.7	99	21
1993	58	1,171	2.4	1,138	18.1	103	13
1994	59	2,538	5.4	1,355	18.7	187	29
1995	60	4,009	11.5	1,599	19.1	251	60
1996	61	5,375	14.7	1,808	19.7	297	75
1997	62	4,694	4.1	1,921	19.5	244	21
1998	63	8,822	7.3	1,830	19.1	482	38
1999	64	4,677	4.6	1,901	17.8	246	26
2000	65	6,182	3.6	2,080	18.7	297	19
2001	66	6,522	5.9	2,510	18.6	260	32
2002	67	9,335	7.3	2,643	19.8	353	37
2003	68	3,814	3.7	2,884	20.4	132	18
2004	69	6,197	3.2	2,960	19.5	209	16
2005	70	10,347	2.8	3,038	20.3	341	14
2006	71	4,582	7.5	3,118	20.5	147	37
年平均	42年	2,305	5.9	894	17.2	258	34

註. * 1992年까지는 國民總生産(GNP) 基準이고 1993年부터는 國內總生産(GDP) 基準임.

(5) 本人 教育費의 費目別 및 負擔者別 構成

(單位: 원, %)

學級	年度	地域	教育費								
			費目別 構成			負擔者別 構成				總額	
			學校納入金	校服·圖書費	生活·活動費	父母	機關·他人	奬學金	本人	經常	2006 不變 (千원)
初等學校	1945	慶北聞慶	0.53(1.0)	4.72(9.0)	47.2(90.0)	52.45(100.0)	-	-	-	52.45(100.0)	59
	1946	〃	1.64(1.0)	14.77(9.0)	147.5(90.0)	147.91(90.2)	16(9.8)	-	-	163.91(100.0)	171
	1947	〃	3.1(1.0)	27.8(9.0)	278(90.0)	277.9(90.0)	31(10.0)	-	-	308.9(100.0)	297
	1948	〃	5(1.0)	43(9.0)	433(90.0)	433(90.0)	48(10.0)	-	-	481(100.0)	411
	1949	〃	6(1.0)	54(9.0)	541(90.0)	541(90.0)	60(10.0)	-	-	601(100.0)	485
	1950	〃	29(1.0)	260(9.0)	2,605(90.0)	1,804(62.3)	1,090(37.7)	-	-	2,894(100.0)	2,192
	累計	〃	45(1.0)	404(9.0)	4,052(90.0)	3,256(72.3)	1,245(27.7)	-	-	4,501(100.0)	3,615
中等學校	1951	慶北聞慶	763(11.1)	762(11.0)	5,369(77.9)	5,411(78.5)	300(4.3)	763(11.1)	420(6.1)	6,894(100.0)	4,690
	1952	〃	1,947(15.0)	1,946(15.0)	9,072(70.0)	8,868(68.4)	850(6.6)	1,947(15.0)	1,300(10.0)	12,965(100.0)	7,905
	1953	〃	4,291(15.0)	4,292(15.0)	20,027(70.0)	19,640(68.7)	1,810(6.3)	4,291(15.0)	2,869(10.0).	28,610(100.0)	16,073
	累計	〃	7,00114.5)	7,000(14.4)	34,468(71.1)	33,919(70.0)	2,960(6.1)	7,001(14.4)	4,589(9.5)	48,469(100.0)	28,668
高等學校	1954	慶北安東	7,254(12.0)	10,881(18.0)	42,317(70.0)	57,202(94.6)	3,250(5.4)	-	-	60,452(100.0)	27,354
	1955	〃	10,615(12.0)	15,922(18.0)	61,920(70.0)	2,984(3.4)	331(0.4)	5,308(6.0)	79,834(90.2)	88,457(100.0)	22,566
	1956	〃	12,144(12.0)	18,217(18.0)	70,842(70.0)	3,418(3.4)	380(0.4)	6,072(6.0)	91,334(90.2)	101,203(100.0)	20,281
	累計	〃	30,013(12.0)	45,020(18.0)	175,079(70.0)	63,604(25.4)	3,961(1.6)	11,380(4.6)	171,167(68.4)	250,112(100.0)	70,201
大學校	1957	서울特別市	25,847 (21.0)	17,231 (14.0)	80,003 (65.0)	-	5,830 (94.7)	-	117,251 (95.3)	123,081 (100.0)	23,006
	1958	〃	5,874 (7.9)	3,916 (5.3)	64,681 (86.8)	-	23,628 (31.7)	5,874 (7.9)	44,969 (60.4)	74,471 (100.0)	12,289
	1959	〃	-	-	54,191 (100.0)	-	396 (0.7)	-	53,795 (99.3)	54,191 (100.0)	8,454
	1960	〃	52,454 (21.0)	34,569 (14.0)	162,360 (65.0)	-	-	52,454 (21.0)	197,329 (79.0)	249,783 (100.0)	36,896
	1961	〃	66,927 (21.0)	44,618 (14.0)	207,156 (65.0)	-	-	66,927 (21.0)	251,774 (79.0)	318,701 (100.0)	40,599
	累計	〃	151,102 (18.4)	100,734 (12.3)	568,391 (69.3)	-	29,854 (3.6)	125,255 (15.3)	665,118 (81.1)	820,227 (100.0)	121,244
大學院	1963	서울特別市	89,439(18.0)	59,626 (12.0)	347,817 (70.0)	-	-	197,920(39.8)	298,962 (60.2)	496,882 (100.0)	40,963
	1964	〃	124,120(18.0)	82,746 (12.0)	482,688 (70.0)	-	-	343,816(49.9)	345,738 (50.1)	689,554 (100.0)	43,949
	累計	〃	213,559(18.0)	142,372 (12.0)	830,505 (70.0)	-	-	541,736(45.7)	644,700 (54.3)	1,186,436 (100.0)	84,912
大學院 (美國)	1969	신시내티市	154,752 (24.1)	103,168 (16.1)	383,786 (59.8)	-	-	641,706 (100.0)	-	641,706 (100.0)	21,954
	1970	〃	273,782 (24.1)	182,522 (16.0)	681,963 (59.9)	-	-	1,138,267 (100.0)	-	1,138,267 (100.0)	33,607
	1971	〃	455,880 (30.3)	303,921 (20.2)	743,716 (49.5)	-	-	1,503,517 (100.0)	-	1,503,517 (100.0)	38,601
	累計	〃	884,414 (26.9)	589,611 (18.0)	1,809,465 (55.1)	-	-	3,283,490 (100.0)	-	3,283,490 (100.0)	94,162
大學院 (美國)	1976	신시내티市	89,000 (12.2)	186,720 (25.5)	455,600 (62.3)	-	-	731,320	-	731,320 (100.0)	6,644
	累計	〃	89,000 (12.2)	186,720 (25.5)	455,600 (62.3)	-	-	731,320	-	731,320 (100.0)	6,644
總累計(23年)		4	1,375,134 (21.7)	1,071,861 (17.0)	3,877,560 (61.3)	100,779 (1.6)	38,020 (0.6)	4,700,182 (74.3)	1,485,574 (23.5)	6,324,555 (100.0)	409,446
年平均		-	59,788	46,603	168,590	4,382	1,653	204,356	64,590	274,981	17,802

(6) 報酬額・執筆原稿料・發表料 및 司會・討論手當의 單位當 額數 推移

(單位 : 千원)

區分 / 收入源 / 年度 生涯	年齢	總額(經常價格) 報酬額 月數	報酬額 金額	執筆原稿料 枚數	執筆原稿料 金額	發表料 回數	發表料 金額	司會·討論手當 回數	司會·討論手當 金額	單位當 額數(經常) 報酬(月當)	原稿(枚當)	發表(回當)	司會討論(回當)	單位當 額數(2006年不變) 報酬(月當)	原稿(枚當)	發表(回當)	司會討論(回當)
高等學校 1955	20	12	80	-	-	-	-	-	-	7	-	-	-	1,786	-	-	-
1956	21	12	91	-	-	-	-	-	-	8	-	-	-	1,603	-	-	-
大學校(軍) 1957	22	12	117	-	-	-	-	-	-	10	-	-	-	1,869	-	-	-
1958	23	12	45	-	-	-	-	-	-	44	-	-	-	7,261	-	-	-
1959	24	12	54	-	-	-	-	-	-	5	-	-	-	780	-	-	-
1960	25	12	238	-	-	-	-	-	-	20	-	-	-	2,954	-	-	-
1961	26	12	304	-	-	-	-	-	-	25	-	-	-	3,185	-	-	-
會社·高校·大學院 1962	27	12	422	-	-	-	-	-	-	35	-	-	-	3,776	-	-	-
1963	28	12	299	-	-	-	-	-	-	25	-	-	-	2,061	-	-	-
1964	29	12	346	-	-	-	-	-	-	29	-	-	-	1,848	-	-	-
研究員·助教 1965	30	-	-	-	-	-	-	-	-	-	-	-	-	-	-	-	-
1966	31	-	-	50	5	-	-	-	-	-	0.1	-	-	-	5	-	-
1967	32	-	-	145	29	-	-	-	-	-	0.2	-	-	-	9	-	-
1968	33	-	-	90	18	-	-	-	-	-	0.2	-	-	-	8	-	-
外國留學 1969	34	-	-	65	20	-	-	-	-	-	0.3	-	-	-	10	-	-
1970	35	-	-	-	-	-	-	-	-	-	-	-	-	-	-	-	-
1971	36	-	-	-	-	-	-	-	-	-	-	-	-	-	-	-	-
專任講師 1972	37	8	590	584	234	-	-	2	42	74	0.4	-	21	1,619	9	-	459
1973	38	12	850	533	267	5	210	-	-	71	0.5	42	-	1,352	10	800	-
1974	39	12	1,629	1,439	1,007	5	300	1	39	136	0.7	60	39	1,935	10	854	555
1975	40	12	1,972	305	275	4	316	1	48	164	0.9	79	48	1,845	10	889	540
助教授 1976	41	12	1,781	665	665	6	246	-	-	148	1.0	41	-	1,344	9	372	-
1977	42	12	2,676	683	820	10	1,150	6	345	223	1.2	115	57	1,733	9	894	443
1978	43	12	3,017	1,544	2,162	11	539	4	97	251	1.4	49	24	1,585	9	309	152
1979	44	12	3,792	725	1,160	12	1,164	3	156	316	1.6	97	52	1,659	8	509	273
副教授 1980	45	12	5,947	741	1,334	10	1,700	7	644	496	1.8	170	92	2,100	8	720	389
1981	46	12	6,531	1,019	1,936	15	1,710	8	456	544	1.9	114	57	1,947	7	408	204
1982	47	12	8,030	990	2,079	15	3,105	10	1,090	669	2.1	207	109	2,245	7	695	366
1983	48	12	9,000	1,089	2,505	9	2,025	10	1,180	750	2.3	225	118	2,368	7	710	373
1984	49	12	9,150	455	1,138	12	2,736	12	1,380	763	2.5	228	115	2,276	7	680	343
正教授 1985	50	12	8,000	709	1,914	9	1,827	12	1,212	667	2.7	203	101	1,898	8	578	287
1986	51	12	8,000	714	1,999	8	2,120	12	1,596	667	2.8	265	133	1,798	8	715	359
大學院長 1987	52	12	12,000	1,328	3,984	15	3,510	9	1,062	1,000	3.0	234	118	2,551	8	597	301
1988	53	12	12,000	830	2,656	18	5,706	14	2,268	1,000	3.2	317	162	2,371	8	752	384
1989	54	12	12,000	957	3,254	37	10,471	21	2,961	1,000	3.4	283	141	2,241	8	634	316
1990	55	12	12,026	875	3,150	60	12,780	16	1,712	1,002	3.6	213	107	2,033	7	432	217
平教 1991	56	12	14,171	795	2,942	96	33,696	20	3,520	1,181	3.7	351	176	2,166	7	644	323

區分 / 收入源 / 年度 / 生涯			總　　額 (經常價格)								單位當 額數 (經常)				單位當 額數 (2006年不變)			
			報 酬 額		執筆原稿料		發 表 料		司會·討論手當		報酬 (月當)	原稿 (枚當)	發表 (回當)	司會討論 (回當)	報酬 (月當)	原稿 (枚當)	發表 (回當)	司會討論 (回當)
生涯	年度	年齡	月數	金額	枚數	金額	回數	金額	回數	金額								
授	1992	57	12	18,087	1,850	7,215	71	26,554	22	4,136	1,507	3.9	374	188	2,568	7	637	320
研究院長	1993	58	12	27,304	1,135	4,654	40	16,320	16	3,220	2,275	4.1	408	201	3,646	7	654	322
	1994	59	12	29,822	1,250	5,375	50	21,350	13	2,795	2,485	4.3	427	215	3,692	6	634	319
平敎授	1995	60	12	45,116	2,105	9,473	95	39,520	30	6,330	3,760	4.5	416	211	5,200	6	575	292
	1996	61	12	52,130	875	4,025	72	32,976	28	6,468	4,344	4.6	458	231	5,713	6	602	304
主任敎授	1997	62	12	55,165	1,195	5,736	43	20,726	19	4,579	4,597	4.8	482	241	5,782	6	606	303
	1998	63	12	51,923	440	2,200	26	12,428	23	5,482	4,327	5.0	478	238	5,141	6	568	283
平敎授	1999	64	12	53,154	1,606	8,030	49	24,500	21	6,300	4,430	5.0	500	300	5,269	6	595	357
	2000	65	12	60,244	778	3,890	72	36,000	7	2,100	5,020	5.0	500	300	5,929	6	591	354
	2001	66	12	67,443	1,245	6,225	58	29,000	13	3,900	5,620	5.0	500	300	6,413	6	571	342
	2002	67	12	63,214	1,938	9,690	33	16,830	10	3,000	5,268	5.0	510	300	5,842	6	566	333
名譽敎授	2003	68	12	28,952	11,230	58,396	33	17,490	14	4,390	2,413	5.2	530	310	2,605	6	572	335
	2004	69	12	48,467	997	5,384	27	14,850	7	2,240	4,039	5.4	550	320	4,248	6	578	337
碩座敎授	2005	70	12	84,984	1,585	9,035	32	18,400	12	3,960	7,082	5.7	575	330	7,260	6	589	338
	2006	71	7	65,844	331	1,986	7	4,200	7	2,450	9,406	6.0	600	350	9,406	6	600	350

註 (1) 報酬額 : 家庭敎師·軍隊 및 主職場에서 받은 本俸·手當 등의 合計
(2) 執筆原稿料 : 不定期 및 定期刊行物에 揭載된 論文의 原稿料 合計
(3) 發表料 : 基調·主題發表 및 特講·講演 등에서 받은 手當 合計
(4) 司會·討論手當 : 學術行事 및 各種會議의 司會·討論을 담당하고 받은 手當 合計

客說 : 經驗에서 얻은 삶의 眞實

모든 團體나 組織처럼 家庭도 어느 정도의 돈이 있어야 제대로 운영되고 家族間의 和睦도 가능하다. 夫婦間은 물론이고 父母와 子女 사이에도 적당한 돈의 흐름이 있어야 平溫한 關係를 유지할 수 있다. 恒産이어야 恒心이요 財貨萬事成이라.

客說 : 經驗에서 얻은 삶의 眞實

原稿料나 講演料가 적다고 不平하는 사람들을 가끔 본다. 나는 그런 不平을 하지 않는다. 왜냐하면 나는 請託을 받을 때 사전에 原稿料나 講演料가 얼마인지 물어보고 적정치 않으면 거절하기 때문이다. 그래서 일단 승낙을 하고 나면 그 額數에 대해서는 전혀 불만을 하지 않는다. 學者로서 미리 그 價格을 묻는 것은 야박하고 돈만 따지는 것 같지만 대신에 뒤가 깨끗하다. 나는 그렇게 한지가 오래 됐다.

(7) 年度別 移動距離와 收入·支出의 對比

生涯 區分		年度(年齡)	移動距離와 收入·支出額				單位距離當 收入·支出: 經常價格				單位距離當 收入·支出: 2006年價格			
			移動距離		收入·支出		收入(원)		支出(원)		收入(원)		支出(원)	
			步行數(步)	交通距離(km)	收入	支出	1步當	1km當	1步當	1km當	1步當	1km當	1步當	1km當
成長修學期	幼兒期	1936(1)	3,140	-	0.27원	0.27원	8.6×10^{-5}	-	8.6×10^{-5}	-	2.87	-	2.87	-
		1937(2)	18,250	-	1.41	1.41	7.7×10^{-5}	-	7.7×10^{-5}	-	0.77	-	0.77	-
		1938(3)	36,500	-	4.20	4.20	1.2×10^{-4}	-	1.2×10^{-4}	-	0.57	-	0.57	-
		1939(4)	109,500	-	8.07	8.07	7.4×10^{-5}	-	7.4×10^{-5}	-	0.22	-	0.22	-
		1940(5)	183,000	-	12.54	12.54	6.9×10^{-5}	-	6.9×10^{-5}	-	0.16	-	0.16	-
		1941(6)	292,000	-	17.61	17.61	6.0×10^{-5}	-	6.0×10^{-5}	-	0.12	-	0.12	-
		1942(7)	438,000	-	23.37	23.37	5.3×10^{-5}	-	5.3×10^{-5}	-	0.09	-	0.09	-
		1943(8)	620,500	-	29.70	29.70	4.8×10^{-5}	-	4.8×10^{-5}	-	0.07	-	0.07	-
		1944(9)	841,800	-	44.06	44.06	5.2×10^{-5}	-	5.2×10^{-5}	-	0.07	-	0.07	-
		累計	2,542,690	-	141.23	141.23	5.6×10^{-5}	-	5.6×10^{-5}	-	0.14	-	0.14	-
	初等學校	1945(10)	1,095,000	-	52.45	52.45	4.8×10^{-5}	-	4.8×10^{-5}	-	0.05	-	0.05	-
		1946(11)	1,168,000	-	163.91	163.91	1.4×10^{-4}	-	1.4×10^{-4}	-	0.15	-	0.15	-
		1947(12)	1,241,000	-	308.9	308.9	2.5×10^{-4}	-	2.5×10^{-4}	-	0.24	-	0.24	-
		1948(13)	1,317,600	-	481	481	3.7×10^{-4}	-	3.7×10^{-4}	-	0.32	-	0.32	-
		1949(14)	1,387,000	-	601	601	4.3×10^{-4}	-	4.3×10^{-4}	-	0.35	-	0.35	-
		1950(15)	1,460,000	-	2,894	2,894	2.0×10^{-3}	-	2.0×10^{-3}	-	1.52	-	1.52	-
		累計	7,668,600	-	4,501	4,501	5.9×10^{-4}	-	5.9×10^{-4}	-	0.54	-	0.54	-
	中等學校	1951(16)	1,460,000	50	6,907	6,894	4.7×10^{-3}	138.1	4.7×10^{-3}	137.9	3.20	93,946	3.20	93,810
		1952(17)	1,537,200	148	13,003	12,965	8.5×10^{-3}	87.9	8.4×10^{-3}	87.6	5.18	53,598	5.12	53,415
		1953(18)	1,533,000	100	28,690	28,610	1.9×10^{-2}	286.9	1.9×10^{-2}	286.1	10.67	161,180	10.67	160,730
		累計	4,530,200	298	48,600	48,469	1.1×10^{-2}	163.1	1.1×10^{-2}	162.6	6.75	100,061	6.75	99,755
	高等學校	1954(19)	1,825,000	480	60,622	60,452	3.3×10^{-2}	126.3	3.3×10^{-2}	125.9	14.93	57,149	14.93	56,968
		1955(20)	1,825,000	296	88,704	88,457	4.9×10^{-2}	299.7	4.8×10^{-2}	298.8	12.50	76,454	12.24	76,224
		1956(21)	1,830,000	1,066	101,480	101,203	5.5×10^{-2}	95.2	5.5×10^{-2}	94.9	11.02	19,078	11.02	19,018
		累計	5,480,000	1,842	250,806	250,112	4.6×10^{-2}	136.2	4.6×10^{-2}	135.8	12.40	36,712	12.40	36,604
	大學校(軍)	1957(22)	2,190,000	2,696	123,422	123,081	5.6×10^{-2}	45.8	5.6×10^{-2}	45.7	10.47	8,561	10.47	8,542
		1958(23)	6,570,000	2,055	74,674	74,471	1.1×10^{-2}	36.3	1.1×10^{-2}	36.2	1.82	5,990	1.82	5,974
		1959(24)	2,190,000	1,826	54,339	54,191	2.5×10^{-2}	29.8	2.5×10^{-2}	29.7	3.90	4,649	3.90	4,633
		1960(25)	2,196,000	4,521	250,473	249,783	0.11	55.4	0.11	55.2	16.25	8,183	16.25	8,154
		1961(26)	2,190,000	3,422	319,589	318,701	0.15	93.4	0.15	93.1	19.11	11,898	19.11	11,860
		累計	15,336,000	14,520	822,497	820,227	5.4×10^{-2}	56.6	5.3×10^{-2}	56.5	8.32	8,721	8.17	8,706
	會社·大學院	1962(27)	1,825,000	2,102	421,638	420,469	0.23	200.6	0.23	200.0	24.81	21,640	24.81	21,575
		1963(28)	2,190,000	3,040	498,269	496,882	0.23	163.9	0.23	163.4	18.96	13,512	18.96	13,471
		1964(29)	2,196,000	2,848	840,474	689,554	0.38	295.1	0.31	242.1	24.22	18,808	19.76	15,430
		累計	6,211,000	7,990	1,760,381	1,606,905	0.28	220.3	0.26	201.1	22.65	17,824	21.04	16,270
	研究員·助教	1965(30)	2,372,500	9,745	905,332	1,051,815	0.38	92.9	0.44	107.9	23.17	5,665	26.83	6,579
		1966(31)	2,372,500	2,181	1,754,848	1,938,792	0.74	804.6	0.82	888.9	39.15	42,571	43.39	47,032
		1967(32)	2,372,500	46	1,312,454	1,308,814	0.55	28,531.6	0.55	28,452.5	24.88	1,290,439	24.88	1,286,861
		1968(33)	2,379,000	698	1,950,525	1,946,065	0.82	2,794.4	0.82	2,788.1	31.94	108,859	31.94	108,613
		累計	9,496,500	12,670	5,923,159	6,245,486	0.62	467.5	0.66	492.9	29.85	22,508	31.78	23,731
	外國留學	1969(34)	2,007,500	14,344	2,226,825	2,177,808	1.11	155.2	1.08	151.8	37.97	5,310	36.95	5,193
		1970(35)	2,007,500	13,273	2,546,856	2,483,986	1.27	191.9	1.24	187.1	37.50	5,666	36.61	5,524
		1971(36)	2,007,500	120	2,737,796	2,865,827	1.36	22,815.0	1.43	23,881.9	34.92	585,751	36.71	613,142
		累計	6,022,500	27,737	7,511,477	7,527,621	1.25	270.8	1.25	271.4	36.74	7,960	36.74	7,978
	總累計	1936-1971	57,285,990	65,057	16,321,562	16,503,462	0.28	250.9	0.29	253.7	35.90	32,167	37.18	32,526

生涯 區分		對比項目 / 年度(年齡)	移動距離와 收入·支出額				單位距離當 收入·支出: 經常價格				單位距離當 收入·支出: 2006年價格			
			移動距離		收入·支出		收入(원)		支出(원)		收入(원)		支出(원)	
			步行數(步)	交通距離(km)	收入	支出	1步当	1km当	1步当	1km当	1步当	1km当	1步当	1km当
社會活動期	專任講師	1972(37)	2,196,000	23,536	4,130 千원	5,212 千원	1.88	175.5	2.37	221.4	41.12	3,839	51.84	4,843
		1973(38)	2,190,000	10,000	4,270	4,084	1.95	427.0	1.86	408.4	37.14	8,133	35.43	7,779
		1974(39)	2,190,000	15,268	14,102	12,675	6.44	923.6	5.79	830.2	91.63	13,142	82.38	11,813
		1975(40)	2,190,000	18,311	8,454	6,010	3.86	461.7	2.74	328.2	43.41	5,193	30.82	3,691
		累計	8,766,000	67,115	30,956	27,981	3.53	461.2	3.19	416.9	54.86	7,167	49.57	6,479
	助教授	1976(41)	2,196,000	38,018	6,576	7,146	2.99	173.0	3.25	188.0	27.16	1,572	29.52	1,708
		1977(42)	2,190,000	32,086	17,101	10,598	7.81	533.0	4.84	330.3	60.68	4,141	37.61	2,566
		1978(43)	2,190,000	27,238	84,443	74,823	38.56	3,100.2	34.17	2,747.0	243.53	19,579	215.80	17,349
		1979(44)	2,190,000	62,846	30,057	24,867	13.72	478.3	11.35	395.7	72.01	2,510	59.57	2,077
		累計	8,766,000	160,188	138,177	117,439	15.76	862.6	13.40	733.1	107.28	5,872	91.21	4,990
	副教授	1980(45)	2,196,000	13,335	34,072	26,934	15.52	2,555.1	12.27	2,019.8	65.70	10,816	51.94	8,550
		1981(46)	2,190,000	18,620	28,412	20,513	12.97	1,525.9	9.37	1,501.7	46.42	5,461	33.53	3,943
		1982(47)	1,095,000	51,021	120,730	91,078	110.26	2,366.3	83.18	1,785.1	369.94	7,939	279.08	5,989
		1983(48)	1,095,000	56,498	46,608	32,287	42.56	824.9	29.49	571.5	134.39	2,605	93.12	1,805
		1984(49)	1,098,000	43,886	98,096	97,826	89.34	2,235.2	89.09	2,229.1	266.44	6,666	265.69	6,648
		累計	7,674,000	183,360	327,918	268,638	42.73	1,788.4	35.01	1,465.1	145.77	6,101	119.43	4,998
	正教授	1985(50)	1,095,000	46,914	127,638	44,342	116.56	2,720.7	40.49	945.2	331.70	7,742	115.22	2,690
		1986(51)	912,500	37,802	105,102	78,526	115.18	2,780.3	86.06	2,077.3	310.57	7,497	232.05	5,601
		累計	2,007,500	84,716	232,740	122,868	118.43	2,747.3	61.20	1,450.4	327.94	7,607	169.47	4,016
	大學院長	1987(52)	912,500	28,554	76,935	42,348	84.31	2,694.4	46.41	1,483.1	215.05	6,873	118.38	3,783
		1988(53)	915,000	29,936	477,481	474,586	521.84	15,950.1	518.67	15,853.4	1,237.53	37,825	1,230.01	37,596
		1989(54)	912,500	67,564	71,955	57,774	78.85	1,065.0	63.31	855.1	176.70	2,387	141.88	1,916
		1990(55)	912,500	37,056	252,956	242,894	277.21	6,826.3	266.19	6,554.8	562.52	13,852	540.16	13,301
		累計	3,652,500	163,110	879,327	817,602	240.75	5,391.0	223.85	5,012.6	549.42	12,303	510.85	11,439
	教授	1991(56)	2,190,000	88,552	231,603	119,212	105.75	2,615.4	54.62	1,346.2	193.84	4,796	100.17	2,469
		1992(57)	1,464,000	57,054	126,183	77,520	86.19	2,211.6	52.95	1,358.7	146.88	3,769	90.24	2,315
		累計	3,654,000	145,606	357,786	196,732	97.92	2,457.2	53.84	1,351.1	172.99	4,341	95.12	2,387
	研究院長	1993(58)	912,500	56,902	193,461	438,825	212.01	3,399.9	480.90	7,711.9	339.73	5,448	770.61	12,358
		1994(59)	1,460,000	77,889	189,380	210,753	129.71	2,431.4	144.35	2,705.8	192.69	3,612	214.44	4,020
		累計	2,372,500	134,791	382,841	649,578	161.37	2,840.3	273.79	4,819.1	248.80	4,379	422.12	7,430
	教授	1995(60)	2,017,380	133,408	139,029	113,915	68.92	1,042.1	56.47	853.8	95.31	1,441	78.09	1,181
		1996(61)	2,054,102	58,511	145,884	143,366	71.02	2,493.3	69.79	2,450.2	93.40	3,279	91.78	3,222
		累計	4,071,482	191,919	284,913	257,281	69.98	1,484.5	63.19	1,340.6	94.35	2,001	85.19	1,807
	主任教授	1997(62)	2,105,326	80,372	453,458	481,569	215.39	5,642.0	228.74	5,991.8	270.90	7,096	287.69	7,536
		1998(63)	1,687,364	32,453	483,599	511,086	286.60	14,901.5	302.89	15,748.5	340.52	17,705	359.87	18,711
		累計	3,792,690	112,825	937,057	992,655	247.07	8,305.4	261.73	8,798.2	301.90	10,149	319.82	10,751
	教授	1999(64)	1,942,943	34,559	406,542	396,262	209.24	11,763.7	203.95	11,466.2	248.81	13,991	242.56	13,637
		2000(65)	1,870,211	67,385	518,849	548,405	277.43	7,699.8	293.23	8,138.4	327.64	9,093	346.30	9,611
		2001(66)	1,947,415	82,766	440,120	422,531	226.00	5,317.6	216.97	5,105.1	257.88	6,068	247.58	5,825
		2002(67)	1,441,352	70,079	203,950	183,664	141.50	2,910.3	127.42	2,620.8	156.91	3,227	141.30	2,906
		累計	7,201,921	254,789	1,569,461	1,550,862	217.92	6,159.8	215.34	6,086.8	251.51	7,109	248.54	7,025
	總累計	1972-2002	51,960,093	1,498,839	5,140,976	5,001,636	98.94	3,430.0	96.26	3,337.0	222.24	7,705	216.22	7,496
出生-停年累計		1936-2002	109,246,083	1,563,896	5,157,297	5,018,139	47.21	3,297.7	45.93	3,208.7	224.62	15,690	218.53	15,266
停年期	名譽教授	2002(67)	613,583	8,254	180,899	164,922	294.82	21,916.5	268.79	19,980.9	326.93	24,304	298.07	22,157
		2003(68)	1,636,433	51,087	311,487	276,616	190.35	6,097.2	169.04	5,414.6	205.49	6,582	182.48	5,845
		2004(69)	731,651	59,935	586,108	549,471	801.08	9,779.1	751.00	9,167.8	842.45	10,284	789.79	9,641
		2005(70)	502,197	39,947	729,749	706,980	1,453.11	18,267.9	1,407.77	17,697.9	1,489.70	18,728	1,443.22	18,144
		2006(71)	303,400	63,533	122,668	119,320	404.31	1,930.8	393.28	1,878.1	403.31	1,931	393.28	1,878
		累計	3,787,264	222,756	1,930,911	1,817,309	509.84	8,668.3	479.85	8,158.3	536.17	9,116	504.63	8,580
出生-古稀累計		1936-2006	113,030,347	1,786,652	7,088,208	6,835,448	62.71	3,967.3	60.47	3,825.8	236.37	14,954	227.93	14,421

(8) 年金의 損益計算

○ 前提

Ao: 年金積立 總額 = 3億원, 2002.8.31 停年當時
r : 銀行 月 金利 = 0.0042(年 0.05) : 一定假定
s : 年金 月給與額 = 300萬원, 2002. 9. 1부터 :一定假定
n : 經過期間(月數) - 2002年 9月부터

○ 計算Ⅰ

一時拂償還과 全額年金制의 均衡期間

Ao + (AoΥ)n =Sn
300,000,000(원) + (300,000,000×0.0042n)(원) = 3,000,000 n (원)
300,000,000 + 1,260,000n = 3,000,000n
n = 172.4(月) = 14年 4月
均衡時點 : 2017年 1月(82歲)

○ 計算Ⅱ

- 全額年金制下의 年金 給與額 財源內譯
・月 年金支給額= 年金殘額의 月 銀行利子收入+殘額年金 割當額

〈年金支給額 財源內譯〉

(單位 : 千원)

順	年度 (年齡)	月	月年金 受領額	財源		年金 元金 殘額
				年金 利子	年金 割當	
0	2002(67)	8	-	-	-	300,000
1		9	3,000	1,260	1,740	298,260
2		10	〃	1,253	1,747	296,513
3		11	〃	1,245	1,755	294,758
4		12	〃	1,238	1,762	292,996
		計(4)	12,000	4,996	7,004	-
		月平均	3,000	1,249	1,751	-
5	2003(68)	1	3,000	1,231	1,769	291,227
6		2	〃	1,223	1,777	289,450
7		3	〃	1,216	1,784	287,666
8		4	〃	1,208	1,792	285,874
9		5	〃	1,201	1,799	284,075
10		6	〃	1,193	1,807	282,268
11		7	〃	1,186	1,814	280,454
12		8	〃	1,178	1,822	278,632
13		9	〃	1,170	1,830	276,802
14	2003(68)	10	3,000	1,163	1,837	274,965
15		11	〃	1,155	1,845	273,120
16		12	〃	1,147	1,853	271,267
		計(12)	36,000	14,271	21,729	-
		月平均	3,000	1,189	1,811	-
17	2004(69)	1	3,000	1,139	1,861	269,406
18		2	〃	1,132	1,868	267,538
19		3	〃	1,124	1,876	265,662
20		4	〃	1,116	1,884	263,778
21		5	〃	1,108	1,892	261,886
22		6	〃	1,099	1,901	259,985
23		7	〃	1,092	1,908	258,077
24		8	〃	1,084	1,916	256,161
25		9	〃	1,076	1,924	254,237
26		10	〃	1,068	1,932	252,305
27		11	〃	1,060	1,940	250,365

順	年度(年齡)	月	月年金 受領額	財源		年金 元金 殘額
				年金 利子	年金 割當	
28		12	3,000	1,052	1,948	248,417
	2004(69)	計(12)	36,000	13,150	22,850	-
		月平均	3,000	1,096	1,904	-
29		1	3,000	1,043	1,957	246,460
30		2	〃	1,035	1,965	244,495
31		3	〃	1,027	1,973	242,522
32		4	〃	1,019	1,981	240,541
33		5	〃	1,010	1,990	238,551
34		6	〃	1,002	1,998	236,556
35	2005(70)	7	〃	994	2,006	234,547
36		8	〃	985	2,015	232,532
37		9	〃	977	2,023	230,509
38		10	〃	968	2,032	228,477
39		11	〃	960	2,040	226,437
40		12	〃	951	2,049	224,388
		計(12)	36,000	11,971	24,029	-
		月平均	3,000	998	2,002	-
41		1	3,000	942	2,058	222,330
42		2	〃	934	2,066	220,264
43		3	〃	925	2,075	218,189
44		4	〃	916	2,084	216,105
45		5	〃	908	2,092	214,013
46		6	〃	899	2,101	211,912
47	2006(71)	7	〃	890	2,110	209,802
48		8	〃	881	2,119	207,683
49		9	〃	872	2,128	205,555
50		10	〃	863	2,137	203,418
51		11	〃	854	2,146	201,272
52		12	〃	845	2,155	199,117
		計(12)	36,000	10,729	25,271	-
		月平均	3,000	894	2,106	-
53		1	3,000	836	2,164	196,953
54		2	〃	827	2,173	194,780
55		3	〃	818	2,182	192,598
56		4	〃	809	2,191	190,407
57		5	〃	800	2,200	188,207
58		6	〃	790	2,210	185,997
59	2007(72)	7	〃	781	2,219	183,778
60		8	〃	772	2,228	181,550
61		9	〃	763	2,237	179,313
62		10	〃	753	2,247	177,066
63		11	〃	744	2,256	174,810
64		12	〃	734	2,266	172,544
		計(12)	36,000	9,427	26,573	-
		月平均	3,000	786	2,214	-
65		1	3,000	725	2,275	170,269
66		2	〃	715	2,285	167,984
67	2008(73)	3	〃	706	2,294	165,690
68		4	〃	696	2,304	163,386
69		5	〃	686	2,314	161,072
70		6	3,000	676	2,324	158,748
71		7	〃	667	2,333	156,415
72		8	〃	657	2,343	154,072
73		9	〃	647	2,353	151,719
74	2008(73)	10	〃	637	2,363	149,356
75		11	〃	627	2,373	146,983
76		12	〃	617	2,383	144,600
		計(12)	36,000	8,056	27,944	-
		月平均	3,000	671	2,329	-
77		1	3,000	607	2,393	142,207
78		2	〃	597	2,403	139,804
79		3	〃	587	2,413	137,391
80		4	〃	577	2,423	134,968
81		5	〃	567	2,433	132,535
82		6	〃	557	2,443	130,092
83	2009(74)	7	〃	546	2,454	127,638
84		8	〃	536	2,464	125,174
85		9	〃	526	2,474	122,700
86		10	〃	515	2,485	120,215
87		11	〃	505	2,495	117,720
88		12	〃	494	2,506	115,214
		計(12)	36,000	6,614	29,386	-
		月平均	3,000	551	2,449	-
89		1	3,000	484	2,516	112,698
90		2	〃	473	2,527	110,171
91		3	〃	463	2,537	107,634
92		4	〃	452	2,548	105,086
93		5	〃	441	2,559	102,527
94		6	〃	431	2,569	99,958
95	2010(75)	7	〃	420	2,580	97,378
96		8	〃	409	2,591	94,787
97		9	〃	398	2,602	92,185
98		10	〃	387	2,613	89,572
99		11	〃	376	2,624	86,948
100		12	〃	365	2,635	84,313
		計(12)	36,000	5,099	30,901	-
		月平均	3,000	425	2,575	-
101		1	3,000	354	2,646	81,667
102		2		343	2,657	79,010
103		3		332	2,668	76,342
104		4		321	2,679	73,663
105		5		309	2,691	70,972
106		6		298	2,702	68,270
107	2011(76)	7		287	2,713	65,557
108		8		275	2,725	62,832
109		9		264	2,736	60,096
110		10		252	2,748	57,348
111		11		240	2,760	54,588
112		12		228	2,772	51,816
		計(12)	36,000	3,503	32,497	-

順	年度 (年齡)	月	月年金 受領額	財源 年金 利子	財源 年金 割當	年金 元金 殘額	順	年度 (年齡)	月	月年金 受領額	財源 年金 利子	財源 年金 割當	年金 元金 殘額
	2011	月平均	3,000	292	2,708	-		2012(77)	計(12)	36,000	1,820	34,180	-
113	2012(77)	1	3,000	217	2,783	49,033			月平均	3,000	152	2,848	-
114		2	〃	205	2,795	46,238	125	2013(78)	1	3,000	73	2,927	14,709
115		3	〃	193	2,807	43,431	126		2	〃	61	2,939	11,770
116		4	〃	182	2,818	40,613	127		3	〃	49	2,951	8,819
117		5	〃	170	2,830	37,783	128		4	〃	36	2,964	5,855
118		6	〃	158	2,842	34,941	129		5	〃	24	2,976	2,879
119		7	〃	146	2,854	32,087	130		6	〃	11	2,989	-110
120		8	〃	134	2,866	29,221			計(6)	18,000	254	17,746	-
121		9	〃	122	2,878	26,343			月平均	3,000	42	2,958	-
122		10	〃	110	2,890	23,453	累 計	10.83(年)	130(月)	390,000	89,890	300,110	-
123		11	〃	98	2,902	20,551			年平均	36,000	8,298	27,702	-
124		12	〃	85	2,915	17,636			月平均	3,000	691	2,309	-

註. 經常價格임.

(9) 2005・2006年度 固定收入 및 固定支出 內譯

(單位 : 千원)

固定收入 分類	收入源泉	年收入	月平均	構成比 (%)	固定支出 分類	支出費目	年支出	月平均	構成比 (%)	收支均衡 年 計	收支均衡 月平均
1. 大學 勤務	1. 公務員 年金	37,284	3,107	20.7	1. 家計 運營	1. 家庭 生活費	30,000	2,500	20.9		
	2. 서울大學校 環境大學院 講師料	7,008	584	3.9		2. 子女 補助費	12,000	1,000	8.3		
	3. 建國大學校 碩座教授 給與	30,000	2,500	16.7		3. 諸稅 및 公課金	15,600	1,300	10.8		
	計	74,292	6,191	41.3		計	57,600	4,800	40.0		
2. 機關 奉仕	1. 建交部 中央都市計劃委員會 手當	2,400	200	1.3	2. 社會 活動	1. 本人 活動費	8,400	700	5.8		
	2. 韓國自治發展研究院 院長 給與	42,000	3,500	23.3		2. 親睦會 會費	2,400	200	1.7		
	3. 韓國地域發展研究院 顧問 手當	12,000	1,000	6.7		3. 吉凶事 扶助金	4,800	400	3.3		
	計	56,400	4,700	31.3		計	15,600	1,300	10.8		
3. 社會 補助	1. 政府 老人補助金	144	12	0.1	3. 資產 增殖	1. 財產 取得費	38,400	3,200	26.7		
	2. 特講 및 演說手當	19,164	1,597	10.6		2. 銀行積金 拂入	26,400	2,200	18.3		
	3. 中溪洞 店鋪 月貰收入	30,000	2,500	16.7		3. 保險・年金 拂入	6,000	500	4.2		
	計	49,308	4,109	27.4		計	70,800	5,900	49.2		
合計(3)	6	180,000	15,000	100.0	合計(3)	6	144,000	12,000	100.0	36,000	3,000

3. 身體管理의 費目과 費用

(1) 常用한 衣服·裝身具·持參物의 取得數量과 支拂價額

(單位: 위數字: 數量-벌·個·켤레; 아래數字: 價額-원, 經常價格)

生涯區分		成長修學期								社會活動期								總累計	
年度 / 年齡		幼兒期	初等學校	中·高等學校	大學校(軍)	會社·高校·大學院	研究員·助敎·留學	累計	年平均	專講·助敎授	副·正敎授	大學院長·平敎授	研究院長·平敎授	主任敎授·平敎授	名譽·碩座敎授	累計	年平均	總計	年平均
		1936-1944	1945-1950	1951-1956	1957-1961	1962-1964	1965-1971	1936-1971	35年	1972-1979	1980-1986	1987-1992	1993-1996	1997-2002	2003-2006	1972-2006	35年	1936-2006	70年
種類		1-9	10-15	16-21	22-26	27-29	30-36	1-36	1年	37-44	45-51	52-57	58-61	62-67	68-71	37-71	1年	1-70	1年
外着衣	韓服	7(7) -	6(6) -	2(2) -	- -	- -	- -	15(15) -	0.43 -	1 11,384	1 45,680	1 121,280	- -	- -	1(1) -	4(1) 178,344	0.11 5,096	19(16) 178,344	0.27 2,548
	學生服	- -	- -	4(3) 20	1(1) -	- -	- -	5(4) 20	0.14 1	- -	- -	- -	- -	- -	- -	- -	- -	5(4) 20	0.07 0.29
	軍服	- -	- -	- -	3(3) -	- -	- -	3(3) -	0.09 -	- -	- -	- -	- -	- -	- -	- -	- -	3(3) -	0.04 -
	洋服	- -	- -	- -	1 196	1 708	1 1,989	3 2,893	0.09 83	2(1) 14,230	4(2) 114,200	5(4) 151,600	5(5) -	5(5) -	5(5) -	26(22) 280,030	0.74 8,001	29(22) 282,923	0.41 4,042
	바지	1(1) -	4(4) -	3(1) 40	3 117	2 284	4 1,592	17(6) 2,033	0.48 58	4 11,384	6(3) 34,260	4(2) 60,640	3 179,310	4 400,000	3 450,000	24(5) 1,135,594	0.69 32,446	41(11) 1,137,627	0.59 16,252
	두루마기	- -	- -	- -	- -	- -	- -	- -	- -	1 14,230	1 57,100	1 151,600	- -	- -	- -	3 222,930	0.09 6,369	3 222,930	0.04 3,185
	잠바	- -	- -	- -	1 39	1 142	2 796	4 977	0.11 28	3 8,538	2 22,840	2 60,640	2 119,540	2 200,000	2 400,000	13 811,558	0.37 23,187	17 812,535	0.24 11,608
	바바리코트	- -	- -	- -	- -	- -	1 1,193	1 1,193	0.03 34	1 8,538	1 34,260	1 90,960	- -	1 300,000	- -	4 433,758	0.11 12,393	5 434,951	0.07 6,214
	오버코트	- -	- -	- -	1 196	1 708	1 1,989	3 2,893	0.09 82	2 28,460	1 57,100	2 151,600	1 298,850	2 1,000,000	1(1) -	9(1) 1,536,010	0.26 43,886	12(1) 1,538,903	0.17 21,984
	合計	8(8) -	10(10)	9(6) 60	10(4) 548	5 1,842	9 7,559	51(28) 10,009	1.46 286	14(1) 96,764	16(5) 365,440	16(6) 788,320	11(5) 597,700	14(5) 1,900,000	12(7) 850,000	83(29) 4,598,224	2.37 131,378	134(57) 4,608,233	1.91 65,832
內着衣	팬티	4(4) -	4(4) -	5(3) 4	5 20	6 84	7 278	31(11) 386	0.89 11	9 2,561	8 9,136	7 21,224	7 41,839	15 150,000	20 200,000	66 424,760	1.89 12,136	97(11) 425,146	1.39 6,074
	런닝셔츠	3(3) -	5(5) -	6(3) -	6 12	5 35	8 160	33(11) 210	0.94 6	12 1,708	10 5,710	9 13,644	8 23,908	12 60,000	15 150,000	66 254,970	1.89 7,285	99(11) 255,180	1.41 3,645
	內服	4(4) -	- -	5(3) 8	3 24	2 56	4 318	23(12) 406	0.66 12	4 2,277	3 6,852	3 18,192	3 35,862	4 80,000	4 120,000	21 263,183	0.60 7,520	44(12) 263,589	0.63 3,766
	잠옷	- -	- -	- -	1 20	1 71	2 398	4 489	0.11 14	3 4,269	2 11,420	2 30,320	2 59,770	3 150,000	2 140,000	14 395,779	0.40 11,308	18 396,268	0.26 5,661
	와이셔츠	- -	- -	- -	3 35	6(1) 212	14(1) 1,551	23(2) 1,798	0.66 51	24(2) 18,784	21(3) 61,668	18(5) 118,248	12(7) 89,655	18(8) 300,000	20(5) 750,000	113(30) 1,333,355	3.23 38,096	136(32) 1,340,153	1.94 19,145
	넥타이	- -	- -	- -	1 12	3(1) 85	5(5) -	9(6) 97	0.26 3	9(5) 3,415	10(6) 13,704	8(6) 18,192	6(4) 35,862	7(6) 30,000	10(5) 250,000	50(32) 351,173	1.43 10,034	59(38) 351,270	0.84 5,018
	티셔츠	- -	1(1) -	2(2) -	3 48	3 170	4 636	13(3) 854	0.37 24	5 5,692	4(2) 9,136	3(2) 12,128	3 71,724	5 200,000	4 200,000	24(4) 498,680	0.69 14,248	37(7) 499,534	0.53 7,136

種類	生涯區分 / 年度 / 年齡	成長修學期								社會活動期								總累計	
		幼兒期	初等學校	中·高等學校	大學校(軍)	會社·高校·大學院	硏究員·助敎·留學	累計	年平均	專講·助敎授	副·正敎授	大學院長·平敎授	硏究院長·平敎授	主任敎授·平敎授	名譽·碩座敎授	累計	年平均	總計	年平均
		1936-1944	1945-1950	1951-1956	1957-1961	1962-1964	1965-1971	1936-1971	35年	1972-1979	1980-1986	1987-1992	1993-1996	1997-2002	2003-2006	1972-2006	35年	1936-2006	70年
		1-9	10-15	16-21	22-26	27-29	30-36	1-36	1年	37-44	45-51	52-57	58-61	62-67	68-71	37-71	1年	1-70	1年
	조끼	- -	- -	- -	- -	- -	1 199	1 199	0.03 6	1(1) -	2(2) -	3(3) -	2(2) -	3(3) -	2(2) -	13(13) -	0.37 -	14(13) 199	0.20 2.84
	合計	11(11) -	15(15) -	18(11) 15	22 171	26(2) 713	45(6) 3,540	137(45) 4,439	3.92 127	67(8) 38,706	60(13) 117,626	53(16) 231,948	43(13) 358,620	67(17) 970,000	77(12) 1,810,000	307(79) 3,526,900	8.77 100,769	504(124) 3,531,339	7.20 50,448
着用物	革帶	- -	2(2) -	3(2) 6	2 24	2 85	3 358	12(4) 473	0.34 12	3 2,561	2 6,852	2 18,192	2 35,862	3 90,000	3(3) -	15(3) 153,467	0.43 4,385	27(7) 153,940	0.39 2,199
	버선	8(8) -	6(6) -	1(1) -	- -	- -	- -	15(15) -	0.43 -	- -	- -	- -	- -	- -	- -	- -	- -	15(15) -	0.21 -
	洋襪	- -	15(15) -	18(8) 6	15 15	12 50	28 336	88(23) 407	2.51 12	40(10) 2,561	35(20) 5,139	30(20) 9,096	20(15) 8,966	33(20) 39,000	35(25) 50,000	193(110) 114,762	5.51 3,279	281(33) 115,169	4.01 1,645
	掌匣	- -	- -	- -	1 8	1 28	2 159	4 195	0.11 6	2(1) 569	2(1) 2,284	1(1) -	1(1) -	2(2) -	2(2) -	10(8) 2,853	0.29 82	14(8) 3,048	0.20 44
	머플러	- -	- -	- -			1 80	1 80	0.03 2	2 1,138	1 2,284	1 6,064	1 11,954	- -	2(2) -	7(2) 21,440	0.20 613	8(2) 21,520	0.11 307
	털목도리	1(1) -	1(1) -	1(1) -	2 24	1 42	2 239	8(3) 305	0.23 9	2(1) 854	2(2) -	1 9,096	2(1) 17,931	2(2) -	1(1) -	10(7) 27,881	0.29 797	18(10) 28,186	0.26 403
	짚신	20(20) -	8(8) -	- -	- -	- -	- -	28(28) -	0.80 -	- -	- -	- -	- -	- -	- -	- -	- -	28(28) -	0.40 -
	고무신	1(1) -	6(6) -	5(3) 4	3 12	3 42	2 80	20(10) 138	0.57 4	2 569	1 1,142	1 3,032	1 5,977	- -	- -	5 10,720	0.14 306	25(10) 10,858	0.36 155
	運動靴	- -	3(3) -	6(4) 12	4 48	2 85	2 239	17(7) 384	0.49 11	2 1,708	1 3,426	1 0,096	1 17,931	1 30,000	1 35,000	7 97,161	0.20 2,960	24(7) 97,545	0.34 1,394
	登山靴	- -	- -	- -	1 20	1 71	1 199	3 290	0.09 8	2 2,846	1 5,710	1 15,160	1 29,885	- -	1 50,000	6 103,601	0.17	9 103,891	0.13 1,484
	軍靴	- -	- -	- -	2(2) -	- -	- -	2(2) -	0.06 -	- -	- -	- -	- -	- -	- -	- -	- -	2(2) -	0.03 -
	구두	- -	- -	- -	1 31	1 113	2 636	4 780	0.11 22	3(1) 4,554	4(2) 18,272	4(3) 24,256	4(4) -	4(4) -	4(4) -	23(18) 47,082	0.66 1,345	27(18) 47,862	0.36 684
	運動帽	1(1) -	3(3) -	4(2) 8	4 32	3 84	5 98	20(6) 522	0.57 15	6(5) 569	10(7) 6,852	12(8) 24,256	8(7) 11,954	9(8) 20,000	5(5) -	50(40) 63,631	1.43 1,818	70(46) 64,153	1.00 916
	紳士帽	- -	- -	- -	- -	- -	- -	- -	- -	- -	- -	1(1) -	1(1) -	- -	- -	2(2) -	0.06 -	2(2) -	0.03 -
	時計	- -	- -	- -	1(1) -	1 99	1 279	3(1) 378	0.09 11	3(2) 1,992	5(5) -	4(4) -	5(5) -	6(6) -	4(4) -	27(26) 1,992	0.77 57	30(27) 2,370	0.43 34
	眼鏡	- -	- -	- -	- -	- -	2 796	2 796	0.06 23	2 5,692	1 11,420	2 60,640	2 119,540	2 200,000	2 300,000	11 697,292	0.31 19,923	13 698,088	0.19 9,973
	合計	31(31) -	44(44) -	38(21) 36	36(3) 214	27 699	51 3,799	227(99) 4,748	6.49 135	69(20) 25,613	65(37) 63,381	61(37) 178,888	49(34) 260,000	62(42) 379,000	60(44) 435,000	366(214) 1,341,882	10.46 38,339	593(313) 1,346,630	8.47 19,23

種類	生涯區分 / 年度 / 年齡	成長修學期								社會活動期								總累計	
		幼兒期	初等學校	中·高等學校	大學校(軍)	會社·高校·大學院	研究員·助敎·留學	累計	年平均	專講·助敎授	副·正敎授	大學院長·平敎授	硏究院長·平敎授	主任敎授·平敎授	名譽·碩座敎授	累計	年平均	總計	年平均
		1936-1944	1945-1950	1951-1956	1957-1961	1962-1964	1965-1971	1936-1971	35年	1972-1979	1980-1986	1987-1992	1993-1996	1997-2002	2003-2006	1972-2006	35年	1936-2006	70年
		1-9	10-15	16-21	22-26	27-29	30-36	1-36	1年	37-44	45-51	52-57	58-61	62-67	68-71	37-71	1年	1-70	1年
持參物	손手巾	- -	6(6) -	12(6) 4	10 10	9 38	21 252	58(12) 304	1.67 9	24 2,049	21 7,195	18 16,373	12 21,517	18 54,000	20 200,000	113 301,134	3.23 8,604	171(12) 301,438	2.44 4,306
	紙匣	- -	- -	- -	1 8	1 28	2 159	4 195	0.11 5	3(1) 1,138	2(2) -	3(3) -	2(2) -	3(3) -	1(1) -	14(12) 1,138	0.40 33	18(12) 1,333	0.26 19
	手帖	- -	- -	- -	2 2	3 8	7 56	12 66	0.34 2	8 455	7 1,599	6 3,638	4 4,782	6 12,000	4 8,000	35 30,474	1.00 871	47 30,540	0.67 436
	萬年筆	- -	- -	2(2) -	2 16	3 84	5(1) 318	12(3) 418	0.34 12	4(2) 1,138	3(2) 2,284	3(3)	2(2)	4(4)	3(3) -	19(16) 3,422	0.54 98	31(19) 3,840	0.44 55
	구두칼	- -	- -	- -	1 0	1 1	2(1) 2	4(1) 3	0.11 0	3(3) -	4(4) -	4(4) -	4(4) -	4(4) -	4 2,000	23(19) 2,000	0.66 57	27(20) 2,003	0.39 29
	머리빗	- -	- -	- -	- -	- -	- -	- -	- -	2 57	2 228	2 606	3 1,793	2 2,000	3(3) -	14(3) 4,684	0.40 134	14(3) 4,684	0.20 67
	라이터	- -	- -	- -	- -	- -	4(1) 60	4(1) 60	0.11 2	16(14) 285	14(13) 571	12(12) -	8(8) -	12(12) -	10(10) -	72(69) 856	2.06 24	76(70) 916	1.09 13
	合計	- -	6(6) -	14(8) 4	16 36	17 159	41(3) 847	94(17) 1,046	2.68 30	60(20) 5,122	53(21) 11,877	48(22) 20,671	35(16) 28,092	49(23) 68,000	45(17) 210,000	290(119) 343,708	8.29 9,820	384(136) 344,754	5.49 4,925
總合計		50(50) -	75(75) -	79(46) 115	84(7) 969	75(2) 3,413	146(9) 15,745	509(189) 20,242	14.55 578	210(49) 166,205	194(76) 558,324	178(81) 1,219,773	138(68) 1,244,412	192(87) 3,317,000	194(80) 3,305,000	1,106(441) 9,810,714	31.6 280,306	1,615(630) 9,830,956	23.07 140,442
2006年不變價格(千원)		-	-	43	149	276	595	1,063	30	1,573	1,786	2,537	1,790	5,715	3,431	16,832	481	17,895	256

註. 1.( )內는 父母·親戚·知人·國家 등으로부터 寄贈받은 數量임.
2. 支拂價額은 本人의 收入으로 구입한 것만 計上하였음.

客說 : 經驗에서 얻은 삶의 眞實

一生 동안 하루도 쉬지 않고 生活하고 活動한 흔적들을 詳細하게 記錄하는 것도 그리 쉬운 일은 아니다. 여간 徹底하고 細心한 性格이 아니면 어려울 것이다. 어쩌면 좀 모자라고 바보스런 사람이나 할 일이 아닌가 한다. 나와 같이 모자라고 바보스런 사람이 흔치 않기를 바란다.

客說 : 經驗에서 얻은 삶의 眞實

"어리석은 사람은 오늘만 살고 賢明한 사람은 來日까지 산다"라는 말이 있다. 아마 어리석은 사람은 將來에 대한 計劃이나 對備가 없이 現實에만 만족하고 즐기면서 살고 있지만 슬기로운 사람은 장래를 대비하여 徹底히 계획하고 準備하면서 규모 있게 살아간다는 뜻인 것 같다.

(2) 年度別 및 種類別 沐浴回數 및 沐浴費用

(單位 : 回, 원)

生涯 區分(居住地)		區分 年度	年齡	沐浴回數							沐浴費用(經常價格)				沐浴費用(2006年不變價格)			
				河川	自宅	大衆湯	호텔浴湯	골프場浴湯	合計	月平均	大衆湯	호텔浴湯	合計	1回當平均	大衆湯	호텔浴湯	合計	1回當平均
成長修學期	幼兒期(聞慶)	1936	1	-	20	-	-	-	20	4.0	-	-	-	-	-	-	-	-
		1937	2	-	52	-	-	-	52	4.3	-	-	-	-	-	-	-	-
		1938	3	-	26	-	-	-	26	2.2	-	-	-	-	-	-	-	-
		1939	4	-	20	-	-	-	20	1.7	-	-	-	-	-	-	-	-
		1940	5	-	12	-	-	-	12	1.0	-	-	-	-	-	-	-	-
		1941	6	8	-	-	-	-	8	0.7	-	-	-	-	-	-	-	-
		1942	7	16	-	-	-	-	16	1.3	-	-	-	-	-	-	-	-
		1943	8	30	-	-	-	-	30	2.5	-	-	-	-	-	-	-	-
		1944	9	32	-	-	-	-	32	2.7	-	-	-	-	-	-	-	-
		計	-	86	130	-	-	-	216	2.1	-	-	-	-	-	-	-	-
	初等學校(聞慶)	1945	10	40	-	-	-	-	40	3.3	-	-	-	-	-	-	-	-
		1946	11	45	-	-	-	-	45	3.8	-	-	-	-	-	-	-	-
		1947	12	35	-	-	-	-	35	2.9	-	-	-	-	-	-	-	-
		1948	13	30	-	-	-	-	30	2.5	-	-	-	-	-	-	-	-
		1949	14	20	-	-	-	-	20	1.7	-	-	-	-	-	-	-	-
		1950	15	16	-	-	-	-	16	1.3	-	-	-	-	-	-	-	-
		計	-	186	-	-	-	-	186	2.6	-	-	-	-	-	-	-	-
	中等學校(聞慶)	1951	16	14	2	-	-	-	16	1.3	-	-	-	-	-	-	-	-
		1952	17	12	4	-	-	-	16	1.3	-	-	-	-	-	-	-	-
		1953	18	8	8	-	-	-	16	1.3	-	-	-	-	-	-	-	-
		計	-	34	14	-	-	-	48	1.3	-	-	-	-	-	-	-	-
	高等學校(安東)	1954	19	2	-	5	-	-	7	0.6	5	-	5	1.0	2,262	-	2,262	452
		1955	20	4	12	-	-	-	16	1.3	-	-	-	-	-	-	-	-
		1956	21	4	12	-	-	-	16	1.3	-	-	-	-	-	-	-	-
		計	-	10	24	5	-	-	39	1.1	5	-	5	1.0	2,262	-	2,262	452
	大學校(軍)(서울·抱川)	1957	22	2	-	12	-	-	14	1.2	24	-	24	2.0	4,486	-	4,486	374
		1958	23	2	-	12	-	-	14	1.2	24	-	24	2.0	3,960	-	3,960	330
		1959	24	-	-	6	-	-	6	0.5	18	-	18	3.0	2,808	-	2,808	468
		1960	25	2	6	12	-	-	20	1.7	36	-	36	3.0	5,318	-	5,318	443
		1961	26	2	-	12	-	-	14	1.2	48	-	48	4.0	6,115	-	6,115	510
		計	-	8	6	54	-	-	68	1.1	150	-	150	2.8	22,687	-	22,687	420
	會社·高校·大學院(서울)	1962	27	-	-	24	-	-	24	2.0	96	-	96	4.0	10,356	-	10,356	431
		1963	28	-	-	24	-	-	24	2.0	144	-	144	6.0	11,871	-	11,871	495
		1964	29	-	-	24	2	-	26	2.2	192	-	192	7.4	12,237	-	12,237	471
		計	-	-	-	72	2	-	74	2.1	432	-	432	5.8	34,464	-	34,464	466
	研究員·助教	1965	30	-	-	26	4	-	30	2.5	234	-	234	7.8	14,268	-	14,268	476
		1966	31	-	-	26	2	-	28	2.3	286	-	286	10.2	15,132	-	15,132	540

生涯區分	(居住地)	年度	年齡	沐浴回數 河川	自宅	大衆湯	호텔浴湯	골프場浴湯	合計	月平均	沐浴費用(經常價格) 大衆湯	호텔浴湯	合計	1回當平均	沐浴費用(2006年不變價格) 大衆湯	호텔浴湯	合計	1回當平均
	(서울)	1967	32	-	-	30	2	-	32	2.7	420	-	420	13.1	18,996	-	18,996	594
		1968	33	-	-	30	1	-	31	2.6	510	-	510	16.5	19,868	-	19,868	641
		計	-	-	-	112	9	-	121	2.5	1,450	-	1,450	12.0	68,264	-	68,264	564
	外國留學(美國)	1969	34	-	16	16	2	-	34	2.8	352	-	352	19.6	12,042	-	12,042	669
		1970	35	-	52	-	6	-	58	4.8	-	-	-	-	-	-	-	-
		1971	36	-	52	-	2	-	54	4.5	-	-	-	-	-	-	-	-
		計	-	-	120	16	10	-	146	4.1	352	-	352	13.5	12,042	-	12,042	463
	累計	35年	-	324	294	259	21	-	898	2.1	2,389	-	2,389	8.5	139,719	-	139,719	499
社會活動期	專任講師(서울)	1972	37	-	-	26	3	-	29	2.4	3,952	-	3,952	136	86,439	-	86,439	2,981
		1973	38	-	-	28	4	-	32	2.7	5,376	-	5,376	168	102,400	-	102,400	3,200
		1974	39	-	-	29	5	-	34	2.8	7,192	-	7,192	212	102,334	-	102,334	3,010
		1975	40	-	-	30	5	-	35	2.9	9,960	-	9,960	285	112,023	-	112,023	3,201
		計	-	-	-	113	17	-	130	2.7	26,480	-	26,480	204	403,196	-	403,196	3,102
	助敎授(美國・서울)	1976	41	-	12	24	7	-	43	3.6	11,424	-	11,424	369	103,779	-	103,779	3,348
		1977	42	-	2	32	9	-	43	3.6	19,200	-	19,200	468	149,184	-	149,184	3,639
		1978	43	-	2	33	10	-	45	3.8	26,268	-	26,268	611	165,896	-	165,896	3,858
		1979	44	-	2	35	12	-	49	4.1	34,860	-	34,860	742	182,973	-	182,973	3,893
		計	-	-	18	124	38	-	180	3.8	91,752	-	91,752	566	601,832	-	601,832	3,715
	副敎授(서울)	1980	45	-	3	40	14	-	57	4.8	49,760	-	49,760	921	210,633	-	210,633	3,901
		1981	46	-	3	42	18	-	63	5.3	63,336	-	63,336	1,056	226,670	-	226,670	3,778
		1982	47	-	4	44	23	-	71	5.9	73,392	-	73,392	1,095	246,241	-	246,241	3,675
		1983	48	-	4	25	22	62	113	9.4	47,700	4,770	52,470	1,116	150,625	15,063	165,688	3,525
		1984	49	-	4	12	24	120	160	13.3	26,880	11,200	38,080	1,058	80,165	33,402	113,567	3,155
		計	-	-	18	163	101	182	464	7.7	261,068	15,970	277,038	1,049	914,334	48,465	962,799	3,647
	正敎授(서울)	1985	50	-	3	10	26	141	180	15.0	24,600	12,300	36,900	1,025	70,006	35,003	105,009	2,917
		1986	51	-	3	11	28	134	176	14.7	31,240	14,200	45,440	1,165	84,234	38,289	122,523	3,142
		計	-	-	6	21	54	275	356	14.8	55,840	26,500	82,340	1,098	154,240	73,292	227,532	3,034
	大學院長(서울)	1987	52	-	3	12	22	111	148	12.3	39,504	24,690	64,194	1,888	100,765	62,978	163,743	4,816
		1988	53	-	2	14	20	99	135	11.3	54,320	19,400	73,720	2,168	128,818	46,007	174,825	5,142
		1989	54	-	2	15	17	81	115	9.6	64,740	21,580	86,320	2,698	145,082	48,361	193,443	6,045
		1990	55	-	2	20	15	51	88	7.3	101,440	12,680	114,120	3,261	205,844	25,731	231,575	6,616
		計	-	-	9	61	74	342	486	10.1	260,004	78,350	338,354	2,506	580,509	183,077	763,586	5,656
	平敎授(서울)	1991	56	-	1	21	16	46	84	7.0	133,980	31,900	165,880	4,483	245,700	58,500	304,200	8,222
		1992	57	-	1	23	27	39	90	7.5	161,920	35,200	197,120	3,942	296,128	64,376	360,504	7,210
		計	-	-	2	44	43	85	174	7.3	295,900	67,100	363,000	4,172	541,828	122,876	664,704	7,640
	硏究院長(서울)	1993	58	-	-	47	30	7	84	7.0	364,720	19,400	384,120	4,989	584,440	31,088	615,528	7,994
		1994	59	-	-	45	28	12	85	7.1	394,920	21,940	416,860	5,710	586,666	32,592	619,258	8,483
		計	-	-	-	92	58	19	169	7.0	759,640	41,340	800,980	5,340	1,171,106	63,680	1,234,786	8,232
	平敎授(서울)	1995	60	-	-	40	25	27	92	7.0	400,000	50,000	450,000	6,923	553,159	69,144	622,303	9,574
		1996	61	-	-	44	24	15	83	6.9	469,372	26,670	496,062	7,295	617,294	35,102	656,396	9,594
		計	-	-	-	84	49	42	175	7.3	869,392	76,670	946,062	7,113	1,170,453	104,246	1,274,699	9,584
	主任敎授(서울)	1997	62	-	-	45	20	12	77	6.4	509,940	56,660	566,600	8,717	641,361	71,263	712,624	10,963

生涯 區分(居住地)	年度	年齡	沐浴回數: 河川	自宅	大衆湯	호텔浴湯	골프場浴湯	合計	月平均	沐浴費用(經常價格): 大衆湯	호텔浴湯	合計	1回當平均	沐浴費用(2006年不變價格): 大衆湯	호텔浴湯	合計	1回當平均
	1998	63	-	-	50	18	12	80	6.7	600,000	60,000	660,000	9,706	712,877	71,288	784,165	11,532
	計	-	-	-	95	38	24	157	6.5	1,109,940	116,660	1,226,600	9,223	1,354,238	142,551	1,496,789	11,254
平教授(서울)	1999	64	-	4	52	22	13	91	7.6	786,736	78,674	865,410	11,695	935,688	93,570	1,029,258	13,909
	2000	65	-	5	53	25	11	94	7.8	883,856	88,386	972,242	12,465	1,043,834	104,384	1,148,218	14,721
	2001	66	-	2	52	26	13	93	7.8	1,064,206	104,000	1,168,206	14,977	1,214,320	118,670	1,332,990	17,090
	2002	67	-	-	51	25	12	88	7.3	1,020,000	100,000	1,120,000	14,737	1,131,096	110,892	1,241,988	16,342
	計	-	-	11	208	98	49	366	7.6	3,754,798	371,060	4,125,858	13,483	4,324,938	427,516	4,752,454	15,531
名譽.碩座教授(서울)	2003	68	-	-	50	15	6	71	5.9	1,000,000	60,000	1,060,000	16,308	1,079,529	64,772	1,144,301	17,605
	2004	69	-	-	48	13	1	62	5.2	960,000	52,000	1,012,000	16,590	1,009,580	54,686	1,064,266	17,447
	2005	70	-	-	49	5	4	58	4.8	980,000	20,000	1,000,000	18,517	1,004,675	20,503	1,025,178	18,985
	2006	71	-	-	28	2	2	32	4.6	560,000	8,000	568,000	18,933	560,000	8,000	568,000	18,933
	計	-	-	-	175	35	13	223	5.2	2,940,560	140,000	3,080,560	14,669	3,653,784	147,961	3,801,745	18,104
累計	35年	-	-	64	1,180	605	1,031	2,880	6.9	10,425,374	933,650	11,359,030	6,364	11,253,211	1,167,183	12,420,394	6,958
總累計	70年	-	324	358	1,439	626	1,031	3,778	4.5	10,427,763	933,650	11,361,419	5,502	11,392,930	1,167,183	12,560,113	6,082
月平均	840月	-	0.4	0.4	1.7	0.7	1.2	4.5	-	12,414	1,111	13,525	-	13,563	1,390	14,953	-

註. (1) 沐浴費用에는 飮料水 · 때밀이 · 구두닦이 · 齒솔 · 齒藥 · 面刀器 등의 값이 포함되어 있음.
(2) 回當 平均은 大衆湯과 호텔浴湯만을 基準하였음.

客說 : 經驗에서 얻은 삶의 眞實

나는 어린 時節부터 國旗를 좋아했고 國旗와 친했다. 國旗를 살 수 없었던 초등학교, 중학교 시절에는 종이에 국기를 그려서 國慶日날 사립문에 매어달곤 했다. 30戶 정도의 우리 마을에 國旗(종이로 만들었지만)를 단 집은 우리 집밖에 없었다. 서울에 와서도 이사갈 때마다 제일 먼저 챙기는 것이 國旗를 게양할 장소였다. 國旗를 달고 나서 國旗를 향해 손을 가슴에 얹거나 때로는 거수경례도 한다. 비가 와서 國旗 게양이 어려울 때는 그렇게 섭섭했고, 지방출장이나 외국에 나갈 때는 가족들에게 國旗게양을 신신당부한다.

客說 : 經驗에서 얻은 삶의 眞實

종일 돈만 생각하고 돈버는 일에만 몰두하는 사람이 일반적이다. 그러나 보다 고상한 것은 名譽로운 일에 열중하고 돈은 그저 그 附隨로 생기는 경우이다. 나는 대체적으로 후자에 속하는 삶을 살아왔다. 다행스러웠다.

客說 : 經驗에서 얻은 삶의 眞實

투입한 勞力의 量과 나타나는 利得의 정도는 서로 비례하는게 일반적이다. 노력은 크되 이득이 작은 경우를 徒勞, 또는 食小事煩이라고 하고, 노력은 적되 이득이 큰 경우는 幸運이나 재수가 좋았다고 한다. 나의 生涯는 남과 비교하여 이득이나 結果가 컸다고 할 수 있다. 이는 내가 투입한 노력의 양에 正比例하여 나타난 결실이다.

(3) 年度別 및 場所別 理髮回數 및 理髮費用

(單位 : 回, 원)

生涯	區分(居住地)	年度	年齡	理髮回數 自宅	理髮回數 理髮所	理髮回數 沐浴湯	理髮回數 合計	理髮回數 月平均	理髮費用(經常價格) 理髮所	理髮費用(經常價格) 沐浴湯	理髮費用(經常價格) 合計	理髮費用(經常價格) 1回當平均	理髮費用(2006年不變價格) 理髮所	理髮費用(2006年不變價格) 沐浴湯	理髮費用(2006年不變價格) 合計	理髮費用(2006年不變價格) 1回當平均
成長修學期	幼兒期(聞慶)	1936	1	1	-	-	1	0.2	-	-	-	-	-	-	-	-
		1937	2	3	-	-	3	0.3	-	-	-	-	-	-	-	-
		1938	3	5	-	-	5	0.4	-	-	-	-	-	-	-	-
		1939	4	6	-	-	6	0.5	-	-	-	-	-	-	-	-
		1940	5	8	-	-	8	0.7	-	-	-	-	-	-	-	-
		1942	6	10	-	-	10	0.8	-	-	-	-	-	-	-	-
		1942	7	11	-	-	11	0.9	-	-	-	-	-	-	-	-
		1943	8	12	-	-	12	1.0	-	-	-	-	-	-	-	-
		1944	9	12	-	-	12	1.0	-	-	-	-	-	-	-	-
		計	-	68	-	-	68	0.7	-	-	-	-	-	-	-	-
	初等學校(聞慶)	1945	10	14	-	-	14	1.2	-	-	-	-	-	-	-	-
		1946	11	15	-	-	15	1.3	-	-	-	-	-	-	-	-
		1947	12	13	2	-	15	1.3	2	-	2	1	1,923	-	1,923	962
		1948	13	6	6	-	12	1.0	6	-	6	1	5,128	-	5,128	855
		1949	14	2	10	-	12	1.0	20	-	20	2	16,129	-	16,129	1,613
		1950	15	-	12	-	12	1.0	36	-	36	3	27,273	-	27,273	2,273
		計	-	50	30	-	80	1.1	64	-	64	2	50,453	-	50,453	1,682
	中等學校(聞慶)	1951	16	-	13	-	13	1.1	52	-	52	4	35,374	-	35,374	2,721
		1952	17	-	10	-	10	0.8	50	-	50	5	30,488	-	30,488	3,049
		1953	18	-	11	-	11	0.9	66	-	66	6	37,079	-	37,079	3,371
		計	-	-	34	-	34	0.9	168	-	168	5	102,941	-	102,941	3,028
	高等學校(安東)	1954	19	-	12	-	12	1.0	96	-	96	8	43,439	-	43,439	3,620
		1955	20	-	13	-	13	1.1	130	-	130	10	33,163	-	33,163	2,551
		1956	21	-	13	-	13	1.1	156	-	156	12	31,263	-	31,263	2,405
		計	-	-	38	-	38	1.1	382	-	382	10	107,865	-	107,865	2,839
	大學校(軍)(서울·抱川)	1957	22	-	12	-	12	1.0	168	-	168	14	31,402	-	31,402	2,617
		1958	23	-	13	-	13	1.1	208	-	208	16	34,323	-	34,323	2,640
		1959	24	-	15	-	15	1.3	255	-	255	17	39,782	-	39,782	2,652
		1960	25	-	13	-	13	1.1	234	-	234	18	34,564	-	34,564	2,659
		1961	26	-	12	-	12	1.0	240	-	240	20	30,573	-	30,573	2,548
		計	-	-	65	-	65	1.1	1,105	-	1,105	17	170,644	-	170,644	2,625
	會社·高校·大學院(서울)	1962	27	-	16	-	16	1.3	368	-	368	23	39,698	-	39,698	2,481
		1963	28	-	12	-	12	1.0	384	-	384	32	31,657	-	31,657	2,638
		1964	29	-	12	-	12	1.0	564	-	564	47	35,946	-	35,946	2,996
		計	-	-	40	-	40	1.1	1,316	-	1,316	33	107,301	-	107,301	2,683
	研究員·助教	1965	30	-	13	-	13	1.1	650	-	650	50	39,634	-	39,634	3,049
		1966	31	-	13	-	13	1.1	819	-	819	63	43,333	-	43,333	3,333

生涯 區分	區分(居住地)	年度	年齡	理髮回數 自宅	理髮所	沐浴湯	合計	月平均	理髮費用(經常價格) 理髮所	沐浴湯	合計	1回當平均	理髮費用(2006年不變價格) 理髮所	沐浴湯	合計	1回當平均
	(서울)	1967	32	-	12	-	12	1.0	912	-	912	76	41,248	-	41,248	3,437
		1968	33	-	12	-	12	1.0	1,128	-	1,128	94	43,942	-	43,942	3,662
		計	-	-	50	-	50	1.0	3,509	-	3,509	70	168,157	-	168,157	3,363
	外國留學(美國)	1969	34	-	11	-	11	0.9	1,331	-	1,331	121	45,535	-	45,535	4,140
		1970	35	6	6	-	12	1.0	2,628	-	2,628	438	77,591	-	77,591	12,932
		1971	36	6	6	-	12	1.0	3,204	-	3,204	534	82,259	-	82,259	13,710
		計	-	12	23	-	35	1.0	7,163	-	7,163	311	205,385	-	205,385	8,930
	累計	35年	-	130	280	-	410	1.0	13,707	-	13,707	49	912,746	-	912,746	3,260
社會活動期	專任講師(서울)	1972	37	-	12	-	12	1.0	2,568	-	2,568	214	56,168	-	56,168	4,681
		1973	38	-	12	-	12	1.0	3,216	-	3,216	268	61,257	-	61,257	5,105
		1974	39	-	12	-	12	1.0	4,200	-	4,200	350	59,761	-	59,761	4,980
		1975	40	-	12	-	12	1.0	5,556	-	5,556	463	62,490	-	62,490	5,208
		計	-	-	48	-	48	1.0	15,540		15,540	324	239,676	-	239,676	4,993
	助教授(美國·서울)	1976	41	-	9	-	9	0.8	6,003	-	6,003	667	54,533	-	54,533	6,059
		1977	42	-	12	-	12	1.0	10,092	-	10,092	841	78,415	-	78,415	6,535
		1978	43	-	13	-	13	1.1	14,521	-	14,521	1,117	91,708	-	91,708	7,054
		1979	44	-	15	-	15	1.3	20,940	-	20,940	1,396	109,910	-	109,910	7,327
		計	-	-	49	-	49	1.0	51,556	-	51,556	1,052	334,566	-	334,566	6,828
	副教授(서울)	1980	45	-	11	1	12	1.0	19,140	870	20,010	1,668	81,019	3,683	84,702	7,059
		1981	46	-	11	1	12	1.0	23,210	1,055	24,265	2,022	83,065	3,776	86,841	7,237
		1982	47	-	10	2	12	1.0	23,360	2,336	25,696	2,141	78,376	7,838	86,214	7,184
		1983	48	-	12	1	13	1.1	32,088	1,337	33,425	2,571	101,326	4,222	105,548	8,119
		1984	49	-	12	1	13	1.1	37,608	1,567	39,175	3,013	112,159	4,673	116,832	8,987
		計	-	-	56	6	62	1.0	135,406	7,165	142,571	2,300	455,945	24,192	480,137	7,744
	正教授(서울)	1985	50	-	11	1	12	1.0	37,862	1,721	39,583	3,299	107,746	4,898	112,644	9,387
		1986	51	-	10	2	12	1.0	39,760	3,976	43,736	3,645	107,207	10,721	117,928	9,827
		計	-	-	21	3	24	1.0	77,622	5,697	83,319	3,472	214,953	15,619	230,572	9,607
	大學院長(서울)	1987	52	-	11	2	13	1.1	57,288	5,208	62,496	4,807	146,128	13,284	159,412	12,262
		1988	53	-	7	6	13	1.1	38,024	16,296	54,320	4,178	90,173	38,645	128,818	9,909
		1989	54	-	6	8	14	1.2	36,252	24,168	60,420	4,316	81,241	54,160	135,401	9,672
		1990	55	-	4	9	13	1.1	28,408	31,959	60,367	4,644	57,646	64,852	122,498	9,423
		計	-	-	28	25	53	1.1	159,972	77,631	237,603	4,483	375,188	170,941	564,129	10,304
	平教授(서울)	1991	56	-	3	10	13	1.1	26,796	44,600	71,396	5,492	49,140	81,790	130,930	10,072
		1992	57	-	4	10	14	1.2	39,432	49,280	88,712	6,337	67,200	83,982	151,182	10,799
		計	-	-	7	20	27	1.1	66,228	93,880	160,108	5,930	116,340	165,772	282,112	10,449
	研究院長(서울)	1993	58	-	5	9	14	1.2	54,330	48,897	103,227	7,373	87,060	78,354	165,414	11,815
		1994	59	-	6	9	15	1.3	73,704	55,278	128,982	8,599	109,490	82,117	191,607	12,774
		計	-	-	11	18	29	1.2	128,034	104,175	232,209	8,007	196,550	160,471	357,021	12,311
	平教授(서울)	1995	60	-	2	10	12	1.0	28,000	70,000	98,000	8,167	38,721	96,803	135,524	11,294
		1996	61	-	1	11	12	1.0	15,941	87,670	103,611	8,634	20,965	115,299	136,264	11,355
		計	-	-	3	21	24	1.0	43,941	157,670	201,611	8,400	59,686	212,102	271,788	11,325
	主任教授(서울)	1997	62	-	1	12	13	1.1	17,879	107,280	125,159	9,628	22,487	134,928	157,415	12,109

生涯區分(居住地) \ 區分	年度	年齡	理髮回數 自宅	理髮所	沐浴湯	合計	月平均	理髮費用(經常價格) 理髮所	沐浴湯	合計	1回當平均	理髮費用(2006年不變價格) 理髮所	沐浴湯	合計	1回當平均
	1998	63	-	-	12	12	1.0	-	118,908	118,908	9,909	-	141,278	141,278	11,773
	計	-	-	1	24	25	1.0	17,879	226,188	244,067	9,763	22,487	276,206	298,693	11,948
平教授(서울)	1999	64	-	-	12	12	1.0	-	130,200	130,200	10,850	-	154,851	154,851	12,904
	2000	65	-	1	13	14	1.2	20,000	146,600	166,600	11,900	23,620	173,135	199,755	14,054
	2001	66	-	2	13	15	1.3	40,000	151,250	191,250	12,750	45,642	172,585	218,227	14,548
	2002	67	-	-	12	12	1.0	-	120,000	120,000	10,000	-	133,070	133,070	11,089
	計	-	-	3	50	53	1.1	60,000	548,050	608,050	11,473	69,262	633,641	702,903	13,262
名譽.碩座敎授	2003	68	-	-	11	11	0.9	-	110,000	110,000	10,000	-	118,748	118,748	10,795
	2004	69	-	1	11	12	1.0	30,000	110,000	140,000	11,667	31,549	115,681	147,230	12,269
	2005	70	-	1	11	12	1.0	30,000	110,000	140,000	11,667	30,755	112,770	143,525	11,960
	2006	71	-	1	7	8	1.1	30,000	70,000	100,000	12,500	30,000	70,000	100,000	12,500
	計	-	-	3	40	43	1.0	90,000	400,000	490,000	11,395	92,304	417,199	509,503	11,849
累計	35年	-	-	230	207	437	1.1	846,178	1,620,456	2,466,634	5,644	2,176,957	2,076,143	4,253,100	9,732
總累計	70年	-	130	510	207	847	1.0	859,885	1,620,456	2,480,341	3,459	3,089,703	2,076,143	5,165,846	7,205
月平均	840月	-	0.2	0.6	0.2	1.0	-	1,024	1,929	2,953	-	3,678	2,472	6,150	-

客說 : 經驗에서 얻은 삶의 眞實

옛 俗談에 '우물을 파도 한 우물을 파라는 말이 있다. 땅을 파서 물을 얻으려는 사람이 여기 저기를 조금씩 파면 아무데서도 물을 구할 수 없으므로 한 곳에서 진득이 깊게 파내려가야 나오는 물을 얻게 된다는 뜻이다. 한 곳에 뜻을 두고 한 가지 일을 꾸준히 밀고 나가라는 경고이다. 만날 때마다 명함이 바뀌는 사람치고 하는 일이 잘 되는 경우가 드문게 事實이다.

客說 : 經驗에서 얻은 삶의 眞實

政治家는 마이크만 보면 演說을 하려 하고, 敎授는 마이크만 보면 講義를 하려고 한다. 나는 마이크만 대하면 노래를 하려고 한다.

客說 : 經驗에서 얻은 삶의 眞實

사람의 이름은 부르기 쉽고 쓰기 편하며 의미하는 바가 괜찮으면 좋다고 할 수 있다. 잘못지은 이름으로 일생 동안 곤란을 겪는 사람이 있는데 그 責任은 父母에게 있다.

第 2 章 財産申告 및 財産寄贈

□ 總 括

區分 / 項目	財 産 申 告	現 金 寄 贈	資 料 寄 贈
回 數 (回)	3	8	2
對 象 機 關 數 (個)	1	7	2
內 譯	不動産 및 動産一切	15,300,000원(經常)	保管史料 및 所有圖書

Ⅰ. 財産申告

○ 要 約

順序 / 項目		第 1 次 申 告	第 2 次 申 告	第 3 次 申 告
申 告 類 型		最 初 登 錄 申 告	年 末 基 準 變 動 事 項 申 告	退 任 時 變 動 事 項 申 告
申 告 日 字		1993.8.9	1994.1.18	1994.7.21
申 告 事 項	親 族	配偶者, 長 男, 次 女	不 變	不 變
	事 物	自宅, 商街	不 變	不 變
	自 動 車	自家用 乘用車	不 變	不 變
	預 金	本人 및 配偶者의 預金額	預金 變動額	預金 變動額
	債 務	商街 專貰保證金	不 變	不 變
	出捐財産	奬學 出捐金	不 變	不 變

1. 申告事由 및 時期

○ 申告義務資格 : 政府出捐 硏究機關 機關長
(韓國地方行政硏究院 院長)

○ 申告根據 : 公職者倫理法 第5條 第1項

○ 申告種類 : 財産申告登錄 - 非公開

○ 申告時期 : 第1次 - 法施行 後, 最初 登錄 : 1993.8.9
第2次 - 年末基準 變動事項 申告 : 1994.1.18
第3次 - 退任時 變動事項 申告 : 1994. 7. 21

○ 申告機關 : 內務部長官

2. 申告內譯

(1) 第1次 申告 : 最初登錄 - 保有資産 全部

① 親族事項

ㅇ 配偶者 : 黃蓮子 - 不動産 및 動産 登錄

ㅇ 長　男 : 金東𤇐 - 被扶養者

ㅇ 次　女 : 金貞娥 - 被扶養者

② 建物

ㅇ 本人 所有 : 서울市 江南區 驛三1洞 618-24

- 2層 洋屋 : 住宅
- 建物 : 319.63㎡ , 垈地 : 454.2㎡
- 取得價額 : 420,000千원(1988. 9. 4 取得)
- 公示價額 : 995,493千원(1993.7.20 現在)

ㅇ 配偶者 所有 : 서울市 蘆原區 中溪2地區 5-13, 世新빌딩1층 103호

- 1層 : 店鋪
- 建物 : 30.08㎡
- 取得價額 : 206,280千원(1993 . 7. 22 取得)
- 公示價額 : 123,768千원(1993. 7. 20 現在)

③ 自動車

ㅇ 配偶者取得 : 自家用 乘用車

- 車種 : 91年式 로열프린스 2,000CC
- 番號 : 서울4주 5464
- 購入價格 : 16,000千원

④ 預金

番 號	所 有 者	預 託 機 關	預金種類	金 額(千원)	備　考
1	本　人	농협중앙회 서울대지점	보 통 예 금	2,235	
2	〃	외환은행 과천지점	보 통 예 금	35	
3	〃	신탁은행 공덕동지점	貯 蓄 예 금	3,472	
4	〃	주택은행 신림동지점	정 기 적 금	6,600 (불입금액)	'94.9.17만기 (만기금액:12,881)
5	〃	주택은행 노원지점	금 전 신 탁	38,696	'94.7.2 만기
6	〃	신탁은행 공덕동지점	〃	15,000	'98.1. 15만기
7	〃	〃	〃	10,000	〃
8	〃	〃	〃	5,000	'98.1. 21 만기
9	〃	〃	〃	15,000	〃
10	配 偶 者	농협중앙회 서울대지점	보 통 예 금	1,514	
11	〃	조흥은행 역삼동지점	저 축 예 금	50,000	
12	〃	신탁은행 공덕동지점	금 전 신 탁	15,000	'98. 1. 15 만기
13	〃	삼성생명보험 점촌영업소	노후설계보험	7,500 (불입금액)	'96.5. 15 만기 (만기 가입금액: 18,000)

⑤ 債務

○ 配偶者 所有 : 專貰保證金

- 滿期 ; 1994. 7.14
- 金額 : 50,000千원
- 債權者 : 서울市 蘆源區 上溪洞 624, 住公아파트 1,612棟 907號
- 發生日字 : 1993. 6. 18

⑥ 非營利法人에의 出捐財産

○本人所有 : 獎學事業出捐金

- 金額 : 1,000千원
- 法人 : 大韓國土·都市計劃學會
서울市 江南區 驛三洞 635-4
代表者 : 趙正濟
- 職位 : 顧問
- 出捐日字 : 1989.2.25

(2) 第2次 申告 : 年末申告 - 資産變動事項

① 親族事項 - 不變
② 建 物 - 不變
③ 自 動 車 - 不變
④ 預 金 - 變動

番號	所有者	預 託 機 關	預金種類	金 額 (千원)			變 動 事 由	備 考
				增 加	減 少	保有總額		
1	本人	농협중앙회 서울대지점	보통예금	3,137		5,732	수당,원고료 등 수입	
2	〃	외환은행 과천지점	〃		35	0	비자사용 지출	
3	〃	신탁은행 공덕동지점	저축예금	4,866		8,338	봉급,수당 등 수입	
4	〃	주택은행 신림지점	정기적금	1,800		8,400	적금불입(월30만원)	94.9. 17만기 (만기금액:12,881)
5	〃	주택은행 노원지점	금전신탁		13,132	25,564	자녀학비, 생활비등 지출	'94.7. 2만기
6	〃	신탁은행 공덕지점	〃		10,000	0	중도해약	실명제 전환
7	〃	〃	〃		5,000	0	〃	〃
8	〃	〃	〃		15,000	0	〃	〃
9	〃	〃	〃	31,410		31,410	신규가입	해약(6.7.8.번)금액의 재신탁
10	〃	외환은행 과천지점	자유저축	982		982	신규신고등록	
11	配偶者	농협중앙회 서울대지점	보통예금		1,497	17	생명보험료납입	
12	〃	조흥은행 역삼지점	저축예금		40,510	17,377	경비지출	공과금,보험료, 생활비등
13	〃	삼성생명보험 점촌영업소	노후설계보험	1,800		9,300	보험료납입누적	'96.5.15만기 (만기금액:18,000)

⑤ 債 務 - 不變
⑥ 出 捐 - 不變

(3) 第3次 申告 : 退任申告 - 資産 變動事項

① 親族事項 -不變
② 建　　物 - 不變
③ 自 動 車 - 不變
④ 預　　金 - 變動

番號	所有者	預 託 機 關	預金種類	金　額(千원)			變 動 事 由	備　考
				增加	減少	保有總額		
1	本人	농협중앙회 서울대지점	보통예금	5,484		10,856	수당, 원고료 등 수입	
2	〃	외환은행 과천지점	〃	260		260	일반예금	
3	〃	신탁은행 공덕동지점	저축예금	1,784		10,122	봉급, 수당등 수입	
4	〃	주택은행 신림지점	정기적금	2,100		10,500	적금불입(월30만원)	'94.9.17만기
5	〃	주택은행 노원지점	금전신탁	771		24,793	생활비등 지출	(만기금액:12,881)
6	〃	외환은행 과천지점	자유저축	38		1,020	수당 등 입금	
7	〃	신탁은행 공덕지점	개발신탁	10,000		10,000	배우자 보험적금 移替	
8	〃	국민은행 마포지점	저축예금	866		866	대학강사료 입금	
9	〃	조흥은행 마포지점	〃	5,000		5,000	신탁은행에서 이체	
10	〃	〃	개인연금신탁	1,000		1,000	적금찾아 적립	
11	配偶者	조흥은행역삼지점	저축예금		11,739	5,638	경비지출	공과금, 보험료, 생활비 등

⑤ 債　　務 - 不變
⑥ 出　　捐 - 不變

客說 : 經驗에서 얻은 삶의 眞實

우리 나라에는 아파트가 많다. 國土가 좁고 人口는 많아 도저히 平面으로만 살 수 없어 高層으로 집을 지을 수 밖에 없는 실정이다. 다행스러운 것은 우리 國土에는 큰 地震이 일어나지 않는다는 地質學的 利益이다. 만일 서울을 위시한 首都圈에 6 내지 7度 정도의 地震이 일어난다면 특히 아파트 地區에는 말못할 참상이 벌어질 것이다. 생각만 해도 아찔하고 끔찍하다.

客說 : 經驗에서 얻은 삶의 眞實

主禮를 서고 나서 洋服票 같은 것을 선물로 받으면 반갑고 흡족하다. 과일이나 술이나 와이셔츠 같은 것을 받으면 보통이다. 아무 答禮도 받지 못하면 무척 허전하고 섭섭하다. 아니 매우 괘씸하다.

Ⅱ. 財産寄贈

○ 要 約

區 分 \ 項目	順序	寄贈日字	對象機關	機關位置	寄贈動機	寄贈內譯 (經常價格;원)	2006年不變價格 (원)
現金寄贈	1	1981. 3. 5	聞慶中學校 同窓會	慶北聞慶市店村洞	同窓會 基金造成	300,000	1,073,653
	2	1989. 2.18	大韓國土·都市計劃學會	서울江南區驛三洞	弦汀賞受賞金一部割愛	1,000,000	2,240,997
	3	1998. 9. 4	古州學術賞基金運營委員會	京畿高陽市	施賞制度 發議推進	3,000,000	3,564,385
	4	1999.11. 1	韓國地方自治學會	서울江南區驛三洞	서울市文化賞受賞金割愛	3,000,000	3,567,988
	5	2002. 8. 4	安東大學校 總同窓會	京畿城南市 盆唐區	同門賞 受賞紀念	1,000,000	1,108,918
	6	2004.10.22	韓國道德運動協議會	서울東大門區 踏十里洞	總裁孝行賞金	3,000,000	3,154,939
	7	2005.7.28	建國大學校	서울 廣津區 華陽洞	大學發展基金	1,000,000	1,025,178
	8	2005.12.9	韓國道德運動協議會	서울東大門區 踏十里洞	總裁孝行賞金	3,000,000	3,075,535
	合計	-	8	-	-	15,300,000	18,811,583
資料寄贈	1	1997. 6.17	한솔 文化財團	서울 江南區驛三洞	한솔종이博物館 展示	保管史料 一部	全州 地博物館에 展示中
	2	2002. 8.29	韓國自治發展硏究院	京畿高陽市獐項洞	教授停年에 따른 教授室圖書處理	教授室 圖書 一切	一山硏究院에 備置·活用中
	合計	-	2	-	-	-	-

1. 現金寄贈

(1) 同窓會基金

- ○ 寄贈日字 : 1981.3.5
- ○ 對象機關 : 聞慶中學校 同窓會(慶北 聞慶市 店村洞 所在)(當時會長 : 金安濟)
- ○ 寄贈動機 : 同窓會基金造成
- ○ 寄贈內譯 : 300,000원
- ○ 現在狀況 : 2006年 不變價格 - 1,073,653원

(2) 奬學基金

- ○ 寄贈日字 : 1989.2.18
- ○ 對象機關 : 大韓國土·都市計劃學會(서울市 江南區 驛三區 所在)(當時會長: 朱鐘元)
- ○ 寄贈動機 : 弦汀國土開發賞 受賞金(500萬원)의 一部 寄贈
- ○ 寄贈內譯 : 奬學基金 100萬원
- ○ 現在狀況 : 2006年 不變價格 - 2,240,997원

(3) 施賞基金

- ○ 寄贈日字 : 1998.9.4
- ○ 對象機關 : 古州盧隆熙 地方自治學術賞 基金運營委員會(高陽市 一山區 獐項洞, 後 서울市 江南區 驛三洞) (當時 委員長 : 金安濟)
- ○ 寄贈動機 : 施賞制度를 發議하고 推進한 主體로서 優先 寄贈

○ 寄贈內譯 : 施賞基金 300萬원
○ 現在狀況 : 2006年 不變價格 - 3,564,385원

(4) 學會基金

○ 寄贈日字 : 1999.11.1
○ 對象機關 : 韓國地方自治學會 (서울市 江南區 驛三洞 所在) (當時 會長: 金東勳)
○ 寄贈動機 : 同學會 推薦으로 서울市 文化賞 (賞金 1000萬원)을 수상한 報答으로 寄贈
○ 寄贈內譯 : 獎學基金 300萬원
○ 現在狀況 : 2006年 不變價格 - 3,567,988원

(5) 獎學基金

○ 寄贈日字 : 2002.8.4
○ 對象機關 : 安東大學校 (安東師範學校 등 包含) 總同窓會 (京畿 城南市 盆唐區 所在) (當時會長: 張元碩)
○ 寄贈動機 : 母校를 빛낸 자랑스러운 同門賞 (第3回) 受賞紀念
○ 寄贈內譯 : 獎學基金 100萬원
○ 現在狀況 : 2006年 不變價格 - 1,108,918원

(6) 施賞賞金

○ 寄贈日字 : 2004. 10. 22
○ 對象機關 : 韓國道德運動協議會(서울市 東大門區 踏十里洞 所在)
(當時 總裁: 金安濟, 當時 會長: 尹相在)
○ 寄贈動機 : 總裁 名義의 孝行賞 施賞 實施
○ 寄贈內譯 : 300萬원
○ 現在狀況 : 2006年 不變價格 - 3,154,939원

(7) 大學發展基金
○ 寄贈日字 : 2005. 7. 28
○ 對象機關 : 建國大學校
○ 寄贈動機 : 碩座教授로서 大學發展基金으로 寄贈
○ 寄贈內譯 : 100萬원
○ 現在狀況 : 2006年 不變價格 - 1,025,178원

(8) 施賞賞金
○ 寄贈日字 : 2005. 12.9
○ 對象機關 : 韓國道德運動協議會(서울市 東大門區 踏十里洞 所在)
(當時 總裁 : 金安濟, 當時 會長 : 姜思賢)
○ 寄贈動機 : 總裁 名義의 孝行賞 施賞 實施
○ 寄贈內譯 : 300萬원
○ 現在狀況 : 2000年 不變價格 - 3,075,535원

2. 資料寄贈

(1) 史料寄贈

- ○ 寄贈日字 : 1997.6.17
- ○ 對象機關 : 한솔文化財團(서울市 江南區 驛三洞 所在)(當時 理事長 : 李仁熙)
- ○ 展示場所 : 한솔종이博物館(全北 全州市 德津區 八福洞 所在)(當時 館長 : 具亨佑)
  2001.10.1부터 '팬아시아종이博物館'으로 변경
- ○ 寄贈動機 : 博物館 展示를 위한 寄贈要請 受諾
- ○ 寄贈內譯 : 60年間의 保管史料 - 卒業狀, 學位證, 成績表, 任命狀, 賞狀, 노트, 便紙,
  寫眞, 銀行通帳, 旅券, 日記帳, 手帖, 委囑狀, 勳章, 身分證, 記錄集 등
- ○ 現在狀況 : 1997.10.21 開館以來 展示・閱覽中

(2) 書籍寄贈

- ○ 寄贈日字 : 2002.8.29
- ○ 對象機關 : (社)韓國自治開發研究院 (現 韓國自治發展研究院)
- ○ 閱覽場所 : 京畿道 高陽市 一山區 獐項洞 714-11,(社)韓國自治發展研究院 資料室
  (當時 理事長 : 朴昇治)
- ○ 寄贈動機 : 研究院 院長으로 在職中이어서 自意的으로 寄贈
- ○ 寄贈內譯 : 敎授室에 保管中인 個人 圖書冊子 一切
- ○ 現在狀況 : 一山 研究院에 備置・活用中

客說 : 經驗에서 얻은 삶의 眞實

내가 좋은 자리에 앉아 賂物의 유혹을 많이 받았다면 어떻게 했을까? 아마 賂物을 받고 일을 봐주려고 애도 썼을 것이다. 그러다가 잘못되었으면 그 자리에서 쫓겨나고 監獄에도 들어갔을지 모른다. 賂物과는 거리가 먼 敎授의 職業을 갖고 있었기에 他意에 의해 淸廉하고 깨끗한 사람이 되지 않았나 한다. 천만다행이다.

客說 : 經驗에서 얻은 삶의 眞實

劇場이나 食堂에 가면 손님이 많아야 기분 좋다. 그러나 버스・기차・비행기를 탈 때는 손님이 적을수록 좋다. 劇場이나 食堂에 손님이 적으면 映畵가 재미 없거나 음식맛이 없는 것 같은 생각에서 기분 안 좋고 타고갈 交通便은 目的地까지 편하게 가기만 하면 되니까 승객이 없는게 좋다. 목욕탕도 主人에게는 미안하지만 나에게는 손님이 없으면 썩 좋다.

客說 : 經驗에서 얻은 삶의 眞實

乘用車에 습관이 되면 大衆交通의 이용이 불편하게 느껴지고 더욱이 발로 걷는 것은 아주 싫어지게 된다. 많이 걷는 것은 저절로 운동이 되어 健康에 좋다는데, 자꾸만 편한 乘用車만 선호하게 되어 걱정이다. 乘用車에서 그만 내려야 할텐데 -.

第 3 章　主要行事의 內容과 決算

□ 總 括

類型	行事名	主 人 公	行事日字	行 事 場 所	行事慶弔者數(名)	決 算 (千원) 經常價格 收入	經常價格 支出	經常價格 均衡	2006 不變價格 收入	2006 不變價格 支出	2006 不變價格 均衡
1.結婚行事	1. 本 人 結 婚	(本人)金安濟,(妻)黃蓮子	1966. 1.11	서울:서울禮式場	439	203	190	13	10,741	10,053	688
	2. 長 女 結 婚	(長女)金雪娥,(壻)文丙基	1993. 1. 6	서울:空港터미널禮式場	1,503	70,635	73,165	-2,530	113,188	117,242	-4,054
	3. 長 男 結 婚	(長男)金東爀,(婦)都京順	2000. 4.22	서울:서울教育文化會館	962	61,138	52,590	8,548	72,204	62,109	10,095
	4. 次 女 結 婚	(次女)金貞娥,(壻)兪宗禎	2004. 5. 9	서울:空港터미널禮式場	940	80,333	151,465	-71,132	84,482	159,288	-74,806
	計	8	4	3	3,844	212,309	277,410	-65,101	280,615	348,692	-68,077
2.逝去行事	1. 母 親 逝 去	(母) 鄭 先 岳	1973.12.11	聞慶: 聞慶邑 下里	132	500	446	54	9,524	8,495	1,029
	2. 父 親 逝 去	(父) 金 商 樞	1975.11.12	서울:祭基3洞	180	820	687	133	9,223	7,727	1,496
	計	2	2	2	312	1,320	1,133	187	18,747	16,222	2,525
3.受賞行事	1. 弦汀國土開發賞受賞	(本人) 金 安 濟	1989. 2.18	서울:國土開發研究院	150	5,000	1,800	3,200	11,205	4,034	7,171
	2. 서울市文化賞受賞	(本人) 金 安 濟	1999.10.28	서울:世宗文化會館	1,500	10,000	7,155	2,845	11,893	8,510	3,383
	3. 高校同窓會同門賞	(本人) 金 安 濟	2002. 8. 4	安東: 安東大學校	250	250	1,400	-1,150	277	1,553	-1,276
	計	3	3	3	1,900	15,250	10,355	4,895	23,375	14,097	9,278
4.紀念行事	1. 本人 回甲紀念	(本人) 金 安 濟	1997. 1. 8	서울: 리츠 칼튼 호텔	754	141,702	106,483	35,219	186,359	140,041	46,318
	2. 本人 停年紀念	(本人) 金 安 濟	2003. 10.28	서울: 食堂大河	10	60,000	45,394	14,606	64,772	49,004	15,768
	3. 婦人 回甲紀念	(婦人) 黃 蓮 子	2004. 1. 25	서울: 韓味里	31	8,000	31,200	-23,200	8,413	32,811	-24,398
	4. 本人 古稀紀念*	(本人) 金 安 濟	2007. 2. 2	서울: 코엑스	706	180,000	138,500	41,500	180,000	138,500	41,500
	計	4	4	4	1,501	389,702	321,577	68,125	439,544	360,356	79,188
合 計(13個)		17	13	13	7,557	618,581	610,475	8,106	762,281	739,367	22,914

* 本人 古稀紀念行事는 推定에 의한 것임.

I. 結婚行事

○ 要 約

項 目			1. 本 人 結 婚	2. 長 女 結 婚	3. 長 男 結 婚	4. 次 女 結 婚	累 計
1. 主 人 公		1. 新 郞	(本人) 金安濟	(壻君) 文丙基	(長男) 金東爀	(壻君) 兪宗禎	4
		2. 新 婦	(婦人) 黃蓮子	(長女) 金雪娥	(子婦) 都京順	(次女) 金貞娥	4
2. 日時 및 場所		1. 日 時	1966.1.11,12:00	1993.1.6,15:00	2000.4.22,12:00	2004.5.9,17:00	4
		2. 場 所	서울: 서울禮式場	서울:空港터미널禮式場	서울:教育文化會館	서울:空港터미널禮式場	4
3. 祝賀人士(名)		1. 參 席 者	245	1,289	618	572	2,724
		2. 非參席者	194	214	344	368	1,120
		計	439	1,503	962	940	3,844
4. 決算(千원)	1. 經常	1.收入 1. 現 金	178	67,735	57,028	75,273	200,214
		1.收入 2. 膳 物	25	2,900	4,110	5,060	12,095
		1.收入 計	203	70,635	61,138	80,333	212,309
		2.支出 1. 行 事 費	68	12,975	12,790	25,584	51,417
		2.支出 2. 準備·處理費	122	60,190	39,800	125,881	225,993
		2.支出 計	190	73,165	52,590	151,465	277,410
		3.均衡 (收入) - (支出)	13	-2,530	8,548	-71,132	-65,101
	2 2006 不變	1. 收入 總計	10,741	113,188	72,204	84,482	280,615
		2. 支出 總計	10,053	117,242	62,109	159,288	348,692
		3. 均衡 總計	688	-4,054	10,095	-74,806	-68,077

1. 本人 結婚

○ 新郎・新婦 : 新郎 - 金安濟(30歲) : 本人

新婦 - 黃蓮子(22세) : 夫人

○ 日時・場所 : 日時 - 1966.1.11,12 :00

場所 - 서울: 서울禮式場

自宅 - 서울市 東大門區 淸凉里1洞

○ 主禮・司會 : 主禮 - 金曾漢(서울大 法大敎授・行政大學院院長,新郎恩師)

司會 - 金光得(交通部 事務官, 新郎 大學院同期)

○ 祝賀人士 : 439名

・參 席 者 - 245名

・送 金 者 - 101名

・膳物寄贈者 - 33名

・花環備置者 - 4名

・電報發送者 - 56名

○ 收入・支出 :

(單位 : 千원)

區分 / 項目		經常價格	2006年 不變價格
收入	參席 扶助	127	6,720
	別途 送金	51	2,698
	膳物 寄贈	25	1,323
	合 計	203	10,741
支出	事前 準備	62	3,280
	行事 開催	68	3,598
	事後 處理	60	3,175
	合 計	190	10,053
均衡	-	13	688

○ 新婚旅行 - 釜山 海雲臺(2泊3日)

2. 長女 結婚

○ 新郎・新婦 : 新郎 - 文丙基 (30歲) : 壻君

新婦 - 金雪娥 (27歲) : 長女

○ 日時・場所 : 日時 - 1993.1.6, 15:00

場所 - 서울 : 空港터미널禮式場

自宅 - 서울市 江南區 驛三 1洞

○ 主禮・司會 : 主禮 - 李賢宰(서울大學校 總長・國務總理, 新婦父親 知人)

司會 - 沈星勳(韓國通信硏究部 先任硏究員, 新郎 高校 및 大學 同窓)

○ 祝賀人士 : 1,503名

・參席者 - 1,289名
・送金者 - 126名
・膳物寄贈者 - 17名
・花環備置者 - 10名
・電報發送者 - 61名

○ 收入・支出 :

(單位 : 千원)

項目 \ 區分		經常價格	2006年 不變價格
收入	參席 扶助 別途 送金 膳物 寄贈 合　計	61,435 6,300 2,900 70,635	98,446 10,095 4,647 113,188
支出	事前 準備 行事 開催 事後 處理 合　計	26,560 12,975 33,630 73,165	42,560 20,792 53,890 117,242
均衡	-	-2,530	-4,054

○ 新婚旅行 : 美國 하와이(5泊6日)

3. 長男 結婚

○ 新郎・新婦 : 新郎 - 金東爀 (32歲) : 長男
新婦 - 都京順 (29歲) : 子婦

○ 日時・場所 : 日時 - 2000.4.22, 12:00
場所 - 서울 : 教育文化會館
自宅 - 서울市 江南區 驛三 1洞

○ 主禮・司會 : 主禮 - 金裕赫(檀國大學校 副總長・새마을中央會長, 新郎 恩師)
司會 - 金顯昭(韓國自治開發研究院 研究室長, 新郎 職場同僚)

○ 祝賀人士 : 962名

・參　席　者 - 618名
・送　金　者 - 271名
・膳物寄贈者 - 25名
・花環備置者 - 10名
・電報發送者 - 38名

○ 收入・支出 :

(單位 : 千원)

項目	區分	經常價格	2006年 不變價格
收入	參席 扶助	40,810	48,197
	別途 送金	16,218	19,153
	膳物 寄贈	4,110	4,854
	合計	61,138	72,204
支出	事前 準備	37,870	44,725
	行事 開催	12,790	15,105
	事後 處理	1,930	2,279
	合計	52,590	62,109
均衡	-	8,548	10,095

○ 新婚旅行 : 濟州道(2泊3日)

4. 次女 結婚

○ 新郎・新婦 : 新郎 - 兪宗禛(36歲) - 壻君

新婦 - 金貞娥 (33歲) - 次女

○ 日時・場所 : 日時 - 2004. 5. 6 (日) 17 : 00

場所 - 서울空港터미널 禮式場

自宅 - 서울市 江南區 驛三1洞 618-24

○ 主禮・司會 : 主禮 - 趙成泰(前 國防部長官, 열린우리黨 國會議員, 新郎父親 陸士同期)

司會 - 홍정의(新郎 高等學校同期)

○ 祝賀人士 : 940名

- 參 席 者 - 572名
- 送 金 者 - 290名
- 膳物寄贈者 - 17名
- 花環備置者 - 19名
- 電報發送者 - 42名

○ 收入・支出 :

(單位 : 千원)

項目	區分	經常價格	2006年 不變價格
收入	參席 扶助	48,010	50,490
	別途 送金	27,263	28,671
	膳物 寄贈	5,060	5,321
	合計	80,333	84,482
支出	事前 準備	105,381	110,824
	行事 開催	25,584	26,905
	事後 處理	20,500	21,559
	合計	151,465	159,288
均衡	-	-71,132	-74,806

○ 新婚旅行 : 濟州道(2泊3日)

Ⅱ. 逝去行事

○ 要 約

項 目			行事名	1. 母親 逝去	2. 父親 逝去	累 計
1. 主 人 公			1. 父 母	(母親)鄭先岳	(父親)金商樞	2
2. 日時 및 場所			1. 日 字	1973.12.11	1975.11.12	2
			2. 葬 地	聞慶市 孔坪梨谷 後山	聞慶市 孔坪梨谷 後山	2
3. 弔問人士(名)			1. 參 席 者	69	123	192
			2. 非參席者	63	57	120
			計	132	180	312
4. 決算 (千원)	1.經常	1. 收入	1. 參席扶助	347	711	1,058
			2. 送金扶助	153	109	262
			計	500	820	1,320
		2. 支出	1. 行 事 費	240	379	19
			2. 準備・處理費	206	308	514
			計	446	687	1,133
		3. 均衡	(收入)-(支出)	54	133	187
	2. 2006 不變	1. 收入 總計		9,524	9,223	18,747
		2. 支出 總計		8,495	7,727	16,222
		3. 均衡 總計		1,029	1,496	2,525

1. 母親 逝去

○ 逝去者 및 享壽 : 逝去者 -鄭先岳(75歲): 母親
享壽 - 75年

○ 逝去 및 發靷日 : 逝去日 -1973.12.11
發靷日 - 1973.12.13

○ 葬禮地 및 葬地 : 葬禮地 - 聞慶市 聞慶邑 下里 仲姉 自宅
葬地 - 聞慶市 茅田洞 孔坪里 梨谷 後山
自宅 - 서울市 東大門區 昌信4洞

○ 弔問人士 : 132名
・參席者 - 69名
・送金者 - 31名
・花環備置者 - 7名
・電報發送者 - 25名

○ 收入・支出 :

(單位 : 千원)

項 目	區 分	經常價格	2006年 不變價格
收 入	參席 扶助	347	6,610
	別途 送金	153	2,914
	合 計	500	9,524
支 出	事前 準備	120	2,286
	行事 開催	240	4,571
	事後 處理	86	1,638
	合 計	446	8,495
均 衡	-	54	1,029

2. 父親 逝去

○ 逝去者 및 享壽 : 逝去者 -金商樞(79歲): 父親
享壽 - 79年

○ 逝去 및 發靷日 : 逝去日 -1975.11.12
發靷日 -1975.11.14

○ 葬禮地 및 葬地 : 葬禮地 -서울市 東大門區 祭基3洞 自宅
葬地 - 聞慶市 茅田洞 孔坪里 梨谷 後山
自宅 - 서울市 東大門區 祭基3洞

○ 弔問人士 : 180名
· 參席者 - 123名
· 送金者 - 22名
· 花環備置者 - 5名
· 電報發送者 - 30名

○ 收入 · 支出 :

(單位 : 千원)

項目 \ 區分		經常價格	2006年 不變價格
收入	參席 扶助	711	7,997
	別途 送金	109	1,226
	合計	820	9,223
支出	事前 準備	175	1,968
	行事 開催	379	4,263
	事後 處理	133	1,496
	合計	687	7,727
均衡	-	133	1,496

客說 : 經驗에서 얻은 삶의 眞實

이 世上은 理性的인 사람에겐 喜劇이오 感性的인 사람에겐 悲劇이다.

客說 : 經驗에서 얻은 삶의 眞實

外國에 사는 우리 僑胞들을 보면 좀 외롭다는 생각이 든다. 祖國에서는 뿌리가 뽑혀버렸고 지금 살고 있는 나라에서는 아직 뿌리가 내리지 않은채 虛空에 떠있기 때문이다.

Ⅲ. 受賞行事

○ 要 約

項 目 \ 行事名				1. 弦汀國土開發賞 受賞	2. 서울市文化賞 受賞	3. 高校同窓會同門賞 受賞	累 計
1. 部門 및 功績			1. 受賞部門 2. 受賞功績	學術部門 著書發刊功勞	人文社會科學部門 서울市 發展에의 寄與	母校를 빛낸 자랑스러운 同門賞 社會活動의 功績	3 3
2. 施 賞 機 關			1. 機 關 名 2. 代表者名	大韓國土・都市計劃學會 朱鐘元(學會長)	서울特別市 高 建(特別市長)	安東大學校 總同窓會 張元碩(同窓會長)	3 3
3. 日字 및 場所			1. 受賞日字 2. 受賞場所	1989.2.18 國土開發研究院	1999.10.28 世宗文化會館	2002.8.4 安東大學校	3 3
4. 祝 賀 人 士 (名)			1. 參 席 者 2. 非參席者 計	150 30 180	1,500 156 1,656	250 - 250	1,900 186 2,086
5. 決 算 (千원)	1.經常	1.收入	1.賞 金	5,000	10,000	250	15,250
5. 決 算 (千원)	1.經常	2.支出	1. 奬學寄贈 2. 補 助 金 3. 會 食 費 計	1,000 - 800 1,800	3,000 1,280 2,875 7,155	1,000 200 200 1,400	5,000 1,480 3,875 10,355
5. 決 算 (千원)	1.經常	3.均衡	(收入)-(支出)	3,200	2,845	-1,150	4,895
5. 決 算 (千원)	2.2006 不變		1. 收入 總計 2. 支出 總計 3. 均衡 總計	11,205 4,034 7,171	11,893 8,510 3,383	277 1,553 -1,276	23,375 14,097 9,278

1. 弦汀國土開發賞 受賞

○ 賞의 性格 : 沿革 - 弦汀 朱源 博士의 發議와 獻金에 의해 1984.2.28에 創設

目的 - 國土・都市・地域開發을 위한 學術研究, 計劃, 設計,施工建設의 奬勵

○ 部門 및 功績 : 部門 - 學術部門

功績 - 著書「地域開發과 地方自治行政」의 發刊

○ 施賞機關 : 機關 - 大韓國土・都市計劃學會

代表 - 會長 朱鐘元

○ 日字 및 場所 : 日字 - 1989.2.18

場所 - 國土開發研究院

○ 回數 및 賞金 : 回數 - 第3回

賞金 - 5,000,000원

○ 祝賀人士 : 180名

・施賞式參席者 - 150名

・會食參席者 - 30名

○ 收入・支出 :

(單位 : 千원)

項目 / 區分		經常價格	2006年 不變價格
收入	・賞金	5,000	11,205
	合計	5,000	11,205
支出	・奬學基金寄贈 (國土計劃學會)	1,000	2,241
	・會食費 (2回 30名)	800	1,793
	合計	1,800	4,034
均衡	-	3,200	7,171

○ 紹介・報道 : 新聞 - 朝鮮日報(1989.2.2),中央日報(1989.2.2)
雜誌 - 現代公論(1989, 3月號),國土와 建設(1989, 3月號), 空間(1989, 3月號)
穎江文化(1989, 봄號)

2. 서울市 文化賞 受賞

○ 賞의 性格 : 沿革 -1952年에 制定・實施
目的 - 서울市 文化發展에 기여한 功勞者에 대한 表彰으로 서울市 文化暢達을 促進

○ 部門 및 功績 : 部門 - 人文・社會科學部門
功績 - 學術・敎育・諮問등을 통한 서울市 發展에 寄與

○ 推薦機關 : 機關 - 韓國地方自治學會
代表 - 會長 金東勳

○ 施賞機關 : 機關 - 서울特別市
代表 - 特別市長 高 建

○ 日字 및 場所 : 日字 - 1999.10.28
場所 - 世宗文化會館

○ 回數 및 賞金 : 回數 - 第48回
賞金 - 10,000,000원

○ 祝賀人士 : 1,656名
・施賞式 參席者 - 1,500名
・他人마련 祝賀宴 參席者 - 51名
・本人마련 自祝宴 參席者 - 105名

○ 他人마련 祝賀宴

順序	主催機關	代表者	後援者	日字	場所	參席者數
1	地域開發硏究會	禹哉永	-	1999.10. 7	食堂 대나무집	6
2	穎江文化 後援會	全奎虹	尹成吉, 金智勳, 高邦勳	1999.12.21	샹젤리제 부페	45
合計	2	2	3	2	2	51

○ 本人마련 自祝宴

順　序	招 請 對 象 者	會 食 區 分	日　字	場　所	參席者數(名)	負擔額(千원)
1	새재會 會員	저녁	1999.10. 8	새재 불고기집	5	250
2	地方自治學會·國土計劃學會 職員	점심	1999.10.11	송아지 설농탕집	7	80
3	韓國自治開發硏究院 職員	점심	1999.10.14	서울 깍뚜기집	6	30
4	好凡會 會員	저녁	1999.10.18	대나무집	6	450
5	環心會 會員	점심	1999.10.24	추어탕집	1	90
6	家族 및 親戚	저녁	1999.10.28	노보텔 부페	12	370
7	地方自治學會 顧問 및 任員	저녁	1999.11. 1	日食 光海	16	450
8	서울大 環境大學院 學生代表	점심	1999.11. 2	서울大 東遠會館	3	60
9	地域開發硏究會 任·職員	점심	1999.11. 3	日食 大河	2	105
10	VIAGIS Center 任·職員	점심	1999.11.19	西小門 불고기집	15	270
11	서울大 環境大學院 敎授	저녁	1999.12.15	日食 金壽司	10	360
12	雜魚會 會員	저녁	2000.12.21	惟洞	7	360
合　計	12	12	12	12	105	2,875

○ 收入·支出 :

(單位 : 千원)

項　目 ＼ 區　分		經 常 價 格	2006年 不變價格
收　入	·賞金	10,000	11,893
	合　計	10,000	11,893
支　出	·奬學基金, 寄贈(地方自治學會)	3,000	3,568
	·子女 補助費(長女)	1,000	1,189
	·祝賀宴 答禮品費(穎江文化後援會)	280	333
	·自祝 會食費(12回 105名)	2,875	3,420
	合　計	7,155	8,510
均　衡	-	2,845	3,383

○ 紹介·報道 : 新聞 - 東亞日報(1999.10.8),京鄕新聞(1999.10.8),朝鮮日報(1999.10.9),
洛東新聞(1999.11.2)

雜誌 - 自治公論(1999,11월號), 穎江文化(1989,가을·겨울號)
聞慶文化(1999,가을·겨울號)

消息誌 - 都市情報(1999,11月號), 地方自治리포트(1999.12.1)

3. 高校同窓會 同門賞 受賞

○ 賞의 性格 : 沿革 - 安東師範學校 및 併設中學校, 安東教大 및 安東大學校를 망라한
　　　　　　同窓會가 2000年에 制定·實施한 施賞制度
○ 賞의 名稱 : 母校를 빛낸 자랑스러운 同門賞
○ 施賞機關 : 機關 - 安東大學校 總同窓會
　　　　　　代表 - 張元碩
○ 日字 및 場所 : 日字 - 2002.8.4
　　　　　　　場所 - 安東大學校 솔뫼文化館
○ 回數 및 賞金 : 回數 - 第3回,賞牌 및 副賞(金製象徵品)
○ 參席人士 : 行事參席者 - 250名
　　　　　　本人關聯者 - 15名
○ 本人마련 自祝宴 : 總同窓會 會長團(張元碩 會長·金慶容 副會長)과 行事參席者
　　　　　　(金彰年, 禹哉永, 高永天, 徐健一, 金玉鉉, 姜渭薰, 李永哲 氏) 招請晩餐
　　　　　　(2002.8.13, 聞慶새재 고기집)
○ 收入·支出 :

(單位 : 千원)

項目 ＼ 區分		經常價格	2006年 不變價格
收入	·副賞(金製象徵品)	250	277
	合計	250	277
支出	·奬學基金 寄贈(安東大學校)	1,000	1,109
	·行事參席 旅費	200	222
	·自祝 會食費	200	222
	合計	1,400	1,553
均衡	-	-1,150	-1,276

○ 紹介·報道 : 新聞 - 安東鄕友新聞(2002.7.20 ; 2002.9.16)
　　　　　　會報 - 安東大學校 消息(2002.9.1)

客說 : 經驗에서 얻은 삶의 眞實

옛날의 선비 가운데는 집안 살림에는 전연 관심을 두지않고 淸貧樂道만을 숭상한 사람들이 있었다. 비가 와서 마당에 널어놓은 곡식이 물에 다 떠내려가도 房안에 앉아 글만 읽었다고 한다. 고상한 선비의 資格은 갖고 있었는지 몰라도 結婚하여 妻·子息을 가질 자격은 없다.

Ⅳ. 紀念行事

○ 要 約

項 目			1. 本人回甲紀念	2. 本人停年紀念	3.婦人回甲紀念	4.本人古稀紀念*	累 計
1. 行事趣旨		1. 主題	回甲紀念冊子 出版 紀念式	教授停年紀念 冊子出版	婦人黃達子 回甲紀念事業	古稀紀念冊子 出版紀念式	4
		2. 內容	生涯60年의 記錄冊子 發刊	生涯66年의 記錄冊子 發刊	回甲紀念會食 및 紀念事業	生涯70年의 記錄冊子 發刊	4
2. 發刊冊子		1. 題目	한 韓國人의 삶과 발자취	金安濟傳 : 人生履歷史	(新規車輛構入) (海外旅行)	金安濟 人生自書	3
		2. 分量(頁)	836	2,122	-	2,350	5,308
		3. 出版社	好汀印刷社 · 博文閣	韓國自治發展硏究院 · 韓國地域發展硏究院	-	草凡金安濟博士古稀紀念事業推進委員會	3
		4. 發行日	1996.12.31	2003. 8.31	-	2007.1.25	3
3. 行事開催		1. 行事名	草凡 金安濟 博士 華甲紀念集 獻呈式	本行事省略 自祝小宴 開催	回甲紀念 家族 및 親友會食	草凡 金安濟 博士 古稀紀念出版紀念式	4
		2. 主管	草凡金安濟博士 華甲記念事業會	草凡金安濟博士 停年紀念事業會	夫君 金安濟	草凡金安濟博士古稀紀念事業推進委員會	4
		3. 日子	1997.1.8	2003. 10. 28	2004.1.25 및 2.9	2007.2.2	4
		4. 場所	서울 리츠 칼튼 호텔	日食堂 大河	韓味里, 三井호텔	서울 코엑스	5
4. 祝賀人士 (名)		1. 參席者	525	10	31	500	1,066
		2. 非參席者	229	-	-	206	435
		計	754	10	31	706	1,501
5. 決算 (千원)	1. 經常	1. 收入 1. 現金扶助	60,160	60,000	6,000	53,000	179,160
		2. 膳物扶助	9,050	-	2,000	3,600	14,650
		3. 冊子販賣	72,492	-	-	123,400	195,892
		計	141,702	60,000	8,000	180,000	389,702
		2. 支出 1. 行事費	24,694	-	1,200(會食)	40,000	65,894
		2. 冊子發刊	69,100	43,000	25,000(車輛購入)	80,000	217,100
		3. 準備 · 處理	12,689	2,394	5,000(旅行)	18,500	38,583
		計	106,483	45,394	31,200	138,500	321,577
		3. 均衡 (收入)-(支出)	35,219	14,606	-23,200	41,500	68,125
	2. 2006 不變	1. 收入 總計	186,359	64,772	8,413	180,000	439,544
		2. 支出 總計	140,041	49,004	32,811	138,500	360,356
		3. 均衡 總計	46,318	15,768	-24,398	41,500	79,188

※ 本人 古稀紀念行事는 暫定推計에 의한 것임.

客說 : 經驗에서 얻은 삶의 眞實

나의 경우 얼마 전 부터는 映畵를 보는 데 돈이 안 든다. 영화관은 젊은이들 보기 민망하여 안 가고 주로 집에서 TV를 보기 때문이다. 그러나 小說은 꽤 돈이 든다. 圖書館에 빌려보자니 期日 독촉도 받고 또 最近 것은 빌리기 어려워 주로 사서 본다. 돈이 아깝기는 해도 어떤 책이라도 읽으면 그 책값보다는 얻는 것이 크다는 格言을 믿고 자주 사본다. 新聞에 광고난 小說을 사러 지금 나가봐야겠다.

1. 本人回甲 紀念行事

(1) 行事概要

○ 行事趣旨 : 主題 - 回甲紀念冊子 出版紀念式

內容 - 生涯60年間의 紀錄物의 整理・出刊을 紀念

○ 紀念集體制 : 題號 - 한 韓國人의 삶과 발자취 : 草凡 金安濟博士의 60年 生涯와 業績

規模 - 菊倍版, 836쪽

收錄期間-1936.7.28~1996.7.28(60年間)

構成編制 - 第1部 寫眞列帖(48쪽), 第2部 知人評傳(70쪽), 第3部 自敍小史(70쪽), 第4部 生涯沿革(94쪽), 第5部 學問業績(132쪽), 第6部 生活遍歷(196쪽), 第7部 生涯日誌(212쪽)

○ 紀念集發刊 : 出版社 - 好汀印刷社・博文閣

發行日 - 1996.12.31

部數 - 2,500部

價格 - 非賣品(實費頒布 50,000원)

○ 紀念行事 : 行事名 - 草凡 金安濟 博士 華甲紀念集 獻呈式

主管 - 草凡 金安濟 博士 華甲紀念事業會

日時 - 1997.1.8,18:30

場所 - 서울 리츠 칼튼 호텔 大會議室

進行 - 進行司會 : 趙明來

略歷紹介 : 趙正濟

紀念集贈呈 : 李廷植

紀念祝辭 : 鮮于仲皓, 盧隆熙, 金壽鶴, 金學文, 金在城, 林吉鎭

家族紹介 : 蘇鎭光

祝杯提議 : 朴仁遠

發刊된 回甲紀念冊子(1996.12.31)

客說 : 經驗에서 얻은 삶의 眞實

'갈비'가 바짝 마른 소나무잎이 아니라 뼈와 살이 붙은 쇠고기나 돼지고기라는 것을 '갈매기살'이 바다갈매기살이 아니라 고기의 한 부위라는 것을, '아롱사태'가 프랑스 음식이 아라 쇠고기의 한 부위라는 것을, '나사점'이 어디에 박는 공구 나사가 아니라 양복을 맞추는 점포라는 것을 아는 데 30여년이 걸렸다. 이런 말들을 겨우 알게 되자 지금은 영어를 위시한 이상한 외국어가 범람하여 또 혼란스럽기 그지 없다. 정말로 混沌의 시대를 살아왔다.

妻와 함께 行事場 入口에서 손님들을 맞다.(서울 리츠 칼튼 호텔, 1997.1.8)

○ 祝賀人士 : 754名
- ·參席者 - 525名
- ·送金者 - 37名
- ·膳物寄贈者 - 47名
- ·花環備置者 - 37名
- ·電報發送者 - 108名

○ 紀念集配付 : 2,500部
- ·行事日參席者 - 628部
- ·有料購入者 - 1,586部
- ·無料寄贈者 - 230部
- ·破損·保管分 - 56部

○ 收入·支出 :

(單位 : 千원)

項目 \ 區分		經常價格	2006年 不變價格
收入	·參席 扶助	37,110	48,805
	·別途 送金	23,050	30,314
	·膳物 寄贈	9,050	11,902
	·冊子 販賣	72,492	95,338
	合 計	141,702	186,359
支出	·事前 準備	6,640	8,733
	·冊子 發刊	69,100	90,877
	·行事 開催	24,694	32,476
	·事後 處理	6,049	7,955
	合 計	106,483	140,041
均 衡	-	35,219	46,318

(2) 報道 · 紹介

1) 言論媒體 報道

類　型	媒 體 名	題 目 · 프 로	日 字, 時	分　量	擔 當 者	備　考
1.新　聞	1.朝鮮日報	人生明細書 펴냈다	1997. 1.12	18.5×27cm	朴宰永	인터뷰
	2.朝鮮日報	個人史 펴낸 金安濟教授	1997. 1.13	18.5×24	朴宰永	인터뷰
	3.嶺南日報	60人生 統計로 冊엮어	1997. 1.13	5×16	-	紹介
	4.教授新聞	삶의 발자취 話題	1997. 2. 3	26×10	방미진	紹介
	5.朝鮮日報	建國50年 우리들의 이야기 ;旅行	1998. 8.21	24.5×30	金洪秀	紹介
	6.한 겨 레	記錄文化 市民아카데미	2000.10.31	4.5×6.8	김영희	紹介
	7.朝鮮日報	記錄文化 市民展	2000.12.12	6.5×5.5	金基哲	紹介
	計(7)	7	7	2,084.85㎠	6	-
2.텔레비전	1.SBS	모닝 와이드	1997. 1.20,07:30	10分	허강일 · 이호재	인터뷰
	2.TBS(大邱放送)	사람의 香氣	1997. 1.26,08:10	30分	김조 · 문혜정	인터뷰
	3.安東MBC	人生記錄의 歷程	1997. 3.10,23:00	50分	김기한 · 김현주	出演對談
	4.EBS	테마가 있는 窓	1997. 4.28,19:55	10分	撮影팀	對談
	5.EBS	테마가 있는 窓	1997. 5. 5,19:55	10分	撮影팀	對談
	6.KBS2	60年生 메모 日誌	1997.11. 6,11:00	50分	엄앵란 · 이택림	對談
	7.MBC	韓國 100年, 우리는 이렇게 살아왔다	1999. 5.13,23:00	20分	차미나 · 장형원	對談
	8.KBS1	이사람:記錄의 名人	2001. 2. 1,21:45	5分	임승창 · 장세권	對談
	計 (8)	8	8	185分	14	-
3.라디오	1.KBS1	日曜日 아침입니다	1997. 1.19,08:20	10分	김경희	電話인터뷰
	2.TBS(交通放送)	임국희의 라디오 廣場	1997. 1.22,10:05	45分	최정순 · 임국희	生放인터뷰
	3.KBS2	언제나 青春	1997. 1.24,05:05	6分	원선분	인터뷰
	4.KBS社會教育放送	나의 人生 나의 보람	1997. 1.31,16:05	30分	강미란 · 유혜선	인터뷰
	5.KBS社會教育放送	나의 인생 나의 보람	1997. 2. 1,16:05	30分	강미란 · 유혜선	인터뷰
	6.KBS1	한밤에 만난 사람	1997. 2. 3,24:00	60分	김영 · 이호재	인터뷰
	7.SBS	안녕하세요	1997. 2. 4,10:05	30分	최지영 · 강부자 · 송승환	生放인터뷰
	8.CBS(基督教放送)	記事작키:오늘과 來日	1997. 2.27,10:35	25分	김영	對談
	9.MBC	MBC招待席	1997. 2. 1,11:10	30分	演出者	對談
	10.KBS1	水曜招待席	1997. 3.19,04:45	7分	金慈永	인터뷰
	11.TBS(交通放送)	김종찬의 交通時代	1997. 9. 5,10:05	25分	김종찬	對談
	12.TBS(交通放送)	김종찬의 交通時代	1997. 9.11,10:05	25分	김종찬	對談
	13.釜山KBS	生涯記錄: 交通篇	1998. 8.25,18:25	6分	演出者	電話인터뷰
	14.KBS1	20世紀 回顧,나의 生涯	1999.12.31,12:30	5分	演出者	對談
	15.KBS1	언제나 青春 : 나의 生涯	2000. 5. 8,05:00	10分	演出者	對談
	16.KBS1	언제나 青春 : 나의 生涯	2000. 5. 8,07:00	10分	演出者	對談
	17.EBS	情報廣場: 나의 記錄	2000.12.21,10:45	15分	고유진	인터뷰
	計 (17)	17	17	369分	23	-

類 型	媒體名	題目·프로	日字,時	分量	擔當者	備考
4. 雜誌	1.뉴스피플	話題:異色 回甲文集	1997.1.23	2쪽	金哲浩	紹介
	1.主婦生活	人生明細書	1997.2月號	2쪽	장시중·김형기	인터뷰
	3.우먼센스	話題인터뷰	1997.2月號	2쪽	이경은·박장호	인터뷰
	4.自治公論	行事書報 및 紹介,冊子書評	1997.2月號	4쪽	李圭憲	紹介
	5.穎江文化	回甲紀念 出版會	1997.봄號	5行	全奎虹	紹介
	6.健康다이제스트	人生 스토리	1997.3月號	3쪽	정혼순	인터뷰
	7.Golf Herald	삶과 골프	1997.3月號	2쪽	-	執筆
	8.國 土	巨大한 學問遍歷과 人生歷程을 記錄	1997.4月號	4쪽	朴憲注	對談
	9.生活設計	메모로 살아온 金安濟 教授의 빛과 그림자	1997.7月號	2쪽	鄭慧珍	對談
	10.自治公論	종이博物館 史料展示	1997.12月號	7行	-	紹介
	11.自治公論	삶의 記錄과 個人의 史料	1998.9月號	2쪽	-	執筆
	12.穎江文化	金安濟 教授의 어제와 오늘	1999.가을·겨울號	5行	全奎虹	紹介
	13.經濟風月	話題人物:별난 教授 별난 人生	2000.12月號	6쪽	宋今姬	對談
	14.地 籍	살며 생각하며:記錄하는 生活	2001.6月號	3쪽	-	執筆
	計(14)	14	14	32쪽, 17行	12	-
5.消息誌	1.都市情報	回甲紀念集 發刊	1997.2.1	3行	-	紹介
	2.서울大 同窓會報	回甲紀念集 發刊	1997.2.15	3行	-	紹介
	3.都市·環境消息	回甲紀念集 獻呈行事 開催	1997.3.6	5行	-	紹介
	4.自治通信	回甲紀念集 出版會 開催	1997.3月號	4行	-	紹介
	5.韓國國家記錄硏究院消息	第1回韓國市民記錄文化展開催	2001.3月號	6行	-	紹介
	6.韓國國家記錄硏究院消息	記錄과 나:記錄과 함께 誠實한 삶을 살며	2001.6月號	1面	金英愛	對談
	計 (6)	6	6	1面, 21行	1	-
6.單行本	1.한솔종이博物館 이야기	個人 保管史料 展示	1997.10.21	2쪽	李仁熙	紹介
	2.追憶의 世紀에서 꿈의 世紀로:20世紀 文明의 回顧와 展望(國立民俗博物館 刊)	20世紀를 살아온 나: 靑壯年期의 나의 삶	1999.11. 1	7쪽	-	執筆
	3.第1回韓國市民記錄文化展 (韓國國家記錄硏究院刊)	個人 記錄物 展示	2000.12.13	1쪽	金學俊	紹介
	計 (3)	3	3	10쪽	2	-
合 計	55	55	55	2,084.85㎠, 1面, 32쪽, 38行, 554分	58	-

2) 公開展示

順序	主管機關	展示名	展示場所	展示期間	觀覽延人員(名)
1	한솔文化財團	한솔종이博物館(2001.10.1부터 Pan Asia 종이博物館으로 개칭)	全北 全州市 德津區 八福洞 한솔製紙	1997.10.21-現在(4年10月)	480,000
2	韓國國家記錄研究院	第1回 韓國市民記錄文化展	서울 江南區 開浦洞 江南區民會館	2000.12.13-12.18(6日)	360
3	清州市・韓國國家記錄研究院	韓國市民記錄文化展	忠北 忠州市 興德區 雲泉洞 古印刷博物館	2001.6.26-8.26(2月)	14,000
合計	3	3	3	4年 12月 16日	494,360

3) 記錄主題 講演

主催機關	行事主題	講演題目	日字	場所	參席者數(名)
1.(株)한솔製紙	幹部研鑽會	記錄과 人生	1997. 9.25	光化門빌딩 會議室	120
2.城南市 文化院	城南市 市民講座	人生과 記錄	1997.10.30	城南市 文化院	35
3.서울大 學校環境大學院都市・環境高位政策課程	夫婦同伴 海外研修	日本人과 記錄	1998. 6.28	日本 四國 松山市 奧道後호텔	39
4.韓國國家記錄研究院	記錄文化 市民아카데미	記錄으로 남기는 나의 삶	2000. 9.23	韓國國家記錄研究院	50
5.韓國國家記錄研究院	記錄文化 市民아카데미	記錄으로 남기는 나의 삶	2000.10.28	水原市 水原文化院	30
6.清州市・韓國國家記錄研究院	韓國市民記錄文化展開幕式	祝辭: 記錄의 重要性과 價値	2001. 6.26	清州市 古印刷博物館	150
合計 (6)	6	6	6	6	424

客說 : 經驗에서 얻은 삶의 眞實

일생 동안 하루도 쉬지 않고 생활하고 활동한 흔적들을 상세하게 기록하는 것도 그리 쉬운 일은 아니다. 여간 철저하고 세심한 성격이 아니면 어려울 것이다. 어쩌면 좀 모자라고 바보스런 사람이나 할 일이 아닌가 한다. 나와 같이 모자라고 바보스런 사람이 흔치 않기를 바란다.

客說 : 經驗에서 얻은 삶의 眞實

좌석의 분위기에 맞게 적절하고도 위트 있는 말을 잘하는 사람은 '機智'가 있는 사람, 또는 '瞬發力이 있는 사람'이라고 할 수 있다. 이런 사람을 '잔 머리를 잘 굴리는 사람'이라고 표현하는 것은 그 사람을 비하시키는 좋지 않은 말이다. 이런 말은 쓰지 않는게 좋다.

조 선 일 보

西紀 1997年 1月 12日 日曜日 (陰曆 丙子 12月 4日 甲寅)

회갑맞은 교수가 묶은 836쪽분량 삶의 기록

「인생 명세서」 펴냈다

"완벽한 개인史이자 우리 현대사 축소판"

서울大 金安濟교수 「한 韓國人의 삶과…」

올해 회갑을 맞은 서울대 교수。「남의 말을 들어 거북하지 않다」는 耳順(이순)의 나이에、육십 평생의 완벽한 기록을 8백36쪽짜리 책으로 펴냈다。

청년시절 옮겨다녔던 자취집들 주소、처음 손에 쥐었던 월급 액수、심금을 울렸던 영화 1천1백23편의 제목들、주례를 섰던 78쌍의 신랑 신부 이름…。백과사전 판형의 이 책 속에는 한 학자의 깨알 같은 인생 편린들이 빛을 발하고 있었다。

「한 韓國人의 삶과 발자취」。수천 항목의 통계표와 수십년 쌓은 자기 기록을 빼곡이 담은 이 책의 주인공은 서울대 환경대학원 金安濟(김안제) 교수。金교수는 지난 9일 서울 리츠칼튼호텔에서 가진 회갑기념식에서 은사와 동료、선후배 등 6백여명에게 책을 나눠주었다。

「이사 28회、여행 1천1백53회、읽은 소설책 9백79권、특별강연 7백13회、논문지도 학생 1천2백8명、받은 연하장 6천4백60장…。」회갑을 축하하러 왔던 사람들은 책장을 넘기면서 놀랐다。놀라움은 감탄으로 변했다。「어떻게 이런 통계가?」

金교수의 「첫 경험」들을 접하면서는 사람들 얼굴엔 미소가 떠올랐다。「45년(10세) 11월1일 처음으로 만화책 봄(홍길동)、49년 9월12일 생애 최초의 버스 승차(누님댁에)、57년 6월30일 첫 중국음식(원효로 중국집)、62년 4월 7일 음주(취업일에 동료들과)、69년 4월10일 텔레비전 구입(창신동 집에 흑백용)、85년(50세) 4월 18일 골프 싱글타수 기록(양지골프장 81타)…。」웃음은、책장을 넘기면서 탄성으로 바뀌었다。2천1백40건에 이르는 평생의 저작물들을 연대별、주제별로 분류한 뒤 제목、게재날짜、게재문헌、심지어 원고지 분량까지 기록돼 있었다。공공기관 자문위원 등으로 활동한 것은 2백52회였다。그때그때 공식직함과 활동기간、그 기관의 당시 책임자 이름도 빠뜨리지 않았다。고드름、애수의 소야곡、러브 미 텐더、J에게、잊혀진 계절…。나이에 따라 이어지는 6백43곡의 애창곡들은 한국 가요사의 축소판이다。

책을 본 洪性雄(홍성웅) 건설산업연구원장은 「더 할 수 없이 객관적인 그의 「생애 일지」는 한국 현대사의 축소판으로、타임캡슐에 보관할 가치가 있다」고 말했다。金在城(김재성) 미국 LA시 아시아국장은 「평생 대소사를 컴퓨터처럼 차곡차곡 쌓아온 그의 우직함과 치밀함이 믿기지 않는다」고 말했다。

金교수는 아무리 술에 취해 들어와도 반드시 서재에서 10분을 보낸다고 했다。그날 일과를 적기 위해서다。『습관이 되면、무엇을 적어두는 일은 아침에 양치질을 하는 것처럼 쉬워지지요。』그는 『과거를 정리하다보면 미래를 생각하게 된다』고 했다。

대학(서울대)에서 물리학을 공부하고도 통계학을 강의할 정도로 전문가인 그가 계산해 본 평생 수입은 96년 화폐가치로 따져 48억1천만원、지출은 43억7천만원이었다。『빈몸으로 왔다가 4억 남겨 놨으니 본전 이상은 했잖소。』가요 「타타타」를 불러대는 金교수다。빛바랜 연도별 다이어리는 40권이 넘는다。부인 黃蓮子씨(황연자·53)는 『남편은 가족들과 약속도 分(분)단위로 한다』고 말했다。

金교수는 그간 꾸준히 접촉해왔던 국민학교 은사、유학시절 미국인 친구、동료 교수、제자、세 자녀와 사위 등 61명에게서 「내가 본 金安濟교수」라는 글을 받아 책머리에 실었다。그리고 책 끄트머리에는 「인간으로 점지된 사실과 값진 생애를 이루게 해 준 나의 조국 대한민국에 감사한다」고 적고 있다。

金교수는 서울대에서 보낸 25년동안 도시계획、지역개발、지방자치분야 저서 20권、논문 5백64건、연구보고서 1백19건을 냈다。그 거대한 학문편력 끝에 드디어 세상에 모습을 보인 이 한 권의 책은、「인간 金安濟」를 완성시키고 있었다。

〈朴宰永기자〉

◇자신의 일생을 기록한 일지수첩들을 쌓아놓고 옛적을 되새기며 웃고 있는 金安濟교수(오른쪽)와 그의 회갑기념 저서. (아래) <崔淳湖기자>

주례섰던 신랑-신부 78쌍 이름
처음으로 버스 타본 날짜
애창곡 643곡-영화 1,123편
저작물 2,140건의 원고지 분량
평생 수입-지출 총액까지 계산

1997.1.12字 朝鮮日報 社會面 톱으로 소개된 記事

2. 本人停年 紀念行事

○ 行事趣旨 : 主題 - 教授停年 紀念冊子 出版
內容 - 生涯 66年間의 記錄物의 整理・出刊

○ 紀念集體制 : 題號 - 金安濟 傳 人生履歷史:出生에서 停年까지 66年 生涯의 記錄全集
規模 - 菊倍版, 2,122쪽
收錄期間 -1936.7.28~2002.8.31(66年1月)
構成體制 - 第1部 生涯槪要, 第2部 生涯詳報, 第3部 生涯日誌

○ 紀念集發刊 : 發行處-韓國自治發展硏究院・韓國地域發展硏究院
印刷社- 現代 애드컴
發行日 - 2003. 8. 31
部數 - 150部
價格 - 100,000원

○ 紀念行事 : 公式行事- 省略
自祝小宴 - 2003.10.28, 10名 日食堂 '大河'

○ 紀念集配付 : 150部
・無料寄贈 - 100部
・保管・ 傳授- 40部
・校正・修正本 - 10部

○ 收入・支出 :

(單位 : 千원)

項目 \ 區分		經常價格	2006年 不變價格
收入	・親知人士 補助	50,000	53,977
	・硏究院 補助	10,000	10,795
	合計	60,000	64,772
支出	・事前 準備 (會食費)	594	641
	・冊子 發刊	43,000	46,420
	・事後 處理 (校正手苦費)	1,800	1,943
	合計	45,394	49,004
均衡	-	14,606	15,768

3. 婦人回甲 紀念行事

○ 紀念會食 : 家族 - 2004. 1. 25, 16名, 食堂 韓味里, 900千원
親友 - 2004. 2. 7, 15名, 三井호텔 브페, 300千원

○ 紀念旅行 : 地城 - 國內 및 外國(2004-2006年)
費 用 - 500萬원

○ 車輛購入: 車 種 - EQUUS 350
取得日 - 2005. 7. 12
價 格 - 4,200萬원 (本人負擔 2,500萬원)

○ 收入・支出:

(單位 : 千원)

項　目	區　分	經常價格	2006年 不變價格
收　入	・現金 扶助 ・膳物 寄贈 合　計	6,000 2,000 8,000	6,310 2,103 8,413
支　出	・紀念 會食 ・旅行 ・車輛 購入 合　計	1,200 5,000 25,000 31,200	1,262 5,258 26,291 32,811
均　衡	-	-23,200	-24,398

4. 本人古稀 紀念行事 : 暫定推計

○ 行事趣旨 : 主題-古稀 紀念冊子 出版紀念式
　　　　　　內容-生涯 70年間의 記錄物의 整理・出刊을 紀念
○ 紀念集體制 : 題　號 - 金安濟 人生自書 : 出生에서 古稀까지 七十年 生涯의 記錄全集
　　　　　　　規　模 - 菊倍版, 2,700쪽
　　　　　　　收錄期間 - 1936.7.28-2006.7.28(70年)
　　　　　　　構成編制 - 第1部 生涯槪要, 第2部 生涯詳報, 第3部 生涯日誌
○ 紀念集發刊 : 記錄・編纂者 - 金安濟
　　　　　　　發行者 - 草凡 金安濟 博士 古稀紀念事業 推進委員會
　　　　　　　發行日 - 2007.2.2
　　　　　　　發刊部數 - 2,000部
　　　　　　　頒布價格 - 150,000원
○ 紀念行事 : 行事名 - 草凡 金安濟 博士 古稀紀念集 出版紀念式
　　　　　　主管 - 草凡 金安濟 博士 古稀紀念事業推進委員會
　　　　　　日時 - 2007. 2.2(金), 18:00
　　　　　　場所 - 서울 코엑스 컨벤션센터 大宴會室
○ 祝賀人士 : 706名
　　　　　　・參席者 - 500名
　　　　　　・送金者 - 30名
　　　　　　・膳物寄贈者 - 36名
　　　　　　・花環備置者 - 20名
　　　　　　・電報發送者 - 120名
○ 紀念集配付 : 2,000部
　　　　　　　・行事參席者 - 566部
　　　　　　　・有料購入者 - 1,234部
　　　　　　　・無料寄贈者 - 100部
　　　　　　　・保管・傳授分 - 100部

○ 收入·支出 :

(單位 : 千원)

2006年 經常價格		
收　入	支　出	均　衡
·參席 扶助-50,000 ·別途 送金-3,000 ·膳物 寄贈-3,600 ·冊子 販賣-123,400 合 計 180,000	·事前 準備 - 10,000 ·冊子 發刊 - 80,000 ·行事 開催 - 40,000 ·事後 處理 -8,500 合 計 138,500	41,500

○ 紹介·報道 : 新聞 - 5回
텔레비전 - 6回
라디오 - 13回
雜誌 - 10回
消息誌 - 4回
單行本 - 2回
計 40回

○ 展示·講演 : 展示 - 2回
講演 - 5回
計 7回

客說 : 經驗에서 얻은 삶의 眞實

죽을 때, 태어난 고향에서 눈을 감는 사람이 얼마나 될까? 옛날에는 그런 사람이 많았겠지만 점차 人口移動이 심하여 지금은 극히 드물 것이다. 나도 고향에서 생을 마감하고 싶지만 어려울 것 같은 豫感이 든다. 죽어 靈魂이라도 고향에 가 머물면 좋겠다.

客說 : 經驗에서 얻은 삶의 眞實

原稿는 마지막 장을 쓸 때 즐겁고 積金은 마지막 回를 납부할 때 즐겁다. 그러나 人間이 나이가 들고 停年을 하여 生涯를 마무리할 때는 전연 즐겁지 않다. 즐겁기는 커녕 오히려 슬프고 애닯다.

客說 : 經驗에서 얻은 삶의 眞實

그동안 '어떻게 살아왔느냐' 하고 물으면 사람마다 대답할 말이 많다. 그러나 그동안 '왜 살았느냐' 하고 물으면 얼른 답변이 안나오고 좀 멍해진다. 아마 앞의 물음은 人間의 意志와 관련된 것이지만 뒤의 물음은 神의 攝理에 속한 것이기 때문이 아닌가 한다.

第 7 篇

聯合總計

어느 한 特定部門에 속하기 어려운 複合的이거나 特別한 事項들을 모아 本篇에 수록하였습니다. 먼저 「讀書 · 執筆量과 活動의 時 · 空間 分布」의 章에서는 讀書量과 執筆量 및 受講者數를 集計하고 緣故事項의 國家別 및 地域別 分布를 정리하였으며 主要事件의 發生日誌를 기록하였습니다.

다음의 「最初 및 最高의 記錄」章에는 最初로 發生한 事件記錄과 最高 · 最多의 記錄을 세운 事項들을 열거하고 있으며, 끝으로 「生涯累計와 生涯指數」의 章에는 70年間의 累計數値와 始終決算 및 變動指數를 수록하고 있습니다.

圖表作成의 混合性과 重複性으로 인하여 資料의 分類와 章節項의 命名에 다소의 無理와 不適切함이 없지 않을 것으로 생각됩니다. 그러나 包括的 含意에서는 용이하게 理解되리라고 믿어 의심치 않습니다.

▨ 概 觀

『The cause of the geneses of civilizations is not simple but multiple; it is not an entity but a relation. We have the choice of conceiving this relation either as an interaction between two inhuman forces, or as an enconuter between two superhuman personalities.』

Volume I. The Geneses of Civilization,
A Study of History.
by Arnold J. Toynbee (1889~1975)

(文明起源의 原因은 單純한 것이 아니라
複合的이다. 즉, 그것은 한 개의 實體가 아니라
하나의 關係이다. 우리는 이 關係를 두 개의 非人間的
인 힘 사이의 相互作用으로 理解하거나
超人間的인 두 개 性格間의 만남으로
理解하거나 하는 選擇을 하게 된다.)

아놀드 제이 토인비(1889~1975),
歷史의 한 硏究. 第1卷 文明의 起源

□ 槪 觀 : 地域 · 分野 · 文字의 分類

- 地域
  - 國內
    - 特別市 — 市
    - 廣域市 — 市
    - 道 — 市, 郡
  - 國外
    - 아시아 洲 — 國家
    - 유럽 洲 — 國家
    - 북아메리카 洲 — 國家
    - 남아메리카 洲 — 國家
    - 아프리카 洲 — 國家
    - 오세아니아 洲 — 國家
- 專門分野
  - 自治 · 開發分野 — 地方自治, 空間開發, 經濟發展
  - 環境 · 複合分野 — 環境管理, 其他分野, 複合分野
- 執筆 · 發刊文字
  - 國文 — 한글, 國漢文
  - 外國語 — 漢文, 英文, 日文

第 1 章 讀書 · 執筆量과 活動의 時 · 空間 分布

□ 總 括

項 目 \ 時 代		成長 · 修學期(1936~1971)	社會活動期(1972~2006)	累 計(1936~2006)
1. 讀書總量(卷)	國 內	694	725	1,419
	國 外	368	735	1,103
	合 計	1,062	1,460	2,522
2. 執筆總量(枚)	講義노트	67,150	6,150	73,300
	對外發表文	9,160	144,963	154,123
	合 計	76,310	151,113	227,423
3. 會議參席數(回)	公共機關	11	3,787	3,798
	社會組織	72	2,031	2,103
	親睦團體	97	2,721	2,818
	合 計	180	8,539	8,719
4. 聽取者總數(人)	育成弟子	2,343	16,709	19,052
	聽取大衆	-	459,356	459,356
	主禮賀客	-	62,610	62,610
	合 計	2,343	538,675	541,018

Ⅰ. 讀書 및 執筆量과 受講者數

○ 要 約 : 讀書·執筆 및 受講者의 分類

- 讀書
  - 教科書·參考書·專門誌
    - 國文冊子
    - 外國文冊子
  - 小說類
    - 國內小說
    - 外國小說

- 發表文原稿
  - 著作發刊
    - 著書
    - 論文
    - 報告書
  - 學術發表
    - 基調發表
    - 主題發表
    - 新聞揭載
  - 紀念作文
    - 詩·時調
    - 歌詞
    - 碑文·懸板文
    - 其他

- 執筆
  - 受講·講義案노트
    - 노트數
      - 國漢文
      - 英·日文
    - 筆記量
      - 國漢文
      - 英·日文
  - 對外發表文
    - 發表件
      - 國漢文
      - 英·日文
    - 執筆量
      - 國漢文
      - 英·日文

- 受講 및 聽取者數
  - 受講者
    - 家庭教師·中高等學校·學院
    - 教育院 ·訓練院
    - 大學·大學院
  - 聽取者
    - 學術發表
      - 基調發表
      - 主題發表
      - 司會擔當
      - 討論參與
      - 招請參加
    - 特講·演說
      - 特別講演
      - 演說·人事
      - 報告·說明
    - 結婚主禮
      - 主禮辭

1. 讀書 및 執筆量

(1) 精讀 敎科書·參考書·專門書誌와 受講·講義案 노트의 數量

(國文＝한글＋漢文)

生涯區分	學級 및 職位	學年 및 次年	年度(年齡, 歲)	精讀한 敎科書·參考書·專門書誌의 數(卷)				受講·講義案 노트					
								노트의 數(卷)			分量(200字原稿紙 基準, 枚)		
				國文	英·獨文	日文	合計	國文	英·獨文	合計	國文	英·獨文	合計
修學期	初等學校	1學年	1945(10)	16	-	-	16	14	-	14	140	-	140
		2 〃	1946(11)	16	-	-	16	14	-	14	280	-	280
		3 〃	1947(12)	15	-	-	15	13	-	13	520	-	520
		4 〃	1948(13)	18	-	-	18	16	-	16	960	-	960
		5 〃	1949(14)	19	-	-	19	17	-	17	1,360	-	1,360
		6 〃	1950(15)	21	-	-	21	18	-	18	1,800	-	1,800
		計	1945-50(10-15)	105	-	-	105	92	-	92	5,060	-	5,060
	中等學校	1學年	1951(16)	16	2	-	18	34	2	36	4,080	200	4,280
		2 〃	1952(17)	18	2	-	20	36	2	38	5,040	240	5,280
		3 〃	1953(18)	20	3	-	23	38	3	41	6,080	420	6,500
		計	1951-53(16-18)	54	7	-	61	108	7	115	15,200	860	16,060
	高等學校	1學年	1954(19)	14	2	-	16	24	2	26	3,840	280	4,120
		2 〃	1955(20)	16	3	-	19	26	3	29	5,200	450	5,650
		3 〃	1956(21)	21	5	-	26	30	5	35	7,200	800	8,000
		計	1954-56(19-21)	51	10	-	61	80	10	90	16,240	1,530	17,770
	大學校	1學年	1957(22)	11	3	-	14	16	6	22	2,400	600	3,000
		軍服務	1958(23)	7	2	-	9	-	-	-	-	-	-
		2學年	1959(24)	16	3	1	20	18	2	20	3,240	200	3,440
		3 〃	1960(25)	18	4	2	24	19	2	21	3,800	200	4,000
		4 〃	1961(26)	15	3	2	20	11	-	11	2,420	-	2,420
		計	1957-61(22-26)	67	15	5	87	64	10	74	11,860	1,000	12,860
	會社員·敎師	1次年	1962(27)	9	2	5	16	3	-	3	700	-	700
		計	1962(27)	9	2	5	16	3	-	3	700	-	700
	大學院	1學年	1963(28)	19	5	1	25	11	-	11	2,750	-	2,750
		2 〃	1964(29)	8	6	2	16	3	-	3	750	-	750
		計	1963-64(28-29)	27	11	3	41	14	-	14	3,500	-	3,500
	研究員	1次年	1965(30)	10	4	2	16	3	-	3	300	-	300
		計	1965(30)	10	4	2	16	3	-	3	300	-	300
	助敎	1次年	1966(31)	5	1	1	7	4	-	4	600	-	600
		2 〃	1967(32)	6	2	1	9	3	-	3	450	-	450
		3 〃	1968(33)	4	3	1	8	3	-	3	450	-	450
		計	1966-68(31-33)	15	6	3	24	10	-	10	1,500	-	1,500
	美國留學	1次年	1969(34)	10	21	2	33	-	11	11	-	2,200	2,200
		2 〃	1970(35)	15	42	3	60	-	22	22	-	4,400	4,400
		3 〃	1971(36)	10	27	3	40	-	14	14	-	2,800	2,800
		計	1969-71(34-36)	35	90	8	133	-	47	47	-	9,400	9,400
	累計	27年	1945-71(10-36)	373	145	26	544	374	74	448	54,360	12,790	67,150

生涯區分	學級及職位	學年及次年	年度(年齡, 歲)	精讀한 教科書·參考書·專門書誌의 數(卷)				受講·講義案 노트					
								노트의 數(卷)			分量(200字原稿紙 基準, 枚)		
				國文	英·獨文	日文	合計	國文	英·獨文	合計	國文	英·獨文	合計
	專任講師	1次年	1972(37)	8	10	4	22	8	-	8	800	-	800
		2 〃	1973(38)	6	8	3	17	6	-	6	600	-	600
		3 〃	1974(39)	5	7	2	14	4	-	4	400	-	400
		4 〃	1975(40)	4	5	2	11	2	-	2	200	-	200
		計	1972-75(37-40)	23	30	11	64	20	-	20	2,000	-	2,000
	助教授	1次年	1976(41)	5	6	1	12	1	-	1	100	-	100
		2 〃	1977(42)	4	7	2	13	1	-	1	100	-	100
		3 〃	1978(43)	6	5	2	13	1	-	1	100	-	100
		4 〃	1979(44)	3	4	2	9	1	-	1	100	-	100
		計	1976-79(41-44)	18	22	7	47	4	-	4	400	-	400
	副教授	1次年	1980(45)	6	5	2	13	3	-	3	240	-	240
		2 〃	1981(46)	7	6	2	15	2	-	2	160	-	160
		3 〃	1982(47)	7	8	3	18	3	-	3	240	-	240
		4 〃	1983(48)	6	7	3	16	2	-	2	160	-	160
		5 〃	1984(49)	5	7	1	13	2	-	2	160	-	160
		計	1980-84(45-49)	31	33	11	75	12	-	12	960	-	960
	教授	1次年	1985(50)	4	6	2	12	1	-	1	60	-	60
		2 〃	1986(51)	4	5	5	14	1	-	1	60	-	60
		計	1985-86(50-51)	8	11	7	26	2	-	2	120	-	120
	大學院長	1次年	1987(52)	3	2	1	6	1	-	1	50	-	50
		2 〃	1988(53)	3	3	2	8	1	-	1	50	-	50
		3 〃	1989(54)	2	2	1	5	1	-	1	50	-	50
		4 〃	1990(55)	3	2	2	7	1	-	1	50	-	50
		計	1987-90(52-55)	11	9	6	26	4	-	4	200	-	200
活動期	教授	1次年	1991(56)	5	6	4	15	4	-	4	400	-	400
		2 〃	1992(57)	4	5	2	11	4	-	4	400	-	400
		計	1991-92(56-57)	9	11	6	26	8	-	8	800	-	800
	研究院長	1次年	1993(58)	15	5	6	26	-	-	-	-	-	-
		2 〃	1994(59)	12	5	5	22	-	-	-	-	-	-
		計	1993-94(58-59)	27	10	11	48	-	-	-	-	-	-
	教授	1次年	1995(60)	6	6	3	15	6	-	6	600	-	600
		2 〃	1996(61)	5	7	2	14	4	-	4	400	-	400
		計	1995-96(60-61)	11	13	5	29	10	-	10	1,000	-	1,000
	主任教授	1次年	1997(62)	4	5	3	12	2	-	2	120	-	120
		2 〃	1998(63)	4	5	2	11	2	-	2	120	-	120
		計	1997-98(62-63)	8	10	5	23	4	-	4	240	-	240
	教 授	1次年	1999(64)	3	3	3	9	1	-	1	50	-	50
		2 〃	2000(65)	4	4	2	10	2	-	2	100	-	100
		3 〃	2001(66)	4	3	2	9	1	-	1	50	-	50
		4 〃	2002(67)	2	2	1	5	2	-	2	70	-	70
		計	1999-2002(64-67)	13	12	8	33	6	-	6	2700	-	270
	名譽·碩座教授	1次年	2003(68)	2	1	-	3	2	-	2	50	-	50
		2 〃	2004(69)	1	-	1	2	2	-	2	50	-	50
		3 〃	2005(70)	1	1	-	2	2	-	2	40	-	40
		4 〃	2006(71)	1	-	-	1	1	-	1	20	-	20
		計	2003-2006(68-71)	5	2	1	8	7	-	7	160	-	160
	累 計	35年	1972-2006(37-71)	164	163	78	405	77	-	77	6,150	-	6,150
總 累 計		62年	1945-2006(10-71)	537	308	104	949	451	74	525	60,510	12,790	73,300

(2) 精讀 教科書・參考書・專門書誌의 領域別 分類

(單位: 卷)

生涯區分	學級職位	文字	語文學(國・中・日・英・獨語)	社會科學(歷史・地理・社會・哲學)	自然科學(物象・生物・化學・天文)	數學(計量・調査・統計)	藝能・實業(保健・音樂・商業・家庭)	物理學	行政學・法學	地方自治・地方行政	都市・地域經濟	環境・地域計劃	合計
修學期	初等學校	國文	12	25	20	12	36	-	-	-	-	-	105
	中等學校	國文	9	12	9	9	15	-	-	-	-	-	54
		英・獨文	7	-	-	-	-	-	-	-	-	-	7
		계	16	12	9	9	15	-	-	-	-	-	61
	高等學校	國文	5	14	7	10	15	-	-	-	-	-	51
		英・獨文	10	-	-	-	-	-	-	-	-	-	10
		計	15	14	7	10	15	-	-	-	-	-	61
	大學校	國文	2	9	6	6	2	40	2	-	-	-	67
		英・獨文	9	-	-	-	-	6	-	-	-	-	15
		日文	-	1	1	1	-	2	-	-	-	-	5
		計	11	10	7	7	2	48	2	-	-	-	87
	會社員・教師	國文	-	-	-	4	-	5	-	-	-	-	9
		英・獨文	-	-	-	1	-	1	-	-	-	-	2
		日文	-	-	-	1	-	4	-	-	-	-	5
		計	-	-	-	6	-	10	-	-	-	-	16
	大學院	國文	-	-	-	6	-	-	15	6	-	-	27
		英・獨文	-	-	-	1	-	-	6	4	-	-	11
		日文	-	-	-	-	-	-	1	2	-	-	3
		計	-	-	-	7	-	-	22	12	-	-	41
	研究員	國文	-	-	-	1	-	-	2	7	-	-	10
		英・獨文	1	-	-	-	-	-	1	2	-	-	4
		日文	-	-	-	-	-	-	-	2	-	-	2
		計	1	-	-	1	-	-	3	11	-	-	16
	助教	國文	-	-	-	2	-	-	5	8	-	-	15
		英・獨文	1	-	-	-	-	-	1	1	2	1	6
		日文	1	-	-	-	-	-	-	1	1	-	3
		計	2	-	-	2	-	-	6	10	3	1	24
	留學	國文	-	-	-	5	-	-	-	7	10	13	35
		英・獨文	10	-	-	22	-	-	-	10	15	33	90
		日文	2	-	-	1	-	-	-	1	2	2	8
		計	12	-	-	28	-	-	-	18	27	48	133
	累計	國文	28	60	42	55	68	45	24	28	10	13	373
		英・獨文	38	-	-	24	-	7	8	17	17	34	145
		日文	3	1	1	3	-	6	1	6	3	2	26
		計	69	61	43	82	68	58	33	51	30	49	544
活動期	專任講師	國文	-	-	-	6	-	-	2	3	7	5	23
		英・獨文	-	-	-	7	-	-	4	5	8	6	30
		日文	-	-	-	2	-	-	1	2	4	2	11
		計	-	-	-	15	-	-	7	10	19	13	64

生涯區分	學級職位	文字 \ 領域	語文學(國·中·日·英·獨語)	社會科學(歷史·地理·社會·哲學)	自然科學(物象·生物·化學·天文)	數學(計量·調查·統計)	藝能·實業(保健·音樂·商業·家庭)	物理學	行政學·法學	地方自治·地方行政	都市·地域經濟	環境·地域計劃	合計
活動期	助教授	國 文	-	-	-	2	-	-	1	4	6	5	18
		英·獨文	-	-	-	3	-	-	3	5	6	5	22
		日 文	-	-	-	1	-	-	1	2	2	1	7
		計	-	-	-	6	-	-	5	11	14	11	47
	副教授	國 文	-	-	-	4	-	-	5	6	9	7	31
		英·獨文	-	-	-	3	-	-	6	7	9	8	33
		日 文	-	-	-	1	-	-	-	2	5	3	11
		計	-	-	-	8	-	-	11	15	23	18	75
	教授	國 文	-	-	-	1	-	-	1	2	2	2	8
		英·獨文	-	-	-	2	-	-	1	3	3	2	11
		日 文	-	-	-	2	-	-	-	2	2	1	7
		計	-	-	-	5	-	-	2	7	7	5	26
	大學院長	國 文	-	-	-	1	-	-	1	3	4	2	11
		英·獨文	-	-	-	2	-	-	-	2	3	2	9
		日 文	-	-	-	1	-	-	-	2	2	1	6
		計	-	-	-	4	-	-	1	7	9	5	26
	教授	國 文	-	-	-	-	-	-	1	3	3	2	9
		英·獨文	-	-	-	2	-	-	-	3	4	2	11
		日 文	-	-	-	1	-	-	-	2	2	1	6
		計	-	-	-	3	-	-	1	8	9	5	26
	研究院長	國 文	-	-	-	-	-	-	6	9	7	5	27
		英·獨文	-	-	-	-	-	-	2	4	3	1	10
		日 文	-	-	-	-	-	-	1	4	3	3	11
		計	-	-	-	-	-	-	9	17	13	9	48
	教 授	國 文	-	-	-	2	-	-	-	3	3	3	11
		英·獨文	-	-	-	3	-	-	-	4	5	1	13
		日 文	-	-	-	1	-	-	-	2	1	1	5
		計	-	-	-	6	-	-	-	9	9	5	29
	主任教授	國 文	-	-	-	2	-	-	-	3	2	1	8
		英·獨文	-	-	-	2	-	-	-	4	3	1	10
		日 文	-	-	-	1	-	-	-	1	1	2	5
		計	-	-	-	5	-	-	-	8	6	4	23
	教 授	國 文	-	-	-	2	-	-	1	4	3	3	13
		英·獨文	-	-	-	2	-	-	-	3	3	4	12
		日 文	-	-	-	1	-	-	-	2	2	3	8
		計	-	-	-	5	-	-	1	9	8	10	33
	名譽·碩座教授	國 文	-	-	-	-	-	-	1	2	1	1	5
		英·獨文	-	-	-	-	-	-	-	1	1	-	2
		日 文	-	-	-	-	-	-	-	-	1	-	1
		計	-	-	-	-	-	-	1	3	3	1	8
	累 計	國 文	-	-	-	20	-	-	19	42	47	36	164
		英·獨文	-	-	-	26	-	-	16	41	48	32	163
		日 文	-	-	-	11	-	-	3	21	25	18	78
		計	-	-	-	57	-	-	38	104	120	86	405
總累計		國 文	28	60	42	75	68	45	43	70	57	49	537
		英·獨文	38	-	-	50	-	7	24	58	65	66	308
		日 文	3	1	1	14	-	6	4	27	28	20	104
		計	69	61	43	139	68	58	71	155	150	135	949

(3) 讀書 總量

(單位: 卷)

生涯區分	學級·職位	年度(年齡)	年限(年)	教科書·參考書·專門書誌			小說類			合計		
				國語	外國語	計	國內	外國	計	國內	外國	計
修學期	初等學校	1945-50(10-15)	6	105	-	105	35	9	44	140	9	149
	中等學校	1951-53(16-18)	3	54	7	61	92	28	120	146	35	181
	高等學校	1954-56(19-21)	3	51	10	61	48	30	78	99	40	139
	大學校	1957-61(22-26)	5	67	20	87	58	48	106	125	68	193
	會社員·教師	1962(27)	1	9	7	16	10	10	20	19	17	36
	大學院	1963-64(28-29)	2	27	14	41	20	19	39	47	33	80
	研究員	1965(30)	1	10	6	16	12	10	22	22	16	38
	助教	1966-68(31-33)	3	15	9	24	39	32	71	54	41	95
	美國留學	1969-71(34-36)	3	35	98	133	7	11	18	42	109	151
	累　計	1945-71(10-36)	27	373	171	544	321	197	518	694	368	1,062
活動期	專任講師	1972-75(37-40)	4	23	41	64	39	43	82	62	84	146
	助教授	1976-79(41-44)	4	18	29	47	43	40	83	61	69	130
	副教授	1980-84(45-49)	5	31	44	75	46	55	101	77	99	176
	教授	1985-86(50-51)	2	8	18	26	22	12	34	30	30	60
	大學院長	1987-90(52-55)	4	11	15	26	32	16	48	43	31	74
	教授	1991-92(56-57)	2	9	17	26	29	13	42	38	30	68
	研究院長	1993-94(58-59)	2	27	21	48	18	8	26	45	29	74
	教授	1995-96(60-61)	2	11	18	29	37	22	59	48	40	88
	主任教授	1997-98(62-63)	2	8	15	23	64	32	96	72	47	119
	教授	1999-02(64-67)	4	13	20	33	124	161	285	137	181	318
	名譽·碩座教授	2003-06(68-71)	4	5	3	8	107	92	199	112	95	207
	累　計	1972-06(37-71)	35	164	241	405	561	494	1,055	725	735	1,460
總累計		1945-2006(10-71)	62	537	412	949	882	691	1,573	1,419	1,103	2,522

客說 : 經驗에서 얻은 삶의 眞實

小說을 읽고 映畵를 보는 理由는 첫째가 재미이고 둘째가 利得이다. 利得으로는 理解力의 확대, 語彙의 풍부, 話法의 다양화 등이 있다.

客說 : 經驗에서 얻은 삶의 眞實

愛情小說은 感性을 풍부하게 하고 歷史小說은 知識을 풍부하게 하며 探偵小說은 推理力을 풍부하게 한다. 그래서 나는 小說을 많이 읽었다.

(4) 執筆 總量

生涯區分	學級·職位	年度(年齡)	年限(年)	受講·講義案노트: 노트數(卷)	受講·講義案노트: 筆記量(枚)	對外發表文: 發表件數(件)	對外發表文: 執筆量(枚)	合計: 노트·發表數(個)	合計: 記錄量(枚)
修學期	初等學校	1945-50(10-15)	6	92	5,060	-	-	92	5,060
	中等學校	1951-53(16-18)	3	115	16,060	-	-	115	16,060
	高等學校	1954-56(19-21)	3	90	17,770	-	-	90	17,770
	大學校	1957-61(22-26)	5	74	12,860	-	-	74	12,860
	會社員·教師	1962(27)	1	3	700	-	-	3	700
	大學院	1963-64(28-29)	2	14	3,500	2	400	16	3,900
	研究員	1965(30)	1	3	300	4	1,675	7	1,975
	助教	1966-68(31-33)	3	10	1,500	18	5,535	28	7,035
	美國留學	1969-71(34-36)	3	47	9,400	9	1,550	56	10,950
	累 計	1945-71(10-36)	27	448	67,150	33	9,160	481	76,310
活動期	專任講師	1972-75(37-40)	4	20	2,000	80	10,476	100	12,476
	助教授	1976-79(41-44)	4	4	400	105	21,463	109	21,863
	副教授	1980-84(45-49)	5	12	960	146	17,135	158	18,095
	教授	1985-86(50-51)	2	2	120	76	11,078	78	11,198
	大學院長	1987-90(52-55)	4	4	200	202	21,053	206	21,253
	教授	1991-92(56-57)	2	8	800	129	9,150	137	9,950
	研究院長	1993-94(58-59)	2	-	-	100	5,556	100	5,556
	教授	1995-96(60-61)	2	10	1,000	138	12,541	148	13,541
	主任教授	1997-98(62-63)	2	4	240	109	3,542	113	3,782
	教授	1999-2002(64-67)	4	6	270	134	4,387	140	4,657
	名譽·碩座教授	2003-2006(68-71)	4	7	160	136	28,582	143	28,742
	累 計	1972-2006(37-71)	35	77	6,150	1,355	144,963	1,432	151,113
總 累 計		1945-2006(10-71)	62	525	73,300	1,388	154,123	1,913	227,423

註. 筆記量·執筆量·記錄量은 200字 原稿紙 基準의 枚數임.

客說 : 經驗에서 얻은 삶의 眞實

學術行事에 참여하는 方式이 年輪에 따라 바뀌게 된다. 처음에는 討論者로 참여하고 다음에는 主題發表를 맡게 되며 나아가 基調發表와 司會를 담당하게 된다. 그리고 더 성숙되면 開會辭나 祝辭 또는 激勵辭를 하게 되고 종국에는 아무 役割도 없게 된다. 討論, 主題 및 基調發表, 司會 등을 담당하면 手苦料를 받게 되지만 開會辭나 祝辭 같은 것을 하게 되면 無料이다.

客說 : 經驗에서 얻은 삶의 眞實

요사이는 모두 컴퓨터 등을 이용하여 機械로 글을 쓴다. 손으로 직접 글을 쓰는 사람은 극히 드물고, 앞으로는 거의 없어질 것이다. 나는 아직도 손으로 글을 쓰고 앞으로도 계속 그러할 것이다. 稀貴種이요 天然紀念物이며 歷史的 國寶감이다.

2. 會議参席 및 聽取者數

(1) 公·私 會議 및 모임에의 参席回數

(單位: 回)

區分 年度	年齡	公共機關			社會組織			親睦團體			總合計
		會議主宰	會議参席	計	會議主宰	會議参席	計	會議主宰	會議参席	計	
1961	26	-	-	-	-	-	-	-	1	1	1
1962	27	-	-	-	-	-	-	-	1	1	1
1963	28	-	-	-	-	-	-	-	1	1	1
1964	29	-	3	3	-	-	-	-	1	1	4
1965	30	-	6	6	-	17	17	-	10	10	33
1966	31	-	2	2	-	25	25	12	1	13	40
1967	32	-	-	-	-	25	25	22	1	23	48
1968	33	-	-	-	-	5	5	18	7	25	30
1969	34	-	-	-	-	-	-	-	12	12	12
1970	35	-	-	-	-	-	-	-	4	4	4
1971	36	-	-	-	-	-	-	-	6	6	6
1972	37	-	36	36	-	2	2	-	16	16	54
1973	38	32	59	91	-	6	6	6	19	25	122
1974	39	48	71	119	10	6	16	14	11	25	160
1975	40	13	50	63	9	7	16	10	22	32	111
1976	41	6	27	33	2	7	9	-	33	33	75
1977	42	24	46	70	4	8	12	4	29	33	115
1978	43	54	65	119	6	24	30	4	28	32	181
1979	44	42	75	117	7	22	29	4	27	31	177
1980	45	20	270	290	4	19	23	6	28	34	347
1981	46	9	147	156	4	23	27	5	37	42	225
1982	47	8	78	86	1	36	37	6	46	52	175
1983	48	24	75	99	-	27	27	6	55	61	187
1984	49	20	83	103	2	17	19	7	41	48	170
1985	50	-	90	90	6	22	28	4	39	43	161
1986	51	13	80	93	17	16	33	5	34	39	165
1987	52	78	47	125	18	9	27	4	35	39	191
1988	53	79	50	129	8	12	20	-	33	33	182
1989	54	81	66	147	6	21	27	-	42	42	216
1990	55	68	64	132	10	33	43	6	40	46	221
1991	56	3	57	60	7	36	43	-	46	46	149
1992	57	62	41	103	10	49	59	12	42	54	216
1993	58	149	34	183	7	24	31	19	40	59	273
1994	59	89	51	140	6	25	31	12	36	48	219
1995	60	8	52	60	19	17	36	-	36	36	132
1996	61	6	68	74	30	31	61	1	70	71	206
1997	62	28	49	77	33	67	100	8	76	84	261
1998	63	27	45	72	36	71	107	2	126	128	307
1999	64	12	30	42	38	62	100	1	156	157	299
2000	65	45	117	162	53	145	198	26	143	169	529
2001	66	62	104	166	43	126	169	18	123	141	476
2002	67	50	69	119	68	110	178	24	151	175	472
2003	68	65	53	118	109	68	177	30	258	288	583
2004	69	154	79	233	13	40	53	16	299	315	601
2005	70	23	24	47	114	52	166	13	161	174	387
2006	71	22	11	33	64	27	91	19	51	70	194
累 計	46年	1,424	2,374	3,798	764	1,339	2,103	344	2,474	2,818	8,719
年平均	46年	31	52	83	17	29	46	7	54	61	190
月平均	547月	2.6	4.3	6.9	1.4	2.4	3.8	0.6	4.6	5.2	15.9

(2) 年度別 및 類型別 對面聽取者數

(單位: 名)

區分	類型 / 年度	教育·訓練: 家庭·中高校·學院	教育·訓練: 教育院訓練院	教育·訓練: 大學大學院	教育·訓練: 合計	發表·司會: 基調·主題發表	發表·司會: 司會	發表·司會: 討論	發表·司會: 合計	特講·演說: 特講	特講·演說: 演說人事	特講·演說: 報告說明	特講·演說: 結婚主禮	特講·演說: 合計	總合計
修學期	1957	1	-	-	1	-	-	-	-	-	-	-	-	-	1
	1958	1	-	-	1	-	-	-	-	-	-	-	-	-	1
	1959	1	-	-	1	-	-	-	-	-	-	-	-	-	1
	1960	-	-	-	-	-	-	-	-	-	-	-	-	-	-
	1961	180	-	-	180	-	-	-	-	-	-	-	-	-	180
	1962	1	-	-	1	-	-	-	-	-	-	-	-	-	1
	1963	301	-	-	301	-	-	-	-	-	-	-	-	-	301
	1964	2	-	-	2	-	-	-	-	-	-	-	-	-	2
	1965	4	40	-	44	-	-	-	-	-	-	-	-	-	44
	1966	17	140	-	157	-	-	-	-	-	-	-	-	-	157
	1967	85	-	110	195	-	-	-	-	-	-	-	-	-	195
	1968	480	620	120	1,220	-	-	-	-	-	-	-	-	-	1,220
	1969	40	100	100	240	-	-	-	-	-	-	-	-	-	240
	1970	-	-	-	-	-	-	-	-	-	-	-	-	-	-
	1971	-	-	-	-	-	-	-	-	-	-	-	-	-	-
	累計	1,113	900	330	2,343	-	-	-	-	-	-	-	-	-	2,343
活動期	1972	-	-	-	-	-	200	200	400	-	-	130	-	130	530
	1973	-	230	535	765	500	-	-	500	300	-	-	-	300	1,565
	1974	-	480	735	1,215	300	-	100	400	708	-	-	-	708	2,323
	1975	-	1,163	575	1,738	450	200	-	650	-	-	-	-	-	2,388
	1976	-	-	60	60	300	-	-	300	850	-	100	-	950	1,310
	1977	-	380	50	430	500	100	800	1,400	1,050	550	50	950	2,600	4,430
	1978	-	80	55	135	150	400	300	850	1,290	-	100	1,210	2,600	3,585
	1979	-	80	70	150	500	-	500	1,000	570	-	50	-	620	1,770
	1980	-	385	60	445	500	200	710	1,410	1,235	-	270	700	2,205	3,885
	1981	-	500	57	557	350	700	1,200	2,250	2,280	2,210	-	1,350	5,840	8,617
	1982	-	500	102	602	800	800	1,200	2,800	2,010	1,400	-	1,770	5,180	7,980
	1983	-	450	112	562	200	700	1,000	1,900	1,300	1,550	-	1,760	4,610	7,072
	1984	-	500	113	613	250	1,900	550	2,700	1,385	2,300	-	910	4,595	7,908
	1985	-	500	78	578	930	1,365	800	3,095	850	700	216	1,130	2,896	6,569
	1986	-	440	74	514	1,030	1,450	850	3,330	950	1,100	-	-	2,050	5,894
	1987	-	500	72	572	1,400	945	700	3,045	755	12,678	210	1,970	15,613	19,230
	1988	-	500	73	573	2,350	2,460	1,450	6,260	1,866	2,078	-	1,280	5,224	12,057
	1989	-	200	71	271	4,180	4,587	2,270	11,037	13,928	996	270	780	15,974	27,282
	1990	-	300	70	370	3,416	2,360	1,000	6,776	16,886	1,488	-	3,080	21,454	28,600
	1991	-	500	180	680	4,305	3,990	4,190	12,485	24,298	850	1,000	1,890	28,038	53,016
	1992	-	800	220	1,020	3,490	5,420	730	9,640	16,007	3,507	42	1,560	21,116	31,776
	1993	-	400	220	620	1,015	2,955	400	4,370	10,242	3,982	611	1,830	16,665	21,655
	1994	-	300	395	695	2,815	2,430	115	5,360	10,741	895	279	2,030	13,945	20,000
	1995	-	500	300	800	3,418	5,760	1,250	10,428	20,097	1,790	782	2,320	24,989	36,217
	1996	-	500	136	636	1,640	3,978	2,550	8,168	10,569	2,140	1,340	2,420	16,469	25,273
	1997	-	350	147	497	2,720	2,871	300	5,891	6,371	4,219	1,434	3,510	15,534	21,922
	1998	-	150	185	335	1,840	3,558	810	6,208	3,282	2,376	630	2,570	8,858	15,401
	1999	-	200	104	304	1,209	3,360	100	4,669	6,911	1,488	190	5,410	13,999	18,972
	2000	-	330	125	455	1,600	1,015	-	2,613	5,760	7,000	320	3,400	16,480	19,548

區分	類型 / 年度	教育 · 訓練				發表 · 司會				特講 · 演說					總合計
		家庭·中高校·學院	教育院 訓練院	大學 大學院	合計	基調·主題發表	司會	討論	合計	特講	演說 人事	報告 說明	結婚 主禮	合計	
	2001	-	150	50	200	-	2,220	480	2,700	5,764	4,759	1,118	5,750	17,391	20,291
	2002	-	68	76	144	1,150	1,315	40	2,505	3,388	5,090	944	3,750	13,172	15,821
	2003	-	-	59	59	2,950	2,250	-	5,200	5,553	10,013	756	2,500	18,822	24,081
	2004	-	-	57	57	750	905	-	1,655	7,142	11,392	1,093	2,480	22,107	23,819
	2005	-	-	47	47	1,000	2,230	-	3,330	9,859	16,122	-	2,450	28,431	31,808
	2006	-	-	10	10	-	580	-	580	1,245	6,584	-	1,850	9,679	10,269
	累計	-	11,436	5,273	16,709	48,108	63,204	24,595	135,907	195,442	109,257	11,935	62,610	379,244	531,860
總累計 (50年)	總計	1,113	12,336	5,603	19,052	48,108	63,204	24,595	135,907	195,442	109,257	11,935	62,610	379,244	534,203
	年平均	22.3	246.7	112.1	334.2	962.2	1,264.1	491.9	2,718.2	3,908.8	2,185.1	238.7	1,252.2	7,584.9	10,684.1

客說 : 經驗에서 얻은 삶의 眞實

아는 사람이 危機를 당했거나 죽었다는 말을 듣는 순간 찰나적인 快感을 느낀다. 이런 느낌을 느끼지 않는 경우는 그 사람과 진실로 가까운 사이이다.

客說 : 經驗에서 얻은 삶의 眞實

내가 어떤 措置를 취하지 않으면 나는 괜찮지만 남이 불편하거나 괴로움을 당하는 경우가 가끔 있다. 남의 돈을 빌려 쓰고 안 갚을 때, 한 房에 같이 자면서 코를 심하게 골거나 잠꼬대를 할 때, 술을 먹고 주정을 부릴 때가 그러하다. 근자에 생겨난 것으로는 핸드 폰을 갖고 있지 않은 사람의 경우이다. 그래서 나도 남들을 생각해서 늦게나마 핸드 폰을 하나 가져야 하지 않을까 고려중이다. 참으로 귀찮은 세상에 살고 있다.

客說 : 經驗에서 얻은 삶의 眞實

책을 읽고 글을 쓰는 일은 매우 힘든 일이지만 勞動者나 農夫가 하는 일 보다는 편하다. 그리고 보람도 더 크다. 나는 讀書하고 執筆하는 職業에 종사하게 된 것을 무척 다행스럽게 생각한다.

(3) 年度別 生涯活動件數와 聽取者 및 執筆量

分類	項目			1955	1956	1957	1958	1959	1960	1961	1962	1963	1964	1965
1. 活動件數 (件,回)	1. 教育・訓練	1.講師・教師	1.家庭教師・中高校・學院	1	1	1	1	1	-	3	2	3	2	3
			2.教育院・訓練院	-	-	-	-	-	-	-	-	-	-	1
			計	1	1	1	1	1	-	3	2	3	2	4
		2.教授	1.大學	-	-	-	-	-	-	-	-	-	-	-
			2.大學院	-	-	-	-	-	-	-	-	-	-	-
			計	-	-	-	-	-	-	-	-	-	-	-
		合計		1	1	1	1	1	-	3	2	3	2	4
	2. 專門發表	1.著述發刊	1.著書	-	-	-	-	-	-	-	-	-	-	-
			2.論文	-	-	-	-	-	-	-	-	-	-	1
			3.研究報告書	-	-	-	-	-	-	-	-	-	2	2
			計	-	-	-	-	-	-	-	-	-	2	3
		2.學術發表	1.基調發表	-	-	-	-	-	-	-	-	-	-	-
			2.主題發表	-	-	-	-	-	-	-	-	-	-	-
			3.司會擔當	-	-	-	-	-	-	-	-	-	-	-
			4.討論參加	-	-	-	-	-	-	-	-	-	-	-
			5.單純參席	-	-	-	-	-	-	-	-	-	-	-
			計	-	-	-	-	-	-	-	-	-	-	-
		合計		-	-	-	-	-	-	-	-	-	2	3
	3. 大衆發表	1.大衆講演	1.特別講演	-	-	-	-	-	-	-	-	-	-	-
			2.演說・人事	-	-	-	-	-	-	-	-	-	-	-
			3.特別報告	-	-	-	-	-	-	-	-	-	-	-
			計	-	-	-	-	-	-	-	-	-	-	-
		2.媒體發表	1.新聞掲載	-	-	-	-	-	-	-	-	-	-	1
			2.紀念文作成	-	-	-	-	-	-	-	-	-	-	-
			3.主禮執典	-	-	-	-	-	-	-	-	-	-	-
			計	-	-	-	-	-	-	-	-	-	-	1
		合計		-	-	-	-	-	-	-	-	-	-	1
	總計			1	1	1	1	1	-	3	2	3	4	8
2. 聽取者數 (名)	1. 特定對象	1.教育・訓練	1.家庭教師・中高校・學院	-	-	1	1	1	-	180	1	301	2	4
			2.教育院・訓練院	-	-	-	-	-	-	-	-	-	-	40
			3.大學・大學院	-	-	-	-	-	-	-	-	-	-	-
			計	-	-	1	1	1	-	180	1	301	2	44
		2.學術發表	1.基調發表	-	-	-	-	-	-	-	-	-	-	-
			2.主題發表	-	-	-	-	-	-	-	-	-	-	-
			3.司會擔當	-	-	-	-	-	-	-	-	-	-	-
			4.討論參加	-	-	-	-	-	-	-	-	-	-	-
			5.單純參席	-	-	-	-	-	-	-	-	-	-	-
			計	-	-	-	-	-	-	-	-	-	-	-
		合計		-	-	1	1	1	-	180	1	301	2	44
	2. 一般大衆	1.講演・人事	1.特別講演	-	-	-	-	-	-	-	-	-	-	-
			2.演說・人事	-	-	-	-	-	-	-	-	-	-	-
			3.特別報告	-	-	-	-	-	-	-	-	-	-	-
			計	-	-	-	-	-	-	-	-	-	-	-
		2.結婚主禮	1.主禮主宰	-	-	-	-	-	-	-	-	-	-	-
			計	-	-	-	-	-	-	-	-	-	-	-
		合計		-	-	-	-	-	-	-	-	-	-	-
	總計			-	-	1	1	1	-	180	1	301	2	44

分類	項目			1966	1967	1968	1969	1970	1971	1972	1973	1974	1975	1976
1. 活動件數 (件,回)	1. 教育・訓練	1.講師・教師	1.家庭教師・中高校・學院	4	3	1	1	-	-	-	-	-	-	-
			2.教育院・訓練院	2	-	3	2	-	-	-	3	4	6	-
			計	6	3	4	3	-	-	-	3	4	6	-
		2.教授	1.大學	-	3	4	2	-	-	-	1	3	2	-
			2.大學院	-	-	-	-	-	-	2	2	2	2	2
			計	-	3	4	2	-	-	2	3	5	4	2
		合計		6	6	8	5	-	-	2	6	9	10	2
	2. 專門發表	1.著述發刊	1.著書	-	1	-	-	-	-	-	2	-	-	-
			2.論文	1	2	7	7	-	1	12	13	18	12	6
			3.研究報告書	2	4	1	1	-	-	7	1	2	2	1
			計	3	7	8	8	-	1	19	16	20	14	7
		2.學術發表	1.基調發表	-	-	-	-	-	-	-	-	-	1	-
			2.主題發表	-	-	-	-	-	-	-	3	2	3	2
			3.司會擔當	-	-	-	-	-	-	1	-	-	1	-
			4.討論參加	-	-	-	-	-	-	1	-	1	-	-
			5.單純參席	-	-	-	-	-	-	1	-	-	-	1
			計							3	3	3	5	3
		合計		3	7	8	8	-	1	22	19	23	19	10
	3. 大衆發表	1.大衆講演	1.特別講演	-	-	-	-	-	-	-	2	3	-	4
			2.演說・人事	-	-	-	-	-	-	-	-	-	-	-
			3.特別報告	-	-	-	-	-	-	3	-	-	-	1
			計	-	-	-	-	-	-	3	2	3	-	5
		2.媒體發表	1.新聞揭載	-	-	-	-	-	-	-	1	-	1	-
			2.紀念文作成	-	-	-	-	-	-	-	-	-	-	-
			3.主禮執典	-	-	-	-	-	-	-	-	-	-	-
			計	-	-	-	-	-	-	-	1	-	1	-
		合計		-	-	-	-	-	-	3	3	3	1	5
	總計			9	13	16	13	-	1	27	28	35	30	17
2. 聽取者數 (名)	1. 特定對象	1.教育・訓練	1.家庭教師・中高校・學院	17	85	480	40	-	-	-	-	-	-	-
			2.教育院・訓練院	140	-	620	100	-	-	-	230	480	1,163	-
			3.大學・大學院	-	110	120	100	-	-	-	535	735	575	60
			計	157	195	1,220	240	-	-	-	765	1,215	1,738	60
		2.學術發表	1.基調發表	-	-	-	-	-	-	-	-	-	50	-
			2.主題發表	-	-	-	-	-	-	-	500	300	400	300
			3.司會擔當	-	-	-	-	-	-	200	-	-	200	-
			4.討論參加	-	-	-	-	-	-	200	-	100	-	-
			5.單純參席	-	-	-	-	-	-	300	-	-	-	200
			計	-	-	-	-	-	-	700	500	400	650	500
		合計		157	195	1,220	240	-	-	700	1,265	1,615	2,388	560
	2. 一般大衆	1.講演・人事	1.特別講演	-	-	-	-	-	-	-	300	708	-	850
			2.演說・人事	-	-	-	-	-	-	-	-	-	-	-
			3.特別報告	-	-	-	-	-	-	130	-	-	-	100
			計	-	-	-	-	-	-	130	300	708	-	950
		2.結婚主禮	1.主禮主宰	-	-	-	-	-	-	-	-	-	-	-
			計	-	-	-	-	-	-	-	-	-	-	-
		合計		-	-	-	-	-	-	130	300	708	-	950
	總計			157	195	1,220	240	-	-	830	1,505	2,323	2,388	1,510

分類		項目		1977	1978	1979	1980	1981	1982	1983	1984	1985	1986
1. 活動件數 (件,回)	1. 教育·訓練	1.講師·敎師	1.家庭教師·中高校·學院	–	–	–	–	–	–	–	–	–	–
			2.教育院·訓練院	5	2	2	4	10	10	9	10	10	9
			計	5	2	2	4	10	10	9	10	10	9
		2.敎授	1.大學	–	–	–	–	–	–	–	–	–	–
			2.大學院	2	4	2	3	3	4	5	4	4	4
			計	2	4	2	3	3	4	5	4	4	4
		合計		7	6	4	7	13	14	14	14	14	13
	2. 專門發表	1.著述發刊	1.著書	–	–	1	–	–	4	1	1	–	–
			2.論文	18	16	15	15	20	20	17	12	20	21
			3.研究報告書	8	4	10	–	6	5	6	8	9	9
			計	26	20	26	15	26	29	24	21	29	30
		2.學術發表	1.基調發表	–	–	–	–	–	–	–	–	2	1
			2.主題發表	5	2	6	2	2	4	2	3	3	3
			3.司會擔當	1	2	–	1	3	4	4	8	8	5
			4.討論參加	5	2	3	6	5	6	6	4	4	7
			5.單純參席	–	1	1	1	–	–	–	–	–	–
			計	11	7	10	10	10	14	12	15	17	16
		合計		37	27	36	25	36	43	36	36	46	46
	3. 大衆發表	1.大衆講演	1.特別講演	5	9	6	8	13	11	7	9	4	4
			2.演說·人事	2	–	–	–	6	3	4	6	3	4
			3.特別報告	1	1	1	3	–	–	–	–	2	–
			計	8	10	7	11	19	14	11	15	9	8
		2.媒體發表	1.新聞揭載	6	2	3	–	3	4	6	2	3	2
			2.紀念文作成	–	–	–	–	–	1	1	1	–	3
			3.主禮執典	2	3	–	2	4	6	5	3	3	–
			計	8	5	3	2	7	11	12	6	6	5
		合計		16	15	10	13	26	25	23	21	15	13
	總計			60	48	50	45	75	82	73	71	75	72
2. 聽取者數 (名)	1. 特定對象	1.教育·訓練	1.家庭教師·中高校·學院	–	–	–	–	–	–	–	–	–	–
			2.教育院·訓練院	380	80	80	385	500	500	450	500	500	440
			3.大學·大學院	50	55	70	60	57	102	112	113	78	74
			計	430	135	150	445	557	602	562	613	578	514
		2.學術發表	1.基調發表	–	–	–	–	–	–	–	–	500	200
			2.主題發表	500	150	500	500	350	800	200	250	430	830
			3.司會擔當	100	400	–	200	700	800	700	1,900	1,365	1,450
			4.討論參加	800	300	500	710	1,200	1,200	1,000	550	800	850
			5.單純參席	–	1,000	3,000	50	–	–	–	–	–	–
			計	1,400	1,850	4,000	1,460	2,250	2,800	1,900	2,700	3,095	3,330
		合計		1,830	1,985	4,150	1,905	2,807	3,402	2,462	3,313	3,673	3,844
	2. 一般大衆	1.講演·人事	1.特別講演	1,050	1,290	570	1,235	2,280	2,010	1,300	1,385	850	950
			2.演說·人事	550	–	–	–	2,210	1,400	1,550	2,300	700	1,100
			3.特別報告	50	100	50	270	–	–	–	–	216	–
			計	1,650	1,390	620	1,505	4,490	3,410	2,850	3,685	1,766	2,050
		2.結婚主禮	1.主禮主宰	950	1,210	–	700	1,350	1,770	1,760	910	1,130	–
			計	950	1,210	–	700	1,350	1,770	1,760	910	1,130	–
		合計		2,600	2,600	620	2,205	5,840	5,180	4,610	4,595	2,896	2,050
	總計			4,430	4,585	4,770	4,110	8,647	8,582	7,072	7,908	6,569	5,894

分類		項目	年度	1987	1988	1989	1990	1991	1992	1993	1994	1995	1996
1. 活動件數(件,回)	1. 教育·訓練	1.講師·教師	1.家庭教師·中高校·學院	-	-	-	-	-	-	-	-	-	-
			2.教育院·訓練院	10	10	4	6	10	16	8	6	10	10
			計	10	10	4	6	10	16	8	6	10	10
		2.教授	1.大學	-	-	-	-	-	-	-	-	-	-
			2.大學院	4	4	4	2	4	4	4	4	4	2
			計	4	4	4	2	4	4	4	4	4	2
		合計		14	14	8	8	14	20	12	10	14	12
	2. 專門發表	1.著述發刊	1.著書	-	1	-	2	-	1	1	1	4	1
			2.論文	27	21	35	35	35	32	29	25	49	28
			3.研究報告書	3	2	4	3	7	6	3	-	1	-
			計	30	24	39	40	42	39	33	26	54	29
		2.學術發表	1.基調發表	3	2	3	1	4	9	2	6	8	6
			2.主題發表	2	2	12	8	13	6	3	5	8	1
			3.司會擔當	6	11	14	11	10	17	13	11	24	20
			4.討論參加	3	3	7	5	10	5	3	2	6	8
			5.單純參席	-	-	-	-	2	-	-	-	-	-
			計	14	18	36	25	39	37	21	24	46	35
		合計		44	42	75	65	81	76	54	50	100	64
	3. 大衆發表	1.大衆講演	1.特別講演	10	14	22	51	79	56	35	39	79	65
			2.演說·人事	21	15	12	19	3	26	43	17	21	24
			3.特別報告	2	-	3	-	1	2	9	5	5	4
			計	33	29	37	70	83	84	87	61	105	93
		2.媒體發表	1.新聞揭載	2	11	2	13	6	6	6	14	16	14
			2.紀念文作成	2	-	2	4	1	3	5	-	2	-
			3.主禮執典	6	4	2	8	5	4	5	7	7	7
			計	10	15	6	25	12	13	16	21	25	21
		合計		43	44	43	95	95	97	103	82	130	114
	總計			101	100	126	168	190	193	169	142	244	190
2. 聽取者數(名)	1. 特定對象	1.教育·訓練	1.家庭教師·中高校·學院	-	-	-	-	-	-	-	-	-	-
			2.教育院·訓練院	500	500	200	300	500	800	400	300	500	500
			3.大學·大學院	72	73	71	70	180	220	220	395	300	136
			計	572	573	271	370	680	1,020	620	695	800	636
		2.學術發表	1.基調發表	900	1,700	1,000	500	735	1,190	400	1,800	2,260	1,440
			2.主題發表	500	650	3,180	2,916	3,570	2,300	615	1,015	1,158	200
			3.司會擔當	945	2,460	4,587	2,360	3,990	5,420	2,955	2,430	5,760	3,978
			4.討論參加	700	1,450	2,270	1,000	4,190	730	400	115	1,250	2,550
			5.單純參席	-	-	-	-	750	-	-	-	-	-
			計	3,045	6,260	11,037	6,776	13,235	9,640	4,370	5,360	10,428	8,168
		合計		3,617	6,833	11,308	7,146	13,915	10,660	4,990	6,055	11,228	8,804
	2. 一般大衆	1.講演·人事	1.特別講演	755	1,866	13,928	16,886	24,298	16,007	10,242	10,741	20,097	10,569
			2.演說·人事	12,678	2,078	996	1,488	850	3,507	3,982	895	1,790	2,140
			3.特別報告	210	-	270	-	1,000	42	611	279	782	1,340
			計	13,643	3,944	15,194	18,374	26,148	19,556	14,835	11,915	22,669	14,049
		2.結婚主禮	1.主禮主宰	1,970	1,280	780	3,080	1,890	1,560	1,830	2,030	2,320	2,420
			計	1,970	1,280	780	3,080	1,890	1,560	1,830	2,030	2,320	2,420
		合計		15,613	5,224	15,974	21,454	28,038	21,116	16,665	13,945	24,989	16,469
	總計			19,230	12,057	27,282	28,600	41,953	31,776	21,655	20,000	36,217	25,273

分類		項目		1997	1998	1999	2000	2001	2002	2003	2004	2005	2006	累計
1. 活動件數 (件,回)	1. 教育・訓練	1.講師・教師	1.家庭教師・中高校・學院	-	-	-	-	-	-	-	-	-	-	27
			2.教育院・訓練院	7	3	4	7	10	4	-	-	-	-	217
			計	7	3	4	7	10	4	-	-	-	-	244
		2.教授	1.大學	-	-	-	-	-	-	-	-	-	-	15
			2.大學院	2	2	2	2	1	2	2	2	2	1	97
			計	2	2	2	2	1	2	2	2	2	1	112
		合計		9	5	6	9	11	6	2	2	2	1	356
	2. 專門發表	1.著述發刊	1.著書	-	2	-	-	-	-	1	1	1	-	26
			2.論文	33	34	33	18	17	24	17	30	14	9	799
			3.研究報告書	2	2	1	1	3	1	3	-	-	1	132
			計	35	38	34	19	20	25	21	31	15	10	957
		2.學術發表	1.基調發表	4	4	3	5	-	3	11	1	3	-	82
			2.主題發表	4	3	1	-	-	2	-	1	-	-	113
			3.司會擔當	17	19	20	7	11	9	14	7	12	7	298
			4.討論參加	2	4	1	-	2	1	-	-	-	-	112
			5.單純參席	-	3	3	3	-	-	1	-	1	-	18
			計	27	33	28	15	13	15	26	9	16	7	623
		合計		62	71	62	34	33	40	47	40	31	17	1,580
	3. 大衆發表	1.大衆講演	1.特別講演	35	19	24	31	23	28	22	25	28	7	777
			2.演說・人事	47	38	21	36	45	30	44	64	53	26	633
			3.特別報告	8	5	3	5	4	6	3	14	-	-	91
			計	90	62	48	72	72	64	69	103	81	33	1,501
		2.媒體發表	1.新聞揭載	8	11	7	3	-	4	5	20	4	1	187
			2.紀念文作成	-	2	3	2	2	3	2	4	2	5	50
			3.主禮執典	10	7	11	8	9	9	8	6	5	4	160
			計	18	20	21	13	11	16	15	30	11	10	397
		合計		108	82	69	85	83	80	84	133	92	43	1,898
	總計			179	158	137	128	127	126	133	175	125	61	3,834
2. 聽取者數 (名)	1. 特定對象	1.教育・訓練	1.家庭教師・中高校・學院	-	-	-	-	-	-	-	-	-	-	1,113
			2.教育院・訓練院	350	150	200	330	150	68	-	-	-	-	12,336
			3.大學・大學院	147	185	104	125	50	76	59	57	47	10	5,603
			計	497	335	304	455	200	144	59	57	47	10	19,052
		2.學術發表	1.基調發表	1,870	880	1,200	1,600	-	600	2,950	450	1,100	-	23,325
			2.主題發表	850	960	9	-	-	550	-	300	-	-	24,783
			3.司會擔當	2,871	3,558	3,360	1,015	2,220	1,315	2,250	905	2,230	580	63,204
			4.討論參加	300	810	100	-	480	40	-	-	-	-	24,595
			5.單純參席	-	250	495	610	-	-	10	-	150	-	6,815
			計	5,891	6,458	5,164	3,225	2,700	2,505	5,210	1,655	3,480	580	142,722
		合計		6,388	6,793	5,468	3,680	2,900	2,649	5,269	1,712	3,527	590	161,774
	2. 一般大衆	1.講演・人事	1.特別講演	6,371	3,282	6,911	5,760	5,764	3,388	5,553	7,142	9,859	1,245	195,442
			2.演說・人事	4,219	2,376	1,488	7,000	4,759	5,090	10,013	11,392	16,122	6,584	109,257
			3.特別報告	1,434	630	190	320	1,118	944	756	1,093	-	-	11,935
			計	12,024	6,288	8,589	13,080	11,641	9,422	16,322	19,627	25,981	7,829	316,634
		2.結婚主禮	1.主禮主宰	3,510	2,570	5,410	3,400	5,750	3,750	2,500	2,480	2,450	1,850	62,610
			計	3,510	2,570	5,410	3,400	5,750	3,750	2,500	2,480	2,450	1,850	62,610
		合計		15,534	8,858	13,999	16,480	17,391	13,172	18,822	22,107	28,431	9,679	379,244
	總計			21,922	15,651	19,467	20,160	20,291	15,821	24,091	23,819	31,958	10,269	541,018

分類		項目		1955	1956	1957	1958	1959	1960	1961	1962	1963	1964	1965
3. 執筆原稿量 (枚)	1. 專門研究	1.出版著書	1.單獨著書	-	-	-	-	-	-	-	-	-	-	-
			2.共同著書	-	-	-	-	-	-	-	-	-	-	-
			計	-	-	-	-	-	-	-	-	-	-	-
		2.發刊論文	1.學位論文	-	-	-	-	-	-	-	-	-	-	1,160
			2.著書論文	-	-	-	-	-	-	-	-	-	-	-
			3.教材論文	-	-	-	-	-	-	-	-	-	-	-
			4.不定期刊行物論文	-	-	-	-	-	-	-	-	-	-	-
			5.定期刊行物論文	-	-	-	-	-	-	-	-	-	-	-
			計	-	-	-	-	-	-	-	-	-	-	1,160
		3.研究報告書	1.單獨研究	-	-	-	-	-	-	-	-	-	-	-
			2.責任研究	-	-	-	-	-	-	-	-	-	-	-
			3.部分研究	-	-	-	-	-	-	-	-	-	400	500
			計	-	-	-	-	-	-	-	-	-	400	500
		合計		-	-	-	-	-	-	-	-	-	400	1,660
	2. 大衆發表	1.學術發表	1.基調發表	-	-	-	-	-	-	-	-	-	-	-
			2.主題發表	-	-	-	-	-	-	-	-	-	-	-
			計	-	-	-	-	-	-	-	-	-	-	-
		2.新聞·紀念文	1.新聞揭載	-	-	-	-	-	-	-	-	-	-	15
			2.詩·歌詞·碑文等	-	-	-	-	-	-	-	-	-	-	-
			計	-	-	-	-	-	-	-	-	-	-	15
		合計		-	-	-	-	-	-	-	-	-	-	15
	總計			-	-	-	-	-	-	-	-	-	400	1,675

客說 : 經驗에서 얻은 삶의 眞實

學者나 研究家는 研究對象에 대한 分類와 作名을 잘 해야 한다. 分類는 적절한 基準을 가지고 누락되거나 중복되는 事實이 없도록 균형 있게 해야 하고, 作名은 對象 전체를 대표하는 적절한 이름을 고안해야 한다.

客說 : 經驗에서 얻은 삶의 眞實

나는 꿈을 꾸고 나면 現實世界와 결부시키는 習慣을 갖고 있다. 吉夢일 때는 무슨 좋은 일이 생기지 않을까 하는 期待感을 갖고 기다리며, 凶夢일 때는 집에서나 밖에서 무척 조심을 한다. 凶夢 後의 處身은 그런 대로 괜찮은 편이지만 吉夢 後의 마음상태는 橫財를 노리는 도둑의 심보라 아니할 수 없어 좀 씁쓸하다.

分類		項目		1966	1967	1968	1969	1970	1971	1972	1973	1974	1975	1976
3. 執筆 原稿量 (枚)	1. 專門研究	1.出版著書	1.單獨著書	-	-	-	-	-	-	-	-	-	-	-
			2.共同著書	-	1,985	-	-	-	-	-	820	-	-	-
			計	-	1,985	-	-	-	-	-	820	-	-	-
		2.發刊論文	1.學位論文	-	-	-	-	-	165	-	-	-	-	1,250
			2.著書論文	-	-	-	-	-	-	-	-	-	100	500
			3.教材論文	-	-	1,465	970	-	-	-	250	380	275	-
			4.不定期刊行物論文	-	-	-	-	-	-	-	-	-	-	-
			5.定期刊行物論文	50	145	90	65	-	-	584	533	1,439	305	665
			計	50	145	1,555	1,035	-	165	584	783	1,819	680	2,415
		3.研究報告書	1.單獨研究	-	-	-	350	-	-	-	1,000	-	500	-
			2.責任研究	-	-	-	-	-	-	250	-	-	1,000	-
			3.部分研究	550	1,100	150	-	-	-	1,100	-	300	-	150
			計	550	1,100	150	350	-	-	1,350	1,000	300	1,500	150
		合計		600	3,230	1,705	1,385	-	165	1,934	2,603	2,119	2,180	2,565
	2. 大衆發表	1.學術發表	1.基調發表	-	-	-	-	-	-	-	-	-	100	-
			2.主題發表	-	-	-	-	-	-	-	225	310	460	185
			計	-	-	-	-	-	-	-	225	310	560	185
		2.新聞・紀念文	1.新聞掲載	-	-	-	-	-	-	-	-	-	-	-
			2.詩・歌詞・碑文等	-	-	-	-	-	-	-	-	-	-	-
			計	-	-	-	-	-	-	-	-	-	-	-
		合計		-	-	-	-	-	-	-	225	310	560	185
	總計			600	3,230	1,705	1,385	-	165	1,934	2,828	2,429	2,740	2,750

客說 : 經驗에서 얻은 삶의 眞實

죽어서 다시 태어난다면 나는 女子로 태어나고 싶다. 지금까지는 男性 優位時代였지만 앞으로의 세상은 女性 上位時代가 될 것이기 때문이다. 나는 좋은 것만 찾아다니는 해바라기다.

客說 : 經驗에서 얻은 삶의 眞實

冊을 많이 읽고 工夫를 많이 하면 아는 것이 많아지고 생각이 깊어진다. 그러나 너무 많이 생각하고 너무 신중하여 決斷을 잘 내리지 않고 더욱이 行動하는 데는 더 느린게 보통이다. 識者憂患이다. 그러나 머리에 든게 없으면 빨리 결정하고 신속히 행동한다. 무식하면 용감한 법이고 둔한 사람이 범 잡는다.

分類		項目		1977	1978	1979	1980	1981	1982	1983	1984	1985
3. 執筆原稿量(枚)	1. 專門研究	1.出版著書	1.單獨著書	-	-	3,210	-	-	1,350	-	-	-
			2.共同著書	-	-	-	-	-	560	160	110	-
			計	-	-	3,210	-	-	1,910	160	110	-
		2.發刊論文	1.學位論文	-	-	-	-	-	-	-	-	-
			2.著書論文	100	175	240	-	170	-	-	189	55
			3.教材論文	-	45	-	255	-	180	-	120	-
			4.不定期刊行物論文	130	925	375	130	140	100	55	100	35
			5.定期刊行物論文	553	619	350	611	879	890	1,034	355	674
			計	783	1,764	965	996	1,189	1,170	1,089	764	764
		3.研究報告書	1.單獨研究	500	2,250	1,850	-	-	745	1,200	845	600
			2.責任研究	3,750	-	1,000	-	1,250	1,500	1,500	2,500	1,000
			3.部分研究	800	450	1,885	-	850	705	645	975	1,260
			計	5,050	2,700	4,735	-	2,100	2,950	3,345	4,320	2,860
		合計		5,833	4,464	8,910	996	3,289	6,030	4,594	5,194	3,624
	2. 大衆發表	1.學術發表	1.基調發表	-	-	-	-	-	-	-	-	225
			2.主題發表	535	260	625	290	200	450	310	325	385
			計	535	260	625	290	200	450	310	325	610
		2.新聞·紀念文	1.新聞揭載	15	30	15	-	30	-	80	-	30
			2.詩·歌詞·碑文等	-	-	-	-	-	2	10	15	-
			計	15	30	15	-	30	2	90	15	30
		合計		550	290	640	290	230	452	400	340	640
	總計			6,383	4,754	9,550	1,286	3,519	6,482	4,994	5,534	4,264

客說 : 經驗에서 얻은 삶의 眞實

받는 年賀狀의 數는 社會的 地位의 높이에 正比例한다. 年賀狀은 사람을 보고 보내는 것이 아니라 그 자리를 보고 보내는 것 같다.

客說 : 經驗에서 얻은 삶의 眞實

敎授와 硏究에 있어 젊었을 때는 技法과 分析 등의 方法論에 치중하고 中年期에는 屬性과 構造 등의 理論에 강하며 老年期에 들어서면 解釋과 批評 등의 含意論으로 바뀌어진다.

分類		項目 \ 年度		1986	1987	1988	1989	1990	1991	1992	1993	1994
3. 執筆 原稿量 (枚)	1. 專門硏究	1.出版著書	1.單獨著書	-	-	4,295	-	945	-	-	-	-
			2.共同著書	-	-	-	-	2,620	-	105	40	120
			計	-	-	4,295	-	3,565	-	105	40	120
		2.發刊論文	1.學位論文	-	-	-	-	-	-	-	-	-
			2.著書論文	100	301	95	-	-	260	-	-	55
			3.敎材論文	-	-	315	-	200	270	1,224	-	-
			4.不定期刊行物 論文	449	320	440	150	180	160	1,184	585	835
			5.定期刊行物 論文	265	1,008	390	807	695	635	666	550	415
			計	814	1,629	1,240	957	1,075	1,325	3,074	1,135	1,305
		3.硏究報告書	1.單獨硏究	5,040	675	810	290	595	245	510	550	-
			2.責任硏究	-	750	-	4,565	-	1,355	3,840	-	-
			3.部分硏究	1,030	150	250	60	85	1,345	480	-	-
			計	6,070	1,575	1,060	4,915	680	2,945	4,830	550	-
		合計		6,884	3,204	6,595	5,872	5,320	4,270	8,009	1,725	1,425
	2. 大衆發表	1.學術發表	1.基調發表	100	350	200	300	75	225	100	125	260
			2.主題發表	410	190	175	610	305	535	620	400	350
			計	510	540	375	910	380	760	720	525	610
		2.新聞・紀念文	1.新聞揭載	30	7	104	-	99	45	95	29	90
			2.詩・歌詞・碑文等	45	5	-	9	28	1	10	17	-
			計	75	12	104	9	127	46	105	46	90
		合計		585	552	479	919	507	806	825	571	700
	總計			7,469	3,756	7,074	6,791	5,827	5,076	8,834	2,296	2,125

客說 : 經驗에서 얻은 삶의 眞實

對話와 講義 및 演說의 要諦는 말하는 者의 의도하는 바를 相對方에게 정확히 전달하는 데 있다. 이를 위해서는 聽取者의 構成, 年齡, 性別, 學力, 職業 등을 고려하여 거기에 맞는 水準의 語彙와 論理를 가지고 이해하기 쉽도록 설명해야 한다. 그렇지 않으면 實力 있다는 소리는 들을지 몰라도 傳達의 效果는 없다.

客說 : 經驗에서 얻은 삶의 眞實

나는 길을 걸을 때 매우 速步다. 같이 가는 사람과 조금만 지나면 거리가 생겨 같이 나란이 가려면 내가 아주 힘들게 천천히 걷거나 同行者가 거의 뛰다시피 해야 한다. 나이가 많이 든 지금도 젊은이보다 더 빨리 걷는다. 나는 소가 아니라 말이다.

分類		項目		1995	1996	1997	1998	1999	2000	2001	2002	2003	2004	2005	2006	累計
3. 執筆 原稿量 (枚)	1. 專門研究	1.出版著書	1.單獨著書	2,505	4,180	-	-	475	-	-	-	10,610	345	1,285	-	29,200
			2.共同著書	280	-	-	605	-	-	-	-	-	-	-	-	7,405
			計	2,785	4,180	-	605	475	-	-	-	10,610	345	1,285	-	36,605
		2.發刊論文	1.學位論文	-	-	-	-	-	-	-	-	-	-	-	-	2,575
			2.著書論文	150	-	-	75	65	135	40	-	70	-	-	-	2,875
			3.教材論文	185	395	-	-	-	65	85	50	-	-	-	-	6,729
			4.不定期刊行物 論文	1,085	420	905	75	520	160	650	1,225	135	150	42	240	11,900
			5.定期刊行物 論文	1,020	455	290	365	240	200	440	500	255	430	245	80	19,792
			計	2,440	1,270	1,195	515	825	560	1,215	1,775	460	580	287	320	43,871
		3.研究 報告書	1.單獨研究	540	-	140	35	-	-	-	-	-	-	-	-	19,270
			2.責任研究	-	-	50	-	95	50	450	-	45	-	-	-	24,950
			3.部分研究	-	-	-	50	-	-	-	-	-	-	-	-	15,270
			計	540	-	190	85	95	50	450	-	45	-	-	-	59,490
		合計		5,765	5,450	1,385	1,205	1,395	610	1,665	1,775	11,115	925	1,572	320	139,966
	2. 大衆發表	1.學術發表	1.基調發表	405	300	180	160	100	145	-	100	170	-	-	-	3,580
			2.主題發表	320	75	270	160	35	-	-	35	-	20	-	-	9,070
			計	725	375	450	320	135	145	-	135	170	20	-	-	12,650
		2.新聞・紀念文	1.新聞掲載	135	85	42	115	68	21	-	22	8	44	11	-	1,265
			2.詩・歌詞・碑文等	6	-	-	25	8	2	25	6	7	8	2	11	242
			計	141	85	42	140	76	23	25	28	15	52	13	11	1,507
		合計		866	460	492	460	211	168	25	163	185	72	13	11	14,157
	總計			6,631	5,910	1,877	1,665	1,606	778	1,245	1,938	11,300	997	1,585	331	154,123

客說 : 經驗에서 얻은 삶의 眞實

大衆을 상대로 한 講演이나 演說은 學校나 教育院의 講義와는 다르다. 아무리 깊은 知識과 理論을 가진 講演이라도 聽衆이 듣지않고 자리한 옆사람과 雜談을 하거나 자리를 떠나 나가면 모두 헛 것이다. 聽衆이 경청하고 講師와 呼吸을 같이 하게 만드는 특별한 技法을 갖고 있어야 한다.

客說 : 經驗에서 얻은 삶의 眞實

나는 飛行機의 1等席(first class), 2等席(business class), 3等席(economy class)을 다 타보았다. 역시 1等席이 가장 좋았다. 그래서 사람들이 높은 벼슬을 하거나 돈을 많이 벌려고 그렇게 애를 쓰는 것 같다.

Ⅱ. 活動의 地域的 및 時間的 分布

○ 要 約 : 活動舞臺로서의 時・空間 分類

- ● 地域
  - 國內
    - 서울
      - 特別市
    - 地方
      - 廣域市
      - 道
  - 國外
    - 아시아 洲
    - 유럽 洲
    - 北아메리카 洲
    - 南아메리카 洲
    - 아프리카 洲
    - 오세아니아 洲

- ● 時間
  - 人類歷史
    - 紀元前
    - 紀元後
  - 本人生涯
    - 成長・修學期
    - 社會活動期
  - 月日分布
    - 月別
    - 日別

客說 : 經驗에서 얻은 삶의 眞實

어린 시절에 나는 뱀을 많이 때리기도 하고 죽이기도 하였다. 뱀에 물린 개구리의 울음소리를 들으면 登校길에도 그 뱀을 찾아 죽이고 개구리를 구해주곤 했다. 그러나 그동안 뱀으로부터의 원망도, 개구리로부터의 고맙다는 말도 들어보지 못했다. 모두 살아가느라 바빠서 그런 것 같다.

客說 : 經驗에서 얻은 삶의 眞實

젊었을 때는 잠깐씩 머물면서 여러 地域을 많이 돌아다니는 旅行을 했으나 나이가 들면서는 한 곳에 며칠씩 묵으면서 천천히, 그리고 여유 있게 여행을 하게 된다. 젊어서의 여행은 走馬看山이요 늙어서의 여행은 少數精銳이다.

1. 地域的 分布

(1) 生涯活動의 地域區分別 分布

活動區分 \ 地域區分		國內			國外	合計
		서울	地方	計		
1.時間과 家庭	1.滯留日數(日)	14,752(57.7)	9,180(35.9)	23,932(93.6)	1,636(6.4)	25,568(100.0)
	2.出生家族數(名)	4(50.0)	2(25.0)	6(75.0)	2(25.0)	8(100.0)
	3.居住家宅數(戶)	14(56.0)	7(28.0)	21(84.0)	4(16.0)	25(100.0)
	平均構成比(%)	54.6	29.6	84.2	15.8	100.0
2.教育과 經歷	1.定規教育學校數(校)	2(28.5)	3(42.9)	5(71.4)	2(28.6)	7(100.0)
	2.硏修・訓練回數(回)	8(80.0)	1(10.0)	9(90.0)	1(10.0)	10(100.0)
	3.經歷委囑數(個)	473(77.3)	80(13.1)	553(90.4)	59(9.6)	612(100.0)
	4.受領賞勳數(個)	49(60.5)	25(30.9)	74(91.4)	7(8.6)	81(100.0)
	平均構成比(%)	61.6	24.2	85.8	14.2	100.0
3.著作 發刊數	1.著書(卷)	23(88.5)	3(11.5)	26(100.0)	-	26(100.0)
	2.論文(篇)	610(76.3)	174(21.8)	784(98.1)	15(1.9)	799(100.0)
	3.報告書(件)	109(82.0)	21(15.7)	130(97.7)	3(2.3)	133(100.0)
	平均構成比(%)	82.3	16.3	98.6	1.4	100.0
4.發表와 演說回數	1.學術行事參席(回)	278(44.6)	314(50.4)	592(95.0)	31(5.0)	623(100.0)
	2.特講・演說(回)	647(43.1)	810(54.0)	1,457(97.1)	44(2.9)	1,501(100.0)
	3.大衆媒體發表(回)	277(75.1)	88(23.8)	365(98.9)	4(1.1)	369(100.0)
	平均構成比(%)	54.3	42.7	97.0	3.0	100.0
5.育成 弟子數	1.受學者(名)	16,441(86.3)	2,611(13.7)	19,052(100.0)	-	19,052(100.0)
	2.助敎(名)	3(11.1)	24(88.9)	27((100.0)	-	27(100.0)
	3.論文指導・審査(名)	1,420(89.1)	173(10.9)	1,593(100.0)	-	1,593(100.0)
	平均構成比(%)	62.2	37.8	100.0	-	100.0
6.社會關係	1.團體加入數(個)	30(57.7)	18(34.6)	48(92.3)	4(7.7)	52(100.0)
	2.主禮執典數(回)	144(90.0)	16(10.0)	160(100.0)	-	160(100.0)
	3.單純參席數(回)	324(68.5)	147(31.1)	471(99.6)	2(0.4)	473(100.0)
	4.紹介・弘報數(回)	627(54.6)	510(44.4)	1.137(99.0)	12(1.0)	1,149(100.0)
	5.受領年賀狀數(回)	5,375(58.7)	3,273(35.7)	8,648(94.4)	516(5.6)	9,164(100.0
	平均構成比(%)	65.9	31.2	97.1	2.9	100.0
7.旅行과 訪問	1.最初訪問地數(個)	1(0.3)	164(41.2)	165(41.5)	233(58.5)	398(100.0)
	2.延訪問地數(個)	1(0.1)	809(71.2)	810(71.3)	326(28.7)	1,136(100.0)
	3.延訪問回數(個)	1(0.1)	2,062(85.3)	2,063(85.4)	352(14.6)	2,415(100.0)
	4.訪問地點數(個)	1,710(4.7)	11,740(32.3)	13,450(37.0)	22,896(63.0)	36,346(100.0)
	平均構成比(%)	1.3	57.5	58.8	41.2	100.0
8.趣味生活	1.愛唱曲數(曲)	509(74.7)	110(16.2)	619(90.9)	62(9.1)	681(100.0)
	2.耽讀小說數(卷)	640(40.7)	242(15.4)	882(56.1)	691(43.9)	1.573(100.0)
	3.觀覽映畫數(篇)	678(38.5)	113(6.4)	791(44.9)	969(55.1)	1,760(100.0)
	4.골프運動數(回)	774(75.1)	232(22.5)	1,006(97.6)	25(2.4)	1,031(100.0)
	平均構成比(%)	57.3	15.1	72.4	27.6	100.0
總 平均 構成比(%)		54.9	31.8	86.7	13.3	100.0

註. 愛唱曲・小說・映畵는 地方에서 成長・修學하던 1956年까지는 地方으로, 그 以後는 서울로 分類하였음.

(2) 國家別 訪問 및 緣故事項 集計

(訪問年度 順)

事項 / 國家	訪問回數 및 日數			訪問地數(個)		因緣人士(名)			情報·資料				活動
	最初訪問年度	訪問回數(回)	延滯留日數(日)	地域	機關·施設·名所	歷史的人物	相面人士	合計	耽讀小說(卷)	觀覽映畵(篇)	골프運動(回)	合計	主要遂行機能
韓國	1936	1	23,923	165	13,450	192	100,307	100,499	882	791	1,006	2,679	出生·居住·活動
外國 美國	1969	12	1,169	34	3,648	15	735	750	114	559	9	682	留學·會議·視察
日本	1972	25	170	37	2,534	11	550	561	52	22	5	79	會議·訪問·視察
泰國	1978	2	22	3	98	-	155	155	-	-	1	1	研究·會議·視察
네덜란드	1979	1	2	1	30	-	11	11	3	-	-	3	訪問·視察
덴마크	1979	1	2	2	36	1	13	14	11	6	-	17	視察·觀光
獨逸	1979	4	24	17	329	8	125	133	44	23	4	71	訪問·視察
英國	1979	1	3	2	240	10	13	23	102	129	-	231	〃
프랑스	1979	4	15	8	656	10	109	119	111	92	-	203	〃
오스트리아	1979	2	5	1	287	-	28	28	3	2	-	5	〃
스위스	1979	1	3	2	37	1	12	13	2	1	-	3	〃
이탈리아	1979	1	4	2	262	10	19	29	13	42	-	55	〃
그리스	1979	1	3	1	85	4	10	14	12	1	-	13	〃
스리랑카	1979	2	10	2	54	-	90	90	-	-	1	1	會議·視察
인도네시아	1982	1	4	2	55	-	35	35	-	-	-	-	訪問·視察
濠洲	1982	2	8	3	120	-	36	36	1	-	1	2	〃
뉴질랜드	1982	1	5	2	44	-	15	15	-	1	-	1	〃
印度	1983	1	8	2	46	3	125	128	11	2	-	13	會議·訪問·視察
싱가포르	1983	3	8	1	77	-	28	28	-	-	1	1	會議·訪問·觀光
말레이시아	1986	1	6	1	47	-	22	22	-	-	1	1	〃
中國	1990	5	38	17	1,330	36	183	219	106	46	1	153	〃
臺灣	1990	3	17	7	724	-	145	145	1	5	1	7	〃
스페인	1991	1	7	3	92	1	95	96	7	9	-	16	〃
포르투갈	1991	1	3	1	85	-	11	11	1	-	-	1	視察·觀光
스웨덴	1991	1	2	2	44	-	13	13	5	2	-	7	訪問·視察
모나코	1991	1	2	1	33	-	10	10	-	-	-	-	視察·觀光
이집트	1995	2	6	5	139	3	27	30	6	-	-	6	〃
리비아	1995	1	7	12	177	-	83	83	-	-	-	-	訪問·視察
튜니시아	1995	1	1	2	30	1	7	8	-	-	-	-	視察·觀光
캐나다	1997	1	2	2	50	-	8	8	-	2	-	2	〃
北韓	1999	4	11	3	3,643	-	12	12	1	-	-	1	〃
베트남	2000	1	4	2	244	1	23	24	-	-	-	-	訪問·會議·觀光
캄보디아	2000	1	4	3	212	-	20	20	-	-	-	-	視察·觀光
요르단	2001	1	4	2	168	-	12	12	-	-	-	-	〃
이라크	2001	1	5	7	384	-	48	48	-	-	-	-	〃
러시아	2001	1	4	2	619	5	23	28	24	7	-	31	〃
폴란드	2001	1	2	1	163	1	12	13	18	1	-	19	〃
체코	2001	1	2	2	354	-	13	13	1	2	-	3	訪問·視察
헝가리	2001	1	2	1	286	-	16	16	2	1	-	3	視察·觀光
멕시코	2002	1	2	1	183	-	14	14	-	-	-	-	〃
페루	2002	1	5	7	552	-	35	35	-	-	-	-	〃
브라질	2002	1	5	3	369	-	20	20	-	1	-	1	訪問·視察
아르헨티나	2002	1	1	1	48	-	7	7	-	-	-	-	觀光
터키	2003	1	9	4	828	-	35	35	-	-	-	-	〃
케냐	2006	1	6	3	409	-	10	10	-	-	-	-	〃
탄자니아	2006	1	1	1	24	-	3	3	-	-	-	-	〃
南阿共	2006	1	7	4	307	-	20	20	4	1	-	5	〃
짐바브웨	2006	1	3	1	164	-	4	4	-	-	-	-	〃
보츠와나	2006	1	1	1	99	-	3	3	-	-	-	-	〃
잠비아	2006	1	1	1	129	-	2	2	-	-	-	-	〃
필리핀	2006	1	5	5	910	-	5	5	-	-	-	-	〃
몽골	2006	1	5	3	414	1	15	16	2	-	-	2	〃
合計(51國)	1969	108	1,645	233	22,896	122	3,055	3,177	657	957	25	1,639	-
總計(52國)	1936	109	25,568	398	36,346	314	103,362	103,676	1,539	1,748	1,031	4,318	-

※ 北韓 映畵는 韓國에 포함되어 있음.

(3) 2002年 월드컵 蹴球競技 參加國과 本人과의 緣故

1) 2002年 월드컵 蹴球大會 槪要

- 主催國 : 韓國과 日本 (共同主催)
- 期間 : 2002. 5. 31 ~ 2002. 6. 30
- 競技場 : 韓國 - 서울, 釜山, 大邱, 仁川, 光州, 大田, 蔚山, 水原, 全州, 西歸浦 (10地域)
  日本 - 요코하마(橫浜), 사이타마(埼玉), 니가타(新潟), 이바라키(茨木),
  시즈오카(靜岡), 미야키(宮城), 삿포로(札幌), 오사카(大阪), 고베(神戶),
  오이타(大分) (10地域)
- 參加國 : 32個國

2) 參加國의 實相과 本人과의 因緣

(2002年 現在)

大陸	區分 / 國家	國家實相 (2000年基準) 獨立紀念日	面積 (㎢)	人口 (千人)	GNP (百萬U.S.$)	1人當 GNP (U.S.$)	訪問狀況 最初訪問日字	訪問回數 (回)	滯留期間 (日)	訪問地域 (個)	訪問地點 (個)	골프運動 (回)	小說·映畵接觸 耽讀小說 (卷)	觀覽映畵 (篇)	合計 (個)
1. 아시아洲	1.韓國	1948.8.15	99,461	47,676	397,910	8,490	36.7.28	1	22,555	165	13,450	987	765	731	1,496
	2.日本	660B.C.	377,837	127,100	4,054,545	32,030	72.1.12	24	167	36	2,237	5	42	16	58
	3.中國	1523B.C.	9,572,900	1,274,915	979,894	780	89.3.8	5	38	17	1,330	1	99	41	140
	4.터키	1923.10.29	779,452	66,229	186,490	2,900	-	-	-	-	-	-	-	-	-
	5.사우디아라비아	1932.9.23	2,248,000	22,757	139,365	6,900	-	-	-	-	-	-	-	-	-
	計(5)	-	13,077,650	1,538,677	5,758,204	3,742	36.7.28	30	22,760	218	17,017	993	906	788	1,694
	洲全體(48)	-	31,889,660	3,714,141	7,109,229	2,120	36.7.28	50	22,860	251	19,248	998	926	796	1,722
2. 유럽洲	1.잉글랜드	1921.12.6	244,101	59,953	1,403,843	23,500	79.8.12	1	3	2	240	-	92	110	202
	2.프랑스	843.8	543,965	58,835	1,453,211	24,170	79.8.14	4	15	8	656	-	87	90	177
	3.獨逸	1955.5.5	357,021	82,386	2,103,804	26,620	79.8.11	6	24	17	329	4	40	22	62
	4.이탈리아	1861.3.17	301,337	57,892	1,162,910	20,170	79.8.21	1	4	2	262	-	13	38	51
	5.러시아	1991.12.8	17,075,400	144,417	328,995	2,250	01.7.4	1	4	2	619	-	22	7	29
	6.스웨덴	836	449,964	8,888	236,940	26,750	91.4.17	1	2	2	44	-	5	2	7
	7.덴마크	800	43,096	5,358	170,685	32,050	79.8.10	1	2	2	36	-	11	6	17
	8.스페인	1492	505,990	40,144	583,082	14,800	91.4.9	1	7	3	92	-	7	8	15
	9.포르투갈	1140	92,365	10,328	110,175	11,030	91.4.15	1	3	1	85	-	1	-	1
	10.폴란드	1918.11.10	312,685	38,648	157,429	4,070	01.7.7	1	2	1	163	-	13	1	14
	11.벨기에	1830.10.4	30,528	10,268	252,051	24,650	-	-	-	-	-	-	-	-	-
	12.슬로베니아	1991.6.25	20,273	1,991	19,862	10,000	-	-	-	-	-	-	-	-	-
	13.아일랜드	1921.12.6	70,273	3,823	80,559	21,470	-	-	-	-	-	-	6	-	6
	14.크로아티아	1991.6.25	56,542	4,393	20,222	4,530	-	-	-	-	-	-	-	-	-
	計(14)	-	20,103,540	527,324	8,083,768	15,330	79.8.10	18	66	40	2,526	4	297	284	581
	洲全體(42)	-	22,969,900	726,833	9,684,865	13,350	79.8.9	26	85	49	3,638	4	335	294	629
3. 北 아메리카洲	1.美國	1776.7.4	9,363,364	286,067	8,879,500	31,910	69.9.20	10	1,154	27	1,800	9	93	475	568
	2.멕시코	1810.9.16	1,964,375	99,969	428,877	4,440	02.1.26	1	2	1	183	-	-	-	-
	3.코스타리카	1821.9.15	51,100	3,936	12,828	3,570	-	-	-	-	-	-	-	-	-
	計(3)	-	11,378,839	389,972	9,321,205	23,902	69.9.20	11	1,156	28	1,983	9	93	475	568
	洲全體(23)	-	24,221,490	490,780	10,086,082	20,551	69.9.20	12	1,158	30	2,033	9	94	477	571

大陸	國家	國家實相 (2000年基準)					訪 問 狀 況						小說·映畫接觸		
大陸 \ 區分	國家	獨立紀念日	面積 (㎢)	人口 (千人)	GNP (百萬.US.$)	1人當 GNP (U.S.$)	最初訪問日字	訪問回數 (回)	滯留期間 (日)	訪問地域 (個)	訪問地點 (個)	골프運動 (回)	耽讀小說 (卷)	觀覽映畫 (篇)	合計 (個)
4. 南 아메리카洲	1.브라질	1822.9.7	8,547,404	172,118	730,424	4,350	02.2.2	1	5	3	369	-	-	1	1
	2.아르헨티나	1816.7.9	2,780,092	37,487	296,097	7,550	02.2.3	1	1	1	46	-	-	-	-
	3.에콰도르	1998.8.10	272,045	12,879	16,841	1,360	-	-	-	-	-	-	-	-	-
	4.우루과이	1828.8.25	176,215	3,303	20,604	6,220	-	-	-	-	-	-	-	-	-
	5.파라과이	1811.5.14	406,752	5,636	8,374	1,560	-	-	-	-	-	-	-	-	-
	計(5)	-	12,182,508	231,423	1,072,340	4,634	02.2.2	2	6	4	415	-	-	1	1
	洲全體(12)	-	17,858,520	350,514	1,383,937	4,030	02.1.27	3	11	11	967	-	1	1	2
5. 아프리카洲	1.튀니지	1956.3.20	164,150	9,828	19,757	2,090	95.7.26	1	1	2	30	-	-	-	-
	2.南阿共	1910.5.31	1,219,090	43,586	133,569	3,170	-	-	-	-	-	-	1	1	2
	3.세네갈	1960.8.20	196,712	10,285	4,685	500	-	-	-	-	-	-	-	-	-
	4.나이지리아	1960.10.1	923,768	126,636	31,600	260	-	-	-	-	-	-	-	-	-
	5.카메룬	1960.1.1	475,442	15,803	8,798	600	-	-	-	-	-	-	-	-	-
	計(5)	-	2,979,162	206,138	198,409	963	95.7.26	1	1	2	30	-	1	1	2
	洲全體(53)	-	30,348,110	816,524	539,367	700	95.7.18	5	14	19	346	-	7	1	8
6. 오세아니아洲	-	-	-	-	-	-	-	-	-	-	-	-	-	-	-
	洲全體(14)	-	8,514,830	31,377	469,240	15,510	82.1.19	3	13	5	164	1	1	1	2
合 計	合計(32)	-	59,721,699	2,893,534	24,433,926	8,444	36.7.28	62	23,989	292	21,971	1,006	1,297	1,549	2,846
	世界全體 (192)	-	135,802,510	6,130,169	29,278,809	5,120	36.7.28	99	24,141	365	26,396	1,012	1,364	1,570	2,934

客說 : 經驗에서 얻은 삶의 眞實

結婚主禮는 언제 서도 긴장이 되고 조심스럽다. 그 만큼 경건한 人倫大事이기 때문일 것이다. 그래서 주례는 아무나 하는 것이 아니고, 또 주례를 맡으면 眞心을 가지고 誠意를 다해 執典해주어야 한다.

客說 : 經驗에서 얻은 삶의 眞實

나는 그 동안의 旅行中 위험했던 적이 몇 번 있었다. 臺灣에 갔을 때 滯留地에서 멀지 않은 곳에서의 大地震 발생, 이라크 바그다드를 떠난 직후에 일어난 美國의 대폭격, 모스크바에서의 歸國時 고비沙漠 상공에서의 航空機 일시추락과 요동, 英國 런던空港에서 질주하던 航空機가 離陸直前 기계고장으로 急停止, 中國 西安에 갔을 때 승차한 버스의 타이어 고장, 이라크에서 요르단 암만으로 오던 버스의 브레이크 고장, 페루 마추 픽추에서 首都 리마로 올 때의 日氣不順과 飛行機 고장 등이 나를 크게 겁준 사건들이다. 이 가운데 어느 하나만 제대로 터졌더라면 나를 포함한 몇 사람은 지금 없다.

開幕式 (5.31 서울)	32强戰 (5.31~6.14 韓國10市, 日本10市)	16强戰 (6.15 西歸浦·新潟 6.16 水原·大分 6.17 全州·神戶 6.18 大田·宮城)	8强戰 (6.21 蔚山·靜岡 6.22 光州·大阪)	4强戰 (6.25 서울 6.26 崎玉)	3·4位戰 (6.29 大邱)	決勝戰 閉幕式 (6.30 橫濱)	
1. 아시아洲 (5國)	1. **韓 國***	**韓 國***	**韓 國***	**韓 國***	**韓 國***	第4位	
	2. **日 本***	**日 本***	(脫)				
	3. **中 國***	(脫)					
	4. 터 키	터 키	터 키	터 키	터 키	第3位	
	5. 사우디아라비아	(脫)					
2. 유럽洲(14國)	1. **잉글랜드***	**잉글랜드***	**잉글랜드***	(脫)			
	2. **프 랑 스***	(脫)					
	3. **獨 逸***	**獨 逸***	**獨 逸***	**獨 逸***		**獨 逸***	第2位
	4. **이탈리아***	**이탈리아***	(脫)				
	5. **러 시 아***	(脫)					
	6. **스 웨 덴***	**스 웨 덴***	(脫)				
	7. **덴 마 크***	**덴 마 크***	(脫)				
	8. **스 페 인***	**스 페 인***	**스 페 인***	(脫)			
	9. **포르투갈***	(脫)					
	10. **폴 란 드***	(脫)					
	11. 벨 기 에	벨 기 에	(脫)				
	12. 슬로베니아	(脫)					
	13. 아일랜드*	아일랜드*	(脫)				
	14. 크로아티아	(脫)					
3. 北아메리카洲(3國)	1. **美 國***	**美 國***	**美 國***	(脫)			
	2. **멕 시 코**	**멕 시 코**	(脫)				
	3. 코스타리카	(脫)					
4. 南아메리카洲(5國)	1. **브 라 질**	**브 라 질**	**브 라 질**	**브 라 질**		**브 라 질**	第1位
	2. **아르헨티나**	(脫)					
	3. 에콰도르	(脫)					
	4. 우루과이	(脫)					
	5. 파라과이	파라과이	(脫)				
5. 아프리카洲(5國)	1. **튀 니 지**	(脫)					
	2. 南 阿 共*	(脫)					
	3. 세 네 갈	세 네 갈	세 네 갈	(脫)			
	4. 나이지리아	(脫)					
	5. 카 메 룬	(脫)					

※ **[ ]** : 訪問國, * : 小說·映畫 接觸國

4) 競技進行과 戰績

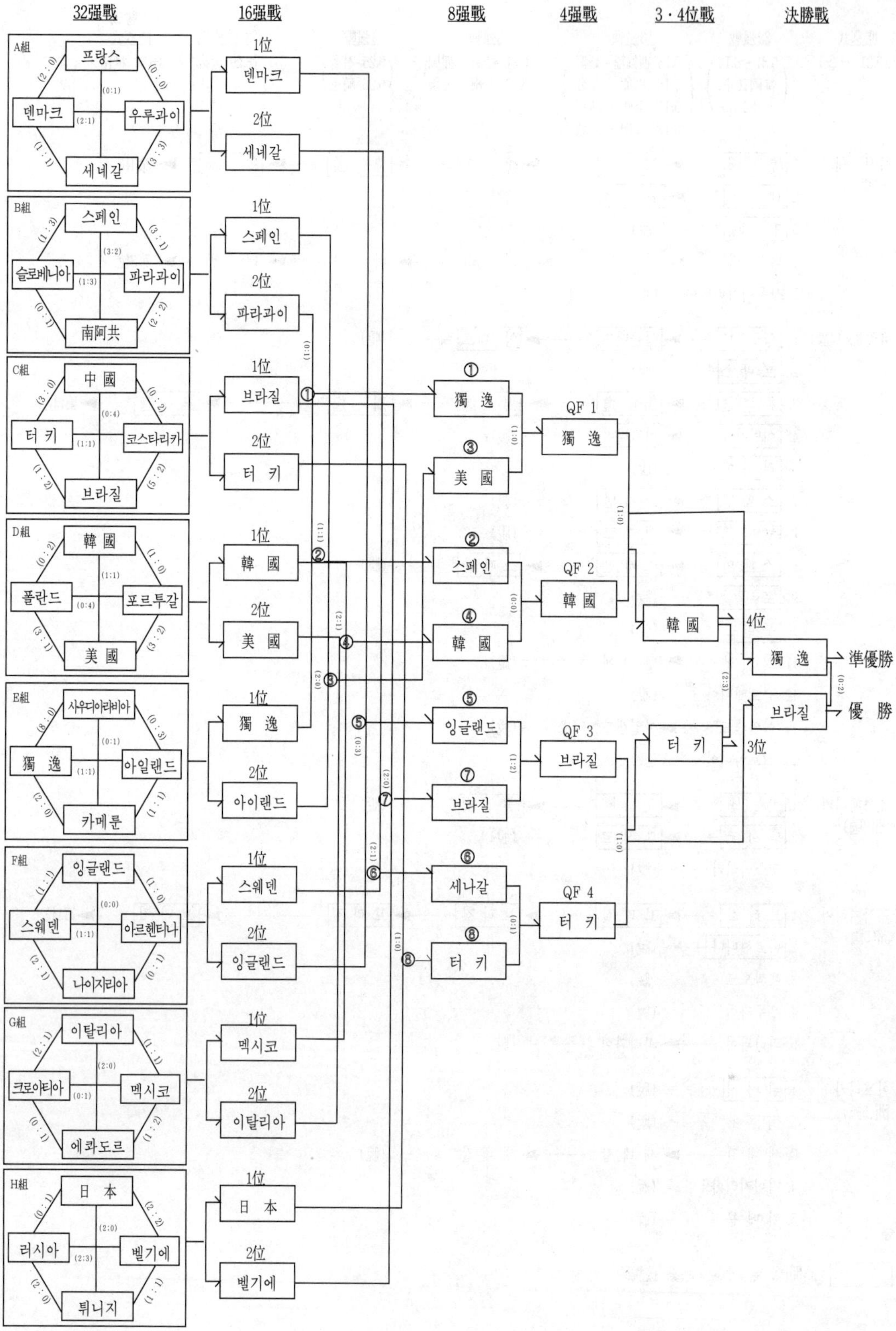
32强戰
16强戰
8强戰
4强戰
3·4位戰
決勝戰
A組
프랑스
덴마크
우루과이
세네갈
B組
스페인
슬로베니아
파라과이
南阿共
C組
中國
터키
코스타리카
브라질
D組
韓國
폴란드
포르투갈
美國
E組
사우디아라비아
獨逸
아일랜드
카메룬
F組
잉글랜드
스웨덴
아르헨티나
나이지리아
G組
이탈리아
크로아티아
멕시코
에콰도르
H組
日本
러시아
벨기에
튀니지
QF 1
QF 2
QF 3
QF 4
4位
3位
準優勝
優勝

5) 월드컵 競技戰績과 國勢 및 本人 緣故와의 比較

(2002年現在)

區分		項目 \ 競技	世界全體	32强戰	16强戰	8强戰	4强戰	3·4位戰	第4位國	第3位國	決勝戰	準優勝國	優勝國
國勢	總計	面積(㎢)	135,802,510	59,721,699	23,737,667	20,093,505	9,783,338	878,913	99,461	779,452	8,904,425	357,021	8,547,404
		人口(千人)	6,130,169	2,893,534	1,083,792	764,858	368,409	113,905	47,676	66,229	254,504	82,386	172,118
		GNP(百萬U.S.$)	29,278,809	24,433,926	20,684,679	14,289,738	3,418,628	584,400	397,910	186,490	2,834,228	2,103,804	730,424
	國家當平均値	面積(㎢)	707,305	1,866,303	1,483,604	2,511,688	2,445,835	439,457	99,461	779,452	4,452,213	357,021	8,547,404
		人口(千人)	31,928	90,423	67,737	95,607	92,105	56,953	47,676	66,229	127,252	82,386	172,118
		GNP(百萬U.S.$)	152,494	763,560	1,292,792	1,786,217	854,657	292,200	397,910	186,490	1,417,114	2,103,804	730,424
	國民1人當平均値	面積(㎡)	22,153	20,640	21,902	26,271	26,556	7,716	2,086	11,769	34,987	4,334	49,660
		GNP(U.S.$)	5,120	8,444	19,085	18,683	9,279	5,131	8,490	2,900	11,136	26,620	4,350
個人緣故	總計	訪問回數(回)	99	62	48	20	8	1	1	-	7	6	1
		滯留期間(日)	24,141	23,988	23,925	23,748	22,584	22,555	22,555	-	29	24	5
		訪問地域(個)	365	292	260	217	185	165	165	-	20	17	3
		訪問地點(個)	26,396	21,971	19,042	16,280	14,148	13,450	13,450	-	698	329	369
		골프運動(回)	1,012	1,006	1,005	1,000	991	987	987	-	4	4	-
		小說耽讀(卷)	1,364	1,297	1,074	997	767	765	765	-	40	40	-
		映畵觀覽(篇)	1,570	1,545	1,405	978	750	727	727	-	23	22	1
	國家當平均値	訪問回數(回)	0.5	1.9	3.0	2.5	2.0	0.5	1	-	3.5	6	1
		滯留期間(日)	126	750	1,495	2,969	5,646	11,278	22,555	-	15	24	5
		訪問地域(個)	2	9.1	16.3	27.1	46.3	82.5	165	-	10.0	17	3
		訪問地點(個)	137	687	1,190	2,035	3,537	6,725	13,450	-	349	329	369
		골프運動(回)	5	31	63	125	248	494	987	-	2	4	-
		小說耽讀(卷)	7	41	67	125	192	383	765	-	20	40	-
		映畵觀覽(篇)	8	48	88	122	188	242	727	-	12	22	1

6) 韓國 勝利에 따른 比重 增大推移

競技段階	世界 獨立國家中 比重	아시아洲 및 오세아니아洲 獨立國家中 比重	本選進出 國家中 比重
總國家數 (國)	192	61	32
①32强戰 進出	32/192=1/6=0.167	4/61=1/15.25=0.066	32/32=1/1=1.000
②16强戰 進出	16/192=1/12=0.083	2/61=1/30.5=0.033	16/32=1/2=0.500
③8强戰 進出	8/192=1/24=0.042	1/61=1/61=0.012	8/32=1/4=0.250
④4强戰 進出	4/192=1/48=0.021	1/61=1/61=0.012	4/32=1/8=0.125
⑤第4位 獲得	4/192=1/48=0.021	1/61=1/61=0.012	4/32=1/8=0.125

※ 터키는 地理的으로 아시아洲에 位置하고 있지만 월드컵 豫選 그룹은 유럽洲로 분류되고 있음.

客說 : 經驗에서 얻은 삶의 眞實

平壤을 가보지 못한게 恨이다. 統一되기 전 共産治下에 있는 平壤을 가보고 싶다. 어떻게 하든 빠른 時日안에 한 번 가 봐야지!

7) 韓國 對戰 國家와의 國勢比較와 競技內譯

區分	項目 ＼ 競技 및 國家	基準國	32强戰			16强戰	8强戰	4强戰	3·4位戰
		大韓民國	1. 폴란드	2. 美國	3. 포르투갈	4. 이탈리아	5. 스페인	6. 獨逸	7. 터키
國家體制(2000年)	公式國名	大韓民國 (Republic of Korea)	Rzeczpolita Polska (Republic of Poland)	United States of America	República Portuguesa (Portuguese Republic)	Repubblica Italiaña (Italian Republic)	Reine de Españ a (Kingdom of Spain)	Bundersre-publik Deutschland (Federal Republic of Germany)	Türkiye Cumhuriyeti (Republic of Turkey)
	所屬大陸	아시아洲	유럽洲	北아메리카洲	유럽洲	유럽洲	유럽洲	유럽洲	아시아洲
	獨立日字	1948.8.15	1918.11.10	1776.7.4	1140.	1861.3.17	1492.	1955.5.5	1923.10.29
	U.N.加入年度	1991	1945	1945	1955	1955	1955	1973	1945
	言語	韓國語	Polish	English	Portuguese	Italian	Castilian Spanish	German	Turkish
	公式宗教	無	無	無	無	無	無	無	無
	國家政體	共和制	共和制	聯邦共和制	共和制	共和制	立憲君主制	聯邦共和制	共和制
	議會形態	單院制	兩院制	兩院制	單院制	兩院制	兩院制	兩院制	單院制
	首都 (人口)	서울 (9,891,000)	Warsaw (1,615,369)	Washington.D.C.(572,059)	Lisbon (556,797)	Rome (2,643,581)	Madrid (2,882,860)	Berlin (3,392,900)	Ankara (2,984,099)
	國家統治者	大統領: 金大中	大統領: Aleksander Kwasniewski	大統領: George W.Bush	大統領 : Jorge Sampaio	大統領: Carlo Azeglio Ciampi	王: Juan Carlo I	大統領: Johannes Rau	大統領: Ahmet Necdet Sezer
	政府首班	大統領: 金大中	總理: Leszek Miller	大統領: George W.Bush	總理: António Guterres	總理 : Silvio Berlusconi	總理: Jose María Aznar López	總理: Gerhard Schröder	總理: Bulent Ecevit
	貨幣單位	원(₩)	Zloty(Zſ)	dollar(U.S.$)	escudo(Esc)	lira(Lit)	Peseta(Pta)	Deutsche Mark (DM)	Turkish lira (LT)
	換率(1U.S.$當)	₩1,310	Zſ4.23	U.S.$1	Esc 220.14	Lit2,126	Ptas182.70	DM 2.15	LT1,530,500
國家勢力(2000年)	面積(㎢)	99,461	312,685	9,363,364	92,365	301,337	505,990	357,021	779,452
	人口(千人)	47,676	38,648	286,067	10,328	57,892	40,144	82,386	66,229
	平均壽命(歲)	74.5	73.3	76.9	75.9	79.2	78.0	77.6	71.0
	都市化率(%)	82.0	61.8	77.2	36.0	67.0	78.4	82.4	64.7
	文盲率(%)	2.2	0.2	4.5	7.8	1.5	2.3	0.0	14.8
	GNP(百萬U.S.$)	397,910	157,429	8,879,500	110,175	1,162,910	583,082	2,103,804	186,490
	1人當GNP(U.S.$)	8,490	4,070	31,910	11,030	20,170	14,800	26,620	2,900
韓國과의 國勢比較 (韓國100) (2000年)	面積	100	314	9,414	93	303	509	359	784
	人口	100	81	600	22	121	84	173	139
	平均壽命	100	98	103	102	106	105	104	95
	都市化率	100	75	94	44	82	96	101	79
	文盲率	100	9	205	355	68	105	0	673
	GNP	100	40	2,232	28	292	147	529	47
	1人當GNP	100	48	376	130	238	174	314	34
월드컵 歷史	開催 記錄	-	-	1994	-	1934,1990	1982	1974	-
	優勝 記錄	-	-	-	-	1934,1938,1982	-	1954,1974,1990	-
	準優勝 記錄	-	-	-	-	1970,1994	-	1966,1982,1986	-
2002 월드컵 競技 狀況	日時	-	6月4日 20:30	6月10日 15:30	6月14日 20:30	6月18日 20:30	6月22日 15:30	6月25日 20:30	6月29日 20:00
	場所	-	釜山	大邱	仁川	大田	光州	서울	大邱
	戰績	-	0 : 2 敗	1:1 無勝負	0:1 敗	1:2 敗	0:0 勝負차기 敗	1:0 勝	3:2 勝
	最終結果	第4位	32强戰	8强戰	32强戰	16强戰	8强戰	4强戰	第3位
個人 緣故	最初訪問日字	1936.7.28	2001.7.7	1969.9.20	1991.4.15	1979.8.21	1991.4.9	1979.8.11	-
	訪問回數(回)	1	1	10	1	1	1	6	-
	滯留期間(日)	22,555	2	1,154	3	4	7	24	-
	訪問地域(個)	165	1	27	1	2	3	17	-
	訪問地點(個)	13,450	163	1,800	85	262	92	329	-
	小說·映畵(篇)	1,492	14	568	1	51	15	62	-

客說 : 經驗에서 얻은 삶의 眞實

나는 많은 여행을 했지만 내 돈으로 간 적은 몇 번 안 된다. 大運을 타고났거나 人德이 있었던 것 같다. 아니면 鐵面皮거나.

8) 大陸別 國家訪問과 趣味生活 및 월드컵 大會參加의 聯關表

(2002年 現在)

大陸	區分	項目 / 國家名	國家訪問(回,地域,地點)			趣味生活(卷,篇,回)				第17次 월드컵 蹴球大會 (韓·日主催)					
			訪問回數	訪問地域數	訪問地點數	耽讀小說	觀覽映畫	골프運動	合計	32强戰	16强戰	8强戰	4强戰	3·4位戰	決勝戰
아시아洲 (獨立國: 48國)	訪問國	韓國	1	165	13,450	765	727	987	2,479	○	○	○	○	第4位	
		日本	24	36	2,237	42	16	5	63	○	○				
		中國	5	17	1,330	99	41	1	141	○					
		臺灣	3	7	724	1	5	1	7						
		北韓	2	1	122	-	4	-	4						
		印度	1	2	46	9	2	-	11						
		泰國	2	3	98	-	-	1	1						
		말레이시아	1	1	47	-	-	1	1						
		인도네시아	1	2	55	-	-	-	-						
		베트남	1	2	244	-	-	-	-						
		캄보디아	1	3	212	-	-	-	-						
		스리랑카	2	2	54	-	-	1	1						
		싱가포르	3	1	77	-	-	1	1						
		요르단	2	2	168	-	-	-	-						
		이라크	1	7	384	-	-	-	-						
		計(15)	50	251	19,248	916	795	998	2,709	3	2	1	1	1	-
	非訪問國	몽골리아	-	-	-	2	-	-	2						
		이란	-	-	-	-	1	-	1						
		이스라엘	-	-	-	8	-	-	8						
		터키	-	-	-	-	-	-	-	○	○	○	○	第3位	
		사우디아라비아	-	-	-	-	-	-	-	○					
		計(5)	-	-	-	10	1	-	11	2	1	1	1	1	-
	合計	20	50	251	19,248	926	796	998	2,720	5	3	2	2	2	-
유럽洲 (獨立國: 42國)	訪問國	英國	1	2	240	92	110	-	202	○	○	○			
		프랑스	4	8	656	87	90	-	177	○					
		獨逸	6	17	329	40	22	4	66	○	○	○	○		第2位
		이탈리아	1	2	262	13	38	-	51	○	○				
		러시아	1	2	619	22	7	-	59	○					
		네덜란드	1	1	30	3	-	-	3						
		덴마크	1	2	36	11	6	-	17	○	○				
		스웨덴	1	2	44	5	2	-	7	○	○				
		폴란드	1	1	163	13	1	-	14	○					
		체코	1	2	354	1	2	-	3						
		헝가리	1	1	286	1	1	-	2						
		오스트리아	2	1	287	2	1	-	3						
		스위스	1	2	37	2	1	-	3						
		모나코	1	1	33	-	-	-	-						
		그리스	1	1	85	12	1	-	13						
		스페인	1	3	92	7	8	-	15	○	○	○			
		포르투갈	1	1	85	1	-	-	1	○					
		計(17)	26	49	3,638	312	290	4	606	10	6	3	1	-	1
	非訪問國	노르웨이	-	-	-	9	2	-	11						
		아일랜드	-	-	-	6	-	-	6	○	○				
		아이슬란드	-	-	-	1	-	-	1						
		핀란드	-	-	-	2	-	-	2						
		루마니아	-	-	-	3	-	-	3						
		유고슬라비아	-	-	-	1	2	-	3						
		불가리아	-	-	-	1	-	-	1						

大陸	區分	國家名 (項目)	國家訪問(回,地域,地點)			趣味生活(卷,篇,回)				第17次 월드컵 蹴球大會 (韓·日主催)					
			訪問回數	訪問地域數	訪問地點數	耽讀小說	觀覽映畫	골프運動	合計	32强戰	16强戰	8强戰	4强戰	3·4位戰	決勝戰
유럽洲 (獨立國: 42國)	非訪問國	벨기에	-	-	-	-	-	-	-	○	○				
		슬로베니아	-	-	-	-	-	-	-	○					
		크로아티아	-	-	-	-	-	-	-	○					
		計(10)	-	-	-	23	4	-	27	4	2	-	-	-	-
	合 計	27	26	49	3,638	335	294	4	633	14	8	3	1	-	1
北아메리카洲 (獨立國: 23國)	訪問國	美國	10	27	1,800	93	475	9	577	○	○	○			
		캐나다	1	2	50	-	2	-	2						
		멕시코	1	1	183	-	-	-	-	○	○				
		計(3)	12	30	2,033	93	477	9	579	2	2	1	-	-	-
	非訪問國	과테말라	-	-	-	1	-	-	1						
		코스타리카	-	-	-	-	-	-	-	○					
		計(2)	-	-	-	1	-	-	1	1	-	-	-	-	-
	合 計	5	12	30	2,033	94	477	9	580	3	2	1	-	-	-
南아메리카洲 (獨立國: 12國)	訪問國	브라질	1	3	369	-	1	-	1	○	○	○	○		第1位
		아르헨티나	1	1	46	-	-	-	-	○					
		페루	1	7	552	-	-	-	-						
		計(3)	3	11	967	-	1	-	1	2	1	1	1	-	1
	非訪問國	콜럼비아	-	-	-	1	-	-	1						
		에콰도르	-	-	-	-	-	-	-	○					
		우루과이	-	-	-	-	-	-	-	○					
		파라과이	-	-	-	-	-	-	-	○	○				
		計(4)	-	-	-	1	-	-	1	3	1	-	-	-	-
	合 計	7	3	11	967	1	1	-	2	5	2	1	1	-	1
아프리카洲 (獨立國: 53國)	訪問國	이집트	3	5	139	6	-	-	6						
		리비아	1	12	177	-	-	-	-						
		튜니시아	1	2	30	-	-	-	-						
		計(3)	5	19	346	6	-	-	6	-	-	-	-	-	-
	非訪問國	南阿共	-	-	-	1	1	-	2	○					
		튀니지	-	-	-	-	-	-	-	○					
		세네갈	-	-	-	-	-	-	-	○	○	○			
		나이지리아	-	-	-	-	-	-	-	○					
		카메룬	-	-	-	-	-	-	-	○					
		計(5)	-	-	-	1	1	-	2	5	1	1	-	-	-
	合 計	8	5	19	346	7	1	-	8	5	1	1	-	-	-
오세아니아洲 (獨立國: 14國)	訪問國	濠洲	2	3	120	1	-	1	2						
		뉴질랜드	1	2	44	-	1	-	1						
		計(2)	3	5	164	1	1	1	3	-	-	-	-	-	-
	非訪問國	-	-	-	-	-	-	-	-	-	-	-	-	-	-
	合 計	2	3	5	164	1	1	1	3	-	-	-	-	-	-
總 計 (獨立國: 192國)	訪問國	43	99	365	26,396	1,328	1,564	1,012	3,904	17	11	6	3	1	2
	非訪問國	26	-	-	-	36	6	-	42	15	5	2	1	1	-
	合 計	69	99	365	26,396	1,364	1,570	1,012	3,946	32	16	8	4	2	2

9) FIFA 월드컵 蹴球競技의 沿革

○ FIFA(Fédération Internationale de Football Association)

- 創立日 : 1904. 5. 21
- 提案者 : Jules Rimet (프랑스人)
- World Cup 制定·實施日 : 1930. 7. 13

○歷代 開催國과 優勝國

回	年度	開催國	優勝國	準優勝國	回	年度	開催國	優勝國	準優勝國
1	1930	우루과이	우루과이	아르헨티나*	10	1974	西獨*	西獨*	네덜란드*
2	1934	이탈리아*	이탈리아*	체코슬로바키아*	11	1978	아르헨티나*	아르헨티나*	네덜란드*
3	1938	프랑스*	이탈리아*	헝가리*	12	1982	스페인*	이탈리아*	西獨*
4	1950	브라질*	우루과이	브라질*	13	1986	멕시코*	아르헨티나*	西獨*
5	1954	스위스*	西獨*	헝가리*	14	1990	이탈리아*	西獨*	아르헨티나*
6	1958	스웨덴*	브라질*	스웨덴*	15	1994	美國*	브라질*	이탈리아*
7	1962	칠레	브라질*	체코슬로바키아*	16	1998	프랑스*	프랑스*	브라질*
8	1966	잉글랜드*	잉글랜드*	西獨*	17	2002	韓國*·日本*	브라질*	獨逸*
9	1970	멕시코*	브라질*	이탈리아*	18	2006	獨逸*	이탈리아*	프랑스*

註. (1) *는 本人이 訪問한 國家임.
(2) 優勝國의 分布 : 5回 優勝國-브라질
3回 優勝國 - 이탈리아, 獨逸
2回 優勝國 - 아르헨티나, 우루과이
1回 優勝國 - 잉글랜드, 프랑스

10) 2002 월드컵 蹴球大會와 本人

○組織委員會 活動參與

- 1998. 10. 19 ~ 2000. 10. 18 2002 월드컵 蹴球大會 組織委員會 開催都市協議會 委員
- 1998. 12. 15 ~ 2000. 12. 14 2002 월드컵 蹴球大會 組織委員會 都市環境協議會 共同議長
- 1999. 4. 1 ~ 1999. 6. 15 2002 월드컵 蹴球大會 組織委員會 韓·日월드컵 開催地 自治團體 協議會議 行事準備委員會 委員

○特別講演

- 1998. 8. 31 主題發表 : 「월드컵과 環境對策」, 2002 월드컵蹴球大會의 成功的 開催를 위한 環境分野 專門家 세미나,월드컵 組織委員會 主催, 올림픽會館, 參席 200名
- 1998. 10. 14 主題講演 : 「월드컵과 環境改善」, 2002 월드컵 成功的 開催를 위한 市·道知事 懇談會, 월드컵 組織委員會 主催, 新羅호텔, 參席 60名

○競技場 觀覽

- 1998. 12. 15 서울 蘭芝島 쓰레기埋立地 視察 및 對策協議와 上岩競技場 建設現場 視察, 월드컵 組織委員會 都市環境協議會 委員 一同
- 2001. 11. 10 서울 上岩 월드컵 蹴球競技場 開場式 및 親善 게임
- 2002. 5. 31 2002 월드컵 蹴球大會 開幕式 및 第1次戰(프랑스 對 세네갈), 上岩競技場
- 2002. 5. 31~2002. 6. 30 TV中繼 競技, 韓國·日本 各 10個 地域 競技場

11) 第17次 월드컵大會의 韓·日間 經濟的 波及效果 比較

項目	比較	韓國 波及效果(億원)	韓國 誘發係數	日本 波及效果(億円)	日本 誘發係數	波及效果對比(億달러) 韓國(A)	波及效果對比(億달러) 日本(B)	波及效果對比(億달러) 比率 A/B(%)	誘發係數對比 韓國/日本(%)
總生産	投資支出	55,303	3.43	27,923	3.99	55.3	279.2	19.8	86.0
	消費支出	24,659	3.10	5,059	3.68	24.7	50.6	48.8	84.2
	合計	79,961	3.32	32,981	3.94	80.0	329.8	24.3	84.3
附加價値	投資支出	24,447	1.52	13,621	1.95	24.4	136.2	17.9	77.9
	消費支出	12,722	1.60	2,793	2.03	12.7	27.9	45.5	78.8
	合計	37,169	1.54	16,413	1.96	37.1	164.1	22.6	78.6
輸入	投資支出	4,711	0.29	1,013	0.14	4.7	10.1	46.5	207.1
	消費支出	2,041	0.26	206	0.15	2.0	2.1	95.2	173.3
	合計	6,750	0.28	1,219	0.15	6.7	12.2	54.9	186.7
雇傭(名)	投資支出	149,625	0.88	257,029	0.44	149,625	257,029	58.2	200.0
	消費支出	95,713	1.14	57,233	0.50	95,713	57,233	167.2	228.0
	合計	245,338	0.97	314,262	0.45	245,338	314,262	78.1	215.6

註. (1) 雇傭誘發係數＝名/萬달러
(2) 換率 : 1＄＝1,000원＝100円
※ 推計機關. 韓國 : 韓國開發硏究院(KDI)
日本 : 日本橫浜硏究所(JYI)

客說 : 經驗에서 얻은 삶의 眞實

화창한 날씨에 結婚式 主禮를 하게 되면 主禮辭 하기가 좋다. 그러나 눈이 오거나 비가 오면 모든 것이 난처해진다. 나는 눈이 오나 비가 오나 모두 신랑·신부의 행복과 관련시켜 유리하게 해석해 줌으로써 참석자 모두의 마음을 흐뭇하게 해준다.

客說 : 經驗에서 얻은 삶의 眞實

골프 운동에서 남이 잘못 쳤을 때 진심으로 마음 아픔을 느끼면 그 사람과는 진실로 가까운 사이다. 남이 공을 잘 쳤을 때 입으로는 '나이스 샷' 하지만 속은 쓰림을 느낀다면 그 사람과는 거리를 두고 있는 사이다. 앞의 경우는 극히 드물고 뒤의 경우는 다반사다.

客說 : 經驗에서 얻은 삶의 眞實

나는 日本과 中國에 가면 마음이 편하다. 看板이나 標識板을 읽기 쉽고 飮食이 입에 맞기 때문이다. 그러나 美國이나 獨逸에 가면 좀 주눅이 들어 편치 않다. 우리보다 월등히 발전해 있기 때문이다.

2. 時間的 分布

(1) 本人 生涯中 本人 및 國內外 主要事件 發生狀況

生涯區分		年度	年齡	本人 및 家族	韓 半 島	世 界
成長修學期	幼兒期	1936	1	本人 出生	漢江人道橋 開通	이탈리아, 이디오피아 合倂
		1937	2	出生申告・寺刹禮佛	白白教事件 發生	中・日戰爭 勃發
		1938	3	外祖父 逝去	勤勞報國隊 組織	獨逸히틀러 全權 掌握
		1939	4	熱病으로 앓음	京城美都波 竣工	第2次世界大戰 勃發
		1940	5	水泳 始作	創氏改名制 實施	프랑스, 獨逸에 降服
		1941	6	男동생 出生	水豊發電所 送電	太平洋戰爭 勃發
		1942	7	外祖母 逝去	朝鮮徵兵制 實施	美・日間 미드웨이海戰 發生
		1943	8	寺刹訪問・禮佛	京城府 區制 實施	美・英・中, 카이로 宣言
		1944	9	妻 出生	女子挺身隊制 實施	聯合軍, 노르만디 上陸
	初等學教	1945	10	初等學校 入學	日帝統治 解放	世界大戰 終熄
		1946	11	祖母 逝去	南勞黨 結成	日本, 新憲法公布
		1947	12	理髮所에서 처음 理髮	公娼制 廢止	印度 獨立
		1948	13	記錄 始作	政府樹立・北韓建國	蘇聯, 베를린 封鎖
		1949	14	最初의 級長 就任	農地改革 斷行	中華人民共和國 樹立
		1950	15	妻,初等學校 입학	韓國動亂 勃發	U.N.軍, 韓國戰에 參戰
	中等學校	1951	16	中學校 首席入學	中共軍 參戰으로 다시 首都 뺏김	最初 아시안게임,뉴델리에서 開催
		1952	17	自轉車 배움・汽車始乘	最初 地方選擧 實施	美國,水素爆彈實驗 成功
		1953	18	奬學表彰狀 受領	韓國動亂 休戰	蘇聯 스탈린 死亡
	高等學校	1954	19	高等學校入學・故鄕 떠남	國會,改憲案 四捨五入 可決	韓・美相互防衛條約 發效
		1955	20	家庭教師 入住	中・高等學校 分離	蘇聯,水素爆彈 實驗
		1956	21	서울 最初訪問・電車始乘	첫 TV放送局 開局	헝가리, 反蘇暴動 發生
	大學校(軍)	1957	22	大學入學・서울留學	全國大洪水 發生	蘇聯 最初人工衛星 發射
		1958	23	陸軍 入隊	北韓 千里馬運動始作	프랑스 第5共和國 出帆
		1959	24	最初로 바다 求景	在日僑胞 北送始作	쿠바 革命 成功
		1960	25	陸軍 除隊	4・19革命勃發・張勉內閣 出帆	越南民族解放戰線(베트공) 結成
		1961	26	最初로 洋服을 着用	5.16軍事革命 勃發	O.E.C.D.發足
	會社・高校・大學院	1962	27	出版社 入社	改憲案 國民投票實施	美國,쿠바 海上 封鎖
		1963	28	女高教師就任・大學院入學	最初의 텔렉스 開通	日本,原子爐實驗 成功
		1964	29	故鄕自宅 全燒	미터制의 度量衡制 實施	中共,原爆實驗 成功
	研究員・助教	1965	30	父母上京・家族 서울生活 始作	韓國軍 越南戰 參戰	英國,死刑制度 廢止
		1966	31	結婚・長女出生・自家取得	서울에 無人公衆電話 設置	中共에 文化整風運動 展開
		1967	32	最初의 共著冊子 發刊	新羅文武王의 水中陵 發見	最初의 心臟移植手術 成功
		1968	33	眼鏡着用・長男出生	서울 電車 70年만에 撤去	프랑스・中共, 水爆實驗 成功
	外國留學	1969	34	美國留學・太平洋 求景	家庭儀禮準則 公布	美宇宙飛行士 달에 着陸
		1970	35	妻,美國에 合流	새마을運動 始作	U.N.,中共承認・臺灣追放
		1971	36	美國 碩士學位 取得・次女 出生	大然閣호텔 火災로 167名 死亡	이집트 아스완 댐 竣工
社會活動期	專任講師	1972	37	서울大學校 專任講師 發令	7・4 南北共同聲明 發表	蘇聯宇宙船,金星에 着陸
		1973	38	母親逝去・라디오 및 TV出演	서울大 環境大學院 開院	越南 平和協定 調印
		1974	39	처음으로 國際會議 參席	陸英修女史死亡・서울地下鐵開通	닉슨 美國大統領,中途 辭任
		1975	40	父親逝去・基調發表	서울大學校, 冠岳山으로 移轉	越南敗亡・越盟統一
	助教授	1976	41	美國博士學位 取得	北韓의 도끼蠻行事件 發生	中共,天安門暴動 發生・毛澤東 死亡
		1977	42	最初로 主禮執典	附加價值稅制 實施	英・佛合作 콩고드旅客機 첫 就航
		1978	43	祭基洞에서 上道洞으로 移住	第9代 朴正熙大統領 就任	英國에서 試驗管아기 誕生
		1979	44	單獨著書 發刊	朴正熙大統領 被擊 死亡	美國・中國, 國交樹立

生涯區分	區分	年度	年齡	本人 및 家族	韓 半 島	世 界
社會活動期	副教授	1980	45	國保委 및 立法會議에 派遣	光州事態 勃發	짐바브웨·바스아트 獨立
		1981	46	中學校 總同窓會長 就任	第12代 全斗煥大統領 就任	中國,毛澤東思想 廢止
		1982	47	自家用乘用車 購入	夜間通行禁止 解除	美國,人間遺傳子 複製成功
		1983	48	골프運動 始作	中·高生 校服自律化·人口 4千萬 突破	美國,더위와 추위로 500餘名死亡
		1984	49	新規골프채 膳物반음	카폰 普及,全國 大洪水 發生	마르코스 필리핀大統領,失脚·亡命
	正敎授	1985	50	서울大學校 正敎授 昇進	南大門市場 大火災 發生	美國,리비아 空襲
		1986	51	學會會長·大學院院長 就任	서울서 아시안게임 開幕	蘇聯 체르노빌原電放射能事故 發生
	大學院長	1987	52	골프運動 500回 突破	大統領直選制 中心 憲法 公布·實施	美·蘇,核미사일廢棄 協定調印
		1988	53	大學院院長 敎授選出로 再就任	88서울올림픽大會 開幕	U.N.'世界禁煙의 날' 制定
		1989	54	國土開發賞受賞,長男 軍入隊	民俗설날 復活,大田科學 EXPO 開幕	베를린 障壁 撤去
		1990	55	自動車運轉 免許取得	民正·民主·共和黨,民主自由黨을 創黨	蘇聯共産主義 崩壞
	敎授	1991	56	東베를린地區 視察	地方自治制 復活	蘇聯聯邦制 終熄
		1992	57	白頭山登頂,硏究院 院長 就任	中國 및 베트남과 修交	美國 로스안젤레스에 黑人暴動 발생
	硏究院長	1993	58	長女 結婚,外孫子 出生	第14代 金泳三大統領 就任	체코와 슬로바키아, 分離獨立
		1994	59	萬步機着用	金日成 死亡, 聖水大橋 崩壞	U.N., 國際犯罪組織對應 宣言
	敎授	1995	60	自宅에 팩시밀리 設置	都農複合市 出帆	日本 神戶·大阪에 大地震 發生
		1996	61	回甲到來,聘母逝去	國會,O.E.C.D.加入案 議決	中國, 核實驗 實施
	主任敎授	1997	62	回甲紀念 記錄集發刊行事開催	換率,1달러當 2千원線 突破	홍콩,155年만에 中國에 還元
		1998	63	國土學會 國際交流委員長 就任	第15代 金大中大統領 就任	美國,이라크 攻擊
	敎授	1999	64	聘父逝去,外孫女出生, 國民勳章 및 서울시 文化賞 반음	大統領 地方移讓推進委員會 發足	世界人口 60億 突破
		2000	65	長男 結婚, 金剛山 登頂	金大中大統領,平壤을 방문 頂上 만남	美國 43代大統領에 부시 취임
		2001	66	金大中 大統領에게 獨對報告	第56次U.N.總會議長에 韓昇洙長官이 就任	美國, 大規模테러로 6千餘名 死亡
		2002	67	大學敎授 停年退任, 名譽敎授	월드컵大會, 서울 等地에서 開催	第17次 월드컵大會서 브라질 優勝
	名譽敎授·碩座敎授	2003	68	新行政首都建設事業 參與	第16代 盧武鉉 大統領 就任	美國, 이라크, 攻擊
		2004	69	次女 結婚	大統領 彈劾 및 無效化 判決	美國 부시大統領 再選
		2005	70	碩座敎授, 孫女出生	行複都市特別法 發效	인도네시아에 颱風으로 數千名이 死亡
		2006	71	古稀到來, 紀念集發刊行事開催	4大地方選擧 實施	월드컵 開催, 이탈리아 優勝

客說 : 經驗에서 얻은 삶의 眞實

술을 잘 마시고 담배를 피우며 위트가 있는 사람으로서 惡한 性格을 가진 사람은 드물다. 惡하지 않고는 술과 담배를 끊고 농담도 안 하기는 어렵기 때문이다.

客說 : 經驗에서 얻은 삶의 眞實

旅行은 團體로 가는 경우, 家族끼리 가는 경우, 夫婦 둘이만 가는 경우, 혼자 가는 경우 등 다양하다. 모두 一長一短이 있으나 가장 안 좋은 것은 모르는 사람들을 모아가는 그룹 투어에 끼이는 경우다. 旅行 재미가 반감된다. 그러나 經費가 적게 든다.

(2) 生涯中 大變換契機와 當時狀況

項目		契機	1. 出生	2. 就學	3. 上京	4. 結婚	5. 渡美	6. 教職	7. 院長	8. 回甲	9. 停年	10. 古稀
I. 變換	1. 變身	屬性	現身	開眼	入城	異合	留學	自成	首長	耳順	休活	從天
		含意	喜怒哀樂	學問探究	首都舞臺	家計·後孫	韓魂洋技	教授自立	機關統率	生涯整理	主役後退	生涯決算
		名聲增減圖										
	2. 體位	身長(cm)	50.3	123.9	172.2	175.0	175.0	175.0	175.0	173.4	170.3	170.2
		體重(kg)	2.7	21.0	48.9	65.0	68.1	69.3	70.0	68.7	68.0	67.8
	3. 運勢	作卦型	☲ ☲	☵ ☰	☷ ☰	☶ ☲	☶ ☲	☵ ☰	☳ ☳	☶ ☲	☱ ☱	☲ ☲
		作卦數	3.3.2	6.1.3	8.1.2	7.3.1	7.3.1	6.1.1	4.4.3	7.3.3	2.2.3	3.3.2
		年運	大凶運	大吉運	大吉運	大吉運	大吉運	凶運	平凡運	大吉運	平凡運	大凶運
II. 時間	1. 年齡(歲)	陰曆	1	10	22	31	34	37	51	61	67	71
		滿	0	9	21	30	33	36	50	60	66	70
		出生申告	-1	8	20	29	32	35	49	59	65	69
	2. 年度	西紀	1936	1945	1957	1966	1969	1972	1986	1996	2002	2006
		檀紀	4269	4278	4290	4299	4302	4305	4319	4329	4335	4339
		佛紀	2480	2489	2501	2510	2513	2516	2530	2540	2546	2550
		太歲	丙子	乙酉	丁酉	乙巳	己酉	壬子	丙寅	丙子	壬午	丙戌
	3. 月·日	陽曆	7月 28日	4月 1日	4月 1日	1月 11日	9月 20日	5月 10日	11月 5日	7月 28日	8月 31日	7月 28日
		陰曆	6月 10日	2月 19日	3月 2日	12月 20日	8月 9日	3月 27日	10月 4日	6月 13日	7月 23日	7月 4日
		月建·日辰	乙未·辛亥	己卯·庚子	甲辰·癸卯	己丑·庚午	癸丑·戊戌	甲辰·辛丑	己亥·癸丑	乙未·丙寅	戊申·辛未	丙申·戊午
	4. 時點	時間	12:00	9:00	10:00	12:00	18:00	9:00	9:00	12:00	24:00	12:00
		時刻	正午	巳時	巳時	正午	酉時	巳時	巳時	正午	子正	正午

項目		契機	1. 出生	2. 就學	3. 上京	4. 結婚	5. 渡美	6. 教職	7. 院長	8. 回甲	9. 停年	10. 古稀
	5. 1日平均 活動時間 (1日24時間)	定規業務	-	3	8	8	4	5	2	2	2	2
		獨身研學	-	2	6	5	10	6	7	7	6	4
		社會奉仕	-	-	-	-	-	2	3	3	4	3
		無事休息	5	9	4	4	3	4	6	6	6	8
		就寢睡眠	19	10	6	7	7	7	6	6	6	7
	6. 出生以後 經過期間	年間	-	9	21	30	33	36	50	60	66	70
		月間	-	104	248	354	398	430	603	720	793	840
		日間	-	3.170	7.553	10.760	12.108	13.071	18.363	21.926	24.141	25.568
		時間	-	76.080	181.272	258.240	290.592	313.704	440.712	525.984	579.384	613.632
		分間	-	4.564.800	10.876.320	15.494.400	17.435.520	18.822.240	26.442.720	31.559.040	34.763.040	36.817.920
		秒間	-	273.888.000	652.579.200	929.664.000	1.046.131.200	1.129.334.400	1.586.563.200	1.893.542.400	2.085.782.400	2.209.075.200
III. 空間	1. 所在地	當時 位置	慶北 聞慶郡 戶西南面 興德4里 394, 自宅	慶北 聞慶郡戶西南面 興德里 戶西南國民學校	서울 鍾路區 東崇洞 서울大 文理科大學	서울 鍾路區 鍾路1街 서울禮式場	美國 샌프란시스코 經由 Washinton D.C.到着	서울 鍾路區 東崇洞 서울大 行政大學院	서울 冠岳區 新林洞 서울大 環境大學院	北京→서울間 黃海上空 CA123便 航空機內	서울 冠岳區 新林洞 서울大 環境大學院	서울 廣津區 紫陽洞 韓國地域發展研究院
		居住地 住所	慶北 聞慶郡 戶西南面 興德4里 394	慶北 聞慶郡 戶西南面 興德4里 394	서울 龍山區 新龍山洞 鐵道官舍 柳氏宅	서울 東大門區 淸凉里1洞 42	2223 Ohio Avenue, Cincinnati, Ohio,U.S.A.	서울 鍾路區 昌信4洞 13-73	서울 銅雀區 上道3洞 256-216	서울 江南區 驛三1洞 618-24	서울 江南區 驛三1洞 618-24	서울 江南區 驛三1洞 618-24
		居住 形態	自宅(父母)	自宅(父母)	自炊房(學生)	專貰房(本人)	아파트 自炊房(本人)	自宅(本人)	自宅(本人)	自宅(本人)	自宅(本人)	自宅(本人)
	2. 國家	國家名	日本帝國 朝鮮	日本帝國 朝鮮	大韓民國	大韓民國	大韓民國	大韓民國	大韓民國	大韓民國	大韓民國	大韓民國
		國家 首長	裕仁天皇, 宇垣一成總督	昭和天皇, 阿部信行總督	李承晩 大統領	朴正熙 大統領	朴正熙 大統領	朴正熙 大統領	全斗煥 大統領	金泳三 大統領	金大中 大統領	盧武鉉 大統領
		面積(㎢)	220.951	220.951	98.431	98.477	98.477	98.484	99.173	99.313	99.853	99.954
		人口(千人)	22.548	25.764	21.321	29.193	31.544	33.505	41.184	45.545	48.022	48.782
		1人當GNP(經常,$)	25	50	77	131	219	299	2.562	10.548	12.206	17.556

項目		契機	1. 出 生	2. 就 學	3. 上 京	4. 結 婚	5. 渡 美	6. 教 職	7. 院 長	8. 回 甲	9. 停 年	10. 古 稀
Ⅳ. 家庭	1. 家 族	家族數(本人等.名)	7	6	4	5	6	7	5	5	5	6
		同居 家族	祖母, 父, 母, 長姉, 仲姉, 季姉	祖母, 父, 母, 季姉, 弟	父, 母, 弟	父, 母, 弟, 妻	父, 母, 妻, 長女, 長男	父, 母, 妻, 長女, 長男, 次女	妻, 長女, 長男, 次女	妻, 長男, 次女	妻, 次女	妻
	2. 收 支 (2006年價格, 千원)	當月 收入	2	5	1,894	7,072	7,187	7,655	9,869	16,267	40,897	20,663
		當月 支出	2	5	1,888	7,059	6,923	7,765	10,365	18,165	40,869	11,474
		當月 均衡	0	0	6	13	264	-110	-496	-1,898	28	9,189
	3. 資 産 (2006年價格, 千원)	不動産	80,000(父母)	85,318(父母)	92,409(父母)	14,821	31,268	31,626	682,678	1,692,253	1,883,395	2,045,381
		動産	1,500(父母)	1,929(父母)	2,500(父母)	9,200	5,133	-20,537	472,446	681,174	870,106	954,619
		合 計	81,500(父母)	87,247(父母)	94,909(父母)	24,021	36,401	11,089	1,155,124	2,373,427	2,753,501	3,000,000
Ⅴ. 社會	1. 月間 趣味量	吸 煙 量(匣)	-	-	-	5	15	23	46	61	61	66
		飮 酒 量(甁)	-	-	-	13	9	26	70	39	23	19
		耽讀小說(卷)	-	-	2	2	1	1	1	3	11	6
		觀覽映畵(篇)	-	-	7	3	1	1	3	4	7	6
		골프運動(回)	-	-	-	-	-	-	11	1	1	0.3
	2. 團體 및 職位	所屬團體數(個)	-	-	1	9	13	17	46	58	68	52
		保有職位數(個)	1	2	3	7	6	5	49	68	75	44
	3. 主要職責	家 庭	長男	長男	長男	戶主	戶主	戶主	戶主	戶主	戶主	戶主
		社 會	-	生徒	大學生, 家庭教師	內務部地方行政研究委員會研究員, 韓國行政問題研究所研究員	서울大 行政大學院 助教, 美國AID招請奬學生, 美國신시내티大學校大學院生	서울大 行政大學院 專任講師, 地方行政共濟會 '地方行政誌 編輯委員會 委員	서울大 環境大學院 院長, 建設部 中央都市計劃委員, 國土建設綜合計劃審議會 委員, 建設部 國土利用計劃審議會委員, 大韓國土計劃學會 會長, 土地開發公社 理事, 內務部 政策諮問委員	서울大 環境大學院 教授, 民主平統諮問會議 常任委員, 地方自治學會會長, 地方行政研修院指導教授, 教育部 地域研究審議委員長, 地方自治發展委員會委員, 公立大學審議委員, 海運産業研究院 理事, 內務部 政策諮問委員, 地方自治研究院院長	서울大名譽教授, 地方移讓推進委員長, 中央都市計劃委員, 國土綜合計劃審議委員; 地方行政研修院 指導教授, 서울市都市政策會議委員, 地方行政研究院 諮問委員長, 自治發展研究院 院長, 地域開發研究院顧問, 美國 라스베이거스 名譽市民, 濟州市名譽市民, 地研會 會長, 向志會 會長	서울大 名譽教授, 建國大 碩座教授, 建交部中央都市計劃委員會 副委員長, 行政中心複合都市建設 諮問委員, 行複都市名稱制定審議委員長, 土地公社運營諮問委員長, 住宅公社 運營諮問委員, 自治發展研究院 院長, 地域發展研究院常任顧問, 書畵作家協會 總裁, 道德運動協議會 總裁, 韓國어메니티포럼 共同代表, 好凡會 會長, 三道會 會長

項目 \ 契機			1. 出 生	2. 就 學	3. 上 京	4. 結 婚	5. 渡 美	6. 教 職	7. 院 長	8. 回 甲	9. 停 年	10. 古 稀
	4.當日事件	本人 및 家族	本人出生,長男地位獲得,家族喜悅 만연	母親과 짚신신고 첫 登校, 戶西南國民學校入學,學生地位獲得,工夫에 눈을 뜸	서울로上京함.서울大學校 文理科大學 物理學科入學,大學生 地位獲得,龍山에自治生活시작,家庭教師겸함	理髮함,서울禮式場에서 黃蓮子新婦와結婚式을올림,汽車를 타고 釜山 海運臺로 新婚旅行을감,밤에 돈을 계산함	家族·知友들의 전송을 받으며 서울을 떠나 留學길에오름,太平洋을 처음내려다봄,샌프란시스코에서 一泊하고 워싱턴으로 向함	서울大 行政大學院 專任講師發令받음, 9-1號俸을 받음, 配定된 研究室을 정리하고 入室함,教授의 길을 출발함	서울大 環境大學院 第4代 院長을 발령받음,院長室에 入室함,公共車 서울1가3902와 尹佑晟 技士를 배정받음	北京 出發 서울到着,陽曆起算으로 回甲을 맞이함,子正에 自宅에서回甲紀念集의 마지막 終章을 기술함	教授停年日에 이름,서울大學校 名譽教授가 됨, 外孫女와 같이 놈, 비가 많이 내리는 가운데 停年子正을 보냄	滿70歲의 古稀를 마지함,地域發展研究院에서 勤務함,知人들과 古稀紀念自祝宴을 마련함
		國家 및 世界	長項 發展策으로 30萬坪의 敷地買收, 1,500戶勞動者 北朝鮮으로 移民, 醫師 1人當 國民 8,430名으로 劣惡, 스페인內戰 激化	半島皆勞體制確立의 '國民動員令'내림,天皇聖旨 받드는 活動이 확산, 沖繩本島에 美艦船 上陸, 日本 本土戰場化에 對備	選擧法案 둘러싸고 與野對決,輸入稅 免稅對象이 384個됨,治安局의 無許可建築 團束이 강화, 英國의 罷業이 170萬名으로 확대	政府에 의한 中·高校 統合推進, 서울의 金값이 1돈當 50원 上昇,現代建設이 越南 5個港의 浚渫工事받음,이스라엘 聯政 樹立	서울에 集中豪雨,肥料 2萬톤을 처음 南美에 輸出,大統領名譽毁損으로 張俊河氏 立件,美國 닉슨大統領 5萬徵集을 취소	原子爐 竣工함,世界保健機構(WTO)에서 臺灣을 축출하고 대신 中共을 새 會員國으로 招請함	金大中民推協共同議長 大統領直選制 改憲을 전제로 大統領 不出馬를 선언, 美艦艇 中共建國後 처음 青島灣에 寄港	美國 Atlanta市에서 개최된 世界올림픽大會 100m 競走에서 캐나다의 도노번 베일리 選手가 9秒84로 新記錄 세움	颱風 '루사'號가 上陸, 金正吉 法務長官 解任案이 自動廢棄됨, 中共 '한家庭 한子女' 政策을 정식으로 立法化함.	韓國의 多目的實用衛星 '아리랑 2號' 성공적으로 발사, 制裁 안풀면 北韓은 어떤 會談에도 나가지 않겠다고 밝힘

客說 : 經驗에서 얻은 삶의 眞實

거지처럼 벌어 정승처럼 쓰라는 옛 말이 있다. 돈을 벌 때는 職業의 貴賤이나 일의 好惡를 따지지 말고 악착같이 하고, 돈을 쓸때는 신중하게 생각하여 가치 있는 일에만 지출하라는 뜻이다. 그러나 벌 때도 어느 정도의 體面과 道理는 지켜야 함이 옳을 것 같다. 거지처럼 번 돈은 거지처럼 쓸 가능성이 높다.

客說 : 經驗에서 얻은 삶의 眞實

富者가 天堂에 들어가기는 駱駝가 바늘구멍에 들어가는 것 만큼이나 어렵다고 한다. 천당을 포기하고 이승에서 富者로 살까, 아니면 가난하게 살다가 죽어 바늘구멍을 쉽게 빠져나가 天堂에 갈까? 둘다 마음에 안 든다. 이승에서 넉넉하게 잘 살다가 죽은 뒤에는 몸을 확 줄여서 어떻게 하든 바늘구멍을 빠져나가 天堂에 갈 수 있는 길을 찾아봐야겠다.

(3) 生涯 10年周期 該當年度의 構成

項目 \ 年度		1936	1946	1956	1966	1976	1986	1996	2006	2016	2026	2036
年度	檀紀	4269	4279	4289	4299	4309	4319	4329	4339	4349	4359	4369
	干支	丙子	丙戌	丙申	丙午	丙辰	丙寅	丙子	丙戌	丙申	丙午	丙辰
年齡(歲)	陰曆	1	11	21	31	41	51	61	71	81	91	101
	滿	0	10	20	30	40	50	60	70	80	90	100
年齡屬性	別號	誕生	志學	弱冠	立年	不惑	知命	回甲	古稀	傘壽	九旬	百壽
	屬性	悼 (가엾다)	幼 (글을 배운다)	弱 (갓을 쓴다)	壯 (집을 갖는다)	强 (벼슬을 한다)	艾 (官政을 맡는다)	耆 (가르쳐시킨다)	老 (자식에게 전한다)	耄 (기력이 소모된다)	耄 (기력이 소모된다)	期(紀) (남의 부축을 받는다)
生存日數(日)	當年	157	365	366	365	366	365	366	365	366	365	210
	累計	157	3,809	7,462	11,114	14,767	18,419	22,072	25,724	29,377	33,029	36,526
曜日	1月1日	水	火	日	土	木	水	月	日	金	木	火
	7月28日(生日)	火	日	土	木	水	月	日	金	木	火	月
	12月31日	木	火	月	土	金	水	火	日	土	木	水
陰曆日字	1月1日	12.7	11.28	11.19	12.10	12.1	11.21	11.11	12.2	11.22	11.3	12.4
	12月31日	11.18	12.9	11.30	11.20	11.11	12.1	11.21	11.12	12.3	11.23	11.14
陽曆日字	설날(1.1)	1.24(金)	2.2(土)	2.12(日)	1.22(土)	1.31(土)	2.9(日)	2.19(月)	1.30(月)	2.9(火)	2.17(火)	1.28(月)
	生日(6.10)	7.28(火)	7.8(月)	7.17(火)	7.27(水)	7.6(火)	7.16(水)	7.25(木)	7.5(水)	7.13(水)	7.23(木)	7.3(木)
	秋夕(8.15)	9.30(水)	9.10(火)	9.19(水)	9.20(木)	9.8(水)	9.18(木)	9.27(金)	10.6(金)	9.15(木)	9.25(金)	10.4(土)
本人身上	居住地	慶北 聞慶市	慶北 聞慶市	慶北 聞慶市	서울 東大門區 ·鐘路區	서울 東大門區, 美國신시내티市	서울 銅雀區	서울 江南區	서울 江南區			
	地位	嬰兒·長男	初等學校 1·2學年	高等學校 2·3學年	研究院, 助教	專講·助教授, 博士課程	教授,院長	教授	名譽教授 ,碩座教授	名譽教授	名譽教授	名譽教授

註: (1) 悼는 1~7歲를 총칭하며, 悼와 耄는 죄를 범해도 옛부터 처벌의 대상이 아님.

(2) 1936年은 7月 28日부터이고 2036年은 7月 28日까지임.

客說 : 經驗에서 얻은 삶의 眞實

나는 집에서는 거의 술을 마시지 않는다. 더욱이 혼자서는 마시지 않는다. 그러나 두 사람 이상 모인 場所에 가면 많이 마신다. 술을 좋아서 마시는 것이 아니라 사람과 모임의 雰圍氣를 좋아해서 마신다.

客說 : 經驗에서 얻은 삶의 眞實

團體나 家族을 인솔하는 責任者가 되어 旅行을 가면 무척 신경이 쓰이고 힘이 든다. 秩序를 잡아야 하고 構成員의 健康을 돌봐야 하며, 돈을 적절히 관리하고 전체의 분위기도 잘 조성해주어야 한다. 하나의 구성원으로 아무런 責任 없이 그냥 따라다니는게 가장 마음 편하다.

(4) 本人家門과 人類歷史의 變遷

※( )內는 該當日字이고 *는陰曆日字임

區分 / 年度	本人 및 家族·先代		韓半島 및 世界	
	本 人	家族·先代	韓 半 島	世 界
B.C.2333	B.A.(Before An-Jae, 本人出生前) 4269		·檀君王儉,古朝鮮 開國(10.3)	
557	2493			·印度 釋迦牟尼 탄생(4.8)*
550	2486			·中國 孔子 탄생(2.15)
486	2422			·印度 釋迦牟尼 사망(2.15)
479	2415			·中國 孔子 사망(2.21)*
399	2335			·그리스 소크라테스 사망(4.27)
372	2308			·中國 孟子 탄생(3.2)
289	2225			·中國 孟子 사망(1.15)
100	2036			·로마 카이사르 출생(7.11)
49	1985			·카이사르, 루비콘江 渡河(1.11)
44	1980			·로마 카이사르 암살(3.15)
4	1940			·예수 그리스도 탄생(12.25)
A.D.37	B.A.1899			·예수 그리스도 處刑(4.3)
65	1871	·慶州金氏始祖 閼智 誕生(3.4)*		·로마 네로皇帝 자결(6.9)
68	1868			·新羅 異次頓 처형(8.5)
528	1408			·百濟 멸망(7.18)
660	1276			·마호멧 사망(6.7)
682	1254			
789	1147	·19世 元聖王 3年, 日蝕이 생기고 饑饉이 심해 粟穀을 분배(1.1)*		
792	1144	·19世 元聖王 8년, 日蝕(11.1)*		
798	1138	·19世 元聖王 사망(12.9)*		
839	1097	·22世 神武王 사망(7.23):*		
844	1092	·23世 文聖王 6年, 日蝕(2.1)*		
		·23世 文聖王 6年, 세개의 해가 출현(12.1)*		
857	1079	·23世 文聖王 사망(10.7)*		·神聖로마帝國 수립(2.2)
962	974			
968	968	·29世 殷說 출생(3.4)*		
978	958	·28世 敬順王 사망(4.4)*		
1028	908	·29世 殷說 사망(3.4)*		·英國 찰스 다윈 사망(4.19)
1082	854			·中國 朱熹 출생(9.15)
1130	806			·蒙古 쿠빌라이皇帝 즉위(2.24)
1260	676			·이탈리아詩人 단테 출생(5.30)
1265	671			·蒙古 징기스칸 사망(8.18)
1277	659			·안도라 독립(12.6)
1288	648			
1392	544		·鄭夢周 善竹橋서 피살(4.4)	
			·李成桂,朝鮮 건국(7.17)	
1395	541		·成石璘,첫 漢城府使 취임(6.13)	
1397	539		·東大門 창건(4.13)	
1403	533		·朝鮮,銅活字 제조(2.19)	
1405	531	·49世 自粹 사망(10.10)*		
1408	528		·太祖 李成桂 사망(5.24)	
1412	524		·慶福宮 慶會樓 준공(4.15)	
1419	517		·李從茂,對馬島 정벌(6.29)	
1425	511	·50世 根 사망(9.20)*		
1431	505			·프랑스 聖女 잔다르크 火刑(5.30)
1439	497		·해時計 발명(4.15)	
1442	494		·世宗大王,測雨器 발명(5.19)	

區分 年度	本人 및 家族·先代		韓半島 및 世界	
	本 人	家族·先代	韓 半 島	世 界
A.D.1445	B.A.491		·龍飛御天歌 발행(3.8)	
1446	490		·訓民正音 반포(10.9)	
1450	486		·世宗大王 사망(2.17)	
1451	485		·高麗史 완성(8.25)	
1452	484			·이탈리아 畵家 다빈치 출생(4.15)
1454	482		·世宗實錄 완성(3.5)	
1466	470		·최초의 契組織,江陵金蘭半月會 발족 (9.25)	
1469	467			·이탈리아 政治學者 마키아벨리 출생(5.3)
1475	461			·이탈리아 畵家 미켈란젤로 출생(3.6)
1478	458		·鄭麟趾 사망(12.27)	·英國 詩人 토마스 무어 출생(2.7)
1481	455		·徐居正,東國輿地勝覽 편찬(4.4)	
1483	453	·51世 永濡配 淸州韓氏 사망(12.1)*		·獨逸 宗敎改革者 루터 출생(11.10)
1485	451		·東國通鑑 완성(7.26)	
1492	444			·콜럼버스,美大陸 발견(10.12)
1495	441	·51世 永濡사망(11.6)*		
1499	437			·스위츠랜드 독립(9.22)
1500	436			·포르투갈 카부랄세,브라질 발견(4.22)
1501	435	·52世 薰 사망(9.26)*		
1502	434		·李退溪 출생(1.13)	
1506	430			·이탈리아 航海士 콜럼버스 사망 (5.20)
1514	422		·李舜臣 출생(3.8)	
1517	419	·52世 薰配 鎭川宋氏 사망(1.8)*		
1519	417			·이탈리아 畵家 다빈치 사망(5.2)
1521	415			·마젤란,필리핀 발견(3.15)
1535	401	·53世 元弼 사망(4.17)*	·金誠一 출생(4.30)	·英國 토마스 무어 處刑(7.6)
1542	394		·柳成龍 출생(10.1)	
1543	393			·코페르니쿠스 사망(5.24)
1546	390			·獨逸 宗敎家 루터 사망(2.18)
1564	372		·李栗谷 사망(2.27)	·英國 作家 셰익스피어 출생(4.26)
1570	366		·李退溪 사망(12.8)	
1577	359	·54世 礪 사망(6.11)*		
1590	346			·프랑스 宗敎家 칼빈 출생(7.10)
1592	344		·壬辰倭亂 발발(4.14) ·宣祖,避難 등정(4.30) ·李舜臣,唐浦서 倭軍 대파(6.5) ·錦山서 700義士 순국(8.18)	
1593	343		·幸州大捷 발생(1.12) ·倭兵,서울 점령(5.3)	
1596	340			·프랑스 思想家 데카르트 출생(3.31)
1597	339		·丁酉再亂 발발(1.14)	
1598	338		·李舜臣사망(11.18) ·壬辰倭亂7년만에 종식(11.27)	
1607	329		·柳成龍 사망(5.6)	
1608	328			·英國 詩人 밀튼 출생(12.8)
1609	327	·55世 汝贇 사망(3.15)*		
1611	325		·許浚,東醫寶鑑 완성(8.6)	
1616	320	·57世 秉鉉 출생(1.15)*		·스페인 作家 세르반테스 사망(4.23)
1622	314			·英國 哲學者 존 로크 출생(8.29)
1623	313			·英國 作家 셰익스피어 사망(4.23) ·프랑스 哲學者 파스칼 출생(6.19)
1636	300		·丙子胡亂 발발(1.4)	
1637	299		·斥和三學士,瀋陽서 피살(3.5)	
1642	294	·58世 汎 출생(8.25)*		·이탈리아 科學者 갈릴레오 사망(1.8) ·英國 物理學者 뉴우튼 출생(12.25)

年度 \ 區分	本人 및 家族·先代		韓半島 및 世界	
	本人	家族·先代	半島	世界
A.D.1649	B.A.287	·56世 埴 사망(2.3)*		
1650	286			·프랑스 思想家 데카르트 사망(2.11)
1662	274			·프랑스 哲學者 파스칼 사망(8.19)
1678	258	·59世 命天 출생(10.8)*		
1679	257			·이탈리아 思想家 마키아벨리 사망(12.4)
1686	250	·57世 秉鉉 사망(7.20)*		
1691	245	·58世 汎 配 金海金氏 사망(2.13)		
1712	224		·白頭山에 定界碑 건립(5.15)	
1714	222	·58世 汎 사망(7.27)*		·英國,타이프라이터 발명(1.17)
1717	219	·60世 泰立 출생(9.20)*		
1724	212			·獨逸 哲學者 칸트 출생(4.22)
1727	209			·英國 物理學者 뉴튼 사망(3.20)
1732	204			·美國 初代大統領 조지워싱턴 출생(2.22)
1736	200			·英國 發明家 와트 출생(1.19)
1743	193	·59世 命天 配 豊壤趙氏 사망(10.21)*		·美國 政治家 제퍼슨 출생(3.2) ·英國 紡織機械發明家 칼 라이트 출생(4.24)
1745	191	·59世 命天 사망(10.18)*		
1746	190			·스위스 페스탈로치 출생(1.12)
1749	187			·獨逸 詩人 괴테 출생(8.28)
1750	186			·獨逸 作曲家 바흐 사망(7.28)
1757	179	·61世 參簡 출생(12.7)*		
1762	174			·에카테리나 러시아 皇帝 즉위(6.29)
1769	167			·프랑스 나폴레옹 출생(8.15) ·네팔 독립(11.13)
1770	166			·獨逸 哲學者 헤겔 출생(8.27)
1775	161			·美國, 獨立戰爭 발발(4.19)
1776	160			·美國, 獨立수립(7.4)
1777	159			·美國, 星條旗를 國旗로 제정(6.14)
1778	158			·프랑스 思想家 루소 사망(6.2)
1781	155			·美國, 獨立戰爭 종식(10.17)
1782	154			·英國 天文學者 러셀 天王星 발견(3.13)
1783	153			·프랑스 作家 스탕달 출생(1.23) ·프랑스 몽골피에, 첫 氣球實驗 성공(4.25)
1785	151			·英國 '런던 타임즈'誌 창간(3.18)
1789	147	·62世 道鎭 출생(11.13)*		·美國 初代大統領 워싱턴 취임(4.30) ·프랑스 革命 발발(7.14) ·프랑스 制憲國民會議,人權宣言 채택(8.26)
1792	144			·英國 詩人 쉘리 출생(8.4)
1793	143			·프랑스 루이16世 처형(1.21)
1796	140			·英國,제너 種痘法 실시(5.14)
1797	139			·獨逸 作曲家 모차르트 사망(12.5)
1799	137			·美國 初代大統領 워싱턴 사망 (12.14)
1802	134			·프랑스 作家 빅토르 위고 출생(2.26)
1804	132			·아이티 독립(1.1) ·獨逸 哲學者 칸트 사망(2.12) ·프랑스 나폴레옹, 戴冠式 거행(12.2)
1805	131			·덴마크 作家 안데르센 출생(3.2)
1806	130	·60世 泰立 사망(4.12)*		
1809	127			·美國 作家 에드가 알란 포 출생(1.20) ·美國 아브라함 링컨 출생(2.12) ·蘇聯 作家 고골리 출생(4.1)
1810	126			·콜럼비아 독립(7.20) ·멕시코 독립(9.16) ·칠레 독립(9.18)
1811	125			·파라과이 독립(5.14)

區分 年度	本人 및 家族·先代		韓半島 및 世界	
	本 人	家族·先代	韓 半 島	世 界
A.D.1812	B.A.124			·나폴레옹,워털루戰鬪에서 英國에 패배(6.18)
1814	122			·네덜란드 독립(3.30) ·프랑스 畵家 밀레 출생(10.4)
1815	121			·獨逸 宰相 비스마르크 출생(4.1) ·나폴레옹, 100日天下 집정(3.20)
1816	120			·아르헨티나 독립(7.9)
1820	116			·노르웨이 作家 입센 출생(3.20) ·英國 나이팅게일 출생(5.12)
1821	115			·프랑스 나폴레옹 사망(5.5) ·페루 독립(7.28) ·코스타리카 독립(9.15) ·과테말라 독립(9.15) ·러시아 作家 도스토예프스키 출생(11.11)
1822	114			·에콰도르 독립(5.24) ·브라질 독립(9.7) ·프랑스 샹폴리옹, 이집트 象形文字 解讀을 발표 (9.27)
1823	113			·獨逸 詩人 괴테 사망(3.21)
1825	111			·볼리비아 독립(8.6)
1826	110			·美國 政治家 제퍼슨 사망(7.4)
1827	109			·獨逸 作曲家 베토벤 사망(3.26)
1828	108	·60世 泰立配 密陽朴氏 사망(8.10)* ·63世 魯亨 출생(10.6)*		·國際赤十字社創始者 앙리 뒤낭 출생(5.8) ·우루과이 독립(8.25) ·蘇聯 作家 톨스토이 출생(8.28)
1830	106			·그리스 독립(2.3) ·에콰도르 獨立 선언(8.10) ·벨지움 독립(10.4)
1831	105			·獨逸 哲學者 헤겔 사망(11.14)
1834	102	·62世 道鎭 사망(3.6)*		·프랑스 다게르,寫眞機 발명(3.19) ·美國 實業家 록펠러1世 출생(7.8)
1836	100		·茶山 丁若鏞 사망(2.22)	·B.C.1550년 축조된 오벨리스크, 1831.10.31 이집트 룻소르發,5년만에 파리 콩코드廣場에 이전 건립(10.22)
1837	99			·러시아 作家 푸슈킨 사망(1.29)
1838	98			·니카라 독립(4.30) ·혼두라스 독립(11.5)
1839	97	·61世 參簡사망(11.15)*		·프랑스 세잔느 출생(1.20)
1840	96			·阿片戰爭 발발(7.27) ·프랑스 彫刻家 로뎅 출생(11.12)
1841	95			·엘 살바도르 독립(1.30)
1842	94			·프랑스 作家 스탕달 사망(3.23)
1844	92			·美國 첫 電信打電 성공(5.1)
1847	89			·美國 토마스 에디슨 출생(2.11) ·리베리아 독립(7.26)
1848	88			·獨逸 3月革命 발생(3.18) ·프랑스 畵家 고호 출생(6.7)
1849	87			·英國 政治家 처칠 출생(2.13)
1850	86			·英國 作家 스티븐슨 출생(11.13)
1852	84			·蘇聯 作家 고골리 사망 (2.25) ·美國 링컨大統領, 奴隸解放 선언(9.22)
1853	83			·네덜란드 畵家 고갱 출생(3.30) ·美國 링컨大統領, 개티즈버그에서 연설(11.19)
1856	80			·오스트리아 精神學者 프로이트 사망(5.6) ·英國 作家 버나드 쇼 출생(7.26)
1859	77			·프랑스 化學者 리베리 퀴리 출생(5.15)

區分 / 年度	本人 及 家族·先代		韓半島 及 世界	
	本 人	家族·先代	韓 半 島	世 界
A.D.1860	B.A.76		·崔濟愚,天道敎 창설(4.5)	·獨逸 哲學者 쇼펜하워 사망(9.21)
1861	75			·모나코 독립(2.2) ·이탈리아, 統一 完成·王國 수립(3.17) ·印度 詩人 타고르 출생(5.7) ·美國 南北戰爭 발발(7.18)
1862	74	·64世 祖父 信喜 출생(8.18)*		
1863	73			·美國 링컨大統領,奴隷解放 선언(1.1) ·런던서 世界 최초의 地下鐵 개통(1.10) ·이탈리아 作曲家 마스카니 출생(7.7)
1864	72		·大院君 집권(4.5)	·크리미아戰爭 발발(3.27) ·獨逸 經濟學者 막스 베버 출생(4.21)
1865	71	·61世 參簡配 花山千氏 사망(1.19)* ·外祖父 鄭成五 출생(8.29)*		·美國 南北戰爭 종식(4.9) ·美國 링컨大統領 피살(4.14) ·美國 奴隷制度 폐지(12.18)
1866	70			·中國 孫文 출생(11.12)
1867	69			·美國 蘇聯에서 알래스카를 720萬달러에 매입(3.30) ·룩셈브르크 독립(5.10) ·캐나다 독립(7.1)
1868	68			·國際赤十字條約 成立(8.22) ·日本,天皇制 수립(12.9)
1869	67			·美國 大陸橫斷鐵道 완성(5.10) ·뉴욕서 經濟大恐慌 發生(9.24) ·수에즈運河 개통(11.17) ·프랑스 作家 앙드레 지드 출생(11.22)
1870	66			·英國 作家 디킨스 사망(6.9) ·프랑스革命 발발(9.4) ·프러시아軍,파리 포위(9.19)
1871	65	·外祖母 嚴順伊 출생(12.28)*		·獨逸帝國 출범(1.19) ·獨逸首相 비스마르크 취임(5.12) ·런던-上海間 電信 개통(6.13)
1872	64			·노르웨이 探險家 아문젠 출생(7.16)
1875	61		·李承晩 출생(3.26)	·슈바이처 출생(1.14) ·덴마크 作家 안데르센 사망(8.4)
1876	60		·韓·日 講和修好條約 조인(2.2) ·釜山港 개항(2.26) ·한글學者 朱時經 출생(11.7)	·英國 그레이엄 벨,電話 발명(2.14)
1877	59		·天主敎 主敎 2名 입국(7.14)	·루마니아 독립(5.21) ·獨逸 詩人 헤르만 헷세 출생(7.2)
1878	58			·러시아 革命家 레닌 출생(4.22) ·파리에서 첫 萬國博覽會 개최(5.1)
1879	57	·63世 魯亨配 全州李氏 사망(3.14)*	·詩人 韓龍雲 출생(8.29)	·獨逸 아인슈타인 출생(3.14) ·蘇聯 스탈린 출생(12.21)
1880	56		·日本,韓國에 처음 公使館 설치(4.17) ·仁川港 개항(12.29)	·美國 맥아더 출생(1.26) ·美國作家 헬렌 켈러 출생(6.27)
1881	55			·러시아作家 도스토예프스키 사망(1.28) ·파나마 運河 착공(2.1) ·루마니아王國 성립(3.26)
1882	54		·壬午軍亂 발생(7.23) ·閔妃 昌德宮으로 환궁(8.1)	·英國 進化論者 다윈 사망(2.19) ·獨逸 코흐, 結核菌 발견(3.24)
1883	53		·機器局 설치(5.23) ·新式 印刷所 博文局 설치(8.17)	·이집트, 英國의 속국화(1.19) ·獨逸 作曲家 바그너 사망(2.13) ·오스트리아 作家 카프카 출생(7.3)
1884	52		·印刷所 廣人社 설립(2.29) ·鬱陵島 開拓을 위해 管守 파견(4.10) ·郵政總局 개설(4.22)	·브르네이 독립(1.1)

區分 / 年度	本人 및 家族·先代		韓半島 및 世界	
	本　人	家族·先代	韓 半 島	世　界
A.D.1884	B.A.52		·美國 醫療宣敎師 N.H.알렌 내한(8.1) ·韓·獨 通商批准書 교환(11.8)	
1885	51		·廣惠院 설치(2.29) ·漢城 電報總局 개설(9.28)	·프랑스 作家 빅토르 위고 사망(5.22) ·英國 作家 D.H.로렌스 출생(9.11) ·獨逸, 마샬群島 점령(11.30)
1886	50		·高宗皇帝,奴隷世襲 廢止 명령(2.5) ·奴隷制度 폐지(2.6)	·獨逸 思想家 랑케 사망(5.23)
1887	49		·새문안敎會 설립(9.27)	
1888	48	·63世 魯亨配 金海金氏 사망(6.23)* ·63世 魯亨 사망(6.24)*		
1889	47			·프랑스 에펠塔 완성(3.30) ·英國 歷史家 토인비 출생(4.14) ·獨逸 히틀러 출생(4.20)
1890	46			·歐美 各國에서 처음 '메이데이' 행사 거행(5.1)
1892	44			·美國 小說家 펄 벅 출생(6.26) ·이라크 王國독립(10.2)
1893	43			·美國·하와이, 合倂條約 체결(2.14) ·蘇聯 作家 차이코프스키 사망(11.6)
1894	42		·東學亂 발발(1.10) ·金玉均 피살(3.28) ·東學革命 종식(6.11) ·罪人連坐制度 폐지(9.21)	·프랑스 카루노大統領 피살(6.24) ·淸·日戰爭 발발(7.25)
1895	41		·德壽宮에 첫 電燈 가설(4.8) ·東學軍 首領 全琫準 처형(4.23) ·日本,閔妃 살해(8.20) ·斷髮令 공포(11.15)	·台灣住民들 抗日 봉기(5.25) ·日本,臺灣에 總督府 설치(6.17). ·獨逸 經濟學者 엥겔스 사망(8.5) ·랜트겐,X線 발명(11.8)
1896	40	·65世 父 商大 출생(6.3)*	·徐載弼, '獨立新聞' 창간(4.7) ·東大門 밖에서 최초의 運動會 개최(5.2) ·獨立協會 창립(7.2) ·YMCA 창립(7.2)	·近代올림픽 첫 개최(4.6)
1897	39		·最初 銀行 漢城銀行(1943.10. 1 朝興銀行으로 개칭) 설립(2.19) ·國號를 大韓帝國으로 개칭(10.11) ·高宗皇帝 즉위(10.12) ·獨立門 준공(11.20)	·美國,하와이를 합병(6.16) ·美國 作家 포그너 출생(9.25)
1898	38	·母 鄭先岳 출생(6.28)*	·漢城電氣會社 설립(1.18) ·最初 日刊紙 '每日新聞' 창간(4.9) ·馬山·群山·城津港 개항(5.26)	·獨逸 마르크스 출생(7.19) ·獨逸 비스마르크 사망(7.30) ·日本 '皇城新聞' 창간(9.5) ·프랑스 퀴리 夫妻,라듐 발견(12.26)
1899	37		·日本,京仁鐵道權 인수(1.31) ·仁川에 客主 설치(4.7) ·서울에 電車 개통(4.8) ·京仁鐵道 기공(4.23) ·西大門-淸凉里間 電車 개통(5.17) ·國內 첫 京仁鐵道 개통(9.18)	·파리서 萬國平和會義 개최(5.16) ·오스트리아 作曲家 요한 슈트라우스 사망(6.3) ·美國 作家 헤밍웨이 출생(7.21)
1900	36		·鍾路에 처음 電燈 가설(4.10) ·서울驛舍 준공(7.8)	·파리 地下鐵 개통(7.10) ·獨逸 哲學者 니체 사망(8.25)
1901	35		·서울서 첫 電燈點火式 거행((8.17) ·京釜線鐵道 起工式 거행(8.20)	·濠洲 독립(1.1) ·英國 빅토리아女王 사망(1.22) ·中國 孫文, 日本으로 망명(6.10) ·노벨賞 제정(7.1) ·中國, 義和團事件으로 11個國과 最終 議定書 조인(9.7) ·美國 매킨리大統領 피격·사망(9.14) ·美國 漫畵家 월트 디저니 출생(12.5)

區分 / 年度	本人 및 家族·先代		韓半島 및 世界	
	本 人	家族·先代	韓 半 島	世 界
A.D.1901	B.A.35			·노벨賞 첫 시상(12.10) ·마르코니, 大西洋橫斷 無線電話 實驗 성공(12.12)
1902	34		·印札紙 使用 제도화(1.19) ·京義線鐵道 기공(4.24) ·第1次 하와이移民 121名 출발(12.22)	·台灣住民들, 日本國籍에 편입(5.8) ·쿠바 共和國 수립(5.20) ·프랑스 作家 에밀 졸라 사망(9.29)
1903	33		·柳寬順 출생(3.15)	·파나마 運河條約 조인(1.23) ·美日間 海底電線 준공(6.1) ·알래스카와 캐나다, 國境 확정(10.20) ·파나마 독립(11.3) ·美國 라이트 兄弟, 첫 空中飛行 성공(12.17)
1904	32		·京釜線鐵道 완공(11.10) ·濟衆院세브란스病院 낙성(11.16)	·日本·蘇聯, 國交 단절(2.6) ·日·露戰爭 발발(2.10) ·러시아艦隊,黃海서 日本軍과 大海戰(8.10)
1905	31		·刑法大典 공포(4.18) ·京釜線鐵道 개통(5.25) ·忠正公 閔泳煥,殉國자결(8.30) ·普城專門學校 설립(9.5)	·日·露, 停戰 조인(1.2) ·러시아 流血暴動으로 第1次革命 契機 마련(1.22) ·國際로타리클럽 창설(2.23) ·日本艦隊,東海서 러시아 발틱艦隊를 격파(5.27) ·美國,黑人差別待遇撤廢 결정(5.28) ·노르웨이 독립(6.7) ·프랑스 哲學者 사르트르 출생(6.21) ·日·露, 講和條約 조인(9.5)
1906	30		·海岸警備隊 창설(2.13) ·初代 朝鮮統監 伊藤博文 취임(3.2) ·서울-新義州間 京義線 개통(4.3) ·移民條例 공포(7.10) ·李人稙 小說 '血의 淚' 발표(11.30) ·作曲家 安益泰 출생(12.5)	·英國 勞動黨 발족(2.16) ·프랑스 化學者 피에르 퀴리 사망(4.6) ·러시아,國家基本法 공포(5.6) ·러시아 最初의 國會 개원(5.10) ·노르웨이 作家 입센 사망(5.23) ·이란 독립(10.7) ·日本-華太間 鐵道 개통(11.21)
1907	29		·李完用內閣 성립(5.22) ·議政府 폐지를 골자로 한 內閣官制 공포 (6.14) ·李儁烈士, 헤이그에서 순국(6.15) ·高宗皇帝 양위(7.20) ·韓·日丁未七條約 조인(7.24) ·純宗皇帝 즉위(8.27) ·興士團 창립(11.29) ·李昇薰,定州에 五山學校 설립(12.26)	·헤이그 萬國平和會義 개막(6.15) ·뉴질랜드 독립(9.26)
1908	28		·각급 裁判所 開廳 허가(8.1) ·雜誌 '少年' 창간(11.1) ·日本,朝鮮에 東洋拓殖會社 설립(12.28)	·불가리아 독립(10.5) ·이탈리아 메시나에 大地震발생,15萬名 사망(12.28)
1909	27	·姉兄 金仁錫 출생(9.23)	·民籍法 시행(3.4) ·土地改革法 공포(6.21) ·安重根義士 伊藤博文 사살(10.26) ·朝鮮銀行 창립(10.29) ·昌慶苑,처음 일반 공개(11.1)	
1910	26		·安重根義士,旅順監獄에서 死刑·殉國(3.26) ·人類終末의 流言蜚語 유포(5.19) ·韓·日合邦(8.29) ·日帝,全 政治結社 해산명령(9.11) ·日帝,土地調査事業 착수(9.30)	·부탄 독립(3.24) ·南아프리카 共和國 독립(5.31) ·英國 나이팅게일 사망(8.13) ·포르투갈 共和國 선포(10.6) ·蘇聯 作家 톨스토이 사망(11.7)
1911	25		·朝鮮銀行法 공포(3.29) ·森林令 공포(6.20)	·中國 辛亥革命 발발(10.10) ·美國 新聞王 프리처 사망(10.29)

區分 / 年度	本人 及 家族·先代		韓半島 及 世界	
	本 人	家族·先代	韓 半 島	世 界
A.D.1911	B.A.25		·鴨綠江鐵橋 개통(11.1)	·中國 孫文,南京革命政府 大統領에 당선(12.29)
1912	24		·乙支路(黃金町)에 電車運行 개시(12.6)	·清國,中華民國으로 개칭(1.1) ·袁世凱,北京서 臨時大統領 취임(3.10) ·英國旅客船 타이타닉號 침몰,1,635명 사망(4.14) ·美國 飛行機 發明家 윌리 라이트 사망(5.12) ·알바니아 독립(11.28)
1913	23		·安昌浩, 美國서 興士團 조직(5.13)	·티베트 독립 선언(1.10) ·第1次 발칸戰爭 종식(5.30) ·第2차 발칸戰爭 발발(6.29) ·袁世凱, 中國大統領 취임(10.6) ·프랑스 實存主義作家 카뮈 출생(11.7)
1914	22	·聘父 黃龍燮 출생(7.21)*	·湖南線鐵道 개통(1.11) ·府制 실시(3.1) ·서울 및 各市·道에 夜市場 개설(9.10) ·京元線鐵道 개통(9.16)	·日本 樓島火山 폭발, 9,600名 사망(1.12) ·第1次 世界大戰 발발(4.27) ·올림픽 五輪旗 제정(6.14) ·파나마運河 개통(8.15) ·美國, 이집트를 保護領으로 선언(12.18)
1915	21			·美國 시카고江 遊覽船 침몰,800명 사망(7.24)
1916	20		·畵家 李仲燮 출생(3.10)	·아인슈타인, 一般相對性理論 발표(11.5) ·폴란드 독립선언(11.5)
1917	19	·姉兄 黃在洙 출생(1.17)	·私立 세브란스醫專 개교(6.13) ·朴正熙 출생(9.30) ·漢江人道橋 준공(10.19)	·러시아 3月革命 발발(3.8) ·러시아帝國 폐지(3.12) ·中國 孫文, 關東政府 수립(9.10) ·러시아, 볼셰비키 武裝蜂起 선언(10.23) ·러시아, 소비에트政權 수립(11.6) ·핀란드 독립(12.6)
1918	18	·64世 祖父 信喜 사망(10.21)*		·러시아 首都를 모스크바로 이전(3.9) ·스페인에 풍토병 유행으로 15萬名 사망(10.25) ·체코슬로바키아共和國 성립(10.28) ·오스트리아 독립(10.30) ·獨逸革命 발발, 共和制 선언(11.9)) ·폴란드 독립(11.10) ·世界1次大戰 종식(11.11) ·오스트리아, 共和制 선언(11.13) ·헝가리 독립(11.16) ·유고슬라비아 독립(12.1)
1919	17		·高宗皇帝 승하(1.21) ·最初 文藝誌 '創造' 창간(2.1) ·東京留學生,獨立宣言 결의(2.8) ·3·1獨立運動 발발(3.1) ·中國 上海에 大韓民國 臨時政府 수립(4.13)	·獨逸 나치스 결성(1.5) ·파리 講和會談 개막(1.18) ·모스크바에서 코민테른 創立대회(3.2) ·이탈리아 뭇솔리니, 파시스트 결성(3.23) ·베르사이유 講和條約 조인(6.28) ·獨逸 바이마르憲法 채택(7.31) ·아프카니스탄 독립(8.19)
1920	16	·聘母 金福伊 출생(7.16)* ·姉 石順 출생(10.26)	·朝鮮日報 창간(3.5) ·東亞日報 창간(4.1) ·朝鮮體育會 발족(7.13) ·曺晩植 등 70餘名, 朝鮮物産獎勵會 설립 (8.24) ·柳寬順烈士,惡刑으로 獄死(10.12) ·韓國獨立軍,青山里戰鬪서 대승(10.20) ·義親王 李鋼,上海로 탈출(11.9) ·姜宇奎義士 순국(11.29)	·國際聯盟 구성(1.8) ·美國 최초로 라디오 試驗放送 성공(1.17) ·러시아·日本軍 사이에 屈港事件 발생(3.11) ·이집트 獨立宣言(3.12) ·美國, 婦人參政權 인정(8.25) ·英國,婦人參政權 실현(8.28) ·國際聯盟 탄생(11.12) ·第1回 國際聯盟總會 제네바서 개최(11.15)
1921	15		·右側通行制(1906실시)를 左側通行制로 변경(12.1) ·朝鮮語學會 창립(12.3)	·探險家 마젤란, 괌島 발견(3.8) ·몽골리아 독립(3.13) ·中國 共産黨 결성(7.1) ·英國 독립(12.6) ·아일랜드 독립(12.6)

年度 \ 區分	本人 및 家族·先代		韓半島 및 世界	
	本 人	家 族·先 代	韓 半 島	世 界
A.D.1922	B.A.14		·YMCA 창설(7.31)	·國際司法裁判所 개설(2.1)
			·朝鮮語編纂委員會 설치(12.4)	·이집트 독립(2.28)
				·美國 電話 發明家 벨 사망(8.2)
				·이탈리아 무솔리니, 파시스트政權 수립(10.31)
				·蘇聯社會主義聯邦共和國 성립(12.30)
				·英國, 라디오放送 시작(12.30)
			·義烈團員 金相玉,鍾路警察署에 투탄(1.12)	·日本 關東大地震 발생(9.1)
1923	13		·戶西南普通學校 개교(5.12)	·第2次世界大戰 발발(9.3)
				·터키共和國 수립(10.29)
			·朴烈夫婦,日本天皇 暗殺嫌疑로 체포(9.2)	·獨逸 詩人 릴케 사망(12.29)
1924	12		·京城帝國大學 개교(5.2)	·蘇聯 레닌 사망(1.21)
				·第1回 冬季올림픽 개최(1.25)
				·체코 作家 카프카 사망(6.3)
1925	11	·外祖父 鄭成五 회갑(10.15)	·曺奉岩,朝鮮共産黨 조직(4.17)	·프랑스 作家 아나틀 프랑스 사망(10.12)
			·서울驛舍 준공(10.15)	·蘇聯 스탈린 집권(1.15)
			·陸英修女史 출생(11.19)	·中國 孫文 사망(3.12)
			·朝鮮總督府 新廳舍 개관(1.8)	·英國 베어드,TV 발명(12.18)
1926	10	·姉 石九 출생(4.18)	·朝鮮農會令·水産組合令을 공포(1.12)	·日本 三重縣에서 僑胞 1千餘名 피살(1.2)
			·6·10 萬歲事件 발발(6.10)	·英國 哲學者 베이컨 사망(4.9)
			·歌手 尹心德,玄海灘서 투신자살(8.3)	·蔣介石 南京에 國民政府 수립(4.18)
			·作家 羅稻香 사망(8.26)	·蔣介石 國民革命軍,北伐 개시(7.9)
			·京城放送局 방송 개시(2.16)	·日本 大正天皇 사망(12.25)
1927	9		·第1回 朝鮮美術展覽會 개최(6.1)	·世界 最初 有聲映畵 발명(10.6)
			·玄濟明,全美國音樂會서 1位 수상(8.28)	·日本 最初의 地下鐵 개통(12.30)
			·韓國獨立黨 결성(3.25)	
1928	8		·서울에 첫 市內버스 등장(4.20)	
				·스페인 畵家 고야 사망(4.16)
				·世界最初로 페니실린 발명(9.15)
			·月南 李商在 사망(3.29)	·蔣介石,中國 國民政府主席 취임(10.8)
1929	7		·汝矣島飛行場 개장(4.1)	·獨逸 飛行船,大西洋 橫斷 성공(10.11)
			·光州學生事件 발생(11.3)	·로마 教皇廳, 바티칸帝國으로 개칭(1.11)
			·日本 미쓰비시 百貨店 朝鮮支店(現 新世界)	·46個國 代表,無限修好宣布式 거행(7.24)
1930	6		완공(1.13)	·印度 國民會議,完全獨立 결의(12.31)
			·우리말辭典 첫 발간(1.6)	·英國 作家 D.H.로렌스 사망(3.2)
			·金佐鎭장군, 刺客에 피살(1.24)	·이탈리아 나폴리 大地震 발생(7.23)
			·上海에 韓國獨立黨 결성(1.25)	·蔣介石, 1次 侵共戰 개시(12.26)
			·蘇波 方定煥 사망(7.23)	
1931	5			·滿洲事變 발발(6.18)
				·美國 發明家 에디슨 사망(10.18)
				·스페인 부르봉王室 멸망(12.3)
1932	4	·外祖母 嚴順伊 회갑(2.4)	·李奉昌義士,日本天皇에 투탄(1.8)	
		·姉兄 許樅 출생(7.11)	·尹奉吉義士,上海 虹口公園서 폭탄투척	·印度 國民會議派,反英運動 개시(1.3)
			(4.29)	·中國 上海事變 발발(1.28)
			·作家 崔暑海 사망(7.9)	·日本軍, 滿洲 하얼빈 점령(2.5)
			·忠南道廳,公州서 大田으로 이전(9.30)	·滿洲國 建國 선언(3.1)
			·尹奉吉義士 순국(12.19)	·사우디 아라비아 독립(9.23)
1933	3	·姉 石出 출생(3.10)		·이라크 독립(10.3)
				·獨逸 히틀러內閣 탄생(1.30)
				·日本,國際聯盟 탈퇴(2.24)
				·美國 루즈벨트大統領,뉴딜政策 선언(3.4)
1934	2		·大田,市昇格(9.29)	·英·佛·獨·伊,歐洲平和維持協定 調印(7.15)
			·詩人 金素月 사망(12.24)	·히틀러·무솔리니, 베네치아에서 처음 會談
1935	1		·첫 發聲映畵 '春香傳' 개봉(10.4)	(6.15)
				·獨逸 처음 TV電波 실험(3.21)
				·中國共産黨,抗日救國 선언(8.1)
				·獨逸,猶太人 市民權 박탈(9.15)

年度 \ 區分	本人 및 家族·先代		韓半島 및 世界	
	本 人	家族·先代	韓半島	世 界
A.D.1936 (1)	·出生(7.28,陰6.10*)	·姉 石順 결혼(9.5)	·孫基禎,베를린 올림픽大會서 마라톤 우승(8.9) ·漢江人道橋 개통(10.23) ·平壤放送局 개국(11.15)	·日本軍部隊,2·26事態 발생(2.26) ·이탈리아, 이디오피아와 合倂 선언(5.9)
1937 (2)	·出生申告,生日로 登載(4.25) ·父母와 最初 寺刹 禮佛(5.17)		·白白教 事件으로 幹部 150餘名 구속(2.6) ·作家 李箱 사망(4.17)	·中·日戰爭 발발(7.7) ·日本,國民徵用兵制 공포(7.8) ·美國 作曲家 거쉬인 사망(7.11) ·美·蘇 不可侵條約 체결(8.21) ·蒙古聯盟,自治政府 수립(10.28) ·日本軍,中國 南京占領,大虐殺 자행(12.13)
1938 (3)		·外祖父 鄭成五 사망(4.3)	·島山 安昌浩 사망(3.10) ·總督府,勤勞報國隊 조직(6.26) ·「우리말 辭典」 간행(7.19)	·獨逸 히틀러, 全軍統帥權 장악(2.4) ·英·佛·獨·伊 外相會議, 뮌헨條約 조인(9.29) ·日本軍,中國 廣東 점령(10.21) ·日本軍,中國 武漢三鎭 점령(10.27)
1939 (4)			·文藝誌 '文章' 창간(2.26) ·朝鮮總督 官邸 준공(9.26) ·京城 丁字屋(現 美都波) 준공 (9.27)	·獨·蘇 不可侵條約 체결(8.23) ·獨逸軍,폴란드 侵攻 개시(9.1) ·오스트리아 精神學者 프로이트 사망(9.23) ·蘇聯,핀란드 侵攻(11.30)
1940 (5)	·最初 江에서 水泳(7.15) ·熱病으로 앓음(8.10)		·日帝,創氏改名制 실시(2.11) ·日帝, 東亞·朝鮮日報 폐간(8.10)	·프랑스, 獨逸에 항복(6.16) ·英國 作家 토마스 하디 출생(6.20) ·獨逸,英國 런던 大空襲(9.7) ·獨·日·伊,베를린서 3國同盟 조인(9.27)
1941 (6)		·弟嫂 李英子 출생(1.17) ·聘父 黃龍燮과 聘母 金福伊 결혼(4.28) ·弟 群濟 출생(8.19)	·水豊發電所 送電 시작(8.5)	·英國 作家버지니아 울프 사망(3.28) ·스탈린 蘇聯首相 취임(5.6) ·베트남, 獨立同盟 결성(5.19) ·英國 몽고메리元帥,시리아·레바논 진격(6.8) ·英·佛,시리아와 休戰協定 조인(7.14) ·印度 詩人 타고르 사망(8.7) ·레바논 독립(11.26) ·太平洋戰爭 발발(12.8)
1942 (7)	·驚氣의 病으로 앓음(10.5)	·外祖母 嚴順伊 서거(3.17) ·同壻 金英世 출생(8.5)	·作家 李孝石 사망(5.25)	·獨逸 나치스, 猶太人 1,100名 殺害 결정 (1.20) ·폴란드 人類學者 말리노프스키 사망(5.16) ·美·日間 미드웨이海戰 발생(6.5)
1943 (8)	·동리 아이들, 別名 '까재'로 부름(1.1) ·父母와 寺刹 禮佛(5.11)		·詩人 李尙和 사망(3.19) ·作家 玄鎭健 사망(3.21) ·南大門地下道 개통(4.1) ·京城府,區制 실시(6.10)	·이탈리아, 聯合軍에 항복(9.8) ·獨逸軍,로마市 점령(9.10) ·美·英·中,카이로 선언(11.22)
1944 (9)		·祖母 禹鳳伊, 店村 某宅에서 푸닥거리 행사(1.24) ·妻 黃蓮子 출생(1.29) ·姉 石九 결혼(10.15)	·朝鮮學生,日本學兵으로 動員 개시 (1.20) ·詩人 韓龍雲 사망(5.9) ·女子挺身隊制 실시(8.23)	·聯合軍,노르만디 상륙(6.6) ·獨逸 VI로켓트, 첫 런던 폭격(6.15) ·아이슬란드 독립(6.17) ·日本 東條內閣, 敗戰 責任지고 총사퇴 (7.18) ·美國 루즈벨트大統領, 4選 당선(11.7)

區分 年度	本人 및 家族·先代		韓半島 및 世界	
	本　　人	家 族·先 代	韓 半 島	世　　界
A.D.1945 (10)	·戶西南國民學校 입학(4.1) ·漫畵冊 최초 탐독(11.1) ·小說冊 최초 탐독(12.15)		·日本軍,女子挺身隊 결성(1.20) ·全國學生聯盟 결성(7.30) ·韓國, 日帝에서 해방(8.15) ·美軍,仁川 첫 상륙(8.25) ·美·蘇,北緯 38。線 설정(8.28) ·韓國民主黨 발기선언(9.6) ·韓國民主黨 결성(9.16) ·獨立警察 탄생(9.16) ·仁川港에 每日 300톤의 軍需援助物資 입항(9.23) ·北韓,勞動黨 창당(10.10) ·李承晩박사 환국(10.16) ·美軍政廳,警察權을 한국에 이양(10.21) ·金九主席 환국(11.21) ·'서울新聞' 창간(11.22) ·新義州學生 反共義擧(11.24) ·古下 宋鎭宇 피살(12.30)	·美·英·蘇, 얄타會談 개최(2.14) ·美國,東京에 대공습(3.9) ·이탈리아 뭇소리니 처형(4.28) ·獨逸 히틀러 자살(4.30) ·蘇聯軍,베를린 점령(5.2) ·獨逸,聯合軍에 항복(5.7) ·世界傷痍軍人聯盟(WVE) 발족(6.26) ·美國, 原子彈 완성(7.16) ·美·英·蘇,포츠담 會談(7.17) ·美國,日本히로시마에 原爆 투하(8.6) ·蘇聯軍,北韓으로 진격(8.9) ·日本 降伏,第2次世界大戰 종식(8.15) ·인도네시아 독립(8.17) ·베트남 독립(9.2) ·日本, 降伏文書 조인(9.2) ·國際原子力機構 창설(9.20) ·世界勞動組合聯盟 결성(9.25) ·國際聯合(U.N.) 발족(10.24) ·臺灣 독립(10.25) ·UNESCO憲章 조인(11.16) ·모스크바 三相會議,朝鮮信託統治 가결(12.27)
1946 (11)	·運動靴 최초로 착화(9.5) ·바나나 처음 시식(10.5)	·祖母 禹鳳伊 사망(8.22) ·妻弟 黃次蓮 출생(11.29)	·맥아더 司令部, 李王職 폐지(2.1) ·國防警備隊司令部 설치(2.7) ·日本銀行券 동결(2.21) ·釜山-新義州間 複線鐵道 개통(3.1) ·韓國海軍 창설(3.4) ·北韓,農地改革 실시(3.5) ·朝鮮文學家協會 발족(3.13) ·南北韓郵便物交換 합의(3.15) ·大韓勞總 결성(4.7) ·'어린이날' 제정(5.5) ·38度線 설정, 越境禁止令 공포 (5.23) ·文敎部,國立서울大學校 綜合大學案 발표(6.13) ·43年來의 大暴雨(6.26) ·濟州島,道로 승격(7.2) ·國際赤十字 가입(7.28) ·최초 女子警察 발족(8.1) ·北韓,主要施設을 國有化(8.10) ·學制 6·6·4年制로 변경 실시(9.1) ·서울市,特別市 승격(9.18) ·서울 勞組員 1萬餘名의 共産黨 組織,총파업 단행(9.24) ·大邱暴動事件 발생(10.1) ·朝鮮民族靑年團 결성(10.13) ·國立서울大學校 개교(10.15) ·上海臨政要人 환국(11.7) ·南勞黨 결성(11.23)	·인도네시아 독립(2.17) ·U.N.安全保障理事會 발족(1.12) ·日本,農地改革 단행(2.1) ·韓國에 美·蘇共同委員會 설치(2.6) ·蘇聯,于島사할린 領有權 선언(2.20) ·시리아 독립(4.17) ·英國經濟學者 케인즈 사망(4.21) ·요르단 독립(5.25) ·프랑스, 王政廢止,共和制 선포(6.13) ·필리핀 독립(7.4) ·뉴른베르크 戰犯裁判 종결(9.30) ·日本,新憲法 공포(11.3) ·UNESCO 발족(11.4) ·U.N.國際兒童救護基金(UNICEF) 설립(12.11)
1947 (12)	·齒牙를 닦기 시작(4.21) ·理髮所에서 처음 이발(9.5)		·北韓,公民證 발행(2.11) ·'植木日' 제정·공포(4.5)	·헝가리 카를 만하임 사망(1.9) ·英國,印度 독립 승인(2.20)

年度 \ 區分	本人 및 家族·先代		韓半島 및 世界	
	本　　人	家族·先代	韓 半 島	世　　界
A.D.1947 (12)			· 美軍政廳,特別議政官으로 徐載弼 임명(6.20) · 呂運亨 피살(7.4) · 서울大學校 第1回 卒業式 거행(7.11) · 安東師範學校 개교(9.15) · 慶州에서 처음 新羅文化祭 개최(10.5) · 公娼制 폐지(10.28) · 北韓, 貨幣 개혁(12.16)	· U.N.,ECAFE 설치(3.28) · 美國 自動車王 헨리 포드 사망(4.7) · 파키스탄 독립(8.14) · 印度 독립(8.15) · 印度,힌두教와 모슬램教間 分爭 발생(8.26) · GATT 성립(10.30) · U.N.總會,韓國總選擧案 가결(11.14) · 이탈리아共和國 憲法 제정(12.22) · 루마니아人民共和國 수립(12.30)
1948 (13)	· 映畵 처음 관람(3.30) · 曲馬團 처음 관람(4.15) · 初等學校에서 처음 賞狀 수상(7.24) · 副級長이 됨(9.1) · 최초로 記錄 시작(9.1) · 父母와 지게 지고 山에 나무하러 감(9.5)	· 同壻 金鍾基 출생(2.13)	· 義務敎育制 실시(1.7) · 北韓人民軍 창설(2.8) · 金九,南韓單獨總選擧 반대(2.28) · 하지 美軍政長官, 南韓 單獨選擧 실시 발표(3.1) · 金九,南北協商 제의(3.8) · 濟州暴動事件 발생(4.3) · 制憲國會議員 선거(5.10) · 北韓,南韓送電 중단(5.14) · 制憲國會 개원(5.31) · 韓國憲法 제정(6.17) · 國號를 大韓民國으로 결정(7.1) · 國會,憲法 의결(7.12) · 國會,政府組織法 가결(7.16) · 憲法 공포·시행(7.17) · 金日成,共産政權 수립(7.19) · 初代 李承晩大統領 취임(7.20) · 美國과 修交(8.13) · 大韓民國 수립(8.15) · 北韓,朝鮮民主主義人民共和國 건국(9.9) · 蘇聯,北韓서 年內 철수 천명(9.19) · 聞慶中學校 개교(10.8) · 麗水·順天 叛亂事件 발생(10.20) · 國家保安法 國會 통과(11.20) · U.N.,韓國 승인(12.9)	· E.E.C. 발족(1.1) · 미얀마(버마) 독립(1.4) · U.N.,韓半島 自由選擧를 위한 U.N. 韓國委員會 파견결의(1.18) · 印度 간디 피살(1.29) · 스리랑카 독립(2.4) · 체코共産黨 政府 수립(2.25) · U.N.小委,南韓單獨政府 選擧 의결(2.26) · 中共·北韓,軍事協定 체결(3.16) · 마샬 플랜 定式 발족(4.3) · 世界保健機構(WHO) 발족(4.7) · 팔레스티나 紛爭 발생(5.10) · 이스라엘 독립(5.14) · 蘇聯,베를린 전면봉쇄(6.24) · U.N.,'世界人權宣言' 발표(12.10)
1949 (14)	· 初等學校의 級長 처음 취임(3.1) · 버스 처음 시승(9.12) · 첫 花鬪놀이(12.3)	· 父母,店村所在 밭 1,000坪 구입(5.1)	· 國防警備隊 발족(1.14) · 學徒護國團 결성(3.8) · 南北交易 완전 차단(3.31) · 로마敎皇廳,韓國 승인(4.13) · 農地改革 실시(4.28) · 總人口調査 실시(5.1) · '勸農日' 제정(6.10) · 金九선생 피살(6.29) · 美軍 撤收 완료(6.29) · 地方自治法 제정·공포(7.4) · 金九선생 國民葬 거행(7.5) · 世界保健機構에 가입(8.16) · 國軍 창설(10.1) · 空軍 창설(10.12) · 第1回 國展 개막(11.1) · U.N.農業食糧機構 加入(11.5) · 최초의 徵兵檢査 실시(12.6) · 美國,韓國 승인(12.31)	· 샴國을 타이랜드로 國號를 변경(4.11) · 蔣介石,臺灣으로 철수(5.3) · 蘇聯軍,처음 東베를린 封鎖 제의(5.11) · 獨逸聯邦共和國 수립(5.23) · 中共軍,上海 점령(5.25) · 西獨,軍政 종식(9.21) · 蘇聯,첫 原爆 실험(9.22) · 中國共産黨,中華人民共和國 선포(9.24) · 中華人民共和國 수립(10.1) · 東獨 民主共和國 발족(10.7) · 인도네시아 聯邦政府 탄생(10.20) · '世界都市計劃의 날' 制定(11.8) · 인도네시아共和國 성립(12.27)

區分 年度	本人 및 家族·先代		韓半島 및 世界	
	本　　人	家族·先代	韓半島	世　界
A.D.1950 (15)	·級長으로 취임(3.1) ·初等學校 優等賞·皆勤賞 수상(5.27)	·妻男 黃載壽 출생(8.6) ·妻 黃蓮子, 店村國民學校 입학(9.1)	·韓國國樂院 발족(1.9) ·UNESCO 가입(2.10) ·李承晩大統領, 맥아더將軍 招請으로 渡美(2.16) ·國民服務令 공포(2.28) ·第2代國會議員選擧 실시(5.30) ·6年制 義務教育 실시(6.1) ·韓·日貿易協定 조인(6.2) ·韓國銀行 발족(6.12) ·6·25動亂 발발(6.25) ·國軍指揮權, U.N.軍에 이양 (7.14) ·최초 韓國銀行券 발행(7.22) ·U.N.軍, 仁川 상륙(9.15) ·서울 收復(9.28) ·U.N.軍 38線 돌파·북진(10.1) ·U.N., 韓國統一復興會 (UNKRA)설치 협의(10.7) ·U.N.軍, 平壤入城(10.17) ·國軍, 平壤 탈환(10.19) ·中共軍, 韓國戰 참전(10.25) ·U.N.軍, 鴨綠江 도달(10.26) ·政府, 서울還都式 거행(10.27) ·大韓赤十字社 창립(11.27)	·中國 國府軍, 臺灣으로 철수(1.7) ·美國, 極東防衛線에치슨라인 선포(1.12) ·越盟 胡志明, 독립선언(1.14) ·印度 獨立政府 수립(1.26) ·世界氣象機構(WMO) 발족(3.23) ·NATO理事會, 集團防衛軍創設 결의 (5.18) ·U.N.軍 韓國戰 參戰 결정(6.28) ·U.N.軍, 워커防衛線 구축(8.3) ·英國 作家 버나드 쇼 사망(11.2) ·美8軍司令官 워커大將, 韓國戰서 전사(12.23)
1951 (16)	·級長이 됨(3.1) ·中學進學 國家考試 침(6.20) ·戶西南國民學校 졸업(7.14) ·聞慶中學校 首席입학(9.10) ·中學校 1學年 級長이 됨(9.15) ·최초로 教會에 감(12.1)	·父 商大, 300年 樹齡 회양木을 聞慶中學校에 기증·이식(10.5)	·政府, 臨時首都를 다시 大田에서 釜山으로 이전(1.3) ·作家 金東仁 사망(1.5) ·陸海空軍合同憲兵隊 발족(2.5) ·原州戰鬪에서 中共軍 2個 師團 섬멸(2.14) ·農地分配 발표(3.5) ·全南에서 列車전복으로 100餘名 사망(8.21) ·全北 裡里에 檀君聖廟壇 건립 (10.3)	·印度 뉴델리에서 최초 아시안게임 개최(3.4) ·맥아더 U.N.軍司令官 해임(4.11) ·오만 독립(12.20) ·리비아 독립(12.24)
1952 (17)	·盲人占術家로부터 助手 手苦費 최초 수령(1.31) ·自轉車 처음 배움(4.1) ·汽車 처음 시승(6.29) ·尙州에 처음 감(6.29)		·李承晩大統領, 平和線 선언(1.18) ·陸軍士官學校 개교(1.20) ·在鄕軍人會 창설(2.1) ·최초 市·邑·시장선거(4.25) ·初代 道議員 선거(5.10) ·休戰會談 假調印(7.8)	·美爆擊機, 水豊 댐 폭격(6.23) ·蘇聯 思想家 몽테뉴 사망(9.13) ·美國, 水素爆彈실험 성공(11.1)
1953 (18)	·中學 2學年末에 優等賞과 奬學表彰狀을 반음(3.26)	·妻弟 黃再蓮 출생(2.15)	·第1次 貨幣改革 단행(1.16) ·100圓을 1圜으로한 緊急通貨 조치 실시(2.14) ·第2次 貨幣改革 단행(2.15) ·政府, 獨島領有權 선언(2.27) ·獨立運動家 吳世昌 사망(4.16) ·UNESCO韓國支部 설치(7.6) ·韓國動亂休戰協定발표(7.27) ·첫 教育週間(10.6-12) 실시 (10.6)	·발칸3國, 友好同盟 조인(2.28) ·蘇聯 스탈린 사망(3.5) ·U.N., 韓國再建 결의(3.11) ·日本, 朝總聯系 朝鮮大學 設置 인가 (4.17) ·英國 登攀隊, 최초로 에베레스트 정복 (5.29) ·라오스 독립(10.23) ·캄보디아 독립(11.9) ·U.N., 强制勞動廢止案 가결(12.7)
1954 (19)	·聞慶中學校 졸업(3.3) ·生涯 최초로 出鄕(4.5) ·安東市 法尙洞 下宿 입주(4.5)		·國防大學 창설(1.9) ·UNESCO 韓國委員會 발족 (1.30)	·美國, 水爆實驗 완료(5.13)

區分 年度	本人 및 家族·先代		韓半島 및 世界	
	本　人	家族·先代	韓半島	世　界
A.D.1954 (19)	·安東師範學校 입학(4.10) ·최초로 大衆沐浴湯이용(4.20) ·安東市 花城洞 下宿 이전(5.10) ·安東市 堂北洞으로 下宿 이전 (6.10) ·安東市 太華洞에서 自炊 시작 (7.31) ·營養失調로 졸도·입원(10.11)		·獨島에 韓國領土標識 설치(1.18) ·第3代 國會議員 선거(5.20) ·韓國日報 창간(6.9) ·學·藝術院 개원(7.17) ·韓·美相互防衛條約 발효(11.17)	
1955 (20)	·安東市 平和洞 家庭敎師宅 입주(2.28) ·최초의 家庭敎師 시작(2.28)	·妻男 黃載國 출생(7.14)	·中·高等學校 분리결정(1.7) ·國軍豫備師團 창설(2.22) ·延禧大學,세브란스 합병(4.14) ·在京 聞慶郡民會 창립(5.10) ·國際通貨基金 및 國際開發銀行 가입(8.26) ·聞慶線 鐵道 개통(9.15) ·解放10周年 紀念 産業博覽會 개최(10.1)	·蘇聯首相 말렌코프 사임(2.8) ·獨逸 독립(5.5) ·오스트리아 독립(5.15) ·美·英·佛·蘇 4相회담(7.18) ·獨逸 作家 토마스 칸 사망(8.12) ·西獨·蘇聯,國交수립(9.13) ·越南共和國 출범(10.26) ·蘇聯,水爆 실험(11.26) ·수단 독립선언(12.19)
1956 (21)	·처음 서울 방문(1.10) ·電車 처음 시승(1.12) ·서울 市內버스 처음 시승(1.12) ·처음 外食 식사(4.5)	·妻 黃蓮子,國民學校 졸업 (2.25) ·妻 黃蓮子, 聞慶女子中學校 입학 (4.6) ·父 商大 회갑(7.10) ·姉 石出 결혼(11.10)	·靈岩線 鐵道 개통(1.17) ·李承晩大統領의 再出馬를 위한 官製 데모 발생(3.6) ·世界氣象機構(WMO) 가입(3.18) ·第1回 '어머니날' 행사(5.8) ·첫 TV放送局 개국(5.12) ·4月 22日을 '遞信의 날'로 제정 (6.4) ·'顯忠日' 제정·공포(6.6) ·聞慶郡 戶西南面, 店村邑으로 승격(7.8) ·市·邑·面長 및 議員선거(8.13) ·第3代 李承晩大統領 취임(8.15) ·韓國行政學會 창립(10.13)	·수단 독립(1.1) ·모로코 독립(3.2) ·튜니시아 독립(3.20) ·英國,새 原子彈 실험(4.3) ·프랑스,인도네시아에서 완전 철수 (4.29) ·日·蘇,國交回復공동성명(10.17) ·헝가리, 反蘇暴動 발생(10.23)
1957 (22)	·安東師範學校 졸업(3.2) ·初等學校 2級正敎師 資格證 취득(3.20) ·서울大學校 입학(4.1) ·서울시 新龍山洞 自炊입주 (4.1) ·처음 구두 着靴(4.10) ·처음 택시 시승(5.10) ·孝昌洞 自炊 입주(6.1) ·처음 時計 착용(6.1) ·처음 中國飮食 식사(6.30)	·부모, 店村所在 밭 1,000 坪 매각(4.1)	·著作權法 공포(1.28) ·小說家 金來成 사망(2.19) ·咸白線 鐵道 개통(3.9) ·'韓國新聞의 날' 제정(4.7) ·'어린이憲章' 선포(5.5) ·全國 大洪水 발생(8.4) ·최초 女軍 창설(9.6) ·聞慶시멘트工場 준공(9.12) ·崔南善 사망(10.10) ·同姓同本 相婚禁止法 제정(12.5)	·이탈리아 코스카니아 사망(1.16) ·가나 독립(3.6) ·필리핀 막사이사이大統領, 飛行機 事故로 사망(3.17) ·歐洲共同體條約 수립(3.25) ·美國 케이프 케나베럴에서 처음 미사일 發射實驗(6.11) ·中共,첫 核實驗 성공(6.17) ·國際原子力機構 발족(7.29) ·말레이시아 독립(8.31) ·美國,黑人投票權 보장(9.9) ·蘇聯,최초人工衛星 발사성공(10.4)
1958 (23)	·軍入隊하여 論山訓練所로 가다(7.31), ·忠淸南道 처음 방문(7.31) ·京畿道 처음 방문(9.15)	·父母, 出生·成長한 舊 家屋을 매각(4.30) ·父母, 新規木造家屋 건축·준공(5.1) ·父母, 新規住宅으로 이주(5.1) ·母 鄭先岳 회갑98.13) ·妻男宅 李玉宰 출생(9.6)	·進步黨 曺奉岩 등 체포(1.11) ·KNA 蒼浪號 旅客機, 北韓에 피납(2.16) ·새 民法 공포(2.21) ·北韓, 千里馬運動 시작(3.3) ·第4代 國會議員 선거(5.2) ·釜山 太極道 敎徒들 亂動事件 발생(7.21) ·李承晩大統領, 越南 방문(11.5) ·메디컬 센터 개원(11.28) ·保安法 제정(12.24) ·朴泰善長老 구속·수감(12.29)	·뉴질랜드 探險隊, 南極 극복(1.3) ·蘇聯 首相 후르시초프 취임(3.27) ·프랑스 드골 內閣 성립(6.1) ·알제리 民族解放戰線,臨時政府 수립(9.19) ·기니아 독립(10.2) ·프랑스 第5共和國 발족(10.5) ·프랑스 大統領 드골 당선(12.3)

區分 年度	本人 및 家族·先代		韓半島 및 世界	
	本 人	家族·先代	韓半島	世界
A.D.1959 (24)	·仁川市 최초 방문(6.2) ·처음으로 바다 구경(6.2) ·江原道 최초 방문(12.5)	·妻 黃蓮子,聞慶女子中學校 졸업 (2.27) ·妻 黃蓮子,聞慶女子高等學校 입학(4.6) ·妻弟 黃載淑 출생(9.20)	·忠北線 鐵道 개통(1.10) ·反共青年團 결성(1.22) ·第1回 '勤勞者의 날' 행사(3.10) ·서울大學校 行政大學院 개원(4.1) ·釜山 公設運動場서 67名 壓死事件 발생(7.17) ·大韓國土計劃學會 창립(7.25) ·曺奉岩, 死刑 집행(7.31) ·禹長春博士 사망(8.10) ·大邱에 大火災 발생(11.16) ·在日僑胞 北送 第1陣 출발(12.13)	·쿠바 革命 발발, 카스트로首相 취임(1.1) ·蘇聯 太陽系의 첫 人工衛星 루나1號 發射 성공(1.2) ·日本, 在日僑胞 北送 결정(2.13) ·티베트 달라이라마, 印度로 망명(4.21) ·英國, 水爆實驗 성공(5.15) ·실론 首相 반 하임 피살(5.24) ·하와이, 美國 50번째 州로 편입 (8.21) ·印度·中國 國境紛爭 격화(8.29) ·U.N. '어린이 權利宣言' 채택(10.19)
1960 (25)	·光州市 최초 방문(1.5) ·陸軍 轉役으로 제대(4.30) ·龍山 鐵道合宿所 입주(5.1) ·陸軍 公式的 轉役(11.10)	·同壻 金普均 출생(4.4)	·馬山에서 3·15不正選擧 糾彈데모(3.15) ·釜山서 不正選擧 규탄데모(4.9) ·4·19學生革命 발발(4.19) ·李承晩大統領 下野(4.26) ·許政 大統領權限代行 취임(4.27) ·李起鵬家族,同伴 자살(4.28) ·李承晩, 하와이 망명(5.29) ·郭尙勳 大統領權限代行 취임(6.17) ·美國 아이젠하워大統領 방한(6.19) ·第5代 國會議員 선거(7.29) ·山林廳 신설(8.3) ·第4代 尹潽善大統領 취임(8.12) ·金日成, 南北聯邦制 제의(8.14) ·美國 作家 펄 벅 방한(11.2) ·兒童文學家 馬海松 사망(11.6) ·新民黨 창당(11.8) ·市·道議會議員 선거(12.12) ·市·邑·面議會議員 선거(12.15) ·市·邑·面長 선거(12.26) ·서울市長·道知事 선거(12.29) ·景武臺를 青瓦臺로 개칭(12.30)	·카메룬 독립(1.1) ·프랑스 알베르트 까뮈 사망(1.5) ·이집트 아스완 댐 기공(1.9) ·美國, 파이오니어 人工衛星 발사 성공(3.11) ·토고 독립(4.27) ·蘇聯, 美國 U2偵察機 격추(5.1) ·印度 네루 首相 사망(5.27) ·마다가스카르 독립(6.26) ·콩고民主共和國 독립(6.30) ·소말리아 독립(7.1) ·차드 독립(8.11) ·中阿共 독립(8.13) ·키프로스 독립(8.16) ·가봉 독립(8.17) ·세네갈 독립(8.20) ·말리 독립(9.22) ·나이제리아 독립(10.1) ·우리타니아 독립(11.28) ·모리타니카 독립(11.28) ·越南 民族解放戰線(베트콩) 결성 (12.20)
1961 (26)	·聞慶中學校 강사(1.16) ·최초로 郡服 착용(3.5) ·최초로 넥타이 착용(3.5) ·在京 聞慶郡民會 가입(4.5) ·聞慶中學校同窓會 가입(5.1) ·樂園洞 家庭敎師 입주(8.30)	·妻男 黃載敏 출생(1.19)	·師範學校,2年制 敎育大學으로 승격(2.23) ·聞慶中學校 同窓會 창립(5.1) ·5·16軍事革命 발발(5.16) ·張勉內閣 총사퇴(5.18) ·復興部,建設部로 개칭(5.27) ·公報部 신설(6.22) ·歌手 南仁樹 사망(6.26) ·反共法 공포(7.3) ·經濟企劃院 신설(7.22) ·小說家 桂鎔默 사망(8.9) ·韓國新聞倫理委員會 발족(9.12) ·年號를 檀紀에서 西紀로 統一使用 공포(12.2)	·美國·쿠바 斷交(1.4) ·쿠웨이트 독립(6.19) ·美國 作家 헤밍웨이 자살(7.2) ·베네수엘라 독립(7.5) ·大西洋20個國,OECD 발족(9.30) ·탄자니아 독립(12.9)
1962 (27)	·서울大學校 졸업, 理學士 취득(2.26) ·高等學校 2級正敎師 資格證 취득(3.30) ·苑西洞 下宿 입주(4.1) ·民衆書館 입사(4.7)	·妻 黃蓮子, 聞慶女子高等學校 졸업(2.10)	·公用年號를 西紀로 표기 시작(1.1) ·第1次 經濟開發5個年計劃 발표(1.13) ·서울特別市,國務總理 直屬으로 승격(2.1)	·사모아 독립(1.1) ·英國,地下核實驗 실시(3.1) ·美·蘇,文化交流協定 체결(3.8) ·西獨 아데나워 首相 사망(4.19) ·루안다 독립(7.1) ·알제리아 독립(7.5)

區分 / 年度	本人 및 家族·先代		韓半島 및 世界	
	本　　人	家族·先代	韓 半 島	世　　界
A.D.1962 (27)	·飮酒 시작(4.7) ·최초 公式 俸給 수령(4.25) ·苑西洞 下宿집 이전(5.1)		·蔚山工業團地 기공(2.2) ·國土建設團 창단(2.10) ·海外移住法 공포(3.9) ·農村振興廳 신설(3.9) ·政府,政治活動淨化法 공포(3.16) ·朴正熙大統領權限代行 취임(3.24) ·海洋警察隊 발족(5.1) ·서울 南山 케이블카 개통(5.12) ·建設部 신설(6.18) ·'消費者보호의 날' 제정(12.3) ·黃池線 鐵道 개통(12.10) ·改憲案 國民投票 실시(12.17)	·俳優 마릴린 몬로 자살(8.5) ·자마이카 독립(8.6) ·獨逸 作家 헤르만 헷세 사망(8.9) ·우간다 독립(10.9) ·케네디 美大統領,쿠바 海上봉쇄 (10.22) ·蘇聯,火星로켓트 發射성공(11.1) ·U.N.事務總長으로 우 탄트 선출 (11.30)
1963 (28)	·首都師大附高 教師 취임(2.1) ·女高生들,別名 '慶尙道總角' 이라 호칭(2.1) ·서울大 行政大學院 입학 (3.1) ·清凉里洞 家庭教師 입주(4.1) ·船舶 처음 승선(4.21) ·처음 갈비 시식(5.5) ·金湖洞 自炊 입주(11.1)	·壻郎 文丙基 출생(7.14)*	·釜山市, 直轄市로 승격(1.1) ·民主共和黨 발기(1.18) ·中央選擧管理委員會 발족(1.21) ·콜롬보計劃 가입(1.29) ·安東教育大學 개교(2.25) ·民主共和黨 창당(2.26) ·최초의 텔렉스 개통(3.4) ·쿠데타 陰謀로 金東河 등 19名 구속 (3.11) ·監查院 발족(3.21) ·學士考試制 폐지(4.2) ·東亞放送(DBS) 개국(4.25) ·民正黨 창당(5.14) ·空超 吳相淳 사망(6.3) ·金活蘭總長 막사이賞 수상(8.31) ·'放送의 날' 제정·공포(9.2) ·英親王 李垠, 56년만에 환국(11.22) ·第6代 國會議員 선거(11.26) ·'貿易의 날'(後에 輸出의 날) 제정(11.30) ·레슬링 選手 力道山,刺客에 찔려 15日 사망(12.8) ·第5代 朴正熙大統領 취임(12.17)	·國際共産黨 창당(5.21) ·美·蘇,直通電話 핫라인協定 조인(6.20) ·말레이시아 聯邦政府 수립(9.16) ·U.N.,南阿共 人種差別非難 決議案 채택(10.11) ·美國,유럽·大西洋地域에 核미사일 설치(10.21) ·日本,原子爐 實驗 성공(10.26) ·케네디 美國大統領,被擊 사망 (11.22) ·케냐 독립(12.12)
1964 (29)	·內務部 地方行政研究委員會 研究員(4.15) ·처음 通勤버스 시승(4.15) ·처음 全羅北道 방문(5.13) ·최초 官用車 시승(5.14) ·清凉里洞 家庭教師 입주(8.1) ·처음 라디오 구입(8.1)	·祖母 禹鳳伊 墓, 政府工事로 火葬 처리(8.8) ·父母 居住家屋,火災로 전소(12.24) ·父母,店村 所在 논 400坪 매각(12.31)	·미터制의 度量衡制 실시(1.1) ·作家 廉尙燮 사망(3.14) ·金鍾泌·오히라, 韓·日會談 調印 합의(3.23) ·蔚山精油工場 준공(5.7) ·韓國記者協會 발족(8.17) ·'輸出의 날' 선포(12.5)	·美國 맥아더 元帥 사망(4.5) ·홀트 女史 사망(4.28) ·팔레스타인 解放機構(PLO) 설립(5.28) ·말라위 독립(7.6) ·몰타 독립(9.21) ·美國 黑人指導者 마틴 루터 킹, 노벨平和賞 수상(10.14) ·후르시초프 蘇聯首相 실각(10.15) ·中共,原爆實驗 성공(10.16) ·잠비아 독립(10.24)
1965 (30)	·서울大 行政大學院 졸업, 行政學碩士 學位 취득(2.26) ·韓國行政學會 가입(3.1) ·최초로 大邱市 방문(3.10) ·內務部 地方行政研修院 강사 (4.1) ·行研會 가입(4.10) ·忠清北道 최초 방문(4.11) ·行政問題研究所 研究員(5.1)	·父母,서울로移轉,清凉里 專貰집 입주(1.1) ·妻男宅 崔美淑 출생(9.22)	·第2漢江橋 개통(1.25) ·國會, 越南派兵案 가결(1.26) ·韓國軍, 越南駐屯 개시(2.5) ·鄕土豫備軍 施行令 의결(2.20) ·光復會 발족(2.28) ·忠北 일원 夜間通禁 해제(3.1) ·이탈리아와 文化 및 貿易協定 체결(3.9) ·行研會 창립(4.10)	·英國 처칠 首相 사망(1.24) ·美國, 越盟에 폭격 개시(2.7) ·잠비아 독립(2.18) ·世界大學總長會議,英國서 창립총회 (6.29) ·美國 宇宙探險船,火星寫眞 촬영 (7.14) ·싱가포르 독립(8.9) ·슈바이처 博士 사망(9.4)

年度 \ 區分	本人 及 家族·先代		韓半島 및 世界	
	本 人	家族·先代	韓 半 島	世 界
A.D.1965 (30)	·釜山市 첫 방문(7.10) ·國內飛行機 첫 시승(7.17) ·南海 바다 첫 구경(7.17) ·濟州道 첫 방문(7.17) ·처음으로 生鮮膾 시식(7.18) ·최초로 新聞에 글 게재(10.15)		·慶州金氏 中央宗親會 창립(5.15) ·佛敎紛爭,帶妻僧 승소 판결(6.11) ·韓·日 國交正常化(6.22) ·李承晩博士 사망(7.19) ·國會,韓·日協定 批准(8.14) ·作曲家 安益泰 사망(9.17) ·日本과 修交 시작(12.18) ·'租稅의 날' 제정(12.20)	·英國, 死刑制度 폐지(11.8) ·로디지아 독립(11.11) ·美國 제미니 6·7號 宇宙 랑데부 성공(12.15) ·英國 作家 모옴 사망(12.16)
1966 (31)	·行硏會 幹事(1.1) ·結婚(1.11) ·吸煙 시작(3.25) ·서울大行政大學院 조교(3.25) ·學校 助敎 및 學生들로부터 '안제 아재'라는 別名 얻음 (3.25) ·保社部 訓練院 강사(4.1) ·서울市 公務員敎育院 강사(5.1)	·妻 黃蓮子,결혼(1.11) ·結婚行事 決算,13千원 黑字 발생(2.24) ·扇風機 첫 구입(3.10) ·家族,梨花洞 專貰집으로 이사(3.21) ·長女 雪娥 출생(10.30) ·昌信洞 自宅購入, 입주(12.20)	·朝鮮 마지막 皇后 尹妃 사망(2.3) ·KIST 발족(2.4) ·國稅廳·水産廳 신설(3.3) ·龍華敎 敎主 徐白日 피살(3.7) ·新民黨 창당(3.30) ·韓·美間 衛星中繼 直通電話 개통(3.31) ·張勉 總理 사망(6.4) ·韓·美行政協定 조인(7.9) ·韓·美平和奉仕團協定 체결(9.14) ·서울에 無人公衆電話 등장(9.20)	·蘇聯 비너스 3號,金星 착륙(3.1) ·구야나 독립(5.26) ·美國서베이어號, 달着陸 성공(6.2) ·中共에 文化整風運動전개(8.18) ·아시아開發銀行 창립(11.24)
1967 (32)	·明知大學 강사(3.1) ·최초로 外國人 交際 시작(9.1) ·建國大學 강사(9.1) ·共著「國稅와 地方稅의 調整」 발간(10.1) ·京畿學院 강사(11.1) ·鳥嶺會 初代 會長 취임(11.25)		·店村-榮州間 慶北線 鐵道 개통(1.27) ·九老工團 준공(4.1) ·鍾路 YMCA會館 완공(4.15) ·科技處 발족(4.21) ·新羅文武王大王岩水中陵 발견(5.15) ·京畿道廳,水原으로 이전(6.23) ·第6代 朴正熙大統領 취임(7.1) ·第7代 國會議員 선거(7.8) ·鳥嶺會 창립(11.25)	·美國 飛行家 라이트 출생(4.16) ·美國 디트로이트에 最大 黑人 폭동(7.23) ·東南아시아 國家聯合(ASEAN) 발족(8.8) ·南阿 버나드博士,최초의 心臟移植手術 성공(12.3)
1968 (33)	·최초로 眼鏡 착용(9.1) ·內務部 硏究課題를 완료(5.31) ·行政改革調査委員會의 硏究課題를 완료(12.31)	·弟 群濟 결혼(1.16) ·自宅에 최초로 電話 가설 (1.27) ·自宅에 라디오 첫 購入設置(2.1) ·父母 店村所在 밭 600坪 賣却(5.1) ·長男 東爀 출생(11.12)	·서울大 行政大學院에 都市 및 地域計劃學科 신설(1.1) ·京釜高速道路 기공(2.1) ·鄕土豫備軍 창설(4.1) ·第1回 '科學의 날' 紀念式(4.21) ·第2次 世界大學總長會議, 서울서 개막(6.18) ·韓國未來學會 창립(7.6) ·中學入試制 폐지(7.15) ·文化公報部 발족(7.25) ·法住寺에서 新羅時代 舍利 발견(9.25) ·서울 電車,70年만에 마지막 운행하고 철거(11.29) ·'國民敎育憲章' 선포(12.5) ·KAL旅客機 납북(12.11) ·京仁高速道路 개통(12.21)	·나우루 독립(1.31) ·마우리티우스 독립(3.12) ·인도네시아 수하루트 大統領 취임(3.27) ·美國 마틴 루터 킹 牧師 피살(4.4) ·美國 作家 헬렌 켈러 사망(6.1) ·프랑스,南太平洋서 첫 水爆실험(8.24) ·스와질랜드 독립(9.6) ·中共,水爆實驗 성공(12.2)
1969 (34)	·建設公務員敎育院 講師(6.3) ·國際 飛行機 처음 탑승(9.20) ·海外 留學次 출국(9.20) ·太平洋 최초 구경(9.20) ·美國 최초 방문(9.20) ·美國 신시내티大學 입학(9.21) ·美國 신시내티市 McCue 氏宅 투숙(9.24) ·美國 신시내티市 맥밀란路 아파트 첫 입주(9.25)	·최초 黑白 TV 구입(4.10) ·姉兄 金仁錫 회갑(8.10) ·美國에서 첫 컬러 TV를 선물받아 비치(11.15)	·서울市內 中學校 無試驗入學 실시 (2.5) ·道路公社·地下水開發公社 발족(2.15) ·國土統一院 개원(3.1) ·家庭儀禮準則 발표(3.3) ·金壽煥大主敎,최초의 樞機卿 됨 (3.28) ·海兵隊 발족(4.5) ·湖南精油工場 준공(6.3)	·쿠바 카스트로首相 취임(2.16) ·美國 宇宙飛行士,최초로 달에 상륙(7.21) ·胡志明 베트남 大統領 사망(9.3)

區分 年度	本人 및 家族·先代		韓半島 및 世界	
	本 人	家族·先代	韓半島	世 界
A.D.1969 (34)	·최초의 單獨硏究報告書 발간(9.30) ·美國 신시내티市 오하이오街 아파트 입주(10.20) ·美國서 秋收感謝節날 七面鳥 고기 처음 시식(11.27) ·美國 신시내티 韓人學生會 副會長(12.13)		·北坪에 武裝共匪 침투(6.8) ·住宅福券 발매개시(8.25) ·南江 댐 준공(10.7) ·'文化의 날' 제정(10.20) ·KIST建物 준공(10.23)	
1970 (35)	·韓國서 사귄 平和奉仕團員 레인 夫婦,아파트 방문(1.2) ·볼링運動 시작(2.28) ·日人 Mizukami로부터 書筆1幅 수령(5.7) ·신시내티大學 博士課程 입학 (9.25) ·서울大 行政大學院 助敎 퇴임 (9.26)	·妻, 渡美하여 합류(3.28) ·妻,美 國商店에 처음 감(3.31) ·和子 누님夫婦,아파트 방문 (6.5) ·처음 카메라 구입(6.25) ·아파트에 처음 에어콘 설치(8.28) ·妻,처음 나이아가라瀑布 구경(8.31)	·農業振興公社 발족(2.5) ·金活蘭博士 사망(2.10) ·한글學者 崔鉉培 사망(3.22) ·새마을運動 창시(4.22) ·서울大橋 개통(5.16) ·第8代 國會議員 선거(5.25) ·「思想界」誌 譚詩 '五賊' 筆禍事件 발생(6.2) ·京釜高速道路 개통(7.7) ·兵務廳 발족(8.15) ·關稅廳 발족(8.27) ·月刊誌「思想界」등록취소(9.29) ·第1次 國土開發 10個年計劃 확정(10.31) ·南山 第2터널 개통(12.4) ·釜山-濟州間 運航旅客船 침몰, 326名 사망(12.15) ·文敎部,大學敎鍊方案시달(12.15) ·政府綜合廳舍 준공(12.23) ·湖南高速道路 개통(12.30) ·輸出 10億弗 달성(12.31)	·英國 宣敎師 스코필드博士 사망(4.12) ·中共, 첫 人工衛星 발사(4.24) ·통가 독립(6.4) ·낫셀 아랍大統領 사망(9.28) ·이집트 사다트大統領 취임(10.7) ·피지 독립(10.10) ·프랑스 드골 大統領 사망(11.9) ·U.N.總會,中共承認,臺灣追放 결의(11.20)
1971 (36)	·大雪로 휴교(2.8) ·美國 碩士學位 취득(6.13) ·博士學位 語學試驗 合格通知 수령(9.14)	·次女 貞娥 출생(3.12) ·妻·次女,退院하여 귀가(3.18) ·妻,베이비 시터 시작(5.19) ·子婦 都京順 출생(7.4)* ·妻,美國에서 齒牙 치료(10.29) ·妻弟 黃次蓮 결혼(12.25)	·原子力發展所 기공(3.19) ·國軍階級章 전면 개편(4.1) ·第7代 朴正熙大統領 취임(7.3) ·首都圈 廣域上水道 1段階事業 완공(7.13) ·京畿道 廣州團地서 住民 3萬名 집단 난동(8.10) ·南北直通電話 첫 개통(9.22) ·政府,粉食奬勵行政命令 발표(11.8) ·嶺東高速道路 개통(12.1) ·解放後 첫 民防空訓練 실시(12.10) ·大然閣호텔 火災 발생,167名 소사 (12.25)	·이집트, 아스완 댐 완성(1.15) ·東·西베를린 19년만에 電話 개통(1.31) ·스위스, 女性參政權 인정(2.5) ·美 宇宙船,달 着陸 성공(2.9) ·알제리,사하라 沙漠의 石油 및 天然가스 國有化(2.24) ·방글라데시 독립(3.26) ·超音速 航空機 콩고드 취항(5.25) ·美國의 越南戰 介入 秘密文書 보도(6.13) ·바레인 독립(8.14) ·카타르 독립(9.3) ·후루시초프 前 蘇聯 首相 사망(9.11) ·中共,U.N.가입(10.1) ·아랍聯邦 독립(12.2)
1972 (37)	·美國 하와이 최초 방문(1.8) ·日本 처음 방문(1.12) ·美國 留學後 귀국·도착(1.14) ·'地方行政'誌 編輯委員(2.1) ·최초로 報告說明會 가짐(2.11) ·慶州金氏 中央宗親會 가입(3.1) ·서울大 行政大學院 講師(3.2)	·妻,처음 東京市內 구경(1.13)	·民主韓國黨 창당(1.17) ·統一벼 開發을 발표(2.9) ·駐越韓國軍 해단(2.20) ·南北赤十字 첫 實務會議(2.21) ·李範奭將軍 사망(4.11) ·原子爐 준공(5.10) ·駐韓 泰國軍 철수완료(6.21) ·7·4南北共同聲明 發表(7.4)	·日本軍 요코이, 終戰 28年만에 괌島에서 발견(1.24) ·東獨서 베를린 市民訪問 허용(2.22) ·日本 노벨 受賞作家 川端康成 자살(4.16) ·실론의 國號를 스리랑카로 개칭(5.22)

年度 \ 區分	本人 및 家族·先代		韓半島 및 世界	
	本　　人	家族·先代	韓 半 島	世　界
A.D.1972 (37)	·教授 研究室에 최초의 助教둠 (3.2) ·처음 東海 바다 구경(3.17) ·최초의 세미나 司會 담당(3.25) ·大韓國土計劃學會 가입(5.8) ·서울大 行政大學院 專任講師(5.10) ·서울大病院 입원·치료(5.20) ·최초의 세미나 討論 참여(6.30) ·建設部 國土調査團計劃委員(7.13) ·統一研修所 勝共教育수료(7.28) ·全羅南道 최초 방문(8.18) ·內務部 地方行政研究委員會委員(9.15) ·美 國務省 AID研修를 공식적으로 완료(12.19)		·政府,'北傀'를 '北韓'으로 변경 호칭키로 결정(7.5) ·朴正熙大統領,國會를 해산하고 全國에 非常戒嚴을 선포(10.17) ·南北調節委員會,第2次會談을 平壤서 개최(11.1) ·維新憲法 공포(12.27) ·第8代 朴正熙大統領 취임(12.27)	·이라크, 石油國有化 발표(6.1) ·U.N.'世界環境의 날' 제정(6.5) ·蘇聯 宇宙船,金星에 착륙하여 送信을 시작(7.22)
1973 (38)	·行研會 幹事(1.1) ·都市 및 地域計劃研究所 理事(1.18) ·서울大學 教授協議會 理事(3.1) ·共著「地域社會開發論」발간(3.10) ·서울大 環境大學院 專任講師(5.8) ·서울大 環境大學院 學科長 職務 代理(5.8) ·ILCORK 研究委員(5.10) ·처음으로 主題論文 발표(5.10) ·八京會 가입(5.10) ·京畿 道立公園委員(5.12) ·住宅銀行長 顧問(6.1) ·처음으로 라디오에 출연 방송(6.27) ·처음으로 TV에 출연·방영(7.26) ·처음으로 特別講演을 함(7.27) ·서울大 大學院委員會 위원(7.31) ·共著「地方自治論」출간(9.1)	·長女 雪娥,明信國民學校 입학(3.2) ·누님 石順 사망(7.9) ·母 鄭先岳 사망(12.11) ·母 鄭先岳,孔坪 先山에 안장(12.13) ·母 鄭先岳 三虞祭 모심(12.16)	·서울-釜山間 郵便專用列車 운행 개시(2.24) ·第9代 國會議員 선거(2.27) ·서울大 環境大學院 개원(3.1) ·KBS 창립(3.3) ·住民稅 신설(4.1) ·映畫振興公社 발족(4.3) ·'어머니 날'을 '어버이 날'로 개칭(5.8) ·第1回 '어버이 날' 행사(5.8) ·新民黨 창당(5.9) ·母子保健法 발효(5.10) ·八京會 창립(5.10) ·港灣管理廳 신설(5.11) ·蘇聯,韓國人 첫 入國 허용(5.27) ·家庭儀禮準則 시행(6.1) ·中央線 電鐵 개통(6.20) ·浦項製鐵工場 준공(7.3) ·東京서 金大中 被拉事件 발생(8.8) ·日本首相, 韓國에 대해 陳謝(9.19) ·文化藝術院 개원(10.11) ·昭陽江 댐 준공(10.15) ·오일 쇼크 발생(11.4) ·丹陽서 東洋 최대의 洞窟 발견(11.4) ·南海高速道路 개통(11.14)	·越南平和協定 조인(1.27) ·美國 作家 펄 벅 사망(3.6) ·獨逸 哲學者 마르셀 사망(10.8)
1974 (39)	·처음으로 大邱市 방문(1.18) ·都市 및 地域計劃研究所 理事(3.1) ·明信國民學校 育成會 副會長(3.1) ·大韓國土計劃學會 監事(4.20) ·京畿道 都市計劃委員(4.23) ·八京會 會長(5.10) ·르포取材次 光陽郡 방문(7.30) ·TBC TV에 출연·방영(10.22) ·처음으로 國際會議 참석(10.28) ·總務處 提案審査委員(11.28)	·圓覺寺에서 母 鄭先岳 49祭 모심(1.28) ·母親逝去 葬禮行事收支 決算, 54千원 黑字 발생(2.21) ·圓覺寺에서 母 鄭先岳 百日祭 모심(3.20) ·東大門區 祭基洞으로 自宅 구입·이사(6.29) ·長男 東爀,小花幼稚園 입학(9.1) ·聘父 黃龍燮 回甲(9.7) ·圓覺寺에서 母 鄭先岳 탈상 (12.29)	·朴正熙大統領,南北韓不可侵 제의(1.19) ·'內外通信' 창간(4.17) ·牙山灣 防潮堤 완공(5.22) ·京鄉新聞,MBC와 통합(7.24) ·서울 地下鐵 1號線 개통(8.15) ·陸英修女史,피격사망(8.15) ·陸英修女史 殺害犯 文世光 사형집행(12.20)	·브라질 상파울르 호텔에 大火災 발생(2.1) ·그레나다 독립(2.7) ·蘇聯 솔제니친, 國外로 추방(2.13) ·터키 旅客機,파리서 추락(3.3) ·英國 윌슨 勞動黨內閣 출범(3.5) ·닉슨 美國大統領 사임(8.8) ·이디오피아 軍部,셀라시에皇帝를 폐위(9.12)
1975 (40)	·總務處 昇進試驗委員(1.5) ·'地方行政'誌 編輯委員長(2.1) ·京畿道 公務員教育院 講師(2.14)	·長男 東爀,小花幼稚園 졸업(2.14)	·서울大學校,東崇洞으로부터 冠岳山으로 이전(3.14)	·臺灣 蔣介石 總統 사망(4.5) ·크메르 共産軍, 프놈펜 점령(4.17) ·越南 패망, 越盟 통일(4.30) ·모잠비크 독립(6.25)

區分 年度	本人 및 家族·先代		韓半島 및 世界	
	本　　人	家族·先代	韓半島	世　　界
A.D.1975 (40)	·中央公務員教育院 講師(4.1) ·慶尙南道 최초 방문(4.18) ·서울大 中央圖書館 運營委員(4.22) ·韓國 未來學會 가입(5.1) ·內務部 昇進試驗委員(5.6) ·在京 聞中同門會 理事(5.10) ·MBC TV에 출연·방영(8.7) ·최초로 基調論文 발표(8.13) ·初等學校校長研修會 특강(10.11) ·地域社會開發學會 가입(10.25) ·慶州金氏史 編纂委員(11.1) ·光州 全南大學 在學生에 특강(12.17)	·長男 東巒,鍾岩國民學校 입학(3.2) ·父 商大 사망(11.12) ·父 商大,孔坪 先山에 母 鄭先岳과 合祔 안장(11.14) ·圓覺寺에서 父 商大 三虞祭 모심(11.17) ·父 商大 逝去葬禮行事 決算, 133千원 黑字 발생 (12.8) ·父 商大 49祭를 圓覺寺서 거행(12.30)	·在京 聞慶中學校同門會 창립(5.10) ·慶州金氏 聞慶郡宗親會 창립(5.25) ·南大門市場 大火災 발생(6.9) ·防衛稅法 제정(7.16) ·政府,道路國債 발생(8.1) ·朝總聯系 在日同胞, 첫 母國 방문(9.15) ·民防衛隊 창설(9.22) ·嶺東高速道路 기공(10.14) ·韓國觀光學會 창립(10.17) ·地域社會開發學會 창립(10.25)	·코모도스 독립(7.6) ·파푸아 뉴기니아 독립(9.16) ·英國 歷史家 토인비 사망(10.22) ·앙골라 독립(11.11) ·수리나메 독립(11.25) ·라오스人民共和國 선포(12.3)
1976 (41)	·美國 신시내티大學 寄宿舍 입주(2.20) ·大韓國土計劃學會 理事(3.1) ·서울大 行政大學院 國家發展 政策課程 講師(3.1) ·美國 신시내티大學 寄宿舍 이전 (3.15) ·서울大 環境大學院 助教授(4.15) ·美國에서 博士學位 취득(8.27) ·美國을 출발, 歸國길에 오름(9.3) ·科技處 技術資格試驗委員(9.21) ·中央情報部 安保教育 입교(9.27) ·大韓國土計劃學會 學會誌 編輯委員(10.16)	·美國에 사는 Memphis氏의 妻인 京淑 동생이 다녀감(5.4) ·圓覺寺에서 父 商大 脫喪(11.30)	·內務部,班常會指針 시달(4.30) ·韓國應用科學會 창립(6.23) ·서울 潛水橋 개통(7.15) ·休戰線에서 北韓의 도끼 蠻行事件 발생(8.18) ·新安 앞바다에서 宋·元代 遺物 인양(10.11) ·汝矣島 KBS 韓國放送公社 개관(12.6)	·英國 몽고메리元帥 사망(3.24) ·中國 北京 天安門廣場에서 暴動 발생(4.5) ·獨逸 哲學者 하이데커 사망(5.26) ·베트남 共産統一 성취(7.2) ·인도네시아, 東티모르 合併 선언(7.17) ·中國 毛澤東主席 사망(9.9)
1977 (42)	·서울市 諮問委員(1.5) ·公害防止協會 諮問委員(2.1) ·京畿道 評價教授(2.15) ·最初로 主禮 집전(3.5) ·京畿道 建設綜合計劃 審議委員(4.7) ·慶州金氏 中央宗親會 理事(4.17) ·처음으로 祝辭 인사를 함(4.17) ·韓國應用科學會 가입(5.1) ·京畿道 技術指導委員(6.1) ·韓國開發研究院 長期計劃 實務班長(6.24) ·國際會議參席次 하와이 EWC 방문(9.2) ·서울大 環境大學院 學科長(9.28) ·會議參席次 日本 방문(11.6) ·教育開發研究院 1種圖書 編纂委員(11.12) ·서울市 再開發審議委員(11.18)	·姉兄 黃在洙 회갑(2.11) ·次女 貞娥,小花幼稚園 입학(3.3) ·姉兄 金仁錫 사망(12.21)	·古里 原子力發電所 點火(6.19) ·附加價値稅制 실시(7.1) ·韓國山岳會,첫 에베레스트 정복(9.15) ·裡里驛서 火藥爆發事故 발생 (11.11) ·버스 토큰制 실시(12.1) ·大邱-馬山間 高速道路 개통(12.17) ·輸出 100億弗 달성(12.22)	·카터 美國大統領,駐韓美軍 撤收計劃 발표(3.9) ·U.N.安保理,베트남 加盟 승인 (7.20) ·日赤軍派,日 航空機 납치(9.28) ·美國,國際勞動機構 탈퇴(11.1) ·콩코드 旅客機 첫 就航(11.22) ·베트남軍,캄푸치아 侵攻(12.31)
1978 (43)	·住宅銀行 諮問教授(1.1) ·産業管理研究所 研究委員(2.1) ·大韓國土計劃學會 常任理事(2.4) ·人口問題研究所 研究委員(3.1)	·奉天洞 住宅購入 契約 (1.23, 後日 解約) ·次女 貞娥, 小花幼稚園 졸업 (2.16)	·俳優 崔銀姬,홍콩서北韓으로 납치(2.7) ·詩人 朴木月 사망(3.12) ·湖南線複線鐵道 개통(3.30)	·솔로몬群島 독립(7.7) ·英國,試驗管 아기 탄생(7.25) ·U.N.軍司令部,北傀 땅굴 發見을 발표(10.27)

區分 / 年度	本人 및 家族·先代		韓半島 및 世界	
	本　　人	家族·先代	韓　半　島	世　　界
A.D.1978 (43)	·京畿道 道立公園委員(4.27) ·KIST 諮問委員(5.1) ·UNESCO 審議委員(5.12) ·保社部 經濟計劃實務委員(6.3) ·泰國 처음 방문(6.18) ·韓國未來學會 幹事(9.1) ·漢陽住宅(株) 諮問委員(9.1) ·六戶會 가입(10.30) ·日本 富士山 등정(11.1) ·日本서 國際會議 마치고 귀국(11.11)	·次女 貞娥,鍾岩國民學校入學(3.2) ·上道洞으로 이사(3.22) ·子女 3名,自宅 移住로 鍾岩國民學校에서上道國民學校로 전학(3.29) ·컬러 TV 첫 구입·비치(4.10) ·新林洞 東邦團地 垈地 매각(5.5) ·冷藏庫 첫 구입(7.1)	·世宗文化會館 개관(4.14) ·12海里 海洋法 공포(4.30) ·南山3號터널 개통(5.1) ·麗川石油化學團地 준공(5.26) ·韓國精神文化研究院 개원(6.30) ·古里原子力發電所 1號爐 준공(7.20) ·韓國閣僚,첫 蘇聯 입국(9.3) ·第49回 世界射擊大會 서울서 개최(9.27) ·國土開發研究院 개원(10.4) ·'自然保護憲章' 선포(10.5) ·六戶會 창립(10.30) ·韓·美聯合軍團 창설(11.7) ·第10代國會議員 선거(12.12) ·第9代 朴正熙大統領 취임(12.27) ·長距離 自動公衆電話 등장(12.30)	·도미니카 독립(11.3)
1979 (44)	·國土開發研究院 諮問敎授(1.1) ·行政改革調査委員會 諮問委員(2.20) ·敎育開發院 研究敎授(3.1) ·漢陽大學 講師(3.8) ·韓國觀光學會 가입(3.8) ·商工部工業配置審議委員(3.28) ·서울市 市稅審議委員(5.12) ·靑瓦台 特定地域開發推進委員會 諮問委員(5.31) ·慶州金氏宗親會 會館建立推進委員(7.14) ·內務部地方都市評價敎授(7.23) ·歐洲9個國 都市視察次 出國(8.8) ·네덜란드 최초 방문(8.9) ·大西洋 처음 구경(8.10) ·덴마크 최초 방문(8.10) ·獨逸 최초 방문(8.11) ·英國 최초 방문(8.12) ·프랑스 최초 방문(8.14) ·오스트리아 최초 방문(8.18) ·스위스 최초 방문(8.19) ·이탈리아 최초 방문(8.21) ·그리스 최초 방문(8.24) ·著書「環境과 國土」 발간(9.10) ·印度洋 처음 구경(10.13) ·스리랑카 최초 방문(10.13) ·新羅金氏2千年史 編纂委員會 副會長(10.19)	·長女 雪娥, 上道國民學校 졸업(2.9) ·長女 雪娥,江南女子中學校 入學(3.3) ·妻,夫와 같이 黃明燦·金源·崔相哲夫婦와 安東에서 中央線을 타고 상경(5.6) ·安東서 가져온 도라지를 마당에 심음(5.6) ·妻,崇實大學 앞 4거리에 거의 每日 가기 시작(5.9) ·妻, 特定人의 이야기를 言及치 말라고 경고(8.30) ·妻, 特定人을 만나 安定을 상실(9.18) ·妻,店村에 가서 妻弟 黃再蓮 結婚式에 참석(9.27) ·妻弟 黃再蓮 결혼(12.2)	·東海高速道路 개통(1.31) ·國産電氣自動車開發 성공(3.2) ·安東大學 개교(3.12) ·韓國土地開發公社 창립(3.27) ·콜 택시制 실시(4.10) ·韓·蘇 國際電話 개설(4.25) ·英親王 李垠 사망(5.1) ·第1回 世界空氣銃射擊大會,서울에서 개최(8.21) ·서울 聖水大橋 개통(10.16) ·朴正熙 大統領 사망(10.26) ·崔圭夏 大統領權限代行 취임(10.27) ·第10代 崔圭夏大統領 취임(12.21) ·UNESCO, 慶州를 世界10大 遺蹟地로 지정(12.14) ·서울 北方 首都圈防衛壁 준공(12.29)	·美國·中共 修交(1.1) ·캄보디아共和國 수립(1.11) ·팔레비 이란 國王,이집트로 망명(1.16) ·이란 호메이니,回敎共和國 수립(2.5) ·中共,美國通信의 北京駐在 허용 (3.9) ·이집트·이스라엘間 國境線 확정(3.26) ·英國 최초의 女首相 대처 취임(5.4) ·美·蘇, 2段階戰略武器 制限協定 조인(5.9) ·이란 革命裁判所,팔레비 暗殺 지시(5.13) ·짐바브웨 로디지아 共和國 수립(6.1) ·美·蘇,SALT조인(6.18) ·키리바티 독립(7.12) ·에콰도르 民主政權 발족(8.10) ·테레사 修女,노벨平和賞 수상(10.19) ·日本 후꾸다內閣 발족(12.24) ·이란 回敎徒들의 反政示威로 數萬名 사망(12.28) ·美國·中國,國交 수립(12.31)
1980 (45)	·鳥嶺會 第24代 會長(1.1) ·서울大 環境大學院 人事委員(2.1) ·京畿道 南漢山城開發計劃 審議委員(3.27) ·國土開發研究院 研究協議委員(4.1)	·姉 石九 사망(4.27) ·開雲寺에서 姉 石九 49祭 모심(6.14) ·妻, 夫와 大田 崇田大學 방문 (7.5) ·妻,夫婦同伴會食時 特定人이 옮겨와 같이 환담·식사(7.8)	·海軍,거북船 복원(1.31) ·南北韓 直通電話,35年만에 재개(2.7) ·獨立門 移轉工事 완료(4.1) ·서울大 環境大學院 環境計劃研究所 개소(4.4)	·짐바브웨 독립(4.18) ·티토 유고大統領 사망(5.4) ·바수아트 독립(7.30)

區分 年度	本人 및 家族·先代		韓半島 및 世界	
	本　人	家族·先代	韓半島	世　界
A.D.1980 (45)	· 技術檢定管理工團 出題委員(4.10) · 經濟計劃 調整委員(4.11) · 서울大 環境大學院 環境計劃研究所 所長 職務代理(4.17) · KIST地域開發研究所長顧問(5.1) · 海洋開發研究所 研究委員(5.1) · 綜合診療次 서울大學病院에 입원(5.26) · 環境處 水質保全協議委員(5.28) · 서울市 都市計劃委員(5.29) · 서울市政研究團 研究委員(6.1) · 國保委 委員(6.5) · 文教部 1種圖書審議委員(7.7) · 慶州金氏聞慶郡宗親會 가입(7.8) · 서울大 環境大學院 副敎授(8.1) · 保國勳章 天授章 수훈(10.25) · 全斗煥大統領 상면(10.25) · 새 憲法 公布式 참석(10.27) · 立法會議 專門委員(10.28) · 環境廳 中央環境保全 諮問委員(11.13) · 交通部 政策審議委員(12.30)	· 聘母 金福伊 회갑(8.26)	· 淸平에 國內 최초 揚水發電所 준공(4.16) · 舍北 炭鑛鑛夫 4千餘名,集團流血폭동(4.22) · 沃川서 우라늄鑛 발견(5.8) · '스승의 날' 復活 행사(5.15) · 光州事態 발생(5.18) · 國保委 설치(5.31) · 文公部,172個 定期刊行物 등록취소 (7.31) · 컬러TV 市販 개시(8.2) · 朴忠勳 大統領權限代行 취임(8.16) · 第11代 全斗煥大統領 취임(9.1) · 南山 展望臺 첫 一般公開(10.15) · 立法會議 발족(10.27) · 政治規制者 832名 발표(11.12) · 韓·日間 海底 케이블 개통(11.28) · 大淸 多目的 댐 준공(12.2) · 4月7日을 '신문의 날'로 제정 공포(12.31)	
1981 (46)	· 內務部 政策諮問委員(2.16) · 交通部 政策諮問委員(2.17) · 聞慶中學校 同窓會長(3.1) · 8個月 政府派遣勤務後 서울大學 復歸 출근(3.16) · 內務部 地方行政研修院 指導敎授(3.18) · 立法會議 解散紀念午 餐會 참석 (3.31) · 明信學園 理事(4.1) · 教育開發院 1種圖書編纂 委員 (4.10) · 地方行政研究所 理事(5.16) · 交通問題研究所研究委員(5.18) · 經科同友會 幹事(6.18) · 鄕志會 가입(8.5) · 土地開發公社 諮問委員(8.10) · 環境保全協會 諮問委員(8.27) · 延世大學 講師(9.1) · 漢陽流通(株) 顧問(10.1) · 在京聞中同門會 發起大會서 激勵人事(10.31) · 總務處 行政考試委員(12.7)	· 長男 東爀,上道國民學校 졸업 (2.12) · 長男 東爀, 永登浦中學校 입학(3.2) · 姉 石九, 開雲寺에서 탈상(4.16) · 妻男 黃載壽 결혼(4.19) · 妻,鳥嶺會 夫婦와 前方 땅굴 시찰(5.10) · 妻,夫婦會食場에서 特定人 옆에서 보기 흉한 姿態 보임(10.23)	· 民主韓國黨 창당(1.17) · 第12代全斗煥大統領 취임(3.3) · 第11代 國會議員 선거(3.25) · 國政諮問會議 발족(4.19) · 테레사修女 방한(5.3) · 大統領平和統一諮問會議 발족(5.7) · 張英子·李哲熙事件으로 內閣 일괄사표(5.21) · 經科同友會 발족(6.18) · 大邱·仁川 直轄市 승격(7.1) · 教育稅 신설(7.28) · 鄕志會 발족(8.5) · 寒溪嶺 道路 개통(8.19) · 颱風에그너스로 피해 막심(9.7) · 朴喜範總長 夫婦,同伴 자살(9.24) · 88올림픽高速道路 기공(10.16) · 서울올림픽 組織委員會 구성(11.2) · 漢江人道橋 雙橋 완공(12.24)	· 이란, 美國人 人質釋放에 대한 중재안 수락(1.6) · 모스크바 地下鐵 폭발사고(6.12) · 中共 指導層 개편 단행(6.29) · 中共,毛澤東思想 폐지, 實用主義指導體制 선언(6.30) · 이란의 大統領 및 首相, 執務室에서 爆彈 폭발로 사망(8.30) · 西獨 IOC總會서 88올림픽을 서울서 개최키로 결의(9.30) · U.N.,'世界平和의 날' 제정(11.30)
1982 (47)	· 인도네시아 첫 방문(1.16) · 濠洲 첫 방문(1.19) · 뉴질랜드 첫 방문(1.22) · 科技處 科學技術審議委員(2.4) · 母校 聞中에 教育憲章碑 건립(2.15) · 大韓國土計劃學會 副會長(2.28) · 嶺南大學 招聘敎授(3.1) · 共著「社會·文化」발간(3.1)	· 長女 雪娥,江南女子 中學校 졸업(2.10) · 長女 雪娥,首都女子 高等學校 입학(3.3) · 처음 自家用 乘用車 구입 (3.12) · 妻·子女,本人 軍服務地 抱川방문(4.11) · 妻,法名'法藏華' 戒受(6.20)	· 全斗煥大統領,中·高校 校服 自律化 지시(1.2) · 夜間通行禁止 해제(1.5) · 體育部 신설(3.20) · '老人憲章' 제정(4.13) · 張英子·李哲熙夫婦,어음詐欺로 구속(5.4) · '敬老憲章' 선포(5.8) · 聞友會 창립(5.30)	· 美國,人間遺傳子 複製 成功(4.7) · 레바논 大統領 피살(9.14) · 中共軍 操縦士,미그19機와 같이 귀순(10.16)

區分 年度	本人 및 家族·先代		韓半島 및 世界	
	本　　人	家族·先代	韓半島	世　界
A.D.1982 (47)	· 在京聞慶郡民會 運營委員(3.9) · '地方財政'誌 編輯委員(4.1) · 職業訓練管理工團 出題委員(4.13) · 淸溪川 商街移轉推進委員會 顧問(4.23) · 地籍硏修院 講師(5.6) · 慶州金氏 聞慶郡宗親會 副會長(5.7) · 農村經濟硏究院 硏究諮問委員(5.10) · 統一硏修所 敎育修了(6.17) · 法名 '通玄' 戒受(6.20) · 勞動部 技術資格制度 審議委員(7.24) · 共著「都市行政論」출간(8.10) · 人口保健硏究院 諮問委員(8.17) · 漢陽그룹 諮問敎授(9.1) · 責任編纂「聞中」創刊號 발간(9.30) · 鄭棹永 先輩로부터 처음 골프채 선물 받음(10.1) · 서울大學 10年勤續表彰 받음 (10.15) · 聞慶郡 道民體典 諮問委員(10.20) · 서울大環境大學院 環境計劃硏究所長(11.18) · 環境廳 中央紛爭調整委員(12.1)	· 長男 東爀, 法名 '仁光' 戒受 (6.20) · 최초로 에어콘 구입·설치(6.30) · 店村垈地 360坪 취득(11.25) · 姉兄 黃在洙 사망(12.6) · 妻,特異한 言行을 시작(11.3)	· 韓國商船,이란 近海서 被擊, 13명 사망(8.9) · 全斗煥大統領,公職者財産登錄 第1號로 등록(9.20) · 雙龍(株),싱가포르에 東洋 最高의 71層建物 공사 (12.28)	
1983 (48)	· 葬墓硏究會 理事(1.22) · 印度 최초 방문(1.23) · 인더스江 發生文明 관람(1.23) · 印度 간디首相 접견(1.26) · 골프練習 첫 등록·시작(2.1) · 서울市 人口抑制協議會委員(2.7) · 聞慶中學校 同窓會長(3.1) · 弘益大學 講師(3.1) · 建交部 國土利用計劃 審議委員(3.11) · 大韓商議 韓國經濟硏究센터 硏究委員(4.1) · 최초로 現場에서 골프 침(4.7) · 聞慶郡 宗親會舘建立拔文懸板(5.15) · 風水會 監事(5.20) · 科技處 政策諮問委員(9.29) · 外國 골프場에 처음 운동(12.8) · 서울 木洞地區開發 諮問委員(12.9) · 싱가포르 첫 방문(12.10) · 共著「人口問題와 人口政策」발간 (12.30)	· 慶州金氏 聞慶郡宗親會館 建立(5.15) · 全家族,雪嶽山 및 東海岸으로 休暇감(8.9) · 全家族,白岩溫泉에 투숙(8.11)	· 朴順天女史 사망(1.9) · 古堂 曺晩植선생 사망(2.1) · 韓國·中共間 TV뉴스 프로그램 交信 합의(3.1) · 中·高生 校服自律化 실시(3.2) · 大邱 고고클럽에 火災 발생, 25名 사망(4.18) · 大田-光州 湖南高速道路, 4車線 擴張工事 기공(5.6) · 風水會 창립(5.20) · 中央廳을 國立博物館으로 改築키 위해 기공(6.15) · KBS, 離散家族放送 개시(6.30) · 人口 4千萬 돌파(7.29) · 中共 미그21機 操縱士 귀순(8.7) · KAL旅客機 ,蘇聯 戰鬪機에 의해 추락(9.1) · IPU總會,서울서 개막(10.4) · 버마 아웅山墓所에서 폭발 사고 발생,韓國要人 17名 사망(10.9)	· 濠洲 首相으로 社會勞動黨 黨首가 피선(3.5) · 이집트의 10層 아파트 붕괴(3.7) · IOCH,'世界保護者權利의 날' 제정(3.15) · 프랑스, 蘇聯外交官 47名 추방(4.4) · 蘇聯,아프칸叛軍 爆擊 3千名 사살(4.10) · 美國 시카고 市長에 첫 黑人 당선(4.13) · 美國, 暴炎으로 187名사망(8.1) · 史上 最大 100萬名의 칠레 群衆, 反政府시위(11.18) · 美國 零下 39℃로 300여명 凍死(12.17) · 日本 나카소네內閣 발족(12.26) · 나이지리아 軍事쿠데타 발생(12.31)
1984 (49)	· 신시내티大學 同窓會長(1.27) · 共著「國民倫理」발간(2.7)	· 家族 全員, 店村 妻家宅 방문(1.2)	· 카폰 첫 一般普及(1.10)	· 필리핀 마르코스 大統領, 美國으로 망명(2.25)

區分 年度	本人 및 家族·先代		韓半島 및 世界	
	本　　人	家族·先代	韓 半 島	世　　界
A.D.1984 (49)	· 大韓國土計劃學會 副會長(2.19) · 聞慶中學校 李圭琁先生 功德碑 碑文作成 · 건립(3.1) · 德丘會 가입(3.30) · 韓國土地開發公社 理事(5.25) · 서울大 環境大學院 人事委員(6.18) · '國土와 建設'(後에 '建設 交通')誌 編輯諮問委員(6.26) · '比較行政'誌 編輯委員長(8.31) · 尹世榮會長으로부터 新規골프채 1秩을 선물받음(9.11) · 日本 國際會議 참석차 출국(10.2) · 環境廳 費用負擔部門委員(12.1)	· 妻, 環境大學院 敎授夫婦와 白岩溫泉 여행(2.7) · 驪州所在 林野 39,427坪 구입(2.10) · 長男 東爀, 永登浦中學校 졸업(2.14) · 次女 貞娥, 上道國民學校 졸업(2.20) · 家族, 忠北道廳 경유, 店村 妻家宅 방문(2.28) · 次女 貞娥, 文昌女子中學校 入學(3.2) · 長男 東爀, 城南高等學校 入學(3.3) · 家族, 店村서 聘母生辰宴 참석하고 귀경(8.21)	· 신시내티大學 韓國同窓會 창립(1.27) · 파고다公園, 補修 개원(3.1) · 3 · 1運動 獨立鬪士 77人의 裁判記錄 발견(3.1) · 德丘會 창립(3.30) · 中共 籠球選手團 첫 入京(4.5) · 江華島 摩尼山에 檀君聖殿 建立 기공(4.10) · 全國에 걸쳐 甲子 大洪水 내습(9.1) · 韓國地方行政硏究院 창립(9.7) · '學生의 날' 復活 결정(11.3) · 漢江 銅雀大橋 개통(11.14)	· 캐나다 트리도 首相, 執權 15年만에 사임(2.29) · 濠洲, 최초의 冷凍受精兒 出産 성공(4.10) · 베이루트 駐在 美國大使館, 폭발 대참사 발생(9.20)
1985 (50)	· 聞中同窓會 名譽會長(2.24) · 建設部 國土利用計劃審議委員(3.1) · 최초로 골프의 싱글打를 침(4.18) · 內務部 地方行政硏究委員會 委員(4.19) · 經濟企劃院 地方財政硏究委員(4.19) · 安養商議 硏究委員(5.25) · 聞慶文化院 顧問(5.25) · 科技處長期發展計劃 硏究班長(6.13) · 大邱大學 講師(9.1) · 地方經濟硏究會 理事(9.30) · 서울大 環境大學院 正敎授(10.1) · 골프 이글 打球(10.3) · 國土建設綜合計劃 審議委員(10.7) · 서울市 市政諮問委員(11.18) · 日本 東京에서 골프 침(12.4)	· 驪州 林野 매각(1.12) · 長女 雪娥, 首都女子高等學校 졸업(2.13) · 長女 雪娥, 淑明女子大學 作曲科 입학(3.2) · 妻, 德丘會 夫婦同伴으로 東海岸 여행(7.15) · 妻男 黃載國 결혼(8.17) · 妻, 夫와 大邱 여행(11.22) · 妻, 運轉免許證 취득(12.5)	· 新韓民主黨 창당(1.18) · 第12代國會議員 선거(2.12) · 政府, 全面解禁 단행(3.6) · 南大門市場, 大火災 발생(3.23) · 運動圈學生 연계된 間諜團 19名 검거(9.9)	· 칠레에 强地震 발생(3.3) · 蘇聯 체렌코프 사망(3.10) · 20世紀 3大畵家인 샤갈 사망(3.29) · 美國, 리비아에 報復空襲 강행(4.15) · 印度 旅客機 공중폭발(6.23) · 美國 俳優 율 브린너 사망(10.10)
1986 (51)	· 大韓國土計劃學會 會長(2.15) · 科技處 長期發展計劃 協議委員(3.14) · 慶州金氏 汎 墓碑 碑文作成 · 건립(4.6) · 穎江會 가입(5.16) · 建設部 中央都市計劃委員(6.19) · 環心會 顧問(6.28) · 聞友會 가입(7.23) · 地方行政硏究院 硏究 諮問委員(9.7) · 經濟企劃院 山地開發作業團員(9.9) · 말레이시아 최초 방문(9.15)	· 壻 文丙基, 서울大學 政治學科 졸업(2.26) · 店村所在 垈地 36坪 구입(6.30) · 孔坪 父母 墓地에 床石 건립(11.15)	· 店村邑, 市로 승격(1.1) · 交通開發硏究院 개원(2.6) · 環心會 발족(6.28) · 獨立紀念館 火災 발생(8.4) · 土友會 창립(8.11) · 果川 現代美術館 개관(8.25) · 漢江開發竣工式 거행(9.10) · 金浦空港에 爆發事故 발생(9.14) · 第10回 아시안게임, 韓國서 개막(9.20) · 光州市, 直轄市로 승격(11.1)	· 필리핀 大統領에 코라손 아키노 女史 취임(2.25) · 第1回 冬季 아시안게임, 日本 札幌에서 폐막(3.8) · 蘇聯 체르노빌 原電放射能 漏出事故 발생(4.26) · 방콕, 500年 以來 最大洪水(5.8) · 헝가리 作曲家 리스트 사망(7.31)

區分 年度	本人 및 家族·先代		韓半島 및 世界	
	本　　人	家族·先代	韓 半 島	世　　界
A.D.1986 (51)	· 말레이시아 APDC에서 主題發表(9.16) · 金壽鶴先生 回甲紀念集發刊 委員長(10.1) · 慶州金氏 忠州判官公 元弼 墓 碑文 作成·건립(10.3) · 災害問題硏究院 諮問委員 (10.8) · 北韓 金剛山 댐 建設 阻止 學術大會 幹事(11.1) · 서울大 環境大學院長(11.5) · 官用乘用車 專用乘車시작(11.5) · 서울大 環境大學院 院長 就任式(11.8) · 父母墓地 床石文 作成·건립 (11.15) · '平和의 댐' 建設支援推進委員 (12.15)			
1987 (52)	· 土友會 가입(3.4) · 새마을硏修院의 새마을敎育 수료(3.13) · '店村市民의 노래' 作詞·受賞 (4.13) · 鄭周永 現代會長과 瑞山干 拓地를시찰하고 식사함(5.23) · 골프運動 500回 돌파(6.14) · 海外開發公社에서 海外旅行 敎育 이수(6.25) · 在京 聞慶·店村鄕友會 副會長 (6.26) · 日本 福岡縣 知事 招請晩餐에서 國土學會代表로 답사(7.5) · 科學技術團體總聯合會 政策 硏究委員(8.25) · 韓德開發(株) 諮問委員(9.10) · 始興郡誌 編纂委員(10.1) · 聞中 植樹紀念石文 作成 건립 (10.8)	· 長男 東爀, 城南高等學校 졸업(2.13) · 次女 貞娥, 文昌女子中學校 졸업(2.13) · 妻弟 黃載淑 결혼(4.26) · 妻, 처음 鄭周永 現代會長과 회식(5.23) · 妻, 夫와 같이 美國서 나온 南鴻夫婦와 식사(7.3) · 妻, 職場夫婦同伴行事에 不參 宣言(11.9)	· 北韓 金萬鐵 一家 11名, 鐵船으로 北韓 탈출(1.15) · 環境科學硏究協議會 창립(1.23) · 專賣廳, 專賣公社로 변신(4.1) · 統一民主黨 창당(5.1) · 섬머 타임制, 26年만에 부활 (5.10) · 6·29政治改革 선언(6.29) · 全斗煥大統領, 民正黨總裁職 사퇴 선언(7.10) · 獨立紀念館 개관(8.15) · 兪鎭午博士 사망(8.30) · 大統領直選制 中心의 새 憲法 공포(10.29) · 海兵隊,14年만에 司令部 부활 (11.1) · 李秉喆 三星會長 사망(11.19) · 中部高速道路 개통(12.3) · 새 憲法에 의한 大統領選擧 실시(12.16)	· 回敎聖地 메카에서 最大 流血 事件 발생(7.31) · 코스타리카 아리아스 大統領, 노벨平和賞 수상(10.13) · 필리핀, 最惡의 颱風으로 650餘名 사망·실종(11.29) · 美·蘇 首腦, 核미사일 廢棄協定 조인(12.9)
1988 (53)	· 建設部 政策諮問委員(2.9) · 大韓國土計劃學會서 會長 離任 人事·退任(2.13) · 科學技術團体聯合會 理事(4.8) · 聞慶國會議員出馬者 禮訪 및 合同演說 聽取(4.16) · 經濟企劃院 土地利用·課稅 體系硏究委員(4.18) · 聞友會 監事(4.29) · 새재會 加入(5.24) · '科學技術의 21世紀 포럼' 委員 (6.17) · 著書「地域開發과 地方自治 行政」 발간(7.10) · 自轉車 처음 구입(9.1) · 國務總理室 西海岸開發 推進委員(10.6)	· 自宅에 첫 寢臺 비치(7.19) · 驛三洞 自家 이사(8.14) · 妻,崇實大 4거리 및 上道洞에 자주 가기 시작(8.16) · 妻,自宅 庭園管理에 집중 (9.10) · 妻,學校敎授 講義時間表 문의하여 알려줌(9.21) · 처음 自宅 家號作成 懸板 (11.1) · 처음 自宅 書齋名 作成 懸板(11.1) · 家訓 제작(11.11) · 族訓 제작(11.11) · 家旗 제작(11.11) · 妻,行硏會夫婦 送年會 참석(12.19)	· 鐵道博物館 개관(1.26) · 作家 朴花城 사망(1.30) · 第13代 盧泰愚大統領 취임(2.25) · 靑瓦臺 앞길 通行許容(2.28) · 盧泰愚大統領,靑瓦台 開放 첫손님으로 癩患者들 초청(3.1) · 申采浩先生 銅像 제막(3.11) · 地方自治 實施를 골자로 한 地方自治法 전면개정(4.6) · 第13代 國會議員 選擧(4.26) · 새재會 창립(5.24) · 88올림픽 選手村 및 記者村 완공(6.1) · 서울大學 學生들 總長室 난입 (6.24) · 全國鐵道,建國 후 처음 총파업 (7.26)	· 臺灣 蔣經國總統 사망(1.13) · 蘇聯,民族主義者 궐기로 충돌 발생(2.27) · 프랑스 미테랑大統領 당선(5.9) · U.N.'世界禁煙의 날' 제정(5.31) · 美·蘇,中距離 核미사일 廢棄 協定 조인(6.1) · 美國 미사일,이란 旅客機 격추, 290名 몰살(7.3) · 蘇聯,核中距離 미사일 파기(8.1) · 방글라데시,大洪水로 800名 사망 (9.1) · 이라크 쿠루와르크 大虐殺로 1,300名 사망(9.1) · 蘇聯 고르바초프, 實權 장악(10.1) · 파키스탄 부토 女史, 總理 취임(12.1)

年度 ＼ 區分	本人 및 家族·先代		韓半島 및 世界	
	本　　人	家族·先代	韓半島	世　界
A.D.1988 (53)	· 서울大建築審議委員(10.10) · 作家 金東里 先生宅에서 食事·歡談(10.12) · 環境大學院 院長 重任(11.5) · 서울大 學長會 幹事(11.10) · 韓國地方自治學會 加入 (12.3) · 韓國地方自治學會 理事 (12.3) · 서울大 行政大學院同窓會 理事(12.6) · 文敎部 地域開發硏究事業 評價委員長(12.12)	· 妻,鳥嶺會夫婦 送年會 참석 (12.23)	· 가나안農軍學校 金容基校長 사망(8.1) · 서울驛,開廳88年만에 새 驛舍 부분 완공(9.11) · KAL機,처음 蘇聯領空 通過비행 (9.13) · 88 서울올림픽大會 개막(9.17) · 女子핸드볼,史上 최초로 올림픽 金메달 획득(9.29) · 서울 障碍者올림픽大會 개막 (10.14) · 盧泰愚大統領,U.N.總會서 처음 연설(10.18) · 카톨릭 農民會, 격렬시위 벌림 (11.17) · 全斗煥 前大統領,白譚寺에 은둔생활 시작(11.23) · 韓國地方自治硏究院 창립(12.1) · 韓國地方自治學會 창립(12.3	· 美國 펜암機, 英國 民家에 추락, 273名 사망(12.21)
1989 (54)	· 科技處 光州硏究團地 諮問委員(1.13) · 弦汀國土開發賞 수상(2.18) · 中國에서의 會議次 出國(3.7) · 中國 최초 방문(3.8) · 黃河文明 처음 접촉(3.8) · 大邱地域社會開發硏究會 顧問(3.21) · 店村·聞慶地域發展協議會 副會長(4.15) · '地方自治'誌 編輯委員(5.1) · 서울市政改革硏究委員(5.2) · 새마을運動中央協議會 理事(5.8) · 國土開發硏究院 新都市建設 諮問委員(5.15) · 常靑會 理事(6.1) · 交通開發硏究院 硏究諮問 委員(6.1) · 大統領科學技術諮問會議 委員(6.5) · '聞慶郡誌' 編輯·執筆委員(7.3) · 서울大學 22年勤續表彰 수령(10.15) · 美國 恩師 Kenneth E.Corey 先生께 獻詩 증정(10.24) · 서울大學 機關長夫婦 送年會에서 進行司會 담당 (12.22)	· 自家用乘用車 교체(2.9) · 壻 文丙基, 漢陽大學에서 碩士學位 취득(2.17) · 次女 貞娥, 瑞草高等學校 입학(2.25) · 長女 雪娥, 淑明女子大學 作曲科 졸업(2.25) · 長男 東爀, 檀國大學 地域開發學科 입학(2.27) · 妻, 숨소리에서 소름끼치고 입김에서 嘔逆질이 난다 하여 反對便으로 자게 함 (3.19) · 妻, 長女 雪娥와 歐洲旅行次 출국(4.23) · 妻, 長女 雪娥와 歐洲에서 귀국(6.13) · 妻,夫와 聞慶郡民體育大會 參席次 귀향(9.29) · 長女 雪娥, 自動車免許證 취득(11.8) · 長男 東爀, 軍에 입대 (11.15) · 妻,서울大 機關長夫婦 送年會에 참석(12.22) · 長男 東爀, 軍訓練 마치고 驪州 駐屯部隊에 배치 (12.29)	· 大田市,直轄市로 승격(1.1) · 咸錫憲翁 사망(2.4) · 90年만에 民俗 설날 부활(2.6) · 大田科學 EXPO 개막(2.10) · 사할린僑胞17名, 半世紀만에 一時 歸國(2.18) · 한글 새맞춤法 발표(3.1) · 地下鐵勞組 파업(3.16) · 文益煥 牧師,金日成 면담(3.27) · 店村·聞慶地域發展協議會 창립(4.15) · 金泳三 總裁, 蘇聯 招請으로 출국(6.1) · 湖南地方 大豪雨(7.25) · 技能올림픽 世界大會서 8連覇 획득(9.3) · 日本으로부터 '귀무덤(耳塚)'을 韓國으로 이전(11.24) · 서울地下鐵 3號線 기공(12.18) · 文化部·環境處·公報處 발족 (12.27)	· 日本 히로히토天皇 사망(1.7) · 蘇聯 核潛水艦, 노르웨이 北部서 침몰(4.8) · 中國 總書記 胡維邦 사망(4.15) · 中國 天安門앞에서 100萬名 群衆 시위(5.17) · 이란 호메이니 사망(6.4) · 中國,民主化示威者 21名 추가 처형(6.22) · 美國 旅客機 추락, 115名 사망 (7.20) · 필리핀 前大統領 마르코스 사망(9.29) · 東西獨 障壁 붕괴시작(10.9) · 베를린 東西障壁 철거(11.9) · 中國 鄧小平, 江澤民에게 權力 承繼하고 퇴진(11.10) · '프라하의 봄' 主人公 하벨, 체코 大統領에 취임(12.29)
1990 (55)	· 文敎部 地域開發硏究事業 評價委員長(1.1) · 不動産經濟新聞 顧問(1.1) · 自動車運轉敎育 登錄(2.5) · 새마을中央硏修院 諮問 敎授(2.16)	· 家族,長男 東爀 軍面會 감 (3.24) · 妻,夫와 先代 秉鉉 墓碑 建立式 참석(4.5) · 妻男 黃載敏 결혼(5.13)	· 서울市內 自動車 100萬台 돌파 (1.17) · 民正·民主·共和黨 통합, 民主自由黨 창당선언(1.22) · 民主自由黨 창당대회(2.9) · 몽골과 修交(3.26)	· 蘇聯共産主義 붕괴 시작(2.5) · 蘇聯 최초의 大統領選擧 실시, 고르바초프 당선(3.14) · 나미비아 독립(3.21) · 第14回 월드컵 이탈리아에서 개막(6.8)

區分 年度	本人 及 家族·先代		韓半島 及 世界	
	本 人	家 族·先 代	韓 半 島	世 界
A.D.1990 (55)	·科技處 硏究團地造成 諮問委員(3.9) ·自動車運轉 筆記試驗 합격(3.24) ·大韓國土計劃學會 顧問(3.26) ·大韓國土計劃學會 學會發展特別委員長(3.26) ·慶州金氏 秉鉉 墓碑文 作成 건립(4.5) ·서울市 敎育改革審議委員(4.13) ·科總 南北交流推進委員(4.17) ·盧泰愚大統領 상면(4.21) ·大田에서 개최된 科學技術諮問會議 참석(5.4) ·'새마을家族의 노래' 作詞·수상(6.4) ·店村市 體育振興會委員(6.9) ·第45代 鳥嶺會 會長(7.1) ·科學技術諮問會議 作業次 서울大 湖巖館 투숙(7.29) ·不動産經濟新聞 顧問(8.24) ·臺灣 최초 방문(9.10) ·臺灣 新竹硏究園地 시찰(9.13) ·隨想集「變動과 思索」발간(9.15) ·自動車 運轉免許證 취득(9.26) ·文敎部 學位種別審査委員(10.17) ·서울大 環境大學院 院長 任期 만료·퇴임(11.4) ·서울 地下鐵 처음 시승(11.15) ·責任編纂「鳥嶺會誌」발간(12.31)	·妻, 夫와 特講次 店村 동행(7.6) ·店村 垈地 매각(7.20) ·妻,아침食事 각자 하도록 함(9.28) ·妻, 環心會 夫婦送年會 참석(12.4)	·人間性回復運動本部(後 韓國道德運動協議會) 창립(4.1) ·凶惡家庭破壞犯 9名, 死刑집행(4.17) ·'靑少年 憲章' 선포(5.12) ·詩人 毛允淑 사망(6.7) ·尹潽善 前 大統領 사망(7.18) ·러시아와 修交(9.30)	·이란에 大地震, 5萬名 사망(6.21) ·獨逸 통일(10.3) ·마샬群島 독립(12.22)
1991 (56)	·榮進專門大學 附設硏究所 硏究委員(1.3) ·春川 陸軍2軍團司令部 特講(2.12) ·地方自治學會 常任理事(2.22) ·서울大學 安息年 시작(3.1) ·檀國大學 天安 캠퍼스 講師(3.9) ·스페인 최초 방문(4.9) ·스페인 마드리드에서 처음 鬪牛競技 관람(4.14) ·포르투갈 최초 방문(4.15) ·스웨덴 최초 방문(4.17) ·月刊 '새마을新聞' 編輯委員(5.13) ·地方議員 出馬한 同僚 訪問 격려(6.12) ·店村地域發展協議會 顧問(6.13) ·東硏會 가입(6.15) ·韓·美友好協會 地域特別委員(6.26) ·獨逸 統一後 처음 東·西베를린 시찰(7.2) ·獨逸 核廢棄物處分場 시찰(7.4) ·모나코 최초 방문(7.6) ·農協 運營諮問委員(7.31) ·'忠南저널' 客員論說委員(8.1) ·새마을運動 都市分科 諮問委員長(9.7)	·次女 貞娥, 瑞草高等學校 졸업(2.8) ·妻,夫와 濟州道 여행(2.18) ·次女 貞娥,暻園大學 作曲科 입학(3.3) ·次女 貞娥, 新規 韓國旅券 발급받음(3.10) ·長女 雪娥, 父와 濟州 旅行하고 上京(3.23) ·妻,夫와 會議參席次 出國, 파리 도착(4.8) ·妻,夫와 스페인 Sitges市 도착·투숙(4.9) ·妻, 스페인 마드리드市 도착·투숙(4.13) ·妻, 마드리드 市內 관광(4.14) ·妻,포르투갈 리스본市 도착·투숙(4.15) ·妻, 夫와 獨逸을 떠나 귀국길 오름(4.20) ·妻, 夫와 天安에 다녀옴(5.4) ·次女 貞娥, 禮智院에서 海外旅行 素養敎育 이수(5.18) ·妻,夫와 天安 檀國大學 다녀옴 (6.8)	·市·郡·區議會議員 선거 부활 실시(3.26) ·30年만에 基礎團體議會 개원(4.15) ·東硏會 창립(6.15) ·市·道議會議員 선거(6.20) ·韓·美友好協會 창립(6.26) ·市·道議會 개원(7.8) ·U.N.에 첫 加入(9.18) ·太白發展硏究會 창립(9.30) ·鄭元植 總理 代表團, 平壤 도착(10.22)	·슬로베니아 독립(6.25) ·에스토니아 독립(8.20) ·라트비아 독립(8.21) ·우크라이나 독립(8.24) ·몰도바 독립(8.27) ·우즈베키스탄 독립(8.31) ·리투아니아 독립(9.6) ·타지키스탄 독립(9.9) ·아르메니아 독립(9.23) ·마케도니아 독립(11.17) ·러시아 독립(12.8) ·카자흐스탄 독립(12.16) ·蘇聯 聯邦制 종료(12.25)

區分 / 年度	本人 및 家族·先代		韓半島 및 世界	
	本 人	家族·先代	韓 半 島	世 界
A.D.1991 (56)	·江陵에서의 放射性廢棄物處分場 件 公聽會,住民示威로 무산되어 귀경(9.17) ·'店村新聞' 顧問(10.28) ·서울大學 캠퍼스計劃委員(10.29) ·太白發展研究會 가입(11.1) ·日本 神戶市 처음 시찰(11.19) ·東京市 新開發地區 시찰(11.21) ·會議 마치고 日本서 귀국(11.24) ·'韓國自治新聞' 論說顧問(12.29)	·長男 東爀, 軍에서 손목을 다쳐 陸軍病院에 입원(6.9) ·次女 貞娥, 語學硏修次 向獨 출국(6.30) ·店村 垈地 매각(6.30) ·次女 貞娥, 父 및 姨母家族과 父의 招待로 회식 (7.12) ·次女 貞娥, 父 및 姨母 家族과 獨逸 나치 虐殺場 시찰(7.13) ·次女 貞娥, 유럽諸國 觀光次 獨逸 출발(8.3) ·次女 貞娥, 獨逸出發 歸國길에 오름(8.12) ·妻, 夫 및 妻弟와 大田에 가서 妻男宅 투숙(8.24) ·自家用乘用車 교체(10.1) ·長女 雪娥, 日本觀光次 出國 (10.15)		
1992 (57)	·美國 Corey恩師宅에 '高理亭' 懸板 기증·건립(1.1) ·地域社會開發學會 學術理事(2.1) ·서울大學 停年保障教授(3.1) ·釜山 韓進 社內大學 강의(3.23) ·韓國自治新聞社 理事(4.3) ·國土開發研究院 首都圈政策 諮問委員(5.12) ·雜魚會 가입(5.20) ·國政會 政策開發室長(5.21) ·教育部 中央教育審議委員(5.30) ·風水會 會長(6.1) ·豆滿江에 처음 들어감(7.13) ·白頭山 登頂, 天池를 처음 관광 (7.14) ·中國 萬里長城 처음 관광(7.16) ·서울大學 休職(7.21) ·韓國地方行政研究院長 취임(7.21) ·文丙基君 父母와 첫 인사(8.23) ·內務部 地方自治發展審議委員 (9.18) ·釜山市議會 研鑽會 연설(9.22) ·良才洞 聞慶農産物販賣場 관람 (9.27) ·동생 群濟의 盆唐 아파트 처음 예방(10.18) ·韓國住宅學會 顧問(11.1) ·韓國地方行政研究院 院是 制定·公布(11.2) ·韓·中·日 都市計劃學會代表團 招致 酒席 마련(11.16) ·在京 大邱·慶北道民會 諮問委員 (11.23) ·共著「21世紀의 挑戰과 韓國의 對應」발간(11.30) ·大邱 査頓宅에서 函 도착(12.23)	·妻, 夫와 大田에 가서 聘父母께 歲拜함(2.6) ·長男 東爀, 軍除隊(5.14) ·妻·妻弟, 大田 聘父 問病감(6.7) ·姉兄 許樅 회갑(7.7) ·家族, 文丙基君 父母와 첫 상면 (8.23) ·長女 雪娥, 約婚(8.26) ·妻, 夫와 水安堡溫泉에 가서 會議參席 후 투숙(9.4) ·長女 雪娥, 父와 大邱行事 다녀옴(9.16) ·妻, 特定人 電話 받고 魂飛魄散 (10.9) ·妻, 夫와 李正典教授 招請 食事宴에 감(10.17) ·長女 雪娥, 驛三洞 聖堂에서 靈洗받음(12.25) ·長女 雪娥, 驛三 聖堂에서 文丙基君과 婚配聖事(12.26)	·第14代 國會議員 선거 (3.24) ·雜魚會 창립(5.20) ·國政會 창립(5.21) ·中國과 修交(8.24) ·永宗島 新國際空港 기공 (11.12) ·在京 大邱·慶北道民會 창립(11.23) ·베트남과 修交(12.22)	·보스니아 독립(3.3) ·美國 로스앤젤레스에서 黑人暴動 발생(4.29)

區分 / 年度	本人 및 家族·先代		韓半島 및 世界	
	本　　人	家 族·先 代	韓 半 島	世　　界
A.D.1993 (58)	·單獨研究「新韓國 創造와 새마을運動」報告書 간행(1.4) ·長女 夫婦와 같이 大邱查頓宅에 上客으로 예방(1.7) ·全南道廳 移轉 推進委員(2.1) ·田英春院長 古稀紀念集發刊委員長(2.1) ·地自體出捐研究院長 協議會長(2.10) ·地方自治學會 副會長(2.25) ·金泳三大統領 상면(2.25) ·地方行政研究院 院歌 제작·공포(4.1) ·大統領 行政刷新委員(4.10) ·새마을理事會에서 理事 離任인사(5.19) ·신시내티大學 同窓會 名譽會長(5.22) ·環境行政學會 가입(6.18) ·忠北 廣域計劃樹立 諮問委員(8.2) ·최초로 財産申告登錄(8.9) ·共著「韓國의 地方自治와 地域開發」출간(8.20) ·地方行政研究院 開院 9周年行事 開催主管(9.6) ·民主平統 教育 이수(10.21) ·서울地方環境廳 名譽環境監視員(11.9) ·行政刷新委員會에서 印鑑制度 改革案 보고·의결(11.26) ·새마을勳章 勤勉章 수훈(11.29) ·妻 및 次女 貞娥와 大田가서 聘父母 문안(12.25)	·長女 雪娥 결혼(1.6) ·妻, 長女 夫婦와 查頓宅 예방(1.7) ·長女 雪娥夫婦, 美國 아크론市에 정착(1.10) ·長女 雪娥 結婚行事 決算, 2,530千원 赤字 발생(2.29) ·姉 石出 회갑(3.7) ·妻, 夫와 咸東奎氏 母親喪 문상(3.16) ·次女 貞娥, 渡美留學次 출국(5.2) ·妻,夫와 獅子庵 다녀옴(5.16) ·中溪洞 商街 구입(7.22) ·長女 雪娥 家族, 美國 아크론에서 컬럼버스로 이사(8.27) ·妻,夫와 聘父 生辰宴에 참석(9.12) ·妻,夫와 映畵 '주라기公園'관람(9.19) ·家族·親戚,本人 日本滯留時 秋夕 祭祀 모심(9.30) ·妻,長女 出産補助次向美出國(10.2) ·外孫子 文近榮, 美國서 출생(10.16,韓國基準 10.15) ·妻, 美國 長女宅에서 귀국(12.3) ·妻, 環心會 夫婦送年會 참석(12.9) ·妻,鳥嶺會 夫婦送年會 참석(12.10) ·壻 文丙基, 美國아크론大學에서 碩士學位 취득(12.10) ·次女 貞娥, 美國에서 放學中 일시 귀국(12.18)	·地自體出捐 研究院長 協議會 발족(2.10) ·第14代 金泳三 大統領 취임(2.25) ·環境行政學會 창립(6.18) ·大田EXPO 開幕(8.7)	·체코共和國 독립(1.1) ·슬로바키아 독립(1.1)
1994 (59)	·美國 CODS 諮問委員(1.1) ·弦汀國土開發賞基金管理委員(1.18) ·社稷會 가입(1.24) ·朝鮮日報 '地方化 21世紀 포럼' 委員(1.29) ·社稷會 研究室長(2.1) ·青陽 七甲山 등정(5.3) ·마샬群島共和國 大統領 인사(5.25) ·光州 瑞江大 附設研究所 諮問委員(6.1) ·美國 랜싱市에서 次女 貞娥 상봉(6.7) ·美國 미시간大學에서 '世界碩學 稱號' 수령(6.8) ·長女 및 外孫子와 같이 向韓 美國 출발(6.16) ·統一 베를린市 방문(8.15) ·共著「地方自治의 發展戰略」발간(9.15) ·妻 및 長男과 漢江高水敷地에 처음 새벽운동(9.19) ·서울大 同窓會 理事(9.29) ·中國 副主席과 日本 京都市를 관광(10.23) ·萬步機 着用 시작(10.24) ·地自體 國際化財團 管理委員(11.1) ·光州 望月洞墓地 방문(11.3) ·21世紀都市포럼 準備모임 참석(11.7)	·妻,夫와 石出 누님 生辰宴에 참석(3.26) ·妻弟 次蓮, 訪韓日程 마치고 獨逸로 출국(4.25) ·妻, 마샬群島共和國 大統領 招請宴에 참석(5.25) ·長女家族,父와 콜럼버스 公園에서 개최된 韓人 天主教人 野遊會에 감(6.12) ·長女家族, 父와 마을 水泳場에 감(6.15) ·長女 및 外孫子, 父와 같이 一時 歸國次 美國 출발(6.16) ·長女 및 外孫子, 서울에 도착·귀가(6.17) ·妻,夫와 같이 論山을 거쳐 大田 儒城에 투숙(7.29) ·妻,大田 妻男宅 문병(7.30) ·長女家族, 美國으로 출국(9.8) ·妻, 夫와 시골 墓所 참배(9.25) ·長女家族, 美國에서 外孫子 文近榮의 돌잔치(10.16) ·妻, 姓氏를 다른 姓氏로 바꾸어 부르기 시작(11.7) ·自家用乘用車 교체(11.18) ·妻,팔 다쳐 기부스 함(11.20) ·妻,鳥嶺會 送年會 참석(12.17)	·社稷會 창립(1.24) ·北韓 金日成 사망(7.8) ·서울 聖水大橋 붕괴(10.21) ·서울 阿峴洞에 가스 폭발(10.24)	·팔라부 독립(10.1) ·U.N. 閣僚會議, 國際犯罪組織에 대응하는 '나폴리 宣言' 채택(11.23)

年度 \ 區分	本人 및 家族·先代		韓半島 및 世界	
	本 人	家族·先代	韓 半 島	世 界
A.D.1994 (59)	·舊車 프린스 매각(11.27) ·韓國勞動·環境文化院諮問委員(12.6) ·서울大 總長候補選定委員(12.27)	·妻, 夫와 蘇鎭光·朴榮哲夫婦 招請晩餐에 참석(12.27)		
1995 (60)	·서울大學 總長選擧 開票委員(1.20) ·小說 '土地'의 고장 河東郡 平沙里 방문·시찰(1.28) ·서울市政改革 研究委員(2.7) ·韓國地方自治學會 會長(2.22) ·海軍產業研究院 理事(3.9) ·京畿開發研究院 研究諮問委員(3.13) ·地方自治研究院 理事長(4.1) ·聞慶地域發展協議會 顧問(4.11) ·共著「民選自治團體長」발간(4.25) ·'聞慶市民의 노래' 作詞(5.1) ·月刊'서울議政'誌 編輯諮問委員(6.15) ·著書 「韓國地方自治發展論」 출간(6.15) ·서울大 大學發展基金造成委員(6.20) ·美國 라스베이거스市議會 會議참관(6.21) ·美國 그랜드 케넌 溪谷 시찰(6.22) ·이집트 첫 방문(7.18) ·나일江 文明 첫 만남(7.18) ·나일江 遊覽船 승선(7.19) ·리비아 최초 방문(7.20) ·地中海에서 처음 海水浴(7.25) ·튜니시아 최초 방문(7.26) ·五·七東阿會 가입(7.28) ·平統諮問會議 常任委員(8.16) ·第4次國土計劃樹立 諮問會議 참석(9.6) ·大邱·慶北地方自治學會 創立總會 참석 축사(9.23) ·'地方自治의 노래' 作詞·公布(10.1) ·美國 라스베이거스 名譽市民(10.4) ·安山市 라스베이거스公園 開場式 참석(10.9) ·共著「韓國地方自治의 爭點과 課題」 발간(10.10) ·平統諮問會議 委員研修會에서 特講(11.17) ·共著「地方의 跳躍」발간(11.30) ·日本會議 마치고 귀국(12.2) ·地方自治學會 代表團 인솔하고 美國 라스베이거스市 도착(12.14) ·美國 Zion國立公園 시찰(12.16) ·美國 라스베이거스에서 개최된 韓·美세미나에서 開會人事(12.18) ·美國서 세미나 마치고 귀국(12.21)	·外孫子 文近榮,美國에서 幼稚園 입학(1.3) ·長男 東爀,姊妹 만나려 向美出國(2.4) ·長男 東爀, 美國에서 귀국(2.22) ·妻,눈에 殺氣를 띄기 시작(3.27) ·妻, 聞慶 親庭에 감(5.26) ·妻,夫 및 次女와 農場을 거쳐 弟 群濟宅에서 식사(7.2) ·自宅에 팩시밀리 설치(8.4) ·次女 貞娥, 선을 봄(8.20) ·妻,夫 및 姪女 許銀淑의 새 아파트에 祝賀次 방문(9.2) ·家族,秋夕祭禮 모심(9.9) ·家族 및 弟 群濟家族, 父母墓所 방문·참배(10.22) ·妻, 特定人을 呼名하며 哀乞하는 잠꼬대 시작(10.25)	·33個 都農複合市 출범(1.1) ·聞慶郡·店村市,統合하여 聞慶市가 됨(1.1) ·直轄市를 廣域市로 개칭(1.1) ·金鍾泌 總裁의 自民聯 창당(3.30) ·4·19墓域,國立墓地로 승격(4.19) ·서울大 環境大學院에 高位政策課程 개설(5.1) ·서울 三豊百貨店 붕괴(5.29) ·團體長 등 4大地方選擧 동시실시(6.27) ·三豊百貨店 붕괴로 모두 1千餘名이 사망한 것으로 집계(6.29) ·民選自治時代 개막(7.1) ·五·七 東阿會 발족(7.28) ·金大中總裁,새政治國民會議 창당(9.5) ·輸出 1千億弗 돌파(10.28)	·日本 神戶·大阪 一圓에 大地震 발생, 6,300餘名 사상(1.17) ·日本 地下鐵에 毒가스 事件 발생(3.25) ·美國·베트남 修交(8.5)
1996 (61)	·警察大學 강의(1.6) ·國會議員 出馬慫慂을 사양(1.21) ·新韓國黨總裁 表彰 수령(2.6) ·韓·蒙經濟學會 가입(2.23) ·韓國能率協會 經營大賞 審查委員長으로 會議주재(2.29)	·次女 貞娥, 一時歸國後 出國, 美國 도착(1.9) ·長男 東爀, 檀國大學修了(2.25) ·家計費,月200萬원에서 300萬원으로 인상(5.21)	·韓·蒙經濟學會 창립(2.23) ·EGO會 창립(3.20) ·第15代 國會議員 선거(4.11) ·潁江會 창립(5.16) ·海洋水產部 발족(8.6)	·中國,核實驗 실시(7.29) ·나이저 독립(8.3) ·리비아 트리폴리에서 東亞建設에 의한 通水式 거행(9.1)

年度 \ 區分	本人 및 家族·先代		韓半島 및 世界	
	本 人	家族·先代	韓半島	世 界
A.D.1996 (61)	·國務總理 地方自治制度發展委員會 委員(3.8) ·內務部 公立大學審議委員(3.19) ·EGO會 가입(3.20) ·聞慶專門大學 教養特講 演士(3.29) ·京畿開發硏究院 硏究諮問委員長(4.2) ·建交部 民間投資事業審議委員(4.6) ·長城아카데미에서 講演(5.2) ·地域開發學會 名譽顧問(5.15) ·綠色 自動車免許證 취득(5.25) ·青陽 七甲山 등정(5.30) ·國際運轉免許證 취득(6.1) ·原州 文幕江에서 발 부상(6.6) ·妻로부터 골프 會員券 처음 선물 받음(6.8) ·陰曆으로 回甲을 맞음(6.10)* ·서울大 環境大學院과 農生大 造景學科의 統合推進會議에 참석(6.11) ·在京 聞慶市鄕友會 顧問(6.20) ·沈大平知事 및 崔秉烈議員과 '한겨레 21' 週刊誌에서 좌담(6.23) ·서울大學病院에서 2次檢診을 받음(7.9) ·허바허바寫場에서 回甲紀念寫眞을 촬영(7.22) ·妻·次女와 回甲紀念으로 中國旅行을 떠남(7.23) ·白頭山을 두 번째 오름(7.24) ·서울市 新廳舍建立諮問委員(8.26) ·大田市 世界科學都市聯合推進協議會 會長(10.4) ·美國 라스베이거스市長의 表彰 받음(10.7) ·妻 및 李圭憲夫婦와 釜山에 가서 朴昇治 長男 結婚式 참석(10.26) ·長男 東爀과 記錄集 校正을 보러 감(11.28) ·새마을運動中央協議會 諮問委員 (12.10) ·美國에서 一時 歸國하는 長女家族 영접(12.11) ·回甲紀念記錄集「한 韓國人의 삶과 발자취」 출간(12.31)	·妻, 夫 및 누님 夫婦와 같이 白永鶴夫婦宅에 들렀다가 會食·환담(6.2) ·妻,夫 및 누님·동생 夫婦와 原州 文幕에 감(6.6) ·妻·누님,4寸동생 廣濟夫婦의 越南移住 歡送宴을 가짐(6.19) ·妻,聘母 問安次 店村에 감(6.21) ·妻·次女 貞娥,夫와 中國旅行次 出國(7.23) ·妻·次女,白頭山 등정(7.24) ·妻·次女, 豆滿江 및 北韓땅 관람(7.25) ·妻·次女,萬里長城 방문·시찰 (7.26) ·聘母 金福伊 사망(8.26) ·妻,夫·妻弟와 水安堡를 거쳐 店村에 감(9.14) ·聘母 세 번째 49祭 모심(9.15) ·妻,夫와 店村 親庭에 감(10.12) ·聘母 49祭로 脫喪함(10.13) ·妻,夫와 妻男宅의 問病을 감 (10.20) ·長男 東爀,父와 記錄集 印刷校正을 보러 다님(10.20) ·長女家族,大邱 媤宅에 감(12.14) ·家族.高文炫 結婚式에 감(12.15)	·U.N.經濟社會理事會 新任 理事國으로 피선(10.31) ·'農漁民의 날' 제정 (11.11) ·OECD加入案,國會의결 (11.26)	
1997 (62)	·回甲紀念集 獻呈行事(1.8) ·朝鮮日報 朴宰永記者와 記錄集에 대해 대담(1.9) ·朝鮮日報,記錄集에 대해 大書特筆 보도(1.12) ·農振公 새萬金干拓事業諮問委員(1.17) ·'議會저널'誌 編輯顧問(1.25) ·忠南 國際環境포럼 推進委員長(1.27) ·報恩동산 中央青雲會 理事 (2.3) ·建交部 民間投資事業審議委員長 (2.5) ·地方自治學會 名譽會長(2.14) ·史料들을 한솔종이博物館에 기증 (2.18) ·地域開發硏究會 顧問(2.24)	·家族,새해 윷놀이(1.1) ·妻,夫의 高校同期生 夫婦모임에 참석(1.5) ·妻男 黃載壽의 丈人 사망(1.21) ·家族,長女家族과 같이 祭基洞 옛집을 둘러봄(2.2) ·妻男宅 李玉宰 사망(3.9) ·妻,親舊로부터 골프채 1세트를 선물받음(3.25) ·妻,夫와 高永天夫婦 招請晩餐에 참석(4.2) ·妻,夫와 濠洲·싱가포르 旅行次 출국(4.4) ·妻,濠洲 시드니 도착(4.5) ·妻,처음 싱가포르 방문(4.7)	·北韓 黃長燁氏 歸順(2.12) ·地域開發硏究會 창립(2.24) ·北韓 黃長燁 前 勞動黨 秘書,中國거쳐 서울 도착 (4.20) ·慶北 道廳移轉推進委員會 발족(6.25) ·蔚山市,廣域市로 승격(7.15) ·KAL旅客機,괌島 추락, 225名 사망(8.6) ·'老人의 날' 제정(10.2) ·北韓 金正日,勞動黨 總秘書職 정식승계(10.8) ·한솔 종이博物館, 全州에 개관(10.21)	·中國 鄧小平 사망(2.10) ·英國領 홍콩,155年만에 中國에 환원(7.1) ·英國 王世子妃 다이애나, 交通事故로 사망(8.31)

區分 年度	本人 및 家族·先代		韓半島 및 世界	
	本　　人	家族·先代	韓半島	世　　界
A.D.1997 (62)	·서울大 環境大學院 高位政策課程 主任敎授(3.1) ·學術振興財團 地域開發硏究事業 審査委員長(3.1) ·새마을歷史館 展示室 造成事業者 選定 審査委員(3.6) ·서울大 環境大 高位課程 인솔 海外硏修 출발(4.4) ·濠洲에서 골프 침(4.6) ·싱가포르에서 골프 침(4.9) ·서울大 物理學科 同期生들, 入學 40年만의 회합(4.24) ·戶籍上 回甲 맞음(4.25) ·林相夏 社長으로부터 新規 골프채 한 세트 받음(5.3) ·골프會員券으로 최초 골프 침(6.1) ·慶北 道廳移轉 推進委員長(6.25) ·回甲紀念으로 家族·兄弟 모여 회식 (7.14) ·家族과 美國 旅行次 出國(7.20) ·캐나다 최초 방문(8.1) ·家族 전부, 海外 콘도에 체류(8.5) ·플로리다州에 있는 디즈니 랜드 관광(8.6) ·美國 NASA 방문(8.9) ·大西洋에서 海水浴함(8.9) ·美國 인디안의 居住洞窟을 관광(8.14) ·처음 梨花莊을 구경(8.21) ·白內障 手術을 받음(8.22) ·柳寬順烈士 生家 방문(8.28) ·日本 HSST 처음 시승(9.18) ·새재會 새재碑建立推進委員長(9.29) ·本人 史料, 全州 한솔종이博物館에 전시(10.21) ·大學講義場面,TV錄畵·방영(10.29) ·會議參席次 日本에 감(11.6) ·高陽會 가입(11.22) ·美國에서 완전 귀국하는 次女 貞娥 영접(12.26)	·妻,처음 골프練習 등록(5.3) ·妻,夫와 茂朱에 감(5.23) ·妻,忠北 永同서 5日場 구경(5.24) ·妻,夫와 '世界環境포럼' 參席次 大田에 가서 儒城에 투숙(5.29) ·妻, 夫와 暴雨속 운전하여 상경 (5.30) ·公州에서 가져온 自然植物을 自宅庭園에 심음(5.31) ·中溪洞 商街店鋪 契約 갱신(7.17) ·家族 모두 美國訪問次 출국(7.20) ·全家族, 美國 신시내티 옛 居住地에 감(7.24) ·家族, 美國 江에서 카누 처음 탐 (7.28) ·家族 모두 렌싱市에서 次女 상봉 (7.31) ·全家族,캐나다의 나이아가라市에 감(8.1) ·全家族,나이아가라瀑布 관람(8.2) ·全家族,디즈니월드의 밤 불꽃놀이 구경(8.7) ·家族,美國 大西洋 沿岸 여행(8.9) ·妻,親戚들에게 秋夕膳物 전달(9.13) ·甥姪 許垣 住宅購入 祝賀次 방문 (10.11) ·妻·누님·동생夫婦 같이 父母 산소 참배하고 虎溪 黃泰鉉 甥姪宅에 투숙(10.27) ·自宅에 도둑이 들어 失物을 당함(10.28) ·妻,夫와 家族法院을 방문(11.4) ·自宅에 警報裝置를 설치(11.5) ·妻, 夫와 趙洪來 政務首席 母親 問喪감(11.19) ·妻,聞慶에 감(11.21) ·獨逸에서 同壻 金英世, 귀국 방문 (11.23) ·本人 回甲行事決算,35,219千원 黑字 발생(11.26) ·次女 貞娥,美 미시간大學 作曲科 졸업(12.6) ·次女 貞娥, 美國留學 마치고 귀국 (12.26)	·雪嶽山 神興寺 統一大佛, 10년만에 완성(10.25) ·金浦大橋 완성(11.3) ·國家通貨危機로 IMF 支援體制로 들어감(11.21) ·高陽會 창립(11.22) ·換率,史上 처음 1달러당 2千원線 돌파(12.23)	
1998 (63)	·새마을硏修院 指導敎授(1.14) ·雜魚會 總務(1.17) ·기러기고기 처음 시식(1.24) ·好凡會 가입(1.30) ·'새마을運動' 新聞의 論說委員 (2.25) ·韓國能率協會 포럼 顧問(2.27) ·大韓國土計劃學會 國際交流委員長 (3.3) ·週末農場 農事시작(4.12) ·'새마을 사랑모임' 運營委員(4.21)	·次女 貞娥,時事英語社에 취업 확정(1.14) ·次女 貞娥,첫 출근(1.25) ·住宅 街路名 表記(2.23) ·安正煥夫婦, 盈德大蟹를 선물(3.1) ·次女, 선 봄(3.8) ·次女 貞娥,비자件으로 美國으로 일시 출국(3.20) ·妻, 夫와 週末農場에 감(5.17) ·妻, 서울大 高位課程에 가서 特講 들음(5.28)	·好凡會 창립(1.30) ·政府機構 대폭개편(2.24) ·第15代 金大中大統領 취임(2.25) ·金大中大統領 收監者 553名을 特別 赦免(3.13) ·'새마을 사랑모임' 창립 (4.21) ·第2期 4大地方選擧 실시 (6.4)	·臺灣 旅客機, 臺北서 추락, 196名 사망 (2.17) ·U.N. '世界女性의 날' 선포(3.8) ·U.N., '世界 물의 날' 제정(3.22) ·나토 聯盟軍, 유고 爆擊 (3.25) ·인도네시아 수하르트, 大統領 사임(5.21) ·第16回 월드컵大會, 파리에서 개막(6.10)

區分 / 年度	本人 및 家族·先代		韓半島 및 世界	
	本　　人	家 族·先 代	韓 半 島	世　　界
A.D.1998 (63)	·서울大 高位課程 인솔하여 研修次 日本에 감 (6.24) ·世界 最長의 日本 瀨戶大橋를 시주(6.29) ·氣指壓의 治療를 받음(7.2) ·驪州 朱龍澤社長의 '徐羅伐 가든' 開業式 참석(7.11) ·大韓國土計劃學會 代表들과 中國訪問次 출국(8.4) ·中國 秦始皇帝의 兵馬俑 관람(8.7) ·國際觀光開發研究院 諮問委員 (8.25) ·古州地方自治賞 基金運營 委員長(9.4) ·21世紀 國土포럼 가입(9.9) ·월드컵 關聯 市·道知事 懇談會에서 特別發表(10.14) ·金大中大統領 相面(11.28) ·2002年 월드컵 組織委員會 共同議長(12.15) ·蘭芝島 埋立地 시찰(12.15)	·妻, 夫와 日本에 감(6.24) ·妻, 처음 日本 阿蘇山 등정(6.26) ·妻, 처음 日本 別府溫泉에 감(6.27) ·妻, 夫 및 黃再蓮夫婦와 十勝地인 聞慶 葛伐里 방문 (7.18) ·國旗, 自宅에 6個月 揭揚後 下旗(8.15) ·妻, 夫와 聘母墓所 참배(9.3) ·長男 東爀, 父와 大田에 가서 國際심포지엄 다녀옴(9.17) ·妻, 夫와 農場에 감(10.3) ·妻, 大田에 가서 親舊들과 1泊하고 옴(10.14) ·妻, 夫와 毒感豫防注射 맞음 (10.19) ·同壻 金英世, 獨逸서 一時訪問次 귀국(11.16) ·壻 文丙基, 美國 오하이오州立 大學에서 博士學位 취득(12.12)	·鄭周永 會長, 소 500마리 몰고 板門店 경유 入北(6.16) ·朴世利, U.S.女子오픈 골프 優勝(7.7) ·世界섬文化祝祭, 濟州에서 개막(7.18) ·北韓 發射 로켓, 日本列島 橫斷하여 太平洋에 착탄(8.31) ·古州賞 基金運營委員會 발족(9.4) ·21世紀 國土포럼 창립(9.9) ·歌手 金貞九 사망(9.26) ·VIAGIS Center 설립(9.30) ·第2의 建國 汎國民推進 委員會 발족(10.2) ·全北 益山서 大型 가스 爆發 (10.6) ·鄭周永會長, 第2次로 소 500마리와 함께 訪北(10.28) ·聞慶새재 梨花嶺터널 개통 (11.10) ·金剛山 觀光遊覽船 첫 出航 (11.13) ·全國 失業者, 166萬 5千名 돌파(12.30)	·'98 월드컵大會에서 프랑스 優勝 획득(7.13) ·中南美 大災殃으로 7千餘名 사망(11.2) ·美國, 이라크 공격 (12.16)
1999 (64)	·노래房에서 노래 滿點 취득(1.17) ·國家專門行政研修院 指導教授 (2.2) ·韓國道德運動協議會 顧問(2.5) ·地方自治學會 顧問(2.10) ·地域開發研究會 定期出勤 시작 (2.18) ·外國人 新婦의 처음 結婚主禮(2.24) ·不動產聯合會 顧問(2.25) ·自治開發研究院 定期出勤 시작 (2.25) ·'地方포럼' 諮問委員(4.15) ·VIAGIS Center의 環境部門 코디네이터로 위촉(4.19) ·東京에서 개최된 國際書籍 展示會 관람(4.22) ·새재碑 碑文 作成·건립(4.26) ·韓國自治開發研究院 理事長(4.28) ·金日成·金正日 父子와 환담하는 꿈을 꿈(6.10) ·高建 서울市長, '奇人'이란 別名을 줌(6.16) ·國民勳章 冬柏章 수훈(7.1) ·21世紀 都市政策開發院 諮問委員 (7.12) ·好凡會에서 '達人'이란 別名을 줌(7.31) ·論山市에 가서 都市基本計劃 公聽會 司會를 봄(8.3) ·처음으로 金剛山에 감(8.17)	·長女 雪娥, 子 文近榮 데리고 美國에서 완전 귀국(1.18) ·聘父 黃龍燮 사망(1.18) ·聘父, 永順面 先塋에 안장(1.20) ·妻,葬禮後 귀가(1.22) ·外孫子 文近榮, 韓國 幼稚園 ECL 입학(2.1) ·壻 文丙基, 美國에서 완전 귀국 (2.5) ·長女家族, 新規車 구입(2.11)] ·妻, 家族들로부터 生日祝賀宴을 받음(2.19) ·壻 文丙基, 地方行政研究院 勤務 시작(2.23) ·外孫女 文素瑛 출생(3.9) ·長女家族, 牛眠洞 아파트로 이사 정착(4.3) ·弟 群濟宅에서 동생 生日宴을 가짐(4.24) ·長女, 自宅에서 어버이날 會食을 가짐(5.8) ·妻男·妻弟夫婦, 함께 골프 침 (5.20) ·妻, 佛誕日에 虎壓寺에 감(5.22) ·外孫女 百日잔치 개최(6.16) ·長男 東爀, 처음 自治開發 研究院에 인사 감(6.18) ·長男, 自治開發研究院에 출근 시작(7.1) ·中溪洞 店鋪 契約 갱신(7.17)	·行政自治部 國家專門行政研修院 출범 (1.1) ·'地方포럼' 창립(4.15) ·英國 엘리자베스女王, 安東 河回마을 방문4.21) ·自治開發研究院 法人設立 (4.28) ·金大中大統領, 故 朴正熙大統領 紀念館 建立 약속(5.13) ·高位公職者婦人들의 高級 衣裳波動으로 國會聽聞會 개최(6.1) ·21世紀 都市政策開發院 개원(7.12) ·中北部에 暴雨 내림(7.31) ·大統領直屬의 地方移讓 推進委員會 발족(8.30) ·在日僑胞 金喜老, 31年 服役後 석방·귀국(9.7) ·水水會 創立(9.8) ·河南市 世界環境博覽會 개최(9.21) ·서울大學 環境館 개관(12.20)	·유럽에 零下55℃의 寒波 내습(1.28) ·U.N.'世界 障碍人의 날' 제정(4.20) ·世界人口 60億돌파 (7.19) ·터키 이스탄불에 大地震 발생, 數萬名 희생(8.17) ·이집트 旅客機 추락, 214名 사망(10.31)

區分 / 年度	本人 및 家族·先代		韓半島 및 世界	
	本　　人	家族·先代	韓半島	世　界
A.D.1999 (64)	·奉恩寺에 가서 새 職責에 대한 決意를 다짐(8.29) ·金大中大統領으로부터 地方移讓推進委員長을 위촉받음(8.30) ·水水會 가입(9.8) ·臺灣서 처음 과일 '檳榔'을 시식 (9.20) ·市·道知事協議會 諮問委員 (10.25) ·서울市 文化賞 수상(10.28) ·李永奭先生 傘壽紀念集 編纂委員長 (11.12) ·卞鐸 社長 父母 碑文 作成·건립 (11.14) ·長女家族과 처음 롯데월드 놀이동산에 감(11.20) ·國務總理室 交通政策委員會 委員 (11.25) ·서울大 環境館 開館式 참석(12.20) ·21世紀 都市政策開發院 硏究委員 (12.22) ·送年 모임에서 처음 李永奭 顧問과 言爭을 함(12.24) ·KBS 라디오와 20世紀 回顧를 대담함(12.28) ·河南市 라이브 카페에 처음 감 (12.30)	·家族·長女家族, 大邱 査頓과 盆唐서 식사(9.11) ·妻, 夫와 農場을 다녀와 八月 대보름달을 보고 기원함(9.24) ·妻, 長女家族과 百貨店을 들려 함께 食事함(10.4) ·家族들, 本人의 서울市 文化賞 受賞을 축하하는 宴會를 가짐 (10.28) ·妻, 農場을 거쳐 長女宅에 감 (10.31) ·妻, 親舊들과 1泊2日의 大田 나들이 감(11.2) ·妻, 夫와 弟子夫婦 같이 河南市 라이브 카페에 처음 감(12.30)		
2000 (65)	·大統領 新年賀禮式에 참석(1.3) ·李永奭 顧問 傘壽紀念式에 참석하여 紀念集을 증정하고 獻呈辭를 함(1.15) ·베트남 처음 訪問(1.26) ·캄보디아 처음 訪問(1.29) ·앙코르 와트 觀覽(1.30) ·프놈펜 近郊의 킬링·필드 視察 (1.31) ·金大中大統領께 獨對報告 드림 (2.21) ·서울市 都市政策會議 委員으로 위촉(2.21) ·外孫女 돌잔치 마련(3.5) ·妻와 같이 金剛山을 第2次 訪問 (3.11) ·海金剛을 처음 구경(3.12) ·大統領 行自部 巡視 報告會에 참석하여 答辯(3.22) ·金泉市民自治大學 開講式에 참석·祝辭(4.21) ·高陽 世界꽃博覽會 開幕式 참석 (4.26) ·鬱陵島 처음 訪問(5.8) ·鬱陵島 聖人峰 등정(5.9) ·聞慶市民自治大學 開講式 축사 (5.12) ·濟州市民自治大學 開講式 축사 (5.20)	·妻, 베트남·캄보디아 訪問次 出國(1.26) ·外孫子, 牛岩初等學校 입학(3.4) ·妻, 처음 北韓 訪問하고 金剛山 관광(3.11) ·長男 아파트, 專貰假契約(3.30) ·妻男 黃載壽, 再婚(4.6) ·長男 結婚(4.22) ·長男夫婦, 父母와 同居始作(4.22) ·妻, 長男 아파트 專貰契約(4.29) ·外孫子女와 어린이 날 紀念會食을 水原에서 가짐(5.5) ·全家族, 어버이날 紀念會食을 가짐(5.7) ·妻, 佛誕日에 大成庵에 가서 禮佛(5.11) ·妻, 太祖王建 撮影場 관람(5.12) ·長男夫婦, 아파트로 移住·獨立 (6.1) ·長男 등 家族, 聞慶에 가서 父母·聘父母 산소에 참배(6.4) ·長男結婚 決算, 8,548千원 黑字로 집계(6.22) ·妻, 몸살로 臥病(6.30) ·妻, 서울大學病院 應急室에 가서 治療(7.2) ·家族 모두 長男宅에서 本人生日宴 가짐(7.9)	·서울大 環境大學院, 新築 獨自建物에서 業務開始(1.1) ·99年末 國家債務, 107조 3천억원에 이름(1.9) ·金鍾泌 總理 후임에 朴泰俊 自民聯總裁가 취임(1.11) ·사할린 同胞 119名, 永久 歸國 (2.2) ·大韓國土·都市計劃學會 會長에 崔秉瑄 敎授 취임(2.25) ·서울代 環境大學院 第9代 院長에 李正典敎授가 취임 (4.1) ·江原道 高城 등지에 산불이 발생(4.7) ·第16代 國會議員選擧 실시 (4.13) ·2000 高陽世界꽃博覽會, 金大中大統領 참석리에 開幕(4.26) ·李漢東 自民聯 總裁, 새 國務總理로 지명됨(5.22) ·寧越 댐 建設計劃, 白紙化 시킴(6.5) ·金大中大統領, 分斷 55년만에 처음 北韓訪問(6.13) ·南北頂上,6.15共同聲明 발표 (6.15)	·21世紀 開幕(1.1) ·캄보디아 政府, 크메르 루즈指導者들을 재판하기 위한 法案 승인(1.6) ·베트남·라오스·캄보디아, 에이즈 退治를 선언(2.29) ·臺灣 總統選擧에서 國民黨이 패배(3.18) ·日本 모리 요시로 自民黨 總裁 第85代 總理로 선출(4.5) ·러시아 大統領選擧에서 블라디미르 푸틴이 當選(4.5) ·이집트 앞 地中海에서 古代都市 헤르쿨룸이 발견됨(6.1) ·日本 衆議院 解散(6.2) ·EU, 性平等 指針案 채택(6.7) ·프랑스, 大統領 任期를 7년에서 5년으로 短縮키로 함(6.20) ·러시아 國民의 35%가 貧困層이라고 알려짐 (10.17)

年度＼區分	本人 및 家族·先代		韓半島 및 世界	
	本　人	家族·先代	韓半島	世　界
A.D.2000 (65)	·慶州市民自治大學 開講式 축사(5.26) ·統營市民自治大學 開講式 축사(6.2) ·溫陽에서 개최된 韓·日地方自治學會 세미나에 참석(6.23) ·建交部 國土整備企劃團 諮問委員長으로 위촉(7.6) ·許和平 所長과 두 硏究院 統合件을 논의(7.7) ·韓國地方行政硏究院 第11代 朴羽緖 院長 就任式 참석(7.11) ·大韓國土·都市計劃學會 訪問團과 같이 日本 神戶市에 감(7.16) ·日本 淡路島에 마련된 世界꽃 博覽會場을 관람(7.19) ·서울大學校 教授平議員會議에 처음 참석(7.25) ·高血壓 檢診(7.26) ·大韓住宅公社 經營諮問委員의 委囑狀 받음(8.30) ·移讓委員會 委員들과 國務總理 公館에서 會食을 가짐(8.30) ·豊山金屬 會長 등과 점심을 함(9.1) ·韓國記錄硏究院에서 記錄講演을 함(9.23) ·建交部 空港運營體系 審議 委員長으로 會議 主宰(10.11) ·移讓委員會에서 美國 미시간大學 代表團과의 會議 主宰(10.16) ·群山市民自治大學 開講式에서 祝辭(10.20) ·大田에서 개최된 地方移讓 委員會에서 인사말을 하고 워크샵 主宰(10.26) ·韓國自治開發硏究院의 새 院長으로 취임(10.30) ·蔚山 中區 自治大學 開講式에서 祝辭(11.11) ·그린벨트 調整件으로 釜山·慶南에 出張(11.24) ·一金會 送年會 참석(12.1) ·在京 聞慶中學校同門會 참석(12.7) ·本人 負擔으로 雜魚會 送年 모임을 가짐(12.21)	·長女家族, 雪嶽山 訪問(7.22) ·次女, 國籍을 美國 市民으로 一元化하는 法的處理 단행(7.29) ·妻·次女와 같이 出國하여 美國 샌프란시스코에 도착·투숙(8.11) ·次女 美國 現地에서 맞선을 봄(8.12) ·家族 같이 로스앤젤레스에 가서 妻 親舊를 만남(8.16) ·長女家族, 사위의 漢南大 教授 就任으로 大田으로 移住(9.29) ·夫婦 동행 聞慶에 가서 생질 黃泰鉉 長男 結婚式에 참석(10.22) ·골목에 세워둔 乘用車가 견인되어 가서 罰金 물음(11.6) ·妻, 동생 딸 恩貞이의 演奏會에 참석(11.12) ·長女家族과 같이 水原에 가서 식사(11.19) ·夫婦, 第1回 記錄文化展 관람(12.15) ·妻, 忠南 泰安半島에 나들이 감 (12.16) ·妻, 大田 長女宅에 가서 아이들을 돌봄(12.19) ·夫婦, 高永天·禹哉永夫婦와 저녁 會食(12.29)	·서울과 平壤에서 南北離散家族 상봉(8.15) ·非轉向長期囚 63명, 北韓으로 송환(9.2) ·颱風 '다이마이', 韓半島를 강타(9.16) ·金大中大統領, 노벨平和賞 수상(12.9)	·페루의 후지모리, 東京에서 大統領職을 사임(10.19) ·第43代 美國大統領에 조지 부시 當選(12.13)
2001 (66)	·大統領 內外分께 새해 인사(1.3) ·KBS TV와 記錄件에 대해 錄畫(1.9) ·堤川市民自治大學 開講式 祝辭(1.11) ·새로 마련된 地方移讓 推進委員長室에서 業務開始(1.17) ·國土·都市計劃學會 會員들과 같이 中東訪問次 出國(2.8)	·結婚 35周年 紀念會食宴 가짐(1.6) ·妻, 大田에 가서 長女家族과 生日宴 가짐(1.27) ·妻, 夫와 같이 中東訪問次 出國 (2.8) ·妻, 메소포타미아文明을 觀光(2.11) ·妻 및 누님 內外分과 昆池岩에서 물고기를 잡아 會食(3.10)	·'韓國訪問의 해'가 시작됨(1.1) ·金基昶 畫伯 死亡(1.23) ·푸틴 러시아大統領, 韓國 訪問(2.26) ·韓國地方自治學會 第6代 會長에 崔相哲교수가 취임(2.27) ·金大中大統領, 워싱턴에서 美國 부시大統領과 頂上會談(3.8)	·第43代 美國大統領에 조지 부시 취임(1.22) ·美國·英國, 이라크 爆擊 단행(2.16) ·아프칸 탈레반, 모든 佛像의 파괴를 명령(2.26) ·第87代 日本 總理로 고이즈미 준이치로 自民黨總裁가 선출됨(4.26)

區分 年度	本人 및 家族·先代		韓半島 및 世界	
	本　　人	家族·先代	韓半島	世　界
A.D.2001 (66)	· 메소포타미아 文明을 觀察(2.11) · 教授 安息年 시작(3.1) · 聞慶市民自治大學 開講式 祝辭(3.7) · 高等檢察廳에 出頭하여 陳述書 作成(3.14) · 濟州市 名譽市民으로 위촉(3.24) · 高建 서울市長과 對談(4.16) · 古州賞 施賞式 주재(5.12) · 淸州 市民記錄文化展에 가서 祝辭를 하고 本人 展示物을 관람(6.26) · 聞慶 金龍培將軍 追慕碑 除幕式에서 本人 作成의 碑文을 낭독(7.2) · 國土學會 會員들과 러시아 등 東歐訪問을 위해 仁川空港 出國(7.4) · 地方行政研究所 20周年紀念式에서 功勞메달을 받고 祝辭(7.20) · 農協中央會 諮問委員으로 京畿·忠南 現地視察(8.13) · 韓·中·日 都市計劃學會의 大田 세미나에 참석, 日本學會로부터 功勞 表彰을 받음(8.17) · 釜山에서 개최된 '21世紀 地域 포럼'에서 共同代表로 추대(8.28) · 韓國自治開發研究院과 現代社會研究所의 告訴件이 해결되어 안도(9.13) · 第2期 地方移讓推進委員長으로 再委囑(9.18) · 退溪先生 誕辰 500周年紀念 國際 세미나에 參席(10.13) · 水安堡에서 개최된 地方移讓委 워크샵에 참석, 會議主宰(10.26) · 向志會를 결성하고 初代會長에 취임(11.5) · 地研會 創立總會에서 初代會長으로 추대(12.28)	· 妻, 夫와 尙州에 가서 생질 黃元鉉 長女 結婚式 참석(4.1) · 동생 群濟 回甲宴 가짐(4.3) · 妻, 동생들과 白岩溫泉에 감(4.13) · 許梃 姉兄, 七旬宴을 가짐(5.19) · 家族, 本人生日宴 개최(7.29) · 妻, 土地買入次 聞慶에 감(9.3) · 妻, 夫 등과 江에 나가 밤을 줍고 고기잡음(10.3) · 長女家族 大田에서 上京하여 같이 지냄(12.29)	· 鄭周永 會長 사망(3.21) · 仁川國際空港 開港(3.29) · 大韓航空·아시아나, 同時罷業 (6.12) · 集中豪雨 내림(7.14) · '世界陶瓷器 엑스포',利川에서 개최(8.9) · 韓昇洙長官, 第56次 U.N. 總會 議長으로 선출됨(9.11) · 第82回 全國體典, 天安에서 개막(10.11) · 서울 월드컵 競技場 開場(11.10) · 金大統領, 유럽 訪問次 出國(12.2)	· 東北亞 女性指導者 會議, 서울에서 개최(5.8) · 53國 參與의 아프리카 聯合(AU) 출범(5.26) · 러시아, 史上 初有의 政黨法 制定(7.12) · 러시아·北韓의 頂上, 모스크바에서 會談(8.4) · 美國 뉴욕의 世界貿易 센터 두 建物, 飛行機 테러로 완전 파괴(9.11) · 페루 首都 리마에 大型 火災 발생(12.29)
2002 (67)	· 金大中大統領 內外分께 歲拜 드림(1.2) · 如意珠를 문 龍꿈을 꿈(1.10) · 地方移讓推進委員會의 研究課題를 최종 접수(1.16) · 國土計劃學會 代表團과 中南美 視察次 出國(1.26) · 마야文明 시찰(1.27) · Machu Picchu에 올라 잉카遺蹟을 관람(1.29) · 페루의 Nasca 地上會畵를 관람(1.31) · 브라질의 이과수瀑布를 관람(2.2)	· 長女家族, 外孫女를 데려다 주고 雪嶽山 스키旅行을 감(1.14) · 妻, 夫와 奉恩寺에 가서 禮佛(2.11) · 子女 등과 妻生日宴을 가짐(2.16) · 妻, 夫와 大田 長女宅에 감(4.4) · 長男 아파트專貰값을 더 냄(4.28) · 妻, 土地件으로 聞慶에 감(4.30) · 外孫子·外孫女를 데리고 果川 動物園에 감(5.4) · 次女, 國內居所申告證을 갱신(5.13) · 妻 및 一家, 虎壓寺에서 禮佛(5.19)	· 政府,그린벨트 解除 및 住宅市場 安定對策을 발표(1.8) · 金大中大統領, 閣僚 一部 更迭(1.29) · 서울大學, 13.4%의 未登錄 事態 발생(2.5) · 부시 美國大統領, 韓國訪問(2.19) · 地方自治學會 次期 會長에 姜瑩基教授가 선출(2.20) · 國土·都市計劃學會 新任 會長으로 元濟戊教授가 선출됨(2.22)	· 유로貨 通用 시작(1.1) · 濠洲 시드니 近郊에 山불 발생(1.3) · 世界 冬季올림픽大會, 美國 솔트레이크에서 開幕(2.9) · 美國, 韓國 등의 鐵鋼에 25% 關稅를 부과키로 결정(3.5) · 페루 Machu Picchu 近方에서 새로운 잉카 遺蹟 발견(3.18) · EU, 65歲 停年廢止를 추진(5.12)

區分 年度	本人 및 家族·先代		韓半島 및 世界	
	本 人	家族·先代	韓半島	世界
A.D.2002 (67)	·'國民의 政府' 出帆 4周年紀念 晩餐에 참석, 金大中大統領께 인사드림(2.25) ·韓國地方行政硏究院 出身者 모임 '地硏會'의 懸板式 가짐 (3.15) ·濟州市民自治大學 開講式에 참석 祝辭(3.16) ·禹哉永 會長 古稀宴에 참석하여 紀念集 獻呈(3.23) ·金大中大統領께 地方移讓業務를 獨對報告 드림(3.27) ·中國 丹東市 視察次 仁川에서 乘船(4.12) ·國立中央圖書館에 가서 小說 읽음 (4.24) ·滿65歲가 되어 地下鐵 無賃乘車를 함(4.25) ·龍仁에서 개최된 地方移讓委員會 워크샵을 주재(5.23) ·第17次 월드컵 開幕式 참관 (5.31) ·公職者 論壇賞 施賞式 주재(6.8) ·4大地方選擧 投票(6.13) ·趙正濟博士 出版會에서 書評(7.12) ·順天에 가서 市議員들에게 特講 (7.30) ·安東大學校 總同窓會로부터 同門賞을 수상(8.4) ·國土·都市計劃學會 代表團과 臺灣에 가서 韓·中·日 세미나에 참석(8.6) ·臺灣 金門島를 시찰(8.8) ·榮州市에 있는 金剛寺 방문(8.23) ·敎授硏究室을 정리하고 떠남 (8.29) ·서울大學校 敎授停年 退任式 참석(8.30) ·敎授停年으로 退任함(8.31) ·서울大學校 名譽敎授로 위촉됨 (9.1) ·金丁勛 院長 招請으로 敎授停年 紀念會食에 참석함(9.3) ·敎授停年 紀念告別講演會에 참석하여 講演을 함(9.4) ·國家專門行政硏修院 주최 地方議會議員 硏鑽會에서 特講 (9.5) ·中央都市計劃委員會 참석(9.6) ·國土計劃學會 弦汀賞基金管理委員으로 再委囑됨(9.10) ·地方移讓 對象事務 發掘指針 示達會議에서 激勵人事함(9.13) ·韓火그룹 諮問會議에 참석(9.16) ·地域發展硏究院의 顧問手當을 100萬원으로 결정함(9.25)	·妻, 夫와 같이 월드컵 開幕式 참관(5.31) ·진도개 강아지가 全南에서 옴 (6.5) ·妻, 夫와 地方選擧 投票함(6.13) ·妻,江南大路에 나가 8强에 오른 韓國을 열광하는 市民行列을 구경(6.18) ·家族,百貨店에 가서 옷 購入 (7.14) ·家族, 本人 生日宴 마련(7.19) ·妻·長女家族 果川 大公園에 나들이(7.20) ·次女, 大田 언니宅에 다녀옴 (7.23) ·妻, 夫의 受賞行事參席次 安東에 감(8.3) ·妻, 동생들과 白岩溫泉에 감 (8.12) ·壻 文丙基, 필리핀에서의 國際會議 참석하고 귀국(8.17) ·長女家族, 上京하여 집에 옴 (8.29) ·家族, 本人 敎授停年 退任式에 참석(8.30) ·家族, 함께 寫眞을 찍고 저녁 食事를 함(8.30) ·妻, 聞慶 親庭에 감(9.1) ·동생 群濟, 祖母祭祀를 모심 (9.2) ·妻와 長男 丈人되는 査頓 問病감(9.9) ·妻, 生活費 引上을 요구(9.12) ·長男, 妻家宅에서 준 쌀을 가져옴 (9.15) ·長男 夫婦와 秋夕祭禮를 지냄 (9.21) ·弟 群濟, 父母任 산소에 다녀옴 (9.21) ·妻 및 好凡會 會員들과 釜山을 거쳐 對馬島를 방문 시찰함 (9.27-9.30) ·長女가 大田에서 外孫女와 上京하여 같이 지냄(10.4-10.6) ·妻, 硏究院의 새車 EQUUS를 운전해 봄(11.3) ·妻와 같이 父母 墓所에 가서 停年紀念冊子를 매장·봉정함 (11.9) ·妻와 聘父母任 墓所를 참배함 (11.9) ·妻 및 누님 등과 虎溪 甥姪宅에 투숙(11.9) ·長女 家族과 같이 大田에서 上京하여 같이 지냄(11.15-11.17) ·겨울김장을 함(11.23) ·長男이 自轉車를 가져옴(11.24)	·脫北者 25名, 필리핀을 거쳐 仁川 到着(3.18) ·서울大 環境大學院 新任院長에 金丁勛敎授가 취임(4.4) ·民主黨, 大選候補로 盧武鉉氏를 확정(4.27) ·韓國自治開發硏究院, 一山 獐項洞에 새 建物을 지어 이사(5.6) ·金大中大統領, 民主黨 탈당(5.6) ·李基俊 서울大總長, 辭退 (5.9) ·한나라黨, 大選候補로 李會昌氏를 지명(5.10) ·林權澤 監督, 칸 映畵祭에서 監督賞 수상(5.26) ·서울 上岩競技場에서 第17次 월드컵大會 開幕 (5.31) ·4大 地方選擧 실시(6.13) ·韓國 , 월드컵의 16强 進出이 확정(6.14) ·韓國, 월드컵에서 8强 進出이 확정(6.18) ·韓國, 월드컵에서 4强戰에 進出(6.22) ·韓國, 월드컵에서 터키에 져 4位 차지(6.29) ·全國, 颱風 '라마순'의 影響圈에 들어감(7.5) ·李漢東總理, 물러남(7.11) ·서울大 第23代 總長으로 鄭雲燦敎授 취임(7.20) ·江陵 , 하루에 870.5㎜의 비가 내림(8.31) ·颱風 '루사'號로 被害 막심 (9.1) ·아폴로 눈병이 全國에 확산(9.1) ·政府, '住宅市場 安定對策' 발표(9.3) ·軍事保護區域 55萬坪 해제 (9.5) ·中央選管委, 大選完全公營制 도입 확정(9.7) ·映畵 '오아시스', 베니스 映畵祭에서 수상(9.8) ·民勞黨, 權永吉 代表를 大選候補로 선출(9.8) ·國務總理에 金碩洙氏가 임명됨(9.10) ·鄭夢準 議員, 大選出馬를 선언(9.17) ·南北, 京義線·東海線의 鐵道·道路 連結工事를 동시 착공(9.18)	·東티모르, 獨立國으로 公式 출범(5.20) ·第17次 월드컵大會, 韓國과 日本에서 개최 (5.31) ·이란에 大地震 발생 (6.22) ·월드컵 決勝戰에서 브라질이 優勝(6.30) ·유로貨,달러와 1對1 同率 도달(7.15) ·北韓, 經濟運營시스템 改革(7.19) ·地球氣溫, 史上 最高値에 이름(8.2) ·北韓, 러시아 頂上, 블라디보스토크에서 會談(8.23) ·中國, 秦始皇陵의 墓域이 밝혀짐(8.23) ·世界環境頂上會議, 南阿共 요하네스버그에서 개최(8.25) ·러시아, 모스크바市 開都 855周年 紀念行事 가짐 (8.31) ·中國,'한 家庭 한 子女' 政策을 公式 立法化함 (8.31) ·아프가니스탄, 하마드 카르자이大統領 暗殺未遂事件 발생(9.5) ·美·英 軍用機 100臺, 이라크 공습(9.6) ·小泉統一郎 日本總理, 美國 방문(9.9) ·U.N.總會 개막(9.10) ·스위스, U.N. 加入 (9.10) ·日本, 實用衛星 탑재한 로켓 發射 성공(9.10) ·中國南京에서 食堂毒劇物로 41名 死亡(9.14) ·美國 팀 몽고메리, 男子 100m를 9秒98에 주파하여 世界新記錄 수립 (9.15) ·獨逸 社民·綠色黨, 再執權 확정(9.22) ·헝가리 임레 케르테스, 2002年 노벨文學賞 수상 (10.10) ·지미 카터 前 美國 大統領, 2002년 노벨平和賞 수상(10.11) ·인도네시아 발리섬에 爆彈테러 발생으로

年度 \ 區分	本人 및 家族·先代		韓半島 및 世界	
	本 人	家族·先代	韓半島	世 界
A.D.2002 (67)	· 韓國地方行政研究院의 研究員 採用 面接을 봄(10.7) · 水原所在 利英美術館을 둘러봄(10.9) · 地方移讓委員會 會議를 주재(10.10) · 持續可能發展委員會 참석(10.16) · 서울大 環境大學院 세미나에서 基調演說함(10.16) · 地域發展研究院의 'EQUUS 350' 車를 타기 시작함(10.17) · 國土研究院 高位課程에서 강의함(10.17) · 統營 市民自治大學 修了式에서 祝辭함(10.22) · 第39次 研修大會의 審査委員長이 됨(10.24) · 韓國道德運動協議會 施賞式에서 特講함(10.25) · 濟州 市民自治大學 修了式에서 祝辭함(10.26) · 새마을運動 세미나에서 主題發表 함(11.16) · 榮州에서 개최된 慶北 北部圈開發計劃公聽會議 司會를 봄(11.8) · 地方移讓推進委員會 워크숍을 주재함(11.14-11.15) · 尹相在 會長 古稀宴에서 祝辭를 함(11.21) · 21世紀 國土포럼 共同代表會議를 주재(11.26) · 黃鏞周 博士 招請으로 牙山에 감(11.30-12.1) · 忠北大學 세미나에서 特講함(12.2) · 林相夏 社長의 問喪을 함(12.3) · 釜山大學 敎授採用 審査를 함(12.5) · 韓國地域經濟學會 세미나에서 基調演說을 함(12.10) · 地方移讓委員會 會議를 주재하고 總理公館에서 送年會를 가짐(12.11) · 地研會 總會를 주재함(12.12) · 蔚山 南區에 가서 市民自治大學의 特講과 修了式 祝辭를 함(12.26)	· 妻, 結婚參席次 聞慶에 다녀옴(11.29-12.1) · 長女家族, 上京하여 함께 지냄(12.7-12.9) · 妻와 같이 鳥嶺會 送年모임에 감(12.10) · 妻와 같이 大統領 選擧投票를 함(12.19) · 自宅에서 母親 祭祀를 모심(12.19) · 冬至를 맞아 팥죽을 먹음(12.22) · 妻, 高永天 夫婦와 午餐을 함(12.23) · 長女 家族이 大田에서 와서 같이 지냄(12.28-12.29)	· 北韓, 新義州 特別行政區域 지정(9.19) · 2002 五松 國際 바이오 엑스포 개막(9.24) · 第14回 釜山 아시아競技大會 개막(9.29) · 民主黨 盧武鉉 大選候補, 新行政首都建設을 公約함(9.30) · 서울市, '江南北 均衡開發計劃' 발표(10.23) · 韓國·칠레, 自由貿易協定(FTA) 타결(10.24) · 第8回 아시아·太平洋 障碍人 競技大會, 釜山에서 개막(10.26) · 女軍學校, 52年만에 解團式 가짐(10.31) · 全國 公務員勞組, 史上 첫 罷業을 단행(11.4) · '國民統合 21'이 創黨되고 黨代表로 鄭夢準 議員이 선출됨(11.5) · 2003學年度 大學修能試驗 실시(11.6) · 第83回 全國體典이 濟州에서 개최(11.9) · 孫基禎 옹 別世(11.15) · 北韓, 金剛山을 觀光特區로 지정(11.23) · 山嶽人 박영석氏, 南極大陸 最高峰 정복(11.25) · 서울市, 蠶室 1萬 3,700家口의 再建築을 승인(11.27) · 李仁濟 議員, 民主黨을 탈당하고 自民聯에 입당(12.1) · 麗水市, '2010年 世界海洋博覽會' 유치에 실패함(12.3) · 北韓, '核施設 全面再稼動'을 선언(12.12) · 全國 60여곳에서 '女中生 死亡 追慕集會'가 열림(12.14) · 第16代 大統領에 盧武鉉 候補가 당선됨(12.19) · 李會昌 候補, 政界隱退를 선언(12.20) · 한나라黨, 大選無效訴訟을 냄(12.24) · 韓國·臺灣間의 航空運航이 10年만에 재개됨(12.27) · 大統領職 引受委員會, 공식 출범함(12.30) · 北韓, IAEA 北核査察團을 추방함(12.31)	190여명 死亡(10.12) · 中國, 韓國産 鐵鋼에 緊急輸入制限措置 확정(11.1) · '東南亞國家聯合+韓中日' 頂上會議, 캄보디아 프놈펜에서 개막(11.4) · 美國 中間選擧 실시, 共和黨 승리(11.5) · 中國 共産黨 第16次 全國 代表大會 개막, 후진타오(胡錦濤)를 總書記로 선출(11.8) · U.N.武器査察團, 이라크 入國(11.18) · 中國, 共産黨 黨憲法에서 '共産黨 宣言'을 삭제(11.19) · 美國 上院, '國土安保部' 新設을 가결(11.19) · 조지 부시 美國 大統領, 韓國의 女中生 死亡事件에 대해 사과(11.27) · 케냐에 테러가 발생하여 90여명이 死傷됨(11.28) · 푸틴 러시아大統領, 印度와 中國을 순방함(12.1) · 베네수엘라 勤勞者들, 차베스 大統領의 退陣을 요구하며 總罷業에 돌입(12.2) · 멕시코, 密輸 협의로 韓國 僑民 33명을 구속(12.9) · 中國 反體制人士 쉬원리(徐文立), 美國으로 망명(12.25) · 中國, 無人宇宙船 '神舟 4號' 발사에 성공함(12.30)

區分 年度	本人 및 家族·先代		韓半島 및 世界	
	本　　人	家族·先代	韓　半　島	世　　界
A.D.2003 (68)	· 靑瓦臺에 가서 金大中 大統領께 歲拜를 드림(1.2) · 忠南道廳 主催 地域均衡發展 세미나에서 基調演說을 함(1.15) · 釜山에서 釜山·蔚山·慶南의 地方移讓業務 懇談會를 주재함(1.16) · 大邱에서 大邱·慶北·江原의 地方移讓業務 懇談會를 주재함(1.17) · 錦山에 가서 錦山郡 硏究課題 中間報告會를 주재함(1.18) · 韓國經濟新聞社의 '企業하기 좋은 地域大賞' 審査會議를 주재함(1.22) · 淸州에서 개최된 韓國都市行政學會 세미나의 基調演說을 함(1.28) · 大田에 가서 忠南道廳 政策討論會에서 司會를 봄(1.28) · 光州에서 湖南·濟州의 地方移讓 懇談會를 주재(2.6) · 大田에서 忠淸圈 地方移讓 懇談會를 주재(2.7) · 大統領 引受委員會에 地方移讓業務를 報告(2.8) · 水原에서 首都圈의 地方移讓 懇談會를 주재(2.14) · 21世紀 國土포럼 共同代表會議를 주재함(2.18) · 地方自治學會 總會에 참석(2.21) · 第16代 盧武鉉 大統領 就任式에 참석(2.25) · 奉化郡 特講 및 聞慶 市民自治大學 特講을 함(3.5) · 蔚山 南區 한마음自治大學 開講式에서 祝辭를 함(3.6) · 江南大學에서 特講함(3.7) · 果川 市民自治大學 開講式에서 祝辭함(3.10) · 慶山 市民自治大學 開講式에서 祝辭함(3.13) · 濟州 市民自治大學 開講式에서 祝辭함(3.15) · 安養 木曜포럼 開講式에서 祝辭함(3.20) · 華城市 都市計劃을 시찰(3.21) · 結婚主禮를 봄(3.23) · 蔚山 北區 住民自治大學 開講式에서 祝辭함(3.26) · 蘆原區廳 硏究課題 中間報告를 함(3.28) · 原州市議會 議員들에게 강연함(4.8) · '企業하기 좋은 地域大賞' 施賞式에서 審査評을 함(4.14)	· 長女 夫婦·次女 및 外孫子, 雪嶽山으로 스키旅行을 감(1.6-1.9) · 外孫女 文素瑛, 父母와 떨어져 自宅에 와서 지냄(1.4-1.11) · 長女 家族, 大田에서 이사하여 서울 淸潭洞 大林아파트에 들어감(1.11) · 外孫子女와 COEX에 가서 恐龍展示物을 구경시킴(1.24) · 長女 家族, 大田에 있는 사위 오피스텔에 내려감(1.30) · 妻와 같이 누님댁에 가서 歲拜드림(2.1) · 長女 家族, 大邱 媤宅에서 舊正을 지내고 上京함(2.2) · 三井호텔에서 妻 生日宴을 가짐(2.4) · 外孫子女들과 놀러다님(2.9) · 妻와 泰榮의 오피스텔 모델하우스를 봄(2.16) · 동생 群濟, 長男 結婚式 거행(2.22) · 妻, 泰榮 오피스텔 18坪型을 계약(2.24) · 妻 및 長女 家族과 一山 湖水公園에 감(2.28) · 外孫子女와 같이 놀러다님(3.2) · 甥姪 黃泰鉉, 持病으로 死亡(3.7) · 大邱에서 査頓 內外分 上京하여 같이 식사함(3.8) · 次女, 生日을 맞이함(3.12) · 妻와 長女宅에 가서 같이 식사함(3.22) · 長女 家族과 上岩洞 월드컵 競技場을 구경(3.30) · 外孫女의 皮膚治療를 받음(4.3) · 妻와 齒科에 가서 이를 治療함(4.7) · 妻·子女들과 上道洞 옛집을 둘러봄(4.13) · 獨逸에서 妻弟가 귀국함(4.14) · 家族들과 金鍾鎬 尙州大學 總長 就任祝賀宴을 가짐(4.21) · 妻, 妻弟와 聞慶에 내려감(4.29) · 妻와 새를 사서 長女宅에 선물함(5.2) · 子女들이 '어버이날' 모임을 주선함(5.8) · 次蓮 妻弟의 渡獨 祝賀宴을 가짐(5.25) · 次女, 李興壽 辯護士에 인사함(6.7) · 外孫女와 같이 淸潭 幼稚園 野遊會에 따라감(6.14)	· 北韓, 核擴散禁止條約(NPT) 탈퇴 선언(1.10) · 第9次 南北長官級會談, 서울에서 개최(1.21) · 國務總理로 高 建氏가 지명됨(1.22) · 李鍾旭씨, 世界保健機構 事務總長에 당선됨(1.28) · 政府, 秋穀收買價를 史上 첫 2% 인하(2.4) · 金大中 大統領, 對北送金 解明을 거부함(2.5) · 靑瓦臺, 2室長 6補佐官 5首席制를 확정함(2.9) · 새 政府의 名稱을 '參與의 政府'로 결정함(2.10) · 金剛山 陸路觀光이 시작됨(2.14) · 韓國-칠레, 自由貿易協定(FTA)에 공식 서명(2.15) · 大邱 地下鐵의 客車 放火로 大慘死事件 발생(2.18) · 大韓佛敎 曹溪宗 第31代 總務院長에 法長스님이 선출됨(2.24) · 第16代 盧武鉉 大統領 就任(2.25) · 새 政府의 첫 內閣 出帆(2.27) · 高 建 總理, 駐韓美軍 3原則을 제시(3.7) · 軍服務期間이 2個月 단축됨(3.14) · 돼지 콜레라가 全國에 퍼짐(3.20) · 朴세리, 골프 시즌 첫 優勝을 차지함(3.24) · 國會, 이라크 派兵案 의결(4.2) · 檢察, '稅風事件' 搜査結果 발표(4.8) · 大邱地下鐵 慘死者가 193名인 것으로 잠정집계(4.9) · 靑南臺의 所有權이 忠北에 공식 移讓됨(4.18) · 北韓·美國·中國, 北京에서 北核 관련 3者會談 가짐(4.22) · 政府, 美軍基地의 移轉을 확정(4.28) · 第2의 建國委員會, 4년 반만에 해체됨(4.29) · 盧武鉉 大統領, 美國 訪問(5.11) · 韓國銀行, 1년만에 콜金利를 0.25% 인하함(5.12)	· 이스라엘 텔아비브에 自爆테러로 23名 死亡(1.5) · 터키 旅客機 추락으로 75名 死亡 (1.8) · 日本總理, 神社參拜(1.14) · 第21回 冬季 유니버시아드, 이탈리아에서 開幕(1.16) · 臺灣 民航機, 臺北-上海 첫 運航 개시(1.26) · 美國 宇宙往復船 컬럼비아號, 歸還中 爆發로 7名 全員 死亡(2.1) · 유고聯邦 86年만에 없어짐(2.4) · 中國 新疆의 强震으로 250여명이 死亡(2.24) · 아랍聯盟 22個國 頂上會談,이집트에서 개최(2.28) · 세르비아의 總理, 피격 死亡(3.12) · 美國, 첫 이라크 攻擊 개시(3.15) · 中國, 國家主席에 후진타오 總書記를 선출(3.15) · 美·英 聯合軍의 攻擊으로 이라크戰이 발발함(3.20) · 日本, 情報蒐集衛星 2機를 첫 發射(3.28) · SARS가 홍콩 등 中華圈에 확산됨(3.30) · 保健機構, 사스의 원인균은 '코로나바이러스'라고 밝힘(4.9) · 人間지놈地圖가 사실상 100% 완성되었다고 보도됨(4.14) · U.N.人權委員會, 對北人權決議案 채택(4.16) · 부시 美大統領, 이라크戰의 終了를 선언함(5.1) · 國際保健機構, 사스 致死率이 14-15%임을 報告(5.8) · 제56回 칸 國際映畫祭 개막(5.14) · 알제리에 强震이 일어나 2,266명이 死亡(5.22)

年度 \ 區分	本人 및 家族·先代		韓半島 및 世界	
	本 人	家族·先代	韓 半 島	世 界
A.D.2003 (68)	·環境大學院의 名譽敎授와 新任 敎授의 相見 會食을 가짐(4.18) ·大田에서 개최된 國土計劃學會 세미나의 司會를 봄(4.23) ·地方移讓委員會를 주재하고 行自部長官 등과 점심을 같이 함(4.30) ·서울外廓道路路線再檢討委員會의 委員長으로 會議를 주재함(5.6) ·濟州도 行政改革委員會 諮問委員으로 參與함(5.7) ·公職者論壇賞 施賞式을 주관함(5.10) ·高校 全國 同期生 모임에 나감(5.14) ·光州에 가서 特講과 基調演說을 함(5.23) ·持續可能發展委員會 委員職을 사직함(5.26) ·曹溪寺에 가서 法長 總務院長과 外廓路線에 대해 협의함(6.3) ·仁川市 政策諮問敎授에 위촉됨(6.4) ·新行政首都建設諮問委員長으로 취임(6.5) ·外廓道路調整會議를 주재, 合意에 실패(6.5) ·河東 郡民自治大學 開講式에서 祝辭함(6.9) ·大邱 嶺南大에서 特講을 하고 市·道知事들과 환담함(6.10) ·浦項市長과 『自治發展』誌 對談을 함(6.16) ·大田과 淸州에 가서 基調演說을 함(6.19) ·天安에 가서 21世紀 國土포럼의 워크숍을 주재함(6.20-21) ·外廓道路 路線 國民大討論會를 주재함(7.1) ·柳致松先生 傘壽筵에서 祝辭함(7.2) ·大田에서 개최된 盧武鉉 大統領 참석의 新行政首都報告會에서 司會를 봄(7.3) ·地方移讓委員會 第23次 最終會議를 주재(7.9) ·新行政首都 視察次 터키를 방문함(7.21-7.29) ·光州에서 特講을 함(8.7) ·釜山大學 敎授採用審査를 함(8.14) ·釜山 東亞大學에서 特講을 함(8.22) ·韓國造景學會 심포지엄에서 講演함(9.4) ·韓國土地公社의 諮問委員會 委員長이 됨(9.17) ·行政首都件으로 大統領·總理·建交部長官을 차례로 만남(9.18)	·中溪洞 店鋪의 契約을 更新하고 月貰를 180萬원에서 250萬원으로 인상함(6.15) ·自宅 大門위의 雜草를 뽑음(6.22) ·長女家族들과 같이 지냄(6.29) ·子女들, 北漢江에 가서 本人 生日 모임을 가짐(7.6) ·妻, 美國에서 姜信子 친구가 와서 대접함(7.8) ·長男이 勤務하는 韓國自治發展硏究院에 紛糾가 발생(7.11) ·長男, 江에서 물고기를 낚아옴(7.13) ·妻 및 長女 家族과 百貨店에 들러 저녁식사를 같이함(7.20) ·집의 珍島개 '방울이'가 강아지 7마리를 낳음(7.30) ·家族 모두의 새 住民登錄證을 받음(8.1) ·妻, 親庭에 감(8.4) ·長女 夫婦는 大田으로 가고 外孫子女는 自宅으로 와서 잠(8.10) ·外孫子女와 '市民의 숲'에 가서 놂(8.11) ·妻, 子女들과 祖母 祭祀를 모심(8.22) ·石出 누님의 問病을 감(8.30) ·長男, 韓國地域發展硏究院의 硏究敎育室長으로 就任함(9.1) ·집의 개 '방울이'가 失手로 집을 나감(9.6) ·長女 家族, 大邱 父母宅에 내려감(9.9) ·長男 家族 등 여러 집에서 강아지를 가져감(9.9) ·妻와 問病·商街 등의 여러 일들을 보고 옴(9.13) ·長女, 몸살로 앓아 누음(9.13) ·妻와 記錄集 發刊件과 妻의 明年 回甲件을 협의함(9.28) ·妻와 平壤訪問敎育을 받음(10.2) ·外孫子 運動會에 함께 參與함(10.4) ·家犬의 注射를 마침(10.7) ·外孫子 生日宴을 가짐(10.14) ·外孫子, 生日날 친구들을 自宅에 招請함(10.18) ·妻·次女, 仲媒件으로 相對方 어머니를 만나 같이 식사함(10.19) ·長女 生日會食을 가짐(10.26) ·妻와 平壤觀光을 가기로 한 計劃이 무산됨(10.28) ·長女 家族과 지냄(11.1) ·아버님 忌日을 맞아 家族 함께 祭祀를 모심(11.2)	·필리핀大統領 訪韓(6.2) ·盧大統領 日本을 방문하여 日王 및 總理를 만남(6.6) ·南北 京義線·東海線, 52년만에 連結됨(6.14) ·이승엽 野球選手, 300號 홈런 記錄(6.23) ·淸溪川 復元工事가 착공됨(7.1) ·江原道 平昌, 2010年 冬季올림픽 開催地에서 탈락(7.2) ·盧武鉉 大統領, 中國을 방문하여 頂上會談을 가짐(7.6) ·토니 블레어 英國總理, 韓國방문(7.20) ·헬렌 클라크 뉴질랜드 總理, 韓國 방문(7.24) ·北韓, 11期 最高人民會議 代議員選擧 실시(8.3) ·鄭夢憲 會長, 投身自殺함(8.4) ·仁川 松島 등 6,336萬坪 地區, 첫 '經濟自由區域'으로 지정됨(8.5) ·國內 첫 宇宙센터, 全南 高興에서 起工式을 거행(8.8) ·2003 大邱 유니버시아드 開幕(8.21) ·國會, 金斗寬 行自部長官의 解任建議案을 가결(9.3) ·北韓 金正日 政權의 2期가 出帆함(9.3) ·颱風 '매미', 南部地域을 강타하여 119名이 死亡(9.12) ·첫 平壤 觀光客 114名이 방북·觀光함(9.15) ·盧武鉉 大統領, 民主黨 탈당(9.29) ·盧武鉉 大統領, 아세안 頂上會談 참석차 出國(10.6) ·平壤의 鄭周榮 體育館이 준공됨(10.6) ·第84回 全國體育大會, 全州에서 開幕(10.10) ·宋斗律氏, 北韓 勞動黨을 탈당하고 獨逸 國籍을 포기한다는 記者會見을 가짐(10.14) ·盧大統領, 아시아 太平洋 頂上會議(APEC) 참석차 出國(10.18) ·統合新黨, 새 黨名을 '열린우리黨'으로 확정(10.22) ·民族平和祝典이 濟州에서 개최됨(10.24) ·政府, '住宅市場 安定綜合對策' 발표(10.29)	·U.N.安保理, 13년만에 이라크 經濟裁制 解決 決議案을 통과시킴(5.22) ·폴란드, 유럽聯合(EU)에 가입키로 결정(6.8) ·美國, 火星探査船 발사(6.10) ·人類 最古의 頭蓋骨이 에티오피아에서 발견됨(6.12) ·英國에서 맞춤아기가 첫 出生(6.19) ·日本, 自衛隊의 이라크 派兵을 결정(7.4) ·이라크, 過度統治委員會 出帆(7.13) ·캄보디아 總選, 훈센總理의 캄보디아 國民黨(CCP)이 승리함(7.27) ·이라크 駐在 U.N.本部에 爆彈테러 發生으로 24名 死亡(8.19) ·北京에서 韓·美·日·中·러·北韓의 6者會談 개최(8.27) ·火星, 약 5만년만에 地球와 5,576萬km 地點까지 近接함(8.27) ·티베트의 달라이 라마, 美國을 방문함(9.5) ·超大型 허리케인 '이사벨'이 美國 東部에 상륙(9.18) ·캐냐의 폴 러갓, 베를린 마라톤大會에서 新記錄 세움(9.28) ·美國 캘리포니아州知事에 아널드 슈워제네거가 당선(10.7) ·사우디 아라비아, 史上 첫 選擧를 실시(10.14) ·中國, 첫 有人宇宙船을 발사·성공함으로써 世界 세 번째의 記錄을 세움(10.15) ·U.N.安保理, 美國의 '이라크 決議案'을 통과시킴(10.16) ·부시 美大統領, 아시아 6個國 순방 등정(10.17) ·로사다 볼리비아 大統領, 民衆示威에 굴복하여 辭任하고 메사 副統領이 承繼함(10.17)

區分 年度	本人 및 家族·先代		韓半島 및 世界	
	本 人	家族·先代	韓 半 島	世 界
A.D.2003 (68)	·行政首都 主題 行事에서 인사말과 祝辭를 함(9.24) ·濟州 市民自治大學 修了式에서 祝辭를 함(9.27) ·大田 大德區 住民自治大學에서 特講과 祝辭를 함(10.9) ·行政首都諮問委員長室에 入室함(10.17) ·大韓地理學會 세미나에서 祝辭(10.21) ·益山市에 가서 基調演說을 함(10.23) ·停年紀念集 發刊行事를 취소하고 몇 사람만 모여 自祝함(10.28) ·忠南 公務員들에게 行政首都 特講을 함(11.5) ·行政首都 大統領 報告會를 주재함(11.6) ·浦項에서 道德 特講을 함(11.26) ·韓國·臺灣 經濟交流協會 調印式에서 祝辭를 함(11.29) ·木浦에 가서 基調講演을 함(12.1) ·韓國土地公社 招請으로 開城에 가서 行事에 참석하고 善竹橋 등을 觀光함(12.11) ·向志會 會長을 종료함(12.16) ·大田에 가서 TV 對談을 함(12.22) ·地硏會 會長職을 물려줌(12.26) ·行政首都 特別法의 國會 通過를 자축하는 모임을 가짐(12.29)	·外孫子와 같이 잠(11.7) ·동생 長女의 結婚式을 거행(11.15) ·妻, 長女宅에 가서 일을 하고 애들을 돌봄(11.28) ·自宅에서 김장을 하고 팥죽을 쑤어 먹음(11.30) ·次女, 美國으로 出國함(11.7) ·집의 개를 데리고 가서 注射를 마침(12.13) ·次女, 美國에서 귀국함(12.20) ·家族과 除夜를 지냄(12.31)	·'金大中圖書館'이 개관됨(11.3) ·新行政首都基本構想施案이 발표됨(11.6) ·UNESCO, 韓國 판소리를 世界遺産으로 선정(11.7) ·全經聯, 姜信浩 會長 代行體制로 出帆함(11.12) ·憲法裁判所, 大統領 再信任 國民投票를 위한 憲法訴願을 각하함(11.27) ·이라크 티크리트에서 韓國人 2名이 피살되고 2명이 부상당함(11.30) ·公州 古墳에서 百濟 遺物이 다량 발굴됨(12.2) ·大邱高法, 大邱 地下鐵 放火犯 김대한에게 無期懲役을 선고(12.4) ·알제리 大統領, 訪韓하여 頂上會談을 가짐(12.9) ·황우석 서울大 敎授팀, '狂牛病 안 걸리는 소'의 複製에 성공(12.10) ·金赫圭 慶南知事, 知事職을 사퇴하고 한나라黨을 탈당함(12.15) ·韓國 國家競爭力, 世界 25位로 하락(12.16) ·靑瓦臺, 秘書室의 組織을 개편(12.21) ·서울 外廓循環道路의 賜牌山 터널工事가 재개됨(12.22) ·慶南 金海에 돼지 콜레라 발생(12.22) ·農林部, 美國産 쇠고기 輸入을 중단시킴(12.24) ·建交部, 板橋新都市計劃 확정(12.26) ·國會, '新行政首都建設特別措置法'을 통과시킴(12.29) ·檢察, 金雲龍 議員을 소환조사(12.29) ·國會, 議員 7名에 대한 逮捕同議案을 모두 부결시킴(12.30)	·아시아 太平洋 頂上會談(APEC), 泰國 방콕에서 開幕(10.20) ·美國 캘리포니아州에 大型 산불 발생(10.21) ·말레이시아, 모하마드 總理가 22년만에 물러나고 바다위 副總理가 승계함(10.31) ·英國 保守黨, 새 黨首에 마이클 하워드 議員을 선출(11.6) ·世界貿易機構(WTO), 美國의 鐵鋼輸入制限措置가 '協定違反'이라는 最終判定을 내림(11.10) ·터키 이스탄불에서 自爆테러가 발생하여 320여명의 死傷者가 생김(11.15) ·日本 小泉純一郎, 第88代 日本總理로 재지명됨(11.19) ·부시 美 大統領, 이라크 바그다드를 2時間 전격 訪問함(11.27) ·이스라엘과 팔레스타인, 非公式 中東平和案인 '제네바 構想'을 선포(12.1) ·第1回 東아시아聯盟컵 蹴球大會, 日本 東京 國立競技場에서 개최(12.4) ·아세아10個國 特別頂上會談이 日本 東京에서 개최(12.11) ·장 크레티앵 캐나다 總理, 10년만에 總理職에서 은퇴(12.12) ·사담 후세인 이라크 前 大統領, 티크리트에서 체포됨(12.14) ·리비아, 大量 殺傷武器의 開發·保有를 전면 포기한다고 발표(12.19) ·美國, 워싱턴州의 狂牛病 소 發生을 처음으로 밝힘(12.23) ·이란, 리히터 規模 6.3의 强震으로 35,000명이 死亡하고 5萬名이 부상함(12.26) ·홍콩 女子映畵俳優 梅艶芳, 癌으로 死亡(12.30)

區分 年度	本人 及 家族·先代		韓半島 及 世界	
	本 人	家 族·先 代	韓 半 島	世 界
A.D.2004 (69)	·環境大學院 新年賀禮會에 참석하여 인사말을 함(1.2) ·國土計劃學會 新年모임에 나감(1.6) ·大統領에 대한 政策課題 報告會에 참석(1.8) ·新行政首都 워크숍을 주재함(1.9-1.10) ·靑瓦臺에서 개최된 3個 特別法 署名 및 公布式에 참석(1.13) ·聞友會 新年會에서 인사말을 함(1.13) ·新行政首都件으로 會議를 가짐(1.27) ·大統領 主宰의 均衡發展時代 開幕 宣布式에 참석(1.29) ·KTX를 처음 시승함(1.29) ·在京 聞慶市 鄕友會 總會에 참석함(2.2) ·國土計劃學會 및 地方自治學會에 가서 會議를 함(2.13) ·地方自治學會 總會에 참석함(2.19) ·行政首都 諮問會議를 주재함(2.20) ·李鼎九 恩師 傘壽宴에서 祝辭를 함(2.22) ·國土計劃學會 總會에 참석(2,24) ·行政首都 都市計劃 競演大會에서 施賞을 함(2.26) ·大統領에게 行政首都案을 報告함(2.27) ·忠南發展硏究院 主催 세미나에서 司會를 봄(3.15) ·淸州大學에서 개최된 行政首都 立地 세미나에서 基調演說을 함(3.25) ·全部處 關係官會議에서 國政課題를 설명함(4.1) ·聞慶 市民自治大學에서 開講 祝辭와 特講을 함(4.28) ·公州大學 세미나에서 司會를 함(4.29) ·妻 및 次女와 仁川空港에 나가 美國에서 오는 兪宗禎君을 영접함(5.1) ·헬機를 타고 行政首都 候補地를 視察함(5.4) ·열린우리黨 忠淸圈 市·道委員長들과 會食을 하며 行政首都에 대해 논의함(5.6) ·次女 結婚式을 거행함(5.9) ·高 建 總理에게 行政首都件을 報告함(5.12) ·서울市 議政會 세미나에서 司會를 봄(5.14)	·妻와 妻回甲宴場所를 물색(1.4) ·次女의 渡美 航空券을 구입(1.6) ·次女의 媤父母 될 분들과 相見禮 식사를 함(1.10) ·子女들로부터 結婚紀念 待接을 받음(1.11) ·次女, 兪君 家族들을 만나고 인사함(1.18) ·外孫子女와 映畵를 관람함(1.19) ·長女 家族, 눈이 많이 와서 13時間만에 大邱에 到着함(1.21) ·妻와 누님宅에 歲拜감(1.23) ·次女, 兪君 父母에게 歲拜감(1.24) ·妻의 生日을 맞아 兄弟 및 子女들과 宴會를 가짐(1.25) ·外孫子, 淸潭 聖堂에서 領聖體를 받음(2.1) ·집의 강아지 '방울이'가 집을 나감(2.2) ·次女와 같이 出國, 美國에 감(2.3) ·San Francico 空港에 到着, 兪宗禎君을 만남(2.3) ·次女와 兪君, Santa Clara County Hall에서 結婚宣誓式을 가짐(2.4) ·次女 및 兪君과 여러 地域을 觀光함(2.5-2.9) ·次女와 美國에서 귀국함(2.11) ·妻와 같이 兪政甲·李景熙 將軍 夫婦에게 저녁 待接을 함(2.14) ·妻에게 次女 結婚準備金으로 1億원을 줌(2.23) ·長女 媤父의 古稀를 맞음(2.29) ·外孫女의 生日을 맞음(3.9) ·長男 夫婦, 自家 아파트로 이주함(3.14) ·外孫女, 몸살을 앓음(3.16) ·妻와 長男 아파트를 구경하고 저녁을 같이 함(3.22) ·次女, 집에서 눈을 다침(4.5) ·妻·次女, 次女 準備物을 삼(4.25) ·美國에서 兪宗禎君이 귀국함(5.1) ·집에 函이 到着함(5.2) ·次女, 長湖院에 있는 兪君 親母의 墓所에 다녀옴(5.7) ·次女와 兪君, 聖堂에서 婚配聖事를 올림(5.8) ·次女, 空港터미널 禮式場에서 結婚式을 올림(5.9) ·次女, 濟州道로 新婚旅行을 감(5.10) ·次女 夫婦, 出國하여 美國으로 감(5.16)	·公務員 俸給을 總額基準 3% 인상함(1.1) ·盧大統領 側近非理 調査를 위한 特檢팀이 出帆함(1.4) ·서울 牛眠洞 터널이 개통됨(1.6) ·政府, '獨島郵票'를 발행(1.8) ·山嶽人 박영석氏 南極點 登頂에 성공(1.13) ·韓國·美國, 龍山 駐韓美軍의 漢江 以南으로의 移轉에 대해 잠정 합의함(1.15) ·서울地法, 北韓公證機關의 文書效力을 처음으로 인정함(1.24) ·서울高法, 새만금 工事의 再開를 결정함(1.29) ·서울市 都市開發公社, 上岩洞 아파트 分讓原價를 첫 公開함(2.4) ·大韓公認仲介士協會, 政治聯盟을 결성하고 政治活動을 선언(2.6) ·北韓·러시아, 豆滿江 國境線의 座標設定에 합의함(2.10) ·서울大學 黃禹錫 敎授팀, 사람 卵子에서 줄기細胞 첫 培養에 성공함(2.12) ·國會, 이라크派兵案 가결(2.13) ·第85回 全國 冬季體育大會, 全北 茂朱에서 개최(2.20) ·脫北 國軍捕虜 김기종氏, 中國을 거쳐 귀국함(3.4) ·政府, 忠淸·慶北 등 10個 市·道와 77個 市·郡·區를 暴雪에 따른 特別災害地域으로 선포(3.10) ·國會, 大統領 彈劾案을 가결시킴(3.12) ·高 建 總理, 大統領權限代行이 됨(3.12) ·한나라黨 새 代表에 朴槿惠氏가 선출됨(3.23) ·京釜高速鐵道, 着工 12년만에 開通式을 가짐(3.30) ·政府, 이라크旅行을 금지함(4.9) ·第17代 國會議員選擧에서 열린우리黨이 過半을 차지함(4.15) ·金鍾泌 自民聯 總裁, 政界隱退를 선언(4.19) ·北韓 平北 龍川驛에서 列車爆發事故 발생(4.22)	·고이즈미 日本 總理, 야스쿠니(靖國)神社를 참배(1.1) ·美國 探査船 스프리트號, 火星 着陸에 성공(1.4) ·美國 代表團, 北韓 寧邊 核施設 調査次 방북(1.6) ·美國, 韓國을 知的財産權 優先監視對象國(PWL)으로 지정 발표함(1.8) ·유럽 火星軌道探査船, 火星에서 첫 얼음을 발견(1.23) ·이슬람, 사우디 아라비아 메카로의 聖地巡禮를 시작함(1.30) ·토니 블레어 英國 總理, "이라크서 大量殺傷武器를 발견하지 못했다"고 시인함(2.4) ·印度등 아시아 6個國, FTA協定에 서명함(2.8) ·이란, 第7代 議會 總選 실시(2.20) ·아프리카 모로코, 强震으로 560여명이 死亡(2.24) ·마케도니아大統領, 飛行機 추락으로 死亡(2.26) ·존 케리 메사추세츠 上院議員, 民主黨 大選候補로 확정됨(3.1) ·파키스탄 野黨 指導者 압둘라 무라드, 首都 카라치에서 被殺됨(3.6) ·美國, 빅뱅 後 갓생긴 初期 銀河를 발견(3.9) ·러시아, 大選에서 푸틴을 再當選시킴(3.14) ·臺灣, 천수이벤이 總統으로 재당선됨(3.20) ·리투아니아議會, 팍사스 大統領의 彈劾을 의결(4.6) ·印度, 總選에서 22名 死傷의 流血事態 발생(1.20) ·UNESCO, '直指賞'을 새로 制定(4.28) ·東유럽 10個國, 유럽聯合에 가입(5.1)

年度＼區分	本人 및 家族·先代		韓半島 및 世界	
	本 人	家 族·先 代	韓 半 島	世 界
A.D.2004 (69)	·韓自研 開院 10周年紀念 및 論壇賞 施賞式을 주재함(5.15) ·新行政首都建設推進委員長으로 就任함(5.21) ·忠淸圈 國會議員 當選者들의 朝餐 懇談會에 참석하여 인사함(5.28) ·行政首都 大田事務所 懸板式을 가짐(6.8) ·KBS 佛語放送記者와 行政首都 對談을 가짐(6.8) ·行政首都 관련 '國民投票'및 '遷都' 發言으로 言論 物議가 일어남(6.9) ·大統領에게 行政首都 候補地에 대해 報告함(6.11) ·4個의 行政首都候補地를 결정·공포함(6.15) ·行政首都 諮問委員會를 구성함(6.17) ·大田에서 行政首都 候補地 評價委員會를 발족시킴(6.21) ·行政首都基本計劃 公聽會를 주재함(6.23) ·靑瓦臺 秘書陣 및 政策委員長들과 晩餐會同을 가짐(6.25) ·大統領 首席補佐官會議에 참석·報告함(6.28) ·經濟5團體 代表에게 行政首都政策을 설명함(6.30) ·國政課題運營協議會에서 行政首都 課題를 報告함(7.1) ·書畫作家協會 및 道德運動協議會 總裁로 就任함(7.2) ·호텔에서 行政首都候補地 評價作業을 마무리함(7.4) ·大統領 및 國務總理에게 評價結果를 報告함(7.5) ·行政首都推進委員會를 주재하고 評價結果를 접수·발표함(7.5) ·推進委員들과 行政首都 候補地를 살펴봄(7.8-7.9) ·大統領 秘書室長 公館에서 協議會 모임을 가짐(7.9) ·釜山에 가서 行政首都 公聽會를 주재함(7.14) ·天安에서 개최된 國土研究院 行事에 참석(7.15-7.16) ·서울에서 개최된 行政首都 公聽會를 주재함(7.16) ·열린우리黨 議員들과 行政首都 候補地를 視察함(7.20) ·黨·靑協議會에 참석함(7.23) ·總理 및 建交部長官등과 行政首都 立地를 視察함(7.24) ·蔚山 및 慶南의 行政首都 公聽會를 주재(7.26-7.27)	·妻와 奉恩寺에 가서 禮佛을 드림(5.22) ·妻 및 長男과 聞慶새재에서 개최된 黃元鉉 아들 結婚式에 참석함(5.30) ·子女 모두 長男宅에 모여 會食歡談함(6.5) ·外孫子와 같이 國旗를 게양함(6.6) ·妻의 EQUUS 運轉으로 盆唐에 감(6.13) ·妻 渡美 歡送宴을 가짐(6.17) ·仁川空港에 長女와 같이 나가서 渡美하는 妻를 배웅함(6.18) ·次女 媤父母와 식사를 하며 謝過함(6.19) ·妻, 兪君과 함께 머뭄(6.18-6.29) ·外孫女와 映畫를 보고 같이 놀러다님(6.27) ·妻, 美國에서 귀국함(6.30) ·自宅 庭園의 잔디를 깎음(7.11) ·妻와 같이 長女 家族을 데리고 여러 곳을 다님(7.11) ·妻와 하나로 마트에 가서 市場을 봄(7.17) ·妻와 漢江公園에 나가 쉬다가 長男 夫婦와 저녁을 같이 함(7.18) ·子女들로부터 生日祝賀宴을 받음(7.24) ·妻 및 長女家族들과 나들이함(7.25) ·美國에 있는 次女 夫婦와 통화함(7.28) ·外孫子女와 하루를 같이 보냄(8.1) ·長女 家族과 하루를 같이 지냄(8.15) ·子婦의 生日宴을 가짐(8.19) ·妻와 奉恩寺에 가서 禮佛을 드림(8.22) ·長壻의 生日宴을 가짐(8.27) ·妻, 聘母 祭祀에 다녀옴(8.27) ·妻, 一山 妻男宅에 다녀옴(8.29) ·外孫女와 같이 놀러다님(8.29) ·庭園을 정리하고 妻 및 子婦와 外食함(9.4) ·妻 및 長男 夫婦와 奉恩寺에 감(9.5) ·兄弟들과 祖母 祭祀를 모심(9.9) ·妻와 次女件으로 많은 時間과 努力을 드림(9.10) ·査頓과 妻에게 美國訪問 結果를 報告(9.19) ·妻 및 子女들과 盆唐 律動公園에 놀러감(9.19)	·秋穀收買價가 4% 인하로 결정됨(5.11) ·憲裁, 盧大統領의 彈劾案을 기각(5.14) ·'新行政首都建設推進委員會'가 발족됨(5.21) ·第17代 國會가 개원함(5.30) ·北韓 學者들, 史上 처음 學術會議 參加次 서울訪問(6.2) ·自治團體 再補闕選擧에서 한나라黨이 壓勝(6.5) ·네덜란드 出身의 본 프레레, 韓國 蹴球代表팀의 監督으로 선임됨(6.18) ·서울市, 버스體系 전면개편을 단행(7.1) ·第10次 南北離散家族 相逢이 金剛山에서 이루어짐(7.11) ·21名을 살해한 유영철이 검거됨(7.18) ·韓·日 頂上會談이 濟州에서 이틀간 개최됨(7.21) ·政府, 燕岐·公州·鷄龍을 投機過熱地區로 지정(7.29) ·新行政首都建設推進委員會, 行政首都 最終立地로 燕岐·公州의 2,160萬坪을 확정·발표(8.11) ·韓國銀行, 콜金利를 年 3.75%에서 0.25%로 인하(8.12) ·政府, 外國人 雇傭許可制를 실시(8.17) ·峨差山 일대에서 高句麗 軍事遺蹟을 발견(8.23) ·統計廳, 韓國의 出産率이 世界 最低라고 밝힘(8.25) ·韓國, 아테네 올림픽大會에서 綜合 9位를 차지(8.30) ·政府, 開城工團 示範團地內 7個 入住業體의 南北協力事業을 승인(9.8) ·第5回 光州 비엔날레가 開幕됨(9.10) ·'世界文化 오픈(WCO) 2004', 서울에서 開幕(9.12) ·政府, 自治警察制를 2006年까지 도입키로 결정함(9.16) ·全國 땅값이 公示地價로 1,829兆원이라고 발표됨(9.19) ·政府, 旅券有效期間을 10年으로 하기로 결정(9.21) ·韓國軍 자이툰部隊, 이라크 駐屯地 아르빌에 안착(9.22) ·統計廳, 國民平均年齡이 34.5歲라고 발표(9.25)	·카디로프 체첸大統領, 爆彈테러로 피살됨(5.9) ·印度, 總選에서 野黨聯合이 승리(5.13) ·2010年 월드컵 開催地가 南阿共으로 결정됨(5.15) ·獨逸, 第9代 大統領으로 호르스트 쾰러가 선출됨(5.23) ·이라크, 主權國家로 새로이 복귀함(6.8) ·유럽聯合, 第6代 유럽議會 議員을 선출(6.10) ·史上 첫 民間 有人宇宙船 'Space Ship One', 大氣圈 밖 비행에 성공(6.21) ·이라크, 새 政府를 出帆시킴(6.28) ·사담 후세인 前 이라크 大統領, 裁判을 받음(7.1) ·印度네시아, 처음으로 大統領 直選을 실시함(7.5) ·2004 아시안컵 大會, 中國에서 開幕(7.17) ·美國 NASA, 水星探査船 메신저號를 발사(8.3) ·第28回 世界올림픽大會, 그리스 아테네에서 開幕(8.13) ·러시아 체첸共和國, 새 大統領에 알루 알하노프를 선출함(8.29) ·第61回 베니스映畫祭, 이탈리아 베네치아에서 開幕(9.1) ·第2回 '世界 自殺防止의 날' 도래, 世界 40秒當 1名 自殺로 밝혀짐(9.10) ·홍콩, 立法議會 選擧를 실시(9.12) ·第59次 U.N.總會, 美國 뉴욕U.N.本部에서 開幕(9.14) ·中國, 江澤民이 퇴진하고 胡錦濤가 主席職을 승계함(9.19) ·아이티, 洪水로 水災民이 30萬名에 이름(9.23)

區分 年度	本人 및 家族·先代		韓半島 및 世界	
	本　人	家族·先代	韓半島	世　界
A.D.2004 (69)	·政府 公職者에 대한 行政首都 特講을 함(7.30) ·行政首都委員長 辭意를 표함(8.5-8.6) ·國務總理와 같이 行政首都 最適地를 발표(8.11) ·大統領께 行政首都 委員長職의 辭表를 제출함(8.13) ·第7次 推進委員會를 마지막으로 주재함(9.1) ·行政首都推進委員長職을 떠남(9.13) ·美國 샌프란시스코에 가서 兪君을 만남(9.13) ·兪君과 移民局에 가서 일을 처리함(9.14) ·美國에서 귀국함(9.18) ·尙州大學에 가서 特講을 함(9.22) ·行政首都에 대한 國會 國監에 證人으로 참석(10.4) ·大邱에 가서 道德運動協議會 行事에 참석함(10.21-10.22) ·行政首都에 대한 違憲判決로 많은 電話를 받음(10.21-10.22) ·盧武鉉 大統領 招請 午餐에서 行政首都件에 대해 논의함(10.25) ·俗離山에서 濟州道 議會議員 研鑽會議 特講을 함(11.5) ·洪城에 가서 特講을 함(11.26) ·感氣로 모든 活動을 중단함(12.15) ·高麗大學 同窓會에서 特講을 함(12.22) ·銀行에 가서 負債를 모두 청산함(12.27) ·病院에 가서 몸살 治療를 받음(12.27) ·中都委의 今年 마지막 本會議를 주재함(12.28) ·많은 送年 모임에 참석함(12.28-12.31)	·妻와 聞慶·尙州를 訪問하고 옴(9.22-9.23) ·妻와 같이 査頓夫婦 및 李景熙 將軍 婦人을 모시고 食事를 하며 狀況說明을 함(9.25) ·妻와 같이 長女의 저녁待接을 받음(9.25) ·長女 家族, 大邱 媤宅에 감(9.26) ·載國 妻男 家族, 來訪 투숙함(9.26) ·次女를 찾아 여러곳을 돌아다님(9.27) ·長男과 秋夕祭祀를 드림(9.28) ·長女 家族, 15時間만에 大邱에서 上京함(9.28) ·妻와 奉恩寺·清潭公園을 돌아옴(9.29) ·妻와 外孫子女를 데리고 盆唐에 감(10.3) ·妻와 良才川을 산책함(10.7) ·自宅 마당의 剪枝作業을 함(10.9) ·일주일만에 國旗를 내림(10.9) ·妻 및 長女家族과 外食을 함(10.10) ·外孫子 生日에 같이 食事를 못해 서운함(10.15) ·妻 및 長女家族과 清潭洞 마당놀이를 관람함(10.16) ·美國 兪書房과 통화함(10.27) ·妻 및 家犬과 散策을 함(10.28) ·長女 生日 祝賀宴을 마련해줌(10.30) ·妻, 長女宅에 가서 오래 머물음(11.4) ·次女가 美國에 와 있다는 연락을 받음(11.6) ·次女와 通話함(11.9) ·次女에게 送金함(11.11) ·長男 生日宴을 가짐(11.12) ·美國에서 次女가 귀국함(11.15) ·外孫子女를 집에 두고 長女 夫婦만 大邱에 감(11.20) ·次女, 市內 運轉練習을 함(12.5) ·妻 및 次女와 聞慶에 가서 結婚式에 참석함(12.12) ·妻 졸도하여 入院함(12.16) ·妻, 三星醫療院에서 퇴원(12.21) ·집의 개 '珍乭'이를 내보내어 서운함(12.24) ·妻 및 子女들과 子正 乾杯를 듬(12.31)	·國會 國政監査 실시(10.4) ·韓國과 美國, 駐韓美軍을 2008년까지 3段階로 감축키로 함(10.6) ·第85回 全國體育大會, 清州에서 개최(10.8) ·北韓 '金剛山 觀光地區 不動産 規定'을 발표(10.11) ·全南 寶城서 恐龍의 遺骸가 다량 발견됨(10.13) ·韓國의 清廉性이 世界 47位로 나타남(10.20) ·憲法裁判所, '新行政首都特別法'은 違憲이라고 判決(10.21) ·黃禹錫 教授팀, 원숭이 胚芽複製 첫 成功(10.25) ·板門店 共同警備區域(JSA), 警備任務 50년만에 韓國軍으로 완전 移讓됨(11.1) ·IAEA 3次 核査察團, 韓國을 訪問(11.2) ·換率, 7년만에 1,103.60원으로 最低 기록(11.9) ·LG電子, 71인치 플라즈마 디스플레이 패널 TV를 世界에서 처음 量産(11.22) ·東海高速道路(江陵-東海)가 개통됨(11.24) ·韓國·싱가포르, FTA締結協商을 타결(11.29) ·서울大學校, 첫 女性 總學生會長이 탄생(11.30) ·韓國·英國, 頂上會談을 英國 런던에서 개최(12.2) ·大邱-浦項間 高速道路 개통(12.7) ·盧武鉉 大統領, 이라크 자이툰 部隊를 2時間 訪問(12.8) ·政府, 1家口 3住宅에 대한 讓渡稅 重課稅를 2005年부터 시행키로 함(12.13) ·京仁放送(iTV), 職場 閉鎖함(12.13) ·中部內陸高速道路가 완전개통됨(12.15) ·統計廳, 韓國인 平均壽命이 男子 73.38歲, 女子 80.44歲라고 발표(12.20) ·大韓올림픽委員會, 2014年 冬季올림픽 候補地로 江原 平昌을 선정(12.23) ·아시아 첫 中國文化院이 개원됨(12.28) ·國會, 새해 豫算案 194兆 7,833億원을 의결(12.31)	·고이즈미 준이치로 日本 總理, 執權 後半期 內閣을 出帆시킴(9.27) ·美國 上院, '北韓人權法案'을 만장일치로 통과시킴(9.28) ·第12回 2004 아테네 障碍人 올림픽大會 開幕, 中國 1位 韓國 16位(9.29) ·美國 下院, '北韓人權法案'을 만장일치로 통과(10.4) ·프랑크푸르트 國際圖書展이 開幕(10.6) ·노벨平和賞 受賞者로 케냐의 왕가리 마타이가 선정됨(10.8) ·이슬람 聖月斷食 '라마단'이 시작됨(10.15) ·러시아, 地球溫煖化 防止를 위한 京都議定書를 비준(10.22) ·日本 新潟縣에 리히터 規模 6.8의 強震으로 33名 死亡하고 2,200여명 부상함(10.23) ·中國, 9년만에 金利를 인상(10.28) ·우크라이나, 大統領 選擧 실시(10.31) ·美國 大統領 選擧에서 부시가 再選됨(11.2) ·이라크, 60日間의 非常事態를 선포(11.7) ·팔레스타인 首班 야세르 아라파트, 75歲로 死亡(11.10) ·이란, 우라늄 濃縮作業을 중단한다고 발표(11.14) ·第12次 APEC 頂上會議, 산티아고에서 開幕(11.21) ·第10次 氣候變化協約 當事國 總會(COP10), 아르헨티나에서 17日까지 개최됨(12.6) ·美國 부시 行政府, 2期 內閣 構成을 완료(12.9) ·日本, 새 防衛計劃大綱을 9년만에 개정하여 확정 발표함(12.10) ·臺灣, 第6代 立法議員 選擧를 59.16%의 投票率을 보이면서 실시(12.11)

年度 \ 區分	本人 및 家族·先代		韓半島 및 世界	
	本 人	家 族·先 代	韓 半 島	世 界
A.D.2004 (69)				· 루마니아 大統領 選擧에서 親西方의 트라이안 바세스쿠가 당선됨(12.12) · 美國 NASA, 火星에 물이 있다고 발표(12.13) · 中國 北京에서 世界 첫 成形美人大會가 열림(12.18) · 東·西南 아시아에 地震 海溢 '쓰나미(津波)'로 大災殃 발생(12.26) · KT & G, 담배값을 500원 인상시킴(12.30)
A.D.2005 (70)	· 昨年 12月 29日字로 光云學園의 理事로 선임됐다는 通報를 서울 高等法院에서 반음(1.4) · 地方自治學會 理事會에 참석(1.14) · 龍仁 都市基本計劃 公聽會에서 司會를 봄(1.18) · 天安에서 개최된 行政首都 後續對策 세미나에서 基調演說을 함 (1.20) · '企業하기 좋은地域大賞' 施賞式에서 審査評을 함(2.1) · 中央都市計劃委員會 本會議를 주재(2.3) · 世界不動産大會 組織委員會 發足式 참석(2.14) · 金永燮 敎授의 問喪을 다녀옴(2.16) · 林吉鎭 敎授의 問喪을 다녀옴(2.17) · 地方自治學會 세미나에서 司會를 봄(2.18) · 光云學園 理事會에 처음 참석함(2.21) · 金敬姬 建國大 理事長 招請 午餐에 참석(2.23) · 高靈 郡民自治大學 開講式에서 祝辭함(2.25) · 建國大學에서 碩座敎授 發令狀을 받음(2.28) · 書畫作家協會 展示會에서 總裁 役割을 함(3.4) · 釜山 金井區 住民自治大學 開講式에 참석(3.8) · 仁川市에 가서 特講함(3.17) · 建設産業硏究院 開院10周年 紀念式 참석(3.17) · 同心會 創立모임에 참석(3.22) · 楊口郡 郡民自治大學 開講式에 참석하고 많은 눈을 관상함(3.24) · 平澤市民에게 特講을 함(4.1) · 尙州大學에서 特講함(4.6) · 土地博物館 開館式에 참석(4.14) · 光云學園 理事職에서 解任됐다는 連絡을 받음(4.21)	· 子女 및 外孫子女의 歲拜를 받음(1.1) · 妻와 長女, 感氣로 고생을 함(1.2) · 次女, 시누이 만남(1.2) · 妻, 三星醫療院에 가서 診療받음(1.4) · 長女 結婚紀念 會食을 가짐(1.6) · 尙州에서 妻弟가 옴(1.9) · 子女들과 結婚紀念 모임을 가짐(1.11) · 妻와 次女, 次女의 運轉으로 聞慶에 감(1.22) · 子婦, 姙娠함(1.28) · 妻, 三星醫療院에 다녀옴(2.4) · 妻와 長男, 長妻男宅에 가서 설날 祭祀를 지냄(2.9) · 妻 및 次女와 누님宅에 가서 歲拜함(2.10) · 載蓮 妻弟, 來訪하여 生日宴을 가짐(2.10) · 子女들과 妻의 辰甲宴을 가짐 (2.12) · 次女와 驛三聖堂에 가서 禮拜를 드림(2.13) · 長男, 러시아産 강아지를 집에 가져옴(2.24) · 집의 강아지 이름을 '캡틴'이라 作名(2.27) · 子女들이 碩座敎授 就任 祝賀宴을 마련함(3.1) · 妻, 安養 찜질房에 다녀옴(3.5) · 妻, 一山 동생집에 감(3.6) · 外孫女 生日宴을 가짐(3.9) · 妻·次女, 三星醫療院에 감(3.11) · 次女 生日紀念 會食을 함(3.13) · 妻, 親舊들과 놀이 모임에 감(3.19) · 妻 및 長女 家族과 大邱에 가서 査頓 問病을 함(4.3) · 妻 및 長男과 尙州에 다녀옴 (4.6-4.7) · 妻와 高永天씨 妻男宅 結婚式에 감(4.10)	· 盧大統領, 6個副處의 改閣을 단행(1.4) · 李基俊 敎育副總理, 就任 3日만에 사의 표명(1.7) · 서울市, 서울의 漢子表記를 '首爾'(서우얼)로 한다고 발표(1.19) · 國內 最高齡者 崔애기 할머니가 110歲로 별세(1.25) · 政府·與黨, '行政都市案'을 발표(1.26) · 새 敎育副總理에 金振杓 議員이 임명됨(1.27) · 民主黨 새 代表에 韓和甲 議員을 선출(2.3) · 政府, '首都圈 住宅市場 安定對策' 발표(2.17) · 自動車 對物保險 加入이 의무화 됨(2.22) · 全國 冬季體育大會가 平昌에서 開幕(2.24) · 朴槿惠 代表, 正修奬學會 理事長職을 사퇴(2.28) · '行複都市 特別法'이 國會에서 가결됨(3.2) · 國會, 戶主制 廢止 내용의 民法改正案 가결(3.2) · 李憲宰 經濟副總理, 辭意를 표명(3.7) · 忠南知事와 大田市長, 所屬黨에서 탈당(3.8) · 建交部, 燕岐·公州 5個面 2,210萬坪을 行政中心都市 豫定地域으로 확정발표(3.23) · 2005年 프로野球 開幕 (4.3) · 國産 小型 航空機 '반디號'를 처음으로 수출(4.8) · 首都分割 反對 國民運動本部가 出帆함(4.13)	· 쓰나미 救護를 논의하기 위한 ASEAN 頂上會議가 인도네시아에서 개최됨(1.6) · 次世代 衛星 DMB 放送時代가 開幕됨(1.10) · 유럽議會, 유럽憲法案을 가결(1.12) · 이라크, 52년만에 制憲議會 總選擧 실시(1.30) · 이스라엘과 팔레스타인 頂上會談이 이집트에서 열림(2.8) · 이란의 地震으로 500여명이 死亡(2.22) · 라이스 美國務長官, 韓國 등 아시아 6個國을 순방(3.14) · 日本 시마네縣, '竹島의 날' 制定條例案을 가결(3.16) · 美·英·獨 共同硏究팀, 人間 X染色體를 완전 해독(3.17) · 유럽聯合(EU), 브뤼셀에서 頂上會談 가짐(3.22) · 印度네시아 수마트라섬 沿岸에 强震이 발생하여 住民 2,000여명이 死亡(3.28) · 日本 文教科學省, '獨島는 日本 땅'이라고 기술한 日本 歷史敎科書를 검정통과시킴 (4.5) · 이라크, 새 過渡政府 구성을 마무리함(4.6) · 프랑스 '파리 오페라 호텔'에 火災 발생(4.15)

區分 年度	本人 및 家族·先代		韓半島 및 世界	
	本 人	家族·先代	韓半島	世 界
A.D.2005 (70)	·갑자기 등이 아프고 식은 땀이 나서 119救急車로 順天鄕病院 應急室에 입원(4.29) ·서울大學病院으로 옮겨 重患者室에 듬(4.30) ·約束한 사이판에 가지못함(4.30) ·退院·歸家 함(5.10) ·『臨時行政首都 白紙計劃은 살아있다』의 出版紀念會에 참석(5.25) ·中央都市計劃 委員會에 참석함(5.26) ·全州에서 개최된 새만금 事業 세미나의 司會를 봄(5.27) ·韓國디벨로퍼協會 行事에 참석(5.28) ·서울大學病院에 가서 檢査를 받음(6.3) ·弟子들과 골프를 침(6.4) ·서울大學病院에 가서 醫師 診斷을 받음(6.7) ·韓國自治發展硏究院의 세미나를 주재함(6.10) ·三道會 모임에서 會長으로 추대됨(6.13) ·全北道廳 公務員들에게 特講을 함(6.15) ·鳥嶺會 모임에 나가 저녁待接을 함(6.21) ·盈德 郡民自治大學에서 特講을 함(6.24) ·21世紀 國土포럼 行事를 天安에서 가짐(6.28-6.29) ·書畵作家協會 主催의 藝術大展에서 總裁 役割을 함(7.1) ·抱川 一東의 옛 軍勤務地에 가서 寫眞을 촬영함(7.5) ·金泉都市基本計劃 公聽會에서 司會를 봄(7.13) ·盧武鉉 大統領으로부터 生日祝電을 받음(7.14) ·妻와 仁川에 가서 이틀 쉬다 옴(7.16-7.17) ·建國大學에 發展基金 100萬원을 기탁(7.28) ·書畵作家協會와 12師團에 가서 特講함(7.29) ·尹相在 會長의 逝去로 매우 悲痛해함(8.3) ·病院에 가서 問喪을 하고 任員들과 會議를 함(8.3) ·尹會長 永訣式에서 弔辭를 함(8.5) ·혼자 駱山과 昌信洞을 다녀옴(8.7) ·聞慶中學校 同窓會 體育大會에 참석(8.15) ·隨想集『하늘의 뜻 人間의 삶』을 發刊(8.16)	·次女, 美國에서 귀국(4.11) ·妻와 駱山公園에 오름(5.13) ·子女 家族들과 저녁食事를 함(5.14) ·妻와 奉恩寺에 가서 佛誕日 禮佛을 드림(5.15) ·妻·次女, 一山에 다녀옴(5.29) ·妻, 집의 러시아産 개를 남에게 줌(6.1) ·敎保에 가서 外孫子女에게 책을 사줌(6.5) ·妻와 家計支出을 논의함(6.6) ·自宅의 지붕修理가 시작됨(6.11) ·子女들과 外食을 하고 옴(6.11) ·家族들과 淸溪山에 가서 저녁을 먹고 옴(6.12) ·서울市內 前 居住地들을 돌며 寫眞을 찍음(6.14) ·妻, 聞慶에 내려감(6.17) ·長男 夫婦, 집에 와 같이 잠(6.17) ·壻 文丙基, 總長을 수행하여 유럽旅行을 떠남(6.18) ·次女, 長女宅에 가서 묵음(6.18) ·妻 및 次女와 兪君件을 협의(6.26) ·長壻, 유럽에서 귀국함(6.26) ·妻 및 外孫女와 泰榮오피스텔을 둘러봄(7.3) ·妻 및 外孫女와 敎保文庫를 둘러보고 점심을 하고 옴(7.3) ·妻와 市場을 다녀옴(7.9) ·妻 및 長女 家族과 淸溪山 아래 食堂에서 저녁을 하고 하나로마트에 다녀옴(7.10) ·家族들로부터 生日朝餐을 待接받음(7.15) ·長男 運轉으로 妻와 仁川 松島 비치호텔에 듬(7.16) ·子女들과 仁川 앞바다에서 遊覽船을 탐(7.17) ·尙州大學 金鍾鎬 總長이 와서 家族·妻男들에게 저녁 대접을 해줌(7.19) ·外孫子女들과 市民의 숲에서 놀다 옴(7.24) ·妻, 三星醫療院에 다녀옴(7.27) ·外孫女와 敎保에 가서 놀다 옴(7.28) ·長女 家族, 워커힐에 가서 하룻밤을 묵고 옴(7.30-7.31) ·妻 및 外孫子女와 建國大學과 어린이公園에 가서 놀다옴(8.5) ·妻, 子婦 生日祝賀宴에 다녀옴(8.8) ·美國 兪書房 生日祝賀를 위한 寸志를 보냄(8.9) ·長女 家族이 집에 와 함께 묵음(8.12)	·獨島에서 史上 첫 結婚式이 거행됨(4.23) ·浦項工大의 名稱을 'POSTECH'으로 바꾸기로 함(4.27) ·政府, '5·4 不動産對策'을 발표(5.4) ·北韓 貨物船이 21년만에 南韓港에 입항(5.22) ·政府, 地方移轉 公共機關 177個를 확정·발표(5.25) ·淸溪川 試驗通水式 거행(6.1) ·盧大統領, 美國을 訪問(6.9) ·새 國情院長에 김승규 法務長官이 임명됨(6.16) ·現代自動車, 中國에 常用車工場을 설립(6.21) ·湖南高速鐵道 分岐驛을 五松驛으로 최종 결정함(6.30) ·公共機關의 土曜休務制가 실시됨(7.2) ·政府, 企業都市 候補地를 선정·발표함(7.8) ·현대그룹 會長, 金正日 委員長을 면담(7.16) ·朝鮮朝 마지막 皇世孫 李玖氏, 75歲로 서거(7.16) ·舊 國家安全企劃部의 不法盜聽 테이프 'X파일'로 파문이 일어남(7.21) ·서울-平壤 民間 直通電話가 첫 개통됨(7.22) ·서울工大 吳某敎授, 硏究費 횡령협의로 구속됨(7.24) ·濟州道의 行政改編案, 住民投票로 가결됨(7.27) ·黃禹錫 敎授, 世界 첫 複製 강아지 成功을 발표(8.3) ·全國 땅값 總 2千兆원에 이름(8.3) ·韓·싱가포르, 自由貿易協定(FTA)에 서명(8.4) ·南北 西海 '軍事 핫라인'이 정상 가동됨(8.13) ·南北 離散家族 映像相逢의 歷史的 開通이 이루어짐(8.15) ·現代 峨山, 김윤규 副會長의 代表理事職을 박탈(8.19) ·大統領 秘書室長에 이병완 首席을 임명(8.25) ·政府, '8.31 不動産對策'을 발표(8.31) ·金剛山 南北離散家族 面會所를 着工(8.31) ·駐韓 美大使에 알렉산더 버시바우 前 駐 러시아大使가 지명됨(9.1)	·印度에서 列車事故로 254名 이상이 死亡(4.21) ·시리아軍, 29년만에 레바논서 완전 철수함(4.24) ·日本에서 列車事故로 107名이 死亡(4.25) ·이라크 아르빌에 自殺爆彈테러가 발생(5.4) ·第58回 칸 映畵祭 開幕(5.11) ·이란·이라크, 永久 平和條約에 합의(5.18) ·프랑스, EU 憲法을 國民投票에서 부결시킴(5.29) ·홍콩 5萬餘市民, 民主化 촛불示威를 함(6.4) ·北韓, 日本에 패하여 월드컵 進出이 좌절됨(6.8) ·자메이카 選手, 100m 世界 新記錄을 세움(6.15) ·후진타오 國家主席, 러시아를 訪問(6.30) ·印度에서 暴雨로 123名이 死亡(7.2) ·美國 NASA, 史上 처음 '彗星 衝突實驗'을 실시(7.4) ·英國 런던의 4곳에서 連鎖테러事件이 발생(7.7) ·이라크, 사흘만에 잇단 自爆테러로 140여명이 死亡함(7.15) ·이집트에서 爆彈테러가 발생하여 88명이 死亡(7.23) ·東아시아 蹴球大會 開幕(7.31) ·사우디 아라비아 國王, 84歲로 서거(8.1) ·고이즈미 日本 總理, 衆議員을 해산시킴(8.8) ·美國, 金利를 3.50%로 인상시킴(8.9) ·美國에 密入國하던 에콰도르 배가 침몰하여 104명이 死亡(8.12) ·이라크 바그다드에서 爆彈테러로 43명이 死亡(8.17) ·中國·러시아, 史上 첫 大規模 合同軍事訓鍊 실시(8.18) ·이라크 憲法草案, 制憲議會를 통과함(8.28)

<table>
<tr><th rowspan="2">區分
年度</th><th colspan="2">本人 및 家族·先代</th><th colspan="2">韓半島 및 世界</th></tr>
<tr><th>本 人</th><th>家 族·先 代</th><th>韓 半 島</th><th>世 界</th></tr>
<tr><td>A.D.2005
(70)</td><td>·尙志大學에서 개최된 地方自治學會 세미나에서 司會를 봄(8.19)
·隨想集을 1千餘名에게 기증함(8.22)
·大邱査頓 問喪을 하고 永訣式을 보고 옴(8.26-8.27)
·茂朱에 가서 地方移讓推進 워크숍의 特講을 함(8.30)
·自治發展硏究院의 새로 이사간 建物로 출근함(9.5)
·土地公社 諮問會議를 주재함(9.8)
·道德協議會 및 作家協會 臨時總會에서 새 會長을 선출하고 祝辭를 함(9.13)
·故鄕 墓所를 찾아뵙고 尙州에 가서 大邱·慶北硏究院 세미나에서 基調演說을 함(9.15)
·麗水市에 가서 都市計劃件을 視察·협의함(9.23)
·'뉴리더大賞'을 받은 紀念으로 一山 職員들에게 점심을 待接함(10.5)
·韓·中·日 都市計劃學會 濟州 세미나에 참석함(10.7-8)
·仁川市 政策諮問敎授團 團長으로 선출됨(10.10)
·全州發展政策硏究院 세미나에서 司會를 봄(10.11)
·憲裁에 行復都市에 대한 意見書를 제출함(10.12)
·行復都市委員會에 가서 에세이 審査를 함(10.12)
·天安市 세미나에서 司會를 봄(10.13)
·妻와 같이 北韓에 가서 平壤을 구경하고 투숙함(10.14-15)
·21世紀 國土포럼을 春川에서 開催함(10.19)
·釜山 東亞大學에 가서 特講을 함(10.28)
·培材大學에 가서 特講을 함(10.31)
·서울大病院에서 海外旅行을 해도 좋다는 診斷을 받음(11.1)
·泰安半島 골프 豫定地를 살펴봄(11.7)
·住宅公社 세미나에서 司會를 봄(11.8)
·顔面斑點 除去手術을 함(11.12)
·世宗大學 設立者 夫婦를 만남(11.21)
·行復都市 合憲決定 소식에 안심함(11.25)
·蔚珍郡 行事에 長時間 다녀옴(12.9)
·行復都市 國際公募施賞式에 참석함(12.19)</td><td>·長男, 새車 '소나타'를 구입하여 보여줌(8.20)
·外孫子女들에게 물건 살 돈을 주고 옴(8.21)
·大邱 査頓이 서거(8.24)
·長男이 長女 家族을 大邱 媤宅에 태워다 줌(8.25)
·妻와 大邱에 가서 査頓 問喪을 하고 聖堂 永訣式에 참석함(8.27)
·妻, 泰榮오피스텔의 殘金을 처리(8.31)
·妻, 聞慶에 내려감(9.3)
·外孫女 및 長男 夫婦와 같이 지냄(9.3)
·妻, 밤에 頭痛으로 시달림(9.13)
·家族들과 秋夕祭禮를 지냄(9.18)
·外孫女와 놀러다님(9.19)
·妻와 注射를 맞고 劇場에서 映畵를 봄(9.24)
·妻, 동생 群濟宅에 선물 주고 옴(9.25)
·孫女 '旼嬉'가 車病院에서 태어남(9.28)
·妻·長女와 孫女를 보러 감(9.29)
·子婦와 孫女, 퇴원하여 新林洞 親庭에 감(10.1)
·獨逸에서 妻弟가 血壓計를 가져와 선물함(10.3)
·妻와 三星醫療院에 감(10.26)
·長女, 生日宴을 가짐(10.29)
·長男이 와서 같이 지냄(10.31)
·妻, 聞慶에서 上京함(11.1)
·外孫女, 집에 와서 놀다가 같이 잠(11.5)
·外孫女와 敎保文庫에 다녀옴(11.6)
·長男 家族이 집에 와 같이 묵음(11.9)
·아버님 祭祀를 모심(11.10)
·自宅의 김장을 담금(11.20)
·妻, 종일 孫女를 봄(11.28)
·妻와 環心會 送年모임에 참석함(12.2)
·長女 家族, 大邱 媤宅에 감(12.2)
·大邱 査頓 49祭 脫喪을 모심(12.3)
·長女 家族, 눈 속에 무사히 上京함(12.4)
·長女 家族과 映畵를 보러 감(12.11)
·妻와 三道會 送年모임에 참석함(12.12)
·어머님 祭祀를 自宅에서 모심(12.17)</td><td>·盧大統領, U.N.總會 參席次 出國(9.8)
·曹溪宗 總務院長 法長스님, 64歲로 入寂함(9.11)
·忠淸地域에 奇襲暴雨가 내림(9.17)
·國會, 國政監査에 들어감(9.22)
·敎育人的資源部, 國立大學 統·廢合 및 構造改革案을 발표(9.28)
·民主黨, 院內 第3黨이 됨(9.29)
·서울 江東區에 멧돼지가 출현(9.29)
·忠北 淸州市와 淸原郡의 統合이 무산됨(9.29)
·서울 淸溪川, 47년만에 完全 復元되어 開放(10.1)
·慶北 尙州에서 大型 壓死事故가 발생(10.3)
·덤프連帶勞組 4,000여명, 罷業에 돌입(10.13)
·政府, '濟州特別自治道 基本計劃案' 확정(10.14)
·沈大平 知事, 國民中心黨 創黨을 선언(10.19)
·天才少年 宋유근君, 8歲로 大學 入學(10.24)
·'2005 人口住宅 센스서' 실시(11.1)
·放射能 廢棄物處理場으로 慶州가 최종 확정됨(11.2)
·全南道廳 新廳舍 開所式이 務安에서 거행됨(11.11)
·2005 APEC 頂上會議가 釜山에서 開幕(11.12)
·이수일 湖南大 總長, 自殺(11.20)
·憲法裁判所, 行政中心都市 特別法이 合憲이라고 판결(11.24)
·千聖山 터널 工事가 재개됨(11.30)
·第3次 首都圈 整備計劃案이 발표됨(12.1)
·私立學校法 改正案이 國會에서 가결됨(12.9)
·慶北의 革新都市로 金泉이 확정됨(12.13)
·統計廳, '2003年 生命表'를 발표(12.20)
·湖南地域에 16日째 史上最大 暴雪이 내림(12.21)
·政府, 松坡 巨餘 新都市 開發計劃案을 발표(12.27)
·大邱 西門市場에 큰 불이 일어남(12.29)</td><td>·超大型 허리케인 '카트리나', 美國 南部地域을 강타하여 大慘死를 일으킴(8.29)
·이라크 바그다드 巡禮客들, 壓死·추락으로 800여명이死亡(8.31)
·颱風 '탈림', 中國 東南部를 강타함(9.1)
·프랑스 파리 郊外 아파트에 火災발생(9.4)
·印度네시아 航空機, 추락하여 149名 死亡(9.5)
·이집트 무바라크 大統領, 5選 連任됨(9.7)
·日本 衆議員 總選에서 執權 自民黨이 압승(9.11)
·美國·中國 頂上會談이 뉴욕에서 개최됨(9.13)
·허리케인 '리타'로 美國人 130萬名에 疎開令이 내림(9.20)
·IAEA, 이란의 核問題 決議案을 통과시킴(9.24)
·아일랜드共和國, 武裝解除 完了를 공식 선언(9.26)
·印度네시아 발리에 爆彈테러가 일어나 130여명의 死傷者가 생김(10.1)
·IAEA와 IAEA事務總長, 2005년 노벨平和賞 受賞者로 결정됨(10.7)
·허리케인 '스텐'이 中南美를 강타하여 數千名이 死亡(10.8)
·中國, 두 번째 有人宇宙船 '神舟 6號'발사에 成功(10.12)
·英國 作家 핀터, 노벨文學賞 受賞者로 선정(10.12)
·2005 프랑크푸르트 國際圖書展이 開幕됨(10.19)
·開城 靈通寺, 500년만에 복원됨(10.31)
·후지모리 前 페루 大統領, 日本을 떠나 칠레에 到着하면서 체포됨(11.6)</td></tr>
</table>

年度 ＼ 區分	本人 및 家族·先代		韓半島 및 世界	
	本 人	家 族·先 代	韓 半 島	世 界
A.D.2005 (70)		·妻와 長女 家族을 만나 會食을 가짐(12.25) ·妻와 5人幇 모임에 나가 送年會를 가짐(12.29) ·집에 온 孫女와 같이 놀음(12.31) ·妻, 子婦와 新年 飮食을 만듬(12.31) ·妻 및 長男 家族과 除夜의 밤을 보냄(12.31)	·國會, 한나라黨 不參 속에 새해 豫算案을 처리함(12.30)	·요르단 암만市에서 爆彈테러가 발생하여 59名 이상이 死亡함(11.9) ·2006년 월드컵에 나갈 32個國이 확정됨(11.17) ·부시 美國 大統領, 中國을 訪問(11.20) ·獨逸에 女性 總理가 就任함(11.22) ·全國에 많은 눈이 내림(12.4) ·濠洲 시드니에서 人種葛藤 流血暴動이 일어남(12.11) ·이라크, 總選을 실시(12.15) ·美國 뉴욕 大衆交通勞組, 25년만에 罷業에 들어감(12.20) ·호나우디뉴, 2년 연속으로 FIFA가 선정한 '올해의 選手'가 됨(12.20)
A.D.2006 (71)	·環境大學院 新年交禮會에 나가 인사함(1.2) ·國土計劃學會 新年會에 나가 인사함(1.5) ·아프리카 6個國을 돌면서 사파리, 킬리만자로山, 빅토리아 瀑布, 希望峰 등을 관광함(1.12-26) ·好凡會 第4代 會長에 就任함(1.31) ·地方自治學會 總會에 참석(2.17) ·國土學會 總會에 참석(2.22) ·Amenity Forum 創立總會에서 共同代表로 선임됨(2.22) ·서울大病院에 가서 診療를 받음(3.7) ·行複都市 관계 5人幇 모임에 나감(3.10) ·蘇鎭光 教授 招請 晩餐에 참석함(3.16) ·'企業하기 좋은 地域大賞' 審査委員長이 됨(3.17) ·孫女와 집에서 같이 놀아 줌 (3.19) ·書畵作家協會 會員展에 나가 祝辭함(3.24) ·中央都市計劃委員會 會議를 주재(3.30) ·칼빈大學 關係者들과 會食을 함(3.31) ·環境大 同窓會 總會에 참석(4.12) ·처음으로 필리핀 마닐라에 감(4.20) ·中都委에서 首都圈 廣域計劃案을 비판하고 보류시킴(4.27)	·家族들과 새해 歲拜를 함(1.1) ·結婚40周年紀念 아프리카 旅行을 妻와 같이 떠남(1.12) ·聞慶에서 강아지를 집에 데려옴(1.28) ·長男이 妻의 生日宴을 마련함(2.1) ·長壻, 캐나다에 감(2.5) ·妻, 친구들과 윷놀이를 하고 옴(2.6) ·外孫子, 初等學校를 졸업(2.15) ·外孫女, 幼稚園을 졸업(2.27) ·外孫女, 初等學校 入學(3.2) ·外孫子, 中學校 入學(3.2) ·次女와 外孫女의 生日宴을 가짐(3.11) ·새 소파를 구입함(3.12) ·外孫女와 散策함(3.25) ·妻·次女와 누님 問病을 감(3.26) ·妻, 結婚式에 다녀옴(4.1) ·長女 家族 등과 점심食事를 같이 함(4.8) ·妻와 週末農場에 다녀옴(4.8) ·妻, 찜질房에 감(4.10) ·妻 및 妻男과 安東·聞慶·尙州에 다녀옴(4.13) ·長女, 大邱 媤母 生日宴에 감(4.15) ·妻 및 長男과 농장에 가서 씨앗을 뿌림(4.16) ·妻 및 次女와 필리핀 旅行을 다녀옴(4.20-24)	·새 5千원券 紙幣가 유통됨(1.2) ·輕水爐 建設人力, 北韓에서 완전 철수(1.8) ·高 建 前 總理, 新黨 創黨을 시사(1.13) ·國民中心黨이 창당됨(1.17) ·韓國·印度 頂上會談이 靑瓦臺에서 열림(2.7) ·韓國銀行, 콜金利를 인상함(2.9) ·열린우리黨, 새 黨議長에 鄭東泳氏를 선출(2.18) ·自民聯, 11년만에 한나라黨과 통합(2.20) ·토리노 冬季올림픽大會에서 韓國이 7位를 獲得함(2.27) ·鐵道勞組, 罷業을 단행(3.1) ·崇禮門, 99년만에 門을 열어 개방(3.3) ·李海瓚 總理, 골프件으로 辭意 표명(3.5) ·새만금事業이 재개됨(3.17) ·國務會議, 全·盧 前 大統領의 敍勳을 취소(3.21) ·새 總理에 韓明淑 議員이 내정됨(3.24) ·하인스 워드 母子, 韓國을 訪問(4.3) ·환율, 1달러當 957원으로 급락(4.5) ·民統線을 15km에서 10km로 축소키로 함(4.9)	·러시아, 우크라이나에 대한 가스 供給을 중단함(1.1) ·金正日 委員長, 中國 廣州를 訪問(1.12) ·러시아, 영하 30度 추위로 200여명이 死亡(1.20) ·이집트 旅客船, 紅海에서 침몰하여 1,000여명이 死亡(2.3) ·韓國人 어머니인 美國人 하인스 워드, 수퍼보울에서 MVP로 선정됨(2.6) ·世界冬季올림픽大會, 이탈리아 토리노에서 개막(2.11) ·필리핀에서 山沙汰로 1,800여명의 死傷者 발생(2.17) ·泰國 總理, 議會를 해산함(2.24) ·中國 胡錦濤 主席, '社會主義 榮辱觀'을 피력(3.7) ·中國·러시아 頂上會談이 北京에서 개최됨(3.21) ·프랑스 憲法裁判所, 雇傭關係法이 合憲이라고 결정함(3.30) ·泰國, 下院議員 500名을 뽑는 總選 실시(4.2)

區分 年度	本人 및 家族·先代		韓半島 및 世界	
	本　　人	家族·先代	韓半島	世　界
A.D.2006 (71)	·道德協會 臨時總會에서 새 會長을 선출하고 祝辭를 함(5.2) ·驛三洞 解除委員會에 나감(5.8) ·韓自硏 施賞式을 一山에서 거행함(5.12) ·相生會모임에 참석(5.19) ·坡州에서 好凡會 野遊會를 가짐(5.20) ·行政首都 名稱制定委員會 委員長으로 첫 會議를 주재함(5.30) ·行政都市 元老會議에 참석(6.1) ·自治學會 및 韓自硏 세미나를 주재함(6.12) ·土地公社 諮問會議를 行政都市 現地에서 주재함(6.14) ·好凡會·同心會 會員들과 몽골 旅行을 떠남(6.19) ·몽골 傳統家屋 '게르'에 투숙함(6.20) ·地發硏의 새 建物에서 告祀지냄(6.24) ·21世紀 國土포럼 行事를 忠州에서 주관함(6.29) ·서울大 病院에서 醫師診斷을 받음(7.4) ·丹陽 救仁寺를 찾아 禮佛드림(7.13) ·文化觀光部 職員들에게 特講을 함(7.20) ·釜山에서 골프침(7.21) ·龜尾에서 司會 봄(7.26) ·知人들과 古稀紀念自祝宴을 가짐(7.28)	·妻와 長女宅이 들어갈 새 아파트를 살펴 봄(4.29) ·佛誕日을 맞아 妻와 奉恩寺에 가서 禮佛을 드림(5.5) ·外孫女가 귀를 다쳐 手術을 받음(5.5) ·妻, 三星醫療院에서 診察을 받음(5.10) ·妻 및 누님내외분과 農場에 감(5.13) ·妻·長男·外孫女와 農場에 감(5.21) ·妻 및 次女와 地方選擧 投票를 함(5.31) ·長男과 農場에 가서 새 씨앗을 뿌림(5.31) ·妻, 친구들과 木浦紅島로 旅行감(6.1) ·外孫子女들과 '서울의 숲'에 가서 놀고 옴(6.6) ·妻 百貨店에 가서 次女 옷을 사줌(6.6) ·妻, 聞慶에 내려감(6.9) ·妻, 長女 새 아파트에 에어컨을 사줌(6.18) ·妻와 長女의 새 아파트를 訪問함(6.25) ·누님家族들과 밖에서 食事함(6.26) ·妻 및 長男과 地發硏 새 事務室 및 農場에 감(7.2) ·家族들의 古稀生日祝賀를 받음(7.5) ·妻와 結婚式에 감(7.8) ·長女宅에서 古稀生日宴을 待接받음(7.15) ·妻와 中溪洞 商街에 가서 契約更新을 함(7.17) ·長女와 外孫女가 와서 같이 묵음(7.22) ·自宅 庭園을 정리함(7.23) ·長壻와 食事하며 돈 問題를 협의함(7.23) ·妻, 친구들과 놀다 옴(7.27)	·現代起亞그룹, 1兆원을 社會에 헌납한다고 발표(4.19) ·世界最長 33km의 새만금 工事가 15년만에 連結됨(4.21) ·盧大統領, 몽골 등을 訪問하기 위해 出國함(5.7) ·코피아난 U.N.事務總長, 韓國을 訪問(5.14) ·朴槿惠代表, 怪漢에 얼굴을 다쳐 入院함(5.20) ·大統領 政策室長에 權五奎 首席이 임명됨(5.30) ·4大 地方選擧에서 與黨이 참패하고 한나라黨이 압승함(5.31) ·千聖山 터널工事가 재개됨(6.2) ·國會, 17代 後半 議長으로 林埰正 議員을 선출(6.19) ·韓國, 월드컵 16强戰 進出이 무산됨(6.24) ·教育 및 經濟副總理, 辭意를 표함(6.30) ·朝鮮王朝實錄, 93년만에 日本에서 환국(7.7) ·한나라黨, 새 代表에 姜在涉 議員을 선출(7.11) ·現代 自動車 勞組, 全面 罷業에 돌입(7.13) ·金秉準 教育副總理, 就任式 가짐(7.21) ·國會議員 4곳 再補選에서 한나라黨이 3곳 승리(7.26) ·實用衛星 '아리랑號', 成功적으로 발사됨(7.28)	·새 移民法에 항의하는 示威가 美國全域에서 일어남(4.9) ·美國과 中國, 워싱턴에서 頂上會談 가짐(4.20) ·中國, 基準金利를 0.27% 포인트 인상(4.27) ·美國, 리비아와 26년만에 外交關係를 회복함(5.15) ·人間의 23個 染色體를 모두 해독하는데 成功했다고 보도됨(5.18) ·이라크, 완전한 主權政府를 出帆시킴(5.20) ·獨逸 메르켈 總理, 勞組에 全面戰을 선포(5.24) ·印度네시아, 地震으로 4千여명의 死亡자가 발생(5.27) ·東티모르, 國內暴力事態가 지속됨(6.5) ·2006 월드컵大會, 獨逸에서 開幕됨(6.9) ·日本 夕張市, 破産宣言을 함(6.20) ·北韓, 미사일 7發을 東海쪽으로 발사함(7.5) ·월드컵大會, 이탈리아가 優勝함(7.10) ·U.N. 安保理, 北韓制裁案을 가결(7.15) ·G8 頂上會議, 北韓警告案을 발표(7.17) ·北韓, 南北離散家族相逢을 중단함(7.19) ·中國, 美國·러시아의 '世界 核테러리즘과의 戰爭構想'을 환영함(7.24) ·美國 워싱턴에서 韓國休戰 53周年 紀念行事 가짐(7.27) ·北韓, 制裁 안풀면 모든 會談에 不參한다고 발표(7.28)

(5) 生涯의 活動速度: 執筆·傳授·移動·收入의 平均速度

項目	生涯	成長修學期								
		幼兒期	初等學校	中學校	高等學校	大學校	大學院	助敎	留學	累計
期間	年度	1936-44	1945-50	1951-53	1954-56	1957-61	1962-64	1965-68	1969-71	1936-71
	年齡	1-9	10-15	16-18	19-21	22-26	27-29	30-33	34-36	1-36
	年數	8	6	3	3	5	3	4	3	35
1. 執筆速度(枚)	總執筆量	-	5,060	16,060	17,770	12,860	4,600	9,010	10,950	76,310
	枚1年	-	843	5,353	5,923	2,572	1,533	2,253	3,650	2,180
	枚1月	-	70	446	494	214	128	188	304	180
	枚1日	-	2	15	16	10	4	6	10	6
2. 傳授速度(人)	總傳授者數	-	-	-	-	183	304	1,616	240	2,343
	人1年	-	-	-	-	37	101	404	80	67
	人1月	-	-	-	-	3	8	34	7	6
	人1日	-	-	-	-	0.1	0.3	1.1	0.2	0.2
3. 移動速度	總移動距離(km)	928	3,726	3,016	5,222	24,599	12,338	19,318	31,952	101,153
	km1年	123	621	1,005	1,741	4,920	4,113	4,829	10,651	2,890
	km1月	10	52	84	145	410	343	402	888	238
	km1日	0.3	1.7	2.8	4.8	13.5	11.3	13.2	29.2	7.8
	m1時	13	71	115	199	561	469	551	1,216	326
	m1分	0.2	1.2	1.9	3.3	9.4	7.8	9.2	20.3	5.4
	cm1秒	0.4	2.0	3.2	5.5	15.6	130	15.3	33.8	9.0
4. 收入速度(원) ※經常	總收入	141	4,501	48,600	250,806	822,497	1,760,381	5,923,159	7,511,477	16,321,562
	원1年	18	750	16,620	83,602	164,499	586,794	1,480,790	2,503,825	466,330
	원1月	1.4	63	1,350	6,967	13,708	48,899	123,399	208,652	38,404
	원1日	0.05	2.1	44.3	228.8	450.4	1,606.2	4,054.2	6,859.8	1,261.3
	원1時	0.002	0.09	1.8	9.5	18.8	66.9	168.9	285.8	52.6
	원1分	$10+10^{-5}$	0.001	0.03	0.2	0.3	1.1	2.8	4.8	0.9
	원1秒	$5+10^{-7}$	$2+10^{-5}$	$5+10^{-4}$	0.003	0.005	0.02	0.05	0.08	0.01

項目	生涯	社會活動期											總累計	名譽敎授	生涯總累計
		專講	助敎授	副敎授	敎授	大學院長	敎授	硏究院長	敎授	主任敎授	敎授	累計			
期間	年度	1972-75	1976-79	1980-84	1985-86	1987-90	1991-92	1993-94	1995-96	1997-98	1999-2002	1972-2002	1936-2002	2002-06	1936-2006
	年齡	37-40	41-44	45-49	50-51	52-55	56-57	58-59	60-61	62-63	64-67	37-67	1-67	67-71	1-71
	年數	4	4	5	2	4	2	2	2	2	4	31	66	4	70
1. 執筆速度(枚)	總執筆量	12,476	21,863	18,095	11,198	21,253	9,950	5,556	13,541	3,782	4,370	134,868	211,178	16,245	277,423
	枚1年	3,119	5,466	3,619	5,599	5,313	4,975	2,778	6,771	1,891	1,093	4,351	3,200	4,061	3,249
	枚1月	260	455	302	467	443	415	232	564	158	99	366	266	346	271
	枚1日	9	15	10	15	15	14	8	19	5	3	12	9	11	9
2. 傳授速度(人)	總傳授者數	6,806	11,095	35,462	12,463	87,169	84,792	41,655	61,490	37,323	67,016	434,267	436,610	104,408	541,018
	人1年	1,702	2,774	7,092	6,232	21,792	42,396	20,828	30,745	18,662	16,754	14,009	6,615	26,102	7,729
	人1月	142	231	591	519	1,816	3533	1,736	2,562	1,555	1,523	1,180	551	2,221	644
	人1日	4.7	7.6	19.4	17.1	59.7	116.0	57.1	84.1	51.1	50.0	38.8	18.1	73.2	21.2
3. 移動速度	總移動距離(km)	73,251	166,324	188,733	86,122	165,668	147,982	136,279	194,565	115,100	259,110	1,533,202	1,634,355	224,854	1,859,209
	km1年	18,313	41,581	37,747	43,061	41,417	73,991	68,140	97,283	57,550	64,778	49,458	24,763	56,214	26,560
	km1月	1,526	3,456	3,146	3,588	3,451	6,166	5,678	8,107	4,796	5,889	4,166	2,061	4,784	2,213
	km1日	50.1	113.8	103.3	118.0	113.4	202.4	186.7	266.2	157.7	193.5	136.9	67.7	157.6	72.7
	m1時	2,089	4,743	4,308	4,916	4,725	8,435	7,778	11,090	6,570	8,063	5,703	2,821	6,565	3,030
	m1分	34.8	79.1	71.7	81.9	78.7	140.6	129.6	184.8	109.5	134.4	95.1	47.0	109.4	50.5
	cm1秒	58.0	131.8	119.6	136.5	131.2	234.2	216.1	308.1	182.5	224.0	158.4	78.4	182.4	84.2
4. 收入速度(원) ※經常	總收入	30,956,000	138,177,000	327,918,000	232,740,000	879,327,000	357,786,000	382,841,000	284,913,000	937,057,000	1,569,461,000	5,140,976,000	5,157,297,000	1,930,912,000	7,088,209,000
	원1年	7,739,000	34,544,000	65,584,000	116,370,000	219,832,000	178,893,000	191,421,000	142,457,000	468,529,000	392,365,000	165,838,000	78,141,000	482,728,000	101,260,129
	원1月	645,000	2,879,000	5,465,000	9,698,000	18,319,000	14,970,000	15,952,000	11,871,000	39,044,000	35,670,000	13,970,000	6,504,000	41,083,234	8,438,344
	원1日	21,188	94,577	179,484	318,822	601,867	523,722	524,440	389,758	1,283,640	1,172,114	458,974	213,632	1,353,127	277,230
	원1時	883	3,941	7,479	13,284	25,078	21,822	21,852	16,240	53,485	48,838	19,124	8,901	56,380	11,551
	원1分	15	66	125	231	418	364	364	271	891	814	319	148	940	193
	원1秒	0.2	1.1	2.1	3.7	7.0	6.1	6.1	4.5	14.9	13.6	5.3	2.5	15.7	3.2

(6) 生涯活動의 1日 平均速度 推移圖

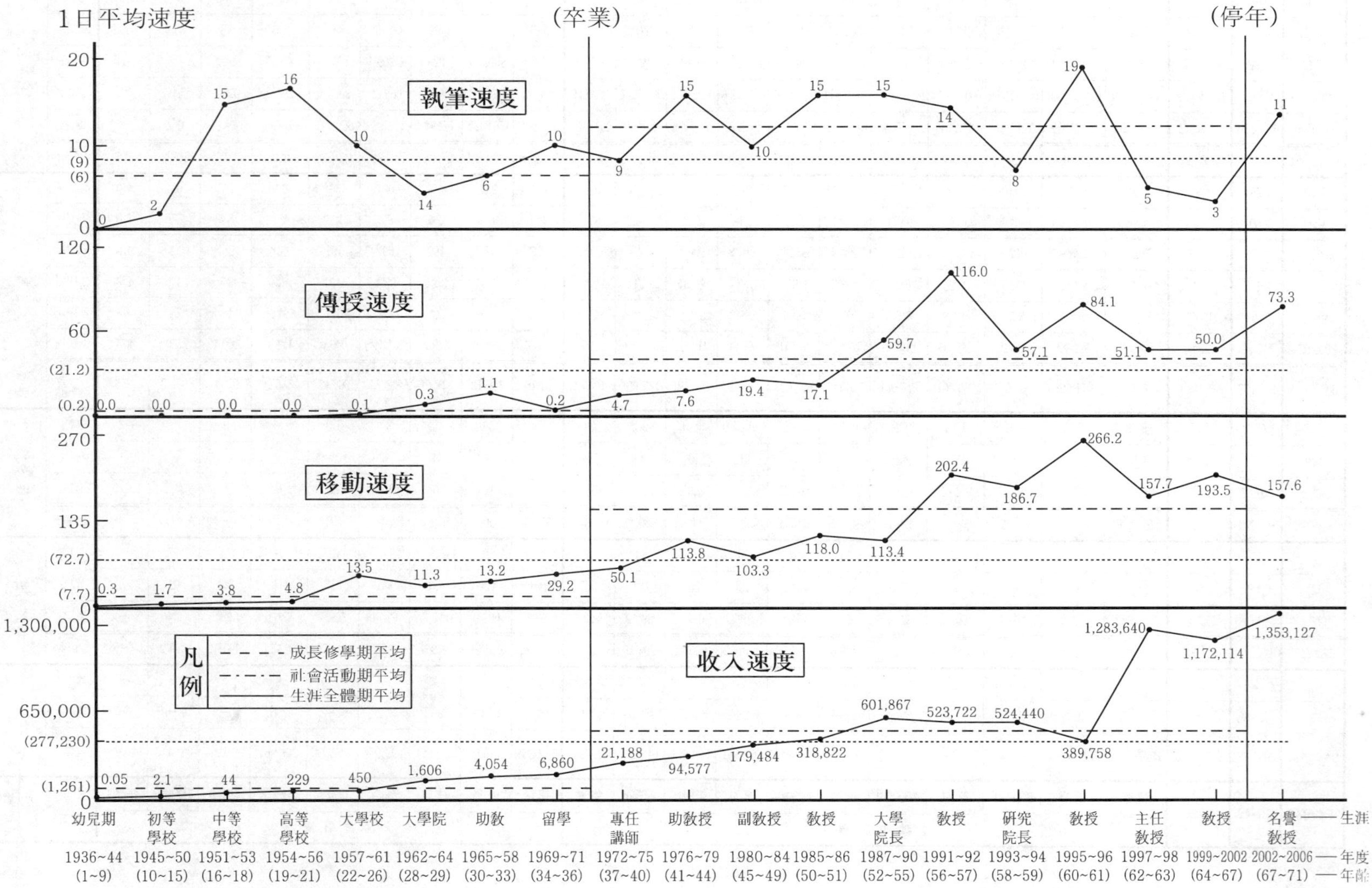

第 2 章 最初 및 最高의 記錄

□ 總 括

分類	主要事項 \ 區分	最初 發生		最高 記錄	
		年度	年齡	年度	年齡
1. 經 歷	1. 委囑職位	1960	25	1990	55
	2. 保有職銜	1960	25	1998	63
	3. 受領賞勳	1980	45	1999	64
2. 發 刊	1. 著書發刊	1967	32	1982 1995	47 60
	2. 論文揭載	1965	30	1995	60
	3. 報告書 發刊	1964	29	1985 1986	50 61
3. 發 表	1. 基調發表	1975	40	1992	57
	2. 主題發表	1973	38	1991	56
	3. 司會擔當	1972	37	1995	60
	4. 討論參與	1972	37	1991	56
4. 講 演	1. 特別講演	1973	38	1991 1995	56 60
	2. 演說·人事	1977	42	2001	66
	3. 特別報告	1972	37	1993	58
5. 報 道	1. 新聞揭載	1965	30	1995	60
	2. TV 放映	1973	38	1991	56
	3. 라디오 放送	1973	38	1992	57
6. 聽 衆	1. 受學者	1955	20	1975	40
	2. 聽取者	1965	30	1991	56

分類	主要事項 \ 區分	最初 發生		最高 記錄	
		年度	年齡	年度	年齡
7. 奉 仕	1. 團體加入	1961	26	1999	64
	2. 紀念作文	1982	47	1993	58
	3. 主禮執典	1977	42	1997	62
	4. 行事參席	1983	48	1996	61
	5. 紹介弘報	1980	45	2004	69
	6. 受領 年賀狀	1961	26	1987	52
8. 旅 行	1. 旅行回數	1954	19	2001	66
	2. 訪問國	1969	34	1979	44
	3. 訪問地域	1954	19	1995	60
	4. 航空搭乘	1965	30	1995	60
9. 距 離	1. 旅行距離	1951	16	1995	60
	2. 步行數	1936	1	1958	23
10. 趣 味	1. 吸煙	1966	31	1998	63
	2. 飮酒	1962	27	1983	48
	3. 唱歌	1941	6	1963	28
	4. 小說	1945	10	2002	67
	5. 映畵	1948	13	2000	65
	6. 골프	1983	48	1985	50

I. 最初 發生 記錄

○ 要 約

年度	年齡	最初 發生 事項
1936	1	本人出生
1940	5	水泳
1941	6	唱歌
1945	10	學校入學, 小說朗讀
1946	11	齒牙 닦음
1948	13	映畵, 曲馬團, 記錄始作
1949	14	버스, 花鬪놀이
1952	17	自轉車, 汽車
1954	19	出鄕
1955	20	家庭敎師
1956	21	電車, 市內버스
1957	22	구두, 時計, 택시, 中國飮食
1958	23	軍入隊
1959	24	바다구경
1961	26	洋服
1962	27	飮酒
1964	29	라디오
1965	30	家族合流, 飛行機, 生鮮膾
1966	31	結婚, 扇風機, 吸煙, 子女出生, 自家取得
1967	32	大學講義, 共同著書
1968	33	自宅 電話, 眼鏡
1969	34	TV, 外國訪問, 太平洋 구경
1972	37	大學專講, 司會, 討論
1973	38	主題發表, 라디오 出演, TV 出演, 特講
1975	40	基調發表
1977	42	結婚主禮
1978	43	冷藏庫
1979	44	單獨著書
1980	45	勳章
1981	46	同窓會長
1982	47	乘用車 購入, 에어콘, 法名戒受
1983	48	골프 運動
1986	51	學會 會長, 大學院 院長
1988	53	家旗 製作
1990	55	自動車 運轉免許, 地下鐵
1992	57	白頭山, 硏究院 院長
1993	58	子女結婚, 外孫子 出生
1997	62	回甲紀念 記錄集 發刊, 종이博物館 展示
1999	64	金剛山, 總理級 委員長, 서울市 文化賞
2002	67	敎授停年,名譽敎授
2003	68	行政首都計劃參與
2005	70	碩座敎授, 孫女出生
2006	71	古稀紀念行事

1. 生涯 特記事項의 最初 發生日字 및 發生內容

生涯區分	年齡(歲)	發生年月日	發 生 事 項	發 生 內 容
出生·幼兒	1	1936. 7.28	出生	陰 丙子年 6月 10日 聞慶市 興德洞 깃골마을에서 출생함
	2	1937. 5.17	寺刹禮佛	父母任을 따라 聞慶市 山北面 金龍寺에 감
	5	1940. 7.15	水泳	興德 앞 穎江에서 수영을 함
	6	1941. 2. 1	唱歌	노래가락 '却說이 打令'을 배워 부름
	9	1944. 1.29	妻 出生	후일 夫人이 될 黃蓮子, 聞慶市 店村洞에서 태어남
初等學校	10	1945. 4. 2	學校入學	聞慶市 戶西南國民學校에 입학하여 수학을 시작함
		1945.11. 1	漫畵冊 봄	만화책 '洪吉童'을 빌려서 봄
		1945.12.15	小說 읽음	소설책 '콩쥐·팥쥐를 빌려서 읽음
	11	1946. 8.22	家族逝去	祖母 丹陽禹氏 鳳伊 향년 79세로 서거하심
		1946. 9. 5	運動靴 着靴	擔任先生任이 交換券을 주어 운동화로 바꾸어 신음
		1946.10. 5	바나나 取食	叔父(金商培)께서 平昌에서 선물로 가져와 먹음
	12	1947. 9. 5	理髮所 理髮	興德理髮館에 가서 머리를 깎음
	13	1948. 3.30	映畵觀覽	無動·無聲映畵 '沈淸傳'을 관람함
		1948. 5.15	曲馬團 觀覽	店村邑內 市場터에서 曲馬團(말광대)을 구경함
		1948. 7.24	賞狀受賞	3學年末에 優等賞과 皆勤賞을 받음
		1948. 9. 1	記錄 始作	읽은 童話集·小說 등을 기록하기 시작함
		1948. 9. 5	지게 짐	지게를 지고 父母任과 牛池山에 나무하러 감
	14	1949. 3. 1	級長 就任	4學年 4班 級長으로 선출됨
		1949. 9.12	버스 乘車	聞慶邑 石九 누님宅에 버스를 타고 감(最初 旅行)
		1949.11. 1	商品販賣	집에서 딴 홍시를 新作路邊에 놓고 판매함
		1949.12. 3	花鬪놀이	집에서 家族들과 花鬪를 배워서 침
	16	1951. 6.20	國家考試 應試	中學校 入學 國家考試에서 425/450을 얻어 郡에서 1位를 함
中等學校		1951. 9.10	學校1等 入學	聞慶中學校에 1等으로 입학함
		1951.12. 1	敎會參與	店村 中央敎會에 친구들과 같이 나감
	17	1952. 1.31	自力所得	洞里 盲人 占術家 權氏의 占術을 돕고 手苦費를 받음
		1952. 6.29	汽車 乘車	父母任과 汽車를 타고 尙州에 감
高等敎育	19	1954. 4. 5	出鄕	安東에 留學次 단독으로 고향을 떠남
		1954. 4. 5	下宿	安東에 유학차 가서 친구들과 下宿을 시작함
		1954. 4.20	大衆浴湯 入湯	安東 市內 沐浴湯에 친구들과 들어가 목욕함
		1954. 7.31	自炊生活	安東市 太華洞에서 친구와 自炊를 시작함
	20	1955. 2.28	家庭敎師 入住	安東市 平和洞 張翰相군의 家庭敎師로 들어감
	21	1956. 1.10	서울市 訪問	國家檢定考試 應試次 서울 石出 누님에게 감
		1956. 1.12	電車乘車	國家檢定考試 應試次 서울에 가서 누님과 電車를 탐
		1956. 4. 5	外食取食	家庭敎師宅 主人이 安東 市內 食堂에서 음식을 사줌
	22	1957. 3.20	初等敎師 資格證 取得	國民學校 2級正敎師 資格證을 취득함
大學校·軍服務		1957. 4. 1	서울 單獨移住	서울大學校에 입학하여 단독으로 서울에 정착함
		1957. 4.10	구두 着靴	旣成靴 구두를 사서 신음
		1957. 5.10	택시 乘車	서울 市內에서 친구들과 택시를 타봄
		1957. 6. 1	時計 着用	家庭敎師宅 主人이 선물한 손목時計를 참
		1957. 6.30	中國飮食 取食	孝昌洞 自炊宅 主人이 元曉路 中國집에서 짜장면을 사줌
	23	1958. 7.31	軍隊 入隊	陸軍 論山訓練所에 입소함
		1958. 7.31	忠淸南道 訪問	軍隊 入營으로 忠南 論山에 감
		1958. 9.15	京畿道 訪問	陸軍 首都師團 第7276部隊가 있는 京畿 抱川으로 감
	24	1959. 6. 2	同期 모임	在京 安東師範學校 同期들이 모임

生涯區分	年齡(歲)	發生年月日	發 生 事 項	發 生 內 容
大學校·軍服務	24	1959. 6. 2	仁川市 訪問	高校 同期들과 仁川市에 감
		1959. 6. 2	바다 구경	高校 同期들과 仁川에 가서 黃海바다를 구경함
		1959.12. 5	江原道 訪問	軍 休暇를 받아 石出 누님宅이 있는 江原道 原州에 감
	25	1960. 1. 5	光州 訪問	陸軍 上等兵으로 光州 尙武臺에서 근무함
	26	1961. 1.16	中學校 講師	母校 聞慶中學校에서 臨時敎師로 物象과 數學을 가르침
		1961. 3. 5	洋服 着服	中學校 講師料로 洋服을 맞추어 입음
		1961. 3. 5	넥타이 着用	洋服着服과 함께 넥타이를 맴
		1961. 5. 1	親睦團體 加入	聞慶中學校 同窓會가 창설되어 가입함
		1961.12. 1	年賀狀 受領	新年 年賀狀을 高校 同窓으로부터 받음
	27	1962. 2.26	學位 取得	서울大學校 總長으로부터 理學士 學位를 받음
會社社員·高校敎師		1962. 3.30	高校 敎師資格證 取得	高等學校 物理學 2級正敎師 資格證을 취득함
		1962. 4. 7	定式 就業	出版社 民衆書館 編輯社員으로 入社함
		1962. 4. 7	飮酒	就業日에 동료들과 술을 마심
		1962. 4.25	定式 俸給	民衆書館으로부터 첫 俸給을 받음
	28	1963. 2. 1	高校 敎師	首都女子師範大學 부속 女子高等學校 數學敎師로 취임함
大學院		1963. 4.21	船舶 乘船	家庭敎師宅 家族들과 仁川 月尾島로 배를 타고 감
		1963. 5. 5	갈비 取食	大學院 同期들과 鍾路5街 食堂에서 갈비를 먹음
	29	1964. 4.15	內務部 結緣	內務部 地方行政硏究委員會 硏究員으로 위촉됨
		1964. 5.13	全羅北道 訪問	內務部 調査次 茂朱郡廳을 방문함
		1964. 5.15	洋食 取食	친구들과 鍾路3街 食堂에서 洋食을 먹음
		1964. 8. 1	乘用車 乘車	地方 出張時 郡廳의 官用車를 탐
		1964. 8. 1	라디오 購入	淸凉里 黃氏宅 家庭敎師時 라디오를 사서 비치함
		1964.12. 1	洋酒 取飮	친구들과 鍾路5街 酒店에서 洋酒를 마심
	30	1965. 1. 1	家族 서울 移住	고향의 家屋이 全燒하여 父母任이 서울로 移住하여 오심
		1965. 2.26	學位論文 提出·通過	서울大 行政大學院 碩士學位論文이 통과되어 졸업함
內務部		1965. 3. 1	學術團體 加入	韓國行政學會 正會員으로 가입함
		1965. 3.10	大邱市 訪問	內務部의 硏究·調査次 내려가 머뭄
		1965. 4. 1	敎育院 講義	內務部 地方行政硏修院에서 講師로서 강의함
		1965. 4.11	忠淸北道 訪問	淸州市에 친구를 만나러 내려감
		1965. 7.10	釜山市 訪問	家庭敎師宅 主人과 負債 받으러 내려가 머뭄
		1965. 7.17	航空機 搭乘	空軍 輸送機를 타고 濟州道에 감
		1965. 7.17	南海 바다 구경	濟州道 가는 航空機에서 南海 바다를 구경함
		1965. 7.17	濟州道 訪問	金光得·林敬鎬와 濟州道를 방문함
		1965. 7.18	生鮮膾 取食	濟州道에서 生鮮膾를 먹어봄
		1965.10.15	新聞 揭載	道德新聞에 '主體性을 살리는 길'을 게재·발표함
大學院 助敎	31	1966. 1.11	結婚	黃蓮子孃과 서울 禮式場에서 結婚式을 올림
		1966. 3.10	扇風機 購入	서울 梨花洞 傳貰房에 친구 崔佑埴 주선으로 扇風機를 비치함
		1966. 3.25	吸煙	大學院 助敎 자리로 오면서 담배를 피움
		1966. 3.25	助敎 就任	서울大 行政大學院 無給 助敎로 취임함
		1966.10. 1	論文 發表	'地方自治團體의 事務配分實態'를 監査月報 66년 10월호에 발표함
		1966.10.30	子女 出生	長女 金雪娥가 태어남
		1966.12.20	自家 取得	서울 東大門區 昌信4洞에 自家를 취득하여 입주함
	32	1967. 3. 2	大學講義	明知大 行政學科 時間講師로 위촉되어 강의함
		1967. 9. 1	外國人 交際	美國 Peace Corp로 온 Rodney Lane을 만나 친구로 사귐
		1967.10. 1	共同著書 發刊	盧隆熙교수와 共著 '國稅·地方稅 調整에 관한 硏究'를 발간함
		1967.11. 1	學院 講義	京畿學院에서 行政學을 강의함
	33	1968. 1.27	電話 設置	서울 昌信洞 自宅에서 54-1989番의 電話를 가설함
		1968. 9. 1	眼鏡 着用	視力이 급히 악화되어 眼鏡을 맞추어 낌
	34	1969. 4.10	텔레비전 購入	서울 昌信洞 自宅에 黑白 TV를 구입·비치함
美國留學		1969. 9.20	外國 留學	美國 Ohio州 Cincinnati大學校 大學院으로 유학감
		1969. 9.20	海外 旅行	美國務省 奬學生으로 留學次 美國을 향해 출국함

生涯區分	年齡(歲)	發生年月日	發 生 事 項	發 生 內 容
美國留學	34	1969. 9.20	太平洋 구경	留學次 美國가는 航空機에서 太平洋을 구경함
		1969. 9.22	硏修·訓練	美國務省 A.I.D. 프로그램에 따라 海外硏修를 받음
		1969. 9.30	單獨硏究報告書 發刊	內務部 의뢰 '各國 地方行政의 中央統制에 관한 硏究'를 완료·발간함
	35	1970. 2.28	볼링 運動	美國 Cincinnati 大學內 볼링장에서 볼링을 배워 침
	37	1972. 1. 8	Hawaii 訪問	美國에서 귀국하는 길에 Hawaii에 내려 머뭄
		1972. 1.12	日本 訪問	美國에서 귀국하는 길에 東京에 내려 머뭄
大 學 院 講 師		1972. 2.11	報告 說明	서울大 行政大學院에서 歸國報告를 발표함
		1972. 3. 2	大學院 講義	서울大 行政大學院에서 時間講師로 강의를 함
		1972. 3. 2	敎授室 助敎	初代 助敎로 李廷植군이 입실함
		1972. 3.17	東海 바다 구경	조사차 浦項에 가서 東海 바다를 구경함
		1972. 3.25	司會 擔當	大韓國土計劃學會 세미나에서 '計劃專門家 養成' 分科를 사회함
專任講師		1972. 5.10	敎授職 取得	서울大 行政大學院 專任講師로 발령받음
		1972. 5.20	病院 入院	急性 肝炎으로 서울大學病院에 입원함
		1972. 6.30	討論 參與	서울大 行政大學院 세미나에서 'Otam-Metra 報告書'에 대해 토론함
		1972. 8.18	全羅北道 訪問	조사·연구차 順天市에 가서 머뭄
	38	1973. 5.10	主題論文 發表	大韓國土計劃學會 세미나에서 '工業化와 環境保全'을 발표함
		1973. 6.27	라디오 放送	基督敎放送 '오늘을 診斷한다'에 나가 방송함
		1973. 7.26	텔레비전 放映	大田 MBC TV 政經討論에 출연하여 토론함
		1973. 7.27	特別 講演	春川에 가서 江原道 公務員에게 '行政管理技法'을 강연함
	39	1974. 1.18	大田市 訪問	調査·硏究次 내려감
		1974.10.28	國際會議 參席	日本 名古屋에서 개최된 U.N.C.R.D. 세미나에 참석함
	40	1975. 4.18	慶尙南道 訪問	調査硏究次 外國人들과 慶南 蔚山市에 감
		1975. 8.13	基調論文 發表	韓國社會科敎育硏究會 세미나에서 基調論文을 발표함
助 敎 授	41	1976. 8.27	博士學位 取得	美國 Cincinnati大學校에서 地域經濟學 博士學位를 받음
	42	1977. 3. 5	主禮 執典	그랜드 호텔에서 金殷泰군과 李貞淑양의 結婚主禮를 봄
		1977. 4.17	演說 및 人事	在京 聞慶郡民會 總會에서 祝辭 演說을 함
	43	1978. 6.18	泰國 訪問	硏究次 泰國 Bangkok에 가서 체류함
		1978. 7. 1	冷藏庫 購入	서울 上道洞 自宅에 冷藏庫를 구입·설치함
		1978.11. 4	富士山 登山	日本 箱根을 거쳐 富士山 중턱에 오름
	44	1979. 8. 9	Netherlands 訪問	都市計劃 視察次 Amsterdam에 감
		1979. 8.10	Denmark 訪問	都市計劃 視察次 Copenhagen에 감
		1979. 8.10	大西洋 구경	Denmark에 가서 大西洋 바다를 구경함
		1979. 8.11	獨逸 訪問	都市計劃 視察次 Hamburg에 감
		1979. 8.12	英國 訪問	都市計劃 視察次 London에 감
		1979. 8.14	佛蘭西 訪問	都市計劃 視察次 Paris에 감
		1979. 8.18	Austria 訪問	都市計劃 視察次 Wien에 감
		1979. 8.19	Swiss 訪問	都市計劃 視察次 Zürich에 감
		1979. 8.19	Alps山 訪問	電鐵을 타고 Alps 중턱까지 올라감
		1979. 8.21	伊太利 訪問	都市計劃 視察次 Venice에 감
		1979. 8.24	Greece 訪問	都市計劃 視察次 Athens에 감
		1979. 9.10	單獨著書 發刊	著書 '環境과 國土'를 博英社에서 출간함
		1979.10.13	Sri Lanka 訪問	國際會議 參席次 Colombo에 감
		1979.10.13	印度洋 구경	Sri Lanka Colombo에서 印度洋 바다를 구경함
副 敎 授	45	1980.10.14	紹介 弘報	서울市都市計劃 國際 세미나에서의 發表를 東亞日報가 소개함
		1980.10.25	勳章 受勳	保國勳章 天授章을 받음
		1980.10.25	大統領 相面	全斗煥 大統領과 相面하여 악수하고 勳章을 받음
	46	1981. 3. 1	同窓會長 就任	聞慶中學校 同窓會 會長으로 선출됨
	47	1982. 1.16	Indonesia 訪問	地方行政 視察次 公務員들과 Jakarta에 감
		1982. 1.19	濠洲 訪問	地方行政 視察次 公務員들과 Canberra에 감
		1982. 1.22	New Zealand 訪問	地方行政 視察次 公務員들과 Wellington에 감

生涯區分	年齡(歲)	發生年月日	發 生 事 項	發 生 內 容
副 敎 授	47	1982. 2.15	碑文 作成	聞慶中學校 敎育憲章碑 建立文을 작성함
		1982. 3.12	乘用車 購入	마크V 에코노미 서울4다 4300 自家用 乘用車를 구입함
		1982. 6.30	에어콘 購入	서울 上道洞 自宅 안방에 에어콘을 구입・설치함
		1982.10.15	表彰狀 受賞	서울大學校 10年 勤續 表彰狀을 받음
		1982.11.25	土地 取得	店村市 茅田洞 소재 垈地 360.2坪을 구입함
	48	1983. 1.23	印度 訪問	國際會議 參席次 New Delhi에 감
		1983. 1.26	印度首相 相面	國際會議 參席者들과 印度 간디首相을 상면・인사함
		1983. 2. 1	골프 練習 登錄	奉天 골프 練習場에 등록하고 골프를 배우기 시작함
		1983. 4. 7	골프 필드 運動	李相伊 초청으로 南城臺 골프장에서 골프를 침
		1983.12. 8	外國 골프場 運動	Sri Lanka Columbo시 Royal Colombo C.C.에서 골프를 침
		1983.12.10	Singapore 訪問	Sri Lanka에서 歸國時 1泊 체류함
	50	1985. 4.18	골프 싱글 打球	陽智 골프場에서 81打를 쳐서 싱글을 기록함
正 敎 授		1985.10. 1	正敎授 昇進	서울大 環境大學院 正敎授로 승진함
		1985.10. 3	골프 이글 打球	正亞(후에 플라자) 골프場 롱 홀에서 3打로 이글을 침
大學院長	51	1986. 2.15	學會 會長 就任	大韓國土・都市計劃學會 第9代 會長으로 선출됨
		1986. 9.15	Malaysia 訪問	國際會議 參席次 Kuala Lumpur에 감
		1986.11. 5	大學院長 就任	서울大 環境大學院 第4代 院長으로 취임함
	52	1987. 3. 4	感謝狀 受領	서울大學校 總長으로부터 基金造成 功勞로 感謝狀을 받음
		1987. 6.23	歌詞 作詞	店村市 公募 '店村市民의 노래'에 응모하여 당선됨
	53	1988.11. 1	家號 懸板	서울 驛三洞 自宅 玄關 앞에 家號 '明德世家'를 새겨 걸음
		1988.11.11	家旗 製作	'慶州金氏 安濟之家旗'를 제작・비치함
	54	1989. 3. 8	中國 訪問	國際會議 參席次 上海에 감
		1989.10.28	漢詩 作詩	恩師 Kenneth E.Corey에게 自作・自筆詩를 만들어 선사함
	55	1990. 9.10	臺灣 訪問	韓・中・日 都市計劃學會 會議 참석차 臺北에 감
		1990. 9.15	隨想集 發刊	'草凡 隨想集:「變動과 思索」'을 韓國自治新聞社에서 발간함
		1990. 9.26	運轉免許證 取得	第2種 普通 運轉免許證을 취득함
		1990.11.15	地下鐵 始乘	서울 江南驛에서 서울大驛까지 2號線 地下鐵을 탐
平 敎 授	56	1991. 4. 9	Spain 訪問	U.N. 주최 國際會議 참석차 Barcelona에 감
		1991. 4.15	Portugal 訪問	觀光次 妻와 같이 Lisbon에 감
		1991. 4.17	Sweden 訪問	觀光 및 朴憲注군 부부 상봉차 Stockholm에 감
		1991. 7. 6	Monaco 訪問	觀光次 金源교수 등과 Monaco에 감
	57	1992. 7.13	豆滿江 洗手	豆滿江에 들어가 손발을 씻고 北韓 땅을 바라봄
		1992. 7.14	白頭山 登頂	白頭山에 올라 天池를 구경함
研究院長		1992. 7.21	研究院長 就任	韓國地方行政研究院 第7代 院長으로 취임함
	58	1993. 1. 6	子女 結婚	長女 金雪娥, 文丙基군과 空港터미널 禮式場에서 결혼함
		1993. 7.22	商街 店鋪 購入	서울 中溪洞 소재 商街 店鋪를 구입함
		1993. 8. 9	財産 申告	韓國地方行政研究院長으로서 財産을 신고・등록함
		1993.10.16	孫子 出生	外孫子 文近榮, 美國 Ohio州 Columbus市에서 태어남
平 敎 授	59	1994.10.24	萬步機 着用	日製 萬步機를 착용하여 步行數를 매일 기록함
	60	1995. 7.18	Egypt 訪問	東亞建設 안내로 Cairo에 감
		1995. 7.20	Libya 訪問	東亞建設 안내로 Tobruk에 감
		1995. 7.25	地中海 海水浴	東亞建設 안내로 Tripoli 근방 地中海에서 海水浴을 함
		1995. 7.26	Tunisia 訪問	東亞建設 안내로 Djerba에 감
		1995. 8. 4	自宅 팩스 設置	친구 卞鐸사장이 Telipa30의 Facsimile을 기증・설치함
		1995.10. 4	名譽市民 委囑	美國 Las Vegas市로부터 名譽市民證을 받음
	61	1996. 2. 6	與黨總裁表彰 受領	金泳三 新韓國黨 總裁로부터 表彰狀을 받음
		1996. 2.29	自治團體評價 審查	自治團體經營大賞 審查委員長으로 심사를 주재함
		1996. 5.18	永宗島 現場視察	永宗島 國際空港 建設現場을 시찰함
		1996. 5.25	綠色免許證 受領	7年期限 自動車 免許證을 취득함
		1996. 5.30	七甲山 頂上 登頂	忠南 青陽郡 七甲山 山頂에 오름
		1996. 6. 1	國際免許證 取得	1年 限度의 國際免許證을 발급받음

生涯區分	年齡(歲)	發生年月日	發 生 事 項	發 生 內 容
平 教 授	61	1996. 6. 6	水毒으로 발 得病	文幕에서 몰고기를 잡다가 水毒으로 발을 다침
		1996. 6. 8	골프 會員券 取得	陽智 골프場의 會員券을 취득함
		1996. 6.14	校舍 起工式 參席	서울大 環境大學院 建物 起工式에 참석하여 試삽함
		1996. 7.20	回甲紀念 會食	妻・누님夫婦・동생夫婦와 회갑기념 저녁 회식을 함
		1996. 7.23	家族同伴 中國 訪問	回甲紀念으로 妻・次女와 같이 中國旅行을 감
		1996. 7.23	GroupTour 國際旅行	未知人들과 그룹・투어로 中國을 여행함
		1996. 7.25	陰曆起算 回甲到來	陰曆 丙子年 6月 10日 出生으로 第60回 생일을 맞이함
		1996. 7.28	陽曆起算 回甲到來	陽曆 1936.7.28 出生으로 第60回 생일을 맞이함
		1996. 8.26	聘母任 逝去	빙모님 金福伊 여사, 店村 自宅에서 享年 77세로 서거함
		1996.10. 7	美國市長 表彰 받음	Las Vegas市 Jones市長으로부터 國際行事 공로로 表彰狀 받음
		1996.12.31	回甲紀念集 발간	生涯 記錄集『한 韓國人의 삶과 발자취』를 回甲紀念으로 발간함
	62	1997. 1. 8	回甲集 贈呈行事	리츠칼튼 호텔에서 回甲紀念集의 증정행사를 가짐
		1997. 1.12	回甲集 言論報道	朝鮮日報 社會面 톱 記事로 記錄集의 특이함을 소개함
		1997. 2.14	學會 名譽會長 취임	韓國地方自治學會 會長職에 이어 名譽會長으로 추대됨
主任敎授		1997. 3. 1	課程 主任敎授 취임	서울大 環境大學院 高位政策課程 主任敎授에 취임함
		1997. 4. 4	高位課程 海外硏修	高位政策課程 부부 60명을 인솔하여 濠洲 및 싱가포르 방문함
		1997. 4. 6	濠洲에서 골프	Sydney 근교에서 高位課程生 일부와 골프를 침
		1997. 4. 9	Singapore에서 골프	Sentosa섬에서 高位課程生 일부와 골프를 침
		1997. 4.24	40년만의 同期 모임	서울大 物理學科 '57년도 入學 同期生들이 40년만에 모임을 가짐
		1997. 4.25	戶籍上 回甲 맞음	戶籍上 陽曆生日인 1937.4.25 基準의 만 60歲를 맞음
		1997. 6. 1	골프會員券 사용	陽智 골프場 會員券을 가지고 李澈九사장 등과 골프 침
		1997. 6.17	保管史料 기증	卒業狀 등 個人史料 일체를 한솔文化財團에 기증함
		1997. 6.25	道廳移轉 委員長	慶北 道廳移轉 推進委員長으로 추대됨
		1997. 7.14	進甲紀念 會食	陰曆 丁丑年 6月 10日 妻・姉夫婦・弟夫婦와 進甲 會食을 가짐
		1997. 7.20	Mileage사용 旅行	KAL Mileage로 妻・아들과 2等으로 美國往復 여행을 함
		1997. 7.29	海外에서 原稿 송부	美國 Columbus市에서 世界日報 청탁으로 原稿 송부, 7. 31字 보도됨
		1997. 7.31	全家族 海外 相逢	家族 7名 美國 Lansing市에서 만나 美國과 캐나다를 여행함
		1997. 8. 1	캐나다 訪問	全家族 Sarnia市로 入國하여 Niagara Falls에서 1박함
		1997. 8. 5	海外 콘도 滯留	全家族 Orlando市 Clarion 콘도에서 6일간 생활함
		1997. 8. 6	Florida Disney 관광	全家族 Orlando 근교 Disney World를 3일간 관광함
		1997. 8. 9	美國 NASA 방문	Cape Canaveral에 있는 宇宙基地를 방문・시찰함
		1997. 8. 9	大西洋 海水浴	Florida州 Cocoa Beach에서 家族 모두 해수욕을 함
		1997. 8.14	인디안 洞窟 관람	美 Columbus 근교 'Olentangy Indian Caverns'를 관람함
		1997. 8.21	'梨花莊' 방문	妻 등과 李承晩 전 대통령 거주지였던 '梨花莊'을 관람함
		1997. 8.22	白內障 눈 手術	서울大學病院에 입원하여 눈 수술을 받음
		1997. 8.28	柳寬順 生家 방문	아들과 같이 天安市 竝川面 소재 柳寬順烈士 생가를 방문함
		1997. 9.18	日本 HSST 試乘	名古屋市 High Speed Surface Transport 實驗線을 시승함
		1997.10.21	博物館 史料 展示	기증한 史料가 全州市 한솔 종이博物館에 전시됨
		1997.10.29	講義 모습 綠畵	KBS 2 TV에서 講義 場面을 녹화하여 11.6에 방영함
		1997.11. 5	自宅 警報裝置	도둑 침입(10.28)을 계기로 自宅에 防犯警報裝置를 설치함
	63	1998. 1.14	子女 公式 就業	次女 貞娥, 時事英語社에 英語講師로 公募 採用됨
		1998. 1.24	기러기 고기 먹음	金壽鶴・李圭憲・李永哲氏와 기러기 전골을 試食함
		1998. 2.23	街路名・番地 附着	江南區廳, 집 앞길을 "幸運길" 42로 命名하여 大門에 표기함
		1998. 4.12	週末農場 農事 始作	板橋 근방 3.5坪의 農地를 農協에서 無料 대여 받아 채소 심음
		1998. 6.29	世界 最長橋梁 始走	妻・高位課程生과 日本 本州・四國間 瀨戶大橋(11㎞)에 감
		1998. 7. 2	氣指壓 治療	傳統健康院에서 왼쪽 어깨 肩痛을 氣指壓으로 치료받음
		1998. 7.18	朝鮮 十勝地 踏査	慶北 聞慶市 聞慶邑 葛伐里(十勝地의 하나)를 답사함
		1998. 8. 7	秦 兵馬俑 觀覽	中國 西安 驪山에 있는 秦始皇陵과 地下 兵馬俑을 관람함
		1998. 8.15	國旗 長期 揭揚	7月 17日부터 1個月間 自宅 大門 위에 國旗를 계속 게양함
		1998.10.25	海水 사우나 沐浴	襄陽 洛山 비치호텔의 海水沐浴湯에서 입욕함
		1998.11.18	推薦圖書 被選	著書『未來情報化時代의 國土經營』, 政府의 推薦圖書로 선정됨
		1998.11.28	金大中大統領 訪問人事	월드컵 組織委의 業務報告次 陪席, 人事하고 午餐을 함께 함
		1998.12.13	朴正熙大統領 子女 相面	새재會 送年 모임에서 朴槿暎孃과 만나 인사・환담함

生涯區分	年齡(歲)	發生年月日	發 生 事 項	發 生 內 容
主任敎授	63	1998.12.15	蘭芝島 埋立地 視察	월드컵 組織委 環境分科委員들과 現場視察을 함
	64	1999. 1.17	노래房 노래 滿點 記錄	새재會 모임 華陽洞 노래房에서 '西쪽으로 간 女子'를 불러 100點 나옴
		1999. 2.18	事務室 마련 定期出勤	地域開發硏究會의 上溪洞事務室에 顧問 冊床 비치함
		1999. 2.24	外國人 新婦 結婚主禮	63빌딩에서 멕시코 居住 스페인 新婦를 대상으로 主禮를 봄
		1999. 2.25	硏究室 마련 定期出勤	自治開發硏究院의 一山 事務室에 理事長室 마련함
平 敎 授		1999. 4.22	國際書籍展示會 參觀	東京 有名 地區에서 개최된 International Book Fair를 참관함
		1999. 8.17	北韓 땅 밟음	江原道 高城郡 長箭邑 長箭港 船着場에 새벽 9:30에 내림
		1999. 8.17	金剛山 觀光	現代 招請으로 外金剛 一圓을 관광·시찰함
		1999. 8.17	最高 山頂 步行登頂	海拔 1,041m의 金剛山 萬物相 望洋台에 오름
		1999. 8.30	國務總理級 職位 保有	大統領으로부터 地方移讓推進委員會 委員長에 위촉됨
		1999. 9.20	과일 '檳榔' 試食	臺灣 臺南·墾丁間 道路에서 神經安靜劑 '檳榔'을 먹어봄
		1999. 9.20	臺灣 最南端 訪問	臺灣 墾丁 鵝鑾鼻에 가서 南支那海를 봄
		1999.12.30	LiveCafe 歌手 노래 들음	河南市 美沙里 江邊카페 '벤허'에서 中堅歌手들의 노래를 들음
	65	2000. 1. 3	大統領께 新年賀禮	金大中大統領 內外分께 移讓委員長 資格으로 新年人事 드림
		2000. 1.26	베트남 訪問	國土計劃學會 視察團으로 妻와 같이 하노이·호치민市 訪問
		2000. 1.29	캄보디아 訪問	國土計劃學會 視察團으로 妻와 같이 프놈펜·시엠립·앙코르와트 訪問
		2000. 2.21	大統領께 獨對報告	金大中大統領께 地方移讓 業務를 單獨으로 報告
		2000. 2.29	特講後 手當 未收領	21C 都市政策開發院 朝餐 포럼에서 特講을 하고 手當 못받음
		2000. 3.22	大統領 年頭巡視 參席	金大中大統領 行自部 巡視時 移讓委員長으로 參席·答辯함
		2000. 4.26	世界꽃博覽會 參席	高陽市 世界 꽃 博覽會 開幕式에 大統領과 같이 本部席에 參席
		2000. 5. 8	鬱陵島 訪問	國家專門行政硏修院 高幹班과 같이 鬱陵島 訪問·視察
		2000. 5. 9	聖人峰 登頂	鬱陵島 最高峰인 聖人峰을 걸어 登頂하고 觀望
		2000. 7.19	世界 最長橋梁 始走	日本 神戶-淡路間 '明石海峽大橋' 4.4㎞를 往復 始走함
		2000. 8.17	LA富村 BeverlyHills 訪問	妻·次女·姜信子와 LA의 富村 마을 Beverly Hills 一帶를 돌아봄
		2000. 8.20	美國 汽車 試乘	美國 샌프란시스코 Millbrae驛에서 Palo Alto까지 汽車로 다녀옴
		2000.10.21	仁川空港 高速道路 試走	仁川 國際空港 高速道路 40㎞를 開通 前에 視察次 試走함
		2000.10.21	永宗大橋 觀覽	仁川 國際空港 高速道路 中間에 있는 懸垂橋를 觀覽함
		2000.11. 1	慶州文化 엑스포 觀覽	慶州 世界文化 Expo의 展示施設을 둘러보고 說明 들음
		2000.11. 6	駐車違反 牽引 罰金	妻·妻男과 食事中 牽引돼 간 乘用車를 炭川 駐車場에서 찾아옴
		2000.12.26	告訴件 無嫌疑 處理	議政府 支廳으로부터 現代社會硏究所의 告訴件의 無嫌疑 通報 받음
	66	2001. 2. 9	요르단 訪問	國土計劃學會 代表들과 암만市와 페트라 文化를 시찰함
		2001. 2.10	이라크 訪問	國土計劃學會 代表들과 바그다드市와 메소포타미아 遺蹟을 순방함
		2001. 2.22	前 大統領 書藝展觀覽	世宗文化會館에서 개최된 金泳三 前 大統領의 書藝展을 관람함
		2001. 3.14	檢察廳 出頭	韓國自治開發硏究院의 被告件으로 高檢에 나가 陳述함
		2001. 6. 2	골프 1,000回 突破	徐義澤總長 초청으로 梁山 아도니스 골프場에서 1千번째 골프침
		2001. 7. 4	仁川 國際空港 出國	國土計劃學會 代表들과 東歐圈 視察次 새로 開港한 仁川 空港에 감
		2001. 7. 4	고비沙漠 구경	러시아 가는 도중 러시아 航空(SU)에서 고비沙漠을 내려다봄
		2001. 7. 4	러시아 訪問	Moscow, St.Petersburg 등 러시아 地域을 시찰함
		2001. 7. 7	폴란드 訪問	Warsaw 등 폴란드 地域을 방문·시찰함
		2001. 7. 8	체코 訪問	Praha, Brno 등 체코의 都市와 農村을 시찰함
		2001. 7.11	헝가리 訪問	Budapest 등 헝가리 地域을 방문·시찰함
		2001. 8.13	西海岸高速道路 始走	農協 諮問團과 西海大橋를 지나 忠南地域에 감
		2001.11.10	서울 월드컵競技場 開場式	大統領이 참석한 上岩洞 월드컵 競技場 開場式에 참석함
	67	2002. 1.28	世界 最高 都市 投宿	海拔 3,248m의 페루 Cusco市에서 投宿, 잠을 못잠
		2002. 1.31	最大·最古 地上繪畵 觀覽	페루 Nasca의 Geoglyps를 輕飛行機를 타고 觀覽함
		2002. 2. 2	世界 最大 瀑布 觀覽	브라질·아르헨티나 사이의 이구아수(Iguassu) 瀑布를 관람
		2002. 2. 4	最大 食堂 利用	브라질 Curitiba市 6,500名 收容의 Madalloso 食堂에서 식사
		2002. 4.13	鴨綠江 乘船 遊覽	배를 타고 鴨綠江·新義州·鐵橋·丹東 등을 관광함
		2002. 4.25	地下鐵 無料乘車	滿65歲에 이르러 地下鐵 優待券을 받아 승차함
		2002. 5.10	老人 補助金 受領	洞으로부터 老人福祉補助金으로 3個月分 36,000원을 수령함
		2002. 5.31	월드컵 開幕式 參觀	서울 上岩洞 競技場에서 妻와 같이 開幕式 및 開幕戰 參觀
		2002. 6. 4	終講紀念 꽃다발 받음	서울大 碩士課程 終講 後 學生들로부터 紀念 꽃다발 받음
		2002. 6. 5	光州에서 珍島개 옴	吳在一敎授가 光州市에서 珍島犬을 가져와 선물함

生涯區分	年齡(歲)	發生年月日	發 生 事 項	發 生 內 容
		2002. 6.11	教授로서 最終 講義	서울大 教授로서 停年前 '마지막 講義'를 함
		2002. 6.12	碩士論文 最終 審議	서울大 環境大學院 碩士論文 '마지막 審査'를 함
		2002. 6.12	教授會議 最終 參席	서울大 環境大學院 教授會議에 마지막으로 참석
		2002. 6.17	博士指導 最終 審査	元東奎君 博士論文을 마지막으로 指導 完了함
		2002. 8. 4	高校同窓會 同門賞 受賞	安東師範學校(安東大學校) 總同窓會에서 '자랑스러운 同門賞' 받음
		2002. 8. 8	臺灣 金門島 訪問	國土·都市計劃學會 代表團과 中國 本土에 근접한 金門島를 시찰
平教授		2002. 8.17	教授의 最終 俸給 受領	서울大學校 教授로서 마지막 教育公務員 俸給을 받음
	67	2002. 8.29	大學院 卒業式 最終 參席	서울大 環境大學院 後期 卒業式에 마지막으로 참석함
		2002. 8.29	大學研究室 器物 移轉	32棟 313號室의 冊子·器物을 옮기고 教授室을 비워줌
		2002. 8.30	教授 停年退任式 參席	서울大 8月 停年 退任式에 家族들과 참석함
		2002. 8.30	서울大名譽教授 委囑狀	서울大 9月 1日字 名譽教授 委囑狀을 總長에게서 받음
		2002. 8.31	서울大教授 停年退任	서울大學校 教授職을 法定 滿期로 停年退任함
		2002. 9. 4	停年紀念 告別講演	서울大 環境大學院 告別講演會에서 告別演說을 함
名譽教授		2002. 9.28	日本 對馬島 訪問	親睦모임 '好凡會' 會員夫婦와 對馬島를 訪問·觀光함
		2002. 11.2	乘用車 EQUUS 乘車始作	韓國地域發展研究院에서 구입한 새 車 EQUUS를 타기 始作함
		2003. 2.24	오피스텔 購入契約	(株)泰榮의 江南 오피스텔 18坪型 契約
		2003. 2.25	大統領就任式 壇上參席	第16代 盧武鉉大統領 就任式場(國會) 中央壇上 臨席
		2003. 6. 3	曹溪宗 總務院長 相面	賜牌山 터널件으로 法長 院長을 面談
	68	2003. 6.14	外孫女 幼稚園消風參與	外孫女와 같이 幼稚園 行事로 陽智 돌 博物館에 소풍감
		2003.10.17	新首都諮問委員長室勤務	政府 光化門 廳舍 604號室 委員長室에 처음 入室
		2003.12. 1	全南道廳建設現場 視察	全南道廳이 이전할 南嶽市 建設現場을 둘러봄
		2003.12.11	北韓 開城市 訪問	韓國土地公社 招請으로 開城工團과 市街地 및 遺蹟을 視察
		2004. 1.13	法案 公布式 參席	盧武鉉 大統領의 3大特別法 公布式에 行政首都委員長으로 參席
		2004. 1.29	高速鐵道 처음 乘車	서울-大田間 KTX를 처음 無料로 시승함
		2004. 1.29	地方時代 宣布式 參席	大統領 臨席下 大田廳舍에서 '地方化와 國家均衡發展時代' 開幕宣布式 가짐
		2004. 4.20	大統領 官邸 訪問	彈劾中인 盧武鉉 大統領께 行政首都 報告次 禮訪
		2004. 5. 4	首都候補地 헬機 視察	青瓦臺·推進團 關係者와 헬機로 8個 候補地를 視察
		2004. 5.24	핸드폰 着用	政府가 제공한 핸드폰을 받아 着用함
		2004. 6.11	機關信用카드 使用	行政首都推進委員長으로서 月250萬원 限度의 BC카드 받음
		2004. 6.28	青瓦臺首席補佐官會議參席	大統領 直屬 定例補佐官會議에 參席하여 行政首都 業務를 報告
		2004. 7 .9	黨·青 懇談會 參席	大統領 秘書室長 公館에서 行政首都對策을 논의함
	69	2004. 7.24	總理 隨行 立地視察	李海瓚 總理와 헬機·버스로 燕岐·公州地區 視察
		2004. 8.11	總理 立地發表 陪席	行政首都最終 立地를 決定·發表하는데 배석함
		2004. 8.13	推進委員長 辭表提出	大統領에게 行政首都推進委員長職의 辭表를 提出
		2004. 9.22	門中 納骨堂 訪問	聞慶市 山陽面 松竹里 先山에 건립된 門中 納骨堂을 訪問·참배함
		2004.10. 4	國會에 證人으로 出頭	建交委 國監에 前 委員長으로 나가 行政首都에 대해 證言함
		2004.10. 8	中國 雙十節 行事 參席	臺灣代表部 主催 93周年 建國紀念式에 參席
		2004.11. 7	胎信者 禮拜 參席	朴昇治 長老 招請으로 一山 白石教會에 나가 主日禮拜를 봄
		2004.11.10	被告로 告訴당함	次女件으로 査頓으로부터 損害賠償 告訴狀을 받음
		2004.12.29	法院의 理事選任判決	서울高等法院에서 光云學園 臨時理事로 選任하여 判決함
		2005. 3. 1	碩座教授 就任	建國大學校 不動產大學院 碩座教授로 위촉됨
		2005. 3.10	KAL機 300回 搭乘	大韓航空機를 300回째로 탑승하여 蔚山에 감
		2005. 4.29	119 救急車 乘車	등이 아프고 精神이 모호하여 119 救急車로 順天鄕病院에 감
		2005. 5. 1	重患者室 入院	動脈破裂病으로 서울大病院 重患者室에 入院함
		2005. 6. 9	教會에서의 特講	一山 白石教會의 老人大學에서 特講을 함
碩座教授	70	2005. 8.27	聖堂 永訣式 參席	大邱 凡魚聖堂에서 거행된 文廷鎬 査頓의 永訣式에 參席
		2005. 9.28	直系 最初 孫女 出生	直系 孫女가 車病院에서 出生하여 旼嬉라 命名함
		2005.10.12	憲裁에의 意見書 提出	憲法裁判所에 '行複都市 建設'에 대한 意見書 提出함
		2005.10.14	北韓 首都 平壤 訪問	妻와 같이 平壤을 訪問·視察하고 '아리랑' 公演을 관람함
		2005.11.12	顔面斑點 除去手術	城東區 杏堂洞 皮膚科醫院에서 얼굴 斑點을 수술함

生涯區分	年齡(歲)	發生年月日	發生事項	發生內容
碩座敎授	70	2006. 1.12	結婚40周年 紀念旅行	妻와 15日間 아프리카 6個國을 旅行함
		2006. 1.13	Kenya 訪問	首都 Nairobi를 위시한 名所를 觀光함
		2006. 1.16	Safari 구경	케냐의 Amboseli 國立公園에 가서 Safari를 함
		2006. 1.16	Kilimanjaro山 구경	케냐 Amboseli쪽에서 눈덮힌 킬리만자로山을 봄
		2006. 1.17	Tanjania 訪問	케냐와의 국경선에 있는 Namanga 마을을 살펴봄
		2006. 1.18	南阿共 訪問	남아프리카共和國의 Johannesburg에 투숙·관광함
		2006. 1.19	Zimbabwe 訪問	짐바브웨의 Victoria Falls Town에 투숙·관광함
		2006. 1.19	Victoria Falls 구경	世界 3大瀑布인 빅토리아瀑布를 짐바브웨와 잠비아에서 구경
		2006. 1.19	Zambezi江 크루즈	빅토리아瀑布위 잠베지江에서 크루즈를 하며 觀光함
		2006. 1.20	Batswana 訪問	보츠와나에 入國하여 Chobe 國立公園을 觀光함
		2006. 1.20	Chobe江에서 보트 탐	보츠와나와 나미비아 사이의 초베江에서 보트 觀光을 함
		2006. 1.20	잠비아 訪問	Zambia에 입국하여 빅토리아瀑布 周邊을 구경함
		2006. 1.20	The Big Tree 구경	빅토리아瀑布 近方의 1,500年 樹令의 Baobab 巨木을 봄
		2006. 1.22	希望峰에 오름	南阿共 Cape Town 남단의 The Cape of Good Hope에 오름
		2006. 1.24	首都 Pretoria 訪問	南阿共의 行政首都 Pretoria를 訪問, 大統領宮을 관광함
		2006. 1.24	Sun City 訪問	南阿共의 人工慰樂都市 선시티와 Lost City를 觀光함
		2006. 4.20	Philippine 訪問	妻 및 次女와 필리핀을 訪問하여 Manila등 5個市를 視察함
		2006. 5.10	行複都市名稱制定委員長	行政中心複合都市 都市名稱制定審議委員會 委員長에 就任함
		2006. 5.17	行複都市建設廳 訪問	忠南 燕岐郡 錦南面에 있는 行政中心複合都市建設廳을 예방함
		2006. 6.19	Mongolia 訪問	親睦會 會員들과 몽골을 訪問하여 Ulaanbaatar등 3個市를 視察함
		2006. 7.13	丹陽 救仁寺 參拜	丹陽 所在 天台宗 本寺인 救仁寺를 찾아 禮佛 드림
		2006. 7.28	陽曆 古稀日을 맞음	出生부터 滿70年이 되는 生日을 맞이함

客說 : 經驗에서 얻은 삶의 眞實

職業, 宗教, 趣味 등에 있어 어느 특정한 하나에만 지나치게 몰입되어 있는 사람은 융통성이 없고 다른 것에 대한 理解心과 抱容心이 약하여 人間社會에서 融和를 이루며 살아가지 못하는 경우가 많다. 이는 宗教에 있어 특히 그러한 것 같다.

客說 : 經驗에서 얻은 삶의 眞實

신령스런 호랑이는 修養을 많이 하여 道를 깨친 사람은 결코 해치지 않으며 오히려 앞에 엎드려 꼬리로 등을 치면서 가시는 곳까지 모셔드린다며 타라고 한다는 이야기를 중이 되려고 잠시 머물렀던 安東 鳳亭寺의 主持 스님에게서 들었다. 중이 될 팔자가 못되어 얼마 후 下山하여 俗世로 돌아왔다. 어느 날 서울 嘉會洞을 지나고 있는데 큰 개 한 마리가 나를 보고 짖어대기에 나의 修養程度를 시험하기 위해 자비로운 눈으로 그 개와 눈을 맞추면서 손을 내밀고 '犬公! 날세' 했더니 엎드리기는 커녕 펄쩍 뛰면서 내 손을 물려고 하여 기겁을 하고 골목으로 도망쳤다. 식은 땀을 씻으며 혼자 중얼거렸다. '호랑이 같은 靈物이라야 나를 알아볼 수 있지 개 같은 微物이 뭐를 알겠는가?' 그러나 그 때 山에서 호랑이를 만났더라면 아마 잡아 먹혔을 것이다.

客說 : 經驗에서 얻은 삶의 眞實

旅行을 시작하면서 寫眞을 많이 찍어 앨범에 질서정연하게 정리하고 사진마다 日字와 場所를 꼼꼼히 적어두었다. 그러나 여행이 잦고 사진이 많아지면서 도저히 감당할 수가 없어 그냥 큰 박스에 무더기로 넣어두게 되었다. 旅行記錄은 잘 해왔는데 寫眞管理는 엉망이 되고 말았다.

2. 生涯 主要事項의 地域別 最初 發生時期와 古稀까지의 期間

韓國			年度 (年齡)	外國	
聞慶	餘他地域	서울		美國	其他國家
·7.28 本人 出生(70:0:0) ·9.5 姉 石順 出嫁(69:10:24)			1936 (1)		
·4.25 出生申告(69:3:4) ·5.17 寺刹禮佛(69:2:12)			1937 (2)		
·4.3 外祖父 逝去(68:3:26)			1938 (3)		
·7.15 水泳(66:0:14)			1940 (5)		
·2.1 唱歌(65:5:28) ·8.19 弟 出生(64:11:10)			1941 (6)		
·3.17 外祖母 逝去(64:12:12)			1942 (7)		
·1.29 妻 出生(62:6:0) ·10.15 姉 石九 出嫁(61:9:14)			1944 (9)		
·4.1 學業始作(61:3:28) ·11.1 漫畵 봄(60:8:28) ·12.15 小說 읽음(60:7:14)			1945 (10)		
·8.22 祖母 逝去(59:11:7) ·9.5 運動靴 신음(59:10:24) ·10.5 바나나 始食(59:9:24)			1946 (11)		
·9.5 理髮所 이발(58:10:24)			1947 (12)		
·3.30 映畵 봄(58:3:29) ·5.15 曲馬團 구경(58:2:14) ·7.24 賞狀受賞(58:0:5) ·9.1 記錄始作(57:10:28)			1948 (13)		
·9.12 버스 始乘(56:10:17) ·12.3 花鬪놀이(56:7:26)			1949 (14)		
·8.31 美術賞 受賞(55:10:28)			1950 (15)		
·7.14 初等校 卒業 (55:0:15) ·7.14 敎育監賞 受賞(55:0:15) ·10.5 自宅 나무 寄贈(54:9:24)			1951 (16)		
·1.31 所得 發生(54:5:28) ·4.1 自轉車 始乘(54:3:28) ·6.29 汽車 始乘(54:1:0)			1952 (17)		
·3.3 中學校 卒業(52:6:26) ·4.5 出鄕(52:3:24)	·4.20 沐浴湯入浴 -安東(52:3:9)		1954 (19)		
	·2.28 家庭敎師 入住-安東(51:5:1)		1955 (20)		

※ ( )內는 古稀까지의 期間(年:月:日間)을 표시함.

韓		國	年度 (年齡)	外	國
聞慶	餘他地域	서울		美國	其他國家
·11.10 姉 石出 出嫁(49:8:19)	·4.5 外食-安東 (50:3:24)	·1.12 서울 電車 始乘(50:6:17) ·1.12 서울 市內버스 始乘(50:6:17)	1956 (21)		
	·3.2 高等校 卒業 -安東(49:4:27) ·3.20 初等校 教師 資格-安東(49:4:9)	·4.1 單獨 서울 移住(49:3:28) ·4.10 구두 着靴(49:3:19) ·5.10 택시 始乘(49:2:19) ·6.1 時計 着用 (49:1:28) ·6.30 中國食 始食 (49:0:29)	1957 (22)		
	·6.2 바다 구경-仁川 (47:1:27)		1959 (24)		
	·4.30 軍服務 除隊 -抱川(46:2:29)		1960 (25)		
·2.6 中學校 講師(45:5:23) ·5.1 聞慶中學 同窓會 加入 (45:2:28)		·3.5 洋服·넥타이 着用(45:4:24) ·4.5 在京 聞慶 郡民會 加入 (45:3:24) ·12.1 年賀狀 受領(44:7:28)	1961 (26)		
		·2.26 大學卒業(44:5:3) ·3.30 高校教師 資格(44:3:29) ·4. 7 會社 就業(44:3:22) ·4. 7 飮酒(44:3:22) ·4.25 正式 俸給(44:3:4)	1962 (27)		
	·4.21 船舶試乘 -仁川(43:3:8)	·2.1 高校教師 就任(43:5:28) ·5.5 갈비 始食(43:2:24)	1963 (28)		
·12.24 故鄕 自宅 全燒(41:7:5)		·4.15 內務部 結緣(42:3:4) ·5.15 洋食 始食(42:2:14) ·7.31 部分硏究報告書 刊行 (42:0:8) ·8.1 라디오 購入(41:11:28) ·12.1 洋酒 始飮(41:7:28)	1964 (29)		
	·7.17 濟州道 訪問 -濟州(41:0:12) ·7.18 生鮮膾 試食 -濟州(41:0:11) ·10.15 論文新聞 揭載-大邱(40:9:14)	·1.1 家族 서울 移住(41:6:28) ·2.26 大學院 卒業(41:5:3) ·3.1 學會 加入(41:4:28) ·4.1 教育院 講義(41:3:28) ·4.10 行硏會 加入(41:3:19) ·7.17 飛行機 始乘(41:0:12)	1965 (30)		
		·1.11 結婚(40:6:18) ·3.10 扇風機 購入(40:4:19)	1966 (31)		

※ (　)內는 古稀까지의 期間(年:月:日間)을 표시함.

韓		國	年度	外	國
聞 慶	餘他地域	서 울	(年齡)	美 國	其他國家
		·3.25 吸煙 (40:4:4) ·3.25 助教 就任 (40:4:4) ·10.1 定期刊行物 論文揭載 (39:9:28) ·10.30 長女 出生(39:8:29) ·12.20 自宅購入(39:7:9)	1966 (31)		
		·3.2 大學講義(39:4:27) ·9.1 外國人 交際 (38:10:28) ·10.1 共同著書 發刊 (38:9:28) ·11.1 學院 講義(38:8:28) ·11.25 鳥嶺會 加入 (38:8:4)	1967 (32)		
		·1.16 弟 結婚(38:6:13) ·1.22 教材本 冊子論文 揭載(38:6:7) ·1.27 自宅電話 設置(38:6:2) ·9.1 眼鏡 着用(37:10:28) ·11.12 長男出生(37:8:17)	1968 (33)		
		·4.10 黑白 TV 購入(37:3:9) ·9.20 出國(36:10:9) ·9.30 單獨研究報告書 刊行(36:10:1)	1969 (34)	·9.20 外國訪問 (36:10:9)	
		·3.28 妻 出國(36:4:1)	1970 (35)	·2.28 볼링運動 (36:5:1) ·3.28 妻 外國訪問(36:4:1) ·6.25 카메라 購入(36:1:4)	
			1971 (36)	·3.12 次女 出生 (35:16:17) ·6.13 美國碩士 學位(36:1:4)	
		·2.11 報告會 發表(34:5:18) ·3.2 大學院 講義(34:4:27) ·3.2 助教 둠 (34:4:27) ·3.25 司會擔當(34:4:4) ·5.8 國土計劃學會 加入 (34:2:21) ·5.10 專任講師(34:2:19) ·5.20 責任 研究報告書(34:2:9) ·5.25 專講俸給 受領(34:2:4) ·6.1 論文指導(34:1:28). 6.30 討論參與(34:1:1) ·7.1 論文審査 (34:0:28) ·7.13 政府委員 委囑 (34:0:16) ·7.24 安保教育 入校(34:0:5)	1972 (37)		
·12.11 母親 逝去(32:7:18)	·7.26 TV 出演 -大田(33:0:3) ·7.27 特別講演 -春川(33:0:2)	·5.8 學科長 就任(33:2:21) ·5.10 主題論文 發表(33:2:19) ·5.10 在京 高校 同期會 加入(33:2:19) ·6.27 라디오 出演(33:1:2) ·7.9 姉 石順 逝去 (33:0:20)	1973 (38)		
			1974 (39)		·10.28 國際會議參席-日本(31:9:1)

※ ( )內는 古稀까지의 期間(年:月:日間)을 표시함.

韓		國	年度	外	國
聞慶	餘他地域	서울	(年齡)	美國	其他國家
		·5.10 在京 中學校同門會加入(31:2:9) ·8.5 著書本 論文 揭載 (30:11:24) ·8.13 基調發表(30:11:16) ·11.12 父親 逝去 (30:8:17)	1975 (40)		
			1976 (41)	·8.27 美國 博士 學位取得(29: 11:2)	
·12.21 姉兄 金仁錫 逝去 (28:7:8)		·3.5 結婚主禮 (29:4:24) ·4.17 人事 演說(29:3:12) ·9.30 不定期刊行物 論文 揭載(28:9:2 9)	1977 (42)		
		·4.10 컬러 TV 購入(28:3:19) ·7.1 冷藏庫 購入(28:0:18) ·10.30 在京 初等學校 同期會 加入(27:8:29)	1978 (43)		
		·9.10 單獨著書 發刊(26:10:19)	1979 (44)		
		·4.17 大學 硏究所長 就任(26:3:12) ·4.27 姉 石九 逝去(26:3:2) ·10.25 勳章受勳 (25:9:4)	1980 (45)		
·3.1 中學校 同窓會 會長就任 (25:4:18)			1981 (46)		
·2.15 碑文作成(24:5:14) ·11.25 土地取得(23:8:4) ·12.6 姉兄 黃在洙 逝去 (23:7:23)		·3.12 乘用車 購入(24:4:17) ·6.20 法名戒受(24:1:9) ·6.30 에어콘 設置 (24:0:29) ·10.15 表彰狀 받음 (23:9:14)	1982 (47)		
		·2.1 골프 練習 登錄(23:5:28) ·4.7 골프 필드運動(23:3:22) ·5.20 風水會 加入(23:2:9)	1983 (48)		·12.8 外國 골프場 運動 -스리랑카 (22:7:21)
		·1.27 美國大學 韓國 同窓會 加入 (22:6:2)	1984 (49)		
	·4.18 골프싱글 打-龍仁(21:3:11)	·10.1 正敎授 昇進(20:9:28)	1985 (50)		
		·2.15 學會 會長 被選(20:5:14) ·6.28 環心會 加入(20:1:1) ·7.23 聞友會 加入 (20:0:2) ·11.5 大學院長 就任(19:8:24)	1986 (51)		
	·3.9 새마을敎育 入校-城南 (19:4:20)	·3.4 感謝牌 받음 (19:4:25) ·3.4 土友會 加入(19:4:25)	1987 (52)		

※ ( )內는 古稀까지의 期間(年:月:日間)을 표시함.

韓		國	年度 (年齡)	外	國
聞　慶	餘他地域	서　울		美　國	其他國家
·4.13 歌詞 作詞(19:3:16) ·4.13 賞狀 받음(19:3:16)			1987 (52)		
		·7.19 寢台 備置(18:0:10) ·9.1 自轉車 購入(17:10:28) ·11.1 家號· 書齋名 製作(17:8:28) ·11.11 家訓· 家旗 製作(17:8:18) ·12.3 地方自治 學會 加入(17:7:26)	1988 (53)		
·4.15 聞慶地發展協議會 加入(17:3:14) ·4.15 發起文 作成(17:3:14)		·2.18 奬學基金 寄贈(17:5:11) ·7.25 功勞牌 받음(17:0:4)	1989 (54)	·10.28 作詩 (16:9:1)	·4.23 長女 海外 旅行-獨逸(17:3:6)
		·2.5 自動車 運轉敎育 登錄(16:5:24) ·5.24 紀念牌 받음(16:2:5) ·9.15 隨想集 發刊 (15:10:14) ·9.26 運轉 免許證 取得(15:10:3) ·11.9 師恩牌 받음(15:8:20) ·11.15 서울 地下鐵 始乘(15:8:14)	1990 (55)		
		·3.1 敎授安息年 開始(15:4:28)	1991 (56)		·6.30 次女 海外 旅行-獨逸(15:0:29)
	·5.14 長男 軍 除隊-驪州(14:2:15)	·5.20 雜魚會 加入(14:2:9) ·7.21 硏究院 院長 就任(14:0:8) ·10.28 榮轉牌 받음(13:9:1) ·11.23 在京 大邱·慶北道民會 加入(13:8:6)	1992 (57)		·7.14 白頭山天池봄 -中國(14:0:15)
		·1.6 長女 出嫁(13:6:23) ·7.22 商街 購入(13:0:7) ·8.9 財産申告 (12:11:20) ·10.20 平統委員 敎育 入校(12:9:9) ·12.1 祝賀牌 받음(12:7:28)	1993 (58)	·10.15 外孫子 出生(12:9:14)	
		·10.24 萬步機 着用(11:9:5)	1994 (59)		
		·8.4 팩시밀리 設置(10:11:25)	1995 (60)	·2.4 長男 海外 旅行(11:5:25) ·10.9 라스베이거스 市 名譽市民 (10:9:20)	
·8.26 聘母任 逝去(9:11:3)		·6.8 골프 會員券 取得(10:1:21) ·12.31 生涯記錄集 發刊(9:6:28)	1996 (61)		

※ (　)內는 古稀까지의 期間(年:月:日間)을 표시함.

韓			年度 (年齡)	外 國	
聞 慶	餘他地域	서 울		美 國	其他國家
	・10.21 個人史料 博物館 展示(8:9:8)	・1.8 回甲紀念集 贈呈式(9:6:21) ・8.22 白內障 手術(8:11:7) ・11.5 警報裝置 設置(8:8:24) ・12.26 次女 留學後 歸國(8:7:3)	1997 (62)		
		・1.25 次女 就業(8:6:4)	1998 (63)	・12.12 壻 文丙基 博士學位 取得 (7:7:17)	
・1.18 聘父任 逝去(7:6:11)		・1.17 노래 滿點 記錄(7:6:12) ・1.18 長女 家族 美國서 歸國(7:6:11) ・3.9 外孫女 出生(7:4:20) ・7.1 長男 就業 (7:0:28) ・8.30 總理級委員長 委囑(6:10:29) ・10.28 서울市 文化賞 受賞(6:9:1)	1999 (64)		・8.16 金剛山 登頂-北韓 (6:11:13)
	・5.8 鬱陵島 訪問 -鬱陵(6:2:21) ・9.1 壻 文丙基 教授 就任-大田(5:10:28) ・9.29 長女家族 地方 移住-大田(5:10:0)	・4.22 長男 結婚(6:3:7) ・6.1 長男 分家(6:1:28)	2000 (65)	・8.20 美國 汽車 始乘(5:11:9)	
	・6.2 골프 1,000回 突破-梁山(5:1:27)	・3.14 高等檢察廳 出頭 陳述 (5:4:15) ・11.10 서울 월드컵 競技場 開場式 參席(4:8:19)	2001 (66)		・2.10 메소포타미아 文明 觀覽 -이라크 (5:5:19) ・7.4 東유럽諸國 訪問-러시아 등 (5:0:25)
	・4.13 鴨綠江 船遊 -中國 丹東・北韓 新義州(4:3:16) ・8.4 高校 同窓會 同門賞 受賞-安東 (3:11:25)	・4.25 地下鐵 無賃乘車(4:3:4) ・5.31 제17회 월드컵大會 開幕式 參觀(4:1:28) ・6.11 教授로서 最終 講義(4:1:18) ・8.30 教授停年 退任式 參席(3:10:29) ・8.31 서울大學校 教授停年 退任 (3:10:28) ・9.4 停年紀念 告別講演 (3:10:24) ・11.2 乘用車 EQUUS 乘車 始作(3:8:26)	2002 (67)		・1.28 世界最高 都市 投宿-페루 쿠즈코 (4:6:1) ・1.31 最大・最古 地上繪畫 觀覽- 페루 나즈카 (4:5:28) ・9.28 日本 對馬島 訪問(3:10:0)

※ ( )內는 古稀까지의 期間(年:月:日間)을 표시함.

韓國			年度	外國	
聞慶	餘他地域	서울	(年齡)	美國	其他國家
		· 2.24 오피스텔 購入契約(3:5:4) · 2.25 大統領就任式 本部席 參席 (3:5:3) · 10.17 行政首都諮問委員長室 出勤 (2:9:11)	2003 (68)		· 12.11 北韓 開城市 訪問 (2:7:17)
	· 5.4 首都 候補地 헬機 視察-忠淸圈 (2:2:24) · 11.7 敎會 胎信者 禮拜參席-高陽一山 (1:8:21)	· 1.13 3代 特別法 公布式 參席 (2:6:15) · 1.29 KTX처음 乘車(2:5:30) · 4.20 大統領 官邸 訪問(2:3:8) · 5.24 핸드폰 着用(2:2:4) · 7.9 黨·靑會議 參席(2:0:19) · 8.11 行政首都立地發表(1:11:17) · 8.13 推進委員長 辭表提出 (1:11:15) · 10.4 國會 證人出頭(1:9:24) · 12.29 光云學園 理事 被選(1:7:0)	2004 (69)		
	· 6.9 敎會에서 特講 -高陽 一山 (1:1:19)	· 3.1 建國大 碩座敎授 就任(1:5:27) · 4.29 119 救急車利用 重患者室入院 (1:3:0) · 9.28 直系 最初 孫女 出生(0:10:0) · 10.12 憲裁에 意見書 提出(0:9:16) · 11.12 顔面斑點 除去手術(0:8:16)	2005 (70)		· 10.14 北韓 平壤 訪問 (0:9:14)
	· 5.10 行政中心複合都市 名稱制定委員長 就任-燕岐 (0:2:18)	· 7.28 陽曆 古稀日을 맞이함(0:0:0)	2006 (71)		· 1.12 妻와 아프리카 6個國訪問 登程 (0:6:16) · 1.16 탄자니아의 Kilimanjaro山 觀覽(0:6:12) · 1.22 아프리카 希望峰 오름 (0:6:6) · 4.20 필리핀 訪問(0:3:8) · 6.19 몽골 訪問(0:1:9)

※ ( )內는 古稀까지의 期間(年:月:日間)을 표시함.

客說 : 經驗에서 얻은 삶의 眞實

유익함과 즐거움을 남에게 주는 사람은 인기가 있을 수 밖에 없다. 유익함은 있되 즐겁지 않은 사람은 단조롭고 지루하여 오래 같이 있기가 힘들고, 즐거움은 주되 유익하지 못한 사람은 같이 있을 때는 재미 있지만 뒤에 남는게 없어 허전하다. 유익하지도 즐겁지도 않은 사람은 매마른 沙漠과 같이 쓸모가 없다.

客說 : 經驗에서 얻은 삶의 眞實

남들로부터 존경과 신뢰와 사랑을 받는 사람은 그 개인으로서는 무척 고달프다. 그런 사람이 되고자 노력하는 데 많은 힘이 들기 때문이다. 그러나, 비난이나 욕을 받는 사람은 그 개인으로는 매우 편한 삶을 살게 된다. 남의 눈치 안 보고 하고 싶은 대로 하면서 살기 때문이다.

3. 主要事項의 最初 發生日字와 古稀까지의 持續期間

(1936. 7. 28 ~ 2006. 7. 28) (發生日字 順位)

最初發生日字			發生事項	持續期間
年度	年齡	月.日		(年:月:日間)
1936	1	7.28	本人 出生	70: 0: 0
		9. 5	姉 石順 出嫁	69:10:24
1937	2	4.25	出生申告, 戶籍上 生日 始作	69: 3: 4
		5.17	寺刹 訪問, 禮佛 드림	69: 2:12
1938	3	4. 3	外祖父 逝去	68: 3:26
1940	5	7.15	江에서 水泳함	66: 0:14
1941	6	2. 1	唱歌 부름	65: 5:28
		8.19	동생 群濟 出生	64:11:10
1942	7	3.17	外祖母 逝去	64:12:12
1944	9	1.29	妻 黃蓮子 出生	62: 6: 0
		10.15	姉 石九 出嫁	61: 9:14
1945	10	4. 1	初等學校 入學, 學業 始作	61: 3:28
		11. 1	漫畵冊 읽음	60: 8:28
		12.15	小說 읽음	60: 7:14
1946	11	8.22	祖母 逝去	59: 11:7
		9. 5	運動靴 신음	59:10:24
		10. 5	바나나 始食	59: 9:24
1947	12	9. 5	理髮所에서 머리 깎음	58:10:24
1948	13	3.30	映畵 봄	58: 3:29
		5.15	曲馬團 구경함	58: 2:14
		7.24	優等賞·皆勤賞 받음	58: 0: 5
		9. 1	記錄 시작함	57:10:28
1949	14	9.12	버스 始乘	56:10:17
		12. 3	花鬪놀이함	56: 7:26
1950	15	8.31	美術競演賞 받음	55:10:28
1951	16	7.14	初等學校 卒業	55: 0:15
		7.14	敎育監賞 받음	55: 0:15
		10. 5	自宅 회양木 聞慶中學校에 寄贈	54: 9:24
1952	17	1.31	手苦費로 收入 생김	54: 5:28
		4. 1	自轉車 始乘	54: 3:28
		6.29	汽車 始乘	54: 1: 0
1954	19	3. 3	中學校 卒業	52: 6:26
		4. 5	出鄕	52: 3:24
		4.20	大衆沐浴湯 入浴	52: 3: 9
1955	20	2.28	家庭敎師 入住	51: 5: 1
1956	21	1.12	서울 電車 始乘	50: 6:17
		1.12	서울 市內버스 始乘	50: 6:17
		4. 5	밖에서 外食함	50: 3:24
		11.10	姉 石出 出嫁	49: 8:19
1957	22	3. 2	高等學校 卒業	49: 4:27
		3.20	初等學校 敎師資格證 取得	49: 4: 9
1957	22	4. 1	單獨 서울 移住	49: 3:28
		4.10	구두 着靴	49: 3:19
		5.10	택시 始乘	49: 2:19
		6. 1	時計 着用	45: 1:28
		6.30	中國飮食 始食	49: 0:29
1959	24	6. 2	바다 구경함	47: 1:27
1960	25	4.30	軍服務 除隊	46: 2:29
1961	26	2. 6	中學校 講師 就任	45: 5:23
		3. 5	洋服 및 넥타이 着用	45: 4:24
		4. 5	在京 聞慶郡民會 加入	45: 3:24
		5. 1	聞慶中學校 同窓會 加入	45 :2:28
		12. 1	年賀狀 受領	44: 7:28
1962	27	2.26	大學校 卒業, 理學士 取得	44: 5: 3
		3.30	高等學校 敎師 資格證 取得	44: 3:29
		4. 7	會社 就業·勤務	44: 3:22
		4. 7	飮酒	44: 3:22
		4.25	正式 俸給	44: 3: 4
1963	28	2. 1	高等學校 敎師 就任·勤務	43: 5:28
		4.21	船舶 始乘	43: 3: 8
		5. 5	갈비 始食	43: 2:24
1964	29	4.15	內務部 結緣	42: 3: 4
		5.15	洋食 始食	42: 2:14
		7.31	部分擔當 硏究報告書 刊行	42: 0: 8
		8. 1	라디오 購入	41:11:28
		12. 1	洋酒 始飮	41: 7:28
		12.24	故鄕 父母自宅 火災 全燒	41: 7: 5
1965	30	1. 1	父母任 서울로 完全 移住	41: 6:28
		2.26	大學院 卒業, 行政學碩士 取得	41: 5: 3
		3. 1	學會 加入	41: 4:28
		4. 1	公務員 敎育院 講義	41: 3:28
		4.10	親睦會 行硏會 加入	41: 3:19
		7.17	飛行機 始乘	41: 0:12
		7.17	濟州道 訪問	41: 0:12
		7.18	生鮮膾 始食	41: 0:11
		10.15	論文 新聞 揭載	40: 9:14
1966	31	1.11	結婚	40: 6:18
		3.10	扇風機 購入	40: 4:19
		3.25	吸煙	40: 4: 4
		3.25	大學院助敎 就任	40: 4: 4
		10. 1	定期刊行物 論文揭載 發表	39: 9:28
		10.30	長女 雪娥 出生	39: 8:29

最初發生日字			發 生 事 項	持續期間
年度	年齡	月.日		(年:月:日間)
1966	31	12.20	自宅 購入	39: 7: 9
1967	32	3. 2	大學 講義	39: 4:27
		9. 1	外國人 交際	38:10:28
		10. 1	共同 著書 發刊	38: 9:28
		11. 1	學院 講義	38: 8:28
		11.25	親睦會 鳥嶺會 加入	38: 8: 4
1968	33	1.16	弟 群濟 結婚	38: 6:13
		1.22	教材本 論文 揭載 發表	38: 6: 7
		1.27	自宅 電話 設置	38: 6: 2
		9. 1	眼鏡 着用	37:10:28
		11.12	長男 東爀 出生	37: 8:17
1969	34	4.10	黑白 TV 購入	37: 3: 9
		9.20	出國, 外國 訪問	36:10: 9
		9.30	單獨 研究報告書 刊行	36:10: 1
1970	35	2.28	볼링 운동함	36: 5: 1
		3.28	妻, 出國 外國 訪問	36: 4: 1
		6.25	카메라 購入	36: 1: 4
1971	36	3.12	次女 貞娥 出生	35:16:17
		6.13	美國大學院 卒業,碩士學位 取得	36: 1: 4
1972	37	2.11	報告會 發表	34: 5:18
		3. 2	大學院 講義	34: 4:27
		3. 2	教授 研究室에 助教 둠	34: 4:27
		3.25	學術行事 司會 擔當	34: 4: 4
		5. 8	大韓國土計劃學會 加入	34: 2:21
		5.10	專任講師 發令	34: 2:19
		5.20	責任者 研究報告書 刊行	34: 2: 9
		5.25	專任講師 俸給受領	34: 2: 4
		6. 1	學生 論文指導	34: 1:28
		6.30	學術行事 討論參與	34: 1: 1
		7. 1	學生論文 審査	34: 0:28
		7.13	政府 委員會 委員 委囑	34: 0:16
		7.24	統一・安保教育 入校	34: 0: 5
1973	38	5. 8	大學院 學科長 就任	33: 2:21
		5.10	主題論文 發表	33: 2:19
		5.10	在京 安東師範 同期會 加入	33: 2:19
		6.27	라디오 出演 放送	33: 1: 2
		7. 9	姉 石順 逝去	33: 0:20
		7.26	텔레비전 出演 放映	33: 0: 3
		7.27	特別講演	33: 0: 2
		12.11	母親 逝去	32: 7:18
1974	39	10.28	國際會議 參席	31: 9: 1
1975	40	5.10	在京 聞慶中學校 同門會 加入	31: 2: 9
		8. 5	著書本 論文 揭載 發刊	30:11:24
		8.13	基調論文 發表	30:11:16
		11.12	父親 逝去	30: 8:17
1976	41	8.27	美國大學院 卒業,博士學位 取得	29:11: 2

最初發生日字			發 生 事 項	持續期間
年度	年齡	月.日		(年:月:日間)
1977	42	3. 5	結婚主禮 執典	29: 4:24
		4.17	人事말 演說	29: 3:12
		9.30	定期刊行物 論文揭載 發刊	28: 9:29
		12.21	姉兄 金仁錫 逝去	28: 7:8
1978	43	4.10	컬러 TV 購入	28: 3:19
		7. 1	冷藏庫 購入	28: 0:18
		10.30	在京 初等學校 同期會 加入	27: 8:29
1979	44	9.10	單獨 著書 出刊	26:10:19
1980	45	4.17	大學院 研究所長 就任	26: 3:12
		4.27	姉 石九 逝去	26: 3: 2
		10.25	勳章 受勳	25: 9: 4
1981	46	3. 1	中學校 同窓會 會長 就任	25: 4:18
1982	47	2.15	碑文 作成	24: 5:14
		3.12	自家用 乘用車 購入	24: 4:17
		6.20	佛教 法名 戒受	24: 1: 9
		6.30	에어콘 設置	24: 0:29
		10.15	表彰狀 受賞	23: 9:14
		11.25	土地取得	23: 8: 4
		12. 6	姉兄 黃在洙 逝去	23: 7:23
1983	48	2. 1	골프 練習場 登錄	23: 5:28
		4. 7	골프 필드 運動	23: 3:22
		5.20	골프 모임 風水會 加入	23: 2: 9
		12. 8	外國 골프場에서 골프침	22: 7:21
1984	49	1.27	美國 신시내티大學 韓國同窓會 加入	22: 6: 2
1985	50	4.18	골프 싱글打 記錄	21: 3:11
		10. 1	大學 正教授 昇進	20: 9:28
1986	51	2.15	學會 會長 被選	20: 5:14
		6.28	教授研究室 出身 모임 環心會 加入	20: 1: 1
		7.23	골프 모임 聞友會 加入	20: 0: 2
		11. 5	大學院 院長 就任	19: 8:24
1987	52	3. 4	感謝牌 받음	19: 4:25
		3. 4	土開公親睦會모임 土友會 加入	19: 4:25
		3. 9	새마을 教育 入校	19: 4:20
		4.13	노래 歌詞 作詞	19: 3:16
		4.13	賞狀 受賞	19: 3:16
1988	53	7.19	自宅 寢臺 備置	18: 0:10
		9. 1	自轉車 購入	17:10:28
		11. 1	自宅家號・書齋名 製作・附着	17: 8:28
		11.11	自宅 家訓・家旗 製作 備置	17: 8:18
		12. 3	韓國地方自治學會 加入	17: 7:26
1989	54	2.18	奬學基金 寄贈	17: 5:11
		4.15	聞慶地域發展協議會 加入	17: 3:14
		4.15	發起文 作成	17: 3:14
		4.23	長女 첫 海外旅行	17: 3: 6
		7.25	功勞牌 받음	17: 0: 4
		10.28	詩・時調 作詩	16: 9: 1

最初發生日字			發生事項	持續期間
年度	年齡	月.日		(年:月:日間)
1990	55	2. 5	自動車 運轉敎育 登錄	16: 5:24
		5.24	紀念牌 받음	16: 2: 5
		9.15	隨想集 發刊	15:10:14
		9.26	自動車 運轉免許證 取得	15:10: 3
		11. 9	師恩牌 받음	15: 8:20
		11.15	서울 地下鐵 始乘	15: 8:14
1991	56	3. 1	敎授 安息年 開始	15: 4:28
		6.30	次女, 첫 海外旅行	15: 0:29
1992	57	5.14	長男, 軍服務 除隊	14: 2:15
		5.20	親睦 모임 雜魚會 加入	14: 2: 9
		7.14	白頭山 天池 觀覽	14: 0:15
		7.21	研究院 院長 就任	14: 0: 8
		10.28	榮轉牌 받음	13: 9: 1
		11.23	在京 大邱·慶北道民會 加入	13: 8: 6
1993	58	1. 6	長女 出嫁	13: 6:23
		7.22	商街 店鋪購入	13: 0: 7
		8. 9	財産申告 登錄	12:11:20
		10.15	外孫子 文近榮 出生	12: 9:14
		10.20	平統委員 敎育 入校	12: 9: 9
		12. 1	祝賀牌	12: 7:28
1994	59	10.24	萬步機 着用	11: 9: 5
1995	60	2. 4	長男, 첫 海外旅行	11: 5:25
		8. 4	自宅 팩시밀리 設置	10:11:25
		10. 9	美國 LasVegas市 名譽市民 委囑	10: 9:20
1996	61	6. 8	골프 會員券 取得	10: 1:21
		8.26	聘母任 逝去	9: 11: 3
		12.31	生涯記錄 冊子 發刊	9: 6:28
1997	62	1. 8	回甲紀念集 贈呈式 擧行	9: 6:21
		8.22	눈 白內障 手術	8: 11: 7
		10.21	한솔 종이博物館에 史料寄贈 展示	8: 9: 8
		11. 5	自宅 警報裝置 設置	8: 8:24
		12.26	次女, 美國 留學 마치고 歸國	8: 7: 3
1998	63	1.25	次女,時事英語社에 就業·出勤	8: 6: 4
		12.12	사위 文丙基,美國에서 博士學位 取得	7: 7:17
1999	64	1.17	노래房에서 노래 滿點 記錄	7: 6:12
		1.18	長女家族, 美國에서 完全 歸國	7: 6:11
		1.18	聘父任 逝去	7: 6:11
		3. 9	外孫女 文素瑛 出生	7: 4:20
		7. 1	長男, 研究院에 就業·勤務	7: 0:28
		8.16	金剛山 訪問·登頂	6:11:12
		8.30	國務總理級 委員長 委囑	6:10:30
		10.28	서울市 文化賞 受賞	6: 9: 1
2000	65	4.22	長男 結婚	6: 3: 7
		5. 8	鬱陵島 訪問·觀覽	6: 2:21
		6. 1	長男, 分家·獨立	6: 1:28
		8.20	美國 汽車 試乘	5:11: 9

最初發生日字			發生事項	持續期間
年度	年齡	月.日		(年:月:日間)
		9. 1	사위 文丙基,漢南大學 敎授 就任	5:10:28
		9.29	長女家族, 大田市로 移任	5:10: 0
2001	66	2.10	메소포타미아 文明 觀覽	5: 5:19
		3.14	高等檢察廳 出頭·陳述	5: 4:15
		6. 2	골프 運動 1,000回 突破	5: 1:27
		7. 4	東歐圈 諸國 訪問	5: 0:25
		11.10	월드컵 競技場 開場式 參席	4: 8:19
2002	67	1.28	最高 都市 페루 쿠즈코 投宿	4: 6: 1
		1.31	最大 地上繪畵 나즈카 觀覽	4: 5:28
		4.13	鴨綠江 船遊·觀覽	4: 3:16
		4.25	地下鐵 無賃乘車	4: 3: 4
		5.31	월드컵大會 開幕式 參觀	4: 1:28
		8. 4	高校 同窓會 同門賞 受賞	3:11:25
		8.31	敎授 停年 滿期 退任	3:10:28
		9.4	停年紀念 告別講演	3:10:24
		9.28	日本 對馬島 訪問	3:10: 0
		11.2	乘用車 EQUUS 탐	3: 8:26
2003	68	2.24	오피스텔 購入契約	3: 5: 4
		2.25	大統領 就任式 本部席 參席	3: 5: 3
		10.17	行政首都諮問委員長室 出勤	2: 9:11
		12.11	北韓 開城 訪問	2: 7:17
2004	69	1.13	3代 特別法 公布式 參席	2: 6:15
		1.29	KTX 처음 탐	2: 5:30
		4.20	大統領 官邸 訪問	2: 3: 8
		5.4	首都候補地 헬機 視察	2: 2:24
		5.24	핸드폰 着用	2: 2: 4
		7.9	黨·青會議 參席	2: 0:19
		8.11	行政首都 立地 發表	1:11:17
		8.13	推進委員長 辭表提出	1:11:15
		10.4	國會 證人 出頭	1: 9:24
		11.7	敎會 胎信者 禮拜 參席	1: 8:21
		12.29	光云學園 理事 被選	1: 7: 0
2005	70	3.1	建國大 碩座敎授 就任	1: 5:27
		4.29	119救急車利用 重患者室 入院	1: 3: 0
		6.9	敎會에서 特講	1: 1:19
		9.28	直系 最初 孫女 出生	0:10: 0
		10.12	憲裁에 意見書 提出	0: 9:16
		10.14	北韓 平壤 訪問	0: 9:14
		11.12	顔面 斑點 除去手術	0: 8:16
2006	71	1.12	妻와 아프리카 6個國 訪問登程	0: 6:16
		1.16	탄자니아의 Kilimanjaro山 觀光	0: 6:12
		1.22	아프리카 希望峰 登頂	0: 6: 6
		4.20	필리핀 訪問	0: 3: 8
		5.10	行政中心複合都市 名稱制定委員長 就任	0: 2:18
		6.19	몽골 訪問	0: 1: 9
		7.28	陽曆 古稀日을 맞이함	0: 0: 0

4. 人類 文化・文明 및 利器의 世界・韓國 및 本人의 最初 利用時期

分類			項目 / 區分	世界最初出現	韓國最初活用	本人最初利用	
						年度	年齡(歲)
1. 飮食・健康	1. 飮食物	1. 主・副食	1. 라면	1958	1963	1969	34
			2. 아이스크림	1848	1904	1957	22
			3. 통조림	1804	1892	1950	15
			4. 담배	B.C. 3000	1618	1966	31
		2. 飮料	1. 上水道	18世紀	1908	1954	19
			2. 茶	古代	828	1955	20
			3. 커피	古代	1890	1957	22
			4. 콜라	1886	1968(製造)	1961	26
			5. 막걸리	10世紀末	10世紀末	1946	11
			6. 洋酒	1170	19世紀	1964	29
	2. 健康物	1. 裝飾物	1. 洋服	中世	1881	1961	26
			2. 넥타이	1656	1881	1961	26
			3. 고무신	1884	1919	1945	10
			4. 구두	16世紀末	19世紀末	1957	22
			5. 손목時計	20世紀初	1905	1957	22
			6. 眼鏡	13世紀初	1560	1968	33
			7. 雨傘	B.C. 2000	1876	1942	7
			8. 나일론	1939	1953	1957	22
			9. 지퍼	1913	1917	1957	22
			10. 萬步機			1994	59
		2. 醫療・美容物	1. DDT	1941	1950	1955	20
			2. 인슐린	1921	1946	1972	37
			3. 비누	B.C. 3000	19世紀	1940	5
			4. 거울	B.C. 3000	B.C. 6世紀	1940	5
			5. 빗	B.C. 7世紀	三國時代	1957	22
			6. 理髮器	1804	1895	1947	12
2. 生活・業務	1. 家庭用品	1. 居住 生活用	1. 아파트	19世紀中	1932	1969	34
			2. 冊床	B.C. 1500	三國時代	1945	10
			3. 椅子	B.C. 1500	三國時代	1945	10
			4. 裁縫틀	1825	1877	1966	31
			5. 부채	B.C. 10世紀	高麗初	1940	5
			6. 扇風機	20世紀初	1936	1966	31
			7. 에어콘	1928	1945	1982	47
			8. 冷藏庫	1913	1965	1978	43
			9. 時計	1300	1910	1967	32
			10. 電子레인지	1955	1967	1988	53
			11. 蓄音機	1877	1898	1951	16
			12. 라디오	1906	1924	1964	29
			13. 텔레비전	1925	1966	1969	34
		2. 에너지用	1. 불	50萬年前	先史時代	1936	1
			2. 石油	B.C. 3200	1880	1936	1
			3. 石炭	B.C. 315	17世紀	1957	22
			4. 都市가스	1812	1909	1995	60
			5. 성냥	1827	1879	1940	5
			6. 라이터	1906	1950	1966	31
			7. 電燈	1879	1887	1954	19

分類		項目 \ 區分		世界最初出現	韓國最初活用	本人最初利用	
						年度	年齡(歲)
2. 生活·業務	2. 事務用品	1. 筆記·印刷物	1. 붓	B.C. 2500	紀元前	1947	12
			2. 벼루	中國 周時代	三國時代	1947	12
			3. 鉛筆	1564	19世紀末	1945	10
			4. 볼펜	1944	1945	1966	31
			5. 萬年筆	1809	1884	1957	22
			6. 漢(韓)紙	107	600	1945	10
			7. 金屬印刷活字	1403	1403	1962	27
		2. 計算類	1. 珠板	12世紀末	1593	1947	12
			2. 컴퓨터	1642	1946	1970	35
			3. 소프트웨어	1968	1987	1990	55
3. 教育·文化	1. 教育·宗教	1. 學校	1. 初等學校	19世紀	1894	1945	10
			2. 中等學校	19世紀	1899	1951	16
			3. 高等學校	19世紀	1906	1954	19
			4. 大學校	B.C. 3500	1926	1957	22
		2. 讀書	1. 한글	1446	1446	1945	10
			2. 漢字	B.C. 20世紀	B.C. 194	1951	16
			3. 日文	3世紀	三國時代	1957	22
			4. 英文	B.C. 3500	朝鮮朝末	1951	16
			5. 獨文	786	朝鮮朝末	1957	22
			6. 數字	B.C. 2500	三國時代	1945	10
			7. 教科書	16世紀	1895	1945	10
			8. 漫畫	17世紀	1920	1945	10
			9. 小說	B.C. 425	13世紀	1945	10
		3. 宗教	1. 儒教	B.C. 551	285	1936	1
			2. 佛教	B.C. 557	372	1937	2
			3. 基督教	B.C. 4	1643	1951	16
			4. 天主教	313	1614	1993	58
	2. 文化·文明	1. 統治制度	1. 陰曆	B.C. 433	三國時代初	1936	1
			2. 陽曆	B.C. 285	1895	1936	1
			3. 國歌	1770	1902	1945	10
			4. 國旗	B.C. 2000	1882	1947	12
			5. 民主主義	그리스都市國家	17-18世紀	1945	10
			6. 共産主義	1848	1923	1950	15
			7. 地方自治制	14世紀	1949	1963	28
			8. 議會	B.C. 2800	1948	1948	13
			9. 法典	B.C. 2250	373	1960	25
			10. 憲法	1776	1948	1960	25
			11. 戰爭	B.C. 20萬年	B.C. 509	1950	15
			12. 勳章	B.C. 1800	1948	1980	45
			13. 貨幣	812	1391	1940	5
			14. 銀行	1694	1878	1962	27
			15. 미터制	1795	1964	1964	29
			16. 斷髮令	1894	1895	1936	1
			17. 새마을運動	1971	1971	1971	36
			18. 第2의 建國運動	1998	1998	1999	64
		2. 施設	1. 圖書館	B.C. 4世紀	1925	1957	22
			2. 博物館	1683	1946	1957	22
			3. 百貨店	1825	1930	1957	22
			4. 엘리베이터	1853	1940	1957	22
			5. 에스컬레이터	1898	1941	1969	34

分類			區分 / 項目	世界最初出現	韓國最初活用	本人最初利用	
						年度	年齡(歲)
3. 教育·文化	2. 文化·文明	3. 防禦物	1. 댐	B.C. 3200	330	1950	15
			2. 城	100	3世紀	1950	15
			3. 銃	1250	1592	1958	23
			4. 拳銃	14世紀初	1911	1958	23
4. 交通·通信	1. 交通	1. 交通手段	1. 人力車	1869	1894	1957	22
			2. 自轉車	1668	1903	1952	17
			3. 自動車	1886	1903	1949	14
			4. 汽車	1550	1899	1952	17
			5. 電車	1879	1898	1956	21
			6. 地下鐵	1863	1974	1990	55
			7. 汽船	1807	1866	1963	28
			8. 飛行機	1903	1922	1965	30
		2. 交通施設	1. 燈臺	B.C. 3世紀	1903	1963	28
			2. 高速道路	1933	1968	1968	33
			3. 宇宙船發射臺	1957	1992	1997	62
	2. 通信	1. 傳達媒體	1. 郵便	1840	1884	1948	13
			2. 新聞	1470	1883	1966	31
			3. 雜誌	1665	1906	1952	17
			4. 出版社	1584	1884	1962	27
		2. 通信手段	1. 電話機	1876	1896	1968	33
			2. 電信機	1835	1885	1955	20
			3. 無線通信	1895	1906	1957	22
			4. 팩시밀리	1843	1980	1995	60
			5. 핸드폰	1973	1988	2003	68
5. 休息·娛樂	1. 運動·休息	1. 運動種類	1. 陸上競走	B.C. 3800	1896	1945	10
			2. 蹴球	B.C. 3世紀	1882	1945	10
			3. 排球	1895	1915	1954	19
			4. 野球	1839	1905	1958	23
			5. 籠球	1891	1907	1954	19
			6. 庭球	1050	1793	1963	28
			7. 卓球	19世紀	1924	1952	17
			8. 배드민턴	B.C. 2000	1945	1970	35
			9. 撞球	1429	1890	1965	30
			10. 볼링	B.C. 5200	1950	1970	35
			11. 골프	1457	1900	1983	48
			12. 近代 올림픽	1896	1948	1988	53
		2. 休息施設	1. 호텔	717	1902	1965	30
			2. 病院	331	1877	1954	19
			3. 動物園	B.C. 2097	1908	1957	22
			4. 植物園	1545	1909	1957	22
	2. 娛樂·趣味	1. 娛樂種類	1. 將棋	B.C. 200	高麗朝	1945	10
			2. 바둑	B.C. 1000	三國時代	1967	32
			3. 花鬪	18世紀末	1900年代初	1949	14
			4. 演劇	B.C. 2000	1913	1948	13
			5. 映畵	1893	1898	1948	13
			6. 劇場	B.C. 10世紀	1902	1947	12
			7. 曲馬團	1768	1913	1948	13
		2. 趣味對象	1. 音樂	B.C. 2萬5千年	4世紀	1941	6
			2. 歌曲	1572	1890	1948	13
			3. 寫眞	1838	1880	1948	13
			4. 레고(造立式 장난감)	1958	1975	1998	63

5. 70年 生涯中 主要事項의 最初發生과 最終發生의 比較

(最初發生日字順)

區分 / 項目	最初發生			經過期間(年)	最終發生		
	發生日字	年齡	發生事項		發生日字	年齡	發生事項
1. 年 齡	1936. 7.28	1	1歲(滿 零歲)	70	2006. 7.28	71	71歲(滿 70歲)
2. 最初訪問國	1936. 7.28	1	日本國 朝鮮半島	70	2006. 6.19	71	몽골
3. 最初訪問地	1936. 7.28	1	慶北 聞慶郡 戶西南面 興德4里	70	2006. 6.19	71	몽골 Ulaanbaatar
4. 居 住 地	1936. 7.28	1	慶北 聞慶郡 戶西南面 興德4里 394	70	2006. 7.28	71	서울 江南區 驛三1洞 618-24
5. 父母自家	1936. 7.28	1	慶北 聞慶郡 戶西南面 興德4里 394(住宅 25坪)	28	1964.12.24	29	慶北 聞慶郡 戶西南面 興德4里 깃골 뒷산밭(住宅 15坪)
6. 同居家族數	1936. 7.28	1	7名	70	2006. 7.28	71	2名
7. 身 長	1936. 7.28	1	53.3cm	70	2006. 7.28	71	171.6cm
8. 體 重	1936. 7.28	1	2.7kg	70	2006. 7.28	71	67.0kg
9. 步 行 數	1936. 7.28	1	0歲	70	2006. 7.28	71	750步
10. 寺刹禮佛	1937. 5.17	2	慶北 聞慶郡 山北面 金龍寺	69	2006. 7.13	71	忠北 丹陽 救仁寺
11. 水 泳	1940. 7.15	5	慶北 聞慶郡 戶西南面 穎江	57	1997. 8. 9	62	美國 Florida州 Cocoa비치 北大西洋
12. 唱 歌	1941. 2. 1	6	'却說이 打令'	65	2006. 7.28	71	'나비야 青山가자'
13. 鳶날리기	1944. 4. 1	9	自作, 앞 東山에서, 高空 50m 높이	9	1953.12.25	18	自作, 앞 東山에서 高空 300m 높이, 실타래까지 空中으로 날아감
14. 就 學	1945. 4. 2	10	戶西南國民學校 1學年 入學	31	1976. 8.27	41	신시내티大學校 大學院 卒業
15. 漫 畵 봄	1945.11. 1	10	'洪吉童'(韓國)	61	2006. 1. 8	71	'Pyongyang'(프랑스)
16. 小說 읽음	1945.12.15	10	'콩쥐팥쥐'(韓國)	61	2006. 7.16	71	'Life Lessons'(美國)
17. 理 髮 所	1947. 9. 5	12	興德 理髮所(慶北 聞慶)	59	2006. 7. 1	71	서울 驛三洞 巨平사우나湯
18. 映 畵 봄	1948. 3.30	13	'沈淸傳'(無動·無聲黑白)	58	2006. 7.23	71	'The River'(美國)
19. 賞 狀	1948. 7.24	13	國民學校 3學年末 優等賞·皆勤賞	57	2005. 9.30	70	헤럴드經濟社의 엘리트 뉴리더賞
20. 記 錄	1948. 9. 1	13	읽은 童話·小說 記錄(2項目)	58	2006. 7.28	71	生涯諸般事 記錄(約 360 項目)
21. 級長 就任	1949. 3. 1	14	國民學校 4學年 4班 級長	3	1951.12.31	16	中學校 西班 級長
22. 自動車 탐	1949. 9.12	14	버스-聞慶邑 누님宅 감	57	2006. 6.22	71	몽골 Ulaanbaatar 國際空港까지 감
23. 自轉車 탐	1952. 4. 1	17	손님이 가져온 自轉車를 빌려탐	52	2004. 5.26	69	漢江 高水敷地에서 빌려서 탐
24. 汽 車 탐	1952. 6.29	17	汽車-店村에서 尙州 감	54	2006. 7.20	71	東大邱驛에서 서울까지 KTX 탐
25. 出 鄕	1954. 4. 5	19	高等學校 留學次 安東 감	52	2006. 7.28	71	서울에 居住中
26. 下 宿	1954. 4. 5	19	慶北 安東市 法尙洞	9	1963. 3.31	28	서울 鐘路區 苑西洞
27. 大衆浴湯	1954. 4.20	19	慶北 安東市 安東沐浴湯	52	2006. 7.15	71	서울 江南區 巨平사우나湯
28. 自 炊	1954. 7.31	19	慶北 安東市 太華洞	22	1976. 8.30	41	美國 신시내티大 大學寄宿舍
29. 家庭教師	1955. 2.28	20	慶北 安東市 平和洞(張氏宅)	9	1964.12.31	29	서울 東大門區 淸凉里洞(黃氏宅)
30. 電 車 탐	1956. 1.12	21	電車-서울 淸凉里에서 東大門 감	12	1968.11.28	33	서울 新設洞에서 鐘路1街 감
31. 서울居住	1957. 4. 1	22	大學 留學次 서울 감	49	2006. 7.28	71	서울에 居住中
32. 排 球	1957. 4.25	22	서울大 文理大 運動場, 同級生	12	1969. 9. 3	34	서울大 法大 排球場, 教授·助教
33. 택시 탐	1957. 5.10	22	서울에서 새나라 택시 탐	49	2006. 7. 8	71	서울 大峙洞에서 自宅까지 택시 탐
34. 團體 加入	1961. 5. 1	26	聞慶 中學校 同窓會 加入	44	2005.11.23	70	行政首都 關係者 모임 '相生會' 加入
35. 學位 取得	1962. 2.26	27	서울大學校 理學士	14	1976. 8.27	41	美國 신시내티大學校 地域經濟學 博士
36. 飮 酒	1962. 4. 7	27	民衆書館入社 歡迎宴, 濁酒 半甁	44	2006. 7.28	71	新沙洞 할매족발집에서 燒酒 마심
37. 定式俸給	1962. 4.25	27	民衆書館 社員 月給(當時 36,500원, 2006年 價格 3,937千원)	44	2006. 7.28	71	建國大·韓自硏·地發硏 月給(當時 7,000千원)
38. 船舶 탐	1963. 4. 1	28	仁川 月尾島에 감	43	2006. 5.20	71	坡州 臨津江에서 黃布돛배를 탐
39. 官用車 탐	1964. 8. 1	29	茂朱郡 郡廳 찝車 탐	40	2004. 9.13	69	行政首都推進委員長車를 탑승함
40. 家族 移住	1965. 1. 1	30	父母와 弟, 서울로 移住	41	2006. 7.28	71	서울에 居住中
41. 傳貰 入住	1965. 1. 1	30	서울 東大門區 淸凉里 1洞	2	1966.12.20	31	서울 鐘路區 梨花洞
42. 年賀狀 受領	1965. 1. 1	30	5枚	41	2006. 1. 1	71	236枚
43. 家計 總收入	1965. 1.31	30	107,683원(2006年 價格 6,566千원)	41	2006. 7.28	71	7月 收入 20,663千원

項 目 \ 區 分	最初發生			經過期間(年)	最終發生		
	發生日字	年齡	發生事項		發生日字	年齡	發生事項
44. 飛行機 탐	1965. 7.17	30	空軍 輸送機를 타고 濟州道 감	41	2006.7.25	71	蔚山에서 金浦까지 KAL機 탐
45. 新聞 揭載	1965.10.15	30	道德新聞-'主體性을 살리는 길'	41	2006.1.12	71	週間聞慶-'出鄕人士를 찾아서'
46. 本人資産	1965.12.31	30	482千원(2006年 價格 29,390千원)	41	2006.7.28	71	3,000,000千원
47. 吸　煙	1966. 3.25	31	하루 3개비	40	2006.7.28	71	하루 2匣
48. 論文 發表	1966.10. 1	31	監査月報 66年10月號-'地方自治團體의 事務配分實態'	40	2006.6.1	71	自治發展 2006年 6月號-'選擧以後의 地方自治'
49. 直系 後孫	1966.10.30	31	長女 雪娥 出生	39	2005.9.28	70	孫女 旼嬉 出生
50. 自家 取得	1966.12.20	31	서울 鐘路區 昌信4洞(垈 30,坪建) 12坪, 560千원, 2006年 價格 29,630千원)	22	1988.8.15	53	서울 江南區 驛三1洞(垈 137坪, 建 96坪, 420,000千원, 2006年 價格 996,016千원)
51. 大學 講義	1967. 3. 2	32	明知大學校 行政學科 '地方行政論'	39	2006.6.13	71	서울大 環境大學院 '都市·地域計劃硏究'
52. 著書 發刊	1967.10. 1	32	共著 '國稅와地方稅의 調整'	38	2005.8.16	70	隨想集 '하늘의 뜻 人間의 삶'
53. 海外 旅行	1969. 9.20	34	美國	37	2006.6.19	71	몽골
54. 美國 訪問	1969. 9.20	34	留學次 美國 Cincinnati市에 감	35	2004.9.18	69	사위 相逢次 美國 Daly City에 감
55. 日本 訪問	1972. 1.12	37	視察次 妻·次女와 東京에 감	30	2002.9.30	67	團體 夫婦와 觀光次 對馬島에 감
56. 個人 助敎	1972. 3. 2	37	李廷植君 (環境大學院 學生)	30	2002.8.31	67	沈載滿君(環境大學院 學生)
57. 行事 司會	1972. 3.25	37	國土學會세미나 '計劃專門家養成' 分科	34	2006.7.26	71	大邱慶北硏究院 大首都論 綜合討論
58. 敎 授 職	1972. 5.10	37	서울大學校 行政大學院 專任講師	30	2002.8.31	67	서울大學校 環境大學院 敎授(停年)
59. 敎授 號俸	1972. 5.10	37	9-1號俸	30	2002.8.31	67	1442號俸
60. 서울大 俸給	1972. 5.25	37	專任講師 俸給-65千원(2006年 價格 1,422千원)	30	2002.8.17	67	敎授 俸給-4,413千원(2006年 價格 4,595千원)
61. 學術 討論	1972. 6.30	37	서울大 行政大 세미나 'Otam- Metra 報告書'	30	2002.6.20	67	地域發展포럼 地域産業 세미나
62. 主題 發表	1973. 5.10	38	大韓國土計劃學會 세미나 '工業化와 環境保全'	31	2004.6.28	69	環境財團 심포지엄 '持續可能性 관점에서 본 新行政首都建設'
63. 라디오 放送	1973. 6.27	38	基督敎放送 '오늘을 診斷한다'	32	2005.11.1	70	大田 KBS '地方自治 10周年 評價'
64. TV 放映	1973. 7.26	38	大田 MBC TV '政經討論'	31	2004.7.12	69	KBS '新行政首都의 建設'
65. 特別 講演	1973. 7.27	38	江原道 公務員 '行政管理技法'	33	2006.7.20	71	文化觀光部 企業都市 硏鑽會
66. 基調 發表	1975. 8.13	40	韓國社會科敎育硏究會 '人口敎育을 위한 環境敎育의 課題'	30	2005.10.31	70	培材大學校 創立120周年紀念 學術세미나
67. 結婚 主禮	1977. 3. 5	42	그랜드호텔, 金殷泰·李貞淑	29	2006.6.18	71	外交센터, 千官浩·邊恩伊
68. 演說 人事	1977. 4.17	42	在京 聞慶鄕友會 總會 祝辭	29	2006.7.25	71	蔚山 北區 自治大學 開講式 祝辭
69. 獨逸 訪問	1979. 8.11	44	都市計劃視察次 Hamburg에 감	15	1994.8.20	59	視察次 Frankfurt에 감
70. 프랑스 訪問	1979. 8.14	44	都市計劃視察次 Paris에 감	16	1995.7.28	60	觀光次 Paris에 감
71. 專用 公用車	1980. 6.5	45	國保委 MarkⅣ-陸軍3193(運轉: 石俊鎬 兵長)	26	2006.7.28	71	地發硏 EQUUS 350-서울55너 6526(運轉: 崔信一 代理)
72. 紹介 弘報	1980.10.14	45	東亞日報 '서울都市計劃國際세미나'	26	2006.7.1	71	自治發展 '5·31 地方選擧 세미나'
73. 大統領 相面	1980.10.25	45	全斗煥 大統領-靑瓦臺	24	2004.10.25	69	盧武鉉 大統領-靑瓦臺
74. 勳章 받음	1980.10.25	45	保國勳章 天授章-全斗煥 大統領	19	1999.7.1	64	國民勳章 冬柏章-金大中 大統領
75. 紀念 作文	1982. 2.15	47	'敎育憲章碑 建立文'-聞慶中學 校庭	24	2006.7.26	71	大邱慶北硏究院 討論會 決意文
76. 自家 乘用車	1983. 3.12	48	서울 銅雀區 上道3洞, MarkⅤ Economy-서울4다 4300(6,800萬원, 運轉: 金西善)	22	2005.7.12	70	서울 江南區 驛三1洞, EQUUS 350-02 나 1795(42,000千원, 運轉: 妻)
77. 골　프	1983. 4.7	48	南城臺 골프場 (李相伊 招請)	23	2006.7.21	71	釜山 골프場 (徐義澤 招請)
78. 골 프 채	1984. 9.7	49	Featherite Golden Ram (150萬원, 尹世榮 寄贈)	13	1997.5.3	62	Homma(400萬원, 林相夏 寄贈)
79. 中都委 委員	1986.6.19	51	建設部 中央都市計劃委員會 委員	20	2006.7.28	71	建交部中央都市計劃委員會 副委員長
80. 中國 訪問	1989.3.8	54	國際會議參席次 上海에 감	13	2002.4.17	67	視察次 丹東에 감
81. 地下鐵 탐	1990.11.15	55	서울 江南驛에서 서울大入口까지 탐	16	2006.8.13	71	自宅에서 2號線 타고 建國大驛까지 감
82. 北韓 訪問	1999.8.17	64	江原道 高城郡 金剛山 訪問	6	2005.10.15	70	平壤市를 訪問
83. 總理級 職責	1999.8.30	64	地方移讓推進委員會 委員長 (金大中 大統領 發令)	5	2004.9.13	69	新行政首都建設推進委員長會 委員長 (盧武鉉 大統領 發令, 辭表 完了)

6. 國內外別 主要事項의 最初發生과 最終發生

種類	區分	韓國							
		最初發生				最初發生			
		日字	年齡	地域	事項	日字	年齡	地域	事項
1. 居住	1. 住宅	36. 7.28	1	聞慶	慶北 聞慶郡 戶西南面 興德4里 自宅	06. 7.28	71	서울	서울 江南區 驛三1洞 618-24 單獨 自宅
	2. 相逢人	36. 7.28	1	聞慶	母, 父, 祖母, 長姉, 仲姉, 季姉	06. 7.28	71	서울	妻, 次女
	3. 就寢	36. 7.28	1	聞慶	慶北 聞慶郡 戶西南面 興德4里 自宅內室	06. 7.28	71	서울	서울 江南區 驛三1洞 618-24 自宅 寢室
2. 修學	1. 學校入學	45. 4. 1	10	聞慶	戶西南 國民學校 1學年	63. 3. 1	28	서울	서울大 行政大學院 1學年
	2. 學年成績	46. 7.20	11	聞慶	戶西南 國民學校 1學年 - 83點	65. 6.26	30	서울	서울大 行政大學院 2學年-89點
	3. 學位取得	62. 2.26	27	서울	서울大 物理科大學 物理學科 - 理學士	65. 6.26	30	서울	서울大 行政大學院-行政學碩士
3. 活動	1. 公的委囑	62. 4. 7	27	서울	出版社 民衆書館 編輯社員(社長 李炳俊)	06. 5.10	71	燕岐	行政中心複合都市建設廳 都市名稱制定審議委員會 委員長
	2. 特別講演	72. 7.27	37	春川	江原道 公務員硏修, '새로운 行政管理技法', 春川 文化館	06. 7.20	71	서울	文化觀光部, '觀光레저 都市開發方向', 서울 플라자호텔
	3. 演說人事	77. 4.17	42	서울	在京 聞慶鄕友會 總會, '祝辭: 郡民會의 意義', 新興寺	06. 7.25	71	蔚山	蔚山 北區, 區民自治大學 開講式 祝辭, 文化藝術會館
4. 發表	1. 基調·主題發表	75. 8.13	40	서울	韓國社會科敎育硏究會, '人口敎育과 環境敎育', 明知大 講堂	05.10.31	70	大田	培材大 創立120周年 紀念세미나 基調演說, 培材大 國際交流館
	2. 司會擔當	72. 3.25	37	서울	國土計劃學會, '都市化時代 計劃專門家 養成', 世宗호텔	06. 7.26	71	龜尾	大邱·慶北硏究院 '大首都論 對應戰略', 中小企業支援센터
	3. 討論參與	72. 6.30	37	서울	서울大 行政大學院, 'Otam- Metra 國土計劃', 行政大 講堂	02. 6.20	67	서울	地域發展포럼, '地域産業 成長戰略', 大韓商議
5. 訪問	1. 國家	36. 7.28	1	聞慶	日本帝國 朝鮮 植民國	06. 7.28	71	서울	大韓民國
	2. 地域	36. 7.28	1	聞慶	朝鮮 慶北 聞慶郡	01. 6.13	66	星州	韓國 慶北 星州郡
	3. 首都·市道廳	56. 1.10	21	서울	韓國首都 서울特別市	88. 8. 6	53	昌原	韓國 慶尙南道 道廳所在地 昌原
6. 交通	1. 버스	49. 9.12	14	聞慶	店村邑과 聞慶邑을 往復	06. 5.20	71	서울	專貰버스로 서울과 坡州를 왕복함
	2. 汽車	52. 6.29	17	聞慶	店村邑과 尙州邑을 往復	06. 7.20	71	大邱	東大邱驛에서 서울驛까지 KTX를 탐
	3. 船舶	63. 4.21	28	仁川	仁川港에서 月尾島에 감	06. 5.20	71	京畿坡州	交河 臨津江에서 黃布돛대 遊覽船 탐
	4. 航空機	65. 7.17	30	서울	서울에서 濟州道에 감, 空軍 輸送機	06. 7.25	71	蔚山	蔚山에서 金浦空港까지 KAL機 탐
7. 嗜好	1. 飮食	36. 7.28	1	聞慶	中食: '母乳', 自宅	06. 7.28	7	서울	夕食: '돼지족발', 新沙洞 할매족발 食堂
	2. 飮酒	62. 4. 7	27	서울	夕食: '濁酒10盞, 鍾路區 通義洞 孝子불고기집	06. 7.28	71	서울	夕食: '오이燒酒 半甁, 新沙洞 할매족발 食堂
	3. 吸煙	66. 3.25	31	서울	'薔薇' 2개비, 서울大 行政大學院 助敎室	06. 7.28	71	서울	'Time' 3개비, 江南區 驛三洞 自宅 庭園
8. 趣味	1. 歌唱	41. 2. 1	6	聞慶	'却說이 打令'	06. 4. 1	71	서울	'나비야 靑山 가자'
	2. 小說	45.12.15	10	聞慶	'콩쥐 팥쥐'	06. 7. 9	71	서울	'挑戰 100歲'
	3. 映畵	48. 3.30	13	聞慶	'沈淸傳'	06. 7.15	71	서울	'저 언덕을 넘어서'
	4. 골프	83. 4. 7	48	서울	'南星臺 골프場'(125打)	06. 7.21	71	釜山	'釜山 C.C.' 골프場(95打)

種類	區分	外國 最初發生 日字	年齡	地域	事項	最初發生 日字	年齡	地域	事項
1. 居住	1. 住宅	69. 9.25	34	美國 Cincinnati	123 West McMillan Street, 아파트	76. 8.30	41	美國 Cincinnati	Sawyer Hall, 2910 Scioto Street, 寄宿舍
	2. 相逢人	69. 9.20	34	美國 San Francisco	San Francisco 호텔 從業員	06. 6.22	71	몽골 Ulaanbaatar	國際空港의 從事職員
	3. 就寢	69. 9.20	34	美國 San Francisco	San Francisco 호텔 客室	06. 6.21	71	몽골 Möngönmor't	休養地 Khan Khelen 平原의 傳統家屋 Ger
2. 修學	1. 學校入學	69. 9.21	34	美國 Cincinnati	Cincinnati大 大學院 1學年-碩士課程	70. 9.25	35	美國 Cincinnati	Cincinnati大 大學院 1學年-博士課程
	2. 學年成績	70. 8.15	35	美國 Cincinnati	Cincinnati大 碩士課程 1學年-96點	72. 8.22	37	美國 Cincinnati	Cincinnati大 博士課程 2學年-100點
	3. 學位取得	71. 6.13	36	美國 Cincinnati	Cincinnati大 大學院-都市計劃學碩士	76. 8.27	41	美國 Cincinnati	Cincinnati大 大學院 - 地域經濟學博士
3. 活動	1. 公的委囑	94. 1. 1	59	美國 Lansing	Consorthium on Development Studies 諮問委員(會長 林吉鎭)	98.10. 1	63	美國 Las Vegas	Las Vegas 서울事務所開所 3周年 紀念行事委員長(市長 L.V. Jones)
	2. 特別講演	76. 6.22	41	泰國 Bangkok	內務省 公職者研修, 'Saemaul Undong', 內務省 會議室	98. 6.28	63	日本 四國 松山市	서울大 環境大 高位課程研修團, '日本人과 記錄', 奧道後호텔
	3. 演說人事	87. 7. 5	52	日本 福岡	福岡縣 知事 國土計劃學會 訪日團 歡迎宴, '會長 答辭, 宴會場	02. 8. 9	67	臺灣 臺北	國土計劃學會 訪臺團 評價會, '所感人事', 大聲公食堂
4. 發表	1. 基調·主題發表	74. 10.30	39	日本 名古屋	UNCRD, 'Country Report of Korea', UNCRD 會議室	94.10.18	59	日本 關西科學都市	關西科學都市推進機構, 'Science Parks', 京阪奈會館
	2. 司會擔當	85. 6.25	50	泰國 Bangkok	APDC, 'Research Proposal Meeting', Hyatt Hotel	02. 8. 7	67	臺灣 臺北	臺灣 都市計劃學會, '韓中日學術大會', 福華國際文敎會館
	3. 討論參與	83.12. 8	48	스리랑카 Colombo	Marga Institute, 'Local Level Development', Marga 會議室	97. 9.17	62	日本 名古屋	日本 都市計劃學會, '韓中日 國際세미나', 國際會議場
5. 訪問	1. 國家	69. 9.20	34	美國 San Francisco	美合衆國(United States of America)	06. 6.19	71	몽골 Ulaanbaatar	몽골(Republic of Mongolia)
	2. 地域	69. 9.20	34	美國 San Francisco	美國 San Francisco	06. 6.22	71	몽골	Ulaanbaatar
	3. 首都·市道廳	69. 9.21	34	美國 Washington, D.C.	美國 首都 Washington, D.C.	06. 6.19	71	몽골 Ulaanbaatar	몽골 首都 Ulaanbaatar

種 類 / 區 分		外 國							
		最 初 發 生				最 終 發 生			
		日 字	年 齡	地 域	事 項	日 字	年 齡	地 域	事 項
6. 交 通	1. 버 스	69. 9.20	34	美 國 San Francisco	國際空港에서 市內 호텔까지 감	06. 6.22	71	몽 골 Ulaanbaatar	市內에서 國際空港까지 감
	2. 汽 車	74.11.10	39	日本 東京	東京에서 神戶까지 감, 新幹線	00. 8.20	65	美 國 San Francisco	Palo Alto까지 다녀옴
	3. 船 舶	70. 9. 7	35	美 國 New York	Circleline Boat로 '自由의 女神像에 감	06. 4.22	71	필 리 핀 Pagsanjan	Pagsanjan 瀑布의 急流를 카누로 오름
	4. 航空機	69. 9.20	34	서 울	서울發 美國에 감	06. 6.23	71	몽 골	Ulaanbaatar發 仁川空港으로 옴
7. 嗜 好	1. 飮 食	69. 9.20	34	美 國 San Francisco	夕食: '비프 스테이크, San Francisco호텔 食堂	06. 6.22	71	몽 골 Ulaanbaatar	夕食: 韓食堂 '楊州골'
	2. 飮 酒	69.12. 2	34	美 國 Kentucky州	夜食: 'Heineken' 5캔, Newport 酒店	06. 6.22	71	몽 골 Ulaanbaatar	夕食: '참이슬' 燒酒 5盞, 食堂 楊州골
	3. 吸 煙	69. 9.20	34	美 國 San Francisco	'Malboro' 5개비, San Francisco호텔 食堂·客室	06. 6.22	71	몽 골 Ulaanbaatar	'Mild Seven' 6개비, 울란바타르 國際空港內
8. 趣 味	1. 歌 唱	45. 5. 1	10	聞 慶	'豫科練の歌 (日本)	06. 1.15	71	서 울	'우리는 하나'(北韓)
	2. 小 說	47. 5.11	12	聞 慶	'白雪公主(The Snow White)' (獨逸)	06. 7.16	71	서 울	'人生修業(Life Lessons)'(美國)
	3. 映 畵	49. 9. 5	14	聞 慶	'걸리버 旅行記(Gulliver's Travel)'(英國)	06. 7.23	71	서 울	'살아가는 하루하루(The River)' (美國)
	4. 골 프	83.12. 8	48	스리랑카 Colombo	'Royal Colombo C.C.'(92打)	02. 4.14	67	中國 丹東	'五龍 骨爾夫場'(106打)

客說 : 經驗에서 얻은 삶의 眞實

어느 展示場에 갔더니 13歲 以下와 65歲 以上은 入場料가 같고 一般人의 半이었다. 老人이 되면 다시 어린이가 된다는 말이 바로 이 入場料에 그대로 반영되어 있었다. 나는 將來가 촉망되는 어린이다.

客說 : 經驗에서 얻은 삶의 眞實

앞으로 30年만 더 살 수 있다면 무엇인가 좀 目標를 세우고 計劃도 수립하겠는데 언제 죽을지 전연 예측 할 수 없으니 아무 것도 구상할 수가 없다. 괜히 30年 計劃을 세웠다가 中途下車하면 남들 보기가 얼마나 창피한가? 그래서 老人들은 하루 하루를 하는 일 없이 그럭저럭 살아가는 것 같다. 남은 人生의 目標를 오로지 '죽음'에만 두고 있는 것 같다. 아 - 가련하고 불쌍하고 애달픈 老人이여!

Ⅱ. 最高·最多 記錄

○ 要 約

分類 \ 主要事項 (區 分)		最高 記錄 年度	最高 記錄 年齡	最高數値
1. 身體	1. 身長	1959-89	24-54	175㎝
	2. 體重	1982	47	70.2㎏
	3. 視力	1945-65	10-30	2.0度
	4. 知能	1945-76	10-41	I.Q.135
2. 家族	1. 家族數	1936	1	7名
		1941-43	6-8	7名
		1971-72	36-37	7名
	2. 子女數	1971-06	36-67	3名
3. 自宅	1. 垈地面積	1988-06	53-67	137坪
	2. 建物面積	1988-06	53-67	96坪
4. 敎育	1. 學校成績	1949	14	98點
	2. 受賞	1950-51,1954	15-16,19	3個
5. 經歷	1. 委囑職位	1990	55	36個
	2. 保有職銜	1998	63	87個
	3. 受領賞勳	1999	64	10個
6. 發刊	1. 著書發刊	1982,1995	47,60	4卷
	2. 論文揭載	1995	60	49篇
	3. 報告書刊行	1985,1986	50,51	9卷
7. 發表	1. 基調發表	1992	57	9回
	2. 主題發表	1991	56	13回
	3. 司會擔當	1995	60	24回
	4. 討論參與	1991	56	10回
8. 講演	1. 特講	1991,1995	56,60	79回
	2. 演說	2001	66	45回
	3. 報告	1993	58	9回
9. 報道	1. 新聞 揭載	1995	60	16回

分類 \ 主要事項 (區 分)		最高 記錄 年度	最高 記錄 年齡	最高數値
9. 報道	2. TV 放映	1991	56	16回
	3. 라디오 放送	1992	57	8回
10. 聽衆 ·執筆	1. 受學者	1975	40	1,738名
	2. 聽取者	1991	56	39,383名
	3. 執筆原稿	1979	44	9,550枚
11. 奉仕	1. 團體加入	1999	64	5個
	2. 紀念作文	1993	58	5篇
	3. 主禮執典	1997	62	10回
	4. 紹介弘報	2004	69	142回
	5. 年賀狀 受領	1987	52	520枚
12. 旅行	1. 旅行回數	2001	66	141回
	2. 訪問國家	1979	44	10國
	3. 訪問地域	1995	60	61個
	4. 航空搭乘	1995	60	80回
13. 距離	1. 旅行距離	1995	60	129,228㎞
	2. 步行數	1958	23	6,570千步
14. 趣味	1. 吸煙	1998	63	840匣
	2. 飮酒	1983	48	1,045甁
	3. 唱歌	1963	28	29曲
	4. 小說	2002	67	88卷
	5. 映畵	2000	65	102篇
	6. 골프	1985	50	141回
15. 家計 (2006年 價格)	1. 收入	1988	53	1,132,330千원
	2. 支出	1988	53	1,125,466千원
	3. 純收入	1985	50	237,038千원
	4. 總資産	2006	71	3,000百萬원

客說 : 經驗에서 얻은 삶의 眞實

토끼와 거북이의 競走에서 토끼가 잠시 잠을 자는 바람에 거북이가 이겼다는 敎訓的 寓話가 있다. 그러나 이는 특별한 경우이고 일반적으로는 토끼가 거북이를 이긴다. 왜냐하면 競走 中에 잠자는 토끼는 특수한 別種이고 대부분의 토끼들은 경기가 끝나고 나서 잠을 자기 때문이다. 그래서 거북이들에게 충고하건대, 옛 寓話를 믿고 토끼와 경주 내기를 하는 어리석음을 결코 범하지 말지어다.

1. 發生의 最頻值

(1) 主要事項 發生數值의 最高記錄

分 類	主 要 事 項	始發年度	最高記錄 年 度	最高記錄 數 値
1. 身體	1. 身長(㎝)	1936	1959-89	175.0
	2. 體重(㎏)	1936	1982	70.2
	3. 視力(度)	1936	1945-65	2.0
	4. 知能(I.Q.)	1936	1945-76	135
2. 家族	1. 家族數(名)	1936	1936	7
			1941-43	7
			1971-72	7
	2. 子女數(名)	1966	1971-2002	3
3. 自家	1. 垈地面積(坪)	1966	1988-2002	137
	2. 建築面積(坪)	1966	1988-2002	96
	3. 住宅價格(百萬)	1966	2002	1,350
4. 敎育	1. 學校成績(點)	1945	1949	98
	2. 受賞賞狀(個)	1948	1950	3
			1951	3
			1954	3
5. 經歷	1. 委囑職位數(個)	1960	1990	36
	2. 保有職銜數(個)	1960	1998	87
	3. 賞勳・功勞牌數(個)	1980	1999	10
6. 發刊	1. 著書發刊數(卷)	1967	1982	4
			1995	4
	2. 論文發刊數(篇)	1965	1995	49
	3. 報告書發刊數(件)	1964	1985-86	9
	4. 總發刊數(個)	1964	1995	54
7. 發表	1. 基調發表數(回)	1975	1992	9
	2. 主題發表數(回)	1973	1991	13
	3. 司會擔當數(回)	1972	1995	24
	4. 討論參席數(回)	1972	1991	10
	5. 總發表數(回)	1972	1995	46
8. 講演	1. 特講回數(回)	1973	1991,95	79
	2. 演說回數(回)	1977	2001	45
	3. 報告回數(回)	1972	1993	9
	4. 總講演數(回)	1972	1995	105
9. 報道	1. 新聞揭載數(回)	1965	1995	16
	2. TV 放映數(回)	1973	1991	16
	3. 라디오放送數(回)	1973	1992	8
	4. 總報道數(回)	1965	1995	27
10. 弟子	1. 受學者數(名)	1957	1975	1,738
10. 弟子	2. 論文指導數(名)	1972	1984	89
11. 團體	1. 新規加入數(個)	1961	1999	5
	2. 保有團體數(個)	1961	1999	73
12. 奉仕	1. 紀念作文數(篇)	1982	1993	5
	2. 主禮執典數(回)	1977	1997	10
	3. 行事參席數(回)	1983	1994	34
	4. 紹介・弘報數(回)	1980	2004	142
	5. 受領年賀狀數(枚)	1961	1987	520
13. 旅行	1. 旅行回數(回)	1954	2001	141
	2. 訪問國數(國)	1969	1979	10
	3. 訪問地域數(個)	1954	1995	61
	4. 航空機搭乘(回)	1965	1995	80
	5. 海外滯在期間(日)	1969	1970	365
			1971	365
14. 距離	1. 飛行距離(㎞)	1965	1995	107,382
	2. 汽車距離(㎞)	1952	1982	11,901
	3. 自動車距離(㎞)	1951	1985	26,218
	4. 總距離(㎞)	1951	1995	129,228
	5. 步行數(千步)	1936	1958	6,570
15. 趣味	1. 吸煙量(匣)	1966	1998	840
	2. 飮酒量(甁)	1962	1983	1,045
	3. 愛唱歌曲數(曲)	1941	1963	29
	4. 耽讀小說數(卷)	1945	2002	88
	5. 觀覽映畵數(篇)	1948	2000	102
16. 골프	1. 運動回數(回)	1983	1985	141
	2. 外國골프場數(回)	1983	1991	4
	3. 골프記錄(打)	1983	1987	75
	4. 受賞回數(回)	1983	1985	13
17. 總數	1. 活動時間數(時間)	1945	1952	5,124
			1956	5,124
			1960	5,124
	2. 聽取者數(名)	1965	1991	39,383
	3. 執筆原稿量(枚)	1964	1979	9,550
18. 家計	1. 收入(千원)	1936	1988	1,132,330
	2. 支出(千원)	1936	1988	1,125,466
	3. 總收入(千원)	1936	1985	237,038
	4. 總資産(千원)	1965	2006	3,000,000

註. 金額은 2006年 基準 不變價格임.

(2) 年度別 最初 및 最頻發生 項目 分布

年度	年齡	最初發生項目	最頻發生項目 및 度數
1936	1	身長, 體重, 視力, 知能, 家族, 收入, 支出, 純收入, 步行數	· 家族數(7名)
1941	6	歌唱	· 家族數(7名)
1942	7		· 家族數(7名)
1943	8		· 家族數(7名)
1945	10	學校成績, 小說耽讀, 活動時間	· 視力(2.0 → 至 1965) · 知能(135 → 至 1976)
1948	13	學校受賞, 映畵觀覽	
1949	14		· 學校成績(98點)
1950	15		· 學校受賞(3個)
1951	16	自動車 搭乘	· 學校受賞(3個)
1952	17	汽車搭乘	· 活動時間(5,124時間)
1954	19	旅行, 他地域 訪問	· 學校受賞(3個)
1956	21		· 活動時間(5,124時間)
1957	22	弟子育成	
1958	23		· 步行數(6,570千步)
1959	24		· 身長(175㎝ → 至1989)
1960	25	委囑職位, 保有職位	· 活動時間(5,124時間)
1961	26	團體加入, 保有團體, 年賀狀受領	
1962	27	飮酒	
1963	28		· 唱歌(29曲)
1964	29	報告書發刊, 原稿執筆	
1965	30	論文發刊, 新聞掲載, 航空機搭乘, 航空旅行, 聽取者發生, 資産保有	
1966	31	子女取得, 自宅保有, 自家垈地保有, 自家價格確保, 吸煙	
1967	32	著書發刊	
1969	34	外國訪問, 外國滯留	
1970	35		· 海外滯留(365日)
1971	36		· 家族數(7名) · 子女數(3名 → 至 2002) · 海外滯留(365日)
1972	37	司會擔當, 討論參與, 特別報告, 論文指導	· 家族數(7名)
1973	38	主題發表, 特別講演, TV放映, 라디오放送	
1975	40	基調發表	· 修學弟子(1,738名)
1977	42	演說, 主禮執典	
1979	44		· 訪問國(10國) · 執筆原稿(9,550枚)
1980	45	賞勳受領, 紹介弘報	
1982	47	紀念作文	· 體重(70.2㎏) · 著書發刊(4권) · 汽車距離(11,901㎞)

年度	年齡	最初發生項目	最頻發生項目 및 度數
1983	48	單純行事參席, 골프運動	· 飮酒(1,045甁)
1984	49		· 論文指導·審査(89名)
1985	50	골프 싱글打 記錄	· 報告書發刊(9卷) · 自動車距離(26,218㎞) · 골프運動(141回) · 골프受賞(13回) · 純收入(237,038千원)
1986	51	大學院 院長 就任	· 報告書發刊(9卷)
1987	52	노래 歌詞 作詞	· 年賀狀受領(520枚) · 골프記錄(75打)
1988	53	家旗 製作	· 垈地面積(137坪→至 2006) · 建築面積(96坪→至 2006) · 收入(1,132,330千원) · 支出(1,125,466千원)
1990	55	運轉免許証 取得	· 委囑職位(36個)
1991	56	敎授 安息年	· 主題發表(13回) · 討論參與(10回) · 特講(79回) · TV放映(16回) · 外國골프(4回) · 聽取者數(39,383名)
1992	57	白頭山 天池 觀覽 硏究院長 就任	· 基調發表(9回) · 라디오放送(8回)
1993	58	長女 出嫁, 外孫子 出生	· 報告說明(9回) · 紀念作文(5個)
1994	59	萬步計 着用	· 單純行事參席(34回)
1995	60	美國라스베이거스 名譽市民	· 著書發刊(4卷) · 論文發刊(49篇) · 司會擔當(24回) · 特講(79回) · 新聞掲載(16回) · 訪問地域(61個) · 航空搭乘(80回) · 飛行距離(107,382㎞) · 旅行距離(129,228㎞)
1997	62	回甲紀念集 行事	· 結婚主禮(10回)
1998	63		· 保有職位(87回) · 吸煙(840匣)
1999	64	金剛山 訪問 總理級委員長 就任	· 受領賞勳(10個) · 團體加入(5個) · 保有團體(73個)
2000	65	長男 結婚	· 觀覽映畵(102篇)
2001	66	메소포타미아 文明 觀覽	· 演說(45回) · 旅行(141回)
2002	67	마추픽추·나즈카 訪問	· 耽讀小說(88卷) · 自宅價格(1,350百萬원)
2004	69	行政首都 立地 選定	· 紹介 弘報(142回)
2005	70	碩座敎授 就任, 平壤訪問	
2006	71	古稀 맞이함	· 保有資産(30億원)

(3) 最高·最低, 最多·最少 記錄의 世界·韓國 및 本人의 比較

分類	種類 \ 區分	世界記錄			
		時期	國家	保有者	記錄
1. 身元·身體	1. 最長姓名	1984	美國	제임스 윌리암스 딸	57字
	2. 最高身長	1940	〃	로버트 퍼심	272㎝
	3. 最高體重	1978	〃	존 브로어 미속	635㎏
	4. 最長胸圍	1926-58	〃	로버트 휴즈	315㎝
	5. 最長 발길이	1973生	〃	매튜 맥그로리	26㎝
	6. 손가락數	1921	英國	이스트의 出生 아기	14個
	7. 발가락數	1921	〃	〃	15個
	8. 手術回數	1954-94	美國	찰스 젠슨	970回
	9. 最高長壽	1680-1933	中國	李충윤	353歲
2. 家系·結婚	1. 家系代數	B.C.8C-1939	中國	孔子 家門	85代
	2. 結婚時 最高齡 新郎	1984	美國	해리 스티븐스	103歲
	3. 結婚回數	1927-97	〃	글린울프 牧師	28回
	4. 同一夫婦 結婚回數	1969-97	〃	리차드·캐롤 夫婦	56回
	5. 同一夫婦 最長結婚生活	1853-1940	印度	나리반卿 夫婦	86年
	6. 子女數	1672-1727	모로코	몰레이 이슈마엘王	子700名, 女342名
3. 住宅·家計	1. 同一住宅 最長居住	1891-1993	美國	버지니아 필립스	102年
	2. 最多房數 住宅	1608	英國	토마스 새크빌 伯爵	365室
	3. 保有資産	1946	브루나이	유다 王	370億달러
	4. 年報酬額	1993	美國	조지 소로스	11億달러
	5. 1時間 講師料	1986	〃	로날드 단테	119,500달러
	6. 最高 寄附金	1991	〃	월터 아네베르그	10億달러
	7. 外食回數	1928-78	〃	프레드 마겔	46,000回
4. 修學·學位	1. 修學 學校數	1933-43	美國	윌마 윌리엄스	265個校
	2. 初等-高等學校 賞狀數				
	3. 最年少 敎師資格證				
	4. 最年少 博士學位證				
	5. 最多 博士學位				
5. 經歷·業績	1. 最長 職場生活	1872-1970	日本	이즈미	98年
	2. 最長 在職敎授	1913-81	美國	조엘 하데브랜드	68年
	3. 賞狀·賞牌數				
	4. 最多著作	1986-95	브라질	조세 이노우에	1,036卷
	5. 最多販賣 非小說冊	1996	英國	기네스 북	7,900萬部
	6. 所藏冊數	1997	美國	존 벤햄	150萬卷
6. 社會生活	1. 日記記錄				
	2. 主禮回數				
	3. 發送便紙				
	4. 受領카드	1991	美國	크레이그 셔골드	3,300万枚
7. 旅行·運轉	1. 旅行國數	1996	美國	존 클로우스	獨立國 全部
	2. 非着陸 飛行時間	1958	〃	로버트 팀, 존 쿡	64日 22時間
	3. 最高速度	1969	〃	아폴로 10號(3名)	11.08㎞/秒
	4. 運轉免許 試驗回數	1987부터	〃	기트랜디와 夫人	48回
	5. 最古齡 運轉免許取得				
	6. 徒步距離	1970	美國	데이빗 쿤스트	27.7㎞/日

分類 \ 種類 區分		韓國記錄			本人記錄	
		時期	保有者	記錄	時期	記錄
1. 身元・身體	1. 最長姓名	1992	尹상근 아들	11字	1936	3字
	2. 最高身長	1953生	南목우	231㎝	1959	175㎝
	3. 最高體重				1982	70.2㎏
	4. 最長胸圍				1982	135㎝
	5. 最長 발길이				1959	24㎝
	6. 손가락數				1936	10個
	7. 발가락數				1936	10個
	8. 手術回數				1997	1回
	9. 最高長壽				1936-現	67歲
2. 家系・結婚	1. 家系代數				65-1936	66代
	2. 結婚時 最高齡新郎				1966	30歲
	3. 結婚回數				1966-現	1回
	4. 同一夫婦 結婚回數	1961-96	金용신 夫婦	35回	1966-現	1回
	5. 同一夫婦 最長結婚生活	1912-91	崔신원 夫婦	79年	1966-現	37年
	6. 子女數				1966-現	子1名, 女2名
3. 住宅・家計	1. 同一住宅 最長居住				1936-58	23年
	2. 最多房數住宅				1988	6室
	3. 保有資産				2002	2,067千달러
	4. 年報酬額				1988	842千달러
	5. 1時間 講師料				1988	2,000달러
	6. 最高寄附金				1999	2,500달러
	7. 外食回數				1940-2002	21,689回
4. 修學・學位	1. 修學 學校數				1945-76	7個校
	2. 初等-高等學校 賞狀數	1974生	전수만	680個	1945-57	18個
	3. 最年少 教師資格證	1949	金백현	15歲	1957	21歲
	4. 最年少 博士學位證	1995	金용진	25歲	1976	40歲
	5. 最多 博士學位	1914生	徐京保	71個	1976	1個
5. 經歷・業績	1. 最長 職場生活				1962-2002	41年
	2. 最長 在職教授				1966-2002	37年
	3. 賞狀・賞牌數	1997	金종수	576個	1980-2002	65個
	4. 最多著作	1964生	徐京保	1,030卷	1967-2002	23卷
	5. 最多販賣 非小說冊				1990	5,030部
	6. 所藏冊數	1997	신영길	55,200卷	1997	15,000卷
6. 社會生活	1. 日記記錄	1954-97	白래복	43年	1948-現	54年
	2. 主禮回數	1957-97	盧承煥	11,780雙	1977-現	132雙
	3. 發送便紙	1965-97	정종연	10,000通	1945-現	7,500通
	4. 受領카드				1961-現	7,994枚
7. 旅行・運轉	1. 旅行國數	1970-96	崔성종	53個國	1969-2002	42個國
	2. 非着陸 飛行時間				1969	18時間
	3. 最高速度				2002	1,200㎞/時
	4. 運轉免許 試驗回數				1990	2回
	5. 最古齡 運轉免許 取得	1995	李공현	88歲	1990	54歲
	6. 徒步距離				1958-59	12.6㎞/日

分 類	區 分 / 種 類	世界記錄 時期	國家	保有者	記錄
8. 運動·競技	1. 100m 競走	1994	美國	르로이 베렐	9秒 85
	2. 마라톤 競走	1988	이디오피아	벨라이네 딘사모	2°06′56″
	3. 遠距離 水泳	1930	美國	프레드 뉴턴	1,938㎞
	4. 最高 登山	1953	뉴질랜드, 네팔	힐러리, 노르가이	8,848m
	5. 턱걸이回數	1988	韓國	李진영	370回
	6. 自轉車 오래 서있기				
	7. 재기차기				
	8. 볼링	1989	美國	토마스 조던	899點/900滿點
	9. 골프 1日 最多 라운드	1977	〃	마크 헤이즈	63홀
	10. 골프 最長 드라이브	1974	〃	마이클 호스틴	471m
	11. 골프 最長 퍼트	1964	〃	잭 니클라우스	33.5m
	12. 골프18홀 最低打數	1936	〃	알프레드 스미스	55打
9. 趣味·餘暇	1. 收集品 種類				
	2. 觀覽映畵	1953-96	美國	길림 휴즈	22,447篇
	3. 술집 訪問	1960-97	英國	브루스 마스터	28,461回
	4. 가장 毒한 술	1918-40	에스토니아	감자 알콜 술	98%
	5. 슬롯머신 賞金	1992	美國	텔로레스 아담스	9,357,489 달러
	6. 最長의 鳶	1990	프랑스	미셜 트루일레	1,034.45m
	7. 한줄 最多 鳶數				

客說 : 經驗에서 얻은 삶의 眞實

한글을 잘못 쓰면 아무렇지 않게 생각하고 漢字를 틀리게 쓰면 조금 부끄러워하며 英語가 틀리면 無識이 탄로난 것처럼 얼굴이 홍당무가 되는게 우리 現實이다. 매우 잘못된 현상이다. 외국어인 英語가 틀리는 것은 우리 말이 아니니까 예사로 여기고 漢字를 잘못쓰면 약간 부끄러워하며 우리 글인 한글의 철자가 틀렸으면 몸둘 바를 몰라야 함이 옳을 것이다. 다음 世代들은 그랬으면 좋겠다.

客說 : 經驗에서 얻은 삶의 眞實

朴正熙 大統領이 두 번의 任期만 채우고 훌륭한 後繼者에게 자리를 물려주고 뒤에서 조용히 國父처럼 처신했더라면 韓國의 民主化와 政治的 安定은 훨씬 더 빨리 이루어졌을 것이다. 朴大統領 個人과 大韓民國을 위해 매우 애석하고 통탄할 일이다.

客說 : 經驗에서 얻은 삶의 眞實

移動에 필요한 手段은 다 타봤다. 탄 順序 대로 하면 徒步, 버스, 汽車, 自轉車, 電車, 乘用車, 船舶, 飛行機 들이다. 이제 남은 것은 地球를 돌거나 달에 갔다 올 宇宙船이다.

분 류	區分 / 種 類	韓國記錄 時期	韓國記錄 保有者	韓國記錄 記錄	本人記錄 時期	本人記錄 記錄
8. 運動・競技	1. 100m 競走	1969	정기선	10秒 3	1957	19秒 5
	2. 마라톤 競走	1994	黃영조	2°08′09″	1956	3°55′10″
	3. 遠距離 水泳				1957	1.2㎞
	4. 最高登山	1987	許용호	8,848m	1992	2,744m
	5. 턱걸이回數	1988	李진영	370回	1957	25回
	6. 自轉車 오래 서있기	1987	秋상구	1°25′34″	1954	19分
	7. 재기차기	1990	李우섭	9,897番	1952	112番
	8. 볼링				1970	550點/900滿點
	9. 골프 1日 最多 라운드	1990	金상은	134홀	1985	36홀
	10. 골프 最長 드라이브				1985	350m
	11. 골프 最長 퍼트				1985	15m
	12. 골프18홀 最低打數	1996	崔상호	62打	1987	75打
9. 趣味・餘暇	1. 收集品種類	1997	朴경규	205,000種	1936-2002	44種
	2. 觀覽映畵				1948-2002	1,570篇
	3. 술집 訪問				1962-2002	1,381回
	4. 가장 毒한 술				2001	56%
	5. 슬롯머신 賞金				1978	1,000달러
	6. 最長의 鳶				1954	515m
	7. 한줄 最多 鳶數	1992	李선우	1,680個	1948	1個

資料: 世界 및 韓國記錄出處 : *New Guinness Book of Records 1997.*(韓國語版 기네스 북. 韓國기네스協會刊, 1997)

客說 : 經驗에서 얻은 삶의 眞實

추운 겨울날 山에서 거의 얼어죽게 된 사람을 곰이 업고 자기 洞窟로 데리고 갔다. 깨어난 사람이 손을 호호 불면서 추위를 녹였다. 곰이 뜨거운 국을 끓여 주었더니 너무 뜨거워 호호 불면서 먹었다. 한 입으로 따뜻하게 하기도 하고 차게 하기도 하는 이런 動物은 믿을 수 없다고 생각한 곰이 그만 그 사람을 물어 죽였다. 기막힌 일이다. 곰이 기막힌가, 사람이 기막힌가?

客說 : 經驗에서 얻은 삶의 眞實

자기가 직접 바둑이나 장기를 두면 我執이나 獨善으로 版勢가 잘 보이지 않아 실수도 하고 지기도 하지만 남이 두는 것을 옆에서 보면 다음에 어떻게 두어야 하는지가 잘 보여 혼나가면서도 훈수를 둔다. 아마 마음을 비우지 않은 것과 비운 것의 差異에서 오는 현상이 아닌가 한다.

2. 내가 選好하는 베스트 3

種類	項目	第 1 選 好			第 2 選 好			第 3 選 好		
		名 稱	位置·年代	知得年度	名 稱	位置·年代	知得年度	名 稱	位置·年代	知得年度
1. 地域	1. 國家	韓國	出生·居住地	1936	日本	아시아洲	1972	스위스	유럽洲	1979
	2. 都市	로마	이탈리아	1979	江陵	韓國	1983	京都	日本	1974
	3. 農村	聞慶	韓國	1936	벤겐	스위스	1979	白川鄕	日本 高山	1997
	4. 港口	샌프란시스코	美國	1969	싱가포르	싱가포르	1983	麗水	韓國	1988
	5. 遺跡地	慶州	韓國	1979	룩소르	이집트	1995	마추 픽추	페루	2002
	6. 觀光地	鬱陵島	韓國	2000	그랜드 캐년	美國	1995	시드니	濠洲	1982
2. 自然	1. 季節	가을	韓國	1936	겨울	韓國	1936	봄	韓國	1937
	2. 바다	東海	韓半島 동쪽	1983	地中海	유럽洲	1979	太平洋	아시아·美洲	1969
	3. 섬	濟州道	韓國	1965	하와이	美國	1972	對馬島	日本	2002
	4. 山	白頭山	韓國 咸南北	1992	金剛山	韓國 江原道	1999	富士山	日本	1978
	5. 江	漢江	韓國 中部	1957	나일江	이집트	1995	라인江	獨逸	1979
	6. 湖水	天池	白頭山	1992	미시간 湖	美國	1970	洞爺湖	日本 北海島	1994
	7. 瀑布	長白瀑布	白頭山	1992	나이아가라	美國·캐나다	1970	이과수	브라질·아르헨티나	2002
3. 施設	1. 古宮	景福宮	韓國 서울	1957	하이델베르크城	獨逸	1979	名古屋城	日本	1974
	2. 寺刹	佛國寺	韓國 慶州	1979	金龍寺	韓國 聞慶	1937	淸水寺	日本 京都	1974
	3. 聖堂	明洞聖堂	韓國 서울	1957	쾰른大聖堂	獨逸 쾰른	1994	카데드랄大寺院	브라질 꾸리티바	2002
	4. 公園	파고다公園	韓國 서울	1957	日比谷 公園	日本 東京	1972	하이드 公園	英國 런던	1979
	5. 골프場	陽 智	韓國 龍仁	1983	吾羅	韓國 濟州	1984	헌트 벨리	美國 타우손	1989
4. 團體	1. 公共機關	行政自治部	韓國 서울	1964	建設交通部	韓國 果川	1972	國家專門行政研修院	韓國 水原	1965
	2. 硏究機關	韓國自治開發硏究院	韓國 高陽	1989	韓國地域發展硏究院	韓國 서울	1997	韓國地方行政硏究院	韓國 서울	1986
	3. 學術團體	大韓國土都市計劃 學會	韓國 서울	1972	韓國地方自治學會	韓國 서울	1988	韓國地域開發學會	韓國 서울	1975
	4. 社會團體	大韓商工會議所	韓國 서울	1983	韓國道德運動協會	韓國 서울	1999	새마을運動中央協議會	韓國 서울	1989
	5. 親睦會	鳥嶺會	韓國 서울	1967	好凡會	韓國 서울	1998	風水會	韓國 서울	1983
5. 人物	1. 歷史人物-韓國	世宗大王	朝鮮時代	1947	李舜臣	朝鮮時代	1947	安重根	日帝時代	1948
	2. 歷史人物-外國	링컨	美國	1949	諸葛亮	中國	1951	德川家康	日本	1983
	3. 歷代先祖	金商樞	日帝·韓國	1936	金自粹	高麗末	1950	金傅(敬順王)	新羅末王	1950
	4. 學校恩師	安璋翰	初等學校	1947	K. Corey	碩士課程	1969	A.Simone	博士課程	1970
	5. 學校先輩	金滿基	初等學校	1980	金學文	中學校	1965	柳穆基	高等學校	1999
	6. 學校同僚	卞 鐸	中學校	1951	金彰年	高等學校	1954	林敬鎬	大學院	1963
	7. 學校後輩	朴禹鎭	初等學校	1975	徐聖漢	中學校	1972	姜渭熏	高等學校	1975
	8. 學校弟子	朴春培	大學院	1972	李廷植	大學院	1972	蘇鎭光	大學院	1986
	9. 社會人士	金壽鶴	韓國 서울	1964	朴炳柱	韓國 서울	1972	禹哉永	韓國 서울	1996
6. 分野	1. 受講學科目	算數·數學	初等大學	1945	歷史	初等-大學	1947	物理	高等學校	1954
	2. 敎授學科目	地方自治	初等 - 大學院	1965	地域經濟	大學·大學院	1972	計量分析	大學·大學院	1972
	3. 發表主題	地域開發	서울·地方	1973	地方自治	서울·地方	1981	國民意識	서울·地方	1987
	4. 講演主題	國民意識	서울·地方	1974	地方自治	서울·地方	1973	地域經濟	서울·地方	1974
	5. 執筆主題	地方自治	專門·大衆誌	1965	地域開發	專門·大衆誌	1968	國民意識	專門·大衆誌	1964
	6. 司會主題	地域發展	서울·地方	1977	地方自治	서울·地方	1980	國民意識	서울·地方	1985
7. 趣味	1. 運動	골프	國內外	1983	水泳	國內外	1940	排球	서울·地方	1957
	2. 唱歌	故鄕의 봄	韓國	1948	사나이 눈물	韓國	2002	엘 콘도르 파사	페루	2002
	3. 小說	林巨正	韓國	1981	三國志	中國	1951	大望(德川家康)	日本	1983
	4. 映畵	몽테크리스토伯爵	프랑스	1966	벤 허	美國	1968	春香傳	韓國	1952

種類 \ 項目 \ 區分		第1選好 名稱	位置·年代	知得年度	第2選好 名稱	位置·年代	知得年度	第3選好 名稱	位置·年代	知得年度
8. 嗜好	1. 飮食	손칼국수	韓國	1942	팥죽	韓國	1941	메밀묵	韓國	1943
	2. 飮料水	커피	韓國	1958	콜라	韓國	1957	사이다	韓國	1957
	3. 술	燒酒	韓國	1962	麥酒	韓國	1962	正宗	日本	1962
	4. 담배	타임	韓國	1999	켄트	美國	1970	마일드 세븐	日本	1974

客說 : 經驗에서 얻은 삶의 眞實

남의 長點을 찾아 칭찬하는 데는 극히 인색하고 남의 短點이나 失手를 꼬집어 비난하고 공격하는 데 익숙한 사람은 결코 많은 사람으로부터 尊敬과 信任을 받지 못하는 것 같다. 그러나 우리 周邊에는 이런 사람이 의외로 많으며, 이런 사람들과 만나야 하고 대화를 나누어야 하며 酒席을 같이 해야 한다는 데 인생살이의 고달픔이 있고 悲哀가 있다.

客說 : 經驗에서 얻은 삶의 眞實

나는 골목길을 가다가 車가 오면 얼른 옆으로 멀리 피하여 車가 지나가기 좋게 해준다. 또 좋은 車가 지나가면 타고 있는 사람에게 마음의 敬意를 보낸다. 車를 타고, 또 그 車를 유지하느라 얼마나 힘이 들까 하는 생각에서다.

客說 : 經驗에서 얻은 삶의 眞實

두 사람이 對話할 때는 각각은 對話時間의 반씩 사용하고, 열명이 모인 자리에서는 각각 전체 시간의 1할 정도만 사용해야 함이 정상이다. 그러나 때로 특수한 사람이 있어 전시간의 90%를 혼자 이야기하고 남은 10%를 나머지 사람이 쪼개어 쓰는 경우가 있다. 이런 불행한 좌석이 되지 않도록 노력하고 있지만 가끔은 이런 비참한 사태에 직면하기도 한다.

客說 : 經驗에서 얻은 삶의 眞實

착한 사람은 좀 못살아도 괜찮지만 나쁜 사람은 부디 잘 살아야 한다. 나쁜 사람이 못살면 가까운 사람들을 귀찮게 만들고 社會的으로 物議를 일으키기 때문이다.

第 3 章 生涯累計와 生涯指數

□ 總 括 : 生涯時計의 輪廻圖

• 基準 : 生涯 - 96年間
　　　　時計 - 24時間

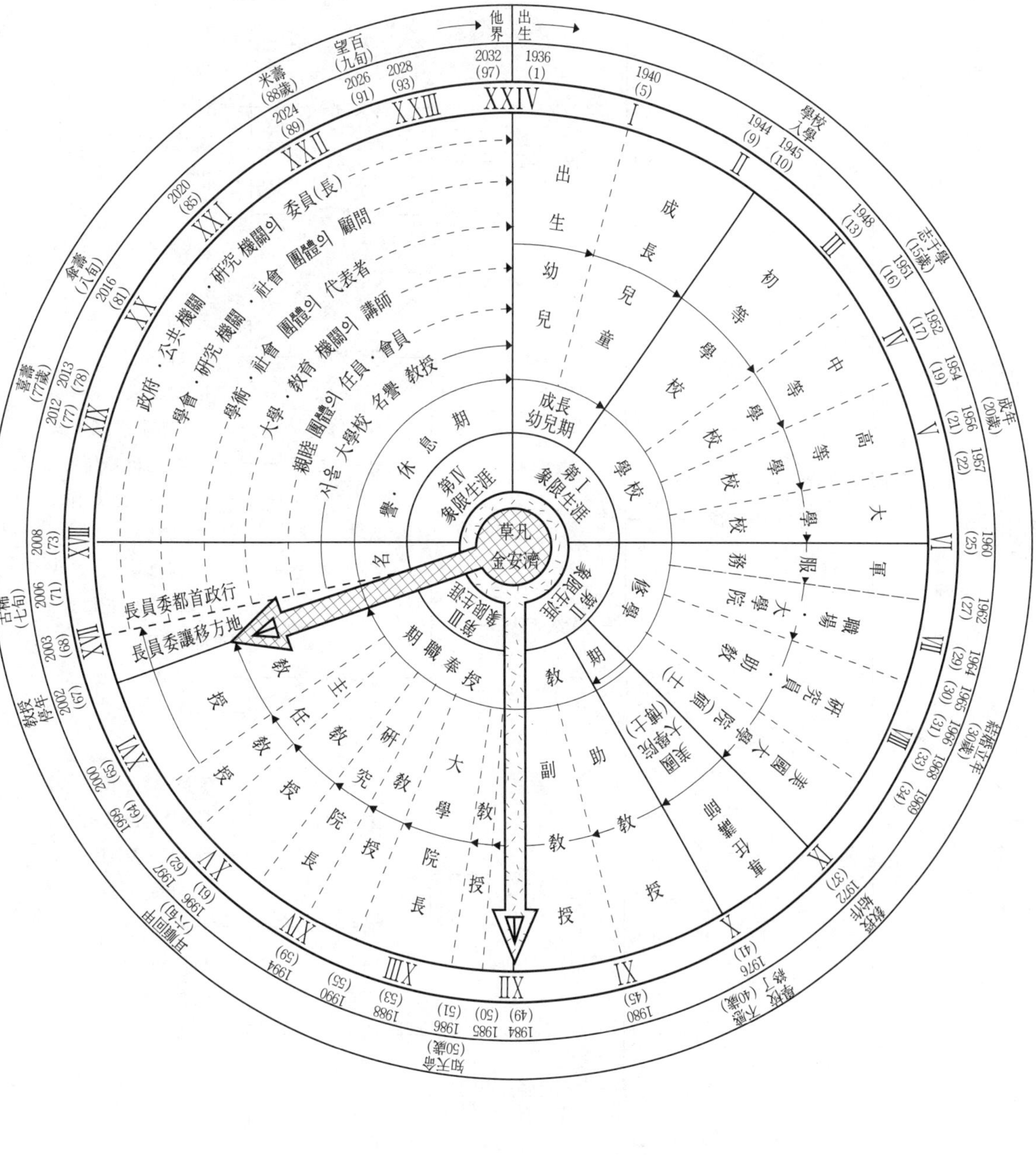

Ⅰ. 生涯累計

○ 要 約 : 有效한 生産活動의 領域과 構成要素

- ● 生産活動
  - 教授・指導活動
    - 教授活動
      - 專門講義
        - 大學講義
        - 教育院講義
        - 研修會講義
      - 一般講演
        - 特別講演
        - 演說・人事
        - 報告・說明
    - 指導活動
      - 論文指導
        - 論文指導
        - 論文審査
        - 論文評價
      - 生活指導
        - 學業指導
        - 生活保護
        - 就業周旋
  - 創作・發表活動
    - 創作活動
      - 學術著作
        - 著書編纂
        - 論文執筆
        - 報告書作成
      - 紀念作文
        - 時・時調・歌詞 作文
        - 碑文・懸板文 作文
        - 發起文・決意文 作文
    - 發表活動
      - 學術發表
        - 基調發表
        - 主題發表
        - 司會・討論 擔當
      - 媒體發表
        - 新聞揭載
        - TV 放映
        - 라디오 放送
  - 責任・奉仕活動
    - 責任活動
      - 首長役割
        - 家長・級長 役割
        - 院長・會長 役割
        - 理事長・委員長 役割
      - 機能分擔
        - 公共機能 分擔
        - 社會機能 分擔
        - 私的機能 分擔
    - 奉仕活動
      - 政策諮問
        - 政策開發
        - 諮問・審査
        - 指導・評價
      - 社會奉仕
        - 事業協助
        - 行事主管
        - 結婚主禮

1. 生涯 70年間의 構成과 比重 · 距離 및 關係性

(1) 期間의 構成

◦ 年　數 : 70年
◦ 季節數 : 280回
　　봄 70回, 여름 70回, 가을 70回, 겨울 70回
◦ 月　數 : 840月
◦ 日　數 : 25,568日
◦ 時　間 : 613,632時間
◦ 分　間 : 36,817,920分間
◦ 秒　間 : 2,209,075,200秒間

(2) 歷史中 比重

◦ 人類出現 (350萬年前) : 50,000分의 1
◦ 檀君紀元 (4339年)　: 62分의 1
◦ 西曆紀元 (2006年)　: 29分의 1
◦ 慶州金氏 始祖 閼智 出生 (1942年)　: 28分의 1
◦ 慶州金氏 最後王 敬順王 逝去 (1029年) : 15分의 1

(3) 期間의 距離

◦ 步　行(時速 4㎞) : 72,557㎞=72,557×10^4㎞
　· 地球赤道 둘레(40,075㎞) 의 1.8回 走行距離
◦ 自動車(時速 100㎞) : 551,692㎞=5,5169×10^5㎞
　· 地球 赤道 둘레(40,075㎞)의 13.8回 走行距離
◦ 汽　車(時速 200㎞) : 192,201㎞=1,9220×10^5㎞
　· 地球赤道 둘레(40,075㎞)의 4.8回 走行距離
◦ 航空機(時速 800㎞) : 1,042,759㎞=1,0428×10^6㎞
　· 달(384,400㎞) 1回 往復 後 다시 달까지 76% 간 距離
◦ 音　聲(秒速 0.34㎞) : 751,085,568㎞ = 7.5109 × 10^8㎞
　· 太陽 (149,597,870㎞) 2回 往復後 다시 太陽에 갔다가 2% 되돌아온 距離
◦ 地球自轉 (秒速 0.5㎞) : 1.104.357.600㎞ =1.1045 × 10^9㎞
　· 太陽(149,597,870㎞) 3回往復後 다시 太陽에 갔다가 5% 되돌아온 距離
◦ 달公轉(秒速 1.02㎞) : 2,253,256,704㎞ = 2.2533 × 10^9㎞
　· 木星 (650,000,000㎞) 1回 往復後 다시 木星에 갔다가 47% 되돌아온 距離
◦ 地球公轉 (秒速 30㎞): 66,272,256,000㎞ = 6.6272 × 10^{10}㎞
　· 海王星(4.3461 × 10^9 ㎞) 7回 往復後 다시 海王星에 갔다가 25% 되돌아온 距離
◦ 太陽系公轉(秒速 225㎞) : 497,041,920,000㎞ = 4.9704 × 10^{11}㎞
　· 海王星(4.3461 × 10^9 ㎞) 57回 往復후 다시 37% 더 간 距離
◦ 빛 (秒速 300,000㎞) : 662,722,560,000,000㎞ = 6.6272 × 10^{14}㎞
　· 織女星(26光年) 1回 往復後 69% 더 간 距離

(4) 生涯 六行

1) 六行 構成圖

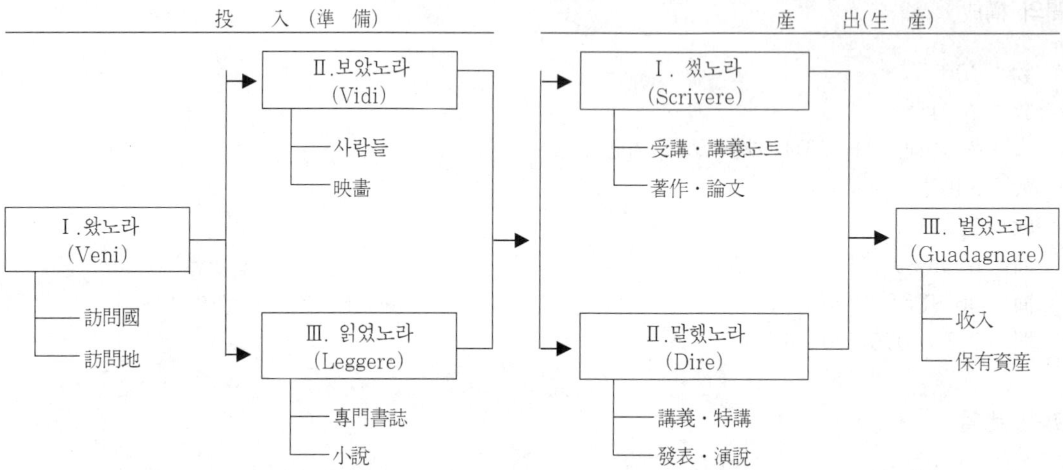

2) 六行 實績

年度	投入(準備)							産出(生産)							
	Ⅰ. 왔노라 (Veni)		Ⅱ. 보았노라 (Vidi)		Ⅲ. 읽었노라 (Leggere)			Ⅰ. 썼노라 (Scrivere)			Ⅱ. 말했노라 (Dire)			Ⅲ. 벌었노라 (Guadagnare)	
	訪問國 (國)	訪問地 (地域)	사람들[1] (名)	映畵 (篇)	專門書誌 (卷)	小說 (卷)	計 (卷)	受講・講義노트 (枚)	著作・論文 (枚)	計 (枚)	講義・特講 (回)	發表・演說[2] (回)	計 (回)	收入[3] (千원)	保有資産[3] (千원)
1936	1	1	10	-	-	-	-	-	-	-	-	-	-	9	-
1937	-	-	14	-	-	-	-	-	-	-	-	-	-	14	-
1938	-	-	17	-	-	-	-	-	-	-	-	-	-	20	-
1939	-	-	21	-	-	-	-	-	-	-	-	-	-	25	-
1940	-	-	25	-	-	-	-	-	-	-	-	-	-	29	-
1941	-	-	28	-	-	-	-	-	-	-	-	-	-	35	-
1942	-	-	32	-	-	-	-	-	-	-	-	-	-	38	-
1943	-	-	36	-	-	-	-	-	-	-	-	-	-	44	-
1944	-	-	39	-	-	-	-	-	-	-	-	-	-	57	-
1945	-	-	73	-	16	2	18	140	-	140	-	-	-	59	-
1946	-	-	77	-	16	4	20	280	-	280	-	-	-	171	-
1947	-	-	82	-	15	7	22	520	-	520	-	-	-	297	-
1948	-	-	86	7	18	10	28	960	-	960	-	-	-	411	-
1949	-	-	90	12	19	13	32	1,360	-	1,360	-	-	-	485	-
1950	-	-	93	6	21	8	29	1,800	-	1,800	-	-	-	2,192	-
1951	-	1	120	10	18	39	57	4,280	-	4,280	-	-	-	4,699	-
1952	-	1	131	19	20	70	90	5,280	-	5,280	-	-	-	7,929	-
1953	-	-	143	11	23	11	34	6,500	-	6,500	-	-	-	16,118	-
1954	-	2	200	12	16	22	38	4,120	-	4,120	-	-	-	27,431	-
1955	-	1	230	25	19	30	49	5,650	-	5,650	-	-	-	22,629	-
1956	-	2	224	11	26	26	52	8,000	-	8,000	-	-	-	20,337	-
1957	-	3	251	89	14	27	41	3,000	-	3,000	-	-	-	23,070	-
1958	-	4	231	14	9	13	22	-	-	-	-	-	-	12,322	-
1959	-	5	191	27	20	25	45	3,440	-	3,440	-	-	-	8,477	-
1960	-	4	150	22	24	26	50	4,000	-	4,000	-	-	-	36,997	-
1961	-	3	310	17	20	15	35	2,420	-	2,420	192	-	192	40,712	-
1962	-	2	279	36	16	20	36	700	-	700	-	-	-	45,484	-

年度	投入(準備)							産出(生産)							
	Ⅰ. 왔노라 (Veni)		Ⅱ. 보았노라 (Vidi)		Ⅲ. 읽었노라 (Leggere)			Ⅰ. 썼노라 (Scrivere)			Ⅱ. 말했노라 (Dire)			Ⅲ. 벌었노라 (Guadagnare)	
	訪問國 (國)	訪問地 (地域)	사람들[1] (名)	映畵 (篇)	專門書誌 (卷)	小說 (卷)	計 (卷)	受講·講義노트 (枚)	著作·論文 (枚)	計 (枚)	講義·特講 (回)	發表·演說[2] (回)	計 (回)	收入[3] (千원)	保有資産[3] (千원)
1963	-	2	577	38	25	19	44	2,750	-	2,750	312	-	312	41,077	-
1964	-	6	274	32	16	20	36	750	400	1,150	-	-	-	53,567	-
1965	-	6	705	30	16	22	38	300	1,675	1,975	6	1	7	55,203	29,390
1966	-	2	707	33	7	27	34	600	600	1,200	9	-	9	92,849	24,021
1967	-	8	732	29	9	22	31	450	3,230	3,680	45	-	45	59,360	30,393
1968	-	-	1,730	25	8	22	30	450	1,705	2,155	79	-	79	75,985	32,957
1969	1	3	590	5	33	9	42	2,200	1,385	3,585	36	-	36	76,183	36,401
1970	-	10	280	27	60	5	65	4,400	-	4,400	-	-	-	75,195	38,293
1971	-	1	240	17	40	4	44	2,800	165	2,965	-	-	-	70,290	34,377
1972	1	9	2,231	12	22	16	38	800	1,934	2,734	60	6	66	90,331	11,089
1973	-	6	2,889	22	17	21	38	600	2,828	3,428	85	9	94	81,332	44,171
1974	1	19	3,551	26	14	22	36	400	2,429	2,829	117	6	123	200,653	139,585
1975	1	16	3,514	23	11	23	34	200	2,740	2,940	145	7	152	95,085	159,701
1976	2	11	2,508	25	12	10	22	100	2,750	2,850	49	4	53	59,738	141,679
1977	2	18	5,277	28	13	26	39	100	6,383	6,483	120	22	142	132,875	187,211
1978	2	16	5,386	26	13	22	35	100	4,754	4,854	109	11	120	533,303	336,952
1979	10	30	5,511	24	9	25	34	100	9,550	9,650	135	14	149	157,763	353,118
1980	-	8	5,105	22	13	22	35	240	1,286	1,526	120	13	133	144,225	352,252
1981	-	14	9,919	22	15	22	37	160	3,519	3,679	130	19	149	101,682	357,981
1982	4	24	10,085	19	18	14	32	240	6,482	6,722	143	21	164	405,083	640,433
1983	3	28	8,645	18	16	23	39	160	4,994	5,154	154	22	176	147,178	718,735
1984	1	30	9,461	20	13	20	33	160	5,534	5,694	141	24	165	292,552	884,039
1985	2	23	7,695	25	12	17	29	60	4,264	4,324	136	26	162	363,225	1,000,595
1986	1	17	7,130	30	14	17	31	60	7,469	7,579	136	24	160	283,393	1,155,124
1987	1	17	21,038	22	6	13	19	50	3,756	3,806	82	42	124	196,242	1,294,998
1988	-	22	13,518	19	8	10	18	50	7,074	7,124	84	55	139	1,132,330	1,724,841
1989	3	24	28,806	19	5	14	19	50	6,791	6,841	92	65	117	161,251	2,008,108
1990	1	31	30,158	15	7	11	18	50	5,827	5,877	91	68	159	513,304	1,810,065
1991	8	59	43,590	31	15	29	44	400	5,076	5,476	209	67	276	424,725	1,876,136
1992	1	40	23,436	27	11	13	24	400	8,834	9,234	141	81	222	214,943	2,032,506
1993	2	31	24,608	16	26	12	38	-	2,296	2,296	75	80	155	310,009	2,318,761
1994	4	49	21,249	27	22	14	36	-	2,125	2,125	122	68	190	281,330	2,293,227
1995	6	61	38,256	35	15	25	40	600	6,631	7,231	207	99	306	192,262	2,272,558
1996	1	35	26,966	49	14	34	48	400	5,910	6,310	162	86	248	191,202	2,373,427
1997	6	51	23,468	58	12	31	43	120	1,877	1,997	117	110	127	570,322	2,404,283
1998	1	40	16,898	84	11	65	76	120	1,665	1,785	101	90	191	574,576	2,413,523
1999	3	45	19,542	58	9	51	60	50	1,606	1,656	104	61	165	483,511	2,520,705
2000	5	46	20,220	102	10	55	65	100	778	878	110	66	176	669,853	2,624,033
2001	8	54	20,351	59	9	81	90	50	1,245	1,295	102	68	170	525,082	2,686,211
2002	7	41	15,821	70	5	98	103	70	758	828	76	57	133	426,767	2,753,501
2003	2	37	24,081	27	3	26	29	50	11,300	11,350	54	85	139	378,009	2,813,159
2004	2	37	23,819	54	2	55	57	50	997	1,047	57	130	187	616,378	2,874,109
2005	1	39	31,958	52	2	75	77	40	1,585	1,625	72	76	148	748,122	2,936,380
2006	8	42	10,269	40	1	43	44	20	331	351	29	34	63	122,668	3,000,000
累計	101	1,136	541,018	1,760	949	1,573	2,522	73,300	154,123	227,423	4,546	1,717	6,263	12,691,104	3,000,000
年平均	1.4	16.2	7,728.8	25.1	13.6	22.5	36.0	1,047.1	2,201.8	3,248.9	64.9	24.5	89.5	181,301.5	42,857

註. 1) '사람들'은 弟子, 聽取者, 結婚主禮 賀客, 기타 因緣을 맺은 사람들의 合計임.

2) '發表·演說'은 學術發表·司會·討論, 演說·報告, 新聞·TV·라디오 放送 등의 合計임.

3) '收入'과 '保有資産'은 2006年 基準 不變價格임.

(5) 要素項目間의 相關關係

1) 要素項目들 相互間의 相關係數

$$相關係數：Y = \frac{\delta xy}{\delta x \cdot \delta y} = \frac{\sum(xi-\bar{x})\cdot(yi-\bar{y})}{\sqrt{\sum(xi-\bar{x})^2}\cdot\sqrt{\sum(yi-\bar{y})^2}}$$

※ Y의 數値 - 正比例關係：0〈 Y ≤+1
無比例關係：Y = 0
反比例關係：-1 ≤ Y〈 0

(1972 ~ 2001：30年間)

要素 項目 (X, y)	1. 保有職銜의 數	2. 著作發刊件數	3. 執筆原稿量	4. 學術發表會參加回數	5. 講演演說回數	6. 聽取者數	7. 國內外地域訪問回數	8. 旅行距離	9. 步行數	10. 吸煙量	11. 飮酒量	12. 耽讀小說數	13. 觀覽映畫數	14. 收入 (2002不變)	15. 國民1人當GNP (2002不變)	16. 韓國都市化率
1. 保有職銜의 數	1.000															
2. 著作發刊件數	0.397	1.000														
3. 執筆原稿量	-0.258	0.222	1.000													
4. 學術發表會參加回數	0.556	0.883	0.227	1.000												
5. 講演·演說回數	0.715	0.632	-0.010	0.790	1.000											
6. 聽取者數	0.585	0.717	0.027	0.819	0.873	1.000										
7. 國內外地域訪問回數	0.900	0.490	-0.194	0.680	0.828	0.690	1.000									
8. 旅行距離	0.457	0.442	0.123	0.513	0.553	0.487	0.610	1.000								
9. 步行數	-0.122	-0.337	-0.194	-0.221	-0.031	-0.177	0.101	-0.150	1.000							
10. 吸煙量	0.877	0.631	-0.061	0.802	0.815	0.734	0.847	0.551	-0.310	1.000						
11. 飮酒量	-0.348	0.029	0.338	-0.102	-0.398	-0.137	-0.454	-0.184	-0.550	-0.217	1.000					
12. 耽讀小說數	0.746	-0.005	-0.394	0.146	0.338	0.180	0.712	0.217	0.344	0.449	-0.518	1.000				
13. 觀覽映畫數	0.790	0.093	-0.365	0.282	0.462	0.266	0.754	0.294	0.254	0.591	-0.555	0.830	1.000			
14. 收入(2002不變)	0.585	0.222	0.023	0.298	0.362	0.271	0.430	0.121	-0.282	0.524	-0.133	0.327	0.449	1.000		
15. 國民1人當GNP(2002不變)	0.934	0.503	-0.171	0.707	0.844	0.712	0.939	0.572	-0.093	0.943	-0.416	0.637	0.740	0.560	1.000	
16. 韓國의 都市化率	0.894	0.616	-0.011	0.775	0.809	0.75	0.840	0.582	-0.340	0.979	-0.142	0.456	0.572	0.569	0.935	1.000

2) 要素 項目間 相關關係 程度의 分布

類型 程度 係數值		正 比 例 關 係 (0 〈r ≤+ 1)	反 比 例 關 係 (-1 ≤ r 〈 0)	合計
낮은 關係	0.0~0.1	・執筆枚數 × 年間收入(0.023) ・執筆枚數 × 聽取者數(0.027) ・著作件數 × 飮酒甁數(0.029) ・著作件數 × 映畵篇數(0.093) 〈4〉	・著作件數 × 小說卷數(-0.005) ・執筆件數 × 講演回數(-0.010) ・執筆枚數 × 都市化率(-0.011) ・講演回數 × 步行回數(-0.031) ・執筆枚數 × 吸煙匣數(-0.061) ・步行回數 × 人當GNP(-0.093) 〈6〉	10
	0.1~0.2	・訪問回數 × 步行回數(0.101) ・旅行距離 × 年間收入(0.121) ・執筆枚數 × 旅行距離(0.123) ・發表回數 × 小說卷數(0.146) ・聽取者數 × 小說卷數(0.180) 〈5〉	・發表回數 × 飮酒甁數(-0.102) ・保有職數 × 步行回數(-0.122) ・飮酒甁數 × 年間收入(-0.133) ・聽取者數 × 飮酒甁數(-0.137) ・飮酒甁數 × 都市化率(-0.142) ・旅行距離 × 步行回數(-0.150) ・執筆枚數 × 人當GNP(-0.171) ・聽取者數 × 步行回數(-0.177) ・旅行距離 × 飮酒甁數(-0.184) ・執筆枚數 × 訪問回數(-0.194) ・執筆枚數 × 步行回數(-0.194) 〈11〉	16
	0.2~0.3	・旅行距離 × 小說卷數(0.217) ・著作件數 × 執筆枚數(0.222) ・著作件數 × 年間收入(0.222) ・執筆枚數 × 發表回數(0.227) ・步行回數 × 映畵篇數(0.254) ・聽取者數 × 映畵篇數(0.266) ・聽取者數 × 年間收入(0.271) ・發表回數 × 映畵篇數(0.282) ・旅行距離 × 映畵篇數(0.294) ・發表回數 × 年間收入(0.298) 〈10〉	・吸煙匣數 × 飮酒甁數(-0.217) ・發表回數 × 步行回數(-0.221) ・保有職數 × 執筆枚數(-0.258) ・步行距離 × 年間收入(-0.282) 〈4〉	14
普通關係	0.3~0.4	・小說卷數 × 年間收入(0.327) ・執筆枚數 × 飮酒甁數(0.338) ・講演回數 × 小說卷數(0.338) ・步行回數 × 小說卷數(0.344) ・講演回數 × 年間收入(0.362) ・保有職數 × 著作件數(0.397) 〈6〉	・步行回數 × 吸煙匣數(-0.310) ・著作件數 × 步行回數(-0.337) ・步行回數 × 都市化率(-0.340) ・保有職數 × 飮酒甁數(-0.348) ・執筆枚數 × 映畵篇數(-0.365) ・執筆枚數 × 小說卷數(-0.394) ・講演回數 × 飮酒甁數(-0.398) 〈7〉	13
	0.4~0.5	・訪問國數 × 年間收入(0.430) ・著作件數 × 旅行距離(0.442) ・吸煙匣數 × 小說卷數(0.449) ・映畵篇數 × 年間收入(0.449) ・小說卷數 × 都市化率(0.456) ・保有職數 × 旅行距離(0.457) ・講演回數 × 映畵篇數(0.462) ・聽取者數 × 旅行距離(0.487) ・著作件數 × 訪問回數(0.490) 〈9〉	・飮酒甁數 × 人當GNP(-0.416) ・訪問回數 × 飮酒甁數(-0.454) 〈2〉	11
	0.5~0.6	・著作件數 × 人當GNP(0.503) ・發表回數 × 旅行距離(0.513) ・吸煙匣數 × 年間收入(0.524) ・旅行距離 × 吸煙匣數(0.551) ・講演回數 × 旅行距離(0.553) ・保有職數 × 發表回數(0.556) ・年間收入 × 人當GNP(0.556) ・年間收入 × 都市化率(0.569) ・旅行距離 × 人當GNP(0.572) ・映畵篇數 × 都市化率(0.572) ・旅行距離 × 都市化率(0.582) ・保有職數 × 聽取者數(0.585) ・保有職數 × 年間收入(0.585) ・吸煙匣數 × 映畵篇數(0.591) 〈14〉	・飮酒甁數 × 小說卷數(-0.518) ・步行回數 × 飮酒甁數(-0.550) ・飮酒甁數 × 映畵篇數(-0.555) 〈3〉	17
	0.6~0.7	・訪問國數 × 旅行距離(0.610) ・著作件數 × 都市化率(0.616) ・著作件數 × 吸煙匣數(0.631) ・著作件數 × 講演回數(0.632) ・小說卷數 × 人當GNP(0.637) ・發表回數 × 訪問回數(0.680) ・聽取者數 × 訪問回數(0.690) 〈7〉	-	7

程度	類型 / 係數値	正 比 例 關 係 (0 r ≤ + 1)	反 比 例 關 係 (-1 ≤ r 0)	合計
높은 關係	0.7~0.8	· 發表回數 × 人當GNP(0.707) · 聽取者數 × 人當GNP(0.712) · 訪問回數 × 小說卷數(0.712) · 保有職數 × 講演回數(0.715) · 著作件數 × 聽取者數(0.717) · 聽取者數 × 吸煙匣數(0.734) · 映畵篇數 × 人當GNP(0.740) · 保有職數 × 小說卷數(0.746) · 聽取者數 × 都市化率(0.750) · 訪問回數 × 映畵篇數(0.754) · 發表回數 × 都市化率(0.775) · 保有職數 × 映畵篇數(0.790) · 發表回數 × 講演回數(0.790) 〈13〉	-	13
	0.8~0.9	· 發表回數 × 吸煙匣數(0.802) · 講演回數 × 都市化率(0.809) · 講演回數 × 吸煙匣數(0.815) · 發表回數 × 聽取者數(0.819) · 講演回數 × 訪問回數(0.828) · 小說卷數 × 映畵篇數(0.830) · 訪問回數 × 都市化率(0.840) · 講演回數 × 人當GNP(0.844) · 訪問回數 × 吸煙匣數(0.847) · 講演回數 × 聽取者數(0.873) · 保有職數 × 吸煙匣數(0.877) · 著作件數 × 發表回數(0.883) · 保有職數 × 都市化率(0.894) 〈13〉	-	13
	0.9~1.0	· 保有職數 × 訪問回數(0.900) · 保有職數 × 人當GNP(0.934) · 人當GNP × 都市化率(0.935) · 訪問回數 × 人當GNP(0.939) · 吸煙匣數 × 人當GNP(0.943) · 吸煙匣數 × 都市化率(0.975) 〈6〉	-	6
合 計	0.0~1.0	87	33	120

客說 : 經驗에서 얻은 삶의 眞實

나는 주로 밖에서 食事를 많이 하기 때문에 집에서 식사하기를 좋아한다. 그러나 아내는 매일 집에만 있어 바깥 飮食를 먹을 機會가 거의 없다. 그래서 일요일이면 나는 집에서 식사를 하고 싶어하고, 아내는 나가서 外食을 하자고 한다. 그래서 서로 다투다가 결국은 집에서 먹되, 中國飮食을 주문해 먹는 것으로 낙착되는 경우가 많다. 自宅 外食이란 타협안이다.

客說 : 經驗에서 얻은 삶의 眞實

남의 請을 들어주고 고맙다는 인사를 받는 경우는 보통 있는 일이지만, 請을 거절하고도 비난이나 욕을 받지 않고 人間關係를 유지하기는 매우 드물고 힘든 일이다.

客說 : 經驗에서 얻은 삶의 眞實

해는 男子 달은 女子, 하늘은 남자 땅은 여자, 가을은 남자 봄은 여자, 낮은 남자 밤은 여자, 배는 남자 港口는 여자라고 한다. 오늘의 狀況에서 보면 맞는 것 같기도 하고 틀린 것 같기도 하다. 매우 혼란스럽다.

(6) 決定과 選擇

1) 決定의 瞬間

- 한번의 選擇은 平生을 左右한다 -

區分 / 分類	本人所屬및決定對象				可否의決定			代案의選擇				次後의過程			綜合評價
	機關·組織 및 團體	本人地位	決定地域	決定對象	決定期間 (年齡 ; 月間)	決定內容	評價	選擇期間 (年齡; 月間)	代案候補	選擇內容	評價	措置	結果	終了	
1. 進學	1. 戶西南初等學校 6學年	級長	聞慶	中學校 進學 및 學校	50.9.1-51.5.31 (15-16:9)	進學	上策	51.6.20-51. 7.31(16:1)	京畿中·慶北中·聞慶中	聞慶中學校	下策	51.6.20 國家考試 聞慶首席	51.9.10 入學	54.3.3 卒業	中策
	2. 聞慶中學校 3學年	學生	聞慶	高等學校 進學 및 學校	53.4.1-53.8.31 (18:5)	進學	上策	53.9.1-53. 12.3(19:4)	京畿高·安東師範高·聞慶高	安東師範學校	中策	54.1.13 入學考査, 6等 合格	54.4.10 入學	57.3.2 卒業	中上策
	3. 安東師範學校 3學年	學生	安東	大學 進學 및 學校·學科	56.4.2-56.5.31 (21:2)	進學	上策	56.9.1-56. 11.30(21:3)	서울大·慶北大·朝鮮大, 物理學科·數學科	서울大 文理大 物理學科	上策	57.2.4 入學考査, 合格	57.4.1 入學	62.2.26 理學士 取得	上策
	4. 서울大 物理學科 4學年~民衆書館	學生~編輯社員	서울	大學院 進學 및 專攻	61.5.1-62.2.28 (26-27:10)	進學	上策	62.3.1-62.8. 31(27:6)	서울大 一般大學院, 서울大 行政大學院, 美國 大學院	서울大 行政大學院 行政學科	上策	63.1.16 入學考査, 2等 合格	63.3.1 入學	65.2.26 行政學碩士 取得	上策
	5. 서울大 行政大學院	助敎	서울	美國 留學 및 專攻	67.3.1-68.2.28 (32-33:12)	留學	上策	68.3.1-68.8. 31(33:6)	Cincinnati 大學·Hawaii大學·Columbia 大學	Cincinnati 大學 大學院	中策	69.3.17~69.5.20 英語 및 GRE 試驗, 合格	69.9.21 入學	76.8.27 地域經濟學博士 取得	中上策
2. 就業	1. 서울大 文理科大學 物理學科 4學年	學生	서울	新聞社 記者 就業	-	-	-	61.9.1-61. 12.31(26:4)	東亞日報·朝鮮日報·韓國日報	東亞日報 記者	下策	62.1.20 筆記試驗	62.2.16 面接考査	不合格	下策
	2. 서울大 文理科大學 物理學科 4學年	學生	서울	出版社 社員 入社	-	-	-	62.1.15-62. 2.15(27:1)	民衆書館·博英社·法文社	民衆書館 編輯社員	中策	62.3.3 入社 試驗, 合格	62.4.7 入社	63.2.1 自退	中策
	3. 民衆書館	社員	서울	高等學校 敎師 就業	-	-	-	62.10.15-62 .11.15(27:1)	首都師大附高·建大附中·聞慶高校	首都師大附屬女高 數學敎師	中策	62.12.9 應募試驗, 合格	63.2.1 就任	63.4.30 自退	中策
	4. 內務部 地方行政研究委員會	研究員	서울	大學院 助敎 採用	-	-	-	66.1.15-66. 2.15(31:1)	서울大 行政大學院 助敎·內務部 公務員	서울大 行政大學院 助敎	中策	66.3.5 書類 提出	66.3.25 就任	70.9.26 滿期 退任	中策
	5. 서울大 行政大學院	時間講師	서울	서울大 行政大學院 專任講師	72.2.1-72.3.31 (37:2)	就任	上策	-	-	-	-	72.4.10 書類 提出	72.5.10 就任	02.8.31 停年 退任	上策
	6. 國家保衛立法會議 內務委員會	專門委員	서울	서울大 敎授 復歸	-	-	-	80.10.28-81 .1.31(45:3)	서울大 敎授·國會議員·政府 官僚	서울大 環境大學院 敎授	上策	81.2.1 復職通告	81.3.1 復職	02.8.31 停年 退任	上策
	7. 서울大 環境大學院	院長	서울	第13代 國會議員 出馬	87.12.1-88.3.10 (52-53:4)	抛棄	上策	-	-	-	-	88.3.11 通告	-	-	上策
	8. 서울大 環境大學院	敎授	서울	地方行政研究院長 轉補	92.1.15-92.5.15 (57:4)	轉補	上策	-	-	-	-	92.6.15 書類 提出	92.7.21 就任	94.7.20 滿期 退任	上策
	9. 韓國地方行政研究院	院長	서울	研究院長 連任	94.4.22-94.5.7 (59:0.5)	拒絶	上策	-	-	-	-	94.7.20 滿期 退任	94.7.21 서울大 復職	02.8.31 停年 退任	上策
	10. 서울大 環境大學院	敎授	서울	第15代 國會議員 出馬	96.1.21-96.3.4 (61:2)	拒絶	上策	-	-	-	-	96.3.5 通告	-	-	上策

區分 / 分類	本人所屬및決定對象				可否의決定			代案의選擇				次後의過程			綜合評價
	機關·組織 및 團體	本人地位	決定地域	決定對象	決定期間 (年齡；月間)	決定內容	評價	選擇期間 (年齡；月間)	代案候補	選擇內容	評價	措置	結果	終了	
	11. 서울大 環境大學院	教授	서울	檀國大 行政大學院長 就任	96.12.31-97.1.5 (61-62:0.5)	辭讓	上策	-	-	-	-	97.1.16 通告	-	-	上策
	12. 서울大 環境學院	名譽教授	서울	建國大學校 碩座教授	04.10.2-04.10.17(69:0.5)	受諾	上策	-	-	-	-	-	-	-	上策
3. 兼補	1. 서울大 文理大 物理學科 3學年	學生	聞慶	聞慶中學校 數學·物象 講師	61.1.1-61.1.15 (26:0.5)	承諾	上策	-	-	-	-	61.1.16 就任	61.3.18 退任		上策
	2. 서울大 行政大學院	助教	서울	京畿學園 講師	67.10.1-67.10.31 (32:1)	承諾	中策	-	-	-	-	67.11.1 就任	69.1.31 退任		中策
	3. 서울大 環境大學院	副教授	서울	聞慶中學校 同窓會長	80.9.1-81.1.31 (45-46:5)	承諾	中策	-	-	-	-	81.2.28 理事會 議決	81.3.1 就任	85.2.23 滿期 退任	中等
	4. 國家政策研究會	會員	서울	政策開發室長	92.4.1-92.5.20 (57:2)	受容	中策	-	-	-	-	92.5.20 通告	92.5.21 就任	93.12.31 終了	中策
	5. 韓國地方行政研究院	院長	서울	李鍾贊 議員 黨參與 要求	92.8.10-92.8.30 (57:1)	拒絶	上策	-	-	-	-	92.8.31 通告	-	-	上策
	6. 韓國地方行政研究院	院長	서울	地自體 研究院長 協議會長	92.10.1-93.2.9 (57-58:4)	受容	上策	-	-	-	-	93.2.9 協議	93.2.10 被選	94.2.9 滿期 退任	上策
	7. 社稷會	會員	서울	社稷會 研究室長	93.12.1-94.1.23 (58-54:2)	受容	中策	-	-	-	-	94.1.24 通告	94.2.1 就任	94.12.31 終了	中策
	8. 古州 地方自治 學術賞 運營委員會	委員	高陽	運營委員會 委員長	98.8.1-98.9.3 (63:1)	承諾	中策	-	-	-	-	98.9.3 協議	98.9.4 被選	01.12.26 退任	中策
	9. 서울大 環境大學院	教授	서울	Viagis센터 Coordinator	99.2.1-99.4.17 (64:3)	承諾	下策	-	-	-	-	99.4.18 通告	99.4.19 就任	01.7.18 退任	下策
	10. 서울大 環境大學院	教授	서울	地方移讓 推進委員長	99.5.1-99.6.30 (64:2)	承諾	上策	-	-	-	-	99.8.20 大統領 決裁	99.8.30 就任	03.9.17 滿期 退任	上策
	11. 安東大學校 總同窓會	會員	서울	總同窓會 會長	02.12.16-03.1.15(67-68:1)	拒絶	上策	-	-	-	-	03.1.16 通告	-	-	上策
	12. 서울大 環境大學院	名譽教授	서울	外廓循環路線 調整委員長	03.3.15-03.4.21 (68:1)	受容	中策	-	-	-	-	03.4.21 通告	03.4.22 就任	03.6.5 滿期 退任	中策
	13. 서울大 環境大學院	名譽教授	서울	行政首都諮問委員長	03.4.1-03.5.31 (68:2)	承諾	上策	-	-	-	-	03.6.1 大統領 決裁	03.6.5 就任	04.4.16 滿期 退任	上策
	14. 서울大 環境大學院	名譽教授	서울	行政首都 推進委員長	04.3.1-04.4.30 (69:2)	承諾	上策	-	-	-	-	04.5.15 大統領 決裁	04.5.21 就任	04.9.13 自進 辭退	上策
	15. 道德運動協議會	顧問	서울	協議會 總裁	04.5.1-04.6.30 (69:2)	受容	中策	-	-	-	-	04.7.1 理事會 議決	04.7.2 就任	-	中策
	16. 書畵作家協會	顧問	서울	協會 總裁	04.5.1-04.6.30 (69:2)	受容	中策	-	-	-	-	04.7.1 理事會 議決	04.7.2 就任	-	中策
	17. 新行政首都建設推進委員會	委員長	서울	推進委員長 辭退	04.7.15-04.8.12 (69:1)	辭退	上策	-	-	-	-	04.8.13 辭表提出	04.9.13 辭表受理	04.9.13 自進 辭退	上策
	18. 韓國自治發展研究院	顧問	高陽	研究院 院長	04.8.14-04.9.14 (69:1)	受容	中策	-	-	-	-	04.9.21 協議·確定	04.9.24 就任	-	中策
	19. 韓國地域發展研究院	顧問	서울	研究院 常任顧問	04.8.14-04.9.14 (69:1)	受容	中策	-	-	-	-	04.9.20 協議·確定	04.9.24 就任	-	中策

區分 / 分類	本人所屬및決定對象				可否의決定			代案의選擇				次後의過程			綜合評價
	機關·組織 및 團體	本人地位	決定地域	決定對象	決定期間 (年齡 ; 月間)	決定內容	評價	選擇期間 (年齡 ; 月間)	代案候補	選擇內容	評價	措置	結果	終了	
4. 著 作	1. 서울大 環境大學院	助敎授	서 울	著書「環境과 國土」發刊	79.1.1-79.3.31 (44:3)	發刊	上策	-	-	-	-	79.4.1 編輯 始作	79.7.1 印刷 始作	79.9.10 發刊	上策
	2. 서울大 環境大學院	院 長	서 울	'店村 市民의 노래' 作詞	87.5.1-87.5.31 (52:1)	作詞	上策	-	-	-	-	87.6.20 當選 確定	87.6.23 受賞	87.6.24 頒布	上策
	3. 서울大 環境大學院	院 長	서 울	'새마을 家族의 노래' 作詞	90.4.15-90.5.15 (55:1)	作詞	上策	-	-	-	-	90.6.1 當選 確定	90.6.4 受賞	90.6.5 頒布	上策
	4. 서울大 環境大學院	院 長	서 울	隨想集「變動과 思索」發刊	90.5.1-90.6.30 (55:2)	發刊	上策	-	-	-	-	90.7.1 編輯 始作	90.8.1 印刷 始作	90.9.15 發刊	上策
	5. 서울大 環境大學院	敎 授	서 울	'地方自治의 노래' 作詞	92.3.1-92.3.31 (57:1)	作詞	中策	-	-	-	-	92.4.10 提出	92.4.25 受容 決定	92.5.1 '地方自治新聞' 發表	中策
	6. 서울大 環境大學院	敎 授	聞 慶	'聞慶 市民의 노래' 作詞	95.4.1-95.4.30 (60:1)	作詞	上策	-	-	-	-	95.5.7 當選 確定	95.5.12 受賞	95.5.13 頒布	上策
	7. 서울大 環境大學院	敎 授	서 울	回甲紀念 記錄集 發刊	96.1.1-96.5.31 (61:5)	發刊	上策	-	-	-	-	96.6.1 編輯 始作	96.9.1 印刷 始作	96.12.31 發刊	上策
	8. 서울大 環境大學院	敎 授	서 울	回甲紀念集 發刊 行事	96.11.1-96.12.31(61:2)	實施	上策	-	-	-	-	97.1.5 行事 準備	97.1.8 行事 擧行	97.1.12 言論報道始作	上策
	9. 서울大 環境大學院	敎授	서 울	停年紀念記錄集 發刊	02.3.1-02.8.31 (67:6)	發刊	上策	-	-	-	-	02.9.1 編輯 始作	03.3.1 印刷 始作	03.8.31 發刊	上策
	10. 서울大 環境大學院	名譽敎授	서 울	停年紀念集 發刊行事	03.9.1-03.9.25 (68:1)	未實施	下策	-	-	-	-	03.9.26 抛棄 宣言	03.10.28 自祝宴 開催	-	下策
5. 入 住	1. 安東師範學校 1學年	學 生	安 東	自炊生活 選擇	54.6.1-54.6.30 (19:1)	自炊	中策	54.7.1-54.7.25(19:1)	太華洞·堂北洞·松下洞	安東市 太華洞 個人住宅 뒷房	中策	54.7.30 準備	54.7.31 入住	55.2.28 退去	中策
	2. 安東師範學校 1學年	學 生	安 東	平和洞 家庭敎師 入住	55.2.1-55.2.26 (20:1)	入住	上策	-	-	-	-	55.2.27 準備	55.2.28 入住	57.3.2 退去	上策
	3. 서울大 行政大學院	助 敎	서 울	住宅 購入·移徙	66.6.18-66.8.18 (31:2)	自宅購入	上策	66.8.19-66.10.19(31:2)	昌信洞·梨花洞·新設洞	鍾路區 昌信4洞 13-73	上策	66.10.20-12.19 契約·支拂	66.12.20 入住	74.6.28 退去	上策
	4. 서울大 環境大學院	專任講師	서 울	住宅 購入·移徙	73.12.1-74.1.31 (38-39:2)	移徙	上策	74.2.1-74.4.28(39:3)	祭基洞·安岩洞·新設洞	東大門區 祭基3洞 176-1	上策	74.4.29-6.28 契約·支拂	74.6.29 入住	78.3.21 退去	上策
	5. 서울大 環境大學院	助敎授	서 울	住宅 購入·移徙	77.6.1-77.8.31 (42:3)	移徙	上策	77.9.1-77.12.31(42:4)	上道洞·奉天洞·新林洞	銅雀區 上道3洞 256-216	上策	78.1.1-3.21 契約·支拂	78.3.22 入住	88.8.13 退去	上策
	6. 서울大 環境大學院	院 長	서 울	住宅 購入·移徙	87.10.1-87.12.31(52:3)	移徙	上策	88.1.5-88.5.5(53:4)	驛三洞·瑞草洞·方背洞	江南區 驛三1洞 618-24	上策	88.5.6-8.13 契約·支拂	88.8.14 入住	-	上策
	7. 서울大 環境大學院	名譽敎授	서 울	長男 아파트 購入·移徙	03.11.1-03.12.31(68:2)	購入·移徙	上策	04.1.1-04.1.31(69:1)	蠶院洞·漢南洞·長安洞·聖水洞	瑞草區 蠶院洞 新和아파트 1401號	上策	04.2.1-3.13 契約·支拂·修理	04.3.14 入住	-	上策

區分 / 分類	本人所屬및決定對象				可否의決定			代案의選擇				次後의過程			綜合評價
	機關·組織 및 團體	本人地位	決定地域	決定對象	決定期間 (年齡；月間)	決定內容	評價	選擇期間 (年齡；月間)	代案候補	選擇內容	評價	措置	結果	終了	
6. 擇地	1. 臨時行政首都建設企劃團	研究委員	忠南	行政首都 最適立地	-	-	-	77.6.1-78.4.30 (42-43:11)	公州市·論山市·燕岐郡	公州市 長岐面	上策	78.5.1 計劃樹立 始作	79.10.26 事業中斷	-	上策
	2. 淸溪商街移轉協議會	顧問	서울	商街移轉 候補地	-	-	-	82.4.23-83.7.31(47-48:3)	永登浦·九老·一山 等	未定	下策	83.7.31 協議會 解散	-	-	下策
	3. 서울大 環境大學院	副教授	聞慶	垈地 買入	82.5.1-82.8.20 (47:4)	買入	上策	82.8.21-82.9.20(47:1)	聞慶市 中央洞·茅田洞·興德洞	聞慶市 茅田洞 108-3 垈地	上策	82.11.20 手續	82.11.25 買入	90.7.20 賣却	上策
	4. 서울大 環境大學院	副教授	京畿	林野 買入	83.8.1-83.9.30 (48:2)	買入	中策	83.10.1-83.12.25(48:3)	驪州·廣州·利川	驪州郡 康川面 康川里 林野	下策	84.2.5 手續	84.2.10 買入	85.1.12 賣却	中下策
	5. 서울大 環境大學院	教授	聞慶	垈地 買入	85.12.1-86.1.31 (50-51:2)	買入	上策	86.2.1-86.3.31(51:2)	聞慶市 茅田洞·忠賢洞·中央洞	聞慶市 茅田洞 61-12 垈地	上策	86.6.20 手續	86.6.30 買入	91.6.30 賣却	上策
	6. 서울大 環境大學院	院長·教授	서울	第2研究團地造成	-	-	-	89.1.3-91.11.30(54-56:35)	釜山·大邱·光州	光州市	上策	92.1.15 最終確定	92.2.1 計劃·建設 着手	95.5.1 竣工·稼動	上策
	7. 서울大 環境大學院	院長·教授	서울	次女 國籍選擇	89.3.12-00.5.31(54-65:135)	擇一	上策	00.6.1-00.7.24(65:2)	韓國·美國	美國	上策	00.7.25 手續· 整理	00.7.29 完了	00.7.30 美國市民 一元化	上策
	8. 서울大 環境大學院	教授	서울	出版文化産業團地造成	-	-	-	91.4.1-91.7.27(56:4)	高陽市·九老區·城南市	京畿 高陽市 一山區	上策	91.8.1 計劃着手	93.5.1 建設 着手	97.7.1 入住 始作	上策
	9. 서울大 環境大學院	教授	서울	放射性廢棄物處理場 立地	-	-	-	91.4.25-91.12.31(56:8)	扶安·泰安·靈光·江陵·盈德·蔚珍	未決定	下策	91.12.31 最終報告	-	-	下策
	10. 韓國地方行政研究院	院長	光州	全南道廳移轉適地	-	-	-	93.2.1-93.12.18(58:11)	務安·康津·順天·羅州	全南 務安郡 三香面	中策	94.5.10 最終決定	94.9.1 計劃 着手	00.5.1 建設 着手	中策
	11. 서울市 新廳舍敷地 選定諮問委員會	委員	서울	서울市 新廳舍 敷地	-	-	-	96.8.26-97.7.10(61-62:11)	龍山·汝矣島·뚝섬	龍山 美八軍 基地	上策	97.8.1 美軍協議	97.10.10 美國移轉 保留	-	上策
	12. 慶北道廳移轉推進委員會	委員長	大邱	慶北道廳移轉適地	-	-	-	97.6.25-現在 (62-71:109)	浦項·龜尾·安東·義城·永川	未確定	下策	-	-	-	下策
	13. 貿易展示場立地 評價諮問委員會	委員	서울	首都圈 貿易展示場立地	-	-	-	99.2.1-99.4.20(64:3)	仁川 松島·高陽 一山	高陽市 一山區	上策	99.5.20 政府 確定	99.6.10 計劃 着手	00.7.1 建設 着手	上策
	14. 서울大 環境大學院	教授	聞慶	垈地 購入	01.5.1-01.7.5 (66:2)	購入	中策	01.7.15-01.10.15(66:3)	聞慶市 興德洞·店村洞·茅田洞	聞慶市 茅田洞 866-3 垈地	中策	01.10.15 契約·完拂	01.10.18 取得	-	中策
	15. 서울外廓循環道路 路線調整委員會	委員長	서울	循環道路路線決定	-	-	-	03.4.22-03.6.5(68:2)	터널路線·迂回道路·北漢山 外廓路	賜牌山터널 路線	上策	03.6.10 報告書 提出	03.7.31 政府確定	03.8.1 工事 再開	上策
	16. 新行政首都建設 推進委員會	委員長	서울	新行政首都適地決定	-	-	-	03.6.5-04.8.10(68-69:14)	天安·論山·燕岐·公州,陰城·鎭川	忠南 燕岐·公州一帶	上策	04.8.11 確定·發表	04.8.13 委員長 辭表提出	04.10.21 憲裁 違憲 判決	中策
7. 贈物	1. 聞慶中學校 1學年	學生	聞慶	自宅 회양木 中學校 寄贈	51.9.10-51.10.4 (16:1)	寄贈	上策	-	-	-	-	51.10.5 移植	87.10.8 紀念石 建立	現在 現存	上策
	2. 서울大 環境大學院	副教授	서울	最初 自家 乘用車 購入	82.1.1-82.1.31 (47:1)	購入	上策	82.2.1-82.2.25(47:1)	3種	Mark V Economy	上策	82.3.1 契約·支拂	82.3.12 取得 始乘	89.2.8 賣却	上策
	3. 서울大 環境大學院	院長	서울	乘用車 交替	88.12.1-88.12.31(53:1)	交替	上策	89.1.1-89.1.31(54:1)	4種	Limans	上策	89.2.1 契約·支拂	89.2.9 取得始乘	91.9.30 賣却	上策

區分 / 分類	本人所屬 및 決定對象				可否의 決定			代案의 選擇				次後의 過程			綜合評價
	機關·組織 및 團體	本人地位	決定地域	決定對象	決定期間 (年齡：月間)	決定內容	評價	選擇期間 (年齡：月間)	代案候補	選擇內容	評價	措置	結果	終了	
	4. 서울大 環境大學院	教授	서울	乘用車 交替	91.7.1-91.7.31 (56:1)	交替	上策	91.8.15-91.9.15(56:1)	5種	Prince	上策	91.9.20 契約·支拂	91.10.1 取得始乘	94.11.17 賣却	上策
	5. 서울大 環境大學院	教授	서울	진돗개 取得·養育	92.4.1-92.4.24 (57:1)	養育	上策	-	-	-	-	92.4.25 取得·入家	92.4.26 '珍乭' 命名	現在 生存	上策
	6. 韓國地方行政研究院	院長	서울	商街店鋪 購入	93.3.1-93.4.30 (58:2)	購入	上策	93.5.1-93.6.30(58:2)	淸潭洞·倉洞·中溪洞·下溪洞	蘆原區 中溪洞 世新빌딩	上策	93.7.1 契約·支拂	93.7.22 取得	現在 專貰貸與	上策
	7. 서울大 環境大學院	教授	서울	乘用車 膳物受容	94.9.1-94.10.31 (59:2)	受容	上策	-	-	-	-	94.11.1 車種 New Grandeur 決定	94.11.18 受領 始乘	-	上策
	8. 서울大 環境大 高位政策課程	主任教授	全州	종이博物館 史料寄贈	97.4.1-97.6.17 (62:3)	寄贈	上策	-	-	-	-	97.6.17 寄贈·移管	97.10.21 開館·展示	現在 展示中	上策
	9. 서울大 環境大學院	名譽教授	서울	오피스텔 購入	02.11.1-02.12.31(67:2)	購入	中策	03.1.1-03.3.4(68:2)	瑞草洞·驛三洞·新沙洞	瑞草洞 泰榮 데시앙루브	中策	03.3.5 契約·支拂	05.6.30 建設 完了	05.8.31 入住	中策
8. 趣向	1. 戶西南初等學校 1學年	學生	聞慶	童話·小說 耽讀	45.11.14-45.12.14(10:1)	耽讀	上策	-	-	-	-	45.12.15 始作	-	現在 繼續	上策
	2. 戶西南初等學校 4學年	副級長	聞慶	生活事項 記錄	48.7.1-48.8.31 (13:2)	記錄	上策	-	-	-	-	48.9.1 始作	-	現在 繼續	上策
	3. 民衆書館 編輯局	社員	서울	飮酒	62.3.1-62.4.6 (27:1)	飮酒	中策	-	-	-	-	62.4.7 始作	-	現在 繼續	中策
	4. 서울大 行政大學院	助教	서울	吸煙	66.3.1-66.3.24 (31:1)	吸煙	下策	-	-	-	-	66.3.25 始作	-	現在 繼續	下策
	5. 美國신시내티大 大學院	學生	美國 신시내티	볼링運動	70.2.1-70.2.27 (35:1)	運動	上策	-	-	-	-	70.2.28 始作	71.12.31 美國 終了	72.12.31 韓國 中斷	上策
	6. 美國 신시내티大 大學院	學生	美國	美國政府 資金 都市視察	70.3.1-70.4.30 (35:1)	視察	上策	70.5.1-70.7.31(35:3)	美國內 30餘市	New York, LA, Denver 등 9市	上策	70.8.29 Cincinnati 出發	70.9.25 Cincinnati 歸家	-	上策
	7. 서울大 環境大學院	專任講師	日本 名古屋	國際會議 發表	74.5.1-74.5.31 (39:1)	發表	上策	-	-	-	-	74.10.28 出國	74.10.30 主題發表	74.11.11 歸國	上策
	8. 서울大 環境大學院	助教授	서울	主禮 執典	77.1.5-77.2.5 (42:1)	執典	中策	-	-	-	-	77.3.5 始作	-	現在 繼續	中策
	9. 서울大 環境大學院	助教授	安東	4家族 夫婦 安東 旅行	79.4.15-79.5.1 (44:0.5)	旅行	下策	-	-	-	-	79.5.5 서울 出發	79.5.6 上京 歸家	79.5.7 後遺症 始作	下策
	10. 서울大 環境大學院	副教授	서울	골프運動	83.1.1-83.1.31 (48:1)	運動	上策	-	-	-	-	83.2.1 인도어 練習	83.4.7 實際 運動	現在 繼續	上策
	11. 서울大 環境大學院	教授·院長	日本 東京	東京 朝鮮大學 訪問	85.12.1-91.11.22(50-56:72)	訪問	上策	-	-	-	-	85.12.1 最初 試圖	91.11.23 訪問 成功	-	上策
	12. 서울大 環境大學院	院長	서울	家號·書室名 懸板	88.8.1-88.8.31 (53:1)	懸板	上策	-	-	-	-	88.9.1 製作依賴	88.11.1 懸板	現在 現存	上策
	13. 서울大 環境大學院	院長	서울	家族製作	88.9.1-88.9.30 (53:1)	製作	上策	-	-	-	-	88.10.1 製作依賴	88.11.1 備置	現在 現存	上策
	14. 서울大 環境大學院	院長	서울	運轉免許取得	90.1.1-90.2.4 (55:1)	取得	上策	-	-	-	-	90.2.5 練習 始作	90.9.26 試驗 合格	90.9.29 免許證 取得	上策

區分 / 分類	本人所屬및決定對象				可否의決定			代案의選擇				次後의過程			綜合評價
	機關·組織 및 團體	本人地位	決定地域	決定對象	決定期間 (年齡 ; 月間)	決定內容	評價	選擇期間 (年齡 ; 月間)	代案候補	選擇內容	評價	措置	結果	終了	
	15. 서울大 環境大學院	教授	서울	萬步計 着用	94.10.8-94.10.23(59:1)	着用	上策	-	-	-	-	94.10.24 着用 始作	98.1.1 萬步計交替	現在 着用中	上策
	16. 農協中央會 運營諮問委員會	委員	城南	週末農場 農事	98.3.1-98.3.31(63:1)	農事	上策	-	-	-	-	98.4.12 登錄·敎育	98.8.7 播種	99.9.30 終了	上策
	17. 親睦모임 새재會	會長	서울	새재會 解散	99.11.1-00.2.24(64:4)	解散	中策	-	-	-	-	99.6.29 會長 就任	99.11.18 提案受容	00.2.24 決議解散	中策
9. 人選	1. 民衆書館·行政大學院·內務部	社員·學生·硏究員	韓國	配偶者	-	-	-	62.3.5-65.5.30(27-30:39)	15名	黃蓮子	上策	65.8.15 聞慶에서 約婚	66.1.11 서울에서 結婚	現在 共存	上策
	2. 서울大 行政大學院	講師	서울	敎授 硏究室 助敎	72.1.5-72.1.25(37:1)	採用	上策	72.1.25-72.2.25(37:1)	3名	李廷植	上策	72.2.25 決定	72.3.2 入室	74.9.30 退室	上策
	3. 서울大 環境大學院	專任講師	서울	敎授 硏究室 助敎	-	-	-	74.8.25-74.9.25(39:1)	3名	金昌碩	上策	74.9.25 決定	74.10.1 入室	75.8.31 退室	上策
	4. 서울大 環境大學院	助敎授	서울	敎授 硏究室 助敎	-	-	-	77.2.26-77.3.26(42:1)	3名	河晟奎	上策	77.3.26 決定	77.4.1 入室	78.6.10 退室	上策
	5. 서울大 環境大學院	助敎授	서울	敎授 硏究室 助敎	-	-	-	78.5.25-78.6.25(43:1)	4名	朴憲注	上策	78.6.25 決定	78.7.1 入室	80.3.31 退室	上策
	6. 서울大 環境大學院	助敎授	서울	敎授 硏究室 助敎	-	-	-	80.2.25-80.3.25(45:1)	4名	趙明來	上策	80.3.25 決定	80.4.1 入室	81.2.28 退室	上策
	7. 서울大 環境大學院	副敎授	서울	敎授 硏究室 助敎	-	-	-	81.1.25-81.2.25(46:1)	3名	李相瑢	上策	81.2.25 決定	81.3.1 入室	81.12.31 退室	上策
	8. 聞慶中學校 同窓會	會長(第1次)	聞慶	同窓會 副會長	-	-	-	81.2.10-81.2.25(46:0.5)	15名	黃宇洪·潘太煥·蔡大鎭	上策	81.2.25 決定·通報	81.3.1 就任	83.2.28 退任	上策
	9. 聞慶中學校 同窓會	會長(第1次)	聞慶	同窓會 監事	-	-	-	81.2.10-81.2.25(46:0.5)	10名	柳昌夏·柳承眞	上策	81.2.25 決定·通報	81.3.1 就任	83.2.28 退任	上策
	10. 聞慶中學校 同窓會	會長(第1次)	聞慶	同窓會 總務	-	-	-	81.2.10-81.2.25(46:0.5)	5名	鄭康德	上策	81.2.25 決定·通報	81.3.1 就任	83.2.28 退任	上策
	11. 聞慶中學校 同窓會	會長(第1次)	聞慶	同窓會 幹事	-	-	-	81.2.10-81.2.25(46:0.5)	10名	朴熙九·卓大學	上策	81.2.25 決定·通報	81.3.1 就任	83.2.28 退任	上策
	12. 서울大 環境大學院	副敎授	서울	敎授 硏究室 助敎	-	-	-	81.11.24-81.12.24(46:1)	3名	金泰鏞	上策	81.12.24 決定	82.1.1 入室	82.12.31 退室	上策
	13. 聞慶中學校 同窓會	會長(第1次)	聞慶	會誌「聞中」編輯委員	81.9.1-81.12.31(46:4)	構成	上策	82.2.5-82.2.20(47:0.5)	15名	黃榮一·金容伯·全奎虹	上策	82.2.20 決定	82.3.1 委囑	82.9.30 退任	上策
	14. 서울大 環境大學院	副敎授	서울	自家乘用車 運轉技士	-	-	-	82.2.9-82.3.9(47:1)	3名	金西善	上策	82.3.10 手續	82.3.12 運行始作	86.11.11 退任	上策
	15.서울大 環境大學院	副敎授	서울	敎授 硏究室 助敎	-	-	-	82.11.24-82.12.24(47:1)	4名	尹鍾範	上策	82.12.24 決定	83.1.1 入室	83.12.2 退室	上策
	16. 聞慶中學校 同窓會	會長(第2次)	聞慶	同窓會 副會長	-	-	-	83.2.10-83.2.25(48:0.5)	25名	金學文·吳尙根·潘太煥·朴禹鎭·蔡大鎭	上策	83.2.25 決定·通報	83.3.1 就任	85.2.23 退任	上策
	17. 聞慶中學校 同窓會	會長(第2次)	聞慶	同窓會 監事	-	-	-	83.2.10-83.2.25(48:0.5)	10名	柳昌夏·金永培	上策	83.2.25 決定·通報	83.3.1 就任	85.2.23 退任	上策

區分 / 分類	本人所屬및決定對象				可否의決定			代案의選擇				次後의過程			綜合評價
	機關·組織 및 團體	本人地位	決定地域	決定對象	決定期間 (年齡 ; 月間)	決定內容	評價	選擇期間 (年齡 ; 月間)	代案候補	選擇內容	評價	措置	結果	終了	
	18. 聞慶中學校 同窓會	會長 (第2次)	聞慶	同窓會 總務	-	-	-	83.2.10-83.2.25(48:0.5)	5名	鄭康德	上策	83.2.25 決定·通報	83.3.1 就任	85.2.23 退任	上策
	19. 聞慶中學校 同窓會	會長 (第2次)	聞慶	同窓會 幹事	-	-	-	83.2.10-83.2.25(48:0.5)	10名	朴熙九·卓大學	上策	83.2.25 決定·通報	83.3.1 就任	85.2.23 退任	上策
	20. 서울大 環境大學院	副教授	서울	教授 研究室 助教	-	-	-	83.10.29-83.11.29(48:1)	4名	鄭鍾建	上策	83.11.29 決定	83.12.3 入室	84.6.24 退室	上策
	21. 신시내티大 學校 在韓 同窓會	會長	서울	同窓會 總務	-	-	-	84.1.2-84.1.17(49:0.5)	5名	朴洪奎	上策	84.1.22 決定·通報	84.1.27 就任	92.1.17 退任	上策
	22. 서울大 環境大學院	副教授	서울	教授 研究室 助教	-	-	-	84.5.20-84.6.20(49:1)	5名	文廷鎬	上策	84.6.20 決定	84.6.25 入室	86.8.20 退室	上等
	23. 大韓國土計劃學會	會長	서울	副會長	-	-	-	86.1.10-86.2.10(51:1)	6名	朱鍾元·張明洙	上策	86.2.10 通報	86.2.15 就任	88.2.13 退任	上策
	24. 大韓國土計劃學會	會長	서울	學會誌 編輯委員長	-	-	-	86.1.10-86.2.10(51:1)	3名	兪浣	上策	86.2.10 通報	86.2.15 就任	88.2.13 退任	上策
	25. 大韓國土計劃學會	會長	서울	都市情報誌 編輯委員長	-	-	-	86.1.10-86.2.10(51:1)	3名	呂鴻九	上策	86.2.10 通報	86.2.15 就任	88.2.13 退任	上策
	26. 大韓國土計劃學會	會長	서울	教育分科委員長	-	-	-	86.1.10-86.2.10(51:1)	3名	金源	上策	86.2.10 通報	86.2.15 就任	88.2.13 退任	上策
	27. 大韓國土計劃學會	會長	서울	事務局長	-	-	-	86.1.10-86.1.25(51:0.5)	2名	秋晶植	上策	86.2.10 通報	86.2.15 就任	88.2.13 會長 終了	上策
	28. 大韓國土計劃學會	會長	서울	韓·日交流委員長	86.3.7-86.4.7 (51:1)	委員會設置	上策	86.4.8-86.4.23(51:0.5)	3名	康炳基	上策	86.4.23 通報	86.5.23 就任	88.2.13 會長 終了	上策
	29. 大韓國土計劃學會	會長	서울	學會創立紀念事業委員長	86.3.7-86.4.7 (51:1)	委員會設置	上策	86.4.8-86.4.23(51:0.5)	5名	朴炳柱	上策	86.4.23 通報	86.5.23 就任	88.2.13 會長 終了	上策
	30. 서울大 環境大學院	教授	서울	教授 研究室 助教	-	-	-	86.7.16-86.8.16(51:1)	5名	金京玟	上策	86.8.16 決定	86.8.21 入室	88.2.26 退室	上策
	31. 서울大 環境大學院	院長 (第1次)	서울	環境計劃研究所長	-	-	-	86.10.3-86.11.3(51:1)	2名	兪炳林	上策	86.11.3 上申	86.11.18 就任	88.11.17 退任	上策
	32. 서울大 環境大學院	院長 (第1次)	서울	大學院 院長補	-	-	-	86.10.13-86.11.13(51:1)	2名	金基浩	上策	86.11.13 上申	86.11.18 就任	87.9.30 退任	上策
	33. 서울大 環境大學院	院長 (第1次)	서울	大學院 院長補	-	-	-	87.8.15-87.9.15(52:1)	2名	李正典	上策	87.9.15 上申	87.10.1 就任	88.6.24 退任	上策
	34. 서울大 環境大學院	院長 (第1次)	서울	環境造景學科長	-	-	-	87.8.15-87.9.15(52:1)	2名	黃琪源	上策	87.9.15 上申	87.10.1 就任	89.9.30 退任	上策
	35. 서울大 環境大學院	院長 (第1次)	서울	大學院 院長補	-	-	-	88.5.10-88.6.10(53:1)	2名	黃琪源	上策	88.6.10 上申	88.6.24 就任	89.9.30 退任	上策
	36. 서울大 環境大學院	院長 (第1次)	서울	環境計劃學科長	-	-	-	88.5.10-88.6.10(53:1)	2名	金丁勛	上策	88.6.10 上申	88.6.24 就任	90.6.24 退任	上策
	37. 서울大 環境大學院	院長 (第2次)	서울	環境計劃研究所長	-	-	-	88.10.3-88.11.3(53:1)	2名	楊秉彛	上策	88.11.3 上申	88.11.18 就任	90.11.4 院長 終了	上策
	38. 서울大 環境大學院	院長 (第2次)	서울	長壻	-	-	-	89.5.1-92.8.20(54-57:40)	7名	文丙基	上策	92.8.26 約婚	93.1.6 結婚	現在 共存	上策
	39. 서울大 環境大學院	院長 (第2次)	서울	大學院 副院長	-	-	-	89.8.15-89.9.15(54:1)	2名	金丁勛	上策	89.9.15 上申	89.10.1 就任	90.6.24 退任	上策

區分 / 分類	本人所屬 및 決定對象				可否의 決定			代案의 選擇				次後의 過程			綜合評價
	機關·組織 및 團體	本人地位	決定地域	決定對象	決定期間 (年齡 ; 月間)	決定內容	評價	選擇期間 (年齡 ; 月間)	代案候補	選擇內容	評價	措置	結果	終了	
	40. 서울大 環境大學院	院長 (第2次)	서울	環境造景學科長	-	-	-	89.8.15-89.9.15(54:1)	2名	梁銃在	上策	89.9.15 上申	89.10.1 就任	90.11.4 院長 終了	上策
	41. 서울大 環境大學院	院長 (第2次)	서울	大學院 副院長	-	-	-	90.5.10-90.6.10(55:1)	2名	梁銃在	上策	90.6.10 上申	90.6.25 就任	90.11.4 院長 終了	上策
	42. 서울大 環境大學院	院長 (第2次)	서울	環境計劃學科長	-	-	-	90.5.10-90.6.10(55:1)	2名	李正典	上策	90.6.10 上申	90.6.25 就任	90.11.4 院長 終了	上策
	43. 서울大 環境大學院	教授	서울	教授 研究室 助教	-	-	-	91.2.6-91.3.6(56:1)	5名	金明洙	上策	91.3.6 決定	91.3.11 入室	91.7.21 退室	上策
	44. 서울大 環境大學院	教授	서울	教授 研究室 助教	-	-	-	91.6.17-91.7.17(56:1)	3名	元東奎	上策	91.7.17 決定	91.7.22 入室	92.7.19 退室	上策
	45. 골프 親睦모임 風水會	會長	서울	風水會 總務	-	-	-	92.5.5-92.5.20(57:0.5)	2名	姜渭薰	上策	92.5.25 決定·通報	92.6.1 就任	93.5.25 退任	上策
	46. 서울大 環境大學院	教授	서울	教授 研究室 助教	-	-	-	92.6.15-92.7.15(57:1)	3名	崔正錫	上策	92.7.15 決定	92.7.20 入室	93.2.28 退室	上策
	47. 韓國地方行政研究院	院長	서울	研究諮問委員長	-	-	-	92.9.15-92.10.15(57:1)	5名	朴東緒	中策	92.10.15 決定·通報	92.10.23 委囑	94.7.20 院長 終了	中策
	48. 韓國地方行政研究院	院長	서울	研究院 研究部長	92.11.1-92.12.31(57:2)	配置	中策	93.1.2-93.2.20(58:2)	5名	朴龍治	下策	93.2.20 上申	93.3.2 就任	94.7.20 退任	中下策
	49. 韓國地方行政研究院	院長	서울	서울大 教授室 助教	-	-	-	93.1.25-93.2.25(58:1)	3名	朴城佑	上策	93.2.25 決定	93.3.1 入室	94.1.31 退室	上策
	50. 韓國地方行政研究院	院長	서울	防災分科 諮問委員長	93.5.21-93.8.20(58:3)	設置	上策	93.8.20-93.2.20(58:1)	3名	李元煥	上策	93.2.20 決定·通報	93.10.1 委囑	94.7.20 院長 終了	上策
	51. 韓國地方行政研究院	院長	서울	非常任研究委員 解囑	93.10.1-93.12.29(58:3)	解囑	中策	-	-	-		93.12.30 通報	93.12.31 退任	-	中策
	52. 韓國地方行政研究院	院長	서울	서울大 教授室 助教	-	-	-	94.1.1-94.1.26(59:1)	3名	金周榮	上策	94.1.26 決定	94.2.1 入室	94.5.31 退室	上策
	53. 韓國地方行政研究院	院長	서울	서울大 教授室 助教	-	-	-	94.4.25-94.5.25(59:1)	3名	高文炫	上策	94.5.25 決定	94.6.1 入室	97.8.17 退室	上策
	54. 韓國地方行政研究院	院長	서울	院長 職務代行	-	-	-	94.6.15-94.7.15(59:1)	2名	李相鎔	上策	94.7.15 上申	94.7.19 委囑	94.7.20 院長 終了	上策
	55. 韓國地方自治學會	會長	서울	學會 副會長	-	-	-	94.12.17-95.1.17(59-60:1)	10名	鄭世煜·金德永·金學魯	上策	95.1.17 決定·通報	95.2.22 就任	97.2.14 退任	上策
	56. 韓國地方自治學會	會長	서울	學會 事務局長	-	-	-	95.1.2-95.1.17(60:0.5)	2名	盧在原	上策	95.1.17 決定	95.2.22 委囑	97.2.14 會長 終了	上策
	57. 韓國地方自治學會	會長	서울	學會誌 編輯 委員長	-	-	-	95.2.15-95.3.2(60:0.5)	5名	姜瑩基	上策	95.3.2 決定	95.3.7 就任	97.2.14 退任	上策
	58. 韓國地方自治學會	會長	서울	自治通信 編輯委員長	-	-	-	95.3.2-95.3.17(60:0.5)	5名	李周熙	上策	95.3.17 決定	95.3.22 就任	95.2.14 退任	上策
	59. 韓國地方自治學會	會長	서울	自治辭典 編纂委員長	95.2.15-95.3.2(60:0.5)	委員會設置	上策	95.3.2-95.3.17(60:0.5)	3名	金東勳	上策	95.3.17 決定	95.3.22 就任	95.2.14 會長 終了	上策

區分 / 分類	本人所屬및決定對象				可否의決定			代案의選擇				次後의過程			綜合評價
	機關·組織 및 團體	本人地位	決定地域	決定對象	決定期間 (年齡 ; 月間)	決定內容	評價	選擇期間 (年齡 ; 月間)	代案候補	選擇內容	評價	措置	結果	終了	
	60. 韓國地方自治學會	會長	서울	國際交流分科委員長	-	-	-	95.4.22-95.5.7(60;0.5)	5名	禹東琪	上策	95.5.7 決定	95.5.12 就任	95.2.14 會長 終了	上策
	61. 서울大 環境大學院	敎授·名譽敎授	韓國·美國	次壻	-	-	-	96.6.28-04.1.31 (61-69;91)	8名	兪宗禎	中策	04.2.3 美國에서 結婚申告	04.5.9 서울에서 結婚	-	中策
	62. 서울大 環境大 高位政策課程	主任敎授	서울	課程 副主任敎授	-	-	-	97.1.13-97.2.13(62;1)	2名	黃琪源	上策	97.2.13 決定·通報	97.3.1 就任	99.2.28 主任敎授 終了	上策
	63. 서울大 環境大 高位政策課程	主任敎授	서울	敎授 硏究室 助敎	-	-	-	97.7.13-97.8.13(62;1)	4名	金湳喆	上策	97.8.13 決定	97.8.18 入室	99.2.21 退室	上策
	64. 서울大 環境大 高位政策課程	主任敎授	서울	子婦	-	-	-	98.1.1-00.1.31(63-65;25)	5名	都京順	上策	00.2.20 兩家 相見禮	00.4.22 結婚	現在 共存	上策
	65. 道路公社 社長 公募審査委員會	委員長	서울	社長 候補 3名 推薦	-	-	-	98.5.10-98.5.12(63;3日)	26名	鄭崇烈·金鳳燮·李太敎	上策	98.5.12 推薦	98.6.5 任命 (鄭崇烈)	-	上策
	66. 서울大 環境大 高位政策課程	主任敎授	서울	敎授 硏究室 助敎	-	-	-	99.1.17-99.2.17(64;1)	4名	都炯逸	上策	99.2.17 決定	99.2.22 入室	01.12.2 退室	上策
	67. 地方移讓推進委員會	委員長	서울	委員會 幹事	-	-	-	99.7.10-99.7.25(64;0.5)	3名	李達坤	上策	99.7.25 決定·通報	99.8.30 就任	01.9.17 退任	上策
	68. 地方移讓推進委員會.	委員長	서울	委員會 幹事	-	-	-	01.9.1-01.9.13(66;0.5)	3名	朴羽緖	上策	01.9.13 決定·通報	01.9.18 就任	03.9.17 退任	上策
	69. 親睦모임 向志會.	會長	서울	向志會 總務	-	-	-	01.10.10-01.10.25(66;0.5)	2名	朴永根	上策	01.11.1 決定·通報	01.11.5 就任	03.12.15 退任	上策
	70. 서울大 環境大學院	敎授	서울	敎授 硏究室 助敎	-	-	-	01.10.28-01.11.28(66;1)	3名	沈載滿	上策	01.11.28 決定	01.12.3 入室	02.8.31 退室	上策
	71. 地方行政硏究院 出身모임 地硏會	會長	서울	地硏會 總務	-	-	-	01.12.3-01.12.18(66;0.5)	10名	朴吉成	上策	01.12.23 決定· 通報	01.12.28 就任	03.12.25 會長 終了	上策
	72. 서울大 環境大學院	敎授·名譽敎授	서울	名譽敎授室 助敎	-	-	-	02.8.10-02.8.25(67;0.5)	2名	姜正植	上策	02.8.25 決定	02.9.1 入室	03.8.31 退室	上策
	73. 韓國地域發展硏究院	院長	서울	EQUUS 乘用車 運轉技士	-	-	-	02.10.1-02.10.30(67;1)	3名	宋煥鎬	中策	02.10.31 決定·通報	02.11.2 入社	04.5.31 退社	中策
	74. 서울大 環境大學院	名譽敎授	서울	名譽敎授室 助敎	-	-	-	03.8.10-03.8.25(68;0.5)	2名	金太鎬	上策	03.8.25 決定	03.9.1 入室	04.9.7 退室	上策
	75. 新行政首都建設推進委員會	委員長	서울	委員長 官用車 Dynasty 技士	-	-	-	04.5.18-04.6.3(69;0.5)	2名	崔信一	上策	04.6.4 決定·手續	04.6.9 出勤 始作	09.9.13 退任	上策
	76. 서울大 環境大學院	名譽敎授	서울	名譽敎授室 助敎	-	-	-	04.8.18-04.9.3(69;0.5)	2名	白一南	上策	04.9.3 決定	04.9.8 入室	06.8.31 退室	上策
	77. 韓國地域發展硏究院	常任顧問	서울	硏究院車 EQUUS 技士	-	-	-	04.8.24-04.9.9(69;0.5)	2名	崔信一	上策	04.9.10 決定·手續	04.9.14 出勤 始作	-	上策

2) 決定 및 選擇의 一連表

(年度 및 日字順)

年度(年齡)	日字(曜日)	決定 및 選擇 對象	決定 및 選擇內容
1945(10)	12.14(金)	童話 耽讀 與否	耽　讀
1948(13)	8.31(火)	生活記錄 與否	記　錄
1951(16)	5.31(木)	中學進學 可否	中學進學
	7.31(火)	進學中學校 選擇	聞慶中學校
	10.4(木)	희양목 寄贈 與否	自宅 희양목 聞慶中學校 寄贈
1953(18)	8.31(月)	高校進學 可否	高校進學
	12. 3(木)	進學高校 選擇	安東師範學校
1954(19)	6.30(水)	自炊生活 與否	自炊生活
	7.25(日)	自炊房 選擇	安東市 太華洞 個人住宅 뒷房
1955(20)	2.26(土)	家庭敎師入住 與否	家庭敎師 入住
1956(21)	5.31(木)	大學進學 可否	大學進學
	11.30(金)	進學大學·學科 選擇	서울大學校 文理科大學 物理學科
1961(26)	1.15(日)	中學校講師 就任 與否	聞慶中學校 講師就任
	12.31(日)	記者應募 新聞社 選擇	東亞日報社(失敗)
1962(27)	2.15(木)	就業出版社 選擇	民衆書館
	2.28(水)	大學院進學 可否	大學院進學
	4. 6(金)	飮酒 與否	飮　酒
	8.31(金)	進學大學院 選擇	서울大 學校 行政大學院
	11.15(木)	就業 中高校 選擇	首都女子師範大學 附屬女高
1965(30)	5.30(日)	結婚配偶者 選擇	黃 蓮 子
1966(31)	2.15(火)	大學助敎·公職 選擇	서울大 行政大學院 助敎
	3.24(木)	吸煙 與否	吸　煙
	8.18(木)	自宅購入 可否	自家住宅 購入
	10.19(水)	購入自宅 選擇	鐘路區 昌信4洞 13-73
1967(32)	10.31(火)	學院講師 進出 與否	京畿學園 講師職 承諾
1968(33)	2.28(水)	美國留學 與否	美國留學

年度(年齡)	日字(曜日)	決定 및 選擇 對象	決定 및 選擇內容
	8.31(土)	美國留學 大學選擇	Cincinnati大學校 大學院
1970(35)	2.27(金)	볼링運動 始作 與否	볼링運動 始作
	4.30(木)	美國 都市視察 與否	美國 都市計劃 視察
	7.31(金)	視察 美國都市 選擇	New York·LA·Denver 등 9市
1972(37)	1.25(火)	敎授室 助敎配置與否	敎授 硏究室 助敎 配置
	2.25(金)	敎授室 助敎 選擇	李 廷 植
	3.31(金)	서울大 專講 就任與否	서울大 行政大學院 專任講師 就任
1974(39)	1.31(木)	移徙 與否	昌信4洞에서 移徙
	4.28(日)	購入自宅 選擇	東大門區 祭基3洞 176-1
	5.31(金)	國際會議 發表與否	日本 國際會議 參席·發表
	9.25(水)	敎授室 助敎 選擇	金 昌 碩
1977(42)	2.5(土)	主禮執典 與否	主禮執典
	3.26(土)	敎授室 助敎 選擇	河 晟 奎
	8.31(水)	移徙 與否	祭基3洞에서 移徙
	12.31(土)	購入自宅 選擇	銅雀區 上道3洞 256-216
1978(43)	4.30(日)	臨時行政首都 立地選擇	忠南 公州市 長岐面 一圓
	6.25(日)	敎授室 助敎 選擇	朴 憲 注
1979(44)	3.31(土)	單獨著書 發刊 與否	「環境과 國土」發刊
	5. 1(火)	安東 旅行 與否	夫婦同伴 4家族 安東 旅行
1980(45)	3.25(火)	敎授室 助敎 選擇	趙 明 來
1981(46)	1.31(土)	國保委後 進路選擇	서울大 環境大學院 敎授 復歸
	1.31(土)	同窓會長 就任 與否	聞慶中學校 同窓會長 受諾
	2.25(水)	敎授室 助敎 選擇	李 相 瑢
	2.25(水)	同窓會 副會長 選擇	黃宇洪·潘太煥·蔡大鎭
	2.25(水)	同窓會 監事 選擇	柳昌夏·柳承鎭
	2.25(水)	同窓會 總務 選擇	鄭 康 德

年度(年齡) ＼ 區分	日字(曜日)	決定 및 選擇 對象	決定 및 選擇內容
	2.25(水)	同窓會 幹事 選擇	朴熙九・卓大學
	12.24(木)	教授室助教 選擇	金 泰 鏞
	12.31(木)	同窓會誌 發刊 與否	聞中 同窓會誌「聞中」發刊
1982(47)	1.31(日)	乘用車購入 與否	乘用車 購入
	2.20(土)	同窓會誌 編輯委員 選擇	黃榮一・金容佰・全奎虹
	2.25(木)	購入 乘用車 選擇	Mark V Economy
	3. 9(火)	自家用車 技士 選擇	金 西 善
	8.20(金)	垈地 買入與否	垈地 買入
	9.20(月)	買入垈地 選擇	聞慶市 茅田洞 108-3
	12.24(金)	教授室 助教 選擇	尹 鍾 範
1983(48)	1.31(月)	골프運動 始作 與否	골프 運動 練習 始作
	2.25(金)	同窓會 副會長 選擇	金學文・吳尙根・潘太煥・朴禹鎭・蔡大鎭
	2.25(金)	同窓會 監事 選擇	柳昌夏・金永培
	2.25(金)	同窓會 總務 選擇	鄭 康 德
	2.25(金)	同窓會 幹事 選擇	朴熙九・卓大學
	7.31(日)	淸溪商街 移轉地 選擇	選擇 未定
	9.30(金)	林野 買入 與否	林野 買入
	11.29(火)	教授室 助教 選擇	鄭 鍾 建
	12.25(日)	買入 林野 選擇	驪州郡 康川面 康川里 林野
1984(49)	1.17(火)	美國同窓會 總務 選擇	朴 洪 奎
	6.20(金)	教授室 助教 選擇	文 廷 鎬
1986(51)	1.25(土)	國土學會 事務局長 選擇	秋 晶 植
	1.31(金)	垈地買入 與否	垈地買入
	2.10(月)	國土學會 副會長 選擇	朱鍾元・張明洙
	2.10(月)	國土學會 編輯誌 委員長 選擇	兪 浣
	2.10(月)	國土學會 情報誌 委員長 選擇	呂 鴻 九
	2.10(月)	國土學會 教育委員長 選擇	金 源
	3.31(月)	買入垈地 選擇	聞慶市 茅田洞 61-12
	4. 7(月)	委員會 設置 與否	國土學會 韓日交流委員會 設置
	4. 7(月)	委員會 設置 與否	國土學會 創立紀念事業委員會 設置
	4.23(水)	國土學會 委員長 選擇	韓・日交流委員長 康炳基
	4.23(水)	國土學會 委員長 選擇	創立紀念事業委員長 朴炳柱
	8.16(土)	教授室 助教 選擇	金 京 玟
	11.3(月)	環境計劃研究所長 選擇	兪 炳 林
	11.13(木)	環境大學院長補 選擇	金 基 浩
1987(52)	5.31(日)	노래 作詞 應募 與否	'店村 市民의 노래' 作詞
	9.15(火)	環境大學院補 選擇	李 正 典
	9.15(火)	造景學科長 選擇	黃 琪 源
	12.31(木)	移徙 與否	上道3洞에서 移徙
1988(53)	3.10(木)	國會議員 出馬 與否	出馬 抛棄
	5. 5(木)	購入自宅 選擇	江南區 驛三1洞 618-24
	6.10(金)	環境大院長補 選擇	黃 琪 源
	6.10(金)	計劃學科長 選擇	金 丁 勛
	8.31(水)	自宅 號名 懸板 與否	家號・書室名 懸板
	9.30(金)	家旗製作 與否	家旗 製作・備置
	11.3(木)	環境研究所長 選擇	楊 秉 彜
	12.31(土)	乘用車 交替 與否	乘用車 交替
1989(54)	1.31(火)	交替 乘用車 選擇	Lemans
	9.15(金)	環境大 副院長 選擇	金 丁 勛
	9.15(金)	造景學科長 選擇	梁 鈗 在
1990(55)	2. 4(日)	運轉免許取得 與否	運轉免許取得
	5.15(火)	노래作詞 應募 與否	'새마을 家族의 노래' 作詞
	6.10(日)	環境大 副院長 選擇	梁 鈗 在
	6.10(日)	計劃學科長 選擇	李 正 典
	6.30(土)	隨想集 發刊 與否	「變動과 思索」發刊
1991(56)	3. 6(水)	教授室 助教 選擇	金 明 洙
	7.17(水)	教授室 助教 選擇	元 東 奎
	7.27(土)	出版團地 立地 選擇	高陽市 一山區

年度(年齡) ＼ 區分	日字(曜日)	決定 및 選擇 對象	決定 및 選擇內容
	7.31(水)	乘用車 交替 與否	乘用車 交替
	9.15(日)	交替 乘用車 選擇	Prince
	11.22(金)	朝鮮大學訪問 與否	東京 朝鮮大學 訪問
	11.30(土)	第2 研究團地 選擇	光 州 市
	12.31(火)	核廢棄物處理場 選擇	未 決 定
1992(57)	3.31(火)	노래作詞 應募 與否	'地方自治의 노래' 作詞
	4.24(金)	진돗개 養育 與否	진돗개 自宅 養育
	5.15(金)	研究院長 就任 與否	韓國地方行政研究院長 就任
	5.20(水)	政策室長 就任 與否	國政會 政策開發室長 受諾
	5.20(水)	風水會 總務 選擇	姜 渭 薰
	7.15(水)	教授室 助教 選擇	崔 正 錫
	8.20(木)	長女 配偶者 選擇	文 丙 基
	8.30(日)	黨 參與要求 受諾 與否	李鍾贊 議員要請 辭讓
	10.15(木)	地方研 委員長 選擇	研究諮問委員長 朴東緖
	12.31(木)	地方研 部長 配置 與否	研究部長 配置
1993(58)	2. 9(火)	協議會長 就任 與否	地自體 研究院長協議會長 就任
	2.20(土)	地方研 研究部長 選擇	朴 龍 治
	2.25(木)	教授室 助教 選擇	朴 城 佑
	4.30(金)	店鋪 購入 與否	店鋪 購入
	6.30(水)	購入 店鋪 選擇	蘆原區 中溪洞 世新빌딩內
	8.20(金)	地方研 委員會 設置 與否	防災分科委員會 設置
	9.20(月)	地方研 委員長 選擇	防災分科 諮問委員長 李元煥
	12.18(土)	全南道廳 適地 選擇	全南 務安郡 三香面
	12.29(水)	地方研 委員解囑 與否	非常任研究委員 解囑
1994(59)	1.23(日)	研究室長 就任 與否	社稷會 研究室長 就任 承諾
	1.26(水)	教授室 助教 選擇	金 周 榮
	5. 7(土)	研究院長 連任 與否	地方行政研究院長 連任 固辭
	5.25(水)	教授室 助教 選擇	高 文 炫
	7.15(金)	教授室 助教 選擇	李 相 鎔

年度(年齡) ＼ 區分	日字(曜日)	決定 및 選擇 對象	決定 및 選擇內容
	10.23(日)	萬步計 着用 與否	萬步計 着用
	10.31(月)	乘用車 膳物 受容 與否	乘用車 膳物 受容
1995(60)	1.17(火)	自治學會 副會長 選擇	鄭世煜・金德永・金學魯
	1.17(火)	自治學會 事務局長 選擇	盧 在 原
	3. 2(木)	自治學會 委員長 選擇	學會誌 編輯委員長 姜瑩基
	3. 2(木)	自治學會 委員會 設置 與否	自治辭典 編纂委員會 設置
	3.17(金)	自治學會 委員長 選擇	自治通信 編輯委員長 李周熙
	3.17(金)	自治學會 委員長 選擇	自治辭典 編纂委員長 金東勳
	4.30(日)	노래作詞 應募 與否	'聞慶 市民의 노래' 作詞
	5. 7(日)	自治學會 委員長 選擇	國際交流分科委員長 禹東琪
1996(61)	3. 4(月)	國會議員 出馬 與否	出馬 拋棄
	5.31(金)	回甲紀念集 發刊 與否	回甲紀念記錄集 發刊
	12.31(火)	回甲集 發刊行事 與否	回甲紀念記錄集 發刊行事
1997(62)	1.15(水)	他大學 轉出 與否	檀國大 行政大學院長 固辭
	2.13(木)	高位課程 副主任 選擇	黃 琪 源
	6.17(火)	個人史料 寄贈 與否	한솔 종이博物館에 寄贈
	7.10(木)	서울市廳 移轉地 選擇	龍山區 美八軍 基地
	8.13(水)	教授室 助教 選擇	金 湳 喆
1998(63)	3.31(火)	週末農事 與否	農協 週末農場 農事試圖
	5.12(火)	道路公社 社長候補 選擇	鄭崇烈・金鳳燮・李太敎
	9. 3(木)	施賞委員長 就任 與否	古州賞運營委員長 受諾
1999(64)	2.17(水)	教授室 助教 選擇	都 炯 逸
	4.17(土)	Coordinator 受諾 與否	Viagis센터 Coordinator 受諾
	4.20(火)	貿易展示場 立地 選擇	京畿 高陽市 一山區
	6.30(水)	地方移讓委員長 就任 與否	地方移讓推進委員長 受諾
	7.25(日)	移讓委 幹事 選擇	李 達 坤
2000(65)	1.31(月)	長男 配偶者 選擇	都 京 順
	2.24(木)	親睦會 解散 與否	새재會 議決・解散
	5.31(水)	次女 國籍 決定 與否	國籍 決定

年度(年齡) \ 區分	日字(曜日)	決定 및 選擇 對象	決定 및 選擇內容
	7.24(月)	次女 國籍 選擇	美 國
2001(66)	7. 5(木)	垈地 買入 與否	垈地 買入
	9.13(木)	移讓委 幹事 選擇	朴羽緖
	10.15(月)	買入 垈地 選擇	聞慶市 茅田洞 866-3
	10.25(木)	向志會 總務 選擇	朴永根
	11.28(水)	敎授室 助敎 選擇	沈載滿
	12.18(火)	地硏會 總務 選擇	朴吉成
2002(67)	8.25(日)	名譽敎授室 助敎 選擇	姜正植
	8.31(土)	停年紀念集 發刊 與否	敎授停年 紀念記錄集 發刊
	10.30(水)	地發硏 EQUUS 技士 選擇	宋煥鎬
	12.31(火)	오피스텔 購入 與否	오피스텔 購入
	1.15(水)	高校 同窓會長 就任 與否	安東大學 總同窓會長職 辭讓
2003(68)	3 .4(火)	購入 오피스텔 選擇	瑞草區 瑞草洞 泰榮 데시앙 루브
	4.21(月)	路線委員長 受諾 與否	外廓循環路線 調整委員長 受諾
	5.31(土)	行政首都 諮問委員長 與否	新行政首都建設 諮問委員長 受諾
	6. 5(木)	循環道路路線 選擇	賜牌山 터널 路線

年度(年齡) \ 區分	日字(曜日)	決定 및 選擇 對象	決定 및 選擇內容
	8.25(月)	名譽敎授室 助敎 選擇	金太鎬
	9.25(木)	停年紀念集 行事 與否	敎授停年 紀念集發刊行事 未實施
	12.31(水)	長男 아파트 購入 與否	長男 自家 아파트 取得
2004(69)	1.31(土)	購入 長男아파트 選擇	瑞草區 蠶院洞 新和아파트 1401號
	1.31(土)	次女 配偶者 選擇	兪宗禛
	4.30(金)	行政首都推進委員長 與否	新行政首都建設 推進委員長 受諾
	6. 3(木)	政府 官用車 技士 選擇	崔信一
	6.30(水)	協議會 總裁就任 與否	道德運動協議會 總裁 受諾
	6.30(水)	協會 總裁委任 與否	書畵作家協會 總裁 受諾
	8.10(火)	行政首都立地 選擇	忠南 燕岐郡·公州市
	8.12(木)	推進委員長 辭退 與否	行政首都推進委員長 辭退
	9. 3(金)	名譽敎授室 助敎 選擇	白一南
	9. 9(木)	地發硏 EQUUS 技士 選擇	崔信一
	9.14(火)	硏究院長 受容 與否	自治發展硏究院院長職 受諾
	9.14(火)	常任顧問 受容 與否	地域發展硏究院 常任顧問 受諾
	10.17(日)	碩座敎授 受容 與否	建國大 碩座敎授 受諾

客說 : 經驗에서 얻은 삶의 眞實

法을 잘 지키면 良民이 되고 道德을 잘 지키면 君子가 되며 宗敎의 敎理까지 잘 지키면 聖人의 경지에 이른다. 나는 아마 良民과 君子의 사이, 즉 半良半君의 위치쯤에 있지 않나 한다.

客說 : 經驗에서 얻은 삶의 眞實

일정한 收入 없이 놀고 먹는 사람을 白手라고 한다. 백수 중에는 불쌍한 백수, 즉 '불백'이 있는가 하면 모아놓은 財産으로 남 부럽지 않게 잘 사는 화려한 백수, 즉 '화백'이 있다고 한다. 나는 敎授停年 후 어떤 백수가 될까? 아마 불백도 화백도 아닌 어정쩡한 백수, 곧 '어白'이 되지 않을까 한다.

2. 生涯 業績의 累計

(1) 生涯 70年間의 業績 總累計

1) 本人 主要事項의 總業績

(1936. 7. 28 - 2006. 7. 28 ; 70年間)

項目	區分		單位	總累計	年平均
1. 家庭運營	1. 後孫出生	1. 子女數	名	3	0.04
		2. 孫子女數	〃	3	0.04
		計	〃	6	0.08
	2. 家計收支 (2006年不變)	1. 總收入	千원	12,691,104	181,301
		2. 總支出	〃	11,906,868	170,098
		純收入	〃	784,236	11,203
	3. 財産寄贈 (2006年價値)	1. 子女補助	〃	872,468	12,464
		2. 奬學寄贈	〃	18,812	269
		3. 史料寄贈	〃	80,000	1,143
		計	〃	971,280	13,875
	4. 現在資産 (2006年現在)	1. 不動産	〃	2,045,381	29,220
		2. 動産	〃	954,619	13,637
		計	〃	3,000,000	42,857
2. 後學敎育	1. 學生敎授	1. 初·中·高·學院生	名	1,113	16
		2. 敎育院 研修生	〃	12,336	176
		3. 大學·大學院生	〃	5,603	80
		計	〃	19,052	272
	2. 論文指導·審査	1. 敎育院 研修生	〃	639	9
		2. 大學·大學院生	〃	954	14
		計	〃	1,593	23
	3. 個人助敎	1. 大學·大學院生	〃	2,547	272
		2. 硏究機關 職員	〃	3	0.04
		計	〃	2,550	36
	4. 合計	1. 大學·大學院生	〃	9,104	130
		2. 其他 機關生	〃	14,091	201
		合計	〃	23,195	331
3. 對外發表	1. 著作發刊	1. 發刊 著書數	卷	26	0.4
		2. 揭載論文數	篇	799	11.4
		3. 提出報告書數	〃	133	1.9
		計	卷·篇	958	13.7
	2. 學術行事	1. 基調發表	回	82	1.2
		2. 主題發表	〃	113	1.6
		3. 司會擔當	〃	298	4.3
		4. 討論參與	〃	112	1.6
		計	〃	605	8.6
	3. 講演·演說	1. 特別講演	〃	777	11.1
		2. 演說·人事	〃	633	9.0
		3. 特別報告	〃	91	1.3
		4. 結婚主禮	〃	160	2.3
		計	〃	1,661	23.7
	4. 大衆媒體	1. 新聞發表	〃	187	2.7
		2. TV 放映	〃	109	1.6
		3. 라디오 放送	〃	73	1.0
		計	〃	369	5.3
	5. 合計	1. 著作發刊	卷·篇	958	13.7
		2. 發表·演說	回	2,635	37.6
		合計	件	3,593	51.3

項目	區分		單位	總累計	年平均
4. 活動職位	1. 機關責任	1. 公共機關長	個	58	0.8
		2. 社會團體長	〃	50	0.7
		3. 親睦團體長	〃	32	0.5
		計	〃	140	2.0
	2. 保有職位	1. 基本職位	〃	183	2.6
		2. 副次職位	〃	1,727	24.7
		計	〃	1,910	27.3
5. 旅行訪問	1. 訪問國	1. 訪問國數	國	101	1.4
		2. 訪問回數	回	113	1.6
	2. 訪問地域	1. 國內地域數	地域	810	11.6
		2. 國外地域數	〃	326	4.7
		計	〃	1,136	16.2
	3. 地域訪問回數	1. 國內地域回數	回	2,063	29.5
		2. 國外地域回數	〃	352	5.0
		計	〃	2,415	34.5
	4. 訪問地點	1. 國內地點數	地點	13,450	192.1
		2. 國外地點數	〃	22,896	327.1
		計	〃	36,346	519.2
6. 執筆原稿量	1. 發刊著作	1. 發刊著書	枚	36,605	523
		2. 揭載論文	〃	43,871	627
		3. 提出報告書	〃	59,490	850
		計	〃	139,966	2,000
	2. 發表原稿	1. 基調發表	〃	3,580	51
		2. 主題發表	〃	9,070	130
		3. 新聞發表	〃	1,265	18
		計	〃	13,915	199
	3. 歌詞·碑文	1. 歌詞作詞	〃	48	0.7
		2. 碑文·懸板文	〃	119	1.7
		3. 寄贈作號	〃	75	1.1
		計	〃	242	3.5
	4. 合計	合計	〃	154,123	2,202
7. 聽取者數	1. 敎育講義	1. 初·中·高·學院生	名	1,113	16
		2. 敎育院 研修生	〃	12,336	176
		3. 大學·大學院生	〃	5,603	80
		計	〃	19,052	272
	2. 學術行事	1. 基調發表	〃	23,325	333
		2. 主題發表	〃	24,783	354
		3. 司會擔當	〃	63,204	903
		4. 討論參與	〃	24,595	351
		計	〃	135,907	1,942
	3. 講演·演說	1. 特別講演	〃	195,442	2,792
		2. 演說·人事	〃	109,257	1,561
		3. 特別報告	〃	11,935	171
		4. 結婚主禮	〃	62,610	894
		計	〃	379,244	5,418
	4. 合計	合計	〃	534,203	7,631

2) 70年간 本人과 韓國 및 世界의 規模伸張 推移

區分	主體	項目 \ 年度(年齡)	1936 (1)	1941 (6)	1946 (11)	1951 (16)	1956 (21)	1961 (26)	1966 (31)	1971 (36)	1976 (41)	1981 (46)	1986 (51)	1991 (56)	1996 (61)	2001 (66)	2006 (71)
實數	本人	所有土地(㎡)	3,967	3,967	3,967	7,273	7,273	3,306	2,083	100	166	407	1,717	453	512	1,070	1,131
		子孫(名)	4	6	7	10	14	20	23	31	36	44	56	66	74	82	84
		個人所得($)	225	669	984	1,381	2,030	2,557	7,019	8,213	13,152	39,777	121,918	303,400	180,896	413,713	329,000
	韓國	國土面積(㎢)	98,431	98,431	98,431	98,431	98,431	98,431	98,477	98,477	98,824	99,016	99,173	99,300	99,313	99,853	99,931
		人口(千人)	14,253	15,103	19,369	20,441	20,724	25,766	29,193	32,883	35,849	38,723	41,184	43,286	45,545	47,343	49,420
		1人當 GNP($)	25	39	53	67	75	88	131	265	765	1,619	2,562	6,516	10,548	10,048	15,760
	韓半島	國土面積(㎢)	220,951	220,951	220,951	220,951	220,951	220,951	220,997	220,997	221,344	221,536	221,693	221,820	222,075	222,580	222,717
		人口(千人)	22,548	23,893	26,207	28,542	30,082	36,596	41,633	47,163	52,099	57,203	62,064	63,781	67,229	69,596	71,901
		1人當 GNP($)	25	37	51	66	78	96	138	249	616	1,222	1,877	4,652	7,459	7,255	11,390
	아시아洲	陸地面積(千㎢)	44,388	43,187	42,018	40,881	39,774	38,698	37,651	36,632	35,640	34,676	33,738	32,825	31,936	31,890	31,687
		人口(千人)	1,154,932	1,241,000	1,295,000	1,395,000	1,527,000	1,688,000	1,873,000	2,081,000	2,324,000	2,592,000	2,880,000	3,182,000	3,499,626	3,714,141	3,927,166
		1人當 GNP($)	11	17	26	40	61	93	143	219	336	515	789	1,210	1,855	2,120	3,028
	世界	陸地面積(千㎢)	138,037	137,867	137,696	137,526	137,357	137,187	137,018	136,848	136,679	136,511	136,342	136,174	136,006	135,803	135,442
		人口(千人)	2,149,727	2,291,000	2,378,000	2,551,000	2,789,000	3,053,000	3,355,000	3,679,000	4,070,000	4,528,000	4,938,000	5,364,000	5,744,872	6,130,169	6,466,154
		1人當 GNP($)	52	75	109	158	229	332	481	698	1,012	1,467	2,126	3,082	4,480	5,120	6,255
指數 (1936=100)	本人	所有土地	100	100	100	183	183	83	53	3	4	10	43	11	13	27	29
		子孫	100	150	175	250	350	500	575	775	900	1,100	1,400	1,650	1,850	2,050	2,100
		個人所得	100	297	437	614	902	1,136	3,120	3,650	5,845	17,679	54,186	134,844	80,398	183,872	146,222
	韓國	國土面積	100	100	100	100	100	100	100.1	100.1	100.4	100.6	100.8	100.9	100.9	101.4	101.5
		人口	100	106	136	143	145	181	205	231	252	272	289	304	320	332	347
		1人當 GNP	100	156	212	268	300	352	524	1,060	3,060	6,476	10,248	26,064	42,192	40,192	63,040
	韓半島	國土面積	100	100	100	100	100	100	100.02	100.02	100.18	100.26	100.34	100.39	100.51	100.74	100.80
		人口	100	106	116	127	133	162	185	209	231	254	275	283	298	309	319
		1人當 GNP	100	148	204	264	312	384	552	996	2,464	4,888	7,508	18,608	29,836	29,020	45,560
	아시아洲	陸地面積	100	97	95	91	90	87	85	83	80	78	76	74	72	72	71
		人口	100	107	112	121	132	146	162	180	201	224	249	276	303	322	340
		1人當 GNP	100	155	236	364	555	845	1,300	1,991	3,055	4,682	7,173	11,000	16,864	19,273	27,527
	世界	陸地面積	100	99.9	99.8	99.6	99.5	99.4	99.3	99.1	99.0	98.9	98.8	98.7	98.5	98.4	98.1
		人口	100	107	111	119	130	142	156	171	189	211	230	250	267	285	301
		1人當 GNP	100	144	210	304	440	638	925	1,342	1,946	2,821	4,088	5,927	8,615	9,846	12,029

註. (1) 所得 및 1人當 GNP는 經常價格임.

(2) 子孫은 父母 起點으로 直系子女와 配偶者 및 그 後孫 모두를 포함함.

3) 本人과 韓國 및 世界의 規模伸張指數 推移圖

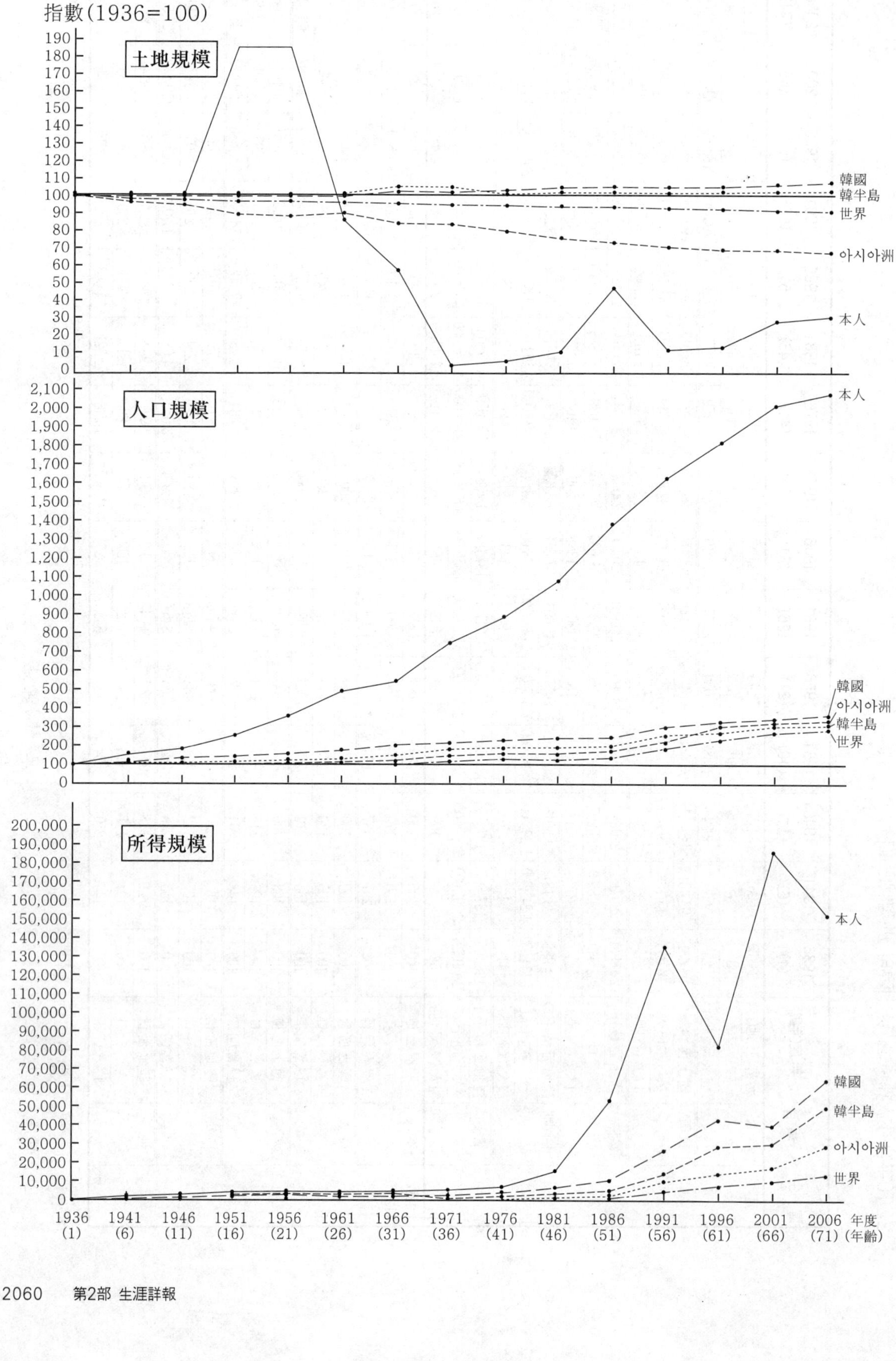

(2) 生涯 主要事項의 年度別 合計 및 累計

1) 統計表

年度	年齡	1. 見聞: 1.最初訪問國 (國) 年計	累計	2.最初訪問地 (地域) 年計	累計	3.耽讀小說 (卷) 年計	累計	4.觀覽映畵 (篇) 年計	累計	2. 出行: 1.交通距離 (km) 年計	累計	2.步行數 (千步) 年計	累計	3.골프運動 (回) 年計	累計	3. 保有: 1.委囑職位 (個) 年計	累計	2.賞勳 (個) 年計	累計	3.加入團體 (個) 年計	累計	4.受領年賀狀 (數) 年計	累計	4. 奉仕: 1.紀念作文 (篇) 年計	累計	2.主禮 (回) 年計	累計	3.紹介 (回) 年計	累計
1936	1	1	1	1	1	-	-	-	-	-	-	3	3	-	-	-	-	-	-	-	-	-	-	-	-	-	-	-	-
1937	2	-	-	-	-	-	-	-	-	-	-	18	21	-	-	-	-	-	-	-	-	-	-	-	-	-	-	-	-
1938	3	-	-	-	-	-	-	-	-	-	-	37	58	-	-	-	-	-	-	-	-	-	-	-	-	-	-	-	-
1939	4	-	-	-	-	-	-	-	-	-	-	110	168	-	-	-	-	-	-	-	-	-	-	-	-	-	-	-	-
1940	5	-	-	-	-	-	-	-	-	-	-	183	351	-	-	-	-	-	-	-	-	-	-	-	-	-	-	-	-
1941	6	-	-	-	-	-	-	-	-	-	-	292	643	-	-	-	-	-	-	-	-	-	-	-	-	-	-	-	-
1942	7	-	-	-	-	-	-	-	-	-	-	438	1,081	-	-	-	-	-	-	-	-	-	-	-	-	-	-	-	-
1943	8	-	-	-	-	-	-	-	-	-	-	621	1,702	-	-	-	-	-	-	-	-	-	-	-	-	-	-	-	-
1944	9	-	-	-	-	-	-	-	-	-	-	842	2,544	-	-	-	-	-	-	-	-	-	-	-	-	-	-	-	-
1945	10	-	-	-	-	2	2	-	-	-	-	1,095	3,639	-	-	-	-	-	-	-	-	-	-	-	-	-	-	-	-
1946	11	-	-	-	-	4	6	-	-	-	-	1,168	4,807	-	-	-	-	-	-	-	-	-	-	-	-	-	-	-	-
1947	12	-	-	-	-	7	13	-	-	-	-	1,241	6,048	-	-	-	-	-	-	-	-	-	-	-	-	-	-	-	-
1948	13	-	-	-	-	10	23	7	7	-	-	1,318	7,366	-	-	-	-	-	-	-	-	-	-	-	-	-	-	-	-
1949	14	-	-	-	-	13	36	12	19	-	-	1,387	8,753	-	-	-	-	-	-	-	-	-	-	-	-	-	-	-	-
1950	15	-	-	-	-	8	44	6	25	-	-	1,460	10,213	-	-	-	-	-	-	-	-	-	-	-	-	-	-	-	-
1951	16	-	-	1	2	39	83	10	35	50	50	1,460	11,673	-	-	-	-	-	-	-	-	-	-	-	-	-	-	-	-
1952	17	-	-	1	3	70	153	19	54	148	198	1,537	13,210	-	-	-	-	-	-	-	-	-	-	-	-	-	-	-	-
1953	18	-	-	-	-	11	164	11	65	100	298	1,533	14,743	-	-	-	-	-	-	-	-	-	-	-	-	-	-	-	-
1954	19	-	-	1	4	22	186	12	77	480	778	1,825	16,568	-	-	-	-	-	-	-	-	-	-	-	-	-	-	-	-
1955	20	-	-	-	-	30	216	25	102	296	1,074	1,825	18,393	-	-	-	-	-	-	-	-	-	-	-	-	-	-	-	-
1956	21	-	-	1	5	26	242	11	113	1,066	2,140	1,830	20,223	-	-	-	-	-	-	-	-	-	-	-	-	-	-	-	-
1957	22	-	-	-	-	27	269	89	202	2,696	4,836	2,190	22,413	-	-	-	-	-	-	-	-	-	-	-	-	-	-	-	-
1958	23	-	-	2	7	13	282	14	216	2,055	6,891	6,570	28,983	-	-	-	-	-	-	-	-	-	-	-	-	-	-	-	-
1959	24	-	-	3	10	25	307	27	243	1,826	8,717	2,190	31,173	-	-	-	-	-	-	-	-	-	-	-	-	-	-	-	-
1960	25	-	-	1	11	26	333	22	265	4,521	13,238	2,196	33,369	-	-	1	1	-	-	-	-	-	-	-	-	-	-	-	-
1961	26	-	-	-	-	15	348	17	282	3,422	16,660	2,190	35,559	-	-	1	2	-	-	2	2	5	5	-	-	-	-	-	-
1962	27	-	-	-	-	20	368	36	318	2,102	18,762	1,825	37,384	-	-	1	3	-	-	-	-	6	11	-	-	-	-	-	-
1963	28	-	-	-	-	19	387	38	356	3,040	21,802	2,190	39,574	-	-	1	4	-	-	-	-	8	19	-	-	-	-	-	-
1964	29	-	-	4	15	20	407	32	388	2,848	24,650	2,196	41,770	-	-	1	5	-	-	-	-	10	29	-	-	-	-	-	-
1965	30	-	-	6	21	22	429	30	418	9,745	34,395	2,373	44,143	-	-	2	7	-	-	2	4	12	41	-	-	-	-	-	-
1966	31	-	-	-	-	27	456	33	451	2,181	36,576	2,373	46,516	-	-	3	10	-	-	-	-	13	54	-	-	-	-	-	-
1967	32	-	-	8	29	22	478	29	480	46	36,622	2,372	48,888	-	-	2	12	-	-	1	5	15	69	-	-	-	-	-	-

1968	33	–	–	–	–	22	500	25	505	698	37,320	2,379	51,267	–	–	–	–	–	–	–	–	17	86	–	–	–	–	–	–
1969	34	1	2	3	32	9	509	5	510	14,344	51,664	2,008	53,275	–	–	–	–	–	–	–	–	19	105	–	–	–	–	–	–
1970	35	–	–	9	41	5	514	27	537	13,273	64,937	2,007	55,282	–	–	–	–	–	–	–	–	21	126	–	–	–	–	–	–
1971	36	–	–	–	–	4	518	17	554	120	65,057	2,008	57,290	–	–	–	–	–	–	–	–	24	150	–	–	–	–	–	–
1972	37	1	3	5	46	16	534	12	566	23,536	88,593	2,196	59,486	–	–	5	20	–	–	2	7	50	200	–	–	–	–	–	–
1973	38	–	–	1	47	21	555	22	588	10,000	98,593	2,190	61,676	–	–	9	29	–	–	1	8	60	260	–	–	–	–	–	–
1974	39	–	–	14	61	22	577	26	614	15,268	113,861	2,190	63,866	–	–	6	35	–	–	–	–	80	340	–	–	–	–	–	–
1975	40	–	–	9	70	23	600	23	637	18,311	132,172	2,190	66,056	–	–	8	43	–	–	3	11	100	440	–	–	–	–	–	–
1976	41	–	–	3	73	10	610	25	662	38,018	170,190	2,196	68,252	–	–	6	49	–	–	–	–	120	560	–	–	–	–	–	–
1977	42	–	–	11	84	26	636	28	690	32,086	202,276	2,190	70,442	–	–	11	60	–	–	1	12	140	700	–	–	2	2	–	–
1978	43	1	4	7	91	22	658	26	716	27,238	229,514	2,190	72,632	–	–	15	75	–	–	1	13	160	860	–	–	3	5	–	–
1979	44	10	14	25	116	25	683	24	740	62,846	292,360	2,190	74,822	–	–	14	89	–	–	1	14	180	1,040	–	–	–	–	–	–
1980	45	–	–	–	–	22	705	22	762	13,335	305,695	2,196	77,018	–	–	23	112	–	–	1	15	200	1,240	–	–	2	7	5	5
1981	46	–	–	3	119	22	727	22	784	18,620	324,315	2,190	79,208	–	–	14	126	–	–	2	17	210	1,450	–	–	4	11	4	9
1982	47	3	17	10	129	14	741	19	803	51,021	375,336	1,095	80,303	–	–	26	152	–	–	–	–	230	1,680	1	1	6	17	3	12
1983	48	2	19	16	145	23	764	18	821	56,498	431,834	1,095	81,398	62	62	20	172	–	–	1	18	250	1,930	1	2	5	22	4	16
1984	49	–	–	13	158	20	784	20	841	43,886	475,720	1,098	82,496	120	182	15	187	–	–	2	20	290	2,220	1	3	3	25	–	–
1985	50	–	–	5	163	17	801	25	866	46,914	522,634	1,095	83,591	141	323	18	205	–	–	–	–	320	2,540	–	–	3	28	4	20
1986	51	1	20	4	167	17	818	30	896	37,802	560,436	913	84,504	134	457	15	220	–	–	3	23	490	3,030	3	6	–	–	27	47
1987	52	–	–	9	176	13	831	22	918	28,554	588,990	912	85,416	111	568	9	229	–	–	1	24	520	3,550	2	8	6	34	17	64
1988	53	–	–	11	187	10	841	19	937	29,936	618,926	915	86,331	99	667	21	250	–	–	1	25	415	3,965	–	–	4	38	27	91
1989	54	1	21	14	201	14	855	19	956	67,564	686,490	913	87,244	81	748	17	267	–	–	2	27	505	4,470	2	10	2	40	48	139
1990	55	1	22	11	212	11	866	15	971	37,056	723,546	912	88,156	51	799	36	303	–	–	–	–	406	4,876	4	14	8	48	14	153
1991	56	4	26	25	237	29	895	31	1,002	88,552	812,098	2,190	90,346	46	845	24	327	–	–	3	30	360	5,236	1	15	5	53	63	216
1992	57	–	–	14	251	13	908	27	1,029	57,054	869,152	1,464	91,810	39	884	30	357	–	–	3	33	360	5,596	3	18	4	57	97	313
1993	58	–	–	7	258	12	920	16	1,045	56,902	926,054	913	92,723	7	891	18	375	–	–	2	35	290	5,886	5	23	5	62	48	361
1994	59	–	–	13	271	14	934	27	1,072	77,889	1,003,943	1,460	94,183	12	903	27	402	–	–	1	36	250	6,136	–	–	7	69	33	394
1995	60	3	29	26	297	25	959	35	1,107	133,408	1,137,351	2,017	96,200	27	930	21	423	–	–	2	38	213	6,349	2	25	7	76	91	485
1996	61	–	–	1	298	34	993	49	1,156	58,511	1,195,862	2,054	98,254	15	945	32	455	–	–	2	40	230	6,579	–	–	7	83	75	560
1997	62	1	30	11	309	31	1,024	58	1,214	80,372	1,276,234	2,105	100,359	12	957	30	485	–	–	2	42	120	6,699	–	–	10	93	78	638
1998	63	–	–	6	315	65	1,089	84	1,298	32,453	1,308,687	1,687	102,046	12	969	27	512	–	–	4	46	154	6,853	2	27	7	100	59	697
1999	64	1	31	8	323	51	1,140	58	1,356	34,559	1,343,246	1,943	103,989	13	982	17	529	–	–	5	51	300	7,153	3	30	11	111	81	778
2000	65	2	33	10	333	55	1,195	102	1,458	67,385	1,410,631	1,870	105,859	11	993	13	542	–	–	–	–	282	7,435	2	32	8	119	37	815
2001	66	6	39	16	349	81	1,276	59	1,517	82,766	1,493,397	1,947	107,806	13	1,006	16	558	–	–	3	54	288	7,723	2	34	9	128	53	868
2002	67	4	43	17	366	98	1,374	70	1,587	78,333	1,571,730	2,055	109,861	12	1,018	22	580	–	–	–	–	271	7,994	3	37	9	137	24	892
2003	68	1	44	5	371	26	1,400	27	1,614	51,087	1,622,817	1,636	111,497	6	1,024	23	603	–	–	–	–	292	8,286	2	39	8	145	79	971
2004	69	–	–	7	378	55	1,455	54	1,668	59,935	1,682,752	732	112,229	1	1,025	13	616	–	–	–	–	400	8,686	4	43	6	151	142	1,113
2005	70	–	–	1	379	75	1,530	52	1,720	39,947	1,722,699	502	112,731	4	1,029	12	628	–	–	3	57	242	8,928	2	45	5	156	28	1,141
2006	71	8	52	18	397	43	1,573	40	1,760	63,533	1,786,232	303	113,034	2	1,031	6	634	–	–	–	57	236	9,164	5	50	4	160	7	1,148

事項 / 年度	年齡	5. 積功								6. 酒煙				7. 財貨(2006年價格)							
		1. 刊行 (卷)		2. 發表 (回)		3. 執筆原稿 (校)		4. 聽取者 (名)		1. 吸煙 (匣)		2. 飮酒 (甁)		1. 收入 (數)		2. 支出 (篇)		3. 均衡 (千원)		4. 保有資産增殖 (千원)	
		年計	累計	年計	累計	年計	累計	年計	累計	年計	累計	年計	累計	年計	累計	年計	累計	年計	累計	年計	累計
1936	1	–	–	–	–	–	–	–	–	–	–	–	–	9	9	9	9	0	0	–	–
1937	2	–	–	–	–	–	–	–	–	–	–	–	–	14	23	14	23	0	0	–	–
1938	3	–	–	–	–	–	–	–	–	–	–	–	–	20	43	20	43	0	0	–	–
1939	4	–	–	–	–	–	–	–	–	–	–	–	–	25	68	25	68	0	0	–	–
1940	5	–	–	–	–	–	–	–	–	–	–	–	–	29	97	29	97	0	0	–	–
1941	6	–	–	–	–	–	–	–	–	–	–	–	–	35	132	35	132	0	0	–	–
1942	7	–	–	–	–	–	–	–	–	–	–	–	–	38	170	38	170	0	0	–	–
1943	8	–	–	–	–	–	–	–	–	–	–	–	–	44	214	44	214	0	0	–	–
1944	9	–	–	–	–	–	–	–	–	–	–	–	–	57	271	57	271	0	0	–	–
1945	10	–	–	–	–	–	–	–	–	–	–	–	–	59	330	59	330	0	0	–	–
1946	11	–	–	–	–	–	–	–	–	–	–	–	–	171	501	171	501	0	0	–	–
1947	12	–	–	–	–	–	–	–	–	–	–	–	–	297	798	297	798	0	0	–	–
1948	13	–	–	–	–	–	–	–	–	–	–	–	–	411	1,209	411	1,209	0	0	–	–
1949	14	–	–	–	–	–	–	–	–	–	–	–	–	485	1,694	485	1,694	0	0	–	–
1950	15	–	–	–	–	–	–	–	–	–	–	–	–	2,192	3,886	2,192	3,886	0	0	–	–
1951	16	–	–	–	–	–	–	–	–	–	–	–	–	4,699	8,585	4,690	8,576	9	9	9	9
1952	17	–	–	–	–	–	–	–	–	–	–	–	–	7,929	16,514	7,905	16,481	24	33	24	33
1953	18	–	–	–	–	–	–	–	–	–	–	–	–	16,118	32,632	16,073	32,554	45	78	45	78
1954	19	–	–	–	–	–	–	–	–	–	–	–	–	27,431	60,063	27,354	59,908	77	155	77	155
1955	20	–	–	–	–	–	–	–	–	–	–	–	–	22,629	82,692	22,566	82,474	63	218	63	218
1956	21	–	–	–	–	–	–	–	–	–	–	–	–	20,337	103,029	20,281	102,755	56	274	56	274
1957	22	–	–	–	–	–	–	1	1	–	–	–	–	23,070	126,099	23,006	125,761	64	338	64	338
1958	23	–	–	–	–	–	–	1	2	–	–	–	–	12,322	138,421	12,289	138,050	33	371	33	371
1959	24	–	–	–	–	–	–	1	3	–	–	–	–	8,477	146,898	8,454	146,504	23	394	23	394
1960	25	–	–	–	–	–	–	–	–	–	–	–	–	36,997	183,895	36,896	183,400	101	495	101	495
1961	26	–	–	–	–	–	–	180	183	–	–	–	–	40,712	224,607	40,599	223,999	113	608	113	608
1962	27	–	–	–	–	–	–	1	184	–	–	26	26	45,484	270,091	45,358	269,357	126	734	126	734
1963	28	–	–	–	–	–	–	301	485	–	–	26	52	41,077	311,168	40,963	310,320	114	848	114	848
1964	29	2	2	–	–	100	400	2	487	–	–	52	104	53,567	364,735	43,949	354,269	9,618	10,466	9,618	10,466
1965	30	3	5	1	1	1,675	2,075	44	531	–	–	52	156	55,203	419,938	64,135	418,404	−8,932	1,534	18,924	29,390
1966	31	3	8	–	–	600	2,675	157	688	91	91	156	312	92,849	512,787	102,582	520,986	−9,733	−8,199	−5,369	24,021
1967	32	7	15	–	–	3,230	5,905	195	883	91	182	156	468	59,360	572,147	59,196	580,182	164	−8,035	6,372	30,393

1968	33	–	–	–	–	22	500	25	505	698	37,320	2,379	51,267	–	–	–	–	–	–	–	–	17	86	–	–	–	–	–	–
1969	34	1	2	3	32	9	509	5	510	14,344	51,664	2,008	53,275	–	–	–	–	–	–	–	–	19	105	–	–	–	–	–	–
1970	35	–	–	9	41	5	514	27	537	13,273	64,937	2,007	55,282	–	–	–	–	–	–	–	–	21	126	–	–	–	–	–	–
1971	36	–	–	–	–	4	518	17	554	120	65,057	2,008	57,290	–	–	–	–	–	–	–	–	24	150	–	–	–	–	–	–
1972	37	1	3	5	46	16	534	12	566	23,536	88,593	2,196	59,486	–	–	5	20	–	–	2	7	50	200	–	–	–	–	–	–
1973	38	–	–	1	47	21	555	22	588	10,000	98,593	2,190	61,676	–	–	9	29	–	–	1	8	60	260	–	–	–	–	–	–
1974	39	–	–	14	61	22	577	26	614	15,268	113,861	2,190	63,866	–	–	6	35	–	–	–	–	80	340	–	–	–	–	–	–
1975	40	–	–	9	70	23	600	23	637	18,311	132,172	2,190	66,056	–	–	8	43	–	–	3	11	100	440	–	–	–	–	–	–
1976	41	–	–	3	73	10	610	25	662	38,018	170,190	2,196	68,252	–	–	6	49	–	–	–	–	120	560	–	–	–	–	–	–
1977	42	–	–	11	84	26	636	28	690	32,086	202,276	2,190	70,442	–	–	11	60	–	–	1	12	140	700	–	–	2	2	–	–
1978	43	1	4	7	91	22	658	26	716	27,238	229,514	2,190	72,632	–	–	15	75	–	–	1	13	160	860	–	–	3	5	–	–
1979	44	10	14	25	116	25	683	24	740	62,846	292,360	2,190	74,822	–	–	14	89	–	–	1	14	180	1,040	–	–	–	–	–	–
1980	45	–	–	–	–	22	705	22	762	13,335	305,695	2,196	77,018	–	–	23	112	–	–	1	15	200	1,240	–	–	2	7	5	5
1981	46	–	–	3	119	22	727	22	784	18,620	324,315	2,190	79,208	–	–	14	126	–	–	2	17	210	1,450	–	–	4	11	4	9
1982	47	3	17	10	129	14	741	19	803	51,021	375,336	1,095	80,303	–	–	26	152	–	–	–	–	230	1,680	1	1	6	17	3	12
1983	48	2	19	16	145	23	764	18	821	56,498	431,834	1,095	81,398	62	62	20	172	–	–	1	18	250	1,930	1	2	5	22	4	16
1984	49	–	–	13	158	20	784	20	841	43,886	475,720	1,098	82,496	120	182	15	187	–	–	2	20	290	2,220	1	3	3	25	–	–
1985	50	–	–	5	163	17	801	25	866	46,914	522,634	1,095	83,591	141	323	18	205	–	–	–	–	320	2,540	–	–	3	28	4	20
1986	51	1	20	4	167	17	818	30	896	37,802	560,436	913	84,504	134	457	15	220	–	–	3	23	490	3,030	3	6	–	–	27	47
1987	52	–	–	9	176	13	831	22	918	28,554	588,990	912	85,416	111	568	9	229	–	–	1	24	520	3,550	2	8	6	34	17	64
1988	53	–	–	11	187	10	841	19	937	29,936	618,926	915	86,331	99	667	21	250	–	–	1	25	415	3,965	–	–	4	38	27	91
1989	54	1	21	14	201	14	855	19	956	67,564	686,490	913	87,244	81	748	17	267	–	–	2	27	505	4,470	2	10	2	40	48	139
1990	55	1	22	11	212	11	866	15	971	37,056	723,546	912	88,156	51	799	36	303	–	–	–	–	406	4,876	4	14	8	48	14	153
1991	56	4	26	25	237	29	895	31	1,002	88,552	812,098	2,190	90,346	46	845	24	327	–	–	3	30	360	5,236	1	15	5	53	63	216
1992	57	–	–	14	251	13	908	27	1,029	57,054	869,152	1,464	91,810	39	884	30	357	–	–	3	33	360	5,596	3	18	4	57	97	313
1993	58	–	–	7	258	12	920	16	1,045	56,902	926,054	913	92,723	7	891	18	375	–	–	2	35	290	5,886	5	23	5	62	48	361
1994	59	–	–	13	271	14	934	27	1,072	77,889	1,003,943	1,460	94,183	12	903	27	402	–	–	1	36	250	6,136	–	–	7	69	33	394
1995	60	3	29	26	297	25	959	35	1,107	133,408	1,137,351	2,017	96,200	27	930	21	423	–	–	2	38	213	6,349	2	25	7	76	91	485
1996	61	–	–	1	298	34	993	49	1,156	58,511	1,195,862	2,054	98,254	15	945	32	455	–	–	2	40	230	6,579	–	–	7	83	75	560
1997	62	1	30	11	309	31	1,024	58	1,214	80,372	1,276,234	2,105	100,359	12	957	30	485	–	–	2	42	120	6,699	–	–	10	93	78	638
1998	63	–	–	6	315	65	1,089	84	1,298	32,453	1,308,687	1,687	102,046	12	969	27	512	–	–	4	46	154	6,853	2	27	7	100	59	697
1999	64	1	31	8	323	51	1,140	58	1,356	34,559	1,343,246	1,943	103,989	13	982	17	529	–	–	5	51	300	7,153	3	30	11	111	81	778
2000	65	2	33	10	333	55	1,195	102	1,458	67,385	1,410,631	1,870	105,859	11	993	13	542	–	–	–	–	282	7,435	2	32	8	119	37	815
2001	66	6	39	16	349	81	1,276	59	1,517	82,766	1,493,397	1,947	107,806	13	1,006	16	558	–	–	3	54	288	7,723	2	34	9	128	53	868
2002	67	4	43	17	366	98	1,374	70	1,587	78,333	1,571,730	2,055	109,861	12	1,018	22	580	–	–	–	–	271	7,994	3	37	9	137	24	892
2003	68	1	44	5	371	26	1,400	27	1,614	51,087	1,622,817	1,636	111,497	6	1,024	23	603	–	–	–	–	292	8,286	2	39	8	145	79	971
2004	69	–	–	7	378	55	1,455	54	1,668	59,935	1,682,752	732	112,229	1	1,025	13	616	–	–	–	–	400	8,686	4	43	6	151	142	1,113
2005	70	–	–	1	379	75	1,530	52	1,720	39,947	1,722,699	502	112,731	4	1,029	12	628	–	–	3	57	242	8,928	2	45	5	156	28	1,141
2006	71	8	52	18	397	43	1,573	40	1,760	63,533	1,786,232	303	113,034	2	1,031	6	634	–	–	–	57	236	9,164	5	50	4	160	7	1,148

2) 生涯 主要事項의 累計 推移圖

① 見 聞

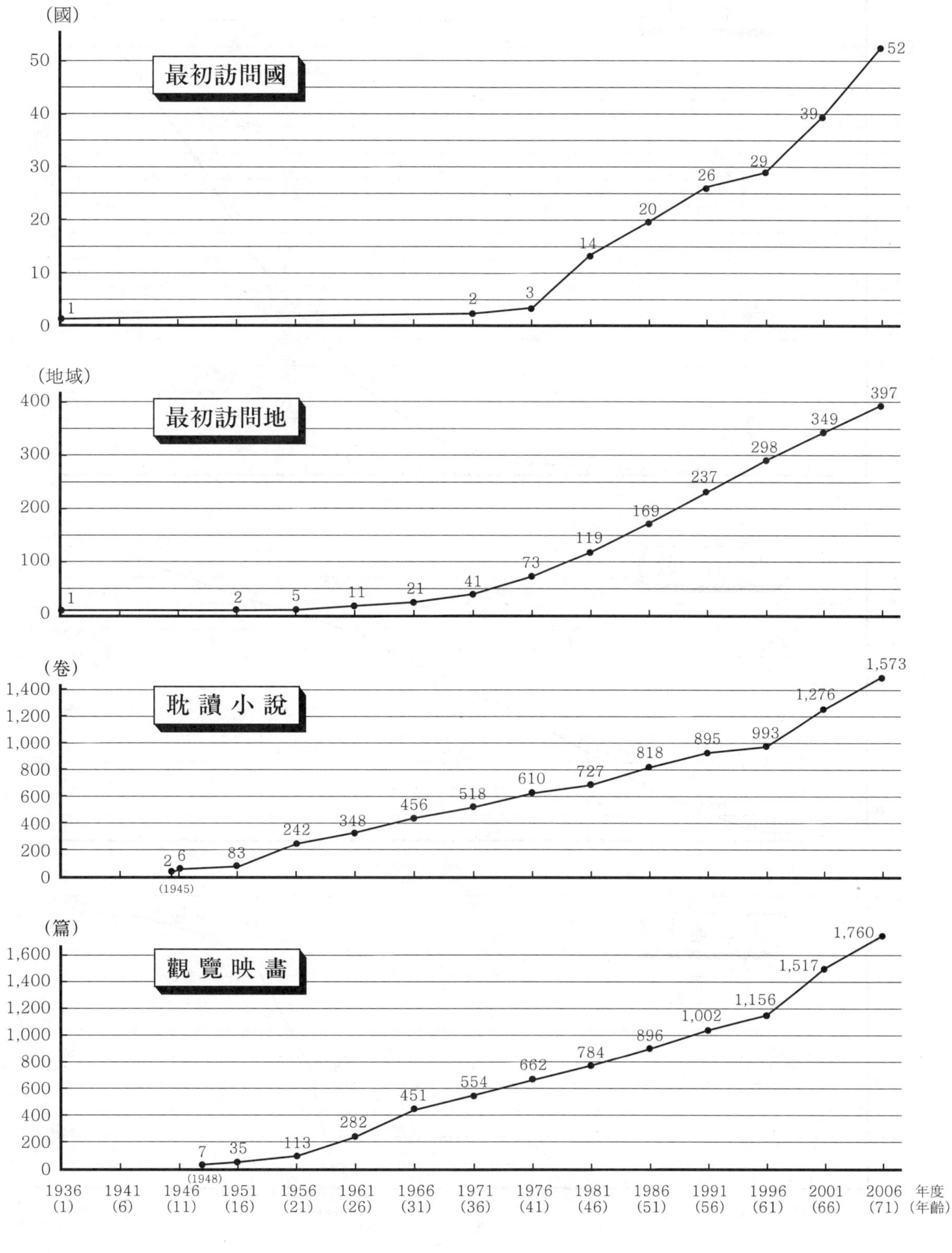

② 出　行

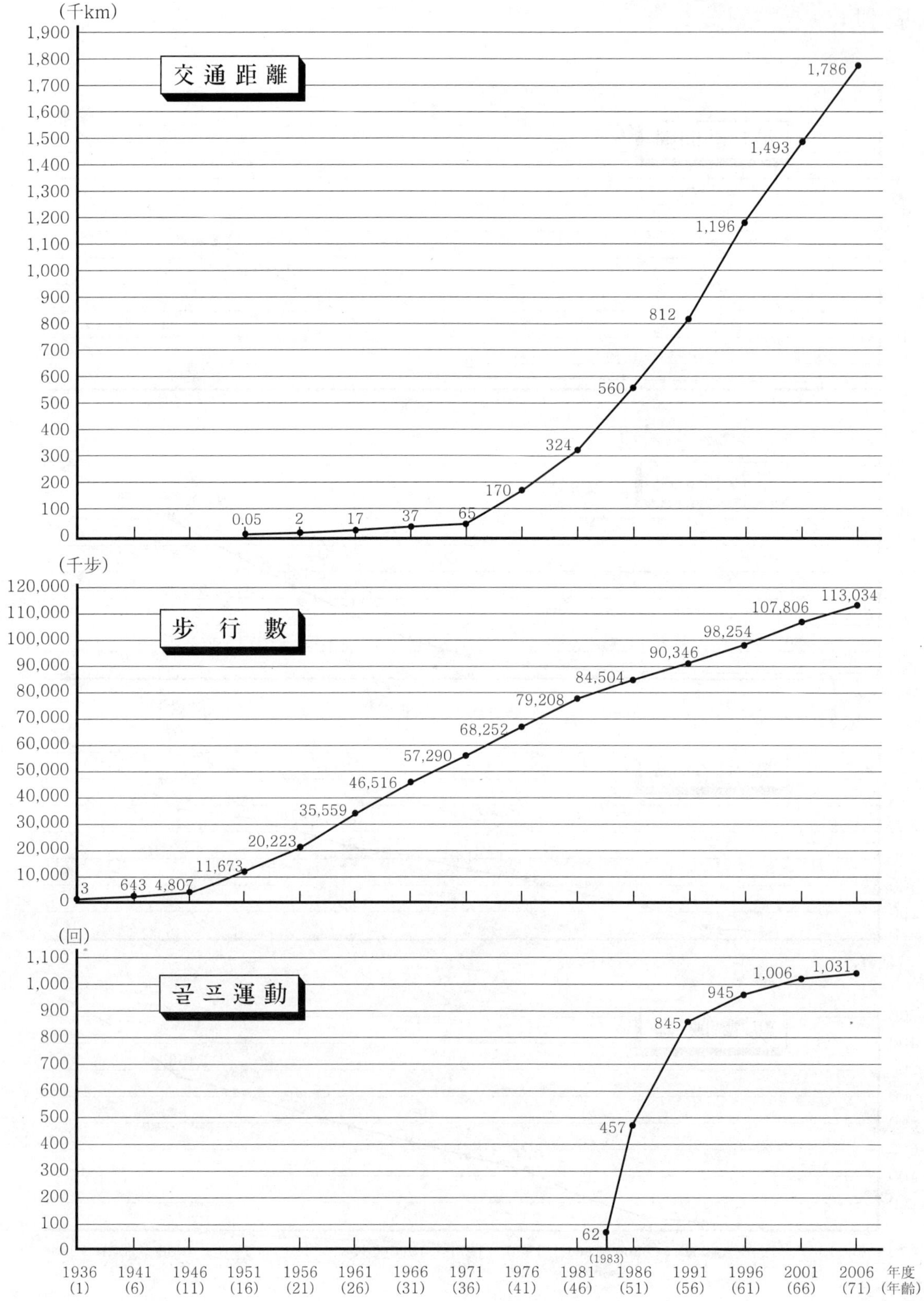

(千km)
交通距離
0.05
2
17
37
65
170
324
560
812
1,196
1,493
1,786
(千步)
步　行　數
3
643
4,807
11,673
20,223
35,559
46,516
57,290
68,252
79,208
84,504
90,346
98,254
107,806
113,034
(回)
골프運動
62
(1983)
457
845
945
1,006
1,031
1936 (1) 1941 (6) 1946 (11) 1951 (16) 1956 (21) 1961 (26) 1966 (31) 1971 (36) 1976 (41) 1981 (46) 1986 (51) 1991 (56) 1996 (61) 2001 (66) 2006 (71)
年度 (年齡)

③ 保 有

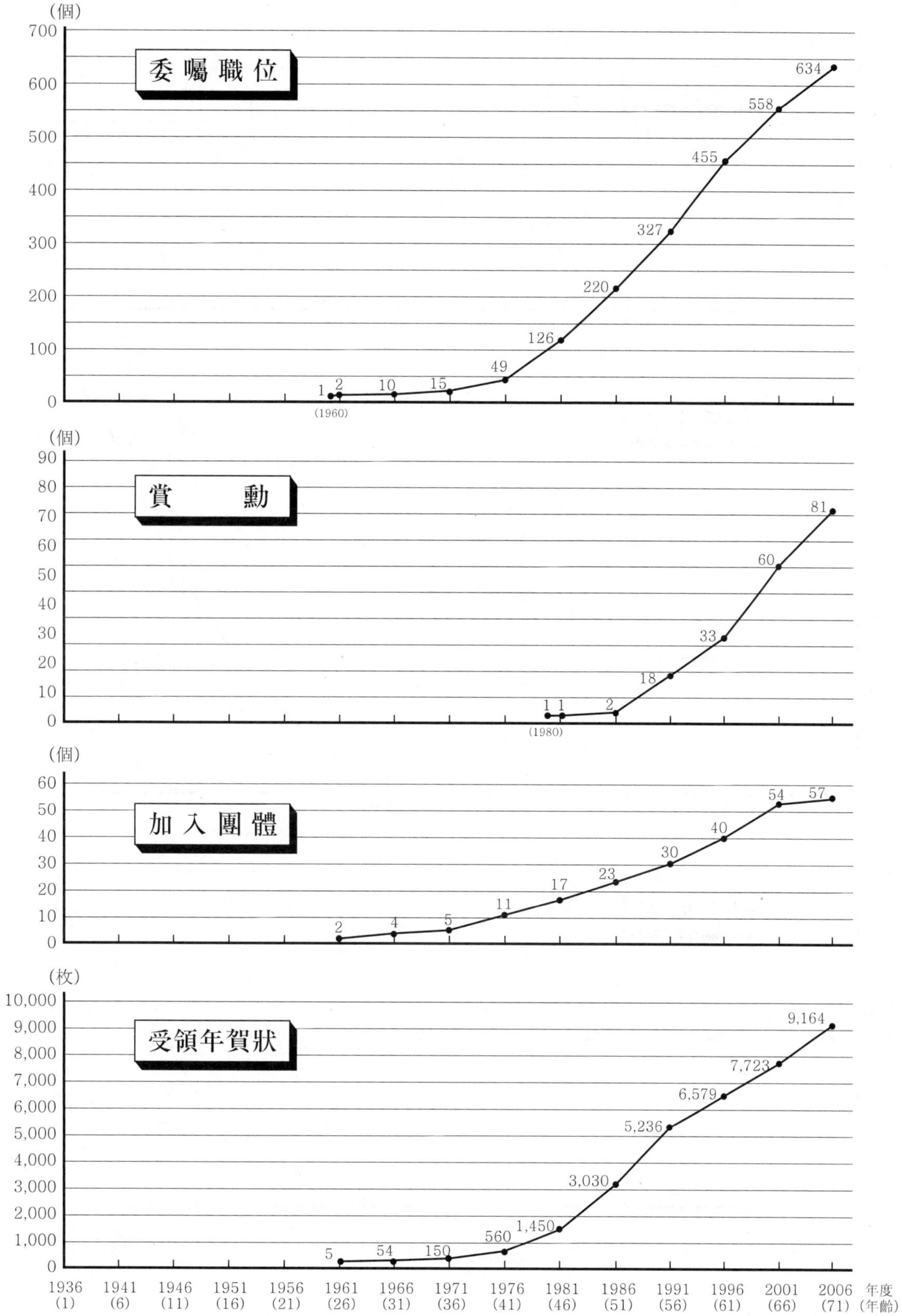
(個)
委囑職位
1
2
10
15
49
126
220
327
455
558
634
(1960)
(個)
賞　　勳
1
1
2
18
33
60
81
(1980)
(個)
加入團體
2
4
5
11
17
23
30
40
54
57
(枚)
受領年賀狀
5
54
150
560
1,450
3,030
5,236
6,579
7,723
9,164
1936 (1)
1941 (6)
1946 (11)
1951 (16)
1956 (21)
1961 (26)
1966 (31)
1971 (36)
1976 (41)
1981 (46)
1986 (51)
1991 (56)
1996 (61)
2001 (66)
2006 (71)
年度 (年齢)

④ 奉 仕

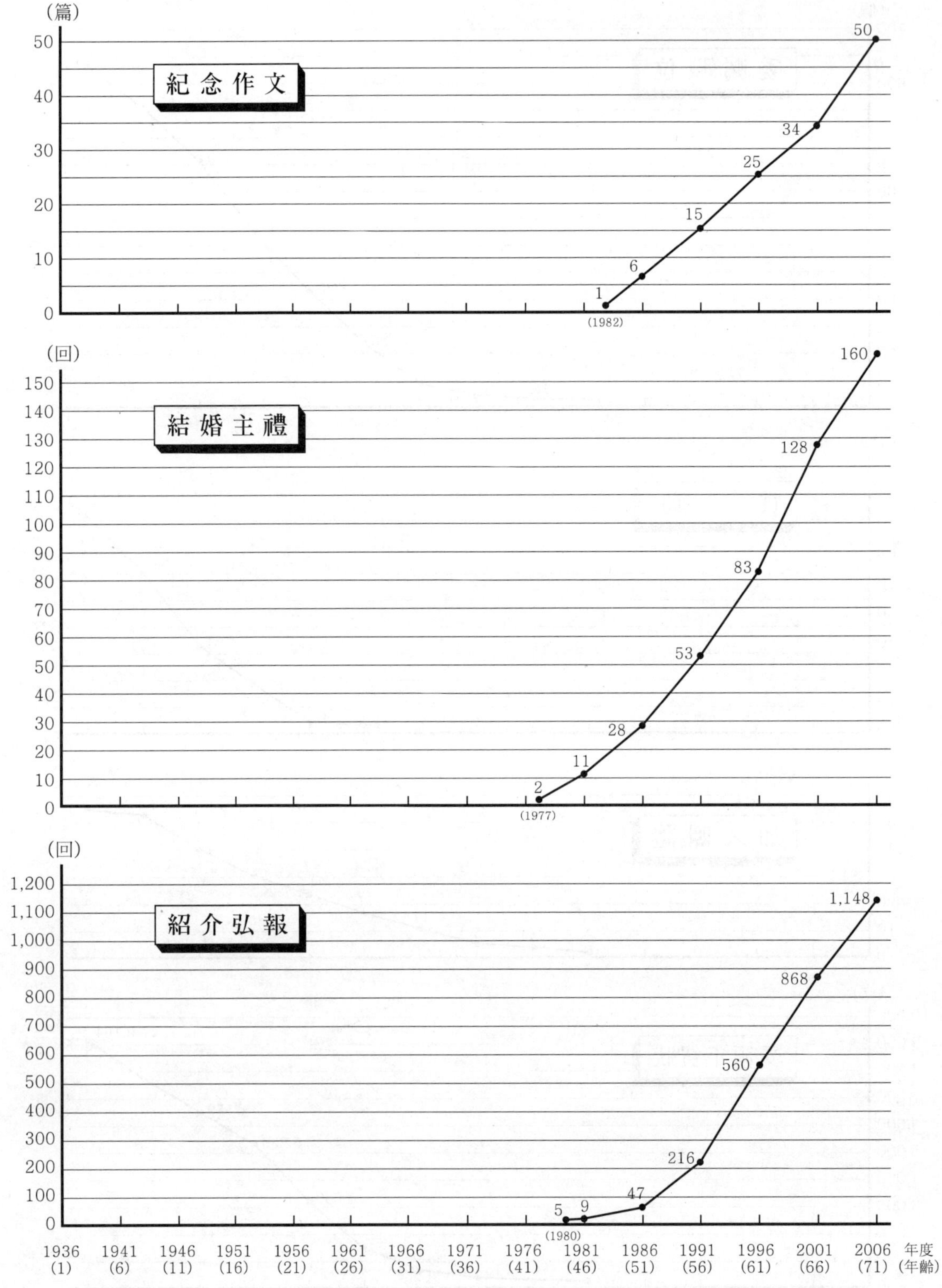
(篇)
紀念作文
50
40
30
20
10
0
1
6
15
25
34
50
(1982)
(回)
結婚主禮
150
140
130
120
110
100
90
80
70
60
50
40
30
20
10
0
2
11
28
53
83
128
160
(1977)
(回)
紹介弘報
1,200
1,100
1,000
900
800
700
600
500
400
300
200
100
0
5
9
47
216
560
868
1,148
(1980)
1936 (1)
1941 (6)
1946 (11)
1951 (16)
1956 (21)
1961 (26)
1966 (31)
1971 (36)
1976 (41)
1981 (46)
1986 (51)
1991 (56)
1996 (61)
2001 (66)
2006 (71)
年度 (年齡)

⑤ 積 功

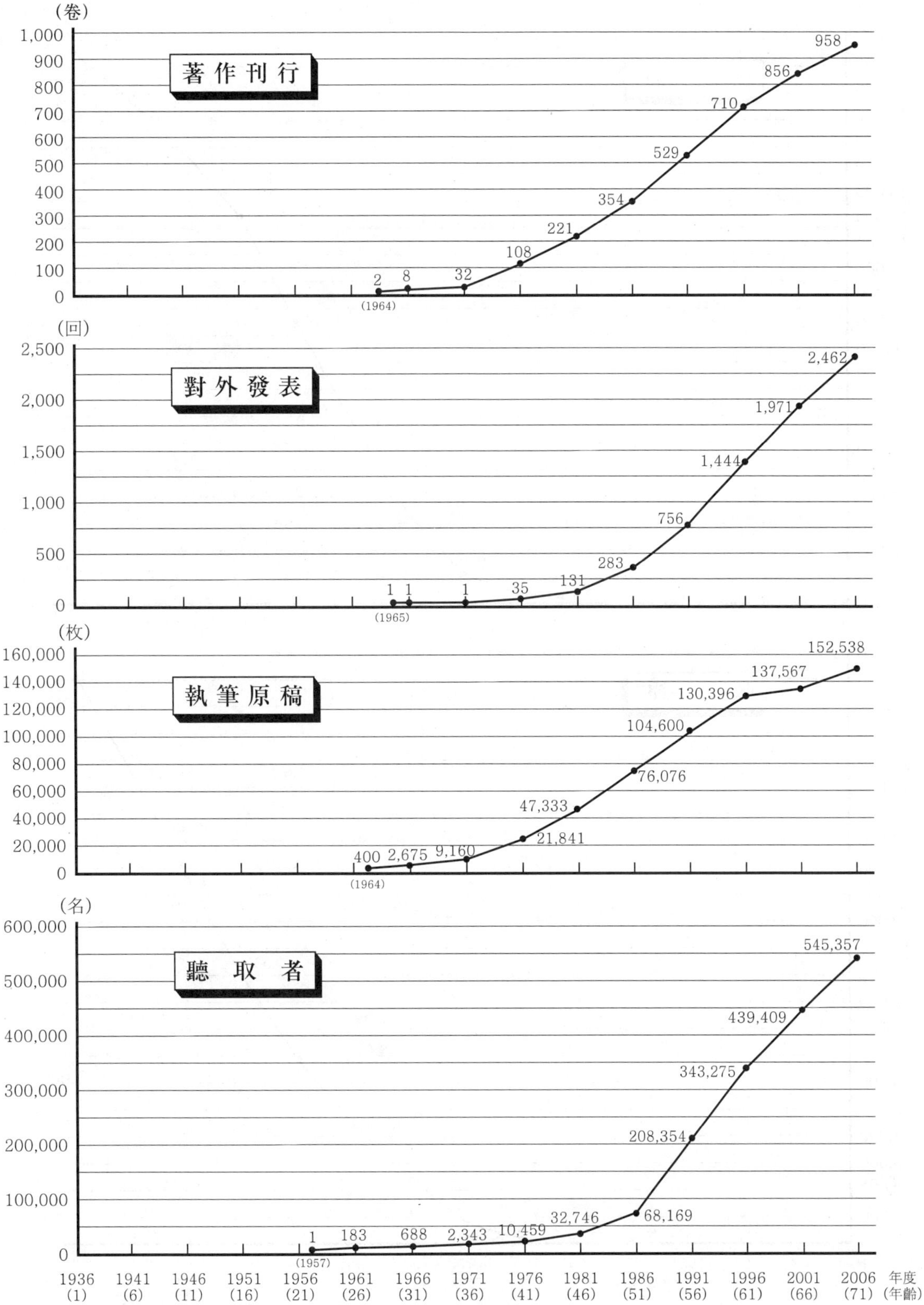
(卷)
著作刊行
1,000
900
800
700
600
500
400
300
200
100
0
2
8
32
108
221
354
529
710
856
958
(1964)
(回)
對外發表
2,500
2,000
1,500
1,000
500
0
1
1
1
35
131
283
756
1,444
1,971
2,462
(1965)
(枚)
執筆原稿
160,000
140,000
120,000
100,000
80,000
60,000
40,000
20,000
0
400
2,675
9,160
21,841
47,333
76,076
104,600
130,396
137,567
152,538
(1964)
(名)
聽取者
600,000
500,000
400,000
300,000
200,000
100,000
0
1
183
688
2,343
10,459
32,746
68,169
208,354
343,275
439,409
545,357
(1957)
1936 (1)
1941 (6)
1946 (11)
1951 (16)
1956 (21)
1961 (26)
1966 (31)
1971 (36)
1976 (41)
1981 (46)
1986 (51)
1991 (56)
1996 (61)
2001 (66)
2006 (71)
年度 (年齡)

⑥ 酒 煙

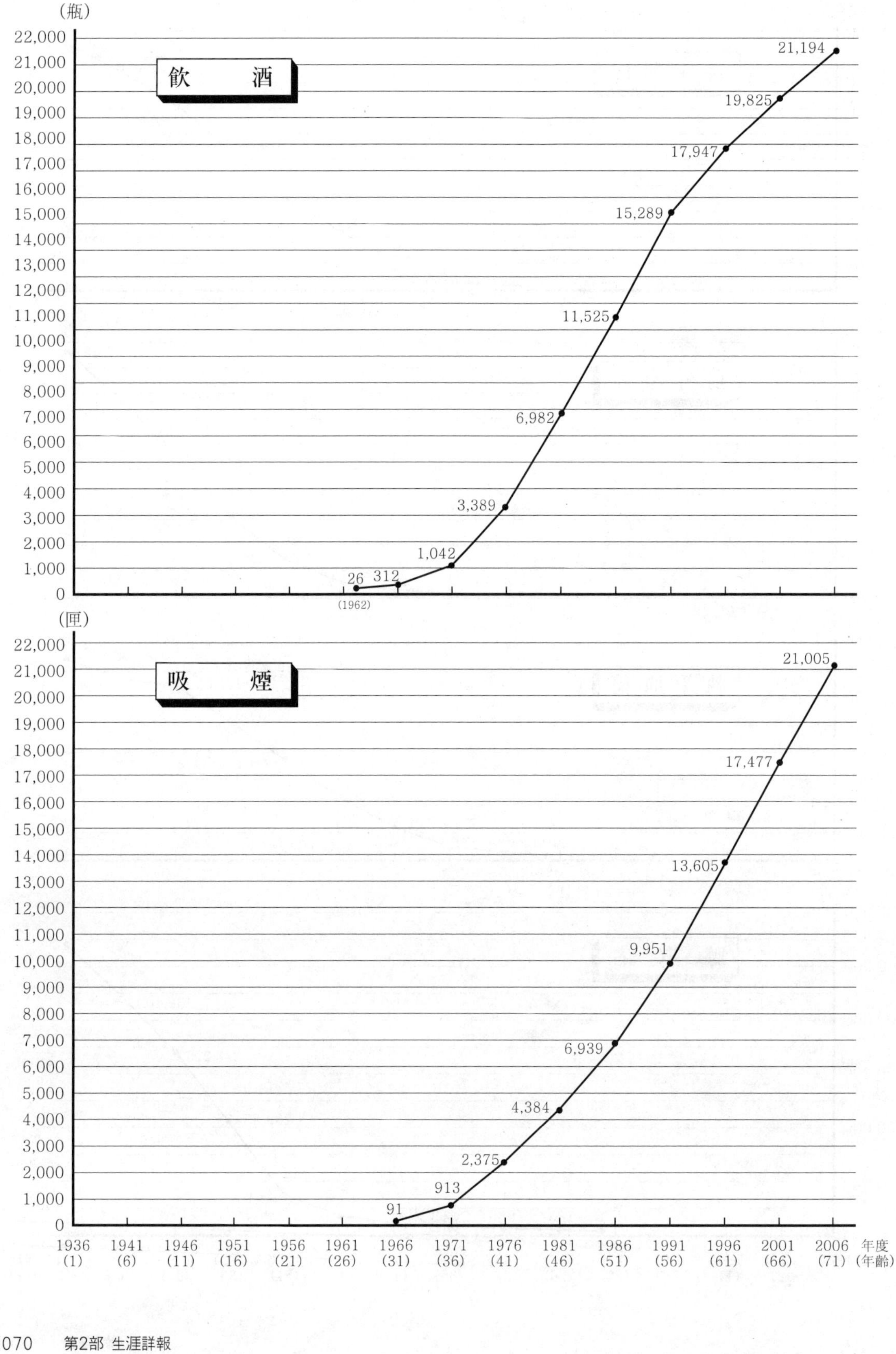

(瓶)
飲 酒
22,000
21,000
20,000
19,000
18,000
17,000
16,000
15,000
14,000
13,000
12,000
11,000
10,000
9,000
8,000
7,000
6,000
5,000
4,000
3,000
2,000
1,000
0
26
312
1,042
3,389
6,982
11,525
15,289
17,947
19,825
21,194
(1962)
(匣)
吸 煙
91
913
2,375
4,384
6,939
9,951
13,605
17,477
21,005
1936 (1)
1941 (6)
1946 (11)
1951 (16)
1956 (21)
1961 (26)
1966 (31)
1971 (36)
1976 (41)
1981 (46)
1986 (51)
1991 (56)
1996 (61)
2001 (66)
2006 (71)
年度 (年齡)

⑦ 財 貨

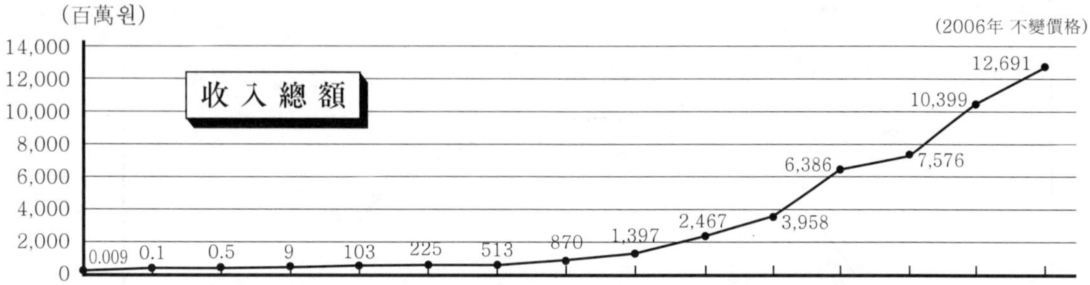
(百萬원)
(2006年 不變價格)
收入總額
14,000
12,000
10,000
8,000
6,000
4,000
2,000
0
0.009
0.1
0.5
9
103
225
513
870
1,397
2,467
3,958
6,386
7,576
10,399
12,691

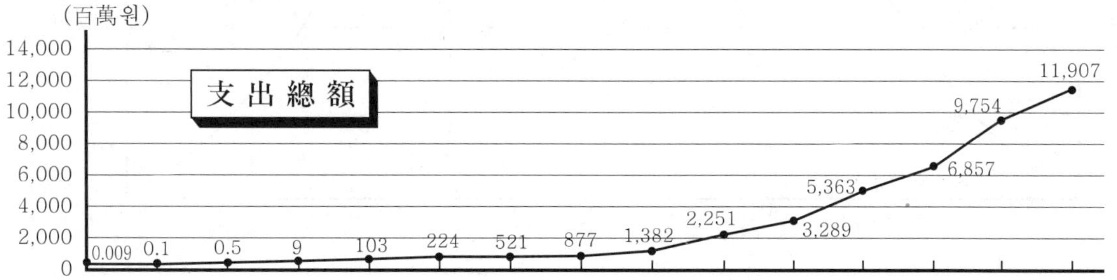
(百萬원)
支出總額
14,000
12,000
10,000
8,000
6,000
4,000
2,000
0
0.009
0.1
0.5
9
103
224
521
877
1,382
2,251
3,289
5,363
6,857
9,754
11,907

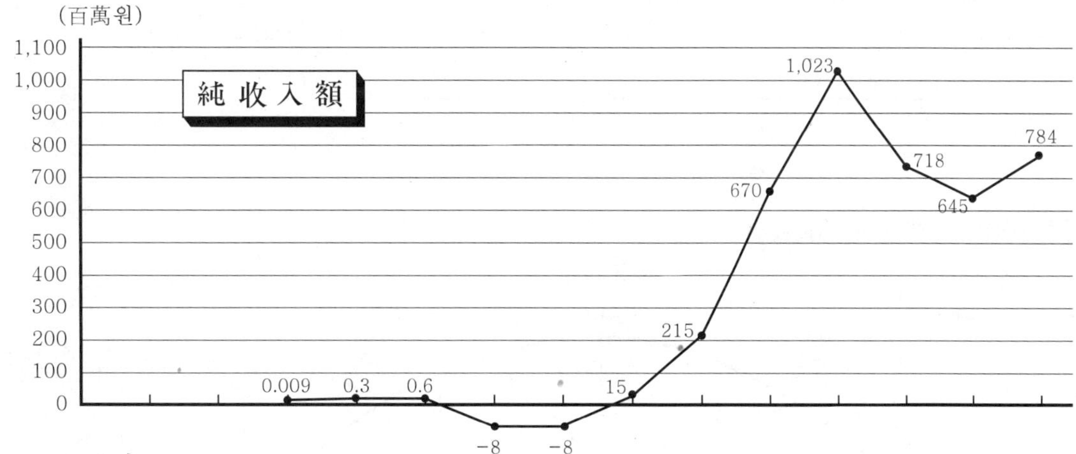
(百萬원)
純收入額
1,100
1,000
900
800
700
600
500
400
300
200
100
0
0.009
0.3
0.6
-8
-8
15
215
670
1,023
718
645
784

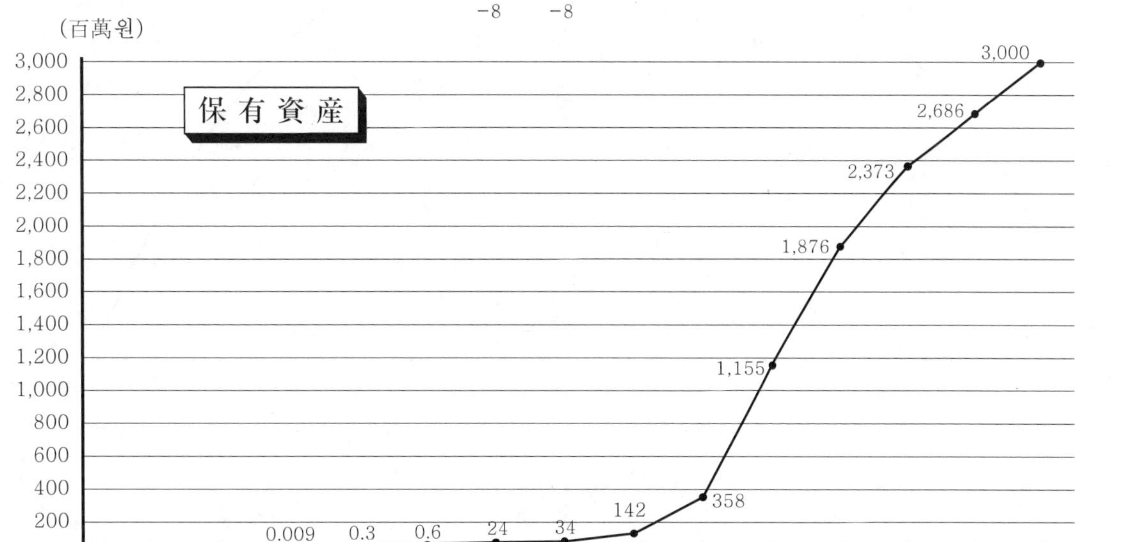
(百萬원)
保有資産
3,000
2,800
2,600
2,400
2,200
2,000
1,800
1,600
1,400
1,200
1,000
800
600
400
200
0
0.009
0.3
0.6
24
34
142
358
1,155
1,876
2,373
2,686
3,000
1936 (1)
1941 (6)
1946 (11)
1951 (16)
1956 (21)
1961 (26)
1966 (31)
1971 (36)
1976 (41)
1981 (46)
1986 (51)
1991 (56)
1996 (61)
2001 (66)
2006 (71)
年度 (年齢)

(3) 生涯段階別 活動程度의 變化推移圖

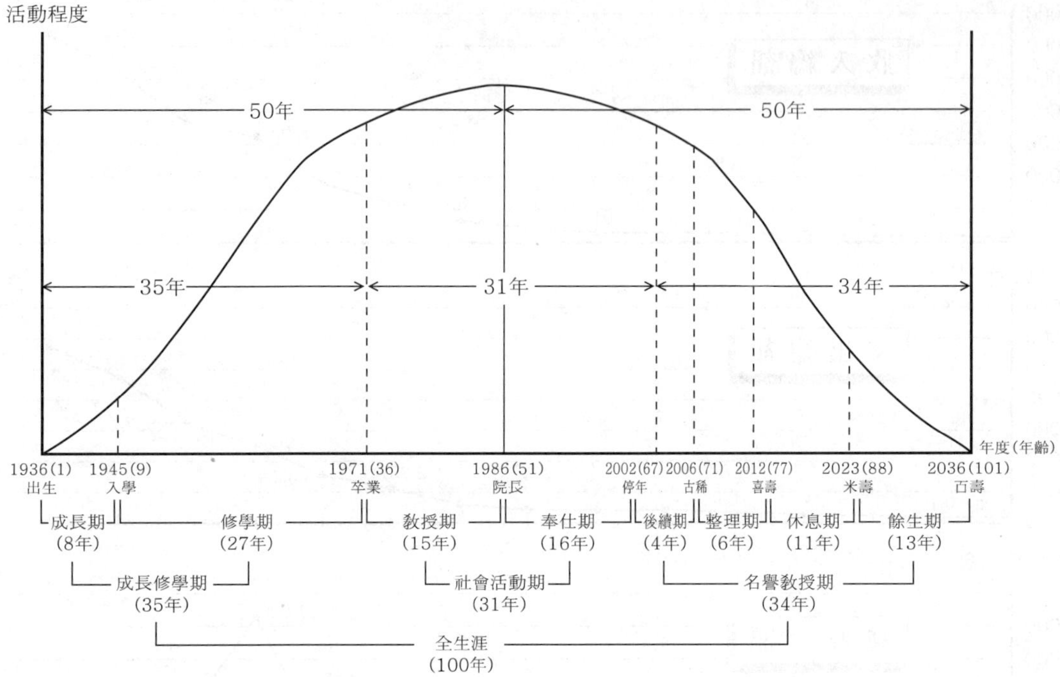

(4) 生涯 100年의 變遷과 活動集積 比較圖

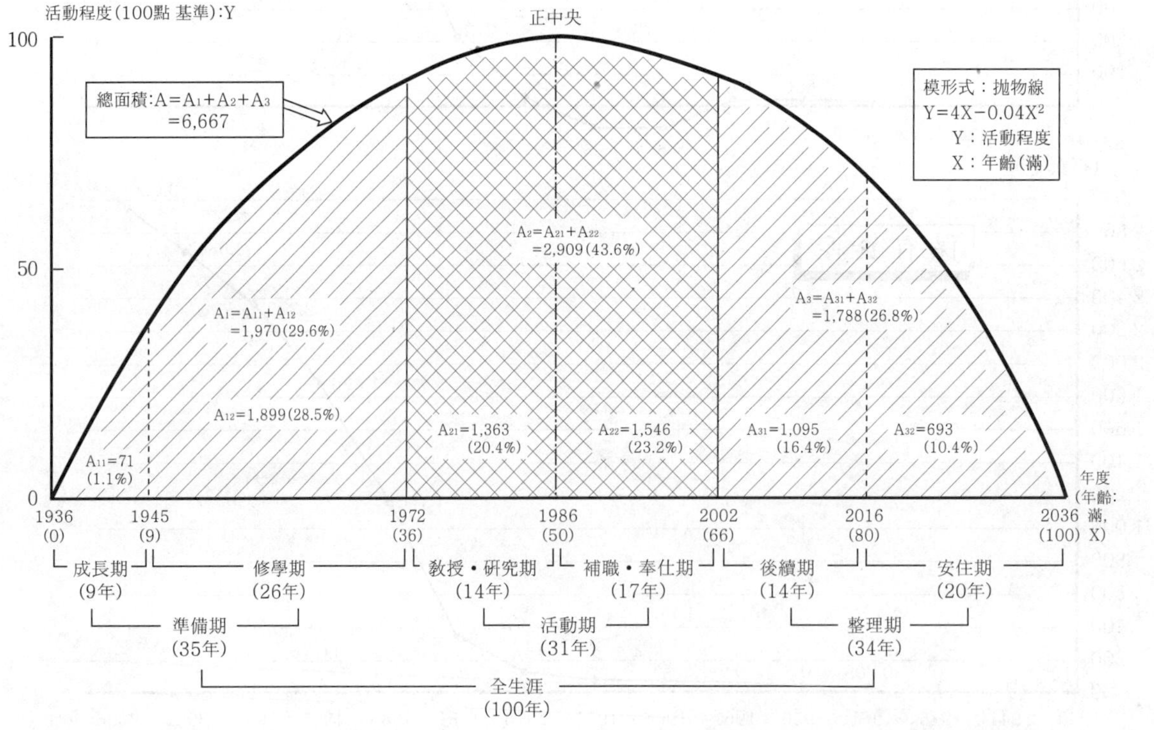

(5) 生涯 100年의 變遷段階

(實際日字基準)

生涯段階		時間項目	檀紀年度	佛紀年度	干支年度	年齡	國家時代	西紀年月日	年數	月數	日數	時間數	分數	秒數	比率(%)
1. 準備時代	1. 成長時期	1. 幼兒期	4269-4273	2480-2484	丙子-庚辰	1-5	日帝 昭和 11-日帝 昭和 15	1936.7.28-1940.7.28	4	48	1,462	35,088	2,105,280	126,316,800	4.0
		2. 兒童期	4273-4278	2484-2489	庚辰-乙酉	5-10	日帝 昭和 15-日帝 昭和 20	1940.7.29-1945.4.1	5	56	1,708	40,992	2,459,520	147,571,200	4.7
		累計	4269-4278	2480-2489	丙子-乙酉	1-10	日帝 昭和 11-日帝 昭和 20	1936.7.28-1945.4.1	9	104	3,170	76,080	4,564,800	273,888,000	8.7
	2. 修學時期	1. 初中高生徒期	4278-4290	2489-2501	乙酉-丁酉	10-22	日帝 昭和 20 - 韓國 3代 李承晩 大統領 2	1945.4.2-1957.3.31	12	144	4,382	105,168	6,310,080	378,604,800	12.0
		2. 大學·大學院學生期	4290-4305	2501-2516	丁酉-壬子	22-37	韓國 3代 李承晩 大統領 2 -韓國 7代 朴正熙 大統領 2	1957.4.1-1972.1.14	14	177	5,402	129,648	7,778,880	466,732,800	14.8
		累計	4278-4305	2489-2516	乙酉-壬子	10-37	日帝 昭和 20-韓國 7代 大統領 2	1945.4.2-1972.1.14	26	321	9,784	234,816	14,088,960	845,337,600	26.8
	延累計		4269-4305	2480-2516	丙子-壬子	1-37	日帝 昭和 11-韓國 7代 大統領 2	1936.7.28-1972.1.14	35	425	12,954	310,896	18,653,760	1,119,225,600	35.5
2. 活動時代	1. 教授·研究時期	1. 專講·助教授期	4305-4313	2516-2524	壬子-庚申	37-45	韓國 7代 朴正熙 大統領 2-韓國 10代 崔圭夏 大統領 2	1972.1.15-1980.7.31	8	103	3,121	74,904	4,497,840	269,870,400	8.5
		2. 副·正教授期	4313-4319	2524-2530	庚申-丙寅	45-51	韓國 10代 崔圭夏 大統領 2-韓國 12代 全斗煥 大統領 6	1980.8.1-1986.11.4	6	75	2,287	54,888	3,293,280	197,596,800	6.3
		累計	4305-4319	2516-2530	壬子-丙寅	37-51	韓國 7代 大統領 2-韓國 12代 大統領 6	1972.1.15-1986.11.4	14	178	5,408	129,792	7,787,520	467,251,200	14.8
	2. 補職·奉仕時期	1. 院長補職期	4319-4327	2530-2538	丙寅-甲戌	51-59	韓國 12代 全斗煥 大統領 6-韓國 14代 金泳三 大統領 2	1986.11.5-1994.7.20	8	93	2,815	67,560	4,053,600	243,216,000	7.7
		2. 教授奉仕期	4327-4335	2538-2546	甲戌-壬午	59-67	韓國 14代 金泳三 大統領 2-韓國 15代 金大中 大統領 5	1994.7.21-2002.8.31	9	97	2,964	71,136	4,268,160	256,089,600	8.1
		累計	4319-4335	2530-2546	丙寅-壬午	51-67	韓國 12代 大統領 6-韓國 15代 大統領 5	1986.11.5-2002.8.31	17	190	5,779	138,696	8,321,760	499,305,600	15.8
	延累計		4305-4335	2516-2546	壬子-壬午	37-67	韓國 7代 大統領 2-韓國 15代 大統領 5	1972.1.15-2002.8.31	31	368	11,187	268,488	16,109,280	966,556,800	30.6
3. 整理時代	1. 後續時期	1. 名譽講師期	4335-4340	2546-2551	壬午-丁亥	67-72	韓國 15代 金大中 大統領 5-韓國 16代 盧武鉉 大統領 5	2002.9.1-2007.8.31	5	60	1,826	43,824	2,629,440	157,766,400	5.0
		2. 活動殘餘期	4340-4349	2551-2560	丁亥-丙申	72-81	韓國 16代 盧武鉉 大統領 5-韓國 18代 大統領 4	2007.9.1-2016.7.28	9	107	3,253	78,072	4,684,320	281,059,200	8.9
		累計	4335-4349	2546-2560	壬午-丙申	67-81	韓國 15代 大統領 5-韓國 18代 大統領 4	2002.9.1-2016.7.28	14	167	5,079	121,896	7,313,760	438,825,600	13.9
	2. 安住時期	1. 生涯整理期	4349-4359	2560-2570	丙申-丙午	81-91	韓國 18代 大統領 4-韓國 24代 大統領 4	2016.7.29-2026.7.28	10	120	3,652	87,648	5,528,880	315,532,800	10.0
		2. 生涯決算期	4359-4369	2570-2580	丙午-丙辰	91-101	韓國 24代 大統領 4-韓國 26代 大統領 4	2026.7.29-2036.7.28	10	120	3,653	87,672	5,260,320	315,619,200	10.0
		累計	4349-4369	2560-2580	丙申-丙辰	81-101	韓國 18代 大統領 4-韓國 26代 大統領 4	2016.7.29-2036.7.28	20	240	7,305	175,320	10,519,200	631,152,000	20.0
	延累計		4335-4369	2546-2580	壬午-丙辰	67-101	韓國 15代 金大中 大統領 5-韓國 26代 大統領 4	2002.9.1-2036.7.28	34	407	12,384	297,216	17,832,960	1,069,977,600	33.9
生涯總累計			4269-4369	2480-2580	丙子-丙辰	1-101	日帝 昭和 11-韓國 26代 大統領 4	1936.7.28-2036.7.28	100	1,200	13,525	876,600	52,596,000	3,155,760,000	100.0

註. 正中央 時點은 1986.7.28임.

(6) 生涯 滿足感 測度

(出生에서 古稀까지)

區分	項目	尺度 0 / 25 / 50 / 75 / 100 — 程度: 若干 滿足 · 多少 滿足 · 相當 滿足 · 매우 滿足	數値 (滿足=100)
1.出身	1.出生 國·道·市		85
	2.姓氏·貫鄕		90
	3.身體條件		87
	4.容　貌		75
	5.父　母		92
	6.兄弟姉妹		88
	7.親·外戚		76
	綜合		84.7
2.家庭	1.配偶者·妻家		92
	2.子女 및 配偶者		93
	3.孫子女·外孫子女		97
	4.居住 自宅		98
	5.收入		94
	6.支出		86
	7.保有資産		90
	綜合		92.9
3.經歷	1.修學學校		93
	2.經歷·補職		98
	3.受領賞勳		99
	4.教授職		99
	5.所屬大學		99
	6.大學講義		97
	7.學生指導		91
	8.著作活動		88
	9.研究遂行		94
	綜合		95.3
4.社會	1.政府奉仕		93
	2.學會活動		99
	3.社會團體 寄與		91
	4.學術發表		95
	5.司會·討論		97
	6.大衆媒體 發表		90
	7.講演·演說		98
	8.國內旅行		97
	9.外國旅行		92
	綜合		94.7
5.趣向	1.同窓會·親睦會		90
	2.人間交遊		93
	3.吸煙·飮酒·唱歌		85
	4.小說·映畵		95
	5.골프 및 運動		93
	6.生涯記錄		99
	7.史料保管		97
	綜合		93.1
生涯 70年의 綜合滿足度			92.4

※ 滿足度 = 期待充足度 + 結果有益度 + 過程喜悅度 + 對外認定度 + 人格成熟度

(7) 五福 및 七福의 成就程度

(100點滿點 基準)

區分		福名	含意	1936 (1)	1946 (11)	1956 (21)	1966 (31)	1976 (41)	1986 (51)	1996 (61)	2006 (71)
五福 (一般)		1. 壽	장수	1	11	21	31	41	51	61	71
		2. 富	재산	5	10	15	30	40	50	60	70
		3. 康 寧	건강	30	40	50	60	70	80	85	80
		4. 攸 好 德	덕망	3	10	20	40	60	80	90	95
		5. 考 終 命	명대로 편히 죽음	12	20	29	40	50	60	69	74
		平 均		10.2	18.2	27.0	40.2	52.2	64.2	73.0	78.0
七福(佛敎)	法華經	1. 水難 忌避	수해 피함	100	50	70	100	100	100	100	100
		2. 火難 忌避	화재 피함	100	100	100	0	100	100	100	100
		3. 羅刹難 忌避	食人鬼 피함	100	100	95	90	85	70	70	75
		4. 王難 忌避	관재수 피함	10	20	50	60	70	80	80	80
		5. 鬼難 忌避	귀 신 피함	100	100	100	100	100	70	80	90
		6. 枷鎖難 忌避	刑罰 피함	100	100	100	80	100	100	100	100
		7. 怨賊難 忌避	怨恨·盜賊 피함	100	100	100	100	80	100	80	100
		平 均		87.1	81.4	87.9	75.7	90.7	88.6	87.1	92.1
	藥師經	1. 人衆疾疫難 免避	질병·병환 피함	30	40	50	66	70	80	85	80
		2. 他國侵逼難 免避	외국 침략 피함	10	50	20	70	80	80	80	80
		3. 自界判逆難 免避	국내 반란 피함	80	50	80	70	80	85	85	85
		4. 星宿變性難 免避	하늘 변동 피함	90	90	95	95	95	95	95	95
		5. 日月薄蝕難 免避	일·월식 피함	95	95	95	95	95	95	95	95
		6. 非時風雨難 免避	때 아닌 풍우 피함	85	60	80	85	85	85	85	85
		7. 過時不雨難 免避	가뭄 피함	70	80	85	85	90	90	95	95
		平 均		65.7	66.4	72.1	80.6	85.0	87.1	88.6	87.9
七大福 (天道敎)		1. 無 窮 我	天人合一의 成大我	100	90	80	70	60	70	80	90
		2. 地上神仙	人格의 고매	0	15	30	45	60	75	90	95
		3. 此生極樂	이승의 극락	85	70	60	50	60	70	80	90
		4. 長 生	장수	1	11	21	31	41	51	61	71
		5. 善 知 覺	도의 깨달음	0	10	23	38	55	75	90	95
		6. 同歸一體	한결같은 정신 결합	0	5	18	33	50	70	85	90
		7. 地上天國	지상낙원	80	65	55	45	55	65	75	85
		平 均		38.0	38.0	41.0	44.6	54.4	68.0	80.1	88.0
總 平 均				28.7	51.0	57.0	60.3	70.6	77.0	82.2	86.5

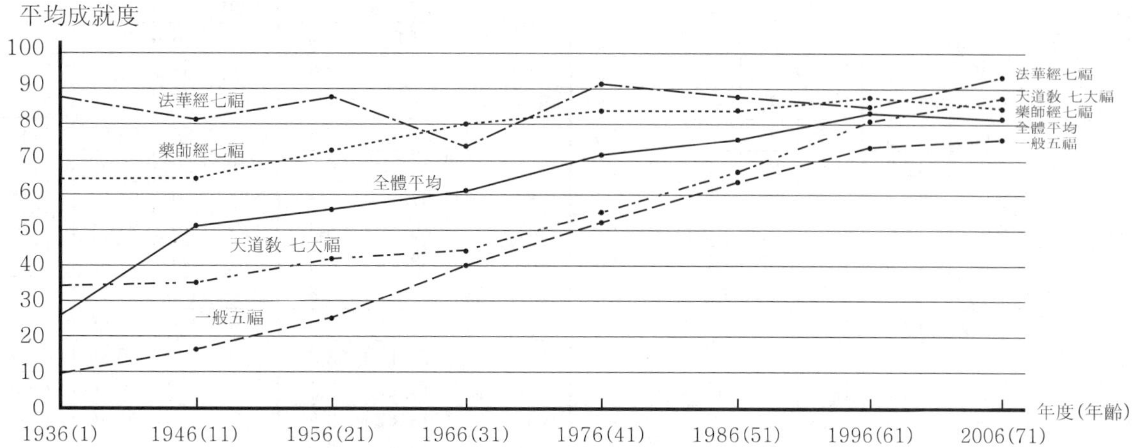

(8) 生涯 綜合成就度의 回歸模型

1) 成就度의 回歸函數式

・$Y = 1/(K + ab^{X})$: Logistic Curve Model

$= 1/[0.010014 + (4.4014)(0.8799)^{X}]$: 100點 基準

・X = 0: 1936년, X=1 : 1937년, ・・・・, X =70: 2006년

2) 成就度의 回歸曲線

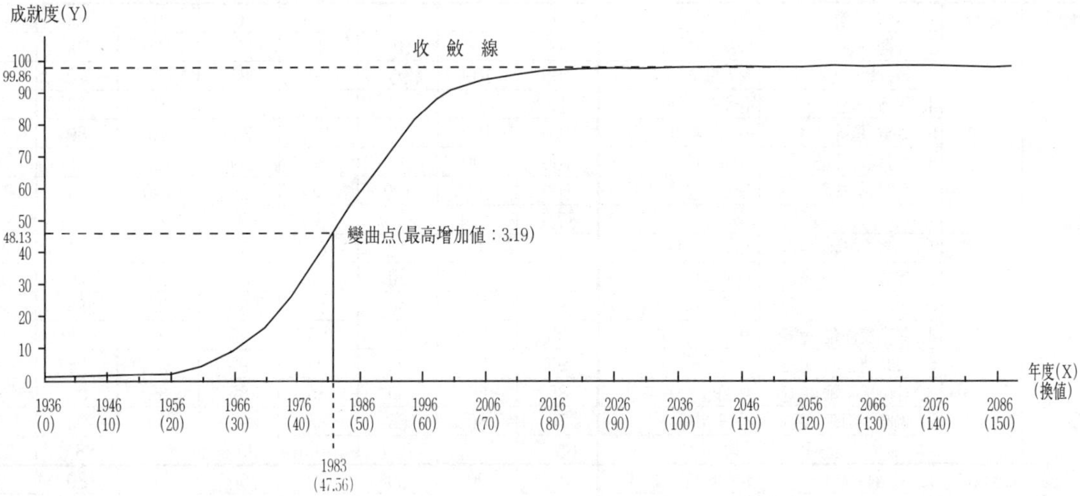

3) 年度別 綜合成就度

(100点 基準)

年度	換値 (X)	成就度 (Y)	年增加率 (%)	年度	換値 (X)	成就度 (Y)	年增加率 (%)	年度	換値 (X)	成就度 (Y)	年增加率 (%)	年度	換値 (X)	成就度 (Y)	年增加率 (%)
1936	0	0.23	-	1956	20	2.85	13.1	1976	40	27.49	9.9	1996	60	82.96	2.3
1937	1	0.26	13.0	1957	21	3.23	13.3	1977	41	30.12	9.6	1997	61	84.68	2.1
1938	2	0.29	11.5	1958	22	3.65	13.0	1978	42	32.87	9.1	1998	62	86.26	1.9
1939	3	0.33	13.8	1959	23	4.13	13.2	1979	43	35.75	8.8	1999	63	87.69	1.7
1940	4	0.38	15.2	1960	24	4.67	13.1	1980	44	38.74	8.4	2000	64	88.99	1.5
1941	5	0.43	13.2	1961	25	5.27	12.8	1981	45	41.81	7.9	2001	65	90.17	1.3
1942	6	0.49	14.0	1962	26	5.95	12.9	1982	46	44.95	7.5	2002	66	91.24	1.2
1943	7	0.55	12.2	1963	27	6.71	12.8	1983	47	48.13	7.1	2003	67	92.19	1.1
1944	8	0.63	14.5	1964	28	7.55	12.5	1984	48	51.32	6.6	2004	68	93.05	0.9
1945	9	0.71	12.7	1965	29	8.50	12.6	1985	49	54.51	6.2	2005	69	93.82	0.8
1946	10	0.81	14.1	1966	30	9.55	12.4	1986	50	57.65	5.8	2006	70	94.51	0.7
1947	11	0.92	13.6	1967	31	10.71	12.1	1987	51	60.73	5.3	2016	80	98.31	0.2
1948	12	1.04	13.0	1968	32	11.99	12.0	1988	52	63.73	4.9	2026	90	99.42	0.05
1949	13	1.18	13.5	1969	33	13.41	11.8	1989	53	66.63	4.6	2036	100	99.73	0.01
1950	14	1.34	13.6	1970	34	14.97	11.6	1990	54	69.40	4.2	2046	110	99.83	0.01
1951	15	1.52	13.4	1971	35	16.67	11.4	1991	55	72.04	3.8	2056	120	99.85	0.00
1952	16	1.73	13.8	1972	36	18.52	11.1	1992	56	74.53	3.5	2066	130	99.86	0.00
1953	17	1.96	13.3	1973	37	20.53	10.9	1993	57	76.88	3.2	2076	140	99.86	0.00
1954	18	2.22	13.3	1974	38	22.70	10.6	1994	58	79.06	2.8	2086	150	99.86	0.00
1955	19	2.52	13.5	1975	39	25.02	10.2	1995	59	81.09	2.6	∞	∞	99.86	0.00

(9) 生涯活動 3等分과 構成比率

1) 活動量의 變化模型과 3等分 區劃

- 模型式 : 抛物線

  $Y = a+bX + cX^2$

  Y : 年度別 活動量 (最高値 = 100)

  X : 年度

- 方程式 : $Y = 3.92157X - 0.03845X^2$

  X = 0 : 1936年 (出生)

  X = 1 : 1937年

  . . . .

  X = 66 : 2002年(停年)

  . . . .

  X = 70 : 2006年(古稀)

  . . . .

- 最高値 : 年度 : $X^* = -b/2c = 51$ (1987年)

  活動量 : $Y^* = 100$

- 總活動量 : $S = \int_a^b (bX + cX^2)\, dx = [bX^2/2 + cX^3/3]_a^b$

  $= [3.92157X^2/2 - 0.03845X^3/3]_0^{102} = 6{,}799$; 年平均:67

- 3等分 : Ⅰ. 前期(幼年・修學期) : 1936 ~ 1972(36年間)

  $S_1 = \int_0^{36} (3.92157X - 0.03845X^2)dx = 1{,}943(28.6\%)$; 年平均:54

  Ⅱ. 中期(教授・奉仕期) : 1972~2002(30年間)

  $S_2 = \int_{36}^{66} (3.92157X - 0.03845X^2)dx = 2{,}913(42.8\%)$; 年平均:97

  Ⅲ. 後期(停年・後援期) : 2002 ~ 2038(36年間)

  $S_3 = \int_{66}^{102} (3.92157X - 0.03845X^2)dx = 1{,}943(28.6\%)$; 年平均:54

2) 生涯 活動의 推移와 區分圖

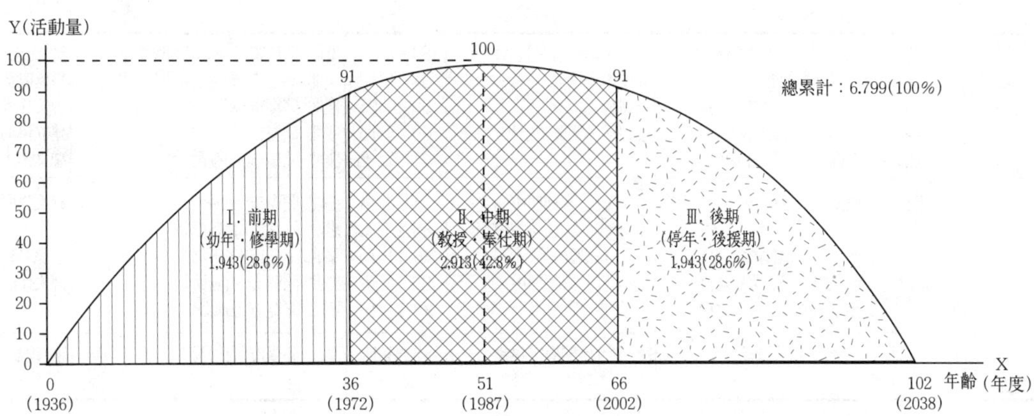

(10) 死後까지 保全될 本人名義의 痕跡들

區分	種類	實體	主體	發生日字	位置(2006.7.28 現在)	保全形態
1. 修學·歷任	1. 修學	1. 戶西南初等學校 卒業	戶西南初等學校	51. 7.14	慶北 聞慶市 興德洞	卒業臺帳
		2. 聞慶中學校 卒業	聞慶中學校	54. 3. 3	慶北 聞慶市 興德洞	〃
		3. 安東師範學校 卒業	安東師範學校	57. 3. 2	慶北 安東市 松川洞(安東大學校)	〃
		4. 서울大學校 文理科大學 卒業	서울大學校	62. 2.26	서울 冠岳區 新林9洞	學位臺帳
		5. 서울大學校 行政大學院 卒業	서울大學校	65. 2.26	서울 冠岳區 新林9洞	〃
		6. 美신시내티大學校大學院(碩士)卒業	美國신시내티大學校	71. 6.13	美國오하이오州신시내티市 소시오토路	〃
		7. 美신시내티大學校大學院(博士)卒業	美國신시내티大學校	76. 8.27	美國오하이오州신시내티市 소시오토路	〃
	2. 所屬	1. 서울大學校 敎授 就任	서울大學校	72. 5.10	서울 冠岳區 新林9洞	歷代敎授名簿
		2. 서울大學校 環境大學院 院長 就任	서울大學校	86.11. 5	서울 冠岳區 新林9洞	歷代機關長名簿
		3. 韓國地方行政硏究院 院長 就任	韓國地方行政硏究院	92. 7.21	서울 瑞草區 瑞草3洞	歷代院長名簿
		4. 美國 라스베이거스市 名譽市民 就任	美國 라스베이거스市	95.10. 4	美國 네바다州 라스베이거스市	名譽市民리스트
		5. 地方移讓推進委員會委員長 就任	地方移讓推進委員會	99. 8.30	서울 鍾路區 世宗路(政府廳舍)	歷代委員名單
		6. 濟州市 名譽市民 就任	濟州道 濟州市	00.12.14	濟州 濟州市 二徒2洞	名譽市民名單
	3. 團體長	1. 聞慶中學校 總同窓會 會長 就任	聞慶中學校 總同窓會	81. 3. 1	慶北 聞慶市 店村洞	歷代任員名簿
		2. 신시내티大學校韓國同窓會 會長 就任	신시내티大學校 韓國同窓會	84. 1.27	서울	〃
		3. 大韓國土·都市計劃學會 會長 就任	大韓國土·都市計劃學會	86. 2.15	서울 江南區 驛三洞	〃
		4. 韓國地方自治學會 會長 就任	韓國地方自治學會	95. 2.22	서울 江南區 驛三洞	〃
	合計	17	-	-	-	-
2. 著作·紹介	1. 著作物	1. 硏究報告書 發刊 總 127卷	硏究機關·學術團體 등	64. 7.31	서울 및 地方 市·郡	硏究陣 名單
		2. 學術論文掲載 發刊 總 719卷	機關·團体·法人 등	65. 2.26	서울·地方 및 外國	執筆者 名單
		3. 新聞掲載 發刊 總 155個	日刊·週刊등 新聞社	65.10.15	서울 및 地方 市·郡	〃
		4. 單行本著書 發刊 總 23卷	機關·團体·出版社	67.10. 1	서울·地方 및 外國	著者 姓名
		5. 主題發表論文 發刊 總 111卷	機關·學會·團体 등	73. 5.10	서울·地方 및 外國	發表者 名單
		6. 基調發表論文 發刊 總 65卷	機關·學會·團体 등	75. 8.13	서울·地方 및 外國	〃
	2. 紹介·展示	1. 新聞·雜誌 報道 總 883個	日刊·週刊 등 新聞社	80.10.14	서울·地方 및 外國	紹介報道內容
			機關·團体·法人 등	82. 7. 1	서울·地方 및 外國	〃
		2. 한솔종이博物館 史料 展示	한솔文化財團	97.10.21	全北 全州市 德津區 八福洞	展示人物 姓名
	合計	2,084	-	-	-	-
3. 詩·歌詞·是訓	1. 祝詩	1. 聞慶市 新廳舍 開廳紀念 祝詩	慶北 聞慶市	90. 4.20	慶北 聞慶市 茅田洞	作詩者
		2. 聞慶市 新廳舍 開廳祝賀 時調	慶北 聞慶市	90. 4.20	慶北 聞慶市 茅田洞	〃
	2. 歌詞	1. 새마을家族의 노래:榮光의부름받아	새마을運動中央協議會	90.10. 1	서울 江南區 大峙洞	作詞者
		2. 韓國地方行政硏究院 院歌	韓國地方行政硏究院	93. 4. 1	서울 瑞草區 瑞草3洞	〃
		3. 聞慶市民의 노래	慶北 聞慶市	95. 5. 1	慶北 聞慶市 茅田洞	〃
		4. 地方自治의 노래	月刊 自治公論誌	95.10. 1	京畿 高陽市 一山區 獐項洞	〃
	3. 是訓	1. 韓國地方行政硏究院 院是	韓國地方行政硏究院	92.11. 2	서울 瑞草區 瑞草3洞	作文者
		2. 韓國自治開發硏究院 院訓	韓國自治開發硏究院	99. 2.25	京畿 高陽市 一山區 獐項洞	〃
	合計	8	-	-	-	-
4. 碑·懸板文	1. 紀念·追慕碑	1. 雲松 李圭璇 先生 功德紀念碑	聞慶中學校 總同窓會	84. 3. 1	慶北 聞慶市 興德洞(聞慶中學校)	碑文作成者
		2. 家木 회양木 移植 紀念石	聞慶中學校	87.10. 8	慶北 聞慶市 興德洞(聞慶中學校)	寄贈動機者
		3. 새재碑	새재會	99. 4.25	慶北 聞慶市 聞慶邑	碑文作成者
		4. 口號碑 : 자랑스런 聞中人이 되자	金熙鎭·聞慶中學校	00. 8.15	慶北 聞慶市 興德洞	建立協助者
		5. 護國人物 金龍培 將軍 追慕碑	聞慶市 在鄕軍人會	01. 7. 2	慶北 聞慶市 聞慶邑	碑文作成者
	2. 墓碑	1. 御營將軍 慶州金公 汎之碑	慶州金氏 興德門中	86. 4. 6	慶北 聞慶市 麻城面	碑文作成者
		2. 忠州判官公 慶州金公 元弼之碑	慶州金氏 判官公派 宗親會	86.10. 3	忠北 陰城郡 甘谷面	〃
		3. 慶州金公 商樞·配延日鄭氏之床石	外孫 黃泰鉉 等	86.11.15	慶北 聞慶市 茅田洞	後孫名單
		4. 而景公派祖宗慶州金公 秉鉉之碑	慶州金氏 興德門中	90. 4. 5	慶北 聞慶市 山陽面	碑文作成者
		5. 草溪卞公 元圭·配光山金氏之碑	子孫 卞 鏵 등	99.11.14	慶北 聞慶市 山陽面	〃
	3. 懸板	1. 聞慶郡 慶州金氏 宗親會館	慶州金氏 聞慶宗親會	83. 5.15	慶北 聞慶市 店村洞	建立跋文 作成者

區分	種類	實 體	主 體	發生日字	位置(2002.8.31 現在)	保全形態
4. 碑 · 懸板文	3. 懸板	2. K.Corey先生 自宅 亭子:高理亭	K.Corey · 林吉鎭	92. 1. 1	美國 미시간州 이스트 랜싱市	建立跋文作成者
	合計	12	-	-	-	-
5. 家門	1. 族譜	1. 慶州金氏 大同譜 2. 慶州金氏 忠州判官公派 世譜 3. 慶州金氏 恭平公宗派 世譜	慶州金氏 中央 宗親會 慶州金氏 判官公派 宗親會 慶州金氏 恭平公派 宗親會	57. 1. 1 86. 5. 1 89.12. 1	서울 鍾路區 淸進洞 忠北 淸州市 外北洞 서울 恩平區 鷹岩洞	世孫名單 〃 〃
	2. 門牌· 家旗	1. 서울 昌信4洞 自宅 最初門牌 2. 慶州金氏 安濟之家旗	本人 本人	66.12.20 88.11.11	서울 江南區 驛三1洞 서울 江南區 驛三1洞	門牌姓名 家旗名
	3. 記錄物	1. 親筆 : 生涯沿革 및 生涯日誌 2. 發刊 : 한 韓國人의 삶과 발자취 3. 發刊 : 人生履歷史	本人 本人 本人	48. 9. 1 96.12.31 02.12.31	서울 江南區 驛三1洞 서울 江南區 驛三1洞 서울 江南區 驛三1洞	親筆記錄物 發刊冊子 〃
	合計	8	-	-	-	-
6. 賞勳 · 表彰	1. 勳章	1. 報國勳章 天授章 2. 새마을勳章 勤勉章 3. 國民勳章 冬柏章	大統領 大統領 大統領	80.10.25 93.11.29 99. 7. 1	서울鍾路區世宗路(政府廳舍) 서울鍾路區世宗路(政府廳舍) 서울鍾路區世宗路(政府廳舍)	政府勳章臺帳 政府勳章臺帳 政府勳章臺帳
	2. 賞狀	1. 店村市民의 노래 作詞 2. 弦汀國土開發賞 3. 새마을 家族의 노래 作詞 4. 서울市 文化賞	慶北 店村市長 大韓國土·都市計劃學會長 새마을運動中央協議會長 서울特別市長	87. 4.13 89. 2.18 90. 6. 4 99.10.28	慶北 聞慶邑 茅田洞 서울 江南區 驛三洞 서울 江南區 大峙洞 서울 中區 太平路1街	受賞者名單 〃 〃 〃
	3. 表彰	1. 서울大學校 10年勤續 表彰 2. 서울大學校 22年勤續 表彰 3. 美미시간大學 國際優秀訪問者表彰 4. 日本都市計劃學會 交流公獻者表彰	서울大學校 總長 서울大學校 總長 美미시간大學校 國際大學院長 日本都市計劃學會長	82.10.15 89.10.15 94. 6. 8 01. 8.17	서울 冠岳區 新林9洞 서울 冠岳區 新林9洞 美國 미시간州 이스트 랜싱市 日本 東京都 千代田區一番町	表彰對象者名單 〃 〃 〃
	合計	11	-	-	-	-
總	計	2,140	-	-	-	-

客說 : 經驗에서 얻은 삶의 眞實

國內에서나 國際的으로 어떤 分野의 記錄保有者가 되는 것은 그 個人에게 있어 매우 영광스러운 일이다. 이러한 榮光은 꾸준한 노력과 각고의 奮鬪 끝에 비로소 얻어질 수 있는 幸運이다. 누구나 할 수 있는 일은 아니다.

客說 : 經驗에서 얻은 삶의 眞實

사람을 크게 聖人과 같은 特質, 偉人과 같은 高質, 보통 凡人의 良質, 문제를 일삼은 低質, 결코 존재해서는 안 될 惡質 등 5개로 類型化한다면, 나는 때로 高質의 地位에도 있어 봤고 때로는 低質에까지 나아가 보기도 했지만 生涯 平均으로는 良質의 凡人에 속하지 않았나 自評하고 싶다.

(11) 死後까지 保全될 本人名義의 痕跡 分布圖

○ 韓 國

서 울

大學學位臺帳 · 大學院學位臺帳 · 서울大教授名簿 · 서울大機關長名簿 · 地方行政研究院院長名簿 · 地方移讓推進委員會 委員名單 · 신시내티大學 同窓會 任員名簿 · 國土計劃學會任員 名簿 · 地方自治學會 任員名簿 · 研究報告書 · 揭載論文 · 著書册子 · 主題 및 基調發表論文 · 紹介新聞 · 紹介册子 · 새마을 家族의 노래 歌詞 · 地方行政研究院歌 歌詞 · 韓國地方行政研究院 院是 · 慶州金氏大同譜 · 恭平公派世譜 · 自家 門牌 · 家旗 · 親筆 生涯沿革集 · 親筆 生涯日誌集 · 記錄 發刊册子 · 記錄 增補發刊册子 · 國家勳章臺帳 · 各種 受賞者名單 · 各種 表彰對象者 名單 · 住民登錄票

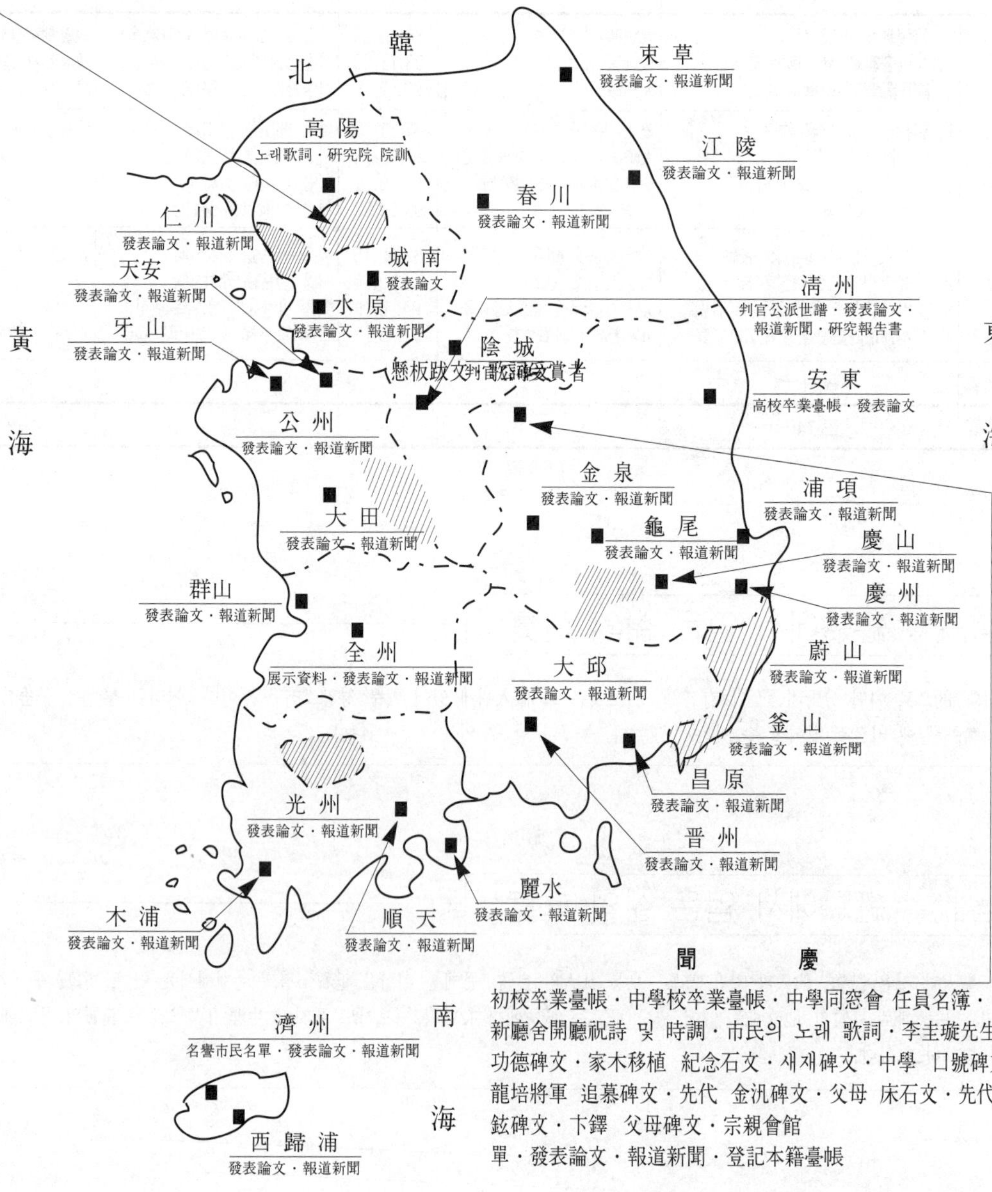

聞 慶

初校卒業臺帳 · 中學校卒業臺帳 · 中學同窓會 任員名簿 · 新廳舍開廳祝詩 및 時調 · 市民의 노래 歌詞 · 李圭璇先生功德碑文 · 家木移植 紀念石文 · 새재碑文 · 中學 口號碑文 · 金龍培將軍 追慕碑文 · 先代 金汎碑文 · 父母 床石文 · 先代 金秉鉉碑文 · 卞鐸 父母碑文 · 宗親會館 名單 · 發表論文 · 報道新聞 · 登記本籍臺帳

○ 外 國

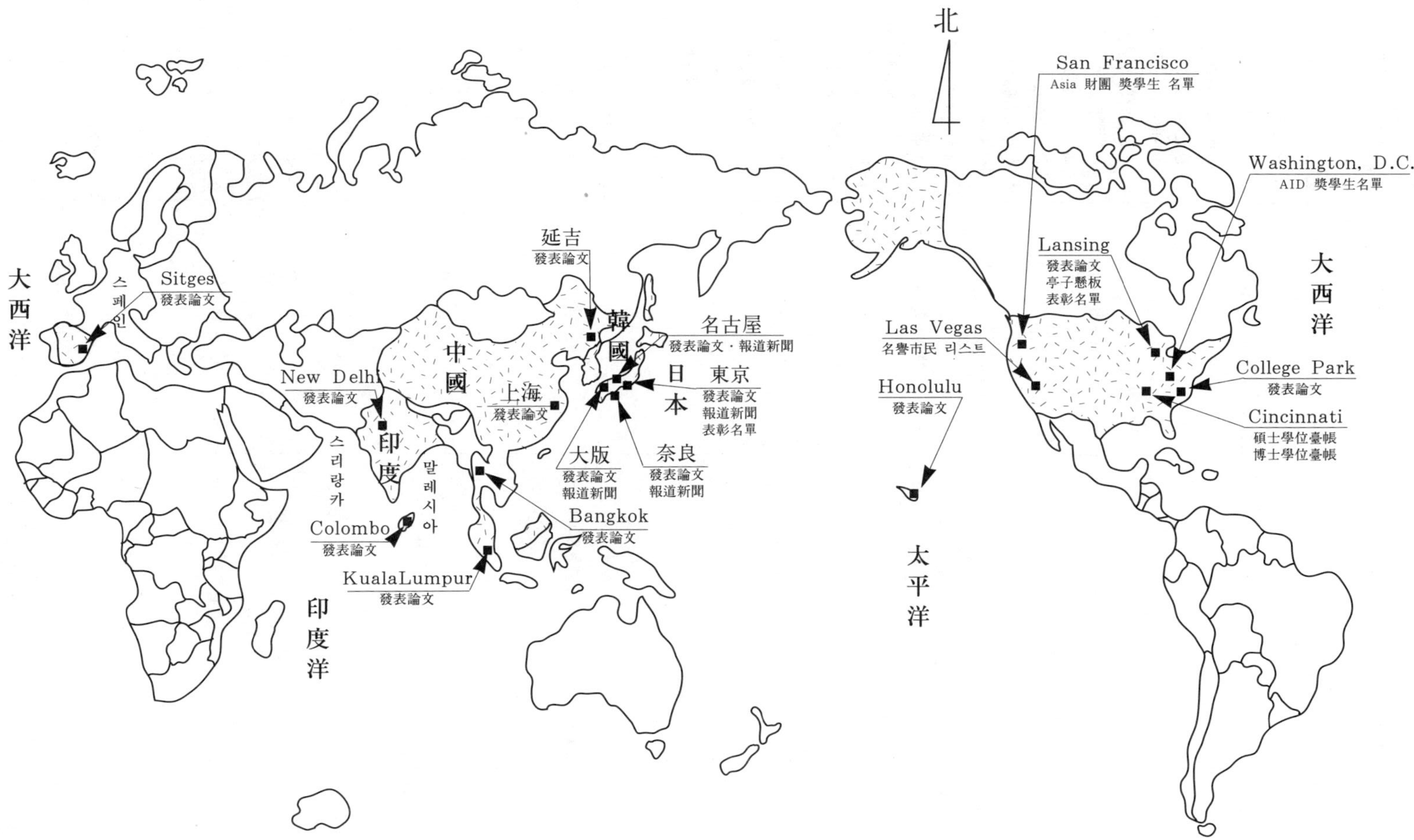
北
大西洋
스페인
Sitges
發表論文
New Delhi
發表論文
스리랑카
印度
말레시아
Colombo
發表論文
KualaLumpur
發表論文
印度洋
中國
上海
發表論文
延吉
發表論文
韓國
名古屋
發表論文 · 報道新聞
日本
東京
發表論文
報道新聞
表彰名單
大阪
發表論文
報道新聞
奈良
發表論文
報道新聞
Bangkok
發表論文
Las Vegas
名譽市民 리스트
Honolulu
發表論文
太平洋
San Francisco
Asia 財團 奬學生 名單
Washington, D.C.
AID 奬學生名單
Lansing
發表論文
亭子懸板
表彰名單
College Park
發表論文
Cincinnati
碩士學位臺帳
博士學位臺帳
大西洋

Ⅱ. 生涯指數

○ 要 約 : 生涯보람指數의 構成體系圖

- ● 生涯보람指數(1,000)
  - 1.資格指數(200)
    - 1.修學指數(100)
      - 1.學校教育年數(50)
      - 2.訓練日數(10)
      - 3.讀書量(20)
      - 4.映畵觀覽數(10)
      - 5.受講・講義案 노트 筆記量(10)
    - 2.社會指數(50)
      - 1.因緣 맺은 사람數(5)
      - 2.影響받은 사람數(10)
      - 3.影響받은 事件數(10)
      - 4.團體加入數(20)
      - 5.外食回數(5)
    - 3.健康指數(50)
      - 1.生產活動時間(10)
      - 2.吸煙量(5)
      - 3.飮酒量(5)
      - 4.歌唱曲數(5)
      - 5.골프運動回數(10)
      - 6.沐浴回數(10)
      - 7.理髮回數(5)
  - 2.媒介指數(300)
    - 1.認定指數(150)
      - 1.經歷委囑數(80)
      - 2.賞勳受賞數(30)
      - 3.紹介弘報數(30)
      - 4.年賀狀 受領數(10)
    - 2.活動指數(120)
      - 1.地域訪問回數(30)
      - 2.飛行回數(10)
      - 3.訪問國數(20)
      - 4.訪問地域數(20)
      - 5.移動距離(20)
      - 6.移動時間(10)
      - 7.步行數(10)
    - 3.奉仕指數(30)
      - 1.主禮執典數(20)
      - 2.行事單純參席(10)
  - 3.生產指數(500)
    - 1.教育指數(150)
      - 1.弟子數(80)
      - 2.論文指導・審查數(20)
      - 3. 聽取者數(50)
    - 2.發表指數(200)
      - 1.發刊回數(70)
      - 2.學術發表 參加回數(40)
      - 3.特講・演說回數(30)
      - 4.大衆媒體 發表回數(20)
      - 5.紀念作文 發表回數(20)
      - 6.發表執筆量(20)
    - 3. 福祉指數(150)
      - 1.扶養家族數(40)
      - 2.家計收入(30)
      - 3.家計支出(20)
      - 4.家計純收入(10)
      - 5.保有資產(50)

※ ( )內 數字는 加重值 配點임

1. 生涯指數의 構成과 變動

(1) 生涯 主要項目의 年度別 變動指數

(基準年度 = 100)

分類		項目	起點 / 年度	1936	1939	1940	1941	1945	1948	1950	1951	1955
			年齡	1	4	5	6	10	13	15	16	20
1. 身元家族	1. 身元	1. 身長	1936 = 50.3cm	100	179	193	205	246	275	290	298	330
		2. 體重	1936 = 2.7kg	100	326	404	481	778	1,041	1,270	1,374	1,670
	2. 家族	1. 同居家族數	1936 = 7名	100	86	86	100	86	71	71	71	71
		2. 後孫數	1966 = 1名	-	-	-	-	-	-	-	-	-
2. 家計財政	1. 收支	1. 收入	1965 = 55,203千원	-	-	-	-	-	-	-	-	-
		2. 支出	1965 = 64,135千원	-	-	-	-	-	-	-	-	-
	2. 資産	1. 不動産	1965 = 9,140千원	-	-	-	-	-	-	-	-	-
		2. 總資産	1965 = 29,390千원	-	-	-	-	-	-	-	-	-
3. 經歷業績	1. 經歷	1. 1日 生産活動時間	1945 = 5時間	-	-	-	-	100	180	240	280	280
		2. 經歷委囑件數	1965 = 2個	-	-	-	-	-	-	-	-	-
		3. 受領賞勳數	1980 = 1個	-	-	-	-	-	-	-	-	-
	2. 發表	1. 著作發刊數	1964 = 2卷	-	-	-	-	-	-	-	-	-
		2. 學術發表回數	1972 = 3回	-	-	-	-	-	-	-	-	-
		3. 特講·演說回數	1972 = 3回	-	-	-	-	-	-	-	-	-
		4. 大衆媒體發表數	1965 = 1回	-	-	-	-	-	-	-	-	-
	3. 總數	1. 育成弟子數	1966 = 157名	-	-	-	-	-	-	-	-	-
		2. 大衆聽取者數	1972 = 830名	-	-	-	-	-	-	-	-	-
		3. 主禮賀客數	1977 = 950名	-	-	-	-	-	-	-	-	-
		4. 執筆原稿量	1964 = 400枚	-	-	-	-	-	-	-	-	-
4. 生活遍歷	1. 活動	1. 團體加入數	1961 = 2個	-	-	-	-	-	-	-	-	-
		2. 紀念作文數	1982 = 1個	-	-	-	-	-	-	-	-	-
		3. 主禮執典數	1977 = 2回	-	-	-	-	-	-	-	-	-
		4. 紹介弘報數	1980 = 5回	-	-	-	-	-	-	-	-	-
		5. 受領年賀狀數	1961 = 5枚	-	-	-	-	-	-	-	-	-
	2. 旅行	1. 旅行回數	1951 = 1回	-	-	-	-	-	-	-	100	200
		2. 延訪問國數	1969 = 1國	-	-	-	-	-	-	-	-	-
		3. 延訪問地域數	1951 = 1個	-	-	-	-	-	-	-	100	100
		4. 旅行距離	1951 = 50km	-	-	-	-	-	-	-	100	592
		5. 步行數	1939 = 110千步	-	100	166	265	995	1,198	1,327	1,327	1,659
	3. 趣味	1. 吸煙量	1966 = 91匣	-	-	-	-	-	-	-	-	-
		2. 飮酒量	1962 = 26甁	-	-	-	-	-	-	-	-	-
		3. 歌曲數	1941 = 1曲	-	-	-	100	300	300	200	1,400	1,400
		4. 耽讀小說數	1945 = 2卷	-	-	-	-	100	500	400	1,950	1,500
		5. 觀覽映畵數	1948 = 7篇	-	-	-	-	-	100	86	143	357
		6. 골프運動回數	1983 = 62回	-	-	-	-	-	-	-	-	-

註. 家計財政은 2006年基準 不變價格으로 換算된 것임.

(基準年度 = 100)

分類	項目		起點 \ 年度	1957	1960	1961	1962	1964	1965	1966	1969	1970
			年齡	22	25	26	27	29	30	31	34	35
1. 身元家族	1. 身元	1. 身長	1936 = 50.3㎝	342	348	348	348	348	348	348	348	348
		2. 體重	1936 = 2.7㎏	1,811	2,033	2,111	2.189	2.341	2.374	2,407	2,522	2,537
	2. 家族	1. 同居家族數	1936 = 7名	57	57	57	57	57	57	86	86	86
		2. 後孫數	1966 = 1名	-	-	-	-	-	-	100	200	200
2. 家計財政	1. 收支	1. 收入	1965 = 55,203千원	-	-	-	-	-	100	168	138	136
		2. 支出	1965 = 64,135千원	-	-	-	-	-	100	160	116	114
	2. 資産	1. 不動産	1965 = 9,140千원	-	-	-	-	-	100	162	342	352
		2. 總資産	1965 = 29,390千원	-	-	-	-	-	100	82	124	130
3. 經歷業績	1. 經歷	1. 1日 生産活動時間	1945 = 5時間	280	281	280	260	261	260	260	280	280
		2. 經歷委囑件數	1965 = 2個	-	-	-	-	-	100	150	50	0
		3. 受領賞勳數	1980 = 1個	-	-	-	-	-	-	-	-	-
	2. 發表	1. 著作發刊數	1964 = 2卷	-	-	-	-	100	150	150	400	0
		2. 學術發表回數	1972 = 3回	-	-	-	-	-	-	-	-	-
		3. 特講·演說回數	1972 = 3回	-	-	-	-	-	-	-	-	-
		4. 大衆媒體發表數	1965 = 1回	-	-	-	-	-	100	0	0	0
	3. 總數	1. 育成弟子數	1966 = 157名	-	-	-	-	-	-	100	153	0
		2. 大衆聽取者數	1972 = 830名	-	-	-	-	-	-	-	-	-
		3. 主禮賀客數	1977 = 950名	-	-	-	-	-	-	-	-	-
		4. 執筆原稿量	1964 = 400枚	-	-	-	-	100	419	150	346	0
4. 生活遍歷	1. 活動	1. 團體加入數	1961 = 2個	-	-	100	0	0	100	0	0	0
		2. 紀念作文數	1982 = 1個	-	-	-	-	-	-	-	-	-
		3. 主禮執典數	1977 = 2回	-	-	-	-	-	-	-	-	-
		4. 紹介弘報數	1980 = 5回	-	-	-	-	-	-	-	-	-
		5. 受領年賀狀數	1961 = 5枚	-	-	100	120	200	240	260	380	420
	2. 旅行	1. 旅行回數	1951 = 1回	600	600	500	300	700	900	300	300	1,000
		2. 延訪問國數	1969 = 1國	-	-	-	-	-	-	-	100	0
		3. 延訪問地域數	1951 = 1個	300	400	300	200	600	600	200	300	1,000
		4. 旅行距離	1951 = 50㎞	2,648	5,568	3,368	3.836	2.480	10.562	4,268	28,688	26,546
		5. 步行數	1939 = 110千步	1,991	1,996	1,991	1.659	1.996	2.157	2,156	1,825	1,825
	3. 趣味	1. 吸煙量	1966 = 91匣	-	-	-	-	-	-	100	201	200
		2. 飮酒量	1962 = 26甁	-	-	-	100	200	200	600	400	500
		3. 歌曲數	1941 = 1曲	1,200	800	600	1.900	1.200	1,600	1,700	900	900
		4. 耽讀小說數	1945 = 2卷	1,350	1,300	750	1.000	1.000	1,100	1,350	450	250
		5. 觀覽映畵數	1948 = 7篇	1,271	314	243	514	457	429	471	71	386
		6. 골프運動回數	1983 = 62回	-	-	-	-	-	-	-	-	-

註. 家計財政은 2006年基準 不變價格으로 換算된 것임.

客說 : 經驗에서 얻은 삶의 眞實

마음 내키는 대로 自由奔放하게 살아가는 것도 한 方法이고, 時間을 중히 여겨 유익하고 생산적인 삶을 살아가는 것 또한 한 方法이다. 한 번밖에 주어지지 않는 生涯이기에 自己 主觀과 判斷에 따라 어느 것도 괜찮은 人間處世이다. 그러나 앞의 方法은 過程이 즐겁고 뒤의 것은 結果가 만족스럽다는 差異가 있을 뿐이다.

(基準年度 = 100)

分類	項目		起點 \ 年度	1972	1975	1977	1980	1982	1983	1985
			年齡	37	40	42	45	47	48	50
1. 身元家族	1. 身元	1. 身長	1936 = 50.3cm	348	348	348	348	348	348	348
		2. 體重	1936 = 2.7kg	2,567	2,593	2,593	2,596	2,600	2,596	2,589
	2. 家族	1. 同居家族數	1936 = 7名	100	71	71	71	71	71	71
		2. 後孫數	1966 = 1名	300	300	300	300	300	300	300
2. 家計財政	1. 收支	1. 收入	1965 = 55,203千원	164	172	241	261	734	267	658
		2. 支出	1965 = 64,135千원	178	105	128	178	476	159	197
	2. 資産	1. 不動産	1965 = 9,140千원	346	1,248	1,190	2,844	4,807	5,324	6,240
		2. 總資産	1965 = 29,390千원	38	543	637	1,199	2,179	2,446	3,405
3. 經歷業績	1. 經歷	1. 1日 生産活動時間	1945 = 5時間	261	260	260	261	260	260	240
		2. 經歷委囑件數	1965 = 2個	250	400	550	1,150	1,300	1,000	900
		3. 受領賞勳數	1980 = 1個	-	-	-	100	100	0	0
	2. 發表	1. 著作發刊數	1964 = 2卷	950	700	1,300	850	1,450	1,200	1,450
		2. 學術發表回數	1972 = 3回	100	167	367	333	467	233	567
		3. 特講・演說回數	1972 = 3回	100	0	267	367	467	367	300
		4. 大衆媒體發表數	1965 = 1回	0	200	800	0	400	600	400
	3. 總數	1. 育成弟子數	1966 = 157名	0	1,107	274	283	383	358	368
		2. 大衆聽取者數	1972 = 830名	100	78	367	357	748	572	586
		3. 主禮賀客數	1977 = 950名	-	-	100	74	186	185	119
		4. 執筆原稿量	1964 = 400枚	484	685	1,596	322	1,621	1,249	1,066
4. 生活遍歷	1. 活動	1. 團體加入數	1961 = 2個	100	150	50	50	0	50	0
		2. 紀念作文數	1982 = 1個	-	-	-	-	100	100	0
		3. 主禮執典數	1977 = 2回	-	-	100	100	300	250	150
		4. 紹介弘報數	1980 = 5回	-	-	-	100	60	80	80
		5. 受領年賀狀數	1961 = 5枚	1,000	2,000	2,800	4,000	4,600	5,000	6,400
	2. 旅行	1. 旅行回數	1951 = 1回	1,100	3,300	2,400	1,700	5,000	9,500	3,900
		2. 延訪問國數	1969 = 1國	100	100	200	1,000	0	300	200
		3. 延訪問地域數	1951 = 1個	900	1,600	1,800	800	2,400	2,800	2,300
		4. 旅行距離	1951 = 50km	43,048	27,622	52,202	18,468	96,910	108,896	90,546
		5. 步行數	1939 = 110千步	1,996	1,991	1,991	1,996	995	995	995
	3. 趣味	1. 吸煙量	1966 = 91匣	301	301	401	503	510	501	602
		2. 飮酒量	1962 = 26甁	1,212	2,100	2,400	3,019	3,000	4,019	3,619
		3. 歌曲數	1941 = 1曲	1,500	700	1,800	1,300	1,000	1,200	1,600
		4. 耽讀小說數	1945 = 2卷	800	1,150	1,300	1,100	700	1,150	850
		5. 觀覽映畵數	1948 = 7篇	171	329	400	314	271	257	357
		6. 골프運動回數	1983 = 62回	-	-	-	-	-	100	227

註. 家計財政은 2006年基準 不變價格으로 換算된 것임.

客說 : 經驗에서 얻은 삶의 眞實

물이 너무 깨끗하면 고기가 살지 않고 집안을 너무 청결히 하면 財物이 모이지 않는다고 한다. 사람도 너무 말쑥하고 까다로우며 결벽증이 있으면 주위에 사람이 모여들지 않는다. 속은 꽉 차되 겉은 약간 어수룩한 게 좋다. 사람들이 나를 그렇다고 한다.

(基準年度 = 100)

分類		項目	起點	1990 (55)	1995 (60)	2000 (65)	2005 (70)
1. 身元家族	1. 身元	1. 身長	1936 = 50.3㎝	348	346	341	339
		2. 體重	1936 = 2.7㎏	2,589	2,556	2,500	2,481
	2. 家族	1. 同居家族數	1936 = 7名	71	57	43	29
		2. 後孫數	1966 = 1名	300	400	500	600
2. 家計財政	1. 收支	1. 收入	1965 = 55,203千원	930	348	1,213	1,355
		2. 支出	1965 = 64,135千원	769	246	1,104	1,130
	2. 資産	1. 不動産	1965 = 9,140 千원	16,873	19,021	18,202	22,264
		2. 總資産	1965 = 29,390千원	6,159	7,732	8,928	9,991
3. 經歷業績	1. 經歷	1. 1日生産活動時間	1945 = 5時間	240	240	261	180
		2. 經歷委囑件數	1965 = 2個	1,800	1,050	650	600
		3. 受領賞勳數	1980 = 1個	700	300	100	500
	2. 發表	1. 著作發刊數	1964 = 2卷	2,000	2,700	950	750
		2. 學術發表回數	1972 = 3回	833	1,533	500	533
		3. 特講·演說回數	1972 = 3回	2,333	3,500	2,400	2,700
		4. 大衆媒體發表數	1965 = 1回	2,400	2,700	1,000	600
	3. 總數	1. 育成弟子數	1966 = 157名	236	510	290	31
		2. 大衆聽取者數	1972 = 830名	2,030	3,988	1,964	3,550
		3. 主禮賀客數	1977 = 950名	324	244	358	258
		4. 執筆原稿量	1964 = 400枚	1,457	1,658	195	396
4. 生活遍歷	1. 活動	1. 團體加入數	1961 = 2個	0	100	0	150
		2. 紀念作文數	1982 = 1個	400	200	200	200
		3. 主禮執典數	1977 = 2回	400	350	400	250
		4. 紹介弘報數	1980 = 5回	280	1,820	740	560
		5. 受領年賀狀數	1961 = 5枚	8,120	4,260	5,640	4,840
	2. 旅行	1. 旅行回數	1951 = 1回	6,200	13,100	12,500	13,800
		2. 延訪問國數	1969 = 1國	100	600	500	100
		3. 延訪問地域數	1951 = 1個	3,100	6,100	4,600	3,900
		4. 旅行距離	1951 = 50㎞	64,526	258,456	128,182	57,804
		5. 步行數	1939 = 110千步	829	1,834	1,700	456
	3. 趣味	1. 吸煙量	1966 = 91匣	702	802	845	882
		2. 飮酒量	1962 = 26甁	2,815	1,800	1,381	1,400
		3. 歌曲數	1941 = 1曲	400	2,700	0	600
		4. 耽讀小說數	1945 = 2卷	550	1,250	2,750	3,750
		5. 觀覽映畫數	1948 = 7篇	214	500	1,457	743
		6. 골프運動回數	1983 = 62回	82	44	18	6

註. 家計財政은 2006年基準 不變價格으로 換算된 것임.

客說 : 經驗에서 얻은 삶의 眞實

나와 같은 世代는 시대변화의 過渡期에 속했기 때문에 價値混亂과 더불어 損害도 컸다. 부모에게는 傳統에 따라 孝誠을 다해 모시느라 힘들었으나 子女들로부터는 같은 待接를 받지 못하였다. 안팎 곱사 신세였다.

(2) 對外競爭力의 構成과 增減推移

(滿點 = 100)

年齡 / 年度 / 構成	1 1936	5 1940	10 1945	15 1950	20 1955	25 1960	30 1965	35 1970	40 1975	45 1980	50 1985	55 1990	60 1995	65 2000	70 2005	滿點의 要件
1. 體力 (100)	5	10	15	20	40	60	70	80	85	90	95	94	93	92	91	無病, 16時間 活動, 飮酒·吸煙 愛好
2. 學力 (100)	0	2	5	20	45	75	85	90	95	100	100	100	100	100	100	博士學位 取得, 教授職 保有
3. 德力 (100)	0	2	5	10	20	30	40	50	62	74	84	92	96	98	99	認定·稱頌·信賴·尊敬의 極値
4. 權力 (100)	0	0	0	1	3	10	30	50	70	80	85	90	95	98	98	高位職 保有, 影響力 至大, 相對方 勝服
5. 財力 (100)	5	5	5	10	20	30	50	80	90	95	95	95	95	95	95	住宅保有, 家計自足, 餘裕資金 保有
合計(500) (100點基準)	10 (2.0)	19 (3.8)	30 (6.0)	61 (12.2)	128 (25.6)	205 (41.0)	275 (55.0)	350 (70.0)	402 (80.4)	439 (87.8)	459 (91.8)	471 (94.2)	479 (95.8)	483 (96.6)	483 (96.6)	-

(3) 對外競爭力의 構成要素別 增減推移圖

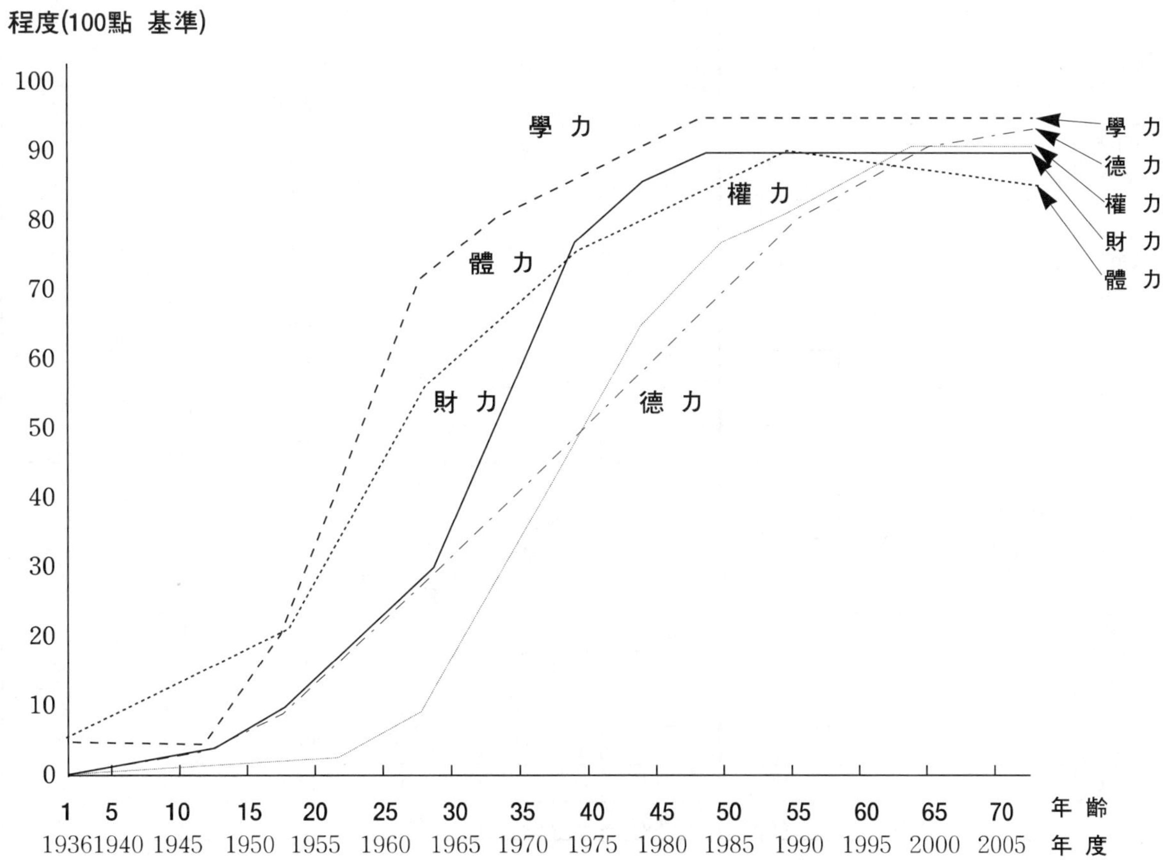

2. 生涯部門別 比較指數

(1) 敎育 및 經歷의 年度別 分布集計와 比較指數

區分 / 年度	敎育 및 經歷別 集計			敎育 및 經歷別 指數 (最高年度値 = 100)					
	敎育·訓練·賞勳(個)	基本經歷(個)	副次經歷(個)	敎育·訓練·賞勳	基本經歷	副次經歷	合計	100基準換算値	順位
1945	1	-	-	10.0	-	-	10.0	3.3	52
1946	1	-	-	10.0	-	-	10.0	3.3	52
1947	1	-	-	10.0	-	-	10.0	3.3	52
1948	3	-	-	30.0	-	-	30.0	10.0	44
1949	3	-	-	30.0	-	-	30.0	10.0	44
1950	4	-	-	40.0	-	-	40.0	13.3	32
1951	4	-	-	40.0	-	-	40.0	13.3	32
1952	1	-	-	10.0	-	-	10.0	3.3	52
1953	3	-	-	30.0	-	-	30.0	10.0	44
1954	4	-	-	40.0	-	-	40.0	13.3	32
1955	2	-	-	20.0	-	-	20.0	6.7	50
1956	3	-	-	30.0	-	-	30.0	10.0	44
1957	2	-	-	20.0	-	-	20.0	6.7	50
1958	1	-	-	10.0	-	-	10.0	3.3	52
1959	1	-	-	10.0	-	-	10.0	3.3	52
1960	1	1	-	10.0	25.0	-	35.0	11.7	37
1961	1	1	-	10.0	25.0	-	35.0	11.7	37
1962	1	1	-	10.0	25.0	-	35.0	11.7	37
1963	1	1	-	10.0	25.0	-	35.0	11.7	37
1964	1	1	-	10.0	25.0	-	35.0	11.7	37
1965	-	-	2	-	-	5.7	5.7	1.9	60
1966	-	1	2	-	25.0	5.7	30.7	10.2	43
1967	-	-	2	-	-	5.7	5.7	1.9	60
1968	-	-	2	-	-	5.7	5.7	1.9	60
1969	2	-	1	20.0	-	2.9	22.9	7.6	49
1970	1	-	-	10.0	-	-	10.0	3.3	52
1971	1	-	-	10.0	-	-	10.0	3.3	52
1972	2	2	3	20.0	50.0	8.6	78.6	26.2	20
1973	1	2	7	10.0	50.0	20.0	90.0	30.0	18
1974	1	-	6	10.0	-	17.1	27.1	9.0	48
1975	1	-	8	10.0	-	22.9	32.9	11.0	42
1976	2	1	5	20.0	25.0	14.3	59.3	19.8	25
1977	-	1	10	-	25.0	28.6	53.6	17.9	27
1978	-	-	15	-	-	42.9	42.9	14.3	29
1979	-	-	14	-	-	40.0	40.0	13.3	32
1980	1	2	21	10.0	50.0	60.0	120.0	40.0	9

區分 / 年度	教育 및 經歷別 集計			教育 및 經歷別 指數 (最高年度値 = 100)					
	教育·訓練·賞勳(個)	基本經歷(個)	副次經歷(個)	教育·訓練·賞勳	基本經歷	副次經歷	合計	100基準換算値	順位
1981	-	-	14	-	-	40.0	40.0	13.3	32
1982	2	1	25	20.0	25.0	71.4	116.4	38.8	10
1983	-	-	20	-	-	57.1	57.1	19.0	26
1984	-	-	15	-	-	42.9	42.9	14.3	29
1985	-	1	17	-	25.0	48.6	73.6	24.5	22
1986	-	1	14	-	25.0	40.0	65.0	21.7	24
1987	5	-	9	50.0	-	25.7	75.7	25.2	21
1988	1	1	20	10.0	25.0	57.1	92.1	30.7	16
1989	5	-	17	50.0	-	48.6	98.6	32.9	14
1990	9	1	35	90.0	25.0	100.0	215.0	71.7	2
1991	-	-	24	-	-	68.6	68.6	22.9	23
1992	3	1	29	30.0	25.0	82.9	137.9	46.0	6
1993	4	-	18	40.0	-	51.4	91.4	30.5	17
1994	4	1	26	40.0	25.0	74.3	139.3	46.4	5
1995	3	-	21	30.0	-	60.0	90.0	30.0	18
1996	2	-	32	20.0	-	91.4	111.4	37.1	11
1997	5	1	29	50.0	25.0	82.9	157.9	52.6	3
1998	2	-	27	20.0	-	77.1	97.1	32.4	15
1999	10	-	17	100.0	-	48.6	148.6	49.5	4
2000	1	-	13	10.0	-	37.1	47.1	15.7	28
2001	9	-	16	90.0	-	45.7	135.7	45.2	7
2002	9	4	22	90.0	100.0	62.9	252.9	84.3	1
2003	3	1	23	30.0	25.0	65.7	120.7	40.2	8
2004	4	1	13	40.0	25.0	37.1	102.1	34.0	13
2005	5	1	12	50.0	25.0	34.3	109.3	36.4	12
2006	-	1	6	-	25.0	17.1	42.1	14.0	31
累計	137	30	612	1,370.0	750.0	1,748.5	3,868.5	1,289.5	-

客說 : 經驗에서 얻은 삶의 眞實

우리가 英語를 배우는 데 바친 時間을 다른 學科目에 할애했더라면 훨씬 더 實力이 올랐을 것이다. 先進國의 국민들은 어느 나라를 가든 자기 나라 말이나 자기 나라 돈으로 통용되지만 後進國들은 그러하지 못하다. 先進國의 道路標識板은 자기 나라 글로만 쓰여 있지만 우리 나라는 두 개 내지 세 개 文字로 표기되어 있다. 슬픈 일이다.

客說 : 經驗에서 얻은 삶의 眞實

나는 다양한 機關에서 講義를 해본 經驗을 갖고 있다. 家庭教師로부터 中學講師, 高教教師, 學院講師, 大學講師, 大學院 教授, 教育院 및 訓練院 講師 등을 역임했다. 다만, 初等學校만은 師範學校 시절 2주간의 教生實習을 한 經驗밖에 없다. 初等學校 正教師資格證을 갖고 있으므로 어느 조용한 初等學校에서 學生들을 가르쳐보는 게 하나의 소망으로 남아 있다.

(2) 學問業績의 年度別 및 種類別 分布集計와 比較指數

區分 / 年度	業績別 集計			業績別 指數(最高年度値 = 100)					
	著作刊行 (篇)	大衆發表 (回)	弟子育成 (名)	著作刊行	大衆發表	弟子育成	合 計	100基準 換算値	順 位
1957	-	1	1	-	-	0.1	0.1	0.03	45
1958	-	-	1	-	-	0.1	0.1	0.03	45
1959	-	-	1	-	-	0.1	0.1	0.03	45
1960	-	-	-	-	-	-	-	-	49
1961	-	-	180	-	-	10.1	10.1	3.4	41
1962	-	-	1	-	-	0.1	0.1	0.03	45
1963	-	-	301	-	-	17.0	17.0	5.7	39
1964	2	-	2	3.7	-	0.1	3.8	1.3	43
1965	3	1	44	5.6	0.6	2.5	8.7	2.9	42
1966	3	-	157	5.6	-	8.8	14.4	4.8	40
1967	7	-	197	13.0	-	11.1	24.1	8.0	37
1968	8	-	1,220	14.8	-	68.7	83.5	27.8	28
1969	8	-	240	14.8	-	13.5	28.3	9.4	36
1970	-	-	-		-	-	-	-	49
1971	1	-	-	1.9	-	-	1.9	0.6	44
1972	19	6	6	35.2	3.4	0.3	38.9	13.0	35
1973	16	11	795	29.6	6.2	44.8	80.6	26.9	29
1974	20	1	1,251	37.0	0.6	70.5	108.1	36.0	18
1975	14	9	1,775	25.9	5.1	100.0	131.0	43.7	13
1976	7	7	78	13.0	3.9	4.4	21.3	7.1	38
1977	26	8	477	48.1	4.5	26.9	79.5	26.5	30
1978	20	27	182	37.0	15.2	10.3	62.5	20.8	33
1979	26	20	191	48.1	11.2	10.8	70.1	23.4	31
1980	15	20	490	27.8	11.2	27.6	66.6	22.2	32
1981	26	21	629	48.1	11.8	35.4	95.3	31.8	26
1982	29	32	697	53.7	18.0	39.3	111.0	37.0	17
1983	24	29	640	44.4	16.3	36.1	96.8	32.3	25
1984	21	33	703	38.9	18.5	39.6	97.0	32.3	24
1985	29	30	654	53.7	16.9	36.8	107.4	35.8	19
1986	30	28	585	55.6	15.7	33.0	104.3	34.8	20
1987	30	52	630	55.6	29.2	35.5	120.3	40.1	14
1988	24	69	634	44.4	38.8	35.7	118.9	39.6	15
1989	39	87	330	72.2	48.9	18.6	139.7	46.6	11
1990	40	119	419	74.1	66.9	23.6	164.6	54.9	6
1991	42	146	697	77.8	82.0	39.3	199.1	66.4	3
1992	39	137	1,059	72.2	77.0	59.7	208.9	69.4	2
1993	33	115	656	61.1	64.6	37.0	162.7	54.2	7
1994	26	107	728	48.1	60.1	41.0	149.2	49.7	9

年度 \ 區分	業績別 集計			業績別 指數(最高年度値 = 100)					
	著作刊行 (篇)	大衆發表 (回)	弟子育成 (名)	著作刊行	大衆發表	弟子育成	合計	100基準 換算値	順位
1995	54	178	859	100.0	100.0	48.4	248.4	82.8	1
1996	29	151	691	53.7	84.8	38.9	177.4	59.1	5
1997	35	145	606	64.8	81.5	34.1	180.4	60.1	4
1998	38	109	401	70.4	61.2	22.6	154.2	51.4	8
1999	34	85	379	63.0	47.8	21.4	132.2	44.1	12
2000	19	97	515	35.2	54.5	29.0	118.7	39.6	16
2001	20	91	230	37.0	51.1	13.0	101.1	33.7	23
2002	25	85	162	46.3	47.8	9.1	103.2	34.4	21
2003	21	107	61	38.9	60.1	3.4	102.4	34.1	22
2004	31	155	59	57.4	87.1	3.3	147.8	49.3	10
2005	15	103	48	27.8	57.9	2.7	88.4	29.5	27
2006	10	41	10	18.5	23.0	0.6	42.1	14.0	34
累計	957	2,493	20,672	1,772.3	1,400.6	1,164.6	4,337.5	1,445.8	-

客說 : 經驗에서 얻은 삶의 眞實

높은 知能指數를 갖고 태어나는 것은 福이다. 그리고 더 큰 福은 그 知能을 더욱 개발하여 自身과 社會를 위해 값있게 사용하는 데 있다.

客說 : 經驗에서 얻은 삶의 眞實

소크라테스가 처음부터 哲學者였다면 그의 婦人 크산티페는 결코 惡妻라 할 수 없고, 크산티페가 처음부터 惡妻의 氣質을 갖고 있었다면 그 德에 소크라테스는 철학자가 되었을 것이다.

客說 : 經驗에서 얻은 삶의 眞實

가장 힘든 職業 中의 하나가 入住하는 家庭敎師職이다. 入則地獄이오 出則極樂이란 말은 家庭敎師 生活에 해당하는 것이다.

客說 : 經驗에서 얻은 삶의 眞實

身體가 강건하여 힘이 센 사람이나 얼굴이 잘나 부러움을 받는 사람은 조용히 앉아 自己 精進을 하기 어렵다. 힘센 사람은 힘자랑하러 돌아다니고 얼굴 잘난 사람은 남에게 보일려고 분주히 다니느라 時間浪費가 많을 수 밖에 없다.

(3) 個人活動의 年度別 및 種類別 分布集計와 比較指數

區分 年度	活動別 集計						活動別 指數(最高年度值 = 100)								
	團體加入(個)	紀念作文(件)	主禮執典(回)	行事參席(回)	紹介弘報(件)	年賀狀受領(個)	團體加入	紀念作文	主禮執典	行事參席	紹介弘報	年賀狀受領	合計	100基準換算值	順位
1961	2	-	-	-	-	5	40.0	-	-	-	-	1.0	41.0	6.8	34
1962	-	-	-	-	-	6	-	-	-	-	-	1.2	1.2	0.2	46
1963	-	-	-	-	-	8	-	-	-	-	-	1.5	1.5	0.3	45
1964	-	-	-	-	-	10	-	-	-	-	-	1.9	1.9	0.3	44
1965	2	-	-	-	-	12	40.0	-	-	-	-	2.3	42.3	7.1	33
1966	-	-	-	-	-	13	-	-	-	-	-	2.5	2.5	0.4	43
1967	1	-	-	-	-	15	20.0	-	-	-	-	2.9	22.9	3.8	37
1968	-	-	-	-	-	17	-	-	-	-	-	3.3	3.3	0.6	42
1969	-	-	-	-	-	19	-	-	-	-	-	3.7	3.7	0.6	41
1970	-	-	-	-	-	21	-	-	-	-	-	4.0	4.0	0.7	40
1971	-	-	-	-	-	24	-	-	-	-	-	4.6	4.6	0.8	39
1972	2	-	-	-	-	50	40.0	-	-	-	-	9.6	49.6	8.3	32
1973	1	-	-	-	-	60	20.0	-	-	-	-	11.5	31.5	5.3	35
1974	-	-	-	-	-	80	-	-	-	-	-	15.4	15.4	2.6	38
1975	3	-	-	-	-	100	60.0	-	-	-	-	19.2	79.2	13.2	28
1976	-	-	-	-	-	120	-	-	-	-	-	23.1	23.1	3.9	36
1977	1	-	2	-	-	140	20.0	-	18.2	-	-	26.9	65.1	10.9	30
1978	1	-	3	-	-	160	20.0	-	27.3	-	-	30.8	78.1	13.0	29
1979	1	-	-	-	-	180	20.0	-	-	-	-	34.6	54.6	9.1	31
1980	1	-	2	-	5	200	20.0	-	18.2	-	3.5	38.5	80.2	13.4	27
1981	2	-	4	-	4	210	40.0	-	36.4	-	2.8	40.4	119.6	19.9	25
1982	-	1	6	-	3	230	-	20.0	54.5	-	2.1	44.2	120.8	20.1	24
1983	1	1	5	1	4	250	20.0	20.0	45.5	2.3	2.8	48.1	138.7	23.1	23
1984	2	1	3	1	-	290	40.0	20.0	27.3	2.3	-	55.8	145.4	24.2	22
1985	-	-	3	-	4	320	-	-	27.3	-	2.8	61.5	91.6	15.3	26
1986	2	3	-	2	27	490	40.0	60.0	-	4.7	19.0	94.2	217.9	36.3	19
1987	-	2	6	11	17	520	-	40.0	54.5	25.6	12.0	100.0	232.1	38.7	17
1988	1	-	4	3	27	415	20.0	-	36.4	7.0	19.0	79.8	162.2	27.0	21
1989	1	2	2	14	48	505	20.0	40.0	18.2	32.6	33.8	97.1	241.7	40.3	15
1990	-	4	8	12	14	406	-	80.0	72.7	27.9	9.9	78.1	268.6	44.8	12
1991	3	1	5	18	63	360	60.0	20.0	45.5	41.9	44.4	69.2	281.0	46.8	10
1992	3	3	4	28	97	360	60.0	60.0	36.4	65.1	68.3	69.2	359.0	59.8	3
1993	-	5	5	32	48	290	-	100.0	45.5	74.4	33.8	55.8	309.5	51.6	7
1994	1	-	7	34	33	250	20.0	-	63.6	79.1	23.2	48.1	234.0	39.0	16
1995	2	2	7	32	91	213	40.0	40.0	63.6	74.4	64.1	41.0	323.1	53.9	5
1996	2	-	7	43	75	230	40.0	-	63.6	100.0	52.8	44.2	300.6	50.1	8
1997	2	-	10	36	78	120	40.0	-	90.9	83.7	54.9	23.1	292.6	48.8	9
1998	4	2	7	41	59	154	80.0	40.0	63.6	95.3	41.5	29.6	350.0	58.3	4
1999	5	3	11	38	81	300	100.0	60.0	100.0	88.4	57.0	57.7	463.1	77.2	1
2000	-	2	8	33	37	282	-	40.0	72.7	76.7	26.1	54.2	269.7	45.0	11
2001	3	2	9	19	53	288	60.0	40.0	81.8	44.2	37.3	55.4	318.7	53..1	6
2002	-	3	9	14	24	271	-	60.0	81.8	32.6	16.9	52.1	243.4	40.6	14
2003	-	2	8	14	79	292	-	40.0	72.7	32.6	55.6	56.2	257.1	42.9	13
2004	-	4	6	27	142	400	-	80.0	54.5	62.8	100.0	76.9	374.2	62.4	2
2005	3	2	5	8	28	242	60.0	40.0	45.5	18.6	19.7	46.5	230.3	38.4	18
2006	-	5	4	12	7	236	-	100.0	36.4	27.9	4.9	45.4	214.6	35.8	20
累計	52	50	160	473	1,148	9,164	1,040.0	1,000.0	1,454.5	1,100.1	1,091.9	1,762.3	7,448.8	1,241.5	-

(4) 旅行·訪問의 年度別 및 分類別 分布集計와 比較指數

區分 年度	分類別 集計					分類別 指數(最高年度値 = 100)							
	訪問國(國)	訪問地域(個)	旅行回數(回)	旅行距離(㎞)	步行數(千步)	訪問國	訪問地域	旅行回數	旅行距離	步行數	合計	100基準換算値	順位
1936	1	1	1	-	3	10.0	1.6	0.7	-	0.05	12.4	2.5	64
1937	-	-	-	-	18	-	-	-	-	0.3	0.3	0.06	71
1938	-	-	-	-	37	-	-	-	-	0.6	0.6	0.1	70
1939	-	-	-	-	110	-	-	-	-	1.7	1.7	0.3	69
1940	-	-	-	-	183	-	-	-	-	2.8	2.8	0.6	68
1941	-	-	-	-	292	-	-	-	-	4.4	4.4	0.9	67
1942	-	-	-	-	438	-	-	-	-	6.7	6.7	1.3	66
1943	-	-	-	-	621	-	-	-	-	9.5	9.5	1.9	65
1944	-	-	-	-	842	-	-	-	-	12.8	12.8	2.6	63
1945	-	-	-	-	1,095	-	-	-	-	16.7	16.7	3.3	62
1946	-	-	-	-	1,168	-	-	-	-	17.8	17.8	3.6	61
1947	-	-	-	-	1,241	-	-	-	-	18.9	18.9	3.8	60
1948	-	-	-	-	1,318	-	-	-	-	20.1	20.1	4.0	59
1949	-	-	-	-	1.387	-	-	-	-	21.1	21.1	4.2	58
1950	-	-	-	-	1,460	-	-	-	-	22.2	22.2	4.4	57
1951	-	1	1	50	1,460	-	1.6	0.7	0.04	22.2	24.5	4.9	55
1952	-	1	1	148	1,537	-	1.6	0.7	0.1	23.4	25.8	5.2	54
1953	-	-	-	100	1,533	-	-	-	0.1	23.3	23.4	4.7	56
1954	-	2	3	480	1,825	-	3.3	2.1	0.4	27.8	33.6	6.7	51
1955	-	1	2	296	1,825	-	1.6	1.4	0.2	27.8	31.0	6.2	53
1956	-	2	3	1,066	1,830	-	3.3	2.1	0.8	27.9	34.1	6.8	50
1957	-	3	6	1,324	2,190	-	4.9	4.3	1.0	33.3	43.5	8.7	44
1958	-	4	6	1,205	6,570	-	6.6	4.3	0.9	100.0	111.8	22.4	25
1959	-	5	7	938	2,190	-	8.2	5.0	0.7	33.3	47.2	9.4	42
1960	-	4	6	2,784	2,196	-	6.6	4.3	2.2	33.4	46.5	9.3	43
1961	-	3	5	1,684	2,190	-	4.9	3.5	1.3	33.3	43.0	8.6	46
1962	-	2	3	1,918	1,825	-	3.3	2.1	1.5	27.8	34.7	6.9	49
1963	-	2	4	1,360	2,190	-	3.3	2.8	1.1	33.3	40.5	8.1	47
1964	-	6	7	1,240	2,196	-	9.8	5.0	1.0	33.4	49.2	9.8	41
1965	-	6	9	5,281	2.373	-	9.8	6.4	4.1	36.1	56.4	11.3	38
1966	-	2	3	2,134	2,372	-	3.3	2.1	1.7	36.1	43.2	8.6	45
1967	-	8	8	-	2,373	-	13.1	5.7	-	36.1	54.9	11.0	40
1968	-	-	-	652	2,379	-	-	-	0.5	36.2	36.7	7.3	48
1969	1	3	3	14,344	2,007	10.0	4.9	2.1	11.1	30.5	58.6	11.7	37
1970	-	10	10	13,273	2,007	-	16.4	7.1	10.3	30.5	64.3	12.9	36
1971	-	1	1	120	2,008	-	1.6	0.7	0.1	30.6	33.0	6.6	52
1972	1	9	11	21,024	2,196	10.0	18.8	7.8	16.3	33.4	82.3	16.5	34
1973	-	6	11	6,990	2,190	-	9.8	7.8	5.4	33.3	56.3	11.3	39
1974	1	19	25	11,613	2,190	10.0	31.1	17.7	9.0	33.3	101.1	20.2	29

區分 / 年度	分類別 集計					分類別 指數(最高年度値 = 100)							
	訪問國(國)	訪問地域(個)	旅行回數(回)	旅行距離(㎞)	步行數(千步)	訪問國	訪問地域	旅行回數	旅行距離	步行數	合計	100基準換算値	順位
1975	1	16	33	13,811	2,190	10.0	26.2	23.4	10.7	33.3	103.6	20.7	28
1976	2	11	11	32,918	2,196	20.0	18.0	7.8	25.5	33.4	104.7	20.9	27
1977	2	18	24	26,101	2,190	20.0	29.5	17.0	20.2	33.3	120.0	24.0	24
1978	2	16	23	20,668	2,190	20.0	26.2	16.3	16.0	33.3	111.8	22.4	25
1979	10	30	34	55,050	2,190	100.0	49.2	24.1	42.6	33.3	249.2	49.8	11
1980	-	8	17	9,234	2,196	-	13.1	12.1	7.1	33.4	65.7	13.1	35
1981	-	14	30	15,610	2,190	-	23.0	21.3	12.1	33.3	89.7	17.9	32
1982	4	24	50	48,455	1,095	40.0	39.3	35.5	37.5	16.7	169.0	33.8	18
1983	3	28	45	54,448	1,095	30.0	45.9	31.9	42.1	16.7	166.6	33.3	20
1984	1	30	51	40,780	1,098	10.0	49.2	36.2	31.6	16.7	143.7	28.7	21
1985	2	23	39	45,273	1,095	20.0	37.7	27.7	35.0	16.7	137.1	27.4	23
1986	1	17	23	36,160	913	10.0	27.9	16.3	28.0	13.9	96.1	19.2	30
1987	1	17	21	23,654	912	10.0	27.9	14.9	18.3	13.9	85.0	17.0	33
1988	-	22	33	25,081	915	-	36.1	23.4	19.4	13.9	92.8	18.6	31
1989	3	24	54	62,764	913	30.0	39.3	38.3	48.6	13.9	170.1	34.0	17
1990	1	31	62	32,263	912	10.0	50.8	44.0	25.0	13.9	143.7	28.7	21
1991	7	59	106	87,907	2,190	70.0	96.7	75.2	68.0	33.3	343.2	68.6	3
1992	1	40	87	50,407	1,464	10.0	65.6	61.7	39.0	22.3	198.6	39.7	16
1993	2	31	68	46,561	913	20.0	50.8	48.2	36.0	13.9	168.9	33.8	19
1994	4	49	81	71,078	1,460	40.0	80.3	57.4	55.0	22.2	254.9	51.0	9
1995	6	61	131	129,228	2,017	60.0	100.0	92.9	100.0	30.7	383.6	76.7	1
1996	1	35	93	54,747	2,054	10.0	57.4	66.0	42.4	31.3	207.1	41.4	14
1997	6	51	107	77,057	2,105	60.0	83.6	75.9	59.6	32.0	311.1	62.6	4
1998	1	40	112	29,320	1,687	10.0	65.6	79.4	22.7	25.7	293.4	58.7	5
1999	3	45	134	31,361	1,943	30.0	73.8	95.0	24.3	29.6	252.7	50.5	10
2000	5	46	125	64,091	1,870	50.0	75.4	88.7	49.6	28.5	292.2	58.4	6
2001	8	54	141	79,575	1,947	80.0	88.5	100.0	61.6	29.6	359.7	71.9	2
2002	7	41	79	75,985	2,055	70.0	67.2	56.0	58.8	31.3	283.3	56.7	7
2003	2	37	119	48,687	1,636	20.0	60.7	84.4	37.7	24.9	227.7	45.5	12
2004	2	37	124	57,415	732	20.0	60.7	87.9	44.4	11.1	214.1	42.8	13
2005	1	39	138	28,902	502	10.0	63.9	97.9	22.5	7.6	201.9	40.4	15
2006	8	42	85	57,101	303	80.0	68.9	60.3	44.2	4.6	258.0	51.6	8
累計	101	1,136	2,415	1,621,716	113,030	1,010.0	1,862.3	1,712.7	1,255.1	1,720.4	7,560.6	1,512.1	-

客說 : 經驗에서 얻은 삶의 眞實

回甲을 지나 나이가 많아질수록 運과 꿈을 믿고 저승의 存在에 대해 생각하며 神에 대한 依持가 강해지게 된다.

(5) 趣味生活의 年度別 및 種類別 分布集計와 比較指數

區分 / 年度	趣味別 集計						趣味別 指數(最高年度值 = 100)								
	歌唱 (曲)	小說 (卷)	映畵 (篇)	飮酒 (甁)	吸煙 (匣)	골프 (回)	歌唱	小說	映畵	飮酒	吸煙	골프	合計	100基準 換算值	順位
1941	1	-	-	-	-	-	3.4	-	-	-	-	-	3.4	0.6	64
1942	1	-	-	-	-	-	3.4	-	-	-	-	-	3.4	0.6	64
1943	1	-	-	-	-	-	3.4	-	-	-	-	-	3.4	0.6	64
1944	2	-	-	-	-	-	6.9	-	-	-	-	-	6.9	1.2	63
1945	3	2	-	-	-	-	10.3	2.0	-	-	-	-	12.3	2.1	62
1946	3	4	-	-	-	-	10.3	4.1	-	-	-	-	14.4	2.4	61
1947	5	7	-	-	-	-	17.2	7.1	-	-	-	-	24.3	4.1	59
1948	3	10	7	-	-	-	10.3	10.2	6.9	-	-	-	27.4	4.6	58
1949	4	13	12	-	-	-	13.8	13.3	11.8	-	-	-	38.9	6.5	57
1950	2	8	6	-	-	-	6.9	8.2	5.9	-	-	-	21.0	3.5	60
1951	14	39	10	-	-	-	48.3	39.8	9.8	-	-	-	97.9	16.3	47
1952	13	70	19	-	-	-	44.8	71.4	18.6	-	-	-	134.8	22.5	41
1953	10	11	11	-	-	-	34.5	11.2	10.8	-	-	-	56.5	9.4	55
1954	24	22	12	-	-	-	82.8	22.4	11.8	-	-	-	117.0	19.5	43
1955	14	30	25	-	-	-	48.3	30.6	24.5	-	-	-	103.4	17.2	45
1956	10	26	11	-	-	-	34.5	26.5	10.8	-	-	-	71.8	12.0	54
1957	12	27	89	-	-	-	41.4	27.6	87.3	-	-	-	156.3	26.1	34
1958	15	13	14	-	-	-	51.7	13.3	13.7	-	-	-	78.7	13.1	51
1959	13	25	27	-	-	-	44.8	25.5	26.5	-	-	-	96.8	16.1	48
1960	8	26	22	-	-	-	27.6	26.5	21.6	-	-	-	75.7	12.6	53
1961	6	15	17	-	-	-	20.7	15.3	16.7	-	-	-	52.7	8.8	56
1962	19	20	36	26	-	-	65.5	20.4	35.3	2.5	-	-	123.7	20.6	42
1963	29	19	38	26	-	-	100.0	19.4	37.3	2.5	-	-	159.2	26.5	33
1964	12	20	32	52	-	-	41.4	20.4	31.4	5.0	-	-	98.2	16.4	46
1965	16	22	30	52	-	-	55.2	22.4	29.4	5.0	-	-	112.0	18.7	44
1966	17	27	33	156	91	-	58.6	27.6	32.6	14.9	10.8	-	144.5	24.1	37
1967	21	22	29	156	91	-	72.4	22.4	28.4	14.9	10.8	-	148.9	24.8	36
1968	16	22	25	210	183	-	55.2	22.4	24.5	20.1	21.8	-	144.0	24.0	39
1969	9	9	5	104	182	-	31.0	9.2	4.9	10.0	21.7	-	76.8	12.8	52
1970	9	5	27	130	183	-	31.0	5.1	26.5	12.4	21.8	-	96.8	16.1	48
1971	7	4	17	130	183	-	24.1	4.1	16.7	12.4	21.8	-	79.1	13.2	50
1972	15	16	12	315	274	-	51.7	16.3	11.8	30.1	32.6	-	142.5	23.8	40
1973	20	21	22	312	274	-	69.0	21.4	21.6	29.9	32.6	-	144.5	24.1	37
1974	15	22	26	546	274	-	51.7	22.4	25.5	52.2	32.6	-	184.4	30.7	31
1975	7	23	23	546	274	-	24.1	23.4	22.5	52.2	32.6	-	154.8	25.8	35
1976	14	10	25	628	366	-	48.3	10.2	24.5	60.1	43.6	-	186.7	31.1	29
1977	18	26	28	624	365	-	62.1	26.5	27.5	59.7	43.5	-	219.3	36.6	24
1978	19	22	26	702	365	-	65.5	22.4	25.5	67.2	43.5	-	224.1	37.4	21
1979	15	25	24	702	365	-	51.7	25.5	23.5	67.2	43.5	-	211.4	35.2	26

區分 / 年度	趣味別 集計						趣味別 指數(最高年度値 = 100)								
	歌唱 (曲)	小說 (卷)	映畵 (篇)	飮酒 (甁)	吸煙 (匣)	골프 (回)	歌唱	小說	映畵	飮酒	吸煙	골프	合計	100基準換算値	順位
1980	13	22	22	785	458	-	44.8	22.4	21.6	75.1	54.5	-	218.4	36.4	25
1981	16	22	22	780	456	-	55.2	22.4	21.6	74.6	54.3	-	228.1	38.0	19
1982	10	14	19	780	456	-	34.5	14.3	18.6	74.6	54.3	-	196.3	32.7	28
1983	12	23	18	1,045	456	62	41.4	23.4	17.6	100.0	54.3	44.0	280.7	46.8	11
1984	8	20	20	941	549	120	27.6	20.4	19.6	90.0	65.4	85.1	308.1	51.4	5
1985	16	17	25	941	547	141	55.2	17.3	24.5	90.0	65.1	100.0	352.1	58.7	1
1986	14	17	30	836	547	134	48.3	17.3	29.4	80.0	65.1	95.0	335.1	55.9	2
1987	7	13	22	836	548	111	24.1	13.3	21.6	80.0	65.2	78.7	282.9	47.2	9
1988	7	10	19	732	548	99	24.1	10.2	18.6	70.0	65.2	70.2	258.3	43.1	14
1989	6	14	19	732	638	81	20.7	14.3	18.6	70.0	76.0	57.4	257.0	42.8	15
1990	4	11	15	732	639	51	13.8	11.2	14.7	70.0	76.1	36.1	221.9	37.0	22
1991	6	29	31	732	639	46	20.7	29.6	30.4	70.0	76.1	32.6	259.4	43.2	13
1992	9	13	27	627	732	39	31.0	13.3	26.5	60.0	87.1	27.7	245.6	40.9	18
1993	1	12	16	627	730	7	41.4	12.2	15.7	60.0	86.9	5.0	221.2	36.9	23
1994	2	14	27	468	730	12	24.1	14.3	26.5	44.8	86.9	8.5	205.1	34.2	27
1995	7	25	35	468	730	27	93.1	25.5	34.3	44.8	86.9	19.1	303.7	50.6	6
1996	27	34	49	468	732	15	96.6	34.7	48.0	44.8	87.1	10.6	321.8	53.6	3
1997	28	31	58	390	730	12	6.9	31.6	56.9	37.3	86.9	8.5	228.1	38.0	19
1998	2	65	84	390	840	12	3.4	66.3	82.4	37.3	100.0	8.5	297.9	49.7	7
1999	1	51	58	374	803	13	6.9	52.0	56.9	35.8	95.6	9.2	256.4	42.7	16
2000	-	55	102	359	769	11	-	56.1	100.0	34.4	91.5	7.8	289.8	48.3	8
2001	2	81	59	365	730	13	6.9	82.7	57.8	34.9	86.9	9.2	278.4	46.4	12
2002	6	98	70	270	730	12	20.7	100.0	68.6	25.8	86.9	8.5	310.5	51.8	4
2003	5	26	27	235	730	6	17.2	26.5	26.5	22.5	86.9	4.3	183.9	30.7	32
2004	3	55	54	366	805	1	10.3	56.1	52.9	35.0	95.8	0.7	250.8	41.8	17
2005	6	75	52	364	803	4	20.7	76.5	51.0	34.8	95.6	2.8	281.4	46.9	10
2006	10	43	40	134	460	2	34.5	43.9	39.2	12.8	54.8	1.4	186.6	31.1	30
累計	681	1,573	1,760	21,194	21,098	1,031	2,348.3	1,753.0	1,725.4	2,028.1	2,500.6	731.1	11,086.5	1,847.8	-

客說 : 經驗에서 얻은 삶의 眞實

술이 취할수록 座席의 雰圍氣를 흐리게 하는 사람은 親舊를 많이 가지지 못한다. 누가 그런 사람과 자리를 같이 하여 氣分을 상하고 싶어 하겠는가?

客說 : 經驗에서 얻은 삶의 眞實

座席에서 어떤 사람이 우스운 이야기를 할 때 같이 웃어주지 못하는 사람은 性格上 問題가 있는 사람이다.

(6) 家計財政의 年度別 分布集計와 比較指數

(2006年 基準 不變價格)

區分 年度	家計財政의 集計(千원)			家計財政의 指數(最高年度値 = 100)					
	總收入	總支出	純收入	總收入	總支出	純收入	合計	100基準換算値	順位
1936	9	9	0	0.0008	0.0008	0	0.0016	0.0005	70
1937	14	14	0	0.0001	0.0001	0	0.002	0.0007	69
1938	20	20	0	0.002	0.002	0	0.004	0.001	67
1939	25	25	0	0.002	0.002	0	0.004	0.001	67
1940	29	29	0	0.003	0.003	0	0.006	0.002	64
1941	35	35	0	0.003	0.003	0	0.006	0.002	64
1942	38	38	0	0.003	0.003	0	0.006	0.002	64
1943	44	44	0	0.004	0.004	0	0.008	0.003	63
1944	57	57	0	0.005	0.005	0	0.010	0.003	61
1945	59	59	0	0.005	0.005	0	0.010	0.003	61
1946	171	171	0	0.015	0.015	0	0.030	0.010	60
1947	297	297	0	0.026	0.026	0	0.052	0.017	59
1948	411	411	0	0.036	0.037	0	0.073	0.024	58
1949	485	485	0	0.043	0.043	0	0.086	0.029	57
1950	2,192	2,192	0	0.194	0.195	0	0.389	0.130	56
1951	4,699	4,690	9	0,415	0,417	0,004	0,836	0,279	55
1952	7,929	7,905	24	0,700	0,702	0,010	1,412	0,471	54
1953	16,118	16,073	45	1,423	1,428	0,019	2,870	0,957	51
1954	27,431	27,354	77	2,423	2,430	0,032	4,885	1,628	47
1955	22,629	22,566	63	1,998	2,005	0,027	4,030	1,343	49
1956	20,337	20,281	56	1,796	1,802	0,024	3,622	1,207	50
1957	23,070	23,006	64	2,037	2,044	0,027	4,108	1,369	48
1958	12,322	12,289	33	1,088	1,092	0,014	2,194	0,731	52
1959	8,477	8,454	23	0,749	0,751	0,010	1,510	0,503	53
1960	36,997	36,896	101	3,267	3,278	0,043	6,588	2,196	46
1961	40,712	40,599	113	3,595	3,607	0,048	7,250	2,417	44
1962	45,484	45,358	126	4,017	4,030	0,053	8,100	2,700	41
1963	41,077	40,963	114	3,628	3,640	0,048	7,316	2,439	43
1964	53,567	43,949	9,618	4,731	3,905	4,058	12,694	4,231	36
1965	55,203	64,135	-8,932	4,875	5,699	-3,768	6,806	2,269	45
1966	92,849	102,580	-9,733	8,200	9,114	-4,106	13,208	4,403	35
1967	59,360	59,196	164	5,242	5,260	0,069	10,571	3,524	38
1968	75,985	75,811	174	6,710	6,736	0,073	13,519	4,506	34
1969	76,183	74,506	1,677	6,728	6,620	0,707	14,055	4,685	32
1970	75,195	73,339	1,856	6,641	6,516	0,783	13,940	4,647	33
1971	70,290	73,577	-3,287	6,208	6,537	-1,387	11,358	3,786	37
1972	90,331	113,996	-23,665	7,98	10,13	-9,98	8,13	2,71	40
1973	81,332	77,786	3,546	7,18	6,91	1,50	15,59	5,20	31

(2006年基準 不變價格)

區分 年度	家計財政의 集計(千원)			家計財政의 指數(最高年度値 = 100)					
	總收入	總支出	純收入	總收入	總支出	純收入	合計	100基準換算値	順位
1974	200,653	180,350	20,303	17.72	16.02	8.57	42.31	14.10	21
1975	95,085	67,596	27,489	8.40	6.01	11.60	26.01	8.67	30
1976	59,738	64,918	-5,180	5.28	5.77	-2.19	8.86	2.95	39
1977	132,875	82,346	50,529	11.73	7.32	21.32	40.37	13.46	23
1978	533,303	472,576	60,727	47.10	41.99	25.62	114.71	38.24	6
1979	157,763	130,524	27,239	13.93	11.60	11.49	37.02	12.34	26
1980	144,225	114,012	30,213	12.74	10.13	12.75	35.62	11.87	27
1981	101,682	69,835	31,847	8.98	6.20	13.44	28.62	9.54	29
1982	405,083	305,581	99,502	35.77	27.15	41.98	104.90	34.97	8
1983	147,178	101,955	45,223	13.00	9.06	19.08	41.14	13.71	22
1984	292,552	291,748	804	25.84	25.92	0.34	52.10	17.37	19
1985	363,225	126,187	237,038	32.08	11.21	100.00	143.29	47.76	3
1986	283,393	211,735	71,658	25.03	18.81	30.23	74.07	24.69	16
1987	196,242	108,019	88.223	17.33	9.60	37.22	64.15	21.38	18
1988	1,132,330	1,125,466	6,864	100.00	100.00	2.90	202.90	67.63	1
1989	161,251	129,471	31,780	14.24	11.50	13.41	39.15	13.05	25
1990	513,304	492,887	20,417	45.33	43.79	8.61	97.73	32.58	10
1991	424,725	218,617	206,108	37.51	19.42	86.95	143.88	47.96	2
1992	214,943	132,108	82,835	18.98	11.74	34.95	65.67	21.89	17
1993	310,009	703,189	-393,180	27.38	62.48	-165.87	-76.01	-25.34	71
1994	281,330	313,081	-31,751	24.85	27.82	-13.39	39.28	13.09	24
1995	192,262	157,532	34,730	16.98	14.00	14.65	45.63	15.21	20
1996	191,202	188,548	2,654	16.89	16.75	1.12	34.76	11.59	28
1997	570,322	605,679	-35,357	50.37	53.82	-14.92	89.27	29.76	13
1998	574,576	607,237	-32,661	50.74	53.95	-13.78	90.91	30.30	11
1999	483,511	471,286	12,225	42.70	41.87	5.16	89.73	29.91	12
2000	669.853	708,010	-38,157	59.16	62.91	-16.10	105.97	35.32	7
2001	525,082	504,096	20,986	46.37	44.79	8.85	100.01	33.34	9
2002	426,767	386,553	40,214	37.69	34.35	16.97	89.01	29.67	14
2003	378.009	344,578	33,431	33.38	30.62	14.10	78.10	26.03	15
2004	616.378	577.851	38.527	54.43	51.34	16.25	122.02	40.67	5
2005	748,122	724,780	23,342	66.07	64.40	9.85	140.32	46.77	4
2006	122.668	119.320	3.348	10.83	10.60	1.41	22.84	7.61	42
累計	12,691,104	11,906,868	784,236	1,120,85	1,057,98	330,84	2,509,67	836,56	-

客說 : 經驗에서 얻은 삶의 眞實

거지 生活에 익숙해지면 다른 고정된 職業을 갖기를 꺼리게 되고, 설혹 갖더라도 오래 지탱하지 못한다. 왜냐하면 거지는 일정하게 근무할 필요가 없어 時間이 자유롭고, 自己가 한 말에 대해서 責任을 갖지 않으며, 財産이 없어 稅金 낼 걱정이 없고, 받기만 하지 주는 경우가 없기 때문이다. 大學敎授도 이와 비슷한 점이 많아 한 번 발을 들여놓으면 영 떠나기 어려운 職業이다.

3. 生涯 比較指數들의 總合指數化

區分 / 年度	1. 敎育·經歷		2. 學問業績		3. 個人活動		4. 旅行·訪問		5. 趣味生活		6. 家計財政		加重化總合		
	指數	順位	指數	順位	指數	順位	指數	順位	指數	順位	指數	順位	合計	100點換算	順位
1936	0	63	0	49	0	47	2.5	64	0	67	0.0005	70	5.0	0.24	64
1937	0	63	0	49	0	47	0.06	71	0	67	0.0007	69	0.1	0.01	71
1938	0	63	0	49	0	47	0.1	70	0	67	0.001	67	0.2	0.01	70
1939	0	63	0	49	0	47	0.3	69	0	67	0.001	67	0.6	0.03	69
1940	0	63	0	49	0	47	0.6	68	0	67	0.002	64	1.2	0.06	68
1941	0	63	0	49	0	47	0.9	67	0.6	64	0.002	64	2.4	0.11	69
1942	0	63	0	49	0	47	1.3	66	0.6	64	0.002	64	3.2	0.15	66
1943	0	63	0	49	0	47	1.9	65	0.6	64	0.003	63	4.4	0.21	65
1944	0	63	0	49	0	47	2.6	63	1.2	63	0.003	61	6.4	0.31	63
1945	3.3	52	0	49	0	47	3.3	62	2.1	62	0.003	61	25.2	1.20	62
1946	3.3	52	0	49	0	47	3.6	61	2.4	61	0.01	60	26.1	1.24	61
1947	3.3	52	0	49	0	47	3.8	60	4.1	59	0.02	59	28.3	1.35	60
1948	10.0	44	0	49	0	47	4.0	59	4.6	58	0.02	58	62.7	2.98	56
1949	10.0	44	0	49	0	47	4.2	58	6.5	57	0.03	57	65.0	3.09	55
1950	13.3	32	0	49	0	47	4.4	57	3.5	60	0.1	56	79.1	3.77	50
1951	13.3	32	0	49	0	47	4.9	55	16.3	47	0.3	55	93.5	4.45	47
1952	3.3	52	0	49	0	47	5.2	54	22.5	41	0.5	54	50.9	2.42	59
1953	10.0	44	0	49	0	47	4.7	56	9.4	55	1.0	51	71.8	3.42	53
1954	13.3	32	0	49	0	47	6.7	51	19.5	43	1.6	47	104.2	4.96	43
1955	6.7	50	0	49	0	47	6.2	53	17.2	45	1.3	49	67.0	3.19	54
1956	10.0	44	0	49	0	47	6.8	50	12.0	54	1.2	50	79.2	3.77	49
1957	6.7	50	0.03	45	0	47	8.7	44	26.1	34	1.4	48	81.4	3.88	48
1958	3.3	52	0.03	45	0	47	22.4	25	13.1	51	0.7	52	76.7	3.65	51
1959	3.3	52	0.03	45	0	47	9.4	42	16.1	48	0.5	53	53.1	2.53	58
1960	11.7	37	0	49	0	47	9.3	43	12.6	53	2.2	46	96.3	4.59	46
1961	11.7	37	3.4	41	6.8	34	8.6	46	8.8	56	2.4	44	199.3	9.49	37
1962	11.7	37	0.03	45	0.2	46	6.9	49	20.6	42	2.7	41	102.0	4.86	45
1963	11.7	37	5.7	39	0.3	45	8.1	47	26.5	33	2.4	43	143.8	6.85	39
1964	11.7	37	1.3	43	0.3	44	9.8	41	16.4	46	4.2	36	116.1	5.53	42
1965	1.9	60	2.9	42	7.1	33	11.3	38	18.7	44	2.3	45	103.5	4.93	44
1966	10.2	43	4.8	40	0.4	43	8.6	45	24.1	37	4.4	35	135.9	6.47	40
1967	1.9	60	8.0	37	3.8	37	11.0	40	24.8	36	3.5	38	130.0	6.19	41
1968	1.9	60	27.8	28	0.6	42	7.3	48	24.0	39	4.5	34	230.8	10.99	36
1969	7.6	49	9.4	36	0.6	41	11.7	37	12.8	52	4.7	32	147.1	7.00	38
1970	3.3	52	0	49	0.7	40	12.9	36	16.1	48	4.6	33	75.0	3.57	52
1971	3.3	52	0.6	44	0.8	39	6.6	52	13.2	50	3.8	37	61.1	2.91	57
1972	26.2	20	13.0	35	8.3	32	16.5	34	23.8	40	2.7	40	307.1	14.62	34
1973	30.0	18	26.9	29	5.3	35	11.3	39	24.1	37	5.2	31	394.9	18.80	32
1974	9.0	48	36.0	18	2.6	38	20.2	29	30.7	31	14.1	21	384.8	18.32	33

區分 年度	1. 敎育·經歷		2. 學問業績		3. 個人活動		4. 旅行·訪問		5. 趣味生活		6. 家計財政		加重化總合		
	指數	順位	指數	順位	指數	順位	指數	順位	指數	順位	指數	順位	合計	100點換算	順位
1975	11.0	42	43.7	13	13.2	28	20.7	28	25.8	35	8.7	30	424.1	20.20	29
1976	19.8	25	7.1	38	3.9	36	20.9	27	31.1	29	3.0	39	239.1	11.39	35
1977	17.9	27	26.5	30	10.9	30	24.0	24	36.6	24	13.5	23	417.2	19.87	30
1978	14.3	29	20.8	33	13.0	29	22.4	25	37.4	21	38.2	6	445.1	21.20	27
1979	13.3	32	23.4	31	9.1	31	49.8	11	35.2	26	12.3	26	415.0	19.76	31
1980	40.0	9	22.2	32	13.4	27	13.1	35	36.4	25	11.9	27	485.1	23.10	26
1981	13.3	32	31.8	26	19.9	25	17.9	32	38.0	19	9.5	29	439.2	20.91	28
1982	38.8	10	37.0	17	20.1	24	33.8	15	32.7	28	35.0	8	701.7	33.41	20
1983	19.0	26	32.3	25	23.1	23	33.3	20	46.8	11	13.7	22	535.7	25.51	24
1984	14.3	29	32.3	24	24.2	22	28.7	21	51.4	5	17.4	19	523.1	24.91	25
1985	24.5	22	35.8	19	15.3	26	27.4	23	58.7	1	47.8	3	655.4	31.21	22
1986	21.7	24	34.8	20	36.3	19	19.2	30	55.9	2	24.7	16	630.9	30.04	23
1987	25.2	21	40.1	14	38.7	17	17.0	33	47.2	9	21.4	18	666.8	31.75	21
1988	30.7	16	39.6	15	27.0	21	18.6	31	43.1	14	67.6	1	782.2	37.25	13
1989	32.9	14	46.6	11	40.3	15	34.0	17	42.8	15	13.1	25	775.4	35.97	17
1990	71.7	2	54.9	6	44.8	12	28.7	21	37.0	22	32.6	10	1,059.3	50.44	4
1991	22.9	23	66.4	3	46.8	10	68.6	3	43.2	13	48.0	2	1,024.5	48.79	7
1992	46.0	6	69.4	2	59.8	3	39.7	16	40.9	18	21.9	17	1,071.6	51.03	2
1993	30.5	17	54.2	7	51.6	7	33.8	19	36.9	23	-25.3	71	712.7	33.94	19
1994	46.4	5	49.7	9	39.0	16	51.0	9	34.2	27	13.1	24	861.7	41.03	12
1995	30.0	18	82.8	1	53.9	5	76.7	1	50.6	6	15.2	20	1,112.0	52.95	1
1996	37.1	11	59.1	5	50.1	8	41.4	14	53.6	3	11.6	28	917.7	43.41	11
1997	52.6	3	60.1	4	48.8	9	62.6	4	38.0	19	29.8	13	1,071.4	51.02	3
1998	32.4	15	51.4	8	58.3	4	58.7	5	49.7	7	30.3	11	961.6	45.79	9
1999	49.5	4	44.1	12	77.2	1	50.5	10	42.7	16	29.9	12	1,054.3	50.20	5
2000	15.7	28	39.6	16	45.0	11	58.4	6	48.3	8	35.3	7	767.1	36.53	16
2001	45.2	7	33.7	23	53.1	6	71.9	2	46.4	12	33.3	9	930.7	44.32	10
2002	84.3	1	34.4	21	40.6	14	56.7	7	51.8	4	29.7	14	1,044.6	49.74	6
2003	40.2	8	34.1	22	42.9	13	45.5	12	30.7	32	26.0	15	776.9	37.00	15
2004	34.0	13	49.3	10	62.4	2	42.8	13	41.8	17	40.7	5	964.9	45.95	8
2005	36.4	12	29.5	27	38.4	18	40.4	15	46.9	10	46.8	4	780.7	37.18	14
2006	14.0	31	14.0	34	35.8	20	51.6	8	31.1	30	7.6	42	724.3	34.49	18
累計	1,289.5	2,566	1,445.8	2,566	1,241.5	2,566	1,512.1	2,566	1,847.8	2,566	836.6	2,566	27,567.4	1,312.73	2,566
年平均	18.2	36	20.4	36	17.5	36	21.3	36	26.0	36	11.8	36	388.3	18.49	36

* 加重化 總合은 生涯價値를 결정하는 重要度에 따라 ①學問業績 6, ②敎育·經歷 5, ③個人活動 4, ④家計財政 3, ⑤旅行·訪問 2, ⑥趣味生活 1의 加重値를 부여하여 계산된 것임.

客說 : 經驗에서 얻은 삶의 眞實

내가 남을 꾸짖는 것은 忠告요 남이 나를 꾸짖는 것은 잔소리다. 충고와 잔소리는 그 根源은 같되 結果는 다르게 나타난다.

○ 指數의 最高·最低値 및 年平均値

區分		1. 教育·經歷	2. 學問業績	3. 個人活動	4. 旅行·訪問	5. 趣味生活	6. 家計財政	總 合
最 高	年 度	2002	1995	1999	1995	1985	1988	1995
	指 數	84.3	82.8	77.2	76.7	58.7	67.6	53.0
最 低	年 度	1936~44	1936~56, 1960, 1970	1936~60	1937	1936~40	1993	1937
	指 數	0	0	0	0.06	0	-25.3	0.01
年平均	指數累計	1,289.5	1,445.8	1,241.5	1,512.1	1,847.8	836.6	1,312.7
	平均指數	18.2	20.4	17.5	21.3	26.0	11.8	18.5

客說 : 經驗에서 얻은 삶의 眞實

늙어갈수록 步幅이 좁아지고 있다. 아마 얼마 안 있으면 애기처럼 아장아장 걷게 될 것 같다. 그래서 같은 거리라도 步行數는 점점 늘어나게 된다.

客說 : 經驗에서 얻은 삶의 眞實

小人은 꾸중을 들으면 스스로 고칠 생각은 하지 않고 꾸중한 사람의 작은 弱點을 찾아 반드시 공격하여 앙갚음을 하게 된다. 小人에게 충고하는 것은 소의 귀에 經 읽기만 못하다. 소는 듣기만 하고 반격은 가하지 않기 때문이다.

客說 : 經驗에서 얻은 삶의 眞實

남에게 대접을 하고 나서 稱讚을 받거나 남을 대접하는 일이 없어 자린고비라고 욕을 먹는 사람은 普通 사람이고, 남에게 대접을 잘 하면서 놀림을 받는 사람은 매우 모자라는 사람이며, 대접을 받으면서 稱頌과 尊敬을 받는 사람은 정말 대단한 사람이라고 할 수 있다.

客說 : 經驗에서 얻은 삶의 眞實

내가 歷史的 人物과 現存하는 사람들로부터 받은 恩惠와 影響은 그 量과 質에 있어 내가 남들에게 준 것보다 훨씬 많고 높다. 그래서 나는 이 世上에 와서 신세를 지고 가는 셈이다.

客說 : 經驗에서 얻은 삶의 眞實

그리스의 古代 學者이자 哲學의 아버지라고 불리는 소크라테스(Socrates, B.C. 470~399)는 도시국가 아테네에서 국민을 계도하기 위한 민중감화운동을 전개하여 街路나 廣場에서 대중연설을 하고 다녔다. 그리하여 철학사에 빛나는 플라톤, 아리스토텔레스와 같은 위대한 후진을 배출시킨 원동력이 되었다. 그러나 그는 국가로부터 神을 모독하고 아테네 청년들을 부패시켰다는 죄명으로 사형을 선고받아 독배를 마시고 생을 마감했던 것이다.

소크라테스와 함께 또 한 사람 유명한 분이 그의 부인인 크산티페(Xantippe)이다. 이 부인은 현명한 철인인 남편과는 극히 대조적으로 아주 몹쓸 악처로 부각되고 있다. 남편의 생활과 활동에 대한 비난과 힐책을 서슴치 않고 집에만 오면 잔소리와 욕을 퍼부어 아주 못살게 굴었다. 악을 쓰다가 더 심하면 바가지로 물을 떠서 남편의 머리에 퍼붓기까지 했다고 한다. 소크라테스는 暴言을 듣다가 물까지 뒤집어쓰고 나면 '허허-, 천둥이 치더니 소낙비가 내리는구나' 하고 너털웃음을 웃곤 하니, 그 부인은 더 미칠 지경에 이르곤 하여 더 악을 쓰지 않을 수 없었던 것이다.

역사와 기록과 구전으로만 배워온 후세인들은 흔히 소크라테스를 철학자이자 성인으로 추앙하고 그 부인 크산티페를 악처의 대명사로 손가락질하여 왔다. 그렇다면 사실 소크라테스는 위대하기만 하고 크산티페는 포악하기만 하였던가? 현재 명부에 가 있는 소크라테스는 좀 미안하다는 생각을 하고, 크산티페는 아주 억울하다는 생각을 하지 않을까? 소크라테스라는 남자와 크산티페라는 여자가 모두 평범한 사람이었다면 평범한 부부로서 살다 간 이름없는 보통의 아테네 시민에 불과했을 것이다. 그러나 이들은 그렇지 못하였기에 인류역사에 그 이름이 새겨졌고 여러 가지 교훈과 일화를 남겨 주었다. 나는 가끔 소크라테스를 철학자로 만들고 크산티페를 악처로 만든 근본요인이 어디에 있었을까 하는 생각을 하곤 했다.

처음 결혼했을 당시부터 크산티페는 악처였고 소크라테스는 철학자가 아닌 평범한 남편이었다고 가정할 때, 소크라테스를 철학자로 만든 것은 바로 부인 크산티페가 아니었나 한다. 부인으로부터 저질스러운 말과 포악한 행동을 매일 듣고 당한 남편은 인간생활을 고민하고 인생 자체를 의심하는 깊은 思念에 빠지게 되었고, 나아가 자연의 변화와 인간의 생사에까지 생각을 넓혀가는 과정에서 고민하는 철인이 되지 않았을까 하는 것이다. 부인의 악역이 위대한 남편을 창출한 결과를 가져왔다는 이야기다.

반대의 경우로 처음부터 소크라테스는 철학적 소질을 갖고 있었고 크산티페는 별로 나쁘지 않은 평범한 여인이었다고 가정하면 그 부인을 악처로 만든 것은 바로 남편 소크라테스가 아니었나 생각된다. 매일같이 알아듣지도 못하는 말을 흥얼거리면서 길거리를 돌아다니고 일정한 수입도 없이 가정은 엉망을 만들어 놓고 있는 남편에게 한결같이 고분고분하고 뒷바라지를 잘 해줄 부인이 과연 얼마나 있을까? 조금씩 항거하고 잔소리하는 습관이 깊어져서 드디어는 희대의 악처로 명성을 날리는 경지에까지 이르렀던 것이다. 소크라테스가 철학자로서 점점 위대해짐에 비례하여 크산티페의 지위는 악처로서 점점 더 향상되지 않았나 한다. 소크라테스가 독배를 마시고 죽기 전날 밤에 자녀들과 같이 감옥으로 면회온 크산티페가 울면서 작별인사를 한 것을 보면 처음부터 그렇게 나쁜 여자는 아니었던 것 같다.

窈窕淑女와 君子는 잘 맞는 배필이라고 하지만 처음부터 이렇게 만나기는 지극히 어렵고 같이 살아가는 동안에 서로 노력하여 이렇게 되도록 함이 옳을 것이다. 이는 부부관계에서만이 아니라 인간사회의 모든 인간관계에서도 똑같이 적용되는 원리라고 할 수 있다. 남편의 위대성을 이해못하여 올바로 내조하지 못한 크산티페에게도 잘못이 있었지만 국가와 중생을 선도하는 이론을 전개하는 사람이 자기 부인의 마음 하나 제대로 다스리지 못한 소크라테스도 뭐 그리 잘 했다고만 칭송할 수 없다고 하겠다.

第 3 部
生 涯 日 誌

每日每日의 活動과 事件을 記錄한 6卷의 日誌 노트들

▩ 總覽

第 1 篇　成長 · 修學期

第 2 篇　教授 · 研究期

第 3 篇　補職 · 奉仕期

第 4 篇　停年 · 餘生期

"**The** Moral nature of man has reached its present standard, partly through the advancement of his reasoning powers and consequently of a just public opinion, but especially from his sympathies having been rendered more tender and widely diffused through the effects of habit, example, instruction, and reflection."

Chapter XXI General Summary and Conclusion, ***The Descent of Man.*** by Charles Darwin (1809 - 1882)

(人間의 倫理的 本性은 부분적으로 인간의 理性的 能力의 진보와 이에 따른 정당한 大衆的 輿論의 향상을 통하여 現在 水準에 이르렀지만, 특히 習慣 · 實例 · 敎育 · 反省 등의 효과를 통해 보다 유연하고 넓게 확산되어 온 인간의 共感으로부터 현재 수준에 이르렀던 것이다.)

찰스 다윈(1809-1882), **人間의 系統.** 第21章 一般的 要約과 結論

▨ 總 覽 : 日誌 記錄의 基準

□ 期 間

○ 1936年 7月 28日 ~ 2006年 7月 28日
○ 年 度 : 70 年間
○ 日 字 : 25,568 日間

□ 區 分

○ 單 位 : 年齡別
  • 表記-年齡 (第○○歲) : 西紀年度 (檀紀年度), 干支年 / 生涯區分 時期
○ 月 日 : 陽曆-月·日·曜日, 陰曆-月·日
  • 表記-月, 日 (曜日), 陰 : 月·日
○ 事 項 : ① 本人 및 家族事項
　　　　　② 社會一般事項

□ 範 圍

○ 對 象
- ① 本人 및 家族事項
  - ① 本人 - 當事者
  - ② 直系尊屬 - 祖父母, 父母
  - ③ 配偶者 - 妻
  - ④ 直系卑屬 - 子女, 孫子女, 外孫子女
  - ⑤ 親族 - 兄弟姉妹
  - ⑥ 外族 - 外家家族
  - ⑦ 妻族 - 妻家家族
- ① 社會一般事項
  - ① 職場 - 서울大, 環境大 등
  - ② 團體 - 學會, 親睦會 등
  - ③ 故鄕 - 聞慶郡, 店村市, 聞慶市
  - ④ 國家 - 韓國, 北韓
  - ⑤ 國際 - 世界 各國

□ 項 目

區 分	對 象	構 成	記 錄 項 目
1. 本人 및 家族事項	1. 本 人	當事者	出生, 성장, 교육, 居住, 취업, 승진, 위촉, 발표, 여행, 운동, 耆好, 기타 活動 일체
	2. 直系尊屬	祖父母, 父母	거주, 資産, 回甲, 逝去, 墓所 등
	3. 配偶者	妻	출생, 교육, 結婚, 여행, 기타 활동
	4. 直系卑屬	子女, 孫子女, 外孫子女	출생, 성장, 교육, 入隊, 거주, 결혼, 出産 등
	5. 親族	兄弟姉妹	결혼, 회갑, 子女, 逝去, 묘소 등
	6. 外族	外家家族	회갑, 逝去, 묘소 등
	7. 妻族	妻家家族	出生, 거주, 결혼, 회갑 등
2. 社會一般 事 項	1. 職場	서울大, 環境大 등	創設, 移轉, 機關長 등
	2. 團體	學會, 親睦會 등	창설, 團體長 등
	3. 故鄕	聞慶郡, 店村市, 聞慶市	地位, 개편, 기관장 등
	4. 國家	韓國, 北韓	政治·經濟·社會·文化 등
	5. 國際	世界 各國	국제적 政治·經濟·社會·文化 등

□ 方 法

○ 本人 및 家族事項 : 敍述式으로 表記
○ 社會 一般 事項 : 個條式으로 表記

客說 : 經驗에서 얻은 삶의 眞實

중국 고대 3황5제의 한 분인 堯임금은 재위 50년(B.C. 2367~B.C. 2317경)에 선정을 베풀어 만백성을 편안케 한 훌륭한 분이셨다. 그러나 애석하게도 그의 아들 丹朱는 극히 어리석고 모자라서 제왕의 자질을 갖고 있지 못하였다. 그는 자기만의 안락을 위해서 모든 사람이 괴로워도 좋다는 '一人之樂 萬人之苦'를 주장하기도 하였다. 극단의 이기주의자요 자기중심형이었던 것이다. 아버지 요 임금은 고민하다가 도저히 그 아들에게 제위를 세습시킬 수 없다는 판단을 하고 당시 효자로서 이름이 난 현자 姚重華에게 그 위를 선위하니 그가 바로 舜임금이시다. 그리하여 요와 순은 태평성대의 정치를 했으니 이 시대를 우리는 요순시대라 부르고 善政의 표본으로 삼는다.

'一將功成에 萬骨枯'라는 말이 있다. 한 사람의 장수가 큰 공을 이루는 데는 수많은 사람의 죽음이 있어야 한다는 뜻이다. 한 사람의 영광과 부귀와 영달을 위해서는 숱한 사람의 희생과 비극이 뒤따르는 법이다. 우리는 이와 같은 슬픈 현상을 인류의 긴 역사에서 많이 보고 들어왔다. 이름 없이, 때로는 값 없이 죽어가고 신음한 將兵과 백성이 만물의 영장인 인류의 역사에 얼마나 많았던가? 그리고 선진국의 富와 영광을 위해 희생되고 착취된 식민지 국가가 얼마나 많았던가? 이와 같은 슬프고도 불공평한 현상은 전제군주국가나 제국주의 시대에만 있었던게 아니라 개명된 오늘날에도 수없이 일어나고 있다.

하나의 기관이나 단체를 이끌어가는 지도자가 자기만의 만족을 위해 구성원 모두의 희생을 강요하는 사례를 자주 본다. 독선・독주의 시범이고 이기주의의 표본이다. 이것이 바로 '일인지락 만인지고'인 것이다. 정치가・공직자・기업가・학자를 위시하여 각계 각층에 예외 없이 존재하고 있다. 그러나 문제는 이런 부류의 사람들이 줄어들지 않는다는데 있으며, 그 까닭은 이런 사람들의 성공률이 높다는 데 있다. 남을 먼저 생각하고 전체를 위해 자신을 희생하는 사람보다 자기 자신만을 위해 뛰는 사람이 더 잘 살고 더 높이 영달을 하는 사례가 많을 때는 '일인지락 만인지고'의 생활철학은 약화되지 않을 것이다. 사회의 풍토와 문화가 그렇게 조성되고 그런 방향으로 흘러가기 때문이다.

한 사회의 바람직한 규범・윤리・도덕・질서・도리 등이 올바로 정착되고 보편화되기 위해서는 이들의 가치와 效用이 현실세계에서 실제적으로 구현되고 증명되어야 한다. 도덕군자가 아닌 보통 사람은 이상적이고 정신적인 가치기준보다는 눈으로 보고 몸으로 겪은 경험적이고 물리적인 현존 사실을 더 믿고 추구하게 된다. 이와 같은 속성을 가진 보통 사람을 우리는 결코 비난할 수 없으니, 이는 이러한 속성이 곧 인간의 보편적 本性이기 때문이다. 따라서 이러한 인간본성을 성인이나 군자의 수준으로 바꾸기는 지극히 어렵거나 불가능하므로 해결해야 할 길은 하나밖에 없다. 곧, 눈에 보이고 몸으로 경험하는 실제 현상을 바람직한 正義의 상태로 전환시켜서 누구나 실제로 보고 느끼게 하는 것이다. 이렇게 하기 위한 가장 효과적인 방법은 많은 사람의 관심이 되고 영향력이 큰 위치에 있는 사람부터 먼저 시범을 보이도록 하는 것이다.

국가와 사회의 지도적 입장에 있는 사람들이 앞서 헌신하고 봉사하는 솔선수범을 보이며, 이것이 점차 확산되어 일반화되고 보편화될 때, 그리고 이와 같이 처신하는 사람이 그렇지 않는 사람에 비해 더 빨리 발전하고 더 큰 업적을 남길 때, 이 사회는 '일인지락 만인지고'라는 좋지 않는 풍토에서 벗어날 수 있을 것이다.

한 사람의 고생으로 [一人之苦] 수많은 사람이 행복해지는 [萬人之樂]의 사회가 될 수 있도록 우리 모두 애써 노력하고, 또 그러한 사람이 더욱 존경받고 더 잘 사는 원리가 그대로 실현될 수 있도록 만들어가야 하겠다. 이것이 인간사회를 위한 덕망이자 개인이 살아가는 참된 보람이기도 하다.

第 1 篇

成長·修學期

歷史의 脈絡 속에서 숱한 風霜과 함께 草凡이 살아온 삶의 痕迹을 日誌로 기록합니다. 日帝治下였던 1936年 7月 28日의 出生日부터 시작하여 美國留學을 마치고 돌아온 1971년말까지의 35年 425個月 12,940日間에 걸친 생생한 기록입니다. 36歲가 되기 전까지의 이 期間이 成長, 學業, 職場, 다시 學業으로 이어지는 過程에서 가장 어려운 難關들을 헤쳐온 時期였습니다.

국가적으로도 第2次 世界大戰, 解放과 美軍政, 南北分斷과 6.25動亂, 政府樹立, 4.19 革命과 5.16革命, 第1共和國에서 第3共和國까지의 政治的 浮沈과 經濟·社會的 變革 등의 숱한 曲折을 겪어왔습니다.

本人의 事項을 중심으로 하되 家族과 兄弟姉妹 및 妻家 家族의 變動을 함께 수록하였고, 아울러 國內外 主要事件도 병기하여 時代狀況과의 關係를 쉽게 이해토록 하였습니다.

○第 1 歲(1936) - 第 9 歲(1944) : 出生·幼兒期
○第 10 歲(1945) - 第 15 歲(1950) : 初等學校
○第 16 歲(1951) - 第 18 歲(1953) : 中等學校
○第 19 歲(1954) - 第 21 歲(1956) : 高等學校
○第 22 歲(1957) - 第 26 歲(1961) : 大學校·軍服務
○第 27 歲(1962) : 會社·高校敎師
○第 28 歲(1963) - 第 29 歲(1964) : 大學院
○第 30 歲(1965) : 內務部
○第 31 歲(1966) - 第 33 歲(1968) : 大學院 助敎
○第 34 歲(1969) - 第 36 歲(1971) : 美國 留學

『一家仁 一國興仁, 一家讓 一國興讓.
一人貪戾　一國作亂. 其機如此 此謂
一言僨事 一人定國.』

子思(B.C. 492~B.C. 432), **大學**. 治國章 篇

(한 집안이 어질면 한 나라가 어질게 되고
한 집안이 겸손하면 한 나라가 겸손하게 되며
한 사람이 욕심있고 비뚤어지는 일을 하면 한
나라가 어지러워진다. 그 관계됨이 이와 같으니
이것이 이른바 말 한 마디가 일을 그르치고
사람 하나가 나라를 안정시킨다는 것이다.)

자사 (B.C.492~B.C.432), **대학**. 치국장 편

生涯日誌

(1936.7.28 ~ 1971.12.31)

第 1 歲 : 1936 (4269) 丙子年 / 出生 - 幼兒期

月	日	陰	本人 및 家族事項	社會一般事項
7	28(火)	6.10	·慶北 聞慶郡 戶西南面 興德里 394番地에서 丙子年 乙未月 辛亥日 午時에 出生하다. ·當時 家族 祖母 丹陽禹氏 鳳伊 (69歲) 父 慶州金氏 商大 (41歲) 母 延日鄭氏 先岳 (39歲) 姉 石順 (17歲) 姉 石九 (11歲) 姉 石出 (4歲)	7.11(土) ·日本商人들의 朝鮮米 不買同盟으로 朝鮮米가 폭락 8. 5(水) ·朝鮮總督 第6代 宇垣 更迭되고 第7代 南次郎 就任 8. 9(日) ·孫基禎, 베를린 올림픽大會 마라톤 優勝
9	5(土)	7.20	·石順 누님 結婚하다. (姉兄 : 虎溪人 平海黃氏 在洙)	9.26(土) ·愼鏞項, 최초로 航空社 설립 10.23(金) ·漢江 人道橋 開通 12.12(土) ·朝鮮 思想犯 保護觀察令 公布 ·張學良, 西安事件으로 蔣介石 監禁

第 2 歲 : 1937 (4270) 丁丑年 / 幼兒期

月	日	陰	本人 및 家族事項	社會一般事項
4	25(日)	3.15	·當日字 出生으로 申告하여 戶籍上 生年月日로 法定化되다.	2.26(金) ·白白教 殺害 事件 發生 3.17(水) ·日語使用 强要
5	17(日)	4. 8	·父母任과 절에 가다.	7. 7(水) ·中·日 戰爭 勃發

第 3 歲 : 1938 (4271) 戊寅年 / 幼兒期

月	日	陰	本人 및 家族事項	社會一般事項
4	3(日)	3. 3	·外祖父 延日鄭氏 成五 享年 74歲로 逝去하여 興德 後山 共同墓地에 安葬하다.	2.26(土) ·朝鮮 陸軍志援兵令 公布 3. 3(木) ·中等學校 朝鮮語 閉止
5	7(土)	4. 8	·父母任과 절에 가다.	7.19(火) ·文世榮, 最初 『우리말 辭典』 刊行

第 4 歲 : 1939 (4272) 己卯年 / 幼兒期

月	日	陰	本人 및 家族事項	社會一般事項
5	26(金)	4. 8	·父母任과 절에 가다.	9. 3(日) ·第2次 大戰 勃發 12.27(木) ·쌀 配給制 實施

第 5 歲 : 1940 (4273) 庚辰年 / 幼兒期

月	日	陰	本 人 및 家 族 事 項	社 會 一 般 事 項
5	14(火)	4. 8	· 父母任과 절에 가다.	2.11(日) · 創氏改名制度 實施
7	20(土)	6.16	· 熱病을 얻어 3個月間 아프다.	9.27(金) · 日·獨·伊 3國同盟 結成

第 6 歲 : 1941 (4274) 辛巳年 / 幼兒期

月	日	陰	本 人 및 家 族 事 項	社 會 一 般 事 項
4	6(日)	3.10	· 동생 群濟 태어나다.(出生申告 및 戶籍記錄은 1941.8.19字로 法定化 되었음)	7. 1(火) · 한글 電報 閉止
				8.15(金) · 水豊 댐 發電 始作
5	3(土)	4. 8	· 父母任과 절에 가다.	12. 8(月) · 日本 眞珠灣 襲擊 · 太平洋 戰爭 勃發

第 7 歲 : 1942 (4275) 壬午年 / 幼兒期

月	日	陰	本 人 및 家 族 事 項	社 會 一 般 事 項
3	17(火)	2. 1	· 外祖母 寧越嚴氏 順伊 享年 72歲로 逝去하여 永順面 栗谷里에 安葬하다.	3. 1(日) · 金屬類 强制回收 始作
				5. 9(土) · 朝鮮 徵兵制 實施
5	22(金)	4. 8	· 父母任과 절에 가다.	6. 5(金) · 日軍, 미드웨이 海戰서 大敗
10	5(月)	8.25	· 驚氣의 病을 얻어 10月 中旬까지 아프다.	10. 1(木) · 朝鮮語學會事件 發生

第 8 歲 : 1943 (4276) 癸未年 / 幼兒期

月	日	陰	本 人 및 家 族 事 項	社 會 一 般 事 項
4	1(木)	2.27	· 國民學校 入學 面接에 실패하여 入學을 못하다.	4 .1(木) · 京城府 區制 實施
5	11(火)	4. 8	· 父母任과 절에 가다.	10.20(水) · 學兵制 實施
				11.22(月) · 美·英·中, 카이로 宣言

第 9 歲 : 1944 (4277) 甲申年 / 幼兒期

月	日	陰	本 人 및 家 族 事 項	社 會 一 般 事 項
1	29(土)	1. 4	· 妻 黃蓮子, 慶北 聞慶郡 戶西南面 店村里 472番地에서 태어나다. · 當時 家族 父 平海黃氏 龍燮 (31歲) 母 金海金氏 福伊 (25歲)	2. 8(火) · 전면 徵用 實施
				6.17(土) · 米穀 强制 供出制 實施
				7.25(火) · 第9代 朝鮮總督 阿部信行 임명
				8.23(水) · 女子挺身隊制 實施
				10. 1(日) · 朝興銀行 設立

1944

月	日	陰	本人 및 家族事項	社會一般事項
10	15(日)	8.29	·石九 누님 結婚하다. (姉兄 : 聞慶人 金海金氏 仁錫)	11.24(金) ·美國 B-29機 東京市 最初 爆擊

第 10 歲 : 1945 (4278) 乙酉年 / 幼兒期 - 初等學校

月	日	陰	本人 및 家族事項	社會一般事項
4	2(月)	2.20	·戶西南國民學校 1學年에 入學하다.	5. 7(月) ·獨逸, 聯合軍에 降伏
9	1(火)	7.25	·解放으로 인해 다시 國民學校 1學年을 始作하다. (擔任 : 閔湲植)	8.15(水) ·日本 降伏, 韓國 解放됨 10.13(土) ·初代 聞慶郡守 嚴宗燮 就任

第 11 歲 : 1946 (4279) 丙戌年 / 初等學校

月	日	陰	本人 및 家族事項	社會一般事項
4	21(日)	3.20	·妻弟 黃次蓮 태어나다. (戶籍上 生年月日은 1949. 11. 29로 됨)	3. 5(火) ·北朝鮮 土地改革令 공포 5.13(月) ·濟州·春川, 市로 昇格
8	22(木)	7.26	·祖母 丹陽禹氏 鳳伊 享年 79歲로 逝去하여 興德 깃골 後山에 安葬하였다가 1964年에 火葬하다.	6.25(火) ·2代 聞慶郡守 李華源 就任 7. 2(土) ·濟州道, 全南 分離 道 昇格
9	2(月)	7. 7	·國民學校 2學年이 되다. (擔任 : 金圭煥)	8.22(水) ·서울大 初代總長 Ansted 就任 9.18(水) ·서울市, 京畿 分離 獨立 10.15(火) ·서울大學校 綜合大學 開校

第 12 歲 : 1947 (4280) 丁亥年 / 初等學校

月	日	陰	本人 및 家族事項	社會一般事項
4	21(月)	3. 1	·學校에서 口腔 惡臭 소동으로 집으로 쫓겨와 齒牙를 닦기 始作하다.	2.23(日) ·裡里邑, 市 昇格 4.17(木) ·3代 聞慶郡守 金正根 就任
9	1(月)	7.17	·國民學校 3學年이 되다. (擔任 : 安璋翰)	9.15(月) ·安東師範大學校 開校 10.25(土) ·서울大 2代 總長 李春昊 就任

第 13 歲 : 1948 (4281) 戊子年 / 初等學校

月	日	陰	本人 및 家族事項	社會一般事項
7	24(土)	6.18	·國民學校 3學年末에 優等賞과 皆勤賞을 받다.	5.10(月) ·制憲議員 選擧 (聞慶 : 趙炳漢) 5.12(水) ·서울大 3代總長 張利郁 就任

1948

月	日	陰	本人 및 家族事項	社會一般事項
9	1(水)	7.28	·國民學校 4學年이 되다. (擔任 : 金福順) ·4學年 4班의 第1學期中 副級長으로 選出되다. ·最初로 읽은 漫畵冊·童話集 및 小說 등을 記錄하기 始作하다.	7. 1(木) ·國號를 大韓民國으로 決定 7.17(土) ·憲法 公布·實施 7.20(火) ·初代 大統領 李承晩 選出 8.15(日) ·大韓民國 政府 樹立 9. 8(水) ·4代 聞慶郡守 李龍九 就任 10. 8(金) ·聞慶中學校 開校

第 14 歲 : 1949 (4282) 己丑年 / 初等學校

月	日	陰	本人 및 家族事項	社會一般事項
3	1(火)	2. 2	·4學年 4班의 第2學期中 級長으로 選出되다.	1. 8(土) ·5代 聞慶郡守 蔡汶植 就任 1.14(金) ·서울大 4代總長 崔奎東 就任
7	26(火)	7. 1	·4學年末에 優等賞과 皆勤賞을 받다.	3.10(木) ·聞慶郡廳 店村으로 移動
9	1(木)	閏7.9	·國民學校 5學年이 되다. (擔任 : 鄭載勳) ·5學年 2班의 第1學期中 副級長으로 選出되다.	7. 4(月) ·地方自治法 制定 7.29(金) ·6代 聞慶郡守 李正熙 就任 8.14(日) ·水原·麗水·順天·浦項·金泉邑, 市 昇格 8.15(月) ·서울市, 特別市로 개칭

第 15 歲 : 1950 (4283) 庚寅年 / 初等學校

月	日	陰	本人 및 家族事項	社會一般事項
3	1(水)	1.13	·5學年 2班의 第2學期中 級長으로 選出되다.	5.30(火) ·2代 國會議員 選擧 (聞慶 : 梁在廈)
5	27(土)	4.11	·5學年末에 優等賞과 皆勤賞을 받다.	6. 5(月) ·換率 1,800 : 1 引上 6.25(日) ·韓國動亂 勃發
8	7(日) 31(木)	6.24 7.18	·妻男 黃載壽 태어나다. (戶籍上 生年月日은 1950.8.6 로 됨) ·校內 美術大會에서 3等賞을 받다.	8.18(金) ·政府, 釜山으로 移轉 9.15(金) ·UN軍, 仁川 上陸 9.23(土) ·7代 聞慶郡守 朴亨得 就任 9.28(木) ·서울 탈환
9	1(金)	7.19	·國民學校 6學年이 되다. (擔任 : 李成宰) ·6學年 2班의 第1學期中 副級長으로 選出되다. ·妻 黃蓮子 店村國民學校 1學年에 入學하다.	10.27(金) ·政府, 서울 還都 10.29(日) ·中共軍, 韓國戰 介入

第 16 歲 ; 1951 (4284) 辛卯年 / 初等學校 - 中等學校

月	日	陰	本人 및 家族事項	社會一般事項
3	1(水)	1.24	·6學年 2班의 第2學期中 級長으로 選出되다.	1. 3(水) ·政府, 釜山으로 再移轉

1951

月	日	陰	本人 및 家族事項	社會一般事項
6	20(水)	5.16	·中學校 入學 國家考試에서 450點 滿點 中 425點을 얻어 聞慶郡에서 1位를 차지하다.	1. 4(木) ·中共軍, 서울 占領
7	14(土)	6.11	·國民學校를 卒業하다. ·教育會長賞·優等賞·皆勤賞을 받다.	2.12(月) ·居昌 事件 發生 2.18(日) ·釜山서 戰時綜合大學 開講
8	10(金)	7. 8	·石出 누님과 醴泉에 가다.	3. 5(月) ·小作人에게 農地分配 發表 3.16(金) ·서울 再奪還
9	10(月) 15(土)	8.10 8.15	·聞慶中學校에 1等으로 入學하다. ·1學年 西班이 되다. (擔任 : 權赫成) ·1學年 西班의 第1學期中 級長에 任命되다.	4.11(水) ·맥아더 司令官 解任 7.10(火) ·停戰會談 本會議 開催 7.14(土) ·換率 6,000 : 1 引上
10	5(金)	9. 5	·父親께서 首席合格紀念으로 庭園의 300年 樹齡 회양木을 聞慶中學校에 寄贈하여 移植하다.	9. 3(月) ·서울大 5代 總長 崔奎南 任命 12.24(月) ·新黨 自由黨 發足

第 17 歲 : 1952 (4285) 壬辰年 / 中等學校

月	日	陰	本人 및 家族事項	社會一般事項
4	1(火)	3. 7	·中學校 2學年이 되다. (擔任 : 潘明植)	4.10(木) ·8代 聞慶郡守 洪淳琪 就任 4.25(金) ·初代 市·邑·面 議會議員 選擧
6	25(水) 29(日)	閏 5.4 閏 5.8	·自轉車를 타다 負傷하여 1週間 臥病, 登校치 못하다. ·父母任과 尙州에 가다.	5.10(土) ·初代 서울·道議會 議員 選擧 7. 4(金) ·拔萃改憲案 國會 通過 7. 7(月) ·9代 聞慶郡守 蔡汶植 就任 8. 5(火) ·2代 大統領 李承晩 選出

第 18 歲 : 1953 (4286) 癸巳年 / 中等學校

月	火	陰	本人 및 家族事項	社會一般事項
2	15(日)	1. 2	·妻弟 黃再蓮 태어나다.	2.15(日) ·貨幣改革 100圓 : 1圜
3	26(木)	2.12	·2學年末에 優等賞과 奬學表彰狀을 받다.	7.27(月) ·休戰協定 調認
4	1(木)	2.18	·中學校 3學年이 되다. (擔任 : 金七星)	12.9(水) ·10代 聞慶郡守 安泰錫 就任 12.15(火) ·換率 180 : 1로 引上

第 19 歲 : 1954 (4287) 甲午年 / 中等學校 - 高等學校

月	日	陰	本人 및 家族事項	社會一般事項
3	3(水)	1.28	·聞慶中學校를 卒業하다. ·教育監賞·優等賞·皆勤賞을 받다.	1.18(月) ·獨島에 嶺土 標識 設置 1.30(土) ·UNESCO 韓國委員會 發足
4	5(月)	3. 3	·安東市 法尙洞에 下宿을 정하여 入住하다.	3.21(日) ·韓國 標準時間 30分 延長

1954

月	日	陰	本人 및 家族事項	社會一般事項
4	10(土)	3. 8	·安東師範學校에 入學하다. ·1學年 西班이 되다. (擔任 : 金重棋)	4. 3(土) ·韓國産業銀行 發足 4. 4(日) ·釜山에 大火災 發生 4.29(木) ·11代 聞慶郡守 權寧九 就任
5	10(月)	4. 8	·安東市 花城洞으로 下宿을 옮기다.	5.20(木) ·3代 民議員 選擧 (聞慶 : 尹萬石)
6	10(木)	5.10	·安東市 堂北洞으로 下宿을 옮기다.	7.24(土) ·嶺·湖南 暴雨 7.25(日) ·李大統領, 美國訪問次 出國
7	31(土)	7. 2	·安東市 太華洞에서 自炊를 始作하다.	10.21(木) ·收復지구 임시행정조치법 제정공포
10	11(月)	9.15	·營養失調로 졸도·發病하여 10月末까지 申內科 醫院에서 治療를 받고, 申夏奎 院長에게 治療費 半減의 恩惠를 입다.	11.29(月) ·國會改憲案 四捨五入 司決 12.20(月) ·政府機構 12部 1室 1院으로 改編

第 20 歲 : 1955 (4288) 乙未年 / 高等學校

月	日	陰	本人 및 家族事項	社會一般事項
2	28(月)	2. 6	·安東市 平和洞 鐵道官舍 張完實氏宅에 家庭教師로 入住하다. (1957.3.31까지 滯在하였음)	1. 7(金) ·中·高等學校 分離 決定 2.19(土) ·金性洙 前副統領 逝去
3	10(木)	2.16	·1學年末에 優等賞을 받다.	5. 5(木) ·聞慶郡 新廳舍 竣工 移轉
4	1(金)	3. 9	·高等學校 2學年이 되다. (擔任 : 李用悳)	8.15(月) ·換率 500:1로 引上 8.29(月) ·12代 聞慶郡守 李南基 就任
7	26(火)	6. 8	·妻男 黃載國 태어나다. (戶籍上 生年月日은 1955.7.14로 됨)	9. 1(木) ·濟州·原州·慶州·忠武·江陵·鎭海邑, 市 昇格

第 21 歲 : 1956 (4289) 丙申年 / 高等學校

月	日	陰	本人 및 家族事項	社會一般事項
1	10(火)	11.28	·大學進學 檢定考試 應試次 서울 所在 石出 누님에게 가다.	5. 5(土) ·申翼熙 候補, 裡里 遊說中 急死 5.12(土) ·TV放送局 첫 發足 5.15(火) ·3代 大統領 選擧, 李承晩 當選
2	25(土)	1.14	·妻 黃蓮子 店村國民學校를 卒業하다.	
3	15(木)	2. 4	·2學年末에 優等賞과 皆勤賞을 받다.	
4	2(月) 6(金)	2.22 2.26	·高等學校 3學年이 되다. (擔任: 金亨燮) ·妻 黃蓮子 聞慶女子中學校에 入學하다.	7. 8(日) ·戶西南面, 店村邑으로 昇格 ·忠武·三千浦邑, 市 昇格 7.19(木) ·서울大 6代總長 尹日善 就任
7	10(火)	6. 3	·아버님 回甲을 맞다.	8. 8(水) ·2回 市·邑·面 議會議員 및 1回 市·邑·面長 選擧 8.13(月) ·2回 서울市·道 議會議員 選擧
9	15(土)	8.11	·安東 松峴國民學校에서 教生實習을 始作하다. (12月 15日에 完了함)	
11	10(土)	10. 8	·石出 누님 結婚하다. (姉兄 : 店村人 陽川許氏 樅)	10.13(土) ·韓國行政學會 創立

第 22 歲 : 1957 (4290) 丁酉年 / 高等學校 - 大學校

月	日	陰	本人 및 家族事項	社會一般事項
3	2(土)	2. 1	・安東師範學校를 卒業하다.	1. 7(月) ・13代 聞慶郡守 南文熙 就任
	20(水)	2.19	・國民學校 二級正教師 資格證을 반다.	5. 5(日) ・『어린이 憲章』 宣布
4	1(月)	3. 2	・서울大學校 文理科大學 物理學科에 入學하다. ・서울市 龍山區 新龍山洞 柳氏宅에서 自炊를 始作하다. (個人 家庭教師를 겸함)	8. 4(日) ・全國水害, 洛東江 氾濫 9.26(水) ・聞慶시멘트工場 完成 10. 4(金) ・蘇, 最初 人工衛星 『스푸트닉』號 發射·成功
6	1(土)	5. 4	・서울市 龍山區 孝昌洞 安氏宅으로 옮겨 自炊를 하다.(個人 家庭教師를 겸함)	12. 5(木) ・同姓同本 相婚禁止法 制定 12.16(月) ・14代 聞慶郡守 高義煥 就任

第 23 歲 : 1958 (4291) 戊戌年 / 大學校 - 軍服務

月	日	陰	本人 및 家族事項	社會一般事項
2	28(金)	1.10	・軍 入隊次 休學하다.	5. 2(金) ・4代 民議員 選擧(聞慶:李東寧) 5.24(土) ・第3回 아시아大會, 東京서 開幕
5	1(木)	3.13	・父母님께서 시골 自家를 팔고 새로 木造집을 지어 이사가다.	8.31(日) ・腦炎患者 3,200餘名 發生, 635名 死亡
7	31(木)	6.15	・軍入隊하여 論山訓練所로 가다.	11. 5(水) ・李大統領, 越南 訪問
8	13(水)	6.28	・어머니 回甲을 맞다.	12.24(水) ・保安法 制定
9	15(月)	8. 3	・論山 鍊武臺를 수료하고 抱川 所在 首都師團 第26聯隊로 배치되어 가다.	

第 24 歲 : 1959 (4292) 己亥年 / 軍服務 - 大學校

月	日	陰	本人 및 家族事項	社會一般事項
2	27(金)	1.20	・처 黃蓮子 聞慶女子中學校 卒業하다.	1. 1(木) ・쿠바 革命, 카스트로 首相 就任 1.22(木) ・反共 青年團 結成
3	1(日)	1.22	・서울市 龍山區 青坡洞에서 時間制 學生指導를 하다.	2.13(金) ・日本, 在日僑胞의 北送을 決定
4	1(水) 6(日)	2.24 2.29	・大學校 2學年이 되다. ・妻 黃蓮子 聞慶女子高等學校에 入學하다.	4. 1(水) ・서울大 行政大學院 設立
6	2(火)	4.26	・친구들과 仁川에 놀러가서 바다를 처음 보다.	7.25(土) ・大韓國土計劃學會 創立 7.31(金) ・曺奉岩 死刑執行
10	21(水)	9.20	・妻弟 黃載淑 태어나다. (戶籍上 生年月日은 1959.9.20로 됨)	8.26(水) ・15代 聞慶郡守 朴興甲 就任
12	5(土)	11.6	・軍의 休暇를 받아 原州를 거쳐 橫城에 있는 石出 누님댁에 가다.	9.17(水) ・颱風 사라號 엄습, 924名 死亡

第 25 歲 : 1960 (4293) 庚子年 / 軍服務 - 大學校

月	日	陰	本人 및 家族事項	社會一般事項
1	5(火)	12. 7	・光州에 있는 尙武臺의 助教要員으로 배치되다.	3.15(火) ・4代 大統領 李承晩 選出
4	1(金)	3. 6	・大學校 3學年이 되다.	4.19(火) ・4·19革命 勃發, 李承晩大統領 下野

1960

月	日	陰	本人 및 家族事項	社會一般事項
4	30(土)	4. 5	· 學補로 軍 除隊하다.	5.13(金) · 16代 聞慶郡守 金程煥 就任 7.29(金) · 5代 國會議員 選擧 (聞慶:李炳夏)
5	1(日)	4. 6	· 서울市 龍山區 龍山 鐵道寄宿舍에 入舍하다.	10.29(土) · 17代 聞慶郡守 金翊鎭 就任 12.12(月) · 3回 서울·道 議會議員 選擧
11	10(木)	9.22	· 軍服務를 公式으로 轉役하다.	12.19(月) · 3回 市邑面 議會議員 選擧 12.26(月) · 2回 市邑面長 選擧 12.29(木) · 1回 서울市長·道知事 選擧

第 26 歲 : 1961 (4294) 辛丑年 / 大學校

月	日	陰	本人 및 家族事項	社會一般事項
1	16(月) 19(木)	11.30 12. 3	· 聞慶中學校에서 임시로 物象과 數學을 가르치다. · 妻男 黃載敏 태어나다.	5. 1(月) · 聞慶中學校 同窓會 創立 (會長 : 朴鐘培) 5.16(火) · 軍事革命 勃發, 地方議會 解散
3	1(水)	1.15	· 大學校 4學年이 되다.	7.21(金) · 18代 聞慶郡守 金武然 就任
9	1(金)	7.22	· 서울市 鐘路區 樂園洞 金氏宅 家庭教師로 入住하다.	9.30(土) · 서울大 7代 總長署理 柳洪烈 就任 12.7(木) · 서울대 8代 總長 權重輝 就任

第 27 歲 : 1962 (4295) 壬寅年 / 大學校 - 會社

月	日	陰	本人 및 家族事項	社會一般事項
2	10(土) 26(月)	1. 6 1.22	· 妻 黃蓮子 聞慶女子高等學校 卒業하다. · 서울大學校를 卒業하고 理學士 學位를 받다.	1. 1(月) · 나이를 滿으로 使用 始作 1.13(土) · 第1次 經濟開發5個年計劃 發表 1.27(土) · 『서울特別市 行政에 관한 特別措置法』 公布
3	30(土)	2.25	· 高等學校 物理學 二級正教師 資格證을 받다.	2. 2(金) · 蔚山工業센터 起工 2.10(土) · 國土建設團 發足
4	1(日) 7(土)	2.27 3. 3	· 서울市 鐘路區 苑西洞 崔氏宅에 下宿을 정하다. · 出版社 民衆書館 編輯社員으로 入社하다.	3.22(木) · 尹潽善 大統領 辭任, 朴正熙議長 權限 代行 6. 1(金) · 蔚山, 市로 昇格 6.10(日) · 貨幣改革, 10圜=1원
5	1(火)	3.27	· 서울市 鐘路區 苑西洞 李氏宅으로 下宿을 옮기다.	8. 7(火) · 19代 聞慶郡守 金炳贊 就任 12.17(月) · 國民投票 實施, 改憲案 確定

第 28 歲 : 1963 (4296) 癸卯年 / 會社 - 高校教師 - 大學院

月	日	陰	本人 및 家族事項	社會一般事項
2	1(金)	1. 8	· 民衆書館을 辭職하다. · 首都女子師範大學 附屬 女子高等學校 教師로 就任하다.	1. 1(火) · 釜山市, 直轄市로 昇格 · 議政府·天安·安東·東草邑, 市로 昇格

1963

月	日	陰	本人 및 家族事項	社會一般事項
3	1(金)	2. 6	·서울大學校 行政大學院에 入學하다. ·2等 合格으로 5.16 奬學金을 받다.	2.25(月) ·安東敎育大學 開校 2.28(木) ·安東師範學校 廢校 (14回 卒業 最終)
4	1(月) 30(火)	3. 8 4. 7	·서울市 東大門區 淸涼里洞 趙氏宅 家庭敎師로 入住하다. ·首都女子師範大學 附屬 女子高等學校 敎師職을 辭職하다.	3.29(金) ·20代 聞慶郡守 李愚澤 就任 6.22(土) ·全國 暴雨 내림 10.15(火) ·6代 大統領 選擧, 朴正熙 當選
11	1(金)	9.16	·서울市 城東區 金湖洞 金氏宅 別家에서 自炊를 始作하다. (學生 個人指導를 함)	11.10(日) ·21代 聞慶郡守 權泰龍 就任 11.26(火) ·6代 國會議員 選擧(聞慶:李東寧)

第 29 歲 : 1964 (4297) 甲辰年 / 大學院 - 內務部

月	日	陰	本人 및 家族事項	社會一般事項
3	2(月)	1.19	·大學院 2學年이 되다.	1. 1(水) ·미터制 實施 1. 8(土) ·濟州道 通禁 解除
4	15(水)	3. 4	·內務部 地方行政硏究委員會 硏究員으로 委囑되다.	3. 9(月) ·國土建設綜合計劃 審議會 구성
5	13(水) 14(木) 15(金)	4. 2 4. 3 4. 4	·調査次 茂朱에 가다. ·鎭安을 둘러보다. ·長水를 방문하다.	5. 3(日) ·換率 255:1로 引上 6.24(水) ·서울大 9代 總長 申泰煥 취임
7	15(水) 31(金)	6. 7 6.23	·大學院 同期들과 裡里에 있는 曺峙鉉 친구宅에 가다. ·文敎部 課題 (國民學校 運營實態)의 部分擔當 硏究를 完了하다.	8.13(목) ·中部地方에 暴雨, 133名 死亡 10.24(土) ·咸台永 前 副統領 逝去
8	1(土)	6.24	·서울市 東大門區 淸涼里洞 黃氏宅 家庭敎師로 入住하다.	11.13(火) ·美國 大統領 選擧, 존슨 當選 11.30(月) ·64년도 輸出實積 1億달러 돌파
10	31(金)	9.26	·內務部 課題(住民自治意識 調査)의 部分擔當 硏究를 完了하다.	12.5(土) ·『輸出의 날』 制定 12.6(日) ·朴大統領, 西獨 訪問次 出國
12	5(土) 6(日)	11. 2 11. 3	·시골 木造家屋 全燒되다. ·故鄕에 내려가 집 整理를 하다.	

第 30 歲 : 1965 (4298) 乙巳年 / 大學院 - 內務部

月	日	陰	本人 및 家族事項	社會一般事項
1	1(金)	11.29	·부모님 上京하시다. ·서울市 東大門區 淸涼里洞 92-1의 李氏宅에 父母任과 누님 食口 같이 專貰 入住하다.	1. 5(火) ·政府, 第2次 經濟開發計劃 수립 1.18(月) ·22代 聞慶郡守 金昌坤 就任 1.25(月) ·서울 第2漢江橋 開通
2	1(月) 26(金)	12.30 1.25	·서울市 東大門區 淸涼里洞 42의 崔氏宅으로 專貰 入住하다 ·서울大學校 行政大學院을 卒業하고 行政學 碩士學位를 받다.	2.10(水) ·春川댐 水力發電所 竣工 3. 1(月) ·忠北 通禁 解除 3.22(月) ·單一變動 換率制 實施

1965

月	日	陰	本人 및 家族事項	社會一般事項
3	1(月) 10(水)	1.28 2. 8	·韓國行政學會 正會員으로 加入하다. ·內務部 研究事業 수행차 大邱에 내려가 머물다.	4.10(土) ·大學院 同門親睦會 『行研會』結成
4	1(木) 10(土) 11(日)	2.30 3. 9 3.10	·內務部 地方行政研修院의 講師로 委囑되다. ·大學院 同期生 親睦團體로 『行研會』를 發足하고 會員이 되다. ·林敬鎬 친구와 清州에 놀러가다.	5. 3(月) ·民政·民主 兩黨, 民主黨으로 改稱·統合 5.16(日) ·朴大統領, 訪美次 出國
5	1(土) 2(日)	4. 1 4. 2	·韓國行政問題研究所의 研究員으로 委囑되다. ·大邱에서 清道에 다녀오다.	6.22(火) ·韓·日 協定 調印
7	10(土) 17(土)	6.12 6.19	·調査次 釜山에 가다. ·金光得 · 林敬鎬 親舊와 空軍 輸送機를 타고 北濟州에 가서 구경하고 濟州市로 가다.	7.15(木) ·李承晩, 하와이에서 逝去
8	31(火)	8. 5	·韓國行政問題研究所 課題 (住民自治 意識調査)의 部分擔當 研究를 完了하다.	8.13(金) ·國會, 越南派兵 同意案 議決 8.26(木) ·學生 데모 發生에 따른 서울地區 衛戍令 발동 8.27(金) ·서울大 10代 總長 劉基天 就任
12	31(金)	12. 9	·內務部 課題 (過去 地方自治實態)의 部分擔當 研究를 完了하다.	9. 4(土) ·延世大·高麗大 無期 休校令 發動 9.17(金) ·安益泰, 스페인에서 逝去

第 31 歲 : 1966 (4299) 丙午年 / 內務部 - 大學院 助教

月	日	陰	本人 및 家族事項	社會一般事項
1	11(火)	12.20	·黃蓮子와 서울禮式場에서 金曾漢教授 主禮로 結婚하다. ·釜山으로 新婚旅行을 가다.	1.27(木) ·慶北線 (店村-醴泉) 開通 2. 4(金) ·KIST 發足 2. 7(月) ·朴大統領, 東南亞 巡訪次 出國
2	28(月)	2. 9	·內務部 地方行政研究委員會 研究委員職을 辭任하다.	3. 1(火) ·國稅廳·水産廳 發足 3.20(日) ·國會, 國軍 派越增派案 議決
3	21(月) 25(金)	2.30 3. 4	·서울市 鐘路區 梨花洞 9-38의 裵氏宅으로 傳貰入住하다. (4家族員) ·서울大學校 行政大學院의 無給助教로 發令받다.	6. 1(水) ·서울市內 電車運營權을 韓電에서 서울市가 引受
4	1(金)	閏3.11	·保社部 社會事業指導者 訓練院의 講師로 委囑되다.	6. 4(土) ·張勉 前 總理 逝去
5	1(日)	3.11	·서울市 公務員教育院의 講師로 委囑되다.	7.25(月) ·서울에 大水害 發生 7.29(金) ·第2次 經濟開發5個年計劃 發表
10	30(日) 31(月)	9.17 9.18	·長女 雪娥가 태어나다. ·서울市 課題 (首都人口調査)의 部分擔當 研究를 完了하다.	8.18(木) ·中共에 文化整風運動 展開됨 8.31(水) ·金容基 가나안學校 校長, 막사이사이賞 受賞
11	30(水)	10.19	·內務部 課題 (事務配分實態)의 部分擔當 研究를 完了하다.	10. 1(土) ·人口센서스 實施, 29,194,379人으로 集計
12	20(火)	11.9	·서울市 東大門區 昌信4洞 13-73로 自家를 取得하여 入住하다. (5家口)	10.21(金) ·朴大統領, 필리핀 訪問次 出國 10.26(水) ·濟州道 特定地域 지정 10.31(月) ·美國 존슨大統領, 訪韓 11. 6(日) ·서울市, 35個 道路 名稱 制定 11.11(金) ·서울大 11代 總長 崔文煥 就任 12.26(月) ·캄보디아, 韓國과 斷交

第 32 歲 : 1967 (4300) 丁未年 / 大學院 助教

月	日	陰	本人 및 家族事項	社會一般事項
3	1(水)	1.21	·明知大學 行政學科의 講師로 委囑되다.	1. 9(月) ·23代 聞慶郡守 朴敎陽 就任
5	31(水)	4.23	·內務部 課題 (接敵地區 實態)의 部分擔當 研究를 完了하다.	3.30(木) ·科學技術處 發足
8	3(木) 4(金)	6.27 6.28	·行政區域 調査次 盧隆熙 敎授와 같이 咸安·山清· 咸陽·居昌을 가다. ·陜川·固城·泗川·南海를 방문하다.	5. 3(木) ·7代 大統領 朴正熙 選出 6. 8(木) ·7代 國會議員 選擧(聞慶 : 李東寧 當選) 6.23(金) ·京畿道廳, 水原으로 移轉
9	1(金)	7.27	·建國大學校 行政學科의 講師로 委囑되다.	8. 8(火) ·東南아시아國家聯合(ASEAN) 發足
10	1(日) 31(火)	8.28 9.28	·盧隆熙 敎授와 共著로 『國稅와 地方稅의 調整에 관한 研究』를 韓國産業能率本部에서 發刊하다. ·財務部 課題 (國稅와 地方稅의 調整 方案)의 部分擔當 研究를 完了하다.	10. 1(日) ·24代 聞慶郡守 崔鍾鎬 就任 10. 2(月) ·三南地方에 寒害 發生 10. 3(火) ·浦項製鐵工團 起工 10.11(水) ·李秉喆 三星會長, 韓肥 株式 51%를 國家에 獻納
11	1(水) 15(水) 25(土)	9.29 10.14 10.24	·京畿學院의 3級昇進試驗班에서 行政學을 講義하다. (1969.1.31까지 繼續함) ·內務部 課題 (行政區域調査)의 部分擔當 研究를 完了하다. ·聞慶 同友 親睦會로 『鳥嶺會』를 發足하고 初代 會長에 被選되다.	11.25(土) ·親睦團體『鳥嶺會』創立 12.13(水) ·京釜高速道路 着工 12.21(木) ·朴大統領, 濠洲 訪問次 出國

第 33 歲 : 1968 (4301) 戊申年 / 大學院 助教

月	日	陰	本人 및 家族事項	社會一般事項
1	16(火) 27(土)	12.17 12.28	·동생 群濟 結婚하다. (婦: 慶州 李氏 英子) ·最初로 電話를 設置하다. (番號: 54-1989)	1. 1(月) ·서울大學校 行政大學院에 都市 및 地域計劃學科 設置
5	31(金)	5. 5	·內務部 課題 (邑·面 行政調査)의 部分擔當 研究를 完了하다.	4.17(水) ·朴大統領, 美國 訪問次 出國 7. 6(土) ·韓國未來學會 創立
11	12(火)	9.22	·長男 東楙 태어나다.	9. 3(火) ·聞慶郡廳, 店村邑 茅田里 59-2로 移轉 11. 5(火) ·美國 大統領, 닉슨 當選 11.29(金) ·서울 電車, 70年만에 마지막 運行
12	31(火)	11.12	·行政改革調査委員會 課題 (社會救護行政)의 部分擔當 研究를 完了하다.	12. 5(木) ·『國民教育憲章』宣布

第 34 歲 : 1969 (4302) 己酉年 / 大學院 助教 - 美國 留學

月	日	陰	本人 및 家族事項	社會一般事項
6	3(火)	4.19	·建設公務員教育院의 講師로 委囑되다.	2. 2(日) ·韓·日 協力委員會 發足 2.15(土) ·道路公社 發足
9	20(土)	8. 9	·美國 留學次 出國하다. ·San Francisco에 寄着 1泊하다.	·地下水開發公社 發足 2.16(日) ·쿠바 카스트로 首相 就任

1969

<table>
<tr><th>月</th><th>日</th><th>陰</th><th>本人 및 家族事項</th><th>社會一般事項</th></tr>
<tr><td>9</td><td>21(日)
22(月)
23(火)
24(木)
26(金)
27(土)
29(月)
30(火)</td><td>8.10
8.11
8.12
8.13
8.15
8.16
8.18
8.19</td><td>· Washington, D.C.의 Dullas Airport에 到着하여 National Hotel에 投宿하다.
· Washington International Center에서 AID Orientation을 받다.
· Washington 市內를 見學하다.
· PDO와 HUD를 禮訪하고 人事하다.
· Washington을 떠나 Cincinnati로 가다.
· Cincinnati 空港에서 魯公均 敎授를 처음 相逢하다.
· McCue 氏宅에 投宿하다.
· 123 West McMillan Street의 Mrs. Alranits의 아파트에서 自炊를 始作하다.
· 가을 學期 登錄을 마치다.
· 學科長 Kenneth Corey, 指導敎授 Kongkyun Ro가 되다.
· 金漢敎 敎授宅에 招請받아 가다.
· 學科 新入生 Orientation을 Kentucky州 Marydale에서 갖다.
· 內務部 課題 (中央統制 比較研究)의 單獨研究를 完了하다.</td><td rowspan="4">3. 1(土) · 國土統一院 發足
3. 3(月) · 家庭儀禮準則 發表
3.22(土) · 서울 3·1 高架道路 開通
3.28(金) · 金壽煥 大主敎, 樞機卿으로 서품
3.31(月) · 韓·美 衛星中繼 直通電話 開通

4. 5(土) · 海兵隊 發足
4.15(火) · 美 EC 121 偵察機, 東海에서 北傀에 격추
4.28(月) · 顯忠祠 重建 竣工

5.17(土) · 蘇, 루나號 金星 着陸
5.27(火) · 越南 티우 大統領 訪韓

6. 3(火) · 湖南精油工場 竣工
6.10(火) · 店村驛 新廳舍 移轉
6.23(月) · 3選 改憲反對 學生 데모 激化

7.16(水) · 美 아폴로 11號 宇宙船 달 着陸 成功
7.21(月) · 京仁高速道路 開通

8. 1(金) · 外貨積金制 實施
8.20(水) · 朴大統領, 訪美次 出國
8.25(月) · 住宅福券 발매 개시

9. 3(水) · 馬山에 輸出自由地域 設置 決定
· 胡志明 베트남大統領 사망
9.14(日) · 嶺湖南에 集中豪雨, 272名 死亡
· 3選 改憲案 國會서 變則 通過

10. 7(火) · 南江 댐 竣工
10.10(金) · 換率 290:1로 引上
10.17(金) · 改憲案 國民投票 可決
10.20(月) · '文化의 날' 制定
10.23(木) · KIST 建物 준공

11. 8(土) · 大入豫備考査, 첫 實施

12. 1(月) · KAL機 拉北
12.24(水) · IMF, 韓國을 SDR 通貨 供與國으로 指定
12.26(金) · 第3漢江橋 開通</td></tr>
<tr><td>10</td><td>4(土)
10(金)
20(月)</td><td>8.23
8.29
9.10</td><td>· 自動式 洗濯所에 처음 가다.
· 美國 理髮所에 처음 가다.
· 2223 Ohio Avenue의 Mr. Lawson의 아파트 地下 小室로 이사하다.</td></tr>
<tr><td>11</td><td>4(火)
27(木)
29(土)</td><td>9.25
10.18
10.20</td><td>· USAID 補助로 打字機를 사다.
· Thanks-Giving Day에 Mr. McCue宅에 招待되어 七面鳥를 처음 먹다.
· 韓人會長 金秉熙氏宅에 招待 받다.</td></tr>
<tr><td>12</td><td>2(火)
11(木)
13(土)
20(土)
21(日)
25(木)
26(金)
31(水)</td><td>10.23
11. 3
11. 5
11.12
11.13
11.17
11.18
11.23</td><td>· Kentucky州 Newport에 처음 가서 술을 마시다.
· 가을 學期가 終了되다.
· 魯公均 敎授宅에 招待되어 가다.
· 韓人學生會를 結成하고 副會長에 被選되다.
· 가라데 安氏宅에 招待되어 가다.
· 첫 눈이 내리다.
· Xmas 날에 눈이 내리다.
· Mr. Lawson 아파트의 1層 中室로 房을 옮기다.
· 韓人會 忘年會에 參席하다.</td></tr>
</table>

第 35 歲 : 1970 (4303) 庚戌年 / 美國 留學

月	日	陰	本人 및 家族事項	社會一般事項
1	1(木)	11.24	· 新正에 눈이 내리다.	17(土) · 聞慶郡 永順橋 開通

1970

月	日	陰	本人 및 家族事項	社會一般事項
1	2(金) 3(土) 5(月) 6(火) 16(金)	11.25 11.26 11.28 11.29 12. 9	·Rodney Lane 夫婦가 찾아오다. ·Mr. Lane과 바에 가서 老 伊太利人 夫婦를 만나다. ·Lane夫婦가 떠나다. ·겨울 學期가 開講되다. ·Mr. Lawson 아파트 2層의 大室로 옮기다.	17(土) ·輸出 金融 支援의 差等制 實施 26(月) ·新民黨 總會, 柳珍山을 黨首로 選出 27(火) ·駐日 大使에 李厚洛 임명 31(土) ·서울 遞信廳長 등 高位職, 賂物 혐의로 구속
2	11(水)	1. 6	·Eiko Mizukami와 만나다.	11(水) ·日本, 最初의 人工衛星 發射
3	25(水) 26(木) 28(土) 31(火)	2.18 2.19 2.21 2.24	·妻, 韓國을 出發하다. ·봄 學期 開講되다. ·Chicago에 가다. ·妻 Chicago에 到着하다. ·妻와 함께 Cincinnati로 오다. ·妻와 같이 처음으로 商店 Walgreen에 가다.	6(金) ·25代 聞慶郡守 李泳和 就任 15(日) ·日本, 萬國博覽會 EXPO 90을 大阪서 開催 20(金) ·한글學者 崔鉉培 死亡 31(火) ·日 赤軍派 學生 9名, 旅客機 拉致, 金浦空港에 不時着
4	3(金) 10(金) 19(日)	2.27 3. 5 3.14	·電話를 設置하다. (番號 : 421-2402) ·妻와 같이 學校에 가다. ·집에 19名의 韓人學生을 招請하여 파티를 갖다. ·鄭 寬氏가 자기의 TV를 주다.	8(水) ·臥牛 아파트 도괴, 33名 死亡 12(日) ·英國 宣教師 스코필드博士 死亡 22(水) ·새마을運動 創始 24(金) ·中共, 最初 人工衛星 發射
5	7(木) 14(木)	4. 3 4.10	·Mizukami로부터 書筆 "濟英之深緣 久遠戀心也"를 받다. ·Zenith 19인치 TV를 購入하다.	1(金) ·英親王 李垠 別世 16(土) ·서울大橋 開通 25(月) ·第8代 國會議員 選擧 實施
6	5(金) 6(土) 22(月) 25(木) 27(土)	5. 2 5. 3 5.19 5.22 5.24	·和子 누님과 姉兄이 Indiana에서 오다. ·누님 夫婦 떠나다. ·여름 學期가 開講되다. ·南鴻氏 婦人이 日本서 Camera를 代身 사다 주다. ·朴仁淳氏, Miss申과 結婚하다.	2(火) ·『思想界』誌, 譚詩 '五賊' 筆禍事件 發生 4(木) ·통가國 독립 10(水) ·堤川驛에서 列車事故 發生 25(木) ·서울 人口 500萬名 突破 29(月) ·國際 펜大會 개막
7	11(土) 19(日)	6. 8 6.16	·南鴻氏, Mr. Lawson 아파트 1층으로 이사오다. ·Hueston Wood State Park로 野遊會 가다.	1(水) ·郵便番號制 實施 7(火) ·京釜高速道路 開通 9(木) ·南海서 漁船 5척, 北傀에 피납
8	20(木) 27(木) 28(金) 29(土) 30(日) 31(月)	7.19 7.26 7.27 7.28 7.29 7.30	·가을 學期 登錄을 마치다. ·여름 學期를 終了하다. ·Air Conditioner를 달다. ·妻, 南鴻氏 夫婦, 趙顯宗氏 함께 旅行을 떠나다. ·Cleveland에 到着하여 崔致郎氏를 訪問하고 Erie湖를 보다. ·Buffalo에 가다. ·Niagara Falls를 구경하다.	13(木) ·昌寧 등지에 콜레라 만연 15(土) ·南北統一 8.15 宣言 發表 ·南山 1號 터널 開通 ·兵務廳 發足 ·關稅廳 發足 24(月) ·애그뉴 美國 副統領 來韓 29(土) ·朴大統領, 新民黨首와 會同
9	1(火) 4(金) 5(土) 7(月) 8(火) 9(水) 10(木)	8. 1 8. 4 8. 5 8. 7 8. 8 8. 9 8.10	·AID 計劃에 의해 Buffalo 市廳을 訪問하다. ·New York州 Beacon市로 가다. ·New York市로 가다. ·妻는 Cincinnati로 돌아가다. ·AID 計劃에 의해 單獨旅行을 하다. ·New York市에서 Boat로 Circleline을 타고 觀光하다. ·New York 市廳을 訪問하다. ·Housing and Development Authority를 訪問하다. ·Houston에 가서 市廳을 訪問하다.	17(木) ·中部地方 暴雨, 39名 死亡 ·U.N., 韓國問題 統合案 採擇 28(月) ·나셀 아랍大統領 死亡 29(火) ·新民黨 全黨大會서 大統領 후보로 金大中 지명 ·月刊誌 『思想界』登錄 取消

1970

月	日	陰	本 人 및 家 族 事 項	社 會 一 般 事 項
9	13(日)	8.13	· Los Angelel로 가서 余永琦氏를 만나다.	10. 2(金) · 韓·엘살바도르 貿易協定 締結
	15(火)	8.15	· Disney Land를 구경가다.	10. 7(水) · 이집트 사다트 大統領 就任
	16(水)	8.16	· San Francisco에 가다.	10.10(土) · 피지 獨立
	19(土)	8.19	· Denver에 가서 Lane 夫婦를 만나다.	10.31(土) · 國土開發 10個年計劃 確定
	20(日)	8.20	· Rocky Mountain을 가다.	11. 9(月) · 프랑스 드골 大統領 死亡
	21(月)	8.21	· Mr. Lane宅에서 파티를 열다.	11.11(水) · 서울大 12代 總長 韓沁錫 就任
	22(火)	8.22	· Mr. Lane 父母를 만나다.	11.14(土) · 東파키스탄, 大海溢로 16萬餘名 死亡
	23(水)	8.23	· Chicago로 오다.	11.20(金) · UN總會, 中共 承認, 臺灣 追放 결의
	25(金)	8.25	· Cincinnati로 돌아오다.	12. 4(金) · 南山 第2號 터널 開通
			· Albert Simone教授 아래서 博士課程을 始作하다.	12. 7(月) · 4大江 綜合開發計劃 確定
	26(土)	8.26	· 서울大學校 行政大學院 助敎職이 解任되다.	12.15(火) · 旅客船 南榮號, 沈沒로 326名 溺死
	30(水)	9. 1	· 가을 學期가 開講되다.	· 文敎部, 大學 敎鍊方案 시달
11	15(日)	10.17	· 첫 눈이 내리다.	12.23(水) · 政府綜合廳舍 竣工
12	7(月)	11. 9	· 妻, Good Samaritan Hospital에 診療次 가다.	12.30(水) · 湖南高速道路 開通
	14(月)	11.16	· 겨울 學期 登錄을 마치다.	12.31(木) · 輸出 10億달러 달성

第 36 歲 : 1971 (4304) 辛亥年 / 美國 留學

月	日	陰	本 人 및 家 族 事 項	社 會 一 般 事 項
1	4(月)	12. 8	· 겨울 學期가 開講되다.	26(火) · 北赤·日赤代表, 北送 再開 合意
2	8(月)	1.13	· 大雪이 내려 學校가 休學하다.	4(木) · 聞慶郡 公設運動場 着工
	22(月)	1.27	· 齒科에 가서 治療를 받다.	25(木) · 닉슨 독트린 發表
3	12(金)	2.16	· 妻 入院하다.	13(土) · 서울·釜山 自動電話 開通
			· 次女 貞娥(Jung-Ah), Good Samaritan Hospital에서 鄭九朝 博士의 助産으로 出生하다.	19(金) · 原子力發電所 起工
			· 貞娥, 美國 市民이 되다.	26(金) · 방글라데시 獨立
	18(木)	2.22	· 妻와 貞娥 退院하여 집으로 오다.	4. 1(木) · 國軍 階級章 전면 개편
	29(月)	3. 3	· 봄 學期가 開講되다.	4.27(火) · 第8代 大統領 選擧, 朴正熙 當選
5	19(木)	4.25	· 妻 Baby-Sitter를 始作하다.	25(火) · 第8代 國會議員 選擧 (聞慶 : 高禹鎭)
6	13(日)	5.21	· 碩士學位(Master of Community Planning)를 수여받다.	13(日) · 美國의 越南戰 介入 秘密文書 보도
				17(木) · 美·日, 오키나와 返還條件 調印
			· Mt. Area Park로 野遊會 가다.	23(水) · 英國, EC 加入
	21(月)	5.29	· 여름 學期 開講되다.	25(金) · 政府, 大學 軍事訓練을 대폭 완화
7	5(月)	閏5.5	· Mr. Lane 夫婦가 왔다가 Luisvill로 떠나다.	8(木) · 公州에서 百濟 武寧王陵 發掘
8	26(木)	7. 6	· 金炯國氏가 禮訪하다.	10(火) · 京畿道 廣州團地에 亂動事件 發生
	27(金)	7. 7	· 金炯國氏가 떠나다.	21(土) · 26代 聞慶郡守 金漢暲 就任
9	5(日)	7.16	· Cincinnati 動物園에 가다.	2(木) · 朴大統領, 豫算案 관계 國會 施政演說
	13(月)	7.24	· 博士課程 第1外國語 試驗을 Prof. Han-Kyo Kim 出題로 치루다.	3(金) · 카타르 獨立
				· 南北赤十字社,第4次 連絡會議
	14(火)	7.25	· 語學試驗 合格을 通知받다.	11(土) · 후루시초프 前 蘇聯首相 死亡
	15(水)	7.26	· 가을 學期 登錄을 마치다.(登錄金 免除 받음)	20(月) · 南北赤十字社, 南北 家族찾기 豫備會談을 板門店서 開催
	23(木)	8. 5	· 訪美한 韓國公務員 金政鎭·文永球氏를 집에 招待하다.	22(水) · 南北 直通電話 開設
	24(金)	8. 6	· 魯公均 敎授의 個人作業을 完了하다.	

1971

月	日	陰	本 人 및 家族事項	社會一般事項
10	21(木) 29(金) 30(土)	9. 3 9.11 9.12	· Mr. Hiram Wallker 來訪하다. · 妻, 齒科에 가다. · 貞娥의 Passport 發給받다.	1(金) · 中共, UN 加入 · 長髮族 一齊 단속 15(金) · 서울에 衛戍令 發動
11	6(土)	9.19	· 첫 눈이 내리다.	9(火) · 서울의 衛戍令 解除
12	2(木) 3(金) 9(木) 13(月) 25(土) 28(火) 29(水) 31(金)	10.15 10.16 10.22 10.26 11. 8 11.11 11.12 11.14	· 博士學位 理論部門 資格試驗을 치다. · 博士學位 應用部門 資格試驗을 치다. · 博士學位 論文提出 資格試驗에 대한 合格 通知를 받다. · 博士學位 論文提出 資格 口述考査를 치고, 合格 判定을 받다. · 妻弟 黃次蓮 結婚하다.(夫:榮州人 咸寧金氏 英世) · Washington, D.C.에 가서 HUD와 AID를 訪問·協議하다. · Cincinnati로 돌아오다. · 韓人會 忘年會에 參席하다.	1(水) · 嶺東高速道路 開通 2(木) · 아랍聯邦 獨立 3(金) · 南北赤十字社 豫備會談 6(月) · 國家非常事態 宣言 · 司法波動 후 最初의 全國 法院長 會議 10(金) · 最初의 民防衛訓練 實施 21(火) · UN 事務總長에 발트하임 選出 25(土) · 日·中共 貿易覺書 調印 · 大然閣 호텔, 火災 發生으로 167名 死亡 27(月) · 國家保衛法案, 國會서 變則 通過

客說 : 經驗에서 얻은 삶의 眞實

全國을 다녀보면 蘆山 李殷相 先生이 쓰신 글의 흔적이 무척 많음을 볼 수 있다. 이 분 만큼은 되지 않지만 나도 歌詞나 碑文 등을 고향 聞慶市를 위시한 여러 地域에 꽤 많이 남겨두고 있다. 오래오래 전수되어 갔으면 좋겠다.

客說 : 經驗에서 얻은 삶의 眞實

千年 萬年 살줄 알고 角逐을 다투며 악착 같이 살아가는 人生. 사람 意志로 그렇게 하는 것이 아니라 하느님의 뜻에 따라 그렇게 되는 것이다. 그러니 어떻게 할 것인가?

客說 : 經驗에서 얻은 삶의 眞實

나는 主禮 부탁을 많이 받는다. 그래서 週末에 조용히 쉬기가 어렵다. 면도를 하고 양복을 입고 式場까지 가서 主禮를 봐 주자니 오죽 힘이 들고 귀찮겠는가? 有名稅를 무는 셈이다.

客說 : 經驗에서 얻은 삶의 眞實

몇 해 전에 이집트를 방문할 기회를 가진 적이 있었다. 학교에서 배우고 그림으로 본 피라밋과 스핑크스를 실물로 볼 수 있다는 마음에서 흥분을 감추지 못했다. 고대문명의 발상지답게 나일강 하류에서부터 상류까지 곳곳에 산재해 있는 수많은 유물과 유적들을 보면서 길게는 5천년, 짧게는 2천년 전에 만들었다고는 도저히 믿기지 않았다.

카이로에서 룩소르가 있는 테베 지역을 거쳐 아부 심벨에 이르는 나일 강변에 세워진 궁전·신전·묘지 등의 건축물과 조각상은 어떤 신비로움을 느끼게 하였다. 동식물의 모양과 기호들로 새겨진 象形文字는 하나의 아름다운 예술작품이었다. 하늘을 향해 높게 세워서 하늘의 신들과 대화를 나누었다는 오벨리스크 앞에서는 하느님과 이야기를 주고 받고 싶은 충동을 느꼈다.

깊은 감회를 가지고 이집트를 떠나 리비아와 튀니지를 들른 후 프랑스 파리로 갔다. 샹젤리제 거리나 개선문을 보고 놀라지 않았고 몽마르트 언덕에서도 큰 감회가 없었으며 노트르담 사원에서도 큰 느낌이 없었다. 그러나 루브르 박물관에 들어가 수많은 이집트 유물을 보고 경악을 금치 못했고, 콩코르드 광장에서 오벨리스크가 세워져 있는 것을 보고 깜짝 놀랐다. 마침 비가 오는 날이라 '和合'이란 뜻을 가진 콩코르드 광장 중앙에 청승스럽게 비를 맞으며 우뚝 서 있는 오벨리스크를 보면서 프랑스 사람들이 이집트의 것을 모방하여 만들어 세운 것이라고 생각했다. 그게 아니고 뒤에 알고 보니 이집트에서 가져와 세웠다는 것이다. 나일강 중간지점에 있는 룩소르에는 많은 오벨리스크가 세워져 있다. 이 가운데 가장 잘 보존되고 탁월하게 만들어진 오벨리스크를 하나 골라 나일강을 따라 배로 이동시켜 지중해를 거쳐 파리로 옮겨갔다는 것이다. 장장 4천㎞, 1만리에 이르는 장정이었다. 이 작전은 1831년 10월 31일에 시작하여 만 5년이 지난 1836년 10월 22일에 끝이 났다. 수많은 파리 시민들의 환호 속에 콩코르드 광장 한복판에 세워졌다. 토요일이었던 이 날, 낯선 이국 땅에 옮겨진 이 오벨리스크는 무엇을 생각하고 있을까? 선진국 수도로 이사온 것을 다행으로 여길까, 콩코르드라는 광장 이름처럼 자기가 화합을 다지는 데 기여했다고 생각할까? 아니면 고향 룩소르로 다시 돌아가고 싶은 망향에 젖어 있을까? 비를 맞고 서 있는 그 모습에서 나는 외롭고 슬프다는 느낌을 받았다.

18세기에서 20세기에 걸친 침략과 약탈의 시기에 많은 후진국의 유물들이 선진국으로 옮겨졌다. 프랑스·영국·미국·일본 등 이른바 강대국들의 박물관에는 숱한 외국의 유물들이 쌓여 있다. 특히 이집트의 고대 유물 가운데 상당수가 밖으로 빠져나가고 말았다. 물론 선진국에 의해 유적이 발굴되고 역사가 옳게 밝혀진 것은 큰 공로라고 할 수 있다. 특히 이집트의 고대 상형문자를 해독한 것은 획기적인 업적이라고 인정하지 않을 수 없다. 프랑스 나폴레옹 시대에 발견된 로제타 스톤에 새겨진 3개 문자에 대한 1879년부터 1922년까지의 연구를 통해 드디어 상형문자의 의미를 해독하게 된 장 프랑수아 샹폴리옹의 공적은 미지에 묻혀 있던 이집트의 고대사를 우리 앞에 적나라하게 펼쳐놓게 만들었다.

그러나 이러한 발굴이나 연구를 한 다음에 유물들을 그 자리에 그대로 두었더라면 더 큰 칭송을 받았으리라고 믿는다. 선진국 사람들 가운데 몇 사람은 이러한 노력과 운동을 전개했지만 힘과 돈에 의한 반출을 근본적으로 막지는 못했다. 우리 나라도 과거의 귀중한 유물이 일본·프랑스·영국 등지에 가 있다는 보도를 볼 때마다 화도 나고 우리 스스로가 한심하다는 생각을 금치 못한다. 유적이나 유물은 원래 있던 현지에 가서 볼 때 실감이 나고 참된 교육이 되는 것이다.

지금은 21세기다. 어두웠던 과거사를 청산하고 전인류가 새로운 화합으로 출발해야 할 것이다. U.N.총회가 각국이 소장하고 있는 외국 유물은 모두 원래의 소속 국가로 반환한다는 決議를 하여 전세계가 이를 실천토록 했으면 하는 절실한 소망을 가져본다.

第 2 篇

教授 · 研究期

서울大學校 專任講師로 발령받은 1972년부터 正教授로 승진한 1985년까지의 14年 168個月 5,114日間의 日誌입니다. 37歲부터 50歲까지의 가장 많은 일을 한 期間입니다. 大學에서의 講義와 研究 및 學生指導, 政府에의 諮問과 教育, 學會 活動에의 參與와 對外發表, 著書 및 論文 發刊, 家庭에서의 일곱食口 扶養과 住宅擴張 등이 점차 많아지고 강화됨에 따라 記錄 項目과 量도 점점 증가하여 갔습니다.

國內外에 걸친 旅行이 잦아지고 同窓 · 親睦 등의 모임이 늘어나며 人間關係의 樣相이 복잡해짐으로써 이들을 기록할 紙面도 많이 필요하게 되었습니다. 아울러 第4 및 第5共和國에 걸친 國家的 및 社會的 事件과 國際的 變動도 격심하게 일어나서 이들에 대한 記述 또한 크게 늘어났던 것입니다.

不惑의 壯年時代에 해당하는 人生의 黃金期로서 가장 활발한 活動을 기록한 값진 日誌들입니다.

○第 37 歲(1972) - 第 40 歲(1975) : 專任講師

○第 41 歲(1976) - 第 44 歲(1979) : 助教授

○第 45 歲(1980) - 第 49 歲(1984) : 副教授

○第 50 歲(1985) : 正教授

"If we wish to know what use it is to us to have recognized the evolution of culture as a special process, comparable to the normal growth of an individual to maturity, we must clearly attack another problem and put the question : what are the influences to which the evolution of culture ows its origin, how did it arise, and what determined its course?"

Ⅲ, ***Civilization and Its Discontents.*** by Sigmund Freud (1856 ~ 1939)

(만일 우리가 한 개인의 완숙할 때까지의 정상적 성장과 비교하여 무엇이 문화의 진보를 하나의 특수한 과정으로 인정하게끔 할 것인가를 알기를 원한다면 우리는 분명히 다른 문제에 직면하게 되고 다음의 의문을 갖게 된다. 즉, 문화의 진보가 기인하는 데 주는 영향은 무엇이고, 그것은 어떻게 일어났으며, 그 과정을 결정하는 것은 무엇인가 하는 의문이다.)

지그문트 프로이트(1856 ~ 1939), **文明과 그의 不充分性.** 第3章

生 涯 日 誌

(1972. 1. 1 - 1985.12.31)

第 37 歲 : 1972 (4305) 壬子年 / 美國 留學 - 歸國 - 專任講師

月	日	陰	本 人 및 家 族 事 項	社 會 一 般 事 項
1	1(土) 8(土) 10(月) 11(火) 12(水) 13(木) 14(金) 21(金)	11.15 11.22 11.24 11.25 11.26 11.27 11.28 12. 6	· 市內와 Walgreen Shop에서 歸國 膳物을 사다. · Cincinnati를 出發하다.(3家族) · Chicago를 經由하여 Honolulu에 到着하다. · Hawaii East-West Center의 李漢彬 博士를 禮訪하고 點心을 같이 하다. · Honolulu를 出發하다. · 日本 東京에 到着하다. · 東京 市內를 구경하다. · 東京을 出發하여 서울에 到着, 歸國하다. · 店村에 가다. (27日 上京함)	4(火) · 韓·美 纖維協定 調印 17(月) · 民主 韓國黨 창당 · 銀行 金利를 貸出 19%, 預金 16.8%로 引下 23(日) · 日·北韓 貿易覺書 調印 20(木) · 『東國正韻』 原本 全6卷 발견, 2月 22日字로 國寶로 지정 24(月) · 日本軍 요코이, 終戰 28年만에 괌島에서 발견
2	1(火) 11(金) 19(土) 20(日)	12.17 12.27 1. 5 1. 6	· 『地方行政』誌의 編輯專門委員으로 委囑되다. · 서울大學校 行政大學院에서 歸國報告會를 갖다. · 溫陽에 가서 敎授 세미나에 參席하다. · 敎授 세미나에서 『敎材硏究』를 發表하다. (當日로 上京함)	9(水) · 統一벼 開發을 발표 20(日) · 駐越 韓國軍 해단 21(月) · 美國 닉슨 大統領, 史上 첫 中共 訪問 25(金) · GATT 特關稅 同盟案에 署名
3	2(木) 17(金) 25(土)	1.17 2. 3 2.11	· 서울大學校 行政大學院의 時間講師로 委囑되다. · 李廷植君이 硏究室 助敎로 入室하다. · 調査次 浦項에 가다. (19日 上京함) · 大韓國土計劃學會 主催 '計劃家 養成 세미나'에서 司會를 맡다.	1(水) · 聞慶中學校 同窓會 第2代 會長에 李鍾武 被選 4. 1(土) · 駐越 韓國軍, 1段階 撤收 完了 4.11(火) · 李範奭 將軍 사망 4.16(日) · 日本 노벨賞 受賞 作家 川端康成 자살 4.19(水) · KAL, 太平洋 橫斷路線 첫 就航
5	8(月) 10(水) 20(土)	3.25 3.27 4. 8	· 大韓國土計劃學會에 正會員으로 加入하다. · 서울大學校 行政大學院의 專任講師를 發令받다. · 號俸 9-1을 받다. · 浦項市 課題(市 綜合開發計劃) 責任硏究를 完了하다. · 急性 肝炎으로 서울大學校 病院에 入院하다.	10(水) · 世界保健機構, 中共 招請·臺灣 逐出 決定 · 原子爐 준공 22(月) · 실론의 國號를 스리랑카로 개칭 29(月) · 프랑스 파리서 『直指心經』 발견
6	9(金) 23(金) 30(金)	4.28 5.13 5.20	· 서울大學校 病院에서 退院하다. · 韓國行政學會에서 '統計的 決定理論'에 대해 主題發表를 하다. · 서울大 行政大學院·建設部 主催의 'Otam Metra Report에 대한 세미나'에서 討論을 하다.	1(木) · 이라크, 石油 國有化 발표 3(土) · 美·英·佛·蘇, 베를린 協定 調印 5(月) · U.N., '世界 環境의 날' 制定 7(水) · 全南 康津서 朝鮮 初期의 携帶用 해時計 發見 21(水) · 駐韓 泰國軍 撤收 完了
7	13(木) 24(月) 28(金)	6. 3 6.14 6.18	· 建設部 國土計劃中央調査硏究團의 計劃委員으로 委囑되다. · 國土統一院 硏修所에 入所하다. · 國土統一院 硏修所를 修了하다.	4(火) · 南北 共同聲明 發表 5(水) · 政府, '北傀'를 '北韓'으로 변경 호칭키로 함 22(土) · 蘇聯 宇宙船, 金星에 착륙하여 送信을 시작
8	1(火) 2(水) 9(水) 17(木) 18(金) 19(土) 31(木)	6.22 6.23 7. 1 7. 9 7.10 7.11 7.23	· 妻와 함께 調査次 大邱에 가다. · 大邱에서 店村으로 가다. · 店村에서 上京하다. · 調査次 光州에 가다. · 光州에서 順天으로 가다. · 順天에서 上京하다. · 行政改革調査委員會 課題(地方行政體制)의 部分擔當 硏究를 完了하다.	3(木) · '經濟安定과 成長에 관한 緊急命令' 發動 18(金) · 南北 赤十字會談用 直通電話 開通 19(土) · 中部地方 暴雨, 923名 死亡 26(土) · 第20回 뮌헨 올림픽 開幕 30(水) · 南·北 赤十字 첫 會談 平壤서 開催
9	1(金) 2(土)	7.24 7.25	· 調査次 大邱에 가다. · 大邱에서 上京하다.	5(火) · 아랍 게릴라, 뮌헨 올림픽 이스라엘 選手村 襲擊, 11名 殺害

1972

月	日	陰	本人 및 家族事項	社會一般事項
9	4(月) 15(金)	7.27 8. 8	· Walker Hill에서 開催된 EAROPH 第4次 總會에 參席하다. · 內務部 地方行政研究委員會의 專門委員으로 委囑되다.	13(水) · 南北赤十字 第2次 本會談, 서울서 開催 26(火) · 新民黨, 珍山系만으로 全黨大會 강행 29(金) · 日·中共, 國交 樹立
10	31(火)	9.25	· 省谷財團 課題 (新都市開發政策)의 部分擔當 研究를 完了하다.	12(月) · 南北調節委員會 第1次 會談 17(土) · 非常戒嚴令 宣布 (10月 維新)
11	30(木)	10.25	· 經濟科學審議會 課題 (市民의 都市計劃 意識調査)의 部分擔當 研究를 完了하다. · 京畿道 課題 (工業團地計劃)의 部分擔當 研究를 完了하다.	1(水) · 南北調節委員會, 第2次 會談을 平壤서 開催 7(火) · 美 大統領, 닉슨 再選 21(火) · 維新憲法 國民投票 實施
12	19(火) 28(木) 29(金) 31(日)	11.14 11.23 11.24 11.26	· USAID로부터 'Urban Development Administration課程'을 修了하였음을 通告받다. · 調査次 釜山에 가다. · 釜山에서 上京하다. · 國土統一院 課題 (南北韓 行政區域 比較)의 部分擔當 研究를 完了하다. · 遞信部 課題 (通信事業豫算制度)의 部分擔當 研究를 完了하다.	1(金) · 東·西獨, 關係 正常化 基本條約 2(土) · 市民會館 全燒, 15名 死亡 15(金) · 統一主體國民會議 代議員 選擧 實施 20(水) · 店村, 貫通道路 竣工 23(土) · 8代 大統領, 朴正熙 被選 · 니카라과에 大地震 發生, 3萬餘名 死亡 27(水) · 維新憲法 公布 · 第8代 朴正熙 大統領 就任

第 38 歲 : 1973 (4306) 癸丑年 / 專任講師

月	日	陰	本人 및 家族事項	社會一般事項
1	17(水) 18(木) 31(水)	12.13 12.14 12.17	· 調査次 釜山에 가다. · 釜山에서 上京하다. · 都市 및 地域計劃研究所의 理事로 委囑되다. · 內務部 住民所得 調査委員會 委員으로 委囑되다.	9(火) · 政府, 모든 計劃에 미터法 사용을 발표 16(火) · 韓·日 特許協定 議決 25(木) · 서울大 環境大學院 學則 制定 公布 27(土) · 越南 平和協定 調印 · 民主統一黨 創黨, 代表에 梁一東 被選
2	20(火) 28(水) 30(金)	1.18 1.26 1.28	· 教科課程 討議 教授 세미나에 參席하다. · 慶尙南道 計劃調査次 釜山에 가다. · 釜山에서 上京하다.	22(木) · 美·中共, 連絡事務所 設置 27(火) · 9代 國會議員 選擧 實施 (聞慶·蔡汶植·黃在洪), 維政會 議員制 첫 實施
3	1(木) 2(金) 10(土) 27(火)	1.27 1.28 2. 6 2.23	· 서울大學校 教授協議會의 理事로 委囑되다. · 長女 雪娥, 明信國民學校에 入學하다. · 『地域社會開發論』을 서울大學校 出版部에서 共著로 出刊하다. · 江原道廳에서 '行政管理技法'을 特講하다. (春川)	1(木) · 서울大 環境大學院 開設, 院長은 同 行政大學院長 朴東緖 兼任 3(土) · 韓國放送公社 發足 6(火) · 美國 作家 펄 벅 死亡 10(土) · 維政會 創立, 議長 白斗鎭 被選 12(月) · 9代 國會 開院
4	12(木) 14(土) 18(水) 20(金)	3.10 3.12 3.16 3.18	· 調査次 釜山에 가다. · 釜山에서 上京하다. · 研究次 慶南道廳에 가다. · 慶南에서 上京하다.	1(日) · 住民稅 新設 實施 10(火) · 女子 卓球팀, 사라예보大會에서 世界 制覇 12(木) · 서울大 環境大學院 初代 院長, 盧隆熙 就任 · 티우 越南大統領 訪韓

1973

月	日	陰	本人 및 家族事項	社會一般事項
5	4(金)	4. 2	・黃鏞周 博士 『都市計劃論』 出版記念會에서 書評을 하다.	5(土) ・어린이大公園 개원
	8(火)	4. 6	・서울大學校 環境大學院의 專任講師로 轉補 發令되다.	8(火) ・'어머니날'을 '어버이날'로 개칭 ・第1回 '어버이날' 行事
			・서울大學校 環境大學院 都市 및 地域計劃學科의 主任 職務代理로 任命되다.	9(水) ・新民黨 창당
	10(木)	4. 8	・ILCORK 韓國委員會 地域經濟社會 委員會 研究委員으로 委囑되다.	10(木) ・安東師範 同期 親睦會 『八京會』 創立 ・母子保健法 발효
			・大韓國土計劃學會 主催 세미나에서 '工業化와 環境保全'에 대해 發表하다.	11(金) ・港灣管理廳 신설
			・安東師範學校 同期會 모임 『八京會』를 結成하고 會員이 되다.	15(火) ・大韓日報 廢刊 ・閣議 '새家庭儀禮準則' 의결
	12(土)	4.10	・京畿道 道立公園委員會 委員으로 委囑되다.	20(日) ・KOCU의 蘇聯大會 韓國 招請狀 접수
	23(水)	4.21	・서울大學校 工科大學 主催 심포지엄에서 '工業發展과 環境保存'을 發表하다.	27(日) ・蘇聯, 韓國人 첫 入國 허용
	29(火)	4.27	・大學新聞社 主催 座談會에 參席하다.	30(水) ・企劃院, 우리 나라 人口 32,848千人으로 發表
6	1(金)	5. 1	・韓國住宅銀行 非常勤 顧問으로 委囑되다.	1(金) ・價格表示制 實施
	8(金)	5. 8	・調査次 慶南에 가다.	・새 家庭儀禮準則 發表
	9(土)	5. 9	・慶南에서 上京하다.	22(金) ・南海大橋 開通
7	1(日)	6. 2	・8-1 號奉으로 昇給하다.	1(日) ・聞慶面 및 加恩面, 邑으로 昇格
	6(金)	6. 7	・圓光大學校 主催 세미나에서 '工業化와 環境管理'를 發表하다.	・聞慶郡 虎溪面 鳳亭里, 山陽面 編入
	9(月)	6.10	・石順 누님 虎溪 自宅에서 享年 54歲로 逝去하다.	・安養·城南·富川, 市로 昇格
	26(木)	6.27	・MBC 政經討論 "大田圈 開發"에 出演하다.	2(月) ・中央選管委, 統社·民衆·國民 3黨의 登錄 취소
	27(金)	6.28	・江原道廳에서 特講하다.	3(火) ・浦項綜合製鐵工場 竣工
	30(月)	7. 1	・慶北道 教育院에서 特講을 하다.	8. 8(水) ・金大中, 東京서 被拉事件 發生
	31(火)	7. 2	・서울大學校 環境大學院의 大學院 委員으로 委囑되다.	8.28(火) ・南北調節委 平壤側 對話 中斷 聲明 發表
9	1(土)	8. 5	・『地方自治論』을 서울大學校 出版社에서 共著로 發刊하다.	18(火) ・韓·인도네시아 國交 樹立
				19(水) ・日本 首相, 韓國에 대해 陳謝
10	4(木)	9. 9	・研究次 光州에 가다.	6(土) ・第4次 中東戰爭 勃發
	7(日)	9.12	・光州에서 上京하다.	15(月) ・昭陽江 댐 竣工
11	19(月)	10.25	・서울市 主催 地下鐵 關係 세미나에 參席하다.	3(土) ・27代 聞慶郡守 金炳元 就任
	30(金)	11. 6	・延世大學校에서 '線型計劃'에 대해 特講하다.	4(日) ・오일 쇼크 發生
				14(水) ・湖南-南海 高速道路 開通
12	11(火)	11.17	・母 延日鄭氏 先岳 聞慶邑 누님宅에서 享年 76歲로 逝去하시다.	1(土) ・國民福祉年金法 및 國民投資基本法 制定
	12(水)	11.18	・시골 누님宅에 가다.	4(火) ・油類價格 大幅 引上 ・大幅 改閣 단행
	13(木)	11.19	・店村 孔坪 배실山에 어머님을 모시다.	10(月) ・韓·印度 國交 樹立
	16(日)	11.22	・三虞祭를 지내다.	19(水) ・韓·방글라데시 國交 樹立
	18(火)	11.24	・上京하다.	

第 39 歲 : 1974 (4307) 甲寅年 / 專任講師

月	日	陰	本人 및 家族事項	社會一般事項
1	18(金)	12.25	·研究次 大田에 가다.	8(火) ·緊急措置 1號·2號 宣布
	19(土)	12.26	·大田에서 上京하다.	13(日) ·緊急措置 3號 宣布
	28(月)	1. 6	·圓覺寺에서 母親 49祭를 지내다.	23(水) ·潤城紡績 大火災 發生, 150億원 被害
3	1(金)	2. 8	·大韓國土計劃學會 監事에 委囑되다.	2. 1(金) ·原油價 平均 82% 引上
			·都市 및 地域計劃研究所 常務理事에 委囑되다.	·브라질 상파울루 호텔에 大火災 發生
			·明信國民學校 (雪娥 在學) 育成會 副會長에 委囑되다.	2. 7(木) ·그레나다 獨立
				2. 9(土) ·28代 聞慶郡守 徐正勛 就任
	2(土)	2. 9	·明信國民學校 敎師들을 집에 招待하다.	2.10(日) ·店村 茅田橋 竣工
	4(月)	2.11	·調査次 大田에 가다.	2.13(水) ·蘇, 솔제니친 國外 追放
	6(水)	2.13	·大田에서 上京하다.	2.22(金) ·海軍 YTL 顚覆, 157名 溺死
	8(金)	2.15	·서울大學校 環境大學院 主催 세미나에서 "環境과 計劃"에 대해 發表하다.	3. 3(日) ·터키 旅客機, 파리서 추락
				3. 5(火) ·英國 윌슨 勞動黨 內閣 출범
	20(水)	2.27	·母親 百日祭를 圓覺寺에서 지내다.	3.20(水) ·小說 「25時」의 作家 게오르규 來韓
	29(金)	3. 6	·調査次 光州에 가다.	
	30(土)	3. 7	·光州에서 上京하다.	
4	1(月)	3. 9	·韓國住宅銀行 非常勤 顧問으로 再委囑되다.	1(月) ·建設部, 昌原·溫山·玉浦·竹島·安井·麗川을 産業基地 開發地域으로 지정
	4(木)	3.12	·店村에 가다.	
	5(金)	3.13	·母親 墓所에 植木하다.	2(火) ·佛敎 法曹人 초파일 公休權 訴訟을 제소
	7(日)	3.15	·店村에서 上京하다.	3(水) ·緊急措置 4號 宣布
	10(水)	3.18	·調査次 光州에 가 和順에서 食事를 하다.	5(金) ·美 미드웨이 航母 釜山 입항
	11(木)	3.19	·光州에서 上京하다.	8(月) ·政府, 油類 등 28個 品目 값을 대폭 引上
	19(金)	3.27	·國會 內務分科委員會에서 '地方自治'에 대해 特講하다.	9(火) ·UN 資源特別總會, 135個國 參與 開幕
				17(水) ·'內外通信' 창간
	20(土)	3.28	·全南 UNESCO에서 '光州圈 開發과 地域自治'에 대해 特講하다.	·사할린 僑胞 201名 送還에 日·蘇 합의
				20(土) ·日·中共, 民間航空協定 締結
	21(日)	3.29	·光州에서 上京하다.	28(日). ·柳珍山 新民黨 總裁 死亡
	23(火)	4. 2	·水原에 가서 京畿道 地方都市計劃委員會 委員 委囑狀을 받다.	
	30(火)	4. 9	·文敎部 課題 (地域偏差와 人口移動)의 單獨 研究를 完了하다.	
5	10(金)	4.19	·高校 同窓 모임 『八京會』의 會長으로 被選되다.	10(金) ·仁川港 도크 竣工
	12(日)	4.21	·鳥嶺會 野遊會를 仁川으로 가다.	15(水) ·聞慶郡 敎育廳 廳舍 新築
6	29(土)	5.10	·東大門區 祭基3洞 176-1로 이사하다(6家族).	9(日) ·洪鍾哲 特補, 江에서 익사
			·長女 雪娥 鍾岩國民學校 2學年으로 轉學하다.	20(木) ·太白線 電鐵 開通
			·電話 93-4507이 架設되다.	30(日) ·아시아 女子 籠球팀, 2連覇
7	1(日)	5.12	·7-2號奉으로 昇給하다.	5(金) ·뉴욕 타임스, 韓國 核武器 製造 가능하다고 보도
	7(日)	5.18	·春川의 未來學會 세미나에 參席하다.	
	23(木)	6. 5	·르포 取材次 錦山에 가다.	11(木) ·中·高敎科書에 漢字 使用 決定 發表
	25(木)	6. 7	·錦山에서 店村으로 가다.	16(火) ·尹潽善 前 大統領, 民靑學聯事件에 관련
	28(日)	6.10	·店村에서 上京하다.	24(水) ·京鄕新聞, 文化放送에 吸收·合倂
				30(火) ·政府, 雪糖 값을 49.6% 引上 發表

1974

月	日	陰	本 人 및 家 族 事 項	社 會 一 般 事 項
7	29(月) 30(火)	6.11 6.12	· 光州에 가다. · 르뽀 取材次 光陽에 가다.	
8	1(木) 3(土) 14(水) 21(水) 22(木)	6.14 6.16 6.27 7. 4 7. 5	· 光陽에서 群山으로 가다. · 群山에서 上京하다. · 環境大學院 教授들을 집에 招待하다. · 調査次 大邱에 가다. · 大邱에서 上京하다.	15(木) · 朴大統領 狙擊未遂事件 發生 · 陸英修 女史 총탄에 逝去 · 서울 地下鐵 1號線 開通 · 美國 大統領 닉슨의 辭任, 포드 副統領 承繼
9	1(日) 3(火) 6(金) 7(土) 8(日) 9(月) 10(火) 16(月) 20(金)	7.15 7.17 7.20 7.21 7.22 7.23 7.24 8. 1 8. 5	· 長子 東爀 小花幼稚園에 入學하다. · 教育開發院 세미나에서 討論을 하다. · 店村에 가다. · 聘父任 回甲을 맞다. · 安東師範 同窓會 總會에 參席하다.(店村) · 店村에서 上京하다. · 韓國行政學會 세미나에서 討論을 하다. · 保安教育을 받다. · 調査次 義城을 방문하고 軍威를 거쳐 오다.	2(月) · 서울市長에 具滋春 任命 5(木) · 서울에 첫 腦炎 發生 6(金) · 反日 데모隊, 日本 大使館 侵入 9(月) · 崔斗善 博士 死亡 12(木) · 이디오피아 軍部, 셀라시에 皇帝를 폐위 28(土) · 龍山驛에서 歸省客 壓死事故 發生
10	1(火) 22(火) 28(月) 30(水) 31(木)	8.16 9. 8 9.14 9.16 9.17	· 金昌碩君 助教로 入室하다. · TBC의 '環境政策' 프로그램에 出演하다. · 會議參席次 出國하여 日本 名古屋에 가다. · UNCRD(UN 地域開發센터) 세미나에서 '都市開發戰略'에 대해 發表하다. · UNCRD 本城和彦 所長宅에 招請되어 가다.	7(月) · 8·15 事件 文世光, 첫 事實 審理 13(日) · 第55回 全國體典 폐막 17(木) · 서울 뉴 南山호텔 火災 발생 18(金) · 데모 事態로 全國 大學 休講 30(水) · 서울高法, 釋迦誕辰日 公休指定訴訟 却下 판결
11	1(金) 2(토) 3(日) 5(火) 8(金) 10(日) 11(月) 18(月) 19(火) 28(木)	9.18 9.19 9.20 9.22 9.25 9.27 9.28 10. 5 10. 6 10.15	· 名古屋에서 浜松으로 가다. · 掛川을 視察하다. · 京都를 視察하다. · Nagamine 部長宅에 招待되어 가다. · 東京으로 가다. · 大阪과 神戶에 가서 申鉉培를 만나다. · 日本 大阪에서 歸國하다. · 서울大學校 職員에게 特講하다. · 서울大學校 職員에게 特講하다. · 總務處 第4回 公務員 提案審査委員會 專門委員으로 委囑되다.	3(日) · 大旺 코너 火災 發生, 88名 死亡 5(火) · 世界 食糧 會議 開催 8(金) · 慶州 古墳에서 純金 밥그릇 出土 15(金) · 北傀 南侵 땅굴 發見 19(火) · 서울高法, 文世光에게 死刑宣告 22(金) · 美 포드 大統領 訪韓 23(土) · 美·蘇 頂上, 블라디보스토크에서 會談 開催 24(日) · 俳優 金芝美, 파나마 映畫祭서 女優主演賞 획득
12	29(日) 31(火)	11.16 11.23	· 母親 脫喪祭를 圓覺寺에서 지내다. · 內務部 課題 (새마을 意識調査)의 部分擔當 研究를 完了하다. · 建設部 課題 (國土開發 2千年 展望)의 部分擔當 研究를 完了하다.	7(土) · 換率 480:1로 引上 20(金) · 陸英修 女史 殺害犯 文世光 死刑 執行 25(水) · 聞慶郡 第1關門 補修工事 竣工 30(月) · 서울大學 改編案 확정

第 40 歲 : 1975 (4308) 乙卯年 / 專任講師

月	日	陰	本 人 및 家 族 事 項	社 會 一 般 事 項
2	1(土)	12.21	· 『地方行政』誌의 編輯委員長으로 委囑되다.	12(水) · 維新憲法 國民投票 實施

1975

月	日	陰	本人 및 家族事項	社會一般事項
2	5(水) 14(金) 26(水)	12.25 1. 4 1.16	·總務處 3級 特別昇進試驗委員으로 委囑되다. ·京畿道 公務員敎育院 講師로 委囑되다. ·東爀 小花幼稚園을 卒業하다. ·環境大學院 卒業式에 參席하다.	15(土) ·釋誕日과 어린이날을 公休日로 制定 28(金) ·서울大學校, 東崇洞 等에서 冠岳山 캠퍼스로 移轉 始作
3	2(日) 3(月) 4(火) 5(水) 15(土) 28(金) 31(月)	1.20 1.21 1.22 1.23 2. 3 2.16 2.19	·東爀 鍾岩國民學校에 入學하다. ·調査次 全州와 扶安에 가다. ·井邑과 高敞을 방문하다. ·全州에서 上京하다. ·環境大學院 入學式에 參席하다. ·Dr. Fu-Chen Lo와 釜山에 가다. ·釜山에서 上京하다.	1(土) ·서울大 環境大學院, 冠岳 캠퍼스 9棟으로 移轉 14(金) ·서울大學校, 冠岳 캠퍼스 移轉 完了 20(木) ·北傀 南侵 땅굴 2次 發見 22(土) ·不條理 一掃 및 反社會 大企業 嚴斷措置 發表
4	1(火) 4(金) 6(日) 7(月) 9(水) 12(土) 18(金) 20(日) 21(月) 22(火)	2.20 2.23 2.25 2.26 2.28 3. 1 3. 7 3. 9 3.10 3.11	·中央公務員敎育院 講師로 委囑되다. ·大田에 가서 中央公務員敎育院의 講義를 하다. ·特講次 大邱에 가다. ·大邱에서 上京하다. ·大田에 가서 中央公務員敎育院의 講義를 하다. ·京畿道 都市計劃委員으로 平澤郡을 視察하다. ·調査次 蔚山에 가다. ·蔚山에서 大邱로 가다. ·大邱에서 講義를 하고 上京하다. ·서울大學校 圖書館 運營委員會 委員으로 委囑되다.	2(水) ·石炭 값 25.5%引上 5(土) ·自由中國 蔣介石 總統 逝去 8(火) ·緊急措置 7號 宣布 ·서울大 休講 데모 發生 10(木) ·高麗大 休校令 내림, 軍 進駐 ·人革黨 관련 被告 8名, 死刑 執行 17(木) ·크메르 共産軍, 프놈펜 占領 ·서울市 人口 650萬 돌파 30(水) ·越南 敗亡, 越盟 統一
5	1(木) 6(火) 7(水) 10(土) 13(火) 18(日) 19(月) 23(金) 24(土)	3.20 3.25 3.26 3.29 4. 3 4. 8 4. 9 4.13 4.14	·韓國 未來學會에 加入하다. ·內務部 3級 特別昇進試驗委員에 委囑되다. ·大田에 가서 中央公務員敎育院의 特講을 하다. ·在京 聞慶中學校 同門會의 發足과 함께 理事로 就任하다. ·大田에 가서 中央公務員敎育院의 講義를 하다. ·大邱에 가다. ·特講을 하고 大邱에서 上京하다. ·硏究次 全州에 가다. ·全州에서 大邱로 가다. ·大邱에서 上京하다.	1(木) ·趙治勳, 日本 바둑 10傑戰서 最年少 타이틀 획득 10(土) ·在京 聞慶中學校 同門會 創立 (初代會長 : 金炯兟 被選) ·總力安保 서울市民大會 開催 13(火) ·緊急措置 9號 宣布 17(土) ·朴大統領, 在野 元老 105名에게 安保 브리핑 21(水) ·朴大統領, 金泳三 新民黨 總裁와 單獨會談 25(日) ·慶州金氏 聞慶郡 宗親會 創立 ·우리 漁船 中共에 피납 27(火) ·서울大 13代 總長 尹天柱 就任
6	10(火) 18(木) 20(金) 23(月) 25(水) 30(月)	5. 1 5. 9 5.11 5.14 5.16 5.21	·京鄕新聞 主催 새마을 심포지엄에 參席하다. ·大田에 가서 中央公務員敎育院의 講義를 하다. ·大田에 가서 中央公務員敎育院의 講義를 하다. ·敎育開發院의 現地 調査次 春川과 加平에 가다. ·大田에 가서 中央公務員敎育院의 講義를 하다. ·서울大學校 病院에서 診斷을 받다.	3(火) ·이스라엘, 시나이半島에서 撤收 ·수에즈運河, 8年만에 開通 9(月) ·南大門市場 大火災 發生, 15億원 被害 11(水) ·第4次 經濟開發5個年計劃指針 發表 20(金) ·學徒護國團 첫 出帆 25(水) ·모잠비크 獨立
7	3(水) 4(金) 5(土)	5.24 5.25 5.26	·春川에 가다. ·文敎部 主催 春川 세미나에서 '人口와 環境'에 대해 發表하다. ·文敎部의 春川 세미나에서 司會를 보다.	1(火) ·關稅還給制 實施 5(土) ·봉고國 가봉大統領 訪韓 9(水) ·4大 戰時法案 國會 通過 10(木) ·韓·日 議員聯盟 創立

1975

月	日	陰	本人 및 家族事項	社會一般事項
7	6(日)	5.27	・春川에서 上京하다.	16(水) ・防衛稅法 公布
	27(日)	6.19	・Dr. Fu-Chen Lo 및 Prof. John Friedmann과 蔚山에 가다.	17(木) ・宇宙船 美國 아폴로號와 蘇聯 소유즈號가 地上 225km 上空에서 結合 성공
	28(月)	6.20	・蔚山에서 上京하다.	25(金) ・原子力發電 25基 建設計劃 發表
8	7(木)	7. 1	・MBC의 政經討論 '首都人口 分散策'에 出演·放映하다.	1(金) ・政府, 道路國債 발행
	8(金)	7. 2	・세미나 參席차 光州에 가다.	4(月) ・李兌榮 辯護士, 75年度 막사이사이賞 受賞者로 決定
	9(土)	7. 3	・潭陽을 방문한 뒤 光州에서 上京하다.	9. 1(月) ・國會議事堂 竣工
	13(水)	7. 7	・社會科 敎育研究會 年次大會에서 '人口敎育'에 대해 基調演說을 하다.	9. 3(水) ・29代 聞慶郡守 石鎭厚 就任
	24(日)	7.18	・店村에 가다.	9.15(月) ・朝總聯系, 在日同胞 秋夕 省墓團 母國訪問
	28(木)	7.22	・店村에서 上京하다.	9.22(月) ・民防衛隊 發隊式 擧行
	30(土)	7.24	・環境大學院 卒業式에 參席하다.	
10	1(水)	8.26	・7-1號奉으로 昇給하다.	1(水) ・全國 人口 및 住宅 센서스 實施
				・商業어음 流通制 실시
	10(金)	9. 6	・大田에 가서 中央公務員敎育院의 講義를 하다.	2(木) ・地方公務員 任用令 개정
	11(土)	9. 7	・中央公務員敎育院의 講義를 하다.	・韓·벨기에 經濟協會 설립
			・敎育開發院의 校長班에서 '人口敎育'에 대한 特講을 하다.	6(月) ・105個 大企業 選定, 企業公開 方針 發表
	13(月)	9. 9	・大田에 가서 中央公務員敎育院의 講義를 하다.	8(水) ・金玉仙 議員 國會 發言으로 소란
	17(金)	9.13	・全州에 가다.	9(木) ・世界 跆拳道聯盟, 國際競技聯盟(GAIF)에 加入
	18(土)	9.14	・大韓國土計劃學會 主催 全州 세미나에서 '地域隔差'에 대해 發表하다.	・노벨 平和賞에 蘇 사하로프 決定
	19(日)	9.15	・全州에서 上京하다.	・『우리말 큰 辭典』 완간
	22(水)	9.18	・總務處 第5回 公務員 提案審査委員會 委員으로 委囑되다.	13(月) ・金玉仙 議員, 議員職 自進 辭退
	23(木)	9.19	・保安司 敎育隊에서 '國土開發'에 대해 特講하다.	14(火) ・嶺東-東海高速道路 開通
	25(土)	9.21	・韓國地域社會開發學會의 創立과 동시에 正會員이 되다.	16(木) ・農水産部, 全天候 農地 10萬3千ha를 조성키 위한 제2차 農業綜合開發計劃 확정
	31(金)	9.27	・內務部 課題 (地方行政 長期發展計劃)의 單獨 研究를 完了하다.	17(金) ・韓國觀光學會 創立
			・UNCRD 課題(Growth Pole Development)의 責任研究를 完了하다.	20(月) ・TV 放映時間 短縮
				22(水) ・英國 歷史家 아놀드 토인비 死亡
				25(土) ・韓國地域社會開發學會 創立
				30(木) ・스페인의 카를로스 王子, 權力을 장악
11	1(土)	9.28	・慶州金氏 著名人士錄 編輯委員會 委員으로 委囑되다.	5(水) ・銀行監督院, 許容했던 金融機關의 裸垈地 擔保取得을 일체 금지
	2(日)	9.29	・日本에서의 會議參席次 出國하다.	7(金) ・海軍 機動練習서 艦對艦 미사일 試驗發射 성공
	5(水)	10. 3	・UNCRD 主催 세미나에서 '工業化와 據點開發'에 대해 發表하다.	11(火) ・앙골라 獨立
	12(水)	10.10	・豊田市를 禮訪하다.	19(水) ・韓·이란 閣僚會談 開催
			・父親, 祭基洞 自宅에서 享年 80歲로 逝去하시다.	20(木) ・公務員 報酬 體制에 年俸 加算制 導入
	13(木)	10.11	・父親 逝去 電話를 받고 日本서 歸國하다.	・스페인 獨裁者 프랑코 死亡
	14(金)	10.12	・父親, 店村 孔坪里 배실山에 母親과 合祔로 모시다.	22(土) ・母國留學을 가장, 日本서 잠입·암약하던 學園 浸透 北傀 間諜團 21名 검거
	17(月)	10.15	・三虞祭를 지내다.	25(火) ・수리남 獨立
	25(火)	10.23	・環境大學院과 住宅銀行 主催 세미나에서 司會를 보다.	28(金) ・韓·EC, 纖維協定 假調印

1975

月	日	陰	本人 및 家族事項	社會一般事項
12	17(水)	11.15	·光州에 가서 全南大學校에서 特講을 하다.	5(金) ·嶺東線 電鐵 開通
	30(火)	11.28	·父親의 49祭를 圓覺寺에서 지내다.	24(水) ·聞慶 第2關門 補修工事 完了
				30(火) ·聞慶 關門道路 開設

第 41 歲 : 1976 (4309) 丙辰年 / 專任講師 - 助教授

月	日	陰	本人 및 家族事項	社會一般事項
1	11(日)	12.11	·結婚 10周年을 맞다.	5(月) ·크메르, 캄푸치아로 國號 개칭
	27(火)	12.27	·서울市 教育研究院에서 '人口·保健·環境'을 特講하다.	15(木) ·서울大 環境大學院, 9棟에서 13棟으로 移轉
	30(金)	12.30	·店村에 가다.	19(月) ·勞動者 財産形成 貯蓄制度 新設
2	4(水)	1. 5	·店村에서 上京하다.	4(水) ·'75.10. 1 현재 住宅 不足率 29.2%로 集計
	6(金)	1. 7	·서울市 教育研究院에서 '人口·保健·環境'에 대해 特講하다.	·과테말라에 大地震 發生, 2萬3千여명 死亡
	20(金)	1.21	·學位論文 準備 및 提出次 美國에 가다.	16(月) ·第2期 維政會 議員 選出
			·嚴基文氏宅에 投宿하다.	21(土) ·닉슨 前 美國 大統領, 北京 訪問
	24(火)	1.25	·寄宿舍 Scioto Hall에 入舍하여 自炊를 始作하다.	23(月) ·日本 京都에서 '韓國美術 5千年展' 開幕
			(電話:475-4866)	26(木) ·財務部, 長期 住宅債權을 발행할 계획
	28(土)	1.29	·金漢教 教授宅에 招請받아가다.	29(日) ·女子卓球, 西獨 오픈 個人單式戰서 中共을 꺾고 優勝
			·桂仁麗氏 紹介 받다.	
	29(日)	1.30	·서울大學校 環境大學院의 專任講師 再任用을 받다.	·文教部, 教授 再任命 實施하여 460名을 탈락시킴
			·安慶遠氏宅에 招請받아가다.	
3	1(月)	2. 1	·서울大學校 行政大學院 國家政策發展課程 (ACAD)의 講師로 委囑되다.	10(水) ·서울地檢, 政府 顚覆 선동한 明洞事件 관련자 11名 立件
			·大韓國土計劃學會 理事로 委囑되다.	15(月) ·公正去來法 施行
	5(金)	2. 5	·Corey 教授宅에 招待받아 가다.	19(金) ·海運港灣廳 發足
	7(日)	2. 7	·南鴻 博士宅에 招待받아 가다.	24(水) ·英國 몽고메리 元帥 死亡
	12(金)	2.12	·桂仁麗氏宅에 招待받아 가다.	27(土) ·經濟企劃院, 1次로 獨寡占 對象 127個 品目, 204個 業體를 指定
	16(火)	2.16	·寄宿舍 Sawyer Hall로 移徙가다. (電話:475-2559)	
4	1(木)	3. 2	·學校 號俸 6-2號俸으로 昇給하다.	5(月) ·北京 天安門 廣場 暴動 發生
	9(金)	3.10	·映畵 "One Flew over the Cukoo's Rest"를 보다.	7(水) ·中共, 鄧小平 解任, 華國鋒을 首相으로 選任
	10(土)	3.11	·桂仁麗氏宅에 招待받아 가다.	13(火) ·포드 美大統領, 200海里 漁業專管水域 法案 署名
	15(木)	3.16	·助教授로 昇進하다.	
	16(金)	3.17	·River View Tower에서 晩餐을 갖다.	18(日) ·로버트 멀둔 뉴질랜드 首相 訪韓
	23(金)	3.24	·李博士 來訪하다.	28(水) ·그레나다國 에릭 메류 게이리 首相 來韓
	24(土)	3.25	·映畵 "All the President's Men"을 보다.	30(금) ·內務部, 班常會 指針 시달
	25(日)	3.26	·金鍾文·崔禎苾氏 來訪하다.	·內務部, 每月 末日을 '班常會 날'로 지정
	26(月)	3.27	·Mr.Memphis 妻 京淑 來訪하다.	
	30(金)	4. 2	·La Cantina에서 會食하다.	

月	日	陰	本 人 및 家 族 事 項	社 會 一 般 事 項
5	1(土) 4(火) 14(金) 26(水) 29(土)	4. 3 4. 6 4.16 4.28 5. 1	·李重根 敎授宅에 招請받아 가다. ·妹 京淑 떠나다. ·李博士宅에 가다. ·學位論文 草稿를 完成하다. ·Indiana州 Madison市에 가서 1泊하고 翌日에 돌아오다.	18(火) ·京釜高速道路 梁山 부근에서 高速버스 顚覆, 23名 死亡 25(火) ·新民黨 兩派 各各의 全黨大會 强行 26(水) ·獨逸 哲學者 하이데거 死亡 28(金) ·OPEC 總會, 原油價 凍結
6	5(土) 6(日) 8(火) 13(日) 14(月) 19(土) 26(土) 27(日)	5. 8 5. 9 5.11 5.16 5.17 5.22 5.29 6. 1	·Washington, D.C 의 黃鏞周 博士宅에 가다. ·金鍾文氏 等과 會合하다. ·Pittsburgh의 崔禎苾氏宅에 가다. ·Pittsburgh에서 Cincinnati로 돌아오다. ·Dr. Corey宅에 招待받아 가다. ·南鴻博士의 就職(GMC) 祝賀宴에 가다. ·成樂源氏宅 招待받아 가다. ·映畵 "Midway"를 觀覽하다. ·Karate 安氏宅에 招待받아 가다.	1(火) ·財務部, 勤勞所得者 女子從業員에 대한 財形貯蓄 新設을 發表 ·5月末 현재 金融機關店鋪數, 全國 1,528개 집계·발표됨 2(水) ·英國 파운드貨 暴落 10(木) ·信用保證基金 發足 18(金) ·第4次 經濟開發5個年計劃 發表 23(水) ·韓國應用科學會 創立 24(木) ·邱馬高速道路 着工 27(日) ·先進 7個國 首腦會議 開幕
7	1(水) 4(日) 6(火) 11(日) 15(木)	6. 5 6. 8 6.10 6.15 6.19	·號俸 6-1호로 昇給하다. ·金甫漢氏 招待로 Fair Field에 가다. ·River View Tower에서 生日宴을 갖다. ·安秉一 博士宅에 招待받아 가다. ·李博士宅에 招待받아 가다.	1(木) ·韓國輸出入銀行 發足 15(木) ·漢江 潛水橋 開通 17(土) ·第21回 몬트리올 올림픽 開幕 20(火) ·美國 無人宇宙船 바이킹 1號, 火星에 着陸
8	11(水) 14(土) 15(日) 16(月) 21(土) 22(日) 25(水) 26(木) 27(金) 28(土) 29(日) 30(月) 31(火)	7.16 7.19 7.20 7.21 7.26 7.27 8. 1 8. 2 8. 3 8. 4 8. 5 8. 6 8. 7	·論文審査에서 最終 合格하다. ·嚴基文 博士宅에서 祝賀宴을 갖다. ·僑民會에서 光復節에 대한 講演을 하다. ·Mount Area의 僑民 野遊會에 參席하다. ·Simone 學長宅에 招待받아 가다. ·鄭仁永 敎授宅에 招待받아 가다. ·金漢敎 敎授宅에 招待받아 가다. ·金甫漢氏 招待로 Columbus에 가다. ·南鴻 博士宅에 招待받아 가다. ·Bennis 總長宅에서 午餐을 하다. ·卒業式에 參席하여 博士學位를 받다. ·南鴻 博士宅에서 파티를 갖다. ·李重根 敎授宅에 招待받아 가다. ·桂仁麗氏宅에 招請받아 가다. ·鄭允朝 博士宅에 招待받아 가다. ·Cincinnati를 出發하다. ·Chicago에 가서 李仁遠 博士를 만나다. ·Sheraton Chicago Hotel에 投宿하다. ·Chicago를 出發하여 San Francisco에 가다.	1(日) ·梁正模, 몬트리올 올림픽에서 레슬링으로 最初 金메달 獲得 2(月) ·銀行金利, 大幅引上 ·政府, 第4次 經濟開發計劃期間中 核燃料公團을 설립키로 결정 ·서울銀行과 信託銀行, '서울信託銀行'으로 合併·發足 5(木) ·政府, 公共部門 住宅 51萬2千戶 建設을 위한 財源 마련으로 '77~'81년 동안 매년 1억달러의 住宅借款을 도입할 方針임을 밝힘 ·財務部, 勤勞者 財形貯蓄의 收入 賦金 약290억원을 住宅資金 및 庶民金融으로 활용한다고 발표 16(月) ·85個國 非同盟國 首腦會議, 스리랑카서 開催 ·光州에서 救國宣言文 발표 (第2 明洞事件) 18(水) ·板門店서 도끼蠻行事件 發生, 美國 將校 2名 참살 30(月) ·우리 漁船 新進號, 東海서 北傀에 납치됨
9	1(水) 2(木)	8. 8 8. 9	·Asia 財團 本部를 訪問하다. ·San Francisco Redevelopment Agency를 訪問하다. ·Los Angeles에 가서 叔父宅에서 묵다.	1(水) ·慶南 昌原 出張所, 全南 麗川 出張所 新設 ·財務部, 財產形成貯蓄에 가입한 勤勞者에게 最高 200만원까지 融資해주기로 결정 6(月) ·蘇 벨렌코, MIG 25機로 日本 着陸

月	日	陰	本人 및 家族事項	社會一般事項
9	3(金) 5(日) 9(木) 21(火) 27(月)	8.10 8.12 8.16 8.28 閏8.4	· Los Angeles를 出發하다. · 서울에 到着하여 自宅에 오다. · 學校 講義를 始作하다. · 科技處 國家技術資格檢定試驗委員에 委囑되다. · 中央情報部 安保敎育에 入校하여 9.30(木)까지 敎育받다.	9(木) · 中共 黨主席 毛澤東 死亡 14(火) · 高麗大生 2千여명 데모 16(木) · 新民黨 兩派, 合同 全黨大會 열어 集團指導體制를 채택하고 代表에 李哲承을 선출 27(月) · 財務部, 내년 중 住宅銀行에 18억원, 中小企業銀行에 50억원, 輸出入銀行에 100억원을 출자할 방침
10	3(日) 10(日) 14(木) 16(土) 18(月) 24(日) 27(水) 30(土) 31(日)	閏8.10 閏8.17 閏8.21 閏8.23 閏8.25 9. 2 9. 5 9. 8 9. 9	· 鳥嶺會 野遊會를 北岳山으로 가다. · 절에 가서 아버님께 佛供하다. · 國務總理室 職員에게 '體系分析'을 特講하다. · 大韓國土計劃學會 學會誌 編輯委員長에 委囑되다. · 總務處 第6回 公務員 提案審査委員會 專門委員에 委囑되다. · 日本의 國際會議 參席次 出國하다. · UN地域開發센터에서 '地域開發과 OR'에 대해 發表하다. · 愛知縣을 視察하다. · Peal Island를 旅行하다.	2(土) · 建設部, 京畿道 半月에 工業都市建設을 발표 4(月) · 聞慶 主屹橋 架設 6(水) · 地方 契約職員의 報酬를 35% 引上 11(月) · 新安 앞바다에서 宋·元代 遺物 引揚 14(木) · 榮山江 流域 農業開發 1段階 事業 준공 15(金) · 덴마크 政府, 北韓 公使官員에 密輸·密賣罪로 追放令 21(木) · 財務部, 民營 및 國民資金의 戶當 融資限度를 대폭 인상한다는 方針을 발표 27(水) · 安東 多目的 댐 竣工 30(土) · 中央情報部, 巨文島 浸透 間諜 김용규가 同僚 1名을 사살하고 自首함을 발표
11	1(月) 13(土) 15(月) 16(火) 17(水) 18(木) 30(火)	9.10 9.22 9.24 9.25 9.26 9.27 10.9	· 日本에서 歸國하다. · 大韓國土計劃學會에서 'OR'에 대해 發表하다. · YMCA에서 '地域社會開發'에 대해 特講을 하다. · 國立劇場에서 開催된 安保會議에 參席하다. · 서울大學校 事務職員에게 '새마을運動'을 特講하다. · 內務部 地方行政硏修院의 硏修大會에 參席하다. · 아버님 脫喪을 하다.	3(水) · 39代 美大統領에 카터 當選 · 東海 風浪으로 408名 死亡·失踪 · 政府, 民營住宅資金 規模를 163억 8,500만원으로 증액 책정 5(金) · 아랍 平和維持軍, 레바논 進駐 14(日) · 市長·郡守·區廳長의 林木伐採 등에 관한 許可基準을 제정 18(木) · 文良子, 種別 射擊大會에서 스탠다드 拳銃 部門에서 世界 新記錄 수립 24(水) · 廉동균, 프로복싱 WBC 슈퍼 밴텀級 世界 타이틀 쟁취
12	3(金) 12(日) 23(木) 31(金)	10.12 10.21 11. 3 11.11	· 서울大 環境大學院·韓國住宅銀行 主催의 세미나에서 '住宅投資와 國民福祉'에 대해 發表하다. · 韓國靑年會議所에서 '環境問題'에 대해 特講하다. · 京畿道 都市計劃委員으로 抱川郡 都市計劃을 視察하다. · 國防部의 企劃豫算制度에 대한 部分硏究를 完了하다.	6(月) · 汝矣島 KBS 韓國放送公社 개관 9(木) · 地方財政法施行令 개정 10(金) · 南北赤十字 20次 實務會談 개최 15(水) · 國會 與野, '平和統一協議會'를 國會 內에 두기로 합의 17(金) · OPEC 緊急 總會에서 原油價 二重價格으로 引上 30(木) · 建設部, 國民住宅 優先分讓 指針을 제정 · 地方公務員의 日直手當을 500원으로 인상

第 42 歲 : 1977 (4310) 丁巳年 / 助敎授

月	日	陰	本人 및 家族事項	社會一般事項
1	14(金)	11.25	·故鄕 店村에 가다.	12(水) ·朴大統領, 對北韓 食糧援助 및 南北韓 不可侵協定 提議
	16(日)	11.27	·店村에서 大邱로 가다.	
	17(月)	11.28	·大邱에서 店村으로 오다.	28(土) ·朴大統領, 核戰鬪機 제외한 모든 武器를 國産化하고 있다고 發表
	20(金)	12. 2	·店村을 떠나 上京하다.	
2	1(火)	12.14	·公害防止協會 諮問委員에 委囑되다.	1(火) ·財務部, 財形貯蓄 加入對象 範圍를 확대
	2(水)	12.15	·國防部에서 '審査分析'에 대해 特講하다.	4(金) ·尤涯 梁柱東 先生 死亡
	5(土)	12.18	·서울市 首都行政諮問委員會 委員으로 委囑되다.	10(木) ·새 行政首都 建設計劃 發表
	11(金)	12.24	·姉兄 黃在洙 回甲을 맞다.	15(火) ·南畵 大家 許百鍊 死亡
	15(火)	12.28	·京畿道 評價敎授로 委囑되다.	·慶北 龜尾 出張所 설치
			·韓國日報社 主催의 行政首都 建設에 관한 座談會에 參席하다.	16(水) ·第6次 韓·日 議員聯盟 總會 개막 17(木) ·30代 聞慶郡守 鄭鏞韻 就任
	23(水)	1. 6	·서울大學病院에서 健康診斷을 받다.	19(土) ·證券監督院 開院
				27(日) ·任永信 中央大 總長 死亡
3	3(木)	1.14	·貞娥 小花幼稚園에 入學하다.	9(水) ·카터 美大統領 駐韓美軍 撤收 計劃 發表
	4(金)	1.15	·全國經濟人聯合會 主催의 세미나에서 '都市成長過程'에 대해 發表하다.	·亞·阿 首腦會談 카이로에서 開催 22(火) ·鄭一亨 議員, 明洞事件으로 議員職 상실
	5(土)	1.16	·最初로 金殷泰君 結婚式의 主禮를 맡아 執典하다.	
4	1(金)	2.13	·河晟奎君 第3代 助敎로 入室하다.	4(月) ·財務部, 土地償還債券을 매입하는 者에게 住宅資金을 우선 융자키로 결정
	6(水)	2.18	·서울大學校 學生들에게 '새마을運動'에 대해 特講을 하다.	11(月) ·聞慶 第3關門 復元
	7(木)	2.19	·京畿道 道建設綜合計劃審議會 委員에 委囑되다.	·張基永 前 副總理 死亡
	17(日)	2.29	·慶州金氏 宗親會 理事로 委囑되다.	13(水) ·政府, 수단과 修交
			·在京 聞慶郡民會에서 '郡民會의 意義'에 대해 演說하다.	14(木) ·釜山·濟州間 카페리號 就航
	30(土)	3.13	·未來學會 總會에 參席하다.	15(金) ·政府, 아파트 分讓에 따른 假需要를 억제하고, 無住宅 庶民의 計劃的인 住宅 마련을 위한 國民住宅 請約賦金制를 신설
5	1(日)	3.14	·韓國應用科學會 終身會員으로 加入하다.	2(月) ·檀國大, 鎭川郡서 國內 最大의 磨崖如來像 발견
	7(土)	3.20	·權尙俊君 結婚主禮를 보다.	
	9(月)	3.22	·桂仁麗氏 訪韓	4(水) ·文公部, 日本『요미우리新聞』서울支局 폐쇄
	10(火)	3.23	·在京 聞慶 學友會에서 '大學生의 役割'에 대해 演說하다.	7(土) ·第3次 先進國 首腦會談, 런던서 開催
	11(水)	3.24	·京畿道市計劃委員과 함께 利川都市計劃을 視察하다.	16(月) ·家計手票制度 實施
	13(金)	3.26	·大田에 가서 儒城에 投宿하다.	18(水) ·韓國科學財團 發足
	14(土)	3.27	·大田에서 上京하다.	24(火) ·하비브 브라운 美大統領 特使, 撤軍問題 協議次 朴大統領과 會談
	18(水)	4. 1	·大學 研究調査次 大邱에 가다.	
	21(土)	4. 4	·大邱에서 上京하다.	27(金) ·朴大統領, 李哲承 新民黨 代表와 會談
	27(金)	4.10	·桂仁麗氏와 送別 晩餐을 하다.	·財務部, 預·積金主의 秘密을 보장키위해 法官 令狀이나 財務長官의 事前 同意 없이는 提供 要請을 거부토록 지시
	28(土)	4.11	·桂仁麗氏 美國으로 돌아가다.	
	29(日)	4.12	·在京 聞慶 學友會에서 '學友會의 進路'에 대해 演說하다.	29(日) ·카터 美大統領, 韓國 被侵 땐 核使用을 言明 ·美國 켄터키州 사우스 게이트의 나이트 클럽 大火災로 162名 死亡

1977

月	日	陰	本人 및 家族事項	社會一般事項
6	1(水)	4.15	·京畿道 都市計劃測量團 技術指導委員으로 委囑되다.	3(金) ·內務部에 地方財政局 신설
	2(木)	4.16	·禾谷洞 主婦會에서 '都市生活'에 대해 特講하다.	5(日) ·財務部, 7월1일부터의 附加價値稅制 실시에 따라 貸金利는 7.1부터 1% 引下, 定期預金은 10.1부터 1.8% 引下키로 결정
	3(金)	4.17	·禾谷洞 主婦大學에서 '都市生活'에 대해 特講하다.	10(金) ·서울 鍾路·中區 補闕選擧 실시
	9(木)	4.23	·文敎部 主管으로 '人口와 未來'에 대한 特講을 하다.	15(水) ·越南移民 38名, 麗水 入港
	14(火)	4.28	·文敎部 主管으로 '都市 새마을運動'에 대한 特講을 하다.	·月城 原子力 1號機 着工
	17(金)	5. 1	·中央大學校 主催 세미나에서 '國土開發과 住宅政策'에 대해 主題發表하다.	16(木) ·住宅銀行, 公募株 請約長期預金制 실시
	22(水)	5. 6	·敎育開發院 主催 세미나에서 '環境體系'에 대해 發表하다.	17(金) ·閣議, 臨時行政首都建設 特別法案 가결
	25(土)	5. 9	·京畿道評價敎授團 硏究課題인 '首都圈 人口配置計劃'을 發表하다.	·政府, 防衛産業振興擴大會議 구성
	27(月)	5.11	·韓國開發硏究院의 長期經濟社會發展計劃 實務委員會 國土計劃班長으로 委囑되다.	19(日) ·古里 原子力 1號 發電機 點火
				21(火) ·財務部, 7月부터 住宅貯蓄制를 실시하고 10月부터 財形貯蓄奬勵金을 2~2.2% 引下할 예정임을 밝힘
				22(水) ·美國 존 미첼, 워터게이트 事件으로 구속됨
				28(火) ·外務部, 金炯旭 事件과 관련한 靑瓦臺 盜聽件에 대해 미국에 覺書 전달
7	14(木)	5.28	·科學技術處 主催 環境管理 세미나에서 討論을 하다.	1(金) ·附加價値稅制 實施
	16(土)	6. 1	·京畿道 主管으로 廣州·龍仁·安城·平澤·華城·安養을 視察하다.	·職場醫療保險制度 實施
	17(日)	6. 2	·京畿道 主管으로 漣川·鐵原·楊州·加平·楊平·驪州·利川을 視察하다.	·北傀, 200海里 經濟水域 宣布
	31(日)	6.16	·文敎部 課題 (大學硏究 및 勉學 雰圍氣 造成)의 部分擔當 硏究를 完了하다.	8(金) ·中部地方 豪雨, 300餘名 死亡
				10(日) ·123回 國際技能綜合 優勝 獲得
				20(水) ·UN 安保理, 베트남 加盟 承認
8	1(月)	6.17	·經濟科學審議會 主催 都市 人口 세미나에서 司會를 보다.	4(木) ·世界 最大 單一工場인 南海化學 麗水工場 完工
	13(土)	6.29	·故鄕 店村에 가다.	12(金) ·美國 宇宙 連絡船 스페이스 셔틀, 첫 飛行
	17(水)	7. 3	·店村에서 上京하다.	·EC 域內 纖維輸入 規制策 發表
	23(火)	7. 9	·國防部 課題 硏究次 大邱에 가다.	23(火) ·불가리아, 韓國 外交官 入國 許容
	25(木)	7.11	·大邱에서 大田에 갔다가 釜山으로 가다.	30(火) ·韓·美 纖維協定 締結
	27(土)	7.13	·釜山에서 上京하다.	
9	2(金)	7.19	·Hawaii 會議 參席次 出國하다.	1(木) ·經濟企劃院, 經濟運用基本計劃 발표
	6(火)	7.23	·Hawaii 東西文化센터 主催 세미나에서 '資源開發과 所得增大'에 대해 發表하다.	·農協, 農漁村 住宅賦金制度 시행
	15(木)	8. 3	·Hawaii에서 歸國하다.	5(月) ·聞慶綜合高等學校, 聞慶工業高等學校로 改稱
			·京畿道 課題 (小都邑 機能化)의 部分擔當 硏究를 完了하다.	6(火) ·美法務省, 朴東宣 起訴
	17(土)	8. 5	·中央大學校 主催 地域社會開發敎育 세미나에서 討論을 하다.	14(水) ·南大門市場 大火災 發生, 20億원 被害
	23(金)	8.11	·調査次 釜山에 가다.	15(木) ·韓國 登攀隊, 에베레스트 征服
	24(土)	8.12	·釜山에서 上京하다.	16(金) ·金融圈, 個人信用情報의 集中管理制度 시행
	28(水)	8.16	·서울大 環境大學院 環境計劃學科 學科長으로 任命되다.	20(火) ·韓國證券電算株式會社 設立
				22(木) ·消費者保護基本法案 마련
				28(水) ·日 赤軍派, 日 航空機 拉致

1977

月	日	陰	本 人 및 家 族 事 項	社 會 一 般 事 項
10	7(金) 19(水) 28(金)	8.25 9. 7 9.16	·總務處 第7回 公務員 提案審查委員會 專門委員으로 委囑되다. ·韓國科學技術院 主催 New Capital City 國際會議에서 討論을 하다. ·韓國開發硏究院·韓國住宅銀行 主催의 住宅政策 세미나에서 討論을 하다.	15(土) ·시빌레트 美 國務次官補, 朴東宣 事件 協議次 來韓 18(火) ·朴大統領, 平和統一 3原則 提示 ·文公部, 文化財 硏究에 北傀와 中共에도 門戶開放 시사
11	6(日) 9(水) 12(土) 18(金) 25(金) 26(土) 30(水)	9.25 9.28 10. 2 10. 8 10.15 10.16 10.20	·日本에서의 會議參席次 出國하다. ·UNCRD 主催 세미나에서 '小都市開發과 都農連繫化'에 대해 發表하다. ·韓國敎育開發院의 1種圖書 編纂協議會 委員으로 委囑되다. ·日本에서 歸國하다. ·서울市의 再開發審議委員會 委員으로 委囑되다. ·環境大學院 敎授세미나 參席次 旅行을 떠나다. ·세미나 마치고 歸京하다. ·靑瓦臺 企劃團 課題 (首都移轉戰略)의 責任硏究를 完了하다. ·韓國開發硏究院 課題 (國土·都市·環境 長期計劃)의 責任 硏究를 完了하다.	1(火) ·美國, 國際勞動機構(ILO) 脫退 8(火) ·아시아 議員聯盟(APU) 總會, 서울서 開幕 ·國務會議, 住宅政策審議會 委員長을 副總理로 格上하고 住宅償還 社債發行制度 도입을 골자로 한 住宅建設促進法 改正案을 의결 10(木) ·韓國 女子排球팀, 월드컵서 史上 처음 蘇聯 격파 11(金) ·裡里驛 火藥 爆發事故 發生 19(土) ·印度서 海溢로 2萬餘名 失踪 21(月) ·議政府市와 東豆川市에 각각 消防署 신설 22(火) ·英國·프랑스 合作 超音速 콩코드 제트旅客機 첫 就航 29(火) ·釜山, 釜山鎭區를 分割하여 北區 설치
12	16(金) 21(木) 27(火) 29(木) 31(土)	11. 6 11.11 11.17 11.19 11.21	·서울市立大學校 主催 駐車政策세미나에서 討論하다. ·姊兄 金仁錫氏 逝去하시어 聞慶邑 先山에 모시다. (享年 69歲) ·硏究次 釜山에 가다. ·釜山에서 上京하다. ·建設部 課題 (首都圈計劃)의 部分擔當 硏究를 完了하다. ·國防部 課題 (成果分析)의 部分擔當 硏究를 完了하다.	1(木) ·市內버스, 토큰制 實施 14(水) ·中東平和會義, 카이로에서 開催 16(金) ·國會, 12海里 '領海法案' 통과 17(土) ·邱馬高速道路 開通 19(月) ·龜尾市 신설 22(木) ·輸出 100億달러 達成 30(金) ·韓·美, 朴東宣사건 5個條項 共同聲明發表 31(土) ·베트남軍, 캄푸치아 侵攻 ·'消防公務員法' 공포

第 43 歲 : 1978 (4311) 戊午年 / 助敎授

月	日	陰	本 人 및 家 族 事 項	社 會 一 般 事 項
1	1(日) 12(木) 18(水) 23(月) 25(水) 26(木)	11.22 12. 4 12.10 12.15 12.17 12.18	·韓國住宅銀行 諮問敎授로 委囑되다. ·故鄕 店村에 가다. ·店村에서 上京하다. ·奉天洞의 住宅購入을 契約하다.(後日 主人 要求로 解約) ·會議次 釜山에 가다. ·釜山에서 上京하다.	1(日) ·動力資源部 發足 7(土) ·第2綜合廳舍 京畿道 果川에 建設키로 決定 18(火) ·朴大統領, 航空機 및 特殊戰車 開發에 착수했다고 言明 24(火) ·蘇 核衛星, 캐나다에 墜落 31(火) ·EC, 農業相 會談 開催

月	日	陰	本人 및 家族事項	社會一般事項
2	1(水)	12.24	·韓國産業管理研究所 研究委員에 委囑되다.	15(水) ·龜尾, 市 昇格
	16(木)	1.10	·貞娥 小花幼稚園을 卒業하다.	16(木) ·輸入自由化措置 發表
			·研究次 釜山에 가다.	17(金) ·이스라엘, 駐韓 이스라엘 大使館의 撤收 通告
	17(金)	1.11	·釜山에서 上京하다.	
	26(日)	1.20	·上道洞 住宅 購入을 契約하다.	25(土) ·安東教育大學 廢校 (12回 卒業 最終)
3	1(水)	1.23	·大韓國土計劃學會 常任理事로 委囑되다.	1(水) ·英國, 78년 중 3.5%의 經濟成長을 달성하기 위해 상당한 景氣浮揚策이 필요하다고 발표
			·人口問題研究所 研究委員으로 委囑되다.	
	2(木)	1.24	·貞娥 鍾岩國民學校에 入學하다.	
	6(月)	1.28	·韓國觀光協會에서 '自然保護'에 대해 特講하다.	2(木) ·韓國保險公社 發足
	9(木)	2. 1	·特講次 俗離山에 가다.	7(火) ·韓·美 合同 팀 스피리트 78 作戰 개시
	10(金)	2. 2	·俗離山에서 韓國觀光協會 主催 會議에서 '自然保護 運動'에 대해 特講하고 上京하다.	8(水) ·經濟企劃院, 産業生産指數의 基準年度를 1970년에서 1975년으로 바꾸고, 對象 品目數를 339개에서 420개로 확대키로 함
	11(土)	2. 3	·大邱에서 開催된 韓國開發研究院의 長期發展計劃 說明會에 參席하여 答辯하다.	
	12(日)	2. 4	·釜山에서 開催된 韓國開發研究院의 長期發展計劃 說明會에 參席·答辯하고 上京하다.	·日本 經濟企劃廳, 日本의 77년 중 實質 GNP는 102조4,700억엔으로 前年比 5.1% 증가했다고 발표
	22(水)	2.14	·中央公務員教育院 講師에 委囑되다.	
			·大田에 가서 中央公務員教育院에서 講義하다.	9(木) ·서울市, 地下鐵 2號線인 48.8km의 循環線 建設 起工式을 蠶室에서 가짐
	28(火)	2.20	·冠岳區 ('80.4.1 銅雀區로 編入) 上道3洞 256-216로 移徙하다.(電話 68-5560, 局番 變更 68→828→843局)	10(金) ·東一紡織 勤勞者, 低賃 抗議 데모 ·建設部, 福祉住宅制度를 새로 도입키로 함
	29(水)	2.21	·上道國民學校로 雪娥 6學年, 東爀 4學年, 貞娥 1學年에 轉學하다.	12(日) ·詩人 朴木月 死亡
	31(金)	2.23	·全國經濟人聯合會·韓國開發研究院 主催 國土開發 세미나에서 討論하다.	13(月) ·헨리 經濟豫測所, 향후 5년간 先進工業國 經濟成長率은 平均 3.5%의 低水準일 것으로 예측
			·釜山商工會議所 研究課題 (産業再配置)의 責任 研究를 完了하다.	16(木) ·EC委員會, 달러貨 하락 때문에 EC 全體의 經濟目標 成長率 3.5%를 2.8~3%로 축소해야 할 것으로 전망
				20(月) ·26次 南北赤十字會談, 北側 不參으로 流會
				27(月) ·韓·캐나다 纖維協定 締結
				30(木) ·湖南線 鐵道 複線化 開通
				31(金) ·財務部, 올해 안에 100~150억원의 원貨 金融債券을 발행한다고 발표
4	11(火)	3. 4	·大邱에서 韓國開發研究院의 長期發展計劃 說明會에 參席하다.	3(月) ·포터 前 駐韓 美大使, 本人 在任時의 青瓦臺 盜聽을 시인
	12(水)	3. 5	·釜山에서 韓國開發研究院의 長期發展計劃 說明會에 參席하다.	6(木) ·朴大統領,國産 高性能 戰車 性能試驗 過程 참관
	27(木)	3.20	·京畿道 地方道立公園委員會 委員으로 委囑되다.	14(金) ·世宗文化會館 開館
	30(日)	3.23	·文教部 課題 (限界資源開發)의 單獨 研究를 完了하다.	15(土) ·輸入 自由化 例示 品目 321個 發表
			·行政改革調査委員會 課題 (地方行政組織改編)의 部分 研究를 完了하다.	17(月) ·商工部, 全南 麗川에 第3 石油化學團地를 건설키로 함
				21(金) ·KAL 旅客機, 무르만스크에 强制 着陸
				30(日) ·12海里 領海 宣布
5	1(月)	3.24	·韓國科學技術院 地域開發研究센터 諮問委員에 委囑되다.	1(月) ·南山 3號터널 開通
				2(火) ·國稅廳, 全國 13,248개 法人의 外形 金額은 57.7% 늘었고 純益은 146.2%나 증가한 것으로 集計
	5(金)	3.28	·金圭昌君 結婚의 主禮를 보다.	
			·新林洞 東邦團地 所在 垈地를 賣却하다.	
	8(月)	4. 2	·YMCA에서 '서울都市計劃'에 대해 特講하다.	5(金) ·政府, 第5次 經濟開發計劃 期間中 主要投資 事業 選定指針을 의결하고 期間 中 年平均 經濟成長率을 10%로 잡음
	11(木)	4. 5	·基督教放送局에서 '人工環境'에 대해 特講하다.	
			·京畿道 都市計劃委員會 烏山 都市計劃을 視察하다.	

月	日	陰	本人 및 家族事項	社會一般事項
5	12(金)	4. 6	・UNESCO의 國際 새마을 訓練센터 設置 審議會 審議委員에 委囑되다.	8(木) ・第2代 統一主體國民會議 代議員 選擧 實施 22(月) ・IMF, 1970~1977년중 世界 全體 對外準備金 中 달러貨의 比重은 약80%라고 발표
	19(金)	4.13	・大田 中央公務員教育院에서 講義하다.	
	21(日)	4.15	・在京 聞中 同門會, 샛터 遊園地로 野遊會 가다.	26(金) ・麗川 石油化學工團 竣工 30(火) ・失業率 前年 5.2%에서 今年 3.6%로 감소
6	3(土)	4.28	・第5次 經濟開發計劃 環境保全計劃團 實務委員에 委囑되다.	1(木) ・77年度 家口당 平均 農家所得, 143만 2,800원으로 76년 대비 23.9%증가
			・奇元燮君 結婚主禮를 보다.	6(火) ・피지共和國 카미 세세마라首相 來韓
	9(金)	5. 4	・서울大 環境大學院·UNCRD 主催 空間開發 세미나에서 進行 主管을 맡다.	・都市 勤勞者家口의 月平均 所得, 13만 4,630원으로 작년보다 26.3% 증가
	10(土)	5. 5	・大韓國土計劃學會의 學會誌 編輯委員長을 맡다.	14(水) ・中小企業振興工團 設立
			・UNCRD 代表團과 京畿道廳을 訪問하다.	17(土) ・政府, 消費者保護基準法을 마련
	18(日)	5.13	・泰國에서의 硏究次 出國하다.	22(木) ・韓·日大陸棚協定 締結
	22(木)	5.17	・泰國 國務省에서 '새마을運動'에 대해 特講하다.	23(金) ・朴大統領, 民間經協機構 구성을 北韓에 제의
	23(金)	5.18	・泰國 방콕 大學에서 '새마을運動'에 대해 特講하다.	
	26(月)	5.21	・泰國 經濟社會企劃院 (NESDB)에서 '새마을運動'에 대해 特講하다.	30(金) ・韓國精神文化硏究院 開院 ・現代아파트 特惠分讓事件으로 高級公務員 220名 摘發
	27(火)	5.22	・泰國의 Nakhon Nayok 地域을 訪問하다.	
	28(水)	5.23	・泰國의 Singburi地域을 視察하다.	
7	1(土)	5.26	・俸給 5-2號俸으로 昇給하다.	1(土) ・環境保全法 發效
	2(日)	5.27	・泰國에서 歸國하다.	6(木) ・9代 大統領 選擧, 朴正熙 當選
	11(火)	6. 7	・科學技術團體總聯合會 主催 國內外 科學技術者 大會에서 '都市 및 地域計劃'에 대해 發表하다.	7(金) ・솔로몬群島 獨立 20(木) ・古里 原子力發電 1號機 竣工
	21(金)	6.17	・서울大 行政大學院 主催의 知識産業 세미나에서 討論하다.	25(火) ・英國에서 世界 最初 試驗管아기 誕生 28(金) ・第1次 韓·美 軍事委員會 開催
	28(金)	6.24	・文教部에서 '人口教育'에 대해 特講하다.	30(日) ・慶州 皇龍寺서 國寶級 遺物 250점 발굴
8	1(火)	6.28	・朴憲注君 第4代 助教로 入室하다.	6(日) ・教皇 바오로 6世 逝去
			・大田의 忠南教育委員會에서 '環境問題'에 대해 特講하다.	8(火) ・政府, 不動産投機抑制와 地價 安定을 위하여 土地去來許可制 도입 및 土地開發公社 設立 등을 골자로 한 綜合對策을 발표
	8(火)	7. 5	・富川 및 仁川의 都市計劃을 視察하다.	
	9(水)	7. 6	・龍仁의 都市計劃을 視察하다.	
	10(木)	7. 7	・驪州의 都市計劃을 視察하다.	12(土) ・日·中共 友好條約 調印
	11(金)	7. 8	・驪州에서 上京하다.	19(土) ・지부티國의 압달라 모하메드 카밀 首相 來韓
	25(金)	7.22	・龍馬 라이온즈에서 '國土政策'에 대해 講演하다.	26(土) ・로마教皇 요한 바오로 1世 選出
	28(月)	7.25	・陸軍士官學校에서 '새마을運動'을 特講하다.	30(水) ・24回 國際技能 올림픽, 釜山서 開幕, 韓國 綜合優勝
9	1(金)	7.29	・韓國未來學會의 幹事에 委囑되다.	3(日) ・申鉉碻 保社部長官, 閣僚로서 첫 蘇聯 入國
			・漢陽住宅 新都市開發部 諮問委員에 委囑되다.	
	10(日)	8. 8	・安東師範 8回 同期會 體育大會에 參席하다.	14(木) ・政府, 올해 豫算보다 29.5%가 늘어난 4조5,550억원의 내년도 豫算案을 확정
	11(月)	8. 9	・서울大 環境大學院 및 住宅公社 主催의 土地住宅 政策 세미나에서 司會를 맡다.	16(土) ・이란 大地震으로 25,000餘名 死亡
	29(金)	8.27	・서울大 環境大學院 教授들을 自宅에 招待하여 晩餐을 갖다.	26(火) ・國産 長距離 誘導彈, 試驗 發射 成功 27(水) ・42回 世界 射擊大會, 서울에서 開幕

1978

月	日	陰	本 人 및 家 族 事 項	社 會 一 般 事 項
9	30(土)	8.28	·鳥嶺會員 自宅에 招待하여 晩餐을 갖다.	28(木) ·北傀軍 下士 權정순, 中部戰線을 통해 歸順
10	8(日) 11(水) 23(月) 30(月)	9. 7 9.10 9.22 9.29	·孔洙玉孃의 結婚 主禮를 보다. ·內務部 3級 特別昇進試驗委員으로 委囑되다. ·서울市 首都行政諮問委員會 委員으로 委囑되다. ·서울市 課題 (庶民住宅建設)의 部分擔當 硏究를 完了하다. ·日本에서의 會議參席次 出國하다.	4(水) ·國土開發硏究院 發足 5(木) ·「自然保護憲章」宣布 23(月) ·서울大 環境大學院 2代 院長 權泰埈 就任 27(金) ·北傀 南侵 땅굴 第3次 發見 30(月) ·國民學校 同期親睦會 『六戶會』創立
11	2(木) 4(土) 11(土)	10.2 10.4 10.11	·日本 UNCRD會議에서 '都市-農村變換過程'에 대해 發表하다. ·日本의 富士·箱根 國立公園을 視察하다. ·日本서 歸國하다.	3(金) ·도미니카 獨立 7(火) ·元그룹 倒産 ·韓·美聯合司令部 發足 13(月) ·駐韓美軍 一陣 219名 撤收
12	1(金) 2(土) 6(水) 8(金) 9(土) 14(木) 23(土) 30(土)	11. 2 11. 3 11. 7 11. 9 11.10 11.15 11.24 12. 1	·韓國未來學會 幹事에 被選되다. ·空軍士官學校에서 '國土의 開發과 保全'에 대해 特講하다. ·建國大學校 行政學科 申大淳氏의 博士學位 論文 審査委員長에 委囑되다. ·韓國未來學會 會議 參席次 斗山硏修院에 가다. ·斗山硏修院에서 上京하다. ·大韓國土計劃學會에서 '農村·都市 變換過程'에 대해 發表하다. ·京畿道 都市計劃委員會, 仁川市를 視察하다. ·建國大學校 申大淳氏의 博士學位 論文을 最終 審査하다. ·京畿道 開發行政體制에 관한 單獨 硏究를 完了하다.	2(土) ·美 下院議員 使節團, 撤軍 論議次 내한 4(月) ·韓銀, 78년 實質 成長率 12.5%, 1人當 GNP 1,242달러라고 발표 6(水) ·10월 1일 현재 總人口, 前年보다 1.7% 증가한 3,663만명으로 집계 7(木) ·聞慶 貫通道路 鋪裝工事 完了 8(金) ·浦項綜合製鐵 3基 擴張工事 竣工 12(火) ·10代 國會議員 選擧 (聞慶·醴泉:蔡汶植·具範模) 15(金) ·傳統 儒學의 巨頭 金南 사망 21(木) ·3期 維政會議員 選出 27(水) ·第9代 朴正熙大統領 就任 30(土) ·長距離 自動公衆電話 開通

第 44 歲 : 1979 (4312) 己未年 / 助教授

月	日	陰	本 人 및 家 族 事 項	社 會 一 般 事 項
1	1(月) 18(木)	12. 3 12.20	·俸給 5-1號俸으로 昇給하다. ·國土開發硏究院의 委囑諮問教授로 委囑되다. ·UNESCO 세미나에서 '經濟開發과 環境問題'에 대해 發表하다.	1(月) ·美, 中國과 國交樹立, 臺灣과 斷交 11(木) ·캄보디아共和國 수립 16(火) ·이란 國王, 海外 亡命 31(水) ·東海 高速道路 開通
2	9(金) 15(木) 20(火)	1.13 1.19 1.24	·長女 雪娥 上道國民學校를 卒業하다. ·全國經濟人聯合會에서 '工業配置法'에 대해 特講하다. ·行政改革調査委員會 諮問委員으로 委囑되다.	5(月) ·호메이니, 이란 政權 掌握 14(水) ·政府, 이란 回教共和國 承認을 공포 17(土) ·中共軍, 베트남 侵攻
3	1(木) 2(金) 3(土) 8(木)	2. 3 2. 4 2. 5 2.10	·韓國教育開發硏究院의 硏究教授로 委囑되다. ·韓國住宅銀行의 諮問教授로 委囑되다. ·韓國開發硏究院의 經濟政策協議會에 參席하여 討論하다. ·長女 雪娥 江南女子中學校에 入學하다. ·漢陽大 行政大學院 講師에 委囑되다. ·韓國觀光學會에 加入하다.	2(金) ·國産 電氣自動車 開發 성공 9(金) ·中共, 美國 通信의 北京 駐在 許容 12(月) ·安東大學 개교 13(火) ·EC 首腦會談 開催, 유럽 新通貨制度 (EHS) 發表 17(土) ·10代 國會 開院 26(月) ·中東平和條約 調印

月	日	陰	本 人 및 家 族 事 項	社 會 一 般 事 項
3	13(火)	2.15	· 禁煙을 始作하다.	27(火) · 韓國土地開發公社 發足
	28(水)	3. 1	· 商工部 工業配置審查委員會 委員으로 委囑되다.	28(水) · 北傀側, 板門店 南北實務代表會談에 不參
4	1(日)	3. 5	· 東草市에 特講次 가다.	3(火) · 中·蘇, 相互援助條約 廢棄
	2(月)	3. 6	· 東草市에서 "都市開發行政"에 대해 特講을 하고 上京하다.	· 栗山企業 倒産 7(土) · 國際 올림픽委員會, 中共 加入 承認
	6(金)	3.10	· 自然保護中央協議會에서 '自然保護敎育'에 대해 特講하다.	10(火) · 콜택시制 실시 · 第6次 韓國科學技術者 綜合學術大會 개막
	9(月)	3.13	· 다시 喫煙을 始作하다.	14(土) · 咸白鐵業所, 火藥 爆發로 26名 死亡
	11(水)	3.15	· 大田에 가서 中央公務員敎育院 主催 세미나에서 '大都市化와 都市行政 戰略'을 發表하고 上京하다.	16(月) · 第28次 PATA總會, 40餘個國 2千餘名 參席 서울서 開催
	15(日)	3.19	· 學校(環境大學院) 野遊會를 가다.	18(水) · 蠶室 室內體育館 開館
	16(土)	3.20	· 世宗文化會館에서 開催된 1979年度 PATA 總會에 韓國代表로 參席하다.	22(日) · 상고르 세네갈共和國 大統領 訪韓 25(水) · 韓·蘇 國際電話 開設
	29(日)	4. 4	· 慶州金氏 宗親會 理事로 委囑되다.	
5	5(土)	4.10	· 金源·崔相哲·黃明燦 敎授夫婦 安東에 가서 金源 敎授宅에 投宿하다.	1(火) · 英親王 李垠 死亡 4(金) · 발트하임 UN 事務總長 訪韓
	6(日)	4.11	· 安東에서 榮州를 거쳐 上京하다.	· 英國 最初의 女首相으로 대처 就任
	8(火)	4.13	· 서울大學校 社會科學 對話 모임에서 '經濟成長과 環境汚染'에 대해 特講하다.	9(水) · 美·蘇 2段階 戰略武器 制限協定 調印 13(日) · 이란 革命裁判所, 팔레비 暗殺 指示
	12(土)	4.17	· 首都行政諮問委員會 委員으로 委囑되다.	14(月) · 31代 聞慶 郡守 禹炳運 就任
			· 서울市 市稅審查委員會 委員으로 委囑되다.	27(日) · 서울大 14代 總長 高炳翊 就任
	30(水)	5. 5	· 中央大學校·UN大學 主催 세미나에서 '空間 連繫化 模型'에 대해 發表하다.	30(水) · 新民黨 全黨大會, 總裁에 金泳三 議員 選出
	31(木)	5. 6	· 靑瓦臺 特定地域綜合開發 推進委員會 諮問委員으로 委囑되다.	
6	9(土)	5.15	· 國防部 合同調査隊에서 '經濟成長과 環境問題'에 대해 特講하다.	1(金) · 짐바브웨 로디지아共和國 수립 11(月) · 한·쿠웨이트 國交 樹立
	22(金)	5.28	· 峨山財團 硏究課題 審查委員으로 委囑되다.	18(月) · 韓·蘇 SALT Ⅱ 協定 調印
	25(月)	6. 2	· 韓國科學院에서 '經濟成長과 環境影響'에 대해 特講하다.	28(木) · OPEC 總會, 基準原油價格 平均 59% 引上
	28(木)	6. 5	· 延世大 行政學科 李忠雨 博士 學位論文 最終 審查를 하다.	29(金) · 카터 美大統領 訪韓
7	2(月)	6. 9	· 國土開發硏究院 세미나에서 '住宅價格과 支拂能力'에 대해 發表하다.	5(木) · KIST·嶺南化學 공동으로 磷光石의 우라늄 抽出 성공
	6(金)	6.13	· 亞細亞政策硏究院 세미나에서 '人口의 配分과 移動'에 대해 發表하다.	· 內務部, 地方都市計劃 指導評價敎授團 첫 會議 開催
	7(土)	6.14	· 雪嶽山에 가서 세미나에 參席하다.	10(火) · 國內 石油價格 59% 引上
	8(日)	6.15	· 雪嶽山에서 上京하다.	11(水) · 美國 스카이 랩, 地上으로 추락
	13(金)	6.20	· 內務部 3級 特別昇進試驗委員에 委囑되다.	12(木) · 키리바시 獨立
	14(土)	6.21	· 慶州金氏 宗親會 會館建立推進委員會 委員에 委囑되다.	13(金) · 地方自治에 관한 臨時措置法 施行令 개정 16(月) · 후세인 온 말레이시아 首相 來韓
	22(日)	6.29	· 內務部 都市計劃指導次 出張을 떠나 大邱에 가다.	· 車範根 선수, 韓國 選手론 첫 西獨 프로蹴球에 入團
	23(月)	6.30	· 慶北道廳과 慶州市를 指導하다.	
	24(火)	閏6.1	· 浦項市를 訪問, 指導하다.	20(金) · 카터 美 大統領, 駐韓美軍 撤收 中止 發表

1979

月	日	陰	本 人 및 家 族 事 項	社 會 一 般 事 項
7	25(水)	閏6. 2	· 安東市를 訪問, 指導하다.	23(月) · 金泳三 新民黨 總裁, 國會서 民主化 保障을 요구
	26(木)	閏6. 3	· 榮州市를 訪問, 指導하다.	
	27(金)	閏6. 4	· 金泉市를 訪問, 指導하다.	28(土) · WBC 라이트 플라이급 챔피언 김성준, 挑戰者 필리핀의 카루포에 判定勝
	28(土)	閏6. 5	· 龜尾市를 訪問, 指導하다.	
	29(日)	閏6. 6	· 大邱市를 訪問, 指導하다.	30(月) · 內務部, '78 公企業 特別會計 決算報告
8	1(水)	閏6. 9	· 大邱에서 濟州로 가다.	1(水) · 統一主體國民會議 代議員一部 再選擧 실시
	2(木)	閏6.10	· 濟州道 및 濟州市를 指導하다.	4(土) · 內務部, '80年度 市·道 基本運營計劃 編成指針 시달
	3(金)	閏6.11	· 濟州에서 上京하다.	5(日) · 江原·忠清·全北에 集中 豪雨
	8(水)	閏6.16	· 國土開發研究院 主催 "Metropolitan Planning of Seoul" 國際 세미나에서 討論하다.	6(月) · 蘇, 世界 政治學會 모스크바 大會에 韓國 政治學者 16名 招請
			· 서울市 派遣 歐洲 9個國 都市 視察次 康炳基·崔相哲 教授와 同行 出國하다.	10(金) · 에콰도르 民主政權 發足
	9(木)	閏6.17	· Amsterdam에 가다.	11(土) · YH 女工 籠城事件 發生
	10(金)	閏6.18	· Copenhagen과 Helsingor 에 가다.	16(木) · 서울 南山 1號터널 開通
	11(土)	閏6.19	· Hamburg에 가서 金英世 同壻 妻弟를 만나다.	18(日) · 內務部, 地方行政 政策調節審議委員會 開催
	12(日)	閏6.20	· London에 가다.	
	13(月)	閏6.21	· 英國 新都市 Stevenage를 視察하다.	· 建設部, 北坪工業開發 獎勵地區 240만坪 지정
	14(火)	閏6.22	· Paris에 가다.	
	15(水)	閏6.23	· Versaille를 觀光하다.	21(火) · 第1回 世界 空氣銃 射擊大會, 서울에서 開催
	16(木)	閏6.24	· Düsseldorf에 가다.	
	17(金)	閏6.25	· Wuppertal과 Dortmund를 訪問하고 Rhine江을 따라 Heidelberg에 가다.	22(水) · 建設部, 住宅建設基準에 관한 規則을 개정하여 福利施設 供給 規定을 신설
	18(土)	閏6.26	· Wien에 가다.	23(木) · 韓國銀行, 콜 去來 參加國에 서울 所在地 短資社, 綜合金融社 및 投資信託會社를 추가
	19(日)	閏6.27	· Zürich에 가다.	
	20(月)	閏6.28	· Wengen을 거쳐 Alps山에 오르다.	
	21(火)	閏6.29	· Venice에 가다.	25(土) · 颱風 주디號 南部地方 强打로 135名 死亡·失踪
	22(水)	閏6.30	· Rome에 가다.	
	24(金)	7. 2	· Athens에 가다.	27(月) · 新民黨과 統一黨, 無條件 合黨키로 兩黨 總裁 合意하여 共同聲明 발표
	27(月)	7. 5	· 歐羅巴에서 歸國하다.	
	31(金)	7. 9	· 國土開發研究院 課題 (住宅政策)의 部分研究를 完了하다.	30(木) · 內務部, 消防公務員 紀綱確立에 관한 指示 시달
			· 中央大學校 課題 (빌딩 安當性 調査)의 部分 研究를 完了하다.	
9	1(土)	7.10	· 再任用 發令을 받다.	3(月) · 6回 94個國 參加 非同盟 首腦會談, 쿠바에서 開催 .
	7(金)	7.16	· 住宅銀行·韓國開發研究院 主催 '住宅政策' 세미나에서 討論하다.	5(水) · 蘇, 抑留 韓國 漁夫 34名을 39日만에 석방
	9(日)	7.18	· 榮州에 가서 安東師範 8回 同窓會를 갖다.	8(土) · 서울 民事地法, 假處分申請을 낸 新民黨 總裁團의 職務를 정지시킴
	10(月)	7.19	· 著書 『環境과 國土』를 博英社에서 發刊하다.	
	13(木)	7.22	· 會議 參席次 泰國에 가다.	12(水) · 企劃院, 6月末 현재 失業者를 53만 7천명으로 집계
	17(月)	7.26	· 泰國에서 歸國하다.	
	27(木)	8. 7	· 載蓮 妻弟 約婚式 參席次 店村에 가다.	13(木) · 25回 國際 技能올림픽서 3連霸 優勝
	28(金)	8. 8	· 店村에서 上京하다.	23(日) · 美政府, 80年度 對韓支援 3억 3천만 달러 제공에 동의
			· 環境計劃學科長의 任期가 完了되다.	
			· 京畿道 評價教授團에서 '工業配置法'에 대한 研究結果를 發表하다.	27(木) · 서울市警, 骨董品商 「金堂」事件의 犯人 兄弟를 100日만에 檢擧

1979

月	日	陰	本 人 및 家 族 事 項	社 會 一 般 事 項
10	13(土) 17(水) 19(金)	13(토) 17(수) 19(금)	·研究次 Sri Lanka에 가다. ·Sri Lanka에서 歸國하다. ·新羅金氏 2千年史 編纂委員會 副會長에 選任되다.	16(火) ·李光耀 싱가포르 首相 來韓 18(木) ·釜山에 非常戒嚴令 宣布 19(金) ·테레사修女, 노벨 平和賞 수상 26(金) ·朴大統領, 被擊事件 發生으로 逝去
11	30(金)	10.11	·靑瓦臺 企劃團 課題 (新都市建設 白紙計劃 特性)의 部分 研究를 完了하다. ·서울市 課題 (3大 空間 確保)의 部分 研究를 完了하다.	3(土) ·故 朴大統領 國葬 엄수 4(日) ·이란·美 大使館에 人質 事件 發生 12(月) ·共和黨 總裁에 金鍾泌 選出 22(木) ·聞慶 雲崗 李康秊 義士 碑閣 건립
12	2(日) 18(火) 27(木) 28(金) 31(月)	10.13 10.29 11. 9 11.10 11.13	·載蓮 妻弟, 金海金氏 鍾基(尙州人)와 結婚하다. ·著書 『環境과 國土』, 韓國出版文化賞 豫選을 通過하고 最終審査에서 脫落하다. ·서울市 세미나에 參席하다. ·서울大 環境大學院 都市 및 地域計劃研究所 세미나에서 '人口·經濟 및 社會計劃'을 發表하다. ·建設部 課題 (都市計劃 施設基準)의 部分 研究를 完了하다.	6(木) ·統一主體國民會議, 10代 大統領 崔圭夏 選出 11(火) ·10月1日 현재 우리 나라 人口 37,355千 名으로 집계되었다고 발표 12(水) ·戒嚴司令官 鄭昇和 逮捕 14(金) ·UNESCO, 慶州를 世界 10大 遺蹟地로 지정 21(金) ·10代 大統領 崔圭夏 就任 25(火) ·아프가니스탄, 親蘇 쿠데타 發生 29(土) ·서울北方 首都圈 防衛壁 竣工 31(月) ·美國·中國, 國交 수립

第 45 歲 : 1980 (4313) 庚申年 / 助敎授 - 副敎授

月	日	陰	本 人 및 家 族 事 項	社 會 一 般 事 項
1	1(火) 8(火) 26(土) 31(木)	11.14 11.21 12. 9 12.14	·鳥嶺會 第24代 會長에 就任하다. ·觀光學會에서 '觀光資源'에 대해 發表하다. ·店村에 가다. ·서울市 課題 (서울都市 長期計劃)의 部分 研究를 完了하다.	9(水) ·韓·덴마크 海運協定 締結 10(木) ·忠州 多目的 댐 竣工 12(土) ·政府, 換率과 金利의 전면 인상 28(月) ·戒嚴軍裁, 金載圭 등에 死刑宣告 31(木) ·海軍, 거북선 復元
2	1(金) 29(金)	12.15 1.14	·서울大 環境大學院 人事委員會委員으로 委囑되다. ·韓國科學技術院 地域開發研究所 課題 (地域總生産 測定)의 單獨 研究를 完了하다. ·文敎部 課題 (環境科學 協同研究體制)의 責任 研究를 完了하다.	1(金) ·政府, 35개 獨寡占品 값 인상 7(木) ·南北韓 直通電話, 35년만에 재개 20(水) ·美, 모스크바 올림픽 不參 宣言 22(金) ·政府, 모스크바 올림픽 不參 決定 27(水) ·尹潽善·金大中 등 687名에 대한 復權措置 斷行
3	1(土) 10(月) 22(土) 24(月)	1.15 1.24 2. 6 2. 8	·大韓國土計劃學會 常任理事에 委囑되다. ·大韓國土計劃學會 學會誌 編輯委員長에 委囑되다. ·韓國住宅銀行 諮問敎授로 委囑되다. ·서울市 都市再開發審議委員會 委員으로 委囑되다. ·大田에 가서 崇田大 地域開發大學院에서 特講을 하다. ·韓國科學技術研究院 地域開發研究所에서 '地域總生産測定'에 대한 研究結果를 發表하다.	1(土) ·韓美合同 '팀 스피리트 80' 訓練 始作 4(火) ·서울大 敎授들, 總學長을 敎授協議會서 選出하는 등의 決意文을 文敎部에 전달 13(木) ·鄭昇和 前 陸參總長, 內亂幇助罪로 10년 宣告 14(金) ·果川 新都市建設 着工 19(水) ·巨物級 히로뽕 密賣團, 釜山서 검거 21(金) ·新民黨 改編大會, 連日 暴力事態 발생

月	日	陰	本人 및 家族事項	社會一般事項
3	26(水)	2.10	・內務部 都市研鑽會에 參席하여 討論하다.	24(月) ・共和黨 李厚洛議員, 金鍾泌 總裁의 사퇴 요구
	27(木)	2.11	・京畿道 南漢山城 道立公園 開發計劃審議會 委員으로 委囑되다.	26(水) ・共和黨, 李厚洛 등 4名의 議員을 脫黨 處分
				28(金) ・中部戰線에 武裝間諜 출현, 1名 射殺
4	1(火)	2.16	・國土開發研究院 國土開發研究協議會 委員으로 委囑되다.	1(火) ・東海・昌原・堤川・榮州, 市로 昇格
			・趙明來君 第5代 助教로 入室하다.	・獨立門 移轉 工事 完了
				3(木) ・全國投資金融協會 發足
	2(水)	2.17	・서울市 都市基本計劃 公聽會에서 發表하다.	4(金) ・서울大 環境大學院 環境計劃研究所 開所
	10(木)	2.25	・技術檢定公團 技術資格檢定試驗 出題委員으로 委囑되다.	・金泳三・金大中, 單獨 會同
				5(土) ・때 아닌 暴雨로 물난리
	11(金)	2.26	・經濟企劃院 第5次 計劃中 國土・産業立地 實務計劃班 班員으로 委囑되다.	7(月) ・金大中氏, 新民黨과 訣別 宣言
			・大邱에 가서 嶺南大 環境大學院에서 '地域計劃'에 대해 特講하다.	9(水) ・聞慶 警察署, 新廳舍 新築 竣工
				10(木) ・이란・이라크 全面戰 狀態 돌입
				14(月) ・全斗煥 中將, 國軍保安司令官과 情報部長 署理를 겸임
	12(土)	2.27	・大邱에서 上京하다.	
	17(木)	3. 3	・서울大 環境大學院 環境計劃研究所 所長 職務代理 發令을 받다.	16(水) ・中共, IMF 加入
				・清平揚水發電所 2號機 竣工
	20(日)	3. 6	・國土開發研究院 委囑諮問教授에 委囑되다.	18(金) ・짐바브웨 獨立
	26(土)	3.12	・大田에 가서 崇田大學에서 特講을 하고 投宿하다.	19(土) ・베트남에 抑留됐던 이대용 公使 등 3名, 5년만에 풀려나 歸國
	27(日)	3.13	・大田에서 全州로 가 朴憲注君 結婚式에 參席하다.	
			・石九 누님 享年 55歲로 서울에서 逝去하여 忘憂里 家族墓地에 安葬하다.	21(月) ・舍北 炭鑛事態 發生
				22(火) ・政府, 10月에 改憲 國民投票, 내년 3, 4月에 大統領 選擧를 실시한다고 시사
	28(月)	3.14	・大田 中央公務員教育院에서 特講을 하고 釜山으로 가다.	24(木) ・在京 綜合大學教授 361名, 教授 再任命 撤廢 등 學園事態에 관한 聲明書 발표
	29(火)	3.15	・釜山市廳을 訪問하고 上京하다.	
	30(水)	3.16	・서울市 都市基本計劃案을 發表하다.	25(金) ・美國, 이란 美 人質 救出作戰 실패
			・韓國開發研究院 主催 第5次計劃 政策協議會에 參席하여 討論하다.	28(月) ・밴스 美 國務長官, 돌연 사임
				29(火) ・카터 美大統領, 美國防에 머스키 議員 임명
5	1(木)	3.17	・科學技術院 地域開發研究所 顧問으로 委囑되다.	1(木) ・서울大生, 時局聲討示威
			・科學技術院 海洋開發研究所 專門研究委員으로 委囑되다.	4(日) ・聞慶郡, 慶北 道民體典서 첫 優勝 獲得
			・서울市 公務員教育院 資料室 開館式에 參席하여 懇談會를 갖다.	・煉炭・石炭값 대폭 引上
			・産業管理研究所에서 '環境保全'에 대해 特講하다.	・티토 유고슬라비아 大統領 死亡
				5(月) ・東國大 山岳部, 世界 5번째로 마나슬루峰 정복
				8(木) ・沃川서 우라늄鑛 발견
				10(土) ・崔圭夏 大統領, 中東 訪問

客說 : 經驗에서 얻은 삶의 眞實

좋은 내용으로 이름이 널리 알려지면 榮光스럽다. 그러나 그 榮光 만큼이나 處身하기도 조심스럽다. 有名稅를 무는 셈이다.

月	日	陰	本 人 및 家 族 事 項	社 會 一 般 事 項
5	4(日)	3.20	·鳥嶺會 夫婦 同伴으로 雪嶽山에 野遊會 가다.	13(火) ·延世大 등 6個 大學 學生, 光化門 일대서 示威
	5(月)	3.21	·雪嶽山에서 上京하다.	·印度産 고추 5,534톤 導入
	9(金)	3.25	·畜産振興會에서 家畜 汚染에 대한 座談會를 갖다.	·住宅銀行, 勞組 結成·創立
	10(土)	3.26	·大田에 가서 特講을 하다.	14(水) ·서울·釜山·大邱·光州 등 37개 大學生, 街頭示威
	11(日)	3.27	·大田에서 上京하다.	15(木) ·'스승의 날' 부활·행사
	14(水)	4. 1	·慶州에 가서 投宿하다.	17(土) ·非常戒嚴令, 全國 擴大 實施
	15(木)	4. 2	·內務部 都市研鑽會에서 '中小都市 開發'에 대해 發表하다.	18(日) ·光州事態 發生
	16(金)	4. 3	·慶州에서 上京하다.	·戒嚴司, 金鍾泌·金大中氏 연행
	26(月)	4.13	·綜合診察次 서울大學病院에 入院하다.	·세인트 헬레나火山 爆發, 최소한 55명 사망
	28(水)	4.15	·環境廳 水質保全協議會 委員으로 委囑되다.	20(火) ·內閣 一括 辭表 제출
	29(木)	4.16	·서울大學病院에서 退院하다.	·大法院, 金載圭 死刑 확정
			·서울市 都市計劃委員으로 委囑되다.	21(水) ·崔圭夏 大統領, 改閣 단행
	30(金)	4.17	·文教部 課題 (環境大學院 發展計劃)의 部分 研究를 完了하다.	24(土) ·金載圭 死刑 執行
	31(土)	4.18	·保安司로부터 國保委 委員 委囑에 대해 通知받다.	30(金) ·地方行政會館, 麻浦區 孔德洞에 起工
6	1(日)	4.19	·서울市 市政研究團 非常任研究委員으로 委囑되다.	2(月) ·長期信用銀行 發足
			·三淸洞 中央教育研修所에 가서 國保衛 參與를 通告받다.	4(水) ·江華島 太陽熱發電所 竣工
				12(木) ·崔大統領, 國家紀綱 確立 談話 발표
	5(木)	4.23	·國家保衛 非常對策常任委員會 委員으로 派遣勤務 發令을 받다.	·오히라 日本 首相 死亡
				17(火) ·戒嚴司, 政治人·教授 등 329名을 指名手配
	13(金)	5. 1	·서울大 行政大學院 主催 政府投資事業 세미나에 參席하여 討論하다.	18(水) ·戒嚴司, 金鍾泌·李厚洛 등에게 公職辭退·財産獻納을 종용
	14(土)	5. 2	·石九 누님 49祭를 開雲寺에서 갖다.	
	26(木)	5.14	·常青會에서 '環境管理'에 대해 特講하다.	20(金) ·中央情報部, 自家肅淸 단행
	27(金)	5.15	·土地開發公社에서 '環境保全'에 대해 特講하다.	25(水) ·金鍾泌 共和黨 總裁, 議員職 사퇴
				28(土) ·미스 유니버스 大會, 서울서 開幕
				30(月) ·서울大 15代 總長 權彛赫 就任
				·漢江 第12番 橋梁 城山大橋 開通
7	1(火)	5.19	·號俸 4號 2級으로 昇級하다.	5(土) ·에너지管理公團 發足
	5(土)	5.23	·妻와 같이 大田에 가서 崇田大學에서 特講을 하다.	9(水) ·國保委, 公務員 肅正 發表
	6(日)	5.24	·大田에서 上京하다.	17(木) ·聞慶 郡守 職務代理 張在根 就任
	7(月)	5.25	·文教部 一種圖書 編纂審議會 委員으로 委囑되다.	18(金) ·聞慶·加恩에 暴雨 내림
	19(土)	6. 8	·國保委 內務委員會 및 商工資源分科委員會 委員으로 兼職發令을 받다.	25(金) ·32代 聞慶 郡守 申東吉 就任
				27(日) ·팔레비 前 이란王, 카이로에서 死亡
				30(水) ·바수아트 獨立
				31(木) ·文公部, 172개 定期刊行物 登錄取消
8	1(金)	6.21	·서울大學校 副教授로 昇進하다.	1(金) ·國保委, 身元記錄 整理 및 連坐制 廢止 決定
	22(金)	7.12	·國保委, 釜山에 가서 統一主體代議員會議에 參席하다.	2(土) ·컬러 TV 市販 開始
	23(土)	7.13	·國保委, 慶州에 가서 統一主體代議員會議에 參席하고 上京하다.	11(月) ·金浦空港 新廳舍 開館
				16(土) ·崔大統領, 下野
	26(火)	7.16	·店村에 가서 聘母任 回甲宴에 參席하다.	·朴忠勳 大統領權限代行 就任
	27(水)	7.17	·店村에서 妻와 같이 上京하다.	20(水) ·重工業 및 自動車 統廢合 發表

月	日	陰	本人 및 家族事項	社會一般事項
9	1(月) 20(土)	7.22 8.12	·蠶室 體育館에서 開催된 全斗煥大統領 就任式에 參席하다. ·著書『環境과 國土』의 再版을 發刊하다.	1(月) ·11代 大統領 全斗煥 就任 9(火) ·이란·이라크 武力 衝突 17(水) ·普通軍裁, 金大中에 死刑宣告
10	15(水) 16(木) 17(金) 18(土) 25(土) 26(日) 27(月) 28(火)	9. 7 9. 8 9. 9 9.10 9.17 9.18 9.19 9.20	·國土計劃學會·서울市 主催 國際 세미나에서 '서울 2千年의 經濟·社會計劃'을 發表하다. ·Kenneth E. Corey 敎授夫婦를 自宅에 招待하다. ·店村에 가다. ·聞昌高等學校 開校紀念式에 參席하다. ·店村에서 上京하다. ·서울大 法學硏究所 主催 環境公害規制 세미나에 參席하여 討論하다. ·大統領으로부터 保國勳章 天授章을 받다. ·大田에서 崇田大學 主催 地域開發 세미나에서 基調講演을 하다. ·國保委 委員 國立墓地에 가서 朴正熙 大統領 墓所를 參拜하다. ·國保委 解體에 따라 國保委 委員에서 解囑되다. ·憲法 公布式에 參席하다. ·大統領 招請 晩餐會에 參席하다. ·國家保衛 立法會議 內務分科委員會 專門委員으로 派遣發令을 받다.	1(水) ·中共航空機, 美國 첫 就航 2(木) ·全斗煥大統領, '91년까지 庶民住宅 500萬戶 建設을 지시 7(火) ·內務部, 人口 2萬이상의 35개面을 12월 1일부터 邑으로 승격키로 함 8(水) ·第61回 全國體典, 全州에서 개막 10(金) ·알제리에 大地震 發生, 2萬餘名 死亡 15(水) ·南山展望臺 첫 一般公開 17(金) ·忠北線 開通 18(土) ·政府, 부마事態로 非常戒嚴 宣布 20(月) ·韓·日 漁撈紛爭, 4년만에 타결 ·釜山, 地下鐵 1號線 竣工 22(水) ·新憲法, 國民投票로 確定 25(土) ·光州事態 관련 5名에 死刑宣告 26(日) ·겨울 寒波 내습 27(月) ·國保委 解體 ·國家保衛 立法會議 發足 ·第5共和國 憲法 發效
11	3(月) 7(金) 13(木) 15(土) 22(土)	9.26 9.30 10. 6 10. 8 19.15	·尹진석君 結婚의 主禮를 보다. ·敎育聯合會 主催 敎育改革 세미나에 參席하여 討論하다. ·環境廳 中央環境保全諮問委員會 費用負擔部門 委員會 委員으로 委囑되다. ·內務部 職員에게 計劃技法을 特講하다. ·內務部 職員에게 地域經濟를 特講하다.	1(土) ·社會淨化委員會 發足 5(水) ·40代 美國 大統領, 레이건 當選 7(金) ·政治風土刷新委員會 發足 14(金) ·言論機關 統廢合 決定 25(火) ·新亞日報 등 終刊 28(金) ·韓·日間 海底케이블 開通 30(日) ·東洋放送 등 終映
12	5(金) 14(日) 16(火) 27(土) 28(日)	10.28 11. 8 11.10 11.21 11.22	·內務部 硏修院 硏修大會에서 地方財政과 地域經濟分科 司會를 보다. ·仁川에서 梁承福君 結婚의 主禮를 보다. ·五山高等學校 3學年生에게 '國土와 環境'에 대해 特講을 하다. ·大邱에서 大邱 및 浦項都市計劃에 대한 評價會를 갖다. ·大邱에서 上京하다.	1(月) ·컬러TV 放映 開始 ·政府米·料食·宿泊 값 引上 2(火) ·大淸多目的댐 竣工 21(日) ·택시 基本料 500원에서 550원으로 引上 29(月) ·韓·리비아 國交 樹立 31(水) ·言論基本法 公布 ·4月7日을 '新聞의 날'로 제정·공포

第 46 歲 : 1981 (4314) 辛酉年 / 副敎授

月	日	陰	本人 및 家族事項	社會一般事項
1	1(木) 2(金)	11.26 11.27	·立法會議 專門委員, 國立墓地를 參拜하다. ·店村에 가다.	6(火) ·이란, 美國人 人質釋放 仲裁案 수락 15(木) ·民主正義黨 創黨, 總裁 全斗煥 選出

1981

月	日	陰	本人 및 家族事項	社會一般事項
1	5(月)	11.30	·聞慶郡 新年 團拜式에 參席하다.	17(土) ·民主韓國黨 創黨, 總裁 柳致松 選出
	6(火)	12. 1	·店村에서 上京하다.	24(土) ·非常戒嚴令 解除
	20(火)	12.15	·環境大學院 師恩會에 參席하다.	28(水) ·全大統領, 美國 訪問次 出國
2	3(火)	12.29	·立法會議 內務委員會에서 溫泉法에 대한 專門委員 檢討 意見을 報告하다.	3(火) ·사우디, 原油 대폭 減産 검토 5(木) ·建設部, 瑞山海岸 國立公園 確定
	6(金)	1. 2	·韓國開發研究院·環境廳 主催의 5次計劃 政策協議會에 參席하여 討論하다.	11(水) ·大統領 選擧人團 選擧 17(火) ·政府, 大學教授의 公務員 兼職 확대
	12(木)	1. 8	·東爀 上道國民學校를 卒業하다.	19(木) ·政府, 臨時行政首都 建設案을 무기한 연기
	16(月)	1.12	·內務部 政策諮問委員으로 委囑되다.	
	17(火)	1.13	·文通部 政策諮問委員으로 委囑되다.	24(火) ·動資部, 忠南 鐵山에서 우라늄鑛 發見
	26(木)	1.22	·環境大學院 卒業式에 參席하다.	25(水) ·選擧人團, 12代 大統領 全斗煥 選出
	28(土)	1.24	·聞慶中學校 同窓會 關係로 店村에 가다.	28(土) ·大林號, 알류산列島 近海에서 火災 發生, 船員 24名 死亡·失踪
3	1(日)	1.25	·聞慶中學校 同窓會 總會에서 第5代 會長으로 選出되다.	1(日) ·聞慶中學校 同窓會, 第5代 會長 金安濟 選出
			·第6代 助教로 李相鎔君이 入室하다.	3(火) ·全大統領 就任式 擧行
	2(月)	1.26	·店村에서 上京하다.	·第5共和國 出帆
			·東爀 永登浦中學校에 入學하다.	7(土) ·日本에서 쌀 52만5천톤 수입키로 합의
	7(土)	2. 2	·國土計劃學會 總會에 參席하다.	14(土) ·政府, 勞動廳을 勞動部로 昇格
	14(土)	2. 9	·立法會議 出勤을 完了하고 大學으로 돌아오다.	17(火) ·蔚山 火力發電 4·5號機 竣工
	16(月)	2.11	·서울大學校 出勤을 始作하다.	25(水) ·11代 國會議員 選擧 實施 (聞慶·醴泉:蔡汶植·金基洙)
	18(水)	2.13	·內務部 地方行政研修院의 指導教授로 委囑되다.	
	31(火)	2.26	·立法會議 解散 紀念 午餐을 갖다.	31(火) ·文化放送에서 分離, 京鄕新聞 創立
4	1(水)	2.27	·明信學園 理事에 就任하다.	1(水) ·最初의 愛國歌 歌詞 (1904年 製作) 發見
	4(土)	2.30	·全翊宰君 結婚의 主禮를 보다.	11(土) ·11代 國會開院, 立法會議 閉會
	9(木)	3. 5	·立法會議 解散紀念 리셉션에 參席하다.	13(月) ·宇宙往復船 콜럼비아號, 성공적으로 발사 15日에 무사히 귀환
	10(金)	3. 6	·韓國教育開發院 1種圖書 編纂委員 및 執筆委員으로 委囑받다.	14(火) ·서울 등 7個都市· 12個 地域을 宅地開發 豫定地區로 지정 고시
	16(木)	3.12	·石九 누님의 脫喪을 開雲寺에서 갖다.	
	19(日)	3.15	·妻男 載壽君과 全州李氏 玉宰孃의 結婚式에 參席하다.	15(수) ·浦項 海底에서 强度 4의 地震 發生 16(木) ·政府, 全公務員에 대한 清廉度를 측정키로 함
	23(木)	3.19	·研鑽會 參席次 大田에 가다.	
	25(土)	3.20	·內務部 都市研鑽會에 參席하여 討論하다.	·北傀軍 下士 1名 귀순
	26(日)	3.21	·大田에서 大邱로 가다.	19(日) ·國政諮問會議 發足 (議長:崔圭夏)
			·嶺南大學校 環境大學院에서 '地域計劃'에 대해 特講을 하다.	27(月) ·政府, 韓一銀行을 民營化하기로 함 28(火) ·議政府市 中浪川 上水道 取水源에서 물고기 떼죽음 당함
			·張星元氏 子 基泰君의 結婚主禮를 보다.	
			·大邱에서 上京하다.	29(水) ·言論仲裁委員會 業務 開始
5	3(日)	3.29	·環境大學院 新入生 歡迎 野遊會를 牙山灣 湖水邊에서 갖고 洪城을 둘러보다.	3(日) ·노벨平和賞 受賞者 테레사 修女 來韓 6(水) ·北아일랜드, 일촉즉발의 危機 당함
	10(日)	4. 7	·鳥嶺會員夫婦, 尹學烈 5師團長의 案內로 前方 땅굴을 視察하다.	7(木) ·平和統一政策諮問會議 發足 13(水) ·로마 教皇 요한 바오로 2世, 聖베드로 廣場에서 被擊, 위기 모면
	15(金)	4.12	·都市計劃調査次 全北 咸悅邑에 다녀오다.	
	16(土)	4.13	·地方行政研究所 理事에 就任하다.	14(木) ·慶山에서 列車 衝突事故發生, 54名 死亡
	17(日)	4.14	·內務部研修院 主管 光陵 野遊會에 가다.	21(木) ·새世代 育英會 創立(會長:李順子)

月	日	陰	本人 및 家族事項	社會一般事項
5	17(日) 18(月) 24(日) 31(日)	4.14 4.15 4.21 4.28	・安東師範學校 八京會 家族 野遊會를 가다. ・韓國交通問題硏究院 硏究委員으로 委囑되다. ・在京 聞慶中學校 同門會 總會에서 祝辭를 하다. ・在京 東魯 學友會에서 '學友會의 機能'에 대해 講演하다.	25(月) ・터키 旅客機 피납 ・食人 상어 出現 27(水) ・『國風 81』 開幕 30(土) ・公務員 名譽退職制 導入
6	5(金) 9(火) 11(木) 12(金) 13(土) 14(日) 18(木) 21(日) 25(木)	5. 4 5. 8 5.10 5.11 5.12 5.13 5.17 5.20 5.24	・家族計劃硏究院・人口學會 主催의 세미나에서 '國土開發과 人口'에 대해 發表하다. ・全州市 主催 市民大會에서 '環境問題'에 대해 特講하다. ・大邱에 가다. ・大邱市・每日新聞 主催 都市計劃 세미나에서 司會를 보다. ・嶺南大學校 環境大學院에서 '地域計劃'에 대해 特講을 하다. ・大邱에서 上京하다. ・經科同友會를 發足하고 幹事에 就任하다. ・在京 聞慶中學校 同門會 體育大會에 參席하다. ・海洋開發硏究所 會議에 參席하여 司會를 보다.	7(日) ・이스라엘機, 이라크 主要 施設 폭파 11(木) ・北韓 最高人民會議 代議員 一行, 日本 訪問 12(金) ・모스크바 地下鐵 폭발사고 16(火) ・海外旅行 自由化 方策 確定 18(木) ・國際 技能올림픽에서 優勝 4連覇 ・經科 同友會 發足 22(月) ・이란의 바니사드르 大統領 亡命 23(火) ・最古의 太極旗, 91年만에 美國서 歸還 24(水) ・서울 市民 200万, 北韓 南侵凶計 糾彈大會 開催 25(木) ・全大統領, 아시아 5個國 巡訪次 出國 29(月) ・中共 指導層 개편 단행
7	3(金) 17(金) 18(土) 19(日) 21(火) 29(水) 30(木) 31(金)	6. 2 6. 6 6.17 6.18 6.20 6.28 6.29 7. 1	・環境大學院 主催 地域開發 세미나에서 司會를 맡다. ・店村에 가다. ・聞慶中學校 同窓會 理事會를 開催하다. ・興德 門中會議를 主宰하다. ・聞慶中學校 第4回 同窓會에 參席하다. ・店村에서 上京하다. ・內務部 硏修院 指導次 忠淸北道 公務員에게 '地域經濟 活性化'에 대해 特講하다. ・內務部 硏修院 指導次 忠淸南道 公務員에게 '地域經濟活性化'에 대해 特講하다. ・內務部 硏修院 指導次 全羅北道 公務員에게 '地域經濟活性化'에 대해 特講하다.	1(水) ・大邱·仁川市, 直轄市로 昇格 ・光明·松炭·東豆川·太白·井州·南原·錦城·永川·金海·西歸浦邑, 市로 昇格 11(土) ・湖南地域 暴雨 내림, 18億원 被害 15(水) ・韓國美術 5千年展, 워싱턴서 開幕 18(土) ・忠南紡績 大田工場에 火災 發生, 20億원 被害 28(火) ・敎育稅 新設 29(水) ・81年度 夏季 유니버시아드大會서 20位 차지 ・英國 찰스 皇太子, 다이애너와 結婚式 거행 30(木) ・政府, 成長發展 沮害要因 14個 經濟課題 選定
8	1(土) 5(水) 10(月) 11(火) 12(水) 13(木)	7. 2 7. 6 7.11 7.12 7.13 7.14	・內務部 硏修院 指導次 全羅南道 公務員에게 '地域經濟 活性化'에 대해 特講을 하고 上京하다. ・鄕志會를 結成하여 會員이 되다. ・韓國土地開發公社 諮問委員으로 委囑되다. ・大邱에 가다. ・大邱에서 店村으로 가다. ・聞慶中學校 同窓會 任員會議를 主宰하다. ・東魯面에 가서 '福祉社會建設'에 대해 講演을 하다. ・聞慶郡 主催 大學生懇談會에서 慶北大學校 在學生에게 '故鄕과 大學生'에 대해 講演하다.	1(土) ・새 旅券法 發效, 海外旅行 自由化 4(火) ・釜山-慶州間 觀光用 蒸氣機關車, 14年만에 再登場 5(水) ・朴世直 首警司令官, 請託非違 관련으로 辭任 ・鄕志會 발족 6(木) ・內務部, 地方自治團体의 自治法規 整備指針 시달 8(土) ・佛國寺·月精寺 紛糾로 僧侶 9名 拘束 10(月) ・惡性 赤潮가 번져 漁民들 초비상 11(火) ・古里發電所 起工

1981

月	日	陰	本人 및 家族事項	社會一般事項
8	14(金)	7.15	·聞慶郡 主催 大學生懇談會에서 嶺南大學校 在學生에게 '故鄕과 大學生'에 대해 講演하다. ·聞慶中學校 同窓會 事務室 懸板式을 갖다.	15(土) ·1回 서울 國際 주니어 오픈 陸上競技大會 開幕, 韓國 優勝 獲得 ·戒嚴布告令 違反者 및 光州事 態關聯者 등 1,061名, 8·15 赦免 措置로 석방
	15(土)	7.16	·聞慶中學校 同窓會 體育大會 開幕式에서 開會辭를 하다.	17(月) ·忠南 泰安半島 부근 바다밑에서 寶物船 및 1千여점의 靑·白瓷 발견
	16(日)	7.17	·聞慶中學校 同窓會 體育大會 閉幕式에서 閉會辭를 하다.	18(火) ·韓信工營 아파트 事件으로 서울市 住宅局長 등 4名 拘束
	17(月)	7.18	·聞慶郡 主催 大學生 懇談會에서 慶北·嶺南大 以外 大學生에게 '故鄕과 大學生'에 대해 講演하다. ·店村 JC會員에게 "地域社會開發"에 대해 特講하다.	19(水) ·寒溪嶺 道路 開通 ·韓國老人福祉會 幹部들, 詐欺 혐의로 구속
	18(火)	7.19	·聞慶郡 主催 大學生 學父母 懇談會에서 '父母와 子女'에 대해 講演하다.	21(金) ·第5次 經濟社會發展5個年計劃 確定 發表
	19(水)	7.20	·店村에서 上京하다.	24(月) ·第2次 國土綜合開發計劃 試案을 發表
	27(木)	7.28	·環境保全協會 敎育分科委員會 專門委員으로 委囑되다.	26(水) ·內務部, '82 戰時豫算 編成指針 시달 27(木) ·市長·郡守, 地方行政硏修院에 理念敎育 硏修次 入校
	28(金)	7.29	·硏究調査次 寧越郡에 가다.	29(土) ·颱風 애그니스로 中南部 强打·暴雨
	30(日)	8. 2	·寧越에서 上京하다.	30(日) ·이란의 大統領 및 首相, 執務室에서 爆彈 폭발로 사망
9	1(火)	8. 4	·環境大學院 後期卒業式에 參席하다. ·延世大學校 建築學科 講師로 委囑되다.	1(火) ·서울市 地下鐵公社 發足 3(木) ·釜馬高速道路 開通
	17(木)	8.20	·民韓黨 세미나에서 '地方自治의 將來模型'에 대해 發表하다.	7(月) ·延世大, 忠北 丹陽郡에서 6~10萬 年前의 人類遺骨 발견
	20(日)	8.23	·調査次 寧越郡에 가다.	9(水) ·丁來赫 國會議長, 돗자리事件과 관련 文公委 所屬 9議員에게 書面 警告
	21(月)	8.24	·寧越에서 上京하다.	
	23(水)	8.26	·國土開發硏究院 主催 國土綜合計劃 公聽會에 參席하여 討論하다.	29(火) ·에야데마 토고 大統領, 平壤 訪問 30(水) ·IOC, 88 올림픽의 서울 開催 결의
10	1(木)	9. 4	·漢陽流通(株) 顧問으로 委囑되다.	3(土) ·企業體質强化對策協議會, 102個 系列企業 整理 完了
	2(金)	9. 5	·大邱市에서 '大都市政策'에 대해 特講을 하다.	
	3(土)	9. 6	·大邱에서 上京하다.	7(水) ·이집트 사다트 大統領, 피격 사망
	13(火)	9.16	·內務部·環境大學院 主催 定住圈 세미나에서 司會를 맡다.	·100家口 넘는 마을에 모두 버스 運行키로 함
	14(水)	9.17	·鄕志會員 丹陽에 가다.	10(土) ·62回 全國體典, 서울서 開催
	15(木)	9.18	·丹陽에서 店村으로 가다. ·聞慶女子高等學校 開校紀念式에 參席하다. ·聞慶中學校 同窓會 理事會를 主宰하다.	12(月) ·카라소 코스타리카大統領 訪韓 ·伊 構造主義 人類學者 레비스트로스 敎授 來韓
	16(金)	9.19	·聞昌高等學校 瑞峰館 開館式에 參席하다.	·動力資源部 石炭局長 등 受賂 혐의로 구속
	17(土)	9.20	·店村 JC 總會에 參席하다.	15(木) ·政府, 政府組織 改編案 發表
	18(日)	9.21	·店村에서 大邱로 가다.	16(金) ·東西高速道路 (後 88올림픽 高速道路로 改稱) 起工
	19(月)	9.22	·南文熙氏와 共同硏究를 위한 調査를 하다.	
	20(火)	9.23	·大邱에서 上京하다.	17(土) ·世界 最大의 玉浦造船所 竣工
	25(日)	9.28	·李圭完君 結婚 主禮를 보다	19(月) ·政府, 甲·乙類 農地稅 基礎控除額을 내년부터 55% 인상키로 함

1981

月	日	陰	本 人 및 家 族 事 項	社 會 一 般 事 項
10	29(木) 31(土)	10. 2 10. 4	·仁川에서 開催된 內務部 都市硏鑽會에 參席하여 討論하다. ·大邱에 가다. ·在京 聞慶中學校 同門會 發起大會에 參席하여 激勵辭를 하다.	26(月) ·第2 副市長·副知事, 副敎育監制 廢止 決定 27(火) ·元曉大橋 竣工 31(土) ·聞慶中學校 同窓會 在大邱 同門會 創立(會長:張星元)
11	1(日) 6(金) 7(土)	10. 5 10.10 10.11	·大邱에서 上京하다. ·大邱에 가다. ·嶺南大學校 主催 環境問題 세미나에 參席하여 討論하다. ·大邱에서 上京하다.	14(土) ·政府·與黨, 國會議員의 兼職 斡旋을 積極 推進키로 결정 19(木) ·輸出 200億달러 突破 27(金) ·虎溪 道路 擴張 30(月) ·UN, '世界 平和의 날' 制定
12	6(日) 7(月) 14(月) 15(火) 17(木) 18(金) 19(土) 31(木)	11.11 11.12 11.19 11.20 11.22 11.23 11.24 12. 6	·朴長洙君 結婚의 主禮를 보다. ·總務處 行政高等考試 出題委員으로 委囑되다. ·淸州에 가다. ·淸州에서 店村으로 가다. ·聞慶中學校 同窓會 理事會를 主宰하다. ·店村에서 大邱로 가다. ·在京 聞慶中學校 同門會 理事會에 參席하다. ·大邱에서 釜山市에 가다. ·釜山에서 上京하다. ·文敎部課題 (環境體系 開發)의 部分 硏究를 完了하다. ·寧越郡 課題 (定住圈計劃)의 部分 硏究를 完了하다.	1(火) ·建設部, 50個都市의 目標·人口·機能을 發表 4(金) ·國務會議, 8.3措置(私債 凍結) 廢止 議決 8(火) ·榮山湖 竣工 10(木) ·鐵道·郵便·電話 등의 料金 인상 ·敬老優待制度, 65歲로 확대키로 함 17(木) ·建設部, 全南 多島海 一帶 國立公園으로 指定 24(木) ·漢江 人道橋 雙橋 완공 28(月) ·'81年 輸出總額을 206億 달러로 集計 30(水) ·男女 排球팀, 타보디나모 國際排球 大會에서 각각 優勝

第 47 歲 : 1982 (4315) 壬戌年 / 副敎授

月	日	陰	本 人 및 家 族 事 項	社 會 一 般 事 項
1	1(金) 7(木) 8(金) 11(月) 12(火) 15(金) 16(土) 18(月) 19(火) 20(水) 22(金) 24(日) 26(火) 27(水)	12. 7 12.13 12.14 12.17 12.18 12.21 12.22 12.24 12.25 12.26 12.28 12.30 1. 2 1. 3	·第7代 助敎로 金泰瑢君이 入室하다. ·環境大學院 敎授 세미나 參席次 道高에 가다. ·道高에서 上京하다. ·內務部 課題 (民力度 測定)의 責任 硏究를 完了하다. ·在邱 聞慶中學校 同門會 懸板式에 參席하다. ·大邱에서 上京하다. ·金雲泰 敎授 回甲宴에 參席하다. ·內務部 硏修院 高級班 12名과 海外硏修次 出國하다. ·인도네시아 Jakarta에 到着하다. ·Denpasar로 가다. ·濠洲 Canberra에 到着하다. ·Sydney로 가다. ·뉴질랜드의 Wellington과 Rotorua에 가다. ·Wellington으로 가다. ·日本 東京에 到着하다. ·日光 地域에 가다.	1(金) ·韓國電力公社 發足 ·國稅廳, 文藝創作에도 所得稅 賦課 決定 3(日) ·文敎部, 83年부터 中高生 校服과 머리型의 自律化 5(火) ·夜間通行禁止 解除 10(日) ·全國에 皆旣日蝕 發生 11(月) ·韓國産業經濟技術硏究院 開院 14(木) ·政府, 金利 1% 引下 決定 19(木) ·法務部, 白凡先生 暗殺犯 安斗熙의 出國 停止處分 21(木) ·唐人里 火力發電 3號機, 發電 26年만에 廢棄 ·쌀값 한 가마 最高 5만 3천원으로 폭락 22(金) ·全大統領, 國政演說에서 南北韓 '統一憲法'을 만들 것을 제의 ·72개 前期大 銓衡 實施 30(土) ·專賣廳, 高級 담배 價格 引上

1982

月	日	陰	本人 및 家族事項	社會一般事項
1	28(木)	1. 4	· 京都와 大阪에 가다.	
	29(金)	1. 5	· 日本에서 歸國하다.	
2	3(水)	1.10	· 研究調査次 慶南道廳에 가다.	1(月) · 公務員 年金管理工團 發足
	4(木)	1.11	· 釜山에서 慶州로 가다.	2(火) · 美誌, 韓國의 信任度는 39位, 北韓은
			· 科學技術處 綜合科學技術審議會 建設·交通專門	103位라고 發表
			分科委員會 委員으로 委囑되다.	4(木) · 交通部, 京釜高速電鐵工事를 86년에서
	5(金)	1.12	· 慶州에서 開催된 慶北道 主催 세미나에서	84년으로 앞당기기로 결정
			'地方都市의 均衡開發戰略'에 대해 發表하다.	5(金) · 濟州大學, 綜合大學校로 昇格
	7(日)	1.14	· 慶州에서 上京하다.	8(月) · 日本 東京 뉴저팬 호텔 火災 發生, 28名
	10(水)	1.17	· 雪娥 城南女子中學校를 卒業하다.	死亡
	11(木)	1.18	· 內務部 研修院에서 海外視察報告會를 갖다.	9(火) · 日本 航空機, 하네다空港 着陸 실패로
	12(金)	1.19	· 店村에 가다.	앞바다에 추락
	14(日)	1.21	· 聞慶中學校 同窓會 總會에 參席하여 會長 人事를	10(水) · 敬老優待制 實施
			하다.	· 文敎部, 高校 優劣班을 編成·運營키로 함
			· 聞慶中學校 校庭에서 敎育憲章碑 除幕式을	· 政府, 6천9백만평의 綠地를 宅地로
			主管하다.	전용키로 함
			· 南昌洙君 結婚 主禮를 보다.	12(金) · 醫療保險對象業所, 5人 以上으로 擴大
	15(月)	1.22	· 門中會議에 參席하다.	20(土) · 文公部, 마르크스 研究書籍 市販 許容
	16(火)	1.23	· 聞慶中學校 第32回 卒業式에 參席하여 祝辭를	22(月) · 內務部, 市·道 傘下 102個 事業所 統廢合
			하다.	· 쿠웨이트에서 開催된 國際柔道大會서
			· 梁昌煥君 結婚의 主禮를 보다.	綜合優勝
			· 店村 JC에서 '市民精神'에 대해 講演하다.	23(火) · 建物의 課稅時價標準額, 작년보다
	18(木)	1.25	· 店村에서 上京하다.	9.8% 인상
	20(土)	1.27	· 環境大學院 師恩會에 參席하다.	24(水) · 文敎部, 逍風·修學旅行 自律化 實施
	21(日)	1.28	· 權찬옥孃 結婚의 主禮를 보다.	26(金) · 農業振興廳, 遺傳工學을 이용한 多收穫
	26(金)	2. 3	· 環境大學院 卒業式에 參席하다.	벼·감자 開發
	27(土)	2. 4	· 大韓國土計劃學會 總會에서 副會長으로 選出되다.	28(日) · 에콰도르에서 開催된 世界 跆拳道
	28(日)	2. 5	· 內務部 課題 (地方行政 階層構造)의 部分 研究를	選手權 大會서 5連霸 優勝
			完了하다.	
3	1(月)	2. 6	· 韓國住宅銀行 諮問委員에 委囑되다.	1(月) · 蔚珍·三陟 一帶에 强度 4의 地震 發生
			· 嶺南大學校 招聘敎授에 委囑되다.	3(水) · 金大中, 無期懲役에서 20年으로 減刑
			· 漢陽大學校 講師에 委囑되다.	4(木) · 우리 나라에 棲息하는 짐승, 새, 물고기
			· 延世大學校 保健大學院 外來敎授로 委囑되다.	등 257種이 滅種危機라고 알려짐
			· 韓國敎育開發院 主管의 高等學校 敎材 및 敎師用	5(金) · 國務會議, 大學院生 兵役特惠制度 改善
			指針書 『社會·文化』를 共著로 出刊하다.	16(火) · 政府, 中央廳의 國立博物館 專用 및
	3(水)	2. 8	· 雪娥 首都女子高等學校에 入學하다.	政府廳舍 再配置 計劃 確定 發表
	5(金)	2.10	· 環境大學院 入學式에 參席하다.	18(木) · 釜山 美文化院 放火 事件 發生
	9(火)	2.14	· 在京 聞慶郡民會 運營委員으로 委囑되다.	· 鐵道廳, 63개 赤字驛을 점차 폐쇄키로 함
	11(木)	2.16	· 銅雀區廳에서 生活圈 計劃을 審議하다.	19(金) · 서울 올림픽 汎國民推進委員會 發足
	12(金)	2.17	· 自家用 乘用車 (마크V 이코노미, 서울 4-다-	20(土) · 體育部 發足 (初代長官:盧泰愚)
			4300)를 購入하다.	· 內務部, 京畿·江原 등 35개 邑·面에
			· 乘用車 技士로 金西善君을 採用하다.	通禁 추가 해제
				24(水) · 新政黨·民主黨, 新政社會黨으로 統合
				· 清州서 國內 最古 史蹟碑 발견

1982

月	日	陰	本人 및 家族事項	社會一般事項
3	16(火)	2.21	・環境大學院 新入生 歡迎會에 參席하다.	25(木) ・올림픽福券, 올림픽 紀念鑄貨 및 로스앤젤레스 올림픽參觀福券 등을 발행 예정
	18(木)	2.23	・道峰區廳에서 生活圈 計劃을 審議하다.	
			・內務部 政策諮問委員에 委囑되다.	27(土) ・프로野球 출범
	20(土)	2.25	・大邱에 가다.	29(月) ・貸出金利 2%, 預金金利 2.4% 引下
			・嶺南大學校에서 講義하다.	30(火) ・韓·美 安保協議會議 開幕
	21(日)	2.26	・大邱에서 上京하다.	
	22(月)	2.27	・環境大學院 主催 環境教育 세미나에서 司會를 보다.	
	25(木)	3. 1	・內務部 研修院 主催 公務員教育訓練세미나에 參席하여 討論하다.	
	26(金)	3. 2	・內務部 主催 세미나에서 '地域經濟의 發展'을 發表하다.	
4	1(木)	3. 8	・『地方財政誌』의 編輯委員으로 委囑되다.	1(木) ・孤山 尹善道 古家에서 國內 最古 美人圖 發見
	2(金)	3. 9	・研究協議次 清州에 가다.	
	3(土)	3.10	・大邱에 가다.	2(金) ・포클랜드 紛爭 發生
			・嶺南大學校에서 講義하다.	・文化財委員會, 全國 巨樹 53그루를 天然紀念物로 指定
	4(日)	3.11	・大邱에서 上京하다.	
	9(金)	3.16	・城東區廳에서 生活圈 計劃을 審議하다.	7(水) ・英國, 人間 遺傳子 複製 성공
	10(土)	3.17	・著書『環境과 國土』의 3版을 發行하다.	8(木) ・地下鐵工事場 崩壞事故發生, 10名 死亡
	11(日)	3.18	・家族과 함께 一東·二東間 舊 軍服務地에 가다.	10(土) ・司正協議會, 意識改革 9大 實踐要綱 發表
	13(火)	3.20	・韓國職業訓練管理公團의 技術士 試驗 出題委員으로 委囑되다.	12(月) ・아시아地域 監査院長會議 2次總會 서울서 開催
	15(木)	3.22	・徐廷和 內務部長官으로부터 內務部 研修院 指導教授 功勞牌를 받고 晩餐을 갖다.	13(火) ・'老人憲章' 제정 17(土) ・政府, 中小企業振興 10個年計劃 發表
	17(土)	3.24	・大邱에 가다.	21(水) ・韓·英 文化協定 締結
			・嶺南大學校에서 講義하다.	23(金) ・鄭一亨 逝去, 社會葬 嚴遂
	18(日)	3.25	・고재영君 結婚 主禮를 보다.	26(月) ・慶南 宜寧 銃器亂動事件 發生, 56名 死亡
			・大邱에서 上京하다.	29(木) ・國立地理院, 5千分의 1 地圖 一般販賣 許容 決定
	23(金)	3.30	・東大門區廳에서 生活圈 計劃을 審議하다.	
			・世運商街 移轉合同推進委員會 顧問으로 委囑되다.	
	25(일)	4. 2	・環境大學院 野遊會를 江華島로 가다.	
	30(金)	4. 7	・慶州金氏 宗親會 運營理事로 委囑되다.	
5	1(土)	4. 8	・鳥嶺會 夫婦 同伴 野遊會를 聞慶·店村으로 가다.	1(土) ・英·아르헨티나 戰爭 勃發
	2(日)	4. 9	・店村에서 上京하다.	・週 5日 勤務制를 실시하는 企業體가 계속 증가
	6(木)	4.13	・地籍研修院에서 講義하다.	
	7(金)	4.14	・九老區廳에서 生活圈計劃을 審議하다.	4(火) ・張玲子 巨額 어음 詐欺事件 發生
	8(土)	4.15	・大邱에 가다.	5(水) ・女子籠球팀, 9回 아시아 女子籠球 選手權大會서 優勝
			・嶺南大學校에서 講義하다.	
	9(日)	4.16	・大邱에서 店村으로 가다.	7(金) ・女子 登攀隊, 히말라야 람중히말峰 女性으로 最初 征服
			・慶州金氏 聞慶郡 宗親會 會館 竣工式에 參席하다.	
			・慶州金氏 聞慶郡 宗親會 總會에서 副會長으로 選出되다.	8(土) ・政府, 敬老憲章 宣布 9(日) ・도에 리베리아 元首 訪韓
	10(日)	4.17	・韓國農村研究院 研究諮問委員으로 委囑되다.	11(火) ・美 레이건大統領, 韓·美 修交 100周年 紀念週間 宣布
	11(火)	4.18	・保健社會部 社會事業訓練院 講師로 委囑되다.	
	14(金)	4.21	・弘益大學校에서 "地域開發"에 관해 特講하다.	12(水) ・調達廳, 美國 쌀 37万톤 追加 導入 契約締結
	16(日)	4.23	・在京 聞慶中學校 同門會 野遊會를 白露 遊園地에서 갖다.	13(木) ・法務部, 地下經濟의 病理를 수술하겠다고 천명
	22(土)	4.29	・大邱에 가다.	15(土) ・大韓教聯, 師道憲章 및 師道綱領 宣布

月	日	陰	本人 및 家族事項	社會一般事項
5	22(土)	4.29	・嶺南大學校에서 講義하다.	21(金) ・大幅 改閣 斷行
	23(日)	閏 4.1	・大邱에서 上京하다.	23(日) ・프레이저 濠 首相 訪韓
	29(土)	閏 4.7	・大韓國土計劃學會 主催 都市計劃思想 세미나에서 司會를 하다.	・第11回 少年體典, 忠南이 우승한 가운데 폐막
				30(日) ・在京 聞慶人 골프 모임 '聞友會' 創立
6	2(水)	閏 4.11	・地籍研修院에서 特講을 하다.	1(水) ・軍 輸送機 城南 附近 墜落, 53名 死亡
	3(木)	閏 4.12	・大田에 가다.	4(金) ・銀行 돈 86억원을 유용한 朝興銀行 明洞支店 次長 김상기 自殺
			・忠南大學校에서 張明洙 教授의 博士學位 論文 審査를 하고 上京하다.	7(月) ・모부투 자이르 大統領 訪韓
	4(金)	閏 4.13	・서울에서 大邱로 가다.	・이스라엘 레바논 全面 侵攻
			・嶺南大學校에서 講義하다.	・U.N. 特別軍縮總會 개막
	5(土)	閏 4.14	・大邱에서 店村으로 가다.	11(金) ・3黨 代表 青瓦臺서 會同
			・聞慶中學校 同窓會 理事會를 開催하다.	13(日) ・할리드 사우디 아라비아 國王 死亡
	6(日)	閏 4.15	・妻와 같이 信望愛育園에 贊助金을 傳達하다.	14(月) ・UNESCO, 雪嶽山을 生物圈 保全 地域으로 指定
			・門中會議에 參席하다.	
	7(月)	閏 4.16	・店村에서 報恩郡廳을 訪問하고 上京하다.	・사우디의 할리드王, 심장마비로 急逝, 파드 聖太子가 國王으로 즉위
	9(水)	閏 4.18	・清州大學校에서 忠北開發에 대하여 特講하다.	
			・全州에 가서 全羅北道 公務員에게 '都市行政要員의 使命'에 대해 特講하다.	21(月) ・全大統領, 旱害克服의 根本對策으로 80년대 말까지 地下水脈圖 作成을 완성하겠다고 밝힘
	12(土)	閏 4.21	・統一研修院 統一安保教育班에 入所하다.	
	15(火)	閏 4.24	・統一研修原 教育을 完了하다.	22(火) ・서울市, 18個 生活圈 中心의 都市開發事業 推進計劃 發表
	17(水)	閏 4.26	・大邱에 가다.	
	19(土)	閏 4.28	・嶺南大學校에서 講義하다.	・英國 다이애나妃, 王子 順産
			・大邱에서 上京하다.	23(水) ・原油 過剩供給 現象 해소 위해 導入量을 1日 50만 배럴 이하로 축소 조정
	20(日)	閏 4.29	・獅子庵 大隱스님으로부터 法名을 받다. (佛紀 2526年)	・10년 전에 폐지됐던 '올림픽의 날' 復活
			本人-通玄 妻-法藏華 東欌-仁光	24(木) ・國務總理로 金相浹 任命 등 一部 改閣 ・日本 産業 스파이 事件 확대로 關聯된 拘束者 9명으로 증가
	25(金)	5. 5	・延世大學校에서 韓垣澤 教授의 博士學位 論文 審査를 完了하다.	28(月) ・景氣 活性化 綜合對策 發表 29(火) ・政府, 景氣浮揚策 後續措置 斷行을 위해 具體的 方案 수립
	30(水)	5.10	・清州에서 開催된 忠清北道 綜合計劃 公聽會에 參席하다.	・民韓黨 韓英洙議員, 姦通 협의로 구속
7	1(木)	5.11	・俸給 4-1號俸으로 昇給하다.	1(木) ・商工部, 輸出入 節次를 대폭 簡素化
	3(土)	5.13	・大邱에 가다.	2(金) ・商工部, 家電製品·揮發油 등의 特別稅 인하 추진
			・嶺南大學校에서 碩士學位論文을 審査하다.	
	4(日)	5.14	・大邱에서 上京하다.	3(土) ・政府, 實名去來制 '83年부터 實施키로 決定
	5(月)	5.15	・大田에 가다.	
			・忠南大學校에서 張明洙 教授의 博士學位論文 審査를 完了하다.	4(日) ・第10回 아시아 아마 복싱 選手權大會서 綜合優勝으로 2連霸
			・大田에서 釜山으로 가다.	6(火) ・파리서 對韓國際經濟協議會議 開幕
	6(火)	5.16	・慶尚南道 綜合計劃 公聽會에 參席하다.	9(金) ・大韓出版協會 등, 出版物의 定價制 강화
			・釜山에서 上京하다.	10(土) ・鬱陵島 東北方 公海서 漁船 및 漁夫 35명 拉致됨
			・店村에 가다.	11(日) ・政府, 銀行設立 自由化 검토
				14(水) ・政府, 稅務資料의 다른 目的 利用 금지

1982

月	日	陰	本人 및 家族事項	社會一般事項
7	8(木)	5.18	·聞慶中學校 同窓會 理事會를 主催하다. ·店村에서 上京하다.	15(목) ·蠶室綜合運動場 內 수용능력 5萬의 野球場 준공
	10(土)	5.20	·聞慶中學校 第10回 同門會 主催 體育大會에 參席하다.	19(月) ·韓·자메이카 經濟技術協定 締結 20(火) ·美 레이건 行政府, 核技術 輸出 許容
	11(日)	5.21	·서울大學病院에서 綜合診察을 받다.	22(木) ·1回 아시아·오세아니아 弓道大會서 優勝
	15(木)	5.25	·大邱에 가다.	11(金) ·日本 歷史敎科書 歪曲 記述 事件 發生
	21(水)	6. 1	·嶺南大學校에서 碩士學位論文을 審査하다. ·大邱에서 光州로 가서 羅州를 둘러보다.	23(金) ·政府, 資金別 融資期間을 철폐하고 家計資金 貸出을 制度化함
	22(木)	6. 2	·光州에서 開催된 內務部 主催 都市硏鑽會에서 '都市經濟와 都市行政'에 대해 發表하다. ·靈光을 시찰하다.	24(土) ·政府, 行政法規 違反에 부과되는 行政處罰을 전면 재조정 25(日) ·輸出入市場에서의 過大競爭을 막기 위해 강력한 行政措置를 취하기로 함
	24(土)	6. 4	·勞動部 技術資格制度審議會 專門委員으로 委囑되다.	27(火) ·文敎部, 12월 2일에 大入學力考査를 실시할 예정이라고 밝힘
	27(火)	6. 7	·內務部 研修院의 現地 指導次 釜山에 가다. ·釜山市에서 '地方財政'을 講演하다. ·慶尙南道에서 '地方財政'을 講演하다.	28(수) ·韓英洙 議員 姦通事件으로 議員職 辭退 31(土) ·全大統領 太平洋 頂上 年例會談 開催 提議
	28(水)	6. 8	·釜山에서 大邱로 가다. ·大邱市에서 '地方財政'을 講演하다.	11(金) ·스리랑카 政府, 南部地域에서 발생한 人種暴動의 鎭壓을 위해 全國에 非常 宣布
	29(木)	6. 9	·慶尙北道에서 '地方財政'을 講演하다. ·大邱에서 上京하다.	
	31(土)	6.11	·文敎部 課題 (環境體系 開發)의 責任 研究를 完了하다. ·忠淸北道 課題 (道 綜合開發計劃)의 部分 研究를 完了하다.	
8	3(火)	6.14	·大邱에 가다. ·慶尙北道 道計劃公聽會에 參席하다.	2(月) ·6次 在歐 韓國學會 開幕 4(水) ·內務部, '83年부터 義務警察制 實施키로 發表
	4(水)	6.15	·大邱에서 上京하다.	
	10(火)	6.21	·『都市行政論』을 共著로 서울大學校 出版部에서 刊行하다.	9(月) ·韓國商船, 이란 近海서 被擊, 13名 사망 11(水) ·體育部, 86아시안 게임과 88올림픽 綜合 計劃을 發表하고 6,066億원을 投入키로 決定
	11(水)	6.22	·家族 同伴으로 店村에 가다.	
	13(金)	6.24	·店村 로타리크럽에서 '80年代의 聞慶·店村'에 대해 特講하다.	15(일) ·政府, 金大中 事件 및 光州事態 關聯者 등 1,286名 特赦
	14(土)	6.25	·聞慶中學校 同窓會 體育大會에서 會長 開會辭를 하다.	16(月) ·全大統領, 아프리카 및 캐나다 4個國 巡訪次 出國
	15(日)	6.26	·聞慶中學校 同窓會 體育大會에서 會長 閉會辭를 하다.	20(金) ·江原 太白炭鑛, 坑 무너져 鑛夫 4名 埋沒, 14日後 救出
	17(火)	6.28	·人口保健研究院의 都市 低所得層 地域 保健醫療 서비스開發 基礎調査 諮問委員會 委員으로 委囑되다.	28(土) ·各界 代表, '獨立紀念館 建立準備委員會' 結成
	18(水)	6.29	·店村에서 俗離山에 가서 投宿하다.	·趙五連, 도버海峽 橫斷 水泳 成功

1982

月	日	陰	本人 및 家族事項	社會一般事項
8	19(木)	7. 1	·俗離山에서 上京하다.	29(日) ·中部地方에 震度3의 地震 발생
	28(土)	7.10	·環境大學院 後期 卒業式에 參席하다.	
9	1(水)	7.14	·漢陽그룹 漢陽蠶室開發推進委員會 諮問敎授로 委囑되다.	8(水) ·美 레이건 大統領, 原子力 輸出 統制國에서 韓國을 제외
	4(土)	7.17	·調査次 槐山郡에 가다.	9(木) ·國産 超音速 제트戰鬪機 試驗飛行 成功
	10(金)	7.23	·大田市 主催 大田基本計劃 公聽會에 參席하에 司會를 맡다.	14(火) ·33代 聞慶 郡守 金奭種 就任 18(土) ·팔레스타인 難民村 大虐殺 事件 發生
	12(日)	7.25	·安東師範大學 同期會 總會에 參席하다.	20(月) ·全斗煥 大統領, 公職者 財産登錄 第1號로 등록
	23(木)	8. 7	·內務部 地方行政研修大會에서 '올림픽과 地方經濟'에 대해 發表하다.	24(金) ·서울國際貿易博覽會 開幕
	24(金)	8. 8	·監査院에서 '都市行政'에 대해 講演하다.	28(화) ·漢江綜合開發 起工
	30(木)	8.14	·聞慶中學校 同窓會誌『聞中』創刊號를 發刊하다.	
10	1(金)	8.15	·商工部 工業配置審議委員會 委員으로 委囑되다. ·鄭棣永 將軍으로부터 中古 골프채 一組를 膳物받다.	7(木) ·美國, 戰鬪機 60臺 臺灣에 販賣 13(水) ·原電 9·10號機 蔚珍에 工事 着手 ·日本 스즈키 首相, 돌연 辭任
	4(月)	8.18	·金八岩 校長 招請으로 永林國民學校 開校式에 參席하다.	·全國 곳곳에 怪飛行物體가 出現 14(木) ·63回 全國體典, 馬山서 開幕
	7(木)	8.21	·店村에 가다. ·聞慶中學校 開校紀念式에 參席하다. ·聞慶中學校 同窓會 理事會를 主管하다.	16(土) ·수하르트 인도네시아 大統領 訪韓 ·中共軍 操縱士 MIG 19機로 亡命 20(水) ·環境廳, 鎭海·釜山·蔚山·光陽灣을
	10(日)	8.24	·店村에서 上京하다.	沿岸汚染 特別管理海域으로 宣布
	15(金)	8.29	·서울大學校 開校紀念式에서 10年 勤續表彰을 받다.	23(土) ·政府·與黨,今年度 秋穀收買價 7.5%
	20(水)	9. 4	·第21回 慶北都民 體育大會 準備委員會 諮問委員으로 委囑되다.	인상키로 합의 25(月) ·蘇聯의 前KGB要員, 英國으로 亡命
	23(土)	9. 7	·大邱에 가다.	28(木) ·忠南 青陽郡에서 500年 넘은 天然 미라
	24(日)	9. 8	·在邱 聞慶中學校 同門會 總會에 參席하고	발견
	28(木)	9.12	上京하다. ·大韓商工會議所 主催 環境保全 세미나에 參席하여 討論하다.	29(金) ·스페인 總選에서 總投票의 45.7%를 얻은 社會勞動黨이 壓勝 ·中共, 軍首腦 대폭 개편하여 더욱 鄧小平 體制를 강력히 추진 30(土) ·現代建設, 리비아의 綜合製鐵公社와 5億7千萬 달러의 建設契約 締結
11	1(月)	9.16	·內務部 地方行政研修院 指導敎授로 再委囑되다.	3(水) ·38次 國際青年會議所(JCI) 世界大會
	7(日)	9.22	·임미자孃의 結婚 主禮를 보다.	서울서 開幕
	9(火)	9.24	·獨逸大使館 招請晩餐에 參席하다.	4(木) ·現代尾浦造船所 第2工場 竣工
	11(木)	9.26	·內務部 研修院 및 獨逸科學財團 主催 地方行政과 地域開發 세미나에 參席하여 討論하다.	8(月) ·建設部, 開浦·果川地域 住公 아파트 轉賣者 2,179名 告發
	18(木)	10. 3	·環境大學院 附設 環境計劃研究所 第3代 所長으로 發令받다.	11(木) ·蘇 共産黨 書記長 브레즈네프 死亡, 後任에 안드로포프 選出
	22(月)	10. 7	·大韓炭鑛協同組合의 幹部職 및 一般職 採用試驗 出題 및 採點委員으로 委囑되다.	15(月) ·建設部, 地區計劃制 도입·추진 19(金) ·國稅廳, 不動産投機 造作과 脫稅行爲를
	25(木)	10.10	·店村市 茅田洞 108-3의 垈地 360坪을 買入하다.	막기 위해 서울市內 福德房 일제 團束令
	27(土)	10.12	·大韓國土計劃學會 主催 計劃體制 세미나에서 司會 및 討論을 맡다.	하달 23(火) ·韓·美聯合司, 空中火力 訓練 實施
	30(火)	10.15	·國土開發研究院 主催 住宅政策 세미나에 參席하여 討論하다.	24(수) ·日本 執權自民黨의 總裁豫備選擧에서 나카소네의 當選이 확실시됨

1982

月	日	陰	本人 및 家族事項	社會一般事項
11	30(화)	10.15	·科學技術處 課題(科學技術處 行政體制)의 單獨 研究를 完了하다.	26(金) ·獨立紀念館 建立推進委員會, 忠南 天原郡 木川面의 100萬坪을 建立敷地로 결의
			·韓國開發研究院 課題(農外所得增大方案)의 部分 研究를 完了하다.	27(土) ·內務部, 白鷺·왜가리가 찾아오는 127개소를 鳥獸保護區域으로 지정 발표
				29(月) ·國會豫決委, 10兆4,167億원의 새해 豫算案 통과
				29(月) ·事故 잦은 마을 金庫가 2년 사이 半으로 감소
12	1(水)	10.16	·環境廳 中央環境紛爭調整委員會 委員으로 委囑되다.	3(月) ·日本의 防衛産業 世界 7位로 부상
				4(土) ·9回 아시안게임, New Delhi에서 閉幕, 綜合 3位 獲得
	6(月)	10.21	·姊兄 黃在洙 虎溪 自宅에서 享年 67歲로 逝去하여 虎溪面 幕谷里 先山에 安葬하다.	8(土) ·交通料金, 일제히 인상
	11(土)	10.26	·金璟中君 結婚 主禮를 보다.	15(水) ·EC와의 纖維協商 妥結
	14(火)	10.29	·槐山郡에 가다.	16(木) ·政府, 服役 中인 金大中 身病治療次 渡美 許容 發表
			·槐山郡 綜合計劃 公聽會에 參席하여 主宰하다.	20(月) ·에브렌 터키 大統領 訪韓
			·槐山에서 店村으로 가다.	29(月) ·北韓, 이란에 8억달러 어치의 武器 수출
	15(水)	11. 1	·聞慶商工會議所에서 '商工人의 役割'에 대해 講演하다.	28(火) ·雙龍(株), 싱가포르에 東洋 最高의 71층 建物 공사
	20(月)	11. 6	·號俸體制를 調整·昇給하여 7號俸이 되다.	29(水) ·大邱 金湖 호텔 全燒
	31(金)	11.17	·槐山郡 課題(定住生活圈計劃)의 責任 研究를 完了하다.	

第 48 歲 : 1983 (4316) 癸亥年 / 副教授

月	日	陰	本人 및 家族事項	社會一般事項
1	1(土)	11.18	·尹鐘範君 第8代 助教로 入室하다.	1(土) ·公職者 倫理法 發效
			·土地開發公社 諮問委員으로 再委囑되다.	·우리 나라 1日 0時 人口, 3,964萬名으로 추산
	2(日)	11.19	·店村에 가다.	·서울 올림픽 마스코트로 호랑이를 선정
	4(火)	11.21	·聞慶郡 新年交禮會에 參席하여 祝辭하다.	·50歲 以上者에 海外觀光 旅行 許容
	5(水)	11.22	·聞慶中學校 同窓會 會長團 會議를 主宰하다.	·店村 電話局 昇格
	6(木)	11.23	·聞慶中學校 同窓會 理事會를 主宰하다.	5(水) ·바르샤바 條約機構 7個 會員國 頂上會談 프라하에서 開幕
	7(金)	11.24	·店村에서 上京하다.	6(木) ·日本 京都大學 아키오 教授, 光컴퓨터의 心臟인 光素子(光LSI) 개발
			·서울市長 招請晩餐에 參席하다.	7(金) ·蘇 核偵察衛星 코스모스 1,402號 墜落
	10(月)	11.27	·調査次 玉浦에 가다.	9(日) ·朴順天 女史 死亡
	11(火)	11.28	·玉浦에서 上京하다.	10(月) ·우리 나라 中小企業 3.6%만이 國際 競爭力을 보유
	16(日)	12. 3	·經科同友會 崔祥鎭 大使 夫婦와 晩餐을 갖다.	11(火) ·日本 中曾根 首相 訪韓
	19(水)	12. 6	·江陵大學 教授論文 研究實績 審査委員으로 委囑되다.	13(木) ·各種 民願手數料 100% 長期 引上
	22(土)	12. 9	·韓國葬墓研究會 理事로 選任되다.	15(土) ·青少年들의 自律化 이후 强力事件 급증
	23(日)	12.10	·印度에서의 會議參席次 出國하다.	23(日) ·忠南 大湖防潮堤 竣工
	25(火)	12.12	·UNCRD 및 印度 Ministry of Works and Housing이 New Delhi에서 開催한 國際會議에서 '小都市 成長과 開發'에 대해 發表하다.	27(木) ·釜山地檢, 國際 規模의 히로뽕 密輸團 3個派 14名 拘束
	26(水)	12.13	·印度 Gandhi 大統領 招請 리셉션에 參席하다.	

月	日	陰	本人 및 家族事項	社會一般事項
1	29(土) 30(日) 31(月)	12.16 12.17 12.18	·印度 Agra시 Tajmahal에 視察次 가다. ·印度에서 歸國하다. ·聞慶郡民 體育大會 準備會議에 參席하다.	·建設部, 아파트 分讓價格을 작년 수준에서 억제키로 함 29(土) ·政府, 競爭風土의 조성을 위해 公正去來法 對象을 대폭 확대키로 함 ·釜山 세 어린이 被殺事件의 犯人으로 이웃집에 사는 17세 少年을 검거 31(月) ·法曹界 주변 브로커들 32명을 구속
2	1(火) 7(月) 9(水) 26(土) 27(日) 28(月)	12.19 12.25 12.27 1.14 1.25 1.26	·奉天 골프 演習場에 登錄하고 골프 練習을 始作하다. (코치 : 鄭프로) ·서울시 人口增加抑制對策 實務會議 委員으로 委囑되다. ·聞慶郡民 體育大會 贊助 모임에 參席하다. ·環境大學院 師恩會에 參席하다. ·環境大學院 卒業式에 參席하다. ·店村에 가다. ·門中會議에 參席하다. ·聞慶中學校 同窓會 會長團會議에 參席하다. ·聞慶中學校 同窓會 理事會를 主宰하다.	1(火) ·古當 曺晩埴 先生 死亡 6(水) ·油價價格 引下 9(水) ·서울市內 都心再開發地域의 高度制限措置 전면해제 16(水) ·不動産 投機抑制策 發表 18(金) ·政府, 土地投機 原因이 되고 있는 草地造成의 要件을 대폭 강화 21(月) ·나이지리아, 베럴當 34달러의 OPEC 基準油價를 無視하고 30달러로 引下 25(金) ·政治活動規制者 555名中 250名 解除 29(月) ·北傀 李雄平 上尉, MIG 19機로 歸順 28(月) ·店村-聞慶間 道路擴張
3	1(火) 2(水) 3(木) 5(土) 8(火) 11(金) 18(金)	1.17 1.18 1.19 1.21 1.24 1.27 2. 4	·聞慶中學校 同窓會 第7次 總會에서 會長 人事를 하다. ·聞慶中學校 同窓會 總會에서 第6代 會長으로 選出되어 就任辭를 하다. ·弘益大學校의 講師로 委囑되다. ·漢陽大學校의 講師로 委囑되다. ·嶺南大學校의 講師로 委囑되다. ·聞慶中學校 同窓會 會長團會議를 主宰하다. ·店村에서 上京하다. ·環境大學院 入學式에 參席하다. ·大韓國土計劃學會 總會에 參席하다. ·黃基春 恩師 回甲宴에 參席하다. ·建設部 國土利用計劃審議會 委員으로 委囑되다. ·골프 練習을 上道 골프場으로 옮기다. (코치:宋東一 프로)	1(火) ·韓國·中共間 TV 뉴스 프로그램 交信 합의 ·第7次 非同盟 頂上會議, 印度 뉴델리에서 개막 2(水) ·中·高生 校服自律化 實施 7(月) ·이집트에서 10층 아파트 붕괴 8(화) ·國稅廳, 서울江南 등 36개洞을 特定地域으로 추가 告示 15(火) ·政府, 世界 第123番째로 UN 海洋法 締結에 署名 29(月) ·IOCH, '世界保護者 權利의 날' 제정 17(木) ·아파트 分讓 債券 入札制 確定 29(月) ·趙治勳, 棋聖 獲得 22(火) ·아마드 말레이시아 國王 訪韓 27(日) ·韓日合纖 金根祖 理事 暴行致死 事件 發生 30(水) ·殺人 누명을 안고 10년간 억울하게 옥살이 했던 在美同胞 이철수, 無罪 석방
4	1(金) 7(木) 8(金) 13(水) 17(日) 21(木) 24(日) 28(木)	2.18 2.24 2.25 3. 1 3. 5 3. 9 3.12 3.16	·大韓商工會議所 附設 韓國經濟研究센터 研究 委員으로 委囑되다. ·南城臺 골프場에서 李相伊社長 招待로 最初의 골프를 치다. (打點: 125) ·在京 聞慶中學校 同門會 理事會에 參席하다. ·南서울골프場에 初行하다. (打點: 119) ·環境大學院 野遊會에 가다. ·建國大學校 主催 開發利益 세미나에 參席하여 討論하다. ·觀岳 골프場에 初行하다. (打點: 118) ·南城臺 골프場에서 最初 100帶를 치다. (打點:105)	1(金) ·外務部, 旅券發給業務를 地方에 移讓 ·올림픽福券 發賣 實施 2(土) ·金融圈, 5萬원券 自己앞手票 發行 禁止 4(月) ·프랑스, 蘇聯 外交官 47名 추방 10(日) ·蘇聯, 아프칸 防衛軍 爆擊, 3千名 射殺 13(水) ·美國 시카고 市長에 첫 黑人 당선 14(木) ·폴란드, 地下勞組의 秘密會談과 관련 바웬사를 체포·구속 18(月) ·大邱 디스코 클럽에 火災 發生, 25名 死亡 19(火) ·政府, 油類價 平均 4.76% 引下 21(木) ·韓國女性開發院 發足 29(金) ·國務會議, 立法豫告制 實施 決議

1983

月	日	陰	本人 및 家族事項	社會一般事項
4	30(土)	3.18	· 韓國土地開發公社 課題 (玉浦地區 環境影響評價)의 部分 硏究를 完了하다.	
5	1(日) 7(土) 11(水) 12(木) 13(金) 14(土) 15(日) 16(月) 20(金) 21(土) 28(土) 29(日)	3.19 3.25 3.29 3.30 4. 1 4. 2 4. 3 4. 4 4. 8 4. 9 4.16 4.17	· 議政府 韓美聯合司 골프場에 初行하다. (打點: 93) · 1·2·3골프場에 初行하다. (打點: 96) · 金욱기君의 結婚 主禮를 보다. · 在京 聞慶中學校 同門會 總會에 參席하여 祝辭하다. · 店村에 가다. · 店村에서 開催된 第21回 慶北道民 體育大會에 參席하다. · 妻 및 聘父任과 盈德을 거쳐 平海를 訪問하고 白巖溫泉에 投宿하다. · 白巖溫泉에서 青松을 거쳐 店村으로 오다. · 慶州金氏 聞慶郡 宗親會 會館 建立式에 參席하고 自作 跋文을 懸版하다. · 慶州金氏 聞慶郡 宗親會 總會에서 '宗親會의 意義'에 대해 講演하다. · 聞慶中學校 同窓會 理事會를 主宰하다. · 店村에서 上京하다. · 로얄 골프場에 初行하다. (打點: 114) · 골프 모임 風水會를 發足하고 監事로 委囑되다. · 黃표연君의 結婚 主禮를 보다. · 서울市 都市計劃委員으로 委囑되다. · 鳥嶺會 野遊會를 夫婦 同伴하여 牛耳洞으로 가다.	2(月) · 國産 컬러TV, 美國에서 Anti-dumping 被訴 5(木) · 被拉 中共 民航機, 春川에 不時着 6(金) · 大田-光州 湖南高速道路 4車線 확장공사 7(土) · 北傀 沈重哲 大尉 歸順 10(火) · 韓·中 合意覺書에 의해 拉致犯을 제외한 95명 出國 12(木) · 木洞 新市街地 計劃 確定 12(木) · 21回 慶北道民體典, 郡單位로는 最初로 聞慶郡 店村邑에서 開催 13(金) · 政府, 石炭값 平均 4.1% 引下 15(日) · 미터法 義務化 철저 실시 16(月) · 蔚珍郡 平海面에서 大規模 新石器時代 遺蹟地 發掘 20(金) · 國土計劃學會 會員 골프團體 '風水會' 設立 · 政府, 赤字運營 鐵道路線의 民營化 檢討 24(火) · 政府, 外國人 土地所有制限을 大幅 緩和 26(木) · 臺灣, 對韓航空協定 廢棄 27(金) · 環境廳, 保身用 뱀·개구리의 보호를 위해 野生動物 保護法의 제정을 추진 29(日) · 西方 7個國 頂上會談 개막
6	2(木) 3(金) 4(土) 9(木) 11(土) 17(金) 18(土) 19(日) 24(金) 25(土)	4.21 4.22 4.23 4.28 5. 1 5. 7 5. 8 5. 9 5.14 5.15	· 韓國土地開發公社에서 '公社에 바란다'를 講演하다. · 內務部 硏修院 主催 一線行政에 관한 세미나에서 司會를 보다. · 環境計劃硏究所 野遊會를 가다. · 聞慶中學校 第13回 同門會에 參席하여 祝辭를 하다. · 國民黨에서 '地方自治'에 대해 特講을 하다. · 環境大學院 및 環境廳 主催 都市 廢棄物管理 세미나에서 司會를 보다. · 大邱에 가다. · 嶺南大學校에서 講義하다. · 大邱에서 上京하다. · 서울 골프場에 初行하다. (打點: 106) · 大邱에 가다. · 嶺南大學校에서 講義하다. · 大邱에서 上京하다.	3(金) · 金泳三 前新民黨 總裁 3日만에 斷食 中斷 · 프로野球 三味의 김진영 監督 구속 5(日) · 曹溪宗 呑虛스님 入寂 · 雪嶽山 반달곰을 射殺한 밀렵꾼 李당우 자수 7(火) · 니카라과, 美國 外交官 3名을 追放 9(木) · 第117回 臨時國會 召集 11(土) · 韓國銀行, 새 紙幣 發行 12(日) · 青少年 代表팀, 멕시코 世界青少年蹴球大會에서 最初로 世界 4强 進出 15(水) · 中央廳을 國立中央博物館으로 改築키 위해 기공 18(土) · 中國 國家主席에 李先念, 軍事委 主席에 鄧小平 選出 19(日) · 臨津江 下流를 통해 水中浸透 하던 武裝間諜 2名 射殺 12(木) · 프로野球 三味의 김진영 監督 구속 20(月) · 文敎部, 學生體罰 禁止指針 마련 30(木) · KBS, 離散家族 찾기運動 展開

月	日	陰	本人 및 家族事項	社會一般事項
7	1(金)	5.21	·俸給 6號俸으로 昇給하다.	1(金) ·家電製品 305個 品目과 342個 藥品 原料에 대한 輸入自由化 實施
			·內務部 政策諮問委員으로 委囑되다.	
	7(木)	5.27	·調査次 清州에 가다.	·部分的 金融實名 去來制 實施
			·清州 飛行場 골프場에 初行하다. (打點: 84)	4(月) ·17次 韓·中 經濟閣僚會議, 서울서 開幕
	8(金)	5.28	·清州에서 店村으로 가다.	6(水) ·汝矣島 '만남의 廣場' 開場
	9(土)	5.29	·聞慶中學校 同窓會 會長團會議와 理事會를 主宰하다.	·일부 改閣 단행
				7(木) ·第9代 未收復地 名譽市長·郡守 委囑狀 수여
	10(日)	6. 1	·醴城 골프場에 初行하다. (打點: 111)	
			·店村에서 上京하다.	11(月) ·盧泰愚, 서울올림픽大會 組織委員長 被選
	13(水)	6. 4	·韓國土地開發公社 任員陣 水原·大田을 訪問後 慶州에 到着 投宿하다.	·서울市, 4大門안 補身湯집 閉鎖計劃 發表
	14(木)	6. 5	·朝鮮 골프場에 初行하다. (打點: 104)	13(水) ·兵役法 改正案에 대한 立法豫告制 實施
			·浦項을 訪問後 大邱에 가다.	·安企部, 리비아 技能工 就業中 北傀 工作員에 包攝되어 間諜活動을 해온 6名 검거
	15(金)	6. 6	·大邱에서 上京하다.	
	16(土)	6. 7	·水原 飛行場 골프場에 初行하다. (打點: 102)	
	17(日)	6. 8	·正亞 골프場에 初行하다. (打點: 102)	17(日) ·金澤壽 IOC 委員 死亡
	23(土)	6.14	·大田에 가다	·韓國岳友會 登攀隊, 히말라야 바인타브락 2峰 史上 처음으로 登頂
			·儒城 골프場에 初行하다. (打點: 103)	
	24(日)	6.15	·大田에서 上京하다.	26(火) ·北傀, 美國 女人 醜行事件에 관련된 U.N. 駐在 北傀 3等書記官 오남철을 美國 檢察에 出頭시키기로 결정
	25(月)	6.16	·科學技術處 第5次計劃 科學技術部門 修正作業實務 作業班 반원으로 委囑되다.	
			·內務部 研修院 指導次 仁川市廳에서 '主人精神'에 대해 特講하다.	27(水) ·子女 적게 갖기 運動方針 發表
				28(木) ·北韓, 清津港을 開放시키기로 中共과 協定 締結
	26(火)	6.17	·陽智 골프場에 初行하다. (打點: 112)	
	27(水)	6.18	·內務部 研修院 指導次 春川에 가다.	·內務部, 人口增加抑制誘導策 마련
			·江原道廳에서 '主人精神'에 대해 特講하다.	29(金) ·韓國人口 4千萬名 突破
	28(木)	6.19	·春川에서 特講하다.	30(土) ·明星그룹 金澈鎬 會長, 그룹內 20개 企業을 10개로 통폐합하고 모든 公職에서 自退하기로 했다고 발표
	29(金)	6.20	·不動産學會 主催 不動産仲介士 세미나에서 司會를 보다.	
	30(土)	6.21	·道高 골프場에 初行하다. (打點: 113)	
			·保寧郡廳에 가서 都市計劃을 諮問하다.	
	31(日)	6.22	·保寧에서 上京하다.	
8	1(月)	6.23	·大韓商工會議所 附設 韓國經濟研究센터 研究委員으로 再委囑되다.	1(月) ·24個國 및 28個 地域과 國際電話 自動化 開始
	4(木)	6.26	·調査次 忠北道廳에 가다.	·美國, 暴炎으로 187名 死亡
	5(金)	6.27	·清州에서 上京하다.	3(水) ·蔚山 氣溫 38℃로 最高 記錄
	9(水)	7. 1	·內務部研修院 '83教官研究競演大會 教材 審査委員으로 委囑되다.	4(木) ·內務部, 病蟲害 防除를 위한 人力·裝備·豫算 등 行政力 總動員에 대한 特別指示 시달
			·家族 同伴 旅行을 떠나 雪嶽山에 가다.	
	10(水)	7. 2	·江陵과 三陟을 거쳐 東海市에 가다.	5(金) ·中共 旅客機, 最初로 우리 飛行情報區域을 통과
			·韓國産業開發研究院 明洞示範商街 造成計劃事業 諮問委員으로 委囑되다.	·民防衛本部, 休戰 後 最初로 실제 空襲警報 發令
	11(木)	7. 3	·白岩溫泉에 가다.	
	12(金)	7. 4	·店村에 가다.	6(土) ·江原道 神興寺 스님 亂動事件 發生
			·聞慶中學校 同窓會 會長團 및 理事會를 主宰하다.	7(日) ·中共軍 孫天勳, MIG 21기로 歸順
	14(日)	7. 6	·聞慶中學校 同窓會 體育大會에서 會長 大會辭를 하다.	9(火) ·말레이시아의 마하티르 빈 모하메드 首相 來韓
	15(月)	7. 7	·聞慶中學校 同窓會 體育大會에서 會長 閉會辭를 하다.	·統長 實費 辨償額, 月 22,500원에서 45,000원으로 引上 조치

月	日	陰	本人 및 家族事項	社會一般事項
8	18(木)	7.10	·水安堡溫泉을 거쳐 上京하다.	10(水) ·內務部, 36,891개 마을의 4個分野 33個 事業에 대한 새마을 總閱指針 시달
	22(月)	7.14	·國土開發研究院에서 Walter Isard 教授의 講演을 듣다.	11(木) ·光復節을 기해 刑確定者 1,944名을 特赦하고 551名을 復權措置함
	24(水)	7.16	·人口保健研究院 主催 人口問題對策 세미나에서 討論하다.	13(土) ·人口 1萬名 以上 107個面에 開發係 설치 ·人口 過大洞을 分洞하여 22個洞 설치
	25(木)	7.17	·光明市를 訪問, 시찰하다.	15(月) ·獨立紀念館 天原에서 기공
	26(金)	7.18	·골프 切百을 最初로 로얄 골프場에서 치다. (打點: 99)	17(水) ·明星그룹 金澈鎬會長 拘束 ·國稅廳, 明星그룹 稅務査察 결과 脫稅額이 112億1300만원이라고 發表
	27(土)	7.19	·妻와 同行 清州에 가다. ·忠北道廳에서 研究調査를 하다.	18(木) ·서울高法, 家庭破壞犯 3名 死刑 宣告
	28(日)	7.20	·清州에서 店村으로 가다.	21(日) ·아키노 필리핀 野黨 指導者, 마닐라 空港에서 被殺
	29(月)	7.21	·聘父님 回甲宴에 參席하다.	23(水) ·全大統領, 綠地園에서 記者會見
	30(火)	7.22	·店村에서 大田에 가다. ·內務部 主催 都市研鑽會에 參席하여 討論하다.	27(土) ·27回 國家機能올림픽서 5連覇 優勝
	31(水)	7.23	·大田에서 上京하다. ·IDRC 課題 (固形廢棄物管理)의 部分 研究를 完了하다.	29(月) ·明星그룹 事件과 관련하여 前 交通部長官 尹子重 등 拘束 30(火) ·귀온 블루포드, 最初의 黑人 宇宙飛行士가 됨
9	3(土)	7.26	·金容己君의 結婚 主禮를 보다.	1(木) ·KAL機, 蘇 戰鬪機에 의해 被擊, 269명 死亡
	4(日)	7.27	·盧太九君의 結婚 主禮를 보다.	9(金) ·古里原電 2號機 竣工, 原電 比率 15.4% 到達
	6(火)	7.29	·Ms. Edralin 等 UNCRD 調査團이 訪韓하여 相談하다.	10(土) ·후세인 요르단 國王 訪韓
	11(日)	8. 5	·安東師範學校 第8回 同期會 總會 參席次 店村에 가다.	14(水) ·交通部, 山城 골프場 登錄 取消
	29(木)	8.23	·科學技術處 政策諮問委員으로 委囑되다.	27(火) ·로마教皇廳, 韓國 殉教者 103人에게 諡聖 承認
10	1(土)	8.25	·保寧郡 都市計劃 關聯業務 諮問委員으로 委囑되다.	4(火) ·IPU 總會, 서울서 開幕
	7(金)	9. 2	·太白市에 가다.	5(水) ·노벨平和賞 受賞者로 바웬사 決定
	8(土)	9. 3	·太白市廳에서 '都市開發'에 대해 特講하다. ·太白에서 上京하다.	6(木) ·朝興銀行 金融 不正事件과 관련 모두 26명을 구속
	10(月)	9. 5	·內務部 研修院 地方行政研修大會에서 '地方財政' 分科를 司會하다.	8(土) ·全大統領, 아시아·太平洋 6個國 巡訪次 出國
	29(土)	9.24	·大邱에 가다. ·在邱 聞慶中學校 同門會 總會에 參席하다.	9(日) ·버마 아웅山墓所 爆發事故 發生, 韓國 要人 17名 死亡
	30(日)	9.25	·大邱에서 店村으로 가다.	15(土) ·國務總理 경질 등 改閣 단행
	31(月)	9.26	·聞慶中學校 同窓會 理事會를 主宰하다.	25(火) ·美軍, 그레나다 侵攻 27(木) ·서울大 16代 總長 李賢宰 就任
11	1(火)	9.27	·店村에서 清州로 가다. ·忠北道廳에서 研究協議를 하다. ·清州에서 上京하다.	1(火) ·새 住民登錄證 發給 개시 2(水) ·環境廳, 環境汚染防止基金 신설 3(木) ·文教部, 教授任用審議基準 大幅 强化
	6(日)	10. 2	·裡里 八峰 골프場에 初行하다. (打點: 97)	4(金) ·버마, 北韓과 斷交

1983

月	日	陰	本人 및 家族事項	社會一般事項
11	7(月)	10. 3	· 中央大學校 主催 세미나에서 '經濟開發과 環境問題'을 發表하다.	8(火) · 內務部, 郡單位 畜産行政 機能補强 조치
				12(土) · 레이건 美 大統領 訪韓
	18(金)	10.14	· 釜山 東亞大學教 都市工學科에서 "都市政策"을 特講하다.	15(火) · 財務部, 株式時價 發行制 실시
				18(金) · 曹溪宗 李性澈 宗正, 宗團事態收拾 非常大權을 發動
	19(土)	10.15	· 金윤자孃의 結婚 主禮를 보다.	· 史上 最大 100萬名의 칠레 群衆, 反政府 示威
			· 環境大學院 教授세미나 參席次 道高에 가다.	
	20(日)	10.16	· 道高에서 上京하다.	20(日) · 靑瓦臺 代辯人, 教皇 바오로 2世가 84년 5월 3일부터 7일까지 訪韓한다고 발표
	21(月)	10.17	· 經濟企劃院 主催 第5次計劃 修正計劃 協議會에 參席하여 討論하다.	
	25(金)	10.21	· 店村에 가다.	28(月) · 政府, 宅地分讓方法을 現行 一般競爭 分讓方法에서 抽籤分讓制로 변경키로 함
			· 姊兄 黃在洙 脫喪에 가다.	
	27(日)	10.23	· 店村에서 上京하다.	29(火) · 88 서울올림픽 大會 會章 및 마스코트 確定 發表
	30(水)	10.26	· 大韓住宅公社 課題 (光明市 環境影響評價)의 部分 研究를 完了하다.	
12	3(土)	10.29	· 鄭鐘建君 第9代 助教로 入室하다.	4(日) · 釜山 多大浦 浸透 間諜船 擊沈, 2名 生捕
	6(火)	11. 3	· 스리랑카에서의 國際會議 參席次 出國하다.	7(木) · 코스타리카, 北傀 斷交 措置 發表
	8(木)	11. 5	· Sri Lanka Comombo市 Marga Institute 主催 Local Level Development 會議에 參席하여 討論하다.	9(金) · 버마, 北韓 아웅山 테러犯에 死刑宣告
				14(水) · 全南 莞島 앞바다에서 많은 양의 高麗靑瓷를 引揚하기 시작
			· Royal Colombo Golf Course에서 Mrs. Pam Fernando와 골프를 치다. (打點: 92)	17(土) · 美國 零下 39℃로 300여명 凍死
				18(日) · 大田에 大火災, 30億원 被害
			· Marga Institute 所長 Godfrey 博士宅에 招請되어 晩餐을 하다.	19(月) · 安企部, 間諜 12名 檢擧 發表
				22(木) · 聞慶 鳳鳴鑛業所 坑內 火災 發生, 鑛夫 9名 窒息死
	9(金)	11. 6	· Colombo에서 Kandy 地域으로 가서 寺院에 參拜하다.	24(土) · 海運産業合理化計劃 確定 發表
			· 서울市 木洞地區開發 諮問委員으로 委囑되다.	26(月) · 日本 나카소네內閣 發足
	10(土)	11. 7	· Sri Lanka를 出發, Singapore에 到着하여 經由 投宿하다.	27(火) · 北韓 辛今丹의 아버지 신문준氏, 分斷의 恨을 안고 他界
	11(日)	11. 8	· Singapore에서 歸國하다.	29(木) · 美國, UNESCO 脫退를 發表
	28(水)	11.25	· 國土開發研究院 主催 濟州道 綜合計劃會議에서 討論하다.	30(金) · 聞慶郡 永順面과 醴泉郡 豊壤面間의 永豊橋 架設을 着工
	30(金)	11.27	· 人口保健研究院 主管의 共同研究『韓國의 人口問題와 政策方向』을 單行本으로 發刊하다.	31(土) · 나이지리아, 軍事쿠데타 발생

第 49 歲 : 1984 (4317) 甲子年 / 副教授

月	日	陰	本人 및 家族事項	社會一般事項
1	1(日)	11.29	· 韓國土地開發公社 諮問委員으로 委囑되다.	1(月) · 韓·브루나이 國交 樹立
	2(月)	11.30	· 家族 同伴으로 店村에 가다.	4(水) · 中央線 列車 衝突 4名 死亡
	4(水)	12. 2	· 聞慶郡 新年交禮會에 參席하여 祝辭하다.	5(木) · 統一院, 82年末 現在 韓國의 GNP는 北韓의 4.8倍라고 發表
	5(木)	12. 3	· 聞慶中學校 同窓會 會長團會議를 主宰하다.	
	6(金)	12. 4	· 店村 로타리클럽 總會에 參席하여 祝辭를 하다.	10(火) · 카폰 첫 一般普及
			· 聞慶中學校 同窓會 理事會를 主宰하다.	· 美 레이건 大統領, 韓半島 安定을 위해 南北韓과 美·中共 4者會談 제의
	7(土)	12. 5	· 店村에서 上京하다	
	20(金)	12.18	· 大邱에 가다.	· 北傀, 從來의 對美 直接協商에 韓國을 참가시키는 3者會談을 주장
	21(土)	12.19	· 大邱 골프場에 初行하다. (打點: 95)	

月	日	陰	本人 및 家族事項	社會一般事項
1	21(土)	12.19	·大邱에서 慶州에 가다. ·도투락랜드 計劃地를 視察하다.	13(金) ·文敎部, 로마字 表記를 25年만에 正字法에서 表音主義 表記法으로 統一 채택
	22(日)	12.20	·慶州에서 上京하다.	
	25(木)	12.23	·淸州에 가서 忠北道廳과 硏究協議 후 上京하다.	14(土) ·釜山 大亞호텔 火災 發生, 38명 死亡
	27(金)	12.25	·Cincinnati大學校 同窓會를 創立하고 初代 會長으로 選出되다.	18(水) ·東海岸 統一展望臺 첫 一般 公開 20(金) ·國際調整委(ICC), 88年 世界 障碍者 올림픽을 서울서 開催키로 결정
	30(水)	12.28	·內務部·忠淸北道 課題 (階層構造)의 單獨 硏究를 完了하다. ·釜山市·地方行政硏究所 課題 (情報管理體制)의 責任硏究를 完了하다.	24(水) ·果川 서울랜드 着工 26(木) ·서울大, 復校 段階的 許容 27(金) ·在韓國 신시내티大學校 同窓會 創立
2	6(月)	1. 5	·環境大學院 敎授 夫婦 地方旅行을 떠나다. ·水安堡에 投宿하다.	1(水) ·北傀는 83年 現在 40個 師團, 25個 旅團을 보유한 것으로 밝혀짐
	7(火)	1. 6	·店村·安東을 경유하여 白巖溫泉에 到着하다. ·共同 著書『國民倫理』가 大明出版社에서 刊行되다.	3(金) ·酷寒來襲, 서울 -15℃ ·美國 캘리포니아州의 롱비치市서 世界最初의 胎兒移殖 아이가 出生
	8(水)	1. 7	·白巖溫泉에서 上京하다.	
	9(木)	1. 8	·韓國土地開發公社에서 '公社의 役割'에 대해 講演하다.	·駐韓 美軍司, 大宇重工業 生産의 M901 改良型 裝甲車 60臺를 인수
	10(金)	1. 9	·國土開發硏究院 主催 土地政策 세미나에서 討論을 하다. ·驪州郡 康川面 康川里 山 35-1 外 4萬坪 林野를 購入하다.	4(土) ·호크 濠洲 首相 訪韓 7(火) ·두 名의 美國 宇宙人, 最初로 밧줄 없이 宇宙를 遊泳 9(木) ·建設部, 垈地 100坪 以上 去來 申告 決定 ·버마 最高裁判所, 랭군 暗殺 테러犯의 抗訴를 棄却
	11(土)	1.10	·正亞 골프場에서 最初로 切九를 치다. (打點: 87)	
	14(火)	1.13	·東赫, 永登浦中學校 卒業하다 ·永登浦區廳에서 生活圈計劃을 諮問하다.	11(土) ·蘇 書記長 안드로포프 死亡, 後任에 체르넨코 選出
	15(水)	1.14	·龍山區廳에서 生活圈計劃을 諮問하다.	
	16(木)	1.15	·韓國土地開發公社에서 '公社役割'에 대해 講演하다. ·西大門區廳에서 生活圈計劃을 諮問하다.	12(日) ·解職敎授 復職 始作 15(水) ·韓國美術 5千年 유럽 巡訪展, 런던서 開幕
	18(土)	1.17	·大韓國土計劃學會 總會에서 副會長으로 再選出되다.	17(金) ·監査院, 公開監査制를 처음으로 導入·實施
	20(月)	1.19	·貞娥 上道國民學校를 卒業하다. ·著書『環境과 國土』 補正版을 發刊하다. ·서울市 課題 (街路經濟實態)의 部分 硏究를 完了하다.	19(日) ·서울 南大門警察署, 마담뚜 陰순형을 처음으로 구속 20(月) ·새世代 心臟財團 設立 21(火) ·韓國 테니스 選手團 中共 첫 入國
	23(木)	1.22	·大田 大德硏究團地에 가다. ·硏究團地 計劃會議에 參席하다. ·大田에서 上京하다	24(金) ·內務部, '84年度 職場淨化運動 指針 시달 25(土) ·美 商務省, 韓國産 컬러 TV 덤핑 判定 ·政治活動規制者 301名中 202名 追加 解除
	24(金)	1.23	·環境大學院 卒業式에 參席하다.	
	25(土)	1.24	·서울市 課題 (木洞地區 環境影響評價)의 部分	
	27(月)	1.26	硏究를 完了하다. ·서울敎育委員會 課題 (서울의 敎育發展)의 部分	27(月) ·서울市, 補身湯 禁止를 市 全域으로 擴大 ·全大統領, 平統諮問會議를 汎國民的 機構로 확산토록 지시
	28(火)	2.27	硏究를 完了하다. ·家族 同伴 忠北道廳 訪問 후 店村에 到着하다. ·聞慶中學校 同窓會 會長團會議를 主宰하다.	28(火) ·서울 올림픽 組織委, 88年 올림픽 大會 期間을 9.17~10.2까지 16일간으로 결정 ·第121回 臨時國會 召集 29(水) ·캐나다 트뤼도 首相, 執權 15年만에 사임

月	日	陰	本人 및 家族事項	社會一般事項
3	1(木)	1.29	·聞慶中學校 同窓會 總會를 主管하고 會長 人事를 하다. ·聞慶中學校 校庭에서 自作 碑文의 李圭璇先生 功德碑 除幕式을 主管하다. ·醴城 골프場 會員券을 받다. ·漢陽大學校에서 講師로 委囑되다. ·嶺南大學校에서 講師로 委囑되다.	1(木) ·파고다 公園, 補修·開園 ·3·1運動 獨立鬪士 77人의 裁判記錄 발견 3(土) ·레바논, 全面 休戰 6(火) ·中共 卓球團, 첫 訪韓 10(土) ·忠南 瑞山 防潮堤 完工 13(火) ·建設部, 土地用途指定을 單純化 16(日) ·農業技術研究院, 世界 最初로 벼의 染綠體 遺傳子에서 DNA를 抽出하는 데 성공
	2(金)	1.30	·貞娥 文昌女子中學校에 入學하다.	
	3(土)	2. 1	·東赫 城南高等學校에 入學하다.	18(火) ·李홍열, 東亞 마라톤서 2時間 14分 59秒로 10年만에 新記錄 수립
	4(日)	2. 2	·店村에서 上京하다.	
	17(月)	2.15	·蔡홍육君의 結婚 主禮를 보다.	21(水) ·집貰 5% 以上 못올리게 立法 豫告
	19(水)	2.17	·經濟企劃院에서 '首都圈問題'에 대해 特講하다.	22(木) ·東海에서 美 航母와 蘇 核潛水艦 衝突
	24(土)	2.22	·大邱에 가다. ·嶺南大學校에서 講義하다.	23(金) ·趙紫陽 中共 總理, 日本 中曾根 總理와의 會談에서 離散 韓國人의 相互 訪問을 許容하겠다고 밝힘
	25(日)	2.23	·大邱에서 上京하다.	
	26(月)	2.24	·經濟企劃院에서 "首都圈問題"를 講演하다.	27(火) ·海軍, 最新型 哨戒戰鬪艦을 배치
	30(金)	2.28	·골프親睦會 德丘會의 會員이 되다.	30(金) ·골프 親睦會 '德丘會' 發足
4	1(日)	3. 1	·『地方財政』誌 編輯諮問委員으로 委囑되다. ·蔡춘식君의 結婚 主禮를 보다.	2(月) ·78年 홍콩에서 失踪됐던 俳優 崔恩姬와 監督 申相玉이 北傀로 拉致됐다고 밝혀짐
	8(日)	3. 8	·韓仁 골프場에 初行하다. (打點: 100)	5(木) ·中共 籠球選手團 첫 入京
	11(水)	3.11	·恩平區廳에서 生活圈計劃을 諮問하다.	6(金) ·서울올림픽 組織委, 88올림픽 마스코트 이름을 '호돌이(HODORI)'로 결정
	12(木)	3.12	·江西區廳에서 生活圈計劃을 諮問하다.	
	16(月)	3.16	·在京 聞慶中學校 理事會에 參席하다	8(日) ·韓國 記者, 中共 첫 入國
	17(火)	3.17	·中央公務員敎育院에서 '都市化'에 대해 特講하다.	10(火) ·江華島 摩尼山에 檀君聖殿 建立 起工 ·濠洲, 最初의 冷凍 受精兒 出産 성공
	18(水)	3.18	·水原 골프場에 初行하다. (打點: 94)	
	19(木)	3.19	·國際 골프場에 初行하다. (打點: 99)	11(水) ·美 챌린저號, 史上 最初로 宇宙空間에서 故障衛星 修理
	21(土)	3.21	·大邱에 가다. ·嶺南大學校에서 講義하다.	15(日) ·淸原에 새 國際空港 建設 內定
	22(日)	3.22	·大邱에서 上京하다.	20(金) ·할리파 카타르 國王 訪韓
	26(木)	3.26	·全州에 가다. ·全州 JC 主催 全州圈開發 세미나에서 司會를 보다.	·韓國 男子籠球團, 8回 아시아 靑少年 大會서 中共 꺾고 우승
	27(金)	3.27	·全州에서 上京하다.	22(日) ·英國, 리비아와 斷交
	29(日)	3.29	·環境大學院 野遊會로 山井湖水에 가다. ·慶州金氏 聞慶 宗親會 副會長으로 選出되다.	24(火) ·最新 韓國産 驅逐艦 蔚山서 진수 26(木) ·레이건 美 大統領, 中共 訪問

客說 : 經驗에서 얻은 삶의 眞實

보통 사람은 아무 일도 하지 않고 한가롭게 앉아 있으면 쓸데없는 일이나 좋지 않은 일들을 더 많이 생각하게 된다. 그래서 君子는 한가하면 좋은 일을 생각하지만 小人은 한가하면 사악한 일에 빠지기 쉽다는 성현의 말씀이 생긴 듯 하다. 가장 나쁜 저질의 사람은 자기만이 게으른 것이 아니라 남까지 게으르게 만들고, 한걸음 더 나아가 부지런한 사람을 시기하고 비난하며 방해하는 작태를 부리는 사람이다. 이런 사람이야 말로 가정에서, 마을에서, 직장에서, 사회에서, 그리고 국가의 암적 존재라고 할 수 있다.

月	日	陰	本人 및 家族事項	社會一般事項
5	1(火)	4. 1	·韓國土地開發公社에서 '管理者의 役割'에 대해 特講하다.	1(火) ·서울大公園 開場
	2(水)	4. 2	·內務部 研修院 主催 情報技術에 관한 세미나에서 司會를 보다.	3(木) ·敎皇 요한 바오로 2世 來韓
			·金榮勳君의 結婚 主禮를 보다.	6(日) ·殉敎者 103位 諡聖式 擧行
	5(土)	4. 5	·家族 同伴 道高에 가다.	8(火) ·蘇聯, LA올림픽 不參 宣言
	6(日)	4. 6	·道高에서 上京하다.	9(水) ·全國 銀行聯合會 發足
	12(土)	4.12	·第61回 戶西南國民學校 開校紀念行事에 參席하다.	14(月) ·海運公社 17個 그룹으로 統廢合
	13(日)	4.13	·店村에서 上京하다.	·美聯邦 大法院, 統一敎主 文鮮明 修士에게 18개월 懲役刑을 확정
	25(金)	4.25	·韓國土地開發公社 理事로 發令받다.	17(木) ·三星半導體通信, 國內 最初로 超大規模 集積回路 量産 工場인 器興工場을 준공
			·뉴코리아 골프場에 初行하다. (打點: 94)	18(金) ·民主化推進協議會(民推協) 發足
	26(土)	4.26	·大邱에 가다.	22(火) ·서울地下鐵 2號線 開通
			·嶺南大學校에서 講義하다.	·大法院, 中共 民航機 拉致犯 6名의 刑量을 懲役 4~6年의 原審 대로 확정
	27(日)	4.27	·大邱에서 上京하다.	23(水) ·政府, 65歲 以上 老人에 地下鐵 無料 乘車 허용
	29(火)	4.29	·陽智 골프場에서 100回次 골프를 치다. (打點:84)	
6	15(金)	5.16	·大邱에 가다.	1(金) ·南北體育會談, 完全 決裂
	16(土)	5.17	·嶺南大學校에서 講義하다.	5(火) ·山林廳, 2080年을 目標로 한 山林 100年 長期計劃을 수립
	17(日)	5.18	·大邱에서 上京하다.	12(火) ·美 로스앤젤레스에 '코리아 플라자' 開館
	18(水)	5.19	·環境大學院 敎育公務員 人事委員會 委員으로 委囑되다.	13(수) ·丁來赫 議員 不正蓄財 事件 發生
	24(日)	5.25	·在京 聞慶中學校 同門會 第10次 總會 및 體育大會에 參席하여 祝辭를 하다.	22(金) ·蘇 무르만스크 彈藥廠에서 大規模 爆發事故 發生
	25(月)	5.26	·文廷鎬君 第10代 助敎로 入室하다.	26(火) ·換率 804:1로 引上
	26(火)	5.27	·『國土와 建設』誌 編輯諮問委員으로 委囑되다.	27(水) ·88올림픽高速道路 開通
	27(木)	5.28	·國土開發研究院 主催 都市開發 세미나에서 司會를 보다.	29(金) ·丁來赫議員, 議員職 辭退, 財産 社會還元 宣言
7	3(火)	6. 5	·內務部 研修院 主催 地域經濟 세미나에서 司會를 보다.	1(日) ·農協, 農漁民의 無擔保 貸出限度를 300만원에서 500만원으로 引上
	4(水)	6. 6	·大韓商工會議所 韓國經濟研究센터 主催 포럼에서 "首都圈과 地方都市 機能"에 대해 發表하다.	2(月) ·全州-南原間 高速化道路 着工
				·韓·노르웨이 纖維協定 締結
	7(土)	6. 9	·淸州에 가다.	9(月) ·디오프 세네갈 大統領 訪韓
			·大韓國土計劃學會 및 淸州大學校 主催 地域開發 세미나에서 司會를 보다.	10(火) ·韓·세네갈 經濟·技術協力 擴大 合意
				14(土) ·李性澈 宗正, 宗正職 辭退 聲明 發表
	8(日)	6.10	·淸州에서 店村으로 가다.	18(水) ·治安本部, 間諜 3명 檢擧 發表
			·聞慶中學校 同窓會 會長團 會議를 主宰하다.	·美國 캘리포니아州 샌이시드로에 있는 맥도널드 레스토랑에서 한 武裝怪漢이 銃器를 난사하여 21명이 死亡
	9(月)	6.11	·聞慶中學校 同窓會 理事會를 主宰하다.	
	11(水)	6.13	·店村에서 上京하다.	
	12(木)	6.14	·內務部 政策諮問委員으로 再委囑되다.	19(木) ·파나마의 바를레타 大統領 訪韓
	18(水)	6.20	·京畿道에서 '地域均衡開發'에 대해 講演하다.	22(日) ·五臺山 上院寺 佛像에서 稀貴文化財 多數 發見
	19(木)	6.21	·內務部 研修院 現地指導次 濟州에 가다.	
	20(金)	6.22	·濟州道에서 '地域均衡開發'에 대해 講演하다.	23(月) ·內務部, 自然石·稀貴木의 不法採取 및 販賣行爲 防止對策을 시달
	21(土)	6.23	·濟州 吾羅 골프場에 初行하다. (打點: 104)	
			·濟州에서 上京하다.	24(火) ·政府, 空閑地·高級住宅에 重課稅 追徵
	27(金)	6.29	·漢城 골프장에 初行하다. (打點: 107)	25(水) ·朴鐘圭 大韓射擊聯盟會長, ICO委員으로 被選됨
	28(土)	7. 1	·烏山 골프場에 初行하다. (打點: 100)	
	30(月)	7. 3	·서울市 課題 (多核都市 開發)의 部分 研究를 完了하다.	26(木) ·警官 낀 金塊密輸團 7名 檢擧
				28(土) ·北傀軍 下士 조병찬 歸順
	31(火)	7. 4	·大韓商工會議所 韓國經濟研究센터 課題 (都市化와 都市管理)의 單獨 研究를 完了하다.	·耽羅 3姓 序列 싸움 大法院으로 飛火
				29(日) ·23回 LA올림픽 開幕, 韓國 綜合 10位 획득

1984

月	日	陰	本人 및 家族事項	社會一般事項
8	2(木)	7. 6	·驪州 골프場에 初行하다. (打點: 95) ·驪州에서 江陵으로 가다.	1(水) ·曹溪宗, 海印寺에서 全國僧侶代表者大會 開催
	3(金)	7. 7	·江陵市에서 '地域經濟'에 대해 講演하다. ·江陵飛行場 골프場에 初行하다. (打點: 103)	2(木) ·金原基, LA올림픽 레슬링서 첫 金메달 獲得
	4(土)	7. 8	·江陵에서 上京하다.	3(金) ·檢察, 大地 代表 李正植 구속 기소
	9(木)	7.13	·安養 골프場에 初行하다. (打點: 97)	4(土) ·서울大 李商萬 敎授, KAL機 擊墜 事件 이래 처음 蘇聯 入國
	11(土)	7.15	·家族 同伴 旅行을 떠나 南原에 가다.	
	12(日)	7.16	·南原에서 高靈·大邱를 거쳐 店村으로 가다. ·聘母任 生辰에 參席하다.	10(金) ·丁來赫, 不動産 51億원 國家 獻納 11(土) ·1,870m의 國內 最長 釜山 九德道路 터널 開通
	13(月)	7.17	·門中會議에 參席하다.	
	15(水)	7.19	·店村中學校 同窓會 總會에 參席하여 祝辭를 하다. ·金龍寺에서 開催된 國民學校 同期 六友會 모임에 參席하다.	13(月) ·政府, 中共 民航機 拉致犯 6名을 刑執行停止로 釋放 14(火) ·大法院, 明星事件의 金澈鎬 被告에게 懲役 15年, 罰金 79億 3千萬원을 最終 確定
	16(木)	7.20	·聞慶中學校 同窓會 會長團 會議를 主宰하다.	
	17(金)	7.21	·聞慶中學校 同窓會 理事會를 主宰하다.	15(水) ·忠南 天原의 獨立紀念館과 京畿 始興의 國史館의 新築工事 기공
	19(日)	7.23	·聞慶中學校 同窓會 第11次 體育大會를 主宰하고 會長 大會辭 및 閉會辭를 하다.	18(土) ·서울大, 1,436名 學生 懲戒
	20(月)	7.24	·聞慶中學校 同窓會 會長團 會議를 主宰하다.	24(金) ·인도네시아 마두라 油田 開發 成功 發表
	21(火)	7.25	·店村에서 上京하다.	25(土) ·서울市 豫算, 2兆원 突破
	25(土)	7.29	·漢陽 골프場에 初行하다. (打點: 106)	27(月) ·마두라 原油, 麗水港 入港
	30(木)	8. 4	·貿易協會에서 '環境保全'에 대해 講演하다.	31(金) ·韓·日 頂上 直通 電話 開通
	31(金)	8. 5	·環境大學院 後期卒業式에 參席하다. ·『比較行政』誌 編輯委員長에 委囑되다. ·韓國土地開發公社 課題 (陽洞地區 開發計劃)의 部分研究를 完了하다.	·체코 僑胞 畵家 李起順, 34年만에 歸國 ·全國에 集中豪雨, 190名 死亡·失踪, 1,318億원 財産被害 發生
9	7(金)	8.12	·內務部 研修院 附設 地方行政研究所 研究諮問委員으로 委囑되다.	1(土) ·서울·中部 暴雨, 80餘名 死亡·失踪
	11(火)	8.16	·尹世榮 會長으로부터 新品 골프채 一切를 膳物 받다.	2(日) ·漢江人道橋 水位 11.03m 記錄(危險水位 10.5m)
	14(金)	8.19	·農村經濟研究院 主催 農村綜合開發 세미나에서 司會를 보다.	3(月) ·全國 大洪水, 126名 死亡 6(木) ·全大統領, 日本訪問次 出國
	20(木)	8.25	·韓國土地開發公社 理事陣 忠北道 支社에 出張가다.	7(金) ·韓國地方行政研究院 創立
	21(金)	8.26	·忠南道 支社에 가다.	10(月) ·한가위로 全國 700萬名 移動
	22(土)	8.27	·大田에서 上京하다.	18(火) ·'84 서울 國際貿易博覽會 開幕
	27(木)	9. 3	·勞動部 技術資格制度審議委員會 專門委員으로 再委囑되다.	19(水) ·11月 3日을 '學生의 날'로 지정 20(木) ·레바논 駐在 美大使館 爆發
	30(日)	9. 6	·科學技術處 課題(大德團地 開發計劃)의 部分研究를 完了하다.	21(金) ·韓赤, 北赤 提供 水害物資 引受 29(土) ·올림픽 主競技場 開場

月	日	陰	本人 및 家族事項	社會一般事項
10	2(火)	9. 8	・日本에서의 會議 參席次 出國하다.	1(月) ・國軍의 날 紀念式, 汝矣島廣場서 國産 兵器 示威를 보이며 擧行
	3(水)	9. 9	・UNCRD와 Kawasaki(川崎)市 主催 國際 세미나에서 討論하다.	2(火) ・政府, 6·25 附逆者 身元記錄 削除 發表
	4(木)	9.10	・동 國際 세미나에서 '首都圈 開發과 情報體系'에 대해 發表하다.	6(土) ・南北 赤十字, 直通電話를 常設 運營하기로 合意
	5(金)	9.11	・橫濱市를 見學하다.	8(月) ・烏山 附近 美軍 U2機 墜落
	6(土)	9.12	・東京에서 札幌市로 가서 金熙鎭氏 호텔에 投宿하다.	11(木) ・65回 全國體典, 大邱에서 開催 13(土) ・保安司, 間諜 6名 檢擧 發表
	7(日)	9.13	・登別市 등을 방문・관광하다.	16(火) ・서울大, 法大生 等 390余名 中間考査 거부
	8(月)	9.14	・日本 月寒 골프場에 初行하다. (打點: 102)	・政府, 來年부터 366종의 民願書類를 감축키로 했다고 發表
	9(火)	9.15	・日本 Clark 골프場에 初行하다. (打點: 106)	
	10(水)	9.16	・日本에서 歸國하다.	18(木) ・珍島 連陸橋 484m 開通
	16(火)	9.22	・京畿道 都市計劃委員으로 委囑되다.	20(土) ・中共, 資本主義 經濟改革案 採擇
	18(木)	9.24	・韓國土地開發公社 理事陣 江陵支社로 出場가다.	22(月) ・環境廳, 公害業所 565곳 摘發
	19(金)	9.25	・束草 正亞 골프場에 初行하다. (打點: 101) ・束草에서 麟蹄·楊口·華川을 겨쳐 上京하다.	・서울 道峰區 孔陵洞에 새로운 原子力病院 開院
	20(土)	9.26	・俗離山에서 開催된 聞慶中學校 第1回 同門會 總會에 參席하다.	24(水) ・警察 6,400餘名 서울大 進入 ・韓國, 上海에서 開催된 아시아 籠球選手權 大會서 中共을 꺾고 4연패
	21(日)	9.27	・俗離山에서 上京하다.	
	26(金)	10. 3	・泰陵골프場에 初行하다. (打點: 92)	31(水) ・印度 간디 首相 被殺
	27(土)	10. 4	・儒城에 가다. ・大韓國土計劃學會 主催 學術 세미나에 參席하다.	
	28(日)	10. 5	・儒城에서 上京하다.	
11	1(木)	10. 9	・銀行團 訓練院에서 '首都圈 問題와 土地開發'에 대해 特講하다.	2(金) ・서울과 워싱턴을 人工衛星으로 연결한 最初 映像討論會가 商議會館서 열림
	8(木)	10.16	・韓國土地開發公社 理事陣 出張가다. ・全州에 投宿하다.	3(土) ・廢止 11年만에 '學生의 날' 復活 5(月) ・서울大 環境大學院 第3代院長 崔相哲 就任
	9(金)	10.17	・全州에서 光州로 가다.	6(火) ・로널드 레이건, 美國 大統領에 當選
	10(土)	10.18	・光州 골프場에 初行하다. (打點: 98) ・谷城·求禮·光州를 거쳐 大田으로 가다.	7(水) ・美 有人宇宙往復船 디스커버리號, 故障난 通信衛星을 史上 最初로 宇宙에서 回收
	11(日)	10.19	・大田에서 上京하다.	14(水) ・漢江 第14番 橋梁 銅雀大橋 開通
	16(金)	10.24	・國際問題調査研究所 主催 環境影響評價制度에 관한 세미나에서 討論하다.	15(木) ・史上 처음으로 南北韓 經濟會談이 板門店서 開催
	20(火)	10.28	・內務部 研修院 및 UNCRD 主催 세미나 開會式에 參席하다.	16(金) ・國內 最長 7.8km의 大淸湖 防潮堤가 瑞山에 완공
	22(木)	10.30	・安城에서 開催된 中央大學校 主催 세미나에서 '地方自治의 課題와 展望'을 發表하다.	18(日) ・山嶽人 800餘名, 北韓山 開發 反對 蹶起大會 開催
	24(土)	閏10. 2	・大邱에 가다. ・嶺南大學校 主催 都市圈開發 세미나에서 司會를 보다.	19(月) ・멕시코市의 가스工場 폭발로 544名 死亡 23(金) ・蘇聯人 마투조크, 板門店에서 越南, 美國亡命 要請
	25(日)	閏10. 3	・大邱에서 上京하다.	24(土) ・全州圈 開發事業 着工
	29(木)	閏10. 7	・地方行政研究所 主催 地方行政座標 세미나에서 司會를 보다.	30(金) ・大統領, 3次로 84名 解禁

1984

月	日	陰	本人 및 家族事項	社會一般事項
11	30(金)	閏10. 8	·環境廳 課題 (蔚山住民移住對策)의 部分 研究를 完了하다	
12	1(土) 3(月) 13(木) 14(金) 15(土) 16(日) 17(月) 19(木) 20(金)	閏10. 9 閏10.11 閏10.21 閏10.22 閏10.23 閏10.24 閏10.25 閏10.27 閏10.28	·環境廳 費用負擔部分委員會 委員으로 委囑되다. ·高承祿 會長 結婚式에 友人代表로 參席하다. ·韓國土地開發公社 理事陣 出張가다. ·大邱에 到着하다. ·大邱에서 馬山을 訪問 後 釜山에 到着하다. ·釜山 東萊 골프場에 初行하다. (打點: 97) ·釜山에서 慶州로 가다. ·慶州에서 上京하다. ·産業經濟硏究院 主催 콘테이너 埠頭開發 세미나에서 討論하다. ·店村에 가다. ·聞慶中學校 同窓會 理事會를 主宰하다. ·店村에서 上京하다.	1(土) ·國會, 12兆 2,751億원의 새해 豫算案을 通過 3(月) ·印度 보팔市, 有毒가스 漏出 事故로 2,500餘名 死亡 5(水) ·三星電子, 뉴저지州에 컬러 TV 工場을 竣工 10(月) ·北韓, 서울올림픽 開催를 反對한다고 公式發表 11(火) ·民推協, 新黨參與 決定 19(水) ·英國·中共, 홍콩協定 調印 21(金) ·食品會社에 대한 毒劇物 投入 脅迫 事件 發生 25(火) ·月城 原電에서 重水 漏出 事故 發生 29(土) ·聞慶郡 永順道路 擴張

第 50 歲 : 1985 (4318) 乙丑年 / 副敎授 - 正敎授

月	日	陰	本人 및 家族事項	社會一般事項
1	1(火) 2(水) 3(木) 7(月) 9(水) 10(木) 12(土) 16(水)	11.11 11.12 11.13 11.17 11.19 11.20 11.22 11.26	·俸給 5號俸으로 昇給하다. ·環境大學院 敎授陣 內藏山으로 旅行가다. ·敎授 세미나에서 '地方自治展望'에 대해 發表하다. ·內藏山에서 上京하다. ·江陵大學 敎授硏究實績 審査委員으로 委囑되다. ·金壽鶴 社長 令息과 黃鏞周 敎授 令愛의 結婚式에 夫婦同伴으로 參席하다. ·德丘會員 大邱로 旅行가다. ·大邱에서 上京하다. ·驪州郡 康川面 所在 林野 4萬坪 賣却하다. ·韓國土地開發公社에서 '公企業'을 特講하다.	1(火) ·總人口 '85.1.1. 零時 現在 40,894,769人 記錄 4(金) ·政府, 팀 스피리트 85 訓練에 北韓 參觀 제의 9(水) ·全大統領, 國政演說서 南北韓 最高責任者 會談 등 促求 11(金) ·錦江 上流에서 버스 墜落, 38名 死亡 13(日) ·白樂濬 연세大 名譽總長 死亡 18(金) ·新韓民主黨 創黨 (總裁: 李敏雨) ·女子籠球, 英國 웨일즈 오픈大會 團體戰서 中共 꺾고 우승 23(水) ·政府, 12代 總選 12月 12日 實施 公告 25(金) ·報恩 第4 衛星通信地區局 竣工 26(土) ·테레사 修女 訪韓
2	2(土) 3(日) 5(火) 7(木) 13(水) 14(木) 16(土) 17(日) 18(月)	12.13 12.14 12.16 12.18 12.24 12.25 12.28 12.29 12.29	·環境大學院 敎授夫婦 全州로 旅行가다. ·全州에서 上京하다. ·店村에 가다. ·聞慶中學校 同窓會 理事會를 主宰하다. ·店村에서 上京하다. ·雪娥 首都女子高等學校를 卒業하다. ·産業技術振興協會 主催 Technopolis 開發 세미나에서 討論하다. ·大韓國土計劃學會 總會에 參席하다. ·店村에 가다. ·聞慶中學校 第35回 卒業式에 參席하여 祝辭를 하다.	1(金) ·美 휴즈社 ,北韓에 헬機 不法輸出事件 發生 2(土) ·서울 東湖大橋 開通 4(月) ·政府, 在美 金大中氏 歸國해도 再收監 않는다고 發表 5(火) ·白翎島 操業漁船 北傀에 被拉 8(金) ·金大中 前 大統領 候補, 美國에서 歸國 11(月) ·美 워싱턴, 對北韓 헬機 密賣事件 再發防止를 위한 措置를 취했다고 發表 12(火) ·第12代 國會議員 選擧(聞慶·醴泉: 蔡汶植·潘亨植),投票率 84.6%, 民正 87, 新民 50, 民韓 26,國民 15名 당선

月	日	陰	本人 및 家族事項	社會一般事項
2	20(水)	1. 1	· 聞慶中學校 同窓會 理事會를 主宰하다.	18(月) · 盧信永 國務總理 任命 등 大 改閣 斷行
	22(金)	1. 3	· 金東吉君 自宅에서 舊正 祭祀를 지내다.	· 內務部, 舊正을 前後한 非常警戒令을 발표함
	23(土)	1. 4	· 興德門中一家가 모여 遊戲하다.	
			· 聞慶中學校 同窓會 第9次 總會를 主宰하다.	20(水) · 陰 1月 1日, 第1回 '民俗의 날' 實施
			· 會長人事를 하다.	21(木) · 國際그룹 解體
			· 任期滿了로 會長職에서 떠나다.	23(土) · 聞慶中學校 同窓會 第7代 會長 鄭棹永 被選
			· 會長 離任辭를 하다.	
	24(日)	1. 5	· 金일환君의 結婚 主禮를 보다.	· 民正黨, 黨職 대폭 개편하고 代表委員에 盧泰愚 서울올림픽 組織委員長이 就任
	25(月)	1. 6	· 店村에서 上京하다.	
	26(火)	1. 7	· 環境大學院 卒業式에 參席하다.	27(水) · 民韓黨 柳致松 總裁 辭退
	28(木)	1. 9	· 韓國經濟研究院 課題(地方財政 健實化)의 責任 研究를 完了하다.	
3	2(土)	1.11	· 雪娥 淑明女子大學校 作曲科에 入學하다.	1(金) · 國民學生 英語教育放送 實施
			· 環境大學院 入學式에 參席하다.	3(日) · 칠레, 强震으로 124名 死亡
	5(火)	1.14	· 第200回次 골프를 漢城 골프場에서 치다. (打點:91)	6(水) · 金大中·金泳三·金鍾泌 등 14名, 政治解禁
				11(月) · 34代 聞慶 郡守 趙鏞洙 就任
	7(木)	1.16	· 內務部研修院 教官大會에서 '21世紀 教育院의 役割'에 대해 基調演說을 하다.	12(水) · 蘇 書記長 체르넨코 死亡, 後任에 고르바초프 就任
	8(金)	1.17	· 德丘會 夫婦 同伴으로 濟州에 가다.	14(木) · 學徒護國團 設置令 廢止
	10(日)	1.19	· 濟州에서 上京하다.	16(土) · 日本 筑波 國際科學博覽會 開催
	11(月)	1.20	· 建設部 國土利用計劃 審議委員으로 委囑되다.	29(金) · 스페인·포르투갈, EC에 加入
	31(日)	2.11	· 環境計劃研究所 課題 (商易會館建立 妥當性調查)의 部分 研究를 完了하다.	· 20世紀 3大 畫家인 샤갈 死亡
4	5(金)	2.16	· 店村에 가다	1(月) · 서울·仁川·富川에 土地去來申告制 實施
			· 聞慶中學校 同窓會 理事會를 主宰하다.	· 輸出動向監視 및 事前豫告制 實施
	7(日)	2.18	· 店村에서 上京하다.	3(水) · 民韓黨 國會議員 當選者 29名 脫黨, 新民黨에 個別 入黨
	13(土)	2.24	· 李世茂 會長으로부터 新規 골프道具 드라이버 1개를 膳物받다.	12(金) · 루버스 네덜란드 首相 訪韓
	18(木)	2.29	· 골프 第220回次 陽智 골프場에서 最初의 싱글打를 치다. (打點: 81)	15(月) · 美國, 리비아에 報復空襲 强行
				17(水) · 北韓·蘇聯, 國境條約 締結
	19(金)	2.30	· 內務部 地方行政研究委員會 委員으로 委囑되다.	20(土) · 地下鐵 4號線 中 上溪-三仙橋 區間 開通
	25(木)	3. 6	· 大邱에 가다.	21(日) · 韓國 外交官 2名, 中共에 첫 入國
	27(土)	3. 8	· 大邱에서 店村으로 가다.	24(水) · 全大統領, 訪美次 出國
			· 慶州金氏 大宗親會 運營理事로 委囑되다.	26(金) · 大宇 어패럴 勤勞者 500名 籠城
	28(日)	3. 9	· 洪建燮 同門 令愛 結婚 主禮를 보다.	29(月) · 太平洋經協會議 開幕
			· 店村에서 上京하다.	
5	1(水)	3.12	· 韓國土地開發公社 課題 (經營指針)의 單獨 研究를 完了하다.	1(水) · 學生·勞動者 示威 發生
				5(日) · 青少年 卓球, 스칸디나비아 오픈 大會서 男女 全種目에서 優勝
	7(火)	3.18	· 韓國土地開發公社에서 '經營指針'에 대한 說明會를 갖다.	6(月) · 지아 울 하크 파키스탄 大統領 訪韓
	10(金)	3.21	· 韓國地方行政研究所 研究委員 採用銓衡委員으로 委囑되다.	7(火) · 自動車 100萬臺 突破
				10(金) · 學生示威 激烈

1985

月	日	陰	本人 및 家族事項	社會一般事項
5	11(土)	3.22	・李完永君의 結婚 主禮를 보다.	13(月) ・12代 國會 開院
	12(月)	3.23	・鳥嶺會 夫婦 漢灘江으로 野遊會를 가다.	17(金) ・第2次 南北經濟會談 開催
	16(木)	3.27	・經濟企劃院 地方自治制 實施를 위한 地方財政 實務作業團 研究委員으로 委囑되다.	18(土) ・盧泰愚 民正黨 代表, 國會 演說에서 護憲 통한 平和的 政權交替 實現 다짐
	19(日)	3.30	・張星元 先輩 令息 元圭君의 結婚 主禮를 보다.	23(木) ・中共·포르투갈, 마카오 返還 協商 合意
	20(月)	4. 1	・大邱에서 上京하다.	25(土) ・방글라데시, 颱風 發生 4萬餘名 死亡
	25(土)	4. 6	・安養商工會議所 附設 地域經濟研究센터 研究委員으로 委囑되다. ・聞慶文化院 顧問으로 推戴되다.	27(月) ・北韓赤十字社 代表團 서울 入京 30(木) ・大韓生命 63層 빌딩 汝矣島에 竣工
6	7(金)	4.17	・德丘會員 大邱에 가다.	1(土) ・서울, 택시 月給制 實施
	9(日)	4.21	・大邱에서 上京하다.	3(月) ・國會, 統一憲法을 만들자고 北韓에 제의
	13(木)	4.25	・科學技術處 2千年代 科學技術發展 長期計劃 研究委員會 基盤構築研究班 班長으로 委囑되다.	6(木) ・이스라엘軍, 레바논 撤軍 完了 12(水) ・蘇 無人宇宙船, 金星 着陸
	18(火)	5. 1	・內務部 研修院 主催 民意行政 세미나에서 司會를 보다.	・崔昌洛 韓銀總裁, 中央銀行의 自律性 强調 14(金) ・133個 業種에 대한 外國人 投資 追加 許容(총계 793個 業種)
	23(日)	5. 6	・泰國에서의 會議次 出國하다.	
	25(火)	5. 8	・Bangkok에서 開催된 APDC Workshop에서 '非農業部門'에 대한 研究計劃을 發表하다. ・同 Workshop에서 司會를 보다.	18(火) ・韓·中共, 홍콩서 船舶 충돌사건 損賠 協商 개시 20(木) ・第3次 南北經濟會談 板門店에서 開催
	26(水)	5. 9	・Bangkok市 Railway 골프場에 初行하다. (打點: 93)	22(土) ・韓·北예멘 國交 樹立 ・『스포츠 서울』 創刊
	27(木)	5.10	・泰國에서 歸國하다.	23(日) ・印度 旅客機 空中爆發
7	9(火)	5.22	・內務部 研修院 主催 地方行政研究院 20年 回顧 座談會에서 司會를 보다.	3(水) ・서울 地下鐵 料金, 11.8% 引上 6(土) ・키신저 前 美國務長官, 訪韓
	12(金)	5.25	・大田에 가다. ・大德研究團地에서 科學技術處會議에 參席하다.	8(月) ・소값 繼續 暴落 9(火) ・張保皐 青海鎭 遺蹟地 綜合 發掘
	13(土)	5.26	・大田에서 大邱로 가다. ・德丘會員과 同行하다.	13(土) ・經濟企劃院, 經濟綜合對策 樹立 15(月) ・南北赤十字 實務會談을 板門店에서 開催, 離散家族 및 藝術公演團 交換에 合意
	15(月)	5.28	・大邱에서 德丘溫泉으로 가다. ・德丘會 婦人들과 會同하다.	・保社部, 醫保徵收 標準報酬 月額을 99만원에서 200만원으로 上向 조정
	16(火)	5.29	・雪嶽山으로 가다.	
	17(水)	5.30	・雪嶽山에서 上京하다.	18(木) ・國會議長, 南北國會會談 代表團 임명
	20(土)	6. 3	・內務部 研修院의 現地指導次 大邱에 가다.	19(金) ・釜山地下鐵 開通
	22(月)	6. 5	・大邱市에서 '民意行政'에 대해 講演하다.	22(月) ・서울大 17代 總長 朴奉植 就任
	23(火)	6. 6	・慶北道에서 '民意行政'에 대해 講演하다. ・大邱에서 安東을 訪問 후 店村으로 가다.	23(火) ・南北國會會談 첫 豫備接觸이 板門店서 이루어짐
	24(水)	6. 7	・聞慶郡에서 '民意行政'에 대해 講演하다.	27(土) ・紅島 遊覽船 沈沒, 18名 死亡·失踪
	25(木)	6. 8	・店村에서 上京하다.	29(月) ・普信閣 鐘 完成
	31(水)	6.14	・서울市 課題 (大韓生命保險 建物影響評價)의 部分研究를 完了하다.	

月	日	陰	本人 및 家族事項	社會一般事項
8	1(木)	6.15	・家族 및 次蓮 妻弟 家族과 濟州道에 가다.	10(土) ・颱風 키트 來襲, 人命 10名, 財産 40億원
	5(月)	6.19	・濟州에서 上京하다	被害
	17(土)	7. 2	・內務部 政策諮問委員으로 再委囑되다.	12(月) ・日本, JAL機 墜落으로 520名 死亡
			・妻男 載國, 咸陽朴氏 貴珠양과 結婚하다.	17(土) ・高麗大 醫大, 冷凍精液을 이용한 授精으로
	25(日)	7.10	・正亞 골프場에서 싱글打를치다. (打點: 81)	姙娠된 아기가 國內 처음로 誕生
	27(火)	7.12	・仁川市 九月·延壽地區를 視察하다.	24(土) ・中共 爆擊機 1臺, 裡里市 不時着
	31(土)	7.16	・妻와 同行 牙山郡에 가다.	27(火) ・9次 南北赤十字本會議, 平壤서 開催
9	1(日)	7.17	・牙山에서 上京하다.	2(月) ・榮豊郡 青年 유창식, 結婚 못해 悲觀
			・大韓商工會議所 附設 韓國經濟研究센터	自殺
			研究委員으로 再委囑되다.	3(火) ・政府, 青少年育成法 制定 推進白書 발행
			・大邱大學校 地域社會開發學科 講師로 委囑되다.	9(月) ・運動圈 學生 連繫된 間諜團 19名 檢擧
	3(火)	7.19	・聞慶文化院 '聞慶大觀' 發刊 監修委員으로	12(木) ・民韓黨, 柳致松 總裁 再推戴
			委囑되다.	14(土) ・LA올림픽 陸上4冠王 칼 루이스, 서울
	4(水)	7.20	・內務部 研修院 定住圈開發 研修大會에서 討論을	國際陸上大會 出戰 위해 來韓
			하다.	15(日) ・5회 아시아·太平洋地域 上水道會議
	5(木)	7.21	・同大會에서 司會를 보다.	서울서 開催
	12(木)	7.28	・陽智 골프場에서 싱글打를 치다. (打點: 80)	19(木) ・멕시코에 强震發生, 2萬餘名 死亡
	14(土)	7.30	・店村에 가다.	・嶺·湖南 豪雨, 19名 死亡·失踪
	15(日)	8. 1	・聞慶中學校 同窓會 體育大會에 名譽會長으로	20(金) ・南北故鄕訪問團 交換
			참석하다.	21(土) ・서울과 平壤에서 離散 40年만에 故鄕
			・安東에 가서 安東大學에서 開催된 安東師範學校	訪問團의 血肉相逢 實現
			第8回 同門會 總會에 參席하다.	22(日) ・第1回 公認仲介士 資格試驗 實施
			・店村에서 上京하다.	23(月) ・슐츠 美國務, U.N.總會 演說에서
	18(水)	8. 4	・韓國地方行政研究院 主催 세미나에서	南北韓의 U.N. 同時 加入을 希望
			'環境變化와 地方行政'에 대하여 發表하다.	26(木) ・第14回 世界柔道選手權大會, 서울에서
	30(月)	8.16	・地方經濟研究會 理事로 選任되다.	50個國, 460餘 選手團의 參加로 開幕
			・南城臺골프場에서 切八을 하다. (打點: 79)	30(月) ・古里原電 5號機, 6年 6個月만에 준공
10	1(火)	8.17	・正教授로 승진하다.	1(火) ・33回 世界洋弓選手權大會, 서울에서 開幕
	3(木)	8.19	・第293回次 正亞 골프場 第5홀에서 이글(Eagle)	・全大統領, 37周年 '空軍의 날' 談話에서
			打를 치다. (打點:84)	戰爭抑止力 確保의 必要性 强調
	5(土)	8.21	・大田 漢南大學校에서 '地方自治制'에 대하여	3(木) ・全大統領, 第4317周年 開天節 慶祝式에서
			特講하다.	開國理念으로 統一과 民主 實現을 다짐
	7(月)	8.23	・大統領 國土建設綜合計劃審議會 委員으로	6(日) ・乘用車 休日 高速道路 通行料 2倍 引上
			委囑되다.	7(月) ・颱風 브렌다 來襲, 73名 死亡·失踪,
	8(火)	8.24	・冠岳主婦教室에서 '都市生活'에 대해 講演하다.	160億원 財産 損失
	9(水)	8.25	・光州에 가다.	8(火) ・40次 IMF/IBRD 總會, 서울에서 開催
			・大韓國土計劃學會 및 全南大學校 主催 세미나에서	10(木) ・美國 俳優 율 브린너 死亡
			地方自治와 地域開發分科를 司會하다.	12(土) ・韓國 最初의 試驗管 아기 誕生
			・光州에서 上京하다.	15(火) ・서울市內 택시料金의 距離·時間 併算
	15(火)	9. 2	・馬事 골프場에 初行하다. (打點: 87)	制度를 11월 1일 0시부터 시행키로 함
	18(金)	9. 5	・朴炳柱 教授 回甲宴에 가다.	17(木) ・忠州 댐 竣工
	20(日)	9. 7	・第300回次 골프를 仁川 國際골프場에서 치다.	18(金) ・서울 地下鐵 3·4號線 完全 開通
	24(木)	9.11	(打點: 86)	24(木) ・28回 國際技能올림픽大會서 6連覇 優勝
	25(金)	9.12	・陽智 골프場에서 싱글打를 치다. (打點: 79)	・美 商務省, 韓國産 앨범에 덤핑 輸出 判定
			・地方行政研究所 主催 地方自治模型 세미나에서	30(水) ・家庭破壞犯 5名 死刑 執行
			司會를 하다.	31(木) ・'87學年度 大入學力考査, 9科目으로
	26(土)	9.13	・大邱에 가다.	縮小

月	日	陰	本人 및 家族事項	社會一般事項
10	26(土) 27(日)	9.13 9.14	・韓國地域學會 主催 세미나에서 '都市開發과 情報體系'를 發表하다. ・大邱大學校에서 '土地利用'에 대하여 特講하다. ・大邱에서 上京하다.	
11	8(金) 9(土) 10(日) 16(土) 17(日) 22(金) 23(土) 28(木) 29(金) 30(土)	9.26 9.27 9.28 10. 5 10. 6 10.11 10.12 10.17 10.18 10.19	・光州에 가다. ・大韓國土計劃學會 및 全南大學校 主催 地方自治와 地域開發에 관한 세미나에서 司會를 보다. ・光州에서 上京하다. ・淸州에 가다. ・淸州大學校 主管 廣域淸州圈開發 세미나에서 司會를 보다. ・淸州에서 上京하다. ・妻와 同行 大邱에 가다. ・大邱大學校에서 特講을 하다. ・大邱 東村 K2 飛行場 골프場에 初行하다. (打點: 87) ・大邱에서 上京하다. ・서울市 市政諮問委員으로 委囑되다. ・漢陽大學校 및 京鄕新聞社 主催 地方自治制 세미나에서 討論을 하다. ・서울市 課題 (서울驛舍 人口 影響評價)의 部分研究를 完了하다. ・韓國土地開發公社 課題 (仁川 九月·延壽地區 人口影響評價)의 部分研究를 完了하다. ・日本 視察次 大韓國土計劃學會 訪日團과 같이 出國하다.	1(金) ・保安司, 間諜 16名 檢擧 發表 ・서울 택시, 時間·距離 併算制 實施 3(日) ・韓國 蹴球, 월드컵 蹴球 亞洲 最終 豫選서 日本 누르고 32年만에 本選 進出 8(金) ・忠北 中原郡 上芼面에서 警察學校 起工式 10(日) ・WBC 챔피언 장정구, 멕시코 挑戰者에 判定勝으로 8次 防禦 成功 11(月) ・서울市立大 등 大學生 9名, 民正黨 研修院 占據 籠城 12(火) ・財務部, 上場法人의 海外證券 發行 指針 제정 13(水) ・大田 第2 國立墓地 起工 14(木) ・콜럼비아 델루이스 火山 爆發, 2萬5千餘名 死亡 23(土) ・埃 旅客機 테러團에 被拉, 埃軍 特攻隊의 救出作戰中 乘客 60餘名 死亡 25(月) ・內務部, 交通指導委員 擴大 委囑 26(火) ・金星半導體, 最尖端 半導體인 1메가비트 롬(ROM)을 開發 27(水) ・內務部, 全國 市·道知事 懇談會 開催 30(土) ・1902年 製作 愛國歌 樂譜, 日本서 發見
12	1(日) 2(月) 4(水) 5(木) 6(金) 7(土) 8(日) 14(土) 15(日) 16(月) 17(火) 18(水) 31(火)	10.20 10.21 10.23 10.24 10.25 10.26 10.27 11. 3 11. 4 11. 5 11. 6. 11.7 11.20	・筑波에서 開催된 韓·日 Work Shop에 參席하다. ・東京市 再開發地域을 視察하다. ・日本 東京近郊 國際 골프場에 初行하다. (打點:87) ・東京에서 名古屋으로 가다. ・妻 自動車運轉 免許證을 받다. ・奈良 및 大阪을 視察하다. ・天理 新都市地域을 視察하다. ・日本에서 歸國하다. ・淸州에 가다. ・淸州에서 上京하다. ・建國大學校 行政學科에서 申武浩 博士學位 論文 審査를 完了하다. ・韓國土地開發公社 研鑽會에서 '土開公의 進路'에 대하여 基調講演을 하다. ・同 研鑽會에서 司會를 보다 ・同 研鑽會에서 討論을 하다. ・安養商工會議所 課題(經濟力 水準測定)의 單獨研究를 完了하다. ・經濟企劃院 課題(地方財政制度)의 部分研究를 完了하다. ・科學技術處 課題(長期發展計劃)의 部分研究를 完了하다. ・京畿道 課題(大學村 整備)의 部分研究를 完了하다.	1(日) ・巨濟 大宇造船所에 火災 發生 ・企業 轉換社債 海外發行 許容 ・캐나다, 外國産 신발類에 대한 輸入쿼터 廢止 2(月) ・全南大·全北大生 5名, 光州 美文化院 占據 3(火) ・北韓代表 84名 서울 到着 ・10次 南北赤十字會談 서울서 開幕 9(月) ・美國務部, 韓國에 처음으로 스팅어 미사일 販賣를 暫定 承認 ・內務部, 少女 家長 保護 支援對策 推進 22(日) ・慶尙大 博物館팀, 陜川郡에서 伽倻古墳 發掘, 遺物 1千餘點 發見 23(月) ・釜山 地下鐵 工事場 무너져 人命·建物 被害 發生 26(木) ・建設部, 請約貯蓄金利 年 2% 引上하는 등의 內容으로 住宅建設促進法 施行規則 改定 28(土) ・外來語 表記法 改正案 確定 ・11市 昇格, 郡 管轄區域의 調整, 錦城市 名稱變更(羅州市)에 관한 法律 公布 29(日) ・民正黨·新民黨·國民黨 3黨 代表들, 國會議長 招請으로 議長公館서 送年 모임을 갖고 政局打開를 위한 方案 모색 31(火) ・聞慶郡 麻城-籠岩間 道路 擴張·鋪裝

客說 : 經驗에서 얻은 삶의 眞實

計劃家는 과거를 토대로 현실을 분석하여 미래를 創造한다.

그는 과거에 연연하기에 歷史에 밝아야 하고, 現實에 도전하기에 分析의 힘을 갖추어야 하며, 未來를 지향하기에 靈感을 지녀야 한다. 자연은 변모하고 사회는 복잡해진다. 도시와 농촌은 구조와 속성을 달리하며 급속히 변화하고 있다. 여기에 자연과 인간사회를 조화시키고 時空的 方程式의 적정한 一般解를 구해야 하는 計劃家의 자질과 업무는 보다 높이 요구된다.

計劃家는 내일을 창조하는 오늘의 先驅者다. 그는 科學的 接近을 본연의 자세로 하기에 경망한 預言者와 다르고, 合理的인 目的을 추구의 근본으로 하기에 내일의 포석을 私利에 두는 몰지각한 자본투기자와 다르며, 어떠한 결과를 얻는데 있어 目的達成이란 이름으로 過程과 手段을 犧牲시키는 졸속의 사람과도 다르다.

미래를 추구하는 자는 당시대에는 외롭다. 아니 푸대접을 받기가 일수다. 계획가는 내일을 설계하되 오늘에 살고 있는 생활인의 하나다. 우리는 그로 하여금 당시 사회의 불합리성을 역설하다 毒杯를 마신 소크라테스(Socrates)나, 地動說을 주장하다 재판까지 받아 거짓을 진술해야만 했던 갈릴레이(Galilei)나, 倭人의 침입에 대비한 십만 양병설을 재의하다가 삭탈관직의 白衣로 낙향의 갈에 올라야만 했던 栗谷선생과 같은 생애를 걸어가기를 요구할 수는 없다.

한국의 계획가는 비교적 외롭고 가난하다. 장래 大計를 模索하고 構築하는 사람은 사회로부터 응분의 待遇를 받기에 아직은 미흡한 우리 현실의 가치체제 때문일까? 어두운 作業室에서 부족한 자료를 가지고 미약한 기구를 사용하여 오늘을 분석하고 내일을 계획하고 있다. 재원과 인력은 한정되고 계획 완료의 독촉은 보다 급하다. 따라서 우리의 계획가가 세우는 계획의 방향은 그 과학성을 잃어가기 쉽다.

밝은 내일을 창조한다는 값있는 긍지와 오늘을 참고 이겨가는 崇高한 決意가 우리들 계획가에게 깊이 되새겨질 지어다.

第 3 篇

補職 · 奉仕期

서울大學校 環境大學院의 院長으로 취임한 1986년부터 停年으로 敎授職을 떠난 2002년 8월 말까지의 17年, 200個月, 6,087日間의 日誌가 수록되어 있습니다. 年齡으로는 51歲에서 67歲까지의 期間으로서 壯年 및 老年期에 해당됩니다. 知天命과 耳順의 境地에 이르는 圓熟한 段階의 期間이었습니다.

環境大學院에서 院長과 高位課程 主任敎授를 역임하였고, 大韓國土 · 都市計劃學會 및 韓國地方自治學會의 會長職을 담당하였으며, 政府에서는 韓國地方行政硏究院 院長과 大統領 地方移讓推進委員會 委員長을 위시한 여러 責任 있는 자리를 맡아 그 役割을 다했던 것입니다. 또한 家庭으로는 子女들을 出嫁시키고 住宅을 늘리며 家計를 충실케하는 데도 힘썼으며, 私的인 活動으로 많은 사람을 사귀고 여러 모임에도 열심히 참석하였습니다.

이와 같은 다양하고도 분망한 生活로 인해 한해 한해의 日誌量은 점점 증가하였으며, 이는 敎授停年日까지 변함 없이 지속되어 왔습니다.

○第 51 歲(1986) : 正敎授

○第 52 歲(1987) - 第 55 歲(1990) : 大學院長

○第 56 歲(1991) - 第 57 歲(1992) : 平敎授

○第 58 歲(1993) - 第 59 歲(1994) : 硏究院長

○第 60 歲(1995) - 第 61 歲(1996) : 平敎授

○第 62 歲(1997) - 第 63 歲(1998) : 主任敎授

○第 64 歲(1999) - 第 67 歲(2002) : 平敎授

『水火之災 國有恤典. 行之惟謹
宜於恒典之外 牧自恤之.
凡有災厄 其救焚拯溺
宜如自焚自溺 不可緩也.
思患而預防 又愈於旣災而施恩.』

茶山 丁若鏞(1762~1836), **牧民心書.** 愛民六條 篇

(물이나 불의 재해를 당하면 국가가 구호책을 쓰게 된다. 이를 행함에 오로지 성실로서 하고 시책에서 빠진 것이 있으면 牧者가 마땅히 이를 구제하여야 한다. 무릇 재액이 있으면 물이건 불이건 이를 구하되 자신이 물불 속에 빠진 듯이 해야지 결코 느릿느릿해서는 안 된다. 환난을 미리 생각하여 예방하는 것은 재앙을 만난 뒤에 은혜를 베푸는 것보다 훨씬 낫다.)

다산 정약용(1762 ~ 1836), **목민심서**. 애민6조편

生 涯 日 誌

(1986. 1. 1 - 2002. 8. 31)

第 51 歲 : 1986 (4319) 丙寅年 / 正敎授 - 大學院長

月	日	陰	本人 및 家族事項	社會一般事項
1	5(日) 6(月) 11(土)	11.25 11.26 12. 2	·店村에 가다. ·店村 市昇格 開廳式에 參席하다. ·結婚 20周年을 맞다	1(水) ·店村邑, 市로 昇格, 初代 市長 李源植 就任 ·九里·平澤·果川·安山·三陟·公州·大川·溫陽·麗川·尙州·店村邑, 市로 昇格 13(月) ·大入論述考査, 첫 實施 28(火) ·美 宇宙船 첼린저號, 空中爆發로 8名 死亡 31(金) ·레바논駐在 都在承 2等書記官 被拉
2	1(土) 2(日) 5(水) 15(土) 16(日) 21(土) 26(木)	12.23 12.24 12.27 1. 7 1. 8 1.13 1.18	·環境大學院 附設 環境計劃研究所 地域開發研究室 主任敎授로 委囑되다. ·環境大學院 敎授陣 慶州에 가다. ·慶州에서 上京하다. ·環境大學院 師恩會에 參席하다. ·大韓國土計劃學會 總會에서 第9代 會長으로 選出되고 就任人事를 하다. ·淸州市에서 開催된 判官公派 門中會議에 參席하다. ·大韓國土計劃學會 會長團 會議를 主宰하다. ·環境大學院 卒業式에 參席하다. ·大韓國土計劃學會 常任理事會를 主宰하다.	12(水) ·新民黨·民推協, 1千餘名 改憲 署名運動 始作 20(木) ·中共, 47번째로 아시아開發銀行 加入 24(月) ·反덤핑 國際規約에 加入 25(火) ·마르코스 필리핀 大統領 死亡 26(水) ·필리핀 大統領에 코라손 아키노 女史 就任
3	14(金) 18(火) 20(木) 21(金) 27(木) 31(月)	2. 5 2. 9 2.11 2.12 2.18 2.22	·科學技術處 2千年代 科學技術發展 長期計劃 樹立 委員會委員겸 作業責任者로 委囑되다. ·大韓國土計劃學會 理事會를 主宰하다. ·大韓國土計劃學會 弦汀 國土開發賞 基金管理 委員會를 主宰하다. ·大韓國土計劃學會 編輯委員會 新·舊 委員과 會食하다. ·內務部 研修院 主催 敎官大會에서 司會를 보다. ·産業技術振興協會 및 科學技術團體總聯合會 主催 Technopolis 建設에 관한 세미나에서 討論을 하다. ·韓仁 골프場에서 싱글打를 치다.(打點:78) ·大韓國土計劃學會 編輯委員會에 參席하다.	3(月) ·環境廳, 103個 業所 操業停止命令, 120個 業所 告發 4(火) ·서울 高法, 未婚 職場女性의 停年을 55歲로 간주 7(金) ·李敏雨 總裁·金泳三 顧問·金大中 議長, 難局打開 6個項 제시 8(土) ·35代 聞慶 郡守 金丙郁 就任 ·第1回 冬季아시안 게임 日本 札幌에서 폐막 13(木) ·崔銀姬·申相玉 夫婦 北韓 脫出 26(水) ·土開公 前職者 親睦會 '土友會' 創立, 初代 會長 柳根昌 選出 31(月) ·政府, 5市 28郡에 土地去來 申告制 擴大 實施
4	4(金) 6(日) 7(月) 17(木) 18(金) 22(火) 30(水)	2.26 2.28 2.29 3. 9 3.10 3.14 3.22	·韓國地方行政研究院 主催 地方行政發展에 관한 세미나에서 司會와 討論을 하다. ·店村에 가다. ·聞慶郡 麻城面 所在 金 汎 墓所에 自作 碑文의 碑石을 建立하다. ·店村市 都市基本計劃 公聽會에 參席하여 討論하다. ·店村에서 上京하다. ·韓國土地開發公社 理事陣 大田으로 出張가다. ·大田에서 上京하다 ·大韓國土計劃學會 編輯委員會에 參席하다. ·敎育改革審議會 主催 敎育環境 세미나에 參席하여 討論하다. ·文敎部 課題(敎材開發)의 部分研究를 完了하다.	1(水) ·相互出資禁止 및 企業投資制限措置 施行 2(木) ·證券市場, 證市 처음으로 綜合株價指數가 200線 돌파 4(金) ·KBS-TV 視聽料 拒否運動 擴散 5(土) ·全大統領, 유럽 4個國 巡訪次 出國 7(月) ·北韓, 金日成 主宰 最高人民會議 개막 8(火) ·民政·新民·國民 3黨代表 會同, 憲法特委 構成問題 등 政治懸案 논의 10(木) ·月南 李商在 先生의 銅像 제막 15(火) ·美國, 리비아 爆擊 26(土) ·蘇 체르노빌 原電事故 發生 28(月) ·서울大生 2名 焚身 自殺

1986

月	日	陰	本人 및 家族事項	社會一般事項
5	1(木)	3.23	· 日本 東京大學校 Kawakami 教授가 來韓하여 大韓國土計劃學會와 協議하다.	2(金) · 대처 英國首相 訪韓
	2(金)	3.24	· 全州에 가다.	3(土) · 新民黨 改憲推進 仁川大會로 激烈示威 事態 發生
	3(土)	3.25	· 大韓國土計劃學會 및 全北大學校 主催 全州市 開發 세미나에서 會長의 開會辭를 하다.	4(日) · 西方 7個國 頂上會談, 東京서 開催
	4(日)	3.26	· 全州에서 上京하다	6(火) · 天主教 正義具現 司祭團 民主化 위한 時局聲明書 발표
	8(木)	3.30	· 大韓國土計劃學會 會長團 會議를 主宰하다.	8(木) · 방콕, 500年 이래 最大 洪水 발생
	9(金)	4. 1	· 南서울 골프場에서 싱글打를 치다.(打點:81)	9(金) · 曹溪宗 僧侶 152名 時局 宣言
	11(日)	4. 3	· 環境大學院 野遊會를 安養 樹木園으로 가다.	12(月) · 멀로니 캐나다 首相 訪韓
	16(金)	4. 8	· 橫城 飛行場 골프場에 初行하다.(打點:88)	13(火) · 換率 100엔當 550원 突破
			· 골프 親睦會 '穎江會'를 結成하고 會員이 되다.	15(木) · 憲政制度 研究委員會, 40名 會員으로 구성·발족
	18(日)	4.10	· Syed博士, APDC 研究 協議次 來韓하여 面談하다.	16(金) · 聞慶 親舊 골프 모임 '穎江會' 發足
			· 東서울 골프場에 초행하다.(打點:87)	17(土) · 中共과 臺灣, 역사적인 첫 協商을 가짐
	23(金)	4.15	· 大韓國土計劃學會 常任理事會를 主宰하다.	19(月) · 高麗大生, 前方 入所 拒否
	27(火)	4.19	· 龍山 美8軍 골프場에 初行하다.(打點:83)	20(火) · 서울大生 李東洙, 焚身 自殺
	30(金)	4.22	· 韓國土地開發公社 理事陣 湖南地域으로 出張을 가다.	23(金) · 警察, 民統聯 議長 文益煥 牧師 구속
			· 光州 訪問後 順天으로 가다.	26(月) · 올림픽公園 完工
			· 順天市에서 '順天의 來日'에 대해 特講하다.	27(火) · 金泳三 顧問과 金大中 議長, 國會 內의 憲法特委 구성에 응하기로 合意
	31(土)	4.23	· 順天에서 光陽으로 가다.	31(土) · 初·中·高校 教師 350名, 教育自律化 決議
			· 韓國土地開發公社 課題(陽洞地區 入口影響評價)의 部分 研究를 完了하다.	
6	1(日)	4.24	· 光陽에서 上京하다.	2(月) · 教授聯合, 時局宣言文 發表
	5(木)	4.28	· 中央大學校 行政學科에서 金基玉 博士學位 論文의 最終審査를 하다.	· 古里原子力發電所 5,6號機 竣工(發電容量 各 95萬 KW)
			· 韓國都市開發公社 課題(驛三洞 複合施設 影響評價)의 部分 研究를 完了하다.	4(水) · 治安本部, 公職者 子女의 秘密課外와 관련된 市長·銀行幹部 6명을 摘發, 關係機關에 名單 통보
	12(木)	5. 6	· 南城臺 골프場에서 싱글打를 치다.(打點:79)	5(木) · 美 下院 外交委, '韓國의 民主化를 위한 決議案'과 '北韓의 人權改善 促求 및 韓半島 緊張緩和 決議案'을 채택
	14(土)	5. 8	· 韓仁 골프場에서 싱글打를 치다.(打點:79)	8(日) · 발트하임, 오스트리아 大統領에 當選
	19(木)	5.13	· 建設部 中央都市計劃委員會 委員으로 委囑되다.	10(火) · 콜림바 중앙아프리카 大統領 訪韓
			· 漢陽大學校 行政學科에서 河在鳩 博士學位 論文을 最終審査하다.	18(水) · 濠洲, 白濠主義 抛棄 宣言
	20(金)	5.14	· 大韓國土計劃學會 理事會를 主宰하다.	21(土) · 民主黨·新民黨, 國會 憲法改正 特別委員會 構成 合意
	23(月)	5.17	· 南城臺에서 싱글打를 치다.(打點:77)	23(月) · 盧泰愚 民政黨 代表委員, 黨職者 會議에서 直選制는 나라를 망치고 극심한 社會混亂을 유발한다는 見解를 밝힘
	24(火)	5.18	· 中央都市計劃委員會 會議에 參席하다.	25(水) · 李光耀 싱가포르 首相 訪韓
	28(土)	5.22	· 環心會의 顧問으로 推戴되다.	28(土) · 金安濟 教授 研究室 출신 助教모임 '環心會' 結成
	30(月)	5.24	· 內務部 研修院 및 獨逸開發基金財團 主催의 國際 세미나 開會式에 參席하다.	29(日) · 民政黨 盧泰愚 大統領 候補, 政治發展 構想案 發表 (6.29 宣言)
			· 科學技術處 課題(技術開發 實踐計劃)의 部分 研究를 完了하다.	
			· 店村市 茅田洞 61-12의 垈地 72坪을 同壻 金英世와 共同으로 구입하다.	
7	4(金)	5.28	· 韓國地域學會·江原大學校·春川市 主催 春川圈 開發 세미나에 參席하여 司會를 보다.	1(火) · 301個 品目 輸入 自由化 (自由化率 : 91%)
	10(木)	6. 4	· 南城臺에서 싱글打를 치다.(打點:79)	· 金泳三 新民黨 顧問, 時局收拾 위해 大統領 등 5者會談 제의
	18(金)	6.12	· 大韓國土計劃學會 編輯委員會에 參席하다.	2(水) · 富川 性拷問 事件에 항의하는 示威 發生

月	日	陰	本人 및 家族事項	社會一般事項
7	19(土)	6.13	·韓瑛煥·劉鍾海 教授와 同行 順天에 가다. ·金基玉 市長과 相逢하다.	7(月) ·政府, 地方自治 公聽會 시작 11(金) ·美國, 優待金利 年 8%로 引下
	20(日)	6.14	·順天에서 上京하다.	12(土) ·自動車, 建設重裝備, 織物 등 6개 업종을 產業合理化 對象業種으로 選定
	23(水)	6.19	·聞友會에 加入하다.	
	27(日)	6.21	·第400回次 골프를 로얄 골프場에서 치다. (打點:89)	14(月) ·北濟州郡 朝天邑에서 先史時代 遺物 500점 출토
	29(火)	6.23	·中央都市計劃委員會에 參席하다.	21(月) ·韓·美 通商協商 一括妥結
	30(水)	6.24	·內務部 研修院의 現地指導次 春川에 가다 ·江原道廳에서 '地方公務員의 姿勢'에 대해 特講하다. ·春川에서 江陵으로 가다.	26(土) ·上溪洞, 撤去反對 學生 籠城 27(日) ·第1次 公認勞務士 資格試驗 實施 30(水) ·高敞郡 舟律川에서 김 採取船 전복, 21名 死亡
	31(木)	6.25	·江陵市廳에서 '地方公務員의 姿勢'에 대해 特講하다. ·江陵에서 上京하다.	·日本政府, 文部相 妄言과 관련 遺憾 表明
8	4(月)	6.29	·韓國土地開發公社 理事陣 濟州道로 출장가다.	1(金) ·多者間 纖維協定 5個年 延長 합의
	5(火)	6.30	·濟州 我羅 골프場에 初行하다.(打點:89)	4(月) ·獨立記念館 火災 發生
	6(水)	7. 1	·濟州 吾羅 골프場에서 싱글打를 치다.(打點:81) ·濟州에서 上京하다.	9(土) ·聞慶中學校 同窓會 在釜山 同門會 創立 (會長:玄洛中)
	11(月)	7. 6	·古州 盧隆熙 教授 回甲紀念論文集 發刊 準備 委員會를 結成하고 委員이 되다.	14(木) ·瑞眞 룸살롱 集團殺人事件 發生 17(日) ·孫基禎 1936년 優勝 副賞品 그리스 青銅 투구, 50年만에 回收
	16(土)	7.11	·水原 골프場에서 싱글打를 치다.(打點:81)	
	21(木)	7.16	·金京玫君, 第11代 助教로 入室하다.	21(木) ·國立中央博物館, 舊 中央廳 建物로 移轉·開館
	27(木)	7.22	·大韓國土計劃學會 會長團 會議를 主宰하다. ·大韓國土計劃學會 創立 30周年 紀念事業準備 委員會를 主宰하다.	22(金) ·全敬煥 새마을運動中央本部 會長, 辭表 提出하고 渡美 26(火) ·大幅 改閣 단행
9	5(金)	8. 2	·中央都市計劃委員會에 參席하다.	1(月) ·輸入 양담배 販賣 始作
	7(日)	8. 4	·韓國地方行政研究院 研究諮問委員으로 委囑되다. ·韓國土地開發公社 釜山支社로 出張가다.	·政府·與黨, 88년 1월부터 실시할 國民福祉 增進對策을 발표
	8(月)	8. 5	·釜山 골프場에 初行하다.(打點:87)	4(木) ·安企部, 서울大學校 李炳高 등 間諜 7명 檢擧 發表
	9(火)	8. 6	·經濟企劃院 山地開發政策研究作業團 團員으로 委囑되다. ·通度寺 골프場에 初行하다.(打點:88)	7(日) ·僧侶 2천여명, 海印寺서 示威 8(月) ·三星 半導體通信, 最尖端 半導體인 256KD램 開發 성공
	10(水)	8. 7	·釜山에서 上京하다. ·內務部 政策諮問委員으로 再委囑되다.	10(水) ·漢江綜合開發 完工
	12(金)	8. 9	·Malaysia에서의 會議 參席次 出國하다.	11(木) ·湖南高速道路 4次線 開通
	15(月)	8.12	·Kuala Lumpur에서 開催된 APCD	14(日) ·金浦空港, 爆彈 爆發事故 發生
	16(火)	8.13	會議에서 "Nonfarm Sector"에 대해 發表하다.	16(火) ·6次 經濟社會發展5個年計劃 發表 20(土) ·나카소네 日本首相 訪韓
	18(木)	8.15	·Genting Highland 所在 Iwahi 골프場에 初行하다.(打點:94)	·10회 아시안 게임, 서울서 開幕 22(月) ·EC와 COMECON (東歐經濟 相互援助會議) 會談 개시
	20(土)	8.17	·Malaysia에서 歸國하다.	·不實企業 28개 整理
	25(木)	8.22	·大韓國土計劃學會 創立 30周年 準備委員會를 主宰하다.	25(木) ·建設部, 牙山灣에 國內 最大 港口 建設 決定
	26(金)	8.23	·勞動部 技術資格制度 審議委員會 諮問委員으로 再委囑되다.	·政府, 87년도 豫算案 15조 5,818억원을 발표
	29(月)	8.26	·漢洞國民學校 姉母會에서 '都市와 教育環境'에 대하여 特講하다. ·大韓國土計劃學會 常任理事會를 主宰하다.	30(火) ·內務部, 地方議會議員選擧法案을 확정
	30(火)	8.27	·科學技術處 課題 (研究團地 造成)의 部分 研究를 完了하다.	

月	日	陰	本人 및 家族事項	社會一般事項
10	1(水)	8.28	·陽地 골프場에서 싱글打를 치다.(打點:79) ·茂庭 金壽鶴 先生 回甲紀念論文集 發刊準備委員會 委員長으로 推戴되다.	5(日) ·아시안 게임 폐막 (中共 1위, 韓國 2위, 日本 3위 獲得) 6(月) ·三星電子 문태원 研究員, 世界 最初 超小型 4mm VTR 개발
	3(金)	8.30	·陰城郡 甘谷面 舟川里 소재 金元弼 墓所에 自作 碑文의 碑石을 建立하다.	10(金) ·엘살바도르에 强震 發生, 900餘名 死亡
	8(木)	9. 5	·災害問題研究院 諮問委員으로 推戴되다. ·城南 曉園大學校에서 開催된 都市關聯學科 學術大會에 參席하여 大韓國土計劃學會 會長의 激勵辭를 하다.	14(火) ·國會 本會議, 新民黨 유성환 議員의 '國是는 反共보다 統一'등의 發言으로 混亂 惹起 15(水) ·聞慶文化院, 『聞慶大觀』發刊
	14(木)	9.11	·大韓國土計劃學會 創立 30周年 準備委員會를 主宰하다.	20(月) ·北韓·蘇聯, 軍事合同訓鍊 實施 22(水) ·金日成·고르바초프, 모스크바에서 頂上會談 가짐
	17(金)	9.14	·韓國地方行政研究院 主催 세미나에서 '地域開發의 機能과 組織'에 대하여 發表하다.	24(金) ·中共 MIG기 1대 歸順
	21(火)	9.18	·國土開發研究院 및 APDC 主催의 Rural-URBAN Integration 세미나에서 討論하다.	28(火) ·建國大, 籠城事態 發生 30(木) ·李圭孝 建設長官, 北韓의 金剛山 水電 댐 建設은 下流地域의 安全을 威脅하는 것으로 工事 中止를 촉구
	24(金)	9.21	·中央都市計劃委員會 小委員會에 參席하다.	
	28(火)	9.25	·韓國土地開發公社 理事陣 江原道에 出張가다.	31(金) ·文敎部, 仁川大에 休校令 발동
	30(木)	9.27	·雪嶽山에서 上京하다.	·AIDS 病源體, 內國人에게서 첫 檢出
	31(金)	9.28	·都市計劃 半世紀에 관한 環境大學院 主催 세미나에 參席하여 討論하다.	
11	1(土)	9.29	·文敎部 金剛山 댐 建設 대비 學術研究 發表推進協議會를 結成하고 幹事로 선임되다. ·大韓國土計劃學會 會長團 會議를 主宰하다.	1(土) ·光州市, 直轄市로 昇格 ·松汀邑, 市로 昇格 ·'學生의 날' 맞아 13개 大學의 3천餘名 學生 示威
	5(水)	10. 4	·環境大學院 第4代 院長으로 發令받다. ·公用車 서울1가 3902와 尹佑晟 技士가 배정되다.	4(火) ·외잘 터키 首相 訪韓
	6(木)	10. 5	·最初로 學長會議에 參席하여 新任人事를 하다. ·內務部 研修院 主催 研修大會에 參席하여 討論하다.	·美 民主黨, 中間選擧에서 共和黨에 壓勝 5(水) ·서울大 環境大學院 第4代 院長 金安濟 就任
	7(金)	10. 6	·大韓國土計劃學會 세미나에서 會長 開會辭를 하다.	·美 海軍艦艇, 中共 建國 이래 처음 靑島灣에 기항
	8(土)	10. 7	·環境大學院 院長 就任式을 갖고 就任辭를 하다.	·金大中 民推協 共同議長, 大統領 直選制 改憲을 전제로 大統領選擧에 不出馬 한다고 선언
	11(火)	10.10	·서울大學校 總長 招請 環境大學院 新·舊院長 歡迎·歡送會에 參席하다.	
	12(水)	10.11	·大韓國土計劃學會 30周年 準備委員會를 主宰하다. ·自家用乘用車 技士 金西善君 退任하고 후일 韓國土地開發公社에 就業시키다.	6(木) ·李基白 國防長官, 北韓의 金剛山 댐 工事 中止를 促求하고 自衛策講究 聲明을 발표 ·美國이 레바논 人質 釋放을 위해 이란에 武器를 極秘로 供給했다고 폭로됨
	13(木)	10.12	·學長會議에 參席하다.	7(金) ·美 商務省, 韓國産 컬러 TV 덤핑率을 平均 1.91%로 最終 판정
	14(金)	10.13	·中央都市計劃委員會에 參席하다. ·大韓國土計劃學會 常任理事會를 主宰하다.	·勞動部, 서勞聯·仁勞聯 등 14個團體를
	16(日)	10.15	·第一골프場에 初行하다.(打點:85)	不法不純 勞動團體로 규정하여 解散
	19(水)	10.18	·韓國地方行政研究院 地方行政40年史 編輯委員會 委員으로 委囑되다.	命令을 내림 12(水) ·警察, 民統聯 事務室 閉鎖
	20(木)	10.19	·環境大學院 敎授會議를 主宰하다. ·서울大學校 學長會議에 參席하다.	14(金) ·蘇 프라우다紙, 階級鬪爭에서 暴力을 排除해야 한다고 主張
	24(月)	10.23	·大韓國土計劃學會 顧問團會議를 主宰하다.	17(月) ·金日成 被擊 死亡說 流布
	27(木)	10.26	·環境大學院 敎授會議를 主宰하다. ·서울大學校 學長會議에 參席하다.	25(火) ·文敎部, 大入制度 改善案 發表 ·文敎部, 大入制度 改革
	28(金)	10.27	·17個 學術團體 共同主催 金剛山댐 影響 세미나에서 司會를 보고 綜合 및 建議를 發表하다.	28(金) ·警察, 5만 兵力 투입하여 檢問檢索 實施 ·李圭孝 建設長官, 南北韓 水資源會談 開催를 提議 29(土) ·서울改憲大會, 警察 封鎖로 못 열음

1986

月	日	陰	本人 및 家族事項	社會一般事項
12	1(月)	10.30	·大韓國土計劃學會 會長團 會議를 主宰하다.	1(月) ·全國 儒林 5千餘名, 國會議事堂 앞에서 同姓同本 結婚을 許容하는 家族法 改正案을 반대하는 示威
	4(木)	11. 3	·內務部 研修院 研修大會에서 地域開發 方向에 대해 基調講演을 하다. ·서울大學校 學長會議와 人事委員會에 參席하다.	2(火) ·國會, 民正黨 단독으로 豫算案 처리
	5(金)	11. 4	·內務部 研修院 研修大會에서 司會를 보다.	3(水) ·新民黨, 전면 場外鬪爭 宣言 ·世界 33번째로 南極條約 加入
	8(月)	11. 7	·大韓國土計劃學會 學術賞審査委員會에 參席하다.	
	11(木)	11.10	·서울大學校 學長會議에 參席하다.	5(金) ·金星半導體(株), 國內 처음으로 256KS램 開發
	12(金)	11.11	·環境大學院 教授會議를 主宰하다.	
	15(月)	11.14	·平和의 댐 建設支援 汎國民推進委員會 委員으로 委囑되다.	6(土) ·金堤 金山寺 本堂인 大寂光殿 전소 11(木) ·‘平和의 댐’ 建設 汎國民推進委員會 結成 (委員長·鄭壽昌)
	18(木)	11.17	·서울大學校 學長會議와 大學院委員會에 參席하다.	12(金) ·서울 地下鐵 料金 17.7% 引上
	19(金)	11.18	·大韓國土計劃學會 常任理事會를 主宰하다.	16(火) ·금년 時局關聯 拘束者, 84년의 62倍인 3,400명으로 集計
	24(水)	11.23	·서울大學校 學長會議에 參席하다. ·서울大學校 學長 夫婦 送年會에 參席하다.	17(水) ·11월말 收支黑字 40億달러로 집계
	26(金)	11.25	·環境大學院 教授會議를 主宰하다.	23(火) ·許文道 統一院長官, 北韓에 대해 中斷된 南北對話의 呼應을 촉구
	30(火)	11.29	·科學技術處 課題(特化産業開發)의 單獨 研究를 完了하다. ·韓國土地開發公社 課題(開發事業 評價)의 單獨 研究를 完了하다.	24(水) ·李敏雨 新民黨 總裁, 內閣制 改憲協商에 肯定的으로 檢討하고 先行條件으로 地方自治制 實施와 言論自由 등 7個項을 제시
	31(木)	12. 1	·서울大學校 終務式에 參席하다. ·서울大學校 學長會議에 參席하다. ·經濟企劃院 課題(山地開發)의 部分 研究를 完了하다.	26(金) ·서울地法, 瑞眞 룸살롱 殺人事件 4명에게 死刑 선고 29(月) ·北韓, 國家主席에 金日成, 새 總理에 李根模 선임 30(火) ·日本, 87년 豫算中 防衛費가 GNP의 1%를 넘어섬

第 52 歲 : 1987 (4320) 丁卯年 / 大學院長

月	日	陰	本人 및 家族事項	社會一般事項
1	1(木)	12. 2	·環境大學院 新年交禮會에서 新年辭를 하다. ·號俸體系의 調整에 따라 4號俸에서 29號俸이 되다.	1(木) ·農水産部, 山林廳을 흡수하여 農林水産部로 개칭 ·OPEC, 油價 公示制 도입
	5(月)	12. 6	·서울大學校 始務式에 參席하다.	2(金) ·中共, 첫 國産 核潛水艦 配置
	7(水)	12. 8	·大韓國土計劃學會 弦汀基金管理委員會를 主宰하다.	7(水) ·英國 케임브리지 天文研究所, 最古 恒星(144억 光年) 發見
	8(木)	12. 9	·서울大學校 學長會議에 參席하다.	14(水) ·서울大生 朴鍾哲, 警察 拷問으로 致死
	10(土)	12.11	·環境大學院 教授會議를 主宰하다.	15(木) ·北韓 金萬鐵 一家 11명, 鐵船으로 北韓 탈출
	19(月)	12.20	·大韓國土計劃學會 會長團會議를 主宰하다.	
	20(火)	12.21	·서울大學校 入學査定委員會에 參席하다.	16(金) ·中共 總書記 胡耀邦 辭任
	21(水)	12.22	·大韓國土計劃學會 會長團會議를 主宰하다.	21(水) ·후세인 이라크大統領, 이란에 平和協商 제의
	22(木)	12.23	·環境大學院 教授夫婦 워커힐에서 會食하다.	
	23(金)	12.24	·서울大學校 入學査定委員會에 參席하다.	25(日) ·西獨 總選 實施, 콜 總理 再執權
	24(土)	12.25	·서울大學教 入學査定委員會에 參席하다.	26(月) ·아프리카 8개 産油國, 아프리카 石油 生産國協會(APPA) 창설
	26(月)	12.27	·環境大學院 教授會議를 主宰하다.	
	27(火)	12.28	·民主正義黨 主催 憲法과 民主發展에 관한 세미나에서 討論하다.	27(火) ·蘇 고르바초프 書記長, 黨幹部 競選制 제안 ·美國, 蒙古와 修交

月	日	陰	本人 및 家族事項	社會一般事項
2	3(火)	1. 6	· 서울大學校 大學院委員會에 參席하다.	1(日) · 政府, 韓方醫療保險 全國 擴大 實施
	9(月)	1.12	· 大韓國土計劃學會 學術賞審査委員會를 主管하다.	2(月) · 필리핀, 新憲法 國民投票 통과
	11(水)	1.14	· 大韓國土計劃學會 會長團會議를 主宰하다. · 同 理事會를 主宰하다.	3(火) · 火星蝕이 일어남
	12(木)	1.15	· 環境大學院 人事委員會를 主宰하다.	5(木) · 다우존스 産業平均指數, 史上 최초로 2,000을 초과
	13(金)	1.16	· 東爀, 城南高等學校를 卒業하다. · 貞娥, 文昌女子中學校를 卒業하다.	6(金) · 日本에 반출됐던 朝鮮 中期(1620) 舍利塔이 60년만에 歸還
	14(土)	1.17	· 韓國造景學會 總會에 參席하여 祝辭를 하다.	8(日) · 北韓 脫出 金萬鐵 一家, 日本에서 서울 到着
	16(月)	1.19	· 서울大學校 大學院委員會와 學長會議에 參席하다.	10(火) · 建設部, 多世帶住宅의 建築基準을 강화하는 방향으로 住宅建設促進法 施行令을 개정하는 案을 마련
	18(水)	1.21	· 힐튼 호텔에서 環境大學院 敎授 懇談會를 主宰하다. · 環境大學院 師恩會에 參席하여 院長 人事를 하다.	11(水) · 코라손 아키노 女史, 필리핀 大統領에 취임
	19(木)	1.22	· 溫陽에 가다. · 서울大學校 補職者協議會에 參席하다.	18(水) · 海運 5個社에 施設運營資金 2兆34億원의 金融支援
	20(金)	1.23	· 溫陽에서 上京하다.	20(金) · 國民黨 李萬燮 總裁, 제임스 릴리 駐韓 美大使와 오찬을 함께 하며 改憲政局 등에 관해 意見交換 · 新民黨, 朴鍾哲 拷問殺人事件에 대한 最終調査 報告書를 발표
	25(水)	1.28	· 서울大學校 大學人事委員會에 參席하다.	22(日) · 美國 · 日本 · 西獨 · 英國 · 프랑스 · 캐나다, 달러 下落 防止協約에 대해 合意
	26(木)	1.29	· 環境大學院 人事委員會와 敎授會議를 主宰하다. · 서울大學校 卒業式에 參席하다. · 環境大學院 卒業式에서 院長 致辭를 하다. · 中央都市計劃委員會에 參席하다.	23(月) · 國民黨 全黨大會 개최, 李萬燮 總裁 再選出
	27(金)	1.30	· 環境大學院 入學式에서 院長 致辭를 하다.	28(土) · 『平和의 댐』 起工
	28(土)	2. 1	· 大韓國土計劃學會 總會에서 會長 人事를 하다. · 서울市立大學校 課題(서울地下鐵 入口影響 評價)의 部分 研究를 完了하다.	
3	1(日)	2. 2	· 德坪 골프場에 初行하다.(打點:92) · 漢陽大學校 行政學科 博士課程 講師로 委囑되다.	2(月) · 第3世代黨 創黨 (總裁:韓英洙)
	2(月)	2. 3	· 서울大學校 入學式에 參席하다.	4(水) · 美國 레이건大統領, 이란 - 콘트라 스켄들 잘못 是認
	4(水)	2. 5	· 서울大學校 總長으로부터 大學發展基金 贊助件으로 感謝狀을 받다. · 土友會에 平生會員으로 加入하다.	5(木) · 政府, 住宅購入資金 貸出의 對象 住宅을 新築 後 5年 以內에서 10年 以內로 大幅 擴大하는 내용의 韓國住宅銀行法 施行令을 개정 · 建設部, 土地去來申告地域의 申告價格 下限線을 標準地價의 80%水準으로 설정
	5(木)	2. 6	· 서울大學校 學長會議에 參席하다.	6(金) · 에콰도르 北東部에서 地震 · 洪水가 발생하여 300명 이상의 死亡者를 냄
	6(金)	2. 7	· 中央都市計劃委員會에 參席하다.	7(土) · 北韓軍 劉천수 下士 귀순
	8(日)	2. 9	· 柳일선君의 結婚 主禮를 보다.	11(水) · 忠南 洪城 龍鳳寺서 國內 最古 磨崖佛像 發見
	9(月)	2.10	· 새마을運動 城南研修院 社會指導者班에 入校하다.	12(木) · 政府 · 民正黨, 國營業體 停年을 年次的으로 3~5년 延長키로 합의 · 政府, 필리핀 등 各國 大使 更迭
	12(木)	2.13	· 同 研修院에서 分任討議 代表로 發表하다.	13(金) · 非同盟國 66個國 代表, 外債償還 不能 宣言
	13(金)	2.14	· 同 研修院을 修了하다. · 中央都市計劃委員會에 參席하다.	16(月) · 農漁村 負債 輕減措置에 대한 聲明을 발표
	15(日)	2.16	· 李錫光 主任의 結婚 主禮를 보다 · 大韓商工會議所 附設 韓國經濟研究센터 課題(地方潛在力과 地方産業 開發)의 單獨 研究 冊子가 發刊되다.	18(水) · 아키노 필리핀 大統領, 土地改革案 승인
	16(月)	2.17	· 內務部 研修院과 獨逸科學財團 主管의 國際會議에서 '地方自治와 住民意識'에 관한 基調論文을 發表하다.	20(金) · 保社部, AIDS 豫防法案 確定 · 1日 株式去來量, 史上 처음 1億株 突破
	19(木)	2.20	· 서울大學校 大學人事委員會와 學長會議에 參席하다. · 永登浦 로타리 클럽에서 '國土開發과 都市管理'를 特講하다.	23(月) · 國史館 開館

1987

月	日	陰	本人 및 家族事項	社會一般事項
3	20(金)	2.21	・地方行政研究所 主催 세미나에서 '地域經濟와 地方自治'에 대해 基調演說을 하다.	28(土) ・建設部, 分讓價 自律化 範圍를 확대하는 내용의 再開發事業 施行指針을 제정
	24(火)	2.25	・大韓國土計劃學會 會長團會議 및 常任理事會를 主宰하다.	30(月) ・北韓, 우리 측 提案에 대해 總理會談을 위한 豫備會談부터 열어 軍事問題부터 論議하자는 答申을 보내옴
	25(水)	2.26	・서울大學校 期成會 理事會에 參席하다.	
	26(木)	2.27	・서울大學敎 學長會議에 參席하다.	
4	1(水)	3. 4	・韓國土地開發公社에서 '目標意識과 組織活性化'를 講演하다.	1(水) ・韓國專賣公社 發足 ・企劃院, 總資産 4천億원 以上 33大 그룹, 511個社의 系列間 相互出資禁止 지정 發表
	2(木)	3. 5	・서울大學校 學長會議와 大學院委員會에 參席하다.	2(木) ・美, '87년도 對韓一般特惠關稅(GSP) 대폭 縮小 ・忠南 禮山郡 古德面에서 270년 전 미라 5구 發見
	3(金)	3. 6	・서울大學校 緊急學長會議에 參席하다.	8(水) ・新民黨 金大中・金泳三 등 主流議員 74명, 脫黨하여 分黨 宣言
	4(土)	3. 7	・韓・日 都市學會 共同 세미나 開會式에서 會長 開會辭를 하다.	10(金) ・警察, 金大中議長의 自宅 봉쇄하고 外部人의 出入을 遮斷하며 金議長의 政治關與 活動을 禁止시킴
	8(水)	3.11	・環境大學院 敎授會議를 主宰하다.	13(月) ・현행 憲法에 따른 政治日程을 골자로 한 全大統領 特別談話 發表
	10(金)	3.13	・環境大學院 敎授會議를 主宰하다. ・中央都市計劃委員會에 參席하다.	19(日) ・美國, 日本 半導體 輸入品에 대한 報復關稅 3億달러 賦課
	11(土)	3.14	・店村에 妻와 同行하여 가다.	20(月) ・77그룹 閣僚會議, 쿠바 아바나에서 開幕
	12(日)	3.15	・店村市 孔坪 梨谷 소재 부모님 墓所에 黃元鉉 支援으로 床石과 築石을 세우다.	21(火) ・政府, 農漁家 負債輕減 對策에 따른 私債代替用 融資金 放出
	13(月)	3.16	・店村 市長으로부터 '店村市民의 노래' 作詞에 대한 賞狀과 賞金을 받다. ・同 상금 30萬원을 3個 老人會에 기증하다.	23(木) ・統一民主黨의 創黨發起人 김용오 議員을 有價證券 變造 嫌疑로 구속
	14(火)	3.17	・店村市民 體育大會 開幕式에서 祝辭를 하다. ・店村에서 上京하다.	24(金) ・言論活性化方案을 具體的으로 論議할 言論集團 內 協議機構가 9명의 實務委員으로 구성
	16(木)	3.19	・서울大學校 大學人事委員會와 學長會議에 參加하다. ・京畿道 知事로부터 地方都市計劃委員 長期勤續에 대한 感謝牌를 받다.	30(木) ・美下院, 綜合貿易法案 통과
	22(水)	3.25	・大韓國土計劃學會 30周年 準備委員會를 主宰하다.	
	23(木)	3.26	・서울大學校 學長議會에 參席하다.	
	26(日)	3.29	・載淑 妻弟, 慶州金氏 保均君과 結婚하다.	
	29(水)	4. 2	・環境大學院 敎授會議를 主宰하다.	
	30(木)	4. 3	・서울大學校 學長會議와 大學院委員會에 參席하다.	
5	2(土)	4. 5	・서울大學校 緊急學長會議에 參席하다.	1(金) ・店村市, '店村市民의 노래' 制定・公布 ・統一民主黨 創黨, 總裁 金泳三 選出 ・蘇, 私企業法 發效
	5(火)	4. 8	・第一골프場에서 싱글打를 치다.(打點:76)	2(土) ・서울大 敎授 127명, 時局宣言 ・民衆民主黨, 新民黨으로의 吸收合黨을 위해 黨 解體를 결의
	7(木)	4.10	・國土開發研究院 및 韓國住宅銀行 主催 住宅政策 세미나에서 司會를 보다. ・서울大學校 大學人事委員會와 學長會議에 參席하다.	7(木) ・光陽製鐵 1基 設備 竣工
	9(土)	4.12	・韓允熙君의 結婚 主禮를 보다.	8(금) ・民主黨 所屬 67명 議員들, 4・13 改憲留保措置 철회 建議案을 國會에 제출
	10(日)	4.13	・文廷鎬君의 結婚 主禮를 보다.	9(土) ・폴란드 旅客機, 바르샤바에서 墜落, 183명 死亡
	12(火)	4.15	・大韓國土計劃學會 常任理事會를 主宰하다.	10(日) ・섬머・타임制 實施
	14(木)	4.17	・서울大學校 學長會議에 參席하다.	11(月) ・필리핀, 1972년 戒嚴令 선포 이후 最初의 上・下院 總選 實施 ・心臟移殖手術後 18年間 生存한 엠마누엘 비트리아, 67歲로 사망
	17(日)	4.20	・安東師範學校 第8回 同期會 總會를 워커힐에서 갖다.	16(土) ・曹溪宗 僧侶 751명, 時局宣言
	21(木)	4.24	・內務部에서 '地域經濟와 地方行政'에 대해 特講하다. ・서울大學校 學長會議에 參席하다.	
	23(土)	4.26	・妻와 같이 忠南 瑞山에 가다. ・現代그룹 鄭周永 會長과 食事하고 餘興을 갖다.	

月	日	陰	本人 및 家族事項	社會 一般 事項
5	24(日) 25(月) 26(火) 28(木) 29(金)	4.27 4.28 4.29 5. 1 5. 2	· 韓南大學校 主催 세미나에서 '西海岸 時代와 臨海工業都市'에 대해 發表하다. · 瑞山에서 泰安을 거쳐 上京하다. · 韓國土地開發公社 理事로 再任命되다. · 光州市와의 協議次 다녀오다. · 서울大學校 臨時學長會議에 參席하다. · 內務部 硏修院 附設 地方行政硏究所 主催 세미나에 參席하여 討論하다. · 서울大學校 學長會議에 參席하다. · 中央都市計劃委員會에 參席하다. · 環境大學院 同窓會 總會에서 院長 祝辭를 하다.	17(日) · 이라크 미사일 2機, 페르시아灣에서 美國 艦艇을 명중시켜 美海軍 37명 사망 18(月) · 대처 英國 首相, 議會 解散 21(木) · 16回 全國少年體典, 釜山서 開幕 26(火) · 李漢基 國務總理 任命 등 改閣 단행 27(水) · 서울大, 東盟休業 · 民主黨, 宗敎界, 民衆協, 勞動界 등 在野 團體, '民主憲法爭取 國民運動本部'를 결성 28(木) · 西獨 靑年 루스트, 세스나 輕飛行機로 모스크바에 착륙 30(土) · 18個 女性團體, KBS 視聽料 拒否 決議
6	1(月) 3(水) 4(木) 8(月) 11(木) 12(金) 14(日) 17(水) 19(金) 22(月) 23(火) 24(水) 25(木) 26(金) 28(日) 29(月)	5. 5 5. 7 5. 8 5.12 5.15 5.16 5.18 5.21 5.23 5.26 5.27 5.28 5.29 6. 1 6. 3 6. 4	· 環境大學院 主催 프랑스 都市學者 招請講演會에서 開會辭를 하다. · 環境大學院 人事委員會를 主宰하다. · 科學技術處에서 '科學産業 硏究開發團地'에 대해 特講하다. · 서울大學校 學長會議에 參席하다. · 大韓國土計劃學會 會長團會議를 主宰하다. · 서울大學校 學長會議에 參席하다. · 韓國銀行 硏修院에서 '地方經濟와 地方自治'를 特講하다. · 李鼎九 은사님 回甲宴 및 書藝展에 參席하다. · 李敦雨君의 結婚主禮를 보다. · 第500回次 골프를 韓仁 골프場에서 치다. (打點:83) · 安養經營人聯合會에서 '地方自治와 地方經濟人'을 特講하다. · 環境大學院 敎授會議를 主宰하다. · 서울大學校 臨時學長會議에 參席하다. · 國土開發硏究院 諮問委員으로 再委囑되다. · 골드골프場에 初行하다.(打點:75) · 서울大學校 學長會議에 參席하다. · 環境大學院 敎授會議를 主宰하다. · 靑瓦臺 科學技術振興會議에 參席하다. · 韓國海外開發公社에서 海外旅行 目的의 一般 敎育을 반다. · 골드 골프場에서 싱글打를 치다.(打點:81) · 在京 聞慶·店村鄕友會 發起總會에서 副會長으로 選出되다. · 德坪 골프場에서 싱글打를 치다.(打點:81) · 大韓國土計劃學會 訪日團會議를 主宰하다.	6(土) · 서울 29個 大學 1,500여 大學生, 高麗大에서 示威 · 中共·蒙古, 國境協定 체결 8(月) · 우 산 유 버마大統領 訪韓 · 서방 7個國 頂上會談 이탈리아 베네치아에서 開幕 10(水) · 民正黨, 大統領 候補로 盧泰愚 推戴 15(月) · 中共, 80個 商品 輸入제한 發表 · 美國 리처드 노틴과 西獨 칼린 로세티, 單一엔진 프로펠러 飛行機로 史上 처음 6만1천km의 地球一周 飛行에 성공 16(火) · 文敎部, 서울敎大 休業令 발동 · 全國 17,400餘名, 街頭 示威 19(金) · 國會議員 同友會, 緊急會長團會議를 열고 '時局收拾을 위한 勸告文'을 채택 발표 22(月) · 全大統領, 尹·崔 前大統領과 時局收拾 協議 23(火) · 全南 靈光에 原電 7·8號機 竣工 (용량 190萬 KW) 26(金) · 在京 聞慶·店村 鄕友會 總會, 金學浩 會長 選出 · '民主憲法爭取 國民平和大行進'이 서울을 위시한 37個 市·郡에서 實施 시도 29(月) · 盧泰愚 民正黨 代表, 大統領 直選制 改憲 등 政治改革 宣言 (6·29宣言) · 金泳三 總裁 및 金大中 議長, 盧泰愚 代表의 特別宣言에 대해 歡迎의 뜻을 표함 30(火) · 金泳三 民主黨 總裁, 大統領을 위시한 各界 代表가 모여 '國民 和解의 날'을 만들자고 提議
7	3(金) 4(土) 5(日) 6(月)	6. 8 6. 9 6.10 6.11	· 中央都市計劃委員會에 參席하다. · 美國에서 온 南鴻 博士夫婦와 會食하다. · 臨時學長會議에 參席하다. · 서울大學校 補職敎授 淸平 發電所를 視察하다. · 大韓國土計劃學會 訪日團 出國하다. · 福岡縣 知事 招請 晩餐에서 答辭하다. · 北九州市 市長 招請宴會에서 答辭하다.	1(水) · 國立公園管理工團 發足 2(木) · 盧泰愚 代表委員, 民主黨舍를 방문하여 金泳三 總裁와 처음으로 公式會同을 가짐 6(月) · 바이츠제커 西獨 大統領, 蘇聯 訪問 7(火) · 올리버 노스 中領, 美國 議會 이란·콘트라 委員會에서 6日間의 證言 시작

月	日	陰	本人 및 家族事項	社會一般事項
7	9(木)	6.14	·大分縣 심포지엄에서 結論 人事를 하다. ·大分縣 知事 招請宴會에서 答辭하다.	8(水) ·'87 夏季 유니버시아드, 유고 자그레브에서 開幕
	10(日)	6.15	·長崎縣 知事 招請宴會에서 答辭하다.	9(木) ·金大中 등 2,335名 赦免復權
	11(土)	6.16	·唐津市長 招請宴會에서 答辭하다.	10(金) ·全大統領, 民正黨 總裁職 辭退 宣言
	13(月)	6.18	·東京 都民 골프場에 初行하다.(打點:86)	·金鍾泌 前共和黨 總裁, 次期 大統領 選擧에 出馬할 뜻을 강력히 示唆
	15(水)	6.20	·日本서 歸國하다.	
	21(火)	6.26	·韓國土地開發公社 理事陣 출장을 떠나 大邱에 到着하다.	12(日) ·콜 西獨 總理, 中共 訪問 13(月) ·金貞烈 國務總理 任命 등 改閣
	22(水)	6.27	·大邱에서 釜山으로 가다.	14(火) ·第4次 南北體育會談 開幕
	23(木)	6.28	·釜山에서 馬山으로 가다. ·昌原 골프場에 初行하다.(打點:89)	15(水) ·颱風 셀마號 상륙, 被害 막심 ·自由中國, 38년만에 戒嚴令 解除
	24(金)	6.29	·馬山에서 光州로 가다.	20(月) ·中部地域에 暴雨, 137명 死亡, 500億원 被害
	25(土)	6.30	·大韓國土計劃學會와 光州市 主催의 세미나에서 '光州發展의 方向과 戰略'에 대해 基調演說을 하다.	25(土) ·主要企業, 勞使紛糾 始作 27(日) ·炭素鋼 4倍의 超强度 金屬 開發, 美國에서 特許取得
	26(日)	6. 1	·光州에서 上京하다.	
	29(水)	6. 4	·環境大學院 人事委員會를 主宰하다.	·파나마, 總罷業
	31(金)	6. 6	·水原 골프場에서 싱글打를 치다.(打點:80) ·大韓國土計劃學會 常任理事會를 主宰하다. ·韓國貿易協會 課題 (綜合貿易센터 入口影響評價)의 部分 硏究를 完了하다.	·全大統領, 災難克服을 위한 特別談話를 발표 31(金) ·사우디 아라비아 메카서 이란 參拜客에 發砲, 200名 死傷
8	3(月)	6. 9	·中央都市計劃委員會 小委員會에 參席하다.	3(月) ·民正黨, 大統領中心 直選制 黨改憲案을 최종확정
	7(金)	6.13	·서울大學校 學長會議 座談會에 參席하여 朴奉植 總長의 辭意를 듣다.	5(水) ·盧泰愚 代表, 民正黨 總裁 就任
	8(土)	6.14	·陽智 골프場에서 싱글打를 치다.(打點:79)	6(木) ·任哲淳議員, 信用金庫 事件으로 民正黨 政策委 議長職 辭任
	12(水)	6.18	·朴奉植 總長이 主宰한 最終 學長會議에 參席하다.	9(日) ·淨岩鑛業所 鑛員 1,200餘名, 籠城 示威
	14(金)	6.20	·店村에 가다.	10(月) ·大宇·三星·金星社 등 39업체, 勞使紛糾 發生
	15(土)	6.21	·聞慶中學校 同窓會 體育大會에 名譽會長으로 參席하다.	·民正黨, 言論基本法을 폐지하고 刊行의 自律性과 放送의 共營性을 강화하는 새로운 法律을 마련
	18(火)	6.24	·第31回 行政高等考試 第2次 試驗委員으로 委囑되다.	
	21(金)	6.27	·科學技術團體總聯合會 主催 Pacific Science Congress에서 司會를 보다.	·다우존스 産業指數, 最初로 2,600突破 12(水) ·버스·택시 罷業擴散, 11個都市 交通마비
	25(火)	7. 2	·韓國科學技術團體總聯合會 科學技術政策硏究 委員會 委員으로 委囑되다. ·趙完圭 總長 就任式에 參席하다. ·浦項에 가다.	13(木) ·서울大 第18大 總長 趙完圭 就任 15(土) ·獨立紀念館 開館 17(月) ·勞動者 示威, 全國 擴散 18(火) ·公演倫理委, 禁止歌謠 186曲 解禁
	26(木)	7. 3	·浦項商工會議所와 韓國地方行政硏究院 主催 浦項開發戰略 세미나에서 司會를 보다.	19(水) ·全國 95個大學 4千餘名, 忠南大서 全國大學生 代表協議會 (全大協) 結成大會 22(土) ·韓國空港, 罷業
	27(木)	7. 4	·浦項에서 上京하다.	24(月) ·6·29 宣言후 勞使紛糾 1,700件中 1,200件 타결
	28(金)	7. 5	·中央都市計劃委員會에 參席하다. ·大韓國土計劃學會 訪日團 解團會食을 갖다.	27(木) ·國務總理, 特別談話를 통해 左傾容共 勢力에 대한 斷乎한 剔抉意志를 천명
	29(土)	7. 6	·環境大學院 敎授會議를 主宰하다. ·環境大學院 卒業式에서 致辭하다. ·金壽鶴 先生 回甲紀念論文集 獻呈式에서 論文集을 獻呈하고 發刊委員長 人事를 하다.	28(金) ·釜山, 택시 全面罷業 29(土) ·大田 五大洋 女社長 등 32명, 龍仁工場서 同伴自殺 屍體로 發見
	31(月)	7. 8	·서울大學校 趙完圭 總長 主宰의 最初 學長 會議에 參席하다. ·서울大學校 停年敎授 退任式에 參席하다. ·서울大學校 大學人事委員會에 參席하다.	30(日) ·兪鎭午 博士 사망

1987

月	日	陰	本人 및 家族事項	社會一般事項
9	3(木)	7.11	・서울大學校 學長會議에 參席하다.	1(火) ・文公部, 映畫 시나리오 檢閱 폐지 ・서울, 택시 1萬여대 파업
	10(木)	7.18	・서울大學校 學長會議와 大學人事委員會에 參席하다. ・서울大公園 慰樂施設地區 놀이동산 造成事業 諮問委員에 委囑되다.	2(水) ・구스타프 스웨덴 國王 訪韓 7(月) ・호네커 東獨 書記長, 西獨 訪問 8(火) ・바르코 콜럼비아 大統領 訪韓
	14(月)	7.22	・서울大學校 臨時學長會議에 參席하다.	10(木) ・第13次 世界法律家大會에서 北韓의 金剛山 댐 建設과 관련한 決議文을 채택
	17(木)	7.25	・서울大學校 學長會議에 參席하다. ・漢陽大學校 環境科學大學院에서 '地方自治와 空間・環境計劃家'를 特講하다.	13(日) ・盧泰愚 民正黨 總裁, 訪美次 出國 ・政府, 美國 生命保險會社의 韓國內 合作 進出 許容
	18(金)	7.26	・陽智 골프場에서 싱글打를 치다.(打點:81) ・盧隆熙教授 回甲論文集 獻呈式에서 結果報告를 하고 論文集을 獻呈하다. ・大韓國土計劃學會 30周年 準備委員會에 參席하다.	19(土) ・美・蘇, 中・短距離核 전면 폐지 합의 25(金) ・文教部, 大學自律化 實踐計劃 發表 ・부탄과 修交 合議 28(月) ・金鍾泌, 政界 復歸 宣言
	21(月)	7.29	・서울大學校 臨時學長會議에 參席하다. ・內務部 政策諮問委員으로 再委囑되다.	・大統領中心 直選制의 與・野 合意 改憲案이 國會에서 發意, 政府內 移送
	24(木)	8. 2	・서울大學校 學長會議에 參席하다.	29(火) ・國內電話, 1천만回線 突破
	25(金)	8. 3	・中央都市計劃委員會에 參席하다.	・民主黨의 金泳三 總裁와 金大中 顧問, 大統領 候補 單一化協商을 벌였으나 결렬
	28(月)	8. 6	・서울大學校 臨時學長會議에 參席하다.	
	30(水)	8. 8	・環境大學院 教授會議를 主宰하다. ・서울大學校 臨時學長會議에 參席하다. ・李圭孝 建設部長官 招請 金壽鶴 先生 回甲論文集 獻呈式에서 獻呈辭를 朗讀하다.	30(水) ・國民黨 議員 6명, 新黨 參與 위해 脫黨 宣言
10	1(木)	8. 9	・始興郡 始興郡誌 編纂委員會 編輯委員으로 委囑되다.	12(月) ・國會, 憲法 改正案 가결 13(火) ・68回 全國體典, 光州서 開幕
	2(金)	8.10	・陽智 골프場에서 싱글打를 치다.(打點:79) ・大韓國土計劃學會 會長團會議를 主宰하다.	・코스타리카 아리아스 大統領 노벨 平和賞 수상
	13(火)	8.21	・서울大學校 大學人事委員會와 臨時學長會議에 參席하다.	16(金) ・油價 平均 10.2% 引下 19(月) ・政府, 出版 活性化 조치로 禁書 431종 解除
	14(水)	8.22	・서울大學校 開校紀念式에 參席하다.	・美國, 이란에 대한 보복 爆擊
	17(土)	8.25	・大韓國土計劃學會 定期學術發表會에서 開會人事를 하다.	27(火) ・大統領 直選 中心의 憲法 改正案에 대한 國民投票 實施
	21(水)	8.29	・環境大學院 教授會議를 主宰하다.	
	22(木)	8.30	・서울大學校 學長會議에 參席하다.	29(木) ・改正 憲法 公布
	23(金)	9. 1	・韓國地方行政研究院 主催 地方財政力 세미나에서 討論을 하다.	・金大中系 議員 22명, 統一民主黨 脫黨, 分黨 宣言
	24(土)	9. 2	・中部 골프場에 初行하다.(打點:86)	30(金) ・新民主共和黨 創黨, 總裁 및 大統領 候補로 金鍾泌 推戴
	28(水)	9. 6	・서울市立大學校 主催 國際 세미나에 參席하다.	
	29(木)	9. 7	・엄춘흠君의 結婚 主禮를 보다. ・서울大學校 學長會議에 參席하다.	31(土) ・都在承 2等 書記官, 被拉 21個月만에 釋放
11	2(月)	9.11	・環境大學院 學生 自治會 發隊式에 參席하여 祝辭를 하다.	1(日) ・'73.10.10 解體된 海兵隊 재창설 2(月) ・自由中國, 離散家族 訪問위해 中共訪問을 合法化
	3(火)	9.12	・뉴서울 골프場에 初行하다.(打點:87)	
	5(木)	9.14	・서울大學校 大學院委員會와 會長會議에 參席하다.	6(金) ・日本 새 首相에 竹下登 就任
	7(土)	9.16	・中央都市計劃委員會에 參席하다.	9(月) ・統一民主黨, 總裁 및 大統領 候補로 金泳三 推戴
	9(月)	9.18	・內務部 研修院에서 '地域經濟와 地方財政'을 特講하다.	・85년 人口 및 住宅 센서스에서 우리 나라 總人口는 4,044萬 8,486名으로 世界 23位로 집계됨
	11(水)	9.20	・서울市立大學校에서 '地方自治와 空間計劃家'를 特講하다.	10(火) ・英國 앤 공주 訪韓
	12(木)	9.21	・서울大學校 學長會議에 參席하다.	11(水) ・韓國 纖維類, 연간 輸出 100億달러 突破 (伊・西獨 이어 世界 3位)
	18(水)	9.27	・環境大學院 教授會議를 主宰하다.	

月	日	陰	本人 및 家族事項	社會一般事項
11	19(木)	9.28	·서울大學校 學長會議에 參席하다. ·北岳 라이온스 클럽에서 '地方自治와 市民意識'을 講演하다.	12(木) ·平和民主黨 創黨, 總裁 및 大統領 候補로 金大中 推戴 14(土) ·金泳三 民主黨總裁, 群衆들의 소란으로 光州 遊說 중단
	21(土)	10. 1	·中央大學校 主催 세미나에서 '地域開發의 方向과 政策'을 發表하다.	16(月) ·洛東江 下口뚝 2,400m 竣工
	26(木)	10. 6	·서울大學校 大學人事委員會와 大學院委員會 및 學長會議에 參席하다. ·서울大學校 機關長 夫婦 總長 公館에서 會食을 하다.	19(木) ·李秉喆 三星會長 死亡 29(日) ·KAL機, 버마 상공서 空中 爆發 115명 死亡 ·필리핀, 최악의 颱風으로 650여명 死亡· 失踪
	27(金)	10. 7	·濟州에 가다.	
	28(土)	10. 8	·地方行政硏究所와 Hans-Seidel 財團 主催의 農村開發 세미나에서 司會를 보다.	30(月) ·서울大 博物館팀, 襄陽郡에서 대형 黑曜石을 國內 처음으로 發掘
	29(日)	10. 9	·濟州에서 上京하다.	
12	1(火)	10.11	·環境大學院 同窓會에 參席하여 人事를 하다.	2(水) ·民正·民主·平民·共和黨, 국내 처음 TV 통한 選擧遊說對決 벌림
	2(水)	10.12	·大韓國土計劃學會 會長團會議를 主宰하다. ·環心會 夫婦 同伴으로 送年會를 갖다.	3(木) ·中部高速道路 開通
	3(木)	10.13	·서울大學校 學長會議에 參席하다.	4(金) ·유럽 經濟共同體 12個國 頂上, 코펜하겐에서 會談 개최
	4(金)	10.14	·大韓國土計劃學會 顧問團會議를 主宰하고 會食하다.	7(月) ·고르바초프 蘇聯 書記長 美國 訪問
	5(土)	10.15	·嶺南大學校 行政學科에서 臺灣人 蔡學義君 博士學位論文 審査를 完了하다.	8(火) ·建設部, 地域經濟圈 開發計劃 發表 ·美·蘇 頂上會談 開催
	7(月)	10.17	·建國大學校 行政學科에서 方京植 博士學位論文을 審査委員長으로 最終 審査하다.	9(水) ·美·蘇 首腦, 核미사일 廢棄協定 조인 ·韓國의 油公 등 4個會社, 北예멘의 油田送油管 및 生産施設 工事 준공
	8(火)	10.18	·環境大學院 人事委員會를 主宰하다.	
	10(木)	10.20	·서울大學校 大學院委員會와 學長會議에 參席하다. ·安東師範學校 同窓會 忘年會에 參席하다.	10(木) ·盧泰愚 候補의 群山·全州 遊說場에서 暴力사태 發生 100여명 부상 ·科技處, 제1회 韓國科學賞 受賞者 發表
	11(金)	10.21	·中央都市計劃委員會에 參席하다.	14(月) ·아세안 頂上會談, 마닐라에서 開幕
	15(火)	10.25	·學術振興財團 課題 (都市交通施設의 計劃 및 設計指針)의 責任 硏究를 完了하다. ·環境大學院 師恩會에서 院長人事를 하다.	15(火) ·KAL機 爆破 嫌疑者 마유미 신이치, 바레인에서 서울로 압송 16(水) ·大統領 直選 實施
	17(木)	10.27	·서울大學校 大學人事委員會와 學長會議에 參席하다.	·南極科學基地 建設팀, 起工式 거행 17(木) ·盧泰愚 大統領 當選者, 與·野와 各界 專門家들로 '民主和合推進本部'를 設置하겠다고 언급
	18(金)	10.28	·環境大學院 敎授會議를 主宰하다.	
	21(月)	11.1	·弘益大學校 主催 漢江邊 整備計劃 發表會에서 討論하다. ·서울大學校 臨時學長會議에 參席하다.	18(金) ·中央選管委, 13代 大統領 當選者로 盧泰愚 候補를 確定·公告
	23(水)	11.3	·京畿道 主催 세미나에서 基調講演을 하다.	19(土) ·아랍人 居住地區 東예루살렘에서 反 이스라엘 暴動 發生
	24(木)	11.4	·서울大學校 學長會議에 參席하다. ·大韓國土計劃學會 會長團會議를 主宰하다.	20(日) ·필리핀 旅客船 도나파르號 沈沒, 1,500여명 以上 死亡
	28(月)	11.8	·서울大學校 機關長 夫婦 送年會에 參席하여 司會를 보다.	21(月) ·요르단의 후세인 國王, 모스크바 訪問
	29(火)	11.9	·地方行政硏究所와 Hans-Seidel 財團 主催의 硏鑽會에서 司會를 보다. ·行硏會 夫婦 送年會를 갖다.	23(水) ·企劃院, 韓國 姓氏 274個로 集計·發表 29(火) ·蘇 宇宙船, 地球 軌道 宇宙停車場에서 326일 滯留 後 最長記錄 세우고 地球로 歸還
	31(木)	11.11	·서울大學校 終務式에 參席하다. ·韓國土地開發公社 送年 파티에 參席하고 노래 審査를 하다. ·安養商工會議所 課題 (首都圈 整備計劃)의 單獨 硏究를 完了하다.	·統一院, GNP 對比 韓國은 北韓보다 5.5倍라고 발표 31(木) ·商工部, '87년 輸出총액 471億달러로 집계

第 53 歲 : 1988 (4321) 戊辰年 / 大學院長

月	日	陰	本人 및 家族事項	社會一般事項
1	1(金) 4(月) 7(木) 8(金) 11(月) 14(木) 15(金) 18(月) 19(火) 20(水) 21(木) 22(金) 26(火) 28(木) 29(金) 31(日)	11.12 11.15 11.18 11.19 11.22 11.25 11.26 11.29 12. 1 12. 2 12. 3 12. 4 12. 8 12.10 12.11 12.13	·環境大學院 新年交禮會에서 新年 人事를 하다. ·俸給 30號俸으로 昇給하다. ·서울大學校 入試査定委員會에 參席하다. ·韓國科學技術團體 總聯合會의 盧泰愚 大統領 當選者 招請 朝餐會에 參席하다. ·大韓國土計劃學會 弦汀賞 基金管理委員會를 主宰하다. ·建設經濟新聞 座談會에 參席하다. ·서울大學校 入試査定委員會에 參席하다. ·大韓國土計劃學會 學術賞審査委員會를 主宰하다. ·大韓國土計劃學會 弦汀賞 基金管理委員會를 主宰하다. ·서울大學校 大學人事委員會와 大學院委員會에 參席하다. ·大韓國土計劃學會 弦汀賞 基金管理委員會를 主宰하다. ·서울大學校 大學院入試管理委員會에 參席하다. ·서울大學校 大學院委員會와 臨時學長會議에 參席하다. ·大邱에 가다. ·大韓國土計劃學會 및 Hans-Seidel 財團 主催 세미나에서 會長 開會辭를 하다. ·同 세미나에서 閉會辭를 하다. ·大邱에서 上京하다. ·서울大學校 學長會議와 大學人事委員會에 參席하다. ·大韓國土計劃學會 會長團會議를 主宰하다. ·大韓國土計劃學會 弦汀賞 基金管理委員會를 主宰하다. ·大韓國土計劃學會 弦汀賞 基金管理委員會를 主宰하다. ·서울大學校 大學院入試査定委員會에 參席하다. ·서울大學校 大學出版部 理事會에 參席하다. ·大韓國土計劃學會 理事會를 主宰하다. ·釜山에 가다.	1(金) ·光州直轄市, 松汀市 및 光山郡을 編入하여 行政區域 擴張·改編 5(火) ·韓·美 通商會談 開催 7(木) ·호네커 東獨國家 評議會 議長, 프랑스 訪問 9(土) ·美國 담배에 有毒 殺蟲劑 발견 10(日) ·中國, 遼東半島를 對外經濟開放地區로 설정 11(月) ·民主和合推進委員會 發足 13(水) ·臺灣 蔣經國總統 死亡 ·韓·美·日, 北韓政策 긴밀 協議 14(木) ·建設部, 高速國道 路線指定令 개정 ·文敎部, 새 맞춤법 및 標準語 規程을 88.3.1부터 施行한다고 발표 15(金) ·女子 洋弓팀, 5回 아시안컵 大會에서 優勝 ·金賢姬(日名:마유미), KAL機 爆破 자백 16(土) ·大檢察廳, 朴鍾哲 拷問致死 은폐 操作 事件과 관련 姜玟昌 前治安本部長 구속 18(月) ·中共 旅客機, 重慶 부근 上空에서 추락 108명 死亡 20(水) ·美國, KAL機 爆破事件과 관련 北韓을 國際的 테러 國家로 규정하고 對北韓 制裁措置 발표 25(月) ·第6次 經濟開發計劃 全面 修正 ·레이건 美大統領, 議會에 中距離 核 미사일(INF) 廢棄協定 등의 承認 촉구 26(火) ·鐵道博物館 개관 ·共産圈과 貿易事務所 交換 開設키로 함 ·世界保健機構, 88.1.12현재 世界 AIDS 患者는 130個國에 7萬 5,392名이라고 밝힘 27(水) ·中·蘇 및 東歐와 觀光交流 추진 ·서울에 헝가리 貿易事務所 설치 29(金) ·88 世界 주니어 氷上選手權大會, 泰陵서 開幕 ·美國, 韓國 GSP 除外 확정 30(土) ·作家 朴花城 死亡 ·性拷問 文警長 裁判 회부 ·野圈 3黨, 5共和國 疑惑 再搜査 촉구
2	1(月) 2(火) 3(水) 4(木) 5(金) 6(土) 9(火) 10(水)	12.14 12.15 12.16 12.17 12.18 12.19 12.22 12.23	·釜山市 都市計劃을 視察하다. ·釜山에서 上京하다. ·서울大學校 冠岳 캠퍼스 學長團 懇談會에 參席하다. ·妻와 同行 群山에 가다. ·群山商工會議所 主催 群山開發 세미나에서 司會를 보다. ·群山에서 上京하다. ·建設部 政策諮問委員으로 委囑되다. ·韓國土地開發公社에서 '公企業'을 講演하다.	3(水) ·憲法 改定 公布 8(月) ·金泳三, 總裁職 辭退 10(水) ·民主黨·平民黨, 單一化 推進委員會 構成 12(金) ·交通部, 金湖 그룹에 第2 民間航空 認可 13(土) ·大韓國土計劃學會 10代 會長에 朱鍾元 被選 15(月) ·藝術의 殿堂, 音樂館 및 書藝館 開館 16(火) ·土地去來許可制의 發效 17(水) ·2代 店村 市長 金丙郁 就任 ·36代 聞慶 郡守 黃仁星 就任

1988

月	日	陰	本人 및 家族事項	社會一般事項
2	11(木) 13(土) 16(火) 20(土) 21(日) 23(火) 26(金) 27(土)	12.24 12.26 12.29 1. 3 1. 4 1. 6 1. 9 1.10	・서울大學校 學長會議와 大學院委員會에 參席하다. ・大韓國土計劃學會 總會에서 會長 人事를 하다. ・同 總會에서 會長 離任에 따른 離任辭를 하다. ・同 學會 理事로 選任되다. ・永登浦女子高等學校에서 擧行된 黃基春 恩師任停年退任式에서 祝辭를 하다. ・플라자 골프場에서 싱글打를 치다.(打點:79) ・플라자 골프場에서 싱글打를 치다.(打點:78) ・서울大學校 臨時學長會議에 參席하다. ・韓國科學技術團體總聯合會로부터 感謝牌를 받다. ・環境大學院 卒業式에서 院長 致辭를 하다. ・環境大學院 教授會議를 主宰하다. ・環境大學院 入學式에서 院長 致辭를 하다. ・서울大學校 大學人事委員會에 參席하다.	17(水) ・한겨레 民主黨 創黨 ・南極에 世宗科學基地 竣工, 懸板式 擧行 ・타이・라오스, 休戰協定 調印 22(月) ・保社部, 國內 첫 AIDS 患者 發生 發表 25(木) ・새 憲法 發表 ・13代 大統領 盧泰愚 就任 ・第6共和國 出帆 27(土) ・政府, 7,234名 赦免・復權 ・이라크 空軍機, 이란 最大의 精油所 爆擊 ・蘇聯 民族主義者 길기로 衝突 발생 28(日) ・靑瓦臺 앞길 通行 許容 ・5월1일부터 쇠고기 輸入하기로 결정
3	1(火) 2(水) 3(木) 5(土) 7(月) 9(水) 10(木) 12(土) 13(日) 15(火) 17(木) 24(木) 25(金) 26(土) 28(月) 31(木)	1.13 1.14 1.15 1.17 1.19 1.21 1.22 1.24 1.25 1.27 1.29 2. 7 2. 8 2. 9 2.11 2.14	・內務部 研修院 指導教授로 再委囑되다. ・서울大學校 入學式에 參席하다. ・貞娥 祥明女子高等學校에 入學하다. ・서울大學校 學長會議에 參席하다. ・金善泰君의 結婚 主禮를 보다. ・서울大學校 趙完圭 總長 回甲宴에 參席하고 學長團 代表로 祝辭하다. ・環境大學院 教授會議를 主宰하다. ・서울大學校 學長會議와 大學院委員會에 參席하다. ・研究團地 調査次 光州에 가다. ・光州 골프場에서 싱글打를 치다.(打點:78) ・光州에서 上京하다. ・서울大學校 臨時學長會議에 參席하다. ・서울大學校 大學人事委員會와 學長會議에 參席하다. ・서울大學校 學長會議와 大學院委員會에 參席하다. ・木浦에 가다. ・木浦市 主催 西海岸時代와 木浦發展 세미나에서 討論하다. ・木浦에서 上京하다. ・서울大學校 臨時學長會議에 參席하다. ・大韓航空 社內大學에서 '自然과 環境'에 대하여 特講하다. ・서울大學校 學長會議에 參席하다. ・仁川市 課題 (上水道事業 經營體制)의 部分 研究를 完了하다.	1(火) ・盧大統領, 靑瓦臺 開放 첫 손님으로 罹患者들 초청 4(金) ・盧大統領, 總・學長任命을 大學推薦에 의해 任命토록 指示 5(土) ・티베트, 獨立要求 反中國 示威 發生, 流血暴動으로 擴大 ・蘇聯, 私企業 奬勵法案 마련 6(日) ・배기태 選手, 世界 氷上 選手權大會에서 金메달 획득 8(火) ・國會, 地方自治法 改正 議決 9(水) ・地方自治制 등 6개法案 國會 통과 15(火) ・印度, 全域에서 反政府 罷業 突入 ・헝가리 市民, 大規模 民主化 示威 發生 17(木) ・金大中, 平民黨 總裁職 辭退 宣言 19(土) ・고르바초프 蘇聯共産黨書記長, '武器 없는 世界'를 위한 「新 베오그라드」宣言을 발표 ・經濟企劃院, 經濟法令 中 法律 140件, 各種 規制 1,013件을 民間 爲主로 정비 20(日) ・大檢, 새마을 非理 全面搜査 21(月) ・檢察, 全敬煥 前새마을會長 調査 着手 23(水) ・政府, 西海岸地域開發推進委員會 設置 24(木) ・英國 로열 발레단 世宗文化會館서 '白鳥의 湖水' 공연 25(金) ・財務部, 個人 海外投資 100萬弗까지 허용 31(木) ・全敬煥, 橫領・脫稅로 拘束
4	1(金) 2(土) 5(火) 6(水) 7(木) 8(金)	2.15 2.16 2.19 2.20 2.21 2.22	・中央都市計劃委員會에 參席하다. ・골드 골프場에서 싱글打를 치다.(打點:81) ・全州를 거쳐 한가실 開發豫定地를 視察하다. ・全州에서 上京하다. ・서울大學校 大學人事委員會와 學長會議에 參席하다. ・李賢宰 國務總理를 招請한 서울大學校 總學長 晩餐에 參席하다. ・仁川商工會議所 主催 '西海岸時代와 仁川' 세미나에서 司會를 보다. ・韓國科學技術團體總聯合會의 理事로 委囑되다.	1(金) ・80個 開發途上國家 참가하여 貿易 特惠 협약 2(土) ・外務部, '89.1.1부터 海外觀光 旅行者의 年齡制限 철폐키로 결정 6(水) ・地方自治 實施를 골자로 한 地方自治法 개정 8(金) ・慶南 義昌에서 三國時代 遺物 69點 발굴 9(土) ・中共, 韓國과 直接交易을 公式的으로 추진

月	日	陰	本人 및 家族事項	社會一般事項
4	10(月)	2.24	· 第600回次 골프를 골드 골프場에서 치다.(打點:86)	9(土) · 中共, 韓國과 民間企業 事務所 交換設置 찬성
	13(水)	2.27	· 國土開發硏究院 主催 土地公槪念 세미나에서 司會를 보다.	· 文귀동, 性拷問事件으로 전격 拘束收監 11(月) · 大宇造船, 紛糾 11日만에 職場閉鎖 신고
			· 大韓航空 社內大學에서 '自然과 環境'을 特講하다.	12(火) · 板橋-九里間 高速道路 起工 15(金) · 全斗煥, 公職辭退 宣言
	14(木)	2.28	· 서울大學校 學長會義에 參席하다.	· 勞使紛糾 매듭 위해 8部處 長官 긴급 會議
	15(金)	2.29	· 國會議員 選擧 視察 및 禮訪次 店村에 가다.	18(月) · 美國·이란, 페르시아灣에서 相對方 艦艇에 미사일 공격
	16(土)	3. 1	· 李泳和·申榮國·高睦勳 候補를 禮訪하다.	
			· 山北國民學校 校庭에 가서 合同 演說을 듣다.	19(火) · 韓國重工業, 勞組 總罷業
	17(日)	3. 2	· 店村에서 上京하다.	20(水) · 中國, 市場經濟體制로 전환하는 經濟計劃 발표
	18(月)	3. 3	· 經濟企劃院 土地利用 및 課稅體系 合理化 委員會 委員으로 委囑되다.	22(金) · 盧大統領, 첫 記者會見 가짐
	20(水)	3. 5	· 環境大學院 敎授會議를 主宰하다.	23(土) · 美國, 韓國에 自由貿易圈 協定 요청
	21(木)	3. 6	· 서울大學校 學長會義에 參席하다.	25(月) · 專門建設共濟組合 設立
	24(日)	3. 9	· 美八軍 골프場에서 싱글打를 치다.(打點:81)	26(火) · 13代 國會議員選擧(聞慶:申榮國)
	28(木)	3.13	· 서울大學校 大學人事委員會와 學長會義 및 大學院委員會에 參席하다.	27(水) · 大宇重工業, 勞組 總罷業 · 平民黨, 總選結果 第1野黨으로 부상
	29(金)	3.14	· 聞友會의 監事에 就任하다.	28(木) · 大檢察廳, 廉普鉉 前서울市長 賂物嫌疑로 구속
	30(土)	3.15	· 風水會의 競技委員長으로 추대되다.	
5	1(日)	3.16	· 『地方財政』誌 編纂委員으로 委囑되다.	1(日) · 北韓 幹部 金正敏, 4月 29日 유럽서 亡命後 金浦 入國
	2(月)	3.17	· 韓國土地開發公社에서 '地方自治制와 土開公의 役割'을 特講하다.	4(水) · 서울市, '2000年代 서울 都市基本計劃案' 마련
	4(水)	3.19	· 서울大學校 臨時學長會義에 參席하다.	
	6(金)	3.21	· 서울市立大學校 主催 서울의 未來 세미나에서 討論하다.	7(土) · 朝鮮大 敎授 集團解職 파문 8(日) · 金大中 總裁 復歸
			· 科學技術處 第6次 計劃 科學部門 修正計劃 委員會 委員으로 委囑되다.	9(月) · 프랑스 미테랑, 大統領 당선 12(木) · 民主黨 全黨大會 開催, 金泳三 總裁 再選出
	7(土)	3.22	· 韓國土地開發公社 金壽鶴 社長을 同行하여 店村에 가다.	13(金) · 行政改革委員會 發足
	8(日)	3.23	· 店村에서 上京하다.	15(日) · 서울大生 趙城晩, 明洞 聖堂에서 投身自殺
	10(火)	3.25	· 韓國土地開發公社 公共用地 取得 세미나에서 司會를 보다.	19(木) · 3金會談, 國政運營 5個項 합의
	12(木)	3.27	· 서울大學校 學長會議에 參席하다.	20(金) · 禁煙, 全國에 급속히 확산
			· 環境大學院 同窓會 理事會에 參席하다.	22(日) · 輸出業界 '원 切上'으로 비명
	14(土)	3.29	· 環境大學院 野遊會를 安養 樹木園으로 가서 院長人事를 하다.	24(火) · 聞慶人 親睦會 '새재會' 創立 · 建國大, LA 分校 건립키로 합
	18(水)	4. 3	· 서울大學校 臨時學長會議에 參席하다.	25(水) · 金日成, 서울 올림픽 不參 宣言
	19(木)	4. 4	· 서울大學校 學長會議에 參席하다.	28(土) · 盧大統領, 野 3黨 總裁와 領袖會談 開催
	20(金)	4. 5	· 環境大學院 主催 서울市 都市基本計劃 公聽會에서 院長으로 開會人事를 하다.	29(日) · 헝가리 通商使節團 40名, 共産國家로는 처음 公式 訪韓
	26(木)	4.11	· 서울大學校 學長會議와 大學院委員會에 參席하다.	30(月) · 13代 國會 開院
			· 麗水에 가다.	31(火) · U.N., '世界 禁煙의 날' 제정
	27(金)	4.12	· 麗水 商工會議所 主催 光陽灣圈의 未來像 세미나에서 基調演說을 하다.	· 國會, 國會法 改正 特委 구성
	28(土)	4.13	· 麗水에서 上京하다.	
6	1(水)	4.17	· 環境大學院 人事委員會를 主宰하다.	1(水) · 88 올림픽 選手村 및 記者村 완공
	2(木)	4.18	· 大韓商工會議所 全國事務局長 溫陽會議에서 '地方自治와 地方商工會議所'에 대해 特講하다.	· 美·蘇, 中距離 核미사일 廢棄協定 조인
	3(金)	4.19	· 水原商工會議所 主催 水原圈開發 세미나에서 司會를 보다.	· 政府, 一般職 公務員 職級定年制 검토 2(木) · 勤勞所得稅 免稅點 20~30% 인상
			· 環境大學院 同窓會 總會에서 院長人事를 하다.	5(日) · 4黨, 學生 南北會談 自制 促求

1988

月	日	陰	本人 및 家族事項	社會一般事項
6	7(火) 8(水) 9(木) 10(金) 13(月) 15(水) 16(木) 17(金) 19(日) 21(火) 22(水) 23(木) 24(金) 25(土) 27(月) 30(木)	4.23 4.24 4.25 4.26 4.29 5. 2 5. 3 5. 4 5. 6 5. 8 5. 9 5.10 5.11 5.12 5.14 5.17	· 永登浦區廳 主催 生活圈 計劃 세미나에 參席하다. · 環境大學院 敎授會議를 主宰하다. · 서울大學校 學長會議에 參席하다. · 城南 中小企業協會에서 '地方自治와 地域經濟' 를 特講하다. · 環境大學院과 美國 MIT 주최 올림픽 效果에 관한 國際會議에서 開會辭를 하다. · 서울大學校 總長公館에서 機關長 夫婦 會食을 하다. · 環境大學院과 美國 MIT 主催의 올림픽 效果 세미나에서 閉會人事를 하다. · 서울大學校 大學人事委員會와 學長會議에 參席하다. · 韓國土地開發公社에서 '公企業의 方向'을 講演하다. · 建設部 中央都市計劃委員으로 再委囑되다. · 國土開發硏究院 主催 土地改革 세미나에서 司會를 보다. · 環境大學院 敎授會議를 主宰하다. · 서울大學校 學長會議에 參席하다. · 서울大學校 臨時學長會議에 參席하다. · 서울大學校 臨時學長會議에 參席하다. · 서울大學校 臨時學長會議에 參席하다. · 光州에 가다	8(水) · 東國大 發掘團, 慶州에서 高麗時代 最大의 金堂址 發掘 · 韓國 - 헝가리間 食料品 輸入契約 締結, 最大의 直交易 關係 이루어짐 9(木) · 北韓의 黨 直營 大洋貿易社長 金正敏, 外貨벌이 실패에 따른 處罰 두려워 歸順 11(土) · 3代 店村 市長 金在鶴 就任 · 政府, 社會爭化委員會 폐지 결정 14(火) · 大邱 美文化院에 私製爆彈 2發 投擲 15(水) · 서울 등 法官 200名, 大法院의 全面 改編을 主張하며 署名運動 實施 17(金) · 大法院長 등 辭表 제출 19(日) · 아이티, 前 參謀總長 알리 냥피 少將이 주도한 軍事 쿠데타 성공 20(月) · 14次 G7 頂上會談 開幕 21(火) · 캐나다 政府, 蘇聯 外交官 17名에게 産業 스파이 嫌疑로 追放令 내림 22(水) · 文化財管理局, 公州市의 百濟時代 王陵級 3基 발견 27(月) · 國會, 7個 特別委員會 構成 決議案 通過 · 第6回 韓·日 都市開發協力會議 開催 30(土) · 濟州道, 土地去來申告制 實施
7	1(金) 2(土) 4(月) 5(火) 6(水) 8(金) 9(土) 10(日) 11(月) 14(木) 18(月) 19(火) 20(水) 26(火) 29(金) 31(日)	5.18 5.19 5.21 5.22 5.23 5.25 5.26 5.27 5.28 6. 1 6. 5 6. 6 6. 7 6.13 6.16 6.18	· 光州市와 全南大學校 主催 光州尖端硏究團地 세미나에서 司會를 보다. · 光州에서 上京하다. · 行政改革委員會 主催 地方行政 階層構造와 行政區域 세미나에서 主題論文을 發表하다. · 서울大學校 臨時學長會議에 參席하다. · 環境大學院 人事委員會를 主宰하다. · 서울大學校 學長 懇談會에 參席하다. · 住宅事業協會 創立 10周年 紀念行事에 參席하다. · KBS 深夜討論에서 行政區域改編을 放映하다. · 著書『地域開發과 地方自治行政』을 大明 出版社에서 刊行하다. · 서울大學校 學長懇談會에 參席하다. · 環境大學院 敎授會議를 主宰하다. · 서울大學校 學長懇談會에 參席하다. · 88 골프場에 初行하다.(打點:88) · 環境大學院·서울工大·美國 Harvard 大學校 主催 夏季 스튜디오 開幕式에 參席하다. · 環境大學院 人事委員會를 主宰하다. · 서울大學校 大學人事委員會와 學長會議에 參席하다. · 中央都市計劃委員會에 參席하다. · 서울市 課題 (都市基本計劃 樹立)의 部分 硏究를 完了하다.	1(金) · 이라크機의 空襲으로 이란에 있던 韓國人 勤務者 13名 死亡 2(土) · 國會, 鄭起勝 大法院長 任命 同意案 否決 3(日) · 美國 미사일, 이란 旅客機 擊墜 290명 몰살 4(月) · 美艦, 이란 旅客機 擊墜 5(火) · 國會, 李一珪 大法院長 任命 同意案 可決 · 政府, 유고에 韓國貿易事務所 開設 6(水) · 李光耀 싱가포르 總理 訪韓 7(木) · 盧大統領, 南北關係 改善 特別談話 發表 8(金) · 政府, 中共을 中國으로 공식 呼稱키로 決定 9(土) · 서울 拘置所 矯導官 등 100여名, 勤勞·人事 條件改善 要求 농성 15(金) · 1千萬 離散家族 再會推進委員會, 北韓 家族에게 보내는 便紙接受 始作 20(水) · 土地綜合稅制 90년부터 實施 확정 21(木) · 全國的인 暴雨로 28명 死亡·失踪 26(火) · 全國 鐵道 機關士, 全面 罷業 27(水) · 慶南新聞, 勞組罷業으로 發行 中斷 29(金) · 企劃院, 經濟發展5個年計劃 修正計劃 確定 · 國會 5共非理 調査特委, 1次 調査對象 確定
8	5(金) 6(土) 7(日)	6.23 6.24 6.25	· 昌原에 가다 · 昌原 골프場에서 싱글打를 치다.(打點:81) · 昌原에서 大邱로 가다. · 大邱에서 上京하다.	1(日) · 蘇聯, 核 中距離 미사일 파기 · 가나안 農軍學校 金容基校長 死亡 5(金) · 韓·中, 9월부터 觀光交流 확정 발표

1988

月	日	陰	本人 및 家族事項	社會一般事項
8	8(月)	6.26	·서울大學校 臨時 學長會議와 大學院長會議에 參席하다.	10(水) ·讓渡稅 免稅要件, 居住期間 3年, 所有 5年으로 强化
	9(火)	6.27	·럭키金星 그룹에서 '地方自治實施와 企業의 對應'을 特講하다.	13(土) ·全國 6千餘 大學生, 延世大에서 第2期 全大協 發足式 擧行
	13(土)	7. 2	·商工部 工業配置審議委員으로 再委囑되다.	·버마 르윈 大統領, 國民 示威로 辭任
	14(日)	7. 3	·江南區 驛三1洞 618-24로 移徙하다.	16(火) ·崔烈坤 서울市 敎育監, 受賂罪로 拘束
			·電話 567-3496番이 開設되다.	18(木) ·지아 파키스탄 大統領 등 37名, 飛行機 事故로 死亡
	18(木)	7. 7	·서울大學校 大學人事委員會와 學長會議에 參席하다.	19(金) ·南北 國會會談, 第1次 準備接觸을 板門店에서 가짐
	24(水)	7.13	·環境大學院 敎授會議를 主宰하다.	
	25(木)	7.14	·서울大學校 學長會議와 大學院委員會에 參席하다.	20(土) ·이란·이라크 休戰協定 發效
	26(金)	7.15	·淸州商工會議所가 俗離山에서 開催한 會員集會에서 "地方自治實施와 企業人 役割"을 講演하다.	21(日) ·서울올림픽 國際學術會議 開幕 23(火) ·全敬煥, 懲役 15年 求刑
	27(土)	7.16	·韓國未來學會 主催 出版紀念會에 參席하다.	27(土) ·올림픽 聖火, 濟州에 到着, 國內 봉송 始作
	30(火)	7.19	·環境大學院 後期 卒業式에서 院長 致辭를 하다.	29(月) ·52次 서울 國際 펜大會 開幕
9	1(木)	7.21	·서울大學校 學長會議에 參席하다.	1(木) ·방글라데시, 大洪水로 800명 死亡
	3(土)	7.23	·서울大學校 鮮京經營館 起工式에 參席하다.	·이라크 쿠루와르크 大虐殺로 1,300명 사망
	4(日)	7.24	·崔正錫君 結婚 主禮를 보다.	3(土) ·蘇 볼쇼이 발레團 來韓 公演
	5(月)	7.25	·韓國地方行政硏究院 硏究諮問委員에 再委囑되다.	·各界 代表 200名, '地域感情解消 위한 國民運動協議會' 發起 創立大會 가짐
	7(水)	7.27	·環境大學院 同窓會 會長團會議에 參席하다.	8(木) ·蘇聯, 올림픽 前後 23日間 KAL機의 領空通過 허용키로 함
	8(木)	7.28	·서울大學校 大學人事委員會와 學長會議에 參席하다.	9(金) ·金日成, 南北頂上會談 제의
	14(水)	8. 4	·環境大學院 第2代 自治會 發隊式에 參席하여 祝辭를 하다.	11(日) ·서울驛, 開廳 88년만에 새 驛舍 부분 완공
	15(木)	8. 5	·서울大學校 學長會議에 參席하다.	12(月) ·94次 IOC 總會, 서울서 開幕
	16(金)	8. 6	·監査院에서 '地方自治와 地方財政'을 講演하다.	13(火) ·韓·헝가리, 常駐 代表部 設置 합의
	19(月)	8. 9	·自宅 大門에 警察의 巡察函을 달다.	·KAL機, 처음 蘇聯 領空 통과 비행
	20(火)	8.10	·中央都市計劃委員會 小委員會에 參席하다.	17(土) ·88서울 올림픽大會 開幕, 160個國 參加
	22(木)	8.12	·서울大學校 學長會議와 大學院委員會에 參席하다.	18(日) ·버마에 쿠데타 勃發 ·아이티에 쿠데타 勃發
	26(月)	8.16	·勞動部 技術資格制度審議會 專門委員으로 再委囑되다.	·88 올림픽 첫 金메달, 蘇聯의 女子射擊 選手 일리나 실로바가 획득
	28(水)	8.18	·環境大學院 敎授會議를 主宰하다.	24(土) ·國土利用管理法 施行令 개정
	29(木)	8.19	·서울大學校 大學院委員會와 學長會議에 參席하다.	29(木) ·女子 핸드볼, 史上 최초로 올림픽 金메달 획득
	30(金)	8.20	·中央都市計劃委員會에 참석하다.	·美·日·캐나다 등 西方 12個國, 史上 最大 規模의 有人宇宙停車場 共同 建設 協定에 서명
10	1(土)	8.21	·올림픽 게임 蹴球 決勝戰을 妻와 同行 觀覽하다.	1(土) ·蘇聯 고르바초프, 實權 掌握
	4(火)	8.24	·서울大學校가 Samaranchi I.O.C. 委員長에게 授與하는 名譽政治學博士 授與式에 參席하다.	·韓國의 洋弓과 卓球, 世界 制覇 2(日) ·서울올림픽大會 閉幕 (韓國綜合4位 獲得)
	6(木)	8.26	·國務總理室 西海岸開發推進委員會 委員으로 委囑되다.	4(火) ·유고, 서울貿易事務所 開設
			·서울大學校 學長會議에 參席하다.	5(水) ·國會 國政監査, 16년만에 再開
			·國土開發硏究院 開院 10周年記念式에 參席하다.	8(土) ·未決囚 12名 脫出
	10(月)	8.30	·서울大學校 建築審議委員會 委員으로 委囑되다.	12(水) ·最低賃金審議委員會, 89년도 最低賃金을 14만 4천원으로 결정
	12(水)	9. 2	·金壽鶴 社長과 同行 金東里 先生宅에서 食事를 하다.	·폴란드 觀光客 200여명, 西獨 觀光中 西方으로 모두 亡命
	13(木)	9. 3	·環境大學院 敎授會議, 次期 院長 推戴 投票에서 本人과 林岡源 敎授를 候補로 選出하다.	14(金) ·11월부터 石油價格과 電氣料 平均 4~5% 인하 결정

月	日	陰	本人 및 家族事項	社會一般事項
10	13(木) 14(金) 18(火) 19(水) 20(木) 22(土) 23(日) 27(木) 31(月)	9. 3 9. 4 9. 8 9. 9 9.10 9.12 9.13 9.17 9.21	・서울大學校 學長人事委員會와 學長會義에 參席하다. ・서울大學校 開校式에 參席하다. ・中央都市計劃委員會에 參席하다. ・韓國銀行 調査部에서 '地域經濟'를 特講하다. ・環境大學院 敎授會議를 主宰하다. ・麗州 골프場에서 싱글打를 치다.(打點:79) ・서울大學校 學長會議에 參席하다. ・朴奉植・崔相哲 敎授와 釜山에 가다. ・釜山에서 上京하다. ・서울大學校 學長會議와 大學院委員會에 參席하다. ・韓國土地開發公社 課題 (土地開發의 原則과 方向)의 單獨 研究를 完了하다.	15(土) ・서울 障碍者 올림픽 開幕 19(水) ・盧大統領, UN 總會서 演說 20(木) ・4회 서울 國際貿易博覽會 開幕 22(土) ・유고 聯邦會議, 市場經濟體制 中心의 憲法改正案 通過 25(火) ・安山線 電鐵 개통 ・政府,헝가리 駐在 韓國代表部 開設 27(木) ・申相玉・崔銀姬 夫婦, 워싱턴에서 婚配聖事가짐 29(土) ・在日僑胞 間諜團 事件에 연루되어 長期囚로 복역 중 가석방된 李철, 13년 동안 기다려온 約婚女 閔향숙과 結婚式 거행 31(月) ・延禧洞 全斗煥 前大統領 집에 私製 爆彈을 투척한 大學生 12명을 연행
11	1(火) 2(水) 3(木) 4(金) 5(土) 6(日) 10(木) 11(金) 12(土) 17(木) 18(金) 24(木) 25(金) 26(土) 28(月) 29(火) 30(水)	9.22 9.23 9.24 9.25 9.26 9.27 10. 2 10. 3 10. 4 10. 9 10.10 10.16 10.17 10.18 10.20 10.21 10.22	・家名「明德世家」를 家屋壁에 懸板하다. ・書齋名「溫知堂」을 書室入口에 懸板하다. ・環境大學院 敎授會議를 主宰하고 次期 環境計劃研究所長으로 楊秉彝 敎授를 選任・推戴하다. ・第1期 院長으로서 最終學長會議에 參席하다. ・大韓國土計劃學會 主催 國際會議에 參席하다. ・韓國地方計劃學會 主催 地方自治 定着 세미나에서 司會를 하다. ・環境大學院 院長으로 再任命 되다. ・孫禎睦 敎授 回甲宴에 參席하다. ・大邱에 가다 ・大邱 八公 골프場에 초행하다.(打點:88) ・大邱에서 上京하다. ・重任 院長으로서 最初의 學長會議에 參席하고 人事를 하다. ・서울大學校 學長團의 幹事로 推戴되다. ・環境大學院 敎授會議를 主宰하다. ・家訓을 制定하다. ・家旗를 製作하여 備置하다. ・張豪淳君 結婚 主禮를 보다 ・慶州에 가다. ・地方行政研究所와 Hans-Seidel 財團 主催 研修會에서 '新地方自治法'을 特講하다. ・慶州에서 上京하다. ・서울大學校 人事委員會와 大學院委員會 및 學長會議에 參席하다. ・大邱에 가다. ・慶山商工會議所 主催 慶山開發 세미나에서 基調演說을 하고 司會를 보다. ・慶山에서 上京하다. ・KBS 라디오에서 地方自治 實施에 대한 討論을 하다. ・檀國大學校 行政學科에서 崔龍奎 博士 學位論文 審査를 完了하다. ・環境大學院 敎授會議를 主宰하다. ・環境大學院 敎授 夫婦 自宅에 招待하여 會食하다.	1(火) ・換率 600원대 進入 ・縫製加工 輸出業界, 倒産 속출 2(水) ・農林水産部, 88년 쌀生産量이 4,200萬 섬을 넘어 史上 最大의 豊作이라고 발표 3(木) ・最初의 國會 聽聞會 開催 ・盧大統領, 말레이시아・濠洲・인도네시아・브루나이 등 4個國 訪問次 출국 5(土) ・서울市 自動車, 75만대 돌파 7(月) ・張世東氏, 國會 聽聞會서 日海資金 管理 是認 9(수) ・41代 美國大統領, 共和黨 조지 부시 候補 당선 ・鄭周永 會長, 國會 日海財團 調査 聽聞會에 出席 證言 ・美國 民主黨, 上・下 兩院 選擧에서 모두 勝利 12(土) ・全斗煥 前大統領 非理와 관련 親姻戚 구속 ・全斗煥 前大統領 生家에 防火 14(月) ・팔레스타인 解放機構, 요르단 西岸과 가자 地區에서 獨立國家를 선포 15(火) ・全斗煥 前大統領 妻男 이창석氏 구속 19(土) ・유고의 最大 民族인 세르비아人 130萬名, 首都 베오그라드에서 民族差別에 抗議하는 示威 21(月) ・現代綜合商社, 北韓의 公式 國號가 표시된 모시조개 40kg을 첫 輸入 23(水) ・全斗煥 白潭寺에 隱遁 25(金) ・大學生 軍事敎育, 89년부터 廢止키로 決定 28(月) ・勞動部, 9個項의 勤勞福祉 綜合施策 발표 29(火) ・政府, 朝總聯을 反國家團體서 除外한다고 발표 ・고르바초프 蘇聯 書記長, 蘇聯 統治體制에 變化의 必要性을 강조

1988

月	日	陰	本人 및 家族事項	社會一般事項
12	1(木)	10.23	·環境廳 中央環境保全 諮問委員會 委員으로 委囑되다. ·韓國科學技術團體 總聯合會 主催 科學 役割 세미나에서 司會를 보다. ·서울大學校 學長會議와 大學院委員會에 參席하다.	1(木) ·蘇聯 最高會議, 選擧法 改正을 骨子로 한 고르바초프의 政治改革案 承認 ·파키스탄 부토 女史, 總理 就任 ·韓國地方自治研究院 創立 2(金) ·89년 豫算, 19조 2,284억원으로 확정
	3(土)	10.25	·韓國地方自治學會에 加入하고 理事로 選出되다.	3(土) ·韓國地方自治學會 創立 (會長:盧隆熙)
	6(火)	10.28	·서울大學校 行政大學院 同窓會 理事로 選任되다. ·環境大學院 同窓會 理事會에 參席하다.	5(月) ·國務總理 李賢宰 退任, 後任에 姜英勳 任命하고 內閣 全面 改編 斷行 ·金利 自由化 실시
	8(木)	10.30	·韓國土地開發公社에서 '公企業의 方向'에 대해 講演하다.	8(木) ·民正黨, 黨職 大幅 改編
	9(金)	11. 1	·서울大學校 大學院委員會와 大學人事委員會 및 學長會議에 參席하다. ·環心會 夫婦 送年會를 갖다.	9(金) ·日本 미야자와 기이치 首相, 리크루트 스캔들과 관련하여 首相職 辭任 12(月) ·株價 200線 돌파
	10(土)	11. 2	·玄基元 社長 壻郎 金泰漢君의 結婚 主禮를 보다.	15(木) ·前 民靑聯 議長 金槿泰의 拷問 嫌疑로 警官 4명을 裁判에 회부 ·嶺東-東海線 連結 高速道路 竣工
	12(月)	11. 4	·文敎部 大學別 特性地域開發研究事業 評價 委員會 委員長으로 委囑되다. ·店村에 가다. ·店村 JC에서 '地方自治制 實施'에 대해 講演하다. ·金相祚 慶北道知事와 會食하다.	16(金) ·89학년도 前期大學 入學試驗 실시 17(土) ·京畿道 華城에 婦女子 暴行 殺人事件이 8차례 연쇄적으로 발생
	13(火)	11. 5	·店村에서 上京하다.	20(火) ·大統領 特別宣言으로 時局事犯 281명 釋放, 1,181명 赦免·復權
	15(木)	11. 7	·環境大學院 敎授會議를 主宰하다. ·서울大學校 學長會議에 參席하다.	·陜川 多目的 댐 竣工
	19(日)	11.11	·行硏會 夫婦 送年會를 갖다.	24(土) ·首都圈 整備計劃法 施行令 개정
	20(火)	11.12	·技術經濟研究會 主催 세미나에서 '科學技術 推進體系'를 發表하다.	26(月) ·道路事業 特別會計 설치 27(火) ·88 證市, 指數 907.20으로 마감
	21(水)	11.13	·環境大學院 敎授會議를 主宰하다. ·서울大學校 學院長 夫婦 送年會를 갖고 司會를 보다.	28(水) ·金宗鎬 前 建設部長官 拘束 29(木) ·盧大統領과 蘇 고르바초프 書記長間의 親書交換 사실 확인
	23(金)	11.15	·中央都市計劃委員會에 參席하다. ·鳥嶺會 夫婦 同伴 送年會를 가지다.	·車圭憲 全 交通部長官, 賂物事件으로 구속 ·漢江 水質保全綜合對策 報告
	28(水)	11.20	·서울大學校 入試査定委員會에 參席하다.	
	31(土)	11.23	·韓國土地開發公社 送年會에 參席하고 노래자랑 採點을 하다.	30(金) ·南江系統 廣域上水道 준공 ·蟾津江系統 廣域上水道 준공 31(土) ·建設業法 개정 ·太白圈 및 首都圈 3段階 廣域上水道 완공

第 54 歲 : 1989 (4322) 己巳年 / 大學院長

月	日	陰	本人 및 家族事項	社會一般事項
1	1(日)	11.24	·俸給 31號俸으로 昇給하다. ·環境大學院 新年交禮會에서 新年人事를 하다.	1(日) ·尙州郡 咸昌邑 允直里, 店村市로 一部 編入 ·大田市, 直轄市로 昇格
	4(水)	11.27	·環境大學院 敎職員 新年始務式에서 院長 人事를 하다. ·서울大學校 臨時學長會議에 參席하다.	·烏山·儀旺·軍浦·始興·渼金·河南·瑞山·金堤·東光陽·慶山·密陽·長承浦, 市로 昇格
	5(木)	11.28	·大田에 가다. ·서울大學校 長期發展 워크 샵에 參席하다.	3(火) ·大宇, 北韓 藝術品 612點을 처음 釜山港으로 導入
	6(金)	11.29	·大田에서 上京하다. ·統一民主黨에서 '地方自治'에 대해 講演하다.	5(木) ·美國, 地中海 公海上에서 리비아機 2台 격추
	9(月)	12. 2	·店村에 가다	6(金) ·鄭周永 會長, 蘇聯 訪問次 出國

月	日	陰	本人 및 家族事項	社會 一般 事項
1	9(月)	12. 2	·東幟과 같이 店村市廳에서 軍入隊 問題를 協議하다.	7(土) ·日本 裕仁 國王 死亡, 明仁 새 國王 就任
	10(火)	12. 3	·店村에서 上京하다.	·蘇聯, 現代그룹에 船舶 9尺 발주
	11(水)	12. 4	·서울市長 招請 新年會 모임에 參席하다.	10(火) ·서울 人口 1,028만 6,503명으로 集計
	12(木)	12. 5	·在京 聞慶·店村鄕友會 新年會를 世宗홀에서 갖다.	12(木) ·檢察, 李學捧 議員 拘束 ·파리 國際會議에 참가한 149개국 代表團, '化學武器 使用 禁止 宣言文' 채택
	13(金)	12. 6	·科學技術處 光州 尖端科學産業研究團地 建設用役 諮問委員會委員으로 委囑되다.	
	16(月)	12. 9	·서울大學校 大學人事委員會와 大學院委員會 및 學長會議에 參席하다.	15(日) ·방글라데시에서 鐵道事故 發生, 110名 死亡, 1千여명 負傷
	20(金)	12.13	·研究團地 調査次 大邱에 가다.	19(木) ·海外 不動産 投資 2월부터 全面 自由化 시행
	22(日)	12.15	·大邱에서 上京하다.	
	28(土)	12.21	·서울大學校 大學院委員會와 大學人事委員會 및 大學出版部 理事會에 參席하다.	20(金) ·부시, 美國 大統領에 就任 21(土) ·鄭周永 會長, 平壤 訪問 24(火) ·타지크 共和國에 大規模 地震이 發生, 千여명이 死亡 27(金) ·檢察, 張世東 前 安企部長 拘束
2	2(木)	12.26	·南水原 골프場에 初行하다.(打點:96) ·서울大學校 退任 機關長 歡送宴에서 司會를 보다.	1(水) ·曉星物産, 北韓 無煙炭 2만톤 仁川港으로 導入 ·政府, 헝가리와 國交 樹立
	9(木)	1. 4	·果川市 主催 세미나에서 '首都圈과 果川市 將來'를 發表하다. ·自家用 乘用車 르망·옥티나(서울4루 4477)를 妻 名義로 購入하다.	2(木) ·鄭周永 會長, 北韓과 金剛山 綜合開發에 대해 原則的 合意를 보고 平壤에서 귀국 3(金) ·서울地檢, 金賢姬를 殺人犯 혐의로 불구속 起訴
	10(金)	1. 5	·南서울골프場에서 싱글打를 치다.(打點:80) ·韓國土地開發公社 主催 經營改革 세미나에서 司會를 보다.	·KAL機 爆破犯 金賢姬 1년 2개월만에 拘束 起訴 ·都市計劃法 施行規則 개정
	12(日)	1. 7	·行研會 會員 淸州에 가서 골프를 치고 오다.	4(土) ·咸錫憲翁 사망
	13(月)	1. 8	·서울大學校 大學人事委員會와 大學院委員會 및 臨時學長會議에 參席하다.	5(日) ·아프칸 駐屯 蘇聯軍, 完全 撤收했다고 보도
	16(木)	1.11	·內務部 政策諮問委員으로 再委囑되다. ·韓國都市行政學會 主催 세미나에서 '都市行政과 隣接學問'을 發表하다.	6(月) ·90년만에 民俗 설날 復活 8(水) ·蘇聯, 아프가니스탄 駐屯軍 撤軍 完了 ·舊正 連休 동안 全國에서 2,250件의 交通事故가 발생하여 106명이 死亡하고 2,489명이 負傷
	17(金)	1.12	·麗水에 가서 麗水市 主催 都市基本計劃 公聽會에 參席하여 討論하고 上京하다.	
	18(土)	1.13	·大韓國土計劃學會 總會에 參席하다. ·會長 歷任 感謝牌를 받다. ·弦汀國土開發賞을 受賞하다. ·賞金中 百萬원을 奬學基金으로 同 學會에 기증하다.	10(金) ·大田 科學 EXPO 開幕 ·環境廳, 農藥 5種에 대한 使用禁止 통보 11(土) ·國務會議, 南北交流特別法 議決 ·盧大統領, 金泳三 民主黨 總裁와 會談 13(月) ·農民 1만여명, 汝矣島에서 示威
	19(日)	1.14	·大邱에 가서 市當局과 協議하다. ·大邱에서 釜山으로 가다.	14(火) ·美國, 『惡魔의 詩』와 관련 對 이란 外交關係 동결
	20(月)	1.15	·蔚山 골프場에 初行하다.(打點:91) ·蔚山에서 上京하다.	16(木) ·教育政策諮問會議 發足 ·大學生 등 100여명, 光州 美國文化院 襲擊하고 화염병 투척
	22(火)	1.17	·서울大學校 大學人事委員會와 臨時學長會議에 參席하다. ·環境大學院 師恩會에 參席하여 院長人事를 하다.	18(土) ·사할린 僑胞 17名, 半世紀만에 일시 歸國 ·이란의 호메이니, 小說『惡魔의 詩』 作家인 英國의 루시디에 대해 '處刑許可'를 내림
	23(木)	1.18	·國土開發研究院 主催 土地公槪念 세미나에서 司會를 보다.	
	25(土)	1.20	·雪娥, 淑明女子大學校를 卒業하다. ·貞娥, 瑞草高等學校로 轉學하다. ·서울大學校 臨時學長會議에 參席하다. ·環境大學院 卒業式에서 院長 致辭를 하다.	20(月) ·群山·長項 産業基地 建設 起工 21(火) ·大學 登錄金 引上에 대한 각 大學 總學生會의 反對鬪爭 격화

月	日	陰	本人 및 家族事項	社會一般事項
2	27(月)	1.22	·東爀, 檀國大學校 法政大學 地域開發學科에 入學하다.	24(金) ·西大門刑務所를 獨立公園으로 조성하기 위해 撤去 시작
	28(火)	1.23	·環境大學院 教授會議를 主宰하다.	26(日) ·부시 美國 大統領, 中國 訪問
			·環境大學院 入學式에서 院長 致辭를 하다.	27(月) ·부시 美國 大統領, 韓國 訪問
			·韓國地方自治學會 主催 地方自治法 改正에 관한 세미나에서 討論하다.	
3	2(木)	1.25	·서울大學校 入學式에 參席하다.	1(水) ·한글 새 맞춤法 발표
	3(金)	1.26	·中央都市計劃委員會에 參席하다.	·어린 4姉妹, 家難을 비관하여 自殺
	4(土)	1.27	·서울大學校 湖巖生活館 起工式에 參席하고 李健熙 三星그룹 會長을 만나다.	2(木) ·유고 코스보 自治州를 根源地로 한 대규모 流血民族 紛糾 발생
	6(月)	1.29	·東爀, 事故로 팔을 다쳐 서울大學病院에 入院治療하다.	3(金) ·공갈·사이비 記者 22명 拘束
				4(土) ·野黨 3金 總裁, 大統領의 中間評價 早期 實施에 대해 反對意思 표명
	7(火)	1.30	·中國에서의 會議參席次 出國하다.	
	8(水)	2. 1	·東京에서 비자 받은 後 上海로 가서 虹橋賓館에 投宿하다.	·國會勞動委, 勤勞者의 週當 勞動時間을 90.10.1부터 44時間制로 하기로 함
	9(木)	2. 2	·蘇州地方을 旅行하다.	6(月) ·티베트 僧侶들, 라사에서 獨立을 要求하며 暴動
	10(金)	2. 3	·著書 『地域開發과 地方自治行政』의 再版이 發行되다.	·서울地下鐵 勞組, 會社측과 협상 결렬되자 無賃乘車 강행
	11(土)	2. 4	·上海市와 INTA 主催 會議에서 '國土開發과 都市政策'을 發表하다.	·12.12 事態時 特戰司令官을 지낸
	13(月)	2. 6	·杭州에 가다.	鄭병우氏, 松湫 遊園地 野山에서 목맨
	14(火)	2. 7	·金山과 閔行 等地를 經由하여 上海로 돌아오다.	屍体로 발견됨.
	15(木)	2. 9	·上海에서 歸國하다.	7(火) ·中國, 티베트에 戒嚴令 宣布
	21(火)	2.14	·大邱에 가다.	·政府, 永久賃貸住宅 25萬家口를 건설키로 함.
			·大邱地域社會開發研究會 主催 세미나에서 '地方自治와 地域開發'을 發表하다.	8(水) ·이란, 이란 聖職者들의 非難에 항의하는 反 호메이니 暴動이 일어남
			·大邱地域社會開發研究會 顧問으로 推戴되다.	
	22(水)	2.15	·大邱에서 上京하다.	9(木) ·서울地下鐵 4個路線 新設 발표
	23(木)	2.16	·서울大學校 學長會議에 參席하다.	16(木) ·서울地下鐵勞組, 總罷業
	24(金)	2.17	·南서울 골프場에서 싱글打를 치다.(打點:81)	20(月) ·盧大統領, 中間評價 實施 留保 宣言
	25(土)	2.18	·韓國土地開發公社 創立 10周年 紀念式에 參席하다.	22(水) ·全州圈 2段階 開發事業 착수
				23(木) ·서울地下鐵, 罷業 8일만에 正常運營 재개
	27(月)	2.20	·光州에서 光州商工會議所 主催 李祥羲 科學技術處 長官 招請 懇談會에 同行하여 研究團地 造成方向을 說明하다.	25(土) ·農水產物 268個 品目 開放
				·閔丙敦 陸士校長, 陸士 第45期 卒業式에서의 演說로 파문이 일어나, 이의 責任으로 校長職 사임
	29(水)	2.22	·環境大學院에서 中國訪問 報告會를 갖다.	
			·土友會 總會에 參席하다.	·韓國銀行, 88년도 1人當 GNP는 12.2% 증가한 4,040달러라고 발표
	30(木)	2.23	·서울大學校 大學院委員會와 學長會議에 參席하다.	
	31(金)	2.24	·『韓國土地開發公社 10年史』發刊 紀念會에 參席하다.	27(月) ·文益煥 牧師, 金日成 面談
				28(火) ·政府, 大宇造船 正常化方案 발표
				30(木) ·蔚山 現代重工業, 罷業 擴大
4	1(土)	2.25	·金壽鶴 韓國土地開發公社 社長 離任式에 參席하다.	1(土) ·政府, 地價公示 및 土地 등의 評價에 관한 法律 제정
	6(水)	3. 1	·서울大學校 學長會議에 參席하다.	3(月) ·蘇聯聯邦商工會議所, 서울事務所 開所
	7(金)	3. 2	·環境大學院 教授會議를 主宰하다.	·平壤을 방문 중인 文益煥 牧師, 北韓의 '聯邦制 統一案' 支持聲明 발표
			·서울大學校 學院長 離任紀念 晩餐場에서 司會를 보다.	8(土) ·農水產物 243品目 開放
	11(火)	3. 6	·釜山에 가서 大韓航空 社內大學에서 "自然과 環境"을 特講하다.	·蘇聯 核潛水艦, 노르웨이 北部서 침몰
				·選擧管理委員會, 東海市 再選擧 候補 全員을 不法選擧運動 혐의로 告發
	12(水)	3. 7	·釜山에서 上京하다.	
	13(木)	3. 8	·서울大學校 大學人事委員會와 學長會議에 參席하다.	9(日) ·蘇聯, 그루지아 共和國 트빌리市의 民族主義運動을 진압

1989

月	日	陰	本人 및 家族事項	社會一般事項
4	15(土)	3.10	·聞慶에 가서 店村·聞慶地域發展協議會 創立總會에 參席하고 副會長으로 選出되다.	11(火) ·政府, 住宅建設促進法 施行令 및 施行規則 개정
	16(日)	3.11	·店村에서 上京하다.	12(水) ·李鵬 中國 總理, 日本 訪問
	20(木)	3.15	·서울大學校 學長會議에 參席하다.	·北韓을 다녀온 文益煥·유원호氏, 金浦空港에서 國家保安法 위반으로 구속
	22(土)	3.17	·世界平和教授協議會 主催 세미나에서 '地方自治 行財政制度'를 發表하다.	15(土) ·店村·聞慶 地域發展協議會 發足 (會長:金學浩)
	23(日)	3.18	·妻와 雪娥, 유럽旅行次 出國하다.	
	24(月)	3.19	·釜山商工會議所 主催 李祥羲 科學技術處長官 招請 懇談會에 參席하다.	·中國 總書記 胡耀邦 사망 16(日) ·第1次 國際道路聯盟 世界總會, 서울서 開催
	25(火)	3.20	·大韓航空 社內大學에서 '自然과 環境'을 特講하다.	19(水) ·中國, 北京 天安門 示威 시작
	27(木)	3.22	·서울大學校 學長會議와 大學院委員會에 參席하다. ·檀國大學校 行政大學院에서 '地域自治의 發展'을 特講하다.	20(木) ·中國 民主化示威 全國 擴散, 天安門廣場에 10만여 雲集, 北京에 戒嚴令 宣布 ·서울大生, 民主運動 탄압에 대한 抗議로 1주일간의 同盟休業 결의
	28(金)	3.23	·中央都市計劃委員會에 參席하다.	25(火) ·日本의 다케시타 首相, 리크루트 疑惑 事件의 責任으로 首相職 사임
	29(土)	3.24	·KBS 深夜討論 프로그램에서 新都市 開發을 放映하다.	27(木) ·政府, 盆唐·一山에 新都市 建設 決定
5	1(月)	3.26	·現代社會研究所『地方自治』編纂委員에 委囑되다.	1(月) ·文教部, 서울教育大學에 休校令 發動
	2(火)	3.27	·서울市 市政改革研究委員會 委員으로 委囑되다. ·大邱에 가다.	2(火) ·政府, 開發制限區域 管理規程 개정 3(水) ·釜山 東亞大學生, 學校 建物 放火로 警察 7名 死亡, 東亞大 休校令
	3(水)	3.28	·새마을運動 大邱市支部 主催 指導者 決議 大會에서 '새마을指導者의 役割'을 講演하다. ·大邱에서 上京하다.	·中國 指導者들, 學生들의 民主化 改革 要求를 거부
	4(木)	3.29	·서울大學校 大學人事委員會와 學長會議에 參席하다. ·새마을 城南研修院의 友情의 밤 파티에 參加하다.	4(木) ·政府, 盆唐 宅地開發豫定地區 지정 6(土) ·北韓 大學生 2名, 폴란드 留學中 亡命 11(木) ·朝鮮大生 李哲揆, 光州 水源池서 溺死
	6(土)	4. 2	·第700回次 골프를 第一골프場에서 치다. (打點:88)	12(金) ·釜山-天津間 直航路의 韓·中 定期 貨物船 6月부터 就航키로 함
	8(月)	4. 4	·서울大學校 冠岳 캠퍼스 學長團 懇談會에 參席하다. ·새마을運動中央協議會 理事로 選任되다.	14(日) ·全教協, 教員勞組 發起人大會 强行 15(月) ·蘇 고르바초프 書記長, 中國 訪問 16(火) ·油公, 中國産 原油의 長期供給契約을 체결
	9(火)	4. 5	·大田 忠南大學校 行政大學院에서 '地方財政力'을 特講하다.	17(水) ·中共 天安門 앞에서 100萬名 群衆示威
	10(水)	4. 6	·人口保健研究院 主催 세미나에서 '人口集中과 均衡發展'을 發表하다.	·文教部, 全教組 결성에 참여한 主動者 80여명을 파면
	11(木)	4. 7	·서울大學校 學長會議에 參席하다.	20(土) ·北京에 戒嚴令 發表
	15(月)	4.11	·國土開發研究院 新都市建設計劃樹立 諮問 委員會 委員으로 委囑되다.	22(月) ·蘇聯, NATO와 바르샤바 條約機構를 동시에 解体하자고 NATO에 제의
	18(木)	4.14	·서울大學校 學長會議에 參席하다.	23(火) ·蘇聯, 체코 駐在 蘇聯軍의 撤收 始作
	19(金)	4.15	·大邱市廳에서 諮問會議에 參加하고 歸京하다.	25(木) ·在京 聞慶인 親睦모임 '새재會' 發足
	20(土)	4.16	·環境大學院 野遊會를 南漢山城으로 가다. ·서울大學校 行政大學院 20周年 紀念 晩餐에 參席하다.	·서울 그랜드百貨店, 翰林出版社, 韓國 와코루 代表 등이 포함된 常習 不動産 投機者 123명의 名單 공개
	22(月)	4.18	·서울大學校 冠岳 캠퍼스 學長團 懇談會에 參席하다.	·全國 教職員勞動組合, 不法으로 기습 결성 ·國務會議, '21世紀 委員會' 발족을 위한 規程案 의결
	30(火)	4.26	·韓國土地開發公社에서 '公企業의 方向'을 特講하다. ·國土開發研究院에서 '地域均衡發展'을 講演하다.	26(金) ·大法院, 永登浦地區 國會議員 選擧의 無效 判定
	31(水)	4.27	·美國에서의 會議參席次 出國하여 Maryland州 College Park에 到着하다.	29(月) ·中國 大學生들, 北京 天安門 廣場에 美國의 '自由의 女神像'과 비슷한 10m 크기의 '民主 女神像'을 세움

1989

月	日	陰	本人 및 家族事項	社會一般事項
6	1(木)	4.28	·Towson 소재 Long View 골프場에 初行하다.(打點:90) ·交通開發研究院 研究諮問委員으로 再委囑되다. ·常青會 理事로 委囑되다. ·安養商工會議所 安養地域經濟研究센터 研究委員으로 再委囑되다.	1(木) ·國防部, 民統線 大幅 北上 調整 ·金泳三 總裁, 蘇聯 招請으로 출국 2(金) ·21世紀委員會 發足 ·金泳三 民主黨 總裁, 蘇聯 公式 訪問 ·日本 總理에 宇野宗佑 前 外務長官 選出 ·폴란드, 自由 總選擧 실시
	2(金)	4.29	·Maryland大學校와 CODS 主催 會議에서 '農村 工業化政策'을 發表하다. ·同 會議晩餐에서 代表答辭를 하다.	3(土) ·이란 호메이니 死亡 ·北京 戒嚴令, 天安門 示威 鎭壓 ·우리 나라 雜誌는 3千餘種이고, 每月 4,300萬部가 발행되는 것으로 집계
	3(土)	4.30	·Maryland大 골프場에 初行하다.(打點:93) ·China Pearl에서 開催된 駐美 韓國大使館 招請晩餐에 參與하다.	5(月) ·大統領 科學技術諮問會議 發足 ·北京 天安門廣場 示威隊 1천여명 死亡
	4(日)	5. 1	·Hunt Valley 골프場에 初行하다.(打點:84)	·폴란드 自由勞組, 總選에서 壓勝
	5(月)	5. 2	·College Park에서 Cincinnati로 가다. ·大統領 科學技術諮問會議 委員으로 되다.	·蘇聯, 우랄山脈 地域에서 가스 輸送管 폭발로 列車까지 충돌해 8千여명 사망
	6(火)	5. 3	·옛 居住地와 Cincinnati 大學을 가다. ·金漢敎·南鴻 博士를 만나다.	6(火) ·大宇造船, 勤勞者 罷業과 會社 閉業으로 대치
	7(水)	5. 4	·Cincinnati에서 Honolulu로 가다.	·부시 美國 大統領, 中國에 대한 武器 販賣 中斷 등 5個項의 制裁措置 발표
	8(木)	5. 5	·EWC와 Hawaii大學校를 訪問하다. ·Simone 總長을 만나다.	8(木) ·'89. 1/4分期 地價變動率 調査·公表
	9(金)	5. 6	·Honolulu를 出發하다.	9(金) ·中國, 民主化 示威者에 대한 檢擧 煽風 시작
	10(土)	5. 7	·서울에 到着하다.	
	13(火)	5.10	·妻와 雪娥, 유럽에서 歸國하다.	14(水) ·金泳三 總裁, 北韓의 許淡 祖國平和統一委員長과 모스크바에서 會談을 갖고 平壤訪問을 초청 받음
	14(水)	5.11	·環境大學院 敎授會議를 主宰하다.	
	15(木)	5.12	·서울大學校 學長會議에 參席하다.	
	19(月)	5.16	·檀國大學校 行政大學院에서 '國土利用과 地域經濟'를 特講하다.	19(月) ·公安合搜部, 77일 동안 317명을 拘束하고 解體
	21(水)	5.18	·環境大學院 敎授會議를 主宰하다. ·國土開發研究院 研究諮問委員으로 再委囑되다.	20(火) ·婦女子 拉致 暴行의 人身賣買團의 극성으로 市民 不安 고조
	22(木)	5.19	·서울大學校 學長會議에 參席하다.	·스리랑카, 버스罷業으로 法秩序 유지를 위해 非常事態 선포
	23(金)	5.20	·龜尾商工會議所 主催 세미나에서 '技術革新과 地域經濟'를 發表하다.	22(木) ·77그룹 閣僚會議, 베네주엘라 카라카스에서 開幕
	24(土)	5.21	·龜尾에서 上京하다.	
	27(火)	5.24	·大田 忠南道廳에서 '地方自治와 地方公務員의 姿勢'를 特講하다.	·中國, 民主化 示威者 21名 추가 처형 ·大宇造船, 紛糾 잠정 打結
	28(水)	5.25	·東嬿, 軍入隊하였다가 負傷 손 理由로 歸家하다.	24(土) ·朝鮮大生 500여名, 격렬 示威
	29(木)	5.26	·環境大學院 人事委員會를 主宰하다. ·서울大學校 學長會議에 參席하다.	·蘇聯 타지크共和國, 人種暴動 발발 27(火) ·安企部, 平民黨 徐敬元 議員을 密入北 혐의로 拘束
	30(金)	5.27	·大邱市 主催 세미나에서 '大邱 研究團地建設'에 대해 基調演說을 하다.	·大宇造船 勤勞者, '暫定合議案'에 대한 贊反投票 실시 30(金) ·林秀卿 孃, 全大協 代表로 平壤 到着
7	1(土)	5.28	·大邱에서 店村으로 가다.	2(日) ·北韓, 美國·蘇聯 등 170國 參席하에 平壤祝典 開幕
	3(月)	6. 1	·聞慶郡 聞慶郡誌 編纂委員會 및 執筆委員會에 參席하고 上京하다.	·檢察, '平壤祝典準備委員會'를 利敵團體로 규정
	4(火)	6. 2	·大邱 MBC 報導本部 프로그램에서 '大邱 研究團地' 關係를 放映하다.	7(金) ·全大協과 北韓朝鮮學生委 共同으로 平和統一 原則·方案등에 대한 8個項의 '南北共同宣言文' 발표
	5(水)	6. 3	·漢陽大學校 行政學科에서 具東會 博士學位論文 審査를 完了하다.	
	11(火)	6. 9	·새마을城南研修院에서 '地方自治와 새마을運動'을 特講하다. ·서울市와 大韓國土計劃學會 主催 露店商對策 세미나에서 司會를 보다.	9(日) ·政府, 이라크와 大使級 修交 ·全敎組, 合法性 爭取 汎國民大會가 汝矣島 漢江邊에서 개최, 敎師 1,800명 連行

月	日	陰	本人 및 家族事項	社會一般事項
7	12(水)	6.10	·環境大學院 人事委員會와 教授會議를 主宰하다.	12(水) ·安企部, 한겨레新聞 編輯局 강제 수색
	13(木)	6.11	·새마을運動中央協議會에서 '새마을 指導者의 役割'을 講演하다.	15(土) ·行政改革委員會, 政府組織 改革案 確定
			·서울大學校 學長會議에 參席하다.	16(日) ·全敎組 加入敎師 懲戒 强行에 抗議하여 全國 中高校生 시위 격화
	16(日)	6.14	·民主大學에서 '地方自治와 地域開發'을 講演하고 大田에서 上京하다.	17(月) ·安企部, 徐敬元 議員 訪北事件을 發表하고 徐議員을 서울 拘置所에 수감
	20(木)	6.18	·溫陽에서 開催된 內務部·忠南道 및 忠南大學校 主催 地方財政 擴充 세미나에서 司會를 보고 上京하다.	18(火) ·서울刑事地法, 張世東 被告에게 有罪 宣告
				19(水) ·6部 長官 경질 단행
	21(金)	6.19	·國土開發硏究院 主催 新都市開發 세미나에서 討論을 하다.	20(木) ·露店商 일제 단속
				·美國 旅客機 추락, 115名 사망
	25(火)	6.23	·서울大學校 大學人事委員會와 學長會議 및 大學院委員會에 參席하다.	21(金) ·불가리아, 서울貿易事務所 開設
				22(土) ·陸軍本部, 論山郡 새 廳舍 懸板式 擧行
			·大韓國土計劃學會 創立 30周年 紀念式에 參席하고 功勞牌를 받다.	24(月) ·日本, 參議員選擧에서 自民黨 참패하고 社會黨 급격 부상함
	27(木)	6.25	·江陵에 가서 嶺東問題硏究所 主催 세미나에서 '江原道 行政區域改編'을 發表하다.	25(火) ·湖南地方 大豪雨
				26(水) ·洪水被害, 100여名 死亡·失踪 發生
	28(金)	6.26	·江陵에서 上京하다.	27(木) ·KAL機, 리비아 트리폴리 空港 着陸中 墜落, 72名 死亡
			·中央都市計劃委員會에 參席하다.	
	31(月)	6.29	·韓國産業技術振興協會 課題 (科學技術 推進體系)의 部分 硏究를 完了하다.	·明洞聖堂에서 敎師 500여명, 無期限 斷食籠城 시작
				29(土) ·이란, 라프산자니 大統領 當選
8	3(木)	7. 2	·서울大學校 人事委員會와 學長會議에 參席하다.	3(木) ·慶南 巨濟島의 愛光院長 김인순씨, 막사이사이賞 수상
	4(金)	7. 3	·韓國土地開發公社 理事陣 一山과 盆唐地區를 視察하다.	7(月) ·東洋經濟新聞, 勞組罷業에 따른 廢刊 申請
	5(土)	7. 4	·大邱에 가서 硏究報告後 上京하다.	
	9(水)	7. 8	·韓國土地開發公社 理事陣 濟州道에 出張을 가다.	9(水) ·日本, 가이후 內閣 공식 출범
				12(土) ·輸入 햄·어묵에서 發癌物質인 亞窒酸鹽 검출
	10(木)	7. 9	·中文 골프場에 初行하다.(打點:88)	
	11(金)	7.10	·濟州에서 上京하다.	14(月) ·劇映畵『達磨가 東쪽으로 간 까닭은』, 스위스 國際映畵祭에서 大賞 受賞
	15(火)	7.14	·店村에 가서 聞慶中學校 同窓會 體育大會에 參席하고 上京하다.	15(火) ·林秀卿·文奎鉉 神父, 板門店 經由하여 歸還
	18(金)	7.17	·店村에 가다.	
	19(土)	7.18	·店村·聞慶地域發展協議會 主催 學術討論會에서 司會를 보다	19(土) ·店村·聞慶地域發展協議會, 店村에서 大會議 開催
	20(日)	7.19	·店村에서 上京하다.	·永登浦 乙區 再選擧 實施, 羅雄培 民正黨 候補 當選
	21(月)	7.20	·韓國不動産經濟社 主催 土地公槪念 세미나에서 司會를 보다.	·大韓航空 旅客機 첫 中國 運航
	22(火)	7.21	·새마을運動 城南硏修院에서 '婦女會長의 役割'을 特講하다.	21(月) ·東獨人 1,400명, 헝가리 觀光 中 오스트리아로 脫出
	24(木)	7.23	·서울大學校 大學人事委員會와 學長會議에 參席하다.	22(火) ·콜럼비아, 史上 최대의 痲藥掃蕩令 내림
	30(水)	7.29	·環境大學院 教授會議를 主宰하다.	23(水) ·政府, 土地公槪念 推進委員會 구성
			·環境大學院 卒業式에서 祝辭하다.	24(木) ·서울大, 91년부터 總長을 敎授들이 직접 선출하기로 決定
	31(木)	8. 1	·서울大學校 學長會議에 參席하다.	
			·大邱市 課題「尖端技術硏究團地造成」의 責任 硏究를 完了하다.	31(木) ·東亞建設, 53億달러의 리비아 水路工事 受注
9	1(金)	8. 2	·韓國土地開發公社 理事陣 大邱로 出張가다.	3(日) ·技能올림픽 世界大會서 8連覇 획득
	2(土)	8. 3	·大邱에서 慶南으로 가다.	5(火) ·文敎部, 不正入試 혐의사실로 東國·世宗·朝鮮大 總長 解任 요청
	3(日)	8. 4	·伽倻 골프장에 初行하다.(打點:94)	
	4(月)	8. 5	·忠武에서 釜山으로 가다.	6(水) ·南阿共 黑人들, 白人만의 總選에 抗議하고 罷業
	5(火)	8. 6	·釜山에서 上京하다.	

月	日	陰	本人 및 家族事項	社會一般事項
9	7(木)	8. 8	· 서울大學校 學長會議와 大學院委員會에 參席하다. · 서울大學校 機關長 晩餐會에서 司會를 보다.	8(金) · MBC 勞組, 全面 罷業 9(土) · 6·25 休戰會談 北韓側 代表였던 李상조氏, 서울을 訪問
	11(月)	8.12	· 檀國大學校 行政大學院 天安分校 懸板式에 參席하다.	· 民主黨 박재규 議員, 農藥管理法 改正과 관련 賂物 수수혐의로 구속
	12(火)	8.13	· 環境大學院 敎授會議를 主宰하다.	11(月) · 4代 店村 市長 申義雄 就任
	17(日)	8.18	· 金學浩 將軍 回甲宴에 參席하여 祝杯 提議와 祝辭를 하다.	· 政府·民正黨, 土地公槪念法案 確定 · 盧大統領, '새 共同體 統一案' 제시
	19(火)	8.20	· 盧炳太 先生任 招請 會食에 參席하여 進行을 보다.	13(水) · 東獨 難民 1만여명, 헝가리 國境開放으로 西獨 도착
	20(水)	8.21	· 驪州 골프場에서 싱글打를 치다.(打點:80)	18(日) · 6共 들어 時局관련 拘束者, 총 2,094명으로 集計
	21(木)	8.22	· 서울大學校 學長會議와 大學院委員會에 參席하다.	19(火) · MBC 勞組紛糾 타결, 正常放送 재개
	27(水)	8.28	· 環境大學院 第3代 自治會 發隊式에서 祝辭를 하다.	20(水) · 財閥 所有 不動産, 10兆원인 것으로 밝혀짐
	28(木)	8.29	· 서울大學校 大學人事委員會와 學長會議 및 大學院委員會에 參席하다.	26(火) · 70回 全國體典 및 世界 韓民族 體育大會 開幕
	29(金)	8.30	· 妻와 同行 店村에 가다. · 聞慶郡廳 會議室에서 發展協議會 任員會議를 主宰하다. · 虎溪에서 開催된 郡民體育大會 前夜祭에 參席하다.	28(水) · 國內 最大의 히로뽕 組織 檢擧 29(金) · 마르코스 필리핀 前大統領 하와이에서 死亡 30(土) · 政府, 北韓 佛敎信者 招請을 승인
	30(土)	9. 1	· 聞慶郡民 體育大會에 參加하다.	
10	1(日)	9. 2	· 金龍寺에 禮佛後 上京하다.	1(日) · 파키스탄, '72년 脫退 後 英聯邦에 다시 復歸
	3(火)	9. 4	· 議政府 多樂園에서 民主大學 硏修生에게 '地方自治와 地域開發'을 特講하다.	2(月) · 世界 韓民族 離散家族大會 開幕
	5(木)	9. 6	· 서울大學校 學長會議에 參席하다. · 서울大學校 社會大學硏究棟 起工式에 參席하다.	3(火) · 파나마에 流血 쿠데타 발생 · 日本 裁判部, '歷史歪曲 敎科書'가 合憲이라고 判定
	6(金)	9. 7	· 江陵市 主催 李祥羲 科學技術處長官 招請 懇談會에 參席하여 討論을 하고 上京하다.	4(水) · 44次 世界 聖體大會 開幕
	7(土)	9. 8	· 大統領 國土建設綜合計劃審査委員으로 再委囑되다.	5(木) · 노벨 平和賞에 달라이 라마 決定 7(土) · 敎皇 요한 바오로 2世 訪韓
	12(木)	9.13	· 서울大學校 大學人事委員會와 學長會議 및 大學院委員會에 參席하다.	8(日) · 盧大統領과 敎皇 요한 바오로 2世, 靑瓦臺에서 會談을 갖고 聲名 발표
	14(土)	9.15	· 서울大學校 開校紀念式에 參席하다. · 서울大學校 22年 勤續賞을 받다.	9(月) · 東西獨 障壁 崩壞 시작 10(火) · 政府와 農民, 秋穀收買값 引上 問題로 심각한 對決 양상
	18(水)	9.19	· 釜山大學校 行政大學院에서 '國土開發과 都市政策'을 特講하다.	12(木) · 生産技術硏究院 發足
	19(木)	9.20	· 서울大學校 學長會議에 參席하다. · 光州에 가다.	14(土) · 李會昌 選管委長, 東海市와 永登浦 乙區 再選擧의 不法·墮落에 대한 責任으로 辭退
	20(金)	9.21	· 光州 MBC 主催 세미나에서 '地方都市 育成戰略'을 發表하다. · 光州에서 安東으로 가다.	16(月) · 盧大統領, 訪美次 出國 18(水) · 폴란드, 共産主義 포기를 宣言
	21(土)	9.22	· 安東地域發展協議會 主催 세미나에서 '安東圈 區域改編'을 發表하다.	19(木) · 卓球選手 安재형과 中國選手 자오즈민이 結婚한다고 공식 발표 · 美 샌프란시스코에 强震이 발생하여 270여명이 死亡하고 500여명이 부상함
	22(日)	9.23	· 安東에서 店村으로 가다. · 金壽鶴 會長과 새마을運動 店村市 支會 主催 指導者大會에 參席하고 '店村 사랑하기 運動'을 講演하다. · 店村에서 上京하다.	20(金) · 野黨 3金 總裁, 年內 5共 淸算이 안 될 때는 盧政權 退陣을 위한 共同鬪爭을 展開키로 결정 23(月) · 헝가리, 40년만의 共産統治 終熄하고 共和國 宣言
	26(木)	9.27	· 서울大學校 學長會議와 大學院委員會에 參席하다.	

月	日	陰	本人 및 家族事項	社會一般事項
10	26(木)	9.27	·Willy Vrandt 前 西獨首相에 대한 名譽政治學 博士學位 授與式에 參加하고 紀念講演을 듣다.	24(火) ·빌리 브란트 前 西獨總理 訪韓 25(水) ·韓國 蹴球, 싱가포르서 사우디 아라비아를 2대0으로 이겨 로마 월드컵 蹴球 本選 進出權 획득
	28(土)	9.29	·金泰鏞君 結婚主禮를 보다. ·Corey 恩師夫婦와 Dr.Hamlin을 自宅에 招待하여 晩餐을 하다.	·民正黨, 金大中總裁의 美議員에 대한 書信 公開로 政界에 波紋이 일어남
	29(日)	9.30	·全南 長城 새마을研修院에 가서 科學技術處 및 UNESCO 主催 大學生 研修會에서 '國土 設計'를 特講하다.	26(木) ·白頭山 觀光하던 韓國人 28명, 突風에 밀려 墮落 사망
11	1(水)	10. 3	·環境大學院 教授會議를 主宰하다.	3(金) ·木浦 大佛産業基地 開發 工事 着工
	2(木)	10. 4	·서울大學校 大學人事委員會와 學長會議 및 大學院委員會에 參席하다.	·秋穀收買價 11~12% 引上 결정, 農民들 거센 抗議 일어남
	3(金)	10. 5	·中央都市計劃委員會에 參席하다.	·政府, 地方議會議員選擧를 내년 5월에 실시키로 결정
	4(土)	10. 6	·徐佑錫君의 結婚 主禮를 보다.	
	6(月)	10. 8	·浦項에 가다.	4(土) ·三養食品 등 有名 라면業体들이 輸入 工業油脂를 食品에 첨가한 事件이 발생하여 關聯者들을 구속하고, 食品業体 등에 대한 全面搜査를 개시함
	7(火)	10. 9	·浦項市 主催 都市長期計劃 公聽會에서 司會를 보고 上京하다.	
	8(水)	10.10	·雪娥, 自動車 免許證을 取得하다.	
	9(木)	10.11	·서울大學校 學長會議에 參席하다.	6(月) ·世界 60個國 環境長官會議, 네덜란드에서 開幕
	10(金)	10.12	·大田市 主催 尖端産業團地 造成 세미나에서 司會를 보다. ·大韓國土計劃學會·釜山市 主催 釜山發展 세미나에서 討論을 하다.	7(火) ·東獨 빌리 슈토프 總理 內閣 總辭退 9(木) ·東獨 베를린 障壁 撤去, 完全 開放 10(金) ·中國 鄧小平, 江澤民에게 權力承繼하고 退陣
	11(土)	10.13	·釜山에서 上京하다.	
	15(水)	10.17	·東爀 軍入隊하여 議政府로 가다.	13(月) ·第4次 韓·美 纖維協商 開催
	16(木)	10.18	·서울大學校 學長會議와 大學院委員會에 參席하다.	17(金) ·체코, 프라하에서 民主化 要求示威 발생
	20(月)	10.22	·科學技術諮問會議에 參席하여 科學技術行政을 討論하다. ·檀國大學校 行政大學院에서 '國土 設計'를 特講하다.	18(土) ·盧大統領, 유럽 4個國 巡訪次 出國 22(水) ·헝가리와 航空協定 締結 24(金) ·日本으로부터 '귀무덤(耳塚)'을 韓國으로 이전
	21(火)	10.23	·새마을運動 城南研修院에서 '社會變動과 指導者 役割'을 特講하다.	·체코 共産黨 政治局員, 全員 辭任 27(月) ·폴란드에 韓國大使館 開設
	23(木)	10.25	·內務部 研修院 研修大會에서 '地方自治實施와 地方行政 役割'에 대하여 基調演說을 하다.	28(火) ·체코市民, 共産統治 終熄을 요구하며 總罷業
	24(金)	10.26	·새마을運動 城南研修院에서 '社會變動과 指導者 役割'을 特講하다. ·中央都市計劃委員會에 參席하다.	·체코의 아다메치 總理, 聯立政府 構成에 합의 29(水) ·라지브 간디 印度 總理, 26日 總選 敗北로 辭任
	29(水)	11. 2	·環境大學院 教授會議를 主宰하다. ·環心會 夫婦同伴 送年會를 갖다.	·체코議會, 共産黨의 權力 獨占 및 마르크스·레닌 主義 教育 撤廢를 의결
	30(木)	11. 3	·서울大學校 學長會議에 參席하다.	30(木) ·체코, 오스트리아 隣接國境의 障壁撤廢 선언
12	1(金)	11. 4	·大韓商工會議所 韓國經濟研究센터 研究委員으로 再委囑되다.	1(金) ·盧大統領, 미테랑 佛蘭西 大統領과 會談 ·필리핀에 反政府 軍事 쿠데타 發生
	5(火)	11. 8	·環境大學院 教授會議를 主宰하다. ·蔚山에 가다.	·고르바초프·教皇 바오로 2世, 최초로 會同하여 修交에 합의
	6(水)	11. 9	·韓國地方行政研究院 主催 大都市 特例 範圍에 관한 세미나에서 討論하다.	2(土) ·臺灣, 40年만에 처음 多黨制下에서 總選擧 實施
	7(木)	11.10	·蔚山에서 上京하다. ·서울大學校 學長會議와 大學院委員會에 參席하다.	·美·蘇 몰타會談 시작 ·美軍의 도움을 받아 필리핀 쿠데타 鎭壓
	8(金)	11.11	·서울市立大學校 都市行政學科 卓秉伍 博士學位 論文 審査를 完了하다.	6(水) ·東·西獨 45년만에 自由往來 시작 7(木) ·與·野, 宅地上限 200坪으로 합의

1989

月	日	陰	本人 및 家族事項	社會 一般事項
12	11(月)	11.14	·議政府 多樂園에서 民主大學 硏修生에게 '地方自治와 地域開發'을 特講하다.	8(金) ·大韓 綠色黨 創黨 發起人 大會 開催 ·韓·蘇 領事關係 수립
	12(火)	11.15	·靑瓦臺에서 開催된 科學技術振興會議에 參席하다. ·새마을運動 城南硏修院에서 '地方自治와 새마을運動'을 特講하다.	9(土) ·與 當直者, 一括辭表 제출 12(火) ·一山 開發計劃 公聽會 개최 13(水) ·政府, 情報社會 綜合對策 發表
	13(水)	11.16	·環境大學院 敎授會議를 主宰하다.	·土地公槪念 3個法案, 國會 通過
	14(木)	11.17	·서울大學校 學長會議에 參席하다. ·環境大學院 同窓會 理事會에 參席하여 人事를 하다.	14(木) ·蘇聯 物理學者 사하로프 死亡 16(土) ·14回 아시아 사이클 選手權大會, 뉴델리에서 開催, 韓國 綜合優勝 獲得
	15(金)	11.18	·行硏會 夫婦 同伴으로 送年會를 갖다.	·5共 淸算 11個項 合意
	19(火)	11.22	·漢陽大學校 行政學科에서 權純福 博士學位論文 審査를 完了하다.	18(月) ·EC, 蘇聯과 광범한 雙務通商·經濟協力 협정 締結
	20(水)	11.23	·中央大學校 經濟學科에서 金泰保 博士學位論文 審査를 完了하다.	·서울地下鐵 3號線 기공 ·全大協 임종석 議長, 체포·구금됨
	21(木)	11.24	·江原道 平昌郡 道岩面 龍坪에 가다. ·道岩面 繁榮會 主催 세미나에서 '大關嶺圈의 未來像'을 基調發表하고 司會를 보다.	19(火) ·定期國會, 새해 豫算案 22조8,694억원 확정 20(水) ·南北 高位級會談 豫備會談 開催
	22(金)	11.25	·道岩에서 上京하다. ·文敎部 地域開發硏究課題 評價委員會 主催 硏究發表 세미나에서 開會 및 閉會辭를 하고 '地域開發 硏究課題 發展計劃'을 發表하다. ·中央都市計劃委員會에 參席하다. ·새마을運動 城南硏修院長으로부터 出講 感謝牌를 받다. ·서울大學校 學院長 夫婦 送年會에서 進行 司會를 보다.	21(木) ·美國, 파나마를 武力으로 장악, 노리에가 大統領 체포는 실패 23(土) ·루마니아의 24년간 獨裁政權 붕괴 26(火) ·루마니아의 獨裁者 차우세스크 夫婦, 도주하다 잡혀 處刑됨 27(水) ·文化部·環境處·公報處 발족 ·政府, 南北韓 通行協定 草案 마련 28(木) ·유고와 大使級 外交關係 樹立 ·建設部, 建設業 紛爭調整委員會 가동
	27(水)	11.30	·韓國土地開發公社 送年會에 參席하다.	29(金) ·鄭鎬溶 議員, 모든 公職 辭退 發表
	28(木)	12. 1	·서울大學校 入試査定委員會에 參席하다.	·'프라하의 봄' 主人公 하벨, 체코 大統領에 취임
	29(金)	12. 2	·東爀 敎育 完了하여 楊坪으로 面會가다. ·東爀 20師團 62旅團 109機補(驪州郡 大神面 堂山理)로 配置되다.	·朴浚圭 民正代表, 전격 辭任 30(土) ·崔圭夏 前 大統領, 聽聞會에의 '不出席 理由書'를 國會에 제출
	31(日)	12. 4	·文敎部 課題 (地域開發硏究課題의 長期計劃)의 單獨 硏究를 完了하다.	·河川法 개정 31(日) ·全斗煥 前 大統領, 國會 特委에서 證言

第 55 歲 : 1990(4323) 庚午年 / 大學院長 - 平敎授

月	日	陰	本人 및 家族事項	社會 一般事項
1	1(月)	12. 5	·環境大學院 新年交禮會에서 院長 人事를 하다. ·俸給 32號俸으로 昇級하다. ·文敎部 地域開發硏究事業評價委員會 委員長으로 再委囑되다. ·大邱 大亞綜合技術公社 大邱市 都市基本計劃 修正計劃 諮問委員으로 委囑되다. ·不動産經濟新聞 編輯 顧問으로 委囑되다.	1(月) ·環境廳, 處로 昇格 ·文化公報部 廢止, 文化部 및 公報處 新設 4(木) ·파나마의 노리에가 將軍, 敎皇廳 大使館에 피신한 후 美國政府에 自進 投降 6(土) ·서울-파리間 KAL旅客機, 시베리아 領空 첫 通過 ·民正黨 黨職改編
	4(木)	12. 8	·서울大學校 學長會議에 參席하다.	9(火) ·嶺東地方에 暴雪
	6(土)	12.10	·東爀 面會가서 部隊長 등을 만나다.	·綜合土地稅 引下 추진
	8(月)	12.12	·中央大學校 經濟學科 金泰保 博士學位論文 最終 審査를 마치다.	11(木) ·盧大統領, 金大中 總裁와 對談 12(金) ·盧大統領, 金泳三 總裁와 對談

月	日	陰	本人 및 家族事項	社會一般事項
1	9(火)	12.13	·韓國科學技術團體總聯合會 新年 賀禮式에 參席하다. ·自然과 環境을 위한 勸誘者大會에 參席하여 說明하다. ·在京 聞慶·店村鄕友會 主催 新年賀禮會에 參席하여 司會를 보다.	13(土) ·盧大統領, 金鍾泌 總裁와 對談 14(日) ·蒙古 5천여市民, 民主化를 要求하며 示威 15(月) ·大學生 300여名 示威 16(火) ·政府, 南北經濟交流基金 設置案 마련 ·韓·알제리間 大使級 修交 수립
	10(水)	12.14	·韓國土地開發公社 理事陣 全州로 出張가다.	17(水) ·動資部, 濟州道 南方에서 大陸棚 石油 探査 試錐作業 着手
	11(木)	12.15	·群山·長項開發地區를 視察하다. ·群山에서 木浦로 가다.	·서울市內 自動車 100万台 돌파
	12(金)	12.16	·木浦 大佛工團建設 現場을 視察하다. ·木浦에서 光州로 가다.	·蘇聯 當局, 아르메니아·아제르바이잔 鎭壓 위해 發砲 승인
	13(土)	12.17	·光州에서 上京하다.	19(金) ·서울地下鐵 3個路線의 年內 早期着工을 推進 계획
	14(日)	12.18	·禹炳奎 院長 令息 寅河君의 結婚 主禮를 보다.	
	17(水)	12.21	·環境大學院 人事委員會를 主宰하다.	20(土) ·政府, 農業安定對策을 마련
	19(金)	12.23	·大田에 가다. ·韓國地方行政研究院·大田市 主催 大田市政 發展 심포지엄에서 討論하다.	22(月) ·民正·民主·共和黨, 統合하여 民主自由黨 創黨 宣言 24(水) ·日本, 美·蘇에 이어 달 探査 人工衛星 發射
	20(土)	12.24	·大田에서 上京하다. ·大統領 國土建設綜合計劃審議會 委員으로 再委囑되다.	25(木) ·서울地檢, 出演料 受賂한 PD 6名 拘束 ·靑瓦臺, 民生治安對策 會談 개최
	21(日)	12.25	·金一濟 兄宅에서 開催된 判官公派 宗親會 總會에 參席하다.	29(月) ·平民黨, 黨3役 경질 31(水) ·民主黨, 黨解體 및 民正·共和黨과의 合黨 결의
	23(火)	12.27	·大邱市 都市基本計劃 諮問會議에 參席하여 司會를 보고 上京하다.	
	27(土)	1. 1	·金福煥 自宅서 舊正 祭祀를 지내다.	
2	1(木)	1. 6	·서울大學校 人事委員會와 學長會議 및 大學院 委員會에 參席하다.	1(木) ·中部地域, 史上 最大의 暴雨로 43億 被害 ·民正黨, 解體 및 合黨 의결
	5(月)	1.10	·永興學院에 運轉練習을 登錄하다.	2(金) ·政府, EC 및 캐나다 등과 科學技術 協定을 추진하고, 蘇聯 및 東歐圈과도 技術交流를 모색키로 함
	7(水)	1.12	·科學技術處가 慶州에서 開催한 大學生硏修會에서 '國土 設計'를 特講하다.	
	8(木)	1.13	·韓國産業開發研究院 龍仁 硏修院에서 '地方化 時代의 地方政府役割'을 特講하다. ·民主大學에서 '地方自治와 地域開發'을 特講하다. ·서울大學校 學·院長 晩餐會에서 司會하다.	3(土) ·콜 西獨總理·모드로브 東獨 總理, 統獨問題 등 論議키 위해 非公式 會談 開催 ·政府, 西海岸開發投資計劃 및 專擔機構 設置案 확정
	10(土)	1.15	·새마을運動 中央硏修院에서 "地方化時代와 새마을運動"을 講演하다. ·韓國未來學會 發表會에 參加하다.	5(月) ·蘇聯 共産主義 붕괴 시작
	12(月)	1.17	·韓國土地開發公社 理事陣 忠淸道로 出張가다.	·고르바초프 蘇聯 大統領, 共産黨의 權力 獨占 抛棄 제의
	13(火)	1.18	·淸州 골프場에 初行하다.(打點:93)	6(火) ·콜 西獨 總理, 東·西獨의 貨幣統合 제의
	14(水)	1.19	·淸州에서 上京하다. ·環境大學院 謝恩會에서 院長 人事를 하다.	7(水) ·政府, 國防費 7%를 武器開發에 투입하고 國防參謀本部를 창설하는 등 독자적인 防衛體制를 구축키로 함
	15(木)	1.20	·環境大學院 同窓會 理事會에 參席하여 院長人事를 하다.	
	16(金)	1.21	·새마을運動 中央硏修院(舊 城南硏修院) 敎育諮問團 委員으로 委囑되다.	8(木) ·사할린 同胞 120名, 50年만에 처음 母國 訪問
	17(土)	1.22	·大韓國土計劃學會 總會에 參席하다. ·同 學會 理事로 選任되다.	·政府, 南北韓의 軍縮 및 DMZ 地域의 非武裝化 추진키로 함
	19(月)	1.24	·새마을運動 中央硏修院에서 '地方化時代와 새마을 運動'을 特講하다.	·政府, 富川市 中洞宅地開發計劃 승인 9(金) ·民主自由黨 公式 出帆
	20(火)	1.25	·春川에 가서 KBS 錄畵를 하고 歸京하다.	·建設部, 17만명을 수용할 수 있는 富川市 中洞地域 164萬坪의 新都市 建設計劃 확정
	21(水)	1.26	·科學技術處에서 '技術地帶網 構想'을 講演하다. ·韓國地方行政研究院 諮問會議에 參席하다.	

月	日	陰	本人 및 家族事項	社會一般事項
2	22(木)	1.27	·公州市 主催 市民大會에서 '地方化時代의 市民意識'을 講演하다.	13(火) ·韓·蘇, 科學技術協力 및 科學者 交流를 위한 協力議定書 交換
			·서울大學校 學長會議에 參席하다.	14(水) ·체니 美 國務長官이 訪韓하여 駐韓美軍의 減軍 問題를 논의
	23(金)	1.28	·새마을運動 中央研修院에서 '地方化時代와 새마을運動'을 特講하다.	18(日) ·蒙古民主聯合, 蒙古民主黨 創黨으로 첫 野黨 탄생
			·環境大學院 教授夫婦를 招請하여 會食을 갖고 院長人事를 하다.	19(月) ·日本, 衆議員 選擧에서 自民黨이 樂勝
	24(土)	1.29	·韓國土地開發公社 理事陣 仁川開發地區를 視察하다.	20(火) ·臨時國會, 金在淳 國會議長의 開會辭 波及으로 平民黨이 퇴장한 가운데 開會
	25(日)	2. 1	·春川 KBS 江原大討論 '高原都市開發'을 放映하다.	24(土) ·在野 15團體 4천여名, 3黨合黨 反對示威 26(月) ·民主黨 創黨 發起大會 開催
	26(月)	2. 2	·서울大學校 卒業式에 參席하다.	·盆唐線 電鐵 着工式 가짐
			·環境大學院 卒業式에서 院長致辭를 하다.	27(火) ·폴란드·이스라엘, 23年만에 外交關係 再開
	27(火)	2. 3	·새마을運動 中央研修院에서 '地方化時代와 새마을運動'을 特講하다.	·니카라과, 11년간의 左翼 統治를 종식하고 野黨의 청모로 女史를 大統領으로 선출
	28(水)	2. 4	·環境大學院 教授會議를 主宰하다.	
			·環境大學院 入學式에서 院長 致辭를 하다.	28(水) ·새마을運動中央協議會, '91年까지 所有建物·垈地를 매각키로 決議
3	1(木)	2. 5	·內務部 研修院 指導教授로 再委囑되다.	1(木) ·盧大統領, 3·1節 致辭에서 南北頂上會談을 거듭 촉구
			·金東元君의 結婚式에 參席하다.	
			·새마을運動 中央研修院에서 '地方化時代와 새마을運動'을 特講하다.	2(金) ·宅地所有上限制 및 開發利益還收制 시행 ·土地公概念 相談室 설치·운영
	2(金)	2. 6	·서울大學校 入學式에 參席하다.	4(日) ·北韓이 판 第 4땅굴을 楊口 DMZ 南方에서 발견함
	3(土)	2. 7	·東嫌 面會를 가다.	
			·KBS 深夜討論 프로그램에서 地方自治 實施를 放映하다.	5(月) ·建設部, 標準賃貸保證金 및 標準賃貸料 告示
	6(火)	2.10	·科學技術諮問會議 運營委員會에 參席하다.	8(木) ·韓弼聖·韓弼花 男妹, 分斷 40年만에 日本 千歲 空港에서 상봉
	8(木)	2.12	·서울大學校 大學人事委員會와 大學院委員會 및 學長會議에 參席하다.	9(金) ·政府, 새 統一教育 指針을 마련
	9(金)	2.13	·科學技術處 尖端科學産業研究團地 造成 諮問團 委員으로 委囑되다.	12(月) ·國會 國防委, 國軍組織法 改正案 處理
	12(月)	2.16	·內務部 政策諮問委員으로 再委囑되다.	·폴란드·스위스·브라질·印度 등 共産·中立國이 팀 스피리트 訓練에 처음으로 觀覽次 參席
	13(火)	2.17	·建設部長官으로부터 國土綜合計劃審議會 委員 委囑狀을 받다.	·蟾津江 洪水統制所 개소
	16(金)	2.20	·『穎江文化』誌 創刊 5周年 紀念式에 參席하다.	14(水) ·蘇聯, 最初의 大統領 選擧에서 고르바초프 當選
			·同誌 後援會長團으로 推戴되어 代表人事하다.	
	17(土)	2.21	·安泰弘君의 結婚主禮를 보다.	·江澤民 中國 總書記, 北韓 訪問
			·KBS『살며 생각하며』프로그램에서 金壽鶴 會長과의 對談을 錄畵하다.	·北韓, 처음으로 땅굴 굴착을 시인 16(金) ·새 國際空港으로 泳宗島를 확정
	18(日)	2.22	·KBS 日曜對談『살며 생각하며』를 放映하다.	·統一동산 및 自由路 建設計劃 확정
	19(月)	2.23	·새마을運動 中央研修院에서 '地方化時代와 새마을運動'을 特講하다.	17(土) ·大幅 改閣 斷行 18(日) ·東獨, 獨逸 再統一을 결정하게 될 自由總選擧 실시
	21(水)	2.25	·環境大學院 教授會議를 主宰하다.	
	22(木)	2.26	·서울大學校 學長會議에 參席하다.	19(月) ·金泳三 民自黨 代表委員, 蘇聯 訪問
			·서울大學校 期成會 理事會 晚餐에 參席하다.	·蘇聯 모스크바 라디오, 4月 1日부터 韓人 離散家族 찾기 프로그램을 방송키로 함
	23(金)	2.27	·새마을運動 中央研修院에서 '地方化時代와 새마을 運動'을 特講하다.	
			·大韓投資信託會社에서 '地方自治와 地域經濟'를 講演하다.	21(水) ·나미비아 獨立 ·經濟長官會議, 實名制 無期 延期할 方針을 확인
	24(土)	2.28	·科學技術諮問會議 運營委員會에 參席하다.	
			·自動車運轉 筆記試驗에 合格하다.	22(木) ·체코와 大使級 外交關係 樹立
			·東嫌 面會를 가다.	·金泳三·고르바초프, 모스크바에서 전격 會談 가짐
	25(日)	2.29	·金鉉昊君 結婚主禮를 보다.	

月	日	陰	本人 및 家族事項	社會一般事項
3	26(月)	2.30	·大韓國土計劃學會 顧問으로 推戴되다. ·同 學會 學會發展硏究特別委員會 委員長으로 推戴되다.	23(金) ·불가리아와 大使級 外交關係 樹立 ·蒙古議會, 共産黨 一黨 獨裁를 廢止키로 결정
	27(火)	3. 1	·새마을運動 聞慶郡支會 主催 새마을指導者 大會에 金壽鶴 會長과 같이 參席하다. ·同 大會에서 '健全生活確立'을 講演하다. ·聞慶에서 上京하다.	24(土) ·美·日·濠·캐나다가 參加하는 環太平洋 訓練에 첫 參觀함 25(日) ·大邱 西甲地區 補闕選擧에 候補로 등록했던 鄭鎬溶氏, 盧大統領과의 面談後 候補職 사퇴
	28(水)	3. 2	·새마을運動 中央硏修院에서 '地方化時代와 새마을運動'을 特講하다.	26(月) ·蒙古와 大使級 外交關係 樹立
	29(木)	3. 3	·서울大學校 學長會議와 大學院委員會에 參席하다.	27(火) ·KAL機, 定期航空便으로는 처음 모스크바 寄着
	31(土)	3. 5	·새마을運動 中央硏修院에서 '地方化時代와 새마을運動'을 特講하다. ·東轍 休暇後 歸隊하다. ·科學技術處·韓國土地開發公社 課題 (全國土 技術地帶網 構想)의 責任 硏究를 完了하다.	28(水) ·월드컵 國際射擊大會에서 金메달 4個 獲得 29(木) ·民間放送 TV, 1992년에 許容할 방침 30(金) ·루마니아와 大使級 外交關係 樹立 31(土) ·政府, 一山 新都市 開發計劃 승인
4	3(火)	3. 8	·內務部 硏修院 地方廳 公務員 敎育訓練審議 委員會 委員으로 委囑되다.	1(日) ·蘇聯 修交 企劃團 發足·運營 ·蘇聯에 全國 규모 첫 野黨인 新自由 民主黨 탄생
	4(水)	3. 9	·서울大學校 法科大學 法學棟 起工式에 參加하다. ·環境大學院 敎授會議를 主宰하다. ·서울大學校 大學人事委員會와 學長會議에 參席하다.	·日本, 在日 韓國人 3世에 永住權 賦與 決定 ·蘇聯 모스크바 放送, 蘇聯 居住 韓國人 離散家族 찾기 放送 始作
	5(木)	3.10	·妻와 같이 店村에 가다. ·山陽面 玉山 所在 金秉鉉 而景公派 派祖 墓所 再建과 自作碑文 碑石建立 行事에 參加하다.	2(月) ·北韓 留學生 2名, 蘇聯 留學中 歸順 ·建設部, 大統領에게 大都市 交通綜合 對策을 보고
	6(金)	3.11	·店村에서 上京하다.	
	7(土)	3.12	·環境大學院 環境計劃硏究所 開所 10周年 紀念式에서 院長 致辭를 하다. ·大田에 가서 科學技術諮問會議 第3分科會議를 하다.	3(火) ·大邱 西甲과 忠北 鎭川·陰城 補闕選擧 實施 ·각각 民自黨 및 民主黨 候補가 당선 ·알제리 駐在 大使館 개설
	8(日)	3.13	·儒城 골프場에서 싱글打를 치다.(打點:80) ·大田에서 上京하다.	5(木) ·東獨 議會, 첫 民選議會 開院式을 갖고 西獨法을 根據로 한 統獨에 合意
	9(月)	3.14	·金壽鶴 會長과 慶州에 가다.	·政府, 經濟活性化 綜合對策 발표
	10(火)	3.15	·婦女새마을運動 慶北協議會 主催 婦女 指導者會에서 '家庭 새마을 運動과 國家發展'을 講演하고 慶州에서 上京하다.	6(金) ·미얀마 南部 海上에서 페리 旅客船 전복으로 200여명 사망
	11(水)	3.16	·새마을運動 中央硏修院에서 '地方自治時代와 새마을運動'을 特講하다. ·環境大學院 自治會 主催 新都市建設세미나에서 院長 祝辭를 하다.	7(土) ·高興-濟州間 海底通信 光케이블網 開通 ·네팔, 民主化 要求하며 50만명이 示威, 警察의 發砲로 數百名의 死傷者 발생 8(日) ·비렌드라 네팔 國王, 30년간 지속되어온 政黨禁止措置를 해제하고 多黨制 도입을 宣布
	12(木)	3.17	·서울大學校 大學人事委員會와 學長會議 및 大學院委員會에 參席하다.	
	13(金)	3.18	·서울市 敎育計劃審議委員會 委員으로 委囑되다. ·國土開發硏究院 主催 土地管理 會計制度 세미나에서 討論을 하다. ·새마을運動 中央硏修院에서 '地方化時代와 새마을運動'을 特講하다. ·中央都市計劃委員會에 參席하다.	·헝가리 民主 포럼(MDF), 헝가리 自由 總選擧 2次投票서 壓勝 ·蘇聯 레닌그라드 필하모닉 오케스트라 團員 120명 내한 9(月) ·그루지야 共和國 住民 20萬名, 蘇聯으로부터 獨立을 요구하며 시위
	14(土)	3.19	·科學技術諮問會議에 參席하다. ·環境大學院 自治會 野遊會를 安養 樹木園으로 가서 院長 人事를 하다.	12(木) ·盧大統領, 金賢姬에 特別 赦免 ·東獨 聯立政府, 西獨과의 經濟·社會·通貨 同時統合時期를 7월 1일로 결정
	17(火)	3.22	·科學技術團體總聯合會議 南北 民間科學技術交流 推進協議會委員으로 委囑되다.	13(金) ·朴哲彦 政務 1長官 辭表提出 15(日) ·世宗大, 總長 問題로 무기한 臨時休業

月	日	陰	本人 및 家族事項	社會 一般事項
4	17(火)	3.22	·同 協議會 懸板式에 參加하다. ·새마을運動 中央研修院에서 '地方化時代와 새마을運動'을 特講하다. ·大韓航空 社內大學에서 '自然과 環境'을 特講하다.	15(日) ·下向勢를 그리던 株價가 700線대로 침몰 ·韓國天主敎 設立 平和放送(PBC) 開局 16(月) ·光州市, 5·18 關聯 1,302名의 被害者에게 165億원 補償金 支給 17(火) ·凶惡 家庭破壞犯 9명, 사형 집행
	18(水)	3.23	·大邱에 가서 大邱市 都市計劃諮問會議에 參席하다. ·永川市 主催 市民大會에서 '健全社會 建設과 새마을運動'을 講演하다. ·永川에서 上京하다.	18(水) ·日本 法務相, 日本 侵略에 대한 歪曲된 認識을 표출 19(木) ·政務 第1長官에 金允煥씨 임명 20(金) ·店村市, 新廳舍 竣工, 開廳式 擧行 ·政府, 全國 土地調査 着手
	19(木)	3.24	·서울大學校 學長會議에 參席하다.	·스미르노프 蘇聯 歷史學者, 6·25戰爭은 北韓의 奇襲南侵으로 일어났다고 밝힘
	20(金)	3.25	·妻와 같이 店村에 가다. ·店村市 新廳舍 開廳式에 參席하여 漢詩 및 時調를 贈呈하고 紀念植樹하다.	·在野團體 및 大學生 3千여名, 延世大에서 國民聯合 結成
	21(土)	3.26	·店村에서 上京하다.	21(土) ·全民聯 등 13개 在野團體와 大學生 3千여名, 延世大에서 '國民聯合' 결성
	24(火)	3.29	·새마을運動 中央研修院에서 '地方化時代와 새마을運動'을 特講하다. ·科學技術諮問會議 委員들 아카데미 하우스에서 會議하고 投宿하다.	22(日) ·새마을運動 20周年 紀念 ·'地球의 날' 制定 20周年 紀念 25(水) ·綜合株價指數 755.05까지 下落
	25(水)	4. 1	·韓國地方行政研究院 諮問會議에 參席하다. ·檀國大學校 行政大學院에서 '都市化와 都市行政'을 特講하다.	26(木) ·政府, 9道 57市 51郡을 土地去來 許可地域으로 追加 指定 28(土) ·警察, 罷業籠城中인 現代重工業에 兵力을 투입해 强制 解散시킴
	26(木)	4. 2	·서울大學校 學長會議에 參席하다.	
	27(金)	4. 3	·在鄕軍人會에서 '地方自治와 國民意識'을 特講하다.	30(月) ·金泳三 最高委員, 釜山 西甲 地區黨 委員長職 抛棄
	28(土)	4. 4	·새마을運動 中央研修院에서 '地方化時代와 새마을 運動'을 特講하다.	·30萬 標準地의 價格 公示
	30(月)	4. 6	·淸州에 가서 새마을運動 忠北支會 主催 行事에서 '새마을運動 20周年 紀念' 特講을 하다.	
5	3(木)	4. 9	·서울大學校 學長會議와 大學院委員會에 參席하다.	1(火) ·佛敎放送(BBC) 開局
	4(金)	4.10	·中央都市計劃委員會에 參席하다. ·大田에서 開催된 科學技術諮問會議에 參席하다.	2(水) ·드 클레르크 南阿共 大統領과 만델라 아프리카 民族會議 指導者, 人種差別政策 終熄에 合意
	5(土)	4.11	·大田에서 上京하다.	
	7(月)	4.13	·韓國土地開發公社 理事陣 江原道로 出張가다. ·春川 訪問後 原州로 가다.	3(木) ·英國 保守黨, 地方議會 選擧에서 勞動黨에 慘敗
	8(火)	4.14	·原州에서 江陵으로 가다.	4(金) ·그리스 議會, 카라만리스를 大統領으로 선출
	9(水)	4.15	·雪嶽플라자 골프場에서 싱글打를 치다.(打點:81) ·束草에서 上京하다.	·라트비아共和國 議會, 蘇聯 聯邦으로부터의 分離 獨立案 가결
	10(木)	4.16	·서울大學校 學長會議에 參席하다.	
	11(金)	4.17	·서울大學校 林學科 主催 세미나에서 '國土利用과 環境'을 發表하다. ·새마을運動 中央研修院에서 '地方化時代와 새마을運動'을 特講하다.	5(土) ·統獨위한 東·西獨과 美·英·佛·蘇 간의 '2+4' 會談 開幕 7(月) ·大學敎授 1,041名, 時局聲明 發表 8(火) ·政府, 49財閥에 대해 非業務用土地를 6個月내 처분토록 지시
	11(金)	4.17	·申邦鉉 院長 著書『韓國住宅行政論』出版紀念會에서 祝辭를 하다.	9(水) ·民自黨, 全黨大會 開催
	12(土)	4.18	·平澤에서 開催된 大韓國土計劃學會 主催의 平澤廣域計劃 諮問會議에 參席하다.	10(木) ·政府, 京畿道 坡州郡 일부 119.14㎢를 統一동산 特定地域으로 지정 11(金) ·國稅廳, 常習 投機者 168名 公開
	13(日)	4.19	·妻와 함께 店村에 가다. ·妻男 載敏, 慶州崔氏 美淑孃과 결혼하다. ·店村에서 上京하다.	12(土) ·「靑少年 憲章」宣布 ·발트 3共和國 大統領, 獨立을 위해 政治協力을 도모할 協議体 復活에 합의
	15(火)	4.21	·새마을運動 中央研修院에서 '地方化時代와 새마을運動'을 特講하다.	15(火) ·필리핀 政府, 필리핀 駐在 美軍基地의 賃貸 延長을 不許한다고 美國에 公式 통보

月	日	陰	本人 및 家族事項	社會一般事項
5	15(火)	4.21	·大田 忠南大學校 行政大學院에서 '地方 財政力'을 特講하다.	16(水) ·平壤放送, 北韓은 現代 그룹과 추진키로 한 金剛山 開發 등의 事業計劃을 無效化한다고 밝힘
	16(水)	4.22	·環境大學院 教授會議를 主宰하다.	
	17(木)	4.23	·새마을運動中央協議會 理事會 小委員會에 參席하다. ·서울大學校 人事委員會와 學長會議에 參席하다.	17(木) ·交通部, 新空港 立地를 永宗島로 確定 18(金) ·南예멘과 大使級 外交關係 樹立 ·東·西獨, 貨幣 및 經濟統合 協定에 調印
	18(金)	4.24	·科學技術團體總聯合會 科學技術政策 硏究委員會 委員으로 委囑되다. ·새마을運動 中央硏修院에서 '地方化時代와 새마을運動'을 特講하다.	20(日) ·루마니아, 2次大戰 後 最初로 自由總選擧 실시 21(月) ·文敎部, 91년부터 初·中·高校에 越班·留級制度 도입을 許容키로 함
	20(日)	4.26	·東嫐 面會가다.	·南·北예멘, 예멘共和國으로의 統一을 선언
	22(火)	4.28	·새마을運動 中央硏修院에서 '地方化時代와 새마을運動'을 特講하다. ·大韓航空 金海社內大學에서 '自然과 環境'을 特講하다.	24(木) ·盧大統領, 日本 訪問次 出國 ·金日成, 南·北韓이 U.N.에 '單一議席'으로 가입할 것을 주장
	23(水)	4.29	·釜山 影島 所在 大韓造船公社 産業大學에서 '自然과 環境'을 特講하다.	·國稅廳, 國內 30大 財閥이 僞裝取得한 不動産은 89年末 現在 1,039萬 5千여坪이라고 공개
	24(木)	5. 1	·釜山에서 上京하다. ·서울大學校 學長會議와 大學院委員會에 參席하다. ·韓國土地開發公社 社長으로부터 土開公 理事歷任 紀念牌를 받다.	25(金) ·盧大統領, 日本 國會에서 韓·日 關係를 主題로 演說 26(土) ·平村 및 山本 新都市, 최초로 아파트 分讓
	25(金)	5. 2	·環境大學院 同窓會 理事會에 參席하여 院長人事를 하다.	·유고, 共産黨의 權力獨占 廢棄를 공식화하는 聲明 채택
	26(土)	5. 3	·檀國大學校 行政大學院 天安分校에서 '地方自治의 展望과 課題'를 特講하다. ·天安에서 溫陽으로 가다.	27(日) ·慶熙大에서 全教組大會 開催 28(月) ·北韓, 韓國戰 參戰 美軍遺骸 5具를 駐韓 U.N.軍司令部에 인계
	27(日)	5. 4	·溫陽에서 上京하다.	
	28(月)	5. 5	·環境處 公務員에게 '國土開發과 環境保全'을 講演하다.	·아랍聯盟, 16個國 頂上會談 開幕 29(火) ·옐친, 蘇聯 러시아共和國 大統領에 當選
	29(火)	5. 6	·內務部 硏修院에서 '國家經濟와 地域經濟'를 特講하다.	·國會, 民自黨 단독으로 第149回 臨時國會 開催
	30(水)	5. 7	·環境大學院 同窓會 總會에서 院長 致辭를 하다.	
	31(木)	5. 8	·交通開發硏究院 主催 交通政策 세미나에서 司會를 보다. ·서울大學校 人事委員會와 學長會議에 參席하다.	30(水) ·루마니아 등 東유럽과 南美에 震度 7.5의 强震으로 數百名 사망 31(木) ·韓·日 첫 公正去來會議 開幕 ·페루, 5月 8日의 地震 發生으로 1千여名 死亡·失踪으로 發表 ·부시 美國 大統領과 고르바초프 蘇聯 大統領, 워싱턴 頂上會談에서 軍縮 및 統獨 問題등을 論議
6	1(金)	5. 9	·東一技術公社 統一동산 開發計劃樹立 諮問委員으로 委囑되다. ·韓國土地開發公社 國公有地 擴大方案計劃 諮問委員會 委員長으로 委囑되다. ·새마을運動 中央硏修院에서 '地方化時代와 새마을運動'을 特講하다. ·中央都市計劃委院會에 參席하다.	1(金) ·聞慶郡, 『聞慶郡報』創刊號 發行 ·北韓, 南·北韓 兵力을 각각 10萬名 이하로 하자는 韓半島 軍縮案 제의 3(日) ·盧大統領, 美國에서 美國 및 蘇聯과의 頂上會談次 出國 4(月) ·日本 勞動省, 太平洋 戰爭 중 强制 徵用된 韓國人數는 66萬 7,684名이라고 밝힘
	2(土)	5.10	·大邱市 都市計劃 諮問會議에 參席하고 歸京하다.	5(火) ·盧大統領, 샌프란시스코에서 史上 첫 韓·蘇 頂上會談 開催
	4(月)	5.12	·새마을運動中央協議會長으로부터 '새마을家族의 노래:榮光의 부름받아' 作詞 當選 賞狀과 賞金을 받다. ·平和放送에서 '世界環境의 날'에 대한 錄音을 放送하다.	7(木) ·詩人 毛允淑 사망 8(金) ·第14回 월드컵, 이탈리아에서 개막 ·大韓航空 旅客機, 中東路線에 中國의 上海·昆明領空을 利用 첫 運行

月	日	陰	本人 및 家族事項	社會一般事項
6	6(水)	5.14	· 淸州 골프場에서 싱글打를 치다.(打點:81)	10(日) · 불가리아, 自由總選 실시 · 페루 大統領選擧 決選投票에서 日本系 移民 2世인 후지모리 候補가 當選
	7(木)	5.15	· 環境處 公務員에게 '國土開發과 環境保全'을 講演하다.	
	9(土)	5.17	· 科學技術諮問會議 總括調整班長에 委囑되다. · 店村市 體育振興會 委員으로 委囑되다.	12(火) · 러시아共和國 最高會議, 獨自的 主權國家임을 선언
	11(月)	5.19	· 在京 店村·聞慶鄕友會 會長團會議에 參席하다.	13(水) · 蘇聯 最高會議, 市場經濟體制로 전환시키는 經濟改革案 승인
	13(水)	5.21	· 韓國土地開發公社 李相熙 社長 招請 前任理事 慰勞宴에 參席하고 膳物을 받다.	14(木) · 政府, 새 民營放送 許容 發表
	14(木)	5.22	· 서울大學校 學長會議와 大學院委員會에 參席하다.	15(金) · 民主黨 創黨大會 開催 (總裁:李基澤)
	15(金)	5.23	· 國會 主催 環境問題討論會에서 討論하다. · 서울大學校 離任學長 送別宴에서 司會를 하다.	16(土) · 콩고와 大使級 外交關係 樹立 18(月) · 建設振興促進大會 개최
	18(月)	5.26	· 韓國土地開發公社 統一동산 開發計劃 諮問委員會 委員으로 委囑되다. · 檀國大學校 地域開發學科에서 崔昌儀 博士學位 論文審査를 完了하다.	20(水) · 로드리게스 파라과이 大統領 訪韓 · 中國, 湖南地方에 洪水발생으로 190여명 死亡
	19(火)	5.27	· 民主大學에서 '地方自治와 地域開發'을 特講하다.	21(木) · 國稅廳, 全國 184곳을 土地超過利得稅 對象地域으로 첫 告示 · 이란, 地震으로 5萬여名 死亡
	20(水)	5.28	· 環境大學院 敎授會議를 主宰하다.	
	21(木)	5.29	· 서울大學校 學長會議에 參席하다.	22(金) · 大邱地檢, 金相祚 慶北知事를 受賂嫌疑로 拘束
	22(金)	5.30	· 韓國土地開發公社에서 '地方化時代의 公企業'을 講演하다. · 國土開發研究院 研究諮問委員會議에 參席하다.	25(月) · 龍山 美軍基地, 96年까지 地方으로 移轉키로 合意 · 文化部, 藝術學校 設立등 16개事業이 포함된 '文化發展 10個年計劃' 발표
	26(火)	閏 5. 4	· 서울 江南區 새마을婦女會에서 '家庭과 새마을運動'을 講演하다. · 서울大學校 金榮國 副總長 回甲宴에 參席하여 學長 代表로 紀念品을 贈呈하다. · 東爀 歸隊하다.	26(火) · 헝가리議會, 바르샤바 條約機構 脫退案을 승인 · 新任 駐韓美軍司令官으로 리스카시 大將 취임
	29(金)	閏 5. 7	· 大韓國土計劃學會 主催 平澤地域 綜合計劃 公聽會에서 司會를 보다.	27(水) · 政府, 光州市 北區의 579만坪을 尖端科學 産業基地 開發區域으로 指定
	30(土)	閏 5. 8	· 延世大學校 原州分校에서 '地方自治와 行政區域'을 特講하다. · 在京 聞慶·店村 鄕友會 總會에서 副會長으로 選出되다.	30(土) · 在京 聞慶·店村鄕友會 總會 開催 (鄭棹永 會長 選任) · 美國 議會, 86~89年사이 北韓이 世界 7位의 武器輸出國이었다고 보도
7	1(日)	閏 5. 9	· 建設部 中央都市計劃委員으로 再委囑되다. · 鳥嶺會 第45代會長 (第3回次)으로 就任하다.	1(日) · 東·西獨, 經濟 및 貨幣統合 實現, 國境檢問所 폐쇄
	4(水)	閏 5.12	· 環境大學院 人事委員會를 主宰하다. · 科學技術諮問會議 第3分科 會議에 參席하다.	2(月) · 사우디 아라비아 메카巡禮者 1,400여名, 聖地巡禮中 터널을 지나다 질식 사망
	6(金)	閏 5.14	· 妻와 同行 店村에 가다. · 大邱大學校 附設 店村主婦大學에서 '現代社會의 女性'을 特講하다. · 『聞慶郡誌』 揭載原稿를 聞慶郡守에게 提出하다.	4(水) · 姜英勳 國務總理, 政府豫算의 善心用 事業費 있음을 是認 後 辭意 表明 · 北韓, 韓半島 統一問題 協議를 위한 '民族統一 協商會談' 召集을 주장
	7(土)	閏 5.15	· 店村에서 上京하다.	5(木) · 在美僑胞 崔顯守, 9回 모스크바 차이코프스키 콩쿠르에서 1位 차지
	8(日)	閏 5.16	· 鄭점래군의 結婚主禮를 보다.	
	10(火)	閏 5.18	· 大德에서 開催된 科學技術振興擴大會議에 參席하다. · 梨花女子大學校 라디오放送을 통해 '地方自治'를 講演하다.	7(土) · 金大中 平民黨 總裁, 統一方案을 논의키 위한 南·北韓 '民族統一을 위한 國民會議' 설치를 제안
	12(木)	閏 5.20	· 서울大學校 學長會議에 參席하다. · 在京 聞慶·店村 鄕友會 會長團會議에 參席하다.	8(日) · 中國人 紫正, 鴨綠江·北韓 鐵原 經由 韓國에 歸順 9(月) · G7 頂上會談, 美國 휴스턴서 開幕
	14(土)	閏 5.22	· 서울市 職場새마을運動 協議會에서 '國民精神과 새마을運動'을 講演하다. · 韓國地方行政研究院 諮問會議에 參席하다.	10(火) · 全敎組 解職敎師 200여名, 國會議事堂에서 籠城 · 고르바초프 蘇 大統領, 28次 黨大會에서 書記長職에 再選
	16(月)	閏 5.24	· 科學技術諮問會議에 參席하다.	

月	日	陰	本人 및 家族事項	社會一般事項
7	19(木)	閏 5.27	·科學技術諮問會議에 參席하다.	11(水) ·政府, 八堂 大淸湖 周邊 54邑·面을 水質保全特別對策 地域으로 宣布
	20(金)	閏 5.28	·韓日協會 主催 地方自治와 經濟發展 세미나에서 討論하다. ·店村市 茅田洞 所在 360坪 垈地를 賣却하다.	·李海瓚·金正吉·盧武鉉·李哲 議員, 議員職 辭退 宣言
	23(月)	6. 2	·民主自由黨 招請 새마을運動 및 4H 指導者 懇談會에 參席하다.	16(月) ·政府, 稅制改編案 發表 ·平民黨, 總辭退 場外鬪爭 宣言
	25(水)	6. 4	·科學技術諮問會議 金鍾仁 經濟首席 招請 朝餐會에 參席하고 課題硏究 槪要를 說明하다.	·필리핀 마닐라市에 强度 7.7 이상 地震 發生, 500여名 死亡
	26(木)	6. 5	·서울大學校 人事委員會와 大學院委員會에 參席하다. ·濟州道에 가다.	18(水) ·尹潽善 前大統領 逝去 21(土) ·政府, 光州尖端科學産業團地 지정 22(日) ·大學財政 支援擴大促求 發起人團 構成
	27(金)	6. 6	·濟州地方自治硏究會 主催 國際會議에서 '韓國 地方自治의 背景과 定着 要因'을 發表하다.	·蒙古, 共産革命 이후 첫 多黨制 自由總選 實施
	28(土)	6. 7	·濟州에서 上京하다.	23(月) ·政府, '8·15 汎民族大會'에 우리측 團体·人事들의 參加를 허용키로 함
	29(日)	6. 8	·科學技術諮問會議 總括調整班 作業次 서울大學校 湖巖生活館에 投宿하다.	26(木) ·嶺南大 博物館팀, 慶北 慶山의 林塘古墳에서 靑銅器時代 殉葬된 人骨 등 遺物 2千여점 발굴
	30(月)	6. 9	·中央都市計劃委員會에 參席하다.	
	31(火)	6.10	·서울大學校 湖巖生活館에서 鳥嶺會를 主宰하다. ·作業完了後 湖巖生活館을 退館하다.	27(金) ·平民黨 全黨大會 開催(金大中 總裁 再選任)
8	1(木)	6.11	·새마을運動中央協議會 汎國民 새精神運動 標語 및 케치프레이즈 審査委員으로 委囑되다. ·慶州市 都市基本計劃 및 再整備計劃 諮問委員으로 委囑되다.	2(木) ·이라크, 쿠웨이트 占領 3(金) ·第3回 朝鮮學 國際學術討論會, 日本 大阪에서 15個國 1,100여名이 모여 開幕
	5(日)	6.15	·運轉試驗 코스課程을 合格하다.	6(月) ·서울市, 7月末 自動車登錄臺數 111만 3,025臺로 집계
	11(土)	6.21	·環境處 曺京植長官과 世界日報의 環境座談會를 갖다.	·U.N. 安保里, 全面的인 對 이라크 經濟制裁措置 承認
	14(火)	6.24	·國土開發硏究院의 諮問會議에 參席하다.	
	15(水)	6.25	·天安 獨立紀念館에서 韓國靑年會議所 主催 人間性 回復 세미나에서 '現代社會環境과 人間生活'을 發表하다.	·第6次로 京畿·江原 北部 등 6,635㎢의 用途地域을 告示함으로써 全國土에 대한 國土利用計劃 樹立 완료
	16(木)	6.26	·慶州에 가다.	7(火) ·루마니아와 3個 經濟協定 締結
	17(金)	6.27	·새마을運動 慶州市 支會 主催 大會에서 '地域開發과 새마을運動'을 講演하다. ·慶州에서 上京하다.	·美國, 사우디에 軍投入 개시 9(木) ·政府, 이라크에 대한 經濟制裁措置에 同參키로 決定
	18(土)	6.28	·科學技術諮問會議 運營委員會에 參席하다. ·새마을運動 中央硏修院에서 '새마을運動 要員家族의 姿勢'를 特講하다.	11(土) ·中國·日本·韓國·北韓, 北京-平壤-서울-東京을 잇는 새 航空路線開設에 원칙적으로 합의
	20(月)	7.1	·새마을運動中央協議會 새마을運動 體驗手記 公募作品 審査委員으로 委囑되다. ·農漁村振興公社에서 '地域社會開發과 農漁村 環境改善'을 講演하다.	13(月) ·고르바초프 蘇聯大統領, 스탈린 壓制治下의 犧牲者들을 復權시키는 總括的 布告令 發表 15(水) ·汎民族大會 推進本部, 板門店行 强行하려다 警察 沮止로 挫折
	22(水)	7. 3	·環境大學院 敎授會議를 主宰하다.	
	23(木)	7. 4	·農漁村振興公社에서 '地域社會開發과 農漁村 環境改善'을 講演하다. ·서울大學校 學長會議에 參席하다.	16(木) ·京畿道 坡州 臨津江邊에서 韓半島 最古로 추정되는 舊石器時代 野外 石器 製作場 발견
	24(金)	7. 5	·不動産經濟新聞社의 顧問으로 推戴되다. ·서울大學校 湖巖生活館에서 鳥嶺會를 主宰하다.	17(金) ·서울市, 南山 保全計劃을 發表 19(日) ·『四天王寺 왔소』 祝祭, 在日同胞 300여名 參加하여 日本 大阪에서 開催
	25(土)	7. 6	·大韓國土都市計劃學會 臨時總會에서 學會名稱 變更背景을 說明하다.	20(月) ·建設部 職員 400여名, 職制改編 反撥로 朝會에서 退場
	27(月)	7. 8	·扶餘에서 開催된 農漁村振興公社 主催 세미나에서 '農漁村 聚落地域의 土地利用計劃'을 發表하다.	24(金) ·株價 594로 下落 25(土) ·金玉吉 理事長 逝去

1990

月	日	陰	本人 및 家族事項	社會 一般 事項
8	28(火)	7. 9	·慶州市 都市計劃 諮問會議에 參席하고 歸京하다.	28(火) ·사마란치 IOC 委員長, 第1回 서울平和賞 受賞者로 決定
	30(木)	7.11	·韓國地方行政研究院 主催 세미나에서 '內務部와 中央部處의 關係'를 發表하다.	·中央 洪水統制所 開所
	31(金)	7.12	·中央都市計劃委員會에 參席하다.	30(木) ·建設部, 2,500萬 필지의 個別公示地價 공고 ·이라크, 쿠웨이트를 이라크의 19번째 州로 편입한다고 선언 31(金) ·東·西獨, 統一條約 締結
9	1(土)	7.13	·內務部 研修院으로부터 開院 25周年 紀念 感謝牌를 받다. ·環境大學院 後期卒業式에서 院長 致辭를 하다.	3(月) ·第2次 亞·太 檢察總長會議, 20個國 參加리에 서울서 開催 5(水) ·南·北 總理 1次 會談, 서울서 開催
	2(日)	7.14	·南정욱君의 結婚主禮를 보다. ·次蓮 妻弟 獨逸서 歸國·來家하다.	·韓國·잠비아, 大使級 外交關係 樹立 6(木) ·盧大統領, 延亨默 北韓總理를 面談하고 金日成主席에게 보내는 메시지 전달
	5(水)	7.17	·韓國地方行政研究院 研究諮問委員으로 再委囑되다. ·環境大學院 教授會議를 主宰하다. ·科學技術諮問會議에서 大統領 建議文 草案을 報告하다.	7(金) ·國會議長, 野黨議員들의 辭退書를 반려 ·世宗大, 授業拒否事態와 관련 2,789명을 1次 留級對象者로 확정 ·國民學校 同窓會 서울 모임「六友會」發足
	6(木)	7.18	·環境大學院 第4代 自治會 發隊式에 參席하여 祝辭를 하다. ·서울大學校 學長會議와 大學院委員會에 參席하다.	10(月) ·店村市,『店村市報』創刊號 發行 ·定期國會, 野黨議員 登院 拒否로 休會 ·憲法裁判所, 姦通罪 合憲이라고 결정
	7(金)	7.19	·戶西南國民學校 第6回同期會 모임『六友會』를 靑器瓦食堂에서 結成하고 會員이 되다.	11(火) ·서울 등 中部地域에 暴雨 ·金日成 主席, 中國 訪問
	10(月)	7.22	·大韓國土計劃學會 訪臺團 出國하다. ·臺北市 所在 臺灣高彌夫 골프場에 初行하다. (打點:95)	·말레이시아의 모하마드 總理 訪韓 12(水) ·中部地方 暴雨, 124名 死亡·失踪, 10萬8千名 罹災民 發生
	12(水)	7.24	·韓·中·日 都市計劃學會 세미나에 參加하고 司會를 보다.	17(月) ·大韓國土計劃學會, 大韓國土· 都市計劃學會로 名稱 變更
	13(木)	7.25	·新竹市를 視察하다.	·모이 케냐 大統領 訪韓
	14(金)	7.26	·臺中市를 視察하다.	·世界保健機構, 全世界 成人 300名 中 1名꼴로 AIDS에 감염돼 있다고 밝힘
	15(土)	7.27	·日月潭을 방문하다. ·隨想集『變動과 思索』을 韓國自治新聞社에서 出版하다.	18(火) ·美國, 91년부터 西獨 등 10個國 150個所의 美軍基地를 폐쇄한다고 밝힘
	16(日)	7.28	·臺灣서 歸國하다.	19(水) ·中國·臺灣, 양국간 不法移民과 犯罪者들의 相互交換協定에 서명
	19(水)	8. 1	·새마을婦女會 中央協議會 主催 家庭새마을運動 세미나에서 司會를 보다.	20(木) ·國務會議, 坡州一圓 170만坪의 統一동산 造成計劃 確定
	20(木)	8. 2	·서울大學校 學長會議에 參席하다.	
	21(金)	8. 3	·느티나무집에서 鳥嶺會를 主宰하다.	21(金) ·綠十字社, 世界 最初로 流行性 出血熱 豫防 백신 開發에 성공했다고 발표
	24(月)	8. 6	·韓國디자인包裝센터에서 "現代社會와 職場人 姿勢"를 講演하다.	22(土) ·11回 아시안 게임, 北京서 開幕(韓國綜合 2位 獲得)
	26(水)	8. 8	·運轉試驗 走行課程을 合格하다. (得點 40點중 36點) ·勞動部 國家技術資格制度 審議委員會 專門委員으로 再委囑되다. ·環境大學院 人事委員會와 教授會議를 主宰하다. ·環境大學院 次期院長 選擧를 管理하고 金炯國·林岡原 教授를 候補로 選出하다.	24(月) ·政府, 페르시아灣 駐屯軍 經費分擔金을 2억2천만달러 규모로 확정 25(火) ·사마란치 IOC 委員長, 서울 平和賞 受賞 ·國際 現物市場의 原油價, 배럴當 40달러線을 돌파 26(水) ·第2次 韓·헝가리 經濟共同委員會 개최
	27(木)	8. 9	·韓國職業管理工團 第34回 技術士資格試驗 出題委員으로 委囑되다. ·서울大學校 職場民防衛協議會와 學長會議에 參席하다.	27(木) ·韓·中 外務長官, 美國 뉴욕에서 첫 會同 30(日) ·韓·러시아 修交 宣言
	28(金)	8.10	·大韓商工會議所 主催 세미나에서 '北韓의 國土開發' 分科에 司會를 보다.	

1990

月	日	陰	本人 및 家族事項	社會一般事項
9	29(土)	8.11	·運轉安全敎育을 받고 運轉免許證을 交付받다. ·大韓國土計劃學會 訪臺團 解團 午餐을 갖다.	
10	6(土)	8.18	·韓國職業管理工團 主管 技術士資格試驗 出題次 仁川 松島 비치호텔에 投宿하다.	1(月) ·國軍 合同參謀本部 創設 ·東·西獨 執權 基民黨, 統一에 앞서 合黨
	7(日)	8.19	·仁川에서 上京하다. ·妻와 같이 李鼎九 恩師任 書藝展에 參加하고 書幅 1點을 購入하다.	3(水) ·東·西獨 統合, 獨逸 統一 成就 ·北韓, 東베를린 駐在 北韓 大使館 폐쇄 4(木) ·保安司 尹錫洋 二兵, 良心 宣言
	8(月)	8.20	·서울大學校 學長懇談會에 參席하다. ·自動車運轉 市內硏修를 始作하다.	·統一獨逸 議會 下院 開院 ·필리핀 一部 政府軍, 아키노 大統領에 대해 叛亂을 일으켜 민타나오섬에서 獨立을 宣布
	11(木)	8.23	·서울大學校 大學人事委員會와 學長會議에 參席하다. ·環境大學院 同窓會 理事會에 參席하여 院長 人事를 하다.	8(月) ·노벨 平和賞에 미하일 고르바초프 蘇大統領 決定
	13(土)	8.25	·서울大學校 同窓會 會長團 朝餐會에 參席하다. ·서울大學校 開校 44周年 紀念式에 參席하다. ·黃起大 同門 令愛 銀鏡孃의 結婚 主禮를 보다.	10(水) ·南北韓 映畵祭 뉴욕서 開幕 ·아시아·太平洋 環境開發會議, 방콕에서 開幕
	15(月)	8.27	·서울大學校 22年 勤續表彰狀을 받다. ·交通開發硏究院 硏究諮問委員으로 再委囑 받다. ·서울大學校 鮮京經營館 竣工式에 參席하다.	11(木) ·南北 蹴球大會, 平壤서 開催 12(金) ·平壤에서 南北體育部長官 會談 開催 ·라파트 엘 마구브 이집트 國會議長, 武裝怪漢에 피살
	17(水)	8.29	·文敎部 學位種別 審査委員會 委員으로 委囑되다.	
	18(木)	8.30	·서울大學校 學長會議에 參席하다.	13(土) ·盧大統領, '暴力과 犯罪에 대한 戰爭'을 宣布
	19(金)	9. 1	·느티나무집에서 鳥嶺會를 主宰하다.	
	20(土)	9. 2	·서울大學校 學長團, 昆池岩 所在 農科大學 練習林에 가다.	14(日) ·이란·이라크, 外交關係 재개 ·凡民族 統一音樂會에 참석할 南韓側 一行 17名, 板門店을 통해 北韓에 들어감
	21(日)	9. 3	·環境大學院 同窓會 및 自治會 共同 野遊會를 安養 樹木園으로 가서 院長人事를 하다.	17(水) ·南北總理 2次 會談, 平壤서 開催
	23(火)	9. 5	·釜山에 가다. ·釜山市 主催 鄭根謨 科學技術處長官 招請 懇談會에 參席하다.	21(日) ·北韓 蹴球選手團, 서울 倒着 ·프랑스 파리서 韓半島 統一實現 世界會議 개막
	24(水)	9. 6	·釜山大學校 行政大學院에서 '國土開發과 都市政策'을 특강하다.	22(月) ·케냐, 노르웨이와 斷交 발표 24(水) ·一山 新都市 아파트 3,026世帶 최초 분양
	25(木)	9. 7	·釜山에서 上京하다. ·서울大學校 學長會議와 大學院委員會에 參席하다.	26(金) ·韓·체코, 航空協定 및 貿易·經濟協力 協定 締結
	26(金)	9. 8	·새마을運動中央協議會 諮問會議에 參席하다. ·中央都市計劃委員會에 參席하다.	27(土) ·담배·人蔘公社, 蘇聯과 담배 500萬匣 輸出 契約 締結
	27(土)	9. 9	·文敎部 學位種別 審査委員會에 參席하다. ·KBS 深夜討論 프로그램에서 地方自治制를 放映하다.	28(日) ·가을맞이 國土 大淸潔運動 始作 29(月) ·노르웨이 연 쉬세 總理 內閣 崩壞 30(火) ·'90 서울 國際貿易博覽會 개막
	28(日)	9.10	·大田에 가다	31(水) ·店村·聞慶文化院, 鄕土文化賞 施賞式 擧行
	29(月)	9.11	·韓國交通學會 主催 大田 交通問題 세미나에서 司會를 보다. ·大田에서 上京하다.	·政府, 새 民放 TV 放送局 支配株主로 (株)泰榮 선정
	30(火)	9.12	·富川市에서 開催된 새마을婦女會 富川市 支會 主催 大會에서 '새마을運動의 基本精神과 現代社會의 女性像'을 講演하다. ·李민영君의 結婚 主禮를 보다.	
11	1(木)	9.14	·環境大學院 人事委員會를 主宰하다. ·서울大學校 學長會議에 最終 參席하고 離任人事를 하다.	1(土) ·國務會議, 國軍의 날 및 한글날 公休日 除外, 翌日 休務制 廢止 議決
	2(金)	9.15	·새마을運動中央協議會 主催 세미나에서 '地方自治와 새마을運動의 關係'를 發表하다.	5(月) ·서울大 環境大學院 第5代 院長으로 金炯國 취임 ·安眠島 住民들, 核廢棄物 處分場 建設 反對 示威
	3(土)	9.16	·서울大學校 公用自動車 使用을 終了하다.	

1990

月	日	陰	本人 및 家族事項	社會 一般事項
11	5(月)	9.18	·環境大學院 院長 任期를 滿了하다. ·新任 金炯國 院長과 事務引受·引繼를 하다. ·敎授 硏究室로 復歸하다.	6(火) ·韓·蘇間 直通電話 開通 ·美國 中間選擧 實施, 民主黨이 上·下院 모두 勝利
	6(火)	9.19	·科學技術諮問會議에 參席하다.	·유럽 共同體, 95년까지 農業補助金 30% 削減할 것을 골자로 한 우루과이라운드 協商案 채택
	9(金)	9.22	·環境大學院 院長 離·就任式에 參席하고 離任辭를 하다. ·環境大學院 院長으로부터 功勞牌를 받다. ·環境大學院 博士課程 學生團으로부터 師恩牌를 받다. ·金壽鶴 會長 招請 祝賀宴에 參席하다.	7(水) ·보리사브 요비치 유고 大統領, 東歐圈 國家 元首로는 처음 韓國 訪問 ·싱 印度 總理, 下院 信任投票서 敗北하여 辭任
	10(土)	9.23	·東爀 面會를 가다.	8(木) ·새 民放, '서울放送'으로 名稱 決定
	12(月)	9.25	·內務部 硏修院 市長·郡守班 論文審査를 하다.	·安眠島 住民, 反核示威 暴動化
	13(火)	9.26	·不動産經濟新聞社 主催 不動産意識 세미나에서 司會를 보다.	9(金) ·靈光·咸平 地區, 補闕選擧 實施 ·이스라엘軍이 南部 레바논의 헤즈볼라 基地에 대한 대규모 攻擊을 강행했다고 보도됨
	14(水)	9.27	·在京 聞慶·店村 鄕友會 顧問 및 諮問委員會 會議에 參席하다.	
	15(木)	9.28	·環境大學院 同窓會長 招請 院長 離任慰勞宴에 參席하고 金秉麟 會長으로부터 感謝牌를 받다.	10(土) ·民衆黨 創黨 ·獨·蘇 不可侵條約 締結
	16(金)	9.29	·MBC 時事討論 프로그램에서 地方自治實態를 放映하다. ·느티나무집에서 鳥嶺會를 主宰하다.	12(月) ·日本 아키히토(明人), 國王 就任 16(金) ·韓·美 安保協議會, 共同聲明發表 17(土) ·地方自治制 實施에 대한 與野 合意文 發表
	18(日)	10. 2	·石出 누님宅에서 마련한 日本인 招請 晩餐에 妻와 같이 參席하다.	·蘇聯 最高會議, 고르바초프 大統領에게 政治·經濟難局 打開의 非常大權 賦與
	20(火)	10. 4	·環境大學院·서울市 主催 서울市 環境問題 세미나에 參席하다. ·서울市 高 建 市長 招請 파티에 參席하다.	19(月) ·平民黨 議員의 登院으로 國會正常化 回復
	23(金)	10. 7	·光州에 가다. ·大韓國土·都市計劃學會 및 光州市 主催 세미나에서 '尖端産業基地와 光州圈 發展'의 基調講演을 하다.	21(水) ·日本 政府, 在日 韓國人 僑胞 1·2世에게도 指紋採取制度를 폐지키로 확정 23(金) ·나자르 바예프 蘇聯 카자흐共和國 大統領 來韓
	24(土)	10. 8	·光州 尖端産業基地 候補地를 視察하다. ·金秉麟 會長 招請 會食宴에 參席하다.	25(日) ·國內 油類價 28% 引上 ·폴란드, 史上 最初의 直選大統領 選擧 實施
	25(日)	10. 9	·光州에서 上京하다.	
	30(金)	10.14	·慶州에 가다 ·慶州市 主催 都市基本計劃 公聽會에서 司會를 보다.	26(月) ·李光耀 싱가포르 總理, 黃金輝 大統領에게 辭任書 提出 27(火) ·존 메이저 英國 財務長官, 保守黨 黨首 競選에서 당선
12	1(土)	10.15	·慶州에서 上京하다.	1(土) ·英國-프랑스를 잇는 도버 海峽 터널 貫通
	4(火)	10.18	·環心會 夫婦 同伴 送年會를 갖다.	2(日) ·獨逸, 統一議會 代表를 選出하는 統一 後 첫 下院總選 實施, 基民聯政 壓勝
	5(水)	10.19	·새마을婦女會 中央協議會 主催 새마을運動 垂範事例 發表會에서 審査委員長을 맡아 審査하고 評論하다.	7(金) ·소클로프 初代 駐韓 蘇聯大使 就任 8(土) ·保社部, 墓地 1基當 面積 50% 縮小 決定
	6(木)	10.20	·새마을運動中央協議會 會議에 參席하다.	9(日) ·南·北 90年 送年 統一傳統音樂會, 藝術의 殿堂서 公演
	7(金)	10.21	·文敎部 地域開發硏究課題 評價委員會 主催 硏究發表會에서 委員長의 開會 및 閉會人事를 하다.	·폴란드., 民選大統領 選擧 2次 投票로 바웬사를 당선시킴
	10(月)	10.24	·鄕軍會館에서 『鄕軍』誌 座談會를 갖다.	11(火) ·延亨默 北韓 總理一行 90名 서울 到着
	11(火)	10.25	·春川 KBS 江原 大討論 프로그램으로 地方自治와 地域開發을 錄畵하고 歸京하다.	·蘇聯의 亡命作家 알렉산더 솔제니친, 러시아 共和國이 制定한 '國家文學賞' 受賞
	12(水)	10.26	·梁銶在 敎授 副敎授 昇進 自祝宴에 參席하다.	
	13(木)	10.27	·春川 KBS 錄畵 프로그램 放映되다.	13(木) ·盧大統領, 蘇聯 訪問次 出國

1990

月	日	陰	本人 및 家族事項	社會一般事項
12	14(金)	10.28	·環境大學院 金銑基 博士學位論文 審査를	15(土) ·國會, 地方自治法·地方議會議員選擧法·
			委員長으로 可決·終了하다.	地方自治團體長 選擧法등 地自制 관계
			·서울大學校 行政大學院長 離·就任式에 參席하다.	3個 法案 통과
	15(土)	10.29	·隨想集『變動과 思索』再版을 發行하다.	·유럽共同体 頂上들, 蘇聯에 10억
	16(日)	10.30	·金鍾庭 同門 令息 상원君의 結婚 主禮를 보다.	3,500만달러의 援助를 제공키로 합의
	17(月)	11. 1	·새마을運動中央協議會 理事會에 參席하다.	17(月) ·11次 韓·美 貿易實務會議, 서울서 開催
			·大韓再保險株式會社에서 '새秩序·새 生活	18(火) ·94個 前期大學, 學力考査 實施
			運動과 職場人의 姿勢'를 講演하다.	19(水) ·西海岸 高速道路 353㎞ 着工
			·現代社會研究所 『地方自治』誌 編纂委員	20(木) ·第2 京仁高速道路 15.5㎞ 着工
			終了 晩餐에 參席하다.	·獨逸議會, 베를린 라이히·스타크(舊
	18(火)	11. 2	·새재會 夫婦 同伴 送年會를 갖다.	帝國會議)에서 開院式 擧行
	19(水)	11. 3	·慶南 梁山郡에 調査次 가다.	·세바르드나제 蘇聯 外務長官, 蘇聯
			·現地를 헬리콥터로 視察하다.	人民代表에서 獨裁政治의 到來 危險性을
	20(木)	11. 4	·梁山에서 上京하다.	警告하고 電擊辭任 發表
			·서울大學校 總長 公館에서 開催된 送年會에	21(金) ·韓國電氣研究所, 國內 最初로 磁氣浮上
			妻와 같이 參席하여 功勞牌를 받고 離任人事를	列車 개발
			하다.	22(土) ·마샬群島 독립
	22(土)	11. 6	·새마을運動 中央研修院長으로부터 出講 感謝牌를	26(水) ·文敎部, 學位種別審査委에서 學位種別
			받다.	細分키로 決定
	24(月)	11. 8	·캐피탈 호텔에서 鳥嶺會 夫婦同伴 送年會를	·大法院, 이름에 쓰는 漢字 2,731字로
			主宰하고 會長人事를 하다.	제한하는 改正 戶籍法 施行規則을 確定
	26(水)	11.10	·文敎部 學位種別 審査委員會에 參席하다.	·러시아共和國, 北韓과 貿易·經濟協定
	27(木)	11.11	·大邱市 都市計劃諮問會議에 參席하고 歸京하다.	締結
	28(金)	11.12	·中央都市計劃委員會에 參席하다.	27(木) ·全州 矯導所에서 殺人犯 無期囚 3名 脫獄
			·서울大學校 總長 公館에서 開催된 科學技術	28(金) ·中央氣象臺, 氣象廳으로 發足
			諮問會議 解散紀念會食에 參席하다.	30(日) ·全斗煥 前大統領, 白潭寺 隱遁 769日
	31(月)	11.15	·『鳥嶺會誌 : 1967~1990』을 編纂·發刊하다.	만에 延禧洞 自宅으로 歸家
			·德丘會 夫婦 同伴 送年會를 갖다.	31(月) ·一山線 21.1㎞ 電鐵 着工

第 56 歲 : 1991 (4324) 辛未年 / 平敎授

月	日	陰	本人 및 家族事項	社會一般事項
1	1(火)	11.16	·新年 祭祀를 지내고 歲拜가다.	1(火) ·쓰레기 分離收去 制度 실시
			·俸給 32號俸에서 33號俸으로 오르다.	3(木) ·政府, '90年 貿易赤字 47億달러로 發表
	3(木)	11.18	·學校 新年賀禮式에 參席하다.	4(金) ·日本, 對空 미사일과 偵察 헬리콥터 開發
			·大邱 永進專門大學研究所 研究委員에 委囑되다.	着手
	6(日)	11.21	·MBC에서 地方選擧의 重要性을 放映하다.	·알바니아 共産黨, 市場經濟 선언
	9(水)	11.24	·原州 第1軍司令部에 가서 '地方自治와	5(土) ·코메콘 會員國들, 코메콘의 解體를 선언
			國家發展'을 講演하다.	6(日) ·고르바초프 蘇聯大統領, 農民에 土地
	10(木)	11.25	·城南市에서 '地方自治 實施와 市民姿勢'를 2回	再分配令을 내림
			講演하다.	8(火) ·金日成 主席, 民族統一政治協商會議을
	11(金)	11.26	·城南市에서 '地方自治實施와 市民姿勢'를 2回	8月 15日 서울이나 平壤에서 갖자고
			講演하다.	제의
			·結婚 25周年을 맞아 家族 外食하다.	9(水) ·日本 海部 首相 來韓, 盧大統領과
	12(土)	11.27	·元東奎君 結婚 主禮보다.	頂上會談
			·鳥嶺會의 書類를 金泳卓 次期會長에게 引繼하다.	12(土) ·美國 議會, 부시大統領에 戰爭宣布權을
			·忠北 中原郡 高睦動 炭酸溫泉 開業 告祀祭에	승인
			參席하다.	14(月) ·韓·美 經濟協議會, 서울에서 開幕
	14(月)	11.29	·農協 硏鑽會에서 論文發表하다.	17(木) ·建國大 安龍基 敎授, 大入 實技試驗
	15(火)	11.30	·朴泰俊 浦鐵會長과 梁山郡 計劃을 協議하다.	不正으로 拘束
			·在京 聞慶·店村鄕友會 賀禮式에 參席하다.	·걸프戰 勃發, '沙漠의 暴風作戰' 開始

1991

月	日	陰	本人 및 家族事項	社會一般事項
1	18(金)	12. 3	·大邱에 가다. ·大邱都市基本計劃 公聽會에 參席하여 司會를 보다.	18(金) ·이라크, 이스라엘 텔아비브 및 예루살렘 등에 미사일 攻擊 19(土) ·盧大統領, 金大中 總裁와 領袖會談
	19(土)	12. 4	·大邱 골프場에서 第800回次 골프를 치다. (打點:99) ·大邱에서 上京하다.	22(火) ·國會議員 3名, 賂物海外旅行件으로 搜査 着手 ·政府, 現金借款 10억달러 등 30억달러 규모의 經濟協力資金을 3년에 걸쳐 蘇聯에 제공키로 함
	22(火)	12. 7	·貞娥, 曉園大學校에 試驗치다	
	24(木)	12. 9	·韓國이벤트開發院 主催 地方自治制 세미나에서 基調演說을 하다.	·고르바초프 蘇聯大統領, 通貨改革 단행
	25(金)	12.10	·議政府市에서 '地方自治 實施와 公務員 姿勢'를 特講하다.	23(水) ·걸프戰 醫療支援軍 出國 24(木) ·이라크, 요르단과의 國境을 폐쇄하고 原油供給을 중단함
	27(日)	12.12	·朴世直 市長 및 鄭泰東 博士와 會食하다.	
	29(火)	12.14	·새마을中央研修院 敎材『地方自治와 새마을 運動』을 刊行하다. ·새마을 中央研修院에서 '地方自治와 새마을 運動'을 講演하다. ·全國農民團體協議會 主催 地方自治 세미나에서 主題發表하다.	26(土) ·이라크, 故意的 原油流出로 페르시아灣 汚染 28(月) ·中國, 韓國 言論人에 첫 Visa 發給 ·政府, 걸프戰費 2억 8천만달러를 추가 지원키로 함 30(水) ·金大中 總裁, 副統領制·4副總理制 新說 主張
	30(水)	12.15	·새마을運動中央協議會에서 國民讀本『地方自治와 새마을運動』을 刊行하다. ·裡里市에서 '地方自治와 國民姿勢'를 講演하다. ·金堤市에서 '公明選擧와 公務員 役割'을 講演하다.	·北韓·日本 修交위한 第1次 會談 平壤서 開催 ·蘇聯軍, 발트 3國에서 철수할 것이라고 發表
	31(木)	12.16	·全國主婦敎室中央會에서 '地方選擧와 住民의 役割'을 講演하다. ·大韓商議 依賴 單獨研究『地方自治制와 地域經濟』를 發刊하다.	31(木) ·1月中 消費物價 2.1% 上昇하고 80年 以後 最高 紀錄
2	1(金)	12.17	·새마을中央研修院에서 '地方自治와 새마을運動'을 講演하다.	1(金) ·데 클레르크 南阿共 大統領, 人種差別法 폐지 발표
	2(土)	12.18	·朴世直 서울市長의 市政運營諮問委員會 委員겸 幹事로 委囑되다. ·바른 選擧를 위한 忠北地域 市民團體協議會에서 "地方自治의 當面課題"를 講演하다.	2(土) ·在野 民主聯合, 民主黨과의 統合 宣言 3(日) ·民主黨, 李基澤씨를 總裁로 再推戴 4(月) ·最初로 公有水面埋立 基本計劃 樹立
	4(月)	12.20	·議政府에서 '地方自治와 市民姿勢'를 講演하다.	5(火) ·檢察, 地方議會議員選擧 事前運動者 4名 拘束
	5(火)	12.21	·韓國地方自治研究院에서『오늘의 地方行政』을 刊行하다. ·安山市에서 '地方自治와 市民姿勢'를 講演하다. ·새마을中央研修院에서 '地方自治와 새마을運動'을 講演하다.	6(水) ·國會, 軍輸送團의 걸프地域 派遣案 통과 7(木) ·公明選擧實踐 市民運動協議會 (公選協) 創立 9(土) ·아프카니스탄, 洪水로 234名 死亡
	6(水)	12.22	·平澤市에서 "地方選擧 重要性과 國民의 役割"을 講演하다.	·國家賠償審議委員會, 80년 言論統廢合 措置와 관련 言論社 株主들이 신청한 國家賠償支給時效가 지났다며 기각
	7(木)	12.23	·烏山市에서 '地方自治와 市民意識'을 講演하다. ·仁川市에서 '地方自治와 市民意識'을 講演하다.	10(日) ·리투아니아, 蘇聯으로부터의 分離獨立 問題 지지
	8(金)	12.24	·貞娥, 瑞草高等學校를 卒業하다. ·새마을 中央研修院에서 '地方自治와 새마을運動'을 講演하다.	11(月) ·賂物 外遊事件으로 國會議員 3名 拘束 ·朴龍學 貿易協會長 就任
	9(土)	12.25	·仁川에서 '公明選擧를 위한 市民姿勢'를 講演하다.	14(木) ·檢察, 水西特惠 事件으로 鄭泰守 韓寶그룹 會長 拘束
	11(月)	12.27	·東豆川市에서 '바른選擧를 위한 市民講座'를 講演하다.	16(토) ·敎育部, '94년까지 4年制 大學 1만 8천명, 專門大 4만 6천명 增員을 내용으로 한 '高等敎育 定員策定案'을 확정·발표
	12(火)	12.28	·春川 2軍團司令部에서 '地方自治制와 國家 發展'을 講演하다.	18(月) ·水西特惠 事件의 責任을 물어 黨職者·閣僚·서울市長 등 交替
	18(月)	1. 4	·妻와 同行 濟州道에 가다.	

月	日	陰	本人 및 家族事項	社會一般事項
2	18(月)	1. 4	・濟州市에서 '公明選擧와 市民姿勢'를 講演하고 上京하다.	18(月) ・北韓, 25日부터 28日까지 平壤에서 開催키로 한 第4次 南北高位級會談을 팀스피리트부터 訓練을 口實로 중단한다고 일방적으로 선언
	19(火)	1. 5	・西歸浦市에서 '公明選擧와 市民姿勢'를 講演하고 上京하다.	
	20(水)	1. 6	・第一製糖(株)에서 '地方自治實施와 企業戰略'을 講演하다. ・韓國能率協會에서 '地自制實施의 企業影響'을 講演하다. ・江南區廳에서 '公明選擧와 市民姿勢'를 講演하다. ・江東區廳에서 '公明選擧와 市民姿勢'를 講演하다.	20(水) ・大衆交通料金 引上 21(木) ・파나마 船舶, 忠南 泰安 앞바다 沈沒 14名 死亡 22(金) ・政府, 軍輸送團 2陣 280名을 걸프戰 參加次 派遣 ・이라크・蘇聯, 이라크軍의 無條件 撤軍과 8個項의 걸프戰 平和案에 합의
	21(木)	1. 7	・文敎部 地域開發硏究課題를 評價하다. ・새마을中央硏修院에서 '地方自治와 새마을運動'을 講演하다.	・美國, 이라크・蘇聯의 平和案을 거부하면서 이라크에 대한 撤軍條件 9個項 발표
	22(金)	1. 8	・坡州郡에서 '公明選擧와 國民姿勢'를 講演하다. ・民自黨 主催 大都市交通難 對談討論에서 司會를 보다. ・韓國地方自治學會 總會에 參席하고 常任理事로 委囑되다.	・美軍, 이라크 領內로 進擊 23(土) ・泰國, 軍部 쿠데타 發生 ・이라크, 美國의 撤軍案을 수락하고 이를 U.N.安保理에 통고
	23(土)	1. 9	・安全企劃部에서 '地自制와 國民姿勢'를 講演하다. ・大韓國土・都市計劃學會 總會에 參席하다.	25(月) ・全國大學生 4千여名, 盧政權 退陣決議大會
	24(日)	1.10	・濟州 MBC에서 地方選擧會議를 放映하다.	26(火) ・이라크, 쿠웨이트로부터 軍撤收 命令
	26(火)	1.12	・恩平區에서 '地自制와 市民姿勢'를 講演하다. ・새마을中央硏修院에서 '地方自治와 새마을運動'을 講演하다.	・美 國防部, 쿠웨이트市 奪還을 발표 27(水) ・仁川-木浦間 西海岸高速道路 353㎞ 建設 起工
	27(水)	1.13	・江南區에서 '地自制와 市民姿勢'를 講演하다. ・서울大 環境大學院 敎授, 慶州에 가서 自體 討論會를 갖다.	・쿠웨이트, 多國籍軍에 의해 완전 회복 28(木) ・文敎部, 藝體能系大學 入試를 大學 自律로 實施키로 決定 發表
	28(木)	1.14	・慶州에서 大邱에 가다. ・永進專門大學에서 '地方自治理論'을 特講하고 上京하다. ・梁山郡 東部地域開發計劃의 共同硏究를 完了하다. ・서울市 都市計劃의 共同硏究를 完了하다.	・30萬 標準地 價格 公示 ・부시 美國大統領, 戰鬪 全面 中止 宣言, 對 이라크 休戰條件 5個項 제시
3	1(金)	1.15	・서울大學校 硏究敎授(安息年)를 始作하다.	1(金) ・U.N安保理, 美國이 제출한 걸프戰 休戰에 관한 決議案 草案에 잠정 합의
	2(土)	1.16	・禹廷憲君 結婚主禮를 보다. ・서울大 環境大學院 入學式에 參席하다.	3(日) ・이라크, 多國籍軍과의 會談에서 休戰條件 수락
	4(月)	1.18	・貞娥 曉園大學校 入學式에 參席하다.	4(月) ・쿠웨이트 皇太子, 수복된 祖國으로 歸國
	6(水)	1.20	・새마을運動中央協議會 理事會 小委員會에 參席하다.	9(土) ・平民黨, 水西非理 糾彈大會 開催
	7(木)	1.21	・中央公務員敎育院에서 '地方自治制度'를 講演하다. ・文敎部 地域開發硏究課題를 評價하다.	10(日) ・옐친支持 모스크바 市民 40여만명, 國民投票 反對・고르바초프 退陣을 요구하며 示威
	9(土)	1.23	・檀國大 行政大 天安分校 講師를 委囑받다. ・KBS 深夜討論에서 '地方自治制'를 放映하다.	11(月) ・日本, 第2次 日・北韓 修交會談에서 北韓의 賠償請求權을 拒否
	11(月)	1.25	・建設部에서 '不動産去來 秩序確立'을 講演하다. ・金明洙君 第12代 助敎로 入室하다.	17(日) ・蘇聯, 聯邦制 存續與否를 묻는國民投票 實施, 70%가 贊成
	12(金)	1.26	・KBS1에서 뉴스論評이 放映되다. ・KBS2 '全國은 지금' 프로그램에 나가다. ・國土開發硏究院 主催 第3次 國土計劃 討論會에서 司會를 보다.	・유고 세르비아共和國, 聯邦集團指導 体制 離脫 19(火) ・韓國化學硏究所, 糖尿病 治療劑인 인슐린을 皮膚에 붙여 투여하는 治療法을 世界 最初로 개발
	14(木)	1.28	・國防部에서 '地自制와 公職者'를 講演하다. ・國土開發硏究院 主催 第3次 國土計劃討論會 綜合分科에서 討論하다.	21(木) ・大邱・釜山・馬山 食水源 汚染事件 發生 ・蘇聯 最高會議, 새로운 聯邦條約案을 마련토록 촉구하는 決議文 채택

月	日	陰	本人 및 家族事項	社會一般事項
3	15(金)	1.29	·光州에 가서 環境經濟新聞 主催 環境 세미나에서 主題發表하고 上京하다.	22(金) ·洛東江 食水源 汚染시킨 斗山그룹 製品 不買運動 展開
	16(土)	2. 1	·天安 檀國大에 가서 講義하다. ·光州 MBC에서 環境保全을 放映하다.	25(月) ·黃源卓 小將, 第57代 UN軍側 軍事停戰案 首席代表로 就任
	18(月)	2. 3	·國防部에서 '地自制實施와 公職者 姿勢'를 講演하다. ·高陽郡 綜合計劃 諮問會議에 參席하다.	26(火) ·市·郡·區議會 議員 選擧實施, 55% 投票率, 4,304名 選出 27(水) ·IPU 第85次 總會를 4月 29日 平壤에서 개최키로 결정
	20(水)	2. 5	·서울放送(SBS) 開局紀念行事에 參席하다.	
	21(木)	2. 6	·雪娥와 같이 濟州道에 가다. ·濟州道 行政大學院에서 '地自制 實施와 地域指導者 役割'을 講演하다.	28(木) ·政府, 次世代 戰鬪機事業의 機種을 美國 제너럴 다이내믹스社의 F16으로 확정
	22(金)	2. 7	·濟州大 經營大學院에서 '地自制實施와 地域指導者 役割'을 講演하다.	·유고 6個 共和國 大統領들, 聯邦再編을 논의하기 위한 頂上會談 개최
	23(土)	2. 8	·濟州에서 上京하다.	30(土) ·政府, 農畜産物 131個品目이 94년까지 단계적으로 輸入自由化된다고 밝힘
	25(月)	2.10	·KBS2 TV '全國은 지금' 프로그램에 出演하다.	
	26(火)	2.11	·驛三洞 無投票地域으로서 市·郡·區 議員 投票를 하지 못하다.	·韓國銀行, 90년도 GNP는 130兆 3,735億원이고, 1人當 國民所得은 5,569달러로 잠정 집계
	27(水)	2.12	·KBS2 TV '全國은 지금' 프로그램에 出演하다. ·KBS1 라디오에서 基礎議會 構成에 대해 大討論을 갖다.	31(日) ·南北韓 音樂人의 "한겨레의 울림"이 東京서 開幕
	28(木)	2.13	·淸州 忠北大 行政大學院에 가서 '地方自治와 地方財政'을 講演하다.	·바르샤바 條約機構의 聯合軍 司令部 公式 解體
	30(土)	2.15	·妻와 같이 天安 檀國大에 가서 講義하다.	·알바니아, 多黨制 總選 첫 실시
4	4(木)	2.20	·地方行政研究所 理事會에 參席하다.	1(月) ·U.N. 亞太經濟社會 理事會(ESCAP) 總會, 서울에서 開幕
	6(土)	2.22	·妻와 같이 天安에 가서 檀國大에서 講義하다.	·建設部, 建設技術振興基本計劃 樹立
	8(月)	2.24	·國際會議 參席次 妻와 같이 出國하여 파리에 到着·投宿하다.	6(土) ·朴哲彦 體育靑少年部長官, 月桂樹會 顧問職 辭退
	9(火)	2.25	·파리 出發, Barcelona市 를 거쳐 Sitges에 到着·投宿하다.	·北韓, 新型 스커드 미사일을 시리아·리비아 등 中東에 공급하고 있다고 보도됨
	10(水)	2.26	·U.N. University 主催 國際會議에서 韓國 事例를 主題發表하다.	9(火) ·新民主聯合黨의 出帆, 金大中 總裁 選出
	11(木)	2.27	·Barcelona市를 觀光하다.	·蘇聯 그루지아議會, 聯邦으로부터의 獨立을 선언
	12(金)	2.28	·國際會議에서 討論에 參加하고 閉會하다.	
	13(土)	2.29	·Sitges 出發, Madrid에 到着·投宿하다.	12(金) ·90.11.1 현재 韓國 總人口는 4,352만 199명이고 家口는 1,135만 7,160戶로 발표됨
	14(日)	2.30	·Madrid市를 觀光하다.	
	15(月)	3. 1	·Madrid 出發 Portugal의 Lisbon에 到着·投宿하다.	15(月) ·市·郡·區 議會 開院
	16(火)	3. 2	·Lisbon市와 周邊地域을 觀光하다.	16(火) ·고르바초프 蘇大統領, 日本訪問
	17(水)	3. 3	·Lisbon 出發, London을 거쳐 Sweden의 Stockholm에 到着하여 朴憲注君 內外를 만나고 投宿하다.	19(金) ·고르바초프 蘇大統領, 濟州에 到着·投宿 20(土) ·베이커 美國務長官, PLO代表團과 예루살렘에서 中東平和를 위한 會談을 가짐
	18(木)	3. 4	·Stockholm市 및 Uppsala市를 觀光하고 獨逸 Hamburg로 와서 同壻宅에 投宿하다.	
	19(金)	3. 5	·Golfplatz Bornbek에서 初行·運動하다.	23(火) ·中央災害對策本部, 建設部에서 內務部로 移管
	20(土)	3. 6	·Hamburg에서 Frankfurt를 거쳐 떠나다.	
	21(日)	3. 7	·서울에 到着·歸家하다.	·蘇聯 白러시아 勞動者들, 賃金引上·고르바초프 大統領 辭任을 요구하며 罷業 돌입
	23(火)	3. 9	·全國 主婦敎室中央會에서 '道德性 回復'을 講演하다.	
	24(水)	3.10	·地方行政研究所 主催 市郡區議會 運營에 관한 세미나에서 基調演說을 하다.	24(水) ·南北 單一 卓球팀, 日本에서 開催된 世界 卓球選手權大會에 처음 出陣
	25(木)	3.11	·瑞草乙 새마을婦女會 主婦大學에서 '大都市의 環境問題'를 講演하다. ·文敎部 地域開發研究課題 審査를 하다.	25(木) ·獨逸聯邦 下院, 蘇聯과의 國境線 協定 등 友好協力條約 비준 26(金) ·明知大 姜慶大君 警察致死事件 發生

月	日	陰	本人 및 家族事項	社會一般事項
4	26(金)	3.12	· 民自黨 政策評價委員會에서 '地域經濟 活性化'를 講演하다. · 새마을運動 '91年度 定期代議員 總會에 參席하다. · 釜山에 가서 韓進重工業(株) 產業大學에서 '自然과 環境'을 講演하다. · 釜山에서 昌原에 가다.	27(土) · IPU 韓國代表團, IPU 總會 參席次 板門店을 통해 入北 · 러시아 最高會議, 옐친 最高會議 議長을 共和國 大統領選擧 候補로 지명 28(日) · 샤미르 이스라엘 總理, 美國의 '中東平和 地域會議' 提案을 거부
	27(土)	3.13	· 昌原에서 開催된 大韓國土·都市計劃學會 主催 慶南中心圈 開發 세미나에서 綜合司會를 보다.	29(月) · 南北 單一女子卓球팀, 中國을 꺾고 優勝 · 國際議員聯盟(IPU) 第85次 總會, 平壤에서 개막
	28(日)	3.14	· 昌原에서 上京하다.	
	30(火)	3.16	· 貞娥 美國市民 旅券을 更新하다. · 江陵에 가다.	30(火) · 李登輝 臺灣總統, 中國의 政治的 實體를 인정하며 43년간의 '戰時 非常 總動員 時期' 終熄을 선포
5	1(水)	3.17	· 江陵商工會議所 主催 地方自治세미나에서 基調演說을 하다.	1(水) · 安東大 金映均君, 焚身自殺企圖, 2日에 死亡
	2(木)	3.18	· 龍坪 골프場에서 最初로 골프치고 上京하다.	3(金) · 曉園大 千世容君, 焚身 自殺
	3(金)	3.19	· 靑丘(株) 主催 韓日세미나에서 '地方自治'에 대해 主題發表하고 大邱에서 上京하다.	· 中國 李鵬 總理, 北韓 訪問 4(土) · 國際議會聯盟, 平壤에서 總會 閉幕
	4(土)	3.20	· 妻와 같이 天安에 가서 檀國大에서 講義하다.	7(火) · 韓國 오로라 探險隊, 世界 18番째로 北極點 到達
	5(日)	3.21	· 새마을中央研修院 마당에서 李안재 部長 女息 윤정孃의 結婚主禮를 보다.	9(木) · 民自黨 解體 主張 國民大會, 42市·郡에서 20萬名 示威
	8(水)	3.24	· 새마을運動中央協議會 理事에 再委囑되다. · 忠南大 行政大學院에서 '地方財政'을 講義하다.	10(金) · 國會, 民自黨 單獨으로 國家保安法 改正案과 警察法을 날치기 通過
	9(木)	3.25	· 都市 및 地域計劃研究所의 理事會에 參席하다.	· 朱岩 多目的댐 준공
	10(金)	3.26	· 堂中國民學校 어머니會에서 '大都市의 敎育 環境'을 講演하다.	12(日) · 네팔, 32년만에 첫 自由總選 실시
	11(土)	3.27	· 妻와 天安에 가서 檀國大에서 講義하다.	· 필리핀政府, 93년까지 필리핀 駐屯 美軍의 完全撤軍을 요구
	13(月)	3.29	· 새마을 月刊誌의 編輯委員으로 委囑되다.	13(月) · 水原-天原間 100.1㎞의 京釜高速道路 擴張工事 着工
	14(火)	4. 1	· 東大門區 議會에서 '區議員의 役割'을 講演하다. · KAL 產業大學에서 '自然과 環境'을 講演하다.	14(火) · 姜慶大君 葬禮式 擧行
	15(水)	4. 2	· 釜山에 가서 釜山大 行政大學院에서 '國土開發과 都市政策'을 講演하다.	· 店村市 議會議長 選擧 賂物事件으로 黃宇洪 議長 등 3名 拘束
	16(木)	4. 3	· 釜山에서 上京하다.	· 英國·프랑스間 海底터널 開通式 擧行
	17(金)	4. 4	· 韓進그룹研修院에서 '自然과 環境'을 講演하다.	17(金) · 北韓·日本間 最初의 民間航空機, 나고야發 平壤 到着
	18(土)	4. 5	· 貞娥, 海外旅行目的으로 禮智院에서 素養敎育 받다. · 韓國地方自治學會 研究發表會에서 司會를 하다. · 韓國地方自治學會 地方選擧 워크샵에서 討論하다.	20(月) · 蘇聯 最高會議, 자유로운 海外旅行과 移民을 허용하는 法案 승인
	21(火)	4. 8	· 妻와 같이 店村에 가다.	21(火) · 이디오피아 머리암 大統領 國外 脫出 22(水) · 라지브 간디 前 印度總理, 遊說中 爆殺
	22(水)	4. 9	· 大邱大學 附設 店村市 主婦大學에서 '女性의 位相과 役割'에 대해 講演하다. · 聞慶郡廳에서 새마을運動中央協議會 主催 새마을運動 座談會의 司會를 보다.	24(金) · 盧在鳳 總理 解任, 鄭元植 總理 就任 26(日) · 오스트리아 航空機, 방콕 空港에서 墜落 223名 死亡 28(火) · 이디오피아 反軍, 大統領宮을 武力으로 占領, 30년간 계속된 內戰 종식
	23(木)	4.10	· 店村에서 上京하다. · 玄岩寺의 『地方自治法典』의 推奬者로 委囑되다.	29(水) · 國稅廳, 不動產投機 嫌疑者 292名 實査 着手
	25(土)	4.12	· 天安에 가서 檀國大에서 講義하다.	
	28(火)	4.15	· 群山市에 가서 都市基本計劃 公聽會에 參席, 討論하다.	31(金) · '서울特別市 行政特例에 관한 法律' 制定, 7月 8日부터 施行
	29(水)	4.16	· 서울大 環境大學院 同窓會 總會에 參席하다.	· 日本 共同通信, 1943년 3월 현재로 日本에 强制連行된 韓國人은 약 28만 3천명에 달했다고 日本 外務省 極秘文書를 인용보도
	30(木)	4.17	· 大田에 가서 科技處 課題會議에 參席하고 原子力研究所를 視察하다.	
	31(金)	4.18	· 鷄龍臺 골프場에서 最初의 골프를 치고 上京하다.	

月	日	陰	本人 및 家族事項	社會一般事項
6	1(土)	4.19	· 새재會 旅行을 떠나 水安堡에 投宿하다. · 忠州 골프場에서 最初의 골프를 치다.	1(土) · 全大協 第5期 出帆式 釜山大에서 開催 · 扶安 댐 · 横城 댐 · 密陽 댐 建設事業 基本計劃 공고
	2(日)	4.20	· 水安堡에서 上京하다.	
	3(月)	4.21	· 中央大 建設大學院에서 '都市行政'을 講演하다.	· 文化部, 統一後 言語生活의 指針이 될 '綜合國語 統一語辭典'의 編纂을 추진키로 함
	4(火)	4.22	· 清州市에서 '公明選擧'에 대해 講演하다. · 忠州市에서 '公明選擧'에 대해 講演하다.	
	7(金)	4.25	· 環境經濟新聞社 主催 環境세미나에서 基調演說을 하다.	3(月) · 鄭元植 總理, 外國語大에서 봉변 당함 · 日本 雲仙山 火山 爆發, 36名 失踪
	8(土)	4.26	· 妻와 같이 天安에 가서 檀國大에서 講義하다.	5(水) · 內務部, 市 · 道議會 議員選擧 不法運動者 196名 摘發
	9(日)	4.27	· 손목을 다쳐 清平 國軍綜合病院에 入院 중인 東爀을 面會가다.	6(木) · 檢察, 文益煥 牧師 再收監
	10(月)	4.28	· 貞娥, 韓國 新規旅券을 發給받다.	9(日) · 필리핀 피나투보 休火山 爆發, 50名 死傷
	11(火)	4.29	· 東爀 面會가서 病院長 · 課長을 만나다.	10(月) · 中國, 서울서 入國비자 發給 業務 개시
	12(水)	5. 1	· 金丁勗 · 朴賢奎氏 市議員出馬 激勵次 訪問하다.	11(火) · 美國, 蘇聯의 食糧難 解消를 위해 15억달러어치의 穀物借款을 제공키로 결정
	13(木)	5. 2	· 李相淵 內務長官과 午餐을 하다. · 學術振興財團 硏究課題 審査委員으로 委囑되다. · 店村地域發展協議會 顧問으로 委囑되다.	13(木) · 大韓航空機, 胴體로 大邱空港 着陸
	14(金)	5. 3	· Lakeside 골프場에서 最初의 골프를 치다. · 麗水 MBC에서 '地方自治와 環境問題'를 放映하다.	· 옐친, 러시아共和國 最初의 直選에 의해 大統領으로 當選 · 체코, 50여개의 企業體 등 50억달러의 國有財産을 社有化하기로 樹立
	15(土)	5. 4	· 安東 緣故人 親睦會 '東硏會' 發足으로 會員이 되다.	15(土) · '東硏會' 創立
	17(月)	5. 6	· 서울大 行政大學院 發展政策課程에서 '國土開發과 都市政策'을 講演하다.	18(火) · 옐친 러시아大統領 美國 訪問 20(木) · 市 · 道議會 議員選擧 實施, 58.9% 投票, 866名 選出
	18(火)	5. 7	· 妻와 雪娥, 東爀 面會가다.	
	19(水)	5. 8	· KBS TV1 報道企劃에서 廣域選擧에 대해 放映하다.	21(金) · 市 · 道 議會議員選擧 結果 民自黨 壓勝으로 判明
	21(金)	5.10	· KBS TV1에서 廣域選擧 結果를 解說하다. · MBC TV 時事討論에서 廣域選擧에 대해 放映하다.	24(月) · 北韓, 美軍遺骸 11柩 美軍에 引導 · 綜合株價指數 581.37 記錄 · 蘇聯 키로프 國立 발레團 135명, 서울公演을 위해 來韓
	22(土)	5.11	· 天安에 가서 檀國大에서 試驗을 치르다. · KBS TV1 深夜討論에서 廣域選擧에 대해 放映하다.	25(火) · 全敬煥 · 李哲熙氏 假釋放 · 슬로베니아 獨立
	24(月)	5.13	· 高陽郡廳에서 綜合計劃 諮問會議에 參席하다.	25(火) · 保社部, 農漁民 國民年金 適用 등 5個年 社會保障部門計劃 발표
	25(火)	5.14	· 趙正濟 博士에게 雅號 '智山'을 作號하여 贈呈하다.	· 유고 크로아티아 · 슬로베니아, 聯邦으로부터 獨立을 선포
	26(水)	5.15	· 韓 · 美友好協會 會員이 되다.	
	27(木)	5.16	· 東爀, 面會를 가다.	26(水) · 韓 · 美 友好協會 創立
	28(金)	5.17	· 釜山에 가서 釜山市 議會에서 '市議會 機能과 議員役割'을 講演하고 上京하다.	28(金) · 英 · 佛間 海底 터널(151.39㎞) 貫通 · 蘇聯 最高會議, 모든 企業을 民營化하는 法案 승인 · 코메콘(COMECON), 42년만에 公式 解體
	30(日)	5.19	· 店村 茅田洞 垈地 72坪을 賣却하다. · 유럽 核廢棄物處理施設 視察次 出國하다. · 貞娥, 獨逸 硏修次 出國하다. · 貞娥 · 金源 教授와 Hamburg에 到着하여 同壻宅에 投宿하다.	29(土) · 盧大統領, 美國 · 캐나다 訪問次 出國 · 2,500萬 필지의 個別公示地價 公告
7	1(月)	5.20	· 貞娥, Colon 獨語學院에 硏修 始作하다. · 金源 教授와 Berlin에 가서 李俊善 教授와 合流하다.	1(月) · 一般 旅行 有效期間을 3年에서 5年으로 延長 · 單一化 · 政府, 96年까지 外國人 投資를 완전 개방하고 內國人의 海外投資도 50萬 달러까지 自由化하는 經濟社會發展 5個年計劃案 確定
	2(火)	5.21	· 東 · 西 Berlin과 Potsdam市 등을 觀光하다.	
	3(水)	5.22	· Berlin의 U.S.Golf場에서 最初로 골프치다. · Berlin에서 汽車로 Hannover에 가다.	
	4(木)	5.23	· Peine, Gartow에서 核廢棄物處分場을 訪問 · 視察하다.	2(火) · 盧大統領, 부시 美國大統領과 會談

月	日	陰	本人 및 家族事項	社會一般事項
7	5(金)	5.24	·Hannover에서 Brussel을 經由하여 Marseille에 가다.	5(金) ·盧大統領, 캐나다 멀로니 總理와 會談 ·EC 外務長官들, 유고에 대한 武器禁輸 및 經濟援助 中斷 선언
	6(土)	5.25	·If섬을 訪問하고 Manaco에 가다.	6(土) ·中國에 暴雨, 531名 死亡
	7(日)	5.26	·Nice, Canes, Sophia Antipolis를 觀光하고 Paris에 가다.	7(日) ·盧大統領 歸國
	8(月)	5.27	·Paris를 觀光하다.	8(月) ·市·道 議會 開院
	9(火)	5.28	·ANDRA를 訪問하고 Seine江을 遊覽하다.	9(火) ·建設部, 建設投資 適正化 方案과 5個 新都市 관련 對策 基本方向 발표
	10(水)	5.29	·La Hague, COGEMA를 訪問하고 Normandie를 觀光하다.	10(水) ·옐친, 最初의 러시아 民選 大統領으로 크렘린宮에서 就任式 擧行
	11(木)	5.30	·Paris를 떠나 Hamburg에 가다.	
	12(金)	6. 1	·貞娥와 妻弟宅 家族을 會食에 招待하다.	
	13(土)	6. 2	·Bergen 나치 虐殺場을 視察하고 Hamburg를 떠나 London을 經由하여 歸國길에 오르다.	13(土) ·中國, 最惡의 洪水로 1,300명이 사망하고 8천만명의 罹災民이 발생
	14(日)	6. 3	·서울에 到着하다.	
				15(月) ·G7 頂上들, 런던서 頂上會談 개최
	16(火)	6. 5	·總務處 國家機能 地方移轉 關係部處 合同 審議會의 委員이 되다.	
	17(水)	6. 6	·許梃 姉兄 生日 모임에 가다.	
	18(木)	6. 7	·새마을運動中央協議會 理事會에 參席하다. ·交通開發硏究院 主催 高速電鐵 세미나에서 綜合司會를 보다.	
	19(金)	6. 8	·慶州에 가서 화성그룹 任職員에게 '地自制의 經濟的 影響'을 講演하고 上京하다.	
				21(日) ·京畿 龍仁地方에 270㎜ 集中暴雨, 13名 死亡
	22(月)	6.11	·元東奎君 第13代 助敎로 入室하다.	
	23(火)	6.12	·大邱를 거쳐 安東에 가다.	23(火) ·國會, 第2次 追更豫算 4兆2千億원 原案 可決
	24(水)	6.13	·安東市 基本計劃公聽會에 參席하고 上京하다.	24(水) ·英國 세필드에서 열린 夏季 유니버시아드 大會 閉幕, 韓國 6位 獲得
				25(木) ·動資部, 2001年까지 原子力發電所 60基 설치키로 確定 ·春川·抱川에 308.5㎜ 暴雨, 11名 死亡· 9名 失踪 ·韓國·美國,有事時 韓國에 파견될 美軍 增援軍에 대한 韓國측 軍需支援事項을 담은 戰時接受國 支援協定案에 假署名
				26(金) ·蘇聯 共産黨 中央委員會, 마르크스·레닌主義 포기를 골자로 한 새 綱領을 승인
	27(土)	6.16	·一山 出版文化産業團地 基本構想의 責任 硏究를 完了하다.	27(土) ·統一쌀 5천톤 船積, 木浦發 羅津行
	29(月)	6.18	·金壽鶴 會長과 全南 南部硏修院에 가서 '참되게 사는 길'을 講演하다.	
	30(火)	6.19	·낚시를 한 후 上京하다.	30(火) ·부시 美國大統領, 모스크바에서 고르바초프 蘇大統領과 會談
	31(水)	6.20	·農協中央會 運營諮問委員에 委囑되다. ·貞娥, 獨語學院을 修了하다.	
8	1(木)	6.21	·『忠南저널』 客員論說委員으로 委囑되다.	1(木) ·政府, 牙山港과 釜山工團을 '96年까지 2兆3千億원을 投入하여 開發키로 決定
	2(金)	6.22	·浦項에 가서 慶北道 主催 세미나에서 '産業技術과 都市發展'을 主題發表하다.	2(金) ·南韓쌀 5千톤 羅津港에 到着, 北韓에 引繼
	3(土)	6.23	·浦項에서 上京하다. ·貞娥, 佛·伊·奧·바티칸王國 등을 旅行次 Hamburg를 出發하다.	
				4(日) ·北韓 柔道選手 李창수, 亡命 入國
	5(月)	6.25	·東京都 調査硏究次 서울市 硏究팀과 日本에 가다.	5(月) ·權寧贊 前 建國大 總長 등, 不正入學 事件으로 拘束
	6(火)	6.26	·東京都 政府에서 會食하다.	
	7(水)	6.27	·東京都 政府에서 會食하다.	
	8(木)	6.28	·東京을 떠나 歸國하다.	8(木) ·世界 잼버리大會, 江原 高城에서 開幕
				9(金) ·UN 安保理 全體會議, 南·北韓 同時 加入案 議決
	10(土)	7. 1	·貞娥, 旅行 마치고 Hamburg에 오다.	
	12(月)	7. 3	·貞娥, Hamburg를 떠나 Frankfurt를 經由하여 歸國길에 오르다.	
	13(火)	7. 4	·貞娥, 歸國하다.	
	14(水)	7. 5	·趙完圭 總長 離任式에 參席하다.	14(水) ·金鍾云 第19代 서울大 直選 總長 就任
	15(木)	7. 6	·家族, 東爀 面會가다.	
	16(金)	7. 7	·農漁村開發公社 主催 세미나에서 司會를 보다.	
				19(月) ·蘇聯에 쿠데타 發生, 고르바초프 大統領 軟禁 ·옐친 러시아 大統領, 쿠데타軍 탱크에 올라가 反 쿠데타 演說 ·韓民族 科學技術者學術大會, 南北韓 및 海外同胞 등 300여명이 모여 中國 延吉에서 開幕
				20(火) ·에스토니아 獨立
	21(水)	7.12	·利川 새마을 支會에서 '地方自治와 새마을運動'을 講演하다. ·檀國大 行政大學院 天安分校의 講師로 委囑되다.	21(水) ·蘇聯 쿠데타 失敗, 고르바초프 大統領 復歸 ·라트비아 獨立

月	日	陰	本人 및 家族事項	社會一般事項
8	24(土)	7.15	·妻·妻弟와 長湖院 墓所에 가다. ·大田에 가서 妻男宅에 投宿하다.	23(金) ·蘇聯 타스 通信, 蘇聯 KGB는 共産黨 活動을 禁止시켰다고 보도
	25(日)	7.16	·聘母任 生辰을 보고 上京하다. ·MBC TV에서 放映하다.	24(土) ·고르바초프大統領, 蘇聯 共産黨 書記職 辭任
	26(月)	7.17	·國土開發研究院 主催 3次國土計劃 公聽會에 參席, 討論하다. ·天安 所在 民防衛學校에서 '地方自治와 住民姿勢'를 講演하다.	·우크라이나 獨立 ·全 高速道路 通行料 上向調整 公告 27(火) ·中國 長春에서 豆滿江 流域 開發을 위한 UNDP會議가 7個國 參加로 開催
	28(水)	7.19	·國土開發研究院 主催 3次國土計劃 公聽會에 參席, 討論하다. ·現代社會研究所에서 '地方議會와 公務員'을 講演하다.	·몰도바 獨立 28(水) ·第3次 國土計劃樹立을 위한 中央公聽會 開催 29(木) ·中國 長春에서 豆滿江 開發에 대한 7個年 세미나 開催
	29(木)	7.20	·서울大 人口 및 發展問題研究所 主催 放射性 廢棄物處分場에 관한 討論會에서 主題發表하다. ·MBC TV에서 뉴스解說을 하다.	·蘇聯 最高會議, 蘇聯 全域에서 共産黨 活動을 정지시키기로 결정하고 最高會議 解體를 선언하는 決議案 채택
	30(金)	7.21	·서울大 環境大學院 卒業式에 參席하다. ·서울市 研究協議次 湖巖館에 投宿하다.	31(土) ·우즈베키스탄 獨立
	31(土)	7.22	·妻와 같이 天安에 가서 檀國大 講義를 하다.	
9	2(月)	7.24	·全國 女性團體 會長團에게 '國家發展과 女性團體 役割'을 講演하다. ·朴世直氏 博士學位取得 祝賀宴에 參席하다.	1(日) ·高速道路 通行料 調整 實施 ·李鵬 中國總理, 蘇聯 共産主義 崩壞에도 불구하고 社會主義 固守 천명
	3(火)	7.25	·새마을 弘報映畵製作 審議委員에 委囑되다.	2(月) ·全國 15개 市·道 敎育委員會 開院
	4(水)	7.26	·建大 行政大學院에서 '地方自治와 地域開發'을 講演하다.	6(金) ·리투아니아 獨立 ·蘇聯, 발트 3개 共和國의 獨立을 公式宣言
	5(木)	7.27	·大邱에 가다.	7(土) ·全國 住宅電算網化 완료
	6(金)	7.28	·放射性廢棄物處分場 討論會에서 發表하고 上京하다.	9(月) ·타지키스탄 獨立 ·第3次 國土計劃 樹立을 위한 地方 公聽會 개최 시작
	7(土)	7.29	·새마을運動中央協議會 諮問委員 겸 都市分科 委員長으로 委囑되다.	10(火) ·定期國會 開會
	8(日)	8. 1	·MBC TV 뉴스 解說을 하다.	·新民黨과 民主黨의 統合 宣言
	9(月)	8. 2	·天安所在 民防衛學校에서 '地方自治와 住民姿勢'를 講演하다. ·仁川市에서 松島計劃 諮問을 하다.	11(水) ·明知大 鄭世煜 敎授, 地方議員 低質論 是非 發生 12(木) ·第2回 韓民族體典, 88個國 同胞 1,652名의 參加裡에 개막
	10(火)	8. 3	·韓國地方行政研究院 主催 地方自治세미나에서 司會를 보다. ·建大 行政大學院에서 '地方自治와 地域開發'을 講演하다.	13(金) ·北韓 外交官 高英煥 歸順 16(月) ·統合 野黨 民主黨 出帆, 共同代表로 金大中·李基澤氏 推戴
	11(水)	8. 4	·韓國地方行政研究院 主催 地方自治 세미나의 綜合分科에서 討論을 하다. ·全州에 가다.	·國際 河川 심포지엄, 서울에서 開催 18(水) ·韓國·北韓, UN에 同時 加入 20(金) ·盧大統領, UN 演說 및 멕시코 訪問次 出國
	12(木)	8. 5	·放射性廢棄物處分場 討論會에서 發表를 하고 上京하다.	23(月) ·盧大統領, 뉴욕서 부시 등 各國 頂上들과 會談
	13(金)	8. 6	·西大門 새마을支會에서 '危機管理와 指導層 役割'을 講演하다.	·아르메니아 獨立
	16(月)	8. 9	·江陵에 가다.	24(火) ·盧大統領, UN에서 UN加入 紀念 演說
	17(火)	8.10	·放射性廢棄物處分長 討論會가 反對示威로 中斷되어 發表 못하고 上京하다.	25(水) ·盧大統領 멕시코 到着, 살리나스 大統領과 頂上 會談
	18(水)	8.11	·새마을 諮問委員會 分科委員長 會議에 가다. ·富川市에서 '自然保護'에 대해 講演하다.	30(月) ·盆唐 新都市 1次 入住 開始 ·嶺東高速道路 77㎞區間의 擴張工事 착공
	25(水)	8.18	·大田에 가서 放射性廢棄物處分場 討論會에서 發表하고 上京하다.	·太白發展研究會 創立
	26(木)	8.19	·서울市立大 主催 都市行政 세미나 綜合分科에서 討論하다.	

月	日	陰	本人 및 家族事項	社會一般事項
10	1(火)	8.24	· 乘用車 Prince를 新規 購入하다.	1(火) · 韓國行政研究院 發足
	2(水)	8.25	· 서울 信託銀行에서 '바람직한 消費 生活'을 講演하다.	2(水) · 韓·中 첫 外務長官 會談, UN本部에서 開催
	5(土)	8.28	· 天安 檀國大에 講義가다.	4(金) · 北韓 金日成主席 北京 到着
	7(月)	8.30	· 住宅公社에서 '消費生活'을 講演하다.	· 모스크바 放送, 北韓은 核武器를 자체적으로 開發하고 있다고 보도
	10(木)	9. 3	· 國土計劃學會·CODS·美 미시간州立大學 主催 國際會議 開會式에 參席하다.	· 北韓은 최근 스커드 미사일 移動 發射臺를 自體開發해 試驗發射에 성공했다고 밝혀짐
			· K.Corey·林吉鎭 博士 등과 會食하다.	
	15(火)	9. 8	· 雪娥 日本旅行次 出國하다.	8(火) · 教育部, 3개 大學과 16개 專門大學의 新設을 承認
	16(水)	9. 9	· 妻와 같이 店村에 가서 市文化祭 前夜祭 行事에 參席하다.	9(水) · 國務會議, 國際勞動機構 加入을 위한 ILO憲章 受諾 同意案 의결
	17(木)	9.10	· 店村市 市民體育大會 開會式에 參席하다.	
			· 國民學校 同期生과 點心을 하다.	10(木) · 蘇聯 각 共和國들, 새로운 國家 創設을 위한 新蘇聯條約案의 草案 채택
	18(金)	9.11	· 安東에 가다.	
			· 安東 세미나에서 討論하다.	11(金) · 金日成, 鄧小平과 北京서 會談
	19(土)	9.12	· 店村에서 上京하다.	· 蘇聯, KGB 解體 決定
	22(火)	9.15	· 釜山에 가서 釜山大 行政大學院 및 環境大學院에서 '國土開發'을 講義하다.	14(月) · 自由路 2段階 착공
				18(金) · 蘇聯·이스라엘, 24년만에 國交 再開 발표
	23(水)	9.16	· 釜山에서 上京하다.	19(土) · 作家 鄭飛石氏 他界
			· 中央都市計劃委員會에 參席하다.	20(日) · 印度에 地震 發生, 500名 死亡, 3千名 부상
	26(土)	9.19	· 地方自治學會 研究發表會에서 討論하다.	
			· 雪娥 日本에서 歸國하다.	22(火) · 鄭元植 總理 등 代表團 平壤 到着
	27(日)	9.20	· 器興골프場에서 처음 골프치다.	· 오치르바트 몽골 大統領 訪韓
	28(月)	9.21	· 店村新聞 顧問에 推戴되다.	27(日) · 日本 自民黨, 次期 首相으로 宮澤喜一 선출
			· 土地開發公社 第2次 長期經營計劃樹立 諮問을 하다.	· 蘇聯 투르크멘 議會, 聯邦으로부터의 獨立을 선언
	29(火)	9.22	· 서울大 캠퍼스計劃委員으로 委囑되다.	
			· 安東 MBC에서 '地域開發과 地方議員'을 放映하다.	28(月) · 建設部, 1月1日 현재 國土 總價格을 1,614兆5千億원으로 集計 發表
	30(水)	9.23	· 中央公務員教育院에서 '地方自治의 發展方向'을 講義하다.	29(火) · 梨花女大 金梅子 教授, 入試不正으로 拘束
	31(木)	9.24	· 서울市 依賴 首都行政研究의 共同 研究를 完了하다.	30(水) · 中東平和會談, 스페인 마드리드에서 開幕
			· 教育部 地域開發課題의 中間評價를 하다.	
			· 金 源 教授와 奉化에 가다.	
11	1(金)	9.25	· 太白發展研究會 主催 奉化發展 세미나에서 '産業育成'을 主題發表하다.	1(金) · 러시아議會, 急進的 經濟改革을 도입하려는 옐친 大統領의 改革案 승인
			· 太白發展研究會에 會員으로 加入하다.	5(火) · 曺晩植 선생 遺骸(머리카락), 國立墓地에 安葬
	2(土)	9.26	· 太白發展研究會 主催 英陽 發展 세미나에서 '産業育成'을發表하고 上京하다.	· 日本 國會, 宮澤喜一 自民黨 總裁를 78代 首相으로 選出
	5(火)	9.29	· 大邱 永進專門大學에서 特講을 하다.	
	7(木)	10. 2	· 서울市 새마을 支部의 諮問會議에서 諮問하다.	6(水) · 密陽 댐 建設 事業 착공
	8(金)	10. 3	· 科學技術團體 總聯合會 政策審議會에 參席하다.	8(金) · 盧大統領, 韓國에서의 核武器와 化學生物武器의 전면적 撤去를 선언하고 北韓도 이에 상응하는 措處를 취할 것을 促求
	9(토)	10. 4	· 黃鏞周博士 回甲宴에서 祝辭를 하다.	
	11(月)	10. 6	· 江南區 婦女經營大學에서 '環境과 主婦'를 講演하다.	10(日) · 英國政府, EC가 제안한 유럽의 政治統合條約案을 拒否
	12(火)	10. 7	· 妻·聘母任, 東犙 面會가다.	
	14(木)	10. 9	· 內務部研修院 市長·郡守班 論文 最終審査하다.	11(月) · U.N. 平和維持軍, 캄보디아 프놈펜에 到着
	15(金)	10.10	· 地域社會開發學會 主催 세미나에서 '地方議員의 役割'을 主題發表하다.	12(火) · 15國 會員의 아시아·太平洋經濟協力(APEC) 3次 閣僚會議, 서울에서 開幕
	16(土)	10.11	· 天安에 가서 檀國大 講義하다.	· 政府, 第7次 經濟社會發展5個年計劃 確定 발표
			· KBS 라디오1 大討論에서 '돈 안 드는 選擧'를 放送하다.	

月	日	陰	本人 및 家族事項	社會一般事項
11	18(月)	10.13	·國土計劃學會 訪日團과 같이 出國하다. ·大阪을 經由하여 神戸市에 到着하다.	17(日) ·마케도니아 獨立 20(水) ·캄보디아 政府, 시아누크公을 國家元首로 公式 認定
	19(火)	10.14	·神戸市를 視察하다.	
	20(水)	10.15	·掛川市를 視察하고 東京으로 가다.	21(木) ·獨逸·러시아, 協力協定 締結
	21(木)	10.16	·東京 新開發地區를 視察하다.	·U.N. 安保理, 새 U.N. 事務總長 後任에 부르로스 갈리 이집트 副總理를 선출
	22(金)	10.17	·東京大學 安田講堂에서 韓·日·中會議를 開催하여 參席하다.	
	23(土)	10.18	·朝鮮大學을 訪問, 尹光涉 事務部長의 안내로 校庭을 돌아보다.	23(土) ·永登浦-九老間 3複線 道路 開通 25(月) ·北韓 女性代表 呂燕九 등 15名, 會議 參席次 서울 到着
	24(日)	10.19	·日本에서 歸國하다.	
	25(月)	10.20	·大統領 招請 새마을關係者 午餐에 參席하다. ·서울大 캠퍼스 擴充事業推進企劃團 推進委員으로 委囑되다.	·北韓, 駐韓美軍의 核武器 撤收가 시작되면 核安全協定에 署名할 것이라는 立場을 발표
	26(火)	10.21	·中央大 建設大學院에서 '都市行政'을 講演하다.	·폴란드 民主議會, 52년만에 처음으로 出帆
	27(水)	10.22	·濟州에 가다. ·濟州道 公務員教育院에서 '地方自治와 公務員'을 講演하다. ·北濟州郡 職員家族에게 '消費節約'을 講演하다. ·濟州에서 上京하다.	26(火) ·美國, 클라크 空軍基地 管轄權을 필리핀에 返還 29(金) ·板橋-九里間 23.5㎞, 新葛-安山間 23.2㎞ 高速道路 竣工
	30(土)	10.25	·放射性核廢棄物處分場 討論會 中斷되다.	30(土) ·統一教 文鮮明 教主, 平壤 到着
12	2(月)	10.27	·科技處 研究團地 設計를 審査하다.	1(日) ·13개 在野團體, 延世大學에서 '民主主義民族統一 全國聯合'을 結成
	3(火)	10.28	·松炭市 基本計劃公聽會에 參席하다. ·申邦鉉 博士 回甲宴에서 祝辭를 하다.	3(火) ·國會, 새해 豫算 33兆2千億원을 可決
	4(水)	10.29	·內務部 研修院 高級班 修了式에 參席하고 祝賀宴에서 祝杯를 제의하다.	4(水) ·南大門市場에 火災 發生, 23億원 被害 ·扶安 댐 建設 事業着工
	6(金)	11.1	·徐元宇 教授 回甲宴에 參席하다.	6(金) ·文鮮明 教主, 金日成과 相面
	7(土)	11.2	·새마을 記錄映畫에 出演, 自宅庭園에서 촬영하다.	8(日) ·러시아 獨立
	10(火)	11.5	·地方自治學會 세미나에서 '廣域行政'을 主題發表하다.	9(月) ·國際勞動機構(ILO)에 加入 ·새 民放 서울TV放送 (SBS) 開局
	12(木)	11. 7	·教育部 地域開發課題를 審査하다. ·石串國民學校 姉母會에서 '教育環境과 父母 役割'을 講演하다.	11(水) ·南北 第5次 高位級 會談 서울에서 開幕 13(金) ·全國 農民會 總聯盟, '91 쌀 鬪爭決議大會 開催
	13(金)	11. 8	·道路公社에서 '勤儉氣風과 公職者 姿勢'를 講演하다.	14(土) ·骨材採取法 제정·공포 15(日) ·全教組, 尹永奎 委員長 後任으로 李永熙氏 選出
	14(土)	11. 9	·새마을中央協議會 理事會에 參席하다. ·青瓦臺·公報處 主催『實錄 第6共和國』政治篇 執筆者會議에 參席하다.	·이집트 旅客船, 紅海上에서 沈沒, 471名 死亡·失踪 16(月) ·카자흐스탄 獨立
	17(火)	11.12	·康亨錫君 結婚 主禮를 보다.	17(火) ·大學入學 學力考査 實施
	18(水)	11.13	·國務總理 主宰 國土綜合計劃審議會議에 參席하여 第3次 國土計劃을 議決하다.	·고르바초프·옐친, '92.1.1부터 새 獨立國家 聯邦 出帆시키기로 合意
	20(金)	11.15	·새마을運動中央協議會 主催 새마을運動精神 세미나에서 綜合司會를 보다.	18(水) ·盧大統領, 韓國의 核不在를 宣言 19(木) ·盧大統領, 閣僚 更迭
	23(月)	11.18	·李相淵 內務長官의 自治學會 任員 招請 午餐에 參席하다. ·새마을中央研修院 教育諮問團會議에 參席하다. ·中央都市計劃委員會에 參席하다.	20(金) ·서울 外廓循環道路 92㎞着工 23(月) ·株價指數 592.09로 暴落 25(水) ·고르바초프, 蘇聯大統領 辭任, 69年間의 聯邦體制 終了
	24(火)	11.19	·尹正光氏 子 碩駿君의 結婚 主禮를 보다. ·教育部 學位種別審議委員會 小委員會에 參席하다.	26(木) ·金之淳 第7代 店村市長 부임 27(金) ·第7次 經濟社會發展5個年計劃 中 '國土 및 地域發展' 部門計劃 수립·확정
	27(金)	11.22	·教育部 地域開發課題 發表會에서 開會 및 閉會人事를 하다.	·路上 및 路外駐車場 管理業務, 建設部에서 交通部로 이관
	29(日)	11.24	·韓國自治新聞社 論說 顧問으로 推戴되다.	

1991

月	日	陰	本人 및 家族事項	社會 一般 事項
12	29(日)	11.24	·李圭憲 院長 回甲宴에 參席하고 조용필 디너쇼를 觀覽하다.	29(日) ·러시아, 國營集團農場을 私營化한다고 宣言
	30(月)	11.25	·새마을運動中央協議會 理事會 및 諮問會議에 參席하다.	·中國 全人大 常務委員會, 中國의 核擴散禁止條約 加入案 통과
	31(火)	11.26	·地方自治學會 顧問·任員會議에 參席하다.	31(火) ·韓·中 貿易協定 정식 署名
			·새마을運動 中長期發展 構想의 單獨 研究結果를 發刊하다.	·濟州道 開發特別法 제정 ·土地收用法 개정
			·放射性廢棄物處分場 研究結果를 發刊·完了하다.	·石門 國家工業團地 지정

第 57 歲 : 1992 (4325) 壬申年 / 平敎授 - 研究院長

月	日	陰	本人 및 家族事項	社會 一般 事項
1	1(水)	11.27	·新正 祭禮지내다.	1(水) ·아파트 分讓價 인상
			·Corey 선생께 懸板「高理亭」을 製作·기증하다.	2(木) ·러시아 등 3共和國, 價格自由化 강행
	3(金)	11.29	·서울大 賀禮式과 環境大學院 交禮會에 參席하다.	3(金) ·鄭周永 現代그룹 名譽會長, 政治參與意思 피력
	5(日)	12. 1	·새마을 中央研修院에서 特講하다.	
	11(土)	12. 7	·妻와 같이 東轍 面會가다.	5(日) ·부시 美大統領 訪韓
	14(火)	12.10	·새마을 中央研修院 主催 세미나의 司會를 보다.	·襄陽郡民 2,000名, 放射性廢棄物處分場 設置反對 示威
	15(水)	12.11	·李春九·趙庚穆議員과 堤川市에 가다.	
			·民自黨 堤川地區黨 黨員에게 特講하다. ·堤川에서 投宿하다.	6(月) ·盧大統領, 青瓦臺에서 부시 美大統領과 頂上會談을 가짐
	16(木)	2.12	·堤川에서 榮州로 가다.	·그루지아 共和國, 內戰 종식
			·慶北專門大學 세미나에서 基調演說을 하고 綜合司會를 보다.	7(火) ·泰安郡 安眠島 住民 5千名, 放射性廢棄物處分場 設置反對 示威
			·榮州에 投宿하다.	·韓·美, '92년도 팀 스피리트 訓練 實施않기로 決定
	17(金)	12.13	·榮州에서 上京하다.	
			·Cincinnati大 同門會 總會를 開催하여 會長人事를 하고 初代 會長職을 떠나다.	8(水) ·부시 美大統領 日本 訪問中 쓰러짐
	18(土)	12.14	·昌原에 가서 昌原商工會議所 主催 市民研修會에서 特講을 하다.	9(木) ·野圈, 鄭周永 會長의 巨額政治獻金 暴露發言과 관련 國調權 發動 요구
			·昌原에서 大田 儒城으로 가서 青丘(株) 任員에게 特講을 하고 上京하다.	·부시 美國大統領, 미야자와 日本 總理와의 頂上會談 후 '東京宣言' 발표 10(金) ·盧大統領, 自治團體長 選擧 연기 決定
	19(日)	12.15	·蔚山에 가서 朴元泰君 結婚 主禮를 보고 上京하다.	·統一國民黨 創黨 發起人 大會 開催 15(水) ·金宇中 大宇그룹 會長, 經濟協力次 平壤到着
	20(月)	12.16	·釜山에 가서 釜山商工會議所 主催 市民講座에서 特講을 하고 上京하다.	·유럽 共同體, 유고의 크로아티아 및 슬로베니아를 獨立國家로 승인
	21(火)	12.17	·大韓國土·都市計劃學會 弦汀國土開發賞 審査委員으로 委囑되다.	16(木) ·宮澤 日本首相 訪韓
	22(水)	12.18	·教育部 地域開發研究事業 評價委員會 委員長으로 委囑되다.	·유고 聯邦共和國 解體 19(日) ·韓國勞動者黨 創黨 發起人 大會 開催
			·서울大 行政大學院 國家政策課程에서 特講하다.	21(火) ·後期大入試 試驗紙 流出事件 發生, 試驗 實施 연기
	24(金)	12.20	·楊平郡에 가서 郡民講演會에서 特講하다.	
	25(土)	12.21	·李明宰君 結婚主禮를 보다.	22(水) ·趙完圭 前 서울大總長, 文教部長官 就任
			·大田에 가서 韓國水資源公社의 研究會議에 參席하고 投宿하다.	·韓·美, 北韓이 받아들여야 할 國際原子力機構(IAEA)의 核査察時限 設定에 합의
	26(日)	12.22	·골프 運動 후 上京하다.	
	27(月)	12.23	·原州에 가서 原州商工會議所 主催 市民會에서 特講하다.	27(月) ·아세안 頂上會談, 싱가포르에서 開幕 30(木) ·옐친 러시아 大統領과 메이저 英國總理, 10個項의 經濟·軍事協力 共同宣言文 발표
			·安東 MBC TV에서 慶北 北部圈 開發에 대한 解說이 放映되다.	

月	日	陰	本人 및 家族事項	社會一般事項	
1	28(火)	12.24	・釜山에 가서 釜山大 行政大學院 主催 세미나에서 主題發表를 하고 上京하다.	30(木)	・유럽 安保協議會議(CSCE), 獨立國家聯合(CIS) 中・러시아를 제외한 10個國의 加入을 승인
	31(金)	12.27	・公報處 6共實錄 執筆者 會議에 參席하다. ・民自黨 政策討論會에 參席하여 討論하다.		
2	1(土)	12.28	・大韓商議 韓國經濟硏究센터 硏究委員으로 再委囑되다. ・韓國地域社會開發學會 學術理事로 委囑되다.	1(土)	・公共車輛 10部制 運行實施 ・부시 美大統領, 옐친 러시아 大統領과 頂上會談을 美國에서 開催 ・터키, 暴雪로 142名 死亡
	6(木)	1. 3	・大田에 가서 聘父母任께 歲拜하고 投宿하다.		
	7(金)	1. 4	・妻와 같이 上京하다.	2(日)	・日本 近海에서 韓國 船舶 失踪 26名 死亡
	8(土)	1. 5	・KBS1 라디오에서 東西南北 프로그램에 出演하여 放送하다.	5(水)	・北韓, '韓半島의 非核化에 관한 共同宣言' 승인
	12(水)	1. 9	・昌原에 가서 昌原市議會 세미나에서 主題發表를 하고 投宿하다.	8(土)	・統一國民黨, 創黨大會를 열고 代表最高委員에 鄭周永氏를 추대
	13(木)	1.10	・昌原에서 上京하다. ・大韓損害保險協會에서 特講하다.	9(日)	・12萬名의 모스크바 市民, 옐친 大統領의 退陣 要求 示威
	14(金)	1.11	・店村에 가서 店村・聞慶地域發展協議會의 세미나에 參席하고 投宿하다.	10(月)	・交通料金 引上 發表 ・金振永 陸參總長, 軍 內部의 私組織을 해체토록 各級指揮官들에게 지시
	15(土)	1.12	・店村에서 上京하다. ・江南區廳에서 職員에게 特講하다.	12(水)	・對馬島에 '朝鮮通信使之碑' 建立
	18(火)	1.15	・內務部 地方行政硏修院에서 地方監査官에 대한 特講을 하다.	14(金) 17(月)	・慶北 善山에 헬기 墜落 7名 死亡 ・盧泰愚 大統領, 南北合意書에 署名
	19(水)	1.16	・內務部 硏修院 市長・郡守班 入校式에 參席하다. ・새마을中央硏修院에서 特講하다.	18(火) 19(水)	・鄭元植 國務總理등 代表團 平壤 到着 ・南北合意書 發效
	20(木)	1.17	・昌原에 가서 새마을 慶南道支部 大會에 參席하고 特講後 上京하다.	21(金)	・U.N. 安保理, 유고에 1만 4천명의 U.N. 保護軍을 파견하는 내용의 決議案 채택
	21(金)	1.18	・內務部 硏修院에서 監査官에 대한 特講을 하다. ・韓國地方自治學會 總會에 參席하다.	23(日)	・光州 海洋都市가스(株)에서 가스 爆發
	22(土)	1.19	・大韓國土・都市計劃學會 總會에 參席하다.	24(月)	・日本, 유럽에서 原子爆彈 150個 제조 가능의 濃縮 플루토늄 1ton을 輸入키로 결정
	25(火)	1.22	・새마을中央硏修院에서 地方議會議員 상대 特講을 하다.		
	26(水)	1.23	・새마을婦女會 中央聯合會 大討論會의 全體 司會를 보다. ・서울大 環境大學院 卒業式에 참석하다.	27(木) 28(金)	・서울에서 豆滿江開發 國際委員會 開催 ・大法院, 水西事件 確定, 李台燮 議員 등 議員職 박탈
	27(木)	1.24	・서울大 環境大學院 敎授夫婦 濟州道에 가서 投宿하다.	29(土)	・몽골 人民革命黨, 새로운 綱領・憲章・이데올로기 原則을 채택
	28(金)	1.25	・濟州에서 上京하다.		・유고 세르비아人, '세르비아人 共和國' 수립을 宣言
	29(土)	1.26	・서울大學校 安息年이 終了되다.		
3	1(日)	1.27	・서울大學校 停年保障敎授가 되다. ・內務部 地方行政硏修院 指導敎授에 再委囑되다. ・慶北 道綜合開發計劃樹立 諮問委員에 委囑되다.	3(火)	・기존의 農科大學 명칭을 農業生命科學 大學, 自然資源大學, 産業大學 등으로 變更 ・보스니아 獨立 ・UN 人權委, 미얀마 軍事政權에 의한 人權抑壓을 비난하는 決議案 채택
	2(月)	1.28	・新學期 開學하다. ・서울大 環境大學院 入學式에 參席하다.		
	7(土)	2. 4	・새마을 自願奉仕委員으로 委囑되다.	7(土)	・UN 平和維持軍(PKO) 先發隊, 베오그라드에 到着
	8(日)	2. 5	・禹병주군 結婚 主禮를 보다.		
	9(月)	2. 6	・鄭棟永 將軍 自由總聯盟 事務總長 就任式에 參席하다.	12(木)	・韓・美, 95년까지 韓國의 防衛費 分擔을 駐韓 美軍의 現地 發生費用의 3分의 1로 늘리기로 合意
	10(火)	2. 7	・徐榮澤 建設部長官과 『나라 經濟』誌 揭載를 위한 對談을 갖다.	14(土)	・第14代 國會議員 選擧 첫 合同演說會 開催
	11(水)	2. 8	・全國主婦敎室中央會 指導者大會에서 特講하다.		・北韓은 91년 중 2억 6,800만달러의 武器를 中東에 輸出해 世界 4位의 輸出高를 기록했다고 보도됨
	12(木)	2. 9	・敎育部 地域開發課題 審査하다.		
	13(金)	2.10	・江陵에 가다.		

月	日	陰	本人 및 家族事項	社會一般事項
3	14(土)	2.11	·江陵市에서 江陵長期開發計劃을 위한 諮問會議를 主宰하고 上京하다.	18(水) ·韓·러시아, 外務長官 會談에서 北韓과의 軍事協力問題는 韓國과 協議키로 합의
	15(日)	2.12	·聞慶에 가서 國會議員 候補者 遊說를 듣고 店村에서 投宿하다.	19(木) ·李承晩 前 大統領 婦人 프란체스카 女史 92歲로 逝去
	16(月)	2.13	·店村에서 上京하다.	·『經國大典』의 最古本인 『辛卯大典』 發見
	19(木)	2.16	·새마을運動中央協議會 第1回 일하는 보람賞 都市部門 審査委員長에 委囑되다. ·새마을中央研修院 敎官에 대해 特講하다.	20(金) ·이라크, UN 指示에 따르기로 약속
	21(土)	2.18	·江南 乙區 國會議員 合同演說會에 가다.	22(日) ·陸軍 李智文 中尉, 軍不在者 投票의 不正行爲 暴露, 良心宣言
	23(月)	2.20	·釜山에 가서 韓進重工業 産業大學에서 特講하고 投宿하다.	24(火) ·第14代 國會議員選擧 投票實施
	24(火)	2.21	·釜山에서 上京하여 國會議員選擧 投票를 하다.	25(水) ·第14代 國會議員選擧 結果 發表, 民自黨 149席, 民主黨 97席, 國民黨 31席, 無所屬 21席
	25(水)	2.22	·KBS 1 라디오에 出演하여 國會議員 選擧結果를 解說하다.	
	26(木)	2.23	·渼金市에 가서 새마을運動 巡廻特講을 하다.	26(木) ·美國 네바다 沙漠에서 금년 첫 核實驗 實施
	27(金)	2.24	·建設部 中央都市計劃委員會에 參席하다.	27(金) ·日本, 濃縮우라늄 生産 着手
	28(土)	2.25	·天安 檀國大 行政大學院에서 講義하다.	·韓國銀行, 1人當 國民所得을 6,498달러로 暫定 集計
	31(火)	2.28	·建國大 行政大學院 最高管理者 課程에서 特講하다.	
4	2(木)	2.30	·職場새마을運動 中央協議會 主催의 討論會에서 司會를 보다. ·江南區廳 民防衛隊長에 대해 特講하다.	1(水) ·敎育部, 94學年度부터 40個 大學에서 14年만에 本考査 實施키로 발표 ·美 國防部, 美國은 北韓의 核開發計劃 때문에 駐韓 美 地上軍의 追加減縮計劃이 無期延期됐다고 밝힘
	3(金)	3. 1	·韓國自治新聞社 理事에 委囑되다.	3(金) ·盧大統領, 盆唐 新都市 訪問·視察
	4(土)	3. 2	·새마을運動 中央研修院에서 새마을會長團 상대 特講을 하다.	7(火) ·北韓 最高人民會議, 國際 核安全協定을 條件附로 批准했다고 보도됨
	5(日)	3. 3	·Club 700 골프場에서 最初 골프 치다.	·美國, 크로아티아·슬로베니아·보스니아·헤르체코비나 共和國을 승인
	6(月)	3. 4	·KBS 1 라디오에서 「選擧와 國家發展」을 放送하다.	9(木) ·北韓, 國際原子力機構(IAEA)와 署名한 核安全協定을 承認
	7(火)	3. 5	·KBS 1 라디오에서 「總選後의 國民姿勢」를 放送하다.	11(土) ·李相玉 外務部長官, 會議次 北京 到着
	8(水)	3. 6	·KBS 1 라디오에서 「當選國會議員에게 드리는 말씀」을 放送하다.	12(日) ·金 九 선생 暗殺犯 安斗熙, 처음으로 사주받아 범행했음을 폭로
	9(木)	3. 7	·交通開發研究院 主催 國際세미나에 參席하여 討論하다. ·KBS1 라디오에서 「우리 經濟를 살리는 길」을 放送하다.	13(月) ·財務部, 中國銀行의 서울事務所 設置를 許可하였다고 발표 ·北韓에는 현재 11만 5천명 내지 15만명의 政治犯이 强制勞役所에 있다고 보도됨
	10(金)	3. 8	·濟州에 가서 中央都市計劃委員會 小委員으로 視察하다. ·KBS 1 라디오에서 「危機管理와 指導層 役割」을 放送하다.	14(火) ·全병관 選手, 中國에서 開催된 아시아 力道選手權大會에서 優勝
	11(土)	3. 9	·濟州에서 上京하다. ·天安 檀國大 行政大學院 講義하다. ·KBS 1 라디오에서 「우리世代의 時代的 使命」을 放送하다.	15(水) ·首都圈 整備施策의 改善方向에 관한 政策討論會 개최 ·워싱턴 타임스, 金日成 主席은 金正日이 이미 사실상 北韓의 統治者라고 言及했다고 보도
	12(日)	3.10	·南部 CC에서 처음 골프 치다.	
	14(火)	3.12	·漢陽大 地方自治研究所에서 特講하다.	
	17(金)	3.15	·光州에 가서 光州市 公務員敎育院에서 特講하고 上京하다.	16(木) ·아프카니스탄 나지불라 大統領 축출됨
	18(土)	3.16	·釜山에 가서 大韓航空 産業大學에서 特講하고 上京하다.	20(月) ·韓國-베트남 相互連絡代表部를 設置하기로 合意 發表
	21(火)	3.19	·職場새마을運動 中央協議會 主催 세미나에서 綜合 司會를 보다.	·泰國 방콕市에서 잠롱 등 7만餘名 市民, 수친다 總理의 辭任을 要求하는 示威 展開

月	日	陰	本人 및 家族事項	社會 一般 事項
4	22(水)	3.20	·釜山에 가서 釜山大 行政大學院에서 特講하고 投宿하다.	24(金) ·UN 安保理, 소말리아內 平和維持活動을 위한 兵力派遣決議案 의결
	23(木)	3.21	·釜山에서 上京하다.	26(日) ·체코슬로바키아의 하벨 大統領 訪韓
	24(金)	3.22	·韓國地方自治學會 學術發表會의 司會를 보다.	27(月) ·유고 聯邦議會, 聯邦을 해체하고 2個의 新國家를 수립하는 新憲法을 채택
	25(土)	3.23	·康炳基 敎授宅에서 2個月生 진돗개(雄)를 얻어와서 '珍乭'이라 명명하다. ·中央都市計劃委員들과 같이 大田에 가서 현지 視察하고 投宿하다.	28(火) ·憲法裁判所, 勞務에 종사하는 公務員을 제외한 公務員의 勞動運動을 금지한 國家公務員法은 合憲이라고 결정
	26(日)	3.24	·大田에서 上京하다.	29(水) ·安企部, 白泰雄 등 39名을 間諜 혐의로 검거
	28(火)	3.26	·職場새마을運動 京畿道 支部에서 特講하다. ·韓進그룹 產業大學에서 特講하다.	·美國 Los Angeles市 黑人暴動 發生, 13名 死亡 150여名 부상
	30(木)	3.28	·韓國銀行 調查部에서 特講하다.	·高速國道路線 指定令 改正으로 6個 新規路線 지정
5	1(金)	3.29	·『地方財政』誌 編輯委員에 再委囑되다. ·韓國地方行政硏究院 地方巡廻公聽會 서울會議에 參席하다. ·金日泰君 博士學位 審査委員長으로 最終審議를 主宰하다. ·『地方自治의 노래』를 作詞하여 韓國自治新聞에 揭載하다.	1(金) ·美國 LA市 黑人暴動으로 僑胞 商店 600여개 피습 받음 ·中國, 太極旗 揭揚 韓國 船舶의 入港 許容 5(火) ·北韓 延亨默 總理 등 代表團 서울 到着 ·모스크바大 北韓留學生 金明世, 러시아 政府에 亡命 要請
	3(日)	4. 1	·大田에 가다.	7(木) ·옐친 러시아 大統領, 러시아 獨自軍 創設을 선언
	4(月)	4. 2	·韓國地方行政硏究院 巡廻討論會에서 開會 및 閉會人事를 하고 上京하다.	8(金) ·北韓 代表團, 서울 出發 平壤 귀환
	6(水)	4. 4	·內務部 硏修院 中堅班 入校式에 參席하다.	·全南大·東亞大 學生 人共旗 揭揚
	7(木)	4. 5	·光州에 가다.	13(水) ·北韓, 6·25 動亂 中 失踪된 美軍 遺骸 13具 UN軍司令部에 인도
	8(金)	4. 6	·韓國地方行政硏究院 巡廻討論會에서 開會 및 閉會人事를 하고 上京하다.	·安東 臨河 多目的 댐 竣工
	11(月)	4. 9	·釜山에 가서 韓國地方行政硏究院 巡廻討論會에서 開會 및 閉會人事를 하고 上京하다.	15(金) ·統一國民黨, 鄭周永 代表를 次期大統領 出馬候補로 選出
	12(火)	4.10	·國土開發硏究院 首都圈政策 諮問委員으로 委囑되다.	17(日) ·泰國 國民 10만명, 수친다 總理의 辭任을 要求하는 示威 展開
	14(木)	4.12	·東爀, 軍에서 除隊하여 歸家하다.	18(月) ·南·北韓, 軍事·經濟交流協力 共同委員會 등 4개 實踐機構를 공식 발족
	15(金)	4.13	·서울大 環境大學院 同窓會 理事會에 參席하다.	
	17(日)	4.15	·서울大 湖巖生活館에 들어가 作業을 始作하다.	19(火) ·民主自由黨, 金泳三 代表最高委員을 大統領 出馬候補로 選出
	18(月)	4.16	·새마을 中央硏修院에서 特講하다.	
	20(水)	4.18	·韓國文藝振興院 硏修院에서 特講하다.	20(水) ·親睦團體「雜魚會」를 食堂 香珍에서 結成
	21(木)	4.19	·國家政策硏究會 發隊式을 갖고 政策開發室長으로 委囑되다. ·새마을 中央硏修院에서 特講하다.	21(木) ·硏究團體「國政會」를 創立 22(金) ·韓·러시아, 舊蘇聯의 債務保證承繼에 합의
	22(金)	4.20	·中央大 建設大學院에서 特講하다. ·서울大 湖巖生活館에서 나와 歸家하다.	·獨·프랑스, 合同軍 創設에 합의
	23(土)	4.21	·天安 檀國大 行政大學院에 講義가다.	·UN 總會, 크로아티아·슬로베니아·보스니아·헤르체코비나의 UN 加入을 승인
	24(日)	4.22	·在京 聞慶中學校 同門會 體育大會에 參席하다.	
	26(火)	4.24	·釜山에 가서 釜山大 行政大學院에서 特講하다.	26(火) ·民主黨, 金大中 共同代表를 次期 大統領 出馬候補로 選出
	27(水)	4.25	·釜山에서 上京하다.	
	28(木)	4.26	·大韓住宅公社 任職員 婦人에게 特講하다. ·서울大 環境大學院 同窓會 總會에 參席하다.	·建設部, 建設工事 竣工標識板 設置指針 制定
	30(土)	4.28	·敎育部 中央敎育審議會 敎職分科委員으로 委囑되다.	28(木) ·美國의 自由聯合代表團 北韓 訪問
	31(日)	4.29	·大邱에 가서 安東師範學校 8回 同期會 總會에 參席하고 投宿하다.	31(日) ·敎育部, 大學院 敎育의 內實化를 위해 優秀大學을 大學院 中心 大學으로 육성키로 함

1992

月	日	陰	本人 및 家族事項	社會一般事項
6	1(月)	5. 1	·大邱에서 龜尾市로 가서 金鶴地域開發研究所 主催 市民大會에서 特講을 하고 上京하다. ·골프 모임 '風水會'의 會長이 되다.	1(月) ·民自黨, 自治團體長 選擧를 95年까지 延期하기로 決定 ·盧泰愚 大統領, 소글로 베냉 共和國 大統領과 頂上會談을 靑瓦臺에서 가짐
	7(日)	5. 7	·妻 및 妻弟와 忠北 陰城所在 先代 墓所를 參拜하고 大田에 가다. ·病院 入院 중인 聘父任을 問病하고 妻男宅에 投宿하다.	4(木) ·UN環境會議, 리우데자네이루에서開幕 5(金) ·第1回 建設技能 競技大會개최 ·政府, '環境保全을 위한 國家宣言' 선포
	8(月)	5. 8	·妻와 같이 上京하다.	7(日) ·北韓 設計士 金永成氏 歸順 入國
	9(火)	5. 9	·檀國大에서 章元學 博士學位論文 審査委員長으로 最終審査하다.	·고르바초프 前 蘇聯 大統領, 리우 會議에서 國際綠十字 初代總裁로 被選
	10(水)	5.10	·檀國大에서 張鍾鉉 博士學位論文 審査委員長으로 最終審査하다.	10(水) ·IAEA事務總長, 北韓 寧邊에 核 處理 施設物이 建設 中인 것으로 理事國에 보고
	11(木)	5.11	·國政研究會 招請 金泳三 候補 朝餐會에 參席하다. ·大邱에 가서 嶺南大學 論文審査를 하고 投宿하다.	12(金) ·政府, '綜合有線放送法 施行令' 확정 13(土) ·鄭元植 總理, 地球頂上會議에서
	12(金)	5.12	·大邱에서 上京하다.	基調演說을 함
	13(土)	5.13	·天安 檀國大 行政大學院 講義하다.	14(日) ·政府 0시를 기해 택시料金 引上
	16(火)	5.16	·釜山에 가서 嶺南大生 朴秩鉉 博士學位 審査後 上京하다.	·UN 環境開發會議, 「環境과 開發에 관한 리우宣言」, 「行動計劃 아젠다」등을 채택
	17(水)	5.17	·새마을運動 中央協議會 主管 第1回 일하는 보람賞 施賞式에 參席하다.	17(水) ·南·北韓, 프랑스 標準協會(AFNOR)에서 機械化를 위한 한글의 로마字 表記에 대한 單一案 마련
	18(木)	5.18	·正讀圖書館 會議室에서 教育部 中央教育審議會 委員 委囑狀을 받고 第1次 會議에 參席하다.	18(木) ·慶北 北部 5個郡에 우박 내려 농작물에
	19(金)	5.19	·農協中央會 諮問會議에 參席하다.	被害 줌
	20(土)	5.20	·李기웅君 結婚主禮를 보다.	·建設振興促進大會 개최
	22(月)	5.22	·서울大 行政大學院 國家政策課程에서 特講하다.	20(土) ·韓國銀行, 1원과 5원 동전의 發行 中斷을
	23(火)	5.23	·江南區 主婦經營大學院에서 特講하다. ·서울大 環境大學院 宋明圭 博士學位 最終審査를 하다.	決定 22(月) ·필리핀 議會, 5.11 選擧에서 라모스 前 國防長官이 次期 大統領으로 當選되었음을
	25(木)	5.25	·江陵에 가서 江陵 藝總 세미나에서 主題發表를 하고 投宿하다.	公布 25(木) ·盧泰愚 大統領 改閣 斷行
	26(金)	5.26	·江陵에서 上京하다. ·漢陽大 金斗玉 博士學位 最終審査를 하다.	·政府 0시를 기해 油價를 平均 13.9% 引上
	27(土)	5.27	·在京 店村·聞慶鄕友會 總會에 參席하여 副會長으로 再選出되다.	27(土) ·教育部, 95학년부터 시행키로 하는 中學教育課程을 발표
	30(火)	6. 1	·龜尾·善山 洛東會 朝餐會에서 特講하다. ·새마을中央研修院에서 特講하다. ·서울大 環境大學院 申東鎬 博士學位 審査委員長으로 最終審査를 하다. ·忠南道 依賴「地方自治를 통한 忠南地域 開發促進案」의 部分擔當 研究를 完了하다.	30(火) ·盧泰愚 大統領 參席下에 天安驛 광장에서 京釜高速電鐵 建設起工式 擧行 ·러시아, 95年까지 主要企業의 절반을 民營化하기로 決定 ·EC 農務長官들, 域內 共通 農業政策의 근본적인 改革案 결정
7	1(水)	6. 2	·建設部 中央都市計劃委員으로 再委囑되다.	1(水) ·NATO 및 바르샤바 條約機構, 유럽內 在來式 兵力을 減縮키로 合意
	3(金)	6. 4	·서울大 環境大學院 同窓會 任員會議에 參席하다.	2(木) ·政府, 水産資源 保護를 위해 주요
	7(火)	6. 8	·韓國住宅銀行 심포지엄에서 司會를 보다. ·서울大 環境大學院 教授會議에서 短期課程 計劃案을 發表하다.	沿岸地域에 '블루 벨트'를 설정키로 함 ·美國, 全世界에 배치된 모든 地上 및 海上配置 戰術 核武器 2,400基에 대한
	8(水)	6. 9	·韓國地域社會開發學會 代表團의 일원으로 滿洲會議 參席次 出國하다. ·中國 天津에 到着하여 버스로 北京에 가서 新大都飯店에 投宿하다.	撤收完了를 발표 4(土) ·聞慶郡 第38代 申庠徹 郡守 부임 6(月) ·西方 先進 7個國(G7) 頂上들, 獨逸 뮌헨에서 頂上會談 開催
	9(木)	6.10	·北京에서 航路 長春에 到着하여 長白山 호텔에 投宿하다. ·代表團 代表들과 本人 生日 酒宴을 갖다.	·日本政府, 從軍慰安婦問題에 當時의 政府가 關與했다는 사실이 인정됐다고 公式發表

1992

月	日	陰	本人 및 家族事項	社會一般事項
7	10(金)	6.11	·長春에서 航路로 延吉市에 가서 延邊大學 專門家 招待所에 投宿하다. ·延邊大 세미나에서 主題發表를 하다. ·延邊大 總長 晩餐에 參席하다.	6(月) ·國際 原子力機構, 北韓에 대한 第2次 核關聯 特別査察 개시 7(火) ·'道路의 날' 制定 紀念行事 개최 ·統一院, 55년부터 北韓에 납치돼 있는 拉北者는 278명이라고 밝힘
	11(土)	6.12	·延邊大 세미나 司會를 보고 討論하다. ·金裕爀 會長 招請晩餐에 參席하다.	9(木) ·國際赦免委員會, 北韓은 약 1천명의 思想犯을 集團收容하고 있다는 사실을 처음 是認했다고 밝힘
	12(日)	6.13	·延邊大 세미나 討論 後 閉會하다. ·延吉市를 視察하다. ·咸鏡南道 藝術團 公演을 觀覽하다.	11(土) ·統計廳, 0時 기준 韓國人口 世界 23位인 4,367萬名, 南北韓 6,600萬으로 추정발표
	13(月)	6.14	·버스로 延吉市를 出發하여琿春-防川-豆滿江-圖們市-韓·中國境을 視察하고 延吉市로 돌아오다.	
	14(火)	6.15	·버스로 延吉市를 出發하여 長白山瀑布- 白頭山 天池를 觀覽하고 天池賓館에 投宿하다.	·UN, 世界 人口를 54억 8천명으로 추정 發表
	15(水)	6.16	·白頭山을 떠나 龍井市를 視察하고 延邊 空港을 出發하여 瀋陽市에 到着 友誼 호텔에 投宿하다.	13(月) ·濟州 南部에 475㎜ 集中 暴雨 내림 ·美國, 武器用 플루토늄 生産을 中止한다고 발표
	16(木)	6.17	·瀋陽을 떠나 航路로 北京에 到着後 淸13陵과 萬里長城을 視察하고 新萬壽 호텔에 投宿하다.	14(火) ·캄보디아 크메르루주, UN의 캄보디아 平和計劃 2段階措置에 따라 武裝解除 실시
	17(金)	6.18	·北京을 떠나 홍콩을 經由하여 서울에 到着하다.	
	21(火)	6.22	·서울大學校 敎授職을 休職하다. ·韓國地方行政硏究院長職으로 發令되다. ·韓國自治新聞社 理事職을 辭任하다. ·建設部 中央都市計劃委員職를 辭任하다.	15(水) ·美國 民主黨 次期大統領 出馬 候補로 빌 클린턴 아칸소州 知事를 지명 ·20년 이상 長期 未執行施設에 대한 早期執行計劃의 수립·시달
	22(水)	6.23	·李同浩 內務部長官으로부터 院長 發令狀을 반다. ·韓國行政學會 워크 샵에서 司會를 보다.	·京釜·京仁 高速道路 확장·준공
	23(木)	6.24	·韓國地方行政硏究院 第7代 院長 就任式에서 就任辭를 하다. ·戶西南國民學校 同窓會 幹部들과 食事하다.	17(金) ·슬로바키아議會, 聯邦으로부터 分離·獨立하기 위한 主權宣言을 채택 19(日) ·北韓 金達玄 副總理 一行 서울 到着
	24(金)	6.25	·硏究院의 室別로 事務報告를 받다.	20(月) ·보스니아·헤르체코비나에서의 戰鬪가 再燃됨에 따라 사라예보 空港 폐쇄
	25(土)	6.26	·大韓國土·都市計劃學會 學術發表會에 參席하다.	
	27(月)	6.28	·硏究院 幹部會議를 主宰하다. ·『地方財政』誌 編輯委員職을 辭任하다.	22(水) ·政府, 防衛費分擔金으로 2억 2천만 달러를 美國側에 支援키로 잠정 合意
	29(水)	6.30	·硏究院 主催 地方財政討論會에서 開會辭와 閉會人事를 하다.	23(木) ·金龍雲 IOC 委員, IOC 總會에서 副會長으로 被選
	30(木)	7. 1	·올림픽 유스호스텔에 投宿하여 國政硏究會議 硏究作業을 수행하다.	25(土) ·스페인 바르셀로나 몬주익 主競技場에서 172국 1만 5천명 選手團 參席리에 第25回 夏季 올림픽大會 開幕 ·韓國選手團 319名, 올림픽 大會에 參席 ·北韓 12年만에 올림픽 大會에 參席
	31(金)	7. 2	·호텔에서 撤收하다.	28(火) ·南·北韓 交流協力分科委員會, 陸上交通路를 개설키로 합의 30(木) ·慶南 南海郡 昌善大橋 붕괴 ·獨逸 檢察, 호네커 前獨逸共産黨 書記長을 殺人嫌疑로 起訴 31(金) ·新 幸州大橋 붕괴
8	1(土)	7. 3	·硏究院 月例朝會에서 院長 訓示하다.	1(土) ·民自黨 單獨으로 臨時國會 開會 ·日本 東京大學, 93年 봄 入試에 韓國語를 選擇科目으로 채택하기로 決定·發表
	3(月)	7. 5	·硏究院 幹部會議를 主宰하다. ·韓國自治新聞과 인터뷰하다.	3(月) ·南아프리카共和國 黑人 勞動者 수백만, 白人 統治 終熄 要求 示威, 36名 以上 死亡
	6(木)	7. 8	·李同浩 內務部長官과 室局長들을 招請하여 晩餐을 하다.	6(木) ·都市再開發 業務指針 제정
	7(金)	7. 9	·金鍾云 서울大 總長 및 幹部들을 招請하여 午餐을 하다.	8(土) ·骨材採取法 施行令 및 施行規則 공포
	10(月)	7.12	·硏究院 幹部會議를 主宰하다. ·硏究院 새 看板 懸板式을 갖다.	9(月) ·黃永祚 選手 올림픽 마라톤에서 優勝

1992

月	日	陰	本人 및 家族事項	社會一般事項
8	11(火)	7.13	·個人所藏 書·畵를 研究室 各 室에 배분하다. ·새마을中央研修院에서 特講하다.	9(月) ·第25回 바르셀로나 開催 올림픽大會 閉幕, 蘇聯 1位, 韓國 7位 獲得
	15(土)	7.17	·雪娥, 文丙基君과 첫선을 보다.	10(月) ·우리 나라 最初의 科學人工衛星, 기아나의 쿠루 宇宙科學基地에서 發射
	17(月)	7.19	·研究院 幹部會議를 主宰하다.	
	18(火)	7.20	·研究院 新規職員 採用試驗을 實施하다. ·새마을中央研修院에서 特講하다. ·九老區廳 都市計劃 諮問會議에 參席하다.	11(火) ·金壽煥 樞機卿등 天主敎 信者들, 死刑 制度 廢止를 촉구하는 歎願書를 憲法 裁判所에 제출
	21(金)	7.23	·研究院 職員採用 書類審査를 하다. ·새마을中央研修院에서 特講하다.	12(水) ·부시 美國大統領, 北美自由貿易協定 (NAFTA)의 妥結을 선언
	22(土)	7.24	·江陵에 가서 江陵研究結果 報告會를 主宰하고 上京하다.	16(日) ·南北韓 藝術團, 러시아 사할린에서 第1回 統一藝術祭를 合同으로 開催
	23(日)	7.25	·文丙基君 父母와 처음 상면하다.	17(月) ·漢江水系 治水事業 基本計劃 확정
	24(月)	7.26	·研究院 幹部會議를 主宰하다. ·研究院 職員採用 1次 合格者 査定을 하다.	·政府, 하노이에 베트남 駐在 韓國連絡代表部 개설
	25(火)	7.27	·國政研究會에서 金泳三 候補에게 政策課題와 大選勝利의 길을 보고하다. ·研究院의 研究責任者 會議를 主宰하다. ·交通開發研究院의 심포지엄에서 司會를 보다.	19(水) ·大檢察廳, 上半期 詐欺事件 立件者 6萬 1,495名으로 昨年보다 33.1% 증가 했다고 發表 20(木) ·遞信部, 第2移動通信 事業者로 鮮京 그룹을 선정 發表
	26(水)	7.28	·라마다 르네상스 호텔에서 雪娥 約婚式을 擧行하다.	24(月) ·中國과 修交
	27(木)	7.29	·昌原에 가서 慶南 새마을婦女會 後援會에서 特講하다. ·昌原에서 濟州로 가서 濟州大 行政大學院에서 特講하고 投宿하다. ·貞娥 四肢痲痺症으로 入院하다.	25(火) ·臺灣政府, 韓·中 修交에 대한 報復으로 經濟關係 斷絶 및 駐 臺灣 韓國公館 撤收 要求 ·李洸鎬 前서울大 醫大學長 별세, 屍身을 解剖實驗用으로 희사한다고 유언
	28(金)	8. 1	·上京하여 病院에 가서 貞娥 退院시키다. ·大韓國土·都市計劃學會에서 水資源公社 研究結果를 보고하다.	26(水) ·부시 美大統領, 이라크 南部地域 시아파 回敎徒를 보호하기 위해 飛行禁止區域을 設定한다고 發表
	29(土)	8. 2	·韓國地域開發學會-캐나다 共同 세미나에서 歡迎辭를 하다. ·서울大 環境大學院 卒業式에 參席하다. ·天安 檀國大 行政大學院 講義하다.	27(木) ·鮮京그룹, 輿論에 밀려 第2 移動通信 事業權을 포기한다고 發表 28(金) ·民自黨 總裁에 金泳三, 名譽總裁에 盧泰愚, 初代 最高委員에 金鍾泌 選出
	31(月)	8. 4	·李鐘贊 議員 및 盧時仲氏와 瑞麟 호텔에서 朝餐하다. ·「自治行政」誌 編輯委員長職을 辭任하다.	30(日) ·一山 新都市 最初 入住 개시 31(月) ·宅地超過所有負擔金으로 14,718件에 1,444억원을 부과
9	1(火)	8. 5	·研究院 幹部會議를 主宰하다. ·研究院 責任研究員 採用候補者 面接을 하다. ·雜魚會의 研究院長 祝賀宴을 받다.	1(火) ·韓國女性代表 30名, 國際女性關係會議 參席次 平壤 到着 ·서울大 環境大學院 李道元 敎授 採用·發令
	2(水)	8. 6	·地方自治經營協會 세미나 開會式에 參席하다. ·研究院 月例朝會에서 訓示하다. ·地方行政研究所로부터 『自治行政』誌 編輯委員長 역임 感謝牌를 받다.	3(木) ·盧大統領, 青瓦臺서 둔켈 GATT 事務總長과 要談
	3(木)	8. 7	·研究院 人事委員會를 開催하여 新規職員 採用을 最終 결의하다.	5(土) ·民主黨, 大田에서 韓峻洙 前 郡守 良心宣言 國民大會 開催 ·環境處, 대대적인 海岸淨化行事 實施
	4(金)	8. 8	·水安堡에 가서 韓國財政學會 세미나에 參席하고 晩餐 乾杯를 한 후 投宿하다.	·獨逸 新나치主義者들, 獨逸內 14個 都市에서 外國人 難民宿所 공격
	5(土)	8. 9	·세미나 討論에 參席하다. ·妻와 같이 父母任 墓所에 참배하고 店村에 가서 投宿하다. ·店村·聞慶 代表 50名을 長宇食堂에 招待하여 人事를 하다.	7(月) ·서울平和賞 審査委員會 第2回 수상자로 슐츠 前 美國 國務長官을 선정 ·韓國地方行政研究院 開院 8周年을 맞음 8(火) ·自由路 1段階 및 統一展望臺 준공
	6(日)	8.10	·店村에서 尙州로 가서 金鍾鎬 博士 學位取得 祝賀宴에 參席하고 上京하다.	·러시아, 리투아니아內 舊蘇聯軍을 撤收 시키기로 함

月	日	陰	本人 및 家族事項	社會 一般 事項
9	6(日)	8.10	·濟州 MBC에서 地方自治 論評을 放映하다.	8(火) ·大法院, 14代 總選 서울蘆原 乙區 選擧無效訴訟 宣告公判에서 民自黨 金鎔采 當選者의 當選無效와 함께 林栄正 候補의 當選을 확정 선고
	7(月)	8.11	·研究院 幹部會議를 主宰하다. ·研究院 開院 8周年 紀念式에서 紀念辭를 하다.	
	8(火)	8.12	·內務部 地方企劃課 全職員과 午餐을 하다.	
	10(木)	8.14	·秋夕連休에 楊州CC에서 처음으로 골프를 치다.	14(月) ·第159回 定期國會 개회
	14(月)	8.18	·研究院 幹部會議를 主宰하다.	15(火) ·韓國 駐在 臺灣大使館, 韓國人에 대한 비자 發給業務 중단
	15(火)	8.19	·內務部 出入記者團을 초청 午餐을 하다.	
	16(水)	8.20	·雪娥와 같이 大邱에 가서 親知宅에 들려 食事待接을 받다. ·慶北道知事와 警察廳長을 禮訪하다. ·民自黨 大邱市支部 女性局 主催 環境 캠페인 大會에서 特講하고 金泳三 候補 婦人 孫命順 女史에게 人事하다. ·大邱市長을 禮訪하고 雪娥와 같이 上京하다.	·第47次 U.N.總會 개막 16(水) ·南北韓 總理會談 平壤에서 開催 ·國際原子力機構, 南北韓 相互核査察을 수용하라고 北韓에 촉구 17(木) ·南北韓, 和解·不可侵·交流協力 合議書를 發表 ·EC 通貨委員會, 英國 파운드貨 및 이탈리아 리라貨에 대해 유럽 換率調整體系 暫定 脫退를 허용
	17(木)	8.21	·研究院 職員 轉補發令을 하다. ·盧隆熙 教授 停年退任 紀念 講演 및 送別宴에 參席하다.	
	18(金)	8.22	·內務部 地方自治發展審議委員會 委員으로 委囑되다. ·富川市 女性團體協議會에서 特講하다. ·研究院 院友會 主催 體育大會 겸 院長 歡迎會에 參席하여 人事하다.	18(金) ·盧泰愚 大統領, 民自黨 黨籍을 떠나기로 決定 發表 ·政府, U.N.平和維持活動에 730명의 兵力을 파견할 수 있다는 回信書를 U.N.에 제출
	19(土)	8.23	·새마을中央研修院에서 特講하다. ·檀國大 天安 行政大學院에서 講義하고 新入生 歡迎會 및 幹部 認准式에 參席하다.	20(日) ·盧泰愚 大統領, U.N. 總會演說次 出國 뉴욕 到着 ·U.N.安保理, 新유고聯邦을 U.N. 總會에서 축출할 것을 건의하는 決議案 승인
	21(月)	8.25	·大邱에 가서 研究院 主催 慶北道議會 研鑽會를 開催하고 基調演說과 閉會人事를 하다.	·프랑스, 國民投票를 통해 미스트 리히트 條約을 승인
	22(火)	8.26	·釜山市議會 研鑽會에서 演說을 하고 上京하다.	21(月) ·韓國 勤勞者 4名, 이란 作業場에서 武裝 怪漢에 납치
	22(火)	8.26	·漢陽大 地方自治研究所에서 特講을 하다.	
	23(水)	8.27	·研究院 新規採用 및 昇進者에 대한 發令狀을 주다.	22(火) ·盧大統領, U.N.總會에서 基調演說을 함
	24(木)	8.28	·昌原에 가서 研究院 主催 慶南道議會 研鑽會에서 演說을 하고 上京하다.	·라모스 필리핀 大統領, 共産黨을 不法組織으로 규정한 顚覆活動 禁止法을 폐기하는 法案을 승인
	25(金)	8.29	·富川市 聯合自然保護會 主催 심포지엄에서 綜合 司會를 보다. ·서울大 行政大學院 同期會에서 研究院長 就任 祝賀宴과 紀念牌를 받다.	24(木) ·時限附 終末論을 主張해 온 李長林 牧師를 拘束함 27(日) ·盧泰愚 大統領, 國家元首로는 처음 中國 訪問차 北京 到着
	26(土)	9. 1	·勞動部 國家技術資格制度 專門委員으로 再委囑되다.	28(月) ·파키스탄 航空旅客機, 네팔에서 墜落하여 167名 全員 死亡
	27(日)	9. 2	·良才洞 店村·聞慶 土産品 販賣帳 行事에 參席하다.	29(火) ·사할린 同胞 76名, 永久 歸國次 韓國 到着
	28(月)	9. 3	·春川에 가서 研究院 主催 江原道議會 研鑽會에서 演說을 하고 上京하다.	·브라질 下院, 페르난두 大統領에 대한 彈劾訴追案 可決
	29(火)	9. 4	·光州에 가서 研究院 主催 光州市議會 研鑽會에서 演說을 하고 上京하다.	·盧大統領, 中國訪問 中 李 鵬 總理 및 江澤民 總書記와 회담
	30(水)	9. 5	·中央大 建設大學院에서 特講하다. ·江陵市 依賴「江陵長期發展構想 研究」를 責任研究로 完了하다.	30(水) ·韓·中, 頂上會談 결과 8개항의 共同言論發表文 發表 ·美國, 수빅灣 海軍基地를 필리핀에 公式 返還

1992

月	日	陰	本人 및 家族事項	社會 一般 事項
10	1(木)	9. 6	·淸州에 가서 研究院 主催 忠北道議會 研鑽會에서 講演하고 上京하다.	2(金) ·國會 本會議 開會, 院構成 完了 4(日) ·鄭智泳 監督 映畵 "하얀 전쟁", 獨逸 國際 映畵祭에서 最優秀 作品 및 監督賞을 수상
	2(金)	9. 7	·研究院의 金浦郡 長期計劃研究팀 發足會議에 參席하여 人事하다.	
	3(土)	9. 8	·春川 CC에서 처음 골프치다.	5(月) ·盧泰愚 大統領, 民自黨에 脫黨屆 提出
	5(月)	9.10	·大田에 가서 研究院 主催 忠南道議會 研鑽會에서 演說하고 上京하다.	6(火) ·쿠웨이트 總選에서 野黨이 50席中 32席 차지
	6(火)	9.11	·研究院 幹部會議를 主宰하다. ·研究院 月例朝會에서 訓示하다. ·研究院 院友會 主催 新入社員 歡迎會에 參席 人事하다.	·南浦輕工業團地 合同調査團, 平壤 도착 7(水) ·盧泰愚 大統領, 中立內閣을 이끌 國務總理에 玄勝鍾 翰林大 總長을 임명 ·美國·캐나다·멕시코, 北美自由貿易協定 (NAFTA) 假調印式
	7(水)	9.12	·21世紀委員會 主催 세미나에서 司會보다.	
	10(土)	9.15	·檀國大 天安 行政大學院에서 講義하다.	9(金) ·盧泰愚 大統領, 中立內閣을 임명
	13(火)	9.18	·同和銀行 新沙洞 支店 開店式에 參席하여 테이프 커팅을 하다.	·第1回 韓國建築文化大賞 受賞作 시상 10(土) ·第73回 全國體典, 大邱市民 運動場에서 開幕
	14(水)	9.19	·韓國地方自治學會 主催 韓·日 自治學會 세미나의 開會式 및 閉會式에 參席하다.	12(月) ·小說家 朴景利 등 文人 847名, 解職教師 1,500여名의 復職促求 宣言文 채택
	15(木)	9.20	·새마을婦女會 中央聯合會議의 家庭새마을運動 基本構想案을 審議하다.	·海軍, 우리 技術陣이 건조한 國內最初의 潛水艦 '李阡艦' 進水
	16(金)	9.21	·研究院 體育大會에 參席하다. ·金浦郡廳에 가서 研究院·金浦郡 諮問會議에 參席하다. ·鄭世和 社長으로부터 핸드폰 電話機를 기증받다.	·보드앵 1世 벨기에 國王 내한 13(火) ·民自黨 蔡汶植 顧問 등 11名, 民自黨 탈당 14(水) ·朴哲彦 議員 등 國會議員 5名 民自黨 탈당
	17(土)	9.22	·妻와 같이 李正典 教授宅에 가서 研究院長 就任 祝賀宴을 받다.	·옐친 러시아大統領, 격추된 KAL機의 블랙박스 內容 등 關係資料를 韓國에 전달
	18(日)	9.23	·在京 店村·聞慶 出身 서울市廳 同友會의 公職人 登山大會 顧問에 委囑되다. ·家族과 같이 弟 群濟 新家(盆唐 아파트)를 禮訪하고 食事하다.	16(金) ·서울市 議會議員, 國會의 서울市 國政 監査에 대한 實力沮止 행사 ·全國體典 閉幕, 1位 서울, 2位 京畿, 3位 大邱
	19(月)	9.24	·研究院 幹部會議를 主宰하다.	
	20(火)	9.25	·江南區 婦女經營大學院에서 特講하다. ·金裕赫 教授 回甲宴에 參席하다.	·EC 頂上들, 유럽聯合이 실현될 경우에도 각국의 고유한 主權을 최대한 보장한다는 내용의 '버밍엄 宣言'을 채택
	21(水)	9.26	·研究院 研究 責任者 會議를 主宰하다. ·研究院 院歌·院旗 制定 審査委員會를 主宰하다.	17(土) ·國稅廳, 91年 最高所得者는 91億 收入, 51億 納稅의 文貞烈 뉴三益建設産業 會長이라고 發表
	23(金)	9.28	·研究院 研究諮問會議를 開催하여 委囑狀을 授與하고 人事를 하다.	
	24(土)	9.29	·檀國大 天安 行政大學院에서 講義하다.	21(水) ·洛東江系統 廣域上水道 第2段階事業 着工
	25(日)	9.30	·金永燮·劉鍾海 教授와 大邱에 가서 골프를 치고 上京하다.	23(金) ·明仁 日本王, 中國 訪問中 과거에 대해 遺憾 표시 發言
	26(月)	10. 1	·研究院 幹部會議를 主宰하다. ·研究院 李恩宰 博士에게 研究委員 昇進 發令狀을 주다. ·東大門區議會 세미나의 討論者로 參席하다.	·安企部, 北韓의 化學武器 生産能力은 연간 5천t에 달하며 平壤등 6個 貯藏所에 이미 1천t이 저장돼 卽刻 實戰에 이용될 수 있다고 보도
	27(火)	10. 2	·韓國行政研究院 主催 國際 세미나 開會式에 參席하다. ·日刊紙·放送局의 文化部 記者들과 午餐하다.	28(水) ·警察廳, 10.28 携擧日에 대비 監視강화 ·유럽議會, 93년 發效되는 유럽 經濟地域 (EEA)協定 비준
	28(水)	10. 3	·日本인 2名, 研究院 訪問·歡談하다. ·內務部 研修院에서 特講하다. ·새재會로부터 研究院長 就任 祝賀宴을 받다.	29(木) ·10.28, 예수 空中再臨과 携擧事象 일어나지 않음
	29(木)	10. 4	·研究院 主催 세미나에서 開會辭와 閉會 人事를 하다.	·金宇中 大宇그룹 會長, 大統領 不出馬 公式 宣言
	30(金)	10. 5	·內務部 研修院 特講하다.	·龍潭 댐 建設事業 착공

月	日	陰	本人 및 家族事項	社會一般事項
10	31(土)	10. 6	·韓國水資源公社 依賴 研究課題의 部分擔當 研究를 完了하다. ·淸州에 가서 國土都市計劃學會 主催 세미나의 綜合 司會를 보고 忠北道知事 리셉션에 參席하다. ·淸州에서 店村을 거쳐 安東에 到着하여 投宿하다.	31(土) ·釜山市內 진양(株) 등 106個 신발業體 폐업
11	1(日)	10. 7	·英陽과 奉化에서 太白發展研究會 主催 세미나에서 主題發表를 하고 上京하다. ·韓國住宅學會 顧問으로 推戴되다.	1(日) ·敎皇 바오로 2世, 地動說로 파문된 갈릴레이를 359年만에 公式 復權시킴
	2(月)	10. 8	·研究院 月例朝會에서 訓示하다. ·研究院 院是를 制定·公布하다. ·뉴서울住宅(株)에서 職員對象 特講을 하다.	2(月) ·民主黨, 大選用 100大 公約 發表 ·韓國銀行, 8월말 현재 우리 나라 總外債는 426억 1천만 달러로 집계 ·옐친 러시아 大統領, 人種紛糾가 계속 되고있는 그루지야 接境 北오세티아와 잉구세티아에 1個月간의 非常事態 선포
	4(水)	10.10	·林吉鎭 敎授와 朝餐을 하고 江陵 研究報告書를 주다. ·安養市 都市基本計劃 公聽會에서 司會를 보다.	3(火) ·民自黨, 77個 大選公約 確定 ·美國 大統領 選擧 實施
	5(木)	10.11	·延世大 알렌館에서 地方自治發展 5個年計劃案에 대한 全體會議에서 人事하다.	4(水) ·美國 클린턴 民主黨 候補, 大統領 當選
	6(金)	10.12	·全國 地方自治團體 出捐研究機關 代表者 懇談會를 主宰하고 協議會構成 準備委員長으로 選任되다. ·研究院에서 地方自治發展審議委員會를 開催하고 人事하다.	5(木) ·在美僑胞 金昌準, 東洋系 1世로는 처음 美國聯邦 下院議員으로 當選 ·서울大 環境大學院 院長으로 金炯國 敎授 再選出 임명 ·劉彰順 全經聯 會長, 全經聯은 政治資金 募金行爲를 하지 않기로 했다고 밝힘 ·러시아, 러시아軍은 최근 蘇聯 太平洋 艦隊가 보유하고 있던 戰術核武器의 除去를 완료했다고 밝힘
	7(土)	10.13	·天安 檀國大 行政大學院에 講義가다.	
	9(月)	10.15	·研究院 幹部會議를 主宰하다.	
	10(火)	10.16	·韓仁錫 事務局長과 같이 大田에 가서 大田市 市長 및 議長을 禮訪하고 함께 午餐 後 上京하다.	
	11(水)	10.17	·濟州에 가서 研究院 主催 濟州道議會 研鑽會에서 講演을 하다. ·濟州道廳에서 特講을 하고 上京하다.	6(金) ·濟州道開發 特別法 施行令 제정 7(土) ·國民黨, 50個 大選公約 發表 ·延世大學校, 學校債 發行을 決定 ·'프라하의 봄'을 주도한 체코의 두브체크, 70歲로 逝去
	12(木)	10.18	·敎育部 地域開發研究課題 中間評價를 主宰하다.	
	13(金)	10.19	·研究院 院友會 主催 牛耳洞 野遊會에 參席하여 人事를 하다. ·貞娥 學校 휴학하다. ·研究院 地方自治發展 5周年計劃 審議會議에서 人事하다.	8(日) ·盧泰愚 大統領, 日本 京都 訪問하여 日本 宮澤 首相과 頂上會談 가짐
	14(土)	10.20	·密陽에 가서 密陽郡 青年會議所 主催 郡民大會에서 特講하고 上京하다.	9(月) ·釜山-하와이 왕복 2萬마일을 항해한 國産 요트 코리아號 釜山 귀항 ·書藝大展에서 玄昞粲氏 大賞 수상 ·유럽 在來式 兵力 減縮協定(CFE) 發效
	16(月)	10.22	·京畿道知事 및 議長을 禮訪하고 午餐을 같이 한 후 上京하다. ·韓·中·日 都市計劃學會 會議 開會式에 參席하고 代表團들에게 酒席을 마련해주다.	10(火) ·海外建設 活性化 綜合對策 마련 ·구엔 푸 빈, 初代 韓國駐在 베트남 代表部 代表로 부임
	17(火)	10.23	·研究院 幹部會議를 主宰하다. ·研究院 職員福祉委員會 第1次 會議에서 訓示하다. ·韓仁錫 局長과 大邱에 가서 大邱市長 및 議長을 禮訪하다. ·大邱市長과 晩餐을 하고 全州로 가서 投宿하다.	12(木) ·永宗島 新國際空港 起工式 擧行 13(金) ·陸軍, 私組織 '하나會' 解體하고 關聯者 人事措置했다고 發表 ·南海高速道路中 晉州-光陽間 50.5㎞의 擴張工事 준공
	18(水)	10.24	·全北道知事와 議長을 禮訪하고 午餐 후 光州로 가다 ·全南道知事와 議長을 禮訪하고 晩餐 후 上京하다. ·在京 聞慶中學校 同門會 會館建立 推進委員會 顧問으로 推戴되다.	14(土) ·옐친 러시아大統領, '韓國의 要請이 있을 경우 韓國戰에 관한 蘇聯政府 및 共産黨 KGB에 보관된 資料를 韓國에 인도하겠다'고 言及 16(月) ·政府·與黨, 秋穀收買價 6% 引上 960萬섬 수매키로 合意

月	日	陰	本人 및 家族事項	社會一般事項
11	19(木) 20(金) 21(土) 23(月) 24(火) 25(水) 26(木) 27(金) 28(土) 29(日) 30(月)	10.25 10.26 10.27 10.29 11. 1 11. 2 11. 3 11. 4 11. 5 11. 6 11. 7	·建國大學校 吳熙煥 博士學位 最終 審査를 하다. ·榮州에 가서 榮州商工會議所 主催 심포지엄의 全體 司會를 보고 上京하다. ·研究院 資料室 移轉 開室式에 參席하다. ·天安 檀國大에서 講義가다. ·研究院 幹部會議를 主宰하다. ·在京 大邱·慶北道民會 諮問委員으로 委囑되고 發起文을 作成·採擇하다. ·仁川에 가서 仁川市長과 議長團을 禮訪하고 上京하다. ·內務部長官을 禮訪하고 人事하다. ·研究院 研究 責任者 會議를 主宰하다. ·韓國土地開發公社 弘報冊子 監修委員으로 委囑받다. ·中央大 建設大學院에서 特講하다. ·在京 聞慶中學校 同門會 會館建立推進委員會 懇談會에 參席하다. ·環心會 送年會에 參席하다. ·國政研究會 會議에 參席하다. ·골프 모임 '穎江會'를 結成하고 會員이 되다. ·研究院 幹部會議를 主宰하다. ·『21世紀의 挑戰과 韓國의 對應』 共著로 出刊하다.	17(火) ·新韓國黨, 創黨大會를 열고 代表에 李鍾贊 議員을 선출 18(水) ·옐친 러시아 大統領 訪韓 19(木) ·農林水産部, 農漁士制度 導入 確定 ·盧大統領, 옐친 러시아 大統領과 頂上會談 갖고 北韓의 核開發問題와 관련 南北 相互 査察이 조속히 실시돼야 한다는 데 合意 21(土) ·安企部, 李善實 間諜團 全貌 發表 22(日) ·NATO 및 西유럽 同盟, 아드리아 海에서 新유고聯邦에 대한 海上封鎖 개시 23(月) ·在京 大邱·慶北 道民會 창립 24(火) ·中國 國內 旅客機, 廣州市 근방에 墜落하여 141名 全員 死亡 ·필리핀 수빅灣 美軍基地 返還式 擧行, 美 海軍 마지막 出發 25(水) ·民主黨, 全國 聯合과 共同 選擧運動 전개키로 合意 27(金) ·獨逸 政府, 極右勢力의 外國人 攻擊에 대한 본격적인 制裁措置로 新 나치 組織인 民族主義戰線(NF)에 대해 不法化 宣言 30(月) ·政府, 우루과이 라운드 協商과 관련 GATT에 쌀市場開放不可함을 재차통보
12	1(火) 2(水) 3(木) 4(金) 5(土) 7(月) 10(木) 11(金) 14(月) 15(火) 16(水)	11. 8 11. 9 11.10 11.11 11.12 11. 14 11. 17 11. 18 11. 21 11.22 11.23	·內務部 研修院 市長·郡守班 修了式에 參席하다. ·釜山에 가서 釜山大 行政大學院에서 特講을 하고 投宿하다. ·釜山에서 上京하다. ·研究院 月例朝會에서 訓示하다. ·大韓地方行政共濟會 主催 公務員 書畵展에 參席하여 테이프 커팅하다. ·總務處 國家·地方機能調整 審議委員으로 委囑받다. ·教育部 地域開發研究課題 最終審査를 主管하다. ·서울大 行政大學院 同期生을 招請 食事를 待接하다. ·天安 檀國大 行政大學院 終講紀念 및 師恩會에 參席하다. ·研究院 幹部會議를 主宰하다. ·總務處 國家·地方機能調整 審議會議에 參席·審議하다. ·새마을運動 中央協議會 主催 『새마을』誌 新年號 特輯 座談會에서 司會를 보다. ·研究院 幹部會議를 主宰하다. ·教育部 中央教育審議委員會 教職分科委員會에 參席하다. ·서울大 法學研究所에서 特講하다. ·서울大 行政大學院에 가서 金光雄 新任 院長 就任式에 參席하다. ·經濟企劃院에 가서 研究院 依賴 課題를 報告하고 午餐을 하다.	1(火) ·政府, 南阿共과 大使級 外交關係 수립 2(水) ·1894年 東學革命軍 2,600명이 被殺 매장된 장소가 忠北 報恩郡에서 發見됨 4(金) ·國會, 國會議員 歲費를 14.3% 引上 6(日) ·釜山 앞바다에서 파나마 船舶과 韓國 船舶이 충돌하여 船員 11名이 失踪 8(火) ·힌두-이슬람教徒들간의 流血事態 發生, 印度·파키스탄 등에서 449名 死亡 11(金) ·北韓, 延亨默 總理를 경질하고 姜成山 總理를 임명 12(土) ·新韓國黨 李鍾贊 代表, 大統領 候補를 辭退하고 國民黨 鄭周永 候補를 지지한다고 發表 ·인도네시아에 震度 6.8의 地震 發生, 1,200여名 死亡 14(月) ·金大中 候補, 民主黨 共同代表職 辭任 ·美國, 로스앤젤레스 黑人 暴動으로 非常警戒令 선포 15(火) ·金東吉 國民黨 選擧對策委員長, 釜山地域 機關長 選擧對策會議 폭로 ·交通部, 10月末 自動車 500萬臺 突破 發表 17(木) ·옐친 러시아 大統領, 中國 訪問 18(金) ·第14代 大統領 選擧 實施 19(土) ·金泳三 民自黨 候補, 有效票 42% 獲得, 14代 大統領 當選 確定

1992

月	日	陰	本人 및 家族事項	社會一般事項
12	16(水)	11.23	·서울大 環境大學院 最終 碩士學位 論文審査와 敎授會議를 하고 食事하다.	19(土) ·金大中 民主黨 候補, 議員職 辭退 및 政界隱退 宣言
	17(木)	11.24	·研究院 臨時幹部會議를 하다.	22(火) ·大學入學考査 實施
			·서울大 環境大學院에서 李盛根 博士論文 審査委員長으로 最終審査하다.	·베트남과 修交 24(木) ·政府, 林秀卿양 등 26名 特別赦免 및 復權 措置
	21(月)	11.28	·研究院 幹部會議를 주재하다.	
			·文丙基君 미국에서 일시 귀국하다.	25(金) ·交通部, 蠶室－龍平, 蠶室－龍仁間 헬機 運航 許可
	22(火)	11.29	·사돈 內外分과 綠園서 晩餐하다.	
	23(水)	11.30	·研究院 研究 責任者 會議를 主宰하다.	26(土) ·日本, 93年 1月부터 外國人의 指紋捺印制 廢止를 發表
			·사돈宅에서 函이 오다.	
	25(金)	12. 2	·雪娥·文君, 驛三洞 聖堂 李정호 神父로부터 靈洗를 받고 Agnes라는 靈洗名을 얻다.	28(月) ·서울刑事地法, 情報司 땅 詐欺事件 關聯者 金英浩 등에게 全員 實刑 선고
	26(土)	12. 3	·雪娥·文君, 驛三洞 聖堂에서 婚配聖事를 擧行하다.	29(火) ·法務部, 家庭破壞犯 死刑囚 9名 死刑 執行 發表
	28(月)	12. 5	·研究院 幹部會議를 주재하다.	30(水) ·大統領職 引受委員長으로 鄭元植 및 委員 14名 委囑됨
	29(火)	12. 6	·敎育部 地域開發研究課題 發表 세미나를 主管하고 開會人事를 하다.	·建設技術 研究開發5個年計劃 수립
	30(水)	12. 7	·研究院 送年宴會에서 人事하다.	·브라질 下院, 콜로르 大統領에 대한 彈劾 可決
	31(木)	12. 8	·研究院 終務式에서 送年辭를 하다.	

第 58 歲 : 1993 (4326) 癸酉年 / 研究院長

月	日	陰	本人 및 家族事項	社會一般事項
1	1(金)	12. 9	·新年 祭禮 모시다. ·聞慶八景賦를 製作·公布하다.	1(金) ·체코 共和國 獨立 ·슬로바키아 獨立
	2(土)	12.10	·歲拜 다니다.	3(日) ·부시 美大統領과 옐친 러시아 大統領, 모스크바에서 第2段階 戰略核武器減縮 協定에 署名
	4(月)	12.12	·研究院 始務式을 갖고 新年辭를 하다. ·會館內 團體長들 午餐하다. ·새마을本部 依賴 單獨研究『新韓國創造와 새마을 運動』을 完了·發刊하다.	4(月) ·金泳三 大統領 當選者의 就任을 위한 政權引受委員會 본격 가동
	5(火)	12.13	·內務部長官과 新年人事하다. ·現代그룹 任員에게 特講하다.	·舊 蘇聯 소속 中央아시아 5個國 頂上會談에서 獨立國家聯合(CIS)에서 탈퇴하여 '中央아시아 人民聯邦'을 창설할 수 있음을 宣言
	6(水)	12.14	·雪娥, 空港터미널 禮式場에서 文丙基君과 結婚式을 擧行하다. ·雪娥·文君, 워커힐에 投宿하다.	·서울市 92. 11. 1 基準 住民登錄上 人口集計 結果 1,083萬 9,824名으로 集計
	7(木)	12.15	·妻·貞娥 同行 雪娥 夫婦 데리고 上客으로 大邱 사돈宅을 訪問하고 上京하다.	
	8(金)	12.16	·雪娥夫婦 上京하여 저녁에 群濟宅에 招請받아 食事하다.	7(木) ·淸州市 牛巖商街 아파트 崩壞로 27名 死亡하고 320名 罹災民 發生
	9(土)	12.17	·全家族 밖에서 食事하다.	13(水) ·파리에서 化學武器의 全面禁地를 위한 國際協定 調印式 가짐
	10(日)	12.18	·雪娥 夫婦 出國, Hawaii로 가다.	
	11(月)	12.19	·結婚紀念日 會食을 하다.	14(木) ·韓國通信, 連結고리 13만 5천개를 갖는 高集積 神經網 칩을 世界 最初로 開發
	12(火)	12.20	·새마을 婦女會에서 講演하다. ·韓·日 國土計劃協力會議 리셉션에 參席하다.	16(土) ·江原道 嶺東 및 東海岸에 222㎝의 暴雪로 100여 마을 고립
	13(水)	12.21	·大邱에서 開催된 慶北綜合開發計劃 公聽會에서 司會를 보고 上京하다.	17(日) ·라오 印度 總理, 宗敎紛爭과 관련 內閣改編 단행
	14(木)	12.22	·鄭泰東 博士와 徐相穆 議員을 禮訪하여 協議하다. ·雪娥夫婦 Hawaii 出發하다.	18(月) ·美·英·佛, 爆擊機 75臺로 이라크 미사일 基地 공격
	15(金)	12.23	·南楊州에 가서 研究院 地方自治 發展 計劃 作成을 指導하다.	·店村市 朴光熙 第8代 市長 就任

1993

月	日	陰	本人 및 家族事項	社會一般事項
1	15(金)	12.23	·雪娥 夫婦 미국 Akron에 정착하다.	19(火) ·이라크, 休戰을 선언하고 UN機의 直接 入國을 허용
	16(土)	12.24	·南楊州에서 研究員들과 上京하다.	
	19(火)	12.27	·大田에 가서 忠南道廳 職員에게 講演하다.	20(水) ·빌 클린턴, 第42代 美國大統領에 就任
	20(水)	12.28	·會館 團體長 招請 結婚式 參席感謝 午餐하다. ·서울大 行政大 政策課程 特講하다.	·建設部, 2020년까지 總延長 4,523㎞의 高速道路와 國道를 신설키로 함
	23(土)	1. 1	·누님宅에 가서 歲拜하고, 道詵寺 참배하다	21(木) ·UN 査察팀, 이라크 바그다드에 도착
	26(火)	1. 4	·國政研究會에서 새 政府 統治構圖를 發表하고 論議하다. ·妻 生日 紀念 外食하다.	25(月) ·大統領 引受委, 새 政府 3대 課題를 經濟回復, 腐敗剔抉, 意識改革으로 決定 26(火) ·金大中氏, 研究次 英國으로 出國
	27(水)	1. 5	·民自黨 黃仁城 議長 등께 統治構圖에 대해 보고하다. ·새재會員 招待 結婚式 參席感謝 待接하다.	·北韓, 昨年 12月 中旬부터 在美 僑胞의 北韓訪問 비자 發給을 中斷했다고 보고 ·國防部, 韓·美 팀 스피리트 軍事訓練을 再開한다고 發表
	28(木)	1. 6	·現代社會研究所 鄭世煜 所長 就任式에 參席하다.	
	30(土)	1. 8	·安養에 가서 中央大 세미나에 參席, 司會보다. ·Cincinnati大 同窓會를 主宰하고 第3大 朴洪奎 會長을 選任하다.	29(金) ·大法院, 民自黨 徐錫宰 議員의 議員職 喪失을 선고 30(土) ·金泳三 次期 大統領, 새 政府 出帆後 長·次官급 以上 財産 공개토록 할 方針이라고 闡明함
	31(日)	1. 9	·申邦鉉 副總長과 道高에 가서 골프치다. ·國政研究會 依賴 金泳三 大統領의 統治構圖를 완성·發刊하다.	
2	1(月)	1.10	·研究院 月例朝會에서 訓示하다. ·研究院 院歌 歌詞를 共著하여 確定 公布하다. ·全南道 道廳 移轉 推進指導委員에 委囑되다. ·田英春 先生 古稀紀念論文集 發刊委員會 委員長으로 推戴되다. ·林鍾哲 教授 回甲宴에 參席하다. ·金壽鶴 會長 招請으로 內務部 幹部들과 食事하다.	2(火) ·韓·越 外務長官, 서울에서 經濟技術 協定에 署名 ·北韓·中國, 平壤에서 文化協定에 署名 3(水) ·韓·越 合作銀行인 퍼스트베나 銀行을 처음 호치민市에 設立·開店 4(木) ·教育部, 大學入試 不正防止 綜合對策을 發表
	2(火)	1.11	·中央大 金玟河 總長 就任式에 參席하다. ·새마을研修院에서 特講하다.	6(土) ·北韓, 昨年 10月 채택한 合作法의 후속 조치로 外換管理法 등 3個 法令을 새로 制定
	3(水)	1.12	·妻·趙正濟 夫婦와 金源 教授宅에 가서 노래하다.	
	5(金)	1.14	·地方自治學會 常任理事會에 參席하다. ·새마을本部 세미나에 參席하여 司會보다. ·KBS 1 東西南北 프로에 出演하여 時論·解說하다.	7(日) ·崔上鎬, '93 Johney Walker Classic Golf 大會에서 韓國 初有 3位 차지 ·'93 冬季 Universiad 大會, 폴란드 자코파네에서 開幕
	6(土)	1.15	·李준헌君 結婚 主禮를 보다.	
	8(月)	1.17	·새마을研修院에서 特講하다. ·研究院 防災室 研究員 採用을 위한 書類審査를 하다.	8(月) ·韓·中·日·러·몽골 5개國 參加 東北亞 環境會議가 서울에서 開幕 ·이란의 旅客機와 戰鬪機가 충돌, 搭乘客 132名 全員 死亡
	10(水)	1.19	·自治體出損研究院長 協議會를 發足하고 發起趣旨文을 작성 채택하여 會長으로 선출되다.	9(火) ·鄭周永 國民黨 代表, 政界 隱退 宣言
	11(木)	1.20	·새마을研修院에서 特講하다.	10(水) ·自治團體出損 研究院長 協議會 창설
	12(金)	1.21	·職場새마을運動 세미나에서 司會 보다. ·새마을研修院 夜間 修了 前夜祭에 參席하여 人事·祝辭하다.	11(木) ·國際原子力機構, 北韓 核 査察을 처음 要求 12(金) ·崔鍾賢, 第21代 全經聯會長으로 就任
	14(日)	1.23	·曺海寧 局長 招請으로 金壽鶴·金 源氏와 골프치다.	13(土) ·OPEC, 油價 下落을 막기 위해 原油 減産에 합의
	16(火)	1.25	·研究院 採用者 면접하다. ·金學澈 社長 開業式에 參席하다.	15(月) ·金東吉, 國民黨代表로 推戴 ·미칼코바치, 슬로바키아의 첫 大統領에 當選
	17(水)	1.26	·研究院 最終研究報告 받다. ·東研會 總會에 參席하다.	17(水) ·金泳三 次期 大統領, 青瓦臺 秘書陣 發表
	18(木)	1.27	·研究院 人事委員會를 主宰하다.	19(金) ·韓·美·유럽 農民代表, 서울에서 쌀 開放 反對 共同 聲明
	19(金)	1.28	·行政同友會 午餐에 參席하다.	
	21(日)	2. 1	·國政研究會와 센트럴 호텔에서 作業하다.	22(月) ·國務總理에 黃寅性, 監査院長에 李會昌 내정
	23(火)	2. 3	·國政研究會와 印刷所에서 夜間作業하다.	

月	日	陰	本人 및 家族事項	社會一般事項
2	24(水)	2. 4	·國政研究會에서「國政研究」發刊에 대해 보고하고 自祝會를 갖다.	23(火) ·體育青少年部·動資部 廢止의 政府組織法 改正
	25(木)	2. 5	·14代 金泳三 大統領 就任式에 參席하다. ·地方自治學會 理事會 및 總會에 參席하고 副會長으로 選出되다.	24(水) ·金大中 前 民主黨 代表, 獨逸에서 개최된 統一討論會에 참석, 論文發表 25(木) ·第14代 金泳三 大統領 就任
	26(金)	2. 6	·地方行政研究所 세미나 司會를 보다. ·서울大 環境大學院 卒業式에 參席하다.	26(金) ·새 國務委員 등 主要陣容 發表 ·青瓦臺 앞길 開放
	27(土)	2. 7	·地方行政研究所 理事職을 辭任하다. ·大韓國土·都市計劃學會 總會에 參席하다.	27(土) ·金泳三 大統領 個人財産 公開 28(日) ·中國, 陽子江開發投資誘致團 派遣 결정
3	1(月)	2. 9	·朴城佑君 서울大 研究室 助教로 들어오다.	3(水) ·民自黨, 黨職 改編
	2(火)	2.10	·朴龍治 研究部長 및 新規採用者에게 發令狀을 주다. ·月例朝會에 訓示하다. ·江南區 主婦大學에서 講演하다. ·李恩宰 送別 및 朴龍治 歡迎會를 갖다.	4(木) ·金尙哲 서울市長, 不法住宅 問題로 辭任 ·金泳三 大統領, 일체의 돈을 받지 않겠다고 宣言 6(土) ·政府, 4만여명 大赦免 措置를 斷行 8(月) ·國軍 및 公職者에 대한 人事措置 斷行
	3(水)	2.11	·새마을婦女會 세미나에서 司會를 보다.	10(水) ·인도네시아 수하르트 大統領 再選出
	4(木)	2.12	·內務部 研修院에서 特講하다. ·새마을運動 代議員總會에 參席하다. ·새마을本部 理事 및 諮問委員職 辭表를 提出하다.	11(木) ·李基澤, 民主黨 代表最高委員으로 選出 ·政府, 李仁模 老人의 北送을 결정 12(金) ·北韓, 核擴散禁止條約(NPT) 탈퇴를 宣言
	5(金)	2.13	·地方自治學會 會長團會議에 參席하다.	
	9(火)	2.17	·서울大 環境大學院 敎授採用 論文審査委員에 委囑되다.	13(土) ·地方青瓦臺 4곳을 市民 施設로 개방한다고 發表
	11(木)	2.19	·貞娥 生日祝賀 會食하다.	·美國 南部 最惡 暴雪로 83名 死亡
	12(金)	2.20	·研究院 諮問委員會를 主宰하다.	15(月) ·中國 第8期 全國人民大會 北京에서 개막
	13(土)	2.21	·天安 檀國大 行政大學院 講義하다.	
	14(日)	2.22	·奉恩寺에 가서 禮佛 드리다.	18(木) ·國際原子力機構 特別理事會, 對北 核 査察決議案 採擇
	15(月)	2.23	·院長車 New Grandeur 시승하다.	
	16(火)	2.24	·黃泰周君 結婚 主禮하다. ·成東奎 母親 喪家에 가다.	·政府, 長次官 29名의 財産 內譯을 一括 公開
	17(水)	2.25	·建國大 行政大學院에서 特講하다.	19(金) ·李仁模, 北韓에 引繼
	18(木)	2.26	·美國 Michael V. Russo 敎授 來院하다.	22(月) ·政府, 新經濟 100日計劃 確定 發表
	19(金)	2.27	·研究院 體育大會에 參席하다.	·옐친 러시아 大統領, 言論統制 布告令 宣布
	20(土)	2.28	·東爀·貞娥와 店村 가서 機關長과 會食하다.	
	21(日)	2.29	·泰鉉 女 디나 結婚式에 參席하고 上京하다.	24(水) ·朴浚圭 國會議長, 投機件으로 辭意 표명
	22(月)	2.30	·高麗大 세미나에 參席하여 司會보다. ·張壽弘 會長 招請 會食에 參席하다.	·安企部 機構縮小 斷行 25(木) ·서울市 92年末 人口 1,096萬 9,862名으로 集計
	23(火)	3. 1	·趙正濟 博士와 青瓦臺에 가서 人事하다.	
	24(水)	3. 2	·몸살·감기로 病院에 들러 일찍 歸家하다.	26(金) ·兪學聖 議員, 財産 物議로 議員職 辭退
	27(土)	3. 5	·서울市政開發研究院 세미나에 參席하다.	28(日) ·釜山 龜浦驛 근방에서 列車 顚覆으로 78명 死亡
	28(日)	3. 6	·小說『林巨正』完讀하다.	
	30(火)	3. 8	·江南區 職員에게 講演하다.	29(月) ·金在淳 議員, 財産 波紋으로 議員職 辭退
	31(水)	3. 9	·趙萬濟 韓日協會 會長, 日本 紫田德衛 敎授와 같이 禮訪하다. ·自治體出捐研究院長協議會 幹事會議에서 人事하고 같이 食事하다.	·朴浚圭·林春元 議員, 財産 波紋으로 民自黨 탈당
4	1(木)	3.10	·研究院 月例朝會에서 訓示하다. ·研究課題에 대해 報告 받다. ·內務部 企劃局 幹部들과 食事하다.	1(木) ·東亞日報, 30年만에 朝刊으로 전환 發刊 2(金) ·國防部, 軍改革 5大 課題 發表
	3(土)	3.12	·天安행 버스를 못타서 休講하다.	·環境運動聯合 創立
	4(日)	3.13	·妻·貞娥와 群濟宅에 가서 食事하다.	7(水) ·北韓 最高人民會議, 第9期 5次會議에서 祖國統一을 위한 全民族大團結 10大 綱領 제시
	7(水)	3.16	·內務部 研修院 論文指導하다.	
	9(金)	3.18	·敎育部 地域開發課題審査를 主管하다.	

月	日	陰	本人 및 家族事項	社會一般事項
4	10(土)	3.19	· 地方自治發展計劃 公聽會 發表 教授와 朝餐·協議하다. · 科總 科學技術硏究委員에 再委囑되다.	9(金) · 北 金正日, 國防委員長으로 推戴되어 軍統帥權 장악 10(土) · 政府, 印章 대신 書名 또는 指章으로 대체키로 결정
	13(火)	3.22	· 國民運動 세미나 發表者와 朝餐,協議하다.	
	14(水)	3.23	· 地方自治發展計劃 審議會議에서 人事하다.	13(火) · 上海臨時政府廳舍 復元 紀念式 擧行
	15(木)	3.24	· 地方自治發展計劃 審議會議에서 人事하다.	19(月) · 美 Texas州 邪敎集團인 다윗派 信徒들, FBI의 습격 중 放火로 86名 死亡
	16(金)	3.25	· 內務部 本部職員에게 午前, 午後 2回 걸쳐 講演하다.	
	17(土)	3.26	· 天安 檀國大 講義에 다녀오다.	20(火) · 汎世界的 環境保護運動을 展開할 國際綠十字(IGC)를 창설하고 初代 總裁에 고르바초프를 選出
	19(月)	3.28	· 새마을本部 依賴『韓國病의 診斷과 處方』을 完了하여 發刊하다.	
	20(火)	3.29	· 靑瓦臺에 가서 大統領으로부터 行政刷新委員會 委員 委囑狀을 받고 午餐을 같이 하다. · 第1次 刷新委員會를 開催하고 國務總理를 禮訪하다. · 大成그룹 金壽根 會長 招請 會食에 參席하다.	· 大統領 行政刷新委員會 發足 23(金) · 光明市·東萊甲區·沙下地區 國會議員 補闕選擧에서 民自黨 候補가 全員 當選 24(土) · 아시아 女性 심포지엄이 東京에서 開催 25(日) · 러시아, 옐친 大統領에 대한 信任與否를 묻는 國民投票 實施 59.2%支持
	22(木)	閏 3. 1	· 새마을本部 依賴「새마을運動 第2跳躍을 위한 우리의 宣言文」完了 公布하다. · 새마을賞 施賞大會에서 講演하다.	27(火) · 第161回 臨時國會, 次期 議長으로 李萬燮議員을 選出
	23(金)	閏 3. 2	· 地方自治學會 常任理事會에 參席하다. · 國土·都市計劃學會 顧問團 모임에 가다.	· 서울地檢, 89년 密入北한 뒤 海外에서 체류하다 귀국한 小說家 黃晳暎씨를 구속
	28(水)	閏 3. 7	· 行政刷新委員會에 參席하다.	
	30(金)	閏 3. 9	· 硏究院 硏修大會를 忠州湖로 가서 院長 人事後 發展案을 論議하고 캠프 파이어後 投宿하다.	29(木) · 크메르 루즈軍, 캄보디아 總選을 앞두고 프놈펜 政府에 대한 全面戰 선언
5	1(土)	閏 3.10	· 天安에 가서 天安郡廳 職員에게 講義하다. · 上京하여 妻·貞娥 外食하다.	1(土) · 建設部, 10個 地域 37萬 8千坪의 地方工團을 新規 指定
	2(日)	閏 3.11	· 貞娥, 美國 Michigan州立大 硏修次 出國하다.	· 住宅公社, 아파트 分讓價 동결
	3(月)	閏 3.12	· 貞娥, Akron 雪娥 집에 도착하다.	· 스리랑카 프레마사다 대통령, 爆彈 테러로 피살
	4(火)	閏 3.13	· 內務部 出入記者團과 午餐하다. · 韓仁錫 事務局長, 始興市長으로 전보되어 가다.	· 옐친 러시아 大統領에 反對하는 親共 示威隊, 警察과 유혈 충돌
	6(木)	閏 3.15	· 硏究院 主催 國民運動 세미나를 주관하고 開會辭 및 閉會 人事를 하다.	6(木) · 保社部, 全國 100歲 以上은 1,278名이고 110歲 以上은 모두 女子로 31名이라고 發表
	7(金)	閏 3.16	· 地方自治學會 朝餐會에 가다.	
	8(土)	閏 3.17	· 天安에 가서 檀國大 講義하다.	
	11(火)	閏 3.20	· 서울市立大 都市行政大學院에서 特講하다.	· 大韓醫學協會, 人工受胎 倫理에 관한 宣言을 發表
	12(水)	閏 3.21	· 內務部 硏修院에서 論文指導하다. · 京畿道廳 職員에게 講演하다.	9(日) · 第1回 東아시아大會가 上海 虹口 競技場에서 9個國 參席하에 開幕
	13(木)	閏 3.22	· 貞娥, Akron發 Lansing着 Owen Hall에 정착하고 English Language Institute에 登錄하다.	10(月) · 池賢玉 등 3名의 女性, 最初로 8,848m의 에베레스트山 頂上 정복
	14(金)	閏 3.23	· 行政刷新委員會에 가다.	· 中國, '50年代이래 實施해 온 食糧配給制 廢止 發表
	15(土)	閏 3.24	· 硏究院 地方自治發展計劃 公聽會 發表者 會議에서 人事하고 協議하다. · 天安 檀國大 體育大會에 參席하다.	· 泰國 방콕近郊 工場火災로 210名 死亡 11(火) · U.N. 安保理, 北韓에 대해 NPT 脫退 宣言 再考와 核安全協定의 이행을 촉구하는 決議案 채택
	16(日)	閏 3.25	· 妻와 獅子庵에 가다.	
	19(水)	閏 3.28	· 새마을本部 理事會에 參席하고 理事職 離任人事를 하다.	13(木) · 獨逸, 55년 聯邦軍 創設 이래 처음으로 소말리아에 派兵 개시
	20(木)	閏 3.29	· 硏究院 主催 地方自治發展計劃 公聽會에서 開會辭와 閉會人事를 하다.	16(日) · 敎育部, 高校 軍事訓練을 24年만에 廢止키로 決定
	21(金)	4. 1	· 淸州에서 開催된 地域開發學會 國際 세미나에서 基調演說을 하다. · 行政刷新委員會에 參席하다.	18(火) · 外務部, 92年末 海外同胞가 129個國에 494萬 3千명에 이른다고 發表

月	日	陰	本人 및 家族事項	社會一般事項
5	22(土)	4. 2	·高상헌君 結婚 主禮를 보다. ·신시네티大 同窓會 名譽會長으로 推戴되다.	19(水) ·嚴三鐸 兵務廳長, 슬롯머신 事件으로 解任
	23(日)	4. 3	·夫婦 同伴 鳥嶺會 野遊會를 冠岳山으로 가다.	20(木) ·嚴三鐸, 拘束됨
	24(月)	4. 4	·在京 聞慶中學校 同窓會 總會에 參席하여 祝辭를 하다.	23(日) ·라오스 필리핀 大統領 방한 ·에리트리아共和國, 이디오피아로부터 分離 獨立해 民主國家로 공식 출범
	25(火)	4. 5	·任仕彬 議員 研究所 主催 세미나에 參席하여 司會보다. ·風水會 모임에서 會長 離任人事를 하다.	25(火) ·財務部, 우리나라 1인당 GNP 6,330弗로 世界 35位라고 發表
	27(木)	4. 7	·研究院 研究 責任者 會議를 主宰하다.	26(水) ·法務部, 佛誕日을 맞아 1,245名 假釋放
	28(金)	4. 8	·佛誕日 紀念으로 妻와 절에 가다.	27(木) ·大檢, 金鍾仁 民自黨議員을 賂物授受 혐의로 拘束
	29(土)	4. 9	·天安 檀國大 講義가다.	
	31(月)	4.11	·聞慶郡 地域經濟活性化 促進을 위한 民資投資 誘致委員에 推戴되다. ·日本 自治體 國際化協議會 서울所長 中田正昭, 研究院을 禮訪하다. ·農漁村振興公社에서 講演하다. ·새마을本部 理事職 終了되다.	29(土) ·綜合株價指數 738.75로 年中 最高價 記錄 30(日) ·解職教師등 2만여 初·中·高教師, 慶熙大에서 全國 教師大會 開催 31(月) ·水素 自動車 國內 첫 開發, 時速 60㎞ 試驗走行 성공
6	1(火)	4.12	·研究院 月例朝會에서 訓示하다. ·農協中央會 經營諮問委員에 再委囑되다. ·農漁村振興公社에서 講演하다.	1(火) ·新유고 聯邦議會, 도브리카 코시치 聯邦大統領을 不信任案 可決로 축출 ·호르세레라노 과테말라 大統領, 軍部에 의해 축출
	2(水)	4.13	·研究院 諮問會議를 主宰하다.	
	3(木)	4.14	·安東에 가서 安東大學 特講, 安東 댐 見學, 鳳亭寺 禮佛, 安東病院 講演, 安東發展研究所 懇談會에 參席 投宿하다.	2(水) ·후지모리 페루 大統領, 2泊 3日 일정으로 訪韓 ·最初의 海軍潛水艦 '張保皐艦', 鎭海 基地에서 취역식 擧行
	4(金)	4.15	·安東에서 上京하다. ·研究員들과 現代社會研究所 施設을 視察하다.	·北韓·美國, UN에서 北韓 核問題 해결을 위한 次官級 會談을 처음 開催
	5(土)	4.16	·Corey·林吉鎭 學長 등 美國 計劃家 學長團 6名 來院하여 特講을 하고 午餐後 市內觀光을 한 뒤 저녁 食事를 같이 하다.	3(木) ·서울 올림픽道路 擴張區間 19㎞ 全面 開通
	7(月)	4.18	·韓國開發研究院 財政政策 懇談會에 參席, 討論하다.	·中國·臺灣, 1949年 以後 처음으로 郵便交換을 實施
	8(火)	4.19	·環心會 모임에 參席, 일시 歸國한 文廷鎬君을 만나다.	·聞慶 第39代 郡守 權赫大 就任 ·政府, 슬롯머신業 전면 폐지키로 함
	9(水)	4.20	·科技處 職員들에게 講演하다. ·金始中 科技處長官과 晩餐하다.	4(金) ·3年 4月만에 皆旣月蝕 發生 ·國內 첫 科學觀測 로켓 '科學1號', 忠南 泰安郡에서 發射성공
	11(金)	4.22	·行政刷新委員會에 가다. ·서울大 環境大學院 院長團·同窓會 幹部와 發展基金 募金을 論議하다.	·日本 衆議院, 自衛隊의 海外派遣法案을 통과
	12(土)	4.23	·地方自治學會 常任理事會를 主宰하다. ·天安 檀國大 終講을 하고 會食 後 上京하다.	5(土) ·政府, 5·16 直後 制定된 426個 法律의 改廢作業 着手
	13(日)	4.24	·妻와 中溪洞 商街를 돌아보다.	·京釜高速道路中 水原-清原間 100.1㎞을 6~8 車線으로 확장·開通
	14(月)	4.25	·朴在潤 經濟首席 招請으로 朴奉植 總長 幹部팀 會食하다. ·研究院 朴榮舜 事務局長을 發令하다. ·金春道 巡警 殉職 殯所에 焚香하다. ·成均館大學 柳在洙 博士學位論文 最終審査하다.	10(木) ·京畿道 漣川 射擊場에서 爆發事故 發生, 現役 및 豫備軍 20名 死亡 ·北韓, 東海岸에서 射程距離 1천㎞ 미사일 發射實驗 실시
	16(水)	4.27	·研究院 開院 10周年 紀念事業推進委員會委員 委囑狀을 수여하고 訓示하다. ·서울大 環境大學院 20周年 紀念 세미나에서 討論하고 리셉션 자리에서 人事말 하다.	11(金) ·서울地檢, 小說家 黃晳暎氏를 國家保安法 위반혐의로 拘束·기소 ·國會議員 補闕選擧에서 民自黨 2名, 民主黨 1名 當選
	17(木)	4.28	·天安 消防學校에서 講演하다.	·漢陽 裵鍾烈 會長 拘束
	18(金)	4.29	·研究院 體育大會에 參席하다. ·行政刷新委員會에 가다.	·라이베리아, 難民村 民間人에 대한 虐殺로 500명 이상 死亡

月	日	陰	本人 및 家族事項	社會一般事項
6	18(金)	4.29	· 金良培 行政首席秘書官 招請으로 行政刷新委員 會食하다.	12(土) · 金春道 警官, 示威學生들의 집단 구타로 死亡
	19(土)	4.30	· 새재會員들과 店村에 가서 蔡弘植 會長宅 到着, 會議 後 食事하다.	14(月) · 유엔 主催 世界人權會議, 183國 代表 參席下에 오스트리아 빈에서 開幕
	20(日)	5. 1	· 새재會員들과 鳥嶺 視察하고 새재碑 立地決定 後 午餐하고 上京하다.	15(火) · 金泳三 大統領과 李基澤 民主黨 代表, 靑瓦臺에서 會談
	21(月)	5. 2	· 卞鐸 社長 招請으로 硏究院 部室課長 식사하다. · 硏究院 워크 샵에서 人事하다.	16(水) · 政府, 農地所有上限制를 10町步에서 20町步로 대폭 확대
	23(水)	5. 4	· 硏究院 地方自治發展計劃 審議會議를 주재하고 人事말을 하다. · 李海龜 內務部長官 招請 晩餐에 地自制審議 委員들과 參席하다.	· 러시아 制憲會議, 土地所有·兩院制의 채택 18(金) · 日本 衆議院, 贊成 255票, 反對 220票로 宮澤內閣 不信任 可決
	25(金)	5. 6	· 行政刷新委員會에 가다.	· 日本 宮澤 首相, 衆議院 解散 措置
	27(日)	5. 8	· 家族·群濟 家族·누님 家族, 昆池岩 鳥坪里에 가서 고기를 잡아 會食하고 오다.	· 環境行政學會 창립 21(月) · 政府, 病院 등 175業種을 對外 開放키로 함
	28(月)	5. 9	· 『國土와 建設』誌 編輯 司會를 보다. · 서울大 行政大學院에서 특강하다.	23(水) · 日本 羽田派, 新黨結成 정식 宣言하고 黨名을 新生黨, 黨首를 羽田孜로 결정
	29(火)	5.10	· 地方自治經營協會 세미나 개회식 參席하다. · 硏究院 硏究 責任者 會議에 參席하다. · 새재會에서 渡美 送別宴을 받다.	28(月) · 이라크, 對美報復을 선언하고 全軍에 軍事 訓練 강화 29(火) · 서울民事地法 少壯 判事 40名, 司法府의 改革을 촉구하는 聲明 발표
	30(水)	5.11	· 서울市政開發硏究院 세미나 開會式에 參席하다. · 硏究院 硏究 責任者 會議에 參席하다. · 內務部長官에게 地方自治發展計劃案을 보고하다. · 始興市에 가서 韓仁錫 市長에게 感謝牌를 주고 會食하다.	30(水) · 朴浚圭 議員, 議員職 辭退書 提出 · 墓地面積을 3坪 이내로 제한하고 墓地時限을 60년으로 決定 · 美國, U.N.安保理 常任理事國에 日本과 獨逸을 편입키로 하는 것을 골자로 하는 安保理 改編案을 제의
7	1(木)	5.12	· 硏究院 月例朝會에서 訓示하다. · 大統領 平和統一諮問委員으로 委囑되다.	1(木) · 遞信部, 30㎞ 이내 市外地域 通話料金은 市內料金으로 부과하는 通話料 改善策 實施
	2(金)	5.13	· 黃仁城 國務總理 招請에 行政刷新委員들 參席하여 午餐하다. · 서울發(KAL機 1等席), Chicago經由 Cleveland着, Akron 雪娥宅에 가다.	· 李寅燮 前警察廳長, 賂物件으로 拘束 2(金) · 第162回 臨時國會 開幕 · 政府, 新經濟 5個年計劃 確定 施行
	3(土)	5.14	· 雪娥 夫婦와 Akron大 訪問, Seoul Garden에서 食事, 百貨店 들려 歸家하다.	· 우크라이나 議會, 自國領土에 남아 있는 舊 蘇聯 核武器에 대해 所有權을 선언
	4(日)	5.15	· 雪娥夫婦와 Sea World를 觀覽하다.	3(土) · 世界保健機構, 93年 6月 現在 世界 AIDS 患者는 72만명으로 公式 集計
	5(月)	5.16	· 文書房과 Baker's Acres Golf Club에서 골프를 치다. · 雪娥 夫婦와 같이 金信君 家族을 招待하여 저녁食事하다.	5(月) · 仁川市 最初의 地下鐵 1호선 着工 · 17歲 靑少年 白承一選手, 第28回 天下壯士 씨름大會에서 優勝
	6(火)	5.17	· Cleveland 空港發 Lansing空港 到着, 貞娥·Corey·河晟奎 마중을 받고 Michigan州立大內 Kellogg Center에 投宿하다.	· 大法官會議, 人事委員會의 權限을 대폭 강화하는 등의 司法府 改革案 확정
	7(水)	5.18	· 河晟奎 夫婦 招請 저녁食事에 가다. · 河晟奎 敎授 등과 Forest Acres Golf Club에서 골프치다. · 會議參加 登錄하고 歡迎宴에 참석 후 映畵 『서편제』를 觀覽하다.	6(火) · 太白市民 1萬餘名, 石炭産業 斜陽化에 따른 生存權 찾기 大會 開催 · 敎育開發院, 『民主 市民이 되는 길』 14卷 첫 發刊 7(水) · 三星그룹, 午前 7시·午後 4시 근무제로 變更 實施
	8(木)	5.19	· 國際會議 開會式에 參席하고 主題論文을 發表하다. · 盧隆熙·呂鴻九·李泰一 博士 등과 맥주집에 가다.	· 라트비아議會, 農民聯合黨 黨首인 군티스 울마니스를 새 大統領으로 선출 8(木) · 經實聯 創立 4돌 맞아 會員 1만명으로 신장
	9(金)	5.20	· 세미나 司會를 보다. · 저녁 Korea Culture Night를 觀覽가다.	9(金) · 監査院, 栗谷 特別監査結果 발표

月	日	陰	本人 및 家族事項	社會一般事項
7	10(土)	5.21	·朝餐時 維新 當時 亡命한 李在賢 敎授를 만나 人事하다. ·세미나 閉會式에 Final Report를 하다. ·貞娥와 食事하고 Corey 學長宅에 가서 환담하다.	9(金) ·G7 頂上會談, 日本의 막대한 貿易黑字의 改善促求를 골자로 한 經濟宣言 발표 10(土) ·金泳三 大統領과 클린턴 美大統領, 靑瓦臺에서 頂上會談 12(月) ·公職者 倫理法에 따라 3萬3千名 公職者들의 財産登錄
	11(日)	5.22	·Pine Golf Club에서 골프치다. ·李惠恩 敎授 안내로 州廳舍, 博物館, Lake Lansing 등을 視察하다. ·貞娥·貞娥친구·李敎授 등에게 저녁식사를 사주다.	13(火) ·후지 TV 서울支局長 시노하라 마사토, 軍事機密保護法違反 혐의로 구속됨 15(木) ·北韓은 90년도 초에 46개의 核爆彈을 생산했고 98년에는 核미사일을 생산하게 될 것이라고 밝혀짐
	12(月)	5.23	·Michigan州立大學의 主要機關을 訪問하다. ·저녁에 貞娥·李大旭·林吉鎭·河晟奎·李萬永 등과 食事하다. ·Evergreen 맥주집에서 林吉鎭 등에게 맥주 待接하다.	17(土) ·栗谷事業 非理로 前 國防長官 李鐘九·李相薰, 前 空軍參謀總長 韓周奭, 前 海軍參謀總長 金鐵宇 등 4名, 賂物件으로 拘束
	13(火)	5.24	·Lansing發, Chicago 經由 서울로 向하다.	·스페인·포르투칼 및 中南美圈 23個國 頂上들, U.N.機構 革新을 촉구하는 宣言 채택
	14(水)	5.25	·서울 到着, 歸家하다.	
	16(金)	5.27	·行政刷新委員會에 가다.	
	19(月)	6. 1	·嚴基文 敎授 遺稿集 發刊 및 一周忌 追慕式에 參席하다.	18(日) ·日本 自民黨, 第40回 衆議院 總選에서 과반수 확보에 失敗
	20(火)	6. 2	·韓國稅政新聞과 인터뷰하다.	19(月) ·昌原 現代精工 勞組, 總罷業 突入
	21(水)	6. 3	·室長들과 院長 就任 一周年 紀念 午餐을 하다.	·文化體育部, '90年 制定된 서울平和賞을 폐지하고 基金 100億원을 體育振興基金으로 전환키로 確定
	23(金)	6. 5	·李海龜 內務長官 招請 午餐에 地方自治學會 會長團과 같이 參席하다. ·行政刷新委員會에 가다. ·李建榮 建設次官 招請 晩餐에 가다.	·鄭昇和 前陸軍總長등 22명, 12.12事態와 관련 全斗煥·盧泰愚 前大統領 등 34명을 叛亂 및 內亂罪 등 혐의로 大檢에 고소
	25(日)	6. 7	·國土·都市計劃學會 事務室에서 原稿 쓰다.	
	26(月)	6. 8	·研究院 地方自治發展計劃 審議運營委員會 最終會議를 開催하다. ·行政刷新委員會 企劃課題 '農地利用制度'에 대해 關係者들과 協議하다.	22(木) ·山林廳, 世界 처음으로 주목 종자에서 抗癌劑 成分인 '텍솔'을 대량으로 抽出하는데 성공 ·宮澤喜一 日本總理 사임
	27(火)	6. 9	·釜山에 가서 東南開發研究院에서 自治體出捐研究院長 會議를 主宰하다. ·釜山에서 慶州로 가서 金壽鶴 會長과 投網을 하고 食事 後 코롱 호텔에 投宿하다.	24(土) ·러시아 中央銀行, '61~'92年 사이에 發行된 紙幣의 통용을 전면 中斷하는 강력한 通貨改革措置 發表
	28(水)	6.10	·金壽鶴 會長과 陰曆 生日 朝餐을 호텔에서 갖다. ·코롱 호텔 Garden Public Course에서 金壽鶴 會長과 골프 치다. ·永川·茂朱 새마을 結緣팀과 午餐하다. ·慶州市·郡 새마을指導者 修鍊大會에서 講演하다. ·浦項 空港發 上京하여 집에서 生日紀念 食事하다.	26(月) ·아시아나機, 全南 海南 野山에 墜落하여 66名 死亡하고, 44名 生存 29(木) ·憲法裁判所, '85年 當時 全斗煥 大統領 指示에 의한 國際그룹 解體는 違憲이라고 決定 ·韓·美間 特許秘密 保護協定 발효
	29(木)	6.11	·研究院 Logo 象徵記號 確定하다.	31(土) ·政府와 民自黨, 課稅 是非로 논란을 빚었던 土超稅制度에 대해 改善案을 확정
	30(金)	6.12	·研究院 研究 責任者 會議에 參席하다. ·地方行政會館 內 團體長과 午餐하다. ·行政刷新委員會에 가다.	·이스라엘, 對 南部 레바논 攻擊을 중단하고 休戰令 발포
	31(土)	6.13	·研究院 月例朝會에 訓示하다. ·研究院이 마련한 「地方自治制度 中期發展計劃」을 內務部에 보고하다.	
8	1(日)	6.14	·夏期休暇 시작하다. ·妻·東爀 같이 濟州道에 가서 金泰保 敎授 안내로 西歸浦 海底觀光 등을 하고 Palace Hotel에 投宿하다.	2(月) ·臺北에서 열린 第32回 國際技能 올림픽에서 韓國代表 準優勝하여 10연패 失敗

月	日	陰	本人 및 家族事項	社會一般事項
8	2(月)	6.15	·택시를 대절하여 雨中에 觀光地를 돌아보다.	3(火) ·IAEA 核査察팀 3名, 平壤 到着하여 北韓 核 臨時査察 시작
	3(火)	6.16	·바다 낚시를 하고 觀光 後 上京하다.	
	4(水)	6.17	·清原郡 所在 韓國教員大學 研修院에 가서 特講하다. ·愼克範 總長과 저녁식사하고 上京하다.	5(木) ·臨政 先烈 遺骸 5位, 上海에서 서울로 봉환 ·中國 深圳에서 대규모 連鎖 爆發로 70여名 死亡
	5(木)	6.18	·醴泉에 가서 새마을指導者 修鍊大會에서 講演하고, 龍門寺·草澗亭·金谷書院· 權氏宗宅 등을 巡訪하고 上京하다.	6(金) ·日本 國會, 細川 日本 新黨 代表를 第79代 首相으로 選出
	6(金)	6.19	·金浦郡 長期計劃 公聽會에서 人事하다. ·李海龜 內務長官 父親 喪家에 가다.	·러시아 最高會議, 옐친 大統領의 民營化 促進 布告令의 效力을 정지시키는 決議案 가결
	8(日)	6.21	·國土·都市計劃學會 事務室에서 原稿쓰다. ·韓國 및 日本 地方自治學會 任員陣, 渡日件에 대해 論議하다. ·休暇 終了하다.	7(土) ·大田 EXPO 開幕式 擧行 ·臺灣 國民黨 '非主流 新黨' 結成 宣言 ·日本 7黨 聯立內閣 발족
	9(月)	6.22	·財産登錄書類를 제출하다.	·벨기에 國王에 알베르 8世 즉위
	10(火)	6.23	·새마을本部 任員과 朝餐 談話를 하다. ·國立墓地에서 擧行된 上海獨立人士 遺骸 奉還式典에 參席하다.	10(火) ·司法府, 財産登錄 完了 11(水) ·金泳三 大統領, 舊 朝鮮總督府 建物에 이어 青瓦臺 內 舊 總督官邸도 철거토록 指示
	11(水)	6.24	·院友會 第5代 會長으로 韓豹桓 博士를 選出하다.	
	12(木)	6.25	·青瓦臺 金良培 首席에게 地方自治 發展計劃을 보고하다.	·公職者 財産登錄 마감 12(木) ·金泳三 大統領, "金融實名去來 및 秘密保障에 관한 大統領 緊急財政·經濟命令"을 발동하여 그 施行을 發表
	13(金)	6.26	·行政刷新委員會에 가다. ·崔相哲·鄭英一 院長과 食事하다.	
	17(火)	6.30	·忠北道廳에 가서 清州圈 廣域開發計劃 諮問會議에 參與하다. ·金德永 知事와 食事하고 上京하다.	·中國政府, 國營企業의 3分의 1을 95년까지 獨立採算制의 公社로 전환키로 결정
	18(水)	7. 1	·金潤煥 議員을 禮訪하고 환담하다.	16(月) ·金融實名制에 관한 大統領 緊急命令을 審議할 第163回 臨時國會 개회
	20(金)	7. 3	·行政刷新委員會에 가다. ·『韓國의 地方自治와 地域開發』을 共著로 博文閣에서 發刊하다.	17(火) ·監査院, 平和 댐·栗谷事業·次世代戰鬪機 特監과 관련하여 全·盧 前大統領에게 書面 調査書 전달
	22(日)	7. 5	·洪晳杓 非常任委員 작고하다.	
	23(月)	7. 6	·行政刷新課題 '農地利用制度'를 논의하다. ·洪晳杓委員 問喪가다.	·金泳三大統領, 財閥總帥와는 처음 李健熙 三星그룹 會長과 獨對 회동
	24(火)	7. 7	·朴榮舜 局長을 대동 光州에 가서 白亨祚 全南發展研究院長과 午餐하다. ·國土·都市計劃學會 세미나에서 司會를 보고 光州·全南支會 結成大會에서 激勵辭를 하다. ·李鈞範 全南知事와 晩餐을 하고 新陽파크 호텔에 投宿하다.	19(木) ·國會, 實名制에 대한 大統領 緊急命令을 承認 20(金) ·交通部, 京釜高速鐵道 車種을 佛 알스톰社의 TGV로 確定한다고 發表 21(土) ·韓國 天主教, 安重根 義士를 83年만에 카톨릭 信徒로 公式 복권
	25(水)	7. 8	·光州市廳 姜英奇 市長과 鄭叕柱 議長을 禮訪하고 市長과 午餐하다. ·全南道廳 幹部 및 議長團室을 訪問하다. ·光州發 濟州道에 到着, 禹瑾敏 知事·李萬儀 副知事 등과 晩餐하고 Palace Hotel에 投宿하다.	23(月) ·호소카와 日 首相, 國會演說 통해 侵略行爲와 植民支配에 대하여 사죄 發言 24(火) ·韓·中 海運協議會, 釜山-上海, 仁川-大連 등 4個 海運路線 開設 合意 26(木) ·國內 最長인 7,310m 의 平澤-唐津間 西海大橋 建設 발주
	26(木)	7. 9	·濟州道廳 幹部 및 張正彦 議長을 禮訪하다. ·新天地 美術館 등을 視察하고 上京하다.	27(金) ·趙永植 慶熙大 總長, 漢醫大 集團 留級事態로 總長職 辭任 發表
	27(金)	7.10	·研究院 主催 國內 세미나에서 開會辭 및 閉會人事를 하다. ·雪娥 夫婦 Akron市에서 Columbus市로 이사가다. ·文丙基, Ohio State University (Columbus) 博士課程에 들어가다.	·日本 衆·參議員 24名, 金大中 前 民主黨 代表의 73년도 拉致事件을 조사하기 위한 委員會 구성 28(土) ·中國 青海省內의 댐 爆發로 200여명 사망 29(日) ·韓國 女子 洋弓 代表團, 10回 실버애로 洋弓大會에서 금메달 獲得
	30(月)	7.13	·研究院 各種 會議를 主宰하다.	

月	日	陰	本人 및 家族事項	社會 一般事項
8	30(月)	7.13	·著書 發刊 自祝宴을 갖다.	29(日) ·싱가포르 첫 民選大統領에 人民行動黨(PAP) 黨首 옹텅칭 當選
	31(火)	7.14	·金泳三 大統領께 行政刷新委員會 中間報告하다. ·研究院 17名의 研究員과 晩餐을 하며 院 運營을 論議하다.	31(火) ·中國, 臺灣 統一에 대한 白書 發刊, 統一後에도 自治權을 부여한다고 宣言 ·國會, 12.12事態·栗谷事業·平和의 댐에 대한 眞相調査 착수 ·公報處, 綜合有線放送(CATV)관련 聯合TV 뉴스 등 20개 프로그램 供給業體를 確定 發表 ·러시아 太平洋艦隊 所屬 軍艦 3척, 釜山港에 入港
9	1(水)	7.15	·研究院 月例朝會에서 院 象徵記號(logo) 當選者 施賞을 하고 訓示하다. ·서울大 行政大學院 同期會 모임을 갖고 昇進者 祝賀를 하다.	1(水) ·러시아, KAL機 事故 遺物을 事故 10周年을 맞아 遺族에게 첫 공개 ·科學觀測 로켓 '科學2號', 忠南 西海岸에서 發射成功
	2(木)	7.16	·李光魯 敎授 停年退任宴에 가다.	·애스핀 美國防長官, 韓半島와 걸프 두 地域에서 戰爭이 동시 발발할 경우 '2個戰爭 同時 勝利(win-win)' 戰略을 채택키로 했다고 밝힘
	3(金)	7.17	·地方財政共濟會 電算網 開所式에 參席하여 테이프를 끊다. ·行政刷新委員會에 가다.	
	4(土)	7.18	·天安 檀國大 講義가다.	2(木) ·韓·日 議員聯盟 合同總會 開催
	5(日)	7.19	·새마을 幹部陣과 洪川郡 雪嶽面 暮谷里에 가서 投網하다.	·國內 技術陣이 最初로 設計 製作한 5人乘 輕飛行機 '蒼空91號' 첫선 비행
	6(月)	7.20	·研究院 開院 9周年 紀念式에서 시상하고 紀念辭를 하다. ·研究院 全職員과 午餐하다. ·黃鏞周 博士 夫婦 招請으로 金壽鶴 會長 夫婦와 함께 妻와 같이 參席하다.	3(金) ·韓·中 政府, 韓·中産業協力合意書 締結 4(土) ·大韓藥師會, 全國 藥師의 免許證 返納과 集團閉業을 결의 7(火) ·大田市 西區 中央政府 敷地에서 政府 第3廳舍 起工式 擧行
	9(木)	7.23	·日本 九州大學 敎授팀의 來院으로 환담하다. ·尹源重 青瓦臺 政務秘書官 등과 午餐하다. ·科學技術處 幹部들과 晩餐하다.	8(水) ·韓國에너지技術研究所, 北濟州郡 翰林邑에서 風力發電 示範團地 착공식 擧行
	10(金)	7.24	·大邱에 가서 青丘住宅(株)이 主催한 韓·日經濟 세미나에서 主題發表하다. ·저녁 食事 後 投宿하다.	9(木) ·韓國의 46億원 全額 後援으로 設立된 延邊 科學技術大學 정식 開校 10(金) ·第165回 定期國會 개회
	11(土)	7.25	·大邱에서 上京하여 研究院에 가다. ·祖母任 祭祀를 모신 후 妻와 같이 店村에 가다.	·金德柱 大法院長, 財産 波紋으로 辭職 ·青瓦臺에서 韓·印 頂上會談 開催
	12(日)	7..26	·聘父任 80회 生辰을 祝賀하다. ·父母任 墓所를 참배하고 水安堡에서 溫泉을 한 후 上京하다.	·이스라엘·PLO, 45년간의 敵對的關係 청산하고 相互公式 承認하는 文書에 서명 11(土) ·自治團體 公職者 및 議會議員의 財産 登錄 마감
	16(木)	8. 1	·李建榮 國土開發研究院長과 午餐하다. ·韓國産業人力管理工團 任職員에게 講演하다. ·行政刷新委員會 小委員會를 主宰하다.	·러시아, 韓國戰爭을 北侵으로 歪曲 기술하는 등의 敎科書를 모두 폐기
	17(金)	8. 2	·李동희君 結婚 主禮 보다. ·行政刷新委員會에 參席하고 같이 晩餐을 하다. ·崔炳泰 社長 招請 晩餐에 가다.	12(日) ·韓國 女子洋弓代表, 第36回 世界選手權大會 團體戰에서 3연패 獲得
	18(土)	8. 3	·柳常悅 建設部次官 招請 午餐에 參席하다. ·天安 檀國大 講義에 가다.	13(月) ·商工部, 프랑스와 '韓·佛 産業協力 委員會 設立約定'에 書名 ·大韓藥師會, 藥局 74%휴업하고 汝矣島 廣場에서 蹶起大會 갖다.
	19(日)	8. 4	·妻와 『주라기 공원』 映畫를 觀覽하다.	
	20(月)	8. 5	·朴榮舜 局長과 釜山市廳을 訪問, 市長 및 議長團을 禮訪하고 市長 등과 午餐을 한 후 太宗臺를 視察하고 上京하다.	14(火) ·金泳三 大統領, 青瓦臺에서 미테랑 佛 大統領과 頂上會談 開催
	21(火)	8. 6	·京畿道 知事와 議長을 禮訪하고 上京하다. ·陰陽氣流研究院에 가서 健康斑指를 착용하다. ·東園奬學會 設立報告會에 참석하여 激勵辭를 하다.	15(水) ·政府, '94年 一般會計豫算 43兆 2,500億원으로 확정 ·無線呼出 通話서비스 일제 開始 ·캄보디아 制憲議院, 시아누크公을 國王으로 하는 君主國 復歸의 새 憲法案 議決 通過

1993

月	日	陰	本人 및 家族事項	社會一般事項
9	22(水)	8. 7	·曙園大 經營大學院에 特講하다.	16(木) ·보스니아의 이슬람系와 세르비아系, 內戰을 終熄시킬 새로운 共同宣言에 署名
	23(木)	8. 8	·研究院 研究 責任者 會議를 主宰하다.	
	24(金)	8. 9	·研究院 體育大會에 가다. ·行政刷新委員會에 가다. ·田英春 선생 古稀紀念論文集 贈呈式에 參席하여 論文集을 증정하고 奉呈辭를 낭독하다.	20(月) ·政府, 金孝恩 警察總長을 전격 更迭 ·서울市, '서울市 交通整備 基本計劃'을 發表 ·中國, 東西部 타림盆地에서 100億t 가량의 史上 최대 規模 油田 發見
	26(日)	8.11	·地方自治學會 訪日團의 일원으로 서울 出發, 東京에 到着하여 Grand City Hotel에 投宿하다. ·市內 觀光後 小泉 敎授 招請으로 Tino 印度 食堂에서 晩餐하다.	·第48次 UN總會 開幕 20(月) ·海軍艦艇 2척, 史上 첫 러시아 訪問을 위해 鎭海港 출항 21(火) ·金泳三 大統領, 就任 後 처음 國會 本會議에서 演說
	27(月)	8.12	·東京都 世田谷區 幹部들과 懇親會를 開催하고 區域內 施設을 視察하다. ·日本 代表團과 晩餐하다.	23(木) ·'93年도 벼 收穫量 420萬섬 減少하여 3,280萬섬에 그칠 것으로 集計
	28(火)	8.13	·早稻田大學에서 韓·日學會 세미나에 參席하여 質疑하다. ·日本學會 代表團과 리셉션을 갖다.	24(金) ·2000년 올림픽 開催地로 濠 시드니가 北京을 45대43으로 이겨 開催地 獲得 27(月) ·尹 鎔 大法院長 就任
	29(水)	8.14	·鎌倉市 議會를 禮防하고 市內 觀光을 하다.	29(水) ·印度 中西部 마하라 슈트라州에서 60年만에 最惡의 地震 發生, 1천명 以上 死亡者 發生
	30(木)	8.15	·東京發 서울 到着, 집에서 秋夕을 지내다.	
10	1(金)	8.16	·秋夕 連休로 집에 쉬면서 妻의 渡美 準備를하다.	2(土) ·印度 政府, 9月 30日 印度 西部地域을 강타한 地震으로 3萬名이 死亡했다고 公式集計
	2(土)	8.17	·妻 出國하여 美國 Columbus市 所在 雪娥 夫婦에게 가다.	
	4(月)	8.19	·研究院 月例朝會에서 訓示하다.	3(日) ·러시아 反옐친 示威隊 1萬5千名, 모스크바 市廳을 점령함에 따라 옐친大統領 모스크바에 非常事態 선포
	5(火)	8.20	·李圭憲 院長 등과 金潤煥 議員 招請 晩餐에 參席하다.	
	6(水)	8.21	·서울市政開發研究院 開院 1周年 紀念式에 參席하여 祝辭를 하다. ·日本 大阪大學 紙野桂人 敎授와 許垣君에게 저녁食事를 待接하다.	4(月) ·國會, 34개 機關에 대한 國政監査 開始 ·러시아 政府軍, 最高議會 議事堂 공격하여 保守派 全員 9時間만에 투항 6(水) ·日本 東京都의 都制實施 50周年 紀念 國際 作曲 콩쿠르에서 獨逸에서 活動中인 陳銀淑이 1등 차지
	7(木)	8.22	·釜山 東南開發研究院 開院 1周年 紀念 세미나에 參席, 討論을 하고 上京하다.	
	8(金)	8.23	·研究院 主催 國際세미나를 主管하고 開會辭와 閉會人事를 한 후에 晩餐을 主宰하다.	7(木) ·스웨덴 翰林院, '93 노벨文學賞 수상자로 美國의 女流 黑人作家 토니 모리슨을 선정
	9(土)	8.24	·Corey·Warren 敎授 및 研究院 陣容과 大田에 가서 大德研究團地와 EXPO館을 視察하다. ·大田市廳 幹部들의 招請 晩餐에 參席하고 投宿하다.	8(金) ·大宇그룹, 山東시멘트法人을 3億달러 投資하여 設立하고 北京人民大會場에서 工場 起工式 擧行 ·第34回 全國 民俗藝術競演大會에서 忠南의 民謠가 大統領賞 차지
	10(日)	8.25	·美國 및 濠洲舘을 視察하고 忠南大 敎授들과 午餐하다. ·Corey·李時慶 博士와 店村에 가서 새재 호텔에 投宿하다. ·錢慶洪·市長·郡守 招請 모임에 參席하다.	9(土) ·클린턴 美大統領, 金泳三大統領에게 親書를 보내 소말리아에 UN 平和維持軍 兵力增派를 公式 要請 ·옐친 大統領, 러시아 全域의 數千個 市議會를 解散
	11(月)	8.26	·故鄕 遺跡地를 Corey 學長께 소개하고 市廳·郡廳을 거쳐 새재를 觀光하고 上京하다. ·朴東緖 敎授 招請 李漢彬 博士와의 歡談會에 參席하다.	10(日) ·全北 扶安 앞바다에서 西海 훼리號 沈沒, 乘客 270여명 중 268명 이상이 死亡·失踪 11(月) ·第74回 全國體育大會, 光州에서 開催
	14(木)	8.29	·研究院 諮問會議를 主宰하고 食事를 待接하다.	·옐친 러시아 大統領, 日本을 公式 訪問
	15(金)	9. 1	·研究院 野遊會를 冠岳山으로 가다. ·行政刷新委員會에 參席하다. ·새마을運動中央協議會 新·舊會長 離·就任式에 參席하다.	12(火) ·金融實名制, 實名轉換 時限磨勘 13(水) ·東亞製藥 生物工學팀, AIDS와 C型 肝炎을 同時에 진찰할 수 있는 試藥을 世界 最初로 開發

月	日	陰	本人 및 家族事項	社會一般事項
10	16(土)	9. 2	·아침 8時 21分에 雪娥 美國에서 아들 文近榮君을 順産하다. ·天安 檀國大 講義 다녀오다.	14(木) ·31個國에서 164篇이 출품된 第1回 Shanghai 國際映畵祭에서 〈서편제〉가 監督賞과 女優主演賞을 수상
	20(水)	9. 6	·民主平和統一諮問委員 研修次 統一研修院에 입교하다.	15(金) ·青瓦臺 舊 本館建物 철거 開始
	21(木)	9. 7	·教育을 修了하고 研究院에 오다. ·日本 自治體 國際化協會 서울 事務所 開所 披露宴에 參席하다.	·스웨덴 翰林院, '93 노벨 平和賞 共同受賞者로 南아프리카공화국의 넬슨 만델라 黑人民權指導者와 프레데릭 데클레르크 白人 政府 大統領을 선정
	22(金)	9. 8	·天安에서 開催된 忠南地域 青年會議所 主催 세미나에서 主題發表하다. ·行政刷新委員會에 가다.	·金裕赫 教授, 金壽鶴 會長 다음으로 새마을運動 中央協議會長으로 選任 ·마리오 소아레스 포르투갈 大統領, 韓國을 非公式 訪問하여 金泳三 大統領과 회담
	23(土)	9. 9	·地方自治學會 訪日團 解團 午餐에 參席하다.	
	25(月)	9.11	·春川에 가서 江原道 議會議員 研鑽會에 參席, 開會人事를 하다. ·金漢教·朴洪奎 教授에게 저녁 待接을 하다.	·南北特使交換을 위한 第2次 實務 접촉 17(日) ·全國體典 閉幕, 京畿道가 優勝 차지
	26(火)	9.12	·研究院 定期身體檢査를 받다. ·青瓦臺 金良培 首席秘書官에게 農地制度 刷新案을 보고하다.	19(火) ·政府, 소말리아에 戰鬪兵力 파견은 어렵다고 最終 決定 20(水) ·李昇茂 議員 경영의 鳳鳴産業, 100億원대 不渡 발생
	28(木)	9.14	·大田에 가서 忠南大 行政大學院에서 特講을 하고 上京하다.	21(木) ·러시아政府, 東海 2次 核廢棄物 投棄計劃을 중단키로 決定했다고 공식발표
	29(금)	9.15	·光州 全南發展研究院에서 開催된 地自體出捐研究院長 協議會에서 開會人事를 하고 會議를 主宰하다. ·民俗博物館, 아시아自動車工場, 松江先生碑, 瀟灑園 등을 視察하고 晩餐 후 投宿하다.	·부룬디에 軍事쿠테타 發生,멜시오르 은다나예 大統領 被殺 23(土) ·李元鍾 서울市長, 北京에서 李其炎 北京市長과 姉妹都市協定 체결
	30(土)	9.16	·光州에서 上京하여 研究院에 가다. ·天安 檀國大에 강의 다녀오다.	25(月) ·百濟 滅亡 後 日本으로 망명했던 百濟 王族 두 神位, 1,300年만에 故國訪問 31(日) ·러시아 우랄州, 우랄共和國 선포
11	1(月)	9.18	·研究院 月例朝會에서 訓示하다. ·研究院 土曜日 隔週交代休務制를 實施하다.	1(月) ·UN總會, 北韓의 IAEA 核視察을 촉구하는 決議案을 140 對 1, 棄權 9로 可決
	2(火)	9.19	·日本 米原淳七郎 教授 및 金杞載 研修院長 등과 晩餐을 하다.	·第2段階 金利自律化를 實施
	3(水)	9.20	·中央大 社會開發大學院에서 特講하다.	·유럽의 政治·經濟 統合에 관한 마스트리히트 條約 발표
	4(木)	9.21	·光州에 가서 光州市議員 研鑽會에 參席하여 基調人事를 하다. ·光州에서 上京하다.	4(木) ·大韓佛教 曹溪宗 宗正인 性徹 스님, 海印寺에서 入寂
	5(金)	9.22	·內務部 地方行政研修院 研修大會에서 基調演說을 하다. ·行政刷新委員會 參席하여 農地制度刷新案을 제안·상정하다.	5(金) ·大田 EXPO 組織委員會, EXPO 行事의 黑字가 254億원이었다고 發表 ·서울刑事地法, 朴哲彦 議員에 대해 懲役 2年, 追徵金 6億원을 선고
	8(月)	9.25	·世宗 홀에서 開催된 地方行政美術展 開幕式에 參席하여 테이프 커팅을 하다.	·프랑스·獨逸·벨기에軍으로 구성된 유럽 聯合軍 창설
	9(火)	9.26	·全州에 가서 全北道議員 研鑽會에 參席, 基調人事를 하다. ·서울地方環境廳 名譽環境監視員으로 委囑되다.	6(土) ·金泳三 大統領과 細川 日本首相, 慶州에서 頂上會談 開催 7(日) ·8月 7日 開催된 大田 EXPO 93日만에 閉幕, 108個國 參加, 1,400萬名 觀覽, 외국인 70여만名으로 集計
	11(木)	9.28	·內務部 地方行政研修院 市長·郡守班 最終論文 評價를 하고 논평을 하다. ·서울市立大 都市行政大學院에서 特講하다.	9(火) ·金泳三 大統領, 青瓦臺에서 吳作棟 싱가포르 總理와 頂上會談 開催
	12(金)	9.29	·教育部 地域開發研究課題 '92年度 終結 및 '93年度 中間評價를 主宰하다.	10(水) ·性徹 宗正의 茶毘式을 海印寺에서 擧行 13(土) ·파키스탄 大統領 選擧, 파루크 레가리 外務長官이 當選됨
	13(土)	9.30	·天安 檀國大에 講義 다녀오다.	
	14(日)	10. 1	·徐 敏君 結婚 主禮를 보다.	16(火) ·第2次 大學修學能力試驗 實施

月	日	陰	本人 및 家族事項	社會一般事項
11	15(月)	10. 2	・서울市政開發研究院에서 全南發展研究院 課題인 道廳移轉 方案을 논의하다.	16(火) ・스리랑카, 他民族 分離主義 武裝勢力과 政府軍이 충돌하여 2,000餘名의 死亡者 發生
	18(木)	10. 5	・趙正濟 博士와 雨中에 택시로 江陵에 가서 江陵大學 特講을 하고 投宿하다.	17(水) ・金泳三 大統領, 20日 美國 Seatle에서 열리는 APEC 指導者 會議에 參席次 出國
	19(金)	10. 6	・버스로 上京하여 研究院에 가다. ・行政刷新委員會에 가다.	
	20(土)	10. 7	・病院에서 再檢診 받다. ・教育部 學術振興局 幹部들과 午餐하다.	20(土) ・美 上院, 61 對 38로 NAFTA (北美自由貿易協定)를 승인
	22(月)	10. 9	・軍浦市廳에서 市民들에게 講演하다.	21(日) ・政府, 不法滯留 外國人 勤勞者 1萬 3千 餘名에 대해 '94年 6월 15일까지 6個月 유예키로 決定
	24(水)	10.11	・서울大 環境大學院 總長 參席 教授懇 談會에 참석하다.	
	25(木)	10.12	・潘亨植 議員 등과 저녁식사하다.	22(月) ・金泳三 大統領, APEC 頂上會談을 마치고 美 아메리칸大學에서 名譽 博士學位를 받음
	26(金)	10.13	・研究院 體育大會를 열다. ・行政刷新委員會에서 印鑑制度刷新案을 보고・상정하여 議決시키다. ・姜信祚 議員 後援會에 加入하다.	25(木) ・金泳三 大統領 美國에서 歸國 ・金相賢 議員, 政界人士로는 처음 日本 朝總聯 中央本部를 訪問
	27(土)	10.14	・天安 檀國大 講義에 다녀오다.	
	28(日)	10.15	・呂鴻九 教授 招請으로 安山 第1 골프場에서 運動하다.	・韓國・臺灣, 서울과 臺北에 각각 民間 次元의 代表部 설치
	29(月)	10.16	・李建榮 院長 招請 趙正濟 博士 越南 出張 送別宴에 참석하다.	26(金) ・北韓, 外國 및 外國 合作銀行의 設立 및 營業을 許容하는 새로운 法律을 公布
	30(火)	10.17	・金光雄 院長 招請으로 林敬鎬・郭滿燮 등과 會食하다. ・Woman World 行事에 參席하다.	
12	1(水)	10.18	・研究院 月例朝會에서 訓示하다. ・새마을本部에 가서 새마을勳章 勤勉章(11.29字 大統領)과 祝賀牌를 받고 수상소감을 이야기하다. ・새마을 任員들과 저녁 食事를 하다.	2(木) ・南阿共, 政權을 300년만에 少數 白人으로부터 多數 黑人에게 이양시키는 憲法案의 最終案에 합의 4(土) ・유선희 選手, 노르웨이 '93 World Cup 스피드 스케이팅 2次 大會 500m에서 39秒 65의 韓國 新記錄을 세우고 1位로 골인
	2(木)	10.19	・權純福 所長 招請으로 編輯委員 晩餐에 參席하다	
	3(金)	10.20	・內務部 地方行政研修院 市長・郡守班 修了式에 參席하다. ・行政刷新委員會에 가다. ・東爀과 空港에 나가 美國에서 歸國하는 妻를 마중하다.	・總務處, 中央行政機關의 123개 機能을 地方自治團體로 移讓키로 決定 5(日) ・全國 單位農協 2만餘名, 汝矣島에서 쌀 市場開放 決死沮止大會를 개최
	4(土)	10.21	・六友會 送年會에 參席하다.	
	5(日)	10.22	・光州에 가서 全南發展研究院이 開催한 道廳 移轉會議에 參席 論議하고 投宿하다.	6(月) ・수천명의 유럽 農民과 韓・印・日・美農民들, GATT 本部가 있는 Geneva에서 UR協商에 反對하는 街頭 示威 開催
	6(月)	10.23	・光州에서 상경하여 研究院에 가다. ・서울大 行政大學院 政策課程에서 特講하다.	
	7(火)	10.24	・文化體育部 長官으로부터 共著『韓國의 地方自治와 地域開發』을 推薦圖書로 선정받다. ・檀國大 羅炳三教授의 最終 博士學位論文을 심사하다.	7(火) ・國會, 43兆 2,500億원의 새해 豫算案 통과 9(木) ・EC 指導者들과 옐친 러시아 大統領, 새로운 協力關係를 열게 될 '共同政治 宣言' 채택
	8(水)	10.25	・새마을中央研修院에서 特講하다.	
	9(木)	10.26	・妻와 같이 環心會 送年 모임에 가다.	11(土) ・서울 및 26個 市・郡에서 2만餘名이 同時 集會하여 政府의 쌀 市場開放 政策을 격렬히 糾彈
	10(金)	10.27	・行政刷新委員會에 가다. ・朴世直 議員 後援會 모임에 가다. ・妻와 같이 鳥嶺會 送年會에 가다.	13(月) ・러시아聯邦 新憲法案에 대한 12日 國民投票 結果 62% 지지로 通過
	13(月)	11. 1	・大田에 가서 教育部 職員들과 投宿하다.	・韓國・美國, 쌀市場 開放案 완전 妥結
	14(火)	11. 2	・大田 儒城 무궁화觀光호텔에서 개최된 教育部 地域開發課題優秀論文 發表 세미나를 主宰하고 開會 및 閉會人事를 하다. ・晩餐 後 上京하다.	・國會 政治關係特委, 大統領 選擧를 제외한 各種 選擧의 被選擧權者 年齡을 25世 以上으로 통일키로 합의

月	日	陰	本人 및 家族事項	社會一般事項
12	15(水)	11. 3	·새마을敎授 세미나 및 決議大會에 참석하다. ·在京 店村·聞慶 鄕友會 會長團 送年會에 가다.	13(月) ·EC, 유럽經濟地域(EEC)을 창출하는 協定 批准
	17(金)	11. 5	·忠南 溫陽에서 韓國地方自治學會 大田·忠南 支會가 주최한 地方自治 세미나에서 司會보다. ·天安에 가서 吳烈根 敎授 등과 食事를 하고 상경하다.	15(水) ·7,407個 勞動組合中 1件의 罷業도 없는 '産業平和의 날'로 기록 ·最終 貿易協商委員會를 열어 UR 妥結을 公式 宣言
	18(土)	11. 6	·서울發 金海空港을 거쳐 헬機로 巨濟島에 가서 새마을指導者大會에서 特講을 하다. ·巨濟 捕虜收容所 遺跡地와 金泳三 大統領 生家 등을 돌아보고 상경하다. ·貞娥 美國에서 放學中 귀국하다.	·英國과 아일랜드, 北아일랜드의 平和 定着을 위한 共同宣言에 합의 16(木) ·金泳三 大統領, 쌀 市長 開放에 따른 민심수습을 위해 黃寅性 總理를 경질하고 李會昌 總理를 임명
	19(日)	11. 7	·光州에 가서 全南發展硏究院이 개최한 道廳 移轉協議會에 참석·토론하여 第1候補地로 務安郡 三香面 一帶로 결정하다.	·國會, 高速電鐵 關聯 資金 27億4천만 달러의 借款 導入을 承認
	20(月)	11. 8	·戶西南國民學校 在京 6回 同期會 送年 모임에 가다.	18(土) ·第165回 定期國會, 쌀 市場 開放 등 UR 協商 關聯 對政府 質問을 끝으로 閉會
	21(火)	11. 9	·硏究院 部室長 送年會에 가다. ·硏究院팀과 驪州郡廳에 가서 郡 長期計劃 樹立協議會에 참석, 開會人事를 하고 綜合 答辯을 하다.	21(火) ·金泳三 大統領, 統一·經濟企劃·內務·國防·敎育·交通·總務·環境·報勳·政務 1 등 14個 部處長官을 경질하는 大幅 改閣을 단행
	22(水)	11.10	·金性洙 敎授 招請 環境大學院 敎授 送年 모임에 참석하다.	22(水) ·金泳三 大統領, 靑瓦臺 首席秘書官을 更迭하고 신설된 農水産 首席秘書官을 任命
	23(木)	11.11	·서울大 環境大學院 盧泰旭君 博士學位論文 最終審査를 하다.	
	24(金)	11.12	·行政刷新委員會에 참석하고 委員會 送年 모임에 가다.	·갈리 UN事務總長 訪韓
	25(土)	11.13	·妻·貞娥와 大田에 가서 聘父母任을 問安하고 Liebera Hotel에 투숙하다. ·妻·貞娥와 노래房에 가다.	·남아프리카 共和國 議會, 300年 白人 統治를 종식시킬 새 憲法案을 237 對 45로 승인 ·忠南 扶餘郡에서 1,400여년 전의 國寶級 金銅製인 '金銅龍鳳蓬萊山香爐'가 발굴됨
	26(日)	11.14	·妻·貞娥와 東鶴寺를 들러 상경하다. ·朴 容 社長 초청 晩餐에 가다.	24(金) ·來韓 中인 갈리 UN 事務總長, 板門店을 經由하여 北韓 訪問
	27(月)	11.15	·靑瓦臺에 가서 大統領께 드리는 國政報告會에 참석하다. ·서울大 環境大學院 碩士論文 最終審査를 마치고 敎授會議에 참석하다. ·權泰埈·崔相哲·金炯國 敎授와 저녁 食事를 하다.	·經濟企劃院, '98년까지 8個 政府 投資機關 및 出資機關을 民營化한다고 발표 25(土) ·옐친 러시아 大統領, 國內穀物市場과 國營企業의 民營化 및 共同 所有制에 대한 布告令 발표
	28(火)	11.16	·嶺南日報 梁正年 本部長과 新年號 特輯 인터뷰를 갖다.	27(月) ·7個 部處次官, 7個 外廳長, 7個 市·道知事 및 서울市 副市長 更迭
	29(水)	11.17	·서울大 環境大學院 邊榮進 局長의 博士學位 論文 最終審査를 하다. ·行硏會 送年會에 가다. ·雜魚會 送年 모임에 참석하다.	29(水) ·44개 前期大學 入學願書 접수마감 結果 梨花女大는 67個 學科 中 25個科, 漢陽大는 9個 學科가 定員에 미달되는 奇現象이 발생
	30(木)	11.18	·田英春·高煌 非常任硏究委員에게 任期 滿了를 通告·說明하다. ·硏究院 全體 送年會에 참석하여 送年人事를 하다.	·中國은 人民幣와 外國人 專用 兌換券 (FEC) 사이에 서로 다르게 적용되어온 換率을 '94년 1월 1일부터 單一化 하기로 했다고 新華社通信이 보도
	31(金)	11.19	·硏究院의 非常任硏究委員, 任期 滿了로 떠나다. ·終務式에서 職員 表彰을 하고 送年辭를 하다. ·硏究院 部室長과 午餐을 하다. ·家族과 送年의 밤을 보내다.	29(水) ·韓國銀行, 93년 國內株式市場에 流入된 外國人 投資資金은 75억 1천달러라고 발표 ·페루 政府, 共産 反軍의 各種 施設物에 대한 공격으로 非常警戒狀態 宣布 30(木) ·이스라엘·로마 敎皇廳, 公式 外交關係 수립

第 59 歲 : 1994 (4327) 甲戌年 / 研究院長 - 平敎授

月	日	陰	本人 및 家族事項	社會一般事項
1	1(土)	11.20	·新年 祭祀를 모시다. ·歲拜를 가다. ·敎育部 地域開發硏究事業評價委員會 委員長에 위촉되다. ·美國 CODS 諮問委員으로 위촉되다.	1(土) ·李元鍾 서울 市長, '서울 定都 600年의 해' 宣布 ·北美自由貿易協定(NAFTA) 公式 출범 3(月) ·暴雪이 내림 ·嚴恒燮 第9代 店村 市長 취임
	2(日)	11.21	·妻와 같이 歲拜를 가고 中溪洞 商街를 둘러본 뒤 崔南淑氏宅에 가다.	6(木) ·서울大·延世大·高麗大·西江大·카톨릭大 등 5개 大學, 14년만에 大入本考査 實施
	3(月)	11.22	·硏究院 始務式에서 新年辭를 하다. ·幹部會議를 주재하다. ·硏究院 朴榮舜 事務局長, 九里 市長으로 榮轉하다.	7(金) ·南山 1號 쌍둥이터널 개통 ·經濟企劃院, 30개 基礎生必品값 引上을 5% 以內에서 抑制하는 方針을 결정
	4(火)	11.23	·內務長官 新年 賀禮式에 참석하다.	
	7(金)	11.26	·行政刷新委員들과 國務總理 초청 午餐에 참석하다. ·行政刷新委員會에 참석하다. ·國土計劃學會 諮問團會議에 참석하다.	8(土) ·서울 2期 地下鐵 3段階工事 착공 ·濠洲, 시드니 近處에 발생한 史上 최악의 산불로 28명이 死傷 10(月) ·金泳三 大統領, 前職 大統領 3명을 靑瓦臺로 招請하여 午餐 會同
	8(土)	11.27	·家族 함께 貞娥 渡美 歡送 食事를 하다.	
	9(日)	11.28	·李榮宰의 子 원석君 結婚 主禮를 하다. ·貞娥 向美 출국하다.	11(火) ·韓國 探險隊, 韓國人 최초로 44일만에 1,400餘㎞를 걸어 南極點 征服 성공
	10(月)	11.29	·硏究院 幹部會議를 주재하다. ·貞娥 美國 Lansing에 도착하여 寄宿舍 Studio Hall에 들어가다.	14(金) ·美·러시아·우크라이나 頂上들, 우크라이나 保有 核彈頭 1,800개를 완전 철거하는 協定에 조인
	11(火)	11.30	·妻·崔南淑 內外와 같이 結婚紀念 食事를 하고 노래房에 가다.	15(土) ·經濟企劃院, 民資誘致法案을 立法豫告 ·地下鐵 및 鐵道料金 인상
	12(水)	12. 1	·大統領 諮問 21世紀委員會에서 地方自治 討論會를 갖다. ·在京 店村·聞慶 鄕友會 新年 交禮會에 참석하다.	·政府, 水系別로 水質管理를 專擔하는 5大江 環境管理廳으로 개편하는 등의 水質管理 改善對策을 발표
	14(金)	12. 3	·崔炯佑 內務長官 招待 新·舊內務公務員 新年式에 참석하다. ·行政刷新委員會에 참석하다. ·妻와 映畵 〈結婚披露宴〉을 보다.	16(日) ·스칼파로 이탈리아 大統領, 腐敗 스캔들로 困境에 빠진 國會를 解散 17(月) ·美 로스앤젤레스에 震度 6.6의 强震이 발생하여 51名이 사망하고 市一 圓에 非常事態 宣布
	16(日)	12. 5	·硏究院 幹部會議를 주재하다.	
	17(月)	12. 6	·科技處 次官과 午餐하다. ·硏究院 硏究課題 評價會를 주관하다.	18(火) ·金泳三 大統領, 洛東江 水質汚染事件에 대해 對國民 公式 謝過
	18(火)	12. 7	·國土計劃學會 弦汀國土開發事業 管理委員으로 위촉받고 朝餐을 갖다. ·硏究院 硏究 結果를 보고받다. ·新年度 財産 變動申告書를 제출하다. ·淸州 敎員大 校長 候補者班에 특강하다.	20(木) ·1993年 11月 런던 會同에서 채택된 放射性物質과 産業廢棄物의 海洋投棄를 전면 禁止하는 '런던協約' 정식 발효 24(月) ·國內 最大 干拓事業인 始華地區 防潮堤의 最終 물막이工事 성공
	19(水)	12. 8	·硏究院 硏究發表會에 참석하다. ·골프 모임 聞友會의 新年會에 참석하다.	·硏究團體 「社稷會」 창립 25(火) ·建設部, 建築行政體系 全面 改編
	20(木)	12. 9	·硏究院 硏究發表會에 참석하다.	·張玲子씨 어음不渡事件과 관련 信託銀行長·同和銀行長 등 辭退
	21(金)	12.10	·科總 南北民間科學技術交流 推進協議會 委員으로 再委囑되다. ·硏究院 硏究發表會에 참석하다. ·行政刷新委員會에 참석하다.	·政府와 民自黨, 勤勞者의 날을 3월 20일에서 5월 1일로 變更키로 合意 ·壬辰倭亂 때 거북船에 장착했던 勝字銃筒 3점을 麗川 앞바다에서 발견
	23(日)	12.12	·雪娥 夫婦·貞我, 美國 雪娥 自宅에서 近榮君 百日祝賀파티를 갖다. ·姜信祚·鄭泰東氏와 午餐하다. ·妻와 朴仁遠 母親喪에 問喪가다. ·小說 『張吉山』 全20卷을 완독하다.	27(木) ·金大中씨, 아시아·太平洋 平和財團 설립 ·山林廳, 全國에서 100年 이상된 나무가 느티나무 등 89種 300 그루임을 확인 ·東醫大博物館, 金海 3世紀 古墳서 伽倻時代 遺骨 53基를 비롯 遺物 1,030點을 발굴

1994

月	日	陰	本人 및 家族事項	社會一般事項
1	24(月)	12.13	·研究院 幹部會議를 주재하다. ·研究院 研究發表會에 참석하다. ·鄭在文 委員長 등과 社稷會 모임 結成을 협의·확정하다.	27(木) ·美國 上院, 對베트남 貿易制裁 措置 解除案을 가결, 20여년만에 敵對 關係를 淸算 28(金) ·建設部, 93年 全國 平均地價가 92년보다 7.4% 하락했다고 발표
	25(火)	12.14	·大田 儒城에 가서 大田市 公務員에게 特講을 하고 오다.	·서울市, 地下鐵 無賃乘車 罰金을 2倍에서 30倍로 引上 시행
	26(水)	12.15	·證券監督院 職員들에게 특강하다. ·鄭泰洙 內務部 硏修院長 招請 指導敎授 新年會에 가다. ·새마을本部 任員團 晩餐에 가다.	·韓·中, 中國 重慶市에 있는 大韓民國 臨時政府 廳舍 4個棟을 復元保存키로 합의 29(土) ·日本 國會, 政治改革 관련 4개 法案 통과
	27(木)	12.16	·國土計劃學會 任員들과 식사하다.	31(月) ·國會 倫理特委, 國會 勞動委의 돈봉투 事件에 대한 眞相調査 착수
	28(金)	12.17	·研究院 魏聖沼 事務局長에게 發令狀을 주다. ·行政刷新委員會에 참석하다. ·鳥嶺會 모임에 가다.	·公職者倫理委員會, 1級 이상 公職者 704名 財産變動申告 접수 마감
	29(土)	12.18	·地方自治學會 常任理事會 朝餐 모임에 가다. ·朝鮮日報 21世紀포럼委員으로 위촉받고 첫모임을 갖다. ·國土計劃學會 會長團 저녁 모임에 가다.	·政府, 中國에 대한 旅行制限을 전면 自由化하기로 결정
	31(月)	12.20	·研究院 幹部會議를 주재하다. ·서울大 研究室 朴城佑 助敎 退室하다. ·社稷會 全體 모임을 갖고 協議하다.	
2	1(火)	12.21	·研究院 月例朝會에서 訓示하다. ·社稷會를 결성하고 研究室長으로 추대되다. ·學校研究室 助敎로 金周榮君이 입실하다.	1(火) ·大統領 직속 諮問機構인 農漁村發展委員會 공식발족 4(金) ·韓國, UN傘下 機構인 UNDP와 UNICEF 執行理事會 理事國으로 피선
	2(水)	12.22	·朝鮮日報 21世紀 委員들과 오찬하다.	
	4(金)	12.24	·行政刷新委員會에 참석하다.	·建設部, 工團分讓價를 15% 인하하고 工場 建蔽率을 60%에서 70~80%로 높인다고 발표
	5(土)	12.25	·KBS 第1 TV에서 行政區域에 관한 深夜 討論을 하다.	
	7(月)	12.27	·研究院 幹部會議를 주재하다. ·朝鮮日報 21世紀 포럼 座談會를 갖다. ·九里市에 가서 朴榮舜 市長 등과 晩餐을 하다.	·日本, 九州에서 日本 自體技術로 開發한 大型 로켓 H2 發射 성공 5(土) ·大統領 직속 敎育改革委員會 공식 발족
	8(火)	12.28	·社稷會 朝餐을 하면서 研究課題를 협의하다.	7(月) ·美國, 歷史上 最强의 軍事衛星 '밀스타', 케이프 캐너배랄 空軍基地에서 發射 성공
	10(木)	1. 1	·舊正을 맞아 누님댁에 歲拜가다.	
	11(金)	1. 2	·Alexandre Dumas 소설『Le Comte de Monte Cristo』전3권을 읽다.	8(火) ·建設部, 94년에 1,200억원을 투입하여 首都圈 5個 廣域上水道事業을 착공키로 함
	12(土)	1. 3	·地方自治學會 理事會의 朝餐 모임에 가다. ·李元鍾 서울市長과 午餐을 하고 交通問題에 대해 SBS TV에서 錄畵를 하다.	9(水) ·暴雪이 내림 ·이스라엘·PLO, 國境管轄協定에 署名 12(土) ·總務處, 政府樹立 後 처음으로 '政府機能總覽' 발행
	13(日)	1. 4	·李元鍾市長과의 對談 名士 포럼이 SBS TV에서 放映되다. ·妻 生日 紀念次 누님과 같이 江華島 傳燈寺에 가다.	·호소카와 日本總理, 美 클린턴大統領과 美·日 貿易에 대해 協商 13(日) ·미얀마 旅客船, 泰國 라농 앞바다에서 침몰, 200명 이상 死亡
	14(月)	1. 5	·研究院 幹部會議를 主宰하다. ·朝鮮日報 21世紀 포럼에서 行政區域에 대한 拔題 發表를 하다. ·邊榮進 局長 초청 저녁 食事에 가다.	14(月) ·監査院, 94년을 '不實工事防止 元年'으로 선포 15(火) ·第166回 臨時國會, 3월 4일부터 18일간 會期로 開會키로 決定
	15(火)	1. 6	·國土·都市計劃學會 朝餐會에 가서 會長團 選出 問題를 論議하다.	·商工資源部, 처음 실시된 油價連動制에 따라 휘발유값을 리터당 620원에서 608원으로 1.9% 인하
	16(水)	1. 7	·朴昇治·李圭憲·趙正濟와 晩餐하다.	
	17(木)	1. 8	·KBS 제1 Radio에서 行政區域에 대해 對談을 하다. ·自治經營協會 세미나 開會式에 참석하다.	·交通部, 택시料金을 평균 22.1% 인상 ·옐친 러시아 大統領, 메이저 英國 總理와 頂上會談을 가짐

月	日	陰	本人 및 家族事項	社會 一般事項
2	18(金)	1. 9	·行政刷新委員會에 참석하다. ·Cincinnati大學 同窓會에 가다. ·東園 奬學會 任員들과 식사하다.	15(火) ·北韓, 7個 核施設에 대한 IAEA의 査察 要求 수용 16(水) ·關稅廳, 93년 輸出 822억 3,600만 달러, 輸入 838억달러로 貿易收支가 15억6,400만달러 赤字로 확정 집계
	19(土)	1.10	·社稷會의 研究作業을 하다.	
	20(日)	1.11	·三浦綾子 著 小說『氷點』을 읽다.	
	21(月)	1.12	·研究院 幹部會議를 주재하다. ·朝鮮日報 21世紀 포럼에서 地方自治法 改正 方向에 대한 座談會를 갖다. ·弦汀國土開發賞 管理委員會의 受賞者 決定 會議에 참석하다.	18(金) ·政府, 56개 公企業의 民營化計劃 확정 발표 ·新興宗教 研究家 卓明煥씨, 집 앞에서 怪漢에게 被襲死亡 21(月) ·核廢棄物 投棄에 의한 海洋汚染防止 條約(런던協約) 발효
	22(火)	1.13	·研究院 理事會에 참석하여 人事말을 하다.	
	23(水)	1.14	·內務部 地方行政研修院 入校式에 참석하다. ·清州에서 개최된 自治團體 研究院長協議會를 主宰하고 任員改選을 하다. ·自治團體出捐 研究院長協議會의 會長職에서 任期 滿了되다	25(金) ·서울高法, 李鍾九 前 國防長官에게 執行猶豫 4년, 追徵金 1억8천만원을 宣告하고 釋放 26(土) ·與野 政治關係法 協商代表, 市郡을 통합한 都農複合型 都市 設置키로 合意
	24(木)	1.15	·研究院 白成雲 副理事官에게 派遣 發令狀을 주다. ·環境大學院 師恩會에 참석하여 人事와 노래를 하다. ·張寬善 進宿建設 社長 초대로 朱龍鐸·李漢洙 등과 유흥을 하다.	27(日) ·全國 市內버스料金 260원에서 290원으로 인상하고 座席 버스는 550원에서 600원으로 인상 28(月) ·立法·行政·司法府 1級 이상 公職者와 國營企業體 常勤任員 1,140명의 財産 變動內容 일괄공개
	25(金)	1.16	·科技處次官 등과 行政刷新課題에 대해 협의하다. ·地方自治學會 總會에 참석하고 副會長으로 業務報告를 하다.	·全經聯, 浦項製鐵을 第2 移動通信의 主導事業者로 최종 선정
	26(土)	1.17	·國土·都市計劃學會 總會에 참석하여 任員 選出을 하고 次期 會長으로 兪 浣 教授를 선임하다.	·財務部, 3月中旬부터 商品券 發行 전면 허용발표
	27(日)	1.18	·金 源 夫婦 초청으로 趙正濟 夫婦등과 오찬하다. ·妻와 같이 藝術의 殿堂에서 佛 Ballet du Rhin의 『Romeo et Juliette』를 관람하다.	
	28(月)	1.19	·研究院 研修大會次 雪嶽山 大明 콘도에 가서 研究課題 發表會를 지도하고 저녁에 娛樂 時間을 갖다.	
3	1(土)	1.20	·研究院 職員 모두 雪嶽山 權金城에 오른 뒤 저녁에는 東草市 副市長 등과 식사하다. ·內務部 研修院 指導教授로 再委囑되다.	1(火) ·金浦空港, 稅關檢查 簡素化 시행 ·私學財團 善人學園 仁川大 등 13개 學校, 市立 및 公立學校로 새출발
	2(水)	1.21	·東草 市長 등과 朝餐을 하다. ·雪嶽 大明 콘도 會議室에서 研究院 職員들에게 施賞을 하고 補職 發令을 한 후 訓示하다. ·研究院 職員들과 陳富嶺을 거쳐 上京하다. ·張壽弘 會長과 식사하다. ·國政會 저녁 모임을 갖고 鄭泰東 泰國 大使 就任 歡送宴을 하다.	·國際原子力機構(IAEA) 査察團, 北韓의 7개 核施設 사찰을 위해 平壤에 도착 2(水) ·全教組 教師 1,135명 4년만에 教壇 復歸 ·政府, 行政情報를 國民의 要請時 公開토록하는 國務總理 訓令을 一線機關에 시달 3(木) ·趙根海 空軍參謀總長등 6명, 清州로 가던 헬機 폭발로 사망
	4(金)	1.23	·行政刷新委員會에 참석하다. ·社稷會 저녁 모임에서 研究 內容을 協議하고 鄭泰東 泰國大使 歡送宴을 갖다.	4(金) ·內務部, 강제적 誠金 募金과 관련하여 尹世達 京畿道知事와 4명의 市長·郡守를 免職
	5(土)	1.24	·朴貞圭君 結婚 主禮를 보다. ·孫禎睦 教授 停年退任式에 가다. ·서울市立大 都市行政科 20周年 紀念行事에서 特講을 하다. ·李相赫 辯護士초청 金壽鶴 새마을會長 離任 慰勞宴에 참석하다.	·國會, 公職選擧 및 不正選擧防止法, 地方自治法 改正案 등 政治法案 3個를 처리 5(土) ·韓灝鮮 農協中央會長, 業務上 橫領嫌疑로 구속됨 ·모아마드 마하티르 말레이시아 總理, 商談次 공식 訪韓
	6(日)	1.25	·CBS Radio에서 地方自治制에 대해 放送하다.	

月	日	陰	本人 및 家族事項	日	社會一般事項
3	6(日)	1.25	·Thomas Bulfinch 저『The Age of Fable』(그리스·로마神話)을 읽다.	5(土)	·貿易協會, 韓國의 國際競爭力이 新興工業國 15個國 中 11位라고 발표
	8(火)	1.27	·麗水商工會議所 會長團의 訪問을 받다. ·卞 鐸 社長 招請 저녁 食事에 가다.	7(月)	·서울과 釜山의 地下鐵勞組, 全國 地下鐵勞組協議會 結成 발표
	9(水)	1.28	·住宅情報社 地域開發要覽 發刊 諮問委員으로 委囑되다. ·忠南道 廣域計劃 諮問會議에 참석하다. ·妻弟, 獨逸에서 一時 歸國하다.	8(火)	·政府, 새마을운동 및 바르게 살기 운동에 대한 政府支援을 中斷키로 결정 ·中國 公安部 天安門 事態 指導者인 王丹 再次 체포
	11(金)	1.30	·MBC TV 時事討論에서 都農統合에 대해 녹화하다. ·行政刷新委員會에 참석하다. ·저녁 MBC TV 時事討論 放映하다.	9(水) 10(木)	·環境處, 250억원 정도의 上半期 環境改善負擔金 첫 賦課 ·서울 鐘路5가 通信共同構에서 火災 발생, 서울과 일부 지역 通信痲痺
	12(土)	2. 1	·美國에 電話하여 貞娥 生日을 축하하다. ·天安 檀國大 강의하고 돌아오다.		·外務部, 梅軒 尹奉吉義士를 기념하는 梅軒亭을 上海 虹口(現 魯迅)公園에 건립한다고 발표
	14(月)	2. 3	·研究院 幹部會議를 主宰하다. ·研究院 驪州郡 計劃 諮問會議에 참석하여 인사하다.	11(金)	·金泳三 大統領, 李基澤 민주당 代表와 회담
	15(火)	2. 4	·國立國樂院 職員에게 특강하다. ·金壽鶴 會長께 名譽博士學位 取得 祝賀牌를 드리다.	 13(日)	·'民間環境團體 政策協議會', 環境處에서 發足式을 갖고 출범 ·서울 刑事地法, 朴哲彦 피고인에 懲役 1년6월 追徵金 6억원 선고
	16(水)	2. 5	·白成雲 局長 초청 晩餐에 가다. ·姜信祚 議員 초청 晩餐에 가다.	16(水)	·서울·釜山 地下鐵 및 地下鐵勞組 1萬5千餘名, 全國 地下鐵勞組協議會 結成 創立大會 개최
	17(木)	2. 6	·研究院 研究課題 目次 調整會議를 주재하다. ·東亞日報에서 4大地方選擧에 대한 座談會를 갖다. ·李鳳學 前大田 市長 초청 晩餐에 가다. ·小說 애밀리·브론테 著『Wuthering Heights』(暴風의 언덕)을 읽다.	 20(日)	·保社部, 生水의 國內市販을 공식 許容한다고 발표 ·캐나다 케임브리지에서 열린 94世界 쇼트 트랙팅 選手權大會에서 韓國 男子 代表팀이 綜合 1위 차지
	18(金)	2. 7	·趙完圭 前서울大 總長과 午餐하다. ·行政刷新委員會에 참석하다. ·內務部長官 등을 방문하여 研究院의 人事問題를 당부하다. ·洪誠杓 院長 초대 晩餐에 가다. ·李圭憲·徐健一 등과 飮酒하다.	 21(月)	·프랑스, 地方議會 選擧實施, 右派聯合 45%, 社會黨 29% 획득 ·東學革命 100周年 紀念行事를 塔골 公園서 3千餘名이 모여 擧行
	19(土)	2. 8	·朝鮮日報 21世紀 포럼에서 地方의 國際化에 대한 座談會를 갖다. ·社稷會에서 作業하다.		·IAEA 特別理事會, 北韓의 核査察 拒否를 UN安保理에 통고하는 決議案을 채택 ·石油·石炭 등의 使用으로 發生하는 亞酸化炭素 排出量을 規制하는 國際協約인 氣候變化協約 발효
	21(月)	2.10	·研究院 委員會 委員들에게 委囑狀을 授與하고 幹部會議를 주재하다. ·서울警察廳에서 講演하다. ·中央日報에서 地方自治에 대한 對談을 하다. ·潘亨植 議員 등과 식사하다.	22(火)	·韓·美 高位 安保關係協議會, 서울서 개최 ·韓銀總裁, 年末 總通貨增加率을 14%로 抑制하겠다고 發表
	22(火)	2.11	·研究院 研究諮問委員會에서 人事를 하고 같이 晩餐을 갖다.	23(水)	·遞信部, 2015년까지 44억여원을 投入하는 '超高速通信網' 構築 綜合計劃 발표
	23(水)	2.12	·金裕赫 새마을會長 초청 鄭埰鎭 事務局長 離任 送別宴에 가다.		·서울地檢, 12·12 事件과 관련 許三守 議員 등 關聯者 34명에 대한 調査 着手
	24(木)	2.13	·光州에서 개최된 國土·都市計劃學會 및 全南日報 主催 세미나에서 基調講演을 하고 투숙하다.		·멕시코 執權革命團(PRI)의 次期大統領 候補, 選擧遊說 도중 怪漢의 銃擊으로 死亡
	25(金)	2.14	·光州에서 上京하다. ·行政刷新委員會에 참석하다. ·尹學烈등과 食事하다.	24(木)	·金泳三 대통령, 일본을 公式訪問하여 호소카와 총리와 頂上會談 開催
	26(土)	2.15	·地方行政會館內 團體長들을 招請하여 午餐을 대접하다. ·研究院 梁淑子양 結婚 主禮보다. ·石出 누님 生辰宴에 가다.		·統計廳, 93년에 엥겔指數가 처음으로 30% 이하를 기록했다고 발표 ·러시아, 北韓核問題 解決을 위해 南北韓 등 8者會談을 제의

月	日	陰	本人 및 家族事項	社會一般事項
3	26(土)	2.15	·載壽 妻男宅 問病가다.	25(金) ·서울地法, 朴志晩씨에게 治療監護를 선고
	27(日)	2.16	·虎溪 鄭희진양 結婚 主禮를 보다. ·趙正濟와 沐浴 후 식사하다. ·小說 Stendhal 著『Le Rouge et Noir』(赤과 黑)을 읽다.	·韓國銀行, 93년 國民總生産은 263조 9천억원이고 1인당 所得은 7,466달러로 발표
	28(月)	2.17	·研究院 幹部會議를 주재하다.	29(火) ·이탈리아 總選실시, 右派 自由同盟이 압승
	29(火)	2.18	·農水産部 實務者들과 行政刷新課題를 協議하다. ·서울市立大 都市行政大學院에서 특강하다.	26(土) ·金泳三 대통령, 中國을 公式訪問하고 28일에 江澤民 主席과 頂上會談 가짐
	30(水)	2.19	·研究院 10周年事業會議를 주재하다. ·새재會에 참석하다.	28(月) ·韓·中, 文化協定과 二重課稅防止協定을 체결
	31(木)	2.20	·社稷會 朝餐을 하다. ·研究院 幹部會議를 주재하다. ·小說 Ernest H.Hemingway 著『The Snows of Kilimanjaro』,『In Our Times』를 읽다.	29(火) ·韓銀, 換率告示 通貨를 29개로 확대 31(木) ·UN 安保理, 北核査察에 대한 安保理議長 聲明을 滿場一致로 채택 ·UN 安保理, 舊 유고聯邦 駐屯 UN 平和 維持軍의 活動時限을 6個月 延長키로 함
4	1(金)	2.21	·研究院 月例 朝會에서 訓示하다. ·行政刷新委員會에 참석하다. ·趙正濟와 九里市에가서 朴榮舜 市長과 식사하다.	4(月) ·UR 問題로 物議를 일으킨 金良培 農林水産部長官이 更迭되고 崔仁基 前 內務次官이 임명됨
	4(月)	2.24	·研究院 幹部會議를 주재하다. ·呂鴻九 教授의 國土都市計劃學會 會長團 및 顧問團 晩餐 招待에 참석하다.	·財務部, 93년도 相續負擔率을 19.1%로 최종집계 ·徐載弼·田明雲 두 분의 遺骸, 祖國으로 봉환되어 國立墓地에 안장
	6(水)	2.26	·聞友會 任員들과 朝餐하면서 監査를 하다. ·研究員 懲戒措置를 通報하다. ·釜山에 가서 東亞大 經營大學院에 특강하고 投宿하다.	5(火) ·朴泰權 忠南知事, 事前選擧運動 혐의로 辭任 ·일본, 플루토늄 高速增殖爐 '몬주' 본격 가동
	7(木)	2.27	·釜山서 上京하여 研究院에 가다.	
	8(金)	2.28	·行政刷新委員會에 참석하다. ·潘亨植·金學澈과 식사하다.	6(火) ·百貨店, 商品券 판매 시작 ·르완다 및 부룬디의 大統領 2명, 비행기 爆發事故로 사망
	9(土)	2.29	·天安 高速道路矯正委員會 主催 세미나에서 司會를 보다. ·天安 檀國大에서 講義하다.	8(金) ·호소카와 日本總理, 資金非理사건으로 辭任 9(土) ·政府, 地域民放 新設計劃 確定·發表
	10(日)	2.30	·아카데미 하우스에 가서 서울市立大 經營大學院 最高經營者課程에 특강하다.	·政府, 國民苦衷處理委員會를 公式 出帆하고 委員長에 金光一 辯護士를 임명
	11(月)	3. 1	·研究院 幹部會議를 주재하다. ·研究院 驪州郡計劃會議를 주관하다. ·江南區 平統諮問委員들에게 講演하다.	10(日) ·全國 僧侶大會 曹溪寺에서 개최 12(火) ·李種協 서울大 化工學科 教授, 廢水로부터 重金屬을 분리하는 技術을 世界最初로 개발
	12(火)	3. 2	·遞信部 職員들에게 特講하다.	
	13(水)	3. 3	·社稷會 會員들과 午餐을 하다. ·社稷會 편『新政府 1年 治績과 向後 國政方向』을 발간하다.	·UR協商의 終結을 公式宣言하기 위한 UR 貿易協商委員會 閣僚會議가 모로코에서 125個國 代表가 모여 開幕
	14(木)	3. 4	·內務部 研修院에서 특강하다. ·風水會 저녁모임에 가다.	13(水) ·美國과 EU, 2천억달러 규모의 政府調達 市場을 相互開放키로 합의
	15(金)	3. 5	·晋州에 가서 晋州商議 主催 심포지엄에서 基調講演을 하고 투숙하다.	16(土) ·政府, 하나會 출신 中將級 이상 將星을 모두 轉役시킴.
	16(土)	3. 6	·晋州에서 上京하다. ·鄭진두 會計士와 研究院 會計檢査 完了에 따른 慰勞 午餐을 하다.	·李基澤 民主黨 代表와 金東吉 國民黨 代表 및 李種贊 韓國黨 代表 3黨 統合을 協議 18(月) ·政府, 京釜高速鐵道車輛을 프랑스 TGV로 최종확정
	17(日)	3. 7	·妻·趙正濟 夫婦와 圓佛教 合唱團 公演會를 관람하다.	·르완다 內戰으로 數10萬名 사망
	18(月)	3. 8	·研究院 幹部會議를 주재하다. ·丁衡德 研究員과 離任 慰勞 저녁식사를 하다.	·第43次 아시아·太平洋 觀光協會(PATA) 總會, 서울서 開幕
	19(火)	3. 9	·高 建 總長 등과 午餐하다. ·女性發展研究所에서 특강하다. ·金奎馥 研究員과 離任 慰勞 저녁식사를 하다.	20(水) ·프랑스 重犯裁判所, 유태인 虐殺 嫌疑로 폴 투비에에게 프랑스人으로는 처음 無期懲役刑 선고

月	日	陰	本人 및 家族事項	社會一般事項
4	20(水)	3.10	·妻와 群濟宅에 가서 生日祝賀 식사를 하다.	22(金) ·李會昌 國務總理, 大統領과 不和로 辭表 제출
	21(木)	3.11	·在京 聞慶·店村 鄕友會 會長團과 식사하다.	
	22(金)	3.12	·教育部 地域開發研究課題의 審査會議를 주관하다. ·內務部 李孝桂 次官으로부터 研究院長 連任을 요구받다. ·行政刷新研究會에 참석하다. ·鳥嶺會 모임에 가다.	·金 大統領, 李會昌 總理를 更迭하고 後任에 李榮德 統一院長官을 內定 ·EU, 韓國産 纖維類에 대한 一般特惠關稅(GSP) 供與를 7월1일부터 全面 中止한다고 발표
	23(土)	3.13	·大邱에 가서 地域開發學會 總會에서 특강하다. ·大邱에서 汽車로 天安에 도착 檀國大學에서 강의하다.	23(土) ·UN, 95년을 '世界寬容의 해'로 결정 25(月) ·日本 하타 쓰토무 副總理겸 外相, 第80代 總理로 선출, 聯政 2次內閣이 공식 출범
	24(日)	3.14	·家族과 같이 獨逸 妻弟 出國 歡送 식사를 하다.	
	25(月)	3.15	·次蓮 妻弟 出國하다. ·研究院 幹部會議를 주재하다. ·研究院 政策課題 會議를 주재하다. ·研究院 幹部들과 晩餐을 하며 人事懲戒에 대한 당부를 하다.	26(火) ·曹溪宗 宋西庵 宗正, 辭任과 동시 曹溪宗 탈퇴선언 ·臺北撥 中華航空機, 日本 名吉屋 空港에서 爆發하여 212명 死亡 ·342년간의 白人統治와 人種差別 政策에 終止符를 찍을 最初의 多人種參與 總選에 돌입
	26(火)	3.16	·研究院 驪州郡 計劃 中間報告를 驪州郡廳에서 주재하다.	
	28(木)	3.18	·研究院 研究課題會議를 주재하다. ·小說 金周榮 著『活貧徒』읽다.	28(木) ·北韓, 美國에 대해 停戰協定을 平和協定으로 교체하기 위한 會談을 제의
	29(金)	3.19	·地方自治學會 研究發表會에 참석하다. ·金炯國·權泰埈·金壽鶴 등과 晩餐을 하면서 研究院長 連任問題를 협의하고 復歸할 것에 합의하다.	·폴란드 自由勞組, 全國的 罷業에 돌입 29(金) ·民自黨, 國會 本會議를 전격 소집 30(土) ·金泳三 大統領, 李榮德 國務總理와 李洪九 副總理 겸 統一院長官에게 任命狀을 수여
	30(土)	3.20	·內務部 訪問, 研究院長 連任 不可를 통보하다.	·라트비아에 대한 러시아의 軍事 占領, 50여년만에 완전종식
5	1(日)	3.21	·大統領 行政刷新委員會 委員으로 재위촉되다. ·집 庭園에 꽃·채소 등을 심다.	1(日) ·韓國勞總, '勤勞者의 날' 紀念大會를 개최 ·全國 勞動組合 代表者會議, '104周年 世界 勞動節紀念大會'를 개최
	2(月)	3.22	·研究院 月例 朝會에서 訓示하고 幹部會議를 주재하다.	2(月) ·넬슨 만델라, 南阿共 總選에서 최초의 黑人 大統領으로 當選
	3(火)	3.23	·民主大學 自治教室에서 특강하다. ·七甲山을 거쳐 大川市에서 특강을 하고 儒城에 와서 투숙하다.	3(火) ·中國과 日本, 核安全協力協定을 체결 4(水) ·政府, 國民銀行과 外換銀行을 民營化하기로 결정
	4(水)	3.24	·大田에서 상경하여 研究院에 가다.	
	6(金)	3.26	·大韓國土·都市計劃學會 8月 海外視察團 會議次 朝餐에 참석하다. ·研究院 10周年 行事 會議를 주재하다. ·羅承浦 局長과 오찬하다. ·行政刷新委員會에 참석하다. ·內務部 次官에게 次期 研究院長 候補를 추천하다.	5(木) ·르완다, 政府軍과 反軍間의 치열한 戰鬪發生 6(金) ·南阿共 多人種 選擧결과 아프리카 民族會議(ANC)가 62.2%를 득표 ·英·佛간 도버 海峽을 陸路로 연결하는 海底터널 開通
	7(土)	3.27	·天安에 가서 檀國大學에서 강의하다. ·朴東緖 教授와 檀國大學生 代表 초청 晩餐에 참석하다.	9(月) ·政府, 公職社會雰圍氣 刷新政策 발표 ·南阿共 制憲議會, 새 大統領에 넬슨 만델라 아프리카 民族會議 議長을 선출
	8(日)	3.28	·慶北 農産物販賣場 開場紀念式에 참석하다.	
	9(月)	3.29	·研究院 幹部會議를 주재하다. ·小說 金時習 著『金鰲新話·薛聰·花王戒 外』를 읽다.	12(木) ·美國 議會, 總規模 1조5,100억 달러의 第95 會計年度 政府豫算案 최종 승인 13(金) ·5.18 關聯團體, 5.18 關係者 35명을 內亂嫌疑로 告訴, 告發
	10(火)	3.30	·行政刷新委員會 主催 釜山市 公聽會에 참석하여 답변하다. ·鄭文和 釜山市長 등과 食事하고 投宿하다.	·이스라엘, 요르단江 西岸에 있는 예리코市를 팔레스타인측에 公式 引繼
	12(木)	4. 2	·國土開發研究院 廳舍竣工紀念 심포지엄의 可會를 보고 리셉션에 참가하다.	17(火) ·國際原子力機構査察團, 北韓에 들어가 核査察에 착수

月	日	陰	本人 및 家族事項	社會 一般事項
5	12(木)	4. 2	·趙正濟 海運産業硏究院長 就任 祝賀宴에 참석하다.	18(水) ·崔청남 등 北韓 出身 시베리아 伐木工 5명, 歸順하여 서울에 到着
	13(金)	4. 3	·自治團體出捐硏究院長協議會 朝餐모임에 참석하다. ·公州市에서 개최된 行政刷新委員會 公聽會에 참석하여 答辯하고 상경하다.	·이스라엘, 占領 27년만에 가자地區에서 撤軍 完了 19(木) ·國防部, 軍事施設保護區域으로 설정돼 있는 25억7,670만坪의 20%인 5억 3,500여만坪을 6월 1일부터 解除한다고 발표
	14(土)	4. 4	·聞慶中學校 第10回 同期會 總會에 참석하여 祝辭와 노래를 하다.	
	15(日)	4. 5	·在京 聞慶中學校 同門會 體育大會를 참석하다.	
	16(月)	4. 6	·硏究院 幹部會議를 주재하다. ·硏究院 朴龍治部長·李相龍室長과 식사하다.	·재클린 케네디 오나시스 女史, 享年 64歲로 死亡
	17(火)	4. 7	·濟州道에서 개최된 行政刷新委員會 公聽會에 司會를 보고 상경하다.	20(金) ·南北韓, 스웨덴 스톡홀름에서 '한글의 로마字 表記에 관한 國際 標準制定會議' 개최
	18(水)	4. 8	·妻와 절에 가서 禮佛을 드리고 오다.	
	19(木)	4. 9	·國土·都市計劃學會 主催 西海岸 開發 國際 세미나에서 사회보다.	·上海 第1臨時政府廳事와 臨政要人 宿所 등 建物 2채 還國
	20(金)	4.10	·住宅情報社에서 諮問會議를 하고 식사하다.	21(土) ·農林水産部, 65개品目의 國産 農水畜産物을 原産地 表示 對象品目으로 확정 고시
	21(土)	4.11	·金興來 局長 초청 午餐을 가다. ·天安 檀國大學에서 강의하다.	
	22(日)	4.12	·金榮禛君 結婚 主禮를 하다.	·統一예맨, 統合 4년만에 南·北으로 分離 宣言
	23(月)	4.13	·硏究院 幹部會議를 주재하다. ·許淵道 局長 초청으로 金壽鶴·姜信澤과 식사하다.	23(月) ·獨逸, 聯邦議會 投票에서 基民黨의 로만 헤르초크 候補를 新任大統領으로 選出
	24(火)	4.14	·美國 North Carolina 大學 Deil S. Wright 敎授의 禮訪을 받고 特講을 듣다. ·서울大 朴榮哲 博士 最終審査를 하고 식사하다.	26(木) ·大韓漢藥協會 서울市 支部長 朴淳泰씨 夫婦 被殺事件은 朴씨의 長男 朴漢相의 犯行으로 밝혀짐
	25(水)	4.15	·朴宗雨 財政共濟會長초청 午餐에 가다. ·Hilton Hotel에서 개최된 Marshall 群島共和國 大統領 招請 晩餐에 妻와 같이 참석하다.	28(土) ·國民黨, 臨時黨務會議에서 新政黨과 黨對黨으로 통합키로 의결 ·第23回 全國少年體育大會, 光州에서 개막
	26(木)	4.16	·硏究院 硏究課題會議를 주재하다. ·社稷會와 晩餐하다. ·새재會 모임에 가다. ·小說 西浦 金萬重 著『謝氏南征記· 西浦漫筆』을 읽다.	29(日) ·舊獨逸 共産黨 書記長 겸 國家評議會議長 에리히 호네커, 亡命地인 칠레 首都 산티아고의 自宅에서 사망 ·舊 共産系 헝가리 社會黨(HSP), 總選에서 386席 中 209席을 얻어 壓勝
	27(金)	4.17	·行政刷新委員會에 가다. ·內務部 幹部들을 방문하여 次期 院長件을 상의하다. ·好汀印刷社 社長 초청 食事를 하다.	30(月) ·政府, 33개 市郡 統合地域을 확정하고 95년 1월 1일부터 統合市로 출범키로 결정 ·國民黨 金東吉 代表와 朴燦種 代表, 兩黨의 合黨을 공식 선언
	28(土)	4.18	·金光得·趙正濟와 점심을 하다.	·慶北 蔚珍郡 住民 5천여명, 核施設 反對 蹶起大會를 개최하고 國道 占據 시위
	30(月)	4.20	·硏究院 幹部會議를 주재하다. ·李대영 會長 등과 식사하면서 硏究院 廳舍 敷地件을 협의하다.	·韓·슬로베니아, 兩國의 科學技術 協力 協定 체결
	31(火)	4.21	·李성근君 結婚 主禮를 보다. ·學敎 硏究室 金周榮君 退室하다.	
6	1(水)	4.22	·硏究院 月例 朝會에서 訓示하다. ·水原에서 개최된 慶熙大學 심포지엄에서 主題發表하다. ·內務部 政策諮問委員으로 재위촉되다. ·大韓商議 韓國經濟硏究센터 硏究委員으로 再委囑되다. ·韓國敎員大學 校長資格硏修課程 講師로 委囑되다. ·光州 瑞江大學 地域開發硏究所 諮問委員으로 委囑되다.	1(水) ·金泳三 대통령, 러시아를 공식 방문하고 보리스 옐친 大統領과 頂上會談을 가짐 2(木) ·韓國과 臺灣 民間業體 代表, 92년 8월 斷交로 中斷되었던 사과·배 輸出을 6월부터 再開키로 합의 ·金大統領·옐친 러시아 大統領, 共同 宣言을 통해 兩國의 同伴者的 關係를 천명 3(金) ·인도네시아 자바섬 海岸地域에 5.9度의 强震이 발생, 400여명 死傷

月	日	陰	本人 및 家族事項	社會一般事項
6	1(水)	4.22	·學校 研究院 高文炫君 助敎로 入室하다. ·李대영 會長 등과 研究院 廳舍敷地 候補地를 둘러보고 食事하다.	4(土) ·金泳三 大統領, 우즈베크共和國 公式訪問 6(月) ·韓·中 産業協力協定 체결
	2(木)	4.23	·서울市政開發研究院 主催 國際 세미나 開會式에 참석하다. ·金壽鶴 등 歷代 慶北知事들과 晩餐하다. ·徐健一 鐵鋼協會 專務 就任 祝賀 飮酒를 하다.	·中國 國內線 航空機, 西安空港에서 墜落하여 160명 全員 死亡 7(火) ·美洲機構(OAS), 아이티의 軍事政權에 대한 制裁案 承認 8(水) ·EU, 議會選擧를 실시, 12個 會員國에서 567名의 議員 선출
	3(金)	4.24	·研究院 10周年 紀念事業會議를 主宰하다. ·李圭憲 및 信託銀行 金支店長과 午餐하다. ·研究員 新規募集 書類銓衡을 하다. ·鄭世煜 所長 招請으로 저녁식사를 하다.	9(木) ·서울에서 大氣汚染物質과 水蒸氣가 섞여 발생하는 煙霧 現狀으로 呼吸器 疾患 患者 急增
	4(土)	4.25	·天安 檀國大에서 終了 講義를 하다. ·金庸來 前長官과 檀國大學生 代表 초청 晩餐에 참석하다.	10(金) ·체코, 北韓核과 관련 韓半島 緊張이 고조됨에 따라 平壤駐在 大使館 폐쇄 13(月) ·保險開發院, 自動車 사고로 인한 社會的 損失이 92년에 4조2천억원으로 GNP의 1.8%에 달하는 것으로 조사
	7(火)	4.28	·金浦 空港을 떠나 美國에 가다. ·Chicago 經由 Lansing에 도착 貞娥를 만나 저녁식사를 하다.	·北韓, IAEA를 탈퇴하는 聲明을 中央通信을 통해 발표
	8(水)	4.29	·陳穩官등과 Michigan大學 East Course에서 골프하다. ·林吉鎭 學長을 예방하여 Harvard大 共同 研究件을 협의하고 原稿를 전달하다. ·University Club에 모여 Pacific Rim 懇談會를 갖고 演說을 한 뒤 Distinguished International Visitor의 稱號 時計를 받다. ·많은 人士와 노래房에 가서 遊興을 가지다.	·아프리카 團結機構(OAU) 53개 會員國, 튀니스에서 頂上會談 개최 14(火) ·韓國·프랑스, 21억160만달러의 京釜高速鐵道 車輛導入 契約을 정식 체결 ·中國과 獨立國家聯合(CIS) 共和國들은 西部地域 國境設定에 合意했다고 보도됨 15(水) ·環境處, 慶北 店村市에서 발생한 火災로 農藥이 穎江으로 흘러들어 取水中斷을 지시
	9(木)	5. 1	·Roger Hemlin 敎授와 Kellogg Center에서 같이 조찬하다. ·朴인식君과 같이 書店·湖水 등을 둘러보고 中央大 전영운 敎授 초대의 오찬에 가다. ·貞娥와 商店, Rose Garden 등을 둘러 저녁 식사들 하다.	·지미 카터 前 美國 대통령, 北韓을 방문하여 金日成 主席과 核問題 등에 대하여 논의 ·泰國 방콕市에서 民主化를 지지하는 市民 1만여명이 改憲을 요구하며 示威
	10(金)	5. 2	·林吉鎭 學長에게 들러 인사하고 貞娥와 같이 空港에 나가 작별하다. ·Lansing發 Detroit를 거쳐 Columbus 空港에 도착하다. ·雪娥 夫婦·近榮君을 만나 집에 들렀다가 外食을 하다.	16(木) ·스웨덴 國際平和研究院, 94년 年鑑에 美國이 世界戰略武器의 48%를 供給하고 있다고 發表 17(金) ·全南地域 總學生會聯合(南總聯)소속 大學生 800여명이 木浦發 서울行 統一號 列車를 强制로 停車시켜 탑승한 事件이 발생
	11(土)	5. 3	·Ohio State University를 관람하고 市內 百貨店 등을 구경하다. ·新羅食堂에서 식사하다.	18(土) ·金泳三 대통령, 北韓을 다녀온 카터 前 美國 大統領으로부터 빠른 時日 안에 만나고 싶다는 金日成主席의 口頭 메시지를 받고 즉각 受諾
	12(日)	5. 4	·公園에서 개최된 韓人 카톨릭信者 모임에 가서 식사하다.	·韓總聯 소속 大學生과 在野團體會員 8천여명, 서울 汝矣島 廣場에서 UR 國會 批准 沮止大會를 갖고 街頭行進
	13(月)	5. 5	·市內 觀光을 하고 동리 水泳場에 갔다가 中國 집에서 식사하다.	
	14(火)	5. 6	·百貨店등을 들려 日食堂에서 식사하다.	
	15(水)	5. 7	·水泳을 하고 百貨店 들린 후 Korea House에서 저녁식사하다.	19(日) ·콜럼비아, 大統領選擧 實施, 執權自由黨의 상퍼 피사소 候補 當選
	16(木)	5. 8	·雪娥·近榮과 같이 Columbus를 떠나 Chicago 空港을 거쳐 서울로 向하다. ·國土綜合計劃審議會議 委員으로 再委囑되다.	20(月) ·서울市, 興宣大院君의 私邸인 雲峴宮의 補修工事 중 上樑文을 발견 21(火) ·建設部, 準農林地域에 대한 規制를 緩和
	17(金)	5. 9	·雪娥·近榮과 서울에 도착하여 사돈宅과 집에서 식사하다.	·內務部, 31個 統合市의 名稱을 결정 22(水) ·러시아, NATO의 平和를 위한 同伴者 關係 協定에 정식으로 서명
	18(土)	5.10	·研究院에 출근하여 整理하다.	

月	日	陰	本人 및 家族事項	社會一般事項
6	18(土)	5.10	·朴應擊 教授와 식사하고 金壽鶴·趙正濟와 만나다.	23(木) ·全國 機關士 協議會, 公權力 投入에 맞서 罷業
	19(日)	5.11	·獨逸에서 김종선君 오다.	·政府, 南北頂上會談을 위한 豫備接觸 代表에 李洪九·鄭鍾旭·尹汝雋氏를 확정, 北側에 名單 傳達
	20(月)	5.12	·研究院 幹部會議를 主宰하다. ·內務部 研修院에 가서 中堅班 論文指導를 하다. ·漢陽大 全錫洪 最終 博士論文 審査를 하다.	24(金) ·EU·러시아, 同伴協力協定에 서명
	21(火)	5.13	·研究院 新規採用者 面接을 하다.	25(土) ·20日間의 會期로 第169回 臨時國會 개회
	22(水)	5.14	·安東 MBC Radio에서 出鄕人士와의 對談을 방송하다. ·서울大에 가서 碩士學位論文 最終審査를 하다. ·朴奉植 總長 當時 서울大 幹部들을 招請하여 晩餐을 대접하다.	·全斗煥·盧泰愚 전직 대통령, 점심을 같이 하면서 和解 ·日本의 하타 쓰토무 聯立內閣, 전격적으로 총사퇴 ·EU, 86년 核事故가 발생했던 체르노빌 原子力發電所 閉鎖를 위해 4억1,600만 달러를 提供키로 함
	23(木)	5.15	·研究院 研究課題會議를 主宰하다. ·內務部에 가서 李孝桂 次官으로부터 次期 院長으로 朴應擊 教授를 추천받다. ·金鍾云 서울大 總長을 만나 學校敷地 問題를 부탁받다. ·서울大 蘇鎭光 博士論文 最終審査를 하다. ·새재會 모임에 가다.	28(火) ·南北頂上會談을 위한 豫備接觸에서 金泳三 大統領의 7월 25일~27일 平壤 訪問을 합의 29(水) ·文體部, 95년을 '美術의 해'로 선정 발표 ·日本 民自黨·社會黨 新黨, 사키가케 聯政을 構成하고 무라야마 도미이치(村山富市) 社會黨委員長을 總理로 선출
	24(金)	5.16	·研究院 人事委員會를 主宰하다. ·地方自治學會 任員들과 崔炯佑 內務長官 초청 午餐에 참석하다. ·行政刷新委員會에 참석하다. ·鳥嶺會 모임에 가다.	30(木) ·北京을 방문 중인 大宇그룹 관계자, 中國 政府가 大宇그룹이 신청한 20억달러 규모의 乘用車部品 合作工場設立 計劃을 최근 承認했다고 報告
	25(土)	5.17	·雪娥·近榮, 大邱 媤家에 가다. ·地籍公社 職員에게 강연하다. ·小說 정동주 著『白丁』全10卷을 읽다.	·프랑스議會, 프랑스語 保護를 위한 '프랑스語 使用에 관한 法律'(反英語法)을 통과시킴
	27(日)	5.19	·研究院 幹部會議를 主宰하다. ·光州에 가서 瑞江專門大學 세미나에서 基調演說을 하고 投宿하다.	30(木) ·農村振興廳, 作物의 흰가루病을 防止할 수 있는 至毒性 生物農藥인 'AC-1'을 세계 최초로 分離했으며 97년부터 實用化가 가능하다고 發表
	28(火)	5.20	·光州에서 上京, 研究院에 가서 昇進者 등에 發令狀을 주다. ·雪娥·近榮 大邱에서 上京하다. ·盧貞鉉 院長 出版紀念會에 가다.	
	29(水)	5.21	·在京 聞慶鄕友會 理事會 및 總會에 참석하고 副會長으로 再選出되다.	
	30(木)	5.22	·研究院 幹部들과 午餐을 하면서 後任 院長件을 협의하다. ·妻와 같이 蘇鎭光·朴英哲 夫婦 招請 晩餐에 가다.	
7	1(金)	5.23	·研究院 月例 朝會에서 訓示하다. ·研究院 地方稅研究班 開設式을 갖다. ·行政刷新委員會에 참석하다. ·內務部 訪問 後任 院長件을 논의하다. ·서울大 環境大 同窓會 幹部 招請으로 歷代院長과 面談하다.	1(金) ·서울 地下鐵公社, 7일간 계속된 地下鐵 罷業과 관련하여 30여명을 職權 免職 시키고 勞組幹部 등 290명을 重懲戒키로 결정 2(土) ·政府, 金泳三 大統領 主宰로 第11次 新經濟推進會議를 열고 社會間接資本 擴充計劃을 확정
	2(土)	5.24	·小說 Shakespear 著 『Macbeth』와 『King Lear』를 읽다.	·南·北韓, 南北頂上會談을 위한 實務接觸 완전 타결
	3(日)	5.25	·妻·雪娥와 百貨店에 들렀다가 식사하다.	·安企部, 間諜團 23명 구속, 北 指令文 13건 압수
	4(月)	5.26	·研究院 幹部會議를 주재하다. ·研究院 新規採用者를 발표하다. ·研究院 驪州 研究會議를 하다.	4(月) ·美國, 國際犯罪組織에 공동대처키 위해 모스크바에 美聯邦搜查局(FBI)支部 設置

月	日	陰	本人 및 家族事項	日	社會一般事項
7	4(月)	5.26	·서울大 行政大學院 國家發展政策課程에서 강의하다.	5(火)	·政府, 農漁村 特別稅의 投資計劃 확정 ·中國의 三江平原 荒蕪地 1억 1,400만坪을 沃土로 바꾸기 위한 韓·中合作 農業開發事業 着工
	5(火)	5.27	·研究院 朴龍治 研究部長과 食事하며 部長 去就 問題를 협의하다.		
	6(水)	5.28	·研究院 염용만 課長 離任 紀念牌를 수여하다. ·研究院 10周年 事業會議를 주재하다. ·서울大 復職 書類를 제출하다. ·趙鏞孝·金永燮·金源 教授를 초청 식사하다.	6(水) 7(木) 8(金)	·新民黨과 新政黨, 兩黨 統合을 공식결의 ·南예멘의 最後 據點인 首都 아덴이 北예멘군에 陷落되어 內戰 終結 ·財務部, 56억원 이상의 工事 등을 97년부터 國際 入札키로 확정
	8(金)	5.30	·서울市政開發研究院에 가서 自治體出捐研究院長 會議를 하고 連絡事務室 懸板式을 갖다. ·MBC TV에서 市道議會 3個年의 論評을 하다.		·北韓, 金日成 主席 死亡 發表 ·美·北韓, 제네바에서 第3段階 高位級 會談 개최
	9(土)	6. 1	·溫陽에 가서 檀國大 行政大學院 主催 終講 파티에 참석하다.	11(月)	·北韓, 金日成 主席의 死亡에 따라 南北 頂上會談을 延期하겠다고 通報
	10(日)	6. 2	·李建榮 國土開發研究院長 招請 國土學會 幹部 夫婦 晩餐에 가다.	13(水)	·朴普熙 世界日報 社長 등, 金日成 主席 死亡을 弔文하기 위해 訪北 ·農林水産部, 農地所有 上限 및 通作 距離 制限을 폐지하는 내용의 農地法案을 마련
	11(月)	6. 3	·研究院 新規責任研究委員 3명에게 發令狀을 수여하다. ·研究院 幹部會議를 주재하다. ·國土學會 任員들을 초청하여 食事 待接을 하다.	14(木)	·서울市, 타임캡슐 收藏品 200여점을 3차로 선정 발표 ·朝總聯, 金日成 主席의 葬禮式에 참석할 125명 弔文團 파견
	12(火)	6. 4	·崔昌儀·余정태 教授의 초청으로 午餐에 가다.		
	13(水)	6. 5	·서울大 教授研究室을 정리하다. ·鄭棹永·鄭淵壽·李世茂氏를 초청하여 鄭棹永 在京 鄕友會長 離任을 위로하다.	15(金)	·全南 警察廳, 全南大 구내에 金日成 焚香所가 設置된 事實을 確認했다고 발표
	14(木)	6. 6	·清州에 가서 教員大 特講을 하고 研修中인 사돈을 만나다. ·金壽鶴·鄭幸吉·洪月杓氏 등과 식사하다.	17(日)	·수메이커-레비 彗星과 木星이 충돌하는 今世紀 최대의 宇宙쇼 시작
	15(金)	6. 7	·地自體 國際交流財團 開所 및 懸板式에 참석하고 內務部長官 등과 午餐을 하다. ·行政刷新委員會에 참석하다. ·研究院 室長들로부터 離任送別宴을 받다.	18(月)	·金日成 大學 經濟學 副教授 趙明哲씨가 第3國 통해 歸順 ·朴弘 西江大 總長, 일부 과격한 學生들이 北으로부터 指示를 받고 있다고 主張 ·브라질, '94 美國 월드컵 蹴球大會 決勝에서 이탈리아를 꺾고 優勝 ·이스라엘과 요르단, 46년만에 平和會議 개최
	16(土)	6. 8	·雪娥 家族 등과 全家族이 外食하다.		
	18(月)	6.10	·研究院 幹部會議를 주재하다. ·朴龍治 研究部長의 辭表를 受理하다. ·研究院 責任研究員들의 送別 午餐에 가다.		
	19(火)	6.11	·研究院 幹部會議를 마지막으로 주재하다. ·研究院 院長 職務代行으로 李相龍 企劃室長을 指名·發令하다. ·金益永 監事 등으로부터 歡送 點心을 대접받다. ·研究院의 私物을 學校와 自宅으로 이송하다. ·地籍公社 副社長 초청으로 저녁 食事를 하다. ·朴應擊 教授를 만나다.	19(火) 20(水) 21(木)	·北韓, 平壤서 金日成 主席의 葬禮式 거행 ·EU, 발트 3國과 自由貿易協定에 서명 ·政府, 金泳三 大統領이 러시아 訪問 때 옐친 大統領으로부터 전달받은 韓國 戰爭에 관한 文書 216件을 공개 ·現代重工業, 職場閉鎖 조치를 단행 ·토니 블레어, 英國 第1野黨인 勞動黨 黨首로 당선
	20(水)	6.12	·韓國地方行政研究院 院長職을 滿了하고 午後 4時에 離任式을 갖다.	23(土)	·무라야마 도미이치 日本總理, 韓國을 방문하여 金泳三 大統領과 회담 ·자이르 東部都市 고마의 르완다 難民村에서 콜레라가 발생하여 최소 8만명이 감염되고 7천여명이 사망
	21(木)	6.13	·崔炯佑 內務長官室에서 崔長官으로부터 院長 在任 功勞牌를 받다. ·內務部 幹部들에게 人事를 하다. ·地方行政會館內 團體長들에게 作別人事를 하다. ·財産變動申告書를 제출하다. ·서울大 復職이 이루어지다. ·國務總理室 '94政策評價 專門家로 위촉되다. ·徐健一·李圭憲·信託銀行 支店長으로부터 送別宴을 받다.	24(日) 25(月)	·世界韓民族聯合會, 中國 山東省 榮成市에 張保皐 紀念塔 건립 ·이스라엘·요르단, 兩國 頂上會談서 46년간 지속된 敵對關係 清算을 선언하는 共同聲明에 서명

月	日	陰	本人 및 家族事項	社會 一般 事項
7	22(金)	6.14	・金裕赫 會長과 같이 奉化郡에 가서 講演을 하다. ・李永哲 會長宅에 투숙하다.	25(月) ・美國, UN에 '아이티 侵攻'을 요청 26(火) ・韓・中, 韓・中間 5개 直航路線 開設키로 합의
	23(土)	6.15	・英陽郡에 가서 講演을 하고 상경하다.	
	25(月)	6.17	・內務部長官 등과 送別 午餐을 하다. ・勞動部 國家技術資格制度 專門委員으로 再委囑되다.	・教育部, 學科 統合을 위한 政策轉換 推進計劃을 발표 27(水) ・政府, 工場設立節次 規制緩和方案 확정
	26(火)	6.18	・中溪洞 商街의 再契約을 맺다. ・金鍾亮 漢陽大 總長 초청으로 林吉鎭 學長 등과 Michigan大 國際會議 結果 冊子發行 自祝宴에 참석하다.	29(金) ・政府, 2003년까지 鐵道・港灣・貨物 터미날 등의 건설・확충에 18조원을 投資키로 計劃 ・臺灣 國民大會, 總統을 史上 처음 國民 直接選擧로 선출하는 同議案을 통과시킴
	27(水)	6.19	・兪焄 教授 초청으로 점심을 하다. ・環心會와 저녁 식사를 하다.	30(土) ・프랑스 憲法評議會, '프랑스語 使用法'의 違憲을 판결
	28(木)	6.20	・內務部를 방문, 後任 院長件을 협의하다. ・國務總理 主宰의 國土計劃綜合審議會에 참석하고 建設部長官 등과 오찬하다. ・研究院에 들러 院長 業務引繼書에 署名하다. ・金壽鶴・金炯國・權泰埈氏와 식사하다.	・國際赦免委員會, 北韓의 政治犯 收容所 實態와 구금된 政治犯 55명 名單을 첫 공개 31(日) ・中國과 臺灣, 1949년 分斷 후 처음 最高位 會談을 개최키로 합의
	29(金)	6.21	・妻와 같이 忠北道廳에 가서 廣域計劃 中間 報告會에 참석하다. ・論山郡廳에 가서 特講을 하고 저녁 식사를 하다. ・儒城에 와서 投宿하다.	
	30(土)	6.22	・大田에 가서 載壽 妻의 問病을 하고 상경하다.	
8	1(月)	6.24	・尹成吉・朴仁遠氏와 오찬하다.	1(月) ・캐나다에서 개최된 '94 世界青少年 野球選手權大會에서 韓國 優勝
	2(火)	6.25	・學校 研究室을 정리하다. ・서울大 構內에서 家族 및 雪娥와 도시락을 먹고 運轉 演習을 하다. ・趙正濟 院長 招請으로 식사하다.	2(火) ・國會議員 補闕選擧 실시, 大邱에 新民黨, 寧越-平昌에 民自黨, 慶州에 民主黨 候補 당선
	3(水)	6.26	・小說 朴景利 著『土地』第15部를 읽다.	・大韓佛教 曹溪宗 改革會議, 事務局長 間選制를 골자로 한 새 宗憲을 통과
	4(木)	6.27	・研究院에 가서 業務協議하고 室課長들과 점심을 하다. ・鄭淵壽 社長 초청으로 저녁을 하다.	3(水) ・UN, 하와이 東南方 클라리온 클리프턴 海域 深海底 鑛口 15만㎢를 韓國의 單獨 鑛口로 承認
	6(土)	6.29	・鄭淵壽 社長 등과 수원 CC에서 골프를 치다.	
	7(日)	7. 1	・小說 五味川純平 著『人間の條件』을 읽다	5(金) ・北韓・美國間 3단계 高位級 會談을 제네바에서 개최하여 核問題 협의
	8(月)	7. 2	・妻와 銀行 整理次 일을 보러 다니다. ・趙正濟 院長 등과 식사하다.	6(土) ・大田 엑스포 科學公園 개장
	9(火)	7. 3	・國土計劃學會 外國 視察團 事前協議會에 참석하다. ・張明洙 全北大 總長 當選者 초청 저녁에 高建總長과 같이 참석하다.	・프로 棋士 曺薰鉉 9단, 제7회 후지쓰杯 世界 바둑 選手權大會에서 優勝 ・獨逸 警察, 新나치主義者 45명 체포
	10(水)	7. 4	・學校 豫備論文發表에 참가하여 指導하다. ・鄭淵壽・徐尙佑 社長과 食事하다.	・카스트로 쿠바 大統領, 쿠바人의 美國 脫出을 방치해 美國을 곤경에 빠뜨리겠다고 威脅
	11(木)	7. 5	・Kolon研修院에 가서 幹部 婦人들에게 특강하다.	
	12(金)	7. 6	・研究院 室長들과 朴龍治 部長 送別 午餐에 참석하다. ・國土開發研究院 主催 首都圈整備 諮問會議에서 司會를 보다. ・文丙基 君이 美國에서 一時 歸國하다. ・食中毒에 걸려 고생하다.	7(日) ・南北韓 學者들, 延邊에서 '94 코리안 컴퓨터 處理 國際學術大會 가짐 8(月) ・이스라엘 總理와 요르단 皇太子, 兩國 接境地域에서 國境 開通式 실시 9(火) ・서울市, '市民의 날'을 10월 28일로 결정
	14(日)	7. 8	・卞鐸 聞中 同窓會長으로부터 歷代 會長으로서 感謝牌를 받다. ・國土計劃學會 國土改造 視察團 28名과 같이 出國하다. ・Zürich를 經由하여 獨逸 Berlin에 도착하다.	10(水) ・政府, 釜山・大邱・光州・大田 등 4개 地域의 民營 텔레비전 放送局 事業者를 選定, 발표 11(木) ・無所屬의 金定男・鄭周逸 議員 등 5명, 民自黨에 입당

月	日	陰	本人 및 家族事項	社會一般事項	
8	14(日)	7. 8	· Berlin Penta Hotel에 權俊五 敎授와 同室 投宿하다.	11(木)	· 道路公社, 高速道路 通行料金 先拂制를 後拂制로 바꾸어 16일부터 시행한다고 발표
	15(月)	7. 9	· Berlin市廳을 방문하고 東·西 Berlin市 開發 狀況을 시찰하다.		· 慶南 三浪津驛 근방에서 上·下行線 列車끼리 충돌하여 4명 사망, 210여명 重輕傷을 입은 事故 發生
	16(火)	7.10	· Berlin을 떠나 Potsdam과 Magdeburg市를 시찰하고 Hannover市로 가다. · Hannover Maritim Grand Hotel에 金瑛 敎授와 同室·投宿하다.	12(金)	· 서울地檢 公安 1部, 12.12 事態 告訴 事件으로 全·盧 前大統領에게 質疑書 발송
	17(水)	7.11	· Hannover 市廳을 방문하고 市內를 시찰하다. · Ruhr지방과 Essen, Dortmund 등을 시찰하다. · Dortmund Scandic Crown Hotel에 투숙하다.		· 日本 사쿠라이 신 環境廳長官, 日本 侵略을 미화하는 發言을 하여 韓國·中國의 抗議로 14일 長官 사임
	18(木)	7.12	· IBA Park를 방문하고 Düsseldorf市를 시찰하다. · Köln에 도착하여 Köln Dorint Hotel에 李承柱君과 同室·投宿하다.	13(土) 15(月)	· 美·北韓, 제네바 會談에서 平壤과 워싱턴에 連絡事務所 設置 합의 · 프랑스, 世界的 테러리스트 일리치 라마에스 산체스를 체포
	19(金)	7.13	· Köln市廳을 방문하고 市內 視察을 하다. · Bonn에 들러 市廳, 國會議事堂, 市內를 시찰하다. · Rhine江을 따라 雨中을 달리다 로렐라이 언덕을 보고 식사하다. · Frankfurt Holiday-Inn Crown Plaza에 투숙하다.	16(火) 17(水)	· 시베리아 伐木場에서 탈출한 嚴민규씨 등 8명 귀순 · 現代重工業, 職場 廢鎖를 철회 · 서울 中區 팔레스 룸살롱에서 불이나 13명이 질식으로 사망
	20(土)	7.14	· Frankfurt市廳을 訪問하고 市內를 시찰하다. · Heidelberg市를 방문하여 城 등을 시찰하다. · Frankfurt를 出發하여 Singapore로 향하다.	18(木) 20(土)	· 警察, 汎民族大會와 관련해 42명 구속 · 클린턴 美國大統領, 쿠바에 대한 壓力을 강화하는 4段階 行動計劃을 발표
	21(日)	7.15	· Singapore에 到着하여 Singapore Mandarin Hotel에 徐義澤 敎授와 同室·投宿하다.		· 자이르 東部 고마일대의 르완다 難民村에서 한달 동안 콜레라·이질 등으로 4만 3천여명 사망
	22(月)	7.16	· Singapore 都心開發, Science Park, 建築士協會 등을 방문하고 市內 觀光을 하다.	22(月)	· 農協·水協·畜協·林協 中央會, 共同 協議機構로 農水産林協 中央協議會를 발족
	23(火)	7.17	· NCB, PSA 등을 방문하고 市內 視察을 하다. · Singapore를 출발하여 日本으로 향하다.		
	24(水)	7.18	· 새벽에 東京空港에 도착, 東京驛으로 와서 東北 新幹線을 타고 仙台市로 가다.		· UN 環境會議, 150개국 참석리에 제네바에서 開幕
	24(水)	7.18	· 宮城縣廳을 방문하고 市內를 시찰하다. · Metropolitan Sendai Hotel에 朱鍾元 敎授와 同室·投宿하다.	 23(火)	· 멕시코 大選 실시, 執權制度 改革黨의 에르네스토 세디요 候補가 勝利 · 三星그룹, 家電製品과 衣類의 消費者 價格을 5~10% 引下
	25(木)	7.19	· 仙台 港口를 방문하고 松島를 배로 관람하다. · 仙台를 떠나 千歲 空港을 거쳐 札幌市에 도착하다. · Sapporo Newtani Hotel에 투숙하다.	25(木)	· 美國 上院, 聯邦 死刑制度 擴大 등을 내용으로 하는 犯罪防止法案을 최종 승인
	26(金)	7.20	· 北海道 開發廳을 방문한 뒤 小樽市廳을 예방하다. · 小樽市 港灣施設을 관람하고 Kiroro觀光地區를 시찰하다. · Kiroro Piano Hotel에 투숙하다.	26(金) 27(土)	· 慶尙大, 利敵性 與否로 搜査가 진행 중인 敎養科目 '韓國社會의 理解'를 閉講키로 결정 · 필리핀의 모로 이슬람解放戰線(MILF) 게릴라, 韓國人 勤勞者 7명을 抑留
	27(土)	7.21	· 洞爺湖를 관광하고 伊達 테마公園을 시찰하다. · 登別溫泉 地區를 관광하고 Noboribez Grand Hotel에 旅裝을 풀다 · 저녁 食事時 마지막 밤 紀念의 演說을 하다. · 部落 地獄祭의 街頭行列을 관람하다.	 28(日)	· 交通部, 濟州道·釜山海雲臺·慶州·東草·大田의 일부를 觀光特區로 지정해 營業時間 制限을 철폐 · 日本, 九州 南部 다네가시마 宇宙 센터에서 自體 技術로 개발한 大型 로켓 H2의 2號機 발사에 성공
	28(日)	7.22	· 苫小牧市의 工團과 千歲市 臨工團地를 시찰하다. · 千歲 空港을 떠나 서울에 도착하다.		
	29(月)	7.23	· 李世茂, 鄭淵壽 社長과 식사하다.	29(月)	· 新民黨 金東吉 代表, 代表職 辭退書 제출
	30(火)	7.24	· 環境大 敎授會議를 하고 後期 卒業式에 참석하다. · 雜魚會 모임에 가다.		· 美國과 中國, 主要 産業의 協力增進을 위한 相互協定 체결
	31(水)	7.25	· 硏究院, 驪州郡 주최 驪州 長期計劃 公聽會에 가서 사회를 보다	31(水)	· 警察廳, 小說『太白山脈』의 利敵性으로 作家 趙廷來씨 등 2명을 불구속 입건

月	日	陰	本人 및 家族事項	社會一般事項
8	31(水)	7.25	・집에서 祖母 祭祀를 모시다.	31(水) ・무라야마 日本 總理, 戰後 清算計劃 發表 ・教育部, '96년부터 사용될 中・高校 國史教科書 改編 試案을 확정 ・內務部, 釜山・大邱・仁川을 廣域化하고 蔚山市・郡을 통합해 直轄市로 승격하는 行政區域改編計劃을 발표 ・러시아, 라트비아・에스토니아・舊 東獨에 주둔 중이던 러시아 軍兵力이 완전 철수했다고 발표
9	1(木)	7.26	・金環東 教授 초청으로 처음 泰榮CC에서 골프치다. ・內務部 研修院 開院 29周年 紀念 晩餐에 참석하다.	1(木) ・地下鐵 盆唐線 개통 ・아일랜드 共和軍(IRA), 反英 武裝鬪爭 25년만에 全面 休戰 발표 ・30여년만에 실시된 自由選擧로 선출된 에르네스토 페레스 바야다레스,파나마 大統領에 就任
	2(金)	7.27	・農協 諮問會議에 참석하다. ・行政刷新委員會에 참석하다. ・새재회 모임에 가다.	2(金) ・中國 江澤民 國家主席, 러시아 방문 ・中國, 板門店 軍事停戰委의 代表團을 철수키로 결정했다고 公式報道
	3(土)	7.28	・朝鮮日報 21世紀 포럼 區域改編座談會에 참석하다 ・天安 檀國大 講義를 다녀오다.	
				4(日) ・日本 간사이(關西) 國際空港 개항
	5(月)	7.30	・研究院 吳濟世 事務局長 就任 歡迎 午餐에 참석하다. ・서울大 環境大學院 講義를 2年만에 다시 시작하다. ・住宅情報社 主催『地域開發要覽』發刊紀念 會食에 가다.	5(月) ・建設部, 7개 廣域開發圈 설정과 民間參與 확대를 골자로 한 國土開發推進計劃을 확정 발표 ・國際올림픽委員會(IOC), 跆拳道를 2000년 올림픽 正式 種目으로 채택
				6(火) ・政府, 牙山灣 開發計劃 발표
	7(水)	8. 2	・始興市에 가서 韓仁錫 市長과 오찬하다. ・鄭淵壽・徐尙佑 社長과 저녁하다.	7(水) ・EU, 韓國產 主要 工產品에 대한 一般特惠關稅制度(GSP) 供與를 97년부터 中斷키로 확정
	8(木)	8. 3	・雪娥・文書房・近榮, 美國으로 떠나다. ・大田에 가서 平統諮問委員會에 특강을 하고 상경하다.	8(木) ・東海의 '日本海' 表記 問題로 물의 발생 ・安企部, 伐木工・留學生 등 5명이 귀순했다고 발표 ・美國 US 旅客機가 피츠버그 근교에 추락하여 131명 사망.
	9(金)	8. 4	・李春宰・蔡健植氏와 저녁하다.	9(金) ・金鍾仁 全國區議員, 大法院의 有罪判決로 議員職 상실 ・美國과 쿠바, 難民協商 타결
	10(土)	8. 5	・地方自治學會 朝餐會에 참석하다. ・김종선君의 大學入學 및 渡獨 祝賀 저녁식사를 하다.	10(土) ・第170會 定期國會 개최 ・仁川 松島 海上新都市 건설 기공식 거행
				11(日) ・蔚山市 議會 議員 및 市民,民自黨舍에서 直轄市 승격요구 시위 ・仁川 北區廳 稅務非理事件 발생
	13(火)	8. 8	・『國土와 建設』誌에서 개최한 座談會의 司會를 보다.	13(火) ・全經聯, 우리나라 競爭力은 世界 最高의 59.7% 수준이라고 발표 ・浦項工大,放射光加速機 試驗稼動 성공
	14(水)	8. 9	・大田에서 개최된 科技處 세미나에서 主題發表를 하다.	
	15(木)	8.10	・大學 教授會議에 참석하다. ・中央大 行政大學院에서 강의하다. ・共著인『地方自治의 發展戰略』을 출간하다.	15(木) ・클린턴 美大統領,아이티 軍部 指導者들에게 即刻 退陣할 것을 최후 통첩
	16(金)	8.11	・研究院에 가서 室課長들과 오찬하다. ・行政刷新委員會에 참석하다. ・蘇鎭光 教授 초청으로 學位 審査委員들과 만찬하다.	16(金) ・갈루치 美國 核擔當大使, 北韓에 지원될 輕水爐는 韓國型일 수 밖에 없다고 밝힘
	17(土)	8.12	・朴世直 議員과 조찬하다. ・卞鐸・李世茂・鄭淵壽 社長과 第一CC에서 골프치다.	17(土) ・金大中씨, 訪美하여 카터 前大統領 등과 면담 ・高速道路 버스 專用車線制 처음 실시
	18(日)	8.13	・兪炳林 教授등과 南部CC에서 골프하다.	
	19(月)	8.14	・妻・東嬿과 漢江 高水敷地에 가서 새벽 운동을 하다	
	20(火)	8.15	・秋夕 祭禮를 모시다.	
	23(金)	8.18	・行政刷新委員會에 참석하다.	

月	日	陰	本人 및 家族事項	社會一般事項
9	23(金)	8.18	·行政刷新委員會에 참석하다. ·프레스 센타에서 코롱그룹 社長團에게 演說을 하다.	19(月) ·崔箕善 仁川市長, 北區廳 稅務非理 事件에 책임을 지고 사퇴 ·富裕層 5명을 납치살해한 '至尊派' 事件 발생, 犯人 7명 구속
	24(土)	8.19	·地方行政硏究所 懸賞論文 審査委員會 委員長으로 위촉받고 權純福·崔昌浩氏와 審議하다.	·이탈리아 檢察, 政財界 98명을 마피아 組織과의 연계혐의로 구속
	25(日)	8.20	·妻·群濟 夫婦와 店村에서 가서 聘父母께 問安하고 父母 墓所에 參拜하다. ·泰鉉 兄弟들과 점심을 하고 상경하다.	20(火) ·第49次 U.N.總會,184會員國 참가리 개막 21(水) ·遞信部,全世界를 하나의 移動通信網으로 연결하는 '이리듐 事業'에 참여키로 확정
	26(月)	8.21	·勞動部 國家技術資格制度 審議委員會 專門委員으로 재위촉되다. ·大田에 가서 투숙하다.	23(金) ·政府, 6개 市道知事 교체 24(土) ·國內貿易業體 5만개 돌파, 22년만에 50배 증가
	27(火)	8.22	·韓·日 地方自治學會 세미나에서 사회보다. ·忠南 朴重培 知事 招請晩餐에 참석하고 투숙하다.	26(月) ·政府,95년도 一般會計豫算을 50조 1,411억원으로 확정
	28(水)	8.23	·韓·日 學會 팀과 扶餘·公州 등을 방문하다. ·大田에 와서 平統諮問委員會에서 特講을 하고 상경하다.	·政府,百濟文化園 開發計劃 확정 27(火) ·慶南 蔚山郡에서 將校武裝脫營事件 발생 ·러시아 옐친 大統領 訪美
	29(木)	8.24	·새마을中央硏修院에서 특강하다. ·朴鉉炘 環境處長官 초청으로 韓·日自治學會 任員들과 만찬하다. ·六友會 모임에 가다.	28(水) ·발트海에서 에스토니아 船籍 旅客船이 침몰하여 900여명 사망 30(金) ·유럽聯合(EU),韓國産 컬러 TV에 대해 16.8~18.8%의 덤핑關稅 부과
	30(金)	8.25	·警察廳 세미나에서 主題發表를 하다. ·鳥嶺會 모임에 가다.	·실베스트레 엔티반툰가야 前 國會議長, 부룬디國 大統領으로 선출됨
10	1(土)	8.26	·天安 檀國大 講義를 하고 學生會 任員 委囑式에 참여하다.	2(日) ·히로시마 아시아 競技大會 개막 ·第49次 國際通貨基金(IMF) 世界銀行(IBRD) 年次總會 개막
	3(月)	8.28	·林岡源 敎授 등과 뉴서울CC에서 골프하다.	
	5(水)	9. 1	·地方行政硏究院 鄭文和院長 就任式에 참석하여 祝辭하다.	·日本 自衛隊 兵士 470명, 르완다 難民들을 지원하기 위해 자이르 고마市에 도착
	6(木)	9. 2	·地方行政硏究院 主催 直轄市 名稱에 관한 公聽會에서 사회보다.	4(火) ·經濟部處 部分改閣 단행
	7(金)	9. 3	·優等高速버스로 堤川에 가다. ·堤川市·郡 主催 세미나에서 主題發表를 하고 投宿하다.	5(水) ·스위스 셰이리 마을에서 太陽의 寺院 邪敎信徒 48명 집단자살 ·바츨라프 클라우스 체코 總理, 3일간 日程으로 訪韓
	8(土)	9. 4	·堤川에서 汽車로 상경하다.	
	9(日)	9. 5	·小說 曺雪芹·高鶚 著『紅樓夢』全7卷을 읽다.	6(木) ·金泳三 대통령과 바츨라프 클라우스 체코 總理, 靑瓦臺에서 頂上會談 개최
	10(月)	9. 6	·內務部 硏修院 中堅管理者班에서 강의하다.	·江原 太白市 鑛山에서 가스 漏出 事故로 10명이 질식사망
	11(火)	9. 7	·環境大 行政室 職員들과 오찬하다.	
	13(木)	9. 9	·새마을硏修院에서 특강하다. ·金泳三 大統領 초청으로 行政刷新提案者들과 오찬하다. ·趙正濟 院長 초청으로 金壽鶴·金源과 식사하다.	8(土) ·朴景利씨의 大作『土地』完刊 紀念잔치가 原州 自宅에서 개최 9(日) ·朴泰俊 前 浦鐵 會長이 母親喪을 치루기 위해 1년 7개월만에 귀국
	14(金)	9.10	·地方行政硏究所 懸賞論文을 최종 심사하다. ·行政刷新委員會에 참석하다. ·環境大學院 次期 院長으로 林岡源 敎授가 선출되다.	10(月) ·新民黨 非主流側, 暴力事態 속에 臨時 全黨大會 강행 ·印度 카르나타카州에서 이슬람敎徒와 힌두敎徒간의 言語 紛爭으로 流血事態 발생
	15(土)	9.11	·天安 檀國大 講義를 다녀오다.	
	16(日)	9.12	·雪娥 夫婦·貞娥 모여 近榮 돌잔치를 美國 自宅에서 갖다. ·金東勳·吳德成 敎授와 같이 金浦를 출발하여 日本 關西國際空港에 도착하다. ·關西文化 學術硏究都市 內 京板奈都 (Keihanna Miyako Hotel)에 旅裝을 풀다. ·登錄을 하고 歡迎宴에 참석하다.	12(水) ·政府,情報公開法 試案 확정 ·國會 建設委員會, 漢江橋梁 15個 中 12個가 不良한 것으로 진단되었다고 지적 13(木) ·日本 作家 오에 겐자부로, 노벨 文學賞 수상 14(金) ·浦項製鐵 株式 3억달러 어치가 국내최초로 뉴욕 證市에 상장됨

月	日	陰	本人 및 家族事項	社會一般事項	
10	17(月)	9.13	·奈良市 所在 Takayama(高山) Science Plaza에서 개최된 專門家會議에 참석하다.	14(金)	·팔레스타인 解放機構(PLO)의 아라파트 議長과 이스라엘의 라빈 總理 및 페레스 外務長官, 노벨平和賞 공동수상
			·若山浩司氏 초청으로 大久保昌一·金東勳·吳德成 敎授와 우동 식사를 하다.	15(土)	·印度, 實驗 로켓으로 870kg의 人工衛星 발사 성공
	18(火)	9.14	·林吉鎭 學長을 만나 같이 主題論文을 발표하다.		
			·若山·金·吳 敎授와 奈良 市內를 둘러보다.	16(日)	·金大中 亞太平和財團 理事長, 러시아를 방문
			·綜合討論에서 意見開陳을 하고 리셉션에 참석하다.		·93년도 農家 總負債가 10조 8,700억원으로 國監 資料에서 밝혀짐
	19(水)	9.15	·Keihanna Interaction Plaza에서 개최된 심포지엄의 開會式과 發表會에 참석하다.		·北韓 金正日, 金日成 主席 사망 후 88일만에 公席 등장
			·저녁 리셉션에 첨석하여 2世 僑胞 李鍾壽 社長과 인사하다.		·獨逸 總選에서 右派聯政이 辛勝하여 콜 總理가 4번 연속 집권
			·李社長 초청으로 若山·金·吳 모두 市內 韓食堂에 갔다가 李社長 自宅에 가다.	19(水)	·이스라엘 텔아비브市에서 버스 爆彈 테러 事件이 발생하여 22명이 사망
	20(木)	9.16	·심포지엄 閉會式과 送別宴에 참석하다.		
	21(金)	9.17	·關西學研都市 內 研究機關을 雨中에 돌아보다.	20(木)	·內務部, 直轄市를 廣域市로 개칭하고 廣域市 안에 郡을 두도록 하는 地方自治法 改正案 마련
			·李社長.若山氏 초대로 金·吳敎授와 같이 市內 日食집에서 식사를 하다.		
			·漢江 聖水大橋의 崩壞 消息을 듣다.	21(金)	·聖水大橋 事故로 32명이 추락 사망
	22(土)	9.18	·京都에 가서 淸水寺·金閣寺·二條城 등을 관광하다		·서울 市長이 경질됨
			·호텔에서 러시아 代表의 發表를 듣고 送別 모임에 참석하다.	23(日)	·스리랑카 콜롬보市에서 발생한 爆彈 테러 事故로 野黨 大統領 候補 등 57명 사망
	23(日)	9.19	·中國 代表 劉家棟 副主席과 同乘하여 關西 空港에 오다.	24(月)	·忠州湖에서 遊覽船 火災事故가 발생하여 29명이 사망 ·서울 阿峴洞에 가스 폭발
			·日本을 떠나 서울에 도착하다.	26(水)	·이스라엘 라빈 總理와 요르단 마잘리 總理, 平和協定을 조인하고 46년간의 敵對關係를 청산
	24(月)	9.20	·呂鴻九 敎授 초청으로 國土學會 任員 모임에 가다.		
	25(火)	9.21	·地方行政研究院 開院 10周年 紀念行事에 참석하고 感謝牌를 받다.	27(木)	·第75回 全國體典 개막
			·開院 祝賀宴에서 祝杯 人事를 하다.		·美 클린턴 大統領,美國 대통령으로는 20년만에 처음 시리아 방문
	26(水)	9.22	·平統諮問委員會에서 特講을 하다.		
	27(木)	9.23	·內務部 研修院 羅承浦 院長 초청으로 指導敎授들과 식사하다.	28(金)	·日本 衆議院, 自國民 救出을 위해 自衛隊 航空機를 파견할 수 있도록 自衛隊法 개정
	28(金)	9.24	·地方行政研究所 懸賞論文 當選者 施賞式에 참석하여 經過報告를 하다.	29(土)	·永宗島 新空港 敷地의 물막이 工事 완공
			·行政刷新委員會에 참석하다.		·美國 白堊館에 銃擊事件 발생
	29(土)	9.25	·朝鮮日報 21世紀 포럼 地方自治 座談會에 참석하다.	31(月)	·李鵬 中國總理, 韓國 방문
			·天安 檀國大에 강의하고 오다.		·韓·中 兩國, 民間航空協定·原子力協力協定 등을 체결
	30(日)	9.26	·雪娥에게 生日祝賀次 美國에 전화하다.		·京畿 楊州郡 26師團에서 小銃 亂射 사건으로 小·中隊長 등 2명사망
			·최초로 南江 CC(代表 : 高睦勳)에서 風水會와 골프치다.		·內務部, 廣域市 중 人口過多의 區를 分區키로 확정
	31(月)	9.27	·白成雲 局長과 저녁식사를 하다.		
11	1(火)	9.28	·地方自治團體 國際交流財團 管理審議委員으로 委囑되고 第1次會議에 참석하다.	1(火)	·禹命奎 서울市長, 聖水大橋 관련 책임으로 任命 11일만에 사퇴
			·曉園大 行政大學院에서 特講하다.		·警察,廣域搜査團 발대
	2(水)	9.29	·林敬鎬 知事 招請 午餐에 가다.	2(水)	·서울市長에 崔秉烈 議員이 임명됨
			·鄭淵壽·徐尙佑 社長과 晩餐하다.		·第75回 全國體典 폐막, 京畿道 2連覇
	3(木)	10. 1	·光州에 가서 朝鮮大學에서 講演하다.	4(金)	·父母 殺害犯 朴漢相 被告, 死刑宣告 받음
			·望月洞 5.18 墓地를 둘러보고 상경하다.		·英國 케임브리지大 天文研究所, 새 銀河 드윙겔루 1을 반견했다고 발표
	4(金)	10. 2	·서울大 環境大學院 院長 離·就任式에 참석하다.		
			·金壽鶴 會長 招請 敎授 晩餐에 가다.	5(土)	·서울大 環境大學院 第6代院長으로 林岡源교수 취임
	6(日)	10. 4	·卞 鐸 社長 등과 泰榮 골프장에 가서 운동하다.		

月	日	陰	本人 및 家族事項	社會一般事項
11	7(月)	10. 5	· 서울大 環境大學院 博士課程 修了生 招請으로 午餐을 갖다. · 21世紀 都市포럼 準備委 모임에 참석하다.	7(月) · 政府, 94년 秋穀收買價를 93년 水準으로 동결 · 94년 쌀 收穫量 3,513만섬으로 平年作 3,435萬섬을 상회하는 것으로 최종집계
	9(水)	10. 7	· 林岡源 院長 招請으로 金炯國 前任 院長 慰勞宴에 가다.	8(火) · 商工資源部, 97년까지 1.977억원을 투입해 炭鑛地域을 觀光休養地 등으로 개발키로 계획
	10(木)	10. 8	· 住宅銀行 主催 세미나에서 司會를 보다.	
	11(金)	10. 9	· 地方行政硏究院 硏究諮問委員에 위촉되다. · 行政刷新委員會에 참석하다. · 妻, 집에서 팔목을 다쳐 病院에 다니다. · 아버님 祭祀를 모시다.	· 美國 中間選擧 실시, 共和黨 40년만에 上·下 兩院 장악 10(木) · 金泳三 대통령, 필리핀 공식 방문
	12(土)	10.10	· 天安 檀國大學에서 講義하다.	11(金) · 아시아 太平洋 經濟協力體(APEC) 第6次 閣僚會議, 인도네시아 자카르타에서 개막
	13(日)	10.11	· 林岡源·嚴垛永씨와 泰榮에서 900回次 골프를 치다.	
	14(月)	10.12	· 서울 常綠 로타리 클럽에서 講演하다. · 朱龍鐸 會長 등과 저녁 食事를 하다.	12(土) · 金泳三 대통령, 인도네시아 공식방문 13(日) · 全國 勞動者大會 개최
	15(火)	10.13	· 始興市에 가서 韓仁錫 市長등과 會食을 하다.	· 스웨덴, 國民投票 통해 유럽聯合(EU)에 가입 확정
	16(水)	10.14	· 서울大 環境大學院에서 第2次 論文指導를 하다. · 金利煥 社長 초청으로 敎授들과 식사하다.	14(月) · 現代自動車, 太陽光自動車를 개발 공개
	17(木)	10.15	· 金環東 敎授등과 朝餐을 하다. · 自治經營協會 主催세미나에서 基調講演을 하다. · 潘亨植 議員등과 저녁食事를 하다.	16(水) · 金泳三 대통령, 濠洲 공식방문 17(木) · 金泳三 대통령, 濠洲 시드니에서 國政의 世界化 구상 언급
	18(金)	10.16	· 行政刷新委員會에 참석하다. · 朴昇治理事로부터 New Grandeur (Executive) 새 車를 선사받다. · 朴昇治·李圭憲氏에게 저녁 食事를 대접하다.	· 交通部, 95년 1월부터 民間旅客機의 서울 北方航路 통과를 허용키로 결정 18(金) · 서울地檢, 聖水大橋 事故에 대해 관련자 15명 구속하고 수사종결
	19(土)	10.17	· 趙正濟·金光得氏와 沐浴을 하고 食事하다.	· 獨逸 重이온硏究센터, 가장 무거운 새元素 110을 발견
	20(日)	10.18	· 東嶙과 같이 서울大學에 가서 運轉을 연습하다. · 妻, 病院에서 팔 기부스를 하다.	· 아이티를 강타한 暴風으로 759명 사망
	22(火)	10.20	· 城南 새마을硏修院에서 特講하다. · 金壽鶴씨 등과 食事하다.	21(月) · 金泳三 대통령과 칠레의 타글레 大統領, 青瓦臺에서 頂上會談 개최
	23(水)	10.21	· 權純福 理事長과 光州에 가서 張炯泰 會長과 南光州골프장에서 운동하다. · 저녁 食事를 함께하고 投宿하다.	· 曹溪宗 第28代 總務院長 경선에서 宋月珠스님 선출 · 日本 參議院, 中選擧區制를 小選擧區 比例代表制로 개편하는 法案 가결·확정
	24(木)	10.22	· 光州에서 상경하다.	
	25(金)	10.23	· 新規自動車 登錄을 하고 番號板을 받다. · 鳥嶺會 모임에 가다.	22(火) · 韓國科學技術翰林院 창립 23(水) · 95년도 大入修學能力試驗 실시
	26(土)	10.24	· 서울大 大學院 入學考査를 치르다. · 天安 檀國大에서 終講을 하고 食事後 上京하다.	· 國際組織犯罪에 관한 UN 140個國 閣僚會, 地球行動計劃을 포함한 나폴리 宣言 채택
	27(日)	10.25	· 金圭鴻씨 따님 結婚 主禮를 보다. · 舊車 프린스를 賣却하다.	24(木) · 政府, 經濟團體의 北韓 事務所 개설 허용 발표
	28(月)	10.26	· 서울大 環境大學院 學科會議에 참석하다.	
	29(火)	10.27	· 서울大學 2學期 終講을 하다.	25(金) · 政府, 情報化促進基本法案 확정
	30(水)	10.28	· 榮州에 가서 浮石寺·紹修書院 등을 둘러보고 세미나에 참석하다. · 세미나에서 基調演說을 하고 綜合司會를 보다. · 榮州에 投宿하다. · 安東 MBC에서 錄畵放映하다. · 共同論文 著書『21世紀의 韓國人』이 出刊되다.	29(火) · 노르웨이, 유럽聯合(EU)加入 國民投票 결과 부결
12	1(木)	10.29	· 榮州에서 醴泉을 거쳐 上京하다. · 林岡源 院長 등과 食事하다.	1(木) · 美軍으로부터 國軍 平時作戰統制權 44년만에 환수
	2(金)	10.30	· 金裕赫 會長과 全州에 가서 全北 새마을指導者 大會에서 演說을 하다. · 全北大學 張明洙 總長을 禮訪하고 上京하다.	· 金大中씨가 주도하는 亞太 民主指導者 會議 창립

月	日	陰	本人 및 家族事項	社會一般事項
12	3(土)	11. 1	・雪嶽山 파크 호텔에 가서 建國大 社會科學大學院 最高經營者課程에서 特講하다. ・優等高速버스로 출발하다.	1(木) ・政府,三星그룹의 乘用車事業 新規 進出을 허용할 方針임을 밝힘
	4(日)	11. 2	・새벽에 서울 到着하다. ・金利煥 社長 招請으로 昆池岩 골프장에서 운동하다.	2(金) ・國會 本會議에서 95년도 豫算案을 民自黨 단독으로 변칙 처리 ・필리핀 마닐라灣 어귀에서 乘客 598명을 태운 旅客船,貨物船과 충돌・침몰하여 147명 사망・실종
	5(月)	11. 3	・總務處 國家機能 地方移讓審議會에 참석하다. ・江南 聖母病院에 入院中인 金壽鶴 會長을 問病하다. ・서울大 環境大 同窓會 主催 新舊院長 慰勞宴에 가다.	3(土) ・政府組織改編案 발표 ・臺灣 최초의 地方自治團體長 選擧 실시, 臺北市長에 野黨 候補가 당선
	6(火)	11. 4	・大學院 入學査定會議, 短期課程會議, 環境館 準備會議에 참석하다. ・清州에 가서 清州大 行政大學院에서 特講하다. ・權尙俊 敎授 등과 食事하고 上京하다.	6(火) ・金浦空港 駐車管理人이 駐車券을 手動으로 조작하여 數億원을 횡령한 사건 발생 ・이탈리아 政財界의 司正運動을 주도해온 피아트로 檢事 사임
	7(水)	11. 5	・檀國大學 白鍾漢君 博士論文 最終審査를 하고 會食을 갖다.	7(水) ・浦項 放射光 加速機 준공 ・서울 阿峴洞에서 都市가스 爆發事故가 발생하여 12명 사망 ・政府, 三星그룹의 乘用車産業 新規 進出을 허용키로 발표
	8(木)	11. 6	・敎育部 地域開發研究事業 評價會議를 주재하다. ・平統諮問會議 江南區 協議會 '94 總會에서 講演하다. ・內務部 李始鍾 局長 등과 會食하다.	
	9(金)	11. 7	・昌原 慶南開發研究院 主催 세미나에서 司會를 하다. ・食事後 昌原에 投宿하다.	8(木) ・폴란드 바웬사 大統領 방한 9(金) ・大韓航空・아시아나航空과 中國 國際航空, 서울과 北京・天津間 直航路開設을 위한 商務協定에 합의
	10(土)	11. 8	・昌原에서 上京하다. ・環心會 및 六友會 忘年會에 가다.	10(土) ・民主黨, 서울驛 廣場에서 12.12 軍事 叛亂者의 裁判回附를 위한 3次 國民蹶起 大會 개최 ・政府,南北經協 活性化 措置에 따라 現代 등 6個企業의 訪北 승인 ・EU 頂上들, 東유럽國들의 EU 加入을 지원키 위해 5년간 67억달러를 제공키로 승인
	11(日)	11. 9	・在京 鄕友會 및 店村 人士와 같이 泰榮 골프場에서 운동하다.	
	12(月)	11.10	・國會 內務委員會 主催 住民投票法 公聽會에서 公述하다. ・李圭憲 院長등과 식사하다.	
	13(火)	11.11	・서울市立大 都市行政大學院에서 特講하다.	
	14(水)	11.12	・서울大 碩士論文 最終審査를 하고 敎授會議를 한 후에 회식하다. ・鄭淵壽 社長 등과 酒宴을 갖다.	11(日) ・美洲 34個國 頂上들, 汎美洲 自由 貿易地帶(FTAA) 創設을 골자로 한 共同宣言 채택
	15(木)	11.13	・地方自治學會 會長團과 朝餐 모임을 갖다. ・金璟東 敎授 등과 식사하다. ・朱龍鐸 會長 등과 飮酒하다.	13(火) ・雙龍그룹의 北韓投資調査團이 國內企業 중 최초로 北韓 방문
	16(金)	11.14	・行政刷新委員會에 참석하다. ・行政刷新委員會 送年모임을 갖다.	14(水) ・이츠하크 라빈 이스라엘 總理, 政府 首班으론 처음 訪韓 ・鐵道料金과 高速道路 通行料 인상
	17(土)	11.15	・國土・都市計劃學會 政策發表會를 듣고 顧問團 會議에 참석하다. ・夫婦 同伴으로 鳥嶺會 送年會에 가다.	15(木) ・53년 6.25戰爭 休戰 이후 北韓에 주둔해 왔던 軍事停戰委員會 中國代表團이 완전 철수 ・UN,北韓에 대해 核問題 解決을 촉구하는 決議案 채택
	18(日)	11.16	・病院으로 金壽鶴 會長 問病을 가다. ・權泰埈・金炯國 敎授와 만나다. ・어머니 忌日을 맞다.	
	19(月)	11.17	・서울大 短期課程會議를 주재하다. ・서울大 權五奕君 博士論文 最終審査를 하다. ・李圭憲 院長과 식사하다.	16(金) ・國會 本會議, 世界貿易機構(WTO) 加入批准同意案과 WTO 履行 特別法案 의결 ・新民黨 金東吉・朴燦鍾 共同代表, 代表職 사퇴
	20(火)	11.18	・行政刷新委員會 세미나에서 司會를 보다. ・李圭憲 院長과 식사하다.	
	21(水)	11.19	・서울大 環境館 準備會議에 참석하다. ・서울大 環境大學院 敎授會議에 참석하여 總長 候補 選定委員으로 피선되다.	17(土) ・金泳三 대통령, 國務總理에 李洪九 統一院長官을 임명

1994

月	日	陰	本人 및 家族事項	社會 一般 事項	
12	22(木)	11.20	·大明出版社 李澈九 社長과 午餐을 하고 著作原稿를 전달하다. ·貞娥, 美國에서 放學中 一時 歸國하다.	17(土)	·브라질·우루과이·파라과이·아르헨티나 4個國 大統領, 95.1.1부터 域內關稅 완전 철폐에 서명
	23(金)	11.21	·大邱 査頓이 上京하여 自宅에서 點心을 대접하다. ·서울市政開發研究院 都市計劃諮問會議에 참석하고 같이 會食하다.	19(月) 20(火) 21(水)	·大檢 中搜部,韓國道路公社 權丙植 前社長을 賂物 嫌疑로 구속 ·韓國 海軍艦隊, 史上 처음 日本 방문 ·建設部,牙山灣圈과 釜山·慶南圈 廣域開發計劃을 확정 발표
	24(土)	11.22	·査頓·李圭憲 院長과 저녁 食事를 하다.		
	25(日)	11.23	·金壽鶴 會長宅에 가서 코롱教育計劃案을 전달하다.		·이탈리아 실비오 베를루스코니總理 辭任, 聯政 7개월만에 붕괴
	26(月)	11.24	·驛三 1洞 事務所에 가서 貞娥 住民登錄證 更新을 신청하다. ·妻·貞娥와 結婚式場, 洋服店, 百貨店 등에 들리다.		·政府, 公共機關에 國民 누구나 情報公開를 청구할 수 있도록 한 情報公開法 試案을 확정 발표
	27(火)	11.25	·서울大 總長 候補 選定委員으로 委囑되고 第1次會議에 참석하다. ·妻와 같이 蘇鎭光·朴榮哲 夫婦 招請 晩餐에 가다.	22(木)	·政府, 放射性廢棄物 處分場을 京畿 甕津郡 德積面 掘業島로 확정 발표 ·北韓 平壤放送, 世界 모든 나라의 民航機들에 대해 領空通過 및 離着陸을 허용할 方針임을 보도
	28(水)	11.26	·서울大 環境大學院 教授會議에 참석하다. ·卞鐸·鄭淵壽·金學澈氏와 送年會를 갖다.	23(金)	·政府 改閣 단행, 19개 部處長官 경질
	29(木)	11.27	·教育部 全權秀 事務官 등과 點心을 하다. ·行研會 送年 모임에 가다.		·總務處, 政府組織 改編으로 축소되는 機構는 長官職 2, 次官職 3, 室·局 25, 課와 擔當官職 115, 減縮人員 1,002명으로 최종 확정
	30(金)	11.28	·貞娥 住民證錄番號 更新되다. ·서울大 短期課程 會議를 주재하다. ·서울大 總長 候補 選定委員會 第2次 會議에 참석하여 7名의 候補를 投票로 선출하다. ·權泰埈·林岡源 教授와 식사하다. ·李圭憲·鄭博士 등과 飮酒하다.	26(月)	·大法院, 95년 한 해 동안 國民學生에 한하여 改名 허용 ·옐친 러시아 大統領, 체첸 攻擊 中止令을 발표
	31(土)	11.29	·洋服店·銀行·沐浴湯을 거쳐 오다. ·모든 整理를 마치고 除夜의 鍾소리를 듣다.	28(水)	·94년 證券市場, 綜合株價指數 1,027.37로 폐장 ·日本 東北部 地方에 震度 7.5의 强震 발생으로 3명 사망, 241명 부상
				30(金)	·全南 警察廳, 光州市議會 吳宗烈 議員을 國家保安法 위반혐의로 구속 ·古下 宋鎭禹 先生 紀念事業會 창립 ·러시아, 체첸共和國 두다예프 大統領의 休戰 提議를 거부하고 그로즈니 外廓 精油工場과 戰略高地 등에 猛爆을 가함
				31(土)	·美國 마틴 루터 킹 牧師센터, 94년도 '非暴力平和賞' 受賞者로 金泳三 大統領을 선정

第 60 歲 : 1995 (4328) 乙亥年 / 平教授

月	日	陰	本人 및 家族事項	社會 一般 事項	
1	1(日)	12.1	·새해 祭祀를 모시다. ·行研會 새해 모임을 갖다.	1(日)	·35市.34郡을 통합하고 直轄市를 廣域市로 改稱하며 廣域市 區域을 확장하는 등의 區域改編이 이루어짐
	2(月)	12.2	·趙正濟 院長과 金壽鶴 會長宅에 세배가다. ·세배 손님을 받다.		·쓰레기 從量制 전국 실시
	3(火)	12.3	·貞娥, 첫선을 보다.		·世界貿易機構(WTO) 체제 출범

月	日	陰	本人 및 家族事項	社會一般事項
1	3(火)	12. 3	·學校에서 개최한 本部 賀禮式과 環境大學院 賀禮式에 참석하고 인사말을 하다. ·林岡源 원장댁에서 식사하다.	4(水) ·西江大, 국내 처음으로 障碍人 特例者 入學 23명을 선발 ·泰國 議會, 새로운 民主憲法을 채택
	4(水)	12. 4	·鑑定院 理事 등과 오찬을 갖다.	6(金) ·金泳三 대통령, 年頭 記者會見에서 世界化 등 6大課題를 제시하고 不動産 實名制 실시를 천명 ·美 會計檢査院, 우리 나라 國家信用度를 170國中 14位로 평가
	5(木)	12. 5	·總長 選定委員會에서 7名 候補의 연설을 듣고 5名을 선출하다. ·權泰埈 候補의 落選을 위로하다.	
	6(金)	12. 6	·大韓商議 理事와 식사하다. ·行政大學院 同期生 모임에 가다. ·李相晩·鄭敬培 친구들과 음주하다.	9(月) ·SBS TV, 市中 話題作인 〈모래時計〉 첫 방영
	7(土)	12. 7	·妻·貞娥를 데리고 聞慶에 가다.	11(水) ·國會 內務委, 地方稅 非理에 대한 國政調査에 착수
	8(日)	12. 8	·코롱 研修院에 가서 新入社員에 대한 特講을 하다.	12(木) ·政府, 大宇·韓化·東洋·信元 그룹 등의 40여명에 대해 訪北을 승인 ·겨울 가뭄으로 南部地域에 제한 급수
	9(月)	12. 9	·서울大 行政大學院 國家政策課程에서 특강을 하다.	
	10(火)	12.10	·三星經濟研究所 주최 座談會에서 主題發表를 하다. ·鄭淵壽·李圭憲·金學澈씨 등과 저녁식사를 하다.	16(月) ·'94년도 南北 貿易額이 搬出 2,500만달러 搬入 2억 200만달러로 총 2억 2,700만 달러를 기록 17(火) ·日本 神戶市·大板市 일원에 震度 7.2의 大地震이 발생하여 6,300여명이 사망·실종
	11(水)	12.11	·家族 모두 貞娥 歡送 만찬을 갖다.	
	12(木)	12.12	·貞娥, 向美 출국하다. ·韓國人間開發研究院에서 특강하다. ·鄭淵壽·辛國煥·徐尙佑씨 등과 만찬을 하다.	18(水) ·韓·中 양국이 공동개발하는 100人乘級 中型 航空機 개발사업을 추진할 國內 컨소시움인 '韓國 中型航空機 事業組合'을 창립
	13(金)	12.13	·貞娥, 美國 Lansing에 도착하다.	
	15(日)	12.15	·코롱 研修院에서 특강하다. ·妻와 같이 中溪洞 商街에 들리고 自動車運轉을 연습한 뒤 누님 茶房에 가다	19(木) ·民自黨 金鍾泌 代表, 黨代表 사퇴를 선언 20(金) ·憲法裁判所, 全斗煥 前大統領의 公訴時効가 끝나지 않았다고 결정 ·大宇,세계 최대 규모인 總工事費 52억달러의 中國 北京 大公園 建設工事 施工權을 획득 ·美國, 北韓에 대한 經濟制裁措置 일부 해제
	16(月)	12.16	·學校 短期課程 會議를 주재하다. ·內務部 地方行政研修院 指導教授들과 저녁식사를 하다.	
	17(火)	12.17	·大林그룹 초청으로 濟州道에 가다. ·五羅 골프장에서 운동을 하고 투숙하다.	
	18(水)	12.18	·大林그룹 任員들에게 特講을 하고 상경하다. ·內務部 本部職員들에게 특강을 하다.	21(土) ·世界化推進委員會가 政府綜合廳舍에서 첫 會議를 갖고 공식 출범
	19(木)	12.19	·在京 鄕友會 會長團모임에 가다.	
	20(金)	12.20	·서울大 總長選擧 開票委員으로 참여하다. ·行政刷新委員會 會議에 참석하다.	22(日) ·이스라엘 海岸 休養都市 나타니아에서 이슬람 過激團體의 爆彈 테러로 19명 사망, 65명 부상
	21(土)	12.21	·서울大 總長選擧 開票委員으로 참여하다.	
	22(日)	12.22	·코롱 研修院에서 특강하다. ·金壽鶴 會長 問病을 가다.	23(月) ·韓國開發院,'94년 1년간의 私教育費가 17조 4,640억원이며 이중 33.5%가 初·中·高生의 課外費라고 발표
	24(火)	12.24	·內務部 地方行政研修院 教授採用 審査會議에 참석하다.	24(火) ·北韓, 光復 50周年을 맞아 8월 15일에 '大民族會議'를 개최하자고 제의 ·建設交通部, '94년말 현재 全國의 未分讓 아파트가 10萬家口를 넘어섰다고 발표 ·日本의 '94년도 貿易黑子가 1,211억 7,000만달러로 史上 最大를 기록
	25(水)	12.25	·漢城 골프장에서 운동하다. ·內務部 本部 職員들에게 특강하다. ·서울 JC會議에서 강연을 하고 紀念牌를 받다.	
	26(木)	12.26	·地方自治學會 常任理事會 朝餐會를 주재하다. ·趙正濟 원장 초청 晩餐에 가다	
	27(金)	12.27	·趙正濟 원장과 같이 晋州市에 가다. ·慶尙大 總長 예방하고 市公聽會에서 司會를 보다. ·晋州에 投宿하다.	25(水) ·政府, 그리스와 投資保障協定 및 空港協定을 체결 ·山林廳 林木育種研究所, 抗癌劑 택솔의 生産技術을 세계 최초로 개발했다고 발표
	28(土)	12.28	·河東郡 平沙里·雙磎寺·花開장터, 晋州市 涉川 마을등을 둘러보고 상경하다.	26(木) ·金泳三 대통령, '마틴 루터 킹 非暴力 平和人權賞' 수상
	31(火)	1. 1	·누님宅에 가서 舊正 歲拜를 하다.	

月	日	陰	本人 및 家族事項	社會一般事項
1				27(金) ·政府, 不動産實名制 立法豫告
				28(土) ·美國과 베트남, 베트남 終戰 20년만에 하노이와 워싱턴에 連絡事務所 開設
				31(火) ·유럽地域에 暴雨·暴雪·强風 등 氣象異變 발생
2	3(金)	1. 4	·妻 生日 祝賀 外食을 하다.	1(水) ·설 連休期間 交通事故로 전국에서 115명
	4(土)	1. 5	·空港에 나가 아들 東爀을 환송하다.	사망, 4,142명 부상이라고 警察廳이 발표
			·東爀, 美國 Lansing에 도착하여 貞娥에게 가다.	2(木) ·뉴욕 메트로폴리탄 博物館, 韓國語를
	7(火)	1. 8	·서울市 市政改革研究諮問委員을 위촉받고 第1次	公式 案內語로 채택
			會議를 갖다.	3(金) ·土地去來電算 稼動
			·弦汀賞 基金 管理委員會 會議에 참석하다.	·서울市, 5월말까지 市內 全域에서 乘用車
	8(水)	1. 9	·在京鄕友會 新年交禮會에 참석하다.	10部制 運行과 버스專用 全日車線制 실시
	9(木)	1.10	·行政刷新委員會 政策討論會에 참석하다.	5(日) ·政府, 4月末로 時限이 끝나는 行政刷新
	10(金)	1.11	·東爀·貞娥, Columbus로 가서 雪娥가족과	委員會를 '98년 2월말까지 연장키로
			만나다.	결정
			·行政刷新委員會에 가다.	6(月) ·'94년 糧穀 自給率이 冷害 등의 영향으로
			·申熙進씨 歸鄕 送別宴에 참석하다.	史上 처음으로 29% 기록
	11(土)	1.12	·信元 골프장에서 운동하다.	7(火) ·自民黨 全黨大會 개최, 代表에 李春九
			·Cincinnati大學 同窓會에 가다.	국회부의장을 선출
	12(日)	1.13	·貞娥, Columbus에서 Lansing으로 가다.	·第76回 冬季 體育大會 개막, 서울 10連覇
	13(月)	1.14	·京畿道 公務員들에게 道廳에서 특강하다.	기록
	15(水)	1.16	·京畿道 公務員들에게 특강하다.	·指揮者 鄭明勳씨, 프랑스 音樂 團體로
	16(木)	1.17	·江原道 公務員들에게 특강하다.	부터 '94 最高音樂家賞' 등 3개賞을 수상
	17(金)	1.18	·行政刷新委員會에 가다.	·美國 클린턴 대통령, 不法移民者 團束令
			·閔斗基 著『日本의 歷史』를 읽다.	발표
	18(土)	1.19	·弦汀基金管理委員會의 朝餐 모임에 가다.	9(木) ·金鍾泌 前 民自黨代表, 脫黨을 공식
			·地方自治學會 會長團會議를 주재하다.	발표하고 新黨 創黨을 선언
	19(日)	1.20	·天安 檀國大 學生 幹部 및 教授들의 來訪을 받고	·이스라엘, 요르단과 맺은 平和協定에
			오찬을 함께 하다.	따라 27년간 점령해온 340㎢의 요르단
	20(月)	1.21	·江原道 公務員들에게 특강하다.	領土로 부터 완전 兵力 철수
	21(火)	1.22	·學校 教授會議에서 短期課程案을 제안·설명하다.	10(金) ·서울地檢 西部支廳, 不法屋外廣告物 설치
	22(水)	1.23	·東爀, 미국에서 귀국하다.	혐의로 趙澈權 前勞動部長官을 구속
			·地方自治學會 理事會에서 事業報告를 하다.	11(土) ·釜山 國際市場에서 불이나 店鋪 31개
			·地方自治學會 研究發表會에서 사회를 보다.	전소
			·地方自治學會 總會에서 第3代 會長으로	13(日) ·우리 나라 總外債가 '94년 11월말에
			선출되어 就任人事를 하다.	史上 처음 542억달러 기록
			·밤 列車로 龜尾市에 가다.	15(水) ·우즈베크의 카리모프 大統領 訪韓,
	23(木)	1.24	·龜尾商議 주최 세미나에서 基調演說을 하고	金泳三 대통령과 정상회담
			金源 教授의 主題論文을 대신 발표하다.	·韓國-日本-러시아를 잇는 國際 海底光
			·朴世直 議員과 같이 列車로 상경하다.	케이블網 개통
			·龜尾 KBS 라디오에서 방송하다.	·京畿道, 2학기부터 28개 國民學校에서
	24(金)	1.25	·教育部 地域開發研究課題 세미나에서 委員長	전국 처음으로 週 5日制 授業 실시키로
			人事를 하다.	결정
			·內務部 研修院에서 市長·郡守·區廳長에게	17(金) ·大陸綜合開發, 中國 黑龍江省의 農地
			특강을 하다.	10억坪 開發契約 체결하고 70년간
			·行政刷新委員會에 참석하다.	耕作權 확보
	25(土)	1.26	·大學院 卒業式에 참석하다.	19(日) ·'95 冬季 유니버시아드大會가 스페인
			·張明洙 教授의 弦汀賞受賞 祝賀宴에 가다	하카에서 개막, 韓國 綜合 2位 획득
	27(月)	1.28	·內務部 研修院에서 市長·郡守·區廳長에게	20(月) ·第45回 베를린 映畵祭에서 프랑스의
			특강을 하다.	〈산 미키〉가 最優秀作品賞 수상
			·安東師範學校 同期 모임에 가다.	
	28(火)	1.29	·地方自治學會 常任理事會를 주재하다.	
			·土開公 土地研究院長 등과 오찬을 하다.	

1995

月	日	陰	本人 및 家族事項	社會一般事項
2	28(火)	1.29	・鳥嶺會 모임에 가다.	22(水) ・英國과 아일랜드, 25년간의 紛爭을 종식시키기 위한 平和案 공동 발표 23(木) ・建交部, 北韓을 포함시킨 새 國土開發計劃 발표 25(土) ・電子製品 國産化率이 평균 78%에 도달 ・北韓 人民武力部長 吳振宇 사망 27(月) ・英國 베어링스銀行 파산 ・日本 最高裁判所, 在日 韓國人 등 居住權者에게 地方選擧에 대한 選擧權 부여 판결
3	1(水) 2(木) 4(土) 7(火) 8(水) 9(木) 10(金) 11(土) 12(日) 13(月) 14(火) 15(水) 16(木)	2. 1 2. 2 2. 4 2. 7 2. 8 2. 9 2.10 2.11 2.12 2.13 2.14 2.15 2.16	・海軍産業研究院의 理事로 위촉되다. ・每日經濟新聞 時評欄 固定筆者로 위촉되다. ・淸凉里 民資驛舍計劃審議委員으로 위촉되다. ・中部 골프場에서 운동하다. ・大學院 入學式에 참석하다. ・農協에서 특강을 하다. ・地方行政研究院의 院長 등과 식사하다. ・中外製藥 職員들에게 특강하다. ・曉園大學에서 특강을 하다. ・行政刷新委員會에 가다. ・李圭憲 院長室에서 座談會를 갖다. ・國會 國民意識 모임에서 특강을 하다. ・大邱에 가다. ・大邱市廳과 大邱地方 國稅廳에서 강연을 하다. ・金秉燦 敎授의 問喪을 하다. ・大邱에서 상경하다. ・金瑢泰 內務長官 초청으로 地方自治學會 任員들과 오찬을 하다. ・宜寧의 慶南社會振興研修院에 가서 특강을 하다. ・韓國 環境科學研究協議會의 常任理事로 위촉되다. ・浦項에서 개최된 行政刷新委員會 討論會에서 活動을 설명하고 進行 司會를 보다. ・浦項에서 列車로 大田에 오다. ・地方自治學會 大田・忠南支會 行事에서 祝辭를 하고 討論에 참여하다. ・大田에서 상경하다. ・妻와 같이 濟州道에 가다. ・濟州大學 行政大學院에서 특강을 하다. ・濟州에 투숙하다. ・濟州에서 大邱로 가다. ・査頓 內外分과 오찬을 하고 回甲祝賀 膳物을 주다. ・大邱에서 상경하다. ・京畿開發研究院의 研究諮問委員으로 위촉되다. ・李洪九 總理 초청으로 總理公館에서 行政刷新委員들과 오찬을 하다. ・서울市立大學에서 특강을 하다. ・大學院 短期課程委員會 會議를 주재하다. ・光州市에서 개최된 光州商議 主催 심포지엄에서 司會를 보다. ・光州에서 상경하다. ・光州市에 가서 투숙하다. ・KBS 라디오에서 방송하다.	1(水) ・'94년에 전국의 땅값이 평균 0.57% 떨어져 3년째 下落 2(木) ・金泳三 대통령, 유럽巡訪을 위해 출국 ・이탈리아 檢察, 7차례나 總理를 역임한 안드레오티 前總理를 마피아 連累 혐의로 起訴 3(金) ・러시아, '92년 價格自由化 이후 3년 동안 物價가 294倍 앙등 5(日) ・中國 第8期 全人民代表大會 3次 全體會議 개막 6(月) ・UN 社會開發頂上會議가 130個國 頂上이 모여 덴마크 코펜하겐에서 개막 7(火) ・第172回 臨時國會, 與野對峙로 안건처리 못하고 자동폐회 9(木) ・韓・美・日 3國代表, 韓半島 에너지 開發機構(KEDO) 設立協定 署名式을 갖고 公式 출범시킴 10(金) ・江原道 襄陽郡議會, 都農統合에 반발 사퇴하여 地方議會史上 처음으로 해체됨 11(土) ・金泳三 대통령, 코펜하겐에서 열린 UN 社會開發頂上會議에서 基調演說 12(日) ・멕시코 살리나스 前大統領, 經濟 失政으로 비난받다가 美國으로 망명 14(火) ・금용學園理事長 金衡鎭씨 殺害事件 발생, 아들이자 敎授인 金成福씨를 범인으로 검거 15(水) ・地方選擧에서 基礎議會議員만 무공천으로 하고 다른 것은 政黨公薦으로 하는 選擧法 改正案을 國會 本會議에서 의결 ・'94년도 國內 總生産(GDP) 기준 經濟成長率은 8.4%, 1인당 國民總生産(GNP)은 8,483달러로 집계 16(木) ・建交部, 全國 45萬筆地에 대한 '95년도 公示地價를 확정 18(土) ・美國 바틀래트社가 美國産 옥수수 5만 4,0000t을 北韓에 수출, 北韓과 美國간 첫 去來 개시 20(月) ・서울・釜山 등 6大 都市의 버스料 인상, 一般 320원, 座席 700원 ・高麗大 民族文化研究所, 30萬語彙를 담은 세계 최대의 中韓辭典 완간 ・日本 東京의 地下鐵內 毒가스 테러事件 발생, 11명 사망, 4,700명 중독

月	日	陰	本人 및 家族事項	社會一般事項
3	17(金)	2.17	·光州·全南經營者協會에서 朝餐 講演을 하다. ·木浦 KBS 홀에서 개최된 地方自治討論會에서 주제발표를 하다. ·順天으로 가서 투숙하다.	21(火) ·全國 8個地域 19個 市·郡의 統合을 위한 任民投票실시 22(水) ·政府, 南太平洋의 팔라우共和國과 外交關係 수립
	18(土)	2.18	·順天 KBS홀에서 개최된 討論會에서 주제발표를 하다. ·서울로 돌아오다. ·KBS 라디오에서 방송하다.	·UN의 '世界 물의 날' 행사 거행 23(木) ·土地開發公社,러시아 沿海州 나후카의 自由經濟 地域內에 100萬坪 규모의 韓國工團을 설립하기 위한 契約 締結
	20(月)	2.20	·安東 MBC TV와 대담·촬영을 하다. ·趙正濟 원장 초청 만찬에 가다.	·統計廳, '94년도 都市 勤勞者 家口의 月平均所得은 170만원이고 支出은 110만원이라고 발표
	22(水)	2.22	·地方自治學會 조찬회에 참석하다. ·大學院 敎授會議에서 短期課程案을 보고하고 심의·가결하다. ·建設産業硏究院 開院式에 가다.	24(金) ·租稅硏究院, 地下經濟 規模가 93년말 현재 GNP의 22.9%인 58조원으로 추정 25(土) ·北韓·美國間의 輕水爐 選定 問題를 논의하기 위한 專門家 會談이 獨逸 베를린에서 개막, 27일에 결렬됨
	23(木)	2.23	·金漢圭 民自黨 總裁秘書室長과 조찬을 하다. ·風水會 주최로 골프를 치다.	
	24(金)	2.24	·醴泉郡廳에서 公務員들에게 特講을 하다. ·安東市에서 개최된 市民討論會에서 강연을 하다.	·日本 地下鐵에 毒가스 事件 발생 26(日) ·유럽聯合(EU) 國家간에 아무런 統制없이 國境을 통과할 수 있도록 하는 센겐條約 發效
	25(土)	2.25	·友情 힐스 골프場에서 운동하다. ·天安 檀國大에서 강의하고 상경하다.	
	26(日)	2.26	·第一골프장에서 운동하다.	27(月) ·新民黨은 全黨大會를 열고 金福東 의원을 새 代表로 선출
	27(月)	2.27	·環心會員들과 저녁식사를 하다.	
	28(火)	2.28	·海軍産業硏究院 理事會에 참석하여 인사를 하다. ·海軍産業硏究院 基金管理委員으로 선임되다.	28(火) ·UN環境會議, 160個國 1,500여명이 모여 獨逸 베를린에서 개막
	29(水)	2.29	·土開公 세미나에서 司會를 보다. ·새재會 모임에 가다.	30(木) ·自由民主聯合(自民聯)이 創黨大會 갖고 공식출범, 總裁에 金鍾泌씨 선출
	30(木)	2.30	·韓國地方行政硏究院 諮問會議에 참석하다. ·大田에 가서 漢南大學에서 특강을 하고 상경하다.	31(金) ·文化體育部, '96년을 '文學의 해'로 결정 ·루마니아 타롬 航空社 소속 에어버스 旅客機가 부쿠레슈티 空港을 이륙 직후 추락하여 59명 사망
	31(金)	3. 1	·每日經濟新聞사 任員陣과 오찬을 하다. ·行政刷新委員會에 가다.	
4	1(土)	3. 2	·韓國地方自治硏究院의 理事長으로 취임하다. ·冠岳 골프장에서 운동하다.	1(土) ·우크라이나, 크림自治共和國의 政府 統制權을 장악하여 强制 合倂하는 大統領令 발표
	4(火)	3. 5	·코오롱硏修院 주최 심포지엄에서 司會를 보고 특강을 하다.	2(日) ·제임스 레이니 駐韓 美大使, 부임 후 처음 光州 방문
	5(水)	3. 6	·孫錫佑著『터』를 읽다.	
	7(金)	3. 8	·韓國地方行政硏究院 주최 세미나에서 討論을 하다. ·行政刷新委員會 워크 샵에 참석하다. ·鄭文和 원장·權純福 이사장 등과 식사하다.	4(火) ·政府, 國務會議에서 5個 都農複合形態의 統合市 확정 5(水) ·在學生을 제외한 全國民의 平均 敎育期間이 90년 기준으로 9.5년으로서 '70년의 5.7년보다 3.8년이나 증가
	8(土)	3. 9	·天安 檀國大에서 강의하다.	
	9(日)	3.10	·泰榮 골프장에서 운동하다.	·캄보디아·라오스·泰國·베트남 4國, 메콩江 流域의 水資源 共同開發 및 保存協定을 공식체결
	10(月)	3.11	·李義根·金壽鶴·李相熙씨와 저녁식사를 하다.	
	11(火)	3.12	·聞慶市 地域發展協議會의 顧問으로 위촉되다. ·大邱에 가서 大邱市 警察廳 직원들에게 특강을 하고 상경하다. ·妻, 친구들과 慶州에 가다.	9(日) ·趙淳 전부총리, 民主黨의 서울市長 選擧 出馬 要請을 수락 ·日本의 地方選擧에서 東京都와 大阪府 知事에 모두 無所屬 候補가 당선
	12(水)	3.13	·學校 敎授들과 식사하다. ·妻, 慶州에서 상경하다.	10(月) ·美國과 北韓間에 直通電話를 개통
	13(木)	3.14	·李義根 行政首席에게 書評과 政策案을 주다. ·鄕友會 會長團 모임에 가서 自治團體長 選擧에 대한 소견을 말하다.	12(水) ·政府,第4次 國土綜合開發計劃 作成을 위한 細部指針 발표 13(木) ·政府, 이집트와 大使級 外交關係 수립
	14(金)	3.15	·溫陽에 가서 平統諮問委員會 委員들게 강연하다. ·行政刷新委員會에 참석하다.	·李健熙 삼성그룹 회장, 北京에서 政府의 經濟政策과 官僚主義行政을 강력히 비난하여 파문 발생
	15(土)	3.16	·內務部 世界化推進企劃班 班員에 위촉되다.	

月	日	陰	本人 및 家族事項	社會一般事項
4	15(土)	3.16	・淸源里 驛舍計劃諮問委員으로 위촉되다.	15(土) ・財政經濟院, '94년도 1인당 租稅負擔額이 136만원이고 擔稅率은 20%라고 집계・발표
	16(日)	3.17	・大邱에 가서 主禮 보고 상경하다. ・Robert J.Waller 著『The Bridges of Madison County』를 읽다.	17(月) ・中國 喬石 全人大 常務委員長 방한 ・核擴散禁止條約(NPT) 재검토 및 時限延長會議가 170여개국이 참석하여 뉴욕 UN 本部에서 개막
	17(月)	3.18	・朱龍鐸 회장 등과 仙樂苑에서 회식・연회를 갖다.	
	19(水)	3.20	・環境大學院을 방문한 李壽成 총장과 환담하다. ・金源・趙正濟・金鎭炫・金彩潤씨 등과 식사하다. ・李圭憲・趙正濟씨등과 『自治公論』창간을 자축하다.	18(火) ・第99回 보스턴 마라톤 大會에서 케냐의 엔데티가 2시간9분22초로 우승
	20(木)	3.21	・서울市 都市基本計劃 公聽會에서 司會와 討論을 하다. ・새재회 모임에 가다.	19(水) ・政府, 4.19墓域을 國立墓地로 격상 ・美國 오클라호마시티의 앨프리드머라 聯邦政府建物에 車輛爆彈 테러 발생, 87명 사망
	21(金)	3.22	・行政刷新委員會 第2期 마지막 會議를 終了하고 저녁會食을 함께 하다.	21(金) ・金錫元 쌍용그룹회장, 政界入門을 위해 會長職 사퇴를 공식발표 ・中國 廣東省 일부 지역에 雨雹과 함께 暴雨・突風이 몰아쳐 37명 이상이 사망
	22(土)	3.23	・天安 檀國大 강의를 하고 汽車로 상경하다.	
	25(火)	3.26	・大韓商議 주최 세미나에 참석하여 토론하다.	
	26(水)	3.27	・六友會 모임에 가다.	
	27(木)	3.28	・儒城에서 개최된 忠南大・科學技術諮問會議 주최 세미나에서 주제 발표를 하다. ・儒城에 投宿하다.	23(日) ・르완다 南西部 키베호의 후트族 難民村에서 투치族 政府軍에 의해 8,000여명이 살해된 것으로 알려짐
	28(金)	3.29	・溫陽에서 개최된 平統諮問委員 硏修會에서 특강을 하다. ・朴昇治 이사와 상경하여 李圭憲 원장과 식사하다.	25(火) ・環境技術硏究院, '92년도 環境汚染의 直接 被害가 4조원 이상으로 추정 ・우크라이나 保健長官,체르노빌 原電 放射能 流出事故로 '88~'94년에 12만 5,000여명이 사망했다고 밝힘
	30(日)	4. 1	・行政刷新委員의 任期를 종료하다. ・妻와 같이 淸溪山에 가다.	26(水) ・附加價値稅의 19.8 ~ 20.9%가 脫漏되고 있다고 분석 28(金) ・大邱 地下鐵 工事場에서 都市가스 爆發事故 발생, 100명 사망 150여명 부상 ・北韓 平壤에서 17개국 8,000여명 참관리에 '平壤祝典' 개막
5	1(月)	4. 2	・'聞慶 市民의 노래'의 作詞가 최우수작으로 결정되다. ・學校 環境館 建立委員會에 참석하다.	1(月) ・第174回 臨時國會 개회 2(火) ・서울 新堂洞 地下鐵 工事場에서 가스 漏出 事故 발생
	2(火)	4. 3	・濟州에서 개최된 濟州商議 주최 심포지엄에서 주제발표를 하다. ・李祥羲 위원장과 같이 상경하다.	3(水) ・民主黨, 경선을 통해 趙淳씨를 서울市長 候補로 선출 ・'94년도 學父母들의 敎育費 負擔이 GNP의 7.5%에 이름
	3(水)	4. 4	・溫陽에서 개최된 平統諮問委員 硏修會에서 특강을 하다. ・城南市에서 개최된 세미나에서 基調演說을 하고 사회를 보다. ・海運産業硏究院 硏修大會에서 특강을 하다.	・브라질의 公共部門 勞動者 25만명, 政府改革에 항의 파업 4(木) ・自民黨, 國會 本會議에서 統合選擧法을 단독 처리
	4(木)	4. 5	・Las Vegas市의 金在城 박사 등과 조찬을 갖다. ・信元 골프장에서 운동하다.	5(金) ・英國의 地方選擧에서 메이저總理의 執權保守黨이 참패
	6(土)	4. 7	・EXPO 골프장에서 운동하다. ・天安 檀國大에서 강연하고 상경하다.	6(土) ・民主黨 全南知事 候補 競選에서 許京萬 의원이 金成勳교수를 물리치고 선출됨
	7(日)	4. 8	・佛誕日을 맞아 虎壓寺에 가서 禮佛하다.	7(日) ・프랑스 大統領 選擧 決選投票 실시, 右派인 共和國聯合의 자크 시라크 당선
	8(月)	4. 9	・內務部 硏修院 中堅班 入校式에 참석하다.	
	9(火)	4.10	・大邱에서 개최된 大邱・慶北開發硏究院 주최 세미나에서 주제발표를 하고 상경하다.	10(水) ・農林水産部, 遊休 및 限界農地를 都市人이 7月부터 450평까지 보유토록 허용
	10(水)	4.11	・學校 敎授會議 등을 마치고 회식하다. ・安東 MBC TV에서 방영하다.	12(金) ・自民黨, 경선을 통해 鄭元植 전 총리를 서울市長 候補로 선출

月	日	陰	本人 및 家族事項	社會一般事項
5	11(木)	4.12	·金瑢泰 內務部長官과 『自治公論』 주관 討論을 갖다. ·코롱 硏修院에서 특강을 하다.	12(金) ·忠南 保寧市 앞바다에서 潛女 金順心씨가 食人상어에 물려 사망 13(土) ·日本 나리타(成田) 空港에서 私製爆彈 테러事件 발생
	12(金)	4.13	·全石煥 作曲家와 같이 聞慶市廳에 가서 「聞慶市民의 노래」 制定 施賞式에서 수상하다. ·聞慶市 公務員들에게 특강을 하다. ·서울로 귀경하다.	14(日) ·釜山·大邱·光州·大田에 地域 民營 TV 開國 15(月) ·土地開發公社, 베트남 하노이 등 3곳에 韓國工團을 건설키로 베트남 政府와 합의
	16(火)	4.17	·暻園大學에서 강연을 하다.	
	18(木)	4.19	·教育部 地域開發 課題를 심사하다. ·새재회 모임에 가다.	16(火) ·自民黨과 新民黨, 黨對黨 統合을 선언 ·日本警察, 도쿄 地下鐵 毒가스 테러 容疑者로 옴眞理教의 아사하라 쇼코(麻原彰晃) 教主 등 17명 체포
	19(金)	4.20	·內務部 硏修院에서 특강하다. ·鄭正佶 원장 초청으로 著書 共同出刊 자축연을 갖다.	17(水) ·在獨 作曲家 尹伊桑씨, 世界 最高作曲家 30人에 유일한 東洋人으로 선정
	20(土)	4.21	·安企部에 가서 특강을 하다. ·天安 檀國大에서 강의를 하다.	18(木) ·'94년의 地球의 平均氣溫이 섭씨 15.32°로 '93년 보다 0.12°상승
	21(日)	4.22	·李忠雨씨를 만나 區廳長출마에 대해 자문하다.	
	22(月)	4.23	·浦項市가 개최한 都市計劃公聽會에서 사회를 보다 ·許和平 議員등과 식사를 하고 투숙하다.	19(金) ·漢江의 22번째 다리인 新幸州大橋 개통 ·泰國의 리크파이 總理, 政局 危機 해소 위해 議會 해산
	23(火)	4.24	·慶州 朝鮮골프장에서 운동을 하고 상경하다. ·洪在圭 著 소설『野人』을 읽다.	23(火) ·財經院 조사결과 서울의 주요 工產品 物價가 世界 주요 8大 都市中 東京에 이어 두번째로 기록
	24(水)	4.25	·大邱 永進專門大學에서 특강을 하고 투숙하다.	
	25(木)	4.26	·大邱에서 상경하다. ·저녁에 環境大學院 同窓會와 鄕友會 會長團 회의에 참석하다.	·아시아 올림픽 評議會, 2002년 아시아 競技의 釜山 開催 확정 27(土) ·株價가 847.09로 내려가 '93년 12월 이후 最低價 기록
	26(金)	4.27	·麻浦 포럼에서 조찬강연을 하다. ·京畿開發硏究院 諮問會議에 참석하다. ·妻, 聞慶에 가다.	·大法院, 至尊派 일당 金기환 등 6명에 대한 死刑 확정
	27(土)	4.28	·地方自治學會 조찬 理事會를 주재하다. ·李東奎씨 女息 결혼식의 주례를 보다.	28(日) ·러시아 사할린 北部 네프테고르스크市 인근에서 리히터 規模 7.6의 强震이 발생, 1,500명 사망
	28(日)	4.29	·남서울 골프장에서 운동하다. ·Remarque 著『Im Westen Nichts Neues』를 읽다.	29(月) ·第48回 칸 映畫祭에서 사라예보 出身 쿠스트라차 監督의 〈언더 그라운드〉(Under Ground)가 大賞 수상
	29(月)	5. 1	·中央部處 4級 以上 公職者에 대한 강연을 午前·午候 2回에 걸쳐서 행하다. ·學校 指導班 學生들과 회식하다.	30(火) ·中國에 나포됐다가 풀려난 86 우성호가 仁川으로 귀항 도중 航路를 잘못 들어 北韓에 나포됨
	30(火)	5. 2	·陽智 골프장에서 운동하다. ·鳥嶺會 모임에 가다.	
	31(水)	5. 3	·學校 教授會議를 하고 식사하다.	31(水) ·教育改革委員會, '97년도 國公立大 本考查 폐지와 私立大 入試 定員 自律化 등을 골자로 한 教育改革안 발표
6	1(木)	5. 4	·內務部 政策諮問委員으로 위촉하다. ·暻園大學에서 특강을 하다. ·KBS 라디오에서 방송하다.	1(木) ·三星電子와 LG電子는 주요 電子製品 價格을 최고 16% 인하 3(土) ·와타나베 미치오 前日本外相, 韓日合邦 條約은 우호적으로 체결됐다고 妄言
	2(金)	5. 5	·河南市廳에 가서 市公務員과 社會指導 人士들에게 강연을 하다.	6(火) ·東亞建設, 총56억7,500만달러 규모의 리비아 大水路 3段階工事를 맡기로 리비아 大水路工事管理廳(GMRA)과 합의
	3(土)	5. 6	·檀國大 學生 代表들과 골프를 하다. ·天安 檀國大에서 終講을 하다.	
	5(月)	5. 8	·서울大 行政大學院 政策課程에서 강연을 하다.	
	7(水)	5.10	·警察廳 本部職員들에게 2回에 걸쳐 강연을 하다. ·國土·都市計劃學會 주최 國際 세미나에서 사회를 보다. ·朴仁遠·卞鐸·尹成吉 사장과 식사하다.	·警察, 明洞聖堂과 曹溪寺에 兵力을 전격 투입하여 농성 중인 韓國 通信勞組幹部 13명을 전원 연행 7(水) ·李登輝 總統, 臺灣 總統으로는 처음 美國 방문
	8(木)	5.11	·楊州 골프장에서 운동하다.	

月	日	陰	本人 및 家族事項	社會一般事項
6	9(金)	5.12	· 서울大 行政大學院 주최 세미나에서 토론을 하다.	8(木) · 文化財管理局, 慶南 咸安에서 伽倻 時代 遺物 120여점을 발굴했다고 발표
	10(土)	5.13	· 調達廳 職員들에게 특강을 하다.	9(金) · 造幣公社 '51년 설립 이후 처음으로 1,000원권 新券이 대량 유출된 사건이 발생
	11(日)	5.14	· Remarque의 小說『사랑할 때와 죽을 때(Zeitzu Leben und Zeitzu Sterben)』를 읽다.	
	12(月)	5.15	· 冠岳 警察署에 가서 특강을 하다. · 國土·都市計劃學會 주최 土地 세미나에서 사회를 보다. · 天安 檀國大 敎授 및 學生代表등과 식사하다. · 平統諮問會議 事務局職員들에게 특강을 하다.	· 敎育部, 中·高校 學則 準則을 폐지키로 결정 11(日) · 設置美術家 全壽千씨, 올해 베니스 비엔날레에서 特別賞(멘치오 도노레)을 수상
	13(火)	5.16	· 漢陽大 愼元享박사학위논문 최종심사를 하다. · KBS 라디오에서 방송하다.	12(月) · 6.27 地方選擧의 候補登錄를 마감한 결과 無所屬候補가 廣域·基礎 團體長과 廣域議員중 39%차지
	14(水)	5.17	· 總務處 職員들에게 특강을 하다. · 서울大 體育敎育學科 學生들과 오찬을 하다. · 學校에서 論文審査와 敎授會議를 하고 식사하다.	· 起亞自動車, 美國 포드社와 합작으로 國內에 割賦金融會社 설립을 발표
	15(木)	5.18	· 著書『韓國地方自治發展論』을 출간하다. · 서울市政新聞社의 編輯諮問委員으로 위촉되다. · 李圭憲 원장과 같이 出國하여 美國에 가다. · Chicago에서 李院長을 두고 혼자 Columbus에 도착하여 雪娥부부·貞娥·近榮이를 만나다.	15(木) · 內務部, 地方議會議員의 議政活動費를 月60만원(廣域), 35만원(基礎)으로 인상하여 7월부터 시행키로 결정 · 캐나다의 핼리팩스에서 西方先進 7개국(G7) 頂上會議 개최 19(月) · 北京에서 쌀 提供 協商을 벌인 南北韓 代表團은 1차로 政府 채널로 쌀 5만톤 無償提供에 합의
	16(金)	5.19	· Columbus 市內를 구경하고 百貨店·食品店등을 거쳐 韓式堂에서 식사하다.	20(火) · 아르헨티나에서 政府의 財政赤字와 緊縮政策에 항의하는 暴動 발생
	17(土)	5.20	· 全家族, Cincinnati에 가서 貞娥가 태어난 집, Bellevue Hill, Walgreen, 大學, Good Samaritan病院, White Castle 등을 둘러보다. · Kings Island에 가서 관람하고 Columbus로 돌아오다.	22(木) · 北韓, 6.25 발발 45周年인 25일에 停戰 協定 破棄를 선언하겠다고 駐韓 UN軍 司令部에 통보 · 新世界百貨店, 國內流通業體로는 처음 中國 上海에 1,500坪의 賣場을 확보
	18(日)	5.21	· 貞娥, Lansing으로 돌아가다. · 雪娥 가족과 聖堂에 갔다가 식사 후 귀가하다. · 앞에 있는 朴敎授宅에 인사가다.	23(金) · 日本側과 쌀 支援問題를 협의하기 위한 北韓代表團이 訪日, 이로써 北-日間 政府次元의 公式協商이 2년 7개월만에 재개
	19(月)	5.22	· Columbus를 떠나 Chicago에 도착하여 李圭憲 원장을 만나 같이 Las Vegas로 가다. · 金在城 국장을 만나 韓國 TV 촬영팀과 같이 Sun City와 Summerlin Housing Area를 시찰하다. · Adamsen 副市長등과 韓食을 들며 환담하다. · Santa Fe Hotel에 투숙하다.	25(日) · 民主黨의 權魯甲 부총재, 外務部 秘密 文書 제공자인 崔秉震씨를 공개하며 外務部가 文書자체를 변조했다고 주장 · 이스라엘軍이 단식농성중인 팔레스타인 罪人들의 석방을 요구하는 팔레스타인 示威隊에 발포하여 50여명 사상
	20(火)	5.23	· Las Vegas市廳을 방문하여 Jones市長과 副市長 등을 만나 인사하다. · Spectrum, Technology Center, Business Center, Charleston 山 등을 시찰하다. · 저녁에 市內 中心街를 둘러보다.	· 쌀 2,000톤 실은 船舶,北韓으로 출항 26(月) · 카타르에서 宮廷쿠데타가 발생하여 王子 알타니가 父王인 하마드 알타니를 축출 27(火) · 地自制 관련 外交文書를 변조한 혐의를 받고 있는 崔秉震씨, 현지 大使館의 自進歸國 권유를 거부
	21(水)	5.24	· 市議會에 들려 會議進行을 관람하다. · 副市長 등과 오찬을 하다. · Nevada州 州立大學(UNLV), Hoover Dam, Lake Mead 등을 시찰하다. · 金在城 박사댁에서 식사하다.	· 4大 地方選擧가 66..4%의 投票率을 보이면서 전국 일제히 실시 · 6.27 地方選擧 결과 民自黨은 극히 부진한 실적을 기록
	22(木)	5.25	· 輕飛行機를 타고 Grand Canyon을 구경하다. · 저녁에 金在城 박사댁에서 식사를 하고 Cadillac Grill 등에서 술을 들며 환담하다.	· 유럽聯合(EU) 15개 會員國은 '99년 1월 1일 이전까지 유럽 單一通貨制度를 실현시키기로 합의

月	日	陰	本人 및 家族事項	社會一般事項
6	23(金)	5.26	· Las Vegas를 출발 San Francisco를 거쳐 귀국길에 오르다.	28(水) · 故 文益煥 牧師의 부인 朴容吉 장로가 金日成 1周忌 行事에 참석하기 위해 北京을 경유하여 訪北 · 獨逸 지멘스社가 史上 최초로 大西洋을 관통하는 商業用 情報高速道路網을 완공 · 美國의 宇宙往復船 애틀랜티스號가 러시아의 宇宙停車場 미르號와 도킹에 성공
	24(土)	5.27	· 서울에 도착하다.	
	25(日)	5.28	· 結婚主禮를 보다. · 妻·金壽鶴夫婦와 오찬을 하다.	
	26(月)	5.29	· 全奎虹 등 후배들과 식사하다.	
	27(火)	5.30	· 4大 地方選擧 實施로 투표하다.	
	28(水)	6. 1	· 內務部 研修院에 가서 論文指導를 하다. · 大邱 TBC TV에서 방영하다.	
	29(木)	6. 2	· 鳥嶺會 모임에 가다.	29(木) · 建交部, 전국 2,553筆地 土地에 대해 '95년 1월 1일 현재 個別 公示地價를 확정·공고 · 서울 三豊百貨店의 5층건물 2개棟 중 1개棟이 순식간에 붕괴하여 1千여명의 사상자 발생
	30(金)	6. 3	· 空港에 나가 일시 귀국하는 貞娥를 영접하다.	30(金) · 獨逸 議會, 보스니아 內의 U.N. 平和維持軍으로 兵力 1,500명을 파견하는 政府計劃을 승인
7	1(土)	6. 4	· 民主平和統一諮問會議 委員으로 위촉되다. · 地方自治學會 常任理事會를 주재하다. · 妻,在京 女高同期會 會長으로 피선되다.	1(土) · 民選 市·道知事 15명과 市·郡·區廳長 230명이 일제히 취임, '民選地方自治時代' 출범 · 三豊百貨店 붕괴참사 현장에서 52시간 만에 環境美化員 24명이 구출됨
	2(日)	6. 5	· 妻·貞娥와 같이 結婚式에 갔다가 盆唐 밭을 정리하고 동생宅에서 식사하다.	
	3(月)	6. 6	· 林岡源원장 초청으로 金壽鶴·梁銑在씨와 식사하다 · 大邱 李永哲회장과 만나 술을 마시다.	4(火) · 金泳三 대통령, 6.27 地方選擧의 참패 문책으로 民自黨 黨職改編을 단행 · 最低賃金審議委員會는 最低 賃金을 종전보다 8.9% 올린 月 28만 8,150원으로 확정 · 政府,對北支援을 위한 쌀 3,500t을 실은 벤처號 등 3척을 각각 出港시킴
	5(水)	6. 8	· 環境大學院 歷代院長들과 회식하다.	5(水) · 第78次 라이온스 世界大會가 서울에서 136개국 2만여 代表들이 모여 개막 · 大田 中區廳, '76년 5월부터 운영해오던 班常會를 7월부터 폐지 · 존 메이저 英國總理, 대대적인 內閣 改編 作業에 착수
	6(木)	6. 9	· 中央 골프장에서 聞友會 주최 골프를 치다. · 金喆熙 회장 초청으로 술을 마시다.	
	7(金)	6.10	· 60回 生日을 맞다. · 家族·親戚들과 三井호텔에서 生日宴을 갖다.	7(金) · 金泳三 대통령, 넬슨 만델라 南阿共 大統領과 靑瓦臺에서 頂上會談을 가짐 · 濟州道 北濟州郡에서 生成年代가 32만년으로 추정되는 鐘乳洞窟을 발견
	10(月)	6.13	· 交通開發研究院 民資誘致 專門評價人團의 團員으로 위촉되다.	10(月) · 미얀마의 反體制 指導者 아웅산 수지 女史, 6년간의 家宅軟禁에서 풀려남
	11(火)	6.14	· 慶州에서 개최된 慶北道民 和合大會에서 연설을 하다. · 東園獎學會 理事會 참석하다.	11(火) · 美國·베트남, 베트남 終戰 20년만에 修交 재개
	12(水)	6.15	· 天安에서 온 檀國大 學生 幹部들과 오찬을 하다. · 李圭憲·朴昇治씨와 저녁을 하다.	12(水) · 民自·民主·自民聯은 15代 國會議員 選擧區를 237개에서 23개 증설한 260개로 하고 全國區는 62명에서 39명으로 줄이는 데 최종 합의 · 教育部, '96년도 4년제 一般大學 募集定員을 1만8천명 정도 늘려 27만 1천명 수준으로 定員조정
	13(木)	6.16	· 內務部 研修院에서 논문지도를 하다. · 金壽鶴·朴成達씨와 저녁을 하다.	
	14(金)	6.17	· 東亞建設 副社長 등과 오찬을 하다. · 『自治公論』誌 좌담회를 갖다.	
	15(土)	6.18	· 妻와 같이 中溪洞 商街에 가서 再契約을 맺다.	15(土) · 三豊 崩壞 현장에서 埋沒 17일만에 朴승현양이 구출됨으로써 국내 최고의 生存記錄을 수립
	16(日)	6.19	· 盆唐 밭에 가서 채소를 솎아오다.	
	17(月)	6.20	· 東亞建設 案內로 16名 리비아 視察팀과 같이 出國하다.	
	18(火)	6.21	· Bahrain과 Jeddah를 경유하여 이집트의 Cairo에 도착하다. · 이집트 博物館, Gizeh에 있는 피라밋과 스핑크스를 구경하다. · 비행기로 Luxor에 가서 투숙하다.	
	19(水)	6.22	· 王家 墓의 계곡, Habub神殿, Luxor 신전, Karnak 신전 등을 관람하다. · Cairo로 돌아와 Nile江에서 밤遊覽船을 타고 식사하다.	

月	日	陰	本人 및 家族事項	社會一般事項
7	20(木)	6.23	·Bus로 Cairo를 출발하여 Alexandria市를 거쳐 地中海를 따라가며 El Alamein의 戰爭紀念館을 보고 Assallum村의 國境線에 도착하다. ·Libya國으로 들어와 Amsaad村에서 東亞 버스에 올라 Tobruk市로 가서 Al Massera호텔에 들다.	17(月) ·金大中 亞·太財團 理事長이 63빌딩 國際會議場에서 政界復歸와 新黨創黨을 공식적으로 선언 ·EU,러시아에 대한 貿易 特惠를 부여하는 暫定貿易協定에 서명 18(火) ·서울地檢 公安 1部, 全斗煥·盧泰愚 전 대통령 등 被告訴人 58명에 대해 '公訴權 없음'의 결정을 내리고 不起訴處分을 발표
	21(金)	6.24	·地中海를 따라 Darnah 港口, Susah-Al Bayda 遺跡地를 보고 Benghazi市에 도착하여 Tibesty 호텔에 들다. ·東亞建設 리비아 本部에 들려 저녁식사를 하다.	19(水) ·財經院, 8월 1일부터 自動車 綜合 保險料를 평균 9.7%인상하는 내용의 自動車保險를 전면 개편 ·서울시 事故對策本部, 三豊 事故의 救助作業을 종결하고 死亡 459명 실종 169로 최종집계 ·美國을 강타한 殺人熱波로 752명이 사망한 것으로 잠정집계
	22(土)	6.25	·리비아本部에서 브리핑을 받고 버스로 Ajdabiyah 貯水池와 整備工場을 보고 Sahara沙漠을 지나 Sarir 管工場에 도착하다. ·工場을 시찰하고 저녁식사를 마친 후 管으로 만든 노래房에서 여흥을 갖다.	
	23(日)	6.26	·Sarir工場을 출발하여 사막 위의 골프場, Sarir Wellfield, 通運 캠프, Jalu地方, 東亞農場 등을 방문하고 Benghazi로 돌아와 투숙하다.	20(木) ·財經院, 제3차 3단계 金利自由化 措置를 발표 22(土) ·行政刷新委員會, 女性의 3軍士官學校 入學을 허용하고 稅務大·警察大·鐵道大의 女性 入學定員을 확대키로 의결 ·建交部, 慶北 蔚珍郡에 2000년까지 15만평 규모의 空港 建設을 발표 ·通商産業部, 廢鑛地域 特別法을 제정하고 江原道 廢鑛地域을 振興地區로 지정
	24(月)	6.27	·버스로 地中海 연안을 달리면서 通運 캠프, Sirt市, Homs 地方, Leptis-Magna 유적지 등을 시찰하고 리비아 首都인 Tripoli市에 도착하다. ·El Mahri 호텔에 여장을 풀다.	
	25(火)	6.28	·8分所의 管 埋設現場을 보고 Homs海岸에서 海水浴을 한 뒤 Tripoli市內를 관광하다. ·駐리비아 韓國大使館의 초청으로 大使館邸에서 식사를 하고 제자인 崔吉大 건설관을 만나다.	23(日) ·金泳三 대통령, 美國 公式訪問日程으로 출국
	26(水)	6.29	·버스를 타고 Tripoli를 떠나 地中海를 따라 가다가 국경선을 넘어 Tunisia로 입국하다. ·Ben Gardane村에서 장날 구경을 하고 Djerba섬에 도착하여 관광을 하다. ·비행기로 Djerba를 떠나 Tunis空港을 거쳐 프랑스 Paris에 도착하여 Nikko호텔에 투숙하다.	·제3호 颱風 페이(Faye)號가 南海岸을 강타하여 50여명이 사망하는 피해발생 ·全南 麗川郡 앞바다에서 大型 油槽船 시프린스號가 좌초해 사상 최악의 海洋汚染事故가 발생 24(月) ·中央選管委, 全國區 國會議員이 中央黨을 탈당할 경우 議員職을 상실한다는 有權解釋을 내림
	27(木)	6.30	·觀光 專貰버스로 Versailles宮殿, La Défense 新市街地, Louvre박물관, Concorde廣場, Champs-Elysées거리,Effel搭 등을 관광하다. ·저녁에 show를 관람하다.	·'怪力의 强打者' 존 댈 리가 제124회 British Open 골프大會에서 우승 27(木) ·워싱턴 韓國戰 參戰勇士紀念碑 除幕式에 金泳三·클린턴 大統領이 참석
	28(金)	7. 1	·La Villette 科學館,Montmartré 언덕, Bastille광장, La Cité섬, Nortre-Dame寺院 등을 시찰하다. ·Lafayatte 백화점을 거쳐 Paris空港을 떠나 귀국길에 오르다. ·同行者들의 모임을 결정하고 '57東阿會'라 이름지어주다.	·大檢 公安部, 6.27 地方選擧와 관련된 選擧事犯 2,220명 입건하고 349명을 기소함 28(金) ·아프리카 旅行者 모임인 '東阿會' 발족 ·世界貿易機構(WTO), 銀行 등 金融分野 市場開放을 위한 協定을 승인
	29(土)	7. 2	·서울에 도착, 귀가하다. ·Las Vegas에서 온 金在城 박사를 모시고 李圭憲 원장과 같이 술을 마시며 환담하다.	31(月) ·金泳三 대통령, 3府要人과 與野代表를 초청하여 訪美成果를 설명
8	1(火)	7. 5	·서울大 環境大學院 第1期 都市· 環境 高位 政策課程 書類銓衡委員으로 위촉되다.	4(金) ·前職 大統領 4,000억원대 假借名計座 보유 발언으로 파문을 일으킨 徐錫宰 總務處長官, 辭表가 수리되어 전격 해임
	2(水)	7. 6	·金壽鶴·卞鐸씨 등 다수와 저녁을 하다.	

月	日	陰	本人 및 家族事項	社會一般事項
8	4(金)	7. 8	·卞鐸 社長, 집에 Facsimile를 1대 설치해주다.	6(日) ·제38회 자카르타 世界 洋弓 選手權 大會에서 韓國팀이 綜合優勝을 획득
	6(日)	7.10	·貞娥, 선을 보다.	
	8(火)	7.12	·清州 골프장에서 운동하다.	7(月) ·國民會議 金元吉 議員, 盧泰愚 前대통령이 최소 1,200억원의 秘資金을 조성했다고 폭로
	9(水)	7.13	·次蓮 처제, 獨逸에서 일시 귀국하다.	
	10(木)	7.14	·地方自治學會 주최 세미나를 주재하고 開會 및 閉會人事를 하다.	8(火) ·사담 후세인 大統領의 사위이자 이라크 第2人者인 카멜 하산이 요르단으로 亡命
	11(金)	7.15	·學校에서 高位政策課程의 書類銓衡을 하다.	
	14(月)	7.18	·卞鐸 社長과 같이 忠州에 가서 골프치다. ·妻·貞娥와 같이 店村에 가다. ·家族 모두 새재 호텔에 투숙하다.	9(水) ·北韓, 우리측 쌀 輸送船 삼선 비너스號 船員이 정탐행위를 했다고 船舶과 船員 21명을 억류
	15(火)	7.19	·聞慶中學校 同窓會 體育大會 開會式에 참석하다. ·妻家宅 가족과 山北에 가서 식사하다.	11(金) ·金泳三 대통령, 光復50周年을 맞아 3,169명에 대한 대규모 特別赦免 및 復權을 단행
	16(水)	7.20	·妻·貞娥와 鳳巖寺·雲巖寺를 방문하고 虎溪 泰鉉 자택에서 식사하다. ·民主平統諮問會議의 常任委員으로 위촉되다.	·教育部, 1941년부터 사용한 '國民學校'라는 명칭을 1996년부터 '初等學校'로 변경하다고 발표
	17(木)	7.21	·店村에서 大邱에 가다. ·大邱·慶北 廣域開發計劃 公聽會에서 사회를 보다. ·大邱에서 浦項으로 가다.	·重慶에 있는 大韓民國 臨時政府 廳舍를 복원 개관 ·클린턴 美國 大統領, 美國의 核實驗을 영구히 전면 중단시킬 것이라고 발표
	18(金)	7.22	·李義根 知事 등과 오찬을 하다. ·浦項商議 公聽會에서 사회를 보다. ·浦項에서 상경하다.	18(金) ·北韓의 平壤을 위시한 각지역에 이달초 300mm가 넘는 集中豪雨가 내려 막대한 被害가 발생했다고 알려짐
	20(日)	7.24	·貞娥, 선을 보다.	
	21(月)	7.25	·內務部 研修院에서 강의하다.	21(月) ·民自黨, 全國委員會에서 새 代表委員에 金潤煥 사무총장을 선출
	22(火)	7.26	·齒科에 가서 齒牙 手術을 하다.	
	23(水)	7.27	·貞娥, 美國을 향해 떠나다. ·鄭淵壽씨 女息 결혼식에서 主禮를 보다.	23(水) ·暴雨가 내리기 시작하여 26日까지 계속됨
	24(木)	7.28	·春川에서 개최된 江原道 議員 研鑽會에서 基調演說을 하다.	·'95 夏季 유니버시아드가 日本 후크오카 돔球場에서 164개국 6,000여명이 참석한 가운데 개막
	25(金)	7.29	·春川에서 개최된 江原道 市·郡議員 研鑽會에서 기조연설을 하다. ·濟州道에 가서 濟州大 行政大學院에서 특강을 하다.	25(金) ·忠北線 鐵橋가 붕괴되면서 無窮花 列車가 탈선하여 人命被害 발생 27(日) ·集中豪雨와 颱風으로 死亡·失踪 53명, 罹災民 264家口 862명, 財産被害 1,402억원에 이름
	26(土)	8. 1	·濟州市에 투숙하다. ·濟州에서 서울로 귀경하다. ·서울大 環境大學院 都市·環境高位政策課程 入學式에 참석하다.	28(月) ·政府, 내년도 豫算案을 14.9% 증액한 63조원으로 편성
	28(月)	8. 3	·安東市에서 개최된 새마을大會에서 특강을 하고 상경하다.	29(火) ·國務會議, 建物內 吸煙을 통제하는 規定을 의결
	29(火)	8. 4	·內務部 研修院 주최 研修大會에서 基調演說을 하다.	30(水) ·非政府機構(NGO)포럼이 北京에서 개막
	30(水)	8. 5	·聞慶市에서 개최된 새마을大會에서 강연을 하고 상경하다.	
9	1(金)	8. 7	·平統諮問會議 常任委員 위촉식에 참석하다. ·內務部 研修院 開院 30주년 기념만찬에 가다.	1(金) ·趙淳 서울市長의 就任式이 南山 金九 公園에서 거행됨
	2(土)	8. 8	·妻와 같이 銀淑의 새집 마련 축하차 가다.	·金玉均 愛藏 바둑板이 100년만에 日本에서 돌아옴
	4(月)	8.10	·地方行政研究院주최 세미나에서 사회를 보다. ·金瑢泰 내무장관·鄭文和 원장 및 內務部 幹部陣과 저녁을 하다.	4(月) ·世界 女性大會가 185개국 2,500여명이 모여 中國 北京에서 개막
	5(火)	8.11	·새재會 회원들과 尹學烈 將軍의 食堂 開業을 축하해주다.	5(火) ·새政治國民會議, 創黨大會를 갖고 總裁에 金大中씨를 추대
	6(水)	8.12	·國土開發研究院 주최 第4次 國土計劃樹立 諮問會議에 참석하다.	·保健福祉部, 4년만에 콜레라 患者가 발생하여 전국에 콜레라 注意報 발표

月	日	陰	本人 및 家族事項	社會一般事項
9	8(金)	8.14	·南城臺 골프장에서 운동하다.	7(木) ·秋夕 連休를 맞아 전국에서 2,700만명이 이동
	9(土)	8.15	·家族들이 모여 秋夕 祭祀를 모시다.	
	11(月)	8.17	·國會 地方自治硏究會주최 세미나에서 사회를 보다.	8(金) ·유고 紛爭의 當事者들, 제네바 平和協商에서 相互 承認과 보스니아 平和原則에 합의
	12(火)	8.18	·京畿道 주최 세미나에서 基調演說을 하다.	11(月) ·제177회 定期國會 開會
	13(水)	8.19	·MBC TV錄畵를 하여 저녁에 방영되다. ·環心會 모임에 가다.	·政府는 '96년부터 紅蔘製品 專賣制度를 폐지할 方針
	14(木)	8.20	·科總會館 開館式에 참석하여 金泳三 大統領과 인사하다. ·57東阿會 모임에 가다.	13(水) ·美國 下院, 通商法 수퍼 301條 發効 期間을 2000년까지 연장하는 修正案 승인
	15(金)	8.21	·地方自治學會 朝餐 모임을 주재하다. ·서울 齒科大學에 가서 치료를 받다. ·金在哲·趙正濟·金源씨와 오찬하다. ·自治團體國際化財團 주최 세미나에서 사회를 보다.	14(木) ·政府, 大韓海峽의 領海幅을 3海里에서 6~12 海里로 확대키로 함 16(土) ·UN制定 第1回 '世界오존層 保護의 날'거행
	16(土)	8.22	·天安 檀國大에서 강의하다 ·汽車로 慶州에 도착 투숙하다.	18(月) ·'94년도 總穀物 自給度는 27.7%이고 飼料用을 제외한 穀物 自給度는 52.7%에 이름
	17(日)	8.23	·慶州에서 개최된 大邱市 北區廳 公職者 修鍊大會에서 강연하다. ·慶州에서 大邱를 거쳐 상경하다. ·日本 地方自治學會 宮本憲一 會長을 맞아 저녁을 대접하다.	19(火) ·第50次 UN總會 개막 20(水) ·西部 사하라에 파견되는 國軍 醫療 支援團 출국 ·光州 비엔날레(Viennale) 개막
	19(火)	8.25	·서울大 環境大學院 都市·環境高位政策課程에서 특강을 하다.	21(木) ·韓國이 國際原子力機構(IAEA) 總會에서 理事國에 선출됨
	21(木)	8.27	·새재회 모임에 가다.	·釜山 多大浦 앞바다에서 油槽船 제1유일호가 좌초하여 벙커C油 대량 유출
	23(土)	8.29	·大邱에서 개최된 大邱·慶北地方自治學會 創立總會에서 激勵辭를 하다. ·大邱에 투숙하다.	25(月) ·安企部가 서울 瑞草區 內谷洞 새 廳舍로 이전, 34년간의 '南山時代'를 마감
	24(日)	8.30	·大邱에서 상경하다.	
	26(火)	8. 2	·大川에 가서 公州大 産業開發大學院의 특강을 하고 상경하다.	·'94년에 23만1,633臺의 自動車를 생산, 世界 生産量의 4.7%를 기록하여 世界 6位를 차지함
	27(水)	8. 3	·內務部 硏修院에서 論文審査를 하다.	
	28(木)	8. 4	·禮山에 가서 公州大 産業開發大學院의 특강을 하고 상경하다.	·美·北韓 相互連絡事務所를 開設할 때까지 領事保護權을 부여키로 합의
	29(金)	8. 5	·檀國大에서 개최된 國際 심포지엄에 참석하여 토론하다. ·鳥嶺會 모임에 가다.	26(火) ·'96년도 豫算案 확정, 63조36억원으로 '95년도보다 14.9% 증액 28(木) ·韓·러시아 總理, '韓·러 貿易·經濟 및 科學技術 協力에 관한 基本方向에 관한 宣言'을 채택
	30(土)	8. 6	·地方自治學會 自治辭典編纂委員會에서 당부 인사를 하다. ·天安 檀國大에서 강의하다.	29(金) ·아르헨티나 메넴 大統領, 韓國을 방문하여 金泳三 大統領과 頂上會談 가짐 ·서울市, 새마을旗를 19년 4개월만에 揭揚 중단
10	1(日)	8. 7	·「地方自治의 노래」를 작사하여 『自治公論』 10月號에 발표하다.	2(月) ·제76회 全國 體育大會 浦項市에서 개최됨 ·프랑스, 南太平洋 판카투파環礁에서 2차 核實驗을 단행했다고 발표
	3(火)	8. 9	·中部 골프장에서 운동하다.	
	4(水)	8.10	·Las Vegas 副市長으로부터 名譽市民證을 받고 答辭를 하다. ·서울市政開發硏究院과 韓國地方行政硏究院에서 개최한 Las Vegas의 Adamsen 부시장과 金在城 局長의 강연회에 참석하다. ·李圭憲 원장 초청 만찬회에 참석하여 LasVegas 代表들과 환담하다. ·東園奬學會 초청 만찬에 참석하다.	·포르투갈 總選에서 中道左派 野黨인 社會黨이 압도적 승리를 거두어 10년만에 재집권 3(火) ·8月中 地方의 어음不渡率이 26년만에 最高記錄 수립 5(木) ·스웨덴 翰林院, '95년도 노벨文學賞 受賞者로 아일랜드 詩人 쉐이머스· 히니(56歲)를 선정·발표

月	日	陰	本人 및 家族事項	社會一般事項
10	5(木)	8.11	·Las Vegas 代表團과 民自黨 金潤煥 代表를 예방하고 환담하다. ·安城의 韓國標準協會 研修院에 가서 특강을 하다.	5(木) ·美國에서 黑白人種 論爭을 가열시킨 世紀의 裁判은 O.J 심슨(48歲)의 無罪釋放으로 종결
	6(金)	8.12	·光州에서 개최된 地方自治學會 研究發表會에서 會長 人事를 하다. ·光州 KBS TV와 對談을 하다. ·湖南大學에서 2回에 걸쳐 특강을 하다. ·光州에 투숙하다.	8(日) ·美國·러시아, 제네바 國防長官 會談에서 러시아가 보스니아에 파견될 NATO 軍에 참여키로 합의 9(月) ·政府, 베트남과 約 382억 4천만원의 借款 提供을 골자로 하는 約定에 서명
	7(土)	8.13	·光州에서 상경하다. ·Las Vegas팀과 술을 마시다.	12(木) ·安企部, 北韓 人民武力部 後方總局의 崔주활 上佐(46歲)가 東南亞를 통해 귀순했다고 보도
	9(月)	8.15	·安山市에서 개최된 Las Vegas公園 開場式에 참석하다. ·趙昌鉉 교수 回甲宴에 가다. ·金壽鶴·李松晩씨와 식사하다.	·쿠바 카스트로 大統領이 UN 創立 50周年紀念 行事에 참석차 美國에 비자를 신청, 16년만에 美國에 立國할 것으로 보임.
	10(火)	8.16	·光州 朝鮮大學에 가서 學生 대상의 강연을 하고 상경하다.	15(日) ·모스크바 觀光을 하던 現代電子 研修團 26名, 러시아人에 의해 人質로 잡혔다가 구출됨
	12(木)	8.18	·京畿開發研究院 주최 韓日國際세미나에서 주제 논문을 발표하다.	
	13(金)	8.19	·地籍公社에서 특강을 하다.	16(月) ·贖罪와 和解를 위한 黑人 大行進이 20만명 이상이 모여 워싱턴에서 진행
	14(土)	8.20	·崔昌浩 교수 回甲宴에 가다 ·天安 檀國大에서 강의하고 오다.	18(水) ·'95년 상반기의 全體 輸出中 開途國에 대한 輸出比重이 처음 50%를 상회
	16(月)	8.22	·中國에서 온 車哲九 교수 등을 초청하여 식사하다.	
	17(火)	8.23	·公州市에 가서 公務員들에게 강연하다. ·潘亨植·金學澈씨와 식사하다.	19(木) ·建交部, 2001년까지 南北方向 高速道路 7개,東西方向 高速道路 9개, 高速鐵道 5개 등을 건설한다는 基幹交通網計劃案을 발표
	18(水)	8.24	·昌寧에 있는 農協研修院에 가서 특강을 하다. ·昌寧에서 光州로 가서 투숙하다.	
	19(木)	8.25	·光州에서 개최된 韓·中·日 都市計劃學會 심포지엄 開會式에 참석하고 司會를 보다. ·晩餐후 光州에서 투숙하다.	·金泉 直指寺 30년 重創 佛事完工을 기념하는 回向法要式이 3만여 信徒가 모여 거행
	20(金)	8.26	·光州 Viennale 展示館을 둘러보고 상경하다. ·東亞日報의 地域經濟 懸賞論文 審査委員으로 위촉되다.	22(日) ·OB가 13년만에 韓國 시리즈 頂上에 오름 23(月) ·金泳三 대통령, UN創設 50周年紀念 特別 頂上會談에 참석하여 演說을 함
	21(土)	8.27	·韓國 스포츠社會學會에서 특강을 하다. ·妻와 같이 店村에 가서 투숙하다.	24(火) ·檢察, 盧泰愚 전대통령의 不法 秘資金 造成 與否에 대한 本格調査에 착수
	22(日)	8.28	·동생 群濟 內外 등과 父母任 묘소에 들려 祭禮를 드리고 상경하다.	25(水) ·韓國, 75년 共産化로 단교된 라오스와 外交關係 재수립
	23(月)	8.29	·서울大 環境大學院에서 특강을 한 中國 車哲九 교수를 소개하다. ·國土·都市計劃學會 會長團 모임에 가다.	27(金) ·中國을 방문 중인 金大中 國民會議 總裁, 盧泰愚 당시 대통령으로부터 20억원을 받아 14代 大統領選擧 運動資金으로 썼다고 밝힘
	24(火)	9. 1	·卞鐸 사장 초청 鄕友會 會長團 만찬에 가다.	
	25(水)	9. 2	·鳥嶺會 모임에 가다. ·佛敎 라디오 放送에서 방송하다.	·三星電子가 國內 製造業體로는 처음으로 輸出 100억달러 돌파
	26(木)	9. 3	·光州 湖南大學에서 특강을 하다. ·曉園大學에서 특강을 하다.	28(土) ·輸出이 史上 처음 1,000억 달러를 넘어섬
	27(金)	9. 4	·溫陽에서 개최된 平統諮問委員 研修會에서 강연하다. ·東亞日報에 가서 懸賞論文을 심사하다.	29(日) ·아제르바이잔의 首都 바쿠市의 地下鐵에서 28日에 火災가 발생하여 300명이 사망하고 150명 이상이 부상했다고 보도
	28(土)	9. 5	·地方自治學會 常任理事會를 주재하다. ·天安에 가서 檀國大 강의를 하고 오다.	30(月) ·캐나다 퀘벡州는 캐나다 聯邦政府로부터 분리 독립할 것인지 여부를 묻는 住民投票를 실시
	29(日)	9. 6	·成東奎 사장 子弟 결혼식에서 主禮를 보다.	
	30(月)	9. 7	·코롱研修院 院長등과 研究課題를 협의하다.	31(火) ·前 네덜란드 總理였던 루드 루버스가 공석 중인 北大西洋條約機構(NATO) 事務總長에 선임됨
	31(火)	9. 8	·서울市政開發研究院 주최 세미나에서 사회를 보다.	

1995

月	日	陰	本人 및 家族事項	日	社會一般事項
11	2(木)	9.10	·昌寧의 農協硏修院에 가서 특강을 하고 오다. ·雜魚會 모임에 가다.	1(水)	·檢察, 盧泰愚 전대통령을 소환해 秘資金 5,000억원의 造成經緯와 使用處 등에 대해 조사 ·敎育部, 97년부터 國民學校 3學年 以上 學年에 대해 定規科目으로 英語를 교육키로 함
	3(金)	9.11	·溫陽에서 개최된 平統諮問委員 硏修會에서 강연하다. ·淸州에서 개최된 韓日세미나에서 基調演說을 하다.	2(木)	·法務部, 至尊派 6명과 凶惡犯 19명에 대해 死刑을 집행 ·UN, '94년도 最大 武器 輸出國은 美國과 獨逸이라고 밝힘
	4(土)	9.12	·南城臺 골프장에서 운동하다.	4(土)	·필리핀에 특급 태풍 안젤라가 몰아쳐 200여명의 사망·실종, 25만여명의 罹災民 발생
	5(日)	9.13	·蔡大鎭 사장 女息 결혼식에서 주례를 보다.	8(水)	·우리 나라가 UN 安全保障理事會 非常任理事國으로 선출됨
	7(火)	9.15	·鄭泰秀 內務部 次官의 초청 만찬에 참석하다.	10(金)	·南北分斷 이후 처음 釜山과 羅津을 잇는 定期直航路 開通式이 羅津港에서 열림 ·財經院, 政府가 발주하는 100억원 이상 工事에 30대 그룹 系列 建設會社의 공동참여를 허용
	8(水)	9.16	·學校 短期課程 設立委員들 식사하다.	11(土)	·民主勞動組合總聯盟(民勞總) 공식출범
	9(木)	9.17	·內務部 硏修院에서 論文審査를 하다. ·金壽鶴·韓仁錫씨와 식사하다.	13(月)	·江澤民 中國國 家主席, 韓國을 방문하고 頂上會談을 가짐 ·히말라야 山岳地帶에 暴雪과 눈사태가 일어나 트레킹 참가자 100여명이 사망 또는 실종됨
	10(金)	9.18	·새時代 포럼 주최 세미나에서 사회보다.	14(火)	·美國 클린턴 行政府가 議會와 豫算對立으로 聯邦政府의 일부 업무가 마비됨
	11(土)	9.19	·天安 檀國大에서 강의하고 오다. ·大邱에서 상경한 査頓夫婦와 식사하다.	16(木)	·盧泰愚 전대통령, 구속 수감됨
	12(日)	9.20	·골드 골프장에서 운동하다.	18(土)	·日本 大阪에서 韓日 頂上會談 개최
	14(火)	9.22	·昌寧의 農協硏修院에 가서 특강을 하고 상경하다.	20(月)	·3段階 金利自由化 措置 시행 ·鐵道料金 평균 9.7% 인상 ·第1回 光州 비엔날레 閉幕, 觀覽客 160만명 기록
	15(水)	9.23	·朱龍鐸·金哲씨와 식사하다.	22(水)	·'96학년도 大學修學能力考査 실시 ·프랑스, 9월의 核實驗再開이후 4번째 핵실험 실시
	16(木)	9.24	·安城의 農協硏修院에 가서 특강을 하고 오다. ·새재회 모임에 가다.	24(金)	·金泳三 대통령, 定期國會 會期內에 5.18特別法을 제정토록 民自黨에 지시
	17(金)	9.25	·大田에서 개최된 平統諮問委員 硏修會에서 특강을 하다.	27(月)	·3金淸算과 地域割據構圖 打破를 내건 改革新黨 창당
	18(土)	9.26	·南城臺 골프장에서 운동하다.	28(火)	·統計廳, '94년 南韓의 GNP가 3,794억 달러로 北韓의 17.8倍, 貿易 總額이 1,983억 달러로 94倍로 集計·분석 ·成均館 儒道會, 儒敎의 宗敎化를 선언
	21(火)	9.29	·內務部 政策諮問會議에 참석하고 金瑢泰 長官 등과 오찬을 같이 하다. ·姜信祚 議員 후원의 밤 모임에 가다. ·朴世直 議員 후원의 밤 모임에 가다.	30(木)	·U.N., 國際刑事裁判所 設立을 위한 基礎委員會 構成 決議案 채택
	22(水)	9.30	·住宅銀行 주최 세미나에서 사회를 보다.		
	24(金)	10. 2	·內務部 硏修院에서 특강을 하다.		
	25(土)	10. 3	·天安 檀國大에서 마지막 강의를 하다.		
	27(月)	10. 5	·서울市立大 주최 세미나에서 基調論文을 발표하다. ·國土·都市計劃學會 顧問團 모임에 참석하다.		
	28(火)	10. 6	·地方自治學會 訪日團을 인솔하고 출국하다. ·大阪市에 도착하여 Miyako(都)호텔에 투숙하다. ·宮本憲一 교수 초청의 저녁식사에 참석하여 韓國代表를 소개하다.		
	29(水)	10. 7	·大阪 國際交流센터에서 개최된 '日·韓地方自治 硏究交流集會'에서 開會人事를 하고 質疑도 하다. ·저녁 歡迎宴에 참석하고 大阪市 助役에의 膳物贈呈辭를 하다.		
	30(木)	10. 8	·交流集會에 참여하여 討論을 하다. ·大阪市의 海遊館을 보고 보트를 타면서 世界貿易센터와 Cosmosquare 등을 시찰하다. ·宮本 敎授 초청으로 식사를 하고 道頓掘 지역을 관광하다.		

月	日	陰	本人 및 家族事項	社會一般事項
12	1(金)	10. 9	· 兵庫縣廳을 방문하여 人事말과 團員 紹介를 하고 說明을 들은 뒤 市內 地震被害地區를 시찰하다. · 神戶 市廳을 방문하여 人事말과 團員 紹介를 하고 설명을 듣다. · 韓國 代表團끼리 評價 및 解團 會食을 갖다.	1(金) · 財經院, '96년부터 海外移住 定着金을 4人家族 기준으로 100만달러까지 허용하고 個人의 海外證券 投資를 전면 자유화함 · 大法院·世界化推進委員會, 司法改革案을 확정
	2(土)	10.10	· 日本에서 귀국하다.	· NATO, 2,600명 平和履行軍(IFOR) 先發隊를 보스니아와 크로아티아에 배치하는 것을 승인
	3(日)	10.11	· 華山 골프장에서 風水會 주최 골프를 치다.	
	4(月)	10.12	· Las Vegas市의 Adamsen부시장 등과 만나다. · 學校 2學期講義를 종료하다. · 東亞建設 社長 등과 식사하다.	2(土) · 國會, 총규모 62조 9,626억원의 '96년도 豫算案을 표결 통과시킴
	5(火)	10.13	· 大邱에서 개최된 甫誠 그룹 주최 세미나에서 基調演說을 하다. · 大邱에서 상경하다.	· 全斗煥 전대통령, 自宅 앞에서 對國民 談話를 발표하고 고향 陜川으로 낙향 · 政府, 750여만명 대상의 一般赦免令 공포
	6(水)	10.14	· 仁川市에서 개최된 國土·都市計劃學會 주최 討論會에서 사회를 보다. · 卞鐸사장 초청으로 金壽鶴·李相熙· 金德永씨등과 저녁하다.	3(日) · 檢察, 全斗煥 전 대통령을 구속, 全씨는 獄中 斷食을 시작 4(月) · 民主黨과 改革新黨, 統合宣言
	7(木)	10.15	· 地方自治學會 訪美團과 조찬을 하다. · Adamsen부시장, Cook회장 등과 식사를 하다.	· 극심한 겨울 가뭄으로 全南 11개 市·郡에 制限給水
	8(金)	10.16	· 內務部 硏修院 高幹班 修了式에 참석하고 餘談을 하다. · 鄕友會 회장단 망년회 가다.	5(火) · NATO, 79년 이후 처음 6만명의 보스니아 平和軍 派兵을 승인 6(水) · 民自黨 黨務會議, 新韓國黨으로 당명변경
	10(日)	10.18	· 檀國大 文在祐 博士學位論文의 최종심사를 하다.	7(木) · 永宗島와 서울을 잇는 40.2㎞의 首都圈 新空港 高速道路를 첫 民資誘致事業으로 착공
	11(月)	10.19	· 天安 檀國大 學生 代表들과 EXPO 골프장에서 운동하다. · 卞鐸사장 초청으로 林敬鎬·韓仁錫씨와 식사하다.	12(火) · 金泳三 대통령, '歷史 바로 세우기'를 선언하는 特別談話를 발표
	12(火)	10.20	· 教育部 地域開發課題 評價會를 주재하다. · 海運産業硏究院 理事會에 참석하여 理事長 職務代行으로 사회를 보다.	13(水) · 大檢, 賂物받은 혐의로 金宗輝 전 청와대 首席秘書官을 구속
	13(水)	10.21	· 學校 最終論文審査를 하다. · 學校 教授陣 送年會를 갖다. · 朱龍鐸·金哲씨 등과 술을 마시다.	· 警察, 2개월 동안 전국 學校暴力 特別團束을 통해 2만 9,770명을 적발하고 9,068명을 구속
	14(木)	10.22	· 地方自治學會 訪美團을 인솔하고 출국하다. · San Francisco를 경유하여 Las Vegas에 도착, Sahara Hotel에 투숙하다.	· 大檢察廳, 武器導入過程에서 賂物을 받은 金宗輝 前靑瓦臺 外交安保 首席을 구속 14(木) · 보스니아 平和協定(데이턴協定)이 프랑스 파리에서 조인됨
	15(金)	10.23	· LasVegas市에 들려 市 支配人과 인사하고 선물교환을 한 뒤에 市槪要를 설명듣다. · Housing Project, Technolgy Center, Convention Center, UNLV,MGM 등을 시찰하다. · 金在城 국장댁에서 식사하다.	15(金) · 李洪九 국무총리가 경질되고 李壽成 서울大 總長이 후임으로 임명됨 · 보스니아 헤르체고비나와 大使級 外交 關係수립 · 韓半島 에너지機構(KEDO)와 北韓은 美國 뉴욕에서 輕水爐 供給協定을 체결
	16(土)	10.24	· Valley of Fire State Park를 관광하다. · Zion National Park를 관광하다.	· 東南亞國家聯合 7개국은 방콕에서 제 5차 頂上會談을 갖고 東南亞 非核地帶化 條約을 체결
	17(日)	10.25	· Hilton Country Club에서 골프치다. · Mount Charleston에 올라 관광하다. · Jubilee Show를 관람하다.	16(土) · 東亞建設, 리비아 政府가 발주한 2억 4,200만달러 규모의 大水路 取水路 工事를 受注
	18(月)	10.26	· Charleston Heights Arts Center에서 개최된 韓·美세미나에서 開會人事를 하고 司會를 보다. · Allan G.Nel 회장 초청 만찬에 참석하여 인사말을 하다. · 金德永 前知事 초청으로 金在城·李圭憲씨와 술울 마시다.	17(日) · 登攀家 許永浩씨, 南極大陸 最高峰인 海拔 5,140m의 매시프 登頂에 성공 19(火) · 5.18 特別法과 控訴時効特別法이 國會에서 통과되어 關聯者 處罰이 본격화됨

1995

月	日	陰	本人 및 家族事項	社會一般事項
12	19(火)	10.27	· 세미나를 종료하다. · 韓國側 초청 오찬에서 인사말을 하다. · 市廳에 들려 Adamsen 부시장에게 선물을 주고 인사말을 하다. · 解團 및 送年의 모임에서 人事말을 하다. · 貞娥, 일시 귀국하다.	20(水) · 政府 改閣으로 11개 部處長官과 靑瓦臺 首席 7명이 교체 · 코롱그룹 李東燦회장이 은퇴 선언, 李雄烈부회장이 會長職 승계 21(木) · 大法院, 勞使間 賃金支給規定이 없는 경우 爭議期間中에는 無勞動·無賃金 原則이 적용된다고 判決
	20(水)	10.28	· Las Vegas를 떠나 Los Angeles를 경유하여 美國을 이륙하다.	24(日) · 터키 總選 실시, 이슬람政黨인 福祉黨이 第1黨 차지
	21(木)	10.29	· 서울에 도착하다.	
	22(金)	11.1	· 서울大 環境大學院 尹惠禎 박사학위논문 최종심사를 하다. · 六友會 송년회에 가다.	25(月) · 韓國의 슈바이처 張起呂 박사 별세 27(水) · 憲法裁判所, 國會議員選擧區의 人口偏差가 심해 違憲임을 결정
	23(土)	11. 2	· 서울大 環境大學院 安泰煥 박사학위논문 최종심사를 하다. · 柳승진씨 子女 결혼식에서 주례보다.	· '95 株式市場 폐장, '94년말에 비해 144.43포인트 하락한 882.94를 기록 28(木) · 大檢 公安部, 6.27 地方選擧事犯으로 3,236명을 입건하고 266명을 구속했다고 발표
	26(火)	11. 5	· 林岡源 원장 초대로 환경대학원 歷代 院長들과 만찬을 갖다.	· 鄭夢九 現代精工 會長이 現代그룹 會長에 취임
	27(水)	11. 6	· 鳥嶺會 부부 송년회를 갖다.	
	28(木)	11. 7	· 코롱 綜合硏修院과 硏究課題에 대해 契約을 맺다. · 環心會 부부송년회를 갖다.	29(金) · UN이 제정한 第1回 '生物多樣性의 날' 거행
	29(金)	11. 8	· 潘亨植·鄭淵壽·李世茂·金學澈씨 등과 회식하다.	30(土) · 趙淳 서울市長, 民主黨을 탈당
	30(土)	11. 9	· 朴秀永원장 초청으로 共著『地方의 跳躍』출간 자축연을 갖다.	· 全斗煥 전대통령, 斷食 28일만에 단식 중단
	31(日)	11.10	· 自宅에서 除夜의 밤을 보내다.	

第 61 歲 : 1996 (4329) 丙子年 / 平敎授

月	日	陰	本人 및 家族事項	社會一般事項
1	1(月)	11.11	· 新年 祭禮를 모시다. · 歲拜를 다니다.	1(月) · '國民健康增進法 施行令'의 발효로 1월 3일부터 주요 建物內에 禁煙을 실시 한다고 발표
	2(火)	11.12	· 自宅에서 歲拜를 받다.	
	3(水)	11.13	· 學校 新年 賀禮式에 참석하다. · 林岡源 院長宅에서 敎授들과 식사하다.	· 北韓, 金正日을 黨首班으로 호칭 · 사우디王, 동생에게 國政을 이양
	4(木)	11.14	· 病院에 가서 귀를 치료하다.	3(水) · 金泳三 大統領, 새해 國政의 최우선 과제로 國家安保態勢 確立을 천명
	5(金)	11.15	· 코롱 綜合硏修院에서 특강을 하다.	
	6(土)	11.16	· 어머니 祭禮를 모시다.	· 總務處, 110개 中央政府 業務를 自治團體에 이양하는 방안을 확정발표
	8(月)	11.18	· 貞娥, 美國으로 떠나다. · 日本人 若山浩司와 金再煥氏를 저녁 대접하다.	· IOC, 北韓이 今 7월 애틀랜타 올림픽에 참가한다고 발표
	9(火)	11.19	· 貞娥, 美國에 도착하다. · 코롱製藥(株) 新入社員들에게 特講을 하다. · 李圭憲·朴昇治氏와 저녁을 하고 韓國地方自治硏究院 理事長職의 辭意를 표하다.	4(木) · 零下 10℃로서 漢江이 結氷됨 · 株價 28.9포인트 폭락 5(金) · 金泳三 대통령, 中小企業廳 신설을 지시 · 日本 무라야마(村山富市) 總理 사임
	10(水)	11.20	· 地方自治學會 常任理事會를 주재하다. · 呂鴻九 교수와 趙正濟 원장의 渡美歡送 午餐을 갖다. · 潘亨稙의원·金學澈씨와 저녁을 하다.	6(土) · 서울, 맨 홀에 빠진 사람이 9日만에 구조됨 · 美國, 臺灣 副總理 등에 비자發給, 中共은 심한 반발

月	日	陰	本人 및 家族事項	社會一般事項
1	11(木)	11.21	·在京 聞慶 鄕友會 新年 交禮會에 참석하고 노래를 부르다.	8(月) ·寒波 속에 일부大學 複數志願制下의 入試를 치룸
	12(金)	11.22	·朱龍鐸·金哲·趙龍日씨와 저녁을 같이 하다.	·미테랑 프랑스 前大統領 서거
	13(土)	11.23	·韓國地方行政研究院 林敬鎬 원장 就任式에 참석하여 祝辭를 하다.	9(火) ·金泳三 대통령, 새해 國政演說
	14(日)	11.24	·코롱 研修院에서 특강을 하다.	·체첸反軍, 민간인 3천명을 인질로 잡고 러시아 政府軍과 대치
	15(月)	11.25	·林秀一·尹必泰 후배와 저녁을 하다.	10(水) ·臨時國會를 소집하여 選擧法 改正을 논의
	16(火)	11.26	·警察大學 總警班에서 강의를 하다.	11(木) ·日本 新任總理 橋本龍太郎 內閣 출범
	17(水)	11.27	·大邱에서 慶北道 公務員을 대상으로 특강을 하다.	12(金) ·政府, 半導體工場의 首都圈 增設 許容을 방침화
			·大邱에 투숙하다.	
	18(木)	11.28	·李義根 知事 등과 조찬을 하다.	13(土) ·政府, 開發促進地區로 7개 地區를 지정키로 결정
			·몸살·감기로 시달리다.	
			·慶北道 公務員에게 특강을 하다.	14(日) ·무궁화 2號衛星, 미국 케이프 커내버럴 基地에서 발사
			·副知事 등과 저녁을 하다.	
			·大邱에서 투숙하다.	15(月) ·러시아 政府軍, 체첸反軍을 전면공격
	19(金)	11.29	·慶北道 公務員에게 특강을 하다.	16(火) ·北韓 外交官 부인과 태권도교관 귀순, 잠비아에서 서울 도착
			·大邱에서 상경하다.	
	20(土)	12. 1	·淸州에 가서 골프를 치다.	·朴燦鍾씨, 新韓國黨에 입당
	21(日)	12. 2	·金炯旒 회장을 만나 15代 國會議員 選擧에 대해 논의하다.	18(木) ·李鶴捧·兪學聖·黃永時씨, 12.12사건으로 구속
	22(月)	12. 3	·警察大學 總警班에서 강의하다.	·宇成建設(朱) 不渡 발생
			·서울大 行政大學院 國家政策發展課程에서 특강을 하다.	24(水) ·國會 與野, 選擧區人口 基準을 7만 5천~30만으로 합의
	23(火)	12. 4	·코롱研修院에서 특강을 하다.	25(木) ·監査院, 科技院감사에서 入學者 284명을 자격미달로 적발
			·研究報告 原稿를 제출하고 金壽鶴원장과 식사하다.	
	25(木)	12. 6	·金炯旒 회장과 같이 水安堡에 가서 金學文 市長과 식사하며 환담하다.	26(金) ·韓·美·日,당분간 北韓에 쌀 지원 않기로 합의
			·水安堡에 투숙하다.	29(月) ·檢察, 盧泰愚 전대통령에게 賂物준 企業人 9명에게 1~4년을 求刑
	26(金)	12. 7	·서울로 귀경하다.	
			·鳥嶺會 모임에 가다.	·韓國銀行, 95년 중 하루 平均 38個 業體가 不渡로 도산하고 全國 어음 不渡率은 80년 이후 最高値를 나타냈다고 밝힘
	28(日)	12. 9	·入院中인 聘母任의 病問安을 가다.	
	29(月)	12.10	·安城 所在 韓國標準協會 研修院에서 특강하다.	
			·在京 大邱·慶北 鄕友會 新年 모임에 가다.	30(火) ·잠비아 주재 北韓大使館의 玄성일 3등 서기관 망명, 서울에 도착하여 먼저 귀순한 夫人을 만남
	31(水)	12.12	·警察大學 總警候補者班에서 특강을 하다.	
				31(水) ·暴雪이 내려 서울 및 首都圈의 교통이 마비됨
2	2(金)	12.14	·서울大學校 總長選擧에서 투표하다.	1(木) ·러시아와 우크라이나 鑛員 100萬名, 滯拂賃金의 支給을 요구하며 罷業에 돌입
			·國土學會 會長團과 만찬모임을 갖다.	
	4(日)	12.16	·結婚主禮를 보다.	2(金) ·서울大 總長선거에서 鮮于仲晧· 李基準 교수를 候補로 결정
	5(月)	12.17	·申邦鉉·張東熙·吳烈根 교수와 회식하다.	
	6(火)	12.18	·地方自治學會 自治事典編纂委員會에서 당부 인사를 하다.	·新韓國黨, 15代國會議員 選擧 公薦者를 확정 발표(聞慶·醴泉 : 黃秉泰씨)
			·在京 聞中會長團 모임에서 國會議員出馬에 대한 見解를 피력하다.	3(土) ·中國 雲南省에 强震이 발생하여 100여명 사망
			·金泳三 新韓國黨 總裁로부터 表彰狀을 받다.	
	7(水)	12.19	·中央公務員教育院의 最高管理者 課程에서 특강을 하다.	·방글라데시, 總罷業으로 交通 마비, 企業 및 學校 폐쇄 발생
			·環境大學院 新入生 歡迎宴에서 乾杯를 들다.	4(日) ·冬季 아시안 게임, 中國 하얼빈市에서 개막
			·李泳和·金益永·金學澈氏와 식사하다.	8(木) ·서울市, 95년말 현재 등록된 自動車 臺數를 205만 5,364臺로 집계
	8(木)	12.20	·國土學會 弦汀賞 作品 심사를 하다.	
			·林敬鎬·李世茂·鄭淵壽氏 등과 만찬을 하다.	9(金) ·政府, 日本政府의 獨島領有權 주장에 강력히 대처키로 결정
	9(金)	12.21	·金佑錫 內務長官과 K-TV의 對談 錄畵를 하다.	

月	日	陰	本人 및 家族事項	社會一般事項
2	9(金)	12.21	·李漢彬 박사 古稀紀念式에 가다. ·李圭憲 원장과 식사하다.	9(金) ·忠南 泰安과 中國 山東省 青島를 잇는 총길이 549㎞의 海底 光케이블 개통
	10(土)	12.22	·訪韓한 金在城 박사를 위해 李圭憲 원장 등과 식사하다.	10(土) ·行政刷新委員會, 土地去來許可制를 申告制로 바꾸는 작업을 시작
	11(日)	12.23	·潘亨植 의원과 오찬을 하다. ·金在城·金德永·李圭憲씨와 협의를 하고 金德永 知事宅에서 저녁 식사를 하다.	12(月) ·氣象研究所, 人工으로 비 또는 눈을 내리게 하는 實驗에 성공했다고 밝힘 ·政府, 中小企業廳 발족
	12(月)	12.24	·光州를 거쳐 새마을 南部研修院에 가서 全南道 幹部에게 특강하다. ·라스베이거스 訪問團과 金在城 박사를 환영하는 모임을 주재하다.	13(火) ·朝鮮日報, 金正日의 本妻가 금년 1월 20일경에 西方으로 탈출했다고 보도 14(水) ·北韓 社會安全部 要員, 平壤 駐在 러시아大使館으로 총격전 후에 피신
	13(火)	12.25	·K-TV, 金佑錫 내무장관과의 對談을 방영하다. ·地方自治團體 國際化財團 會議에 참석하다. ·學校에서 論文指導를 하다. ·金在城·卞鐸·金學澈씨 등과 식사하다.	16(金) ·憲法裁判所, '5.18 特別法'은 위헌이 아니라고 宣言 17(土) ·서울大 21代 總長으로 鮮于仲晧 교수가 취임
	14(水)	12.26	·國土計劃學會 基金管理委員會에 참석하다. ·大田에 가서 韓國標準協會 주최 中小企業 研修會에서 특강을 하다. ·國土學會 幹部陣과 식사하다.	·서울 安岩洞 소재 大光 아파트, 가스 폭발로 붕괴 위험 ·美國, 太陽系 誕生의 秘密을 밝혀내기 위한 小行星 探査用 宇宙船 발사
	15(木)	12.27	·光州를 거쳐 南部研修院에서 全南道 幹部에게 연설하다. ·金在城·金德永씨 등과 환담하다.	20(火) ·日本政府, 200海里 排他的 經濟水域(EEZ)의 전면 설정을 공식결정 ·韓國政府, 200海里 EEZ 宣布方針을
	16(金)	12.28	·金在城·李圭憲씨 등과 종일 같이 활동하고 저녁에 金在城 박사를 환송하다.	공식 발표 22(木) ·國土計劃學會 新任會長으로 呂鴻九 교수가
	17(土)	12.29	·朴秀永원장 초대로 趙正濟 원장과 식사하다.	피선
	19(月)	1. 1	·舊正을 맞아 누님宅에 歲拜를 가다.	·朴俊炳·張世東·崔世昌씨, 12.12事件
	21(水)	1. 3	·南部 골프장에서 운동을 하다.	협의로 구속
	22(木)	1. 4	·國土計劃學會 總會에 참석하고 新任 會長團을 선출하다. ·妻의 生日을 맞아 家族 모두 外食을 하다.	·北韓, 美國에 '暫定協定'을 제의 23(金) ·韓·蒙經濟學會 창립 24(土) ·金泳三 대통령, 東南亞 巡訪 및 아시아
	23(金)	1. 5	·地方自治學會 理事會 및 總會를 주재하다.	- 유럽頂上會談(ASEM)참석차 출국
	24(土)	1. 6	·서울大 環境大學院 都市·環境高位政策課程 修了式에 참석하다. ·金壽鶴 원장 초청으로 회식을 갖다.	·서울大, 學部 定員을 축소하고 大學院 定員을 확대키로 결정 25(日) ·政府, 外國人의 國內株式投資 限度額을
	26(月)	1. 8	·環境大學院 卒業式에 참석하다. ·東園奬學會 理事會에 참석하다.	4月 1日부터 18%로 확대키로 결정 ·쿠바, 美國 民間機 2臺를 격추
	27(火)	1. 9	·金儀遠教授 停年紀念式에 참석하다.	26(月) ·全斗煥씨, 첫 公判을 받음
	28(水)	1.10	·鄭世煜 원장과 濟州道에 가서 地方自治學會 濟州支會 주최 세미나에서 基調演說을 하다. ·地方自治學會 濟州支會 總會에 참석하여 祝辭를 하다.	27(火) ·서울大, 本考査 폐지를 골자로 한 '97년도 入試要綱발표 ·美紙, 美國이 '80년 光州事件 軍投入을 사전승인했다고 보도
	29(木)	1.11	·濟州에서 상경하다. ·韓國能率協會·每日經濟新聞이 주관하는 自治團體 經營大賞 候補者 審査會議를 委員長 資格으로 주재하다.	28(水) ·英國 다이애나 王世子嬪, 찰스 王世子와의 離婚에 합의
3	1(金)	1.12	·골프 운동을 하다.	1(金) ·政府 全部處,隔週 土曜 全日勤務制 실시
	2(土)	1.13	·朱龍鐸·金哲·김주영씨 등과 회식하다.	·아시아·유럽 정상회담(ASEM),
	4(月)	1.15	·(株)泰榮 住職員 月例會에서 특강을 하다. ·環境大學院 入學式에 참석하다. ·'96 第1學期 開講하다. ·金學澈·李圭憲씨에게 15代 總選出馬의 포기를 설명하다.	2000년 3次會議를 서울서 개최키로 합의 ·韓國·EU, 經濟·政治協力協定에 서명 2(土) ·金泳三 대통령, 泰國 방콕에서 하시모토(橋本龍太郎) 日本總理와 개별회담 가짐 ·世界銀行, 94년말 현재 韓國의 總外債는
	5(火)	1.16	·韓國地方行政研究院 研究諮問會議에 참석하다.	545억4,200만 달러로 世界 10位라고
	6(水)	1.17	·朴昇治 理事와 저녁 환담을 하다.	발표

1996

月	日	陰	本人 및 家族事項	社會一般事項
3	7(木)	1.18	·環境大學院 同窓會에 참석하다.	4(月) ·金泳三 대통령, 海外巡訪 마치고 귀국
	8(金)	1.19	·國務總理室 地方自治制度發展委員會 委員으로 위촉받고 會議에 참석하여 向後 課題를 발표하다. ·金炯娧 會長과 만찬을 하며 15代 總選 不出馬를 설명하다.	·教育部·情報通信部, 어린이를 위한 인터넷(Internet for Kids) 보급을 적극화하기로 결정 5(火) ·金泳三 대통령, 青瓦臺에서 존·메이저 英國 總理와 頂上會談
	10(日)	1.21	·結婚 主禮를 보다.	
	12(火)	1.23	·코롱研修院에 가서 研究協議를 하다. ·明知大 地方自治大學院 開院式에 참석하여 祝辭하다.	6(水) ·與野, 選擧對策委員會를 공식 발족 8(金) ·政府, 國務總理室 地方自治制度 發展委員會를 발족
	13(水)	1.24	·韓國能率協會·每日經濟新聞 주최 地方自治團體 經營大賞 施賞式에서 審査報告를 하다. ·李圭憲·李周熙씨 등과 환담을 갖다.	9(土) ·中國의 臺灣海峽에서의 軍事訓鍊으로 긴장 고조 11(月) ·全斗煥·盧泰愚씨, 함께 나란히 첫 公判을 받음
	14(木)	1.25	·李源植 慶州市長·金壽鶴·孫禎睦씨 등과 세미나에 대해 협의하다. ·地方自治學會에 가서 會務 指示를 하다.	12(火) ·政府, 食品醫藥廳을 내년에 발족키로 결정 ·濠洲 總選 실시, 野黨인 自由·國民黨聯合이 승리
	15(金)	1.26	·風水會 회원들과 골프 운동을 하다.	
	16(土)	1.27	·오랜만에 妻와 映畵館에 가다.	
	17(日)	1.28	·金永燮 교수와 식사하며 환담하다.	13(水) ·韓國能率協會·每日經濟新聞社, 第1回 地方自治團體 經營大賞 施賞式 거행
	19(火)	2. 1	·全南 長成 소재 새마을南部研修院에 가서 全南 消防公務員들에게 특강하다. ·國土計劃學會 分科委員長 公式 모임에 참석하다.	18(月) ·中國軍, 臺灣海峽서 대규모 上陸訓練 실시 20(水) ·監査院, '95년 11월 실시 센서스의 不正에 대한 精密調査 실시
	20(水)	2. 2	·環境大學院 教授會議에 참석하고 회식하다. ·李圭憲·朴昇治씨와 환담하다.	·學校골프모임 'EGO'會 창립
	21(木)	2. 3	·새마을 南部研修院에 가서 全南 消防公務員 들에게 특강하다.	21(木) ·韓國 蹴球, 中國을 3 대 0으로 이겨 애틀랜타 올림픽축구 아시아 最終 豫選 4强에 진출
	22(金)	2. 4	·內務部 研修院에서 특강을 하다.	
	26(火)	2. 8	·海運産業研究院 理事會에 참석하고 晩餐을 같이 하다.	·檢察, 青瓦臺 張學魯 第1附屬室長을 非理 疑惑으로 조사
	27(水)	2. 9	·環境大 주최 首都圈政策 세미나에서 討論을 하다. ·鳥嶺會 모임에 참석하고 回甲 祝賀金을 수령하다.	22(金) ·'世界 물의 날' 行事가 거행됨 23(土) ·臺灣, 최초의 總統直選 投票실시, 李登輝 現總統이 당선됨
	28(木)	2.10	·全經聯 주최 會議에 참석하여 諮問을 하다. ·妻와 같이 水安堡에 가서 투숙하다.	·서울地檢, 張學魯 전 청와대 제1부속실장을 수뢰혐의로 구속
	29(金)	2.11	·水安堡에서 聞慶으로 가다. ·聞慶專門大學에서 3回에 걸쳐 特講을 하다. ·金學文 市長 초청으로 李昌教·錢慶洪·金學澈씨 등과 저녁을 하다. ·黃秉泰 候補와 만나 환담을 하다. ·妻家宅에서 투숙하다.	·방글라데시 群衆 200萬名, 人間 사슬을 형성해 反政府 示威 벌림 24(日) ·韓國 蹴球, 이라크를 2 對 1로 이겨 월드컵 진출이 확정됨 26(火) ·第15代 國會議員 選擧의 候補者 登錄이 시작됨
	30(土)	2.12	·李昇茂·崔周榮·辛國煥 候補 事務室을 예방하다. ·黃元鉉 工場을 방문하고 고향마을에 가서 사진을 찍다. ·聞慶市 機關長들과 오찬을 하다. ·서울로 上京하여 저녁에 金在城 박사 등과 만나 식사하다.	·美國 아카데미賞 最優秀作品賞으로 〈Brave Heart〉가 결정 27(水) ·國防部, 國立墓地의 이름을 國立顯忠園으로 개칭키로 함 28(木) ·월드컵 豫選 韓·日戰에서 2 對 1로 승리
	31(日)	2.13	·金在城 박사등 과 협의 모임을 갖다.	31(日) ·統計廳, '95.11.1 현재 韓國 人口 4,519萬이고 45.3%가 首都圈 居住라고 집계·발표
4	1(月)	2.14	·內務部 研修院 新任管理者班 (第1回 地方考試 合格者) 入校式에 참석하다. ·體育教育學科 博士課程學生들과 저녁 회식을 갖다.	1(月) ·油類價 평균 2.41%인상 2(火) ·北韓, 金泳三 대통령 政府와는 政治會談을 않을 방침이라고 천명

月	日	陰	本人 및 家族事項	社會一般事項
4	2(火)	2.15	·水原 京畿開發研究院에 가서 研究諮問委員會 委員長으로 피선되어 會議를 주재하다. ·卞鐸 社長 초청으로 金在城·金德永·李圭憲씨 등과 만찬 모임을 갖다.	2(火) ·選管委, 國會議員候補 私組職 622개에 대해 내사착수 3(水) ·버스 南漢江에 추락, 19명 사망 4(木) ·北韓, DMZ規定 준수를 거부
	3(水)	2.16	·學校 論文指導를 하다. ·李圭憲院長 초청으로 金庸來·金德永· 金在城씨 등과 회식을 갖다.	·韓國, 北韓 조치를 중대한 挑戰으로 간주하고 강력경고 ·아르헨티나 矯導所 暴動事態가 발생, 全國으로 확산
	4(木)	2.17	·中溪洞 商街의 土地分 登記費를 납입하다. ·金在城 박사등 과 石炭會館에서 만나 太白市 活性化對策 本部長 등과 의견을 나누다. ·金在城박사등 10여명과 만찬을 하다.	6(土) ·北韓, 板門店 共同警備區域 內로 兵力투입 7(日) ·韓國軍, 全指揮官 部隊內 待期令 내림 8(月) ·政府, 永宗島 國際 空港까지의 鐵道를 民資에 의해 2002년까지 완공키로 계획
	5(金)	2.18	·金在城박사 出國·歡送 오찬을 하다.	
	6(土)	2.19	·聞慶發展協議會가 주관한 聞慶·醴泉 國會議員 候補者 共同發表會의 質疑問項을 자문해주다.	9(火) ·UN 安保理, 北韓의 停戰協定違反을 공식논의
	8(月)	2.21	·朱龍鐸회장등과 저녁회식을 갖다.	10(水) ·UN人權委員會, 日本에 대해 軍隊 慰安婦에 國家가 배상할 것을 촉구
	9(火)	2.22	·昌原에 가서 昌原大學에서 특강을 하다. ·河宗根 학장·朴秀永 원장 등과 만찬을 하며 환담하고 昌原에 투숙하다.	11(木) ·第15代 國會議員選擧 실시, 投票率 63.9%로 저조
	10(水)	2.23	·上京하여 學校에 가다.	12(金) ·總選 結果 新韓國黨이 299席中 139席을 차지하여 승리함
	11(木)	2.24	·妻와 같이 15代 國會議員選擧 投票를 하다.	
	12(金)	2.25	·環境大學院 골프 모임(EGO)에서 운동을 하다.	·聞慶·醴泉地區의 黃秉泰 候補가 당선
	13(土)	2.26	·妻와 같이 趙正濟원장 초청을 받아 高德洞 새집에 가서 金源 夫婦등과 회식하다.	·總選의 영향으로 株價가 20.65포인트로 폭등
	14(日)	2.27	·國土計劃學會 事務室에서 原稿整理를 하다.	13(土) ·이스라엘 海軍, 레바논 海上을 봉쇄
	15(月)	2.28	·코롱研修院 金壽鶴 원장 등 任員들과 研究書 發刊 自祝會를 갖다.	15(月) ·新韓國黨, 黨總裁에게 黨職者 일괄 사의를 전달키로 함
	16(火)	2.29	·內務部 研修院 新任管理者班에서 특강을 하다. ·京畿開發研究院 開院 1周年紀念세미나에서 司會를 보다. ·兪焄원장, 崔庚仙 부지사, 趙正濟 원장, 高의원 등과 회식을 하고 귀가하다.	16(火) ·金泳三·美 클린턴 大統領, 濟州에서 會議를 갖고 韓半島問題 解決을 위한 南·北·美·中 4者會談을 공동제의 17(水) ·大檢 公安部, 國會議員 當選者 108명에 대해 內査
	17(水)	2.30	·金學澈 회장 등과 저녁식사를 하다.	·클린턴 美國大統領, 日本에서 美·日 頂上會談을 갖고 美·日 新安保同盟을 선언
	18(木)	3.1	·內務部 研修院에서 개최된 地方公務員 教育發展協議會에서 基調演說을 하다. ·內務部 研修院 高級幹部班에서 特講을 하다.	18(木) ·金泳三 대통령, 野黨代表와 連鎖會談을 시작, 金大中 총재와 5년만에 단독회담
	19(金)	3.2	·風水會 회원들과 골프를 치다.	
	20(土)	3.3	·地方自治學會 事務室에서 일을 하다.	·이스라엘, 레바논 難民宿所를 포격하여 65명 사망
	22(月)	3.5	·韓國地方自治研究院에 가서 業務協議를 하고 李圭憲·朴昇治·徐健一씨와 저녁식사를 하다.	19(金) ·UN安保理, 이스라엘-레바논의 즉각 戰鬪 中斷을 결의
	23(火)	3.6	·中央大 行政大學院 高位政策課程에서 특강을 하다. ·林吉鎭·宋徹國씨와 술을 마시며 환담을 나누다.	20(土) ·江澤民 中國主席, 韓半島 4者會談 支持 親書를 金泳三 대통령에 전달
	26(金)	3.9	·妻와 같이 春川에 가서 江原自治研究會 創立總會에 참여하고 紀念講演을 하다. ·서울에 돌아와 鳥嶺會 모임에 가다.	·先進 7個國 頂上, 모스크바 會談에서 核實驗 全面 금지하는 'Zero Option' 原則에 합의
	27(土)	3.10	·地方自治學會에 가서 作業을 하고 金瑛 교수 등과 오찬을 하다. ·韓國産業人力公團에 가서 都市計劃技術士 試驗 問題를 출제하다. ·仁川에서 가서 鄭武鎔 부사장 등과 술을 하고 함께 투숙하다.	23(火) ·체첸反軍 指導者 두다에프가 戰死하였다고 보도 24(水) ·江原道 高城에서 일어난 山불이 계속확대, 3,000ha를 태우고 25일 오후에 진화됨 25(木) ·러시아·中國 頂上會談이 北京서 개최됨
	28(日)	3.11	·仁川에서 歸京하여 집에 오다.	

月	日	陰	本人 및 家族事項	社會一般事項
4	28(日)	3.11	·妻·누님·群濟와 昆池岩에 가서 江에서 쉬다가 群濟宅에서 식사를 하고 돌아오다.	26(金) ·서울市, 「2011년 目標 都市基本計劃 修正案」을 확정
	29(月)	3.12	·建設交通部 民間投資事業調整委員會에 참석하다. ·六友會 모임에 나가다.	27(土) ·統一院, 三星·泰昌·大宇 등 3개 企業의 對北投資를 승인
5	1(水)	3.14	·高等學校 同期會 모임에 나가 저녁 待接을 하다. ·妻,食中毒에 걸려 며칠간 고생을 하다.	2(木) ·발트海沿岸 11國 頂上, 地域安定과 環境保全 등 共榮方案을 논의하기 위한 첫 頂上會談을 스웨덴 비스비에서 개최
	2(木)	3.15	·順天에 가서 順天大學校에서 특강을 하다. ·尹鍾來 교수 등과 음주하며 환담을 나누고 順天에서 투숙하다.	3(金) ·政府, 自治團體와의 마찰 방지를 위해 國策事業 特別法을 제정키로 방침화
	3(金)	3.16	·順天에서 버스로 光州에 가서 다시 長城郡으로 가다. ·長城郡 長城 아카데미에서 특강을 하다. ·光州를 거쳐 상경하다.	·中國, 작년부터 北韓에 쌀 100만톤을 원조했다고 보도 4(土) ·金大中·金鍾泌 총재, 會談을 갖고 對與强硬 立場을 천명
	4(土)	3.17	·南城臺 골프場에서 운동을 하다.	·檢察, 李順子 전대통령 부인의 計座를 추적
	6(月)	3.19	·內務部 硏修院 中堅幹部課程 入校式에 참석하고 人事말을 하다. ·저녁에 金壽鶴·金學澈·김학근씨 등과 회식하다.	6(月) ·監査院, 財經院에 대한 2주간의 監査를 시작
	7(火)	3.20	·明知大 地方自治大學院에서 특강을 하다. ·鄭世煜·文昌洙·李圭憲 원장 등과 저녁 會食을 하다.	·內務部, 土地等級 廢止와 綜土稅의 昨年水準 凍結을 골자로 한 指針 마련 ·北韓, 豆滿江流域 開發資金을 마련키 위해 東北亞開發銀行 設立을 추진 중인 것으로 밝혀짐
	8(水)	3.21	·學校 教授會議 및 硏究所運營會議에 참석하다. ·學校 教授陣과 만찬을 하다.	
	9(木)	3.22	·次蓮 妻弟, 출국하여 獨逸로 가다. ·江陵에 가서 崔昌儀 교수 등과 燈明 洛伽寺를 둘러보고 禮佛을 드리다. ·김건식·최창의·林承達·金漫宰 교수들과 저녁 식사를 하다. ·江陵大 經營政策科學大學院에서 특강을 하다. ·高速버스로 상경하다.	7(火) ·新韓國黨 全國委員會, 李洪九 전 총리를 새 代表委員으로 선출 8(水) ·新韓國黨, 黨職改編을 단행 ·水資源公社, 始華地區 350萬坪을 추가 개발키로 확정 9(木) ·市·道議會 議長團, 國家의 '國策事業 特別法' 제정에 반발
	10(金)	3.23	·새벽 2時에 서울에 도착하다. ·林岡源 원장 초청으로 오찬을 하다. ·'月刊 自治公論' 創刊 2周年 紀念行事에 참석하여 開會 人事를 하고 委囑牌를 주다. ·行事 參席者들과 만찬을 함께 하고 방한한 金在城 국장 등과 음주·환담을 하다.	·通商産業部, 首都圈 內 工場立地規制를 대폭 완화하는 立法을 豫告 ·韓國, 世界 5位 鐵鋼生産國으로 부상 10(金) ·外交文書 變造事件으로 물의를 일으킨 崔承震 전 뉴질랜드 駐在 韓國大使館 行政官, 뉴질랜드의 亡命許容 拒否로 강제 귀국하여 구속됨
	11(土)	3.24	·平生教育院이 주관한 安養市 公務員硏修會에 가서 특강을 하다. ·金在城·金德水·李圭憲·李謹浩·李相勳·李周熙씨 등과 만찬을 같이 하다.	·日本 社民黨, 北韓 勞動黨 代表團을 日本에 초청키로 결정 11(土) ·金泳三대통령, 뉴질랜드의 제임스 볼저 總理와 회담
	12(日)	3.25	·淸州를 거쳐 渡美하는 金在城 국장을 환송하다. ·집안 大淸掃를 하다.	12(日) ·環境部, 전국의 실제 下水處理率이 28.4%에 불과하다고 보고
	13(月)	3.26	·黃秉泰 국회의원 당선자초청 만찬에 참석하다.	·美國 마이애미 空港 부근서 DC-9 旅客機가 추락하여 109명 몰사함
	14(火)	3.27	·慶州市 李源植 市長 초청으로 조찬을 갖고 高速電鐵路線문제를 협의하다. ·趙正濟원장과 釜山에 가서 釜山大 經營大學 學生에게 특강을 하다. ·李洺宰 학장·朴昇治 이사 등과 식사하고 釜山에 투숙하다.	13(月) ·韓·美·日 高位政策協議會, 濟州道에서 개최 ·財經院, 2000년까지 36개 業種에 대한 外國人投資를 추가 개방한다고 발표 ·趙淳 서울市長, 混雜通行料를 9月부터 징수한다고 발표
	15(水)	3.28	·釜山에서 상경하여 學校에 가다. ·指導學生들 초청으로 '스승의 날' 기념 오찬을 하다.	·韓國·캄보디아 代表部 설치 합의, 斷交 21년만에 國交 再開

月	日	陰	本人 및 家族事項	社會一般事項
5	15(水)	3.28	·韓國地域開發學會 高秉浩 회장과 洪起容· 蘇鎭光 ·韓豹桓 임원들의 초청으로 저녁 식사를 하고 名譽顧問으로 추대받다.	13(月) ·中國, 黃海에 200海里 排他的 經濟水域(EEZ)을 선포 16(木) ·서울市, 風致地區 500만평을 전면 손질키로 함
	16(木)	3.29	·地方自治學會 事務局에 가다. ·環心會 모임에서 '스승의 날' 대접을 받다.	·美國과 中國, 貿易報復措置를 상호 발표
	17(金)	4. 1	·內務部 研修院 高幹班 論文指導를 하고 오찬을 같이 하다.	17(金) ·財經院, 6월부터 海外移住費를 무제한 허용키로 결정
	18(土)	4. 2	·金壽鶴 원장과 조찬을 갖고 慶州 鐵道路線 문제를 협의하다. ·建交部 民資誘致調整委員會 주관으로 永宗島·龍游島에 가서 仁川國際空港 建設현장을 시찰하다.	20(月) ·新韓國黨, 無所屬 當選者 영입으로 院內 과반인 150席을 확보 ·政府, 食用 쌀 44만섬의 輸入을 검토 중 ·金基玉 銅雀區廳長, 6.27選擧時 상대방 誣告혐의로 구속됨
	19(日)	4. 3	·金永燮 교수 초청으로 泰光 골프장에 가서 운동하다.	
	20(月)	4. 4	·平生教育院 주관의 安養市 區廳公務員 研修會에서 특강을 하다. ·卞鐸사장 초청으로 저녁 식사를 하다.	21(火) ·財經院, 國內人의 海外投資業種制限을 6月부터 없앤다고 발표 ·教育部, 97년부터 우수한 7개 私立大學의 入學定員을 자율화한다고 발표
	21(火)	4. 5	·教育部 地域開發課題發表 세미나에서 委員長 人事를 하다. ·內務部 研修院 初任管理者班에서 특강을 하다. ·家計支出을 月 300萬원으로 하여 50% 증액하다.	·탄자니아에서 旅客船 침몰로 500여명사망 22(水) ·國防部·海軍, 國內 첫 1 萬톤급 航母 建造를 계획하고 있다고 밝힘
	22(水)	4. 6	·教育部 '96地域開發研究課題의 審議를 주재하다. ·朱龍鐸 회장 등과 음주·환담하다.	23(木) ·北韓 李철수 空軍大尉, 미그19機를 몰고 귀순
	23(木)	4. 7	·鳥嶺會에 참석하고 成東奎·李康一 회원과 술을 마시다.	24(金) ·스위스 國際經營研究院(IMD), 韓國競爭力 27位라고 발표
	24(金)	4. 8	·妻와 같이 虎巖山 虎壓寺에 가서 누님 내외, 동생 내외와 佛誕日 禮佛을 드리다.	·아프칸의 政府와 叛軍, 平和協定 체결
	25(土)	4. 9	·運轉免許證 更新節次를 밟다. ·金壽鶴 원장과 오찬을 하다.	25(土) ·95 世界人口 57억8천명으로 집계 발표 26(日) ·國民會議·自民聯, 보라매 公園에서 集會를 갖고 新韓國黨 규탄을 함
	26(日)	4.10	·집에서 청소를 하고 庭園을 손질하다.	
	27(月)	4.11	·學校 '調査統計方法論' 博士課程科目을 종강하다.	·政府, 高速電鐵의 慶州迂廻 通過로 잠정 결정
	28(火)	4.12	·朱龍鐸 회장 등과 原州市 文幕邑 湖巖住宅團地 현장을 둘러보고 오다.	28(火) ·45개 基礎團體, 그린벨트 規制緩和를 요구
	29(水)	4.13	·內務部 金暉東 과장 등과 汽車로 大田에 가다. ·忠南道廳에서 道立大學 설치에 대한 설명을 듣고 논의하다. ·道 幹部들과 만찬을 하고 투숙하다.	30(木) ·第15代 國會, 開院 불투명 한채로 任期 시작됨 ·李彰承 全州 市長, 선거법위반 등으로 재판 중 전격 市長職 사퇴
	30(木)	4.14	·青陽郡에 가서 '青陽道立專門大學' 敷地를 시찰하고 郡守·議員들과 오찬을 하며 의견을 나누다. ·七甲山 山頂을 관람하고 상경하다. ·朴炳柱 교수의 『韓國의 都市』 著書 出版紀念會에 가다.	31(金) ·北韓 科學者 및 作家 2名, 中國에서 亡命하여 서울 도착 ·월드컵, 韓日共同 開催로 결정 ·최초의 '바다의 날' 행사함 ·政府, 海洋部 신설키로 함
	31(金)	4.15	·環境大學院 教授들과 信元 골프장에서 운동을 하다.	·野黨인 리쿠드黨의 네타냐후 候補, 이스라엘 歷史上 最初의 總理 直選에서 次期 總理로 당선 확정
6	1(土)	4.16	·7년 기한 綠色自動車免許證을 수령하다. ·妻와 같이 奉恩寺에 가서 예불을 드리다. ·사위 文丙基군, 美國 Ohio州立大學에서 博士學位論文 提出資格考査에 합격하다.	1(土) ·서울 氣溫이 32.7度로 오름 ·政府, 日本과 Visa免除協定을 추진키로 함 ·英國 專門誌, 北韓 미그 29機 年15臺 생산 능력 보유하고 있다고 보도
	2(日)	4.17	·驛三洞 自宅 庭園에서 李圭憲 원장과 '月刊自治公論' 對談을 하다. ·李圭憲·朱龍鐸회장등과 오찬을 하다. ·妻와 누님 집에 들리고 같이 白永鶴씨 家族과 저녁 식사를 하며 환담하다.	2(日) ·證券監督院 白源九 원장, 收賂嫌疑로 구속 3(月) ·2000년 개최 第3回 아시아·유럽 頂上會談(ASEM)을 서울 三成洞 貿易센터에서 개최키로 확정함

月	日	陰	本人 및 家族事項	社會一般事項
6	3(月)	4.18	・交通開發研究院에서 개최된 建交部 民資誘致 調整委員會 會議에 참석하다. ・地籍公社 新入社員에게 특강을 하다.	3(月) ・政府, 相續・贈與稅 輕減案에 대한 公聽會 개최
	4(火)	4.19	・民主平統諮問會議 運營・常任委員會 會議 참석차 世宗文化會館에 가다. ・地方自治學會 事務局에 가서 業務處理를 하다.	4(火) ・建交部, 그린벨트 內 住居地에 대한 規制緩和를 검토 ・民主黨, 새 總裁로 李基澤 상임고문을 선출 ・財經院 韓澤洙 國庫局長, 證券監督院 관련 收賂 혐의로 구속됨
	5(水)	4.20	・大學院 第1學期 終講을 하다. ・新韓國黨 世界化推進委員會 朴世直 委員長室을 예방하고 國政硏究會員들과 식사를 하다. ・美國의 맏딸 家族, Chicago로 여행을 떠나다.	5(水) ・國會 開院, 與野 對峙로 院構成 실패 ・第24回 '環境의 날' 行事가 다양하게 개최됨
	6(木)	4.21	・妻・누님 夫婦・群濟등과 原州市 文幕에 가서 물고기를 잡으며 놀다 오다. ・文幕江에서 발을 다치다.	6(木) ・서울地檢, 伽洛市場 農産物價格 조작 수사를 착수 ・U.N., 對北韓 食糧難 지원을 위해 4,360萬弗 지원을 확정
	7(金)	4.22	・國土計劃學會 주최 '湖南高速鐵道' 토론회에 참석하여 司會를 보다. ・새마을운동 次北 5道支部 세미나의 事前協議會에 참석하다. ・발이 아파 밤새 고생하다.	7(金) ・國會 與野 對峙로 院구성 다시 파행 ・環境部, U.N.機構에서 '97년 '世界環境의 날' 행사를 서울에서 개최키로 결정했다고 보고
	8(土)	4.23	・朴宇鎭 外科에 가서 발을 치료하고 집에서 쉬다. ・美國 맏딸 家族 Chicago 여행을 하고 Columbus로 귀가하다. ・陽智골프場 會員券을 획득하다.	8(土) ・政府, 慶州 통과 京釜高速鐵道 路線을 연말까지 다시 조정하기로 결정 ・起亞 協力業體의 罷業으로 일부 자동차 생산 중단 ・中國, 新疆서 地下核實驗 단행
	9(日)	4.24	・卞鐸사장이 집에 와서 몇가지 협의를 하고 돌아가다. ・발 치료차 病院에 다녀오다.	9(日) ・서울市, 오존 注意報를 발령함 ・네델란드 빔콕 總理 방한하여 10日에 金大統領과 頂上會談가짐
	10(月)	4.25	・病院에 가서 발 치료하다. ・週刊誌 'News Plus'의 地方自治學會 名義 盜用으로 인해 自治團體들로부터 항의전화를 받다. ・自治學會 盧在元 사무국장과 'News Plus' 문제를 협의하고 지시하다.	10(月) ・世界廣告大會, 서울 COEX에서 개막 ・政府・與黨, 軍事保護區域 축소를 위한 黨政協議를 추진시키로 함
	11(火)	4.26	・서울大 環境大學院과 農生大 造景學科의 統合推進委員會 모임에 참석하다.	11(火) ・政府, 北韓支援 300萬弗을 UN에 출연키로 결정 ・財經院, 國家委任事務 처리 비용 1,000억원의 國産 補助를 요구한 서울市 區廳長 協議會 요구를 수용할 수 없다고 확정
	12(水)	4.27	・大學院 最終論文審査를 하다. ・教授會議에서 방문한 鮮于 總長 등과 간담회를 갖다. ・梁銃在 교수 승진 自祝宴에 참석하다.	12(水) ・國會, 院구성 또 실패 ・閣議, 住民條例請求權 도입을 결의
	13(木)	4.28	・大田 儒城소재 韓國科學技術院(KAIST)에 가서 大田市 幹部들에게 특강을 하다. ・李柱天 은사님과 尹德龍 원장을 만나 환담을 나누다. ・서울에 와서 錢慶洪 원장 伯氏씨 問喪을 가다.	13(木) ・日本 福岡 空港에서 인도네시아 航空機가 추락 ・鐵道廳, 首都圈 廣域電鐵網計劃案을 마련했다고 밝힘
	14(金)	4.29	・地方自治學會 常任理事會 조찬회를 주재하고 'News Plus'誌 명의도용 문제의 처리를 협의하다. ・學校에 가서 '環境研究館' 기공식에 참석하여 첫 삽질을 하다. ・KBS 國際放送記者와 地方自治 1年에 대해 대담녹음을 하다. ・指導班 學生들에게 저녁식사를 마련해주고 환담하다.	14(金) ・政府, 쌀 買入을 내년부터 約定收買制로 바꾸기로 확정 15(土) ・政府, 長官에 組織改編權을 부여하는 방안을 검토 ・英國 맨체스터市에서 車輛爆彈으로 200여명 중경상 ・UN 安保理, 舊 유고에 대한 武器禁輸措置 해제
	16(日)	5. 1	・自宅 마당 雜草를 뽑고 정원을 정리하다.	
	17(月)	5. 2	・病院에 가서 발 治療를 마치다.	17(月) ・全國에 暴雨가 내림 ・萬都機械勞組, 무기한 罷業 돌입

月	日	陰	本人 및 家族事項	社會一般事項
6	17(月)	5. 2	·大田 KAIST에 가서 大田市 幹部들에게 특강을 하다. ·魯公均 교수를 만나 환담을 나누다.	17(月) ·러시아 大選, 過半得票者 없어 再選擧 실시키로 함 ·政府, 98년까지 證券·銀行 設立을 外國人에게 全面 開放키로 결정 ·캐나다·멕시코, 美國의 對쿠바 制裁 强化法案에 대한 對應措置 발표
	18(火)	5. 3	·學校에서 論文指導를 하고 診療所에서 身體檢査를 받다.	
	19(水)	5. 4	·每經 KTV에 가서 地方自治 1年 評價 座談을 녹화하다. ·韓國造景學會 주최 國際 세미나에서 DMZ에 관한 主題發表를 하다. ·妻·누님과 같이 廣濟 夫婦의 越南 移住 환송연 식사를 대접하다.	18(火) ·起亞·아시아自動車勞組, 파업 단행 ·'92년 인양된 거북선 銃筒이 가짜로 판명 ·漢·中, 航空機 合作生産 협상이 결렬됨
	20(木)	5. 5	·自宅에서 '自治公論'에 실을 사진을 찍다. ·明知大學 주최 地方自治 세미나에서 司會를 보다. ·在京 聞慶 鄕友會에서 顧問으로 추대받다.	19(水) ·政府, 都市型 中小企業工場의 首都圈內 증설을 허용키로 함 ·行政刷新委員會, 環境影響評價院을 설립토록 건의
	21(金)	5. 6	·地方自治學會 주최 세미나에서 開會人事를 하고 行事를 주관하다. ·저녁에 李圭憲·朱龍鐸·趙正濟씨 등과 술을 들며 환담을 하다. ·妻,빙모님 問安次 문경에 가다.	20(木) ·換率 1弗當 807원으로 상승 ·勞使紛糾, 협상타결로 호전됨 ·統計廳, 人口의 49%, 地域內 總生産(GRDP)의 53.3%가 서울·京畿·慶南에 집중되어 있다고 발표
	22(土)	5. 7	·學校 敎授들과 陽智 리조트에서 골프를 치다.	21(金) ·政府, 外國人을 公務員으로 채용할 계획임을 밝힘 ·通商産業部, 聞慶등 廢鑛地域을 觀光地로 개발토록 첫 승인함 ·金泳三 대통령, 日本 하시모토(橋本龍太郞) 總理와 濟州에서 頂上會談 가짐
	23(日)	5. 8	·'한겨레 21' 주간지의 座談會에서 사회를 보다. ·沈大平 지사·崔秉烈 의원 등과 저녁 식사를 하며 환담하다. ·每經 KTV에서 座談會한 것을 방영하다.	
	24(月)	5. 9	·金壽鶴·李圭憲씨와 汽車로 大邱에 가다. ·大邱·慶北地方自治學會 세미나에서 祝辭를 하다. ·張壽弘 회장 초청 저녁 만찬에 참석하고 大邱에 투숙하다. ·妻,聞慶에서 귀경하다.	22(土) ·敎育部, 97년부터 海外留學을 全面 自由化하기로 함 24(月) ·全國 暴雨, 南部에 6명 사망·실종 ·'96 世界 韓民族 科學技術者 大會, 서울에서 개막
	25(火)	5.10	·大邱에서 비행기로 상경하다. ·朝鮮日報에 가서 地方自治에 관한 좌담회를 갖다. ·새마을 以北5道支會 주최 討論會에서 司會를 보다. ·獨逸 거주 金英世 同壻, 집에 와서 환담을 하다.	25(火) ·美國, 韓國에 대해 建設市場 개방 확대를 요구 ·사우디 아라비아 다란 부근에서 美軍基地에 爆彈 테러가 발생, 19명 사망
	26(水)	5.11	·金壽鶴 회장 등과 조찬을 하다. ·서울市政開發硏究院 주최 세미나에서 司會를 보다. ·全聖均 所長 出版紀念會에 참석하다. ·李圭憲·徐健一씨와 술을 들며 환담하다.	26(水) ·英國에서 世界 最古의 佛敎文書 발견 27(木) ·230 基礎議會議長, 大田에서 會議를 갖고 地方自治制 改善案을 건의 ·UN, 서울의 物價 世界 7位로 분석
	27(木)	5.12	·國立映像製作所 KTV에서 地方自治 錄畵를 하다. ·韓國地方行政硏究院 주최 세미나에서 司會를 보다. ·李榮範 변호사 초청 새재회 모임에 가다.	28(金) ·國防部, 尖端 偵察機 10여대를 美國에서 도입키로 했다고 발표 ·全國에 暴雨가 내림 ·北韓, 平壤·南浦·海州를 추가 개방키로 함 ·터키, 共和政 史上 첫 回敎政府 출범
	28(金)	5.13	·呂鴻九·金英模 교수 등과 大田에 가다. ·中部圈 開發 세미나에서 司會를 보다. ·大韓國土·都市計劃學會 忠淸支部 創立總會에 참석하다. ·둘째 딸 貞娥, 美國에서 放學中 일시 귀국하다. ·KTV 좌담회 錄畵한 것을 방영하다.	29(土) ·株式價格, 계속적으로 하락함 ·起亞自動車, 無勞動 有賃金 방침을 결정 ·美國이 對北韓 制裁를 단행했다고 보도됨
	29(土)	5.14	·貞娥 등 家族과 外食을 하다.	30(日) ·몽골 總選에서 野黨인 民主聯盟이 壓勝, 75년간에 걸친 共産主義 統治 종식
7	1(月)	5.16	·內務部에 가서 內務部長官으로부터 韓國地方自治學會의 功勞에 대한 表彰狀을 받다.	1(月) ·石油類·버스·담배 價格, 10% 내외씩 인상

月	日	陰	本人 및 家族事項	社會一般事項
7	1(月)	5.16	·地方自治學會 事務局에 가서 일 처리하다.	
	2(火)	5.17	·全南 麗川市에 가서 市公務員에게 特講을 하고 상경하다.	2(火) ·政府, 담배人蔘公社 등 公企業의 民營化를 '97년부터 시행키로 함
	3(水)	5.18	·코롱 硏修院 주최 龜尾市 幹部 硏鑽會에서 特講을 하고 討論進行을 보다. ·저녁에 李圭憲·朴昇治·徐健一씨 등과 만찬을 하다.	3(木) ·政府, SOC 참여 企業에 대한 與信規制 완화를 골자로 한 民資誘致 活性化 方案을 발표 ·러시아,大統領 選擧의 決選 投票를 실시 4(木) ·國會, 與野協商妥結로 院構成하고 議長에 金守漢의원을 선출함 ·러시아 決選投票 결과 옐친 現大統領의 再選이 확정됨
	5(金)	5.20	·地方自治學會 常任理事會의 조찬회의를 주재하다. ·公州市 副市長 등과 오찬을 하며 환담하다.	5(金) ·政府,8월 1일부터 海上 그린벨트를 설치키로 함 ·政府, 道路에 名稱, 建物에 番號를 부여하는 새로운 住所 表示制를 추진한다고 발표
	6(土)	5.21	·昌寧 農協敎育院에서 개최된 新韓國黨 慶南道議會 議員 硏鑽會에서 特講을 하고 오다.	
	7(日)	5.22	·邊徽澈 친구 母親 問喪을 하다. ·妻·貞娥와 같이 百貨店과 開運寺를 방문하다.	7(日) ·政府米 在庫, 133萬섬 부족 전망
	8(月)	5.23	·內務部 硏修院에 가서 中堅幹部班 論文指導를 하다. ·地方自治學會에 가서 業務를 처리하다.	8(月) ·第180回 臨時國會 開院, 金大統領 開院 연설함 ·海運港灣廳, 釜山·光陽·牙山을 東北亞 據點(Hub) 港灣으로 개발키로 함 ·換率 1弗當 814원으로 상승
	9(火)	5.24	·서울大學 病院에 가서 第2次 檢診을 받다. ·저녁에 美國 Towson州立大學의 申鳳柱 敎授 등과 식사를 하다.	9(火) ·崔仙吉 노원구청장, 선거법 위반으로 當選 無效 판결을 받아 區廳長職 상실
	10(水)	5.25	·코롱 硏修院에 가서 龜尾市 幹部들에게 特講을 하고 討論 司會를 보다. ·金源 교수 隨想集 발간 축하를 위한 趙正濟 원장 초청만찬에 夫婦 同伴으로 참석하다.	10(水) ·與圈, 基礎團體長의 黨公薦 배제키로 확정
	11(木)	5.26	·學校에 가서 第2學期 講義計劃등을 정리하다.	11(木) ·政府代表團·企業人 등 100여명, 9月에 羅津·先鋒 投資說明會에 참가키로 함 ·北韓 住民 한 명이 헤엄쳐서 귀순함
	12(金)	5.27	·風水會員들과 Korea 골프장에서 운동하다. ·大同住宅의 郭正煥 회장·朴明根 고문, 姜渭薰사장 등과 술을 들며 환담하다.	12(金) ·日本 右翼團體 會員이 駐日 韓國大使館에 자동차로 테러 단행
	13(土)	5.28	·코롱 硏修院에 가서 龜尾市 幹部들에게 特講을 하고 司會를 보다. ·金壽鶴·金源·李圭憲씨 등과 金壽鶴 회장 自敍傳 冊名을 논의하다.	13(土) ·日誌, 中國이 전면적 北韓 援助에 돌입했다고 보도
	14(日)	5.29	·막내 貞娥와 같이 國土計劃學會 事務局에 가서 作業을 하다. ·妻와 같이 中溪洞 商街에 가서 店鋪 再契約을 하다. ·妻·누님과 같이 식사를 하다.	14(日) ·캄보디아의 훈센 總理 訪韓
	15(月)	5.30	·朴容·張東熙·申邦鉉 교수 등과 회식을 하며 回甲紀念集 出版件을 상의하다.	15(月) ·政府, 市內 通話料 소폭 인상 계획을 발표 ·北韓 輕水爐 건설비가 60억불에 달할 것으로 韓電이 추산
	16(火)	6. 1	·林炳柱·康炳基 교수와 같이 淸州에 가서 湖南高速鐵道관계 세미나에서 사회를 보다. ·저녁에 술을 들며 환담을 하고 로얄 호텔에 투숙하다.	16(火) ·新韓國黨 議員의 野黨 總裁 非難 發言으로 與野總裁會談 무산됨 ·三星電子, 國稅廳으로부터 稅務調査를 받음
	17(水)	6. 2	·淸州 골프장에서 골프를 치고 귀경하다.	17(水) ·UNDP 報告書, '삶의 質' 순위가 캐나다 1위, 韓國 29위, 北韓 83위로 발표
	18(木)	6. 3	·집에서 原稿整理를 하고 저녁에 妻·貞娥와 映畫館에서 〈Twister〉를 관람하다.	18(木) ·17년전 납북된 高相文씨의 부인 趙福熙씨, 우울증으로 투신자살 ·美 TWA旅客機, 파리를 향해 뉴욕을 출발하였다가 공중폭발로 229명 전원 몰사
	19(金)	6. 4	·盧健一 전교통부장관과 조찬을 갖다. ·黃仁政 박사를 만나 民間投資調整委員會 案件을 협의하다.	19(金) ·全州市長 補闕選擧 결과 17.7%의 投票率을 보이고 國民會議의 梁尙烈 후보가 당선
	20(土)	6. 5	·民間投資調整委員會 회의에 참석하다. ·妻·누님 內外·동생 內外와 回甲紀念 食事를 하고 餘興을 갖다.	20(土) ·'96 夏季 올림픽大會, 美國 Atlanta市에서 개막
	21(日)	6. 6	·上京한 大邱 査頓 內外分과 回甲紀念 食事를 하고 선물을 받다.	21(日) ·파키스탄의 부토 總理 방한 ·安養審査院에서 少年院生 105名이 탈주

1996

月	日	陰	本人 및 家族事項	社會一般事項
7	22(月)	6. 7	·'허바허바 寫眞館'에 가서 回甲紀念寫眞을 찍다. ·地方自治學會 事務局에 가서 업무처리를 하다.	22(月) ·올림픽大會에서 심권호 선수가 레슬링에서 첫 金메달 획득
	23(火)	6. 8	·妻·貞娥와 같이 '하나 투어' 그룹에 합류하여 中國旅行을 回甲紀念次 떠나다. ·서울을 떠나 北京을 거쳐 延吉市에 도착하여 延邊 陽光大厦에 투숙하다.	·國會 質疑에서 自治團體 總負債가 17兆원을 넘었다고 논의됨 23(火) ·政府, 太白·聞慶 등 5個 市郡을 廢鑛地域 振興地區로 확정·발표
	24(水)	6. 9	·버스로 延吉을 떠나 二道白河를 거쳐 白頭山에 도착하다. ·白頭山에 올랐으나 비·바람·구름으로 天池를 보지 못하고 대신 小天池를 구경하고 天池賓館에서 투숙하다.	·國軍 機務司, 三星航空 幹部 2명을 軍機密 流出罪로 구속 24(水) ·政府, 金融分野 規制緩和方案을 발표 ·北韓 住民 1명, 漢灘江을 넘어 귀순함
	25(木)	6.10	·陽曆 起算으로 生日겸 回甲日을 天池賓館에서 맞다. ·龍井에 가서 舊 大成中學과 尹東柱 紀念館을 방문하고 圖們市에 가서 豆滿江과 北韓地域을 시찰하다. ·延吉市에서 비행기로 北京에 도착하여 中苑賓館에 투숙하다.	25(木) ·金正日의 전처 成蕙琳씨가 지난 2月 西方으로 탈출했다가 身病治療次 다시 모스크바로 돌아간 것으로 알려짐 ·아프리카의 부룬디國에 쿠데타가 발생하여 軍部가 장악함 26(金) ·京畿·江原地域에 豪雨가 내려 軍人 및 民間人 86명 정도가 사망하고 많은 被害가 발생함
	26(金)	6.11	·明13陵 中 定陵을 보고 萬里長城을 구경한 뒤 호텔에 들다.	·382억원 不當利得을 취한 4개 防産業體가 檢察에 의해 적발됨
	27(土)	6.12	·天安門과 紫禁城을 구경하고 北海公園을 거쳐 中國 中醫研究院 西苑醫療保健中心에 들리다. ·頤和園을 구경하고 안주반점에서 오리 요리로 식사를 한 뒤 中國 서커스를 관람하다. ·一行中 金德俊·金在權씨 등과 술을 마시며 환담하다.	27(土) ·臨時國會, 海洋水産部 신설을 위한 政府組織法 改正案 등을 처리하고 폐회함 ·올림픽이 개최 중인 美 Atlanta市 都心서 爆彈 테러가 발생하여 백여명의 死傷者가 생김
	28(日)	6.13	·北京을 출발하여 서울에 도착하다. ·陽曆 起算으로 滿60回生日이 되어 回甲紀念集 編纂의 마감 기준일로 삼게 되다. ·紀念集 마지막의 '謝恩의 獻辭'를 書齋 「溫知堂」에서 쓰다.	28(日) ·世界 올림픽大會서 캐나다의 도노번 베일리 選手가 100m를 9초 84로 주파하여 世界 新記錄을 세움 29(月) ·中國, 核實驗 실시 31(水) ·서울 12個區 오존 濃度 기준치 넘어 오존注意報 발령
	29(月)	6.14	·農協 昌寧教育院에 가서 達城郡 指導者들에게 특강을 하다. ·密陽市 武安面의 表忠碑閣(一名 땀나는 碑, 四溟大師의 공덕비)을 방문하다.	
	30(火)	6.15	·論山에 가서 忠南發展研究院 주최의 湖南 高速鐵道 路線討論會에서 사회를 보다. ·論山에서 상경하다.	
	31(水)	6.16	·民間投資調整委員會의 조찬 간담회에 참석하다.	
8	1(木)	6.17	·公州에 가서 市·邑·面·洞 공무원에게 특강을 하고 오다.	1(木) ·財經院, '97년부터 相續財産 10억원까지, 配偶者는 32억원까지 非課稅되는 '相續稅法 改正案' 마련 ·전국 11개 大學의 4,561명 漢醫大生, 수업 복귀 時限 넘겨 留級 확정
	2(金)	6.18	·昌原에 가서 慶南 誕生 百周年紀念 세미나의 司會를 하다. ·朴秀永 院長 등과 만찬을 하고 昌原에 투숙하다.	2(金) ·國際航空運送協會(IATA), 北韓이 '96년 12월부터 각국 航空社에 領空 개방할 것이라고 발표
	3(土)	6.19	·昌原에서 상경하다.	·政府, 새마을운동 및 바르게살기운동 協議會에 각각 70억원과 30억원을 '97년도에 지원키로 결정
	4(日)	6.20	·家族 모두 밖에서 저녁 식사를 하다.	
	5(月)	6.21	·地方自治學會 事務局에서 업무처리를 하다. ·저녁에 美國 金在城 박사 등과 회식하다.	
	6(火)	6.22	·金在城 博士 및 自治學會 會長團과 회의를 하다.	·南太平洋 遠洋漁業 中 中國 僑胞들이 船上叛亂을 일으켜 韓國人 등 11명을 살해
	7(水)	6.23	·大田에서 개최된 EXPO 科學公園 3周年紀念 심포지엄에서 基調講演을 하다.	

月	日	陰	本人 및 家族事項	社會 一般 事項
8	7(水)	6.23	· 汽車로 大田에서 密陽을 거쳐 農協 昌寧 敎育院에 투숙하다. · 妻와 貞娥, 水安堡 溫泉에 투숙하다.	4(日) · '南山 제모습 찾기' 사업 일환으로 옛 國家安全企劃部 청사 第1別館을 폭파 해체
	8(木)	6.24	· 農協 昌寧 敎育院에서 특강을 하고 상경하다. · 金壽鶴 원장과 만찬을 하다.	5(月) · 北韓, 中國 延邊서 실종된 小說家 김하기씨를 國境 侵入罪로 체포해 조사 중이라고 밝혀
	9(金)	6.25	· 地方自治學會 事務局에 가서 업무처리를 하다. · 鄭棹永 · 卞鐸씨와 저녁을 하다. · 貞娥, 店村에서 상경하다.	6(火) · 海運港灣廳과 水産廳을 통합하여 海洋水産部가 출범됨
	10(土)	6.26	· 妻, 店村에서 상경하다. · 鄭慶均 원장 초청으로 李鎭卨 安東大 총장, 南治浩 교수 등과 만찬을 하며 환담하다.	· 敎育部, 首都圈에도 제한된 大學 設立을 가능케 하는 '大學設立 施行規則' 발표 8(木) · 財經院長官에 韓昇洙 의원을 임명하는 부분 개각 단행
	11(日)	6.27	· 日本의 名著인 村上亮泰의 『反古典の政治經濟學』을 감명 깊게 탐독하다. · 家族 모두 貞娥 出國紀念 저녁을 Ritz-Carlton 호텔에서 갖다.	· 韓國通信, 個人이 평생토록 사용하는 電話番號를 부여하는 個人番號 서비스制를 시행케 함
	12(月)	6.28	· 貞娥 환송차 空港에 갔다가 NWA비행기의 결항으로 귀가하다. · 博文閣 朴容 사장에게 가서 回甲紀念集 원고를 설명하고 전달하다. · 金在城 · 金德永씨와 같이 羅山 그룹 會長을 예방하여 심포지엄의 자금지원을 요청하다. · 金學文 市長팀이 상경하여 金在城 국장 등과 만찬을 갖다.	9(金) · 옐친 러시아 大統領, 제2대 러시아 聯邦大統領에 취임 12(月) · 金泳三 대통령, 방한 중인 쿠마라 퉁가 스리랑카 大統領과 頂上會談 가짐 · 서울 西大門區議會 宋榮于 의장, 區廳長과의 마찰로 사직서 제출한 12명 의원의 辭職書 수리 16(金) · 우루과이 라운드(UR)協定에 따라 食用으로 처음 수입되는 中國쌀 1次分 1만 1,300t 부산항 도착
	13(火)	6.29	· 貞娥, 출국하여 美國으로 가다. · 金在城 · 金德永씨와 같이 東亞建設 社長團을 예방하여 심포지엄의 자금지원을 요청하다. · 韓國 陶瓷器 社長 초청으로 金在城 박사 등과 저녁을 하다.	· 中國 延吉市서 起亞技術訓練院 朴병현 院長, 괴한 2명에게 습격당해 사망
	14(水)	7. 1	· 民間投資事業調整委員會의 조찬회의에 참석하다. · 金在城 · 金德永씨 등과 협의를 하고 저녁을 같이 하다.	19(土) · 南北 최초의 合作工場 '大宇 南浦 工場' 본격 가동 · 라모스 필리핀 大統領, 回敎叛軍세력 議長과 회담갖고 24년간의 回敎紛爭 종식을 합의
	15(木)	7. 2	· 李圭憲 · 李周熙 · 李宰城씨 등과 金在城 박사 송별 오찬을 같이 하고 출국 환송을 하다.	
	16(金)	7. 3	· 環境大學院 都市 · 環境高位政策課程 入校式에 참석하다. · 鳥嶺會 모임에 가다.	20(日) · '聯邦制 統一', '駐韓美軍 撤收' 등을 주장하며 12일부터 시작한 韓總聯 學生들, 警察鎭壓으로 9일만에 해산, 5,715명 연행
	17(土)	7. 4	· 地方自治學會에 가서 鄭世煜부회장 및 사무국장과 업무 협의하다. · 金壽鶴 · 鄭世煜씨와 저녁 식사를 함께 하다.	22(火) · 環境部, 9월중 麗川工團을 特別對策地域으로 지정하고 汚染物質 減少 위한 綜合對策을 마련 발표
	19(月)	7. 6	· 鄭慶均 원장 따님 결혼식에 가다. · 民間投資事業調整委員會에 가다.	25(日) · 中國 女性作家 戴厚英, 上海 自宅서 피살
	20(火)	7. 7	· 學校 論文 워크 · 샵에 참석하여 지도하다. · 環境大學院 都市 · 環境高位政策課程에서 강의하다.	28(水) · 光州 地下鐵 1號線 起工 · 財經院, 月給 96만원 이하는 勤勞 所得稅가 면제되는 '稅法改正案' 마련 발표
	21(水)	7. 8	· 國立中央圖書館 分館으로부터 家族會員證을 교부받다.	· 建交部, 京畿 北部 地域開發 촉진하기 위한 廣域上水道 건설을 착수
	22(木)	7. 9	· 空港 터미날 禮式場에서 嚴重欽씨 長男 결혼식의 主禮를 보다. · 裕創産業 黃時旭 회장을 예방하다. · 蔡弘植 · 金學澈씨와 식사를 하고 여흥을 갖다.	· 러시아軍과 체첸叛軍, 양측 체첸 駐屯兵力 철수한다는 協定에 서명 · 美國 民主黨, 全黨大會에서 클린턴 大統領을 '96년 대통령 선거 후보로 공식 지명
	23(金)	7.10	· 內務部 硏修院에 가서 高幹班 논문지도를 하다. · 朱龍鐸 회장과 저녁식사를 하다.	
	24(土)	7.11	· 地方自治學會에 가서 업무지시를 하다.	

1996

月	日	陰	本人 및 家族事項	社會一般事項
8	24(土) 25(日) 26(月) 27(火) 28(水) 29(木) 30(金) 31(土)	7.11 7.12 7.13 7.14 7.15 7.16 7.17 7.18	·妻와 같이 聞慶에 가서 聘母任을 문병하고 載敏宅에 투숙하다. ·黃泰鉉宅에 들러 新築家屋을 둘러보고 그림 1점을 선물하다. ·聞慶에서 상경하다. ·韓國能率協會 주최의 優秀 基礎自治團體 事例 發表會에서 基調講演을 하다. ·民間投資事業調整委員會 會議에 참석하고 投票로 仁川空港 터미날 事業者로 韓進을 결정하다. ·聘母任이 聞慶 自宅에서 서거하시다. ·妻와 같이 店村에 가다. ·聘母任 殯所에 問喪하고 손님을 맞이하다. ·聘母任 遺骸를 永順面 先山에 모시다. ·店村에서 汽車로 密陽을 거쳐 農協 昌寧 教育院에 가서 특강을 하고 다시 店村으로 오다. ·金龍寺 大成庵에 가서 서거하신 聘母任의 生辰 禮佛을 드리다. ·孔坪 父母任 묘소와 永順 聘母任 묘소를 참례하고 상경하다. ·李圭憲·朴昇治씨와 식사하다. ·環境大學院 後期 卒業式에 참석하다. ·內務部 研修院에 가서 中堅班 논문지도를 하다. ·金壽鶴 원장 및 새마을婦女會 前現職 幹部들과 식사하다. ·地方自治學會에 가서 업무협의를 하다. ·妻, 聞慶 절에서 聘母任 三虞祭를 모시다.	29(木) ·文化體育部, 호텔의 電話交換員 등으로 고용하기 위해 外國人 勤勞者 1,000여명 도입하는 방안을 추진 ·러시아 旅客機, 노르웨이 北極 上空서 추락하여 141명 탑승객 전원 사망 30(金) ·浦項製鐵, 浦項의 年産 42만t 규모 스테인레스 工場 증설하고 완공 ·LG 칼텍스 精油, 販賣 子會社인 LG精油流通을 합병 ·아프리카 가봉의 오마르 봉고 大統領, 2박3일 일정으로 한국 방문 ·日本의 聯政 第3黨인 新黨 사키가케, 이데 쇼이치(井出正一) 前 厚生相을 새 代表로 선출 31(土) ·1審에서 각각 死刑과 懲役 22년6월을 선고 받은 全斗煥·盧泰愚 피고인, 서울 地法에 抗訴狀 제출 ·러시아와 체첸 叛軍, 平和協定 서명하여 20개월간의 內戰을 종식
9	1(日) 2(月) 3(火) 4(水) 5(木) 6(金) 7(土) 8(日) 9(月) 10(火) 11(水) 12(木)	7.19 7.20 7.21 7.22 7.23 7.24 7.25 7.26 7.27 7.28 7.29 7.30	·妻, 聞慶 절에서 聘母任 첫 번째 49祭를 모시다. ·第2學期가 개강되다. ·妻, 聞慶에서 빙부님 生辰을 차려드리고 次蓮 妻弟와 같이 상경하다. ·釜山에 가서 釜山日報 주최의 國際 세미나의 討論을 하고 상경하다. ·建交部 中央都市計劃委員會 委員으로 위촉되다. ·國土學會의 盧隆熙·朴炳柱 고문 등과 회의를 하고 식사하다. ·民間投資事業調整委員會의 조찬회의에 참석하다. ·金壽鶴·卞鐸·林敬鎬·韓仁錫씨와 회식을 갖다. ·地方自治學會에 가서 업무를 보다. ·李圭憲·黃明煥·노재원 : 김익영·김학철씨 등과 회식을 갖다. ·抱川 一東에 가서 골프를 치다. ·祖母任 祭祀를 모시다. ·南斗熙 변호사 등과 골프를 치다. ·內務部 研修院에서 특강을 하다. ·金海市에 가서 宋銀復 시장 등과 오찬을 하다. ·農協 昌寧教育院에 가서 특강을 하고 상경하다. ·새마을中央研修院에 가서 특강을 하다. ·코롱綜合研修院에 가서 金壽鶴 원장과 협의하다. ·金壽鶴·金炯國·李圭憲 원장과 저녁 식사를 하다. ·地方自治學會에 가서 업무를 보다. ·金學澈 회장과 鄭淵壽 사장댁으로 문병을 가다. ·國土學會 任員 및 顧問 會食宴에 가다.	1(日) ·東亞建設, Libya 大水路 2단계 主工事를 완공하고, 首都 Tripoli에서 通水式을 가짐 2(月) ·金泳三 대통령 內外, 브라질 등 中南美 5개국 방문을 위해 출국 ·金大中 국민회의 총재, 濠洲 시드니 大學에서 名譽法學博士學位 받음 ·環境部, 환경규제 관리를 강화하는 '大氣環境保全法 施行令과 施行規則'을 마련해 발표 ·內務部, 민원서류 발급을 용이케 하는 전국 팩스 民願制度 실시 3(火) ·美國, 이라크 남부에 크루즈 미사일공격 4(水) ·이스라엘과 팔레스타인, 기존의 條約을 준수하는데 합의 5(木) ·金泳三 대통령, 과테말라 大統領宮에서 中美 5개국 頂上들과 합동회담을 갖고 '對談協議體'를 설치하기로 합의 9(月) ·서울地檢, 국민회의 李龍熙 부총재를 알선수뢰 혐의로 구속 ·李健熙 대한 레슬링 협회장, 盧泰愚 秘資金事件 연루로 協會長職 사임 10(火) ·政府와 新韓國黨, 民統線의 범위를 軍事分界線 남방 20㎞ 以內에서 15㎞ 이내로 축소키로 합의 ·全州地檢, 全北道 教育監 선거에서 뇌물을 뿌린 혐의로 廉圭允 교육감과 姜景來 전일여중 교장을 구속

月	日	陰	本人 및 家族事項	社會一般事項
9	13(金)	8. 1	·慶山 慶北産業大學에서 개최된 국제회의에서 基調演說을 하고 마지막에 綜合評價를 하다. ·大邱에서 航空機를 놓쳐서 汽車로 상경하다.	11(水) ·서울平和賞 文化財團, 프랑스 파리에 있는 國際醫療團體 '國境 없는 醫師會'를 제3회 수상자로 선정
	14(土)	8. 2	·妻 및 妻弟와 水安堡를 거쳐 店村에 가서 妻男宅에 투숙하다.	·美國 뉴욕 所在 루즈벨트財團 제1회 루즈벨트 國際障碍人賞 수상국으로 韓國 선정
	15(日)	8. 3	·金龍寺 大成庵에 가서 빙모님의 세번째 49祭를 지내다. ·永順面 永豊橋 옆 매운탕집에서 妻家宅 전식구를 초치하여 저녁대접을 하다.	12(木) ·제4차 東北亞地域 自治團體會議에 참가한 韓·中·日·러시아 등 4개국 29개 단체, 최초의 자치단체 국제기구인 '東北亞地域 自治團體聯合'을 설립하고 초대 의장에 李義根 慶北知事를 선출
	16(月)	8. 4	·혼자 상경하다. ·정희수 住宅産業硏究院長 초청 간담 만찬회에 참석하다.	·서울 蘆原區廳長 재선거에서 自民聯 金鎔菜 후보가 당선
	17(火)	8. 5	·國務總理 주재의 地方自治制度發展委員會 회의에 참석하다. ·內務部長官을 예방하고 환담하다. ·內務部 行政分科 政策諮問委員會에 참석하다. ·內務部 公立大學 審議委員會에 참석하다. ·새재회 모임에 나가서 蔡汶植 議長 招請 환영 인사말을 하다.	13(金) ·서울시검 外事部, 泰國에서 野生곰을 밀도살한 補身觀光客 5명을 무혐의 처리 14(土) ·統一院, 北韓脫出 住民의 보호를 위해 '북한 탈출 주민의 보호 및 정착 지원에 관한 法律案'을 확정
	18(水)	8. 6	·農協 昌寧敎育院에 가서 투숙하다.	15(日) ·碧山, 국내 建資材業體로는 처음으로 중국 瀋陽에 '瀋陽 碧山新形建材 有限會社' 설립
	19(木)	8. 7	·慶南 道單位 農業關聯機關 代表者들에게 특강을 하고 상경하다. ·住宅産業硏究院 세미나에서 司會를 보다. ·林岡源 원장 주재의 亞太硏修院 설립 모임에서 자문을 하다.	·環境部, '地下生活空間 空氣質 管理法'을 立法豫告 16(月) ·國會 財經委員會, 非課稅 家計貯蓄 '1家口 1通帳' 확정
	20(金)	8. 8	·慶北市民日報社 顧問으로 위촉되다. ·建交部 中央都市計劃委員會 委員 委囑狀을 받고 첫 회의에 참석한 후 柳常悅차관 등과 오찬을 함께 하다. ·새마을中央硏修院에서 특강을 하다. ·金壽鶴 원장께 '코롱 精神'에 대한 원고를 전달하다. ·地方自治學會에 들렀다가 鳥嶺會에 참석하다.	17(火) ·靈光郡, 原電 5·6號機 건축허가를 수용 ·이탈리아 政府, 地方政府에 보다 많은 권한을 부여하는 聯邦制 방식의 개혁 추진 18(水) ·北韓 잠수함으로 東海岸에 침투한 무장간첩 26명, 1명 생포 11명 자살 14명 도주 19(木) ·延世大學, 朝總聯의 불법점거 농성 사태와 관련하여 관련학생에 대한 징계조치
	21(土)	8. 9	·새마을 中央硏修院에서 특강을 하다. ·國土計劃學會 顧問團의 간담 만찬회에 참석하다.	23(月) ·金泳三 대통령, 高費用 低效率을 해결하기 위해 10% 競爭力 높이기 운동 제안
	24(火)	8.12	·博文閣에서 인쇄하던 回甲紀念集 原稿를 사정에 의해 好汀印刷社로 이관하다. ·好汀印刷社의 朴相孝·金泳淑 사장 등과 紀念集 出刊에 대해 협의하다.	28(土) ·北韓 最高人民會議 부의장 겸 祖國統一 民主主義 戰線 공동의장인 呂燕九 사망 29(日) ·서울 西大門區 昌川洞 地下 카페에서 LPG 가스 폭발로 12명사망 2명 중태
	25(水)	8.13	·金壽鶴 원장 自敍傳 出刊 축하 만찬에 가다.	·東中國에 위치한 무인도 釣魚島를 둘러싼 中國·日本간의 領有權紛爭이 격화되고 있는 가운데 홍콩에서 5만여명이 모여 反日示威
	27(金)	8.15	·집에서 秋夕祭禮를 지내다. ·金浦空港에 나가 金在城박사를 마중하다. ·李圭憲·金德永·金在城씨와 만찬을 하며 환담하다.	·國際鐵鋼協會, 金滿堤 포철회장을 新任會長으로 선출
	28(土)	8.16	·金在城·鄭世煜 박사와 韓美 심포지엄에 대해 협의하다.	
	30(月)	8.18	·學校 學科敎授會議에 참석하다. ·地方自治學會 會長團 회의를 주재하다.	
10	1(火)	8.19	·釜山大 經營經濟硏究所의 硏究諮問委員으로 위촉되다 ·內務部 硏修院에 가서 高幹班 논문심사를 하다. ·金在城 박사와 협의하다.	1(火) ·서울市, 국내외 觀光客을 위한 시티 투어 시작 ·京畿 警察廳, 북한을 찬양하는 노래를 부른 大學生 노래패 '千里馬' 團長 강상구씨 등 90명을 구속

月	日	陰	本人 및 家族事項	社會一般事項
10	1(火)	8.19	·明知大 地方自治大學院에서 특강하다.	1(火) ·러시아 블라디보스토크 주재 韓國 總領事館의 崔덕근 領事, 괴한의 습격으로 사망
	2(水)	8.20	·學校에서 논문지도를 하다. ·內務部 硏修院 中堅班의 논문심사를 하다. ·李永春 서울시 교육위원회 의장을 초청하여 李圭憲·朴昇治씨 등과 식사하며 환담하다.	2(水) ·페루 旅客機, 리마 북서쪽 太平洋에 추락하여 70명 탑승자 대부분 사망
	3(木)	8.21	·地方自治學會에 가서 업무지시를 하고, 리츠칼튼 호텔에 가서 金在城 박사와 업무 협의를 하다. ·城南 盆唐에 가서 캠빈硏究院을 방문, 鄭聖九 원장을 만나 설명을 듣다. ·朴世直 의원 諮問團 모임에 가다.	3(木) ·建交部, 住宅普及率이 90% 넘는 10個 市·道의 民間小型住宅建設 義務比率을 전면 폐지 ·스웨덴 翰林院, 폴란드의 女流詩人 비스와바 쉼보르스카를 '96년 노벨文學賞 수상자로 선정
	4(金)	8.22	·學校에서 博士學位 논문심사를 하다 ·大田市에 가서 世界科學都市 聯合推進協議會 會長으로 위촉되어 첫 회의를 주재하다. ·洪善基 대전시장 등과 식사를 하고 상경하다.	5(土) ·政府, 北韓의 對南報復 위협에 대한 制裁策으로 南北 經濟協力事業을 전면 동결키로 함
	5(土)	8.23	·地方自治學會에 업무지시를 하고 金在城 박사와 행사협의를 한 후 妻와 같이 결혼식에 다녀오다. ·安山市 부시장 초청 만찬에 당일 도착한 Las Vegas市팀 및 自治學會 임원들과 참석하여 祝杯 인사를 하다.	6(日) ·農林部, '96년 쌀 豫想 生産量은 3,522만섬 수준이며 10a當 平均收穫量은 483kg으로 건국 이래 최고가 된다고 발표 7(月) ·金泳三 대통령, 靑瓦臺에서 金大中·金鍾泌 총재 및 李洪九 대표와 安保 領袖會談을 가짐
	6(日)	8.24	·리츠 칼튼호텔의 行事場을 점검하다. ·美國·中國 代表團과 같이 李商大 사장 초청 만찬에 참석하다.	·大韓山嶽聯盟 등반대, 세계 최초로 전인미답의 중국 티베트 충모강외 (窮母崗日)峰 정상 정복에 성공
	7(月)	8.25	·地方自治學會·Las Vegas 공동으로 개최된 國際 심포지엄에서 開會辭를 하다. ·Adamsen 부시장의 記者會見에 배석하다. ·Las Vegas 代表團에게 功勞牌를 증정하고, Las Vegas 부시장으로부터 공로패를 받다. ·Las Vegas 서울 事務所의 諮問委員會 顧問으로 위촉되다. ·閔용식 羅山 그룹 顧問 초청의 만찬에 참석하다	·제77회 전국체육대회가 春川 綜合運動場에서 개막 9(水) ·政府, 청와대에서 金泳三 대통령 주재로 擴大經濟長官會議를 열고 '競爭力 10% 이상 높이기 추진방안'을 확정 ·美國의 흑인 팝 스타 마이클 잭슨, 첫 韓國公演次 김포공항 도착
	8(火)	8.26	·韓·美 代表팀, 中小企業協同組合 中央會를 방문하여 Las Vegas市의 投資說明會에 참석하다. ·浦項空港을 거쳐 慶州市에 도착, 古跡을 관광하다. ·慶州 부시장의 초청 만찬에 참석하고 코롱 호텔에 투숙하다.	11(金) ·韓·美, 워싱턴에서 犯罪人 引渡條約을 체결하여 美國으로 도피하는 주요 범죄자를 한국으로 송환할 수 있게 됨 ·OECD事務局, 理事會에서 韓國을 29번째 OECD會員國으로 공식 초청키로 결정했다고 발표 13(日) ·國防部, 北韓軍 郭경일 中士가 휴전선을 넘어 귀순했다고 발표
	9(水)	8.27	·地方自治學會·Las Vegas 공동의 慶州 심포지엄에서 開會辭를 하다. ·李相悅 경주중학교 이사장宅에 가다. ·李義根 경북지사 초청 만찬에 가다.	·韓昇洙 부총리, 韓國 가스公社 등 큰 公企業은 당분간 民營化하지 않고 經營刷新할 방침임을 천명
	10(木)	8.28	·韓·美 代表팀과 함께 汽車로 慶州를 출발하여 大田을 거쳐 淸州에 도착하다. ·韓國陶瓷器와 풀무園을 예방하여 工場을 시찰하다. ·한국도자기 社長 초청 만찬에 참석하고 水安堡 Park Hotel 에 투숙하다.	·建交部, 大關嶺과 미시령의 4개 터널을 2001년까지 건설할 계획이라고 발표 ·全國體育大會가 京畿道의 종합우승으로 폐막 14(月) ·金泳三 대통령, '국가경쟁력 강화를 위한 情報化 戰略'을 발표
	11(金)	8.29	·버스로 水安堡를 출발하여 서울에 도착하다. ·學校에 가서 環境大學院 차기 院長 선거에 참여하다. ·三淸閣에서 개최된 石炭合理化事業團 理事長 초청 宴會에 참석하다.	17(木) ·李養鎬국방장관을 경질하고 후임에 金東鎭 합참의장을 임명하는 등 대폭적인 軍首腦部 改編 ·美 CIA의 존 도이치 局長, 權寧海 안기부장 초청으로 방한

月	日	陰	本人 및 家族事項	社會一般事項
10	12(土)	9. 1	·Las Vegas팀에게 작별인사를 하고 妻·妻弟와 같이 店村에 가다. ·妻男宅에 투숙하다.	17(木) ·옐친 러시아 大統領, 러시아 第2 實力者인 레베드 國家 安保委 書記를 전격 해임
	13(日)	9. 2	·金龍寺 大成庵에서 거행된 聘母任의 49祭 脫喪에 참여하다. ·父母任과 빙모님의 墓所를 참례하다.	20(日) ·日 總選 결과 自民黨이 과반수에 근접하는 238席 획득하여 하시모토 류타로 自民黨 總裁의 재집권 확정
	14(月)	9. 3	·혼자 上京하여 金在城 박사 등과 심포지엄 후속 문제를 협의하다. ·金在城 박사 환송 모임을 갖다.	23(水) ·政府, 韓國銀行 支給準備率 적정비율을 현재의 7.4%에서 5.4%선으로 인하해 11월 3일부터 시행키로 결정
	15(火)	9. 4	·金在城박사의 출국을 환송하다. ·鄭錫東 이사장 초청으로 第5地區 醫療保險組合에 가서 특강하다. ·中央大 行政大學院에서 특강하다.	·白凡 金九 선생 암살범 安斗熙씨, 仁川市 자택에서 운전사 朴기서씨에 의해 피살 ·'96 프로野球 한국 시리즈에서 해태 타이거스가 現代 유니콘스를 누르고 우승
	16(水)	9. 5	·李相伊 회장 母親 問喪을 가다. ·朴鐘範 변호사 초청으로 金學澈·成東奎 회장과 식사하다.	24(木) ·美 플로리다洲 세인트 피터스버그의 黑人 밀집지역에서 白人 경찰관이 10대 黑人 운전자를 사살하여 黑人 수백명이 시내에서 폭동을 일으킴
	17(木)	9. 6	·金源 교수와 釜山에 가서 金學魯교수 등과 龍院 골프장에서 운동하다. ·建設部 中央都市計劃委員들과 합류하여 釜山 加德島 新港 개발지를 시찰하다. ·陳滿鉉 부시장 초청 만찬에 참석하고 釜山에 투숙하다.	25(金) ·孔魯明 外務長官, 파리 所在 經濟協力 機構(OECD) 本部에서 韓國의 OECD에 관한 協定書에 서명 ·政府와 新韓國黨, 金融機關 廢統合時 '雇傭調整制'를 도입하기로 합의
	18(金)	9. 7	·釜山에서 상경하다. ·韓國自動車 廢車業協會 연수회에 가서 강연하다. ·環心會 모임에 참석하여 回甲紀念行事를 협의하다.	·'96 大田 장사 씨름대회에서 白승일 선수, 라이벌 이태현을 물리치고 2년 6개월만에 白頭장사 탈환
	19(土)	9. 8	·好汀印刷社에 가서 回甲紀念集 校正을 보기 시작하다. ·天安의 檀國大 行政大學院에서 특강을 하고 오다.	26(土) ·政府, 陸海空軍 將星級에 대한 정기승진 및 전보인사를 단행 ·李養鎬 前 國防長官, 機密流出 및 賂物수수혐의로 구속됨
	20(日)	9. 9	·아들 東爀과 인쇄소에 가서 교정을 보다. ·妻와 같이 載壽 처남宅의 문병을 가다.	
	21(月)	9.10	·李永奭 고문 및 禹哉永 법무사와 회식을 하며 협의하다.	27(日) ·韓國銀行, 우리 나라 附加價値率(生産額 對比 附加價値)이 '94년 현재 29.1%로 日本의 37.3%에 크게 뒤졌다고 발표
	22(火)	9.11	·인쇄소에 가서 교정보다. ·地方自治學會에 가서 업무지시를 하다. ·새재회 모임에 가다.	·뉴욕 양키스, '96 월드 시리즈에서 애틀랜타 브레이브스를 3대2로 승리해 '78년 이후 다시 頂上 차지
	23(水)	9.12	·金學澈 회장 신규사업 開業式에 가다.	28(月) ·美國 달러 換率이 달러당 830원을 넘어서 市場 平均換率制가 시행된 '90년 이후 最高値를 기록
	24(木)	9.13	·農協 昌寧敎育院에서 특강을 하고 오다.	
	25(金)	9.14	·인쇄소에 가서 교정보다.	
	26(土)	9.15	·妻·李圭憲 원장 夫婦와 釜山에 가서 朴昇治이사 아들 結婚式에 참석하고 幣帛 인사를 받다.	·檢察, 大學敎授·地方議員·企業體 社長 등 82명을 외국에서의 過消費 事犯으로 적발하여 5명을 구속, 54명을 약식기소, 23명을 수배함
	27(日)	9.16	·釜山에서 상경하다.	
	28(月)	9.17	·內務部 硏修院의 第34回 硏修大會 심사위원으로 위촉되다.	
	29(火)	9.18	·順天市 市民大學에서 특강을 하고 오다. ·六友會 모임에 참석하다.	30(水) ·서울 市內 17개 버스業體 代表들, 運送 收入金 238억여원을 빼돌려 會社를 赤字로 만든 뒤 料金引上을 요구하고 서울市 公務員들에게 거액의 뇌물을 뿌린 혐의로 檢察에 적발됨
	30(水)	9.19	·地方自治學會 任員들과 같이 濟州에 가다. ·韓日地方自治學會 任員 午餐에서 환영인사를 하다. ·韓日地方自治學會 심포지엄에서 開會辭를 하다. ·晩餐會에 참석하고 KAL호텔에 투숙하다.	31(木) ·情報通信部, 12억원의 예산으로 5개 주요 圖書館이 소장하고 있는 1만 7천권의 자료를 인터넷을 통해 제공하는 '電子圖書館' 事業을 '97년 9월부터 시작한다고 발표
	31(木)	9.20	·韓日 심포지엄 閉會式에서 폐회인사를 하다. ·韓日 代表者들과 오찬을 하고 작별인사를 하다.	

1996

月	日	陰	本人 및 家族事項	社會一般事項
10	31(木)	9.20	·濟州 MBC에 가서 濟州포럼 프로그램을 녹화하다. ·趙文富 제주 지회장 초청으로 저녁을 하다. ·MBC 뉴스라인에서 EXPO科學公園에 대한 論評을 방영하다.	31(木) ·韓國, 제 51차 UN總會 本會議에서 실시된 經濟社會理事會 理事國 선거 2차투표에서 '97년부터 '99년까지 임기 3년의 新任理事國으로 선출됨 ·95명을 태운 브라질 國內線 旅客機가 상파울루 市內空港을 이륙한 직후 인구 밀집지역에 추락하여 최고 117명 사망
11	1(金)	9.21	·李圭憲 원장과 같이 상경하다. ·學校에 가서 敎授會議에 참석하다. ·林岡源 원장 離任慰勞宴에 가다.	1(金) ·財經院, 담배인삼공사·가스공사·한국중공업·한국통신 등 4대 公企業의 민영화를 보류하는 내용의 새 民營化 方案을 발표
	2(土)	9.22	·이춘성씨 따님 결혼식의 主禮를 보다.	
	3(日)	9.23	·정승호씨 子弟 결혼의 주례를 하다. ·南斗熙씨 따님 결혼식의 主禮를 보다. ·濟州 MBC에서 濟州 포럼을 방영하다.	3(日) ·建設業體 不渡率이 5.7%에 달해 史上 최고치를 기록
	4(月)	9.24	·인쇄소에 가서 교정보다.	
	5(火)	9.25	·리츠 칼튼 호텔에 가서 行事契約을 하고 契約金을 주다. ·인쇄소에 가서 교정을 보다. ·서울市 新廳舍建立諮問委員會에 참석하여 建議發言을 하다. ·崔相哲·兪炳林 교수와 회식을 하다.	
	6(水)	9.26	·環境大學院 林岡源·楊秉彛 신구원장 이·취임식에 참석하다. ·金榮馹 국회의원 초청 만찬에 참석하여 金海市 都市計劃 問題를 설명듣다.	6(水) ·사표를 제출한 孔魯明 外務長官 후임에 柳宗夏 청와대 외교안보수석 비서관이 임명됨 ·政府, 관계 機關會議를 열어 智異山 生態系 保護對策을 확정 ·大韓韓醫師協會, 임시 代議員總會를 열어 醫師免許證 반납과 全面休·廢業 결의 ·日本, 하시모토 류타로(橋本龍太郎) 自民黨 總裁가 이끄는 제2기 內閣 공식 출범
	7(木)	9.27	·地方自治學會의 自治事典編纂委員會 조찬회에 참석하다. ·農協 昌寧敎育院에 가서 특강을 하고 상경하다.	7(木) ·趙治勳 9段, 日本 3대 타이틀인 棋聖·本因坊·名人을 동시에 석권하는 '大三冠'을 획득 ·國際蹴球聯盟(FIFA), 2002년 월드컵 축구대회 開幕戰은 韓國에서, 決勝戰은 日本에서 열기로 확정 ·美國 民主黨의 클린턴 大統領, 대통령 선거에서 압도적인 票差로 재선 ·141명을 태운 나이지리아 國內線 旅客機가 추락하여 탑승자 전원 사망
	8(金)	9.28	·內務部 硏修院 中堅班 修了式에 참석하여 祝辭를 하다. ·學校에 가서 博士論文을 심사하다. ·妻, 시골 親庭에 가다.	
	9(土)	9.29	·인쇄소에 가서 校正을 보고 인쇄소 직원들에게 점심대접을 하다. ·金壽鶴·權泰埈·金炯國씨와 저녁회식을 갖다.	9(土) ·內務部, '97년부터 2001년까지 30조 5,654억원을 투자하는 國家防災 基本計劃을 확정 ·韓國, 中國 上海에서 개최된 제2회 아시아 靑少年籠球選手權大會에서 최종 우승
	10(日)	9.30	·敎育部 全權秀 사무관과 오찬을 함께 하다.	10(日) ·南山 1,3號 터널에서 混雜通行料 징수 시작 ·美國 라스베이거스 MGM 그랜드 호텔에서 개최된 타이틀戰에서 홀리필드가 타이슨을 이겨 프로복싱 WBA 헤비級 챔피언에 등극 ·제51차 JCI 釜山世界大會가 120개국 1만 5천여명의 靑年會議所 會員이 모여 개막
	11(月)	10. 1	·韓國地方行政硏究院의 硏究諮問委員으로 재위촉되다. ·妻, 店村에서 상경하다.	
	12(火)	10. 2	·金海市에서 개최된 都市基本計劃公聽會에 참석하여 토론하다. ·주요 人士들과 회식을 하고 투숙하다.	
	13(水)	10. 3	·金海에서 상경하다. ·學校에 가서 論文 심사를 하다. ·議政府市 韓仁錫 부시장이 와서 의논하고 가다.	
	14(木)	10. 4	·內務部 硏修院에 가서 硏修大會의 사회를 보고 심사 및 강평을 하다. ·市·道代表者들과 저녁을 하다.	

月	日	陰	本人 및 家族事項	社會一般事項
11	15(金)	10. 5	·麗水에서 개최된 全國 商工會議所 會長團 總會에서 강연을 하고 상경하다.	11(月) ·通商産業部, '國家 에너지 基本計劃案'을 발표
	16(土)	10. 6	·조찬 모임에서 檀國大學 박사논문을 심사하다. ·金丁勛교수와 같이 九里市에 가서 새마을婦女會 주최 환경토론회의 사회를 보다. ·李圭憲 원장 등과 驪州에 가서 朱龍鐸 회장의 宮殿파크 開館을 축하하다.	12(火) ·總務處, 이르면 '97년부터 公務員·大學敎授·企業體 任職員간 1~2년의 交換勤務制를 도입키로 함 ·사우디 아라비아 旅客機가 印度 뉴델리 인근 상공에서 카자흐 航空 旅客機와 충돌하여 350명 사망
	17(日)	10. 7	·崔南淑씨 아들 결혼식에 妻와 같이 참석하다.	
	19(火)	10. 9	·大田에서 개최된 大田市 주최 國際세미나에서 大會準備委員長으로서 開會辭를 하고 第1分科 진행사회를 보다. ·아버님 祭祀를 모시다.	14(木) ·崔圭夏 전대통령, 12·12와 5·18사건 1審 公判에 증인으로 구인됐으나 일체 답변 거부 ·아랍系 敎授로 위장해 12년간 간첩활동을 해온 혐의로 재판 중인 정수일(무하마드 깐수), 轉向意思를 공식 표명
	20(水)	10.10	·地方自治學會 常任理事會의 조찬회의를 주재하다. ·韓仁錫 부시장 초청으로 金壽鶴 원장 自敍傳 출간 축하연에 참석하다.	15(金) ·프랑스 地下鐵 등 公共勞組, 고용감축에 항의하여 전국적으로 파업개시
	21(木)	10.11	·인쇄소에 가서 교정 보다. ·雜魚會 모임에 가다.	17(日) ·東亞建設, 51억달러 규모의 리비아 大水路建設 3단계 工事受注
	22(金)	10.12	·인쇄소에 가서 교정보다. ·金學澈·申熙進·李圭憲·中國人 金氏 등과 회식하다.	19(火) ·카스트로 쿠바 大統領, 바티칸市에서 敎皇 요한 바오로 2世와 역사적 첫 만남 가짐
	23(土)	10.13	·博士論文심사를 위한 조찬을 갖다. ·學校에서 入試面接을 보다. ·鄭慶培 박사 母親 문상을 가다.	20(水) ·金泳三 대통령, 베트남을 공식방문하여 도 무오이 共産黨 書記長과 정상회담 가짐
	25(月)	10.15	·독일에서 金英世 동서가 와서 저녁 식사를 하며 환담하다.	23(土) ·地下鐵 8號線 城南區間의 개통식을 갖고 운행 시작
	26(火)	10.16	·東爀과 인쇄소에 가서 교정보다. ·인쇄소 社長 및 金壽鶴 원장 등과 회식을 하다.	·'96년 미스월드 大會에서 그리스 代表 스쿨리바孃이 왕관 차지
	27(水)	10.17	·中央都市計劃委員會 小委員會에 참석하다. ·인쇄소에 가서 교정보다. ·새마을婦女會 초청 만찬에 金壽鶴·趙寬勇씨와 같이 참석하다.	24(日) ·金泳三 대통령, 美 클린턴 대통령과 北 마닐라에서 頂上會談 가짐 25(月) ·世界 오존 頂上會談이 160개국 대표 약 800명이 모여 코스타리카 산 호세에서 개막
	28(木)	10.18	·地方自治團體 國際化財團의 管理審議委員會 委員으로 재위촉되다. ·東爀과 같이 인쇄소에 가서 교정보다.	26(火) ·國會, OECD 加入 批准同意案을 가결 처리
	29(金)	10.19	·姜信澤 교수 아들 결혼식에 가다. ·中央都市計劃委員會 회의에 참석하다. ·李圭憲·徐健一씨와 회식하다.	·忠南大 정지곤 敎授팀, 河東郡에서 매장량 20억t에 이르는 세계 最大의 티타늄 鑛體를 발견했다고 발표
	30(土)	10.20	·民資事業調整委員會의 조찬 모임에 가다. ·인쇄소에 가서 교정을 보다.	27(水) ·政府, '96년 秋穀收買價의 인상률을 3%, 수매량은 890만섬으로 결정 29(金) ·金泳三 대통령, 靑瓦臺에서 세디요 멕시코 대통령과 頂上會談 가짐
12	1(日)	10.21	·忠南 公務員敎育院의 市郡硏究發表大會의 심사위원장으로 위촉되다. ·金英世 동서, 집에 다녀서 출국하다.	1(日) ·建交部, 전국 10개지구 121만평을 宅地開發豫定地區로 지정·발표 ·李봉주 선수, 제50회 후쿠오카 國際 마라톤 大會에서 2시간 10분 48초로 1위 차지
	2(月)	10.22	·林龍澤군의 박사논문 최종심사를 마치다. ·學科 敎授會議를 하다. ·서울大 行政大學院 政策課程에서 특강을 하다.	2(月) ·서울市, '97년부터 쓰레기 從量制 실시키로 결정
	3(火)	10.23	·環境大學院 入試査定會議와 學科敎授會議를 하다. ·李永奭·禹哉永씨와 회식하다.	3(火) ·美國, 北韓의 미사일 공격 위협에 대처하기 위한 韓國의 장거리 크루즈 미사일 개발 計劃을 사실상 승인
	4(水)	10.24	·學校 第2學期 終講을 하다. ·金榮馹 의원실을 예방하여 환담하다.	

月	日	陰	本人 및 家族事項	社會一般事項
12	4(水)	10.24	·秋敬錫 건교부장관 초청 만찬에 참석하다. ·孫世苑 교수의 박사논문 최종심사를 하다.	3(火) ·美 하와이州 巡廻判事, 同性 커플도 합법적으로 결혼할 수 있다고 판결
	5(木)	10.25	·인쇄소에 가서 일부 O.K 교정을 놓다. ·淸州에 가서 忠北大 地域開發硏究所의 강연을 하다. ·姜瑩基 교수 등과 식사를 하고 상경하다.	4(水) ·美 火星探査船 '마즈 패스 파인더'號, 플로리다州 宇宙基地에서 발사됨 5(木) ·外務部, 김경호 일가족 등 17명이 中國을 거쳐 망명 중이라고 발표
	6(金)	10.26	·(社) 國際環境勞動文化院의 諮問委員으로 위촉되다. ·인쇄소에 가서 교정 일부를 O.K.놓다. ·回甲紀念行事招請狀 약 4,000枚를 발송하다. ·地方自治學會 주최 敎育自治 公聽會에서 開會辭를 하다. ·朴世直의원 後援의 밤 및 國際環境勞動硏究院 行事에 참석하다.	6(金) ·政府 '情報 通信産業發展 綜合對策案'을 확정 ·이라크, UN과의 '石油와 食糧' 交換協商에 따라 10日부터 石油輸出을 재개한다고 발표 9(月) ·김경호 일가족 등 17명, 北韓 탈출 44일만에 KAL機便으로 김포공항 도착 ·世界貿易機構(WTO)체제 출범 이후 첫 閣僚會議가 127개 會員國 通商長官이 참석하여 싱가포르에서 개막
	8(日)	10.28	·蔡俊植 선생 아들 결혼식에 가다. ·Sheraton Walker Hill 호텔에 가서 美國에서 도착한 Corey 學長을 만나 환담하다.	
	9(月)	10.29	·環境大學院 人事委員會 委員으로 위촉되다. ·Corey·林吉鎭 교수와 國際交流財團을 방문하고 두 교수에게 저녁을 대접하다.	10(火) ·國防部, '98년부터 2002년까지 100조 8천여억원을 투입하는 '國防中期計劃'을 확정 발표 ·'97년도 高校入學選拔考査가 오전 9시 전국에서 일제 실시
	10(火)	10.30	·새마을운동 중앙회의 第4代 諮問委員會 委員으로 위촉되다. ·公州의 忠南敎育院에서 개최된 市郡 硏究 發表會에서 기조연설을 하고 심사를 한 뒤 審査評을 하다. ·公州의 朴亭子 등지를 돌아보다. ·李鐘圭 공주부시장 등과 저녁을 하고 상경하다.	·'96년도 노벨賞 施賞式이 노르웨이 오슬로(平和賞)와 스웨덴 스톡홀름(其他賞)에서 동시 개최 11(水) ·政府, '98년까지 26억원의 예산으로 獨島에 有人燈臺를 설치한다고 발표 ·太白市 동보광업소 탄광에서 갱도 붕괴로 광부 3명이 숨지고 12명이 매몰
	11(水)	11. 1	·空港에 나가 일시 귀국하는 雪娥 家族을 영접하다.	
	12(木)	11. 2	·蘇鎭光 교수 등과 城南에 가서 城南 商工會議所 주최 地域經濟討論會에서 기조연설을 하고 사회를 보다. ·金學澈·金學基 사장과 회식을 하다.	12(木) ·印度와 방글라데시, 앞으로 30년간 갠지스 江물을 공동 사용하기로 관련 협정에 서명
	13(金)	11. 3	·內務部 硏修院 高幹班修了式에 참석하여 축사를 하다. ·地方自治學會에 가서 업무정리를 하다. ·風水會 송년 모임에 가다. ·貞娥, 일시 귀국하다.	13(金) ·江原道 寧越에서 리히터 규모 4.5의 地震이 일어나 全國에서 약 5초간 震動 감지 16(月) ·서울 高法, 全斗煥 전대통령에 無期懲役, 盧泰愚 전대통령에 懲役 17년을 宣告
	14(土)	11. 4	·民資調整委員會의 조찬회의에 나가다. ·秋敬錫장관등과 KBS1 TV의 政策診斷 프로그램에 나가 녹화를 하다. ·雪娥家族, 기차로 大邱 媤宅에 가다.	·金泳三 대통령, 청와대에서 우크라이나의 쿠츠마 大統領과 정상회담 가짐 ·綜合株價指數가 3년3개월만에 最低値 673p로 하락
	15(日)	11. 5	·KBS1 TV의 政策診斷 프로가 방영되다. ·助敎로 있는 高文炫군 결혼식에 妻·貞娥와 같이 참석하다. ·載壽 처남宅의 문병을 하고 백화점을 들려 귀가하다.	17(火) ·서울 地法, 李養鎬 전 국방장관에게 뇌물수수죄 등을 적용하여 懲役 4년을 선고 ·페루 首都 리마의 日本大使館邸에 무장 게릴라들이 침입하여 페루 外務長官 등 고위 관리들과 이원영 韓國大使 등 각국 外交官 등 200여명을 인질로 잡고 대치
	16(月)	11. 6	·雪娥 가족, 大邱에서 상경하다.	
	17(火)	11. 7	·益山을 거쳐 南原에 가서 崔同燮 장관· 李淀圭 시장등과 오찬을 하다. ·南原 都市基本計劃 公聽會에 참석하여 토론하다. ·南原 市長 등과 식사를 하고 상경하다.	18(水) ·제181회 定期國會가 安企部法 개정안을 둘러싼 與野간의 격돌 속에 閉會式도 갖지 못한채 자동 폐회
	18(水)	11. 8	·學校의 최종 碩士論文심사를 완료하다.	

月	日	陰	本人 및 家族事項	社會一般事項
12	18(水)	11. 8	·人事委員會와 敎授會議 및 高位課程 運營委員會에 참석하다. ·環境大學院 高位課程의 次期 主任敎授로 내정되다. ·부부동반으로 鳥嶺會 송년 모임에 참석하다.	19(木) ·自民聯 소속 崔珏圭 강원지사와 유종수·황학수 議員, 자민련 탈당을 선언 20(金) ·金泳三 대통령, 農林部, 通商産業部 등 8개부처 長官과 處長을 경질하는 개각 단행
	19(木)	11. 9	·인쇄소에 가서 업무협의를 하다. ·海運産業研究院 理事會에 참석하고 만찬을 함께 하다. ·內務部 研修院의 指導敎授 송년 모임에 가다.	21(土) ·중견 住宅建設業體인 (株)동신 부도 발생 23(月) ·全斗煥·盧泰愚 피고인, 上告 포기 ·北韓이 臺灣의 核廢棄物 저장소로 이용될 가능성이 높다고 臺灣自由時報가 보도
	20(金)	11.10	·中央都市計劃委員會에 참석하다.	
	21(土)	11.11	·강원모씨 아들 결혼의 主禮를 보다. ·高秉浩·洪誠杓씨와 만나 오찬을 하고 맞춤 洋服의 선물을 받다.	24(火) ·新韓國黨·建交部, 그린벨트의 制度 改善을 위한 基本原則에 합의 ·京畿 坡州地域의 李在昌 의원, 自民聯 탈당을 선언
	22(日)	11.12	·가족 모두 백화점에 가다.	
	23(月)	11.13	·서울市 新廳舍 建立委員會 모임에 가다. ·韓國地方自治研究院 사무실에 가다. ·禹哉永법무사 초청의 송년 만찬에 李永奭·金壽鶴·李圭憲·徐健一씨 등과 같이 참석하다.	26(木) ·新韓國黨, 새벽6시 國會 본회의를 단독 소집하여 勞動關係法과 安企部法 改正案 등 11개 법률안을 6분 40초만에 의결 통과시킴
	24(火)	11.14	·雪娥 부부 보조로 37인치 大型의 새 텔레비전을 구입·가설하다.	27(金) ·建交部·國土開發研究院, 第2次 首都圈 整備計劃 시안을 마련, '97년부터 상반기부터 시행한다고 밝힘
	25(水)	11.15	·雪娥家族·貞娥와 가족모두 外食을 하고 노래방에 가다.	·페루 후지모리 大統領, 좌익 게릴라들의 人質劇과 관련 리마市 일원에 60일간의 非常事態 선포
	26(木)	11.16	·行研會 송년모임에 가다. ·어머님 祭祀를 모시다. ·시골에서 東杓 등이 방문하다.	28(土) ·北韓·美國, 뉴욕에서 實務接觸을 갖고 江陵지역 잠수함 침투사건과 관련한 모든 문제에 합의
	27(金)	11.17	·交通開發研究院 주최의 湖南高速鐵道 路線 공청회에서 토론하다. ·國土開發研究院 주최의 首都圈 整備計劃 공청회에서 토론하다. ·國土開發研究院 부원장 등과 회식을 하고 여흥을 갖다.	29(日) ·北韓, 잠수함 침투사건과 관련해 平壤放送 '朝鮮中央通信'을 통하여 사과성명을 공식 발표 ·서울 汝矣島에서 民主勞總 주최로 날치기로 통과된 勞動關係法에 항의하는 대규모 집회 개최
	28(土)	11.18	·地方自治學會 事典編纂委員會의 조찬모임에 가다. ·인쇄소에 가서 回甲紀念集의 첫 出刊 作品을 대면하고 감상하다. ·李圭憲 원장 주선으로 인쇄소 전직원·金壽鶴·金學澈회장 및 朴과장 등과 출간 축하 오찬을 함께 하다. ·土開公 전·현 임원들과 만찬을 하다.	·北韓大學生 2명, 北韓 탈출 8개월만에 홍콩에 도착, 韓國으로의 亡命의사 표명 30(月) ·UN軍, 板門店에서 잠수함으로 침투했다 자살 또는 피살된 무장간첩 24명의 유골을 北側에 인계
	29(日)	11.19	·表世柝 친구 父親 문상을 가다.	·서울 地下鐵 5호선, 都心區間 汝矣島-往十里 13.8㎞ 개통
	30(月)	11.20	·정회성 박사 초청으로 박삼옥 교수·박양호 박사와 식사하다. ·學校에서 총정리를 하다. ·李圭憲 원장과 저녁식사를 하다.	·印度 동부 아삼주 코크라트하르 근처에서 뉴델리로 향하던 郵便列車에서 강력한 爆彈이 터져 최소 250명이 사망
	31(火)	11.21	·圖書館·우체국을 들려 목욕하다. ·申邦鉉 교수와의 오찬장에서 張忠植 단국대 이사장의 行政大學院長 초빙 제안을 전달받고 정중히 사절하다. ·집에서 가족 모두와 조용히 送年의 除夜를 맞다.	

第 62 歲 : 1997 (4330) 丁丑年 / 平敎授 - 主任敎授

月	日	陰	本人 및 家族事項	社會一般事項
1	1(水)	11.22	·家族들과 新年 祭禮를 지내다. ·暴雨 속에 李圭憲 원장과 같이 盧隆熙 교수·金壽鶴 회장에게 세배가다. ·저녁에 가족 같이 윷놀이를 하다.	2(木) ·北韓, '붉은 旗 思想' 一色化와 食糧難 해결을 '97년 최우선 과제로 제시 ·中國, 北韓住民의 대량 脫出事態에 대비해 東北3省 地域에 脫出者 專用 收容所 건립에 착수할 계획이라고 보도
	2(木)	11.23	·집에서 歲拜人事를 받다.	
	3(金)	11.24	·好汀印刷社에 가서 回甲集의 製本 잘못된 곳을 다시 하기로 하다. ·國土計劃學會 주최 새해 相見禮 모임에 가다. ·雪娥 家族, 大邱 媤宅에 가다.	·60년만의 酷寒이 2주째 계속되고 있는 유럽에서 死亡者가 220명을 넘어서는 등 피해 확산 ·5년 임기의 U.N.事務總長이 된 최초의 아프리카 出身 黑人外交官 코피 아난, 첫 職務 시작
	4(土)	11.25	·學校에 가서 서울大學校 新年會 및 環境大學院 交禮會에 참석하다. ·楊秉彛 원장宅에 가서 점심을 같이 하다.	3(金) ·通商産業部, '96년 한해 동안 貿易收支가 203억7,900만 달러의 赤字를 기록했다고 발표
	5(日)	11.26	·妻와 같이 權五澈 친구宅에 가서 高校 同期生들과 오찬을 함께 하다.	
	6(月)	11.27	·雪娥 家族, 大邱에서 상경하다.	·民主勞總, 전국 46개 勞組 9만6천여명의 再罷業 돌입
	7(火)	11.28	·리츠 칼튼 호텔에 가서 明日 行事에 대해 협의하고 準備狀況을 점검하다. ·美國에서 金在城박사가 도착하여 金壽鶴·李圭憲씨와 같이 식사하다.	·日本 共産黨의 후와 데쓰조(不破哲三) 위원장이 7월경 韓國을 방문할 계획이라고 보도
	8(水)	11.29	·서울 리츠 칼튼 호텔 그랜드 볼륨에서 600여명의 賀客이 참석한 가운데『한 韓國人의 삶과 발자취:草凡 金安濟 博士의 60年 生涯와 業績』이란 回甲紀念集의 獻呈式을 거행하다.	4(土) ·政府, 각급 학교 納入金 引上率을 5%에서 억제키로 결정 5(日) ·러시아軍, 체첸 共和國에서 철군 완료했다고 보도
	9(木)	12. 1	·리츠 칼트호텔에 가서 行事費用 일체를 정산·처리하다. ·金在城·李圭憲·金德永씨 등과 협의하다. ·國土計劃學會의 鉉汀國土開發基金 管理委員會 委員 위촉을 받고 會議에 참석한 뒤 식사를 하다. ·金英模 敎授와 東櫄 學業問題를 상의하다. ·밤중에 朝鮮日報 朴宰永 記者가 찾아와서 記錄集에 대한 對談을 하다.	6(月) ·韓國企業의 技術開發力은 美國의 4.7%, 日本의 10% 수준이며 工團 分讓價는 美國보다 10배정도 높다고 보고 7(火) ·大韓蹴球協會, 車範根을 '98 월드컵 代表팀 專任監督으로 선임 8(水) ·우리 나라 石油輸入量과 消費量이 각각 世界4위와 7위로 밝혀짐 ·'95년 7월 1일 우리 나라 人口는 4,509만 3천명으로 집계됨
	10(金)	12. 2	·聞友會 주최 新年交禮會에 참석하다.	
	11(土)	12. 3	·家族 모두 모여 結婚紀念 午餐을 하다. ·回甲紀念行事에 참석해준 金在城박사와 若山浩司 교수를 위한 歡迎宴을 마련하여 대접하다.	10(金) ·民族統一硏究院, '92년을 기점으로 위기가 가중되고 있는 北韓 體制는 2001~2008년에 붕괴의 길로 들어설 것으로 전망
	12(日)	12. 4	·朝鮮日報, 記錄集에 대한 記事를 社會面 톱으로 취급 보도하다. ·金浦空港에 나가 金在城박사를 환송하다.	11(土) ·日本의 「女性을 위한 아시아 平和基金」, 韓國人 慰安婦 할머니 7명에게 一時金 지급을 시작했다고 보도
	13(月)	12. 5	·好汀印刷社 朴·金社長과 만나 記錄集 發刊費 6,800만원을 5천만원으로 引下 합의하고 그 일부를 지불하다. ·好汀代表·李圭憲·金源·金哲鎬 뉴스피플 次長과 식사하며 환담하다.	·시리아 通信 SANA, 지금까지 알려진 人類 최초의 文字보다 5천년 가량 먼저 존재했던 것으로 추정되는 '古文字'를 담은 石板들이 시리아에서 발굴됐다고 보도
	14(火)	12. 6	·月刊 잡지 「우먼 센스」의 이경은 記者와 면담하다. ·KBS 라디오의 원선분 리포터와 대담하다. ·사위 文丙基군의 出國紀念 會食을 가족 모두 밖에서 갖다.	13(月) ·三星重工業, 세계 최대 규모인 8,000 TEU級 컨테이너船을 開發했다고 발표 14(火) ·文化體育部, 江原道 大關嶺 地域 등 8個道 12個 地域을 觀光特區로 지정 발표
	15(水)	12. 7	·大邱放送(TBS) TV의 최형미 기자·최혜림 기자와 TV 프로 제작에 대해 협의하다.	15(水) ·韓國勞總과 民主勞總 共同罷業 돌입

月	日	陰	本人 및 家族事項	社會一般事項
1	15(水)	12. 7	·사위 文서방, 단독 출국하다. ·앰버서더 호텔에서 모인 在京 鄕友會 신년회에 참석하다.	15(水) ·이스라엘·팔레스타인, 요르단江 西岸內 헤브론市 및 農村地域에서의 이스라엘 撤軍에 관한 協定 조인
	16(木)	12. 8	·월간「主婦生活」誌의 장시중·김형기 기자와 대담하다. ·월간「健康 다이제스트」誌의 정홍순 기자와 대담하다. ·李圭憲·金哲鎬·장성유씨 등과 저녁을 하며 환담하다.	16(木) ·韓國과 臺灣의 環境團體, 臺灣의 核廢棄物 北韓 移送에 대해 공동의 저지운동을 펴기로 함 ·在日同胞 女性 作家 유미리, 小說『家族시네마』로 아쿠타가와賞 수상
	17(金)	12. 9	·農漁村振興公社 새萬金事業團의 안내로 金堤에 가서 諮問委員 위촉장을 받고 會議하다. ·趙洪來 사장 안내로 干拓事業을 시찰하고 식사 후 상경하다.	17(金) ·이스라엘軍, 요르단江 西岸 헤브론에서 완전 철수 18(土) ·노르웨이 探險家 오우슬란, 65일만에 南極大陸 2,800㎞를 단독 횡단
	18(土)	12.10	·SBS 許康□ 프로듀서등과 自宅에서 記錄集에 대한 對談 錄畵를 하다. ·朱龍鐸 회장의 따님·사위와 저녁 식사를 하다. ·妻, 고향 聞慶에 가다.	19(日) ·臺灣은 核廢棄物 處理 代價로 北韓에 7천만달러를 지불키로 했다고 日 言論들 보도 20(月) ·政府, 不動産市場 安定對策을 확정 ·大宇그룹, '第2의 管理革命'을 이루기로 하고 消費財 전면 중단을 결정 발표 ·빌 클린턴(Bill Clinton), 美國 제42대 大統領에 취임
	19(日)	12.11	·KBS 제1라디오와 電話인터뷰로 記錄集에 대해 방송하다. ·朱龍鐸 회장 女息의 결혼 主禮를 보다. ·金壽鶴·朱龍鐸씨 등과 저녁 회식을 하다.	
	20(月)	12.12	·SBS TV와 自宅에서 對談한 것을 방영하다. ·大邱放送 TV의 金 潮 대리·文惠貞 리포터와 記錄에 대하여 골프 연습장, 自宅, 가락市場, 舊서울大 교정, 鐘閣 옆, 玉仁洞, 낙원동 등지에서 녹화하다. ·李永奭·禹哉永·孔大植씨 등과 만찬을 하며 地域開發硏究會에 대해 협의하다.	21(火) ·金泳三 大統領과 金大中·金鍾泌총재, 靑瓦臺에서 勞動法과 安企部法의 날치기 처리 문제로 2시간 17분간 與野 領袖會談 가짐 22(水) ·北韓을 탈출한 김영진씨 가족 4명과 유송일씨 가족 4명이 中國에서 배를 타고 韓國 無人島에 도착하여 우리 海洋警備艇에 구조됨
	21(火)	12.13	·妻, 聞慶에서 상경하다. ·妻·載國과 같이 처남 載壽의 장인 問喪 가다.	23(木) ·韓寶鐵鋼, 5조원의 金融負債를 이기지 못하고 不渡냄
	22(水)	12.14	·交通放送 임국희 라디오 廣場에 출연하여 대담으로 생방송하다. ·金彩潤 KBS 이사장 초청으로 白東柱고 문·김은구 이사와 오찬을 하다. ·KBS 라디오에 출연하여 유혜선 아나운서와 대담 녹음하다. ·李圭憲원장·朴과장과 記錄集의 송부에 대해 논의하다. ·李圭憲·高永天·金哲鎬·장성유씨 등과 만찬을 하며 환담하다.	24(金) ·제18회 冬季유니버시아드가 49개국 1,600명이 참가한 가운데 茂朱 리조트에서 개막 25(土) ·金泳三 大統領과 日本 하시모토 류타로 總理, 日本 벳부에서 頂上會談을 갖고 臺灣 核廢棄物이 北韓에 반입되는 것을 막기 위해 兩國이 공동 대응키로 의견 모음 26(日) ·서울 汝矣島 廣場에서 勞動者 8만여명이 모여 全國勞動者大會를 개최
	23(木)	12.15	·地方自治學會에 가서 업무처리를 하다. ·雪娥 가족과 같이 外食을 하다.	·서울大, '98년부터 募集定員의 10%를 高校 校長의 추천을 받아 特別銓衡으로 뽑기로 결정
	24(金)	12.16	·KBS제2라디오에서 記錄集에 대해 방송하다. ·地方自治學會 조찬 常任理事會를 주재하다. ·朴奉植 전 서울大 總長의 母親問喪을 가다. ·好汀印刷社에 出版費 中間拂 1,500만원을 지불하고 社長 부부·金學澈 회장과 식사하다.	27(月) ·러시아로부터 分離獨立을 요구해온 체첸共和國의 大統領 選擧가 150個 投票區에서 일제히 실시
	25(土)	12.17	·「議會저널」誌의 編輯顧問으로 추대되다.	28(火) ·아슬란 마스하도프 現總理, 체첸共和國 選擧에서 投票者 60% 이상의 지지를 얻어 大統領에 당선
	26(日)	12.18	·議會저널社의 尹鍾默 사장을 만나 인사를 하다. ·金鍾鎬 국회의원 초청으로 저녁 대접을 받고 大統領 出馬에 따른 協助 문제를 논의하다.	29(水) ·建設交通部, 京釜高速鐵道 慶州區間의 路線을 당초 계획한 兄山江 노선에서 花川里 노선으로 변경 결정했다고 발표
	27(月)	12.19	·大田 소재 忠南道廳에 가서 '97國際環境 포럼' 推進協議會의 委員長으로 추대되고 會議를 주재하다.	30(木) ·世界經濟 포럼, 6일간 일정으로 스위스의 休養地인 다보스에서 개최

月	日	陰	本人 및 家族事項	社會一般事項
1	28(火)	12.20	·國務總理 주재 地方自治制度發展委員會 회의에 참석하다. ·六友會 동창 모임에 나가다.	
	29(水)	12.21	·KBS 라디오에 출연하여 대담 녹음을 하다. ·地方自治硏究院에 가서 李圭憲·徐健一·박정수씨 등과 협의한 후 같이 식사하다.	
	30(木)	12.22	·慶山 市廳을 방문, 崔喜旭시장·金輝東 부시장을 만나 환담하다. ·慶山市 주최 테크노파크 大討論會에서 基調演說을 하다. ·張泰鈺 교수와 저녁을 하고 상경하다. ·建交部長官으로부터 '96년도 民間投資事業 調整委員의 노고에 대한 感謝牌를 받다.	
	31(金)	12.23	·서울에 暴雪이 내리다. ·大韓地籍公社 新入社員에 대한 特講을 하다. ·金壽鶴·李圭憲·金哲鎬·장성유씨 등과 저녁 식사를 하다.	31(金) ·大檢察廳 中央搜査部, 韓寶그룹 鄭泰守 회장을 구속한 뒤 밤새워 조사 ·韓昇洙부총리, 韓寶鐵鋼 唐津製鐵所의 연내 완공을 위해 1조원 建設資金을 지원한다는 政府對策을 大統領에게 보고 ·中國 吉林省 延邊 朝鮮族自治 琿春市에서 北韓 自由經濟貿易地帶인 羅津·先鋒 地域으로의 無비자 入國이 韓國人을 포함한 第3國人에게 정식 허용됨
2	1(土)	12.24	·地方自治學會에 가서 업무처리를 하다.	1(土) ·'97년 프로 籠球 개막함 ·'97 茂朱 冬季 유니버시아드 시작 9일만에 쇼트트랙에서 韓國 첫 金메달 획득
	2(日)	12.25	·妻·雪娥·近榮과 같이 中溪洞 商街에 들리고 祭基洞 옛집을 둘러본 뒤 누님宅에 가서 식사를 하다.	2(日) ·'97 茂朱 冬季유니버시아드 韓國종합 6위로 폐막됨
	3(月)	12.26	·環境大學院 高位課程 入學書類 審査를 하다. ·趙正濟 박사 소개로 報恩동산 中央青雲會의 理事로 위촉되다.	3(月) ·國際放送交流財團, 국내최초의 英語專門 TV방송인 케이블TV '아리랑' 개국
	4(火)	12.27	·SBS 라디오에 출연하여 生放送하다. ·金 源·趙正濟 박사와 오찬을 하다. ·國土計劃學會 주최 北韓 國土計劃에 대한 國際 세미나에서 綜合分科 司會를 보다. ·國土計劃學會 代表團과 저녁 식사를 하다.	4(木) ·一山 新都市 入住者代表協議會, 盆唐 新都市에 이어 獨立市 추진키로 함 ·國立文化財硏究所, '92년 慶南 咸安郡에서 국내 최초로 出土되었던 西紀 5世紀 중엽 伽倻의 말갑옷을 原型 대로 복원하여 공개
	5(水)	12.28	·建交部長官으로부터 民間投資事業審議委員會의 委員長으로 위촉장을 받고 제1회 會議를 주재하다. ·秋敬錫 建交長官과 함께 오찬을 하다. ·地方自治學會에 가서 總會 準備를 점검하다.	5(水) ·鄭泰守 韓寶會長, 洪仁吉·權魯甲 의원에게 각각 7억·5억원을 주었다고 진술 ·政府, 中卒 이하 無資格 未成年 海外 留學生에 대한 送金을 금지키로 함 ·臺灣 核廢棄物의 北韓 반입에 반대하는 市民團體들의 海上示威가 仁川 앞바다에서 열림 ·홍콩 다우존스社, 韓國이 '97년 최악의 投資對象 國家이자 社會不安이 우려되는 國家 1위에 올랐다고 발표
	6(木)	12.29	·空港에 가서 雪娥가족을 大邱로 보내다. ·地方自治硏究院에 가서 이규헌원장· 河聖實 부원장과 記錄集 판매에 대하여 협의하다. ·이규헌·하성실·서건일·작가 金承鈺씨 등과 저녁 식사를 하다.	
	8(土)	1. 1	·舊正을 맞아 妻와 같이 누님宅에 가서 歲拜를 하고 오다.	
	9(日)	1. 2	·妻와 같이 崔南淑씨 宅에 가서 함께 食事를 하고 노래房에 가다.	9(日) ·環境部, 서울 雙門洞이 전국 최고의 大氣汚染度를 나타내는 地域이라고 발표 ·서울地檢, 一家族과 公務員이 낀 '꽃뱀' 공갈단 4개 組織 35명을 적발 구속함
	10(月)	1. 3	·忠南道廳에 가서 '97 國際環境 포럼 推進協議會 회의를 주재하고 상경하다. ·새마을中央硏修院에 가서 특강을 하다. ·雪娥 母子, 大邱에서 상경하다.	10(月) ·美國, 國際知的財産權協會, 世界 97개국이 美國의 娛樂 및 情報産業의 著作物盜用 被害額이 '95년에 150억 달러에 달한다고 발표
	11(火)	1. 4	·環境大學院 高位課程 入學 面接 보다. ·國土計劃學會 弦汀基金管理委員會 회의에 참석하다.	11(火) ·國民會議, 韓寶事態의 배후로 金賢哲씨를 지목하여 關聯疑惑들을 公開 提起함

月	日	陰	本人 및 家族事項	社會一般事項
2	11(火)	1. 4	·雪娥 母女 포함 전家族, 妻 生日 축하 만찬을 밖에서 하고 南山 타워에 올라 구경하다.	12(水) ·黃長燁 北韓 勞動黨 國際擔當 秘書, 中國 北京의 韓國 總領事館으로 찾아와 韓國 亡命을 신청
	12(水)	1. 5	·地方自治學會 會長團會議를 주재하고 14日字 總會準備를 점검하다.	13(木) ·檢察, 韓寶로부터 돈을 받은 金佑錫 前 內務長官과 黃秉泰·權魯甲 의원 등 3명을 特定犯罪加重處罰法上의 賂物授受 嫌疑로 구속함
	13(木)	1. 6	·學校 敎授會議와 高位課程 銓衡會議에 참석하다. ·새마을研修院에서 特講을 하다. ·친구 申東培를 만나 협의하다. ·김형국·이규헌·김 원·조정제·김학철씨 등과 같이 金壽鶴 회장의 歸鄕 기념 小宴을 베풀다.	14(金) ·서울, 제78회 全國 冬季 體育大會에서 우승함으로써 12連覇 달성 ·美國 다우존스指數, 이틀새 200% 포인트 급등하며 뉴욕證市史上 처음으로 7,000線 돌파
	14(金)	1. 7	·南山 소재 서울市政開發硏究院 회의실에서 개최된 地方自治學會의 理事會와 세미나를 주재하고 定期總會에서 會長 人事를 하다. ·地方自治學會의 鄭世煜 회장 등 차기 任員을 선출하고 第3代 會長을 물러난 뒤 名譽會長으로 추대되다. ·地方自治學會 新舊 任員들과 기념 만찬을 하다.	15(土) ·金正日 前妻 成蕙琳의 조카 李한영씨, 귀가 중 怪漢의 총 맞아 중퇴 17(月) ·韓寶사건 國政調査 및 날치기 통과된 安企部法·勞動法의 再改正 논의를 위해 제183회 臨時國會가 개원됨 ·國稅廳, 우리 나라 國民의 年間 술 消費量이 1인당 맥주 81병, 소주 48병이라고 집계 발표 ·美 달러貨, 1달러에 880원 기록
	15(土)	1. 8	·李永奭 회장과 함께 上溪洞에 가서 地域開發 硏究會 결성에 대해 협의하다.	
	16(日)	1. 9	·妻·近榮과 함께 一山 高서방宅에 가서 누님 가족과 같이 점심을 하다. ·妻·雪娥·近榮과 같이 백화점에 들려 저녁식사를 하다.	18(火) ·北韓, 臺灣에 核廢棄物 반입 연기를 요청
	17(月)	1.10	·在京 鄕友會 會長團 회의에 참석하고 高邦勳 사장 초청으로 맥주를 들며 환담하다.	19(水) ·檢察, 韓寶사건의 搜査 結果를 발표 ·서울市, 新廳舍 候補地 中 하나인 龍山의 美軍部隊가 移轉 不可를 밝힘에 따라 候補地 選定이 또 연기됨 ·教育部, 社會人을 대상으로 하는 時間制 大學 登錄制를 13개 大學에서 실시함
	18(火)	1.11	·瑞草 로타리클럽 주최 조찬모임에 가서 特講을 하다. ·새마을研修院에 가서 신규 새마을指導者에게 특강을 하고 이어 坡州市 公職者들에게 강연을 하다. ·聞慶市 都市計劃係長등과 만나다. ·(株)한솔製紙 幹部, 집에 와서 여러 記錄物들을 가져가다. ·雪娥 가족과 밖에서 식사하다.	21(金) ·日本 엔貨에 대한 원貨의 相對價値 切上으로 輸出商品의 價格 競爭力 저하와 經常收支 惡化가 우려됨 ·北韓, 3월 5일 美國에서 열리는 4者會談 共同說明會에 참석할 意思를 표명
	19(水)	1.12	·中央公務員敎育院 高位政策課程에서 특강을 하다. ·雪娥 가족과 밖에서 식사하다.	22(土) ·李한영 테러 容疑者가 內國人은 아닌 것으로 추정
	20(木)	1.13	·空港에 가서 出國하는 雪娥가족을 査頓宅과 같이 환송하다. ·새마을研究院에 가서 특강을 하다. ·새재회 회원들에게 저녁 대접을 하다. ·朱龍鐸·崔昌植氏 등과 맥주를 들며 환담하다.	23(日) ·'96년 우리 나라 貯蓄率, 지난 10년만에 最低水準 기록 24(月) ·起亞그룹, 日本 및 美國의 견제 뿌리치고 인도네시아 國民車工場의 起工式 가짐 ·韓國 女性團體聯合, '96년 대표적인 女性權益 걸림돌로 LG 그룹을 꼽음 ·'97년 法官 및 檢事 신규임용 과정에서 示威 前科者 2名을 任用脫落시켜 파문 일어남 ·서울大와 9개 地方國立大, '97학년도 2학기부터 學生交流 및 學點 상호 인정 키로 함 ·日本, 持株會社 금지규정 폐지에 따라 50년만에 財閥 사실상 부활 ·英國에서 사상 처음으로 羊 複製 성공
	21(金)	1.14	·鳥嶺會 모임에 참석하다.	
	22(土)	1.15	·金正道 子女 결혼식에 참석하다. ·學校 高位政策課程 修了式에 참석하다. ·報恩동산 理事會에 참석하여 인사하다. ·리츠 칼튼 호텔에 가서 金在城 박사를 만나 협의하다.	
	24(月)	1.17	·地方自治學會 조찬 常任理事會에 참석하다. ·李圭憲·徐健一씨와 오찬을 하고 같이 上溪洞에 가다. ·地域開發硏究會 創立總會에 참석하여 顧問으로 추대되고 人事말을 하다. ·밤에 金在城· 金德永씨와 만나 협의하다.	25(火) ·金泳三 大統領, 韓寶사건과 관련해 對國民 謝過함 ·李한영씨, 被襲 열흘만에 숨짐
	25(火)	1.18	·建交部 民間投資事業審議委員會 會議를 주재하고 오찬을 함께 하다.	

月	日	陰	本人 및 家族事項	社會一般事項
2	25(火)	1.18	·基督教 放送局 김 영 리포터와 대담 녹음하다. ·金光得·申賢培·文根旺·廣時學 친구와 환담하며 식사하다.	25(火) ·周恩來 追悼大會, 中國 北京 天安門 廣場 人民大會場에서 열림
	26(水)	1.19	·內務部 研修院 高級幹部課程 入校式에 참석하여 祝辭를 하다. ·鄭泰洙 내무차관 등과 오찬을 하다. ·環境大學院 卒業式에 참석하다. ·李圭憲·朴昇治 씨와 저녁 식사를 하다.	26(水) ·아시아·太平洋 地域 G6에 韓國 脫落은 日本의 강력한 反對 때문인 것으로 밝혀짐
	27(木)	1.20	·學校 教授 부부들과 버스로 全州에 가서 오찬을 하고 金山寺를 시찰한 후 內藏山 관광호텔에서 教授 간담회를 갖다. ·저녁에 井邑에 가서 餘興時間을 갖고 호텔에 투숙하다.	27(木) ·中國· 臺灣, '49년 國共內戰 이후 48년만에 처음으로 兩岸 直航路 개설
	28(金)	1.21	·邊山半島의 來蘇寺를 예방하고 彩石江을 관람하다. ·새萬金干拓事業場을 방문한 뒤 상경하다.	
3	1(土)	1.22	·서울大 環境大學院 都市·環境高位政策課程 主任教授로 위촉되다. ·韓國學術振興財團 地域開發研究支援事業 審査·評價委員會 委員長으로 위촉되다. ·李相晩 의원 女息 결혼식에 가다. ·全承國군·鄭錦伊양 결혼식에서 主禮를 보다.	2(日) ·北韓 住民 강철호씨, 脫出 4년만에 金浦空港 도착해 歸順 요청 ·2월 28일 이란에서 발생한 強震으로 3천여명이 사망한 것으로 알려짐
	3(月)	1.24	·環境大學院 入學式에 참석하다. ·高位政策課程 主任教授로서 業務引繼를 받다. ·地方自治研究院의 朴正洙 과장 이임 송별연에 참석하다.	3(月) ·政府, 러시아側에 貞洞 옛 러시아 公館 터 6,200坪 수용 報償金으로 250억원 제공키로 함 ·大河小說 『太白山脈』, 『廣場』 및 『난쟁이가 쏘아올린 작은 공 』에 이어 100刷 찍어냄
	4(火)	1.25	·KBS 제1라디오 金慈永 작가와 대담 녹음하다. ·學校, 開講으로 강의 시작하다.	4(火) ·高 建 明知大 總長, 신임 國務總理에 임명됨
	5(水)	1.26	·李永哲 회장과 저녁 식사를 하고 金壽鶴·姜信祚씨와 환담하다.	5(水) ·金泳三 대통령, 長官級 10名 인사 단행 ·仁川 西區와 水原 長安區에서 실시된 國會議員 補闕選擧에서 야권 단일후보인 國民會議 조한선 후보와 自民聯 이태섭 후보가 당선됨 ·韓國銀行, 外換 保有額 298억 달러로 20개월만에 최저치 기록했다고 밝힘
	6(木)	1.27	·公州市 부시장 등과 오찬을 하다. ·새마을研修院 歷史館 展示室 造成 入札業者 選定 審議委員으로 위촉받고 회의에 참석하다. ·李昌洙 원장, 李瓚鉉 교수 등과 만찬을 하다. ·獨逸에서 次蓮 처제, 일시 귀국하다.	6(木) ·內務部, '98년 4월 濟州道에서 시작하여 '99년 10월부터는 전국적으로 電子 住民 카드를 발급하는 것을 골자로 한 住民登錄法 및 印鑑證明法 개정안 立法豫告 ·慶北大 病院, 국내 최초로 골수암 9세 어린이에게 관절이식 수술 성공
	7(金)	1.28	·새마을研修院에 가서 新任 새마을指導者들에게 특강하다. ·國土開發 研究院 「國土」지에 게재하기 위해 朴憲注 박사와 대담·녹음하다. ·學校 高位政策課程 入學式에 참석하여 主任教授로서 過程報告를 하고 參席人士들을 소개한 뒤 리셉션에 참석·환담하다. ·妻·次蓮 처제와 外食을 하다.	7(金) ·코카 콜라, 우성·호남식품 등 인수하여 國內直營體制로 전환 ·옐친 러시아 대통령, 추바이스를 第1副總理에 임명함에 따라 러시아 市場經濟改革이 가속화될 것으로 전망됨
	8(土)	1.29	·高位政策課程生 國內研修를 위해 仁川地區에 가다. ·水資源公社 安德 出張所, 始華湖, 南洞工團 등을 방문하고 식사와 여흥을 가진후 仁川 松島 비치 호텔에 투숙하다.	
	9(日)	2. 1	·高位政策課程 朝餐會에서 특강을 한 金學俊 총장을 소개하고 특강을 듣다. ·永宗島 新空港 건설현장을 시찰하고 오찬 후 귀경하다.	9(日) ·韓國科學技術院 教授, 任用 12일만에 강의 부담 이기지 못하고 자살 ·慶南 密陽 表忠祠에서 統一新羅時代 金銅佛像 19점 발견

月	日	陰	本人 및 家族事項	社會一般事項
3	9(日)	2. 1	·처남 載壽의 妻가 서거하여 妻와 같이 問喪을 가다.	9(日) ·20세기 최대 해일 밤 彗星 宇宙 쇼 및 部分日蝕 발생
	10(月)	2. 2	·韓國能率協會의 地方自治團體 經營大賞 審査委員長으로 위촉받다. ·安東에 가서 安東 MBC 郭魯錫 사장을 예방하고 김기한 편성국장 등과 오찬을 하다. ·安東 MBC에서 김현주 교수와 대담·녹화를 하여 밤 11시 TV로 방영되다. ·밤에 妻와 같이 妻男宅 殯所에 가다.	10(月) ·財政經濟院, '96년말 純外債가 300억 달러를 넘어서 '85년의 史上 最高額 350억 달러에 육박한다고 밝힘 11(火) ·新韓國黨 崔炯佑 의원, 腦卒症으로 쓰러져 서울大 病院에 입원 ·新韓國黨 李洪九 대표, 大選候補 경선출마를 공식 선언
	11(火)	2. 3	·韓國能率協會의 담당부장과 만나 地自體 評價方法을 협의하다. ·高位政策課程 開講 첫 講師로 盧隆熙 교수를 소개하고 自治會 구성을 당부하다. ·李永哲 회장과 맥주를 마시며 환담하다.	·서울市內 23개 버스業體, 經營難을 이유로 버스 免許 반납을 결의 ·趙훈현 9段, 東洋證券杯 준결승에서 통산 1,110勝으로 日本의 사카다 9段이 보유한 世界最多勝 記錄을 경신
	12(水)	2. 4	·서울 教育文化會館에서 개최된 黃鏞周 박사 停年紀念式에서 祝杯 提議를 하다.	·日本, 核再處理工場 폭발사고로 人夫 10여명 부상
	13(木)	2. 5	·盧椿熙 교수 초청으로 南部 골프장에서 운동하다. ·國土計劃學會 會長團과 顧問 일부 모임에 가서 식사하다.	12(水) ·金泳三 대통령, 新韓國黨 代表에 李會昌 고문 임명 ·유럽會議, 人間複製를 공식적으로 금지하는 議定書 마련하기로 결정
	14(金)	2. 6	·盧健一 韓進顧問과 조찬을 하며 협의하다. ·地方自治研究院에 가서 記錄集 處理를 정리·협의하다. ·聞慶市 서 원 市政係長의 내방을 받고 협의하다. ·好汀印刷社에 發刊費 殘額을 완불하다. ·이규헌· 고영천· 하성실·申東漢·好汀 金社長 등과 저녁 회식을 하다.	15(土) ·金泳三 대통령, 黨三役 등 주요 黨職 개편 단행 16(日) ·經實聯 양대석 事務局長, 金賢哲씨 관련 錄畵 테이프 절도 및 편집 사실 시인 17(月) ·黃長燁 秘書, 中國이 제공한 軍用機 이용하여 필리핀에 도착
	15(土)	2. 7	·地域開發研究會 運營會議에 참석하여 諮問을 하고 식사하다.	18(火) ·원貨의 對美 달러 換率이 883원을 돌파하여 10년 7개월만에 최고치 기록
	17(月)	2. 9	·李永哲 회장과 오찬을 하다. ·妻와 함께 동서 金英世 부부 및 載壽 처남을 초청하여 저녁을 대접하며 환담하다.	·자이르, 內戰이 격화되는 가운데 議會가 總理를 전격해임하는 등 모부트 大統領의 32년 鐵拳統治 마감
	18(火)	2.10	·國民日報 金基正 기자와 과거 國保委 활동에 대해 대담하다. ·高位政策課程 講師 소개를 하다.	20(木) ·서울 전역에 惡臭 소동으로 市民들 밤새 두통 구역질에 시달림
	20(木)	2.12	·學校 教授會議에 참석하다. ·建交部 民間投資審議委員會를 주재하고 京仁運河 事業者를 선정하다. ·朱龍鐸·李相雲 사장과 저녁 식사를 하다.	21(金) ·클린턴 美大統領과 옐친 러시아 大統領은 헬싱키에서 北大西洋 條約機構의 東유럽 확대 문제를 主議題로 頂上會談을 가졌으나 意見差 좁히지 못함
	21(金)	2.13	·地方自治研究院에 가서 任職員들에게 점심을 대접하고 記錄集에 대해 정리·협의하다. ·回甲行事 인사차 鳥嶺會員들을 저녁 식사에 초청·대접하다.	22(土) ·티베트의 精神的 指導者 달라이 라마, 中國의 반대를 무릅쓰고 臺灣을 방문 24(月) ·李仁濟 京畿知事, 大選競選出馬를 공식 선언
	22(土)	2.14	·結婚式과 喪家를 방문하다. ·地域開發研究會 運營會議에 참석하고 저녁식사를 함께 하다.	25(火) ·'93년 北韓을 탈출하여 '96년 1월 귀순한 在日 北送同胞2世 홍진희씨, 北에 남아 있던 家族 3명을 탈출시키는 데 성공
	24(月)	2.16	·內務部 研修院 地方行政考試班에게 修了 紀念 特講을 하다. ·京畿開發研究院 주최 環境세미나에서 司會를 보고 兪 焄 원장 등과 식사를 한 뒤 귀경하다.	26(水) ·牧園大·大田大 등 全南·忠南地域 12개 大學, 慶南 地域 7개 大學에 이어 韓總聯 탈퇴
	25(火)	2.17	·새마을研修院에 가서 새마을指導者 研修課程에 특강을 하다. ·高位政策課程에서 講師 소개를 하고 이어 特講을 하다.	27(木) ·大檢 中央搜查部, 鄭泰守 一家 은닉 및 보유재산 2,981억원 압류해 國庫에 환수키로 결정 ·18개 宗教· 市民團體, 北에 옥수수 보내기 汎國民運動 벌이기로 함

月	日	陰	本人 및 家族事項	社會一般事項
3	25(火)	2.17	・밤늦게 金在城 박사를 만나 환담하다. ・妻, 친구 文順姬로부터 골프채 1질을 선물받다.	27(木) ・美 샌디에이고 北部 豪華邸宅에서 似而非 狂信徒 39명이 집단 자살
	26(水)	2.18	・學校에 가서 教授會議를 하고 論文指導를 하다. ・廣津區 李裕澤 부구청장과 저녁식사를 하고 李永哲・洪부회장과 음주・환담하다.	28(金) ・러시아 勞動者 200만명이 總罷業에 돌입하고 밀린 賃金의 지급을 요구하는 示威 벌림
	27(木)	2.19	・김학철・ 안형식씨와 저녁 식사를 하다. ・김덕영・李社長 등과 金在城 박사 송별 모임을 갖다.	29(土) ・美 프로野球 LA 다저스의 박찬호, 메이저리그 進出 3년4개월만에 '97시즌 '第5選拔'로 확정
	28(金)	2.20	・建交部 中央都市計劃委員會에 참석하고 柳常悅 차관 초청으로 오찬을 함께 하다. ・大田을 거쳐 錦山에 있는 中部大學에 가서 특강을 하다. ・저녁에 中部大學 黃澤周 대학원장・柳鳳烈 옥천군수・ 최정석 교수 등과 大田에 나와 식사・여흥을 갖다. ・이종규 公州 부시장과 公州에 가서 투숙하다.	
	29(土)	2.21	・公州市廳을 예방하고 집터가 있는 山을 올라본 뒤 곰나루터를 구경하다. ・公州市 간부・市의회의장・孫 도의원 등과 오찬을 하고 상경하다.	
	30(日)	2.22	・金海市 宋銀復 시장 초청으로 伽倻 골프장에서 운동을 하고 鎭海에 가서 식사를 한 뒤 상경하다.	
	31(月)	2.23	・地域開發硏究會에 가서 업무협의를 하다. ・金壽鶴 회장・盧建一 고문을 초청하여 저녁 대접을 하다.	
4	1(火)	2.24	・大田市 世界科學都市聯合 準備委員會 諮問委員으로 위촉되다. ・慶熙大 行政問題硏究所 硏究課題 '昌原市 行政組織診斷'의 자문위원으로 위촉되다 . ・內務部 硏修院 第2期 新任管理者課程 入校式에 참석하여 祝辭를 하다. ・內務部次官 등과 오찬을 하다. ・高位政策課程의 講師 소개를 하다.	1(火) ・金泳三 대통령, 金大中・金鍾泌・李會昌 3黨 代表와의 회담에서 經濟難 극복을 위한 經濟對策協議體 구성키로 합의 ・'96년 9월 漢藥紛爭으로 제적된 慶熙大 등 4개 대학의 120명 가운데 再入學 희망 학생들을 전원 구제키로 함 ・美國 오하이오州 케이스 웨스턴 리저브 大學의 헌팅턴 윌리드 博士 硏究팀, 自體 合成한 특정 DNA를 試驗管 속 細胞에 투입하여 人造人間 染色體 合成에 성공
	2(水)	2.25	・妻와 함께 高永天 감사 부부와 식사・여흥을 갖다.	2(水) ・北韓, 4者會談 參席 代價로 쌀 60만톤 先支援 요구 ・白凡 金 九 선생 暗殺犯 安斗熙를 살해한 혐의로 기소된 朴기서 피고인에게 懲役 5년 宣告
	3(木)	2.26	・地方自治硏究院에 가서 업무협의를 하다. ・水原市廳에 가서 市長을 예방하고 市公務員들에게 특강을 하다.	3(木) ・閑麗水道 海上에 油槽船이 침몰, 대량의 벙커C油가 유출돼 清淨海域을 오염시키고 엄청난 漁民 被害를 냄
	4(金)	2.27	・서울大 高位政策課程 海外硏修團 60명을 인솔하고 妻와 같이 大韓航空 813편으로 濠洲를 향해 밤8시에 서울을 출발하다.	4(金) ・建設交通部, 平澤 安仲 등 일부지역을 宅地開發豫定地區로 지정
	5(土)	2.28	・濠洲 Brisbane을 거쳐 아침에 Sydney에 도착하다. ・Sydney 市內 Opera House, Harbour Bridge, 수족관 등을 시찰하고 The Rydges Wentworth Hotel에 투숙하다.	8(火) ・延世大 總學生會, 서울지역 大學으로는 처음으로 韓總聯 탈퇴를 공식 선언
	6(日)	2.29	・일부 代表들과 Windsor에 있는 Riverside Oaks 골프장에서 운동을 하다. ・妻와 기타 代表들은 Canberra市를 견학하고 Sydney로 돌아와 모두 합류하다. ・江船上에서 식사를 하며 여흥을 갖다.	9(水) ・유니세프, 北韓이 어린이 7명 중 1명꼴로 굶주려 134명의 어린이가 營養失調로 죽었음을 처음으로 인정했다고 밝힘
	7(月)	3. 1	・韓一館 식당에서 Sydney大學의 John Toon 교수로부터 특강을 듣고 오찬을 같이 하다.	10(木) ・韓國 蹴球, 國際蹴球聯盟이 정하는 世界 랭킹에서 3月 41位에서 34位로 올라감

月	日	陰	本人 및 家族事項	社會 一般事項
4	7(月)	3. 1	· Sydney를 출발하여 Singapore에 도착하여 New Otani 호텔에 투숙하다.	11(金) · 自民聯 조종석 議員, 15代 國會議員 중 처음으로 選擧法 위반혐의로 議員職 상실
	8(火)	3. 2	· Singapore大學에 가서 Lim Lan Yuan (林蘭源) 교수의 특강을 듣다. · 市內 주요지점과 Sentosa를 관광하다. · 저녁 식사 시간에 海外硏修證을 수여하고 여흥을 갖다.	· 서울 松坡區 풍납土城 아파트 부지에서 百濟 초기의 生活相을 보여주는 집터 7곳과 遺物 등이 발굴됨 · 앙골라, 左派 政府와 反軍 勢力이 單一擧國政府를 출범시킴에 따라 22년간의 內戰 종식됨
	9(水)	3. 3	· 일부 代表와 같이 Sentosa Golf Club에 가서 골프를 치고 妻와 기타 대표는 새公園 등을 견학한 뒤 다시 합류하다. · 植物園·악어농장 등을 시찰하고 식사 후 공항에 나가 밤 10시 50분에 Singapore를 출발하다.	13(日) · 中國, 심각한 食糧難을 겪고 있는 北韓에 7萬톤의 식량을 무상원조한다고 밝힘 14(月) · 골프 天才 타이거 우즈, 프로 入門 8개월만에 最年少·最少打의 記錄을 세우며 제61회 마스터스 골프大會에서 우승함
	10(木)	3. 4	· 새벽 6시 35분에 金浦 공항에 도착하여 해산·귀가하다	
	11(金)	3. 5	· 學校에 가서 정리를 하다. · 강신조·이영철·홍오선 씨와 저녁 식사를 하며 협의하다.	15(火) · 사우디아라비아 메카 外廓 미나 平原에 聖地巡禮者 수만명이 세운 수천개의 텐트에서 原因 모를 大型 火災가 발생하여 최소 200여명이 사망하고 2,000여명이 중경상을 입음
	13(日)	3. 7	· 처와 누님·동생 부부 등 같이 野外에 가서 쑥을 뜯고 저녁식사를 같이 하다.	
	14(月)	3. 8	· 韓國能率協會 주최 自治團體經營大賞 審査委員會에서 회의를 주재하고 受賞 對象者를 결정하다. · 地方自治硏究院에 가서 記錄集 관계 업무를 협의하다. · 프레스 센터에서 地域開發硏究會 運營委員會에 참석하고 저녁식사를 하다.	16(水) · 眼藥을 長期間 사용한 大學生, 한쪽 視力을 잃음 17(木) · 大法院, 全斗煥 전 대통령에게 無期懲役과 追徵金 2,205억원, 盧泰愚 전 대통령에게 懲役 17年과 追徵金 2,628억원을 最終宣告 · 大檢 中央搜查部, 文정수 釜山 市長이 韓寶로부터 2억원을 수수한 사실을 밝혀냄
	15(火)	3. 9	· 韓國地方行政硏究院 諮問委員會에 참석하고 오찬을 함께 하다. · 高位政策課程 講師를 소개하다. · 教育放送 이대섭 PD·김연심 作家와 記錄集에 대해 의견교환을 하다.	· 海軍, 107명의 朝鮮族 密入國者를 태운 船舶 2척을 慶南 巨濟 앞바다에서 검거 18(金) · 서울市, 輕電鐵 6개 路線 100㎞ 建設 등을 내용으로 하는 '2011年 서울 都市基本計劃案'을 최종 확정
	16(水)	3.10	· 大田에 가서 忠南道 주최 人本行政學術大會 개회식에 참석하고 綜合討論의 司會를 보다.	
	17(木)	3.11	· 盧健一 한진고문과 조찬을 하며 李永哲 회장건을 당부하다. · 강신조·이영철씨와 오찬을 하다. · 中央大 行政大學院에서 특강을 하다.	20(日) · 黃長燁 전 北韓勞動黨 秘書, 김덕홍 社長과 함께 亡命申請 67日만에 서울 도착 · 在美 科學者 피터 金博士, 에이즈 바이러스가 人體免疫體系의 細胞에 침투하는 정확한 過程을 발견
	18(金)	3.12	· 忠南道 ''97 國際環境 포럼' 推進委員會 會議를 주재하고 같이 오찬을 하다. · 地方自治學會 忠南支會 주최 세미나에서 司會를 보고 식사 후 상경하다.	21(月) · 자크 시라크 프랑스 大統領, '99년 1월부터 실시될 유럽 單一通貨 導入에 대비해 經濟改革의 가속화가 필요함을 지적하고 與件造成을 위해 國會 解散을 발표
	19(土)	3.13	· 妻와 함께 고향에 가다. · 孔坪 父母任 墓所에 참배하고 빙장께 인사드리다. · 中學校 同期生 오찬 모임에 참석하고 聞慶中學校 同窓會 총회에 참석하여 祝辭를 하다. · 卞鐸 회장宅에 들른 후 妻家族 모두를 초치하여 저녁 대접을 하다.	22(火) · 韓國土地開發公社, 北韓側과 羅津·先鋒地域에 대규모 工團을 개발·조성하기로 합의
	20(日)	3.14	· 혼자 비행기로 醴泉에서 상경하다.	23(水) · 政府,銀行의 不實債權을 해결하기 위해 成業公社를 확대 개편하여 '不實債權 整理專擔機構'를 설치키로 함
	21(月)	3.15	· 金秉準 교수 초청으로 골프를 치다. · 教育放送 TV팀, 自宅에 와서 記錄集 관계로 대담·촬영하다. · 在京 鄕友會 會長團 저녁 모임에 가다.	· '꿈을 現實로 未來를 오늘로'라는 主題 아래 11개국 147개 業體가 참가한 가운데 '97 서울 國際 모터 쇼 개막
	22(火)	3.16	· 妻, 고향에서 상경하다.	

月	日	陰	本人 및 家族事項	社會一般事項
4	22(火)	3.16	·李永奭 회장 喜壽宴에 참석하여 進行 司會를 보다. ·暻園大 行政大學院에 가서 특강을 하다.	23(水) ·페루 軍警特攻隊, 左翼叛軍 게릴라들이 지난 4개월 동안 人質劇을 벌여온 리마 日本大使館邸에서 救出作戰을 전개하여 게릴라 14명을 모두 사살하고 人質 71명을 구출함
	23(水)	3.17	·새재회 모임에 참석하다.	
	24(木)	3.18	·國土計劃學會 세미나에 참석하여 司會를 보다. ·物理學科 출신 大學 同期生들과 入學 40年만에 만나 환담·회식을 갖다.	24(木) ·프랑스, 쿠바와 貿易協定 맺어 美國의 쿠바 牽制에 쐐기 박음
	25(金)	3.19	·프레스 센타에서 개최된 地域開發研究會와 日本 第3섹타 研究會의 交流 調認式에 참석하여 司會를 보다. ·地域開發研究會 주최 세미나에서 全體司會를 보다. ·韓·日代表團과 함께 저녁 식사를 하고 여흥시간을 갖다.	·國際通貨基金(IMF), 開途國 가운데 韓國·이스라엘·싱가포르 등 5개국을 先進國으로 분류 26(土) ·최초의 한글 小說로 알려진 許 筠의 『洪吉童傳』 보다 100여년 앞선 『설공찬전』이 발견됨 29(火) ·通産部, '98년 4월부터 서머 타임제 실시키로 함
	26(土)	3.20	·林相夏 사장 초청으로 芝山 골프장에서 운동하다.	
	27(日)	3.21	·金壽鶴 회장과 오찬을 하고 原稿를 전달하다. ·自宅 마당의 잔디를 정리하다.	·전국 최대 규모의 點字 圖書館이 서울 江東區에 개관됨
	28(月)	3.22	·內務部 研修院 中堅幹部班 入校式에 참석하여 祝辭를 하다. ·地方自治研究院에 가서 記錄集 處理를 협의하다. ·內務部 研修院의 指導教授 초청 만찬에 참석하다.	·옐친 러시아 大統領, 下院의 반대를 무릅쓰고 國營專賣會社의 所有 構造를 개편하는 改革措置 발표 ·우크라이나, '86년 4월 26일 발생한 체르노빌 原子力發電所 폭발사고의 여파로 '96년 3천여명이 사망했다고 밝힘
	29(火)	3.23	·高位政策課程 夫婦 招請 特講에서 金建鎬 건교부 차관을 소개하고 특강을 들은 뒤 代表 몇분과 같이 맥주를 들며 환담하다.	30(水) ·美 NASA衛星, 銀河系 中心部에서 용솟음치고 있는 거대한 反物質粒子 덩어리를 발견해 지금까지의 反物質 存在與否의 論爭을 종식시킴.
	30(水)	3.24	·韓國能率協會 주최 地方自治團體 經營大賞 施賞式에 참석하여 審査委員長으로서 심사 보고를 하다. ·金學文 문경시장· 朴仁遠 향우회 회장 등과 저녁을 들며 환담하다.	
5	1(木)	3.25	·內務部 研修院에 가서 特講을 하다. ·忠南大 行政大學院에 가서 특강을 하고 상경하다.	1(목) ·環境部, 鋪裝 쓰레기가 557萬톤이나 돼 生活廢棄物 가운데 32%를 차지하는 것으로 조사 발표
	2(金)	3.26	·仁川市에 가서 仁川市 주최 洞機能 强化 세미나에서 主題 發表하다.	·雪嶽山 國立公園에 산불 발생 2(金) ·主思派 發言으로 파문을 일으켰던 朴弘 전 西江大 總長, 韓國通信 勞組 訴訟으로 7천만원 損害賠償金 물게 됨
	3(土)	3.27	·인 도어 골프 演習場에 가서 妻를 위해 최초의 登錄을 하다. ·林相夏 사장으로부터 Maruman 골프채 일질을 回甲紀念으로 선물 받다. ·地域開發研究會 任員들과 저녁 식사를 하며 업무협의를 하다. ·李永奭 회장과 같이 禹哉永 법무사의 出國 歡送會를 갖다.	·英國 總選結果 토니 블레어가 이끄는 勞動黨이 역사상 최대인 417席을 차지하여 保守黨을 압도하고 18년만에 政權交替에 성공 3(土) ·南北赤十字 代表, 對北韓 救護物資의 직접 전달방안 등을 논의하기 위해 北京에서 접촉
	4(日)	3.28	·동서 신봉수 씨 令息의 결혼식에 참석하다. ·집 마당의 풀을 손질하고 집안 청소를 하다.	
	5(月)	3.29	·金炯[illegible]·李東燮씨와 오찬을 하다. ·妻와 같이 인 도어에 가서 골프 연습을 하다. ·EBS TV에서 '테마가 있는 窓'을 방영함으로써 記錄集에 관한 紹介가 총 37회에 이르다.	·國內에서 처음 열리는 '97 高陽 世界 꽃 博覽會'가 高陽市에서 개막 5(月) ·朴泰俊 전 浦項製鐵 會長, 浦項市 補闕選擧 出馬를 공식 선언
	6(火)	3.30	·高位政策課程 시간에 講師 소개를 하다. ·밤 늦게 鄭泰東 전 泰國大使와 환담하다.	7(水) ·헬무트 콜 獨逸 總理, 아시아·太平洋 地域 國家를 상대로 세일즈 外交에 나섬
	7(水)	4. 1	·楊秉彛 원장 慈堂 문상에 가다. ·姜信祚·李永哲 씨와 저녁 식사를 하며 협의하다.	10(土) ·제2회 釜山 東아시아大會, 釜山 구덕 경기장에서 개막

月	日	陰	本人 및 家族事項	社會一般事項
5	8(木)	4. 2	·昆池岩 골프장에서 環境大學院 교수들과 운동하다. ·高位政策課程에서 강사 소개를 하다.	10(土) ·이란 北東部 아프카니스탄 接境地域인 호라산州에서 리히터 규모 7.1의 강력한 地震이 발생해 350명 이상이 숨지고 수천명이 부상
	9(金)	4. 3	·地方自治研究院에 가서 冊 정리를 하다. ·大成그룹 創立50周年 紀念式에 참석하다. ·李圭憲·朴昇治씨와 저녁을 들며 환담하다.	12(月) ·北韓 주민 두 家族 14명이 漁船 1척을 타고 西海上으로 탈출 귀순
	10(土)	4. 4	·'自治公論' 2주년 및 '古州賞' 시상식 행사에 참석하여 理事長으로서 행사를 주관하고 開會 및 閉會人事를 하다. ·行事 參席者들과 만찬을 하며 환담하다.	15(木) ·三立호빵으로 널리 알려진 國內 최대의 제빵업체 (株)三立食品이 經營難을 이기지 못하고 쓰러짐
	11(日)	4. 5	·金宗模 병원장 초청으로 春川 골프장에서 南斗熙 변호사 및 한형문 사장과 운동을 하고 여흥을 한 뒤 상경하다.	16(金) ·光州에서 '5.18墓域 聖域化 事業 竣工式' 열림 17(土) ·大檢 中搜部, 6개 業體로부터 65억 5천만원을 받은 혐의로 金賢哲씨 구속 수감
	12(月)	4. 6	·昌寧 農協研修院에 가서 醴泉郡 民官 研修者들에게 특강을 하다.	
	13(火)	4. 7	·高位政策課程에서 강사소개를 하다.	·자이르 叛軍指導者 로랑 카빌라, 首都 킨샤사 占領 후 자신이 國家 首班임을 선언
	14(水)	4. 8	·佛誕日을 맞아 妻·동생 부부와 虎壓寺에 가서 예불을 드리다. ·金在城·鄭世煜씨 등과 라스베이거스 行事에 대해 협의하다.	18(日) ·몽골 史上 두 번째로 실시된 直選 大統領 選擧에서 共産黨 후신인 人民革命黨의 나차긴 바가반디 후보가 오치르바트 現 大統領을 누르고 당선
	15(木)	4. 9	·金在城·李圭憲씨 등과 업무협의차 오찬을 하다. ·스승의 날을 맞아 環心會 역대 會長들과 회식을 하다.	19(月) ·國民會議, 2次 全國 代議員大會를 열어 金大中 總裁를 새 總裁 및 15代 大選候補로 선출함
	16(金)	4.10	·昌寧 農協研修院에 가서 固城郡 民官代表들에게 특강을 하다. ·鳥嶺會 모임에 참석하다. ·朱龍鐸·김종수 사장과 만나 主禮件을 협의하다.	·日本의 〈뱀장어〉와 이란의 〈체리 맛〉이 最高 作品賞인 黃金棕櫚賞을 공동수상하는 등 아시아 映畵가 제50회 프랑스 칸 映畵祭에서 주요상을 휩씀
	17(土)	4.11	·조찬회를 하며 檀國大 박사논문을 심사하다. ·김종수 사장 따님 결혼 主禮를 보다.	
	18(日)	4.12	·妻와 같이 꽃市場에서 꽃 등을 사서 정원에 심다. ·妻와 같이 城南에 가서 저녁식사를 하다.	·釜山에서 개최된 제2회 東아시아 競技大會, 中國·日本에 이어 韓國이 3위를 획득하면서 폐막됨
	19(月)	4.13	·忠南道에 가서 國際環境포럼 準備會議를 주재하다. ·환경大學院 高位政策課程 관련 教授들과 식사하다.	20(火) ·政府, 地方自治團體에 '98년부터 取得稅·登錄稅·財産稅의 稅率을 50%까지 증감할 수 있는 權限을 부여
	20(火)	4.14	·고위정책과정에서 講師 소개를 하다. ·李永哲 회장과 만나 환담하다.	22(木) ·李仁濟 京畿知事, 競選 캠프를 공식 출범시킴
	21(水)	4.15	·학교에서 論文指導와 教授會議에 참석하다. ·朴正洙 과장과 主禮件을 협의하다. ·金在城·李圭憲·金德永씨와 徐健一 고문댁에 가서 저녁식사 대접을 받다.	·보리스 옐친 러시아 大統領, 러시아軍 改革 失敗의 책임을 물어 國防長官과 軍參謀總長을 전격 해임 23(金) ·崔秉烈 新韓國黨議員, 黨內 大選候補 競選出馬를 공식 선언
	22(木)	4.16	·地方自治研究院에 가서 업무처리를 하고 직원들에게 점심 식사를 대접하다. ·양천구청에 가서 梁在鎬 청장을 예방하고 직원들에게 강연하다.	·'97 열린 教育 博覽會'가 韓國綜合展示場(COEX)에서 성황리에 열림 24(土) ·23日 실시된 이란 大選에서 모하마드 하타미 前 文化長官이 2,970萬票中 2,070萬票를 얻어 제5대 大統領으로 당선
	23(金)	4.17	·學術振興財團에 가서 地域開發研究 支援事業 審査·評價委員會 會議를 주재하다. ·妻와 같이 기차로 永同을 거쳐 茂朱郡에 가다. ·茂朱郡 공무원들에게 특강을 하고 鄭世煜 교수 부부와 함께 Tirol 호텔에 투숙하다.	25(日) ·서울市, 市內 都市型 버스料金을 400원에서 430원으로, 座席버스는 800원에서 850원으로 인상
	24(土)	4.18	·永同市場에서 산나물 등을 사서 기차로 상경하다.	
	25(日)	4.19	·박정수 과장 妻弟 결혼식의 주례를 하다. ·李永哲 회장과 식사하다.	·3년간에 걸친 아프가니스탄 內戰이 탈레반쪽의 勝利로 사실상 막을 내림

月	日	陰	本人 및 家族事項	社會一般事項
5	26(月)	4.20	·昌寧 農協硏修院에 가서 清道郡 民官 代表들에게 특강을 하다. ·濟州에 가서 濟州商議 임원 및 金泰保 학장 등과 식사를 하고 투숙하다.	26(月) ·新韓國당 李會昌 代表, 中國 人民大會堂에서 江澤民 中國 國家 主席을 만나 韓中 協力關係를 논의 ·프랑스 總選 1次投票에서 社會黨과 共産黨등 左派聯合이 예상을 뒤엎고 右派를 누르고 승리 ·인도네시아 總選 遊說中 史上 유례 없는 폭력사태로 269명이 사망 ·OECD 閣僚理事會가 프랑스 파리 OECD 本部에서 韓國을 비롯해 19개 會員國의 閣僚 62명이 참석한 가운데 2일간 일정으로 개막
	27(火)	4.21	·濟州商議 주최 조찬연수회에서 특강을 하고 상경하다. ·指導學生들과 오찬을 하며 환담하다. ·高位政策課程에서 講師 소개를 하다. ·수강 중인 體育敎育科 학생들로부터 저녁 대접을 받다.	27(火) ·大檢 中搜部, 코롱그룹 李雄烈 회장을 전격 소환하여 조사 ·서울·仁川·京畿 등 首都圈을 제외한 전국 모든 地域의 아파트 分讓價를 자율화 함 ·박찬호, 美國 로스앤젤레스 다저스 스타디움에서 플로리다 말린스와 겨룬 競技에서 승리해 올 시즌 3勝을 거둠
	28(水)	4.22	·서정섭군의 박사학위논문을 조찬을 들며 심의하다. ·학교 敎授會議와 高位政策課程 운영위원회에 참석하다. ·高位政策課程 주최로 교수 전원에게 저녁 대접을 하다.	28(水) ·保健福祉部, 27일 北濟州郡에서 日本 뇌염모기가 발견됐다며 全國에 日本뇌염 注意報를 발령 ·서울地檢, 性희롱 사건으로 서울大 具某 敎授에 대해 誣告 혐의로 구속 ·無線呼出機 加入者數가 4월말 현재 1,357만명을 넘어 世界 3位를 기록
	29(木)	4.23	·妻와 같이 승용차로 大田에 가서 Rivera 호텔에 들다 ·EXPO 국제회의장에서 개최된 忠南道 주최 ''97世界環境포럼' 국제會議에서 開會辭를 하고 회의 진행을 주재하다. ·沈大平 충남지사 등과 大田 MBC에 출연하여 대담·녹화하다. ·각국 대표 초청 저녁 만찬에서 乾杯제의를 하다.	
	30(金)	4.24	·각국 代表들과 조찬을 함께 하다. ·국제회의 綜合討論에서 사회를 보고 共同宣言文을 채택한 뒤 閉會하다. ·폭우 속에 妻와 승용차로 상경하여 建交部 中央都市計劃委員會에 참석하다.	30(金) ·金泳三 大統領, '92년 大選資金과 관련해 잘못을 시인하고 政治改革을 단행하겠다고 선언 ·都給順位 24位의 建設業體인 韓信共榮, 資金難을 이기지 못하고 法定管理를 신청 ·漢陽大에서 열릴 예정이던 제5기 韓總聯 出帆式 前夜祭 行事가 警察의 원천 봉쇄로 사실상 무산됨
	31(土)	4.25	·公州市에서 보내준 自然産 도라지·더덕·부추 등을 집마당에 심다. ·環境大學院 4회 졸업생들 초청으로 교수 몇 명과 저녁 대접을 받고 여흥시간을 갖다.	
6	1(日)	4.26	·內務部 政策諮問委員으로 재위촉되다. ·農協中央會 運營諮問委員으로 위촉되다 ·李澈九 사장 초청으로 陽知 골프장에서 會員券 취득 후 처음으로 활용하여 운동하다.	
	2(月)	4.27	·農協中央會 諮問會議에 참석하고 오찬을 하다. ·기차로 沃川에 가서 沃川郡 공무원들에게 특강을 하다. ·柳鳳烈 군수·朴仁遠 회장 등과 회식 및 여흥을 갖고 투숙하다. ·小說 『람세스(Ramsés)』 5권을 다 읽다.	2(月) ·서울地法, 韓寶事件과 관련하여 鄭泰守 피고인에게 懲役 15년을 선고 . ·韓總聯 示威를 진압하던 戰警 유지웅씨 사망. ·알제리, 5일 실시될 總選을 앞두고 首都 알제에서 두 차례 폭발사고로 死傷者 80여명 발생.
	3(火)	4.28	·沃川에서 승용차로 大田 儒城에 가다. ·大田市 주최 世界硏究都市 市長會議에서 사회를 보다.	3(火) ·서울 鐘路學院 등 유명 入試 學院長, 거액의 稅金 탈루혐의로 구속
	4(水)	4.29	·조찬 모임에서 論文심사를 하다. ·학교에서 제1학기 강의를 종강하다. ·浦項에 가서 浦項商議 간부들과 만찬을 하고 Cygras 호텔에 투숙하다.	4(水) ·韓總聯 소속 大學生들이 점거 중인 漢陽大 學生會館에서 警察 프락치로 오인된 李석씨가 학생들에게 폭행당해 사망.
				5(木) ·北韓警備艇 1척과 漁船 9척이 西海 延平島에서 남하하다가 우리 高速 警備艇과 서로 사격 ·臺灣 核廢棄物의 北韓 搬入을 반대하는 修正法案이 美國 下院 本會議에서 통과

月	日	陰	本人 및 家族事項	社會一般事項
6	7(土)	5. 3	·地方自治學會 및 國土計劃學會 사무실에 들려 업무협의를 하다. ·지방자치연구원을 방문, 업무상의를 하고 이규헌·서건일씨 및 직원에게 점심 대접을 하다. ·大田 忠南道 沈大平 지사 관저에서 개최된 '97世界 環境 포럼 推進委員會 해단식에 참석하여 感謝牌를 받고 저녁 대접을 받은 뒤 상경하다.	6(金) ·韓國教育放送院 許만윤 부원장·李영구 감사실장 등, 出版業者와 出演 講師들로부터 뇌물을 받은 혐의로 구속됨 8(日) ·建設交通部, 150평 이하 工場은 주거지에도 들어설 수 있게 하는 建築法 施行令 改正案을 입법예고 9(月) ·建設交通部, 현재 20%로 돼 있는 自然綠地地域 建蔽率을 40%로 조정
	8(日)	5. 4	·黃琪源 교수 부부, 崔相哲교수와 坡州 市長 초청으로 坡州에 가서 黃복 음식을 대접받다. ·이영석, 우재영씨와 저녁을 들며 환담하다.	·仁川市와 미디어 벨리(Media Valley) 推進委員會, 미디어 벨리 造成을 위한 基本合議書 締結式 가짐
	9(月)	5. 5	·김수학·이상열 선생과 같이 慶州에 가서 오찬을 함께 하다. ·慶州 教育文化會館에서 개최된 慶北道 주최의 '나부터 운동 汎道民 大討論會'에서 기조 강연을 하다. ·저녁에 李義根 지사 등과 만찬을 하고 김수학·이상열 선생 등과 음주·환담을 한 후 경주 교육문화회관에 투숙하다.	11(水) ·農林部, 農村으로 돌아가 農事를 짓고자 하는 都市人을 農業 後繼者로 지정하고 農地를 우선 분양하는 등 적극적인 歸農優待政策을 시행키로 함 ·스리랑카 타밀族 叛軍, 北部 바부니야 地域의 政府軍 旅團本部를 공격하여 양측에서 民間人을 포함해 328명이 사망
	10(火)	5. 6	·妻, 고향에서 상경하다. ·慶州에서 蔚山 경유하여 상경하다. ·고위정책과정에서 강사 소개를 하다.	12(木) ·金鍾泌 自民聯 總裁, 野圈의 大統領候補 단일화가 이뤄지지 않을 경우 單獨出馬 意思를 밝힘
	11(水)	5. 7	·서울 大學病院에 가서 眼科 檢查를 받다. ·天安 檀國大에서 개최된 忠南의 世界化戰略 세미나에 참석하여 主題發表를 하다.	·雙龍 自動車 4輪俱動型 승용차 '무소'가 U.N.軍 作戰 및 指揮車輛으로 선정됨 13(金) ·李桓均 建設交通部長官, 高速鐵道 建設計劃을 전면 수정한다고 발표.
	12(木)	5. 8	·김병준교수·이상룡 박사와 같이 昌原市에 가다 ·昌原市주최 大洞制 導入을 위한 市民公聽會에서 전체 사회를 보고 저녁에 상경하다. ·고위정책과정에서 강사소개를 하다.	·우루과이 라운드 農產物協商에 따라 7월부터 일정한 수준의 關稅만 물면 돼지고기·天然 꿀·닭고기·오렌지등 56개 農畜產物을 政府의 추천 없이 누구나 수입할수 있게 됨
	13(金)	5. 9	·學術振興財團에 가서 地域開發研究課題 심사를 주재하다. ·월간지 '活設計'의 鄭慧珍 기자와 대담을 하다. ·이영철 회장과 저녁식사를 하다.	·印度 뉴델리 消防當局, 觀客들로 초만원을 이룬 市內 한 劇場에서 불이 나 50명 이상이 숨지고 100여명 이상이 부상했다고 밝힘
	14(土)	5.10	·天安에 가서 권오균·김만재씨 등과 常綠 골프장에서 운동을 하다. ·檀國大 行政大學院에서 특강을 하고 식사 후 張東熙 교수와 같이 상경하다.	14(土) ·'97년 들어 처음으로 서울 地域에 오존注意報 내림
	15(日)	5.11	·서정섭 학위논문의 최종심사를 식당 多島에서 마치다. ·자택 정원을 손질하다.	15(日) ·北韓, 羅津·先鋒 自由貿易地帶의 改革開放을 위해 貨幣改革을 단행 ·建設交通部, 土地供給을 늘려나가기 위한 土地供給 擴大方案을 발표
	16(月)	5.12	·內務部 研修院에 가서 高級幹部班의 研究課題를 심사하다. ·朴正洙 과장과 妻弟부부, 주례에 대한 감사로 저녁초대를 하여 이영철 회장과 같이 참석하다.	16(月) ·유럽聯合 15개 會員國 頂上會談이 암스테르담에서 개막 17(火) ·文化體育部, 18세미만 青少年들에게 담배·술·부탄 가스를 못 팔게 하고 노래房·비디오房 등 有害業所 출입을 금하는 法을 마련하여 7월 1일부터 시행키로 함.
	17(火)	5.13	·學校에 가서 업무처리를 하고 이규헌·박승치씨와 오찬을 함께 하다. ·한솔製紙(사장:구형우)로부터 寄贈遺物 受納書를 받고 약간의 謝禮金을 받다. ·世宗文化會館에서 개최된 鄭世煜 교수 回甲宴에 참석하다. ·이규현·고영천·이영철씨 등과 저녁을 하며 환담을 하다.	·서울大, 3개 學部 신설을 내용으로 하는 學部制 改編案을 '98學年度부터 시행키로 함 18(水) ·新韓國黨 李洪九 고문, 黨內 大統領候補 競選에 출마하지 않겠다고 공식선언

月	日	陰	本人 및 家族事項	社會一般事項
6	18(水)	5.14	·서울大學病院에 가서 眼科 檢診을 받고 手術 約束을 하다. ·학교에서 논문 최종심사를 하고 學科 및 全體 敎授會議를 한 뒤 敎授集談會를 갖다. ·敎授 전원과 저녁 식사를 하며 환담하다.	18(水) ·國內 최대 규모의 瑞山 空軍基地가 본격 가동에 들어감. ·美國과 유럽을 잇는 최초의 超高速 情報通信 하이웨이가 개통됨
	19(木)	5.15	·환경대학원 교수 골프팀과 南部 골프장에서 운동하다.	19(木) ·敎育部, 初·中·高校生의 '97년 課外費 총액은 9조 6,400여억원으로 GNP의 2.24%에 해당되는 것으로 추산
	20(金)	5.16	·尹成吉·李圭憲씨와 같이 店村에 가서 聞慶市長·JC會長 등과 오찬을 하다. ·店村青年會議所 창립 30주년 기념 심포지엄에서 基調강연을 하고 종합사회를 본 뒤 상경하다. ·강신조·이영철·이규헌씨와 만찬을 하며 환담하다.	20(金) ·國務會議, 國內 觀光産業 發展財源의 확충을 위해 國外 旅行者들에게 空港 利用料외에 觀光振興基金으로 1인당 1만원씩 부담토록 하는 法案을 통과시킴 ·西方 先進 7個國 (G7)과 러시아 등 8개국 頂上會談이 美國 콜로라도洲 덴버에서 사흘간 일정으로 개막
	21(土)	5.17	·地方自治硏究院에 가서 업무협의를 하고 이규헌·이영철·강신조씨 및 직원들과 점심을 함께 들다. ·집에 와서 방 청소와 마당 정리를 하다.	
	22(日)	5.18	·齒牙가 아파서 고생하다.	
	23(月)	5.19	·妻와 같이 〈잃어버린 世界 (The Lost World)〉를 영화관에 가서 관람하다.	23(月) ·地球村 環境問題를 논의하기 위한 U.N. 環境特別總會가 U.N.本部에서 170여개국 頂上과 代表들이 모여 개막
	24(火)	5.20	·盧齒科에 가서 이를 치료하다. ·학교에 가서 高位政策課程의 論文 發表를 듣고 지도하다.	24(火) ·建交部, 한국 高速鐵道公團 理事長으로 柳常悅 전 建交部次官을 전격 임명 ·政府, 財閥의 銀行 支配를 막기 위해 銀行 株式의 1인당 所有限度를 현행대로 4%에 유지키로 함
	25(水)	5.21	·김수학 회장과 기차로 大邱에 가서 오찬을 하고 慶北道廳에 가다. ·慶北道廳에서 개최된 道廳移轉推進委員會 회의에서 委員長으로 추대되어 회의를 주재하다. ·비행기로 大邱에서 상경하다.	25(水) ·北韓 當局, '96년 한 해 동안 北韓에서 숨진 5세 이하 어린이가 최소한 12만 460명이라고 공식 발표
	26(木)	5.22	·朴世直 의원·이영철 회장과 조찬을 하며 협의하다. ·建交部 民間投資審議會 회의를 주재하고 오찬을 함께 하다. ·齒科에 가서 이 치료를 하다.	26(木) ·憲法裁判所, 만 20세 이상 成人에게만 選擧權을 주는 것은 憲法에 위배되지 않는다고 결정 ·全國에 150mm 안팎의 많은 비가 내려 피해가 막심 ·世界 遺産委員會 議長團會議, 昌德宮과 水原城을 世界遺産目錄에 올리도록 권고키로 결정
	27(金)	5.23	·國務總理 주재의 地方自治制度發展委員會 회의에 참석하다. ·고영천·이규헌·이영철씨와 저녁을 하며 환담하다.	27(金) ·政府, 6월부터 電氣요금 평균 5.9%, 鐵道요금 9.5%, 서울·釜山 地下鐵 요금을 區間別로 50원씩 올린다고 발표
	28(土)	5.24	·축적된 Mileage를 사용하여 美國 왕복 2등표 3人分을 구입하다. ·妻와 같이 藝術의 殿堂에 가서 '古代 이집트 文明展(Splendours of Ancient Egypt)'를 관람하다. ·盆唐에 들러 동생을 만나고 妻와 둘이 저녁 식사를 하고 귀가하다.	29(日) ·에반더 홀리필드, 프로복싱 WBA 헤비級 타이틀戰에서 귀를 물어 뜯은 마이크 타이슨에 失格勝
	30(月)	5.26	·盧齒科에 가서 이 치료를 받다. ·學校에 가서 업무정리를 하고 楊秉彛 원장과 오찬을 함께하다. ·國土計劃學會 여홍구 회장·김영모 부회장·조정제 원장과 함께 金源 교수의 市立大 副總長 취임 축하식사를 하다.	
7	1(火)	5.27	·고위정책과정 終講 기념으로 東亞日報 吳明 社長을 초청하여 소개를 하고 특강을 듣다. ·食事 後 각자 지난 4個月間의 敎育 所感을 발표하는 여흥시간을 갖다.	1(火) ·日本, 韓國 漁船 4척을 領 海侵犯으로 납치 ·首都圈 및 中部地方에 큰 비가 내려 피해 막심 2(水) ·홍콩, 155년간의 英國 植民統治를 마감하고 中國에 귀속

月	日	陰	本人 및 家族事項	社會一般事項
7	2(水)	5.28	·記錄集冊을 집에 49부만 보관하고 모두 地方自治硏究院으로 옮기다. ·연구원 직원, 이규헌·서건일·이영철씨 등과 오찬을 들며 徐고문으로부터 地方自治學會의 라스베이거스 방문 행사에 대해 이야기 듣다. ·이영철 회장과 저녁을 하다.	3(木) ·서울 地法, 鄭昇和 전 陸軍參謀總長에게 無罪를 선고 ·1日부터 쌀·쇠고기를 제외한 農畜水産物市場이 전면 개방됨 ·地下鐵 1號線 고장으로 交通 混雜이 일어남
	3(木)	5.29	·地方自治學會 등을 방문하고 집 청소를 하다. ·주용택·김수학·申鉉中·이영철씨 등과 저녁식사를 하며 환담하다.	·梁山 單層帶 일대에서 '96년 한 해에 55회의 소규모 地震이 발생한 것으로 발표
	4(金)	5.30	·학교 人事委員會에 참석하고 오찬을 함께 하다. ·安東師範學校 金完鎭 선배의 내방을 받고 人生失敗의 사연을 듣다. ·이영철·주용택 회장과 환담하다.	·'96년 하반기 外國銀行으로부터 122억 달러를 빌려 아시아 나라들 중에서 최고를 기록 4(金) ·金鍾泌 自民聯 總裁, 內閣制 改憲을 묻는 國民投票 실시를 제안
	5(土)	6. 1	·寫眞館·自治學會 등을 들려 일을 보다. ·강신조·이영철씨와 식사하며 환담하다.	·서울市內 風致地區 494만평 가운데 1.5%인 7만여평이 해제 또는 완화됨
	6(日)	6. 2	·妻와 같이 沈大平 지사 令息 결혼식장에 들리고 敎保文庫를 거쳐 귀가하다.	5(土) ·美國의 無人宇宙探査船, 火星表面 상륙에 성공해 본격적 탐사활동을 시작
	7(月)	6. 3	·妻 및 東彬 함께 驪州 주용택 회장에게 가서 오찬을 함께 하고 土地 등을 둘러본 뒤 상경하다.	6(日) ·大法院, 잠을 재우지 않은 채 받아낸 自白은 證據로 인정할 수 없다고 判決
	8(火)	6. 4	·서울大 齒科大學 金光男 학장을 예방하고 이 치료를 받다.	·페루, 世界 7大 不可思議의 하나인 나스카 遺蹟 일부가 최근 廣告 撮影으로 훼손됐다고 주장
	9(水)	6. 5	·서울大學病院에 가서 눈手術을 위한 신체검사를 하다. ·六友會 모임에 가다. ·妻, 高校同窓會 회장직을 임기만료로 물러나다.	·韓國 女子排球, 세계 여자배구 선수권대회 아시아지역 C組 豫選에서 3戰 全勝으로 7회 연속 本選 진출
	10(木)	6. 6	·世宗文化會館에서 개최된 서울市 新廳舍建立 諮問委員會 전체 회의에 참석하여 單一候補地로 龍山 美8軍基地를 선택·결정하다. ·지방자치연구원에 가서 冊 정리를 하다. ·이규헌·고영천·이영철·김室長과 식사를 하며 환담하다. ·小說 『日出峯』을 탐독하다.	·멕시코 總選 결과 執權制度革命黨이 68년만에 1黨 단독지배 실패함 7(月) ·인터넷 動映像 電送技術을 이용한 전문 인터넷 放送局이 국내 처음으로 개국 8(火) ·日本, 直線基線 領海 안에서 조업 중이던 우리 漁船을 다시 납치
	11(金)	6. 7	·妻, 고향에 내려가다. ·學校에서 敎育放送 강태욱 PD와 대담·녹화하다. ·安山 소재 農振公 農漁村硏究院에서 새萬金 干拓事業諮問委員會 회의를 하고 관련 施設을 관람한 뒤 식사 후 상경하다.	·政府, 학교 暴力을 추방하기 위해 學校담당 指導檢事制를 활성화하고 전국 52개 檢察廳에 학교 폭력 專擔捜査班을 운영키로 함 ·LG 유지현, '97프로 野球 올스타戰 最優秀 選手로 선정됨
	12(土)	6. 8	·中學 동기인 김용래씨 女息 결혼식의 主禮를 보다. ·이영석·우재영씨와 저녁식사를 하며 업무협의를 하다.	9(水) ·마이크 타이슨, 복싱競技 중 상대방의 귀를 물어뜯은 이유로 1位 랭킹을 박탈당함
	13(日)	6. 9	·김수학회장과 오찬을 하며 소식을 교환하다.	10(木) ·英國 런던 大英博物館에 韓國 展示室이 마련됨
	14(月)	6.10	·妻, 상경하여 生日아침을 같이하다. ·黃明煥·주용택씨와 같이 점심 식사를 하다. ·妻·누님내외·동생내외와 같이 進甲生一 저녁 식사를 江陵 유명집에서 하다.	·美 航空宇宙局, 火星探査 결과 火星의 바위가 地球의 바위와 같은 成分을 가졌다고 발표.
	15(火)	6.11	·서울大 病院에 가서 신체검사 결과를 보고 오다. ·내무부 연수원에 가서 新任管理者課程의 分任硏究發表會에 참석하고 司會와 講評을 하다. ·이영철 회장과 식사하다.	11(金) ·泰國 海邊休養都市 파타야의 17층 大型 호텔에서 큰 불이나 韓國人 3명을 포함해 78명이 숨지고 64명이 부상당함
	16(水)	6.12	·내무부 연수원에 가서 中堅班 논문지도를 하다.	15(火) ·印度, 제10대 大統領 선거 결과 코체릴 라만 나라야난 副統領이 압승함에 따라 印度 최초의 賤民出身 대통령이 당선됨
	17(木)	6.13	·妻와 같이 中溪洞 商街에 가서 契約을 갱신하다. ·누님·高서방 家族과 저녁 식사를 같이 하고 4.19 國立墓域을 둘러보다.	

月	日	陰	本人 및 家族事項	社會一般事項
7	18(金)	6.14	·학교에 가서 업무정리를 하고 院長·황기원 교수 등에게 出國 인사를 하다. ·黃琪源 교수 및 고위정책과정 직원들에게 점심을 대접하다. ·이영철 회장 소개로 李景熙 장군과 인사를 하고 저녁을 함께 하며 여담을 나누다.	16(水) ·憲法裁判所, 同姓同本의 結婚을 금지한 民法 제809조 1항에 대해 違憲決定 ·코피 아난 U.N.事務總長, 1945년 U.N. 創設 이래 최대 규모의 機構改革案 발표
	19(土)	6.15	·지방자치연구원에 가서 업무처리를 하고 이규헌·박승치·서건일·이영철씨 및 직원들에게 점심을 대접하다. ·李圭憲 원장 초청으로 김수학·박승치· 서건일·고영천·이영철씨 등과 저녁 및 여흥을 가지며 渡美 환송연의 대접을 받다.	17(木) ·北韓, 北韓에 살고있는 日本人妻의 고향 방문을 허용하는 조처를 취할 것이라고 밝힘 18(金) ·문덕수 文藝振興院長, 院長의 人事權을 박탈하려는 文體部 입장에 반발하여 辭表 제출
	20(日)	6.16	·妻, 東嬿과 같이 載壽 처남의 車 운전으로 金浦空港에 가서 出國手續을 밟다. ·大韓航空 37便 2등 좌석을 타고 밤 6시35분에 출발하여 美國 Chicago 공항에 오후 5시35분에 도착, 入國手續을 밟다. ·밤 8시 45분에 United Airline 1,548便으로 Chicago를 출발하여 밤 8시 48분에 Columbus 空港에 도착하다. ·雪娥 가족과 상봉하고 설아 집에 가서 저녁 식사를 하며 환담을 하다.	19(土) ·朴찬종 고문, 新韓國黨 大統領 候補 경선 사퇴 선언 20(日) ·1世紀만에 최악의 洪水가 발생한 中·東部유럽에 또다시 폭우가 내림
	21(月)	6.17	·Dublin에 위치하고 있는 雪娥네 집과 주변을 둘러보다. ·Meijer 商街를 둘러 물건을 사고 저녁에 집에서 식사를 하다.	21(月) ·新韓國黨 李會昌 후보, 執權黨 최초의 자유 경선으로 치러진 全黨大會에서 제15대 大統領 候補로 선출 됨 ·起亞自動車, 現金확보를 위해 車값을 최고 29.9%까지 깎아 판매하기 시작한 21일 하루에 2만대 판매 돌파 ·선동렬, 日本 프로野球 타이거즈와 겨룬 遠征競技에서 無失點으로 16연속 구원 성공
	22(火)	6.18	·外孫子 文近榮이와 즐겁게 놀다가 市內, Ohio 州立大學, City Center 백화점 등을 둘러보다. ·韓國 食堂에 가서 식사를 하다.	22(火) ·國立光州博物館 調査團, 가얏고의 기원으로 보이는 한국 최고의 絃樂器 출토 발표
	23(水)	6.19	·집에서 쉬면서 日誌 등을 정리 기록하다.	
	24(木)	6.20	·全家族, 車로 Cincinnati에 가다. ·옛집 옆의 Vallevue Park에서 바베큐를 하여 점심을 먹다. ·Ohio Avenue의 옛 居住 아파트, 210 거리, Walgreen 상점, Goodsam Hospital, 大學등을 둘러보며 옛 추억을 이야기하다. ·귀가 중간에 Factory Shop에 들려 물건을 사다. ·Columbus로 돌아와 日食 식당에서 저녁을 하고 귀가하다.	24(木) ·忠南 禮山 再選擧에서 新韓國黨 吳장섭 후보가, 慶北 浦項北 보궐선거에서 무소속 朴泰俊 후보가 당선 25(金) ·서울大 등 117개 大學, '98학년도 大入에서 在外國人 및 自國人 特別銓衡으로 4,499명을 선발한다고 발표
	25(金)	6.21	·쇼핑 센타(Meijer)에 들려 韓食堂에서 저녁을 들다. ·밤에 家族들은 庭球場에 가고 혼자 집에 남아 기록정리를 하다.	27(日) ·新韓國黨 大選候補競選에서 낙선한 李仁濟 전 京畿知事, 新黨을 창당해 大選에 독자 출마하는 방안을 검토 28(月) ·浦鐵과 東國製鋼, 컨소시엄 구성해 韓寶鐵鋼을 공동인수키로 함. ·(株)眞露, 80억원 규모의 1次不渡를 냄 ·獨逸과 폴란드, 오데르江 水位가 史上 최고인 6m57cm를 기록하여 범람할 위험성이 높아짐에 인근 주민 3만여명에 대피령 내림 ·脫毛症 전문가 휴 러시튼, 술을 많이 마시면 대머리 치료가 가능하다고 발표
	26(土)	6.22	·姜成勳 사장 부부 초청으로 Ashville에 있는 Cooks Creek Golf Club에서 골프를 치다.	
	27(日)	6.23	·Sharon Woods Metro-Parks에 가서 낚시를 하며 휴식하다. ·한국 식당에 가서 저녁을 하고 노래를 부르다	
	28(月)	6.24	·銀行에 가서 預金을 하다. ·Loudonville에 있는 Mohican Canoe Livery and Fun Center에 가서 Canoe를 타고 버터 골프를 치며 쉬고 오다. ·한식당에 가서 저녁을 하다.	30(水) ·제184회 臨時國會, 行政規制基本法案 등 73개 案件을 처리하고 폐회 ·韓總聯이 政府의 不許 方針을 어기고 代表를 파견한 제14회 世界 青年學生 祝典이 쿠바 首都 아바나에서 개막

月	日	陰	本人 및 家族事項	社會 一般 事項
7	29(火)	6.25	·서울의 世界日報로부터 原稿 청탁 전화를 받다. ·原稿를 작성하여 世界日報社로 Fax 송부하다. ·旅行計劃地圖를 작성·준비하다.	30(水) ·이스라엘 예루살렘 西部 마하네 예후다 靑果市場에서 이슬람 과격단체의 테러로 추정되는 두 건의 爆破事故가 발생하여 13명이 죽고 151명이 부상당함
	30(水)	6.26	·旅行準備를 하다. ·Meijer 商街를 둘러보고 '湖南' 中國食堂에 가서 저녁을 하다.	31(木) ·韓寶그룹 鄭泰守 총회장의 次男 鄭원근씨, '96년 9월 미국 라스베이거스에서 30만 달러를 카지노 도박으로 잃은 뒤 이를 국내에서 韓貨로 갚은 혐의로 구속됨 ·美 플로리다大 昆蟲學者인 조너던 데이 敎授, 醫昆蟲學會 세미나에서 모기는 활동적이고 몸집이 크며 땀을 많이 흘리는 사람을 더 좋아하고, 또 男性보다는 女性을 더 잘 문다고 발표
	31(木)	6.27	·6名 家族, 승용차 2대로 Columbus를 출발하여 Finddlay, Toledo, Ann Arbor, Brighton 등을 거쳐 7시간만에 Michigan州 Lansing市에 도착하다. ·次女를 반갑게 만나 寄宿舍에 가보고 한식당 Kabuki에서 식사를 한 뒤 Marriott Hotel에 투숙하다.	
8	1(金)	6.28	·7名 가족, 승용차 2대에 분승하여 Lansing을 출발, Flint를 경유하여 Port Huron에 도착하다. ·美國측의 出國手續을 받은 뒤 Canada의 Sarnia市에서 入國手續을 밟다. ·Canada의 Lambeth, Woodstock, Hamilton을 경유하여 Niagara Falls City에 도착하다. ·Canada쪽에서 Niagara Falls, 특히 Horseshoe Falls를 구경하다. ·Best Western Cairn Croft Hotel에 투숙하여 식사를 만들어 먹고 취침하다.	1(金) ·建交部, 2001년까지 서울市內 일반 택시 6만 4천여대를 모두 模範택시로 전환 할 계획이라고 밝힘 ·朴찬호, 시카고 커브스와 치른 경기에서 시즌 10勝째를 거둠 2(土) ·政府, 1月에 이어 醫療保險數價를 평균 5~8% 재인상하기로 함. 3(日) ·엘살바도르 移民當局, 觀光 비자로 입국한 뒤 布敎活動을 한 統一敎 信徒 115명에게 추방명령을 내림 4(月) ·全國에 내린 비로 13명의 人命被害와 住宅 756채, 農耕地 3,550ha가 침수된 것으로 집계됨 ·美國의 모리스 그린, 제6회 아테네 世界 陸上 選手權大會에서 100m 決勝에 출전하여 9秒 86의 '97년 최고기록으로 우승
	2(土)	6.29	·Canada에서 美國으로 再入國을 하다. ·Boat를 타고 Niagara Falls 깊숙히 안쪽으로 진입하여 관람하다. ·Buffalo, Erie, Cleveland 등을 거쳐 7시간만에 Columbus시에 도착하여 한국 식당 '民家'에서 저녁을 하고 귀가하다. ·지난 3日間의 총 자동차 旅行거리가 937마일 (1,509㎞, 3,767里)에 이르다.	5(火) ·金泳三 대통령, 內務部 등 11개 部處에 대한 改閣단행 ·金기수 檢察總長, 임기 만료 한 달 앞두고 靑瓦臺에 사의 표명 ·乘客과 乘務員 244명을 태운 서울發 KAL 801便 보잉747 旅客機, 괌에 착륙 시도 중 인근 지역에 추락하여 226명이 사망
	3(日)	7. 1	·Sharon Woods Park에 가서 낚시를 하며 쉬다. ·雪娥 부부, 聖堂에 가서 禮拜를 드리고 공원에서 합류하여 바베큐로 저녁 식사를 하다. ·子女들의 庭球 운동을 구경하고 귀가하다.	6(水) ·中小企業廳, '97년 上半期 동안 月平均 1,200여개 業體가 不渡를 냈다고 발표 7(木) ·金泳三 대통령, 黨職改編을 단행
	4(月)	7. 2	·自宅에서 記錄 등을 정리하고 旅行準備를 하다. ·韓食堂 'Seoul Garden'에서 식사를 하고 노래를 부르며 즐기다.	10(日) ·KAL 801편 추락사고 당시 괌 空港의 管制시스템에 결함이 있었던 것으로 밝혀짐
	5(火)	7. 3	·全家族 7名, Florida 旅行을 떠나다. ·Columbus 空港을 출발, Triangle Research Center가 있는 North Carolina州 Raleigh市 空港을 경유하여 Florida州 Orlando공항에 도착하다. ·Mini-Van車를 대절하여 'Clarion Shites Resort World'라는 콘도에 들어 韓食을 만들어 식사하고 취침하다.	11(月) ·'97년産 햅쌀이 처음 출하되어 판매 시작 12(火) ·政府, 自國 通貨인 바트貨 폭락으로 金融危機를 겪고 있는 泰國에 약 5억달러 지원키로 함

月	日	陰	本人 및 家族事項	社會一般事項
8	6(水)	7. 4	·한국인 경영의 '東洋食品店'에 들려 음식 재료를 사다. ·開場25周年을 맞은 'Walt Disney World Resort'에 입장하여 'Magic Kingdom' 코스를 관람하다. ·한식당 '新井食堂'에 가서 저녁 식사를 하고 콘도에 투숙하다.	13(水) ·趙淳 서울시장, 大統領 選擧에 출마할 것임을 공식선언 ·인도네시아 루피貨, 사상 최저치로 폭락 14(木) ·9月부터 市內 電話料金이 3分當 41원 60전에서 45원으로 8.2% 인상되고, 市內 公衆電話는 50원으로 25% 인상됨 15(金) ·韓總聯 주최 汎民族大會, 警察의 원천봉쇄로 무산
	7(木)	7. 5	·Disney World의 'Epcot' 코스를 관람하다. ·저녁에 'Epcot'에서 거행된 불꽃놀이를 구경·東爀·貞娥는 콘도 풀장에서 水泳을 하다. ·저녁 식사를 콘도에서 만들어 먹고 취침하다.	16(土) ·天道敎 中央本部 前 敎領 吳益濟씨가 平壤에 도착했다고 中央放送 등 北韓 言論媒體 들이 보도함
	8(金)	7. 6	·Disney World에 다시 입장하여 'Disney MGM Studios' 코스를 관람하다. ·뷔페 中國 食堂인 '華園(Pagoda Garden)'에서 식사를 하다. ·가족들, 풀장에서 수영을 하다.	·이스라엘, 戰鬪機들로 레바논 南部를 공습 ·LA 다저스 朴찬호, 신시내티 레즈와 벌인 競技에서 승리하여 12勝을 기록
	9(土)	7. 7	·Orlegon市에서 東으로 1시간 정도 가서 John F. Kennedy Space Center의 Visitors Center를 방문하고 施設 등을 관람하다. ·Cape Canaveral을 경유하여 大西洋 연안의 Cocoa Beach에서 海水浴을 하다. ·콘도로 돌아와 식사를 만들어 먹고 투숙하다.	17(日) ·政府, '97년 豫算增加率을 5% 이내로 억제키로 방침을 세우고 農漁村 構造 改善, 防衛費, 公務員人件費, 社會間接資本, 敎育改革 등 주요분야 豫算을 대폭 삭감키로 함 ·自動車聯盟, 勞組員 1만 5천명이 참석한 가운데 起亞의 3者 引受를 반대하는 大會를 개최
	10(日)	7. 8	·새벽 4시에 기상하여 Orlegon 空港을 출발, Raleigh 공항에서 비행기를 換乘한 후 Columbus 공항에 도착하다. ·택시로 雪娥네 自宅에 돌아와 짐 정리를 하고 쉬다.	·韓國 女子排球, 19년만에 世界 4强 진입에 성공 18(月) ·慶南 梁山 LG電子部品 소속 勞務者들이 生殖器系統 장애로 不姙狀態인 것으로 드러남
	11(月)	7. 9	·家族 모두, 市內 백화점에 가다. ·저녁에 韓食堂 'Seoul Garden'에서 貞娥 歡送宴 식사를 하다.	20(水) ·趙淳 서울 市長, 民主黨 입당 및 15대 大選出馬를 공식 선언
	12(火)	7.10	·Columbus 空港에 나가 Lansing으로 떠나는 貞娥를 환송하다. ·貞娥, Detroit를 거쳐 친구 車로 Lansing 學校 기숙사에 도착하다. ·피로가 겹쳐 잠을 많이 자다.	·中上流層 主婦와 中小企業 代表 등을 끌어들여 400억원대의 常設秘密 賭博場을 운영해온 10개 賭博組織 202명이 檢察에 적발됨 ·保健福祉部, 9월 1일부터 病院의 初診料를 10%, 病·醫院의 入院料를 11.4~15.5% 올린다고 발표
	13(水)	7.11	·市內 여러 쇼핑 센터에 들려 물건들을 사다. ·한식당 '新羅'에서 저녁 식사를 하다. ·貞娥, 새 寄宿舍로 옮기다.	·캄보디아, 훈센 第2總理 兵力이 노로돔 라나리드 前 第1總理 勢力의 마지막 據點인 오스마크 마을에서 치열한 交戰이 있음
	14(木)	7.12	·Las Vegas市의 金在城 博士와 통화하고 작별 인사를 하다. ·가족 모두, Columbus 西北方에 있는 'Olentangy Indian Caverns'에 가서 美國 인디안들이 살던 地下 30m에 있는 洞窟을 구경하다. ·Columbus 東北方에 있는 'Hoover Dam and Reservoir'를 관람하고 湖水에서 낚시를 하다.	21(木) ·朝興銀行, 資金難을 겪고 있는 해태 商社에 긴급자금 126억원을 지원 ·北韓과 日本, 大使級 修交協商會談의 개최와 日本人妻 日本訪問에 합의 22(金) ·필리핀, '98년 5월 大統領選擧를 앞두고 大權競爭의 과열양상을 보임
	15(金)	7.13	·사위 文서방의 生日을 맞아 祝賀의 케이크 커팅을 하고 한식당 '新羅'에서 祝賀宴을 베푼 뒤 노래방에 가서 가족 모두 노래를 하다.	23(土) ·장승길 이집트 駐在 北韓大使와 그의 兄인 프랑스 파리 駐在 總代表部 장승호 經濟參事官, 家族과 함께 任地에서 동시에 第3國으로 이탈 잠적

月	日	陰	本人 및 家族事項	社會一般事項
8	15(金)	7.13	·出國準備를 마치고 밤 2時에 이번여행의 마지막 잠자리에 들다.	23(土) ·이란, 史上 처음으로 女性 副統領 탄생 24(日) ·U.N., 北韓 食糧難의 근본적 해결을 위해 종합적인 對北 農業改革 프로그램을 추진 ·國內에서 日本으로 수출한 돼지고기가 人體에 유해한 合成抗菌劑인 설파메타진의 과다 검출과 규격 미달로 國內에 반송됨 ·韓國, 캐나다에서 열린 제30회 世界 洋弓選手權大會의 모든 종목에서 우승하여 洋弓史上 처음으로 한 國家에서 全種目 석권하는 기록 세움
	16(土)	7.14	·妻, 東嬿과 같이 자는 外孫子 近榮에게 작별을 하고 雪娥의 전송을 받으며 집을 떠나다. ·Columbus 空港에서 사위 文서방과 작별인사를 하고 United Airline에 오르다. ·Chicago에서 大韓航空으로 갈아타고 2等 座席에 올라 美國을 떠나다.	
	17(日)	7.15	·오후 4시 12분에 金浦空港에 도착하여 載壽 처남의 출영을 받고 귀가하다. ·家族 전부가 29日間에 걸쳐 약 2천만원의 비용으로 旅行距離 28,043㎞, 步行數 219千步에 이른 美國 및 캐나다 旅行을 모두 마치다. ·旅行記錄을 정리하고 집안을 정돈한 다음에 복잡한 서울生活을 다시 계획하다.	25(月) ·財界 資産順位 34位인 大農그룹, 미도파만 남긴채 해체됨 ·韓國蹴球, 시칠리아 유니버시아드 準準決勝戰에서 브라질을 2대 1로 꺾고 4强에 진출 ·새마을운동中央協議會 會長으로 金壽鶴 전회장이 다시 취임 ·베를린 法院, 舊東獨의 共産黨總書記인 에곤 크렌츠에게 옛 東獨 脫走者들의 射殺에 관여한 罪目으로 6개월刑 선고
	18(月)	7.16	·第18代 研究室 助敎로 學校 T.A.인 金湳喆君이 入室하다. ·서울大 病院 眼科에 가서 李鎭學 敎授와 入院·手術을 결정하다. ·電話로 여러 사람에게 歸國人事를 하다. ·이영철·이경희·김학철씨와 저녁 식사를 하다.	
	19(火)	7.17	·學校에 가서 歸國人事와 書類整理를 하다. ·朝鮮 호텔에서 鄭濯(東亞建設 顧問)·이경희·이영철씨와 오찬을 하다. ·地方自治研究院에 가서 業務協議를 하고 李圭憲·徐健一·李永哲씨 등과 만찬을 하다.	26(火) ·金融市場, 換率不安定과 金利上昇勢 및 株價下落勢가 계속 이어지는 등 혼미상태에 머뭄
	20(水)	7.18	·國土學會·自治學會에 가서 協議하다. ·李永奭·禹哉永씨와 저녁을 하며 向後 課題에 대해 협의하다.	27(水) ·北韓, 뉴욕에서 열릴 예정이던 北·美 3次 미사일會談을 취소하고 代表團을 철수시킴. ·國際赤十字委員會, 地雷禁止條約의 조속한 타결을 지지하는 世界 100여 개국에 예외 없이 전면금지하자고 촉구
	21(木)	7.19	·妻·동생 夫婦와 李承晩 전대통령의 私邸인 梨花莊을 둘러보다. ·서울大病院 眼科病棟에 入院하다. ·당분간의 飮酒가 금지되다.	28(木) ·國民會議, 外國人用 名銜 일부에 韓國과 南朝鮮을 國號로 나란히 기재한 李錫玄 의원을 출당 등 중징계하기로 결정 ·民主黨, 全國代議員 1,500여명이 참석한 가운제 제4차 全黨大會를 열고 趙淳 서울市長을 總裁로 추대 ·外國 해커가 韓國通信 國際電話交換所에 침입했던 사실이 드러남 ·韓國 테니스, 시칠리아 유니버시아드에서 金메달 차지
	22(金)	7.20	·李鎭學 敎授의 執刀로 白內障 눈 手術을 받다. ·李永奭·李英哲씨 등이 問病을 오다.	
	23(土)	7.21	·手術은 잘 되었으나 너무 오래 되어 效果가 썩 좋지는 않을 것이라는 檢診을 받다. ·退院하여 집에서 休息을 취하다.	
	24(日)	7.22	·집에서 요양을 하며, 약간의 原稿를 쓰다.	
	25(月)	7.23	·서울大병원에 가서 事後 檢診을 받다. ·(株)한솔 팀이 自宅에 와서 全州市 종이博物館에 비치할 寫眞을 촬영하다. ·妻와 같이 商街에 가서 眼鏡알을 교체하다.	29(金) ·名銜 物議를 일으켰던 李錫玄의원, 國民會議를 탈당 ·여름 休暇철 海外旅行 바람이 늘어나 7月 旅行收支赤字가 史上 최대규모인 4억달러를 기록 ·山本 쓰레기 燒却施設 공사 강행에 반대하는 市民들과 警察의 충돌로 부상자 발생 ·훈 할머니, 遺傳子 감식 결과 여동생으로 밝혀진 李순이씨와 상봉
	26(火)	7.24	·東亞建設의 柳성룡 사장·鄭탁 고문과 오찬을 하며 협의하다. ·英文 歷史書인 Peter A. Clayton의 『Chronicle of the Pharaohs』란 古代 이집트史를 읽다.	
	27(水)	7.25	·서울大病院에 가서 사후 검진을 받다. ·春川 斗山 리조트 研修館에서 개최된 國務總理室 水質改善企劃團 주최의 水質關聯 公職者 研修會에서 특강을 하고 오다. ·祖母任 제사를 모시다.	

月	日	陰	本人 및 家族事項	社會一般事項
8	28(木)	7.27	·아들 東爀의 운전으로 天安에 가다. ·竝川面 龍頭里에 있는 柳寬順烈士 生家를 방문하다. ·新韓國黨 中央研修院에서 개최된 市·道議員 研鑽會에서 특강을 하고 상경하다.	31(日) ·제27차 '國際 劇藝術協會 및 世界演劇祭 97 서울/京畿'가 서울에서 개막됨 ·韓國 男子排球팀, '97유니버시아드에서 2연패 달성 ·韓國 女子排球팀, 日本 고베에서 열린 '97 그랑프리 大會에서 21년만에 世界 3位에 오름 ·다이애나 전 英國 王世子妃, 파리 방문 중 자동차 사고로 숨짐
	29(金)	7.27	·妻와 같이 國土學會·自治學會에 들리고 圖書館에서 小說을 빌려오다.	
	30(土)	7.28	·서울大 敎授會館에서 개최된 都市·環境高位 政策課程 第3期 修了式에 참석하여 進行을 주재하다. ·李永哲 회장과 저녁 식사를 하다.	
	31(日)	7.29	·妻와 같이 百貨店에 들려 저녁 식사를 하고 오다.	
9	1(月)	7.30	·서울大 病院에 가서 手術 後 檢診을 받다. ·누님이 問病次 과일·채소 등을 갖고 방문하다.	1(月) ·慶南 統營市 가두리 養殖場 앞까지 赤潮가 밀려와 쥐치·우럭·넙치 등 21만여마리가 몰사해 8천여만원의 피해가 발생 ·指揮者 鄭明勳씨, KBS 交響樂團의 音樂監督 겸 常任指揮者 就任에 관한 契約條件에 원칙적으로 합의 ·서울大 醫大 李진학 교수팀, 국내 최초로 개발한 人工角膜 이식수술에 처음으로 성공
	2(火)	8. 1	·學校 敎授會議에 參席하여 1次 新入生 入學査定을 하다. ·論文 워크샵을 주재하다. ·李康一 친구의 生姪과 그의 約婚女가 다녀가다. ·李永奭 회장과 협의하고, 朱龍鐸 회장과 저녁 식사를 하다.	2(火) ·金泳三 대통령, 李會昌 代表와 긴급 會同을 갖고 全·盧 두 전직 대통령의 早期 赦免을 거부함 ·스위스 취리히의 한 郵遞局에 5인조 武裝强盜가 들어 333억원의 現金을 털어갔으며, 이로써 '63년 英國에서 발생한 '大列車 强盜事件' 이후 强盜金額의 최대 기록이 34년만에 깨어짐
	3(水)	8. 2	·學校에서 每經 Cable TV의 김기호 PD와 民選自治制에 대해 對談 錄畵를 하다. ·第2學期 講義를 시작하다. ·張師珏 사장의 來訪을 받고 환담하다. ·獨逸에서 妻弟가 일시 귀국하다.	3(水) ·警察, 8월 30일 學院에서 귀가하던 길에 20代 女子에게 유괴된 朴나리孃 사건의 공개수사에 나섬 ·洋弓 世界選手權大會 2冠王 金경호選手, 全國大學 實業洋弓大會 50m 싱글에서 非公認 世界記錄 세움 ·韓國人 21名이 탑승한 베트남 航空機가 폭우 속에서 프놈펜 國際空港에 착륙하다가 추락하여 搭乘客 66명 중 65명이 사상
	4(木)	8. 3	·建交部에 가서 民間投資審議委員會 會議를 주재하다. ·地方自治研究院에 가서 業務處理를 하고 研究院 직원과 이규헌·고영천·이영철·尹선생 등과 오찬을 하다. ·雜魚會 모임에 나가 高建·김수학·李相熙·정채진·禹命圭씨 등과 회식을 하다.	
	5(金)	8. 4	·交通放送局에 가서 記錄集을 주제로 生放送을 하다.	5(金) ·韓國銀行, 金融不安에 따른 外換需要 급증으로 外換保有額이 7월말에 비해 25억3천만달러가 줄었다고 발표 ·후안 안토니오 사마란치 國際 올림픽 委員會(IOC) 委員長, 스위스 로잔에서 열린 제106차 總會에서 차기 委員長으로 재당선됨
	6(土)	8. 5	·李康一 친구 生姪의 結婚 主禮를 보다. ·李永奭·禹哉永씨와 오찬을 하며 研究會 운영에 대해 논의하다. ·聞慶에서 妻男·同壻 등이 대거 올라와 환담하다.	
	7(日)	8. 6	·回甲紀念集의 殘高를 정리하다. ·金壽鶴 회장과 저녁을 함께하다.	
	8(月)	8. 7	·서울大 病院에 가서 眼科檢診을 받다. ·地方自治研究院에 가서 紀念集정리를 하고 李圭憲·李永哲씨와 저녁을 하다.	
	9(火)	8. 8	·國土開發研究院 洪 哲 원장 등과 같이 昌原市에 가다. ·國土開發研究院과 慶南開發研究院 주최의 심포지엄에서 綜合司會를 보다.	

月	日	陰	本人 및 家族事項	社會一般事項
9	9(火)	8. 8	·朴秀永 원장 등과 함께 만찬을 하고 상경하다. ·釜山空港에서 채남희 항공청장과 金杞載 의원을 만나 환담하다.	5(金) ·테레사 修女, 심장마비로 享年 87歲로 타계
	10(水)	8. 9	·三井 호텔에서 內務部 硏修院 中堅班 논문지도를 하고 함께 저녁 식사를 하다.	6(土) ·韓國 蹴球代表팀, '98 프랑스 월드컵 蹴球大會 아시아 지역 最終豫選 B組 첫경기에서 카자흐스탄을 3대 0으로 이김
	11(木)	8.10	·交通放送에 출연하여 記錄集에 대해 생방송을 하다. ·果川에 가서 建交部 임규송 과장·이영석·우재영씨와 오찬을 하며 환담하다.	·8월31일 프랑스 파리에서 交通事故로 숨진 다이애나 前 英國 王世子妃의 장례식이 런던에서 거행됨
	12(金)	8.11	·張明洙·呂鴻九·金源·金英模 교수 등과 趙正濟 장관 및 金允起 토지공사 사장의 취임을 축하하는 모임을 갖다.	7(日) ·SK 텔레콤, 世界 세번째자 國內 최초로 次世代 映像移動電話인 IMT-2000의 試驗시스템 開發에 성공
	13(土)	8.12	·妻와 같이 동생宅과 金壽鶴 회장宅에 들려 秋夕 선물을 드리다. ·누님宅에 가서 선물을 드리고 姉 兄내외분과 함께 저녁식사를 하다.	·마라톤의 金이용 選手, '97 서울 國際하프 마라톤大會에서 1시간 5분45초를 기록하며 國際大會 첫 우승을 함 ·日本 映畫監督 기타노 다케시의 〈불꽃〉이 제54회 베니스 映畫祭에서 大賞을 수상
	14(日)	8.13	·李圭憲 원장과 오찬을 하고 선물을 교환하다.	
	15(月)	8.14	·慶州中學校 이상열 이사장 초청으로 金壽鶴 회장·김경은 作家와 리츠 칼튼 호텔에서 함께 오찬을 하다.	8(月) ·李仁濟 京畿知事, 知事職 사퇴를 선언
	16(火)	8.15	·秋夕祭禮를 모시다. ·韓·中·日 都市計劃學會 國際會議 參席次 國土計劃學會 代表團 46名과 함께 출국하다.(本人 經費는 當學會가 부담) ·日本 名古屋市 Park Side Hotel에 여장을 풀다. ·名古屋大學에서 개최된 歡迎 만찬에 참석하다. ·朴炳柱, 金昌碩·박기조·최병선 교수와 차를 들며 환담하다. ·Park Side Hotel 獨房에 투숙하다.	·서울市, '98년부터 所得이 낮은 2만 5천여 自活保護家口에 家口當 매월 3만원씩의 住居環境改善費를 지급하기로 결정 ·(株)眞露 등 眞露 그룹의 6개系列社, 和議申請을 法院에 제출하고 일제히 일차 不渡를 냄 ·慶北大 南권희 敎授, 慶南 梁山市 大成庵에서 11世紀에 제작되어 국내에서 가장 오래된 寫經인 『감지은니 대방광불화엄경』卷49와 寶物級 文化財 15점을 발견
	17(水)	8.16	·名古屋 國際會議場(Nagoya Congress Center)에서 개최된 'New Paradigm in City Planning' 主題의 韓·中·日 국제심포지엄 開會式에 참석하다. ·分科發表場에서 質疑·討論을 하다. ·저녁 리셉션에 참석하다. ·釜山市 李在五 본부장 초청으로 朴炳柱·金英模·최병선·박기조 교수 등과 회식을 갖다.	·모부투 前 콩고 民主共和國 大統領, 亡命地 모로코에서 66歲로 사망 ·中國 政府, 赤字에 시달리고 있는 國有企業의 99%를 私有化하기로 함 9(火) ·建設部·高速鐵道建設公團·交通開發研究院, 工程期間 및 事業費를 조정한 高速鐵道建設事業 2次修正計劃案을 발표
	18(木)	8.17	·國際會議의 發表會와 閉會式에 참석하다. ·市內 視察팀과 함께 'High Speed Surface Transport' 大江實驗 센터에서 설명을 듣고 試乘을 하였으며 名古屋港에 가서 설명을 듣고 施設을 둘러보다. ·國土學會 全員 참석리에 만찬을 들고 간단한 行事를 갖다.	11(木) ·大農그룹, (株)大農의 法定管理申請을 냄 12(金) ·福祉部, '98년 7월부터 個人 墓地는 9평, 集團墓地는 墳墓當 3평 이내로 제한하고 公·私設墓地 사용기간을 75년으로 제한키로 함
	19(金)	8.18	·代表團과 함께 버스를 타고 名古屋을 떠나 北으로 2시간 정도 가서 岐阜縣 白川村에 있는 '白川鄕 合掌造り集落'('95년 UNESCO가 지정한 世界遺産 World Heritage)과 明善寺 등을 관광하다.	17(水) ·亡命說이 돌던 U.N.駐在 北韓代表部 金형우 大使, 강제로 소환되어감 ·秋夕連休 동안 交通事故로 2천여건이 발생하여 136명이 사망함 ·韓總聯 鬪爭局長, 警察의 검거 피해 도주하다 아파트서 추락하여 사망

月	日	陰	本人 및 家族事項		社會 一般 事項
9	19(金)	8.18	· 白山 國立公園을 구경하면서 海拔 573m, 人口 7萬名, '작은 京都'라 불리는 高山市에 도착하여 Hotel Associa 高山 리조트에 투숙하다.	17(水)	· U.N.高位 外交官 16명이 탑승한 U.N.소속 헬리콥터 1대가 보스니아 中部地域에 추락하여 11명 사망, 4명부상, 1명 실종
	20(土)	8.19	· 高山 市內에 있는 眞宗別館, 屋臺會館, 朝市場, 高山陣屋 등을 관광하고 飛驒(Hida) Green Hotel에서 점심을 들다. · 萩原 · 下臺 · 金山 · 美濃加茂市 등을 거쳐 名古屋 Park Side Hotel에 도착하다. · 朴炳柱 · 金英模 · 최병선 · 박기조 교수와 日本 映畵 〈失樂園〉을 영화관에 가서 관람하고 저녁 식사를 함께 하다.	18(木)	· 韓國型 戰鬪機 KF16, 忠南 瑞山에서 훈련비행 중 추락 · 이집트 首都 카이로 都心에서 銃擊戰 벌어져 獨逸 觀光客 등 9명이 사망하고 17명이 부상
				19(金)	· 法務部, 父母 中 어느 한쪽이 韓國人이면 그 子女는 出生과 동시에 韓國 國籍을 가지는 것을 내용으로 하는 國籍法 改正案을 입법예고 · 美 달러 換率이 치솟아 史上 처음으로 1달러당 910원대에 들어섬
	21(日)	8.20	· 名古屋城을 방문 · 관람하다. · 名古屋 空港을 출발하여 귀국하다. · 집에 와서 整理와 記錄을 하다.		
	22(月)	8.21	· 學校에 가서 資料를 정리하다. · 行政室 職員 모두에게 積金管理에 대한 인사로 점심 대접을 하다. · 李永奭회장과 朱龍鐸 회장이 와서 업무협의를 하다. · 金在城 · 李圭憲 · 金德永씨 등과 저녁 식사를 하며 환담하다.	21(日)	· 北韓, 八萬大藏經의 한글 飜譯作業을 南北共同으로 추진하자고 제의
				23(火)	· 株價, 연 나흘째 10포인트 이상씩 급락 · 6월에 市內 電話事業 허가받은 하나로通信이 공식 출범 · 인도네시아의 森林 火災에서 비롯된 東南아시아 煙霧事態가 말레이시아와 싱가포르 및 필리핀까지 번짐
	23(火)	8.22	· 地方自治硏究院에 가서 업무처리를 하고 이규헌 · 이영철 · 직원 들과 오찬을 하다. · 中學후배인 卞東軾 박사의 내방을 받고 大邱 張泰鈺 교수에게 전화로 소개를 해주다. · 金在城 · 이규헌 · 이영철 · 김학철 · 李周熙씨 등과 저녁 식사를 같이하다. · 金學澈사장에게 保證件에 대해 당부하다.	24(水)	· 서울高法, 抗訴審 宣告公判에서 韓寶그룹 鄭泰守 會長에게 原審 대로 懲役 15년을 선고 · 코리안 特級 朴찬호 投手, 다저스 스타디움에서 5連敗에 빠진 자기 팀을 승리로 이끌며 14勝을 올림
	24(水)	8.23	· 學校 敎授會議에 참석하다. · 李康一씨 생질 새夫婦가 主禮에게 인사차 오다.	25(木)	· 汝矣橋와 서울橋 사이 汝矣島 샛강 生態公園이 시민들에게 첫선을 보임
	25(木)	8.24	· (株)한솔製紙에 가서 幹部陣에게 '記錄과 人生'을 강연하다. · 李永範 변호사 자제분 결혼식에 가다. · 張師珏 · 김학철씨와 오찬을 하다. · 李永奭 · 禹哉永씨와 저녁을 하며 硏究會의 任員改編을 논의하다.	26(金)	· 政府, '97년부터 5.8% 늘어난 '98년도 豫算案 확정 · '98년 國民 1人이 낼 稅金은 217만원이 될 것으로 추계됨 · 234명이 탑승한 인도네시아 國內 旅客機가 추락하여 전원 사망
	26(金)	8.25	· 國土計劃學會와 美國 CODS가 공동주최한 國際심포지움에서 司會와 討論을 하다. · 恩師 Corey教授를 만나 환담하다. · 鳥嶺會 저녁 모임에 참석하다.	28(日)	· 韓國 월드컵 蹴球代表팀, 日本 도쿄 國立競技場에서 日本에 2대1로 역전승함
	27(土)	8.26	· 高校선배인 徐昌熙 成業公社부사장과 오찬을 하며 환담을 나누다.	29(月)	· 韓國 水資源公社, 始華湖 水質改善을 위해 河川流入 部分에 24만5천평의 人工濕地를 조성키로 함 · 스위스, 國民投票를 통해 痲藥中毒者들에 대한 헤로인 配給을 계속하기로 결정
	28(日)	8.27	· 집에서 TV를 통해 韓 · 日 蹴球戰을 관람하다.		
	29(月)	8.28	· 地方自治硏究院에 가서 校正을 보고 Las Vegas市의 金在城 · Jim · Peter 등과 박승치 · 이규헌 · 이영철씨 등과 오찬을 하며 환담하다. · 새재회 모임에 나가 '새재비 建立推進委員會' 委員長으로 추대받고, 保管資料의 (株)한솔에의 기증에 대해 보고하다.	30(火)	· 新韓國黨, 大邱에서 全黨大會를 열고 李會昌 대통령 후보를 總裁에, 金泳三 대통령을 名譽總裁에, 代表에 李漢東 고문을 선출 · 政府, 國務會議에서 盧泰愚 전대통령 秘資金 사건으로 불구속 기소된 大企業 總帥 7명을 포함한 企業人 23명을 特別赦免키로 의결함
	30(火)	8.29	· 內務部 硏修院에 가서 中堅班 發表論文을 평가하고 강평하다.		

月	日	陰	本人 및 家族事項	社會 一般事項
9	30(火)	8.29	・建交部 中央都市計劃委員會에 참석하다. ・金在城・李圭憲씨와 저녁 회식을 갖다.	
10	1(水)	8.30	・學校에서 강의를 하고 論文指導를 하다.	1(水) ・美國, 韓國을 優先協商 對象國 慣行으로 지정함에 따라 韓國自動車에 수퍼 301條를 적용할 것으로 전망됨 ・'訓民正音' '朝鮮王朝實錄'이 유네스코가 정한 世界記錄文化遺産으로 등록됨 ・北韓, 通信 및 텔레비전 放送網을 현대화하기 위해 홍콩의 허치슨 텔레콤과 공동추진키로 함
	2(木)	9. 1	・內務部 研修院에 가서 高幹班 研究課題를 지도하다.	2(木) ・三星電子, 현존하는 S램 가운데 가장 빠른 速度의 4메가 高速 S램을 개발
	3(金)	9. 2	・리츠 칼튼 호텔에서 개최된 Las Vegas市의 投資誘致說明會에 참석하다. ・'Las Vegas Business Information Office in Seoul'의 開所 2周年 紀念式에 참석하다. ・金壽鶴・徐健一씨와 차를 들며 환담하다.	
	5(日)	9. 4	・李永哲 사장으로부터 民畵 그림을 선물 받다.	
	6(月)	9. 5	・地方自治研究院에 가서 校正을 보고, 이규헌・서건일씨 등과 오찬을 하다. ・地域開發研究會 顧問團 모임에 참석하여 盧隆熙・金壽鶴・李永爽・禹哉永씨 등과 저녁을 함께하다. ・새로 취임한 이영석 顧問 및 우재영 責任 副會長과 향후 활동을 논의하다.	6(月) ・北韓이 우리 勤勞者들의 勞動新聞 훼손을 시비 삼아 1일부터 중단되었던 對北 輕水爐 건설부지공사를 재개함 ・서울銀行, '99년까지 직원 600명 추가감원 등 총9,600억원에 달하는 自救計劃을 시행해 나가기로 함 ・韓國銀行, 外換保有額이 300억 달러 線을 위협하고 있다고 밝힘 ・日本軍 慰安婦로 끌려가 캄보디아에서 살아온 훈 할머니 李남이씨, 50여년만에 韓國 國籍을 되찾음 ・日本政府, 쌀 6만7천t을 北韓에 제공한다는 방침을 확정
	7(火)	9. 6	・地方行政研究院에 가서 林敬鎬 원장과 세미나에 대해 협의하고 '地方行政 50年史'의 원고를 제출하다. ・林敬鎬 원장・權純福 이사장과 오찬을 함께하다. ・서울銀行에 가서 信託積金을 찾다.	7(火) ・李仁濟 陣營, 釜山에서 全國發起人代表 3천여명이 참석한 가운데 新黨創黨 發起人大會 개최
	8(水)	9. 7	・學校 敎授會議에 참석하다. ・美國에서 온 이동옥교수의 내방을 받다. ・建交部 崔吉大 국장의 婦人 來訪을 받고 中央大學 博士課程 入學推薦書를 써주다. ・環境大學院 敎授 會食에 참석하다.	8(水) ・北韓, 金正日의 勞動黨 總秘書 승계를 공식 선포 ・株價 폭락, 金利상승 등 金融市場이 불안정 기류에 휩싸임 ・美 UCLA天文學者들, 地球에서 2만 5천光年 떨어진 곳에서 太陽보다 1천만 培나 밝은 별을 발견하고 '擧銃별'로 이름지었다고 밝힘
	9(木)	9. 8	・學校에 가서 博士論文을 지도하다. ・農協銀行에 가서 長期信託을 들다. ・中央大 行政大學院 高位課程에 특강을 하다. ・銅雀區 金基玉 구청장을 만나 환담하다. ・金學澈씨 保證件의 문제가 발생하다.	
	10(金)	9. 9	・地方自治團體 國際化財團 管理審議委員會 회의에 참석하고 오찬을 함께하다. ・地方自治研究院에 가서 業務處理를 하다. ・金學澈・李永哲 사장과 저녁을 같이 하다.	10(金) ・韓・日 兩國, 獨島와 日本의 暫定水域 設定에 대한 漁業實務會議를 가짐 ・서울市, 2002年 월드컵蹴球大會 開幕式과 準決勝戰이 열릴 主競技場으로 서울市 麻浦區 上岩地區를 확정 ・教育部, 學內紛糾를 겪고 있는 德成女大 財團 理事長의 任員就任 承認을 취소
	11(土)	9.10	・妻・妻男과 같이 鄭범수씨 아들 結婚式에 참석하여 尙州 同壻 등을 만나다. ・妻와 같이 許垣의 아파트 新規入住 祝賀모임에 가다.	
	13(月)	9.12	・楊秉彛 원장초청으로 환경대학원 高位政策課程 교수・직원 모두 오찬을 하다. ・이영철 사장 초청으로 東亞建設의 柳성룡사장・鄭탁 고문과 저녁 회식을 하며 1個月半만에 처음 술을 마시다.	13(月) ・서울地法, 金賢哲 被告人에게 特加法 違反罪를 적용하여 懲役 3年, 罰金 14억 4천만원 및 追徵金 5억2천4백만원을 선고
	14(火)	9.13	・새마을本部의 金壽鶴 회장・事務總長・部長 등과 조찬을 하며 자문을 하다. ・安東師範 同期會 모임에 참석하고 慶北道廳 移轉 委員長 및 한솔 종이博物館에 대해 보고하다.	14(火) ・新韓國黨, 大統領 選擧對策委員會 共同委員長에 金潤煥・朴贊鍾・金德龍씨 내정 ・政府, 南北經協을 위한 '協力事業者'로 土地公社 등 5개 業體를 승인
	15(水)	9.14	・地方自治研究院에 가서 校正 등을 보고 KBS 尹先生 초청으로 직원 모두와 오찬을 하다.	

月	日	陰	本人 및 家族事項	社會一般事項
10	15(水)	9.14	· 金在城 · 李圭憲 · 李周熙 · 이재성 · 孫所長 등과 만찬을 하며 협의하다.	14(火) · 韓寶鐵鋼 負債가 7조3,660억원으로 최종 집계됨
	16(木)	9.15	· 外孫子 近榮의 生日을 맞아 美國으로 전화하여 축하하다. · 金在城 박사등과 만나 업무협의를 하고 환송연을 갖다.	15(水) · 쌍방울 그룹, 서울地方法院에 2個 系列社에 대한 和議 신청 16(木) · 新韓國黨, 金大中 總裁를 賂物授受 및 租稅逋脫과 誣告嫌疑로 檢察에 고발
	17(金)	9.16	· 國土學會 · 自治學會 사무실에 들려 목욕을 하다. · 妻, 聞慶 親庭에 가다	· 서울大 金낙두 教授팀, 마늘로부터 추출하여 加工해 만든 癌豫防藥을 국내에서 처음 개발
	18(土)	9.17	· 崔烘圭 교장 아들 結婚式에 가서 主禮를 보다.	
	19(日)	9.18	· 姜信祚 · 李永哲씨와 저녁 식사를 하다.	· 美國 政府, 史上 처음으로 美 中央情報局(CIA)을 비롯한 13개 情報機關의 豫算을 공개
	20(月)	9.19	· 學校에서 金庚煥씨와 오찬을 하며 따님 主禮件을 협의하다. · 在京 聞慶 鄕友會 회장단 모임에 참석하고 個人報告를 하다.	· 드니 사수 응궤소 前大統領이 이끄는 콩고 叛軍, 전국의 據點都市들을 장악하며 넉달에 걸친 內戰에서 승리를 거둠
	21(火)	9.20	· 全州市에서 개최된 '한솔종이博物館'의 개관식에 참석하다. · 感謝牌와 副賞을 받고 展示된 本人 資料를 관람하다. · 妻, 妻弟 등과 상경하다.	18(土) · 韓國 월드컵 代表팀, 아시아 最終豫選 B組 競技에서 우즈베키스탄을 5대 1로 물리쳐 사실상 本選 進出이 확정됨 19(日) · 英國, '99년에 출범하는 유럽 單一通貨에 참여하지 않을 것이라고 고든 브라운 財務長官이 밝힘
	22(水)	9.21	· 서울大 齒科病院에 가서 치료를 받다.	
	23(木)	9.22	· 建設産業 經營專門 最高 任員會 조찬 모임에 나가 특강을 하다. · 大邱에서 개최된 嶺南大學校 開校 50周年 紀念 심포지엄에서 主題論文을 발표하다.	20(月) · 株式값이 연일 폭락하고 원貨 換率이 달러당 924원까지 치솟는 등 金融市場의 붕괴 조짐이 보임
	24(金)	9.23	· 地方自治硏究院에 가서 업무처리를 하고 직원 전원, 이영철 · 서건일 · 주용택 · 오소장 등에게 점심을 대접하다. · 鳥嶺會 모임에 참석하고 身上 事項을 보고하다.	21(火) · 金泰政 檢察總長, 記者會見에서 金大中 總裁의 秘資金告發事件 搜査를 15代 大統領 當選 이후로 유보하겠다고 발표 · 江原 太白市 長城鑛業所에서 갱 안 사고로 人夫 6명이 질식사
	25(土)	9.24	· 林敬鎬 원장 따님 결혼식에 가다. · 李永奭 · 禹哉永씨와 만찬을 하다.	· 智異山에서 원인 모를 불이 나 山林 4만여 坪을 태움
	26(日)	9.25	· 妻 · 누님 內外 · 許垣과 같이 聞慶에 가다. · 泰鉉宅에 들리고 群濟 內外 등과 父母任 墓所에 참배하다. · 빙모님 산소와 큰 누님 內外 산소 등을 참배하고 빙부님께 인사를 드리다. · 泰鉉宅에서 저녁을 하고 투숙하다.	22(水) · 世界 최대 百科事典인 브리태니커, 韓國 政府의 요청을 받아들여 東海와 日本海를 병기하기로 결정 · 기네스북, 英國 歌手 엘튼 존이 부른 다이애나妃 追慕曲 '바람 속의 촛불'이 世界 最大의 싱글 레코드 販賣記錄을 수립했다고 발표
	27(月)	9.26	· 妻 · 누님 內外分과 같이 상경하다. · 學校에 가서 논문심사를 하다. · 國土學會 訪日團 해단식에 참석하고 金學澈씨를 따로 만나다.	23(木) · 美 U.S.A.투데이紙, 世界에서 담배를 가장 많이 피우는 國民은 韓國民이라고 보도
	28(火)	9.27	· 조찬 모임을 갖고 서울市立大 박사학위 논문심사를 하다. · 齒科病院에 가서 치아 치료를 하다. · 새마을本部에 가서 諮問會議에 참석을 하다. · 環心會 모임에 참석하여 回甲行事 結果 등을 보고하고 식사 대접을 하다. · KBS2의 金泰式 PD · 黃美蘭 · 毛銀髙 작가 등이 집에 와서 錄畵 협의를 하고 資料들을 가져가다. · 午後 6時경 사람이 없는 사이에 도둑이 들어와 약간의 物件을 가져가다. · 警察이 와서 도둑맞은 상황을 조사하다.	24(金) · 서울市內 한 初等學校에서 수업 중이던 教師가 學校 屋上에서 투신자살 25(土) · 해태, '97 프로野球 韓國 시리즈에서 4勝1敗를 기록하며 通算 9번째 우승함 · 朴세리, 美國 女子 프로골프 투어 테스트 本選을 1위로 통과하여 투어 資格을 획득 · 中國 장쩌민 國家主席, 26日 하와이에 도착하여 역사적인 美國 國賓 訪問에 들어감
	29(水)	9.28	· 水原市 勸善區廳 公務員들에게 특강을 하다.	26(日) · 建交部, 서울-春川-襄陽을 잇는 159.7km의 東西高速道路의 路線을 확정

月	日	陰	本人 및 家族事項	社會一般事項
10	29(水)	9.28	·學校에 가서 敎授會議에 참석하고 講義時間에 KBS 2의 녹화촬영을 하게 하다. ·李範寬 교수가 와서 추천서를 받아가다. ·새재회 모임에 참석하여 '새재碑'건립 방안을 협의하다. ·김학철·이영철씨와 따로 모여 음주·환담을 하다.	28(火) ·無所屬 朴泰俊 議員, 11월 1일 自民聯에 입당키로 결정 ·綜合株價指數의 500線이 붕괴되고 換率이 달러당 950원을 넘어섬 ·서울大 양철학 敎授팀, 抗癌劑 개발에 성공 ·釜山 부경大 김동수 敎授팀, 超大型 미꾸라지를 만드는데 성공
	30(木)	9.29	·金壽鶴 회장 등과 조찬을 하며 협의하다. ·蘇鎭光 교수와 오찬을 하고 城南市 文化院 市民講座에서 특강을 하다. ·KBS 2의 '엄앵란·이택림의 사랑방'에 출연하여 生涯記錄에 대해 대담·녹화하다. ·六友會 모임에 참석하다.	29(水) ·金善弘 起亞그룹 會長, 會長職 사퇴 ·클린턴 美 大統領, 장쩌민 中國主席과 白堊館에서 頂上會談 가짐 ·33년간 迷宮에 빠져 있던 '人魚公主 殺害事件'이 덴마크 畵家 헨릭 브룬의 소행인 것으로 밝혀짐
	31(金)	10. 1	·새마을本部로부터 硏究 부탁을 받다. ·硏修院 中堅班 修了式에 참석하여 祝辭를 하고 오찬을 함께 갖다. ·地方自治硏究院에 가서 月刊 『自治公論』의 座談會를 보고 함께 저녁 식사를 하다. ·金學文 문경시장을 배웅하고 李永哲 사장과 따로 맥주를 마시다.	30(木) ·環境部, 滅種 위기에 있는 動植物 42종과 保護 대상 動植物 141종을 선정하고 이의 보호를 위한 處罰規定을 강화함 ·넬슨 만델라 南阿共 大統領, 1주일 사이에 두 번이나 리비아를 방문하여 카다피 指導者와 非公開 會談을 가짐.
11	1(土)	10. 2	·順天大 趙南勳 교수와 한림조경 金경윤 소장을 만나 환담하다. ·韓·日 蹴球戰을 TV로 관람하다.	1(土) ·假稱 國民新黨, 4日 中央黨 創黨大會에서 李萬燮씨를 영입하여 代表最高委員에 선출키로 함 ·財界 24位인 해태그룹, 해태飮料 등 主力 4個社에 대해 和議申請하고 해태電子 등 3個社에 대해선 法定管理를 신청함 ·인도네시아政府, 230억 달러 규모의 IMF緊急救助資金 지원하에 經濟構造 調整作業에 들어감
	2(日)	10. 3	·金庚煥씨 따님 結婚主禮를 보다 ·새마을 硏究課題를 처리하다.	2(日) ·'96년 1월 모스크바를 떠나 잠적한 金正日의 養女 李남옥씨와 어머니 成惠娘씨, 美CIA 보호아래 獨逸에 머물고 있는 것으로 알려짐 ·엘친 러시아大統領과 하시모토 日本總理, 平和條約과 領土問題 해결에 주력하기로 합의
	3(月)	10. 4	·새마을本部 前·現 會長團 모임에 가다. ·채상태·강수철 친구와 환담하다. ·金壽鶴 회장과 술을 들며 환담하다.	3(月) ·國民會議와 自民聯, 金大中總裁를 두 黨의 單一 大統領候補로 선언 ·懲役 3년을 선고받은 金賢哲씨, 法院의 保釋許可 결정에 따라 서울拘置所에서 석방됨 ·私立學校 敎師들로부터 公立學校로 특채해주는 대가로 돈을 받은 前 京畿道 敎育監을 위시한 4名의 공직자가 구속됨 ·5世紀 중엽 高句麗 長壽王때의 軍事 要塞로 보이는 漢江流域 아차산 보루城 유적지에서 高句麗時代 遺物 1천여점이 발견됨
	4(火)	10. 5	·妻와 言爭을 하고 法院에 들리다. ·齒科病院에서 치아 치료를 받다.	4(火) ·뉴코아 그룹, (株)뉴코아 등 9개 系列社에 대해 和議 申請을 냄
	5(水)	10. 6	·새마을硏修院에서 특강을 하다. ·高文炫군 초대로 金滿喆조교와 같이 점심을 하다. ·高永天감사 초대로 李圭憲·李永哲씨와 저녁을 하고 노래방에 가다. ·自宅 전부에 防犯警報裝置를 설치하다.	
	6(木)	10. 7	·KBS2 TV에서 生涯記錄 錄畵를 방영하다. ·國會議員會館에서 개최된 地方自治學會의 '地方自治法 改正案 公聽會'에 참석하다. ·88體育館에서 개최된 '97 全國새마을 指導者大會'에 참석하다. ·崔烘圭 교장 子弟 부부의 방문 인사를 받다.	
	7(金)	10. 8	·韓國地方自治學會의 訪日團과 함께 출국하여 日本 東京에 도착하다. ·東京 新宿區 소재 Rihga Royal Hotel Waseda에 여장을 풀다. ·日本學會 초청 歡迎宴에 참석하다. ·林敬鎬 원장·金炳國 실장 등과 정종을 들며 환담하다.	
	8(土)	10. 9	·早稻田大學 國際會議場에서 개최된 '日韓 地方自治硏究交流集會'의 開會式과 發表·討論會에 참석하다. ·早稻田大學 構內 書店에서 冊을 사다.	

月	日	陰	本人 및 家族事項	社會一般事項
11	8(土)	10. 9	· Rihga Royal Hotel에서 개최된 懇親會 모임에 참석하여 東京都 副知事 등과 인사하다. · 韓國 代表團의 별도 음주·회의 모임에 참석하다. · 林敬鎬 원장·김병국 실장·元교수·兪교수·김군 등과 함께 上野의 술집에 가서 노래하며 놀다.	5(水) · '97년 8월 美國으로 망명한 장승길 前 이집트 駐在 北韓大使, 韓國人은 만나지 않겠다는 뜻을 美國에 전달한 것으로 알려짐 · 韓國電力, 單一複合 火力發電所로는 세계 最大인 7억달러 규모의 필리핀 일리한 發電所 건설사업을 수주
	9(日)	10.10	· 東京市內에 있는 阪橋區 소재의 養老院을 보고 千代田區의 Hotel Grand Palace에서 오찬을 들다. · 江東區 소재의 有明清掃工場을 시찰하고 墨田區 소재의 江戶 博物館을 관람하다. · 日本 代表들과 작별 인사를 하고 新宿區에서 書店 등을 둘러본 뒤 함께 저녁 식사를 하다.	6(木) · '95년 5월 이후 자취를 감춘 北韓 서관회 勞動黨 農業擔當秘書가 '97년 9월 平壤 市內에서 公開 銃殺되었다고 日本 言論이 보도 · 獨島接岸施設, 착공 2년만에 竣工式 거행 · 獨逸 法院, 2次 世界大戰中의 强制虐殺에 대한 賠償命令 내림
	10(月)	10.11	· JR 汽車로 成田空港에 와서 韓國代表團에게 점심을 대접하다. · 日本을 떠나 서울에 도착하여 귀가하다.	
	11(火)	10.12	· 서울市立大 박사학위 논문심사를 하다. · 金璟東 교수 慈堂 問喪을 가다. · 齒科病院에서 치료를 받다.	7(金) · 金泳三 대통령, 大統領 選擧의 中立을 위해 新韓國黨 탈당 · 新韓國黨과 民主黨, 合黨을 공식 선언하고 李會昌 총재를 大統領 候補, 趙淳 총재를 새 政黨의 總裁로 선출키로 합의 · 가을 가뭄으로 42만명이 食水難 겪음
	12(水)	10.13	· 오랜만에 단비가 내리다. · 學校에 가서 歸國報告, 論文指導, 講義 등을 하다.	
	13(木)	10.14	· 서울放送(SBS)에 가서 尹世榮 회장을 만나 인사하고 환담하다. · 內務部·SBS 주관의 第1回 民願奉仕大賞 功績審査委員會 회의에 참석하고 오찬을 함께하다. · 地方自治硏究院에 가서 일을 보다. · 姜信祚 議員 초청 만찬에 李永哲·李圭憲씨와 같이 참석하다.	8(土) · 장선우 監督의 〈나쁜 映畵〉가 東京 國際 映畵祭에서 제1회 아시아 映畵賞을 수상함 · 在日 北韓 男性과 결혼해 北韓으로 건너간 日本人妻 15名, 38년만에 日本 訪問 10(月) · 換率이 급등세를 보이면서 史上 처음 1달러에 1千원을 넘어섬 · 代表的 百濟遺蹟인 忠南 公州市 소재 武寧王陵과 5,6號墳을 영구 폐쇄하여 훼손을 방지키로 함
	14(金)	10.15	· 學校에 가서 업무처리를 하고 博士論文을 심사하다.	11(火) · 서울大, 學生들에게 專 攻選擇에 다양한 기회를 주기위한 '複數專攻 施行指針'을 마련하고 '98년부터 시행키로 함
	15(土)	10.16	· 學會와 圖書館을 들리다. · 妻, 누님 內外分과 三星醫療院에 수술·입원중인 泰鉉을 문병하고 저녁 대접을 하다.	· 인도네시아에 6個月만에 처음 暴雨가 내려 山林 火災로 인한 지난 2 개월간의 煙霧 現象이 약화됨
	17(月)	10.18	· 地方自治硏究院에 가서 業務處理를 하고 李永哲회장 초청으로 李圭憲·徐健一씨 등과 오찬을 함께 하다. · 李永奭·禹裁永 회장단과 저녁을 하며 환담하다.	· 美 航空宇宙局, 火星探査船의 電送 資料를 검토한 결과 火星의 한 岩壁에서 수십개의 地層構造를 발견했다고 밝힘
	18(火)	10.19	· 金壽鶴 회장·林敬鎬 원장과 조찬을 하며 세미나에 대해 협의하다. · 建交部 民間投資事業審議會 회의를 주재하고 金建鎬 차관 등과 오찬을 하다. · 서울大 齒科病院에 가서 치아치료를 받다. · 妻와 같이 蠶室에 가서 不動 産購入을 협의하고 저녁 식사후 귀가하다.	13(木) · 公州市, 2천坪 규모의 '朴찬호 野球場' 짓기로 함 16(日) · 中國, 代表的 反體制 人士인 웨이진성을 전격적으로 석방하고 美國으로의 出國을 허용 · 日本, 이란을 3대 2로 이겨 蹴球史上 처음으로 월드컵 진출이 확정됨
	19(水)	10.20	· 妻와 같이 蠶室의 商街建物을 보다. · 政務首席 趙洪來의 母親 問喪을 가다. · 內務部 硏修院 高幹班의 政策課題發表大會 開會式에 참석하고 第1分任의 司會를 보다.	17(月) · 國內 造船業界, 10月末 현재 船舶 受注量에서 日本을 제치고 世界 1位를 차지 · 北韓, KBS가 제작 중인 特輯 드라마 〈진달래꽃 필 때까지〉를 트집잡아 KBS를 爆破하겠다고 위협
	20(木)	10.21	· 東亞建設의 柳成龍 사장과 저녁 식사를 하며 仁川件에 대해 협의하다. · 李永哲 회장과 맥주를 들며 환담하다.	
	21(金)	10.22	· 妻, 聞慶에 가다.	

月	日	陰	本人 및 家族事項	社會一般事項
11	21(金)	10.22	·내무부 연수원 고간반 발표대회에 참가하고 종합보고를 하다. ·서울대 환경대학원 제3기 고위정책課程 夫婦送年會에 참석하여 人事말을 하다.	17(月) ·回敎原理主義者로 추정되는 武裝怪漢들이 이집트 南部의 古代 遺蹟地 룩소르에서 觀光客들에게 무차별 총격을 가해 70여명이 사망하고 80여명이 부상당함
	22(土)	10.23	·盧時學씨 子弟結婚式에 참석하다. ·趙將軍부부 초청으로 金壽鶴·鄭幸吉·洪月杓·南處長과 저녁 회식을 하고 '高陽會'를 결성하다.	18(火) ·國會, 日本 戰犯의 入國을 금지하는 法案 의결 ·98학년도 大學修學能力試驗 전국 일제히 시행
	23(日)	10.24	·朴今燮 소장 등과 오찬을 하며 환담하다. ·獨逸의 金英世 동서가 집에 다녀가다.	19(水) ·金泳三 대통령, 副總理를 위시한 部分改閣 단행
	24(月)	10.25	·地方自治研究院에 가서 李圭憲·李永哲씨, 早稻田大學 尹永洙 학생 등과 오찬을 함께 하다. ·大宇建設의 鄭鎭行 부사장 등의 예방을 받고 仁川件에 대해 협의하다. ·서울市立大學에 가서 徐忠元·文承國군의 博士論文 최종 심의를 하고 함께 저녁 식사를 하다.	20(木) ·安企部, 서울大 高永復 교수가 36년간 固定間諜 活動을 한 사실을 밝혀냄 23(日) ·日本 4大 證券社의 하나인 야마이치 證券, 經營難으로 사실상 도산 25(火) ·市中金利가 폭등하고 株式값이 폭락하여 資金調達이 마비됨
	25(火)	10.26	·妻, 상경·귀가하다. ·地方行政研究院에 가서 諮問會議에 참석하고 오찬을 함께하다. ·서울大 齒科病院에 가서 치아 치료를 받다. ·李永奭·禹哉永씨와 저녁 회식을 갖다.	·在美 同胞들, '母國에 달러 보내기 운동' 펼침 26(水) ·大邱 地下鐵 1號線이 개통됨 27(木) ·U.N.에이즈計劃, 全世界에 3千萬명 이상이 에이즈에 감염되어 있다고 밝힘
	26(水)	10.27	·驛三 稅務署에 가서 納稅件을 협의하고 沈署長에게 인사하다. ·學校에서 第2學期 終講을 하다. ·金學澈·李永哲·張師珏 사장과 저녁 식사를 하며 환담하다.	28(金) ·換率이 1달러당 1,170원으로 史上 最高値에 오름 29(土) ·IMF 實務協議團, 우리 政府에 강력한 增稅政策을 요구
	27(木)	10.28	·驛三 稅務署에 關係書類를 제출하다. ·學術振興財團에 가서 '96年 研究課題 報告書 審査를 주재하다.	·韓國銀行, 外換保有高가 305억달러에서 한 달 사이에 240억달러로 감소했다고 밝힘 30(日) ·濠洲當局, 濠洲內 韓國人 暴力組織의 犯罪 實相을 전달하고 搜査協助를 요청함
	28(金)	10.29	·建交部 中央都市計劃委員會에 참석하다. ·濟州에 가서 濟州大學 政策課程에서 특강을 하다. ·趙文富 총장·金泰保 학장·高玟洙 시장·弟子 敎授 등과 저녁 회식을 하고 오리엔탈 호텔에 투숙하다.	·러시아 作家 파스테르나크의 作品 '닥터 지바고'의 主人公 라라의 실제 모델인 올가 이빈스카야孃이 KGB의 諜者였음이 밝혀짐
	29(土)	10.30	·趙총장·金학장과 조찬을 하고 상경하다. ·環境大 入學 面接을 보다.	
	30(日)	11. 1	·湖南大 李正龍 교수와 조찬을 하며 三麗統合에 따른 組織改編課題에 대해 논의하다. ·妻, 통고 없이 外泊하고 들어오지 않다.	
12	1(月)	11. 2	·內務部 政策諮問會議에 참석하여 經濟回復方案에 대해 토의하다. ·地方自治研究院에 가서 金在城 박사를 만나 제반 사항을 협의하다. ·李圭憲원장 초청으로 金壽鶴·金在城·徐健一·沈박사 부부 등과 만찬을 하다.	1(月) ·陸軍 現役大隊長, 아들의 兵役問題를 들어 李會昌 대통령선거후보의 候補職辭退를 촉구하는 時局宣言文을 발표 ·코오롱, '92년 올림픽의 마라톤 金메달리스트 黃榮祚를 義務소홀로 名譽理事職을 박탈함
	2(火)	11. 3	·李岡一이사 따님 結婚式에 가다. ·서울大 齒科大學에서 치아치료를 받다. ·安企部로부터 高永復 교수의 間諜活動에 대한 問議電話를 받다. ·姜信祚·李永哲·金學澈씨와 저녁 식사를 하다.	·對人地雷 禁地協約 國際會議, 美國·中國 등 30개국이 거부하는 가운데 135개국이 캐나다 오타와에 모여 개막 ·地球溫暖化 防止對策을 위한 U.N.氣候變化協約 第3次 當事國總會가 165개국이 모인 가운데 日本 東京에서 개최
	3(水)	11. 4	·SBS 公開 홀에서 개최된 第1回 民願奉仕大賞 施賞式에 참석하다.	2(火) ·政府, IMF의 要求를 대부분 수용함

1997

月	日	陰	本人 및 家族事項	社會一般事項
12	3(水)	11. 4	·尹世榮 회장 초청으로 曹海寧 내무부장관, 安興模 총재 등과 오찬을 하다. ·商工會議所 주최 SOC 民資誘致 大討論會에서 全體 司會를 보다. ·金奎馥군과 저녁을 함께하다.	2(火) ·政府, IMF 要求에 따라 財務構造가 불량한 9개 綜金社에 年末까지 營業停止 命令 내림 ·日本 엔 貨, 달러당 129엔까지 떨어짐 3(水) ·政府와 IMF, 總550억달러 이상의 緊急資金 지원을 합의
	4(木)	11. 5	·學校에 가서 入試採點을 하고 친구 金尙圭 전 지점장과 점심을 하다. ·農協中央會 諮問委員會 送年 모임에 가다. ·裵효원 常務 초청으로 金在城·李圭憲·李周熙씨와 저녁 회식을 하다.	4(木) ·나라야난 印度 大統領, 새 總選을 위해 議會를 해산함 5(金) ·安企部와 檢察, 월북한 吳益濟 天道敎 前 敎領이 金大中 총재에게 보낸 書信을 적발하여 搜査에 나섬 ·러시아, IMF에 資金支援을 요청했다고 밝혀짐
	5(金)	11. 6	·公州에 있는 忠南公務員敎育院에서 개최된 市郡政硏究發表大會에 참석하여 基調演說을 하고 總評 및 成績發表를 하다. ·全炳庸 公州 市長으로부너 感謝牌를 받고 부시장·金壽鎭·車원장·孫의원·崔부의장 등과 저녁식사를 한 뒤 상경하다.	7(日) ·漢拏그룹의 7개 系列社, 不渡처리됨 ·濟州地方警察廳, 2천여만원대의 포커賭博을 벌인 혐의로 法務部 訟務課 檢事 등 5명을 檢察에 넘김 ·山林廳 林業硏究院, 오배자 열매에서 抗癌物質을 추출하는 데 성공 ·中國, 赤字 해결을 위해 重工業部門 勤勞者 1,160만명 가운데 270만명을 3년 안에 감원키로 함
	6(土)	11. 7	·Bus로 金壽鶴·李圭憲·徐健一·金學澈·李永哲·鄭世煜씨 등과 水安堡 파크호텔에 가다. ·金在城박사 出版紀念式에 참석하여 招請人 代表로 인사말을 하다. ·韓國 라스베이거스 名譽市民聯合會 準備委員으로 위촉되다. ·목욕과 음주 후 버스로 상경하다. ·禹哉永·李永哲·金奎馥씨와 저녁 식사를 하고 귀가하다. ·次女 貞娥, 美國 미시간州立大學을 졸업하다.	8(月) ·大宇, 負債 2조원을 떠안는 방식으로 雙龍自動車를 인수 ·政府, 第一銀行과 서울銀行에 각각 1조1,800억원을 現物出資하기로 함 ·甲乙그룹의 甲乙電子, 세계 처음으로 144MB 容量의 컴퓨터 디스켓과 드라이브 開發 ·泰國, 惡性負債로 영업정지당한 56개 金融會社를 폐쇄함
	7(日)	11. 8	·새마을 金壽鶴 회장 및 企劃部長과 오찬을 하며 협의하다.	
	8(月)	11. 9	·새마을中央硏修院의 第1,000期 敎育紀念 및 海外僑胞 修了式에 참석하여 祝辭를 하다. ·參席者들과 오찬을 함께 하고 學校에 가서 博士論文을 심사하다. ·金學澈·채대택씨와 저녁을 하며 負債件을 협의하다.	9(火) ·體育界, 企業의 經營難으로 野球·排球·籠球 등 모든 種目에서 팀 解體 회오리에 휩싸임
	9(火)	11.10	·姜信祚 전의원과 조찬을 하며 大宇件을 협의하고 貞娥 仲媒를 당부하다. ·齒牙 치료를 하고 學校에 가다. ·敎授會議에 참석하고 高位政策課程 運營 委員會를 주재하다. ·盧隆熙 교수 七旬祝賀晩餐宴에 참석하다.	10(水) ·李會昌 후보 次男 李수연씨 美國에서 귀국하여 서울大 病院에서 키를 잰 결과 164.5cm로 확인되어 키 造作의혹이 해소됨 ·政府, 9개 綜金社에 營業停止命令을 내린데 이어 5대 綜金社에 業務停止 命令을 내림 ·檢察, 診療費 과다청구로 한해 동안 158억여원의 不當利得을 챙긴 大型 綜合病院들을 적발하여 제재조치를 취함
	10(水)	11.11	·國土學會와 自治學會에 들려 事務處理를 하고 李永哲·金學澈씨와 오찬을 함께하다.	
	11(木)	11.12	·建交部 民間投資事業審議會議를 주재하고 '97년도의 11回 35件의 審議를 마감하다. ·金建鎬 次官 주재의 送年會食에 참석하여 委員長으로서 答辭인사를 하다.	11(木) ·北韓 신포·금호地區 輕水爐 建設現場에 나가있는 韓國 勞動者들의 大選不在者 投票가 北韓 當局의 반대로 무산됨 ·政府, 外換 및 金融市場의 안정을 위해 債券市場 開放을 대폭 확대키로 함 ·정부, 외화자금의 조속한 확보를 위해 미·일에 경제특사를 파견키로 함
	12(金)	11.13	·內務部 硏修院의 高幹班 修了式에 참석하여 祝辭를 하고 內務部次官 등과 함께 오찬을 하다. ·學校에서 崔昶浩군 博士論文 最終審査를 주재하고 會食을 하다.	
	13(土)	11.14	·친구 金尙圭씨 子弟 結婚式에서 主禮를 보다 ·環心會 送年 모임에 참석하다.	
	15(月)	11.16	·政治公論社에 가서 申基宣 편집장을 만나 원고를 전달하다.	12(金) ·株價가 350.68로 마감됨에 따라 10년 8개월만에 最低値 기록

月	日	陰	本人 및 家族事項	社會一般事項
12	15(月)	11.16	·學校에서 博士論文을 지도하고 銀行에 外貨를 모두 入金시키다. ·어머니 祭祀를 모시다.	16(火) ·財經院, 基準換率에서 ±10%로 제한돼 있는 換率 하루 變動幅을 폐지한다고 밝힘
	16(火)	11.17	·齒牙 치료를 받다. ·새마을本部에 가서 '21世紀와 새마을운동' 座談會의 司會를 보다. ·座談會 參席者들과 저녁 회식을 하고 金在城 박사와 같이 金壽鶴 회장宅에 들려 환담을 나누다.	17(水) ·유럽 全域과 中美에 異常寒波가 엄습해 17일 현재 최소 110명 이상이 추위나 火災로 사망함 18(木) ·第15代 大統領 選擧가 실시되어 80.6%의 投票率을 보임
	17(水)	11.18	·學校에서 碩士學位論文 最終審査를 하다. ·教授會議에서 高位課程에 대해 보고하고 人事委員會에 참석하다. ·金學澈·嚴福燮·채대택씨와 저녁을 하며 負債件에 합의하다.	19(金) ·國民會議 金大中 候補, 大選에서 한나라黨 李會昌 후보를 39만 557票差로 누르고 當選됨 ·휘발유값, ℓ당 1,083원으로 오름 ·싱가포르 旅客機, 인도네시아 스마트라 섬에 추락해 搭乘客 104명 전원이 사망
	18(木)	11.19	·大統領 選擧日을 맞아 投票하다. ·風水會 總會 오찬에 참석하여 次期會長으로 姜渭薰 사장을 선출하고 回甲祝賀로 퍼터代金을 받다. ·姜信祚·李永哲·朴永哲씨와 저녁 회식을 하다. ·TV에서 開票狀況을 청취하다가 金大中 候補의 당선이 확실시되는 새벽 3時에 취침하다.	22(月) ·수감 중이던 全斗煥·盧泰愚 전 대통령 등 19명이 金泳三 政府의 特別赦免으로 석방됨 ·通商産業部, 에너지 節約을 위해 '電氣使用制限을 위한 調整命令'을 발동키로 함
	19(金)	11.20	·地方自治硏究院에 가서 金在城 박사· 李圭憲 원장과 협의하다. ·金壽鶴·金在城·李圭憲씨와 식사하다.	·大韓辯協, 非理 혐의로 懲戒委에 회부된 辯護士 4명에게 除名과 資格停止 등 重懲戒를 내림
	20(土)	11.21	·梁昌模 선배 子弟 結婚의 主禮를 보다. ·金壽鶴 회장초청 만찬에 金在城박사· 若山浩司 교수·李圭憲 원장·李 活 詩人 등이 참석하여 환담하다.	·IMF가 政府의 월드컵 主競技場 建設費 30% 支援에 난색을 표함에 따라 서울 麻浦區 上岩洞에 짓기로 한 主競技場 建設이 白紙化 됨
	21(日)	11.22	·姜信祚·李永哲씨와 만찬을 들다.	23(火) ·換率이 史上처음 1달러당 2천원線을 넘어섬
	22(月)	11.23	·學術振興財團 주최 '97硏究發表會에 참석하여 開會人事, 司會, 閉會人事 등을 하다. ·高秉浩·蘇鎭光 교수 등과 술을 들다. ·權泰埈교수 回甲祝賀會食宴에 가다. ·內務部 硏修院長주최의 指導教授와의 送年會에 참석하다.	·國際原油價, 계속하여 하락함 24(水) ·萬都機械의 部品供給 차질과 在庫 누적에 따라 乘用車 生産라인이 전면 중단됨 ·멕시코 親政府 準軍事隊員들이 南部 치아파스州에서 土着民들에게 무차별 공격을 가해 45명이 살해되고 相當數가 부상했다고 밝혀짐
	23(火)	11.24	·地方行政硏究院 주최의 '地域活性化와 새마을운동' 세미나에 참석하여 전체사회를 보다. ·세미나 參席代表들과 만찬을 하다. ·金壽鶴 회장과 맥주를 들며 환담하다.	25(木) ·金大中 대통령 當選者, 國民會議와 自民聯 人士 12명씩으로 구성되는 大統領職 引受委員會를 발족시키고 委員長에 李鍾贊 부총재를 임명함
	24(水)	11.25	·學校에서 崔正奭군 博士論文 最終審査를 하고 오찬을 함께하다. ·農協中央會長의 感謝牌를 서울大 支店長으로부터 전달받다. ·李相晩·鄭敬培·金光得·朴榮一 등 동기들과 회식하며 환담하다. ·李永哲·金學澈씨와 술을 들다.	·政府, IMF와 西方先進 7個國 (G7)으로부터 明 1月初까지 총 100억 달러의 救濟金融을 앞당겨 받기로 함 ·世界 최대 證券會社인 美國의 메릴린치社, 日本에 개인 영업을 중심으로 한 새로운 증권회사를 설립하고 본격적인 證券 業務를 개시하기로 함
	25(木)	11.26	·크리스마스를 맞아 집에서 쉬며 成均館大學 教授採用論文을 평가하다.	
	26(金)	11.27	·새마을 事務總長·企劃室長과 조찬을 하며 협의하다. ·建交部 中央都市委員會에 참석하다. ·妻와 함께 鳥嶺會 송년회에 가다. ·妻·東爀과 함께 空港에 나가 귀국하는 딸 貞娥를 맞이하다.	26(金) ·韓寶그룹 非理로 구속 기소되었던 洪仁吉·黃秉泰·鄭在哲·權魯甲의원, 大法院의 有罪確定 判決에 따라 國會議員職이 상실됨 ·靑丘, 資金難 악화로 4개 系列社에 대해 和議申請을 냄

1997

月	日	陰	本人 및 家族事項	社會一般事項
12	26(金)	11.27	·次女 貞娥, 미시간州立大學에서 學業을 마치고 완전 귀국하다.	28(日) ·네타냐후 이스라엘 總理, 요르단江 西岸地區 유태人 定着村 인근에서 이스라엘軍을 철수하지 않겠다는 입장을 밝힘
	27(土)	11.28	·汽車로 大田驛을 거쳐 沃川郡에 도착하여 柳鳳烈 군수 등을 만나다. ·沃川郡 民官合同經濟敎育에서 特講을 하다. ·柳郡守 등과 오찬을 하고 상경하다. ·禹哉永 소장 초청으로 李永奭·李圭憲·金奎馥씨 등과 송년모임을 갖다.	29(月) ·월드컵組織委, 2002년 월드컵 蹴球大會의 國內開催都市 10곳을 선정 30(火) ·財經院, 11月末 總外債는 1,569억 달러이고 純外債는 555억달러라고 발표 ·現政府 出帆 이전에 刑이 확정된 凶惡犯 23명에게 死刑이 집행됨
	28(日)	11.29	·內務部 金興來 室長·金芝淳 단장과 조찬을 하며 政府改編에 대해 협의하다. ·尙州에서 金鍾鎬교수 내외 및 慈堂이 방문하고 돌아가다. ·妻 및 貞娥와 같이 外食을 하다.	
	29(月)	11.30	·地方自治硏究院 주최의 送年午餐會에 참석하다. ·새재會 모임에 가서 送年 會食을 하다. ·好汀印刷社 代表 초청으로 李圭憲·徐健一·金學澈·尹선생 등과 맥주를 들며 餘興을 갖다.	
	30(火)	12. 1	·齒牙 치료를 받고 金光男 學長과 점심을 같이 하다. ·李圭憲·李永哲씨와 저녁을 함께 하고 餘興을 즐기다.	
	31(水)	12. 2	·學校에 가서 殘務를 처리하다. ·집에서 조용히 除夜를 보내다.	

第 63 歲 : 1998 (4331) 戊寅年 / 主任敎授

月	日	陰	本人 및 家族事項	社會一般事項
1	1(木)	12. 3	·新年 祭禮를 지내고, 子女·동생 家族·큰 妻男 家族 들로부터 歲拜를 받다. ·李圭憲원장과 같이 盧隆熙 교수 및 金壽鶴 회장 宅에 세배를 가다.	1(木) ·'97년 우리 나라의 1인당 GNP 9,443달러, 年平均換率 960원, 國內總生産(GNP)成長率 6%로 추산됨 ·아랍聯盟의 域內 共同市場 창설을 위한 自由貿易地帶化計劃이 발효됨
	2(金)	12. 4	·自宅에서 弟子·後輩 등 50餘名으로부터 歲拜를 받다.	2(金) ·'97년 11월말 현재 우리 나라의 實質總外債는 1,569억달러로 인구 1인당 488만원에 이르는 것으로 집계됨
	3(土)	12. 5	·서울大 環境大學院 新年 賀禮式에 참석하고 인사말을 하다. ·院長 초청으로 敎職員들과 오찬을 함께하다.	3(土) ·프랑스, 失業者支援 緊急對策을 발표
	4(日)	12. 6	·妻·次女와 같이 尙州 妻弟의 딸 원경과 점심을 하고 용돈을 주다. ·妻·次女와 上道洞 獅子庵에 참배하고 오다.	4(日) ·大統領職 引受委員長, 邑·面·洞의 폐지로 地方行政階層을 2단계로 축소하는 것이 바람직하다고 밝힘 ·中國, '97年 620억달러의 外國資本을 받아들여 세계 최대의 外資流入國이 되었음
	5(月)	12. 7	·政府組織調整委員會 會議에 참석하여 中央政府 改編案을 심의하다. ·國土學會 弦汀賞審査委員會에 참석하고 저녁 食事를 같이 하다. ·金英模 교수와 學會 問題를 협의하다.	5(月) ·中國, '두개의 中國'이나 '하나의 中國, 하나의 臺灣' 政策을 강력히 반대한다고 밝힘
	6(火)	12. 8	·政府組織調整委員會에 참석하여 地方政府 改編案을 심의하다. ·地方自治硏究院에 가서 美國 金在城 박사의 電話를 통해 龍꿈 꾼 이야기를 듣다. ·李圭憲 원장 초청으로 金壽鶴·李永奭· 禹哉永·李永哲씨 및 職員들과 新年祝賀晩餐을 갖다.	6(火) ·金泳三 대통령과 金大中 대통령 당선자, 靑瓦臺 첫 週例會同에서 整理解雇制 실현 등 5개항에 합의 ·日本의 外貨保有高는 '97년말 현재 총2,207억 달러로 50개월 연속 世界 1位를 차지

月	日	陰	本人 및 家族事項	社會一般事項
1	7(水)	12. 9	·齒科病院에 가서 치료를 받다. ·李景熙 將軍 초청으로 李永哲 회장과 같이 저녁 식사를 하며 환담하다.	6(火) ·최근 알제리 回敎極端主義勢力의 테러로 최소 216명이 숨졌다고 보도됨 7(水) ·亞·太議會 포럼 제6차總會가 서울에서 25개국 190여 代表들의 참석리에 개막됨 ·이스라엘·터키·美國艦隊, 地中海 東部地域에서 合同搜索 및 救助訓練 실시
	8(木)	12.10	·梁在義씨 令息결혼식에 가다. ·地方自治研究院에 가서 李圭憲 원장·吳所長과 점심을 하고 업무처리를 하다.	8(木) ·日本政府는 '65년 체결된 현재의 韓·日 漁業協定을 폐기키로 결정했다고 보도됨
	9(金)	12.11	·姜信祚·李永哲씨와 저녁을 하다. ·水原에 가서 韓國地方行政研究院의 新廳舍 入住式에 참여하고 테이프 커팅을 하다. ·政府組織調整委員會에 가서 政府 傘下機關 改編案을 심의하다.	9(金) ·內務部, 廣域議員數와 基礎議員數를 각각 현재의 3분의 2 및 2분의 1로 감축하는 방안을 大統領職 引受委員會에 보고
	10(土)	12.12	·楊枝靑 박사와의 共著인 『未來情報化時代의 國土經營』이 圖書出版 晴陽에서 출판되다. ·후배 鄭윤종씨 令愛결혼식에서 主禮를 보다. ·朴秀永 원장 초청으로 趙正濟장관·金源 부총장과 저녁식사를 하며 환담하다.	10(土) ·토니 블레어 英國 總理는 北아일랜드 平和定着을 위한 協定草案을 마련했다고 보도됨 11(日) ·國防部, '91년 러시아에 빌려준 經濟協力借款에 대한 現物償還으로 防産物資가운데 3,000만달러 상당의 BMP-3 裝甲車 10대와 부속장비 등을 2월초까지 도입키로 했다고 밝힘
	12(月)	12.14	·學校에서 學事處理를 하고 李永哲회장과 오찬을 한 후 資金件을 처리하다. ·金學澈 회장을 만나 資金件을 협의하다.	12(月) ·金泳三대통령, 방한 중인 미셸 캉드쉬 IMF 總裁와 外換危機의 극복대책에 대해 협의 ·토니 블레어 英國總理, 日本 東京에서 하시모토 류타로 日本總理와 회담을 갖고 '英國·日本 共同비전'을 채택
	13(火)	12.15	·李裕澤 부구청장 등과 저녁 식사를 하며 환담하다. ·次女 貞娥, 時事英語社 講師公開募集에서 合格하다. ·齒科病院에서 치료를 받고 1次治療費로 약 300萬원을 지불하다. ·새마을中央研修院에 가서 새마을會長團 研修課程에서 강연을 하다. ·高建 總理초청으로 總理公館에서 政府 構造調整 委員들과 만찬을 하고 밖의 술집에서 환담을 나누다.	13(火) ·北韓 中央放送, 2次大戰中 人體實驗을 한 日本軍의 蠻行文書가 中國에서 처음 발견됐다고 보도
	14(水)	12.16	·次女 貞娥, 時事英語社에 정식 출근을 시작하다. ·高邦勳社長 令息결혼식에 가다. ·새마을研修院 開院 26周年 紀念式에 참석하다.	14(水) ·南極大陸을 보호하기 위한 國際條約이 발표됨
	15(木)	12.17	·새마을研修院의 指導敎授로 위촉되다. ·여러 곳에 분산되어 있는 銀行預金을 처리하여 통합하다. ·朴昇治 부원장 초청으로 地方自治研究院 임직원과 저녁 회식을 하다.	15(木) ·勞·使·政委員會, 公式 活動에 들어감 ·印度·파키스탄·발글라데시, 첫 頂上會談에서 自由貿易地帶를 창설할 것을 촉구
	16(金)	12.18	·金壽鶴 회장과 조찬을 하며 새마을運動의 장래에 대해 논의하다. ·地方自治研究院에 가서 李圭憲·朴昇治 대표들과 협의하고 金學澈회장 초청의 오찬에 참석하다. ·行硏會 모임에 가서 늦게까지 환담을 나누다.	16(金) ·서울市, '96년말 현재 서울市 人口는 1,046만 9,852명으로 '95년에 비해 12만 6,031명(1.19%)이 감소한 것으로 집계 ·日本 中央銀行, 0.5%인 再割引金利를 현행대로 유지하는 超低金利政策을 쓰기로 결정
	17(土)	12.19	·妻, 親庭에 가다 ·高建총리 초청으로 雜魚會 모임을 갖고 金壽鶴·金壽根·李相熙·禹命圭·鄭埰鎭· 曺海寧 회원들과 환담하다.	17(土) ·美國 LA타임스, 최근 國產品愛用 등 韓國人들의 經濟的民族主義가 外國人들에게 공포감을 주고 있다고 보도 ·北韓, KBS가 방영 중인 連續劇 〈진달래 꽃 필 때까지〉를 즉각 중단하지 않으면 報復措置를 취하겠다고 위협 ·프랑스·러시아 國防長官, 향후 2년간 상호 軍事協力을 확대키로 한 共同議定書에 서명 18(日) ·英國 선데이 타임스, 사담 후세인 이라크 大統領은 罪人들을 대상으로 生體實驗을 자행해왔다고 보도
	19(月)	12.21	·學校에 가서 銀行預金을 高金利의 것으로 대치하다. ·새마을研修院에 가서 새마을會長團에게 강연을 하고 저녁 식사 후 귀가하다.	
	20(火)	12.22	·눈이 많이 내리다. ·地方自治研究院에 가서 業務處理를 하고 徐健一 고문 등과 점심을 함께 하다.	

1998

月	日	陰	本人 및 家族事項	社會一般事項
1	20(火)	12.22	·李永哲 회장 초청으로 高永天감사·李圭憲 원장과 만찬을 들며 환담하다.	19(月) ·KBS·MBC·SBS에 접수된 金은 145만명으로부터 9억7천만달러 상당의 9만 7,500kg으로 집계됨 20(火) ·行政刷新委員會, 5년마다 公企業의 존치 필요성을 평가하는 公企業 管理 特別法의 제정을 새 政府에 건의키로 함 ·빌 클린턴 美國大統領, 쿠바가 民主化를 향해 나아가기 전에는 제재조치를 해제하지 않을 것이라고 밝힘
	21(水)	12.23	·齒科病院에 가서 치료를 받다. ·國土學會 弦汀賞 심사위원에 참석하여 趙正濟 장관을 受賞者로 결정하다. ·審査委員 전원과 저녁 식사를 하고 朴炳柱 고문·金英模 부회장과 따로 모여 次期 會長團選任을 논의하다.	
	22(木)	12.24	·建交部 中央都市計劃委員會에 참석하다. ·金源교수와 앰버서더 호텔 사우나에서 목욕을 하다. ·國土計劃學會의 呂鴻九 회장·金英模 부회장 및 趙正濟·金源 고문과 저녁 식사를 하며 次期 會長團 선임문제를 협의하다.	21(水) ·국회, 150억달러 규모의 '韓國銀行 및 外國換銀行의 外貨債務에 대한 國家保證 同意案'을 처리 ·日本, 기업체에서 근무하는 外國人들의 國內 滯留를 5년으로 정한 移民管理法의 制限規定을 폐지키로 함
	23(金)	12.25	·政府構造調整委員會 최종회의를 열어 政府傘下機關 改編案을 심의하다. ·大韓地籍公社 創立60周年 紀念 세미나에 참석하여 基調演說을 하고 全體司會를 보다. ·鄭泰洙 사장 초청으로 發表者 및 任員들과 저녁 회식을 갖다. ·李圭憲 원장·朴昇治 부원장과 만나 늦게까지 財政問題를 협의하다.	22(木) ·인도네시아의 루피아貨가 폭락함 ·日本의 '97년 貿易黑字는 '96년에 비해 48.5% 늘어난 10조 83억圓 (770억 달러)이었다고 발표 23(金) ·日本, 현행 韓·日漁業協定의 종료를 결정하고 이를 韓國에 통보함 ·베트남, 中國이 國境條約을 심각하게 위반하고 있다고 비난
	24(土)	12.26	·李圭憲·朴昇治씨의 財政分擔合議書 公證에 立會人으로 참석하여 서명하다. ·金壽鶴 회장 주재의 「새마을운동」新聞 편집회의에 참석하고 함께 오찬을 하다. ·李圭憲원장 초청으로 金壽鶴·李永哲 회장과 저녁식사를 하다.	24(土) ·敎皇 요한 바오로 2世, 쿠바 방문 중 反體制人士들을 옹호하고 政治犯들의 석방을 요구 ·아시아 開發銀行, 亞太地域 經濟人들과의 회의에서 通貨危機를 겪고 있는 東南아시아 國家를 지원하기 위해 최고 30억달러의 債券을 발행키로 합의
	25(日)	12.27	·妻와 같이 누님宅에 들려 新年선물을 전달하고 식사를 함께하다.	
	26(月)	12.28	·學校에서 學事處理를 하고 金奎馥 국장으로부터 漢藥 일질을 선물받다.	25(日) ·臺灣의 執權國民黨이 市·縣 地方議會 選擧에서 모두 승리
	28(水)	1. 1	·陰曆 戊寅年 새해를 맞다. ·妻와 누님宅에 가서 歲拜하고 오다.	26(月) ·政府組織改編案이 확정·발표됨 27(火) ·日本人妻 故鄕訪問團 제2진 12명이 日本을 방문
	30(金)	1. 3	·地方自治硏究院에 가서 '自治公論'編輯會議에 참석하고 오찬을 함께 하다. ·高永天·李永哲·李圭憲씨와 露梁津 水産市場에 가서 生鮮을 사가지고 會食을 하며 환담하다.	29(木) ·'97년 12월 현재 우리 나라의 對外 支拂負擔은 모두 1,530억달러로 밝혀짐 ·필리핀 大法院, 마르코스 前大統領 부인인 이멜다에 대한 上告審裁判에서 9-12年刑을 선고
	31(土)	1. 4	·妻 生日을 맞아 子女들과 祝賀케이크를 자른 뒤 조찬을 함께 하다. ·妻와 外換銀行에 가서 通帳 정리를 하다. ·妻와 같이 城南 盆唐에 가서 不動産仲介士 안내로 龍仁 및 廣州의 땅을 둘러보다. ·妻 生日 축하차 子女들과 같이 三井 호텔에서 만찬을 하다.	30(金) ·世界化推進委員會, 休戰線接境地域을 4개 圈域으로 나눠 관리하는 방안을 정부에 제시
2	1(日)	1. 5	·집 書齋를 청소하고 목욕을 다녀오다.	1(日) ·政府, 企業들의 系列社間 新規相互 支給保證을 전면 금지키로 함 ·美國 宇宙왕복선 엔데버號, 10일간의 宇宙任務를 모두 마치고 케네디 宇宙센터에 무사히 착륙
	2(月)	1. 6	·齒科에서 치료를 하고 金光男 齒大學長과 오찬을 함께 하다. ·새마을中央硏修院에 가서 公職者들에게 특강을 하다. ·李景熙 장군·李永哲 회장과 함께 저녁을 하며 환담하다.	2(月) ·제188회 臨時國會 개회

月	日	陰	本人 및 家族事項	社會一般事項
2	3(火)	1. 7	·學校에 가서 梁秉彛 원장·黃琪源 교수와 高位課程의 日程을 협의하다. ·저녁에 李永奭·禹哉永·李永哲·金學澈씨 등과 환담을 하다.	2(月) ·生必品價格 인상에 분노한 수백명의 인도네시아 국민들이 자바 등지에서 폭동을 일으킴 3(火) ·海洋水産部 趙正濟 장관, 日本의 과도한 우리 漁船監視에 대해 강력한 조치를 하겠다고 천명
	4(水)	1. 8	·學校에 가서 大學院人事委員會에 참석하고 오찬을 함께 하다.	
	5(木)	1. 9	·國土計劃學會 弦汀賞審査委員會에 참석하고 함께 저녁 식사를 하다.	·日本 東京警視廳, 러시아 對外情 報局要員 4명이 8년동안 日本의 尖端技術에 대한 産業 스파이 活動을 해온 사실을 적발
	6(金)	1.10	·李永哲 회장과 함께 銀行을 들러 通帳 정리를 하다. ·李圭憲 원장 등과 오찬을 함께 하다. ·卞鐸·李世茂·金學澈·李圭憲·李永哲씨 등과 저녁을 하며 환담하다.	4(水) ·金泳三 대통령, 外換危機의 책임은 전적으로 자신에게 있다고 밝힘 ·인도네시아 政府, 外換危機 克服을 위해 在外公館의 감축운영을 강화
	7(土)	1.11	·妻와 같이 盆唐에 가서 土地 및 아파트를 둘러보고 저녁 식사 후 귀가하다.	5(木) ·政府組織改編審議委, 公務員감축을 위해 國家公務員의 停年을 1년 앞당기고 職權免職을 시행키로 결정
	8(日)	1.12	·妻·貞娥와 百貨店에 들려 옷 등을 사고 저녁 식사 후 귀가하다.	
	9(月)	1.13	·學校에서 院長 등 補職教授들과 高位課程의 書類審査를 하고 함께 식사하다. ·齒科大學에 가서 치료를 받다. ·눈이 많이 내리다.	·제이나이두 南阿共 通信長官, 아프리카 전체 내륙을 포괄하는 單一通信産業體制를 구축할 것을 제의 6(金) ·勞使政委員會, 10大 議題 100여개 課題를 발표
	10(火)	1.14	·韓國高速鐵道建設公團에 가서 柳常悅 이사장 등 幹部들을 만나고 任職員들에게 특강을 하다. ·正月 대보름 前夜에 집에서 雜穀밥을 지어먹다.	·非常經濟對策委, '企業構造調整 推進方案'을 확정·발표
	11(水)	1.15	·汽車로 全北 益山驛에 가서 全州大 鄭철모 교수 안내로 全州大學에 가다. ·全州大 地域政策大學院에서 특강을 하고 李鍾益 총장·朴炵洙 원장 등과 환담을 하다. ·정철모교수와 함께 한솔 종이博物館을 둘러보고 職員들을 격려하다. ·汽車로 상경, 귀가하다.	·獨逸 上院, 警察의 制限的 電子監聽을 허용하는 法案을 승인 7(土) ·金泳三 대통령, 제임스 울펜손 世界銀行 總裁의 예방을 받고 계속적 협력에 대해 합의 8(日) ·인도네시아 軍部·警察, 국민들의 소요사태에 대비한 경계태세 돌입
	12(木)	1.16	·呂鴻九 회장·金英模 부회장·趙正濟 장관과 오찬을 하며 國土計劃學會 總會件에 대해 협의하다. ·趙正濟 장관과 함께 總理 主宰의 地方自治制度 發展委員會 회의에 참석하고, 任期中 5次에 걸친 182件의 案件審議를 종료하다.	9(月) ·中國의 分析家들, 北韓의 政治體制가 당면한 食糧難 등으로 붕괴될 수 있다는 점을 처음으로 인정 ·獨逸大學 經濟學教授 155명, 유럽 單一通貨計劃을 여건의 미비 이유로 연기할 것을 촉구하는 성명 발표
	13(金)	1.17	·學校에서 高位課程 入學面接을 보다. ·補職教授 및 全홍규 부사장 등과 오찬을 하다. ·저녁에 李永哲회장으로부터 狀況報告를 듣다.	·아랍聯盟, 이라크가 개방키로 한 8개 大統領宮에 대한 査察을 실시할 U.N. 査察團을 새로 구성하자고 제의
	14(土)	1.18	·金炯國 교수 令愛 결혼식에 가다. ·國土計劃學會 總會에 참석하여 會長團 選出 (회장:金英模, 부회장:崔秉瑄·元濟茂·朴秀永)을 하다. ·최병선·박상우·황기원·김광식·추정식씨 등과 맥주를 들며 환담하다.	11(水) ·北韓은 '97년 高位幹部 17명을 공개 총살하고 500여명의 政治犯을 격리수용 했다고 밝혀짐 ·빌 클린턴 美國 大統領, 東西 冷戰體制의 공식적인 終焉을 의미하는 NATO 擴大契約案에 서명
	15(日)	1.19	·金壽鶴·李永哲 회장과 만찬을 하며 金會長의 會長職 辭任意思를 듣고 자문하다.	12(木) ·大統領職 引受委員會, 次期政府가 추진할 100大 國政課題를 확정 발표
	16(月)	1.20	·學校 高位課程運營委員會를 개최하고 入試査定을 주재·결정하다. ·趙正濟 장관 초청으로 弦汀賞委員들과 受賞 祝賀宴에 참석하다.	·인도네시아 學生들, 수하르토 大統領의 下野와 腐敗公職者의 척결을 요구하는 시위 행진
	17(火)	1.21	·地方自治研究院에서 李永奭·禹哉永 회장단과 회의를 하고 오찬을 함께 하다.	13(金) ·濠洲 憲法會議, 210년 동안의 英國과의 관계를 끊고 2001년부터 立憲君主制를 共和政으로 바꾸는 變更案을 통과

月	日	陰	本人 및 家族事項	社會一般事項
2	17(火)	1.21	·李圭憲·李永哲·金哲浩·禹作家 등과 저녁을 하며 환담하다.	13(金) ·獨逸 下院, 豫算節約을 위해 議員數를 축소하는 法案을 가결
	18(水)	1.22	·內務部 研修院 高級幹部班 入校式에 참석하고 祝辭를 하다. ·曺海寧 內務部長官 등과 오찬을 하다.	14(土) ·國會, 勞使政委 合議를 법제화한 法案을 통과 ·大韓國土·都市計劃學會 總會에서 제15대 회장으로 金英模 교수가 선출됨
	19(木)	1.23	·새마을本部에서 개최된 '새마을을 사랑하는 사람들의 모임' 準備委員會에 참석하다. ·地方自治學會 理事會와 세미나 및 總會에 참석하고 感謝牌를 받다. ·李圭憲·李永哲·高永天씨 등과 저녁을 하며 4人 모임의 이름을 '好凡會'로 결정하다.	15(日) ·北韓, 3월 1일부터 '住所案內所'를 설치하여 離散家族 찾기를 주선할 것이라고 보도 16(月) ·臺北으로 오던 臺灣 旅客機가 추락하여 205명 모두 사망
	20(金)	1.24	·內務部 研修院의 考試 合格者 研修生 代表 2名이 學校에 와서 地方考試制에 대하여 협의하다. ·高文炫군과 점심을 하다. ·水原市 八達區廳에 가서 職員 特講을 하고 李禹衡 구청장 등과 저녁을 한 뒤 귀가하다.	17(火) ·IMF, 韓國에 대한 20억달러의 借款을 추가 제공 ·國會, 政府組織法 改正案을 의결 ·日本, 1部 21省廳을 1部 12省廳으로 축소하는 '中央省廳改革基本法案'을 결정
	21(土)	1.25	·李相雲 사장 令息結婚의 主禮를 보다. ·朱龍鐸·李相雲·鄭秀浩 사장 등과 저녁 모임을 갖고 환담하다.	20(金) ·'97년의 貿易收支는 84억 5,200만 달러의 赤字를 기록 21(土) ·北韓, 對南革命戰略을 강화
	22(日)	1.26	·妻·貞娥와 같이 盆唐에 가서 建物·백화점을 들려 식사 후 귀가하다.	22(日) ·西方先進 7個國, 런던 會議에서 雇傭創出計劃에 합의
	23(月)	1.27	·自宅 앞길을 '幸運길'이라 명명하고 區廳에서 「행운길 42」라는 街路 名牌를 집大門에 부착하다. ·李永哲 회장과 같이 Canada에서 온 李遺植 회장과 조찬을 하며 환담하다. ·建交部 中央都市計劃委員會에 참석하다. ·聞慶市 거주 錢慶洪 원장으로부터 補闕國會議員 選擧에 한나라黨으로 출마할 것을 권유받다. ·學校에서 개최된 敎授세미나에 참석하고 夫婦同伴 會食에 가다.	23(月) ·民主化를 위한 各界 人士 123명, '財閥改革을 촉구하는 123名 宣言'을 발표 ·코피 아난 U.N.事務總長, 바그다드에서 이라크와 U.N.武器査察에 관한 合意文에 서명 24(火) ·國務會議, 2院 14部 5處 14廳의 政府體制를 17部 2處 16廳으로 改編하는 政府組織法 改正法律 公布案을 가결 25(水) ·第15代 金大中 大統領 취임
	24(火)	1.28	·齒科에 가서 마지막 치료를 받고 치료비를 지불하다. ·金學澈 회장과 세브란스病院에 입원 중인 鄭淵壽 사장을 문병하다. ·地域開發研究會의 理事會 및 總會에 참석하고 禹哉永 회장 취임을 축하하는 회식을 갖다.	·한나라黨, 金鍾泌 國務總理 및 韓勝憲 監査院長의 任命同意 認準을 거부 ·인도네시아 大學生 수백명, 首都 자카르타에서 수하르토 大統領의 下野를 촉구하는 시위 벌림 26(木) ·'97년 韓國의 自動車 生産은 281만 8,275대로 世界 5位를 차지
	25(水)	1.29	·聞慶 錢慶洪 원장에게 國會議員 出馬의 不可함을 전화로 알려주다. ·새마을本部에 가서 '새마을운동 新聞'의 論說委員 위촉장을 받고 編輯會議에 참석하다. ·會議參席者 전원과 만찬을 하다.	·北韓은 日本의 일부 지역까지 射程이 미치는 中距離彈導 미사일 '勞動1號'를 實戰배치했다고 보도됨 27(金) ·韓國銀行, 1月中 於音不渡率 動向에서 서울 1,226개, 地方 2,097개 등 모두 3,323개라고 발표
	26(木)	1.30	·環境大學院 卒業式에 참석하다. ·高位課程 3期 代表인 전홍규·안정환씨 등의 초청으로 學校 補職敎授들과 만찬을 하다.	28(土) ·金大中 대통령, 새 政府組織法과 그에 따른 49개 各 機關職制令 등 모두 53개 法令에 서명
	27(金)	2. 1	·國土計劃學會와 地方自治學會에 들려 일을 보다. ·63빌딩에서 개최된 韓國能率協會주최의 '自治經營研究 포럼'創立總會 및 紀念 세미나에 참석하여 祝辭를 하고 顧問으로 추대되다.	·中國 제8기 全國人民代表大會 폐막
	28(土)	2. 2	·새마을本部에서 개최된 '새마을운동 新聞' 編輯會議에 참석하고 오찬을 함께 하다.	
3	1(日)	2. 3	·安정환 사장 부부가 영덕대게를 가져오다. ·妻와 盆唐에 가서 建物을 보고 오다. ·貞娥, 鄭君과 선을 보다.	2(月) ·中國은 현재의 大軍區制를 개선하여 陸·海·空軍의 指揮體系를 일원화하는 軍改革을 검토한다고 보도됨

月	日	陰	本人 및 家族事項	社 會 一 般 事 項
3	2(月)	2. 4	·環境大學院 入學式에 참석하다. ·새마을中央硏修院에 가서 특강을 하다. ·李경회 장군·이영철 회장과 저녁 식사를 하며 환담하다.	3(火) ·金大中 대통령, 財經部長官에 李揆成 전재무장관을 임명하는 등 새 政府 17개部의 組閣을 완료 ·美國 워싱턴 所在 '우리 民族 서로돕기 運動本部', '95년 水害 이후 北韓 住民들의 30% 가량이 사망한 것으로 추정된다고 밝힘
	3(火)	2. 5	·第1學期 첫 講義를 하다. 3科目이 모두 火요일 하루에 집중되어 힘이 들다.	
	4(水)	2. 6	·貞娥와 時事英語社까지 같이 가다. ·學校에서 學生論文 主題를 지도하다. ·서울大 IMC館에서 環境大學院 1學年 共通 科目인 '環境計劃·設計'의 第1次 講義를 하다.	·印度 總選에서 힌두民族主義政黨인 印度人民黨이 승리 ·獨逸 公共勞組 13만여명, 賃金協商을 앞두고 警告罷業 단행
	5(木)	2. 7	·中央公務員 敎育院에 가서 高位政策課程에서 특강을 하다. ·妻와 같이 서울出入國管理事務所에 가서 貞娥 비자件 書類를 가져오다. ·金壽鶴·李永哲 회장과 음주·환담하다.	4(水) ·金大中 大統領, 大學入試制度를 완전히 大學의 自律에 맡기겠다고 밝힘 ·政府, 北韓이 世界遺産協約에 가입하면 北韓 內 高句麗 古墳과 板門店 등 非武裝地帶를 世界文化遺産으로 등록되도록 南北韓 共同作業을 추진해 나갈 方針이라고 밝힘
	6(金)	2. 8	·金昌碩 교수 등과 조찬을 하며 서울市立大 開校 80周年 紀念세미나에 대해 협의하다. ·環境大學院 高位政策課程 入校式을 주재하고 課程 및 來賓紹介를 하다.	
	7(土)	2. 9	·서울大 敎授會館에서 高位課程生들과 오찬을 하다. ·버스로 加平 소재 淸平揚水發電所를 관람하고 豊林 프랜드리 콘도에 도착하다. ·저녁식사후 餘興을 즐기고 黃琪源 교수와 同室에 투숙하다.	5(木) ·中國 國務院 李鵬 總理, 제9기 全國 人民代表大會 開幕式에서 政府 部處를 40개에서 29개로 줄이자는 國務院 提案을 발표 6(金) ·大檢察廳, 議政府支廳 檢事非理 疑惑事件과 관련하여 對國民謝過聲明을 발표
	8(日)	2.10	·프랜드리 콘도에서 梁秉彛 원장의 특강을 듣고 오찬 후 귀경하다. ·貞娥, 崔君과 선을 보다.	·國民會議, '北風工作'에 대한 철저 조사의 입장을 세움 ·日本政府, 인도네시아·泰國· 말레이시아에 緊急無償援助를 제공키로 결정
	9(月)	2.11	·새마을本部에 가서 '새마을運動 新聞' 편집회의에 참석하고 오찬을 함께 하다. ·金裕赫 교수·徐健一 고문과 같이 地方自治 硏究院에 가서 업무처리를 하다. ·李永奭·李圭憲·高永天·李永哲씨와 저녁 식사를 하며 환담하다.	7(土) ·'97년 全國의 住宅數가 1,062만 7천 戶로서 처음 1천만戶를 넘어선 것으로 집계됨 ·러시아, 이란內 核發電所 建設 프로젝트를 강행할 것이라고 밝힘
	10(火)	2.12	·學校에서 高位課程 첫 강의를 하다.	8(日) ·金大中 대통령, 次官級 38명에 대한 人事를 단행
	11(水)	2.13	·內務部 硏修院 新任管理者課程 入校式에 참석하여 祝辭를 하고 金正吉 行政自治部長官 등과 오찬을 하다. ·學術振興財團에 가서 部長·팀長 등과 地域開發 硏究課題의 推進方法을 협의하다. ·國土計劃學會에 가서 國際交流委員長으로 韓·中·日세미나에 대해 협의하고 金英模 회장 등과 만찬을 하다.	·建設交通部, 全國 7개지역을 開發促進 地區로 지정해 年內 開發計劃을 확정할 방침이라고 밝힘 9(月) ·'98년 1월말 우리나라 總 對外支拂 負擔規模는 1,512억달러로 밝혀짐 10(水) ·수하르토 인도네시아 大統領, 再選됨으로서 7選 記錄을 세움
	12(木)	2.14	·貞娥 生日을 맞아 家族들과 조찬을 하며 축하하다.	·日本, 金融 시스템 改革法案을 결정
	13(金)	2.15	·齒科大學에 가서 金光男 학장으로부터 마지막 齒牙 矯正을 받다. ·새재회 모임에 나가 '새재碑' 건립건에 대해 협의하다.	11(水) ·金大中 대통령, 保安法 철폐는 시기상조라고 밝힘 ·美國 上·下院, 클린턴 行政府에 대해 中國의 人權彈壓을 비난토록 촉구하는 決議案 채택
	14(土)	2.16	·地方自治硏究院에 가서 朴東緖·韓垣澤· 蘇鎭光 ·李圭憲씨와 古州賞 選定會議를 하고 오찬을 함께하다. ·朴敬錫 前 地籍公社 社長을 만나 敎授 就任件을 자문하다.	12(木) ·美國 上院議員, 사담 후세인 이라크 大統領을 國際戰犯으로 처벌하기 위한 國際裁判을 열자는 決議案을 上院에 발의함

月	日	陰	本人 및 家族事項	社會一般事項
3	14(土)	2.16	·家族들과 三井 호텔에서 貞娥 生日 저녁을 함께 하다. ·妻男宅에 가서 金英世 동서의 父親 逝去를 위로하다.	13(金) ·政府, 새 大統領 취임을 계기로 552만 7,327명에 대한 赦免·復權 등을 단행 14(土) ·南北韓 佛敎指導者들, 中國 北京에서 회담을 갖고 폐막함
	15(日)	2.17	·金英世 동서, 집에 와서 묵다. ·저녁에 妻, 동서, 妻男 등이 酒家에 가서 음주·환담하다.	·美國·日本, 航空協定을 정식 조인했다고 보도됨 15(日) ·現代電子, 세계 최초로 音聲·文字 認識機能을 갖춘 複合半導體를 개발
	16(月)	2.18	·金英世 동서, 麻浦로 옮기다.	
	17(火)	2.19	·學校 高位政策課程의 講師 소개를 하다. ·黃琪源교수 및 高位課程生들과 술을 들며 환담하다.	17(火) ·韓國銀行, '97년 實質經濟成長率은 5.5%였다고 발표 ·中國 새 總理에 朱鎔基 부총리가 당선됨
	18(水)	2.20	·學校에서 林秀一 시장과 오찬을 같이 하다. ·學校 敎授會議에 참석하다. ·地域開發硏究會 理事會에 참석하고 저녁 식사를 함께 하다.	19(木) ·中國 제9기 全人大 1차회의 폐막 20(金) ·政府, 平和·和解·協力을 기조로 한 '새 政府의 對北 政策指針'을 확정
	19(木)	2.21	·地方自治硏究院에 가서 李圭憲 원장 등과 오찬을 하다. ·鄭淵壽 사장 問喪을 가서 울음을 터뜨리다. ·李圭憲·李永哲·金學澈씨와 술을 들다.	22(日) ·敎育部, 2002學年度부터는 大學入試를 자율화하겠다고 밝힘 ·國防部, 防産業體에 대한 構造調整을 하겠다고 밝힘 ·中國 反體制 人士, 當局의 저지에도 불구하고 野黨을 결성했다고 밝힘
	20(金)	2.22	·次女 貞娥, 비자 延長件으로 出國하여 美國 Lansing市에 가다. ·妻, 聞慶 親庭에 가다. ·學校를 거쳐 汝矣島에 가서 金壽鶴·徐健一씨 등과 오찬을 하다. ·저녁에 風水會 月例 모임을 갖다.	23(月) ·보리스 옐친 러시아 大統領, 새로운 改革을 위해 閣僚 전원을 해임 25(水) ·日本 3黨, 政治腐敗防止法을 제정키로 합의 ·서울大 環境大學院 제13대 同窓會長에 全錫洪 의원을 선출
	21(土)	2.23	·自治學會와 國土學會에 가서 일을 보다. ·목욕을 하고 집에서 原稿를 쓰다.	26(木) ·2月中 失業者가 史上처음 100만명을 돌파
	24(火)	2.26	·朱埈源군 결혼식에서 主禮를 보다. ·學校에서 院長과 같이 캐나다의 Simon Fraser University에서 온 敎授 2名과 인사하고 환담하다. ·學校 高位課程에서 講師를 소개하다. ·嚴福燮 사장·李永哲 회장과 음주하며 환담하다.	·世界銀行, 韓國에 20억달러의 構造 調整 借款을 추가지원키로 했다고 발표 27(金) ·1977년에 발족한 證券管理委員會가 해체됨 ·U.N.安保理, 中央아프리카共和國에 1,350명의 U.N.平和維持軍을 파견키로 결의
	25(水)	2.27	·行自部 硏修院 第2期 新任管理者班 修了式에 참석하여 祝辭를 하다. ·石永哲 行自部次官과 환담을 하고 安在憲원장 등과 오찬을 함께 하다. ·環境大學院 同窓會 總會에 참석하고 全홍규 부사장과 함께 물러나는 朴重培 동창회장을 위로하는 宴會를 갖다.	28(土) ·말레이시아, 약1,000명의 不法 移民者에대한 대규모 追放作業에 착수 31(火) ·金大中 대통령, 제2차 아시아·유럽 頂上會議에 참석키 위해 런던으로 출발
	26(木)	2.28	·새마을本部의 金길수 실장 및 孫원일 직원과 '새마을新聞' 현지 취재차 公州市에 가다. ·市長·副市長과 인사하고 公山城·곰나루·民俗찻집·甲寺 등을 둘러보고 李灌鎔 문화원장과 인터뷰를 하다. ·市幹部·새마을任員들과 저녁을 함께 하고 투숙하다.	·제1차 改革對象이 되고 있는 政府傘下 團體는 552개, 총인원 38만 5,571명에 이르는 것으로 집계됨 ·石油輸出機構 , 油價安定을 위해 石油生産量을 하루 124만 5,000배럴 감축키로 합의했다고 발표
	27(金)	2.29	·市長 등 간부와 조찬을 함께 하고 상경하다.	
	28(土)	3. 1	·地方自治硏究院에 가서 禹哉永 소장 등과 오찬을 하고 地域開發硏究會의 회의를 하다. ·金壽鶴·李永奭·禹哉永·李永哲·姜信祚·徐健一씨 등과 저녁 식사를 하며 환담하다.	

月	日	陰	本人 및 家族事項	社會一般事項
3	30(月)	3. 3	· 새마을硏修院에 가서 새마을指導者 및 公職者에게 특강을 하다.	
	31(火)	3. 4	· 서울大 湖巖館에서 高位政策課程 第3期招請 第4期와의 相見禮 會食에서 인사와 乾杯제의를 하다.	
4	1(水)	3. 5	· 妻와 같이 建物들을 둘러보고 저녁에 藝術의 殿堂에서 공연된 創作大衆歌劇 '눈물의 女王'을 관람하다.	1(水) · 臺灣 國際貿易代表團, '92년 外交關係 斷切後 첫 公式 代表團 서울 도착
	2(木)	3. 6	· 새마을本部에 가서 '새마을 사랑모임' 準備委員會회의에 참석하고 오찬을 함께하다. · 汝矣島 硏究院에 들려 業務協議를 하다. · 行硏會 저녁모임에 참석하다.	2(木) · 金大中 대통령, 런던에서 日本 및 中國總理와 連鎖會談 개최
	3(金)	3. 7	· 麻浦·學校 등을 돌며 銀行處理를 하다. · 미시간州立大 李재훈 博士와 오찬을 하며 消息을 교환하다.	3(金) · 金大中 대통령, 런던에서 개최된 아시아·유럽頂上會議에서 基調發言을 함 · 金大中 대통령, 英國總理와 頂上會議를 가짐 · 美國 데팬스 포럼財團, 北韓은 收容所 在所者들을 대상으로 化學武器 生體實驗을 실시하고 있다고 폭로 · 北韓이 中距離彈導미사일 '勞動1號'를 '97년 상당수 배치한 것으로 보도됨 · 토니블레어 英國總理, 第2次 아시아·유럽頂上會議에서 開幕辭를 함 · U.N.人權委員會, 死刑制度의 完全廢止를 촉구하는 決議案을 채택
	4(土)	3. 8	· 鄭錫東씨의 子女 결혼식에 참석하다. · 강동석군 결혼식에서 主禮를 보다.	4(土) · 金大中 대통령, 런던에서 프랑스 大統領과 頂上會談을 가짐 · 韓國·美國·英國 등 100여개국, 種族虐殺, 反人類犯罪, 戰犯嫌疑가 있는 사람들을 재판하는 國際刑事裁判所를 창설키로 합의
	5(日)	3. 9	· 姜成太군 등과 汽車로 大邱에 가다. · 韓상준군 결혼식의 主禮를 보고 상경하다. · 次女 貞娥, 美國에서 귀국하다.	5(日) · G-8 環境長官들, 각국에서 溫室가스 排出減縮政策을 즉각시행한다는 聲明을 발표하고 英國會議를 폐막함
	6(月)	3.10	· 貞娥와 같이 출근하다. · 汝矣島 硏究院에서 金壽鶴·徐健一씨와 환담하다. · 李경희 將軍에게 次女를 인사시키다. · 李경희·李영철씨와 저녁 식사를 하다.	6(月) · 政府, '98년도 國政指標를 國政全般의 改革, 經濟難局의 克服, 國民和合의 實現, 法과 秩序의 守護로 결정 · 파키스탄, 射程距離 1,500km에 달하는 地對地미사일의 發射實驗에 성공했다고 밝힘 · 네팔 共産主義政黨들의 反政府罷業으로 일상업무 마비
	7(火)	3.11	· 學校 高位課程에서 講師 소개를 하다.	7(火) · 政府, 大統領 소속의 規制改革委員會 구성
	8(水)	3.12	· 地方自治硏究院에 가서 일을 보고 金學澈씨와 오찬을 하다. · 徐健一 고문과 동행하여 三星醫療院에 치료중인 金在城 박사를 문병하다. · 徐健一·李永哲·金學澈씨와 저녁을 하며 환담하다.	8(水) · 제191회 臨時國會 개회 · 인도네시아·國際通貨基金, 430억달러 救濟金融代價로 인도네시아가 이행할 經濟改革對策에 합의
	9(木)	3.13	· 主禮 본 朱埈源군 夫婦, 학교에 들려 인사를 하다. · 妻와 같이 湖巖館에서 개최된 高位課程 夫婦同伴 特講에 참석하여 乾杯提議와 尹은기 講師를 소개 하다. · 黃琪源 교수 부부와 맥주를 들며 환담하다.	9(木) · 日本銀行, 再割引率을 0.5%로 묶어두는 등 超低金利政策을 유지키로 합의 · 日本總理, '98년에는 모두 4조圓의 減稅를 실시하겠다고 밝힘 · 사우디 아라비아, 回敎徒들의 메카 聖地巡禮 마지막날 미나에서 壓死事故가 발생해 118명이 숨졌다고 발표
	10(金)	3.14	· 地方行政硏修院에 가서 考試合格者班에서 강의하다. · 建交部 中央都市計劃委員會에서 임시 委員長職을 수행하다. · 李永哲 회장 등과 저녁 식사를 하다.	
	11(土)	3.15	· 妻와 같이 Hyatt호텔에서 洋服을 맞추고 李東燮 원장 令愛결혼식에 참석하다.	
	12(日)	3.16	· 雨中에 子 東彬과 같이 板橋에 있는 農協 週末農場에 가서 農事方法을 설명듣고 오다.	
	13(月)	3.17	· 水原所在 韓國地方行政硏究院에 가서 李達坤 第10代 院長의 就任式에 참석하다. · 李昌洙 원장과 같이 林敬鎬 원장이 운영하는 議會發展硏究所를 방문하고 같이 오찬을 하다. · 地方自治硏究院을 갔다가 새재會 저녁 모임에 참석하다. · 金學澈·李永哲 회장과 음주하며 환담하다.	

月	日	陰	本人 및 家族事項	社會一般事項
4	14(火)	3.18	· 學校에서 禹哉永 회장 및 金규복 국장과 業務協議를 하다. · 高位課程 講師를 소개하다. · 嚴福燮 사장 초청으로 黃琪源 · 兪炳林 교수와 맥주를 들며 환담하다.	10(金) · 金大中 대통령, 그린벨트를 전면 재조정하라고 지시 · 북아일랜드 平和協定 타결 11(土) · 北韓, 기근으로 人肉을 먹는 사태가 발생하고 있다고 보도됨
	15(水)	3.19	· 妻와 같이 週末農場에 가서 상추 · 배추 등의 씨앗을 뿌리고 盆唐에 들러 저녁 식사를 하다.	12(日) · 日本政府는 '59년 이후 9년 동안 8만 8,000여명의 在日僑胞를 北韓에 보냈던 것으로 밝혀짐
	16(木)	3.20	· 卞鐸 · 金學澈 사장과 같이 오찬을 함께 하다. · 金利煥 사장 초청으로 趙鏞孝 원장의 歸國歡迎 晩餐에 참석하다. · 늦게 朱龍鐸 회장과 만나 음주하다.	13(月) · 3월말 外國人 保有 國內株式은 17조 9,554억원으로 全體의 19.14%에 달한 것으로 밝혀짐 · 美國 大型銀行 Nations Bank社와 Bank America社가 合併을 공식발표
	17(金)	3.21	· 妻, 聞慶 친정에 가다. · 朱龍鐸 회장과 조찬을 하며 상담하다. · 비행기로 束草에 가서 金在城 박사 · 權赫宸 단장 · 崔聖東 과장, Nevada州立大學 Andy Nazarechuk 교수 등을 만나 저녁 식사를 함께 하고 콘도에 같이 투숙하다.	14(火) · 政府, '金融 · 企業 構造改革促進方案'을 확정 15(水) · 체코 下院, 東歐圈 國家 中 처음으로 NATO 加入條約을 批准
	18(土)	3.22	· 江原道 雪嶽修練院에서 개최된 江原道 · UNLV 主催 觀光産業講座 開講式에 참석하고 特別講演을 하다. · 함께 저녁 會食을 하고 투숙하다.	17(金) · 文化觀光部, 全國을 7大觀光圈으로 나누어 추진키로 함 · 몽골 聯立政府, 經濟改革의 실패로 총사퇴
	19(日)	3.23	· 척산 溫泉의 민병선 社長 초청 조찬회에 참석하고 상경하다. · 主禮본 韓상준 군 夫婦가 집에 들러 인사하다.	18(土) · 美國, 당분간 美軍을 계속 걸프地域에 주둔시키기로 함 19(日) · 政府 · 與黨, 一般 中小企業에 대해 4,000억원의 資金을 長期 低理로 지원키로 했다고 밝힘 · 美洲 34個國 頂上들, 南 · 北美를 묶는 世界最大의 自由貿易地帶를 2005년까지 창설키로 하는 '산티아고 宣言'을 채택
	20(月)	3.24	· 地方自治研究院에 가서 원고를 쓰다. · 李永哲 · 金學澈 회장과 저녁 식사를 하며 환담하다.	
	21(火)	3.25	· 高位課程生 全體會議後 함께 저녁 식사를 하다.	
	22(水)	3.26	· 金현소 室長과 같이 醴泉 道立專門大學에 가서 李相燮 소장 및 南圭昌 학장과 만나 인사하다. · 大學人士 및 權尙國 군수 등과 오찬을 하고 高校 同期인 金成鎰 · 玉福圭 교장 등과 환담하다. · 大學 주최 세미나에서 李義根 지사 등을 만나고 主題發表를 하다. · 저녁식사 후 상경 · 귀가하다.	20(月) · 泰國, 6,000만 人口 가운데 貧困層은 11%인 700만명에 이르는 것으로 집계 · 獨逸 赤軍派, 解體를 선언함 21(火) · 檢察, 權寧海 前安企部長을 구속 · 기소 · 쿠바 · 도미니카共和國, 1959년에 단절된 外交關係를 정상화했다고 발표
	23(木)	3.27	· 金在城 박사 등과 오찬을 하다. · 中央大 行政大學院에 가서 金圭定 · 徐憲濟 교수 및 黃근태 前副知事 등과 인사하고 特講을 하다.	22(水) · 韓 · 美 航空自由化協定의 체결을 위한 協商이 완전 타결됐다고 발표됨 · 프랑스 下院, 프랑스의 유럽 單一通貨 加入案 가결
	24(金)	3.28	· 金在城 박사와 동행하여 새마을研修院에 가서 金博士의 諮問教授 委囑狀 수령을 보고 管內視察을 하다. · 卞鐸 사장 초청으로 李世茂 회장과 저녁 식사를 하고, 뒤에 李永哲 회장과 맥주를 들며 환담하다.	23(木) · 公職者 財産登錄 內譯이 공개됨 · 프랑스 下院에서 化學武器禁止協定을 승인함으로써 106번째 批准國이 됨 24(金) · 日本, 總16조엔이 넘는 사상 최대규모의 綜合景氣對策 결정
	25(土)	3.29	· 집 마당을 손질하다. · 金壽鶴회장 초청으로 金在城 · 李圭憲 · 趙正濟씨 등과 만찬을 갖다. · 金在城 박사 소개로 라스 베이거스의 U.K. Cassell Community College 副學長과 인사하다.	27(月) · 金大中 대통령, 行政의 5大指標 제시 · 統一部, 金正日이 民族大團結 5大原則을 발표했다고 보도 28(火) · 옐친 러시아大統領, 4개국 頂上과 關稅同盟 확대를 결정
	26(日)	4. 1	· 金在城 박사와 같이 忠北 鎭川에 가서 鎭川大學 設立者인 裵정회 이사장과 申用澈 교육위원을 만나 인사하다. · 大學設立 敷地를 시찰하고 상경하다.	29(水) · 아시아開發銀行, 第31次 年次總會를 제네바에서 개최 30(木) · 3월말 현재 우리 나라 總對外支佛 負擔 規模는 1,513억달러로 집계됨

1998

月	日	陰	本人 및 家族事項	社會一般事項
4	26(日)	4. 1	·金在城 박사 兄弟 및 李永哲 회장과 저녁 식사를 하다.	30(木) ·政府, 그동안 最大 1,000만달러 규모로 억제해오던 對北投資規模制限을 완전 폐지 ·美國 上院, NATO 擴大條約을 승인함 ·美國 國務部, 年例報告書에서 北韓·이란·쿠바·이라크·리비아·수단·시리아 등을 테러 支援國으로 분류
	27(月)	4. 2	·地方自治硏究院에서 金容稷 전 서울大 교수와 인사하고 朴昇治 부원장 등과 硏究院 運營에 대해 협의하다. ·李圭憲·高永天·李永哲·朴昇治씨와 好凡會 모임을 갖다.	
	28(火)	4. 3	·學校 高位課程에서 講師紹介를 하다	
	29(水)	4. 4	·金在城 박사와 오찬을 하다. ·國土計劃學會 政策討論會에서 司會를 보다. ·會長團 및 行事參席代表들과 저녁 식사를 하다.	
	30(木)	4. 5	·金在城 박사 등과 오찬을 하며 大學 設立 등에 대해 협의하다. ·金在城 박사와 地方自治硏究院에 들렀다가 空港에 나가 出國하는 金在城박사를 환송하다.	
5	1(金)	4. 6	·새마을本部의 새마을운동發展方向에 관한 諮問會議에 참석하다. ·金壽鶴·尹웅규·金炯國·徐정웅씨 등과 저녁을 하며 환담하다.	1(金) ·金大中 대통령, 매들린 올브라이트 美國務長官과 靑瓦臺에서 會談함 ·제129회 臨時國會 개회 2(土) ·北韓은 高性能 諜報偵察機를 러시아에서 구입하여 實戰 配置했다고 보도됨 ·리틀 엔젤스 藝術團 一行 64名, 平壤에 도착
	2(土)	4. 7	·空港管理工團 金建鎬 이사장과 저녁 식사를 하며 친구 李鍾德 理事의 연임을 당부하다.	
	3(日)	4. 8	·佛誕日을 맞아 妻와 같이 虎壓寺에 가서 禮佛을 드리다. ·누님 內外分 및 동생 群濟와 板橋 週末農場에 들리고 다시 동생 耕作地에 가다. ·次女 貞娥, 李경희 將軍 소개로 선을 보다. ·李경희 장군과 차를 들며 환담하다.	3(日) ·敎育部, 24개 國立大學에 대해 經營診斷評價를 실시키로 했다고 밝힘 ·유럽聯合 頂上들, 유럽 單一通貨인 유로에의 參加 11個國을 공식 발표 4(月) ·北韓의 羅津·先鋒自由貿易地區에 韓國·日本·英國 등의 약 110개 企業이 進出을 결정하고 이미 契約을 완료했다고 보도됨 ·國際通貨基金, 인도네시아의 經濟回復을 위해 약 30억달러의 지원을 승인
	4(月)	4. 9	·李경희 장군 및 李永哲 회장과 저녁 모임을 갖다.	
	6(水)	4.11	·地方自治硏究院에 가서 '月刊 自治公論'에 게재될 에세이 原稿를 12月號까지 작성 완료하다. ·潘局長 초청으로 任職員 모두 및 李永哲씨와 오찬을 함께 하다.	6(水) ·國務會議, '98년 規制改革綜合指針'을 의결 ·行政自治部, 政策實名制를 실시키로 했다고 밝힘
	7(木)	4.12	·妻, 술에 만취되어 횡포를 부리다.	
	8(金)	4.13	·大韓地籍公社 新入社員에게 特講을 하다.	
	9(土)	4.14	·妻, 시골 親庭에 가다. ·鄭夏容 大田 副市長 초청으로 朴東緖·盧隆熙·李圭憲·徐健一씨 등과 오찬을 같이 하다. ·地方自治硏究院 주최의 創刊紀念式에 참석하여 開會 및 閉會人事를 하고 저녁會食에 참석하다.	7(木) ·獨逸 다임러-벤츠와 美國 크라이슬러의 合倂을 선언 ·美國 農務長官, 美國産 農産物의 수출을 촉진하기 위해 補助金支給을 부활시키겠다고 선언
	10(日)	4.15	·子 東爀과 週末農場에 가서 고추를 심고 채소를 솎아오다. ·Novotel 호텔에 들어가서 建交部 道路公社 社長公採募集審査委員長으로서 審査를 주관하고 호텔에 투숙하다.	8(金) ·G-7 財務長官들, 런던會議에서 아시아식 經濟危機 豫防을 위한 國際金融體系 强化報告書 채택 10(日) ·金大中 대통령, '國民과의 TV 討論'에서 政局懸案에 대한 立場을 밝힘 ·아일랜드 신페인黨, 北아일랜드 平和協定을 공식비준
	11(月)	4.16	·Novotel 호텔에서 道路公社 社長候補 26명에 대해 面接을 보고 審査를 거쳐 최종 3명(鄭崇烈·李太敎·金鳳燮)을 추천키로 결정하다. ·밤 12시에 審査業務를 종료하고 귀가하다.	12(火) ·大韓赤十字社, 밀가루 3,000톤, 소금 1,000톤 등의 對北救護物資를 보낼 계획이라고 밝힘
	12(火)	4.17	·妻, 상경하다. ·韓豹桓 박사와 오찬을 하다. ·學校 高位課程에서 講師 紹介를 하다.	14(木) ·美國·日本·U.N. 등, 印度의 核實驗에 대한 制裁措置計劃을 발표

月	日	陰	本人 및 家族事項	社會一般事項
5	13(水)	4.18	·地方行政硏修院에 가서 高級班의 政策課題 硏究를 지도하다. ·새마을本部에 가서 會長·總長·室長들과 長期課題推進에 대해 협의하다. ·學校敎授들과 만찬을 하며 次期 院長 選任에 대해 협의하다.	
	14(木)	4.19	·學校 指導學生들이 마련한 스승의 날 紀念 오찬에 참석하다. ·왼쪽 어깨와 목 및 팔에 痛症이 오기 시작하다. ·禹哉永·金圭복씨와 세미나 개최 및 案內書 발간에 대해 협의하고 저녁 식사를 하다.	
	15(金)	4.20	·世宗文化會館에서 개최된 서울市立大學校 開校 80週年 紀念 세미나에 참석하여 基調演說을 하다. ·저녁 리셉션에 참석하다. ·李圭憲·李永哲씨와 음주·환담을 하고 地方自治 硏究院 理事長職의 辭任을 공식적으로 표명하다.	15(金) ·인도네시아 수하르토 大統領, 國民이 자신을 지지하지 않을 경우 辭任할 수 있다고 밝힘
	16(土)	4.21	·1年만에 風水會 골프를 江南 골프場에서 비를 맞으며 치다.	16(土) ·서울地檢, '97년 大統領選擧를 앞두고 金大中 대통령을 겨냥한 '北風工作'에 관여한 人士들을 구속 또는 불구소 기소함
	17(日)	4.22	·妻와 같이 Hyatt 호텔에 가서 짜깁기한 洋服을 찾고 週末農場에 가서 채소를 솎은 뒤 저녁식사를 하고 귀가하다.	17(日) ·아시아 人權委員會, 光州에서 아시아 17개국 人權團體 代表들이 모여 '아시아 人權憲章'을 채택 ·G-8 頂上들, 버밍엄에서 3일간의 회의를 마치고 共同聲明 발표
	18(月)	4.23	·地方行政硏修院 中堅幹部班 入校式에 참석하여 祝辭를 하고 함께 오찬을 들다.	18(月) ·姜慶植 전부총리 및 金仁鎬 전경제수석, '97년 外換危機와 관련 職務遺棄 및 職權濫用의 혐의로 구속됨 ·建交部, 그린벨트 制度改善을 위해 7월말까지 實態調査를 완료한다고 발표 ·美國 財務部, 멕시코 大型銀行 관계자들이 포함된 史上 最大규모의 國際的 돈 洗濯 및 痲藥密賣組織을 적발, 112명을 체포하고 3,500만달러를 압수했다고 발표
	19(火)	4.24	·서울大 構內食堂에서 마련된 農協中央會 李來秀 부회장 초청 諮問委員 간담오찬에 참석하다. ·學校 高位課程에서 講師를 소개하다.	19(火) ·'98서울國際綜合電氣機器展이 汝矣島 綜合展示場에서 개막됨
	20(水)	4.25	·리츠 칼튼 호텔에서 조찬을 하며 金壽鶴·李瓚鉉·金炯國씨 등과 長期課題 硏究件을 협의하다. ·學校에 가서 論文指導를 하다. ·環心會 歷代會長團이 초청한 스승의 날 紀念 만찬에 참석하고 선물을 받다.	20(水) ·中國은 韓國에 '旅行自由國' 地位를 부여키로 결정했다고 보도됨
	21(木)	4.26	·地方行政硏修院에 가서 高幹班論文指導를 하다. ·妻와 같이 建物을 보고 오다. ·어깨가 아파 집에서 壓力指壓을 받다.	21(木) ·인도네시아 수하르토 大統領, 국민의 힘에 굴복하여 전격적으로 사임하고 政府를 하비비 副統領에게 이양. ·클린턴 美國 大統領, 폴란드·헝가리·체코 등 東유럽 3개국을 NATO 新規會員國으로 가입시키는 내용의 條約改正案에 서명
	22(金)	4.27	·慶州市·東國大 등이 프레스 센터에서 개최한 高速鐵道路線에대한 세미나에 참석하여 司會를 보고 만찬을 함께 하다. ·李永哲회장과 음주·환담하다.	
	23(土)	4.28	·KBS 第1TV에 나가 金正吉 장관 및 李진곤 論說委員과 金진기 解說委員 사회로 '6.4選擧와 地方自治'에 대한 대담·녹화를 하다. ·李圭憲·尹瑀씨와 오찬을 하다. ·妻와 같이 蘇鎭光·朴永哲 박사 夫婦 초청 저녁 만찬에 참석하다.	23(土) ·財經部, 日本이 1,300억엔(10억달러)을 지원키로 했다고 발표 ·아세안, 差別的 政策을 철폐하라고 美國에 촉구
	24(日)	4.29	·녹화된 '6.4選擧와 地方自治'가 KBS 1TV에서 政策診斷의 프로로 방영되다. ·妻와 같이 淸凉里 소재 建物을 보고 週末農場에 다녀오다.	24(日) ·政府·與黨, '住宅抵當債券의 流動化에 관한 特別法' 制定案을 마련 ·監査院, '97년 變則會計處理된 것이 5,721억원이었다고 밝힘 ·大統領, 北韓이 1955년에 戶主·戶籍制度를 폐지하고 身分登錄制度를 채택하고 있으므로 統一後 戶籍復舊 方案이 마련되어야 한다고 지적 ·헝가리 總選에서 中途右派인 '靑年民主同盟'이 승리
	25(月)	4.30	·Novotel 호텔에서 李瓚鉉·金炯國 교수 등과 새마을 發展計劃案을 수립하다.	25(月) ·제193회 臨時國會 개회 ·文化觀光部, '文化비전 2000委員會'를 새롭게 구성·발표 ·泰國 議會, 政府가 경제회생을 위해 마련한 緊急經濟對策을 승인

月	日	陰	本人 및 家族事項	社會一般事項
5	24(日)	4.29	·金壽鶴 회장 등과 저녁을 하며 협의하다.	
	26(火)	5. 1	·地方行政硏究院과 行政自治部가 世宗文化會館에서 개최한 地方分權法 公聽會에 참석하여 全體 司會를 보다. ·行自部 次官·次官補·硏究院長 및 發表·討論者들과 저녁식사를 함께하다.	26(火) ·國務會議, 韓·美間 犯罪人 引導條約案 의결 ·政府, 生命工學 分野의 硏究開發을 촉진하기 위해 2002년까지 1조 3,275억원을 투자키로 했다고 밝힘 ·옐친 러시아 大統領, '98년 안에 政府支出을 400억불(65억달러) 삭감한다는 財政改革案 발표
	27(水)	5. 2	·地域開發硏究會가 주최한 세미나에 참석하여 全體 司會를 보다. ·禹哉永 회장 초청으로 參席者들과 저녁 회식을 하다.	27(水) ·國家安全企劃部, 北韓 TV드라마 〈北方의 겨울〉을 최초로 國內放送社에 제공했다고 발표 ·멕시코市 當局, 大氣中 오존指數가 위험수준을 넘어섬에 따라 大氣汚染 非常事態를 선포
	28(木)	5. 3	·水原 소재 京畿開發硏究院에 가서 硏究諮問委員會 회의에 참석하고 委員長으로 피선되어 會議를 주재하다. ·兪焄 원장 초청 오찬에 참석하고 임승빈 교수 車로 果川을 거쳐 學校에 가다. ·妻와 같이 高位課程 夫婦 特講에 참석하여 洪文和 강사를 소개하다.	
	29(金)	5. 4	·建交部에 가서 民間投資事業審議會件에 대해 협의하고 中央都市計劃委員會의 小會議 및 本會議에 참석하다. ·金源 부총장 車로 나와서 저녁에 鳥嶺會 모임에 가다.	29(金) ·金大中 대통령, 國會 開院 50주년 기념식에서 國民 大統合을 촉구 ·國際通貨基金, 韓國에 대해 19억달러의 借款을 추가 제공키로 의결 ·필리핀 議會, 野黨 候補인 조지프 에스트라다 副統領이 13대 大統領으로 당선되었다고 선포 ·모하마드 타라르 파키스탄 大統領, 外部 侵略의 위협에 따라 非常事態를 선포
	30(土)	5. 5	·國土學會 및 圖書館을 방문하고 權五澈 친구에게 聞慶人 名單을 넘겨주다. ·子 東爀과 같이 밭에 가서 나물을 솎아오다.	30(土) ·金大中 대통령, '第2의 張保皐時代'를 열어나가자고 강조 ·日本 社民黨, 聯立政府를 탈퇴키로 결정
	31(日)	5. 6	·鄭慶鎬 사장 女息 결혼식에 참석하다.	31(日) ·아프가니스탄 北東地域에서 7.1 리히터의 地震이 발생해 5,000명 이상이 사망 ·지난 4개월동안 인도네시아에서 뎅기熱로 인한 사망자가 1,000여명을 넘어섰다고 보도됨
6	1(月)	5. 7	·地方自治硏究院에 가서 徐健一 고문 초청으로 金壽鶴·李圭憲씨와 같이 오찬을 하다. ·李圭憲·朴昇治씨와 理事長 辭任件을 논의하다. ·朴昇治 부원장 부담으로 好凡會 모임을 갖다.	1(月) ·최근 4年 동안 소멸 또는 합병이 이뤄지고 있는 日本의 金融機關은 전체의 11%인 111개에 이른 것으로 집계됨
	2(火)	5. 8	·學校에서 3科目에 대한 第1學期 終講을 하다. ·金규복 국장이 와서 業務協議를 하다. ·高位課程에서 講師 紹介를 하다. ·高文炫군과 같이 妻의 車로 동행 퇴근하다.	2(火) ·金鍾泌 總理署理, 3~5개의 多黨制가 필요하다고 강조 ·美國, 宇宙往復船 Discovery號 발사에 성공 ·世界銀行, 인도네시아에 農村貧困退治用 借款 2억2,500만달러를 제공키로 결정
	3(水)	5. 9	·Novotel 호텔에서 金炯國 교수 등과 새마을硏究課題를 심의·조정하다. ·金壽鶴 회장 등과 저녁을 하며 협의하다.	3(水) ·세르비아內 코소보自治州에 거주하는 알바니아系 住民 5만여명이 피난길에 나섰다고 보도됨 ·獨逸 北部에서 高速列車가 탈선, 70명이 숨지고 200여명이 부상
	4(木)	5.10	·地方選擧 投票日을 맞아 妻와 같이 投票를 하고 점심을 먹고 오다. ·世界日報社에 가서 趙昌鉉·崔平吉 교수와 地方 選擧 結果에 대한 座談會를 하다.	4(木) ·248명의 長과 4,428명의 議員을 뽑는 地方選擧 投票실시 ·유럽聯合 11개국 財務長官들 '99年初 공식 출범하는 유로時代의 經濟政策을 조정할 새로운 機構를 발족시킴
	5(金)	5.11	·妻, 시골 親庭에 가다. ·조찬회에서 全英模 교수 指導의 洪玄玉씨 博士論文을 委員長으로서 주재·심의하다. ·科總의 科學技術政策 硏究委員會 회의에 참석하고 自治 및 國土學會에 들리다.	5(金) ·外交通商部, 연내 20개 在外公館을 감축할 計劃을 세움

月	日	陰	本人 및 家族事項	社會一般事項
6	5(金)	5.11	·李景熙·李圭憲·李永哲씨와 저녁을 하며 환담하다.	5(金) ·U.N.安保理, 에티오피아와 에리트레아에 대해 '즉각적인 休戰'을 촉구 ·인도네시아軍이 최근 몇 년간 北部 아치에州의 分離獨立運動을 저지하기 위한 軍事作戰 과정에서 3만9천명 이상이 살해됐다고 밝힘.
	6(土)	5.12	·聞中 후배인 金堤 벽성專門大 金相珍 교수를 만나 人事 付託을 받다.	
	7(日)	5.13	·金壽鶴 회장과 점심을 하며 환담하다. ·日本에서 온 若山浩司교수를 위한 만찬을 李圭憲 원장 초청으로 李永奭 고문과 같이 又來屋에서 갖다. ·늦게 李永奭·李永哲씨와 음주 환담하다.	7(日) ·金大中대통령, 코피 아난 U.N.事務總長과 美國 뉴욕에서 면담 ·日本 共産黨, 31년전 단절된 中國 共産黨과의 관계 회복을 위해 北京에 代表團을 파견했다고 발표
	8(月)	5.14	·地方自治研究院에 가서 若山浩司·李圭憲씨와 환담하고 점심을 함께 들다. ·金壽鶴·李永哲 회장과 저녁을 함께 하며 환담하다.	8(月) ·인도네시아 回教學生 示威隊, 政府廳舍에 몰려가 政黨 解體를 요구
	9(火)	5.15	·學校 高位課程에서 講師 紹介를 하다. ·妻, 상경하다.	9(火) ·黃長燁 전 北韓勞動黨秘書, 北韓은 식량난으로 '95년 한 해 동안 勞動黨員 5만명을 포함해 50만명이 굶어죽었고 '96년에도 100만명이 아사했다고 밝힘
	10(水)	5.16	·三星生命의 盧熙植전무 초청으로 李永奭 고문과 같이 水原 골프場에서 운동을 하다. ·왼쪽 어깨·팔이 아파 고생을 하다.	10(水) ·金大中 대통령, 美國 上下兩院 合同 會議에서 연설하다. ·金大中 대통령, 워싱턴에서 클린턴 美國 大統領과 頂上會談을 하다.
	11(木)	5.17	·學校 保健所에서 定期身體檢查를 받다. ·國土學會에 가서 國際分科委員會 會議를 주재하고 함께 저녁 식사를 하다. ·金英模·權相俊·金 瑛 교수 및 朱龍鐸 회장과 음주·환담하다.	
	12(金)	5.18	·새마을任員 및 李瓚鉉·金炯國 교수와 조찬을 하며 세미나件을 협의하다. ·大韓商議 研究委員會 委員 委囑 및 午餐會에 참석하다. ·漢陽大 主催 세미나에 참석하여 綜合分科討論을 하고 리셉션에 참석 후 趙正濟 장관 車로 귀가하다.	
	13(土)	5.19	·故 平溪 李正鎬先生 遺稿詩集 出版紀念會에 참석하여 故人의 略歷報告를 하고 金潤煥·權彛赫씨 및 文人 다수를 만나 인사하다. ·李圭憲·李永哲씨 및 美 뉴욕 居住 詩 朗讀人 金松姬씨와 술을 들며 환담하다.	13(土) ·統一部, 對北設備 搬出 承認制度를 폐지하고 北韓으로부터 搬入 承認을 요하는 品目을 205개에서 178개로 축소키로 했다고 발표 ·日本 國立環境研究所, 현재와 같은 地球 溫暖化 現象이 지속될 경우 2100년까지 地球 전체 森林의 43%가 사라질 것이라는 研究 結果를 발표 ·알제리 首都 알제 인근에서 爆彈이 터져 15名이 숨지고 33名이 다쳤다고 보도됨
	14(日)	5.20	·妻와 같이 農場에 가서 밭 정리를 하고 저녁 식사를 한 뒤 하나로 슈퍼에 들려서 귀가하다.	
	15(月)	5.21	·自治 및 國土學會에 들리고 李永哲 회장과 오찬을 한 후 圖書館에 들리다.	
	16(火)	5.22	·朴永哲 박사 등과 晋州市에 가다. ·晋州副 市長·鄭幸吉 부녀회장 등과 오찬을 함께하다. ·晋州廣域圈開發 심포지엄에서 全體 司會를 보다. ·參席者들과 만찬을 하고 음주 후 투숙하다.	16(火) ·鄭周永 現代그룹 名譽會長, 北韓에 제공할 소 500마리를 싣고 板門店을 통해 入北 ·北韓, 미사일을 開發·輸出하고 있음을 시인하고 美國이 이를 막으려면 응분의 報償措置를 취해야 한다고 주장
	17(水)	5.23	·金 瑛 교수 등과 조찬을 함께 하고 상경하다. ·學校에서 論文最終審查를 하고 教授會議를 하다. ·金成洙 교수의 昇進祝賀宴을 갖고 이어 金壽鶴 회장 초청 飲酒宴에 가다.	17(水) ·北韓은 '8.15 板門店 統一大祝典'을 개최할 것을 제안하는 書翰을 金大中 대통령을 위시한 각계 대표 85명에게 보낸 것으로 밝혀짐 ·韓國銀行, 우리 金融機關들이 러시아에 투자한 규모는 3월말 현재 17억 6천만 달러 라고 집계·발표 ·印度의 核武器 潛在力은 英國보다 강력하며 프랑스나 中國과 같은 班列에 속한다고 보도됨
	18(木)	5.24	·檀國大 博士論文審查를 위한 조찬 모임을 주재하고 合格 保留를 결정하다. ·建交部 民間投資事業審議委員會에 참석하여 委員長으로 再委囑을 받고 會議를 주재하다. ·孫宣奎 次官 및 委員 모두와 오찬을 들며 환담하다.	18(木) ·國務總理 國務 調整室, '98년 말까지 既存 規制의 50% 이상을 폐지 또는 완화하는 方案을 발표 ·國際勞動機構(ILO), 勞動 現場에서의 基本原則과 利權에 관한 宣言文을 채택하고 폐막

月	日	陰	本人 및 家族事項	社會一般事項
6	18(木)	5.24	·學校 高位課程에서 講師 紹介를 하고 終講紀念會食에 참석하다.	21(日) ·金融監督委員會, 銀行當 與信 50억원 이상의 大企業 313개 가운데 回生不能이 55개, 回生可能이 18개, 正常 判定이 150개 業體로 집계 ·콜럼비아, 保守黨의 안드레스 파스트라나 候補가 새 大統領에 당선됐다고 발표 22(月) ·合同參謀本部, 北韓 潛水艇 한척이 東草市 동쪽 11.5마일 領海上에서 표류하다가 東海인근 海軍基地로 예인됐다고 발표 ·國防部 檢察部, 元 准尉 手帖에 올라 있는 443건의 兵務請託과 관련, 400명의 名單 가운데 133명의 現役軍人이 포함돼 있다고 兵務非理搜査 結果를 발표 23(火) ·鄭周永 會長, 訪北後 記者會見에서 가을부터 金剛山 관광이 실현될 수 있도록 北韓側과 契約체결했다고 밝힘 ·'96년 우리 나라 生命·損害保險의 收入保險料 규모는 624억7천만달러로 프랑스에 이어 6번째를 차지했다고 밝혀짐 24(水) ·第194回 臨時國會 개회 ·石油輸出國機構들은 油價下落 防止를 위해 石油 生産을 추가 감축키로 했다고 밝혀짐 ·이란과 이라크는 戰爭捕虜交換協商을 마무리했다고 보도됨 25(木) ·世界銀行, 印度의 保健 및 敎育 分野에 대한 지원을 위해 시급히 필요한 패키지 借款 5억 4,320만 달러를 美國의 同意 아래 승인했다고 밝힘 ·北아일랜드 總選이 실시되어 平和協定 支持 政黨들이 多數 議席을 확보 26(金) ·金大中 대통령, 일부 公企業의 연내 民營化 실현, 12%線 目標 金利引下 노력, 연말 失業者 150만명선 억제 노력 등을 지시 ·監査院, 49개 政府出捐硏究機關과 15개 政府出捐機關의 감사 결과 制度的 改善과 經營刷新이 시급하다고 지적 27(土) ·企劃豫算委員會, 政府競爭力을 높이기 위해 政府의 效率性 評價를 위한 指標를 개발키로 했다고 발표 ·빌 클린턴 美國 大統領, 江澤民 中國 國家主席과의 北京 頂上會談에서 47개항의 案件에 대해 합의 ·敎皇廳, 中國의 로마 카톨릭 信者들을 위해 中國 당국에 宗敎의 自由를 확대해줄 것을 촉구 ·터키 南部地方에서 발생한 地震에 따른 死亡者가 100명에 이르고 1천여명이 부상했다고 보도됨
	19(金)	5.25	·黃琪源 교수와 같이 學生 代表들과 밤2時까지 음주·유흥을 갖다. ·李圭煥 교수와 같이 大田에 가다. ·忠南道廳에서 개최된 地方自治學會 세미나에 참석하여 司會를 보고 道知事·副知事·企劃室長·政策局長 등과 만나 인사하다. ·저녁 會食을 하고 鄭世煜 회장·李圭煥 교수와 같이 상경하다.	
	20(土)	5.26	·金鐘圭사장 초청으로 처음 간 新羅 골프場에서 風水會 운동을 하다.	
	21(日)	5.27	·子 東爀과 같이 朴春培 사장 女息 결혼식에 참석하고 成東奎 사장 아들 결혼식의 主禮를 본 뒤 鳥嶺會 모임을 갖다. ·農場에 가서 밭을 정리하고 나물에 물을 주다.	
	22(月)	5.28	·學校에 金壽鶴 회장 등이 와서 협의를 하고 세미나 原稿를 전달하다. ·金壽鶴·李永奭·禹哉永·李永哲·金學澈·金규복씨 등과 저녁 회식을 하며 환담하다.	
	23(火)	5.29	·建交部 中央都市計劃委員會 小委員會에 참석하다. ·學校에 가서 殘務處理를 하고 高位課程의 論文指導를 하다.	
	24(水)	閏 5. 1	·妻와 함께 學校 高位課程 夫婦 同伴 海外硏修團 총41名과 같이 출국하다. ·日本 福岡에 도착하여 九州大學에 가서 藤倉良 九州大 교수의 특강을 듣다. ·福岡타워를 관람하고 福岡 市內 博多 미야코(都) 호텔에 들다. ·저녁 식사 후 市內에 나가 夫婦 같이 술을 마시며 환담하다.	
	25(木)	閏 5. 2	·福岡을 출발하여 버스로 長崎市에 가다. ·和蘭村(Holland Village), Bio-Park, 平和公園, 原爆資料舘을 관람하다. ·島原港에 도착하여 船舶으로 熊本港에 이르다. ·熊本 New Sky 호텔에 투숙하다.	
	26(金)	閏 5. 3	·熊本大學에 가서 丸山定巳 熊本大 교수로부터 特講을 듣다. ·熊本市에서 버스로 阿蘇山에 도착하여 中岳 活火山 噴火口를 구경하다. ·저녁 식사를 하며 餘興의 時間을 가진 뒤 阿蘇쯔카사(司) Villa Park 호텔에 투숙하다.	
	27(土)	閏 5. 4	·阿蘇 프린스 호텔 골프場에서 이루어진 골프팀에 합류하여 골프를 치고 妻와 다른 팀은 곰 飼育場 등을 관람하다. ·午後에 合流하여 阿蘇山을 출발, 大分市를 거쳐 別府에 도착하다. ·海地獄 등을 관람하고 호텔에서 쇼를 관람한 뒤 溫泉浴을 하다. ·妻와 둘이 술을 들고 스기노이(杉の井) 호텔에 투숙하다.	
	28(日)	閏 5 .5	·別府에서 龍卷地獄과 高崎山 원숭이自然動物公園을 관람하다.	

月	日	陰	本人 및 家族事項	社會一般事項
6	28(日)	閏 5 .5	·別府港을 떠나 3시간 동안 船舶으로 가서 四國의 宇和島港에 처음으로 도착하다. ·버스로 松山市에 도착하여 깊은 山 속에 있는 오쿠도고(奧道後) 호텔에 들다 ·저녁 식사 후 海外研修 履修證을 수여하고 '日本人과 記錄'에 대해 特講을 하다.	28(日) ·金融監督委員會, 大同·東南·同和·京畿·忠淸銀行 등 5개 銀行을 銀行構造調整의 1차 退出 對象으로 확정 ·英國 옵서버, 알제리가 世界에서 가장 人權彈壓이 심한 國家로 판명됐다고 보도
	29(月)	閏 5. 6	·松山市를 출발하여 버스로 瀨戶大橋에 도착하여 世界 最長의 바다 위 橋梁을 시찰하다. ·高松市에 있는 高松 國際 空港에서 유명한 四國의 우동을 먹고 서울을 향해 日本을 떠나다. ·金浦 空港에서 작별 인사를 하고 귀가하다. ·저녁에 金壽鶴·鄭世煜·尹응규씨 등과 만나 새마을 세미나 延期事件을 보고받고 對策을 협의하다.	29(月) ·財政經濟部, 우리 나라의 實質 總外債가 5월말 1,550억 달러로 잠정집계됐다고 밝힘 ·美國과 中國은 核技術平和利用協定에 서명함으로써 核技術 平和的 利用에 관한 양국간의 協力이 크게 증진될 것이라고 보도 됨
	30(火)	閏 5. 7	·學校에 가서 整理를 하다. ·高位課程 夫婦 特講 最終 모임에 妻와 같이 참석하여 乾杯 提議를 하고 講師 金東吉 박사를 소개하다.	30(火) ·現代그룹은 北韓에 大規模 工團을 개발하여 輸出 製品을 생산하겠다는 計劃을 발표 ·유럽 中央銀行이 프랑크푸르트에 공식 출범함 ·티베트 亡命政府, 5월초 티베트 라사 地域의 한 監獄에서 평화적인 示威를 벌이던 罪囚들에게 中國軍이 사격을 가해 최소한 7명이 숨지고 60명이 크게 다쳤다고 보도
7	1(水)	閏 5. 8	·地方自治研究院에 가서 會議를 주재하고 李圭憲·李永奭·禹哉永·徐健一씨 등과 오찬을 함께 하다. ·저녁에 好凡會 모임에 참석하다.	1(水) ·與圈, 15代 國會 後半期 議長에 自民聯 朴浚圭 의원을 내정
	2(木)	閏 5. 9	·종일 비가 내리다. ·韓國傳統健康研究院에 가서 皮연준 원장으로부터 아픈 어깨의 指壓을 받다.	3(金) ·金大中 대통령, 公務員 採用에 여성이 20%이상 참여토록 할 것이라고 언급 ·美國 政府, 비아그라를 醫療保障體制인 '매디케이드'에 포함시켜 藥값을 지원토록 州政府에 지시
	3(金)	閏 5.10	·學校 人事委員會에 참석하고 院長 등과 오찬을 들다. ·어깨 指壓治療를 받으러 가다. ·姜信祚·李永哲씨와 저녁을 들며 환담하다.	4(土) ·黨政, 實物景氣를 활성화시키기 위해 올해의 財政赤字幅을 17조5천억 규모로 대폭 확대할 방침
	4(土)	閏 5.11	·國土學會·自治學會에 가서 일을 보고 圖書館에 가다. ·妻와 같이 農場에 가서 무우·감자를 뽑고 저녁 식사 후 귀가하다.	5(日) ·黨政, 接敵地域 軍事保護地域을 留保地域·保全地域·準保全地域·整備地域 등 4大圈域으로 분할하여 地域住民에 대한 規制를 단계적으로 완화키로 함
	6(月)	閏 5.13	·地方行政研修院에 가서 高幹班學生들과 오찬을 함께 하고 論文指導를 하다. ·어깨 指壓치료를 받다. ·金壽鶴·李瓚鉉·金炯國씨 등과 새마을 教材 편찬회의를 하고 함께 만찬을 들다.	6(月) ·與野, 韓國人 科學技術者들의 國內誘致를 활성화하기 위해 國籍法上 금지돼 있는 二重國籍을 허용키로 함 7(火) ·朴世利, '98 U.S.女子오픈 골프大會에서 優勝하여 新人으로서 메이저大會 2連勝 新記錄 달성
	7(火)	閏 5.14	·學校에 가서 學科教授會議 및 人事委員會에 참석하다. ·銀行 處理를 하다.	·獨逸 金融機關들, 韓國에 14억마르크(美貨 약 7억 8천만 달러)의 資金을 지원하는데 합의
	8(水)	閏 5.15	·地方自治研究院에 가서 原稿 整理를 하다. ·行自部 金興來차관보 초청으로 李圭憲·徐健一씨 등과 같이 김수학 새마을회장 이임 위로 만찬을 갖다.	·GE社, 뉴욕 證市에서 史上 첫 資產價値가 3천억 달러를 넘는 會社로 탄생 ·나이지리아 政治犯 모슈드 아비올라 死亡
	9(木)	閏 5.16	·妻와 같이 農場에 들리고 盆唐에 가서 아파트 모델 展示館을 관람하다. ·밖에서 저녁 食事를 하고 귀가하다.	10(金) ·美國 上院, 美國의 臺灣 支持政策을 재확인하는 決議案을 채택

月	日	陰	本人 및 家族事項	社會一般事項
7	10(金)	閏 5.17	·學校에 가서 日本 特講案을 준비하다. ·群山市廳 職員들로부터 都市計劃 설명을 듣고 오찬을 하다. ·三星醫療院에 가서 崔相哲 교수 慈堂 빈소에서 問喪하다.	12(日) ·黨政, 中央政府의 行政業務 1,000여건을 地方政府에 이양할 방침이라고 밝힘 ·IMF, 經濟危機를 겪고 있는 러시아에 대해 110억달러의 新規 借款을 약속 13(月) ·朴세리, '98 제이미파크 로거大會에서 美 女子프로 골프 투어 最多 언더파 타이 記錄인 23언더파로 우승
	11(土)	閏 5.18	·이상운·김종수·이영철·宋사장 등과 驪州에 가서 朱龍鐸 회장의 '徐羅伐 가든' 開業式을 축하해 주다.	·하시모토 日本總理, 自民黨의 參議員 選擧 참패와 관련, 總理와 黨總裁職 사임을 정식으로 표명
	12(日)	閏 5.19	·姜信祚 의원과 만나 李永哲회장의 告訴件에 대해 의논하다.	
	13(月)	閏 5.20	·建交部 民間投資審議會議에 참석하여 會議를 주재하고 오찬을 함께 하다. ·學校에서 李瓚鉉·金炯國 교수와 새마을 教材 目次案을 논의·확정하다. ·黃琪源 교수 등과 高位課程에 대해 협의하다. ·李경희 장군·李영철 사장과 저녁 회식을 하다.	·프랑스, '98 프랑스 월드컵 蹴球 決勝戰에서 브라질을 3:0으로 완파하여 우승 획득 14(火) ·黨政, 2002년까지 전체 地方公務員 29만1천여명의 30%인 8만7천여명을 감축할 방침을 세움
	14(火)	閏 5.21	·盧隆熙교수 夫婦와 같이 日本에 가기 위해 출국하다. ·日本 關西空港에 도착 遙遠(Haruka) 特急 列車로 京都에 이르러 Pastora 1호텔에 旅裝을 풀다.	16(木) ·與野, 全教組 소속 解職 教師들을 올 2학기부터 복직시키기로 함 ·脫獄囚 신창원이 江南 住宅街에서 警察과 격투를 벌이다 도주 ·아사드 시리아 大統領, 22년만에 처음 프랑스를 방문
	15(水)	閏 5.22	·立命館大學 盡心館에서 政策科學研究科 碩士課程生들에게 '韓國 地方自治' 에 대해 종일 특강하다. ·盧隆熙 교수·金基成 박사·金淳植 군과 식사를 하며 환담하다.	·美國 下院, 亞·太小委員會에서 韓·美 關係50周年 紀念 決議案을 채택 17(金) ·國民會議, '世界 老人의 해 事業 支援法' 制定案을 마련하여 臨時國會에 상정키로 함
	16(木)	閏 5.23	·日本에서 귀국하다. ·서울大 病院에 가서 2次 檢診을 받다.	·캐나다, 北韓의 食糧難을 돕기 위해 500만 달러 상당의 支援品을 추가 제공키로 함
	17(金)	閏 5.24	·制憲節을 맞아 國旗를 게양하다. ·처와 같이 水安堡에 가서 溫泉浴을 하고 店村 妻家宅에 가다. ·妻와 함께 金學文 市長·金柄軫 사장 부부와 鎭南橋에서 저녁 회식을 하며 환담하다. ·妻家宅에 투숙하다.	18(土) ·후와 日本 共産黨委員長, 中國 共産黨과 31년간의 不和를 청산하고 和解를 모색하기 위해 中國을 방문
	18(土)	閏 5.25	·尙州 妻弟 內外와 같이 聞慶에 가서 故 朴大統領 下宿집에 들려 參拜하고 朝鮮 十勝地의 하나인 葛伐里 일대를 둘러보다. ·虎溪 泰鉉宅에 들려 石出누님 內外 및 許垣군과 만나 저녁 식사를 하다. ·元鉉·周鉉 등 전가족이 店村 노래房에 가서 여흥을 갖다. ·泰鉉宅에 투숙하다.	·아프가니스탄 全域의 種族指導者들, 20년만에 처음으로 內戰 終熄을 모색하기 위해 獨逸 본에 집결 19(日) ·政府, '下向式 多年度豫算 編成制度'를 도입키로 함 ·中國-臺灣, 17만5천톤級 貨物船 2척을 공동 건조키로 합의 20(月) ·海洋部, 海洋還境改善分擔金制 및 海洋還境保全 海域指定·管理制를 도입키로 함
	19(日)	閏 5.26	·姉兄 家族과 같이 상경하다.	
	20(月)	閏 5.27	·學校 教授會議에 참석하다. ·妻와 같이 中溪洞 商街에 가서 賃貸料를 낮추어 再契約을 하다. ·중도 路上에서 車가 고장나 고생을 하고 牽引車로 이동시키다. ·金壽鶴 회장 離任 위로연에 참석하다.	·러시아 政府는 2천여개의 주요 公企業에 대해 民營化를 허용키로 했다고 보도됨 21(火) ·國會議員 再·補闕選擧에서 共同與黨이 3개, 野黨이 4개 지역에서 승리 ·美國 上院, IMF에 대한 180억 달러의 추가 出捐을 승인
	21(火)	閏 5.28	·地方行政研修院 中堅班 研修生들과 오찬을 같이 하고 論文을 지도하다.	22(水) ·法制處, 686개 法令 中 626개 法令을 정비키로 함
	22(水)	閏 5.29	·朴昇治 본부장 父子와 같이 집의 車로 大田에 가다.	23(木) ·國稅廳, 稅務非理로 270명을 적발하여 105명을 파면시킴

月	日	陰	本人 및 家族事項	社會一般事項
7	22(水)	閏 5.29	・忠南道에 들려 沈大平知事와 '自治公論' 誌 대담을 하고 金壽鎭 부지사와 李명수 실장을 만나다. ・沈知事 등과 오찬을 함께 하고 상경하다.	23(木) ・美國, 南・西部의 酷暑로 133명이 숨짐 24(金) ・政府, 大邱地域 纖維産業育成을 위해 6,800억원을 투자하기로 함 ・美國 워싱턴 市內 國會議事堂에서 한 怪漢의 銃器 亂射로 2명이 사망하고 2명이 부상함
	23(木)	6. 1	・地方自治硏究院에 가서 향후 計劃 등을 협의・결정하다. ・國土學會 顧問團 懇談 만찬 모임에 가다.	25(土) ・軍當局, 北韓이 南侵用 땅굴 21개를 파고 있다고 밝힘 ・美國 兩院, 尖端技術과 農業部門의 就業移民 入國者 정원을 당분간 대폭 확대키로 합의
	24(金)	6. 2	・高位政策課程 會長團이 學校에 와서 發展基金 등을 기증하고 오찬을 함께 하다. ・새마을本部 職員이 와서 教材稿料를 전달하다. ・妻와 新沙洞 商街 建物을 보고 오다.	
	25(土)	6. 3	・金在城・Andy 박사 등을 만나 인사하다. ・李永奭 고문・禹哉永 회장 등과 오찬을 하며 협의하다. ・公州市 李부시장과 저녁을 하다.	27(月) ・黨政, '住民監査・請求制度'를 도입키로 함 ・르윈스키, 클린턴 美國 대통령과 性關係를 가졌다고 밝힘
	26(日)	6. 4	・石出 누님이 강아지를 선물하여 '방울'이라고 작명하고 기르다. ・妻・누님과 農場과 群濟 밭에 들렀다가 점심을 같이하다. ・金在城・李圭憲・徐健一・李永哲・裵常務 등과 저녁 회식을 갖다.	28(火) ・政府, 2002년까지 시행될 '青少年 育成 5개년 계획안'을 확정 29(水) ・印度, 인접 6個國과의 通商・投資 自由化 措置를 발표 30(木) ・政府, '98년도 2次 追加更正豫算 規模를 80조804억원으로 확정 ・金大中 대통령, 前職大統領 4명을 夫婦 同伴으로 青瓦臺에 초청,만찬을 함께 함
	27(月)	6. 5	・地方自治學會에 가서 『地方自治事典』을 받아오다. ・國土學會에 가서 韓中日會議 및 訪中計劃에 대해 협의하고 洛山 비치호텔 代理와 점심을 하다. ・獨逸에서 김종성군이 귀국・내가하다.	31(金) ・國民會議, 日傭職 勤勞者들에게도 雇傭保險을 적용한다는 내용의 '失業對策白書'를 발표 ・商業銀行과 韓一銀行이 합병하여 總資産 102조원의 슈퍼銀行으로 탄생 ・政府, 湖南高速鐵道 建設事業計劃 수립에 본격 착수키로 함 ・美國 上院, 보스니아 美軍 駐屯費用으로 行政府가 요청한 19억달러의 豫算을 승인
	28(火)	6. 6	・成東奎 사장이 학교에 와서 같이 점심을 하다. ・建交部 직원이 와서 民投審件 決裁를 받아가다. ・全北大 張明洙 총장 초청으로 國土學會 代表들과 저녁을 하다. ・李永哲・金學澈씨와 음주・환담하다.	
	29(水)	6. 7	・蔚山專門大學의 羅商均 학장 및 教務處長과 조찬을 하며 大學移轉計劃을 설명 듣다. ・地方行政硏修院에 가서 市・郡議會議員들에게 特講을 하다. ・盧隆熙 교수・李圭憲 원장과 저녁을 하며 古州賞 基金件에 대해 협의하다. ・이규헌・이영철・김재성씨 등과 환담하다.	
	30(木)	6. 8	・建和의 姜信淳 부사장과 동행하여 群山市廳에 가다. ・群山 都市基本計劃 公聽會에 참석하여 討論을 하다. ・저녁 식사를 하고 늦게 상경하다.	
	31(金)	6. 9	・國土學會에 가서 訪中團 준비모임을 주재하다. ・徐健一씨 초청 만찬에 金壽鶴・李圭憲・ 金在城 씨와 참석하다. ・蘇鎭光 교수 부부가 本人 生日 축하차 집에 오다.	
8	1(土)	6.10	・本人 生日 맞아 家族들과 아침을 함께 하고 여러 親知들로부터 축하 電話를 받다. ・妻・누님 內外・群濟와 盆唐 다리 밑에서 음식을 만들어 먹으며 환담하다.	1(土) ・全南과 慶南・北 등지에 내린 비로 33명이 숨지고 62명이 실종된 것으로 집계됨 ・國民會議, 宅地開發促進法・地方自治法・政府組織法의 改正案을 黨論으로 확정
	2(日)	6.11	・東灘과 農場에 가서 고추 등을 따오다.	

月	日	陰	本人 및 家族事項	社會一般事項
8	3(月)	6.12	·學校에 가서 정리를 하고 大宇 鄭진행 副社長과 오찬을 함께 하다. ·집에서 出國 준비를 하다.	1(土) ·美國 上院, 美國·캐나다間 自由往來 延長法案을 가결 2(日) ·國民會議, 國會議員數를 299명에서 270명으로 감축할 방침을 세움 ·美國, 후세인 이라크 大統領 政權을 전복시키기 위해 이라크 反政府 勢力들의 결속을 추진하고 있다고 밝힘
	4(火)	6.13	·國土學會 訪中團 29명과 함께 出國하다. ·中國 北京에 도착하여 오찬을 하고, 明13陵·萬里長城을 관람한 뒤 博覽城 友誼處에 들리고 오리 料理 食堂에서 오리고기를 먹다. ·會長團·강교수 등과 路邊에서 맥주를 들며 환담하다. ·北京國際飯店에서 崔秉瑄 교수와 同宿하다. ·崔교수가 코를 조금씩 골아 中國 6泊에서 어려움을 겪다.	3(月) ·國會, 第15代 國會 後半期 國會議長 選擧에서 自民聯 朴浚圭의원을 선출 ·한나라黨, 國會議長 競選 敗北의 책임을 지고 指導部 전원 사퇴키로 결정 ·美國 下院, 政黨에 대한 寄附行爲制限을 골자로 選擧資金制度 改革案을 채택
	5(水)	6.14	·北京市 擔案館에 가서 北京都市計劃에 대한 설명을 듣다. ·建設部에 가서 趙寶江 차관과 中國都市計劃學會 吳良鏞 회장 등을 만나 회담을 가진 뒤 오찬을 함께 하다. ·天安門·紫禁城·鐘樓·恭王府花園 등을 구경하고 傣家村大酒店에서 少數民族 춤을 보면서 저녁 식사를 하다. ·서커스를 관람하고 맥주를 마신 뒤 호텔에 들다.	4(火) ·現代그룹, 北韓과 金剛山 遊覽船 觀光事業을 위한 合營會社 設立契約을 체결 ·박찬호, 美프로야구 내셔널 리그 7월 投手部門 最優秀選手(MVP)로 선정됨 ·쿠마라퉁가 스리랑카 大統領, 全國에 非常事態를 선포한다고 밝힘 5(水) ·黨政, 택시 技士가 벌어들인 月平均 收入金의 50%를 月給으로 가져가는 내용의 택시制度 改善方案을 확정
	6(木)	6.15	·頤和園을 구경하고 航空便으로 北京을 떠나 西安에 처음으로 가다. ·雨中에 자동차 바퀴 고장으로 지체한 뒤 唐永泰公主墓와 唐高宗·則天武候 合葬의 乾陵 및 地下家屋 등을 관람하다. ·禮泉縣·咸陽市·渭水橋를 거쳐 西安에 도착, 奉都酒店에서 저녁을 하고 夜市場에서 맥주를 마신 뒤 西安古都 新世界大酒店에 투숙하다.	6(木) ·美 CNN放送, 클린턴 美國大統領은 前 白堊館 職員 모니카 르윈스키와 10여 차례 性關係를 가졌다고 보도 7(金) ·海洋部, 海上觀光호텔의 설치를 허용키로 함 ·中國 當局은 洪水로 揚子江 水位가 불어남에 따라 武漢市를 보호하기 위해 6개의 堤防을 추가로 폭파시켰다고 보도됨
	7(金)	6.16	·秦의 兵馬俑과 驪山의 秦始皇陵을 보고 臨潼區에서 점심을 먹다. ·華清池·碑林을 보고 明德門 (南門)에 올라 城壁을 둘러보다. ·慈恩寺·大雁塔을 보고 文寶齊에서 선물을 산 뒤 榮盛齋餐廳에서 17종의 만두를 먹다. ·金英模 회장 초청으로 큰 夜市場에 가서 맥주를 마시며 환담하다.	·케냐와 탄자니아의 美國 大使館 및 隣近 建物에서 大型 爆發事故가 동시에 발생하여 161名 사망, 40餘名 실종, 4,800餘名 부상 8(土) ·黨政, 政府出捐機關외 經常費를 20% 以上 삭감하고 197개 機關을 통폐합하는 방안을 추진키로 합의
	8(土)	6.17	·西安 空港에서 2시간 30분을 기다린 다음에 출발하여 上海에 도착하다. ·上海 虹橋經濟·技術開發區에 가서 설명을 듣고 현지를 둘러본 뒤 浦東開發地區를 시찰하다. ·韓國臨時政府 廳舍를 방문하고 저녁 식사를 하다. ·權純福 이사장 초청으로 노래방에 가서 맥주를 들며 노래하다. ·上海 新錦江大酒店에 투숙하다.	·韓國-체코間 定期航空路線 開設에 합의 ·서울地方에 332.2mm의 暴雨가 쏟아져 78年만에 最高의 1日 降水量을 기록 9(日) ·行政自治部, '99年부터 2,000cc가 넘는 乘用車의 自動車稅를 줄이고 1가구 2차량에 대한 重課稅를 폐지키로 함 ·8月 5~9日 사이 서울·京畿·江原·忠清地方에 내린 豪雨로 234名의 사망·실종과 10萬餘名의 罹災民이 발생
	9(日)	6.18	·特急 汽車로 上海에서 蘇州로 가다. ·拙政園을 보고 綢緞練梁二廠에 가서 비단 선물을 사다. ·留園을 보고 아리랑 食堂에서 韓食을 들다. ·蘇州市 規制設計研究院에 가서 설명을 듣고 獅子林·保全地區·新住宅地區 등을 시찰한 뒤 普通列車로 上海에 오다. ·黃浦江 河口 食堂에서 만찬을 하고 간단한 紀念行事를 하다. ·會長團을 위해 맥주를 대접하며 환담하다.	10(月) ·韓國銀行, 올해 國內總生產 成長率이 마이너스 5~6%, 物價上昇率이 7~8%, 經常收支 黑字는 350億달러에 이를 것으로 전망 ·地中海沿岸과 中東에 섭씨 50°에 육박하는 殺人 더위로 키프로스에서는 하루에 30名이 사망

月	日	陰	本人 및 家族事項	社會一般事項
8	10(月)	6.19	・上海를 떠나 아시아나機로 귀국하여 서로 인사를 나눈 뒤 해산하다. ・6泊 7日, 29團員, 1國 4市, 航空 4回 4,621㎞, 버스 1,050㎞, 汽車 2回 200㎞, 보행 90,978보 63.7㎞, 旅行 總거리 5,934.7㎞의 中國旅行을 완료하다. ・6日에 店村에 간 妻 상경하다.	10(月) ・美國, 케냐와 탄자니아 駐在 美國大使館 爆發事件의 犯人 체포를 위해 800만 달러의 懸賞金을 내걸음
	11(火)	6.20	・學校에 가서 정리를 하고, 安사장・林사장과 오찬을 함께 하다. ・元東奎군이 와서 博士應試 추천을 받아가다. ・李圭憲・金在城・徐健一씨와 저녁 식사를 하며 환담하다.	11(火) ・日本政府, 公共事業을 계속 추진하기 위해 '98년도 2次追更豫算과 '99년도 本豫算을 합해 15個月 豫算으로 집행키로 함
	12(水)	6.21	・朴世直위원장 등과 조찬을 하며 월드컵 관련 세미나에 대해 협의하다. ・麻浦 소재 財政共濟會에서 地方行政硏究院의 區域改編諮問會議에 참석하고 함께 오찬을 하다. ・地方自治硏究院에 가서 업무협의를 하다. ・李圭憲・李永哲씨와 저녁을 하다.	12(水) ・現代自動車, 太陽光 自動車 2號 개발에 성공했다고 밝혀짐 ・統一그룹, 金剛山 遊覽船 觀光事業을 추진하고 平北 定州에 平和公園을 조성키로 北韓측과 합의 ・美國 空軍, 諜報衛星을 탑재한 타이탄 4 로켓이 Cape Canaveral에서 발사 40초만에 폭발했다고 보도
	13(木)	6.22	・國土學會・自治學會에 들리고 圖書館에 가서 小說을 빌려오다. ・李圭憲 원장과 저녁을 들며 古州賞 基金에 대해 논의하고, 李永哲・金學澈씨와 환담하다.	13(木) ・韓總聯, 서울大에서 第8回 汎靑學聯 統一大祝典行事에 돌입 ・러시아, 3名의 乘務員을 실은 宇宙往復船이 카자흐共和國 바이코누르 宇宙基地에서 성공적으로 발사
	14(金)	6.23	・學校 敎授會議에 참석하다. ・權泰埈 교수 초청 敎授 會食에 참석하다. ・비가 많이 내리다.	14(金) ・規制改革委, 제9차 會議에서 1만 991건의 規制中 1,974건을 1차 廢止對象으로 확정 ・政府, 建國50주년의 慶祝으로 7,007명에 대한 特別赦免・復權・假釋放을 15일자로 단행한다고 발표 ・現代自動車, 蔚山工場에 무기한 休業에 돌입키로 함
	15(土)	6.24	・金壽鶴 회장과 오찬을 하다. ・1個月만에 國旗를 내리다.	15(土) ・金大中 大統領, 建國50週年 慶祝辭에서 '第2의 建國'을 제창 ・北韓, 日本에 과거 犯罪行爲에 대한 적절한 賠償을 촉구
				16(日) ・國民會議, 政黨名簿式 比例代表制, 國會議員定數 축소 등을 포함한 改革方案을 마련
	17(月)	6.26	・李永奭・禹哉永・尹三重・金局長등과 저녁 식사를 하며 地方訪問 結果에 대해 논의하다.	17(月) ・國會, 金鍾泌 國務總理와 韓勝憲 監査院長 任命同意案을 처리 ・클린턴 美國大統領, 聯邦大陪審 證言에서 르윈스키와 '不適切한 關係'를 가졌음을 시인
	18(火)	6.27	・學校에서 朱龍鐸회장과 점심을 하다. ・高位政策課程 1~3期 修了生들의 總同窓會 創立總會에 참석하다. ・朱龍鐸회장과 음주・환담하다.	18(火) ・中國-臺灣, 양국간 첫 合作事業으로 中國 大陸海岸에서 共同 石油시추 사업에 착수할 것이라고 보도
	19(水)	6.28	・學會・圖書館・沐浴湯에 들려오다.	
	20(木)	6.29	・國會 世界化 포럼의 그린벨트 主題 조찬 討論會에 참석하다. ・地方自治硏究院에 가서 原稿 整理를 하다. ・李院長・金室長・潘局長과 저녁을 하며 환담하다.	20(木) ・敎總, 缺食學生 돕기 募金운동으로 8億 8,264萬원을 모아 敎育部에 전달
	21(金)	6.30	・朝鮮日報 建國50周年 特輯에 記錄集『한 韓國人의 삶과 발자취』中 交通・旅行篇이 소개되다. ・朴昇治 본부장과 仁川市에 가서 任錫鳳 부시장과 인사하고 崔箕善 시장과 對談을 하다. ・仁川港 부두에 나가 점심을 하고 상경하여 汝矣島 硏究院에 들려 業務協議를 하다. ・國土計劃學會 訪中團 解團式에 참석하여 寫眞을 교환하고 저녁 식사를 함께 하다. ・崔秉瑄・權源庸・林昌福 교수와 음주・환담하다.	21(金) ・베트남, 高位 公職者들에 財產을 신고토록 명령
	22(土)	7. 1	・學校 高位課程 4期修了式을 주재하다. ・6名의 好凡會 모임에 나가 會食을 하며 환담하다.	
				23(日) ・黨政, 1個月 以上 勤務한 者에게도 雇傭保險 惠澤을 부여키로 함 ・옐친 러시아 大統領, 總理를 위시한 全面改閣을 단행
	24(月)	7. 3	・子 東爀과 農場에 가서 고추 등을 따고 새로 가을 무우 씨앗을 뿌리다.	

月	日	陰	本人 및 家族事項	社會一般事項
8	24(月)	7. 3	·金在城 박사 出國 환송차 李圭憲·徐健一씨와 모여 환담하다.	24(月) ·黨政, 23개 公務員教育機關을 통·폐합하여 9個로 축소키로 확정 ·IBM, 인터넷 해커 防止를 위한 새로운 暗號體系를 공동 개발했다고 발표
	25(火)	7. 4	·韓國國際觀光開發研究院 安鍾允 원장이 와서 諮問委員 요청을 하고 學校 食堂에서 오찬을 하다. ·釜山 KBS 라디오와 記錄集에 대해 電話 對談 放送을 하다.	26(水) ·政府, 第4次 長期(1998~2015) 電力需給計劃을 확정
	26(水)	7. 5	·地方自治研究院에서 朴敬錫 전 地籍公社 사장을 만나 오찬을 함께 하며 培材大學 客員教授 취임을 祝賀하다. ·安養市 都市計劃 관계관들이 와서 基本計劃에 대해 설명하다. ·金學澈 회장 초청으로 金學基·李永哲· 李圭憲씨 등과 저녁을 하다.	·美國 商務部, 三星電子의 컬러TV에 대한 反덤핑規制를 철회키로 최종결정 27(木) ·鐵道廳, 서울에서 東海港을 연결하는 '金剛山觀光列車'를 운행할 計劃이라고 밝힘 28(金) ·韓銀, 올 들어 經常收支의 黑字規模가 254億 7,000萬달러에 달한 것으로 집계
	27(木)	7. 6	·學校에서 종일 特次 募集 面接을 하다. ·孫法東 사장 초청으로 朴炳柱·金英模·崔秉瑄·秋晶植씨 등과 회식하다.	29(土) ·國民會議·國民新黨, 兩黨의 統合을 공식 선언
	28(金)	7. 7	·次女 貞娥의 美國 電話料金 滯拂額을 美國에 송금하다. ·建交部 中央都市計劃委員會에 참석하다. ·果川 地下鐵驛에서 濟州大 金泰保 교수를 만나다.	·警察廳, 28日밤 特別團束을 벌여 全國에서 2,941名의 飮酒運轉者를 적발했다고 발표 30(日) ·黨政, '國家記錄物管理委員會'를 설립키로 함
	29(土)	7. 8	·安東 情報大學 金彰年 학장에게 就任祝電을 보내다. ·麗水商議 金永現부장을 만나 심포지엄 原稿를 전달하다.	·LG半導體, 高速D램 半導體分野에서 世界市場占有率 35%를 차지하여 世界1位를 기록했다고 발표
	31(月)	7.10	·妻, 店村 親庭에 가다. ·學校에 가서 後期 卒業式에 참석하다. ·2002월드컵 組織委員會가 개최한 세미나에 참석하여 主題發表를 하다. ·學校 楊院長 등 補職 敎授들과 第4期 高位課程 代表 招請 會食에 참여하여 환담하다.	31(月) ·한나라黨, 새總裁에 李會昌 名譽總裁를 선출
9	1(火)	7.11	·第2學期 첫 講義를 시작하다. ·敎授會議에서 特次募集 査定原則을 논의하다. ·李永哲·金學澈 회장과 저녁 식사를 하다.	1(火) ·日本 政府, 北韓에 미사일 發射 試驗과 관련, 食糧支援을 중단키로 함 2(水) ·國會, 第196回 臨時國會에서 75兆5,829億원의 第2次 追更豫算案을 가결하고 폐회
	2(水)	7.12	·飛行機로 醴泉에 도착, 마중 나온 妻와 같이 孔坪 산소에 가서 父母님 墓所에 祭祀를 드리다. ·저녁에 聘母 2周期 祭祀를 지내다.	·政府, 올해 GDP 成長率이 -5%까지 내려갈 것이라고 밝힘
	3(木)	7.13	·妻·妻男들과 永順 聘母 墓所에 가다. ·妻·載敏과 같이 車로 상경하다.	·浦鐵, 올해 연간 粗鋼 生産量이 2,530t으로 世界 1位로 부상할 것으로 전망
	4(金)	7.14	·地方自治研究院에 가서 정리하다. ·金壽鶴 회장 초청으로 李圭憲·徐健一씨와 오찬을 같이 하다. ·古州賞 基金 發起大會를 주재하고 運營委員會 委員長으로 선출되다. ·委員 전원과 회식을 하고, 李圭憲 원장과 따로 음주·환담을 하다.	·日本 政府, 北韓의 미사일 發射에 대한 추가 조치로 양국간 專貰 航空便의 運航을 중지키로 결정 ·스위스 旅客機, 캐나다 인근 大西洋에 추락하여 228명의 搭乘客 전원이 사망
	5(土)	7.15	·午前에 비가 많이 내리다. ·妻·누님 內外分과 週末農場에 가서 채소를 심다. ·盆唐 다리 밑에 가서 群濟와 같이 환담을 하다.	3(木) ·黨政, 失業者 保護 및 社會安全網 擴充을 위해 99년도에 총 8조1,000억원의 豫算을 지원키로 함.
	6(日)	7.16	·家族 모두 盆唐에서 가진 弟 群濟 女息 結婚式에 참석하여 幣帛 받고 많은 親知들을 만나다. ·大田에 가서 朴昇治 부원장과 함께 全州에 도착, 저녁 식사를 하고 투숙하다.	·美國·北韓, 뉴욕에서 제5차 高位級 會談을 열고 核·미사일·4者會談 등을 논의했으나 合意 導出에 실패 4(金) ·北韓, 人工衛星 발사성공을 발표

月	日	陰	本人 및 家族事項	社會一般事項
9	7(月)	7.17	・全北道廳에 가서 柳鍾根 지사와 '自治公論' 對談을 하고 公報係長 등과 오찬을 함께 하다. ・完州郡 우석大學에 가서 張明洙 총장 취임식에 참석하고 李壽成 부의장 등을 만나다. ・上京하여 李圭憲 원장・朴昇治・李永哲・ 朴代理 등과 회식하다.	5(土) ・金大中 대통령, 靑瓦臺에서 키신저 前 美國 國務長官을 면담 ・서울大, 醫學系列 만으로 '2+4 專門 大學院'을 설치하는 내용의 學制 改革案을 확정 ・美國・北韓, 뉴욕에서 열린 第7次 高位級 會談에서 核 및 미사일 등 주요현안을 일괄 타결 ・폴란드・獨逸・덴마크, 5-6萬의 3國 合同軍 창설에 합의
	8(火)	7.18	・林秀一 사장이 學校에 와서 오찬을 하다. ・論文 워크샵을 주재하다.	
	9(水)	7.19	・學校 教授會議에서 構造調整案을 논의하다. ・地方自治硏究院에 가서 原稿 등을 정리하다. ・李圭憲・金學澈씨와 회식하다.	7(月) ・北韓이 지난 8月 31日 발사한 人工衛星 이름을 '光明星 1號'라고 지칭했다고 보도됨
	10(木)	7.20	・麗水空港 缺航으로 晋州 空港을 거쳐 麗水에 가다. ・麗水商議 主催의 2010海洋엑스포 심포지엄에 참석하여 基調演說을 하다. ・晋州空港을 경유하여 상경하다.	8(火) ・高 建 서울市長, 모든 工事에 擔當公務員의 이름을 명시하는 '工事實名制'를 시행하겠다고 밝힘
	11(金)	7.21	・安養市廳에 가서 市長 등을 만나고 都市基本計劃 公聽會에서 司會를 보다. ・司會費로 받은 10萬원을 적정하지 않다는 이유로 되돌려 보내다. ・李永哲 회장과 저녁을 하며 여러 이야기를 나누다.	9(水) ・國民會議, 地方交付稅의 法定交付率을 13.27%에서 17%로 상향 조정하는 方案을 추진키로 함 10(木) ・金宇中 大宇 會長, 제24대 全國經濟人聯合會 會長으로 공식 추대됨 ・第53次 U.N.總會가 U.N. 本部에서 개막
	12(土)	7.22	・妻와 같이 農場에 갔다가 盆唐에 있는 歸順者 김용氏가 하는 平壤 飮食店에 가서 식사를 하고 오다.	
	14(月)	7.24	・國土計劃學會에 가서 原稿 2個를 전달하다. ・安養市 강철원 局長과 조課長이 와서 自治學會 盧국장과 같이 오찬을 하고 증액된 司會手當을 받다.	11(金) ・規制改革案, 5개部處・廳의 規制 259건 중 148건을 정비키로 의결 ・IMF, 南美 地域의 外換危機에 대한 緊急對策 마련에 착수 12(土) ・法務部, 新聞購讀을 모든 犯罪 收容者들에게 허용한다고 밝힘
	15(火)	7.25	・金景宰 사장이 學校에 와서 환담을 하다. ・祖母 忌日을 맞아 祭祀를 모시다.	13(日) ・金大中大統領, 138명과 함께 올해 노벨平和賞 候補로 선정됨 ・美國 國民 60% 이상이 性事件으로 클린턴 大統領이 탄핵당하거나 사임하는 것에 반대한다고 보도됨
	16(水)	7.26	・서울大 文化館에서 개최된 環境大學院 開院 25周年 紀念式에 참석하다. ・서울大 教授會館에서 개최된 紀念 세미나에서 司會를 맡아 주재하다. ・紀念 리셉션에 참석한 뒤 李永哲・金學澈 회장과 맥주를 들며 환담하다.	14(月) ・國民會議, '在外同胞基本法'을 제정키로 함 15(火) ・黨政, 올 定期國會에서 同姓同本 禁婚 條項을 폐지하는 法案을 개정키로 함 ・政府, 社會間接資本 投資財源 2兆 8,006億원을 조기 방출키로 함
	17(木)	7.27	・東壻와 같이 승용차로 大田에 가다. ・大田 EXPO 國際會議場에서 개최된 世界 科學都市聯合 심포지엄의 開會式에 참석하고 第1分科 司會를 한 다음에 각국 代表들과 오찬을 한 후 상경하다.	16(水) ・EU, 北韓에 대한 食糧援助資金으로 1,300萬달러를 지원키로 결정
	18(金)	7.28	・大田을 경유하여 錦山의 中部大學에 가다. ・中部大學 大學院에서 特講을 하고 黃택주 원장・金행기 군수 등과 만찬을 한 뒤 鄭교수 車에 편승하여 상경하다.	17(木) ・金大中 대통령, 로스엔젤레스에서 열리는 第25回 '韓國의 날' 祝祭 開幕式에 메시지를 보냄
	19(土)	7.29	・妻 및 누님 夫婦와 農場에 들리고 동생 밭에 갔다가 모두 함께 저녁 식사를 하다.	18(金) ・大檢 中搜部, 한나라黨 大選資金으로 약 62億원을 모금한 嚴채주 전 國稅廳長을 구속기소
	20(日)	7.30	・金壽鶴 회장과 오찬을 하며 환담하다. ・妻・次女와 三井호텔 뷔페食堂에서 저녁 식사를 하다.	19(土) ・北韓, 올해 초 미그 15,17機 등 老朽 戰鬪機를 활용하기 위해 '가미카제式' 自殺決死隊를 발족 ・國民會議, 海外駐在 商社員・公務員・留學生들에게 각종 選擧의 投票權을 주기로 함
	21(月)	8. 1	・行自部 硏修院에 가서 高幹班 論文을 지도하다. ・國土學會에 가서 韓・中・日 세미나 관련 國際交流委員會 會議를 주재하다. ・金英模・崔昌儀 교수 등과 회식을 하다.	

月	日	陰	本人 및 家族事項	社會 一般 事項
9	22(火)	8. 2	· 中央都市委員會에 참석하고 金 源 부총장 車로 귀가하다.	19(土) · 하타미 이란 大統領, 12년만에 이란 指導者로서 처음 美國 방문
	23(水)	8. 3	· 汝矣島 研究院에 가서 原稿 정리를 하고 職員들과 점심을 하다. · 유수택 光州 副市長 令愛 結婚式에 가다. · 새재회 모임에 참석한 뒤 金壽鶴·李圭憲·李永哲·高永天씨 등과 환담하다.	21(月) · 政府, 駐 볼리비아 大使館 등 14개를 폐쇄 또는 통폐합한다고 발표 · 政府, 99年도 國防豫算을 올해보다 0.4% 감축한 13兆7,490億원으로 확정·발표
	24(木)	8. 4	· 釜山에 가서 朴昇治 부원장과 같이 市廳에 가다. · 安相英 市長과 對談을 하고 오찬을 함께 하다. · 朴昇治 부원장과 魚市場에 가서 魚物을 선물받고 상경하다. · 鳥嶺會 모임에 가다 .	· 美國,北韓의 食糧難을 돕기 위해 30만톤의 穀物을 추가 원조키로 했다고 발표 22(土) · 司正當局, 각종 非理事件과 관련해 與野議員 13名에 대해 出國禁止措置를 내림
	25(金)	8. 5	· 金壽鶴 회장이 집에 와서 환담을 나누다. · 中央都市計劃委員會에 참석하여 臨時議長으로 진행을 보다.	· 英國 유로머니지, 우리 나라 國家 信用度 評價順位가 180개국 중 지난해 22位에서 올해는 34位로 추락했다고 밝힘
	26(土)	8. 6	· 姜渭薰 사장과 같이 南江 골프장에 가서 鄭武鎔 부사장 초청 風水會 골프를 치다. · 風水會 會員 모두 서울에 와서 노래房에 가다.	23(水) · 國民會議, 地方行政의 效率性을 도모하기 위해 서울市 산하 25개 區廳을 7-8개로 축소하는 방안을 추진키로 함
	27(日)	8. 7	· 東儁과 같이 農場에 다녀와서 마당 정리를 하다.	· 國民會議, 國會의 會議 中繼를 전면 허용키로 함
	28(月)	8. 8	· 行自部 研修院에 가서 高幹班 政策課題를 지도하다. · 學校에 가서 環境部 全課長의 來訪을 받고 협의하다. · 好凡會 모임에 참석하고 禹哉永 회장을 新入會員으로 영입하다.	25(金) · 蘇·日 兩國, 2年 4個月만에 新漁業 協定締結 協商을 타결 26(土) · 金大中 大統領, 오는 2001年을 '韓國訪問의 해'로 선포 27(日) · 獨逸 總選에서 슈뢰더 社民黨 總理 候補가 現 콜 總理를 누르고 승리, 16년만에 權力에 복귀함
	29(火)	8. 9	· 李廷植 부원장 등과 晋州에 가다. · 慶南文化藝術會館에서 개최된 光陽灣·晋州圈 開發 公聽會에서 司會를 보다. · 南海郡 金郡守 초청 회식에 참석하고 東邦 호텔에 투숙하다.	28(月) · 홍콩 英字誌, 北韓에서 食糧難으로 94年 以後 350萬여명이 아사했다고 추정·보도
	30(水)	8.10	· 颱風이 통과하고 있는 晋州-光陽 사이를 지나 光陽市에 가서 市長 등과 오찬을 하다. · 市文化藝術會館에서 개최된 光陽灣·晋州圈 開發公聽會에서 司會를 보다. · 光陽에서 光州에 도착하여 飛行機로 어렵게 상경하다.	29(火) · 金融勞聯과 9개 銀行, 銀行罷業을 철회하고 9개 銀行의 職員을 연내 9,200명을 감원하기로 합의 30(水) · 第9號 颱風 애니의 영향으로 63名이 死亡·失踪하고 25萬7,352ha의 農作物 被害가 발생했다고 밝혀짐
10	1(木)	8.11	· 조찬을 하며 建國大 博士論文 심사를 하다. · 學校에 가서 새마을 原稿를 협의하고 儀旺市로부터 都市基本計劃에 대해 보고 받다. · 國土開發研究院 開院 20周年 紀念 리셉션에 참석하다. · 李永哲 회장과 맥주를 마시며 환담하다.	1(木) · 97年 大選 당시 한나라黨 李會昌 후보 秘線 組織이 北韓側에 板門店 銃擊을 요청했다는 檢察搜査 結果가 나와 政局에 파문 일어남 · U.N.安保理, 新유고聯邦 코소보州의 알바니아系 住民虐殺事態를 강력히 비난하는 聲明을 채택
	2(金)	8.12	· 學會·圖書館·浴湯 등을 들리고 집에서 월드컵 관계 原稿를 작성하다.	2(金) · 美國 商務部, 최근 5년간 反덤핑 規制를 받아온 컬러 TV에 대해 '日沒再審'에 돌입함
	3(土)	8.13	· 妻와 같이 農場에 다녀오다.	3(土) · 한나라黨, 第2建國委를 즉각 해체하라고 촉구 · IMF·世界銀行·WTO, 保護貿易 主義로의 復歸는 '悲劇的 失手'가 될 것이라고 강력 경고함
	5(月)	8.15	· 秋夕 祭祀를 모시다. · 金源·呂鴻九·李漢俊 박사와 安養 골프장에서 운동하다.	
	7(水)	8.17	· 環境部의 梁芳哲 실장 및 全炳成 과장과 오찬을 함께 하며 월드컵行事에 대해 협의하다.	

月	日	陰	本人 및 家族事項	社會一般事項
10	7(水)	8.17	·學校에서 農協銀行 처리를 하고 驛三 1洞 洞事務所에 가서 洞長에게 統計資料를 부탁하다.	3(土) ·日本, 어려운 아시아 國家들에게 300億달러를 지원할 計劃임을 발표
	8(木)	8.18	·汝矣島 研究院에 가서 業務處理를 하고 都市地下鐵公社 金允鎬 부장을 만나 入學件을 자문하다. ·李圭憲·李永哲 회장 및 潘국장과 만찬을 들며 환담하다.	4(日) ·法務部, 海外로 도피한 犯罪者가 97年 8月 현재 600여명에 이른다고 밝힘 5(月) ·올해 우리 나라 1인당 GNP는 6,500 달러로 8年前 水準으로 후퇴하여 世界順位도 40位圈이 될 전망
	9(金)	8.19	·行自部 研修院에 가서 論文指導를 하다. ·월드컵 組織委員會에 가서 市道知事 懇談會件에 대해 협의하다. ·朴世直 위원장 및 職員들과 만찬을 하며 환담하다.	·中國, 言論과 宗教의 自由 및 自律權 保障을 내용으로 한 人權協約에 서명 6(火) ·99年부터 公正去來 관련 업무를 전담할 수 있는 公正去來士制度를 도입키로 함
	10(土)	8.20	·自宅의 마당 剪枝作業을 하다. ·兪炳林 교수와 같이 水原 골프장에 가서 環境大·行政大 親睦 골프 모임을 갖다.	7(水) ·金大中 대통령, 訪日中 아키히토 天皇 內外가 주최한 國賓 晩餐에 참석 ·美國, 日本에 대해 規制緩和 및 市場開放 擴大를 위한 270개 措置를 취할 것을 촉구
	11(日)	8.21	·집에서 書齋등의 大淸掃를 하다.	
	12(月)	8.22	·學校에 가서 教授들과 次期院長選擧에 대해 意見交換을 하다. ·行研會 모임에 참석하고 따로 李廷殷·金光得·趙峙鉉 친구에게 맥주를 대접하다.	8(木) ·金大中 大統領, 오부치 日本 總理와 頂上會談을 갖고 共同宣言에 합의 ·스웨덴 翰林院, 올해 노벨文學賞에 포르투갈 小說家 사라마고가 受賞者로 선정됐다고 발표.
	13(火)	8.23	·學校에서 教授들과 院長 選出에 대해 논의하다. ·張翰相君宅 家族에게서 電話오다. ·金學澈 회장과 저녁 식사를 하다.	10(土) ·콩고의 투치族 反軍이 乘客 40명을 태운 콩고 航空所屬 보잉 727旅客機를 미사일로 격추시켜 승객 전원 사망함
	14(水)	8.24	·妻,大田 친구 집에 모임차 가다. ·新羅 호텔에서 개최된 월드컵 主催 市道知事 懇談會에 참석하여 特別 發表를 하다. ·學校에 가서 次期 院長 選出을 위한 投票를 하였으나 3人 同點이 나와 3日間 연기키로 하다. ·李圭憲 원장 초청으로 徐健一 고문 回甲祝賀 모임에 金壽鶴·金永哲 회장과 같이 참석하다.	12(月) ·政府, 日本 大衆文化를 연내에 부문적으로 개방키로 함 ·NATO 閣僚理事會, 유고의 세르비아 共和國 침입에 대한 武力 使用을 만장일치로 승인
	15(木)	8.25	·城南 소재 새마을中央研修院에 가서 指導教授 諮問會議에 참석하고 저녁식사를 함께 하다. ·美國에 전화하여 外孫子 近榮의 생일을 축하하다. ·妻, 大田에서 상경·귀가하다.	13(火) ·國內에 체류 중인 外國人은 38萬 6千名이며 이중 14萬 7千名이 不法滯留者로 밝혀짐
	16(金)	8.26	·學校에 가서 院長 選擧를 다시 실시하여 兪炳林 교수를 院長 候補로 선임하다. ·儀旺市에 가서 都市基本計劃 公聽會의 司會를 보다 ·市長·討論者들과 저녁 식사를 하며 환담하다.	14(水) ·北韓의 금년 食糧 生產은 전년 대비 13% 증가한 330만톤으로 추정됨 ·올해 노벨 經濟學賞은 아시아人으로는 처음으로 印度의 아마르티아 센이 수상하는 것으로 발표됨 15(木) ·政府, 公職者 膳物 申告制를 도입키로 함
	17(土)	8.27	·南江 골프장에서 風水會 골프 모임을 갖고, 鄭武鎔 부사장을 新入會員으로 가입시키다.	16(金) ·98年 6月末 현재 5大 그룹의 銀行 貸出金은 40兆 4,545億원으로 30大 그룹 總貸出金額의 절반이 넘는 것으로 밝혀짐
	18(日)	8.28	·妻와 農場에 다녀오다.	
	19(月)	8.29	·妻와 같이 毒感豫防注射를 맞다 ·李圭憲· 李永哲 회장과 같이 淸州에 가서 라스베이거스시 代表 6名과 만나다. ·羅基正 淸州 市長 초청 만찬에 참석하고 모두 노래방에 가다. ·淸州 觀光 호텔에 투숙하다.	·올해 노벨 平和賞은 北아일랜드 紛爭 解決에 기여한 공로로 흄과 트림블이 공동 수상하게 됐다고 발표됨 17(土) ·北韓 住民 장춘광씨가 釜山으로 밀입국한 뒤 歸順 요청해왔다고 밝혀짐
	20(火)	9. 1	·淸州 副市長 초청 朝餐에 참석하다. ·藝術의 殿堂에서 개최한 라스베이거스와 淸州市의 國際 세미나에 참석하고 綜合評價 및 閉會辭를 하다. ·忠北 韓大洙 부지사 초청 만찬에 참석하고, 金東勳·李圭憲·李永哲씨등과 地方自治學會 次期 會長團 構成에 대해 협의하다.	18(日) ·나이지리아에서 送油管이 폭발하여 住民 700여명이 사망하고 수백명이 부상 19(月) ·99年도 美國의 貿易收支 赤子가 3,000億달러에 달할 것으로 전망됨 20(火) ·監查院,政府가 不實工事와 政策誤謬 등으로 모두 3,000億원 이상의 國庫 損失을 초래한 것으로 밝혀짐

月	日	陰	本人 및 家族事項	社會一般事項
10	20(火)	9. 1	·清州 관광 호텔에 투숙하다.	20(火) ·57개 政府出捐研究機關이 올 들어 2,058名을 감원했다고 밝혀짐
	21(水)	9. 2	·清州 市長 초청 조찬회에 참석하고 李圭憲·李永哲 회장과 상경하다. ·徐佑錫군 論文 관계로 金 源·姜渭薰씨 등과 팔레스 호텔에 오찬을 하다.	
	22(木)	9. 3	·리츠 칼튼 호텔에서 개최된 라스베이거스市 서울事務所 開所 3周年 紀念式에 참석하여 韓國側 代表 人士들을 소개하고 祝辭人事를 하다. ·高睦勳 사장 초청으로 忠北·忠南·라스베이거스 代表 들과 만찬을 하며 즐기다.	22(木) ·國民會議, 科學技術基本法 制定案을 마련함 ·KOTRA,11개 海外貿易館을 폐쇄키로 함
	23(金)	9. 4	·盧隆熙·金英模 教授 등과 江陵을 거쳐 襄陽 洛山 비치 호텔에 가다. ·江陵大學 總長 초청 만찬에 韓·中·日 代表團과 같이 참석하다. ·韓·日 代表團의 모임에서 日本側으로부터 昨年 日本에서의 失禮에 대한 謝過를 받고 환담하다 ·洛山 비치 호텔에 투숙하다.	23(金) ·金大中 大統領, 방한 중인 아난 U.N. 事務總長과 오찬을 하며 의견교환 ·國會, 새 政府 출범 후 첫 國政監査에 착수
	24(土)	9. 5	·江陵大學에서 개최된 韓·中·日 都市計劃學會 심포지엄에 참석하고 최종 綜合評價 및 閉會人事를 하다. ·金進[illegible] 江原知事 초청 만찬에 참석하여 乾杯提議를 하다. ·韓國 代表團끼리 별도 자리를 마련하여 餘興을 갖다 ·洛山 비치 호텔에 투숙하다.	24(土) ·金大中 大統領, 압둘라 사우디 王世子의 禮訪을 받음 ·EU 15個國 頂上들, 오스트리아에서 會談을 가짐
	25(日)	9. 6	·洛山 호텔을 떠나 江陵을 거쳐 航空으로 상경· 귀가하다.	25(日) ·政府, 平和의 댐을 華川 댐과 연계 활용하는 方案을 마련
	26(月)	9. 7	·汝矣島 研究院에 가서 李圭憲 원장 및 朴昇治 부院長과 업무협의를 하다. ·金爀基군이 인사차 다녀가다. ·好凡會가 金壽鶴 회장을 초청하여 만찬 모임을 갖다.	26(月) ·檢察, 板門店 銃擊事件에 대한 搜査結果를 발표 ·9月末 현재 北韓에 진출한 우리 企業에 고용된 北韓 勞動者는 1,907명인 것으로 밝혀짐 ·페루·에콰도르, 3차례 戰爭을 유발한 60年에 걸친 國境紛爭을 종식시킴
	27(火)	9. 8	·學校에 蔚山專門大學學長 등이 인사차 다녀가다. ·地域開發研究會 懇談會에 참석하여 韓·日 모임에 대해 협의하다. ·李永奭·禹哉永·李圭憲·尹理事長이 별도 모임을 갖고 음주·환담하다.	27(火) ·鄭周永 現代 名譽會長, 統一 소 501마리, 現代가 생산한 乘用車 20臺 등과 함께 板門店을 통해 再訪北 ·獨逸 下院,社民黨의 게르하르트 슈뢰더를 獨逸 總理로 선출
	28(水)	9 .9	·行自部 研修院에 가서 高幹班 論文發表에 참석하여 審査·講評을 하고 오찬을 함께 하다. ·한솔 빌딩에 가서 吳각진 부장을 만나 韓紙 展示場을 둘러보다. ·驛三1洞 洞長을 만나 統計資料에 대해 협의하다.	28(水) ·警察廳, 全國의 暴力組織은 총284개이고 이에 속한 暴力輩數는 5,466명으로 집계 ·IBM社, 秒當 3조9,000억回의 演算能力을 가진 世界 最高의 슈퍼 컴퓨터를 개발
	29(木)	9.10	·學會·圖書館에 들리고 목욕을 하다. ·烏嶺會에 참석하고 함께 餘興時間을 갖다. ·李東燮원장과 맥주를 마시며 환담을 나누다.	29(木) ·NASA, 존 글렌 美國 上院議員 등 7名의 宇宙人을 태운 宇宙往復船 Discovery 21號가 성공리에 발사됐다고 발표
	30(金)	9.11	·李昇茂 의원이 美國에서 전화를 하여 金在城 박사를 소개해주다. ·安養 플라자 호텔에서 개최된 安養市長 초청 韓·日地方自治學會 代表者 晚餐에 참석하다.	30(金) ·지난 7年간 獨島에 들어가려다 거부당한 사람이 2,000名에 이르는 것으로 밝혀짐 ·스웨덴, 예테보리市의 한 디스코 테크에서 火災가 발생, 60餘名이 숨지고 190名이 부상했다고 보도됨
	31(土)	9.12	·安養文化會館에서 개최된 韓·日地方自治學會 세미나에 참석하다. ·安養市長 주최 리셉션에 참석하다.	31(土) ·中國, 收支均衡을 맞추기 위해 1,000億元 (120億달러)의 稅收擴保가 필요하다고 발표

月	日	陰	本人 및 家族事項	社會一般事項
10	31(土)	9.12	· 李圭憲 원장 초청으로 趙文富 총장 · 金東勳 부회장과 같이 술을 들며 환담 · 唱歌하다.	
11	1(日)	9.13	· 妻 · 누님과 같이 農場에 들렸다가 동생宅에 가서 환담하다.	1(日) · 建交部, 98年 8月末 현재 산하 21個 機關 및 子會社의 負債는 총 37兆 1,527億원이라고 밝힘 · 니카라과, 포솔테가市에 10月 31日 발생한 허리케인 '머치'로 인한 山沙汰로 部落 5個가 묻혀 1,000餘名이 사망했다고 보도
	2(月)	9.14	· 汝矣島 硏究院에 가다. · 金德永 · 李圭憲씨와 점심을 하다.	
	3(火)	9.15	· 學校에 가서 講義를 하고 銀行 整理를 하다. · 朱龍鐸 회장 방문하여 金學澈 · 李永哲 회장과 같이 저녁 식사를 하다.	
	5(木)	9.17	· 行自部 硏修院에서 개최된 第35回 地方行政 硏修大會에 참석하여 司會와 講評을 하고 施賞式에 참석하다.	2(月) · 허리케인 '머치'로 니카라과와 온두라스 등에서 최소한 7,000여명이 사망한 것으로 밝혀짐 · 地球溫暖化 防止를 위한 第4次 U.N. 氣候變化會議가 부에노스 아이레스에서 개막
	6(金)	9.18	· 水原 소재 京畿開發硏究院에 가서 硏究諮問 會議를 주재하다. · 兪 焄 원장 등과 오찬을 함께 하다. · 리츠칼튼 호텔에서 建交部 職員을 만나 民投審件 書類에 서명하고, 李範寬 敎授를 만나 推薦書를 써주다.	3(火) · 로마에 모인 80여개 國家들, 魚族資源의 고갈을 막기 위한 漁撈自律規制協定을 승인 · 美國, 中間選擧 실시
	7(土)	9.19	· 海運産業硏究院 신 室長 부담으로 趙正濟 · 金源 · 許統씨와 중부 골프장에서 운동하다.	5(木) · 現代, 향후 10년간 海州 地域을 중심으로 한 2,000萬坪의 敷地를 經濟特區 形態의 新都市로 開發할 計劃이라고 밝힘
	8(日)	9.20	· 東壧과 같이 農場에 가서 무를 모두 뽑아오다. · 조카 李종호군 아들 結婚式에 참석하고 妻 · 弟嫂氏와 李군宅에 들려 환담하다.	6(金) · 北韓은 최근 對南經濟協力 從事者들을 대거 숙청했다고 보도됨
	9(月)	9.21	· 汝矣島 硏究院에 가서 정리하다. · 徐健一고문 초청으로 金德永 · 李圭憲씨와 같이 오찬을 들다. · 硏究院 全職員과 같이 古州賞 관계 手苦慰勞 會食과 餘興을 갖다.	7(土) · 러시아 市民 27萬名, 볼셰비키 革命 81周年을 맞아 옐친 大統領의 辭任을 촉구하며 街頭示威를 벌임 8(日) · 포르투갈 國民들, 포르투갈을 8개 地域으로 분리하자는 政府 提案을 압도적으로 부결시킴
	10(火)	9.22	· 禹哉永 회장과 金규복 국장이 學校에 와서 업무협의를 하고 저녁 식사를 함께 하다.	10(火) · 聞慶새재 梨花嶺터널 9㎞가 개통됨
	11(水)	9.23	· 學校 敎授會議에 참석하다. · 兪炳林 新任院長 초청 敎授 會食에 참석하고 함께 餘興을 즐기다.	11(水) · 金大中 大統領, 中國 國賓訪問과 APEC 頂上會議 參席을 위해 出國 · 인도네시아軍이 2,000여명의 學生 示威隊에 발포했다고 보도됨
	12(木)	9.24	· 圖書館에 가서 資料를 조사 · 기입하다. · 學校에 가서 조남근군 博士論文 심사를 주재하다.	
	13(金)	9.25	· 롯데 월드 호텔에서 조찬을 하며 市立大學 博士論文을 심사하다. · 朴昇治 부원장 및 朴代理와 淸州에 가서 오찬을 하고 忠北道廳에 들리다. · 李元鍾 知事와 대담을 하고 환담을 나누다. · 서울에 와서 李圭憲 · 朴昇治 · 李永哲 · 高永天씨 등과 저녁식사를 하다.	12(木) · 科學技術部, '98年度 重點國家硏究 開發事業 推進計劃'을 확정 · 발표 13(金) · IMF, 브라질에 대한 415億달러의 救濟金融 支援을 승인했다고 발표 14(土) · 美國의 4大 담배會社, 美國 8個州가 제기한 吸煙者 治療費 請求協商에서 賠償金 2,060億달러를 지불키로 합의
	15(日)	9.27	· 大邱 査頓이 상경하여 식사를 하며 文書房 취직건에 대해 의논하다.	16(月) · 金大中 大統領, 말레이시아 · 뉴질랜드 · 싱가포르의 總理들과 頂上會談을 가짐 · 李海贊 敎育部長官, 敎育公務員 停年을 99年 62歲, 2000年 61歲, 2001年 60歲로 단축하는 內容의 敎育公務員法 改正案 발표 · 日本 政府, 총 事業費 24조엔의 史上 최대 규모의 緊急經濟對策案을 발표
	16(月)	9.28	· 行自部 硏修院에 가서 中堅班 論文發表에 참석하여 審査 · 講評하다. · 獨逸 金英世 동서가 집에 와서 환담하다.	
	17(火)	9.29	· 學校에 가서 兪炳林 院長 초청으로 盧隆熙 · 金性洙 교수 등과 식사하다. · 金壽鶴 회장과 저녁 식사를 하다.	
	18(水)	9.30	· 學校에서 종일 碩士論文審査를 하다.	

月	日	陰	本人 및 家族事項		社會一般事項
11				17(火)	·中國, 經濟難을 겪고 있는 아시아 國家들에 55億 달러의 支援金을 제공키로 함
	18(水)	9.30	·金德永 총장 초청으로 朴世直·李圭憲· 徐健一씨 등과 저녁 회식을 하고 노래방에 가서 노래하다. ·몸살·감기가 오다. ·共著「未來 情報化 時代의 國土經營」이 1998年 文化觀光部長官 推薦圖書로 선정·공고되다.	18(水)	·金大中 大統領, 第6次 亞·太經濟協力體 頂上會議에서 基調演說을 함 ·9月末 현재 우리 나라 總對外支佛 負擔金은 1,535億 5,000萬 달러로 집계됨 ·國家公務員의 總定員 限度를 27萬 餘名으로 제한하는 大統領令을 立法豫告함 ·建交部,그린벨트로 묶여 있는 14개 圈域 5,397㎢에 대해 11月 25日부터 3年 동안 '土地去來契約 許可區域'으로 지정한다고 발표
	19(木)	10. 1	·行自部 硏修院에서 개최된 高幹班 政策課程 發表會에 참석하여 司會 및 綜合講評을 하고 리셉션을 함께 가진 뒤 상경하다. ·金壽鶴 회장·金炯國 교수와 저녁 식사를 하며 환담하다. ·첫눈이 내리다. ·美國 라스 베이거스市의 金在城 首席局長이 로스앤젤레스 自宅에서 持病으로 서거하다.		
	20(金)	10. 2	·金在城 박사 逝去 소식에 큰 충격을 받다. ·建交部 民間投資審議委員會에 참석하여 會議를 주재하고 함께 오찬을 들다.		
	21(土)	10. 3	·妻와 같이 서울大學校 保健診療所에 가서 感氣藥을 지어오다.	21(土)	·金大中 大統領, 클린턴 美 大統領과 頂上會談을 가짐 ·全國 初·中·高 教師 2萬5千餘名, 教員 停年을 60歲로 단축하려는 政府 方針을 철회하라는 蹶起大會를 개최
	23(月)	10. 5	·朴호숙 教授 父親 및 金基玉 청장 慈堂 問喪을 가다. ·汝矣島 硏究院에 가서 일을 보다. ·李圭憲 원장·李永哲 회장과 저녁을 하며 金在城 박사의 逝去에 哀悼 默念을 하고 애통해하다.	23(月)	·政府,제1차 社會保障 長期發展計劃을 확정 ·6·25 이후 北韓에 생존해 있는 國軍捕虜는 136名인 것으로 밝혀짐 ·러시아·中國의 頂上, 모스크바에서 會談을 갖고 共同宣言을 채택
	24(火)	10. 6	·學校에서 龍仁市 關係官으로부터 都市基本計劃에 대해 보고 받다. ·中央大 行政大學院 政策課程에서 特講을 하다.		
	25(水)	10. 7	·한솔 文化財團의 吳각진 부장·김진만 대리 및 弟子 강상길군과 저녁 식사를 하며 환담하다.	25(水)	·鄭海淌 國務調整室長, '腐敗防止 綜合對策'의 수립방안을 발표 ·IMF는 파키스탄에 救濟金融 50億 5,000萬 달러를 제공키로 했다고 밝혀짐
	26(木)	10. 8	·地方行政硏修院 中堅班 修了式에 참석하여 祝辭를 하고 오찬을 한 후 귀가하다.	26(木)	·印度 北部 펀잡州에서 列車 衝突 事故가 발생하여 108名이 숨지고 250名 이상이 부상당함 ·中國·日本 頂上, 東京에서 會談을 갖고 共同宣言을 발표
	27(金)	10. 9	·아버님 忌日을 맞아 兄弟姊妹家族과 같이 祭祀를 모시다.		
	28(土)	10.10	·월드컵 組織委員會와 같이 青瓦臺에 가서 大統領께 보고하는 午餐 會議에 참석하다. ·學校에서 碩·博士 入試面接을 보다.	28(土)	·嶺·湖南 市長· 道知事, 慶南 昌寧에서 모임을 갖고 兩地域 協力體結成에 합의함
	29(日)	10.11	·長湖院 골프場에서 風水會員들과 운동을 하다. ·妻,겨울 김장을 담그다		
	30(月)	10.12	·地方自治硏究院에서 原稿를 정리하다. ·李景熙 장군·李永哲 회장과 저녁을 들며 환담하다.	30(月)	·海洋水産部,9月末 契約이 끝난 韓國·프랑스間 漁業協定 附屬約定 更新을 위한 漁業會談이 타결됐다고 밝힘 ·장쩌민 中國 國家主席, 訪日 後 귀국하면서 天皇에게 電文을 보내 다시 한 번 日本에 過去侵略 行爲에 대한 反省을 촉구 ·第22次 世界遺産委員會가 日本 京都에서 개최 ·슈뢰더 獨逸 總理와 시라크 프랑스 大統領, 베를린에서 頂上會談을 갖고 兩國 關係의 새로운 出發을 선언
12	1(火)	10.13	·學校 第2學期 終講을 하다. ·地域開發硏究會 任員들과 저녁을 들며 業務協議를 하다.	1(火)	·國務會議, 教員의 停年을 65歲에서 60歲로 낮추는 내용의 教育公務員法 改正案을 의결
	2(水)	10.14	·魏聖沼 부시장 令愛 결혼식에 가다.		

1998

月	日	陰	本人 및 家族事項	社會一般事項
12	2(水)	10.14	·龍仁市 都市基本計劃 公聽會에 참석하여 司會를 보다. ·芮강환 副市長 등과 저녁 회식을 하다.	1(火) ·美國 石油會社인 엑슨과 모빌, 史上 최대규모의 合併額인 772億달러 規模의 合併案을 발표
	3(木)	10.15	·地方行政研修院 高幹班 修了式에 참석하다. ·리츠칼튼 호텔에서 개최된 高位課程 第3期 送年會에 참석하여 인사말을 하다.	2(水) ·U.N.報告書, 全世界 沙漠化 확산으로 모두 2億5,000萬名 이상이 타격을 받고 있다고 밝힘 ·U.N.總會, 自決權 認定 등 팔레스타인의 權利保護를 위한 6個 決議案 채택
	4(金)	10.16	·유희용 社長과 같이 뉴서울 골프場에 가서 高位課程 第4期 골프 모임 서健會 회원들과 골프를 치다. ·인터컨티넨탈 호텔에서 개최된 高位課程 第4期 送年會에 참석하여 인사말을 하다.	3(木) ·유럽 各國 銀行들, 單期 主要 金利를 0.25-0.3% 포인트 인하함 4(金) ·政府, 文化·觀光·디자인·情報通信 등 4개 分野를 집중육성하기 위한 知識基盤 産業發展 對策을 확정 ·日本, 國際原子力機構와 核安全協定 附屬議定書에 서명
	5(土)	10.17	·地方自治研究院에서 朴昇治 부원장 등과 같이 一山 興國生命 빌딩에 가서 事務室 賃借契約을 하다. ·李圭憲 원장 自宅에 가서 問病을 하고 協議書를 만들다. ·金壽鶴 회장·尹웅규 事務總長과 저녁 식사를 하며 환담하다.	5(土) ·臺灣, 立法委員 및 市長·市議員 選擧 실시 7(月) ·三星·大宇그룹, 靑瓦臺 政府·財界 政策懇談會에서 兩社의 合併에 완전 합의함
	6(日)	10.18	·環境·行政大學院 敎授들의 親睦골프모임을 韓火(구 플라자) 골프場에서 갖다.	
	8(火)	10.20	·學校 敎授會議와 人事委員會에 참석하다. ·高校 同期生 送年 모임에 가다.	·中國은 급격한 經濟成長으로 酸性비 被害地域이 전국 40%로 확산 됐다고 보도됨
	9(水)	10.21	·버스로 公州市에 가서 沈鐘勛 과장과 조찬을 들다. ·忠南公務員敎育院에서 개최된 市·郡政 成功事例 發表大會에서 基調演說을 하고 審査委員長으로서 總評을 하다. ·金壽鎭 부지사, 權寧學 원장, 沈종욱 과장, 崔병학 실장 등과 저녁 회식을 하고 상경하다.	8(火) ·北韓은 총 길이 547㎞에 달하는 8,200여 개소의 地下施設物을 전국에 건설해 놓은 것으로 밝혀짐 9(水) ·國會 本會議, 총 84兆 9,376億원 규모의 새해 豫算案 통과 ·北韓은 板門店에 근무하는 韓國 軍將兵들을 포섭하기 위한 對南 工作組를 운영하고 있는 것으로 밝혀짐
	10(木)	10.22	·朴世直의원 事務室에서 월드컵 관계 環境會議를 하다. ·姜信祚 의원과 오찬을 하다. ·金學澈·李永哲 회장과 저녁 식사를 하며 환담하다.	10(木) ·클린턴 美國大統領, 北韓·쿠바· 中國·버마·수단·아프카니스탄 등을 人權抑壓國으로 지목
	11(金)	10.23	·妻·東爀, 聞慶에 가다. ·環心會 송년 모임에 참석하다. ·趙正濟 장관·姜渭薰 사장과 음주·환담하다.	11(金) ·日本 衆議院, U.N.海洋法條約에 따른 새 韓·日漁業協定 승인 ·印度, 勞動者·農民 등 수천만명이 總罷業을 단행 ·美國 下院 法司委員會, 性問題와 관련 클린턴 大統領에 대한 彈劾案을 가결
	12(土)	10.24	·사위 文丙基군, 美國 오하이오州立大學에서 博士學位를 받다. ·湖巖館에서 개최된 高位課程 第3期 送年會에 참석하여 乾杯를 들다.	
	13(日)	10.25	·南村에서 개최된 새재會 송년 모임에 참석하여 故 朴正熙大統領 次女 朴槿暎양과 인사·환담하다.	
	14(月)	10.26	·서울市廳에 가서 高 建 市長과 「自治公論」誌 對談을 하다. ·南相宇 公報官 등과 오찬을 함께 하다. ·學校에 가서 博士論文을 심사하다. ·市立大 徐佑錫군의 博士論文 최종심사를 하고 金源·崔秉瑄·金昌碩교수 등과 저녁회식을 하다. ·妻, 聞慶에서 상경하다. ·自宅, 都市가스 施設을 새로 설치하다.	12(土) ·政府·與黨, 首都圈 일부 民營住宅에 적용하고 있는 分讓價 規制를 99년부터 완전 폐지키로 함 ·李會昌 한나라黨 總裁의 동생인 李회성氏, 法令違反 혐의로 구속 수감됨 13(日) ·美國 自治領 푸에르토리코 有權者들, 美國 州編入 與否를 결정하기 위한 住民投票에서 否決시킴
	15(火)	10.27	·월드컵 組織委員會에 가서 朴世直 委員長 으로부터 都市環境協議會 共同議長 委囑狀을 받다. ·談笑園에서 委員 모두와 점심을 들고 서울市 報告를 듣다.	14(月) ·클린턴 美國大統領, 팔레스타인 住民들은 그들의 땅 위에 자신들의 運命을 결정할 位置에 있다고 강조 15(火) ·金大中 大統領, 루옹 베트남 國家 主席과 하노이에서 頂上會談을 가짐

月	日	陰	本人 및 家族事項	社會一般事項
12	15(火)	10.27	·委員들과 蘭芝島 쓰레기 埋立場을 시찰하다. ·農協中央會 諮問委員 送年 모임에 참석하다.	16(水) ·金大中 大統領, 오부치 日本 總理와 하노이에서 會談을 갖고 99年 1月에 韓·日 文化協力委員會를 정식 발족시키기로 합의함
	16(水)	10.28	·學校에서 碩士論文 최종 심사를 하다. ·建交部와 軍浦市廳에서 보고차 다녀가다. ·敎授會議에 참석하고 高位課程 運營委員會를 주재하다. ·好凡會 송년 모임에 참석하다.	·프랑스 下院, 女性과 男性이 동등하게 公職을 맡을 수 있도록 보장하는 憲法改正案 승인
	17(木)	10.29	·子 東爀과 같이 延大同 門會館에 가서 金載潤군 結婚 主禮를 집전하다. ·飛行機로 蔚山을 거쳐 慶州에 가다. ·李廷植·朴憲注·朴演守·金壽鶴·地方公社 社長團과 저녁 회식을 하다. ·地域開發研究會 초청으로 모두 함께 無盡莊에서 음주·환담하다. ·慶州敎育文化會館에 투숙하다.	17(木) ·大法院, 外國과의 經濟的 紛爭이 발생했을 경우 韓國 國民이 직접 外國政府를 상대로 國內 法院에 訴訟을 낼 수 있다고 判示 ·鄭周永 명예회장, 北韓과 北韓 西海岸에 韓國 中小企業이 입주할 2,000여萬坪의 工團을 조성키로 합의했다고 밝힘
	18(金)	10.30	·行自部·國土開發研究院 주최 公企業發展 大討論會에서 全體 司會를 보다. ·上京하여 朴憲注·李永奭·禹哉永·李永哲·金규복씨 등과 회식을 하며 환담하다.	·美國·英國, U.N.의 武器査察을 거부하는 이라크의 首都 바그다드에 미사일을 발사하는 등 모두 4차례에 걸쳐 空襲을 단행
	19(土)	11. 1	·國務總理 주재의 國土建設綜合計劃審議會 會議에 참석·발언하고 金鍾泌 總理 등과 오찬을 들다. ·風水會 송년 모임을 갖고 次期 會長으로 朴炳柱 교수를 선임하다.	18(金) ·第2回 富川 國際 판타스틱 映畵祭가 개막됨 ·江澤民 中國 國家主席, 中國은 社會主義 民主主義를 고수하고 西方式 政治體制를 모방하지 않을 것이라고 다짐
	20(日)	11. 2	·妻와 같이 李廷殷 令愛 結婚式에 참석하고 崔南淑씨 宅에 들러 저녁식사를 해서 먹고 오다.	19(土) ·政府, 廣域圈 開發計劃案을 확정 ·리빙스턴 美國 下院議長 內定者, 자신에 대한 婚外情事 問題와 관련하여 議長職을 사임하겠다고 발표
	21(月)	11. 3	·中央都市計劃委員會 '98년도 마지막 會議에 참석하고 金 源 副總長 車로 귀가하다	
	22(火)	11. 4	·軍浦市 都市基本計劃 公聽會에 참석하여 司會를 보다. ·地方行政研修院 任員 및 指導敎授 送年모임에 참석하다.	20(日) ·李봉주, 第13回 방콕 아시안 게임 男子 마라톤에서 2시간 12분 32초로 優勝 ·韓國, 제13회 방콕 아시안 게임에서 綜合 2位를 차지
	23(水)	11. 5	·朴世直 議員과 巨龜莊에서 오찬을 하며 '朴正熙 大統領 紀念館 建立'에 관해 협의하다. ·地域開發研究會 주최 韓·日 公企業 워크샵에 참석하여 司會를 보다 ·高建 市長 초청 雜魚會 송년 모임에 참석하다. ·禹哉永·朴演守·金규복·金壽鶴씨 등과 음주·환담하다.	21(月) ·鄭海渀 國務調整室長, 99년 國政指標를 ①國政改革의 강화 ②經濟再建의 시작 ③國民和合의 실현 ④知識基盤의 확충 ⑤文化觀光의 진흥으로 설정했다고 발표 22(火) ·日本, 2002년까지 情報蒐集衛星을 도입키로 정식 결정
	24(木)	11. 6	·趙英濟 교수 令愛 및 康炳基 학장 令息 결혼식에 각각 참석하다. ·學校에 가서 趙南健군 博士論文 최종심사를 주재하고 審査委員들과 저녁회식을 하다.	·유럽 中央銀行, 99년 1월 유럽 單一通貨(유로)에 참여하는 11個國의 主要金利를 3.0%로 확정했다고 밝힘 23(水) ·北韓 中央通信, 美國이 공격해올 경우 美國을 전멸시킬 것이며 이 때 日本도 攻擊對象에 포함될 것이라고 경고
	25(金)	11. 7	·故 朴正熙 大統領 紀念館 建立推進事業 計劃案을 작성하다.	·러시아 下院, 農地를 제외한 土地의 私有化를 내용으로 하는 土地法을 부결시킴
	26(土)	11. 8	·妻와 같이 사돈되는 鄭범수 專務의 令愛 結婚式에 참석하여 鄭희동 議員과 査頓宅을 만나다.	
	27(日)	11. 9	·妻와 같이 百貨店 등에 들리고 奉恩寺에 가서 禮佛을 드리다.	24(木) ·産業資源部, 99년도 輸出目標額을 98년의 實績推定値보다 0.8% 가량 늘어난 1,340億달러로 잠정 확정
	28(月)	11.10	·建交部 民間投資事業 審議會議를 주재하고 關係官 및 委員들과 送年 會食을 갖다	25(金) ·韓國銀行,國家 債務가 97년말 47조원에 이른다고 밝힘

1998

月	日	陰	本人 및 家族事項	社會一般事項
12	29(火)	11.11	· 國土學會 弦汀基金管理委員會 朝餐 會議에 참석하여 施賞問題를 협의하다. · 學校에서 美國 NASA 硏究員으로 있는 朴재형 博士를 만나 兪炳林 원장과 같이 환담하다. · 申相大 사장 李氏가 와서 業務諮問을 받다. · 妻와 같이 프레지덴트 호텔에서 열린 鳥嶺會 送年 모임에 참석하다.	26(土) · 98年 1月부터 11月까지 51個 病院이 休業한 것으로 집계됨 · 70년대 200만명을 학살한 '킬링 필드' 事件의 주모자였던 크메르루주의 두 心腹이 캄보디아로 투항했다고 보도됨 28(月) · 98년 10월말 현재 全國의 失業者는 153만 6000여명이고 失業率은 7.1%로 밝혀짐 · 國家公務員 總定員을 27만3,982명 이내로 제한하는 '國家公務員 總定員令' 制定案이 의결됨
	30(水)	11.12	· 地方自治硏究院에서 徐尙佑 사장과 만나 오찬을 하며 협의하다. · 李圭憲 · 朴昇治 등 任職員과 業務協議를 하다. · 硏究院 送年 會食을 갖다.	
	31(木)	11.13	· 월드컵 組織委員會에서 朝餐을 하며 朴正熙 大統領 紀念館 建立件에 대해 논의하다. · 學校에서 業務處理를 하다. · 蘇鎭光 교수 夫婦가 인사차 집에 다녀가다. · 除夜의 鍾소리를 들으며 1998年을 마감하다.	30(水) · 이라크에 대한 國際經濟制裁 때문에 11月中 9,000여명의 이라크人이 사망했다고 보도됨 31(木) · 98년 1 인당 國民總生産은 6,321달러로 추산된다고 발표 · EU 執行委員會, 獨逸 마르크貨의 유로貨 轉換比率을 1유로當 1.95583 마르크, 프랑스 프랑貨는 6.55957프랑으로 확정함

第 64 歲 : 1999 (4332) 己卯年 / 主任敎授 - 平敎授

月	日	陰	本人 및 家族事項	社會一般事項
1	1(金)	11.14	· 新年 祭祀를 모시고 家族 歲拜를 받다. · 李圭憲 院長과 같이 盧隆熙 교수와 金壽鶴 會長에게 세배를 가다.	1(金) · 地方行政硏修院 등 6個 敎育院을 통합하여 行政自治部 산하에 國家專門行政硏修院으로 설치함 · 北韓, '99年을 '强性大國 建設의 위대한 轉換의 해'로 설정 · 훈센 캄보디아 總理, 政府에 투항한 크메르루주 指導者들에 대해 裁判을 받도록 하겠다고 발표
	2(土)	11.15	· 自宅에서 弟子들의 歲拜를 받다. · 妻와 같이 奉恩寺에 가서 禮佛을 드리다. · 慶州中學校 李相悅 理事長 초청으로 金壽鶴 회장 · 金炯國 교수와 저녁 식사를 하다	
	3(日)	11.16	· 어머님 忌日을 맞아 祭祀를 모시다.	
	4(月)	11.17	· 學校 新年交禮會에 참석하고 敎授들과 오찬을 함께 하다.	2(土) · 檢察, 한나라黨의 國會內 安企部 事務室인 529號 强制進入事件에 대해 本格 搜査 착수 · '98년 貿易收支 黑字가 史上 最高인 399億달러로 世界 4位 記錄으로 집계 · '98년 우리 나라에 대한 外國人 直接 投資額이 史上 最高인 88億 5千萬 달러라고 발표 · 클린턴 美國 大統領, 美國 軍事力의 增强을 위해 6年 동안 國防費를 1千億 달러 늘리기로 했다고 보도
	5(火)	11.18	· 地方自治硏究院에 가서 業務整理를 하고, 徐健一 고문 초청으로 金壽鶴 會長 · 李圭憲 원장과 오찬을 들며 환담하다.	
	6(水)	11.19	· 學校에 가서 本部 主催의 公開講座 主任敎授 會議에 참석하고 오찬을 함께 하다. · 行自部 朴演守 과장 초청으로 金壽鶴 · 李永奭 · 禹哉永회장들과 만찬을 들며 환담하다.	
	7(木)	11.20	· 朴正熙 大統領 紀念館 建立 準備委員會를 조찬을 들며 개최하다. · 國土計劃學會 弦汀賞 審査會議에 참석하다. · 國土計劃學會 會長 초청 任員 · 顧問들의 만찬 모임에 가다.	3(日) · 建交部, 金浦市 등 4곳에 105萬坪의 宅地를 開發하고 2萬 8千家口의 住宅을 건설한다고 발표
	9(土)	11.22	· 妻, 聘父 危篤으로 聞慶에 가다.	4(月) · 유럽 單一通貨 유로, 出帆 後 첫 市場 去來에서 强勢로 출발
	11(月)	11.24	· 妻, 聞慶에서 上京하다. · 家族들과 三井 호텔 뷔페에서 結婚紀念 會食을 하다.	5(火) · 國會, 한나라黨이 不參한 가운데 本會議를 열어 68個 法案 등 案件 70個를 처리
	12(火)	11.25	· 李鐘德 회장 令息, 新婦와 같이 主禮 人事次 學校에 오다.	

月	日	陰	本人 및 家族事項	社會一般事項
1	13(水)	11.26	·地方自治研究院에 가서 業務協議를 하다. ·李永哲·金學澈 회장과 저녁 식사를 하며 환담하다.	6(水) ·LG 半導體, 持分을 現代電子에 100% 넘기는 방식으로 半導體 統合法人 設立에 합의
	14(木)	11.27	·金鐘文 사장 초청으로 점심을 하며 主禮件을 협의하다. ·金英模 회장 초청으로 만찬을 하며 國土學會건에 대해 논의하다.	7(木) ·大田 李종기 辯護士가 檢察·法院·警察에 事件謝禮費를 주었다는 疑惑으로 檢察이 搜査에 착수
	15(金)	11.28	·東爀과 같이 三星投資信託件을 처리하다. ·월드컵組織委員會에 가서 都市環境協議會 會議를 주재하다.	8(金) ·全國 大學講師 勞動組合, 時間講師 採用時 身元照會를 하기로 한 方針에 대해 撤回要求
	16(土)	11.29	·만추 웨딩 아트홀에서 李鐘德 회장 令息 結婚式 主禮를 보다.	10(日) ·金光植 서울地方警察廳長, 새 警察廳長으로 내정
	17(日)	11.30	·妻와 같이 奉恩寺에서 禮佛을 드리고 하나로 슈퍼에 갔다오다. ·어린이公園 內 陸英修女史 紀念財團에 가서 朴槿暎 이사장을 만나 환담하고 저녁 식사 후 새재회 모임을 갖다.	·大韓佛教曹溪宗의 第29代 總務院長 就任法會 열림 11(月) ·全北, 새萬金開發事業을 環境影響 評價에 따라 推進與否를 결정하겠다고 밝힘 ·國際赦免委員會, 青少年의 最低 徵集 나이를 18歲로 올릴 것을 촉구
	18(月)	12. 1	·聘父 어른께서 享年 85歲로 聞慶 自宅에서 逝去하시다. ·行自部 石永哲 次官 초청으로 崔相哲· 金炯國 교수와 오찬을 함께 하다. ·地方自治研究院에 가서 朴昇治 부원장과 光州 出張件 등에 대해 협의하다. ·金浦空港에 나가 美國에서 歸國하는 雪娥와 近榮을 마중하다. ·査頓 家族들과 같이 저녁 식사를 하고 귀가하다.	12(火) ·現代와 北韓亞太平和委員會, 北京에서 '첫 引導金 2,500萬달러 送金과 함께 施設物別로 獨占事業을 보장한다'는 데 合意 13(水) ·獨逸 政府, 外國人 子女에게 二重國籍을 허용하는 國籍法 改正案 발표 14(木) ·韓國과 美國, 戰時聯合心理戰司令部(CPOTF)를 창설키로 합
	19(火)	12. 2	·朴昇治 부원장과 航空便으로 光州市에 가서 柳秀澤 부시장을 예방하다. ·高在維 光州 市長을 만나 '自治公論'件 對談을 하고 오찬을 함께 하다. ·朴昇治 부원장과 飛行機로 상경하여 바로 다시 醴泉을 경유하여 店村 妻男宅에 가다. ·聘父 殯所에 焚香하고 禮를 올리다. ·서울·聞慶 등지에서 온 問喪客을 맞다.	·籠球의 皇帝 마이클 조던, 13年間의 프로 籠球選手生活을 은퇴하는 記者會見 가짐 ·日本, 自民·自由 兩黨의 聯立政權 정식 출범 20(水) ·인도네시아의 암본에서 基督教派와 이슬람教派 사이에 流血事態가 일어나 17名이 사망하고 100餘名이 다침
	20(水)	12. 3	·發靷祭를 지내고 永順面 先塋에 聘母任과 雙墳으로 安葬하다. ·집에 와서 初虞를 지내고 投宿하다.	21(木) ·韓國 漫畫映畫 〈아기恐龍 둘리〉, 베를린 등 獨逸 5個 都市에서 동시 開封 22(金) ·서울高法, 北風 工作을 주도한 權寧海 安企部 部長에 대한 抗訴審에서 懲役5年
	21(木)	12. 4	·再虞를 모시고 醴泉을 거쳐 上京하다.	및 資格停止 3年을 宣告
	22(金)	12. 5	·學校에 가서 整理를 하고 問喪客들에게 人事하다. ·國土學會에 가서 弦汀賞 審査를 하여 施賞 對象者로 康炳基·李建榮 두 사람을 결정하다. ·審査委員들과 만찬을 하고 飮酒·歡談을 하다. ·妻, 上京하다.	25(月) ·콜럼비아 西部 안데스山脈一帶에 리히터 規模 6의 강력한 地震이 일어나 적어도 1千名 以上 사망 27(水) ·行政自治部, 民防衛隊員의 義務教育
	23(土)	12. 6	·常綠會館에서 金鐘文 사장 令息 結婚 主禮를 보다.	期間을 現行 5年에서 4年으로 줄이고 教育의 時期와 場所를 隊員이 선택
	24(日)	12. 7	·水原에 가서 草原 웨딩홀에서 개최된 崔秉甲군 結婚 主禮를 보다.	·수강할 수 있도록 制度改編을 한다고 밝힘 ·保健福祉部, 孝行賞 受賞者는 大學特例
	25(月)	12. 8	·새마을中央研修院에 가서 民間合同教育班에 特講을 하다. ·妻 및 近榮 母女와 하나로 마트에 다녀오다.	入學의 機會를 갖게 하는 등을 내용으로 한 '老人福祉 中長期 發展計劃'을 大統領에게 보고
	26(火)	12. 9	·水原 地方行政研修院에서 개최된 '國家專門行政研修院' 開會式 및 懸板 開幕式에 참석하고 金正吉 行自部長官 등과 리셉션을 가진 뒤 상경하다.	·初·中等教員의 停年이 62歲로 조정된 이후 '99年 2月末 基準 名譽退職 申請者는 9,887名에 이름

1999

月	日	陰	本人 및 家族事項	社會一般事項
1	27(水)	12.10	·地方自治研究院에 가서 業務協議를 하고 李圭憲·朴昇治·高永天씨와 오찬을 함께 하다. ·李圭憲·朴昇治·李永哲씨와 저녁 식사를 하며 환담하다. ·尙州에서 妻弟가 상경하여 집에 묵고 가다.	28(木) ·LG 半導體 서울本部와 龜尾·淸州工場 職員 8千餘名, 서울 汝矣島 漢江 市民公園에서 '合倂反對 및 生存權 確保 決議大會' 개최 ·世界 各國의 政治指導者·企業人·學者·言論人등 2千餘名이 모여 世界經濟가 나아갈 길을 討論하는 大規模 世界經濟 포럼이 스위스 다보스에서 개막
	28(木)	12.11	·學校에 가서 原稿整理를 하다. ·家族 모두 尙州 妻弟 女兒 大學入學 祝賀 저녁을 같이 하다.	
	29(金)	12.12	·學校에서 李在昌 江南區議會議長 초청으로 黃琪源 교수 등과 오찬을 같이 하다. ·禹哉永·李永奭·金局長과 저녁을 들며 業務協議를 하다.	30(土) ·99冬季아시아競技大會, 江原道 龍坪에서 開幕式을 갖고 8日間의 熱戰에 들어감 ·앨 고어 美 副統領과 토니 블레어 英國 總理, 인터넷 商去來를 보다 강화하는 내용의 인터넷 協定 발표
	30(土)	12.13	·外孫子와 같이 國土學會에 가서 主禮 본 崔병갑군의 人事를 받다. ·自治學會에 들려 盧局長과 總會件에 대해 논의하다.	31(日) ·許승욱選手, 99冬季 아시아 競技大會 첫날 龍坪 리조트 레인보 슬로프에서 열린 스키초大會 全競技에서 금메달 획득
	31(日)	12.14	·主禮 본 金載潤군 夫婦가 인사차 다녀가다. ·妻, 雪娥 母子와 같이 百貨店을 돌고 저녁 식사 후 귀가하다.	
2	1(月)	12.15	·外孫子 近榮, 英語 幼稚園(ECC)에 나가기 시작하다. ·學校에 가서 訪問 人士들을 만나고 統計 處理를 하다.	1(月) ·韓國銀行, 年平均 消費者物價 上昇率 目標値를 3±1%로 하는 등의 99年 通貨信用政策 運營計劃을 발표
	2(火)	12.16	·새마을本部에 가서 姜汶奎 회장과 梁在鎬 총장을 만나 인사하고 '새마을 사랑 모임' 運營委員會와 總會에 참석하다. ·金壽鶴·靑海寧·李璜鉉씨와 저녁을 하고 飮酒·歡談하다.	2(火) ·英國 下院, 600年 傳統을 지닌 世襲貴族의 上院議員 自動取得權 및 投票權을 박탈하는 改革案을 381 對 135로 가결
	3(水)	12.17	·地方自治研究院에 가서 朴昇治 부원장과 業務協議를 하고 오찬을 함께 하다. ·地方自治學會에서 歷代 및 現會長 등과 總會件에 대해 協議하고 저녁을 같이 하다. ·金奎馥 국장으로부터 선물을 받다.	4(木) ·鄭泰守 前韓寶그룹 會長, 92年 大統領選擧 직전 金泳三候補에게 모두 150億원의 大選資金을 건네주었다고 증언 ·始興 市長 등 3名, 官給工事 發注時에 받은 謝禮金의 혐의로 구속
	4(木)	12.18	·學校에서 高位政策課程 新入生 面接을 보다.	5(金) ·行政自治部長官에 金杞載氏가 임명됨
	5(金)	12.19	·上溪洞所在 地域開發研究會에 가서 整理된 事務室에서 일을 시작하다. ·空港에 가서 귀국하는 사위 文丙基군을 마중하고 査頓 家族들과 같이 저녁 식사를 하다. ·집에 돌아와 博士學位 取得 祝賀 파티를 열다.	6(土) ·金鍾泌 國務總理, 카이로에서 이집트 總理와 會談 ·유고 코소보州 紛爭解決을 위한 平和會談, 세르비아政府와 코소보解放軍 代表가 참가한 가운데 파리 郊外에서 시라크 프랑스 大統領의 開幕宣言으로 시작됨
	6(土)	12.20	·高陽市 一山으로 이전한 地方自治研究院에 가서 새로이 마련된 理事長室에서 業務를 시작하다. ·來賓들과 오찬을 함께 하고 鐘路에 나가 懸板 등을 주문하고 저녁 식사를 함께 하다.	7(日) ·후세인 이븐 달랄 알하세미 요르단 國王이 사망함 9(火) ·政府, 公文書와 道路標識板에 漢字 倂記를 하는 방안을 추진키로 함
	8(月)	12.22	·一山 地方自治研究院에 가서 業務處理를 하고 朴代理와 같이 行自部에 들려 社團法人 申請書類를 제출하다. ·關係 公務員 모두에게 法人 許可件을 당부하다.	·政府·與黨, 人權委員會를 獨立規制 委員會 성격의 國家機構로 구성하고 法人格을 부여키로 함 ·政府·國民會議, '失職者 勞組加入'을 許容키로 함
	9(火)	12.23	·學校에서 高位政策課程 入學件에 대해 査定會議를 주재하다. ·學校 敎授 全員과 저녁 會食을 하며 환담하다.	·現代自動車, 國內 業體로는 처음 國際蹴球聯盟(FIFA) 公式 後援社로 잠정 選定됨
	10(水)	12.24	·地方自治學會의 研究發表會·理事會·總會에 참석하고 저녁 식사를 함께 하다.	

月	日	陰	本人 및 家族事項	社會一般事項
2	11(木)	12.25	・프레스 센터에서 古州地方自治賞 基金管理委員會를 주재하고 오찬을 함께 하다. ・地方行政硏究所・서울市議會의 세미나에 참석하여 高建市長・權純福理事長 등을 만나다. ・行自部 自治制度課에 들려 硏究院 法人化를 부탁하다. ・李圭憲・潘局長・李永哲씨 등과 저녁을 하고 음주・환담하다.	10(水) ・海洋水産部, '韓・日漁業協定에 따른 漁業人 支援 綜合對策' 발표 ・第80回 全國 冬季體育大會, 龍坪 리조트에서 開會式을 갖고 사흘간의 競技에 들어감 ・韓國地方自治學會, 總會에서 金東勳 會長, 崔相哲・朴重培・金始顯 副會長 선출 11(木) ・U.N.司와 北韓軍, 板門店에서 將星級 會談을 열고 南北韓 軍事兵力의 Y2K 問題 등을 논의 ・崔淳永 新東亞그룹 會長, 輸出金融을 받은 뒤 일부를 빼돌린 혐의로 구속됨 ・全經聯, 金宇中 現會長을 第25代 會長으로 재추대
	12(金)	12.26	・사위 文丙基, 地方行政硏究院 院長을 만나 人事하고, 서울産業大學에 書類를 제출하다.	
	13(土)	12.27	・사위・外孫子, 舊正 지내려 大邱에 가다. ・安鍾允 교수와 저녁을 하며 硏究院 運營에 대해 諮問하다.	
	14(日)	12.28	・長女 雪娥를 따라 驛三洞 聖堂에 다녀오다.	
	16(火)	1. 1	・설날을 맞아 妻와 같이 奉恩寺에 가서 禮佛을 드리고 누님宅에 들려 歲拜를 하고 오다.	12(金) ・國防部, 每年 國防豫算을 5~6%씩 증액해 모두 81兆 5千億원을 편성하는 내용의 '2000-2004年 國防5個年 中期計劃'을 확정・발표 ・行政自治部, 國家 및 自治團體間에 公務員 人事交流를 실시키로 하고 3月 20日까지 申請을 받는다고 밝힘
	17(水)	1. 2	・한솔의 金진만 代理 夫婦가 세배차 다녀가다. ・近榮 父子, 상경・귀가하다.	
	18(木)	1. 3	・地域開發硏究會에 正規 出勤 (第1・3木曜日)하여 總會準備를 논의하다. ・禹哉永 회장과 같이 韓國書畵作家協會에 가서 尹相在 회장 등을 만나다. ・一山 千炫鵠畵家宅에 가서 禹・尹회장 및 趙昇衡・金振虎・姜思賢씨 등과 저녁 식사를 하고 餘興을 즐기다.	13(土) ・世界的 信用評價機關인 무디스, 韓國의 國家信用等級을 Ba1에서 投資適格 水準인 Baa3으로 상향조정 16(火) ・獨逸 政府와 財界, 나치 時節 强制勞役者들을 위한 賠償基金을 설립 ・터키 政府의 特級 手配者인 쿠루드 勞動者黨(PAK) 指導者 압둘라 오잘란, 케냐에서 터키 情報機關에 체포되어 터키로 압송됨
	19(金)	1. 4	・朝餐 때 妻 生日을 축하하다. ・學校에 가서 資料 聚合을 하다. ・家族, 雪娥 家族, 妻男 子女들과 三井 호텔에서 妻生日 祝賀 저녁을 함께 하다.	
	20(土)	1. 5	・近榮이와 같이 國土學會 및 自治學會에 들려 일을 보고 오다. ・李圭憲・潘局長・李永哲씨와 오찬을 하며 業務協議를 하다.	21(日) ・테렌스 맬릭 監督의 〈The Thin Red Line〉, 49回 베를린映畵祭에서 最優秀作品賞인 金곰賞 수상
	21(日)	1. 6	・安정환 社長이 아들과 같이 집을 방문하여 結婚主禮件을 협의하다.	22(月) ・政府・與黨, 人權侵害・過多豫算 등의 論難을 빚어온 電子住民카드事業을 전면 白紙化하기로 合意 ・政府, 서울銀行을 英國系의 HSBC 그룹에 2億 달러를 받고 매각키로 결정
	22(月)	1. 7	・學校에서 高位政策過程 追加支援者에 대해 面接을 보다. ・敎授會議에서 主任敎授 수행에 대한 功勞牌를 받다. ・環境大學院 發展計劃案에 대해 논의하다. ・好凡會 모임에 나가다.	23(火) ・北韓, 未轉向 長期囚 20名을 北送하라고 要求 ・建交部, 6大都市 地下鐵 19個 路線 444㎞의 建設事業을 전면 再檢討한다고 발표
	23(火)	1. 8	・文丙基군, 처음으로 韓國地方行政硏究院에 출근하다. ・水原市廳에서 개최된 월드컵 開催都市 協議會 會議에 참석하고 오찬을 함께 하다. ・水原市가 開催한 월드컵 심포지엄의 開會式에 참석하고 鄭世煜・金裕赫 교수와 같이 상경하다. ・妻・長女와 같이 牛眠洞 아파트를 둘러보고 식사 후 귀가하다.	25(木) ・農協中央會, 97年末 現在 30大 그룹으로부터 受信 2,748億원에 대해 貸出은 이의 2.8倍인 7,839億원에 이른 것으로 밝혀짐 ・標準地 44萬餘 筆地의 公示地價가 98年보다 내리거나 비슷한 곳이 93.6%로 밝혀짐
	24(水)	1. 9	・中央公務員敎育院 高位政策過程에서 特講을 하다. ・63빌딩에 가서 安정환 社長 令息과 스페인 新婦의 結婚 主禮를 보다.	26(金) ・公職者倫理委員會, 政府 1級以上 財産公開 對象者 639名의 98年 1年間의 財産變動明細를 官報에 公開

月	日	陰	本人 및 家族事項	社會一般事項
2	24(水)	1. 9	·檀國大學에서 개최된 國土·都市計劃學會 總會에 참석하고 저녁 식사를 함께 하다.	26(金) ·1月中 失業率이 8.5%, 失業者數는 176萬 2千名으로 33年만의 最高値 기록
	25(木)	1.10	·一山 所在 韓國地方自治研究院에 正規 出勤(第2·4 木曜日)을 시작하다. ·地域開發研究會 總會에 참석하고 人事말을 하다. ·參席來賓들과 晩餐을 함께 하고 음주·환담하다.	·政府와 世界銀行이 共同 主催한 '民主主義와 市場經濟 國際會議'가 金大中 大統領 및 제임스 울펀슨 總裁 등이 참석한 가운데 개막
	26(金)	1.11	·하야트 호텔에서 개최된 월드컵 共同議長·諮問委員 午餐에 참석하여 文化觀光部長官과 업무논의를 하다. ·學校 卒業式에 참석하다. ·鳥嶺會 모임에 가다.	28(日) ·元喆喜 農協中央會長, 農協 運營에 責任을 지고 會長職을 사임키로 했다고 선언 ·政府, 4月 1日 시행되는 1段階 外換去來 自由化의 補完措置로 信用等級이 낮은 企業에 대해서도 1年以下 短期外貨借入을 제한키로 함
	27(土)	1.12	·外孫子와 國土學會에 가서 業務日程을 협의하다. ·李永哲 회장과 오찬을 들며 事案을 논의하다.	·서울市敎育廳, 새學期부터 '學級班長制'를 폐지하고 初等學校 低學年은 1週日이나 한 달 周期로, 初等高學年과 中·高校는 分期別 또는 學期別로 선출하는 學級會長制를 도입키로 했다고 밝힘
3	2(火)	1.15	·學校 入學式에 참석하고 第1學期 講義를 시작하다.	1(月) ·한글學會 등 100餘 한글 관련 團體들, '한글 獨立宣言 宣布式'을 갖고 漢字 倂用政策의 철회를 촉구 ·나이지리아, 20年만에 民選大統領 출현
	3(水)	1.16	·空港에 나가 金建鎬 理事長과 환담을 하고 金海로 가다. ·朴昇治 부원장을 만나 오찬을 하고 慶南道廳을 방문하다. ·金爀珪 知事와 對談을 하고 知事·黃東性 在日道民會長 등과 식사를 한 뒤 상경하다.	3(水) ·서울市, 道路標識板의 漢字倂用政策은 費用 등의 문제로 추진하지 않기로 함 5(金) ·롯데그룹 申格浩 會長의 先親 墓所를 파헤쳐 遺骸 머리를 가져가 巨額을 요구한 事件이 생겨 警察이 搜査에 착수
	4(木)	1.17	·地域開發研究會에 가서 業務處理를 하다. ·安東師範學校 선배인 金長洙 法務士가 와서 모두 같이 오찬을 하다. ·서울溫泉에서 목욕을 하고 金長洙 法務士 事務室을 예방 한 뒤 같이 저녁 會食과 餘興을 갖다.	·映畵 〈쉬리〉, 上映 21日만에 서울觀客 100萬名을 돌파 6(土) ·日本 政府, 2002年 월드컵 蹴球大會 競技場 建設支援으로 韓國에 2億달러를 융자해주기로 方針 세움
	5(金)	1.18	·自宅의 冊을 一山 研究院으로 옮기다. ·市廳의 李善熙씨와 오찬을 하다. ·大韓商議가 주최한 SOC 討論會에서 司會를 맡아 진행하다. ·康炳基 學長이 초청한 弦汀賞 受賞 紀念會食에 참석하다.	8(月) ·民主勞總, 中國 北京에서 北韓 代表團과 分斷 後 처음 南北勞動者會談을 개최했다고 밝힘 9(火) ·國家情報院, 休戰 以後 北韓에 억류되어 있는 拉北者는 454名이고 生存 國軍 捕虜는 231名이라고 발표
	6(土)	1.19	·妻와 같이 尙州에 가다. ·尙州市廳에서 金槿洙 시장 등과 만나 인사하고 職員들에게 第2建國運動에 대해 講演을 하다. ·金鐘鎬 교수와 같이 店村 妻男宅에 오다. ·載敏 妻男宅에 투숙하다.	·政府, 99年 벼·보리 收買價를 3% 인상키로 확정 10(水) ·그린 피스와 8個 環境團體, 美國 워싱턴에서 모임을 갖고 環境親和的인 企業經營을 促進하기 위한 74個項의 決議案 채택
	7(日)	1.20	·金龍寺 大成庵에 가서 聘父任 49祭 脫喪을 하고 墓所에 參拜한 뒤 載壽 妻男 家族과 같이 상경하다.	·프랑스 下院, 公職參與의 男女平等을 보장하는 憲法改正案을 의결
	8(月)	1.21	·學校에 가서 論文指導를 하다. ·李永哲 회장과 저녁 식사를 하며 事案을 논의하다.	
	9(火)	1.22	·長女 車病院에 入院하여 午後4時43分에 女兒를 순산하다. ·學校에 가서 資料를 정리하다. ·저녁에 車病院에 들려 長女를 祝賀하다. ·妻, 長女와 病院에서 자다.	11(木) ·李海贊 敎育部長官, 國立大를 段階的으로 民營化하고 初·中· 高等學校의 學級當 學生數를 줄이는 등의 '敎育發展5個年計劃試案'을 발표 ·慶北 文化財研究院, 浦項市 興海邑에서 磨製石器 등을 다량 발굴
	10(水)	1.23	·學校에 가서 學科敎授會議에 참석하다.	

月	日	陰	本人 및 家族事項	社會 一般 事項
3	10(水)	1.23	·中央病院에 갔으나 李廷殷 父親 問喪을 旣發靷으로 하지 못하고 돌아오다. ·國土學會 國際交流委員會를 주재하고 저녁 식사를 함께 하다. ·金學澈·張師珏 회장과 환담하다.	12(金) ·政府, 99年 上半期 失業者數가 200萬名에 이를 것으로 보고 99年末까지 50萬個의 일자리를 만들기로 했다고 보도 13(土) ·金鍾泌 國務總理, 國民年金制를 4月부터 확대 실시하겠다는 方針을 천명
	11(木)	1.24	·長女, 車病院에서 애기와 같이 退院하다. ·一山 硏究院에 가서 原稿를 정리하고 職員들과 점심을 하다. ·古州賞 審査委員會를 개최하고 함께 저녁식사를 하다.	15(月) ·大韓航空旅客機, 浦項空港 着陸中 事故로 乘客多數가 부상당함 ·中國의 第9期 全國人民代表大會, 私有財産制保障과 私有經濟의 位置를 격상시키는 것을 골자로한 憲法 改正案을 통과시키고 閉會
	12(金)	1.25	·次女 貞娥 生日을 맞아 朝餐을 하며 祝賀하다. ·學校에서 訪問地 資料를 정리하다.	
	13(土)	1.26	·신종송 社長 令息 및 新婦와 만나 結婚 主禮件에 대해 협의하다.	16(火) ·環境運動聯合, 寧越 東江 댐 建設의 白紙化를 요구하는 示威 벌임
	14(日)	1.27	·家族들과 집에서 지나간 次女의 生日을 祝賀하는 會食宴을 갖다.	·北韓과 美國, 北韓의 核施設 調査 및 經濟支援에 대한 合意에 이름
	15(月)	1.28	·學校에 가서 高永天 同壻 초청으로 黃琪源 교수와 같이 점심을 하며 환담하다. ·李健榮 博士 초청으로 國土學會 任員들과 弦汀賞 受賞 紀念會食을 같이 하다.	17(水) ·金大中 大統領과 李會昌 總裁, 會談을 갖고 6個項에 合意 ·國際 올림픽委員會, 솔트 레이크市 冬季 올림픽 賂物 스캔들을 論議하여 6名의 IOC委員을 축출하고 金龍雲 執行 委員 등 9名은 '警告措置' 하는 것으로 확정
	16(火)	1.29	·學校에서 講義를 마치고 水原에 가다. ·國家專門行政硏修院에서 金杞載 長官과 같이 地方考試班 入校式에 참석하여 祝辭를 하고 紀念植樹를 함께 하다. ·吳馨煥 院長 초청으로 指導敎授 및 幹部들과 저녁 會食을 하고 餘興時間을 갖다.	·北韓과 러시아, 새로운 關係定立을 위한 新條約에 假調印했다고 보도 18(木) ·朝興銀行, 忠北銀行과의 合倂을 승인 ·KAL機, 濟州空港에 着陸中 突風으로 다시 이륙하여 光州 空港으로 回航
	17(水)	1.30	·建交部 民間投資審議委員會의 會議를 주재하고 委員들과 오찬을 함께 하다. ·學校에 가서 環境大學院 新入生 全員에게 共通科目 講座의 特講을 하다.	19(金) ·政府, 2002年까지 中央部處 國家職 公務員 定員의 25~30%를 단계적으로 줄일 計劃이라고 밝힘
	18(木)	2. 1	·地域開發硏究會에 나가 業務를 보다. ·吳熙煥 博士가 와서 全任員과 같이 午餐을 함께 하다. ·禹哉永·李永奭·李永哲 회장과 저녁 會食을 하며 환담하다.	·政府, 惡化되고 있는 失業事態에 대처하기 위해 8兆3千億원의 失業 對策財源을 마련키로 함 ·서울市, 4月 1日부터 버스 토큰 販賣를 중단키로 함
	19(金)	2. 2	·泗川空港을 거쳐 巨濟市에 가다. ·市長·副市長 등과 인사하고 巨濟市民 自治大學에서 特講을 하다. ·泗川空港에서 상경하다.	20(土) ·金大中 大統領과 日本 오부치 게이조 總理, 서울에서 頂上會談을 가짐 21(日) ·李廷武 建交部長官, 물 需要對處와 洪水防止를 위해 東江 댐 建設의 推進을 천명
	20(土)	2. 3	·신종송 社長 令息 結婚式에 가서 主禮를 보다. ·金良培 前長官 令愛 結婚式에 가다.	·第71回 아카데미施賞式에서 作品賞·主演賞등 7個部門賞을 〈Shakespear in Love〉가 획득
	21(日)	2. 4	·地域開發硏究會長 초청으로 朴秀永 院長 등과 저녁 食事를 하며 환담하다.	
	22(月)	2. 5	·월드컵組織委員會에 가서 環境都市分科會議를 주재하여 蘭芝島 問題를 협의하다.	·인도네시아 보르네오섬에서 原住民과 移住民 사이에 流血衝突이 생겨 96名이 사망하고 1,000여채의 家屋이 소실
	23(火)	2. 6	·學校에 가서 碩·博士課程의 3科目을 講義하다. ·高陽市 副市長 등이 來校하여 展示館 立地件에 대해 논의하다. ·저녁에 高位政策課程生들에게 講義를 하다.	22(月) ·政府, 住宅建設을 活性化하는 등을 내용으로 한 失業對策 발표 ·美·日·佛 등 世界10餘個國 代表者들, 이집트 카이로에서 會議를 갖고 '世界 물 委員會'를 구성
	24(水)	2. 7	·建交部 中央都市計劃委員會 小委員會에 참석하여 會議를 주재하다.	

月	日	陰	本人 및 家族事項	社會一般事項
3	24(水)	2. 7	·國土學會에서 개최된 貿易展示場 立地 評價用役 諮問會議에서 諮問을 하고 함께 저녁 식사를 하다.	23(火) ·世宗路 廳舍에서 金大中 大統領 주재로 國務會議를 열어 國政弘報處, 企劃豫算處 등을 신설하는 내용의 '政府運營과 機能調整方案'을 확정 ·三星과 大宇의 自動車 빅딜協商이 전격적으로 妥結
	25(木)	2. 8	·金秉麟 社長과 오찬을 함께 하며 事業關係 일을 협의하다. ·國土硏究院과 國土學會가 개최한 第4次 國土計劃 討論會에서 司會를 맡아 진행하고 함께 저녁 會食을 갖다. ·李廷植 부원장·崔秉瑄 교수와 별도로 가서 飮酒·歡談하다.	25(木) ·政府, 東亞建設의 金浦埋立地 372萬坪을 6,300億~6,400億원에 買入키로 함 ·NATO, 유고 聯邦內 50여곳의 軍事施設에 대해 攻擊 개시
	26(金)	2. 9	·一山 地方自治硏究院에 가서 業務處理를 하고 職員들과 오찬을 하다. ·金秉麟 社長이 와서 龍仁 事業件을 설명하다.	28(日) ·鬱陵島 西쪽 60㎞ 海域에 規模 3.0의 地震 발생 29(月) ·유고軍, 코소보에서 알바니아系 住民의 逐出作戰 전개
	27(土)	2.10	·天安에 가서 吳烈根 院長과 오찬을 같이 하고 檀國大學에 가다. ·政策經營大學院 高位管理者課程에서 特講을 하고 함께 저녁 식사를 한 후 상경하다.	30(火) ·美國 샌프란시스코 地方法院, 말버러 담배를 40年間 피우다 사망한 사람의 遺族들이 제기한 訴訟에서 담배會社 필립 모리스에게 8,100萬달러를 배상하라고 판결
	30(火)	2.13	·學校에 가서 講義를 하고 來訪한 李永哲 會長과 논의하다. ·湖巖館에서 개최된 高位政策課程 新入生과 卒業生의 相見禮 모임에서 致辭를 하고 乾杯提議를 하다. ·朱龍鐸 회장과 만나 환담하다.	31(水) ·韓國勞總, 강력한 對政府鬪爭을 선언
	31(水)	2.14	·朴昇治 부원장 父子와 같이 大田市廳에 가서 洪善基 市長과 對談을 하고 상경하다. ·好凡會 모임에 참석하다.	
4	1(木)	2.15	·水原 硏修院에 가서 5級 昇進 豫定者들에게 特講을 하다.	1(木) ·大統領 諮問 政策企劃委員會 崔長集 委員長,思想的 物議로 辭表 제출
	2(金)	2.16	·上溪洞 地域開發硏究會에 가서 일을 보다. ·兪炳林 院長 초청으로 金炯國, 黃琪源 교수와 저녁 회식을 하다.	2(金) ·監査院, 國立環境硏究院에 대한 監査에서 2億 5千餘萬원의 硏究費를 橫領한 사실을 적발
	3(土)	2.17	·學校에서 종일 整理를 하다. ·妻와 같이 長女 新家 아파트에 가서 처음으로 저녁 식사를 같이 하고 오다.	·정부, '自營所得把握委員會'를 설치하여 100萬名으로 추산되는 辯護士, 公認會計士, 辨理士, 演藝人등에 대한 所得을 파악키로 함
	5(月)	2.19	·李義根 慶北知事 令息 結婚式에 다녀오다.	
	6(火)	2.20	·종일 學校에서 講義를 하다. ·朴今燮氏 초청으로 李東燮 원장과 같이 만찬을 들며 환담하다.	·北韓, 平壤近處에 10萬KW급 火力發電所 建設을 추진 4(日) ·國內 에이즈 感染者數는 3월말 현재 918명으로 집계됨.
	7(水)	2.21	·國土學會에 가서 國祭交流委員會 會議를 주재하고 함께 저녁 食事를 하다.	6(火) ·金泳三 전대통령, 金大中 대통령을 獨裁者라며 맹열히 비난
	8(木)	2.22	·一山 地方自治硏究院에 가서 일을 보다. ·金秉麟 社長의 來訪을 받고 龍仁 都市計劃件에 대해 협의하다. ·高陽市 조한유 부시장,崔泰烈 一山 區廳長, 李圭憲,朴昇治氏와 저녁 회식을 하다.	·아르헨티나 룰리이랄코 火山 頂上에서 잉카文明 당시 宗敎儀式의 祭物로 바쳐진듯한 미라 3구가 발견됨
	9(金)	2.23	·徐元宇, 禹哉永, 李永奭씨와 오찬을 들며 日本 訪問件을 상의하다. ·學校에서 MBC TV와 '韓國 100年, 우리는 이렇게 살았다' 프로를 對談 錄畵하다.	7(水) ·金大中 대통령, 洪水防止를 위해 東江댐 건설은 불가피함을 시사 ·建設交通部, 地域均衡發展을 위해 프랑스의 國土·地域開發企劃團(DATAR)과 같은 機構設立을 大統領에게 건의
	10(土)	2.24	·龍仁市 芮강환 副市長과 저녁을 함께 하며 都市計劃에 대해 논의하다.	·北韓, 平壤 萬壽臺議事堂에서 金正日 國防委員長 등 680餘名의 代議員이 모여 第10期 最高人民會議 2次會議를 개최
	11(日)	2.25	·아들과 같이 樂農 週末農場에 가서 씨앗을 뿌리고 귀가하여 집마당에도 채소를 심다.	

1999

月	日	陰	本人 및 家族事項	社會一般事項
4	12(月)	2.26	·월드컵 組織委員會 주최 朝餐會에 가서 韓·日 開催都市 市長會議 開催에 대해 협의하다. ·第2建國運動 推進委員會의 徐英勳 공동위원장, 金祥根 단장, 李萬儀 실창 등과 오찬을 하며 茂朱 行事에 대해 협의하다. ·학교에 가서 博士論文을 심사하다. ·새재회의 저녁 會食에 나가 새재碑 建立에 대해 협의하다.	8(木) ·政府, 코소보 難民들을 돕기 위해 100萬 달러 규모의 物品을 제공키로 함 9(金) ·金大中 大統領, 무바라크 이집트 大統領과 青瓦臺에서 頂上會談을 가짐 ·政府, 22個 特別會計를 12個로 정비키로 함 10(土) ·美國과 中國, 美國 農産物에 대한 中國의 市場障壁을 제거하는 貿易協定을 체결
	13(火)	2.27	·許和平 議員 초청으로 플라자 호텔에서 오찬을 하며 研究所 參與에 대해 상의하다. ·建交部에 가서 第23次 民間投資事業 審議委員會를 주재하고, 1998年度의 11回 開催, 20件 審議를 종결한 뒤 함께 任期滿了 紀念會食을 갖다.	11(日) ·日本 東京都知事에 保守右翼 性向의 이시하라 신타로 候補가 당선 12(月) ·文化觀光部, 바닷길이 열리는 全南 珍島郡의 바다 1.96㎢를 '珍島의 바닷길'로 명명하고 國家指定文化財로 지정할 예정임을 밝힘
	14(水)	2.28	·上溪洞 地域開發研究會에 가서 會議를 하고 住宅銀行 閔 支店長, 孔大植 교수 등과 함께 오찬을 하다. ·國土學會에 가서 貿易展示場 立地選定基準設定 諮問委員會에 참석하고 함께 만찬을 하다.	13(火) ·韓總聯 代表 金대원, 中國 北京을 거쳐 北韓으로 亡命한 것으로 확인됨 ·8月末 名譽退職을 신청한 初·中等 教員이 1萬2千餘名에 이르는 것으로 집계됨
	15(木)	2.29	·프레스센터에서 개최된 地方行政研究院 主催의 '地方포럼' 創立總會 및 第1次 포럼에 참석하다. ·李圭憲·李永哲씨 등과 저녁식사를 하고, 李·朱 社長등과 환담을 하다.	14(水) ·行政自治部, 主要部署에 女性公務員을 두는 '1課 1女性制'를 도입, 권장키로 함
	16(金)	3. 1	·第2 建國委 金祥根 단장 등과 같이 茂朱 리조트에 가다. ·第2 建國運動 全國地方推進委員長 워크샵에서 特講을 하고 汽車로 상경하다.	15(木) ·金大中·金鍾泌·朴泰俊 與圈 首腦部 3명, 國會議員 選擧區에 있어 中選擧區·政黨名簿制를 도입하는 데 合意한 것으로 확인됨
	17(土)	3. 2	·妻와 같이 長女宅에 가서 家族 모두 함께 清溪山에서 저녁 식사를 하다.	·現代建設, 9억5,500만 달러의 이란 海底 天然가스 開發工事를 수주했다고 발표
	18(日)	3. 3	·妻와 같이 農場에 갔다가 누님 內外分과 盆唐에서 함께 식사를 하다.	·KAL 貨物機, 中國 上海 空港에서 離陸 直後 폭발하여 乘務員 3명 사망
	19(月)	3. 4	·월드컵 組織委員會의 조찬에 참석하여 韓·日 行事에 대해 논의하다. ·VIAGIS 許和平 研究所에 가서 分科委員長 등과 會議를 하고 저녁 식사를 들며 환담하다.	16(金) ·車範根, 아시아 選手로는 유일하게 蹴球 月刊誌『World Soccer』가 선정한 100年 蹴球 역사상 '잊을 수 없는 100名의 스타'에 뽑힘
	20(火)	3. 5	·禹哉永·李永爽氏 및 出版協會 會員 등 57名과 같이 金浦를 출발하다. ·東京에 도착, 오찬을 하고 新宿 워싱턴 호텔에 禹哉永 회장과 合室로 투숙하다. ·禹·李 및 徐元宇·田中啓一 교수와 만찬을 하며 환담하다.	18(日) ·竊盜犯 김강룡, 長官·知事 등 高位 公職者의 집 물건을 훔쳤다고 폭로 19(월) ·엘리자베스 2世 英國女王과 男便 필립公, 金大中 대통령 內外의 招請으로 訪韓
	21(水)	3. 6	·東京都 第一教科書供給株式會社와 書書店 '玉川堂'을 방문하고 오찬을 들다. ·日本 地域開發센터, 政府 刊行物센터, 民間活力 開發機構등을 방문하다. ·鈴木一正氏의 초청으로 中國 食堂 '嘟嘟'에서 만찬을 하며 환담하다.	·서울 地下鐵勞組 罷業으로 交通混雜 야기 ·미국 GM社와 일본 도요타社, 自動車 共同研究開發計劃에 정식합의 20(火) ·忠南 牙山市에 있는 李舜臣 將軍의 父母·兄弟 등 11基 墓에서 식칼과 쇠말뚝 49개가 꽂혀 있는 것이 발견됨
	22(木)	3. 7	·有明埋立地區 內 國際展示館에서 개최된 東京 國際書籍展示會 開幕式에 참석·관람하다. ·民間都市開發推進本部 및 地域振興整備公團을 방문하여 설명을 듣다. ·林道三郎 會長 초청으로 國際文化클럽에서 會食을 하다.	·美國 덴버 근교 리틀턴에서 高校生 2名이 銃擊을 가해 15~16명의 學生이 사망 22(木) ·大韓航空, KAL機의 잦은 事故로 會長 및 社長이 一線에서 퇴진 25(日) ·스페인, 나이지리아에서 열린 99世界 青少年蹴球大會 決勝戰에서 日本을 4對0으로 이겨 頂上차지

月	日	陰	本人 및 家族事項	社會一般事項
4	22(木)	3. 7	·禹哉永·李永奭氏와 호텔에서 맥주를 마시며 환담하다.	26(月) ·金大中 대통령, 추안 릭파이 泰國 總理와 青瓦臺에서 頂上會談을 가짐
	23(金)	3. 8	·出井 教授 팀을 만나 自治省, '地域創造' 研究室, 參議院 地方行政委員會 등을 방문하고 埼玉縣 越谷市에 가서 第3섹터인 Community Plaza를 시찰하다. ·第3섹터 研究學會 會長團 초청으로 만찬을 대접받고 노래房을 거쳐 호텔로 돌아오다.	27(火) ·忠武公 墓所 毁損의 犯人 양순자 母子가 安東 退溪先生 墓所에 꽂은 칼과 쇠말뚝을 찾아냄 28(水) ·政府, 綜合株價指數가 800線을 넘어서는 過熱樣相을 보임에 따라 多角的 市場 安定對策 마련에 착수
	24(土)	3. 9	·禹哉永 회장 등과 귀국하여 長女家族 등과 만나다. ·동생 群濟家에 가서 동생生日을 누님家族등과 축하하여 주다.	29(木) ·政府, 2000年에 教育稅, 農漁村特別稅, 交通稅 등 目的稅를 本稅에 흡수키로 함 ·國稅廳, 1~3月間의 調査 結果 1,390名으로부터 6.139億원의 脫漏稅額을 추징했다고 보도
	25(日)	3.10	·새재會 會員 등과 같이 어린이 會館 버스로 聞慶새재에 가다. ·새재碑 除幕式에 참석하여 碑文을 解說하고 낭독하다. ·오찬 후 聞慶 博物館, 第1關門, 타임캡슐 貯藏地, 青雲閣 등을 들러보고 상경하다. ·새재會員들과 저녁 식사를 하다.	·오부치 게이조 日本總理, 5月 3日 클린턴 美國大統領과의 頂上會談에서 北韓의 미사일 問題解決을 위해 美·日·北韓 3國間의 새로운 協議體 構成을 제안할 것이라고 보도
	26(月)	3.11	·自宅에서 정리·기록을 하다. ·長女宅에 가서 저녁식사를 같이 하고 애기들과 놀다가 오다.	·유럽聯合(EU), 모든 美國産 쇠고기에 대해 6月 15日부터 輸入을 전면 금지하겠다고 선언
	27(火)	3.12	·學校에 가서 講義를 하고 論文指導를 하다. ·金壽鶴 회장 초청으로 金炯國 교수 등과 저녁 식사를 하며 환담하다.	30(金) ·北韓·中國·러시아의 接境地域인 豆滿江流域의 國境線 劃定에 관한 中國의 '中·러·北 3國 豆滿江 水域 境界線 協定'이 全人民代表大會 常務委員會에서 批准되었다고 보도
	28(水)	3.13	·地方自治研究院에 가서 業務를 처리하고, 金學澈, 林秀一씨 등의 訪問을 받다. ·行自部로부터 研究院 창립에 대한 長官 承認이 났다고 연락받다. ·李圭憲·李永哲 회장 등과 회식·환담을 하다.	·北大西洋條約機構, 29日 밤부터 30日 새벽까지 空軍機들을 유고에 600餘 次例 출격시켜 유고 空襲이래 最大 攻擊을 가했으며, 앞으로 絨緞爆擊을 가할 것이라고 경고함
	29(木)	3.14	·上溪洞 研究所에 가서 會議를 하고 오찬을 접대하다. ·好凡會 모임에 참석하여 徐健一씨의 新規 加入을 결의하다.	
	30(金)	3.15	·朴昇治 부원장· 朴代理와 같이 春川에 가서 江原知事와 대담을 하고 함께 오찬을 하다. ·밤에 長女 집에 가서 투숙하다.	
5	1(土)	3.16	·종일 長女집에서 外孫子女들과 함께 놀다. ·妻·外孫子와 農場에 갔다가 盆唐 百貨店을 들려 저녁 식사를 하다. ·外孫子를 데려다주고 外孫女 素瑛이를 데리고 집에 오다.	3(月) ·國會, 政府組織法 改正案등 4個法案과 6個案件을 野黨의 沮止속에 날치기 통과시킴 ·4月末 現在 우리나라의 可用外換 保有額이 563億8千萬달러로 집계됨
	2(日)	3.17	·世界日報에 原稿를 전송하다. ·아들과 같이 外孫女를 데려다주고 農場에 가서 고추를 심다. ·밤에 비가 내리다.	·美國 中西部 오클라호마州와 캔자스州를 강타한 수십개의 토네이도로 인해 47名이 사망하고 2千채의 家屋이 파손됨
	3(月)	3.18	·洞事務所에 가서 印鑑更新을 하다. ·學校에 가서 정리를 하고 롯데월드 食堂에서 서울市立大 博士論文을 심사하다.	6(木) ·政府·與黨, 自治警察制度를 도입하면서 國家警察의 獨立性과 位相을 함께 높이기로 함
	4(火)	3.19	·學校 講義를 하다. ·國土學會 刊 『地域經濟學』의 著者 모임에 나가 만찬을 함께하다.	·國民會議와 自民聯, 第16代 總選을 小選擧區制에 입각한 圈域別, 政黨名簿 比例代表制方式으로 치르기로 함
	5(水)	3.20	·南江 C.C에서 개최된 風水會에 나가 81打의 싱글을 치다.	7(金) ·法務部, 警察의 捜査權 獨立主張은 받아들일 수 없다는 公式的 立場을 천명

月	日	陰	本人 및 家族事項	社會一般事項
5	5(水)	3.20	· 어린이날을 맞아 長女 家族 모두 집에 와서 식사를 같이 하다.	7(金) · 金鍾泌 總理, 大田에서 韓總聯 所屬 大學生들에게 봉변 당함
	6(木)	3.21	· 洪哲 원장 · 崔相哲 교수 등과 같이 慶山 嶺南大學에 가다. · 李廷武 장관 · 李義根 지사 등과 만나 환담하다. · 慶北學硏究 포럼 세미나에 참석하여 司會를 보고 오찬에서 乾杯를 하다. · 저녁 만찬 후 상경하다.	10(月) · 國內 暴力組織 出身 農水産物 輸入業體 代表, 日本의 야쿠자 組織과 짜고 北韓에서 히로뽕 100㎏을 구입해 日本으로 密搬入하려다 韓日搜査當局에 적발됨 11(火) · 政府, '純일자리 創出'의 槪念으로 2002년까지 200萬個의 일자리를 만들어 失業率을 4.7%로 끌어내리는 中期 失業對策案 마련
	7(金)	3.22	· 上溪洞 硏究會에 가다. · 禹哉永 · 李永奭 · 김규복氏와 회식하다.	· 文化放送, 萬民中央敎會 信徒들의 亂入으로 40餘分間 다른 畵面이 방영됨
	8(土)	3.23	· 泰榮 빌딩에서 개최된 古州賞 施賞式을 주관하고 開會 및 閉會의 인사를 하다. · 오찬을 모두 함께 하고 귀가하다. · 저녁에 妻와 같이 長女宅에 가서 어버이날 紀念 저녁 식사를 대접받다.	12(水) · 法務部, 模範囚들을 대상으로 7月부터 外出과 外泊을 허용키로 했다고 밝힘 · 러시아 國家 두마, 옐친 大統領의 辭任을 촉구하는 決議案을 243對 20으로 가결
	9(日)	3.24	· 妻와 言爭을 하고 國土學會에 가서 정리를 하다. · 獨逸 妻弟 夫婦, 妻男家族, 妻등과 저녁 식사를 하고 妻男宅에 가서 환담을 하다가 오다.	13(木) · 金大中 대통령, 慶北道廳 報告 뒤 主要人士들과의 만찬에서 朴正熙 前大統領의 紀念事業을 제의함
	10(月)	3.25	· 水原 硏修院에 가서 高幹班 論文指導를 하다.	
	11(火)	3.26	· 學校 講義를 하다. · 嚴福燮사장과 저녁 식사를 하다.	· 全經聯,벤처産業 育成을 위해 200억원 規模의 벤처캐피털 會社를 설립키로 함
	12(水)	3.27	· 水原 硏修院 中堅班 入校式에 참석하여 祝辭를 하고 오찬 후 귀가하다 · 妻와 같이 農場에 가서 정리하고 長女宅에 가서 저녁식사를 하다.	14(金) · 民主勞總勞組員 및 學生 등 5千餘名, 서울 大學路에서 整理解雇 撤回를 요구하는 決議大會 개최 15(土) · 모하마드 하타미 이란 大統領, 이란 國家元首로는 79年 이슬람 革命 이후 20년만에 처음으로 사우디를 訪問
	13(木)	3.28	· 一山 硏究院에 가다. · SBS 錄畵를 하고, 李鍾珪 부시장이 와서 함께 오찬을 하다. · 高陽市로부터 功勞牌를 받다. · 李圭憲 원장과 같이 硏究院 懸板을 주문하고 李永哲 · 金學澈 회장과 저녁식사를 하다.	16(日) · 쿠웨이트, 2003년부터 女性에게 投票權과 國會議員 被選擧權을 부여할 것이라고 발표
	15(土)	4. 1	· 國土學會 · 自治學會를 방문하고 목욕을 하다. · 金壽鶴 회장 초청으로 李圭憲 · 禹哉永 · 徐健一씨 등과 저녁 회식을 하고 金會長 慈堂의 서거에 대해 위로하다.	17(月) · 政府, 45個 中央行政機關의 4級 以上 자리 241個를 없애고 中央部處의 5個室, 32個局 83個課등 120個 組織을 감축하며, 企劃豫算處 · 中央人事委員會 · 國政弘報處를 신설하는 내용의 政府職制 改編案을 확정 · 발표
	16(日)	4. 2	· 天安 獨立紀念館에서 개최된 安東師範 8期 同窓會 全體大會에 참석하고 紀念館을 관람하다. · 上京하여 저녁식사를 하다.	18(火) · 韓國의 空想科學映畵 〈용가리〉, 日本에 史上 最高額인 150만달러에 팔림
	17(月)	4. 3	· 妻와 같이 長女宅에 가서 房 整理를 돕고 애기들을 돌보다. · 環心會 회원들과 '스승의 날' 기념 會食을 갖고 환담하다.	· 6月 25日에 열리는 '마이클 잭슨과 그의 親舊들'의 公演 入場券이 史上 最高額인 30萬원으로 책정됨
	18(火)	4. 4	· 指導班 學生들과 '스승의 날' 기념 午餐을 함께 하다. · 韓國地方自治硏究院을 韓國自治開發硏究院으로 개칭하여 社團法人으로 등기 완료하다. · 오랜만에 많은 비가 내리다.	19(水) · 大邱地域 市民團體들, 金大中 대통령의 朴正熙 대통령 紀念館 建立 支援方針에 반대하는 모임 가짐 · 美國에서 개봉된 映畵 〈Star Wars VI〉가 開封 첫날2,854萬 2,349달러의 入場收入을 올려 〈주라기 公園〉이 세운 2,160萬 달러의 기록을 깸
	19(水)	4. 5	· 學校에서 碩士論文 2次 指導를 하다. · 張사각 · 鄭錫東 · 金學澈씨와 저녁 식사를 하다.	
	20(木)	4. 6	· 妻弟 夫婦 · 妻男과 같이 陽智 골프장에서 本人負擔으로 운동을 하다. · 妻 · 長女 家族 · 妻弟 夫婦 · 妻男 家族 모두 저녁 회식을 하다.	20(木) · 洪斗杓 韓國觀光公社 社長, 崔淳永 新東亞 會長으로부터 1億원의 賂物을 받은 혐의로 구속

月	日	陰	本人 및 家族事項	社會一般事項
5	21(金)	4. 7	・上溪洞 地域開發硏究會에 가서 근무하다. ・尹相在 회장이 내방하여 환담하다. ・禹哉永・李永爽・김규복氏와 저녁 식사를 하다. ・食堂에서 우연히 權병선 친구를 만나다.	20(木) ・4・19革命 關聯 4個團體, 朴正熙 大統領 紀念事業에 대한 國家支援을 철회하는 聲名을 발표 21(金) ・建交部, '都市公園 과 綠地의 占用許可에 관한 條例指針'을 마련하여 市道에 통지
	22(土)	4. 8	・釋誕節을 맞아 妻는 虎壓寺에가서 禮佛을 드리다. ・趙正濟 장관 등과 中部 골프장에 가서 운동을 하다. ・동생 밭에 가서 妻・누님 內外・동생을 만나 동생宅에 가서 저녁食事를 해먹고 自宅에 와서 누님 內外分과 환담을 하다.	24(日) ・崔淳永 會長의 婦人 李형자氏, 男便 救命을 위해 政府 實勢들에게 1億원 대가 넘는 옷을사서 선물한 옷로비 事件이 폭로됨 ・金大中 大統領, 11名의 長官을 교체하고 新設 部署長을 새로 임명함
	23(日)	4. 9	・저녁에 妻와 같이 天台宗 觀門寺에 가서 禮佛을 드리고 長女宅에 들리다.	25(火) ・民主勞總, 醫療保險料 50% 國庫支援 約束을 이행할 것을 政府에 촉구 ・윌리엄 페리 美國 對北政策調整官, 北韓과의 協議次 平壤에 들어감
	24(月)	4.10	・朴世直 의원 등과 조찬을 하며 '朴正熙 大統領 紀念事業協議會'를 결성하고 事業을 논의하다. ・大邱에 가서 朴昇治 부원장을 만나 오찬을 하다. ・慶北道廳에 가서 李義根 지사와 '自治公論' 對談을 하고 상경하다.	26(水) ・韓國科學技術院에서 제작한 科學衛星 '우리 별 3號', 印度 南東部의 샤르 發射場에서 발사되어 高度 720㎞의 圓形軌道에 성공적으로 진입
	25(火)	4.11	・學校에서 2科目 終講을 하다. ・집에서 長女 家族과 식사를 같이 하다.	
	26(水)	4.12	・VIAGIS Center 發足을 위한 조찬 모임에 참석하여 祝辭를 하다. ・國民大學에 가서 博士論文을 심사하고 오찬을 함께 하다. ・一山 自治開發硏究院에 가서 李圭憲 원장・朴昇治 부원장과 업무협의를 하다. ・金壽鶴・徐健一씨가 와서 모두 함께 上溪洞 地域開發硏究會가 주최한 好凡會 모임에 참석하다.	27(木) ・金大中 대통령 內外分, 러시아와 몽골을 國賓으로 방문하기 위해 出國 28(金) ・金大中 대통령과 엘친 러시아 大統領, 모스크바에서 頂上會談을 갖고 共同聲明 발표 29(土) ・나이지리아, 올루세군 오바산조 民選 大統領이 취임함으로써 15年間의 軍部統治를 마감함 30(日) ・政府, 새로 발급되는 住民登錄證의 姓名을 한글・漢文으로 併記키로 함
	27(木)	4.13	・朴東緖 교수・吳濟世 국장・李相龍 실장 등과 麗水에 가서 突山 水産産業館 등을 둘러보고 市長 등과 오찬을 함께하다. ・全南 文藝會館에서 개최된 '地方포럼' 세미나에 참석하여 司會를 보다. ・저녁 만찬 모임에서 乾杯를 들고 李達坤・朴秀永 원장 및 地方行政硏究院 職員들과 음주・환담하다. ・麗水에서 투숙하다.	31(月) ・金大中 대통령과 나차긴 바가반디 몽골 大統領, 몽골 首都 울란바토르에서 頂上會談을 갖고 共同聲明을 발표 ・政府・與黨, 18坪~25,7坪 住宅에 대해 家口當 3千萬원을 융자해주기로 함 ・勞動部, 99年 4月末 現在 常用職 勞動者는 592萬 2千名으로 全體 賃金勞動者 1,235萬名의 48.2%에 불과한 것으로 集計
	28(金)	4.14	・突山公園을 둘러보고 상경하다. ・高陽市廳에 가서 國際綜合展示館 建立을 위한 懇談會에 참석하다. ・鄭敬培 원장 초청 行硏會 모임에 참석하다.	
	29(土)	4.15	・朴正熙 大統領紀念館 건립을 휘한 小委員會에 참석하고 朴世直・崔大坤・金裕赫・李昌洙・徐健一씨등과 만찬을 하며 환담하다.	
	30(日)	4.16	・常綠會館에서 金能植군의 主禮를 보다.	
	31(月)	4.17	・張사각 사장 및 建和技術團이 學校에 다녀가다. ・서울市立大 金龍鶴씨 博士論文을 심사하다.	
6	1(火)	4.18	・韓國道德協議會 尹相在 회장 등과 함께 오찬을 하고 10周年 紀念行事에 참석하여 特講을 하다. ・李圭憲・李永爽・禹哉永・李永哲・金學澈・장사각氏 등과 식사를 하다.	2(水) ・大檢察廳, 金泳三 前大統領 次男 賢哲씨에 대해 1・2審 대로 6년 求刑 3(木) ・서울 松坡區 등 2個地域에 대한 國會議員 再選擧에서 한나라黨 李會昌・安相守 후보가 당선
	2(水)	4.19	・檀國大 博士論文 審査를 위한 조찬 모임에 가다. ・地域開發硏究會에 가서 근무하다.	・金泳三 前大統領, 渡日次 金浦空港에 갔다가 계란 세례를 받는 봉변 당함

月	日	陰	本人 및 家族事項	社會一般事項
6	2(水)	4.19	·京畿道 金德培 부지사 초청으로 朴炳柱·盧椿熙·金英模·崔秉瑄·元濟戊 교수등과 만찬을 하다.	3(木) ·政府, 99년 經濟成長率을 당초 豫想値 2%를 넘는 5%線으로 전망 ·우리 나라 國寶級 遺物展示會인 '韓國古代王國 巫俗·佛敎·儒敎展'이 獨逸 大統領 등이 참석한 가운데 에센에서 개막
	3(木)	4.20	·金玉鉉 전무 초청으로 卞鐸 사장과 같이 오찬을 하다. ·中央大 行政大學院에서 特講을 하다.	5(土) ·政府, 失業對策 등을 담은 '4大 經濟計劃 推進方向과 景氣對策'을 마련
	4(金)	4.21	·建交部 中央都市計劃委員會 회의에 참석하다. ·果川에서 李圭憲원장과 만나 저녁 식사를 하며 환담하다.	6(日) ·조지프 에스트라다 필리핀 大統領 內外, 韓國을 방문하여 金大中 대통령과 頂上會談을 가짐
	5(土)	4.22	·盧椿熙 초청으로 南部 골프장에서 운동하다.	
	6(日)	4.23	·卞鐸 사장과 같이 로얄 골프장에 가서 中學校 同期生들과 같이 운동하다. ·저녁식사 後 卞鐸 사장·李東燮 원장과 음주·환담하다.	·韓和甲 議員, 光州市 望月洞 墓地에서 汚物 봉투를 맞는 봉변 당함 7(月) ·진형구 大檢 公安部長, 98년 11월 韓國造幣公社 파업은 檢察이 유도했다고 폭로
	7(月)	4.24	·自治開發硏究院에 가서 근무하다. ·檀國大 鄭夏容 부시장의 博士論文 최종 심사를 하고 음주·환담하다.	·日本을 방문 중인 金泳三 전대통령, IMF 危機는 당시 金大中 野黨總裁의 反對鬪爭으로 야기되었다고 주장
	8(火)	4.25	·學校에서 終講을 하다. ·金秉麟 사장 초청으로 龍仁 부시장과 같이 저녁 식사를 하다.	·44年間 獨裁政治를 청산할 인도네시아 自由選擧 실시
	9(水)	4.26	·水原 研修院에 가서 5級 昇進對象者班에게 特講을 하다. ·國土學會 國際交流委員會 회의에 참석하여 海外旅行件을 논의하다. ·檀國大 柳炳燦 과장의 博士論文 최종 심사를 하고 만찬을 함께 하다.	8(火) ·金大中 대통령, 진형구 公安部長의 發言에 책임을 물어 金泰政 法務長官을 해임하고 金正吉 前 光州高檢長을 임명 ·韓國과 中國, 서울에서 첫 軍縮·非擴散協議를 가짐 9(水) ·海洋水産部, 東草港과 러시아 포시에트港을 잇는 '白頭山航路' 開設提案을 러시아가 동의했다고 발표
	10(木)	4.27	·昨夜에 金日成·金正日 父子와 장시간 같이 환담한 꿈을 꾸다 ·汽車로 益山에 도착하여 三禮邑에서 張明洙 總長 등과 오찬을 같이 하다. ·又石大學에 가서 在學生들에게 特講을 하다. ·張總長 등과 저녁 식사를 하고 몹시 취한 상태로 버스로 상경하다.	10(木) ·NATO와 유고가 맺은 撤軍協定에 따라 유고軍의 코소보 撤收와 NATO의 空襲 中斷 시작 11(金) ·海軍, 西海岸 北方 限界線을 침범한 北韓 警備艇 4隻을 들이받아 북쪽으로 퇴치
	11(金)	4.28	·昨夜에 權肅一 전 科技處長官 및 大學 恩師들과 장시간 이야기 한 꿈을 꾸다. ·木浦 空港을 경유하여 靈巖에서 세발낙지로 점심을 하고 康津에 가다. ·郡守·副郡守 등과 인사하고 郡民會館에서 개최된 自治講座에서 特講을 한 뒤 상경하다. ·저녁에 妻와 같이 外孫女를 데리고 長女宅에 가다.	·建交部, 地方自治團體들의 地下鐵 赤子를 충당할 方案을 강구 ·京畿 華城郡 始華湖 남쪽 干潟地에서 대량의 恐龍 알 化石이 발견됨 13(日) ·行政自治部,地方公務員 2萬1,100명을 추가 감축하고 自治團體의 6局 214個 課를 폐지하는 2段階 調整指針을 마련하달
	12(土)	4.29	·洞事務所에 가서 住民登錄證 更新 申請節次를 밟다. ·文源植씨 令息 結婚式에 가다.	14(月) ·政府·與黨, '中産層 및 庶民生活 支援對策'을 협의 ·타보음베키 南阿共 副統領, 議會에서 大統領으로 정식 선출됨
	13(日)	4.30	·서울大 敎授會館에서 孔정식 군의 結婚 主禮를 보다. ·妻와 같이 板橋農場과 하나로 마트를 거쳐 長女宅에 가다.	15(火) ·西海 延坪島 海上에서 南北韓 艦艇 사이에 치열한 砲擊戰이 벌어짐 ·全國 大學敎授 1千餘名, 釜山에서 敎育部의 '頭腦韓國 21' 計劃의 白紙化를 주장하며 街頭示威
	14(月)	5. 1	·昨夜에 高建 總理 등과 장시간 같이 환담하는 꿈을 꾸다. ·國土學會에 가서 原稿를 전달하고 海外旅行件을 협의하다. ·長女 및 近榮·素瑛과 같이 百貨店에 가다.	16(水) ·國際올림픽委員會(IOC) 第109次 서울總會, 藝術의 殿堂에서 개막

月	日	陰	本人 및 家族事項	社會一般事項
6	15(火)	5. 2	·學校에 다녀와서 外孫女를 돌보다.	17(木) ·國際勞動機構(ILO), 제네바 第87次 年例總會를 폐막하면서 '最惡의 形態의 어린이 勞動 根絶에 관한 協約'을 채택
	16(水)	5. 3	·學校에 가서 學科敎授會議에 참석하다. ·高建 總理 초청으로 朝鮮日報 舊 '地方 포럼' 멤버들과 宜川에서 만찬을 들며 환담하다. ·妻·妻弟 등이 참석하여 外孫女 素瑛의 百日 紀念日 잔치를 하다.	18(金) ·西方先進 7個國(G7) 頂上會談이 獨逸 쾰른에서 개막 19(土) ·畜協中央會, 臨時總會를 열어 朴순용 會長에 대한 解任決議案 가결
	17(木)	5. 4	·國土學會를 거쳐 上溪洞 地域開發研究會에 가다. ·朴演洙 局長의 방문을 받고 함께 오찬을 하며 환담하다. ·李岡一·李東燮 친구들과 술을 들며 환담하다.	21(日) ·現代그룹,金剛山 觀光客 閔영미氏가 北韓 管理人에게 歸順工作을 했다는 理由로 北韓의 調査를 받고있다고 밝힘
	18(金)	5. 5	·子 東爀이와 같이 一山 研究院에 가서 인사를 시키다. ·李圭憲 院長 등 전직원에게 점심을 대접하다. ·李圭憲·禹哉永·李永哲·高永天氏 등과 저녁 식사를 하며 환담하다.	·朴槿惠 한나라黨 副總裁, 당을 떠나겠다며 辭退書 제출 ·慶北 星州郡에서 國內 最大의 金鑛脈이 발견됐다고 보고 22(火) ·中國 北京에서 개막된 南北 次官級會談, 아무런 합의 없이 끝남
	19(土)	5. 6	·風水會員들과 新安 골프장에서 운동하다. ·許和平 이사장과 같이 抱川 베어스 타운에 가서 Viagis 센터 任員들과 만찬을 들며 유희하다. ·베어스 타운 콘도에 투숙하다.	·마지막까지 輸入國 多邊化制度에 묶여있던 日本商品 16個品目에 대한 輸入制限이 30일부터 완전 해제됨
	20(日)	5. 7	·콘도에서 Viagis 센터의 向後 課題에 대해 논의하다. ·오찬 후 許和平 의원과 같이 상경하다. ·妻와 같이 長女宅에 가서 함께 저녁 식사를 하다.	23(水) ·서울高法, 金泳三 전대통령 次男 賢哲氏에 대해 懲役2年, 罰金 10億 5千萬원, 過徵金 5億 2,420萬원을 宣告
	21(月)	5. 8	·水原 專門行政研修院에 가서 高幹班 論文指導를 하다. ·萬里長城에서 개최된 聞慶 鄕友會 任員 모임에 참석하다.	24(木) ·2萬달러 激勵金 接受 波汶으로 孫淑 環境部長官이 사임하고 金明子敎授가 새로 취임함 25(金) ·北韓에 억류되어 있던 金剛山 觀光客 민영미氏, 20日부터 닷새만에 풀려나 귀가
	22(火)	5. 9	·學校에서 成績作成을 하다. ·環境大 高位政策課程의 論文指導를 하다.	
	23(水)	5.10	·學校에서 碩士學位論文 最終審査를 하다. ·學科敎授會議, 人事委員會, 全體敎授會議에 참석하다. ·敎授 전체의 저녁 만찬에 참석한 뒤 金學澈·張師珏 회장과 만나 환담하다.	·美國, 2001年부터 國內 쇠고기 都賣 市場을 완전 開放할 것을 요구 27(日) ·政府와 與黨, 7月 1日부터 모두 1兆1,000億원 규모에 이르는 農漁村 特別經營資金의 金利를 現行 13%에서 절반인 6.5%로 낮추기로 함
	24(木)	5.11	·國民大學에가서 李勇吉 교수의 博士學位論文 최종심사를 하고 오찬을 함께 하다. ·韓國地方行政研究院 주최 消防行政 세미나에 참석하여 司會를 보다. ·一山 研究院에 가서 第1次 理事會를 주재하고 저녁 식사를 함께 하다.	·環境部, 八堂댐 流域의 原州·陰城·抱川 一部 地域들을 有害物質 排出施設 設置 制限地域으로 추가지정 28(月) ·서울을 위시한 首都圈 一帶, 밤 氣溫이 25℃를 웃도는 '熱帶夜 現象' 나타남
	25(金)	5.12	·仁川市 南洞區廳에 가서 地方自治에 관한 特講을 하다. ·鳥嶺會 모임에 참석 하다. ·次女와 같이 三井 호텔에서 만나 대담을 하고 귀가하다.	·韓國, 99國際障碍人射擊大會서 綜合優勝 차지함 29(火) ·國稅廳, 韓進그룹 系列 5個社에 대한 대대적인 特別稅務調査에 착수 ·터기 法院, 쿠르드族 叛軍指導者인 압둘라 오잘란에게 死刑宣告
	26(土)	5.13	·國土學會에 가서 國際交流委員會 會議를 주재하고 오찬을 같이 하다. ·金壽鶴·李圭憲·李永哲씨와 저녁식사를 하며 환담하다.	·유럽聯合 15個 會員國과 中南美 33個國 頂上들, 브라질 리우데자네이루에서 열린 頂上會談에서 戰略的 同伴者 關係를 강화한다는 '리우宣言'에 서명
	27(日)	5.14	·長女宅에 가서 청소를 해주다. ·妻와 같이 農場과 商街에 들리다. ·妻와 國土學會 海外旅行件에 대해 言爭을 하고 포기하기로 결심하다.	30(水) ·華城郡 靑少年 修練施設인 '놀이동산 시랜드'에서 불이나 23名의 敎師 및 幼稚園生이 숨지는 惨事발생

1999

月	日	陰	本人 및 家族事項	社會一般事項
6	27(日)	5.14	·大邱에서 상경한 長女 家族들과 長女宅에서 저녁 식사를 하다.	30(水) ·78年 워터게이트 事件을 계기로 도입된 美國의 特別檢事法, 21년만에 公式的으로 폐지됨
	28(月)	5.15	·學校에서 國土學會에 정식으로 海外視察 旅行을 갈 수 없다고 통고하다. ·새재회 모임에 나가 次期會長의 職責을 맡다. ·卞鐸·李永和·金學澈씨와 음주·환담하다.	
	29(火)	5.16	·地方自治學會 代表들과 汽車로 大邱에 가다. ·壽城觀光 호텔에서 개최된 地方自治 세미나에서 司會를 보다. ·大邱市長 주최 리셉션에 참석한 뒤 혼자 空路로 상경하다.	
	30(水)	5.17	·暻園大學에 가서 城南發展硏究所 開所式에 참석하다. ·國土學會 주최 세미나에서 基調연설을 하다. ·地方行政硏究所 주최 '地方自治 50周年 紀念 세미나'에서 司會를 보고 리셉션에 참석하다. ·好凡會 정기 모임에 나가다.	
7	1(木)	5.18	·世宗文化會館에서 개최된 '地方自治 50周年 紀念式'에 참석하여 金鍾泌 國務總理로부터 國民勳章 冬柏章을 수여받다. ·國務總理·全自治團體長·地方議會議長·關係 人士들과 오찬을 같이하다. ·金壽鶴 회장과 코오롱 本社에 들려 쉬다. ·高永天 감사 초청의 만찬에 참석하여 金壽鶴·李圭憲·朴昇治·許梴氏 등과 환담하다.	1(木) ·8월부터 서울, 仁川, 京畿道 22個 市郡의 水道물값에 t당 80원의 '물利用 負擔金'이 부과됨 ·大宇, 社長團 全員 一括 辭退에 따라 33名을 퇴임시키고 17名을 재선임함 ·濟州道와 湖南海岸에 많은 비가 내림 ·6月 26日부터 120個國 政府 代表와 2千餘名의 科學者들이 참석한 가운데 헝가리 부타페스트에서 열린 UNESCO 世界科學會議, '科學議題 - 行動綱領'案을 채택하고 폐막
	2(金)	5.19	·地域開發硏究會에 가서 일을 보다. ·金裕赫 교수 따님 結婚式에 가다. ·'市民文化發展 모임'의 運營委員會에 來賓으로 참석하다. ·金壽鶴·黃鏞周씨 등과 만찬을 하고 음주·환담의 시간을 갖다.	2(金) ·金大中 대통령, 美國 白堊館에서 가진 클린턴 美 大統領과의 頂上會談에서 500㎞까지 미사일 射程距離 延長을 제기
	3(土)	5.20	·麻浦 등지를 돌며 銀行 積金件을 처리하다. ·妻와 같이 長女宅에 들려 모두 같이 저녁 식사를 하다. ·터키·그리스 視察次 출국한 國土計劃學會 代表團에 합류하지 못하여 종일 우울하다.	4(日) ·金大中 대통령, 美國 필라델피아 獨立紀念館에서 '자유의 메달' 수상
	4(日)	5.21	·鄭棟永 장군 따님 結婚式에 참석하고 金學文 聞慶 市長과 점심을 같이 하다.	5(月) ·經實聯 등 197개 市民·社會團體로 구성된 '特別檢事制 導入과 腐敗防止法 制定促求 國民行動', 特檢制 全面 導入 등을 요구하며 4泊5日間의 밤샘 籠城에 돌입
	5(月)	5.22	·學校에서 정리·기록하다. ·朴秀永 원장 초청의 하야트 호텔 만찬에 禹哉永·李永爽 회장과 같이 참석하여 환담하다.	·朴세리, 美國女子프로골프 (LPGA) 大會에서 우승해 2連覇 달성
	6(火)	5.23	·버스로 金堤에 가서 農漁村振興公社 주최의 새萬金干拓事業 諮問會議에 참석하다. ·干拓 現場을 시찰하고 저녁 만찬 후 상경하다.	6(火) ·캐나다를 방문 중인 金大中 대통령, 장크레티앵 캐나다 總理와 頂上會談을 가짐
	7(水)	5.24	·집에서 外孫女 素瑛이를 돌보다.	7(水) ·서울市, 4大門안 都心의 新建築物을 20層으로 제한하고 北倉洞 등 再開發 地域을 해제하는 등을 골자로 한 都市基本計劃 修正案 발표
	8(木)	5.25	·一山 소재 自治開發硏究院에 가서 업무처리를 하다. ·地方自治學會 常任委員會 만찬에 가서 國民勳章 수상 축하를 받다. ·朴重培 부회장 초청으로 음주·환담의 시간을 갖다.	8(木) ·金大中 대통령, 國民會議 金令培 總裁權限代行 등 黨8役이 제출한 辭表를 수리
	9(金)	5.26	·學校에서 김상규 同窓과 같이 오찬을 하다. ·妻와 같이 長女宅에 가서 저녁 식사를 하다.	·獨逸과 美國 硏究팀, 世界 最初로 高等植物 게놈지도를 완성

月	日	陰	本人 및 家族事項	社會一般事項
7	10(土)	5.27	・長女宅에 가서 外孫女를 돌보다. ・妻・사위와 같이 農場에 다녀오다. ・長女宅에서 함께 식사하다.	9(金) ・유엔 開發計劃(UNDP),삶의 質을 측정하는 人間開發指數(HDI) 順位에서 韓國이 174個國가운데 30位를 차지했다고 발표
	11(日)	5.28	・妻・長女・外孫子와 같이 青少年 修練會館에 가서 映畵 〈쉬리〉를 감상하다.	11(日) ・世宗路 綜合廳舍 內 統一部 離散家族課 事務室에 原因모를 火災 발생
	12(月)	5.29	・國家專門行政硏修院에 가서 自治制度課程에서 강의하다. ・硏究院長 등과 오찬을 함께 하고 圖書館에서 자료열람을 하다. ・中堅班 論文指導를 하다. ・李東燮 원장・朴今燮 부사장과 저녁 식사를 하며 환담하다.	12(月) ・金大中 대통령, 國民會議 黨8役을 새로 임명 ・警察廳, 新興暴力組織 37個派 등에서 547名을 붙잡아 이 가운데 498名을 구속했다고 발표 ・'國家保安法 廢止를 위한 天主敎聯隊'가 발족됨
	13(火)	6. 1	・地域開發硏究會에 가서 일을 처리하다. ・禹哉永 회장과 같이 市內에 가서 祝賀金 메달과 硏究會 뱃지를 주문하다. ・禹哉永・李永奭 회장과 같이 日本에서 온 田中啓一 교수・伊藤達雄 교수 부부・氷鉋揚四郎 교수 등을 위한 만찬을 갖다 ・禹哉永 회장과 맥주를 마시며 환담하다.	・敎育部, 2000年度부터 特殊大學院에도 專門博士課程을 개설키로 함 ・全國放送勞組聯合, 무기한 罷業 突入을 결의 13(火) ・27個 環境社會團體로 구성된 '그린벨트 살리기 國民行動', 政府의 그린벨트 解除政策의 撤回를 요구하며 농성돌입
	14(水)	6. 2	・朴昇治 부원장・朴과장과 같이 京畿道廳에 가서 林彰烈 도지사와 '自治公論'誌 게재용 對談을 하다. ・兪焄 고문・韓仁錫 기획관리실장・朴昇治 부원장 등과 오찬을 함께 하다. ・嚴福燮・張雄道사장, 李圭憲・朴昇治・高永天・李永哲씨 등과 만찬을 하다.	15(木) ・檢察, 賂物授受罪로 林彰烈 京畿 知事夫人 주혜란氏를 구속하며 林知事의 拘束令狀을 청구 ・鐵道廳, '21世紀 國家鐵道의 構築方案'을 발표
	15(木)	6.3	・Viagis센터에 가서 Coordinator 定期會議에 참석하고 같이 오찬을 하다. ・交通學會・鐵道廳 주최 '韓國鐵道 50周年 紀念 세미나'에 참석하여 綜合司會를 보다. ・세미나 紀念 晩餐에 참석하다.	16(金) ・林彰烈 京畿知事, 京畿銀行에서 로비 資金을 받은 혐의로 구속됨 ・脫獄囚 신창원, 脫獄 2年6個月만에 全南 順天市 아파트에서 警察에 검거됨 ・존 F. 케네디 2世, 운전하던 輕飛行機가 추락하여 사망
	16(金)	6. 4	・崔基洪 장군과 같이 88 골프場에 가서 Viagis 센터의 顧問團・硏究陣들과 골프를 치다. ・朴光洵 사장 초청의 만찬에 참석하여 Viagis 센터 관련 人士들과 음주・환담하다.	19(月) ・北韓에 억류 중인 韓國系 美國人 女性 카렌 韓이 20日 國外로 추방될 것이라고 보도됨
	17(土)	6. 5	・妻와 같이 中溪洞 商街에 가서 店鋪契約을 새로이 하다. ・누님宅에 가서 姊兄 生辰 축하 만찬을 함께 하다.	21(火) ・金大中・金鍾泌・朴泰俊 등 與圈首腦 3人, 年內 內閣制改憲을 추진하지 않기로 합의
	18(日)	6. 6	・집에서 雨傘을 모두 수선하다. ・次女와 같이 長女宅에 가서 家具를 재배치해 주다. ・사위 文書房이 大邱에서 高級 電蓄을 가져와 비치하다. ・妻와 같이 長女宅에 가서 식사를 하고 새 電蓄의 노래를 들어보다.	・敎育部, 國立大 敎員의 人事權을 모두 總長에게 넘겨주는 등 많은 權限을 地方이나 下部 機關에 이양 또는 위임키로 함. 22(水) ・建交部, 春川・淸州・全州・麗水・晋州・統營・濟州등 7個 中小都市의 그린벨트를 전면 해제하고 大都市圈 7곳을 부분해제하는 그린벨트制度 개선안 확정・발표
	19(月)	6. 7	・金大中 대통령, 地方移讓推進委員會 委員長으로 本人을 落點・署名하고 기타 民間委員도 선임하다. ・學校에서 정리・기록하다. ・蘇鎭光 교수 부부가 집에 와서 本人 生日을 축하하고 가다.	22(木) ・濠洲 映畵 〈시암 선셋〉,第3回 富川國際 판타스틱 映畵祭에서 最高賞인 '베스트 오브 富川'에 선정됨
	20(火)	6. 8	・집에서 外孫女를 돌보다 ・中央都市計劃委員會 會議에 참석하다.	・日本의 日章旗와 '기미가요'를 國旗와 國歌로 규정하는 法案, 衆議院 本會議에서 가결됨

月	日	陰	本人 및 家族事項	社會 一般 事項
7	21(水)	6. 9	· 一山 自治開發硏究院에 가서 함께 점심을 대접하다.	23(金) · 하산2世 모로코 國王,急性肺炎으로 인한 心臟痲痺로 사망
	22(木)	6.10	· 國土學會와 自治學會에 가서 업무처리를 하고 全職員에게 점심을 대접하다. · 長女宅에서 本家·누님宅·동생宅 家族들과 本人 生日宴을 갖다.	26(月) · 朴正熙 大統領 紀念事業會 設立委員會, 大韓商工會議所에서 紀念事業會發起 및 創立總會를 열고 申鉉碻 前國務總理를 紀念事業會 初代 會長으로 추대
	23(金)	6.11	· 行政自治部로부터 地方移讓推進委員會 委員長으로 大統領의 決裁가 있었음을 통지받다. · 大韓國土·都市計劃學會 創立 40周年 紀念行事에 참석하고 세미나 司會를 보다. · 學會 任員들과 만찬을 함께 하다.	· LG 半導體, 臨時株主總會를 열고 商號를 '現代半導體 株式會社'로 변경하고 現代電子와의 合倂을 의결 27(火) · 國土硏究院, 江·바다의 周邊開發을 금지하고, 國土를 3個 沿岸軸과 3個 內陸軸을 뼈대로 한 '사다리꼴'의 多軸形으로 개발토록 하는 내용의 第4次 國土綜合計劃案을 발표
	24(土)	6.12	· 三星醫療院에 가서 元濟戊 교수 父親인 元秉義 市長을 問喪하다. · 63빌딩 Governor's Chamber에서 尹成吉 회장 주선으로 卞鐸·李東燮·高진태·尹學烈 친구들과 黃源卓 外交安保 首席秘書官을 초청, 축하 만찬을 가지다.	· 서울地法, 崔淳永 新東亞그룹 社長에게 懲役 5年을 선고
	25(日)	6.13	· 妻·長男과 國土學會에 가서 花盆을 집으로 가져오다. · 妻와 같이 週末農場에 들렀다가 長女宅에 가다. · 大邱에서온 査頓에게 저녁대접을 하며 환담하다.	28(水) · 檢察, 張在國 韓國日報社 會長의 美國 라스 베이거스市 미라지 호텔 카지노에서의 186萬餘 달러 賭博事件에 대한 搜査에 착수
	26(月)	6.14	· 學校에서 업무처리를 하고 많은 訪問客을 면담하다. · 친구인 金尙圭 전 지점장 초청으로 閔春植, 李東燮 친구들과 회식·환담하다	29(木) · 美國 조지아州 애틀랜타市의 株式投資者 마크 바튼, 超短期 株式投資로 損害를 보자 家族과 債券社 職員등 12名을 살해하고 自殺 · 美國聯邦 地方法院, 클린턴 大統領에게 존스 性戱弄 事件과 관련해 法廷侮辱罪를 적용하여 罰金刑을 내림
	27(火)	6.15	· 水原 硏修院 地方高試班에 가서 강의를 하고 主禮 본 夫婦들과 오찬을 함께 하다. · 허바허바 寫眞館에 가서 사진촬영을 하다.	30(金) · 南部地方에 最高 600mm가 넘는 集中豪雨가 내려 5名이 숨지고 住宅과 農耕地가 침수됨
	28(水)	6.16	· 一山 自治硏究院에 가서 일을 보다. · 李院長, 朴課長, 東爀과 같이 製本所 등에 들리다. · 李圭憲 원장 초청으로 禹哉永 회장과 같이 저녁 회식을 들며 환담하다.	· 지난 10年間의 內戰으로 피폐해진 발칸 地域의 平和와 經濟再建을 위한 汎유럽 頂上會談이 보스니아 首都 사라예보에서 개최됨
	29(木)	6.17	· 上溪洞 地域開發硏究會에 가다. · 國土學會에 가서 터키·그리스 訪問團과 같이 會議를 하고 歸國 晩餐會에 참석하다.	· 클린턴 美 大統領 등 32個國 頂上들, 사라예보에서 열린 발칸 頂上會談에서 발칸半島 각국의 經濟再建과 安定 및 平和를 위한 共同聲明 채택
	30(金)	6.18	· 南海岸에 水害가 많이 발생하는 가운데 버스로 光陽市에 가다. · 金沃炫 시장·서용식 市議長·정용수 第2建國 委員長 등과 오찬을 같이하다. · 光陽市 第2建國運動 行事에서 特講을 하고 버스로 늦게 상경하다.	
	31(土)	6.19	· 國土學會에 가서 論山市 基本計劃案을 서영 技術团으로부터 보고 받다. · 安鍾允 교수와 오찬을 같이 하다. · 禹哉永 회장 초청 國民勳章 受賞 祝賀宴에 참석하여 金메달을 수여받다.	
8	1(日)	6.20	· 妻, 聞慶 親庭에 내려가다. · 長女 家族이 와서 같이 식사하다.	2(月) · 政府, 中部地方의 豪雨被害 復舊를 위해 7,850億원의 豫算을 투입키로 함 · 國會, '政治構造 改革立法 特別委員會 構成案'을 의결 · 中國, 本土 內에서 新型 모델의 長距離 地對地 미사일 試驗發射에 성공했다고 보도
	2(月)	6.21	· 종일 비가 오다. · 許和平 의원 초청으로 全演永 교수, 崔基洪 總長과 회식하며 全교수의 硏究參與를 종용하다.	

月	日	陰	本人 및 家族事項	社會一般事項
8	3(火)	6.22	·종일 비가 내리다. ·金洙根 전무와 같이 論山市에 가다. ·論山都市基本計劃 公聽會에서 司會를 보다. ·저녁食事 후 上京하다. ·颱風 '올가'가 南海岸을 지나며 많은 피해를 주다.	3(火) ·國民會議, 金融所得 綜合課稅를 2002年부터 실시키로 결정 ·7月 31日부터 계속된 豪雨로 中部地域에서 61名의 人命被害가 났다고 보도됨 ·指揮者 鄭明勳, 프랑스 國立 오케스트라의 次期 音樂監督 및 常任指揮者에 내정된 것으로 알려짐
	4(水)	6.23	·一山 自治開發硏究院에 가다. ·高文炫 박사가 인사차 來院하다. ·徐健一씨 초청으로 金壽鶴·李圭憲·高文炫씨 등과 저녁식사를 하며 환담하다.	
	5(木)	6.24	·上溪洞 硏究會에 가다. ·李永哲 회장이 와서 모두 함께 오찬을 하다. ·徐元宇 교수의 귀국을 기념하는 만찬을 禹哉永·李永奭.·李永哲 회장 등과 같이 하다.	
	6(金)	6.25	·學校에서 長女宅에 가서 妻와 같이 저녁식사를 하다. ·壻郞의 硏究院 外勤으로 妻는 長女宅에 머물고 外孫子를 데리고 와서 같이 자다.	6(金) ·國會 法司委, 地方自治團體長이 拘束起訴될 경우 副團體長이 權限을 대행토록 하는 내용의 地方自治法 改正案 議決 ·日本 월드컵 組織委員會, 2002年 월드컵 決勝戰을 요코하마 競技場에서 개최키로 결정
	7(土)	6.26	·慶北大 朴贊石 총장에게 전화 걸어 高文炫군의 就業件에 대해 부탁하다. ·長女宅에 들려 妻와 같이 밭에 가다.	
	9(月)	6.28	·上溪洞 硏究院에 가다. ·저녁에 禹哉永 회장으로부터 金剛山行 축하연을 받다.	9(月) ·옐친 러시아 大統領, 블라디미르 푸틴 國家保安委 書記 겸 聯邦保安局 局長을 새 總理로 지명하고 그가 자신의 後繼者가 될 것이라고 밝힘
	10(火)	6.29	·大邱에 가서 朴昇治 副院長을 만나 大邱 市廳에서 文喜甲 시장과 대담을 하고 상경하다.	10(火) ·警察廳, 1,754名의 無免許醫師·齒科醫師·藥師를 적발하여 312名을 구속했다고 발표 ·18個 社會團體 代表者들, '反腐敗國民聯隊 準備委員會'를 구성
	11(水)	7. 1	·學校에서 정리를 하고 長女宅에 가서 같이 教育文化會館 水泳場에 가다. ·妻·長女 家族과 저녁 식사를 하다.	
	12(木)	7. 2	·一山 硏究院에 가서 일을 보다.	12(木) ·畜協中央會 愼久範 會長, 農協과 畜協의 統合에 대항하여 割腹을 기도 ·全國 3千餘名의 障碍人, 國民會議 黨舍 앞에서 '障碍人 職業再活法'의 制定을 촉구하는 決議大會를 가짐.
	13(金)	7. 3	·Viagis 센터에 가서 硏究計劃 說明을 하고 논의하다. ·外孫子가 와서 같이 재우다.	13(金) ·法務部, 15日 光復節을 맞아 2,864名에 대해 特別赦免, 復權, 假釋放, 假出所를 실시한다고 발표
	14(土)	7. 4	·許和平 의원 등과 鄭雲燦 교수 초청 만찬을 들며 협의하다.	
	15(日)	7. 5	·光復節을 맞아 國旗를 게양하고 旅行準備를 하다. ·尙州 妻弟 長女가 와서 투숙하다	15(日) ·韓總聯 등 汎民族大會 南側 推進本部, 사흘간의 汎民族會議를 마침
	16(月)	7. 6	·現代 招請 金剛山 觀光旅行을 가다. ·盧隆熙·金丁勛 교수 부부와 같이 버스로 東海市에 가다. ·現代 金剛號에 승선하여 17:00에 東海港을 출발하다. ·船舶 안에서 教育을 받고 쇼를 관람하다. ·文化日報의 金度燃, 沈萬洙 記者를 만나 맥주를 마시며 환담하다. ·水原에서 온 金根會씨(72歲)와 한 방에 투숙하다.	16(月) ·타이거 우즈, 美國 프로 골프(PGA) 選手權大會에서 11언더파로 우승
	17(火)	7. 7	·아침 6時에 長箭港에 도착하다. ·北韓 땅에 9시 30분경 처음 발을 딛고 入國手續을 밟은 뒤 버스로 溫井里 休憩所에 도착하다. ·버스로 金剛山아래까지 가서 徒步로 萬物相에 오르다. ·海拔 1,041m의 望洋臺에 힘겹게 올라 東海와 外金剛 등을 조망하다.	17(火) ·터키 西部地域에서 발생한 리히터 7.8의 地震으로 3,479名이 사망하고 1萬 6,782名이 부상함
				18(水) ·政府, 터키에 地震 被害補助로 7萬 달러를 지원키로 함.
				19(木) ·高陽 市長 補闕 選擧에서 黃교선 한나라黨 후보가 당선 ·國防部, 2015年까지 69萬名의 現兵力을 40萬-50萬名으로 감축하고 最尖端 武器體制로 전환하는 내용의 國防政策 수립 ·서울地檢, 15日 개최된 汎民族大會를 주도한 혐의로 眞寬 스님을 구속
				20(金) ·서울 地法, 97年末 換亂을 몰고 온 혐의로 기소된 姜慶植 전 經濟副總理와 金仁浩 전 經濟首席에게 無罪宣告

1999

月	日	陰	本人 및 家族事項	社會 一般事項
8	17(火)	7. 7	·下山하여 점심을 먹고 溫井里에 가서 '平壤 牧丹峰 巧藝團'의 서커스 公演을 관람하다. ·다시 배로 와서 저녁 식사 후 쇼를 구경하고 취침하다.	22(日) ·98年 人口動態調査 結果에서 3雙이 結婚할 때마다 1雙의 夫婦가 離婚하며, 20年이상 함께 산 夫婦의 '黃昏離婚'이 크게 증가한 것으로 나타남
	18(水)	7. 8	·九龍瀑布를 거쳐 上八潭에 올라 景觀을 관람하다. ·溫井里에서 휴식을 하고 쇼핑을 하다. ·배로 돌아와 저녁 식사를 하고 7시에 出港하다. ·文化日報 記者 2名과 맥주를 마시며 환담하다.	23(月) ·政府, 首都圈過密抑制圈域에서 地方으로 이전하는 企業에게 앞으로 3年 동안 背後新都市開發權을 주는 내용의 地方經濟 活性化 綜合對策을 확정
	19(木)	7. 9	·아침 6시 30분에 東海港에 도착하다. ·식사후 下船하여 入國手續을 밟은 뒤 버스로 上京, 귀가하다.	24(火) ·政府, '反腐敗 特別委員會 規定案' 의결 ·市民·環境團體 200餘個로 구성된 '그린벨트 살리기 國民行動', 全國 14個市에서 集會를 열어 政府의 그린벨트 解除方針을 철회하라고 촉구 ·美國 캘리포니아 下院, 日帝軍隊 慰安婦 등에 대한 日本政府의 公式謝過와 賠償을 촉구하는 決議案 채택
	20(金)	7.10	·一山에 가서 自治開發硏究院의 일을 보다.	
	21(土)	7.11	·自治學會·國土學會에서 業務處理를 하고, 金源 교수와 慶北硏究課題 責任者件으로 言爭을 하고 사양하다. ·朱용택 회장과 저녁 식사를 하다.	
	22(日)	7.12	·妻와 같이 水安堡에 가서 溫泉을 하고 彌勒寺址를 둘러보다. ·店村 妻男宅에 가서 밤에 聘母任 祭祀를 모시다.	25(水) ·規制改革委員會,一定期間 關聯部處에서 근무한 公務員에게 稅務士, 關稅士 등의 專門資格을 자동으로 부여하는 制度를 전면 폐지하는 등의 내용을 담은 專門資格士證 制度改善案을 확정, 2001年부터 실시한다고 발표
	23(月)	7.13	·妻와 같이 문경새재에 가서 '새재碑'를 관람하고 상경하다. ·建交部 次官補 초청 저녁 會食에 참석하여 그린벨트 解除件에 대해 협의하다.	26(木) ·大宇그룹 25個 系列社 가운데 主力 12個社, 전격적으로 워크아웃에 들어감
	24(火)	7.14	·學校에서 정리를 하고 서울市 都市整備課에 전화하여 換地代金件을 해결하다. ·卞鐸 사장이 와서 碑文作成을 위한 資料를 전하다. ·妻·長女 家族과 같이 敎育文化會館에서 사위 文서방 生日 축하연을 갖다	27(金) ·政府, 2000年 7月부터 附加價値稅 課稅特例制度가 없어지고 簡易課稅 對象者가 대폭 줄어드는 내용을 뼈대로 한 稅制關聯 法律改正案 확정 ·美國의 마이클 존슨, 世界 陸上選手權大會 400m 決勝에서 世界記錄을 0.11秒 앞당긴 43秒 18의 記錄을 세움
	25(水)	7.15	·地域開發硏究會에 가서 점심을 대접하고 업무협의를 하다. ·舊 東亞日報 社屋에서 개최된 '夢遊金剛展'을 관람하다. ·禹哉永 회장과 같이 千炫鵠 畫伯 展示會 開館式에 가서 테이프 커팅을 하다. ·禹會長 초청으로 尹相在 회장·朴權欽 의원 등과 음주·환담을 하다.	28(土) ·브라질 貧困層의 代父이자 中南美 '解放神學運動'의 基礎者인 엘데르 카마라 主敎, 브라질 東北部 레시페에서 持病으로 사망 29(日) ·進步政黨인 假稱 '民主勞動黨', 創黨準備委員會를 출범시킴 ·建交部, 그린벨트地域의 不法行爲를 막기 위해 강력한 團束을 시작한다고 밝힘
	26(木)	7.16	·妻, 次女를 데리고 濟州道로 휴가차 여행을 가다. ·敎育文化會館에서 學術振興財團의 硏究課題를 심의하다. ·長女댁에 가서 함께 저녁식사를 하다.	·北韓의 정성옥, 世界陸上選手權大會 女子 마라톤에서 2時間 26分 59秒로 우승
	27(金)	7.17	·學校에 가서 特次募集生 面接考査를 치루다.	
	28(土)	7.18	·姜渭薰 사장과 大田 유성골프장에 가서 風水會 골프를 치다. ·長女家族이 와서 같이 식사를 하고 外孫子와 같이 자다. ·'金剛山 紀行文'이 文化日報에 게재되다.	30(月) ·大韓航空 操縱士들, 國內 최초로 操縱士勞動組合 설립 ·政府와 債權團, 企業改善作業對象에 포함된 大宇그룹 12個 主力系列社에 대해 系列社間 資金支援을 차단키로 함
	29(日)	7.19	·長子·外孫子·동생과 같이 週末농장에 가서 가을 김장 나물을 심고 盆唐에 가서 점심을 하다. ·報恩寺에 가서 기도를 드리고 地方移讓推進委員長 任命에 따른 각오를 새기다. ·妻·次女, 濟州에서 돌아오다.	31(火) ·改正 地方自治法의 실시에 따라 '團體長 有故時 權限代行制度'의 效力이 발생함 ·韓國 挺身隊問題 對策協議會, 南北共同 調査를 위한 會談을 10월 平壤에서 개최할 것을 北韓에 제의
	30(月)	7.20	·行政自治部에 가서 業務 협의를 하고 委員들과 靑瓦臺에 가다.	

月	日	陰	本人 및 家族事項	社會一般事項
8	30(月)	7.20	・金大中 대통령으로부터 地方移讓推進委員會 委員長의 委囑狀을 받고 茶菓會에서 大統領으로부터 當付말씀을 듣다. ・金杞載 行政自治部長官 초청으로 國務委員食堂에서 委員들과 같이 오찬을 들다. ・金鍾泌 國務總理 및 全委員들과 地方移讓推進委員會 懸板式을 거행하다. ・地方移讓推進委員會 第1次 會議를 주재하고 案件을 심의하다. ・金東勳 회장과 地方自治學會에 가서 委員長 就任 祝賀宴에 참석하다.	31(火) ・SK(株)・LG 칼텍스 精油・쌍용精油, 9月 1日 0時를 기해 揮發油값을 ℓ當 20원씩 인상한다고 밝힘 ・金融監督院, 國內銀行들이 同一 個人이나 法人 또는 同一借主에게 自己 資本의 10%를 초과하는 巨額信用을 제공한 總額은 6月末 現在 106兆 3,415億 원으로 銀行圈 全體 自己 資本의 202%에 달한다고 발표
	31(火)	7.21	・學校 後期 卒業式에 참석하다. ・教授會議에 참석하여 特次募集査定을 하다. ・禹哉永 회장 초청 委員長 就任 祝賀宴에 참석하여 李永奭・李永哲・金奎馥씨 등과 환담하다.	
9	1(水)	7.22	・東櫛과 같이 車로 李圭憲 원장댁에 가서 함께 一山 研究院에 가다. ・朴昇治 부원장 등과 업무협의를 하다. ・저녁에 職員들과 地方移讓推進委員長 就任 祝賀宴을 갖다.	1(水) ・陳稔 企劃豫算處長官, 2000年 財政規模를 1999年보다 5% 늘어난 93兆餘원으로 억제하겠다고 밝힘 ・26個國 100餘名의 哲學者와 科學者들, '人道主義者 宣言 2000'발표
	2(木)	7.23	・第2學期 開講 강의를 하다. ・卞鏵 사장이 와서 碑文案을 가져가다. ・長女宅에 갔다가 妻와 같이 귀가하다.	2(木) ・北韓, 西海 5島를 北韓軍의 管轄區域에 두는 새로운 '西海 海上 軍事分界線'을 일방적으로 선포
	3(金)	7.24	・朴昇治 부원장과 같이 光州에 가서 全南道知事와 對談을 하고 오찬을 함께 한 후 상경하다.	3(金) ・金鍾泌 總理, 日本 아키히토 國王을 예방하고 韓國을 訪問해달라는 政府의 公式招請 意思를 밝힘
	4(土)	7.25	・全奎虹군이 와서 같이 學校 食堂에서 점심을 하다. ・第5期 高位政策課程 修了式에 참석하다. ・祖母 忌日을 맞아 祭祀를 모시다.	・UN, 住民投票에서 78.5%의 東티모르 住民들이 인도네시아로부터의 獨立을 지지했다고 발표
	5(日)	7.26	・高時瑀 은사님 아들 結婚式에 가서 主禮를 보다. ・妻와 같이 長女宅과 農場을 들렀다 오다.	4(土) ・韓國 아마 바둑 代表 팀, 中國 北京에서 열린 바둑對抗戰에서 大會 첫 覇權 차지
	6(月)	7.27	・水原 研修院에 가서 中堅班 論文指導를 하다. ・黃源卓 수석 초청으로 中學 同期들과 저녁 식사를 하며 환담하다.	5(日) ・外航船員 金某氏, 吸煙으로 肺癌에 걸렸다고 國家를 상대로 1億원의 損害賠償 請求訴訟을 냄
	7(火)	7.28	・地域開發研究會가 주최한 日本 第3섹터 研究會와의 懇談會에서 主題發表를 하다. ・日本 代表들과 만찬을 하고 飮酒 환담을 하다.	・無窮花 衛星 3號, 南部 프랑스領 기아나 쿠루 基地에서 성공적으로 발사됨
	8(水)	7.29	・上溪洞 研究會에 가서 鄭社長 등과 함께 오찬을 하다. ・프레스 센터에서 金泉市 朴寶生 담당관 등과 만나 50周年行事에 대해 협의하다. ・原子力財團 金長坤 이사장 초청으로 學校 教授들과 만찬을 하다.	・韓國, 中國 北京에서 열린 第11回 아시아 洋弓 選手權大會 全種目에서 金메달 휩쓺 ・동티모르 獨立에 반대하는 인도네시아 民兵隊들, 100餘名의 주민을 살해 6(月) ・한나라黨 徐相穆 議員, 大選資金 不法募金 事件과 관련해 議員職 사퇴
	9(木)	7.30	・朴昇治 부원장과 같이 蔚山市에 가서 沈完求 시장과 대담을 하고 오찬을 함께 한 후 혼자 상경하다.	・教育部, 教授採用에서 巨額의 돈을 받은 中部大學에 調査團 파견
	10(金)	8. 1	・中央都市計劃委員會에 가서 司會를 보다. ・長女 家族과 같이 저녁 식사를 하다.	7(火) ・日本에서 31年6個月間 監獄 生活을 한 權禧老씨, 어머니 遺骨을 안고 金浦 空港에 도착
	11(土)	8. 2	・申相夏 사장 따님 結婚式에 가서 主禮를 보고 物理科 同期生들을 만나다. ・大邱 査頓을 초청하여 妻・長女 家族과 분당에서 저녁 회식을 하다.	・金美賢, 美國 LPGA 골프大會에서 우승
	12(日)	8. 3	・妻・次女와 같이 農場에 들려 정리하고 再蓮 妻弟 아파트에 가다.	8(水) ・行政自治部, 2002年부터 國內에 5年 이상 거주한 外國人에게 地方 選擧權을 주는 方案을 검토

月	日	陰	本人 및 家族事項	社會一般事項
9	12(日)	8. 3	· 妻家宅 家族들과 저녁 식사를 하다.	9(木) · 國民會議, 新黨 創黨 發起人 38名을 발표
	13(月)	8. 4	· 一山 研究院에 가서 일을 보다. · 李圭憲 원장과 隨筆文學社에 가서 姜錫浩 사장과 인사하다. · 國土學會에 가서 秋晶植 국장과 臺灣 訪問件을 협의하다.	10(金) · 金大中 大統領 내외분, APEC 會議 參席과 濠洲 및 뉴질랜드 訪問을 위해 출국 · 政府와 與黨, 朴正熙 大統領紀念事業費 支援으로 100億원의 豫算을 확보키로 결정
	14(火)	8. 5	· 學校에 가서 講義를 하고 論文 워크샵을 하다. · 林守一 · 金學澈 · 張師珏 사장 등과 저녁 회식을 갖다.	11(土) · 美 클린턴 大統領과 中國 江澤民 主席, 頂上會談을 갖고 臺灣 · 韓半島 問題 등을 논의함
	15(水)	8. 6	· 學校 論文資格考試 査定會議에 참석하다. · 韓進 李泰元사장 · 許和平 의원 등과 水水會 모임을 갖다.	12(日) · APEC 21個國 指導者들, 뉴질랜드 오클랜드에서 年例會議 개최
	16(木)	8. 7	· Viagis Center에 가서 研究會議를 갖고 같이 오찬을 하다. · 집에서 出國 準備를 하다.	13(月) · 朴세리, 美國 女子 프로 골프大會에서 劇的 優勝을 함
	17(金)	8. 8	· 國土學會 訪臺團 20名과 같이 金浦 空港을 출발하다. · 臺北 中正 國際空港에 내려 버스로 松山 國內空港으로 가다. · 高雄 空港에서 내려 버스로 臺南市로 가서 朝代大飯店에 투숙하다. · 밤에 會長團과 夜市場을 구경하고 술을 마시다.	14(火) · 黨政會議에서 2000年부터 酒稅率을 낮추기로 합의 16(木) · 政府, 46個 國立大學을 완전 民營化하는 方案을 검토키로 함 17(金) · 医 · 藥分業實行委員會, 2000年 7月부터 실시할 医 · 藥分業 最終 施行方案을 확정했다고 밝혀짐
	18(土)	8. 9	· 成功大學 孫全文 교수 안내로 臺南市의 遺蹟地를 시찰하다. · 赤嵌樓 · 武廟 · 孔子廟 등을 보고 東興餐廳에서 오찬을 한 후 다시 海岸砲臺 陣地, · 聖母安瀾 · 安平古堡 · 古家地區 등을 시찰하다 · 環華企業家聯誼會館에서 개최된 張燦鍙臺南 市長 초청 환영연에 참석하여 많은 臺灣 · 日本 代表들을 만나다. · 施鴻志 교수 초청으로 거북이 料理집에 가서 음주 · 환담하다.	· 클린턴 美 大統領, 一部 對北韓 經濟制裁 解除를 발표 18(土) · 政府, '金融市場 不安要因解消對策' 을 마련 · 서울大 原子核工學科 實驗室에서 爆發事故 발생하여 學生 등 3名 사망 20(月) · 政府, 10月1日부터 電氣料金을 7% 가량 올리기로 했다고 발표 · 동티모르 多國籍軍 2,500餘名,동티모르 州都 딜리에 도착해 治安回復活動에 들어감
	19(日)	8.10	· 成功大學 國際會議室에서 개최된 韓 · 中 · 日 都市計劃 세미나에 참석하여 第3分科 司會를 보다. · 臺南호텔 宴會場에서 개최된 歡送宴에 참석하여 英語로 韓國 代表 人事를 하고 노래 '아리랑' 을 부르다. · 會長團과 같이 麥炊納 맥주집에서 孫全文 교수에 대한 감사 모임을 갖다.	21(火) · 農林部, 쌀 直拂制를 2001年부터 도입하기로 함 · 臺灣 中部地域에 리히터 7.6의 強震이 일어나 현재까지 1,681名이 사망하고 2,700여명이 실종 또는 매몰됨 22(水) · 尹琯 大法院長, 6年間의 任期 마치고 퇴임
	20(月)	8.11	· 버스로 臺南市를 떠나 海岸 中山高速道路를 따라 林邊市 · 高雄市 등을 거쳐 과일 檳榔을 먹으면서 南灣에 도착하다. · 墾丁國立公園 管理處에 가서 설명을 듣고 臺灣 최남단에 있는 鵝鑾鼻에 가서 巴士灣 · 南支那海를 구경하다. · 森林遊樂區 · 社頂 · 猫鼻頭 등지를 시찰하다. · 墾丁福華渡假飯店에서 식사를 하고 自體評價會를 한 후 飯店에 투숙하다.	· 이날 하루 26萬9千餘代의 車輛이 秋夕 歸省次 首都圈을 빠져나간 것으로 집계됨 · 中國 共産黨,第15期 中央委員會 第4次 全體會議를 폐막 · 필리핀 알바이州의 미욘火山, 活動 再開해 火山재를 내뿜기 시작함 25(土) · 러시아,兵力 3萬餘名을 동원하여 650㎞에 달하는 체첸과 러시아쪽 國境을 전격적으로 봉쇄했다고 보도
	21(火)	8.12	· 새벽에 臺中市 中心에서 震度 7.6度의 強震이 일어나 모두 긴장을 하다. · 高雄 空港에 와서 國內飛行機로 臺北으로 오다. · 臺北을 출발하여 모두 무사히 귀국하다.	26(日) · 케냐의 테글라 로루페,베를린 마라톤 大會에서 2時間 20分 43秒의 新記錄을 세우며 우승

月	日	陰	本人 및 家族事項	社會一般事項
9	22(水)	8.13	·一山 研究院에 가서 일을 보다. ·安鍾允 교수가 와서 職員들과 오찬을 같이 하다. ·職員들에게 秋夕 膳物을 주다. ·저녁에 禹哉永·李永哲·金奎馥씨와 식사를 하다.	26(日) ·韓國, 濠州 시드니에서 열린 洋弓 大會에서 男女 團體戰의 優勝을 획득 ·5萬名의 유고 住民들, 슬로보단 밀로세비치 大統領의 退陣을 요구하며 反政府示威 벌림
	23(木)	8.14	·自宅에서 정리를 하다 ·金壽鶴 회장이 다녀가다.	27(月) ·동티모르 多國籍軍, 헬機 등을 동원해 民兵隊의 據點인 콤을 장악
	24(金)	8.15	·秋夕 祭禮를 지내다. ·妻와 같이 農場에 다녀오다. ·밤에 秋夕달을 보고 기원하다.	28(火) ·120여개 市民·社會團體, '國家保安法 廢止 汎國民聯隊會議' 發足式을 가짐
	25(土)	8.16	·妻와 같이 長女宅에 가서 清掃를 해주다. ·長女 家族이 大邱에서 올라와 같이 집에서 식사를 하고 가다.	29(水) ·現代, 南北韓이 처음으로 함께 건설하는 '鄭周永 室內 體育館'의 起工式을 平壤에서 가졌다고 밝힘
	26(日)	8.17	·汝矣島 聖母病院에 가서 申熙進 국장 問喪을 하다. ·妻와 같이 長女宅에 다녀서 오다.	·韓國動亂 당시 美軍이 韓國 良民을 집단 학살한 '老斤里 良民虐殺事件', 美國 公式文書를 통해 처음으로 眞狀 확인됨
	27(月)	8.18	·國土學會·自治學會에 가서 일을 보다. ·行自部 禹和成 主事의 초청으로 반국장과 같이 저녁 식사를 하다.	30(木) ·30代 中半의 女子가 生後 3日된 新生兒를 病院에서 데리고 달아난 事件이 발생하여 警察이 公開 搜査에 나섬
	28(火)	8.19	·蘇鎭光 교수와 같이 清州에 가다. ·清州大學에서 개최된 地方自治학회 세미나에 참석하여 司會를 보다. ·黃清一·姜瑩基 교수 등과 식사를 하고 환담후 상경하다.	·政府, 美軍의 忠北 永同郡 老斤里 良民虐殺事件에 대한 事實確認에 나섬 30(木) ·日本 이바라키縣, 도카이村에서 발생한 放射能 漏出事故로 半徑 350m以內 住民을 대피시킴
	29(水)	8.20	·卞鐸 사장과 朝餐을 하며 碑文 內容을 조정하다. ·上溪洞 研究會에 가서 일을 보고 蘆原區 議會 副議長·朴社長 등과 오찬을 하며 환담하다.	·『양철북』의 著者 獨逸의 귄터 그라스, 99年 노벨 文學賞 受賞者로 선정됨
	29(水)	8.20	·安鍾允 교수 초청으로 金光得·禹哉永씨와 같이 저녁 식사를 하며 환담하다.	
	30(木)	8.21	·人間開發研究院의 張萬基 원장과 같이 牙山市廳에 가다. ·牙山 市民大學 1周年 紀念式에 참석하여 강연을 하다. ·李吉永 市長 초청 만찬에 참석하여 음주·환담하다.	
10	1(金)	8.22	·朴昇治 부원장과 같이 濟州道에 가다. ·禹瑾敏 濟州知事와 같이 감귤 農場에 가서 對談을 하다. ·海邊에 가서 生鮮을 먹고 상경하다. ·好凡會 모임에 참석하다.	1(金) ·鄭周永 會長, 平壤에서 北韓 金正日 委員長을 만나 經協을 논의 ·9月中 輸入이 101億 5,200萬달러로 98年 9月보다 40%나 늘어났다고 발표됨 ·50萬名의 群衆이 참석한 가운데 中國 建國 50周年 行事가 개최됨
	2(土)	8.23	·國土學會·自治學會에 가서 일을 보고 書店과 文房具에 들려오다. ·집에서 外孫女를 돌보다. ·李圭憲 원장 초청으로 朴昇治 부원장과 같이 회식을 하며 업무협의를 하다. ·妻·長女 家族과 次蓮 妻弟 오피스텔에 가다.	3(日) ·9月末 현재 에이즈 感染者는 모두 1,041名에 이르며 224名이 사망했다고 보도됨 ·教育部, 來年 8月 末까지 自進 퇴직하는 教師에게는 以前 65세 停年을 적용해 名退手當을 지급키로 함
	3(日)	8.24	·妻 및 長男과 農場을 거쳐 盆唐 百貨店에 가다 ·저녁에 妻와 같이 長女宅에 가다.	
	4(月)	8.25	·水原 研究院에 가서 中堅班 論文指導를 하다. ·盆唐 百貨店에 가서 妻와 長女를 만나 쇼핑을 하고 저녁식사 후 귀가하다.	4(月) ·서울市, 4大門안의 建築規模를 축소하는 내용의 '都心再開發基本計劃'을 마련, 2000年부터 실시할 計劃이라고 밝힘 ·行自部, 2000年 地方交付稅 法定交付率을 內國稅 總額의 13.27%에서 15%로 올리는 內容으로 關係法律을 개정키로 함
	5(火)	8.26	·全奎虹군이 學校에 와서 資料 등을 넘겨주다. ·金學澈·全奎虹군과 저녁 식사를 하다.	

1999

月	日	陰	本人 및 家族事項	社會一般事項
10	6(水)	8.27	・學校 人事委員會에 참석하여 權泰埈 교수의 休職件을 처리하다. ・一山 硏究院에 가다. ・黃佼墡 高陽 市長 초청으로 尹明九 총무국장・崔 一山區廳長・朴昇治 부원장 등과 저녁 회식을 하며 환담하다.	5(火) ・英國 BBC 放送, 벨기에의 名譽敎授 발터 피어스 硏究팀이 개발한 毒感 백신은 한 번 接種으로 平生 毒感을 예방할 수 있음이 입증됐다고 보도 6(水) ・서울 地下鐵公社, 2000年 7月부터 地下鐵 料金을 100원 올리는 것을 시작으로 2年마다 100원씩 인상하는 方案을 추진키로 함
	7(木)	8.28	・上溪洞 硏究會에 가다. ・盧熙植 사장 초청으로 모두 같이 오찬을 들며 환담하다. ・서울市로부터 人文・社會科學部門의 文化賞 受賞者로 결정되었다는 通報를 받다. ・저녁에 李永爽・金壽鶴・李永哲・金奎馥씨 등과 受賞 決定 祝賀宴을 갖다.	・마스하도프 체첸共和國 大統領, 戒嚴令을 선포하고 侵攻한 러시아軍에 대항해 共和國을 방어할 것을 宣言 7(木) ・韓國銀行, 99年 經濟成長率을 8.8%로 전망함
	8(金)	8.29	・國土學會 및 自治學會에 가서 일을 보다. ・行自部에 가서 地方移讓推進委員會의 業務를 처리하다. ・새재會의 會長으로서 會議를 주재하고 蔡弘植 전임회장의 慰勞宴을 갖다.	8(金) ・金宇中 全經聯 會長,會長職을 사퇴함 10(日) ・北韓의 朝鮮中央 텔레비전, 北韓과 海外地域을 대상으로 한 본격적인 衛星放送에 들어감
	9(土)	9. 1	・許在完 교수와 같이 Lakeside 골프場에 가서 土地公社 任員들과 운동을 하다. ・土地公社 社長 초청으로 부사장・부장・과장・趙正濟・呂鴻九・許在完씨 등과 저녁 식사를 하며 여흥을 갖다.	11(月) ・政府・與黨, '非營利 民間團體 支援法案'을 國會에 제출 ・'99 서울 NGO世界大會, 國內外 1,115個 團体 7,600여명이 모인 가운데 서울 올림픽 公園에서 개최
	10(日)	9. 2	・鄕軍會館에 가서 安根植사장 아들 結婚式의 主禮를 보다. ・妻・長女와 같이 農場과 盆唐에 갔다가 長女宅에서 식사를 같이 하고 돌아오다.	・인도네시아 檢察, 수하르토 前 大統領의 腐敗 嫌疑에 대한 搜査 中斷을 발표 12(火) ・코피 아난 U.N. 事務總長, 사라예보의 한 小兒科 病院을 방문해 産母 파티마 네비치가 낳은 男子아이를 地球上의 60億番째 人類로 지정하는 紀念行事 가짐
	11(月)	9. 3	・國土學會와 自治學會에 가서 일을 보고 職員 모두 및 安鍾允 교수에게 市文化賞 受賞紀念 오찬 대접을 하다.	
	12(火)	9. 4	・學校에서 吳濟世 국장의 論文을 지도하다.	・파키스탄에 軍事쿠데타 발생하여 샤리프 總理 政府가 축출됨
	13(水)	9. 5	・綜合廳舍에 가서 地方移讓推進 實務委員들과 相見禮를 갖다. ・汽車로 金泉市에 가서 市 昇格 50周年 紀念行事에 참석하고 基調講演과 綜合司會를 하다. ・저녁 식사후 鄭世煜・林敬鎬・裵秉休氏등과 맥주를 마시며 汽車로 상경하다.	14(木) ・同性愛 夫婦의 合法化를 의미하는 프랑스 '市民聯隊協約' 法案, 프랑스 議會에서 최종 통과됨 15(金) ・서울大學, 外國 國籍의 敎授를 任用 발령함
	14(木)	9. 6	・一山 硏究院에 가서 職員들에게 點心대접을 하다. ・귀가하여 外孫女를 돌보고 妻와 같이 長女宅에 들렸다가 하나로 마트에 가서 食品을 사오다.	・'國境 없는 醫師會', 99年 노벨 平和賞 受賞者로 선정됨 17(日) ・日本 朝日新聞, 新聞紙面에서 사람 音聲이나 音樂 등을 들을 수 있는 '소리나는 新聞'을 세계 최초로 발행
	15(金)	9. 7	・Viagis Center에 가서 會議를 하고 오찬 후 귀가하다. ・妻와 같이 百貨店에 다녀오다. ・타워 호텔에서 개최된 盧椿熙 교수 停年紀念式에 참석하다. ・長女宅에 가서 査頓을 만나고 外孫子의 生日宴을 갖다	18(月) ・서울・仁川・京畿, '首都圈 大氣質 改善 廣域協議會'를 구성 ・美國 USA Today誌, KAL機의 괌 空港 墜落事故는 괌 空港 管制 시스템의 不實이 한 原因이라고 보도 20(水) ・서울市, 10月부터 上水道 使用分에 비례한 물 利用負擔金을 부과하기로 했다고 밝힘
	16(土)	9. 8	・國土計劃學會 代表團과 晉州에 가다. ・晉州市 세미나에서 司會를 보다. ・白升斗 市長 초청 만찬에 참석하고 2次 餘興을 갖다. ・東邦觀光 호텔에 투숙하다.	・인도네시아 와히드 候補, 國民協議會에서 뽑는 大統領 選擧에서 第4代 大統領으로 당선됨

月	日	陰	本人 및 家族事項	社會一般事項
10	17(日)	9. 9	・國土學會 代表團과 같이 상경하다. ・妻와 같이 長女宅에 가서 淸掃를 해주고 같이 저녁 식사를 하다.	21(木) ・環境部, 洛東江 上・中流 住民들에게 1톤당 100원 가량의 물利用 負擔金을 부과한다는 '洛東江 물 管理 綜合對策案'을 발표
	18(月)	9.10	・地域開發硏究會에 가서 業務處理를 하다. ・好凡會 회원들께 서울市 文化賞 수상명목으로 사전에 저녁대접을 하다. ・感氣가 들다.	22(金) ・國會, 本會議에서 한나라黨이 제출한 朴智遠 文化觀光部長官 解任決議案을 부결시킴
	19(火)	9.11	・學校 保健診療所에 가서 感氣藥을 지어먹다. ・李 棟 서울市立大 總長 초청으로 國土計劃學會 任員들과 프라자호텔 中國食堂에서 회식을 하며 환담하다.	・憲法裁判所, 都市計劃區域 指定으로 土地의 私的 利用權이 배제된 상태에서 10年 이상 아무런 報償을 받을 수 없도록 한 것은 憲法의 財産權保障에 위배된다는 憲法不合致 決定 내림
	20(水)	9.12	・濟州道 西歸浦市 市民會館에서 耽羅大學・西歸浦市 주최 市民自治大學의 特講을 하다. ・耽羅大學 敎授들과 阿斯島에서 저녁 식사를 하고 프린스호텔에 투숙하다. ・濟州에서 상경, 學校 敎授會議에 참석하다.	・企劃豫算處, 새마을運動基金등 10個 基金을 99년 폐지하는 내용의 基金管理基本法 改正案을 國務會議에 제출했다고 밝힘
	21(木)	9.13	・助敎 2명에게 Viagis Center 硏究課題를 분담・연구케 하다. ・崔秉瑄교수의 特講을 참관하다. ・妻 및 長女와 POSCO아파트 모델 하우스를 관람하다.	・韓國百貨店協會, 百貨店 셔틀 버스의 運行 臺數를 30% 줄이고 運行回數를 1個路線에 10회로, 運行範圍를 百貨店에서 半徑 10㎞이내로 제한하기로 合意함
	22(金)	9.14	・朴洋浩 박사와 같이 唐津郡에 가서 郡守・金壽鎭 부지사・黃鏞周 원장등과 오찬을 함께 하다. ・忠南發展硏究院 주최의 세미나에서 全體司會를 보다. ・唐津에서 저녁 식사를 하고 溫陽에 가서 金壽鎭 부지사등과 餘興을 가지다. ・溫陽 그랜드호텔에 투숙하다.	24(日) ・아르헨티나 大統領 選擧에서 野黨候補인 페르난도 델라루아 부에노스아이레스 市長이 당선되었다고 발표 25(月) ・'朴正熙 紀念館 建立 및 國庫支援을 반대하는 全國 歷史學者모임', 國庫支援에 대해 批判을 가함 ・서울大學, 2000年부터 1,500名 敎授中 15%를 優秀 敎授로 선발해 1人當 매년 500萬원의 成果給을 지급하는 方案을 추진한다고 밝힘
	23(土)	9.15	・黃鏞周박사와 常錄골프장에 가서 골프를 치고 상경하다.	
	24(日)	9.16	・環心會 會員들에게 妻와 같이 서울市 文化賞 수상건으로 점심을 대접하다. ・妻와 같이 長女宅에 가서 査頓과 같이 저녁 식사를 하다.	26(火) ・英國 上院, 600년 傳統을 지닌 貴族의 上院議員職 世襲을 폐지하는 改革案을 가결 27(水) ・러시아軍, 砲擊과 空襲으로 글로즈니를 초토화시킴
	25(月)	9.17	・一山 硏究院에 가서 일처리를 하다. ・朴昇治부원장이 상경하여 업무협의를 하다. ・朴昇治부원장과 같이 朱龍鐸사장 초청 만찬에 참석・환담하다.	28(木) ・韓國銀行, 99年 9月까지의 經常收支 黑字 規模는 191億6千萬달러에 이른다고 밝힘
	26(火)	9.18	・學校에서 講義를 하고 業務處理를 하다. ・金學澈회장 초청으로 張사각 사장과 같이 저녁식사를 하다.	・'拷問技術者' 李근안 전 京畿警察廳 公安分室長, 水原地檢에 自首함 30(土) ・仁川市의 商街 地下에서 불이나 '라이브 호프집'등에 있던 55명이 숨지고 80여명이 중경상 입음
	27(水)	9.19	・崔基洪 장군과 같이 88골프장에 가서 Viagis Center 임원들과 운동하다.	
	28(木)	9.20	・行自部 硏修院에 가서 中堅班 論文을 평가하고 강평을 하다. ・家族과 같이 世宗文化會館에 가서 서울市 人文社會科學部門 文化賞을 수상하고 賀客들과 사진을 찍다. ・저녁 노보텔호텔에서 家族・親戚들을 초청, 서울市 文化賞 수상 自祝宴을 열다.	・時速 260㎞ 이상의 强風을 동반한 超大型 사이클론이 印度 東部를 강타해 1千餘名이 숨지고 150餘萬名이 집을 잃음
	29(金)	9.21	・航空便으로 大邱를 거쳐 居昌郡에 가서 '21世紀 居昌아카데미' 特講을 하다.	

月	日	陰	本人 및 家族事項	社會一般事項
10	29(金)	9.21	·高永鎬 道立 居昌專門大學 學長 등과 懇談會를 하고 저녁 식사 후 상경하다.	
	30(土)	9.22	·學校에 와서 서울市 文化賞 賞金을 위시하여 銀行 處理를 하다. ·妻와 같이 長女 家族과 長女 生日 祝賀 저녁 식사를 하다.	
	31(日)	9.23	·妻와 같이 農場에 가서 가을 菜蔬를 정리하고 長女宅에 들렀다가 귀가하다.	
11	1(月)	9.24	·長男과 같이 水原市廳에 들려 沈在德 市長을 만나 환담을 하고, 韓國自治開發硏究院 이 처음으로 개최하는 公職者特別敎育프로그램의 開會式에 참석하여 人事말과 講師 紹介를 하다. ·地方自治學會 顧問·會長團·常任理事 등을 초청하여 서울市 文化賞 수상 기념 晩餐을 대접하고 學會에 奬學基金으로 300萬원을 기증하다.	1(月) ·大宇그룹 金宇中 會長, 會長職에서 전격 사퇴함 ·建交部, 보류됐던 全州 新空港 建設事業을 再開하기로 함 ·李승엽, 99 프로 野球 최고의 영예인 페넌트레이스 最優秀 選手(MVP)로 선정됨 ·클린턴 美 大統領, 노르웨이 오슬로에서 中東平和 定着을 위한 連鎖 頂上會談 가짐 ·프랑스, 徵兵制를 2002年까지 완전 폐지키로 함 ·로마 카톨릭敎會와 루터敎 世界聯盟, 500年에 가까운 對立을 끝내고 和解함
	2(火)	9.25	·妻, 친구들과 大田에 나들이 가다. ·서울市 文化賞 施賞式에 참석하여 축하해준 學校 學生會 代表들과 오찬을 하며 감사의 뜻을 전하다. ·金學澈·林秀一 사장과 저녁 식사를 하며 환담하다.	2(火) ·포드 自動車의 創業主 헨리 포드 (1863-1947), 美經濟專門誌 「Fortune」이 선정한 '20世紀 最高의 經營者'에 뽑힘
	3(水)	9.26	·上溪洞 硏究會에 나가다. ·禹哉永 회장 초청으로 李永哲·金奎馥씨와 같이 저녁 식사를 하고 食堂에서 金學澈·林秀一·朱龍鐸 사장 등을 만나 인사시키다. ·妻, 大田에서 상경하다.	4(木) ·美國 人權團體인 Freedom House, 北韓의 自由 水準이 世界 最惡이라고 발표
	4(木)	9.27	·行自部 硏修院이 개최한 第36回 硏修大會에 참석하여 司會를 보고 講評을 하다. ·硏修院長 및 市·道局長들과 저녁 식사를 하다. ·慶北 金輝東 국장 초청으로 金炳國 박사·李聖根 교수와 酒店에 가서 餘興時間을 갖다.	5(金) ·韓國通信, 두사람이 電話를 걸어 상대방과 동시에 통화할 수 있는 '듀엣 公衆電話機' 500臺를 설치 ·晋州市 南江의 多目的 댐이 준공됨
	5(金)	9.28	·地方自治學會 代表로 金東勳·崔昌浩·林敬鎬·姜瑩基 교수 등과 같이 出國하다. ·日本 關西空港에 도착, 汽車로 京都市에 가다. ·現地의 金淳植군 안내로 저녁 식사를 하고 居酒屋에 가서 환담하다. ·京都市 京阪 호텔에 투숙하다.	·월드컵組織委員會, 韓國이 2002년 월드컵 蹴球大會를 통해 얻는 入場券 收益은 최대 1,500億원에 이를 것으로 전망 ·로마 카톨릭敎皇 요한 바오로 2世, 힌두敎와의 和解를 이끌어내기 위해 印度를 방문
	6(土)	9.29	·龍谷大學에서 개최된 日本地方自治學會 總會에 참석하고 吉田善明 會長·佐藤竺 교수등과 인사하다. ·午後에 市內 구경을 하다. ·龍谷大學 紫英館에서 개최된 歡迎宴에 참석하여 紹介 人事를 받다.	7(日) ·政府, 2000年 實質 成長率이 90년 이후 最高値인 9.5% 內外에 달할 것이라고 公式 展望함
	7(日)	9.30	·龍谷大學에서 개최된 韓·日 세미나에 참석하고 人事를 하고 質疑를 하다. ·西本願寺에 가서 午餐을 들고 寺刹을 관람한 뒤 南禪寺를 관광하다. ·佐藤 교수 夫婦 초청으로 日食집 '嵐亭'에서 저녁 대접을 받다. ·金東勳 회장 초청으로 불고기 韓食堂에 가서 麥酒를 들며 환담하다.	·한솔製紙, 中國 北京에서 北韓側과 만나 向後 10年間 200萬그루의 나무를 北韓 地域에 심는 事業에 대해 意見交換을 함 ·美 노트르담大學 李선홍 敎授, 雙星주위를 돌고 있는 外界 行星을 처음으로 발견 8(月) ·第21次 社會主義者 인터내셔날總會, 130餘 個國의 1千餘名이 프랑스 파리 近郊에 모여 개막

月	日	陰	本人 및 家族事項	社會一般事項
11	7(日)	9.30	・姜瑩基 교수 초청으로 酒店 '婉'에 가서 맥주를 마시고 노래를 부르다.	9(火) ・10年前 베를린障壁 崩壞 당시 獨逸・蘇聯・美國의 세 指導者 콜・고르비・부시, 베를린 下院議事堂에 모여 10年前 감격을 되새김
	8(月)	10. 1	・京都를 떠나 關西 空港을 거쳐 귀국하다. ・妻와 같이 長女宅에 가서 膳物을 주고 오다.	
	9(火)	10. 2	・大韓商議가 개최한 벤처企業 세미나에 가서 司會를 보다. ・禹哉永 회장 초청으로 高永天・金奎馥씨와 저녁 식사를 하다.	・金大中 大統領, '東아시아 安保 포럼'을 창설하자고 제의 10(水) ・소니, 韓國 國民에게 가장 친숙한 外國企業으로 조사 결과 나타남
	10(水)	10. 3	・卞鐸 사장과 리츠 칼튼 호텔에서 朝餐을 하며 碑除幕式에 대해 협의하다. ・始興市 東西證券研修院에서 개최된 自然保護 京畿道協議會 주최의 大會에서 特講을 하다. ・金興來 차관이 마련한 地方移譲實務委員會 分科委員長・幹事 모임 晩餐場에 참석하다.	・金大中 大統領, 2000년부터 地方自治 警察制를 실시하고 2001년부터 教育의 地方自治도 확대해 나갈 것이라고 밝힘 11(木) ・金鍾泌 總理, 2000年 1月 下旬에 自民聯에 복귀한다고 밝힘
	11(木)	10. 4	・行自部 研修院의 中堅班 修了式에 참석하여 祝辭를 하다. ・一山 研究院에 가서 일을 보다. ・河聖實 부원장 초청으로 潘局長과 같이 저녁 식사를 하다.	・美國 S & P社, 韓國의 國家信用等級을 投資適格의 最下位인 BBB^-에서 BBB로 한 段階 상향조정 ・美國 銃器亂射 10代, 裁判에서 111年 宣告 받음
	12(金)	10. 5	・地域開發研究會에 가서 業務協議를 하고 安鍾允 교수가 방문하여 다같이 점심을 하다. ・李永奭 고문의 8旬 紀念文集 編輯委員會를 결성하고 논의하다. ・委員會 출범을 축하하는 저녁 식사를 갖다.	12(金) ・政府, 金光植 警察廳長을 경질하고 後任에 李무영 서울地方警察廳長을 내정함 ・英國, 上院의 世襲議員制度의 改革에 따라 世襲貴族 759名 中 667名이 물러남
	13(土)	10. 6	・妻 및 次蓮妻弟와 같이 水安堡에 가서 溫泉浴을 하고 점심 후 店村에 가다. ・父母任 墓所에 참배하고 妻家 家族들과 永順에 있는 聘父母任 墓所에 참배하다. ・聞慶 第1病院에 입원 중인 泰鉉이를 문병하다. ・尙州에서 妻弟 夫婦가 와서 모두 함께 음주・환담하다. ・載畝 妻男宅에서 취침하다.	14(日) ・市價 1千億원대의 料亭 大苑閣을 法頂 스님에게 시주해 吉祥寺로 만들게 한 金영한씨, 自宅에서 사망함 15(月) ・政府, 中央行政機關의 1~3級 高位職中 129個 자리를 開放型 任用職位로 확정 ・朴세리, 99 페이지넷 투어 챔피언십 골프大會에서 우승 ・鄭夢準 大韓蹴球協會 會長, 2002年 월드컵 南北分散開催를 논의하기 위해 北韓을 방문
	14(日)	10. 7	・山陽面 辰井里에서 擧行된 卞鐸 사장 父母任 墓碑 除幕式에 참석하여 三獻官으로 參拜하고 碑銘文을 낭독하다. ・卞鐸 사장宅에서 親舊들과 음주・환담하다. ・妻男宅에서 일찍 취침하다.	・中國, 美國과의 協商이 타결됨에따라 WTO 가입이 사실상 확정됨
	15(月)	10. 8	・妻・妻弟와 같이 상경하다. ・農場에 가서 무우를 뽑고 하나로 마트에 들렀다가 長女宅에 가서 같이 저녁 식사를 하고 오다.	16(火) ・綜合株價指數, 10月末 이후 25% 이상 올라 다시 1,000 돌파 ・美國, 3년간 밀린 10億달러의 U.N. 負擔金을 납입하기로 잠정 합의
	16(火)	10. 9	・父 忌日을 맞아 누님・동생 家族들과 같이 祭祀를 모시다.	17(水) ・서울大 醫大 金正龍 敎授, 최근 世界 최초로 C型 肝癌 바이러스 抽出에 성공
	17(水)	10.10	・學校에서 종일 論文審査를 하다. ・自宅 一部 修理를 시작하다.	18(木) ・헝가리 政府, 財政的인 理由로 平壤 駐在 大使館을 폐쇄
	18(木)	10.11	・蔡健植 회장 초청으로 曹宇鉉 국장과 같이 리츠 칼튼 호텔에서 저녁 식사를 하며 환담하다. ・國家專門行政研修院에서 特講을 하다.	19(金) ・政府・與黨, 技術力 있는 벤처企業家의 發掘과 創業支援을 전담할 '多産벤처(株)'를 설립키로 함
	19(金)	10.12	・Viagis Center 任職員들에게 서울市 文化賞 受賞턱으로 점심 대접을 하다.	21(日) ・日本 政府, 韓國의 500원 짜리 동전과 日本의 500엔 짜리 銅錢이 거의 같아 副作用이 심해짐에 대비하여 새 銅錢을 만들기로 결정
	20(土)	10.13	・林相夏 사장 車로 昆池岩 골프장에 가서 風水會員들과 운동을 하고 納閉 모임에서 朴炳柱 회장의 連任을 결의하다.	・中國, 宇宙往復船 發射實驗에 성공했다고 보도됨

月	日	陰	本人 및 家族事項	社會 一般事項
11	20(土)	10.13	·黃鏞周 원장宅에 가서 환담을 하다가 長女宅에 가다. ·長女 家族들과 롯데 월드에 가서 놀이동산을 구경하고 식사 후 같이 귀가하다.	22(月) ·KDI, 1人當 國內 總生産(GDP)이 2000년의 1萬70달러에서 2010년에는 2萬1,820달러로 상승할 것으로 전망 ·文藝振興院, 분단 이후 최초로 南北韓 文學 作品을 총괄하는 統一文學大全集(全100卷)을 간행한다고 밝힘
	21(日)	10.14	·自宅 淸掃를 하다. ·長女 家族, 오찬 후 떠나다. ·밤에 妻와 둘이서 노래房에 가서 각자 15曲씩 노래 부르다.	·'나고야의 太陽' 宣東烈, 올해를 끝으로 現役에서 물러나겠다고 隱退를 공식 선언
	23(火)	10.16	·學校에서 論文審査를 하다. ·卞鐸 사장 초청으로 李世茂·金팔용 사장과 같이 만찬을 하며 환담하다.	23(火) ·國民會議 韓光玉 副總裁, 大統領 秘書室長에 새로 임명됨
	24(水)	10.17	·學校 敎授會議에 참석하다. ·國家專門行政硏修院 高幹班 政策課題 討論會의 司會를 보다. ·坪村 安東 黃牛집에서 개최된 好凡會 모임에 참석하다.	·國稅廳, 韓進 그룹에 대해 脫漏稅額 550억원을 납부하라고 통보 24(水) ·美國, 60年代 後半 非武裝地帶에서의 枯葉劑 撒布와 관련해 韓國側에 被害 補償을 하지 않겠다는 立場을 밝힘
	25(木)	10.18	·自治開發硏究院에 가서 院長·副院長 등과 會議를 하고 主要事項을 결정하다 ·妻와 같이 農場에 가서 배추를 모두 뽑고 하나로 마트를 거쳐 長女宅에 가서 저녁 식사를 같이 하다.	25(木) ·與圈, 假稱 '새千年 民主新黨' 創黨 準備委員會 結成大會를 가짐 ·高建 서울 市長, 就任後 16個月 동안 月平均 3,083萬원씩의 辦公費를 사용했다고 밝힘
	26(金)	10.19	·大邱에 가서 李義根 경북지사, 李孝泰 慶一大學 총장 등과 함께 오찬을 하다. ·그랜드 호텔에서 개최된 慶北道·慶一大學 主催 세미나에서 基調演說을 하다. ·大邱 査頓을 만나 燒酒를 마시다. ·許和平 의원이 개최한 政治發展討論場에 들려 인사하다. ·慶一大學 總長 등과 食事·飮酒를 하고 그랜드 호텔에 투숙하다.	28(日) ·金大中 大統領, 필리핀 마닐라에서 日本 및 中國 總理와 3國 頂上 모임을 가짐 29(月) ·政府, 目的稅 廢止案을 白紙化하기로 함 ·現代産業開發, 民間 主導로는 처음 首都圈 일대에 30萬~50萬坪의 미니 新都市를 조성한다고 밝힘 ·韓美藥品, 癌의 發病 與否를 신속히 알아볼 수 있는 '癌診斷키트'를 世界 최초로 開發
	27(土)	10.20	·李義根 도지사, 禹東琪 교수, 李範寬 교수와 조찬을 함께 하다. ·上京하여 學校에 가다. ·入學試驗 面接을 보다. ·兪炳林 원장 주최 만찬에 참석하다.	30(火) ·太陽系 밖에서 6個의 大型 行星이 발견됐으며 이 中 5個에는 生物이 존재할 가능성이 있다고 보도됨 ·WTO 第3次 閣僚會議, 美國 시애틀에서 개막됨
	28(日)	10.21	·卞鐸 사장 초청으로 金在榮 次官補 등과 泰榮 골프장에서 운동하다. ·집에서 겨울 김장을 담그다.	·아슬란 마스하도프 체첸 大統領, 러시아軍에 포위된 首都 글로즈니를 탈출했다고 보도됨
	29(月)	10.22	·國家專門行政硏修院에 가서 高幹班 論文審査를 하고 같이 오찬을 하다. ·地域發展硏究會에 가서 일을 보다. ·禹哉永 회장 등과 저녁 식사를 하다.	
	30(火)	10.23	·學校에서 講義를 하고 權炯信·吳濟世 국장의 論文을 심의하다. ·中央大 行政大學院에 가서 特講을 하다.	
12	1(水)	10.24	·國土硏究院에서 개최한 首都圈 政策 워크샵에서 司會를 보고, 金政鎬 부원장·朴相雨 위원 등과 저녁식사를 하다.	1(水) ·三星電子, TV를 볼 수 있는 携帶電話 端末機를 世界 最初로 開發 ·政府, 最低 生計費 水準을 月 92萬 8千원으로 확정
	3(金)	10.26	·學校에서 都君·劉君과 Viagis Center의 硏究課題를 협의하다. ·地方議會發展硏究所에 가서 林敬鎬 원장, 蘇鎭光 교수 등과 漆谷郡 硏究課題를 협의하다.	·2002년 韓日 월드컵 蹴球大會 公式 마스코트 '아트모' 탄생

月	日	陰	本人 및 家族事項	社會 一般事項
12	3(金)	10.26	·앰배서더 호텔에서 개최된 在京 聞慶中學校 同門會에 참석하여 紹介를 받다. ·서울大 高位政策課程 送年會에 참석하여 인사하다.	1(水) ·BBC, 지난 1千年間의 女性 10傑을 발표하고 印度의 인디라 간디 前 總理를 가장 위대한 女性으로 선정함 2(木) ·北아일랜드, 自治政府 출범
	5(日)	10.28	·妻와 같이 敎育文化會館에 가서 韓垣澤 令愛 結婚式을 보고 長女宅에 들렸다가 오다.	3(金) ·政府, 家電製品에 特別消費稅 폐지 ·'National Geographic'誌, 東海와 日本海를 倂記키로 함
	6(月)	10.29	·國土硏究院 李廷植 院長 就任式에 참석하고, 林鐘哲 理事長 및 硏究院 任員들과 午餐을 같이 하다	·서울大 總學生會長에 非運動圈 候補 許민君 첫 당선
	7(火)	10.30	·環境大 同窓會 主催 朝餐會에 참석하고 陳稔 長官의 特講을 듣다. ·學校에 가서 入試査定會議에 참석하다. ·崔基洪 장군의 禮訪을 받고, '希望의 韓國新黨'에의 參與 勸告를 정중히 거절하다. ·姜聲龍 廳長의 出版紀念會에 참석하여 金滿基 장군·金學澈 회장·許和平 의원 등을 만나다.	4(土) ·金泰政 前 法務長官, 社稷洞팀 報告書 流出事件과 관련하여 수감됨 ·金大中 大統領, 요르단의 압둘라 2世 빈 알 후세인 國王과 靑瓦臺에서 頂上會談을 가짐 ·美國과 쿠바 사이의 旅客機 運航이 40年만에 재개됨
	8(水)	11. 1	·國家專門行政硏修院 高幹班 修了式에 참석하여 祝辭를 하다.	6(月) ·民間女性基金 조성을 담당할 '韓國女性基金 推進委員會'가 발족됨
	9(木)	11. 2	·上溪洞 地域開發硏究會에 가서 業務處理를 하고 같이 식사하다.	·서울大, 다른 大學 出身의 學士 編入學도 허용키로 함
	10(金)	11. 3	·自治開發硏究院에 가서 일을 보다. ·서울大 高位政策課程 送年 모임에 참석하다.	7(火) ·與野議員 90여명, '死刑制度 廢止 特別法'을 國會에 제출
	11(土)	11. 4	·妻·外孫子와 같이 賀琳閣에 가서 河聖實 부원장 令愛 結婚式의 主禮를 보다.	8(水) ·홍콩 Asia Week誌, 日本의 후쿠오카를 올해 아시아 最高 都市로 선정 ·日本人의 87%가 나는 幸福하다는 생각을 갖고 있다는 調査結果가 나옴
	13(月)	11. 6	·行自部에 가서 金杞載 長官과 '自治公論'의 新年 對談을 하다. ·學校에 가서 '99年度 活動業績을 제출하다. ·地方移讓委員會에 가서 小委員會 會議를 주재하고 같이 會食하다. ·金壽鶴 회장 및 李永奭 고문 會食宴에 참여하여 환담하다	9(木) ·政府, 脫稅 및 環境汚染의 告發에 대한 褒賞金을 증액키로 함 10(金) ·産業資源部, 第5次 長期電力需給計劃 試案을 마련 12(日) ·農林部, 2001년부터 콩나물 등 5個 品目을 原産地 表示 對象으로 신규 지정함
	14(火)	11. 7	·國土·都市計劃學會의 弦汀賞 基金管理委員會 회의에 참석하다. ·國家專門行政硏修院 院長招請 送年會에 가다.	13(月) ·U.N 兒童基金, 全世界 어린이 4名당 1명 꼴인 5億4千萬名이 전쟁·疾病·家難 등 위험한 狀況에 살고 있다고 지적
	15(水)	11. 8	·學校에 가서 碩士學位 論文 最終 審査를 하고 敎授會議를 갖다 ·서울市 文化賞 受賞 名目으로 敎授 全員을 초청하여 회식하다. ·金壽鶴 회장 초청으로 2次 宴會를 갖다.	14(火) ·行政自治部, 公務員 年金負擔率을 2001년 부터 3~5년마다 0.5~1% 포인트씩 올리기로 함
	16(木)	11. 9	·地方自治學會의 理事會 및 發表會에 참석하고, 總會에서 會長 直選制로의 定款 改正을 하다. ·李廷植 원장 초청으로 林鐘哲 이사장 및 이규방·박헌주·고철 박사 등과 회식·음주를 하며 환담하다.	·美國 Golfweek誌, 아이젠하워 前 美國 大統領을 '20世紀 最高의 골퍼'로 선정 ·日本, 北韓에 대한 制裁措置를 전면해제 한다고 발표 ·獨逸, 나치하에서 强制勞役한 被害者들에 대한 賠償額으로 100億 마르크를 지불하는 것으로 協商 妥結함
	17(金)	11.10	·Viagis Center 會議에 참석하고 함께 午餐을 하다 ·妻와 같이 프레지던트 호텔에서 개최된 鳥嶺會 送年 모임에 가서 여러 가지 祝賀를 받다.	15(水) ·국내 造船業界, 99년 受注量 1,000萬 GT로 日本을 제치고 世界 1位에 오름
	18(土)	11.11	·妻와 같이 長女宅에 가서 外孫子·外孫女를 보아주다. ·妻와 같이 高永天 監事 夫婦 招待宴에 가서 같이 食事를 하고 노래房에 가서 餘興을 즐기다.	16(木) ·國會, 成人映畵 觀覽 年齡을 만18세 이상으로 의결 ·朴혜진 양, 2000學年度 大學 修學能力 試驗에서 400點 滿點을 획득

月	日	陰	本人 및 家族事項	社會一般事項
12	19(日)	11.12	·妻와 같이 上道洞 韓藥房에 갔다가 하나로 마트를 거쳐 長女宅에서 저녁 食事를 같이 하고 귀가하다. ·長男과 結婚件에 대해 협의하다.	16(木) ·西方先進 7個國과 韓國 등 開發途上國 13個國이 참여하는 'G20' 출범함 17(金) ·國會, 92兆 6,576億원의 새해 豫算案 의결
	20(月)	11.13	·學校에 가서 人事委員會와 敎授會議에 참석하다. ·서울大 環境硏究館 開館式에 참석하다. ·萬里長城에서 개최된 在京 聞慶鄕友會 送年會에 참석하여 祝賀를 받고 答禮人事를 하다.	·日本, 2000년 4月 1日부터 一般特惠關稅 적용대상에서 韓國을 제외하기로 결정 19(日) ·베네수엘라 全域에 쏟아진 暴雨로 2萬 5千 여명이 死亡 또는 失踪됨
	21(火)	11.14	·李永奭·李圭憲 氏와 果川에서 만나 午餐을 하며 厚林 紀念集에 대해 협의하다. ·建交部 中央都市計劃委員會에 참석하다. ·潁江文化後援會 主催 本人 祝賀 모임에 참석하여 祝賀를 받고 答禮人事를 하다.	20(月) ·서울大, 環境硏究館 開館式을 거행함 ·서울市, 仁寺洞 一帶에 대해 新規建築許可 禁止措置를 내림 ·인터넷 專用映畵 '예카' 첫선을 보임
	22(水)	11.15	·學校에 가서 '99년도 제2학기 成績을 제출하다. ·地方移讓委員會 第2次 會議에서 金鍾泌 總理와 같이 司會를 보고 '移讓'의 槪念에 대한 討論을 오래하다. ·行政自治部 長·次官 및 幹部와 移讓委員會 및 實務委員會 委員들과 送年모임을 갖다	21(火) ·2000年度 保健福祉 豫算이 4兆 5,265億원으로 政府 一般 會計의 5.23%를 차지하는 것으로 밝혀짐 ·베네수엘라, 國名을 '볼리바르 베네수엘라 共和國'으로 개칭 22(水) ·美 人權團體 프리덤 하우스, 韓國을 '自由國家'로, 北韓을 '最惡의 國家'로 분류
	23(木)	11.16	·國土學會 會長과 江陵市에 가다. ·金進烒 江原道知事 등과 江陵 傳統文化 示範都市 造成計劃 中間報告會에 참석하다. ·硏究陣들과 저녁 食事를 하고 上京하다.	23(木) ·憲法裁判所,公務員 採用 試驗에서 現役除隊 한 사람에게 可算點을 주는 現行 制度를 違憲이라고 결정
	24(金)	11.17	·地域開發硏究會에 가서 厚林 紀念集에 대해 처리하다. ·藝杭에서 개최된 地域開發硏究會 送年會에 金壽鶴·李永哲·高永天氏등과 같이 참석하다. ·李永奭 顧問과 言爭을 하고 本人 顧問職 辭退를 결심하다.	·與野, 國會議員 比例代表制 候補의 30%를 女性에 할당키로 合意 ·New Bridge Capital, 第一銀行 經營權을 인수 ·建交部, 7個圈域의 그린벨트 解除를 발표
	25(土)	11.18	·金基玉 市長과 朝餐을 하며 光州 公聽會에 대해 협의하다. ·李景熙 장군 초청으로 李永哲 회장과 같이 저녁을 같이 하다.	26(日) ·政府, 日本 시마네縣의 一部 住民들이 獨島로 戶籍을 옮긴 事實을 확인하고 日本側에 抗議書翰을 전달
	27(月)	11.20	·地方移讓委員會에 가서 向後 課題를 협의하다. ·國務總理 主宰의 第4次 國土綜合計劃審議會에 참석하고 같이 午餐을 들다. ·一山 自治開發硏究院에 가서 朴昇治 부원장과 業務協議를 하고 李永奭 고문 등과 紀念集 발간을 논의하다. ·硏究院 任職員들과 送年 모임을 갖다	27(月) ·서울大 (株)마크로젠, 大學內 벤처 企業 첫 코스닥 登錄 ·國會 政務委, '兒童·靑少年 性保護에 관한 法' 制定案 통과 28(火) ·國會, 5年째 끌던 放送法 등 58件의 案件을 의결
	28(火)	11.21	·學校에 가서 移徙짐을 싸다. ·KBS 第1라디오와 20世紀 回顧에 대해 對談·錄音을 하다. ·好凡會 送年 모임을 갖다.	·法務部, 2000年부터 在所者도 머리를 기를 수 있는 등의 '21世紀 先進 矯正行政' 施策발표 29(水) ·法務部,3,501名에 대한 밀레니엄 大赦免 발표
	29(水)	11.22	·집에서 原稿를 집필하고 外孫女를 돌보다. ·妻와 같이 環心會 送年 모임에 참석하다.	·한나라黨 李漢東 議員, 한나라黨을 탈당하고 自民聯과 연대해 保守大聯合을 추진하겠다고 밝힘
	30(木)	11.23	·三井 호텔에서 '自治21'誌 創刊號를 받아오다. ·妻, 蘇鎭光 夫婦, 朴英哲 夫婦와 같이 楊平 '帆船 311' 食堂에서 저녁 식사를 하고 江南 江邊의 Live Cafe '벤허'에서 생노래를 듣다.	·國會 農林海洋水産委, 2000年産 秋穀 및 夏穀 收買價를 99年 對比 각각 5.5%와 4%씩 올리는데 合意해 통과 30(木) ·政府, 2000年도 一般職 國家公務員 公開 採用 選拔 人員을 3,603名으로 확정
	31(金)	11.24	·學校에 가서 新築建物 硏究室의 짐 정리를 하다. ·KBS 第1라디오에서 20世紀 回顧談을 방송하다.	

1999

月	日	陰	本人 및 家族事項	社會一般事項
12	31(金)	11.24	·妻·長女 家族과 같이 江南 江邊 Live Cafe '셀부르'에서 노래를 들으며 2000年 새해를 맞다. ·새벽 3時에 귀가하다. ·大望의 새千年, 21世紀, 2000年을 맞이하다.	30(木) ·政府, 洛東江 물 管理 綜合對策을 확정 ·男子排球, 5回 연속 올림픽 進出이 확정됨 31(金) ·98년 풀린 돈이 5兆 5,594億원으로 집계됐다고 밝혀짐 ·美國 'LA Times'誌, 오이 소박이 김치를 '99年의 10大 飮食' 가운데 9位로 평가 ·마지막 未轉向 長期囚인 신광수·손성모氏, 特別赦免됨 ·보리스 옐친 러시아 大統領, 전격 사임함 ·印度 旅客機 拉致犯, 收監 이슬람敎徒 3명의 釋放條件으로 乘客전원 풀어주는데 合意

第 65 歲: 2000 (4333) 庚辰年 / 平敎授

月	日	陰	本人 및 家族事項	社會一般事項
1	1(土)	11.25	·새千年, 21世紀 새해를 맞이하다. ·祭祀를 모시고 家族 歲拜를 하다. ·盧隆熙 교수와 金壽鶴회장宅에 혼자 세배가다.	1(土) ·서울大 環境大學院, 新築 環境研究館에서 業務를 開始함 ·監査院 2000년 6大 監査課題를 설정
	2(日)	11.26	·弟子들의 歲拜를 받음 ·長女 家族이 와서 같이 윷놀이를 하다.	2(日) ·미셸 캉드쉬 IMF 總裁, 아프리카 國家에 대한 武器 販賣를 중단할 것을 先進國에 호소
	3(月)	11.27	·學校에 가서 環境大學院 新年 交禮會에 참석하다. ·妻와 같이 青瓦臺에 가서 金大中 대통령 內外分께 新年賀禮를 드리고 참석한 250餘名과 인사하다.	3(月) ·輸出入銀行, 2000년 國內企業의 輸出入 活動을 위해 연간 10兆5千億원을 支援한다고 밝힘
	4(火)	11.28	·地域開發研究會에 가서 新年 人事를 하고 저녁에 會食을 하다.	4(火) ·유럽聯合 執行委員會, 英國産 쇠고기 禁輸措置를 해제하지 않은 프랑스를 유럽 司法裁判所에 제소 ·러시아, 파키스탄의 債務 중 약 1/3에 이르는 5,700萬달러를 탕감
	5(水)	11.29	·눈이 많이 내리다. ·一山에 가서 研究院 일을 보고 李永奭 고문 초청 오찬에 全職員과 같이 참석하다. ·李圭憲원장 주관으로 新年會食과 餘興時間을 갖다	
	6(木)	11.30	·世宗文化會館에서 개최된 高建 서울市長 招請 新年賀禮式에 참석하다. ·嚴采永 사장과 저녁 식사를 하다.	6(木) ·캄보디아 政府, 크메르 루즈 指導者들을 재판하기 위해 特別裁判所를 설치한다는 裁判計劃法案을 승인 ·사바트 케오분판 라오스 總理, 執權共産黨과 軍隊·公務員에 대한 腐敗와의 戰爭 선포
	7(金)	12. 1	·地域移讓推進委員會 小委員會를 주재하고 '移讓'의 定義에 대해 협의·정리하다. ·委員 및 職員들과 저녁 식사를 하다.	7(金) ·外交通商部, 러시아로 入國하려다 체포된 脫北者 7명이 다시 中國으로 추방되었다고 발표함 ·30餘萬名의 인도네시아 回敎徒들, 基督敎·回敎徒間 流血事態의 復讐를 위해 지하드(聖戰) 촉구
	8(土)	12. 2	·妻와 같이 原子力病院에 가서 金昌碩 교수 婦人을 問喪하다. ·妻와 같이 長女宅에 가서 점심·저녁을 같이 하다.	
	9(日)	12. 3	·次女 仲媒로 선을 보다. ·長男과 같이 尹和一 부장 令息結婚式에 다녀오다.	9(日) ·政府 99年度 현재 國家 債務는 107兆 3,000億원이라고 발표 ·統一部, 北韓의 國民總所得이 89년 240억 달러에서 99년 130억달러로 半減되었다고 보고
	10(月)	12. 4	·國土學會 및 自治學會에 들리다.	
	11(火)	12. 5	·學校에 가서 처리하다. ·長女 招待로 妻와 같이 三井 호텔에 가서 結婚 34周年 紀念會食을 가지다.	
	12(水)	12. 6	·國際空港에 가서 海外旅行用 말라리아 豫防藥을 구입하다.	

2000

月	日	陰	本人 및 家族事項	社會一般事項
1	12(水)	12. 6	·光州市에 가서 金基玉 전시장 및 湖南大 財團理事長과 오찬을 같이 하다. ·東區廳에 가서 朴鍾澈 구청장과 만나 인사하다. ·雲林 溫泉地區 開發計劃公聽會에 참석하고, 基調演說을 하고자 했으나, 環境團體의 反對로 하지 못한채 상경하다.	10(月) ·經實聯, 4.13 總選에 대비, 自體 公薦基準에 맞지 않은 人士 167名의 名單을 공개 ·러시아軍, 체첸 全域에 대한 攻擊 재개 선언
	13(木)	12. 7	·一山 自治開發硏究院에 가서 정리하고 金學澈 회장 초청으로 全職員과 오찬을 같이 하다. ·李永爽 고문 八旬紀念文集 발간을 기념하는 모임을 果川에서 갖고 編纂委員長으로서 접대하다	11(火) ·金鍾泌 總理 후임으로 朴泰俊 自民聯 總裁가 임명됨
	14(金)	12. 8	·Viagis Center에 가서 論文을 제출하고 向後計劃을 협의한 뒤 모두 같이 오찬을 들다.	12(水) ·國會, 市民團體들로 '國民 選擧 監視團'을 설치키로 與野가 합의
	15(土)	12. 9	·'韓國의 집'에서 개최된 李永爽 고문 傘壽紀念文集 獻呈式에 참석하여 文集을 헌정하고 獻呈辭를 하다. ·韓一館에서 日本 代表團을 위한 晩餐에 참석하다. ·禹哉永 회장 마련으로 金壽鶴·李永哲 회장등과 음주·환담의 기회를 갖다.	15(土) ·北韓이 현재 送還하지 않고 있는 抑留者는 454名인 것으로 밝힘
	16(日)	12.10	·地方議會發展硏究院에 가서 漆谷郡 硏究課題를 협의하고 같이 저녁 식사를 하다.	16(日) ·中小企業廳,'2000년 中小企業 政策資金 支援體系 改善案'을 발표
	17(月)	12.11	·學校에서 兪炳林 院長과 院長去就 問題를 논의하다. ·地方自治學會에 사위 文丙基博士의 臨時 事務室 利用을 부탁하다. ·金景宰 사장 초청 저녁 모임에서 子女 結婚 主禮件을 협의하다.	17(月) ·財經部長官, 國債를 巨視經濟 政策의 手段으로 적극 활용하겠다고 밝힘 ·유럽聯合(EU), 인도네시아에 대해 취했던 武器禁輸措置를 4개월만에 해제키로 함
	18(火)	12.12	·妻와 같이 골프 演習場에 가서 妻의 運動을 구경하다. ·長女宅에 가서 外孫女를 봐주고 저녁 食事 後 귀가하다.	18(火) ·우리 나라 돈 洗濯 규모는 연간 54~169兆 원으로 추정된다고 밝혀짐 ·헬무트 콜 前 獨逸總理, 基民黨 名譽黨首職을 사퇴
	19(水)	12.13	·새벽에 눈이 많이 내리다. ·大韓國土計劃學會에 가서 海外視察團의 豫備會議를 주재하다. ·金英模·趙正濟·呂鴻九·崔秉瑄 교수 등과 저녁을 하며 國土學會·次期 會長團 構成方案을 협의하다.	19(水) ·파키스탄 法院, 나와즈 샤리프 前總理를 起訴
	20(木)	12.14	·地域開發硏究會에 가서 顧問職 辭表를 禹哉永 회장께 제출하다. ·朱龍鐸 회장 등과 저녁을 하며 모임 結成件을 협의하다. ·禹哉永·李永哲·金奎馥씨 등과 음주·환담하다.	20(木) ·이라크 政府, U.N.의 經濟制裁로 인해 99년 12월 한달 동안 14,000명이 숨졌고 90년의 U.N.制裁 이후 死亡者는 126萬名에 달한다고 발표
	21(金)	12.15	·全基成 地方移讓推進實務委員長과 오찬을 하다. ·地方移讓實務委員會 第3分科會議를 관람하고 人事말을 하다. ·崔仁基 行自部長官을 만나 人事를 하다.	21(金) ·日本 公明黨·自由黨, 永住外國人에 대한 地方參政權 賦與法案을 國會에 제출
	22(土)	12.16	·李在昌 江南區議員의 令愛 結婚式에 가서 主禮를 보다. ·妻와 같이 골프 演習場에 가다. ·눈이 많이 내리다.	22(土) ·先進7開國(G-7) 財務長官, 全世界의 均衡成長을 촉구하는 共同聲明을 東京會議에서 채택
	24(日)	12.18	·自治開發硏究院에 가서 李圭憲원장과 業務協議를 하다. ·好凡會 모임에 가서 第2代 會長으로 禹哉永 회장을 선임하다.	23(日) ·스페인 市民·勞組員·政治人 등 100여 萬名, 바스크 分離主義 團體의 테러 終熄을 요구하는 大規模集會를 마드리드에서 개최
	25(月)	12.19	·學校에 가서 정리를 하고 兪炳林 원장과 學校 問題를 상의하다.	24(月) ·外交通商部, 韓國과 中國 및 UNDP는 黃海의 生物資源과 海洋生態系 保全을 위한 事業計劃을 확정했다고 밝힘 ·總選市民聯隊, 與野 重鎭들이 포함된 67명의 '公薦反對名單'을 공개
				25(火) ·英國 政府, 99年 英國에 亡命을 신청한 사람이 史上 最大値인 7만 1,160명에 달했다고 발표
				26(水) ·獨逸政府, 나치 强制勞役 被害者 賠償金으로 100억 마르크의 基金을 마련하는 내용을 골자로한 法案을 승인
				27(木) ·情報通信部, 次世代 情報技術(IT) 核心開發에 2,800억원을 투입하는 내용의 올해 '情報通信 先導技術 事業計劃' 확정
				28(金) ·金大中 대통령, 大學競爭力 向上을 위한 大學 自律性을 강조

2000

月	日	陰	本人 및 家族事項	社會一般事項
1	25(月) 26(火) 27(水) 28(金) 29(土) 30(日) 31(月)	12.19 12.20 12.21 12.22 12.23 12.24 12.25	·長女 家族이 내방하여 함께 저녁 식사를 하다. ·妻와 같이 金浦 空港에 나가 國土計劃 視察團을 만나 手續을 밟고 出國하다. ·베트남 호치민 空港을 경유하여 하노이 도착, 大宇 호텔에 투숙하다. ·하노이 建築大學에 가서 總長 등과 相見禮를 갖고 交流協定書를 체결하다. ·하노이大學 敎授들과 懇談會를 갖고 午餐을 대접받다. ·호치민 墓所, 호치민 居住屋, 國子監, 湖水, 大宇 비즈니스센터 등을 방문하다. ·밤에 人力車(시크로)를 타고 市內 夜景을 구경하다. ·하노이市를 떠나 航路로 호치민市에 가다. ·Cuchi地區에 가서 베트콩 地下 居住 땅굴을 시찰하다. ·밤에 사이공 江上에서 사이공號 船舶을 타고 저녁 식사를 하며 노래 등 餘興을 즐기다. ·Equatorial Hotel에 투숙하다. ·호치민 市內에 있는 歷史博物館, 戰爭紀念館, 市廳, 노트르담寺院, 中央郵遞局, 統一宮, 百貨店 등을 관람하다. ·호치민市를 출발하여 航路로 캄보디아의 프롬펜市에 도착하다. ·저녁에 쇼를 구경하고 Sunway Hotel에 투숙하다. ·航路로 씨엠립市에 가서 바이론寺院, 王宮遺蹟地, 앙코르 와트, 나무寺院 등을 관람하다. ·Norko Phnomh 호텔에서 저녁 식사를 한 후 旅行評價會를 한 뒤 투숙하다. ·씨엠립에서 프놈펜市로 오다. ·王宮, 실버 파고다, 매콩江, 在來市場, 刑務所, 킬링 필드, 農村地域 등을 관광하다. ·프놈펜을 떠나 베트남 호치민空港에 와서 오랫동안 대기하다가 저녁 11시50분에 大韓航空機에 탑승하다	28(金) ·政府, 北韓에 생존해 있는 國軍 捕虜 中 268名의 名單을 확보 ·이라크 共産黨, 지난 두달 동안 處刑된 政府反對 人士는 54명이었다고 밝힘 29(土) ·빌 클린턴 美國 대통령, 모든 國家의 市場開放을 강조 ·遺傳子 變形物質(GMOs)의 交易規定에 관한 '生物安全 議定書'가 5년간의 協商 끝에 몬트리올 會談에서 채택됨 ·최근 2년간의 自然災害로 中南美 地域住民 200萬餘名이 難民이나 流民으로 전락함 30(日) ·憲法裁判所, 醫療保險 支給基準을 保健福祉部長官이 정하도록 규정한 醫療保險法 條項은 憲法에 위배되지 않는다고 결정 30(日) ·韓國의 不動産投資 安全性은 調査對象 44個國中 22位로 드러남 31(月) ·連戰 臺灣 副總統,臺灣과 中國間 平和地帶 設置가 兩岸間 緊張解消에 도움이 될 것이라며 平和地帶 設立을 제의
2	1(火) 2(水) 3(木) 5(土) 6(日)	12.26 12.27 12.28 1. 1 1. 2	·새벽에 金浦空港에 도착하다. ·妻와 같이 長女宅에 가서 저녁 食事를 같이 하다. ·李永奭 고문과 午餐을 함께 하며 向後 問題를 협의하다. ·禹哉永·李圭憲·高永天·金奎馥氏를 저녁에 초청하여 膳物을 주고 歸國報告를 하다. ·學校에 가서 정리를 하고 海外旅行 結果를 기록하다. ·설날을 맞이하다. ·妻와 같이 누님宅에 가서 歲拜를 드리고 점심을 같이 하다. ·저녁에 長子와 결혼할 相對의 都孃이 와서 歲拜를 받다. ·長女 家族이 大邱에서 상경하여 같이 점심을 하다. ·李在昌 議員이 따님·사위를 데리고 예방하여 인사를 받다	1(火) ·中東,유럽,北美,아시아의 40餘個國 外務長官級 代表들이 참석하는 多者間 中東平和會談이 모스크바에서 개막 ·美國 下院, 美國·臺灣간 '臺灣 安保强化 方案'을 가결 2(水) ·99년 4/4分期 外國人 取得 土地는 845件에 147萬坪, 1兆 2,954億원으로 밝혀짐 4(金) ·러시아 國家保障委員會, 在來式 武器로는 대응할수 없는 攻擊을 받을 경우 核武器를 사용할수 있도록 하는 新軍事독트린 승인 5(土) ·서울行政法院, 大統領의 赦免權은 司法審査의 對象이 아니라고 判示 ·中國 當局이 春節을 맞아 法輪功 信徒 數百 내지 數千名을 체포했다고 알려짐 ·우크라이나 大統領, 체르노빌 核發電所를 폐쇄하겠다는 뜻을 표명

月	日	陰	本人 및 家族事項	社會一般事項
2	6(日)	1. 2	·저녁에 李圭憲·朴昇治씨와 저녁 식사를 하며 환담하다	6(日) ·헬렌 클라크 뉴질랜드 總理, 英國王을 元首로 하는 立憲君主制에서 共和制로 政體를 변경하는 것이 불가피하다고 밝힘
	7(月)	1. 3	·사위 文書房과 같이 Viagis Center에 가서 李澤衍 소장과 業務協議를 하고 오찬을 함께 하다. ·教保文庫에 들렀다가 地方移讓推進委員會에 가서 業務處理를 하다. ·行自部 次官·次官補·自治行政局長 등을 예방하여 昇進 祝賀를 하다. ·家族들과 三井 호텔에서 妻 生日 祝賀宴을 갖다.	7(月) ·全國 市·郡·區議會 議長協議會, 反改革的 政治人의 辭退 등 政治圈의 改革을 촉구
	8(火)	1. 4	·黃鏞周원장과 같이 唐津邑을 거쳐 瑞山市에 가다. ·市長,行政副知事 등과 함께 오찬을 하다. ·忠南發展研究院 주최 세미나에서 全體司會를 보다. ·저녁 만찬을 함께 하고 現代莊旅館에 투숙하다.	8(火) ·北韓, 美國에 대해 對北制裁政策의 解除를 촉구
	9(水)	1. 5	·버스로 상경하여 李基準 서울大 總長, 宋丙洛 부총장 초청으로 環境大學院 歷代院長들과 오찬을 하며 院長 選任件에 대해 협의하다. ·妻와 같이 長女宅에 가서 저녁 식사를 함께 하며 外孫子 入學 祝賀金을 주다.	9(水) ·金大中 대통령, 南北關係는 'win-win 게임'이 될 것이라고 천명 ·第50回 베를린 映畵祭 개막
	10(木)	1.6	·自治開發研究院에 가서 李圭憲 원장 및 職員들과 오찬을 같이 하다. ·國土計劃學會의 慶北 儒教文化保全研究 諮問會議에 참석하다. ·金英模·朴炳柱·趙正濟·崔秉瑄씨 등과 次期 會長 選出件을 협의하다.	10(木) ·金大中 대통령, 압둘라 흐만 와히드 인도네시아 大統領와 青瓦臺에서 頂上會談을 가짐
	11(金)	1. 7	·妻와 같이 골프 練習場에 갔다가 아파트를 구경하고 長女宅에 들렀다가 오다.	11(金) ·金大中 대통령, 앞으로 生態效率이 높은 資源循環型 經濟社會體系를 건설하겠다고 밝힘
	12(土)	1. 8	·長男 結婚相對 家族의 父母와 만나 次後 計劃을 협의하다. ·妻男 載國, 來訪하여 협의하다.	12(土) ·情報通信部, 새로운 벤처 企業에 올해 170억원을 지원키로 함 ·印度 東部 비하르州에서 選擧와 관련된 暴力事態로 최소한 24명 사망
	13(日)	1. 9	·長女家族이 와서 外孫女를 봐주다.	
	14(月)	1.10	·學校에서 崔相哲 교수와 學校 및 地方自治學會의 懸案問題에 대해 협의하다. ·金學澈회장 담당으로 李永哲 회장 慈堂逝去를 위로하는 會食을 갖다. ·禹哉永 회장과 음주·환담하다.	
	15(火)	1.11	·朝鮮 호텔에서 개최된 暻園大學과 美國 미시간 대학의 國際세미나에 참석하여 基調演說을 하고 함께 午餐을 들다.	15(火) ·北韓 勞動新聞, 金大中 대통령의 抱容政策은 北韓을 압살하려는 反民族的 意圖라고 비난
	16(水)	1.12	·學校 教授會議에 참석하여 院長 選任方法을 논의하고 總長에게 任命權을 부여키로 결정하다. ·國土·都市計劃學會 弦汀賞 基金管理委員會에 참석하여 受賞者 決定을 보류하고 此後 결정키로 하다. ·妻와 같이 베트남·캄보디아 視察團의 解團式 宴會에 참석하고 같이 노래房에 가다. ·妻와 같이 長女宅에 다녀오다.	16(水) ·볼프강 쇼이블레 獨逸 基民黨 黨首, 秘資金 스캔들에 연루된 責任을 지고 사임한다고 발표 ·自民聯, 第3次 臨時大會에서 李漢東 權限代行을 總裁로 선출하고 '新保守 宣言文'을 채택
	17(木)	1.13	·一山 自治開發研究院에 가서 李圭憲 원장·職員들과 오찬을 같이 하다. ·高時瑀 선생 長男 및 子婦의 인사를 받다. ·李圭憲·李永哲·高永天씨와 저녁을 하며 환담하다.	17(木) ·러시아 政府,2025年까지 全國民의 평생 동안 普通·無償教育을 보장하는 내용의 '新教育 독트린' 확정
				18(金) ·서울 永登浦區 汝矣島에 있는 地下 共同溝에서 火災가 발생
				19(土) ·總選聯隊, 總選에서의 落選運動 同參 촉구 ·호스니 무바르크 이집트 大統領, 레바논에 대한 支持를 표시하기 위해 레바논 전격 방문 ·이란 總選에서 21년만에 改革派가 승리
				20(日) ·印度 政府의 파키스탄 外交官 추방에 대한 보복으로 파키스탄도 印度 外交官 3명에 대해 追放令을 내림 ·제임스 울펀슨 世界銀行 總裁, 인도네시아의 만연된 腐敗로 인해 世界銀行借款의 10~40%가 낭비되고 있다고 밝힘
				22(火) ·産業資源部, '21世紀 바이오 社會(Biosociety) 구현을 위한 生物産業 發展 綜合對策'을 발표 ·베트남 政府, 外國企業들의 投資를 장려하기 위해 固定資産의 永久保有를 인정하는 등의 投資規制緩和方案을 발표

月	日	陰	本人 및 家族事項	社會一般事項
2	18(金)	1.14	· Viagis Center에 가서 會議를 하고 모두 점심을 같이 하다. · 서울大 環境舘에서 개최된 地方自治學會의 理事會 및 總會에 참석하고 次期 會長으로 崔相哲 교수를 선출하다. · 自治學會 任員들과 저녁 식사를 하며 환담하다. · 長女家族이 집에 와서 正月 보름 五穀밥을 같이 들다.	22(火) · 이라크 保健部, U.N.의 經濟制裁로 인해 1月에 1萬 1,200명 이상의 老人과 어린이가 사망했다고 주장 23(水) · 韓國과 中國, 韓·中 司法共助條約 批准書 교환 24(木) · 敎皇 요한 바오로 2世, 이집트 訪問 · 印度 辯護士 50萬名, 外國人 辯護士의 國內法廷 참여를 반대하는 罷業에 돌입
	19(土)	1.15	· 兪炳林 원장과 같이 原州 文幕에 있는 Oak Valley에 가다. · 兪원장·朴種和 교수와 골프를 치다. · 敎授懇談會를 열어 院長 選任件을 논의하고 노래房에 가다. · 李正典 敎授와 같이 밤 늦게 상경· 귀가하다.	· U.N.安保理, '아프리카의 1次大戰'으로 지적돼온 콩고民主共和國 紛爭의 休戰 監視活動을 위해 5,537명의 U.N.兵力을 파견하는 決議案을 승인 25(金) · 大韓國土·都市計劃學會, 總會를 열어 次期 會長으로 崔秉瑄 敎授를 選出
	20(日)	1.16	· 長男 結婚相對 家族과의 相見禮를 위한 모임을 三井 호텔에서 갖다. · 집에 와서 참석한 家族 兄弟들과 환담하다.	· 政府 2,140억원의 研究費가 투자되는 '2000년도 生命工學育成施行計劃'을 확정
	21(月)	1.17	· 青瓦臺에 가서 崔仁基 行政自治部長官, 南宮鎭 政務首席秘書館, 李達坤 幹事委員이 배석한 가운데 金大中 大統領께 地方移讓推進委員會의 業務報告를 하고 指示 말씀을 듣다. · 行政自治部에 와서 金之淳 국장 등과 오찬을 하다. · 서울市廳에 가서 高建 市長 등과 인사를 하고 都市政策會議에 참석하다. · 國土計劃學會 弦汀 賞基金委員會 會議에 참석하여 受賞者로 李棟 총장 및 黃鏞周 원장을 결정하다. · 委員 모두와 저녁 식사를 하다.	· 필리핀 農民·學生 수천명, 조셉 에스트라다 大統領의 退陣을 요구하는 示威 벌림 · 베트남 內閣, 政府 企業의 效率性을 높이기 위해 巨大政府企業을 세분화하는 등 대대적 개혁을 단행키로 결정 26(土) · 南北韓 當局, 民間漁業協力에 관한 合意書를 채택했다고 밝힘 · 金大中 大統領 서울大學校 卒業式에 참석하다.
	22(火)	1.18	· 林敬鎬, 黃鏞周, 鄭世煜, 金東勳, 蘇鎭光氏 등과 汽車로 倭館에 가서 漆谷郡守 등과 오찬을 하다. · 漆谷郡 市昇格 妥當性에 관한 討論會에서 司會를 보다.	27(日) · 韓國·中國·日本, 北京에서 열린 環境長官會議에서 東北亞 地域 環境 改善을 위한 9개항에 합의
	23(水)	1.19	· 저녁 식사후 汽車를 타고 상경하다. · 一山에 가서 李圭憲·朴昇治氏와 會議를 하고 오찬을 같이 하다. · 上溪洞에 가서 地域開發研究會 總會에 참석하고 모두 같이 저녁 식사를 하다.	· 이라크 사담 후세인 大統領을 경호하는 精銳 共和國守備隊 소속의 高位將星이 주도한 쿠데타 企圖를 저지한 후 38명의 將校를 처형했다고 보도됨 28(月) · 民主國民黨 創黨 發起人大會 개최
	24(木)	1.20	· 學校에 가서 정리를 하고 韓化그룹으로부터 始興都市計劃에 대한 說明을 듣다. · 새재會 定期 모임을 주재하고 向後 對策을 논의하여 일단 解散키로 결의하다. · 申鉉浩,金正龍,金學澈 회원 등과 음주·환담하다.	· U.N., 아프가니스탄은 지난해 4,600톤의 痲藥을 생산했다고 밝힘 · 世界銀行, 韓國에 대한 企業 및 金融部門 構造調整借款(CFSRL)을 종결한다고 발표
	25(金)	1.21	· 大韓國土·도시계획학회 총회에 참석하고 第16代 會長團으로 崔秉瑄會長과 元濟戊·姜良錫·吳德成·金洙根 副會長을 선출하다. · 저녁 會食을 같이 하고 따로 餘興時間을 갖다.	· 방글라데시, 野圈이 강행한 總罷業으로 전국의 公共交通과 經濟活動이 마비 29(火) · 베트남·라오스·캄보디아, 말라리아와 에이즈를 근본적으로 퇴치하기 위한 共同宣言 채택
	26(土)	1.22	· 學校에 가서 敎授會議에 참석하다. · 崔相哲,林岡源 교수로부터 次期 院長 候補로 梁鈗在 교수가 거론된다는 報告를 듣고 경악스러움을 느끼다. · 環境大學校 卒業式에 참석하다. · 始興군 都市課長이 와서 都市計劃을 설명하다.	
	27(日)	1.23	· 妻와 같이 서울敎育文化會館에 가서 長男 結婚式 請牒狀件을 협의하다.	

月	日	陰	本人 및 家族事項	社會 一般 事項
2	27(日)	1.23	·長女와 같이 하나로 마트에서 물건을 사고 長女宅에 가서 저녁 식사를 함께 하다.	
	28(月)	1.24	·學校에서 儀旺市 擔當者들의 來訪을 받고 都市計劃을 설명듣다.	
	29(火)	1.25	·21C 都市政策開發院이 주최한 朝餐 모임에 나가 特講을 하다. ·一山에 가서 硏究院 일을 보고 朴昇治 부원장 등과 오찬을 같이 하다. ·地方移讓推進實務委員會 全體會議에 나가 新任者 委囑狀을 수여하고 인사말을 하다. ·妻와 같이 果川 建交部에 가서 中央都市委員會 小委員會의 委員長으로 會議를 주재하다. ·好凡會 정기 모임에 늦게 참석하여 歡談을하다.	
3	1(水)	1.26	·3.1節을 맞아 國旗를 게양하고 집에서 記錄 整理를 하다. ·妻,子婦될 女子와 婚需를 사러 다니다.	1(水) ·總選聯隊, 3月 1日을 '有權者 獨立宣言의 날'로 선포 ·美國 下院, 러시아·中國·北韓 등이 이란의 大量破壞武器開發을 지원할 경우 制裁를 가할 수 있도록 하는 法案 가결
	2(木)	1.27	·學校 新入生 入學式에 참석하다. ·全錫洪 同窓會長과 환담을 하다. ·敎授들, 次期 院長件으로 協議次 다녀가다. ·宋丙洛 부총장에게 電話를 하여 院長 選任을 조속히 해달라고 독촉하다. ·金學澈 사장 초청으로 강수철 동창과 같이 만찬을 들며 환담하다.	2(木) ·金大中 大統領, 이탈리아 敎皇廳· 프랑스·獨逸등 4位國 巡訪次 出國 ·제4땅굴이 발견된지 10년만에 또다시 北韓이 굴착한 장거리 땅굴이 京畿道 漣川郡 白鶴面에서 발견되었다고 보도됨
	3(金)	1.28	·저녁 東寶城에서 개최된 一金會 (舊 行政 刷新 委員會 委員親睦會)에 처음 참석하다.	3(金) ·베네수엘라 油田 勞動者 5만여명, 賃金 引上을 요구하는 無期限 罷業에 돌입 ·金大中 대통령, 로마에서 마시모 달레마 이탈리아 總理와 頂上會談 개최
	4(土)	1.29	·一山 韓自硏에 가서 古州賞基金運營委員會 定期會議를 주재하고 林敬鎬 원장 초대로 오찬을 같이 하다. ·地方議會發展硏究院에 가서 漆谷郡 硏究課題에 대해 협의하고 저녁 식사를 함께 하다.	4(土) ·金大中대통령, 로마敎皇廳에서 요한 바오로2世 敎皇과 회담 ·韓國·이탈리아間에 中小企業 協力과 디자인 協力 共同宣言을 채택
	5(日)	1.30	·金景宰 사장 長男 結婚式에 가서 主禮를 보다. ·서울敎育文化會館 食堂에서 外孫女 素瑛이의 돌잔치를 열고 家族 및 査頓宅들과 祝賀會를 갖다.	5(日) ·러시아의 99년 武器輸出高는 30億달러를 넘어 最高値를 기록했다고 보도됨
	6(月)	2. 1	·中央公務員敎育院의 高位政策課程에서 特講을 하다. ·國土計劃學會 및 地方自治學會 職員들에게 점심 대접을 하고 長男 結婚請牒狀 發送을 당부하다.	6(月) ·中國 軍部,臺灣이 獨立을 택하는 방향으로 나갈 경우 즉각 攻擊을 할 수 있는 警戒態勢에 돌입했다고 경고
	7(火)	2. 2	·제1學期 3科目 講義를 시작하다. ·禹哉永 회장 및 金奎馥 국장과 저녁을 하며 硏究會 運營을 협의하다.	7(火) ·金大中 대통령, 파리에서 리오넬 조스팽 프랑스 總理와 頂上會談을 가짐
	8(水)	2. 3	·國家專門行政硏修院에 가서 地方議會 支援班의 講義를하고 午餐後 상경하다. ·長女와 같이 敎育文化會館에 가서 結婚請牒狀 校正을보다. ·長女宅에서 妻와 같이 저녁 식사를 하다.	8(水) ·韓國通信, 아시아·유럽 63個國이 건설한 世界最長의 '제7 國際海底 케이블 (SEA-ME-WE3)'이 9日본격 가동된다고 밝힘 ·民主國民黨을 창당하고 代表最高委員에 趙淳氏를 선임 ·이스라엘 大法院, 非猶太人에 대한 公有地 販賣禁止는 不法이며 差別的이라고 판시
	9(木)	2. 4	·一山 韓自硏에 가서 일을 보고 任職員들과 오찬을 같이 하다. ·李圭憲·禹哉永·高永天씨 등과 저녁 식사를 하며 환담하다.	9(木) ·金大中 대통령, 獨逸 베를린에서 南北 和解協力을 위한 '베를린宣言' 발표 ·英國, 社會保障 僞裝受惠와 脫稅行爲로 인한 수백억파운드의 地下經濟를 엄단한다는 宣言을 했다고 보도됨
	10(金)	2. 5	·妻와 함께 金剛山 旅行을 떠나다. ·文化日報社에 가서 文化日報 포럼 執筆者 팀과 東海市를 거쳐 金剛號에 승선하다. ·船上에서 敎育을 받고 쇼를 관람한 뒤 妻와 둘이 포장馬車에서 술을 들며 환담하다.	10(金) ·韓國·日本등 아시아 13個國, 武裝海賊에 공동 대처키 위해 海賊情報交換센터를 설립키로 싱가포르 會議에서 합의

2000

月	日	陰	本人 및 家族事項	社會一般事項
3	10(金)	2. 5	·北쪽으로 航進하고 있는 船上에서 첫밤을 자다.	11(土) ·教皇 요한 바오로 2世, 나치에 의한 猶太人虐殺, 11世紀의 十字軍戰爭, 13世紀의 宗教裁判등과 관련한 카톨릭의 失手를 인정하고 容恕를 구한다고 밝힘 ·우크라이나 東部의 한 鑛山에서 메탄가스로 鑛夫 80名이 사망함
	11(土)	2. 6	·高城郡 長箭港에 下船하여 北韓 入國手續 후 버스로 溫井里에 도착하다. ·九龍淵 코스를 답사하고 점심을 들은 후 溫井里로 와서 平壤 牡丹峰巧藝團 公演을 觀覽하고 金剛號로 오다. ·쇼 구경을 하고 妻와 言爭 後 취침하며 '全忍之後 唯一笑'와 2002年 8月 31日을 D-day로 결심하다.	12(日) ·海洋警察, 群山港에서 朝鮮族 61名 검거 ·스페인 總選에서 호세 마리아 아스나르 總理의 國民黨(PPP)이 압승했다고 발표
	12(日)	2. 7	·海金剛-三日浦 코스를 관광하며 北韓의 農村 家口와 山川景觀을 유심히 시찰하다. ·金剛山 溫泉에서 목욕을 하고 歸船하다. ·쇼를 보고 文化日報社팀끼리 가라오케에 가서 노래를 하며 즐기다. ·저녁 6時경에 出航한 배에서 마지막 밤을 지내다.	13(月) ·韓國·美國, 相對方國家에 주재하는 商社職員들의 社會保障稅 納付義務를 면제토록하는 '社會保障協定' 체결 14(火) ·우리나라 中央 및 地方政府의 債務는 모두 108兆1,498億원으로 집계되었음 ·몽골에 30년만에 찾아온 겨울추위로 50萬名의 人口가 食糧難에 직면해 있다고 보도됨
	13(月)	2. 8	·東海港에 도착하여 朝餐 후 下船하다. ·入國手續을 마치고 버스로 출발하다.	
	14(火)	2. 9	·學校에서 講義를 하고 主禮件으로 인사次 온 中學 後輩를 만나다. ·저녁에 집에서 載壽, 文書房, 은정 등과 저녁 식사를 하다. ·卞鐸사장의 연락으로 나가 朱永權 고문 등과 음주·환담하다.	16(木) ·프랑스 國防部, 98년에 134억달러 상당의 武器를 수출했다고 발표 17(金) ·美國, 이란에 대한 經濟制裁措置를 완화 18(土) ·國立中央博物館의 유럽巡廻 國寶 展示會를 스위스 취리히에서 개막 ·臺灣 總統選擧에서 野黨인 民進黨의 천수이벤 候補가 당선,半世紀에 걸친 國民黨 執權時代를 마감
	15(水)	2.10	·國家專門行政研修院의 新任管理者班 入校式에 참석하고 金在榮 次官 등과 환담하다. ·學校에 가서 오찬을 들며 學科 敎授會議를 갖다. ·1學年 合同課程에서 講義를 하다. ·安師 8회 同期會 모임에 참석하다.	19(日) ·이스라엘 內閣, 요르단江 西岸의 6.1%를 팔레스타인 自治政府에 추가 이양하는 計劃을 승인
	16(木)	2.11	·妻와 같이 敎育文化會館에 가서 請牒狀을 찾아 長女宅에가다. ·三星經濟研究所 鄭영화 首席研究員과 昌原市에 가다.	20(月) ·파키스탄 檢察, 軍部 쿠데타로 실각한 나와즈 샤리프 前總理에 대한 裁判에서 死刑을 구형 ·멕시코 上院, 2007년까지 모든 關稅 障壁을 철폐하는 내용의 對유럽聯合(EU) 自由貿易協定 의결
	17(金)	2.12	·昌原商工會議所 李宗大 국장, 白時出 과장 등과 海岸횟집에 가서 저녁을 하며 환담하다 ·Hotel International에 투숙하다. ·昌原商議와 三星經濟研究所가 주최한 慶南經濟포럼 朝餐모임에서 特講을하다. ·上京,歸家하다. ·Viagis Center會議에 참석하고 함께 저녁을 들다.	21(火) ·教皇 요한 바오로2世, 이스라엘을 訪問, 中東平和와 宗教間 和解 촉구 22(水) ·러시아는 中國과의 시베리아 天然가스 開發 合作計劃에 韓國이 참여할 수 있도록 할 것을 中國側에 요청했다고 밝혀짐 ·EU會員國 指導者는 2003년까지 벤처캐피탈 市場을 통합하고 2005년까지는 金融서비스 市場을 완전통합키로 합의함
	18(土)	2.13	·風水會 會員들과 Sun Hill 골프場에서 운동하다.	
	19(日)	2.14	·自宅에서 請牒狀 住所를 정리하다. ·金景宰 사장 및 子女들과 점심을 같이하다.	23(木) ·北韓, 西海 海上에 대한 6개항의 '5개섬 通航秩序'를 발표
	20(月)	2.15	·地方移讓委員會에 나가 地方出張 結果를 보고받고 함께 저녁을 하며 환담하다.	·EU,멕시코와 自由貿易協定 체결
	21(火)	2.16	·學校에서 3科目 講義를 하고 서울市 福祉課長의 來訪을 받다. ·兪炳林 院長 및 盧隆熙 教授를 따로 만나 次期 院長 選任件을 이야기하다. ·李永哲 회장과 저녁 식사를 하며 돈 問題를 부탁하다.	24(金) ·美國 國防部, 北韓은 89년 이후 神經가스 등을 대량생산할 수 있는 能力을 갖고 있다고 밝힘 25(土) ·中央人事委員會, 公職社會의 人事政策 改革課題 8개를 선정

月	日	陰	本人 및 家族事項	社會 一般事項
3	22(水)	2.17	·大統領에 대한 行自部 新年業務報告會에 참석하고 金大中 大統領의 地方移讓作業에 대한 質問에 답변하다. ·學校에 가서 오찬을 들며 敎授會議를 하다.	25(土) ·全國 醫科大學生 4,000여명, 7월부터 醫藥分業을 실시하도록 促求 26(日) ·大韓醫師協會, 病·醫院들이 30일부터 無期限 休診에 돌입키로 결의
	23(木)	2.18	·地方移讓推進委員會 會議에 나가 委員長으로 司會를 보다. ·大邱에 가서 大邱商議 및 三星經濟硏究所 任員들과 저녁 식사를 하며 환담하다. ·프린스 호텔에 투숙하다.	27(月) ·中央選管委, 16 代總選 有權者數가 男子 1,645萬 3,606名, 女子 1,705萬 656名 計 3,350萬 4,262名이라고 밝힘 28(火) ·臺灣 行政院, 中國本土와 臺灣 前方島嶼들간 直接交易과 輸送등을 허용하는 '小3統 法案'을 부결
	24(金)	2.19	·大邱商議 朝餐會에 나가 '地方自治와 地域經濟'에 대해 講演을 하다. ·上京하여 一山 所在 韓自硏에 가다. ·古州賞 審査委員會를 개최하고 함께 저녁식사를 하다.	·스리랑카 北部 자프나 半島에서 政府軍과 反軍간의 戰鬪로 61명 이상이 사망했다고 보도됨 29(水) ·OPEC 회원국들, 석유생산을 6.3%씩 하루 145만 배럴씩 增産키로 결정했다고 발표
	25(土)	2.20	·趙顯碩 聞中 後輩의 令息結婚式에 가서 主禮를 보다.	
	26(日)	2.21	·妻·長男 및 約婚女,長女家族과 같이 百貨店에 들렀다가 같이 저녁 식사를 하다.	31(木) ·美國 貿易代表部(USTR), 韓國에 대해 自動車, 製藥·知的財産權 등의 시장 개방 확대를 요구
	27(月)	2.22	·學校 敎授會議에 참석하여 總長이 지명한 李正典 교수의 次期 院長 動議案 處理를 위한 臨時議長에 선임되어 會議를 주재하고 投票로 可決시키다. ·禹哉永 회장 및 金奎復 국장과 만찬을 들며 業務協議를 하다.	
	28(火)	2.23	·學校에서 講義를 하고 李周鎬 同窓 夫婦의 내방을 받다. ·上溪洞에 가서 尹相在 회장 초청 만찬에 참석하다.	
	29(水)	2.24	·農協中央會 諮問會議에 참석하다. ·一山 韓自硏에 가서 任員들과 業務協議를 하다. ·好凡會 모임에 참석하다.	
	30(木)	2.25	·環境大學院 同窓會 朝餐 會食에 나가 黃斗英 社長의 特講을 듣다. ·妻 및 妻弟와 長男 入住用 아파트 專貰契約을 맺다. ·李澤衍 장군 令息 結婚式에 참석하고 洋服假縫을 하다. ·朴世直 委員長 招請 晩餐에 참석하여 金裕赫, 李昌洙, 鄭世煜,崔烈坤 氏 등과 환담하다.	
	31(金)	2.26	·집에서 종일 原稿를 쓰다.	
4	1(土)	2.27	·陰盛稷 博士와 같이 南部 골프場에 가서 盧椿熙원장 초청 골프를 치다.	1(土) ·서울大 環境大學院 第9代 院長에 李正典 敎授 就任 ·韓國의 公演團 28名, 平壤에 도착 ·美國 國防部, 파키스탄, 알제리, 코스타리카, 콜럼비아, 짐바브웨 등으로 여행하는 美國人에게 위험을 경고
	2(日)	2.28	·妻와 같이 敎育文化會館에 가서 請牒狀 追加分을 찾고 長女 家族들과 市民의 숲에서 휴식을 갖다.	
	3(月)	2.29	·長男과 같이 車로 一山에 가다. ·韓自硏에서 일을 보고 李圭憲 원장 등과 오찬을 하다. ·禹哉永·李圭憲원장과 저녁식사를 하며 환담하다.	3(月) ·總選聯隊, 4.13 總選 立候補者 중 86名의 落選 對象 名單을 발표 ·카이로에서 史上 첫 유럽·아프리카 頂上會談 개막
	4(火)	2.30	·學校에서 講義를 하고 來訪人士들을 만나다. ·中央大 行政大學院 政策課程에서 特講을 하다.	4(火) ·北韓, '西海 5個섬 通航秩序'를 어기면 '경고 없는 行動'을 취할 것이라고 주장
	5(水)	3. 1	·植木日 休日을 맞아 妻 및 次女와 百貨店에 가다. ·長女 및 妻男 家族들과 저녁 식사를 하고 새로 이주한 妻男 아파트에 들리다.	5(水) ·民主黨, '南北離散家族 交流法'을 제정키로 함

月	日	陰	本人 및 家族事項
4	6(木)	3. 2	·리베라 호텔에서 개최된 載壽 妻男의 再婚 結婚式에 참석하여 主禮 代役을 해주다. ·長女 家族과 百貨店에 들려 저녁 식사를 하고 오다.
	7(金)	3. 3	·行政自治部 朴昇柱 국장 등과 오찬을 하며 行政區域改編案에 대해 論議하다. ·天安에 가서 吳烈根 원장과 저녁 식사를 하고 檀國大學에서 特講을 한 후 상경하다.
	8(土)	3. 4	·金裕赫, 高秉浩, 蘇鎭光 교수와 같이 華城郡 소재 協成大學에 가다. ·韓國地域社會開發學會 주최 學術大會에서 基調演說을 하고 總會에 참석한 후 함께 만찬, 환담하다.
	10(月)	3. 6	·學校에서 長男結婚 請牒住所를 작성하다. ·李正典 新任院長 초청으로 兪炳林 전임 원장과 같이 저녁 식사를 하다.
	12(火)	3. 8	·一山의 韓自硏에 가서 일을 보다. ·長女宅에 가서 妻와 같이 저녁 식사를 하고 外孫子를 데리고 집에와서 같이 자다.
	13(木)	3. 9	·제16대 國會議員選擧日을 맞아 外孫子와 같이 投票를 하고 점심을 먹은 뒤 長女宅에 가다. ·長女宅에서 저녁 식사를 하고 늦게 방문한 妻 및 次女와 같이 歸家하다.
	14(金)	3.10	·弟子 玄禹鎔군의 結婚 主禮를 보다. ·禹哉永, 李圭憲, 高永天, 李永哲, 金奎馥씨와 같이 저녁 회식을 하다.
	15(土)	3.11	·南江 골프장에서 風水會 운동을 하다. ·長男의 結婚函을 보내다.
	16(日)	3.12	·長女宅에 花盆을 갖다주고 저녁식사를 한 뒤 外孫女를 데리고 와서 재우다.
	17(月)	3.13	·地方移讓推進委員會에 가서 關係部處 擔當 課長들에게 業務推進을 督勵, 당부하다. ·서울시 政策會議에 參席하고 高建 市長 招請 晩餐에 가다.
	19(水)	3.15	·롯데 호텔에서 개최된 環境大學院 同窓會 總會에 參席하다. ·次期 同窓會長으로 選出된 李廷植 院長을 祝賀하는 飮酒모임에 가서 歡談하다.
	20(木)	3.16	·妻와 같이 서울 教育文化會館에 가서 長男 結婚式 관련사항을 總點檢하다. ·Viagis Center에 가서 會議를 하고 許和平 理事長 등과 會食을 하다.
	21(金)	3.17	·李圭憲 원장과 朝餐을 하며 現代社會研究所의 告訴件에 대해 報告를 받고 協議하다. ·韓自硏 金顯昭 室長과 汽車로 金泉市에 가다. ·朴八龍 金泉市長 등과 市民自治大學 開講式에 참여하여 祝辭를 하고 제1차 特講을 한 뒤 上京하다. ·長男 妻家宅에서 음식이 오고 시골에 妻男, 妻弟들이 올라와 投宿하다.
	22(土)	3.18	·長男 東爀의 結婚式을 서울教育文化會館에서 擧行하다. ·長男 夫婦, 濟州道로 新婚旅行을 가다. ·一家親戚들, 집에 와서 歡談하고 가다.

日	社會 一般 事項
5(水)	·日本 國會, 모리 요시로 自民黨 總裁를 第85代 總理로 선출 ·러시아 大統領 選擧, 블라디미르 푸틴 당선
6(木)	·파키스탄 反테러法院, 99年 軍部 쿠데타로 失脚한 나와즈 샤리프 前總理에게 終身刑을 선고하고 그의 全財産을 沒收토록 명령 ·짐바브웨 議會, 白人 所有 土地를 정부가 특별한 보상없이 몰수하는 法案을 議決
7(金)	·江原道 高城郡 雲峰山에서 산불 발생, 山林 450ha가 燒失됨 ·EU 各國의 人種差別을 감시할 '유럽人種 · 外國人 差別主義 감시센터'를 빈에 발족
8(土)	·1/4分期중 北韓에 도착한 國際機構의 지원식량은 24만 8,947톤이라고 밝혀짐
9(日)	·페루, 그리스, 그루지아 등에서 大統領 및 總選擧 실시
10(月)	·金大中 大統領이 6月 12-14日 平壤을 방문한다고 발표됨 ·開發途上國間의 經濟協力과 貿易擴大 등 '南·南協力' 을 적극 추진하기 위한 77그룹 頂上會議가 아바나에서 개막됨
12(水)	·財界, 南北經協 5大原則을 발표 ·이란은 抑留 中이던 이라크 捕虜 1,999명을 送還했다고 보도됨
13(木)	·第16代 國會議員選擧 실시 ·짐바브웨 高等法院, 白人 所有의 土地를 强占하고 있는 黑人들의 行爲는 不法이라고 判決
14(金)	·中國, 韓半島에도 '一國兩制'를 희망한다고 보도
15(土)	·政府, 東海岸 산불 피해지역을 特別災難地域으로 선포 ·이라크, 武器査察再開에 관한 U.N.安保理 결정을 拒否
17(月)	·韓國과 美國, 特許專用 네트워크를 構築키로 합의
18(火)	·常綠樹部隊 第2次 派兵 1진 221명 출발 ·아시아 開發銀行, 아시아지역의 물부족 현상을 '중대한 人間悲劇' 이라고 규정
19(水)	·泰國·미얀마·라오스·中國, 메콩江에서 商用船舶들의 自由通行을 허용하는 協定에 書名
21(金)	·金大中 大統領, 科學技術 부문 예산을 政府豫算의 5%까지 擴大시킬 計劃이라고 밝힘 ·천수이볜 臺灣 總統 當選者, 中國과의 聯邦制 統一方案 제시
22(土)	·金大中 大統領, 북한에서의 새마을 운동의 필요성을 강조
24(月)	·金大中 大統領, 李會昌 한나라黨 總裁와 領袖會談 가짐 ·이란 테헤란 大學生들, 言論自由를 주장하는 街頭示威 벌림

月	日	陰	本人 및 家族事項	社會一般事項
4	23(日)	3.19	·扶助金 등을 整理하다. ·시골손님들, 모두 떠나다. ·教育文化會館에 가서 經費 支拂을 完了·淸算하다.	24(月) ·臺灣 國民大會, 339名 定員의 國民大會를 완전 해체하는 내용의 機構改編案 의결 25(火) ·金大中 대통령, 前職大統領들에게 예정된 南北頂上會談에 대해 설명
	24(月)	3.20	·外孫子, 外孫女와 같이 놀다가 오다. ·三星經濟硏究所 代表와 같이 淸州市에 가서 李相薰 회장 등과 저녁식사를 하고 投宿하다. ·감기, 몸살로 고생하다.	·金大中 大統領, 朝鮮族인 中國 人民政治協商會議 全國委員會 조남기 副主席을 접견
	25(火)	3.21	·忠北經濟 포럼 朝餐會에서 特講을 하고 상경하다. ·學校에 가서 講義를 하다. ·國土計劃學會에 가서 會長團과 訪日團 構成 問題를 論議하고 저녁식사를 같이하다.	·美國 政府, 中國 政府에 대해 法輪功 修鍊團體에 대한 彈壓을 중지하라고 촉구 26(水) ·'2000 高陽 世界꽃博覽會'가 一山 湖水公園에서 金大中 大統領 참석리에 개막
	26(水)	3.22	·朴昇治 副院長과 같이 '2000 高陽 世界 꽃博覽會' 開幕式에 가서 金大中 大統領 臨席下에 貴賓席에 앉아 開幕行事와 테이프 커팅을 觀覽하다. ·韓自硏에 가서 任職員에게 점심을 대접하다. ·好凡會 모임에 나가 長男 結婚件으로 저녁을 대접하다. ·李永爽 고문, 好凡會 脫退를 선언하고 退場하다.	·U.N. 人權委員會, 死刑制度 실시국가에 대해 처형의 頻度를 줄일것을 촉구하는 人權決議案 의결 27(木) ·東京에서 아시아지역 海賊對策會議 개막 28(金) ·트란둑 루옹 베트남 大統領, 終戰 25周年에 즈음하여 1만 2,000명 이상의 罪囚를 特別赦免 29(土) ·中國은 脫北者 60명을 최근 北韓으로 强制送還 했다고 밝혀짐
	27(木)	3.23	·長女宅에 가서 外孫女를 봐주고, 教育文化會館에 가서 人事狀 印刷를 맡기다. ·安東師範 同期會 모임에 나가다.	·캄보디아 政府와 U.N., 크메르 루즈 指導者들을 재판키로 합의
	28(金)	3.24	·學校에 가서 博士論文을 指導하다. ·제6기 高位政策課程 入校式에 참석하다. ·金壽鶴,李瓚鉉 선생과 저녁회식을 하다.	30(日) ·世界銀行, IMF사태가 韓國의 環境惡化에 큰 영향을 미치지 않았다고 보고
	29(土)	3.25	·妻와 같이 가서 長男用 아파트 傳貰를 契約하다. ·禹哉永, 李圭憲, 金壽鶴, 尹相在,姜부회장, 金진호, 김규복씨 등과 會食을 하며 歡談하다.	
5	1(月)	3.27	·學校 宋丙洛 副總長 招請 午餐에서 金南斗, 黃禹錫, 李南麟 교수 등과 새마을운동에 대해 論議하다. ·尹相在회장 초청으로 金文起, 禹哉永씨 등과 晩餐을 하며 尙知大學件에 대해 協議하다.	1(月) ·金大中 大統領, 金潤煥 民主國民黨 代表權限代行과 靑瓦臺에서 會同 ·美 國務府, 北韓·쿠바·이란·이라크·리비아·수단·시리아 등 7個國을 테러 지원국으로 다시 지정
	2(火)	3.28	·金學澈, 禹哉永, 李永哲, 金奎馥씨 등과 저녁 식사를 하며 환담하다.	2(火) ·모하마드 하타미 이란大統領, 美國의 文化가 다른 국가의 土着文化를 삼키면서 世界를 점령할 것이라고 경고
	3(水)	3.29	·學教 教授會議에 參席하다. ·李正典 院長 招請 晩餐에 教授들과 같이 참석하다.	3(水) ·金大中 大統領, 首都圈 過密을 抑制하기 위한 劃期的措置를 施行하라고 지시 ·日本은 北韓의 痲藥密輸를 크게 憂慮하고 있다고 보도 ·로버트 무가베 짐바브웨 大統領, 白人 소유 農地의 절반을 沒收하여 數十萬名의 땅없는 黑人農民에게 나눠주겠다고 宣言 ·프랑스 下院, 프랑스 常駐 外國人에게 地方選擧 投票權을 부여하는 法案을 가결
	4(木)	4. 1	·建交部 中央都市計劃委員會에 참석하다.	
	5(金)	4. 2	·어린이날을 맞아 長女宅에 가서 아이들과 지내다. ·本家·長女家族 모두 水原에 가서 갈비식사를 하다.	
	6(土)	4. 3	·妻·누님內外分과 같이 安山에 가서 金振玉 姪女의 아들 結婚式을 보고 自宅에 들렀다 오다.	
	7(日)	4. 4	·子女들의 招請으로 三井 호텔에서 어버이날 紀念 會食을 하고 선물을 받다.	
	8(月)	4. 5	·國家專門行政硏修院 吳馨煥 원장과 같이 포항에 도착한 高幹班 硏修生들과 만나다. ·Sun Flower號를 타고 3시간 東海를 달려 처음으로 鬱陵島에 도착하다. ·副郡守 등과 午餐을 하고 道洞 市街地, 엿工場, 海岸道路 등을 구경하다. ·忠武號를 타고 2시간 동안 鬱陵島 一周 航海를 하며 관람하다.	4(木) ·이라크와 시리아간의 外交關係가 20년 만에 公式으로 再開됐다고 보도 5(金) ·U.N.人權委員會, 韓國政府에 〈거짓말〉의 上映을 중단하라는 書翰을 보냄 7(日) ·블라드미르 푸틴, 러시아 第3代 大統領에 公式就任

月	日	陰	本人 및 家族事項	社會一般事項
5	8(月)	4. 5	·저녁 식사 후 海岸에 가서 음주·환담하고 Marina 호텔에 投宿하다.	8(月) ·環境運動聯合, 새만금干拓事業의 즉각 중단을 요구
	9(火)	4. 6	·984m 高地의 聖人峰을 힘들게 오르고 반대편으로 내려가 羅里盆地에 이르러 산나물 점심을 들다. ·차로 道洞에 와서 Sun Flpwer호에 乘船, 浦項으로 돌아오다. ·嚴二雄 浦項 副市長의 영접을 받아 모두 같이 저녁 식사를 하고 노래를 부른 뒤 시그너스 호텔에 투숙하다.	9(火) ·金大中大統領, 金泳三 前大統領과 靑瓦臺에서 회동 10(水) ·世界貿易機構(WTO), 수입 쇠고기에 대한 韓國의 流通規制와 축산업에 대한 지원이 農業協定에 違反된다고 결정 11(木) ·시리아, 대대적인 腐敗 剔抉 運動에 나섬 12(金) ·U.N.安保理, 에티오피아와 에리트레아에 72時間 內에 戰爭을 中止할 것을 警告
	10(水)	4. 7	·吳院長과 귀경하다. ·學校에서 李圭憲 院長과 오찬을 같이하다. ·論文審査에 參席하고 來訪客을 맞다. ·妻와 같이 長女宅에 가서 저녁 식사를 같이하다.	13(土) ·아르솔도 알레만 니카라과 大統領 訪韓 ·韓國의 '98년도 國內總生産(GDP)은 世界 14位를 차지한다고 보도
	11(木)	4. 8	·佛誕日을 맞아 妻와 같이 聞慶 妻男宅에 가다. ·妻家 家族 全部와 尙州에서 묵으로 만든 오찬을 들다. ·大成庵에 가서 禮佛을 드리다. ·妻와 같이 虎溪 泰鉉宅에 들려 甥姪들과 저녁 식사를 하다.	·빌 클린턴 美國 大統領, 美國 最大의 核 硏究施設인 로스알라모스 國立硏究所 周邊의 廣大한 火災와 관련해 뉴멕시코州의 12개 카운티를 災害地域으로 宣布 ·푸틴 러시아 大統領, 러시아 聯邦 89개 地域을 7개지역 行政圈域으로 나누는 法令에 서명
	12(金)	4. 9	·朴昇治 부원장이 서울에서 내려와 金學文 市長 및 朴應和 議長과 같이 점심을 하다. ·〈太祖 王建〉 撮影 세트場을 관람하다. ·'聞慶市民 自治大學' 開講式에 참석하여 祝辭와 特講을 하다. ·朴昇治 부원장과 上京하다.	14(日) ·제4회 亞·太都市 Sumit 12國, 23市 代表들, 釜山 會議에서 5個項의 '釜山宣言' 採擇 ·美國 全域에서 擧行된 '百萬 어머니 行進'에서 銃器規制를 强化할 것을 促求
	13(土)	4.10	·韓國自治開發硏究院이 주최한 '自治公論' 創刊 5周年 紀念 및 古州賞 施賞式을 주관하고 開會辭 및 閉會辭를 하다. ·來賓들과 오찬을 같이 하다. ·長女宅에 가서 쉬다. ·저녁에 禹哉永 회장 초청 모임에 가다.	·아슬란 마스하도프 체첸 大統領, 지난 8개월 간의 러시아軍의 공격으로 民間人 4萬餘名이 死亡했다고 主張 15(月) ·韓國·베트남, 第1次 環境協力 高位級 會議를 서울에서 개최 16(火) ·英國, 극심한 警察人力의 不足으로 런던, 리즈, 리버풀, 맨체스터 등 大都市 밤거리의 '無政府狀態'를 統制하기 어려운 狀態라고 밝힘
	14(日)	4.11	·專貰 버스로 大邱에 가서 東仁初等學校에서 개최된 安東師範學校 同期會 모임에 참석하다. ·上京 後 저녁 식사를 하고 헤어지다. ·妻, 시골에서 上京하다.	18(木) ·존 하워드 濠洲 總理 訪韓 ·世界 5大 核强國들, U.N.에서 각기 保有한 核武器를 완전 除去키로 合意
	15(月)	4.12	·盧椿熙 원장과 조찬을 하며 廣域都市計劃에 대해 협의하다. ·一山 韓自硏에 가서 全任職員과 午餐을 같이 하다. ·李世茂 회장 令息 結婚式에 참석하다.	·피지에 軍事 쿠데타 발생 19(金) ·金大中 大統領, 不動産 名義信託 波汶으로 物議를 일으킨 朴泰俊 總理의 辭表를 受理
	16(火)	4.13	·學校에서 講義를 하고 指導學生 8名으로부터 '스승의날' 紀念 점심을 待接받다.	·U.N.安保理, U.N.軍 시에라리온 增派 계획과 관련해 平和維持軍 1,900名을 增派하는 계획을 승인.
	17(水)	4.14	·硏修院 中堅班 入校式에 참석하여 祝辭를 하고 함께 오찬을하다. ·學校에서 開催된 環境館 新築移轉 紀念 國際 세미나에 참석하다. ·國土計劃學會 主催의 그린벨트 調整 硏究課題 協議會에 참석하고 함께 식사를 하다.	20(土) ·啓明基督學院 김상열 理事長 및 啓明大學 신일회 總長, 억대의 活動費 不當支給 嫌疑로 不拘束起訴 ·陳水扁, 第10代 臺灣總統에 就任 ·核擴散禁止條約(NPT), 核武器 완전제거에 대한 核保有國의 분명한 약속을 골자로 한 第16次 評價會議 合意文 채택
	18(木)	4.15	·長女宅에 가서 外孫女를 돌보다. ·地方移讓委員會에 가서 農水産·福祉分科 會議에서 人事·當付를 하다 ·麻浦 朝興銀行에 가서 通帳整理를 하다. ·Viagis Center에 가서 會議후 저녁 待接을 하다.	21(日) ·이스라엘 情報機關인 모사드가 클린턴 美國 大統領이 각 기관에 보낸 Email을 도청해왔다고 보도됨
	19(金)	4.16	·長女宅에 가서 애들을 봐주고 妻와 같이 식사를 하고 오다	

月	日	陰	本人 및 家族事項		社會一般事項
5	20(土)	4.17	·金庸來 市長·金顯昭 室長과 濟州市에 가다. ·金泰煥市長과 오찬을 하고 市民自治大學 開講式에 참석하여 祝辭를 하다. ·副市長 등과 저녁 식사를 하고 上京하다.	22(月) 23(火)	·李漢東 自民聯 總裁, 國務總理로 지명됨 ·文化觀光部, 南北間 文化交流 活性化의 하나로 6월 중 北韓映畫 '불가사리'를 상영키로 함
	21(日)	4.18	·妻와 같이 長男 아파트를 둘러보고 安眠島 開發 모델하우스를 觀覽하다. ·李圭憲·禹哉永·朱龍澤·金哲씨 등과 會食을 하며 환담하다.		·産業資源部, 機械産業部門의 育成을 위해 2005年까지 8,709億원을 투입한다고 밝힘 ·칠레 抗訴法院, 前 軍部獨裁 피노체트의 免責特權을 박탈키로 결정
	22(月)	4.19	·上溪洞 所在 地域開發研究會에 6개월만에 출근하다. ·研究會 任員·朴社長·李副議長에게 점심을 대접하다. ·李永哲 초청 저녁 모임에 好凡會 一部 會員과 같이 참석하다.	 24(水)	·짐바브웨 議會, 로버트 무가베 大統領에게 白人所有 農地와 牧畜地를 報償金 없이 몰수할수 있는 特別權限을 부여하는 '大統領權限 臨時修正法' 의결 ·北韓의 '平壤學生 少年藝術團', 韓國에 첫 입국
	23(火)	4.20	·學校에 가서 講義·整理를 하다. ·長女宅에 가서 애들을 돌보다. ·妻와 같이 長女宅에서 食事를 하고 歸家하다.		·美國 下院, 中國에 항구적인 正常貿易關係(PNTR) 지위를 부여하기 위한 法案 의결
	24(水)	4.21	·'하나로 마트'에서 핸드 폰을 얻다. ·李慶玉 팀장과 汽車로 大田에 가서 洪善基 市長, 金東勳 會長 등과 점심을 같이하다. ·政府 大田廳舍에서 개최된 地方移讓推進委員會 實務者 敎育 프로그램에 참석하여 開會人事를 하다. ·沐浴을 하고 儒城區 副區廳長 초청만찬에 참석한 뒤 상경하다.	25(木) 26(金)	·國防部, 海外武官部를 대폭 강화키로 함 ·러시아, 法人 및 個人所得稅를 인하하고 天然資源 利用稅와 資産稅를 확대키로함 ·U.N.總會, 18歲 이하의 軍人이 전투에 참여할 수 없도록 하는 제안을 채택 ·美國은 전통적인 유럽 重視政策에서 아시아 重視政策으로 점차 전환하고 있다고 보도함
	25(木)	4.22	·科總 政策研究委員會에 참석하여 '科學技術 基本法'을 논의하다.	27(土) 28(日)	·第29會 全國少年體育大會, 仁川서 개막 ·러시아 政府, 푸틴 大統領이 包括 核實驗 禁止條約(CTBT)에 서명했다고 발표
	26(金)	4.23	·蔚山 空港에서 朴昇治 부원장을 만나 慶州에 가다. ·李源植 市長과 같이 慶州市民自治大學 開講式에서 祝辭를 하고 特講을 하다. ·鄭 副市長과 식사를 하고 飛行機 缺航으로 汽車를 타고 上京하다.	 29(月)	·알베르토 후지모리 페루 大統領, 野黨候補가 불참한 가운데 실시된 大統領 選擧에서 3選 連任에 성공 ·金大中 大統領, 서울에서 모리 요시로 日本總理와 회담
	27(土)	4.24	·새벽에 서울역에 도착하여 귀가하다. ·妻와 같이 李景熙 將軍 夫婦를 초대하여 식사를 대접하다.		·北韓 平壤 巧藝團, 서울에서 첫 단독 공연을 갖기 위해 입국
	28(日)	4.25	·國樂高等學校에서 개최된 在京 聞慶中學校 同門會 體育大會에 참석하다. ·長女宅에 가서 아이들과 놀고 오다.	30(火)	·99년도 國民1人當 年間 租稅負擔額은 201만 1천원인 것으로 밝혀짐
	29(月)	4.26	·上溪洞 研究院에 가서 李棋載 蘆原區聽長 등과 오찬을 함께 하다. ·尹相在 會長 초청으로 金文起 理事長 및 禹哉永會長 등과 會食을 하며 환담하다.		
	30(火)	4.27	·學校에서 3개科目에 대해 終講을 하다.		
	31(水)	4.28	·一山 韓自硏에 가서 業務 협의를 하다. ·地方移讓推進委員會 會議를 주관하다. ·好凡會 모임에 참석하다.		
6	1(木)	4.29	·長男과 子婦, 새 아파트로 살림나서 독립하다. ·地方行政硏修部 高幹班에 講義하다. ·長女宅에 가서 핸드폰을 주고 外孫女를 돌보다. ·저녁에 長男 아파트에 가서 全家族과 함께 會食하다.	1(木)	·憲法裁判所, 農協과 畜協 및 人蔘 協同組合을 하나로 統合하는 農業 協同組合法은 憲法에 위배되지 않는다고 결정 ·北韓 金正日, 5月 29~31日 비밀리에 中國을 방문, 江澤民 主席과 會談을 가졌다고 알려짐
	2(金)	5. 1	·서울大 環境大學院 同窓會 조찬회에 나가 金明子 環境部長官의 特講을 듣다.		

2000

月	日	陰	本人 및 家族事項	社會 一般事項
6	2(金)	5. 1	· 安秉煜 教授 및 金顯昭 室長과 泗川 空港을 거쳐 統營市에 가서 高銅柱 市長과 인사하다. · 韓自硏 주관의 統營市民自治大學 開講式에 참여하여 祝辭를 하다. · 市長과 식사를 하고 上京하다.	1(木) · 프랑스·이집트 考古學 發掘調査團, 이집트 알렉산드리아 근처 地中海 水中 6m에서 古代 그리스時代의 都市 헤르쿨룸을 발견 2(金) · 日本 衆議院 解散
	3(土)	5. 2	· 黃載壽 妻男宅에 초청받아가서 妻, 妻弟 등과 저녁 식사를 하며 환담하다.	3(土) · 인도네시아 서파푸아 議會, 독립을 요구하는 5개항의 政治聲明 채택
	4(日)	5. 3	· 妻,次女,長男夫婦와 聞慶에 가서 父母 및 聘父母 墓所에 참배하고 오다.	· 美國 등 世界 13個國 中道左派 政府 頂上들, 베를린에서 社會的 責任을 동반한 市場經濟 강화를 촉구하는 共同聲明 발표
	5(月)	5. 4	· 一山 韓自硏에 가서 일을 보다. · 서울市 政策會議에 참석하다. · 李圭憲, 朴昇治 씨와 三井호텔에서 李院長 去就 問題를 協議하다.	4(日) · 모리 요시히로 日本總理의 '神의 나라' 發言으로 物議가 일어남
	6(火)	5. 5	· 李圭憲, 朴昇治씨와 朝餐을 하며 韓自硏에 대해 論議하다. · 妻와 같이 長女宅과 분당 동생 農場을 다녀 '玉流館'에서 식사를 하다.	5(月) · 第16代 國會 開院, 國會議長에 李萬燮 議員을 선출 · 우크라이나, 체르노빌 原子力發電所를 12월 15일 永久 閉鎖한다고 發表
	7(水)	5. 6	· 學校에서 學科教授會議를 하고 金浦 空港에 나가다. · 晉州에 가서 慶尙大學을 방문, 金瑛 教授와 金相賢학장 등을 만나 인사하다. · 産業大學院 最高産業管理課科程에서 特講하다. · 朴淯成 韓寶 부사장 초청으로 金瑛, 金경환 교수 등과 만찬을 함께 하고 東邦觀光 호텔에 투숙하다.	· 金大中 大統領, 寧越 댐 建設計劃을 白紙化한다고 밝힘 6(火) · 헝가리 議會, 페렌츠 마들을 새 大統領으로 선출 · 폴란드 聯立政府 붕괴 7(水) · 政府, 公的資金이 투입된 은행의 合併은 政府가 주도키로 결정 · EU, 性平等 指針案 채택
	8(木)	5. 7	· 金瑛 교수와 조찬을 하고 상경하여 學校에 가다. · 環境大學院 高位政策課程에서 講義를 하다. · 朴昇治, 金學澈씨와 저녁 식사를 하며 협의하다.	8(木) · 金大中 大統領, 東京에서 美國, 日本의 頂上들과 會談 · 美國 下院 金融委員會, 美國銀行과 海外 金融機關間의 돈 洗濯 去來를 금지하는 法案 의결
	9(金)	5. 8	· 學校 診療所에서 定期檢診을 받다. · 李永哲,李景熙씨와 저녁을 하다.	
	10(土)	5. 9	· 妻와 같이 外孫女를 데리고 분당과 百貨店을 둘러 저녁 식사를 하다. · 外孫女를 데려다주고 귀가하다.	9(金) · 國會, 南北頂上會談에 대한 支持決議案 採擇 · 美國 下院, 相續稅와 贈與稅를 2010년까지 단계적으로 폐지하는 法案을 채택
	11(日)	5.10	· 長男 夫婦가 와서 庭園整理를 해주고 가다. · 長女·外孫子와 百貨店을 구경하고 長女 家族과 같이 저녁 식사를 하다.	10(土) · U.N. 女性 特別總會, '女性 2000年會議' 폐막
	12(月)	5.11	· 一山 韓自硏에 가서 研究院 進路에 대해 對策을 강구하다. · 저녁식사를 하며 李圭憲 원장,朴昇治 부원장과 再論議하다.	11(日) · 金大中 大統領의 北韓訪問이 北韓 要請으로 하루 延期된다고 발표됨 13(火) · 金大中 大統領, 역사적 南北頂上會談을 위해 平壤에 도착
	13(火)	5.12	· 高永天 감사 초청으로 禹哉永, 李圭憲, 李永哲씨와 저녁 식사를 하다.	14(水) · 金大中 大統領과 金正日 北韓 國防委員長, 4개항의 화해·협력안에 합의
	14(水)	5.13	· 學校에서 論文 最終審査를 하고 教授會議를 개최하다. · 李正典 교수 초청으로 教授 全員의 회식을 '다이나스티' 中國食堂에서 가지다.	· 第11次 痲藥退治 國際協力會議 (ADLOMICO)가 釜山에서 開幕 · 美國下院, 電子署名法案 의결 15(木) · 金大中 大統領, 北韓 방문을 마치고 귀경, 對國民報告의 談話 발표
	15(木)	5.14	· 上溪洞 研究會에 출근하다. · 蘆原區의 區廳長, 副議長 등과 오찬을 같이 하다. · 저녁에 禹哉永, 金奎馥씨 및 權,閔 회장 등과 저녁 식사를 하다.	· 슈뢰더 獨逸 總理, 향후 20년간에 걸쳐 國內 原電 19개 전부를 단계적으로 폐쇄키로 했다고 발표
	16(金)	5.15	· 建交部 中央都市計劃委員會에 참석하다. · Viagis Center 회의에 나가 現代社會研究所 關係 定立을 협의하다.	16(金) · 南北韓 兩側, '6.15 南北 共同宣言'을 계기로 DMZ에서의 相互誹謗을 중지키로 함

月	日	陰	本人 및 家族事項	社會一般事項
6	16(金)	5.15	·함께 저녁 식사를 하고, 許和平 소장으로부터 現代社會硏究所에의 참여를 요청받다.	16(金) ·U.N.安保理, 콩고 民主共和國에 주둔하고 있는 外國軍의 全員撤收를 요구하는 決議案 採擇
	17(土)	5.16	·南江 골프場에서 개최된 風水會 골프 운동에 참석하다. ·長男 夫婦가 와서 같이 저녁 식사를 하다.	17(土) ·中南美 19個國 頂上들, 域內 民主主義 活性化를 촉구하는 聲明을 발표
	18(日)	5.17	·大邱에서 온 査頓과 長女家族을 밖에 초대하여 오찬을 함께 하다. ·妻·동생과 같이 朴炳雄 회장 母親喪 問喪을 하고, 누님宅에 가서 저녁 식사를 같이 하다.	18(日) ·이란 議會, 言論自由를 구속하고 있는 關係法令의 改正을 촉구하는 提案을 채택 19(月) ·李會昌 한나라黨 總裁, '對北支援 特別法'의 制定을 제안 ·美國·中國, 痲藥密賣를 방지하기 위한 協力協定 서명
	19(月)	5.18	·國土學會 및 自治學會에 가서 일을 보다. ·曺海寧 長官 令息 結婚式에 가다. ·妻와 같이 長女宅에 가서 식사하다.	20(火) ·프랑스 下院, 大統領의 任期를 現行 7년에서 5년으로 단축하는 改憲案 가결
	20(火)	5.19	·一山 韓自硏에 가서 朴昇治 부원장등과 業務協議를 하다.	21(水) ·수하르토 前 인도네시아 大統領이 在任期間 부정축재한 財産은 IMF와 世界銀行에 진 國家 負債보다 많은 450억 달러에 이르는 것으로 보도됨
	21(水)	5.20	·學校 人事委員會에 참석하다. ·住宅公社 經營改善팀이 다녀가다. ·長女宅에 가서 식사를 하고 귀가하다.	
	22(木)	5.21	·在京 聞慶 鄕友會 總會에 참석하고 任員陣과 환담 후 귀가하다.	22(木) ·經濟 5團體, '南北經濟發展 民間協議會'를 구성키로 합의
	23(金)	5.22	·蘇鎭光 교수와 버스로 牙山市에 가다. ·溫陽 그랜드 호텔에서 개최된 地方自治學會 세미나에 참석, 경청하다. ·저녁 韓·日 地方自治學會 晩餐宴에 참석한 뒤, 姜熙福·文在祜 초청 飮酒宴에 가서 환담하다. ·그랜드 호텔에 투숙하다.	24(土) ·클린턴 美國 大統領, '電子政府(E-government)時代'를 선언 25(日) ·쿠웨이트 最大 精油工場 爆發事故 발생 27(火) ·政府, 日本 大衆文化 3次 開放措置를 발표 29(木) ·金大中 大統領, 駐韓 美軍의 필요성을 강조
	24(土)	5.23	·韓·日 地方自治 세미나에서 司會를 보고 오찬 후 상경하다.	·國會, 李漢東 總理 任命同意案 가결 ·유럽聯合 執行委, 극심한 食糧難을 겪고 있는 몽골에 80만 유로(약 8억 4천만원) 상당의 緊急食糧支援을 실시키로 결정
	26(月)	5.25	·오랜만에 비가 내리다. ·一山 韓自硏에 가서 業務協議를 하다. ·地方移讓推進委員會에 나가 業務報告를 받고 指示하다. ·저녁에 李圭憲, 朴昇治씨와 만나 韓自硏 懸案 문제를 협의하다.	30(金) ·南北赤十字會談 代表, '南北離散家族 訪問團 교환과 면회소 설치운영 및 非轉向 長期囚 送還에 관한 合意書'에 公式 署名하고 長期囚 北送은 9月初 施行키로 함
	27(火)	5.26	·學校에서 성적을 작성, 제출하다. ·金學澈, 柳承眞씨가 내방하여 환담하다. ·妻와 같이 식당에 가서 外食을 하다.	
	28(水)	5.27	·妻 및 長女 家族들과 盆唐에 가서 빌라·아파트를 구경하고 함께 식사를 하다.	
	29(木)	5.28	·上溪洞 硏究會에 가서 일을 보다. ·好凡會 모임에 참석하다.	
	30(金)	5.29	·統營市에 가서 市民自治大學 特講을 하고 市長 등과 식사를 한뒤 상경하다. ·妻, 두통·몸살 등으로 크게 앓다.	
7	1(土)	5.30	·妻·長男과 같이 盆唐 동생 밭에 가다. ·누님·동생 夫婦와 저녁 식사를 하고 炭川邊에서 환담을 하다가 오다.	1(土) ·金大中 大統領, '논農業 直接支拂制'를 내년부터 실시한다고 밝힘 ·U.N. 社會開發特別總會, 全世界 貧困層의 比率을 2015년까지 半으로 줄인다는 目標를 천명
	2(日)	6. 1	·妻弟·妻男이 와서 집에서 점심을 하다. ·長女·次女와 서울大學病院 應急室에 가서 妻의 診察을 받고 약을 타다. ·家族 모두 저녁을 먹고 귀가하다.	2(日) ·企劃豫算處, 8월 1일부터 政府出捐·委託·補助機關에 대해 經營公示制度를 도입키로 함
	3(月)	6. 2	·地方行政硏修院에 가서 高幹班 論文指導를 하다. ·대단히 더운 날씨를 보이다.	3(月) ·警察, 醫療保險 勞組幹部 9명을 구속

月	日	陰	本人 및 家族事項
7	4(火)	6. 3	·大韓國土·都市計劃學會가 주최한 韓半島 國土開發 세미나에서 綜合 司會를 보다. ·세미나 參席 代表들과 저녁 회식을 하다.
	5(水)	6. 4	·學校에서 現代社會硏究所 郭광규室長과 만나 '自治公論誌'件에 대해 논의하다.
	6(木)	6. 5	·一山의 韓自硏에 가서 職員들과 오찬을 같이 하고 中國硏修交流센터 代表들을 면담하다. ·國土硏究院에서 개최된 建交部 國土整備企劃團 諮問委員會 회의에 참석하여 委員長 위촉을 받고 第1次會議를 주재하다. ·朴正熙 大統領 紀念館 建立事業會에 가서 金壽鶴 會長을 만나 환담하다. ·高建 市長 등과 2次로 맥주를 마시며 환담하다.
	7(金)	6. 6	·建交部 中央都市計劃委員會에 참석하다. ·現代社會硏究所에 가서 許和平 所長을 만나 저녁을 들며 硏究院 統合件에 대해 협의하다.
	8(土)	6. 7	·長女宅에 가서 머물다. ·國土計劃學會에 가서 國際交流委員會와 새천년 기획단의 會議에 참석하고 崔秉瑄 회장, 林吉鎭 院長 등과 만찬을 같이 하다.
	9(日)	6. 8	·家族 모두 長男宅에 모여 本人 生日宴을 2일 앞당겨 개최하다.
	10(月)	6. 9	·上溪洞 연구회에 가서 일을 보다. ·禹哉永, 尹相在, 朴權欽, 金奎馥 氏 등과 저녁 식사를 하고 귀가하다. ·妻, 소란을 피우고 亂暴한 행동으로 머리와 어깨를 많이 다쳐 日本 旅行을 어렵게 만들다.
	11(火)	6.10	·生日을 맞아 次女와 같이 아침 식사를 하다. ·韓國地方行政硏究院에 가서 第11代 朴羽緖 院長의 就任式에 참석하고 같이 오찬을 갖다. ·地方行政硏究院에 가서 中堅班 論文指導를 하다. ·國土計劃學會 訪日團 모임에 나가 協議를 하고 함께 식사하다.
	12(水)	6.11	·一山 韓自硏에 가서 李圭憲 원장 및 朴昇治 부원장과 現代社會硏究所 件에 대해 협의하다. ·地方移讓推進 업무처리를 하고 公翰에 署名하다. ·朴昇治·金學澈씨와 저녁을 하며 李圭憲 원장의 불참에 대해 화를 내다.
	14(金)	6.13	·學校에서 郭광규 室長에게 연구원 件에 대해 改革案을 제시하다. ·長女宅에 가서 外孫女를 데리고 공원에 가서 놀다. ·妻가 와서 長女宅에서 같이 식사를 하고 귀가하다.
	15(土)	6.14	·自宅에서 渡日 준비를 하다.
	16(日)	6.15	·大韓國土·都市計劃學會 訪日團과 같이 出國하여 日本 關西 空港에 도착하다. ·大阪灣을 船舶으로 건너 神戶市 港島에 도착하여 Portopia 호텔에 등록하다. ·Sunroute Soporo Kobe Hotel에서 개최된 韓·中·日 歡迎宴에 참석해 各國 代表들과 인사하다. ·康炳基, 崔秉瑄 등 韓國 代表들과 음주·환담하고 투숙하다.

日	社會一般事項
3(月)	·와히드 인도네시아 大統領, 檢察이 요청한 상당수 國會議員에 대한 구속영장을 승인했다고 발표
4(火)	·서울地檢, 김재정 醫師協會 會長을 구속 수감 ·유럽 司法裁判所, 毒性 廢棄物을 인근 섬에 방치하고 있는 그리스에 罰金刑 부과
6(木)	·獨逸 下院, 나치治下 强制勞動 被害補償金 100억 마르크를 조성하는 法案 가결 ·U.N.과 캄보디아, 70년대 100만명 이상의 同族을 살해한 크메르루즈 指導者들을 재판하기 위한 國際裁判所의 認定性에 합의
7(金)	·第1回 APEC觀光長官 會議, 'APEC 觀光 憲章 서울宣言文'을 발표하고 폐막
8(土)	·인도네시아 암본市에서 이슬람 교도들이 基督敎徒 마을을 攻擊, 22명이 죽고 57명이 重傷을 입었다고 보도 ·모가에 보츠와나 大統領, 에이즈로 인해 많은 國民들이 죽어가고 있다고 밝힘
10(月)	·이스라엘 議會, 바라크 總理 政府에 대한 不信任案 거부
11(火)	·大韓藥師會, 國會에서 진행중인 法改正 논의를 전면 거부키로 결의 ·시리아 國民投票에서 새 大統領에 바샤르 아사드 當選
12(水)	·北韓은 미사일과 部品·技術의 수출을 중단하는 代價로 美國에 10억 달러를 요구했다고 밝힘 ·世界 主要8個國(G-8) 外務長官들, 日本 미야자키에서 會議를 갖고 5개항의 行動計劃을 채택키로 합의 ·아프리카 團結機構(OAU) 정상들, 유럽聯合을 모델로 하는 '아프리카 聯合' 창립을 위한 創設法을 채택
13(木)	·에콰도르 大法院長, 하밀 마후아드 전 大統領을 腐敗와 관련해 체포를 명령
14(金)	·現代建設, 리비아 政府와 合作法人을 설립하는 約定書를 교환 ·러시아에 돈 洗濯 犯罪組織은 500개이고, 4,500여명이 관여하고 있음이 밝혀짐 ·獨逸 上院, 나치 强制勞役에 동원된 약 120만명의 피해자들에 대한 賠償法案 가결
15(土)	·짐바브웨 政府, 토지 없는 黑人 農夫를 白人所有의 200개 農場에 정착시키기 위한 土地 改革作業 시작
17(月)	·李萬燮 國會議長, 南北 國會會談 개최를 北韓 最高人民會議에 公式提議 ·獨逸 등 7개국, 나치의 强制勞役에 동원됐던 150만 生存 被害者들에 대한 報償을 위한 國際協定을 베를린에서 체결

月	日	陰	本人 및 家族事項	社會一般事項
7	17(月)	6.16	·國際會議場에서 개최된 韓·中·日 都市計劃學會 심포지엄 開會式에 참석하다. ·3國 代表들과 오찬을 같이 하다. ·午後 각 分科 발표·토론에 참여하다. ·韓國 代表들과 市內에서 식사를 하고 韓國人 經營의 酒店 '杏'에 가서 歌唱하다.	19(水) ·러시아 檢察, 言論財閥이며 反 크렘린 旗手인 블라드미르 구신스키 소유의 모든 國內外 財産을 押留할 것이라고 발표 ·U.N. 食糧計劃(WFP), 아시아 중남부 지역의 가뭄으로 6,000만명 이상이 고통받고 있다고 밝힘
	18(火)	6.17	·午前 發表·討論을 듣다. ·3國 代表團, 오찬을 들며 2001年 韓國 主催 행사를 협의·결정하다. ·午後 公開 심포지엄에 참석하다. ·國際會議場에서 개최된 送別宴에서 韓國 代表로 인사말을 하다. ·韓國 代表들과 Harborland를 시찰하고 '杏'에 가서 여흥을 즐기다.	20(木) ·金正日 北韓 國防委員長과 푸틴 러시아 大統領은 11개 조항의 共同宣言을 채택했다고 보도됨 21(金) ·政府, 8月 1日부터 醫藥分業이 전면 실시된다고 재확인 22(土) ·클린턴 美國 大統領, 오키나와에서 요시히로 日本 總理와 會談을 갖고 對北政策에서 韓國과 공동보조를 취해나갈 것을 확인
	19(水)	6.18	·淡路島에 가서 世界꽃博覽會(花の博, Japan Flora 2000)을 관람하고 Oriental Hotel에서 점심을 들다. ·地震災害地區를 시찰하고 說明을 듣다. ·韓食堂 '相樂園'에서 自體評價會를 갖고 本人이 綜合講評 및 當付를 하다. ·Portopia Hotel에서 몇 사람과 음주·환담하다.	·파키스탄 反腐敗法院, 샤리프 前 總理에 대해 21년간 政治活動 禁止 및 懲役 14년刑을 선고 23(日) ·鄭大哲 議員, 死刑制度의 廢止를 주장 ·主要 9個國 頂上들, 오키나와에서 U.N. 개혁이 不可缺하다는 共同宣言 채택
	20(木)	6.19	·호텔을 떠나 배로 關西 空港에 오다. ·日本을 출발하여 金浦 空港에 도착한 후 인사를 나누고 귀가하다. ·長女家族과 子婦가 집에 와서 쉬고 가다.	24(月) ·國會 統一外交 通商委, 韓·美 駐屯軍 地位協定(SOFA) 전면 개정을 촉구하는 國會 決議案 채택 ·코소보 地域에서 심한 反目을 거듭했던 세르비아系와 알바니아系가 사상 최초로 '反暴力 協定'을 체결했다고 밝혀짐
	21(金)	6.20	·學校에 가서 은행 등을 정리하고 歸國報告書를 제출하다. ·李圭憲 원장 및 朴昇治 부원장과 식사를 하며 懸案問題를 논의하다. ·禹哉永 회장이 와서 같이 음주·환담하다.	25(火) ·KBS, 北韓과의 北京會談에서 KBS 취재진이 北韓을 방문 '2000년 韓民族 特別企劃, 白頭에서 漢拏까지'를 共同 製作키로 했다고 밝힘
	22(土)	6.21	·비가 많이 내리다. ·國立 映像刊行物 製作所에 가서 金동익 前 長官과 '地方移讓推進委員會'에 대해 對談·錄畵하다. ·行政自治部 都係長과 점심을 같이 하고 徒步로 귀가하다. ·長女 家族, 媤父母 등과 만나기 위해 雪嶽山으로 떠나다.	26(水) ·수천명의 페루 市民들, 후지모리 大統領의 就任反對와 大選 再實施 등을 촉구하는 抗議示威를 벌임 ·100萬 쿠바人들, 首都 아바나에서 美國의 經濟制裁措置를 전면해제 할 것을 요구하는 街頭行進 벌임
	23(日)	6.22	·妻와 같이 中溪洞 상가에 가서 빵·아이스크림 販賣店으로 바뀐 것을 구경하고 오다. ·누님宅에 가서 저녁 식사를 대접하다.	27(木) ·南北韓 佛敎界, 8월 15일 祖國統一을 祈願하는 南北 佛敎徒 同時法會를 개최키로 합의
	24(月)	6.23	·國土學會, 自治學會에 가서 일을 보고 蘇鎭光 교수의 渡美 歡送宴을 朴春培·韓垣澤 부회장 및 兩 學會 職員 모두를 모시고 개최하다. ·鄭光玉 부사장, 金學澈 회장과 저녁 식사를 하며 환담하다.	·中國·러시아·베트남, 방콕 會議에서 美國의 全域 미사일 防衛(TMD)體制에 대한 反對意思를 밝힘 28(金) ·北韓은 國際社會가 제공한 援助食糧의 일부를 軍用으로 전환했다고 보도됨
	25(火)	6.24	·아침 08:20에 K-TV에 地方移讓推進委員會가 첫 방영되다. ·大學本部 評議員會 會議에 참석하여 師大 日本語科 設置案을 논의하다. ·朴昇治 부원장과 저녁 식사를 하며 硏究院件을 협의하다.	29(土) ·第1次 南北長官級 會談 北側代表團 서울 도착 ·푸틴 러시아 大統領, 國家 評議會를 구성하자는 聯邦會議의 提案을 승인 ·泰國 反政府단체·勞組·學生들, 反政府 示威를 벌이며 下院의 解散을 촉구
	26(水)	6.25	·學校에 가서 자료정리를 하다.	30(日) ·베네수엘라 大統領 選擧 실시, 우고 차베스 現大統領 당선

月	日	陰	本人 및 家族事項	社會一般事項
7	26(水)	6.25	・서울大學病院에 가서 고혈압으로 인한 第2次 檢診을 받다. ・유니버설 旅行社에 가서 高永天 감사에게 渡美 書類를 제출하다. ・尹成吉 社長 초청으로 金學澈 회장과 저녁식사를 하며 환담하다.	30(日) ・짐바브웨 政府는 5,000개의 白人 所有 商業農場 중 약 3,000개를 곧 몰수하여 土地가 없는 수천명의 黑人들에게 재분배할 것이라고 보도됨 31(月) ・金大中 大統領, 4大改革의 完遂를 강조 ・美國 共和黨, 全黨大會에서 조지 W.부시 텍사스 州知事를 黨의 大統領 候補로 공식 지명 ・이스라엘 議會, 野黨인 右翼 리쿠드黨의 모세 카차브 議員을 第8代 大統領으로 선출
	27(木)	6.26	・地域開發硏究會에 가서 협의하고 함께 점심을 대접하다. ・國土開發院에서 개최된 國土整備企劃團 諮問 委員會를 주재하다. ・黃明洙 총장 및 崔秉瑄 회장과 식사・음주하다.	
	28(金)	6.27	・韓自硏에 가서 회의를 하고 李圭憲・朴昇治 등 全직원에게 점심 대접을 하다. ・禹哉永 회장 초청으로 李永哲・朴昇治・金奎馥씨 등과 저녁 식사를 하다.	
	29(土)	6.28	・妻・次女와 같이 목동에 있는 서울出入國管理 事務所에 가다. ・李國明 所長과 인사를 하고 次女의 國籍整理를 모두 마치다. ・次女 貞娥, 韓國 國籍을 일실하고 美國 市民權만 갖게 되다. ・明洞 UNESCO에 가서 權泰埈 事務總長을 만나 梁秉彛・李正典 院長과 같이 저녁 대접을 받다.	
	30(日)	6.29	・옆집 주인 金昌槿 敎授와 만나 新築建物에 대해 협의하다. ・長男・長女가족이 내방하다. ・妻 및 長女家族과 동생 밭에 가서 동생을 만나고 개울가에서 쉬다. ・盆唐에서 식사를 하고 귀가하다.	
	31(月)	7. 1	・學校에서 李圭憲・朴昇治 두 분과 硏究院件을 협의하고 오찬을 같이 하다. ・國土硏究院 李廷植 院長 초청으로 金源 敎授 및 建交部 次官補・擔當官・陳영환 室長 등과 저녁 식사를 하며 환담하다.	
8	1(火)	7. 2	・國土計劃學會에 가서 일을 보다. ・李景熙・李永哲씨와 저녁 식사를 하며 환담하다.	1(火) ・金大中 大統領, 푸틴 러시아 大統領에게 南北韓과 러시아를 잇는 철도를 연결해 보자는 의견을 제안
	2(水)	7. 3	・外孫女를 데리고 圖書館 등을 돌아오다. ・마당 잔디를 깎고 청소하다. ・妻, 친구집에 가서 새벽에 귀가하다.	2(水) ・KIST 硏究팀, 次世代 無公害 自動車用 燃料電池를 개발해 첫 走行에 성공 ・英國 下院, 美國에 國家 미사일 防衛體制(NMD)를 포기토록 自國 政府가 나서야 한다고 권고
	3(木)	7. 4	・地方移讓委員會件으로 行自部 金之淳 局長과 李漢東 國務總理를 방문하여 業務報告를 하다. ・黃載壽 妻男이 내방하여 LG 회사를 그만두고 事業을 시작하겠다는 計劃을 듣다.	3(木) ・韓國・中國, 漁業協定에 정식 서명 ・EU 執行委員會, 美國의 마이크로 소프트社의 市長獨占에 대한 制裁節次를 공식개시
	4(金)	7. 5	・유니버설 旅行社에 가서 高永天 監事와 美國 旅行件을 협의하고 같이 점심을 하다. ・長女家에 가서 놀다가 妻와 長女宅에서 저녁식사를 하고 오다.	4(金) ・사마란치 IOC 委員長, 南北韓 最高 指導者들에게 시드니 올림픽에 참석해주도록 공식 요청 ・천수이볜 臺灣總統, 中國이 요구하는 1國 2體制를 받아들일 수 없다고 재천명
	5(土)	7. 6	・子婦가 다녀가다.	5(土) ・韓國 言論社 代表 56名, 平壤 방문 ・푸틴 러시아 大統領, '地方自治制 原則에 관한 法律 修正案'에 서명
	6(日)	7. 7	・집에서 外孫女를 봐주다. ・長女 초청으로 家族 모두 Marche 식당에서 사위 生日宴을 갖다.	
	7(月)	7. 8	・上溪洞 地域開發硏究會에 가다. ・禹裁永, 李永哲, 金奎馥 씨로부터 渡美 歡送宴 대접을 받다.	

月	日	陰	本人 및 家族事項
8	8(火)	7. 9	·一山 韓自硏에 가서 일을 보다. ·朴昇治 副院長과 다방에서 협의하다. ·世宗文化會館에서 개최된 朴世直 委員長의 離任式에 참석하다. ·유니버설 旅行社에 가서 旅行書類를 받다. ·高永天 監事 초청으로 金壽鶴·禹哉永·李永哲씨 등과 저녁 회식을 하다.
	9(水)	7.10	·學校에서 일 처리를 하다. ·住宅公社 職員들의 내방을 받다. ·長女가 學校에 와서 外孫들과 落星垈에서 놀다. ·妻·長女 家族과 淸溪山 식당에 가서 저녁을 하다.
	10(木)	7.11	·出國 준비를 하다. ·長男·長女 가족이 와서 집에서 같이 식사하다.
	11(金)	7.12	·長男의 배웅을 받으며 妻 및 次女와 같이 싱가포르 航空으로 출국하다. ·印度人 多數로 滿員이 된 航空機에서 고생을 하며 12時間만에 美國 샌프란시스코 國際空港에 도착하다. ·매우 시원한 날씨에 만족하면서 入國 手續을 밟고 택시를 타고 예약된 Airport North Travelodge에 들러 旅裝을 풀다. ·隣近 San Bruno에 있는 '서울가든'에 가서 韓食을 먹고 호텔에 와서 첫밤을 지내다.
	12(土)	7.13	·妻와 아침에 散策을 하다. ·호텔 房에서 핫도그와 라면으로 아침 식사를 하다. ·家族같이 周邊을 둘러보고 햄버거를 사서 점심 요기를 하다. ·저녁에 兪종진 博士가 와서 次女와 첫 對面을 하고 같이 '서울 가든'에서 식사를 하며 환담하다.
	13(日)	7.14	·妻와 조깅을 하고 호텔房에서 아침식사를 하다. ·次女, 兪종진 君과 둘이 샌프란시스코 市內 구경을 하다. ·妻와 같이 셔틀버스로 市內에 가서 市廳 등 官廳街, Market 路, 露店商街, 쇼핑센터, Pier 2 船着場, 灣岸公園 등을 둘러보고 '月星館'에서 뷔페로 저녁을 하고 돌아오다. ·호텔에서 次女의 今日 活動 이야기를 듣다. ·家族 같이 버스 투어를 하다.
	14(月)	7.15	·샌프란시스코 市內에 있는 3 ComPark, Civic Center, Twin Peaks, 市街地, 골든게이트 公園, 金門橋, 太平洋, 샌프란시스코灣, Sausalito市, Fisherman's Wharf, Chinatown, Rusia Hill등을 관람하고 호텔로 돌아오다. ·호텔 內 IHOP 식당에서 저녁 식사를 하다.
	15(火)	7.16	·家族 모두 市內에 가서 Fisherman's Wharf, Cable Car 試乘, Chinatown, Union Square, Macy's 百貨店 등을 관광하다. ·San Bruno의 'Lee's Buffet'에서 식사하다.
	16(水)	7.17	·샌프란시스코 國際空港을 떠나 로스앤젤레스 空港에 도착하여 妻의 閨慶 친구인 姜信子와 그의 令愛의 영접을 받다.

日	社會 一般 事項
6(日)	·파키스탄 30여개 野黨 및 宗敎團體 代表들, 라호르에서 民主主義 回復을 위한 집회개최
7(月)	·金大中 大統領, 長官 8명 등의 改閣 단행 ·南아프리카 開發共同體 頂上들, 美國의 짐바브웨 制裁措置는 정당치 못하다고 천명
8(火)	·칠레 大法院, 前 軍部獨裁者 피노체트의 免責特權 박탈 ·인도네시아 高等檢察廳, 5억7,100만 달러의 國庫를 유용한 혐의로 수하르토 前 大統領을 기소
9(水)	·臺灣 經濟部, 核 廢棄物 北韓 輸送協定을 2009년까지로 5년간 연장할 것이라고 밝힘
11(金)	·서울과 平壤을 잇는 光通信網의 구축완료 ·프랑스 交通部, 最近 113名의 犧牲者를 낸 콩코드機의 就航을 계속 유보한다고 밝힘 ·벨기에·네덜란드 政府, 돼지 콜레라의 발생으로 英國産 돼지의 수입을 전면금지
13(日)	·소말리아 議會 출범 ·러시아, 노르웨이 北쪽 바렌츠海 海底에서 러시아 最新銳 潛水艦이 침몰했다고 발표
14(月)	·第29回 世界地理學大會가 서울에서 개최
15(火)	·南北離散家族 訪問團, 서울과 平壤에서 각각 상봉 개시
16(水)	·英國·프랑스, 콩코드機에 대하여 '飛行適合 認證' 停止措置를 내림
17(木)	·U.N.人權小委, 日本軍 慰安婦를 비롯한 '現代的 形態의 性奴隸'에 관한 決議案 채택
18(金)	·北韓 朝鮮國立交響樂團 첫 南北 클래식 合同音樂會를 갖기 위해 서울 도착 ·統一敎 文鮮明 牧師, 非武裝地帶를 U.N.이 직접 관장하는 平和地區로 만들 것을 제안 ·美國 國務府, 美國은 슬로보단 밀로셰비치 유고聯邦 大統領을 반대하는 野黨勢力을 지원하기 위해 헝가리에 事務所를 개설했다고 밝힘
19(土)	·勞動部, 체코 프라하 第5回 國際 障碍人 技能올림픽大會에서 綜合優勝했다고 밝힘
21(月)	·政府, 현재 國內에 들어온 脫北者數는 모두 190명이라고 밝힘 ·KBS 交響樂團, 北韓 國立交響樂團과 서울 藝術의 殿堂 콘서트홀에서 첫 合同 演奏會 개최
22(火)	·統一部, 南北間 合意에 따라 北韓으로 送還을 희망하는 非轉向長期囚 63명이 9월 2일 北送된다고 발표

月	日	陰	本人 및 家族事項	社會一般事項
8	16(水)	7.17	·Rialto市에 있는 姜信子씨宅에 가서 夫君 및 자녀들과 인사를 하고 저녁 대접을 받다. ·Best Western : Empire Inn 호텔에 투숙하다.	23(水) ·江澤民 中國 國家主席은 國內 反改革的 左派勢力이 中國에서 外國 企業들을 몰아내고 자신의 統治權까지 威脅할 수 있다고 우려해 이들을 根絶할 것을 指示했다고 報道됨
	17(木)	7.18	·호텔 옆 'Izumi Japanese Restaurant'에서 次女와 둘이 아침을 먹다. ·姜信子씨의 運轉으로 L.A.市內에 가서 Korea Town, 靑器瓦 食堂, Beverly Hills, Sunset 路, Sushi Oriental Food, Hollywood Center 등을 관람하고 '新北京'에 서 저녁을 먹은 뒤 호텔로 돌아오다. ·妻는 親舊宅에 가고 次女와 둘이 호텔에서 묵다. ·洪濟兄과 전화로 인사를 하다.	24(木) ·政府, 京義線 鐵道·道路 建設計劃 發表 ·臺灣新聞, 中國은 最近 10年동안 臺灣 侵攻 準備를 위해 600명 이상의 間諜을 臺灣에 密派했다고 보도 25(金) ·政府, 北韓으로 送還될 非轉向 長期囚 63명의 名單을 公開 ·北韓 中央放送, UNDP가 支援하는 北韓 農業復舊 支援設備 寄贈式이 南浦港에서 進行되었다고 보도
	18(金)	7.19	·廣濟 동생 夫婦와 전화로 인사를 하다. ·姜信子씨가 호텔 料金을 지불해주다. ·L.A. 空港에 도착하여 姜信子씨와 작별한 뒤 空港 食堂에서 점심을 먹고 L.A.를 떠나다. ·샌프란시스코에 도착하여 Airport Clarion Hotel에 旅裝을 풀다. ·空港 灣岸을 산책하고 San Bruno에 가서 'Lee's Buffet'에서 저녁 식사를 하다.	·이라크는 바그다드 隣近 秘密工場에서 短距離 미사일을 개발했다고 보도됨 ·와히드 인도네시아 大統領, 日常的인 國政 運營權을 수카르노 푸트리 副統領에게 委任할 것을 宣言하는 大統領令 발표
	19(土)	7.20	·새벽에 散策을 하고 호텔 房에서 라면으로 식사하다. ·次女는 호텔에서 休息을 취하고, 妻와 같이 Millbrae市에 步行으로 가서 市廳, 商街, 中古車 去來場 등을 둘러보고 호텔로 돌아오다. ·家族 모두 택시로 中國食堂에 가서 저녁을 먹고 돌아오다. ·카메라를 紛失하다.	·中國新聞, 99년 法輪功이 公式 禁止된 以後 中國 法院은 法輪功 指導部 151名에게 有罪를 宣告했다고 보도 26(土) ·獨逸新聞, 金大中 大統領은 6월 南北頂上會談에서 南北韓이 統一되더라도 韓半島에 美軍에 계속 駐屯해야 한다는데 金正日 北韓 國防委員長과 意見一致를 보았음을 밝혔다고 보도
	20(日)	7.21	·空港에 혼자 나가 歸國 航空券을 확인하고 오다. ·次女, 兪종진 군과 만나 샌프란시스코 近郊를 여행하다. ·호텔식당에서 식사를 하며 次女의 보고를 듣다. ·美國에서의 마지막 밤을 보내다.	·'2000年 서울 演劇祭' 開幕 ·프랑스 外務部, 警察과 對峙 中인 미얀마 民主化 運動 指導者 아웅산 수지에게 '行動의 自由'를 許容할 것을 促求 27(日) ·選管委, 費用實査 결과 사소한 사항까지
	21(月)	7.22	·妻와 잔디밭에 나가 飛行機 離着陸을 구경하다. ·샌프란시스코 空港에 나가 점심을 먹고 쇼핑을 한 다음 싱가포르 航空에 搭乘하여 출발하다.	합치면 違反事實이 적발된 議員은 전체 地域區 출신 227名 중 27名을 制外한 200名에 달했다고 밝힘
	22(火)	7.23	·完全滿員의 飛行機에서 고생하며 12시간을 날다. ·金浦空港에 도착, 長男의 迎接을 받아 귀가하다. ·長男 夫婦와 모두 저녁 식사를 하다. ·11泊 12日間에 3人이 총 750만원의 비용을 쓴 美國旅行을 결산하다.	·陳 稔 財經部 長官, 金融機關의 不實資産 專門 運營會社인 배드 뱅크를 만들겠다고 밝힘 ·英國新聞, 中國은 수만명의 兵力과 罪囚를 수단에 派遣했으며 追加로 70萬名의 兵力을 待機시켜놓고 있다고 보도
	23(水)	7.24	·妻와 같이 長女宅에 가서 아이들과 놀다. ·金學澈 회장의 부담으로 李景熙, 李永哲, 禹哉永, 李圭憲 씨등과 회식, 음주하며 환담하다.	28(月) ·金大中 大統領, 食品·環境·交通 등의 事犯에 대한 철저한 團束을 强調
	24(木)	7.25	·비가 내리기 시작하다. ·學校에 가서 밀린 일을 처리하다. ·長女 家族이 學校에 와서 같이 귀가하다. ·家族 및 兄弟姉妹가 모여 祖母님 祭祀를 모시다.	29(火) ·第2次 南北長官級會談 南韓代表團 平壤 到着 ·獨逸 카톨릭敎會, 第2次 大戰 중 强制勞役을 이용한 사실을 是認하고 이에
	25(金)	7.26	·비가 내리다. ·學校에 가서 特次 募集의 면접을 보다. ·오랜만에 鳥嶺會 모임에 가다.	대한 補償을 위해 1,000만 마르크를 出捐할 것이라고 밝힘 ·레흐 바웬사 폴란드 前大統領, 共産主義
	26(土)	7.27	·종일 비가 많이 내리다. ·집에서 外孫女를 돌봐주다. ·妻와 같이 長女宅에 가서 함께 저녁 식사를 하다.	崩壞 이후 무너진 東유럽 國家들의 開發을 돕기 위한 '뉴 마셜 플랜' 樹立을 촉구

月	日	陰	本人 및 家族事項	社會一般事項
8	27(日)	7.28	·長女 家族, 大田에 가서 전셋집을 계약하고 오다. ·종일 外孫女 素瑛이를 보다.	30(水) ·천득렁 베트남 大統領, 第55周年 建國紀念日(9월 2일)을 맞아 外國人 61名을 包含한 1만 693명에 대한 大赦免을 決定
	28(月)	7.29	·東部幹線道路가 洪水로 폐쇄됨에 따라 上溪洞까지 2시간이 소요되어 가다. ·李景熙, 朴昇治, 禹哉永, 金奎馥씨 등에게 저녁 대접을 하다.	·고노 요헤이 日本 外相은 東北아시아의 平和와 安定을 위해 南北韓과 美國, 日本, 中國, 러시아의 多者間 協議機構인 '6者會合'을 만들자고 提議했다고 보도됨
	29(火)	8. 1	·學校에 가서 第2學期 첫 講義를 하다. ·敎授會議에 참석하다. ·水原硏修院에 가서 新任管理者班에 特講을 하다. ·國土計劃學會와 地方自治學會를 방문한 뒤 귀가하다.	31(木) ·平壤에서 개최된 南北韓 제2차 長官급 會談에서 軍事 當局間 直通電話 설치와 拉北者·國軍捕虜問題 등을 協議
	30(水)	8. 2	·大韓住宅公社에 가서 經營諮問委員 委囑狀을 받고 會議에 참석한 뒤 함께 오찬을 하다. ·地方移讓委員會에 가서 新任 實務委員 2명에게 任命狀을 주고 회의를 主宰하다. ·國務總理 公館에서 李漢東 總理가 초청한 만찬에 참석하여 答禮 인사말을 하다. ·姜瑩基 敎授 등과 麥酒를 들며 환담하다.	·그레이 제네바 駐在 美國大使, 美國이 推進하고 있는 國家미사일방위(NMD) 체제는 國際的인 安定과 安保를 强化시킬 것이라고 밝힘 ·南美 各國間의 經濟協力과 民主化 발전 方向 등 共同懸案을 論議하기 위한 역내 12個國 頂上會議가 브라질리아에서 開幕
	31(木)	8. 3	·妻·次女와 같이 새벽에 次女件에 대해 논의하다. ·一山 韓自硏에 가서 朴昇治 부원장과 懸案을 협의하다. ·今日 就任한 新任 金東勳 원장에게 業務 설명을 하고 職員 모두와 오찬을 들며 自祝하다. ·鄭龍鎬 사장 초청으로 新羅 호텔 이탈리아 食堂에서 만찬을 들면서 'Sub Ad' 회사의 顧問職을 청탁받다.	
9	1(金)	8. 4	·水原 硏修院에 가서 新任管理者 과정 修了式에 참석하다. ·金源 교수, 豊山金屬의 柳津 회장 및 柳穆基 고문과 오찬을 같이 하다. ·中央都市計劃委員會에 참석하다. ·長女宅에 가서 쉬다가 오다.	1(金) ·第215回 定期國會 개회 ·平壤에서 開催된 南北 長官級會談, 7個項의 共同 發表文을 발표하고 폐막 ·러시아 크렘린, 푸틴 大統領이 國家評議會 構成令에 서명했다고 밝힘 ·南美 12個國 頂上들, 2010年까지 南美大陸을 國家間 聯合體로 완전 統合한다는 目標아 래 2002년까지 域內 經濟를 통합해 自由貿易地帶를 창설키로 합의
	2(土)	8. 5	·姜渭薰 사장과 같이 安城에 있는 Pine Creek 골프場에서 風水會 골프 運動을 갖다.	
	3(日)	8. 6	·며느리가 와서 같이 점심을 먹다. ·妻·次女와 長女宅에 가서 저녁 식사를 하고 오다.	2(土) ·非轉向 長期囚 63名을 板門店 경유 北側으로 送還
	4(月)	8. 7	·尹成吉 사장과 리츠 칼튼 호텔에서 조찬을 하며 卞鐸 사장과의 불편한 關係에 대해 이야기 듣다. ·本人 부담으로 卞鐸·李世茂 사장과 점심 식사를 하며 환담하다. ·韓國國家記錄硏究院 직원들이 와서 記錄 및 자료들을 촬영하다.	3(日) ·미얀마 軍事政府, 野黨에 대한 壓迫을 강화 ·英國政府, 30년간 허용하지 않았던 技術移民을 허용해 外國人 勞動者 약 10만명을 받아들이기로 함
	5(火)	8. 8	·妻가 學校에 와서 같이 空港에 나가다. ·地方移讓委員會 李慶玉 팀장 및 都係長과 같이 昌原市에 가다. ·全國 市長·郡守·區廳長 市·道代表者 協議會에 참석하여 인사말을 하고 移讓業務를 보고하다. ·金赫圭 慶南道知事 및 참석자들과 만찬을 하고 상경하다.	4(月) ·韓國·몽골間 環境協力約定 체결 ·레바논 總選에서 하리리 前總理가 이끄는 野黨 候補들 승리 5(火) ·金永南 北韓 最高人民會議 常任委員長, 밀레니엄 頂上會談에 참석하기 위해 獨逸 프랑크푸르트를 거쳐 美國에 갈 예정이었으나 出國手續 過程에서 美國 航空社側과 마찰을 빚어 美國行을 취소
	6(水)	8. 9	·中央規制改革委員會 강철규 委員長 등과 기차로 大田에 가서 忠南 企劃管理室長 등과 오찬을 하다. ·忠南·順天鄉大學 주최 '規制改革 大討論會'에서 基調演說을 하다.	·中國, 美國의 NMD 體制의 폐기를 촉구 ·수단, 男性과 직접 접촉할 여지가 있는 公共場所에서 女性들이 일하는 것을 금지하는 布告令 시행 ·第55次 U.N.總會 개막

月	日	陰	本人 및 家族事項	社會 一般 事項
9	6(水)	8. 9	·沈大平 忠南지사 주최 晩餐에 참석하고 버스로 상경하다. ·黃泰鉉 妻가 집에 와서 투숙하다.	6(水) ·U.N.밀레니엄 頂上會議 개막 7(木) ·金大中 大統領, 뉴욕에서 클린턴 美國 大統領과 頂上會談 가짐
	7(木)	8.10	·忠北 都市課長 등을 만나 大田-淸州 廣域圈 設定에 대한 의견을 듣다. ·水原 研修院에서 高幹班 論文지도를 하다. ·學校에 와서 學生들의 論文 워크샵 지도를 하다. ·水原 研修會에 가서 中堅班 論文지도를 하고 함께 식사하다.	·綠色聯合, 駐韓美軍이 毒劇物을 漢江에 組織的으로 放流해왔다고 주장 8(金) ·金大中 大統領, 뉴욕에서 푸틴 러시아 大統領과 頂上會談 가짐 ·러시아 國防長官, 35만명의 兵力을 감축키로 한 計劃을 채택
	8(金)	8.11	·安東師範學校 선배인 柳穆基 고문과 같이 梨浦 골프場에서 金源, 趙正濟氏를 만나 운동하다. ·禹哉永 회장 초청으로 金壽鶴, 李永哲, 高永天, 金奎馥씨 등과 회식하다.	9(土) ·에콰도르, 1884년부터 사용해온 固有貨幣 수코레를 포기하고 美國 달러貨를 公式貨幣로 채택 10(日) ·南北韓, 올림픽 出戰史上 처음으로
	9(土)	8.12	·李春吉 사장 子弟 結婚式의 主禮를 보다. ·妻와 같이 長女家族을 태워 서울驛에 가서 배웅하다. ·妻와 밤 12시에 하나로 마트에 가서 물건들을 사오다.	시드니 올림픽 개막식에서 '韓半島旗'를 앞세우고 同時 入場키로 합의 ·OPEC, 10월 1일부터 原油生産量을 하루 80만 배럴 늘리기로 함 11(月) ·金正日 委員長 特使인 金容淳 勞動黨 秘書 등 8명이 서울 도착
	10(日)	8.13	·書齋를 청소하다. ·金壽鶴 회장이 내방하여 膳物을 교환하다. ·書店 등에 들린 후 沐浴를 하고 오다. ·妻와 같이 누님宅에 선물을 전하고 같이 식사하다.	12(火) ·世界銀行, 韓國의 GNP는 3,979억 달러로 印度와 멕시코에 이어 13位라고 밝힘 14(木) ·유럽 中央銀行(ECB), 유로貨 使用地域의
	11(月)	8.14	·長男 夫婦가 와서 집안 淸掃를 해주다.	主要 金利들을 동결키로 결정
	12(火)	8.15	·동생·長男 가족과 같이 추석 祭禮를 모시다. ·長女 가족, 大邱에서 상경하여 집에 와 함께 식사하다.	15(金) ·U.N. 食糧農業機構(FAO), 世界人들은 7명 가운데 1명꼴인 8億名 이상이 飢餓나 營養不足과 관련된 질환으로 고생하고 있다고 밝힘
	13(水)	8.16	·外孫子 近榮 데리고 教育文化會館에서 Disney 兒童映畵를 관람하다. ·次女 및 長女·外孫女와 저녁 식사를 하고 오다.	·플로레스 엘살바도르 大統領, 全國에 뎅기熱 非常事態를 선포
	14(木)	8.17	·上溪洞 研究會에 가서 일을 보고 李부의장, 朴사장 등과 오찬을 하다. ·李圭憲 원장 초청으로 禹哉永, 李永哲, 金奎馥씨와 회식하며 환담하다.	16(土) ·强風과 暴雨를 동반한 第14號 颱風 '사오마이'가 韓半島를 강타 ·이라크-쿠웨이트 國境地域의 油田 所有權을 둘러싸고 緊張이 다시 고조될 조짐을 보임
	15(金)	8.18	·建交部에 가서 廣域圈 設定에 대해 협의하고 曺次官補 등과 오찬하다. ·學校에 가서 채점등을 하다. ·프레스 센터에서 개최된 地方自治學會 세미나에 참석하다. ·金庚煥 씨를 만나 主禮 청탁을 받다. ·白成雲 京畿副知事 초청으로 金東勳, 鄭世煜, 崔相哲 교수 등과 저녁식사를 하다.	17(日) ·南北韓, 史上 첫 國防長官會談을 25-26일 濟州道에서 개최키로 합의 19(火) ·韓國·러시아, 警察協力約定 체결 ·코언 美國 國防長官, 현재 10만명 규모의 아시아 美軍駐屯 體制는 앞으로도 유지될 것이라고 밝힘 ·美國 上院, 中國에 항구적인 正常貿易關係(PNTR) 地位를 부여하는 法案 가결
	16(土)	8.19	·핸드폰 회사에 가서 抹消節次를 밟다. ·妻와 같이 載壽 妻男 夫婦 초청으로 安東 국시집에 가서 점심을 들다. ·小說 『가시고기』를 감동있게 읽다.	20(水) ·EU 執行委, U.N.이 발표한 世界最貧 48개국의 모든 對EU 輸出에 惠澤을 부여토록하는 案을 閣僚會議에 제출했다고 밝힘
	17(日)	8.20	·鄕軍會館에서 姜昌德 助教의 結婚 主禮를 보다. ·妻 및 外孫女와 盆唐 동생밭을 들려 저녁식사를 하고 長女宅에 갔다가 귀가하다.	22(金) ·在日總聯同胞 1次故鄕訪問團 63명 入國 ·EU 會員國 國防長官들, 파리 近郊 에쿠앙에서 非公式會議를 갖고 汎유럽
	18(月)	8.21	·一山 韓自研에 가서 金東勳 원장, 朴昇治 부원장과 협의하고 직원들과 오찬을 같이 하다. ·집에서 外孫女와 놀다가 데려다주다.	迅速對應軍 創設計劃을 논의 23(土) ·金大中 大統領과 요시히로 日本總理,
	19(火)	8.22	·學校에서 업무를 보고 教授會議에 참석하다.	東京에서 頂上會談을 갖고 '韓·日 IT 協力共同 이니셔티브'를 채택

月	日	陰	本人 및 家族事項	社會一般事項
9	19(火)	8.22	·崔相哲 교수와 國土硏究院에 가서 그린벨트 조정 및 廣域計劃案에 대해 諮問을 하고 함께 식사를 한 뒤 귀가하다.	24(日) ·濟州道 南北 國防長官會談 北側 代表團 13명, 板門店을 통해 南韓을 公式訪問
	21(木)	8.24	·尹成吉, 金學澈씨와 오찬을 하다. ·서울市 政策會議에 참석하다.	25(月) ·印度·방글라데시·베트남 등지에서 罹災民들 사이에 食糧暴動事態 발생
	22(金)	8.25	·서울大 環境大學院 同窓會의 朝餐會議에 참석하여 全哲煥 韓國銀行 總裁의 特講을 받다. ·卞鏵사장 초청 모임에 中學 同期生들과 참석·환담하다.	26(火) ·金大中大統領, 南北 國防長官會談에 참석한 金一喆 北韓人民武力部長 접견 ·유고 野黨 세르비아 民主黨 (DOS), 코스투니차 候補가 54.66%의 支持를 얻어 大選에서 승리했다고 선언
	23(土)	8.26	·韓國國家記錄硏究院에 가서 個人記錄에 대해 講演하다. ·李景熙 將軍 초청으로 李永哲 회장과 만찬을 들다.	27(水) ·陳稔 財經部長官, IMF 未償還資金 60억달러를 늦어도 來年 안으로 모두 갚겠다고 밝힘 ·그리스 旅客船이 에게海에서 침몰하여 59명이 숨지고 27명이 실종되었다고 발표
	24(日)	8.27	·外孫女가 와서 같이 놀다가 저녁에 데려다주다.	
	25(月)	8.28	·上溪洞 地域開發硏究會에 가서 세미나件을 협의하고 점심 대접을 받다. ·好凡會 모임을 함흥냉면집에서 갖다.	28(木) ·페루 議會, 海外로 망명한 몬테시노스 前 國家 情報部長의 權力機關이었던 國家情報部의 解散案을 가결
	26(火)	8.29	·學校에서 講義를 한 후 地方移讓委員會 직원들과 水原에 가서 점심을 같이 하다. ·國家專門行政硏修院에서 개최된 地方移讓 擔當 公務員들의 敎育 프로그램에서 격려사를 하다. ·長女宅에 가서 쉬다가 저녁을 같이 먹고 妻와 귀가하다.	29(金) ·쿠바 등 非同盟 6個國, U.N.安保理에 리비아에 대한 制裁를 즉각 해제할 것을 촉구 30(土) ·南·北, 離散家族·經濟協力·서울-平壤 蹴球大會 등을 내용으로 하는 6개항의 公同報道文을 濟州에서 발표
	27(水)	8.30	·江陵에 가서 崔燉禹 文化觀光福祉局長 등과 점심을 하고 市廳에 들려 沈起燮 시장을 만나다. ·江陵未來아카데미에서 特講을 하다. ·白鎔憲 副市長 등과 저녁식사를 하고 상경하다.	
	28(木)	9. 1	·地方自治學會 朝餐모임에 참석하여 地方自治法 改正案에 대해 협의하다. ·金東勳 회장과 一山 韓自硏에 가서 朴昇治 부원장 등과 業務協議를 하다. ·鄭龍鎬 社長 초청으로 趙洪來, 裵仲燮, 李興壽씨 등과 新羅호텔에서 晩餐을 들며 환담하다.	
	29(金)	9. 2	·午前에 집에서 外孫女를 보다. ·地開硏 주최 세미나에서 司會를 보고 禹哉永 회장 등과 저녁식사를 하다. ·長女 家族, 사위 文丙 基博士의 漢南大學校 敎授 就任으로 인해 大田으로 이사가다.	
	30(土)	9. 3	·妻와 같이 大田에 가서 長女宅을 방문하다. ·가족 모두 밖에 나가 저녁 식사를 하고 함께 투숙하다.	
10	1(日)	9. 4	·가족 함께 놀이터·百貨店을 거쳐 九則洞 묵마을에 가서 점심을 같이 하고, 妻와 함께 상경하다.	2(月) ·'2000 釜山 國際 아트 페스티벌 (PICAF)' 개막
	3(火)	9. 6	·開天節을 맞아 國旗揭揚을 하다. ·金昌碩 敎授의 父親 問喪을 가다.	3(火) ·韓國輸出入銀行, 北側의 朝鮮貿易銀行과 泰國 쌀 30만톤과 中國 옥수수 20만톤의 對北 食糧支援과 관련한 借款契約을 체결
	4(水)	9. 7	·學校에서 鄭龍鎬 사장과 점심을 같이 하고, 博士學位 論文指導를 하다. ·妻가 내교하여 같이 귀가하다.	·北韓은 勞動黨 創建 55周年 紀念行事에 南韓 各界 人士들을 초청하는 便紙를 전달함
	5(木)	9. 8	·집에서 정리를 하고 地方移讓委員會 직원과 협의하다.	·푸틴 러시아大統領, 새로운 '戰略的 파트너십' 宣言文에 뉴델리에서 서명
	6(金)	9. 9	·妻와 같이 하나로 마트에 다녀오다. ·Lotte World에서 개최된 韓·日不動産聯合會 세미나 開會式에 참석하다. ·盧椿熙 원장과 果川에서 점심을 같이 하다.	4(水) ·터키는 U.N.의 對 이라크 禁輸措置에도 불구하고 이라크에 人道的 援助物資를 공수키로 결정

2000

月	日	陰	本人 및 家族事項	社會一般事項
10				5(木) ·韓國·中國·日本·러시아 4個國의 東北亞 國際警察長 會議가 서울에서 개최됨 ·유고市民·野黨, 議事堂 및 國營放送 占領
	6(金)	9. 9	·建交部 中央都市計劃委員會에 가서 新任委員들과 인사하다. ·李圭憲, 朴昇治와 만나 叱責을 하고 뒤에 합석한 禹哉永 회장과 같이 저녁 식사를 하다. ·妻, 次蓮 妻弟와 聞慶에 가다.	6(金) ·建交部, 2005년까지 디지털 國家地理 情報體系(GIS)를 구축키로 함 ·슬로보단 밀로세비치 유고 聯邦 大統領, TV에 나와 자신의 大統領 選擧 敗北를 인정하는 演說文 발표
	7(土)	9.10	·長女 家族이 大田에서 상경하여 같이 百貨店을 둘러보고 저녁식사 후 귀가하다. ·長女 家族과 같이 집에 투숙하다.	7(土) ·보이슬라브 코스투니차, 유고聯邦 최초의 直選大統領에 公式 취임
	8(日)	9.11	·金庚煥씨 長男을 만나 主禮件에 대해 의논하다. ·長男 夫婦가 집에 오다. ·長女家族들과 새로 開館한 Central City빌딩을 둘러보고 大田으로 내려보내다.	8(日) ·리투아니아 總選실시 保守執權黨 참패
	9(月)	9.12	·一山 韓自研에 가서 職員들에게 점심을 대접하다. ·水原 研修院에 가서 中堅班 論文指導를 하다. ·妻, 聞慶에서 상경하다.	9(月) ·金大中 大統領, 李會昌 한나라당 總裁와 會談 ·유럽연방(EU), 유고聯邦의 새 大統領이 就任함에 따라 유고聯邦 세르비아 共和國에 대한 主要制裁措置를 해제키로 결정
	10(火)	9.13	·學校에서 會議를 하고 鄭龍鎬 사장 및 建交部 空港政策課長과 협의하다. ·새재會 基金을 회원들에게 分配, 處理하다. ·李永哲 회장 초청으로 李景熙 將軍과 만찬을 들며 환담하다.	10(火) ·國務會議, 신속한 金融構造調整 완결을 위해 公的 資金 40조원을 추가 조성키로 의결 ·러시아를 비롯한 舊蘇聯圈 5개국 頂上들은 유럽聯合에 필적할 새로운 貿易블록을 결성키로 합의했다고 발혀짐
	11(水)	9.14	·黃明煥, 李泰煥 社長과 三井 호텔에서 오찬을 같이 하다. ·建交部 空港運營體系 審議委員會에 참석하여 委員長으로서 회의를 主宰하다. ·朴昇治 부원장 및 李永範 辯護士와 저녁 식사를 같이 하다.	11(水) ·美國 下院, 쿠바에 食糧과 醫藥品을 수출할 수 있도록 하는 禁輸解除法案 가결
	12(木)	9.15	·韓國道德運動協議會의 孝 文化賞 시상식에 참석하고 特講을 하다. ·卞鍱 사장 초청 晩餐에서 韓仁錫 京畿副知事와 환담하다.	12(木) ·第81回 全國體育大會가 釜山에서 개막 ·예멘의 아덴港에 정박중이던 美國 海軍 誘導미사일 驅逐艦, 소형 고무보트의 自殺攻擊을 받아 적어도 4명의 海軍兵士가 숨지고 30명이 부상했다고 보도됨
	13(金)	9.16	·地方移讓委員會 회의를 주재하다. ·禹哉永, 李圭憲, 李永哲씨와 저녁 식사를 하며 韓自研 사건에 대해 협의하다.	13(金) ·노르웨이 노벨委員會, 金大中 大統領이 노벨 平和賞을 받게 됐다고 발표
	14(土)	9.17	·黃源卓·鄭慶鎬 친구의 子女 結婚式에 참석하다.	14(土) ·第5回 釜山國際映畵祭(PIFF) 폐막
	15(日)	9.18	·金庚煥씨 令息 結婚 主禮를 보고 禹哉永 회장과 藝杬에 가서 맥주를 마시며 환담하다.	15(日) ·13개 政府投資機關과 20개 出資機關의 負債는 6月末 현재 399조 6,629억원으로 99년말보다 5.7% 증가했다고 國會 國監資料에서 밝혀짐
	16(月)	9.19	·地方移讓委員會에서 美國 미시간州立大學의 Smith副學長 등 4名과 회의를 갖고 美國에서의 教育計劃에 대해 협의한 뒤 함께 오찬을 들며 환담하다.	16(月) ·이스라엘-팔레스타인 流血紛爭事態를 해결하기 위한 中東頂上會談이 이집트 샤름 엘 셰이크에서 개막 ·獨逸 政府, 2,200만달러가 소요되는 人種差別 및 外國人에 대한 敵對行爲 防止計劃 발표
	17(火)	9.20	·學校에서 講義를 하고 姜吉夫 次官 초청으로 環境大學院 教授들과 오찬을 같이 하다. ·經實聯과 '地方自治團體 改革博覽會'와 관련 對談 錄畵를 하다.	17(火) ·大統領 直屬 疑問死 眞相糾明委員會, 본격적인 活動을 시작 ·러시아 國民의 35%인 5,000만명이 貧困層이라고 밝혀짐
	18(水)	9.21	·上溪洞 地域開發研究會에 가서 일을 보다. ·姜信億·金學澈 친구와 禹회장· 金국장을 초대하여 점심을 대접하다. ·李圭憲 원장 초청으로 禹哉永·李永哲 회장과 식사를 하며 韓自研件을 협하다.	18(水) ·韓國·中國, 서울에서 犯罪人 引導條約에 서명 ·필리핀 野黨, 巨額의 收賂 혐의를 받고 있는 에스트라다 大統領에 대한 彈劾案 제출
	19(木)	9.22	·中央都市計劃委員들과 龍仁市에 가서 都市計劃 브리핑을 듣고 芮강환 市長과 오찬을 같이 하다. ·開發計劃地區를 視察한 뒤 建交部次官 초청 만찬에 참석하다.	19(木) ·金大中大統領, 토니 블레어 英國 總理와 青瓦臺에서 頂上會談

月	日	陰	本人 및 家族事項	社會一般事項
10	20(金)	9.23	·安秉煜 교수·金현소 실장과 群山市에 가서 宋雄宰 부시장 등과 오찬을 하다. ·群山 市民自治大學 開講式에서 祝辭를 하고 버스로 상경하다. ·李世茂 會長 초청 만찬에 참석하여 卞鐸 사장과 같이 환담하다.	19(木) ·日本 政府, 총사업비 11조엔 규모의 綜合經濟對策인 '日本 新生을 위한 新發展對策' 결정 20(金) ·金大中 大統領, 아시아·유럽 頂上會議(ASEM)에서 開幕演說 ·臺灣政府, 50년간 금지됐던 中國 觀光客 訪問을 2001년부터 허용한다고 밝힘
	21(土)	9.24	·建交部 空港運營體系改善 審議委員會의 現地視察을 떠나 金浦空港과 仁川國際空港을 방문하다. ·개통되지 않은 金浦-永宗島 高速道路를 試走하고 永宗大橋를 관람하다. ·姜東錫 사장 초청으로 永宗島에서 저녁 식사를 하고 귀가하다.	22(日) ·최근 5년간 國內 入國한 탈북자는 모두 495명으로 집계 ·98년 11월 金剛山 出港 이후 2001년 9월 15일까지 592回 運航과 30만명 訪問者에 이르렀음이 밝혀짐 ·大韓航空 操縱士, 史上初有의 罷業에 돌입
	22(日)	9.25	·妻와 같이 새벽에 출발하여 店村에 가다. ·黃泰鉉 長男 結婚式에 참석하고 누님, 동생, 親知 등과 점심을 같이 하다. ·妻男댁에 투숙하다.	23(月) ·勞使政委員會, 현행 週44時間의 法定勤勞時間을 40時間으로 단축하는 내용의 合意文 채택
	23(月)	9.26	·店村 5日場을 구경하고 聞慶中學校 校庭을 둘러본 뒤 妻와 같이 상경하다.	24(火) ·올브라이트 美國 國務長官, 平壤을 방문하여 金正日 委員長과 회담
	24(火)	9.27	·學校에 가서 講義를 하고 鄭龍鎬, 金明洙의 내방을 받다. ·安鐘允 敎授와 만나 저녁 식사를 하며 福岡 아시아 文化賞 申請에 대해 논의하다.	25(水) ·美國 下院, 第3世界 貧國들에 대한 負債蕩減이 포함된 총 149억달러의 對外援助法案 가결
	25(水)	9.28	·水原 硏修院에 가서 中堅班 論文評價를 하고 이어 高幹班 論文指導를 하다. ·國土學會 및 自治學會에 들려 일을 보다.	26(木) ·金大中 大統領 참석하에 群山自由貿易地域 起工式 거행 ·발칸 安定化條約(BSP), 유고聯邦을 正會員으로 승인 ·獨逸 16個州 內務長官들, 極右政黨인 民族民主黨(NMD)을 不法化하기로 합의
	26(木)	9.29	·서울驛에 가서 地方移讓委員會 팀들을 만나 같이 大田 儒城의 Spapia 호텔에 가다. ·地方移讓委員會 워크샵에서 開會人事를 하고 行事를 主管하다. ·洪善基 大田市長 招請晩餐에 參席하여 人事말을 하다. ·分任別 討議에 參席하고 늦게 委員들과 술을 마시며 歡談하다. ·妻, 혼자서 長女宅에 오다.	27(金) ·南北韓, 板門店 連絡官側을 통해 第2次 離散家族訪問團 候補者 名單 200명 교환 ·U.N., 30년만에 最惡의 가뭄이 닥친 아프가니스탄에서 최대 100만명이 굶주림으로 목숨을 잃을 가능성이 있다고 경고
	27(金)	10. 1	·沈大平 忠南知事 招請 朝餐會에서 人事말을 하다. ·워크샵 綜合討論會에서 司會를 보고 閉會人事를 하다. ·李병령 儒城區廳長 招請 午餐會에서人事말을 하다. ·參席者들과 作別을 하고 大田의 長女宅에 가다. ·妻 및 長女家族들과 食堂에서 長女 生日 祝賀宴을 앞당겨 가지다. ·長女宅에서 投宿하다.	28(土) ·外交通商部, 國益을 고려해 달라이 라마의 訪韓을 허용할 수 없다고 결정 ·유고聯邦 코소보自治州 地方選擧가 內戰 이후 처음으로 실시 30(月) ·파키스탄 高等法院, 失脚한 나와즈 샤리프 前總理의 航空機 拉致嫌疑에 대해 有罪를 인정하고 終身刑을 확정
	28(土)	10. 2	·外孫子를 學校에 데려다 주고 外孫女와 같이 놀이터에서 놀다. ·妻와 같이 水原에 到着하여 水原文化院에서 開催된 韓國國家記錄硏究院 主催 記錄文化 講演會에서 講演하다. ·妻와 같이 上京, 歸家하다. ·밤 늦게 妻와 같이 崔佑埴 사장 慈堂 問喪을 가다.	31(火) ·第55次 U.N.總會, 南北韓의 對話와 平和統一을 지지하는 總會決議案 채택 ·中國은 500억위엔(약 7조원) 규모의 10년만기 國債를 발행한다고 보도 ·모나코 國家元首 레니에 3世 大公, 프랑스로부터의 完全 獨立을 요구 ·아프리카 地域 최초의 自由貿易地帶인 '東南 아프리카 共同市場 自由貿易地帶' 공식 출범 ·U.N. 安保理, U.N. 總會가 新유고聯邦을 會員國으로 받아들일 것을 촉구하는 決議案 채택
	29(日)	10. 3	·李永哲 會長 招請으로 禹哉永 회장과 점심을 들며 金大中 大統領 親舊分의 自敍傳 出刊에 대해 協議하다.	

月	日	陰	本人 및 家族事項	社會一般事項
10	29(日)	10. 3	·朝鮮 호텔 食堂에서 林吉鎭, 呂鴻九, 宋사장 등과 訪韓한 K.Corey 敎授를 歡迎하는 會食을 갖다.	
	30(月)	10. 4	·일산 韓自研에 가서 朴昇治 부원장 등과 業務協議를 하고 점심을 待接하다. ·研究院 理事會를 주재하고, 새 理事長에 朴昇治, 새 院長에 本人을 選任하다. ·趙文富, 趙正濟, 金東勳 理事陣과 저녁 식사를 하며 환담하다. ·中途에 安鍾允 敎授를 만나 日本 書類를 넘겨주다.	
	31(火)	10.5	·上溪洞 地域開發研究會에 가서 일을 보고 內外 人事들과 오찬을 같이 하다. ·金學澈 會長 長子가 經營하는 '꺽정이네 가든'에서 好凡會 모임을 갖다. ·오는 길에 金壽鶴 회장과 아이스크림을 먹으며 환담하다.	
11	1(水)	10. 6	·航路로 蔚山을 거쳐 慶州에 가다. ·慶州 敎育文化會館에서 개최된 慶北道議會 主催 地方議會發展 세미나에서 基調演說을 하다. ·午餐을 같이 하고, '慶州 世界文化 엑스포 2000'을 관람하다. ·大邱를 거쳐 空路로 상경하다	1(水) ·유고, U.N.에서 추방된지 8년만에 다시 U.N.에 가입
	2(木)	10. 7	·學校에서 同窓 金玉鉉,鄭龍鎬와 같이 점심을 하며 환담하다. ·妻와 같이 밤에 하나로 마트에 다녀오다.	2(木) ·金大中 大統領 , 地域感情 解消의 最大 障碍物은 政治人들이라고 강조 ·國際移民機構(IOM), 全世界에서 1억 5천여만명이 他國에서 장기거주하고 있다고 발표
	3(金)	10. 8	·安鍾允 敎授와 오찬을 같이 하고 文化賞 관련 書類를 日本에 送付하다.	3(金) ·政府·銀行圈 287개 不實徵候 企業을 평가한 결과 52개社를 淸算·法定管理·賣却·合倂키로 했다고 밝힘 ·北韓 赤十字, 張忠植 大韓赤十字 總裁의 인터뷰 內容을 트집잡음
	4(土)	10. 9	·Lakeside 골프場에서 風水會 골프 모임을 갖고 芮강환 龍仁市長 초청으로 점심을 같이 하다. ·밤에 아버님 祭祀를 모시다.	4(土) ·유럽 閣僚會議, 로마에서 유럽에서의 死刑制度를 폐지하자는 決議文을 채택
				5(日) ·아제르바이잔 總選실시, 執權黨 勝利
	6(月)	10.11	·妻와 같이 炭川邊에 가서 散策을 하다. ·長妻男 內外와 저녁 식사를 하다. ·골목에 세워둔 乘用車가 牽引되어 罰金 43,000원을 내고 찾아오다.	6(月) ·大宇自動車, 어음 204억원을 결제하지 못해 1次不渡 처리
	7(火)	10.12	·學校에서 『經濟風月』의 宋금희 記者와 記錄에 대해 對談을 하다. ·鄭光王, 金學澈 씨와 저녁 식사를 하며 환담하다.	7(火) ·第43代 美國 大統領選擧가 上院議員 3/1, 下院議員 전원, 州知事, 州議會議員, 市長, 警察署長 등의 選擧와 동시에 실시
	8(水)	10.13	·學校에 가서 人事委員會를 하고 점심을 같이 하다. ·中區廳에 가서 廳長과 인사를 하고 漢陽大 地方自治 大學院의 公職者 敎育 프로그램에 따라 特講을 하다. ·金永燮 敎授 停年紀念 論文集 獻呈式에 참여하다.	8(水) ·中國, 福建省 廈門市를 중심으로 발생한 遠華그룹 密輸事件과 관련 黨·政 官吏가 포함된 14명에게 死刑, 12명에게 無期懲役, 58명에게 有期懲役을 선고했다고 발표
	9(木)	10.14	·집에서 整理, 記錄을 하다. ·저녁에 禹哉永,李永哲,朱龍鐸, 金奎馥씨와식사를 하고 餘興을 갖다.	9(木) ·情報通信部, 2005년까지 情報通信의 部品 國産化率을 80%까지 향상시키기로 했다고 밝힘 ·러시아, 300만 兵力 中 향후 5년간 60만명을 감축키로 결정 ·추안 릭파이 泰國 總理, 議會를 해산하고 내년 1월6일 總選을 실시한다고 밝힘
	10(金)	10.15	·安秉煜 敎授 金顯昭 室長과 蔚山에 가서 마중나온 朴昇治 副院長 및 中區廳 職員을 만나 점심 식사를 하다. ·中區廳에 가서 全邢明 廳長을 만나 인사를 하다. ·自治大學 開講式에서 祝辭를 하다. ·區廳長 등과 저녁 식사를 하고 상경하다.	10(金) ·忠南의 西海大橋 개통 ·獨逸 下院, '同性愛者 婚姻法' 승인
				11(土) ·保健福祉部·醫師協會·藥師會, 12개 항목의 爭點에 대해 합의
	12(日)	10.17	·妻·次女와 같이 長男宅에 가서 식사를 같이하며 長男 生日을 축하하다.	

月	日	陰	本人 및 家族事項	社會一般事項
11	12(日)	10.17	·黃鏞周 院長 長男 結婚式에 참석하고 金壽鶴·姜信浩 會長 및 朴炳柱 主禮와 점심을 같이 하다. ·妻, 妻弟 딸 恩貞이의 演奏會에 다녀오다.	12(日) ·中小企業廳, 4,000억원 규모의 벤처 投資組合을 결성키로 함 ·臺北 市民 수만명, 核發電所 反對와 總統彈劾 反對 등의 口號로 示威
	13(月)	10.18	·一山 韓自研에 가서 朴昇治 副院長 등과 협의를 하고 점심을 같이 하다. ·林秀一 社長 초청으로 朴昇治 副院長과 같이 저녁 식사를 하다.	13(月) ·金大中 大統領, 브루나이에서 各國頂上들과 차례로 會談 갖기 시작 14(火) ·필리핀 에스트라다 大統領의 퇴진을 요구하는 全國 勞動者의 總罷業 발생
	14(火)	10.19	·學校에서 講義를 하고 銀行에 가서 通帳整理를 새로 하다. ·白승걸 君의 博士論文을 심사하다.	15(水) ·第8次 亞·太經濟協力體(APEC) 頂上會議가 브루나이에서 개막
	15(水)	10.20	·學校에서 종일 碩士論文을 지도하다. ·吳德均 前 忠南大 總長의 방문을 받고 청탁 말씀을 듣다.	·遺傳子 選擇方法을 통해 不治의 遺傳病에 대해 免疫性을 가진 아기가 프랑스에서 처음 탄생
	16(木)	10.21	·國家專門行政研修院에 가서 中堅幹部班 修了式에 참석, 祝辭를 하다. ·研修院 幹部 및 指導教授들과 점심을 들며 환담하다. ·5級 昇進班에서 特講을 하고 귀가하다. ·中溪洞 상가의 梁社長이 와서 契約上 名義變更을 하다. ·종일 조금씩 비가 내리다.	16(木) ·金大中 大統領, APEC 頂上會議에서 연설 17(金) ·第1回 서울 國際行爲藝術祝祭 개막 19(日) ·알베르토 후지모리 페루大統領, 東京에서 本人의 大統領職 辭任을 발표 20(月) ·鄭夢憲 會長, 現代그룹의 經營改善計劃을 발표 21(火) ·페루 議會, 日本에 체류 중인 후지모리 大統領을 '道德的 缺陷'을 이유로 파면키로 의결
	17(金)	10.22	·安養 새마을教育院에 가서 金日柱 院長과 인사를 하고 始興市 公務員에게 講演을 하다.	22(水) ·美國 聯邦法院, 스위스銀行이 나치被害者들에게 12억 5천만달러를 지급한다는 내용의 調整案 승인
	18(土)	10.23	·南江 골프場에서 風水會 모임 골프를 치다. ·長女 家族이 와서 같이 묵다.	
	19(日)	10.24	·外孫女와 散策을 하다. ·妻와 같이 李景熙 將軍 令息 結婚式에 가다. ·長女 家族·長男妻 등과 水原에 가서 식사를 하고 長女 家族은 大田으로 내려가다.	23(木) ·外國人이 우리 經濟에서 차지하는 比重이 證市의 경우 3分의 1이고 銀行 與·受信의 경우 42~45%에 달하고 있다고 밝혀짐
	20(月)	10.25	·安養 새마을教育院에가서 始興市 公務員에게 講演을 하다. ·上溪洞 地域開發研究會에 가다. ·禹哉永, 李永哲, 金奎馥씨와 저녁 식사를 하며 환담하다.	24(金) ·EU-발칸 頂上會談이 크로아티아國 자그레브에서 개막 25(土) ·페루, 발렌틴 파냐과 國會議長을 大統領 權限代行으로 하는 過渡政府 출범 26(日) ·루마니아, 大統領選擧 및 總選擧 실시
	21(火)	10.26	·學校에 가서 講義하다. ·朱龍澤 會長과 같이 은행 처리를 하다. ·吳德均 前 總長의 내방을 받고 李東元 教授를 소개하다. ·朱龍澤 會長과 저녁 식사를 하다.	27(月) ·노르웨이 오슬로와 海岸都市 베르겐을 잇는 길이 24.5km의 世界 最長道路 터널 개통 ·캐나다 總選에서 與黨인 自由黨 승리
	22(水)	10.27	·住宅公社에 가서 諮問會議에 참석하고 社長 등과 점심을 같이 하다. ·安養 새마을教育院에 가서 始興市 公務員에게 講演를 하다. ·朴昇治 副院長과 저녁을 하며 고소건에 대해 협의하다.	28(火) ·베트남, 점차 커져가고 있는 貧富隔差 때문에 國民들간은 물론 共産黨內에서도 理念共有가 점차 불가능해지고 있다는 批判이 일어남 ·네덜란드 議會, 醫師에게 不治病患者의 安樂死를 허용하는 法案 의결
	23(木)	10.28	·建交部 全職員에게 講演을 하다. ·水原에 가서 研修院 指導學生들과 점심을 같이하다. ·地方行政研修部 高幹班 論文發表를 듣고 審査, 講評을 하다.	29(水) ·與野 議員들, 市長·郡守·區廳長 등 基礎團體長을 選出制에서 任命制로 전환하는 내용의 '地方自治法 改正案'을 國會에 제출 ·世界遺産委員會(WHC)는 慶州 遺蹟과 고인돌 遺蹟을 世界文化遺産으로 등록키로 의결했다고 밝혀짐 ·이라크와 印度, 뉴델리 회담에서 戰略的 協力 强化에 합의
	24(金)	10.29	·中央都市計劃委員會 現地 出張次 慶南 昌原에 가다. ·慶南發展研究院에서 그린벨트 調整 및 廣域都市圈 計劃에 대해 브리핑을 받고 昌原, 鎭海, 馬山, 金海市를 시찰하다. ·釜山에 와서 저녁을 들고 프리마 호텔에 투숙하다.	30(木) ·仁川地法, 大宇自動車에 대해 會社整理 節次 開始決定 내림

月	日	陰	本人 및 家族事項	社會一般事項
11	25(土)	10.30	·釜山發展硏究院에 가서 브리핑을 듣고 他委員들은 現地 視察을 가다. ·홀로 金浦空港에 가서 朴昇治 副院長을 만나, 같이 濟州에 가다. ·濟州 市民自治大學에서 講演을 한 뒤, 修了式에 참석하여 祝辭를 하다. ·金泰煥 市長 등과 식사를 하고 혼자 釜山으로 돌아오다. ·安相英 釜山市長 招請 晩餐에 참여하여 金源, 徐義澤, 金學魯, 柳穆基氏 등과 환담, 飮酒하다. ·釜山에 투숙하다.	30(木) ·第2次 南側 離散家族 訪問團 151명, 平壤으로 출발 ·필리핀 群衆들, 대규모 街頭示威를 벌리며 에스트라다 大統領이 사임하지 않으면 전국적인 '市民不服從運動'을 전개하겠다고 위협
	26(日)	11. 1	·安相英 市長과 인사를 하고 梁山 Adonis 골프場에 가서 金源, 徐義澤, 柳穆基씨와 運動을 하다. ·상경, 귀가하다. ·長女 家族이 다녀가다.	
	27(月)	11.2	·地域開發硏究會에 가서 근무하다. ·道德協議會가 主催한 晩餐에 참석하다. ·禹哉永 會長과 2次모임을 갖다가 崔秉瑄 會長등 國土計劃學會 代表들을 만나 환담하다.	
	28(火)	11.3	·學校에 가서 講義를 하고 鄭龍鎬 社長과 점심을 같이 하다. ·烏山市 室課長들의 내방을 받고 都市計劃에 대해 說明을 듣다. ·嚴重欽 사장 및 兪息 등과 저녁 식사를 하며 主禮件에 대해 논의하다.	
	29(水)	11. 4	·一山 韓自硏에 가서 근무하다. ·好凡會 저녁모임에 참석하다.	
	30(木)	11. 5	·韓國國家記錄硏究院에 展示目的으로 記錄資料를 전달하다. ·金顯昭 室長과 統營市에 가다. ·統營 市民自治大學 修了式에 참석하여 祝辭를 하다. ·市長등과 식사를 하고 晉州空港을 거쳐 상경하다.	
12	1(金)	11. 6	·金洙根 副社長 및 群山 都市課長 등과 오찬을 함께하다. ·中央都市計劃委員會에 참석하다. ·東寶城에서 개최된 一金會 送年모임에 가다.	1(金) ·金大中 大統領, 首都圈은 量보다 質을 위주로 개발해야 한다고 강조 ·비센테 폭스 멕시코 大統領 當選者, 大統領에 公式 就任 ·U.N.總會, 다이아몬드 密去來를 막기 위해 南阿共이 추진하고 있는 다이아몬드 國際認證制度 도입에 대한 支持를 확인 ·U.N.總會, 팔레스타인을 지지하고 이스라엘의 팔레스타인 領土占領을 비난하는 내용의 5개決議案 채택
	2(土)	11. 7	·晉州空港의 日氣不順으로 麗水空港을 거쳐 南海郡에 가다. ·朴희태 議員이 운영하는 女性教室에서 講演을 하고 午後에는 河東郡 女性教室에서 講演을 하다. ·晉州空港에서 상경하다.	2(土) ·國會, 40조원 규모의 公的資金造成 同意案과 公的資金 管理特別法 可決 ·인도네시아 警察, 西파푸아의 이리안 자야州 分離主義運動의 本據地 점령
	4(月)	11. 8	·行自部 崔仁基 長官 초청 오찬에 참석하여 地方自治學會 代表들과 討論會에 대해 논의하다.	3(日) ·99년 우리 나라의 輸出 1,459억달러, 輸入 1,200억달러, 총 2,659억달러의 交易規模로 世界 13位에 올랐다고 WTO가 발표
	5(火)	11.10	·學校에 가서 2學期 終講을 하다. ·오찬을 들며 教授會議를 하다. ·白承杰君의 最終 博士學位論文을 審査하고 林岡源, 金性洙, 金京守, 李송재 教授 등과 저녁 식사를 하다.	
	6(水)	11.11	·Viagis Center에 가서 硏究 冊子 發刊을 논의하고 같이 점심 식사를 하다.	

月	日	陰	本人 및 家族事項	社會一般事項
12	6(水)	11.11	・地方移讓推進委員會 會議에 李漢東 總理와 같이 참석하고 회의를 主宰하다. ・委員 및 公務員들과 送年 會食을 갖다.	3(日) ・韓電勞組, 國民 經濟를 고려해 예정했던 罷業을 전면 철회
	7(木)	11.12	・姜吉夫 建設部次官 令息 結婚式에 참석하고 崔同燮 前 長官을 만나 환담하다. ・高位政策課程 출신 潘議員을 만나 主禮件을 논의하다. ・앰배서더 호텔에서 개최된 在京 聞慶中學校 同窓會에 참석하고, 金學澈, 鄭錫東, 柳承眞, 林秀一씨등과 족발집에서 음주・환담하다.	4(月) ・全國市長・郡守・區廳長協議會, 基礎自治團體長의 公薦制 등을 시정하라고 주장 ・全世界 韓民族 벤처 企業人들의 교류와 협력을 위한 '韓民族 벤처 네트워크(INKE2000)' 서울 총회 개막 ・泰國, 유럽 安保協力機構(OSCE)의 協力同伴者 國家로 가입
	8(金)	11.13	・Lotte 호텔에서 朴世直 委員長과 조찬을 갖다. ・盧椿熙 院長과 Ritz Carlton 호텔에서 점심을 같이 하다. ・妻와 모델 하우스를 구경하고 하나로 마트에 다녀오다.	5(火) ・日本, 第2次 모리 요시히로 內閣 출범 6(水) ・政府, 한빛・平和・光州・濟州・慶南・서울銀行에 총7조원의 公的 資金이 투입된다고 밝힘
	9(土)	11.14	・姜渭薰 社長과 태영 골프場에 가다. ・卞鏵사장 초청으로 風水會 운동을 하고 送年 會食을 가지다. ・長女 家族이 와서 투숙하다.	7(木) ・美國 오로라財團, 러시아 極東地域 收容所에 약 6천명의 北韓 難民이 수용되어 있다고 주장 ・필리핀 上院, 에스트라다 大統領에 대한 彈劾裁判 시작 ・EU 頂上들, 狂牛病에 대한 우려로 動物性 飼料를 영구히 금지키로 합의
	10(日)	11.15	・外孫女와 같이 놀다. ・午後에 長女 家族이 떠나다. ・李景熙, 李永哲氏와 모여 저녁 대접을 하다.	
	11(月)	11.16	・Tower호텔에서 檀國大學校 李丙澤氏의 博士論文 審査를 하고 오찬을 같이하다. ・母親 祭祀를 모시다.	8(金) ・후지모리 前 페루 大統領, 정치적 迫害를 피하기 위해 日本에 계속 머물고 싶다고 밝힘
	12(火)	11.17	・서울市 政策會議에 참석하다. ・中央大學 行政大學院에 가서 特講을 하다. ・눈이 조금 내리다.	9(土) ・金大中 大統領, 노르웨이 오슬로에서 노벨 平和賞 수상
	13(水)	11.18	・學校에서 碩士論文 最終審査를 하고 教授會議에 참석하다. ・教授 전체의 送年 會食을 갖다.	10(日) ・이스라엘 라디오 방송, 바라크 總理가 카트사브 大統領에게 辭職書를 제출했다고 보도 ・에스트라다 필리핀 大統領, 200여명의 政治犯을 석방하고 1,000여명의 死刑囚를 감형하겠다고 발표
	14(木)	11.19	・地域開發硏究會에 출근하다. ・鄭龍鎬 社長이 와서 禹哉永 會長 및 金奎馥 局長과 議政府所在 이탈리아 식당 'La Fonte'에 가서 趙洪來 夫婦에게 開業축하를 하고 점심식사 하다.	
	15(金)	11.20	・妻와 같이 江南區民會館에 가서 韓國國家記錄硏究院이 開催한 第1回 韓國 市民記錄文化展을 관람하고 本人資料를 살펴보다. ・江南區 議會 議長室에서 李在昌 議長 등을 만나보고 오다. ・新羅 호텔에서 개최된 許和平 所長 令愛 結婚式에 참석하다. ・韓一館에서 개최된 鳥嶺會 夫婦 同伴 送年會에 참석하다.	11(月) ・亞・太地域 反腐敗 國際會議가 서울에서 개막 ・유럽聯合 頂上들, 프랑스 니스會議에서 機構改革案에 합의
	16(土)	11.21	・사위 文博士, 출발하다.. ・妻, 친구들과 忠南 泰安半島로 나들이가다.	12(火) ・國會 農林海洋水産委, 총4조 5천억원의 豫算을 투입할 '農漁業人 負債輕減 特別措置法' 의결 ・第4次 南北長官級會談 南側 代表團 平壤 도착 ・EU, 아세안 閣僚會議 폐막 ・U.N., 이탈리아 시칠리아의 팔레르모에서 '國際組織犯罪와의 戰爭'을 선포 ・美國 聯邦大法院, 플로리다州 大法院의 手作業 再開票 決定이 憲法에 위배된다고 判決
	17(日)	11.22	・大邱 查頓 長女의 死亡 소식을 듣다. ・妻, 忠南에서 상경, 귀가하다.	
	18(月)	11.23	・學校에서 整理를 하고 鄭龍鎬 社長과 建交部 航空局長 등의 내방을 받다. ・龍山 웨딩타운 하니에서 개최된 國際 環境 勞動文化院 創立 6週年 紀念行事에 참석하고 講演을 하다.	13(水) ・조지 W.부시 共和黨 大統領 후보, 第43代 美國 大統領에 당선 ・臺灣 行政院, 臺灣 2개섬과 中國 本土 사이에 直接 交流를 許容하는 小三通政策을 승인
	19(火)	11.24	・妻, 大田 長女宅에 가서 外孫子女를 돌보다.	

月	日	陰	本人 및 家族事項	社會一般事項
12	19(火)	11.24	・建交部 空港管理體系委員會의 회의를 主宰하고 分離案을 확정하다. ・金允起 長官을 만나 회의 結果를 보고하다. ・中央都市計劃委員會에 참석하고, 建交部次官 등과 送年 모임을 갖다.	14(木) ・公正去來委員會, 現代・三星・LG・SK 등 4大그룹이 2조 4,638억원의 不當 內部 去來를 한 것으로 드러나 총 441억 9,500 만원의 課徵金을 부과했다고 밝힘 16(土) ・하마드 빈 이사알 할리파 바레인 國王, 民主化를 이룩하기 위해 議會를 부활하고 地方選擧를 실시키로 했다고 발표
	20(水)	11.25	・國土計劃學會에 가서 教育放送(EBS) 리포터와 記錄에 대해 인터뷰하다. ・銀行會館에서 개최된 農協中央會 諮問會議에 참석하고 오찬을 같이 하다. ・學校에 가서 處理・整理를 하다. ・銀行會館에서 개최된 國家專門行政研修院 送年 모임에 참석하고 飮酒・환담을 하다.	18(月) ・金大中 大統領, 前職 大統領과 三部要人 및 각당 代表들과 국정논의 21(木) ・U.N. 食糧農業機構, 아프리카 사하라사막 이남 지역 住民 약 2,800만명이 극심한 食糧難에 직면해 있다고 밝힘
	21(木)	11.26	・一山 韓自研에 가서 朴昇治 副院長 등과 業務協議를 하다. ・全職員 및 來訪한 金學澈 會長에게 점심 대접하다. ・雜魚會 모임에 가서 本人 負擔으로 送年會를 갖다. ・妻, 大田에서 상경하다.	22(金) ・國民・住宅銀行長, 두 銀行의 合倂을 발표 ・2001~2003년 韓國의 U.N.豫算 分擔率은 國內總生産을 비롯한 經濟力 규모에 맞춰 1%에서 1.8%로 늘리도록 결정 24(日) ・사담 후세인 이라크 大統領은 科學者들에게 核爆彈 개발을 연구하라는 지시를 내렸다고 알려짐
	22(金)	11.27	・Palace호텔에서 개최된 地方自治學會 顧問團 朝餐會에 참석하다. ・大邱 空港을 거쳐 達城郡에 가서 朴慶鎬 郡守등을 만나다. ・社會福祉會館에서 개최된 人間開發研究院 主管의 公職者・郡民 아카데미에서 特講을 하다. ・大邱 空港을 거쳐 상경하다.	25(月) ・金融産業勞組, 全金融機關이 28일 總罷業에 돌입키로 결의 ・日本 政府, 狂牛病의 위험을 차단하기 위해 EU로부터의 쇠고기 輸入을 全面 禁止키로 결정
	24(日)	11.29	・妻, 聘父 忌日을 맞아 親庭에 가다. ・主禮 본 金兌遠 君 夫婦의 인사를 받다.	27(水) ・國會, 100조2,246억원의 새해 豫算案과 經濟副總理 및 教育副總理 신설등을 내용으로 한 政府組織法 改正案 가결
	25(月)	11.30	・昨夜에 눈이 내려 많이 쌓이다. ・次女와 종일 집에 머물다. ・聞慶 居住 조카 東熙의 死亡 消息을 듣고 店村에 있는 妻로 하여금 問喪을 다녀오게 하다.	・南北 經濟協力 推進委員會 第1次會議 南側 代表團 平壤에 도착 ・스리랑카 北東部地域에 暴雨를 동반한 사이클론이 몰아닥쳐 50여만명의 罹災民이 발생했다고 보도됨
	26(火)	12. 1	・地方行政研究院에 가서 歷代院長 懇談會를 갖고 朴羽緖 院長 등과 점심 회식을 가지다. ・學校에 가서 정리를 하고 國土綜合計劃審議會의 書面審議를 하다. ・環心會 送年會에 참석하다. ・서울地方檢察廳 議政府支廳으로부터 現代社會研究所의 朴昇治件 告訴事件이 嫌疑 없다는 통보를 받다. ・妻, 시골에서 상경하다.	28(木) ・韓國・美國, 양국간 最大 爭點의 하나로 부상했던 駐韓美軍 地位協定(SOFA) 改定協商을 타결 ・統計廳, '2000人口・住宅 總調査 暫定集計 結果'에서 11월 1일 현재 우리나라 人口는 男子 2,314만8천명, 女子 2,297만 7천명으로 모두 4,612만5천명이라고 발표
	27(水)	12. 2	・地方自治學會 및 地方行政研究院 주최의 地方自治制度改善 大討論會에 참석하여 司會를 보다. ・一山 韓自研에 가서 일을 보다. ・現代社會研究所 擔當者에게 電話하여 告發件에 대해 항의하다. ・全職員 모두 送年 모임을 갖다.	・노르웨이 베르겐스市 南部에 길이 7.86㎞의 유럽 最長 海底 터널 道路가 개통되었다고 보도됨 29(金) ・아르헨티나, IMF가 金融支援 條件으로 要求한 일련의 經濟政策을 승인 30(土) ・民主黨 배기선 등 3議員, 民主黨을 脫黨해 自民聯에 入黨키로 했다고 선언
	28(木)	12. 3	・地域開發研究會에 가서 研究事業件을 협의하다. ・朴社長 등과 오찬을 같이 하다. ・리츠 칼튼 호텔에서 吳德均 總長 등을 만나 환담하고, 建交部 中央交通政策會議件을 서명하다. ・好凡會 送年 모임을 갖다.	・中國, 臺灣이 제안한 通商・通航・通郵의 小三通 提案을 수용키로 했다고 보도
	29(金)	12.4	・學校에 가서 모든 整理를 하다.	

2000

月	日	陰	本人 및 家族事項	社會 一般 事項
12	29(金)	12. 4	·地方移讓委員會 前·現 支援팀 公務員 送年 모임에 나가 人事말을 하다. ·高永天 夫婦 招請 晩餐에 妻와 같이 나가 禹哉永 회장 夫婦와 환담하다.	
	30(土)	12. 5	·安東師範學校 同期會 모임에 나가 환담하다.	
	31(日)	12. 6	·집에서 記錄 整理를 하다. ·金壽鶴 會長이 膳物을 주고 다녀가다. ·2000년 除夜의 밤을 家族들과 조용히 지내다.	

第 66 歲: 2001 (4334) 辛巳年 / 平敎授

月	日	陰	本人 및 家族事項	社會 一般 事項
1	1(月)	12. 7	·新年 祭祀를 지내고, 家族으로부터 歲拜를 받다. ·盧隆熙 敎授와 金壽鶴 회장에 歲拜를 가다. ·눈이 많이 내리다.	1(月) ·中國, 天安門 廣場에서 새해맞이 示威를 벌인 法輪功 修鍊子 700餘名을 逮捕
	2(火)	12. 8	·學校에 가서 環境大學院 賀禮式에 참석하고 敎授들과 食堂에서 점심을 같이 하다. ·地方移讓委員會에 가서 褒賞者들에게 施賞을 하고 行自部 幹部들과 새해 人事를 나누다. ·靑瓦臺 賀禮式에 참석하여 金大中 大統領 內外分과 3府要人께 새해 人事를 드리다. ·大田에서 長女 家族이 오다.	2(火) ·臺灣의 道敎 參拜團이 太武號로 中國 福建省에 도착, 49年 이후 兩岸直航路가 처음으로 開通됨 ·캄보디아 民族會議, 1970年代 170餘萬名을 虐殺한 '킬링 필드' 主役에 대한 裁判法 承認 ·빌 클린턴 美國 大統領, 워싱턴에서 팔레스타인 代表와 中東平和協商을 위한 協議를 했으나 失敗함
	3(水)	12. 9	·長女 家族들과 盤浦를 거쳐 63빌딩에 가서 점심을 하고 여러 가지 구경을 하다. ·卞鐸 社長 招請으로 李世茂, 李相伊, 崔時仲 및 金·鄭 社長 등과 會食을 하며 歡談하다.	
	4(木)	12.10	·地域開發硏究會에 가서 蘆原區 依賴 硏究課題를 논의하고 점심을 대접하다. ·硏究陣들과 첫 會議를 하고 같이 會食을 하다.	4(木) ·金大中 大統領, 李會昌 한나라黨 總裁와 領袖會談을 가짐 ·陳稔 財經部長官, 더 이상 公的資金 投入은 없다고 밝힘
	5(金)	12.11	·韓自硏에 가서 業務를 보고 점심을 대접하다. ·硏究陣들과 첫 會議를 하고 같이 會食을 하다. ·사위 文丙基의 招待로 妻 및 長女 家族들과 水原에 가서 식사하다.	5(金) ·金基燮 前 安企部 運營次長, 15代 總選時 當時 舊與圈에 安企部 資金을 제공한 혐의로 구속됨
	6(土)	12.12	·사위 및 外孫들과 서울大學을 거쳐 落星垈를 구경하고 점심 후 귀가하다. ·家族들과 結婚 35周年 珊瑚婚式 紀念 會食을 갖다.	6(土) ·黃明秀 前議員, 京釜高速鐵道와 관련된 受賂嫌疑로 구속됨 ·泰國 下院 總選실시, 野黨인 TRT黨이 승리 ·美國 議會, 上·下 兩院 合同회의에서 共和黨의 조지 W.부시 당선자를 第43代 大統領으로 公式 宣言
	7(日)	12.13	·눈이 많이 내리다. ·外孫子와 沐浴을 하고 와서 마당의 눈을 여러번 쓸다가 감기에 걸리다.	7(日) ·海洋水産部, '知識 航海 시스템'을 구축하고 '知識航海 마일리지 制度'를 시행한다고 밝힘 ·全國에 暴雪로 交通大亂이 일어남
	8(月)	12.14	·長女 家族과 집에서 지내다. ·大學國土·都市計劃學會의 弦汀賞管理委員會 會議에 참석하고 함께 저녁 식사를 하다. ·長女家族, 大田으로 귀가하다.	8(月) ·金大中 大統領, 金鍾泌 自民聯 名譽總裁와 會談을 갖고 國政運營 전반에 걸쳐 공동 협력키로 합의
	9(火)	12.15	·自宅에서 KBS TV의 밤9시 뉴스 '이 사람' 프로그램에 담을 記錄一切를 녹화하다. ·徐健一 고문 따님 結婚式에 참석하고 好凡會員들과 환담을 하다. ·次蓮 妻弟가 와서 妻와 같이 食堂에 가서 식사를 하고 오다.	9(火) ·政府가 昨年末 현재 公的 資金을 받은 238개 金融機關의 任職員과 大株主 2,432名을 상대로 6,700億원의 재산을 假押留한 것으로 밝혀짐
	10(水)	12.16	·學校에 가서 정리를 하다. ·金容漢 前 建國大 總長 초청으로 盧隆熙, 崔相哲, 林岡源 교수 등과 저녁 식사를 하다.	10(水) ·게르하르트 슈뢰더 獨逸 總理, 狂牛病 파동을 수습하기 위해 일부 內閣改編을 단행

2001

月	日	陰	本人 및 家族事項
1	11(木)	12.17	・結婚 35周年 珊瑚婚式을 맞아, 妻와 조찬을 같이 하다. ・金東吉 博士 및 潘洸植 局長과 賃貸車로 堤川에 가다. ・堤川 市民自治大學 開講式에서 祝辭를 하고 金東吉 博士의 講演을 듣다. ・權熙弼 市長 등과 저녁을 같이 하고 상경하다. ・妻, 長男 夫婦와 같이 저녁 식사를 하고 오다.
	12(金)	12.18	・집에서 記錄을 정리하다. ・KBS TV의 임승창・장세권 記者가 다시 와서 補完 錄畵를 하고 가다. ・柳穆基 고문 초청으로 鄭龍鎬, 金玉鉉 同期와 저녁 식사를 하며 환담하다.
	13(土)	12.19	・집에서 청소를 하고 記錄 整理를 하다. ・舊正 膳物을 몇 개 받다.
	14(日)	12.20	・서점 등에 다녀오다. ・집에서 記錄을 정리하다.
	15(月)	12.21	・Viagis Center에 가서 硏究 刊行에 대해 結論을 내리고 함께 점심을 하다. ・在京 聞慶鄕友會 新年會에 참석하고 特講을 하다.
	16(火)	12.22	・버스로 淸州市에 가서 朴昇治 副院長을 만나다. ・羅紀正 淸州 市長과 '2000 持續可能한 都市 大賞' 수상에 대한 '自治公論'지 掲載目的의 對談을 하다. ・市長・姜瑩基 敎授 등과 오찬을 하고 혼자 버스로 상경하다.
	17(水)	12.23	・學校에 가서 整理를 하다. ・地方移讓委員會에 가서 새로 꾸민 委員長室에서 金之淳 局長 및 委員・職員들과 自祝宴을 갖다.
	18(木)	12.24	・地方移讓委員會에 가서 會議를 하고 出版社 社長들과 오찬을 같이 하다. ・蘆原區 硏究課題의 原稿를 쓰다. ・禹哉永・李永哲 會長 및 在日僑胞 金鍾忠先生 등과 저녁 회식을 하며 환담하다.
	19(金)	12.25	・韓自硏에 가서 일을 보고 점심을 같이 하다. ・行硏會 모임에 나가 환담을 하다.
	20(土)	12.26	・鄭龍鎬 社長을 만나 手當을 받다. ・國土計劃學會에 가서 外國視察計劃을 논의하다.
	22(月)	12.28	・學校에 가서 整理를 하고 銀行件을 처리하다. ・林岡源・金基浩 敎授가 高位課程件으로 협의하다. ・妻와 같이 藝術의 殿堂에 가서 '古代 메소포타미아 文明展'을 관람하다.
	24(水)	1. 1	・설날을 맞이하다. ・記錄 整理를 하다.
	25(木)	1. 2	・妻와 같이 누님 宅에 가서 內外分께 歲拜를 드리고 동생 夫婦와 점심을 들며 환담하다.
	26(金)	1. 3	・國土計劃學會와 地方自治學會에 가서 일처리하다.
	27(土)	1. 4	・妻의 生日을 맞아 家族들과 朝餐을하며 祝賀하다. ・妻와 같이 대전 長女宅에 가서 호텔식당에서 妻 生日宴을 갖다.
	28(日)	1. 5	・모두 東鶴寺에 가서 禮佛을 드리고 百貨店에 들렀다가 저녁 식사를 하고 귀가하다.
	29(月)	1. 6	・外孫女를 데리고 상경하다.
	30(火)	1. 7	・上溪洞 地域開發硏究會에 가서 原稿를 쓰다.

社會 一般 事項	
11(木)	・政府, 自力能力이 약하다고 판단된 現代・韓一生命을 不實金融機關으로 지정
12(金)	・빌 클린턴 美國 大統領, 노근리 事件에 대해 遺憾을 표명한다는 聲明을 발표
14(日)	・農林部, 총5兆2千億원 투자규모의 '親環境農業育成 5個年計劃'을 발표 ・敎育部, 英才敎育振興法 시행령안을 마련해 立法豫告할 계획이라고 밝힘 ・아시아・유럽會議(ASEM) 財務長官들, 日本 神戶에서 아시아 金融危機 재발을 막기 위해 地域協力을 강화한다는 내용의 議長聲明을 채택하고 폐막
15(月)	・金大中 大統領, 시대 변화에 따른 國家保安法 개정의 불가피성을 강조 ・캄보디아 上院, 70年代 良民虐殺을 자행한 크메르 루즈 政權 指導者들을 단죄할 國際法院 설립에 관한 法案 승인
16(火)	・쿠웨이트 憲法裁判所, 女性의 投票權과 公務擔任權을 허용해달라는 請願 기각
17(水)	・政府, 軍事用 미사일 開發・保有作業에 착수하는 새로운 미사일 정책 발표 ・그레이 데이비스 美 캘리포니아 州知事, 電力難 악화로 非常事態를 선포
18(木)	・金大中 大統領, 페르난도 카르도주 브라질 大統領과 靑瓦臺에서 頂上會談을 가짐 ・敎育部, 모든 市의 中學校 無償義務敎育을 2002學年도 新入生부터 실시한다고 발표 ・韓國・美國, 駐韓美軍地位協定(SOFA) 改正案에 서명 ・이라크 保健部, U.N.의 制裁措置로 1990年부터 2000年까지 130여만명이 死亡했다고 발표
19(金)	・U.N.安保理, 아프간 執權勢力 탈레반이 테러背後勢力인 오사마 빈 라덴을 인도하지 않자 이에 대한 制裁措置를 발동
20(土)	・中國 外交部, 金正日 北韓 國防委員長이 15~20日 中國을 방문했다고 公式發表 ・조지 W.부시, 第43代 美國 大統領에 就任 ・조셉 에스트라다 필리핀 大統領, 군중들의 反政府 示威에 굴복해 전격 사임
21(日)	・6.25 戰爭 당시 北韓軍에 의해 강제 납북된 南側 人士는 李光洙 등 모두 7.034名이라고 밝혀짐
22(月)	・財經部 및 敎育部長官이 副總理로 昇格하고 女性部가 신설됨 ・英國 上院, 政府의 人間胚芽 複製許容法案 가결
23(火)	・雲甫 金基昶 畵伯 사망
25(木)	・러시아 下院, 非農業用土地의 私有化에 대한 決議案 잠정승인
26(金)	・政府, 電子政府特別委員會를 구성키로 함
28(日)	・쿠웨이트, 세이크 알-사바 總理 內閣이 議會와의 紛爭 끝에 總辭退했다고 밝혀짐

月	日	陰	本人 및 家族事項	社會一般事項
1	30(火)	1. 7	·研究手當을 住宅銀行에 예치하다. ·好凡會 모임에 가서 李永哲 總務를 金奎馥 總務로 교체하다.	28(日) ·印度 西部의 地震으로 2만여명이 사망했다고 보도됨 29(月) ·南北 第3次 赤十字會談이 金剛山에서 개최되어 이산가족 문제를 다룸
	31(水)	1. 8	·韓自研에 가서 일을 보고 河誠實 부원장 초청으로 점심을 같이 하다. ·學校에 가서 정리를 하고 李正典 院長 초청으로 만찬에 참석하여 高位政策課程에 대해 논의하다. ·長女, 혼자 상경, 집에 오다.	
2	1(木)	1. 9	·長女·外孫女와 같이 大田에 갔다가 혼자 버스로 상경하다.	1(木) ·金大中 大統領, 앙골라國의 도스 산토스 大統領과 靑瓦臺에서 頂上會談을 가짐 ·러시아, 國際線 民間航空機에 대해 北極航路 4개路線을 개방
	2(金)	1.10	·學校에 가서 정리하다. ·地方自治學會에 가서 學術償 심사를 하고 文丙基, 李周熙 두 사람을 受賞者로 결정하다. ·一時 歸國한 蘇鎭光 敎授를 만나서 審査委員들과 같이 식사하다.	·인도네시아 國會, 와히드 大統領에 대한 不信任案 의결
	3(土)	1.11	·弟子 李채은君의 結婚主禮를 보다. ·妻 및 次女와 益唐百貨店에 가서 옷·신발 등을 사오다.	3(土) ·밀로셰비치 前 유고聯邦 大統領, U.N. 戰犯 裁判所에의 裁判出席을 거부하겠다고 밝힘
	4(日)	1.12	·長男 夫婦를 불러 꾸중을 하고 당부를 하다.	5(月) ·金大中 大統領, UNESCO로 하여금 非武裝地帶를 '接境 生物圈 保護地域'으로 지정하게끔 노력하라고 關係部處에 당부
	5(月)	1.13	·國土計劃學會에 가서 이라크 視察團 會議를 주재하다. ·鄭龍鎬 사장 招請으로 柳穆基, 權五澈, 金玉鉉氏 등과 저녁 식사를 하며 환담하다.	·中國, 1949年 分斷 後 처음으로 100名의 本土人을 태우고 親戚 相逢次 臺灣으로 直航한다고 밝힘
	6(火)	1.14	·一山 韓自研에 가서 일을 보다. ·安鍾允 敎授의 招請을 받고 職員 모두와 점심을 같이 하다. ·地方移讓委員會에 가서 業務 協議를 하다. ·李永哲 회장, 李景熙 장군과 저녁 식사를 하다.	6(火) ·샤론 이스라엘 리쿠드黨 黨首, 總理選擧에서 바라크 총리에 壓勝 8(木) ·南北韓, 第5次 南北軍事實務會談에서 DMZ 내 京義線 鐵道·道路 연결작업을 하는데 필요한 41個項의 'DMZ共同規則案'에 합의
	7(水)	1.15	·學校에 가서 郵遞局 및 農協의 돈을 처리하다. ·妻가 學校에 와서 같이 建交部까지 태워주다. ·中央都市計劃委員會의 小委員會와 本會議를 委員長으로 주재하다. ·蘇鎭光 敎授와 自宅에서 正月 보름 찰밥을 먹다. ·黃明燦 敎授 慈堂의 問喪을 다녀오다. ·海外 出國 準備를 하다. ·次女, 大田에 가서 선을 보고 상경·귀가하다.	10(土) ·科學技術部, 올해를 '生命工學의 해'로 선포하고 'B-Korea' 건설에 박차를 가하기로 했다고 밝힘 11(月) ·美國·英國, 지난 해 6月 草案이 발표된 人間 게놈 地圖를 완성했다고 발표 12(月) ·金大中 大統領, 나차긴 바가반디 몽골 大統領과 靑瓦臺에서 頂上會談 가짐
	8(木)	1.16	·國土計劃學會의 海外 視察團과 함께 夫婦 同伴으로 出國하다.	·財經部, 2000年 1月 1日 현재 國有財産 評價額은 166兆5,429億원으로 1995年 1月 대비 40.9%가 증가한 것으로 밝힘
	9(金)	1.17	·Dubai 空港에서 잠시 滯留한 후 이집트의 Cairo에 도착하다. ·博物館을 보고 Gizeh 에 가서 Pyramid과 Spinx를 관람하다. ·저녁 식사 후 Cairo를 出發, 航空便으로 요르단의 수도 Amman에 도착하여 投宿하다.	13(火) ·페루 檢察, 알베르토 후지모리 前 大統領을 부패 혐의로 기소 15(木) ·産業資源部, 2005年까지 清淨技術開發에 1,212억원을 지원하는 내용의 '清淨生産擴散 中期實踐計劃'을 수립했다고 발표
	10(土)	1.18	·버스로 Amman을 출발하여 Syria 沙漠을 경유하여 Iraq 國境에 도착하다. ·3時間의 入國 手續을 거친 후 Amman 출발 15時間만에 Iraq 首都인 Baghdad에 도착하다. ·羊고기로 저녁 식사를 하고 호텔에 들다.	16(金) ·이스라엘, 에후드 바라크 總理는 次期內閣에서 國防長官을 맡아달라는 아리엘 샤론 總理 當選者의 제의를 수락하여 擧國內閣 구성에 합의했다고 보도됨
	11(日)	1.19	·버스로 Bahdad를 출발하여 처음 Tigris 江을 보면서 北上, Samarra 地域에 도착하다. ·Samarra의 寺院·塔 등을 踏査하고, 다시 Hadhar 地域에 가서 Hatra 遺蹟을 관람하다.	·美國과 英國, 밤 8시30분에 이라크 바그다드 南쪽의 5개 軍事基地를 自衛措置의 일환으로 爆擊 단행

月	日	陰	本人 및 家族事項	社會一般事項
2	11(日)	1.19	·Mosul市에 도착, 식사를 하고 늦게 호텔에 投宿하다.	17(土) ·政府, 企業의 構造調整을 돕기 위해 不動産 뮤추얼 펀드를 도입키로 하고 不動産 뮤추얼 펀드가 不動産을 매입할 때 取得·登錄稅 減免 등 稅制 惠澤을 주기로 했다고 밝힘
	12(月)	1.20	·Mosul 近郊 遺蹟地, 요나의 무덤, Nimrud, Nineveh 등 舊 앗시리아 文明地를 視察하다. ·Assur 遺蹟地를 둘러보고 다시 Baghdad로 와서 투숙하다.	18(日) ·워싱턴 포스트, 이라크는 지난 3個月間 최근 再開通된 시리아 送油管을 통해 하루 300만 달러 상당의 石油를 密輸出함으로써 U.N.이 人道主義的 목적으로 허용한 것과는 별도로 막대한 부수입을 올리고 있다고 보도
	13(火)	1.21	·Baghdad를 떠나 南쪽으로 오다가 Kut市에서 점심을 하고 Nasiriya로 오다. ·Ur 地方에 가서 지구라트, 아브라함 生家 등 Sumer人의 메소포타미아 文明遺蹟을 관람하다. ·Euphrates 江을 처음 보면서 Hilla市에 도착, 호텔에서 食事 겸 旅行評價會를 갖다.	20(火) ·코피 아난 U.N.事務總長, 에이즈를 '우리 時代에 극복해야할 가장 무서운 挑戰'이라고 지적하고 各國 政府가 이 질병을 퇴치하기 위한 鬪爭에 資源을 최대한 동원할 것을 촉구
	14(水)	1.22	·Hilla를 출발하여 바빌로니아 遺蹟地에 가서 Babylon 宮殿, 獅子像, 博物館 등을 관람하다. ·다시 시리아 沙漠을 거쳐 國境線에 이르다. ·出入國 節次를 마치고 Jordan에 入國하여 버스故障으로 새벽 4시에 Amman市의 호텔에 투숙하다.	21(水) ·環境部, 국내 環境産業을 2010까지 先進國 수준으로 발전시키기 위해 科技部, 産業資源部, 農林部 등 8개 部處와 공동으로 '2001~2003年 環境産業 發展戰略'을 마련했다고 밝힘 ·國家痲藥統制委員會(INCB), 아프가니스탄과 미얀마가 政府 當局의 대대적인 團束에도 불구하고 世界最大의 痲藥供給地가 되고 있다고 밝힘
	15(木)	1.23	·Amman 市를 떠나 南쪽으로 가면서 Jordan의 都市·農村을 구경하고 Petra 遺蹟地에 도착하다. ·古代부터 紀元 5世紀頃까지 살아온 바위 都市·墓地·神殿·劇場 등을 돌아보다. ·中途에 저녁食事를 하고 Amman 空港에 도착, Jordan을 떠나다. ·이집트 Cairo에 도착, 호텔에 들다.	23(金) ·憲法裁判所, '國民年金은 反對給付 없이 國家에서 강제로 징수하는 租稅와는 性格을 달리 하는 것으로 國民生活保障과 福祉增進을 기하는 公益目的制度이기 때문에 憲法 취지에 위배되지 않는다'고 결정 ·조지 W.부시 美國 大統領, 토니 블레어 英國 總理와 캠프 데이비드에서 가진 公同記者會見에서 후세인 이라크 大統領에 대해서는 강경對應해야 한다는 의견을 같이 했다고 밝힘
	16(金)	1.24	·Cairo 空港에서 KAL機를 타고 Dubai空港에서 滯留한 뒤 韓國을 향해 떠나오다.	
	17(土)	1.25	·새벽에 金浦空港에 도착하여 서로 인사를 나눈뒤 귀가하다. ·長男과 車로 집에 와서 짐정리를 하고 잠을 자다. ·3國 13市의 이집트·메소포타미아 文明 遺蹟地에 대한 19,088㎞ 航空, 4,920㎞ 自動車, 47㎞ 步行의 國土學會 16名 踏査日程을 모두 마치다.	
	18(日)	1.26	·自宅에서 旅行整理를 하고 沐浴을 하다.	
	19(月)	1.27	·學校에 가서 歸國報告를 하고 내방한 鄭龍鎬 社長과 점심을 같이 하다. ·江南 세브란스病院에 가서 親舊 申相夏 母親의 問喪을 하고 大學 同期들을 만나 환담을 하다.	24(土) ·英國 政府, 傳染性이 강한 驅除疫의 感染이 확인됐거나 의심되는 잉글랜드 地方 所在 8개 농장의 수천마리 돼지를 조직적으로 屠殺한다고 발표
	20(火)	1.28	·李康一 女息 結婚式에 참석하고 同期들과 이야기를 나누다. ·國土計劃學會에 가서 일을 보고 弦汀賞 회의를 하고 함께 식사하다.	25(日) ·푸틴 러시아 大統領, 北韓과 過去와 같은 同盟關係를 복원한다는 것은 不可能하며 러시아는 이를 추구하지도 않는다고 밝힘 ·몰도바, 總選 실시로 共産黨이 過半數의 得票를 얻음
	21(水)	1.29	·一山 韓自硏에 가서 일을 보고 같이 점심을 하다. ·上溪洞 地域開發硏究會에 가서 總會 참석을 하고 모두 같이 저녁을 들며 환담하다.	26(月) ·푸틴 러시아 大統領 韓國을 방문 ·第3次 南北離散家族 訪問團 200名, 서울과 平壤에서 각각 家族을 相逢함 ·조지 W, 부시 美國 大統領, 聯邦政府 규제를 완화하고 州政府 權限을 확대하는 '新聯邦主義'를 선언 ·아프간 탈레반, 世界 最大 石佛 立像인 바미얀 石佛을 포함한 모든 彫像을 파괴하라고 명령
	22(木)	1.30	·仁川市 公務員敎育院에 가서 4·5급 公職者 들에게 特講을 하고 院長등과 오찬을 같이 하다. ·水原 硏修院에 가서 高幹班 入校式에 참석하고 行自部次官 등을 만나다. ·서울大學校 病院에 가서 大成그룹 金壽根 會長 問喪을 하다. ·世宗文化會館에 가서 金泳三 前 大統領의 書道展을 관람하다.	

月	日	陰	本人 및 家族事項	社會一般事項
2	22(木)	1.30	·崔烈坤 前 서울市敎育監의 七旬紀念 行事에 참석하다. ·柳穆基, 張元碩, 鄭龍鎬, 權五澈, 金玉鉉, 金鍾聲氏 등과 저녁 식사를 하며 환담하다.	27(火) ·金大中 大統領, 靑瓦臺에서 푸틴 러시아 대통령과 頂上會談을 가짐 ·韓國地方自治學會, 總會를 열어 第6代 會長에 崔相哲, 副會長에 李圭煥, 姜瑩基, 石永哲氏 등을 선출 ·英國 政府, 犯罪와의 戰爭 10個年計劃 발표
	23(金)	2. 1	·仁川市 公務員敎育院에 가서 特講을 하고 院長 등과 오찬을 같이 하다. ·大韓國土計劃學會의 發表·報告會 및 總會에 참석하다. ·參席者 및 베트남大學 副總長 등과 만찬·환담하다.	28(水) ·푸틴 러시아大統領, 國會에서 演說함 ·國會, 韓美行政協定 改正案과 韓中漁業協定 등의 批准 同意案을 처리 ·페루 法務長官, 후지모리 前 大統領을 職務遺棄 혐의로 기소함
	24(土)	2. 2	·外國旅行 記錄을 정리하고 沐浴을 다녀오다. ·妻와 하나로 마트에 가서 시장을 보다. ·次女, 맞선을 보다.	
	25(日)	2. 3	·長女 家族, 大田에서 올라와 묵다. ·外孫子女와 같이 놀다.	
	26(月)	2. 4	·學校에 가서 卒業式에 참석하다. ·趙昌鉉 敎授 停年紀念式에 참석하다. ·李景熙 將軍 및 李永哲 會長과 식사하다.	
	27(火)	2. 5	·外孫子女와 놀이터에 가서 놀다. ·地方自治學會 理事會·發表會 및 總會에 참석하다. ·文丙基 婿君, 地方自治學會 第1回 學術賞을 수상하다. ·地方自治學會 第6代 會長團을 선출하고 같이 會食을 하다. ·집에 와서 家族들과 文書房 受賞을 축하한다는 酒宴을 갖다.	
	28(水)	2. 6	·長女 家族, 大田으로 귀가하다. ·地域開發研究會에 가서 일을 보다. ·地方移讓推進委員會에 가서 業務처리를 하고 本會議를 주재하다. ·好凡會 정기 모임에 참석하다.	
3	1(木)	2. 7	·3·1節을 맞아 國旗를 게양하고 마을 길에서 조깅 運動을 하다. ·한 學期에 限한 研究敎授 安息年이 시작되다.	1(木) ·金大中 大統領, '國民과의 對話' 시간을 가짐 ·英國 下院, 200年만에 聖職者들이 下院 의원이 될 수 있도록 허용하는 法案議決 ·푸틴 러시아大統領, 하노이에서 천득렁 베트남 國家主席과 頂上會談을 가짐
	2(金)	2. 8	·學校에 가서 入學式에 참석하다. ·徐尙佑 社長과 오찬을 같이하고, 내방한 鄭龍鎬 社長을 만나다. ·李鍾德 親舊 초청으로 韓國空港管理工團의 장부시 副理事長 및 李진규 本部長과 저녁 식사를 하다.	2(金) ·金大中 大統領, 金鍾泌 自民聯 名譽總裁와 靑瓦臺에서 會談을 갖고 7개항에 합의 ·科學技術部, 7개部處와 협의를 거쳐 '2001年度 生命工學 育成施行計劃'을 확정
	3(土)	2. 9	·눈이 내리다. ·文在祐 敎授 長男 및 新婦와 만나 主禮件을 협의하다. ·長女, 大田에서 상경하여 眼科檢査를 하고 곧 大田으로 귀가하다. ·妻와 같이 하나로 마트에 다녀오다.	
	4(日)	2.10	·아침에 일어나 눈이 많이 온 것을 보다. ·아침에 조깅 運動을 하다. ·長男 夫婦가 다녀가다.	4(日) ·建交部, 2000年 末까지 國民住宅基金의 總資産規模는 41兆 1,984億원으로 貸出業體中 不渡가 난 곳은 728곳, 累積 不實債權은 3兆 1,665億원이라고 밝힘 ·포르투갈, 北部지역에서 橋梁 붕괴로 차량 3대가 강물에 추락해 70餘名이 실종됐다고 보도
	5(月)	2.11	·一山 長男宅에 오신 大邱 査頓에게 전화하여 生辰祝賀를 하다. ·水原 國家專門行政研修院에 가서 議會支援課程에게 講義를 하다.	5(月) ·政府·民主黨, 새만금事業을 예정대로 시행하되 萬頃江 流域은 水質補完對策을 추가로 마련해 시행하기로 합
	6(火)	2.12	·學校에 가서 記錄 整理를 하고 書店에 들렀다가 귀가하다.	6(火) ·金大中 大統領, 부시 美國 大統領과의 頂上會談을 위해 出國

月	日	陰	本人 및 家族事項	社會一般事項
3	6(火)	2.12	·明日 出張을 준비하다.	6(火) ·大檢察廳, 海外 逃避中인 金宇中 前 大宇會長에 대해 逮捕令狀을 발부받아 檢擧에 나섬 ·統計廳, 1953年의 國民總所得 479億원이 1999年에 478兆원으로 1만배 가량 증가했다고 밝힘
	7(水)	2.13	·妻와 같이 乘用車로 聞慶 妻男宅에 가다. ·朴昇治 副院長을 만나 金學文 社長 및 盧在鳳 前總理와 환담하다. ·第2期 市民自治大學 開講式에 참석해 祝辭를 하다. ·金學文 市長 등 市 幹部들과 식사를 하다. ·金學澈 회장을 잠시 만나다. ·妻男宅에 投宿하다.	7(水) ·이스라엘, 아리엘 샤론 리쿠드黨 黨首의 새 內閣 출범
	8(木)	2.14	·朴昇治 副院長과 같이 乘用車로 蔚山市 南區廳에 가서 李埰益 區廳長과 金東吉 敎授를 만나다. ·南區 한마음大學 開講式에 참석하여 祝辭를 하다. ·혼자 상경하여 프레스 센터에서 개최된 金源敎授 停年紀念 出版會에 참석하고 인사말을 하다. ·禹哉永, 李永哲 회장과 따로 술을 들며 환담하다.	8(木) ·金大中 大統領, 워싱턴에서 부시 미 大統領과 頂上會談을 가짐 ·미야자와 기이치 日本 財務相, 公共負債 증가로 인해 國家財政이 현재 非正常的이며 붕괴에 거의 근접한 상태라고 경고 ·카를로 아젤리오 참피 이탈리아 大統領, 總選을 실시하기 위해 議會를 해산
	9(金)	2.15	·廣津區廳에 가서 朴昇治 부원장을 만나고 鄭永燮 區廳長과 對談을 하다. ·金基同 부구청장 등과 점심을 같이하고 귀가하다.	9(金) ·金大中 大統領, 美國 워싱턴에서 北韓에 대해 '包括的 相互主義'를 제시 ·서울地法 破産部,東亞建設에 대해 破産 決定 ·U.N.總會, 아프간 탈레반政權의 佛像파괴 행동의 즉각 중지를 촉구하는 決議案 채택
	10(土)	2.16	·許在完 교수 초청으로 金源·徐昌源 敎授들과 골프를 치다. ·누님 內外分 및 동생을 만나 昆池岩에서 물고기를 잡아 同生宅에 가서 妻와 같이 식사를 하고 귀가하다.	10(土) ·넬슨 만델라 前 남아공大統領, 韓國訪問 ·탁신 치나왓 泰國總理, 치앙마이州에 '痲藥과의 戰爭'을 선포
	11(日)	2.17	·妻와 같이 敎育文化會館에 가서 文在祐 敎授 長男 結婚의 主禮를 보다. ·崔相哲 교수 등을 만나다.	11(日) ·南北勞動團體, 金剛山會談 에서 南北勞動者 統一連帶機構를 구성키로 합의 ·美國 宇宙飛行士 2명, 가장 긴 9시간의 宇宙游泳에 성공
	12(月)	2.18	·次女 貞娥의 生日을 맞아 아침을 같이 하며 祝賀를 해주다. ·學校에 가서 정리를 하고 鄭龍鎬 社長이 와서 점심을 같이 하다. ·龍仁市 余仁國 부시장이 와서 都市計劃에 대해 설명하다. ·盧隆熙, 李圭憲, 朴昇治 씨와 저녁을 하며 古州賞에 대해 논의하다.	12(月) ·海洋水産部, 러시아와 海運協定案에 합의 ·푸틴 러시아大統領, 이란에 대한 武器 販賣를 계속할 것이라고 밝힘
	13(火)	2.19	·一山 韓自硏에 가서 朴昇治 부원장 등과 業務協議를 하다. ·權五澈 同期生의 초청으로 柳穆基고문 및 鄭龍鎬, 金玉鉉, 金鍾宬 동기들과 저녁 회식을 갖다.	13(火) ·金大中 大統領, 올해에 金正日 北韓 國防委員長의 서울 答訪이 이뤄질 것이라고 밝힘
	14(水)	2.20	·朴昇治 부원장 및 朴課長과 李永範 辯護士를 만나 의논하다. ·高等檢察廳에 가서 李萬熙 檢事를 만나 陳述書를 작성·제출하다. ·저녁에 金利煥 사장을 만나 美術館 建立件에 대해 부탁을 받고 식사를 같이 하다.	14(火) ·農林部, 驅除疫으로 인한 소·돼지 등의 輸入檢疫中斷措置 대상국가를 EU 15개 全國家로 확대
	15(木)	2.21	·上溪洞 地域開發硏究會에 가서 일을 보고 한나라黨 蘆原區 地區黨委員長 등과 점심을 같이 하다. ·尹相在 會長과 잠시 만나 환담을 하다. ·禹哉永, 金奎馥, 金學澈 氏와 慶熙醫療院에 가서 負傷당한 金壽鶴 회장의 問病을 갔으나 사람을 구별하지 못하는 상태여서 큰 衝擊과 슬픔을 느끼다. ·모두 슬픈 마음으로 저녁 식사를 하고 귀가하다.	15(水) ·南北韓, 分斷 後 처음으로 離散家族들의 書信 600통을 板門店에서 상호 교환함 ·요시히로 日本總理, 日本經濟가 '심각한 段階'에 있다고 밝힘 ·브라질, 世界 最大規模의 石油試錐船 폭발사고 발생
	16(金)	2.22	·柳常悅 前 次官의 아드님 결혼식에 가다.	16(金) ·國際勞動機構, 2次大戰 당시 日本軍의 從軍慰安婦에 대한 日本政府의 보상 촉구
				17(土) ·韓國이 주도하는 東아시아 硏究그룹 (EASG), 베트남 호치민市에서 創立會議를 갖고 정식 발족
				18(日) ·國際 卓球聯盟, 10月 23日 日本 大阪에서 개막되는 世界卓球選手權大會에 南北韓 單一팀 出戰을 승인
				20(火) ·글로리아 아로요 필리핀 大統領, 腐敗剔抉을 위한 '道德革命'을 선언

月	日	陰	本人 및 家族事項	社會一般事項
3	16(金)	2.22	・國土計劃學會 이라크 訪問團의 解團式에 참석, 寫眞을 받고 환담을 나누다.	21(水) ・鄭周永 現代그룹 名譽會長 逝去 23(金) ・러시아, 美國의 러시아 外交官 追放 措置에 맞서 自國 駐在 美國 外交官 4名을 맞 추방함
	17(土)	2.23	・一山 韓自硏에 가서 會議 準備를 하다. ・古州賞 基金運營委員會 會議를 주재하고 委員들과 식사를 같이 하다.	24(土) ・北韓 代表 弔問團, 鄭周永 회장 殯所를 찾아 弔問함
	18(日)	2.24	・妻 및 長男 夫婦와 동생 群濟의 次男 結婚式에 참석하고 여러 친지들을 만나다. ・동생宅에 가서 쉬다가 오다.	25(日) ・韓完相 敎育部長官, 寄與入學制는 단호히 不許한다고 밝힘 ・푸틴 러시아 대통령, 모리 요시히로 日本 總理와 이르쿠츠크에서 頂上會談을 가짐
	19(月)	2.25	・江華郡에 가서 郡守를 만나 인사하고 人間開發硏究院 主催의 '江華郡 아카데미'에서 特講하다.	
	20(火)	2.26	・學校에 鄭龍鎬, 金玉鉉 두 친구가 와서 오찬하다. ・金成洙 敎授에게 嚴親 問病의 誠金을 건네주다. ・高文炫 博士가 內校하여 妻와 같이 귀가하다. ・建交部 空港運營體系改善審議會 委員들과 저녁 식사를 하다.	28(水) ・日帝時代 사할린으로 강제징용됐던 韓人同胞 150名이 영구 귀국함 ・美國 政府, 1997年 체결된 地球溫暖化 방지를 위한 '京都氣候協約'에서 탈퇴할 것이라고 보도됨
	21(水)	2.27	・水原 硏修院에 가서 高幹班과 新任管理者班에서 각각 講義를 하다. ・水原에서 汽車를 타고 天安에 도착하여 吳烈根 院長과 저녁 식사를 하다. ・檀國大 政策經營大學院에 가서 特講을 하고 버스로 상경하다.	29(木) ・政府 및 債權團, 現代建設을 살리기 위해 2兆9千億원을 추가 出資키로 결정 ・仁川 國際空港이 開港됨 ・글로리아 아로요 필리핀 大統領, 全國的으로 20만명의 집 없는 어린이들이 거리를 헤매고 있다고 밝힘
	22(木)	2.28	・親舊 李俊에게 요구한 資料를 송부해주다. ・汽車로 龜尾역에 도착하여 金泉市 職員들의 안내로 金泉市에 가다. ・市長 등 機關長과 朴昇治 부원장을 만나서 第2期 市民自治大學 開講式에 참여, 祝辭와 特講을 하다. ・副院長 등과 저녁 식사를 하고 혼자 汽車로 상경하다.	30(金) ・韓國宗敎人平和會議(KCRP), 27-28日間 南北宗敎指導者 모임을 金剛山에서 가졌다고 밝힘 ・러시아 15.3km의 世界 最長 鐵道 터널인 남동부 시베리아의 세베로무이스크 터널을 완공 ・나우루 議會, 버나드 도위요고 現大統領에 대한 不信任案을 승인
	23(金)	2.29	・長女, 外孫女를 데리고 집에 오다. ・建交部 中央都市計劃委員會에 참석하여 濟州市 都市基本計劃 등을 審議하다.	31(土) ・政府, 統一聯隊가 4月 2日부터 金剛山에서 北側의 民族和解協議會와 實務會議를 하겠다고 신청한 訪問承認을 不許함 ・韓國・우크라이나 議員親善協會, 濟州에서 兩國間 交流協力增進協約書에 서명 ・러시아, 수천명의 示威隊가 모스크바 廣場에서 集會를 갖고 言論自由 保障을 촉구
	24(土)	2.30	・사위・外孫子가 상경, 집에 오다. ・長女 눈 手術이 잘 되어 安心하다. ・黃樹寬 교수 및 金顯昭 室長과 濟州市에 가서 오찬을 같이 하다. ・漢拏大學에서 개최된 第2期 市民自治大學 開講式에서 名譽市民狀을 받고 祝辭를 하다. ・副市長 등과 저녁 식사를 하고 모두 같이 상경하다.	
	25(日)	3. 1	・外孫女가 전처럼 발랄하지 못하여 마음이 아프다. ・長女 家族 모두 大田으로 귀가하다.	
	26(月)	3. 2	・韓自硏에 가서 일을 처리하다. ・아침과 저녁의 식사를 혼자 차려 먹는 날이 되다.	
	27(火)	3. 3	・空港에 나가 金東吉 敎授를 만나 같이 大邱에 가다. ・金圭澤 壽城區廳長 및 朴昇治 부원장을 만나 모두 같이 오찬을 하다. ・大邱産業情報大學 大講堂에서 개최된 區民自治大學 開講式에서 祝辭를 하다. ・金東吉 敎授와 같이 상경 귀가하다.	
	28(水)	3. 4	・地域開發硏究會에 가서 일을 보고 硏究陣들과 오찬을 같이 하다. ・濟州市 副市長이 와서 버섯을 선물하고 가다. ・朴永根 社長 초청으로 張斗煥 한나라黨 委員長 및 硏究會 全 任職員들과 식사를 하며 환담하다.	

2001

月	日	陰	本人 및 家族事項	社會一般事項
3	29(木)	3. 5	・水原 研修院에 가서 院長 등과 오찬을 같이 하다. ・地方移讓推進委員會 주최의 關係公務員 教育課程에서 격려 인사말을 하다. ・好凡會 모임에 나가 환담하다.	
	30(金)	3. 6	・地方移讓委員會 일로 關係官들과 버스로 廣州・龍仁市에 가서 下水處理場 등을 視察하고 회의를 주재하다.	
	31(土)	3. 7	・妻와 같이 龍仁 休憩所에 가서 누님 및 동생 夫婦와 許垣君을 만나 같이 고향 聞慶에 가다. ・父母任 墓所에 가서 拜禮를 드리고 山에서 점심을 들다. ・姉兄 누님宅에 가서 저녁을 대접받고 江에 가서 고기를 잡다. ・생질 黃泰鉉 宅에 가서 飮酒를 하며 환담하다. ・金學澈 회장이 다녀간 뒤 虎溪에서 투숙하다.	
4	1(月)	3. 8	・모두 같이 興德 깃골에 가서 出生 故宅이 있던 位置를 확인하다. ・妻男과 같이 空地를 둘러보다. ・咸昌 尙志 聖堂에서 개최된 元鉉君의 長女 結婚式에 참석하다. ・妻와 둘이 大田에 있는 長女宅에 가서 투숙하다.	1(日) ・大檢察廳, 李錫彩 前 情報通信部長官에 대해 職權濫用 嫌疑로 구속영장을 청구 ・美 海軍所屬 偵察機가 南中國海 上空에서 偵察活動을 하다가 中國 戰鬪機와 충돌하여 非常着陸했다고 밝혀짐 ・세르비아 政府,슬로보단 밀로세비치 유고聯邦 前大統領,警察과의 대치 끝에 投降,체포됐다고 발표
	2(火)	3. 9	・外孫子女와 같이 놀다가 점심 후 상경하다. ・李圭煌 부원장 초청으로 國土計劃學會 代表들과 저녁을 같이 하며 환담하다.	
	3(水)	3.10	・金利煥 社長과 같이 泰光 골프場에 가서 金源, 趙正濟 博士와 골프를 치다. ・잔도리 部落과 利瑛美術館 敷地 및 資料保管室 등을 둘러보다. ・盆唐 동생宅에 가서 누님 内外分 및 虎溪 甥姪들과 같이 동생 回甲宴을 열고 축하를 해주다. ・感氣가 와서 밤에 고생을 하다.	2(月) ・李萬燮 國會議長, 피델 카스트로 쿠바 國家評議會 議長과 아바나에서 會談을 가짐 ・世界的 反核平和團體인 '科學과 國際問題에 관한 퍼그워시 會議'가 서울에서 개막 3(火) ・韓國, 쿠바와 貿易・投資 增大를 위해 貿易事務所를 설치키로 합의 4(水) ・필리핀 特別檢事, '피플 파워'로 축출된 조셉 에스트라다 前大統領을 부정・부패 嫌疑로 기소
	4(木)	3.11	・學校에서 鄭龍鎬 사장과 점심을 같이 하고, 李相伊 사장의 동생 李相漢 理事의 來訪을 받다. ・禹哉永, 金奎馥氏와 저녁을 같이 하며 서울市 研究件을 협의하다. ・2次 모임에서 朴熙正 博士의 研究室長 昇進 祝賀會를 갖다.	5(木) ・北韓, 最高人民會議 第10期 第4次會議 개막 6(金) ・金大中 大統領, 미겔 로드리게스 코스타리카 大統領과 青瓦臺에서 頂上會談 가짐 ・정부, 金融監督體制 효율화 방안 마련 ・모리 요시히로 日本 總理, 總理職 사퇴를 公式 表明 ・아르헨티나, 首都 부에노스아이레스에서 自由貿易에 반대하는 격렬한 暴力示威발생
	5(金)	3.12	・植木日을 맞아 庭園을 정리하다.	
	6(土)	3.13	・서울市政開發研究院에 가서 諮問會議에 참석하고 權源庸 院長 등과 오찬을 같이 하다. ・學校에 가서 博士論文을 심의하다. ・서울市 政策會議에 참석하고 함께 저녁 식사를 하다.	
	7(日)	3.14	・丁榮植 行自部 次官을 만나 인사하고, 地方移讓委員會에서 研究用役 과제의 着手 報告를 받은 뒤 함께 오찬을 하다. ・次女, 親舊 結婚式에 참석하고 釜山에서 상경, 귀가하다.	8(日) ・이란, 野黨 이란自由運動(IFM) 所屬議員 30명 이상이 체포됐다고 알려짐 10(火) ・金大中 大統領, 훈센 캄보디아 總理와 青瓦臺에서 頂上會談을 가짐 ・네덜란드 上院, 安樂死를 최종 승인 함으로써 세계최초의 合法化가 이루어짐
	8(月)	3.15	・金文起 理事長 초청으로 尹相在, 朴權欽 禹哉永氏 등과 코리아나 호텔에서 오찬을 들며 환담하다.	
	9(火)	3.16	・택시로 金浦 空港에 힘들게 도착하여 蔚山에 가다. ・李圭正 議長 초청으로 '蔚山發展 100人 會議' 모임에서 特講을 하다.	11(水) ・情報通信部, IT產業 海外進出 支援 綜合計劃을 확정 발표함 ・英國, 世界 最初로 遺傳子 移殖技法에 의해 複製 돼지를 생산했다고 발표

月	日	陰	本人 및 家族事項	社會一般事項
4	9(火)	3.16	·마지막 飛行機를 놓쳐서 任員들과 식사를 하고 優等高速 버스로 출발하여 다음 날 3시에 서울 도착, 귀가하다. ·日程이 매우 아슬아슬하고 힘들게 이어진 하루 운세였다.	12(木) ·政府, 日本 歷史敎科書 歪曲問題를 해결하기 위해 多角的으로 總力대처키로 했다고 밝힘 ·美國 오하이오州 신시내티市, 非武裝 黑人에 대한 白人警察의 銃擊事件을 둘러싼 暴動이 4日째 계속됨에 따라 非常事態를 선포하고 夜間通行禁止令을 발령
	10(水)	3.17	·學校에서 整理를 하고 環境部 司空 下水道局長의 내방을 받고 移讓件에 대해 논의하다. ·本人 마련으로 李景熙, 李永哲 氏와 저녁을 하다. ·長男이 데려온 고급 개를 도저히 기르기 힘들어 팔아버리다.	13(金) ·江澤民 中國主席, 피델 카스트로 쿠바 國家評議會 議長과 아바나에서 頂上會談을 가짐
	11(木)	3.18	·一山 韓自硏에 가서 朴昇治 부원장 등과 협의하고 全職員 같이 점심을 하다. ·鄭龍鎬 社長 및 黃哲民 顧問과 저녁을 같이 하며 地下鐵 廣告事業에 대해 논의하다.	14(土) ·브라질, 상파울루 서쪽에 있는 피네이루스 矯導所 在所者 150名이 脫獄하여 난동을 부렸다고 알려짐
	12(木)	3.19	·地方移讓推進委員會 회의를 주재하고 어려운 環境部 案件 등을 적절히 議決하다. ·會議를 늦게까지 진행하고 모두 저녁식사를 하다.	16(月) ·이봉주 選手, 第105回 보스턴 마라톤에서 우승 차지 ·民主黨·自民聯·民國黨, 代表 會同에서 3黨 聯政構成을 천명
	13(金)	3.20	·浦項을 거쳐 慶州에 가서 朴昇治 부원장, 慶州市 副市長, 市議會議長, 연세대 尹방부 교수 등을 만나다. ·慶州市民自治大學 開講式에 參席하여 祝辭를하고 혼자 上京하다. ·地方自治學會 顧問·會長團·常任理事들의 저녁 모임에 참석하다. ·妻, 親庭 家族들과 白岩溫泉으로 놀러가다.	17(火) ·國會 法司委, 反腐敗 基本法의 제정과 관련하여 大統領 直屬機構로 '反腐敗 特別委員會'를 구성키로 합의 ·U.N.兒童基金(UNICEF), 每年 20여만 명의 어린이들이 中央 및 西部 아프리카 人身賣買市場에서 팔려나가고 있다고 밝힘 ·타하 라마단 이라크 副統領, 國際監視團의 武器査察을 허용치 않을 것이라고 강조
	14(土)	3.21	·安東大學 總同窓會 張元碩 會長 招請으로 顧問團 午餐 모임에 나가다.	18(水) ·金大中 大統領, 지금까지는 평균적인 사람이 필요했으나 21世紀에서는 知的 創意力, 아이디어, 冒險心을 갖춘 사람만이 성공할 수 있다고 역설함
	15(日)	3.22	·長男과 같이 63빌딩 禮式場에 가서 李相漢 後輩의 따님 결혼식 主禮를 보고 李相伊 社長 등과 점심을 같이 하다.	
	16(月)	3.23	·妻, 店村에서 上京하다. ·Viagis Center에 가 硏究物 整理案을 提出하다. ·서울市에 가서 高建 市長과 '自治公論'誌 揭載用 對談을 하다. ·朴昇治 부원장과 高永天, 禹哉永, 李永哲氏 등을 모시고 저녁 식사를 하다.	19(木) ·張在植 産業資源部 長官, IT, BT, NT, ET 등 4大 新技術 산업을 적극 育成할 것이라고 밝힘 21(土) ·韓國·中國 代表, 中國 北京에서 양국간 通商懸案에 대해 협의 22(日) ·美洲地域 34個國 頂上들, 美洲 自由貿易 地帶(FITA) 創設 協商을 2005年 12月 까지 출범시키기로 합의
	17(火)	3.24	·地域開發硏究會에 가서 業務協議를 하고 朴·鄭 회장 등과 오찬을 같이 하다.	
	18(水)	3.25	·朴權欽 會長과 같이 鎭川郡 天龍 골프場에 가서 尹相在·禹哉永 會長과 골프를 치다. ·尹·禹會長과 술을 들며 환담하다.	23(月) ·國民銀行, 住宅銀行과 두 銀行의 합병 本契約을 체결 24(火) ·統一部, 3月末 현재 北韓 離脫 住民 중 國內 居住者는 1,285名이라고 밝힘
	19(木)	3.26	·學校에 가서 일을 보고 妻와 같이 집에 오다. ·金學澈·柳承眞 친구들과 저녁을 들며 환담하다.	·法務部, 3月末 현재 國內에 체류 중인 外國人 49만9,000여명 중 不法滯留者는 20만 600여명이라고 밝힘
	20(金)	3.27	·地方移讓委員會에 가서 卞鐸 社長이 준 SBS 時計 30個를 支援팀에 配付해주다. ·李根植 行自部長官을 만나 人事를 하고 移讓委員會 件에 대해 부탁하다. ·京畿道 企劃官의 來訪을 받은 뒤 河在龍 課長 등과 점심을 같이 하다. ·中央都市計劃委員會의 小委員會와 本會議에 參席하여 그린벨트 調整案을 審議하다. ·鳥嶺會 모임에 參席하고 다시 金鍾聲 親舊 초청으로 高校 同期生 모임에 나가다.	·中國 政府, 美國이 臺灣에 武器를 販賣하는 것을 반대한다고 천명 25(水) ·필리핀 警察, 民衆烽起로 축출된 조셉 에스트라다 前大統領을 公金橫領 嫌疑로 체포 26(木) ·政府, 9月 11日 第56次 U.N.總會에서 선출될 예정인 U.N.總會 議長 候補에 韓昇洙 外交通商部長官을 지명

月	日	陰	本人 및 家族事項	社會一般事項
4	21(土)	3.28	·康渭薫 社長과 같이 Pine Creek 골프場에 가서 風水會 會員들과 골프를 치다. ·長女 家族, 大田에서 上京하여 집에 와 묵다.	26(木) ·政府, 南北 交流協力推進協議會에서 北韓에 비료 20만톤을 지원키로 결정 ·고이즈미 준이치로 日本 自民黨 總裁, 衆議員과 參議員의 總理 指名選擧에서 過半數를 득표하여 第87代 總理로 선출
	22(日)	3.29	·外孫女와 놀이터에 가서 놀다 오다. ·妻·次女 및 長女 家族 모두 피자집에 가서 점심을 같이 하고 長女 家族은 大田으로 歸家하다. ·安山市 中央病院에 가서 朴昇治 副院長 慈堂 問喪을 하고 親知들과 餘談을 나누다 歸家하다.	27(金) ·도밍고 카발로 아르헨티나 經濟長官, 稅收를 약 30억달러 늘리고 政府支出을 9억달러 줄이는 財政赤字 打開策 발표
	23(月)	3.30	·農協中央會 諮問會議에 참석하고 함께 점심하다. ·上溪洞 地域開發研究會에 가서 協議를 하고, 蘆原區廳에 가서 研究課題의 中間報告를 하다. ·研究陣 및 區關係者들과 저녁을 하며 歡談하다.	28(土) ·사할린 居住 高齡 同胞 30名, 永住歸國을 위해 가족과 함께 입국 ·게르하르트 슈뢰더 獨逸 總理, '유럽 合衆國' 政府創設을 포함하는 대폭적인 유럽聯合(EU) 權力體系 改編案을 승인 ·美國 實業家 Dennis Tito, 265억원의 비용을 내고 러시아 宇宙船 소유즈 TM 32를 탑승하여 1주일간 宇宙를 旅行하여 세계 첫 宇宙 觀光客이 됨
	24(火)	4. 1	·蔚山市에 가서 沈完求 市長을 만나 人事하다. ·蔚山市 女性團體協議會가 主催한 '女性經濟教育'에서 特講을 하다. ·尹明姬 會長 등 任員과 市 家庭福祉課長 등과 午餐을 하고 혼자 歸京하다.	
	25(水)	4. 2	·一山 韓自研에 가서 일을 보고 직원 모두와 점심을 같이 하다. ·建交部 中央都市計劃委員會에 참석하여 龍仁市 都市基本計劃을 審議·議決하다. ·金源 教授 車로 귀가하다.	29(日) ·살라후딘 말레이시아 國王, 金大中 大統領 초청으로 방한 ·러시아, 北韓에 7,000억원 상당의 武器를 판매할 계획이라고 보도 ·알제리, 北東部 카빌리에서 계속된 住民 暴動으로 50여명의 死亡者가 발생했다고 밝혀짐
	26(木)	4. 3	·學校에 가서 銀行件을 처리하고 記錄 整理를 하다. ·大學本部의 施設管理局長 등이 부탁차 다녀가다. ·집에 次女用으로 PC를 設置하다.	30(月) ·國會, 人權委員會 설치를 골자로 한 國家人權委員會法을 가결 ·美國 國務部, 北韓, 쿠바, 이라크, 리비아, 수단, 시리아 등 7個國을 테러支援國으로 다시 지정한다고 밝힘
	27(金)	4. 4	·水原에 가서 高幹班 指導學生들과 점심을 같이 하고 論文指導를 하다. ·新任 金重養 研修院長과 人事를 하다. ·國土計劃學會에 가서 複寫를 하다. ·好凡會 모임에 參席하다.	
	28(土)	4. 5	·일찍 서울驛에 가서 朴炳柱 教授와 같이 益山市에 내려가다. ·李洋宰 教授의 迎接을 받아 益山 골프場에 가서 李정규 사장과 같이 골프를 치다. ·저녁 식사를 하고 汽車로 上京하다.	
	29(日)	4. 6	·結婚式場을 잘못 알고 常綠會館에 헛되이 다녀오다. ·저녁에 獨逸에서 온 妻弟 夫婦의 내방을 받아 환담하다.	
	30(月)	4. 7	·地方移讓팀들과 水原 京畿道廳에 가서 白成雲 부지사 및 林昌烈 知事를 만나 移讓件을 협의하다. ·崔 環境局長 등과 저녁식사를 하고 상경하다.	
5	1(月)	4. 8	·韓國自治開發研究院에서 발간하는 月刊誌 「自治公論」을 「自治發展」으로 題號 變更하여 그 첫 號를 간행하다. ·佛誕日을 맞아 누님 內外分과 같이 虎壓寺에 가서 禮佛을 드리다. ·동생과 合流하여 밭에 가서 쉬다가 귀가하다. ·마당에 고추를 사서 심다. ·妻, 奉恩寺에 다녀오다.	1(火) ·南北 勞動者 1,000여명, 金剛山 溫井閣에 모여 南北共同 勞動節 行事 거행 ·러시아 제트여객기가 臺北에서 乘客 147名을 태우고 블라디보스토크로 출발함으로써 臺灣-러시아간 直航路가 열림 2(水) ·財政經濟部, 현재까지 사용한 公的資金은 134조7,000억원이고 年末까지 投入될 公的資金은 25조 9,000억원이라고 밝힘 ·韓國과 우즈베키스탄, 타슈켄트에서 兩國間 犯罪人引導條約 및 刑事司法 共助條約에 假署名
	2(火)	4. 9	·上溪洞 地開研에 가서 일을 보다. ·禹哉永 회장 및 金奎馥 국장과 같이 慶熙醫療院에 가서 金壽鶴 회장을 問病하다. ·李永哲 회장과 合流하여 저녁 식사를 하며 환담하다.	

月	日	陰	本人 및 家族事項	社會一般事項
5	3(水)	4.10	·學校에 가서 記錄 整理를 하다. ·中央大 行政大學院에 가서 特講을 하고 妻와 같이 귀가하다. ·自宅에 컴퓨터, E-mail 및 電話를 신설하다.	3(木) ·金大中 大統領, 서방국가 頂上으로는 처음 平壤을 방문한 요란 페르손 스웨덴 總理의 禮訪을 받아 靑瓦臺에서 訪北 結果에 대해 의견교환
	4(木)	4.11	·一山 韓自硏에 가서 일을 보다. ·行自部 丁榮植 次官 招請으로 地方移讓委員會 實務委員들과 만찬을 함께 하다.	·北韓 金正日 委員長 長男인 金正男, 1日 僞造旅券을 가지고 日本 나리타 空港을 통해 不法入國하려다가 체포됐다고 보도
	5(金)	4.12	·'어린이 날'을 맞아 妻와 같이 새벽 일찍 大田에 있는 長女宅에 가다. ·家族 모두 같이 엑스포 公園에 가서 놀다가 저녁 식사를 하고 귀가하다. ·外孫女 세발自轉車를 사주다.	4(金) ·印度 大法院, 높은 性比不均衡을 해소하기 위해 聯邦 및 州政府에 대해 胎兒 性鑑別 禁止法 시행을 지시 6(日) ·李漢東 總理, 中東地域 4個國 巡訪을 위해 출국
	6(土)	4.13	·家族 모두 妻 친구 자녀 結婚式에 가서 점심을 들다. ·外孫子와 엑스포 코아에 가서 膳物을 사주다. ·함께 묵마을에 가서 식사를 하고, 江邊 잔디에 가서 놀다가 귀가하다.	7(月) ·文化觀光部, 大田·春川·富川·淸州 등 4개 도시를 尖端文化産業團地로 지정 8(火) ·韓國·中國·日本女性指導者들, 서울에서 '동북아 女性指導者會議'를 개최하고 '서울女性宣言'을 채택
	7(日)	4.14	·外孫子·外孫女를 마음 아프게 이별하고 妻와 같이 차로 상경하다. ·妻와 같이 次蓮 妻弟의 査頓될 분들 가족들을 만나 인사하고 함께 저녁 식사를 하다. ·妻 및 妻弟夫婦와 麥酒를 들며 늦게까지 환담하다 귀가하다.	9(水) ·부시 美國 大統領, 金大中 大統領에게 보낸 親書에서 韓國의 對北抱容政策에 대한 支持意思를 표명 ·中國 學者들, 왜곡된 日本 歷史敎科書의 시정을 위한 아시아인들간의 連帶와 團結 촉구
	8(月)	4.15	·學校에 가서 記錄 整理를 하고, 京畿道 敎育廳에서 온 公務員들을 만나 學校 立地에 대해 설명을 듣다. ·'어버이 날'을 맞아 長男 夫婦의 초청으로 三井 호텔에서 妻弟 夫婦와 같이 저녁 식사를 대접받다.	11(金) ·서울地法, 東亞建設에 대해 職權으로 破産을 宣告한다고 판시 12(土) ·美國 國務部, 世界食糧計劃(WFP)의 요청에 따라 北韓에 10만톤의 식량을 지원키로 결정했다고 밝힘
	9(火)	4.16	·國家專門行政硏修院에 가서 講義를 하고 院長을 만나 환담하다. ·國土計劃學會 및 地方自治學會에 들러 몇 가지 일을 보고 귀가하다. ·自宅의 장독대를 청소하다.	·시베리아 東部 이르쿠츠크의 타이가 森林地帶, 화재로 300ha이 소실 13(日) ·헬렌 클라크 뉴질랜드 總理 訪韓 ·이탈리아 總選 실시, 中道右派 '自由의 집 同盟' 승리
	10(水)	4.17	·집에서 마당 정리를 하고 原稿를 쓰다. ·韓國建設産業硏究院(院長 李建永) 주최의 「建設저널」 創刊紀念 리셉션 行事에 참석하다.	·獨逸 政府와 核發電所 運營會社들, 2018年까지 국내 모든 核發電所를 폐쇄한다는 法案에 합의했다고 알려짐
	11(木)	4.18	·曺時鉉 女息 結婚式에 가다. ·濠洲人이 와서 집을 둘러보고 가다. ·마당을 청소하다.	14(月) ·EU 執行委, EU와 北韓의 外交關係 수립을 결정했다고 밝혀짐
	12(金)	4.19	·韓國地方行政硏究院에 가서 古州賞 施賞式을 주재하고 參席者들과 저녁 食事를 같이 하다.	15(火) ·李萬燮 國會議長, 모스크바에서 러시아 政界 指導者들과 連鎖會談가짐
	13(土)	4.20	·後輩 李相漢의 딸과 사위 主禮 人事次 다녀가다. ·金學澈 사장 女息 結婚式에 가서 主禮를 보다. ·禹哉永, 徐建一 氏와 맥주를 마시며 환담을 하다. ·禹哉永 회장과 李殷九 陶藝展을 관람하다.	·피델 카스트로 쿠바 國家評議會 議長, 시리아 등 中東과 아시아 제국을 巡訪 ·터키 經濟回生對策의 일환으로 民間金融 부문을 개혁하고 公營銀行 등을 3年內에 民營化할 것이라고 發表
	14(日)	4.21	·韓國國家記錄硏究院의 金英愛 局長과 記錄에 대해 對談하다.	18(金) ·부시 美國 大統領, 쿠바정권이 民主的인 選擧를 실시할 때까지는 쿠바에 대한 制裁措置 緩和에 반대한다고 밝힘
	15(月)	4.22	·一山 韓自硏에 가다. ·江陵 옛날집에서 師恩會 모임을 環心會와 같이 갖다. ·徐健一 氏와 三星醫療院에 가서 高建 市長 慈堂 問喪을 하다.	19(土) ·캄보디아, 中國에 道路開設 등에 필요한 예산으로 6,000만달러를 지원해달라고 요청
	16(火)	4.23	·水原 硏修院에 가서 中堅班 入校式에 참석하여 祝辭를 하다. ·學校에 가서 博士論文 審査를 하다.	20(日) ·몽골 大選 실시, 나차긴 바가반디 現 大統領이 再選됨

月	日	陰	本人 및 家族事項	社會一般事項
5	16(火)	4.23	·'奉化집'에서 安師 同期生 및 柳穆基 先輩들을 초대하여 식사하며 환담하다.	20(日) ·U.N. 最貧國會議, 向後 10年間의 行動計劃 채택
	17(水)	4.24	·妻와 같이 中溪洞 상가에 가서 眼鏡店을 하는 宋재상氏와 店鋪 賃貸借 契約을 맺다. ·妻와 같이 洋服店에 가서 洋服을 맞추다.	21(月) ·서울大 教授協議會, 日本의 U.N.安保理 常任理事國 진출을 반대하는 내용의 書翰을 U.N. 本部에 제출
	18(木)	4.25	·地域開發硏究會에 가다. ·李永哲氏 부담으로 '奉化집'에서 禹哉永, 尹相在氏 등과 저녁을 하다.	22(火) ·統一部, 北韓이 南韓에 電力支援을 요청했다고 밝힘 ·中國, 티베트 全體 收監者 2,300명중 5%가 國家安保를 위태롭게 한 嫌疑로 기소됐다고 보도
	19(金)	4.26	·妻와 같이 牛耳洞 月壁莊에 가서 許椗 姊兄 七旬宴을 갖다.	
	20(土)	4.27	·妻와 같이 長男宅에 가서 아들과 며느리를 꾸지람하고 주의를 주다.	23(水) ·國際青年會議所(JCI) 亞·太 大會(ASPAC) 大邱에서 6,500여명 참석하에 개막
	21(日)	4.28	·學校에 가서 整理를 하다. ·鄭龍鎬 社長과 같이 세브란스 病院에 가서 同期 李東旭 辯護士의 問喪을 하고 오다.	25(金) ·政府, 새만금干拓事業에 대해 東津江 水域을 우선 개발하고 萬頃江 水域은 水質이 안전할 때까지 유보키로 결정 ·江澤民 中國主席, 第3次 아시아·유럽 頂上會議(ASEM) 외무부장관회의 개막 연설에서 '新실크 로드'를 구축하자고 촉구(北京)
	22(月)	4.29	·妻, 次女 結婚件으로 宮合을 보러 가다. ·李景熙,李永哲,李圭憲氏와 저녁 식사를 하다.	
	23(火)	閏4. 1	·嚴在善 社長을 만나 主禮件을 협의하다. ·國家專門行政硏修院 金重養 院長 초청으로 巨富食堂에서 幹部 및 指導教授들과 會食하다.	
	24(水)	閏4. 2	·姜渭薰 사장과 같이 뉴서울골프場에 가서 風水會 골프 모임을 갖다. ·올림픽 파크텔에서 개최된 월드컵 大會를 위한 討論會에서 司會를 보다. ·安東 申夏奎 內科醫院 院長의 따님 夫婦(申중섭, 金基顯)를 초대, 저녁 대접을 하며 過去 恩惠에 대해 설명하고 감사하다.	26(土) ·라오스와 中國, 兩國 國境地域에 '無關稅 貿易地帶'를 설치키로 합의하고 상호 양해각서에 서명했다고 보도됨 ·르완다 法院, 1994年 50萬名 이상을 살해한 民族大虐殺嫌疑로 기소된 10명에게 死刑을 선고하고 23명에게 終身刑을 선고했다고 보도됨 ·아프리카 53個國이 참여하는 새로운 아프리카 聯合(AU) 출범
	25(木)	閏4. 3	·盧椿熙 院長과 조찬을 하며 業務協議를 하다. ·朴昇治 부원장 父子와 高等檢察廳에 가서 李만희 檢事에게 現代社會 告訴件에 대한 所見書를 작성, 제출하다. ·中央都市計劃委員會에 참석하다. ·聞慶市 鄭憲秀 鄕軍會長 등을 만나 金龍培 將軍 碑文件에 대해 협의하다. ·長女 家族이 집에 와서 같이 식사하다.	28(月) ·中央아프리카, 首都 방기에서 쿠데타가 발생했다고 전해짐 29(火) ·칠레 法務部, 150年간 시행해온 死刑 제도를 폐지했다고 발표 30(水) ·2001 大陸間컵 蹴球大會, 大邱에서 개막 ·천수이벤 臺灣 總統, 中國의 統一方案인 1國2體制案을 받아들일 수 없다고 강조
	26(金)	閏4. 4	·韓自硏 全任職員들과 江華島에 野遊會를 가다. ·長女 家族, 大田으로 내려가다.	31(木) ·第8次 亞·太出版協會(APPA) 總會, 서울에서 개막함 ·U.N. 總會, 宗教遺蹟地를 보호하는 決議案 채택
	27(土)	閏4. 5	·집안 대청소를 하다. ·金龍培 將軍 碑文을 작성하다.	
	28(日)	閏4. 6	·서울 호텔에서 李圭憲, 朴昇治 氏와 같이 돈 問題를 협의·조정하다. ·李圭憲,禹哉永,李永哲,高永天氏 등과 저녁 식사를 하며 환담하다.	
	29(月)	閏4. 7	·學校에서 整理를 하다. ·好汀印刷社 朴社長과 만나 記錄集 發刊 原資料의 返還을 당부하다.	
	30(火)	閏4. 8	·韓自硏에 가서 李圭憲 원장과 오찬을 같이 하고 朴昇治 부원장과의 負擔金 問題를 처리하다.	
	31(水)	閏4. 9	·禹哉永 회장과 같이 蘆原區廳에 가서 區廳長에게 硏究件에 대한 感謝의 金메달을 전하다. ·金壽鶴 회장 問病을 가다. ·好凡會 모임을 갖고 비용을 朴昇治 부원장이 담당하다.	

月	日	陰	本人 및 家族事項	社會一般事項
6	1(金)	閏4.10	·朴昇治부원장 및 黃樹寬 교수와 같이 晋州 空港을 거쳐 固城에서 점심을 하고 統營市에 가다.	1(金) ·러시아 등 獨立國家聯合(CIS) 頂上들, 민스크에서 頂上會談을 가짐
			·統營市 市民自治大學 開講式에서 祝辭를 하고 市長 등과 저녁 식사를 한 뒤 상경하다.	2(土) ·第30回 全國少年體育大會, 釜山에서 개막
	2(土)	閏4.11	·金源·許在完 교수 등과 釜山市廳에 가서 委囑狀을 받고 開發案에 대해 자문하다.	·네팔, 1일 밤 비렌드라 國王을 비롯한 王室 一族을 殺害하고 自殺을 기도했던 디펜드라 王世子가 새 國王으로 공식추대 됐다고 밝혀짐
			·A-One 골프場(舊 Adonis)에서 골프를 치다.	
			·安相英 市長 등과 저녁 식사를 하다.	3(日) ·비센테 폭스 멕시코 大統領 訪韓
			·釜山 그랜드 호텔에서 投宿하다.	·北韓, 지난 해 輸出은 5억 5,633만달러, 輸入은 14억 1,321만 달러로 알려짐
	3(日)	閏4.12	·서울로 상경하다.	
	4(月)	閏4.13	·蘆原區 李祺載 區廳長과 「自治發展」誌 揭載用 對談을 하다.	4(月) ·北韓 商船 대흥단號가 濟州 海峽을 거쳐 航海했다고 보도됨
			·地域開發研究會 研究陣들과 蘆原研究의 完了 自祝宴을 갖다.	5(火) ·第89次 國際勞動機構(ILO), 제네바에서 總會 開幕
	5(火)	閏4.14	·學校에서 高在瓊孃 博士論文 最終審査를 하다.	6(水) ·韓國通信, 韓國과 日本간 國際 디지털 TV中繼網을 開通했다고 발표
			·李正典 원장 등 審査委員들과 저녁 식사를 하다.	
	6(水)	閏4.15	·顯忠日을 맞아 國旗를 게양하다.	7(木) ·제2차 世界商工會議所 總會, 서울 개막
			·몸살·감기로 고생하다.	·아시아나 航空 勞動組合, 罷業을 결의
			·妻와 같이 ZOO 002 劇場에서 映畵 〈眞珠灣(Pearl Harbor)〉을 관람하다.	·아르헨티나 聯邦法院, 카를로스 메넴 前 大統領을 가택연금
	7(木)	閏4.16	·몸이 불편한데도 高陽市廳에 가서 產業團地 造成에 관한 公聽會의 司會를 보다.	·아일랜드, 國民投票에서 憲法上 死刑制 廢止를 승인
			·副市長, 朴相雨 博士 등과 식사를 하고 귀가하여 무척 앓다.	·英國 總選擧 실시, 블레어 總理의 勞動黨 승리
			·妻, 친구들과 太白市로 놀러가다.	8(金) ·이란 大選 실시, 모하마드 하타미 現大統領 再選
	8(金)	閏4.17	·學校에 가서 保健診療所를 방문, 감기약을 지어오다.	·우즈베키스탄, 代金未決濟로 타지키스탄에 가스供給을 중단함
			·安建爀 교수와 같이 牙山 鮮文大學에 가서 세미나 司會를 보다.	10(日) ·第49回 베니스 비엔날레, 서울에서 개막
			·朴秀永 副總長 등과 저녁 식사를 하고 大田 長女宅으로 가서 投宿하다.	·U.N. 關係者, 캄보디아는 마리화나의 不法去來로 엄청난 利益을 챙기고 있다고 밝힘
	9(土)	閏4.18	·長女 家族들과 百貨店 등을 들리고 식사하다.	
			·妻, 太白市에서 上京, 귀가하다.	·스위스, 國民投票를 통해 國際平和 유지 활동에 참여하는 自國軍隊의 武裝을 승인
	10(日)	閏4.19	·長女 家族들과 江邊 등에서 놀다가 식사하고 귀가하다.	11(月) ·제24회 國際記者聯盟(IFJ) 總會, 서울에서 개막
			·계속 몸살로 고생하다.	
	11(月)	閏4.20	·몸살의 아픔을 안고 상경 귀가하다.	·臺灣 前 陸軍總司令 일행, 北京을 방문하여 中國 代表들과 統一問題를 논의했다고 보도
	12(火)	閏4.21	·韓國地方行政研究院 諮問委員會에 참석하여 委員長으로 추대되어 會議를 주재하다.	
			·'奉化 국시집'에서 柳穆基 顧問 및 鄭龍鎬 친구 등과 모임을 갖다.	·이탈리아, 실비오 베를루스코니 總理의 새 內閣 출범
	13(水)	閏4.22	·汽車로 龜尾를 거쳐 星州郡廳에 가서 郡民自治大學 特講을 하다.	12(火) ·大韓航空 및 아시아나航空 勞組, 동시 罷業에 돌입함으로써 史上 最大의 航空大亂이 일어남
			·朴昇治 부원장과 헤어져 汽車로 上京하다.	
	14(木)	閏4.23	·韓自研에 가서 일을 처리하다.	14(木) ·부시 美國 大統領과 유럽聯合 頂上들, 예테보리에서의 頂上會談에서 京都 氣候協約 履行合意에 실패
			·地方移讓委員會 第10次 會議를 主宰하고 25件의 移讓件을 심의하다.	
	15(金)	閏4.24	·가뭄에 대한 謹愼으로 당분간 골프를 치지 않겠다는 뜻을 風水會 등에 통지하다.	15(金) ·獨逸 政府, 北韓에 500만마르크 (약220만달러) 상당의 식량을 긴급 지원키로 결정
			·都和綜合技術公社 具正完 常務와 같이 華城市에 가서 禹浩泰 市長 등과 점심을 하다.	·러시아 下院, 政府가 상정한 土地法案을 採擇하기로 결정
			·華城市 都市基本計劃 公聽會에서 司會를 보다.	
	16(土)	閏4.25	·嚴正一 君 結婚式에 가서 主禮를 보다.	17(日) ·濟州 平和 포럼, '濟州平和宣言' 채택

2001

月	日	陰	本人 및 家族事項	社會一般事項
6	17(日)	閏4.26	·朴基造 교수의 問喪을 하고 妻와 같이 하나로 마트에 다녀오다. ·몸살·감기로 계속 시달리다.	17(金) ·불가리아 總選 실시, '民族運動 시메온II(MNSII)'가 勝利 18(月) ·泰國·캄보디아, 歷史的인 經濟協力 협정에 서명
	18(月)	閏4.27	·學校에 가서 정리를 하고 慶北道 公務員과 道 基本計劃件을 협의하다.	19(火) ·프랑스 下院, 大統領 刑事免責特權 廢止 法案 議決
	19(火)	閏4.28	·國土學會와 自治學會에 들려 일을 보다. ·沐浴을 하고 집에서 記錄整理를 하다.	20(水) ·國稅廳, 新聞·放送·通信社 등 中央言論社 23곳에 대해 5,056억원의 稅金을 追徵키로 했다고 밝힘
	20(水)	閏4.29	·地域開發硏究會에 가서 基金마련을 협의하고 90만원을 贊助하다. ·禹회장 등과 저녁 식사를 하다.	·英國 學術院, 人間複製를 全世界的으로 禁止할 것을 촉구
	21(木)	5. 1	·地方自治學會 崔相哲 會長 등과 朝餐 모임을 갖고 古州賞 基金運營委員會의 移管에 대해 協約書를 체결하다.	·美國 國防部, 'win-win戰略'의 폐기를 決定했다고 보도
	22(金)	5. 2	·中央都市計劃委員會에 참석하다.	·파키스탄, 軍事政府 指導者 페르베즈 무샤라프 將軍이 大統領에 就任하고 下院을 解散함
	23(土)	5. 3	·妻·누님 등과 盆唐에가서 동생 밭에 들러 식사하다.	
	25(月)	5. 5	·韓自硏에 가서 朴昇治 副院長등과 會議를 하고 점심을 같이 하다. ·國土計劃學會에 가서 海外旅行 및 韓·中 세미나 件에 대해 협의하다. ·崔秉瑄, 禹哉永 회장 등과 식사하다.	21(木) ·러시아 下院, 政府가 상정한 政黨法案을 승인 22(金) ·第4次 在日 朝鮮人 總聯合會(總聯) 同胞 故鄕訪問團 80명 입국
	26(火)	5. 6	·淸州 古印刷博物館에서 개최된 韓國 市民記錄文化展 開幕式에 참석하여 祝辭를 하고 本人 出品 등을 관람하다. ·羅基正 淸州市長 및 受賞者들과 오찬을 같이하고 상경하다.	25(月) ·U.N., 地球村의 에이즈 擴散을 막기 위한 特別總會 개막 27(水) ·U.N.安保理 , 코피 아난 事務總長의 連任을 승인 28(木) ·美國, 腐敗防止法 制定案 議決
	27(水)	5. 7	·崔炳大 敎授 등과 昌原에 가서 成泰鉉 원장 등과 오찬을 같이 하다. ·地方自治 大討論會에서 綜合分科 司會를 보다. ·慶南副知事 등과 저녁식사 後 汽車로 상경하다.	29(金) ·國稅廳, 朝鮮·東亞·國民·中央·韓國·大韓등 日刊新聞의 法人과 社主를 租稅犯處罰法 違反嫌疑로 검찰에 고발 ·E.U.·世界銀行·美國, 슬로보단
	28(木)	5. 8	·새벽 4시경에 서울驛에 도착하여 귀가하다. ·學校에 가서 정리하다. ·卞鐸 사장 招請으로 中學 同期生 모임에 나가 인사말을 하다.	밀로셰비치 前大統領을 舊 유고 戰犯法廷(ICTY)으로 인계한 新 유고聯邦에 13억 7,000만달러의 經濟支援을 약속 30(土) ·脫北 장길수 家族 7名, 北京에서 필리핀을 거쳐 仁川 空港에 도착
	29(金)	5. 9	·上溪洞 硏究會에 가다. ·中央都市計劃委員會에 참석하고 金源 교수와 같이 돌아오다. ·好凡會 모임에 나가서 건강이 회복된 金壽鶴 회장을 환영하다.	
	30(土)	5.10	·63 빌딩에서 개최된 韓國能率協會 施賞審査委員會의 委員長으로 추대되어 會議 주재하다.	
7	1(日)	5.11	·妻와 같이 聞慶에 내려가다. ·妻家宅 家族들과 영신 숲에 가서 음식을 만들어 먹으며 환담하다. ·妻男宅에 투숙하다.	2(月) ·金大中 大統領, 構造調整을 年內에 완벽하게 마무리해야 한다고 강조 ·公正去來委員會, 地方公企業의 不公正 行爲에 대한 事前調査에 착수할 計劃임을 밝힘
	2(月)	5.12	·聞慶邑 食堂에서 金學文 市長 초청 午餐에 참석하여 內外 人士들과 인사하다. ·'護國人物 金龍培 將軍 胸像 및 追慕碑 除幕式'에 참석하여 碑文을 낭독하다. ·尹成吉 사장의 새 住宅을 둘러보고 상경하다.	·러시아·프랑스, 戰略的 安定化에 관한 共同宣言 채택 3(火) ·U.N.駐在 이라크 外交官 2名, 歸國을 앞두고 美國側 家族과 같이 亡命을 요청
	3(火)	5.13	·全州市廳 職員이 公聽會件으로 다녀가다. ·硏修院에 가서 高幹班과 中堅班의 論文指導를 하고 함께 식사하다. ·自宅에서 旅行 준비를 하다.	·145名을 태운 러시아 旅客機, 南部 시베리아 이르쿠츠크에 추락하여 全員 死亡 5(木) ·스리랑카 政府, 18年 동안 유지되어온 非常事態 해제

2001

月	日	陰	本人 및 家族事項	社會 一般 事項
7	4(水)	5.14	·처음으로 仁川國際空港에서 國土計劃學會 視察團 19명과 같이 출국하다. ·러시아 Moscow를 경유하여 St. Petersburg에 도착, 禹哉永 회장과 같은 방에 투숙하다.	5(木) ·아프리카 團結機構(AU) 閣僚會談이 잠비아 루사카에서 개막 6(金) ·韓國·베트남, 兩國間 經濟協力을 위한 5개항 합의내용에 서명
	5(木)	5.15	·市內 名所, 遺蹟地 등을 관광하고 Neva江 遊覽船을 타보다. ·저녁 식사 후 航空便으로 Moscow에 도착, 투숙하다.	·世界 料理 名人들이 참가하는 '2001 서울 國際料理祝祭'가 서울에서 개막 8(日) ·中國, 國有企業 構造調整 등에 따른 大量失業에 대처하기 위한 일련의 社會保障制度 발표
	6(金)	5.16	·크레믈린宮, 붉은 廣場 등 名所를 두루 보다. ·저녁에 서커스를 관람하고 投宿하다	9(月) ·臺灣, 진민섬 및 마추섬과 中國 本土間 交易·旅行 등에 대해 취한 制限措置를 추가로 완화
	7(土)	5.17	·Moscow를 떠나 폴란드 Warsaw(바르샤바)에 도착하다. ·市內 觀光을 하고 저녁식사 후 호텔에 들다.	11(水) ·韓國과 인도네시아, 자카르타에서 兩國間 山林分野 協力增大方案에 합의하고 議定書에 서명
	8(日)	5.18	·Warsaw를 떠나 체코의 Praha에 도착하다. ·市內 名所를 관광하고 夕食 후 호텔에 들다.	
	9(月)	5.19	·Praha市를 視察 후 버스로 Brno市를 관광하다. ·체코 國境線을 경유하여 農村風景을 구경하다. ·오스트리아 Wien(비엔나)에 도착, 投宿하다.	·美國·프랑스, 尖端 原子爐와 燃料循環 開發에 共同投資키로하는 협정에 서명 ·이라크, 1990年 U.N.制裁措置로 150 여만명이 死亡했으며 이중 41%인 62만2,887명이 5歲 이하의 어린이들이라고 보도
	10(火)	5.20	·Wien市廳을 예방, 都市計劃에 대한 설명을 듣다. ·市內 觀光을 하고 투숙하다.	
	11(水)	5.21	·버스로 Wien을 떠나 國境을 지나 헝가리 Budapest에 이르다. ·市內 觀光을 하고 호텔에 들다. ·自體 評價會를 갖고 맥주를 마시며 환담하다.	·아르헨티나, 經濟難 극복을 위해 公務員의 賃金과 年金을 삭감할 것이라고 발표 12(木) ·게르하르트 슈뢰더 獨逸 總理, 美國에게 溫室 가스 排出量을 감축하기 위한 京都 議定書의 履行을 방해하지 말 것을 촉구
	12(木)	5.22	·航空便으로 Budapest를 떠나 Moscow 空港에 도착하다. ·밤 늦게 러시아 航空機로 Moscow를 출발, 歸國길에 오르다. ·우랄 山脈 근처에서 航空機의 동요가 심해 모두 불안해하다.	·푸틴 러시아 大統領, 政黨法에 서명함으로써 史上初有의 政黨關聯法을 소유 13(金) ·아세안 通信長官會談, 域內 '情報高速道路' 구축에 합의
	13(金)	5.23	·아침에 仁川空港에 도착, 서로 인사를 나눈 뒤 귀가하다. ·旅行結果를 정리하다.	·中國 北京, 2008年 夏季 올림픽 開催地로 결정됨 15(日) ·14日 밤부터 내린 集中豪雨로 死亡·失綜이 49名이라고 밝혀짐
	14(土)	5.24	·學校에 가서 일을 처리하다. ·鄭龍鎬 社長이 와서 점심을 같이 하며 事業件을 협의하다.	·이스라엘 政府, 가자地區 인근 이스라엘 영토에 새 유대人 共同體 建設을 승인
	15(日)	5.25	·慶州에서 상경한 李相悅 理事長 兄弟분의 초청으로 金壽鶴 회장 및 金炯國 교수 등과 점심을 같이 하며 환담하다. ·李康健 專務와 같이 益山에 가서 李洋宰 교수와 음주·환담하다가 그랜드 파크 호텔에 들다.	16(月) ·北韓, 國際原子力機構(IAEA)의 査察은 절대 받아들일 수 없다고 강조 ·獨逸 본에서 京都議定書의 履行方案을 논의하기 위한 氣候變化 當事國 會議 開幕 ·푸틴 러시아 大統領, 모스크바에서 江澤民 中國 主席과 1950年 이후 처음으로 頂上會談을 가짐
	16(月)	5.26	·全州市에 가서 金完柱 시장과 인사를 하고 都市計劃 公聽會에서 司會를 보다. ·全의재 副市長, 張明洙 총장 등과 식사를 하고 상경하다.	·國際올림픽委員會(IOC) 새 委員長에 벨기에의 자크 로게가 選任됨
	17(火)	5.27	·새벽 1시경 집에 도착하다. ·制憲節을 맞아 國旗를 달고 집에서 記錄 整理 하다. ·李景熙, 李永哲 氏와 저녁식사를 하다.	18(水) ·南北 農民團體, 공동으로 주최하는 統一 行事가 分斷後 처음으로 金剛山에서 개최 ·獨逸 聯邦憲法裁判所, 同性愛 結婚을 인정한다고 判示
	18(水)	5.28	·韓自研에 가서 일을 보다. ·63 빌딩에서 개최된 韓國能率協會 主催의 '地方自治經營大賞' 施賞式에서 審査報告를 하고 施賞을 같이 하다. ·金學文 市長 등과 紀念撮影을 하고 환담 후 헤어지다.	·西方先進 7個國과 러시아(G8) 外務長官들, 로마에서 會談을 갖고 北韓의 미사일開發 및 日本人 拉致問題에 대한 해결을 촉구하는 '地域情勢에 관한 聲明'을 채택키로 합의했다고 보도

2001

月	日	陰	本人 및 家族事項	社會一般事項
7	18(水)	5.28	·Viagis Center의 研究 冊子 發刊紀念 祝賀宴에 참석하다.	19(木) ·아르헨티나 勞動總聯盟(CGT), 政府의 賃金 및 年金 13% 削減案에 항의하여 24時間 總罷業에 돌입
	19(木)	5.29	·地域開發研究會에 가서 일을 보다. ·蘆原區廳長 등과 저녁 식사를 하다.	20(金) ·韓·日, 南쿠릴列島水域 操業을 둘러싼 漁業紛爭 解決을 위한 第4次 協商을 서울에서 열었으나 妥結에 실패
	20(金)	5.30	·水原 소재 京畿開發研究院에 가서 林昌烈 지사 등과 諮問會議를 開催하고 委員 委囑狀을 받은 뒤 회의 후 점심을 같이 하다. ·世宗文化會館에서 개최된 地方行政研究所 主催 세미나에 참석하다. ·地方行政研究所 第20周年 開所 紀念式에 참석하여 功勞銀메달을 받고 축사를 하다.	23(月) ·科學技術部, 우크라이나와 原子力協力 協定을 체결했다고 밝힘 ·地球溫暖化 防止를 위한 京都議定書 이행에 대한 U.N.氣候協商이 獨逸 본에서 妥結을 봄
	21(土)	6. 1	·學校에 가서 記錄 등을 정리하다.	·압둘라만 와히드 인도네시아 大統領, 非常事態 및 議會 解散을 宣布하는 布告令을 내림
	22(日)	6. 2	·庭園 정리를 하다. ·李景熙 將軍 소개로 慧圓스님을 만나 寺刹建立에 대해 설명듣다.	25(水) ·第9回 2001 大韓民國 技術大展 개막
	23(月)	6. 3	·KTV에 출연하여 地方移讓業務에 대해 對談, 生放送을 하다. ·鄭龍鎬 사장 초청으로 옛날 집에서 모임을 갖다.	·美國 上院, 이란과 리비아에 대한 經濟制裁를 2006년까지 5年間 연장하는 法案 가결
	24(火)	6. 4	·李景熙, 李永哲, 孫承漢, 韓奎夏氏 및 慧圓 스님 등과 만찬을 하다.	26(木) ·海洋水産部, 全國 沿岸을 10개 海洋 觀光圈으로 나누어 特性있게 발전시키는 綜合對策을 추진할 方針임을 밝힘
	25(水)	6. 5	·韓自研에 가서 업무를 보다.	
	26(木)	6. 6	·上溪洞 地開研에 가서 일을 하다. ·好凡會 모임에 가다.	·氣象廳, 中國과 地震科學技術分野의 協力 約定을 체결했다고 밝힘
	27(金)	6. 7	·學校에 나가 銀行件을 정리하다. ·李正典 원장 초청으로 權泰埈, 金炯國 教授와 식사하다.	27(金) ·北韓, 北韓과 EU가 公式的인 外交 關係를 갖게 되었다고 밝힘 28(土) ·페루, 알레한드로 톨레도 新任大統領 就任
	28(土)	6. 8	·聞中 후배인 趙顯碩 사장을 만나 人事請託을 받다.	31(火) ·行政自治部, '地方自治團體 合同評價 委員會'를 구성하여 운영에 들어갔다고 밝힘
	29(日)	6. 9	·本人 生日을 하루 앞당겨 갖다. ·長女 家族, 大田에서 상경하다. ·저녁 生日宴을 가족 모두 모여 갖고 자녀들로부터 膳物을 받다.	·勞使政委員會, '職業訓練制度 改善方向에 대한 合意文'을 공식 채택
	30(月)	6.10	·盧椿熙 원장 및 朴炳柱 교수 등과 리츠 칼튼 호텔에서 朝餐을 하며 세미나 開催에 대해 협의하다. ·妻 및 長女 家族들과 롯데 월드에 가서 놀다가 저녁 식사를 하다.	
	31(火)	6.11	·長女 및 外孫子女들과 ASEM 會館에 가서 映畵 〈Shrek〉을 보고 식사 후 귀가하다.	
8	1(水)	6.12	·學校에서 記錄 整理를 하다. ·國土學會 러시아 旅行 팀이 모여 寫眞을 교환하고 解團 食事를 하다.	2(木) ·페루 法院, 日本에 망명 중인 후지모리 前 大統領에 대해 國際逮捕令狀 발부
	2(木)	6.13	·妻 및 長女 家族과 水原에 가서 점심을 같이 하고 서로 헤어져 상경하다.	4(土) ·金正日 北韓 國防委員長, 푸틴 러시아 대통령과 모스크바에서 頂上會談을 갖고 共同宣言 채택
	3(金)	6.14	·鞠弘一 皮膚科 醫院에 가서 벌레 물린 팔을 치료하다. ·妻와 같이 하나로 마트에 가다.	·러시아 政府, 검은 돈의 逃避 및 密去來處라는 汚名을 벗기 위해 유럽 돈 洗濯 防止協約을 批准했다고 보도됨
	4(土)	6.15	·집 마당의 잔디를 깎고 청소하다.	5(日) ·女子 프로골퍼 朴세리, 브리티시 여자 오픈 골프대회에서 優勝 차지
	5(日)	6.16	·鄭龍鎬 사장과 만나 事業 關係를 협의하다.	
	6(月)	6.17	·盧椿熙 원장과 朝餐모임에서 세미나 件을 협의하다. ·上溪洞 地開研에 가다. ·尹相在 회장 등과 저녁식사를 하다.	7(火) ·부시 美國 大統領, 이라크의 사담 후세인을 '골칫거리'라고 비난 8(水) ·모하마드 하타미 이란 大統領 就任
	7(火)	6.18	·朴昇治 副院長과 같이 汽車로 全州에 가다. ·金完柱 시장과 對談을 하고 버스로 상경하다.	9(木) ·'世界 陶瓷器 엑스포 2001 京畿道'가 利川에서 開幕

月	日	陰	本人 및 家族事項	社會一般事項
8	8(水)	6.19	・金顯昭 室長과 大邱에 가다. ・壽城區 金圭澤 청장과 오찬을 같이 하고 市民自治大學에서 特講을 하다. ・修了式에 참석하여 祝辭를 하고 상경하다.	9(木) ・錦湖 生命科學研究所, 獨自的인 遺傳子操作技術을 世界에서 처음으로 開發하여 朱黃色 피튜니아를 만들어내는데 성공 10(金) ・科學技術部, 中小벤처企業 36개를 선정, 46億원을 지원한다고 밝힘
	9(木)	6.20	・皮膚科 병원에 다녀오다. ・蘇鎭光 敎授 夫婦가 歸國 人事次 방문하다.	・아리엘 샤론 이스라엘 總理, 팔레스타인 解放機構(PLO) 本部인 '오리엔트 하우스'를 영구히 장악키로 하는 超强硬 對 應措置 천명
	10(金)	6.21	・柳穆基 고문을 만나 謝禮金을 받다. ・韓國道德運動協議會 主催로 오찬을 같이 하고 第1次 中學生 道德禮節 글짓기 대회 出品作에 대한 審査委員會의 委員長으로서 주재하다. ・저녁 식사를 같이 하고 여흥시간을 갖다.	12(日) ・行政自治部, 地方自治團體의 總負債는 6月末 현재 18兆 4,754億원으로 地自體 總豫算額 88兆 5,107億원의 20.8%를 차지하는 것으로 밝힘
	11(土)	6.22	・學校에서 일처리를 하다. ・鄭龍鎬 사장과 저녁을 같이 하며 事業報告를 듣다.	
	13(月)	6.24	・農協中央會 諮問委員團과 같이 현지방문 視察을 떠나다. ・暴雨 속에 烏山 食文化센터를 視察하고 '自然水' 食堂에서 점심을 한 뒤 發安 農協을 방문하다. ・처음으로 西海岸 高速道路를 타고 西海大橋를 지나 瑞山 家畜改良組合을 시찰하다. ・禮山 德山溫泉 觀光 호텔에 투숙하다.	・南아프리카 開發共同體(SADC), 10個國 頂上들이 말라위에 모여 頂上會談 개최 13(月) ・프랑스 르몽드 新聞, 고이즈미 준이치로 日本總理가 靖國神社 參拜를 强行함으로써 '판도라의 箱子'가 열렸으며 '魂靈들을 위한 戰爭'이 시작되었다고 지적
	14(火)	6.25	・瑞山 海美邑城을 둘러보다. ・唐津 牛江 PRC에 가서 說明을 듣고 牙山 道高에서 점심을 들다. ・道高 農協을 방문하고 産地流通센터를 견학하다. ・牙山 韓屋 마을인 '外岩 마을'에 가서 健齋 古宅을 관람하다. ・上京・귀가하다.	16(木) ・서울地檢, 言論社 脫稅告發事件과 관련 3개 言論社 社主 4명 등에 대해 拘束令狀 청구 ・IMF와 아르헨티나 政府 代表團, 150억 달러 金融支援에 합의했다고 보도 17(金) ・미국 聯邦航空廳(FAA), 韓國을 航空安全危險國으로 판정하여 航空安全等級을 1等級에서 2等級으로 下向 조정한다고 공식 발표
	15(水)	6.26	・禹哉永, 李永哲, 金壽鶴 氏등과 三星醫療院에 가서 入院 중인 金學澈 회장을 문병하고, 밖에서 저녁을 같이 하다.	・아르헨티나 學生과 市民들 수만명, 부에노스 아이레스의 大統領宮 앞에서 정부의 緊縮政策에 항의하는 示威 벌임
	16(木)	6.27	・地方移讓委員會에 가서 第1期 委員會의 마지막인 第11次 會議를 주재하여 2年間 328件을 심의하다. ・本委員・實務委員 및 관계관 모두 總理公館에 가서 李漢東 總理 招請會食에 참석하다. ・權純福,姜瑩基 委員 등과 맥주를 들며 환담하다.	・NATO軍 先發隊, 마케도니아內 알바니아系 叛軍의 武器를 회수하는 任務를 수행하기 위해 마케도니아에 도착 18(土) ・필리핀, 캐손市 매너 호텔에서 발생한 불로 최소한 75名이 死亡했다고 보도
	17(金)	6.28	・妻와 같이 大田에 가서 儒城호텔에 들고 妻는 長女宅으로 가다. ・韓・中・日 都市計劃學會 세미나 開會式에 참석하다. ・日本都市計劃學會 會長으로부터 日本學會에 기여한 功勞로 表彰狀(Awards)과 時計를 받다. ・大田市長 초청 만찬에서 韓國代表로 英語 答辯을 하다. ・출발하는 中國팀을 환송하고, 韓・日 代表들의 飮酒歡談會에 참석하다. ・儒城 호텔에 투숙하다.	19(日) ・러시아 非常對策本部, 우크라이나 東部 도네츠크에서 最惡의 鑛山爆發事故가 발생해 최소한 33名 死亡, 19名 負傷, 21名이 埋沒된 상태라고 발표 20(月) ・인도네시아, 그동안 國家獨占體制로 運營해온 石油・가스・電力分野를 조만간 民間과 外國에 개방할 計劃이라고 보도됨 21(火) ・檢察・警察, 平壤 民族統一大祝典에 참가하고 歸國한 南側代表團 中 萬景臺 芳名錄 署名등으로 物議를 빚은 핵심 관련자 16명을 연행
	18(土)	6.29	・세미나 閉會式에 참석하고 韓國土地公社 사장 초청 午餐에서 식사를 같이 하다. ・日本팀을 환송하고 韓國 代表들과 헤어진 뒤 長女宅에 가다. ・妻・長女 家族들과 中國집에서 식사를 하고 분수 불꽃놀이를 구경하다.	22(水) ・브라질 聯邦公務員들, 자신들의 俸給引上率을 인플레率과 같은 3.5%로 하겠다는 政府의 제의는 충분치 않다며 罷業에 돌입 23(木) ・金大中 大統領, 천득렁 베트남 國家主席과 青瓦臺에서 頂上會談을 가짐
	19(日)	7. 1	・長女 家族들과 聖堂에 갔다가 집에 오다.	

月	日	陰	本人 및 家族事項	社會一般事項
8	19(日)	7. 1	·外孫女와 밖에서 같이 놀다. ·모두 같이 東鶴寺 계곡에 가서 놀다가 식사 후 돌아오다. ·妻와 둘이 밤 늦게 출발하여 上京·귀가하다.	23(木) ·財政經濟部, IMF 借入金 195억 달러 가운데 最終殘額 1억 4,000만 달러를 當初 計劃보다 3年 앞당겨 상환했다고 밝힘
	20(月)	7. 2	·學校에서 일을 처리하다. ·鄭龍鎬 사장과 午餐을 같이 하다.	·美國 勞動部, 美國의 失業者數가 1992년 9월 이후 最高値를 기록했다고 발표
	21(火)	7. 3	·一山 韓自硏에 가다. ·高陽市 趙부시장, 朴昇治 부원장과 저녁 식사하다.	·獨逸 政府, 獨逸軍을 NATO 兵力의 일원으로 마케도니아 파병을 승인함
	22(水)	7. 4	·팔레스 호텔에서 개최된 國土硏究院의 廣域都市圈 計劃樹立을 위한 諮問會議에서 오찬을 같이 하다. ·妻, 子婦 生日을 맞아 長男 夫婦와 같이 밖의 식당에서 生日宴을 마련해주다.	24(金) ·公安當局, 東國大 강정구 敎授와 凡民聯 김규철 副議長 등 平壤 民族統一 大祝典 南側 代表團 7名을 國家保安法 違反 嫌疑로 구속
	23(木)	7. 5	·國土學會 및 自治學會에 들리다. ·妻와 같이 盆唐 동생 밭에 가서 누님 內外分 및 동생과 물고기 매운탕으로 식사를 하다.	25(土) ·유럽 最大의 電子專門博覽會인 베를린 國際 電子展覽會(IFA)가 개막됨 26(日) ·아랍圈 12個 國家, 팔레스타인의 對 이스라엘 鬪爭을 지원하기 위한 2개 基金에 총 5억 3,820만 달러를 조성했다고 보도됨
	24(金)	7. 6	·學校에 가서 정리를 하다.	
	25(土)	7. 7	·마당 잔디를 깎고 書齋 등을 청소한 뒤 沐浴하다.	
	27(月)	7. 9	·설사를 만나 病院에 가서 약을 지어 먹다. ·金惠源 校長 초청의 同期生 모임에 나가다.	27(月) ·페루 議會,후지모리 前大統領의 免責特權을 박탈하고 殺人과 反人道 犯罪 등의 혐의로 起訴키로 의결
	28(火)	7.10	·釜山에 내려가다. ·嶺湖南 地方硏究院長들이 발의한 '21世紀 地域 포럼'의 創立總會에 참석, 共同 代表로 추대되다. ·만찬에서 乾杯 제의를 하고 식사 후 崔相哲, 林岡源 敎授와 같이 上京하다.	28(火) ·文化觀光部, '韓流'를 지속적으로 확신시켜 中國 및 東南亞의 文化市場을 개척하는 데 國家的인 支援體制를 갖추기로 하는 내용의 '韓流産業' 育成策을 발표
	29(水)	7.11	·새벽 5時까지 잠을 이루지 못하다. ·아침에 地方移讓委員會 第2期 委員長으로 再決裁 났음을 알려오다. ·地方移讓推進委員會에 가서 硏究課題의 中間報告를 청취하고 向後 方向을 지시하다. ·妻, 聘母任 祭祀 모시러 聞慶에 가다. ·第1期 地方移讓推進委員會 委員長 任期가 종료되다.	29(水) ·臺灣 總統室, 천수이볜 總統은 부시 美國 大統領에게 中國 本土와 臺灣간의 對話 仲裁에 나서줄 것을 촉구했다고 밝힘 30(木) ·美國 國防部, 美國은 某種의 威脅諜報에 따라 불가리아·루마니아 駐在 大使館을 閉鎖했다고 밝힘
	30(木)	7.12	·上溪洞 地開硏에 가다. ·朴永根 사장 초청으로 李鎭秀 後輩 등 여러분과 점심을 같이 하다. ·好凡會에 나가다. ·第2期 地方移讓推進委員會가 出帆하다.	31(金) ·U.N.人種差別撤廢會議, 南阿共 더반에서 開幕 ·中國 高位官吏가 최근 비밀리에 臺灣을 訪問했다고 보도됨
	31(金)	7.13	·妻, 聞慶에서 상경하다. ·사위 文서방이 상경하여 집에 오다. ·서울大學校 硏究敎授 安息年이 종료되다.	
9	1(土)	7.14	·사위 文書房의 生日을 맞아 上京한 사위와 같이 아침 식사를 하며 祝賀하다. ·濟州市에 가서 市民自治大學 特講을 하고 副市長 등과 저녁 식사를 한 뒤 上京하다.	1(土) ·존 하워드 濠洲 總理, 노르웨이 貨物船에 머물고 있는 460명의 아프가니스탄 難民들을 수용하기로 뉴질랜드와 合意함 ·日本 東京, 新宿 가부키초에서 火災가 발생해 44명이 숨졌다고 보도
	3(月)	7.16	·國家專門行政硏修院에서 中堅班 論文指導를 하다. ·妻, 土地買入次 聞慶에 가다.	2(日) ·統一部, 1998年 11月 金剛山 觀光이 시작된 이후 2001年 8月 10日 現在 總觀光客이 41만 3,009명에 달했다고 밝힘
	4(火)	7.17	·學校에 가서 2學期 2科目에 대한 講義를 하다. ·學生 論文 워크샵을 주재하다. ·韓國綜合技術公社에서 다녀가다. ·崔相哲 교수와 오찬을 같이 하다.	3(月) ·國會, 林東源 統一部長官에 대한 解任建議案 가결
	5(水)	7.18	·妻, 故鄕에서 상경하다. ·金源 교수 母親 問喪을 하고 崔秉瑄, 李廷植, 禹哉永 씨 등과 술을 마시며 환담하다.	·韓國·러시아, 韓半島와 시베리아를 잇는 鐵道建設을 위해 韓國-러시아- 北韓의 專門家 協議會를 구성키로 합의

月	日	陰	本人 및 家族事項	社會一般事項
9	6(木)	7.19	·大韓商議에서 개최된 全國 4대 自治機關協議會 主催의 地方自治 大討論會에 참석하여 綜合司會를 보고 高建市長 초청 晩餐會에 참석하다. ·教保文庫에 가서 小說冊을 사서 귀가하다.	3(月) ·아세안 議會間機構(AIPO), 第22次 總會를 방콕에서 개막 4(火) ·美國 白堊館, 美國은 지난 수년간 백신 開發을 목표로 生物學 武器에 관한 비밀 연구를 실시해왔다고 확인함
	7(金)	7.20	·一金會 모임에 참석하다.	
	9(日)	7.22	·次女와 사귀고 있는 林君을 妻와 같이 만나 인사하다. ·妻와 같이 戰爭紀念館에서 전시되고 있는 '잉카 文化展'을 관람하고 하나로 마트를 다녀 귀가하다.	7(金) ·自民聯, 黨總裁인 李漢東 總理를 除名함 8(土) ·韓昇洙 外交通商部長官, 1年 任期의 第56次 U.N.總會 議長職 受任을 위해 出國
	10(月)	7.23	·在日僑胞 金鍾忠 선생을 모시고 禹哉永, 李永哲, 李景熙, 權 氏 등과 會食을 하며 환담하다.	9(日) ·노르웨이, 總選 실시 10(月) ·U.N.安保理, 유고슬라비아에 대한 武器 禁輸措置를 해제키로 의결
	11(火)	7.24	·學校에서 講義를 하고 학생들의 論文指導를 個別的으로 하다.	11(火) ·韓昇洙 長官,第56次 U.N.總會 開會式에서 任期 1年의 U.N.總會 議長職에 선출됨
	12(水)	7.25	·서울市政開發研究院에 가서 諮問會議를 하고 점심을 같이 하다. ·京畿開發研究院에 가서 세미나 開催에 대해 협의하다. ·누님·동생 등과 祖母 祭祀를 모시다.	·美國, 뉴욕에 있는 世界貿易센터(WTC) 쌍건물이 飛行機 테러로 완전 파괴 12(水) ·U.N.總會, 11日 일어난 美國內 同時多發 테러를 糾彈하는 決議案 채택
	13(木)	7.26	·韓自研에 가서 일을 보고 職員들과 점심을 하다. ·現代社會研究所와의 告訴件이 원만히 合意, 解決되어 안도하다.	14(金) ·부시 美國 大統領, 國家非常事態 公式宣言 15(土) ·서울에서 南北 長官級會談 개최 ·부시 美 大統領, 오사마 빈 라덴을 美國 테러사건의 첫번째 容疑者로 규정
	14(金)	7.27	·地開研에 가서 일을 보고 禹會長 및 金先生과 점심을 같이 하다. ·忠北道와의 研究課題를 체결하다. ·張斗煥 한나라黨 蘆原區 地區黨 委員長 초청으로 많은 분들과 같이 저녁 식사를 하며 환담하다.	17(月) ·韓國銀行, 外換保有額이 15일 현재 1,000억 달러를 넘어섰다고 발표 20(木) ·大檢察廳, G&G 그룹 이용호 회장의 로비疑惑事件과 관련하여 檢察總長의 指揮統制를 받지 않는 史上 初有의 '特別監察本部'를 설치한다고 밝힘
	15(土)	7.28	·學校에 가서 銀行 處理를 하고 시골 垈地買入費 일부를 찾아 송금하다. ·長女가 外孫女와 같이 大田에서 상경, 집에 오다.	21(金) ·프랑스, 南部 툴루즈 인근 化學肥料 工場에서 사고로 보이는 강력한 爆發이 발생하여 적어도 22名이 死亡하고 650餘名이 부상했다고 발표
	16(日)	7.29	·外孫女와 같이 공원에 가서 놀다. ·崔眞榮 君 結婚 主禮를 보다. ·長女, 大田으로 귀가하다.	
	17(月)	8. 1	·國土學會 및 自治學會에 가서 일을 보다. ·집안 청소를 하고 沐浴·이발을 하다.	23(日) ·폴란드, 自由總選에서 左派聯合이 勝利
	18(火)	8. 2	·學校에 가서 講義를 하다. ·國務總理로부터 第2期 地方移讓推進委員會 委員長 委囑狀을 받다. ·第2期 地方移讓推進委員會 第1次會議 주재하다. ·朴羽緖 院長 등과 저녁 會食을 하며 환담하다.	24(月) ·第14次 世界觀光機構(WTO) 總會가 서울에서 개막 ·世界 知識財産權機構(WIPO) 第36次 總會가 제네바에서 개막 ·아프간 탈레반 國防長官, 아프간 탈레반 정권은 美國에 대한 聖戰(지하드)을 위해 아프간 國民 30만명을 동원했다고 밝힘
	19(水)	8. 3	·水原 研修院에 가서 高幹班 研修生과 오찬을 같이 하고 論文指導를 하다.	
	20(木)	8. 4	·安城에 있는 中央大學校 産業經營大學院 最高經營者 課程에서 特講을 하고 許在完 教授와 같이 상경하다.	25(火) ·金大中 大統領, 뉴욕에 본부를 둔 '良心의 呼訴' 財團이 수여하는 '2001年 世界政治 指導者賞'을 수상
	21(金)	8. 5	·學校에서 白남철君 博士論文을 심사하다.	28(金) ·U.N.安保理, 全世界 모든 국가들에 대해 테러조직의 資金줄과 兵站支援 차단 등의 의무를 부과하는 내용의 對테러 決議 채택
	22(土)	8. 6	·韓自研의 金顯昭 室長과 濟州에 가서 市民 自治大學 修了式에 참석, 祝辭를 하다. ·金泰煥 市長 초청으로 趙文富, 夫萬根 總長 등과 식사·여흥을 가진 뒤 상경하다.	
	23(日)	8. 7	·書齋, 庭園을 청소하고 목욕을 하다.	29(土) ·國民銀行·住宅銀行, 臨時株主總會에서 두 銀行간 合併을 승인
	24(月)	8. 8	·一山 韓自研에 가서 종일 일을 보다.	·러시아 이즈베스티야誌, 아프가니스탄 탈레반 政權을 지원하는 國際團體가 20여개에 이른다고 聯邦保安局(FSB) 資料를 인용하여 보도
	25(火)	8. 9	·學校에서 講義하고 記錄 整理를 하다. ·鄭龍鎬 사장 초청으로 高校 同期生들과 식사·여흥시간을 갖다.	

月	日	陰	本人 및 家族事項	社會一般事項
9	26(水)	8.10	·學校에서 論文指導를 하고 敎授들과 점심을 하다. ·水原 京畿開發硏究院에 가서 西海岸 포럼의 共同宣言文 작성을 위한 豫備會議를 주재하다. ·參席者들과 식사를 하고 귀가하다.	30(日) ·政府, 올해 下半期中 國際 옥수수財團 등 4개 對北支援團體에 대해 南北協力基金에서 22억 7,500만원을 지원키로 했다고 밝힘
	27(木)	8.11	·上溪洞 地開硏에 가서 일을 하다. ·好凡會 모임에 참석하여 환담하다.	
	28(金)	8.12	·浦項 空港을 거쳐 慶州에 가다. ·慶州市民自治大學에서 特講을 하다.	
	29(土)	8.13	·學校에 가서 整理를 하다.	
	30(日)	8.14	·沐浴을 하고 秋夕 準備를 하다.	
10	1(月)	8.15	·秋夕 祭禮를 지내다. ·종일 비가 내리다.	1(月) ·大宇自動車의 폴란드 現地法人인 大宇自動車 폴스카(DMP), 과도한 負債로 폴란드 루블린市 地方法院으로부터 破産宣告를 받았다고 보도됨 ·제임스 울펀슨 世界銀行 總裁, 9·11 美國內 테러 공격의 經濟的 餘波로 5歲 이하 어린이 最大 4만명이 死亡하고 약 1,000만명의 貧困人口가 發生할 것이라고 전망
	3(水)	8.17	·開天節을 맞아 國旗를 게양하다. ·妻와 같이 昆池岩 江에 가서 누님 夫婦·동생과 밤을 줍고 고기를 잡다. ·동생 밭에 가서 매운탕을 끓여 식사하다.	
	4(木)	8.18	·자택에서 淸掃 및 마당 정리를 하고 記錄 작성하다.	
	5(金)	8.19	·學校에서 정리하다. ·長女 家族, 上京하여 집에 오다.	2(火) ·建設交通部 傘下 12개 公社와 公團 및 出資機關의 負債總額이 48조 7,000억원에 달한다고 밝힘
	6(土)	8.20	·外孫들을 데리고 공원에 가서 놀다. ·長女 家族 및 妻와 牛眠洞 전 居住地를 둘러보고 회식을 하다.	3(水) ·몬트리올에서 開催된 第33次 國際 民間航空機構(ICAO) 總會에서 韓國이 理事國으로 뽑혔다고 밝혀짐
	7(日)	8.21	·長女 家族, 오후에 大田으로 귀가하다. ·집안 淸掃를 하고 沐浴을 다녀오다.	7(日) ·부시 美 大統領, 테러 전쟁의 일환으로 美國과 英國軍이 아프가니스탄에 테러 조직과 탈레반 政權의 軍事力을 겨냥하여 공격을 개시했다고 발표
	8(月)	8.22	·妻·妻弟·妻男과 저녁 식사를 하다.	
	9(火)	8.23	·學校에서 講義하고 博士論文審查를 주재하다. ·비가 많이 오다.	9(火) ·第8次 亞·太地域 大學總長會議가 서울에서 개최 ·스웨덴 王立學術院, 美國의 에릭 코넬 등 3명을 노벨物理學賞 共同受賞者로 선정
	10(水)	8.24	·尙州의 安璋翰 恩師任의 訃音을 듣고, 金鍾基 同壻를 통해 弔意를 표하다. ·學校에 가서 毒感 注射를 맞다. ·學校 敎授會議에 참석하다. ·許和平, 李相周, 鄭世煜氏 등 바이아기스 센터 멤버들과 식사를 하다.	10(水) ·第82回 全國體育大會, 天安에서 개막
	11(木)	8.25	·水原 硏修院에서 실시된 地方移讓推進委員會의 專門敎育班에서 激勵人事를 하다.	11(木) ·第32回 韓國電子展이 코엑스에서 개막 ·찬드리카 쿠마라퉁가 스리랑카 大統領, 議會를 해산하고 12월 5일에 選擧를 실시한다고 밝힘 ·스웨덴 翰林院, 노벨文學賞 受賞者로 英國 작가 V.S. 네이폴을 선정
	12(金)	8.26	·中央都市計劃委員會에 참석하다.	12(金) ·U.N.과 코피 아난 U.N. 事務總長, 노벨 平和賞 共同受賞者로 선정됨
	13(土)	8.27	·鄭龍鎬, 金鍾浤과 같이 聞慶·安東을 거쳐 禮安에 있는 國學振興院에 가다. ·退溪誕辰 500周年 紀念 國際 세미나에서 討論을 하고 沈宇永 院長 등과 점심을 같이 하다. ·金鍾浤 妻家 退溪 宗家, 陶山書院 등을 관람하다. ·榮州 順興에 가서 묵으로 식사를 하다. ·丹陽에서 5重 衝突 自動車 事故를 당해 調査를 받은 뒤 늦게 귀가하다.	13(土) ·2001 全州 世界 소리 祝祭 개막
	14(日)	8.28	·全洪奎 사장 子弟 結婚 主禮를 보다. ·李相龍 박사 聘母 喪家에 다녀오다. ·妻와 長男件으로 言爭하다.	14(日) ·아르헨티나 總選 실시, 野黨이 過半數 議席 확보에 성공
	15(月)	8.29	·上溪洞 地開硏에 가서 일을 보다. ·國土硏究院 擔當者를 위한 地開硏 會食에 참석하다.	15(月) ·서울에서 '서울 에어쇼 2001' 開幕
	16(火)	8.30	·學校에서 講義를 하고 시골 土地買入件으로 送金을 하다. ·姜渭薰 社長과 저녁 식사를 하며 主禮를 부탁받다. ·妻, 土地買入件으로 親庭에 가다.	16(火) ·필리핀,마르코스 前大統領 부인 이멜다에 대해 瀆職嫌疑 拘束令狀 발부
				17(水) ·노르웨이勞動黨 政府, 總選에서의 敗北로 인해 總辭退함 ·러시아, 내년부터 쿠바와 베트남 등지에 설치된 海外軍事基地를 폐쇄할 計劃이라고 밝혀짐

月	日	陰	本人 및 家族事項	社會 一般 事項
10	17(水)	9. 1	·仁川 松島 비치 호텔에 가서 研究院長들을 만나다. ·第1回 西海岸 포럼 행사에 참석하여 綜合司會를 보고 共同宣言文을 낭독·채택하다. ·食事 후 상경·귀가하다.	18(木) ·金大中 大統領, 亞·太經濟協力體(APEC) 頂上會議 參席次 中國 上海에 도착 ·'2001 世界 飮食文化 큰잔치'가 順川서 개막
	18(木)	9. 2	·一山 韓自研에 가서 事務室 新築敷地를 둘러보다. ·移讓委員會에 가서 業務協議를 하고 식사하다.	19(金) ·金大中 大統領, 上海에서 부시 美 大統領과 頂上會談
	19(金)	9. 3	·水原 研修院에 가서 中堅班 論文發表審査를 하고 점심을 같이 하다. ·韓國道德運動協議會 행사에 참석하여 審査報告를 하다. ·鳥嶺會 모임에 참석하다.	20(土) ·亞·太 經濟協力體(APEC) 頂上會議, 上海에서 개막 21(日) ·韓國 女子卓球, 2001 독일 오픈 卓球大會 單式과 複式에서 우승 22(月) ·世界食糧計劃(WFP), 洪水로 農作物
	20(土)	9. 4	·弘益大學에서 開催된 國土計劃學會 學術大會에 參席, 인사말을 하다. ·午餐을 함께 하고 歸家하다.	피해가 발생한 北韓에 식량을 긴급원조 하고 있다고 밝힘 23(火) ·美國 下院, 2次大戰 이후 처음으로 9·11
	22(月)	9. 6	·저녁에 地開研 및 忠北研究 팀과 發隊式을 겸한 會食을 갖다.	同時 테러로 인한 國家再建을 위해 戰時 債券發行을 승인
	23(火)	9. 7	·學校에서 論文指導와 講義를 하다.	24(水) ·美國, 郵便物에 의한 炭疽菌 위협으로
	24(水)	9. 8	·일산 韓自研에 가서 朴昇治 副院長과 業務를 협의하다. ·새로운 建築垈地를 둘러보다.	第2의 테러공세에 대한 불안에 휩싸임 25(木) ·憲法裁判所, 현재의 國會議員 選擧區
	25(木)	9. 9	·金洙根 總務, 朴炳 杜회장과 코리아 골프場에 가다. ·盧椿熙 원장 초청 風水會 골프 運動을 하다. ·京畿開發研究院의 政策課題를 諮問하고 회식하다.	획정은 人口偏差가 심하여 憲法에 不合致하다는 결정 내림 26(金) ·부시 美 大統領, '테러退治法'에 署名 27(土) ·外交通商部, 히로뽕 製造·密搬出 嫌疑로
	26(金)	9.10	·地方移讓委員會 實務委員 委囑式에 참석하고 李漢東 總理와 환담을 갖다. ·午餐을 하고 버스로 水安堡 常綠 호텔에 가다. ·移讓委 워크샵 開會式에서 인사말을 하고 忠北道知事 만찬에서 答辭를 하다. ·金杞載, 유의재, 丁榮植, 林敬鎬, 朴羽緒氏 등과 음주·여흥을 갖고 호텔에 투숙하다.	中國 公安當局에 체포된 韓國人 신某氏가 9월25일 死刑되었음을 알려왔다고 밝힘 ·東北亞 敎育·文化交流 등을 논의하기 위한 '21世紀 東北亞 女性會議'가 日本 도야마에서 개막 ·美國 國務部, 北韓을 '宗敎自由가 없는 特別關心 對象國(CPC)'으로 규정
	27(土)	9.11	·李始鍾 市長과 아침을 같이 하고 午前 會議에서 綜合司會를 보다. ·羅紀正 清州 市長과 점심을 같이 하고 聞慶으로 가다. ·金學文 聞慶 市長의 안내로 〈太祖王建〉撮影場을 관람하고 술 待接을 받은 뒤 상경하다.	28(日) ·第6次 南北 長官級 會談 무산 ·斗山 베어스, 프로野球 韓國 시리즈 6次戰에서 勝利 ·파키스탄 民兵隊, 美國의 아프가니스탄 攻擊을 반대하며 反美 鬪爭의 手段으로 '실크로드' 封鎖
	28(日)	9.12	·妻와 같이 美國 시카고에서 온 妻 親友 夫婦 및 大田 친구를 초청하여 저녁 待接을 하다.	29(月) ·全國 11개 敎育大學 學生들, 中等敎師 資格證 所持者를 初等敎師로 임명하는
	29(月)	9.13	·移讓委員會에 가서 美國 미시간大學에서 온 代表團과 회의를 갖다. ·移讓팀들과 점심을 같이 하다. ·世宗文化會館에서 개최된 金文起 理事長의 書藝展示開幕 및 古稀宴에 참석, 축사를 하다. ·李泰一 院長 및 忠北道 局課長과 金源 교수 등이 모인 會食에 참석하다.	안에 반대하며 同盟休業에 돌입함 30(火) ·金大中 大統領, 今年 中으로 釜山港을 關稅自由地域으로 지정할 것이라고 밝힘 31(水) ·U.N.安保理, 東티모르 制憲國會가 제안한 '2002년 5월 20일 獨立案'을 공식 승인하고 獨立 後에도 U.N.과 行政機構를 계속 유지할 方針이라고 밝힘
	30(火)	9.14	·學校에서 講義하다. ·金容漢 前 建國大 總長 초청으로 盧隆熙 교수와 저녁 식사를 하다.	
	31(水)	9.15	·上溪洞 地開研에 가서 李鎭秀 社長 招請 午餐에 참석하다. ·禹哉永 회장 및 金奎馥 국장과 市政研 및 市長室에 들려 研究件 紀念 메달을 전달하다. ·好凡會 모임에 가다.	

月	日	陰	本人 및 家族事項	社會一般事項
11	1(木)	9.16	·盧椿熙 京畿開發硏究院長과 朝餐을 하며 向後 할 일을 협의하다. ·李景熙 將軍과 저녁 식사를 하고 이어 美國 미시간大學 李제훈 敎授와 환담하다.	1(木) ·델라루아 아르헨티나 大統領, 1,320억 달러에 이르는 負債構造의 再調整과 消費者 支出 擴大를 골자로 한 經濟對策을 발표
	2(金)	9.17	·航空便으로 群山에 가서 副市長 등과 점심을 같이 하다. ·群山市民自治大學에서 特講을 하고 舒川을 거쳐 汽車로 상경하다. ·大田에서 長女 家族이 오다.	2(金) ·李漢東 總理, 政府는 親環境的인 中小規模 댐 建設을 持續的으로 추진할 計劃이라고 밝힘
	3(土)	9.18	·서울敎育文化會館에서 개최된 次蓮 妻弟 女息 結婚式에 참석하고 外孫子女들과 공원에서 놀다. ·次蓮 妻弟 아파트에 가서 저녁 식사를 같이 하다.	3(土) ·테러리스트 오사마 빈 라덴, U.N.內 아랍會員國 指導者들을 異端者라고 비난
	4(日)	9.19	·長女 家族과 驛三 聖堂에 갔다가 國技院 앞에서 外孫子女들과 같이 놀다. ·長女 家族, 大田으로 귀가하다.	4(日) ·金大中 大統領, 브루나이에서 개최되는 第5次 '아세안+韓·中·日 頂上會議'에서 頂上外交에 들어감 ·美國, 北東部戰線의 탈레반 戰線에 사상 最大 規模의 爆擊을 가함 ·니카라과, 大統領 選擧 및 總選擧를 동시 실시
	5(月)	9.20	·上溪洞 地開硏에 가서 일을 보다. ·朴永根 사장 등과 점심을 같이 하다. ·鄭龍鎬 사장이 다녀가다. ·저녁에 本人 主催 모임을 갖고 7人 發起의 '向志會'를 결성하다. ·'向志會' 初代 會長으로 추대되다.	5(月) ·한나라黨 및 自民聯 소속 國會議員 151명, 구속 중인 言論社主의 釋放을 촉구하는 建議書를 서울地方法院에 제출
	6(火)	9.21	·學校에 가서 講義를 하다. ·一心會 모임에 나가 환담하다.	
	7(水)	9.22	·妻와 같이 大田 長女宅에 가서 투숙하다.	7(水) ·政府, 中國에서 痲藥犯罪로 死刑당한 신某氏 사건에 대해 對國民 謝過文을 발표하고 關係官들을 問責함 ·臺灣, 對中國 投資規制 緩和方案 발표
	8(木)	9.23	·WTA 主催의 테크노마트 國際 심포지움에서 司會를 보다. ·長女 家族과 저녁 식사를 밖에서 하고 상경, 귀가하다.	8(木) ·金大中 大統領, 民主黨 總裁職 사퇴 발표 ·李漢東 總理, 第56次 U.N.總會에서 基調演說을 하기 위해 出國
	9(金)	9.24	·環境大學院의 環境政策講座에서 特講을 하다. ·行政大學院에서 개최된 地方自治 討論會에 참석하다. ·博士論文 심사를 하다.	
	10(土)	9.25	·金允起 前 建交部 長官 女息 結婚式에 가다. ·서울 월드컵 競技場 開場式에 참석하고 크로아티아 代表와의 親善 蹴球競技를 관람하다.	10(土) ·金大中 大統領, 上岩洞 서울월드컵 競技場 開場式에 참석하여 연설 ·金大中 大統領, 조지 부시 前 美國大統領과 靑瓦臺에서 午餐을 하며 의견교환 ·中國, 世界貿易機構(WTO) 會員國으로 정식 가입 ·濠洲 總選실시, 執權 自由黨-國民黨 聯合이 승리
	11(日)	9.26	·뒤 허리에 痛症이 와서 고생하기 시작하다.	11(日) ·韓國 프로듀서 聯合會 會長團, 北韓을 방문하여 北韓 中央放送과 드라마 〈淵蓋蘇文〉을 共同製作키로 합의 ·世界 27個國 500여명의 韓人 經濟人·貿易人, 美國 로스앤젤레스에서 會議를 갖고 4개항 決議文 채택 ·世界貿易機構(WTO), 臺灣의 會員加入을 공식승인
	12(月)	9.27	·韓自硏에 가서 일을 보고 長男 生日 紀念 午餐을 職員들과 같이 하다. ·水原 京畿開發硏究院의 諮問會議에 참석하고 함께 회의를 하다.	12(月) ·金大中 大統領, 3 大課業·4 大行事를 위해 國政에 전념할 것이라고 표명
	13(火)	9.28	·學校에서 講義와 博士論文 審査를 하다. ·李松晩 社長의 來訪을 받고 弟子의 留學推薦書를 작성해주고 조카 東吉의 사위 및 딸의 인사를 받다. ·蘆原區에 가서 區廳長, 禹哉永, 어머니排球팀들과 저녁 식사를 하며 환담하다.	13(火) ·부시 美 大統領과 푸틴 러시아 大統領, 美國 白堊館에서 頂上會談을 갖고 核武器를 3분의 2 수준으로 감축키로 합의
	14(水)	9.29	·學校에서 종일 碩士論文審査를 하다. ·姜渭薰 사장 초청으로 禹哉永, 李永哲, 金奎馥氏 등과 저녁 식사를 하다.	14(水) ·베트남 共産黨, '腐敗·浪費와의 戰爭'을 선포
	15(木)	10. 1	·水原 硏修院에 가서 中堅班 修了式에 참석, 祝辭를 하고 점심을 같이 하다. ·地方移讓委員會에 가서 물러난 委員들에게 大統領 대신 勳章을 수여하다. ·美國으로 갈 公務員 4名에게 旅費 寸志를 전하다.	16(金) ·金大中 大統領, 키신저 前 美國 國務長官을 접견 ·大韓 올림픽委員會, 江原道와 全羅北道를 2010년 冬季 올림픽 國內誘致 候補地로 공동 선정

月	日	陰	本人 및 家族事項	社會 一般事項
11	16(金)	10. 2	· 環境大學院 同窓會 朝餐 모임에 가서 朴 昇 前長官의 特講을 듣다. · 晋州 空港을 거쳐 統營에 가서 점심을 하고 市長을 만나다. · 統營市民自治大學에서 特講을 하고 航空便으로 상경하다. · 妻男 黃載敏 家族, 一山으로 移住하다.	17(土) · 金大中 大統領, '濟州 國際自由都市 特別法'을 곧 制定하겠다고 밝힘 · 부르하누딘 랍바니 前 아프칸 大統領, 合法的인 國家首班임을 자처하면서 首都 카불로 歸還 18(日) · 統一部, 10月末까지 南北 協力基金 중 5,204억원을 사용한 것으로 集計함
	17(土)	10. 3	· 姜渭薰 사장 令息 結婚 主禮를 보다. · 次女, 崔同燮長官 紹介로 朝鮮 호텔에서 선을 보다	· 불가리아 大統領選擧 실시, 社會黨 候補 승리
	18(日)	10. 4	· 昨夜, 金大中 大統領과 對話를 나눈 꿈을 꾸다. · 妻 및 長男 夫婦와 商街를 들려 物件을 사고 같이 저녁 식사를 하다. · 長男夫婦, 商街의 顧客 抽籤으로 TV 1대를 타다. · 허리가 아프기 시작하여 약 열흘간 고생을 하다.	19(月) · 金東信 國防長官, 北韓은 6개 貯藏施設에 2,500~5,000톤의 化學武器를 저장하고 있다고 밝힘 · 압둘 사타르 파키스탄 外務長官, 아프간 탈레반 政權을 더 이상 인정하지 않겠다고 宣言
	19(月)	10. 5	· 水原 硏修院 高幹班 指導生들과 점심을 같이 하고 論文 發表에서 評價와 講評을 하다. · 學校에서 博士論文 審査를 하고 敎授들과 저녁 식사를 하다.	20(火) · 덴마크 總選 실시, 中道右派 野黨聯合 勝利 · 나카타 니겐 日本 防衛廳長官, 美國의 아프간 攻擊 支援과 關聯 自衛隊에 대해 出動命令을 발령
	20(火)	10. 6	· 學校에서 講義를 하다. · 學校 診療所에 가서 아픈 허리를 진찰하다.	21(水) · 한나라黨·自民聯·國會 敎育委에서 敎員 停年을 현행 62世에서 63世로 연장하는 내용의 敎育公務員法 改正案 의결
	21(水)	10. 7	· 林敬鎬 院長과 같이 車로 永同郡 議會를 방문하고 다시 醴泉郡에 가서 道知事, 道議員, 郡守 등과 오찬을 같이 하다. · 慶道大學 主催 地方自治 세미나에서 司會를 보고 金光植 學長, 金성일 친구 등과 저녁을 같이 하고 상경하다.	· 훈센 캄보디아 總理, 全國의 나이트 클럽 등 수천개 遊興業所를 폐쇄하라고 命令 23(金) · 프랑스·獨逸 頂上들 유럽 統合憲法에 대한 支持를 선언
	22(木)	10. 8	· 버스로 堤川에 가서 午餐을 하고 市民自治大學 特講을 하다. · 淸風湖와 文化財團地 등을 구경하고 權희필 市長 등과 식사를 하고 상경하다.	25(日) · 財經部, 10月末 현재 지원한 公的資金은 150조 6,000억원이라고 밝힘 · 온두라스 大統領選擧 실시, 野黨 國民黨 候補 당선
	23(金)	10. 9	· 韓自硏의 金顯昭 室長과 晉州 空港을 거쳐 統營市에 가서 점심을 들다. · 統營市民自治大學 修了式에 참석하여 祝辭를 하고 상경하다. · 家族들과 아버님 祭祀를 모시다.	26(月) · 韓國, 世界 最高의 廣大域 인터넷 서비스 國家라고 보도됨 · 네팔 갸넨드라 國王, 毛澤東主義 叛軍의 공격에 대비하여 全國에 非常事態 선포 27(火) · 國務會議, '國軍部隊의 對테러 전쟁 派遣 動議案' 가결
	24(土)	10.10	· 學校에서 入學 面接考査를 치루다. · 張元碩 회장, 權五澈 친구, 洪社長과 저녁 식사를 하며 환담하다.	28(水) · 中國 政府, 中國大陸과 臺灣·홍콩·마카오 등 兩岸 4개地域을 하나로 묶는 '自由貿易區' 설치를 적극 추진 중 이라고 밝힘
	26(月)	10.12	· 昨夜, 高建 市長과 음주·환담하는 꿈을 꾸다. · 學校에서 2名의 博士論文을 심사하다.	
	27(火)	10.13	· 學校에 가서 講義하다. · 서울市 都市政策會議에 참석하다. · 敎保文庫에 갔다가 혼자 저녁 식사를 하다. · 中央大學 高位課程에서 特講을 하고 妻와 같이 귀가하다.	· 러시아 下院, 法官들의 腐敗를 뿌리뽑기 위한 '3大 司法府 改革法案' 승인 29(木) · 監査院, 公的資金을 지원받은 不實企業主 및 不實 金融機關 任職員 5,000여명이 國內에 모두 6조,5000여억원의 재산을 빼돌린 것으로 드러났다고 발표
	28(水)	10.14	· 上溪洞 地開硏에 가서 朴永根 사장 초청으로 蘆原區廳 住宅課長 등과 오찬을 같이 하다. · 好凡會 모임을 갖다.	
	29(木)	10.15	· 金顯昭 室長과 汽車로 金泉에 가다. · 朴八龍 市長 등과 市民自治大學 修了式에 가서 祝辭를 하다. · 總務課長 등과 直指寺 入口 食堂에서 저녁을 같이 하고 상경하다.	
	30(金)	10.16	· 浦項 空港을 거쳐 慶州에 가다.	

月	日	陰	本人 및 家族事項	社會一般事項
11	30(金)	10.16	·李源植 市長과 市民自治大學修了式에 참석하여 祝辭를 하다. ·上京하여 中央都市計劃委員會에 참석하다. ·朱龍澤, 禹哉永, 李永哲 회장 등과 저녁 모임을 갖다.	
12	1(土)	10.17	·權五澈, 洪顯起 氏와 점심을 같이 하다. ·姜渭薰 社長이 令息과 子婦를 데리고 主禮에게 人事次 방문하다. ·妻, 一山으로 이사온 妻男宅에 가서 留宿하다.	1(土) ·釜山에서 2002 韓日 월드컵 蹴球大會 本選 組抽籤 실시
	2(日)	10.18	·종일 혼자 집에서 일을 하다. ·長男 妻家宅에서 쌀 1가마니를 보내주다.	2(日) ·金大中 大統領, 英國·노르웨이·헝가리·유럽議會의 訪問을 위해 出國 ·스위스, 軍 廢止 및 平和維持 自願軍 創設 등을 골자로 하는 國民投票 실시
	3(月)	10.19	·學校 敎授會議에 참석하여 入學査定을 하다. ·國土硏究院에 가서 釜山都市基本計劃에 대해 자문하다. ·李景熙, 慧圓스님, 黃원순 氏와 저녁 식사를 하다.	3(月) ·U.N. 難民高等辦務官室(UNHCR) 서울事務所가 공식 開所됨 ·아프리카 5個國 指導者들, 中央아프리카에 파견할 地域 平和維持軍을 創設키로 결정
	4(火)	10.20	·學校에서 第2學期 마지막 講義를 하다. ·博士論文 審査를 주재하다. ·李裕澤 松坡區廳長 초청으로 高校 同期生들과 會食을 갖다.	4(火) ·國務會議, 鐵道民營化 관련 法案 議決
	5(水)	10.21	·金顯昭 室長, 金東爀 과장과 自宅車로 聞慶市에 가서 市民自治大學 特講과 修了式祝辭를 하다. ·金學文 市長 및 機關長들과 저녁 식사를 하고 상경하다.	5(水) ·李漢東 總理, 國民의 건전한 消費擴大 권장 ·아프간 4개 政派 指導者들, 파슈툰族 指導者 하미드 카르자이를 過渡政府 首班으로 추대
	6(木)	10.22	·大韓國土計劃學會 會長團 및 風水會 會員들과 골프를 치다. ·送年 모임을 가진 뒤 上京하다.	6(木) ·財經部, 釜山港과 光陽港 일부를 關稅自由地域으로 지정하는 方案을 의결 ·아프간 탈레반, 사실상 降服
	7(金)	10.23	·金顯昭 室長 및 강선숙 講師와 蔚山市 中區 市民自治大學에 가다. ·修了式에서 祝辭를 하고 全那明 구청장 등과 식사를 한 뒤 상경하다. ·長女 家族, 大田에서 상경하여 집에 오다.	7(金) ·10月末 現在 우리 나라 總外債 比率은 國內總生産(GDP) 對比 25.7%로 발표 ·아프간 過渡政府, 아프간에서 탈레반의 强壓統治가 종식되었다고 宣言 ·스리랑카 總選 실시, 第1野黨인 統一國民黨(UNP)이 승리
	8(土)	10.24	·妻 및 長女家族과 一山에 있는 Outlet에 가서 商店들을 둘러보고 載敏 妻男 夫婦를 만나다. ·점심을 들고 귀가하다. ·白南喆군 博士論文 最終審査를 주재하고 식사하다.	8(土) ·國會 本會議, 신승남 檢察總長에 대한 彈劾案 표결
	9(日)	10.25	·姜渭薰 社長과 같이 떼제베(TGB) 골프場에 가서 운동하다. ·李元鍾 忠北知事 초청으로 淸州에서 저녁 식사를 하고 유흥시간을 가진 뒤 늦게 상경하다.	9(日) ·産業資源部, '産業技術人力養成 綜合對策' 마련
	10(月)	10.26	·李景熙 將軍과 오찬을 같이 하다. ·地方移讓委員會에 가서 硏究課題 第3次 報告會를 주재하고 補完事項을 지시하다. ·向志會 모임에 나가 會則을 심의하고 送年會를 갖다.	10(月) ·美軍 海兵隊, 12年만에 처음으로 아프간 首都 카불의 美國大使館 建物에 進駐
	11(火)	10.27	·一山 韓自硏에 가서 일을 보다. ·蘇鎭光 교수가 내방하여 職員들과 베트남으로 떠나는 蘇교수를 위한 歡送會食을 갖다.	11(火) ·金大中 大統領, 유럽議會 演說에서 아시아-유럽간의 情報通信 및 交通網의 連結을 강조 ·아프간 탈레반 알-카에다, 降服을 宣言
	12(水)	10.28	·學校에서 金鍾表 교수, 黃원순 社長, 國土硏究院 硏究員 등의 방문을 받다. ·李信亥 學生의 博士論文 最終審査를 주재하고 모두 저녁 회식을 갖다. ·비가 조금 내리다.	12(水) ·中國, 北韓 및 韓國과의 國境貿易을 目標로 하는 超大型 國境貿易 都賣市場이 鴨綠江 河口의 東港市에 개설돼 試驗營業에 들어갔다고 보도
	13(木)	10.29	·地方移讓委員會 本會議를 주재하다.	13(木) ·民主黨·한나라黨, 公的資金에 대한 國政調査를 실시한다는 原則에 합의 ·부시 美大統領, 美國은 彈道彈 邀擊미사일(ABM) 協定에서 脫退한다고 러시아에 公式 通報
				14(金) ·中國, 美國의 9·11테러를 契機로 法輪功을 테러組織으로 규정하려 하고 있다고 알려짐 ·獨逸 議會, 原電閉鎖 法案을 승인

月	日	陰	本人 및 家族事項	社會 一般 事項
12	13(木)	10.29	・委員會 送年 모임을 갖다.	15(土) ・美國, 이스라엘과 팔레스타 인내 流血事態 終熄을 위한 監視機構 설치에 관한 U.N.安保理 決議案에 대해 拒否權 행사
	14(金)	10.30	・金源 教授 및 關係官들과 釜山市에 가다. ・BEXCO에서 개최된 釜山廣域圈計劃 公聽會에 참석했으나 住民들의 反撥로 중단되다. ・安相英 市長, 徐義澤 총장 등과 저녁 식사를 하고 餘興을 갖다. ・釜山 롯데 호텔에서 투숙하다.	16(日) ・칠레 總選擧, 社會黨 등 3개 政黨 聯合勢力이 過半數 議席을 차지함 ・구테레스 포르투갈 總理, 地方選擧에서 與黨이 敗北한 데 대한 責任을 지고 사임
	15(土)	11. 1	・金源・徐義澤・宋仁明 씨 등과 釜山 CC에서 골프를 치고 상경하다.	17(月) ・푸틴 러시아 大統領, 3種의 司法制度 改革案에 서명
	16(日)	11. 2	・康炳基 교수와 같이 芝山 골프場에 가서 金光雄 委員長 및 金敬姫 建國大 理事長과 골프치다. ・함께 저녁 食事를 하고 귀가하다.	19(水) ・델라루아 아르헨티나 大統領, 國民들의 騷擾 擴散으로 全國에 30日間의 非常事態 선포
	17(月)	11. 3	・行政自治部에 가서 李根植 長官과 '自治發展' 1月號 揭載를 위한 對談을 하다. ・地方移讓委員會와 教保文庫에 들리다. ・國家專門行政研修院의 幹部 및 指導教授들과 送年會食을 갖다.	・프랑스 議會, 코르시카 自治法案 승인 20(木) ・美國 世界貿易센터(WTC)빌딩에 대한 9・11테러로 死亡 또는 失踪된 사람은 모두 3,225名인 것으로 집계됨
	18(火)	11. 4	・上溪洞 地開研에 가서 일을 보다. ・農協 中央會 送年 모임에 참석하다. ・環境大學院 吳容先・李美泓 학생의 博士論文 最終審査를 食堂에서 주재하고 같이 식사하다.	21(金) ・아르헨티나 議會,델라루아 大統領의 辭任을 공식 승인하고 페론당 라몬 푸에르타 上院議長을 臨時 國家首班으로 指名함 22(土) ・金大中 大統領, 全斗煥 前大統領과 午餐會同
	19(水)	11. 5	・學校에서 碩士論文 終審을 하고 教授會議를 개최하다. ・李道元 교수 教授昇進 自祝宴에 참석하다.	・第9次 韓日投資協定 本會議, 東京에서 會議를 갖고 協定 基本文案에 합의 ・아프간, 카르자이 首班의 過渡政府 정식출범
	20(木)	11. 6	・大邱 空港을 경유하여 義城郡에 가서 꿩고기 점심을 들다. ・丁海杰 군수 등 機關長과 인사하다. ・義城郡 自治行政大學에서 마지막 特講을 하고 상경하다.	・世界 53個國 이슬람學者 및 宗教指導者 143명, 자카르타에서 會議를 갖고 暴力反對의 선언을 함 23(日) ・아돌프 사아 아르헨티나 臨時 大統領, 1,320억달러에 달하는 對外負債 償還을 中斷한다고 선언을 함
	21(金)	11. 7	・卞鐸 사장 초청 午餐에 참석하여 建設部門 大賞 수상을 축하하다. ・中央都市計劃委員會 小委員會 및 本委員會에 참석하다. ・學校에서 金玄鎬君 博士論文 最終審査를 주재하다. ・權泰埈, 金炯國, 李琦錫 교수 등과 저녁 식사를 하며 환담하다. ・日本에서 온 金鍾忠 선생을 잠시 만나 인사하다.	24(月) ・한나라黨, 所屬議員 8명만으로 國會 保健福祉委員會를 열어 國民健康保險法 改正案을 의결 ・소말리아 政派들과 過渡 國民政府, 擧國 政府 構成을 가능케 하는 平和案에 합의 25(火) ・韓國銀行, 우리나라 金融市場 規模는 總 874조 4,000억원으로 1980년에 비해 132배에 달했다고 밝힘
	22(土)	11. 8	・妻와 같이 環心會 夫婦 同伴 送年會에 참석하다.	
	23(日)	11. 9	・河在龍 課長 令愛 結婚式에 가서 主禮를 보다. ・妻와 같이 永登浦에 가서 高永天氏 妻男 白八欽氏 令息 結婚式에 참석하다.	・日本 財務省, 日本의 國家債務가 史上 最高値인 565조 5,553억엔으로 集計됐다고 발표
	24(月)	11.10	・學校에 가서 정리를 하고 成績을 제출하다. ・서울市 都市管理課에 가서 自宅購入前 未拂件에 대해 협의하고 公正한 處理를 당부하다. ・高建市長 부담으로 雜魚會 송년 모임을 갖다.	26(水) ・캄보디아 政府, 軍兵力의 縮少를 단행 ・이스라엘 勞動黨, 새 黨首로 비냐민 벤 엘리저 國防長官을 선출 27(木) ・國會, 총111조 9,767억원의 새해 豫算案 의결
	25(火)	11.11	・X-mas를 맞아 집에서 記錄 整理를 하다. ・禹哉永, 李永哲 회장과 저녁을 하며 李永哲 회장으로부터 金鍾忠 선생과 함께 金大中 大統領을 상봉한 이야기를 듣다.	28(金) ・조르제 삼파이오 포르투갈 大統領, 議會를 해산하고 總選을 실시할 것이라고 발표 29(土) ・金大中 大統領, 政府人事에서 地緣・ 學緣・請託 등을 배제하고 能力 中心으로 공정하게 실시하도록 內閣에 지시
	26(水)	11.12	・上溪洞 地開研에 가서 李昌洙 高校 先輩 등과 점심을 같이 하다. ・好凡會 送年 모임을 갖다.	・페루 首都 리마의 都心 쇼핑街에서 大型火災 發生, 122명이 死亡하고 180명이 負傷당함
	27(木)	11.13	・一山 韓自研에 가서 朴昇治 부원장 등과 業務協議를 하다.	

2001

月	日	陰	本人 및 家族事項	社會一般事項
12	27(木)	11.13	·地方移讓委員會에 대한 總理室評價가 저조하게 나왔다는 報告를 받아 不快한 기분을 갖다. ·韓自硏 送年會를 一山에서 갖다.	30(日) ·公正去來委員會, 24개 公企業의 不公正去來行爲를 적발하고 6억 3,000여 만원의 過徵金을 부과했다고 밝힘 ·아들포 사아 아르헨티나 大統領, 就任 1週日만에 사임
	28(金)	11.14	·柳穆基 선배 초청으로 一心會 送年 모임을 갖고 오찬을 같이 하다. ·地方行政硏究院의 Home Coming Day 모임에 참석하다. ·'地硏會'를 결성하고 初代 會長으로 선출되다 ·朴羽緖 院長 등과 저녁을 같이 하고 별도로 姜瑩基 學長을 만나 술을 들며 地方自治學會의 次期會長 選出에 대해 의견을 나누다.	31(月) ·걸프 協力會議(GCC) 6個國 頂上들, 單一通貨 導入등 經濟統合에 합의 ·우크라이나, 總選擧 실시 ·카불 駐在 英國大使館, 英國과 아프간은 아프간 過渡政府를 지원하기 위한 多國籍保安軍(ISAF) 배치에 관한 最終協定에 서명한다고 밝힘
	29(土)	11.15	·國土學會 및 地方自治學會를 방문한 뒤 書店을 거쳐 沐浴을 하고 오다. ·長女 家族이 大田에서 상경해오다. ·눈이 조금 내리다. ·新羅 호텔에서 開催된 兪 浣 敎授 令息 結婚式에 참석하다. ·서울市 文化賞을 수상한 崔相哲 교수의 招請으로 國土計劃學會 代表들과 저녁 식사와 遊興時間을 갖다.	
	30(日)	11.16	·李永哲 회장 마련으로 李景熙 將軍과 오찬을 들며 환담하다. ·어머님 忌日을 맞아 家族 및 兄弟들과 祭祀를 모시다.	
	31(月)	11.17	·學校에 가서 殘務處理를 하고 오다. ·長女 家族들과 영화 〈해리포터와 魔法師의 돌(Harry Potter and the Sorcerer's Stone)〉을 관람하고 저녁 식사를 같이 한 뒤 귀가하다. ·저녁에 눈이 많이 내리다. ·敎授 停年을 앞둔 마지막 除夜의 밤을 집에서 조용히 보내다.	

第 67 歲: 2002 (4335) 壬午年 / 平敎授 - 停年

月	日	陰	本人 및 家族事項	社會一般事項
1	1(火)	11.18	·새해를 맞아 新年 祭祀를 모시고 子女들의 歲拜를 받다. ·禹哉永, 李圭憲, 金奎馥씨 등과 盧隆熙 교수와 金壽鶴 회장 宅에 歲拜를 가다. ·집에서 몇 사람 弟子들의 새해 인사를 받다.	1(火) ·金大中 大統領, 新年辭에서 今年度 選擧에서 公務員 中立과 월드컵 開催의 成功을 强調 ·유럽 12個國, 유로貨의 通用을 始作 ·아르헨티나 새 大統領에 에두아르도 두알데 上院議員이 選出됨
	2(水)	11.19	·長女 家族, 大田으로 귀가하다. ·環境大學院 新年交禮會에 참석하여 人事말을 하다. ·敎授들과 점심을 같이 하며 敎授會議를 하다. ·靑瓦臺 新年賀禮式에 참석하여 金大中 대통령 內外分께 歲拜를 드리고 많은 人士들과 새해 인사를 하다. ·地方移讓委員會에 와서 『經濟風月』誌 記者와 對談을 하다. ·委員會의 課·係長들과 식사를 하고 귀가하다.	2(水) ·金大中 大統領, 各界 代表들로부터 新年人事를 받음 ·株價, 31p 暴騰으로 724.95 記錄 ·서울 地檢, 패스 21 株主 尹泰植으로부터 株式을 받은 嫌疑로 政·官·言論界 10名을 召還키로 함 ·國防部 軍飛行場 周邊의 高度制限을 緩和할 計劃임을 밝힘 3(木) ·서울, 零下 13℃ 추위를 보임

月	日	陰	本人 및 家族事項	社會一般事項
1	3(木)	11.20	·自宅에서 記錄 整理를 하다.	3(木) ·預金 金利가 引上되기 시작함 ·첫 女性將軍 양승숙 陸軍准將 誕生 ·濠洲의 산불로 시드니市의 市民들 待避騷動 ·日本 圓貨切下로 100엔당 997원 기록
	4(金)	11.21	·國土計劃學會의 新年交禮會에 참석하여 인사말을 하고 같이 점심을 하다. ·弦汀賞 管理委員會에 참석하여 今年度 審査委員長으로 위촉되다. ·염일순·우재영 社長 초청으로 會長團과 저녁 식사를 하다.	4(金) ·政府, 1月中 全面 改閣할 것이라고 밝힘 ·與野 健保 統合을 1년 6개월 留保키로 合意 ·國防部, 射程 300㎞ 미사일을 導入키로 했다고 發表 ·民主黨, 大選候補를 4月에 選出키로 決定
	5(土)	11.22	·硏修院 朴浩淑 교수와 만나 敎授 進出件을 협의하다. ·金恩貞 夫婦의 내방을 받아 함께 저녁식사를 하다.	
	6(日)	11.23	·집에서 記錄 整理를 하다. ·長男이 飮食을 가져오다.	6(日) ·政府, 金剛山 觀光事業을 살리기 위한 支援方案을 摸索한다고 밝힘 ·曹溪宗 慧菴 宗正의 茶毘式이 陜川 海印寺에서 擧行
	7(月)	11.24	·一山 韓自硏에 가서 會議를 하고 일을 처리하다.	7(月) ·腐敗防止委員會 委員長 內定者 金聖男 辯護士, 尹泰植의 로비 事件과의 連累 嫌疑로 辭意 表明
	8(火)	11.25	·上溪洞 地開硏에 가서 일하다. ·午餐에 向志會 모임을 갖다. ·저녁에 禹哉永 회장 및 金奎馥 국장과 식사를 하고 餘興을 갖다.	8(火) ·政府, 서울 近郊의 260萬坪 그린벨트를 解除하여 아파트 10萬家口를 供給하는 등을 내용으로 한 '住宅市場 安定對策'을 發表
	9(水)	11.26	·인터컨티넨탈 호텔에서 金源 敎授 및 忠北 淸州市 關係者들과 점심을 하며 淸州都市計劃에 대해 설명을 듣다. ·國土計劃學會에 가서 海外旅行件을 협의·지시하다 ·地方自治學會 理事會에 참석하여 次期 會長 候補로 3人을 결정하다. ·李景熙 將軍 招請으로 許和平 議員과 식사를 하며 환담하다.	9(水) ·情報通信部, 軍事衛星을 2005年에 첫 發射할 계획이라고 밝힘. ·國稅廳, 江南 22곳에 대한 아파트 去來 追跡을 밝힘
	10(木)	11.27	·昨夜에 큰 뱀이 江물에서 如意珠라 하며 빛이 나는 靑色 寶石을 건져 膳物하는 꿈을 꾸다. ·金裕赫 敎授, 金顯昭 室長과 렌트카로 堤川에 가다. ·堤川市民自治大學 開講式에서 祝辭를 하다. ·權熙弼 市長·閔丙燦 會長 등과 저녁식사를 하고 上京하다.	10(木) ·AP通信, 7萬餘年前 鐵鑛石에 새겨진 世界 最高의 抽象化가 南阿共 블로보스 洞窟에서 발견됐다고 보도
	11(金)	11.28	·妻와 같이 三井호텔 뷔페에서 結婚 36周年 紀念 午餐을 하다. ·建設部 中央都市計劃委員會 會議에 參席하다. ·國土計劃學會 崔秉瑄 회장 招請으로 大麗都에서 歷代 會長團 會食을 갖고 次期 會長團 構成問題를 論議하다. ·崔秉瑄 會長 및 趙正濟 長官과 別途로 遊興시간을 갖다.	11(金) ·靑年層의 失業이 계속 增加한다고 報道됨
	12(土)	11.29	·昨夜에 불줄기와 불연기를 쏘아 받는 꿈을 꾸다. ·李正典 院長 招請으로 朝鮮 호텔에서 歷代 院長 모임을 갖고 점심을 하면서 學校 問題를 협의하다. ·妻男 黃載壽 自宅에 가서 聘父任 忌日祭祀를 모시다. ·長男이 집에 와서 韓自硏 職員들의 不滿 이야기를 전해 듣고 이의 解決策을 강구하다.	
	13(日)	12. 1	·저녁에 禹哉永, 李圭憲, 李永哲 씨 등과 만나 禹會長의 古稀紀念集 發刊件에 대해 論議하다.	13(日) ·昨年 海外 移民者는 再昨年보다 24.3% 줄은 1만 1,584명으로 集計됨 ·愼承煥씨, 알선수뢰협의로 구속됨 ·愼承男 檢察總長, 동생 愼承煥씨 事件에 對한 責任을 느껴 辭意 表明 ·軍番 1番의 李亨根 大將 死亡
	14(月)	12. 2	·學校에 가서 事務處理를 하고 河在龍 課長의 長女 夫婦 내방을 받다. ·韓自硏의 潘洸植 局長 및 金顯昭 室長과 저녁을 하며 硏究院 運營에 대해 협의하다.	14(月) ·金大中 大統領, 靑瓦臺에서 年頭 記者會見을 가짐 ·政府, 3月부터 10年 넘은 아파트의 리모델링을 許可키로 함 ·낮 氣溫 13.2度로 觀測史上 最高 記錄
				15(火) ·金鍾泌 自民聯 總裁, 內閣制 改憲을 위해 16代 大統領 選擧에 出馬하겠다고 公式 宣言 ·IAEA, 19日까지의 北韓 核施設 調査를 着手함
				16(水) ·政府, 金浦 埋立地 480만평을 物流·宿泊 團地로 開發하는 方案을 推進 ·새 檢察總長에 李明載 辯護士가 내정됨 ·黃長燁씨, 美國 가지 않겠다고 천명
				17(木) ·李會昌 한나라黨 總裁, 年頭記者會見 가짐 ·英國 브리스톨大 硏究팀,中年의 性生活은 腦猝症 豫防에 도움이 된다고 발표

2002

月	日	陰	本人 및 家族事項	社會一般事項
1	14(月)	12. 2	·長女 家族, 雪嶽山 스키 旅行 때문에 外孫女를 데려다 놓다.	17(木) ·콩고 民主共和國의 나라공고 火山이 火山活動 始作
	15(火)	12. 3	·外孫女를 데리고 國土計劃學會와 地方自治學會에 가서 일을 보고 國技院과 놀이터에서 같이 놀고 오다.	20(日) ·中央人事委員會, 開放型職位의 任用期間을 3年에서 5年으로 延長키로 함 ·李仁濟 民主黨 顧問, 大選出馬 公式 宣言
	16(水)	12. 4	·地方移讓推進委員會에 가서 研究課題에 대한 最終報告會를 주재하다. ·朴珝緖, 黃允源 원장 및 關係者들과 오찬을 같이 하고 귀가하다.	21(月) ·1월중 職場健康保險料가 99%까지 引上된 것으로 밝혀짐 ·建交部, 首都圈 그린벨트 3,754萬坪을 解除할 方針이라고 밝힘
	17(목)	12. 5	·妻·外孫女와 고속버스 터미널 地下商街를 구경하고 점심 식사를 하다. ·韓自研 運營改善에 대한 建議書를 작성하여 朴昇治 부원장에게 부치다. ·妻男·妻弟 家族들이 와서 같이 저녁 식사를 하다.	·金大中 大統領 妻조카 李亨澤씨, 寶物船 事業 主導嫌疑로 調査받을 것으로 알려짐 22(火) ·腐敗防止委員長에 姜哲圭 教授로 內定 23(水) ·建交部, 天安·牙山에 876萬坪 新都市 建設 計劃을 推進中 이라고 밝힘 ·輕犯罪 435萬名의 前科記錄을 削除키로함
	18(금)	12. 6	·國土計劃學會에 가서 弦汀賞 審査委員會를 주재하고 같이 저녁 식사를 하다. ·長女 家族, 雪嶽山에서 스키 旅行을 마치고 大田으로 귀가하다.	24(木) ·셸 망네 보네비크 노르웨이 總理, 青瓦臺에서 金大中 大統領과 頂上會談 가짐
	19(土)	12. 7	·長女, 上京하여 집에 오다. ·文廷鎬 環心會 會員과 만나 停年記念行事에 대해 협의하다. ·金憲源 校長 초청으로 高校 同期生들과 食事·餘興時間을 갖다.	·韓國·日本, 서울에서 犯罪人 引導條約 妥結 25(金) ·腐敗防止委員會 發足 ·李亨澤씨 事件에 李基浩 經濟首席이 介入되었음이 밝혀짐
	20(日)	12. 8	·長女, 外孫女를 데리고 大田으로 가다. ·書齋 大清掃를 하다. ·外孫女가 자꾸 눈에 선하다.	·美國 聯邦準備制度理事會(FRB) 앨런 그린스펀 議長, 美國經濟의 不況 以後 첫 樂觀論 피력
	21(月)	12. 9	·禹哉永 회장과 仁川空港에가서 黃熱病注射를 맞다. ·國土計劃學會 泫汀賞 基金 管理委員會에 참석하여 中斷危機에 있는 基金에 대해 論議하고 함께 저녁식사를 하다.	26(土) ·日本 自衛隊, 3月부터 미사일을 搭載한 巡視船을 海上에 配置키로 했다고 보도 27(日) ·政府, 國際自由都市가 되는 濟州道에서 內國人도 免稅惠澤을 받도록 할 計劃임을 밝힘
	22(火)	12.10	·學校에 가서 일 처리를 하고 高時春 副院長의 來訪을 맞다. ·朴昇治 副院長을 만나 韓自研의 改編案을 論議하다. ·長男과 관련된 韓自研 非理件을 보고받고 驚愕을 금치 못하다. ·行研會 모임에 나가 晩餐·餘興을 가지며 歡談하다.	·政府, 2月부터 담배값 引上을 계획하고 있다고 밝힘 ·나이지리아 首都 라고스市에서 軍武器庫 爆發로 2천명 以上이 死亡 28(月) ·政府, 對外經濟政策研究院長에 安忠榮 教授를 任命
	23(水)	12.11	·上溪洞 地開研에 가서 일을 보다. ·金玉鉉 친구 초청으로 禹會長, 金局長과 La Fonte에 가서 점심을 하고, 趙洪來 사장을 만나다. ·好凡會 總會에 가서 會長團 留任을 결의하고, 회식·여흥 시간을 갖다.	29(火) ·金大中 大統領, 長官級 9名, 青瓦臺 秘書陣 7名을 交替하는 改閣을 斷行 ·金大中 大統領, 金鍾泌 總裁와 青瓦臺에서 晩餐 會同 ·日本, 다나카 마키코(田中眞紀子) 外相을 更迭
	24(木)	12.12	·一山 韓自研에 가서 朴昇治 副院長 등과 會議를 하고 함께 식사하다. ·國土計劃學會에 가서 海外旅行團 發隊式을 갖고, 이어 弦汀賞 審査會議를 주재하다. ·會長團 및 廉社長 등과 저녁식사를 하고 餘興을 갖다.	30(水) ·統計廳, 2001年度 國民 1人當 年 쌀 消費量이 2000年의 93.6kg보다 5% 減少된 88.9kg이었다고 발표 ·株價가 25p 急落하여 株價指數 750線이 崩壞됨 ·부시 美國 大統領, 年頭國政演說에서 北韓, 이라크, 이란을 세계에서 가장 危險한 國家들이라고 지적
	25(金)	12.13	·沐浴을 하고 旅行 준비를 하다.	
	26(土)	12.14	·國土計劃學會 代表團 19名과 같이 中南美 視察차 仁川 空港을 떠나다. ·美國 로스앤젤레스에서 換乘하여 멕시코 首都 Mexico City에 到着, 投宿하다.	31(月) ·KDI, 地下經濟가 GNP의 14~19%를 차지한다고 推定 發表 ·李亨澤씨, 江南警察署 留置場으로 送致됨

月	日	陰	本人 및 家族事項	社會一般事項
1	27(日)	12.15	・버스로 Teotihuacan에 가서 해와 달의 神殿 및 사자의 거리 등 아즈텍文明 遺蹟地를 觀覽하다. ・멕시코 市內 및 外廓地帶를 視察하고 다시 航路로 페루의 首都 Lima에 到着, 投宿하다.	31(月) ・世界經濟 포럼, 많은 反對示威 가운데 美國 뉴욕에서 會議 開幕
	28(月)	12.16	・Lima 空港을 떠나 Cusco市에 到着하여 잉카 遺蹟을 관람하다. ・버스로 Urubamba에 가서 호텔에 投宿하다.	
	29(火)	12.17	・버스 및 汽車로 Machu Picchu에 到着하여, '잃어버린 空中都市'에 올라 잉카의 마지막 遺蹟地를 觀覽하다. ・슬픈 마음을 안고 '슬픈 철새는 날아가고'라는 現地 노래를 들으며 Cusco 市로 돌아와 投宿하다. ・海拔 3,400m 高地의 都市라 酸素 부족으로 밤에 숨이 차 잠을 이루지 못해 苦生하다.	
	30(水)	12.18	・Cusco 空港에서 日氣 및 飛行機 故障으로 세번 搭乘한 후 午後에야 출발하여 Lima에 도착하다. ・버스로 南쪽으로 내려가 Ica 의 오아시스에 있는 호텔에 들다.	
	31(木)	12.19	・輕飛行機를 타고 Nasca 地上繪畵(geoglyphs)를 공중에서 관람하다. ・Paracas 半島에 와서 보트로 Ballestas 섬에 가 물개・펭귄・물새 등을 구경하다. ・Lima 市로 돌아와 투숙하다.	
2	1(金)	12.20	・Lima 市內에 있는 博物館, 聖堂, 宮殿, 市街地, 廣場 등을 관람하다. ・브라질을 향해 Lima 空港을 떠나다.	1(金) ・WTO의 第1次 貿易協商委員會(TNC) 출범 ・콜린 파월 美國務長官, 北韓 指導部를 '악(evil)'의 政權이라고 指摘
	2(土)	12.21	・브라질 São Paulo 空港에서 飛行機를 바꿔타고, Foz do Iguaçu市로 가다. ・Itaipu 댐 및 發電所와 이과수 瀑布를 구경하고, 사파리와 보트 觀覽을 하다. ・브라질 이과수市 호텔에 묵다.	2(土) ・世界經濟포럼(WEF), 環境持續指數(Environmental Sustainability Index)에서 韓國이 35.1점으로 142個國中 136位라고 發表
	3(日)	12.22	・아르헨티나로 가서 Puerto Iguazu市를 거쳐 이과수 瀑布의 全景을 구경하다. ・브라질 이과수 空港을 떠나 Curitiba市에 도착하여 투숙하다.	3(日) ・金大中 大統領, 現職 檢事의 青瓦臺 秘書陣 派遣制度를 廢止키로 決定 ・터키 볼비딘에 强度 6.0의 强震이 發生
	4(月)	12.23	・Curitiba 市의 環境親和的 都市計劃施設들을 둘러보고 都市計劃硏究所와 大衆交通運送公社를 訪問하여 說明을 듣다. ・저녁 晩餐時間에 旅行評價會를 갖다. ・禹哉永 會長 招請으로 飮酒 모임을 갖다.	4(月) ・金大中 大統領, 次官及 人事를 斷行 ・金大中 大統領, 美國에서 歸國 中인 韓昇洙 外交通商長官을 更迭 ・李會昌 한나라黨 總裁, 國會서 交涉團體 代表로 演說을 함 ・日本, 種子島 宇宙센터에서 人工衛星 발사 성공 ・美國, 올해 美國經濟의 成長率을 0.7%로 전망
	5(火)	12.24	・航空機便으로 首都 Brasilia에 가다. ・大統領宮, 行政타운, 住居團地 등 施設을 둘러보고 住宅・都市部를 訪問, 說明을 듣다. ・Brasilia 空港을 출발하여 São Paulo 空港에 도착하다.	5(火) ・서울大學, 13.4%의 未登錄事態 發生 ・이탈리아 上院, 사보이 王家에 대해 56年만에 歸國을 허용하는 憲法改正案을 의결
	6(水)	12.25	・밤중에 São Paulo를 떠나 12時間만에 美國 Los Angeles 空港에 도착하다. ・5時間 待期했다가 Asiana 航空 2等席에 搭乘, 出發하다.	6(水) ・英國, 엘리자베스 女王 卽位 50周年을 맞아 대대적 祝祭行事 개최
	7(木)	12.26	・12時間을 飛行하여 仁川 空港에 도착하다. ・서로 作別 人事를 하고, 헤어진 뒤 KAL 리무진으로 歸家하다.	7(木) ・서울大學, 開校 이래 첫 追加募集키로 결정 ・大統領 直屬 諮問機關인 農漁業・農漁村 特別對策委員會 委員長에 韓甲洙 前 農林長官이 임명됨

月	日	陰	本人 및 家族事項	社會一般事項
2	7(木)	12.26	・대체적인 整理를 하고 오랜만에 自宅에서 저녁을 먹고 就寢하다.	7(木) ・國稅廳, 서울・首都圈의 아파트 投機者 1,478명에 대한 稅務調査 착수 ・韓和甲 民主黨 顧問, 大選 출마를 공식 선언 ・前 駐韓美國大使 4名의 北韓 방문이 23日로 연기됐다고 알려짐
	8(金)	12.27	・上溪洞 地開研에 가서 일을 보고 尹相在 會長 등과 점심을 같이 하다. ・向志會 모임에 나가 會議를 主宰하다.	
	9(土)	12.28	・學校에 가서 歸國報告書를 提出하고 편지 등을 整理하다.	8(金) ・韓・美, 6月에 龍山 美軍 아파트를 건립키로 합의 ・與野, 李亨澤씨를 僞證 嫌疑로 고발키로 의결
	11(月)	12.30	・沐浴을 하고 自宅에서 旅行記錄을 정리하다. ・저녁에 妻와 같이 奉恩寺에 가서 子正을 넘기며 禮佛 드리다.	9(土) ・京畿道 敎育廳, 8日 발표한 高校配定을 전면 취소한다고 발표
	12(火)	1. 1	・舊正 설날을 맞다. ・妻와 같이 누님 宅에 가서 歲拜를 하고 오다.	・世界冬季올림픽大會, 美國 솔트 레이크에서 개막
	13(水)	1. 2	・저녁에 河晟奎 교수가 歲拜次 다녀가다.	
	14(木)	1. 3	・學校에 가서 일을 보다. ・國土計劃學會에서 弦汀賞 運營委員會 회의에 참석하여 審査結果를 보고하다. ・會長團 등과 저녁 식사를 하고 여흥시간을 갖다.	11(月) ・설 連休 歸鄕 차량이 서울에서 80만대 빠져나감 12(火) ・IMF, 韓國의 올 經濟成長率을 4%로 전망
	15(金)	1. 4	・妻의 生日을 맞아 朝餐을 하며 祝賀하다. ・地方移讓委員會 職員 結婚式에 가서 主禮를 보다. ・地方行政研究院에 가서 地研會 運營에 대해 協議하다. ・禹哉永 회장 등과 地開研 總會 및 古稀宴 등에 대해 논의하다.	・英國, 英才敎育을 주 내용으로 한 敎育改善案 발표 13(水) ・政府, 美國 政府에 北韓 刺戟 發言을 自制해 달라고 강력히 요구 14(木) ・綜合株價指數, 796.18로 暴騰 ・編協・野黨 등, 政府의 '定期刊行物 登錄 등에 관한 法律' 改正案에 대해 크게 반발
	16(土)	1. 5	・長男 夫婦 招請으로 妻 生日 紀念晩餐을 妻, 次女와 같이 中國食堂 '揚子江'에서 갖다. ・次女, 長男 아파트에 가서 留宿하다.	15(金) ・靑瓦臺, 20일 韓・美頂上이 休戰線 南側 都羅山驛을 방문한다고 발표
	17(日)	1. 6	・沐浴을 하고 自宅에서 記錄을 정리하다.	・서울地檢, 金雲龍 大韓體育會長의 家族計座 추적을 시작
	18(月)	1. 7	・매우 추운 氣候를 보이다. ・一山 韓自研에 가서 會議를 주재하고 朴昇治 副院長 등과 점심을 같이하다. ・韓自研의 新築建物의 建設 상황을 돌아보고 귀가하다.	・政府, 今年 7月末까지 日本 歌唱을 放送할 수 있도록 한다고 밝힘 16(土) ・李碩熙 前國稅廳 次長, 大選資金 不法모금 혐의로 美國 미시간州에서 美 FBI에 의해 체포됨
	19(火)	1. 8	・地方移讓委員會에 가서 일을 보다. ・김학재 서울市副市長 등이 와서 瑞草區 火葬場 建立件을 협의하다. ・移讓委員會를 주재하다. ・實務分科 委員長들과 麥酒를 들다.	・北韓, 金正日 委員長의 60回 生日行事를 대대적으로 擧行 18(月) ・民主黨 宋錫贊 의원, 國會에서 '부시의 惡의 化身', '李會昌의 惡의 뿌리' 發言으로 파문 발생
	20(水)	1. 9	・서울大에서 개최된 地方自治學會 總會에 가서 會長選擧를 하고 理事會에 참석하다. ・學術發表會 司會를 보고 總會에 참석하다.	・美・日 頂上, 東京서 회담 가짐 19(火) ・부시 美國 大統領, 韓國을 방문
	21(木)	1.10	・韓自研의 金顯昭 室長과 蔚山市에 가다. ・南區 한마음大學에서 特講을 하고 修了式에서 祝辭를 하다. ・李埰益 廳長 등과 저녁 식사를 하고 上京하다.	20(水) ・韓・美 頂上, 靑瓦臺에서 회담을 갖고 京義線 南側 道羅山驛에서 DMZ를 시찰 ・地方自治學會 次期 會長에 姜瑩基 교수가 피선
	22(金)	1.11	・大韓國土・都市計劃學會가 주최한 韓・中세미나에 참석하고, 韓・中 協力 調印式을 참관하다. ・總會에서 新任會長團을 선출하고 저녁 회식 및 여흥을 갖다.	21(木) ・한나라黨 金浩一 議員(馬山), 夫人의 選擧法 違反으로 議員職 상실 ・中國・美國頂上 北京에서 會談 가짐
	23(土)	1.12	・天安에 가서 吳烈根 院長과 점심을 같이 하다. ・檀國大學校 地方自治指導者課程에서 特講을 하다. ・사위와 外孫子가 와서 같이 大田에 가서 長女宅에서 투숙하다.	22(金) ・國土・都市計劃學會 總會에서 元濟戊 회장, 姜良錫・金昌碩 부회장 등 新任會長團이 선출됨 ・北韓, 부시 美國 大統領의 對話 提議를 공식적으로 거부함

月	日	陰	本人 및 家族事項	社會一般事項
2	24(日)	1.13	·長女 家族 모두와 상경하여 淸潭洞 아파트 建立現場과 淸潭公園을 둘러보다. ·陰曆 正月 大보름 음식을 앞당겨 먹다. ·TV 드라마 〈太祖王建〉의 마지막 放映을 보다.	25(月) ·金大中 大統領, 就任4周年을 맞아 各界 代表들과 靑瓦臺에서 오찬 및 만찬을 가짐 ·鐵道·發電勞組, 民營化에 반대하는 전국적 파업에 돌입
	25(月)	1.14	·長女 家族, 大田으로 귀가하다. ·'國民의 政府' 出帆 4周年 紀念 만찬에 참석하여 金大中 大統領 內外分께 인사 드리다.	26(火) ·韓昇洙 의원, 民國黨을 탈당 27(木) ·鐵道勞組, 罷業을 중단
	26(火)	1.15	·環境大學院 卒業式에 참석하다. ·高位政策課程에 特講을 하고 술을 마시며 환담하다.	·政府, 테러 容疑者 등 9,600여명에 대해 入國을 규제키로 함
	27(水)	1.16	·地方移讓委員會에 가서 地方自治團體 4個 協議會 會員들과 移讓業務에 대해 協議하다. ·上溪洞 地開硏에 가서 일을 보다. ·好凡會 모임에 참석하고 新入會員 姜渭薰 사장 초청으로 여흥을 갖다.	28(水) ·國會, 違憲 判斷에 따라 外國人에게 부여키로 한 投票權을 주지 않기로 결의 ·朴槿惠 한나라黨 副總裁, 한나라黨을 脫黨한다고 선언 ·李守東 前 亞太財團 常任理事, 不正 혐의로 구속됨
	28(木)	1.17	·國土硏究院에 가서 建交部 國土整備企劃團의 諮問會議를 주재하고 같이 점심을 하다. ·一山 韓自硏에 가서 일을 보다. ·鳥嶺會 모임에 참석하다.	
3	1(金)	1.18	·3·1節을 맞아 國旗를 揭揚하다. ·妻, 몸살로 苦生을 하다.	1(金) ·3.1節 紀念行事, 全國的으로 열림 ·2月 27日부터 시작된 印度의 힌두·이슬람 敎徒간 충돌로 260餘名이 사망
	2(土)	1.19	·國土學會와 自治學會에 들러 일을 보다. ·理髮과 沐浴을 하다. ·禹哉永, 李永哲, 金奎馥씨와 저녁을 하며 禹會長 古稀紀念集 發刊을 협의하다.	2(土) ·이탈리아 國民 12萬名, 로마에서 베를루스코니 總理의 放送 掌握을 규탄하는 시위를 벌임
	4(月)	1.21	·環境大學院 入學式에 참석하다. ·K-TV와 地方移讓 業務에 대해 學校에서 錄畵하다.	3(日) ·金槿泰 民主黨 顧問, 2000년 最高委員 競選시 2億帶 不法 選擧資金을 사용했다고 폭로
	5(火)	1.22	·停年 最終學期의 첫 講義를 하다. ·비가 조금 내리다.	5(火) ·美國, 韓國 등의 鐵鋼에 25% 關稅를 부과키로 결정·발표
	6(水)	1.23	·學校 敎授會議에서 次期 院長 先任方法을 決定하다. ·行自部 次官室에 가서 退任한 實務委員들에게 褒賞 및 表彰狀을 수여하다.	6 (水) ·建交部, 서울 지역의 아파트 轉賣를 제한하는 등의 '住宅市場 安定對策' 발표 ·中國, 월드컵 행사시 中國人들의 北韓 통과 韓國 방문을 협의 중이라고 밝힘
	7(木)	1.24	·上溪洞 地開硏에 가서 古稀紀念集을 編輯하다. ·地開硏 인사들과 저녁을 같이 하다.	7(木) ·EU, 美國의 鐵鋼 關稅에 대해 WTO에 提訴
	8(金)	1.25	·一山 韓自硏에 가다. ·崔秉瑄, 金英模, 趙正濟氏 등과 저녁 식사를 하며, 國土學會 人事件에 대해 논의하며 여흥시간을 갖다.	8(金) ·政府, 1家口 2住宅의 讓渡稅 免稅期間을 2年에서 1年으로 단축키로 함 9(土) ·民主黨 大選候補 競選을 濟州에서 첫실시
	9(土)	1.26	·地開硏에 가서 古稀集을 편집하다. ·禹哉永, 李永哲, 尹相在 氏 등과 저녁 식사를 하다.	·美國의 核攻擊 대상에 北韓을 포함시킨 것으로 보도됨
	10(日)	1.27	·金源 敎授와 淸州에 가서 羅紀正 市長 및 申邦雄 總長과 골프를 치고 많은 인사들과 저녁식사를 하며 환담하다.	11(月) ·美國 CIA, 北韓의 미사일은 美國의 本土를 공격할 能力을 갖고 있다고 밝힘 12(土) ·瑞山·서울에 이어 群山서도 銃器强盜에 農協 털림
	11(月)	1.28	·硏修院 地方議會 指導者 課程에서 特講을 하고 院長등과 점심을 한 뒤 상경하다.	·金槿泰 顧問, 民主黨 경선을 사퇴함
	12(火)	1.29	·次女 生日을 맞아 朝餐을 하며 축하를 하다. ·趙正濟 長官宅에 가서 新築住宅을 구경하고 저녁을 같이 하다.	·U.N. 安保理, 팔레스타인을 獨立國家로 인정하는 決議案 발표 14(木) ·脫北 北韓人 25名, 中國 北京 주재 스페인 大使館에 진입, 망명 요청
	13(水)	1.30	·學校 敎授會議에 참석하여 新規採用 分野에 대한 意見을 개진하다. ·韓自硏 幹部 및 蔣炳九·姜瑩基 氏와 公職者 論壇賞 受賞 候補를 선정하고 저녁을 들다. ·李壽成 前 總理를 만나 趙正濟 長官과 같이 맥주를 마시며 환담하다.	·金沄桓 前 民主黨議員, 釜山 多大地區 特惠件으로 긴급 체포됨 15(金) ·脫出 25名, 中國서 필리핀으로 追放됨 ·北派 工作 全國聯合同志會, 政府報償을 요구하며 서울 世宗文化會館 앞에서 시위

2002

月	日	陰	本人 및 家族事項	社會一般事項
3	14(木)	2. 1	・地開研에 가서 일을 보다. ・李昌洙・金玉鉉 同門이 와서 같이 점심을 하다. ・禹哉永, 朴永根, 金奎馥氏등과 저녁을 하다.	16(土) ・脫北 25名, 필리핀에서 一泊한 후 韓國으로 들어오려고 하다 며칠 더 마닐라에 체류키로 함
	15(金)	2. 2	・地方行政研究院에 가다. ・小都邑 育成方案 연구에 대해 諮問을 하다. ・「地研會」懸板式을 하고 朴羽緖 院長 및 任員들과 저녁 식사를 하다.	17(日) ・韓・日 政府, 韓・日 自由貿易協定(FTA) 체결 문제를 검토하기 위해 民・官合 同의 共同研究會를 발족키로 합의
	16(土)	2. 3	・金顯昭 室長 및 姜善淑 講師와 濟州市에 가다. ・濟州市民自治大學 開講式에 가서 金泰煥 市長과 協約書를 締結하고 祝辭를 하다. ・副市長 등과 저녁식사를 하고 上京하다. ・妻, 石出 누님 七旬宴에 참석하다.	18(月) ・脫北者 25名, 필리핀에서 韓國으로 入國하여 脫北 住民 定着支援事務所 '하나원'에 입소 ・教育人的資源部, '公教育 診斷 및 內實化 對策' 발표
	18(月)	2. 5	・上溪洞 研究會에 가서 古稀集의 일을 처리하다. ・聞中 後輩 高龍煥 法務士 招請으로 모두 같이 점심을 하다. ・禹哉永・李永哲 會長과 現代印刷所에 가서 古稀集 校正을 보다.	・페루 Machu Picchu 西南方 39㎞地點에서 새로운 잉카 遺蹟地가 발견되었다고 AP 通信이 보도 19(火) ・韓和甲 民主黨 고문, 競選 후보를 사퇴
	19(火)	2. 6	・學校에서 講義를 하고 元東奎 君 博士論文 프로포잘 審議를 주재하다. ・國土計劃學會 中南美視察團 解團式에 참석하고, 禹哉永 院長이 마련한 餘興을 갖다.	・韓國銀行 總裁에 朴昇 교수가 內定됨 ・韓・日 政府, 5.15부터 6.30 까지 상호 入國비자 면제키로 합의 20(水) ・한나라黨, 非主流 반발로 내분이 격화 ・中國・北韓, 脫北者에 대한 대대적인 索出과 押送을 시작
	20(水)	2. 7	・韓國建設産業研究院 研究諮問會議에 참석하고 李建榮 院長 등과 午餐을 같이 하다. ・延世大學에서 개최된 大世研究院 主催 學術大會에 참석하여, 綜合司會를 보다. ・鄭熙垛 院長 및 高時春 副院長 등과 만찬을 하고 朴洋浩 博士와 같이 귀가하다.	21(목) ・全國的으로 黃砂가 내습함 ・政府, 金剛山 관광에 月 18億원씩 지원하기로 결정함 ・고이즈미 日本 總理, 韓國을 방문
	21(木)	2. 8	・姜渭薰 社長과 昆池岩 골프場에 가서 風水 會員들과 運動을 하다. ・慶南道 및 馬山市의 關係者들을 만나 都市計劃에 대해 說明을 듣다. ・高建 서울 市長으로부터 電話를 받고 瑞草區 火葬場 建立件에 대해 論議하다.	22(金) ・서울・大田 등 中部圈지역 소재 初等校 및 유치원, 黃砂로 하루 休校함 23(土) ・中部圈 初等校 및 유치원, 오늘 하루 더 黃砂로 休校키로 함 ・建交部 中央都市計劃委員會, 오랫동안 爭點이 된 瑞草區 追慕公園 候補地에 대한 그린벨트를 解除키로 결의함
	22(金)	2. 9	・上溪洞 地開研에 가서 明日 行事 準備를 하고 함께 점심을 하다. ・建交部 中央都市計劃委員會에 참석하여 瑞草區 火葬場 候補地件 등을 審議하다. ・委員들 저녁식사장에 瑞草區民 代表들이 亂入하여 行悖를 부려 창피를 당하다.	24(金) ・警察, 首防司 총 빼앗아 은행을 턴 대학생 4명을 검거했다고 밝힘 ・延世大에서 농성 중이던 2,500여명의 發電勞組員, 경찰에 의해 強制解散 25(月) ・民主黨 金重權 顧問, 競選 拋棄를 선언
	23(土)	2.10	・一山 韓自研에 長男과 같이 自家 乘用車로 출근하다. ・安鍾允 教授가 내방하여 職員들과 같이 점심을 하다. ・朝鮮 호텔에서 개최된 禹哉永 회장의 古稀紀念集 獻呈式에 참석하여 獻呈辭를 하고 紀念集을 贈呈하다. ・參席 代表들과 음주・환담하다.	26(火) ・曹溪宗 第11代 宗正에 法頂 스님을 선출 ・한나라黨, 李會昌 總裁의 集團指導體制 導入 등의 결정으로 內紛 收拾局面에 들어감 27(水) ・國防部, 次期 戰鬪機에 美國 F15를 選定했다고 발표 ・Moody's, 韓國의 國家信用等級을 Baa2에서 A3으로 두 단계 上向調整함
	24(日)	2.11	・집에서 마당 잡초를 뽑고, 記錄 整理를 하다.	28(木) ・李仁濟・盧武鉉 후보, 理念・政策路線에 대해 攻防 심화
	25(月)	2.12	・地方移讓推進委員會에 가서 關係官들과 大統領 報告와 美國代表訪問件에 대해 협의・준비하다. ・이창수・김옥현 同門들과 저녁 식사를 하며 환담하다.	29(金) ・檢察, 教授 등 指導層의 大麻草 사용을 적발・구속했다고 발표 30(土) ・인도네시아 메가와티 大統領, 北韓 金正日을 방문한 결과를 金大中 大統領을 방문하여 보고함
	26(火)	2.13	・學校에 가서 講義하다. ・무척 疲困함을 느끼다.	

月	日	陰	本人 및 家族事項	社會一般事項
3	27(水)	2.14	・上溪洞 地開硏에 가서 禹哉永 회장 古稀行事 決算을 하다. ・地方移讓委에 가서 朴羽緖 원장과 같이 靑瓦臺에 들어가다. ・金大中 大統領께 地方移讓業務를 報告 드리고 當付 말씀을 듣다. ・地方移讓實務委員會 全體會議에 나가 報告 및 當付를 하다. ・好凡會 모임에 나가다.	30(土) ・大檢察廳, 亞太財團에 대한 疑惑事件을 捜査하는 데 着手함
	28(木)	2.15	・淸州에 가서 李元鍾 忠北知事를 만나고 地開硏의 紀念 메달을 傳達하다. ・忠北開發硏究院 主催의 地域均衡開發 세미나에서 基調演說을 하다. ・李兌一 院長 등과 晩餐 모임을 갖고, 朴洋浩 博士와 上京하다.	
	29(金)	2.16	・一山 韓自硏에 가서 일을 보다. ・地方移讓委員會에 가서 美國 미시간大學 代表團을 만나 會議를 하고 미시간大學 總長이 주는 功勞牌를 받다. ・卞鐸 社長 招請으로 金惠源 校長과 저녁 식사를 하며 歡談하다. ・獨逸서 一時 歸國한 次蓮 妻弟가 집에 와 같이 있게 되다.	
4	1(月)	2.19	・理髮・沐浴을 하고 自宅에서 記錄을 整理하다.	
	2(火)	2.20	・學校에서 講義하다. ・禹哉永, 李永哲, 李圭憲, 金奎馥氏와 저녁 식사를 하면서 歡談하다.	2(火) ・民主黨 서울市長 候補競選에서 38歲의 金民錫 의원이 뽑힘 ・民勞總, 總罷業을 철회
	3(水)	2.21	・浦項商議에서 개최된 全國 商議 事務局長 회의에서 特講을 하다. ・强風으로 飛行機가 缺航하여 汽車로 上京, 늦게 歸家하다.	3(水) ・林東源 大統領 特使, 金正日 北韓 委員長과의 會談을 위해 平壤 入城 ・政府, 仁川-臺北間 直航路 運行 許可 ・政治圈에 理念論爭이 激化됨
	4(木)	2.22	・國土學會 및 自治學會에 가서 일을 보다. ・妻와 같이 大田 長女宅에 가다. ・孫子女들과 공원에서 같이 놀다. ・外孫子 房에서 잠을 자다.	4(木) ・서울大 環境大學院 新任院長에 金丁勛 敎授가 任命됨 ・政府, 永宗島・松島 埋立地를 來年에 經濟特區로 指定한다고 발표 ・韓國이 美軍의 韓國 駐屯費로 今年에 6,100億원을 負擔키로 韓・美間에 합의
	5(金)	2.23	・大田科學公園에 가서 家族 모두 구경을 하다.	5(金) ・行政自治部, 2002. 1. 1 현재 韓國 人口가 4,800萬名이라고 發表
	6(土)	2.24	・비가 내리는 가운데 妻와 상경하다. ・日本서 온 金鍾忠 선생 등과 저녁 식사를 하며 환담하다.	6(土) ・林東源 특사, 北韓과 離散家族 방문 및 京義線 復舊등에 대해 合意하고 歸京 ・美・英 頂上, 美國 텍사스에서 會談을 갖고 이스라엘軍의 팔레스타인地域에서의 撤收를 促求함
	7(日)	2.25	・次蓮 妻弟, 獨逸로 출발하다.	7(日) ・盧武鉉 民主黨 競選候補, 그의 言論觀에 대한 物議가 비등하는 가운데 慶北 競選에서도 1位를 차지
	8(月)	2.26	・中央大 建設大學院에서 都市開發 公職者 講義를 하다. ・地方移讓委員會에 가서 '내일新聞'과 對談 인터뷰를 하다. ・地方自治學會에 가서 發表文 校正을 보고, 國土計劃學會에서 中國旅行件을 처리하다.	8(月) ・黃砂가 심함 ・朴세리, 美 LPGA에서 골프 優勝 ・이라크 후세인 大統領, 이스라엘이 팔레스타인 領地에서 撤收할 때까지 石油 輸出을 中斷한다고 발표
	9(火)	2.27	・學校에서 講義를 하다. ・鄭龍鎬・金玉鉉 친구와 저녁 식사를 하며 환담하다.	9(火) ・美國 GM社가 12億달러에 大宇自動車를 引受키로 最終 合意
	10(水)	2.28	・地方移讓委員會 本會議를 주재하다. ・禹哉永・金奎馥氏와 저녁 식사하다.	
	11(木)	2.29	・一山 韓自硏에 가다.	

2002

月	日	陰	本人 및 家族事項	社會一般事項
4	11(木)	2.29	·講師 有故로 潘局長과 같이 긴급히 堤川에 가서 市民自治大學 講義를 하다. ·堤川市長 등과 저녁을 같이 하고 상경하다.	9(火) ·李仁濟 民主黨 大選競選候補, 金大中 大統領을 直接 攻擊하기 始作 ·金大中 大統領, 過勞로 國軍病院에 입원
	12(金)	2.30	·大韓國土·都市計劃學會에 모여 점심을 하고 一行 같이 仁川沿岸埠頭에 있는 斗宇海運會社에 도착하다. ·趙正濟, 金源, 元濟戊, 秋晶植, 李翔生, 李相閏, 李求烈, 郭洲哲 氏 등과 仁川-丹東 페리호에 승선하다. ·오후 6시 30분에 出航하여 黃海 바다를 北上하며 밤새껏 航海하다. ·저녁식사 후 會議를 잠시 하고 술을 같이 마신 다음에 特別室에서 취침하다.	10(水) ·保健福祉部, 2010년까지 國民의 健康壽命을 66歲에서 75歲로 年長키 위한 '國民 健康增進 綜合對策' 을 발표 11(木) ·國立癌센터, 吸煙이 肺癌의 誘發要因이라고 첫 認定 12(金) ·한나라黨, 金大中 大統領의 세 아들에 대한 特別檢査 要求 ·차베스 베네수엘라 大統領, 軍部 壓力으로 전격 離任함 13(土) ·陳稔 經濟副總理, 民主黨 候補로 京畿道知事 出馬를 위해 辭表 提出
	13(土)	3. 1	·280마일을 16時間 航海하여 아침 10시 30분에 中國 大東港에 到着하다. ·斗宇海運의 李相調 社長의 迎接을 받으며 入國手續을 마친뒤 丹東을 향해 小型 버스로 出發하다. ·途中에 朝鮮領인 黃金坪 地域을 視察하다. ·丹東市에 到着하여 市 招商局의 張力軍 국장 초청 午餐에 참석하다. ·遊覽船을 타고 鴨綠江, 新義州, 鐵橋, 斷橋, 威化島 등을 관람하다. ·皇朝酒店에서 市 趙悅新 常務副主任 招請 晩餐을 갖고 歡談하다. ·大韓埠 俱樂部에서 음주·노래를 하다. ·中聯大飯店에 투숙하다.	14(日) ·베네수엘라, 軍部쿠데타 失敗로 차베스 大統領 復歸함 ·할리드 하누치 美國 選手, 마라톤 世界新記錄 2시간 5분 38초 走行함 15(月) ·金大中 大統領, 經濟副總理에 田允喆, 秘書室長에 朴智元, 特補에 李起浩씨를 임명함 ·中國 民航機, 金海空港 着陸中 신어산에 墜落하여 搭乘者 166名 가운데 118名이 사망 17(水) ·民主黨 李仁濟 競選候補者, 候補 辭退를 宣言함 ·亞太平和財團, 金大中 大統領 任期 終了까지 閉鎖키로 한다고 알려짐
	14(日)	3. 2	·五龍國際高爾夫 골프場에서 심한 强風을 무릅쓰고 운동을 하다. ·姜作勇 丹東市長 및 市幹部들과 상호 說明會를 갖고 丹東賓館에서 市長主催 晩餐會를 가지다. ·항상 電燈을 꺼서 캄캄하던 新義州市가 明日 太陽節을 맞아 全市를 밝게 한 모습을 보다.	·東티모르 初代 大統領에 獨立英雄 사나나 구스마오가 當選 確定됨 18(木) ·江原道에 돼지 콜레라 發生 ·農林部, 논農業直拂制와 벼栽培面積縮小를 內容으로 한 '쌀 産業 綜合對策'을 發表 ·全經聯, 週5日勤務制에 대한 根本的 再檢討가 필요하다는 주장을 發表
	15(月)	3. 3	·北韓의 金日成 生日인 太陽節을 맞아 新義州 강변에 많은 사람이 오가다. ·丹東區 邊境經濟合作區 管理委員會에 가서 說明을 듣고 서로 質疑·應答시간을 갖다. ·日月潭酒店에서 張力軍 局長 등과 오찬을 하고 寬甸滿族 自治縣에 가다. ·鴨綠江을 따라 北上하여 太平灣 發電所에 도착하다. ·北韓 朔州郡 方山面 境界까지 가서 人民軍들과 인사를 하고 北韓 땅을 밟아보다. ·萬里長城의 東端 起點인 虎山長城을 구경하고 義州에 있는 宣朝 때 지은 統軍亭을 멀리서 바라보다. ·趙悅新 副主任 招請 歡送宴에 참석하다. ·발 按摩하는 沐浴湯에 가다. ·一行들이 安東→丹東의 1965年 歷史에 따라 本人 이름을 安濟→丹濟로 바꾸어 부르다. ·丹東에서의 마지막 밤을 보내다.	19(金) ·金大中 大統領의 세 子弟에 대한 財産取得 및 海外流出件으로 物議가 비등함 20(土) ·國稅審判院, 昨年度 國稅廳이 잘못 賦課한 稅金額이 6,054億원이었다고 밝힘 21(日) ·自民聯 金鍾泌 總裁, 民主黨 李仁濟 議員에게 新黨 創黨을 제의함 ·고이즈미 일본 總理, 또다시 야스쿠니 神社를 참배함 ·필리핀, 連鎖爆彈 테러로 70여명의 死傷者가 발생 22(月) ·아르헨티나 政府, 資金引出 急騰에 따라 金融去來를 오늘부터 무기한 전면 중단키로 함 ·프랑스, 大選 1次 投票에서 社會黨 候補 리넬 조스팽 現總理가 脫落되고 極右派 政黨인 國民戰線(FN)의 장 마리 르팽 候補가 決選에 진출하는 異變이 발생
	16(火)	3. 4	·大星海運 李相閏 社長으로부터 漢藥 '威得'을 선물 받다.	·하이닉스 메모리 半導體 工場을 美國 마이크론에 賣却하는 협상이 妥結됨

2002

月	日	陰	本人 및 家族事項	社會一般事項
4	16(火)	3. 4	·東港市에 있는 丹東國際海運有限公司 本部를 訪問하고 王秉才 社長과 人事를 하다. ·北韓側 食堂인 '平壤 玉流館'에서 北韓 노래를 들으며 진짜 平壤冷麵을 먹어보다. ·趙正濟, 金源, 元濟戊, 秋晶植, 李翔生, 李相閨, 李求烈 諸氏와 다시 페리호에 乘船하다. ·午後 2시 30분(韓國時間 3시 30분)에 大東港을 出發하여 南으로 航進하다. ·저녁 식사를 하고 訪問評價會議를 하며, 음주·환담하다. ·波濤가 심하여 어지럽고 속이 좋지 않아 特別室에 들어 일찍 就寢하다.	22(月) ·한나라黨, 金大中 大統領에게 權力非理의 責任을 지고 國政一線에서 물러나 中立的인 非常內閣을 構成하라고 促求 23(火) ·脫北者 100餘名이 코를 꿴체 中國 圖們에서 北韓으로 끌려갔다고 目擊한 한 美國人이 暴露 24(水) ·檢察,美國에 逃避 中인 崔成奎 前 警察總警에 대해 逮捕令狀을 받아 身柄確保에 나섰다고 밝힘 25(木) ·勞使政委員會,週5日 勤務制에 대한 協商이 完全 決裂됨
	17(水)	3. 5	·仁川海上에서 波高가 높아 入港하지 못하여 待期하고 있어 今日 세미나 發表件으로 무척 걱정되다. ·아침 11시 20분에 겨우 仁川港에 入港하여 手續을 밟은 뒤 해산하다. ·집에 짐을 갖다 두고 점심도 걸른 채 프레스 센터로 급히 가다. ·韓國地方自治學會 主催 세미나에서 主題論文을 發表하고, 代表者들과 晩餐을 같이한 뒤 귀가하다.	·文化財廳, 全北 群山 飛雁島 앞바다에서 引揚된 12世紀 무렵의 高麗青瓷 450餘점 一部를 공개 ·北京 駐在 美國 및 獨逸 大使館에 脫出者들이 進入하여 韓國行을 要求 26(金) ·金大中 大統領, 子弟問題에 대해 國民에게 代辯人을 통해 처음으로 謝過 ·獨逸 에르푸르市의 구텐베르크 中等學校에서 退學당한 學生의 銃器亂射로 18명이 사망함
	18(木)	3. 6	·上溪洞 地開硏에 가서 일을 보다. ·向志會 모임에 참석하다.	27(土) ·民主黨,大選候補에 盧武鉉씨, 黨代表에 韓和甲씨로 確定함
	20(金)	3. 8	·長男이 준 표를 가지고 妻와 같이 시티劇場에 가서 邦畵 〈집으로…〉를 관람하고, 外食을 한 뒤 귀가하다.	28(日) ·金剛山에서 南北離散家族들이 相逢함 29(月) ·서울地檢, 權魯甲 및 金槿泰 씨를 出禁시킴
	22(月)	3.10	·國家專門行政硏修院에 가서 高級幹部班 講義를 하고 指導學生들과 오찬을 같이 한 후 論文指導를 하다. ·날씨가 무척 더워 나른한 몸으로 귀가하다.	30(火) ·國防部, 北韓을 '主敵'으로 繼續 表現키로 함 ·하이닉스 半導體, 賣却覺書(MOU)를 부결하여 다시 原點으로 환원함
	23(火)	3.11	·學校에 가서 講義를 하고 記錄을 整理하다. ·國土計劃學會 丹東訪問團과 같이 斗宇海運의 李相調 사장을 위한 저녁 모임을 갖다.	
	24(水)	3.12	·地方行政硏究院에 가서 諮問委員會를 주재하고 같이 오찬을 하다. ·國立中央圖書館에 가서 노벨賞 受賞者의 小說을 찾아 읽다. ·洞事務所에 가서 65歲 老人 申告를 하고 좀 허전한 마음으로 귀가하다. ·好凡會 저녁 모임에 참석하고 뒤에 朱龍鐸 회장을 만나 환담하다.	
	25(木)	3.13	·戶籍上 滿 65歲가 되고 地下鐵 無賃乘車를 시작하다. ·서울市政開發硏究院 諮問會議에 참석하고 함께 午餐을 하다. ·學校 農協에 가서 長男 아파트 專貰金 追加分으로 5천만원을 融資 받다. ·高校 同期生 모임에 參席·歡談하다.	
	26(金)	3.14	·農協中央會 運營諮問委員會에 참석·發言하고 점심을 같이 하다. ·地方行政硏究院에서 개최된 地硏會 會長團 회의를 주재하고 같이 저녁식사를 하며 환담하다.	
	27(土)	3.15	·長男 夫婦가 와서 같이 지내다.	

月	日	陰	本人 및 家族事項	社會一般事項
4	28(日)	3.16	·妻 및 長男 夫婦, 長男 아파트 專貰金을 5천만원 인상한 1억 6천만원으로 再契約하다.	
	29(月)	3.17	·오랜만에 비가 많이 내리다. ·上溪洞 地開硏에 가서 單行本 冊子 發刊을 협의하다. ·李昌洙·金玉鉉 同門이 와서 같이 점심을 하다. ·禹哉永, 李永哲, 金奎馥氏와 저녁을 하며 환담하다.	
	30(火)	3.18	·妻, 垈地件으로 聞慶에 가다. ·學校에 가서 講義를 하다. ·前 內務部 金南星 局長과 令愛 및 사위될 사람과 저녁 식사를 하며 結婚主禮件을 상의하다.	
5	1(水)	3.19	·學校에 가서 1學年 新入生들에게 特別講演하다.	1(水) ·建交部, 北韓 金剛山 댐 붕괴에 대비하여 '平和의 댐'을 30~40m 증축함 ·金大中 大統領 조카 金弘錫氏, KTV와 관련된 10억 詐欺 嫌疑로 조사를 받음
	2(木)	3.20	·行自部가 現代人力開發硏究院에서 개최한 市·道 및 市·郡·區 地域經濟 담당자 硏鑽會에서 特講을 하고 行自部長官을 대신하여 優秀 公務員들에게 賞狀을 수여하다. ·妻, 聞慶에서 상경·귀가하다. ·밤에 비가 내려 기분이 좋게 느껴지다.	2(木) ·大檢, 沈完求 蔚山市長을 受賂혐의로 조사 ·民主化運動 報償審議委員會가 東醫大 事態 關聯者에 대해 民主化運動을 인정함에 따라 各界로부터 거센 반발이 일어 靑瓦臺가 再審을 추진키로 함 ·世界食糧計劃(WFP), 北韓의 今年 식량 위기로 640만명의 주민이 굶주릴 것이라고 밝힘
	3(金)	3.21	·中央大 建設大學院 都市管理公職者 課程에서 特講을 하다. ·學校에 가서 銀行件을 整理하고 귀가하다. ·妻, 次女 婚姻 말이 있는 상대방 母親을 만나다. ·長女 家族, 밤 늦게 大田에서 상경하여 집에 와 투숙하다	3(金) ·金大中 大統領, 民主黨의 早期 脫黨을 검토 중인 것으로 알려짐 ·權魯甲씨, 受賂嫌疑로 서울地檢에 구속됨
	4(土)	3.22	·明 어린이 날을 대신하여 長女 家族들과 果川 서울大公園에 가다. ·動物園을 보고 저녁에는 서울랜드에서 놀이 시설을 타다. ·外孫子·外孫女의 좋아하는 모습을 보면서 밤 늦게 귀가하다.	
	5(日)	3.23	·長女 家族들과 같이 놀다가 모두 大田으로 출발하여 매우 서운하다. ·무척 피로를 느껴 잠시 낮잠을 자다.	5(日) ·檢察, 盆唐 파크뷰 아파트 特惠分讓에 대해 본격수사 착수 ·프랑스, 大統領 選擧에서 자크 시라크 現 大統領이 極右派 國民戰線(FN)의 장 마리 르펭 候補를 크게 누르고 승리
	6(月)	3.24	·韓國自治開發硏究院, 一山區 獐項洞에 새 建物을 지어 이전하다. ·오랜만에 權在浩 사장을 만나 인사하고 長男과 子婦 候補로부터 인사를 받은 뒤 金源·姜渭薰氏와 술을 들며 회포를 풀다.	6(月) ·金大中 大統領, 民主黨 脫黨과 아들問題에 대한 對國民 謝過의 성명을 발표 ·崔경주 選手, 미국 뉴올리언스에서 개최된 PGA투어골프大會에서 優勝차지
	7(火)	3.25	·學校에 가서 講義하다. ·李景熙 將軍 및 李永哲 사장과 저녁을 하며 환담하다.	7(火) ·金融通貨委員會, 콜 金利를 年 4%에서 4.25%로 인상 결정 ·러시아, 韓國産 肉類 및 加工肉의 전면 輸入禁止 조치를 취함
	8(水)	3.26	·學校에 가서 碩士學位 論文審査를 하다. ·Marriott 호텔에서 개최된 權在浩 사장 令息 結婚式에 가서 주례를 보다.	8(水) ·中國 瀋陽市 日本 總領事館에 진입하던 탈북자 5名이 붙잡혀 中國警察에 넘겨짐
	9(木)	3.27	·禹哉永·金奎馥씨와 버스로 淸州市에 가다. ·古印刷博物館에서 개최된 國土·都市計劃學會 주최의 五松 生命科學示範都市 推進 세미나에서 綜合 司會를 보다. ·저녁식사 후 忠北道 副道知事 초청 飮酒宴에 참석하고 늦게 상경하다.	9(木) ·李基俊 서울大 總長의 사표가 수리되어 副總長이 職務代行을 봄 10(金) ·한나라黨, 全黨大會서 李會昌氏를 大選 候補로 指名 ·文熹甲 大邱 市長과 崔箕善 仁川 市長, 賂物事件으로 구속 12(日) ·EU, 高齡化 對策方案(Action on Aging)으로 65歲 停年 廢止를 추진키로 함
	10(金)	3.28	·建交部 中央都市計劃委員會에 참석하다. ·建交部 次官 초청의 만찬에 참석하여 환담하다.	13(月) ·朴槿惠의원 北韓 金正日 委員長과 면담하고 만찬을 가짐

月	日	陰	本人 및 家族事項	社會一般事項
5	11(土)	3.29	· 自宅에서 정원의 잔디를 깎다. · 權在浩 사장으로부터 主禮件으로 저녁 대접받다.	13(月) · 中國, 脫北 韓人에 대한 대대적 團束시작 · 아라파트 팔레스타인 首班, 이스라엘軍의 軟禁에서 풀려나 예닌으로 돌아옴
	12(日)	4. 1	· 金南星 前 江原道 局長 따님의 結婚 主禮를 보다. · 마당 청소를 하다.	14(火) · 한나라黨, 徐淸源 의원을 黨代表로 추대함
	13(月)	4. 2	· 이전한 韓自硏의 새 建物에 처음으로 출근하다. · 朴昇治 부원장 등과 회의를 하고 오찬을 같이 하다. · 月刊誌의 誤字에 대해 직원들을 꾸중하다. · 次女, 美國 市民으로서 國內 居所申告證을 更新하다.	· 金大中 大統領 3男 金弘傑씨, 美國으로부터 몰래 歸國함 16(水) · 財界와 勞動界, 월드컵 總罷業에 대비한 강력한 聲明을 각각 발표 · 咸錫宰 議員, 한나라黨으로의 入黨을 위해 自民聯을 탈당
	14(火)	4. 3	· 學校에 가서 講義하다. · 金丁勖 新任院長과 停年退任紀念 행사에 대해 협의하다. · 朱龍鐸 사장 초청으로 禹哉永, 李永哲, 金奎馥氏 등과 만찬을 같이 하며 환담하다.	· 韓國 蹴球, 釜山 아시아드 主競技場에서 개최된 스코틀랜드와의 評價戰에서 4對 1로 승리 17(金) · 韓國未來聯合 公式創黨을 하고 朴槿惠 의원을 代表運營委員으로 추대함
	15(水)	4. 4	· 비가 조금씩 내리는 가운데 航空便으로 어렵게 光州에 가다. · 全南大 行政大學院에서 特講을 하다. · 郭채기 · 吳在一 教授와 저녁 · 음주를 하며 환담하다. · 光州 舊 尙武臺 터에 새로 지은 Central Hotel에 혼자 投宿하다.	18(土) · 檢察, 金弘傑氏를 구속 수감함 19(日) · 教育人的資源部, 내년부터 專門職 從事者를 教師로 채용키로 함 20(月) · 東티모르(East Timor), 獨立國으로 公式 출범 · 建交部, 宅地開發地區內 商業 · 業務用地는 10年間 用途變更을 금지한다는 방침을 밝힘
	16(木)	4. 5	· 아침 일찍 上京하여 비를 맞으며 歸家하다.	
	17(金)	4. 6	· 上溪洞 地開硏에 가서 일을 보다. · 金玉鉉 친구 초청으로 禹哉永, 金奎馥, 鄭龍鎬, 李昌洙氏 등과 식당 La Fonte에 가서 오찬을 같이 하고 主人 趙洪來 首席을 만나다. · 禹哉永 회장 등과 저녁을 같이 하며 地開硏 會長職을 맡아달라는 청탁을 받고 不可함을 설명하다.	21(火) · 前 서울市 副市長과 檢察幹部의 非理連累로 여론이 비등함 · 韓國 蹴球, 濟州道 월드컵競技場에서 개최된 英國과의 評價戰에서 1對1로 비김 · 中國, 鐵鋼 輸入을 긴급히 제한키로 함 22(水) · 中央人事委員會의 金光雄 委員長 後任으로 趙昌鉉 교수가 임명됨
	18(土)	4. 7	· 沐浴을 하고 自宅에서 정리를 하다.	· 金融圈, 7月부터 週5日勤務制를 실시키로 결정
	19(日)	4. 8	· 佛誕日을 맞아 妻 · 누님 內外分 및 동생과 虎壓寺에 가서 禮佛을 드리다. · 盆唐 다리 밑에서 점심을 같이 하고 귀가하다. · 昨夜에 잠을 거의 자지 못하여 무척 고단하다.	24(金) · 國防部, '國防白書'를 無期限 발간치 않기로 했다고 발표 · 부시 美國 大統領과 푸틴 러시아 大統領, 모스크바 크렘린宮에서 頂上會談을 갖고 戰略核武器 減縮協定에 서명함
	20(月)	4. 9	· 自宅에서 記錄 整理를 하다.	
	21(火)	4.10	· 學校에 가서 講義를 하다. · 指導者班 學生들이 초청한 스승의 날 紀念 오찬을 같이 하다. · 元東奎 君 博士論文을 심사하다. · 環心會가 마련한 스승의 날 紀念 만찬에 참석하여 환담하다.	26(日) · 韓國蹴球팀, 水原 월드컵 競技場에서 개최된 프랑스와의 親善게임에서 3對 2로 패하였으나 선전했다는 평을 받음 · 林權澤 監督, 第55回 칸 映畵祭에서 〈醉畵仙〉으로 監督賞 受賞
	22(水)	4.11	· 서울大 環境大學院 同窓會 조찬 모임에 나가 丁榮植 新任會長과 인사하고 林寅澤 建交部 長官의 特講을 듣다. · 집에서 記錄 整理를 하다. · 저녁 모임에 나가 李景熙 將軍 및 스님 등과 食事를 하며 寺刹 建築에 대해 협의하다.	27(月) · 換率 1,233원으로 급락함 · 世界銀行, 2000年 基準의 2002年 國民 1人당 所得은 룩셈부르크가 $42,060로 世界 1位이고, 韓國은 $8.900으로 54位이며, 世界平均은 $5,170이라고 발표 28(火) · 崔一鴻 體育公團理事長, 受賂 혐의로 조사받음
	23(木)	4.12	· 停年 D-Day 100일에 이르다. · 國家專門行政硏修院에 가서 特講을 하고 院長과 점심을 같이 하다. · 龍仁에 있는 中小企業開發院에 가서 地方移讓委員會의 워크샵에 참석하고 開會 인사와 사회 등을 맡다.	29(水) · 地方選擧에 17,915名이 등록, 3對 1의 競爭率을 보임 · 새 大韓體育會長에 李衍澤씨가 선출됨 · FIFA會長 選擧에서 제프 블라터 現會長이 再選됨

月	日	陰	本人 및 家族事項	社會 一般 事項
5	23(木)	4.12	· 밤 늦게 까지 회의를 하고 약간 飮酒를 한 뒤 투숙하다.	31(木) · 2002 韓·日 월드컵 競技가 開幕됨
	24(金)	4.13	· 綜合司會를 하고 마무리를 한 뒤 워크샵을 마치다. · 午餐을 같이 하고 해산한 뒤 上京·귀가하다.	
	25(土)	4.14	· 國土學會와 自治學會를 방문하고 書店을 거쳐 沐浴을 하다. · 집에서 여러 가지 정리를 하다.	
	26(日)	4.15	· 在京 聞慶中學校 同窓會 第15次 體育大會 개회식에 참석하다. · 金炯烒,千基鎬, 朴仁遠, 金至薰, 徐聖漢, 朴宇鎭 同門들을 만나다.	
	27(月)	4.16	· 學校에 가서 博士論文 審議를 주재하다. · 무척 疲困하여 일찍 歸家하다.	
	28(火)	4.17	· 學校에 가서 2科目 講義를 하다. · 월드컵 入場券 2回分 4枚를 받다. · 在京 安東大學 同窓會 支會 모임에 참석하다.	
	29(水)	4.18	· 上溪洞 地開硏에 가다. · 地開硏의 向後 發展案에 대해 협의하였으나 結論에 이르지 못하다. · 好凡會 모임에 나가 환담하다.	
	30(木)	4.19	· 一山 韓自硏에 가서 일을 보다. · 朴昇治 부원장 등과 회의를 하다. · 記錄 整理를 하다. · 全 任職員을 초대하여 저녁을 대접하고 朴昇治, 河誠實, 潘局長, 金室長 등과 노래房에 가다.	
	31(金)	4.20	· 建交部 中央都市計劃委員會 會議에 참석하다. · 집에 와서 妻와 같이 가방을 메고 地下鐵로 上岩洞 월드컵 競技場에 가다. · 7만여 觀衆이 入場한 가운데 金大中 大統領을 爲始한 월드컵 代表들과 같이 開幕式을 擧行하는 멋진 장면을 관람하다. · 프랑스와 세네갈의 開幕戰에서 세네갈이 1 對 0으로 이기는 異變을 보다.	
6	1(土)	4.21	· 學校에 가서 碩·博士 모집을 위한 면접을 보다. · 친구 李東燮 院長이 骨髓癌으로 死亡했다는 연락을 받고 큰 衝擊을 받다.	1(土) · 韓國과 日本, 월드컵 경기로 熱狂의 도가니가 됨 · 北韓, 월드컵 開幕戰을 TV로 방영
	2(日)	4.22	· 敎授 停年 D-Day 90日에 이르다. · 妻와 같이 서울大學校 湖巖館에 가서 弟子 結婚의 主禮를 보다. · 中央病院에 가서 李東燮 원장의 問喪을 하고 知人들과 슬픈 마음에 술을 많이 마시다.	· 부시 美國大統領, 陸軍士官學校 卒業式에서 테러國에 대해 抑止가 아닌 先制攻擊으로 대처하겠다고 천명함 3(月) · 建交部, 北韓이 金剛山 댐 물을 事前通報후 放流하기 시작했다고 밝힘
	3(月)	4.23	· 집에서 原稿를 쓰고 記錄을 정리하다. · 逝去한 李東燮 친구와의 옛 추억이 자꾸 회상되다.	· 政府, 월드컵 競技場 무더기 空席事態에 대해 FIFA에 損害賠償訴訟을 제기할 방침을 밝힘
	4(火)	4.24	· 學校에서 서울大學校 敎授로서 碩士課程 마지막 講義를 하고 學生들로부터 꽃다발을 받다. · 金南星 前 內務部 出身 市長과 權·洪 市長 및 자녀들과 저녁을 같이 하며 主禮에 대한 인사를 받다.	4(火) · 96年 傳統의 鐘路書店, 不渡를 내고 영업을 중단함 · 韓國蹴球, 釜山에서 개최된 폴란드와의 1次戰에서 2對0으로 승리 5(水) · 大統領 3男 金弘傑氏, 알선 수뢰가 인정되어 서울地檢에 구속기소됨
	5(水)	4.25	· 全南大學 吳在一 敎授가 光州에서 珍島犬 강아지를 飛行機로 가져와 집에 선물하다. · 吳在一 敎授와 점심을 같이 하고 地方移讓委員會에 가다.	· 江澤民 中國主席, 러시아를 방문 6(木) · 住宅公社, 環境評價를 무시한 公社로 監査院의 指摘을 받음

2002

月	日	陰	本人 및 家族事項	社會一般事項
6	5(水)	4.25	·案件이 어려워 밤 7시까지 회의를 주재하다.	7(金) ·來年 예산이 140兆원에 이른다고 알려짐 ·英國 축구, 日本 삿보로에서 개최된 아르헨티나와의 宿命 對決에서 1對0승리
	6(木)	4.26	·顯忠日을 맞아 대문에 半期를 게양하다. ·長男 內外가 와서 집에서 같이 일을 하고 저녁에 外食을 함께 하다.	
	7(金)	4.27	·趙正濟 博士와 동행하여 Riebera(舊 觀岳) 골프場에 가다. ·李相調 사장 초청으로 李상윤 회장 등과 골프치다. ·저녁에 식사·음주를 하며 환담하다.	8(土) ·統一部, 漢陽大學 敎授 등 4名이 北韓大學에 가서 情報技術(IT)을 講義하게 되었다고 밝힘 ·블라터 FIFA會長, 월드컵 競技場의 空席事態에 대해 유감을 표하고 問題解決을 위해 노력한다는 聲明發表
	8(土)	4.28	·一山 韓自硏에 가서 행사 준비를 하다. ·公職者 論壇賞 施賞式을 주재하고 인사말을 하다. ·參席者 전부와 오찬을 함께 하다. ·禹哉永, 姜渭薰, 金奎馥, 姜瑩基氏 등과 별도로 음주·환담하다.	9(日) ·日本, 요코하마에서 거행된 러시아와의 蹴球競技에서 1對0으로 이겨 16强 進出의 可能性이 높아짐
	9(日)	4.29	·妻와 같이 강아지를 데리고 動物病院에 다녀오다. ·妻와 같이 城南 모란市場에 가서 구경을 하고 개집을 사가지고 오다.	10(月) ·大邱에서 거행된 韓·美蹴球戰에서 1對 1로 비김
	10(月)	4.30	·學校에 가서 入學査定會議에 참석하다. ·博士論文 심사를 하다.	11(火) ·프랑스, 仁川에서 개최된 덴마크와의 競技에서 0對 2로 패하여 16强 進出에서 脫落됨 ·北京 韓國大使館에 脫北者 9名이 진입하여 모두 17名이 대기하고 있음 ·美國 下院, 脫北者의 北送中斷을 촉구하는 對中國 決議案을 406對 0으로 채택함
	11(火)	5. 1	·博士課程을 끝으로 서울大學校 正規敎授로서의 最終 講義를 하다. ·安東師範 同期會 모임에 참석하다.	
	12(水)	5. 2	·敎授 停年 D-Day 80日을 맞다. ·學校에 가서 碩士論文 最終審査,學科敎授會議, 全體敎授會議, 高位課程 運營會의 등에 참석하다. ·敎授들과 中國食堂 '金龍'에 가서 만찬을 들며 환담하다. ·비가 많이 내리다.	12(水) ·金貞培 高麗大 總長, 敎授들의 요구에 따라 總長職을 사임함 ·鄭昇和 前陸軍參謀總長, 持病으로 서거함 13(木) ·4大 地方選擧 실시, 48.0%의 낮은 投票率을 보임 ·한나라黨 壓勝과 民主黨 慘敗라는 선거 결과로 나타남
	13(木)	5. 3	·妻와 같이 地方選擧의 投票를 하고 오다. ·마당 나무와 잔디를 청소·정리하다. ·妻, 黃宇洪 慈堂 問喪次 친구들과 尙州 殯所까지 다니러 가다.	14(金) ·仁川에서 개최된 韓國·포르투갈 蹴球에서 1對 0으로 이겨 16强 進出이 확정됨 ·日本도 16强戰에 진출함
	14(金)	5. 4	·새벽에 妻가 尙州에서 올라와 귀가하다. ·次女 貞娥, 大田 언니宅에 가다. ·理髮·沐浴을 하고, 盧椿熙 博士와 점심을 하다. ·國土計劃學會 顧問團 모임에 나가 學會運營에 대해 협의하다. ·韓國·포르투갈의 월드컵 경기를 TV에서 관람하다. ·바라던 韓國의 16强 進出이 확정되어 무척 다행스럽게 생각하다.	16(日) ·財政經濟部, 4月부터 5大財閥의 保險業 新規 進入을 허용키로 함 17(月) ·民主黨, 地方選擧 敗北로 인한 內紛이 심하고 盧武鉉 大統領 候補者의 사퇴를 요구하는 목소리가 커짐 18(火) ·日本, 터키에 0對1로 져서 8强進出 좌절 ·韓國, 이탈리아에 2對 1로 逆轉勝하여 8强戰에 진출하게 됨 ·월드컵 8强戰에 獨逸, 美國, 브라질, 英國, 스페인, 터키, 세네갈 등이 참전
	15(土)	5. 5	·長男과 집의 車로 一山 韓自硏에 가다. ·金庸來, 金學文, 李昌洙, 崔昌浩 선생 등을 모시고 『自治發展』誌 座談會를 하다. ·모두 같이 오찬을 하고 헤어지다. ·長女 家族이 大田에서 올라와 같이 지내다. ·집의 개 두 마리를 病院에 데리고 가서 치료하고 큰 개는 1泊 入院을 시키다.	19(水) ·政府, 7月부터 원貨의 海外搬出을 전면 허용키로 함 ·三星電子, 美國이 半導體값 談合與否에 대한 조사에 착수한다고 밝힘 ·法務部, 히딩크 蹴球監督에 名譽 國民證을 수여키로 했다고 밝힘 ·民主黨 黨務委員會, 盧武鉉 大統領 후보에 대해 再信任을 결정
	16(日)	5. 6	·새벽에 柳穆基 선배와 같이 抱川에 있는 Adonis 골프場에 가서 金源·양하백 博士들과 운동하다. ·집에 와서 病院에 입원한 큰 개를 가져왔으나, 아주 힘이 없어 걱정하다. ·長女 家族, 저녁 식사를 같이 하고 大田으로 귀가하다.	20(木) ·서울大學, 總長選擧를 실시하여 最多 得票者인 鄭雲燦·宋相現 두 교수를 추천함
	17(月)	5. 7	·學校에 가서 記錄을 整理하다.	

月	日	陰	本人 및 家族事項	社會一般事項
6	17(月)	5. 7	・指導學生 元東奎 君의 博士學位論文을 最終審査하고 合格을 시키다. ・金炯國 위원장, 權泰埈・李達坤・정창무 위원, 원동규군 등과 저녁 회식을 하며 환담하다.	20(木) ・世宗大學, 히딩크 監督에게 名譽體育學 博士學位를 수여키로 함 21(金) ・브라질과 獨逸이 각각 英國과 美國을 이겨 4强進出이 확정됨
	18(火)	5. 8	・上溪洞 地開硏에 가서 일을 보다. ・向志會 定期 모임에 참석하여 區議會 4選 議員으로 당선된 李漢善 議員을 축하하다. ・自宅에서 월드컵 경기를 보다. ・이탈리아를 2 對 1로 이겨 8强戰에 진출하게 되어 경악을 금치 못하다. ・妻와 같이 밤 12시에 江南大路에 나가 熱狂하는 젊은 군중들을 구경하다.	・金大中 大統領 次男 弘業氏, 賂物授受 및 請託 등의 嫌疑로 구속됨 ・金大中 大統領, 두 아들 事件에 대해 對國民 謝過 發表를 함 22(土) ・韓國, 스페인을 승부차기로 이겨 4强에 進出하게 됨 ・월드컵 4强戰에 간 國家는 韓國, 獨逸, 터키, 브라질로 확정됨
	19(水)	5. 9	・一山 韓自硏에 가서 일을 보다. ・學校에 가서 文炳燮君 博士論文 最終審査를 주재하다. ・林岡源, 李承宰, 金成洙 교수 및 文炳燮君과 저녁 회식을 하다.	・이란 北西部 보윈자흐라 地域에서 6.0의 强震이 일어나 2, 000여명의 死傷者 발생 23(日) ・政府, 英・中・日語의 原語民 教師 5,000명을 채용키로 함
	20(木)	5.10	・學校에 가서 總長 選出 投票를 하다. ・金丁勛 원장과 停年 후 房問題를 협의하다. ・大韓商議에 가서 地域發展 포럼 주최의 세미나에서 司會와 討論을 담당하다. ・黃仁政, 朴秀榮, 安忠榮, 李榮俊, 崔禎鎬 博士 등과 식사를 하다.	・財經部, 國稅廳이 稅金을 6,300억원 잘못 부과했다고 밝힘 24(月) ・脫北者 26名, 中國을 떠나 仁川空港도착 ・政府, 월드컵이 끝나는 7月 1日을 臨時公休日로 하기로 결정 25(火) ・韓國 蹴球팀, 4强戰에서 獨逸에 0對1로 惜敗함
	21(金)	5.11	・金顯昭 室長과 晋州를 거쳐 統營市에 가다. ・市長・議長 등과 인사를 하고 새로 選出된 김동진 市長과 처음 인사하다. ・市民自治大學 第3期 開講式에 참석하여 祝辭를 하다. ・千課長 등과 저녁 식사를 하고 상경하다.	・韓國民, 韓國 蹴球팀의 선전에 격찬함 26(水) ・美國發 金融不安으로 株價・換率・金利가 同伴 下落함 ・黃秉泰 前 駐中大使, 慶山大學 總長으로 선임됨 ・日本에서 擧行된 準決勝戰에서 브라질이 1對0으로 터키를 이김
	22(土)	5.12	・집안 청소를 하고 목욕을 하다. ・長女 夫婦가 와서 같이 지내다. ・韓國代表가 4强 들기를 고대했는데 그렇게 되어 매우 만족스럽게 느끼다.	・월드컵 3・4位戰은 大邱에서 韓國과 터키가, 決勝戰은 日本 요코하마에서 獨逸과 브라질이 경쟁하게 됨
	23(日)	5.13	・보슬비가 조금씩 내리다. ・自宅에서 原稿 整理를 하고 記錄을 集計하다. ・再蓮 妻弟 아들, 軍入隊 人事次 다녀가다.	27(木) ・政府, 公的資金 156兆원 投入 가운데 69兆원은 回收不可能하다고 발표 ・韓國人 牧師 등 NGO 4名, 脫北지원 협의로 中國當局에 체포되었다고 알려짐
	24(月)	5.14	・學校에 가서 1學期 성적을 제출하다. ・中央大 建設大學院 特講에 가서 大學院長과 黃鏞周 교수를 만나다. ・롯데 百貨店에 가서 양복을 맞추다. ・서울市 都市計劃課에 가서 文課長과 蘆原 마을 再開發에 대해 협의하다. ・李景熙, 李永哲, 스님 등과 식사를 하며 再開發件을 논의하다.	28(金) ・張正彦・鄭在文 의원, 國會議員職 상실 29(土) ・西海岸에서 北韓挑發로 我軍死傷者 발생 ・韓國蹴球, 터키에 2對3으로 惜敗하여 4位차지 30(日) ・金大中 大統領, 월드컵 閉幕式 참석차 向日 出國
	25(火)	5.15	・建交部 中央都市計劃委員會 小委員會에 참석하다. ・韓國・獨逸 蹴球戰을 보다가 0 對 1로 져서 매우 落膽하다.	・日本 요코하마에서 거행된 월드컵 決勝戰에서 브라질이 獨逸을 2對 0으로 이겨 優勝을 차지함 ・第17回 월드컵大會, 폐막함
	26(水)	5.16	・上溪洞 地開硏에 가서 일을 보다. ・禹哉永 회장과 地開硏의 改編 問題를 협의하다. ・好凡會 모임에 나가 金玉鉉 新任會員을 소개하다.	
	27(木)	5.17	・姜渭薰 사장과 같이 Green Hill 골프場에 가서 風水會 골프 운동을 하다. ・회원 모두 金源 교수宅에 가서 甲乙 빌리지 마을을 구경하고 宅에서 환담하다 귀가하다.	

2002

月	日	陰	本人 及 家族事項	社會 一般事項
6	27(木)	5.17	·집의 개 '진돌'이가 병이 든 것 같아 무척 마음이 아프다.	
	28(金)	5.18	·一山 韓自硏에 가서 일을 보고 직원들과 점심을 같이 하다. ·2時間이 걸려 果川 建交部에 가서 中央都市計劃委員會 회의를 하다. ·무척 지쳐서 귀가하다.	
	29(土)	5.19	·집 車庫 앞 흠을 힘겹게 청소하다.. ·강아지를 데리고 病院에 가서 치료를 하고 오다. ·記錄 關係 資料를 정리하다. ·밤에 大邱에서 개최된 월드컵 3·4位戰을 TV로 보다가 2 對 3으로 져서 무척 서운함을 느끼다.	
	30(日)	5.20	·마당을 청소하고 記錄을 整理하며 종일 집에서 일을 하다. ·長男이 와서 쉬다가 가다. ·次女가 집에서 스파게티를 만들어 저녁을 맛있게 먹다. ·일본 요꼬하마에서 거행된 決勝戰과 閉幕式을 TV를 통해서 관람하다. ·4强戰으로 끝난 우리 팀에 대하여 매우 대견하면서도 허전함을 느끼다.	
7	1(月)	5.21	·臨時 公休日을 맞아 마당 淸掃, 記錄整理, 沐浴 등의 일을 처리하다. ·베트남에서 돌아온 蘇鎭光 교수와 오찬을 하며 환담하고 膳物로 베트남 옷을 받다. ·長男 夫婦가 와서 같이 지내다.	1(月) ·월드컵 終了 紀念으로 臨時公休日이 됨 ·29日 西海交戰에서 숨진 4名의 海軍 將兵에 대한 永訣式을 거행함 ·政府의 對北韓 對應 政策에 대한 各界의 비난이 비등
	2(火)	5.22	·敎授 停年 D-Day 60日에 이르다. ·學校에 가서 일을 하다. ·저녁에 禹哉永, 李永哲, 金奎馥氏와 식사를 하며 地開硏 向後 計劃을 협의하다.	2(火) ·全國 일제히 第3期 當選 自治團體長의 就任式이 거행됨 ·월드컵 행사의 成功的 開催를 자축하는 國民行事가 서울에서 개최 ·北韓, 金剛山 댐을 增築하기 시작 ·北韓 輕水爐 關係者 25名, 仁川 空港에 입국
	3(水)	5.23	·롯데 百貨店에 가서 洋服 假縫을 하다. ·教保文庫에 가서 책을 사다. ·地方移讓委員會에 가서 業務 처리를 하고 向後 推進 방향을 협의하다. ·이주석, 도연호, 정영준, 정의동, 이석기 課係長 등에게 저녁 待接을 하고 환담하다.	3(水) ·臺灣 警察, 北韓의 軍 艦甲板에서 痲藥 거래가 이루어지고 있다고 발표
	4(木)	5.24	·國家硏修院에 가서 中堅班 論文指導를 하고 원장과 인사후 귀가하다. ·長女 家族, 泰國 旅行次 出國하다.	4(木) ·民主黨 盧武鉉 大統領 候補, 中立內閣 구성과 大統領 候補者 會談을 제의함
	5(金)	5.25	·비가 내리기 시작하다. ·洞事務所와 國土計劃學會에 가서 일을 보다. ·「環境論叢」에 게재할 停年紀念論文을 작성하다.	5(金) ·全國, 第5號 颱風 '라마순'의 影響圈에 들면서 많은 비가 내림 ·銀行들, 週5日勤務制에 따라 첫 土曜 休務日을 맞음 ·颱風 '라마순', 中部地域을 貫通하여 東北 方向으로 이동함에 따라 피해가 적음
	6(土)	5.26	·妻와 城南 方向으로 드라이브를 하고 저녁 식사를 한 뒤 귀가하다.	
	7(日)	5.27	·집에서 마당을 정리하고 原稿를 정리하다.	7(日) ·韓國蹴球팀 監督 거스 히딩크, 자기 祖國 네덜란드로 가기위해 韓國을 떠남
	8(月)	5.28	·플라자 호텔에서 仁川 科學 아카데미가 주최한 仁川 韓火工場敷地 再開發計劃案에 대한 諮問會議에 참석하다. ·水原에 가서 國家硏修院 昇進課程의 特講을 하다. ·趙正濟 前長官과 만나 出版紀念行事에 대해 의논하다. ·長女 家族, 4박 5일간의 泰國 관광을 마치고 歸國하여 大田으로 歸家하다.	8(月) ·國會, 第16代 후반기 國會議長에 한나라黨 朴寬用의원, 副議長에 民主黨 金台植議員, 自民聯 趙富英 의원을 선출 9(火) ·政府, 월드컵 成功紀念으로 481만명에 대한 交通 罰點을 抹消키로 결정 ·政府, 國立大學敎授의 私企業 勤務를 위해 3年까지 休職 가능토록 한 '雇傭休職制'를 도입키로 했다고 밝힘

2002

月	日	陰	本人 및 家族事項	社會一般事項
7	9(火)	5.29	·建交部 中央都市計劃委員들과 汽車를 타고 全州에 가다. ·金源 교수는 汽車를 놓쳐 뒤에 到着하고 다시 먼저 上京하다. ·오찬 후 35師團, 陸軍航空隊, 下水終末處理場, 全州川과 萬頃江 合流點, 월드컵 競技場 등을 視察하고 사업에 대해 논의하다. ·'Pan Asia' 로 이름이 바뀐 종이 博物館을 방문하여 설명을 듣다. ·金完柱 시장, 張明洙 총장 등과 저녁 식사를 하고 汽車로 상경하다.	10(水) ·大檢 搜查部, 金弘業씨를 企業 등으로부터 모두 약 48億원을 받은 嫌疑로 拘束起訴 했다고 발표 11(木) ·金大中 大統領, 李漢東 總理를 경질하는 등 일부 개각을 단행함 12(金) ·張 裳 新任總理署理의 아들 國籍問題로 論難이 확산됨 ·伊 醫師 세베리노 안티노리, 첫 複製人間이 今年 12月에 탄생한다고 밝힘 13(土) ·北韓 中央放送, 새 長距離 미사일의 開發을 시사하는 보도를 함
	10(水)	6. 1	·學校에 가서 여러 가지 복잡한 일들을 처리하다. ·學科 敎授 모임에서 梁允宰 교수의 서울시 派遣件을 논의하는 자리에서 同意를 표하다. ·妻와 같이 汝矣島 聖母病院에 가서 작고한 柳承眞 친구를 문상하고 오다. ·친구나 同期生이 하나씩 죽어가서 마음이 다소 착잡하다.	14(日) ·政府, 金浦에 國際金融都市를 조성하는 방안을 발표 ·政府, 短期急騰 아파트에 대해 稅務調査를 실시한다고 밝힘 ·檢察, 演藝界 非理에 대해 수사 중이라고 밝힘 ·자크 시라크 프랑스 大統領, 프랑스 大革命 紀念日 行事場에서 '新나치 훌리건 (hooligan)' 소속 靑年에 의한 피격에서 위기를 모면
	11(木)	6. 2	·金顯昭 실장 및 徐相祿 강사와 같이 航空便으로 蔚山에 가다. ·南區 한마음大學의 開講式에 참석하여 축사를 하고 徐 講師의 講演을 듣다. ·李垛益 청장 및 幹部들과 저녁 식사를 하고 상경·귀가하다.	15(月) ·유로貨, 달러와 1對1 同率에 이름 ·慶尙大 교수팀, 14日밤 體細胞 돼지 複製에 성공했다고 밝힘
	12(金)	6. 3	·停年 D-Day 50日에 이르다. ·一山 韓自硏에 가서 일을 처리하고 朴昇治 부원장과 院 運營에 대해 의논하다. ·任職員들과 오찬을 같이 하고 果川 建交部 中央都市計劃委員會 小委員會에 참석해 全州市 基本計劃에 대해 오랫동안 논의·심의하다. ·世宗文化會館에 가서 李景熙 장군 및 스님을 만나 의논하다. ·趙正濟 博士 著書 『좁은 땅 넓은 바다』出版紀念會에 참석하여 書評 演說을 하다. ·禹哉永 회장등과 음주·환담하다.	16(火) ·外交部가 마늘 수입 제한을 못한다는 發表에 따라 中國과의 極秘協商에 대한 波紋이 확산되고 있음 ·한나라黨, 黨職改編을 단행 17(水) ·政府, 親戚訪問入國 40歲이상 中國同胞의 서비스업 2年間 就業을 許容하기로 함 ·韓國民 家口당 平均 빚은 3月末 현재 2,500萬원인 것으로 집계됨 18(木) ·國會, 藥값과 관련한 美國의 壓力說에 대해 論難이 일어남
	14(日)	6. 5	·종일 조금씩 비가 내리다. ·妻 및 次女와 百貨店에 가서 모처럼 次女의 옷을 몇 벌 사주고 저녁 식사를 하고 돌아오다.	·政府, 러시아에서 못받은 약 2兆원의 經協借款을 國民稅金으로 대신 갚는다고 발표 ·三星그룹, 5,000億원규모의 奬學財團을 설립키로 했다고 발표
	15(月)	6. 6	·學校에 가서 「環境論叢」誌에 실을 停年 紀念論文을 最終 정리하여 제출하다. ·金壽鶴 회장 초청으로 權泰埈, 金炯國 교수와 식사를 하며 환담하다. ·李永哲 사장과 잠시 만나 환담하다.	19(金) ·政府, 行自部 次官에 趙永澤氏 등 次官級 人事를 단행함 ·政府, '平和의 댐'을 45m 더 높여 26億 t의 저수량을 갖도록 建設한다고 밝힘
	16(火)	6. 7	·새벽 일찍 空港에 나가 아침 식사를 하고 金浦空港을 거쳐 昌原市에 가다. ·慶尙南道 議會議員 硏鑽會에 가서 特講을 하다. ·金爀圭 知事, 金奉坤 의장 및 全議員들과 오찬을 같이 하고 귀경하다. ·李景熙 將軍 및 스님과 만나 約束 변경에 대해 화를 좀 내고 몇가지 懸案에 대해 논의하다.	·北韓, 配給制 폐지와 給與 인상 등의 經濟 시스템 變化가 일어나고 있다는 소식이 전해짐 20(土) ·鄭雲燦 서울大敎授, 大統領으로부터 第23代 서울大總長 任命狀을 받음 21(日) ·環境部 八堂 地域에 대한 亂開發 特別調査에 착수
	17(水)	6. 8	·制憲節을 맞아 國旗를 게양하다. ·主禮 본 제자 林仁權군이 國土硏究院에 入社게 됐다는 연락을 받아 흐뭇하다. ·강아지를 데리고 가서 狂犬病 注射를 맞추다.	·腐敗防止委員會, 公務員 家族이 膳物을 받아도 懲戒하는 案을 확정,내년부터 실시한다고 발표 22(月) ·株價와 換率이 크게 急落함

月	日	陰	本人 및 家族事項	社會 一般 事項
7	18(木)	6. 9	·上溪洞 地開硏에 가서 向後 發展案을 논의하다. ·地開硏 초청으로 李祺載 蘆原區廳長 등과 會食하며 환담하다.	22(月) ·檢察, 公的資金 5兆원 損失에 대해 搜査結果를 발표하고 27名을 구속함 ·金美賢 프로, 美國 오하이오州 비에더에서 개최된 美國女子 프로 골프(LPGA) 大會에서 우승, 15만달러의 賞金을 받음
	19(金)	6.10	·本人의 生日을 맞다. ·京畿道議會에 가서 知事·議長 등과 인사하고 의원 포럼에서 講演을 하다. ·林敬鎬 원장 등과 오찬을 같이하다. ·建交部長官을 만나 移讓業務 促進을 당부하다. ·國土計劃學會에 가서 臺灣訪問書類를 제출하다. ·저녁에 長女 家族이 와서 누님·長男家族과 生日宴을 갖다.	23(火) ·政府, EU가 韓國半導體에 대해 不公正 조사를 한다는 通報를 받았다고 밝힘 ·서울地法, 街路燈 感電死는 市·區의 責任이라는 판결을 내림 24(水) ·民主黨의 '李會昌 不可論' 의 內部 文件 공개로 파문이 일어남
	20(土)	6.11	·妻 및 長女 家族과 果川 서울大公園에 가서 動物 구경을 하다. ·盆唐 롯데 百貨店에 가서 孫子女들의 옷과 선물을 사주고 저녁식사를 같이 한뒤 귀가하다.	·러시아, 沿海州에서의 南北韓 頂上會談 開催를 제의함 25(木) ·政府, 마늘 農家에 2003~2006年 사이에 1兆 8千億원을 지원한다고 발표
	21(日)	6.12	·長女 家族, 聖堂을 거쳐 汝矣島에서 文서방 兄가족과 오찬을 같이 하고 돌아오다. ·집에서 中國 飮食을 시켜 식사하고 長女 家族과 次女 모두 大田으로 내려가다. ·며칠간 아이들과 노느라고 무척 고단해 일찍자다.	·北韓, '西海의 우발적 충돌에 대한 遺憾을 표시' 하는 電文을 보냄 26(金) ·韓和甲 民主黨 代表, 8.8 補選 이후 新黨 創黨을 시사 ·서울地檢, 演藝社서 돈 받은 MBC 幹部에 대해 拘束令狀을 청구
	22(月)	6.13	·學校에 가서 여러 가지 일들을 정리하다. ·비가 많이 내리다. ·禹哉永, 李永哲, 金奎馥氏 등과 저녁 식사를 하며 硏究院 發展案에 대해 협의하다.	27(土) ·光州 望月洞 5.18墓地, 國立墓地로 昇格 ·美國, 難民豫算 일부를 脫北者에 지원할 예정인 것으로 알려짐
	23(火)	6.14	·종일 비가 내려 무척 시원하다. ·次女, 大田 長女宅에서 상경·귀가하다.	28(日) ·選管委, 大選의 完全 公營制 실시를 추진하고 있다고 발표
	24(水)	6.15	·建交部 中央都市計劃委員會 회의에 참석하다. ·金完柱 全州市長 초청으로 金源, 安健赫, 國防部 柳付山 委員 등과 만찬을 하고 음주·환담하다.	31(水) ·張裳 總理指名者, 國會 同意議決에서 否決됨 ·美·日·北韓 外相들, 브루나이에서 連鎖會談을 갖고 對話 再開 및 國交正常化에 대해 협의함
	25(木)	6.16	·地方議會發展硏究院이 주최한 初選의원 연찬회에서 特講을 하다. ·李世茂, 朴八龍, 鄭桓鎭 會長과 같이 卞鐸 社長의 金塔勳章 受賞을 축하하는 모임을 갖다.	·이스라엘 예루살렘의 히브루 大學에서 팔레스타인人에 의한 爆彈테러 발생, 8名이 死亡하고 韓國 留學生 3名을 포함한 86名이 부상
	26(金)	6.17	·初選議員 硏鑽會에 가서 特講을 하고 林敬鎬 원장과 점심을 같이 하다. ·洋服을 찾고 개 蛔蟲藥을 사서 歸家하다. ·매우 더운 날씨에 많이 걸은 날이 되다. ·妻 및 次女와 같이 하나로 마트에 가서 저녁을 먹고 시장을 보아 오다.	
	28(日)	6.19	·무더운 날씨가 계속 되어 집에서 조용히 記錄 整理만 하다.	
	29(月)	6.20	·一山 韓自硏에 가서 業務협의를 하고 全職員 들에게 점심을 대접하다. ·朴昇治 부원장의 硏究院 관계 부탁이 많아 신경이 쓰이다. ·江南 聖母病院에 가서 申佑埴 장군 母親 問喪을 하고 鄭榤永 將軍, 申榮國 議員 등과 환담하다가 걸어서 귀가하다.	
	30(火)	6.21	·地方議會發展硏究院의 金국장과 같이 麗水空港 缺航으로 晋州空港을 거쳐 順天에 가다. ·順天·麗水議員 硏修大會에서 特講을 하고 順天市 議會局長과 점심을 한 뒤 空路 귀경하다. ·李洸馥 교수, 安東大學 總同窓會로부터 本人이 받는 受賞에 대해 祝賀 電話를 하다.	

月	日	陰	本人 및 家族事項	社會一般事項
7	31(水)	6.22	·上溪洞 地開硏에 가서 일을 보다. ·3名 같이 점심을 하고 接待를 하다. ·好凡會 모임에 나가서 金玉鉉 新規 會員 및 李昌洙 候補會員과 같이 환담하다.	
8	1(木)	6.23	·教授 停年 D-Day 30日을 맞다. ·學校에 일찍 出勤하여 일을 보다. ·國土·都市計劃學會에 나가 「不動産 Times」誌의 담당자와 만나 顧問職을 受諾하다. ·臺灣 訪問團 發隊式 會議를 하고 趙正濟, 禹哉永, 金昌碩, 朴桓用氏 등과 저녁식사를 하고 餘興을 즐기다.	1(木) ·馬山 3.15 聖域公園, 國立墓地로 昇格 ·서울大學, 第23代 鄭雲燦 總長 就任式이 거행됨 ·北韓 祖平統, 北方限界線(NLL)을 고집하면 全面戰이 일어날 가능성이 있다고 경고
	2(金)	6.24	·집에서 淸掃를 하고 記錄 整理를 하다. ·저녁에 忠南大 姜병수 敎授가 上京하여 밖에서 함께 식사하다. ·'失物者는 웁니다' 라는 말을 만들고 虛脫感에 빠지다.	2(金) ·서울大, 현재의 高校 1學年生부터 入試 論述試驗을 부활키로 했다고 발표 ·地球氣溫이 史上 最高値에 이르렀다고 보도됨
	3(土)	6.25	·妻와 같이 차를 몰고 聞慶에 가서 山陽面 玉山에 있는 祖父 墓所에 참배하고 사진을 찍다. ·妻의 親戚宅에 가서 人事를 하고 慶泉 댐을 구경한 뒤 安東으로 가다. ·둘이 저녁 식사를 하고 安東 파크 觀光 호텔에 투숙하다.	3(土) ·비가 내리기 시작함 ·中國 北京 韓國 總領事館에 진입해 있던 脫北者 11名, 필리핀을 거쳐 仁川 國際空港에 도착 4(日) ·서울에 160mm의 暴雨가 내림 ·政府, 9月부터 水道料金을 30~40% 引上키로 결정 ·南北, 釜山 아시안 게임에 北韓 選手團이 참가키로 합의함
	4(日)	6.26	·安東市廳과 洛東江을 둘러보고 安東大學에 가서 權寧建 總長 및 金輝東 安東 市長과 많은 同門들을 만나다. ·安東大學校 總同窓會가 주최한 '母校를 빛낸 자랑스러운 同門賞' 施賞式에 참석 同門賞을 받고 수상자 4名을 代表하여 受賞 所感의 人事말을 하다. ·張元碩 同窓會長 등과 점심을 같이 하고 작별하다. ·金彰年 學長 夫婦 초청으로 好凡會 회원들과 茶를 마시며 환담하고 安東을 떠나다. ·妻와 제비院 石佛을 관람하고 8時間에 걸친 지루한 운전 끝에 밤 늦게 귀가하다.	5(月) ·檢察, 李會昌 候補 長男의 兵役問題에 의혹을 제기한 金大業을 소환·조사함 ·金美賢, 美國 LPGA경기에서 우승하여 2週만에 시즌 두 번째 타이틀을 따냄 6(火) ·全國的으로 暴雨가 내림 ·政府, 生物武器 使用을 완전 포기하기로 결정 7(水) ·氣象廳, 南漢江과 錦江에 洪水注意報를 내림 ·李會昌 후보, 아들의 兵役非理가 있었다면 政界를 떠나겠다고 言明
	5(月)	6.27	·韓火빌딩에서 개최된 仁川科學 아카데미 주최 仁川開發計劃 諮問會議에 참석하고 관계관 및 위원들과 만찬을 들며 환담하다.	8(木) ·13곳 國會議員 補闕選擧 실시, 한나라黨 11곳, 民主黨 2곳에서 승리 9(金) ·金大中 大統領, 每日經濟新聞 張大煥 社長을 새 國務總理로 지명 ·政府, 서울 江南地域의 再建築 基準을 강화하는 方案을 발표
	6(火)	6.28	·大韓國土·都市計劃學會 代表 및 學生 56名과 같이 仁川 空港에서 泰國航空을 타고 臺灣에 가다. ·臺北空港에서 蔡學義 등의 迎接을 받고 韓·中·日 代表團과 음주· 환담을 하다. ·禹哉永 회장과 福華國際文教會館 호텔에 함께 투숙하다.	10(土) ·豪雨로 인해 人命과 財産 피해가 심함 ·民主黨, 新黨을 창당키로 결의함 ·國防部, 5억불 상당의 武器를 러시아로부터 도입키로 했다고 밝힘
	7(水)	6.29	·福華會館에서 개최된 韓·中·日 都市計劃 國際 심포지엄 開會式에 참석하고 한 分科의 司會를 맡아 英語로 진행하다. ·臺灣國立大學 貴賓室에서 개최된 歡送宴에 참석하다.	11(日) ·民主黨, 鄭夢準 의원을 新黨에 영입하는 방안을 추진 중이라고 밝힘 ·林寅澤 建交部長官, 住宅價 暴騰을 막기 위해 서울空港을 新都市로 개발하는 方案을 검토 중이라고 밝힘
	8(木)	6.30	·國內 飛行機를 타고 소망했던 金門島에 가다. ·비가 가끔씩 내리는 가운데 金門島와 小金門島의 名所와 遺蹟을 답사하다.	12(月) ·南北 長官級 會談이 서울에서 열림 ·金大業씨의 李會昌 후보 아들 兵役關係 테이프에 대한 眞僞論難이 비등해짐

月	日	陰	本人 및 家族事項	社會一般事項
8	8(木)	6.30	·浯江大飯店에 투숙하여 食事 후 몇 명이 모여 늦게까지 음주하며 환담하다.	13(火) ·民主黨, 親·反 盧武鉉派間의 葛藤으로 分黨 조짐을 보인다고 보도됨
	9(金)	7. 1	·종일 金門島를 視察하고 1.8㎞ 밖의 中國 本土 땅을 건너다 보다. ·臺北으로 돌아와 '大聲公'이라는 食堂에서 自體評價會를 갖다. ·禹哉永 회장과 방에서 소주를 들며 늦게까지 이야기하다.	·鄭雲燦 서울大 總長, 入試에 地域別 割當制 도입을 任期內 실현하겠다고 밝힘 ·北韓 外交部, 美國의 核査察 要求를 거부한다는 聲明을 발표 14(水) ·北韓 代表團 116名, 南北民間團體가 주최하는 '8.15 民族統一大會'에 참석키 위해 直航路로 仁川 國際空港에 도착하여 公式日程에 들어감
	10(土)	7. 2	·臺北을 떠나 仁川空港에 도착, 서로 인사를 하고 귀가하다. ·長男 夫婦와 같이 집에서 식사를 하다.	15(木) ·金大中 大統領, 9日부터 시작된 감기와 폐렴증세로 8.15행사에 불참
	11(日)	7. 3	·停年 D-Day 20日이 되다. ·집에서 旅行 記錄을 정리하다.	·日本 朝總聯系 朝鮮學校 學生 17名, '韓·日 少年 自然體驗 캠프' 참가차 해방 후 처음으로 韓國 訪問
	12(月)	7. 4	·學校에 가서 退職과 관련된 여러 가지 書類들을 작성하다. ·國土計劃學會에 가서 國民賃貸住宅 建設計劃 基準 硏究에 대해 諮問하고 같이 저녁식사를 하다. ·妻, 동생들과 白岩콘도에 놀러가다.	·今年 上半期의 上場社 純利益이 17兆로 사상 최대였다고 밝혀짐 16(金) ·鄭夢準, 李仁濟, 朴槿惠, 金鍾泌氏 중심의 4者 連帶 第 3 新黨의 형성이 可視化되고 있다고 보도
	13(火)	7. 5	·水原 硏修院에 가서 中堅班 論文指導를 하고 새로 赴任한 金在喆 원장과 인사하다. ·安東大 總同窓會로부터의 同門賞 수상과 관련하여 張元碩 회장, 金彰年 학장, 禹哉永 회장 및 好凡會員 몇 사람을 초청하여 저녁 대접을 하다.	·環境部, 生活環境 滿足度 調査에서 서울 江南區 鴨鷗亭洞과 水原 長安區 華西洞이 으뜸으로 나타났다고 밝힘
	14(水)	7. 6	·一山 韓自硏에 가서 일을 보다 ·朴昇治 부원장과 業務 協議를 하고 모두 같이 점심을 하다.	18(日) ·北韓住民 21名, 木船을 타고 北韓을 탈출하여 西海 領海上에서 海警에 의해 구조되어 歸順에 성공함
	15(木)	7. 7	·大田에서 長女와 外孫子女가 상경·귀가하다. ·外孫子女들을 데리고 놀이터 등을 돌며 놀다 오다. ·妻, 白岩에서 상경·귀가하다.	·李仁濟·李漢東·金重權·金鍾泌氏, 모임을 갖고 第 3 新黨을 창당키로 합의 19(月) ·政府, 慶南의 金海·咸安·陜川을 '自然災害 極甚地域'으로 지정
	16(金)	7. 8	·上溪洞 地開硏에 가서 일을 보다. ·禹哉永 회장이 制度 및 施設 등을 강화하는 듯하여 부담을 느끼다. ·事務室에 놓을 책상을 보러 몇 곳을 방문하다. ·禹哉永·金局長 및 李永哲 회장과 식사를 하며 여러 가지 이야기를 하다.	·서울銀行 賣却 優先協商 對象者로 하나銀行이 선정됨 20(火) ·南海岸一帶 赤潮 확산에 의한 被害가 점점 커지고 있다고 보도됨 21(水) ·18일 脫北·歸順한 사람들에 의해 강제로 끌려온 漁船 機關長 이경성氏, 本人의 희망에 따라 板門店을 통해 北으로 돌아감
	17(土)	7. 9	·서울大學校 敎授로서 마지막 俸給을 받다. ·外孫子女를 데리고 리츠 칼튼 호텔을 거쳐 牛眠洞에 있는 長女 옛집 놀이터에서 오래 놀다가 오다. ·長壻 文丙基 博士, 필리핀에서의 國際會議를 마치고 귀가하여 집으로 오다.	22(木) ·政府, 週5日勤務制의 실시와 관련하여 公休日·名節 連休를 축소하는 방안을 검토중이라고 밝힘
	18(日)	7.10	·外孫女와 공원에 가서 놀다오다. ·外孫女가 가지 않을려고 하여 마음이 쓰리다. ·長女 家族, 大田 自宅으로 내려가다. ·오랜만에 沐浴을 하여 개운하다. ·비가 많이 내리다.	·한나라黨, 民主黨 李海瓚 議員의 '兵風搜査 誘導' 發言波紋이 확산되고 있는 가운데 兵風搜査의 핵심인 朴榮琯 서울地檢 特殊1部長이 留任된데 대해 強力히 反撥, 法務長官 解任建議案을 提出키로 했다고 밝힘
	19(月)	7.11	·一山 韓自硏에 가서 회의를 하고 오찬 대접을 하다. ·市民自治大學 關係로 朴昇治 부원장이 방문할 市·郡·區 團體長에게 전화하다. ·鄭光玉 사장 초청으로 李永哲 회장과 같이 저녁을 하며 환담하다.	23(金) ·北韓 金正日委員長, 러시아 푸틴 大統領과 블라디보스토크에서 頂上會談을 가짐 ·中國, 秦始皇陵의 墓域이 60萬坪 規模의 4層 豪華宮殿임을 밝혀냄 24(土) ·南北韓, 올 秋夕 무렵 金剛山에서 相逢할 離散家族 候補者로 南側 200名과 北側 120名의 名單을 서로 교환함
	20(火)	7.12	·學校에 가서 整理를 하고 金丁勖 원장등과 湖巖舘에서 점심을 하다.	

月	日	陰	本人 及 家族事項	社會一般事項
8	20(火)	7.12	·新規 教授採用 1次書類 審査書를 작성하다. ·年金 및 教員共濟會 積立金의 處理 申請書를 작성·제출하다. ·大學新聞 기자와 停年退任 所感에 대해 대담하다. ·妻가 學校에 와서 같이 妻男宅에 가서 妻祖母 및 聘母任 祭祀를 모시다.	25(日) ·全國 公務員勞組, 張大煥 總理署理의 辭退를 主張 ·世界環境頂上會議, 南阿共 요하네스버그에서 開幕됨 26(月) ·國會, 張大煥 總理署理에 대한 이틀간의 人事聽問會를 시작함 ·朴세리 골퍼, 美國 LPGA에서 優勝하여 시즌 3勝을 記錄 ·脫北者 7名, 難民地位認定을 要求하는 示威를 벌이며 北京의 中國 外交部에 進入하다가 全員 警察에 連行됨
	21(水)	7.13	·停年 D-Day 10日을 맞다. ·地方議會發展硏究院에 가서 林敬鎬 원장을 만나고 濟州道 議會議員들에게 特講을 하다. ·南美旅行時 현지 안내를 맡았던 安根旦씨가 一時歸國하여 禹哉永·元濟戊 회장 및 金奎馥 국장과 식사를 하며 환담하다.	27(火) ·終日 비가 조금씩 내리다 ·코메디언 鄭周逸(이주일)씨, 담배로 인한 肺癌으로 오랜 鬪病 끝에 死亡
	22(木)	7.14	·停年 D-Day 9日에 이르다. ·學校에 가서 雜務를 처리하고 計劃을 세우다. ·9月 1日자 名譽敎授 發令이 났다는 通告를 받고 매우 흐뭇함을 느끼다. ·國土計劃學會에 가서 臺灣 방문단 解團 모임에 참석하고 모두 같이 회식을 하며 환담하다.	28(水) ·國會, 張大煥 總理署理에 대한 任命同意案을 反對 151 對 贊成 112로 否決시킴 ·政府, 來年부터 租稅減免制度중 13개를 廢止키로 함
	23(金)	7.15	·停年 D-day 8日에 이르다. ·李景熙 장군과 같이 惠圓스님 運轉으로 榮州市 豊基邑 小白山下에 있는 金剛寺에 가다. ·점심 후 비가 오는 가운데 境內를 둘러보고 밤에 송이를 구워먹으며 환담하다. ·李將軍과 한 방에 투숙했으나 코를 심하게 골아 애를 먹다.	29(木) ·憲法裁判所, 夫婦 資産所得의 合算課稅는 違憲이라고 결정 ·南北韓 實務代表팀, 京義·東海線의 鐵道·道路 連結工事를 9월 중순쯤 着工한다는데 합의함 30(金) ·政府, 來年度 豫算案을 今年보다 7兆원 많은 113兆원으로 編成한다고 밝힘 ·日本 政府, 小泉純一郎 總理가 9月 17日 北韓을 訪問하여 金正日 委員長과 頂上會談을 갖는다고 발표
	24(土)	7.16	·송이 등 農産物을 얻어서 일찍 출발하다. ·順興面 묵마을에 가서 묵을 조금 먹고 좀 사서 상경하다. ·沐浴을 하고 기록을 정리하다. ·停年 D-day 7日을 마감하다.	31(土) ·颱風 루사(Rusa)號가 南海岸을 거쳐 上陸하여 全國的으로 많은 被害를 줌 ·서울에 종일 바람을 同伴한 비가 내림 ·江陵, 하루에 870.5mm의 비가 내려 水中都市가 됨 ·全國的으로 140餘名의 死亡·失綜, 2萬여명의 罹災民, 2,091억원의 財産被害 발생 ·國會, 金正吉 法務長官 解任建議案은 民主黨의 實力沮止로 자동 폐기됨 ·러시아 모스크바市, 開都 855周年 紀念行事를 개최함 ·中國, '한 家庭 한 子女' 政策을 20年만에 公式 立法함
	25(日)	7.17	·教授停年 D-day 6日을 맞다. ·記錄 정리를 하다. ·長男의 生活態度로 인해 속이 상하다.	
	26(月)	7.18	·教授停年 D-day 5日에 이르다. ·上溪洞 地開硏에 나가 일을 보다. ·새로 마련한 院長室과 새 冊床에서 紀念 寫眞을 찍다 ·向志會의 오찬 모임을 갖다. ·好凡會 모임을 갖고 여러 가지 계획에 대해 협의하다.	
	27(火)	7.19	·教授 停年 D-day 4日을 맞이하다. ·一山 韓自硏에 가다. ·副院長이 방문할 市長들과의 약속을 해주다. ·職員들과 점심을 같이 하다.	
	28(水)	7.20	·停年 D-day 3日을 맞다. ·政府廳舍에 가서 金重亮 訴請審査委員長을 禮訪하다. ·地方移讓推進委員會 회의를 案件이 많이 거의 8時 넘게까지 주재하다. ·위원 및 관계관들과 委員會 發足 3周年 會食 모임을 갖다.	
	29(木)	7.21	·學校에 가서 後期 卒業式에 마지막으로 참석하다. ·313號 教授室에서 마지막 김밥을 먹다.	

月	日	陰	本人 및 家族事項	社會一般事項
8	29(木)	7.21	·韓自硏의 朴·金 두 課長과 助敎들의 도움을 받아 방의 책과 기물들을 옮기다. ·약간 서운한 느낌을 갖고 귀가하다. ·밤에 大田에서 長女家族이 상경하여 집에 오다. ·停年 D-Day 2日을 보내다.	
	30(金)	7.22	·敎授停年 D-day 1日을 맞다. ·妻·子女 家族 함께 서울大學에 가서 敎授 停年 退任式에 참석하다. ·學校協議會에서 주는 功勞 메달을 받다. ·鄭雲燦 總長으로부터 名譽敎授 委囑狀을 받다. ·退任敎授 夫婦 등과 오찬을 같이 하다. ·家族들과 環境大學院 앞 및 서울大學校 正門에서 寫眞을 찍고 落星垈에 가서 잠시 놀다가 오다. ·허바허바 寫場에 가서 家族 및 個人 寫眞을 撮影하다. ·長女 夫婦 초청으로 全家族이 三井 호텔 뷔페에서 紀念 晩餐을 하다. ·사위와 外孫子는 學校 관계로 밤에 大田으로 귀가하다.	
	31(土)	7.23	·法定으로 敎授停年 退任日을 맞다. ·妻로부터 여러 가지 極端의 말을 듣고 서운한 마음을 갖게 되다. ·外孫女와 종일 집 안팎에서 같이 놀다. ·줄기차게 내리는 빗소리를 들으며 出生으로부터 66年, 大學入學으로부터 45年, 大學院 助敎發令으로부터 36年, 專任講師就任으로부터 30年이란 期間을 마감으로 한 서울大學校 敎授職이 종료되는 子正을 萬感의 느낌 속에 맞이하다.	

客說 : 經驗에서 얻은 삶의 眞實

어렸을 때는 부모님과 형제자매가 좋았다. 젊었을 때는 비슷한 나이의 여자가 좋았다. 나이가 많아지면서는 마음 맞는 남자 친구가 좋아졌다.

客說 : 經驗에서 얻은 삶의 眞實

인간은 人工物이 아니라 自然物에 속한다. 따라서 사람은 人間規範에 따르기보다 自然攝理에 따르는 것이 옳다.

第 4 篇

停年 · 餘生期

서울大學校 教授停年 以後, 즉 2002年 9月 1日부터 古稀를 맞이한 2006年 7月 28日까지의 4年, 47個月, 1,427日間을 「停年 · 餘生期」란 篇題의 日誌로 따로이 기록했습니다. 年齡으로는 67歲에서 71세로 老齡의 나이에 해당되는 時期입니다.

停年과 동시에 서울大學校 名譽教授職을 가지고 한 學期 한 科目의 講義를 맡아 계속했고, 2005年 3月부터는 建國大學校의 碩座教授라는 명예로운 자리까지 갖게 되었습니다. '國民의 政府' 와 같이 地方移讓推進委員會 委員長職을 함께 완료하였고, 새로이 '參與政府' 에서는 新行政首都建設推進委員會와 行政中心複合都市建設推進委員會의 諮問委員長 · 推進委員長 · 諮問委員 등의 職位를 가지고 깊이 관여하였습니다.

家庭으로는 1男2女 모두 分家시켜 독립된 家庭을 갖고 탈없이 살아가게 하였고, 本人의 社會的 活動과 奉仕도 教授 때나 큰 差異없이 활발히 지속되었습니다.

▩ 總 覽

第 67 歲(2002) : 名譽教授
第 68 歲(2003) : 名譽教授
第 69 歲(2004) : 名譽教授
第 70 歲(2005) : 名譽教授 · 碩座教授
第 71 歲(2006) : 名譽教授 · 碩座教授

"**Consider in** what condition both in body and soul a man should be when he is overtaken by death; and consider the shortness of life, the boundless abyss of time past and future, the feebleness of all matter.

Contemplate the formative principles of things bare of their coverings; the purposes of actions; consider what pain is, what pleasure is, and death, and fame; who is to himself the cause of his uneasiness; how no man is hindered by another; that everything is opinion."

Book XII, ***The Meditations***. by Marcus Aurelius (121~180).

(사람이 죽음을 맞이했을 때 신체적 및 정신적 양면에서 어떤 상태에 있게 될 것인가를 생각해 보라; 그리고 生命의 짧음, 過去와 未來에 걸친 時間의 끝없는 무한함, 모든 것의 나약함을 생각해 보라. 範圍에 관계없이 實體들의 形成原理를 깊이 숙고하라; 行動들의 目的을 깊이 숙고하라; 苦痛과 기쁨, 그리고 죽음과 名聲이 무엇인지 생각하라; 사람에게 不安의 原因이 되는 이는 누구인가; 어떻게 하면 남으로부터 방해받지 않을까; 그 모든 것은 判斷이다.)

마르꼬 아우렐리우스 (121~180), **冥相錄**. 第12卷

生 涯 日 誌

(2002.9.1 ~ 2006.7.28)

第 67 歲 : 2002(4335) 壬午年 / 名譽教授

月	日	陰	本人 및 家族事項	社會一般事項
9	1(日)	7.24	· 教授停年後 平人으로서 첫째날을 맞다. · 서울大學校 名譽教授로 위촉되다. · 外孫女와 公園에 가서 같이 놀다오다. · 안갈려고 하는 外孫女를 데리고 大田 自宅으로 떠나다. · 妻, 載民 妻男과 같이 聞慶으로 가다. · 모처럼 次女와 조용한 時間을 갖다.	1(日) · 颱風 '루사', 東海로 빠져나감 · 颱風被害, 失踪者 33名, 財産被害 5조 1,479억원에 이름 · 아폴로 눈병이 全國에 확산됨 2(月) · 第234回 定期國會 개회 · 李會昌 한나라黨 大統領候補, 中國을 방문하여 江澤民 主席과 면담
	2(月)	7.25	· 國土學會와 自治學會에 들려 일을 보고 寫眞館에 들려오다. · 妻의 不在로 祖母祭祀를 盆唐에 있는 동생집에서 모시다.	3(火) · 脫北者 15名, 中國 北京 獨逸大使館에 진입 4(水) · 政府, '住宅市場 安定對策' 발표 5(木) · 國防部, 軍事保護區域 25곳 55萬坪 解除발표
	3(火)	7.26	· 學校에 가서 처음으로 名譽教授室에 들다. · 名譽教授로서 첫 講義를 하다. · 金丁勗 院長 초청으로 教授夫婦同伴모임을 新羅호텔에서 갖고 權泰埈 教授와 本人의 停年을 紀念하는 會食을 하다.	· 政府, 週5日勤務制 立法豫告案 확정 · 아프가니스탄 하마드 카르자이 大統領 暗殺未遂事件 발생 6(金) · 中央選管委, 大選期間(11.27~12.19)동안 同窓·鄕友·宗親會 모임 禁止 발령
	4(水)	7.27	· 沐浴을 하고 참으로 오랜만에 理髮館에 가서 理髮을 하다. · 長男과 같이 車로 서울 大學校 湖巖生活館에 가다. · 教授停年紀念告別講演會에 참석하여 祝賀와 膳物을 받고 告別演說을 하다. · 리셉션을 마친 뒤 好凡會의 會員들과 별도 모임을 갖다.	· 第4次 南北赤十字會談, 金剛山에서 개최 · 美國·英國 軍用機 100臺가 이라크를 공습했다고 보도됨 7(土) · 中央選管委, 大選完全選擧公營制 導入 확정 · 南北 統一蹴球競技 서울에서 개막 · 美·英 頂上, 美國 캠프 데이비드에서 會談을 갖고 이라크 攻擊을 논의
	5(木)	7.28	· 天安에 있는 常綠리조트호텔에 가서 金在喆 國家專門行政硏修院長 및 地方議會議員들과 점심을 같이하다. · 地方議會議員들에게 特講을 하고 巨峰포도를 사가지고 귀가하다.	8(日) · 韓國映畵 '오아시스', 베니스 映畵祭에서 監督賞 및 新人俳優賞 수상 · 民勞黨, 權永吉 代表를 大選候補로 공식 선출
	6(金)	7.29	· 三安建設의 趙光鎬 專務로부터 高陽市 都市計劃에 대해 설명듣다. · 康炳基 教授 초청으로 金源 教授 등과 오찬을 하며 高陽市 開發件에 대해 의논하다. · 建交部 中央都市計劃委員會의 小委員會에서 全州都市基本計劃을 심의·승인하고 本委員會에 참석하다. · 一金會 모임에 나가다.	9(月) · 서울 江北 및 地方의 아파트 財産稅가 서울 江南의 5~7倍나 되어 課稅 衡平性 論難이 일어남 · 小泉純一郎 日本總理, 美國訪問 10(火) · 金大中 大統領, 國務總理에 金碩洙 씨를 임명 · 國防部, 代替服務制를 2005년부터 단계적으로 축소·폐지한다고 발표
	7(土)	8.1	· 집에서 記錄을 정리하다. · 8月末·9月初에 바쁘고 힘든 日程을 보내느라 무척 고달픔을 느끼다.	· 서울地法, 職員 e메일 鑑聽에 대해 첫 有罪 판결 · U.N.總會 開幕 · 스위스, UN에 正式 加入
	8(日)	8.2	· 妻와 같이 金達用 姪女의 아들 結婚式에 참석하여 여러 親知들을 만나다. · 高麗病院에 가서 入院中인 査頓(長男 丈人)을 문병하다. · 누님宅에 들려 환담을 하고 秋夕膳物을 드린 뒤 돌아오다. · 歸路에 저녁 食事를 하다.	· 日本, 實用衛星 탑재한 로켓발사 첫 성공 11(水) · 서울市, 12月부터 地下鐵 1時間 연장운행키로 함 · 美國, 뉴욕 그라운드 제로에서 9.11테러 1週年 追慕式 가짐 12(木) · 金大中 大統領 私邸, 豪華住宅으로 논란 비등

月	日	陰	本人 및 家族事項	社會一般事項
9	9(月)	8.3	·水原 硏修院에 가서 高幹班 學生들의 論文指導를 하고 李재성 교수와 같이 점심을 먹다. ·昇進班에서 특강을 하다. ·李景熙 將軍 소개로 世宗硏究所의 金영화 事務局長과 인사를 하고 惠園스님과 같이 함께 환담을 하며 저녁 食事를 하다.	13(金) ·政府, 全國 1,917邑·面·洞을 颱風 '루사' 被害特別災害地域으로 선포 ·第5次 南北離散家族 1回次 相逢이 金剛山에서 이루어짐 14(土) ·中國 南京 食堂 毒劇物 中毒事件으로 41명이 死亡
	10(火)	8.4	·學校에 가서 講義를 하고 記錄整理를 하다. ·妻가 와서 짐을 집으로 옮기다. ·國土計劃學會에 가서 弦汀基金管理委員으로 위촉되고 基金還收方案을 논의한 뒤 晩餐을 갖다.	15(日) ·美國 팀 몽고메리, 男子 100m를 9秒78에 주파하여 世界新記錄 수립 16(月) ·北韓人共旗, 分斷 후 처음 釜山 아시아 競技大會 選手村 및 호텔에 공식 게양됨
	11(水)	8.5	·上溪洞 地開硏에 가서 일을 보다. ·禹哉永·李永哲·金奎馥·朱龍鐸氏 등과 鄭社長 초청 만찬에 참석하여 敎授停年祝賀를 받다.	17(火) ·無所屬 鄭夢準 議員, 大統領 候補 出馬를 공식선언 18(水) ·南北, 京義線·東海線 鐵道·道路 連結工事를 동시 착공
	12(木)	8.6	·一山 韓自硏에 가서 일을 보다. ·妻와 生活費件으로 言爭하여 氣分이 좋지 않다.	19(木) ·北韓, 新義州 特別行政區域(經濟特區) 지정
	13(金)	8.7	·水原 硏修院에서 개최된 全國 地方廳公務員의 地方移讓對象事務發掘指針 示達會議에 참석하여 激勵人事를 하다.	20(金) ·金大中 大統領, 아시아·유럽 頂上會議(ASEM) 참석차 出國
	14(土)	8.8	·妻와 같이 朴禹鎭 院長 아들 및 高永天 監事 아들 結婚式에 참석하다.	22(日) ·獨逸 社民·綠色黨, 總選에서 辛勝하여 再執權
	15(日)	8.9	·집에서 記錄整理를 하다. ·長男이 自己 妻家宅에서 쌀을 가져오다.	23(月) ·韓火그룹, 大韓生命 引受 최종 확정 ·第4次 ASEM, 덴마크 코펜하겐에서 開幕
	16(月)	8.10	·韓火그룹의 仁川地域開發諮問會議에 참석하고 저녁을 들며 환담하다.	24(火) ·2002 五松 國際 바이오 엑스포 開幕 25(水) ·한나라黨 엄호성 議員등, 2000年 6月 南北頂上會談 때 北韓에 4,000億원을 政府가 비밀리에 전달한 疑惑을 제기
	17(火)	8.11	·學校에 가서 整理를 하다. ·鄭光玉 사장 초청으로 禹哉永 회장 등 몇 사람과 저녁식사를 같이 하다.	26(木) ·'개구리 少年'5名 推定 遺骨, 失踪 11年만에 大邱 臥龍山에서 발견됨
	18(水)	8.12	·上溪洞 硏究會에 가서 일을 하다. ·尹相在 會長 초청으로 저녁을 같이하다.	27(金) ·'2002 MBC 平壤特別公演'이 개막됨 ·IMF-世界銀行 年次總會, 美國 워싱턴에서 개막
	19(木)	8.13	·一山 硏究院에 가서 일을 하다. ·金室長의 自家用乘用車 取得 턱으로 職員들과 점심을 같이하다. ·蘇鎭光 교수가 來家하여 환담하다.	28(土) ·釜山 아시안게임 北側 應援團 343명 태운 萬景峰 92號, 釜山 多大港에 첫 入港
	20(金)	8.14	·自宅에서 記錄을 정리하다. ·秋夕달을 보고 기원을 드리다.	29(日) ·第14回 釜山 아시아 競技大會 개막. ·北派工作員 180여명, 서울 永登浦驛 앞에서 '實體認定·處遇改善'을 요구하며 격렬시위
	21(土)	8.15	·長男夫婦와 같이 秋夕祭禮를 지내다. ·동생 群濟, 聞慶 산소에 가서 省墓를 하다.	
	22(日)	8.16	·自宅에서 記錄을 정리하다.	
	23(月)	8.17	·沐浴을 하고 집에서 記錄整理를 하다.	30(月) ·盧武鉉 民主黨大統領 候補, 青瓦臺와 中央部處의 忠淸圈 移轉을 위한 新行政首都 建設을 公約으로 제시
	24(火)	8.18	·學校에 가서 講義하다. ·水原 硏修院에 가서 中堅班 論文指導를 하다.	
	25(水)	8.19	·上溪洞 地開硏에 가다. ·月刊誌 發刊을 결의하고 그 準備에 착수하다. ·禹哉永 會長이 手當을 200萬원으로 올린 것을 기존의 100萬원으로 유지하자고 설득하다. ·尹相在 會長 등과 만나 古稀紀念集 編纂件을 협의하고 저녁 食事를 하다.	
	26(木)	8.20	·金洙根 부사장과 같이 風水會 모임에 가서 골프를 치다.	
	27(金)	8.21	·妻와 같이 서울驛에 가서 好凡會 會員夫婦들과 汽車를 타고 釜山에 가다. ·Marina Hotel에 투숙하다.	

月	日	陰	本人 및 家族事項	社會一般事項
9	28(土)	8.22	·釜山港에서 Sea Flower船을 타고 3時間에 걸친 玄海灘 航海를 거쳐 對馬島 嚴原港에 도착하다. ·嚴原町의 市街地·遺蹟地·名所를 시찰하고 Ocean Hotel에 들다. ·저녁식사를 하고 같이 노래房에서 노래를 한 뒤 투숙하다.	
	29(日)	8.23	·對馬島 南縣郡 一帶의 名所를 관람하고 午後에는 漁船을 타고 淺茅灣에서 낚시를 놓아 고기를 잡아먹다. ·호텔에서 食事後 노래房에서 노래하다.	
	30(月)	8.24	·호텔을 떠나 北縣郡을 올라오면서 名所와 自然을 관람하다. ·北端에 있는 比田勝港에서 乘船하여 1시간 30분을 항해하여 釜山港에 도착하다. ·새마을號 汽車를 타고 상경·귀가하다.	
10	1(火)	8.25	·一山 韓自硏에 가서 副院長 등과 점심을 하고 業務協議를 하다. ·疲勞를 느끼다.	1(火) ·韓總聯 大學生 7名, 美國大使館에서 기습 示威 ·建設交通部, 天安·牙山 땅 投機혐의로 1,868名 적발
	2(水)	8.26	·國土計劃學會에 가서 寄附金處理件을 논의하고 基金管理委員會 副委員長으로 선임되다. ·地方自治學會 顧問團 會食에 들리다.	
	3(木)	8.27	·開天節을 맞아 國旗를 게양하다. ·鐵道廳 申俊鎬 課長과 저녁식사를 하며 主禮件을 의논하다.	3(木) ·韓國系 美國人 스티브 金, 뉴욕 U.N. 本部에서 北韓人權을 비판하며 銃擊 示威 ·美國 워싱턴 郊外에서 怪漢 2명, 無差別 銃器亂射로 住民 5名 死亡
	4(金)	8.28	·上溪洞 地開硏에 가서 일을 보다. ·能律協會의 會長要請件을 거절하는 答申을 보내다. ·蘆原區廳 郭交通課長과 점심을 같이하다. ·禹哉永 會長 등과 奉化집에서 식사를 하다. ·長女가 外孫女를 데리고 상경하다.	4(金) ·中國, 양빈 新義州 特別行政區 初代行政長官을 전격 연행 ·美國 로스앤젤레스 法院陪審員團, 필립모리스社에 '肺癌女子 吸煙者'에게 280억달러 報償을 評決
	5(土)	8.29	·妻·外孫女와 같이 結婚式에 가서 主禮를 보다. ·南山 서울타워에 가서 점심을 하고 百貨店을 들려오다. ·外孫女와 늦게까지 같이 놀다.	5(土) ·金碩洙 國務總理 指名者, 國會 任命同議案 통과 ·仁川地法, '教師冷待로 인한 憂鬱症 賠償' 判決
	6(日)	9.1	·外孫女와 庭園과 公園에서 같이 놀다. ·안가려고 우는 外孫女를 데리고 長女가 大田으로 귀가하다. ·記錄整理를 하다.	7(月) ·檢察, 現代商船의 '4억달러 對北 秘密支援 疑惑' 수사
	7(月)	9.2	·韓國地方行政硏究院에 가서 金興來 院長을 만나고 新規硏究員候補들을 면접 평가하다. ·任員들과 저녁식사를 하다.	8(火) ·檢察, '歌謠界非理搜査' 최종 수사결과 발표 ·仁川·江華에 돼지콜레라 발생
	8(火)	9.3	·學校에서 講義를 하고 記錄整理를 하다. ·鄭社長과 저녁식사를 하다.	9(水) ·崔圭善氏의 '98年 金大中 大統領 노벨平和賞受賞 로비 事實文件 報道로 파문 일음
	9(水)	9.4	·金利煥 館長과 같이 南部 골프場에 가서 鄭榮植 前次官·崔相哲 教授와 같이 운동하다. ·利英美術館을 들러보고 鄭次官과 같이 상경하다.	10(木) ·헝가리 임레 케르테스, 2002년 노벨文學賞 수상 ·美國 下院, 부시 大統領에게 抱括的 戰爭權限 부여하는 '對 이라크 決議案'통과
	10(木)	9.5	·地方移讓委員會 本會議를 주재하다. ·支援팀 幹部들과 저녁식사를 함께 하다.	11(金) ·政府, 株式·不動産 安定對策 발표 ·京畿道 抱川農協에 銃器强盜事件 발생, 現役 陸軍上士의 犯行으로 밝혀짐 ·지미 카터 前 美國 大統領, 2002年 노벨平和賞 수상
	11(金)	9.6	·自宅에서 記錄整理를 하다. ·禹哉永 會長 등과 만나 새車 ECUUS 購入을 축하하는 자리를 갖다.	

月	日	陰	本人 및 家族事項	社會 一般 事項
10	12(土)	9.7	·妻와 같이 病院에 들러 毒感注射를 맞다. ·아파트 모델하우스 및 百貨店을 들러 늦게 귀가하다.	12(土) ·인도네시아 발리섬에 爆彈테러가 發生하여 190여명이 死亡 14(月) ·第14回 釜山 아시아 경기대회 폐막, 中國 1位, 韓國 2位
	13(日)	9.8	·生涯記錄의 編輯·整理를 모두 완료하다. ·記錄完成에 따라 시원함과 허전함을 함께 느끼다. ·父母任墓所에 獻呈·埋葬할 報告文獻을 통에 넣에 준비하다.. ·主禮 본 申君 부부를 호텔에서 만나 인사받다.	15(火) ·政府, 경미한 前科·搜査記錄 5년 넘으면 모두 폐기하는 關聯法 改正案 의결, 431萬名 惠澤 받음 ·납북된 日本人 5名, 24년만에 一時 귀국
	14(月)	9.9	·國土計劃學會에 가서 元濟戊 會長 및 職員들과 점심을 같이 하다. ·張師珏·鄭錫東 氏와 저녁식사를 하며 主禮件을 협의하다. ·大田 外孫女에게 電話로 生日祝賀를 하다.	16(水) ·사담 후세인, 이라크 大統領 選擧에서 100% 支援 획득 17(木) ·韓國·美國, 北韓의 '核開發計劃' 是認을 공식 발표 ·서울 高法, 강경식·김인호氏 '換亂責任'에 대해 無罪 宣告
	15(火)	9.10	·建交部 中央都市計劃委員會에 참석하고, 金源 教授와 같이 오다.	18(金) ·産業資源部, 放射性 廢棄物 貯藏 候補地로 全南 珍島·靈光, 全北 高敞등 3곳을 선정
	16(水)	9.11	·水原研修院에 가서 中堅班 論文審査를 하다. ·롯데호텔에서 개최된 持續可能發展委員會에 참석하여 오찬을 들며 會議하다. ·서울大 環境大學院 세미나에 참석하여 基調演說을 하다. ·牙山市 姜熙福 市長 초청으로 教授陣 및 禹命奎 市長과 저녁을 하며 환담하다.	19(土) ·第8次 南北 長官級會談이 平壤에서 개막됨 21(月) ·檢察, 市長 職位이용 120억원대 땅 투기한 朴성규 前 安山市長 구속 22(火) ·韓國과 美國, 犯罪者 첫 相互引導
	17(木)	9.12	·上溪洞 研究院에 가서 일을 보다. ·金玉鉉 社長 초청으로 La Fonte에 가서 趙洪來 首席을 만나고 李昌洙·禹哉永 會長 등과 오찬을 들며 환담하다. ·地開研의 새차 EQUUS를 타고 國土研究院을 방문 高位課程에서 特講을 하고, 議長을 맡은 '21世紀 國土포럼' 事務室을 둘러보다. ·禹哉永·李永哲·金奎馥氏 등과 저녁식사를 하며 환담을 나누다.	·江澤民 中國 國家主席, 美國을 방문 23(水) ·金大中 大統領, 李會昌·盧武鉉·鄭夢準·權永吉·李漢東 氏 등 5名의 大選候補와 青瓦臺에서 北核 懇談會를 가짐 ·서울市, '江南·北 均衡開發計劃' 발표. ·大邱地法, 文喜甲 前 大邱市長에게 受賂嫌疑로 懲役 3年을 선고 ·체첸 反軍, 모스크바 劇場에서 人質劇 벌림
	18(金)	9.13	·서울호텔에 가서 獨逸 妻弟가 보낸 藥을 찾다. ·韓一館에서 개최된 鳥嶺會에 오랜만에 참석하여 停年退任의 人事를 하다. ·鄭慶鎬와 맥주를 마시며 主禮請託을 받고 환담을 나누다.	24(木) ·韓國·칠레 自由貿易協定(FTA)타결 ·檢察, 龍仁地域 마구잡이 開發 非理로 57名 적발 25(金) ·서울地法, 金品授受 협의로 沈完求 前 蔚山 市長에게 懲役 5年 宣告
	19(土)	9.14	·自宅 庭園의 剪枝整理 일들을 하다. ·張師珏 社長 아들 結婚 主禮를 보다.	·北韓, 美國의 '先 核開發프로그램 抛棄' 要求를 거부
	20(日)	9.15	·弟子 結婚式에 가서 主禮를 보다. ·次女, 三星職員과 맞선을 보다.	·石井紘基 日本 民主黨議員, 대낮 凶器로 피살됨
	21(月)	9.16	·비가 조금 내리다. ·沐浴을 하고 집에서 整理를 하다.	26(土) ·第8回 '아시아·太平洋 障碍人 競技大會' 釜山에서 개막
	22(火)	9.17	·韓自研 金室長과 晉州를 거쳐 統營市에 가다. ·市民自治大學 修了式에 참석하여 修了證 및 賞狀을 수여하고 祝辭를 하다. ·李정한 副市長 등과 저녁 食事를 하고 상경·귀가하다.	·北韓 高位級 經濟視察團 18名 방한 27(日) ·朴세리, 시즌 5勝 획득 ·第10次 아시아·太平洋 經濟協力體(APEC) 頂上會議, 멕시코 로스카보스에서 개막
	23(水)	9.18	·學校에 가서 整理를 하고 金炯國 교수 및 鄭光玉 社長의 來訪을 받고 협의하다. ·呂濵九 교수 초청으로 秀林亭에서 金源·趙正濟·金英模 교수등과 本人停年祝賀會食을 가지다.	·日本 執權 自民黨, 補闕選擧에서 승리 28(月) ·서울 江南區, 大峙洞 銀馬아파트 再建築 不可 判定 29(火) ·政府, 빚 5년간 성실히 갚으면 나머지를 탕감해주는 '個人回生制度' 도입을 추진

月	日	陰	本人 및 家族事項	社會一般事項
10	24(木)	9.19	·國家專門行政研修院에서 개최된 第39次 研修大會 開會式에 참석하고 審査委員長으로서 審査하다. ·金在喆 院長 및 金忠奎 前 院長 등과 저녁식사를 하고 음주·환담하다.	30(水) ·첫 國産 超音速航空機 'T50 高等訓練機' 初途飛行 성공 ·太白炭鑛 坑道 붕괴 ·檢察, 1兆원대 金融詐欺 68名 적발 31(木) ·憲法裁判所, '婚姻빙자 간음 刑事處罰의 合憲' 결정 ·女軍學校, 52년만에 解團式 가짐 ·이탈리아 南部, 리히터 規模 5.4 强震으로 최소 28명 사망 ·李會昌 大選候補 父親 李홍규翁 별세
	25(金)	9.20	·地方行政研修大會에서 發表評價를 하고 綜合講評을 하다. ·서울로 가는 車안에서 도시락을 먹다. ·世宗文化會館에서 개최된 第13回 孝行文化賞 施賞式에 참석하고 孝에 대한 特講을 하다. ·禹哉永 회장 및 金奎馥 국장과 乘用車 技士 및 錦山郡 研究件에 대해 협의하다. ·尹相在 회장 및 市·道 支部長들과 음주·환담하다. ·귀가하여 저녁 일찍 취침하다.	
	26(土)	9.21	·黃樹寬 교수·金室長과 濟州市에 가다. ·市民自治大學 修了式에 참석하여 祝辭를 하다. ·夫萬根 總長·副市長·副議長 등과 저녁식사를 하고 상경하다.	
	27(日)	9.22	·沐浴을 하고 記錄整理를 하다.	
	28(月)	9.23	·上溪洞 地開研에 가다. ·潘錦煥 院長 초청으로 함께 점심을 들며 옛이야기를 하다. ·錦山郡 研究件 및 月刊誌 印刷件을 만들어 인계하다. ·向志會 모임에 나가 회식하다.	
	29(火)	9.24	·學校에 가서 講義하다. ·李相周 副總理 초청으로 Viagis Center 옛 陣容들과 會食을 갖고 환담하다.	
	30(水)	9.25	·一山 韓自研에 가다. ·停年紀念 記錄集 原稿 一切를 연구원에 인계하다. ·點心대접을 하다. ·李昌洙 회원 초청으로 好凡會 모임을 갖고 환담하다.	
	31(木)	9.26	·裵秉休 社長 令息 結婚式에 가다. ·國土計劃學會에 가서 일을 처리하다. ·李景熙 장군 및 스님과 저녁을 같이하며 여러 이야기를 하다.	
11	1(金)	9.27	·金景煥 사장과 같이 環境大學院 第4期 高位課程 골프모임 '서健會'에 가서 함께 운동을 하고 환담하다.	1(金) ·서울地法, 金弘業氏에 대해 懲役 3년 6월, 罰金 5억원, 追徵金 5억 6천만원을 宣告 ·中國, 韓國産 輸入鐵鋼에 緊急輸入制限措置 확정 3(日) ·터키 總選, 이슬람系 正義發展黨(AKP) 압승 4(月) ·김정길 法務長官·이명재 檢察總長, '서울地檢 被疑者 暴行 死亡事件'의 責任을 지고 전격 辭表를 냄 ·全國 公務員勞組, 史上 첫 罷業을 함
	2(土)	9.28	·上溪洞 地開研에 가서 일을 보다. ·鄭光玉 사장이 와서 禹 會長 등과 점심을 같이하다. ·새차 技士로 宋환호씨를 면담하고 臨時採用을 결정하다. ·水落山 주위를 새차 EQUUS로 드라이브하다. ·潘錦煥 원장·金玉鉉 사장·禹 會長·金 局長·宋 技士 등과 저녁식사를 하며 환담하다. ·새車 EQUUS를 집에 갖다 주차하다.	

月	日	陰	本人 및 家族事項	社會一般事項
11	3(日)	9.29	·마당 淸掃를 하다. ·처와 같이 새車로 城南 등지를 드라이브하다. ·밖에서 식사를 하고 귀가하다.	·金融監督院, 115개 不實 信用協同組合에 대해 退出을 결정 ·'東南亞 國家聯合(ASEAN)+韓中日' 頂上會議, 캄보디아 프놈펜에서 開幕
	4(月)	9.30	·國土硏究院 및 國土都市計劃學會 共同主催의 세미나에서 司會를 보다. ·姜吉夫 前 建交部次官 및 行事代表들과 저녁식사를 하고 노래를 하다.	5(火) ·'國民統合 21', 創黨大會를 열고 黨代表 및 大選候補에 鄭夢準氏를 선출 ·美國 中間選擧 실시, 共和黨이 上·下院을 모두 장악
	5(火)	10.1	·宋技士 운전으로 새車를 타고 학교에 가다. ·李昌洙 회장과 점심을 같이 하다. ·持續可能發展委員會 會議에 참석하다. ·韓國經濟新聞社 主催 '企業하기 좋은 地域大賞' 評價委員會 會議를 주재하고 함께 저녁식사를 하다.	6(水) ·2003學年度 大學修學能力試驗 실시 ·룩셈부르크 旅客機, 到着 5분 남기고 추락하여 17名이 死亡 ·獨逸 高速旅客列車, 프랑스 낭시驛에서 火災가 발생하여 12名이 死亡함
	6(水)	10.2	·學校에 가서 入學考査 採點을 하다. ·大韓商議에서 개최된 새마을운동세미나에서 主題發表를 하다. ·高永天 監事의 초청으로 好凡會 모임을 갖고 저녁食事를 하다. ·車를 地開硏으로 보내다.	8(金) ·中國 共産黨 第16次 全國 代表大會 개막, 후진타오(胡錦濤)를 總書記로 선출함 9(土) ·第83回 全國體育大會가 濟州에서 개최됨 10(日) ·三星 라이온스, 21년만에 프로野球 韓國시리즈 優勝
	7(木)	10.3	·國家專門行政硏修院에 가서 昇進班의 特講을 하다. ·점심을 하고 院長을 만난뒤 귀가하다. ·李正典교수 초청으로 妻 및 權泰埈교수 夫婦와 朝鮮호텔에서 식사를 하며 환담하다.	11(月) ·서울地法, 金弘業氏에게 懲役 2년에 執行猶豫 3년, 追徵金 2억원 선고 ·필리핀 國內 旅客機 추락, 14名 死亡 12(火) ·이라크 議會, U.N.安保理의 對이라크 決議案에 대해 만장일치로 拒否
	8(金)	10.4	·國土硏究院 嚴기철 硏究委員등과 같이 榮州市에 가다. ·慶北知事·榮州市長·國土硏究院長 등과 오찬을 같이하고, 道議員이 된 安東師範同期 女子同窓生을 만나다. ·慶北 北部圈開發計劃 公聽會에서 司會를 보다. ·榮州 副市長 등과 저녁식사를 하고 店村으로 가서 載國 妻男宅에서 妻와 같이 투숙하다.	13(水) ·農民 6만여명, 汝矣島에서 '쌀開放反對' 大會 개최 15(金) ·'마라톤 英雄' 孫基禎옹 別世 ·盧武鉉·鄭夢準 大選候補, 候補單一化 전격 합의 ·趙重勳 韓進그룹 會長 별세 16(土) ·日帝徵用 357名의 遺骸·位牌, 太平洋戰爭犧牲者遺族會에 의해 國內로 奉還
	9(土)	10.5	·聞慶市廳에 가서 朴仁遠 市長을 만나 오랜만에 인사를 나누다. ·妻 및 妻男과 孔坪 父母墓所에 참배하고 記錄集 및 停年紀念冊子를 奉呈 매장하다. ·永順面에 가서 聘父母任 墓所에 인사를 드리다. ·金學文 市長, 金滿基 將軍, 金斗植 會長을 초청하여 저녁待接을 하고 조카 東吉이를 만나다. ·虎溪 泰鉉 생질宅에서 石出 누님 內外分 등과 환담을 하고 거기서 투숙하다. ·泰鉉 생질의 餘命이 얼마 남지 않은듯 하여 무척 마음 아팠다.	17(日) ·國立公園管理工團, 野生 반달가슴곰이 智異山에 서식하고 있음을 확인 ·줄리오 안드레오티 前 이탈리아 總理, 言論人 살인교사 협의로 懲役 24년 宣告 받음 18(月) ·U.N.武器査察團, 이라크 入國 19(火) ·中國, 共産黨 黨憲法에서 '共産黨 宣言'을 삭제 ·美國 上院, '國土安保部' 新設을 가결
	10(日)	10.6	·점니 姪女宅에 들러 새로 이사온 집을 구경하고 店村을 들러 妻 및 載民 妻男과 같이 상경하다. ·沐浴을 하고 모든 整理를 하다.	20(水) ·美8軍 軍事法院, '女中生 死亡事件'의 美軍 裝甲車 管制兵에 대해 무죄를 評決함 ·政府, '濟州 4·3事件' 犧牲者로 1,715名을 공식 결정함
	11(月)	10.7	·國家專門行政硏修院에 가서 高幹班 論文發表의 審査와 講評을 하고 午餐 후 귀가하다. ·張師玨 社長 초청으로 鄭錫東 會長과 같이 主禮件 대접을 받다.	·金泳三 前 大統領, 日本 日經新聞과의 會見에서 李會昌 候補에 대한 支持를 표명함 ·서울市, 地下鐵 9號線의 '國會 밑 地下鐵 通過'를 최종 결정함
	12(火)	10.8	·姜渭薰 社長과 같이 風水會 모임에 나가 골프를 치다. ·黃鏞周 박사로부터 生日自祝紀念膳物을 받다.	21(木) ·北大西洋 條約機構(NATO) 頂上會議, 체코 프라하에서 개막

月	日	陰	本人 及 家族事項	社會 一般 事項
11	13(水)	10.9	· 一山 韓自硏에 가서 業務處理를 하다. · 朴부원장 및 潘국장과 오찬을 같이하다. · 家族·兄弟들과 아버님 忌日 祭祀를 모시다.	22(金) · 盧武鉉·鄭夢準 大選候補, 候補單一化를 위한 TV討論을 가짐 · 政府, 不法滯留 3年 미만의 外國人 勤務者들의 强制出國을 1년간 유예키로 함
	14(木)	10.10	· 地方移讓委員會에 가서 함께 버스로 大田에 가다. · 儒城 Spapia호텔에서 개최된 地方移讓推進워크숍에서 開會人事를 하다. · 大田市 김광희 政務副市長이 초청한 晩餐會에서 人事말을 하다. · 行自部 권선택 局長 마련으로 委員 및 職員들과 술을 마시고 노래를 부르다. · Spapia호텔에 투숙하다.	23(土) · 北韓, 金剛山을 觀光特區로 지정 · 나이지리아 미스 월드 選拔大會, 700여명의 死傷者를 낸 이슬람敎徒와 基督敎徒間의 流血衝突로 전격 취소됨 24(日) · 오스트리아 總選, 中道右派 압승 25(月) · 民主黨 盧武鉉 大統領 候補, 單一候補로 확정
	15(金)	10.11	· 워크숍을 주재하고 綜合講評을 하다. · 沈大平 忠南道知事 초청 午餐會에서 人事말을 하다. · 解散한 뒤 大田所在 長女 아파트에 가다. · 長女家族 전부와 상경하여 늦게 귀가하다.	· 教育人的資源部, '英才教育振興綜合計劃' 발표 · 山嶽人 박영석氏, 南極大陸 最高峰 빈슨매시프(海拔 4,897m)정복 · 美國, 國土安全保障部를 출범하고 初代長官에 톰 리지를 임명함
	16(土)	10.12	· 妻 및 長女家族과 입주할 長女 아파트를 구경하고 같이 점심을 하다. · 百貨店에 가서 外孫子女의 신발과 옷을 사주다.	26(火) · 서울地法, '職場 性戱弄 會社도 責任'있다며 롯데호텔 女職員 19名에게 一部勝訴 判決 내림
	17(日)	10.13	· 첫눈이 내려 氣分이 좋았다. · 李漢善 蘆原區 議員의 따님 結婚式에 가서 主禮를 보고 向志會 會員들과 따로 점심을 하다. · 長女家族, 大田으로 귀가하다. · 外孫子女가 눈에 선하다.	· 서울市 都市開發公社, 뉴타운 2곳 住宅供給計劃 발표 27(水) · 第16代 大統領 選擧 候補登錄 실시 · 京畿 安城에서 70代 一家族 3名, 鈍器에 의한 被殺事件 발생
	18(月)	10.14	· 國土·都市計劃學會에 가서 書評原稿를 전달하다. · 沐浴을 하고 집에서 整理를 하다.	· 조지 W.부시 美國大統領, '女中生 死亡事件'과 관련하여 토머스 허버드 駐韓美國大使를 통해 謝過함
	19(火)	10.15	· 乘用車로 學校에 가서 講義를 하다. · 金炯國 教授로부터 學校 教授公採의 亂脈相을 이야기 듣다. · 朴길성 社長이 내방하여 '地硏會'件과 記錄集 發刊에 대해 논의하다. · 朴在潤 釜山大 總長 초청으로 저녁을 하며 釜山大學 移轉에 대해 협의하다.	· 大韓醫學會, '臨終患者 延命治療中斷에 대한 醫療指針書' 공개 · 서울市, 蠶室 1萬 3,700家口의 再建築을 승인 · U.N.武器査察團, 이라크 軍需工場 2곳을 첫 조사실시
	20(水)	10.16	· 上溪洞 硏究院에 가서 일을 보다. · 손님 多數와 점심을 같이하다. · 韓國地方行政硏究院에 가서 '地硏會' 任員會議를 주재하고 같이 저녁 會食·遊興을 갖다.	28(木) · 한나라黨, 國家情報院의 政治人·言論社 幹部記者들 通話文件에 대한 盜聽資料를 폭로
	21(木)	10.17	· 世宗文化會館에서 개최된 尹相在 會長 古稀宴에 참석하여 祝辭를 하다. · 禹哉永 會長 초청으로 尹 會長, 朴權欽 會長, 金相祚 前知事 등과 餘興時間을 갖다.	· 國産 '液体推進科學로켓(KRSⅢ)' 發射 첫 成功 · 國防部 特別調査團, '허원근 一兵 死亡事件'에 대해 自殺로 最終 調査結果를 발표하여 疑問死委員會 調査와 正反對되는 논란이 일어남
	22(金)	10.18	· 地域開發硏究院을 韓國地域發展硏究院으로 개칭하고 (11月 11日字 建交部長官 承認) 法院에 등록하다. · 一山 韓自硏에 가서 일을 보다. · 朴昇治 부원장이 몸이 성치 않아 걱정이 되다. · 記錄集 印刷件을 정리하다.	· 케냐에서 이스라엘 旅客機와 호텔에 同時 테러가 일어나 90여명의 死傷者가 발생함 29(金) · 江原 高城에서 休暇兵을 태운 軍用트럭이 전복하여 17名의 死傷者를 냄
	23(土)	10.19	· 妻, 집의 겨울김치를 담그다. · 大田에서 사위가 상경하여 집에 와 묵다.	30(土) · 베네수엘라 首都 카라카스의 호텔 나이트 클럽에서 火災가 발생하여 最少 47名이 사망하고 10餘名이 부상함
	24(日)	10.20	· 妻, 親知들과 김치를 담다. · 사위 文書房, 서울 自宅에서 教授應募書類를 작성하다. · 長男이 선물한 自轉車를 타고 뒷길을 한바퀴 돌다. · 沐浴을 하고 낮잠을 자다.	· 日本-싱가포르 自由貿易協定(FTA)이 발효됨

月	日	陰	本人 및 家族事項	社會一般事項
11	25(月)	10.21	·팔레스 호텔에서 禹哉永·許統·鄭光玉 사장과 오찬을 하며 鄭社長件을 협의하다. ·聞中 後輩인 朴鶴睦 現代常務를 만나 人事請託을 받다.	
	26(火)	10.22	·메리오트 호텔 中國食堂 '萬豪'에서 國土研究院 21世紀 國土포럼 共同代表會議를 주재하다. ·눈과 비가 내리다.	
	27(水)	10.23	·上溪洞 地發研에 나가다. ·李漢善 議員 초청으로 向志會員 오찬 모임을 갖다. ·好凡會 모임에 참석하다.	
	28(木)	10.24	·金洙根 부사장과 Pine Creek에 가서 골프치다. ·風水會 送年會를 골프場 클럽하우스에서 갖다. ·風水會 朴炳柱 會長과 金洙根 總務의 留任을 결의하다.	
	29(金)	10.25	·一山 韓自研에 가서 일을 보다. ·全職員에게 점심을 대접하다. ·持續可能發展委員會 워크숍에 참석하여 意見을 개진하다. ·妻, 妻男들과 結婚式에 參席次 聞慶에 가다.	
	30(土)	10.26	·黃鏞周 博士와 牙山 道高에 가다. ·金壽鎭 前 忠南副知事 및 韓相龍 第一銀行 本部長과 골프를 치다. ·姜熙福 牙山市長 및 崔敏鎬 忠南道 室長 등과 저녁식사를 하며 환담하다. ·溫陽 그랜드 호텔에 투숙하다.	
12	1(日)	10.27	·李明洙 副知事와 조찬을 같이 하다. ·黃鏞周 박사와 같이 상경하다. ·妻, 상경·귀가하다.	1(日) ·李仁濟 議員, 民主黨을 탈당하여 3日에 自民聯 入黨 ·블라디미르 푸틴 러시아 大統領, 印度와 中國을 순방함 ·아르헨티나 造船所에서 화재가 발생하여 한국인 등 9명이 사망
	2(月)	10.28	·승용차로 淸州에 있는 忠北大學에 가다. ·'地方自治와 忠北發展'에 대해 特講을 하다. ·地域代表 및 敎授들과 만찬을 같이하며 환담하다. ·밤늦게 상경하다.	2(月) ·2003學年度 大學修能成績 結果 발표, 平均 3.2點 下落 ·베네수엘라 勤勞者들, 차베스 大統領의 退陣을 요구하며 總罷業에 들어감
	3(火)	10.29	·學校에 가서 2學期 終講을 하다. ·金丁勛 院長과 敎授採用의 難脈相에 대해 논의하다. ·林相夏 社長이 서거하여 問喪을 하고 슬픈 느낌을 갖다. ·一金會 送年모임에 나가다.	3(火) ·第16代 大統領 候補 첫 TV合同討論會 개최 ·麗水市, '2010年 世界海洋博覽會' 誘致에 실패함
	4(水)	11.1	·地發研에 나가 일을 처리하다. ·現代 Ad Com 印刷所에 가서 記錄集에 대해 付託을 하고 全職員에게 대접을 하다.	
	5(木)	11.2	·金源 敎授와 같이 釜山에 가다. ·釜山大學校 都市工學科 敎授採用審査 및 面接을 하다. ·釜山發展研究院에 가서 金學魯 院長을 만나 환담하다. ·徐義澤 總長 등과 市廳에 가서 安相英 市長을 만나다. ·함께 저녁食事를 하고 상경하다.	5(木) ·第34次 韓·美 年例安保協議會(SCM), 워싱턴에서 개최되어 韓·美 駐屯軍地位協定(SOFA) 改善의 合意에 이름 ·네윈 미얀마 前 軍事獨裁者 死亡 6(金) ·美國의 폴 오닐 財務長官과 로런스 린지 白堊館 經濟補佐官, 전격 사임함 ·윌리엄 글라이스틴 前 駐韓 美國大使 死亡 7(土) ·이라크, '大量殺傷武器(WMD) 保有實態報告書'를 U.N.,에 제출
	6(金)	11.3	·中央都市計劃委員會에 참석하다. ·禹哉永 姜渭薰·金奎馥씨와 저녁을 하며 研究課題에 대해 협의하다.	8(日) ·仁川 京鄕旅人宿에서 漏電으로 火災가 발생하여 12名의 死傷者가 생김 9(月) ·멕시코, 密輸 혐의로 韓國僑民 33名을 구속

月	日	陰	本人 및 家族事項	社會一般事項
12	7(土)	11.4	·長女와 外孫女가 大田에서 오다. ·妻·長女와 百貨店을 들러 食事를 하고 오다.	·美國, 예멘 近海서 미사일 船積한 北韓 貨物船을 나포함
	8(日)	11.5	·妻 및 外孫女와 地下鐵을 타고 百貨店을 둘러보다. ·밤에 눈이 많이 내리다.	10(火) ·2003學年度 大入定時募集 願書接受 시작
	9(月)	11.6	·長女·外孫女, 大田으로 떠나다. ·理髮·沐浴을 하다. ·金惠源 校長 초청으로 金玉鉉 친구와 같이 저녁 食事를 하다.	12(木) ·北韓의 '核開發 全面 再稼動' 宣言으로 파문이 일어남 ·第16代 大統領 選擧의 不在者投票 실시 ·유럽聯合(EU), 덴마크 코펜하겐에서 頂上會談을 가짐
	10(火)	11.7	·朴永根·金진수氏와 만나 顧問件을 의논하다. ·水原에서 韓國地域經濟學會가 개최한 세미나에서 基調演說을 하다. ·妻와 같이 鳥嶺會 送年모임에 참석하다.	13(金) ·北韓, 國際原子力機構(IAEA)에 寧邊등의 核施設 封印·카메라를 제거하라고 要求 ·盧武鉉 候補와 鄭夢準 代表, 共同政府運營에 합의하고 公同演說을 시작함
	11(水)	11.8	·地方移讓委員會 代表들과 점심을 하며 運營改善案에 대해 협의하다. ·本會議를 主宰하고 잠시 金碩洙 國務總理를 만나다. ·委員 및 職員들에게 勳褒賞狀을 수여하다. ·總理公館에서 送年會를 갖다. ·金在喆 院長·김필식 위원·吳在一 교수와 별도로 만나 환담하다.	·부시 美國 大統領, 金大中 大統領과의 電話에서 '女中生 死亡事件'에 대해 사과함 ·仁川地法, 트렌스젠더 演藝人 하리수氏의 性別 '女子'로의 戶籍訂正許可'를 결정함 14(土) ·全國 60여곳에서 '女中生 死亡' 追慕集會가 열림
	12(木)	11.9	·一山 韓自研에 가서 일을 보고 함께 점심을 하다. ·地方行政研究院에서 개최된 地研會 總會에서 人事말을 하고 함께 만찬을 들다.	15(日) ·南北 赤十字 實務接觸이 金剛山에서 이루어짐 16(月) ·日本 이지스艦 '기리시마'號, 印度洋으로 出航
	13(金)	11.10	·水原 研修院에 가서 高幹班 修了式에 참석하다. ·李根植 長官 등과 점심을 들며 乾杯를 하다. ·忠南道廳 關係官과 만나 워크숍에 대해 협의하다.	·美國, 9·11테러 特別調査委員會 委員長에 토머스 킨을 任命
	14(土)	11.11	·地發研에 가서 일을 보고 李昌洙 會長 등과 점심을 같이하다. ·金興來 院長이 喪配를 하여 問喪을 가다. ·김만기 西大門 副區廳長·禹哉永 會長 등과 저녁을 들며 환담하다.	17(火) ·美國 國防部, 2004年 미사일防禦(MD)體制 稼動을 발표 18(水) ·國民統合 21의 鄭夢準 代表, 盧武鉉 候補 支持를 철회하는 電擊宣言을 발표 ·無所屬 張世東氏, 大統領 候補職을 사퇴
	15(日)	11.12	·寫眞館에 들리고 沐浴을 하다. ·自宅에서 校正을 보다.	·서울地法 抗訴審, 遠征賭博 혐의의 張在國 前 韓國日報 會長에 대해 懲役 2年에 執行猶豫 3年을 宣告
	16(月)	11.13	·學校에 가서 整理를 하다. ·李昌洙 會長과 盆唐에 있는 安東大學校 同窓會 事務室에 가서 寫眞을 전하다. ·張元碩 會長·金庚煥 副會長과 저녁식사를 하며 환담하다.	19(木) ·第16代 大統領 選擧 실시, 70.8%의 投票率 보임 ·盧武鉉 候補, 第16代 大統領에 당선됨 ·베를린 州立圖書館 소장 베토벤 9番 交響曲, 世界遺産으로 공식 指定됨
	17(火)	11.14	·學校에 가서 整理를 하고 電話를 받아 처리하다. ·建交部次官 초청으로 中央都市計劃委員會 送年午餐을 같이하다. ·中央都市計劃委員會의 任期 마지막 會議를 개최하다.	20(金) ·李會昌 大選候補, 政界隱退를 선언함 22(日) ·民主黨 改革性向 議員 23名, 黨의 發展的 解體를 요구 23(月) ·金大中 大統領과 盧武鉉 당선자, 大選 以後 첫 會同을 가짐
	18(水)	11.15	·一山 韓自研에 가서 일을 처리하고 김만기 西大門 부구청장이 내방하여 같이 점심을 하다. ·國土計劃學會에 가서 弦汀賞 委員會를 개최하고 基金과 관련하여 告訴를 결정하다. ·國土計劃學會 顧問團 送年모임에 참석하여 환담하다.	·韓·美, SOFA合同 共調法案에 합의함 ·高校 3學年 受驗生 6名, 修能席次를 공개하라는 行政訴訟을 냄 24(火) ·한나라黨, 開票造作疑惑관련 當選無效訴訟을 제기함
	19(木)	11.16	·妻와 같이 第16代 大統領 選擧의 投票를 하다. ·自宅에서 兄弟들과 母親祭祀를 지내다. ·盧武鉉 候補의 當選이 확정됨을 보고 늦게 취침하다.	·沈哲浩 코미디언 出身 '사랑의 電話 福祉財團'會長이 별세함 ·海公 申翼熙先生 生家에 火災가 발생 ·필리핀 南部 다투피앙市에 爆彈테러가 발생하여 13名이 사망함

月	日	陰	本人 및 家族事項	社會一般事項
12	20(金)	11.17	·上溪洞 地發硏에 가서 일을 보다. ·鄭광옥사장이 와서 모두 같이 La Fonte에 가서 점심을 들고 趙洪來 사장을 만나다. ·向志會 송년모임을 주재하다. ·사위 文서방이 늦게 와서 함께 투숙하다.	25(水) ·大統領 引受委員長에 林埰正 民主黨政策委 議長을 선임 ·警察-駐韓美軍, 駐屯地域 9곳에 핫라인 첫 開設 ·中國 反體制人士 쉬원리(徐文立), 美國으로 亡命함
	21(土)	11.18	·집에서 原稿를 집필하다.	
	22(日)	11.19	·鄭龍鎬 사장 초청으로 金玉鉉 친구와 같이 점심을 하며 환담하다. ·沐浴을 하고 手帖을 정리하다. ·冬至를 맞아 집에서 만든 팥죽을 먹다.	26(木) ·大統領 引受委員會, 7個分科 幹事의 人選을 함 ·美國 宗敎團體인 클로네이드社, 첫 複製아기 誕生발표
	23(月)	11.20	·學校에 가서 成績整理를 하여 제출하다. ·銀行에 가서 殘高處理를 하다. ·韓國人物硏究院의 朴淳龍 편집장과 人物編輯件에 대해 논의하다. ·嶺南日報 宋국건 政治部長과 新年對談을 하다. ·비가 내리고 車가 밀려서 學校에서 自宅까지 自動車로 1시간 40분이 소요된 紀錄을 세우다. ·妻, 高永天감사 夫婦 초대로 오찬을 같이 하고 오다.	27(金) ·建交部, 10년만에 韓國-臺灣間 航空 週3回 運航 再開를 발표 ·케냐, 24년만에 大統領 選擧 실시 29(日) ·北韓, 核擴散禁止條約(NPT) 再脫退 시사 30(月) ·大統領職 引受委員會, 公式 출범함 ·中國, 無人宇宙船 '神舟 4號' 發射 성공 31(火) ·北韓, IAEA北核査察團을 추방함 ·멕시코 베라크루스市, 瀑竹販賣臺에서 火災가 일어나 78名의 死傷者가 생김
	24(火)	11.21	·一山 韓自硏에 가서 일을 보고 모두 함께 점심을 들다.	
	25(水)	11.22	·聖誕節을 맞이하여 집에서 記錄集 原稿의 校正을 보다. ·눈이 조금 내리다.	
	26(木)	11.23	·韓自硏의 金室長과 같이 蔚山市 南區에 가다. ·한마음大學에서 特講을 하고, 이어 개최된 修了式에서 祝辭를 하다. ·李埰益 廳長 등과 저녁식사를 하고 空路 상경하다.	
	27(金)	11.24	·蘇鎭光 교수가 인사차 방문하다. ·地發硏에 가서 일을 보다. ·金玉鉉 사장 초청으로 硏究院 任員 및 鄭龍鎬 사장 등과 오찬을 같이 하다.	
	28(土)	11.25	·好凡會 송년모임에 나가 환담하다. ·韓國日報社 禮式場에 가서 鄭慶鎬 친구의 아들 結婚式에서 主禮를 보고 친구들과 점심을 같이하다. ·長女와 外孫女가 大田서 상경하다.	
	29(日)	11.26	·밤에 잠이 오지않아 고생을 하다. ·外孫女와 놀이터에 가서 놀다. ·長女, 大田으로 내려가다.	
	30(月)	11.27	·書室을 정리하고 沐浴을 하다. ·一山 韓自硏에 가서 일을 보다. ·職員들에게 점심을 대접하다. ·朴昇治 부원장이 手術을 잘 마치고 中國에서 귀국했다는 소식을 듣고 안심하다.	
	31(火)	11.28	·韓自硏 全職員과 送年모임을 갖다. ·學校에서 整理를 하다. ·林勝一박사 아들의 變故死에 문상하다. ·金壽鶴·禹哉永 會長 등과 저녁을 같이하다. ·敎授停年해의 除夜를 보내다.	

第68歲 : 2003(4336) 癸未年 / 名譽敎授

月	日	陰	本人 및 家族事項	社會一般事項
1	1(水)	11.29	·癸未年 새해를 맞이하다. ·동생 및 子女들과 새해 祭祀를 모시고 歲拜를 받다. ·禹哉永 회장·金奎馥 국장과 같이 盧隆熙 교수 및 金壽鶴 회장에게 歲拜를 하고 오다. ·藝術의 殿堂에 가서 朝鮮王朝御筆展示會를 관람하다.	2(木) ·金大中 大統領, 東橋洞系 解體 지시 3(金) ·印度 팔리 地域에서 列車衝突로 14名 사망 5(日) ·이스라엘 텔아비브에서 自爆테러로 23名 사망, 100餘名 부상 6(月) ·韓國女性 1,200名, 美國 聯邦法院에 다우코닝社 상대로 낸 '실리콘 乳房擴大手術' 損害賠償 請求訴訟에서 300억원 賠償確定判決 받음 ·國際原子力機構(IAEA) 特別理事會, '北韓의 核監視裝置 卽刻復舊決議案'을 35個 理事國의 만장일치로 채택
	2(木)	11.30	·環境大學院 新年交禮會에 참석하여 새해 人事 및 乾杯 제의를 하다. ·敎授들과 점심을 들며 환담하다. ·移讓委員會에 가서 業務協議를 하다. ·靑瓦臺에 가서 金大中 大統領 內外分께 新年人事를 드리고 아는 분들과 인사하다.	
	3(金)	12.1	·上溪洞 地發硏에 가서 일을 처리하다. ·눈이 많이 내리고 추워지기 시작하다. ·向志會 臨時 모임을 갖고 新年會食을 같이하다.	7(火) ·촛불示威 첫 提案者 주장이 오마이뉴스 記者의 '自作劇'이라 하여 論難이 일어남 ·서울高法, 朴志晩氏에 대해 執行猶豫 3년 保護監察을 선고
	4(土)	12.2	·집에서 記錄集 校正을 보다. ·長女家族이 大田에서 올라오다. ·外孫女와 같이 놀아주다. ·外孫女가 밤에 먹은 것을 토하여 한참 놀라다.	8(水) ·次期 大統領秘書室長에 文喜相 民主黨 議員을 내정 ·美國 通勤飛行機, 離陸直後 格納庫에 추락하여 21명 사망
	5(日)	12.3	·長女家族, 一山에 가서 父母任을 뵙고 오다. ·김만기 부구청장을 잠시 만나고 목욕을 다녀오다. ·長女家族, 外孫女는 집에 두고 次女 貞娥를 데리고 大田으로 귀가하다. ·外孫女와 같이 놀고 밤에 잠을 재우느라 힘이 들다.	·터키 旅客機, 着陸中 추락하여 75名 사망 10(金) ·鄭夢準 議員, 廣告弘報代行社로부터 大選관련 30억원 被訴 ·北韓, 核擴散禁止條約(NPT) 脫退 선언
	6(月)	12.4	·長女家族 및 次女, 雪嶽山으로 스키旅行을 떠나다. ·韓國西部發電株式會社의 任職員들에게 特講을 하고, 姜東錫 韓電社長을 예방한 뒤 귀가하다. ·妻 및 外孫女와 COEX 恐龍展示場에 가서 놀다 오다.	11(土) ·李형택, 韓國 男子테니스史上 첫 世界男子프로테니스(APT) 투어 大會에서 優勝차지 12(日) ·서울行政法院, '修能 半올림不合格 效力停止' 결정
	7(火)	12.5	·午前에 집에서 外孫女와 놀다. ·午後 學校에 가서 建交部 中都委 委員 委囑件 書類를 준비하여 송부하다. ·張東熙 교수가 와서 論文揭載件을 협의하다. ·環心會 신년모임에 참석하다.	13(月) ·金大業氏, 潛跡 109日만에 서울地檢에 자진출두 14(火) ·小泉 純一郎 日本總理, 總理 資格으로는 첫 神社참배 ·모리스 스트롱 U.N.總長, 北韓에 特使 파견
	8(水)	12.6	·妻와 外孫女를 데리고 恐龍展示場에 가서 구경하다.	16(木) ·인터넷에 民主黨議員들의 大選運動 參與行步를 바탕으로 한 殺生簿 유포 ·第21回 冬季유니버시아드, 이탈리에서 開幕, 韓國 5位 차지함
	9(木)	12.7	·一山 韓自硏에 가서 일을 보다. ·長男과 같이 車로 귀가하다. ·長女家族과 次女, 雪嶽山 스키旅行을 하고 大田으로 귀가하다.	17(金) ·金泳三 전大統領, 社會 元老들과 北核時局宣言을 함 ·駐韓美國大使館, 기름流出事件과 관련하여 責任을 인정함
	10(金)	12.8	·妻와 外孫女를 데리고 長女家族이 입주할 大林아파트를 들러보다. ·次女, 大田에서 상경·귀가하다. ·長女家族, 집에 와서 같이 묵다.	18(土) ·盧武鉉 大統領當選者, 당선후 첫 TV討論會 가짐
	11(土)	12.9	·長女家族, 서울로 이사하여 淸潭洞 大林아파트에 입주하다. ·外孫女가 가게 되어 무척 서운하다. ·結婚 37周年 紀念 및 長女家族 서울 移住 祝賀 모임을 全家族과 함께 갖다.	20(月) ·金동규 國稅廳職員, '全體위해 간다'는 遺書 남기고 國稅廳 빌딩 屋上에서 투신자살 ·南北赤十字會談 第3次 實務接觸會議가 金剛山에서 개최
	12(日)	12.10	·마당 정리를 하고 목욕을 하다. ·外孫子女들을 보고 싶어 長女宅에 가고자 했으나 妻를 위시한 모두가 싫어하는 듯 하여 포기하다.	21(火) ·第9次 南北長官級會談이 서울에서 개최됨 ·地域農協 現金카드 秘密番號 流出로 1,000萬장 顧客카드 전면 交替 소동
	13(月)	12.11	·上溪洞 地發硏에 가서 일을 하다. ·李祺載 蘆原區廳長 등과 새해 모임을 갖고 환담을 나누다.	·檢察, 陰城 꽃동네 吳雄鎭 神父를 後援金 橫領혐의로 수사

月	日	陰	本人 및 家族事項	社會一般事項
1	14(火)	12.12	·一山 韓自硏에 가서 일을 하다. ·地方自治學會 理事會에 참석하여 李圭煥 敎授를 다음 會長으로 추천키로 결의하고 모두 식사모임을 갖다.	22(水) ·盧武鉉 大統領 당선자, 高建氏를 國務總理 候補로 지명 ·延世大 敎授 50여명, 64년建立 '延神園' 철거 反對농성
	15(水)	12.13	·地發硏 승용차로 大田에 가다. ·沈大平 忠南知事 초청 午餐에 참석하다. ·地域均衡發展세미나에 참석하여 基調演說을 하다. ·李明洙부지사 초청으로 參席者들과 會食을 한 후 상경·귀가하다.	·大田 都心에서 現金輸送車가 4억 7천만원을 도난당함 23(木) ·金宇中氏, '金大中大統領의 勸誘로 出國'했다고 주장 ·大統領 民情首席秘書官에 文在仁氏 내정
	16(木)	12.14	·地方移讓委員會 팀과 같이 釜山에 가다. ·安相英 市長을 예방, 환담하다. ·釜山·蔚山·慶南地域의 移讓業務懇談會를 주재하다. ·市長·副市長·徐義澤 총장·金學魯 원장·移讓委 팀과 저녁식사를 하고 늘봄 觀光호텔에 투숙하다.	·第33次 世界經濟포럼 年例會議가 스위스 다보스에서 개최 ·鄭夢憲 現代峨山理事會 會長, 現代商船 4,000억원 貸出疑惑으로 出國禁止措置 당함
	17(金)	12.15	·車便으로 大邱에 와서 曺海寧 시장 등과 오찬을 같이 하다. ·大邱·慶北·江原地域의 移讓業務懇談會를 주재하다. ·李賢姬 이사장 초청 만찬에 참석하고 航空便으로 상경하다.	24(金) ·大法院, 漫畵 '天國의 神話'로 未成年者保護法 위반으로 略式起訴된 李현세氏에게 無罪確定을 내림 25(土) ·新種 웜 바이러스 침투로 全國 有·無線 인터넷 마비로 史上 첫 '인터넷大亂' 발생 ·大統領職引受委員會, 京仁運河 白紙化 발표 하루만에 철회
	18(土)	12.16	·禹哉永 회장 등과 忠南 錦山郡에 가다. ·硏究課題의 中間報告會를 주재하다. ·錦山 郡守 등과 점심을 하고 상경하다. ·地發硏 팀과 저녁식사를 하며 꾸지람을 하다.	26(日) ·美軍 U2偵察機, 京畿 華城에서 추락하여 폭발 ·臺灣 民航機, 臺北-上海 첫 運航 개시
	19(日)	12.17	·이사온 長女 아파트를 방문하고 같이 점심을 하다. ·妻 및 長女家族과 COEX에 가서 映畵를 보고 저녁식사를 한 뒤 귀가하다.	27(月) ·林東源 大統領 特使, 北韓 방문 ·大選 當選無效訴訟 관련 全國 80個 開票區에서 投票用紙 再檢票 실시, 李會昌 후보 135票 증가, 盧武鉉 후보 785票 감소
	20(月)	12.18	·學校를 거쳐 移讓委員會에 가서 함께 오찬을 하다. ·引受委員會에 보고할 事案에 대한 會議를 주재하다.	·南北 軍事實務會議 개최 ·情報通信部, 移動電話 新規加入者에게 共同識別番號 '010' 使用을 허가
	21(火)	12,19	·一山 韓自硏에 가서 일을 보다. ·行硏會 모임에 참석하여 저녁食事代를 부담하다.	·大統領秘書室 國民參與首席秘書官에 朴주현 辯護士를 내정함
	22(水)	12.20	·學校에 가서 정리하다. ·韓國經濟新聞社에 가서 '企業하기 좋은 地域大賞' 심사를 주재하다. ·함께 저녁食事를 하고 許在完 敎授를 自宅까지 데려다주고 귀가하다.	·朴泰俊氏, 國務院 직속 發展硏究센터 顧問에 위촉됨 ·아프칸 派兵 陸軍少領, '불손하다'며 部下 사살
	23(木)	12.21	·上溪洞 地發硏에 출근하다. ·禹會長·金局長·李永哲 會長 등과 저녁을 들며 환담하다.	·U.N.이라크 武器査察團, U.N.安全保障理事會에 武器査察 結果보고 28(火) ·李鍾旭氏, 世界保健機構(WHO) 事務總長에 당선됨
	24(金)	12.22	·長女宅에 가서 점심을 같이 하다. ·長女 및 外孫子女들과 COEX에 가서 恐龍展示物을 다시 보여주고 저녁식사를 하다. ·外孫女를 데리고 와서 같이 자다.	·조지 부시 美國大統領, 年頭敎書에서 '北韓·이라크는 無法政權(outlaw regime)'이라고 지정함
	25(土)	12.23	·새政府 引受委員會에 보고할 移讓委員會案을 작성하다. ·外孫子女와 같이 놀다.	·이스라엘 總選 실시, 리쿠르드黨 압승 30(木) ·檢察, 兵風疑惑 捜査結果 '根據 없다'는 最終結論을 발표
	26(日)	12.24	·며느리가 와서 淸掃를 해주고 가다. ·이발·목욕을 하고 校正을 보다. ·KBS TV 드라마 '帝國의 아침'의 最終回를 관람하다.	·金大中大統領, 現代商船資金의 北韓支援을 사실상 인정함 ·한나라黨 代表代行에 朴희태 最高委員이 지명됨

月	日	陰	本人 및 家族事項	社會一般事項
1	27(月)	12.25	·一山 韓自硏에 가서 朴昇治부원장들과 會議를 하다. ·全職員들에게 오찬을 접대하다. ·李圭憲 원장 夫婦와 오랜만에 만나 저녁식사를 하며 消息을 나누다.	
	28(火)	12.26	·車로 淸州에 가다. ·韓國都市行政學會 세미나에서 基調演說을 하고 많은 人士를 만나다. ·大田으로 가서 忠南道廳에 가다. ·政策討論會에서 司會를 보다. ·參席者代表들과 저녁식사를 같이 하다. ·눈이 많이 내리고 있어 밤늦게 상경하다.	
	29(水)	12.27	·上溪洞 地發硏에 가서 일을 보다. ·鄭社長 초청으로 함께 점심을 들며 환담하다. ·任員 및 技士에게 새해 선물을 주다. ·好凡會 모임에 참석하다. ·禹哉永 會長을 연임시키다.	
	30(木)	12.28	·學校에 가서 原稿를 작성하다. ·長女, 아이들을 데리고 大田 男便의 오피스텔로 가다. ·長男을 불러 여러 가지 꾸중을 하고 주의를 주다.	
	31(金)	12.29	·自宅에서 校正을 보다.	
2	1(土)	1.1	·두 査頓에게 전화하여 新年人事를 하다. ·妻와 같이 누님宅에 가서 세배 드리다. ·中國 長春의 車哲九 博士로부터 신년인사 電話를 받다.	1(土) ·第5回 아오모리 冬季아시안게임 開幕, 韓國 2位 획득 ·美國 宇宙往復船 컬럼비아號, 귀환중 텍사스 上空에서 폭발하여 乘務員 7名 전원 사망
	2(日)	1.2	·妻와 같이 걸어서 奉恩寺에 가서 예불을 드리고 長女宅을 둘러보고 총 8km를 걸어 집에 오다. ·長女 및 外孫子女, 舊正 지내고 大邸에서 상경하여 집에와 같이 식사하다.	2(日) ·베네수엘라 野圈, 總罷業 중단 선언 4(火) ·政府, 核廢棄物處理施設 候補地를 선정발표 ·政府, 秋穀收買價를 史上 첫 2% 인하 ·國稅廳, 地方言論社에 대한 稅務調査 실시 ·유고슬라비아 聯邦 上·下院, 세르비아와 몬테네그로로 구성된 聯邦解體憲法案을 통과시킴으로써 유고 聯邦이 86년 만에 歷史 속으로 사라짐
	3(月)	1.3	·學校에 가서 정리를 하고 沐浴 후 귀가하다.	
	4(火)	1.4	·一山 韓自硏에 가서 朴昇治 부원장과 業務協議를 하다. ·家族 모두 三井호텔에 모여 妻 生日宴을 갖다.	
	5(水)	1.5	·自宅에서 校正을 보다. ·上溪洞 地發硏팀과 錦山郡守를 만나 저녁식사를 하며 意見交換을 하다.	5(水) ·金大中大統領, 對北送金 解明을 거부 ·大法院, 高位法官 48名 人事 단행 ·大統領職 引受委, 忠淸圈 新行政首都 豫定地를 2004년 5,6월경에 결정한다고 발표
	6(木)	1.6	·地方移讓委員會와 光州에 가다. ·湖南·濟州圈 懇談會를 주재하다. ·朴光泰 光州市長 초청만찬에 참석하여 환담을 나누다. ·光州 송선호텔에 투숙하다.	6(木) ·大統領 人事輔佐官에 鄭燦容氏가 내정됨
	7(金)	1.7	·광주에서 市버스로 大田에 가서 忠南知事 등과 오찬을 같이하다. ·忠淸圈 懇談會를 주재하다. ·副知事 등과 저녁을 같이하고 汽車로 상경·귀가하다.	7(金) ·孫吉昇 SK會長, 第28代 全經聯會長 취임. ·서울高法, 金弘業氏 抗訴審에서 懲役 2년 및 罰金 4억원·追徵金 2억 6천만원 宣告 ·建交部, 忠淸新行政首都候補地 11곳을 土地去來許可地域으로 지정 ·李會昌氏, 美國으로 出國함
	8(土)	1.8	·政府引受委員會의 金秉準 幹事등과 午餐을 하며 地方移讓委員會 業務에 대해 보고하다. ·全錫洪 先生 子女 結婚式에 참석하고 귀가하다.	8(土) ·유럽安保會議, 獨逸 뮌헨에서 개막

月	日	陰	本人 및 家族事項	社會一般事項
2	9(日)	1.9	·長女 아파트에 가서 外孫子女 둘을 데리고 奉恩寺에 들러 구경을 시키고 COEX에서 점심을 같이하다. ·집에 같이 와서 저녁食事를 함께 하고 보내다. ·妻가 아이들을 데리고 오는 것을 몹시 싫어하여 一喝을 하다.	9(日) ·青瓦臺 2室長 6補佐官 5首席體制 확정. ·中部高速道路 下行線에서 안개로 車輛 48대의 追突事故가 생김 10(月) ·大統領職引受委, 새 政府 名稱을 '參與政府'로 확정 ·프랑스·獨逸·러시아, '이라크戰 反對' 共同聲明 발표
	10(月)	1.10	·一山 韓自硏에 가서 일을 보고 朴昇治부원장과 점심을 하다. ·吳永學 一山區廳長 등과 저녁을 하며 환담하다. ·비가 조금씩 내리다.	11(火) ·美國 무디스社, 韓國國家信用等級을 '肯定的'에서 '否定的'으로 2段階 下向調整함 ·서울市, 清溪川復元 基本計劃 확정
	11(火)	1.11	·上溪洞 地發硏에 가서 일을 보다. ·李昌洙 會長 초청으로 함께 오찬을 하다. ·向志會 모임을 주재하다.	·카타르 알 자지라 放送, 오사마 빈 라덴의 肉聲 테이프를 공개함 12(水) ·國際原子力機構(IAEA) 理事會, 北核問題를 安保理에 공식 回附키로 결의
	12(水)	1.12	·學校에 가서 일을 처리하다. ·張翰相君 家族으로부터 氣分 나쁜 電話를 받아 화를 내고 극히 불쾌한 感情을 갖게 되다. ·귀가길에 목욕을 하다.	13(木) ·國稅廳, 忠淸圈 投機嫌疑者 27,095名에 대해 稅務調査 실시 ·駐韓 美2師團 軍事法院, 카투사 性暴行 美軍에 대해 30年 實刑 선고
	13(木)	1.13	·柳穆基·金玉鉉氏와 점심을 들며 환담하다. ·서울大 齒科病院에 가서 診察을 받다. ·임창현 전 서울大 學長 및 田鍾雨 社長과 저녁식사를 하며 付託을 받다.	14(金) ·金大中大統領, 對北送金 파문관련 對國民聲明 발표 ·金剛山 陸路觀光이 시작됨 ·最初 復製羊 돌리, 肺疾患으로 安樂死됨
	14(金)	1.14	·京畿道廳에서 개최된 地方移讓委員會 首都圈 懇談會를 주재하다. ·副知事 초청 저녁식사에 참석하고 오랜 時間이 걸려 귀가하다.	15(土) ·韓國·칠레 自由貿易協定(FTA)공식 署名 ·世界 수십個國의 1千餘萬名, '이라크戰爭 反對'시위 거행
	15(土)	1.15	·現代建設의 金東煥 部長과 만나 都市計劃件을 부탁받다. ·崔秉瑄 院長 및 李진수 社長의 子女 結婚式에 참석하다.	16(日) ·鄭夢憲 現代峨山 會長, 大北秘密送金을 시인하는 記者會見 가짐 17(月) ·檢察, SK그룹 및 系列 3社에 대해 電擊 押收搜索 실시
	16(日)	1.16	·妻와 같이 印刷所에 가서 記錄集 校正을 보고 社長 등과 점심을 같이 하다. ·(株)泰榮이 건축하는 오피스텔의 모델하우스를 구경하다. ·禹哉永 회장과 같이 平壤을 다녀온 李永哲 사장으로부터 北韓 實相을 이야기 듣다.	·韓國自治發展研究院, 行政自治部長官의 承認을 받아 社團法人으로 再出帆함 18(火) ·大邱地下鐵, 客車放火로 大慘死 事件 일어남 19(水) ·第84回 全國冬季體育大會가 江原道 龍坪 스키장에서 개막됨
	17(月)	1.17	·韓自硏에 가서 蘇鎭光 교수 등과 점심을 하고 研究院 운영에 대해 논의하다. ·地方移讓委員會 委員들과 저녁식사를 하며 환담하다.	20(木) ·高建 國務總理指名者에 대한 國會 人事聽聞會가 시작됨 21(金) ·崔태원 SK그룹 會長, 檢察 出頭(23日 拘束됨)
	18(火)	1.18	·學校에 가서 돈 정리를 하다. ·21世紀 國土포럼 共同代表 會議를 주재하다. ·建交部 中央都市計劃委員會 第3分科 委員長으로서 첫번째 會議를 주재하다. ·韓國地方自治學會 古州賞 運營委員會에 참석하고 같이 會食을 하다.	·韓國地方自治學會 會長에 姜瑩基 교수가 취임 23(日) ·韓和甲 民主黨 代表, 전격적으로 代表職을 사퇴함 24(月) ·金大中 大統領, 大統領職에서 退任함
	19(水)	1.19	·地發硏에 가서 일을 보다. ·이진수 사장 초청으로 向志會員 몇이서 抱川 민물고기 食堂에 가서 저녁식사를 하다.	·大韓佛敎 曹溪宗 第31代 總務院長에 法長스님이 선출됨 ·崔규선 게이트에 연루돼 美國에 도피중인 崔성규 前總警, 로스앤젤레스에서 체포됨
	20(木)	1.20	·持續可能發展委員會의 國土·水資源分科委員會 會議에 참석하다.	·中國 北西部 新疆維吾爾 自治區에서 리히터規模 6.8의 强震으로 250여명이 사망함
	21(金)	1.21	·地方自治學會 總會에 참석하여 세미나 司會를 보고 理事會 및 總會 모임에 나가다. ·第7代 姜瑩基 會長이 취임하고 次期會長으로 李圭煥 교수를 선출하다. ·함께 食事를 하고 餘興時間을 갖다.	25(火) ·盧武鉉, 第16代 大統領에 취임함 26(水) ·國會, 對北送金 特檢法 및 國務總理 認准案 의결

2003

月	日	陰	本人 및 家族事項	社會一般事項
2	22(土)	1.22	·비가 많이 내리다. ·동생 群濟의 長男 結婚式에 참석하다. ·시골에서 온 손님들이 집에와 놀다 가다. ·妻 및 子女들과 허바허바에 가서 家族寫眞을 찍다.	
	23(日)	1.23	·새벽 5時까지 校正을 보고 잠깐 취침하다. ·妻와 같이 長女宅에 가서 소반·방석 등을 선물하고 外孫女와 같이 와서 자다. ·아이들을 데리고 온다고 妻의 抗議가 심해지다.	
	24(月)	1.24	·朴光泰 光州市長 등과 점심을 같이하며 都市計劃件을 부탁받다. ·妻와 같이 오피스텔 18坪型을 계약하다. ·次女, 長女家族과 롯데월드에 놀러가다.	
	25(火)	1.25	·國會에 가서 中央壇上 貴賓席에 안내되어 第16代 盧武鉉 大統領의 就任式에 참석하다. ·建交部에 가서 中央都市計劃委員會 第3分科委員들과 仁川市에 가다. ·都市計劃 懸案地域을 돌아보고 협의하다. ·서울에 와서 食事를 하고 餘興時間을 갖다.	
	26(水)	1.26	·上溪洞 地發研에 가서 일을 보다. ·好凡會 모임에 참석하다.	
	27(木)	1.27	·地方移讓推進委員會 第20次 本會議를 주재하다.	27(木) ·盧武鉉 政府의 첫 內閣이 出帆,18個部長官 임명. 國務總理 高建, 財經部 김진표, 統一部 정세현,外教通商部 윤영관, 法務部 강금실, 國防部 曺永吉, 行自部 金斗寬, 科學技術部 박호군, 文化觀光部 이창동, 農林部 김영진, 産業資源部 윤진식, 情報通信部 진대제, 保健福祉部 金和中, 環境部 韓明淑, 企劃豫算處 朴奉欽, 國務調整室 李泳卓
	28(金)	1.28	·一山 韓自研에 가다. ·大邱에서 李健和 理事가 와서 會議를 하고 함께 오찬을 들며 환담하다. ·妻, 再蓮妻弟, 長女家族이 와서 湖水公園을 둘러보고 載民妻男이 하는 中國食堂에서 저녁을 접대하고 귀가하다.	28(金) ·아랍 聯盟 22個國 頂上會談이 이집트에서 開催됨
3	1(土)	1.29	·3.1節을 맞아 國旗를 게양하다. ·自宅에서 종일 校正을 보다. ·妻, 親舊 問喪을 가다.	1(土) ·LG 統合支柱會社(株)LG 출범, 化學·電子部門 등 34개 系列社 통합 ·史上 첫 保守와 進步 별도로 3·1節 行事 거행 ·日本 航空시스템 마비, 1,600餘便 결항 및 지연
	2(日)	1.30	·長女宅에 가서 같이 聖堂에 가다. ·롯데 월드에 가서 같이 놀다. ·집에 와서 外孫女와 같이 자다.	2(日) ·金剛山 陸路觀光, 열흘만에 파행 ·자크 시라크 프랑스 大統領, 植民統治後 40년만에 알제리 첫 公式訪問
	3(月)	2.1	·몸살 감기가 와서 고생하다. ·목욕을 하다. ·水原 研修院에 가서 講義하다.	3(月) ·政府, 필리핀·인도네시아 등 開發途上國과 스위스 제네바에서 世界貿易機構(WTO) 서비스市場 12個分野에 대한 開放 兩者協商 체결 ·中國, 全國人民政治協商會議 第10期 1次會議를 北京 人民大會堂에서 개막
	4(火)	2.2	·學校에 가서 講義하다. ·中央都市計劃委員會에 참석하다. ·몸살·감기로 고생하다.	4(火) ·필리핀 南部 다하오 國際空港에서 爆彈테러로 19명이 사망하고 114명이 부상당함
	5(水)	2.3	·새벽 6時에 長男 운전으로 奉化郡에 가다. ·柳仁熙 郡守 및 金漢傑 副郡守 등을 만나다. ·奉化郡 公職者들에게 特講을 하다. ·午餐을 같이하고 李健和 理事와 같이 聞慶市에 가다. ·市民自治大學에서 特講을 하고 朴仁遠 市長 등과 만찬을 함께 한 후 상경하다.	
	6(木)	2.4	·朴昇治 副院長 및 李시형 講師와 같이 蔚山市 南區에 가다. ·한마음自治大學 開講式에서 祝辭를 하다. ·李埰益 청장 등과 食事를 하고 상경하다. ·終日 비가 내리다.	6(木) ·教育副總理에 尹덕홍氏가 임명됨 ·檢察, 法務部 人事指針에 집단 반발 ·警察廳, 起訴猶豫·不起訴 등 경미한 犯罪對象 428名의 前科記錄을 삭제함 ·조지 부시 美國 大統領, 對 이라크 最後通牒의 記者會見 가짐 ·알제리 旅客機, 추락으로 102명 사망

2003

月	日	陰	本人 및 家族事項	社會一般事項
3	7(金)	2.5	· 江南大學 都市研究院에 가서 京畿道 都市擔當公務員들에게 '協商論'에 대해 강의하다. · 모두 함께 龍仁 亂開發地區를 시찰하고 盧椿熙 원장 등과 오찬을 같이 하다. · 中央都市計劃委員會 第3分科委員會 會議를 주재하다. · 밤늦게 나가서 卞鐸 · 李世茂 · 李相伊 · 김팔룡氏 등과 음주 · 환담하다. · 생질 黃泰鉉의 死亡 소식을 듣고 매우 슬퍼하다.	7(金) · 高建 總理, 駐韓美軍 3原則을 제시 · 參與政府 國政討論會, 果川 中央公務員敎育院에서 大統領 참석하에 개최 · 美國 · 英國, 이라크에 最後通牒을 보냄 · 세르비아-몬테네그로의 初代 大統領에 스베토자르 마로비치 선출됨 8(土) · 趙炳華 詩人 별세 · 파키스탄, 오사마 빈 라덴의 아들 2명을 아프가니스탄 國境에서 체포함
	8(土)	2.6	· 地發研에 가서 일을 보다. · 統一院 朴城佑 사무관이 다녀가다. · 妻와 같이 大邱에서 상경한 査頓 內外分과 文서방에게 저녁을 대접하다.	10(月) · 北韓, 東海上에서 地對艦 미사일 2次試驗 발사 · 서울 버스 · 地下鐵 料金 100원 引上됨 11(火) · 檢察, 檢事長級 이상 38명 교체
	9(日)	2.7	· 全州에 가서 副市長 주선으로 金源 · 金賢植 박사와 골프를 치다. · 金完柱 全州市長과 식사를 하고 상경하다. · 생질 喪家와 外孫女 生日을 보지 못해 무척 괴로웠다. · 너무 피곤하여 일찍 취침하다.	12(水) · 盧武鉉大統領, 朴禧太 한나라黨 代表代行과 첫 領袖會談을 가짐 · 세르비아의 조란 진지치 總理, 베오그라드에서 피격 사망 13(木) · 美國 무디스, 韓國信用 'A3' 現水準 유지 · 中國, 第10期 政協 主席에 자형린(賈慶林)등 指導部를 구성
	10(月)	2.8	· 韓自研에 가서 일을 처리하다. · 朴昇治 부원장과 같이 果川市에 가다. · 市民自治大學 開講式에서 祝辭를 하고 徐相錄 강사를 배웅하다. · 余仁國 市長등과 저녁식사를 하고 餘興時間을 갖다.	14(金) · 盧武鉉 大統領, 對北 秘密送金 特檢法 公布에 따른 記者會見 가짐 · 現役兵 軍服務期間을 2個月 단축함 15(土) · 美國, B1 長距離 爆擊機 이용 첫 이라크 공격 개시 · 中國, 全人大에서 國家主席에 후진타오 總書記, 國家中央軍事委員會 主席에 장쩌민 國家主席을 선출하는 등 4世代 組織改編을 완료함
	11(火)	2.9	· 學校에서 講義를 하고 종일 校正을 보다. · 崔秉瑄 院長 초청으로 趙正濟 장관과 저녁 식사를 하다.	
	12(水)	2.10	· 次女의 生日을 맞아 自宅에서 祝賀를 해주다. · 종일 집에서 校正을 보다.	
	13(木)	2.11	· 尹방부 敎授와 大邱空港을 거쳐 慶山市에 가다. · 尹영조 市長 및 변태영 議長과 人事를 하다. · 市民自治大學 開講式에서 祝辭를 하다. · 李健和 理事와 같이 自治行政局長 초청의 저녁 食事를 하고 上京하다.	16(日) · 國政弘報處, 政府廳舍 記者室을 모두 폐지하고 統合브리핑制로 전환하는 方案을 추진 · 中央아프리카 共和國, 軍事쿠데타로 프랑수아 보지즈 將軍이 政權을 장악함
	14(金)	2.12	· 서울大 齒科病院에 가서 2次治療를 받다. · 自宅에서 記錄集 校正을 보다.	17(月) · 盧武鉉大統領, 韓總聯 手配者의 特別赦免을 검토할 것을 지시함
	15(土)	2.13	· 朴昇治 · 徐相錄氏와 濟州에 가다. · 金泰煥 市長 등과 市民自治大學 開講式에 참여하여 祝辭를 하다. · 저녁식사를 한뒤 함께 상경하다.	18(火) · 조지 부시 美國大統領, 사담 후세인에게 48時間內 이라크를 떠나라고 최후 通牒을 보냄 20(水) · 돼지 콜레라가 全國에 확산됨 · 美 · 英 聯合軍의 이라크 攻擊으로 이라크戰이 발발함 · 프랑스 등 7個國 外務長官 緊急會議에서 이라크 戰爭을 반대함
	16(日)	2.14	· 종일 비가 조금씩 내리다. · 沐浴을 하고 記錄集 校正의 一次分을 모두 마치다. · 外孫女와 上岩 월드컵競技場을 같이 가기로 한 約束을 지키지 못하여 무척 마음이 아팠다.	
	17(月)	2.15	· 上溪洞 地發研에 가서 일을 보다. · 徐健一 本部長이 와서 같이 食事를 하고 '善行禮讚本部'의 社團法人 認可를 축하하다. · 高永天 監事 초청으로 禹哉永 · 李永哲 · 金奎馥 氏와 저녁을 같이 하며 환담하다.	21(金) · 食品醫藥品安定廳, 肺癌治療劑의 不作用 논란 속에 '이레사(Iressa)'의 年內 國內市販을 허용 · 美 · 英 地上軍, 이라크 進入 22(土) · 南北青少年 19名, 江原道 高城郡 溫井里에서 '南北青少年赤十字 友情의 나무 심기' 行事 개최
	18(火)	2.16	· 學校에 가서 강의하다. · 寫眞을 찾아 귀가하다.	

月	日	陰	本人 및 家族事項	社會一般事項
3	19(水)	2.17	· 地方行政硏究院에 가서 金興來 院長등과 新規採用者 面接審査를 하고 점심을 같이 하다. · 長女宅에 가서 外孫女를 돌봐주다. · 世宗文化會館에서 개최된 韓國道德運動協議會 第2代 崔在昇 總裁 就任式에 참석하고 乾杯人事를 하다. · 尹相在·禹哉永 會長 등과 遊興時間을 갖다.	· 勞使政委員長 등 長官級 委員長 4名을 내정 23(日) · 紅島海域에서 리히터規模 4.9의 地震 발생 · 安東大·安東師範學校 總同窓會 7代 會長에 權純 慶北觀光開發公社 社長이 취임함
	20(木)	2.18	· 一山 韓自硏에 가서 일을 보다. · 朴昇治 부원장과 같이 安養市廳에 가서 申重大 시장 및 崔庚泰 議長등을 만나다. · 安養木曜포럼 開講式에 참석하여 祝辭를 하다. · 權斗鉉 부시장 초청으로 崔相鎬 강사 등과 저녁을 같이 하며 환담하다.	24(月) · 朴세리, 시즌 첫 優勝을 차지함 · 이라크 사담 후세인 大統領, 25分間의 國營 TV演說을 통해 '決死抗戰'을 촉구함 25(火) · 國會, 이라크戰 派兵 表決處理案을 연기함 · 日本 最高裁判所, 韓國人 日本軍 慰安婦 犧牲者에 대한 損害賠償 上告審에서 원고 敗訴判決을 확정함
	21(金)	2.19	· 中央都市計劃委員會 第3分科委員會 委員 및 關係官들과 오찬을 같이 하고 華城市에 가다. · 여러 問題地區를 시찰하고 市長 초청만찬에 참석하여 환담을 나누다 歸京하다.	26(水) · 民主黨 金令培 議員, 議員職을 사퇴하고 政界隱退를 선언함
	22(土)	2.20	· 집에서 淸掃를 하고 雜務를 처리하다. · 外孫女와 놀이터에 가서 같이 놀다. · 長女宅에 妻와 같이 가서 함께 식사를 하다.	· 北韓 最高人民會議 第10期 6次會議를 平壤 萬壽臺議事堂에서 개막 28(金) · 政府, 駐美大使에 韓昇洲 前外務部長官을 내정함
	23(日)	2.21	· 李昌洙 會長 令息 結婚式에 가서 主禮를 보고 好凡會員들과 따로 점심을 들며 환담하다.	· 全敎組 10萬名, 年暇鬪爭決議로 波紋이 일어남
	24(月)	2.22	· 一山 韓自硏에 가서 일을 보다. · 저녁에 外孫子女가 집에 와 놀다 가다.	· 政府, 下半期부터 政府機關 인터넷 揭示板 '實名制'를 확대키로 함
	25(火)	2.23	· 學校에 가서 講義를 하다. · 柳穆基 會長 초청으로 一心會員들이 모여 점심을 하며 환담하다. · 郵遞局과 銀行에 가서 돈 처리하다.	· 日本, 對北韓偵察을 主任務로 하는 情報蒐集衛星 2機를 첫 발사함 29(土) · 濟州 4·3事件 眞相糾明委, 4·3事件 犧牲者 最大 3萬名에 대한 報告書를 55년만에 처음으로 채택
	26(水)	2.24	· 蔚山市 北區廳에 가서 李象範 청장 및 李健和 理事 등과 오찬을 같이 하다. · 住民自治大學 開講式에 참석하여 祝辭를 하고 바로 상경하다. · 釜山市 都市計劃課長으로부터 懸案事項을 설명듣다. · 好凡會 모임에 참석하다.	30(日) · '重症呼吸器症候群(SARS)'으로 알려진 怪疾이 홍콩 등 中華圈에 급속히 感染 확산됨 · 仁川 白翎島 앞바다에 리히터 規模 5.0의 强震이 발생
	27(木)	2.25	· 妻와 같이 서울大 齒科病院에 가서 함께 齒牙治療를 받다. · 밖에서 죽을 사먹고 귀가하다.	31(月) · SK그룹의 扮飾嫌疑에 대한 첫 公判 열림 · 서울市 江南區, 大峙洞 銀馬아파트의 再建築 不可를 결정
	28(金)	2.26	· 上溪洞 地發硏에 가서 일을 하다. · 蘆原區廳에 가서 區廳長 등에게 硏究課題의 中間報告를 하다. · 關係官들과 硏究院 任員 및 姜渭薰 硏究陣들과 식사를 하고 餘興時間을 갖다.	
	29(土)	2.27	· 呂鴻九 敎授 令愛 結婚式에 참석하고 많은 사람을 만나다. · 自宅에서 記錄集 校正을 보다.	
	30(日)	2.28	· 長女宅에 가서 사위 및 外孫子女들을 데리고 上岩洞 월드컵 蹴球競技場을 구경하고 점심을 먹은 뒤 長女宅에 오다. · 妻 및 長女家族 모두와 安東국시집에 가서 저녁을 같이 하다. · 文書房, 大田으로 내려가다.	
	31(月)	2.29	· 韓國經濟新聞社의 社會部 李部長과 만나 점심을 들며 施賞 및 地方自治 등에 대하여 意見을 나누다. · 沐浴을 하고 종일 校正을 보다.	

月	日	陰	本人 및 家族事項	社會一般事項
4	1(火)	2.30	·學校에서 講義를 하다. ·持續可能發展委員會에 가서 委員會의 向後進路에 대해 논의하다. ·李昌洙 會長 母親 問喪을 가다. ·禹哉永·李永哲 회장과 저녁식사를 하다.	1(火) ·홍콩 映畵俳優 張國榮, 투신자살함 2(水) ·國會, 이라크 派兵案 의결 ·盧武鉉 大統領, 國會 첫 國政演說을 함 3(木) ·國立保健院, 中國에 확산중인 怪疾의 疾病을 '사스(SARS, 重症急性呼吸器症候群)'로 命名함
	2(水)	3.1	·上溪洞 地發研에 가서 일을 보다. ·朴吉成사장이 와서 여러 問題들을 협의하다. ·徐健一氏가 와서 함께 會食을 하며 환담하다.	4(金) ·忠南 禮山에서 全敎組로부터 謝過를 요구받던 徐승목 校長이 自殺함
	3(木)	3.2	·現代 애드 컴에 가서 着手金을 지불하고 校正을 본 뒤 職員들에게 점심을 접대하고 오다. ·妻와 같이 外孫女를 데리고 皮膚科醫院에 가서 治療를 하고 本人의 高血壓藥을 짓다. ·地發研 任員들과 忠南硏究件에 대해 논의하며 晩餐을 들다.	6(日) ·國産 新藥 肺炎 治療劑 팩티브, 처음으로 美國 食品醫藥品廳(FDA)의 正式承認을 받음 ·北韓住民 一家族 3名, 木船타고 귀순 7(月) ·盧武鉉 大統領, 對北送金 疑惑事件 特別檢事補를 임명함
	4(金)	3.3	·一山 韓自硏에 가다. ·一山區廳 區民自治大學 開講式에 참석하고 第1回 特講을 하다.	·檢察, '稅風事件'과 관련하여 李석희 前 國稅廳 次長을 구속기소함 ·金원웅 改革黨 代表, 極秘로 訪北함
	5(土)	3.4	·집에서 校正을 보다. ·外孫女와 놀이터 등에 가서 놀다 오다. ·子女들과 같이 自宅에서 고기를 구워 저녁식사를 하다.	8(火) ·檢察, '稅風事件' 捜査結果 발표 ·英國 高等法院, 治療用 '맞춤아기'의 出産을 허용하는 判決을 내림
	6(日)	3.5	·沐浴을 하고 自宅에서 종일 記錄集 校正을 보다.	9(水) ·이라크 바그다드, 開戰 21日만에 사실상 함락됨
	7(月)	3.6	·妻와 같이 齒科에 가서 治療를 하고 죽을 사먹고 귀가하다.	·靑少年保護委員會, 靑少年對象 性犯罪者 第4次 身相公開 對象者 教師·牧師 등 643名의 名單을 발표함
	8(火)	3.7	·學校에 가서 講義를 하다. ·原州 文幕 Oak Valley 리조트에서 개최된 原州市議會 研鑽會에 가서 特講을 하고 함께 食事 후 상경하다.	·世界保健機構, 사스의 原因菌은 '코로나 바이러스'라고 밝힘 ·大邱地下鐵 慘死者가 193명인 것으로 暫定集計됨
	9(水)	3.8	·金斗官 行自部長官을 예방하여 移讓委員會에 대해 설명하고 의논하다. ·自治行政局長 초청으로 委員會 代表들과 오찬을 같이 하다. ·上溪洞 地發研에 가서 일을 하다. ·禹哉永·尹相在·高永天·李永哲·金奎馥氏 등과 저녁을 같이 하며 환담하다.	·U.N.安保理, 北核 非公開會議를 개최함 11(金) ·京畿 河南市 '女大生 空氣銃被殺事件'의 核心容疑者 2名이 1년만에 中國에서 압송됨 14(月) ·유럽系 會社 소버린, SK(株)의 經營介入을 선언함
	10(木)	3.9	·一山 韓自研에 가서 일을 보고 職員들에게 점심을 접대하다. ·現代 애드 컴에 가서 校正分을 교환하다. ·國土計劃學會에 가서 弦汀賞 基金件에 대해 意見을 나누고 저녁을 같이 하다.	·AP通信·英國BBC, 人間 지놈地圖가 사실상 100% 완성되었다고 보도함 ·조지 H.부시 前 美國大統領, 全經聯 초청으로 방한함
	11(金)	3.10	·KAL 리무진의 金浦線이 폐지되었기에 一般버스로 空港에 가다. ·蔚山行 航空機가 日氣上 缺航으로 慶州市民自治大學 開講式에 가지 못하고 그냥 귀가하다.	16(水) ·U.N.人權委員會, 對北 人權糾彈決議案 채택 ·유럽聯合(EU) 頂上會談, 그리스 아테네에서 개막
	12(土)	3.11	·自宅에서 校正을 보다. ·主禮 볼 當事者들의 禮訪을 받다. ·妻와 같이 外孫女를 데리고 牛眠洞에 가서 花園을 보고 觀門寺를 구경한 뒤 저녁食事를 하다. ·外孫女를 데려다주고 귀가하다.	17(木) ·盧武鉉 大統領, 與野 3黨代表와 靑南臺에서 회동 ·對北送金 송두환 特檢팀 출범 ·釜山 影島 아파트에서 拳銃被擊으로 러시아人 1名이 사망함
	13(日)	3.12	·沐浴을 하고 校正을 보다. ·妻·次女 및 長女全家族과 新林洞에 있는 순대市場에 가서 점심을 같이 하다. ·上道洞 옛집터, 獅子庵, 上道初等學校, 江南女中 등을 둘러보고 오다. ·長女家族이 自宅에서 저녁을 하고 떠나다.	18(金) ·北韓外務省 代辨人의 核燃料鋒 再處理 발표로 波紋이 일어남 ·殺人無期囚 1名, 全北 全州에서 개최된 技能競技大會에 출전했다가 監視 소홀을 틈타 탈주함 ·靑南臺의 所有權이 忠北에 공식 이양됨

月	日	陰	本人 및 家族事項	社會一般事項
4	14(月)	3.13	·韓國經濟新聞社가 주최한 '企業하기 좋은 地域大賞' 施賞式에 참석하여 審査委員長으로서 審査評을 하다. ·高建 總理, 長·次官, 受賞市長 등 많은 人士를 만나 인사하다. ·金源·蘇鎭光 敎授와 오찬을 하며 '公職者 論壇賞' 受賞者 選定을 하다. ·潘洸植·金顯昭 局·室長과 研究院 분위기에 대해 경청하다. ·金壽鶴회장 초청으로 權泰埈·金炯國 교수와 저녁을 들며 환담하다. ·獨逸에서 妻弟가 귀국하여 집에 와 묵기 시작하다.	21(月) ·趙明錄 北韓國防委員會 第1副委員長, 中國을 공식방문하여 후진타오 主席을 면담함 22(火) ·北韓·美國·中國, 中國 北京에서 北核관련 3者會談을 가짐 ·金大中 전大統領, 退任 後 처음으로 盧武鉉 大統領과 靑瓦臺에서 夫婦同伴 晩餐을 가짐 ·나이지리아 大選에서 올루세군 오바산조 現 大統領이 재선됨 23(水) ·國立保健院, 서울 龍頭洞 東部市立病院을 사스 隔離病棟으로 지정함
	15(火)	3.14	·地發研에 가서 일을 보다. ·金玉鉉 친구 초청으로 禹哉永·李昌洙·金奎馥 氏 등과 La Fonte에서 오찬을 들고 趙洪來 社長과 환담을 하다. ·向志會 모임에 참석하다.	·앨런 그린스펀 美國聯邦準備制度理事會(FRB·中央銀行)議長, 조지 부시 大統領의 議長連任 提議를 수락함으로써 다섯 번째 連任을 기록함 24(木) ·4·24 國會議員 再補闕選擧 실시, 한나라黨 2곳, 改革國民政黨 1곳 승리
	16(水)	3.15	·一山 韓自研에 가서 일을 보다. ·職員 모두에게 오찬을 접대하다. ·韓國經濟新聞 施賞件으로 허재완·이동우·崔박사와 저녁을 함께 하며 환담하다.	·政府 公職者倫理委員會, 次官級 이상 28名의 財産登錄內容을 공개 25(金) ·盧武鉉 大統領, 國家情報院長에 고영구氏를 임명
	17(木)	3.16	·李景熙 장군 초청으로 李永哲·惠園 스님과 점심을 같이 하다. ·持續可能委 國土水資源分科會議에 참석하다.	27(日) ·第10次 南北長官級會談이 平壤에서 개막됨
	18(金)	3.17	·齒科에 가서 치료를 받다. ·金丁勛 院長 초청으로 離任敎授와 新任敎授의 相見晩餐을 갖다.	·아르헨티나 大選 실시, 過半數 得票者가 없어 5월 18일 決選投票로 연기됨
	19(土)	3.18	·外孫子女와 같이 놀다가 데리고 저녁식사를 한 뒤 귀가하다.	·파라과이 大選 실시, 執權 콜로라도黨의 言論人 出身 니카노르 두아르테 프루토스가 黨選 됨
	20(日)	3.19	·自宅에서 記錄集 校正을 보다. ·長女家族과 長男이 각각 다녀가다.	28(月) ·全斗煥 前 大統領의 財産明示에 대한 審理裁判이 열림
	21(月)	3.20	·沐浴을 하다. ·研修院 5級 昇進班에 가서 特講을 하다. ·妻·妻弟·妻男 등과 金鍾鎬 敎授의 尙州大學總長 就任을 축하하는 會食을 마련하다.	·南海 5個섬을 잇는 國內 첫 '連陸連島橋'가 개통됨 ·政府, 美軍2師團 및 龍山基地를 平澤과 烏山으로 移轉키로 확정하고 500萬坪을 提供 보증키로 함
	22(火)	3.21	·學校에서 講義를 하다. ·博士論文 審査를 하다. ·中央大 行政大學院 高位政策過程에서 特講을 하다. ·黃鏞周 博士 母親의 問喪을 다녀오다.	29(火) ·盧武鉉 大統領, 조지 부시 美國 大統領과 電話通話를 함 ·第2의 建國委員會, 4년6개월 만에 해체됨
	23(水)	3.22	·尹在豊 교수 母親問喪을 갔으나 이미 발인한 후라 問喪을 하지 못하다. ·上溪洞 地發研에 가서 일을 하다. ·鄭社長이 와서 같이 점심을 하고 訴訟件을 이야기 듣다. ·釜山市 및 環境保全協會로부터 사람이 다녀가다. ·研究院 任員 및 高永天·李永哲 氏를 초대하여 저녁을 대접하다.	·'東南亞國家聯合(아세안)+3個國(韓·中·日)' 保健長官會談이 泰國 방콕에서 개최됨 ·國內에서 사스로 추정되는 患者가 처음으로 발생함 30(水) ·盧武鉉 大統領, 國情院 基調室長에 서동만씨 任命을 강행함
	24(木)	3.23	·一山 韓自研에 가다. ·文廷鎬 博士가 와서 再就業件을 논의하다. ·鳥嶺會 모임에 나가다.	·이라크 派兵 徐熙·濟馬部隊員, 서울空港에서 출발함 ·政府, 公安·勞動事犯 1,424名에 대한 赦免·復權을 단행함

月	日	陰	本人 및 家族事項	社會一般事項
4	25(金)	3.24	·大田 忠南大學에서 개최된 國土·都市計劃學會 主催의 新行政首都세미나에 참석하고 綜合分科 司會를 보다. ·저녁식사를 같이하고 사위와 같이 상경하다.	·美國, 이스라엘과 팔레스타인 解放機構의 總理에게 中東平和의 '段階的 解決방안(road map)'을 제시함 ·美國, 北韓을 테러支援國으로 再指定함
	26(土)	3.25	·鄭龍鎬 친구 子弟 結婚의 主禮를 보다. ·趙洪來·柳穆基·李興壽 氏 등과 점심을 들며 환담하다.	
	27(日)	3.26	·忠州市에 가서 地方高試 合格生인 김준성 君 結婚 主禮를 봐주다. ·비가 내리다.	
	28(月)	3.27	·沐浴을 하고 齒科에 가다. ·地發硏에 가서 禹 會長·金 局長과 같이 好凡會 모임에 나가다. ·李昌洙 會長 초청으로 회식을 갖고 별도의 餘興을 즐기다.	
	29(火)	3.28	·비가 많이 내리다. ·妻, 妻弟와 같이 聞慶에 가다. ·學校에 가서 講義를 하다. ·大田市 大德區에 가서 住民아카데미 開講式에서 祝辭를 하다. ·오희준 청장 및 박수범 의장 등과 저녁을 들며 환담하다. ·長男과 같이 상경하다.	
	30(水)	3.29	·地方移讓委員會에 가서 會議를 주재하다. ·金斗官 行自部長官 초청으로 全委員들과 점심을 같이 하다. ·午後까지 會議를 하고 귀가하다.	
5	1(木)	4.1	·며느리를 事務室까지 태워다주고 上溪洞 硏究院에 가다. ·建交部 道路課長이 와서 外廓循環道路 路線紛爭에 대해 설명하고 向後日程을 협의하다. ·尹相在 會長이 와서 모두 같이 蟹料理 食事를 하다.	1(木) ·盧武鉉 大統領, MBC '100分 討論'에 참석하여 國政懸案을 토론함 ·조지 부시 美國 大統領, 귀환중인 航空母艦 에이브러햄 링컨號에서 이라크戰의 終了를 선언함
	2(金)	4.2	·李興壽 辯護士와 朝餐을 하고 鄭龍鎬 社長도 잠시 만나다. ·一山 韓自硏에 가서 일을 보고 副院長 등과 會議를 하다. ·大田市 衛生課長 등이 와서 都市計劃에 대해 설명하고 같이 점심을 하다. ·地方自治情報센터 代表가 와서 院長 就任을 요청하였으나 사절하다. ·妻와 같이 外孫女를 데리고 꽃市場을 들러보고 새를 사서 長女宅에 주다.	2(金) ·規制改革委員會, 公正委가 제출한 新聞告示 改正案을 의결 ·中國 山東省의 煙臺 海軍基地 북쪽 海上에서 訓練中인 中國 潛水艦 事故가 발생하여 搭乘軍人 70名 전원이 사망함 4(日) ·演藝界의 마당발인 40代 事業家 徐某氏, 自宅에서 凶器에 찔려 살해됨 5(月) ·朴智恩, LPGA 미켈롭 라이트 오픈 시즌 첫 優勝을 획득 6(火) ·政府, '4·3事件 强硬鎭壓은 李承晩에 責任 있다'는 내용의 濟州 4·3事件 眞相調査報告書를 발간함 7(水) ·宋경희 靑瓦臺 代辯人이 전격 경질되고 後任에 윤태영 演說擔當 秘書官이 임명됨 ·對北送金 核心人物 김충식 전 現代商船 社長이 귀국함 ·盧武鉉 大統領, '4大雜草 政治人 除去'를 530만명에게 이메일 發送하여 파문이 임 8(木) ·建設交通部, 金浦 및 坡州에 新都市를 각 500萬坪 및 300萬坪 씩 건설하는 方案을 확정함
	3(土)	4.3	·집에서 原稿를 집필하다.	
	4(日)	4.4	·自宅에서 記錄集 校正을 보다. ·마당의 防水工事를 하다. ·妻와 長女宅에 가서 房整理를 구경하고 모두 같이 저녁을 먹다. ·外孫子女가 자고 가라고 하는 것을 그냥 와서 마음이 아프다.	
	5(月)	4.5	·沐浴을 하고 校正을 보다. ·어린이날을 맞아 外孫子女와 같이 놀지 못해 아쉽게 생각하다.	

月	日	陰	本人 및 家族事項	社會一般事項
5	6(火)	4.6	·學校에 가서 講義하다. ·政府廳舍에 가서 서울 外廓道路 路線再檢討委員會의 委員長으로 會議를 주재하다. ·委員들과 高建 總理를 예방하고 曹溪宗 總務院 스님들과 인사하다. ·雨中에 3個代案路線을 돌아보고 會議를 한 뒤 議政府에서 저녁식사를 하다. ·綜合廳舍를 거쳐 귀가하다.	·國際保健機構(WHO), 사스 致死率이 14~15%임을 보고함 10(土) ·金大中 前 大統領, 狹心症 증세로 入院하여 動脈擴張手術을 받음 ·第2期 放送委員會가 공식 출범함 ·檢察, 월드컵 徽章事業 로비疑惑과 관련하여 김용집 전 월드컵組織委 事業局長을 구속함
	7(水)	4.7	·비가 많이 내리다. ·鄭世煜교수와 같이 어렵게 飛行機를 타고 濟州道에 가다. ·濟州道 行政改革推進委員會 諮問委員으로 위촉받고 會議에 참석하다. ·禹瑾敏지사·趙文富 委員長·趙昌鉉 中央人事委員長 등과 저녁 회식을 하고 상경하다.	·이라크 시아派의 最高指導者 모하메드 바키르 알하킴, 23년만에 祖國에 돌아옴 11(日) ·盧武鉉 大統領, 美國을 방문하여 兩國 頂上會談을 가짐 ·몬테네그로共和國 大選 실시, 3次投票 끝에 與黨의 필리프 부야노비치 前 總理가 당선됨
	8(木)	4.8	·종일 집에서 校正을 보다. ·어버이날을 맞아 長男夫婦 주선으로 全子女 및 次蓮처제와 '놀부집'에서 저녁식사를 하다. ·長女宅에 들려 차를 마시고 귀가하다.	12(月) ·國家人權委員會, 教育人的資源部에 教育行政情報시스템(NEIS) 일부가 人權侵害의 素地가 있다고 補完을 권고함 ·輸血로 2명이 에이즈에 감염됨
	9(金)	4.9	·自宅 書室에서 KBS1 TV와 '70年代의 臨時行政首都計劃에 대한 歷史 스페셜을 녹화하다. ·中央都市計劃委員會에 참석하다. ·禹哉永·李永哲·金奎馥氏와 저녁식사를 하며 의논하다.	·全北 益山에 있는 國內 最大 닭고기 加工業體인 하림工場에 火災가 발생하여 890억원의 被害를 입음 ·韓國銀行, 1년만에 콜金利를 0.25% 인하함
	10(土)	4.10	·長男 車로 一山 韓自研에 가다. ·「自治發展」創刊 9周年 紀念 및 公職者論壇賞 施賞式을 주재하고 함께 오찬을 들며 환담하다. ·金南辰·崔昌浩·金源 교수와 一山 湖水公園을 둘러보다. ·李興壽·鄭龍鎬氏와 만나 農器具販賣件에 대해 협의한 뒤 귀가하다.	·大法院, 韓總聯을 利敵團體로 판결함 14(水) ·서울地方法院 破産部, (株)眞露에 대한 法定管理 開始를 결정함 ·檢察, '나라綜金 로비 疑惑事件'과 관련하여 金弘一 議員 側近을 소환 조사함 ·아르헨티나 大選에서 候補 1名이 사퇴함에 따라 네스토르 키르츠네르 後補가 당선 확정됨
	11(日)	4.11	·惠園스님 및 李永哲 회장과 오찬을 들며 外廓道路件에 대해 협의하다. ·沐浴을 하고 校正을 보다.	·第56回 칸 國際映畵祭 개막 15(木) ·貨物協商 勞·政協商이 전격적으로 타결됨
	12(月)	4.12	·水原 研修院에 가서 人事組織班에서 特講을 하다. ·午餐을 함께 하고 上京하여 齒科病院에서 치료를 받다. ·印刷所에 들러 原稿를 전달하고 귀가하다.	·國立公州博物館에 怪漢 2명이 침입하여 國寶 등 4點을 강탈하여 도주함 16(金) ·京畿道 漣川 D聖徒會에서 宗教團體 集團殺人劇이 발생함
	13(火)	4.13	·學校에 가서 講義를 하다. ·建交部 南局長·張課長 및 安 外廓道路 社長과 저녁을 하며 협의하다.	18(日) ·盧武鉉 大統領, 韓總聯의 奇襲示威로 5·18紀念式에 後門으로 入·退場함 19(月) ·第5次 南北經濟協力 推進委員會 會議, 平壤에서 개최되어 쌀 北韓支援 및 京義線 연결 등 南北經協 3大事業에 합의함
	14(水)	4.14	·安師同期 全國會議에 참석하여 恩師任과 옛 親舊들을 만나다. ·서울大 環境大學院 創立 30周年 紀念式에 참석하고 功勞牌를 받다. ·外廓道路調整委員會를 주재하고 함께 식사를 하다.	·5萬원 이상 慶弔金 禁止 등을 내용으로 한 公職者 倫理綱領을 시행함 21(水) ·盧武鉉 大統領, 民主黨 鄭大哲, 한나라黨 朴禧太, 自民聯 金鍾泌 總裁 등 與野 3黨代表와 靑瓦臺에서 晩餐모임을 가짐
	15(木)	4.15	·全國 市·道知事協議會 主催의 세미나에서 司會를 보다. ·金源 교수와 같이 朴光泰 光州市長 초청 오찬에 참석하다. ·地方自治學會 姜瑩基 會長 등과 저녁을 같이하다.	22(木) ·고이즈미 준이치로(小泉純一郎) 日本 總理, 美國을 방문하여 兩國 頂上會談을 가짐

月	日	陰	本人 및 家族事項	社會一般事項
5	16(金)	4.16	·上溪洞 地發研에 가다. ·新行政首都建設 支援團 李春熙 團長 등과 오찬을 하며 研究團長 취임건을 협의하다. ·地發研에 가서 일을 보다. ·本人 부담으로 研究院 任員 및 尹相在·李永哲 회장과 저녁식사를 하며 환담하다.	·알제리 首都 알제 인근에서 리히터 規模 6.7의 强震이 발생하여 2,266명이 사망하고 10,147명이 부상당함 ·서울地法 判事, 史上 첫 辯護士 監置命令을 내림 ·檢察, '나라綜金 로비 疑惑'事件과 관련하여 盧武鉉 大統領의 最側近인 안희정氏를 재소환 조사함
	17(土)	4.17	·長女宅에 가서 文書房과 점심을 같이하고 外孫女를 돌보다. ·집에 와서 外孫女와 같이 저녁식사를 하다. ·'70년대 行政首都建設計劃을 다룬 KBS TV' 歷史스페셜을 관람하다.	·演藝界 非理事件 관련 해외도피 했던 歌手 이수만 氏, 自進歸國하여 空港에서 체포됨
	18(日)	4.18	·沐浴을 하고 집에서 原稿정리를 하다.	·스웨덴 女子골퍼 아니카 소렌스탐, 뱅크 오브 아메리카 콜로니얼 골프大會(PGA)의 性對決에서 티샷을 함, 2라운드 合計 5 오버파로 共同 96位에 그쳐 컷오프 탈락됨
	19(月)	4.19	·地發研에 출근하다. ·鄭龍鎬 사장 초청으로 李興壽·朴煐植·柳穆基·金玉鉉·禹哉永·金奎馥 등과 La Fonte에서 만찬을 들며 환담하다.	
	20(火)	4.20	·學校에 가서 강의하다. ·金基浩 教授와 高位課程 司會에 대해 의논하다. ·李永哲 회장이 와서 就業 부탁을 하다. ·蘇鎭光·朴英哲 弟子로부터 '스승의 날' 대접을 받다.	·U.N.安保理, 13년만에 이라크 經濟制裁 解決決議案을 통과시킴 23(金) ·政府, 再建築 아파트를 80% 施工後 분양하는 내용을 골자로 한 '不動産 安定綜合對策'을 발표
	21(水)	4.21	·一山 韓自研에 가서 일을 보다. ·外廓道路 路線委員會에 가서 會議를 주재하다. ·委員 및 總理室 李기섭 局長 등과 저녁 식사를 하다.	25(日) ·第3次 反腐敗 世界포럼, 서울 코엑스에서 개막되어 31일에 폐막됨 ·61位 주세혁(23歲), 第47回 프랑스 世界卓球選手權大會에서 韓國男子로 史上 첫 世界選手權 單式 銀메달을 획득함
	22(木)	4.22	·안개로 인해 北漢山 視察 헬리콥터 飛行이 취소되다. ·上溪洞 地發研에 가다. ·青瓦臺로부터 新行政首都建設 諮問委員長職의 부탁을 받고 승낙하다. ·學校에 가서 高位課程의 성경륭 國家均衡發展委員長 特講의 司會를 보다.	26(月) ·教育行政情報시스템(NEIS) 施行留保로 16個 市·道 教育監이 '政府方針 拒否'를 밝히고 教總이 '윤덕홍 教育副總理 退進'을 요구하는 등 '教育大亂'이 일어남 29(木) ·이탈리아의 AC밀란, 2002~2003 시즌 유럽 챔피언스 리그에서 優勝을 차지함
	23(金)	4.23	·航空便으로 光州에 가서 金基玉 教授 안내로 湖南大學에 가다. ·湖南發展研究院에서 特講을 하고 崔仁基 總長 등과 오찬을 하다. ·韓國社會福祉行政學會 總會에서 基調演說을 하다. ·李희성 財團理事長의 안내로 無等山 公園을 둘러보고 向後 利用方案을 협의하다. ·航路로 상경 귀가하다.	30(金) ·大田에서 湖南線 새마을號 客車 4輛이 脫線, 大田 鷄龍陸橋 撤去工事場에서 15m 가량의 陸橋上板을 列車가 덮쳐 46名이 부상당함 ·大法院, 金品授受 嫌疑 金弘業氏에게 懲役 2年을 확정함 31(土) ·日本 東京 國立競技場에서 韓·日 蹴球國家代表, 競技開催 後半 41分에 안정환 選手의 決勝골로 韓國이 1對 0으로 승리함
	24(土)	4.24	·집에서 校正·整理를 하다. ·文源植 따님 結婚式에 참석하고 鳥嶺會員들과 식사를 하다.	
	25(日)	4.25	·妻·長女·外孫女와 마트에 가서 食品을 사주다. ·次蓮 妻弟 出國을 앞두고 子女 모두 와 집에서 고기를 구워 식사하다.	
	26(月)	4.26	·國土學會에 가서 修正原稿를 제출하다. ·新行政首都建設推進委員團에 들려 團長 등과 의논하다. ·地方移讓推進委員會에 가서 業務協議를 하다. ·持續可能發展委員會 會議에 참석하고 委員職 辭表를 일괄 제출하다. ·함께 저녁식사를 하다.	

月	日	陰	本人 및 家族事項	社會一般事項
5	27(火)	4.27	· 學校에 가서 講義를 하다. · 姜瑩基 學長과 점심을 같이하며 自家住宅 許可件을 부탁받다. · 學校에 가서 博士論文을 심사하다. · 文信子 친구 소개의 呂博士를 만나 인사를 받다.	
	28(水)	4.28	· 朴昇治 부원장 · 朴병근 과장과 安山市에 가서 宋振燮 시장과 對談을 하다. · 崔弘哲 부시장 등과 오찬을 하고 地下鐵로 2시간만에 上溪洞 地發研에 가다. · 環境保全協會 事務總長의 人事를 받다. · 好凡會 모임에 참석하다. · 禹哉永 회장 등과 李圭憲 원장 댁에 가서 問病을 하고 모은 돈을 전달하다.	
	29(木)	4.29	· 地發研에 가서 일을 처리하다. · 李興壽 · 鄭龍鎬氏와 만나 협의하다. · 現代 애드컴의 朴社長이 와서 印刷件을 협의하다. · 地發研 任員 및 親舊들과 만찬을 들며 환담하다.	
	30(金)	4.30	· 一山 韓自研에 가서 일을 보다. · 齒科에 들렀다가 귀가하다. · 河在龍 부시장 초청으로 李周熙 교수 및 盧부장과 저녁식사를 하다.	
	31(土)	5.1	· Four Points Sheraton Seoul Hotel에 가다. · 外廓道路 路線再檢討委員會를 주재하고 發表 · 討論을 진행시키다. · 結論을 유보하고 日程을 협의한 뒤 밤 늦게 해산하다.	
6	1(日)	5.2	· 집에서 原稿를 정리하다. · 妻와 같이 長女宅에 가서 食事를 같이하고 오다.	1(日) · 北韓漁船 8隻이 北方限界線(NLL)을 침범하여 海軍 高速艇이 경고 포격함 · G8 頂上會談이 프랑스 에비앙에서 개최됨
	2(月)	5.3	· 沐浴을 하고 집에서 校正을 보다. · 朴光泰 光州市長 초청으로 金源 · 權容佑 教授 등과 저녁식사를 하며 환담하다.	2(月) · 필리핀 大統領, 國賓으로 방한함
	3(火)	5.4	· 學校에 가서 1學期 終講을 하다. · 曹溪宗 總務院에 가서 法長 院長 등을 뵙고 外廓道路 路線에 대해 협의하다. · 舊 行政首都研究팀 모임에 나가서 金秉麟 · 朴炳柱氏 등과 會食을 하며 환담하다.	3(火) · 全北 道民 9,000여명, '새만금 推進'을 요구하는 汝矣島 集會를 가짐
	4(水)	5.5	· 仁川市廳에 가서 政策諮問教授 委囑狀을 받다. · 臨時議長으로서 諮問教授團의 議長과 副議長을 선출하다. · 安相洙 市長 主催 午餐에 참석하다. · 上溪洞 地發研에 가서 일을 처리하다. · 新聞에 新行政首都建設推進諮問委員長 發令이 보도되어 많은 祝賀電話를 받다. · 李永哲 회장 초청으로 尹相在 · 禹哉永 · 鄭龍鎬 · 金玉鉉 · 金奎馥氏 등이 모여 저녁食事를 하며 委員長 就任을 축하받다.	4(水) · 서울 盤浦 低密度地區 6,680家口의 再建築을 확정함 · 조지 부시 美國 大統領, 이스라엘 및 팔레스타인 解放機構(PLO)의 總理와 요르단 아카바에서 中東平和 3者會談을 가짐
	5(木)	5.6	· 金浦市廳에 가서 市民自治大學의 特講을 하다. · 新行政首都 支援團에 가서 李春熙 團長과 같이 靑瓦臺에 가다. · 李廷雨 政策室長으로부터 新行政首都 諮問委員長 委囑狀을 받고 權五奎 政策首席 등과 業務協議를 하다. · 처음으로 諮問委員會를 주재하다. · 서울 外廓道路 路線調整委員會 最終會議를 하고 投票까지 했으나 合意點에 이르지는 못하다. · 朴 經濟調整官 초청으로 晩餐 모임을 가진 뒤 헤어지다.	5(木) · 世界保健機構, '사스 最惡고비 넘겼다'고 공식 선언 6(金) · 盧武鉉 大統領, 日本을 방문하여 아키히토 日本王을 면담하고 韓 · 日 頂上會談을 가짐 · 日本 參議員, 유사법제 3個法案을 전격 가결 7(土) · 第5次 南北鐵道 및 道路連結을 위한 實務會議를 開城에서 가짐 · 建設交通部, 首都圈 全域과 大田 등 忠淸圈 5個地域에서의 分讓權 轉賣를 전면 금지함 8(日) · 鄭夢準 議員, 美國生活을 접고 4個月만에 완전 귀국 · 폴란드, 國民投票로 유럽聯合(EU) 會員國으로 加入할 것을 확정 9(月) · 李相培 한나라黨 政策委 議長, 盧武鉉 大統領의 訪日을 '等神外交'라고 비하발언을 하여 파문이 일어남

月	日	陰	本人 및 家族事項	社會一般事項
6	6(金)	5.7	·비가 내리는 가운데 집에서 原稿整理를 하다. ·홀로 奉恩寺에 가서 新行政首都 諮問委員長의 成功的 遂行을 기원드리다.	·公正去來委員會, 6大그룹의 不當內部去來에 대해 現場調査 착수
	7(土)	5.8	·次女 貞娥를 李興壽 변호사 및 鄭龍鎬 사장에게 인사시키다. ·柳穆基 부회장 초청으로 李興壽·鄭龍鎬·禹哉永·金玉鉉·金奎馥 氏 등과 점심을 하며 諮問委員長 就任의 祝賀를 받다. ·林敬鎬 원장 따님 結婚式에 다녀오다.	10(火) ·盧武鉉 大統領, 訪日時 共産黨 委員長에게 '共産黨이 許容돼야 完全 民主主義가 이루어진다'는 발언으로 논란이 일어남 ·宋光鏞 의원, 自民聯을 탈당함 ·美國 航空宇宙局(NASA), 火星探査船 발사
	8(日)	5.9	·妻와 長女宅에 花盆을 갖다주고 같이 점심을 하다. ·外孫女가 같이 놀자하는데 그냥와서 무척 서운하다. ·沐浴을 하다.	11(水) ·鄭大哲 民主黨 代表, 金大中 前 大統領을 방문하여 '恨은 復讐로 푸는게 아니다'라는 이야기를 들음
	9(月)	5.10	·朴昇治 부원장 및 姜善淑 강사와 河東郡에 가다. ·郡民自治大學 開講式에서 祝辭를 하다. ·蟾津江邊을 산책하다. ·曺由幸 군수·林正守 의장 등과 저녁식사를 하고 상경하다.	·京義·東海線 연결 南北軍實務者 40名, 최초로 相對方 非武裝地帶(DMZ)를 방문함 12(木) ·서울地法, 全教祖의 集團授業拒否는 學習權 侵害이므로 學生과 學父母에게 慰藉料를 지급하라는 判決을 내림
	10(火)	5.11	·서울市政開發硏究院 諮問會議에 참석하고 함께 점심을 들다. ·大邱에 가서 崔外出 교수의 迎接을 받다. ·嶺南大 行政大學院에서 特講을 하다. ·曺海寧 시장, 李義根 지사, 張泰鈺 교수, 구종태 署長 등과 저녁식사를 하며 환담하다. ·空港호텔에 투숙하다.	·韓·美·日 對北政策調整그룹(TCOG) 會議가 하와이에서 열림 ·金大中 前 大統領, TV對談에서 '對北送金 司法處理'에 대해 遺憾 표명 ·美國·에티오피아 共同研究팀, 人類 最古의 頭蓋骨을 발견했다고 밝힘
	11(水)	5.12	·上京하여 一山 韓自硏에 가다. ·機務司 및 安養市廳 職員과 鄭龍鎬 친구가 다녀가다. ·環心會가 마련한 '스승의 날' 모임에 나가 환담하다.	13(金) ·서울地法, 崔태원 SK(株) 會長에게 懲役 3년을 선고함 ·유럽聯合(EU), 5년 任期 大統領 선출 등을 골자로 한 統合憲法에 대해 최종 합의함
	12(木)	5.13	·齒牙치료를 하고 現代印刷所에 들려 原稿를 교환한 뒤 함께 점심을 하다. ·新首都支援團 및 地方移讓委員會에 들려 業務協議를 하다. ·洋服을 맞추고 집에 오다. ·林吉鎭·蘇鎭光 교수와 저녁식사를 하며 환담하다.	14(土) ·南北 京義·東海線 鐵道 連結式 거행, 52년만에 南北 鐵道 연결됨 ·李相周 전 부총리 등 社會元老 主軸의 '教育共同體 市民聯合'이 출범됨 ·砒素細胞性 肝癌治療劑 '이레사', 國內 공식 市販이 시작됨 16(月) ·對北送金 송두환 特檢팀, 朴智遠 전 문화관광부 장관을 소환 조사함
	13(金)	5.14	·學校에 가서 整理를 하다. ·全州市長 초청으로 金源 교수 등과 오찬을 같이 하다. ·中央都市計劃委員會 會議에 참석하다. ·朴昌浩 교수 초청으로 李廷植·李仁遠 교수와 저녁食事를 하다.	17(火) ·美國 商務部, 하이닉스 半導體에 44.71%의 相計關稅를 부과한다는 最終判決을 내림 ·'東南亞 國家聯合(ASEAN)+韓·中·日, 外務長官會議, 캄보디아 프놈펜에서 개최됨
	14(土)	5.15	·外孫女를 데리고 淸潭幼稚園 野遊會를 따라가다 ·龍仁市 陽智面에 있는 世中돌博物館에 가서 구경하고 같이 유희를 하다. ·外孫女를 데려다 주고 집에 오다. ·黃時旭 사장 초청으로 河升逵 고문 및 鄭光玉 사장과 저녁식사를 하다.	18(水) ·朝興銀行 勞組, 전격 罷業 돌입 ·유럽聯合, 그리스 테살로니키에서 頂上會談을 가짐 19(木) ·鄭大哲 民主黨 代表, 中國을 공식방문하고 후진타오 國家主席을 면담함 ·英國에서 맞춤아기가 첫 出生함
	15(日)	5.16	·妻와 같이 中溪洞 商街에 가서 眼鏡을 맞추다. ·店鋪契約 更新을 하고 月貰를 180만원에서 250만원으로 인상하다. ·沐浴을 하다.	20(金) ·對北送金 송두환 特檢팀, '現代秘資金 150억원 흐름의 補强調査 必要'에서 特檢 30일 延長을 공식 요청했으나 盧武鉉 大統領이 공식 거부함

月	日	陰	本人 및 家族事項	社會一般事項
6	16(月)	5.17	·空路 浦項市에 가다. ·朴昇治 부원장을 만나 함께 黃成吉 부시장과 담화하다. ·鄭章植 市長과 對談을 하고 같이 오찬을 들다. ·上京하여 李興壽 辯護士를 방문하여 次女의 寫眞을 전달하다. ·新行政首都建設支援團 및 硏究團 代表들과 저녁을 들며 業務協議를 하고 決意를 다지다.	·檢察, '나라綜金 로비疑惑'事件에 대한 再搜査 結果를 발표함 22(日) ·三星 라이언스의 李승엽, 世界 最年少로 26년 10개월만에 300號 홈런 大記錄 달성 23(月) ·國立保健院, O-157患者가 光州에서 첫 發生했다고 발표 ·서울地法, 全斗煥 前 大統領의 財産明示에 대한 審理를 종결한다고 선언
	17(火)	5.18	·上溪洞 地發硏에 가서 일을 보다. ·外廓道路 路線調整委員會의 報告書에 怪文案이 삽입된 것이 발견되어 佛敎界의 거센 抗議가 있다는 報告를 받다. ·向志會 모임에 나가 主宰하다.	·韓國名 위성미의 13歲 미셸 위, U.S. 女子 아마추어 퍼블릭 링크스 챔피언쉽 大會에서 最年少로 우승함 24(火) ·釜山·大邱·仁川 3個 廣域市 地下鐵 勞組 同時罷業, 大邱는 9시간만에 協商妥結, 釜山은 밤 12時頃에 타결되고 仁川은 28일만에 罷業을 철회함
	18(水)	5.19	·一山 韓自硏에 가서 業務 보다. ·朴課長 초청으로 職員들과 오찬을 하다. ·安東 MBC팀이 내방하여 '出鄕人士 生涯'에 대해 奇和舒 敎授와 대담·녹화하다. ·李景熙 ·李永哲氏와 저녁을 하다.	25(水) ·對北送金 송두환 特檢팀, 政府 1억 달러와 現代 3억 5천만 달러의 支給約定으로 '對北送金은 사실상 頂上會談의 代價'라는 搜査結果를 발표함
	19(木)	5.20	·齒牙치료를 하고 大田에 가다. ·姜溶植 新行政首都建設 地域分科諮問委員長과 오찬을 하며 業務協議를 하다. ·韓國地域開發學會에 가서 河晟奎會長 등을 만나고 세미나에서 基調講演을 하다. ·淸州市로 가서 國民弘報委員 忠北協議會가 주최한 '新行政首都 세미나'에서 基調演說을 하다. ·代表들과 食事를 하고 상경하다.	26(木) ·한나라黨 全黨大會 개최, 崔秉烈 후보가 徐淸源 후보를 3,109票差로 따돌리고 새 代表로 선출됨 ·憲法裁判所 全員裁判部, '性犯罪者의 身上公開는 合憲'이라는 決定을 내림 ·兵役忌避 疑惑 歌手 유승준, 法務部의 禁止措置 一時解除로 約婚女의 父親喪 보러 16개월만에 일시 귀국하고 27일에 다시 LA로 出國함
	20(金)	5.21	·天安에 있는 國民銀行 天安硏修院에 가다. ·國土硏究院의 '21世紀 國土포럼'이 주최한 워크숍에 참석하여 開會人事를 하고 사회를 보다. ·저녁식사 후 분과회의를 개최하다. ·飮酒歡談을 하고 투숙하다.	27(金) ·第7次 南北離散家族의 金剛山 相逢이 이루어져서 29일에 1陳 110명이 귀환하고 7월 2일에 2陳 472명이 귀환함
	21(土)	5.22	·報告會의 司會를 보다. ·高建 總理의 電話를 받다. ·오찬을 함께 하고 上京하다. ·李興壽·鄭龍鎬氏와 저녁식사를 하다.	·朴智遠氏의 150억원 秘資金을 돈 洗濯을 한 疑惑을 받고 있는 김영완씨 집에 떼强盜事件이 발생하여 論難이 일어남
	22(日)	5.23	·大門 위의 雜草를 모두 뽑다. ·매우 덥고 지치다. ·沐浴을 하다.	·韓·美 國防長官 會談, 美國 워싱턴에서 개최되어 '龍山 美軍基地의 年內 移轉着手'에 합의함
	23(月)	5.24	·上溪洞 地發硏에 가서 일을 보다. ·禹哉永 회장 초청으로 La Fonte에서 朴煐植 총장, 李祺載 노원구청장, 李興壽 변호사, 趙洪來 사장, 정용호·김옥현·김규복氏 등과 점심을 같이 하다. ·金相植 協友物産株式會社 사장을 소개 받다. ·曹溪宗 總務院 法長 院長을 만나 路線에 대해 협의하다. ·外廓道路 路線委員會 會議를 주재하고 報告書作成과 國民討論會件을 협의하다. ·한겨레新聞社에 가서 許동식 次長 및 金규원 記者와 저녁식사를 하고 新行政首都建設을 主題로 대담하다.	28(土) ·鐵道廳 勞組 全面罷業突入, 參與政府의 첫 公權力 投入으로 7월 1일 罷業을 철회함 30(月) ·朴寬用 國會議長의 주선으로 崔秉烈 한나라黨 代表와 鄭大哲 民主黨 代表의 첫 會同이 이루어졌으나 새 特檢法에 대한 異見을 좁히지 못함

月	日	陰	本人 및 家族事項	社會一般事項
6	24(火)	5.25	· 韓國地方行政硏究院 硏究諮問委員會 會議에 참석하다. · 新行政首都 支援團 및 硏究團의 元老說明會에 참석하여 오찬을 들며 論議하다. · 學校에 가서 博士論文 最終審議를 하고 저녁을 같이하다.	
	25(水)	5.26	· 地方移讓委員會의 會議를 주재하고 行自部 權五龍 次官補와 모두 같이 오찬을 들다. · 會議를 속개하여 敎育部 및 建交部의 어려운 課題를 처리하다. · 저녁食事를 같이하고, 好凡會의 2次 모임에 참석하다.	
	26(木)	5.27	· 新行政首都 諮問委員會 小委員長 會議를 주재하고 오찬을 같이 하다. · 一山 韓自硏에 가서 일을 보다. · 鳥嶺會 모임에 참석하다.	
	27(金)	5.28	· 비가 내리다. · 上溪洞 地發硏에 가다. · 朴永根 사장 등과 메기湯 점심을 하다. · 中央都市計劃委員會 會議에 참석하다. · 禹哉永 · 尹相在 · 李永哲 · 金奎馥氏와 저녁食事를 하다. · 姜瑩基 學長을 잠시 만나다.	
	28(土)	5.29	· 住宅公社의 方晩洙 處長과 吳明哲 部長을 만나 오찬을 같이하며 新首都件을 협의하다. · 처와 같이 百貨店을 들러 저녁을 하고 귀가하다.	
	29(日)	5.30	· 마당 雜草를 뽑고 나서 沐浴을 하다. · 妻와 長女宅에 가서 같이 점심을 하다. · 外孫子女를 데리고 놀이터와 奉恩寺에 가서놀다. · 家族 모두 데리고 밖에서 저녁食事를 사주다.	
	30(月)	6.1	· 一山 韓自硏에 가서 일을 보고 職員 모두에게 점심을 사주다. · 洋服假縫을 하고 印刷所에 가서 校正本을 받아오다.	
7	1(火)	6.2	· 齒科大學에서 齒牙를 치료 받다. · 金振鎬 土地公社 社長과 朝鮮호텔에서 오찬을 하며 新首都建設에 대해 意見을 나누다. · 프레스센터에서 개최된 서울外廓道路 路線調整 國民討論會에서 經過報告를 하고 司會를 보다. · 發表 · 討論者들과 麥酒를 들며 환담을 하고, 禹哉永 會長 등과 저녁식사를 하다.	1(火) · 淸溪川 復元工事가 착수됨 · 公共場所에서의 禁煙이 확대 실시됨
	2(水)	6.3	· 麻浦 Holiday-in Hotel에서 개최된 柳致松 선생 傘壽筵에 참석하여 祝辭를 하다.	2(水) · 權魯甲 전 民主黨 顧問, 抗訴審에서 진승현씨로부터 5천만원 받은 嫌疑에 대한 無罪宣告를 받음 · 第15次 國際 올림픽 委員會(IOC) 總會가 체코 프라하에서 開催, 2010년 冬季올림픽 開催地로 江原道 平昌이 탈락되고 캐나다 벤쿠버가 선정, 金雲龍氏가 IOC副委員長에 당선됨 · 南北鐵道 · 道路連結 實務協議會 第3次 會議, 京畿 坡州市 條里邑 홍원硏修院에서 出退勤으로 會談 가짐
	3(木)	6.4	· 비가 많이 오는 가운데 大田市 政府大田廳舍에 가다. · 盧武鉉 大統領께 人事를 드리고 談話를 나누다. · 新行政首都建設推進에 대한 大統領 報告會에 諮問委員長으로 참석하여 司會를 보다. · 午餐을 함께하고 地域事務所를 방문한 뒤 상경하다. · 黃時旭 · 河升逵 · 鄭光玉 · 禹哉永 · 李永哲 · 金奎馥 등과 저녁을 같이 하며 환담을 나누다.	3(木) · 崔秉烈 한나라黨 代表, 放送記者 클럽 討論會에서 '大統領 4年 重任 改憲可能'을 시사함 · 湖南高速鐵道의 서울 出發驛을 江南區 水西地域으로 확정함
	4(金)	6.5	· 一山 韓自硏에 가서 會議를 하고 일을 처리하다. · 韓仁錫 前 京畿副知事의 來訪을 받고 환담 후 朴昇治 부원장과 함께 저녁을 하며 환담하다.	4(金) · 金龍鶴 한나라黨 議員, '2010년 冬季올림픽의 平昌 誘致 失敗는 金雲龍氏 탓'

月	日	陰	本人 및 家族事項	社會一般事項
7	5(土)	6.6	·地發硏에 가서 일을 보다. ·함께 점심을 하며 환담하다.	이라고 주장하여 파문이 일어남 ·對北送金 疑惑事件에 대한 첫 公判이 개최됨 ·日本 中議院, 自衛隊 이라크 派遣法 통과 5(土) ·現代重工業 賃金協商, 9년 연속 無紛糾로 타결됨 ·世界保健機構, '全世界에서 사스가 통제된 狀態'라고 선언
	6(日)	6.7	·安東 MBC에서 錄畵한 '出鄕人士 生涯'를 관람하다. ·妻·子女 모두 車 2臺로 北漢江에 가서 배를 타고 春川市 江村마을에 가서 매운탕으로 食事를 하며 本人 生日을 앞당겨 축하해 주다.	6(日) ·盧武鉉 大統領, 中國을 방문하여 頂上會談을 가짐 ·찰스 테일러 라이베리아 大統領, 나이지리아 망명이 수용됨
	7(月)	6.8	·沐浴을 하고 記錄集 原稿를 정리하다. ·갑작스러운 電話를 받고 曹溪宗 總務院에 가서 國務總理 및 建交部長官과 같이 法長 院長 등을 만나 怪文書件에 대해 謝過하다. ·國務總理室에 가서 建交部長官 및 國務調整室長과 外廓道路件에 대해 협의하다. ·집에 와서 妻 및 外孫女와 놀이터를 거쳐 하나로 마트에 가서 저녁을 먹고 物件을 산 후 外孫女를 데려다주고 귀가하다.	7(月) ·이부영·이우재·김부겸·안영근·김영춘 議員 등 改革派 5名, 하나라당을 脫黨함 ·無所屬 송광호 議員, 한나라黨 入黨 ·國立保健院, '사스와의 戰爭' 終了를 공식 선언 ·教育情報化委員會, 教育行政情報시스템(NEIS) 施行을 전면 재검토한다고 천명 ·淸州地檢 忠州支廳, 橫領嫌疑로 전 陰城 꽃동네 會長 오웅진 神父를 소환 조사함 ·조지 부시 美國 大統領, 아프리카 5개국 巡訪
	8(火)	6.9	·炭川 自動車免許場과 驛三1洞 事務所를 거쳐 學校에 가다. ·金玉鉉 친구와 점심을 같이 하다. ·總理室과 曹溪宗總務院間의 協商을 주선하기 위해 電話連絡을 많이 하다. ·美國에 사는 妻 親舊 姜信子氏가 親舊들과 來家하여 妻가 접대를 하다.	8(火) ·판소리 名唱 朴東鎭翁, 87歲로 별세함 ·檢察, 인터넷 音樂사이트 '벅스뮤직'의 朴성훈 代表를 著作權 違反 혐의로 拘束令狀을 발부함
	9(水)	6.10	·陰曆 生日을 맞아 家族들과 아침을 같이 하며 祝賀를 받다. ·國務調整室長을 예방하여 曹溪宗과의 協商件을 논의하다. ·新首都支援團에 가서 海外旅行件 등을 협의하다. ·地方移讓委員會 第23次 最終會議를 주재하고 行自部 金仕炫 次官 초청의 午餐에 참석하다. ·齒科病院, 洋服店, 現代印刷所 등을 들려 집에 오다. ·黃時旭 會長 등과 저녁식사를 하며 業務協議를 하다.	9(水) ·第11次 南北 長官級會談이 서울에서 개최되어 6個項의 共同報道文을 발표함 ·鄭大哲 民主黨 代表, 굿모닝시티에서 後援金 4억원+α 授受疑惑으로 파문이 임
	10(木)	6.11	·上溪洞 地發硏에 가다. ·教育部의 두 課長이 와서 함께 점심을 하다. ·朴今燮 부사장 등이 다녀가다. ·저녁모임에서 禹哉永·李永哲·金奎馥氏로부터 生日祝賀를 받다.	10(木) ·韓國銀行, 콜金利를 4.0%에서 3.75%로 025%포인트 인하시킴 ·金浦에 말라리아 患者 2名 발생
	11(金)	6.12	·一山 韓自硏에 가다. ·朴昇治 부원장으로부터 硏究員들의 陳情件을 보고 받다. ·潘局長·金室長·金課長과 점심을 하며 꾸중을 하다. ·幹部會議를 하여 協商을 도모했으나 실패하다. ·5名 職員의 辭表가 제출됐다는 보고를 받다. ·金鍾宬 친구의 초청으로 柳穆基·鄭龍鎬·權五澈·金玉鉉·裵社長 등이 모여 新首都諮問委員長 就任을 축하해 주다.	11(金) ·世界貿易機構, 美國의 韓國産 등 鐵鋼에 대한 輸入制限措置(세이프 가드) 關稅賦課는 WTO協定에 위배된다는 判決을 내림
	12(土)	6.13	·長男이 와서 一山 硏究院 紛糾件에 대해 의논하다. ·長女宅에 가서 TV로 映畵를 보다. ·長女 및 外孫子女와 Lotte World에 가서 놀다가 저녁식사를 하고 귀가하다.	12(土) ·北韓, 廢燃料錄의 再處理를 완료했다고 美國에 통보함 ·中國 政府特使 다이빙귀(戴秉國), 北韓을 방문하여 金正日 國防委員長과 면담함
	13(日)	6.14	·집 庭園에서 雜草를 뽑고 잔디를 정리하다. ·長男이 낚시로 고기를 잡아와서 조림을 하여 잘 먹다. ·沐浴을 하고 고단하여 일찍 자다.	13(日) ·이라크, 宗教代表 등 25명으로 구성된 過渡 統治委員會를 공식 출범시킴 14(月) ·三星電子의 世界 첫 1機가 DDR(더블 데이터 레이트) D램을 量産함 ·韓半島에너지開發機構(KEDO), 理事國 實務者會議를 美國 뉴욕에서 개최함 15(火) ·서울 行政法院의 '새만금 暫定中斷 決定'으로 파문이 일어남 ·駐韓 美國大使館, 새 非移民 비자의 發給節次를 발표함

月	日	陰	本人 및 家族事項	社會 一般 事項
7	14(月)	6.15	·上溪洞 地發硏에 가서 韓自硏 職員의 迎入件에 대해 논의하다. ·研究院 任員 및 朴永根 社長에게 점심대접을 하다. ·(株)大道技術團의 高秀永 社長과 식사를 하며 환담하다. ·禹哉永·李永哲·金奎馥氏와 餘興時間을 갖다.	16(水) ·金榮鎭 農林部 長官, 새만금 事業에 대한 법원의 결정에 항의하여 사표를 제출함 17(木) ·北韓軍, 京畿 漣川의 非武裝地帶(DMZ)에서 銃擊을 행함 ·仁川의 30代 主婦, 生活苦를 비관하여 세 子女와 동반 投身自殺을 함
	15(火)	6.16	·學校에 가서 整理를 하다. ·教育部 李修一 學校政策室長 초청으로 金·林 두 課長과 오찬을 같이 하다. ·地方移讓委員會 및 新首都支援團에 들려 협의하다. ·國土研究院에서 개최된 研究團 및 諮問委員會 회의에 참석하여 進行을 주재하다. ·모두 함께 晩餐을 하며 환담하다.	20(日) ·토니 블레어 英國總理, 韓國을 방문하여 兩國 頂上會談을 갖고 '多者會談에 참여토록 北韓을 說得'키로 합의함 21(月) ·盧武鉉 大統領, 大選資金 公開를 위한 記者會見을 가짐 ·財界, 週5日制 政府案을 수용
	16(水)	6.17	·水原에 가서 京仁行政學會의 丘德煥 會長 등과 만나 인사하다. ·京畿道 文化藝術會館에서 개최된 세미나에서 基調演說을 하다. ·李永哲 회장 초청으로 禹哉永·金玉鉉·高永天·金奎馥氏와 저녁식사를 하며 터키旅行의 歡送人事를 받다.	·조지 부시 美國 大統領, 크로퍼드 牧場에서 실비오 베를루스코니 이탈리아 總理와 頂上會談을 가짐 22(火) ·未來 韓美同盟 政策構想 共同協議, 美國 하와이에서 第3次 會議를 갖고 韓·美間 9個 特定 軍事任務의 移讓을 전격 합의 함
	17(木)	6.18	·制憲節을 맞아 國旗를 揭揚하고 庭園 잔디를 깎다.	·싱가포르에서 韓國人 샴 쌍둥이의 分離에 성공함
	18(金)	6.19	·中央都市計劃委員會에 참석하고 함께 점심을 하다. ·學校에 가서 銀行處理를 하다. ·齒科大學에 가서 齒牙치료를 받다. ·建交部 次官 및 姜瑩基 教授와 저녁식사를 하며 환담하다. ·李揆邦·崔秉瑄 院長 등과 合流하여 2次餘興을 갖다.	·美軍, 후세인 두 아들인 우다이와 쿠다이를 交戰 끝에 사살함 23(水) ·民主黨, 收入 402억원과 支出 361억원의 大選資金을 공개함 ·檢察, 大邱地下鐵 放火犯 김대한氏에게 死刑을 구형함
	19(土)	6.20	·長男과 같이 一山 韓自硏에 가다. ·朴昇治 부원장과 人事協議를 하다. ·循環道路件으로 兩幹事를 만나 報告書 內容을 협의하다. ·黃時旭會長 등에게 저녁食事를 접대하며 환담하다.	·美國 國際貿易委(ITC), 하이닉스에 44.29% 相計關稅를 부과한다는 最終判定을 내림 ·아시아·유럽 頂上會議(ASEM) 第5次 外務長官會議, 인도네시아 발리에서 열림
	20(日)	6.21	·妻와 外孫女를 데리고 百貨店에 가서 옷 등을 구입하다. ·子女 모두와 저녁식사를 하다.	24(木) ·새 農林部長官에 許상만氏가 임명됨 ·헬렌 클라크 뉴질랜드 總理, 韓國을 방문하여 兩國 頂上會談을 가짐
	21(月)	6.22	·新行政首都企劃團의 海外視察 프로그램으로 李揆邦 院長 등 10名의 團員으로 처음 터키를 방문하기 위해 出國하다. ·12時間 飛行 끝에 Istanbul에 도착하여 Intercontinental Hotel에 투숙하다.	·産業資源部 敷地選定 委員會, 全北 扶安郡 蝟島를 核廢棄物場 最終敷地로 확정함 25(金) ·京釜線 永登浦驛 列車運用팀長인 김행균氏, 衝突危機의 어린이를 구하다 두 발 잃는 事故 당함
	22(火)	6.23	·Bosphorus海峽에서 遊覽船을 타고 沿岸을 시찰하다. ·돌마바흐체宮殿, 루멜리 要塞, 아시아 地域 沿岸 등을 둘러보다. ·韓食으로 저녁을 먹고 함께 노래를 하다.	·조지 부시 美國 大統領, 마흐무드 아바스 팔레스타인 解放機構(PLO) 總理와 워싱턴에서 會談을 갖고 팔레스타인에 2천만 달러의 經濟支援을 약속함
	23(水)	6.24	·톱가프宮殿, 聖소피아寺院, 地下貯水池, 블루 모스크, 그랜드 바자르 등을 관람하고 저녁에는 발레춤을 구경하다.	·이승엽 選手, 시즌 78의 世界 最年少 競技에서 40號 홈런을 기록함 27(日) ·캄보디아 總選, 훈센 總理의 캄보디아 國民黨(CCP)이 全體議席 123席 中 過半을 차지하여 승리함
	24(木)	6.25	·Istanbul을 떠나 航空便으로 터키 首都 Ankara에 가다. ·Middle East Technical 大學에 가서 教授陣들과 首都建設에 관한 세미나를 갖다. ·兩國代表 晩餐에서 乾杯 人事를 하다. ·團員 들에게 麥酒를 대접하다. ·Etap Altinel Hotel에 들다.	·國家人權委員會, '在美同胞 歌手 유승준氏의 入國禁止 問題 없다'라는 陳情을 기각함 29(火) ·南北經濟 協力制度 實務協議會, 開城에서 31일까지 第2次 會議를 개최함

月	日	陰	本人 및 家族事項	社會一般事項
7	25(金)	6.26	· Ankara 市內의 韓國公園, 大統領宮, 總理會館, 政府廳舍, 國會議事堂, 外國大使館, 아나톨리아 文明博物館, 初代 大統領 Ataüthrk의 墓所, 市街地 등을 시찰하다.	30(水) · 檢察, 卓秉伍 國務總理 秘書室長을 '굿모닝 게이트'관련 혐의로 전격 逮捕하고 다음 날 정식으로 구속함
	26(土)	6.27	· Ankara를 출발하여 소금湖水와 農村을 보면서 南쪽의 Cappadocia地域에 가다. · 溪谷, 洞窟, 寺院, 怪巖, 地下都市 등을 관람하다. · Dedeman Hotel에 투숙하다.	31(木) · '外國人 雇傭許可' 法案, 參席 245名中 贊成 148票, 反對 88票, 棄權 9票로 國會에서 통과됨 · 양길승 青瓦臺 第1附屬室長, 清州에서 饗應을 대접 받아 파문이 일어남
	27(日)	6.28	· 버스로 Konya市에 도착하다. · 메블라나博物館, 언덕公園, 市街地 등을 둘러보다. · 식사 후 飮酒歡談을 하고 Hilton Hotel에 투숙하다.	
	28(月)	6.29	· 航空便으로 Konya를 떠나 Istanbul을 경유하여 獨逸 Frankfurt空港에 도착하다. · 아시아나 항공 1等席을 타고 10時間을 비행하다.	
	29(火)	7.1	· 낮12時 10分에 仁川國際空港에 도착하여 團員들과 작별인사를 하다. · 마중나온 妻·外孫女 및 宋技士와 같이 귀가하다. · 金丁勛 院長을 만나 學校 教授採用件에 대해 의견을 나누다. · 짐을 정리하고 旅行記錄을 하다.	
	30(水)	7.2	· 珍島犬 '방울이'가 새끼 7마리를 낳다. · 地發硏에 가서 일을 보다. · 蘆原區廳長 등과 점심을 들며 환담하다. · 好凡會 모임에 참석하다.	
	31(木)	7.3	· 韓自硏에 가서 일을 보다. · 朴 부원장과 人事問題를 논의하다. · 職員 모두 臨津江 遊園地에 가서 『自治發展』誌의 誌齡 100號 出刊의 自祝宴을 갖다. · 귀가길에 약간의 추돌사고가 생기다.	
8	1(金)	7.4	· 洞事務所에 가서 새 住民證을 찾다. · 齒科病院에 가서 이를 치료하다. · 印刷所에 가서 校正本을 갖고 귀가하다.	3(日) · 北韓 11期 最高人民會議 代議員 選擧, 金正日 國防委員長 등 687名을 선출
	2(土)	7.5	· 沐浴을 하고 校正을 보다. · 外孫子女와 놀이터 등에 다녀오다. · 妻 및 長女家族과 같이 食堂에 가서 사위로부터 저녁 待接을 받다.	4(月) · 鄭夢憲 現代峨山 理事會 會長의 投身自殺로 파문이 일어남 5(火) · 現代自動車 勞使, 勞組 經營參與와 賃金大幅引上 및 週5日制 施行 등에 합의 · 盧武鉉 大統領, 양길승 青瓦臺 第1附屬室長의 辭表를 수리
	3(日)	7.6	· 비가 오는 가운데 집에서 조용히 整理를 하다.	
	4(月)	7.7	· 禹哉永·李松晩·孫善奎씨와 오찬을 같이하다. · 黃時旭 회장 등과 저녁을 같이하며 人事付託에 대한 留保答辯을 듣다. · 妻, 시골 親庭에 놀러 가다.	· 仁川 松島·永宗島·青羅地區 6,336萬坪, 國內에서 첫 '經濟自由區域'으로 지정됨 · 인도네시아 자카르타 매리어트 호텔에 爆彈테러 발생, 僑民 2명등 15명 사망하고 150여명 부상당함
	5(火)	7.8	· 學校에 가서 金丁勛 원장으로부터 教授採用結果를 이야기 듣고 最終候補者인 呂博士를 만나다. · 新行政首都建設 專門分科諮問會議를 주재하다. · 李永哲 會長 초청으로 모임을 갖고 저녁을 하며 就業件에 대해 논의하다.	· 美國 聖公會, 同性愛者인 진 로빈슨 神父를 史上 첫 뉴햄프셔教區 主教로 공식 승인
	6(水)	7.9	· 一山 韓自硏에 가서 全職員과 점심을 같이하다. · 金鐘宬 친구 초청으로 高校 친구 및 金源 교수·李興壽 辯護士 등과 만찬을 들며 환담하다.	6(水) · 2人組 拳銃强盜, 京畿 坡州 農協支店에서 1억3천만원을 강탈하여 도주함 · 大邱地法, 大邱地下鐵 放火犯 김대한에게 無期懲役을 선고

月	日	陰	本人 및 家族事項		社會一般事項
8	7(木)	7.10	·鄭世煜 원장과 같이 光州市에 가다.		·美國 할리우드 俳優 아널드 슈워제네거, 캘리포니아 州知事 出馬를 선언
			·宋병태 光山區廳長 등과 점심을 같이 하다.		
			·光州廣域市 自治區 地方分權推進協議會 創立總會에 가서 特講을 하다.	7(木)	·韓總聯, 京畿 抱川 美軍訓鍊場에 진입하여 裝甲車를 점거하는 示威事件을 벌림
			·上京 귀가하다.		·서울地法, '나라綜金事件'과 관련하여 정학모 씨에게 懲役1년에 執行猶豫 2년을 선고함
	8(金)	7.11	·地發硏에 가서 일을 보다.		
			·印刷社 朴 社長이 와서 모두 함께 점심을 하다.		
			·徐健一 會長이 다녀가다.	8(金)	·京釜線 下行線 慶山驛 근처에서 無窮花號, 貨物列車와 추돌하여 2명 사망하고 100여명이 부상당함
			·李永哲·鄭光玉 사장과 저녁을 하며 Golf場 就業件을 논의하고 뒤에 禹會長 등과 합석하다.		
	9(土)	7.12	·朴光泰 光州市長 초청으로 뉴서울 골프場에서 오랜만에 골프를 치다.		·國內 첫 宇宙센터 起工式이 全南 高興에서 거행됨
			·모두 같이 逢友里 食堂에서 저녁을 하며 환담하다.		·鐵道廳, '東海岸 鐵道 新設 및 擴張計劃' 발표
	10(日)	7.13	·집에서 여러 가지 整理를 하다.		
			·妻 및 長女家族과 水原에 가서 갈비食事를 하다.	11(月)	·檢察, 現代 秘資金 數百億원을 수수한 혐의로 權魯甲 전 民主黨 顧問을 긴급 체포하고 15日에 拘束收監함
			·長女夫婦는 大田으로 가고 外孫子女만 데리고 집에 와서 재우다.		
	11(月)	7.14	·自宅 동산의 잔디를 깎다.	12(火)	·政府, 8·15를 맞아 15萬 1,122名을 特別赦免함
			·外孫子女를 데리고 '市民의 숲'에 가서 오랫동안 놀다.		·'블레스터 웜 바이러스', 세계적으로 급속히 확산됨
			·저녁에 長女가 와서 아이들을 데리고 가다.		
	12(火)	7.15	·學校에 가서 整理를 하다.	13(水)	·盧武鉉 大統領, 兄 건평氏에 대한 疑惑報道와 관련하여 言論4個社와 김문수 한나라黨 議員에게 損害賠償請求 訴訟을 제기함
			·盆唐에 가서 住宅公社 安泰炯 理事 등과 오찬을 같이하다.		
			·新行政首都 移讓對象機關設定 公開세미나에 참석하고 마지막에 人事말을 하다.		
			·東部 엔지니어링의 김국일 社長 초청으로 朴今燮·李鐘榮·金專務 등과 저녁을 같이하다.		·韓·美·日, 美國 워싱턴에서 非公式 對北政策協議會를 가짐
	13(水)	7.16	·地發硏에 출근하다.		·리비아, 팬암機 事故의 賠償合意에 서명함으로써 11년만에 原油輸出 길이 열림
			·向志會 모임을 주관하고 新規會員 金文永 社長을 환영하다.	14(木)	·檢察, 信徒殺害 혐의로 永生教 勝利財團 教主 조희성씨를 空港에서 긴급 체포함
	14(木)	7.17	·金源 교수와 같이 釜山大學에 가서 教授採用 審査를 하다.		·法官 144名, 大法官 提請을 再考 要請하는 連判狀을 大法院長에게 제출
			·上京하여 黃時旭 會長 등과 저녁을 같이하며 就業件을 논의하였으나 만족스럽지 못하다.		·黨政, 板橋 新都市에 住宅 1萬家口를 추가 건설키로 함
	15(金)	7.18	·光復節을 맞아 國旗를 게양하다.		·서울地法, 民主黨 金槿泰 議員에게 政治資金法 違反事件으로 罰金 500만원을 선고함
			·李永哲 회장을 잠시 만나 就業件의 어려움을 설명하다.		
	16(土)	7.19	·韓自硏에 가서 新任職員 4名의 申告人事를 받고 함께 식사하다.		·美國 北東部 및 캐나다 南東部에 史上 첫 대규모 停電事態가 일어남
	17(日)	7.20	·自宅에서 資料整理를 하다.	15(金)	·서울地法, 間諜누명 수지 金의 遺族에 42억원 慰藉料 支給을 판결함
	18(月)	7.21	·學校에 가서 일을 보다.		
			·李源岡 친구 초청으로 金源 교수와 오찬을 같이하다.	18(月)	·大法院, 史上 처음 全國法官 緊急會議를 소집하여 '大法官 要請'에 대해 討論을 가짐
			·齒科病院에 들려 귀가하다.		
	19(火)	7.22	·집에서 世界 首都의 統計를 정리하다.		·北韓 祖國平和統一委員會, 大邱 유니버시아드 不參을 시사함
			·李興壽 변호사 초청으로 鄭龍鎬 친구와 저녁 식사를 하다.		·서울地法, '稅風事件'과 관련하여 徐相穆氏 등에게 實刑을 선고
	20(水)	7.23	·地發硏에 가서 일을 보다.		
			·사위 文丙基君이 中央大學 教授採用에서 保留되었다는 연락을 받고 크게 낙담하다.	19(火)	·大法院, 憲法裁判所 裁判官으로 史上 첫 女性을 지명함
			·禹·李·金氏 등과 저녁을 하며 환담하다.		·이라크 駐在 U.N.本部에 車輛爆彈테러 발생, 24명 死亡하고 100여명 부상당함

月	日	陰	本人 및 家族事項	社會一般事項
8	21(木)	7.24	·韓自硏에 가서 全 職員에게 점심 대접을 하다.	20(水) ·北韓 選手·應援團 520명, 大邱 유니버시아드 參加次 入國함
	22(金)	7.25	·國土計劃學會 元濟戊 會長과 같이 釜山에 가서 東亞大學에서 개최된 심포지움에 참석하다. ·招請講演을 하고 끝에 綜合司會를 보다. ·徐義澤 總長 및 尹哲賢 支會長 등 參席者들과 저녁會食을 하고 사파이어 호텔에 투숙하다. ·妻, 子女들과 같이 祖母 祭祀를 모시다.	21(木) ·2003 大邱 유니버시아드 開幕, 史上 最大規模인 174個國 6,559名이 참여 ·貨物連帶, 또다시 總罷業 돌입 22(金) ·法務部, 兩性平等을 내용으로 한 戶主制 改正案을 확정
	23(土)	7.26	·航空便으로 상경하다. ·서울에 비가 많이 내리다. ·自宅에서 資料를 정리하다.	24(日) ·大邱 유니버시아드에서 保守團體와 北韓 記者 사이에 몸싸움이 일어남 25(月) ·政府, 1천만원 미만 小額信用不良者 81만명에 대한 救濟策 강구 ·르완다, 獨立이후 첫 大選을 치룸 ·盧武鉉 大統領, 새 監査院長에 尹성식 高麗大 行政學科 敎授를 內定함
	24(日)	7.27	·終日 비가 내리다. ·自宅에서 世界 首都의 資料를 정리하다.	
	25(月)	7.28	·金亨錫 敎授와 동행하여 車로 慶北 星州郡에 가다. ·郡民自治大學 開講式에서 祝辭를 하고 郡守와 인사를 한 뒤 상경하다.	
	26(火)	7.29	·學校에 가서 整理를 하고 李正典 敎授와 점심을 같이 하다. ·新首都 專門分科 諮問會議와 小委員長會議를 주재하다. ·硏究團 主催 晩餐을 함께하고 徐義澤 總長 초청으로 餘興時間을 갖다.	26(火) ·南北經濟協力推進委員會, 서울에서 第6次 會議를 개최하고 南北直交易 事務所를 開設키로 합의함 ·起亞車 勞使紛糾, 38일만에 타결됨 ·忠北 淸州에서 女子 銃器强盜, 새마을金庫에서 1,501여만원을 강탈 도주함 ·칠레 下院, 對韓 自由貿易協定(FTA)動議案 통과
	27(水)	7.30	·上溪洞 地發硏에 가서 일을 보다. ·廣州市 治水課 職員이 내방하다. ·奉化집에서 好凡會 모임을 갖다.	27(水) ·北京에서 韓·美·日·中·러·北韓의 6者會談을 가짐 ·火星, 약5만년만에 地球와 5,576만km 地點까지 접근함
	28(木)	8.1	·一山 韓自硏에 가서 일을 보다. ·離職하는 潘洸植 局長과 점심을 같이 하다. ·水原市 都市課長이 내방하다. ·鳥嶺會 모임에 참석하다.	29(金) ·이라크 나자프에서 車輛爆彈테러 발생, 125명 死亡, 142명 부상당함
	29(金)	8.2	·建交部에 가서 民資道路課를 방문하고 中都委 第3分科 會議를 주재하다. ·瑞草稅務署에 가서 일을 보다. ·自宅에서 外孫女와 같이 놀다.	30(土) ·北韓代表團, 歸還길에 '6者會談 不必要'하다는 聲明을 발표함
	30(土)	8.3	·妻 및 長女家族과 高麗大學病院에 가서 癌手術을 받은 石出 누님을 問病하다. ·비가오는 가운데 獎忠洞에 가서 같이 저녁을 하고 귀가하다.	
	31(日)	8.4	·沐浴을 하고 自宅에서 首都 資料를 정리하다.	
9	1(月)	8.5	·自宅에서 世界 首都의 資料를 정리하다. ·禹哉永·李永哲·金奎馥씨와 저녁을 하며 환담하다. ·李興壽·鄭龍鎬氏를 잠시 만나다.	1(月) ·AFP등 外信, 이라크 過渡政府의 內閣 出帆을 보도 2(火) ·檢察, 選擧法 違反으로 李明博 서울 市長에게 懲役 2년을 구형함
	2(火)	8.6	·開學을 맞아 博士課程 修業을 시작하다. ·上溪洞 硏究院에 가서 일을 보다. ·新任 金東嫐 硏究敎育室長의 就任을 축하하는 會食을 갖다. ·事業付託件과 관련된 現札과 會員券의 선물을 정중히 거절하다.	3(水) ·國會, 한나라黨이 제출한 金斗寬 行政自治部長官의 解任建議案을 가결시킴 ·首都圈 地下鐵 盆唐線의 水西-宣陵間 연장구간이 개통됨 ·北韓 最高人民會議 11期 第11次會議 개막, 金正日 政權의 2期 출범
	3(水)	8.7	·地發硏 車가 집에 오는 도중에 事故를 당해 당분간 利用치 못하게 되다. ·靑瓦臺에 가서 權 政策首席에게 新行政首都建設 推進狀況을 보고하다. ·터키訪問團 解團式에 참석하고 寫眞 앨범을 받다.	4(木) ·政府, '學校團體 先進化方案' 공식발표 ·靑瓦臺 5者 晩餐會同을 가짐 ·韓國 네슬레, 全國12個 事業場을 직장 폐쇄함 ·獨逸 總理와 프랑스 大統領, 獨逸 드레

月	日	陰	本人 및 家族事項	社會一般事項
9	4(木)	8.8	·韓國造景學會 주최 심포지움에 가서 招請講演을 하다. ·環境政策硏究院에 가서 新行政首都 관련 環境·防災部門 討論會를 주재하고 함께 저녁식사를 하다.	스텐에서 會談을 갖고 이라크·中東問題를 논의함
	5(金)	8.9	·齒科大學病院에 가서 이를 치료하다. ·高陽市長 초청으로 李萬儀 이사장 및 一山 區廳長 등과 오찬을 같이 하다. ·韓自硏에 가서 業務를 처리하다. ·果川 그레이스 Hotel에 가서 新行政首都件 硏究課題 選定會議를 주재하고 환담시간을 갖다. ·徐義澤 총장과 따로 술을 하다.	5(金) ·政府, 江南 再建築의 中大型을 제한하는 등의 '住宅價格 安定對策'을 발표 ·티베트 宗敎指導者 달라이 라마, 美國을 방문함
	6(土)	8.10	·집에서 資料整理를 하다. ·李景熙·禹哉永·李永哲씨와 저녁을 하며 환담하다. ·長女家族이 모두 집에 오다. ·개 '방울이'가 실수로 나가 들어오지 않아서 걱정을 하다.	6(土) ·마흐무드 아바스 팔레스타인 解放機構(PLO) 總理, 전격 사임함 ·臺灣, '臺灣共和國'으로 국호 변경을 주창하는 대규모 集會를 가짐
	7(日)	8.11	·비가 또 내리다. ·집에서 整理를 하며 집을 나간 개를 기다리다. ·DP점에 들렀다가 沐浴을 하다. ·黃時旭·鄭光玉 사장 등과 저녁식사를 하며 業務協議를 하다.	7(日) ·京畿道, 아파트 再建築 許可年限을 最低 20년에서 最高 40년으로 基準을 강화함
	8(月)	8.12	·地發硏에 가서 일을 보다. ·朴今燮 부사장 등과 점심을 같이하다. ·美國에서 온 李재훈 博士를 초청하여 地發硏 人士 모두에게 저녁 대접을 하다.	8(月) ·김종규 扶安郡守, 原電센터 反對 住民들에게 集團暴行을 당하여 중상을 입음 ·建設交通部, 板橋 新都市 敎育與件 改善方案 발표 ·서울地法, '나라綜金 非理事件'의 수뢰혐의로 韓光玉씨에게 懲役 2년 6월에 追徵金 3천만원을 선고함
	9(火)	8.13	·많은 비가 종일 내리다. ·學校에 가서 講義를 하다. ·서울大學病院에 가서 權泰埈 교수 父親 權重輝 총장의 逝去를 애도하다. ·長女, 아이들을 태우고 車로 大田에 가서 사위와 같이 大邱 媤宅에 가다. ·長男 妻家에서 강아지 한마리를 가져가다.	9(火) ·싱가포르 20代 1명, 2차 檢査結果 사스感染으로 판명됨
	10(水)	8.14	·李昌洙 회장이 와서 강아지 한 마리를 가져가다. ·집에서 記錄物을 정리하다.	10(水) ·第5次 世界貿易機構, 멕시코 칸쿤에서 閣僚會議를 개막함 ·이경해 前 韓國農業經營人中央聯合會 會長, 멕시코 칸쿤에서 農業市場開放反對를 주장하며 割腹 자살함
	11(木)	8.15	·秋夕을 맞아 子女들과 祭禮를 지내다. ·妻男 載國家族이 다녀가다.	11(木) ·이스라엘, 아라파트 팔레스타인 解放機構 首班의 逐出을 선언함 ·敎皇 요한 바오로 2世, 102번째 슬로바키아 訪問
	12(金)	8.16	·妻 및 次女와 Kim's Club에 가서 食品 등을 사고 점심을 먹은 뒤 귀가하다. ·長女家族, 비가 오는 가운데 大邱에서 긴 時間을 걸려 上京하여 집에서 함께 식사하다. ·颱風 '매미'號가 上陸하여 바람과 비로 많은 被害를 내다.	12(金) ·第14號 颱風 '매미' 上陸, 南部를 강타하여 死亡 119명, 失踪 12명, 財産 4조 2,225억원의 被害를 냄
	13(土)	8.17	·집에서 寫眞을 정리하다. ·妻와 같이 高麗大學病院에 가서 누님을 問病하고 姉兄을 위로하다. ·銀馬商街를 거쳐 長女宅에 가서 몸살난 長女와 家族들에게 저녁을 해주다. ·外孫子女와 밖에서 같이 놀다가 섭섭하게 헤어져 오다.	13(土) ·崔秉烈 한나라黨 代表, 美國을 방문함
	14(日)	8.18	·理髮과 沐浴을 하다. ·妻, 몸살난 長女를 간호하고 오다. ·5日間을 집에서 쉬고 보니 일없이 집에서 쉬고 있는 사람들의 지루하고 답답한 心境을 어느 정도 이해하게 되다.	14(日) ·파월 美國務長官, 美國務長官으론 半世紀 만에 이라크 訪問 ·스웨덴 유로 加入 國民投票에서 부결됨 ·에스토니아의 유럽聯合(EU) 加入이 압도적 지지로 贊成을 받음 ·판 반 카이 베트남 總理가 방한함 15(月) ·平壤觀光客 114名, 첫 北韓 航空便을 이용하여 平壤 등지를 관광 ·檢察, '盆唐 파크뷰' 用途變更 수뢰혐의로 金炳亮 前 城南市長을 檢擧·拘束함 ·第47次 國際原子力機構(IAEA)總會, 오스트리아 빈에서 개최하여 韓國을 2년 任期의 理事國으로 선출함 16(火) ·政府, 日本大衆文化의 第4次 開放措置를 확정 17(水) ·盧武鉉 大統領, 새 行政自治部 長官에 許成寬 海洋水産部 長官을, 海洋水産部 長官에 최낙정 次官을 내정함 ·第8次 南北軍事實務會議, 板門店內 北側 統一閣에서 개최됨

月	日	陰	本人 및 家族事項	社會一般事項
9	15(月)	8.19	·一山 韓自硏에 가서 일을 보다. ·職員들에게 점심을 사주다. ·職員 모두와 禹哉永·李永哲·金奎馥씨를 초대하여 朴昇治 부원장의 回甲을 축하하는 晩餐 모임을 주재하다.	·統計廳, 韓國의 女性壽命 80歲, 男性壽命 72.8歲라는 '2001年 生命表' 발표 18(木) ·國家情報院, 親北活動을 한 宋斗律·김용무의 逮捕令狀을 발부함 ·法院, 釜山 最大 容共操作事件인 '부림事件'을 22년만에 재심함
	16(火)	8.20	·地發硏에 가서 일을 처리하다. ·水原市 및 議政府市 公務員이 내방하여 都市計劃件을 설명하다. ·徐尙祐 사장이 오랜만에 찾아오다. ·好凡會 一部會員을 초대하여 저녁을 접대하며 환담하다.	·超大型 허리케인 '이사벨', 美國東部에 상륙하여 3個州에 非常事態가 선포됨 19(金) ·國民參與統合新黨, 院內代表에 金槿泰의원을 선출 ·海外滯留 反體制人士 33명, 33년만에 海外民主人士 故國訪問行事로 입국함
	17(水)	8.21	·韓國土地公社 經營政策諮問委員會에 참석하여 委員長으로 추대되고 會議를 주재하다. ·金振鎬 社長 등 委員 및 任員과 오찬을 같이하다. ·國會議員會館에서 개최된 忠南發展協議會의 新首都建設 세미나에 참석하다. ·新行政首都支援團에 들려 資料를 전달하고 業務協議를 하다. ·地方移讓推進委員會에 가서 任期滿了에 따른 殘務處理를 협의하고 個人私物을 모두 집으로 가져오다. ·4年間에 걸친 地方移讓推進委員會 委員長職을 종료하다.	·U.N.總會, 팔레스타인 解放機構(PLO)의 아라마트 議長을 추방하는 것에 대한 反對決議文을 채택 20(土) ·國民參與統合新黨, 院內 第3黨으로 공식 출범함 ·南北離散家族, 金剛山에서 상봉함 ·日本 自民黨 總裁選擧, 고이즈미 준이치로가 再選되어 2期 內閣이 출범함 21(日) ·鄭大哲 民主黨 代表, 代表職을 사퇴하고 朴相千 의원이 승계함 ·최경주, 유럽 프로골프(EPGA) 투어 린데 獨逸 마스터스에서 첫 勝利를 차지함
	18(木)	8.22	·靑瓦臺에 가서 盧武鉉 大統領께 드리는 新行政首都建設推進報告會에 참석하다. ·高建 總理를 잠시 만나고 建交部長官이 마련한 午餐에 關係官들과 같이 참석하다. ·妻와 같이 朴禹鎭 醫院에 가서 毒感注射를 맞고 高血壓 등의 藥을 사서 오다.	22(月) ·國會, 參與政府에 대한 첫 國政監査 실시 ·在獨 哲學者 宋斗律 敎授, 37년만에 귀국 ·朴寬用 國會議長, 中國·몽골·베트남 등 3個國을 공식 방문함 23(火) ·서울地法, '安企部資金 不法轉用事件'과 관련하여 강삼재 한나라黨 議員에게 懲役4년·追徵金 731억원을 선고함
	19(金)	8.23	·上溪洞 地發硏에 가다. ·金昇河 先生이 와서 함께 점심을 하며 환담하다. ·建交部 中央都市計劃委員會 第3分科 會議를 주재하다. ·國情院 강병철 職員을 만나 地方移讓業務에 대해 논의하다. ·黃時旭 會長 등과 事業推進件을 협의하고 함께 저녁을 하며 환담하다.	24(水) ·이라크 派兵을 위한 民官合同 現地調査團 12명이 출국함 25(木) ·李承燁, 55號 홈런으로 아시아 홈런 타이를 기록함 ·石油輸出國機構(OPEC), 石油減産을 전격 발표
	20(土)	8.24	·朴羽緖 敎授 令愛 結婚式에 참석하고 金壽鶴 會長, 文喜甲 市長, 蔣炳九 知事 등을 만나다. ·長女家族이 와서 함께 저녁을 먹다.	26(金) ·國會, 윤성식 監査院長 候補에 대한 任命同意案을 부결시킴 ·서울地法, '對北送金' 관련 6명에게 有罪를 선고함
	21(日)	8.25	·妻와 같이 강아지를 싣고 누님宅에 갔다드리고 누님을 問病하다. ·Kim's Club에 가서 物件을 사고 저녁食事를 한 뒤 귀가하다.	·檢察, 全斗煥 前 大統領의 追徵金 환수를 위해 動産 모두를 경매함 ·美·러시아 頂上, 美國 캠프데이비드에서 會談을 가짐
	22(月)	8.26	·自宅에서 平和放送 라디오와 서울 循環外郭道路路線에 대해 電話인터뷰를 하며 生放送하다. ·一山 韓自硏에 가서 일을 보다. ·朴昇治 부원장 및 崔상호 博士, 뉴질랜드 居住 鄭社長과 점심을 하며 환담하다. ·齒科大學病院에 가서 2時間 가량 이를 치료하다. ·現代 애드컴에 가서 印刷件을 협의하다. ·金鍾宬 친구 초청으로 安師同期生 등과 저녁食事를 하며 환담하다.	27(土) ·國內 첫 天文宇宙科學用 科學衛星 1號 '우리별 4號', 러시아에서 發射 성공 ·이인영 選手, 國際女子 복싱協會(IFBA) 플라이級 챔피언 登極 ·第13回 아시안컵大會 2次 豫選 1라운드가 시작됨 ·유럽 첫 無人 달 探査船 '스마트 1', 기아나에서 發射 성공

月	日	陰	本人 및 家族事項	社會一般事項
9	23(火)	8.27	·學校에 가서 강의를 하다. ·農協에 가서 積金處理를 하다. ·金成洙 教授와 이야기를 나누다. ·Kim's Club에 들렀다가 귀가하다. ·黃時旭 會長과 尹서성 院長의 面談을 주선하다. ·黃載國 妻男이 집의 강아지를 네번째로 가져가다.	28(日) ·預金金利 첫 3%帶 記錄, 1억원 預置 땐 年 實質利子 -21만원이 됨 ·勞動部, '勤勞者退職給與 保障法案'을 立法豫告함 ·캐냐의 몰 터갓, 베를린 마라톤에서 2時間 4분 55초로 男子 마라톤 新記錄을 세움 ·觀光 日本人 200여명, 中國에서의 집단 섹스파티로 파문이 일어남 29(月) ·盧武鉉 大統領, 民主黨을 전격 탈당함 ·宋斗律 教授의 北韓 勞動黨 入黨이 확인됨 30(火) ·韓·美·日 3國, 日本 東京에서 北核관련 非公式 會議를 가짐 ·LG, 電線 등 4個社를 系列分離함 ·美國, '리크(leak)'事件 발생
	24(水)	8.28	·國土研究院에서 개최된 新行政首都研究課題 責任者會議에 참석하여 人事말을 하고 午餐을 같이 하다. ·프레스 센터에서 개최된 國土·都市計劃學會의 新行政首都 세미나에 참석하여 祝辭를 하고 마무리 人事말을 하다. ·세미나 參席 代表者들의 晩餐에 잠시 참석한 뒤 好凡會 모임에 가다.	
	25(木)	8.29	·江南 教保文庫에 처음 가보다. ·國土·都市計劃學會의 會館建立推進委員會 會議에 顧問資格으로 참석하고 함께 食事를 하며 환담하다.	
	26(金)	9.1	·上溪洞 地發研에 가다. ·李진수 社長이 캐나다에서 一時 귀국하여 向志會員들과 같이 점심을 하다. ·禹哉永·潘洸植·李永哲·金奎馥·朴洪九 氏 등을 초청하여 紀念集出版行事의 取消를 설명하고 저녁을 대접하다.	
	27(土)	9.2	·金源 教授와 같이 濟州市 濟州 漢拏大學에 가다. ·濟州 市民自治大學 修了式에 참석하여 祝辭를 하다. ·金영준 副市長 등과 저녁食事를 하고 金源 教授와 같이 上京하다.	
	28(日)	9.3	·沐浴을 하고 집에서 整理를 하다. ·妻와 紀念集發刊行事 留保와 妻의 明年 回甲行事件에 대해 협의하다.	
	29(月)	9.4	·一山 韓自研에 가서 일을 하다. ·朴昇治 부원장과 午餐을 하며 紀念集 發刊行事 留保와 院長職 辭任件을 협의하다. ·黃時旭 會長 등과 저녁을 하다.	
	30(火)	9.5	·暻園大學 講義件의 連絡 소홀로 화가나서 全面 취소시키다. ·齒科大學에 가서 이를 치료하다. ·好汀印刷社 두 社長과 午餐을 하며 여러 이야기를 하고 1996年度 紀念集 殘餘 1部를 얻어오다. ·總理室의 外郭道路 委員長 聲明書에 서명하다. ·新首都 諮問委員會를 주재하다.	
10	1(水)	9.6	·地發研에 가서 일을 보고 職員 및 朴永根 社長에게 점심대접을 하다. ·卞鐸 社長 초청으로 上京한 聞中 同期生夫婦 및 在京同期生 晩餐 모임에 가서 人事말을 하고 친구들과 환담하다.	1(水) ·第55周年 '國軍의 날'行事가 5년만에 거행됨 2(木) ·최낙정 海洋水産部長官, 전격 경질 됨 ·노벨賞 受賞者 발표를 시작함 3(金) ·全南 麗水 湖南石油化學工場에서 爆發火災 발생, 1명 死亡, 7명 重火傷 5(日) ·이스라엘, 自殺테러 報復으로 시리아內 '이슬람 지하드' 訓練캠프를 습격함
	2(木)	9.7	·妻 및 禹哉永 會長 夫婦와 白凡紀念館에 가서 平壤訪問團 教育을 받다. ·雜魚會 모임에 나가 환담하다.	

月	日	陰	本人 및 家族事項	社會一般事項
10	3(金)	9.8	·開天節을 맞아 國旗를 게양하고 마당을 整理하다. ·종일 혼자서 일처리를 하다. ·妻, 結婚式에 가서 밤늦게 귀가하다.	·러시아 西南部 체첸共和國 大選, 러시아 政府의 支援을 받은 아흐마드 카디로프 前 大統領이 당선됨
	4(土)	9.9	·自宅 剪枝作業이 시작되다. ·長女宅에 가서 外孫女와 같이 堰北初等學校 運動會에 가다. ·淸潭公園에 가서 도시락을 먹고 놀이터에 가서 놀다. ·子女 및 全家族이 함께 外食을 하고 노래방에 가다. ·外孫女를 데리고 와서 같이 자다.	6(月) ·盧武鉉 大統領, 아세안+3(韓·中·日) 頂上會談 참석차 出國함 ·公正去來委員會, 三星·LG·SK·現代自動車·現代重工業 등 5개 그룹이 행한 不當內部去來에 대해 316억원의 過徵金을 부과함
	5(日)	9.10	·庭園整理作業이 계속되다. ·外孫子와 沐浴湯에 가서 같이 沐浴을 하고 教保文庫에 가서 冊을 산 뒤 점심을 사먹다. ·長女宅에 가서 外孫女를 데리고 奉恩寺·COEX·現代百貨店 등을 돌다. ·長女家族들과 저녁食事를 하고 귀가하다.	·平壤에 건설된 鄭周榮 體育館이 준공됨 7(火) ·서울地法, 選擧法 違反혐의의 李明博 서울 市長에게 無罪를 선고함 ·美國 캘리포니아州 州知事 召還投票 실시, 48%를 얻은 아널드 슈워제네거가 당선됨
	6(月)	9.11	·庭園의 잔디를 새로 깔다. ·강아지 한 마리를 이웃집에 주다. ·남은 강아지 이름을 'Captain'이라고 정하다. ·宋技士가 또 車事故를 내서 꾸중을 하고 交替하는게 좋다고 생각하다. ·上溪洞 研究院에 가서 일을 보다. ·禹會長은 金局長·金室長과 같이 金源 教授와 食事하러 가다. ·李興壽·鄭龍鎬 氏와 저녁을 하다.	9(木) ·群山 앞바다에서 高麗時代 沈沒船을 발견함 ·83년 아웅산 테러 事件의 20周期를 맞이함 10(金) ·盧武鉉 大統領의 再信任에 대한 긴급 記者會見으로 파문이 일어남 ·盧 大統領, 새 監査院長 候補에 全充哲 氏를 지명함 ·第84回 全國體育大會, 全北 全州에서 개막됨
	7(火)	9.12	·오랜만에 택시로 學校에 가다. ·講義를 하고 원장을 만나 學校 難題에 대한 하소연을 듣다. ·妻와 같이 齒科大學에 가서 이를 치료하고 귀가하다. ·動物病院에 가서 강아지 注射를 맞히다.	11(土) ·第3次 南北經濟協力制度 實務協議會 및 南北海運協力實務接觸이 열림. ·中國 共産黨 16期 3次中央委員會 全體會議가 열림 13(月) ·盧大統領, 國會施政演說에서 12月 15日 前後 再信任國民投票와 土地公槪念 導入 檢討를 발표함
	8(水)	9.13	·蔚山市 北區에 가서 區民自治大學 特講을 하고 上京하다.	
	9(木)	9.14	·'한글날'을 맞아 國旗를 게양하다. ·長男과 같이 大田市 大德區에 가서 住民自治 아카데미의 特講을 하고 修了式에서 祝辭를 하다. ·長壻를 만나 잠시 이야기하다. ·區廳長·議長 등과 저녁食事를 하고 上京하다.	·檢察, 崔道述氏가 SK側으로부터 代價性 11억원을 수수한 혐의를 확인함 ·사우디 아라비아, 史上 첫 選擧를 실시함 14(火) ·宋斗律氏, 北韓勞動黨을 탈당하고 獨逸國籍을 포기한다는 記者會見을 함
	10(金)	9.15	·一山 韓自硏에 가서 全職員에게 점심을 대접하다. ·國土計劃學會에 가서 會館建立件을 논의하다. ·舊 臨時行政首都팀과 저녁을 같이 하며 환담하다.	·醫師·教授 등이 포함된 會員制 스와핑(swaping)6,000雙, 난잡한 性倫理로 충격을 줌
	11(土)	9.16	·上溪洞 地發硏에 가다. ·禹會長 등과 許統 社長 令愛 結婚式에 참석하다. ·李永哲 會長을 불러 함께 노래房에 가다.	·第12次 南北長官級會談, 平壤에서 개최되었으나 사실상 결렬됨 15(水) ·한나라黨·民主黨·自民聯, 代表 및 總務6人會談을 가짐
	12(日)	9.17	·庭園에 冊床을 마련하여 記錄을 整理하다. ·李제준氏 令愛 結婚 主禮를 보다.	·中國, 첫 有人宇宙船을 발사·성공함으로써 世界 3번째의 記錄을 세움
	13(月)	9.18	·一山 韓自硏에 가다. ·高秀永 大道技術團 會長, 禹哉永 會長, 李永哲 會長, 金奎馥 국장 등과 저녁을 하며 환담하다.	16(木) ·U.N.安保理, '美國의 이라크 決議案'을 통과시킴
	14(火)	9.19	·妻·次女 및 長女家族과 百貨店에 가서 옷을 사주고 外孫子 生日祝賀 會食을 갖다.	·第10回 이슬람會議機構(OIC) 頂上會議, 말레이시아에서 개최됨

月	日	陰	本人 및 家族事項	社會一般事項
10	15(水)	9.20	·新行政首都支援團에 가서 委員長室을 둘러보다. ·分科委員長會議를 주재하고 立地基準에 대해 논의하다. ·妻, 明洞 및 南大門市場을 들렀다 오다.	17(金) ·釜山 韓進重工業 김주익 勞組委員長, 농성중 自殺함 ·조지 부시 美國 大統領, 아시아 6個國 巡訪 등정
	16(木)	9.21	·地發硏에 가서 일을 보다. ·禹哉永 會長과 같이 國土硏究院에 가다. ·硏究院 創立 25週年 紀念 심포지움에 참석하여 21世紀 國土포럼 共同代表議長으로 開會人事를 하다. ·建交部 崔次官, 金明子 前長官, 李揆邦·崔秉瑄 院長 등과 회식을 하다.	·곤살로 산체스 데 로사다 볼리비아 大統領, 經濟難 속 流血 民衆示威에 굴복하여 電擊 사임하고 後任에 가를로스 메사 副統領이 승계함 18(土) ·政府, 이라크 派兵을 공식 결정하고 再建負擔金 2억달러를 지원키로 함
	17(金)	9.22	·政府廳舍 604號室의 新行政首都諮問委員長室에 처음 入室하다. ·國政弘報處 李광이 事務官과 '國政브리핑'의 對談을 하다. ·朴相圭 局長등과 午餐을 같이하고 書店을 들려 귀가하다.	19(日) ·盧大統領, 아시아 太平洋 頂上會議(APEC)참석 및 싱가포르 訪問次 출국함 20(月) ·아시아 太平洋 頂上會議(APEC), 泰國 방콕에서 개막 ·盧 大統領, 泰國 방콕에서 美國·日本·러시아와 連鎖 頂上會談을 가짐
	18(土)	9.23	·沐浴을 하고 記錄을 整理하다. ·黃時旭 會長 등과 저녁을 같이하며 골프場件을 협의하다. ·外孫子 文近榮, 自宅에 친구들을 초청하여 生日宴을 갖다.	·韓國 蹴球팀, 아시안컵 2次豫選 2라운드에서 44년만에 베트남에 0對1로 패배 21(火) ·慶北 奉化 淸涼山에서 觀光버스 추락, 19명이 사망하고 13명이 부상당함 ·美國 캘리포니아州에 大型 山불 발생, 22명 사망함
	19(日)	9.24	·姜秀哲 친구 令愛의 結婚主禮를 보다. ·妻·次女, 仲媒件으로 相對方 어머니를 만나 食事하다.	22(水) ·盧大統領, 싱가포르를 國賓으로 방문하여 頂上會談을 가짐
	20(月)	9.25	·一山 韓自硏에 가서 新入社員 인사를 받고 함께 食事하다. ·齒科病院에 갔다가 귀가하다.	·檢察, 宋斗律씨를 구속 수감함 ·統合新黨, 새 黨名을 '열린우리黨'으로 확정함
	21(火)	9.26	·學校에 가서 講義를 하고 金丁勛 원장 및 崔相哲 敎授와 대담하다. ·大韓地理學會 주최 新首都立地基準 세미나에 가서 祝辭를 하다. ·高永天 監査 초청으로 몇분 好凡會員과 회식·환담하다.	·韓國 蹴球팀, 아시안컵 2次 예선에서 102位 오만에 1對3으로 逆轉敗 당함 23(木) ·常綠樹部隊, 東티모르에서 4년만에 완전 철수 ·이라크支援國 會議, 스페인 마드리드에서 개막됨
	22(水)	9.27	·上溪洞 地發硏에 가다. ·午餐을 들며 向志會 모임을 갖다. ·저녁을 들며 紀念集 印刷費에 대해 논의하다.	24(金) ·政府, '釜山·鎭海 및 光陽灣 經濟自由區域 指定案' 확정 ·民族平和祝典이 濟州에서 개최됨
	23(木)	9.28	·乘用車로 益山市에 가서 新行政首都 移轉對備 政策워크숍에 참석하여 基調演說을 하다. ·李洋宰 敎授 및 蔡奎晶 市長 등과 저녁食事를 하고 上京하다.	25(土) ·盧大統領, 政黨代表들과 連鎖 個別 會同을 가짐 ·프로野球 現代팀, 韓國 시리즈 3년만에 優勝함
	24(金)	9.29	·延世大學에서 개최된 國土計劃學會 주최의 新首都 國際세미나 開會式에 참석하고 各國代表들과 인사하다. ·中央都市計劃委員會에 참석하다.	26(日) ·勞動福祉公團 非正規職勞組 光州·全南支部長 이용석氏, 集會途中 분신자살함 ·김용순 北韓勞動黨 對南擔當秘書, 69歲로 사망함
	25(土)	10.1	·豊山그룹의 柳津 會長 초청으로 柳穆基 副會長 및 金源 敎授와 安養 Benest골프場에서 운동하다. ·李昇茂 議員이 서거하여 問喪을 가다.	27(月) ·五松生命科學團地의 起工式이 거행됨 ·黃長燁 前 北韓勞動黨 秘書, 처음으로 美國을 방문함 28(火) ·한나라黨, 黨職改編 단행 및 非常對策特委 구성
	26(日)	10.2	·두마리 家犬을 데리고 가서 注射를 맞치다. ·外孫女와 놀이터 및 敎保文庫에 다녀오다. ·플라자호텔에서 子女 및 次蓮 妻弟등과 長女 生日宴을 갖다.	·조지 부시 美國 大統領, 이라크 테러에 대한 白堊館 記者會見을 가짐

月	日	陰	本人 및 家族事項	社會 一般事項
10	27(月)	10.3	· Press Center에 가서 黃時旭 會長을 沈大平 忠南知事에게 소개하다. · 行政首都移轉汎國民連帶 주최 國民大討論會에서 基調演說을 하다. · 綜合廳舍에 가서 K-TV와 新行政首都建設에 대해 녹화하다. · 高建 總理와 함께 地方移轉委員들에게 勳·褒章을 주다. · 總理公館에서 晩餐을 같이 하다.	· 이시하라 신타로(名原愼太郎)日本 東京都知事, '韓·日合邦은 朝鮮人이 선택한 것'이라는 妄言을 하여 파문을 일으킴 29(水) · 政府, '10.29 住宅市長 安定綜合對策'을 확정하여 발표 30(木) · 李會昌 前 한나라黨 總裁, 大選 SK秘資金 100억원의 黨 流入事件과 관련하여 '모든 責任은 나에게 있다'는 對國民謝過를 함 31(金) · 말레이시아, 마하티트 빈 모하마드 總理가 22년만에 물러나고 압둘라 아마드 바다위 副總理가 第5代 總理에 취임함
	28(火)	10.4	· 黃時旭 會長 초청으로 禹哉永 會長 등과 Vision Hills에서 골프치다. · 上溪洞 地發研에 가서 停年紀念集 發刊本을 보고 돈 處理를 하다. · 北韓觀光計劃이 電氣難으로 明年 4月까지 연기되었다는 연락을 받고 무척 낙담하다. · 禹哉永 會長으로부터 紀念集發刊 祝賀 메달을 받다. · 몇사람만이 모여 紀念集出版 祝賀宴을 갖다. · 公式的인 出版紀念行事를 하지 못하여 서운한 생각이 들다. · 妻, 一山 동생집에 가서 투숙하다. · 韓自硏과의 關係 등으로 地發硏 院長 辭表를 제출하다.	
	29(水)	10.5	· 朴昇治 부원장과 三井호텔에서 조찬을 하며 地發研에 대한 對策을 논의하다. · 上溪洞 地發研에 가서 일을 보다. · 강수철·백영학 두 친구가 와서 함께 점심을 하다. · 好凡會 모임에 참석하다.	
	30(木)	10.6	· 一山 韓自硏에 가서 여러 가지 協議를 하다. · 國軍機務司의 許大領 등이 와서 機關移轉件에 대해 설명하다. · 韓自硏 院長 辭表를 제출하다. · 鳥嶺會 모임에 참석하다.	
	31(金)	10.7	· 自宅 庭園 감나무 옆에서 붉게 물든 감과 같이 寫眞을 찍다. · 沐浴을 다녀오다. · 齒科에 가서 치료를 받고 오다.	
11	1(土)	10.8	· 長女家族과 COEX·現代百貨店에 가서 옷·책·선물들을 사주다. · 저녁을 같이하고 外孫子女를 데리고 집에와 재우다.	2(日) · 美國의 同性愛 司祭인 진 로빈슨, 公式 主教에 임명됨 3(月) · 檢察, 大選資金에 대한 全面搜査 착수 · '金大中 圖書館'의 開館紀念式을 가짐 4(火) · 第5次 南北赤十字會談 金剛山에서 개최됨 · 고홍주 敎授, 韓人으로 첫 美國 예일 大學 法大學長에 선임됨 5(水) · 2004學年度 大學修學能力試驗이 실시됨 · 第7次 南北 經濟協力推進委員會, 平壤에서 會議를 가짐 6(木) · 新行政首都硏究團, 基本構想 試案을 발표. · 盧大統領, 靑瓦臺에서 파키스탄 大統領과 頂上會談을 가짐 · 英國 保守黨, 새 黨首에 마이클 하워드 議員을 선출함
	2(日)	10.9	· 外孫子女를 데리고 敎育文化會館에 가서 韓仁錫 副知事 令愛 結婚式에 참석하다. · 牛眠洞 놀이터에 가서 놀다가 敎保文庫를 거쳐 귀가하다. · 自宅에서 父 忌日을 맞아 兄弟들과 祭禮를 지내다.	
	3(月)	10.10	· 銀行會館에서 개최된 權五奎 靑瓦臺 政策首席 초청 午餐에 新首都關係 機關長 들과 참석하다. · 政府廳舍에 가서 新首都小委員長會議를 주재하다. · 崔相哲 敎授가 주도하는 '新行政首都再考를 촉구하는 國民포럼'의 發隊式 상황을 보고 받다. · 이진수 社長 및 宋순상 福祉部 課長과 저녁을 들며 환담하다.	

月	日	陰	本人 및 家族事項	社會一般事項
11	4(火)	10.11	·學校에서 講義를 하다. ·韓國行政硏究院에 가서 硏究員 採用面接을 보다. ·黃時旭·禹哉永 會長 등과 저녁食事를 하다.	7(金) ·國會, 全允哲 監査院長 後補에 대한 任命 同意案을 가결시킴 ·UNESCO, 韓國 판소리를 '人類口傳 및 無形遺産 傑作'으로 선정 ·터키, 美國에 이라크 派兵計劃 철회를 통보
	5(水)	10.12	·車로 公州市에 가서 姜溶植 委員長, 李明洙 副知事, 吳英姬 공주市長 등과 午餐을 하다. ·忠南道 公務員敎育院에서 개최된 新行政首都建設 講演會에서 特講을 하고 沈大平 知事와 인사하다. ·李洋宰 敎授와 益山市 熊浦地區에 가서 益山市長 등과 저녁食事를 하고 西海岸高速道路로 上京하다.	9(日) ·民勞總, 勞動者大會를 열고 火焰甁 示威를 함 ·日本 衆議員 總選 실시, 自民黨 單獨過半 획득 실패
	6(木)	10.13	·新首都建設에 대한 大統領 報告會에서 司會를 보다. ·關係者 全員과 저녁을 들며 환담하다.	
	7(金)	10.14	·建交部 中都委 會議에 참석하다. ·비가 조금 내리다. ·長女가 와서 食事를 같이하고 가다. ·外孫女를 데리고 자다.	10(月) ·國會, '大統領 側近 特檢法案'을 의결 ·世界貿易機構(WTO), 美國의 鐵鋼 輸入 制限 措置가 '協定違反'이라는 最終判定을 내림
	8(土)	10.15	·外孫女를 데리고 敎保文庫에 가서 놀다가 점심을 사먹고 오다. ·李景熙 장군 및 李永哲 會長과 저녁을 하며 환담하다.	11(火) ·열린우리黨, 議席 47席으로 공식 출범 12(水) ·全經聯, 姜信浩 會長代行體制로 출범 ·카자흐스탄 大統領, 방한하여 兩國 頂上會談을 가짐 ·이라크 나시리아에 爆彈테러 발생, 이탈리아 軍警 및 이라크人 등 27명이 사망함
	9(日)	10.16	·沐浴을 하다. ·潘洸植 국장 古稀宴에 참석하여 祝辭를 해주다.	
	10(月)	10.17	·地發硏에 가서 일을 보다. ·姜信億 친구가 와서 子女主禮件을 협의하다. ·李永哲 會長이 와서 모두 같이 午餐을 들다. ·尹相在 會長 초정으로 自宅에서 生日祝賀宴을 갖다.	14(金) ·金剛高麗化學(KCC), 現代그룹의 經營權 行使를 공식 발표함 ·建設交通部, 京釜高速鐵道 中間驛으로 忠北 五松과 慶北 金泉 및 蔚山 등 3곳을 추가 발표함 ·韓進重工業, 罷業 116日만에 紛糾가 타결됨
	11(火)	10.18	·비가 조금 내리다. ·齒科에 다녀오다.	
	12(水)	10.19	·敎保文庫와 DP店을 거쳐 國土計劃學會에 가서 會館建立件을 협의하다. ·參席委員들과 저녁을 같이하며 환담하다.	15(土) ·터키 이스탄불 유대敎會堂 2곳에서 自爆테러 발생, 320여명의 死傷者를 냄 16(日) ·럼즈펠드 美 國防長官, 韓美年例安保協議會(SCM) 참석차 訪韓함
	13(木)	10.20	·一山 韓自硏에 가서 일을 보다. ·朴昇治 부원장과 여러 가지를 협의하다. ·黃時旭 會長과 둘이서 저녁을 하고 紀念集 出版費에 대한 補助를 받다.	17(月) ·第35次 韓美年例安保協議會, 서울에서 개최됨 ·現代 엘리베이터, 國民株 100萬株 公募를 발표
	14(金)	10.21	·中央都市計劃委員會 第3分科 會議를 주재하다. ·寫眞館에 들러오다.	18(火) ·서울市, 中化·普光洞 등 12곳을 뉴타운으로 추가 지정함 ·金剛山觀光 5周年을 맞이함
	15(土)	10.22	·松湫 골프場에 가서 楊州市長·高社長·張室長과 골프를 치다. ·妻, 동생 令愛 結婚式에 다녀오다.	19(水) ·檢察, 宋斗律氏를 國家保安法 위반 등 혐의로 구속기소함 ·扶安郡民 1천여명, 核廢棄物 반대로 火焰甁 등으로 격렬시위를 벌림 ·조지 부시 美國 大統領, 英國을 國賓으로 방문함 ·小泉純一郎, 第88代 日本 總理로 재지명됨
	16(日)	10.23	·自宅에서 記錄을 整理하다. ·長女 및 外孫女가 다녀가다.	
	17(月)	10.24	·地發硏에 가서 일을 보다. ·議政府市廳 및 서울 道路公社에서 다녀가다. ·尹相在·禹哉永·金昇河·李永哲 氏 등에게 저녁대접을 하다.	
	18(火)	10.25	·學校에 가서 講義하다. ·齒科에 들러 귀가하다.	20(木) ·서울地法, 세녹스는 가짜 揮發油가 아니라는 判決을 내림 ·터키 이스탄불에 있는 英國 總領事館과 英國系 홍콩 상하이銀行에 同時多發 自殺폭탄테러가 발생, 470여명의 死傷者를 냄
	19(水)	10.26	·李松晩 社長을 잠시 만나다. ·新首都支援團에 들러 業務協議를 하고 紀念集을 전달하다. ·卞鐸 社長 초청으로 李世茂 및 金八龍氏와 저녁을 하고 卞社長에게 紀念集을 증정하며 支援을 부탁하다.	

月	日	陰	本人 및 家族事項	社會一般事項
11	20(木)	10.27	·新首都諮問을 위한 都市計劃 元老人 午餐會에 참석하다. ·書畵作家協會 초청으로 臺北代表部의 于超屛 文化參事官 등 多數人과 晩餐을 들며 환담하다.	21(金) ·韓國大使館이 입주해 있고 國會의 이라크 調査團이 투숙해 있는 바그다드 호텔에 로켓탄이 발사되었으나 전원 무사함 ·國會, '新行政首都建設 特別委員會' 構成案을 부결시킴
	21(金)	10.28	·中都委에 참석하다. ·鄭光玉 社長 초청으로 黃時旭 會長 팀과 禹哉永 會長 및 金末峯 風水人과 晩餐을 같이하다.	23(日) ·그루지야 大統領, 不正選擧 시비로 전격 下野함
	22(土)	10.29	·一山 韓自硏에 가서 일을 보다. ·妻 및 長女家族과 저녁食事를 같이하다.	24(月) ·修能試驗 史上 첫 '正答 2個' 인정으로 파문이 임
	23(日)	10.30	·沐浴을 하다. ·姜信億 친구 令息 結婚主禮를 보다.	·英國 總理와 프랑스 大統領, 이라크戰 이후 첫 頂上會談을 英國 런던에서 가짐
	24(月)	11.1	·泗川空港을 거쳐 河東郡에 가다. ·'가장 아름다운 河東公募施賞式'에 참석하다. ·郡民自治大學에서 特講을 하고 祝賀公演을 보다. ·修了式에서 祝辭를 하고 郡守 등과 食事를 한뒤 上京하다.	25(火) ·盧大統領, 側近非理 特檢 拒否에 대한 再議를 요구함 ·조지 부시 美國大統領, 全世界 美軍 再配置를 공식 발표함
	25(火)	11.2	·韓國建設指導者 포럼에서 特講을 하다. ·韓自硏에 가서 일을 처리하다. ·新首都小委員長會議를 주재하고 함께 저녁을 하며 환담하다.	26(水) ·崔秉烈 한나라黨 代表, '特檢拒否 撤回'를 주장하며 斷食籠城에 들어감 27(木) ·憲法裁判所, 大統領 再信任 國民投票를 위한 憲法訴願을 각하함 ·조지 부시 美國 大統領, 이라크 바그다드를 2時間 전격 방문함
	26(水)	11.3	·禹哉永 會長과 浦項에 가서 尹相在 會長 등과 만나다. ·道德運動協議會 慶北支會 懸板式에 참석하고 午餐을 같이하다. ·道德講演會에서 演說을 하고 張成浩 會長 등과 食事를 한 뒤 上京하다.	28(金) ·民主黨 全黨大會 개최, 趙舜衡 黨代表 등 새 指導部를 선출 ·서울 銅雀區 上道2洞에서 貰入者와 撤去班員이 충돌하여 20여명이 부상당함 30(日) ·이라크 티크리트에서 韓國人 2명이 피살되고 2명이 부상당함
	27(木)	11.4	·地發硏에 가서 일을 보고 吳局長 등과 점심을 같이하다. ·鄭龍鎬·李興壽 氏가 다녀가다. ·好凡會 모임에 참석하다.	
	28(金)	11.5	·妻와 같이 長女宅에 가서 일을 하고 外孫女와 여러곳을 다녀오다. ·外孫女가 感氣로 고생하여 마음이 아팠다.	
	29(土)	11.6	·沐浴을 하다. ·新羅호텔에서 개최된 韓國·臺灣 經濟交流協會 調印式에 참석하고 祝辭를 하다. ·謝長廷 高雄市 市長 등 代表들과 인사를 하고 李景熙·金榮夏氏 등과 저녁을 같이하다.	
	30(日)	11.7	·집에서 整理를 하다. ·教保文庫에 다녀오다. ·自宅에서 김장을 담고 팥죽을 쑤다.	
12	1(月)	11.8	·盧椿熙 教授와 木浦에 가다. ·木浦大學 金孝謙 事務局長 초청으로 申順浩·高秉浩 教授 등과 午餐을 하다. ·都市行政學會의 全南道廳移轉 세미나에서 基調演說을 하다. ·南岳市에 건설중인 全南道廳 現場을 보고 光州를 거쳐 上京하다.	1(月) ·이스라엘과 팔레스타인, 非公式 中東平和案 '제네바 構想'을 선포 2(火) ·公州市 儀堂面 水村里 古墳 6基에서 百濟遺物을 무더기로 발굴함 3(水) ·英國 女王 엘리자베스 2世, 나이지리아 첫 訪問
	2(火)	11.9	·學校에 가서 終講을 하다. ·齒科治療를 10個月만에 7,954千원의 治療費로 완료하다.	4(木) ·大邱高法, 大邱地下鐵 放火犯 김대한 씨에게 無期懲役을 선고 ·第1回 東아시아聯盟컵 蹴球大會가 日本 東京 國立競技場에서 개최, 韓國이 優勝함
	3(水)	11.10	·新行政首都建設 贊反討論會에 참석하고 함께 食事를 하다.	·조지 부시 美國 大統領, 外國産 鐵鋼製品 緊急 輸入制限을 공식 철회한다고 발표.

月	日	陰	本人 및 家族事項	社會一般事項
12	4(木)	11.11	・仁川市에 가서 李一熙 都市計劃課長을 만나 인사하다. ・政策諮問教授團 第2分科 會議에 참석하고 午餐을 한뒤 上京하다. ・益山市長과 李廷植 教授를 잠시 만나다. ・京畿 副知事 초청으로 中都委 3分科 委員들과 晩餐을 같이하다.	6(土) ・盧大統領, '大統領 側近 特檢法' 公布案을 의결 7(日) ・러시아 總選, 푸틴大統領 지지의 統合러시아黨이 압승함 ・원지바오(溫家寶)中國總理, 처음으로 美國을 방문하여 頂上會談을 가짐 8(月) ・南極 世宗科學基地 研究員 8명이 탄 보트 2척이 조난, 7명이 구조되고 1명은 사망
	5(金)	11.12	・一山 韓自研에 가다. ・一山區廳에서 개최된 區民自治大學 修了式에 참석하다. ・書畫作家協會 및 道德運動協議會 送年모임에 나가 인사말을 하다.	9(火) ・盧大統領, 알제리 大統領과 青瓦臺에서 頂上會談을 가짐 10(水) ・윤진식 産業資源部長官, 扶安事態에 대해 對國民 謝過聲明을 냄 ・황우석 서울大 教授팀, '狂牛病 안 걸리는 소'의 複製에 성공함
	6(土)	11.13	・上溪洞 地發研에 가다. ・仁川에 가서 李景熙 장군 동생 李一熙 課長 夫婦의 초청으로 禹哉永・李永哲 會長과 食事・환담하다.	11(木) ・國內 첫 金製塔을 확인함 ・日本・아세아 10個國의 特別頂上會談, 日本 東京에서 개최됨
	7(日)	11.14	・妻와 같이 仁川空港에 가서 美國으로 떠나는 次女를 배웅하다.	
	8(月)	11.15	・今年 첫눈이 내리다. ・果川市廳에 가서 市民自治大學에서 特講을 하고 修了式 祝辭를 하다. ・黃時旭 會長 등과 저녁食事를 같이하다.	12(金) ・서울地法, 現代秘資金 150억원 授受혐의로 朴智遠 前 長官에게 懲役 12년・追徵金 147억 5,200여만원을 宣告함 ・윤진식 産業資源部長官, 就任 9개월만에 扶安事態에 責任을 지고 辭意 표명. ・유럽聯合 15個 會員國 및 10個 新規會員國의 頂上會談, 벨기에 브뤼셀에서 개막됨 ・장 크레티앵 캐나다 總理, 10년 在職 總理職에서 공식 은퇴함
	9(火)	11.16	・銀行 및 國土計劃學會에 다녀오다. ・兄弟들과 어머니 祭祀를 모시다.	
	10(水)	11.17	・天安에서 개최된 市民 포럼에서 司會를 보다. ・李春熙 단장・吳烈根 教授 등과 저녁회식을 하고 上京하다.	
	11(木)	11.18	・土地公社 초청으로 政策諮問團과 같이 버스로 軍事分界線을 넘어 開城市에 가다. ・開發事務所 起工式에 참석하고 試삽을 하다. ・成均館과 善竹橋 등을 관람하고 子男山 호텔에서 北韓代表團과 午餐을 들며 환담하다. ・너무 빈약한 모습과 市民들의 위축된 行動에 놀라움을 금치 못하다. ・景福宮에 와서 작별하다.	14(日) ・盧大統領, 青瓦臺에서 4黨代表와 會同함 ・이라크 駐屯 美軍 最高司令官, 사담 후세인 이라크 前 大統領이 티크리트 인근 農家에서 체포되었다고 발표함 15(月) ・金赫圭 慶南道知事, 知事職을 사퇴하고 한나라黨을 탈당함 ・金潤煥 前 新韓國黨 代表, 별세함
	12(金)	11.19	・中都委 第3分科會議를 주재하다. ・弟子들의 結婚主禮를 보다. ・中都委 送年모임에 참석하다.	16(火) ・韓國 國家競爭力, 世界 25位로 하락 17(水) ・政府, 3천명 이내로 獨自的 地域擔當 混成部隊를 이라크에 파병하는 同意案을 최종 확정함 ・윤덕홍 教育部總理, 就任 9개월만에 辭意 표명
	13(土)	11.20	・집의 강아지를 데리고 가서 狂犬病 注射를 맞히다. ・蘇鎭光・河晟奎・朴英哲 박사들과 저녁을 같이하다.	
	14(日)	11.21	・沐浴을 하다. ・妻와 教保文庫를 살펴보고 食事를 한뒤 귀가하다.	19(金) ・리비아, 大量殺傷武器(WMD)의 開發・保有를 전면 포기한다고 발표
	15(月)	11.22	・趙昌鉉 委員長・鄭世煜 원장과 濟州에 가다. ・道行政改革委員會에서 諮問을 하다. ・禹瑾敏 知事・趙文富 委員長 등과 晩餐을 같이 하고 上京하다.	21(日) ・青瓦臺 秘書室의 組織改編, 2室長・6首席・5補佐官・32秘書官室로 전환 22(月) ・서울外廓循環道路, 賜牌山 터널工事가 재개됨
	16(火)	11.23	・上溪洞 地發研에 가서 일을 보다. ・向志會 總會를 주재하고 次期會長으로 禹哉永 會員을 선출하다.	・行政自治部, 2004년 財産稅 課稅調整案 확정 발표
	17(水)	11.24	・一山 韓自研에서 근무하다. ・梁山大學 張班圭 博士를 만나다. ・黃時旭 會長 등 泰安 리조트 代表들에게 저녁 대접을 하다.	・慶南 金海에 돼지콜레라 발생 23(火) ・美國 農務長官, 워싱턴州의 狂牛病 소 發生을 처음으로 밝힘

月	日	陰	本人 및 家族事項	社會一般事項
12	18(木)	11.25	·朴昇治 부원장과 蔚山 南區에 가다. ·한마음大學에서 特講을 하고 修了式에서 祝辭를 하다. ·副市長등과 저녁을 같이하고 上京하다.	24(水) ·脫北 國軍捕虜 전용일씨, 中國抑留 41일 만에 入國함 ·農林部, 美國産 쇠고기 輸入을 중단시킴
	19(金)	11.26	·新行政首都建設方向에 대한 首都圈 公職會에서 祝辭를 하고 함께 저녁食事를 갖다.	26(金) ·建設交通部, 板橋 新都市計劃 확정 ·이란, 리히터 規模 6.3의 强震으로 3,5000명 사망, 5만명 부상의 大慘事가 발생
	20(土)	11.27	·妻와 長女宅에 가서 점심을 같이하다. ·外孫女를 데리고 仁川空港에 나가다. ·美國에서 귀국한 次女를 마중하다.	28(日) ·政府, 3個部處 改閣 단행 ·檢察, 굿모닝시티 分讓事業 非理에 대한 搜査結果 발표
	21(日)	11.28	·黃時旭 會長 등과 午餐을 같이하다. ·프레지던트 호텔에서 가진 鳥嶺會 夫婦同伴 送年會에 妻와 같이 가다.	29(月) ·檢察, 大統領 側近非理 調査結果 발표 ·國會, '新行政首都建設特別措置法'을 논란 끝에 絶對多數로 가결시킴 ·檢察, 金雲龍 民主黨 議員을 賂物授受 및 公金流用 등으로 소환 조사함 ·同德女大 總學生會, '授業拒否 繼續'을 51%로 投票贊成함 ·大法院, '옷로비'事件과 연루된 金泰政 前 法務長官에게 無罪를 확정
	22(月)	11.29	·新行政首都支援團의 許용석 局長과 같이 大田에 가다. ·大田放送(TJB)팀들과 午餐을 하고 新首都에 대한 錄畵를 하다. ·李明洙 忠南副知事 초청 晩餐에 참석하여 姜溶植委員長 및 柳哲相 錦江環境廳長 등과 환담을 나눈 뒤 上京하다.	
	23(火)	12.1	·地發研에 가서 일을 보다. ·徐相佑 社長 및 廉君 등이 다녀가다. ·好凡會 送年모임에 참석하다.	30(火) ·國會, 議員7명에 대한 逮捕同議案을 모두 부결시킴 ·홍콩 女子映畵排優 梅艶芳, 癌으로 사망함
	24(水)	12.2	·學校에 가서 일을 처리하다. ·崔秉瑄 원장 초청으로 朴炳柱·金英模 教授와 저녁을 하며 國土計劃學會 會長團 構成에 대해 논의하다.	
	25(木)	12.3	·聖誕節 公休日을 맞아 新行政首都팀들과 골프運動을 하다.	
	26(金)	12.4	·韓自研에 가서 일을 보다. ·地方行政研究院에 가서 地研會 總會에 참석, 祝辭를 하고 後任 會長으로 李達坤 教授를 선출하다. ·金興來 院長 등과 저녁을 하다.	
	27(土)	12.5	·李興壽 변호사 초청으로 柳穆基·鄭龍鎬·金鍾庞氏 등과 점심을 같이하다. ·黃時旭 會長 초청으로 送年모임을 갖다.	
	28(日)	12.6	·廉正燮君의 結婚主禮를 보다.	
	29(月)	12.7	·一山 韓自研에 가다. ·新首都特別法이 國會에서 압도적으로 의결되었다는 소식을 듣다. ·韓自研 送年會에 참석하다. ·新首都 支援團과 같이 特別法 議決을 自祝하는 모임을 갖다.	
	30(火)	12.8	·上溪洞 地發研에 가다. ·建交部 中央都市計劃委員會의 委員長代理로서 司會를 보다. ·地發研 送年모임에 참석하다.	
	31(水)	12.9	·沐浴을 하다. ·黃時旭 會長 및 朴六地 社長과 午餐을 하다. ·自宅에서 家族들과 除夜의 종소리를 듣다.	

第69歲 : 2004(4337) 甲申年 / 名譽敎授

月	日	陰	本人 및 家族事項	社會一般事項
1	1(木)	12.10	·甲申年 새해를 맞아 祭禮를 모시다. ·盧隆熙·金壽鶴氏宅에 歲拜가다. ·長女·長男家族 와서 歲拜하고 가다. ·外孫女와 같이 자다.	1(木) ·移動電話 番號移動性制度 시행 ·고이즈미 日本總理, 야스쿠니(靖國)神社를 참배함 2(金) ·中央人事委員會, 올 公務員 俸給을 總額基準 3% 인상한다고 발표
	2(金)	12.11	·學校에 가서 環境大學院 新年交禮會에 참석하여 인사말을 하고 敎授들과 점심을 같이하다. ·禹哉永 會長 초청으로 李永哲·李景熙氏와 저녁食事를 하다.	3(土) ·第3次 參與政府 國政討論會 개최 4(日) ·建設交通部, 牙山 新都市 1段階事業으로 天安·牙山驛 周邊 107萬坪 開發計劃을 확정
	4(日)	12.13	·妻와 같이 妻 回甲宴 場所를 물색하러 다니다. ·롯데 百貨店에서 妻 옷을 사고 저녁을 먹은뒤 귀가하다.	·美國 探査船 Sprit號, 火星着陸 成功 ·그루지야 大統領 選擧, 미사일 사카슈빌리가 當選됨
	5(月)	12.14	·地發硏에 가서 機務司 大領 등 常靑會員 3名의 來訪을 받다. ·朴永根 社長 生日宴을 本人招請으로 준비해 주다. ·鄭光玉·李永哲·禹會長·金局長 등과 저녁食事를 하며 환담하다.	5(月) ·盧武鉉 大統領 側近非理 調査를 위한 金진흥 特檢팀 出帆 ·國稅廳, '接待費 業務關聯性에 관한 告示'를 발표
	6(火)	12.15	·沐浴을 하고 大韓航空에 가서 次女와 美國訪問하는 航空券을 구입하다. ·國土計劃學會 新年 顧問團 모임에 나가 會食과 餘興을 갖다.	·서울市, '그린벨트 解除 推進計劃' 발표 ·서울大 金효수·李명묵 敎授팀, 줄기細胞 注入으로 心筋梗塞 治療의 첫 成功을 거둠
	7(水)	12.16	·新首都支援團에 가서 協議를 하다. ·朴六地·鄭光玉·李永哲氏와 저녁食事를 하다.	6(火) ·政府, 各 部處 局長級 22名의 交流人事를 단행한다는 公式發表를 함
	8(木)	12.17	·靑瓦臺에 가서 盧武鉉 大統領께 新首都를 위시한 政策課題에 대한 報告를 드리는 會議에 참석하다. ·新首都支援團과 점심을 같이하다.	·서울 牛眠山 터널이 개통됨 ·美國 代表團, 北韓 寧邊核施設 調査次 訪北함 7(水) ·美國 行政府, 不法滯留者에 短期就業비자 發給을 내용으로 한 새 移民政策을 발표
	9(金)	12.18	·車로 大田에 가서 土地公社 硏修院에서 개최된 新首都워크숍에 참석하고 開會人事를 하다. ·金儀遠 前 總長의 特講을 듣고 함께 會食을 하다. ·餘興時間을 가진후 투숙하다.	8(木) ·國會, 2005年 農漁村부터 滿5歲兒의 幼稚園 無償敎育을 골자로 하는 幼兒敎育法 통과
	10(土)	12.19	·分任討議를 하고 崔禎鎬 敎授 特講을 듣다. ·沈大平 知事 초청 晩餐에 참석하고 上京하다. ·次女와 結婚할 兪君 父母任과 相見禮를 겸한 저녁食事를 하다.	·政府, '獨島郵票' 발행 ·美國 貿易代表部(USTR), 韓國을 知的財産權 優先監視 對象國(PWL)으로 指定 발표함
	11(日)	12.20	·禹哉永 會長과 建設會館에 가서 崔秉瑄 院長 令愛 結婚式에 참석하다. ·結婚紀念 會食을 子女들과 갖다.	9(金) ·LG카드 正常化의 合意가 이루어짐 ·兵務廳, 中學校 卒業者도 現役入隊가 가능하다는 內容의 '2004年 兵務行政 改善案'을 발표함
	12(月)	12.21	·地發硏에 가서 많은 來訪客을 만나다. ·東部建設 社長·副社長 초청으로 禹哉永·李永哲 氏와 會食을 하다.	11(日) ·열린우리黨, 全黨大會를 열고 黨議長에 鄭東泳氏를 선출함
	13(火)	12.22	·靑瓦臺에서 개최된 3個 特別法 署名 및 公布式에 배석하고 大統領 및 國務委員들과 午餐을 같이하다. ·新首都支援團에 가서 協議하다. ·聞友會 新年會에 가서 人事말을 하다.	·SK그룹, '5人經營協議會'를 구성함 12(月) ·參與聯帶, 17代 總選에서 落薦·落選運動을 하겠다고 公式宣言함 ·水原地檢, 信徒 6名의 殺害를 지시한 嫌疑로 조희성 永生敎 敎主에게 死刑을 구형함
	14(水)	12.23	·光州를 경유하여 木浦에 가다. ·木浦 MBC 김선택 국장 및 鄭榮植 前次官등과 午餐을 같이하다. ·新首都 및 全南道廳 移轉地에 대한 TV 對談 녹화를 하고 上京하다.	·美洲 34個國 特別頂上會談이 멕시코 몬테레이에서 개막됨 13(火) ·山嶽人 朴영석, 南極點 登頂에 성공
	15(木)	12.24	·一山 韓自硏에 가서 일을 보고 全職員에게 점심대접을 하다. ·黃時旭 會長 팀들과 저녁食事를 하며 事業件을 협의하다.	·慶南 梁山서 鳥類毒感이 발생함 14(水) ·盧武鉉 大統領, 年頭記者會見 가짐 15(木) ·韓·美, 龍山 駐韓美軍의 漢江以南으로의 移轉에 대해 잠정 합의함

月	日	陰	本人 및 家族事項	社會一般事項
1	16(金)	12.25	·學校에서 整理를 하고 出版件으로 寫眞을 촬영하다. ·地方行政硏究院에 가서 新規採用硏究員 面接을 보다. ·金興來 원장 등과 저녁食事를 하다.	16(金) ·未來 韓·美同盟, 政策構想 6次會議를 하와이에서 개최함 18(日) ·産業銀行, 賃金피크制 銀行券을 첫 도입함 19(月) ·高建 國務總理, 自由貿易協定(FTA)에 대한 談話를 발표함
	17(土)	12.26	·沐浴을 하고 自宅에서 記錄하다.	·日本 陸上自衛隊 先發隊, 이라크에 도착
	18(日)	12.27	·外孫女와 教保文庫에 다녀오다. ·次女, 兪君 家族들을 많이 만나 인사를 하고 오다.	20(火) ·農林部, 쌀市場 開放協商始作을 世界貿易機構(WTO)에 통보
	19(月)	12.28	·長女 및 外孫子女와 映畵館에 가서 '斑指의 帝王 3'을 관람하다. ·機務司의 吳團長 및 南·兪社長 등과 저녁을 하고 餘興을 갖다.	21(水) ·韓·美·日 3者 政策協議會가 워싱턴에서 열림 ·다보스 포럼이 개막됨 22(木) ·칠레 上院, 韓·칠레 FTA批準同議案을 처리함
	20(火)	12.29	·地發硏에 가서 김진수 會長 등과 午餐을 하고 顧問職을 사양하다. ·禹哉永·李永哲·鄭光玉·金奎馥氏를 초청하여 저녁을 접대하다. ·밤에 많은 눈이 내리다.	23(金) ·유럽 火星軌道 探査船 마스익스프레스, 火星에서 첫 얼음을 발견 24(土) ·서울地法, 北韓公證機關의 文書効力을 처음으로 인정함
	21(水)	12.30	·鄭光玉 社長이 와서 膳物을 주고 가다. ·長女家族, 눈길에 大邱까지 13時間이 소요되어 도착하다.	25(日) ·教育人的資源部, 理工系 살리기 對策을 발표함 26(月) ·盧사모 등 親盧團體, '國民參與 0415'發足
	22(木)	1.1	·舊正 설날을 맞다. ·집에서 記錄整理를 하고 TV를 보다.	27(火) ·서울地法, 美軍飛行場 騷音에 대한 첫 賠償判決을 함
	23(金)	1.2	·妻와 같이 누님宅에 가서 歲拜하다. ·次女 때문에 속이 상하다.	·京義道, '首都圈 成長管理 基本構想' 발표. ·韓國·싱가포르, FTA 첫 政府間 協商 개시
	24(土)	1.3	·次女, 兪君宅에 가서 父母에게 새해 歲拜 드리다. ·外孫女와 教保文庫에 다녀오다. ·長男夫婦가 집에 와서 자고 가다.	28(水) ·政府, 이라크 追加派兵計劃案을 확정함 ·韓國大學教育協議會, '2005學年度 大入計劃'발표
	25(日)	1.4	·妻의 回甲日을 맞아 누님·동생·子女 家族들과 韓味里 食堂에서 宴會를 갖다.	·서울地法, 國軍 空軍射擊場 騷音被害 62억 2천여만원 住民賠償을 판결함
	26(月)	1.5	·一山 韓自硏에 가서 일을 보다. ·李相鎔 博士의 來訪을 받다. ·國土計劃學會의 都市會館 建立宣布式에 참석하고 함께 저녁食事를 하며 환담하다.	29(木) ·서울高法, 새만금工事의 再開를 결정함 30(金) ·政府, 8月부터 로또福券을 1,000원으로 引下키로 결정함
	27(火)	1.6	·新首都 諮問委員長室에 출근하여 會議를 하다. ·李廷雨 委員長 등 青瓦臺 政策企劃委員會 幹部들과 午餐을 하다. ·歸家길에 沐浴을 하고 黃時旭 會長 등과 저녁을 같이하다.	·慶州에서 브루셀라病으로 의심되는 소 10마리가 발생함 ·이슬람, 사우디 아라비아 메카로의 聖地巡禮를 시작함
	28(水)	1.7	·上溪洞 地發硏에 가다. ·好凡會 모임에 참석하고 次期會長으로 高永天, 監事에 李永哲, 總務에 姜渭薰氏를 선출하다.	
	29(木)	1.8	·高速鐵道를 처음 타고 大田에 가다. ·盧武鉉 大統領이 주재하는 '地方化와 均衡發展時代 開幕宣布式'에 참석하다. ·午餐場에서 新首都委員長으로서 建議 및 人事말을 하다. ·高速鐵道로 上京하여 禹哉永·李景熙·李永哲氏와 저녁食事를 하며 환담하다.	
	30(金)	1.9	·政府廳舍에 가서 忠淸圈 副市長·副知事 등과 立地基準에 대해 협의하고 午餐을 같이하다. ·文廷鎬·蘇鎭光 博士가 내방하다. ·在京 閒中 4回 모임에 참석하다.	

2004

月	日	陰	本人 및 家族事項	社會一般事項
1	31(土)	1.10	·金玉鉉 친구 초청으로 鄭龍鎬·金鍾宬 친구와 점심을 같이하다.	
2	1(日)	1.11	·淸潭聖堂에 가서 外孫子 迎聖體 行事에 참석하다. ·長女家族들과 COEX에 가서 구경을 하고 外孫子와 沐浴을 가다. ·妻 및 長女家族과 저녁食事를 함께 하다.	1(日) ·世界保健機構, "鳥類毒感의 사람 통해 感染 可能性" 있다고 발표
	2(月)	1.12	·學校에 가서 黃琪源 院長 등과 환담하다. ·銀行處理를 하고 講義案을 준비하다. ·鄭光玉 社長편에 黃時旭 會長의 渡美 支援金을 받다. ·在京 聞慶市 鄕友會 總會에 참석하고 尹成吉 新任會長을 축하하다. ·집의 강아지 '방울이'가 집을 나가 찾았으나 실패하다.	2(月) ·國防部, 서울·京畿北部 등 全國 460곳 8,300萬坪의 軍事施設保護區域을 解除·緩和함
	3(火)	1.13	·電話를 하고 旅行準備를 하다. ·妻와 仁川空港에 나가 작별하고 次女와 같이 出國하다. ·2等坐席으로 10時間 飛行하여 同日字 11時에 San Francisco空港에 도착하다. ·兪宗禎君의 마중을 받고 같이 San Jose에 가서 점심을 하다. ·兪君과 次女는 Santa Clara County Hall에 가서 書類를 받다. ·San Jose市廳을 구경하다. ·Arena Hotel 투숙하다. ·몸살 感氣로 고생하다.	3(火) ·第13次 南北長官級會談이 서울에서 개최됨 ·'2004 總選市民連帶' 발족 ·建設交通部, '住宅 後分讓制 活性化方案'을 확정·발표
	4(水)	1.14	·호텔에서 次女와 朝餐을 먹었으나 입맛이 없어 별로 먹지 못하다. ·證人 설 金정호 박사와 韓國食堂에 가서 점심을 같이하다. ·모두 함께 County Hall에 가서 結婚 宣誓式을 하고 서명하다. ·兪君 및 次女는 辯護士 事務室에 가서 手續을 밟다. ·혼자 Tech Museum of Innovation을 관람하다. ·中國집에서 저녁을 들고 Double Tree Hotel로 옮겨 투숙하다. ·종일 몸살로 고생하다.	4(水) ·서울市 都市開發公社, 上岩洞 아파트 分讓原價를 첫 公開함 ·토니 블레어 英國總理, "이라크서 大量殺傷武器를 발견하지 못했다"고 시인함
	5(木)	1.15	·늦게 기상하여 같이 '韓國의 집'에 가서 韓食부페를 조금 먹다. ·호텔에서 혼자 휴식을 취하다. ·兪君과 次女, 辯護士事務室과 County Hall에 가서 書類處理를 하다. ·Macy Department에서 만나 저녁을 같이하고 호텔로 오다.	5(木) ·總選市民連帶, 公薦反對 66名의 名單을 발표함 ·KAIST 임대식 教授팀, 細胞內 癌抑制 役割을 처음 규명함
	6(金)	1.16	·Barnes & Noble Bookstore에 가다. ·Palo Alto에 있는 Stanford大學을 시찰하다. ·兪君, 書類提出을 하러 다니다. ·Sport Center를 구경하고 韓國 불고기집에서 비싼 저녁을 먹다.	6(金) ·政府, 3月부터 電氣料金의 引下를 결정함 ·忠南 天安市, 鳥類毒感 發生地域 30餘名에 대해 擴散防止를 위해 첫 移住措置를 취함 ·大韓公認仲介士協會, 政治聯盟을 결성하고 政治活動을 선언함 ·서울高法, 새만금 事業 被害에 대한 國家賠償을 판결함 ·國防部, "36年前 沃川 失踪者 7名의 空軍 684部隊(一名 失尾島 部隊)入隊"를 공식 확인함 ·先進7個國(G7) 財務長官·中央銀行總裁會議가 美國에서 개막 ·부시 美國大統領, '이라크 WMD特別調査委 構成'을 발표 ·게르하르트 슈뢰더 獨逸 總理, 社民黨(SPD)黨首職을 사임함 7(土) ·檢察, '安風事件'의 全面 再搜查에 착수함 8(日) ·農林部, 鳥類毒感의 美國產 닭·오리 고기 輸入을 중단함 ·日本, 陸上自衛隊 本隊 1陣이 이라크에 도착함 ·찬드리카 쿠마라통가 스리랑카 大統領, 議會를 전격적으로 해산하고 4月에 總選擧를 실시키로 함 ·美國과 濠洲, FTA에 합의함. ·印度 등 아시아 6個國, FTA協定에 서명함 9(月) ·保健福祉部, 肺癌治療劑 '이레사'에 保險惠澤을 주기로 함

月	日	陰	本人 및 家族事項	社會一般事項
2	7(土)	1.17	·몸이 조금 좋아진 듯하다. ·兪君, Santa clara 大學에 가서 法科大學 入學案內 說明會에 가다. ·次女와 호텔에서 쉬고 있다가 점심을 간단히 하다. ·3人 같이 Newark를 지나 National Wildlife Refuge에 가서 구경을 하고 Dumbarton橋를 건너 Palo Alto에 있는 Nature Center에 들리다. ·San Jose에 있는 Joseph D. Grant Comet라는 山에 올라 市內를 조감하다. ·'楊平 신내 해장국 집'에서 저녁食事를 하다.	10(火) ·總選連帶, 2次로 公薦反對 43名의 名單을 발표함 ·러시아·北韓, 豆滿江 國境線 座標確定에 합의하고 첫 協定에 서명함 12(木) ·서울大學 獸醫學科 黃禹錫 敎授팀, 사람卵子에서 줄기細胞 첫 培養에 성공함 ·'바른選擇 國民行動本部', 落薦對象者 62名의 名單을 발표함 ·建設交通部, 땅投機 7萬餘名을 國稅廳에 통보 ·탤런트 李승연의 '慰安婦 누드' 波紋이 일어남
	8(日)	1.18	·호텔을 떠나 101,156, 1番 등의 道路를 따라 太平洋 沿岸에 있는 Monterey에 가다. ·Fisherman's Wharf, Maritime Museum, State Historic Park, Aquarium등을 관람하다. ·Camel시에 가서 Pebble Beach 海岸과 Camel Mission 舊 聖堂을 둘러보다. ·San Jose로 돌아와 中國食堂에서 食事하다.	13(金) ·國會에서 4月末까지 3,600名이 파견되는 이라크 派兵案이 통과됨 ·第7次 未來韓·美同盟 政策構想會議가 서울에서 개최됨 14(土) ·全北 扶安, '蝟島 原電收去物施設誘致' 贊反投票 실시, 反對 91.8%로 나타남 ·金기덕 映畵監督, 第54回 베를린 映畵祭에서 映畵 '사마리아'로 監督賞인 '銀곰賞'을 수상함 ·러시아 모스크바에서 물놀이 施設인 워터파크의 지붕 崩壞事故로 최소 28名이 사망함
	9(月)	1.19	·Winchester Mystery House를 관람하다. ·저녁에 兪君 親舊 3名을 초청하여 '山莊' 食堂에서 저녁食事를 하며 환담하다. ·호텔에 와서 兪君 및 次女와 向後計劃을 협의하고 투숙하다.	
	10(火)	1.20	·San Francisco 國際空港에 와서 兪君과 작별인사를 하고 出發하다. ·2等席에서 12時間을 비행하다.	16(月) ·國會, 韓·칠레 FTA를 통과시킴 ·敎育人的資源部, 私敎育費 輕減對策을 발표
	11(水)	1.21	·仁川空港에 도착하여 妻 및 兪君부모의 영접을 받다. ·집에와 짐 整理를 하고 妻에게 說明을 한 뒤 취침하다.	17(火) ·韓國과 美國의 2+2會議가 개최됨 ·서울大 醫大 閔병구 敎授팀, 世界 처음으로 生命構造裝置를 개발함
	12(木)	1.22	·學校에 가서 整理를 하고 여러곳에 歸國人事 전화를 하다. ·韓國經濟新聞社에 가서 '企業하기 좋은 地域 大賞' 審査委員會를 주재하고 함께 저녁食事를 하다.	18(水) ·全經聯, 第29代 會長에 姜信浩 東亞製藥 會長을 선출함 ·이란 北東部 호라산州에서 硫黃·石油를 적재한 貨物列車가 脫線·폭발하여 300여명이 사망하고 450여명이 부상당함
	13(金)	1.23	·昨夜에 故 朴正熙 大統領과 單獨對談을 하고 全閣僚들이 흰옷을 입고 배석하고 있는 꿈을 꾸다. ·次女와 郵遞局에 가서 積金을 찾다. ·地方自治學會에 가서 古州賞委員會에 참석하다. ·國土計劃學會 弦汀賞委員會에 참석·논의하고 같이 會食을 갖다.	19(木) ·강우석 監督의 映畵 '失尾島', 觀客 1,000萬名을 돌파 20(金) ·敎育人的資源部·保健福祉部, '障碍幼兒無償敎育 및 障碍人支援計劃'을 발표함 ·忠南大 徐상회 敎授, 鳥類毒感의 백신菌注를 國內에서 처음 개발함 ·第85回 全國冬季體育大會 全北 茂安에서 개최, 京畿道 3連覇 함 ·이란, 第7代 議會 總選 실시
	14(土)	1.24	·昨夜에 朴世直 前 월드컵 組織委員長을 만난 꿈을 꾸다. ·沐浴을 하고 妻와 가다가 車충돌 사고를 당하다. ·兪政甲·李景熙 將軍 夫婦를 초대하여 대접하다.	22(日) ·綠色社民黨, 張基杓代表中心으로 출범함 ·外換카드, 勞組罷業에 맞서 職場閉鎖申告를 함
	15(日)	1.25	·長女家族이 다녀가다. ·兪政甲·李景熙 將軍夫婦 및 美스탠포드大學 經營大學 黃勝進 敎授 夫婦와 저녁會食을 하며 환담하다.	23(月) ·韓·日 FTA 2次協商이 日本에서 개막됨 ·이라크 平和再建師團 '자이툰 部隊'의 創設式이 거행됨 ·韓·美·日, 北核協議會를 서울에서 개최함 ·脫北者 8名, 中國 北京 獨逸學校에 진입함
	16(月)	1.26	·地發硏에 가서 일을 보다. ·公州 吳市長이 上京하여 여러사람과 午餐을 하다. ·向志會 모임에 참석하다. ·妻, 長男 아파트 中渡金을 처리하다.	

月	日	陰	本人 및 家族事項	社會 一般事項
2	17(火)	1.27	·韓自硏에 가서 朴 副院長·一山 區廳長 등과 점심을 같이하다. ·國土計劃學會 理事들과 저녁을 같이하고 代表들과 次期會長團 構成을 협의하다.	·政府, 江南圈 全域 및 忠北 清原郡 등 全國 21곳을 土地投機地域으로 지정 24(火) ·北核 2次 6者會談 南北首席代表會談, 中國 北京에서 개최됨
	18(水)	1.28	·政府廳舍에 출근하여 일을 보다. ·黃時旭 會長 등과 저녁을 같이하고 膳物을 주다.	·第18代 韓國經營者總協會 會長에 이수영 東洋製鐵化學 會長이 선출됨
	19(木)	1.29	·清州 忠北大學에서 개최된 地方自治學會 發表會에서 司會를 보다. ·總會에 참석하고 모두 저녁會食을 하고 上京하다.	·아프리카 모로코에 리히터 規模 6.5의 强震이 일어나 560여명 死亡, 300여명 부상
	20(金)	2.1	·新行政首都 諮問會議를 주재하고 같이 午餐을 하다. ·小委員長 會議를 주재하고 Sim City公募作 審査를 주재하다. ·저녁 會食을 같이하다.	·푸틴 러시아 大統領, 內閣을 解散시킴 25(水) ·서울敎育廳,'學校敎育 正常化 推進計劃' 발표 ·釜山에서 韓半島 最古의 사슴紋樣土器 조각이 발견됨
	21(土)	2.2	·沐浴을 하고 原稿整理를 하다.	26(木) ·行政府 1級以上 公職者 581名의 財産變動內容을 공개함
	22(日)	2.3	·李鼎九 恩師의 傘壽 및 回婚 祝賀宴에 참석하여 祝辭를 하다.	·마케도니아 大統領, 飛行機 墜落으로 死亡함
	23(月)	2.4	·學校에 가서 銀行處理를 하고 貸出을 받아 妻에게 次女 結婚費用으로 1億원을 송부하다. ·新首都팀에 가서 일을 보다. ·禹哉永·李景熙·李永哲氏에게 저녁대접을 하고 中媒에 대한 答禮金을 전달하다.	27(金) ·建設交通部, 全國 50萬匹地 標準地 公示地價 발표 ·日本 大阪地方法院,'고이즈미 日本總理의 야스쿠니參拜 禁止訴訟'을 기각함
	24(火)	2.5	·國土計劃學會 弦汀賞基金管理委員會에 참석하여 委員會 解散을 결의하다. ·總會에 참석하여 新任會長團을 선출하고 함께 會食을 하다.	29(日) ·아이티 大統領, 失脚하여 도미니카로 出國함 ·第26回 아카데미賞 施賞式 개막
	25(水)	2.6	·地發硏에 가서 일을 처리하다. ·好凡會 모임에 참석하다.	
	26(木)	2.7	·國土硏究院이 주최한 '新行政首都假想都市計劃 競演大會' 施賞式에 참석하여 審査評을 하고 施賞을 하다. ·國務總理에게 新首都案을 보고하다. ·機務司 팀들과 저녁食事를 하다.	
	27(金)	2.8	·一山 韓自硏에 가서 일을 보다. ·大統領에게 新首都案을 보고드리는 자리에 배석하다. ·建交部次官 등 여러사람과 저녁을 하며 환담하다.	
	28(土)	2.9	·妻·次女, 兪君 慈堂과 韓服집에 가다. ·長女家族과 같이 敎保文庫에 가서 冊을 사주고 저녁을 같이하다.	
	29(日)	2.10	·沐浴을 하고 原稿를 쓰다. ·長男夫婦가 다녀가다. ·妻, 이유없이 화를 내다. ·長女 媤父의 七旬을 맞아 膳物을 보내고 電話를 하다.	
3	1(月)	2.11	·三·一節을 맞아 國旗를 게양하다. ·妻·次女, 兪君 母親과 옷 맞추러 가다. ·長女家族들과 COEX등에 들리고 저녁食事를 대접받다.	1(月) ·政府, 電氣料金 引下 ·南北經協推進委員會 8次會議, 서울에서 개막됨 ·高句麗硏究財團이 出帆함
	2(火)	2.12	·學校에 가서 第1學期 첫 講義를 하다.	·美國航空宇宙局, "火星에 한때 물 흠뻑 徵候"를 발표함
	3(水)	2.13	·大韓住宅公社에 가서 特講을 하다. ·副社長 등과 점심을 같이하다.	·아이티 叛軍指導者 기 필립, 政權接受를 선언함

月	日	陰	本人 및 家族事項	社會一般事項
3	4(木)	2.14	· 政府廳舍에 가서 일을 보다. · 吳 大領 · 南 社長과 점심을 같이하다. · 一金會 모임에 참석하다. · 눈이 많이 와서 중도에 地下鐵로 귀가하다.	· 존 케리 매사추세츠 上院議員, 美 大選 民主黨 候補로 확정됨 3(水) · 中央選管委, "盧武鉉 大統領의 열린우리黨 支援發言이 選擧法 違反"이라는 決定을 내림
	5(金)	2.15	· 100年만의 暴雪로 交通이 어려운 가운데 上溪洞 地發研에 가다. · 禹哉永 會長 등과 저녁을 하다.	4(木) · 中國 抑留 脫北 國軍捕虜 金기종 氏가 귀국함
	6(土)	2.16	· 自宅에서 資料를 整理하다.	· 參與政府, '安保政策構想'을 발표
	7(日)	2.17	· 沐浴을 하다. · 妻와 같이 結婚式場에 가서 主禮를 보다. · 空港터미널 禮式場에 가서 請牒狀件을 문의하고 걸어서 長女宅에 가다. · 大邱에서 오신 査頓의 七旬을 축하하는 會食을 長女家族 모두를 초청하여 마련하다.	· 綜合株價指數, 22個月만에 900帶 돌파 5(金) · 忠淸圈의 기습暴雪로 2,817個校가 休校함 · 趙舜衡 民主黨 代表, 大統領 彈劾意志를 천명하는 特別記者會見을 가짐 · 中國, 第10期 全國 人民代表大會 第2次 全體會議가 개막됨
	8(月)	2.18	· 國家專門行政研修院에 가서 講義를 하고 院長 등과 午餐을 같이하다. · 政府廳舍에 가서 일을 보다. · 林承達 學長 및 金東錫 理事와 저녁을 하며 환담하다.	6(土) · 파키스탄 野黨指導者 압둘라 무라드, 首都 카라치에서 怪漢에 被殺됨 7(日) · 韓國 첫 男性 同性愛者가 公開結婚을 함 · 日本, 11번째 狂牛病(BSE) 感染 소가 발견됨
	9(火)	2.19	· 學校에 가서 講義하다. · 外孫女의 生日을 맞다.	8(月) · 政府, 鐵鋼材 國際價格 급등으로 古鐵·鐵筋의 輸出制限措置를 결정함
	10(水)	2.20	· 一山 韓自研에 출근하다. · 蔡奎晶 益山市長 등과 저녁食事를 하며 환담하다.	9(火) · 國會, 選擧法·政治資金法·政黨法 改正案을 통과시킴
	11(木)	2.21	· 廳舍에 출근하여 新首都 일을 보다. · 趙基安 研修院長 초청으로 鄭世煜·崔相哲 敎授 등과 午餐을 같이하다. · 高永天 會長 초청으로 好凡會員 一部와 저녁을 같이하다.	· 美國 宇宙望遠鏡科學研究所(STSI), 빅뱅後 갓 생긴 初期 銀河를 발견 10(水) · 政府, 忠淸·慶北 등 10個 市·道, 77個 市·郡·區를 暴雪에 따른 特別災害地域으로 선포함
	12(金)	2.22	· 韓國書畵作家協會 創立紀念行事에 참석하여 테이프 커팅을 하고 祝辭를 하다. · 尹相在 會長등과 저녁을 같이하다. · 盧武鉉 大統領의 彈劾可決로 큰 충격을 받다.	· 日本·멕시코, FTA 타결 11(木) · 盧武鉉 大統領, 國會 彈劾案에 대한 記者會見을 가짐 · 스페인 마드리드 3곳서 同時多發 連鎖爆彈테러가 발생하여 200명이 死亡하고 1,400여명이 負傷당함
	13(土)	2.23	· 沐浴을 하고 住所錄을 整理하다. · 妻와 外食을 하고 오다.	
	14(日)	2.24	· 長男夫婦, 自家 아파트로 이사하다. · 妻와 長男 아파트를 둘러보고 오다. · 長男夫婦, 집에 와서 같이 자다.	12(金) · 國會, 大統領 彈劾案을 가결시킴 · 高建 國務總理, 午後 5時 15分부터 大統領 權限代行 業務를 시작함
	15(月)	2.25	· 昨夜에 北韓 金正日 委員長과 손을 잡고 가면서 내년 서울 南山에 같이가기로 약속하는 꿈을 꾸다. · 政府廳舍에 가서 일을 보다. · 大田에서 개최된 忠南發展研究院 主催 세미나에서 司會를 보고 沈大平 知事 등과 저녁食事를 하고 上京하다.	13(土) · 高建 大統領 權限代行, 對國民談話를 발표. · 디지털 멀티미디어 放送(DMB)用 專用 衛星 '한별(MBsat)', 世界 첫 發射되어 성공함 14(日) · 서울教育廳, '週5日授業制 運營施行 方案'을 확정 발표함
	16(火)	2.26	· 學校에 가서 講義하다. · 집에 와서 外孫女를 데리고 國土計劃學會에 가서 資料를 얻다. · 外孫女가 몸살로 앓아 마음이 어두움을 느끼다.	· 러시아 大選, 푸틴이 재선됨 · 스페인, 總選 실시 18(木) · 憲裁, 大統領 彈劾 첫 評議를 개최 · 서울大, 入學定員을 22% 감축키로 결정함
	17(水)	2.27	· 地開研에 가서 일을 처리하고 내방한 黃時旭 會長 등과 점심을 하다. · 東部엔지니어링의 金 社長·朴 副社長 등과 저녁을 들며 환담하다.	19(金) · 臺灣 천수이볜 總統, 遊說中 被擊으로 파문이 일어남 20(土) · 臺灣, 總統選擧로 천수이볜이 再當選 됨

月	日	陰	本人 및 家族事項	社會一般事項
3	18(木)	2.28	·廳舍에 나가 新首都 일을 보다. ·吳大領 등과 점심을 같이하다. ·京鄕新聞과 對談을 하다. ·國土計劃學會 顧問團 會食宴에 참석하다.	22(月) ·韓國, 쇼트랙 世界選手權 大會에서 11種目을 싹쓸이하여 3年 연속 綜合優勝을 차지함 23(火) ·한나라黨 새代表에 朴槿惠氏가 선출됨 ·政府, 年末까지 25個 品目의 特消稅를 인하한다고 발표함 24(水) ·湖南線 複線電鐵이 완공됨 25(木) ·憲裁, 大統領 彈劾 2次 評議 가짐 ·憲裁, '敎師 政治活動 制限은 合憲'이라는 決定을 내림 ·北韓, 第11期 2次 最高人民會議 개최 26(金) ·監査院, 韓國敎育課程評價院과 敎育部에 대한 修能 監査結果를 발표함 28(日) ·監査院, "大韓赤十字社가 AIDS 및 肝炎 의심의 患者血液 7萬64餘件을 病院 및 製藥社에 공급"했음을 밝힘 ·그루지야 總選, 집권당이 완승함 29(月) ·第9次 南北離散家族相逢이 金剛山에서 이루어짐 ·불가리아 등 東유럽 7個國, NATO에 가입함 30(火) ·憲裁, 大統領彈劾審判 첫 公開辯論을 가짐 ·京釜高速鐵道, 着工 12年만에 開通式을 가짐 ·서울大學校, '2005學年度 大學入學 銓衡案'을 발표함 31(水) ·國務總理室 傘下 性賣買防止企劃團, '性賣買防止綜合對策'을 발표함
	19(金)	2.29	·一山 韓自硏에 출근하다. ·朴·河 두 副院長들과 午餐을 하다. ·中央都市計劃委員會에 참석하고 新首都件을 보고하다. ·中都委 委員들과 저녁 會食을 하다.	
	20(土)	2.30	·妻와 空港터미널 禮式場에 가서 次女 結婚 請牒狀을 주문하다. ·혼자 長女宅에 가서 外孫女를 봐주다. ·妻, 盆唐에 가서 妻弟 아파트 賣却을 계약하고 오다. ·沐浴을 하고 귀가하다.	
	21(日)	閏2.1	·집에서 住所를 整理하다.	
	22(月)	閏2.2	·廳舍에 출근하다. ·李廷雨 委員長 주재의 國政課題 運營協議會에 참석하여 午餐을 같이하다. ·妻와 長男 아파트를 구경하고 모두 함께 저녁을 들다	
	23(火)	閏2.3	·學校에 가서 講義하다. ·저녁에 土地公社 副社長 등과 食事를 하며 환담하다.	
	24(水)	閏2.4	·韓自硏에 가서 일을 보다 ·朴定洙 室長의 來訪을 받고 같이 점심을 하다. ·兪英燮 氏라는 분의 간곡한 要請으로 '96年 發刊의 記錄집을 주다. ·河在龍 총장 초청으로 卞鐸 副會長과 저녁食事를 하다.	
	25(木)	閏2.5	·禹哉永 會長 및 金奎馥 국장과 淸州에 가다. ·淸州大學에서 개최된 新首都立地 세미나에서 基調演說을 하다. ·忠北 副知事 초청 晩餐에 참석하고 上京하다.	
	26(金)	閏2.6	·廳舍에 출근하여 많은 來訪을 받다. ·姜溶植 委員長과 業務協議를 하다. ·權五奎 首席과 午餐을 같이하다. ·國土硏究院에 가서 워크숍을 참관하다. ·李景熙 將軍 주최의 4人幇 모임에 가다.	
	27(土)	閏2.7	·沐浴을 하고 住所整理를 하다. ·高秉浩 敎授가 上京하여 禹哉永·李永哲 氏와 저녁을 같이하다.	
	28(日)	閏2.8	·終日 自宅에서 住所를 整理하다.	
	29(月)	閏2.9	·廳舍에 출근하다. ·運營協議會의 會議를 하고 점심을 같이하다. ·土地公社 勞組委員長 등과 저녁을 같이 하며 환담하다.	
	30(火)	閏2.10	·學校에 가서 講義를 하다. ·卞鐸 副會長 및 金秉準 委員長과 저녁을 들며 환담하다.	
	31(水)	閏2.11	·地發硏에 출근하다. ·鄭光玉 社長이 다녀가다. ·好凡會 모임에 참석하여 次女結婚 請牒狀을 전달하다.	

月	日	陰	本人 및 家族事項	社會一般事項
4	1(木)	閏2.12	·政府廳舍에 출근하다. ·政策企劃委員會가 주최한 全部處 企劃管理室長 會議에 참석하여 國政課題를 설명하다. ·道德運動協議會 任員들 晩餐에 참석하여 환담하다.	1(木) ·高速鐵道(KTX, Korea Train Express), 開通運行을 시작함 ·EBS, 修能 인터넷 放送을 시작 ·韓·칠레間 2,450個 品目의 無關稅輸出을 담은 FTA가 공식 발표됨
	2(金)	閏2.13	·自宅에서 請牒狀을 整理하다. ·國土計劃學會에 가서 請牒狀 送付를 의뢰하다. ·舊臨時首都計劃 팀에 李春熙 단장과 같이 참석하여 저녁을 하다.	2(金) ·憲裁, 大統領彈劾審理 2次公開辯論을 가짐 ·4·15總選의 公式 選擧戰이 시작됨 ·國際 信用評價會社 무디스, 韓國의 信用等級 및 展望을 'A3 否定的'으로 유지함
	3(土)	閏2.14	·一山 韓自硏에 가서 일을 보다. ·朴羽緖 敎授에게 座談會를 부탁하고 먼저 떠나다. ·高建 大統領權限代行의 초청으로 總理公館에서 國政課題委員長들과 午餐을 들며 意見을 나누다. ·鄭光玉 社長 초청으로 朴今燮·禹哉永·李永哲 氏 등과 저녁을 하며 골프場件을 협의하다.	·韓國銀行, 史上 첫 電算網 痲痺를 가져옴 3(土) ·秋美愛 民主黨 選對委員長, 光州서 懺悔의 2泊 3日 3步1拜를 시작함 4(日) ·프로野球 定期리그가 開幕됨 5(月) ·애니카 소렌스탐, 美國 LPGA 오피스데포 챔피언십에서 優勝함 ·인도네시아, 總選 實施
	4(日)	閏2.15	·禹哉永 會長이 怪石을 선물하여 庭園에 비치하다. ·妻 및 長女家族과 같이 새로 단장한 長男 아파트를 구경하고 함께 밖에서 食事를 하다.	·美 LA타임스, 2004년 퓰리처賞 5個部門을 수상함 6(火) ·리투아니아 議會, 론란다스 팍사스 大統領의 彈劾을 의결함
	5(月)	閏2.16	·自宅에서 住所整理를 하고 沐浴을 하다. ·妻와 次女가 言爭을 하다가 次女의 눈 아래가 찢어지는 不祥事가 생기다. ·次女, 눈 治療次 나가 돌아다니다. ·매우 길고 괴로운 하루를 보내다.	·總選市民連帶, 208名의 落選運動對象者를 발표함 7(水) ·日本 후쿠오카 地方法院, "고이즈미 總理의 야스쿠니 參拜는 違憲"이라는 判決을 내림
	6(火)	閏2.17	·學校에 가서 講義를 하다. ·韓國土地公社의 要請으로 弟子들을 추천해주다. ·朴賢奎·成東奎·李永哲 氏에게 저녁을 대접하고 환담하다.	·韓·美·日 3國 北核 6者會談 首席代表 北核政策協議會가 美國 샌프란시스코에서 개최됨 8(木) ·東亞大學 임선희 敎授팀, 人間의 19번째 染色體 鹽基序列을 규명
	7(水)	閏2.18	·上溪洞 地發硏에 출근하다. ·朴今燮 副社長 등이 와서 모두 같이 점심을 하다. ·硏究院 및 高校同期生 들에게 저녁대접을 하고 怪石을 선물한 禹哉永 會長에게 감사를 하다.	·알제리 大選 實施, 압델 아지즈 부테플리카 大統領이 再選됨 9(金) ·憲裁, 大統領 彈劾審理의 3次 辯論을 가짐
	8(木)	閏2.19	·廳舍에 출근하여 課長들로부터 所管事務에 대한 報告를 듣다. ·李廷雨 委員長 主宰의 政策運用協議會 午餐을 갖다. ·ASEM에서 개최된 新首都硏究課題 發表會에 참가하고 모두 함께 저녁會食을 갖다.	·정부, 이라크에의 旅行을 금지하는 措置를 내림 ·第17代 總選 不在者投票實施, 90.5%의 投票率을 보임 10(土) ·慶北 永川과 慶南 金海에 소 브루셀라病이 발생함
	9(金)	閏2.20	·地方行政硏究院 諮問會議에 참석하고 院長 등과 점심을 같이하다. ·禹哉永 會長과 같이 淸州에 가다. ·李元鍾 知事·李兌一 院長·高秉浩 敎授·咸副知事등과 저녁을 하며 환담하다. ·밤12時에 집에 도착하다.	14(水) ·아프리카 세이셜 共和國, 프랑스 알베르 르네(68歲) 大統領이 사임하고 제임스 미셸 副統領이 大統領職을 인수함 15(木) ·第17代 國會議員選擧 實施, 열린우리黨이 152席을 획득하여 過半數 차지함
	10(土)	閏2.21	·國土學會에 가서 請牒狀件을 처리하다. ·妻와 같이 洋服을 맞추고 오다. ·沐浴을 하고 住所를 발췌하다.	·第60次 U.N.人權委員會, 北韓人權決議案을 통과시킴 16(金) ·趙舜衡 民主黨 代表, 總選慘敗에 責任을 지고 黨代表職을 사퇴함
	11(日)	閏2.22	·妻, 次蓮妻弟 母子와 같이 妻弟 아파트에 가다. ·長女宅에 가서 점심을 들고 모두 같이 現代百貨店 및 COEX에 가다. ·저녁을 같이하고 귀가하다.	17(土) ·팔레스타인 武裝組織 하마스의 새 指導者 압델 아지즈 란타시, 이스라엘軍의 헬機攻擊으로 死亡함

2004

月	日	陰	本人 및 家族事項	社會一般事項
4	12(月)	閏2.23	·廳舍에 가서 일을 보고 局長들과 午餐을 같이하다. ·國政課題 說明會에 참석하여 新首都에 대해 설명하다. ·宋英鎬 쌍방울 社長 초청으로 惠園스님 및 李永哲 會長과 저녁을 같이하다. ·별로 좋지 않은 氣分으로 귀가하다.	18(日) ·中國, 科學衛星인 '試驗衛星 1號'와 '나소衛星 1號'의 發射에 성공했다고 밝힘 19(月) ·自民聯 金鍾泌 總裁, 總裁職을 사퇴하고 政界를 은퇴한다고 선언함 ·民主黨, 韓和甲 前 代表를 非常對策委員會 委員長으로 추대함
	13(火)	閏2.24	·一山 韓自硏에 출근하다. ·請牒狀 發送을 처리하고 職員들에게 점심을 접대하다. ·美國 紀行文 글을 쓰다.	·第76回 東亞水泳大會, 忠南 牙山에서 개막되어 23日까지 계속되고 유윤지 選手가 MVP를 차지함 20(火) ·憲裁, 大統領 彈劾審判 4次 公開辯論을 가짐
	14(水)	閏2.25	·廳舍에 출근하여 일을 처리하다. ·均衡發展委員會의 새 事務室을 구경하고 委員長들과 午餐을 같이하다. ·上溪洞 地發硏에 가서 근무하다. ·모두 함께 저녁食事를 하다.	·第3의 公務員勞動組合인 '全國牧民勞動組合總聯盟(全牧聯)'이 공식으로 출범함 ·脫北者 인터넷 라디오 放送局인 '自由北韓放送'이 開局함
	15(木)	閏2.26	·妻와 같이 國會議員 選擧 投票를 하고 점심을 사먹고 오다. ·밤에 열린우리黨의 壓勝을 보며 놀라기도 하고 安心도 하다.	·印度 總選 實施, 流血事態로 22名의 死傷者가 발생함 22(木) ·北韓 平北 龍川驛에서 列車爆發事故가 발생함
	16(金)	閏2.27	·政府廳舍에 가서 執務하다. ·土地公社 副社長 초청으로 局·課長들과 점심을 같이하다. ·建交部 中央都市計劃委員會에 참석하다. ·朴賢奎氏 초청으로 成東奎·李永哲氏와 저녁을 같이하다.	·中國, 北京에서 올해 첫 사스 疑心患者가 발생했다고 발표함 23(金) ·憲裁, 大統領 彈劾審判 5次 公開討論을 가짐 ·忠淸文化財團, 忠南 公州서 古代 橫穴墓 15基를 무더기로 발견했다고 밝힘
	17(土)	閏2.28	·妻와 같이 禮緞집에 가다. ·公職者 論壇賞 審査委員들과 점심을 같이하다. ·沐浴을 하고 귀가하다.	25(日) ·財政經濟部, 所得稅法 施行規則 改正案을 발표 ·教育人的資源部, '學校暴力 豫防 및 對策에 관한 法律' 施行令을 立法豫告함
	18(日)	閏2.29	·妻·長男과 兪將軍宅에 가서 長男 혼자 次女 婚需를 전하고 오다. ·밤에 비가 조금 내려 무척 다행하게 생각하다.	27(火) ·憲裁, 大統領 彈劾審理 6次 公開辯論을 가짐
	19(月)	3.1	·昨夜에 高建 大統領 權限代行과 어디를 가면서 對話를 나눈 꿈을 꾸다. ·廳舍에 가서 新首都 業務를 보다.	·民主黨, 黨職者들이 一括辭表를 제출하고 事務處의 解團式을 개최함
	20(火)	3.2	·靑瓦臺 官邸에 가서 盧武鉉 大統領께 新首都報告를 하다. ·金榮坪 教授등과 점심을 하다. ·學校에 가서 일을 처리하다. ·住宅公社 金東錫 部長 초청으로 卞鐸 副會長과 저녁을 같이하다.	28(水) ·U.N.教育科學文化機構(UMESCO), '直指賞'을 새로이 制定하여 2005年부터 施賞키로 함 ·李명덕 가톨릭大 教授팀, 小腸 移植手術을 國內에서 처음으로 성공시킴 ·美國 CBS, 이라크 捕虜虐待 寫眞을 보도함
	21(水)	3.3	·一山 韓自硏에 가서 일을 보다. ·메리오트 호텔에서 개최된 環境大學院 同窓會 總會에 참석하여 姜東錫·郭決鎬 長官등을 만나다. ·걸어서 45分만에 집에 도착하다.	·U.N.安保理, 大量殺傷武器(WMD)의 統制決議案을 채택함. 29(木) ·尹奉吉 義士의 '도시락 爆彈' 寫眞이 72年만에 公開됨
	22(木)	3.4	·廳舍에 나가 課長會議에 참석하다. ·鳥嶺會 모임에 참석하다.	30(金) ·北韓, 南北長官級會談 團長에 권호웅(45세) 內閣參事를 임명함
	23(金)	3.5	·廳舍에 나가 立地選定支援團 報告會議에 참석하다. ·高齡化·未來社會 委員會 초청 午餐에 참석하다. ·上溪洞 地發硏에 나가 일을 하다. ·向志會 모임에 참석하여 會長歷任 紀念品을 선물 받다.	·씨티銀行(Citibank), 韓美銀行을 引受함 ·처음으로 6.25戰爭中 國軍捕虜였던 白종규氏의 遺骨이 入國함

月	日	陰	本人 및 家族事項	社會一般事項
4	24(土)	3.6	・地發研에 출근하여 일을 보다. ・맞춘 洋服 두벌을 찾아오다. ・兪將軍 夫人이 집에 다녀가다. ・4人幇모임에 참석하다.	
	25(日)	3.7	・沐浴을 하다. ・妻 및 次女와 百貨店에 가서 次女 옷・신발 등을 많이 사다. ・저녁을 같이하고 귀가하다.	
	26(月)	3.8	・金振鎬 土地公社 社長과 朝餐을 같이하고 次女 結婚扶助金을 받다. ・政府廳舍에 가서 일을 보다. ・플라자 호텔 食堂에서 學會長・協會長들과 점심을 하며 國際公募件을 협의하다. ・鄭光玉 社長이 다녀가다. ・國土學會 會館建立會議에 참석하고 會食을 하다.	
	27(火)	3.9	・學校에 가서 講義하다. ・Lotte 호텔에서 柳穆基 副會長과 午餐을 하고 扶助를 받다. ・韓國經濟新聞社에서 審查委員會 會議를 주재하다. ・黃時旭 會長 등과 저녁을 하며 골프場件을 논의하다.	
	28(水)	3.10	・렌트 카로 聞慶市에 가서 市長등을 만나고 市民自治大學 開講式에서 祝辭 및 特講을 하다. ・上京하여 好凡會 모임에 참석하다.	
	29(木)	3.11	・政府廳舍에 나가 課長 報告會議에 참석하다. ・禹哉永 會長과 公州市에 가서 忠南知事・公州市長 등을 만나다. ・公州大學 주최 新首都세미나에서 司會를 보다. ・함께 食事를 하고 禹哉永・李永哲氏와 같이 上京하다.	
	30(金)	3.12	・政府廳舍에 출근하다. ・銀行會館에서 개최된 推進委員內定者 懇談會를 주재하고 함께 午餐을 들다. ・李景熙 장군 夫婦초청 晩餐에 本人 및 兪將軍 夫婦가 같이 참석하여 환담을 나누다.	
5	1(土)	3.13	・一山 韓自研에 가다. ・두 副院長과 점심을 같이하다. ・沐浴을 하고 귀가하다. ・妻・次女와 仁川空港에 나가 兪宗禎군의 歸國을 마중하고 兪將軍 내외를 만나다.	1(土) ・컴퓨터 '사세르(sasser)웜' 바이러스 注意報가 내림 ・東유럽의 폴란드・헝가리・체코・슬로바키아・키프러스・몰타등 10個國, 유럽聯合(EU)會員國으로 가입함 ・臺灣에 리히터規模 5.8의 强震이 발생하여 2名이 사망함
	2(日)	3.14	・親戚들이 집에 오다. ・兪君이 午後에 집으로 오다. ・저녁에 兪君 親舊들이 函을 가지고 와서 行事를 치루다.	4(火) ・第14次 南北長官級會談이 平壤에서 개최되어 7日까지 계속함
	3(月)	3.15	・韓國建設産業硏究院에 가서 特講을 하다. ・政府廳舍에 가다. ・住宅公社에 가서 硏究課題 最終報告會를 갖다. ・洪仁義 副社長 초청으로 모두 같이 저녁食事를 하며 환담하다.	5(水) ・山嶽人 嚴홍길(43歲), 히말라야 8,000m 高峰 15座를 史上 처음으로 정복함 6(木) ・民主勞動黨, 國會議員과 黨職을 겸직하는 것을 禁止하는 規定을 확정함 ・第8次 未來 韓・美同盟 政策構想會議,

月	日	陰	本人 및 家族事項		社會一般事項
5	4(火)	3.16	·學校에 가서 講義를 하다. ·鬣室에 가서 權五奎 首席등과 헬機를 타고 忠南北의 新首都候補地 8個地域을 空中視察하다. ·土地公社 副社長 초청으로 함께 저녁食事를 하고 환담하다.		美國 워싱턴에서 7日까지 개최됨 ·中央選擧管理委員會, 6·5 再補選 實施地域으로 115곳을 확정 발표함
				7(金)	·日本腦炎이 濟州에서 올해 첫 發生하여 全國 注意報가 발령됨
	5(水)	3.17	·어린이 날을 맞이하다. ·妻와 禮式場에 들러 點檢을 하고 百貨店에 가서 물건을 사다. ·長女宅에 가서 外孫子女들에게 膳物을 주고 함께 사위가 대접하는 저녁食事를 하다.		·韓國卓球, 2004 이집트 오픈 男女單式·複式 優勝 등 大會史上 처음으로 4種目을 석권함
				8(土)	·'안티 미스 코리아 大會', 6년만에 幕을 내림
	6(木)	3.18	·韓國建設産業硏究院의 諮問會議에 참석하다. ·議政府 市廳에 가서 市長 및 朴弘 總長을 만나다. ·市民自治大學 開講式에서 祝辭를 하다. ·李春熙 團長과 같이 홍재형·박병석·문석호 忠淸圈 市·道委員長들과 저녁을 하며 新首都에 대해 논의하다.	9(日)	·아마드 카디로프 체첸 大統領, 爆彈테러로 被殺됨
				10(月)	·朴世利(27歲), LPGA 미켈롭 울트라 오픈에서 優勝을 차지함으로써 '名譽의 殿堂' 資格 포인트를 달성함 ·필리핀, 大選 및 總選을 동시 실시함
	7(金)	3.19	·廳舍에 가서 課長 報告會에 참석하다. ·建交部 中央都市計劃委員會에 가다. ·忠北道 金和鎭 담당관 등을 만나 結婚扶助를 받다. ·次女, 兪君 父母와 같이 長湖院에 있는 兪君 親母 墓所에 다녀오다.	11(火)	·政府, 秋穀收買價를 4% 引下키로 결정함 ·이라크 武裝團體, 美國 民間人 닉 버그(26歲)의 斬首場面을 웹사이트에 공개함
				12(水)	·北核6者會談 實務그룹 會議가 中國 北京에서 개최됨
				13(木)	·第37次 아시아 開發銀行(ADB) 年次總會가 濟州에서 開幕되어 17日까지 계속함
	8(土)	3.20	·上溪洞 地發硏에 가다. ·禹哉永 會長과 宗廟에 가서 尹相在 會長의 受賞을 축하하다. ·次女, 龍仁市 駒城聖堂에서 兪宗禛君과 婚配聖事를 올리다. ·妻家 兄弟들이 많이 上京하다.		·印度 野黨聯合, 總選에서 승리함
				14(金)	·憲裁, 盧武鉉 大統領의 彈劾案에 대해 "憲法 및 選擧法을 위반했지만 罷免할만한 重大 事由는 안된다"는 理由로 彈劾反對 6과 贊成 3으로 棄却함
	9(日)	3.21	·비가 조금씩 내려 깨끗하기는 했으나 약간 걱정이 되다. ·理髮을 하고 沐浴을 하다. ·空港터미널 禮式場에서 손님을 맞고 次女 結婚式을 올리다. ·폐백을 받고 費用整理를 하다. ·次女夫婦, 인터컨티넨털 호텔에 투숙하다. ·집에서 兄弟·子女들과 술을 마시며 德談을 하다. ·긴 하루를 보내고 밤 늦게 취침하다.		·先進 8個國(G8)外務長官會談이 美國 워싱턴에서 개막됨
				15(土)	·월드컵 總會, 스위스 취리히에서 會議를 개최하여 2010年 第19回 월드컵 開催地로 南아프리카 共和國을 결정함
				16(日)	·第53回 國際言論人協會(IPI) 總會, 폴란드 바르샤바에서 개막됨
				17(月)	·이라크, 이즈딘 살림 過渡統治委員會 議長이 自爆테러로 피살되고 간지알 야웨르가 그 자리를 승계함
	10(月)	3.22	·廳舍에 가서 일을 보다. ·金鍾哲 住宅協會 常勤副會長의 초청으로 함께 점심을 하다. ·次女夫婦, 濟州道로 新婚旅行을 가서 하야트 호텔에 들다. ·일찍 귀가하여 整理를 하다.	19(水)	·政府, '公共部門의 非定規職에 대한 對策'을 발표
				20(木)	·盧武鉉 大統領, 首席黨員으로 열린우리黨에 入黨함 ·韓半島 에너지 開發機構(KEDO) 執行理事會가 美國 뉴욕에서 개최됨
	11(火)	3.23	·學校에 가서 講義를 하다. ·土地公社 勞組委員長 등과 저녁食事를 하며 환담하다.	21(金)	·檢察, 大選資金 搜査結果를 최종 발표하고 盧武鉉·李會昌 當時 候補에 대해 不立件키로 결정함
	12(水)	3.24	·메리오트 호텔에서 개최된 21世紀 國土포럼 共同代表者會議를 주재하고 午餐을 같이하다. ·廳舍에 가서 高建 大統領 權限代行에게 新首都 件을 보고하고 推進委員會 人選案을 결재받다. ·次女夫婦, 濟州에서 上京하다.		·政府, '新行政首都建設委員會'를 발족하고 政府中央廳舍에서 懸板式을 가짐
				22(土)	·박찬욱 監督의 映畵 '올드 보이', 第57回 칸 國際映畵祭에서 審査委員大賞(그랑프리)을 수상함

2004

月	日	陰	本人 및 家族事項	社會一般事項
5	13(木)	3.25	・廳舍에 가서 課長들의 報告를 받다. ・라칸티나에서 서울市 議政會 會長 등과 점심을 하며 明日세미나件을 협의하다. ・上溪洞 地發硏에 가다. ・尹相在 會長으로부터 道德 및 書畵作家 두 協會의 總裁職을 맡아달라는 請을 받고 무척 당혹함을 느끼다. ・尹相在・禹哉永・李永哲・鄭光玉・金奎馥氏 등에게 저녁대접을 하다.	23(日) ・獨逸, 第9代 大統領으로 前 國際通貨基金(IMF) 總裁였던 호르스트 쾰러(61歲)를 선출함 24(月) ・朝興銀行, 마지막 株主總會를 개최하여 107年 朝興銀行의 歷史를 마감함 ・國會放送(NATV)이 開局됨 ・南北韓 4次 赤十字實務接觸이 金剛山에서 열리어 25日까지 會議를 가짐 ・建設交通部, 28日부터 서울 龍山과 京畿道 果川地域에 대해 住宅去來 申告地域으로 지정키로 함
	14(金)	3.26	・플라자 호텔에서 개최된 서울市議政會 주최 세미나에서 司會를 보다. ・憲法裁判所에서 盧大統領 彈劾件을 棄却했다는 소식을 듣고 안도감을 느끼다. ・次女夫婦, 媤宅에 가서 머물다. ・東豆川市에 가서 市長・議長・金東吉 敎授등을 만나다. ・東豆川 열린아카데미 開講式에서 祝辭를 하다. ・次女夫婦 航空券의 2等 昇級을 위한 書類를 준비・송부하다. ・地方自治學會 顧問團會議에 참석하여 저녁을 같이하다.	・新行政首都建設推進委員會, 政府中央廳舍 大會議室에서 金安濟 初代委員長의 就任式을 가짐 25(火) ・필리핀 選擧管理委員會, 글로리아 아로요(女・57歲) 現 大統領의 再當選을 발표함 ・公正去來委員會, '新聞販賣市場 正常化綜合對策'을 발표 ・카리브海 沿岸 도미니카와 아이티에 洪水가 발생하여 2,000여명의 死亡者가 생김
	15(土)	3.27	・一山 韓自硏에 가서 처리하다. ・盧武鉉 大統領의 復權 聲明書 發表를 청취하다. ・硏究院 開院 10周年 紀念 및 自治論壇賞 施賞式을 주관하고 모두 같이 점심을 하다. ・子女 모두와 次女夫婦의 出國을 기념하는 食事를 같이하다.	26(水) ・南北韓 첫 將星級 軍事會談이 金剛山 招待所에서 개최됨 ・敎育人的資源部, '2・17 私敎育費 輕減後續對策'을 발표함 ・韓國・日本・中國・臺灣・獨逸등 5個國 공동팀, '침팬지 22番 染色體 完全解讀'을 밝힘
	16(日)	3.28	・子女들과 함께 仁川 國際空港에 나가 次女 貞娥夫婦의 出國을 환송하다. ・査頓內外分과 작별인사를 하고 子女들과 서울에 와서 큰사위 초청으로 저녁會食을 갖다. ・妻가 술에 취해 슬퍼서 울다. ・걱정과 期待의 착잡한 기분으로 귀가하여 취침하다.	27(木) ・'2004 世界女性指導者會議'가 85個國 8,000餘名이 참석하여 서울에서 개막됨 ・英國 硏究陣, '人間 9・10番 染色體 秘密'을 밝힘
	17(月)	3.29	・廳舍에 출근하여 일을 처리하다. ・局課長들에게 婚事 謝禮로 점심을 대접하다. ・朴昇治 부원장 父子가 다녀가다. ・次女夫婦, 美國安着을 전하는 電話를 하다. ・沐浴을 하다. ・禹哉永・高永天・李永哲・金奎馥氏와 저녁을 들며 환담하다.	28(金) ・建設交通部, 서울 龍山과 京畿道 果川에 住宅去來 申告地域 實施를 시작함 ・이라크 統治委員會, 總理候補에 리아드 알라위를 指名함 ・第3次 유럽・中南美・카리브海 58個國 頂上會談이 멕시코에서 개최됨 ・忠淸圈 國會議員 當選者, 新行政首都建設推進委員會와 懇談會를 가짐
	18(火)	3.30	・學校에 가서 講義하다. ・敎授세미나에 참석하여 新首都建設에 대한 贊反論議를 듣다. ・崔秉瑄・柳佑益 發表者 및 敎授들과 저녁食事를 하다. ・밤중에 次女 夫婦와 通話를 하고 걱정을 하다.	30(日) ・第17代 國會가 開院함 31(月) ・淸溪川의 고산지橋 및 두물다리 등 새다리 두곳이 개통됨 ・靑瓦臺 國政課題 委員長들의 運營會議가 개최되어 現案報告 및 論議가 있었음
	19(水)	4.1	・一山 韓自硏에 가서 院長 및 理事의 辭任件을 결정하다. ・全職員에게 婚事謝禮의 午餐을 대접하다. ・次女件으로 걱정을 많이 하고 好事多魔라는 말을 생각하다.	

月	日	陰	本人 및 家族事項	社會一般事項
5	20(木)	4.2	·廳舍에 가서 課長報告會에 참석하고 明日行事件을 협의하다. ·立地選定案을 협의·조정하다. ·委員長 發令通知를 받다. ·學校에 가서 博士論文을 심의하다.	
	21(金)	4.3	·廳舍에 가서 委員들과 같이 青瓦臺에 가다. ·大統領으로부터 新行政首都建設推進委員會 委員長 委囑狀을 받고 함께 茶菓會를 가지다. ·高建 總理와 國務委員 食堂에서 午餐을 하고 委員會 懸板式을 거행하다. ·第1次 委員會 會議를 주재하다. ·저녁에 好凡會 초청 祝賀宴에 참석하다.	
	22(土)	4.4	·地發研에 가서 職位處理를 협의하다. ·李永哲 會長에게 就業의 어려움을 설명하고 함께 점심을 들다. ·妻와 같이 兪將軍 夫婦를 만나 次女夫婦件을 논의하다. ·妻와 奉恩寺에 가서 禮佛을 드리고 長女宅에 가다. ·長女家族과 저녁食事를 하고 外孫女를 데리고 와서 같이 자다.	
	23(日)	4.5	·水原 國家專門行政研修院에서 개최된 在京 聞中 同門會 體育大會 開會式에 참석하고 함께 점심을 한 뒤 上京하다. ·沐浴을 하고 귀가하다. ·外孫女와 놀이터 및 教保文庫를 들리고 妻와 같이 저녁食事를 하고 귀가하다. ·長女가 와서 外孫女를 데리고 가다. ·次女件으로 우울한 나날을 보내다.	
	24(月)	4.6	·廳舍에 가서 新行政首都建設推進團 全職員과 推進委員長 就任式을 갖고 就任辭를 한 뒤 相見禮를 갖다. ·TV 對談을 하다. ·土地公社에 가서 研究課題 終結評價會를 갖고 人事말을 하다. ·金振鎬 社長 초청으로 關係官 모두와 저녁會食을 갖다.	
	25(火)	4.7	·宋技士가 또 큰 事故를 내어 당분간 長男 運轉으로 다니다. ·學校에 가서 講義하다. ·金惠源 同門 초청으로 金玉鉉·鄭龍鎬 친구와 저녁食事를 하고 뒤에 禹哉永·李永哲氏와 합석하여 환담을 나누다.	
	26(水)	4.8	·佛誕日을 맞아 妻와 같이 奉恩寺에 가서 禮佛을 드리다. ·長女宅에 가서 外孫子를 데리고 長男夫婦와 같이 漢江 高水敷地에 가서 놀다가 오다.	
	27(木)	4.9	·地發研이 마련한 렌트카를 타고 廳舍에 출근하다. ·課長 報告會에 참석하다. ·國土計劃學會 會館建立委員會에 참석하다. ·吳大領·兪院長·南社長과 저녁모임을 갖고 환담하다.	

月	日	陰	本人 및 家族事項	社會一般事項
5	28(金)	4.10	· 비가 내려서 무척 시원하다. · 國會貴賓食堂에서 忠淸圈 國會議員 當選者와의 朝餐懇談會를 갖고 開會 및 閉會人事를 하다. · 忠北日報와 對談을 하다. · 廳舍에 와서 일을 보다. · 金一中 前 建交部次官補의 초청으로 建交部派遣者들과 점심을 같이하다. · 中央都市計劃委員會에 참석하다. · 黃時旭 會長 초청의 祝賀宴에 가다.	
	29(土)	4.11	· 地發硏에 출근하여 院長 辭職을 하고 여러 가지를 처리하다. · 尹相在 會長이 와서 모두 함께 점심을 하다. · 도중에 沐浴을 하고 귀가하다. · 李昌洙 會長 초청 祝賀宴에 참석하다.	
	30(日)	4.12	· 妻·長男·妻男과 같이 聞慶새재에 가서 黃元鉉 아들의 傳統宮中婚禮式에 참석하다. · 金學文 前市長 및 朴仁遠 市長과 一家 여러분을 만나보다. · 늦게 上京·귀가하다.	
	31(月)	4.13	· 廳舍에 가서 終日 諮問委員 選定會議를 하다. · 國政課題 委員長 運營會議에 참석하고 점심을 대접하다. · 朱龍鐸 社長 초청 祝賀宴에 참석하다.	
6	1(火)	4.14	· 學校에 가서 終講을 하다. · 柳穆基 부회장의 초청으로 金光琳 次官 및 李興壽·趙洪來·高校同窓生 등과 會食을 하며 本人의 新行政首都建設推進委員長 就任을 축하받다.	1(火) · 第33回 全國少年體育大會가 全州에서 開幕, 서울이 優勝차지 · 이라크 過渡政府 出帆, 새 統治委員會 大統領에 알 야와르가 선출됨
	2(水)	4.15	· 廳舍에 나가 局長會議를 주재하고 對策을 논의하다. · 機務司 參謀長 등과 午餐을 같이하다. · 仁川 松島에 가서 韓國經濟新聞 主催 세미나에서 司會를 보고 仁川市長 등과 저녁食事를 하다.	2(水) · 法務部, 民法改正案을 확정하여 立法豫告를 함 · 國家人權委員會, '人權實態報告書' 발표 · 北韓學者들, 學術會議參加次 史上 처음 서울을 방문함 · 서울大, 2005년도 入學定員을 16.1% 감축하는 案을 확정 발표함
	3(木)	4.16	· 廳舍에서 課長報告會에 참석하다. · 推進委員會 第2次會議를 주재하다. · 熊津그룹 尹석금 會長 초청으로 尹完中 前 議員·公州市長·禹哉永 會長·李永哲 會長 등과 회식·환담하다.	3(木) · 서울市 敎育廳, '2005學年度 特殊目的高·特性化高의 新入生 銓衡要綱'을 발표함 · 金和中 保健福祉部長官, '國民年金 改善對策'을 발표 · 南北 第2次 將星級 軍事會談을 雪嶽山 켄싱턴 스타 호텔에서 이틀간 가짐 · 南北經濟協力推進委員會 第9次會議, 平壤 兩江島 호텔에서 개최하여 5日까지 계속함
	4(金)	4.17	· 廳舍에 가서 會議를 하고 金玉鉉 친구 초청으로 職員들과 午餐을 같이하다. · 新首都 立地候補地를 보고받다. · 李永哲 會長 초청으로 李景熙·金玉鉉氏와 회식·환담하다.	4(金) · 第41回 大鍾賞施賞式이 개막, 映畵 '올드보이'가 監督賞 등 5個部門을 수상함 · 第10回 서울國際圖書展, 서울 코엑스에서 개막됨
	5(土)	4.18	· 地發硏에 가서 漢詩를 짓고 揮毫를 써서 尹相在 會長에게 전달하다. · 김문영 社長 令愛 結婚式에 참석하고 朱龍鐸 會長 開業式에 가서 축하하다. · 沐浴 후 家族 전부와 長男宅에 가서 저녁을 들며 환담하다. · 새벽 2시경 外孫子를 데리고 와서 같이 자다.	5(土) · 地方自治團體 再補闕選擧 실시, 한나라黨이 壓勝함 · 第17代 國會 開院, 2年任期 國會議長에 金元基 열린우리黨 議員이 선출됨
	6(日)	4.19	· 顯忠日을 맞아 外孫子와 같이 半旗를 게양하다. · 長女가 와서 外孫子를 데려가다.	

月	日	陰	本人 및 家族事項	社會一般事項
6	7(月)	4.20	·廳舍에 출근하여 業務를 보다. ·'大田每日' 記者와 對談을 하고 내방한 堤川 副市長 및 鄭光王 社長을 만나다. ·道德協會 및 書畵作家協會가 초청한 晩餐에서 總裁 受諾을 요청받았으나 정중히 거절하다.	6(日) ·民主勞動黨 새 代表에 金혜경(59歲)氏가 선출됨 ·韓國, 아시아女子靑少年 蹴球大會에서 優勝하고 朴은선 選手가 MVP를 차지함 8(火) ·自民聯, 金學元 議員을 새 代表로 선출
	8(火)	4.21	·長男의 運轉으로 大田 廳舍에 가다. ·3個 市·道 知事 및 代表들과 新行政首都 大田事務所 懸板式을 갖다. ·姜溶植 委員長 등과 大淸湖에 가서 午餐을 같이하고 靑南臺를 구경한 뒤 上京하다. ·學校에 가서 YTN 生放送을 하고 KBS 佛語放送의 Danien de Gaulejac기자와 新首都에 대해 對談하다. ·高位課程 討論會의 司會를 보다. ·지쳐서 귀가하다.	·U.N.安保理, 이라크 새 決議案을 滿場一致로 통과시킴으로써 이라크가 主權國家로 복귀됨 ·G8 頂上會議, 美國 조지아州 시 아일랜드에서 개막되어 10日까지 계속함 ·新行政首都建設推進委員會, 大田事務所 懸板式을 가짐 9(水) ·한나라黨 푸른政策硏究모임, 新行政首都建設推進委員會와 懇談會를 가짐 ·新行政首都建設推進委員會, 國家機關移轉計劃案에 대한 公聽會를 개최함
	9(水)	4.22	·國會議員會館에서 개최된 한나라黨 푸른政策硏究모임의 朝餐懇談會에 參席하여 人事말을 하다. ·洪城 출신 홍문표 議員과 協議를 하고 廳舍로 오다. ·卞鐸 社長이 와서 職員들과 점심을 같이하다. ·'國民投票' 및 '遷都'發言으로 物議가 비등하다. ·國家機關 移轉計劃 公聽會에서 開會辭 및 閉會人事를 하다. ·賀琳閣에서 公聽會 參席代表들과 食事를 하며 환담하다. ·政府가 제공한 Dynasty 新規車를 崔信一 技士의운전으로 타기 시작하다.	10(木) ·行政自治部, '株式 白紙信託'制度의 導入을 골자로 한 公職者倫理法改正案을 발표함 ·韓國大學敎育協議會, '大學 2005學年度 修能反映計劃'을 취합하여 발표함 ·서울市, 大衆交通 料金確定案을 발표함 ·南北將星級 軍事會談 實務代表, 開城에서 12日까지 接觸을 가짐 ·서울 城南高, 第59回 靑龍旗 高校野球競技에서 優勝을 차지함 ·유럽聯合, 第6代 유럽議會選擧를 실시하여 732名의 議員을 선출함
	10(木)	4.23	·一山 韓自硏에 나가 일을보다. ·金玉鉉 社長이 내방하여 함께 점심을 하다. ·朴昇治 부원장과 같이 水原市에 가서 市民自治大學 開講式에서 祝辭를 하다. ·成炅隆 委員長과 같이 서울大學病院에 가서 入院中인 朴奉欽 室長을 문병하다. ·禹哉永 會長 등과 저녁을 하다.	11(金) ·第10次 南北離散家族 相逢이 金剛山에서 16日까지 이루어짐 ·國際信用評價會社 무디스, 韓國의 國家信用等級 展望을 '否定的'에서 '安定的'으로 上向調整한다고 밝힘 ·新行政首都建設推進委員會, 盧武鉉 大統領에게 候補地 選定方法을 보고함
	11(金)	4.24	·廳舍에 출근하다. ·KTV와 對談·녹화하다. ·姜東錫 建交部長官 초청의 午餐에 참석하다. ·靑瓦臺에 가서 大統領에게 候補地 및 評價方法을 보고하다. ·法制處로부터 憲裁 對策案을 보고받다. ·蔡奎晶 益山市長과 저녁食事를 같이하다.	13(日) ·유럽聯合의 第6代 유럽議會選擧, 中途右派 聯合그룹(EPP-ED)이 295席 得票로 第1黨이 됨 ·李기업 蔚山大 醫大 敎授, 肥滿治療物質을 世界 처음으로 發見함 ·世界經濟포럼(WEF) 東아시아 會議가 21 個國 參席裡에 서울에서 開幕되어 14日까지 지속됨
	12(土)	4.25	·廳舍에 나가 일을 보고 職員들과 午餐을 한 뒤 機關 카드를 처음 사용하여 처리하다. ·집에 와서 妻 및 外孫女와 國技院 등을 산책하고 外食을 하다. ·金永燮 敎授가 電話를 하여 新首都委員長의 勇退를 권하다. ·매우 착잡한 氣分으로 新首都 深夜討論을 관람하다.	·유럽蹴球選手權大會 '2004 유로'가 開幕되어 7月 5日까지 지속됨 14(月) ·南北警備艦艇間의 試驗通信을 함으로써 1953年 休戰協定以後 南北海軍間의 첫 無線交信이 이루어짐 15(火) ·新行政首都建設推進委員會, 第3次 本會議를 개최하여 4個候補地를 審議·決定함
	13(日)	4.26	·理髮과 沐浴을 하다. ·妻가 EQUUS를 운전하여 外孫女와 같이 盆唐 동생 밭을 둘러보고 개울에서 놀다가 오다. ·長女家族들과 밖에서 食事를 하고 귀가하다.	16(水) ·열린우리黨과 政府의 黨·政協議會에서 新行政首都建設方案에 대해 논의함

月	日	陰	本人 및 家族事項	社會一般事項
6	14(月)	4.27	・廳舍에 가서 會議 등을 주재하다. ・'新東亞', '中央日報', '내일新聞' 등과 對談하다. ・兪院長 초청으로 吳大領・南社長 및 金炳俊 警察廳 保安局長 등과 저녁회식을 하다. ・妻, 妻의 祖母 祭祀에 다녀오다.	17(木) ・政府, '第1次 國家均衡發展 5個年 計劃案(2004~2008)'을 발표 ・新行政首都建設推進委員會, 諮問委員會를 발족하고 第1次 會議를 가짐 ・유럽聯合, 25個國 頂上會談이 벨기에 브뤼셀에서 18日까지 개최됨
	15(火)	4.28	・廳舍에 출근하다. ・候補地 選定小委員會委員들과 점심을 같이하다. ・第3次 推進委員會를 주재하고 4곳의 候補地를 결정하여 國民에게 公布하다. ・4人幇과 高永天 會長이 모여 食事를 하며 환담하다.	18(金) ・政府, 3,600餘名 規模의 자이툰部隊를 이라크 北部 아르빌州 地域으로 派兵할 것을 최종 확정함 ・韓國 蹴球代表팀 監督에 네덜란드 出身의 요하네스 본 프레레(58歲)監督을 선임함
	16(水)	4.29	・MBC TV에 나가 新行政首都에 대해 生放送 對談을 하다. ・國會 黨・政協議會에 참석하여 人事말을 하다. ・土地公社 副社長의 초청으로 職員들과 午餐을 함께 하다. ・學校에 가서 일을 처리하다. ・'내일新聞' 記事로 物議가 일어나다. ・內憂外患의 試鍊을 겪다.	21(月) ・金선일(33歲)氏, 이라크 武裝團體에 의해 피살됨 ・全北 完州에서 馬韓時代의 最大規模 遺蹟이 발굴됨 ・第3次 北核6者會談 實務會議가 中國 北京에서 개막됨 ・新行政首都建設推進委員會, 行政首都 候補地 評價委員會를 大田에서 발족시키고 關係 市・道知事와 公社代表 등과 評價出帆行事를 가짐
	17(木)	4.30	・青瓦臺에서 개최된 第1次 國家均衡發展 5個年 計劃 報告會에 참석하고 盧大統領 등과 점심을 같이하다. ・諮問委員들에게 委囑狀을 수여하고 第1次會議를 주재하다. ・子女들과 같이 妻의 渡美 歡送會食宴을 갖다.	・史上 첫 民間 有人宇宙船 '스페이스십원'(Space Ship One)', 大氣圈 밖 飛行에 성공함
	18(金)	5.1	・廳舍에 출근하다. ・『建設交通』誌 編輯諮問會議에 나가 마지막 모임을 갖고 午餐을 같이하다. ・長女와 같이 仁川空港에 나가 美國으로 떠나는 妻를 배웅하다. ・黃時旭 會長 등을 초청하여 저녁 待接을 하다.	22(火) ・政府, 交通稅法 施行令 改正案을 의결함. ・열린우리黨, 議總을 열어 新行政首都建設에 대해 논의함 23(水) ・新行政首都建設推進委員會, 新行政首都 基本計劃案에 대한 公聽會를 서울에서 開催함
	19(土)	5.2	・美國의 妻 및 兪君과 통화하다. ・李永哲 會長 부담으로 金鍾表 教授와 午餐을 같이하고 沐浴을 하다. ・次女 媤父母와 저녁食事를 하며 謝過를 하고 많은 이야기를 나누다. ・밤 늦게 귀가하다.	・3次 北核6者會談이 中國 北京에서 개최되어 26日까지 계속됨 28(月) ・青瓦臺 首席補佐官會議에서 新行政首都建設에 대해 논의함 ・環境財團 主催의 新行政首都建設 討論會가 열림
	20(日)	5.3	・長女 및 外孫子女와 新世界 百貨店을 둘러보고 식사를 한 뒤 귀가하다. ・美國에 있는 妻와 통화를 한 뒤 우울함을 느끼다.	・이라크의 새 政府가 전격적으로 출범함. ・北大西洋條約機構(NATO) 頂上會談이 터키 이스탄불에서 개최됨 ・第28次 世界遺産委員會(WHC) 總會가 中國 蘇州에서 開幕되어 7月 7日까지 계속됨
	21(月)	5.4	・廳舍에 가서 일을 보고 大田으로 가다. ・新行政首都建設 基本計劃 公聽會에 참석하다. ・韓國土地公社 研修院에서 개최된 候補地 評價委員會 發足式을 주재하고 委囑狀 수여 및 人事말을 하다. ・3個 市・道知事 및 關係人士들과 함께 祝賀晩餐회를 개최하고 人事말을 하다. ・모든 일을 마치고 上京하다.	29(火) ・열린우리黨 首都圈 議員들, 懇談會를 갖고 新行政首都建設에 대한 國民反對輿論을 잠재우는 方案등을 논의함 ・南北 將星級會談 第2次 實務代表會談이 京畿道 坡州市 홍원研修院에서 개최됨 30(水) ・憲法裁判所, '國民年金의 一時返還制限은 合憲'이라는 決定을 내림
	22(火)	5.5	・國會에서 열린 열린우리黨 議總에 참석하여 人事를 하다. ・學校에 가서 1學期 成績을 제출하다. ・上溪洞 地發研에 가서 일을 보다. ・尹相在・李永哲 來賓과 함께 向志會 모임을 갖다.	・經濟5團體 主催로 政府로부터 國政課題 全部를 설명듣고 意見을 교환함 ・美國, 4년 1個月만에 金利를 1%에서 1.25%로 引上함

月	日	陰	本人 및 家族事項	社會一般事項
6	23(水)	5.6	·廳舍에 출근하다. ·尹元一 前議員 및 李永哲 會長과 午餐을 같이하다. ·프레스 센터에서 개최된 新行政首都 基本計劃公聽會에 참석하여 開會辭를 하고 끝에 答辯을 하다. ·公聽會 參席代表들과 저녁食事를 하고 뒤에 好凡會員 몇분을 만나 환담하다.	
	24(木)	5.7	·廳舍에 나가 課長會議에 참석하다. ·建交部 派遣公務員들을 모두 초청하여 點心을 접대하다. ·鳥嶺會와 常青會 모임에 차례로 참석하다.	
	25(金)	5.8	·廳舍에 출근하여 業務를 보다. ·金雨植 大統領 秘書室長 초청으로 개최된 食堂 '紫霞門' 晚餐에서 青瓦臺 秘書陣 및 政策委員長들과 食事를 하며 환담하다.	
	26(土)	5.9	·上溪洞 地發研에 가서 會議를 하고 점심을 대접하다. ·尹相在 會長 및 吳鎭模 會長을 차례로 만나다. ·李景熙 將軍 초청의 4人幇 모임에 참석하여 환담하다. ·李將軍으로부터 次女件에 대해 이야기를 들어 무척 우울하다.	
	27(日)	5.10	·沐浴을 하고 長女宅에 가다. ·外孫女와 映畵 '슈렉 2'를 보다. ·堰北初等學校 校庭에서 같이 놀고 오다. ·長女家族들에게 저녁을 사주다.	
	28(月)	5.11	·廳舍에 가서 李春熙 부단장과 같이 青瓦臺에 가다. ·大統領 首席補佐官會議에 참석하여 新行政首都 爭點事項을 보고하고 논의하다. ·廳舍에서 局長會議를 하고 같이 점심을 하다. ·프레스 센터에서 개최된 環境財團 주최의 新行政首都 심포지엄에서 發表를 하고 종합 答辯을 하다. ·高建 前總理 父親 問喪을 하다. ·정석物産 金鍾喆 會長 초청으로 邊徹澈·禹哉永·李永哲씨등과 회식을 하다. ·鄭光玉·朴六地 社長을 따로 만나다.	
	29(火)	5.12	·廳舍에 출근하다. ·김병준 警察廳 保安局長 초청으로 常青會 同友들과 점심을 같이하다. ·金秉麟 社長의 방문을 받다. ·열린우리黨 首都圈議員 懇談會에 참석하여 新行政首都에 대해 설명하다. ·東部엔지니어링 金社長 초청 晚餐에 참석하다.	
	30(水)	5.13	·롯데호텔에서 개최된 經濟5團體 주최의 國政課題說明會에 참석하여 行政首都에 대해 설명하다. ·沈大平 知事 出版紀念會에 가다. ·好凡會 會員들에게 저녁대접을 하다. ·妻, 美國에서 귀국하다.	
7	1(木)	5.14	·廳舍에 출근하여 貧富隔差·差別是正委員會 懸板式에 참석하다. ·吳각진 前 한솔部長의 來訪을 받다. ·國政課題 運營協議會에 참석하여 行政首都件을 보고하다.	1(木) ·서울市, 버스體系 전면 개편을 단행함 ·青瓦臺 國政課題運營協議會가 개최됨 ·高句麗 文化遺産, UNESCO 世界文化遺産에 등재됨 ·사담 후세인 前이라크 大統領, 裁判받음

月	日	陰	本人 및 家族事項	社會一般事項
7	2(金)	5.15	·廳舍에서 會議를 하고 順天市長의 來訪을 받다. ·書畵展 開幕 테이프 커팅을 하다. ·第6代 韓國道德運動協議會 總裁 및 第13代 韓國書畵作家協會 總裁에 就任하여 就任辭를 하다. ·學校에 가서 殘務處理를 하다. ·總裁就任 祝賀宴에 참석하다.	·美國·유럽(EU) 共同宇宙探査船 카시니-호이겐스號, 土星軌道에 진입함 4(日) ·新行政首都建設推進委員會, 4個 立地候補地에 대한 評價結果 集計를 시작함 5(月) ·新行政首都建設推進委員會, 候補地 評價結果를 大統領 및 열린우리黨에 보고함
	3(土)	5.16	·廳舍에 출근하다. ·沐浴을 하고, 李興壽 辯護士 초청으로 柳穆基·柳時春氏와 저녁을 들며 환담하다.	·新行政首都建設推進委員會, 本會議에서 候補地 評價結果를 접수하고 이를 國民에게 발표함
	4(日)	5.17	·終日 비가 내리다. ·廳舍에 나가 候補地評價表를 개봉하여 集計하는 作業에 參與하다. ·關係者 모두와 Olympia Hotel에 투숙하다.	·인도네시아, 처음으로 大統領 直選을 실시함 6(火) ·大韓住宅公社, 新行政首都 住居地 開發方向에 대한 討論會를 가짐
	5(月)	5.18	·青瓦臺에 가서 大統領 및 國務總理 등 高位層에 候補地 評價結果를 보고하고 朝餐을 함께 하다. ·열린우리黨 한명숙·홍재형·박병석 委員長에게 評價結果를 보고하고 함께 午餐을 하다. ·第4次 推進委員會를 주재하고 評價結果를 접수하다. ·權容佑 評價委員長으로 하여금 評價結果를 발표케 하다. ·雜魚會 모임에 참석하다.	7(水) ·第4回 韓民族女性네트워크(KOWIN 2004), 서울에서 8日까지 開催됨 ·盧武鉉 大統領에게 國家均衡發展戰略에 대한 報告를 함 8(木) ·디지털 TV(DTV)의 電送方式을 美國方式(ASTC)으로 하기로 확정함 ·新行政首都建設推進委員會 委員들, 이틀에 걸쳐 論山, 公州·燕岐, 天安, 鎭川·陰城 등 4個 候補地를 시찰함
	6(火)	5.19	·廳舍에 가서 일을 처리하다. ·住宅公社 主催의 新行政首都 住居地開發方向 討論會에 참석, 開會式 祝辭를 하고 마무리 人事말을 하다. ·卞鐸 社長 초청으로 金振 住宅公社 社長과 저녁을 들며 환담하다.	9(金) ·第17代 國會, 첫 對政府 質問을 시작함 ·金雨植 大統領 秘書室長 公館에서 黨·青協議會를 갖고 新行政首都 등에 대해 논의함 11(日) ·第10次 南北離散家族相逢이 金剛山에서 16日까지 개최됨 ·日本, 參議員 選擧 실시
	7(水)	5.20	·廳舍에 출근하다. ·青瓦臺에 가서 均衡發展委員會의 大統領 報告會에 배석하다.	12(月) ·行政首都建設特別法에 대한 違憲提訴가 憲裁에 제출됨 ·新行政首都建設推進委員會, 國際公募責任專門家(PA)를 위촉함
	8(木)	5.21	·廳舍에서 버스로 大田에 가다. ·推進委員들과 論山 金剛大學에 가서 金裕赫 總長을 예방하고 論山·公州·燕岐 地區를 시찰하다. ·姜溶植 諮問委員長 초청으로 沈大平知事·大田副市長·委員·關係官들과 저녁을 같이하다. ·土地研修院에 가서 歡談을 하고 투숙하다.	13(火) ·憲法裁判所, 行政首都 憲法訴願을 全員裁判部에 회부함 14(水) ·北韓 警備艇이 北方限界線(NLL)을 14分間 侵犯, 海軍의 警告性 艦砲射擊으로 퇴각
	9(金)	5.22	·天安·鎭川·陰城 地區를 시찰하고 忠北 行政副知事와 午餐을 함께 하고 上京하다. ·金雨植 秘書室長 公館에서 黨·青協議會를 갖고 行政首都件에 대해 논의하다.	·青少年保護委員會, 青少年性犯罪者 553名의 身相을 공개함 ·新行政首都建設推進委員會, 行政首都 立地候補地에 대한 公聽會를 釜山 등 主要都市에서 실시
	10(土)	5.23	·上溪洞 地發研에 가다. ·尹相在 會長에게 就任辭를 전달하고 모두 함께 점심을 하다. ·權五奎 前 政策首席의 令愛 結婚式에 참석하다. ·黃時旭 會長 등과 저녁을 같이하며 협의하다.	15(木) ·憲法裁判所, 行政首都 憲法訴願에 대한 첫 評議를 가짐 ·大法院, '良心的 兵役拒否 有罪'의 確定判決을 내림
	11(日)	5.24	·庭園 잔디를 깎고 沐浴을 하다. ·妻와 같이 長女 및 外孫女를 데리고 COEX에 가다. ·Ghost Fantasy를 관람하다. ·長女家族과 저녁食事를 같이하고 귀가하다.	·第35回 國際物理 올림피아드, 浦項에서 개막되어 21日까지 계속됨 16(金) ·監査院, 無所得 184萬名에게 카드 431萬枚이 발급된 信用카드에 대한 特監을 실시한다고 발표함

月	日	陰	本人 및 家族事項	社會 一般 事項
7	12(月)	5.25	·廳舍에 가서 局長會議를 하고 業務指示를 하다. ·李상준 敎授에게 國際公募 PA 委囑狀을 수여하다. ·行政首都 特別法의 違憲提訴가 憲裁에 제출되었다는 消息을 접하고 오히려 잘됐다는 생각을 하다. ·國際公募 T/F팀과 저녁을 같이하다.	·新行政首都建設推進委員會, 候補地 公聽會를 마지막으로 서울서 개최함 ·國務總理 主宰 關係長官會議, 行政首都 등 主要課題를 논의함 17(土) ·2004 프로野球 올스타戰이 개막됨 ·2004 아시안컵, 中國에서 開幕되어 8月 7日까지 계속됨
	13(火)	5.26	·廳舍에 출근하여 業務를 보다. ·兪院長 초청으로 나승포·김병준·오대령 등과 저녁을 하며 歡談하다.	18(日) ·21名의 殺人犯인 유영철(34歲)이 검거됨. ·第36回 國際 化學올림피아드, 獨逸 킬에서 개막되어 27日에 폐막함
	14(水)	5.27	·朴相圭·申元雨 局長과 高速列車로 釜山에 가다. ·地域代表들을 초청하여 午餐을 함께 하다. ·新行政首都 公聽會에서 開會辭를 하다. ·釜山日報 記者와 對談을 하다. ·徐義澤 總長 초청으로 靑林食堂에서 두 局長과 같이 저녁을 하고 高速列車로 上京하여 밤12시 30분에 귀가하다.	20(火) ·스포츠 日刊紙 '굿데이', 최종 不渡處理를 함 ·光州에서 臟出血性 大臟菌(0-26) 集團發病이 발생함 ·열린우리黨 建設交通委員會 所屬 國會議員들, 燕岐·公州 候補地를 시찰함
	15(木)	5.28	·廳舍에 나가 會議를 하다. ·많은 비가 오는 가운데 車로 天安所在 國民銀行 硏修院에 가다. ·國土硏究院 主催 第4次 國土綜合計劃 修正計劃 討論會에 참석하여 開會人事를 하다. ·저녁 討論會에 참석하고 餘興時間을 가진 뒤 投宿하다.	·유럽議會, 새 議長에 스페인 社會黨의 호세프 보렐(57歲)을 선출함 21(水) ·韓·日 頂上會談, 濟州에서 이틀간 개최됨 ·國務總理 主宰 新行政首都運營協議會가 개최됨 ·新行政首都建設推進委員會, 第5次 本會議에서 移轉機關 및 基本計劃을 의결함
	16(金)	5.29	·午前會議에서 司會를 보고 閉會人事를 하다. ·暴雨가 내리는 가운데 上京하여 建設會館에 가다. ·行政首都 立地公聽會에서 開會辭를 하고 바로 廳舍로 가다. ·國務總理 主宰의 關係長官 워크숍에서 行政首都에 대해 보고하고 論議에 參與하다. ·崔秉瑄 院長 초청으로 崔在德 次官, 李揆邦 院長, 權容佑 敎授, 金亨錫 聯合뉴스 部長, 姜敎軾 열린黨 專門委員 등과 저녁을 들며 歡談하다.	·터키에서 高速列車 脫線事故 發生, 死亡 36名, 負傷 60名이 생김 23(金) ·黨·靑 國政課題協議會, 新首都등 現案課題를 논의함 ·靑瓦臺에서 國政課題委員長 會議를 개최하고 主要日程을 결정함 24(土) ·李海瓚 國務總理, 關係官들과 같이 헬機로 내려가 第1 首都候補地를 시찰하고 懇談會를 가짐
	17(土)	6.1	·制憲節을 맞아 집에서 쉬다. ·妻와 같이 저녁에 하나로 마트에 가서 市場을 보고 食事후 귀가하다.	27(火) ·敎育人的資源部, '學校暴力 豫防 및 對策에 관한 法律施行令'을 의결함 28(水) ·靑瓦臺, 國政課題運營協議會 개최
	18(日)	6.2	·長男 運轉으로 서울大 湖巖館에 가서 沈在滿君 結婚主禮를 보다. ·妻와 漢江 高水敷地에 가서 쉬다가 長男宅에 가서 저녁을 같이하다.	·中央日報社, 行政首都贊反討論會를 개최함 29(木) ·政府, 忠南 燕岐·公州·鷄龍市를 投機過熱地區로 지정함 30(金) ·中央部處 및 公共機關에 대한 新行政首都建設計劃의 說明會가 시작됨
	19(月)	6.3	·廳舍에 출근하여 業務를 보다. ·基本計劃 小委員會 李揆邦 委員長 등과 午餐을 같이하다. ·學校에 가서 銀行件 등을 처리하다. ·李世茂 會長 초청으로 子弟들이 경영하는 中國食堂 '리샨'에서 卞鐸·金八龍氏 등과 저녁을 하며 歡談하다.	
	20(火)	6.4	·열린우리黨 建交委 委員들과 高速列車로 天安에 가다. ·燕岐·公州 地區를 시찰하고 五松에서 점심을 같이하다. ·列車로 上京하여 廳舍를 거쳐 一山에 가다. ·韓自硏 朴昇治 理事長 主催 委員長 就任 祝賀宴에 참석하다.	

月	日	陰	本人 및 家族事項	社會一般事項
7	21(水)	6.5	·廳舍에 출근하다. ·總理主宰 新行政首都 運營協議會에서 業務報告를 하고 함께 午餐을 들다. ·第5次 推進委員會를 總理와 共同으로 主宰하고 移轉機關 및 基本計劃을 議決하다.	
	22(木)	6.6	·廳舍에 나가 幹部會議를 主宰하다. ·5人幇(禹哉永·李景熙·李永哲·高永天)과 초청人事 金玉鉉 社長들에게 저녁대접을 하다.	
	23(金)	6.7	·廳舍에서 개최된 黨·青 國政課題協議會에 참석하여 現案事項을 보고하고 午餐을 같이하다. ·青瓦臺에서 개최된 主要國政課題 委員長會議에 참석하여 主要事案의 發表日字를 협의하다. ·NGO代表者들과의 懇談會에 참석하고 함께 晩餐을 들다.	
	24(土)	6.8	·이틀을 앞당겨 長男夫婦와 같이 生日朝餐을 하다. ·總理·建交部長官 등과 헬機로 空中에서 第1候補地를 둘러보고 大田 空軍基地에 도착하다. ·沈大平 忠南知事의 案內로 現場을 둘러보다. ·現地 住民들로부터 약간의 抗議를 받다. ·公州에서 모두 함께 점심을 들며 歡談하다. ·헬機로 上京하여 沐浴을 하고 귀가하다. ·三井호텔에서 子女들과 本人生日宴을 갖고 外孫子를 데리고 오다.	
	25(日)	6.9	·비가 내리다. ·外孫子와 教保文庫에 가서 冊을 사서 오다. ·妻 및 長女家族들과 COEX에 가서 映畵 '해리포터 3'을 관람하고 함께 식사를 하다.	
	26(月)	6.10	·CBS 라디오와 行政首都에 대해 電話인터뷰로 生放送하다. ·申元雨 局長과 航空便으로 蔚山市에 가다. ·朴맹우 蔚山市長 초청으로 地域團體代表들과 午餐懇談會를 갖다. ·行政首都 公聽會에서 開會辭를 하고 서울市議員 15餘名과 人事하다. ·저녁食事를 하고 昌原市로 가다. ·成태현 院長 및 金채용 副知事등과 음주·歡談하다. ·인터내셔널 호텔에 투숙하다.	
	27(火)	6.11	·강청호 慶南副知事 초청으로 地域代表들과 午餐을 하며 歡談하다. ·昌原大學에서 개최된 行政首都 公聽會에서 開會辭와 最終人事를 하다. ·저녁食事를 같이하고 上京하다.	
	28(水)	6.12	·美國에 있는 次女 夫婦와 통화하다. ·프레스 센터에서 개최된 中央日報 主催의 行政首都 討論會에 참석하다. ·廳舍에 가서 國政課題 運營協議會에 참석하고 業務報告를 하다. ·黨·青代表들과 같이 社會元老人士들을 모시고 行政首都에 대한 懇談會를 갖다.	
	29(木)	6.13	·廳舍에 가서 幹部會議를 갖다. ·申元雨 국장과 같이 水原 캐슬 호텔에 가다. ·京畿地域 代表들에게 午餐을 대접하며 懇談會를 갖다. ·行政首都 公聽會에서 開會辭와 終了人事를 하다.	

月	日	陰	本人 및 家族事項	社會一般事項
7	30(金)	6.14	·果川廳舍내 非常企劃委員會에서 行政首都教育特講을 하고 金熙相 委員長 등과 점심을 같이하다. ·學校에 가서 일을 처리하다. ·上溪洞 地發硏에 가서 일을 보다. ·禹哉永·尹相在·李永哲·高永天·朴永根·金奎馥氏등을 초대하여 저녁을 들며 歡談하다.	
	31(土)	6.15	·廳舍에 출근하다. ·沐浴을 하고 귀가하다. ·妻와 밖에서 食事를 하고 오다.	
8	1(日)	6.16	·自宅에서 花盆갈이를 하고 잔디를 깎다. ·自宅에서 長女家族과 점심을 같이하다. ·外孫女와 '市民의 숲'에서 놀다. ·妻 및 長女家族들과 저녁食事를 하고 귀가하다.	1(日) ·政府, 로또福券을 1,000원으로 引下시행키로 함 2(月) ·열린우리黨, '正修奬學會 眞相調査團'의 調査活動에 착수함
	2(月)	6.17	·廳舍에 가서 業務를 보다. ·朴今燮 副社長 초청으로 禹哉永·金玉鉉·李永哲氏와 會食을 하며 歡談하다.	3(火) ·美國 航空宇宙局(NASA), 水星探査船 메신저號를 발사함 5(木) ·中國 外交部 홈페이지에 '1948年 政府樹立 以前 韓國歷史'를 삭제하여 파문이 일어남
	3(火)	6.18	·廳舍에 가서 會議를 하고 整理하다. ·兪院長 초대로 羅市長·金局長·吳大領 등과 저녁食事를 하다.	·'2004 世界韓人入養人大會-다함께', 서울에서 開幕되어 8日까지 개최됨
	4(水)	6.19	·廳舍에 출근하다. ·外交通商部에 가서 長官을 만나고 職員들에게 行政首都教育을 하다. ·郭英勳 院長과 같이 午餐을 하다. ·밤에 비가 내려 시원하다.	7(土) ·이라크 臨時政府, 아랍語 衛星放送인 알자지라 TV의 이라크支局에 대해 閉鎖命令을 내림 8(日) ·한나라黨, '高句麗史對策 特別委員會'를 출범시킴
	5(木)	6.20	·外交部 講演內容으로 言論에 物議가 일다. ·廳舍에 가서 幹部會議를 하고 金玉鉉 친구와 점심을 하다. ·盆唐에 있는 地域煖房公社에 가서 鄭東允 社長을 만나고 職員들에게 行政首都 特講을 하다. ·李春熙 副團長·朴相圭 국장과 저녁을 하며 委員長 辭意를 상의하다.	9(月) ·黨·政協議會, 國會의 高句麗史對策 特委 및 汎政府 對策機構를 구성키로 함 11(水) ·新行政首都建設推進委員會, 本會議를 열어 新行政首都 最終立地案을 의결함 ·李海瓚 國務總理, 新行政首都 立地로 忠南 燕岐·公州의 2,160萬坪을 최종 확정 발표함
	6(金)	6.21	·MBC라디오와 電話 인터뷰를 하다. ·廳舍에 가서 會議를 하다. ·李海瓚 總理를 예방하여 委員長職 辭意를 표하고 그 日程을 협의하다. ·'週刊朝鮮'誌와 行政首都에 대해 對談을 하다. ·黃時旭 會長 등 여러 사람과 저녁食事를 하다.	12(木) ·韓國銀行, 콜金利를 年3.75%에서 0.25% 引下함 ·法務部, '新行政首都 憲法訴願 却下' 意見書를 제출함 ·스위스 留學中인 嚴선희(32歲)氏, 肥滿·糖尿를 유발하는 蛋白質을 처음으로 발견함
	7(土)	6.22	·上溪洞 地發硏에 가다. ·'奉化집' 食堂에 가서 妻男夫婦 및 親舊들을 만나고 食費 전부를 부담하다. ·禹哉永 會長 등에게 委員長 辭任을 보고하고 地發硏 就任건을 협의하다.	·서울-春川間 民資高速道路가 착공됨 13(金) ·金安濟 新行政首都建設推進委員長, 盧武鉉 大統領에게 委員長職 辭表를 제출함
	8(日)	6.23	·沐浴을 하고 辭職件을 준비하다. ·妻와 같이 長女宅에 가서 함께 저녁食事를 밖에서 하다.	·第28回 世界 올림픽大會, 그리스 아테네에서 開幕됨 14(土) ·서울市, 憲裁에 '新行政首都 移轉 再考' 意見書를 제출함
	9(月)	6.24	·廳舍에 가서 局長會議를 主宰하고 李副團長과 辭職節次를 협의하다. ·財政經濟部에 가서 長次官을 만나고 職員들에게 行政首都 教育을 하다.	16(月) ·부시 美國大統領, 美軍再配置戰略(GPR) 計劃을 공식 발표함 17(火) ·政府, 外國人 雇傭許可制를 실시함
	10(火)	6.25	·廳舍에 가서 일을 처리하다. ·姜東錫 長官등과 午餐을 같이하다. ·文化觀光部에 가서 長官을 만나고 職員教育을 하다. ·沈大平 知事 및 黃時旭 會長에게 저녁대접을 하며 여러 이야기를 나누다.	19(木) ·第11次 未來 韓·美 同盟 政策構想(FOTA)會議가 개최됨 ·三星電子, 世界 첫 64메가비트(Mb)級 P램(Phase Change RAM·相變化 메모리)試製品 開發에 성공함

月	日	陰	本人 및 家族事項	社會一般事項
8	11(水)	6.26	·廳舍에 출근하다. ·立地小委 委員들과 午餐을 하다. ·推進委員會 會議를 總理와 같이 主宰하고 最終立地를 심의하다. ·國務總理의 最終立地發表場에 배석하다. ·推進委員 및 局長들을 저녁會食에 초대하여 辭意를 표명하다.	·新行政首都建設推進委員會, 地域別 NGO 代表들과의 懇談會를 시작함 23(月) ·黨政會議, 2006年부터 5人以上 事業場에 대한 退職年金制 施行案을 확정함 ·國會, 臨時國會를 개최하여 27日까지 속개함 ·峨嵯山 一帶에서 高句麗 軍事遺蹟을 발견함
	12(木)	6.27	·廳舍에 출근하다. ·金壽鶴 會長의 來訪을 받고 職員들과 점심을 같이하다. ·高永天 新入會員 초청으로 5人幇 모임을 갖다.	24(火) ·韓國 專門大學教育協議會, '2005學年度 隨時 2學期 專門大學 入學銓衡計劃'을 발표함
	13(金)	6.28	·廳舍에 나가 東北亞時代委員會의 懸板式에 참석하다. ·住宅公社 監事 초청으로 職員들과 午餐을 같이하다. ·朴相圭 국장과 靑瓦臺에 들어가다. ·金秉準 室長 및 金榮柱 首席과 辭職件을 협의하고 大統領께 드리는 辭職願을 전하다. ·黃時旭·禹哉永·尹相在氏등 다수인을 초대하여 저녁을 대접하다.	25(水) ·統計廳, 2003年 出生·死亡 統計 結果를 발표하고 韓國의 出産率이 世界 最低라고 밝힘 26(木) ·教育人的資源部, '2008學年度 以後 大入制度 改善案'을 발표함 27(金) ·建設交通部 中央都市計劃委員會, 機務司의 果川으로의 入住를 가결함 28(土) ·자이툰部隊 本陣, 이라크로 出發 29(日) ·法務部, 被疑者 人權保障을 骨子로하여 51個條項에 걸친 刑事訴訟法 改正案을 마련함
	14(土)	6.29	·一山 韓自硏에 가서 業務를 보다. ·金玉鉉 친구가 와서 함께 食事를 하다. ·朴昇治 副院長에게 向後計劃을 설명하다. ·沐浴을 하고 妻와 같이 外食을 하다.	·러시아 체첸共和國, 大統領 選擧를 실시하여 알루 알하노프(47歲)를 大統領으로 선출함
	15(日)	6.30	·光復節을 맞아 國旗를 게양하다. ·혼자 奉恩寺에 가서 禮佛을 드리고 長女宅에 가다. ·外孫子女와 學校運動場에 가서 놀다가 오다. ·長女 및 애들과 COEX에 가서 冊 등을 사서 집에 오다. ·妻가 神經質을 내며 집을 휙 나가 애들 보기가 부끄럽고 미안한 감을 갖다.	30(月) ·教育人的資源部, '2006學年度 大學 入學銓衡 基本計劃'을 발표 ·新行政首都建設推進委員·靑瓦臺, 後任 推進委員長 選任件에 대해 논의함 ·第28回 아테네 올림픽大會 閉幕, 韓國은 金9, 銀12, 銅9個로 9位를 차지함
	16(月)	7.1	·廳舍에 출근하여 일을 보다. ·建交部 道路政策課長이 와서 道路計劃을 논의하다. ·尹相在 會長 초청으로 朴權欽·趙昇衡·禹哉永氏등과 晩餐을 하며 협의하다.	
	17(火)	7.2	·警察大學에 가서 總警班 特講을 하고 學長 등과 人事하다. ·學校에 가서 일을 처리하고 일찍 귀가하다.	
	18(水)	7.3	·廳舍에 나가 會議등을 하다. ·忠北 李相錄 會長들의 來訪을 받고 같이 午餐을 하다. ·李景熙·金秉麟·박금섭씨 등이 來訪하다. ·常靑會 代表들과 저녁을 하다.	
	19(木)	7.4	·廳舍에 가서 幹部會議를 갖다. ·仁川에 가서 NGO代表들과 午餐을 하며 行政首都에 대해 논의하다. ·廳舍에 들렀다가 귀가하다. ·子婦生日 祝賀의 晩餐을 갖다.	
	20(金)	7.5	·廳舍에 가서 局長會議를 主宰하다. ·機務司에 가서 行政首都 特講을 하고 宋泳勤 사령관으로부터 功勞紀念物을 선물받다. ·金鍾岐 친구 초청으로 李興壽·류목기·禹哉永·이동성·李永哲·유시춘 씨등과 高陽 食堂에서 晩餐을 갖다.	

月	日	陰	本人 및 家族事項	社會一般事項
8	21(土)	7.6	·上溪洞 地發硏에 가서 일을 보다. ·李永哲씨 부담으로 五人幇 모임을 갖고 점심을 같이하다. ·沐浴을 하고 귀가하다.	
	22(日)	7.7	·七夕에 맞추어 비가 내리다. ·妻와 奉恩寺·COEX를 들려오다. ·妻·子婦와 外食을 하다.	
	23(月)	7.8	·廳舍에 출근하여 일을 보다. ·韓國經濟新聞社에 가서 '企業하기 좋은 地域大賞' 選定會議를 主宰하고 午餐을 같이하다. ·廳舍를 방문한 高在河 선배를 만나다. ·金宗鎬 前 國會副議長 초청으로 忠北人士들과 저녁을 같이하며 歡談을 나누다.	
	24(火)	7.9	·京畿道 公務員敎育院에 가서 講義를 하다. ·靑瓦臺에서 新行政首都 推進委員長 辭表提出을 발표하여 記者團이 敎育院으로 몰려오다. ·敎育院長과 午餐을 하고 廳舍로 오다. ·記者團과 辭表提出에 대해 對談을 하다. ·向志會 모임에 나가다.	
	25(水)	7.10	·電話로 라디오 방송을 하다. ·廳舍에 출근하여 일을 보다. ·好凡會 모임에 참석하다.	
	26(木)	7.11	·廳舍에 나가 幹部會議를 主宰하다. ·建交部 派遣公務員들과 午餐을 하다. ·鳥嶺會 모임에 나가다.	
	27(金)	7.12	·環境大學院 同窓會 朝餐會에 가서 金秉準 室長의 特講을 듣다. ·廳舍에 가서 會議를 하다. ·李廷雨 委員長에게 辭任 經緯를 설명하다. ·姜溶植 委員長 등과 점심을 하다. ·中央都市計劃委員會에 가서 機務司 移轉件 등을 의결하다. ·長女家族을 초대하여 長壻 生日祝賀 會食을 갖다. ·妻, 聘母忌日 祭祀에 다녀오다.	
	28(土)	7.13	·一山 韓自硏에 가서 朴昇治 理事長과 向後 計劃을 협의하다. ·全職員에게 점심을 대접하다. ·黃時旭 會長 등과 저녁을 같이하다.	
	29(日)	7.14	·마당 잔디를 깎고 沐浴을 다녀오다. ·妻, 一山 妻男宅에 다녀오다. ·外孫女와 여러곳을 돌고 食事후 데려다주다.	
	30(月)	7.15	·廳舍에 가서 週刊東亞 記者와 對談을 하다. ·文正寅 委員長이 다녀가다. ·金榮柱 首席 및 姜溶植·李揆邦·崔秉瑄·李春熙氏 등과 午餐을 하며 辭任件을 협의하다. ·任 楊州市長, 高社長 禹會長과 저녁을 하며 歡談하다.	
	31(火)	7.16	·廳舍에 출근하다. ·金秉麟 會長 초청으로 局·課長들과 午餐을 같이하다. ·道德協會·作家協會 事務室을 來訪하고 저녁을 같이하다.	

2004

月	日	陰	本人 및 家族事項	社會一般事項
9	1(水)	7.17	·廳舍에 출근하다. ·徐義澤 總長이 와서 午餐을 같이하다. ·第7次 推進委員會 會議를 主宰하다. ·崔秉瑄 院長 초청으로 晩餐을 하고 離任한 崔在德 次官과 음주·歡談하다.	1(水) ·第17代 國會, 첫 定期國會를 개회함 ·財政經濟部, 2004年 稅制改編案 확정 ·黨·政協議會, 골프用品등 24個 品目의 特別消費稅 禁止를 결정함 ·韓國·臺灣, '民間航空協定'을 체결함
	2(木)	7.18	·廳舍에 출근하여 幹部會議를 主宰하다. ·國政課題運營協議會 午餐모임에서 功勞牌를 받고 推進委員長 辭任人事를 하다. ·廳舍에서 國民日報 記者와 對談을 하고 朴昇治 副院長의 來訪을 받다.	·國防部, '過去事 眞相糾明委員會'를 가동시킴 ·第7次 新行政首都推進委員會 本會議가 개최됨 ·第61回 베니스映畵祭, 이탈리아 베네치아에서 開幕되어 11日까지 繼續됨
	3(金)	7.19	·廳舍에서 일을 처리하다. ·上溪洞 地發研에 가서 일을 보다. ·李漢善 蘆原區議會議長 초청으로 向志會員 및 多數人과 會食을 갖다.	3(金) ·與野議員 59名, 淸나라와 日本이 체결한 間島協定에 대한 無效決議案을 國會에 제출함 ·靑瓦臺 國政課題運營協議會가 개최됨
	4(土)	7.20	·정원을 整理하고 沐浴을 다녀오다. ·妻 및 子婦와 外食을 하다.	5(日) ·서울警察廳, 프로野球 兵役非理를 적발함
	5(日)	7.21	·散策을 하고 대나무장대를 구해와서 지붕을 고치다. ·妻 및 長男夫婦와 奉恩寺에서 禮佛을 드리다. ·子女家族 모두에게 저녁을 사주다.	6(月) ·國際檢事協會(IAP)第9次 年例會議, 서울 코엑스에서 개최됨 ·國際通信聯盟(ITU), '텔레콤 아시아 2004'가 개막되어 11日까지 지속됨
	6(月)	7.22	·廳舍에 가서 會議를 主宰하다. ·平澤市에 가서 市長과 人事하고 市民自治大學 開講式에서 祝辭를 하다.	8(水) ·열린우리黨, '親日反民族行爲 眞相糾明特別法' 改正案을 國會 行自委에서 단독통과시킴
	7(火)	7.23	·學校에 가서 開講을 하다. ·서울出入國管理事務所에 가서 閔光植 所長을 만나 次女의 歸國狀況을 알아보다. ·地方行政研究院 開院 20周年 紀念式에 참석하고 晩餐을 같이하다.	·現代自動車와 中國 안후이省 現場 現代自動車, 中國에 常用車 合作工場을 설립하는 合作意向書(MOU)를 서울에서 체결함 ·政府, 開城工團 施設團地內 7個入住業體의 南北協力事業을 승인함
	8(水)	7.24	·廳舍에 출근하다. ·朴贊茂 敎授가 와서 幹部들과 점심을 같이하다. ·地發研 研究陣의 來訪을 받고 文廷鎬 박사를 소개해 주다. ·朴昇治·韓仁錫氏와 저녁을 들며 歡談하다.	9(木) ·三星電子, 世界 最初로 90나노 (1나노는 10億分의 1m) D램을 처음으로 量産함 10(金) ·한나라黨, 國家保安法 改正案과 親日眞相糾明法 改正案을 확정함
	9(木)	7.25	·廳舍에 출근하여 會議를 主宰하다. ·金玉鉉 친구 초청으로 局長들과 午餐을 같이하다. ·金榮柱 首席으로부터 後任委員長의 選任을 통고받다. ·離·就任式件을 협의하고 事務室을 整理하다. ·兄弟들과 祖母 祭祀를 모시다.	·第5回 光州비엔날레가 開幕되어 11月 13日까지 지속됨 ·警察, 兵役非理 捜査를 演藝界로 확대함. ·第2回 '世界 自殺防止의 날' 도래, 世界 40秒當 1名 自殺의 現實임 ·大韓住宅公社, 新行政首都관련 建築大賞 施賞式을 거행함
	10(金)	7.26	·廳舍에 가서 일을 보다. ·住宅公社에 가서 홍인의 副社長등과 午餐을 같이하다. ·建築大賞 施賞式에서 施賞을 하고 祝辭하다. ·美國갈 航空券을 예약하다. ·建交部 中都委 第1分科會議를 主宰하고 本會議에 잠시 참석하다. ·驛三驛 YBM學院에 들려 次女 所在地를 알아보았으나 실패하다. ·妻와 같이 늦게 귀가하다. ·中都委 會食에 참석치 못해 매우 미안하고 서운한 마음을 갖다.	11(土) ·第61回 베니스映畵祭 開幕, 김기덕 監督이 '빈집'으로 監督賞 수상 ·우리金融 持株, LG投資證券의 引受協商을 타결함 12(日) ·'世界文化오픈(WCO) 2004', 서울에서 開幕되어 15日까지 계속됨 ·홍콩, 立法議會 選擧를 실시 13(月) ·서울平和賞 文化財團, 第7回 서울平和賞 受賞者로 바츨라프 하벨(69歲) 前 체코 大統領을 확정함 ·國際原子力機構(IAEA), 오스트리아 빈에서 理事會를 개최하여 18日까지 속개함

2004

月	日	陰	本人 및 家族事項	社會一般事項
9	11(土)	7.27	· 비가 내리다. · 次女件으로 査頓의 抗議 電話를 받다. · 提報者라는 '김상만'과 電話로 통화하면서 次女件을 간곡히 부탁하다. · 종일 神經을 너무 써서 지치다.	14(火) · 第2次 新行政首都建設推進委員會 委員長으로 崔秉瑄 教授가 就任함 · 政府, '2004~2008年 國家財政運用計劃'을 확정 발표 · 第7次 世界國家人權機構, 서울에서 70個國 參加裡에 大會를 열음 · 열린우리黨 政務委員會 小委員會, 出資總額制限 內容의 '公正去來法 改正案'을 單獨 처리함 · '公職者 株式白紙信託制'를 담은 公職者倫理法의 政府案이 확정됨 · 第59次 U.N.總會, 美國 뉴욕 U.N.本部에서 개막됨
	12(日)	7.28	· 필리핀에 있는 '김상만'이란 者와 종일 통화하여 사정을 하다. · 저녁에는 통화가 되지 않고 돈만 시키는 대로 120만원을 송금하다. · 食事도 하지 못한채 旅行準備를 하다.	
	13(月)	7.29	· 혼자 仁川空港에 나가 次女를 기다리다 혼자 탑승하다. · United Airline 3等席에 앉아 10時間을 날아 美國 San Francisco 空港에 도착하다. · 婿君에게 電話를 하고 종일 空港에서 대기하다. · 저녁에 택시로 婿君 아파트에 가서 잠시 머물다. · San Bruno 韓食堂에 가서 같이 食事를 하고 明日件을 상의하다. · 혼자 Daly City에 있는 Hampton Inn에 투숙하다. · 新行政首都建設推進委員會 委員長職을 종료하다.	15(水) · 政府, 財産稅中 建物分과 土地分에 대한 '綜合課稅' 方針을 확정함 · 大檢察廳·警察廳, '搜査權 調整協議體'를 발족시킴 · 2004-2005 유럽蹴球聯盟(UEFA), 챔피언스 리그 開幕 16(木) · 政府, 自治警察制를 2006年까지 도입키로 확정함 · '大學修學能力試驗模擬評價' 실시 · 李明博 서울市長 및 孫鶴圭 京畿知事, '首都移轉 推進中斷要求'의 共同聲明을 발표함 · 中國 共產黨, 第16期 中央委員會 第4次 全體會議를 개막하여 19日까지 계속함
	14(火)	8.1	· 새벽에 沐浴을 하고 부처님께 오늘 일의 成事를 기원하다. · 婿君과 San Jose에 있는 美國移民局에 가다. · 證人으로 배석하여 次女 出頭面談을 妻 臥病을 이유로 6個月 연기해주기를 청원하여 內諾을 받다. · 어느 정도 安心을 하고 호텔에 와서 妻에게 電話를 하여 安心시키다. · 혼자 햄버거로 저녁食事를 하고 취침하다.	17(金) · 三星카드, 롯데마트·까르푸·월마트에 手數料 引上案 통보 · '韓國 光復軍' 創軍 64周年 紀念式이 서울 白凡紀念館에서 개최됨 · 日本·멕시코 兩頂上, FTA에 公式 署名을 함
	15(水)	8.2	· 걸어서 Lake Merced Golf場에 들어가 구경을 하다가 쫓겨나다. · Daly City의 市廳, 市議會, 警察局, 都市計劃局 등을 둘러보고 地圖를 얻다. · Civic Center를 거쳐 國際슈퍼마켓에서 점심을 사먹다. · 호텔에서 쉬다가 저녁에 中國食堂에서 혼자 食事를 하다.	18(土) · 政府, '核의 平和的 利用에 관한 4原則'을 발표함 · IAEA理事會, 오스트리아 빈에서 '이란 核中斷 決議案'을 滿場一致로 채택하고 閉會함 · 高麗大, 延·高戰에서 綜合優勝을 차지함 · 第12回 2004 世界障碍人 올림픽 大會, 137個國이 참석하여 그리스 아테네에서 개막됨
	16(木)	8.3	· 아침 늦게 일어나 徒步로 여러곳을 방문하다. · Walgreen, BART驛, Woodlawn墓地, 280 Metro Mall등을 거쳐 호텔로 돌아와 쉬다. · 婿君과 저녁을 하며 向後計劃을 논의하고 2千弗을 건네주고 투숙하다.	
	17(金)	8.4	· 朝餐後 호텔을 떠나 택시로 샌프란시스코 國際空港에 오다. · U.A. 3等을 타고 복잡한 가운데 11時間을 비행하다.	19(日) · IAEA '韓國核' 2次 觀察團 5명이 入國함. · 建設交通部, '2004年 地價公示 年次報告書'에서 全國 땅값이 1,829兆원이라고 발표 · 中國 共產黨 第16期 中央委員會 第4次 全體會議 開幕, 江澤民이 퇴진하고 胡錦濤가 主席職을 승계함
	18(土)	8.5	· 午後4時頃 仁川空港에 도착하여 妻·長男·外孫女의 迎接을 받아 귀가하다. · 美國 婿君에게 전화하고 整理를 한 뒤 취침하다.	
	19(日)	8.6	· 査頓에게 歸國報告를 하고 妻에게 經過說明을 하다. · 妻 및 子女家族들과 盆唐 律動公園을 둘러보고 食事후 귀가하다.	20(月) · 三星電子, 世界 最初로 60나노 8기가 D램을 개발 · 國會財經委, 寶石·香水 등 13個 品目의 特消稅를 현행대로 유지키로 함
	20(月)	8.7	· 上溪洞 地發研에 가서 일을 처리하다. · 尹相在·禹哉永·高永天·鄭光玉·李永哲·金玉鉉·朴永根氏 등과 저녁을 하다.	

月	日	陰	本 人 및 家族事項	社 會 一 般 事 項
9	21(火)	8.8	・昨夜에 朴正熙 大統領과 行政首都를 논의하는 꿈을 꾸다. ・學校에 가서 講義를 하다. ・廳舍에 가서 業務引繼를 하고 全職員들과 작별 人事를 하다. ・黃時旭 會長 등과 저녁을 들며 협의하다.	21(火) ・第12次 韓・美 未來同盟 政策構想(FOTA)會議 겸 第36次 韓・美年例安保協議會(SCM) 豫備接觸이 美國 워싱턴에서 개최됨 ・政府, 旅券有效期間을 10年으로 하는 내용의 旅券法 施行令 改正案을 의결함 ・慶北大 許태진 敎授 研究팀, "代謝過程 制禦하는 肥滿遺傳子 'IDPc'를 世界 처음 發見했다"고 밝힘 ・韓國野球委員會(RBO), 兵役非理件에 대해 對國民 謝過聲明을 발표함 ・第21回 全國 障碍人 技能競技大會가 개막됨
	22(水)	8.9	・昨夜에 外孫女가 大便누는 꿈을 꾸다. ・載國妻男 운전으로 妻와 같이 聞慶에 내려가다. ・孔坪 父母산소와 永順 聘父母산소를 참배하다. ・斗濟・廣濟 兄을 만나 山陽所在 門中納骨堂을 방문하다. ・尙州 妻弟宅에 가서 모두 같이 묵집에 가서 食事하다. ・尙州大 最高經營者 課程에서 特講을 하다. ・金鐘鎬 總長등과 저녁食事때 松栮를 먹으며 歡談하다. ・妻弟宅에 투숙하다.	22(水) ・韓國軍 자이툰部隊, 이라크 駐屯地 아르빌에 安着함 23(木) ・建設交通部, '아파트 리모델링'을 내년 3月부터 專用面積 最大 7.6坪까지 許容하는 改正案을 마련한다고 밝힘 ・個人回生制度가 시행됨 ・性賣買特別法이 시행됨 ・아이티, 洪水로 水災民이 30萬名에 이름
	23(木)	8.10	・지난 밤에 밤을 줍는 꿈을 꾸다. ・아침을 들고 上京・귀가하다. ・禹哉永・李永哲・朱龍鐸 會長과 晩餐을 하며 次女 찾는 일을 李・朱 會長께 부탁하다.	
	24(金)	8.11	・一山 研究院에 가다. ・朴昇治 副院長과 勤務條件에 대해 合意를 보다. ・핸드폰을 선물받고 職員들에게 秋夕膳物을 주다. ・韓國道德運營協議會 江北支會 結成 및 懸板式에 참석하여 致辭를 하다. ・參席者들과 晩餐을 하다. ・陽智 골프場 會員券을 4,200萬원에 매각하다.	24(金) ・政府, '2005年 豫算案 및 基金運用計劃案'을 확정함 ・釜山 國際陸上大會가 개막됨 ・第49回 아시아・太平洋 映畵祭가 日本 후쿠오카에서 開幕, 韓國映畵 '올드 보이'가 監督賞・男優主演賞을 수상 25(土) ・統計廳, 全國 市・郡・區 平均年齡 調査 發表, 우리나라 國民平均年齡은 34.5歲로 나타남
	25(土)	8.12	・沐浴을 하다. ・妻와 같이 Ritz-Carlton호텔 日食堂에서 査頓夫婦 및 李景熙 將軍夫婦를 만나 經緯를 설명하고 向後對策을 논의하다. ・다소 홀가분한 마음으로 妻와 같이 長女宅에 들리고 밖에서 저녁 待接을 받다.	27(月) ・고이즈미 준이치로 日本總理, 執權後半期 內閣을 출범시킴 ・北韓・日本, 拉致問題 2次 實務會議를 中國 北京에서 가짐
	26(日)	8.13	・妻와 國技院 주변을 산책하다. ・庭園을 整理하고 記錄을 하다. ・長女家族, 乘用車로 大邱에 가다. ・載國妻男 家族, 來訪投宿하다.	28(火) ・美國上院, '北韓人權法案'을 滿場一致로 통과시킴 29(水) ・第12回 2004 아테네 障碍人 올림픽大會 폐막, 中國 綜合優勝, 韓國 金11個로 綜合 16位 ・脫北者 44名, 中國 北京 캐나다大使館에 진입 ・韓國敎育課程評價院, '2005學年度 修能出題委員 選定方針'을 발표 ・白승일 選手, 公州 秋夕 장사씨름大會에서 白頭級 차지
	27(月)	8.14	・혼자 散策을 하다. ・혼자 奉恩寺에 가서 禮佛을 드리고 鴨鳩亭洞에 가서 次女를 찾아보다. ・밤에 秋夕달을 향해 祈願을 드리다. ・次女 때문에 무척 괴로워하다.	
	28(火)	8.15	・새벽 散策을 하다. ・長女夫婦와 같이 秋夕祭祀를 지내다. ・妻와 같이 奉恩寺에 갔다가 鴨鳩亭洞에 가서 次女行方을 찾다. ・長女家族, 大邱를 출발하여 15時間만에 서울에 도착하다.	30(木) ・韓國貿易協會, '207個 指標로 본 2004 大韓民國'을 발간함 ・서울大 體力科學研究所, '韓國 長壽人調査'를 발표함
	29(水)	8.16	・妻와 아침 散策을 하다. ・妻와 奉恩寺를 거쳐 清潭公園을 둘러보고 外食後 귀가하다.	
	30(木)	8.17	・上溪洞 地發研에 가다. ・禹哉永・尹相在・李永根 會長 등과 저녁을 같이하다.	

月	日	陰	本人 및 家族事項	社會 一般 事項	
10	1(金)	8.18	·一山 韓自硏에 가다. ·朴昇治 副院長등과 市立江南病院에 가서 河誠實 副院長의 病問安을 하다. ·羅承布·兪院長·吳大領·南社長 등 多數人과 저녁을 하다. ·吳·金 두분에게 次女 情報를 주다.	1(金) 2(土)	·統計廳, '高齡者 統計'를 발표함 ·이라크 자이툰部隊, 多國籍軍團 司令部로부터 作戰指揮權을 引受받음 ·팔레스타인 自治政府, 非常狀態를 선포함 ·IMF·世界銀行 年次總會, 美國 워싱턴에서 개막됨
	2(土)	8.19	·廳舍에 가서 國監答辯을 협의하다. ·새마을運動 硏修院에 가서 李安在 院長 令息 結婚主禮를 보다. ·沐浴을 하고 귀가하다. ·吳聖三 敎授 및 南·崔 社長과 저녁을 하며 建國大學 碩座敎授 提案을 받다.	4(月)	·第17次 國會, 첫 國政監査를 실시함 ·國會建設交通委員會, 國政監査에서 新行政首都建設에 대해 質疑·答辯을 함 ·忠南大·忠北大, '統合諒解覺書'를 교환함 ·美國 下院, '北韓人權法案' 滿場一致로 통과
	3(日)	8.20	·妻와 散策을 하다. ·國監資料를 검토하다. ·妻와 같이 外孫女를 데리고 盆唐 律動公園에 가서 같이 놀다. ·밖에서 食事를 하고 外孫女를 집에 데려다주고 귀가하다.	 5(火)	·스웨덴 카롤린스카 노벨賞 選定委員會, 美國의 리처드 액설과 린다 벅을 노벨醫學賞 共同受賞者로 선정하여 발표함 ·第5次 퍼그워시 總會가 개막됨 ·醫·齒醫學 專門大學院 新入生 募集日程 시작
	4(月)	8.21	·果川 建設交通部에 가서 대기하다. ·國會 建交委員會 國監場에 참석하여 新行政首都에 대한 質疑에 證人으로 답변하다. ·東部엔지니어링의 社長·副社長 및 禹哉永·李永哲 會長과 저녁을 하며 歡談하다.		·스웨덴 王立科學아카데미, 美國의 데이비스 그로스와 데이비드 폴리처 및 프랭크 윌첵을 노벨 物理學賞 共同受賞者로 선정 발표함
	5(火)	8.22	·홀가분한 氣分으로 일어나다. ·學校에 가서 講義를 하다. ·朱龍鐸·李永哲氏에게 저녁대접을 하며 次女건을 부탁하다.	6(水)	·韓國과 美國, 駐韓美軍을 2008年까지 3段階로 減縮하는 案을 동시에 발표함 ·스웨덴 王立科學아카데미, 노벨化學賞에 美國의 어윈 로즈와 이스라엘의 아론 치카노베르 및 아브람 헤르슈코를 共同受賞者로 선정 발표
	6(水)	8.23	·上溪洞 地發硏에 가다. ·金昇河氏가 와서 禹會長과 같이 점심을 하다. ·鄭龍鎬 친구가 다녀가다. ·建國大 吳聖三 敎授에게 碩座敎授를 수용한다는 電話를 하다. ·高永天 監事의 초청으로 向志會 會員들과 晩餐을 하다.	 7(木)	·프랑크푸르트 圖書展이 개막되어 10日까지 전시됨 ·第9回 釜山國際映畵祭가 釜山에서 15日까지 개최됨 ·스웨덴 翰林院, 노벨文學賞에 오스트리아 作家 엘프리데 옐리네크를 선정 발표함
	7(木)	8.24	·혼자 아침 散策을 하다. ·次女가 언니 및 夫君에게 電話했다는 이야기를 듣고 조금 安心하다. ·妻와 奉恩寺에 갔다가 仁濟病院에서 毒感注射를 맞다. ·良才川을 산보하고 '聞慶 묵집'에 가서 食事를 하고 귀가하다.	8(金)	·敎育人的資源部, 主要 私立大學 2005學年度 1學期 隨時募集 銓衡에서 高校間 學力差를 반영한다고 발표함 ·第85回 全國體育大會, 淸州에서 14日까지 개최됨 ·노르웨이 노벨委員會, 노벨平和賞에 女性環境運動家인 케냐의 왕가리 마타이를 선정·발표함
	8(金)	8.25	·一山 韓自硏에 가다. ·原稿 등을 整理하다. ·新羅호텔에서 개최된 臺灣代表部의 93周年 雙十節紀念行事에 참석하다. ·尹相在·禹哉永·李景熙·高永天·李永哲氏등을 '할매足발집'에 초대하여 저녁을 하다.	9(土)	·漢江市民公園 汝矣島地區에서 '2004 서울 世界 불꽃祝祭'가 열림 ·아프가니스탄, 史上 처음으로 大統領 選擧를 실시
	9(土)	8.26	·妻 및 犬과 산책하다. ·庭園剪枝등을 시키다. ·濠洲에서 온 옛 民衆書館 入社同期 金忠一氏와 午餐을 같이하며 歡談을 나누다. ·敎保文庫를 거쳐 沐浴·理髮을 하고 오다. ·一週日만에 國旗를 내리다.	11(月)	·第18回 仁村賞 施賞式이 거행됨 ·스웨덴 王立科學院, 노벨經濟學賞에 노르웨이 出身의 美國市民 핀 쉰들란과 美國의 에드워드 프레스컷을 共同受賞者로 선정 발표함 ·北韓, '金剛山 觀光地區 不動産規定'을 발표

2004

月	日	陰	本人 및 家族事項	社會一般事項
10	10(日)	8.27	·散策을 하다. ·長女와 百貨店에 다녀오다. ·외손녀와 淸潭公園에 가서 놀다. ·妻 및 長女家族과 外食을 하다.	12(火) ·政府, 滿19歲를 成人으로 규정하는 民法 改正案을 의결함 ·綠十字·목암生命工學硏究所, 새로운 抗癌劑 '그린스타틴'을 개발했다고 밝힘
	11(月)	8.28	·아침散策을 하다. ·종일 집에서 記錄을 整理하다.	·政府, 日帝 때 日本인 辯護士로 獨立志士를 변론한 후세 다쓰지(1879~1953)에게 建國勳章 愛族章을 추서함
	12(火)	8.29	·밤에 中央大 建設大學院에 가서 特講을 하다.	
	13(水)	8.30	·上溪洞 地發硏에 가다. ·金鍾成 父子 및 鄭龍鎬 社長등의 來訪을 받고 午餐을 같이하며 事業付託을 받다. ·向志會 모임을 尹相在·高永天·李永哲氏의 참석리에 개최하다.	·이라크 再建事業을 지원하기 위한 '다이만 部隊'를 이라크에 派兵함 13(水) ·열린우리黨, '過去史 基本法案'을 확정 발표함 ·文化財廳 및 全南大 恐龍硏究센터, 全南 寶城서 공룡의 뼈·알 화석을 무더기로 발굴했다고 밝힘
	14(木)	9.1	·李慶熙 女史 古稀紀念作品展에 나가 書畵作家協會 總裁로서 祝辭를 하다. ·黃時旭·河升逵·鄭光玉氏와 저녁을 같이하다.	·食品醫藥品安全廳, 미니컵 젤리의 流通·販賣를 전면 금지시킴
	15(金)	9.2	·一山 韓自硏에 가서 일을 보다. ·中央都市計劃委員會 本會議에 참석하다. ·外孫子 生日인데 같이 食事를 못하여 서운하다.	·三星證券杯 2004 프로野球 플레이 오프 開幕
	16(土)	9.3	·개를 데리고 散策을 하다. ·沐浴을 하고 外孫女와 놀이터·敎保文庫에 들려 점심을 먹다. ·妻·外孫女와 淸潭聖堂 앞에 가서 文化마당놀이를 구경하고 長女家族들과 外孫子 生日을 축하하는 會食을 갖다. ·모두 함께 노래房에 갔으나 妻의 거친 언사에 모두 언짢아하다.	14(木) ·열린우리黨, '私立學校法 改正案'을 확정하여 '開放型 理事制'를 도입함 15(金) ·脫北者 20名, 中國 北京 韓國總領事館에 진입함 ·열린우리黨, 新聞法 制定案과 放送法 改正案 및 言論仲裁 및 被害救濟에 관한 法 制定案 등 言論 관련 3個法案을 확정 발표함
	17(日)	9.4	·개와 散策을 하다. ·혼자 敎保文庫에 가서 資料를 적어오다.	·이슬람 聖月 斷食 '라마단'이 시작됨 ·日本·아르헨티나·덴마크·그리스·탄자니아, 유엔 새 非常任理事國으로 선출됨
	18(月)	9.5	·一山 韓自硏에 가서 일을 보고 점심에 오리고기를 먹다. ·建國大 不動産大學院長으로부터 碩座敎授에 대한 電話를 받다.	17(日) ·國防部, 이라크 派兵期限을 1年 연장하는 案을 확정함 ·國立中央博物館, 景福宮 時代를 32年만에 마감함
	19(火)	9.6	·學校에 가서 講義를 하다. ·서울大 總長 초청 名譽敎授 午餐 懇談會에 참석하다. ·집에서 外孫女를 데리고 놀다.	·베네수엘라 首都 카라카스의 最高層빌딩인 85層의 토레에스테에 火災가 일어남 18(月) ·科學技術部長官, 副總理로 승격됨
	20(水)	9.7	·上溪洞 地發硏에 가다. ·鄭龍鎬·李종호·土地公社 職員등이 다녀가다. ·尹相在·禹哉永 會長 등과 저녁食事를 하고 孝行賞 賞金을 전달하다.	·부시 美 大統領, 北韓人權法案에 서명함. ·플로리다州 등 32個州에서 美國 大選 早期投票에 들어감 19(火) ·政府, 團體行事 금지하는 內容의 公務員勞組 關聯法案 확정
	21(木)	9.8	·禹哉永·李永哲氏와 KTX 列車로 大邱에 가다. ·列車안에서 憲裁의 特別法 違憲判決 소식을 듣고 아연하다. ·尹相在·金相祚氏 등 多數와 저녁을 하며 歡談하다. ·서울의 많은 言論社로부터 違憲決定에 대한 電話가 오다. ·Grand Hotel에 투숙하다.	20(水) ·國際 透明性機構(TI), '2004年度 腐敗認識指數(CPI)'를 발표, 韓國의 淸廉性은 47位로 나타남 ·北韓 開城工業地區 開所式 및 着工式이 거행됨 21(木) ·憲法裁判所, '新行政首都特別法'은 違憲이라고 判決함
	22(金)	9.9	·言論社의 電話를 많이 받다. ·道德運動協議會 主催의 草凡 孝行賞 施賞式에서 總裁로서 施賞을 하고 講演을 하다. ·저녁食事를 하고 禹哉永 會長과 上京하다. ·25日에 大統領과 午餐을 같이한다는 연락을 받다.	·프로野球 2004 韓國시리즈가 개막됨 22(金) ·第36次 韓·美 年例安保協議會(SCM), 13個項의 共同聲明을 발표하고 폐회함 ·脫北者 29名, 中國 北京 韓國 國際學校에 진입함

月	日	陰	本人 및 家族事項	社會一般事項
10	23(土)	9.10	·몸살·감기가 와서 집에서 記錄整理만 하다. ·林承達·李仁遠 教授와 저녁食事를 하며 歡談하다.	·國稅廳, 高額稅金滯納者 110名의 名單을 공개함
	24(日)	9.11	·李우석 理事의 아들과 멕시코 新婦의 結婚主禮를 보다. ·朱龍鐸·金哲 社長등과 점심을 하고 귀가하다.	·러시아, 地球溫暖化 防止를 위한 京都議定書를 비준함 23(土) ·日本 新潟縣에 리히터規模 6.8强震이 3次例 발생하여 33名이 사망하고 2,200名이 부상함
	25(月)	9.12	·政府廳舍에 가서 推進委員들과 함께 靑瓦臺에 가다. ·盧武鉉 大統領과 午餐을 하며 行政首都건에 대해 논의하다. ·두번에 걸쳐 憲法改正과 國民投票의 代案을 건의드리다. ·上溪洞 地發硏에 가서 서울新聞記者와 對談을 하다. ·朴炳柱 教授를 초청하여 禹會長 등과 저녁을 하며 歡談하다.	24(日) ·教育人的資源部, '特目高 正常化 方案'을 확정 발표함 ·江原道 旌善郡 舍北邑 (株)東原舍北鑛業所, 設立 41년만에 採炭作業을 중단함 25(月) ·盧武鉉 大統領, 國會 施政演說을 國務總理代讀으로 발표함 ·黃禹錫 서울大 教授팀, 원숭이 胚芽複製 첫 成功
	26(火)	9.13	·土地公社에 가서 諮問委員長을 再委囑받고 會議를 主宰하다. ·建交部에 가서 中都委 第1分科委員會 會議를 主宰하다. ·柳穆基 副會長 초청 晩餐에 가서 李興壽·鄭龍鎬·金玉鉉氏와 歡談하다.	26(火) ·韓國·美國, 龍山基地移轉 抱括協定(UA)과 履行合意書(IA)및 聯合土地管理計劃(LPP) 改正案에 公式 署名함 ·이스라엘 議會, 가자지구 撤收案을 승인 28(木) ·크라운製菓, 해태製菓를 인수함 ·中國, 9年만에 金利를 인상함
	27(水)	9.14	·서울新聞에 行政首都關係 對談이 一面 톱記事로 게재되다. ·一山 韓自硏에 가서 일을 처리하다. ·美國 俞書房과 通話를 하여 다소 마음이 편하다. ·好凡會 모임에 나가 歡談하다.	29(金) ·2004~2005 애니콜 프로 籠球가 개막됨 ·유럽聯合(EU) 頂上, 이탈리아 로마에서 EU憲法에 署名함 30(土) ·基礎團體長 및 廣域·基礎議會 議員의 再補闕選擧가 실시됨
	28(木)	9.15	·妻 및 개와 아침 散策을 하다. ·教保文庫에 다녀오다. ·金鍾汶 社長과 金周奐 會長 및 令息과 저녁을 같이하며 歡談하다.	31(日) ·안현수 選手, 中國 北京에서 개최된 2004~2005 쇼트트랙 월드컵 2次大會에서 5種目을 석권하여 個人綜合 1位를 차지함
	29(金)	9.16	·建設産業硏究院 諮問會議에 참석하고 점심을 같이하다. ·學校에 가서 銀行일을 처리하다. ·鳥嶺會 모임에 참석하다. ·집에 와서 外孫女와 놀다.	·우크라이나, 大統領 選擧 실시
	30(土)	9.17	·妻·外孫女와 개를 데리고 散策을 하다. ·종일 外孫女와 같이 놀다. ·長女 생일 축하 晩餐을 마련해주다.	
	31(日)	9.18	·沐浴을 하고 主禮본 夫婦를 잠시 만나다. ·木洞에 가서 弟子 結婚主禮를 보고 오다.	
11	1(月)	9.19	·上溪洞 地發硏에 가다. ·李진수 社長 초청으로 많은 人士들과 점심을 같이하다. ·李興壽 辯護士 및 尹相在 會長을 잠깐씩 만나다. ·禹哉永·金昇河·李永哲·金奎馥氏와 저녁을 같이하다.	1(月) ·板門店 共同警備區域(JSA), 警備任務 50年만에 韓國軍으로 완전 이양됨 ·北韓警備艇 3隻, NLL을 침범했으나 海軍의 警告射擊으로 퇴각함 ·韓國씨티銀行, 공식 출범함 ·열린우리黨, 中途·保守의 '安定的 改革을 위한 議員 모임(安政모)'을 출범
	2(火)	9.20	·學校에 가서 講義하다. ·都市硏에서 와서 安東都市計劃件을 보고하다.	·都市가스料金이 6.9% 인상됨
	3(水)	9.21	·一山 韓自硏에 가서 일을 보다. ·大都技術의 高秀永 社長과 저녁을 하며 歡談하다.	·外交通商部, 出入記者團 상대 取材制限 措置 단행
	4(木)	9.22	·自宅에서 整理를 하다. ·妻, 長女宅에 가서 늦게 오다.	2(火) ·美國大統領 選擧 실시, 부시가 再選됨 ·大法院 傘下 司法改革委員會, '國民司法

月	日	陰	本人 및 家族事項	社會一般事項
11	5(金)	9.23	·妻男과 같이 집에서 저녁食事를 하다. ·乘用車로 報恩 俗離山에 가서 林敬鎬 院長을 만나다. ·濟州道 議會議員 硏鑽會에서 特講을 하다. ·歸路 車中에서 도시락을 먹다. ·中央都市計劃委員會에 참석하다.	參與制'를 2007年에 도입하는 方案을 滿場一致로 합의함 ·政府, 在外公館長 全面 開放등의 外交通商部 革新案을 확정함 ·IAEA 3次 核査察團, 訪韓하여 7日까지 머뭄
	6(土)	9.24	·黃時旭 會長팀과 저녁을 하다. ·美國 사위로부터 次女가 그곳 호텔에 와서 투숙했다는 電話를 받다.	·國家情報院, '過去事件 眞相糾明을 통한 發展委員會'를 出帆시킴
	7(日)	9.25	·長女·外孫女와 百貨店에 갔다가 집에와 食事하다. ·好凡會 會員들과 一山 白石敎會에 가서 胎信者 禮拜에 참석하고 池恩宰 牧師와 人事하다. ·朴昇治 長老의 초청으로 점심을 함께 하고 湖水	3(水) ·정문헌 議員등 한나라黨 議員 19名, '南北關係 基本法案' 國會 제출 4(木) ·政府·열린우리黨, 不動産保有稅 改編案 확정 발표
	8(月)	9.26	公園을 둘러본 뒤 귀가하다. ·上溪洞 地發硏에 가다. ·金壽鶴·禹哉永·朱龍鐸·金哲·李永哲氏등을 초청	·러시아 푸틴 大統領, 地球溫暖化 防止를 위한 京都議定書 서명 5(金) ·蔚山 앞바다 '東海-1 가스田'에서 하루 LNG 1,000톤의 本格生産을 시작함
	9(火)	9.27	하여 安東국시집에서 晩餐을 하며 歡談하다. ·美國에 가있는 次女와 첫 通話를 하고 상의·당부하다.	·私學團體代表들, "私學法 改正案 通過時 1,693個 學校의 條件附 閉鎖 決議"를 발표함
	10(水)	9.28	·무척 걱정이 되다. ·一山 韓自硏에 가다. ·次女 誓約書에 대한 連帶保證을 서서 兪서방에게 송부하다. ·邊徽澈 친구 父親 問喪을 가다. ·次女 媤父母로부터 離婚訴訟 告訴狀을 받아 놀	6(土) ·蠶室綜合運動場內에 國內 첫 프로레슬링 專用競技場'이 개관됨 7(日) ·黨·政·青, 經濟워크숍에서 '뉴딜的 綜合投資計劃'을 발표함 ·이라크, 60日間의 非常事態를 선포함
	11(木)	9.29	라움을 금치 못하다. ·學校에 가서 美國 次女에게 송금을 하다. ·齒科病院에 가서 이 治療를 시작하다. ·집에서 粥으로 食事를 하다.	8(月) ·疾病管理本部, 毒感바이러스 'A型 뉴칼레도니아' 患者가 國內에서 처음 發生했다고 밝힘 ·美軍과 이라크 防衛軍, 팔루자를 공격함.
	12(金)	10.1	·次女 夫婦와 각각 電話를 하고 다소 安心을 하다. ·沐浴을 하고 美國에 補完書類를 팩스로 보내다. ·齒科에 다녀오다. ·家族들과 長男 生日宴을 갖다.	9(火) ·換率, 7년만에 1,103.60원으로 最低記錄 ·大法院, "戶籍簿 姓名欄에 頭音法則에 따라 柳는 유로, 李는 이로, 羅는 나로 表記"한다는 有權解釋을 내림
	13(土)	10.2	·次女가 귀국한다 하여 또 걱정이 되다. ·金源·呂鴻九·李雨鐘·김시현 諸氏와 釜山에 가다. ·徐義澤 總長 등이 합류하여 같이 골프를 치다. ·釜山市 許市長등과 會食을 하며 歡談하고 고도	10(水) ·憲法포럼 出帆. 常任代表에 李석연 辯護士가 就任함 ·팔레스타인 自治政府 首班 야세르 아라파트(75歲), 사망했다고 공식 발표됨
	14(日)	10.3	모 호텔에 투숙하다. ·上京·귀가하다.	11(木) ·政府·열린우리黨, 不動産 保有稅制 改編案 확정발표
	15(月)	10.4	·記錄을 整理하다. ·上溪洞에 가서 일을 보다. ·金昇河·禹哉永·金玉鉉·李周鎬氏등과 점심을 같이하다. ·仁川空港에 가서 귀국하는 次女와 같이 귀가하다.	·政府, 쌀農家 所得安定方案 試案을 확정하여 國會에 제출함 ·IAEA, "韓國이 플루토늄 0.7g을 抽出했다"고 밝힘
	16(火)	10.5	·밤에 몸살·감기로 많이 앓다. ·上溪洞 地發硏에 가다. ·몸살·감기로 고생하다.	14(日) ·美軍, '팔루자 解放'을 선언함 ·유성언 韓國生命工學硏究員 및 이철주 KIST博士팀, 老化의 原因인 '活性酸素'를 밝혀냄
	17(水)	10.6	·尹相在·李永哲·禹·金 諸氏와 저녁을 같이하다. ·힐튼호텔에서 개최된 大一學院 朴相錫 院長 就任祝賀 午餐宴에 참석하다. ·安師同期들과 大一學院을 둘러보다. ·새마을 硏修院에 가서 好凡會 會員들과 새마을 歷史館을 둘러보다. ·兪院長 초청으로 金大領·南社長·金敎授등과 회식하다.	·이란, 우라늄 濃縮作業을 중단한다고 밝힘 15(月) ·원·달러 換率, 달러當 1,000원帶로 마감함 16(火) ·政府·열린우리黨,不動産 登錄稅를 0.5% 追加引下하는데 합의함

月	日	陰	本人 및 家族事項	社會 一般事項
11	18(木)	10.7	·一山 韓自硏에 출근하다. ·朴昇治 副院長과 같이 安城市에 가서 市長·議長을 만나다. ·市民自治大學 修了式에서 祝辭를 하다. ·兪浣 敎授 서울市文化賞 受賞 祝賀宴에 참석하다.	17(水) ·2005年度 大學修學能力試驗이 실시됨 ·敎育人的資源部, '敎員養成體制改編' 綜合方案'을 발표함 18(木) ·中央人事委員會, 高位公務員團制 政府案 확정 발표
	19(金)	10.8	·建交部에 가서 中都委 第1分科委員會를 主宰하다. ·車안에서 도시락을 먹으면서 一山區廳에 가다. ·區民自治大學에서 特講을 하고 修了式에 참석하다. ·姜형식 市長·吳영학 구청장·李課長·朴昇治 이사장과 저녁을 하며 歡談하다. ·10여년만에 世味 主人을 만나 옛 이야기를 나누다.	·警察廳, '過去史 眞相糾明委員會'를 발족시킴 19(金) ·警察, 修能試驗中에 이루어진 '携帶電話不正行爲'에 대해 수사함 21(日) ·公正去來委員會, 8個日刊紙 支局 211곳에 대한 職權實態調査結果를 발표함
	20(土)	10.9	·朱龍鐸 會長 令息 結婚主禮를 보다. ·外孫子女 둘을 집으로 데려오다. ·長女夫婦, 時祀로 大邱에 내려가다. ·兄弟들과 아버님 祭祀를 모시다. ·外孫子女와 같이 자다.	·第12次 아시아·太平洋 經濟協力體(APEC) 頂上會議, 산티아고에서 개막하여 '산티아고 宣言'을 책택함 ·안시현(20歲), LPGA 新人賞을 수상함 ·우크라이나 2次 大選決選投票 실시, 빅토르 야누코비치(54歲) 現 總理의 當選이 확정됨
	21(日)	10.10	·外孫子女와 같이 개를 데리고 散策하다. ·敎保文庫에 가서 책을 찾아보고 家族 함께 저녁을 사먹고 귀가하다. ·妻와 次女, 外孫子들을 데리고 長女宅에 가다. ·長女夫婦, 밤늦게 大邱에서 上京·귀가하다.	22(月) ·超敎派的 改新敎 NGO인 '基督敎 社會責任' 準備委員會, '中途 統合'을 표방하면서 공식 출범함 ·LG電子, 71인치 플라즈마 디스플레이 패널(PDP) TV를 세계에서 처음으로 量産을 시작함
	22(月)	10.11	·一山 硏究院에 가서 일을 보다. ·몸살이 완쾌되지 않아 다시 病院에 가다. ·次女, 媤母와 만나 협의하다. ·狀況이 조금 호전되는듯 하여 다소 안도가 되다. ·집에 와서 整理를 하다.	23(火) ·中國 吉林省 集安의 高句麗 王陵에서 渤海時代의 器瓦가 出土됐다고 밝혀짐 ·486(40代가 된 386) 知識人이 主軸이 된 '自由主義連帶'가 공식 출범함
	23(火)	10.12	·學校에 가서 講義하다. ·高永天 會長이 다녀가다. ·上溪洞 地發硏에 가서 일을 처리하고 主禮 본 夫婦의 人事를 받다. ·尹相在·高永天·李永哲·鄭光玉氏등과 저녁을 들며 歡談하다.	·서울 松坡區 風納洞에 英語體驗마을의 示範運營을 시작함 24(水) ·東海高速道路(江陵-東海)가 개통됨 25(木) ·姜東錫 建設交通部 長官, "新行政首都는 白紙狀態서 再檢討한다"고 밝힘
	24(水)	10.13	·朴昇治 理事長과 같이 乘用車로 大田市 大德區에 가서 김창수 廳長 및 吳태진 의장등과 人事하다. ·區民아카데미에서 特講을 하고 修了式에서 祝辭를 하다. ·리셉션에 잠시 참석하다.	·政府代表團, 美國과의 쌀 協商이 결렬됨 ·강경선 서울大 敎授 및 한훈博士팀, '줄기細胞'의 治療를 世界에서 처음으로 성공시킴 26(金) ·IAEA理事會, 韓國의 核에 대해 安保理 회부없이 事案 종료하는 7個項의 議長聲明을 채택함
	25(木)	10.14	·地發硏에 출근하다. ·金玉鉉 친구가 와서 함께 午餐을 들다. ·高秀永 社長이 와서 楊州市廳件을 부탁하다. ·聞中 4回 同期生 모임에 나가 歡談을 하고 道德日記를 전하다.	·KEDO, 北韓 輕水爐 建設中斷을 1年 연장하는 決定을 내림 ·서울에 첫 눈이 내림 27(土) ·열린우리黨의 平黨員 中心으로 '中斷없는 改革을 위한 全國黨員連帶'를 발족시킴
	26(金)	10.15	·첫 눈이 내리다. ·朴昇治 理事長과 같이 乘用車로 洪城에 가다. ·郡民自治大學에서 特講을 하고 蔡玄秉 郡守등과 저녁을 같이하고 上京하다.	29(月) ·라오스 비엔티안에서 第8次 아세안+3(韓·中·日) 頂上會議, 한·중·일頂上會談, 한·로오스 頂上會談이 이틀에 걸쳐 이루어짐
	27(土)	10.16	·敎保文庫에 가서 資料를 찾고 沐浴을 하다. ·朱龍鐸 會長 초청으로 李永哲·金哲氏와 저녁을 같이하다.	·韓國·싱가포르, FTA締結協商을 타결함 ·釜山高法, 環境團體등이 제기한 千聖山

月	日	陰	本人 및 家族事項	社會一般事項
11	29(月)	10.18	· 乘用車를 타고 혼자 慶南 河東郡에 가다. · 郡民自治大學에서 特講을 하고 修了式 祝辭를 하다. · 郡守 · 議長 등 地域代表들과 저녁을 하고 上京하다.	터널 工事着工禁止 假處分申請을 기각함 · 日本 大法院, 强制徵集 韓人에 대한 報償을 기각하는 決定을 내림 · IAEA, 이란의 核開發 中斷을 인정하는 決議案을 채택함
	30(火)	10.19	· 學校에서 講義를 하다. · 崔相哲 敎授가 와서 學校 이야기를 들려주다. · 齒科病院에 가서 치료하다. · 道德協會 代表들과의 저녁食事에 잠시 참석하다. · 權容佑 敎授 초청으로 崔秉瑄 · 李春熙 · 朴相圭 氏등과 晩餐을 같이하며 歡談하다.	30(火) · 技術標準院, 人體指數測定調査 結果를 발표함 · 서울大, 첫 女性(유정화) 總學生會長이 탄생함 · 日本 最高裁判所 '우키시마마루(浮島丸)' 事件의 賠償訴訟을 기각하는 決定을 내림
12	1(水)	10.20	· 乘用車로 혼자 聞慶市에 가다. · 市長 · 議長과 같이 市民自治大學 修了式에 참석하여 祝辭를 하다. · 議長 · 副市長등과 저녁食事를 하고 載國 妻男과 같이 上京하다.	1(水) · 열린우리黨, 國會 法制司法委員會서 公正去來法 改正案을 單獨 처리함 · 南北 連結道路中 統一展望臺와 軍事分界線까지의 4.2km를 임시 개통함
	2(木)	10.21	· 朴昇治 副院長과 같이 KTX로 大邱를 거쳐 慶山市에 가다. · 白俊鎬 副市長 및 邊太永 議長과 人事를 하다. · 市民自治大學 修了式에서 祝辭를 하다. · 汽車안에서 저녁食事를 하고 上京하다.	2(木) · 韓國 · 英國 頂上會談, 英國 런던에서 개최됨
	3(金)	10.22	· 『Housing Herald』에 原稿를 전하다. · 建交部 中都委 第1分科會議를 主宰하고 점심을 같이하다. · 中都委 本會議에 참석하다. · 世宗文化會館에서 개최된 又史 朴權欽 顧問 藝術文化賞 施賞式에서 施賞을 하고 祝賀人事말을 하다. · 道協 · 書畵協 送年 모임을 갖다.	3(金) · 韓國 · 폴란드 頂上會談, 폴란드 바르샤바에서 개최됨 · 腐敗防止委員會, 年末年始 公務員 膳物授受 基準을 제시함 · KRA(韓國馬事會)컵 코리아오픈 國際柔道大會, 4日까지 濟州에서 개최되어 韓國이 6連霸를 차지함
	4(土)	10.23	· 外孫女와 敎保등에 들려 놀다오다. · 外孫女가 가서 섭섭하다.	4(土) · 핀크스컵 韓 · 日 女子프로골프 大抗戰 開幕, 韓國의 勝利로 5日에 폐막됨
	5(日)	10.24	· 집에서 整理를 하다. · 次女, 長女夫婦 지도로 運轉練習을 하다. · 妻 및 妻男과 밖에서 食事하다.	
	6(月)	10.25	· 一山 韓自硏에 가서 原稿를 작성하다. · 鄭世煜 · 朴昇治氏와 藝堂에서 저녁을 하며 歡談하다.	6(月) · 韓國 · 프랑스 頂上會談, 프랑스 파리에서 열림 · 與野, 國會豫決特委 豫算案調整 小委構成에 合意함 · 第10次 氣候變化協約 當事國 總會(COP10), 아르헨티나에서 17日까지 개최됨
	7(火)	10.26	· 妻 및 次女와 같이 盆唐 새마을硏修院에 가서 運轉演習을 하는 次女를 도와주다. · 崔相哲 敎授 초청으로 權泰埈 · 金炯國 敎授와 저녁食事를 하며 여러 이야기를 나누다.	7(火) · 열린우리黨, "國家保安法 年內處理 留保"를 선언 · 法務部, 檢察組織 改編案 발표 · 大邱-浦項間 高速道路가 개통됨 · 三星綜合技術院, 次世代半導體 素材 '炭素 나노튜브'를 世界 처음으로 大量 생산하는 技術을 개발했다고 밝힘
	8(水)	10.27	· 國土硏究院 21世紀 國土포럼 共同代表者會議에 참석하여 議長으로 선출되고 會議를 主宰하다. · 上溪洞 地發硏에 가서 여러 다른 사람들의 來訪을 받다. · 尹相在 · 禹哉永 · 李永哲 · 鄭光玉 · 金奎馥氏등과 저녁을 들며 歡談하다.	8(水) · 盧武鉉 大統領, 이라크 자이툰 部隊를 2時間 동안 방문함 · 各界 元老모임 國家元老會議, '國家 安全發展을 위한 大統領 · 國會議員 · 政黨代表에 보내는 國家 元老들의 勸告文'을 발표함 · 國會 國防委, '國軍部隊의 이라크 派遣 延長同意案'을 가결함 · 忠北 忠州市에서 抗生劑에 안듣는 '廣範圍 抗生劑 耐性 異質菌'이 발견되어 非常이 걸림
	9(木)	10.28	· 齒科病院에 治療받지 않은채 다녀오다. · 趙용일 社長 초청으로 朱龍鐸 · 李永哲 · 金赫 · 金哲氏등과 저녁食事를 같이하다.	

月	日	陰	本人 및 家族事項	社 會 一 般 事 項
12	10(金)	10.29	·朴昇治 副院長과 丹陽郡에 가다. ·李건표 郡守 및 尹수경 議長등과 人事하다. ·郡民自治大學에서 特講을 하고 修了式에서 祝辭를 하다. ·一家 누님의 딸 夫婦를 만나다. ·늦게 上京하다. ·妻, 親庭에 내려가다.	9(木) ·定期國會, 公正去來法을 本會議에서 통과시키고 閉會함 ·열린우리黨 유인태 議員등 175名, '死刑制 廢止 特別法案'에 서명하고 國會에 제출함 ·부시 行政府, 2期 內閣構成 완료 10(金) ·日本, 새 防衛計劃大綱을 9년만에 개정하여 확정 발표함
	11(土)	10.30	·敎保文庫에 들리고 沐浴을 하다. ·次女 및 子婦와 지내다.	11(土) ·臺灣, 第6代 立法議員選擧를 59.16%의 投票率을 보이면서 실시함
	12(日)	11.1	·次女와 같이 乘用車로 店村에 가다. ·黃周鉉 女息 結婚式에 참여하다. ·慶北 敎大 誘致件으로 關係者와 만나 의논하다. ·妻·次女와 上京하다.	12(日) ·루마니아 大統領 選擧 실시, 親西方의 트라이안 바세스쿠가 당선됨
	13(月)	11.2	·一山 韓自硏에 가서 일을 처리하다. ·朴昇治 副院長과 申重大 安養市長을 만나 午餐을 같이하다. ·水原市民自治大學에 가서 特講을 하고 修了式에서 祝辭를 하다.	13(月) ·政府, 1家口 3住宅에 대한 讓渡稅 重課稅를 2005년부터 시행키로 확정함 ·電子通信硏究院 등, 携帶 인터넷 '와이브로(Wibro=wireless broadband)'의 世界 첫 試製品을 개발함 ·京仁放送(iTV), 職場閉鎖됨 ·美 NASA, '火星에 물'이 있다는 유력한 證據를 발견했다고 밝힘
	14(火)	11.3	·學校에 가서 終講을 하다. ·『政經뉴스』誌 李석기 記者와 地方自治 對談을 하다. ·風水會 送年모임에 참석하다.	
	15(水)	11.4	·몸살·感氣가 극심하여 今日 日程을 모두 취소하다. ·病院에 가서 治療를 받다. ·밤새 매우 앓다.	15(水) ·開城工團 入住企業, 첫 製品으로 리빙아트 냄비를 생산함 ·憲法포럼, 創立總會를 가짐 ·中部內陸高速道路, 驪州에서 金泉까지 151.6km가 완전개통됨
	16(木)	11.5	·몸이 몹시 좋지 않은 상태에서 朴昇治 副院長·朴秉根 실장과 蔚山市 南區에 가다. ·南區 한마음大學에서 特講을 하고 修了式에서 祝辭를 하다. ·李埰益 廳長등과 食事를 하고 上京하다. ·妻가 쓰러져서 入院했다는 소식을 듣고 三星醫療院에 가다. ·憂患에 대한 걱정을 하면서 귀가·취침하다.	16(木) ·'사이언스'誌, 올해의 劃期的 10大 硏究成果에 黃禹錫 서울大 敎授의 人間胚芽複製가 선정됨 ·三星 SDI, 世界 最大 102인치 PDP를 개발했다고 발표함
	17(金)	11.6	·朴昇治 副院長과 中途에 趙洪來 首席을 만난 뒤 東豆川市에 가다. ·『東豆川新聞』 記者와 對談을 하다. ·열린아카데미에서 特講과 修了式 祝辭를 하다. ·果川에 가서 中央都市計劃委員會 送年모임에 참석하다. ·몸이 완쾌되지 않아 고생하다.	17(金) ·政府, 쌀 協商의 暫定合意結果를 공개함. ·新行政首都後續對策委員會, 行政首都 代案 5個 選擇原則 基準을 발표함 ·政府 原子力委員會, 放射性 廢棄場의 分離方案을 확정함
	18(土)	11.7	·病院에서 治療를 받다. ·長女宅에서 점심을 얻어먹고 妻 問病을 가다.	18(土) ·韓國靑少年 럭비, 第9回 아시아 靑少年 럭비 選手權大會에서 우승함 ·中國, 北京에서 世界 첫 成形美人大會를 개최함
	19(日)	11.8	·집에서 高大 特講案을 준비하다. ·食慾이 없어 飮食을 조금밖에 먹지 못하다.	19(日) ·韓國航空宇宙硏究院, 高性能 衛星카메라를 개발했다고 발표
	20(月)	11.9	·몸이 좋지 않은 상태로 一山 韓自硏에 출근하다. ·住宅公社 擔當者들의 來訪을 받고 점심을 같이하다. ·齒科大學 病院에 가서 마지막 治療를 받다.	20(月) ·統計廳, '2002年 生命表'에서 韓國人 平均壽命이 男子 73.38歲 女子 80.44歲라고 밝힘 ·行政自治部, 以北5道法의 改正案을 42년만에 國會에 제출함 ·'普信閣鐘', 景福宮에서 龍山 새 國立中央博物館으로 이전됨 21(火) ·保健福祉部, '生命倫理 및 安全에 관한 法律' 施行令이 내년부터 시행된다고 밝힘

2004

月	日	陰	本人 及 家族事項	社會一般事項
12	21(火)	11.10	·學校에 나가 成績을 作成하여 제출하다. ·食慾이 없어 점심을 거의 먹지 못하다. ·建交部 中央都市計劃委員會 第1分科會議를 主宰하다. ·黃時旭 會長 초청으로 晩餐을 가졌으나 食事를 거의 못하여 일찍 마치고 귀가하다. ·妻, 三星醫療院에서 퇴원하다.	22(水) ·敎育人的資源部, '秀越性敎育 綜合對策'을 발표함 ·靑瓦臺, 經濟首席職을 2년만에 부활시킴 ·KIST, 두 발로 걷는 로봇'휴보(HUBO)'를 國內에서 처음으로 개발하여 시연함 23(木) ·大韓올림픽 委員會(KOC), 2014년 冬季 올림픽 候補地로 江原道 平昌을 선정함 24(金) ·政府, '벤처企業 活性化 對策'을 확정 발표함 ·2005年부터 로또福券의 온라인 購買를 금지키로 결정됨 ·'敎授新聞', 올해의 四字成語로 '黨同伐異'를 선정함 ·서울市廳 앞의 서울廣場 야외 스케이트場을 개장함 25(土) ·'淸溪川 카운트 다운塔', 0時부터 가동시작 26(日) ·東·西南 아시아의 地震海溢 '쓰나미(津波)'로 리히터規模 9.0의 大災殃이 발생함 27(月) ·公正去來委員會, 財閥그룹의 '所有支配構造 매트릭스'를 공개함 28(火) ·서울大·江原道, 平昌郡에 '그린 바이오 尖端 硏究團地'를 설립하는 諒解覺書(MOU)를 체결함 ·아시아 첫 中國文化院이 개원됨 29(水) ·國稅廳, 首都圈 및 5大 廣域市의 商街·오피스텔 基準時價를 처음 발표함 30(木) ·KT&G, 담배값을 500원 인상시킴 ·韓國鑑定院, "全國 땅값 總額이 2.367兆원"이라고 발표함 31(金) ·國會, 새해 豫算案 194兆 7,833億원을 의결함
	22(水)	11.11	·上溪洞 地發硏에 가서 特講 준비를 하다. ·점심으로 복 料理를 조금 먹게 되어 다소 안심하다. ·몸이 불편하여 高麗大學 經營大學 校友會 送年會에서의 特講을 걱정했으나 무사히 마쳐 안심하다.	
	23(木)	11.12	·모든 公式行事를 무사히 마친 것을 다행으로 생각하며 종일 自宅에서 쉬다. ·食事를 조금씩 하다.	
	24(金)	11.13	·몸이 완쾌되지 않아 집에서 쉬다. ·長女와 外孫子가 問病次 다녀가다. ·妻, 珍乭이가 우는 소리를 내어 재수가 없다고 大門을 열어 그대로 내보내어 무척 서운하다. ·X-mas Eve를 누워서 보내다.	
	25(土)	11.14	·집에서 쉬다. ·食事하기가 힘들다.	
	26(日)	11.15	·오랜만에 理髮을 하고 沐浴을 하다. ·종일 잠만 자다.	
	27(月)	11.16	·學校에 가서 銀行의 負債를 완전 청산하다. ·Good Doctor's 內科醫院에 가서 高재준 院長과 人事하고 治療를 받다.	
	28(火)	11.17	·建交部 中央都市計劃委員會 今年 마지막 本會議를 主宰하다. ·禹哉永 會長 초청으로 5人幇 모임에 좀 늦게 참석하다.	
	29(水)	11.18	·一山 韓自硏에 가다. ·職員들과 送年紀念 午餐을 같이하다. ·好凡會 送年 모임에 참석하다.	
	30(木)	11.19	·內科病院에 가서 藥을 짓다. ·上溪洞 地發硏에 가서 整理하다. ·地發硏 送年會 모임에 참석하다.	
	31(金)	11.20	·行硏會 送年 午餐모임에 나가 환담을 나누고 經費 모두를 부담하다. ·沐浴을 하고 귀가하다. ·妻 및 長男夫婦·次女와 自宅에서 子正 祝杯를 들며 새해를 맞다.	

第70歲 : 2005(4338) 乙酉年/名譽敎授·碩座敎授

月	日	陰	本人 及 家族事項	社會一般事項
1	1(土)	11.21	·陽曆 새해를 맞이하다. ·憂患으로 동생宅에서 祭禮를 모시다. ·禹哉永 會長등과 盧隆熙 敎授와 金壽鶴 會長宅에 歲拜를 가다. ·外孫子女와 子女들의 歲拜를 받다.	3(月) ·열린우리黨 李富榮 議長등 指導部가 총사퇴함 ·서울 地下鐵 7號線에 放火가 일어나 客車 3輛이 전소됨 4(火) ·盧大統領, 6個部處의 改閣을 단행 5(水) ·敎育人的資源部, 週5日 受業制 運營計劃을 市·道敎育廳에 通報
	2(日)	11.22	·妻와 長女가 感氣로 고생을 하다. ·사위 및 外孫子女와 敎保文庫에 가서 놀다오다. ·次女, 시누이를 만나고 오다.	

月	日	陰	本人 및 家族事項	社會 一般事項
1	3(月)	11.23	·學校에서 가진 新年交禮會에 참석하고 教授들과 점심을 같이 하며 오랜만에 환담을 하다. ·黃太錫 君이 休暇次 다녀가다. ·妻·次女 및 載國과 外食을 하다.	·우리말 이름 恐龍 '천년 부경 오사우러스'를 世界恐龍目錄에 첫 등재함 6(木) ·大檢中搜部, 受賂嫌疑로 박혁규 한나라黨 議員을 구속 수감
	4(火)	11.24	·次女와 같이 妻를 데리고 三星醫療院에 가서 檢査를 받고 藥을 지어오다. ·妻, 공연히 화를 내다. ·서울 高等法院에서 지난 12月 29日字로 光云學園의 臨時理事로 선임됐다는 通報書類를 받다.	·國土研究院, 衛星利用 3次元 映像으로 재현한 韓半島 山脈地圖를 처음으로 완성했다고 밝힘 ·東南아시아의 쓰나미 救護를 논의하기 위한 東南아시아 國家聯合(ASEAN) 特別 頂上會議가 인도네시아 자카르타에서 開幕됨, 韓國에서는 李海瓚 總理가 참석
	5(水)	11.25	·一山 韓自研에 가서 新年會를 갖고 일을 處理하다. ·洪義錫 光云大 教授 초청으로 南社長과 같이 저녁을 하며 光云大學件을 논의하다.	
	6(木)	11.26	·自宅에서 記錄을 整理하다. ·妻와 같이 가서 長女 結婚紀念 會食을 마련해 주다.	7(金) ·李基俊 教育副總理, 就任 3日만에 電擊 辭意 表明 ·MBC 미디어 批評 프로그램의 進行者가 (株)泰榮으로부터 구찌 핸드백을 膳物받아 波紋이 일고 該當者 3名이 自體 懲戒 받음
	7(金)	11.27	·上溪洞 地發研에 가다. ·朴永根 社長 초청으로 점심을 같이하다. ·光云大學과 附屬中·高等學校를 둘러보다. ·龍仁市 關係者들이 와서 都市計劃件을 說明하다. ·研究院 人士 및 尹相在·金昇河·李永哲·金玉鉉氏 등과 새해 會食宴을 갖다.	·水原地法, 송진섭 安山市長에게 懲役 2年 6月을 宣告 8(土) ·慶北 漆谷郡 장갑 製造工場 시온 글러브에 火災가 나서 精神肢體障碍人 勤勞者 4名이 참변 당함
	8(土)	11.28	·沐浴를 하고 記錄을 整理하다. ·妻의 神經質로 무척 피곤하다.	
	9(日)	11.29	·尙州에서 妻弟가 오다. ·長男에게 몇가지 當付를 하다. ·次女, 長女宅에 가서 묵다. ·妻, 妻男宅에 가서 聘父任 忌日祭祀를 모시고 오다.	·이세돌 9段, 第2回 도요타 덴소杯 競技에서 優勝함 9(日) ·팔레스타인 自治政府首班 選擧 실시, 마무드 압바스 팔레스타인 解放機構(PLO) 議長이 당선됨
	10(月)	12.1	·一山 韓自研에 가다. ·새해의 뜻으로 全職員에게 점심을 대접하다. ·曺武成 前總長 및 洪義錫 教授와 저녁을 하며 光云學園의 來歷과 現在 및 向後對策을 청취하다.	10(月) ·政府, 公務員·外交官用 새 旅券 발급 ·서울北部地法, 오영식 열린우리黨 議員에게 罰金 150萬원을 宣告 ·英國系 스탠다드 차타드銀行(SCB), 3兆 4千億원에 第一銀行을 引受하는 契約을 체결
	11(火)	12.2	·종일 집에서 整理하다. ·結婚 39周年 紀念日을 맞아 子女 및 妻男·妻弟와 저녁을 같이하고 노래房에 가다.	·次世代 衛星 DMB(Digital Multimedia Broadcasting) 放送時代가 開幕됨
	12(水)	12.3	·上溪洞 地發研에 가다. ·La Fonte에 가서 午餐을 하고 趙洪來 社長을 만나다. ·龍仁에 가서 李정문 市長 초청 晩餐을 여러 사람과 같이 하다.	·朴志晩氏, 10.26 朴大統領 弑害事件을 다룬 映畫 '그때 그사람들'에 대해 上映禁止 假處分申請을 제출 11(火) ·한나라黨, 朴槿惠 指導部 2期가 출범
	13(木)	12.4	·洞事務所에 들렀다가 上溪洞 地發研에 가다. ·書畫作家協會 展示用 글씨를 쓰다. ·여러 人士들과 奉化집 食堂에서 환담을 나누며 食事하다.	·教育人的資源部, 初·中·高 2003年 學業成就度 評價 結果를 발표 ·濟州 西歸浦市 缺食兒童 620名에게 不實도시락을 제공하여 波紋 일어남
	14(金)	12.5	·學校에 가서 銀行處理를 하고 在職證明書를 발급받다. ·地方行政研究院에 가서 金興來 院長을 만나고 在職證明書를 받다. ·地方自治學會 理事會에 참석하여 次期會長候補를 결정하다. ·常青會 모임에 나가 환담하다.	·웰던 美下院 軍事委員會 副委員長과 議員 5名, 北韓을 訪問 ·忠北 清州市 家庭집 연못에서 사람 얼굴을 닮은 '人面魚'가 발견됨 12(水) ·김문수 등 한나라黨 議員 4名, 北京서 脫北者와 記者會見을 갖고자 했으나 中國當局이 强制沮止하여 論難이 일어남

月	日	陰	本人 및 家族事項	社會一般事項
1	15(土)	12.6	·學位證을 찾았으나 찾지 못하여 무척 답답하다. ·沐浴을 하고 整理를 하다. ·尙州 妻弟 아들이 軍入隊 人事次 다녀가다. ·次女가 나가 約束을 어기고 또 늦게 와서 무척 속이 상하고 괘씸하게 생각하다.	·文化觀光部, '國民 讀書實態調査'를 발표, 1人 1年 平均 讀書量이 11卷으로 되어 있음 ·유럽議會, 유럽 憲法案을 可決 13(木) ·盧大統領, 年頭記者會見을 가짐
	16(日)	12.7	·새벽에 눈이 내리다. ·次女를 꾸짖다. ·마음이 安定되지 못하다.	·서울中央地法, 美軍戰鬪機의 騷音被害에 대해 國家가 梅香里 住民에게 81億 5千萬원을 배상하라고 判決
	17(月)	12.8	·學校를 거쳐 一山 韓自硏에 가다. ·朴昇治·崔相浩·두 朴室長과 午餐을 같이하다. ·李鐘來 道德協會 諮問委員長의 古稀 紀念宴에 참석하여 總裁로서 祝辭를 하고 代表들과 餘興을 갖다.	·疾病管理本部, 2004年末 國內 에이즈 感染者가 3,135名이라고 발표 ·第22回 冬季 유니버시아드 大會가 오스트리아 인스브루크에서 開幕됨, 韓國 綜合 2位 획득
	18(火)	12.9	·崔技士를 통해 建國大學에 履歷의 證憑書類를 제출하다. ·禹哉永·李永哲 會長과 같이 龍仁市에 가다. ·都市基本計劃 公聽會에서 司會를 보다. ·市長 초청으로 民俗村에 가서 晩餐을 함께 하고 상경하다.	14(金) ·三星電子, 年間純益 '100億 달러 클럽'에 진입 ·大法院, 金雲龍氏에게 懲役 2年을 宣告 ·유럽 宇宙局에서 발사한 探査船 '호이겐스號', 土星의 最大衛星인 Titan에 착륙 15(土) ·中國과 臺灣, 分斷後 첫 專貰機 直航運行에 합의
	19(水)	12.10	·上溪洞 地發硏에 가다. ·申東培 親舊가 다녀가다. ·朴永根 社長 초청으로 함께 午餐을 하다. ·金壽鶴·高永天·禹哉永·李永哲氏등과 會食을 하며 歡談하다.	16(日) ·크로아티아 大統領 決選投票, 現大統領이 재선됨 17(月) ·서울行政法院, 새만금事業 調整勸告案을 제시
	20(木)	12.11	·禹哉永·李永哲 會長과 같이 天安에 가다. ·金裕赫 總長·文在佑 敎授·成武鏞 天安市長·朴相敦 議員·朴泰權 前知事 등과 午餐을 같이 하다. ·新行政首都 後續對策 세미나에서 基調演說을 하다. ·忠南 西海岸 포럼 創立總會에 참석하고 顧問으로 추대되다. ·서울에 와서 金玉鉉 親舊 등과 만나 歡談을 나누다.	·유태흥 前大法院長, 身病悲觀으로 86歲로 漢江에 投身自殺함 18(火) ·鄭夢準 大韓蹴球協會 會長, 4選 會長으로 被選됨 19(水) ·日本 히로시마 高等法院, 日本政府는 韓國人 原爆被害者 40名에게 4,800萬엔을 배상하라고 判決 ·서울市, 서울의 中國語 表記를 '漢城(한청)'에서 '首爾(서우얼)'로 변경 확정한다고 밝힘
	21(金)	12.12	·學校에 가서 일을 처리하다. ·龍仁市民의 公聽會에 따른 抗議電話를 받고 설득하다. ·일찍 귀가하여 整理하다.	·統計廳, 韓國人口는 2020年에 4,995萬名으로 頂點에 이르고 그 以後 하강한다고 발표
	22(土)	12.13	·光云學園 臨時理事會 召集을 요구하는 署名을 해주다. ·沐浴을 하다. ·妻와 次女, 次女의 運轉으로 聞慶에 가다. ·長男夫婦 및 長女家族이 와서 같이 外食을 하고 함께 投宿하다.	20(木) ·우리 貨物船이 北韓 元山 앞바다에서 沈沒, 4名 구하고 14名 실종 ·起亞自動車 光州工場 勞組幹部가 '就職장사'를 했다하여 波紋 일어남 ·부시 美國 大統領의 2期 行政府가 출범함
	23(日)	12.14	·外孫子女를 데리고 敎保文庫에 가서 놀다가 점심을 사먹고 귀가하다. ·長女家族은 自宅으로 돌아가고 長男夫婦와 같이 머물다.	21(金) ·國內 첫 女性 地方警察廳長이 탄생함 22(土) ·빅토르 유센코 新任 우크라이나 大統領 就任 25(火) ·政府, 美 大使館의 移轉協商을 마무리함
	24(月)	12.15	·一山 韓自硏에 가서 일하다. ·次女 찾는 인터넷 廣告件으로 査夫人과 통화하여 그 抹消를 당부하다. ·光云大 理事件으로 朴煐植 總長, 李興壽 辯護士, 柳穆基 부회장, 趙洪來 社長, 金玉鉉 社長, 鄭龍鎬 親舊등과 La Fonte 食堂에서 晩餐을 하며 歡談하다.	·'韓·日 友情의 해 2005' 行事가 日本 東京에서 개최됨 ·國內 最高齡인 崔애기 할머니가 109年 11個月 8日을 一期로 별세함 26(水) ·政府·與黨, 外交通商部·國防部를 제외한 16部 4處 3廳을 忠南 公州·燕岐로 이전하는 내용의 '行政都市案'을 확정·발표

月	日	陰	本人 및 家族事項	社會一般事項
1	25(火)	12.16	·自宅에서 記錄을 整理하다. ·黃時旭 會長 초청으로 禹哉永 會長등과 저녁食事를 하며 歡談하다.	·第34回 世界 經濟포럼(WEF) 年例會議가 스위스 다보스에서 開幕됨 27(木) ·新任 教育副總理에 金振杓 議員이 任命됨
	26(水)	12.17	·長男과 같이 上溪洞 硏究院에 가서 일을 보다. ·長男과 둘이 構內食堂에서 점심을 들다. ·好凡會 總會에 참석하다.	·大法院, 選擧法 違反의 吳時德 議員에게 罰金 1,500萬원 宣告의 原審을 확정함 ·폴란드 아우슈비츠 解放 60周年 紀念式이 20餘個國 頂上의 참석하에 거행됨
	27(木)	12.18	·妻와 寫眞館에 가서 追加分을 주문하다. ·地方自治學會에 가서 古州賞 會議를 하고 崔昌浩·金東勳 教授를 受賞者로 결정하다.	28(金) ·韓·中 프로籠球 올스타戰이 開幕됨 30(日) ·이라크, 52年만에 制憲議會 總選擧 실시
	28(金)	12.19	·學校에 가서 整理하다. ·신갑룡 前安企部 局長 母親 問喪을 하고 兪正濬 院長과 歡談하다. ·子婦가 姙娠을 했다는 반가운 소식을 듣다.	·김선용 選手, 韓國 男子로는 처음으로 濠洲 오픈 테니스大會 주니어부 男子單式에서 準優勝을 차지함 31(月) ·서울市敎育廳, '서울學生 學力伸張方案' 확정 발표
	29(土)	12.20	·妻 및 長女家族과 日本 어린이用 映畵를 관람하다. ·子婦가 合流하여 함께 밖에서 저녁食事를 하다.	·政府 記錄物 分類基準表를 官報 인터넷에 공개
	30(日)	12.21	·沐浴을 하고 自宅에서 整理하다. ·次女件으로 또 걱정을 하다.	·韓國 인터넷振興院, '2004年 情報化 實態調査' 발표, 인터넷 人口가 3千萬名을 突破
	31(月)	12.22	·上溪洞 地發硏에 가다. ·金昇河 先生 초청으로 많은 人士들과 晩餐을 하며 歡談하다.	·무라야마 도미이치 前 日本總理, 訪韓하여 2月 4日까지 체류함
2	1(火)	12.23	·韓國經濟新聞社가 주최하는 '企業하기 좋은 地域大賞' 施賞式에 참석하여 審查評을 하고 關係人士들을 만나다. ·高秀永 社長 초청으로 禹哉永·李永哲氏와 저녁을 함께 하며 歡談하다.	1(火) ·民主勞總 代議員大會, '勞使政委員會' 復歸 싸고 폭력·욕설로 跛行 ·베를린 映畵祭委員會, 林權澤 監督이 10日 開幕되는 第55回 베를린 國際映畵祭서 '名譽 黃金곰賞(The Honorary Golden Bear)'을 받게 됐다고 밝힘
	2(水)	12.24	·一山 韓自硏에 가서 일을 보다. ·住宅公社 吳명철 宅地理事등의 禮訪을 받다. ·光云大 朴영식 總長 및 姜汶奎 前理事長과 저녁을 하며 光云學園件을 논의하다.	·日帝强占下 强制動員被害 眞相糾明委員會, 被害者 接受를 시작함 ·'光復60周年 紀念事業推進委員會', 60名 委員으로 출범함
	3(木)	12.25	·學校에 가서 整理를 하다. ·建交部 中央都市計劃委員會 本會議에 나가 委囑狀을 받고 會議를 주재하다. ·卞鐸 親舊 초청으로 聞中·聞高 同期生들과 會食을 하고 人事말을 하다. ·술이 많이 취해 귀가하다.	3(木) ·憲法裁判所, 戶主制規定 및 民法 781條 1項 및 778條가 憲法과 不合致하다고 決定 ·政府, 慶南 梁山 千聖山 元曉터널 工事에 대한 3個月간의 環境影響評價 共同調査를 수용함
	4(金)	12.26	·妻와 三星醫療院에 가서 妻의 診斷을 돕다. ·朴禹鎭 院長에게 가서 診斷書를 띠고 藥을 지어오다. ·光云學園의 前 曺武成 總長 및 初·中·高校 校長, 그리고 新任理事들과 만나 人事를 하고 學園問題를 논의하다.	·民主黨 全黨大會에서 韓和甲 議員을 새黨代表로 선출함 ·韓美自由貿易協定(FTA) 實務協議가 서울에서 개최됨 ·주라브 즈바니야 그루지야 總理, 가스中毒으로 사망
	5(土)	12.27	·盧椿熙 教授와 점심을 같이하고 沐浴을 한뒤 집에서 일을 하다.	4(金) ·國防部, '2004年 國防白書'에서 10年만에 北韓을 '主敵'이라고 하는 表現을 삭제
	6(日)	12.28	·次女와 教保文庫에 가서 資料를 찾아오다. ·妻·次女 및 長女家族과 外食을 하다.	·憲法裁判所, '外國비디오 輸入때 推薦規定은 違憲'이라는 決定을 내림
	7(月)	12.29	·上溪洞에 출근하다. ·金玉鉉 親舊 초청으로 尹相在·金昇河·禹哉永·李永哲·鄭光玉氏 등과 舊正 送年會를 갖다.	·憲法裁判所, 自動車 燃料添加劑 規制는 合憲이라는 決定을 내림
	8(火)	12.30	·妻 및 長男이 書齋를 대대적으로 정리·청소하다. ·次女와 같이 果川 등을 다니면서 運轉練習을 돕다. ·집에서 만든 대구湯으로 저녁食事를 하다. ·陰曆 除夜의 밤을 집에서 조용히 보내다.	5(土) ·江原道 華川 陸軍 某部隊에서 강모 二等兵이 목매어 숨진채 발견됨 ·先進 7個國(G7) 財務長官·中央銀行總裁會談이 英國 런던에서 열림

月	日	陰	本人 및 家族事項	社會一般事項
2	9(水)	1.1	·설날을 맞다. ·妻와 長男, 큰 妻男宅에 가서 함께 新年祭禮를 지내다. ·次女 및 子婦와 집에서 설날 아침을 먹다. ·終日 自宅에서 記錄 整理를 하다.	6(日) ·韓國貿易協會 貿易硏究所, 留學生 1名이 들어올 때 22名이 나간다는 內容의 '韓國의 敎育 서비스 收支現況分析'을 발표 ·서울高法, '學校 밖 集團따돌림 自殺도 學校에 30% 責任 있다'는 判決 내림
	10(木)	1.2	·次女 運轉으로 妻와 같이 누님宅에 가는 도중에 뒷바퀴가 터져 修理를 하는 苦難을 경험하다. ·누님 內外分께 歲拜를 하고 점심을 같이한 뒤 귀가하다. ·載蓮 妻弟가 와서 함께 生日저녁을 집에서 갖다.	·京釜高速道路 天安 부근서 麥酒를 실은 貨物車가 救急車 덮쳐 6名 死亡 8(火) ·이스라엘과 팔레스타인 自治政府의 頂上會談이 이집트에서 열림 10(木) ·北韓 外務省, 核保有·6者會談 參加를 無期限 중단한다고 선언
	11(金)	1.3	·學校에 가서 整理를 하다. ·朝鮮호텔에서 卞鐸 親舊와 점심을 하며 몇 가지 議論하다. ·上溪洞 地發硏에 가서 일하다. ·禹哉永·尹相在·金玉鉉·金奎馥氏와 설모임을 갖고 會食하다. ·노래房에서 부른 세 곡의 노래가 모두 滿點을 記錄하다.	11(金) ·敎育人的資源部, 世宗大에 豫算不當執行 관련 113億원 回收·辨償措置 및 法人 事務總長·財務處長 2名을 解任함 13(日) ·靑瓦臺, 盧大統領이 지난 4日 처진 눈꺼풀을 手術했다고 밝힘 ·大法院, '앞지르기 禁止區間에서 앞車가 양보해도 追越하면 不法'이라고 判決
	12(土)	1.4	·妻와 같이 外孫女를 데리고 散策을 하다. ·三井호텔에서 子女 및 妻男家族들과 妻의 辰甲을 축하하는 會食을 하고 노래房에 같이 가다. ·膳物로 自動車購入代金을 주다.	·韓·中·日 A3 닛산 챔피언스컵 蹴球大會가 열림 ·南阿共에서 개최된 第1回 女子 월드컵 골프大會에서 韓國팀이 準優勝을 함
	13(日)	1.5	·次女와 같이 驛三聖堂에 가서 禮拜式에 참석하다. ·次女의 美國訪問日字가 결정되어 安心을 하다.	14(月) ·潘基文 外交部長官과 콘돌리자 라이스 美國務長官, 워싱턴에서 會談 가짐
	14(月)	1.6	·上溪洞 地發硏에 출근하다. ·COEX에서 개최된 世界不動産大會 組織委員會 發足式에 참석하여 人事를 받다. ·5人幇 모임에 나가 환담하다.	·檢察, 起亞自動車의 就職장사에 대한 中間調査結果를 발표하고 19名을 구속함 ·第6回 北韓人權·難民國際會議, 西江大學에서 열림
	15(火)	1.7	·一山 韓自硏에 가서 일을 處理하다. ·曉星建設의 宋社長·張理事 초청으로 禹哉永·李永哲氏와 같이 참석하여 歡談하다.	·레바논 首都 베이루트 中心街에서 車輛爆彈테러 발생, 라피크 하리리 前總理 등 9名 死亡, 100여명 負傷
	16(水)	1.8	·上溪洞 地發硏에 가다. ·家庭敎師 弟子였던 張翰相君이 찾아와 禹會長과 같이 午餐을 들며 여러 이야기를 나누다. ·向志會 總會에 참석하다. ·江南聖母病院에 가서 逝去한 金永燮 敎授를 問喪하고 허무한 氣分으로 귀가하다.	·中國 랴오닝省에서 炭鑛 崩壞事故, 203名 死亡 16(水) ·溫室가스 排出規制를 내용으로 한 '京都議政書'가 公式 發效됨 17(木) ·政府, '首都圈 住宅市場 安定對策' 발표 ·韓國銀行, 2月 15日 現在 外換保有額이 2,002億 4,900萬 달러라고 밝힘
	17(木)	1.9	·新聞에 建國大 碩座敎授 發表件이 게재되어 매우 흐뭇한 마음을 갖다. ·三星醫療院에 가서 美國 미시간에서 交通事故로 서거한 林吉鎭 敎授를 問喪하다. ·禹哉永 會長 초청 모임에서 黃時旭 會長 등 여러 사람들과 歡談을 나누고 碩座敎授 就任에 대한 祝賀를 받다.	·이용득 韓國勞總 委員長, 再選됨 ·檢察, 公的資金非理 中間搜査結果를 발표 ·法院, 鄭大哲 前議員에 대해 懲役 5年 追徵金 4億 1천만원을 宣告한 原審을 확정함 18(金) ·韓國大學敎育協議會 '2006學年度 大學入學 銓衡計劃' 발표
	18(金)	1.10	·사위 文丙基 博士와 같이 水原 自治人力開發院에 가다. ·院長 등과 人事하고 地方自治學會 學術行事에 참석하고 分科會議의 司會를 보다. ·總會에 잠시 참석한 뒤 상경하여 曺武成 前總長 및 光云學園 新任理事들과 저녁을 하며 理事長件을 논의하다.	·서울高法, 警察官 2名 살해한 李학만에게 無期懲役을 宣告 19(土) ·왕자루이 中國共産黨 對外連絡部長, 北韓을 訪問하여 金正日 委員長 면담 ·崔철한 9段, 國手戰 2連覇를 함 ·李상화, 핀란드에서 열린 世界주니어 스피드 스케이팅 女子 500m서 史上 첫 우승

月	日	陰	本人 및 家族事項	社會一般事項
2	19(土)	1.11	·沐浴을 하고 黃時旭 會長 및 朴六地 社長과 같이 플라자 호텔에 가서 沈大平 忠南知事를 만나 골프場件을 當付하다. ·黃時旭·禹哉永·李永哲 會長과 저녁을 같이하다.	20(日) ·부시 美 大統領, 再選後 첫 유럽 巡訪 21(月) ·새 大韓辯護士協會 會長에 千기홍氏가 선출됨 ·金민수 前敎授의 復職에 반발하여 서울大 美大 敎授 10名이 集團辭表냄
	20(日)	1.12	·朴煐植 光云大 總長 및 洪基鎔 大眞大 總長과 午餐을 하며 光云學園에 대해 歡談하다. ·光云學園 理事長件으로 많은 電話를 주고받다.	·韓國映畵 '간 큰 家族', 分斷後 北韓서 첫 촬영
	21(月)	1.13	·一山 韓自硏에 가서 일을 보고 職員들에게 점심을 대접하다. ·光云學園 理事會에 참석하여 理事長 候補로 추대되었으나 7票中 3票를 얻어 落榜되고 姜汶奎 理事長이 선출되다. ·朴煐植 總長 초청으로 理事陣들과 12時까지 食事를 하고 귀가하다.	22(火) ·國家報勳處, 3·1節 맞아 呂運亨 등 社會主義 系列 獨立運動家 54名에 대해 敍勳할 計劃임을 밝힘 ·映畵俳優 李은주氏, 自宅서 自殺 ·MBC 新任社長에 崔문순氏가 내정됨 ·國會, 양승태 大法官 候補者 任命同議案 可決
	22(火)	1.14	·學校에 가서 정리하다. ·在京 聞慶鄕友會 新年交禮會에 참석하여 많은 사람을 만나다.	·自動車 對物保險 加入이 義務化됨 ·이라크 새 總理候補로 이브라힘 알자파리가 확정됨
	23(水)	1.15	·金敬姬 建國大 理事長 초청으로 鄭吉生 總長 및 吳聖三 校長과 점심을 하며 碩座敎授件을 이야기하다. ·上溪洞 地發硏에 가서 일을 보다. ·好凡會 모임에 참석하여 碩座敎授 就任 祝賀 화분을 膳物받다.	·이란 南東部 게르만州에서 리히터規模 6.4의 强震이 발생, 최소 500餘名이 死亡하고 5,000名 이상이 부상당함 23(水) ·金정길氏, 새 大韓體育會 會長에 선출됨. ·우리銀行, 女子 프로籠球 겨울 리그 定期리그에서 우승함
	24(木)	1.16	·一山 韓自硏에 출근하다. ·鳥嶺會 모임에 참석하고 本人 身上變動事項을 보고하다. ·長男이 仁川에서 러시아産 강아지를 얻어 집에 데리고 오다.	24(木) ·빌 클린턴 前 美國大統領, 回顧錄「My Life」의 出版紀念會 위해 방한 ·이라크 자이툰部隊 2陣 1,700名의 歡送式을 가짐 ·朴맹호 民音社 會長, 大韓出版文化協會 會長에 선출됨
	25(金)	1.17	·朴在甲 國立癌센터 院長과 같이 汽車로 大邱를 거쳐 高靈郡에 가다. ·高靈郡民 敎養敎室 開講式에 참석하여 祝辭를 하다. ·朴基煥 열린우리黨 慶北道黨 委員長을 잠시 만나 歡談하다. ·李泰根 郡守·張祐赫 副郡守·議會議長·文化院長 등과 저녁을 하고 상경하다.	·三星電子, 'PTA(Push To All)폰'을 世界 처음으로 개발하여 시연함 ·第86回 全國冬季體育大會가 江原道 平昌에서 開幕됨 25(金) ·法務部, 3·1節 맞아 989名을 假釋放한다고 밝힘 26(土) ·韓·美·日 3國 北核 首席代表, 서울에서 會談을 가짐
	26(土)	1.18	·金秉麟 會長과 점심을 같이하며 臨時行政首都關係 冊子 發刊에 대해 협의하다. ·金哲 會長 초청으로 朱龍鐸·禹哉永·李永哲氏와 저녁을 들며 歡談하다.	27(日) ·'獨島는 韓國땅'임을 입증하는 英國政府 地圖가 발견됨 28(月) ·朴槿惠 한나라黨 代表, 正修奬學會 理事長職을 사퇴
	27(日)	1.19	·沐浴을 하다. ·外孫子女와 강아지를 데리고 散策을 하고 오다. ·강아지 이름을 次女의 作名대로 '캡틴(Captain)'으로 정하다. ·집에서 함께 저녁을 먹고 長女家族이 떠나다.	·敎育人的資源部, 2004學年度 修能 携帶電話 不正大學生 36名에 대해 入學을 취소함 ·蹴球天才 박주영, 프로 蹴球 FC 서울에 入團
	28(月)	1.20	·上溪洞 地發硏에 가다. ·禹哉永·金昇河·李永哲·李景熙·金奎馥氏와 같이 建國大學에 가다. ·鄭吉生 總長으로부터 碩座敎授 委囑狀을 받고, 曺周鉉·李恩宰 두 院長과 吳聖三 校長을 예방하다. ·祝賀人士 및 李世茂·卞鐸·尹成吉·金八龍氏 등과 自祝宴을 마련하다.	·이라크 힐라시 綜合病院에서 自殺爆彈車輛테러 發生, 114名 死亡, 130餘名 負傷 ·레바논 市民 蜂起로 '新시리아' 內閣이 總辭退함

月	日	陰	本人 및 家族事項	社會一般事項
3	1(火)	1.21	·三·一節을 맞이하여 國旗를 게양하다. ·長女 및 外孫女와 같이 킴스클럽에 가서 인너스케이트를 사주다. ·長壻 文博士 초청으로 子女 및 妻家宅 人士들과 같이 本人 碩座敎授 就任 祝賀 會食을 갖다.	1(火) ·盧大統領, 3·1節 紀念辭 함 ·양수철氏, 尹奉吉 義士 祠堂에 걸린 故 朴正熙 大統領의 글씨 '忠義祠' 懸板을 무단철거
	2(水)	1.22	·의외로 눈이 많이 와서 氣分이 썩 좋았다. ·上溪洞 地發研에 가서 일을 하다. ·朴永根 社長 초정으로 모두 점심을 같이하다. ·禹哉永 會長과 같이 氣治療를 받으러 가다. ·李永哲 會長 招請 形式으로 尹相在·禹哉永·金昇河·金玉鉉·金奎馥氏 등과 저녁을 하다.	2(水) ·'行政中心複合都市 特別法', 國會 本會議에 職權上程되어 몸싸움속에 票決 通過됨 ·國會, 戶主制 廢止 내용의 民法改正案등 116個 法律案을 處理 ·政府, 4月 5日 植木日은 2006年부터, 7月 17日 制憲節은 2008年頃부터 公休日에서 제외키로 함 ·우다웨이 中國 外交部 副部長, 訪韓함
	3(木)	1.23	·學校에 가서 開講 準備를 하다. ·朝鮮호텔에서 개최된 光云學園 理事會에 참석하여 法院判決에 의한 어음 補償件을 협의 결정하다.	3(木) ·韓國石油公社, 東海 大陸棚에서 가스田을 발견했다고 밝힘
	4(金)	1.24	·上溪洞 地發研에 가다. ·尹相在 會長 등과 점심을 같이하다. ·第24回 書畵作家協會 會員展 開幕式에서 테이프 커팅, 施賞 및 祝辭를 하다. ·卞鐸 親舊가 여러 가지 도움을 주고 또 직접 參席까지 해주어 매우 고맙게 생각하다. ·道德協議會 諮問委員으로 위촉된 金昇河·金玉鉉 두 분의 주선으로 餘興時間을 갖다.	4(金) ·김연아 女子選手, 캐나다에서 개최된 世界 피겨 選手權大會에서 韓國史上 첫 世界주니어 選手權 銀메달 획득
	5(土)	1.25	·妻, 安養 찜질방에 갔다가 밤에 귀가하다. ·沐浴을 하고 黃時旭 會長을 만나 점심을 하며 골프場件을 논의하다. ·次女가 長女집에 가서 投宿하여 혼자 저녁食事를 하다. ·TV 映畵를 보고 새벽에 취침하다.	5(土) ·釜山·慶南北·江原 등 東海岸 地域에 史上 最惡의 暴雪이 내림 ·中國 第10期 全國人民代表大會 3次 會議가 開幕됨
	6(日)	1.26	·長女宅에 가서 外孫子·外孫女를 데리고 淸潭公園에 가서 놀다. ·妻가 合流하였다가 혼자 一山 동생들 모임에 가다. ·長女 家族들과 저녁 食事를 같이 하고 귀가하다.	
	7(月)	1.27	·一山 韓自研에 가서 會議를 하고 일을 처리하다. ·朴吉成 社長이 와서 職員들과 점심을 같이 하다. ·果川市에 가서 果川市民들의 廳舍移轉 反對 蹶起大會를 보면서 感慨無量함을 느끼다. ·果川市民自治大學 開講式에서 祝辭를 하다. ·余仁國 市長 및 金寶華 講師등과 저녁을 하다.	7(月) ·李憲宰 經濟副總理, 不動産 投機疑惑 物議로 辭意 表明 ·三星電子, 世界 最大 82인치 TFT-LCD 패널을 世界에서 첫 개발했다고 발표 ·시리아·레바논 頂上會談, 레바논 駐屯 시리아軍의 撤軍을 協議, 12日에 完全撤軍함 ·부시 美國 大統領, U.N. 駐在 美國大使로 존 볼튼을 指名
	8(火)	1.28	·學校에 가서 잠시 講義를 하고 곧 金浦空港에 가다. ·釜山에 가서 朴昇治 副院長의 마중을 받아 金井區로 가다. ·許南植 釜山市長 및 김문곤 區廳長 등을 만나다. ·21세기 금샘 아카데미 開幕式에서 祝辭를 하다. ·書畵作家協會 釜山 任員들을 잠시 만나고 상경·귀가하다.	8(火) ·沈大平 忠南知事·廉弘哲 大田市長, 각각 自民聯과 한나라黨을 탈당 ·建交部, 公認仲介士試驗 絶對·相對 混合評價 實施를 밝힘 ·러시아軍, 체첸叛軍指導者 아슬란 마스하도프 前 체첸 大統領을 射殺함 ·民主主義·테러·安全에 관한 國際 頂上會議, 스페인 마드리드에서 開幕됨
	9(水)	1.29	·自宅에서 記錄 整理를 하다. ·妻와 같이 長女家族과 저녁食事를 하며 外孫女 生日을 祝賀해주다.	9(水) ·盧大統領, 社會 各界 代表와 透明社會協約 締結式 가짐
	10(木)	2.1	·大韓航空 300回 搭乘 祝賀를 받으며 蔚山에 가다. ·朴昇治 副院長의 案內로 北區에 가서 李相範 區廳長등과 午餐을 같이 하고 住民自治大學 開講式에서 祝辭를 하다.	10(木) ·大法院, 복기왕 忠南 牙山의 열린우리黨 議員에게 罰金 200萬원을 宣告한 原審을 확정함 ·大法院, 崔基善 前 仁川市長의 無罪原審을 확정함 ·陸軍士官學校, '男女生徒 態度 및 品行' 條項의 改正을 발표 ·등젠화 홍콩 行政長官, 사퇴함 ·클린턴 前 美國 大統領, 心臟을 再手術함
				11(金) ·한나라黨 院內代表에 姜在涉氏를 선출함
				13(日) ·故 安益泰 先生 婦人 롤리타 安(스페인人, 90歲), 訪韓하여 '愛國歌 著作權'을

月	日	陰	本人 및 家族事項	社會一般事項
3			·南區 한마음大學 開講式에서 祝辭를 하고 嚴鶯蘭 先生의 特講을 듣다. ·李埰益 區廳長 등과 저녁을 같이하고 상경하다.	國家에 무상 양도함 ·2005 서울國際 마라톤大會겸 第76回 東亞마라톤大會 開幕, 케냐의 윌리엄 킵상 選手가 2시간 8분 53초로 우승 획득
	11(金)	2.2	·妻·次女와 같이 三星病院에 가서 妻의 檢診을 돕다. ·上溪洞에 가서 禹會長·金局長 및 金玉鉉 親舊와 점심을 하다. ·東豆川 市廳에 가서 市長과 같이 열린 아카데미 開講式에 참석하고 祝辭를 하다. ·上溪洞 地發硏에 가서 일을 보고 朴永根 會長 초청의 晩餐에 高秀永·禹哉永·李永哲 氏와 같이 참석하다.	14(月) ·盧大統領, 새 經濟副總理에 韓悳洙氏를 任命 ·콘돌리자 라이스 美國 國務長官, 韓國·日本·中國·印度 등 아시아 6個國 巡訪 ·61次 U.N. 人權委員會, 제네바에서 開幕 15(火) ·法務部長官·情報通信部長官·檢察廳長, 證券街 私設 情報誌에 대한 特別團束을 위한 合同談話文 발표
	12(土)	2.3	·次女, 언니宅에 가서 머물다. ·妻와 하나로 마트에 가서 장을 보고 食事 후 귀가하다.	·朴槿惠 한나라黨 代表, 美國을 訪問하고 22日에 귀국함 ·韓國·美國, 第5次 駐韓美軍 防衛費 分擔協定 高位級會談을 서울에서 가짐
	13(日)	2.4	·沐浴을 하고 整理를 하다. ·三井호텔에서 子女 모두가 모여 次女의 生日 및 出國紀念 저녁을 같이하다.	·韓國專門大學敎育協議會 '2006學年度 專門大 入學銓衡計劃' 발표
	14(月)	2.5	·金浦空港에서 嚴鶯蘭 講師를 만나 같이 麗水를 거쳐 河東에 가서 점심을 들다. ·郡守·議長 등을 만나고 郡民自治大學 開講式에서 祝辭를 하다. ·講師와 같이 상경하다.	·檢察, 土地 헐값 買入 嫌疑로 이연택 前 大韓體育會長을 구속 수감 ·市民등 1萬餘名, 서울市廳廣場에서 '首都分割 沮止 犯國民 蹶起大會' 개최 16(水) ·日本 시마네縣, '다케시마(竹島)의 날' 制定 條例案이 可決됨으로써 波紋이 일음
	15(火)	2.6	·學校에 가서 講義하다. ·議政府 市長 초청 晩餐에 吳·兪 南·羅 등 많은 人士와 같이 참석하여 歡談하다.	·日本 n-TV, 北韓住民을 公開處刑하는 場面을 방영
	16(水)	2.7	·聞慶市廳에 가서 市長·議長등을 만나고 같이 점심을 하다. ·興德을 둘러보고 中學校와 初等學校를 방문하다. ·市民自治大學 開講式에서 祝辭를 하고 상경하다. ·好凡會의 모임에 나가 海外旅行件을 협의하다.	·高建 前總理, 美 하버드大學에서 招請講演을 함 ·조제프 카빌라 콩고 民主共和國 大統領, 國賓訪問함 ·서울 中央地法, 金錫元 雙龍洋灰 名譽會長에게 懲役 3年에 執行猶豫 4年을 宣告
	17(木)	2.8	·上溪洞에 가서 業務를 보다. ·高秀永 社長과 午餐을 하며 일들을 논의하다. ·禹哉永·李永哲 會長과 같이 仁川市廳에 가다. ·仁川市廳의 市長 및 幹部들을 만나고 統里長 會議에서 特講을 하고 상경하다. ·崔秉瑄 院長 초청으로 韓國建設産業硏究院 開院 10周年 紀念式에 참석하여 乾杯를 제의하다. ·禹·李 會長과 따로 食事하다.	·우리銀行, 2005 KB 스타杯 女子 프로籠球 겨울리그 챔피언 決定戰에서 우승함 ·부시 美國 大統領, 世界銀行 總裁에 폴 울포위츠를 指名 17(木) ·政府, '4大基調·5大 對日方向의 新韓日 독트린'을 발표 ·崔영도 國家人權委員長, '僞裝轉入'에 의한 投機疑惑으로 辭意를 표함
	18(金)	2.9	·一山 韓自硏에 가다. ·仁川市에 가서 統里長들에게 特講을 하다. ·李景熙 將軍 초청의 5人幇 모임에 참석하다.	·美國·英國·獨逸 共同硏究팀, 人間X染色體를 완전 解讀했다고 밝힘
	19(土)	2.10	·妻, 親舊들과 놀이에 가다. ·長女宅에 가서 外孫女와 놀다가 함께 저녁을 먹다. ·長男夫婦가 와서 投宿하다.	18(金) ·慶南 馬山市議會, '對馬島의 날' 條例制定 ·尹伊桑平和財團 출범 ·檢察, '公薦獻金' 받은 嫌疑로 김희선 열린우리黨 議員을 不拘束起訴함
	20(日)	2.11	·집에서 整理를 하다. ·妻와 나가 外食을 하다.	19(土) ·파키스탄 이슬람寺院에서 爆彈 폭발, 최소 39名이 死亡
	21(月)	2.12	·上溪洞 地發硏에서 일을 하다. ·光云大 黃義錫 敎授와 같이 점심을 들며 歡談하다. ·環境大學院 新任敎授 歡迎宴에 참석하다.	20(日) ·日本 후쿠오카 北西쪽 海底에서 리히터 規模 7.0의 强震으로 1名 死亡하고 500餘名이 重輕傷 입음
	22(火)	2.13	·學校에 가서 講義하다. ·卞鐸 會長 및 李世千 部長과 점심을 하며 卞會長 古稀紀念 冊子件을 협의하다.	21(月) ·航空社 女乘務員 崔某氏, 失踪 6日만에 숨진채 발견됨

月	日	陰	本人 및 家族事項	社會 一般 事項
3			·上溪洞에 출근하다. ·鄭光玉 社長 초청 모임에 참석하여 同心會를 創立하고 初代會長으로 金玉鉉氏를 추대하다.	·메리 매컬리스 아일랜드 大統領 訪韓함 ·財經部, 獨島 面積의 348倍에 달하는 우리나라 땅이 아직도 日本人 名義로 돼 있다고 밝힘
	23(水)	2.14	·一山 韓自硏에 출근하다. ·東海市 都市基本計劃案을 보고 받다. ·建國大學에 가서 碩座敎授 硏究室에 들어온 器物들을 둘러보고 매우 만족해 하다. ·不動産學科 敎授들과 저녁食事를 하며 相見禮를 갖다. ·不動産大學院에서 碩座敎授로서 첫 特講을 하다. ·禹哉永·金昇河·李永哲·金玉鉉氏와 餘興을 갖다.	22(火) ·韓國銀行, 昨年 經濟成長率 4.6%, 1人當 國民所得(GNI) 1萬 4,162 달러로 集計됐다고 밝힘 ·서울市, 서울市響 常任指揮者로 鄭明勳氏를 영입했다고 발표 ·朴봉주 北韓 內閣總理, 中國訪問 ·유럽聯合(EU), 브뤼셀에서 頂上會談 가짐
	24(木)	2.15	·朴昇治 副院長과 함께 楊口郡에 가다. ·눈이 많이 오고 있어 매우 아름답고 氣分이 좋았다. ·郡民自治大學 開講式에서 祝辭를 하고 美術館, 歷史館 등을 둘러보다. ·任璟淳 郡守·金炳朝 講師등과 토끼고기로 食事를 하고 상경하다.	23(水) ·朴世一氏, 한나라黨을 脫黨하여 議員職을 상실 ·建交部, 燕岐·公州 5個面 33個里 2,210萬坪을 行政中心都市 豫定地域으로 확정 발표 ·保健福祉部, '老人療養保障制度 施行計劃' 발표
	25(金)	2.16	·上溪洞 地發硏에 출근하다. ·朴永根·李鎭秀氏 등과 午餐을 하며 歡談하다. ·長男과 建國大學에 가서 硏究室을 꾸미다. ·崔秉瑄 委員長 초청으로 李揆邦·李春熙·朴相圭·權容佑氏등과 저녁을 하며 歡談하다. ·長女와 外孫子女가 집에 와 자다.	24(木) ·政府·與黨, '1家口1住宅 讓渡稅 非課稅政策'을 유지키로 합의 ·起亞自動車, 輸出 累計 500萬臺 달성 ·南北經濟文化協力財團, 北韓 歌謠 2曲(휘파람, 반갑습니다), 書籍 3篇(林巨正·黃進伊·高麗史)의 著作權 管理契約의 締結을 발표
	26(土)	2.17	·外孫子女와 같이 개를 데리고 散策을 하다. ·사위 초청으로 妻와 같이 저녁을 들고 오다.	25(金) ·姜東錫 建交部長官, 仁川國際空港公社 社長 在職時節 空港周邊 땅 買入件으로 論難 일음
	27(日)	2.18	·結婚式에 가서 長女家族과 점심을 같이하다. ·妻와 合流하여 百貨店을 둘러보고 귀가하다.	
	28(月)	2.19	·一山 韓自硏에 가서 會議를 하고 業務를 處理하다. ·建國大 碩座敎授件의 感謝로 吳聖三 敎授를 위시한 7名의 人士를 초청하여 會食을 하며 환담하다.	·열린우리黨 김명곤(金海 甲)·이철우(抱川·漣川)議員, 選擧法 위반으로 國會議員職 喪失 ·低價 航空社 '濟州에어', 公式 출범.
	29(火)	2.20	·學校에 가서 講義하다. ·上溪洞 地發硏에 가다. ·禹哉永 會長으로부터 壁時計를 膳物받다. ·저녁에 李永哲 會長 초청으로 禹會長·金玉鉉·金奎馥氏와 저녁食事를 하다.	26(土) ·週5日制 受業 따라 全國 첫 初·中·高校 土曜 休業 ·獨島 遊覽船, 첫 出航 27(日) ·政府, 獨島專擔 初代大使에 河찬호氏를 內定 28(月) ·인도네시아 수마트라섬 沿岸 印度洋에 리히터 規模 8.7의 強震이 발생, 니아스섬 住民 2,000餘名이 死亡함
	30(水)	2.21	·大田市 大德區廳에 가서 區民 아카데미 開講式에서 祝辭를 하고 상경하다. ·黃時旭 會長 등과 저녁을 하며 골프場件을 논의하다.	·國家人權委員會, 政府에 '死刑制 廢止'를 권고키로 決定
	31(木)	2.22	·建交部 中都委 第1分科委員會 會議를 주재하다. ·長女와 外孫女가 다녀가다.	29(火) ·檢察, '盧泰愚 前 大統領의 未納 追徵金中 非實名計座 73億 9千萬원中 16억 4千萬원을 徵收措置했다고 밝힘 ·政府, NGO 擔當大使에 정찬용氏, 國際親善大使에 이동건氏를 任命 30(水) ·統計廳, 922雙中 1雙이 國際結婚이란 내용의 '2004年 婚姻·離婚 統計'를 발표 ·北韓·이란 蹴球팀, 平壤에서 2006 獨逸 월드컵 B組 豫選 3次戰을 가짐. 北韓 3敗로 觀衆 亂動 일어 物議가 생김 31(木) ·韓國 野球 100周年 紀念式을 거행함

月	日	陰	本人 및 家族事項	社會一般事項
4	1(金)	2.23	·建國大學에 가서 研究室을 整理하다. ·平澤市에 가서 市長·國會議員 등을 만나고 統長·里長 세미나에서 特講을 하다. ·上京하여 李興壽 辯護士 초청으로 鄭龍鎬·金玉鉉 親舊들과 같이 저녁食事를 하다.	1(金) ·建交部, 全國 單獨·多世帶·聯立住宅 價格 公開
	2(土)	2.24	·朴丙柱·趙正濟氏를 태우고 淸原에 가서 咸秉德 부지사 및 황희연·박창호·이인원 敎授 등과 골프를 치다. ·저녁食事를 하고 상경하다.	2(土) ·敎皇 요한 바오로 2世, 84歲로 善終함 ·열린우리黨 全黨大會, 黨議長에 文喜相 議員을 선출 ·이탈리아 出身의 有名 디자이너 조르지오 아루마니(71歲), 韓國을 처음 訪問 ·2005年 프로野球 開幕
	3(日)	2.25	·妻와 長女 및 外孫子女들을 한車에 태우고 大邱에 가다. ·査頓 問病을 하고 상경하다.	3(日) ·延世大 정인권·이태호 敎授팀, '癌細胞를 늙게해 죽게하는 새 老化遺傳子 'MKRNI'를 발견'했다고 밝힘
	4(月)	2.26	·一山 韓自硏에 가서 일을 보다. ·金玉鉉 親舊가 와서 같이 점심을 하다. ·曺武成 前總長 및 光云學園 理事들과 저녁식사를 하며 협의하다.	4(月) ·建交部長官에 秋秉直氏가 任命됨 ·LG電子와 日本마쓰시타電氣産業, 플라스마 디스플레이 패널(PDP) 特許紛爭을 최종 타결함
	5(火)	2.27	·植木日을 맞아 마당 테이블에서 原稿를 쓰고 講義案을 준비하다. ·妻와 百貨店에 가서 구두와 잠바를 사가지고 오다.	5(火) ·江原 襄陽·高城 地域, 大型 산불로 災難事態가 선포됨 ·日本 文部科學省, '獨島는 日本 땅'이라고 기술한 日本 歷史敎科書를 檢定 통과시킴
	6(水)	2.28	·上溪洞 地發硏에 가서 일을 보다. ·長男 運轉으로 妻와 같이 尙州 妻弟宅에 가다. ·尙州大學校 産業大學院에서 特講을 하다. ·總長·大學院長·敎務處長과 저녁食事를 하고 妻弟宅에 投宿하다. ·車에 問題가 생겨 수리하다.	6(水) ·檢察, 盧泰愚 前大統領의 秘資金 11억 9,900만원을 발견하여 추가 추징함 ·議政府 地法, 選擧法違反 嫌疑의 柳時敏 열린우리黨 議員에게 罰金 50萬원을 宣告 ·이라크, 새 過渡政府 構成을 마무리함
	7(木)	2.29	·忠北 報恩郡廳에 가서 朴昇治 副院長을 만나 朴鍾起 郡守를 예방하다. ·郡民自治大學 開講式에서 祝辭를 하다. ·上京하여 長男·子婦와 같이 外食을 하다.	
	8(金)	2.30	·建國大學에 가서 作業을 하고 不動産大學院 院長 및 行政室 職員들에게 午餐을 대접하다. ·高永天 會長 長男인 高敎授의 來訪을 받다. ·光云學園 理事會에 참석하다.	8(金) ·法務部, 死刑廢止 代案으로 對象犯罪 縮小案을 검토한다고 밝힘 ·서울高法, 盧武鉉 大統領 査頓 閔경찬氏에 懲役 2年 6月을 宣告 ·國産 小型 航空機 '반디號', 처음으로 수출함
	9(土)	3.1	·李鳳學 前大田市長과 午餐을 하면서 長男結婚 主禮件을 협의하다.	9(土) ·檢察, 不法罷業을 주도한 金永吉 全國公務員勞組 委員長을 구속 ·찰스 英國 王世子, 56歲로 51歲의 커밀라 파커볼스와 結婚함 ·中國 北京 등지에서 大規模 反日 示威가 일어남
	10(日)	3.2	·沐浴을 하고 妻와 같이 高永天 會長의 妻男子女 結婚式에 참석하다.	10(日) ·盧大統領, 獨逸과 터키를 訪問하기 위해 出國 ·韓國銀行, 1分期中 僞造紙幣가 2,508枚 발견됐다고 발표
	11(月)	3.3	·次女가 美國을 출발했다는 연락을 兪서방으로부터 받고 氣分이 좋지 않았다. ·一山 韓自硏에서 隨想集을 編輯하다. ·서울大 環境大學院 同窓會 總會에 참석하여 郭決鎬·金槿泰 長官을 만나다. ·귀가하여 美國에서 도착한 次女를 만나다.	11(月) ·檢·警 搜査權 調整에 관한 公聽會가 열림. ·北韓 最高人民會議 11期 3次會議가 개최됨 ·부시 美國 大統領, 텍사스州 크로퍼드牧場에서 아리엘 샤론 이스라엘 總理와 頂上會談을 가짐
	12(火)	3.4	·學校에서 講義를 하고 記錄整理를 하다. ·五人幇 모임에 참석하고 費用을 부담하다.	12(火) ·監査院, 鐵道公社의 러시아 油田開發事業 投資 疑惑事件에 대한 中間 監査結果를 발표
	13(水)	3.5	·上溪洞 地發硏에 가서 일하다. ·禹哉永 會長과 自動車 交替件을 협의하다. ·向志會 모임에 나가다.	13(水) ·首都分割反對 國民運動本部, 出帆式을 가짐 ·백성희 서울大 敎授팀, 癌轉移 막는 遺傳子 'KAI1'를 世界에서 첫 發見했다고 밝힘
	14(木)	3.6	·洞事務所에 가서 自宅公示價를 공람하고 11億7千萬원임을 확인하다. ·盆唐 土地公社에 가서 金社長·柳根昌 會長 多數 來賓들과 같이 土地博物館 開館 테이프를 끊고 관람하다.	

月	日	陰	本人 및 家族事項	社會一般事項
4			· 金惠源 親舊 초청으로 金壽鶴·金玉鉉氏와 같이 저녁을 하다.	· 世界跆拳道聯盟(WTF) 總裁에 조정원 現總裁가 당선됨
	15(金)	3.7	· 建國大學에 가서 일을 하다. · 黃時旭 會長님 및 禹哉永 會長이 재떨이 세트를 膳物하다. · 모두에게 午餐을 대접하다. · 理事長·總長 등 7名 人士에게 記錄集을 전달하다. · 不動産學科 敎授들을 초청하여 저녁대접을 하다.	· 서울市, '2004 서울 서베이' 結果를 발표(幸福指數 6.4點) 14(木) · U.N. 人權委員會, 스위스 제네바에서 會議를 열어 北韓 人權狀況 決議案을 통과시킴 15(金) · 프랑스 '파리 오페라 호텔'에 火災 발생, 최소 20名이 死亡함
	16(土)	3.8	· 沐浴을 하다. · 尹惠淳 親舊 令息 結婚式에 참석하고 親舊들과 歡談하다. · 63빌딩에 가서 李鳳學 前市長 令息 結婚式의 主禮를 보다. · 벚꽃祝祭로 車가 밀려 어렵게 벗어나 좀 늦게 柳常悅 前次官을 만나서 여러 이야기를 나누다.	18(月) · 朴昇 韓國銀行 總裁, 새 銀行券 發行計劃을 확정 발표 19(火) · 第265代 가톨릭 敎皇에 요제프 라칭거 樞機卿(78歲, 獨逸)이 선출됨 · SBS, 뉴스 追跡 '나는 DJ의 딸입니다' 報道로 論難이 일음
	17(日)	3.9	· 金壽鶴 會長 부탁으로 박정희 大統領 紀念事業會의 對國民 聲明書를 작성하다.	20(水) · 朴홍수 農林部長官, 國會에서 '쌀開放 裏面合意'를 인정
	18(月)	3.10	· 一山 韓自硏에 가서 일을 하다. · 黃時旭 會長 등과 環境部에 가서 郭決鎬長官을 만나 골프場件을 부탁하다. · 黃會長 등 多數人과 저녁食事를 하며 歡談하다.	· 서울 어린이 大公園의 코끼리떼가 脫出, 市民이 대피하는 소동 발생 · 에콰도르 루시오 구티에레스 大統領, 축출됨
	19(火)	3.11	· 學校에 가서 講義를 하다. · 姜汶奎 理事長 및 朴烘植 總長과 저녁食事를 하며 光云學園 理事會件을 협의하다.	21(木) · 政府·與黨, '出産 女性에 대한 賃金 및 休暇費支給 改正案'을 확정 · 慶南 金海 住民들, '新港灣 鐵道路線의 國庫損失'에 대해 盧大統領을 고발함
	20(水)	3.12	· MBC 라디오와 行政區域 改編에 대해 電話對談하다. · 地發硏에 가서 일을 보다. · 曺光云 光云大學 設立者 25周忌 行事에 참석하고 오찬을 같이하다. · 好凡會 모임에 참석하다. · 항상 늦게 참석하는 金壽鶴 會員에게 화를 내다.	· 印度 列車事故로 최소 254名이 死亡함 22(金) · 第1次 아시아·아프리카 頂上會議, 인도네시아 자카르타에서 개최됨 · 日本 議員 80名, 東京의 靖國神社를 참배 23(土) · 크리스토퍼 힐 美國 國務部 亞太擔當 次官補, 韓國을 訪問함
	21(木)	3.13	· 建交部 中都委 第1分科委員會 會議를 주재하다. · 光云學園으로부터 大法院 判決로 理事職에서 解任됐다는 연락을 받다. · 同心會 모임에 나가다.	· 김종복·송희정 커플, 史上 첫 獨島 結婚式 거행 24(日) · 金大中 前大統領, 美國 아시아財團 招請으로 訪美
	22(金)	3.14	· 建國大學을 거쳐 一山에 가다. · 徐相錄선생, 朴昇治 副院長, 一山區 과장등과 午餐을 하다. · 一山區民自治大學 開講式에서 祝辭를 하다.	· 시리아軍, 駐屯 29年만에 레바논에서 완전 철수 25(月) · 建交部, 4·25 再建築對策을 발표
	23(土)	3.15	· 沐浴을 하고 庭園에서 記錄整理를 하다. · 妻와 같이 長女家族을 초청하여 外食을 하다.	· 畵家 李仲燮 遺作을 둘러싼 眞僞攻防이 加熱됨
	24(日)	3.16	· 書齋를 청소하고 庭園에서 記錄을 整理하다.	· 日本 효고縣 아마가사키市에서 列車事故 발생, 107名 死亡
	25(月)	3.17	· 上溪洞 地發硏에 가다. · 禹哉永·高永天·李永哲·金奎馥氏와 저녁을 하다.	· 新任 駐韓 러시아 大使에 글레브 이바셴초프 러시아 外務部 亞洲 2局長이 任命됨
	26(火)	3.18	· 學校에서 講義를 하다. · 曉星建設 宋社長 초청으로 張常務 및 知人들과 저녁을 하며 歡談하다.	26(火) · 서울高法, 不法政治資金 20억원 授受嫌疑로 金賢哲氏에게 懲役 1年 執行猶豫 2年을 宣告함
	27(水)	3.19	· 一山 韓自硏에 가서 隨想集을 編輯하다. · 金哲 社長 동생의 開業式에 참석하다. · 建國大學에서 特講을 하다.	· 컴퓨터業體인 현주컴퓨터 最終 不渡를 냄 · 著作權審議調整委員會 산하에 著作權保護센터를 개소함
	28(木)	3.20	· 建交部 中央都市計劃委員會 本會議에 참석하다.	

月	日	陰	本人 및 家族事項	社會 一般 事項
4			·崔秉瑄 委員長과 協議를 하고 金源 委員長과 日程을 논의하다. ·金八龍氏 초청으로 卞鐸·李世茂·鄭부회장 등과 저녁을 하다.	·盧大統領, 青瓦臺 革新管理首席에 李용섭 前 國稅廳長을 任命 ·全國 日本腦炎 注意報 발령됨 ·렌잔 臺灣 國民黨主席, 中國을 訪問
	29(金)	3.21	·建國大學에 가서 일을 處理하다. ·申重大 安養市長 초청으로 金源 教授등과 午餐을 하며 都市計劃件을 논의하다. ·집의 마당에 호미로 구덩이를 파서 丹楓나무를 옮겨 심다. ·朴明和 會長 초청 晩餐에 禹哉永·金玉鉉 會長과 함께 참석하다. ·갑자기 등이 아프고 식은땀이 나고 손발이 차지기 시작하여 藥을 먹고 손발을 바늘로 땄으나 效果가 없어 귀가하다. ·등의 아픔을 견딜 수 없어 119 앰블런스를 불러 順天鄕病院의 應急室로 가다. ·應急處置를 하고 子女들이 몰려오다. ·明日 Saipan·Tinian 訪問 出國이 불가함을 통고케 하다.	27(水) ·政府, '賃貸住宅政策 改編方案'을 확정발표 ·浦項工大, 새 學校 名稱을 '포스텍(POSTECH)'으로 하기로 했다고 밝힘 28(木) ·親日反民族行爲眞狀糾明委員會의 장만길 委員長 및 11名 委員이 任命됨 ·江原 襄陽에 大型 산불이 발생하여 집 14채가 전소하고 2,400여명이 긴급 대피함 ·第5回 서울 모터쇼가 開幕됨 29(金) ·建設交通部, 單獨·多世帶住宅 등 586萬家口의 집값을 처음 公示함 ·大法院, 大宇그룹 扮飾會計事件에 연루된 前·現職 任員 7名에게 23兆 358億원의 追徵金을 부과 ·부시 美國 大統領, 金正日 北韓 國防委員長을 '暴君(tyrant)'이라고 지칭 ·이라크 바그다드 內外에 17件의 爆彈테러 발생, 최소 50名이 死亡
	30(土)	3.22	·새벽에 등 痛症이 사라져서 조금 잠을 자다. ·CT(컴퓨터 斷層)撮影을 한 結果를 보고 서울大學病院으로 옮겨가기로 결정하다. ·서울大學病院 應急室로 이송되어 今日 出國하는 好凡會員 등의 問病을 받다. ·重患者室로 들어가 본격적인 治療에 들어가다. ·病名이 '大動脈 破裂'로 판명되고 血壓의 安定이 절대적이라고 경고하다. ·待機室에서 載國 妻男이 잠을 자다. ·Saipan·Tinian이 무척 아쉬웠다.	30(土) ·4·30 國會議員 再補闕選擧 실시, 京畿城南 中原, 京畿 抱川·漣川, 忠南 牙山, 慶北 永川, 慶南 金海甲 등 5곳에서 한나라黨이 승리하고, 忠南 公州·燕岐에서 無所屬이 승리함 ·大法院, '굿모닝시티'의 尹창열氏에게 懲役 10年을 확정한다고 밝힘
5	1(日)	3.23	·종일 重患者室에서 檢査를 받으며 누워있다. ·妻·次女가 訪問時間에 들어와 잠시 같이 있다. ·長男이 待機室에서 投宿하다.	1(日) ·山嶽人 박영석氏 北極에 도달하여 世界 첫 '山嶽 그랜드슬램'을 달성 ·衛星 DMB(移動 멀티미디어 衛星放送) 時代가 본격 開幕됨
	2(月)	3.24	·밀폐된 重患者室에 종일 무료하게 누워 있자니 무척 고통스러움을 느끼다. ·妻가 밖에서 밤을 세우다.	2(月) ·서울中央地檢 平檢事 100餘名, 司改推委의 刑事訴訟法 改正案 推進方式에 대한 反撥決意文을 발표 ·教育人的資源部 '教員計劃制度 改善方案'을 발표 ·鄭大哲 前議員, 狹心症 악화로 3個月間 刑執行停止로 석방됨 ·國稅廳, 共同住宅 658萬 8千家口의 基準時價를 홈페이지에 公示 ·李健熙 三星그룹 會長, 高麗大에서 名譽哲學博士學位를 받다가 學生들 示威로 파행됨 ·核擴散禁止條約(NPT) 再評價會議, 뉴욕에서 개최됨
	3(火)	3.25	·一般室로 옮겨가기를 간청하면서 지루한 時間을 보내다. ·次女가 밖에서 지켜주다.	3(火) ·警察廳, '컴퓨터 그래픽 國家資格試驗 때 携帶電話에 의한 不正行爲者 22名을 不拘束立件'했다고 밝힘
	4(水)	3.26	·종일 病室 移動을 고대하며 지내다. ·오후 7時에 重患者室에서 胸廓外科 74病棟 7418號室로 옮겨지다. ·2人 1室의 房인데 마침 患者가 없어 혼자 쓰게 되어 살 것같은 느낌을 갖다. ·載國 妻男과 매우 편안한 밤을 보내다.	
	5(木)	3.27	·病室에서 駱山의 숲을 보면서 기분좋게 쉬다. ·'어린이 날'이어서 外孫子女와 電話로 祝賀하다. ·長男에게 연락하여 取消할 日程 및 相對方을 일러주다. ·妻가 와서 病室에서 神經質을 내고 가다. ·많이 好轉되어 주사기를 빼다. ·次女가 같이 자다.	

2005

月	日	陰	本人 및 家族事項	社會 一般事項
5	6(金)	3.28	· 비가 내리다. · 次女의 案內로 휠체어를 타고 1층까지 다녀오다. · 妻와 長女가 다녀가다. · 長男이 함께 자다.	4(水) · 政府, '5.4 不動産對策'을 발표 · 유효일 國防部次官, 5·18 光州民主化運動 당시 鎭壓軍의 大隊長이었다는 經歷이 論難을 일으켜 辭意를 표함
	7(土)	3.29	· 밖의 날씨가 화창하다. · 特診醫師 安赫 教授가 다녀가다. · 長女와 外孫子女가 다녀가다. · 朴禹鎭 院長 夫婦가 問病오다. · 體重이 66.7kg으로 정상화되다. · 밤에 血壓이 높아져 걱정하다. · 妻가 投宿하다.	· 光州 동성高, 第39回 大統領杯 全國高校野球大會에서 우승함 · 이라크 아르빌에 自殺爆彈테러가 발생하여 최소한 60名이 死亡함 5(木) · 서울 汝矣島에서 朴正熙 大統領 때 만든 180餘坪 規模의 地下벙커가 발견됨 · 英國 總選 실시, 勞動黨이 連續 執權
	8(日)	4.1	· 구름이 많이 끼다. · 長男夫婦와 次女가 오다. · 血壓이 安定되지 않아 걱정하다. · 옆에 새 患者가 처음 入室하여 좀 不便하다. · 次女와 같이 자다.	· 臺灣 第2野黨 親民黨 쑹추위 主席, 中國을 訪問 6(金) · 政府, 土地市場 安定對策 발표 · 國防部, 大統領 專用헬기로 美國 시코르스키社의 S-92를 最終 선정했다고 밝힘
	9(月)	4.2	· 아침 食事를 먹지 않고 CT撮影을 하다. · 妻가 낮에 다녀가다. · 載國 妻男과 같이 자다.	· 서울中央地法, 2002年 民主黨 大統領候補 競選때 企業體에서 不法資金을 받은 嫌疑로 韓和甲氏에게 懲役 1年에 執行猶豫 2年과 追徵金 10億 5千萬원을 宣告
	10(火)	4.3	· CT撮影 結果가 걱정되다. · 모든 것이 正常化되어 退院하라는 연락을 받다. · 어쩐지 시원섭섭하다는 생각이 들다. · 手續을 마치고 發病 11泊 12日, 서울大學病院 10泊 11日, 一般病棟 6泊 7日의 入院 病歷을 마치고 退院하다. · 妻 및 子女들과 밖에서 점심을 하고 귀가하다. · 감개무량한 心境으로 짐整理를 하고 覺悟를 다지다.	7(土) · 高校 1學年 400餘名, 서울 光化門에서 內申爲主 大入制度를 반대하는 촛불集會를 가짐 · 새千年 民主黨, 黨名을 '民主黨'으로 변경 8(日) · 盧大統領, 러시아와 우즈베키스탄을 訪問하기 위해 出國함 · 檢察, 清溪川事業과 관련하여 2億원을 受賂한 嫌疑로 梁鈗在 서울市 行政第2副市長을 구속
	11(水)	4.4	· 自宅에서 쉬면서 記錄整理를 하다. · 禹哉永·李永哲·金奎馥 氏가 問病次 다녀가다. · 崔相哲 教授가 電話하여 당황한 音聲으로 問病하다.	10(火) · 政府, 新聞法·言論仲裁法 施行令案을 발표
	12(木)	4.5	· 自宅에서 많은 사람들에게 인사電話를 하다. · 누님夫婦와 동생이 問病次 다녀가다. · 저녁에 國技院 주변을 散策하다. · 金源·尹成吉氏의 問安電話를 받다.	· 檢察, 清溪川 관련 14億 授受嫌疑로 김일주氏를 구속 · 中南美 및 아랍 頂上會談, 브라질 首都 브라질리아에서 開幕됨
	13(金)	4.6	· 趙正濟 博士의 問安電話를 받다. · 妻 및 崔技士와 長女宅에 가서 김밥을 받아서 나들이를 가다. · 서울大學病院·梨花洞 옛집·梨花莊을 거쳐 駱山公園에 가서 점심 도시락을 먹다. · 昌信洞 및 祭基洞 옛집터를 둘러보고 寫眞을 찍다. · 고단한 몸으로 귀가하다.	11(水) · 北韓 外務省, '寧邊 原子力發展所에서 核燃料棒 8,000個를 꺼내는 作業을 完了했다'고 발표 · 檢察, '油田事業' 主導 嫌疑로 金世浩 前 建交部 次官을 구속 · 行復都市建設推進委員會, 燕岐·公州 行政都市 豫定地를 확정
	14(土)	4.7	· 沐浴을 하다. · 집에서 자는 동안 文廷鎬 博士 夫婦가 다녀가다. · 妻·長男·次女와 板橋 코오롱 빌라 모델 하우스 등을 둘러보다. · 長女家族과 合流하여 저녁을 같이하다. · 밤에 쫓기는 꿈을 꾸다.	· 碧超 洪明熹(1888-1968) 大河小說『林巨正』, 北韓과 著作權을 契約 · 第58回 칸 映畵祭 開幕 13(金) · 政府, '5·15 釋迦誕辰日 特別赦免案' 의결 · 大法院, 親日派 宋秉畯 後孫의 '땅 訴訟' 敗訴를 확정한다고 밝힘
	15(日)	4.8	· 家族 및 子女들과 清潭公園에 가서 김밥으로 점심을 먹다. · 奉恩寺에 가서 佛誕日 紀念禮佛을 드리다. · 밖에서 저녁을 먹고 귀가하다. · 蘇鎭光 教授가 다녀가다. · 고단함을 느끼다.	· 朴光太 光州市長·金弘業氏, 大法院에서 無罪 확정 15(日) · 京畿 華城市 海上에서 레저용 보트가 沈沒하여 家族 7名이 死亡

月	日	陰	本人 및 家族事項	社會一般事項
5	16(月)	4.9	· 妻가 神經質을 내어 血壓이 다시 오르다. · 18日만에 처음으로 밖에 나가 一山 韓自硏에 가다. · 일찍 귀가하여 血壓을 재어보고 걱정하다.	16(月) · 南北韓 次官級會談, 開城 子男山 旅館에서 개최 · 韓國 男子柔道, 2005年 아시아 柔道選手權大會에서 綜合優勝 차지
	17(火)	4.10	· 學校에 가서 처음으로 앉아서 講義하다. · 食事를 많이 하지 못하다. · 崔相哲 敎授가 와서 자기가 겪은 血壓病을 이야기하다.	17(火) · 政府, U.N.·獨逸·베트남·핀란드·라오스 駐在 大使를 任命 · 蔚山에서 民主勞總 勞動者大會後 暴力示威로 戰警·勞動者 70餘名이 부상당함
	18(水)	4.11	· 上溪洞 地發硏에 가다. · 점심후 記錄整理를 하고 귀가하다.	18(水) · 서울市, 松坡區 文井洞에 '法曹團地' 造成을 可決함
	19(木)	4.12	· 妻와 같이 르네상스 호텔 洋服店에 가서 膳物받은 票로 洋服 2벌을 맞추다. · 牛眠洞에 가서 散策을 하고 저녁을 사먹은 뒤 귀가하다.	· 警察, 蔚山 建設플랜트勞組의 精油塔 占據籠城을 18日만에 진압 · 北韓 旅客·貨物船 萬景峰號, 5個月만에 日本 니가타港에 入港
	20(金)	4.13	· 午後에 建國大學에 가서 일을 하다. · 同心會 모임에 나가 사이판 旅行談을 듣다.	· 이란·이라크, 永久 平和條約에 합의
	21(土)	4.14	· 沐浴을 하고 집에 온 外孫女를 데리고 驛三公園을 散策하다. · 長女와 外孫女가 食事 후 돌아가다.	19(木) · 科學專門誌「사이언스」 인터넷版, 黃禹錫 敎授의 胚芽줄기細胞 培養이 世界에서 첫 成功이라고 발표
	22(日)	4.15	· 혼자 驛三公園을 散策하다. · 自宅에서 資料를 整理하다. · 妻가 또 화를 내며 소리치다.	· 서울 디지털 포럼-世界 情報技術頂上會議, 盧大統領과 앨 고어 前 美國 副統領의 참석하에 開幕
	23(月)	4.16	· 一山 韓自硏에 출근하다. · 職員들로부터 오랜만에 점심을 대접받다. · 隨想集 編輯을 마치다. · 귀가하여 쉬다.	· 第38回 國際技能 올림픽, 핀란드 헬싱키에서 開幕 20(金) · 法務部, 大選資金과 연루된 金영일·徐정우氏를 30日 假釋放한다고 밝힘
	24(火)	4.17	· 學校에 가서 講義를 하고 記錄整理를 하다. · 黃時旭 會長 등과 저녁을 하며 消息을 교환하다.	· 現代自動車, 美國 앨라베마工場을 준공함 · 靑瓦臺 敎育文化秘書官에 김진경氏를 내정함
	25(水)	4.18	· 上溪洞 地發硏에 가다. · 프레스센터에서 개최된 '臨時行政首都 白紙計劃은 살아있다'는 책자의 出版紀念會에 참석하여 많은 분들을 만나다. · 好凡會 모임에 나가다.	· 金雲龍氏, 國際올림픽委員會(IOC) 副委員長職을 辭任함 · 서울高法, 現代에서 3,000萬원 받은 嫌疑의 朴주선氏에게 無罪를 宣告
	26(木)	4.19	· 李海瓚 總理가 주최한 行政中心複合都市建設諮問委員會 會議에 委員으로 참석하다. · 崔秉瑄 委員長·姜溶植 委員長·張明洙 總長 등과 午餐을 같이하다. · 建交部에 가서 第1分科會議를 주재하고 本會議에 참석하다. · 安養市 都市計劃件을 조정하려 했으나 投票結果 市의 不利로 결정되어 마음이 편치 않다. · 崔秉瑄 委員長 초청으로 李浩哲·權源庸등 前任委員등과 저녁食事를 하고 感謝牌를 받다.	· 韓國, 第6回 코리아 國際洋弓大會에서 綜合優勝 차지 21(土) · 江原道에서 中國人 태운 觀光버스가 전복하여 18名이 重輕傷을 입음 · 파크랜드컵 2005 釜山 國際靑少年蹴球大會 開幕, 韓國이 準優勝 차지 22(日) · 北韓 貨物船 白頭山號, 肥料 輸送 위해 21년만에 南韓에 入港함 · 第54回 國際言論人協會(IPI) 總會, 케냐 나이로비에서 開幕
	27(金)	4.20	· 自動車로 全州에 가서 李榮玉 道企劃管理室長 초청으로 張明洙 總長등과 午餐을 하다. · 韓國自治行政學會 주최의 새만금事業 세미나에서 司會를 보다. · 全州에서 4個의 高速道路를 거쳐 龍坪에 가다. · 柳常悅 前次官등과 만나 歡談을 하고 Dragon Valley Hotel에 投宿하다.	23(月) · 朴槿惠 한나라黨 代表, 中國을 訪問함 24(火) · 第6次 政府革新 世界포럼, 서울 COEX에서 開幕 · 數百億帶 舊券貨幣 사기를 한 張英子氏(61세), 懲役 3年을 宣告 받음 · 無所屬 崔仁基 議員, 民主黨 入黨을 선언 · 새 國籍法이 發效됨
	28(土)	4.21	· 韓國디벨로퍼協會 주최의 골프運動에 나가 鄭春寶 會長등과 골프를 치다. · 9홀을 친뒤 疲勞를 느껴 혼자 나와 沐浴을 하고 쉬다. · 同協會에서 演說을 하고 午餐을 한뒤 상경하다.	25(水) · 建交部·國家均衡發展委員會, 地方移轉 公共機關 177個를 확정 발표 · 檢察, 福祉 센터 建立時 2億원 리베이트를 받은 혐의로 李남순 前 韓國勞總委員

月	日	陰	本人 및 家族事項	社會一般事項
5	29(日) 30(月) 31(火)	4.22 4.23 4.24	·散策을 하고 自宅에서 記錄을 整理하다. ·妻와 次女, 一山에 다녀오다. ·一山 韓自硏에 가서 業務를 보다. ·隨想集 編輯原稿를 朴昇治 부원장에게 전하다. ·學校에 가서 講義하다. ·住宅公社 前 仁川 李部長이 내방하여 함께 점심을 하며 歡談하다. ·洋服店에서 假縫을 하다. ·鄭會長 초청 모임에 나가 卞鐸·李世茂·金八龍氏등과 저녁을 하며 歡談하다.	長을 구속 26(木) ·國情院, 金炯旭 失踪事件의 中間調査結果를 발표 ·統計廳, '2004年 生活時間 調査結果'를 발표 ·憲法裁判所, '檢察調査 證據認定은 合憲'이라는 결정을 내림 ·英國의 리버풀, 이탈리아의 AC 밀란을 꺾고 21年만에 유럽蹴球聯盟(UEFA)에서 우승함 27(金) ·國防部, 過去事眞相糾明委員會를 공식 출범시킴 29(日) ·韓總聯 2,500餘名, 서울驛앞 廣場과 龍山 美8軍 軍司令部에서 大規模 反美集會를 가짐 ·프랑스, 유럽聯合(EU) 憲法을 贊反國民投票에서 否決시킴 30(月) ·第58次 世界新聞人協會(WAN) 總會 및 第12回 世界 編輯人(WEF) 포럼, 서울에서 開幕됨 ·이라크 힐라市에서 自爆테러 발생, 27名 死亡 118名 負傷 31(火) ·'親日反民族行爲眞相糾明委員會', 공식 출범함
6	1(水) 2(木) 3(金) 4(土) 5(日) 6(月) 7(火) 8(水)	4.25 4.26 4.27 4.28 4.29 4.30 5.1 5.2	·沐浴을 하고 公園散策을 하다. ·妻가 러시아産 개 '캡틴'을 妻男을 통해 시골 農場으로 보내어 조금 섭섭하다. ·혼자 KTX로 大邱를 거쳐 慶山市에 가다. ·崔炳國 市長 및 議長 등과 人事를 하고 市民自治大學 開講式에서 祝辭를 하다. ·KTX를 타고 혼자 귀경하다. ·長男과 같이 서울大學病院에 가서 세가지 檢査를 받다. ·上溪洞에 가서 朴永根 社長 초청으로 禹會長 등과 점심을 같이하다. ·建國大學에 가서 趙周鉉 院長과 환담하고 記錄을 정리하다. ·洪誠杓 社長 초청으로 崔秉瑄·李廷植 教授와 加平 크리스탈 밸리 골프場에서 18홀 完走 골프를 치다. ·外孫子女 둘을 데리고 教保文庫에 가서 冊을 사주다. ·顯忠日을 맞아 半旗를 게양하다. ·自宅에서 記錄을 整理하가. ·妻와 向後 支出經費를 상의하고 걱정을 하다. ·學校에 가서 終講을 하다. ·長男과 서울大學病院 胸廓外科에 가서 安赫 教授로부터 診斷을 받고 3個月후에 다시 오라는 이야기를 듣고 극히 安心하다. ·上溪洞 地發硏에 가다. ·尹相在 會長 등과 점심을 하며 여러 付託을 받다.	1(水) ·韓·日 警備艇 13隻, 蔚山 간절곶 南東쪽 13마일 海上서 對峙 ·盧大統領, 財經部次官에 朴명원, 關稅廳長에 成윤갑 現次長을 任命 ·2006學年度 修能模擬評價 實施 ·淸溪川 試驗 通水式 거행 ·아프가니스탄 칸다하르 이슬람寺院에서 自殺爆彈 테러 發生, 最少 20名 死亡하고 52名 負傷 당함 2(木) ·檢察, 鐵道廳의 러시아 油田開發事業의 疑惑事件 中間搜査結果를 발표 ·國會 豫算政策處長에 배철호氏가 任命됨 3(金) ·2005 서울國際圖書展이 COEX에서 開幕됨 ·2006 獨逸 월드컵의 아시아 最終豫選 A組 4次戰인 韓國·우즈베키스탄 競技, 타슈켄트에서 개최되어 1:1의 無勝負를 이룸 4(土) ·韓國 天主教 主教會議, '黃禹錫 教授의 胚芽줄기細胞 硏究에 대한 反對 立場'을 발표 ·홍콩 5萬餘 市民, 天安門 事態 16周年 맞아 民主化 촛불示威를 함 5(日) ·朴찬호, 美國 메이저리그(ML) 100勝을 달성 6(月) ·양희원(19歲)양, 第12回 밴클라이번 國際 피아노 콩쿠르에서 韓國人으론 처음 銀메달을 수상

月	日	陰	本人 및 家族事項	社會一般事項
6	9(木)	5.3	·一山 韓自硏에 가다. ·白石敎會에 가서 白石老人大學에서 特講을 하다. ·池은재 牧師 및 朴昇治 副院長과 午餐을 같이 하다. ·硏究院에 가서 明日 세미나 行事件을 점검·지시하다.	7(火) ·이라크 자이툰 部隊 交代兵力 720名의 歡送式 거행 ·建交部, '不渡 公共賃貸아파트措置方案'을 발표 ·서울 南部地法, '主婦는 家庭經營도 擔當, 日當 6萬 5,734원'을 決定
	10(金)	5.4	·서울市廳 뒤에서 뒷車의 잘못으로 追突事故를 당하다. ·비가 많이 내려 今日 行事가 우려되다. ·食堂 '故鄕'에서 韓自硏 理事會를 개최하고 午餐을 같이 하다. ·世宗文化會館에서 개최된 韓自硏의 民選自治 10周年 紀念 세미나를 주재하고 開會辭 및 閉會人事를 하다. ·李垛益 蔚山 南區廳長등 來賓多數와 晩餐을 같이 하다. ·걱정하던 行事가 원만히 끝나서 安心하다.	·부시 美國 大統領, 블레어 英國 總理와 白堊館에서 頂上會談을 가짐 8(水) ·京畿 盆唐·龍仁과 서울 江南 등의 집값이 폭등 ·警察, 京畿 烏山市 宅地開發地區 撤去民의 籠城을 54日만에 강제 진압함 ·北韓, 2006 獨逸 월드컵 아시아 最終豫選 日本과의 競技에서 0:2로 패하여 本選進出이 좌절됨 9(木) ·盧大統領, 實務訪問次 美國으로 出國 ·韓國, 쿠웨이트를 4:0으로 이김으로써 2006 월드컵 本選進出이 확정됨
	11(土)	5.5	·自宅의 지붕 修理를 시작하다. ·理髮·沐浴을 하다. ·新聞을 사서 散策을 하다. ·長女家族과 妻 및 次女 함께 저녁食事를 하고 오다.	·大法院, 連鎖殺人한 유영철氏의 死刑을 확정함 10(金) ·國會 쌀 協商 國政調査特委, 聽聞會 시작. ·6·15 南北共同宣言 5周年 紀念 國際學術會議가 개최됨
	12(日)	5.6	·公園 散策을 하다. ·自宅에서 記錄을 整理하다. ·妻·長男夫婦 및 外孫女와 淸溪山 入口 食堂에 가서 저녁食事를 하고 오다.	·서울高法, 2億원 굴비箱子事件의 安相榮 仁川市長에 대해 無罪를 宣告 14(火) ·金宇中 前 大宇그룹 會長, 귀국하여 16日에 拘束 收監됨
	13(月)	5.7	·一山 韓自硏에 가서 일을 보고 職員 모두에게 점심을 대접하다. ·洋服 두벌을 찾다. ·三道會 모임에 나가 會長으로 추대되다.	·6·15 統一大祝典, 平壤에서 개최됨 ·三星 서울病院 김종원 敎授팀, "先天性難聽과 視覺·步行 障碍와 발 奇形 등의 症狀 遺傳疾患을 世界 처음으로 發見하여 'CMTX5'라고 이름 붙였다고 밝힘
	14(火)	5.8	·李永哲 會長과 동행하여 서울市內 前居住地를 돌면서 寫眞을 촬영하다. ·上溪洞 地發硏에 가서 잠시 쉬다. ·曉星의 宋社長·張常務·禹會長·李會長과 저녁을 하며 歡談을 하고 付託을 하다.	15(水) ·이석연 辯護士 등 222名, 行政首都 特別法에 대한 憲法訴願 청구 ·자메이카의 아사파 포웰, 수퍼 그랑프리 陸上大會에서 男子 100m를 9秒 77로 주파하여 世界新記錄을 수립함
	15(水)	5.9	·學校에 가서 일을 보고 乘用車로 全州에 가다. ·全北知事를 만나 이야기를 나누고 道 全體 5級公務員들에게 行政革新에 대해 特講을 하다. ·歸京 도중 論山 鍊武臺에 가서 寫眞을 찍다.	16(木) ·監査院, 杏淡島事業에 대한 監査結果를 발표
	16(木)	5.10	·三井호텔에서 朝餐을 하며 麗水 金永現 理事와 골프場件을 協議하다. ·政府廳舍에 가서 行政都市 諮問委員會 1分科 委院長으로 張明洙 總長을 천거하다. ·安養市廳에 가서 市民自治大學 開講式에서 祝辭를 하다.	·새 國情院長에 김승규 法務長官이 내정됨 ·유럽聯合(EU) 頂上會談, 브뤼셀에서 개최됨 17(金) ·이란 大統領 選擧, 反美 强硬派인 마흐드 마흐마디네자드(49歲) 테헤란市長이 당선됨
	17(金)	5.11	·建國大學에 가서 記錄을 整理하다. ·上溪洞에 가서 점심을 하고 일 處理를 하다. ·大邱 査頓 入院件을 白病院에 부탁하다. ·同心會 모임에 참석하다. ·妻가 시골에 내려가서 長男夫婦가 같이 와 자다.	18(土) ·뚝섬의 '서울숲'이 開場됨 19(日) ·京畿 漣川 前方哨所에서 銃器亂射事件 발생, 將校 1名과 士兵 7名이 死亡 20(月) ·韓·日 頂上會談, 靑瓦臺에서 개최됨 ·第9次 世界女性學大會, 서울에서 開幕됨
	18(土)	5.12	·壻君 文丙基, 總長을 동행하여 유럽旅行을 떠나다. ·沐浴을 하고 外孫女와 놀이터 등에 다녀오다. ·次女가 外孫女를 데리고 長女집에 가다.	·188個 保守團體聯合, '自由民主非常國民會議'를 결성 ·韓國大學敎育協議會, '大學別 1學期 隨時募集銓衡計劃'을 集計 발표함
	19(日)	5.13	·自宅에 長男夫婦가 와서 같이 머물다.	

月	日	陰	本人 및 家族事項	社會一般事項
6	20(月)	5.14	·一山 韓自硏에 가다. ·隨想集 印刷件으로 印刷所 代表와 協議를 하다. ·慶南大 成太鉉 敎授·전하성 企劃室長과 저녁식사를 하며 大學敷地 擴張件을 논의하다. ·妻, 시골에서 상경하다.	·檢察, 港運勞組非理 35名을 拘束起訴했다고 밝힘 ·이라크 아르빌에서 自殺爆彈테러 발생, 20名 死亡 ·反시리아 野黨聯合, 總選에서 승리함
	21(火)	5.15	·上溪洞 地發硏에 가다. ·金永現 理事가 와서 禹會長·朴永根 社長 등과 午餐을 같이하다. ·朴永根 社長께 張翰相君 就職을 부탁하다. ·鳥嶺會 모임에 나가 저녁을 待接하다.	21(火) ·第15次 南北長官級會議, 워커힐 호텔에서 열림 ·靑少年委員會, 홈페이지 통해 8次 靑少年對象 性犯罪者의 身上을 공개 ·서울高法, 不法 政治資金 2억 5천만원을 받은 嫌疑의 李仁濟 自民聯 議員에게 無罪를 宣告 ·現代自動車, 中國에 常用車 工場을 설립 ·統計廳, '婚姻·離婚 主要特性 變動推移'를 발표
	22(水)	5.16	·朴昇治 副院長과 安山市에 가서 權斗鉉 부시장을 만나다. ·安山市 열린아카데미 開講式에서 祝辭를 하다. ·向志會 모임에 참석하다.	22(水) ·韓·日修交 40周年을 맞이함 ·韓國鐵道公社 社長에 李철, 造幣公社 社長에 李해성氏가 확정됨 ·朴춘호氏, 9年 任期의 國際海洋法裁判所 裁判官에 再選任됨 ·박지성 選手, 잉글랜드 맨체스터 유나이티드로 移籍함
	23(木)	5.17	·學校에 가서 成績을 제출하고 銀行處理를 하다. ·建交部 中都委 第1分科會議를 주재하고 午餐을 같이하다. ·中都委 本會議에 참석하다. ·송영진 社長을 잠시 만나고 귀가하다.	23(木) ·女性部, 女性家族部로 擴大改編하여 출범함 ·서울中央地法, '結婚 約束한 同居는 貞操權 侵害가 안된다'고 判決
	24(金)	5.18	·浦項을 경유하여 盈德郡에 가다. ·김병목 郡守와 점심을 같이하다. ·自治大學에서 特講을 하다. ·浦項空港에서 아는 사람을 몇분 만나고 같이 상경하다.	24(金) ·政府, '公共機關 地方移轉計劃'을 공식발표 ·西江大 總長에 孫秉斗 全經聯 常任顧問을 선출
	25(土)	5.19	·沐浴을 하고 記錄整理를 하다. ·金哲 會長 초청으로 朱龍鐸 會長과 같이 저녁식사를 하다.	25(土) ·韓國, 스페인 마드리드에서 개최된 第43回 世界洋弓選手權大會에서 男女個人戰 優勝을 함
	26(日)	5.20	·散策을 하고 敎保文庫에 다녀오다. ·妻 및 次女와 兪書房件을 協議하다. ·長壻 文丙基 博士가 유럽에서 귀국하다. ·저녁에 비가 내리다.	
	27(月)	5.21	·一山 韓自硏에 가다. ·金泉市 關係官이 와서 都市計劃을 說明하고 함께 午餐을 하다. ·隨想集 校正을 시작하다.	27(月) ·서울大, '2008學年度 入學銓衡基本方向'을 발표 ·김주연, 美國 LPGA 第60回 US 女子오픈 골프大會에서 優勝 차지
	28(火)	5.22	·天安의 國民銀行 硏修院에 가다. ·21世紀 國土포럼 主催 '均衡發展 워크숍'에서 開會辭를 하고 進行을 주재하다. ·밤에도 討論會를 갖고 餘興時間을 갖다. ·硏修院에 投宿하다.	28(火) ·盧大統領, 法務部長官에 千정배, 環境部長官에 李재용氏를 任命
	29(水)	5.23	·午前에 司會를 보고 閉會人事를 하다. ·午餐을 같이 하고 상경하다. ·好凡會 모임에 나가다.	29(水) ·洪준표議員 發議의 在外同胞法 改正案, 國會 本會議에서 否決됨 ·人權實踐市民連帶, 軍 알몸 寫眞 88枚를 公開 ·慶南·北 一帶 리히터 規模 4.0 地震에 이어 3.1地震이 잇따라 발생함
	30(木)	5.24	·行政中心複合都市建設推進委員會 主催 基本計劃 워크숍 開會式에 참석하다. ·學校에 가서 銀行 등을 整理하고 오랜만에 權泰埈·金炯國 敎授를 만나 歡談하다. ·李世茂 會長 초청으로 5名 모임에 나가다.	30(木) ·國會, 尹광웅 國防部長官의 解任建議案을 부결시킴 ·湖南高速鐵道 分岐驛評價推進委員會, 京釜와 湖南高速鐵道가 갈리는 分岐驛으로 忠北 五松驛을 最終 決定하여 발표함 ·브라질, 2005 컨페더레이션스컵大會에서 8年만에 頂上에 복귀함 ·후진타오 中國 國家主席, 러시아를 訪問하여 7月3日 귀국함

2005

月	日	陰	本人 및 家族事項	社會一般事項
7	1(金)	5.25	·上溪洞 地發硏에 출근하다. ·韓國書畵作家協會 주최의 第22回 韓國書畵藝術大展 開幕式에 가서 테이프 커팅을 하고 施賞과 祝辭의 말을 하다. ·禹哉永·李永哲 會長과 鄭社長 慈堂 問喪을 하고 金昇河氏와 合流하여 저녁식사를 한 뒤 헤어지다.	1(金) ·國稅廳, 全國 3住宅 以上 保有한 18萬 750 家口에 대해 住宅去來 稅金漏落 與否를 분석 ·SK(株), 國內企業으로는 처음 브라질 油田開發에 성공함 ·初代 經濟·人文社會硏究會 理事長(長官급)에 崔松和 敎授가 任命됨
	2(土)	5.26	·沐浴을 하고 自宅에서 記錄을 整理하다.	·美國 聯邦警察, LA에서 韓國女性 性賣買組織을 적발
	3(日)	5.27	·비가 많이 내리다. ·妻와 外孫女를 데리고 泰榮 오피스텔에 가서 事前點檢을 하다. ·敎保文庫에 가서 冊을 보고 점심을 들고 오다. ·밤에 外孫女가 가다.	2(土) ·南部地域에 集中豪雨가 내림 ·公共機關, 土曜日 全面休務가 실시됨 ·漢城航空 出帆으로 第3民間航空時代가 開幕됨
	4(月)	5.28	·一山 韓自硏에 가다. ·全職員會議에서 昇進·昇級에 따른 當付를 하다.	·2005 미스 코리아에 김주희氏가 선발됨 ·美國의 비너스 윌리엄스, 通算 세번째 윔블던 테니스의 頂上에 오름
	5(火)	5.29	·建國大學에 출근하다. ·禹哉永 會長 및 그 初等學校 同期生들과 같이 점심을 하다. ·禹哉永·李永哲 會長과 같이 抱川 一東에 가서 옛 服務部隊 地域을 寫眞撮影하고 二東 갈비, 二東 막걸리를 먹고 귀경하다.	·印度 西部 구자라트州의 暴雨로 123名이 死亡하고 25萬名이 대피했다고 보도됨 4(月) ·盧大統領의 '聯合政府' 發言으로 政治圈에 波紋이 일음 ·延世大 등 首都圈 主要私立大 7곳의 定員을 3,170名 감축함
	6(水)	6.1	·그랜드 인터컨티넨탈 호텔에 가서 韓國디벨로퍼協會의 朝餐 特講을 하다. ·上溪洞 地發硏에 가서 일을 하다. ·尹相在 會長 초청으로 禹哉永·高永天·金昇河·李永哲·金奎馥氏 등과 저녁을 하며 歡談하다.	·慶南 陜川 海印寺, 海印寺의 毘盧遮那佛像이 韓國 最古 木造佛像이라고 밝힘. ·李세돌 9段, 후지쓰杯 世界 바둑 選手權大會에서 우승함
	7(木)	6.2	·建交部 中央都市計劃委員會 本會議에 참석하다.	·美國 航空宇宙局(NASA), 人類 歷史上 첫 '彗星 衝突實驗'을 실시
	8(金)	6.3	·學校에 가서 일을 하다. ·金錫洪 長官과 午餐을 하며 歡談하고 資料를 전달하다. ·建國大學에 가서 일을 하다. ·李永哲 會長 초청으로 黃時旭·禹哉永·河升達氏 등과 저녁을 같이 하다.	5(火) ·서울中央地法, 延世大에 120億원을 기증한다는 遺言狀이 捺印이 없어 無效라고 判決 6(水) ·政府·與黨, '서울大의 2008學年度 統合敎科型 論述考査를 도입하는 本考査 復活試圖를 沮止한다'고 밝힘
	9(土)	6.4	·비가 내리다. ·理髮·沐浴을 하다. ·鄭淵壽 社長 令息 結婚式에 가서 主禮를 보다. ·妻와 점심을 들고 市場을 본 뒤 귀가하다. ·피곤하여 오래 낮잠을 자다.	·光州一高, 21年만에 黃金獅子旗 高校野球大會에서 覇權을 차지함 ·國際올림픽委員會(IOC) 總會, 싱가포르에서 개최하여 2012年 夏季올림픽 開催地로 런던을 선정함
	10(日)	6.5	·昨夜에 盧武鉉 大統領과 意見을 나누고 大統領 內外分과 노래하는 꿈을 꾸다. ·公園散策을 하고 어느 老人의 案內로 老人會館을 둘러보다. ·妻 및 長女家族과 淸溪山 아래 食堂에서 저녁을 같이 하고 하나로 마트에서 市場을 보아 귀가하다.	·G8 頂上會談, 스코틀랜드 글렌이글스에서 개최됨 ·美 中央情報局(CIA)의 秘密要員 身分누설 事件인 'Leak Gate'와 관련하여 New York Times의 주디스 밀러 記者를 法廷 구속함
	11(月)	6.6	·一山 韓自硏에 가다. ·職員 全部와 午餐을 하다.	7(木) ·檢察, '不動産投機와의 戰爭'을 선포
	12(火)	6.7	·學校에 가서 일하다. ·李興壽 辯護士 招請으로 柳穆基·金玉鉉·鄭龍鎬氏와 저녁食事를 하며 歡談하다.	·英國 런던 出勤길에 地下鐵과 버스 등 4곳에서 連鎖테러事件이 발생, 최소 52名이 死亡하고 700여名이 부상당함
	13(水)	6.8	·東洋技術開發公社 朴榮老 社長 案內로 金泉市에 가다. ·金泉市 都市基本計劃 公聽會의 司會를 보다. ·오양근 副市長 등과 저녁을 같이하고 상경하다.	8(金) ·政府, 全南 務安(産業交易型), 忠北 忠州(知識基盤型), 江原 原州(知識基盤型), 全北 茂朱(觀光레저型)등 4곳을 企業都市 示範事業地로 決定

2005

月	日	陰	本人 및 家族事項	社會一般事項
7	14(木)	6.9	·서울市 都市開發公社 職員이 來訪하여 都市計劃件에 관한 說明을 하다. ·建交部 中都委 第1分科會議를 주재하고 午餐을 하다. ·中都委 本會議에 참석하다. ·自宅에 돌아와 盧武鉉 大統領의 生日祝賀 祝電을 받다. ·蘇鎭光 敎授가 와서 生日을 祝賀하고 가다.	·第42回 大鐘賞 施賞式 거행, '말아톤'이 最優秀 作品賞 수상 10(日) ·市民·學生 7千餘名, 京畿 平澤에서 '韓半島 戰爭 反對 7·10 平和大行進'을 함 11(月) ·光州廣域市, '金大中 컨벤션센터'를 완공하여 入住 12(火) ·鄭東泳 統一部長官, 北核 廢棄땐 2008年부터 200萬kW 電力을 공급하겠다는 對北 重大提案을 발표
	15(金)	6.10	·家族들과 生日 朝餐을 함께 하다. ·建國大學에 가서 일을 하다. ·卞鐸 會長 招請의 午餐에 참석하여 卞會長 古稀紀念集 發刊件을 논의하다. ·上溪洞 地發研에 가서 일을 하다. ·同心會 모임에 참석하다.	·外交通商部, '韓·EFTA(유럽自由貿易協會)間의 FTA 締結合意'를 발표 ·海軍 大型 輸送艦 '獨島'의 進水式을 거행 ·하이닉스 半導體, 3年 9個月만에 워크아웃을 졸업
	16(土)	6.11	·妻와 같이 長男 運轉으로 仁川 松島 비치 호텔에 가다. ·妻와 같이 沿岸埠頭에 나가 구경을 하고 저녁食事를 하다. ·노래房에 가서 노래를 하고 호텔로 돌아와 投宿하다.	13(水) ·空軍 F-4E·F-5F 戰爆機 2臺, 南海와 西海에서 추락하여 操縱士 4名이 死亡 ·파키스탄에서 列車가 3重충돌하여 250여名이 死亡함 ·이라크 바그다드에서 自爆테러가 일어나 어린이 27名이 死亡함
	17(日)	6.12	·長女 및 外孫子女들이 와서 점심을 하며 本人 生日祝賀를 받다. ·遊覽船을 타고 바다를 구경하고 귀경·귀가하다.	14(木) ·韓·美·日 3國 6者會談 首席代表, 4次 6者會談 實務協議 모임을 서울서 가짐 15(金) ·日本, 新任 駐韓 日本大使에 오시마 쇼타로 外務省 査察擔當大使를 任命
	18(月)	6.13	·一山 韓自研에 가다. ·하나企劃과 隨想集 및 브로슈어를 協議하다. ·三道會 會員中 일부만 모여 저녁을 하며 歡談하다.	·이라크, 사흘간의 잇단 自爆테러로 140여名이 死亡함 16(土) ·玄靜恩 現代그룹 會長, 金正日 國防委員長을 면담
	19(火)	6.14	·學校에 가서 銀行處理를 하고 記錄을 整理하다. ·金鐘鎬 尙州大學 總長이 와서 妻 및 妻男들과 저녁을 같이하며 歡談하다.	·高宗 曾孫子로 마지막 皇世孫인 李玖氏 75歲로 서거
	20(水)	6.15	·上溪洞 地發研에 가다. ·尹相在·禹裁永·李永哲·金奎馥氏 등과 저녁을 같이 하며 협의하다.	·印度 카슈미르에서 軍과 武裝勢力間의 銃擊戰으로 25名이 死亡함 17(日) ·아시아나航空操縱士勞組, 全面罷業에 돌입 18(月) ·부시 美國 大統領, 만모한 싱 印度 總理와 白堊館에서 頂上會談 가짐
	21(木)	6.16	·昨夜에 李海瓚 總理등과 地盤工事를 하는 꿈을 꾸다. ·建國大에 가서 종일 記錄 編輯을 하다. ·楊洲市長 및 高秀永 社長과 저녁을 들다.	19(火) ·政府, 新聞法施行令改正案을 의결 20(水) ·南北 文人 200名, 平壤에서 개최된 '6·15 共同宣言 實踐을 위한 民族作家大會'에 참가
	22(金)	6.17	·敎保文庫에 가서 資料를 찾고 冊을 보다가 오다. ·매우 무더운 날씨라 自宅에서 原稿整理 하기도 힘들다.	21(木) ·舊 國家安全企劃部의 不法盜聽 테이프 'X파일'로 인해 波紋이 임
	23(土)	6.18	·公園을 散策하다. ·沐浴을 하다.	·大法院, 女性 後孫도 宗中의 會員資格이 있다고 判決
	24(日)	6.19	·長女宅에 가서 外孫子女들을 데리고 '市民의 숲'에 가서 놀다. ·牛眠初等學校까지 步行으로 가서 妻와 같이 저녁食事를 하다. ·아이들을 집에 데려다주고 귀가하다.	·韓國銀行, 새 千원, 萬원券의 圖案을 확정 22(金) ·KT, 서울-平壤 民間 直通電話 첫 開通 23(土) ·이집트 休養都市 샤름알 셰이흐에서 爆彈테러가 일어나 88名이 死亡함
	25(月)	6.20	·韓自研에 가서 일을 하다. ·記錄 整理를 하고 귀가하다.	24(日) ·檢察, 人件費등 硏究費 16억원을 빼돌린 서울大 工大 吳某 敎授를 구속했다고 밝힘 25(月) ·腐敗防止委員會, 國家淸廉委員會로 개칭함
	26(火)	6.21	·學校에 가서 作業을 하다. ·午後 한때 소나기가 내려서 시원하다. ·崔技士, 禹哉永 會長을 모셔 드리고 오다.	26(火) ·第4次 6者會談이 北京에서 開幕됨 ·美國, 宇宙往復船 '디스커버리'號 발사에 성공

月	日	陰	本人 및 家族事項	社會一般事項
7	27(水)	6.22	·妻와 같이 三星醫療院에 가서 妻의 診察을 받다. ·上溪洞에 가서 일을 하다. ·朴永根 社長 招請으로 점심을 같이하다. ·高永天 會長 담당으로 禹哉永·金昇河·李永哲·金奎馥氏 등과 會食을 하고 오랜만에 노래房에 가다.	27(水) ·濟州, '1道 2統合市' 行政改編案에 대한 첫 住民投票를 可決시킴 ·盧大統領, 11個部處의 次官級 人事를 단행 ·강정구 東國大 敎授, '6·25는 統一戰爭'이란 主張을 펴 波紋이 임
	28(木)	6.23	·建國大學에 가서 일을 하다. ·建國大에 大學發展基金 100萬원을 기증하다. ·住宅公社에서 다녀가다. ·귀가하여 外孫女를 데리고 敎保文庫에 가서 놀다가 저녁을 먹고 귀가하다. ·長女가 와서 外孫女를 데리고 가다. ·밤에 옥수수를 먹다가 義齒가 부러져서 걱정을 하다.	28(木) ·盧大統領, '한나라黨 主導 大聯政땐 大統領 權力을 移讓하겠다'는 發言을 하여 波紋이 임 ·한나라黨, 天安硏修院의 國家獻納을 최종 決定함 ·新聞法 및 言論被害救濟法 施行에 들어감 ·이남은, 韓國女子 史上 최초로 世界水泳選手權 決選에 진출
	29(金)	6.24	·새벽에 起床하여 書畵作家協會에 가다. ·32名 會員과 元通에 있는 12師團에 가다. ·林雲澤 師團長 등과 인사하고 午餐을 같이하다. ·第4땅굴과 前方哨所를 시찰하다. ·將兵들에게 道德講演을 하다. ·밖에서 食事를 하고 함께 노래를 부르다. ·李永哲 會長과 같이 上京하다.	30(土) ·南北 鐵道·道路連結實務協議會, 開城에서 第5次 會議를 가짐 ·MBC, '音樂캠프' 出演 인디밴드 '카우치' 멤버인 신모·오모氏의 性器露出 放送事故로 波紋을 일으킴, 9月 27日 法院의 執行猶豫 2年 宣告로 석방됨 ·朴찬호 野球選手, 텍사스 레인저스에서 샌디에이그 파드리스로 트레이드함
	30(土)	6.25	·自宅에서 종일 記錄整理를 하다. ·長女家族, 워커힐에 投宿하여 餘暇를 갖다. ·妻와 散策을 하다.	31(日) ·東아시아蹴球大會 開幕, 8月7日에 閉幕되어 韓國女子팀은 우승하고 韓國男子팀은 꼴찌를 함
	31(日)	6.26	·沐浴을 하다. ·집에서 整理를 하다. ·妻와 散策을 하다. ·長女家族, 귀가하다. ·밤에 가랑비가 오다.	
8	1(月)	6.27	·一山 韓自硏에 가다. ·昇進한 職員들에게 當付 訓示를 하다. ·隨想集 校正 OK를 놓고 하나企劃 代表 등에게 저녁을 대접하다.	1(月) ·京畿道 世界平和祝典 開幕. ·張정, 美 LPGA 메이저大會 브리티시 女子오픈에서 우승 ·파드 빈 압둘아지즈 사우디아라비아 國王, 84歲로 별세
	2(火)	6.28	·서울大 齒大病院에 가서 義齒를 고치다. ·上溪洞 地發硏에 가서 일을 하다. ·禹哉永·李永哲·鄭光玉氏와 저녁을 같이하다.	2(火) ·全北 西海 中心 南部地域에 集中豪雨 내림
	3(水)	6.29	·새벽에 尹相在 會長이 大邱에서 逝去하셨다는 연락을 받고 경악과 슬픔을 금치 못하다. ·中央病院에 가서 書畵作家協會 및 道德運動協議會 任員들과 會議를 하여 葬禮를 家族葬으로 하고 會長代行을 姜思賢 副會長으로 하기로 결정하다. ·問喪을 하고 귀가하다. ·人生虛無를 느끼다.	3(水) ·黃禹錫 敎授, 內外信 記者會見에서 世界 첫 수컷 複製 강아지 'Snuppy' 成功을 발표 ·國家報勳處, 8·15 光復節에 社會主義系列 獨立運動家 47名에게 勳·褒章을 주기로 확정 ·全國 땅값, 總額 2,000兆원 돌파 4(木) ·韓·싱가포르, 서울에서 自由貿易協定(FTA) 에 署名
	4(木)	6.30	·自宅에서 整理를 하다. ·弔辭를 작성하다.	5(金) ·金昇圭 國情院長, 不法盜聽 調査結果를 발표하고 對國民謝過를 함 ·大邱에서 인터넷 게임에 中毒된 李某氏, 게임 過勞로 死亡
	5(金)	7.1	·서울中央病院에 가서 尹相在 會長 永訣式에 참석하여 弔辭를 읽고 분향하다. ·妻와 같이 外孫子女들을 데리고 建國大學에 들렀다가 어린이大公園에 가서 놀다. ·저녁食事를 하고 귀가하다.	7(日) ·이스라엘 內閣, 가자地區內 이스라엘 유대人 定着村 3곳의 1次 撤去計劃을 승인 8(月) ·斗山産業開發, 2,797億원의 扮飾會計를 公示.

月	日	陰	本人 및 家族事項	社會一般事項
8	6(土)	7.2	·沐浴을 하고 記錄을 整理하다.	·日本 參議員, '郵政事業 民營化 法案'을 부결시킴, 이에 따라 고이즈미 總理는 衆議員을 해산시킴
	7(日)	7.3	·妻에게 어느 事件의 事實確認을 부탁하다.	
			·버스로 東崇洞에 가서 걸어 駱山公園에 올라 쉬다.	
			·昌信洞의 圓覺寺에 들렀다가 옛집 近方을 살펴보다.	9(火) ·姜英勳 前總理등 213名, '光復60周年 北韓 人權宣言'을 발표
			·地下鐵로 귀가하다.	
			·妻의 거짓된 便紙를 받아 보관하다.	·美國 金利 3.50%로 引上, 韓·美 金利가 逆轉됨
	8(月)	7.4	·一山 韓自硏에 가다.	
			·왼쪽 다리에 痛症을 느끼다.	10(水) ·金大中 前大統領, 新村 세브란스病院에 入院
			·妻, 子婦 生日을 祝賀하는 저녁會食에 다녀오다.	
	9(火)	7.5	·學校에 가서 美國 兪書房에게 生日紀念의 便紙와 誠金을 보내다.	·서울高法, 檢察의 汎西方派 前頭目 金泰村氏 保護監護 請求를 기각한다고 밝힘
			·行政中心複合都市建設廳의 CI(Corporate Identity) 開發팀과 對談을 하다.	11(木) ·檢察, '杏淡島 開發疑惑事件'의 搜査結果를 발표하고 김재복·오점록氏를 구속기소함
			·市內에 나가 地方移讓委員會 朴載昌 委員長 및 吳在一·李琦雨 委員과 점심을 하며 歡談하다.	·朴哲彦氏 回顧錄『바른 歷史를 위한 證言: 5共·6共·3金時代의 政治秘話』의 內容에 대해 論難이 일어남
			·일찍 귀가하다.	
	10(水)	7.6	·上溪洞 地發硏에 출근하다.	·韓國文化藝術委員會의 初代 委員長에 김병익氏가 선출됨
			·鄭光玉 社長 招請으로 職員 모두와 점심을 같이 하다.	
			·Airrane 代表 河成龍 博士가 내방하여 事業說明을 하다.	12(金) ·政府, 光復60周年을 맞아 約 422萬餘名을 特別赦免한다고 밝힘
			·作家協會 및 道德協議會 擴大幹部會議에 참석하여 向後進路를 논의하다.	·서울中央地法, 兵風事件 報道의 오마이뉴스·신기남議員·김대업氏등 3名에 3,500萬원 賠償判決을 내림
	11(木)	7.7	·自宅에서 쉬면서 記錄整理를 하다.	·第23回 이즈미르 유니버시아드, 터키 이즈미르에서 開幕
	12(金)	7.8	·建國大學에 가다.	
			·李恩宰 院長 招請으로 朴弘陽 敎授와 점심을 들며 歡談하다.	·15人乘 에콰도르 낚시배, 美國에 密入國하다 침몰하여 104名이 死亡
			·自宅에 와서 外孫子女와 놀이터에 가서 놀다.	13(土) ·南北 西海 '軍事 핫라인', 正常 가동됨
			·長女·次女가 늦게 귀가하여 걱정이 되고 화도 나다.	·이라크戰에서 아들 잃은 신디 시핸氏, 부시大統領의 텍사스州 크로퍼드 牧場에서 1人示威를 함
			·文書房 및 外孫子女와 自宅에서 같이 자다.	
	13(土)	7.9	·理髮·沐浴을 하다.	14(日) ·'自主平和 統一을 위한 8·15 民族大祝典', 32名의 北側代表 참석리에 서울에서 開幕
			·피곤하여 낮잠을 자다.	
	14(日)	7.10	·혼자 버스·地下鐵을 타고 上道洞에 가다.	
			·成大市場·옛집터·獅子庵 등지를 돌아보며 感懷를 느끼다.	15(月) ·盧大統領, 光復節60周年紀念式에서 紀念辭를 함
			·高速버스 터미널에 내려 新世界百貨店에 가서 어린이 장난감을 보다.	·南北 離散家族의 畵像相逢, 歷史的 開通이 이루어짐
			·집에 와서 쉬다.	·北韓産 반달가슴곰 '浪林 32號', 智異山에서 덫에 걸려 죽은채 발견됨
	15(月)	7.11	·혼자 聞慶에 내려가다.	
			·聞慶中學校 同窓會 體育大會 開幕式에 참석하여 많은 同門들을 만나다.	16(火) ·MBC, '731部隊 生體實驗' 誤報로 소동이 일어난데 대해 謝過함
			·聞慶邑에 있는 尹成吉 同期生 別莊 庭園에서 4回 同期生 多數와 午餐을 들며 餘興을 갖다.	·컬럼비아 旅客機, 베네수엘라 山嶽地帶에 추락하여 160名 死亡
			·혼자 上京하다.	17(水) ·公正去來委員會·建設交通部, '不動産 分讓·賃貸消費者被害 豫防對策'을 발표
	16(火)	7.12	·一山 韓自硏에 가다.	
			·隨想集『하늘의 뜻 人間의 삶』의 發刊을 祝賀하는 午餐을 같이 하다.	·사우디아라비아와의 蹴球戰에서 0對1로 패함
			·硏究院이 移住할 새 建物을 살펴보다.	·이라크 바그다드에서 連鎖 爆彈테러 발생, 최소 43名이 死亡
	17(水)	7.13	·上溪洞 地發硏에 가서 일을 하고 趙士顯 社長 書類를 가져온 李永哲 會長 등과 점심을 하다.	18(木) ·海軍 創設後 첫 女性管制士 탄생
			·作家協會·道德協議會 代表者會議에 참석하다.	·中國·러시아, 史上 첫 대규모 合同軍事訓練 실시
	18(木)	7.14	·建國大學에 출근하여 종일 記錄整理를 하다.	

月	日	陰	本人 및 家族事項	社會一般事項
8	19(金)	7.15	· 原州 尙志大學에 가다. · 地方自治學會 學術大會의 開幕식에 참석하고 第1主題의 司會를 보다. · 暴雨속을 달려 상경하다. · 同心會 모임에 참석하다. · 스스로 參席한다고 約束한 黃時旭 會長이 불참하여 무척 불쾌하다. · 次女가 따로 房을 얻어 나가다.	19(金) · 敎育人的資源部, 2006學年度부터 실시될 藥學大 '2+4'學制 改編案을 확정 발표 · 板橋 新都市에서 靑銅器時代 無紋土器 등 遺物 252點이 발견됨 · 現代峨山, 김윤규 副會長의 代表理事職을 박탈 · 부시 美國大統領, 北韓人權特使로 제이 레프코위츠를 任命
	20(土)	7.16	· 沐浴을 하고 집에서 일을 하다. · 長男夫婦, 새車 'Sonata'를 구입하여 집에 와 安全祈願을 드리다.	22(月) · 김혜경 代表등 民主勞動黨 指導部, 北韓 朝鮮社會民主黨 指導部와의 平壤會談을 위해 中國으로 出國
	21(日)	7.17	· 혼자 어린이 大公園에 가서 外孫女 줄 '유리구두' 장난감을 찾았으나 매진되어 사지 못하다. · 外孫子女에게 가서 선물 살 돈을 주고 오다. · 머리에 疑妻心이 많이 생기다.	· '2005 乙支 포커스 렌즈(UFL) 練習' 과정에서 軍事3級機密인 '軍어음表가 인터넷上에 유포되어 物議가 일음 · 조용필 歌手, 平壤公演 위해 入北함
	22(月)	7.18	· 今週를 '處理週間'으로 설정하다. · 一山 韓自硏에 가다. · 기증할 隨想集에 250名 自治團體長 姓名을 적느라 고생하다.	· 강수연, 美 LPGA에서 生涯 처음으로 우승함 23(火) · 監査院, '遊休 國有地'가 서울 面積의 2倍라고 밝힘
	23(火)	7.19	· 學校에 가서 泰榮 오피스텔 등과 관련하여 銀行處理를 하다. · 朴永根 會長 招請으로 高秀永·禹哉永 會長 등과 저녁을 같이 하며 歡談하다.	· 김석기 蔚山市 敎育監, 就任 하루만에 選擧法違反嫌疑로 拘束수감됨 · 서울 淸溪川 廣通橋, 復元工事로 95年만에 개통됨
	24(水)	7.20	· 地發硏에 출근하다. · 李鐘來·金昇河·鄭光玉 氏등이 다녀가다. · 向志會 모임에 참석하다. · 大邱 査頓이 別世했다는 연락을 받고 일찍 귀가하다. · 人生無常을 통감하다.	24(水) · 第10次 아시아·太平洋 經濟協力體(APEC) 女性指導者 네트워크 會議, 大邱에서 개최됨 25(木) · 大統領 秘書室長에 이병완 前弘報首席을 任命 26(金) · 政府, 韓·日 會談文書를 전면 공개함
	25(木)	7.21	· 長男, 長女家族을 大邱까지 데려다 주고 오다. · 學校에 가서 隨想集 贈呈文을 쓰다. · 鳥嶺會 모임에 나가 隨想集을 증정하다.	· 南北 第11次 離散家族相逢行事, 金剛山에서 거행 · 財經部, '2005年 稅制改編案'을 확정 발표
	26(金)	7.22	· 妻와 같이 崔代理 運轉으로 大邱에 가다. · 桂山聖堂에 모신 査頓을 問喪하다. · 外孫子女와 Eldis호텔에 投宿하다.	· 南側 500名, 朴淵瀑布등 開城示範觀光을 함 28(日) · 檢察, 大學非理 團束結果를 발표하고 30名을 拘束기소함
	27(土)	7.23	· 凡魚聖堂에서 거행된 査頓 永訣式典에 참석하다. · 모두에게 人事를 하고 妻와 같이 상경하다.	· 韓國女子 프로골프 協會(KLPGA), 平壤 오픈골프大會를 開幕
	28(日)	7.24	· 沐浴을 하고 집에서 記錄 編輯을 하다.	· 이라크 憲法草案, 이라크 制憲議會를 통과
	29(月)	7.25	· 一山 韓自硏에 출근하다. · 隨想集 贈呈文을 쓰다. · 釜山市廳 都市計劃局長 등이 다녀가다. · 院長室 짐을 싸다. · 이사갈 事務室을 살펴보다. · 長男夫婦와 같이 祖母 祭祀를 모시다.	29(月) · 民族問題硏究所·親日人名辭典 編纂委員會, 親日人名辭典 收錄豫定者 3,090名의 1次 名單을 발표 · 서울市, 거여·마천 등 뉴타운事業 3次 候補地 9곳을 선정 발표 · 超大型 허리케인 '카트리나', 美國 南部地域을 강타하여 大慘事를 일으킴
	30(火)	7.26	· 茂朱 리조트에 가다. · 地方移讓委員會 워크숍에서 特講을 하다. · 上京하여 三道會 모임에 참석하고 隨想集을 드리다.	30(火) · 國産 最初 超音速 高等訓鍊機 'T-50'(一名 Golden Eagle) 1號機를 출하함
	31(水)	7.27	· 서울大 環境大學院 同窓會 朝餐 모임에 참석하다. · 上溪洞 地發硏에 출근하다. · 鄭光玉, 金昇河, 서울市 都市開發公社 處長 등이 내방하다. · 好凡會에 나가 隨想集을 주다. · 妻, 泰榮 오피스텔의 殘金件을 處理하다.	· 美國 인터넷業體인 '구글'의 衛星寫眞 서비스 '구글어스(earth, google.com)', 靑瓦臺 및 軍施設에 대한 衛星寫眞 공개로 論難이 일어남 · 敎育人的資源部, '論述考査 基準'을 확정 발표

月	日	陰	本人 및 家族事項	社會一般事項
8				31(水) ·政府, 松坡新都市 200萬坪에 5萬戶 供給등을 내용으로 하는 8·31 不動産對策을 발표 ·金剛山에 南北離散家族面會所를 착공함 ·第16回 아시아 陸上選手權大會, 仁川에서 開幕 ·이라크 바그다드 巡禮客들, 테러 소문에 壓死·江물 추락 事故를 일으켜 최소 800餘名이 死亡하고 300餘名이 負傷당함
9	1(木)	7.28	·中央都市計劃委員會 第1分科 會議를 주재하고 같이 午餐을 하며 隨想集을 기증하다. ·學校에 가서 일들을 處理하고 귀가하다.	1(木) ·第256回 定期國會가 열림 ·駐韓 美大使에 알렉산더 버시바우 前 駐러시아 大使가 指名됨 ·第13回 颱風 '탈림', 中國 東南部를 강타하여 57名의 死亡·失踪者를 냄
	2(金)	7.29	·建國大學에 출근하다. ·隨想集을 기증하고 記錄整理를 하다.	
	3(土)	7.30	·妻, 聞慶에 내려가다. ·沐浴을 하다. ·外孫女와 같이 놀다가 長男夫婦와 모두 自宅에서 投宿하다.	3(土) ·윌리엄 렌퀴스트 美國 16代 大法院長, 81歲로 서거
	4(日)	8.1	·長女 및 外孫子女와 新世界百貨店을 둘러보다. ·長男夫婦와 같이 머물다.	4(日) ·프랑스 파리 郊外 아파트에 火災 발생, 16名 死亡
	5(月)	8.2	·一山 새 建物 '東門 굿모닝타워'의 718號室로 처음 출근하다. ·院長室의 器物을 정돈하고 全職員들에게 점심을 대접하다. ·黃時旭 會長 초청 晩餐에 참석하여 歡談하다.	5(月) ·에이즈(AIDS)에 감염된 血液醫藥品 2萬 6,800餘甁이 市中 流通되고 있다고 밝혀짐 ·부시 美國 大統領, 새 大法院長에 존 로버츠 聯邦抗訴法院 判事를 指名 ·인도네시아 航空機, 수마트라섬 메단 인근 住宅街에 추락하여 149名의 死亡者를 냄
	6(火)	8.3	·學校에 가서 2學期 開講을 하다. ·서울大學病院에 가서 藥 處方을 받아오다. ·卞鏵 社長 招請 晩餐에 참석하여 5人幇 모임을 갖다.	
	7(水)	8.4	·開城工團을 못가게 되어 다소 서운하다. ·自宅에서 記錄을 整理하다.	7(水) ·盧大統領, 朴槿惠 한나라黨 代表와 會談 ·南北, 安重根 義士 遺骸發掘을 위한 첫 實務接觸을 開城에서 가짐 ·이집트 大統領 選擧, 무바라크 現大統領의 5選 連任 성공
	8(木)	8.5	·土地公社에 가서 經營政策 諮問會議에서 司會를 보다. ·社長등과 점심을 같이하고 上溪洞 地發研에 가다. ·禹哉永·李永哲·鄭光玉·金奎馥氏에게 저녁 대접을 하다.	8(木) ·盧大統領, 멕시코·코스타리카 訪問과 U.N. 總會 參席次 出國 ·南北, 2006年 카타르 도하에서 개최되는 아시안게임에 單一팀을 구성하기로 합의 ·빅토르 유셴코 우크라이나 大統領, 內閣을 해산
	9(金)	8.6	·星州郡廳에 가서 郡守 등과 만나다. ·郡民自治大學 修了式에서 祝辭를 하다. ·自動車 遲滯로 5時間만에 귀가하다.	9(金) ·大法院, 選擧法 違反의 박혁규(京畿 廣州) 한나라黨 議員에 罰金 700萬원을 宣告하여 議員職이 상실됨 ·김진호君, 체코 世界障碍人 水泳選手權大會에서 背泳 200m를 2分 24秒 49로 주파하여 世界 新記錄을 세움
	10(土)	8.7	·自宅에서 여러 整理를 하다. ·妻의 暴言으로 氣分이 착잡해지고 哲人이 될듯하다.	10(土) ·映畵 'Brokeback Mountain', 第62回 베니스 映畵祭에서 黃金獅子賞 수상
	11(日)	8.8	·沐浴을 하고 自宅에서 記錄을 整理하다.	11(日) ·닝푸쿠이 第4代 駐韓 中國大使, 서울에 부임 ·大韓佛敎 曹溪宗 總務院長 法長스님, 64歲로 入寂. ·日本 衆議員 總選擧, 執權 自民黨 壓勝
	12(月)	8.9	·一山 韓自研에 가서 종일 隨想集의 寄贈文을 쓰다. ·늦게 上京한 朴副院長을 잠시 만나고 귀가하다.	
	13(火)	8.10	·上溪洞 地發研에 출근하다. ·國一館에서 개최된 書畵作家協會 및 道德運動協議會의 臨時總會에 참석하여 總裁로서 人事말을 하다. ·姜思賢 先生을 次期 會長으로 선출하다. ·會員들과 食事를 하고 餘興을 갖다. ·妻, 밤에 頭痛이 와서 고생하다.	

月	日	陰	本人 및 家族事項	社會 一般 事項
9	14(水)	8.11	· 敎保文庫에 가서 冊을 사고 土地公社 職員을 만나 署名을 해준뒤 鄭光玉 社長을 만나다. · 明日 旅行 準備를 하다.	12(月) · 三星電子, 世界 첫 50나노미터(nm) 工程의 16기가 비트(G6) 플래시 메모리를 공개
	15(木)	8.12	· 聞慶에 가서 父母任 및 聘父母任 산소에 가서 參拜를 하다. · 尙州에서 개최된 大邱·慶北硏究院 세미나에서 基調演說을 하고 상경하다.	· 朴正熙 前大統領의 長男 朴志晩氏 夫婦, 得男함 · 保健福祉部, '全國 人工姙娠中絶實態調査' 발표
	16(金)	8.13	· 建國大學에 가서 종일 記錄을 整理하다. · 朝鮮호텔에 가서 金敬姬 理事長, 金光雄 敎授, 朴相基 學長 및 文 詩人과 저녁을 하며 歡談하다.	13(火) · 北核 第4次 6者會談 2次會議, 中國 北京에서 開幕 · 國防部·合同參謀本部, '國防改革 2020'과 '軍構造改革案'을 발표
	17(土)	8.14	· 沐浴을 하고 整理를 하다. · 종일 비가 내리다. · 妻와 子婦, 秋夕 準備를 하다.	· 第4次 世界 韓商大會, 京畿道 킨텍스에서 開幕
	18(日)	8.15	· 長男夫婦와 같이 秋夕 祭禮를 지내다. · 妻와 奉恩寺에 가서 禮佛을 드리다. · 보름달을 보며 기원 드리다.	· 韓國 蹴球代表팀 監督으로 네덜란드의 아드보카트 前 아랍에미리트聯合(UAE) 監督을 확정함
	19(月)	8.16	· 長女家族이 와서 점심을 같이하다. · 外孫女와 놀이터 및 敎保文庫에 다녀오다.	· 부시 美國 大統領, 후진타오 中國 國家主席과 뉴욕에서 頂上會談 가짐
	20(火)	8.17	· 學校에 가서 講義를 하다. · 崔仁基 議員과 점심을 하며 歡談하다.	14(水) · 李海瓚 總理의 農地取得의 適法性에 대한 論難 일어남
	21(水)	8.18	· 一山 韓自硏에 가다. · 隨想集 贈呈文을 모두 쓰다. · 종일 비가 내리다. · 泰榮 오피스텔의 契約件에 問題가 생기다.	· U.N. 創設 60周年 總會가 뉴욕에서 열림 15(木) · 大法院, 한나라黨 박창달 議員(大邱 東乙)에 懲役1年 執行猶豫 2年을 宣告하여 議員職을 상실함
	22(木)	8.19	· 報恩郡에 가서 朴鐘起 郡守와 점심을 같이하다. · 郡民自治大學에서 特講을 하고 修了式에 참석한 뒤 상경하다.	17(土) · 秋夕連休에 忠淸地域에 奇襲暴雨가 내림 18(日) · 日本 第1野黨 民主黨, 새 代表에 마에하라 세이지 議員을 선출
	23(金)	8.20	· 航空便으로 中都委 委員 및 關係官들과 같이 麗水에 가다. · 2012 海洋EXPO 候補地를 船舶으로 둘러보고 金在坤 副市長 등과 점심을 같이하다. · Golf場 候補地를 둘러보다. · 贊反代表들과 會談을 가진 뒤 상경하다. · 同心會에 참석하고 黃時旭 會長의 加入을 축하하다.	19(月) · 司法制度改革推進委員會, '人身拘束節次改善方案'을 최종 확정 · 美 航空宇宙局(NASA), 2018年 有人달 새 宇宙探査計劃을 발표 20(火) · 허리케인 '리타', 美國 플로리다州와 쿠바를 거쳐 멕시코灣으로 進入하여 美國民 130萬名에게 소개령이 내림 21(水) · 駐韓美軍, 6個 軍事任務를 韓國에 이양하는 署名을 함
	24(土)	8.21	· 妻와 朴禹鎭外科에 가서 毒感豫防注射를 맞다. · 市場을 둘러보고 점심을 한 뒤 귀가하다. · 저녁에 비가 내리다. · 妻와 같이 오랜만에 劇場에 가서 映畵 '웰컴 투 동막골'을 관람하다.	· 열린우리黨 신중식 議員(全南 高興·寶城)이 脫黨하고 정우택氏가 한나라黨에 入黨함. 22(木) · 國會, 國政監査에 진입 23(金) · 최홍만, K-1 그랑프리 16强戰서 '野獸' 밥샙(美國)에 判定勝하여 8强에 진출
	25(日)	8.22	· 沐浴을 하고 原稿 整理를 하다. · 妻, 동생 群濟宅에 膳物을 주고 오다.	24(土) · 忠北 陰城郡에서 住宅新築工事場이 붕괴하여 5名이 死亡함
	26(月)	8.23	· 一山 韓自硏에 출근하다. · 몸살氣가 있고 기침이 나오다.	· 國際 原子力機構(IAEA), '이란 核問題' 決議案을 통과시킴
	27(火)	8.24	· 學校에 가서 銀行處理를 하다. · 上溪洞 地發硏에 가서 平壤件을 협의하다. · 禹哉永·金昇河·金奎馥氏와 저녁을 같이하다.	25(日) · 주성영 한나라黨 議員, 술자리 暴言으로 論難이 일음
	28(水)	8.25	· 建國大學에 출근하다. · 附屬高等學校 圖書館 開館式에 참석하고 吳聖三 校長 등과 점심을 같이하다. · 孫女가 車病院에서 태어나서 '旼嬉'라 이름짓다.	· 中國産 '납 김치' 파동이 일어남 26(月) · 인터넷 自由北韓放送, 北韓 國境守備隊 軍人들이 脫北女性을 폭행하는 動映像을 공개

月	日	陰	本人 및 家族事項	社會一般事項
9	29(木)	8.26	·妻 및 長女와 車病院에 가서 태어난 孫女를 보고 子婦를 위로하다. ·中央都市計劃委員會 會議에 참석하다.	·아일랜드 공화국(IRA), 武裝解除 完了를 공식 선언 28(水) ·國防部, 空軍參謀總長에 김성일, 合參次長에 김명립氏를 大將으로 진급시켜 內定함
	30(金)	8.27	·建國大學에 가서 일을 하다. ·鄭光玉 社長이 내방하다. ·妻, 오피스텔을 새로 契約하다. ·平和觀光旅行社에 가서 平壤訪問書類를 제출하다. ·禹裁永·金昇河·鄭光玉·金惠源·金玉鉉氏와 저녁食事를 하고 道德協會 任員들을 잠시 만나다.	·教育人的資源部, 國立大學 統·廢合 및 構造改革을 발표 ·統計廳, '2004年 死亡原因 統計結果'를 발표 29(木) ·民主黨, 신중식 議員의 入黨으로 院內 第3黨이 됨 ·政府, 駐美大使에 이태식氏를 내정 ·三星電子, 京畿 華城 2個地域에서 起工式을 가짐 ·國稅廳, 론스타·칼라일 등 5個 美國系 펀드의 脫稅嫌疑로 2,148억원을 추징한다고 밝힘 ·서울 江東區의 深夜 都心住宅街와 公園에 멧돼지가 출현하여 소동이 일어남 ·忠北 淸州와 淸原의 統合이 무산됨 ·大韓赤十字社, 輸血에 의해 30代 女性 2名이 에이즈에 감염됐다고 발표 ·大法院, 조승수 民主黨 議員의 議員職 喪失 확정, 신상진 한나라黨 議員의 懲役 1年 原審 깨고 破棄 還送, 강성종 열린우리당 議員의 原審 깨고 破棄 還送 30(金) ·아시아·太平洋經濟協力體制(APEC) 頂上會談場인 '누리마루 APEC 하우스'의 竣工式을 가짐 ·第8回 富川國際漫畵祝祭와 第7次 世界漫畵家大會가 開幕됨
10	1(土)	8.28	·妻와 같이 車病院에 가서 孫女와 子婦를 問安하다. ·妻와 밖에서 外食하다.	1(土) ·서울 淸溪川, 47年만에 復元되어 전면 개방됨
	2(日)	8.29	·沐浴을 하고 오다. ·子婦와 孫女, 退院하여 親庭에 가서 요양하다.	·인도네시아 休養地 발리에 3件의 連鎖爆彈테러가 발생, 130여명의 死傷者를 냄
	3(月)	9.1	·開天節을 맞아 國旗를 달아 그대로 두다. ·妻와 뉴코아百貨店에 가다. ·妻弟가 와서 血壓計를 선물해주다.	3(月) ·慶北 尙州 MBC 歌謠콘서트 行事에서 大型 壓死事故가 발생, 11名이 死亡하고 109名이 부상당함
	4(火)	9.2	·學校에 가서 講義하다. ·記錄을 整理하다.	·최경주, 美 PGA 크라이슬러 클래식에서 우승
	5(水)	9.3	·一山 韓自硏에 가다. ·'뉴리더 大賞'을 받은 紀念으로 職員 모두에게 점심을 대접하다.	·스페인 마드리드에서 金環日蝕現象이 241年만에 관측됨 4(火) ·美國의 로버트 金(韓國名 김채곤), 刑執行 종료
	6(木)	9.4	·建國大學과 上溪洞에 다녀오다. ·外孫女와 놀이터에 가서 놀다 오다.	·서울 上岩洞 蘭芝島 골프場 무료개방
	7(金)	9.5	·國土計劃學會 會長團과 같이 濟州市에 가다. ·韓·中·日 都市計劃 代表 歡迎會에서 祝杯 人事를 하다. ·韓火리조트 호텔에 投宿하다.	·한희원, 美 LPGA 오피스디포 챔피언십에서 우승 5(水) ·미셸 魏(15歲, 韓國名 魏聖美), 프로골퍼로의 轉向 공식 선언
	8(土)	9.6	·韓·中·日 都市計劃學會 行事에 참석하다. ·第3分科 司會를 보다. ·金榮訓 濟州市長 招請 晩餐會에 참석하다. ·金泰保 教授 招請으로 黃義淵·尹喆鉉·許在完·李洋宰 教授 등과 餘興時間을 갖다.	6(木) ·第10回 釜山 國際映畵祭가 開幕됨 ·統計廳, '2005 高齡者 統計'를 발표 ·美國 하원 外交委員會, 北核 聽聞會 개최 7(金) ·次世代 戰鬪機 美國 F-15K 2臺, 城南 飛行場에 도착

月	日	陰	本人 및 家族事項	社會一般事項
10	9(日)	9.7	·혼자 上京하다. ·自宅에서 紀錄을 하다. ·一週日만에 國旗를 내리다.	·國際原子力機構(IAEA)와 이집트 出身 모아메드 엘바라데이 IAEA事務總長, 2005年 노벨平和賞 受賞者로 공동 선정됨
	10(月)	9.8	·一山 韓自硏에 가다. ·「뉴스피플」記者와 대담하다. ·仁川市 松都 테크노 파크 갯벌 타워에서 개최된 仁川市 政策諮問敎授團會議에 참석하여 代表人事를 하다. ·새 團長으로 추대되다. ·食事後 상경하다.	8(土) ·北韓, 롯데觀光에 開城觀光事業을 공식 제안 ·파키스탄 北東部 카슈미르 地域에 리히터 規模 7.6의 强震이 발생, 現在 1萬 9,136名이 사망한 것으로 알려짐 ·허리케인 '스텐'이 中南美를 강타하여 數千名이 사망함
	11(火)	9.9	·昨夜에 金大中 前大統領의 꿈을 꾸다. ·全州에 가서 배점모 院長·李京玉 室長·河在龍 擔當官과 점심을 같이하다. ·全州發展政策硏究院 주최 세미나에서 司會를 보다.	9(日) ·農林部, '14日부터 國內 닭·오리의 鳥類毒感 發生注意報'를 발령 10(月) ·第8次 世界華商大會, 서울 COEX에서 개최
	12(水)	9.10	·自治分權 全國連帶와 같이 憲裁에 行複都市에 대한 意見書를 247名 名義로 제출하다. ·上溪洞에 가다. ·워커힐에서 李周郢·曺周鉉 院長과 午餐을 같이 하다. ·行複都市委員會에 가서 에세이 審査를 하다. ·三道會 모임에 참석하다.	·앙겔라 메르켈 基民黨首, 獨逸 첫 女性 總理로 선출됨 ·콩고·카타르·슬로바키아·가나·페루 등 5個國, U.N. 非常任理事國으로 선출됨 11(火) ·韓國銀行, 3年 5個月만에 콜金利를 0.25% 인상하여 3.50%로 함 12(水) ·千正培 法務長官, '강정구 敎授를 불구속 수사하라'는 憲政史上 첫 指揮權을 발동
	13(木)	9.11	·天安市에 가서 新廳舍 開館紀念 세미나에서 司會를 보다. ·成武容 市長과 人事하고 권경득 敎授 등과 食事하다. ·귀가하여 明日 出發할 準備를 하다.	·盧大統領, 國會 施政演說을 함 ·韓·日, 北關大捷碑 반출 100年만에 引渡 署名式을 東京에서 가짐 ·中國, 두번째 有人宇宙船 '神舟 6號' 발사에 성공함
	14(金)	9.12	·妻와 같이 長男 運轉으로 仁川空港에 가다. ·禹哉永 會長 夫婦 및 金昇河氏와 같이 260名 訪問團에 合流하여 出國하다. ·오랫동안 고대했던 平壤 順安空港에 도착하다. ·萬壽臺, 萬景臺 萬景峯등을 訪問하고 普通江호텔에 가서 점심을 하다. ·凱旋門, 販賣所, 萬景臺 學生少年宮殿을 구경하고 玉流館에 가서 冷麵을 먹다. ·5.1競技場에 가서 '아리랑公演'을 관람하다. ·호텔에 와서 맥주를 들고 投宿하다.	13(木) ·民主勞總 建設運送勞組 덤프連帶 組合員 4,000여명, 罷業에 돌입. ·英國 劇作家 해럴드 핀터, 2005年 노벨文學賞 受賞者로 선정됨. 14(金) ·政府, '濟州特別自治基本計劃案' 확정 ·第86回 全國體育大會, 蔚山에서 開幕 ·스페인에서 韓國人 觀光客 12名 태운 버스 추락, 2名 死亡하고 10名 負傷당함 15(土) ·프로野球 韓國시리즈 閉幕, 三星이 4連勝 우승
	15(土)	9.13	·房이 추워 일찍 일어나다. ·主體思想塔과 東明王陵을 돌아보고 空港에 가다. ·妻가 티켓을 잃어버려 좀 苦生을 하다. ·順安空港을 떠나 仁川을 거쳐 귀가하다. ·外孫子 生日宴에 참석하고 같이 노래房에 가다.	·이라크 憲法案, 國民投票에서 79%로 可決됨 16(日) ·新任 알렉산더 버시바우 駐韓 美國大使가 부임함
	16(日)	9.14	·沐浴을 하고 집에서 平壤訪問 記錄을 整理하다.	17(月) ·고이즈미 日本總理, 야스쿠니神社를 電擊 참배
	17(月)	9.15	·一山 韓自硏에 출근하다. ·崔在德·崔秉瑄·李揆邦·李春熙氏와 저녁을 같이 하며 여러 가지 이야기를 나누다.	·建交部, 板橋 2萬 9,350家口 供給을 잠정 확정
	18(火)	9.16	·學校에서 講義를 하다. ·建國大 理事長·總長·碩座敎授가 워커힐에서 午餐을 하며 歡談하다. ·上溪洞 地發硏에 가다. ·向志會 모임에 참석하다.	·서울 麻浦大橋, 往復 10車路 개통 18(火) ·盧大統領, 루마니아 大統領과 靑瓦臺에서 頂上會談 가짐 ·'서울 에어쇼 2005', 城南 서울空港에서 開幕
	19(水)	9.17	·春川街道 南村에서 점심을 하고 春川 斗山리조트에 가다. ·21世紀 國土포럼 및 江原發展硏究院 主催 워크숍에서 인사말을 하고 司會를 보다.	19(水) ·沈大平 忠南知事, 中部圈 新黨(假稱 '國民中心黨') 創黨을 공식 선언 ·'世界줄기細胞 허브(World Stem Cell Hub; WSCH)', 서울大病院에 開所함

月	日	陰	本人 및 家族事項	社會一般事項
10			・李揆邦・崔東奎 院長・陳英煥 副院長 등과 저녁을 같이하고 귀경하다.	・'소나무 에이즈'로 불리는 소나무 材線蟲, 江原道까지 확산 ・'平和의 댐', 18年만에 完工됨
	20(木)	9.18	・麗水에서 온 金 會長을 만나다. ・平澤市民自治大學에서 特講과 修了式 祝辭를 하다. ・鳥嶺會 모임에 나가다.	・成均館大 및 中央大 醫大 共同硏究팀, 새 DNA 3次元構造를 世界에서 처음 규명함
	21(金)	9.19	・建國大學과 結婚式을 거쳐 上溪洞 地發硏에 가다. ・同心會 모임에 참석하여 새로 加入한 黃時旭 會長 및 河升逵 顧問을 만나다.	・2005年 獨逸 프랑크푸르트 國際圖書展이 開幕됨
	22(土)	9.20	・몸살・感氣가 와서 고생하다. ・自宅에서 記錄을 整理하다.	・사담 후세인 전 이라크 大統領의 '世紀의 裁判'이 시작됨
	23(日)	9.21	・沐浴을 하고 教保文庫에 다녀오다. ・아프리카 旅行計劃을 구상하다. ・몸살・기침으로 고생하다.	20(木) ・民主勞總 이수호 委員長등 執行部 총사퇴함 ・教育人的資源部, '國家人的資源開發基本計劃'을 발표
	24(月)	9.22	・自宅 庭園의 淸掃作業을 하다. ・一山 韓自硏에 가다. ・일찍 귀가하다.	・이란, 韓國 商品의 部分的 通關 拒否. 21(金) ・中國産 김치, '寄生蟲알' 파동이 임
	25(火)	9.23	・學校에 가서 整理하다. ・點心을 굶고 서울大學病院에 가서 CT 촬영을 하다. ・귀가하여 늦은 點心을 먹다.	・警察, 創設 61周年을 맞아 警察服・심벌 등을 대대적으로 改編 ・美國, 朝鮮광성貿易등 北韓 8個 企業에 대해 資産凍結令을 내림
	26(水)	9.24	・妻와 三星醫療院에 가서 妻의 診察을 받다. ・上溪洞에 가서 일을 보고 金昇河・鄭光玉氏가 와서 같이 午餐을 하다. ・張翰相君이 와서 잠시 이야기를 나누다. ・朴昇治 부원장에게 줄 頌家詩를 지어 글씨쓰다. ・好凡會 모임에 참석하다.	22(土) ・'2005 서울 世界 불꽃祝祭', 汝矣島에서 개최. ・延亨默 北韓 國防委員會 副委院長, 73歲로 死亡. 23(日) ・北派工作 部隊長 김동석氏, 82歲로 回顧錄 출간
	27(木)	9.25	・建交部 中都委 第1分科會議를 주재하다. ・麗水 골프場件을 解決하여 무척 후련하다. ・委員들과 점심을 같이하고 建國大學에 가다. ・朱龍鐸 會長 招請으로 禹哉永・李永哲・金哲氏와 食事를 하며 歡談하다.	24(月) ・天才少年 송유근君, 8歲로 國內 最年少 大學生이 됨 ・建交部, '아파트 발코니 擴張의 合法化를 내년 1月에서 11月중으로 조정한다고 밝힘
	28(金)	9.26	・비가 내리다. ・航空便으로 釜山에 가다. ・東亞大學校 都市計劃學科 創立40周年行事에 참석하여 紀念展示會 開幕테이프를 끊고 特講을 하다. ・教授陣들과 저녁食事를 하고 상경하다.	・허리케인 '윌마', 美國 플로리다에 상륙하여 600여萬名이 斷電事態를 당함 25(火) ・서울 中央地法, 金弘一 民主黨 議員에게 懲役 2年에 執行猶豫 3年을 宣告 26(水) ・10.26 國會議員 再選擧 실시, 한나라黨이 압승
	29(土)	9.27	・집에서 記錄을 整理하다. ・長女 生日祝賀宴에 가다.	・이승엽, 日本 프로野球 재팬 시리즈 優秀選手로 선정됨
	30(日)	9.28	・'Do Club'에 가서 張大植 會長 소개로 特講을 하고 함께 食事를 하다.	27(木) ・憲法裁判所, 1989年 東醫大事件을 民主化로 인정하는 것에 대한 反對 憲法訴願을 却下한다는 決定을 내림
	31(月)	9.29	・妻, 親舊들과 聞慶새재 山行을 떠나다. ・一山에 가서 일을 보다. ・大田에 가서 培材大學을 처음 訪問하다. ・總長, 忠南知事, 鄭夏容 所長등을 만나 人事하다. ・培材學堂 創立120周年 紀念 學術세미나에서 基調演說을 하다. ・上京하여 建國大學에 가다. ・高位政策課程에서 特講을 하다 ・長男이 집에 와서 같이 자다.	・이용훈 大法院長, 中央選擧管理委員長에 손지열 大法官을 내정 ・國防部, '先進 兵營文化 비전'을 발표 ・프랑스 무슬림 移民者 青年들의 소요사태가 확산됨. 28(金) ・龍山 國立中央博物館, 公式 개관함 ・후진타오 中國 國家主席, 北韓을 訪問 29(土) ・印度 뉴델리에서 3件의 連鎖 爆彈테러가 발생, 최소 61名이 死亡하고 188名이 負傷당함 ・印度 南部 안드라프라데시州의 벨리콘다에서 列車가 脫線, 최소 100名이 死亡함

月	日	陰	本人 및 家族事項	社會一般事項
10				30(日) ・열린우리黨, 臨時 黨議長으로 鄭世均 院內代表를 선임 31(月) ・大韓佛敎 曹溪宗 第32代 總務院長에 智冠스님이 선출됨 ・손민한(롯데), 三星 PAVV 2005 프로野球 MVP를 수상 ・開城 靈通寺, 500年만에 복원됨 ・中國, 韓國産 김치・고추장・불고기 양념장 등의 輸入을 금지하는 措置를 발표함
11	1(火)	9.30	・學校에 가서 講義하다. ・서울大病院에 가서 診察을 받고 海外旅行을 해도 좋다는 醫師 말에 안도하다. ・妻, 聞慶새재에서 상경하다.	1(火) ・'2005 人口住宅 센스서' 실시 ・韓國綜合株價指數, 名稱을 '코스피 指數'로 변경 ・大韓聖公會 서울 敎區長에 박경조氏 就任 ・南北, 2006 도하 아시안게임과 2008 베이징 올림픽에 單一팀을 구성키로 합의
	2(水)	10.1	・上溪洞 地發硏에 가서 일을 하고 職員들과 점심을 들다. ・聞慶市에 가서 市民自治大學 修了式을 주관하고 祝辭를 하다. ・市議長・副市長・總務課長과 저녁을 같이하고 상경하다.	2(水) ・放射性廢棄物處分場 住民投票 실시, 慶州가 89.5% 贊成으로 유치 확정됨 ・韓國銀行, 새 5,000원 짜리 紙幣의 圖案을 공개
	3(木)	10.2	・建交部 中都委 本會議에 참석하고 이우종 曉園大 副總長 招請 午餐에 참석하다. ・第2分科委員會 會議를 주재하다. ・5人幇 저녁모임을 갖고 費用負擔을 하다.	3(木) ・서울行政法院, '土地公社의 土地原價를 公開하라'고 判決
	4(金)	10.3	・學校에서 銀行處理를 하다. ・行複都市 諮問會議에 가다. ・高陽市 一山區廳에 가서 市長과 같이 區民自治大學 修了式에 참석 祝辭하다. ・金奎馥 局長 慈堂 問喪을 가다.	4(金) ・第4次 美洲頂上會談, 아르헨티나에서 開幕
	5(土)	10.4	・沐浴을 하다. ・鄭炳周氏 令息 結婚式에서 主禮를 보고 옛 새마을 任員들과 午餐을 같이하다 ・外孫女와 같이 놀다가 재우다.	5(土) ・民主勞動黨, 權永吉 議員을 黨 臨時代表로 선임
	6(日)	10.5	・外孫女와 敎保文庫 등에 다녀오다. ・저녁에 妻가 外孫女를 데려다 주다.	6(日) ・金泳三 前 大統領, 5年만에 金大中 前 大統領에 病問安 電話를 함 ・로버트 김・장명희氏 夫婦, 10年만에 韓國을 訪問. ・建交部, '新築아파트 火災安全基準'을 발표 ・警察, 韓國人 女性卵子 不法賣買를 첫 적발하고 6名을 不拘束 立件함 ・第4回 東아시아 水泳大會, 마카오에서 韓國이 3位를 記錄하면서 폐막 ・부시 美國 大統領, 金正日 北韓 國防委員長을 '暴君'이라 지칭하여 論難을 일으킴 ・日本에 亡命中인 알베르토 후지모리 前 페루 大統領, 칠레에 到着 직후 체포됨
	7(月)	10.6	・黃時旭 會長 초청으로 禹裁永 會長 등과 泰安半島에 가다. ・골프場 敷地를 살펴보고 郡廳에 가서 陳泰龜 郡守 및 副郡守를 만나 歡談하다. ・新進港에 가서 점심을 들고 상경하다. ・서울에서 祝賀餘興의 時間을 가지다.	7(月) ・改革的 保守단체인 '뉴라이트全國聯合'이 出帆함
	8(火)	10.7	・盆唐 住宅公社에 가서 社長 등과 人事하다. ・住宅都市硏究院 주최 세미나의 開會式에 참석하고 社長 등과 午餐을 하다. ・全体 司會를 보고 參席代表들과 같이 朴憲注 院長 招請晩餐에 참석하다.	8(火) ・第12次 南北 離散家族相逢, 金剛山에서 이루어짐 ・江原道 春川市 '昭陽江 處女像'이 제막됨 ・三星, 創社이래 最大規模 硏究開發 5年간 47兆 5,000億원 投資計劃을 발표 ・大韓障碍人體育會가 출범함 ・마이클 블룸버그 뉴욕 市長, 再選에 성공
	9(水)	10.8	・一山 韓自硏에 가다. ・大田 大德區에 가서 廳長등을 만나다. ・區民 아카데미 修了式에서 祝辭를 하고 상경하다. ・長男夫婦와 孫女가 집에 와서 같이 묵다.	9(水) ・第5次 北核 1段階 6者會談, 北京에서 개최 ・美國 本土에 첫 韓人 直選市長, 뉴저지州 에디슨市 崔준희 市長이 탄생함
	10(木)	10.9	・孫女와 寫眞을 찍고 長男과 같이 上溪洞에 출근하다.	

2005

月	日	陰	本人 및 家族事項	社會一般事項
11			·研究院 職員 및 金玉鉉·李永哲氏에게 점심을 대접하다. ·『空間』誌의 김정은 記者와 行複都市에 대해 대담하다. ·누님·동생·長男과 같이 아버님 祭祀를 모시다. ·長男家族이 떠나다.	·조지 부시 前 美國 大統領, 韓國을 訪問함 ·放送委員會, 12月부터 地上波 낮放送을 허용키로 의결함 ·요르단 首都 암만市의 호텔 3곳에 連鎖爆彈테러가 발생, 최소 59名이 死亡 10(木) ·國內 最大規模 게임 展示會인 'G-STAR 2005'가 開幕됨
	11(金)	10.10	·거의 5時間이 걸려 太白市에 가다. ·市民敎養講座에서 特講을 하다. ·洪淳佾 市長 등과 저녁食事를 하고 상경하다.	·佛敎 太古宗 第23代 總務院長에 李雲山 스님이 再選出됨
	12(土)	10.11	·沐浴을 하다. ·妻와 같이 杏堂洞에 있는 김동준皮膚科醫院에 가서 顔面斑點 除去 治療를 받다.	·大法院, 1억 8,700萬원을 받은 嫌疑로 姜申聖一氏에게 懲役 5年 原審을 확정함 11(金) ·全南道廳 新廳舍 開廳式을 全南 務安에서 거행함
	13(日)	10.12	·自宅에서 記錄을 整理하고 낮잠을 자다. ·妻 및 家族과 저녁을 같이하다.	12(土) ·2005 釜山 아시아太平洋經濟協力體(APEC) 頂上會議, 釜山에서 開幕
	14(月)	10.13	·一山 韓自硏에 출근하다. ·얼굴에 神經이 쓰이다.	·美國 피츠버그大 제럴드 섀튼 敎授, 黃禹錫 敎授와의 共同研究를 결별한다고 宣言
	15(火)	10.14	·얼굴을 整頓하고 學校에 가서 講義를 하다. ·農協에 가서 負債整理를 깨끗이 마무리하다.	
	16(水)	10.15	·妻와 盆唐에 가서 趙正濟·金源 夫婦와 점심을 같이하다. ·建國大學에 가서 일을 보다.	14(月) ·文化財委員會, 國寶1號 崇禮門(南大門)을 현행 유지키로 決定 ·英國 앤드류 王子, 방한함
	17(木)	10.16	·地發硏에 가서 世宗大學 舊職員들과 점심을 하다. ·붓글씨 '草凡詩竹'을 쓰다. ·建國大學을 거쳐 同心會 모임에 참석하다.	15(火) ·檢察, 不法盜聽 관여 嫌疑로 林東源·신건 前 國情院長을 拘束 수감함 ·알레 한드로 톨레도 페루 大統領, 방한함
	18(金)	10.17	·蔚山市 蔚州郡에 가다. ·鵄述山 아래 있는 朴堤上 祠堂을 둘러보다. ·郡 職場敎育에서 特講을 하고 상경하다	17(木) ·敎育人的資源部, 敎員評價 示範學校 48個校를 선정 발표. ·2006 獨逸 월드컵 本選進出 32個國이 확정됨.
	19(土)	10.18	·妻와 病院에 가서 얼굴 確認을 받다. ·沐浴을 하고 1週日만에 洗手를 하다. ·結婚主禮를 보고 趙命熙 恩師의 問喪을 하다. ·道德協會 任員들과 食事를 하며 논의하다.	18(金) ·U.N. 總會, 對北人權決議案을 채택 19(土) ·金剛山 觀光 7周年 紀念式, 金剛山에서 거행
	20(日)	10.19	·自宅에서 記錄을 整理하고 妻의 김장일을 도와주다.	·이라크, 爆彈테러로 130여명 死亡 20(日) ·不法盜聽 관련 檢察調査 받은 이수일 湖南大 總長, 自殺하여 波紋이 일어남
	21(月)	10.20	·一山 韓自硏에 출근하다. ·朱永夏·崔玉子 夫婦를 40年만에 만나 世宗大學件을 協議하다. ·朱將建氏 등과 음주·환담하다.	·韓國勞總 1萬 5,000餘名, 大學路에서 全國勞動者大會를 개최 ·부시 美國 大統領, 中國을 訪問함
	22(火)	10.21	·上溪洞 地發硏에 가다. ·朴永根·禹哉永·김진수氏와 점심을 같이하다. ·붓글씨를 쓰다 ·禹會長과 같이 河升逵 顧問을 초대하여 食事를 하며 李永哲氏件을 부탁하다.	21(月) ·李健熙 三星그룹 會長의 3女 윤형(26歲), 美國 뉴욕에서 死亡했다고 확인됨 ·韓半島 에너지 開發機構(KEDO) 執行理事會, 뉴욕에서 개최됨 ·이라크와 이란의 兩國 大統領, 이란에서 會談을 가짐
	23(水)	10.22	·建國大에 가서 不動産學科 學生들에게 特講을 하다. ·新行政首都 關聯者들의 모임을 갖고 歡談을 나누다.	22(火) ·獨逸 大聯政 公式 출범, 앙겔라 메르켈 女性總理 就任함 23(水) ·2006學年度 大學修學能力試驗 실시
	24(木)	10.23	·京釜高速道路上에서 '行複都市 特別法'에 대한 憲裁의 合憲判決 뉴스를 듣고 지극히 다행하다는 생각을 하고 안도하다. ·沃川郡民自治大學 修了式에서 祝辭를 하고 상경하다.	·國會, '쌀 關稅化猶豫協商' 批准同議案 통과 ·서울 中央地法, '親日派 宋秉畯 後孫의 3,000億 仁川 땅 訴訟 敗訴判決
	25(金)	10.24	·國土學會 및 自治學會에 잠시 들리다. ·李景熙·김영하·李義東氏 등과 점심을 같이하다. ·水原 市民自治大學 修了式에서 祝辭를 하고 김용서 市長등과 저녁을 같이한 뒤 상경하다.	24(木) ·憲法裁判所, '行政中心複合都市建設特別法'에 대한 憲法訴願事件을 却下하는 決定을 내림 ·黃禹錫 敎授, 모든 兼職을 사퇴한다고 발표

月	日	陰	本人 및 家族事項	社會一般事項
11	26(土)	10.25	·沐浴·理髮을 하다. ·長男夫婦 및 孫女가 오다. ·都炯逸君 結婚主禮를 보다. ·驛三洞 用途解除委員會의 고문수 회장 및 김종복·염규태·김창수·조동숙 씨등과 식사를 하며 환담하다.	·國民中心黨 創黨發起人大會를 개최함 ·蔚山地法, 全公務 罷業加擔 公務員 懲戒를 거부한 蔚山 東區 및 北區 區廳長에 대해 職務停止 判決을 내림 25(金) ·江陵 端午祭, UNESCO의 '人類 口傳 및 無形遺産 傑作'으로 선정됨
	27(日)	10.26	·East Valley에 가서 金源·이부식·이재홍씨와 같이 골프를 치다.	27(日) ·檢察, '7月부터 不動産 投機事犯 9,798名을 적발해 이중 344名을 拘束했다'고 밝힘
	28(月)	10.27	·妻, 종일 孫女를 돌보다. ·河東郡에 가서 平沙里의 崔參判宅 復元家屋을 둘러보다. ·郡民自治大學 修了式에서 祝辭를 하고 作品發表會를 관람하다. ·郡守등과 食事를 하고 상경하다. ·孫女가 떠나서 섭섭하다.	·中國 東北部 헤이룽장省 둥펑炭鑛의 爆發事故로 140여명이 死亡함 28(月) ·이수일 全敎組委員長, 記者會見을 열고 공식 사퇴 ·釜山 地下鐵 3號線 1段階 개통 ·U.N. 氣候變化協約 第11次 當事國總會(COP11), 캐나다 몬트리올에서 開幕
	29(火)	10.28	·一山 韓自研에 가다. ·編輯會議를 하고 같이 점심을 들다. ·世宗호텔에서 개최된 浦項市 中央·地方人事 交友 모임에서 特講하다. ·楊洲市長·禹·朴·高會長과 저녁을 같이하다.	29(火) ·統計廳, '出生兒數 減少要因分析'의 統計資料 발표 ·第29回 青龍映畵賞 施賞式 거행, '친절한 琴子氏'가 作品賞을 수상 ·大法院, '돈 갚을 能力 없는데 카드 사용하면 詐欺罪'라는 原審을 파기한다고 判決
	30(水)	10.29	·上溪洞에 가서 많은 사람의 來訪을 받고 協議하다. ·好凡會 모임에 참석하다.	30(水) ·京釜高速鐵道의 千聖山 터널 工事가 재개됨 ·韓國大學敎育協議會, '2006年 定時募集要綱'을 발표 ·박찬호 選手, 在日同胞 3世 박리혜氏와 하와이에서 結婚
12	1(木)	10.30	·中都委 第1分科會議를 주재하다. ·安養市民自治大學에서 特講을 하고 修了式 祝辭를 하다. ·黃時旭 會長 등 關係者들에게 저녁 대접을 하다.	1(木) ·黃禹錫 敎授의 論文에 대한 眞僞論難이 가열화됨 ·'眞實·和解를 위한 過去史整理委員會', 공식 출범함
	2(金)	11.1	·建國大學에 가서 手帖을 整理하다. ·妻와 같이 中國食堂 '孔乙己客棧'에서 개최된 環心會 送年모임에 참석하다. ·長女家族, 大邱 本宅에 가다.	·建設交通部, '3次 首都圈整備計劃案'을 발표 ·年間 貿易規模가 史上 첫 5,000億 달러(約 500兆원)를 달성함 ·退職年金制度, 첫 시행됨
	3(土)	11.2	·朴槿惠 代表와 환담하는 꿈을 꾸다. ·妻와 같이 煖爐를 사오다. ·沐浴을 하고 日誌를 記錄하다. ·大邱 査頓 49祭 脫喪을 모시다. ·今年 첫눈이 많이 내리다.	3(土) ·臺灣 第1野黨 國民黨, 地方選擧에서 압승 4(日) ·全國에 많은 눈이 내림 ·第4回 大韓民國 映畵大賞 施賞式 거행, '웰컴 투 동막골'이 最優秀賞을 수상 ·원자바오 中國 總理, 유럽 4個國을 巡訪함
	4(日)	11.3	·마당 및 앞길의 눈을 쓸다. ·妻와 長男宅에 가서 孫女를 보고 오다. ·長女家族, 무사히 상경하다.	5(月) ·第14代 中央選擧管理委員長에 손지열 大法官을 선출함
	5(月)	11.4	·一山 韓自研에 가다. ·果川市民自治大學 修了式에서 修了證 및 賞狀을 수여하고 祝辭를 하다. ·余仁國 市長 등과 食事하다.	7(水) ·國家情報院, 人革黨 民青學聯事件 調査結果를 발표 ·버시바우 駐韓 美國大使, 北韓의 僞造紙幣 問題를 거론하며 北韓을 犯罪政權(Criminal Regime)'이라고 호칭함
	6(火)	11.5	·環境大學院 同窓會 朝餐會에 가서 李明博 市長의 特講을 듣다. ·學校에 가서 講義하다. ·銀行處理와 새 手帖 記錄을 하다. ·禹哉永 會長등과 江東區 上一洞의 모래 荷置場을 둘러보고 같이 會食을 하다.	·光州 '國立 아시아文化殿堂'의 着工式을 가짐 ·韓國海洋硏究院, 6,000m 深海探査 無人潛水艇을 개발함 ·中國 허베이省 炭鑛에서 가스가 爆發하

月	日	陰	本人 및 家族事項	社會一般事項
12	7(水)	11.6	・蔚山市에 가서 裵興秀 行政副市長 등과 午餐을 같이하다. ・北區 區民自治大學에서 特講 및 修了式 祝辭를 하다. ・上京・귀가하여 長女와 外孫女를 잠시 만나다.	여 최소 74名이 死亡함 8(木) ・大韓航空 操縱士勞組, 총파업 단행 ・盧大統領, '第9次 東南아시아 國家聯合(ASEAN)+3 (韓・中・日) 會議 參席次 出國.
	8(木)	11.7	・上溪洞 地發研에 가서 高秀永 社長등과 점심을 같이하다. ・中都委 本會議에 참석하다. ・建交部次官 주재 中都委 送年모임에 참석하다.	・北韓人權 國際大會, 서울에서 開幕됨 9(金) ・國會議長이 本會議에 職權上程한 私立學校法 改正案이 한나라黨의 反對에도 불구하고 열린우리黨에 의해 강행 處理됨
	9(金)	11.8	・中部-嶺東-中央高速道路를 거쳐 榮州-奉化를 지나 佛影溪谷을 구경하고 4時間 30分만에 蔚珍郡에 도착하다. ・李宰東 副郡守 등과 점심을 같이하다. ・郡民自治大學에서 特講을 하고 修了式에 참석하다. ・金容守 郡守를 잠시 만나다. ・東海線-嶺東線을 경유하여 귀가하다.	・大法院, '學習誌 敎師는 勤勞者로 볼 수 없다'는 原審을 확정 判決함 10(土) ・釜山 新港灣 名稱을 '新港(Busan Newport)'으로 확정 ・韓國, 2006年 獨逸월드컵 組抽籤에서 G組로 決定됨 ・이태현, 2年 2個月만에 白頭壯士 등극
	10(土)	11.9	・沐浴을 하다. ・主禮 본 鄭君 夫婦의 來訪을 받다.	・나이지리아 旅客機, 南部都市 포트 하코트에 추락하여 107名이 死亡함
	11(日)	11.10	・혼자 長女宅에 가서 午餐을 같이하다. ・家族 모두와 映畵館에 가서 해리포터 映畵를 보다. ・妻와 合流하여 밖에서 食事를 하고 귀가하다.	11(日) ・2005 프로野球 골든글러브 施賞, 손민한 選手가 '黃金장갑賞' 수상 ・濠洲 시드니에서 人種葛藤 流血暴動이 일어나 31名이 負傷당함
	12(月)	11.11	・一山 韓自研에 가다 ・職員들과 送年 午餐會食을 같이하다. ・妻와 같이 三道會 夫婦 送年會에 참석하다.	13(火) ・韓國型 헬機事業(KHP), '유로콥터'로 확정
	13(火)	11.12	・學校에 가서 終講을 하다. ・朱龍鐸・金哲 會長의 來訪을 받고 점심대접을 하다. ・在京 聞慶市 鄕友會 會長團 送年모임에 참석하여 많은 知人들을 만나다.	・第17次 南北長官級會談, 濟州에서 개최됨 ・中央選擧管理委員會 事務總長에 김호열 事務次長이 승진 任命됨 ・金泉, 慶北 革新都市로 선정됨 ・西歸浦, 濟州 革新都市로 선정됨
	14(水)	11.13	・上溪洞 地發研에 가다. ・世宗大學팀들과 점심을 하다. ・土地公社・住宅公社에서 사람이 와서 都市計劃件을 보고하다. ・向志會 送年모임을 갖다.	・三星 無線인터넷, 國際標準으로 채택됨 ・仁川地法, 會社 돈 220億원 빼돌린 嫌疑로 임창욱 대상그룹 名譽會長에게 懲役 4年을 宣告 ・世界貿易機構(WTO) 閣僚會議가 홍콩에서 개최, 韓國人 示威者 11名이 拘束됨
	15(木)	11.14	・蔚山 南區 한마음自治大學에서 特講을 하고 修了式에서 祝辭를 하다. ・李埰益 廳長 및 局長들과 저녁을 같이하고 상경하다.	14(水) ・檢察, '安企部・國情院 不法盜聽事件'의 最終搜査結果를 발표 ・法院 行政處長에 장윤기 權限代行을 任命
	16(金)	11.15	・中都委 第1分科會議를 주재하다. ・地方自治學會 會長團會議 및 送年會에 잠시 참석하다. ・同心會 送年會에 참석하다.	・박수근(1914~1965)氏의 60年代 油畵 '市場의 女人', 最高價인 9억원에 落札 15(木) ・노성일 미즈메디病院 理事長, '黃禹錫 敎授의 줄기細胞는 없다'는 發言으로 波紋이 일어남
	17(土)	11.16	・날씨가 무척 추워지다. ・沐浴을 하고 聞慶市 統計를 整理하다. ・孫女가 집에 오다. ・누님・동생들과 어머님 祭祀를 모시다.	・이라크, 總選 실시 16(金) ・韓國教育課程評價院, 修能試驗 成績通知表를 個人에게 배포
	18(日)	11.17	・눈이 조금 내리다. ・長男夫婦, 孫女 데리고 外家宅에 가다. ・KBS TV드라마 '징기스칸'을 마지막으로 관람하다.	・檢察, 三星債券 837억원에 대한 搜査를 종결 ・大法院, 株式을 싼값에 買入한 嫌疑로 오길록 前 韓國電子通信研究院長에게 懲役 1年에 執行猶豫 2年을 宣告함
	19(月)	11.18	・行政中心複合都市 都市槪念 國際公募 施賞式에 참석하여 李海瓚 總理 및 칠레 大使 Adolfo Carafi 등을 만나다. ・一山 韓自研에 가다. ・國土計劃學會 顧問團 送年會에 참석하다.	・U.N.總會, '對北人權狀況 決議案'을 可決 17(土) ・2005 하나銀行 FA컵 全國蹴球選手權大會, 決勝戰에서 全北이 우승함 18(日) ・教育人的資源部, 携帶電話 등 修能 單純

月	日	陰	本人 및 家族事項	社會一般事項
12	20(火)	11.19	· 上溪洞 地發硏에 가다. · 研究院 送年晩餐을 같다. · Kepsi理事會에 참석하다.	不正 38名에게 試驗成績을 무효 處理함 19(月) · 國防部 過去事眞相糾明委員會, 조사결과 中間發表를 함
	21(水)	11.20	· 建國大學에 가서 일을 하다. · 地方行政研究院 主催 政策討論會에서 司會를 보다.	· 서울 中央地法, '將軍 잡는 女警' 강순덕 前 警衛에게 懲役 1年 6月을 宣告함
	22(木)	11.21	· 中都委 第1分科會議를 주재하다. · 本會議를 주재하고 今年度 終結人事를 하다. · 高校同窓生 및 禹哉永·李永哲氏와 저녁食事를 하다.	· 볼리비아 左派 大選候補 에보 모랄레스, 次期 大統領으로 當選이 確定되어 記者會見을 가짐 20(火) · 統計廳, '2003年 生命表' 발표
	23(金)	11.22	· 汽車로 大邱를 거쳐 高靈郡廳에 가다. · 郡民教養教室에서 特講을 하고 李泰根 郡守와 같이 修了式을 거행하다. · 汽車를 놓쳐 고생하다가 公安員의 도움으로 겨우 車를 타고 상경하다. · 밤에 눈이 조금 내리다.	· WBC(World Baseball Classic) 出戰 韓國팀 29名을 확정 발표 · FIFA(國際蹴球聯盟)가 선정한 '올해의 選手'에 호나우디뉴가 2年 연속 선정됨 · 뉴욕 地下鐵·버스 등 大衆交通職員勞組(TWU), 25年만에 罷業하여 交通이 전면 마비됨
	24(土)	11.23	· 沐浴을 하고 聞慶市廳 原稿를 쓰다.	
	25(日)	11.24	· 妻와 같이 長女家族에게 저녁을 접대하고 外孫子女에게 크리스마스 膳物을 주다.	21(水) · 湖南地域, 16日째 史上 最大 暴雪 내림 · 서울高法, 새만금干拓事業을 계속 추진하라는 判決 내림
	26(月)	11.25	· 楊口郡廳에 가다. · 住民自治大學에서 特講을 하고 修了式에서 施賞 및 祝辭를 하다. · 任경순 郡守 등과 저녁食事를 하고 귀경하다.	23(金) · 서울高法, '2003年 鐵道勞組 不法罷業 관련 鐵道公社에 24억 損害賠償 支給'을 判決
	27(火)	11.26	· 昨夜에 잠을 충분히 자지 못하여 終日 힘이 들다. · 釜山 金井區에 가서 21C 금샘아카데미에서 特講을 하고 修了式에서 祝辭를 하다. · 김문곤 區廳長 등과 午餐을 같이하고 상경하다. · 姜思賢 會長 招請으로 朴權欽·禹哉永 會長등과 저녁을 하며 歡談하다.	26(月) · 盧大統領, 警察公務員法 改正案을 공포하되 來年 2月 臨時國會에서 補完立法을 추진키로 決定 · 國家人權委員會, '汝矣島 農民示威中 숨진 전용철·홍덕표氏는 警察의 過剩鎭壓' 때문에 숨졌고', '良心的 兵役拒否를 인정하고 代替服務制를 권고한다'는 決定을 내림
	28(水)	11.27	· 國土研究院 21世紀 國土포럼 共同代表者會議를 주재하고 崔秉瑄 院長등과 午餐을 같이하다. · 上溪洞 地發硏에 가서 많은 사람을 만나 協議하다. · 學生 留學推薦書를 만들어주다. · 好凡會 送年모임에 나가다.	· 韓國 野球委員會(KBO), 次期 總裁에 申相雨 前 國會 副議長을 내정 27(火) · 盧大統領, 警察의 過剩鎭壓에 의한 農民 2名 死亡事件에 대해 對國民謝過를 함
	29(木)	11.28	· 學校에 가서 일을 處理하다. · 黃琪源·崔相哲 教授가 다녀가다. · 李景熙 將軍 등과 午餐을 하며 中國 進出件을 協議하다. · 建國大學에 가서 일을 하다. · 妻와 5人幇 모임에 나가 送年會를 갖다.	· 서울中央地法, '1974年 人民革命黨 再建委員會' 事件을 30여年만에 再審키로 決定 · 政府, 改正私立學校法 및 警察公務員法 改正案을 의결 · 政府, 松坡·巨餘 新都市 開發計劃을 발표 · 統計廳, 人口住宅센서스 結果를 발표
	30(金)	11.29	· 上溪洞 地發硏에 가서 일을 處理하다. · 研究事業의 契約이 이루어져 안도하다. · 午餐을 하며 送年 모임을 갖다. · 붓글씨를 쓰다. · 道德運動協議會 送年모임에 참석하여 總裁로서 人事말을 하다.	28(水) · 全南 莞島 海上에서 漁船이 전복, 船長이 死亡하고 10名이 실종됨 29(木) · 證市, 史上 最高値를 記錄하면서 2005年을 마감 · 大邱 西門市場에 큰 불 발생, 600여개 店鋪가 전소됨
	31(土)	12.1	· 집에 온 孫女를 보고 대견스럽게 느끼다. · 電話를 여러번 받다. · 妻와 子婦가 설 飮食을 準備하다. · 沐浴을 하고 記錄整理를 하다. · 참으로 바쁘게 보낸 한해를 감회 어리게 마감하다.	· 허준영 警察廳長, 警察의 과잉진압에 의한 農民 2名 死亡事件에 責任을 지고 辭意 表明 30(金) · 初代 防衛事業廳長에 김정일氏가 任命됨 · 國會, 憲政史上 처음으로 第1野黨(한나라黨) 불참속에 2006年度 豫算案을 處理함

第 71 歲 : 2006(4339) 丙戌年 / 名譽教授 · 碩座教授

月	日	陰	本人 및 家族事項	社會 一般事項
1	1(日)	12.2	· 丙戌年 새해를 맞다. · 동생 및 子女 모두와 祭祀를 모시고 歲拜를 받다. · 盧隆熙 教授 및 金壽鶴 會長宅에 歲拜 가다. · 自宅에서 歲拜를 받다. · 外孫子女들이 놀다가 가다.	1(日) · 朝鮮日報, 國政運營의 平均點數가 41.3이라고 조사 · 발표함 · 美國이 이란을 공격할 수 있다는 報道가 나옴 · 러시아, 우크라이나에 대한 가스供給을 중단함
	2(月)	12.3	· 學校에 가서 일을 處理하다. · 環境大學院 新年會에 참석하여 人事말을 하고 教授들과 점심을 같이하다. · 黃羲淵 教授의 來訪을 받다.	2(月) · 4個部處의 長官을 교체 · 새 5천원券 紙幣가 유통됨 · 京畿道, 水原 · 龍仁 일대 板橋 新都市 開發의 推進을 시작함 · 獨逸 바트 라이헨할의 아이스링크 지붕이 눈으로 무너져 11名이 死亡함
	3(火)	12.4	· 一山 韓自硏에 가서 일을 보다. · 新年會에서 人事말을 하고 점심을 접대하다. · 妻와 같이 國立醫療院에 가서 黃熱病 注射를 맞고 말라리아 藥을 타오다.	
	4(水)	12.5	· 上溪洞 地發硏에 가다. · 道路公社 硏究件으로 牟社長 등과 午餐을 같이하다. · '草凡詩竹'의 그림 · 글씨를 완성하여 書藝作家協會에 보내다.	3(火) · 改閣에 대한 與黨의 不滿이 비등함 · 初等學生의 海外留學이 6年새 30倍로 증가했다고 보도됨 4(水) · 盧大統領, 保健福祉部長官에 柳時敏 議員을 내정함 · 盧大統領, 警察廳長에 李宅淳 京畿警察廳長을 내정함 · 李元鍾 忠北知事, 知事 不出馬를 선언 · 美國 웨스트 버지니아州에서 炭鑛 埋沒로 鑛夫 12名이 死亡
	5(木)	12.6	· 大韓國土計劃學會 新年交禮會에 나가 人事말을 하고 午餐을 같이하다. · Africa 旅行 準備를 하고 記錄整理를 하다. · 서울, 零下11度의 추위를 記錄하다	
	6(金)	12.7	· 三星醫療院에 가서 妻의 MRI 撮影을 돕고 長女宅에 내려주다. · 建國大學에 가서 일을 하다. · '週刊 聞慶' 新聞의 이상우 社長과 윤상호 編輯長이 와서 對談을 하고 午餐을 대접하다. · 世宗大學 舊財團팀과 저녁을 하며 의견을 나누다.	5(木) · 濟州道 私立高校 5곳, 私學法 反對決議로 新入生 配定을 거부함 · 美國 워싱턴 政街, 아브라모프의 로비 스캔들로 緊張이 고조됨 · 日本, 高出産政策을 강력 추진한다고 보도됨
	7(土)	12.8	· 孫女가 와서 같이 지내다. · 驛三洞 住居地域緩和委員들과 對策을 協議하다.	6(金) · 青瓦臺, 私學非理 調査를 지시함 · 열린우리黨, 새 黨議長에 유재건 議員을 선임함 · 中國 社會科學院, 世界 國力評價에서 美國 1位, 中國 6位, 日本 7位, 韓國 9位라고 발표
	8(日)	12.9	· 沐浴을 하고 孫女를 돌보다. · 孫女 100日 紀念會食을 三井호텔에서 조촐하게 하다.	
	9(月)	12.10	· 一山 韓自硏에 가서 會議를 하고 記錄集計를 내다. · 三道會 일부 人士 및 光明市 人士들과 저녁食事를 하며 歡談하다.	
	10(火)	12.11	· 學校에 가서 여러가지 일들을 處理하다. · 建國大 李恩宰 院長 등을 만나 都市計劃件을 부탁받다. · 上溪洞 地發硏에 잠시 들리다. · 金玉鉉 社長 招請으로 本人 海外旅行 祝賀宴을 갖다.	7(土) · 朴東宣氏, 美國 휴스턴에서 이라크 스캔들로 拘束됨 8(日) · 私立中高法人協議會, 新入生 配定을 받기로 함 · 輕水爐 建設人力, 北韓에서 완전 철수함 · 이란, IAEA의 核封印을 제거하겠다고 발표
	11(水)	12.12	· 地發硏에 가서 일을 處理하다. · 行政中心複合都市建設廳 出帆 祝賀時調를 짓고 붓글씨를 쓰다. · 全職員들과 롯데百貨店 食堂에서 午餐을 같이하다. · 望遠鏡을 購入하다. · 高秀永 · 兪正濬 社長이 다녀가다. · 載國 妻男과 結婚40周年 紀念會食을 하고 노래방에 가서 늦게까지 놀다 오다.	9(月) · 國家人權委員會, 保安法 廢止와 死刑制 廢止 등을 골자로 한 '國家人權政策 基本計劃을 확정 · 발표함 · 터키에 AI(鳥類 인플루엔자) 感染者가 급증했다고 보도됨 · 밤에 눈이 꽤 많이 내림 10(火) · 서울大 調査委, 黃禹錫 教授의 줄기細胞는 당초부터 없었다고 발표 · 朴基榮 大統領 情報科學技術補佐官, 辭意를 表明.
	12(木)	12.13	· 妻와 같이 아프리카 觀光旅行을 떠나다. · 24名의 그룹투어에 끼어 仁川空港을 출발하여 홍콩에서 換乘하다. · 機內에서 1泊하다.	11(水) · 教育人的資源部, '第2次 國家人的資源開發 基本計劃(2006~2010)'을 확정 · 발표 · 홍콩 檢察, 反WTO 示威事件으로 기소된 韓國人 11名中 8名을 석방함 · 盧大統領, 열린우리黨 指導部와 青瓦臺 晩餐을 가짐
	13(金)	12.14	· 새벽 南阿共 Johannesburg에 내려 다시 換乘하다. · Kenya의 Nairobi 空港에 내려 Safari Park Hotel에 가다. · 큰 가방 1個가 도착하지 않아 무척 초조하게 기다리다. · 호텔에서 食事를 하며 民俗歌舞公演을 구경하다.	12(木) · 檢察, 黃禹錫 教授 自宅을 압수 수색함

月	日	陰	本人 및 家族事項	社會 一般 事項
1	14(土)	12.15	·昨夜에 外孫女 素瑛이를 잃었다가 다시 찾는 꿈을 꾸다. ·同行팀이 탄자니아로 떠나고 둘이만 남다. ·終日 호텔(故 田낙원氏 建設 所有) 境內를 구경하고 現地人의 結婚式을 참관하다. ·마음 졸이던 가방이 밤 늦게 도착하여 안도를 하고 가져온 사람에게 100달러의 수고비를 주다.	·教育人的資源部, 새學期부터 初·中·高學生의 生理缺席을 出席으로 처리키로 한다고 발표 ·金正日 委院長, 中國 廣州를 訪問 13(金) ·財經部, 아시아 13個國의 單一通貨 ACU(Asian Currency Unit)가 만들어질 것이라고 밝힘
	15(日)	12.16	·朴達 現地가이더의 案內로 莞島人 夫婦와 같이 나이로비 市內觀光을 하다. ·Karen Blixen 博物館, 麒麟農場, 市內中心地 등을 둘러보고 食堂 '東京'에서 점심을 먹다. ·밤에 妻와 호텔內 노래방에 가서 노래하다.	·政府, 科學分野 國家碩學 支援對象者 11名을 선정 발표 ·高建 前總理, 新黨 創黨의 可能性을 시사함 15(日) ·쿠웨이트의 執權 29年의 자베르 國王 他界
	16(月)	12.17	·2名의 韓人과 合流하여 旅行을 떠나다. ·Namanga를 경유하여 非鋪裝道路를 달려 Amboseli 國立公園에 들어가다. ·처음으로 Kilimanjaro의 눈덮힌 山을 보면서 Safari를 하며 Big Five 動物들을 구경하다. ·Ol Tukai Lodge에 投宿하다. ·밤에 비가 내리다.	·美軍의 파키스탄 爆擊으로 住民 18名이 死亡한데 대하여 全域에서 美 糾彈大會 열림 16(月) ·閔寬植 前國會副議長, 88歲로 서거 ·서울中央地檢, 黃禹錫 教授 研究팀의 研究員 7名을 소환조사 17(火) ·國民中心黨이 창당됨 ·서울中央地檢, 브로커 尹相林氏가 崔光植 警察廳 次長과 數千萬원대의 돈去來한 사실을 확인 수사함
	17(火)	12.18	·Kilimanjaro山에 해뜨는 光景을 구경하면서 다시 새벽 Safari를 하다. ·Namanga에 와서 잠시 휴식하는 동안 Tanzania의 國境을 넘어 그곳의 Namanga地域을 살펴보다. ·다시 Nairobi로 가서 Safari Park Hotel에 들어 저녁에 同行者들과 合流하다. ·카지노 責任者 李室長의 배려로 공짜로 노래방을 이용하다.	·金正日 委員長, 中國 湖錦濤 主席과 北京에서 會談을 갖고 귀국함 18(水) ·盧大統領, TV를 통해 新年演說을 함 ·綜合株價指數(코스피 指數), 2.64% 하락 ·美國 힐 國務部次官補와 北韓 김계관 外務省 部長, 北京에서 6者會談 再開 및 僞造紙幣 등에 대해 논의함
	18(水)	12.19	·一行과 市內觀光을 하다. ·航空機로 Johannesburg에 가서 Airport Grand Hotel에 들다.	19(木) ·釜山 新港中 3個 船席이 개장됨 ·國稅廳, 116個 大企業에 대해 稅務調査 착수
	19(木)	12.20	·航空機로 Zimbabwe의 Victoria Falls Town에 들어가다. ·世界 3大瀑布의 하나인 Victoria Falls를 2km 걸으면서 관람하다. ·Zambezi江에서 배를 타고 Cruise하면서 악어·河馬등을 구경하다. ·Mercure Rainbow Hotel에 投宿하다.	·國防科學研究所 前 研究員 한名이 搜査받던 中 投身自殺함 ·韓·美 外務長官, 駐韓美軍의 戰略的 柔軟性에 대해 合意發表 20(金) ·서울中央地檢, 서울藝高·藝園學校의 編入不正調査次 學父母등 200여명의 計座追跡에 착수
	20(金)	12.21	·버스로 Botswana에 入國하여 Chobe江에서 보트를 타고 河馬·악어·코끼리등을 구경하다. ·다시 Zimbabwe를 거쳐 Zambia에 入國하여 Victoria Falls를 구경하다. ·The Big Tree(Baobab, 1,500年 樹齡)를 보고 Victoria Falls Hotel의 庭園을 구경한뒤 Rainbow Hotel로 가다	·日本, 美國 쇠고기 輸入의 禁止措置를 내림 ·러시아, 零下30度 취위로 200여名이 凍死했다고 밝힘 21(土) ·崔光植 警察廳 次長의 秘書 姜熙道 警衛, 檢察調査中 自殺함 22(日) ·北韓 豆滿江 流域에 嘔除疫이 발생했다고 알려짐
	21(土)	12.22	·機內에서 機長 Johnny Knight로부터 距離 사인을 받고 Johannes를 거쳐 Cape Town에 도착하다. ·中國食堂에서 食事를 하고 Hotel Garden Court에 投宿하다.	·압둘라 빈 아지즈 사우디 國王, 國交樹立後 처음 中國을 訪問 23(月) ·監査院, 私學에 대한 全面 特別監査에 착수 ·證券去來所, 株價暴落으로 코스닥市場의 모든 去來를 정지함
	22(日)	12.23	·Cape Town 內外의 觀光을 하다. ·보트를 타고 Seal Island의 물개를 보고 Boulders 에서 펭귄을 구경하다. ·바다가제로 午餐을 한 뒤 希望峰에 올라 徒步로 구경하다. ·泰國食堂에서 저녁을 들고 호텔에 들다.	·財經部, 燒酒稅 引上을 재추진할 意思가 있음을 시사함 24(火) ·열린우리黨, 院內代表에 김한길 議員을 선출함 ·美國, 韓國에 北韓의 달러 僞幣에 대해 金融措置를 취해줄 것을 요청함

月	日	陰	本人 및 家族事項	社會一般事項
1	23(月)	12.24	· Table Mountain을 Cable Car로 올라 구경하고 Water Front를 訪問한뒤 駝鳥 고기로 점심을 먹다. · Johannesberg로 돌아와 Airport Grand Hotel에 投宿하다.	· 南阿共 警察, 過去 아파르트헤이트(人種差別政策)관련 犯罪者들을 기소하겠다고 밝힘 25(水) · 盧大統領, 新年記者會見을 갖고 北韓의 崩壞를 원하지 않는다고 밝힘 · 崔光植 警察廳 次長, 名譽退職을 신청
	24(火)	12.25	· 버스 旅行을 시작하다. · Midrand에서 妻가 Tanzanite 반지를 사다. · 行政首都 Pretoria에서 大統領宮 등을 구경한뒤 박혜나 高速道路를 달려 Sun City에 도착하다. · 쇼 구경을 하고 Cabanas Hotel에 投宿하다.	· 팔레스타인 總選實施, 이슬람 武裝團體인 하마스가 압승함 26(木) · 韓悳洙 副總理, 7月 1日부터 스크린 쿼터가 현행 年間 146日에서 73日로 줄어든다고 밝힘 · 서울高法, 베트남戰爭에서 枯葉劑 被害를 입은 韓國軍에게 賠償을 하라는 判決을 내림
	25(水)	12.26	· Sun City를 출발하여 Johannesburg 空港에 도착하다. · 機內에서 1泊하다.	· 美國 캘리포니아州, 담배 煙氣를 大氣汚染物質이라고 선언함
	26(木)	12.27	· 홍콩에서 換乘하다. · 오후 5시 47분에 仁川空港에 도착하다. · 長女·外孫女의 마중을 받고 귀가하다. · 밤 늦게까지 整理하다. · 14泊 15日, 6國 11地域, 航空 10回 搭乘 35,714km, 船舶 34km, 버스 1,788km, 步行 45,691步, 總經費 1,670萬원의 아프리카 旅行을 종료하다.	27(金) · 文化觀光部, 스크린쿼터 縮小에 따른 映畵産業 支援方案을 발표 · 오스트리아, 모차르트 誕生 250周年을 맞아 各種 行事를 개최함 28(土) · 비디오 아티스트 白南準氏, 美國에서 서거함 · 北韓 장성택 勞動黨 第1副部長, 다시 復權되어 나타남
	27(金)	12.28	· 一山 韓自硏에 출근하다. · 職員들에게 膳物을 주고 會議를 하다. · 일찍 귀가하여 記錄을 整理하다. · 孫女를 돌보다.	· 日本 麻生太郎 外相, 日本王이 야스쿠니 神社에 참배해야 한다고 발언함 30(月) · 政府, 今年 昨年對比 일자리를 46.6% 늘리기로 했다고 밝힘
	28(土)	12.29	· 몸에 멍이 많이 들어 沐浴을 못하다. · 聞慶에서 1個月된 강아지를 집에 가져와 '방울'이라 命名하다. · 旅行記錄을 整理하다.	· 서울中央地法, 代理運轉事故는 車主人도 連帶責任을 져야 한다고 判決 · 監査院, 黃禹錫 教授 後援金 63億원이 民間研究員 計座로 관리됐다고 밝힘
	29(日)	1.1	· 설날을 맞이하다. · 妻와 누님宅에 歲拜次 갔다가 不在中이라 膳物만 두고 오다.	31(火) · 氣象廳, 江原道 및 慶北 北部地方에 大雪注意報를 발령 · 市·道知事 出馬 豫備 候補者의 登錄이 시작됨
	30(月)	1.2	· 妻와 長女宅에 가서 外孫女와 놀다가 같이 食事를 하고 오다.	· 財經部, 附加稅 零稅率과 免稅品目을 조정하는 方案을 확정
	31(火)	1.3	· 上溪洞 地發研에 가서 膳物을 주고 일을 處理하다. · 高秀永 社長 등에게 점심을 대접하다. · 好凡會 總會에 참석하고 第4代 會長으로 선임되다.	· 盧大統領, 8個部處 7個廳의 次官級 人事를 단행함 · 美國 聯邦準備制度 理事會 앨런 그린스펀 議長, 在任 18年만에 퇴임함 · 부시 美 大統領, 새해 國政演說에서 시리아·미얀마·짐바브웨·北韓·이란은 '自由가 필요한 나라들'이라고 천명
2	1(水)	1.4	· 三星醫療院에 가서 妻의 診斷을 받고 藥을 짓다. · 建國大學에 가서 일을 보다. · 長女宅에 가서 外孫女를 데리고 집에 오다. · 長男 주선으로 三井호텔에서 妻의 生日宴을 갖다.	1(水) · 法務部, 檢事長 以上 37名의 人事를 6日字로 단행한다고 밝힘 · 大法院, 高位法官 42名의 人事를 13日字로 단행한다고 발표
	2(木)	1.5	· 學校에 가서 銀行處理 등을 하다. · 黃明煥 社長 招請으로 禹哉永·李永哲 會長과 저녁食事를 하다.	· 外換銀行, 對北 金融制裁를 시작함 2(木) · 열린우리黨, 黨議長 豫備競選에서 鄭東泳·金槿泰 등 8名을 선출
	3(金)	1.6	· 自宅에서 종일 旅行記錄을 하다.	· 韓國의 댄서 音樂歌手 '비', 美 뉴욕 매디슨 스퀘어 가든에서 成功的 公演을 함
	4(土)	1.7	· 沐浴湯에 가서 理髮을 하고 샤워만 하다. · 權五澈 同期生 女息 結婚式과 金敬姬 建國大學 理事長 女息 結婚式에 참석하다.	· 盧大統領 査頓의 飮酒運轉事故를 當局이 은폐했다는 疑惑이 제기됨

2006

月	日	陰	本人 및 家族事項
2	5(日)	1.8	·自宅에서 記錄을 整理하다. ·사위 文丙基君이 캐나다 訪問次 出國하다.
	6(月)	1.9	·昨夜에 잠이 오지 않아 일어나 記錄을 整理하고 TV를 보다. ·一山 硏究院에 가서 일을 보다. ·金東信 講師가 와서 모두 함께 점심을 하다. ·妻, 親舊들과 윷놀이를 가다.
	7(火)	1.10	·上溪洞 硏究院에 출근하다. ·地方自治學會 古州賞委員會에 참석하고 저녁을 같이하다.
	8(水)	1.11	·學校에 가서 第1學期 講義案을 작성하다.
	9(木)	1.12	·中都委 本會議를 주재하다. ·金惠源 親舊 招請 저녁에 金彰年·金玉鉉과 같이 참석하여 歡談을 나누다.
	10(金)	1.13	·建國大學에 나가 일을 보다. ·서울市 都市計劃課에 들렀다가 三道會 모임에 나가다.
	11(土)	1.14	·오랜만에 沐浴을 하다. ·孫女를 봐주다. ·長女·長男 家族들과 正月보름 찰밥을 먹고 달에 祈願을 드리다. ·昨日 캐나다에서 귀국한 사위 文書房이 늦게 다녀가다.
	12(日)	1.15	·自宅에서 종일 記錄을 整理하다. ·孫女가 가서 섭섭하다.
	13(月)	1.16	·一山 韓自硏에 출근하다. ·世宗大學 財團팀과 저녁을 하다. ·美國 兪書房으로부터 次女 옷짐을 받다.
	14(火)	1.17	·學校에 가서 諸般 整理를 하다. ·上溪洞 地發硏에 가서 徐健一氏 등을 만나 協議하다. ·禹哉永·李永哲·金玉鉉·金奎馥氏 등과 저녁을 하다.
	15(水)	1.18	·外孫子 初等學校 卒業式에 참석하다. ·聞慶市에 가서 市長·議長 등과 같이 市民自治大學 開講式에 참석하여 祝辭를 하고 雨中에 바로 상경하다. ·外孫子 卒業祝賀 저녁會食에 참석하다.
	16(木)	1.19	·建國大學에 가서 일을 보다. ·崔민성 講師가 와서 1學期 特講計劃을 協議하다.
	17(金)	1.20	·새벽에 떠나 大田 忠南大學에 가다. ·地方自治學會 總會에 참석하고 第1分科 司會를 보다. ·李春熙 廳長에게 글씨 額字를 기증하다. ·次期會長 選擧를 하고 蘇鎭光 敎授를 당선시키다. ·上京하여 집에서 食事를 하다.
	18(土)	1.21	·安山市에 가서 黃明煥氏 令息 結婚主禮를 보고 오다. ·孫女가 집에 오다.
	19(日)	1.22	·沐浴湯에 가서 거의 두달만에 처음 때를 밀다. ·孫女가 가서 서운하다. ·2層 房이 잠기고 열쇠를 못 찾아 妻가 화를 내다.

社會 一般 事項	
3(金)	·이집트 旅客船, 1,400名을 태우고 紅海를 지나다 火災로 沈沒하여 1,000여명이 死亡함
4(土)	·李健熙 三星會長, 出國 5個月半만에 귀국함 ·시리아 國民들, 이슬람敎 預言者 무하마드를 풍자하는 漫畵의 게재에 격분하여 덴마크 등 유럽 國家 大使館에 방화하면서 시위함
5(日)	·大法院, 主要 事件을 별도로 관리해 신속하게 재판토록 한다고 밝힘
6(月)	·日本 外相, 3月 1日부터 90日 이내의 韓國人 日本訪問 비자를 免除키로 한다고 발표 ·어머니가 韓國人인 混血美國人 하인스워드, 수퍼보울에서 最優秀選手(MVP)로 선정됨 ·예멘에 수감중인 알카에다 組織員 23名이 땅굴을 파서 도주함
7(火)	·盧大統領, 靑瓦臺에서 印度 칼람 大統領과 頂上會談을 가짐 ·三星, 8,000億원을 社會에 헌납키로 한다고 발표
8(水)	·敎育人的資源部, 低所得層 子女에게 大學生이 無料 課外指導를 하는 멘토링制度를 示範 실시키로 함
9(木)	·韓國銀行, 콜 金利 目標値를 年 3.75%에서 4%로 인상함
10(金)	·盧大統領, 國會人事聽聞會의 是非論議에도 불구하고 5個部處의 長官을 任命함
11(土)	·冬季올림픽大會가 이탈리아 토리노에서 開幕됨
12(日)	·韓·中·日 30人會, 서울에서 創立總會 가짐
14(火)	·政府, 潘基文 外交通商部長官을 次期 U.N.事務總長 候補로 추천키로 함. ·中國의 國家主席·總理 등 主要幹部들이 모여 새마을運動의 採擇 可能性을 논의함
15(水)	·國會 建設交通委員會, 公共宅地 造成原價를 公示하는 內容의 宅地開發促進法 改正案을 與野合意로 處理함 ·버시바우 美 대사, 北韓이 僞幣銅版의 廢棄證據를 보여야 한다고 주장
16(木)	·高建·韓和甲氏, 會同晩餐에서 5·31 地方選擧의 協力을 다짐함
17(金)	·필리핀 레이테 섬에서 山沙汰로 1,800餘名의 死傷者가 발생함
18(土)	·열린우리黨, 새 黨議長에 鄭東泳 候補를 선출함
19(日)	·하와이에서 끝난 LPGA 골프 투어 開幕戰 SBS 오픈에서 金주미 選手가 첫 優勝을 차지함
20(月)	·自民聯, 創黨 11年만에 한나라黨과 통합

月	日	陰	本人 및 家族事項	社會一般事項
2	20(月)	1.23	·一山 韓自硏에 출근하다. ·果川市民自治大學 開講式에 참석하여 祝辭를 하다. ·講師 朴世一 敎授의 '大韓民國 先進化의 길' 講演을 듣다.	21(火) ·鄭東泳 議長의 自治團體 非難에 대해 團體長들의 反撥이 일어남 ·로렌스 서미스 하버드大學 總長, 敎授陣과의 갈등으로 6月에 辭任한다고 발표 ·英國銀行 現金保管所에서 强盜들에 425억원을 강탈당함
	21(火)	1.24	·上溪洞 地發硏에 나가다. ·多數의 人士들을 만나다. ·蘆原區廳長 및 禹會長 등과 저녁 會食을 하다.	22(水) ·鄭鎭奭 서울大敎區長, 로마 敎皇廳으로부터 새 樞機卿으로 任命됨
	22(水)	1.25	·國土學會 總會에 잠시 참석하다. ·프레스 센터에서 개최된 'Amenity Forum' 創立總會에서 人事를 하고 司會를 보다. ·同 포럼의 共同代表로 선임되다. ·好凡會 會長으로 모임을 주재하다.	·現代·起亞自動車 課長級 이상 任職員들, 올해 賃金 凍結을 결의 ·李熙範 前産資部長官, 貿易協會 새 會長으로 선출됨
	23(木)	1.26	·學校에 가서 일을 보다. ·國土硏究院에 가서 崔秉瑄 會長을 잠시 만나다. ·中都委 第1分科會議를 주재하다. ·國土學會 副會長으로 선출된 黃羲淵 敎授와 잠시 이야기를 나누다. ·道德協會 理事會에 나가 일을 處理하고 함께 저녁을 들다.	23(木) ·盧大統領, 靑瓦臺에서 鄭東泳 議長과 晩餐을 하며 長官들의 地方選擧 出馬를 協議함 24(金) ·아로요 필리핀 大統領, 示威激化로 國家非常事態를 선포함 ·탁신 친나왓 泰國 總理, 議會를 解散함 25(土) ·AP通信, 美國人들의 敵國은 이란·이라크·北韓으로 조사되었다고 보도함
	24(金)	1.27	·報恩郡에 가서 朴種起 郡守와 金東吉 講師를 만나다. ·郡民自治大學 開講式에 참석하여 祝辭를 하다.	26(日) ·토리노 冬季올림픽 쇼트트랙에서 金메달 두개를 추가 획득함 27(月) ·非定規職保護法案, 16個月 陣痛 끝에 國會 環境勞動委員會 통과
	25(土)	1.28	·自宅에서 記錄을 整理하다. ·몸살기가 있어 좋지 않다. ·外孫女가 와서 妻와 같이 놀이터 등을 散策하다. ·外孫女와 敎保文庫에 가서 冊 등을 사다.	·한나라黨 최연희 事務總長, 女記者 性戱弄事件으로 脫黨함 ·토리노 冬季 올림픽大會 閉幕, 韓國 綜合7位 획득
	26(日)	1.29	·沐浴을 하다. ·몸살 感氣로 고생하다.	28(火) ·建交部, 17.81% 오른 올해 平均 標準公示地價를 발표
	27(月)	1.30	·不便한 몸으로 妻와 같이 長女宅에 가다. ·모두 같이 COEX에서 개최된 外孫女의 幼稚園 卒業式에 참석하고 점심食事를 하다. ·病院에 가서 感氣治療를 받고 長女宅에 가서 쉬다.	·필리핀, 國家非常事態의 發動下에서 左翼系 人士등에 대한 掃蕩戰을 시작함 ·日本 東京의 오래된 名門料亭인 '긴류(金龍)'가 門을 닫음으로써 料亭文化 時代가 거의 끝나게 됨
	28(火)	2.1	·昨夜에 盧武鉉 大統領 등과 食事를 하는 꿈을 꾸다. ·長男 車로 上溪洞 地發硏에 가서 일을 보다. ·不便한 몸으로 多數의 人士를 만나다. ·向志會 모임에 나가 새 會長으로 朴永根 社長을 선출하고 李永哲·高秀永氏를 새로 영입하다. ·會員 및 金昇河·金玉鉉氏등과 노래房에 가다. ·매우 힘든 하루를 보내다.	
3	1(水)	2.2	·昨夜에 눈이 조금 내리다. ·3.1節을 맞아 國旗를 게양하다. ·불편한 몸으로 記錄을 整理하고 낮잠을 잔 뒤 혼자 散策을 하다. ·입맛이 떨어지다.	1(水) ·鐵道勞組, 中央勞動委員會 職權仲裁回附 決定에도 불구하고 罷業을 단행함 ·盧大統領, 3·1節 紀念辭에서 日本에 대해 國際社會 信賴回復을 촉구
	2(木)	2.3	·불편한 몸으로 혼자 長女宅에 가다. ·外孫女 初等學校 入學式에 참석하다. ·함께 午餐後 外孫子의 中學校 入學式에 참석하다. ·病院에 가서 診察을 받고 同心會 모임에 가다.	2(木) ·盧大統領, 行自部·情通部·文化部·海洋部의 長官候補를 指名하다 ·鐵道公社, 不法罷業을 주도한 勞組幹部 등 2,200여명을 職位解除함

月	日	陰	本人 및 家族事項	社會一般事項
3	3(金)	2.4	· 建國大學에 출근하여 碩座教授 再發令狀을 수령하다. · 公州市에 가서 市長·副市長 등을 만나고 公職者 特講을 하다. · 저녁 待接을 받고 상경하다.	3(金) · 國寶 1號 崇禮門, 99年만에 門을 열어 市民往來를 허용함 · 南北 將星級會談, 統一閣에서 개최되었으나 黃海 北方限界線 認定問題의 是非로 會談이 결렬됨
	4(土)	2.5	· 몸살 感氣로 입맛이 떨어지다. · 孫女가 와서 같이 지내다.	
	5(日)	2.6	· 昨夜에 高建總理와 會議·對談·食事를 하는 꿈을 꾸다. · 沐浴을 하고 쉬다. · 妻가 神經質을 내고 長男家族이 떠나다.	5(日) · 李海瓚 總理, 3·1節날 釜山 골프件으로 對國民謝過를 하고 大統領에게 辭意의 뜻을 전함 · 韓·日 野球戰에서 韓國이 3對2로 승리함 · 中國, 第10期 全國人民代表大會를 개최
	6(月)	2.7	· 一山 韓自硏에 출근하다. · 편치 않은 몸으로 會議, 電話, 記錄 등을 하다. · 任忠彬 市長 및 高秀永 社長과 食事를 하며 事件處理를 상의하다.	6(月) · 盧大統領, 아프리카 3個國 巡訪을 위해 出國 · 美國, 第78回 아카데미賞 施賞式에서 映畵 'Crash'가 作品賞을 수상함 · 푸틴 러시아 大統領, 토리노 冬季올림픽大會에서 金·銀·銅메달을 딴 22名에게 각각 外製車 1臺씩을 선사함
	7(火)	2.8	· 밤에 故 金在益 博士가 새 政權引受委員으로 활약하고 있는 꿈을 꾸다. · 學校에 가서 第1學期 첫 講義를 하고 崔相哲 教授와 停年에 대해 이야기를 나누다. · 서울大學病院에 가서 診察를 받고 豫約을 한 뒤 藥을 타오다. · 마음이 다소 홀가분하다. · 妻, 權文勇 廳長의 市長 出馬 激勵 모임에 다녀오다.	7(火) · 盧大統領, 카이로에서 무바라크 이집트 大統領과 頂上會談을 가짐 · 盧大統領, 學校 先生任들이 變化에 가장 抵抗的이라고 지적함 · 中國 胡錦濤 主席, 中國人으로서 해야 할 일과 해서는 안될 일을 나열한 '社會主義 榮辱觀'을 피력함
	8(水)	2.9	· 上溪洞 地發硏에 가다. · 高秀永·朴永根 社長 등과 午餐을 하다. · 楊州 住民代表가 다녀가다. · 金玉鉉·鄭光玉·李永哲氏가 來訪하다. · 孫황·張翰相과 저녁을 하며 世宗大學件을 논의하다.	8(水) · 바웰 벨 駐韓 美軍司令官, 駐韓 美地上軍을 줄이고 海·空軍 比重을 높이는 方案을 밝힘 · 北韓, 咸興 隣近에서 短距離 미사일 2基를 발사
	9(木)	2.10	· 自宅에서 記錄을 整理하다. · 道德協會 顧問團 晩餐에 참석하여 자문하다.	9(木) · 靑瓦臺, 物議를 일으킨 3·1節 골프件에 대해 眞相調査를 시작함 · 日本, 디플레가 끝났다는 診斷下에 非常通貨政策을 5年만에 中斷함
	10(金)	2.11	· 建國大學에 가서 일을 하다. · 김재환 學生이 다녀가다. · 行政中心都市 建設과 관련된 崔秉瑄·徐義澤·李春熙·金在賢·李建赫·金景植氏등에게 저녁 待接을 하며 歡談하다.	10(金) · 李海瓚 總理, 모든 公式日程을 취소함 · 江南圈 아파트값이 半年새에 6.6% 올랐다고 報道됨 · KAL·아시아나 航空, 美國서 集團訴訟을 당함
	11(土)	2.12	· 沐浴하고 記錄整理를 하다. · 家族이 모여 次女와 外孫女의 生日宴을 갖다.	11(土) · 英國 이안 윌머트 教授, 돌리 複製를 本人이 하지 않았다고 良心宣言함
	12(日)	2.13	· 次女와 오랜만에 같이 教保文庫에 가서 冊을 사다. · 妻 및 次女와 興仁家具 센터에 가서 소파를 새로 사다. · 하나로 마트를 거쳐 저녁食事를 하고 귀가하다.	12(日) · 鄭東泳 議長, 高建 前總理와 午餐會同을 함 · 개그맨 金형곤氏의 葬禮式이 거행됨
	13(月)	2.14	· 一山 韓自硏에 출근하여 職員들에게 午餐을 사주다. · 金玉鉉 親舊가 다녀가다.	13(月) · 野球 國家對抗戰 WBC 8强 2라운드에서 韓國이 멕시코를 2對1로 이김
	14(火)	2.15	· 建國大學에 가서 일을 하다. · 禹會長과 같이 奉化집에 가서 金玉鉉 親舊 및 趙源宅 會長을 만나 大學移轉件을 協議하다.	14(火) · 盧大統領, 아프리카 3個國 訪問 마치고 귀국 · 盧大統領, 3·1節 골프로 物議를 일으킨 李海瓚 總理의 辭意를 수용함 · 韓國, LA에서 가진 WBC 野球 2라운드에서 美國을 7對3으로 이김

月	日	陰	本人 및 家族事項	社會 一般 事項
3	15(水)	2.16	・上溪洞 地發硏에 출근하다. ・金昇河氏등과 午餐을 하다. ・海外旅行件을 작성하여 高永天 會長께 송부하다. ・黃時旭 會長 晩餐에 참석하여 金永淵 社長등과 歡談하다.	15(水) ・盧大統領, 環境部長官에 이치범 環境資源公社 社長, 公正去來委員長에 권오승 서울大 法大 敎授를 指名 ・李海瓚 總理, 政府中央廳舍에서 離任式을 가짐 ・이기우 敎育部次官, 3・1節 골프件에 責任을 지고 물러남
	16(木)	2.17	・中央都市計劃委員會 本會議에 참석하고 함께 午餐을 하다. ・學校에 가서 銀行處理를 하다. ・蘇鎭光 敎授의 招請으로 盧隆熙・崔相哲・李圭煥 李周熙 敎授와 플라자 호텔에서 저녁食事를 하다.	16(木) ・大法院, 새만금事業을 계속하라는 判決을 내림 ・與野 5個政黨代表, 5・31 地方選擧에서의 Manifest 政策選擧 實踐協約을 맺고 公明選擧를 다짐함 ・韓國 野球, 日本을 2對 1로 이기고 WBC 4强 進出이 확정됨 ・프랑스 學生들, 最初雇傭契約(CPE) 制度에 반대하는 示威를 全國에서 벌림
	17(金)	2.18	・水原 市民自治大學 開講式에 참석하여 祝辭를 하다. ・學校에 가서 일을 보다. ・韓國經濟新聞社에 가서 '企業하기 좋은 地域大賞' 審査委員會의 委員長으로 추대되어 會議를 주재하다.	17(金) ・새만금 물막이工事가 다시 시작됨
	18(土)	2.19	・結婚式場에 가서 錯誤를 깨닫고 그냥 長女宅으로 가다. ・外孫子女와 밖에서 점심을 사먹고 잠시 쉬다 오다. ・孫女가 집에 오다.	18(土) ・韓國 野球, WBC 準決勝戰에서 日本에 패하여 決勝進出을 못함 ・서울中央地檢, 러시아大學에서 가짜 碩・博士 學位를 받은 120여명과 斡旋者를 기소함 ・北韓・中國, 新義州 入國 外國人 投資者에게 '無泊 無비자'를 추진키로 함
	19(日)	2.20	・沐浴을 하고 집에서 孫女를 돌보다. ・집에서 韓食을 주문하여 먹다.	
	20(月)	2.21	・一山 韓自硏에 가서 일을 하고 職員들로부터 午餐을 대접받다. ・建國大學에 가서 不動産大學院 學生들에게 特講하다.	20(月) ・서울大 懲戒委員會, 黃禹錫 敎授에 대해 罷免을, 나머지 關聯敎授 6名에게는 停職과 減俸 懲戒를 의결 ・第13次 南北離散家族相逢이 金剛山에서 이루어짐
	21(火)	2.22	・學校에 가서 講義를 하고 銀行整理를 하다. ・三星保險의 金支店長 招請으로 黃時旭・河升逵氏와 저녁을 같이하다.	21(火) ・國務會議, 全斗煥・盧泰愚 前大統領 등 176名의 敍勳을 취소한다는 議決을 함 ・盧大統領, 次官級 5名의 人事를 단행 ・中・러 頂上들, 北京에서 會談을 가짐
	22(水)	2.23	・上溪洞 地發硏에 가다. ・兪正濬・南誠祐・洪義錫氏와 午餐을 같이하다. ・많은 사람이 다녀가다. ・禹哉永 會長 招請으로 日月潭에서 知人들과 食事하다.	22(水) ・韓國人등 國際共同硏究팀, 人間의 11番 染色體를 완전해독했다고 보도됨
	23(木)	2.24	・建國大學에 출근하다. ・世宗大學에 가서 金浩鎭 理事長에게 冊 2卷을 기증하다. ・世宗大 財團팀과 食事하다.	23(木) ・韓銀 總裁에 李成太 副總裁가 내정됨 ・中國 하얼빈市에 今年 1月 6日 건립된 安重根 義士 銅像을 百貨店 안으로 옮기기로 했다고 보도됨 ・日本 警察, 大阪 朝總聯 事務室을 강제수색함
	24(金)	2.25	・上溪洞에 출근하다. ・손황 理事가 다녀가다. ・書畫作家協會 會員展에 참석하여 開幕式을 주재하고 祝辭를 하다. ・高永天氏 招請으로 多數人과 저녁을 같이하다.	24(金) ・盧大統領, 韓明淑 議員을 새 總理로 指名 ・鄭鎭奭 樞機卿, 바티칸에서 敎皇 베네딕토 16世로부터 樞機卿에 公式 敍任됨 ・金融界 마당발 金在錄氏, 斡旋受財로 拘束됨
	25(土)	2.26	・沐浴 다녀오다. ・外孫女와 같이 강아지를 데리고 散策하다. ・孫女가 집에 오다. ・長女家族이 와서 저녁을 같이 하고 집에 묵다.	
	26(日)	2.27	・長女家族이 떠나다. ・妻・次女와 같이 科學技術會館에 가서 寫眞을 찍고 뉴코아를 거쳐 누님宅에 가다. ・問病을 하고 누님 內外分과 垣・銀淑에게 저녁을 대접하다.	26(日) ・롯데월드, 無料開場으로 인해 40餘名의 負傷者가 생김 ・檢察, 秘資金 調査次 글로비스 李柱銀 社長을 체포
				27(月) ・國家人權委員會, 敎授勞組化가 필요하다고 천명

月	日	陰	本人 및 家族事項	社會 一般 事項
3	27(月)	2.28	·一山 韓自硏에 출근하다. ·金玉鉉 社長이 다녀가다.	29(水) ·日本政府가 高敎敎科書에 獨島를 日本땅으로 名記토록 지시했다고 보도됨 ·貨物連帶, 光州에서 서울로 옮겨 罷業을 계속함
	28(火)	2.29	·自宅에 쉬면서 記錄整理만 하다.	
	29(水)	3.1	·地發硏에 출근하다. ·黃時旭 會長 등이 와서 議論을 하고 모두 함께 午餐을 하다. ·住宅公社 關係官이 다녀가다. ·好凡會 모임을 주재하다.	30(木) ·政府·與黨, 再建築利益이 3千萬원 以上일 때 最高 50%까지 환수하는 方案을 8月부터 시행키로 決定함 ·서울大, 新入生 47%를 隨時募集하는 2007學年度 入學銓衡案을 발표
	30(木)	3.2	·中都委 會議에 참석하고 司會를 보다. ·점심을 같이 하고 第1分科 會議를 주재하다. ·고문수 會長등과 만나 驛三洞件을 논의하다.	·프랑스 憲法裁判所, 大規模 示威를 가져온 雇傭關係法이 合憲이라는 決定을 내림
	31(金)	3.3	·建國大學에 출근하다. ·崔代理 親舊인 李政喜 前 陸軍大學 圖書室長이 來訪하다. ·칼빈大學校의 김진웅 理事長, 임충곤 學長, 趙會長, 金玉鉉 社長과 저녁을 같이하며 大學移轉件을 協議하다. ·禹哉永 會長 등과 따로 만나 歡談하다.	31(金) ·大檢察廳, 脫稅와 外貨逃避, 外換銀行 헐값 買入의 疑惑事件을 調査하기 위해 美國系 企業인 론스타의 關係者에 대한 計座追跡에 착수함
4	1(土)	3.4	·自宅에서 記錄을 整理하다. ·妻, 親舊 子女 結婚式에 가다. ·次女와 집에서 食事를 하다.	2(日) ·監査院, 外換銀行 賣却責任者 10여명을 소환 조사키로 했다고 밝힘
	2(日)	3.5	·昨夜에 늦게 취침하여 아침 10時 30分에 기상하다. ·次女와 沐浴을 가다. ·孫女가 와서 같이 지내다.	·大檢察廳, 韓明淑 總理 候補가 男便 朴聖煥 敎授가 관련된 統革黨事件의 搜査記錄을 요청했다고 밝힘 ·泰國, 下院議員 500名을 뽑는 總選 실시
	3(月)	3.6	·一山 韓自硏에 출근하다. ·在家中 電話를 받고 나가 金泰保·姜昌錫 弟子들과 음주·환담하다. ·BC카드를 분실하다.	3(月) ·하인스 워드 母子, 美國에서 訪韓次 仁川 도착 ·鄭義宣 起亞車 社長, 秘資金事件으로 出國禁止됨
	4(火)	3.7	·學校에 가서 講義를 하고 受講生들에게 本人 隨想集을 기증하다. ·光云大學 情報福祉大學院에 가서 特講을 하다.	4(火) ·盧大統領, 하인스 워드 母子와 靑瓦臺에서 午餐을 같이 함 ·탁신 친나왓 泰國 總理, 辭任을 발표
	5(水)	3.8	·地發硏에 출근하다. ·金昇河·李永哲 氏등이 와서 같이 점심을 하다. ·國民銀行 支店長 및 고창환 社長 등과 저녁을 같이하고 많은 분들과 함께 노래방에 가다.	5(水) ·換率이 1달러當 957원으로 急落함 ·소말리아 海賊船에 납치된 東源號의 船員들 모두 무사하다는 消息이 전해짐
	6(木)	3.9	·上溪洞 地發硏에 가서 院長室를 整理하다. ·安師 同期生 모임에 참석하다.	6(木) ·盧大統領, 金裕盛 中央勞動委院長, 李星烈 中央公務員敎育院長, 鄭澤炫 訴請審査委員長 등을 任命
	7(金)	3.10	·서울大學에 가서 銀行處理를 하다. ·建國大學에 가서 整理하다. ·林秀一 社長과 저녁을 하다.	·國會, 本會議에서 性戱弄한 崔연희 議員의 辭退 促求案을 57% 贊成으로 可決함 ·北韓, 鴨綠江 河口의 緋緞섬과 南浦에 中國式 經濟特區를 만들 예정이라고 보도
	8(土)	3.11	·沐浴을 하고 妻·次女 및 長女家族과 外食 午餐을 하다. ·妻와 둘이 週末農場터를 둘러보고 하나로 마트를 거쳐 귀가하다. ·잃어버렸던 BC Card를 지갑속에서 발견하다.	·가룟유다가 예수의 要求에 따라 예수를 배반한 것으로 記述되어 있는 유다 福音(The Gospel of Judas)이 공개됨 8(土) ·濃度 m^3當 2,300μg의 黃砂警報가 발령됨
	9(日)	3.12	·記錄을 整理하고 낮잠을 조금 자다.	
	10(月)	3.13	·妻, 安養 찜질房에 가다. ·一山 韓自硏에 출근하다. ·安鍾允 敎授가 와서 같이 점심을 하다. ·金玉鉉·李永哲氏가 來訪하다. ·趙士顯 社長 招請으로 金昇河·禹哉永氏등과 저녁을 하며 議論을 하다.	9(日) ·政府·與黨, 民統線 範圍를 15km에서 10km로 축소키로 함 ·美國 全域에서 새 移民法에 抗議하는 大規模 示威가 벌어짐 10(月) ·아웅산 테러 23年만에 北韓과 미얀마가 國交를 정상화했다고 보도됨

月	日	陰	本人 및 家族事項	社會一般事項
4	11(火)	3.14	·地發硏에 출근하여 많은 人士의 來訪을 받다. ·向志會 모임에 나가 한나라黨 蘆原區廳長 公薦者의 인사를 받다.	·자크 시라크 프랑스 大統領, 大規模 反對示威를 가져왔던 새 勞動法의 最初 雇傭契約(CPE) 條項을 폐기하고 다른 措置로 대체하겠다고 밝힘
	12(水)	3.15	·建國大學에 출근하다. ·來訪한 禹哉永·李永哲氏에게 점심대접을 하다. ·環境大學院 同窓會 會長 離就任을 보고 三道會 모임에 나가다.	11(火) ·申相玉 映畵監督, 80歲를 一期로 서거함 ·現代勞組, 賃金 9.1% 引上을 요구
	13(木)	3.16	·妻 및 載國妻男과 같이 自家 乘用車로 安東에 가서 安東大學과 安東市廳 및 前居住地를 찾아 사진 찍다. ·聞慶 虎溪에서 점심을 하고 興德 옛집터와 聞慶中學 및 戶西南初等學校에 가서 사진 찍다. ·尙州大學에 가서 特講을 하다. ·金鐘鎬 總長 招請으로 妻 및 妻男·妻弟들과 저녁食事를 하다. ·聞慶 觀光호텔에 가서 늦게 투숙하다.	·日本政府, 日本人 拉北者 요코타 메구미의 男便은 北韓에 납북된 南韓의 김영남氏라고 발표 12(水) ·한나라黨, 金德龍·朴成範 議員을 公薦獻金을 받았다는 嫌疑로 檢察에 搜查를 의뢰 13(木) ·與野 各黨, 地方選擧의 政黨公薦에 따른 非理로 陣痛을 겪음 ·버시바우 美大使, FTA 協商과 관련하여 韓國 農業市場의 80~90%를 개방함이 옳다고 피력
	14(金)	3.17	·孔坪과 永順에 가서 父母任과 聘父母任 산소를 찾아 잔을 올리다. ·金龍寺 大成庵에 가서 禮佛을 드리다. ·妻가 運轉하여 상경하다.	14(金) ·大檢察廳, 現代車 빚 蕩減과 관련하여 金品을 받은 嫌疑로 朴相培 前 産銀總裁와 李成根 産銀 케피탈 社長을 체포함
	15(土)	3.18	·仁川 富平에 가서 李优周 結婚主禮를 보다. ·長女, 外孫女를 데리고 大邱 媤母 生日宴에 가다.	·日本, 獨島海域에서 無斷 水路測量을 실시할 計劃이라고 알려짐
	16(日)	3.19	·妻 및 長男과 瑞草區에 있는 農協 마련의 週末農場에 가서 채소 모종을 하다. ·淸溪山 아래에서 점심을 하고 沐浴을 하다. ·長女와 外孫女, 大邱에서 상경하다.	16(日) ·國防部, 平澤市 彭城邑의 美軍基地 移轉豫定地를 軍事保護區域으로 설정할 計劃이라고 밝힘 ·열린우리黨, 李明博 서울市長과 朴孟雨 蔚山市長의 疑惑事件을 폭로
	17(月)	3.20	·一山 韓自硏에 출근하다. ·公職者論壇賞 審查를 하고 委員들과 午餐을 하다. ·정근수 會長의 名譽博士 學位를 祝賀하는 모임을 마련하다.	17(月) ·政府, 日本의 EEZ 侵犯에 대한 物理的 衝突에 대비키로 함 ·國會, 韓明淑 總理 候補에 대한 人事聽聞會 개최
	18(火)	3.21	·學校에 가서 講義하다. ·칼빈大學件으로 저녁을 하며 논의하다.	·與黨이 地方議員 比例代表 候補에 特別黨費를 요구하여 物議가 발생
	19(水)	3.22	·地發硏에 출근하다. ·世宗大 財團팀과 점심을 하며 協議하다. ·同心會 모임에 나가 趙士顯 會長의 加入件을 논의하다.	18(火) ·檢察, 現代車의 秘資金利用 形成財産을 모두 國家에 환수하는 方案을 추진 ·日本의 獨島水路 測量船, 東京港을 출발
	20(木)	3.23	·長男 運轉으로 妻 및 次女와 仁川空港에 가서 처음으로 필리핀 旅行을 떠나다. ·禹哉永 會長 夫婦와 동행하여 Manila에 도착하다. ·現地 가이드의 案內로 Century Park Hotel에 投宿하다.	·베트남 共産黨, 프롤레타리아 獨裁의 終熄을 선언 19(水) ·國會, 韓明淑 總理 任命同議案을 可決. ·現代·起亞自動車그룹, 1兆원을 社會에 헌납한다고 발표
	21(金)	3.24	·總 13名의 그룹과 같이 버스로 Tagaytay에 가다. ·미니버스 Zeepney를 타고 Taal 湖水까지 가서 배로 湖水를 건너 Taal 火山에 가다. ·말을 타고 火山頂上에 올라 噴火口에 생긴 Yellow湖와 中央의 작은 山을 구경하다. ·다시 마닐라로 돌아와 저녁을 하고 投宿하다.	·財經部, 서울 中區·江西區, 江原 原州市, 忠北 淸州市를 住宅投機地域으로 추가지정 20(木) ·民主黨 趙在煥 事務總長, 崔洛道 前議員으로부터 市長 出馬件으로 4億원을 받다가 적발되어 체포됨
	22(土)	3.25	·버스로 Pagsanjan 地域에 가다. 溪谷의 急流를 타고 보트(요트)로 Pagsanjan 瀑布까지 가다. ·마닐라로 돌아와 맛사지를 하고 마닐라灣 沿岸의 Live Show를 구경하다. ·호텔에 와서 妻·次女와 라운지에서 술을 마신 뒤 投宿하다.	·美國·中國 頂上, 워싱턴 白堊館에서 會談 가짐 21(金) ·世界 最長 33km의 새만금防潮堤工事, 着工 15年만에 연결됨

月	日	陰	本人 및 家族事項	社會 一般事項
4	23(日)	3.26	·마닐라 市內에 있는 Rizal 公園과 Santiago 要塞를 구경하고 두 곳에 가서 쇼핑을 하다. ·남쪽으로 달려 Alaminos에 있는 Hidden Valley Resort에 가다. ·森林浴과 溫泉浴을 하고 마닐라로 돌아와 저녁 食事를 한 후 空港에서 밤 12時에 출발하다.	·朴世直 前議員, 在鄕軍人會 會長으로 피선됨 ·日本 谷內正太郎 外務次官, 水路測量 協議次 訪韓. 22(土) ·美 議會 調査局 報告書, 日本이 언제가는 美國에 'NO' 할 것이라고 전망
	24(月)	3.27	·새벽 4時 30分에 仁川空港에 도착하다. ·禹會長과 작별하고 마중나온 長男과 귀가하다. ·짐정리를 하고 長男과 週末農場에 가서 채소에 물을 주고 나서 沐浴을 하다. ·필리핀에서 말을 탄 까닭으로 엉덩이가 아파서 고생하다. ·長男 家族이 가다. ·妻의 無節制한 言動으로 심히 속상하다.	23(日) ·平澤市 住民 500餘名, 美軍基地移轉에 抗議하는 '촛불示威 600日 紀念 文化祭'를 개최 24(月) ·全國的으로 黃砂現像이 일어남 ·鄭夢九 現代그룹 會長, 秘資金件으로 檢察에서 調査 받음 ·南北長官級會談, 平壤에서 拉北者·國軍捕虜·金大中 前大統領 6月 訪北 등을 합의하고 폐회함
	25(火)	3.28	·一山 韓自硏에 출근하다. ·金玉鉉 親舊가 와서 職員들과 점심을 하다. ·鳥嶺會 모임에 나가다.	·갸넨드라 네팔國王, 議會를 복원하고 立憲君主制를 실시하겠다고 발표
	26(水)	3.29	·上溪洞 地發硏에 출근하다. ·黃時旭 會長 등과 午餐을 하며 硏究件을 協議하다. ·好凡會 모임을 주재하며 野遊會件과 몽골 訪問件 등을 議論하다.	25(火) ·盧大統領, 對日本 强硬論調의 特別談話 발표 ·한나라黨, 서울市長 候補로 吳世勳 前議員을 선출
	27(木)	3.30	·中都委 本會議에 참석하다. ·首都圈 廣域計劃案에 대해 問題提起를 하다. ·農場에 가서 물을 주다. ·五人幇 모임에 참석하다.	26(水) ·政府, 海外混血人에 韓國國籍을 부여하는 內容의 '女性結婚移民者 家族의 社會統合支援 對策'을 확정 ·부시 美國 大統領, 戰略油의 備蓄을 중단하라고 指示
	28(金)	4.1	·建國大學에 나가 일을 하다. ·金玉鉉 親舊 소개로 合同神學大學院의 吳德教 總長 및 김석만 牧師와 午餐을 하며 大學件을 協議하다. ·大田 忠南大學에 가서 行政學會·地方自治學會 學術大會에서 司會를 보고 바로 귀가하다.	·러시아, 체르노빌 原電爆發事故 20周年 紀念行事 개최 27(木) ·盧大統領 參席下에 LG 필립스의 LCD 坡州 7世代工場이 준공됨 ·中國, 基準金利를 0.27% 포인트 인상함
	29(土)	4.2	·長男家族이 다녀가다. ·妻와 長女宅에 들려 함께 새로 入住할 아파트를 구경하고 저녁食事를 하며 資金件을 議論하다.	28(金) ·建交部, 2006年 住宅公示價格을 공시 ·鄭夢九 現代·起亞自動車 그룹 會長, 橫領·背任 嫌疑로 서울拘置所에 수감됨
	30(日)	4.3	·沐浴을 하고 TV에서 映畵를 보다. ·妻와 農場에 가서 물을 주고 食事를 한 뒤 귀가하다.	·부시 美國 大統領, 脫北者 김한미孃 家族과 日本人 被拉 메구미孃의 家族을 白堊館으로 招請하여 接見함 29(土) ·與黨 ,盧大統領의 私學法 讓步勸告를 정면 거부함 30(日) ·政府, 美國 北韓人權擔當特使의 開城工團 人權問題 提起를 內政干涉이라며 강하게 반발함 ·5萬餘 佛者들의 佛誕日 燃燈行列이 서울 鐘路에서 거행됨
5	1(月)	4.4	·一山 韓自硏에 출근하다. ·李永哲 會長이 다녀가다. ·蘆原區廳長 및 禹哉永 會長과 저녁을 하며 歡談하다.	1(月) ·한나라黨 20餘議員, 私學法 및 不動産對策法案의 上程에 항의하기 위해 國會議長 公館에서 농거 ·京畿 水原 華城의 西將臺가 放火로 전소됨
	2(火)	4.5	·學校에 가서 講義하다. ·三道會 몇분과 午餐을 하며 골프件을 協議하다. ·道德運動協議會 臨時總會에 나가 開會人事를 하고 行事를 주관하다. ·趙士顯 新任會長 등과 저녁을 하며 환담하다.	2(火) ·國會, 한나라黨의 不參속에 不動産關聯法 및 住民召還法을 處理 ·열린우리黨 서울市長 候補 競選에서 姜錦實 前 法務長官을 선출

月	日	陰	本人 및 家族事項	社會 一般事項
5	3(水)	4.6	· 地發硏에 출근하다. · 禹哉永 會長과 같이 三星 AM 事業部 VIP顧客 招請 資産管理 세미나에 참석하다. · 黃時旭 會長 등을 만나다. · 行複都市建設廳으로부터 新都市作名委員會 委員長職을 맡아달라는 電話를 받다. · 建國大 同門會館에 가서 禹哉永 會長이 賃借할 事務室을 둘러보고 地發硏으로 다시 가다. · 現代 애드컴의 朴社長등과 저녁을 하며 古稀集 出版件을 協議하고 最終決定을 하다.	· 韓國大學敎育協議會, 2008學年度 大入銓衡에 生活記錄簿 反映比率을 50% 이상 확대키로 決定 3(水) · 李鍾奭 統一部長官, 北韓의 體制變動試圖에 反對한다고 밝힘
	4(木)	4.7	· 建國大學에 나가 整理하다. · 週末農場에 가서 고추 등을 새로 심고 一部를 집의 마당에 심다. · 金彰年 學長 招請으로 金憓源·金玉鉉 親舊들과 會食을 하며 歡談하다.	4(木) · 世界的 科學誌 'Nature'와 'New Run', 韓國科學界의 硏究成果 3件을 보도 · 國防部와 警察, 平澤 美軍基地 移轉 豫定地內의 매추分校를 강제 철거하고 鐵條網을 설치 · 政府, 來年 大選부터 投票率 제고를 위해 福券型 投票用紙 使用을 검토중인 것으로 알려짐
	5(金)	4.8	· 佛誕日을 맞아 妻와 奉恩寺에 가서 禮佛을 드리다. · 外孫女가 귀를 다쳐 手術을 받다. · 長男宅에서 어린이날과 어버이날의 紀念會食을 全家族이 모여 갖다.	5(金) · 水原에서 거행된 어린이날 紀念 에어쇼에서 戰鬪機 추락으로 김도현 少領이 死亡함 · 脫北者 6名, 東南亞 第3國을 거쳐 美國에 도착 · 블레어 英國 總理, 勞動黨의 地方選擧 慘敗로 인한 局面轉換을 위해 內務長官을 경질함
	6(土)	4.9	· 비가 오는 가운데 이재홍局長 招請의 골프를 水原 C.C.에서 치다. · 로타리 가든에서 골프팀과 저녁을 하며 歡談하다.	
	7(日)	4.10	· 妻와 敎保文庫에 가서 資料를 찾고 점심을 사먹고 오다. · 作業室을 2層에서 地下書齋로 옮기다. · 妻와 農場에 가서 扶木을 하고 물을 주다. · 국수를 사먹고 귀가하다.	7(日) · 盧大統領, 몽골 등을 訪問하기 위해 出國 · 大檢, 平澤 暴力示威 主動者에 대해 嚴罰할 方針이라고 밝힘
	8(月)	4.11	· 一山 韓自硏에 출근하다. · 朴昇治·金玉鉉 氏와 점심을 같이 하다. · 記錄整理를 하다. · 高文秀 會長 등과 저녁食事를 하며 驛三洞 解除件을 協議하다.	8(月) · 韓國·몽골 頂上, 몽골 首都 울란바타르의 傳統移動家屋 'Ger'에서 會談을 가짐 · 換率이 927.9원으로 急落함 · 泰國 憲法裁判所, 2日 거행된 總選을 無效化하고 60日 以內에 새로 總選을 실시하라고 決定
	9(火)	4.12	· 建國大學에 가서 일을 하다. · 碩座敎授 合同午餐에 가서 理事長·總長 등을 만나다. · 上溪洞 地發硏에 가서 時調를 짓고 붓글씨를 써서 作家協會에 보내다. · 옛 서울新聞 出身의 김철희 次長이 와서 모두 같이 저녁을 하다.	9(火) · 盧大統領, 몽골에서 '北韓에 많은 讓步를 하려한다'고 피력 · 檢察, 三興그룹의 김현재 會長을 橫領과 脫稅 및 詐欺등의 嫌疑로 拘束함 · 中國, 白頭山 근방 白山市에 民間飛行場을 建設할 計劃이라고 보도됨
	10(水)	4.13	· 三星醫療院에 가서 妻의 診察을 받고 藥을 짓다. · 地發硏에 나가 일을 보고 점심을 들다. · 全經聯會館에서 개최된 行政中心都市建設 基本計劃 公聽會에 참석하다. · 崔秉瑄 院長 招請으로 李春熙·權容佑·安建爀 氏 등과 저녁食事를 하며 歡談하다.	10(水) · 鄭大根 農協中央會長, 現代車서 金品授受嫌疑로 拘束됨 · 서울大 總學生會, 韓總聯을 탈퇴하고 學生政治組織과의 分離를 선언 · 中國 吉林省 白山市 雲峰댐 水沒地域에서 高句麗 무덤 2,300基가 발견됐다고 보도됨 · 스위스 國際經營開發院(IMP), 韓國의 國家競爭力이 9段階 내려간 38位라고 발표
	11(木)	4.14	· 建國大學에 출근하다. · 農場에 가서 물을 주다. · 박준서 副社長 招請으로 저녁을 하며 子弟結婚 主禮件을 상의하다. · 밤에 조카 東鎭이가 다녀가다.	11(木) · 2006年 獨逸 월드컵에 出戰할 韓國蹴球 代表팀 23名이 확정됨 · 全經聯, 開城工團 分讓 大企業 說明會를 취소함
	12(金)	4.15	· 一山 韓自硏에 가다. · 開院 12周年 및 11回 論壇賞 施賞式을 주재하다. · 水原所在 合同神學大學에 가서 學校를 둘러보다. · 吳德敎 總長 招請으로 金牧師·金玉鉉·禹哉永·趙士顯氏 등과 저녁을 하다.	12(金) · 서울中央地檢, 黃禹錫 敎授를 論文造作 指示와 詐欺·橫領 등으로 不拘束 起訴하고 줄기 細胞 事件의 最終搜査結果를 발표

月	日	陰	本人 및 家族事項	社會一般事項
5	13(土)	4.16	·妻와 같이 조카 東鎭의 國際特許法律事務所 開所式에 참여하다. ·누님 內外와 같이 農場에 가서 나물을 솎고 물을 주다. ·함께 저녁 食事를 하고 오다.	·日本, 히로뽕 密輸嫌疑로 北韓貨物船을 강제 수색 ·日本 政府, 獨島를 韓國이 不法 占據하고 있다는 公式見解를 閣議에서 채택 13(土) ·元老 演劇人 金東園(本名 金東爀)氏가 90歲를 一期로 他界함
	14(日)	4.17	·沐浴을 하고 낮잠을 자다. ·記錄을 整理하다.	·美 下院外交委員長, 고이즈미 日本 總理가 내달 美議會에서 演說하려면 神社參拜 抛棄를 먼저 약속해야 한다고 요구
	15(月)	4.18	·一山 韓自硏에 가서 原稿를 쓰고 職員들과 食事하다. ·金玉鉉 親舊가 와서 野遊會件등을 協議하다. ·일찍 귀가하다.	14(日) ·코피 아난 U.N. 事務總長, 韓國을 訪問함 ·北韓産 가짜 日本담배가 日本 海上保安廳에 의해 처음 적발됨
	16(火)	4.19	·昨夜에 좋지 못한 꿈을 꾸다. ·學校에 가서 講義를 하고 午後에 일찍 귀가하다.	15(月) ·朴石安 서울市 前 住宅局長, 現代車 관련 搜査 받던 중 八堂湖에서 投身自殺함
	17(水)	4.20	·地發硏에 출근하다. ·鄭光玉 會長이 와서 全職員에게 점심을 대접하다. ·燕岐郡 錦南面 所在 行複都市 建設廳에 가서 李春熙 廳長을 만나고 諮問會議에 참석하다. ·姜浴植 委員長 招請으로 關係官들과 저녁食事를 하고 상경하다.	·美國, 리비아를 '테러支援國' 名單에서 제외하고 26年만에 外交關係를 正常化하기로 함. 16(火) ·韓國-ASEAN의 FTA協定에서 開城工團産 100個 品目을 韓國産으로 인정키로 함
	18(木)	4.21	·建交部 中都委 第1分科會議를 주재하다. ·農場에 가서 물을 주고 귀가하다.	17(水) ·在日民團과 朝總聯, 8·15行事를 共同으로 개최하는등 50年만에 和解키로 合意
	19(金)	4.22	·建國大學에 출근하다. ·禹哉永·金奎馥氏가 와서 같이 午餐을 하고 同門會館 事務室을 둘러보고 作業指示를 하다. ·李永哲 會長이 와서 골프場件을 協議하다. ·舊 新行政首都 關係者 모임에 참석하고 이름을 '相生會'로 하기로 하다.	·地方選擧 候補登錄이 마감, 3·15對 1의 競爭率을 보임 18(木) ·映畵 '다빈치 코드', 論難속에 韓國을 위시한 全世界 劇場에서 開封됨
	20(土)	4.23	·好凡會 野遊會를 坡州로 가다. ·栗谷先生과 師任堂申氏 紀念館·墓所 및 紫雲書院을 관람하고 민물고기 매운탕 점심을 하다. ·臨津江에서 黃布돛배를 타고 유람하다. ·臨津閣, 自由의 다리 등을 보고 저녁食事를 하다.	·財經部, 投資目的 海外不動産을 100萬 달러까지 구입할 수 있는 내용의 '外換自由化 推進方案' 발표 ·뉴욕 Times, 美國은 北韓 問題解決을 위해 6者會談과 平和協定 締結協商을 병행하는 方案을 검토중이라고 보도
	21(日)	4.24	·沐浴을 하다. ·朴준서 社長의 令息 結婚主禮를 보다. ·妻·長男夫婦, 外孫女와 農場에 가서 채소를 솎고 물을 주다. ·국수로 食事를 하고 오다.	·人間의 23個 染色體를 모두 解讀하는데 성공했다고 보도됨 19(金) ·北韓이 '대포동 2號 미사일'을 발사할 徵候가 있다고 알려짐
	22(月)	4.25	·一山 韓自硏에 가서 일하다. ·서울大 齒科病院에 가서 齒牙를 치료하다. ·비가 조금씩 내리다.	·싱가포르 李光耀 前總理, 高麗大에서 名譽博士學位를 받고 講演을 함 20(土) ·朴槿惠 한나라黨 代表, 遊說中 怪漢에 얼굴을 다쳐 病院에 입원하여 手術을 받음
	23(火)	4.26	·一山 韓自硏에 출근하다. ·交通開發硏究院의 權寧仁 博士가 訪問하여 特講件을 協議하다. ·白一福 牧師와 인사하고 朴昇治 副院長 주선으로 함께 食事하다. ·몽골旅行件을 計劃하다.	·이라크, 완전한 主權政府를 출범시킴 21(日) ·柳時敏 福祉部長官, 國民年金 基金保障을 위한 立法을 추진한다고 밝힘 22(月) ·WHO 李鐘郁 事務總長, 享年 61歲로 스위스 제네바에서 死亡
	24(水)	4.27	·上溪洞 地發硏에 출근하다. ·禹哉永·金昇河·金玉鉉·趙士顯·鄭光玉氏를 招請하여 저녁會食을 갖다.	·新世界, 美國系 월마트 코리아의 引受를 체결했다고 發表 23(火) ·檢警合搜部, 朴槿惠 代表에게 凶器를 휘두른 池충호를 拘束·수감함
	25(木)	4.28	·地發硏에 출근하다. ·禹哉永·李永哲 會長이 나가 黃時旭 會長팀과 점심을 하고 硏究件을 協議하다.	·市民團體 幹部가 企業을 협박하여 돈을 뜯어냈다가 공갈혐의로 拘束됨

月	日	陰	本人 및 家族事項	社會一般事項
5			·禹哉永·李永哲·金奎馥氏와 저녁을 하며 歡談하다.	24(水) ·北韓, 京義線·東海線의 南北鐵道 試驗運行을 一方的으로 취소함 ·열린우리黨 鄭東泳 議長, 地方選擧後 民主黨과의 聯合推進을 천명 ·獨逸 메르켈 總理, 勞組에 全面戰을 선포 25(木) ·朴智遠 前 文光部長官, 對北送金에 대한 有罪判決을 받아 法廷拘束됨
	26(金)	4.29	·建國大學에 출근하다. ·禹哉永 會長이 와서 建大同窓會 郭 事務總長과 점심을 같이 하고 入住할 事務室을 둘러보다. ·農場에 가서 물을 주고 오다.	26(金) ·黃禹錫 敎授, 줄기細胞 硏究를 재개하고 싶다는 希望을 피력 ·서울中央地法, 姜正求 敎授에게 國保法違反有罪로 懲役 2年, 執行猶豫 3年, 資格停止 2年을 宣告 ·韓國 蹴球代表팀, 上岩競技場에서 出戰式을 가짐
	27(土)	5.1	·비가 내리다. ·庭園의 호박을 옮겨심다. ·沐浴을 하러 가서 때밀이가 순서를 바꿔 화가 나서 沐浴湯을 바꾸기로 결심하다. ·밤에 TV에서 映畵를 보다.	27(土) ·인도네시아 자바섬에서 6.3規模의 地震이 일어나 6천여명의 死亡者가 발생
	28(日)	5.2	·自宅에서 記錄을 整理하다. ·妻와 商街에 가서 食事를 하고 오다. ·비가 조금 오다.	28(日) ·金斗寬 與黨 最高委員, 鄭東泳 議長은 黨을 떠나라고 요구
	29(月)	5.3	·一山 韓自硏에 가서 일을 하다. ·安師 同期生 몇 名과 食事하며 歡談하다.	
	30(火)	5.4	·學校에서 講義를 하다. ·車속에서 김밥을 먹고 行複都市建設廳에 가다. ·都市名稱制定審議委員會 委員長으로서 첫 會議를 주재하고 상경하다.	30(火) ·大統領 政策室長에 金秉準氏가 물러나고 權五奎 經濟首席이 任命됨 ·서울中央地法, 金宇中 前 大宇그룹 會長에게 懲役 10年과 罰金 1千萬원, 追徵金 21兆 4千億원을 宣告
	31(水)	5.5	·妻 및 次女와 地方選擧 投票를 하다. ·趙士顯 會長과 점심을 하다. ·長男과 農場에 가서 나물을 뜯어 上溪洞 禹會長과 金局長에게 보내다. ·農場에 새 씨앗을 뿌리다.	31(水) ·4大 地方選擧의 投票가 실시되고 51.3%의 投票率을 보임 ·與黨이 참패하고 한나라黨이 압승함 ·建交部, 작년보다 平均 18.56% 오른 全國 個別公示地價를 公示
6	1(木)	5.6	·妻, 親舊들과 木浦 紅島로 旅行가다. ·建國大學에 출근하다. ·行複都市 關聯 元老會議에 참석하고 午餐을 같이하다. ·中都委 本會議에 참석하다. ·淸州大學에 가서 特講을 하고 高秉浩 院長과 저녁食事를 한후 밤늦게 귀가하다.	1(木) ·與黨과 靑瓦臺, 5·31 敗因을 싸고 葛藤이 고조됨 ·鄭東泳 열린우리黨 黨議長, 地方選擧의 慘敗에 책임을 지고 議長職을 사퇴 ·北韓이 6者會談의 美國側 首席代表 크리스토퍼 힐 國務府 次官補를 北韓에 招請했으나 美國은 수용할 뜻이 없음을 시사
	2(金)	5.7	·韓國 經濟新聞社에 가서 '企業하기 좋은 地域大賞' 審議會議를 주재하고 委員들과 같이 점심을 들다. ·建國大 同門會館에 가서 禹會長 등과 事務室 配置를 논의하다. ·上溪洞 地發硏에 가서 일을 보다. ·禹哉永·金昇河·金玉鉉·鄭光玉·金奎馥氏와 저녁食事를 하며 歡談하다.	2(金) ·大法院, 千聖山 터널工事에 대한 假處分申請을 기각하여 工事를 계속하게 함 ·韓國은 9隻을 가진 潛水艦을 北韓은 88隻으로 증강시켰다고 보도됨 ·紀元前 2萬5千年頃 先史時代에 그려진 것으로 추정되는 人類最初의 洞窟壁畵가 프랑스 빌로뇌르에서 지난해 11月에 발견된 것을 처음 公開함
	3(土)	5.8	·집에서 記錄을 整理하다. ·妻, 旅行에서 돌아오다.	3(土) ·韓·美 自由貿易協定 1次 協商을 위한 政府協商團과 協商反對示威隊가 美國 워싱턴에 同時 도착함
	4(日)	5.9	·沐浴을 하고 敎保에 가서 冊을 사오다. ·孫女가 와서 같이 놀다. ·妻와 農場에 가서 나물을 뜯어 妻의 親舊한테 주고 오다.	4(日) ·高建 前總理, 旣存政黨에는 몸담지 않겠다고 밝힘 ·世界 59次 新聞協會 總會, 모스크바에서 開幕
	5(月)	5.10	·一山 韓自硏에 출근하다. ·서울大 齒科病院에 가서 義齒를 교정하다.	5(月) ·與黨, 1家口 1住宅者의 保有稅와 去來稅 負擔을 줄이는 方向을 추진한다고 밝힘 ·새 大法官 候補 15名이 大法院長에게 추천됨 ·東티모르, 國內暴力事態가 지속됨
	6(火)	5.11	·顯忠日을 맞아 國旗를 달다. ·外孫子女와 '서울의 숲'에 가서 도시락을 먹고 놀다 오다. ·妻, 次女와 百貨店에 가서 옷을 사주다.	

月	日	陰	本人 및 家族事項	社會一般事項
6	7(水)	5.12	·上溪洞 地發硏에 출근하다. ·李永哲·鄭光玉 氏가 다녀가다. ·李勳鐘 親舊 甥姪의 來訪을 받고 主禮件을 協議하다. ·向志會 모임에 참석하다. ·任忠彬 楊州市長의 電話를 받고 當選을 祝賀하다.	6(火) ·南北經濟協力推進委員會, 西歸浦市 會議에서 京義線·東海線 列車 試驗運行 實施를 前提로 北側에 輕工業 原材料 754億원을 有償 提供키로 합의함 7(水) ·이용훈 大法院長, 새大法官 候補 5名을 大統領에게 任命 提請함 ·나이지리아의 大宇建設 勤勞者 5名, 武裝團體에 납치됨
	8(木)	5.13	·建國大學에 가서 일하다. ·安養市廳에 가서 申重大 市長을 祝賀하고 市民自治大學 開講式에서 祝辭하다. ·비가 내리다.	8(木) ·金融通貨委員會, 콜金利를 0.25% 포인트 引上시킴 ·北韓, 拉北 김영남氏와 南韓의 어머니가 만날 수 있도록 하겠다고 통고해 옴 ·國際 테러組織 알카에다의 이라크 責任者인 무사브 알 자르카위, 7日의 美軍 空襲으로 死亡했다고 발표
	9(金)	5.14	·東豆川市에 가다. ·열린아카데미 開講式에서 祝辭를 하다. ·崔龍秀 市長 및 徐相錄 講師와 점심을 하다. ·上溪洞 地發硏에서 일을 보다. ·禹哉永·金玉鉉·李永哲·金奎馥氏와 저녁을 하다. ·妻, 聞慶에 가다.	9(金) ·2006 월드컵 大會, 獨逸 뮌헨 알리안츠 아레나에서 開幕式을 거행 ·泰國, 푸미폰 아둔야뎃(79歲) 國王의 卽位 60돌을 맞아 擧國的 慶祝行事를 개최
	10(土)	5.15	·비가 오다. ·長男 家族이 집에 오다. ·長女·外孫女와 COEX에 가다. ·次女, 長女宅에 가서 머물다. ·妻의 電話로 氣分이 언짢아지다.	10(土) ·北韓 祖平統 委員會 安경호 書記局長, 한나라黨이 집권하면 온 나라가 戰爭火焰에 휩싸일 것이라고 주장
	11(日)	5.16	·沐浴하다. ·비가 오는 가운데 집에서 記錄을 整理하다.	11(日) ·中國, 公務員 35名을 韓國의 새마을운동 硏修를 위해 파견한다고 보도됨
	12(月)	5.17	·一山 韓自硏에 출근하다. ·大韓商議에서 개최된 地方自治學會·自治發展硏究院 主催의 세미나에 참석하고 閉會人事를 하다. ·崔浩鎭 敎授의 出版紀念會에 참석하다. ·自治學會 任員 및 好凡會員들과 저녁을 같이 하다. ·妻, 상경하다.	12(月) ·14日부터 光州에서 개최되는 '6·15 民族統一大祝典'이 美國 聲討場이 될 우려가 있다고 보도됨 ·월드컵 競技, 濠洲가 日本을 3:1로 逆轉勝함
	13(火)	5.18	·學校에 가서 終講을 하다. ·敎保文庫에 들려 統計年鑑을 사오다.	13(火) ·월드컵 競技, 토고와의 첫 競技에서 韓國이 2:1로 逆轉勝함 ·尹성식 政府革新地方分權委員長, 大統領에 辭意를 表明함
	14(水)	5.19	·韓國土地公社에 가서 버스로 行複都市事業本部에 가다. ·諮問會議를 주재하다. ·行複都市 豫定地를 둘러보고 함께 午餐을 하다. ·비가 많이 오는 가운데 土地公社에 갔다가 귀가하다.	14(水) ·民族統一大祝典, 北韓 代表團 參席下에 光州에서 開幕됨 ·金大中 平和센터, 6·15紀念 晩餐費用으로 經濟團體에서 1億원을 받았다고 알려짐
	15(木)	5.20	·建交部 中都委 第1分科會議를 주재하다. ·平澤市 住民自治大學 開講式에서 祝辭를 하다. ·송병로 市長과 李相龍 講師를 만나다.	15(木) ·國內技術陣에 의해 캡슐型 內視鏡 開發에 성공했다고 밝혀짐 ·'戰爭火焰' 發言의 北韓 안경호 書記局長이 光州에서 개최된 民族統一大會에 참석한데 대해 南韓 各界의 비난과 공격이 가열됨 ·中國·러시아·우즈베키스탄·카자흐스탄·키르기스스탄 등 6個國의 安保協議機構인 '상하이協力機構(SCO)' 頂上會談, 中國 상하이에서 開幕
	16(金)	5.21	·建國大學에 가서 일을 하다. ·建國大 同門會館으로 이사한 地發硏 事務室을 둘러보고 整理를 하다. ·同心會 모임에 참석하다.	16(金) ·政府, 北韓이 대포동 미사일 發射를 準備하고 있다고 확인 보도함 ·李憲宰 前副總理, 外換銀行 헐값賣却疑惑과 관련되어 出國禁止됨
	17(土)	5.22	·李景熙 將軍과 점심을 하다. ·妻 및 外孫女와 農場에 가서 일을 하다. ·長女 家族들과 저녁食事를 하며 대접받다.	
	18(日)	5.23	·沐浴을 하고 自宅에서 原稿를 집필하다. ·妻, 長女宅에 가서 새 집에 놓을 에어컨을 사주고 오다. ·李勳鐘 생질 結婚式에 가서 主禮를 봐주다.	
	19(月)	5.24	·새벽 프랑스와의 월드컵 競技에서 1對1로 비긴 것을 알고 安心하다.	

月	日	陰	本人 및 家族事項	社會一般事項
6			·仁川空港에 나가 好凡會·同心會員 11名과 慶州人 4名등 15名 함께 出國하다. ·3時間 25分間 비행하여 몽골 Ulaanbaatar에 도착하여 울란바타르 호텔에 投宿하다.	·노벨 平和賞 受賞者 頂上會議, 光州 金大中 컨벤션 센터에서 受賞者 13名 參席裏에 개최됨 17(土) ·아소다로 日本 外相, 日本 外務省에서 토머스 시퍼 駐日 美國大使와 만나 北韓의 미사일 發射 움직임을 '挑發的行爲'로 규정
	20(火)	5.25	·버스로 Terelj 國立公園에 들어가 城隍堂 '어워'와 거북바위를 구경하고 Ger캠프村에서 점심을 들다. ·극히 좋지 못한 道路를 3시간 30分 달려 Möngönmor't의 休養캠프에 도착하다. ·저녁食事후 禹哉永 會長과 처음 한 게르에서 자보다.	·中國 溫家寶 總理, 資源確保 外交次 이집트 등 아프리카 7開國의 巡訪길에 나섬 18(日) ·北韓이 미사일을 발사할 경우 美國·日本은 U.N. 安保理를 통해 對處키로 했다고 보도됨
	21(水)	5.26	·활쏘기를 하고 草原에서 1時間 가량 乘馬를 하다. ·遊牧民 村長宅을 訪問하여 家族들과 이야기를 나누다. ·Herlen江에 가서 물에 발을 씻고 휴식하다. ·밤에 캠프파이어를 하며 旅行終結의 司會를 보다.	19(月) ·월드컵 競技, 韓國과 프랑스가 1對1로 비김 ·國會, 17代 後半期 議長으로 林埰正 議員을 선출
	22(木)	5.27	·버스로 다시 울란바타르市로 오다. ·자이산 勝戰塔, 李泰俊 醫師 紀念公園, 自然史博物館, 國立百貨店, 수크바토르 廣場, Irish Pub 등을 둘러보다. ·民俗公演을 보고 '楊州골' 食堂에서 韓食을 먹고 空港으로 나가다.	·金振杓 教育副總理, '公營型 革新學校 示範運營方案'을 밝힘 20(火) ·政府當局者, 金大中 前大統領의 訪北이 어려울 것이라고 밝힘 ·日本 北海道 石張(유바리)市, 自治團體로는 14年만에 처음으로 破産宣言을 함
	23(金)	5.28	·새벽 1時 20分에 出發하여 4時 18分에 仁川空港에 도착하다. ·作別人事를 하고 歸家하다. ·韓國書畵作家協議會 展示會에 나가 테이프를 끊고 施賞式에서 激勵辭를 하다. ·몇몇 사람들과 저녁食事를 하고 귀가하다. ·長女家族 , 새 아파트로 이사하다.	21(水) ·與野議員 42名, 基礎團體選擧의 政黨公薦制 廢止를 위한 準備委員會를 구성 ·부시 美國大統領, 北韓에 대해 1999年 北·美間 合意한 미사일 發射 猶豫宣言을 준수할 것을 촉구 22(木) ·首都圈 23곳 中高教에서 食中毒 事故가 발생, 93個 學校의 給食을 중단
	24(土)	5.29	·建大 同門會館의 地域發展研究院에 출근하다. ·賀客들과 告諭祭를 지내고 저녁食事를 하다.	·大法院, 性轉換者의 戶籍訂正을 허용하는 決定을 내림
	25(日)	5.30	·마당을 整理하고 沐浴하다. ·妻와 새로 이사간 長女 아파트를 訪問하고 함께 食事하다.	23(金) ·汎民聯 幹部, 光州 6·15 祝典에 참가하여 北側參加者에게 北韓政權에 대한 '忠誠盟誓'의 文件을 전달한 嫌疑로 拘束됨
	26(月)	6.1	·一山 韓自研에 출근하다. ·배가 아프고 어지럽고 땀이 나서 점심을 事務室에서 간단히 먹다. ·建交部 '葛藤아카데미'에서 特講을 하다. ·農場에서 妻를 만나 밭을 整理하다. ·清溪山 밑 食堂에서 姊兄內外分과 許垣·高允煥이 모여 食事를 하며 歡談하다.	24(土) ·韓國, 스위스와의 競技에서 0對2로 져서 월드컵 16强 進出이 무산됨 ·하병옥 在日民團長, 朝總聯과의 和解는 白紙化되었다고 밝힘 25(日) ·6·25 紀念式이 거행됨 26(月) ·CJ 푸드시스템 이창근 代表, 給食事故에 責任을 지고 學校給食事業에서 손을 뗀다고 발표
	27(火)	6.2	·學校에 가서 成績處理를 하다. ·行複都市에 가서 都市名稱制定審議委員會를 주재하다. ·上京하여 朴東緖 教授 問喪을 하다. ·鳥嶺會 모임에 참석하여 40年史 發刊을 제의했으나 反對가 많아 무산되다.	·韓國 蹴球協會 새 蹴球代表팀 監督으로 現 代表팀의 베어 벡 首席코치(네덜란드, 50歲)를 任命했다고 밝힘 27(火) ·이주성 國稅廳長, 辭意를 表明
	28(水)	6.3	·地發研에 출근하다. ·孫황·張翰相君이 來訪하다. ·好凡會 모임을 주재하다.	28(水) ·납북되었던 김영남氏와 南韓 어머니, 金剛山에서 28年만에 첫 상봉함 ·鄭夢九 現代·起亞自動車 그룹 會長, 拘束 61日만에 保釋으로 풀려남

月	日	陰	本人 및 家族事項	社會一般事項
6	29(木)	6.4	·建國大에 가서 일을 하다. ·土地公社에서 說明次 다녀가다. ·忠州市 소재 建設經營硏修院에 가서 '21世紀 國土포럼' 주최 워크숍을 주재하다. ·저녁 會食宴을 갖고 投宿하다.	29(木) ·盧大統領, 6億以下 住宅財産稅를 引下하는 方案을 검토하라고 黨政에 지시
	30(金)	6.5	·워크숍을 주재하여 마치다. ·午餐후 상경하여 地發硏에 가다. ·徐義澤 總長 招請으로 崔秉瑄 院長·李春熙 廳長·金在賢 社長 등과 저녁을 하며 歡談하다.	30(金) ·現代·起亞·GM大宇 自動車勞組, 企業別 勞組에서 産別勞組로 전환키로 했다고 밝힘 ·經濟 및 敎育副總理, 辭意를 표함
7	1(土)	6.6	·沐浴·理髮을 하고 自宅에서 日誌 記錄을 하다. ·長男夫婦가 와서 孫女와 놀다.	
	2(日)	6.7	·妻 및 長男과 地發硏의 새 事務室을 둘러보다. ·農場에 가서 일을 하고 국수를 먹은 뒤 귀가하다.	2(日) ·法務部, 相續財産의 折半을 配偶者 몫으로 하는 民法 改正試案을 마련 ·趙南哲 初代 國手, 83歲로 서거 ·월드컵 4强에 獨逸·이탈리아·포르투갈·프랑스 등 유럽 4國이 진출함
	3(月)	6.8	·一山 韓自硏에 가서 會議를 하고 旅行記錄을 하다. ·명일 診察件으로 걱정을 하다	3(月) ·盧大統領, 經濟副總理에 權五奎, 敎育副總理에 金秉準氏를 내정 ·韓·日 外務長官들, 電話會談으로 獨島海流調査에 대해 논의했으나 見解差를 좁히지 못함
	4(火)	6.9	·서울大學病院에 가서 세가지 種類의 檢診을 받다. ·아침 食事로 죽을 사먹고 비가 오는 가운데 地發硏에 가다. ·午後에 다시 서울大學病院에 가서 擔當醫師의 診斷을 받다. ·比較的 良好하다는 安赫 敎授의 이야기를 듣고 무척 안도하다. ·가벼운 마음으로 70歲 前夜를 감회 깊게 보내다.	4(火) ·盧大統領, 國務會議에서 '이 政府 끝날 때까지 속앓이를 계속할 것'이라고 소감을 피력함
	5(水)	6.10	·陰曆 滿70歲의 生日을 맞아 家族과 아침을 같이 하며 祝賀를 받다. ·建國大學에 가서 記錄을 하다. ·土地公社에서 다녀가다. ·世宗大 財團팀과 점심을 하다. ·5個 緣故機關을 찾아 寫眞을 촬영하다. ·子女 모두와 自宅에서 生日祝賀晩餐을 갖다.	5(水) ·政府, 獨島 海流調査를 計劃대로 실시 ·北韓, 미사일 7發을 東海쪽으로 발사하여 韓·美·日에 非常事態를 야기시킴 ·日本, 北韓의 미사일 發射에 抗議하여 萬景峰號의 日本 入港을 금지시킴
	6(木)	6.11	·建交部 中都委 第1分科會議를 주재하고 같이 午餐을 하다. ·本會議에 참석하다. ·비가 내리다. ·高文秀 會長 등과 저녁을 하며 驛三洞 用途變更件을 議論하다.	6(木) ·政府, '下半期 經濟運用方向'을 확정 ·北韓, 미사일 實驗發射는 國防力 强化를 위한 自衛措置이며 6者會談에 복귀할 수 있다는 協商餘地를 表明함 ·월드컵, 決勝戰에 프랑스와 이탈리아가 올라옴
	7(金)	6.12	·地發硏에 출근하다. ·鄭光玉 社長과 둘이 점심을 하며 歡談하다. ·土地公社 職員이 와서 諮問會議 結果를 決裁 받아가다. ·'必敬齋' 란 食堂에서 李廷栻 會長 초청으로 金玉鉉 禹裁永·金惠源氏와 저녁을 하다.	7(金) ·進步團體, 北韓 미사일 發射를 찬양하는 論調를 보여 論難이 일어남 ·奬忠高校, 第60回 黃金獅子旗 全國高校野球大會서 우승함 ·朝鮮王朝實錄 五臺山本, 日本 强奪 93年만에 日本에서 환국함
	8(土)	6.13	·妻와 같이 尹學烈 親舊 子女 結婚式에 가다. ·妻는 親舊모임에 가고 혼자 귀가하여 일을 하다. ·次女의 虛言으로 저녁食事를 제대로 못하다.	
	9(日)	6.14	·오랜만에 淸明한 날씨를 보이다가 午後에는 다시 비가 오다. ·沐浴을 하고 庭園에서 寫眞을 찍다. ·妻와 農場에 다녀오다.	9(日) ·월드컵, 獨逸이 포르투갈을 3對1로 이겨 3位를 차지함 ·힐 美 國務部次官補, 韓國을 訪問하여 '北韓의 미사일 發射로 워싱턴에는 이제 비둘기派가 없다'고 피력
	10(月)	6.15	·一山 韓自硏에 출근하다. ·會議를 하고 記錄을 整理하다. ·趙士顯 會長 招請으로 道協 任員들과 會食宴을 갖다.	10(月) ·월드컵 決勝戰, 이탈리아가 勝負차기로 프랑스를 이기고 優勝을 차지함 ·颱風 '에위니아'로 南部地域의 被害가 극심함 ·文化觀光部, 國民生活體育協議會의 새 會長으로 선출된 한나라黨 李康斗 議員에 대한 承認을 거부하여 物議가 일어남 11(火) ·盧大統領, 北韓의 미사일 發射는 잘못된 일이고 日本의 先制攻擊論은 '물러설 수

月	日	陰	本 人 및 家族事項	社 會 一 般 事 項
7	11(火)	6.16	·建國大에 가서 原稿를 쓰다. ·禹哉永·金玉鉉·趙社長 등과 午餐을 같이하다. ·建國大에 가서 일을 하다. ·밤에 비가 다시 오기 시작하다.	없는 狀況'이라고 피력 ·한나라黨, 새 代表에 姜在涉 議員을 선출 ·第19次 南北長官級會談, 釜山 海雲臺 웨스틴 朝鮮호텔에서 開幕됨
	12(水)	6.17	·비가 많이 오는 가운데 地發研에 가서 原稿를 쓰다. ·몽골 旅行團 解團式에 가서 會議를 주재하고 說明하다.	12(水) ·首都圈에 최고 400mm의 暴雨가 내려 道路, 地下鐵 등이 불통되는 등 被害가 많음. ·서울大 獸醫大 硏究팀, 複製 개 '스너피'의 짝이 될 암컷 複製개 2마리를 복제하는데 성공했다고 밝힘
	13(木)	6.18	·自動車로 丹陽郡廳에 가다. ·金東成 郡守, 趙甲濟 講師·柳한우 副郡守 등과 인사하다. ·郡民自治大學 開講式에서 祝辭를 하다. ·비가 많이 오는 가운데 救仁寺를 찾아 禮佛을 드리고 溫達 觀光團地를 거쳐 저녁 늦게 귀가하다.	·南北長官級會談에 참석한 北側 代表, '北韓의 先軍政治가 南側의 安全을 지켜준다'는 妄言을 함 13(木) ·現代 自動車勞組, 모든 部門에 걸쳐 사실상 全面罷業에 들어감
	14(金)	6.19	·地發研에 출근하다. ·國土硏究院의 전대윤 次長이 와서 午餐을 하며 業務件을 協議하다. ·高秀永 社長 招請으로 禹哉永·李永哲·鄭光玉·金奎馥 氏등과 저녁을 들며 歡談하다.	·判·檢事 12名, 金品·饗應 받은 嫌疑로 出國禁止된채 調査 받음 ·潘基文 外交部 長官, U.N. 事務總長 出馬를 위해 安保理 議長에게 書類를 제출함
	15(土)	6.20	·自宅에서 記錄을 整理하다. ·妻·次女, 長女宅에 일을 도우러 가다. ·長女宅에서 본인 古稀生日宴을 週末을 택해 마련하여 子女들과 누님·동생 夫婦 함께 모여 갖다. ·扶助金을 모두에게서 많이 받다.	·南北長官級會談, 日程도 다 채우지 못한 채 결렬 폐막됨 14(金) ·三星電子, 싱가포르에 工場을 세우기로 합의했다고 밝힘
	16(日)	6.21	·비가 종일 내리다. ·沐浴을 하고 記錄을 보완하다.	·3대 國際油價의 폭등으로 코스피指數가 30포인트 떨어짐
	17(月)	6.22	·制憲節을 맞이했으나 비가 와서 國旗를 게양하지 못하다. ·妻와 같이 東部幹線道路의 不通으로 우회하여 中溪洞 商街에 가다. ·景氣不振으로 月貰를 올리지 못한체 契約을 갱신하다.	15(土) ·U.N. 安保理, 北韓 制裁案을 滿場一致로 결의함 16(日) ·14~16日에 내린 中部地方 豪雨로 35名의 死亡·失踪과 1,092 家口의 罹災民 發生 등 被害가 심함 17(月) ·第58周年 制憲節, 國會에서 紀念式을 가짐
	18(火)	6.23	·서울大學에 가서 일을 보다. ·地發研에 가서 일을 하다. ·禹哉永·金長壽·金昇河·金玉鉉·張局長 등과 會食하다.	·G8 頂上會議, '北韓은 核-미사일 計劃을 폐기하라'는 聲明을 발표 18(火) ·環境團體와 住民의 反撥로 漢灘江댐, 寧越 東江댐 등의 建設이 중단되어 이번 水害가 더 컸다는 言論報道가 있음
	19(水)	6.24	·一山 韓自研에 가서 일을 하다. ·旅行記錄을 整理하다. ·黃時旭 會長 招請으로 여러 人士와 食事하다.	·김정일 防衛事業廳長, 전격적으로 辭意表明
	20(木)	6.25	·觀光레저 觀光都市建設企劃團 朝餐 모임에 나가 特講을 하다. ·緣故地 7個所에 가서 寫眞을 촬영하다. ·KTX로 大邱에 가서 車로 慶山市에 가다. ·市長·議長을 만나고 市民自治大學 開講式에서 祝辭를 하다. ·上京하여 귀가하다. ·비가 내리다.	·國會, 金秉準 教育副總理 內定者에 대한 人事 聽聞會를 개최 19(水) ·北韓, 南北離散家族相逢을 중단한다고 電擊 通報해옴 ·北韓, 豪雨로 100여명이 死亡·失踪되었다고 보도됨 20(木) ·鄭仁永 漢拏建設 名譽會長, 86歲를 一期로 별세
7	21(金)	6.26	·金源 教授 및 李康建 부사장과 釜山에 가다. ·釜山 C.C.에서 골프를 치다. ·18홀 後半部에 가서는 걷기가 힘들 정도로 피로함을 느끼다. ·徐義澤·尹哲賢 教授들과 合流하여 會食을 하며 歡談하다.	·北韓, 金剛山 面會所 建設人力을 떠나라고 하는 通報를 함 21(金) ·金秉準 教育副總理의 就任式이 거행됨 ·李장무 서울大總長의 就任式이 거행됨 ·浦項建設 勞組員 2,400餘名, 籠城 9日

2006

月	日	陰	本人 및 家族事項	社會一般事項
7			·釜山觀光호텔에 늦게 도착하여 投宿하다.	만에 자진 해산함
	22(土)	6.27	·안개로 航空機가 延發하다. ·記錄을 整理하다. ·外孫女와 놀이터 및 敎保文庫에 갔다가 妻와 合流하여 밖에서 저녁을 먹다. ·長女와 外孫女, 집에서 자다.	22(土) ·美國, 對北決議 違反國을 독자적으로 제재하는 方案을 검토중이라고 보도됨 23(日) ·포스코 占據 主動者 58名, 전원 拘束됨 ·金正日 委員長, 네번째 婦人으로 秘書出身인 金玉(42歲)氏를 맞이한 것으로 알려짐
	23(日)	6.28	·庭園의 잔디를 깎고 記錄物을 촬영하다. ·長女宅에 가서 새 아파트를 사진 찍다. ·사위 招請으로 저녁을 대접받고 돈 問題를 協議하다.	24(月) ·金秉準 敎育副總理, 敎授時節의 論文 剽竊件으로 物議가 일어남 ·한나라黨, 水害時 골프친 洪문종 京畿道黨委員長을 除名하고 같이 친 5名에 대해 1年間 黨員權 停止를 決定함
	24(月)	6.29	·一山 韓自硏에 출근하다. ·旅行統計를 계산하다. ·三道會 一部會員 모임을 麻浦 五甘道 食堂에서 갖다.	·中國, 美國과 러시아가 공동으로 제안한 '世界核 테러리즘과의 戰爭構想(GICNT, Global Initiative to Combat Nuclear Terrorism)'을 환영한다고 밝힘
	25(火)	7.1	·航空便으로 蔚山에 가다. ·北區 區廳長 등과 午餐을 하다. ·區民自治大學 開講式에서 祝辭를 하고 상경하다. ·土地公社 崔室長·鄭處長·崔秉瑄 院長·禹哉永 會長·鄭光玉 社長 등과 저녁을 하며 歡談하다.	25(火) ·大法院, 2003年 不法罷業한 鐵道勞組에 대해 鐵道公社에 24億원을 배상하라는 判決을 내림
	26(水)	7.2	·乘用車로 雨中에 龜尾市에 가다. ·大邱·慶北硏究院 主催 大討論會에서 司會를 보다. ·洪哲 院長 등과 저녁을 하고 상경하여 밤 늦게 귀가하다.	26(水) ·檢察·敎育部, 全敎組 釜山支部의 北韓歷史冊 베낀 統一敎材에 대한 眞相調査에 착수 ·韓國·中國, 北韓 核問題 解決을 위해 6者會談 대신 캐나다·濠洲·말레이시아를 포함한 9者會談을 추진키로 합의함 ·國會議員 4곳의 再補選 실시, 한나라黨 3곳, 民主黨 1곳 勝利
	27(木)	7.3	·굵은 비가 오는 가운데 建國大學에 출근하다. ·國土計劃學會의 金昌碩 會長 및 黃義淵·許在完 副會長들과 午餐을 하며 會館建立 敷地件을 協議하다. ·中央都市計劃委員會 本會議에 참석하다. ·귀가하여 資料를 整理하다. ·妻, 親舊들과 밖에서 食事·餘興을 하고 오다.	27(木) ·金秉準 敎育副總理, 自己 論文의 重復發表件으로 또 시끄러워짐 ·딕 체니 美國 副統領, 美國 워싱턴에서 열린 韓國戰爭 休戰協定 53周年 紀念行事에 참석·연설함
	28(金)	7.4	·비가 많이 오는 가운데 陽曆基準 滿70歲 古稀生日을 맞이하다. ·地域發展硏究院에 나가 會議를 하고 일을 하다. ·金永淵 三星保險 支社長 招請으로 禹哉永·徐健一 會長 등과 점심을 같이하다. ·世宗大 財團側의 人士들이 와서 向後對策을 協議하다. ·黃時旭·禹哉永·河升達·金玉鉉·鄭光玉·李永哲·金奎馥·鄭社長·柳專務 등과 生日紀念 저녁食事를 같이하다. ·意外로 매우 담담한 氣分으로 古稀紀念日을 보내다.	28(金) ·北韓, 制裁 안풀면 어떤 會談에도 나가지 않겠다고 밝힘 ·韓國의 多目的 實用衛星 '아리랑 2號', 러시아 플레세츠크 基地에서 성공적으로 발사됨

客說 : 經驗에서 얻은 삶의 眞實

경쟁상대의 사람에게 좋은 일이 생겼을 때, 아무런 느낌이 없거나 축하하는 마음을 갖는 사람과 마음속으로만 질투심을 갖는 사람, 그리고 상대를 잘못되게 행동하는 사람이 있을 수 있다. 첫 번째 사람은 善人이고, 두 번째 사람은 凡人이며, 세 번째 사람은 惡人이다.

古稀 記錄의 大尾

向後所望과 協助人士 및 英文次例

古稀紀念集의 마지막 部門으로 向後所望과 協助人士 및 英文次例를 싣습니다. 먼저 向後所望에서는 古稀까지의 生涯와 今後 天壽까지의 期間을 延長 區劃하고 餘生의 展望과 計劃을 記錄하며 死後의 念願과 저승生活을 敍述하였습니다.

다음의 協助人士篇에서는 古稀에 臨하여 느끼는 感懷의 詩句를 몇 편 싣고 아울러 本人을 위한 古稀紀念事業推進委員會의 委員들과 本書 發刊에 각별한 도움을 주신 機關과 團體 및 個人 여러분들의 芳名을 收錄하였습니다.

本書의 끝에 英文으로 된 標題와 次例를 실었습니다. 本書의 標題와 次例 모두를 英文字로 번역 · 표기함으로써 外國人으로 하여금 本書의 構造 및 體制와 內容을 개괄적으로 나마 理解하는 데 도움을 드리고자 합니다. 後日 언젠가 本文까지 모두 英文化하여 外國人도 읽어볼 수 있는 機會가 마련되기를 고대하여 봅니다.

『누렇게 나락이 익어 있는 들 사이로 은빛으로 반짝이며 江이 흐르고 있었고, 멀리 갈수록 추상적인 淡靑色으로 되면서 山과 山은 波濤를 이루고 있었다.

아 아, 이 山河! 이 땅에 生을 받은 사람이면 좋거나 나쁘거나, 잘 났거나 못 났거나 모두 이 山河로 化하는 것이다.

— 太陽에 바래지면 歷史가 되고
月光에 물들면 神話가 된다.』

李炳注(1921~1992), **山河**, 終章

第 1 章　向後展望과 期待所願

Ⅰ. 向後展望

(Ⅰ) 旣存生涯와 今後生涯

1. 旣生과 餘生의 歲月

生涯區分 \ 期間區分			年　度	年齡	期間				構成比(%)	
					年數	月數	日數	時間數	全體	部分
1. 旣生 (出生~古稀)	1. 成長 修學期	1. 成長·高校 修學期	1936. 7. 28~1956. 12. 31	1-21	20	245	7,462	179,088	16.5	29.2
		2. 大學·大學院 修學期	1957. 1. 1~1971. 12. 31	22-36	15	180	5,478	131,472	12.1	21.4
		累　計	1936. 7. 28~1971. 12. 31	1-36	35	425	12,940	310,560	28.6	50.6
	2. 社會 活動期	1. 教授·補職期	1972. 1. 1~2002. 8. 31	37-67	31	368	11,201	268,824	24.7	43.8
		2. 停年·奉仕期	2002. 9. 1~2006. 7. 28	67-71	4	47	1,427	34,248	3.2	5.6
		累　計	1972. 1. 1~2006. 7. 28	37-71	35	415	12,628	303,072	27.9	49.4
	總　累　計		1936. 7. 28~2006. 7. 28	1-71	70	840	25,568	613,632	56.5	100.0
2. 餘生 (古稀~天壽)	1. 古稀-百壽期	1. 古稀-米壽期	2006. 7. 29~2023. 7. 28	71-88	17	204	6,209	149,016	13.7	31.5
		2. 米壽-百壽期	2023. 7. 29~2035. 7. 28	88-100	12	144	4,383	105,192	9.7	22.2
		累　計	2006. 7. 29~2035. 7. 28	71-100	29	348	10,592	254,208	23.4	53.7
	2. 百壽-天壽期	1. 百壽-皇壽期	2035. 7. 29~2045. 7. 28	100-110	10	120	3,653	87,672	8.0	18.5
		2. 皇壽-天壽期	2045. 7. 29~2060. 7. 28	110-125	15	180	5,479	131,496	12.1	27.8
		累　計	2035. 7. 29~2060. 7. 28	100-125	25	300	9,132	219,168	20.1	46.3
	總　累　計		2006. 7. 29~2060. 7. 28	71-125	54	648	19,724	473,376	43.5	100.0
生 涯 總 累 計			1936. 7. 28~2060. 7. 28	1-125	124	1,488	45,292	1,087,008	100.0	-

註. 出生 : 1歲(1936. 7. 28), 停年 : 67歲(2002. 8. 31), 古稀 : 70歲(2006. 7. 28)
米壽 : 88歲(2023. 7. 28), 百壽 : 100歲(2035. 7. 28), 皇壽 : 110歲(2045. 7. 28)
天壽 : 125歲(2060. 7. 28)

2. 天壽까지의 生存期間과 比率

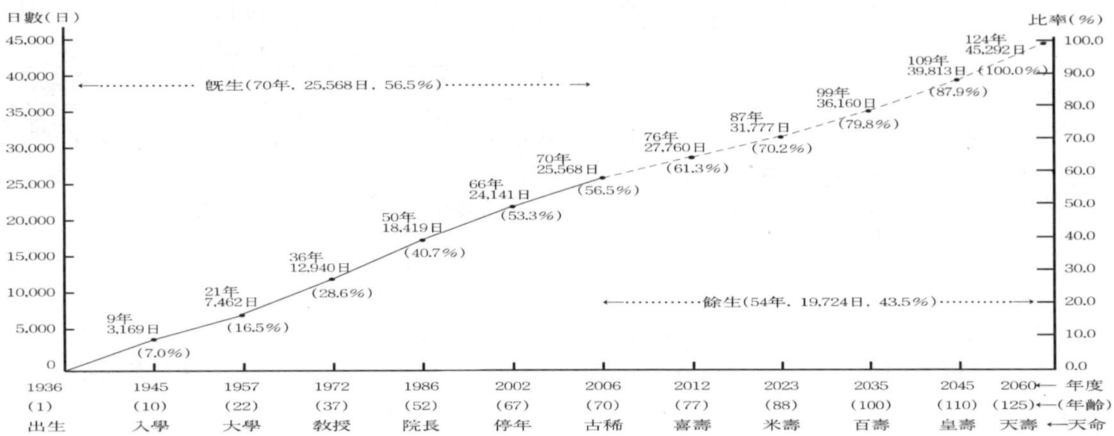

3. 本人의 向後 年齡別 殘餘壽命

(出生日 : 1936. 7. 28)

現在		殘餘壽命期間		終命	
年 齡(歲)	年月日	年 數(年)	年月間(年 : 月間)	年 齡(歲)	該當年月
70	2006. 7. 28	11.84	11 : 10	82	2018. 5
71	2007. 7. 28	11.28	11 : 3	82	2018.10
72	2008. 7. 28	10.71	10 : 9	83	2019. 4
73	2009. 7. 28	10.15	10 : 2	83	2019. 9
74	2010. 7. 28	9.58	9 : 7	84	2020. 2
75	2011. 7. 28	9.02	9 : 0	84	2020. 7
76	2012. 7. 28	8.56	8 : 7	85	2021. 2
77	2013. 7. 28	8.10	8 : 1	85	2021. 8
78	2014. 7. 28	7.65	7 : 8	86	2022. 3
79	2015. 7. 28	7.19	7 : 2	86	2022. 9
80	2016. 7. 28	6.73	6 : 9	87	2023 .4

註. 統計廳의 「韓國男子 平均基準値」에서 引用 算定

4. 韓國人의 年齡別 平均 殘餘壽命

(2003年 現在基準)

現在年齡(歲)	男子의 殘餘壽命(年)	女子의 殘餘壽命(年)	現在年齡(歲)	男子의 殘餘壽命(年)	女子의 殘餘壽命(年)
0	73.87	80.82	40	35.60	42.00
1	73.29	80.20	45	31.11	37.22
5	69.40	76.31	50	26.80	32.50
10	64.48	71.38	55	22.69	27.86
15	59.54	66.42	60	18.76	23.33
20	54.67	61.50	65	15.12	18.96
25	49.84	56.59	70	11.84	14.87
30	45.03	51.70	75	9.02	11.21
35	40.26	46.83	80	6.73	8.18

註 : (1) 韓國人의 平均壽命은 男子 73.9歲, 女子 80.8歲임.
(2) OECD 30個國의 平均壽命은 男子 74.9歲, 女子 80.7歲임.

資料 : 統計廳, 2003年 生命表, 2005.

5. 出生-天壽間 生涯 構成圖

(單位 : %)

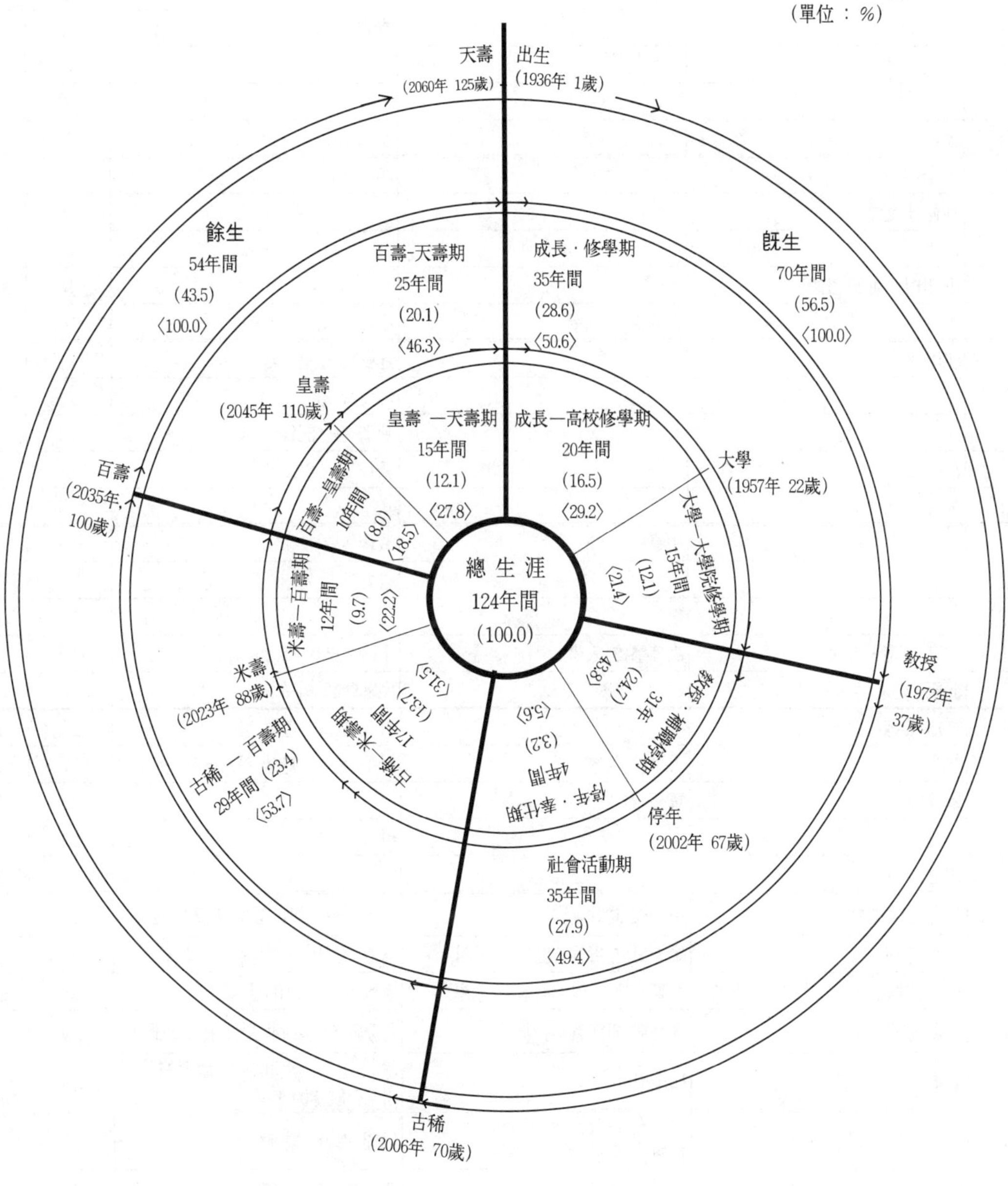

※ ( ) : 出生一天壽間(124年間)을 單位로 한 構成比率
〈 〉: 出生一古稀間(70年間) 및 古稀一天壽間(54年間)을 單位로 한 各各의 構成比率

6. 特記事項 發生과 天壽期間中 占有比率

(天壽 : 125歲-成長期間 25年의 5倍)

年度 \ 區分	主要特記事項			享有比率	
	紀念週期·家族·住居	敎育·經歷·賞勳	最初發生事項	年齡(歲)	比率(%)
1936	誕年, 長姉出嫁, 聞慶 自宅		이승 出現	1	0.8
1937			寺刹 禮佛	2	1.6
1938	外祖父 逝去			3	2.4
1939				4	3.2
1940			水泳始作	5	4.0
1941	弟 出生		唱歌 배움	6	4.8
1942	外祖母 逝去			7	5.6
1943				8	6.4
1944	妻 出生, 仲姉 出嫁			9	7.2
1945		初等學校 入學	小說 읽음	10	8.0
1946	祖母 逝去		運動靴 신음	11	8.8
1947			理髮所 감	12	9.6
1948			映畵 봄, 記錄 시작	13	10.4
1949			級長 됨, 버스 탐	14	11.2
1950	成童			15	12.0
1951		中學校 入學	敎會 나감	16	12.8
1952			自力所得 가짐, 汽車 탐	17	13.6
1953				18	14.4
1954	安東 下宿·自炊	高等學校 入學	下宿·自炊, 沐浴湯 감	19	15.2
1955	弱冠, 安東 家庭敎師		家庭敎師 입주	20	16.0
1956	季姉 出嫁		서울 訪問, 電車 탐	21	16.8
1957	서울 自炊	大學校 入學	구두 신음, 時計 참, 택시 탐	22	17.6
1958	軍 幕舍	軍 入隊		23	18.4
1959			바다 구경	24	19.2
1960	鐵道合宿所			25	20.0
1961	서울 家庭敎師	中學校 講師	團體 가입, 洋服 입음, 年賀狀 받음	26	20.8
1962	서울 下宿	學士學位 취득, 出版社 입사	飮酒 시작, 正式俸給 수령	27	21.6
1963	서울 家庭敎師·自炊, 長壻 出生	女高敎師 취임, 大學院 入學	高敎敎師, 船舶 탐	28	22.4
1964	서울 家庭敎師	內務部 硏究員 취임	部分硏究, 乘用車 탐, 라디오 구입	29	23.2
1965	立年, 서울 專貰	碩士學位 취득	論文 발표, 新聞게재, 敎育院 강의, 航空機 탑승	30	24.0
1966	結婚, 長女出生, 서울自宅	서울大 行政大 助敎 就任, 行硏會 會長	吸煙 시작, 扇風機 구입	31	24.8
1967	二毛年, 結婚 1周年(紙婚式)	鳥嶺會 會長	共同著書 發刊, 學院講師, 大學講義	32	25.6
1968	結婚2周年(藁婚式), 長男 出生, 弟 結婚, 次壻 出生		電話 設置, 眼鏡 着用	33	26.4
1969	結婚3周年(菓婚式), 美國 신시내티 自炊	美國 大學院 入學	單獨硏究, TV 구입, 外國 訪問	34	27.2
1970	結婚 4周年(草婚式)		볼링 運動	35	28.0

區分 年度	主要特記事項			享有比率	
	紀念週期·家族·住居	教育·經歷·賞勳	最初發生事項	年齡(歲)	比率(%)
1971	結婚5周年(木婚式), 次女 出生, 子婦 出生	碩士學位 取得		36	28.8
1972		서울大 專任講師 就任, 建設部 中央調査研究團 計劃委員 委囑	責任研究, 司會 담당, 討論 참여, 特別報告, 大學院 講義, 病院 入院	37	29.6
1973	結婚7周年(花婚式), 長姉 逝去, 母 逝去	住宅銀行 顧問 就任	主題 發表, 特講, TV出演, 라디오放送	38	30.4
1974	서울 自宅	總務處 提案審査委員 委囑, 京畿道 都市計劃委員 委囑	國際會議 참석	39	31.2
1975	不惑, 父 逝去		基調 發表	40	32.0
1976	結婚10周年(錫婚式), 美國 신시내티 寄宿舍	博士學位 취득, 서울大 助教授	博士	41	32.8
1977		學科長 就任, 中央宗親會 理事 委囑	演說人事, 主禮執典	42	33.6
1978	結婚12周年(麻婚式), 서울自宅	漢陽住宅 諮問委員 委囑	冷藏庫 설치	43	34.4
1979		行政改革調整委 諮問委員·工業配置審議委員·國土研究院 諮問教授·教育開發院 研究教授 委囑	單獨著書 發刊	44	35.2
1980		副教授 昇進, 서울大 研究所長 취임, 서울市 都市計劃委員 委囑, KIST 顧問 就任, 國保委 委員, 立法會議 專門委員 就任, 報國勳章 수령	全斗煥 大統領 상면, 紹介弘報 報道	45	36.0
1981	結婚15周年(銅婚式)	地方行政研究院 指導教授 委囑, 地方行政研究所 理事 就任	同窓會 會長	46	36.8
1982		聞慶郡 宗親會 副會長 就任	責任編纂 發刊, 紀念作文, 에어컨·乘用車 구입	47	37.6
1983		建設部 國土利用計劃審議委員·大韓商議研究委員 委囑	골프 運動	48	38.4
1984		신시내티大學 同窓會長 就任, 韓國土地公社 理事 就任		49	39.2
1985	五旬	正教授 昇進, 國土綜合計劃審議委員 委囑, 聞慶文化院 顧問 就任	골프 싱글打	50	40.0
1986	結婚 20周年(陶婚式)	大學院長 就任, 中央都市計劃委員 委囑, 國土計劃學會 會長 就任, 環心會 顧問 추대	盧泰愚 大統領 상면, 學會 會長, 大學院長	51	40.8
1987		科總 政策委員 委囑, 市民의 노래 作詞		52	41.6
1988	서울 自宅	選出 大學院長 就任, 西海岸開發推進委員, 教育部 地域開發研究事業 審議委員長 委囑	家旗 製作·備置	53	42.4
1989		大統領 科學技術諮問委員 委囑, 새마을運動中央協議會 理事 就任, 國土開發賞 受賞		54	43.2
1990		科技部 研究團地諮問委員 委囑, 運轉免許證 取得, 새마을 노래 作詞	地下鐵 승차	55	44.0

區分 / 年度	主要特記事項			享有比率	
	紀念週期·家族·住居	教育·經歷·賞勳	最初發生事項	年齡(歲)	比率(%)
1991	結婚25周年(銀婚式)	聞慶地域發展協議會 顧問·農協中央會 諮問委員 위촉		56	44.8
1992		地方行政研究院院長就任, 教育部中央教育審議會 委員委囑, 風水會會長就任	白頭山 등정, 研究院長, 金泳三大統領 상면	57	45.6
1993	長女 出嫁, 外孫子 出生	行政刷新委員 委囑, 民主平統諮問委員 委囑, 새마을勳章 수령	財産申告	58	46.4
1994		地方行政研究院 諮問委員長·美國 CODS 諮問委員 委囑	萬步計 着用	59	47.2
1995	耳順	地方自治學會 會長·韓國自治發展研究院 院長 就任, 民主平統諮問委員·海運産業研究院 理事委囑, 美國 라스베이거스市 名譽市民 추대	自宅 팩스 설치, 美國 名譽市民	60	48.0
1996	華甲, 結婚30周年(眞珠婚式), 聘母 逝去	民間投資事業調整委員長·地方自治制度發展委員 委囑	골프 會員券 취득	61	48.8
1997	進甲	서울大高位課程主任教授 就任, 慶北道廳移轉推進委員長 추대, 地域發展研究院 顧問 就任	個人史料 博物館에 기증	62	49.6
1998		월드컵組織委員會 共同議長 委囑	金大中 大統領 상면	63	50.4
1999	外孫女 出生, 聘父 逝去	地方移讓推進委員長 就任, 새재會會長 추대, 國民勳章 수령, 서울市文化賞 수상	北韓 訪問, 金剛山 등정	64	51.2
2000	長男 結婚	國土整備企劃團 諮問委員長·空港運營體系 審議委員長·大韓住宅公社 諮問委員 委囑, 濟州市 名譽市民 추대	韓國 名譽市民	65	52.0
2001	結婚35周年(珊瑚婚式)	建設産業研究院 諮問委員 委囑, 向志會 會長·地研會 會長 就任		66	52.8
2002		21世紀國土포럼 共同代表議長 就任, 高校同門賞 수상, 서울大教授 停年, 서울大 名譽教授		67	53.6
2003		新行政首都企劃團諮問委員長 就任, 韓國土地公社 諮問委員長 추대	盧武鉉 大統領 상면	68	54.4
2004	妻 華甲, 次女 結婚	新行政首都建設推進委員長 就任, 道德運動協議會·書畵作家協會 總裁 추대	協會 總裁	69	55.2
2005	孫女 出生	建國大 碩座教授, 行政中心複合都市建設推進諮問委員		70	56.0
2006	結婚40周年(綠玉婚式), 古稀	行政中心複合都市 都市名稱制定審議委員長, 好凡會 會長	아프리카 6個國 및 필리핀·몽골 방문	71	56.8
2007		鳥嶺會 會長	大學講義 終了	72	57.6
2008				73	58.4
2009				74	59.2
2010				75	60.0
2011	結婚 45周年(紅玉婚式)			76	60.8
2012	喜壽			77	61.6
2013	妻 古稀			78	62.4
2014				79	63.2
2015	傘壽			80	64.0

區分 年度	主要特記事項			享有比率	
	紀念週期·家族·住居	教育·經歷·賞勳	最初發生事項	年齡(歲)	比率(%)
2016	結婚 50周年(金婚式)			81	64.8
2017				82	65.6
2018				83	66.4
2019				84	67.2
2020	妻 喜壽			85	68.0
2021				86	68.8
2022				87	69.6
2023	米壽, 妻 傘壽, 長壻 華甲			88	70.4
2024				89	71.2
2025	卒壽			90	72.0
2026	望百, 結婚60周年(金剛婚式), 長女 華甲			91	72.8
2027				92	73.6
2028	長男 華甲, 次壻 華甲			93	74.4
2029				94	75.2
2030				95	76.0
2031	妻 米壽, 次女 華甲, 子婦 華甲			96	76.8
2032	長壻 古稀			97	77.6
2033	妻 卒壽			98	78.4
2034	白壽			99	79.2
2035	百壽, 長女 古稀			100	80.0
2036				101	80.8
2037	長男 古稀, 次壻 古稀			102	81.6
2038				103	82.4
2039	長壻 喜壽			104	83.2
2040	次女 古稀, 子婦 古稀			105	84.0
2041	結婚 75周年(金剛婚式)			106	84.8
2042	長女 喜壽, 長壻 傘壽			107	85.6
2043	茶壽, 妻 百壽			108	86.4
2044	長男 喜壽, 次壻 喜壽			109	87.2
2045	皇壽, 長女 傘壽			110	88.0
2046				111	88.8
2047	長男 傘壽, 次女 喜壽, 子婦 喜壽, 次壻 傘壽			112	89.6
2048				113	90.4
2049				114	91.2
2050	次女 傘壽, 子婦 傘壽, 長壻 米壽			115	92.0
2051				116	92.8
2052	長壻 卒壽			117	93.6
2053	妻 皇壽, 長女 米壽, 外孫子 華甲			118	94.4
2054				119	95.2
2055	長女 卒壽, 長男 米壽, 次壻 米壽			120	96.0
2056				121	96.8
2057	長男 卒壽, 次壻 卒壽			122	97.6
2058	次女 米壽, 子婦 米壽			123	98.4
2059	外孫女 華甲			124	99.2
2060	天壽, 次女 卒壽, 子婦 卒壽			125	100

(Ⅱ) 生涯段階와 時間生活

1. 本人 및 家族의 生涯展開

生涯			年代			本人과 婦人			子女			壻婦			孫子女		
生涯區分	生涯紀元	自然年齡	西紀紀元	檀君紀元	年度干支	本人生涯	婦人生涯	結婚周期	長男	長女	次女	子婦	長壻	次壻	孫女	外孫子	外孫女
既生	1	1	1936	4269	丙子	出生, 元年	–	–	–	–	–	–	–	–	–	–	–
	2	2	1937	4270	丁丑		–	–	–	–	–	–	–	–	–	–	–
	3	3	1938	4271	戊寅		–	–	–	–	–	–	–	–	–	–	–
	4	4	1939	4272	己卯		–	–	–	–	–	–	–	–	–	–	–
	5	5	1940	4273	庚辰		–	–	–	–	–	–	–	–	–	–	–
	6	6	1941	4274	辛巳		–	–	–	–	–	–	–	–	–	–	–
	7	7	1942	4275	壬午		–	–	–	–	–	–	–	–	–	–	–
	8	8	1943	4276	癸未		–	–	–	–	–	–	–	–	–	–	–
	9	9	1944	4277	甲申		出生(1歲)	–	–	–	–	–	–	–	–	–	–
	10	10	1945	4278	乙酉	(初等學校入學)	2	–	–	–	–	–	–	–	–	–	–
	11	11	1946	4279	丙戌		3	–	–	–	–	–	–	–	–	–	–
	12	12	1947	4280	丁亥		4	–	–	–	–	–	–	–	–	–	–
	13	13	1948	4281	戊子		5	–	–	–	–	–	–	–	–	–	–
	14	14	1949	4282	己丑		6	–	–	–	–	–	–	–	–	–	–
	15	15	1950	4283	庚寅	成童, 志學	7	–	–	–	–	–	–	–	–	–	–
	16	16	1951	4284	辛卯	(中學校入學)	8	–	–	–	–	–	–	–	–	–	–
	17	17	1952	4285	壬辰		9	–	–	–	–	–	–	–	–	–	–
	18	18	1953	4286	癸巳		10歲	–	–	–	–	–	–	–	–	–	–
	19	19	1954	4287	甲午	(高等學校入學)	11	–	–	–	–	–	–	–	–	–	–
	20	20	1955	4288	乙未	二旬, 弱冠	12	–	–	–	–	–	–	–	–	–	–
	21	21	1956	4289	丙申		13	–	–	–	–	–	–	–	–	–	–
	22	22	1957	4290	丁酉	(大學入學)	14	–	–	–	–	–	–	–	–	–	–
	23	23	1958	4291	戊戌	(軍入隊)	15	–	–	–	–	–	–	–	–	–	–
	24	24	1959	4292	己亥		16	–	–	–	–	–	–	–	–	–	–
	25	25	1960	4293	庚子		17	–	–	–	–	–	–	–	–	–	–
	26	26	1961	4294	辛丑		18	–	–	–	–	–	–	–	–	–	–
	27	27	1962	4295	壬寅		19	–	–	–	–	–	–	–	–	–	–
	28	28	1963	4296	癸卯	(大學院入學)	20歲	–	–	–	–	–	出生(1歲)	–	–	–	–
	29	29	1964	4297	甲辰		21	–	–	–	–	–	2	–	–	–	–
	30	30	1965	4298	乙巳	三旬, 立年	22	–	–	–	–	–	3	–	–	–	–
	31	31	1966	4299	丙午	結婚(大學助教)	結婚(23歲)	結婚式	–	出生(1歲)	–	–	4	–	–	–	–
	32	32	1967	4300	丁未	二毛年	24	1周年(紙婚式)	–	2	–	–	5	–	–	–	–

生涯			年代			本人과 婦人			子女			壻婦			孫子女		
生涯區分	生涯紀元	自然年齡	西紀紀元	檀君紀元	年度干支	本人生涯	婦人生涯	結婚周期	長男	長女	次女	子婦	長壻	次壻	孫女	外孫子	外孫女
旣生	33	33	1968	4301	戊申		25	2周年(藁婚式)	出生(1歲)	3	-	-	6	出生(1歲)	-	-	-
	34	34	1969	4302	己酉	(美國留學)	26	3周年(菓婚式)	2	4	-	-	7	2	-	-	-
	35	35	1970	4303	庚戌		27	4周年(革婚式)	3	5	-	-	8	3	-	-	-
	36	36	1971	4304	辛亥		28	5周年(木婚式)	4	6	出生(1歲)	出生(1歲)	9	4	-		
	37	37	1972	4305	壬子	(專任講師)	29	6	5	7	2	2	10歲	5	-		
	38	38	1973	4306	癸丑		30歲	7周年(花婚式)	6	8	3	3	11	6	-		
	39	39	1974	4307	甲辰		31	8	7	9	4	4	12	7	-	-	-
	40	40	1975	4308	乙卯	四旬, 不惑	32	9	8	10歲	5	5	13	8	-	-	-
	41	41	1976	4309	丙辰	(博士學位取得)	33	10周年(錫婚式)	9	11	6	6	14	9	-	-	-
	42	42	1977	4310	丁巳		34	11	10歲	12	7	7	15	10歲	-	-	-
	43	43	1978	4311	戊午		35	12周年(麻婚式)	11	13	8	8	16	11	-	-	-
	44	44	1979	4312	己未		36	13	12	14	9	9	17	12	-	-	-
	45	45	1980	4313	庚申	(副敎授)	37	14	13	15	10歲	10歲	18	13	-	-	-
	46	46	1981	4314	辛酉		38	15周年(銅婚式)	14	16	11	11	19	14	-	-	-
	47	47	1982	4315	壬戌		39	16	15	17	12	12	20歲	15	-	-	-
	48	48	1983	4316	癸亥		40歲	17	16	18	13	13	21	16	-	-	-
	49	49	1984	4317	甲子		41	18	17	19	14	14	22	17	-	-	-
	50	50	1985	4318	乙丑	五旬, 知天命	42	19	18	20歲	15	15	23	18	-	-	-
	51	51	1986	4319	丙寅	(正敎授)	43	20周年(陶婚式)	19	21	16	16	24	19	-	-	-
	52	52	1987	4320	丁卯	(大學院長)	44	21	20歲	22	17	17	25	20歲	-	-	-
	53	53	1988	4321	戊辰		45	22	21	23	18	18	26	21	-	-	-
	54	54	1989	4322	己巳		46	23	22	24	19	19	27	22	-	-	-
	55	55	1990	4323	庚午		47	24	23	25	20歲	20歲	28	23	-	-	-
	56	56	1991	4324	辛未		48	25周年(銀婚式)	24	26	21	21	29	24	-	-	-
	57	57	1992	4325	壬申	(研究院長)	49	26	25	27	22	22	30歲	25	-	-	-
	58	58	1993	4326	癸酉		50歲	27	26	結婚(28歲)	23	23	結婚(31歲)	26	-	出生(1歲)	-
	59	59	1994	4327	甲戌		51	28	27	29	24	24	32	27	-	2	-
	60	60	1995	4328	乙亥	六旬, 耳順	52	29	28	30歲	25	25	33	28	-	3	-
	61	61	1996	4329	丙子	回甲, 華甲	53	30周年(眞珠婚式)	29	31	26	26	34	29	-	4	-
	62	62	1997	4330	丁丑	進甲	54	31	30歲	32	27	27	35	30歲	-	5	-
	63	63	1998	4331	戊寅		55	32	31	33	28	28	36	31	-	6	-
	64	64	1999	4332	己卯		56	33	32	34	29	29	37	32	-	7	出生(1歲)

生涯			年代			本人과 婦人			子女			壻婦			孫子女		
生涯 區分	生涯 紀元	自然 年齡	西紀 紀元	檀君 紀元	年度 干支	本人 生涯	婦人 生涯	結婚 周期	長男	長女	次女	子婦	長壻	次壻	孫女	外孫子	外孫女
旣生	65	65	2000	4333	庚辰		57	34	結婚(33歲)	35	30歲	結婚(30歲)	38	33	-	8	2
	66	66	2001	4334	辛巳		58	35周年(珊瑚婚式)	34	36	31	31	39	34	-	9	3
	67	67	2002	4335	壬午	(教授停年) (名譽教授)	59	36	35	37	32	32	40歲	35	-	10歲	4
	68	68	2003	4336	癸未		60歲	37	36	38	33	33	41	36	-	11	5
	69	69	2004	4337	甲申		回甲(61歲)	38	37	39	34	34	42	結婚37歲	-	12	6
	70	70	2005	4338	乙酉	(碩座教授)	進甲(62歲)	39	38	40歲	35	35	43	38	出生(1歲)	13	7
	71	71	2006	4339	丙戌	七旬, 古稀	63	40周年(綠玉婚式)	39	41	36	36	44	39	2	14	8
餘生	1	72	2007	4340	丁亥	(서울大講義終了)	64	41	40歲	42	37	37	45	40歲	3	15	9
	2	73	2008	4341	戊子		65	42	41	43	38	38	46	41	4	16	10歲
	3	74	2009	4342	己丑		66	43	42	44	39	39	47	42	5	17	11
	4	75	2010	4343	庚寅		67	44	43	45	40歲	40歲	48	43	6	18	12
	5	76	2011	4344	辛卯		68	45周年(紅玉婚式)	44	46	41	41	49	44	7	19	13
	6	77	2012	4345	壬辰	喜 壽	69	46	45	47	42	42	50歲	45	8	20歲	14
	7	78	2013	4346	癸巳		古稀(70歲)	47	46	48	43	43	51	46	9	21	15
	8	79	2014	4347	甲午		71	48	47	49	44	44	52	47	10歲	22	16
	9	80	2015	4348	乙未	八旬, 傘壽	72	49	48	50歲	45	45	53	48	11	23	17
	10	81	2016	4349	丙申	鷄 壽	73	50周年(金婚式)	49	51	46	46	54	49	12	24	18
	11	82	2017	4350	丁酉		74	51	50歲	52	47	47	55	50歲	13	25	19
	12	83	2018	4351	戊戌		75	52	51	53	48	48	56	51	14	26	20歲
	13	84	2019	4352	己亥		76	53	52	54	49	49	57	52	15	27	21
	14	85	2020	4353	庚子		喜壽(77歲)	54	53	55	50歲	50歲	58	53	16	28	22
	15	86	2021	4354	辛丑		78	55	54	56	51	51	59	54	17	29	23
	16	87	2022	4355	壬寅		79	56	55	57	52	52	60歲	55	18	30歲	24
	17	88	2023	4356	癸卯	米 壽	傘壽(80歲)	57	56	58	53	53	回甲(61歲)	56	19	31	25
	18	89	2024	4357	甲辰		81	58	57	59	54	54	62	57	20歲	32	26
	19	90	2025	4358	乙巳	九旬, 卒壽	82	59	58	60歲	55	55	63	58	21	33	27
	20	91	2026	4359	丙午	望 百	83	60周年(金剛婚式)	59	回甲(61歲)	56	56	64	59	22	34	28
	21	92	2027	4360	丁未		84	61	60歲	62	57	57	65	60歲	23	35	29
	22	93	2028	4361	戊申		85	62	回甲(61歲)	63	58	58	66	回甲(61歲)	24	36	30歲
	23	94	2029	4362	己酉		86	63	62	64	59	59	67	62	25	37	31
	24	95	2030	4363	庚戌		87	64	63	65	60歲	60歲	68	63	26	38	32

生 涯			年 代			本人과 婦人			子 女			壻婦			孫子女		
生涯 區分	生涯 紀元	自然 年齡	西紀 紀元	檀君 紀元	年度 干支	本人 生涯	婦人 生涯	結婚 周期	長男	長女	次女	子婦	長壻	次壻	孫女	外孫子	外孫女
餘生	25	96	2031	4364	辛亥		米壽(88歲)	65	64	66	回甲(61歲)	回甲(61歲)	69	64	27	39	33
	26	97	2032	4365	壬子		89	66	65	67	62	62	70歲	65	28	40歲	34
	27	98	2033	4366	癸丑		90歲	67	66	68	63	63	71	66	29	41	35
	28	99	2034	4367	甲寅	白壽	91	68	67	69	64	64	72	67	30歲	42	36
	29	100	2035	4368	乙卯	百壽, 期年	92	69	68	70歲	65	65	73	68	31	43	37
	30	101	2036	4369	丙辰		93	70	69	71	66	66	74	69	32	44	38
	31	102	2037	4370	丁巳		94	71	70歲	72	67	67	75	70歲	33	45	39
	32	103	2038	4371	戊午		95	72	71	73	68	68	76	71	34	46	40歲
	33	104	2039	4372	己未		96	73	72	74	69	69	77	72	35	47	41
	34	105	2040	4373	庚申		97	74	73	75	70歲	70歲	78	73	36	48	42
	35	106	2041	4374	辛酉		98	75周年(金剛婚式)	74	76	71	71	79	74	37	49	43
	36	107	2042	4375	壬戌		99	76	75	77	72	72	80歲	75	38	50歲	44
	37	108	2043	4376	癸亥	茶壽	百壽(100歲)	77	76	78	73	73	81	76	39	51	45
	38	109	2044	4377	甲子		101	78	77	79	74	74	82	77	40歲	52	46
	39	110	2045	4378	乙丑	皇壽	102	79	78	80歲	75	75	83	78	41	53	47
	40	111	2046	4379	丙寅		103	80周年(金剛婚式)	79	81	76	76	84	79	42	54	48
	41	112	2047	4380	丁卯		104	81	80歲	82	77	77	85	80歲	43	55	49
	42	113	2048	4381	戊辰		105	82	81	83	78	78	86	81	44	56	50歲
	43	114	2049	4382	己巳		106	83	82	84	79	79	87	82	45	57	51
	44	115	2050	4383	庚午		107	84	83	85	80歲	80歲	88	83	46	58	52
	45	116	2051	4384	辛未		108	85周年(金剛婚式)	84	86	81	81	89	84	47	59	53
	46	117	2052	4385	壬申		109	86	85	87	82	82	90歲	85	48	60歲	54
	47	118	2053	4386	癸酉		皇壽(110歲)	87	86	88	83	83	91	86	49	回甲(61歲)	55
	48	119	2054	4387	甲戌		111	88	87	89	84	84	92	87	50歲	62	56
	49	120	2055	4388	乙亥	十二旬	112	89	88	90歲	85	85	93	88	51	63	57
	50	121	2056	4389	丙子		113	90周年(金剛婚式)	89	91	86	86	94	89	52	64	58
	51	122	2057	4390	丁丑		114	91	90歲	92	87	87	95	90歲	53	65	59
	52	123	2058	4391	戊寅		115	92	91	93	88	88	96	91	54	66	60歲
	53	124	2059	4392	己卯		116	93	92	94	89	89	97	92	55	67	回甲(61歲)
	54	125	2060	4393	庚辰	天壽	117歲	94周年	93歲	95歲	90歲	90歲	98歲	93歲	56歲	68歲	62歲

2. 保有職位의 殘餘任期

(2006. 7. 28 現在基準)

機關·團體及職位			2006	2007	2008	2009	2010	2011~死亡
1. 家庭	1. 家族	1. 家長	——	——	——	——	——	——
		2. 戶主	——	——	——	——	——	——
2. 公共機關	1. 大學	1. 서울大學校 名譽教授	……	……	……	……	……	……
		2. 서울大學校 環境大學院 時間講師	……	……				
		3. 建國大學校 碩座教授	……	……	……			
	2. 中央政府	1. 建交部 中央都市計劃委員會 副委員長	——					
		2. 行政中心複合都市 建設推進諮問委員	……	……				
	3. 地方政府	1. 濟州市 名譽市民	……	……	……	……	……	……
		2. 美國 라스베이거스市 名譽市民	……	……	……	……	……	……
		3. 慶北道廳移轉 推進委員會 委員長	——	——				
		4. 仁川市 政策諮問教授	……	……				
	4. 公共團體	1. 韓國土地公社 政策諮問委員會 委員長	——	——				
		2. 大韓住宅公社 政策諮問委員會 委員	……	……				
3. 社會團體	1. 學術團體	1. 大韓國土·都市計劃學會 顧問	……	……	……	……	……	……
		2. 韓國地方自治學會 顧問	……	……	……	……	……	……
		3. 聞慶文化院 顧問	……	……	……			
		4. 美國 CODS 諮問委員	……					
	2. 研究機關	1. 韓國自治發展研究院 院長	——	——	——	——	——	
		2. 韓國地域發展研究院 常任顧問	——	——	——	——	——	
		3. 韓國地方行政研究院 諮問委員	……	……	……			
		4. 21世紀都市政策開發院 諮問委員	……	……	……			
		5. 21世紀國土포럼 共同代表議長	——					
	3. 協會	1. 韓國道德運動協議會 總裁	——	——	——	——		
		2. 韓國書畫作家協會 總裁	——	——	——	——		
	4. 新聞社	1. 警察新聞 記者·論說委員	……	……	……	……		
4. 親睦團體	1. 鄕友會	1. 在京 聞慶市鄕友會 顧問	……	……	……	……	……	……
		2. 在京 大邱·慶北 道民會 諮問委員	……	……	……			
	2. 同窓會	1. 聞慶中學校 總同窓會 名譽顧問	……	……	……	……	……	……
		2. 在京 聞慶中學校 同門會 顧問	……	……	……	……	……	……
		3. 安東大學校 總同窓會 顧問	……	……	……	……		
		4. 在韓 신시내티大學校 同窓會 名譽會長	……	……	……	……	……	……
	3. 同好會	1. 地硏會 名譽會長	……	……	……	……	……	……
		2. 三道會 會長	——	——				

註. —— 代表者 職位(唯一人), …… 構成員 職位(複數中 一人)

3. 全 生涯中 時間生活의 變遷

分類	區分	項目 \ 生涯段階	旣生			餘生						總累計
			成長修學期	社會活動期	累計	古稀-喜壽期	喜壽-米壽期	米壽-百壽期	百壽-皇壽期	皇壽-天壽期	累計	
年代와期間	年代	年度	1936~1971	1972~2006	1936~2006	2006~2012	2012~2023	2023~2035	2035~2045	2045~2060	2006~2060	1936~2060
		年齡	1-36	37-71	1-71	71-77	77-88	88-100	100-110	110-125	71-125	1-125
	期間	年數	35	35	70	6	11	12	10	15	54	124
		日數	12,940	12,628	25,568	2,192	4,017	4,383	3,653	5,479	19,724	45,292
		時間數	310,560	303,072	613,632	52,608	96,408	105,192	87,672	131,496	473,376	1,087,008
總生活時間數(時間)	1. 社會生活	1. 定規業務	82,816	30,824	113,640	4,367	6,074	4,418	1,841	-	16,700	130,340
		2. 社會奉仕	-	34,963	34,963	7,681	10,027	6,522	2,192	1,052	27,474	62,437
		3. 親睦參與	7,764	29,075	36,839	4,419	6,844	5,680	2,542	1,709	21,194	58,033
		合計	90,580	94,862	185,442	16,467	22,945	16,620	6,575	2,761	65,368	250,810
	2. 個人生活	1. 獨自硏學	68,582	59,364	127,946	10,416	19,282	21,354	18,061	27,351	96,464	224,410
		2. 餘暇生活	25,880	37,278	63,158	7,891	17,064	21,459	20,252	33,926	100,592	163,750
		3. 家庭生活	125,518	111,568	237,086	17,834	37,117	45,759	42,784	67,458	210,952	448,038
		合計	219,980	208,210	428,190	36,141	73,463	88,572	81,097	128,735	408,008	836,198
	總合計		310,560	303,072	613,632	52,608	96,408	105,192	87,672	131,496	473,376	1,087,008
1日基準平均時間數(時間)	1. 社會生活	1. 定規業務	6.4	2.4	4.4	2.0	1.5	1.0	0.5	-	0.8	2.9
		2. 社會奉仕	-	2.8	1.4	3.5	2.5	1.5	0.6	0.2	1.4	1.4
		3. 親睦參與	0.6	2.3	1.4	2.0	1.7	1.3	0.7	0.3	1.1	1.3
		合計	7.0	7.5	7.2	7.5	5.7	3.8	1.8	0.5	3.3	5.6
	2. 個人生活	1. 獨自硏學	5.3	4.7	5.0	4.8	4.8	4.9	4.9	5.0	4.9	4.9
		2. 餘暇生活	2.0	3.0	2.5	3.6	4.2	4.9	5.6	6.2	5.1	3.6
		3. 家庭生活	9.7	8.8	9.3	8.1	9.3	10.4	11.7	12.3	10.7	9.9
		合計	17.0	16.5	16.8	16.5	18.3	20.2	22.2	23.5	20.7	18.4
	總合計		24.0	24.0	24.0	24.0	24.0	24.0	24.0	24.0	24.0	24.0
構成比(%)	1. 社會生活	1. 定規業務	26.7	10.2	18.5	8.3	6.3	4.2	2.1	-	3.5	12.0
		2. 社會奉仕	-	11.5	5.7	14.6	10.4	6.2	2.5	0.8	5.8	5.8
		3. 親睦參與	2.5	9.6	6.0	8.4	7.1	5.4	2.9	1.3	4.5	5.3
		合計	29.2	31.3	30.2	31.3	23.8	15.8	7.5	2.1	13.8	23.1
	2. 個人生活	1. 獨自硏學	22.1	19.6	20.9	19.8	20.0	20.3	20.6	20.8	20.4	20.6
		2. 餘暇生活	8.3	12.3	10.3	15.0	17.7	20.4	23.1	25.8	21.2	15.1
		3. 家庭生活	40.4	36.8	38.6	33.9	38.5	43.5	48.8	51.3	44.6	41.2
		合計	70.8	68.7	69.8	68.7	76.2	84.2	92.5	97.9	86.2	76.9
	總合計		100.0	100.0	100.0	100.0	100.0	100.0	100.0	100.0	100.0	100.0

客說 : 經驗에서 얻은 삶의 眞實

'산토끼를 잡고 나면 사냥개는 삶아먹힌다'〔狡兎死而 走狗烹〕는 옛 말이 있다. 忠誠과 奉仕를 다 했는데 그 일이 끝나고 나면 하루아침에 내침을 받는다는 뜻이다. 자기중심의 극단적 利己主義이다. 나는 지금까지 살아오는 동안 몇 번 사냥개가 된적은 있지만 삶아먹은 主人이 된 적은 없다.

4. 全生涯中 1日平均 時間生活의 變遷圖

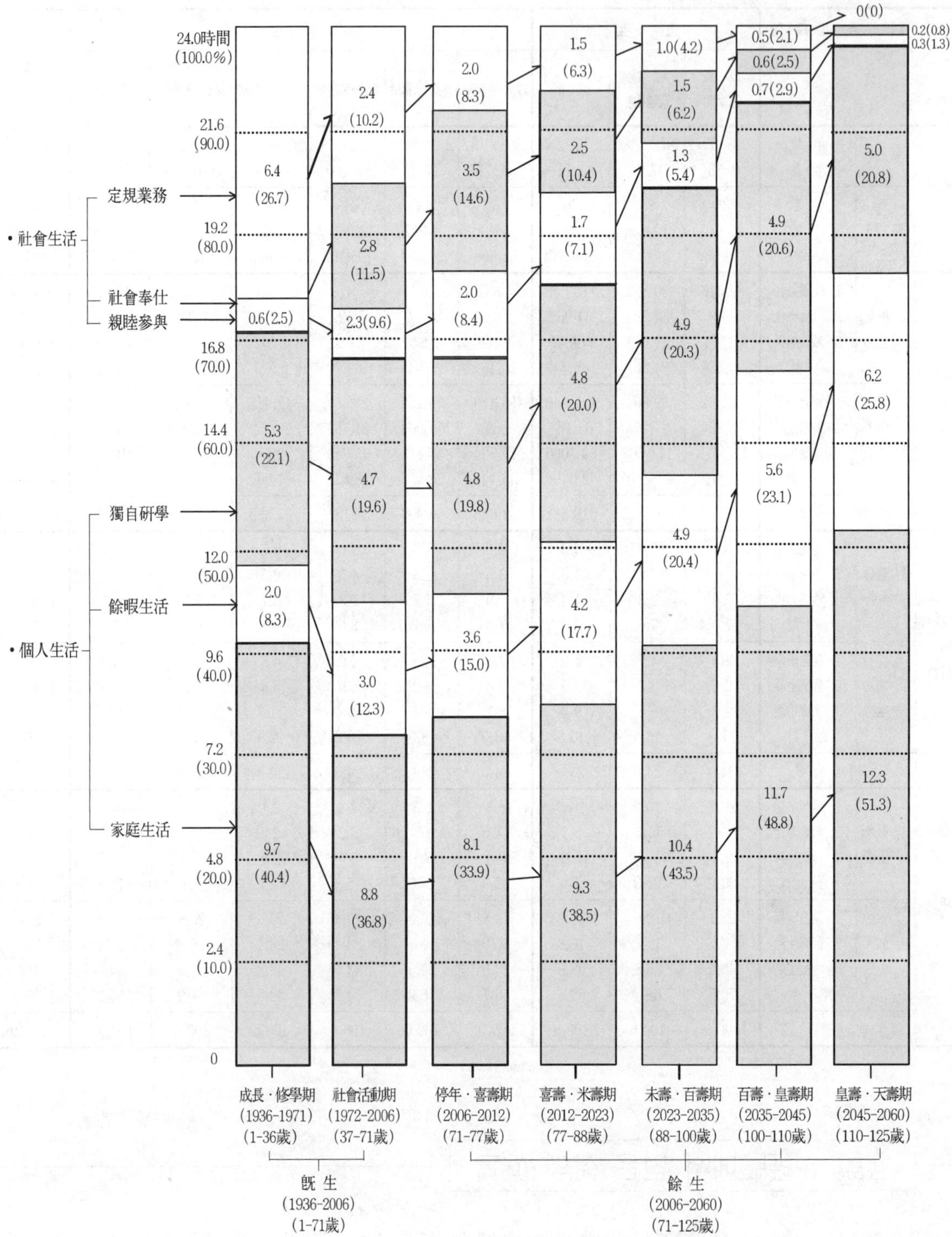

(Ⅲ) 變動展望과 向後計劃

1. 本人 및 國家의 變動狀況과 主要計劃

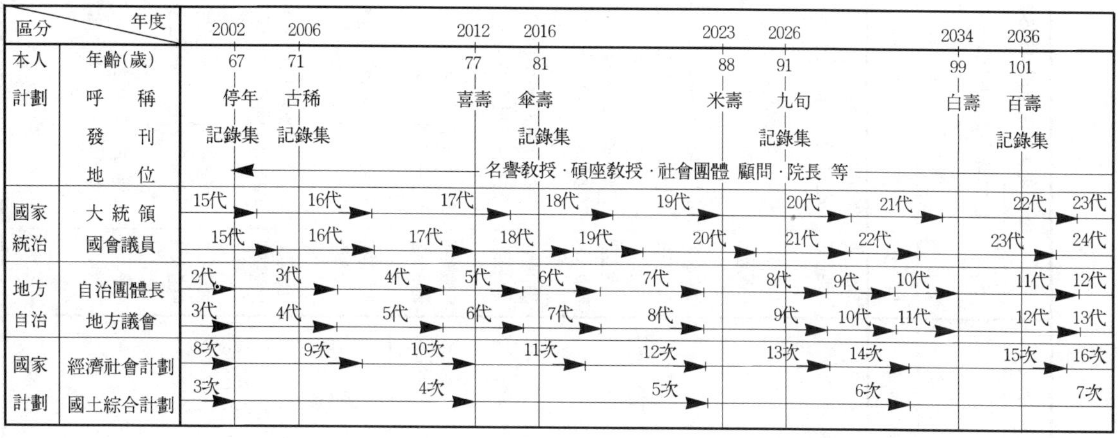

2. 個人與件의 展望과 方向

(1) 自然的 變化의 展望

① 增加될 事項- 休息時間, 睡眠, 多辯, 數多, 參見, 固執, 躁急心
② 減少될 事項- 食事量, 健康, 收入, 職責, 活動, 招請, 意慾
③ 維持될 事項- 家計, 支出, 體面, 參與, 吉凶事

(2) 意圖的 努力의 方向

① 强化·增加시켜야 할 事項- 運動, 健康, 人格, 子女保護, 施惠, 整理, 安定感
② 弱化·減少시켜야 할 事項- 飮酒, 吸煙, 補職, 職位, 名譽慾, 物慾, 發言, 參見, 固執
③ 維持·安定시켜야 할 事項- 飮食, 支出, 家計, 資産, 參與, 體面, 睡眠, 記錄, 沈着

客說 : 經驗에서 얻은 삶의 眞實

남에게 있어 절대적으로 필요한 사람, 약간 도움이 되는 사람, 無害無益한 사람, 그리고 害를 끼치는 사람 등이 있을 수 있다. 한 個人으로 볼 때, 적어도 남에게 해를 주는 사람이 되어서는 안된다.

3. 未來의 豫言들

豫言者	李之菡(朝鮮朝, 1517~1578)		실비아 브라운(Silvia Browne, 美國 1936年生)		松下老人(全州 金氏, 1845年生)	
豫言書	土亭秘訣(1550年代 刊)		大豫言(Prophecy, 2004年 刊)		松下豚秘訣 (1890年代 刊)	
對象	金安濟		美國·世界		韓國·世界	
區分 / 年度(年齡)	原文	解說	原文	解說	原文	解說
2006 丙戌 (71)	作卦:332	大凶運	· An Antichrist will be born in the area of Syria.	·賊그리스도가 시리아 地域에서 출생한다.	赤狗之歲 天地感應	2006 병술년에는 하늘과 땅이 서로 감응한다.
	北邙山下 新建茅屋	북망산 아래에 새로 뗏집을 짓는다.	·The nuclei of cancer cells wil be injected in the body.	·癌征服 技術이 발명되어 시행된다.	人心和平 東西通氣	인심이 화평스럽고 동서간의 화합이 이루어진다.
	年運不幸 百事無味	금년운은 좋지 않아 모든 일이 무미건조하다	·Stem cell research will rage.	·줄기細胞에 대한 硏究가 활발해진다.	隣家有災 夬堤波浪	이웃 나라에 재난이 일어나 제방이 무너지고 파도가 밀려온다.
	若無身厄 親憂子患	자신에게 액이 없으면 부모·자녀의 우환이 있다.	·The good news is on a significant vaccine breakthrough for humans against HIV/AIDS.	·에이즈를 치유할 백신이 발명된다.	移國遷都 狂浪入京	나라를 옮기고 수도를 바꾸니 미친 파도가 서울로 들어온다.
	凶極生吉 初困後泰	흉함이 다하면 길함이 생겨 초기는 고달프나 뒤에는 편하다.	·The medication with a stimulating positive effect on the pancreas will be approved.	·膵臟活動을 효과적으로 자극해주는 藥品이 개발되어 인정받는다.	黃中變白 不然則災	황인종 중에서 백인종을 변화시키며 그렇지 않으면 다른 재앙이 생긴다.
			·Hyper-and hypo-glycemia will cease to exist.	·高血糖 및 低血糖이란 말이 사라지게 된다.	寇賊射孤 先乖後偕	오랑캐 같은 도적이 전쟁을 일으키니 처음은 결렬되나 후에는 타결된다.
			·You can program it to play any number of subliminal message while you sleep.	·睡眠用 알약이 개발되어 누구나 복용할 수 있게 된다.	世行毒疾 人命多傷	세상에 독한 괴질이 창궐하여 많은 사람이 살상된다.
			·The realization that overeating is due not to a sense of feeling hungry but to a sense of feeling unsatisfied will be emphasized.	·過食은 虛飢가 아니라 不滿足 때문이라는 인식이 확산된다.	怪變連出 以避繁華	괴상한 변고가 연달아 일어나니 사람들이 번화한 곳을 피한다.
					蜘者入山 愚者入谷	슬기로운 사람은 산으로 들어가고 어리석은 자는 골짜기로 들어간다.
					火泉二神 相殺皆亡	불과 샘의 두 귀신이 서로 싸워 죽이니 모두 망한다.

豫言者 / 豫言書 / 對象 / 區分	李 之 菡(朝 鮮 朝, 1517~1578)		실 비 아 브 라 운(Silvia Browne, 美國 1936年生)		松 下 老 人(全州 金氏, 1845年生)	
	土 亭 秘 訣(1550年代 刊)		大 豫 言(Prophecy, 2004年 刊)		松 下 豚 秘 訣 (1890年代 刊)	
	金 安 濟		美 國 · 世 界		韓 國 · 世 界	
年度(年齡)	原 文	解 說	原 文	解 說	原 文	解 說
2007 丁亥 (72)	作卦:121	吉運	· Schools will expand their concept of the words "physical education" to include up-to-date lessons in nutrition.	· 學校는 '體育'이란 概念에 最新의 營養敎育까지를 포함시키게 된다.	赤豚之歲 福星紛亂	2007 정해년에는 무곡성의 운행이 어지러워진다.
	圍碁消日 落子丁丁	바둑 두며 소일하니 바둑알 소리 활기차다.			出師出群 卒師失律	군대가 출동하고 백성은 피난가니 장졸간 군대기율이 흐트러진다.
	井魚出海 意氣揚揚	우물 안 고기가 바다로 나가니 의기가 양양해진다.	· Cell phones will be as capable as current corded phones.	· 携帶폰이 有線電話와 같은 機能을 수행한다.	長老專一 相見淮陰	훌륭한 지도자가 유일하게 나타나니 유방과 한신이 회음에서 만난 격이다.
	雲散月出 天地明朗	구름이 개고 달이 나오니 천지가 명랑하다.	· The result of this ongoing voluntary DNA testing and the testing of newborns will be a massive international database called SCAN.	· SCAN이라 불리우는 大容量의 國際的인 DNA 데이터베이스가 出現하게 된다.	行南西山 能以群正	이가 남서산으로 나아가서 능히 백성들을 바르게 이끈다.
	東園桃李 逢時爛漫	동원의 도화와 이화가 때를 만나 만발하다.			巨羊得豕 輿軌奔脫	서양의 큰 나라가 정해년에 와서 정상적 궤도를 가고자 하나 실패한다.
			· Another medication being made by a plant which grows in the Amazon rain forest will both relieve and restore the affected nerves and muscles.	· 아마존의 熱帶林에서 자라는 어떤 植物로 만들어진 藥品이 神經性 및 筋肉性 疾患을 거의 치유시키게 된다.	地中炎狂 兩月漸安	땅속에서 불길이 미친 듯 날뛰지만 두 달 동안 점차 안정을 되찾는다.
					北方子方 巨羊歸鄉	세상의 운기가 순조롭게 돌아가 서양의 큰 나라 군대가 본국으로 돌아간다.
			· The HIV/AIDS virus will surge again even more viciously than before in certain third world areas of South America, Mexico, Africa and Asia.	· 에이즈 바이러스가 南美, 멕시코, 아프리카 및 아시아 등 世界 3分의 1이나 되는 地域에서 다시 猛威를 떨칠 것이다.	松下有豚 白光遮目	핵폭탄이 투하·폭발하니 흰 광선이 눈을 가린다.
			· The positive effects of magnets on the body will be more widely understood and expanded on with every passing year. Magnets will be used to stimulate food-processing essentials of the body.	· 磁石이 몸에 미치는 肯定的 效果는 해를 거듭하면서 더욱 널리 알려지고 확대된다. 磁石은 消化에 불가결한 身體器官에 刺戟을 주는 用途로 이용될 것이다.	子午衝入 不顧家産 東奔西走	지축이 서로 충돌하니 재난을 돌볼 여유도 없이 동분서주로 도망다닌다.
					雙火狗豚 北門北斗 滿月之食 妄動招殃	2006 병술년과 2007 정해년에 북쪽에 있는 최고 지도자가 권위를 잃게 되어 망동을 부리고 재앙을 초래한다.

豫言者 / 豫言書 / 對象 / 區分 / 年度(年齡)	李 之 菡(朝 鮮 朝, 1517~1578)		실 비 아 브 라 운(Silvia Browne, 美國 1936年生)		松 下 老 人(全州 金氏, 1845年生)	
	土 亭 秘 訣(1550年代 刊)		大 豫 言(Prophecy, 2004年 刊)		松 下 豚 秘 訣 (1890年代 刊)	
	金 安 濟		美 國 · 世 界		韓 國 · 世 界	
	原 文	解 說	原 文	解 說	原 文	解 說
2007 丁亥 (72)					柏西飛來 黑龍吐血 牛女二星 烏鵲相逢 八方統合 小島潛龍 階伯回生 木加丙局 得珠飛天 行南西山 南征大獲 能以群衆	서양으로부터 공격이 들어와 최고 지도자가 죽게 된다. 견우·직녀 두 별이 오작교에서 서로 만나듯이 나라 전체가 통일된다. 작은 섬에 숨어 있는 용이 있으니 계백장군이 부활한 것과 같다. 새로운 국면을 장악하여 여의주를 얻어 하늘을 나른다. 남서산으로 나아가서 남쪽을 정벌하여 큰 승리를 거두고 능히 군중을 다스리게 된다.
2008 戊子 (73)	作卦:142 百人作之 年祿長久 忠言輔成 王政不傾 有人多助 利在其中 陰谷回春 萬物皆生	平凡運 백사람이 농사를 하니 한해 소득이 오래간다. 남의 충언을 받아들이면 하는 일에 실패가 없다. 도와주는 사람이 많으니 이로움이 그 안에 있다. 그늘진 골짜기에 봄이 오니 만물이 모두 되살아난다.	· A president elected sometime after 2008 will die in office of a heart attack. The vice president, after declaring war on North Korea, will be assassinated. · Wristwatches will hit the market that will record conversation and take and send digital photographs. · The database involving a specific, unique "fingerprint" within the iris of the human eye will be developed. · 'Aura scanners' will be introduced. · The placenta is being preserved by hospital.	· 2008年 以後 當選된 美國 大統領이 事務室에서 心臟痲痺로 사망한다. 副統領은 大統領職을 승계하여 北韓에 대한 宣戰布告를 한 뒤에 暗殺을 당하게 된다. · 對話錄音과 寫眞撮影·送傳이 가능한 손목時計가 市場에 出現한다. · 眼球의 虹彩에 있는 특이하고 고유한 '指紋'과 연관된 데이터베이스가 개발될 것이다. · 醫學과 超心理學에서 '오라 스캐너'가 소개된다. · 病院에서는 胎盤을 보관하게 된다.	黃鼠之歲 陽消陰盛 陰邪活鬼 一夫萬婦 一妻萬夫 隣家老婦 窺見侵家 賊兵如山 烏合之卒 利在田田 長水入朝 手中握田 李絶其根 計竊其書 治世唐堯 三冬之歲 艱民泳險	2008 무자년에는 양기가 약해지고 음기가 성해져서 음기와 사악함이 활발해진다. 한 남자가 여러명의 부인을 갖고 한 여자가 여러명의 남편을 갖는다. 가까운 나라의 백성들이 기회를 엿보다가 우리를 침공한다. 적병이 산처럼 몰려오지만 모두 오합지졸에 불과하다. 특출한 능력을 가진 지도자가 장수 지역에서 나와 정부에 들어온다. 특출한 능력을 가지고 木字와 관련이 있는 朴氏 성을 가진 사람이 중국 요임금처럼 세상을 다스린다. 2006년부터 2008년까지 3년간 어려운 백성들이 험난 속을 헤엄친다.

豫言者 / 豫言書 / 對象 / 區分 / 年度(年齡)	李之菡(朝鮮朝, 1517~1578)		실비아 브라운(Silvia Browne, 美國 1936年生)		松下老人(全州 金氏, 1845年生)	
	土亭秘訣(1550年代 刊)		大豫言(Prophecy, 2004年 刊)		松下豚秘訣 (1890年代 刊)	
	金安濟		美國·世界		韓國·世界	
	原文	解說	原文	解說	原文	解說
2009 己丑 (74)	作卦:823	吉運	·There will be an international version of a 24-hour-a-day, 7-day-a-week satellite channel.	·하루 24時間, 1週 7日 방영하는 國際衛星 채널이 등장한다.	黃牛之歲 鴝入朝宮	2009 기축년에는 사나운 무리들이 조정에 들어온다.
	九秋霜降 落葉歸根	구월에 서리가 내리니 낙엽이 뿌리로 돌아간다.	·The common cold will be over with the new medications.	·새로운 醫藥品으로 인해 感氣는 사라지게 된다.	逆臣回頭 國事煩擾	역신들이 고개를 드니 나라일이 극히 불안하다.
	立志出家 錦衣還鄕	뜻을 세워 집을 나와서 금의환향을 하게 된다.	·There will be a significant breakthrough in connecting specific mental dysfunctions with specific physiological protein deficiencies and chemical imbalances.	·특정한 精神機能 障碍를 특정한 生理學的 蛋白質의 缺乏 및 化學的 不均衡과 연관시킴으로써 상당히 획기적인 突破口가 마련될 것이다.	革命返軍 兵聲驚動 朴李平定	혁명을 일으킨 반군들로 인해 군대소리가 사람을 놀라게 하지만 박씨·이씨가 이를 평정한다.
	十年勤苦 今得榮華	십년 세월의 고생 끝에 이제 영화를 얻는다.			十土重土 塊聲大難 仟朋入國	기축년에는 지진이 일어나 크게 어려워져서 수많은 이웃사람이 입국하게 된다.
	莫犯强求 順則自得	억지로 구하려 말고 순리대로 하면 얻게 된다.				
2010 庚寅 (75)	作卦:562	大吉運	·The key members of three separate antigovernment extremist organizations within the U.S. will be tracked and apprehended until 2016.	·美國內 세 개의 분리된 反政府 極端主義者集團의 核心人士들이 2016년까지는 추적되고 체포될 것이다.	白虎之歲 太白發輝 黃白奮士	2010 경인년에는 태백성이 빛을 발하니 동서양간에 전쟁이 발발한다.
	寶鼎煮丹 仙人之藥	귀한 솥에 단약을 달이니 신선의 약이로다.	·Wireless TVs as tiny as cell phones will be available.	·携帶폰 크기의 작은 無線TV가 實用化된다.	天橫地驚 轟轟丁丁	하늘에 전투기가 날고 땅은 놀라니 천지가 전쟁소리로 가득하다.
	謀計必中 大業成就	계획은 필히 적중하니 큰일을 이루리라.	·Law enforcement's use of psychics will be a commonplace.	·心靈學을 이용한 法執行이 一般化된다.	山下血光 都中焚煙	산하가 핏빛으로 빛나고 수도 안은 불타는 연기로 가득하다.
	身數大吉 名利雙全	신수가 크게 길하고 명예와 이익을 모두 얻는다.	·We're going to be seeing an alarming rise in skin cancer.	·皮膚癌이 急增하는 現象을 보인다.	五嶽赤變 折折剝剝	산들이 모두 붉게 변하고 모든 것이 처참하게 파괴된다.
	今年之運 移徙得利	금년의 운수는 이사하면 이롭게 된다.	·A DNA sample of every infant born in the U.S. is taken and recorded.	·美國에서 出生兒의 DNA를 추출하여 기록하게 된다.	鎬京將軍 木卜將軍 艱國救濟	호경(김씨와 고씨 성을 가진) 장군과 박씨 성을 가진 장군이 어려운 나라를 구하게 된다.
			·More psychologists will use hypnotherapy for the specific purpose of past-life regressions.	·많은 心理學書들이 前生回歸라는 특수한 目的을 위해 催眠療法을 사용할 것이다.	諸侯入宮 天子饗宴 仟鴻入朝	제후들이 궁에 들어오고 천자가 향연을 베푸니 많은 사람들이 조정에 들어온다.
					白鳥飛翔 白野群飛	서양 사람들은 되돌아가고 들판에 만백성이 환희한다.

豫言者 / 豫言書 / 對象 / 區分 / 年度(年齡)	李之菡(朝鮮朝, 1517~1578)		실비아 브라운(Silvia Browne, 美國 1936年生)		松下老人(全州 金氏, 1845年生)	
	土亭秘訣(1550年代 刊)		大豫言(Prophecy, 2004年 刊)		松下豚秘訣(1890年代 刊)	
	金安濟		美國·世界		韓國·世界	
	原文	解說	原文	解說	原文	解說
2011 辛卯 (76)	作卦:541 三十六計 走行第一 運數不利 凡事愼之 勿爲强求 事由定理 若無服制 外入惡報	平凡運 모든 계책 가운데 피하는 게 상책이다. 운수가 좋지 않으니 모든 일을 신중히 하라. 억지로 구하려 말지니 일에는 정해진 이치가 있다. 만일 상복을 입지 않으면 밖에서 나쁜 소식이 온다.	· Every new car will be manufactured with a satellite communication system. · By virtue of its remarkable success, hypnotic past-life regression will become a widely practiced, sought-after skill. · Tattooing will become popular and artistic.	· 모든 新型車에는 衛星通信 方式이 장착될 것이다. · 催眠을 통한 前生回歸는 놀랄 만한 成功을 거둠에 따라 널리 실행되는 人氣 있는 技術이 될 것이다. · 文身이 大衆化되고 藝術化된다.	白鬼之歲 狂浪入城 不射群鳥 客民抱庶 老將育家 左衆右群 八方大王	2011 신묘년에는 많은 난민이 도성으로 들어오니 이들을 내치지 아니한다. 백성을 받아들이고 서민을 포용하여 노장들이 이들을 가르친다. 곳곳에 군중이 정착하니 전국에 지도자의 힘이 미친다.
2012 壬辰 (77)	作卦:822 三陽漸生 萬物生榮 小往大來 致富之數 諸品皆吉 無不利事 今年之運 貧者聚財	大吉運 세가지 양기가 점차 생겨 만물에 영화가 일어난다. 작은 것이 가고 큰 것이 오니 부자가 될 운수다. 모든 것이 다 길하니 불리한 일이 전혀 없다. 금년의 운세로는 가난한 자가 재물을 모은다.	· Because of human laziness toward preserving and protecting the rain forests, we're going to see an alarming increase in breathing disorders and diseases. · The excitement over the increasing frequent orb sightings, the growing number of mysterious signals and the discovery of unexplainable debris will hit its stride. · Those brilliant voice and physio logical monitors will be combined into a polygraph device. · There will be eye-glasses with functions of recorder, camera, transmitter and stereo. · It will also result in the ability to exchange old body parts for comfortable new ones. · A body-shaping machine will be unveiled. · A strong drug will allow irreversibly terminal patients to be pain-free and mentally lucid.	· 熱帶雨林을 보존하고 보호하는데 人間이 게을이한 탓에 呼吸器障碍와 疾患들이 놀라울 정도로 증가하게 됨을 보게 될 것이다. · 飛行物體를 목격하는 일이 점점 잦아지고 不可思議한 信號가 증가하며 설명할 수 없는 破片들의 發見으로 興奮이 고조될 것이다. · 탁월한 音聲 및 生理監視裝置가 하나의 거짓말 探知裝置로 결합될 것이다. · 錄音·寫眞·電話·스테레오의 機能을 가진 眼鏡이 출현하게 된다. · 老朽한 身體部位를 새것으로 交換하는 能力에 이르게 될 것이다. · 몸매成形機가 등장하게 될 것이다 · 强한 藥이 나와 回復不能의 患者들의 苦痛을 덜고 精神을 맑게 한다.	黑龍之歲 太平之中 青嶽于屋 大人宜避 君王可慮	2012 임진년에는 태평한 시절 가운데 통치자 주변에서 사람이 죽는다. 고위 인사들은 마땅이 피하지만 군왕의 안위가 염려된다.

豫言者	李之菡(朝鮮朝, 1517~1578)		실비아 브라운(Silvia Browne, 美國 1936年生)		松下老人(全州 金氏, 1845年生)	
豫言書	土亭秘訣(1550年代 刊)		大豫言(Prophecy, 2004年 刊)		松下豚秘訣 (1890年代 刊)	
對象	金安濟		美國·世界		韓國·世界	
區分 / 年度(年齡)	原文	解說	原文	解說	原文	解說
2013 癸巳 (78)	作卦:452 夢得兩弱 眞僞可知 桃李爭春 到處春風 若無産慶 反有家憂 盜賊愼之 失物可畏	平凡運 꿈에 어진 사람을 만나니 그 진위를 가히 알 수 있다. 도리꽃이 다투어 피니 가는 곳마다 화기롭다. 자손의 경사가 없으면 도리어 집에 우환이 생긴다. 도적을 조심해야하니 실물할까 두렵다.	·The Mars exploration that succeeds will be a collaboration of four countries. ·Building codes will include a mandate for silent, powerful, well-concealed air purifiers. ·On the horizon is great success with the use of human growth hormone for the treatment of ALS, muscular multiple sclerosis.	·4個國의 共同作業으로 火星探査는 成功하게 된다. ·建築法規에 조용하고 강력하며 잘 은폐된 空氣淸淨器의 設置가 義務化 된다. ·루게릭病, 筋萎縮症, 多發性 硬化症의 治療를 위해 成長호르몬을 성공적으로 활용하게 될 것이다.	黑蛇之歲 家中不食 善舟良馬 其德廣大 蓄財積穀 常道大行	2013 계사년에는 집안에 머물지 말지어다. 좋은 배와 말이 있으니 그 혜택이 넓고 크다. 재산이 모이고 곡식이 쌓이니 떳떳한 도리가 크게 진작된다.
2014 甲午 (79)	作卦:132 草綠江邊 郁郁靑靑 名利俱興 必有餘慶 渴龍飮水 一躍登天 每事順成 人口增加	大吉運 풀이 강변에 푸르르니 그 생기가 발랄하다. 명예와 재물이 다 일고 반드시 경사도 따른다. 목마른 용이 물을 마시니 일약 하늘에 오른다. 매사가 순조로히 성사되고 식구가 늘어나게 된다.	·Satellites will be able to send alerts to law enforcement. ·Pills, capsules and even most liquid medicine will be replaced by readily accessible vaporized heat and oxygen chambers that can infuse every pore of the body. ·A microchip will be invented and implanted in the brain of schizophrenics and those who have severe seizure and bipolar disorders. ·A pill or capsule will replace stomach-shrinking surgery.	·人工衛星은 法執行者에게 危急狀況을 알려줄 수 있다. ·알藥이나 캡슐이나 물藥 대신에 모든 身體部位를 통과해 흡수될 수 있는 汽化된 熱과 酸素가 가득한 작은 房이 이용된다. ·심각한 發作을 일으키는 精神分裂症 患者와 兩極性 障碍를 가진 사람의 腦에 이식시킬 수 있는 마이크로 칩이 발명·이용된다. ·胃臟切除手術을 대체하는 알약이나 캡슐이 개발된다.	靑馬之歲 魚游大河 說辨化邦 刑殺照監 立法議論 正法制度 財産不喪 防盜庶民	2014 갑오년에는 고기가 큰 강에서 놀게 된다. 말로 설득하여 많은 우방을 가지지만 형살이 비추어 불상사가 일어난다. 입법을 논의하여서 바른 법을 제도화 한다. 재산상의 손실이 안 생기고 도적을 막아 백성을 보호한다.

年度(年齡) ＼ 豫言者	李之菡(朝鮮朝, 1517~1578)		실비아 브라운(Silvia Browne, 美國 1936年生)		松下老人(全州 金氏, 1845年生)	
豫言書	土亭秘訣(1550年代 刊)		大豫言(Prophecy, 2004年 刊)		松下豚秘訣 (1890年代 刊)	
對象	金安濟		美國・世界		韓國・世界	
區分	原文	解說	原文	解說	原文	解說
2015 乙未 (80)	作卦:563	大凶運	· Extraterrestrial transports are going to be more and more apparent.	· 外界人 宇宙人의 出現이 점점 더 늘어나게 된다.	青羊之歲 民生流水	2015 을미년에는 백성들이 물 흐르듯이 잘 산다.
	深入青山 先建茅屋	청산에 깊이 들어가 먼저 띳집을 짓는다.	· The next elected Pope will be succeeded by a triumvirate of Popes or a college of Cardinals.	· 天主教에 있어 다음번의 選出 教皇 다음에는 3人制 教皇 또는 樞機卿協議會 體制로 바뀔 것이다.	突然天災 一時驚動	갑자기 하늘의 재앙이 일어나 한때 놀라게 된다.
	飛鳥傷翼 欲飛不能	나는 새가 날개를 상했으니 날고자 하나 불가능하다.	· The change will be a kind of Christian Congress, a cooperative unity of Protestant faiths.	· 基督教의 變化는 基督教徒들의 協力體인 基督教議會의 出現으로 나타날 것이다.	雷天地震 不然王家	우뢰가 치고 지진이 일어나며 그렇지 않으면 왕가에 변고가 생긴다.
	若無家憂 身厄難免	집안에 우환이 없으면 자신의 액을 면하기 어렵다.	· New houses will be both solar-powered and prefabricated.	· 새로 지어지는 住宅들은 太陽電池가 달린 組立式이 된다.		
	卑己尊人 小利可得	나를 낮추고 남을 높이면 작은 이익은 얻을 수 있다.	· Sophisticated security systems will be common in every home.	· 정교한 保安 시스템이 모든 家庭에 보급될어질 것이다.		
			· It's no big surprise that personal robots will be available.	· 個人用 로봇이 普遍化되는 것은 별로 놀랄 일이 못된다.		
			· To give law enforcement one more added edge, their custom-designed high-speed vehicles will be atomically powered.	· 法執行者에게 또 하나 有益함을 주기 위해 그들의 주문된 高速車輛은 原子力을 그 動力으로 하게 된다.		
			· Crime rates are down because of home security system.	· 家庭의 保安 시스템 덕분으로 犯罪率은 감소하게 된다.		
			· Instead of invasive surgery, we will use a preprogrammed computerized sensor, a kind of "electronic eye."	· 공격적인 手術 대신에 일종의 '電子눈'이라 할 수 있는 事前 프로그램의 컴퓨터 센서 技術이 이용될 것이다.		
			· SCAN DNA database law enforcement forensics.	· SCAN DNA 데이터베이스는 法醫學의 根幹이 된다.		

豫言者	李 之 菡(朝鮮朝, 1517~1578)		실 비 아 브 라 운(Silvia Browne, 美國 1936年生)		松 下 老 人(全州 金氏, 1845年生)	
豫言書	土 亭 秘 訣(1550年代 刊)		大 豫 言(Prophecy, 2004年 刊)		松 下 豚 秘 訣 (1890年代 刊)	
對象	金 安 濟		美 國 · 世 界		韓 國 · 世 界	
區分 / 年度(年齡)	原 文	解 說	原 文	解 說	原 文	解 說
2016 丙申 (81)	作卦:443 六月炎天 間臥高亭 千里旅路 歸期何年 運散月出 初暗後明 逢時開花 功成振名	吉運 유월 더운 날씨에 한가로이 높은 정자에 누워있다. 천리 먼 타향 길에서 돌아올 때가 언제인가? 구름이 가고 달이 나오니 처음은 어두우나 후에는 밝다. 때를 만나 꽃이 피니 공을 이루고 이름을 떨친다.	· We will begin to examine our vulnerabilities, our shortcomings and our government's areas of excess and inefficiency. This will lead to a restructuring of the way our government is organized. · Telemarketers will have long since vanished by 2015.	· 美國이 갖고 있는 脆弱點과 短點 그리고 政府의 過剩과 非效率에 대한 檢討가 시작될 것이다. 이에 따라 美國 政府의 組織體系는 새롭게 再構成 될 것이다. · 電話 販賣員은 2015年부터 사라지게 될 것이다.		
2017 丁酉 (82)	作卦:421 僅避狐狸 更踏虎尾 危險在近 何則免之 岩上走馬 山路險難 勞而無功 虛送歲月	大凶運 겨우 여우와 늑대를 피하니 다시 호랑이가 꼬리를 밟는다. 위험이 가까이 있으니 어떻게 이를 면하리오? 바위 위에서 말을 달리니 산길이 험하고 어렵도다. 노력해도 공이 없으니 세월만 헛되이 보낸다.	· By 2017 the stigma of mental illness will be gone, and the worldwide embracing of the protein/chemical blood tests will be so appropriately entrenched that monthly home blood testing kits for protein/chemical levels will be as common as home testing kits for insulin levels are today.	· 2017年까지 精神病에 대한 羞恥心은 사라지고 全世界가 血液檢査를 수용하여 家庭用 蛋白質·化學血液檢査 키트가 지금 家庭用 인슐린 數値檢査 키트처럼 흔하게 될 것이다.	〈末世期〉 赤龍遇鷄 晝夜震振 焰天地覆 聖世難矣 況末世乎 神人脫衣 末世之世 子午衝入 手中握困	〈말세의 시기 : 2017~2039〉 일본에서 2017 정유년에는 주야로 땅이 울리고 흔들리며 불길이 하늘로 솟고 땅이 뒤집어진다. 성인이 세상을 다스려도 어려운데 항차 말세에서야 어찌하랴? 원숭이해인 申년에는 말세의 세상이 도래한다. 지구의 지축이 뒤바뀌니 성인만이 그 살길을 안다.
2018 戊戌 (83)	作卦:542 一把刀刃 害人何事 若非家憂 損財口舌	凶運 한손에 칼날을 쥐고 남을 해치려 하니 웬일인가? 집안에 우환이 없으면 손재와 구설수가 있다.	· The search for extra-terrestrials will ultimately end, not because we humans cunningly root them out but because they begin topping forward and identifying themselves to international organizations and heads of state.	· 外界人에 대한 探査는 끝나게 된다. 이는 우리 人間이 솜씨 좋게 그들을 근절하게 되었기 때문이 아니라 그들이 먼저 國際機構와 國家 首腦部에 일원으로 참여하게 되었기 때문이다.	應星之神 彗星怪星 犯於紫微 光炎遮明 九死一生	木星이 未方과 甲方에 이를 때 혜성과 괴성이 나타나 자미원을 범한다. 타오르는 불길이 밝음을 가리니 아홉은 죽고 하나만 산다.

年度(年齡) ＼ 豫言者	李之菡(朝鮮朝, 1517~1578)		실비아 브라운(Silvia Browne, 美國 1936年生)		松下老人(全州 金氏, 1845年生)	
豫言書	土亭秘訣(1550年代 刊)		大豫言(Prophecy, 2004年 刊)		松下豚秘訣 (1890年代 刊)	
對象	金安濟		美國·世界		韓國·世界	
區分	原文	解說	原文	解說	原文	解說
2018 戊戌 (83)	一經身病 不然傷身 守舊無害 改則失敗	한차례 병을 앓거나 아니면 몸을 다친다 옛것을 지키면 해가 없으나 바꾸려고 하면 실패한다.	·Most of us will have at least one piercing on our bodies.	·우리 몸의 한 곳 이상에 피어싱을 하게 된다.	大小皆亡 富家先亡 松下有豚 白光遮目 月落烏啼 霜滿天中	크고 작은 것이 다 망하는데 부유한 자가 먼저 망한다. 핵폭탄이 폭발하여 흰 광선이 눈을 가린다. 달이 떨어지고 까마귀 우니 서리가 천지에 가득하도다.
2019 己亥 (84)	作卦:822 三陽漸生 萬物生榮 小往大來 致富之數 諸品皆吉 無不利事 今年之運 貧者聚財	大吉運 세 가지 양기가 점차 생겨 만물에 영화가 일어난다. 작은 것이 가고 큰 것이 오니 부자가 될 운수다. 모든 것이 다 길하니 불리한 일이 전혀 없다. 금년의 운세로는 가난한 자가 재물을 모은다.	·Personal robots will be more affordable to the general public. ·We'll see more people than ever wearing surgical masks and rubber gloves in public, inspired by an outbreak of a severe pneumonia-like illness that attacks both the lungs and the brochial tubes and is ruthlessly resitant to treatment.	·個人의 로봇 利用이 보다 넓게 大衆化 될 것이다. ·우리는 外科用 마스크와 고무장갑을 착용한 사람들을 점점 더 많이 보게 될 것인데, 이는 허파와 氣管支를 공격하는 治療 不可能의 肺炎같은 病이 발생하기 때문이다.	四道相逆 況人道乎 利在田田 龍吐庚炎 湯湯覆覆 天卑地尊 三十六宮 都是寒冬 海龍吐山 桑田碧海	사계절의 순환이 서로 어긋나니 항차 사람의 도리는 어떻게 될까? 성인만이 그 살길을 알게 되니 산이 폭발하고 불이 뿜어진다. 사방이 끓어오르고 뒤집어져서 하늘은 가라앉고 땅은 치솟는다. 천지의 전부가 온통 추운 겨울이 된다. 바다가 융기되어 육지가 되고 논밭이 바다로 바뀌어 진다.
2020 庚子 (85)	作卦:863 東風淡蕩 春花富貴 掘地見金 絶對之功 富貴兼全 人人仰視 名成利遂 賀客塡門	大吉運 동풍이 부드럽게 불어오니 봄꽃이 풍요롭고 귀하다. 땅을 파서 금을 발견하니 절대적인 성공이다. 부귀를 함께 갖추었으니 사람마다 우러러 본다. 이름을 날리고 이로움을 이루니 축하객이 문을 메운다.	·When global warming and the polar tilt are their peak, the glaciers will be nearing extinction and these massive blocks of ice turning to water will cause worldwide floods, tidal waves and erosion that will alter the coastlines of continents forever. ·We'll see the end of the one-man presidency. ·Senate terms will be limited to eight years.	·地球溫暖化와 地軸移動이 頂點에 이름에 따라 氷河가 거의 소멸되고 거대한 얼음 덩어리들이 물로 변하여 전 세계적으로 洪水와 海溢, 侵蝕事態가 발발함으로써 大陸의 海岸線이 영구적으로 변경될 것이다. ·1人의 大統領制는 끝나게 될 것이다. ·議會議員의 任期는 8年으로 制限되어질 것이다.		

豫言者 / 豫言書 / 對象 / 區分 / 年度(年齡)	李之菡(朝鮮朝, 1517~1578)		실비아 브라운(Silvia Browne, 美國 1936年生)		松下老人(全州 金氏, 1845年生)	
	土亭秘訣(1550年代 刊)		大豫言(Prophecy, 2004年 刊)		松下豚秘訣 (1890年代 刊)	
	金安濟		美國·世界		韓國·世界	
	原文	解說	原文	解說	原文	解說
2020 庚子 (85)			·State and local governments will be divided between Liberas and Conservatives, men and women, all elected, but with shorter, three-year terms. ·The year 2020 will spark an amazing resurgence in the popularity of the barter system. ·The new synthetic material will be able to restore hearing. ·Blindness will be become a thing of the past. ·We're going to see an end to the institution of marriage as we know it. ·It's going to be very difficult for law-makers to outlaw gay marriage.	·州政府와 地方政府는 自由黨과 保守黨으로 구성되고 男女同數로 선출되지만 任期는 3년으로 단축될 것이다. ·2020년에는 놀랍게도 物物交換 시스템이 大衆化 될 것이다. ·새로운 合成物質의 출현으로 聽力의 回復이 가능해지게 된다. ·盲人은 완전히 사라지게 된다. ·우리가 그동안 알고 있는 結婚制度는 끝난다. ·立法者들이 同性結婚을 不法化하기 어렵게 된다.		
2021 辛丑 (86)	作卦:232 夜逢山君 進退兩難 勿爲妄動 必有失敗 爲山九仞 功虧一簣 缺月半圓 秋夢入春	凶運 밤에 호랑이를 만나니 오도 가도 못한다. 허망된 행동은 삼가야 하니 반드시 실패하게 된다. 산을 아홉 길이나 쌓았는데 한 삼태기 흙이 모자라 허사로다. 이지러진 달이 반원을 그리고 가을 꿈에 봄이 깃든다.	·We do have an asteroid collision, but we're not going to lose a single dinosaur when it hits, or a single human life either. ·An accord between us and the extraterrestrials is reached. ·The most liberal democracy on earth will be Australia which will attract many immigrants.	·小惑星의 衝突이 있게 되지만 그것이 부딪칠 때 한 마리의 恐龍이나 한 사람의 人命도 잃지 않게 될 것이다. ·人間과 外界人들 사이에 協定이 체결된다. ·地球上에서 가장 民主的인 國家는 濠州가 될 것이며, 많은 移民者를 갖게 된다.		

豫言者	李之菡(朝鮮朝, 1517~1578)		실비아 브라운(Silvia Browne, 美國 1936年生)		松下老人(全州 金氏, 1845年生)	
豫言書	土亭秘訣(1550年代 刊)		大豫言(Prophecy, 2004年 刊)		松下豚秘訣 (1890年代 刊)	
對象	金安濟		美國·世界		韓國·世界	
區分 / 年度(年齡)	原文	解說	原文	解說	原文	解說
2022 壬寅 (87)	作卦:723 一渡滄波 後津何濟 今年之運 辛苦重重 每事心違 何得名利 晩逢貴人 一笑過去	凶運 한번 물결을 건넜으나 뒤의 나루는 어이 건널꼬? 금년의 운세는 고생만 거듭 닥친다. 매사가 마음과 다르니 어찌 명예와 이득을 얻을꼬? 늦게 귀인을 만나니 지난 일은 웃어 넘기리라.	·There will be a proliferation of frogs in Central and South Amercia. ·Plagues of locusts and frogs, blood red rivers, on the heals of relentless tidal waves, volcanoes, earthquakes and swarms of hurricanes-widespread rumors of impending Armageddon will spring up throughout the world. ·Open celebrations of Azna will begin taking place worldwide.	·中央 및 南아메리카 大陸에 개구리가 급증하게 된다. ·가차 없는 海溢과 火山爆發, 地震과 거대한 허리케인에 뒤이어 메뚜기와 개구리의 傳染病, 그리고 핏빛江이 나타나면서 자연히 世界全域에서 아마겟돈이 임박했다는 루머가 널리 퍼지게 된다. ·아즈나를 경배하는 公開祝典이 世界 도처에서 거행된다.		
2023 癸卯 (88)	作卦:741 六馬交馳 男兒得意 勤苦之德 必得功名 草綠江上 牛逢盛草 在家無益 出則成功	吉運 여섯 말이 어울려 달리니 남아가 그 뜻을 이루리라. 부지런히 힘쓴 덕으로 반드시 공과 이름을 얻는다. 풀이 푸르게 강변에 있으니 소가 무성한 풀을 만난다. 집에 있으면 이득이 없고 밖에 나가면 성공한다.	·The atmospheric dust from those volcanoes and earthquakes will pollute the air and block the sun, causing some disastrous crop failures. ·The seawalls which will made of steel, a titanium-like alloy and some other substance can bend in gale-force winds and tidal waves.	·火山과 地震으로 인해 생긴 大氣中의 먼지는 空氣를 오염시키고 햇빛을 차단하여 災難에 가까운 農事의 凶作을 가져올 것이다. ·鐵鋼과 類似 티타늄 合金, 그리고 다른 材料 등으로 만들어진 防波堤는 强風과 海溢에도 견뎌낼 수 있게 된다.		
2024 甲辰 (89)	作卦:722 日中不決 好事多魔 年運不利 勿謀他營 我心正直 知我自誰 家有憂患 財則不發	凶運 하루 종일 결단을 못 내리니 좋은 일에 장애가 많다. 금년 운수가 좋지 않으니 다른 일을 도모치 마라. 나의 마음은 정직하나 나를 알아주는 이 누구일까? 집안에 우환이 있고 재물 역시 생기지 않는다.	·We'll see acid rain as part of an ecological cycle that will change our way of life for decades to come ·Previously unknown fault lines will quake their way into the headlines as they literally "let off steam" from surrounding underground eruptions and other earthquakes.	·우리는 酸性 비가 向後 數十年間 우리의 生活方式을 바꾸어 놓을 生態的 循環의 일부가 되는 것을 보게 된다. ·지금까지 알려지지 않았던 斷層이 주변의 地下爆發과 다른 地震으로부터 말 그대로 "鬱憤을 토하면서" 表面으로 진동하게 될 것이다.		

豫言者	李之菡(朝鮮朝, 1517~1578)		실비아 브라운(Silvia Browne, 美國 1936年生)		松下老人(全州 金氏, 1845年生)	
豫言書	土亭秘訣(1550年代 刊)		大豫言(Prophecy, 2004年 刊)		松下豚秘訣 (1890年代 刊)	
對象	金安濟		美國·世界		韓國·世界	
區分 / 年度(年齡)	原文	解說	原文	解說	原文	解說
2025 乙巳 (90)	作卦:313	凶運	·The most dramatic tidal waves will hit in the Orient and Florida.	·가장 대대적인 海溢이 아시아와 美國 플로리다에서 발생할 것이다.		
	事多愴忙 晝出魍魎	일은 많고 창망하니 낮에 나온 도깨비와 같다.	·All religions will join forces and funds for the good of one another.	·모든 宗敎가 서로의 善을 위하여 힘을 합치고 基金을 모으게 될 것이다.		
	無端暴雨 百草揮荒	갑작스러운 비바람에 모든 풀이 휘날려 쓰러진다.	·Throughout the globe "Healing Centers" will be increased.	·全世界的으로 '治癒센터'가 증가하게 된다.		
	日月不明 東西不辨	해와 달이 밝지 못하니 동서를 분간하지 못한다.	·The voice database is going to be perfected.	·音聲 데이터베이스가 완벽하게 된다.		
	他人欺我 守分則吉	남이 나를 속이려 하나 분수만 지키면 길해진다.	·In young children, we will have cells taken from our major organs and stored "on file" for future reference in the event.	·어린 幼兒 때, 未來에 일어날 事故에 대비해 主要臟器에서 細胞를 떼 내어 '파일'에 보관할 것이다.		
			·Synthetic blood will be perfected.	·合成 血液技術이 완성될 것이다.		
2026 丙午 (91)	作卦:342	大吉運	·Domed cities will first be built in the U.S., closely followed by Germany and England.	·돔型 지붕의 都市가 처음으로 美國에 건설되며, 곧 이어 獨逸과 英國에도 나타날 것이다.		
	年少青春 足踏紅塵	나이 어린 젊은 때에 과거에 급제한다.	·I also see powerful tsunamis hitting large portions of Japan in around 2026. As a result of these tsunamis, we may see a large new land mass emerging among the Hawaiian Islands.	·나는 또한 2026년 경에 강력한 海溢이 日本 國土의 대부분을 강타하리라고 본다. 이 海溢의 結果로 우리는 하와이 諸島 가운데에 커다란 새로운 땅 덩어리가 나타남을 볼지도 모른다.		
	水流趨下 遂成大海	물이 흘러 아래로 가서 큰 바다를 이루게 된다.				
	猛虎出林 到處有權	사나운 범이 숲에서 나와 가는 곳마다 권세를 이룬다.				
	若非官祿 生子橫財	만일 벼슬을 하지 못하면 아들을 얻고 횡재를 한다.				

<table>
<tr><td>豫言者</td><td colspan="2">李之菡(朝鮮朝, 1517~1578)</td><td colspan="2">실비아 브라운(Silvia Browne, 美國 1936年生)</td><td colspan="2">松下老人(全州 金氏, 1845年生)</td></tr>
<tr><td>豫言書</td><td colspan="2">土亭秘訣(1550年代 刊)</td><td colspan="2">大豫言(Prophecy, 2004年 刊)</td><td colspan="2">松下豚秘訣(1890年代 刊)</td></tr>
<tr><td>對象</td><td colspan="2">金安濟</td><td colspan="2">美國·世界</td><td colspan="2">韓國·世界</td></tr>
<tr><td>區分 / 年度(年齡)</td><td>原文</td><td>解說</td><td>原文</td><td>解說</td><td>原文</td><td>解說</td></tr>
<tr><td>2027
丁未
(92)</td><td>作卦:711

尋芳春日
却見花開

求之則得
願之則就

順風加帆
何患成功

今年之中
天緣相逢</td><td>大吉運

좋은 경치를 찾아 나선 봄날에
마침 꽃 핀 것을 보게 된다.

구하고자 하니 얻어지고
바라는 바가 이루어진다.

순풍에 돛단 격이니
어찌 성공을 걱정하랴?

금년 안으로
천생연분을 만나리라.</td><td>· The massive changes in the whole structure of the education system will take place.

· There will be no more than ten or fifteen students in any given classroom.

· Teachers will teach via computer throughout each state.

· Three hours of physical education per week will be required for all middle and high school students.</td><td>· 教育 시스템의 全構造에 있어 大大的 變化가 일어나게 될 것이다.

· 어떤 學級의 學生數도 10名 또는 15名을 초과하지는 않을 것이다.

· 教師는 各州에서 컴퓨터를 통해 가르치게 될 것이다.

· 中·高等學校의 學生들은 週 3時間의 體育教育을 받게 된다.</td><td></td><td></td></tr>
<tr><td>2028
戊申
(93)</td><td>作卦:642

捕兎于海
求魚于山

君之謀計
一無成事

莫作變化
安靜無害

勞而無功
大厄不侵</td><td>凶運

바다에서 토끼를 잡고
산에서 물고기를 얻으려 한다.

그대의 뜻과 계획은
하나도 이루어지지 않는다.

변화를 일으키지 말고
가만히 있으면 해는 없다.

노력하여 공은 없으나
큰 액은 생기지 않는다.</td><td>· The late 2020s will be a rough, desperate, survivalist era for us to protect from acid rain.

· The Florida tidal waves will be part of a swam of hurricanes that will batter the southern Atlantic seaboard, particularly in 2028.</td><td>· 2020年代 末은 酸性비로부터 우리를 보호해주기 위한 험악하고 필사적인 生存主義 時代가 될 것이다.

· 플로디라州의 海溢은 특히 2028년에 大西洋 南部海岸을 강타할 수많은 허리케인과 함께 발생하게 될 것이다.</td><td></td><td></td></tr>
<tr><td>2029
己酉
(94)</td><td>作卦:321

方病大腫
扁鵲難醫

冬桑枯死
蠶業何成

財數論之
得而半失

智短識淺
欲巧反拙</td><td>大凶運

큰 종기의 병이 깊으니
편작같은 명의도 고치기 어렵다.

겨울에 뽕나무가 얼어 죽으니
누에 농사가 어찌되랴?

재물 운수를 말한다면
얻어서 반은 잃는다.

지혜는 짧고 뇌는 얕으니
잘하려고 하면 오히려 안 된다.</td><td>· Starting in around 2029, at relatively infrequent intervals, the earth will be subjected to meteor showers.

· Some of our own trash and debris is going to come back to haunt us as well as meteor shower.</td><td>· 2029년경부터 시작하여 간헐적이긴 하지만 地球는 流星雨의 被害를 입게 될 것이다.

· 우리가 버린 쓰레기와 殘骸의 일부가 流星雨와 같이 우리 머리에 떨어져서 우리를 괴롭히게 될 것이다.</td><td></td><td></td></tr>
</table>

豫言者	李之菡(朝鮮朝, 1517~1578)		실비아 브라운(Silvia Browne, 美國 1936年生)		松下老人(全州 金氏, 1845年生)	
豫言書	土亭秘訣(1550年代 刊)		大豫言(Prophecy, 2004年 刊)		松下豚秘訣 (1890年代 刊)	
對象	金安濟		美國·世界		韓國·世界	
區分 / 年度(年齡)	原文	解說	原文	解說	原文	解說
2030 庚戌 (95)	作卦:463 玉兎東升 清光可吸 君臣際會 必有喜事 貴人助我 亂事解之 吉運已回 何事不成	大吉運 밝은 달이 동쪽에 떠오르니 맑은 빛을 받아들인다. 군신이 한 자리에 모였으니 반드시 기쁜 일이 있도다. 귀인이 나를 도와주니 어려운 일도 풀리게 된다. 좋은 운이 이미 돌아왔으니 무슨 일인들 이루지 못하랴?	·A severe pneumonia-like illness will seem to vanish completely until 2030. ·In 2030, the average American woman will stand five feet, nine inches, and the average American man will be six feet, one inch to six feet, three inches in their heights.	·심각한 肺炎같은 疾患은 2030년까지 완전히 사라지게 될 것이다. ·2030년에 와서 美國 女性의 平均키는 175cm가 되고 美國 男性의 平均키는 185cm내지 190cm로 늘어나게 될 것이다.		
2031~2039 辛亥~己未 (96~104)	〈辛亥年〉 作卦:242 古人塚土 今人葬地 若非親憂 家庭不安 雖有過咎 改之爲吉 東邦有友 不如西隣	〈2031〉 凶運 옛 사람의 무덤 위에 지금 사람을 장사지낸다. 만일 부모의 우환이 없으면 가정에 불안함이 생긴다. 비록 잘못된 것이 있어도 이를 고치면 길하게 된다. 동쪽 나라에 친구가 있으나 서쪽 이웃사람만 못하다.	·We might easily have no rain forests at all by 2032. ·In the late 2030s there will be enormous subterranean volcanic disruptions in the Indian Ocean, causing flooding and tidal waves in bordering countries, particularly Australia and Tanzania. ·Chartered moon junkets will become available in the late 2030s. ·It will be in about 2030 that the Antichrist makes his proclamation that he is the resurrected christ, back for the Rapture, and that all those who follow him will be saved.	·地球上의 熱帶雨林은 2032년 안에 모두 사라질 것이다. ·2030年代 末에 印度洋에 엄청난 地下火山爆發이 발생하여, 특히 濠洲와 탄자니아를 비롯한 接境國家에서 海溢이 일어나게 될 것이다. ·2030年代 末에 用船契約에 의한 달 遊覽旅行이 가능해질 것이다. ·2030年境에 賊그리스도는 自身이 復活한 그리스도이고 空中再會를 약속하며 自身을 따르는 者는 모두 永生을 얻으리라는 主張을 하게 될 것이다.		

豫言者	李之菡(朝鮮朝, 1517~1578)		실비아 브라운(Silvia Browne, 美國 1936年生)		松下老人 (全州 金氏, 1845年生)	
豫言書	土亭秘訣(1550年代 刊)		大豫言(Prophecy, 2004年 刊)		松下豚秘訣 (1890年代 刊)	
對象	金安濟		美國·世界		韓國·世界	
區分 / 年度(年齡)	原文	解說	原文	解說	原文	解說
2040~2049 庚申~己巳 (105~114)	〈庚申年〉 作卦:513 沼魚出海 意氣揚揚 擇地移居 壽福陳陳 年運逢吉 慶事日至 手弄千金 名振四方	〈2040〉 大吉運 연못 고기가 바다로 가니 의기가 양양하도다. 터를 골라 이사를 가니 수와 복이 진진하다. 금년 운이 길함을 만났으니 경사가 날로 생긴다. 손에 천금을 쥐게 되고 이름이 사방에 떨친다.	· A moon base will be created by the early 2040s for tourist visits and as a stopping place for further sightseeing trips within our solar system. · Most private homes will be three stories high, with retractable roofs to allow the family hovercraft to come and go. · A truly amazing plant extract will be discovered in New Zealand. This extract will stimulate the production of new brain cells and enable the brain to comprehend, retain and process information faster than any present computer.	· 觀光客의 訪問을 위해, 그리고 太陽系 內部에서 이루어지는 遠距離 觀光旅行의 中間 停留地로 사용하기 위해 2040年代 初에 달 基地가 건설된다. · 대부분의 家庭 집들은 3層 높이가 되고, 飛行裝置가 드나들도록 여닫을 수 있는 지붕을 설치하게 될 것이다. · 참으로 놀라운 植物 抽出物이 뉴질랜드에서 발견될 것이다. 이 抽出物은 새로운 腦細胞의 生産을 자극하여 現在의 어떤 컴퓨터보다 빠르게 情報를 처리할 수 있게 해 줄 것이다.	〈末世後期〉 子午正立 三道順行 檀國玉土 四神護衛 世世昌盛	〈말세후의 시기: 2040년 이후〉 지구의 지축이 바로 서서 천·지·인의 길이 올바로 돌아간다. 단군왕검의 좋은 국토는 청룡·백호·주작·현무의 사신이 호위하여 오래 오래 번창하게 될 것이다.
2050 庚午 (115)	作卦:462 萬里無雲 海天一碧 門入喜氣 有人助力 君子進德 小人漸退 一身安閒 樂在其中	吉運 만리까지 구름이 없으니 바다와 하늘이 하나같이 푸르다. 문에 기쁜 기운이 들어오니 도와주는 사람이 있도다. 군자는 덕으로 나아가고 소인은 점차 퇴보한다. 일신이 안전하고 한가로우니 즐거움이 그 가운데 있도다.	· By around 2050, the average human life span will have extended to somewhere between 120 and 130 years. · It becomes acceptable for everyone to have several partners. What they will do is lead to a kind of natural evolution into a return to communal living.	· 2050年 무렵에 人間의 平均壽命은 120歲 내지 130歲 程度로 연장될 것이다. · 모든 사람들이 여러 명의 파트너를 갖게 될 것이다. 이렇게 되어 가는 것은 共同生活로 復歸하는 自然進化의 一種이다.		

豫言者 / 豫言書 / 對象 / 區分	李之菡(朝鮮朝, 1517~1578)		실비아 브라운(Silvia Browne, 美國 1936年生)		松下老人(全州 金氏, 1845年生)	
	土亭秘訣(1550年代 刊)		大豫言(Prophecy, 2004年 刊)		松下豚秘訣(1890年代 刊)	
	金安濟		美國・世界		韓國・世界	
年度(年齡)	原文	解說	原文	解說	原文	解說
2060 庚辰 (125)	作卦:263 淸風明月 獨坐叩盆 男女莫論 離別可畏 百忍堂中 必有泰和 種瓜得瓜 種豆得豆	平凡運 청풍명월 아래 홀로 앉아 동이를 두드린다. 남녀를 불구하고 이별이 가히 두렵구나. 참으며 사는 가정에는 반드시 영화로움이 있다. 외 심은데 외 나고 콩 심은데 콩 난다.	・The earth's atmosphere will heal itself enough for us to venture out of the domes and begin to travel freely on his planet again. ・The sight of extraterrestrial arrivals and departures will be of no more interest than the sight of passing airplanes is to us now.	・地球의 大氣가 스스로를 치유하여 人類는 과감하게 돔 밖으로 나와 地球 위에서 다시금 자유로운 旅行을 할 수 있게 될 것이다. ・外界人이 도착하고 떠나는 光景은 오늘날 飛行機가 오고 가는 光景보다 더 신비롭지 않게 될 것이다.		
2075 乙未 (140)	作卦:113 鶯上柳枝 片片黃金 斫石見玉 勞後可得 今年之數 移徙則吉 利在木姓 交則橫財	吉運 꾀꼬리가 버들가지에 오르니 조각조각이 황금이로다. 돌을 쪼아 옥을 찾으니 노력 후에는 이득을 얻는다. 금년의 운수는 이사하면 곧 길하리라. 이로움이 목성에 있으니 목성과 사귀면 횡재한다.	・The "arranged couples" idea doesn't get any further than it ever has for any length of time in the U.S. But what do you know, by 2075, multiple partnerships evolve back into a preference for monogamy again, because, in the end, no matter how many different ways we find to choreograph our lives, human nature never really changes all that much.	・美國에서 '契約커플'이라는 아이디어는 오래가지 못한다. 그러나 2075년쯤에 多衆關係가 다시 一夫一妻制의 選好로 되돌아 갈지 누가 알겠는가? 왜냐하면 우리가 삶을 얼마나 다른 方式으로 연출해 내든 간에 결국 人間의 本質은 그렇게 많이 변하지 않기 때문이다.		
2080 庚子 (145)	作卦:461 避險出谷 仇者懷劍 所營之事 雪上加霜 妄動不利 守分則安 莫爲急圖 晩則爲吉	凶運 험한 곳을 피해 골에서 나왔으나 원수가 칼을 품고 기다린다. 경영하는 일은 나쁜 것이 거듭 겹친다. 망련된 행동은 불리하니 분수를 지키면 탈이 없다. 급하게 일을 서둘지 않으면 늦게는 길하게 되리라	・In around 2080, we'll have exploratory devices on all but one of the planets in our solar system, but not in this century will we exceed the boundaries of our own planetary "neighborhood."	・2080年頃에 우리는 太陽系 안에서 한 개를 제외한 모든 行星을 탐사할 準備를 갖추게 되지만, 21世紀 안에는 우리와 가까운 '이웃' 行星의 경계를 넘어서지는 못할 것이다.		

豫言者 / 豫言書 / 對象 / 區分 / 年度(年齡)	李之菡(朝鮮朝, 1517~1578)		실비아 브라운(Silvia Browne, 美國 1936年生)		松下老人(全州 金氏, 1845年生)	
	土亭秘訣(1550年代 刊)		大豫言(Prophecy, 2004年 刊)		松下豚秘訣(1890年代 刊)	
	金安濟		美國·世界		韓國·世界	
	原文	解說	原文	解說	原文	解說
2090 庚戌 (155)	作卦:861 夕陽歸客 步步忙忙 十年經營 眼前無成 三人同行 一人難信 莫嘆先困 後必有利	凶運 석양에 돌아가는 나그네가 걸음걸음이 바쁘다. 십년이나 경영한 일이 눈앞에서 실패로 돌아간다. 세 사람과 같이 가는데 한 사람은 믿기 어렵다. 앞에 한 고생을 한탄 말지니 뒤에는 필히 유리하게 된다.	·From 2060 to 2100 I see a gorgeous period of peace, tolerance, understanding and profound global unity and compassion.	·2060년부터 2100년까지는 平和와 寬容, 그리고 理解와 衷心이 어린 世界的 統合과 同情心으로 가득한 훌륭한 時代가 될 것으로 보인다.		
2100 庚申 (165)	作卦:113 鶯上柳枝 片片黃金 斫石見玉 勞後可得 今年之數 移徙卽吉 利在木姓 交則橫財	吉運 꾀꼬리가 버들가지에 오르니 조각조각이 황금이로다. 돌을 쪼아 옥을 찾으니 노력 후에는 이득을 얻는다. 금년의 운수는 이사하면 곧 길하리라. 이로움이 목성에 있으니 목성과 사귀면 횡재한다.	·From 2100 on I see nothing. ·Does that mean we only have one hundred more years of life on this earth? God only knows. ·May the White Light of the Holy Spirit surround and bless us, and the sacred life of our dear earth, with Thy divine wisdom, compassion and peace. Amen.	·2100년 以後로는 아무 것도 보이지 않는다. ·人間이 이 地球上에 살아갈 날이 100년 정도밖에 남지 않았다는 뜻일까? 하나님만이 아신다. ·聖靈의 白色光이 우리와 大地의 거룩한 生命을 당신의 智慧와 慈悲와 平和로 감싸주시고 祝福하게 하소서. 그렇게 되기를 비나이다. - 아멘.		

※ 出處文獻: (1) 李之菡, 『土亭秘訣』. 1550年代 發刊.
(2) Browne Silvia, *Prophecy: What the Future Holds for You*. New York: Penguin Group Inc, 2004.
(3) 松下老人(全州 金氏), 『松下豚秘訣』. 1890年代 發刊.

4. 本人과 主要人物의 年齡別 特記事項 比較

區分 / 年齡	金 安 濟(1936. 7.28~ ; 韓國)		主 要 人 物		
	該當年度	記錄事項	人物名	該當年度	記錄事項
1	1936	神佛의 點指로 이승에 태어남	모든 出生人間	每年	로또에 1等으로 當籤될 確率보다 어렵게 出生
2	1937	直立步行을 始作함	모든 出生人間	每年	直立步行을 始作
3	1938	外祖父의 逝去를 당함	Puyi, 傅儀(1906. 2. 7~1967. 10 17 ; 中國 淸)	1908	淸나라 마지막 皇帝로 登極
4	1939	父母任과 金龍寺 절에 감	Michael J. Jackson(1958. 8. 29~ ; 美國)	1961	歌手로 데뷔
5	1940	水泳을 배우기 始作함	Tenzin Gyatso (1935. 7. 6~ ; 티베트)	1939	티벳의 精神的 指導者가 됨
6	1941	唱歌를 배워 부름	李小龍(1940. 11. 27~1973. 7. 20 ; 中國・美國)	1945	演技를 始作
7	1942	驚氣의 病을 얻음	Ludwig van Beethoven(1770. 12. 17~1827. 3. 26 ; 獨逸)	1776	피아노 演奏 舞臺에 섬
8	1943	初等學校 入學에 실패함	黃眞伊(1534~? ; 韓國 朝鮮)	1541	千字文을 뗌
9	1944	둘째 누님의 結婚式을 봄	Jakob L. F. Mendelssohn(1809. 2. 3~1847. 11. 4; 獨逸)	1817	피아니스트로 데뷔
10	1945	初等學校에 入學하여 한글을 깨우침	Macaulay C. Culkin(1980. 8. 26~ ; 美國)	1989	'나홀로 집에' 出演하여 世界的 스타가 됨
11	1946	짚신 대신에 運動靴를 신음	Anne of Green Gables(1908 ;)	1918	빨강머리 앤, 草綠지붕으로 移徙 옴
12	1947	理髮所에서 처음 理髮을 함	Wolfgang A. Mozart(1756~1791 ; 오스트리아)	1767	첫 오페라를 씀
13	1948	映畵를 처음 관람함, 記錄을 始作함	Annelies M. Frank(1929~1945 ; 獨逸)	1941	日記를 쓰기 始作
14	1949	級長이 됨, 버스를 처음 탐	Juliet(1595 ; 英國)	1608	로미오와 戀愛를 始作
15	1950	校內美術大會에서 3等을 함	Michelle Wie, 魏聖美(1989. 10. 11~ ; 韓國・美國)	2003	歷代 最年少로 美國 아마추어 골프大會서 優勝
16	1951	中學入學 國家考試에서 郡 1等을 함	丁若鏞(1762~1836 ; 韓國 朝鮮)	1777	'星湖僿說'을 읽으면서 實學에 뜻을 둠
17	1952	汽車를 처음 탐	柳寬順(1902. 3. 15~1920. 10. 12 ; 韓國 日帝)	1918	3・1 獨立運動의 萬歲示威에 參加
18	1953	優等賞과 奬學表彰狀을 반음	Queen Victoria(1819. 5. 24~1901. 1. 22 ; 英國)	1836	英國 女王이 됨
19	1954	出鄕하여 下宿과 自炊를 함	Elvis A. Presley(1935. 1. 8~1977. 8. 16 ; 美國)	1953	歌手 生活을 始作
20	1955	家庭教師로 入住함	朴世利(1977. 9. 28~ ; 韓國)	1996	美國 LPGA에 入門
21	1956	서울을 訪問하여 電車를 타 봄	Stieves Jobs(1955. 2. 24~ ; 美國)	1975	애플 컴퓨터社를 設立
22	1957	大學에 入學함	Muhammad Ali(1942. 1. 17~ ; 美國)	1963	世界 헤비級 챔피언이 됨
23	1958	陸軍에 入隊하여 服務함	Che Guevara(1928. 6. 14~1967. 10. 9 ; 쿠바)	1950	라틴 아메리카 旅行中 革命家의 꿈을 품음
24	1959	바다를 처음 求景함	Mohandas K. Gandhi(1869. 10. 2~1948. 1. 30 ; 印度)	1892	人種差別 反對鬪爭을 始作
25	1960	光州에 가서 軍服務를 함	尹奉吉(1908~1932 ; 韓國 日帝)	1932	도시락 爆彈으로 日本을 應懲

年齡 ＼ 區分	金 安 濟(1936. 7.28~ : 韓國)		主 要 人 物		
	該當年度	記 錄 事 項	人 物 名	該當年度	記 錄 事 項
26	1961	中學校 講師를 하고 洋服을 처음 입음	李 箱 (1910. 8. 20~1937. 4. 17 : 韓國 日帝)	1935	「朝光」 誌에 '날개'를 發表
27	1962	出版會社에 就業하고 正式俸給을 받음	洪蘭坡 (1898. 4. 10~1941. 8. 30 : 韓國 日帝)	1924	第1回 바이올린獨奏會 開催
28	1963	高等學校 敎師가 되고 大學院에 進學함	Alexander Graham Bell (1847. 3. 3~1922. 8. 2 : 美國)	1874	鼓膜의 原理를 이용해 電話機 發明
29	1964	內務部 研究員으로 채용됨	Pele (1940. 10. 21~ : 브라질)	1968	1,000番째 골을 成功시킴
30	1965	家族 모두 上京하고 碩士學位를 받음	Carnegie Andrew (1835. 11. 25~1919. 8. 11 : 美國)	1864	獨自的으로 鐵鋼業 經營을 始作
31	1966	結婚을 하고 長女를 얻으며 自家를 가짐	白南準 (1932. 7. 20~2006. 1. 29 : 韓國)	1962	첫 비디오 아트 個人展을 염
32	1967	大學講師가 되고 研究報告書를 냄	Joanne K. Rowling (1965. 7. 31~ : 英國)	1996	「헤리포터」 第1卷을 出刊
33	1968	研究課題를 수행함	安哲洙 (1962. 2. 26~ : 韓國)	1994	컴퓨터 바이러스研究所 設立
34	1969	美國 留學生活을 시작함	崔俊熙 (1971~ : 韓國-美國)	2004	美國 뉴져지州 에디슨市의 市長으로 當選
35	1970	美國內 여러 都市를 방문·시찰함	釋迦牟尼 (B.C. 563~B.C. 483 : 印度)	B.C. 529	菩提樹 아래서 道를 깨침
36	1971	美國 碩士學位를 받고 博士課程을 마침	Steven A. Spielberg (1946. 12. 18~ : 美國)	1981	映畵 'E.T'를 製作
37	1972	서울大學校 專任講師로 발령받음	William H. Gates (1955. 10. 28~ : 美國)	1991	世界 最高의 甲富가 됨
38	1973	라디오 및 TV에 처음 出演함	Albert Schweitzer (1875. 1. 14~ 1965. 9. 4 : 獨逸)	1912	아프리카로 떠남
39	1974	國際會議에 처음 參席하여 發表함	李周一(1940. 10. 24~2002. 8. 27 : 韓國)	1978	처음으로 텔레비전에 出演
40	1975	學術會議에서 처음으로 基調演說을 함	Henry Ford(1863. 7. 30~1947. 4. 7 : 美國)	1902	포드自動車會社를 設立
41	1976	美國大學에서 博士學位를 받음	Andrew Wiles(1953. 4. 11~ : 美國)	1993	350餘年 풀지 못한 '페르마의 定理'를 證明함
42	1977	最初로 結婚式 主禮를 執典함	Albert Einstein(1879. 3. 14~1955 4. 18: 獨逸·美國)	1920	노벨 物理學賞을 受賞
43	1978	泰國에 가서 研究課題를 수행함	Gregor J. Mendel(1822. 7. 22~1884. 1. 6 : 오스트리아)	1864	'遺傳의 法則'을 發見
44	1979	單獨 著書를 처음 出刊함	元曉 (617~686 : 韓國 新羅)	660	骸骨에 괸 물을 마시고 眞理를 깨달음
45	1980	國保委 委員과 立法會議 專門委員으로 활동함	Galileo Galilei (1564. 2. 15~1642. 1. 8 : 이탈리아)	1608	望遠鏡을 發明
46	1981	中學校 同窓會 會長으로 취임함	Andre 金 (1935. 8. 24~ : 韓國)	1980	미스 유니버스大會 指名 디자이너 됨
47	1982	自家用 乘用車를 처음 구입하여 탐	李舜臣 (1545~1598 : 韓國 朝鮮)	1591	壬辰倭亂 때 玉浦에서 첫 勝利를 거둠
48	1983	골프 運動을 시작함	Miyazaki Hayao (1941. 1. 5~ : 日本)	1988	'이웃집 토토로'를 發表
49	1984	韓國土地公社의 理事로 취임함	世宗大王 (1397~1450 : 韓國 朝鮮)	1445	訓民正音을 頒布
50	1985	서울大學校 正敎授로 승진함	Adolf Hitler (1889. 4. 20~1945. 2. 30 : 獨逸)	1938	第2次 世界大戰을 일으킴

區分 / 年齡	金 安 濟(1936. 7.28~ ; 韓國)		主 要 人 物		
	該當年度	記錄事項	人物名	該當年度	記錄事項
51	1986	大韓國土計劃學會 會長으로 피선되고 環境大學院長이 됨	Abraham Lincoln (1809. 2. 12~1865. 4. 15 : 美國)	1859	美國 第16代大統領으로 奴隸解放을 위해 힘씀
52	1987	建設部 中央都市計劃委員으로 활약함	韓龍雲 (1879~1944 : 韓國 日帝)	1930	雜誌「佛教」를 引受하여 佛教 大衆化에 힘씀
53	1988	教授直選에 의해 環境大學院長으로 再就任함	Sean Connery (1830. 8. 25~ : 英國-美國)	1982	마지막으로 '007 시리즈'에 出演
54	1989	國土開發學術賞을 수상함	Walt Disney (1901. 12. 5~1966. 12. 15 : 美國)	1954	'디즈니 랜드'를 完成
55	1990	自動車 運轉免許證을 취득함	Arnold A. Schwarzenegger (1947. 7. 30~ : 美國)	2001	'터미네이터 3'을 찍음
56	1991	獨逸의 東베를린 地區를 시찰함	Fabre J. Henri (1823. 12. 23~1915. 10. 11 : 프랑스)	1878	'昆蟲記'를 쓰기 始作함
57	1992	白頭山을 登頂하고 地方行政研究院長에 취임함	Wilhelm Weiller (1902. 7. 1~1981. 7. 27 : 美國)	1958	映畵 '벤허'를 製作
58	1993	長女가 結婚하고 外孫子를 봄	全瑗珠 (1939. 8. 8~ : 韓國)	1996	CF 主人公이 됨
59	1994	萬步計를 착용하고 步行數를 기록함	王 建 (877~943 : 韓國 高麗)	935	後三國 統一의 偉業을 達成
60	1995	自宅에 팩시밀리를 設置함	Bernie Barker (1940. 7. 31~ : 美國)	1999	스트리퍼(Stripper) 일에 뛰어듬
61	1996	回甲紀念 記錄集을 發刊함	Audrey Hepburn (1929. 5. 4~1993. 1. 20 : 美國)	1989	소말리아에서 奉仕活動 함
62	1997	慶尙北道 道廳移轉推進委員會 委員長이 됨	Pablo R. Picasso (1881. 10. 25~1978. 4. 8 : 스페인)	1942	21살의 프랑수와즈 질로를 사귐
63	1998	古州 地方自治學術賞을 制定하고 委員長이 됨	Rosanna Dala Corday(1931 : 이탈리아)	1993	人工受精으로 出産함
64	1999	國民勳章 및 서울市文化賞을 받음	許 浚 (1546~1615 : 韓國 朝鮮)	1609	16年 研究 끝에「東醫寶鑑」을 完成
65	2000	金剛山을 登頂함	Leonardo da Vinci(1452. 4. 15~1519. 5. 2 :이탈리아)	1516	모나리자를 그림
66	2001	大統領에게 地方分權課題를 獨對報告함	Yasaar Arafat(1929. 8. 4~2004. 11. 11 : 팔레스타인)	1994	팔레스타인의 大統領이 됨
67	2002	大學教授의 停年을 맞고 名譽教授가 됨	惠慶宮 洪氏(1735~1815 : 韓國 朝鮮)	1801	「恨中錄」第3篇 을 執筆
68	2003	新行政首都建設諮問委員會 委員長으로 위촉됨	黃 喜(1363~1452 : 韓國 朝鮮)	1430	彈劾으로 罷職되었다가 다시 領議政이 됨
69	2004	新行政首都建設推進委員會 委員長이 됨	Teresa of Calcutta(1910. 8. 27~1997. 9. 5 : 印度)	1978	노벨 平和賞을 受賞
70	2005	建國大學校 碩座教授로 위촉됨	Douglas MacArthur(1880. 1. 26~1964. 4. 5 : 美國)	1949	仁川 上陸作戰을 遂行
71	2006	70年 生涯의 古稀 紀念集을 發刊함	Coco Chanel(1883. 8. 19~1971. 1. 10 : 프랑스)	1953	파리에 다시 패션 가게를 열고 復歸함
72	2007	서울大學校 環境大學院의 講義를 終了함	Elizabeth R. Taylor (1932. 2. 27~ : 美國)	2003	9番 째 結婚을 決心함
73	2008	外孫女가 10歲가 됨	李承晩(1875. 4. 18~1965. 7. 19 : 韓國)	1947	大韓民國 初代 大統領으로 當選됨
74	2009	孫女가 5歲가 됨	金大中(1926. 1. 6~ : 韓國)	1999	노벨 平和賞을 受賞
75	2010	子婦가 40歲가 됨	鄭 敾(1676~1759 : 韓國 朝鮮)	1750	'仁旺諸色圖'를 그림

區分 / 年齡	金 安 濟(1936. 7.28~ ; 韓國)		主 要 人 物		
	該當年度	記 錄 事 項	人 物 名	該當年度	記 錄 事 項
76	2011	結婚45周年 紅玉婚式을 맞이함	金乙分(1901~ ; 韓國)	1976	映畫 '집으로'에 出演
77	2012	喜壽를 맞이함	Hugh M. Hefner(1926. 4. 9~ ; 스웨덴)	2002	'플레이 보이'誌 創刊50周年 紀念파티를 염
78	2013	妻의 古稀를 맞이함	柳海允(1928~ ; 韓國)	2005	新人畫家로 첫 個人展을 開催
79	2014	孫女가 10歲가 됨	Francis A. Sinatra(1915. 12. 12~1998. 5. 14 ; 美國)	1993	마지막 리사이틀을 가짐
80	2015	長女가 50歲가 됨	George H. W. Bush(1926. 7. 6~ ; 美國)	2005	生日을 맞아 스카이 다이빙을 함
81	2016	80年 生涯의 傘壽紀念集을 發刊함	Harry Riveman(1876 ; 美國)	1956	事業에서 은퇴하고 美國의 現代 美術家가 됨
82	2017	長男이 50歲가 됨	Charles S. Chaplin (1889. 4. 16~1977. 12. 25 ;英國)	1970	美國 映畫 아카데미의 아카데미 功勞賞을 받음
83	2018	外孫女가 20歲가 됨	朴文圭(1805~1888 ; 韓國 朝鮮)	1887	科擧에 及第함
84	2019	孫女가 15歲가 됨	Fabre J. Henri(1823. 12. 23~1915. 10. 11 ; 프랑스)	1906	「昆蟲記」 10卷을 發表
85	2020	妻의 喜壽를 맞이함	Kimani Nganga Maruge(1918 ; 케냐)	2002	世界 最高齡 初等學生으로 기네스북에 오름
86	2021	結婚 55周年을 맞이함	孫基禎(1912. 5. 29~2002. 11. 15 ; 韓國)	1997	廣告에 出演
87	2022	長壻가 60歲, 外孫子가 30歲가 됨	Katharine H. Hepburn(1907. 5. 12~2003. 6. 29 ; 美國)	1993	'Love Affair'에서 비티의 叔母役을 충실히 演技함
88	2023	米壽를 맞고 妻의 傘壽를 맞이함	Fenya Crown(1913~ ; 美國)	2000	로마 世界마라톤 大會서 7時間 30分만에 完走함
89	2024	孫女가 20歲가 됨	Tiziano Vecellio(1488~1576 ; 이탈리아)	1576	'우르비노의 비너스'를 完成
90	2025	長女가 60歲가 됨	Oliver W. Holmes(1841. 3. 8~1935. 3. 5 ; 美國)	1930	美國 大法院의 判決文을 씀
91	2026	90年 生涯의 九旬 紀念集을 發刊함	Chagall Marc(1887. 7. 7~1985. 3. 28 ; 프랑스)	1977	마지막 作品을 發表
92	2027	長男이 60歲가 됨	鄧小平(1904. 8. 22~1997. 2. 19 ; 中國)	1995	브리지 게임을 즐김
93	2028	長男이 回甲을 맞고, 外孫女가 30歲가 됨	Drucker P. Ferdinand(1909. 11. 19~2005. 11. 11 ; 美國)	2001	'經營學의 아버지'라 불림
94	2029	孫女가 25歲가 됨	皮天得(1910. 4. 21~ ; 韓國)	2003	對談集 「對話」를 出刊함
95	2030	次女와 子婦가 60歲가 됨	Pablo Carlos S. y Defillo(1876. 12. 29~1973. 10. 22)	1970	U. N. 總會에서 'The Song of the Birds'를 演奏함
96	2031	結婚 65周年을 맞고 妻의 米壽를 맞이함	Martha Graham(1894. 5. 11~1991. 4. 1 ; 美國)	1989	舞踊 創作活動에 專念함
97	2032	長壻가 70歲, 外孫子가 40歲가 됨	Utagawa Toyokuni(1903~2000 ; 日本)	1999	大學校 2學年이 됨
98	2033	妻의 九旬을 맞이함	長壽王(394~491 ; 韓國 高句麗)	491	在位 79年 째를 맞이함
99	2034	孫女가 30歲가 됨	Abraham(創世記 ; 이스라엘)	創世記	하나님으로부터 할례를 받음
100	2035	99年 生涯의 百壽 紀念集을 發刊함	Jeanne L. Calment(1875. 2. 21~1997. 9. 4 ; 프랑스)	1974	自轉車 타기를 즐김

註. 主要人物 事項은『挑戰 100歲』(朴 孝 著, 2006)에서 拔萃·再作成한 것임.

Ⅱ. 期待所願

(Ⅰ) 生活目標와 推進計劃

1. 志向目標와 實踐課題

(1) 志向目標

① 整 生涯
② 報 恩惠
③ 考 終命

(2) 實踐課題

部 門	分 野	課 題	方 案
1. 個 人	(1) 健康管理	① 食事 ② 運動 ③ 酒・煙	定時, 營養食, 最適量 早起, 登山, 驅步, 休息 節酒, 節煙
	(2) 記錄管理	① 古稀紀念集 ② 生涯記錄 ③ 史料保管	2007年 發刊・行事 項目別 每日記錄・整理 證書・紀念物 蒐集・保存
	(3) 餘暇管理	① 旅行 ② 小說・映畵 ③ 골프運動	國・內外 單獨・家族・團體 週當 各 1個式 隔週 1 回
2. 家 庭	(1) 家族管理	① 夫婦 ② 子女 ③ 親姻戚	位相再定立, 安定化 經濟的・社會的 安着 兄弟姉妹, 妻家, 查頓 親交
	(2) 住宅管理	① 서울居宅 ② 故鄕住宅 ③ 子女居宅	小型 아파트 單獨住宅 新築 自家 安着
	(3) 資産管理	① 不動産 ② 年金 ③ 銀行	整理・安全化 100% 積立, 年金受惠 安全信託, 利子收入
3. 社會	(1) 職責管理	① 新規職責 ② 旣存職責 ③ 責任地位	서울大學校 名譽敎授, 建國大學校 碩座敎授 辭任・讓步, 少數保有 硏究院 등 運營
	(2) 活動管理	① 事務室 ② 講義 ③ 執筆	서울大學校・硏究院・個人用 特講, 講演, 大學講義 依賴原稿, 隨想集, 記錄集
	(3) 人格管理	① 精神修養 ② 言行規制 ③ 行事參席	餘裕・安定・厚德 中庸之道 ,謙虛之心, 樂天之行 吉凶事, 親睦會, 公式行事

2. 하고 싶은 일들

- 實現可能한 것들 -

(1) 居 住

① 살고 싶은 地域 - 聞慶, 安東, 江陵, 淸州, 公州, 全州, 南原, 麗水, 康津, 晋州, 統營, 濟州
- 名古屋. 高山, 龍井, 西安, Singapore, Kuala Lumpur, Bangkok
- Heidelberg, Paris, Marseille, Barcelona, Lisbon, Zürich, Venice
- Cincinnati, San Francisco, Las Vegas, Niagara Falls, Orlando
- Cusco, Nazca, Curitiba, Iguasu, Rio De Janeiro, Buenos Aires
- Cairo, Luxor, Tripoli, D'jerba, Cape Town, Casablanca
- Sydney, Wellington

② 살고 싶은 집 - 草家집(出生·成長時 家屋과 同型의 家屋)
- 기와집(ㄷ字 瓦家)

(2) 健 康

① 하고 싶은 運動 - 골프, 水泳, 조깅, 登山, 自轉車타기

② 먹고 싶은 飮食 - 칼국수, 메밀묵, 팥죽, 보리밥

(3) 活 動

① 갖고 싶은 자리 - 서울大學校 名譽敎授, 顧問職, 名譽職

② 하고 싶은 일들 - 講義, 特講, 講演, 演說, 司會, 祝辭, 人事말

(4) 旅 行

① 가보고 싶은 나라 - 이스라엘, 사우디 아라비아, 네팔
- 노르웨이, 핀란드, 아일랜드, 아이슬란드, 유고슬라비아, 우크라이나
- 쿠바, 파나마, 코스타 리카, 엘 살바도르, 도미니카
- 칠레, 콜럼비아, 우루과이, 에콰도르, 파라과이
- 에티오피아, 세네갈, 모로코, 콩고
- 파푸아 뉴기니, 마셜群島, 솔로몬群島, 피지, 사모아

② 가 보고 싶은 곳 - 元山, 妙香山, 新義州, 淸津, 南浦
- 에베레스트山, 티베트, 실크로드, 敦煌, 하얼빈, 하바로프스크, 바이칼湖, 폼페이, 메카
- 카사블랑카, 빅토리아湖, 탄자니아 Olduvai
- 아마존江, 알래스카, 아바나, 산티아고, 부에노스 아이레스
- 南極海, 北極海

③ 만나고 싶은 사람 - 子女, 孫子女, 兄弟姉妹 家族, 親姻戚, 同窓, 親舊, 社會知面 人士

(5) 趣 味

① 먹고 싶은 嗜好品 - 담배, 燒酒, 막걸리, 麥酒

② 보고 싶은 글·그림 - 漫畵, 小說, 映畵

③ 부르고 싶은 노래 - 故鄕의 봄, 찔레꽃, 방울새, 그네, 織女星, 好童王子, 반달, 卒業式 노래, 오빠 생각, 先驅者, 육자배기, 한오백년
- 나그네 설움, 番地 없는 酒幕, 물레방아 도는 來歷, 放浪詩人 김삿갓, 木浦의 눈물, 白馬江 달밤, 눈물젖은 豆滿江, 船窓, 北極萬里, 港口의 一番地,

첫사랑 마도로스, 里程標, 里程標 없는 거리, 엽전 열닷냥, 마음의 自由天地
- 너와 나의 古鄕, 張綠水, 虛空, 南原의 哀愁, 人生手帖, 섬마을 先生任, 海南아가씨, 댄서의 純情, 돌아가는 三角地, 안개낀 奬忠壇公園, 눈물을 감추고, 갈대의 純情, 외나무 다리, 진짜 사나이, 處女 뱃사공, 黃布돛대, 軟粉紅 치마
- 흙에 살리라, 原點, 波濤, 비내리는 永東橋, 玉瓊이, 七甲山, 情, 님, 香氣 실은 軍事郵便, 海鳥曲, 忠淸道 아줌마, 님이라 부르리까, 내마음 별과 같이, 사나이 눈물, 男子라는 理由로
- 港町 十三番地, El Condor Pasa

(6) 家 計

① 갖고 싶은 資産 - 自家住宅, 個人乘用車, 收入源 不動産, 必隨家具, 自轉車

② 얻고 싶은 收入 - 年金收入, 利子收入, 資産收入, 職責手當, 講師收入, 特講收入, 行事收入, 諮問收入(月平均 약 500萬원 收入)

(7) 記 錄

① 남기고 싶은 記錄 - 本人 및 家族 : 生活, 活動, 業績

② 發刊하고 싶은 記錄集 - 第3次 記錄叢書 發刊 : 古稀紀念(2007年 初期)- 71歲
- 第4次 記錄叢書 發刊 : 傘壽紀念(2016年 末頃)- 81歲
- 第5次 記錄叢書 發刊 : 九旬紀念(2026年 末頃)- 91歲
- 第6次 記錄叢書 發刊 : 百壽紀念(2036年 末頃)-101歲

3. 主要活動 計劃

(1) 定規勤務

項 目 \ 機 關		1. 서울大學校 環境大學院	2. 韓國自治 發展研究院	3. 韓國地域 發展研究院	4. 建國大學校 不動産大學校
1. 位 置		서울市 冠岳區 新林9洞 山 56-1, 서울大學校 環境館 316號室	京畿道 高陽市 一山東區 白石洞 1323, 東門 굿모닝 타워Ⅰ 718號室	서울市 廣津區 紫陽洞 227-336, 建國大 同門會館 101號室	서울市 廣津區 華陽洞 1, 建國大學校 産學協同館 516號室
2. 地 位		名譽敎授·時間講師	院長	常任顧問	碩座敎授
3. 發 令 權 者		서울大學校 總長	韓國自治發展研究院 理事長	韓國地域發展研究院 理事長	建國大學校 總長
4. 事 務 室		名譽敎授室(共同利用)	院長室	常任顧問室	碩座敎授室
5. 通 信	電 話	02-880-5835	031-925-3001	02-932-5555	02-2049-6124
	FAX	02-887-6905	031-925-3010	02-933-5553	02-3437-0050
6. 交 通 便		乘 用 車	乘 用 車	乘 用 車	乘 用 車
7. 一方 所要時間		45分	100分	60分	30分
8. 出 勤 日 字		每週 火曜日(月 4回)	每週 月曜日(月 4回)	每週 水曜日(月 4回)	每週 金曜日(月 4回)
9. 所 得 種 類		名譽敎授 講師料	院長 給與	手當	名譽敎授 手當
10. 終 了 時 限		名譽敎授 : 終身 時間講師 : 2007. 8. 31	-	-	-

(2) 隨時活動

分　類	機關·團體 名	主要 活動事項	年平均 參加數(回)
1. 學　會	大韓國土·都市計劃學會, 韓國地方自治學會, 韓國地域社會開發學會, 韓國地域學會	會議, 協議, 行事參席	15
2. 研究機關	韓國地方行政研究院, 國土研究院, 서울市政開發研究院, 京畿開發研究院, 21世紀 都市政策開發院, 韓國建設産業研究院	諮問, 審議, 回議 및 行事 參席	16
3. 教 育 院	國家專門行政研修院, 中央公務員教育院, 中央部處 教育院, 市·道 公務員教育院	講義, 特講, 論文指導 및 審査, 行事參席	20
4. 公共機關	青瓦臺, 總理室, 行政自治部, 建設交通部, 서울市 및 市·道, 市民自治大學 開設 市·郡·區, 韓國土地公社, 大韓住宅公社, 其他 公共團體	諮問, 特講, 審議, 審查, 行事參席, 會議主宰	25
5. 社會團體	國土포럼, 地方포럼, 農協中央會, 大韓商工會議所, 韓國科學技術團體總聯合會, 韓國道德運動協議會, 聞慶發展協議會, 聞慶文化院	諮問, 特講, 審議, 行事參席, 會議主宰	14
6. 親睦團體	在京鄕友會, 學校同窓會, 風水會, 聞友會, 鳥嶺會, 地研會, 好凡會, 向志會, 行研會, 行五會, 六友會, 同好會, 同友會	趣味活動, 會議 및 行事參席, 會食 및 宴會參加	60
7. 吉凶行事	親戚, 同窓, 社會知人	結婚·回甲·壽宴參席, 問病·弔問 訪問, 結婚主禮 執典	24
8. 購買行爲	百貨店, 商街, 하나로 마트, 慰樂地, 食堂	衣類·日常品·書誌 등 購入 活動	12
9. 其　他	個人, 團體	訪問, 人事, 會食, 行事參席	24
10. 海　外	政府, 學會, 團體, 名所	協議, 會議, 諮問, 訪問, 視察, 觀光	2

(3) 平均 週間 生活表

曜日	定規 勤務事項	隨時 活動事項
月	韓國自治發展研究院 院長(每週)	公共機關, 社會團體, 海外
火	서울大學校 環境大學院 講義(每週)	親睦團體
水	韓國地域發展研究院 常任顧問(每週)	親睦團體
木	-	建交部 中央都市計劃委員會
金	建國大學校 不動産大學院 碩座教授(每週)	學會, 研究機關, 教育院, 親睦團體
土	-	學會, 社會團體, 親睦團體, 吉凶行事
日	-	親睦團體, 吉凶行事, 購買行爲

客說 : 經驗에서 얻은 삶의 眞實

人間關係에 있어 佳緣은 오래가기 어렵지만 惡緣은 오래 간다. 그래서 가능하면 惡緣은 맺지 않는게 좋다.

(4) 追加 訪問 希望國家

(2006年 8月 以後)

區分 / 大陸	訪問希望國家			訪問計劃	
	國家群	國家名	合計	順序	時期
1. Asia洲	第1群	Laos, Myanmar, Bangladesh, Nepal, Bhutan	5	2	2007年 10月
	第2群	Afghanistan, Pakistan, Iran	3	3	2007年 12月
	第3群	Syria Lebanon, Israel	3	4	2008年 2月
	第4群	Saudi Arabia, Yemen, Oman, Qatar, Bahrain, Kuwait, United Arab Emirates	7	5	2008年 7月
	第5群	Kazakhstan, Uzbekistan, Tadzhikistan, Kyrgyzstan, Turkmenistan	5	6	2008年 10月
	計(5)	-	23	(5)	(5)
2. Europe洲	第1群	Finland, Norway, Belgie, Luxembourg	4	1	2007年 7月
	第2群	Belorus, Ukraina, Rumania, Yugoslavia, Bulgaria, Macedonia, Albania	7	7	2009年 1月
	計(2)	-	11	(2)	(2)
3. North America洲	第1群	Cuba, Bahama, Haiti, Jamaica, Dominican Republic	5	11	2010年 1月
	第2群	Guatemala, El Salvador, Nicaragua, Costa Rica, Belize, Honduras, Panama	7	12	2010年 4月
	計(2)	-	12	(2)	(2)
4. South America洲	第1群	Colombia, Venezuela, Guyana, Surinam, Equador	5	13	2010年 7月
	第2群	Chile, Bolivia, Paraguay, Uruguay	4	14	2010年 10月
	計(2)	-	9	(2)	(2)
5. Africa洲	第1群	Sudan, Ethiopia, Somalia, Uganda, Lesotho, Mozambiquel, Swaziland, Madagascar	8	8	2009年 7月
	第2群	Algerie, Morocco, Mauritanie, Niger, Chad, Senegal, Guinea, Ghana, Togo	9	9	2009年 10月
	第3群	Nigeria, Cameroon, Central African Republic, Congo Democratic Republic, Angola, Namibia, Gabon, Congo	8	10	2009年 12月
	計(3)	-	25	(3)	(3)
6. Oceania洲	第1群	Marshall Islands, Nauru Tuvalu, Palau, Papua New Guinea	5	15	2011年 1月
	第2群	Solomon Islands, Samoa, Fiji, Vanuatu, Tonga	5	16	2011年 4月
	計(2)	-	10	(2)	(2)
合 計(6)	16	-	90	(16)	(16)

4. 新規住宅 建立計劃

(1) 位置圖

- 位置 : 慶北 聞慶市 新興洞
- 規模 : 垈地 300坪 (991.76㎡)
- 期間 : 2008. 1. 1 ~ 2008. 12. 31

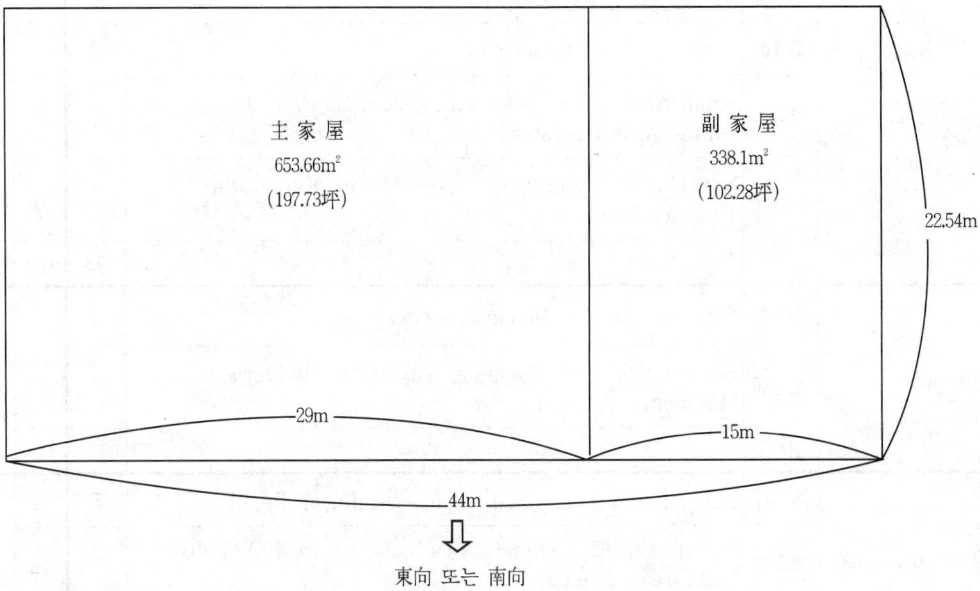

② 主家屋

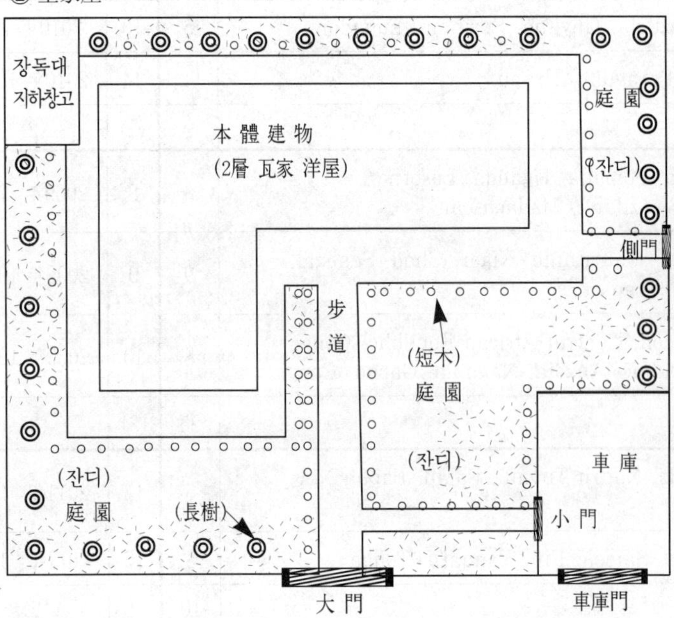

③ 副家屋

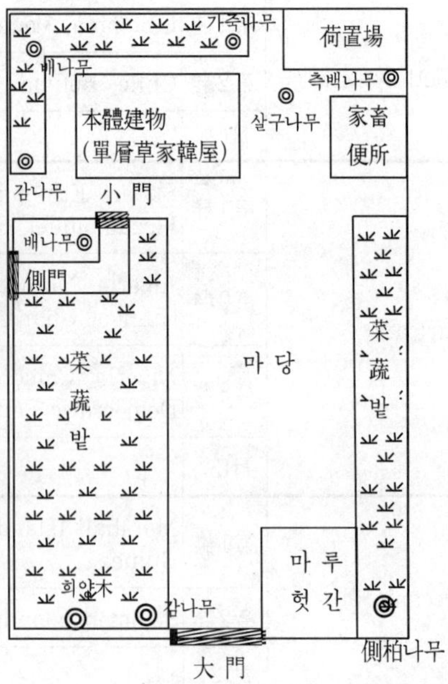

(2) 主家屋 設計圖

① 1層 平面圖

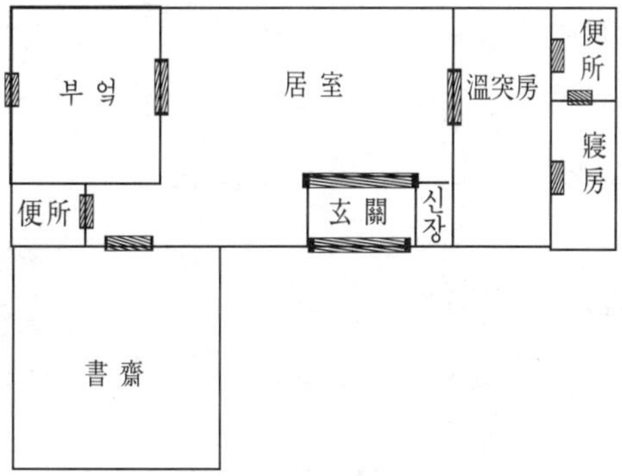

② 2層 平面圖

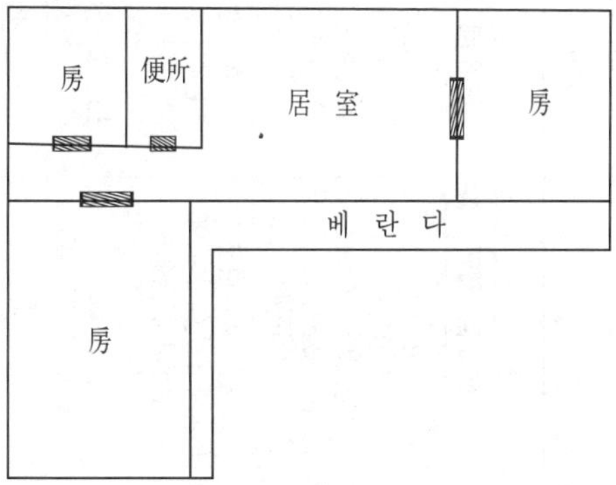

③ 地下室 平面圖

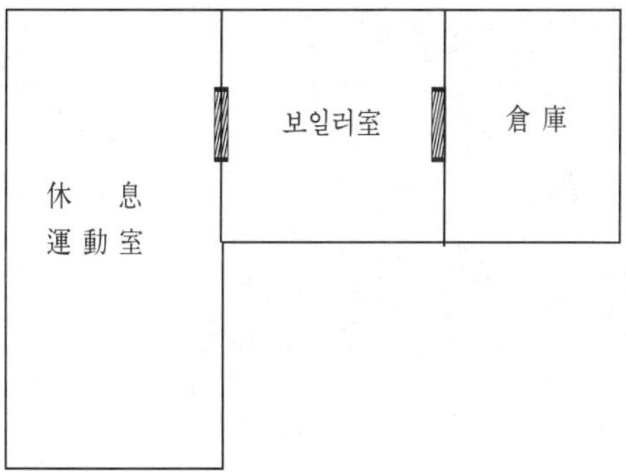

④ 前面立體圖

(3) 副家屋 設計圖

○ 出生 · 成長少年期 居住住宅 復元型

① 本體建物 平面圖

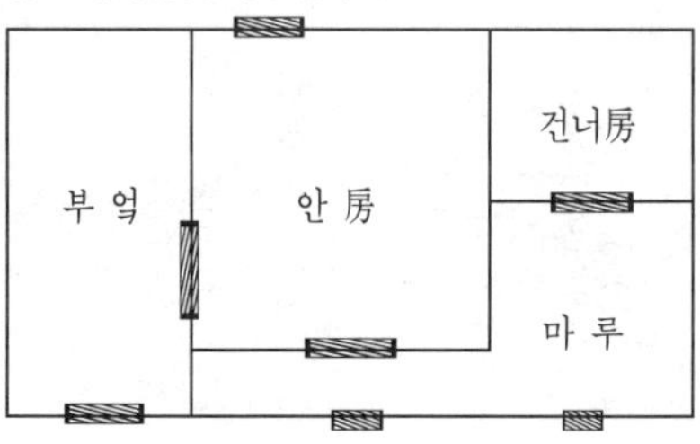

② 本體建物 前面立體

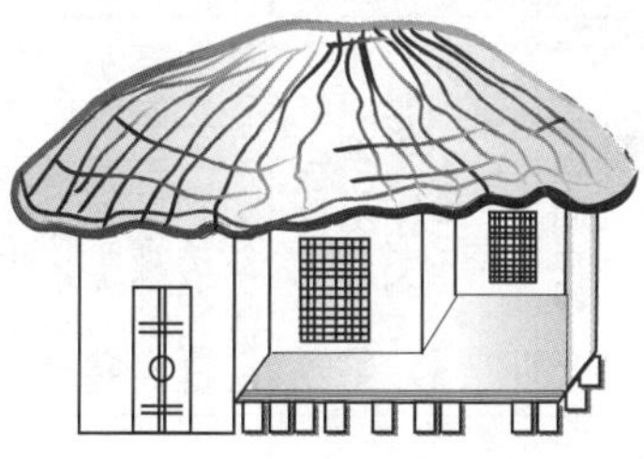

③ 附屬建物(家畜 · 便所) 平面圖

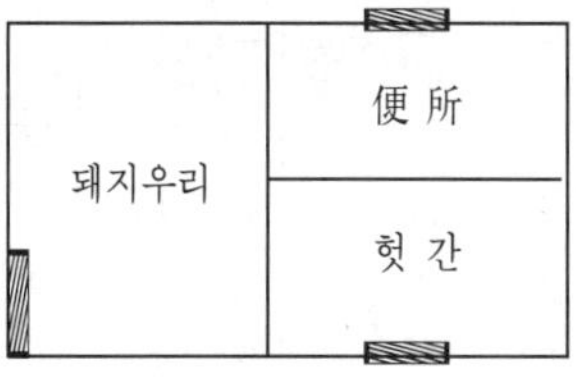

④ 附屬建物(마루 · 헛간) 平面圖

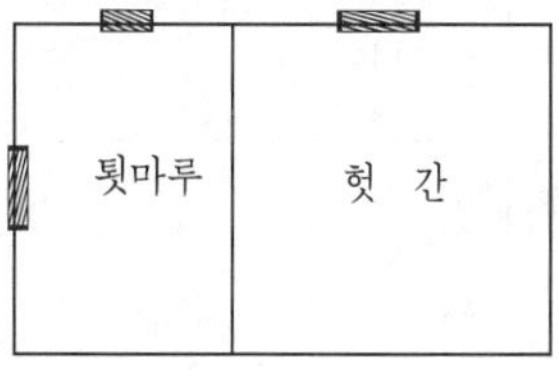

5. 生涯記錄集 發刊沿革 및 計劃

-實績과 計劃-

· 實際 出生日 : 1936. 7. 28(1歲)
· 記錄 始作日 : 1948. 9. 1(13歲)

項目 \ 回數	區分	實績		計劃			
		第 1 回 發刊	第 2 回 發刊	第 3 回 發刊	第 4 回 發刊	第 5 回 發刊	第 6 回 發刊
1. 動 機	1. 生涯轉機 2. 當時年齡 3. 社會地位 4. 經過期間	回 甲 61歲 서울大學校 敎授 1936.7.28-996.7.28 (60年間)	停 年 67歲 서울大學校 名譽敎授 1936.7.28-2002.8.31 (66年間)	古 稀 71歲 서울大 名譽敎授·建國大 碩座敎授 1936.7.28-2006.7.28 (70年間)	傘 壽 81歲 서울大學校 名譽敎授 1936.7.28-2016.7.28 (80年間)	九 旬 91歲 서울大學校 名譽敎授 1936.7. 28-2026.7.28 (90年間)	百壽 101歲 서울大學校 名譽敎授 1936.7.28-2036.7.28 (100年間)
2. 體 制	1. 冊子題號 2. 編纂主體 3. 表紙題字 4. 分量頁數	한 韓國人의 삶과 발자취: 草凡 金安濟 博士의 60年 生涯와 業績 草凡 金安濟 博士 華甲 紀念事業會 瀛山 朴 秉 濠(親筆) 836쪽(菊倍版)	金安濟傳-人生履歷史 :出生에서 停年까지 66年 生涯의 記錄全集 草凡 金 安 濟 石峰 韓 瀅(萃字) 2,122쪽(菊倍版)	金安濟 人生白書 : 出生에서 古稀까지 70年 生涯의 記錄全集 草凡 金 安 濟 石峰 韓 瀅(萃字) 2,700쪽(菊倍版)	金安濟 人生白書 : 出生에서 傘壽까지 80年 生涯의 記錄全集 草凡 金 安 濟 石峰 韓 瀅(萃字) 3,500쪽(菊倍版)	金安濟 人生白書 : 出生에서 九旬까지 90年 生涯의 記錄全集 草凡 金 安 濟 (萃字) 石峰 韓 瀅 4,000쪽(菊倍版)	金安濟 人生白書 : 出生에서 百壽까지 100年 生涯의 記錄全集 草凡 金 安 濟 石峰 韓 瀅(萃字) 4,500쪽(菊倍版)
3. 構 成	1. 部 數 2. 篇 數 3. 章 數 4. 節 數 5. 項 數 6. 目 數	7部 - 31章 31節 98項 239目	3部 13篇 22章 160節 341項 635目	3部 14篇 29章 166節 362項 716目	部 篇 章 節 項 目	部 篇 章 節 項 目	部 篇 章 節 項 目
4. 發 行	1. 發行日字 2. 發行機關 3. 印刷機關 4. 發行部數 5. 頒布價格	1996. 12 31 草凡 金安濟 博士 華甲紀念事業會 博文閣·好汀 印刷社 2,500部 50,000원	2003. 8. 31 韓國自治發展研究院 韓國地域發展研究院 現代애드컴 150部 100,000원	2007. 2. 2 草凡 金安濟 博士 古稀 紀念事業推進委員會 現代애드컴 2,000部 150,000원	2016. 11. 25 草凡 金安濟 博士 傘壽 紀念事業推進委員會 印刷所 1,500部 200,000원	2026. 11. 25 草凡 金安濟 博士 九旬 紀念事業推進委員會 印刷所 1,000部 250,000원	2036. 11. 25 草凡 金安濟 博士 百壽 紀念事業推進委員會 印刷所 500部 300,000원
5. 行 事	1. 行事日字 2. 行事場所 3. 參與人員	1997. 1. 8 서울 리츠칼튼호텔 大宴會室 754名	- - - -	2007. 2. 2 서울 코엑스 컨벤션센터 500名	2016. 12. 1 行事場 450名	2026. 12. 1 行事場 400名	2036. 12. 1 行事場 350名
6. 配 分	1. 行事配布 2. 注文賣却 3. 無料寄贈 4. 所藏保管	628部 1,586 〃 230 〃 56 〃	- - 100部 50 〃	566部 1,234 〃 100 〃 100 〃	495部 885 〃 70 〃 50 〃	440部 470 〃 50 〃 40 〃	385部 55 〃 30 〃 30 〃
7. 決 算 (經常)	1. 收入總額 2. 支出總額 3. 純收入額	141,702千원 106,483千원 35,219千원	60,000千원 45,394千원 14,606千원	180,000千원 138,500千원 41,500千원	207,000千원 187,000千원 20,000千원	182,000千원 172,000千원 10,000千원	110,000千원 105,500千원 5,500千원

(Ⅱ) 死後所望과 저승生活

1. 死後 豫想進路의 假想圖

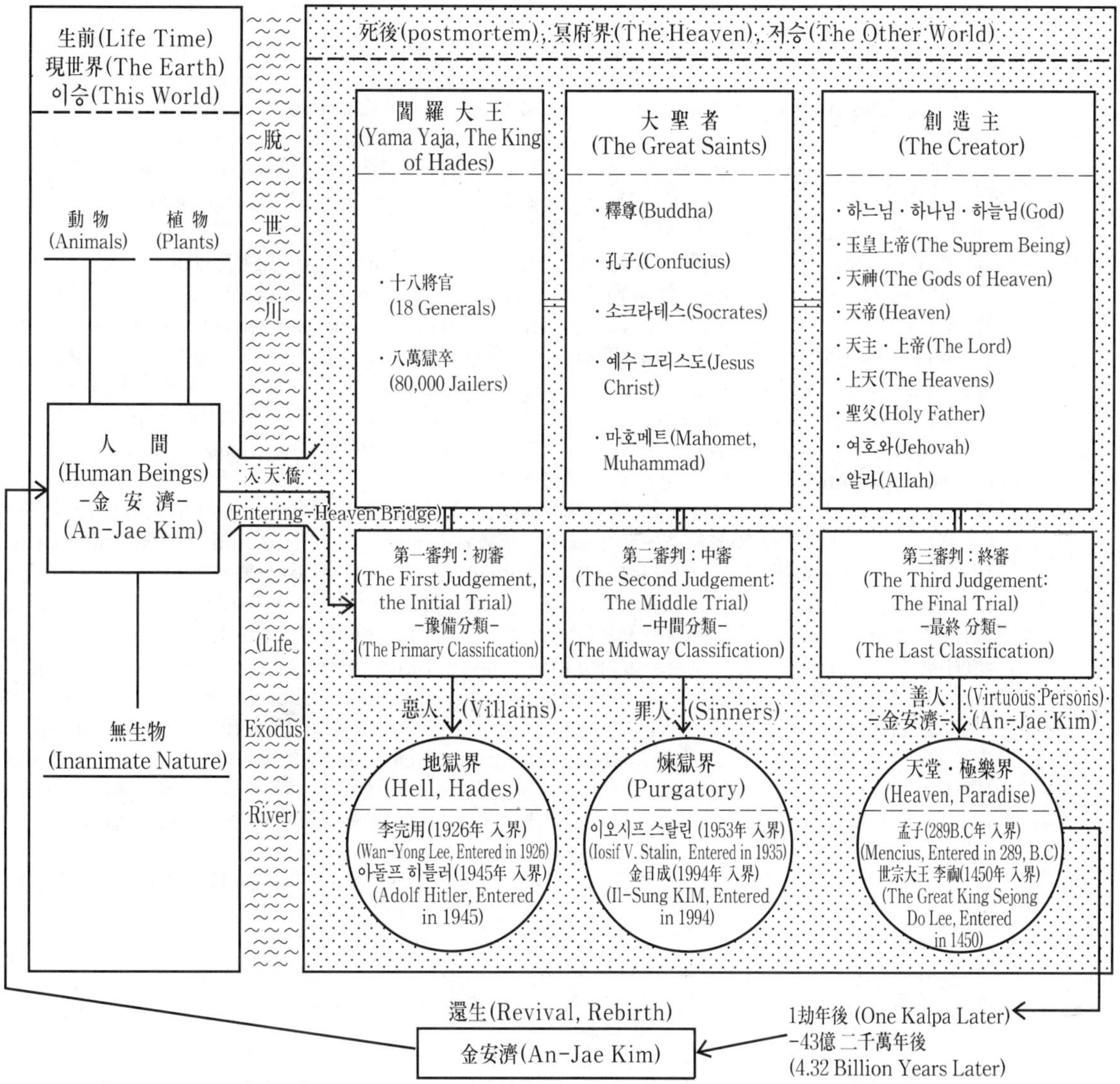

參考文獻: (1) 韓國文獻-檀君神話(作者未詳), 開天(李英浩), 三國史記(金富軾), 三國遺事(金一然), 佛陀釋迦牟尼(法頂), 붓다(유흡종), 圓佛敎全書(圓佛敎正化社), 華嚴經(高 銀), 孔子의 生涯(崔 賢), 이슬람(이희수・이원상 外), 九雲夢(金萬重), 許生傳(朴趾源), 꿈(李光洙), 저승使者(作者未詳), 誕生의 神話(作者未詳), 龍宮赴宴錄(金時習), 玉仙夢(宕 翁), 羽化登仙(李光洙), 韓國鬼神傳(作者未詳), 道詵國師(作者未詳), 鄭鑑錄(鄭鑑・李 沁), 土亭秘訣(李之菡), 元曉訣書(金重泰), 松下豚秘訣(松下老人 全州 金氏), 터(孫錫佑), 神이 選擇한 女子(沈진송), 千年의 사랑(楊貴子), 回心曲(休 靜), 神들의 故鄕(高大卿), 그리스・로마 神話(李윤기), 基督敎罪惡史(조찬선), 노스트라 다무스(李소영), 日本鬼神傳(朴종환)

(2) 東洋文獻-釋迦牟尼(印度), 孔子(中國), 예수 그리스도(이스라엘), 마호메트(아라비아), 佛經(印度), 周易(中國), 聖經(이스라엘), 코란(Koran, Qur'ān; Muhammad, 아라비아), 이슬람의 挑戰(Militant

Islam, G. H, Jamsen, 印度), 出埃及記(Exodus, The Old Testament, 이스라엘), 十王世界(印度), 大唐西域記(玄 奘, 中國), 三皇五帝(中國), 西遊記(吳承恩, 中國), 千一夜話(The Arabian Nights Entertainment ; 作者未詳, 아라비아), 神仙說(作者未詳, 中國), 遊仙窟(張文成, 中國), 長生傳(洪 昇, 中國), 邯鄲之夢(作者未詳, 中國), 南柯一夢(作者未詳, 中國), 牧丹亭還魂記(湯臨川, 中國), 海邊의 카프카(海邊の カフカ; 村山春樹, 日本), 日本沈沒(小松左京, 日本)

(3) 歐美文獻-宇宙의 秘密(The Secrets of The World; Isaac Asimove, 美國), 人類의 起源(L'Homme avant L'Homme; Herbert Thomas, 프랑스), 宇宙의 運命(Le Destin de I'Univers; Trinh Xuan Thuan, 프랑스), 舊約聖書 이야기(The Story of The Bible; Henrik Willem Van Loon, 美國), 노아의 方舟(The Ark of Noah; 作者未詳, 이스라엘), 그리스·로마 神話(The Age of Fable; Thomas Bulfinch, 美國), 天國과 地獄(Orphée aux Enfers; J. Offenbach, 프랑스), 정말 地獄은 있습니다(A Divine Revelation of Hell; Mary K. Baxter, 美國), 정말 天國은 있습니다(A Divine Revelation of Heaven; Mary K. Baxter, 美國), 패션 오브 크라이스트(The Dolorous Passion of Our Lord Jesus Christ; Anne Catherine Emmerich, 獨逸), 神의 指紋(Fingerprints of the Gods; Graham Hancok, 英國), 神의 거울(Heaven's Mirror; Graham Hancok, 英國), 歷史의 秘密(Sphinx-Geheimnisse der Geschichte; Hans Christian Huf, 獨逸), 오뒤세이아(Odysseia; Homeros, 그리스), 일리아스(Illias; Homeros, 그리스), 神曲(La Davina Comedia; Dante Alighieri, 이탈리아), 天路歷程(The Pilgrim's Progress; John Bunyan, 英國), 마야: 잃어버린 都市들(Les Cités Perdues des Mayas; Claude Baudez, 프랑스), 나스카의 수수께끼: 神들의 出現(Zeichen für die Ewigkeit; Erich von Däniken, 스위스), 메소포타미아(Il était une Feis la Mesopotamie; Jean Bottero, 프랑스), 잉카: 太陽神의 後裔들(Les Incas: Peuple du Soleil; Carmen Bernard, 프랑스), 앙코르: 莊嚴한 城壁都市(Angkor: La Forét de Pierre; Bruno Dagens, 프랑스), 아즈텍 帝國: 그 榮光과 沒落(Le Destin Brisē de L'Empire Aztéque; Serge Gruzinski, 프랑스), 소크라테스의 辨明·크리톤·파이돈(Apology, Crito and Phaedo of Socrates; Platon, 그리스), 奇蹟(The Miracle; Alain Fournier, 프랑스), 世界의 終焉(World's End; Upton B. Sinclair, 美國), 失樂園(Paradise Lost; John Milton, 英國), 復樂園(Paradise Regained; John Milton, 英國), 地上에서 永遠으로(From Here to Eternity; James Jones, 美國), 月世界旅行記(Histoire Comique des États et Empires de la Lune; Savinien de Cyrano de Bergerac, 프랑스), 카인의 後裔(Das Vermächtnis Kains; Leopald von Sacher-Masoch, 오스트리아), 斑指의 帝王(THe Lord of the Rings; J. R. R. Tolkein, 英國), 람세스(Ramsés; Christian Jacq, 프랑스), 주라기公園(Jurassic Park; Michael Crichton, 美國), 미켈란젤로의 復讐: 시스티나 天障畵의 秘密(Sixtinische Verschwörung; Philipp Vandenberg, 獨逸), 해리포터와 魔法師의 돌(Harry Porter and the Philosopher's Stone; J. K. Rowling, 英國), 惡魔의 詩(The Satanic Verses; Salman Rushdie, 英國), 未來로의 歸還(Return to the Future; Sigrid Undset, 노르웨이), 大豫言(Prophecy; Sylvia Browne, 美國), 다 빈치 코드(The Da Vinci Code; Dan Brown, 美國)

客說 : 經驗에서 얻은 삶의 眞實

겁(劫, kalpa)이란 시간단위가 있다. 1겁은 開闢과 開闢사이의 기간을 뜻하는데 약 43억 2천만년에 해당된다. 1겁을 넘어섰다. 새로운 개벽이 곧 일어날 것 같다.

客說 : 經驗에서 얻은 삶의 眞實

애기 때 자주 울면 '커서 노래를 잘 하겠구나'라는 말을 듣는다. 울면서 목청을 잘 가다듬기 때문인 것 같다. 훗날 바보 溫達의 아내가 된 高句麗의 平康公主는 아마 커서 노래를 잘 했을 것이다. 그렇다고 노래를 잘 하도록 애기를 두들켜 패서 자주 울리는 짓은 하지 말아야 한다. 너무 잔인한 일이다.

2. 만나고 싶은 對象과 나누고 싶은 이야기들

區分 / 類型	相面對象			傳達事項		
	對象者	活動國家	生涯期間(年)	謝意表現	狀況報告	懷疑質問
1. 天神	創造主	天 國	∞ - ∞(∞)	宇宙創造, 人間點旨	宇宙運行, 地球現相	創造이후 人間에 대해 포기했는가?
	玉皇上帝	天 國	∞ - ∞(∞)	天地經營, 人命賦與	人間現實, 自然狀況	人間世界의 秩序는 왜 도외시하는가?
	閻羅大王	閻羅國	∞ - ∞(∞)	善惡判決, 人間警覺	人間犯罪, 善惡混沌	善惡判決은 저승에서만 하는가?
2. 聖人	釋迦牟尼	印 度	565BC-486BC(80)	佛敎創始, 慈悲傳播	佛敎現實, 人間世態	人間世界에의 影響力은 全無한가?
	孔 子	中國 魯	552BC-479BC(74)	儒敎創始, 道德敎化	道德變質, 人間墮落	이승의 孔子思想 실현은 어느 정도인가?
	예수그리스도	이스라엘	4BC-28(33)	聖敎創始, 博愛暢達	聖敎犯罪, 利己對立	人間審判을 위한 復活은 언제인가?
3. 國祖	檀君王儉	檀君朝鮮	(在位)2333BC-2241BC(93)	開天建國, 倍達定着	半島狀況, 民族哀歡	韓民族에 대한 期待는 충족되었는가?
	朴赫居世	新 羅	(在位)57BC-3(61)	立國創建, 百姓安住	新羅後史, 地域感情	地域感情의 實相에 대한 느낌은?
	高朱蒙	高句麗	58BC-19BC(40)	立國創建, 百姓安住	故土狀況, 北韓實情	高句麗에 의한 三國統一은 불가능했는가?
	溫祚王	百 濟	(在位)18BC-28(47)	立國創建, 百姓安住	百濟後史, 地域對立	日本의 文化와 行態에 대한 소감은?
	王 建	高 麗	877 - 943(67)	統一成國, 戰亂終熄	半島實情, 民族相爭	訓要十條의 目的은 옳았는가?
	李成桂	朝 鮮	1335 - 1408(74)	革新開國, 國基確立	日帝支配, 南北分斷	오늘의 南北分斷에 대한 감회는?
4. 偉人	乙支文德	高句麗	嬰陽王(在位590-618)朝	外侵抑止, 國家保衛	國際情勢, 民族正氣	國防의 要諦는 무엇인가?
	金庾信	新 羅	595 - 673(79)	三國統一, 外勢逐出	南北分斷, 地域葛藤	南北分斷에 대한 所感은?
	階 伯	百 濟	? - 660(?)	殺身愛國, 亡國同死	民族正氣, 派黨風潮	東西 地域感情에 대한 느낌은?
	世宗大王	朝 鮮	1397 - 1450(54)	爲民善政, 文字創製	政治現實, 情報技術	韓國 大統領들의 虛點은 무엇인가?
	李 滉	朝 鮮	1501 - 1570(70)	性理通達, 道義實踐	道德意識, 外勢學風	오늘의 學者들에 대한 衷告는?
	李舜臣	朝 鮮	1545 - 1598(54)	殺身報國, 神技用兵	民族精神, 防禦體制	日本에 대한 外交의 方向은?
	安重根	大韓帝國	1879 - 1910(32)	殺身愛國, 初志一貫	分斷對立, 愛國精神	日本은 믿을 수 있는 이웃인가?
5 .先祖	始祖 閼智	新 羅	65 - 145(81)	慶金創始, 萬代定礎	後孫分布, 宗親活動	後孫들에 대해서 자랑스러운가?
	敬順王 傅	新 羅	897 - 978(82)	愛民讓國, 後孫繁昌	民族分斷, 後孫分布	新羅 讓與에 대해 후회하지 않는가?
	派祖 自粹	高 麗	1354 - 1405(52)	憂國殉節, 萬世芳名	子孫活動, 宗親意識	오늘의 民族正氣에 대한 소감은?
	入鄕祖 秉鉉	朝 鮮	1616 - 1686(71)	聞慶創家, 基盤構築	子孫分布, 崇祖情神	聞慶 後孫들에 대해 만족하는가?
6.大統領	李承晩	大韓民國	1875 - 1965(91)	國家建立, 南侵沮止	政治現實, 民族分散	長期獨裁에 대해 후회하는가?
	尹潽善	大韓民國	1897 - 1990(94)	獨裁鬪爭, 自重忍耐	政治不安, 派黨鬪爭	오늘의 政治現實에 대한 감회는?
	朴正熙	大韓民國	1917 - 1979(63)	經濟發展, 國利民福	經濟發展, 政治現實	왜 적당한 時點에서 물러나지 않았는가?
7. 父母	祖父 信喜	日 帝	1862 - 1918(57)	家計相續, 浩然之氣	子孫活動, 生活狀態	家族을 어렵게한 自己生活에 후회하는가?
	祖母 禹鳳伊	日 帝	1868 - 1946(79)	家計補助, 孫子愛護	後孫狀況, 孫子活躍	아끼던 孫子의 生涯에 대한 느낌은?
	父 商樞	大韓民國	1896 - 1975(80)	自手成家, 樂天厚德	後孫生活, 長子業績	어렵게 살아온 生涯에 대한 悔恨은?
	母 鄭先岳	大韓民國	1898 - 1973(76)	勤勉自助, 子女養育	子女狀況, 長子業績	子孫들의 생활에 대해 만족하는가?
	聘父 黃龍燮	大韓民國	1914 - 1999(86)	故鄕有志, 一家創業	子孫活動, 長壻名聲	長壻에 대한 期待는 충족되었는가?
	聘母 金福伊	大韓民國	1920 - 1996(77)	深思謹身, 子女養育	子孫活動, 長壻名聲	子孫들의 삶에 대해 만족하는가?
8. 姉妹	仲姊兄金仁錫	大韓民國	1909 - 1977(69)	勤勉家和, 隱忍自重	子孫狀況, 妻男生活	妻男에게 들려주고 싶은 말씀은?
	長姊兄黃在洙	大韓民國	1917 - 1982(66)	豪放無碍, 事業振作	子孫狀況, 妻男生活	妻男에 대해 여전히 자랑스러운가?
	長妹 石順	大韓民國	1920 - 1973(54)	隱忍順從, 子女愛着	子孫狀況, 弟家狀況	子孫들에 대해 만족하는가?
	仲妹 石九	大韓民國	1926 - 1980(55)	明朗諧謔, 兄弟友愛	子孫狀況, 弟家狀況	저승에서도 魂靈들을 웃기고 있는가?
9. 奇人	東方朔	中國 漢	(3千甲子)	機智滿發, 補身長壽	人間壽命, 現代醫學	오래 산 秘訣은 무엇인가?
	元曉大師	新 羅	617 - 686(70)	大衆佛敎, 無碍解脫	佛敎現實, 道義混濁	아들 薛聰을 둔 것은 잘한 일인가?
	李太白	中國 唐	701 - 762(62)	自由自在, 無碍無慾	現實世界, 風月混雜	다시 태어나도 또 그렇게 살 것인가?
	金炳淵(삿갓)	朝 鮮	1807 - 1863(57)	脫俗無心, 放浪諧謔	政治風潮 人間浪漫	放浪으로 산 삶에 대한 後悔는?
	方仁根	大韓民國	1899 - 1975(77)	自由奔放, 人生超然	作品現實, 作家生活	왜 春園 같은 作家가 되지 못했는가?
	金斗漢	大韓民國	1918 - 1972(55)	頂上爭取, 敬父愛族	暴力世界, 義理秩序	왜 더 有益한 곳에 힘을 쓰지 않았는가?
10.不義者	豊信秀吉	日本 戰國	1536 - 1598(63)	統一成業, 戰國安定	東洋現實, 民族感情	朝鮮 侵略에 대해 후회하지 않는가?
	祐宮明治	日本 明治	1852 - 1912(61)	開國明治, 和魂洋技	戰後世界, 民族感情	지금도 韓日合邦을 잘했다고생각하는가?
	李完用	日 帝	1858 - 1926(69)	混亂豫防, 植民速成	分斷現實, 民族感情	後孫의 逆境을 보는 감회는?
	金日成	朝鮮共和國	1912 - 1994(83)	長期執權, 民心掌握	北韓實情, 民族感情	지금도 南侵을 옳았다고 보는가?

3. 神佛과 先代 및 父母任께 드릴 報告事項

(1) 時代 狀況

① 世界狀況 - 國家形態, 民族分布, 人類生活, 紛爭狀態, 文化葛藤, 理念鬪爭, 平和追求, 役割分擔
② 韓半島狀況 - 歷史變遷, 南北分斷, 北韓政權, 北韓經濟, 北韓住民, 北韓軍備, 國際關係, 南北關係
③ 韓國狀況 - 政治體制, 經濟狀況, 社會制度, 地域葛藤, 民族意識, 文化風土, 地方自治, 國際地位

(2) 本人 生涯

① 家庭 - 1) 家族 : 家族構成, 子孫分布, 出生·死亡, 結婚·生活, 活動·職業, 生涯功過
2) 家計 : 住居·住宅, 生計手段, 收入·支出, 資産形成, 子女養育, 家族管理
② 社會 - 1) 活動 : 成長·敎育, 職業·職場, 補職·號俸, 賞勳受領, 所屬團體, 責任·義務
2) 業績 : 著作發刊, 大衆發表, 弟子育成, 原稿執筆, 聽取大衆, 政策樹立
3) 交人 : 一家親戚, 同鄕人士, 學校同窓, 職場同僚, 團體會員, 社會知人
③ 旅行 - 1) 國內 : 訪問地域, 訪問地點, 訪問機關, 行事參席, 親知訪問, 觀光·視察
2) 國外 : 訪問國家, 訪問地域, 訪問地點, 訪問機關, 行事參席, 訪問·視察
④ 趣味 - 1) 飮食 : 選好食事, 嗜好飮酒, 嗜好吸煙, 選好副食, 選好菓子, 選好果實
2) 運動 : 運動經歷, 排球·蹴球, 卓球·庭球, 競走·水泳, 撞球·볼링, 골프運動
3) 餘暇 : 小說耽讀, 映畵觀覽, 餘暇놀이, 飮酒歡談, 歌唱歌曲, 庭園管理
⑤ 記錄 - 1) 項目 : 出生起源, 家庭構成, 生涯沿革, 學問業績, 生活遍歷, 家計財政
2) 發刊 : 回甲紀念, 停年紀念, 大衆雜誌, 言論媒體, 紹介弘報, 展示供覽

(3) 느낀 所感

① 人間世界에의 所感 - 1) 自然法則 : 循環의 秩序, 眞理의 嚴格, 授受의 公正, 調和의 均衡
2) 人間社會 : 善惡의 模糊, 法律의 限界, 道德의 虛構, 宗敎의 僞善
② 個人生活에의 所感 - 1) 公的活動 : 자랑스러웠던 일 - 부끄러웠던 일
보람스러웠던 일 - 虛無스러웠던 일
2) 私的生活 : 滿足스러웠던 일 - 不滿스러웠던 일
幸福했던 일 - 不幸했던 일

4. 가보고 싶은 곳

區 分	가보고 싶은 곳	보고 싶고 알고 싶은 事項
1. 天 國	1. 極 樂 2. 天 堂 3. 閻 羅 國 4. 煉 獄 5. 地 獄	存在與否, 主神의 모습, 神들의 生活, 自然環境, 아는 사람 有無 存在與否, 極樂과의 同異點, 主神의 모습, 神들의 生活, 아는 사람 有無 存在與否, 閻羅大王의 實體와 役割, 環境과 構造, 저승使者의 모습 存在與否, 環境과 構造, 魂靈들의 種類와 生活, 아는 사람 有無 存在與否, 環境과 構造, 魂靈들의 種類와 生活, 아는 사람 存在
2. 宇 宙	1. 달(月) 2. 火 星 3. 金 星 4. 土 星 5. 冥 王 星 6. 太 陽 7. 牽 牛 星 8. 織 女 星 9. 北 斗 七 星 10. 銀 河 水 11. 宇宙人 사는 별 12. 가장 먼 별 13. 宇宙 밖 空間	表面 모습, 桂樹나무와 토끼의 存在, 높이뛰기의 高度 表面 모습, 生物의 存在與否, 宇宙人의 存在와 모습 및 生活 表面 모습, 生物의 存在與否, 宇宙人의 存在와 모습 및 生活 表面 모습, 生物의 存在與否, 고리테의 모습과 實體 表面 모습, 溫度와 氣候, 生物의 存在與否, 太陽과의 關係 熱度, 黑點, 에너지의 消費量, 向後 殘存期間 表面狀態, 生物體의 存在與否, 소 모는 牽牛公의 모습 表面狀態, 生物體의 存在與否, 베짜는 織女娘의 모습 構成과 相互關係, 人間點旨의 秘密, 烏鵲橋 建立의 眞僞 規模와 構成, 별의 種類와 數爻, 烏鵲橋의 踏步 宇宙人이 있는 별들, 宇宙人의 모습과 生活, 가장 進步된 宇宙人 크기와 모습, 언제 어디서 出發했는가? 어디까지 갈 것인가? 宇宙 밖의 存在與否, 宇宙의 크기와 形態, 宇宙 밖에는 무엇이 있는가?

5. 하고 싶은 일들

(1) 먹고 싶은 飮食

① 地上飮食 – · 칼국수, 메밀묵, 팥죽, 민물매운탕, 설렁탕, 선지국
· 산나물, 배추전, 굴비, 간조기, 세발낚지, 大蟹
· 막걸리, 燒酒, 麥酒, 콜라, 커피, 담배

② 天國飮食 – · 神仙爐, 甘露水, 神仙酒
· 天桃복숭아

(2) 하고 싶은 趣味

① 地上趣味 – · 小說 및 映畵 讀覽
· 水泳 및 골프 運動

② 天國趣味 – · 神童과의 將棋, 神仙과의 바둑, 仙女와의 如意珠 놀이
· 宇宙游泳, 날아다니는 天國 및 宇宙旅行
· 天國의 歷史 읽기, 持續的인 '天路歷程' 記錄

(3) 알고 싶은 探究

① 宇宙·天國의 秘密 – · 天國의 實存與否
· 創造主, 하느님, 玉皇上帝의 存在

· 宇宙創生의 秘密
· 死後 靈魂의 存在와 地上生涯의 記憶與否
· 靈魂 審判의 事實과 基準
· 天國의 人間世界에 대한 影響力
· 이승과 저승의 時間差異
· 天國에서의 共通 文字와 言語

② 人間 · 이승의 秘密 - · 宇宙 森羅萬象의 運行神秘
· 太陽과 地球의 消滅時期
· 生과 死의 關係
· 釋迦와 예수의 實體
· 輪廻說의 眞僞
· 예수 復活의 可能性과 時期
· 地上 聖職者들의 天國에서의 位置와 待遇狀態
· 地上에서 알던 분들의 天國에서의 所屬과 生活狀況

6. 創造主와 神佛에의 請願

(1) 人類를 위한 請願

① 太陽과 地球의 永久保全
② 人間平均壽命의 天壽(125歲)까지 保障
③ 天主(하느님)의 存在를 人間에게 示現
④ 살아 生前에 天國을 觀覽할 수 있는 機會賦與
⑤ 地上에서 善惡審判을 一定周期로 實施
⑥ 有信 · 無信 불구 公平한 審判과 處遇
⑦ 釋迦 · 孔子 · 예수보다 더 偉大한 새로운 聖人의 地上派遣

(2) 本人을 위한 請願

① 天國 및 宇宙를 巡訪할 수 있는 惠澤賦與
② 天國의 高位職 및 地上에서 온 有名人士들과의 面談 許容
③ 極樂 · 天堂, 煉獄, 地獄을 一定期間씩 交代로 滯留토록 措處
④ 地上人間들과 對話할 수 있는 通路와 神通力 保有
⑤ 天國에서의 主要하고도 有益한 役割遂行
⑥ 天國에서의 記錄 許容과 出版紀念會 開催
⑦ 一定期間後 人間世界로 다시 還生

第 2 章 感懷詩句와 協助人士

Ⅰ. 感懷詩句

1. 無慾無礙의 自覺 : 韓國 古詩

青山은 나를 보고

1. 青山은 나를 보고 말 없이 살라 하고
   蒼空은 나를 보고 티 없이 살라 하네.
   貪慾도 벗어 놓고 성 냄도 벗어 놓고
   물같이 바람 같이 살다가 가라 하네.

2. 歲月은 나를 보고 덧 없다 하지 않고
   宇宙는 나를 보고 곳 없다 하지 않네.
   煩惱도 벗어 놓고 慾心도 벗어 놓고
   江같이 구름 같이 말 없이 가라 하네.

(懶翁禪師(1262～1342 ; 恭愍王 王師, 無學大師 스승)作;
1993年 MBC 史劇「野望」의 主題曲)

客說 : 經驗에서 얻은 삶의 眞實

마당에 다니는 개미를 자세히 보면 몇가지 特性을 찾아 볼 수 있다. 이동시킬수 없는 음식을 만나면 그 자리에서 먹는다. 그리고 이동시킬수 있는 것은 입으로 물고 끌면서 풀사이를 지나고 언덕을 넘으며 자기집까지 가져간다. 또한 아무리 큰 개미도 다른 작은 개미가 물고가는 음식은 절대로 뺏지 않는다. 사람보다 월등히 낫다. 개미가.

2. 人生旅程의 解脫 : 韓國 歌謠

사는 동안 애오라지

1. 있으면 있는 대로 없으면 없는 대로
   내몫 만큼 살았습니다.
   바람 불면 흔들리고 비가 오면 젖은 채로
   離別 없고 눈물 없는 그런 世上 없겠지만은
   그래도 사랑하고 웃으며 살고 싶은 고지식한 내 人生
   賞도 罰도 주지 마오.

2. 기쁘면 기쁜 대로 슬프면 슬픈 대로
   뿌린 만큼 살았습니다.
   있는 만큼 아는 만큼 배운 대로 들은 대로
   家難 없고 그늘 없는 그런 世上 없겠지만은
   그래도 사랑하고 웃으며 살고 싶은 고지식한 내 人生
   賞도 罰도 주지 마오.

(김병걸 作詞, 양근배 作曲, 이태호 노래; 2006年 製作・頒布)

客說 : 經驗에서 얻은 삶의 眞實

年輪에 맞는 훌륭한 인격과 성품 및 언행은 결코 하루 아침에 형성되는 것이 아니고 또 저절로 이루어지는 것도 아니다. 일생을 통해 기나긴 세월에 걸쳐 꾸준한 노력과 수련의 축적에 의해서만이 가능해질 수 있는 성질의 것이다. 性善說이나 性惡說이 모두 생후의 환경에 의해 성품이 변화되고 노력에 의해 인격이 형성된다고 하는 점에서는 일치하고 있다.

태어날 때부터 모든 것을 알고 나오는 生而知之 사람은 극히 드문 몇 사람의 聖賢에 불과하고 배우기만 하면 모든 것을 알고 깨닫는 學而知之 사람도 흔치 않으며 대부분의 보통 사람은 온 힘을 다해 노력해야만 겨우 알게 되는 困而知之이다. 보통 사람에 속하는 우리 범인들은 스스로의 고된 노력과 끊임 없는 수양에 의해서만이 훌륭한 인격과 성품을 갖출 수 있게 된다.

스스로의 체험에 의한 시행착오를 거쳐 깨닫고 배우며 터득하는 것이 보다 실질적이고 확실한 것이지만 여기에는 시간의 제약에서 오는 한계가 있고 돌이킬 수 없는 위험을 범할 가능성이 있으므로 보다 현명하고 바람직한 방법은 좋은 책을 통해 배우고 남의 이야기를 들어 깨달으며 다른 사람이 경험하는 바를 보고 간접적으로 터득하는 것이다.

우리는 하루에 세 번은 스스로를 돌아보지 못하더라도, 적어도 한 해에 몇 번씩은 자기 연령을 생각하면서 나이보다 지나치거나 모자라는 인품을 갖지 않도록 애써야 할 것이다. 그리고 나이에 나타나기 쉬운 나쁜 성격이나 행동을 범하지 않기 위한 스스로의 자제와 수양을 게을리해서는 안될 것이다.

그리하여 年上의 사람에게는 사랑과 믿음을 받고 年下의 사람에게는 존경과 따름을 받으며 同輩의 사람에게는 친숙과 호감을 줌으로써 가정과 직장과 사회의 모든 분야에서 필요하고도 유익한 사람이 되어야만 할 것이다.

3. 別離 運命의 哀歌 : 韓國 歌謠

사나이 눈물

1. 지금 가지 않으면 못갈 것 같아
아쉬움만 두고 떠나야겠지

여기까지가 우리 전부였다면
더 이상은 욕심이겠지

피할 수 없는 운명 앞에
소리내어 울지 못하고

까만 숯덩이 가슴 안고
삼켜버린 사나이 눈물

이별할 새벽 너무 두려워
이대로 떠납니다.

2. 돌아서서 흘린 내 눈물 속에
우리들의 사랑 묻어버리면

못다부른 나의 슬픈 노래도
바람으로 흩어지겠지

피할 수 없는 운명 앞에
소리내어 울지 못하고

까만 숯덩이 가슴 안고
삼켜버린 사나이 눈물

아침이 오면 너무 초라해
이대로 떠납니다.

(이병걸 作詞, 이동훈 作曲, 조항조 노래 ; 2000年 製作・頒布)

客說 : 經驗에서 얻은 삶의 眞實

秒速 11.2km 이상의 速度를 내면 地球 重力을 벗어나 宇宙 속으로 떠나갈 수 있다. 죽기 얼마 전에 모은 돈 다 주고 이런 宇宙船 빌려타고 宇宙 속으로 영원한 旅行을 떠났으면 좋겠다.

客說 : 經驗에서 얻은 삶의 眞實

노벨상을 타고 싶었다. 못탔다. 대통령이나 총리가 되고 싶었다. 못 됐다. 천년만년 갈 불후의 大作을 남기고 싶었다. 못 남겼다. 아무 것도 못 이룬채 그냥 왔다간다.

4. 消滅 失踪의 歎歌 : 페루 歌謠

EL CONDOR PASA

1. I'd rather be a sparrow than a snail.
   Yes I would. If I could, I surely would.

   I'd rather be a hammer than a nail.
   Yes I would. If I only could, I surely would.

   Away, I'd rather sail away
   like a swan that's here and gone.

   A man get's tied up to the ground.
   He gives the world. It's saddest sound. It's saddest sound.

   I'd would.

2. I'd rather be a forest than a street.
   Yes I would. If I could, I surely would.

   I'd rather feel the earth beneath my feet.
   Yes I would. If I only could, I surely would.

   Away, I'd rather sail away
   like a swan that's here and gone.

   A man get's tied up to the ground.
   He gives the world. It's saddest sound. It's saddest sound.

   I'd would.

(Lyrics : P. Simon, Music : Peruvian Ballad, Song : Simon and Garfunkel ;
Circulated in American Continents and the world during the 1990s)

철새는 날아가고

1. 달팽이가 되기보다는 참새가 되어야지
   그래, 그럴 수만 있다면 그게 좋겠지.

   못이 되기보다는 망치가 되어야지
   그래, 그럴 수만 있다면 그게 좋겠지.

그 멀리 멀리 떠나고 싶어라
날아가버린 白鳥처럼.

人間은 땅에 얽매어
가장 슬픈 소리를 내고 있다네, 가장 슬픈 노래를.

그렇게 될거야.

2. 길이 되기보다는 숲이 되어야지
그래, 그럴 수만 있다면 그게 좋겠지.

발 밑에 있는 地球를 느끼게 돼야지
그래, 그럴 수만 있다면 그게 좋겠지.

그 멀리 멀리 떠나고 싶어라
날아가버린 白鳥처럼

人間은 땅에 얽매어
가장 슬픈 소리를 내고 있다네, 가장 슬픈 노래를.

그렇게 될거야.

(作詞 : P. Simon, 樂曲 : 페루의 民謠曲, 노래 : Simon · Garfunkel ; 1990年代 美洲大陸과 全世界에 보급되었음)

※ 이 노래는 14 · 15世紀頃 스페인軍에 의해 페루의 Cusco에서 쫓겨나 Urubamba를 거쳐 Machu Picchu에서 자취 없이 사라진 잉카 民族의 슬픈 終末을 나타낸 悲歌임.

客說 : 經驗에서 얻은 삶의 眞實

時間이 흐르지 않고 딱 서면 身體의 細胞에 老化現象이 일어나지 않아 그 狀態로 永生不死한다. 타고 있는 物體가 빛의 速度인 秒速 30萬km에 가까워지면 時間은 거의 흐르지 않는다. 내가 죽기 전에 그런 타임 머신이 發明되어 實用化되었으면 좋겠다.

5. 天主 加護의 祈禱 : 聖經 主文

THE LORD'S PRAYER

"Our Father which art in heaven, Hallowed by Thy name.
Thy Kingdom come.
Thy will be done on earth as it is in heaven.
Give us this day our daily bread.
And forgive us our trespasses, as we forgive those who trespass against us.
And lead us not into temptation, but delive us from evil.
For Thine is the Kingdom, and the Power, and the glory, forever.
Amen."

(Chapter 6, Section 9~13, The Gospel of Mathew, *The New Testament*)

主 祈 禱 文

『하늘에 계신 우리 아버지여, 이름이 거룩히 여김을 받으시오며,
나라이 임하옵시며,
뜻이 하늘에서 이룬 것 같이 땅에서도 이루어지이다.
오늘날 우리에게 日用할 糧食을 주옵시고,
우리가 우리에게 罪지은 者를 赦하여준 것 같이
우리 罪를 赦하여 주옵시고,
우리를 試驗에 들게 하지 마옵시고 다만 惡에서 救하옵소서.
나라와 權勢와 榮光이 아버지께 永遠히 있사옵나이다.
아멘.』

(新約聖經, 마태福音, 第6章 第9節~第13節)

客說 : 經驗에서 얻은 삶의 眞實

'人生은 60부터'라는 말이 있다. 남이 하는 慰勞의 말이요 스스로 하는 自慰의 말일게다. 그러나 '人生은 60까지'라는 말보다 虛構라도 듣기가 좋다. 나도 그 말을 믿고 第2의 새 人生을 설계하여 다시 한번 시작해봐야겠다. 나는 이제 열살이다.

6. 人間 成佛의 發願 : 佛經 祝文

發 願 文

『稽首三界尊　歸命十方佛
我今發弘願　持此金剛經
上報四重恩　下濟三途苦
若有見聞者　悉發菩提心
盡此一報身　同生極樂國』

(佛經. 金剛般若波羅密多經)

발 원 문

『三界(天界 · 地界 · 人界)의 존귀함에 머리를 조아리고
온 세상 부처님께 마음을 의지하여
나는 오늘 큰 所願을 비나이다.
이 금강경을 가지고
위로 네가지 恩惠(天地恩 · 國王恩 · 父母恩 · 衆生恩)에 보답하고
아래로 세가지 苦痛(苦苦 · 壞苦 · 行苦)을 건너가리라.
萬一 보고 듣는 者가 있다면
참으로 正覺의 智慧인 보리의 마음을 발휘하고,
功德이 集積된 하나의 몸을 다 받쳐
같이 極樂의 나라에 태어나게 하소서.』

(불경. 금강반야바라밀다경)

7. 今後 志向의 所望 : 단테 名句

MY DESIRE AND MY WILL

"To the high fantasy here power failed: but now
my desire and my will were revolved, like a
wheel is moved evenly, by the Love which moves
the sun and the other stars."

(Canto XXXIII, Paradise, *The Divine Comedy*.
by Dante Alighiere(1265~1321))

나의 소망 · 나의 의지

『힘은 여기에서 높은 幻想으로 떨어졌다. 그러나
지금 나의 所望과 나의 意志는 해와 다른 별들을
움직이게 하는 사랑의 神에 의하여 정연하게 움직이는
바퀴와 같이 회전하게 되었다.』

(단테(1265~1321), 神曲. 天堂篇, 第33章)

인 생 역 정

『조령산 아래 한 村家 소년 있어
푸른 꿈 높은 뜻 지녀 사람 할 일 다했더라.
동에서 밥을 먹고 서에서 잠을 자며
세상 티끌 속에 파묻혀 살아왔네.
머리 들어 먼 산 바라보니
어느덧 석양 빛이 드리웠네.』

(2002년 8월 31일 교수정년일, 초범 김 안 제(1936~))

人 生 歷 程

『鳥嶺山下 一村子
青雲高志 盡人事
東食西宿 與世塵
擧頭觀山 已落照』

(2002年 8月 31日 敎授停年日, 草凡 金 安 濟(1936~))

A HUMAN PILGRIMAGE

"Under the Mountains of Joryung,
In a village one boy lived.

With the ambitious dream and higher will,
He has done the whole human works of necessity.

Over eating in the east and sleeping in the west,
This man has swum within the world ocean.

Raising the head and looking up the mountains,
The sun is already setting in the evening shine."

(Chobum An-Jae Kim(1936~), August 31, 2002, The Retirement Day)

9. 古稀 紀念의 詩竹 : 作 詩書畫

草凡詩竹

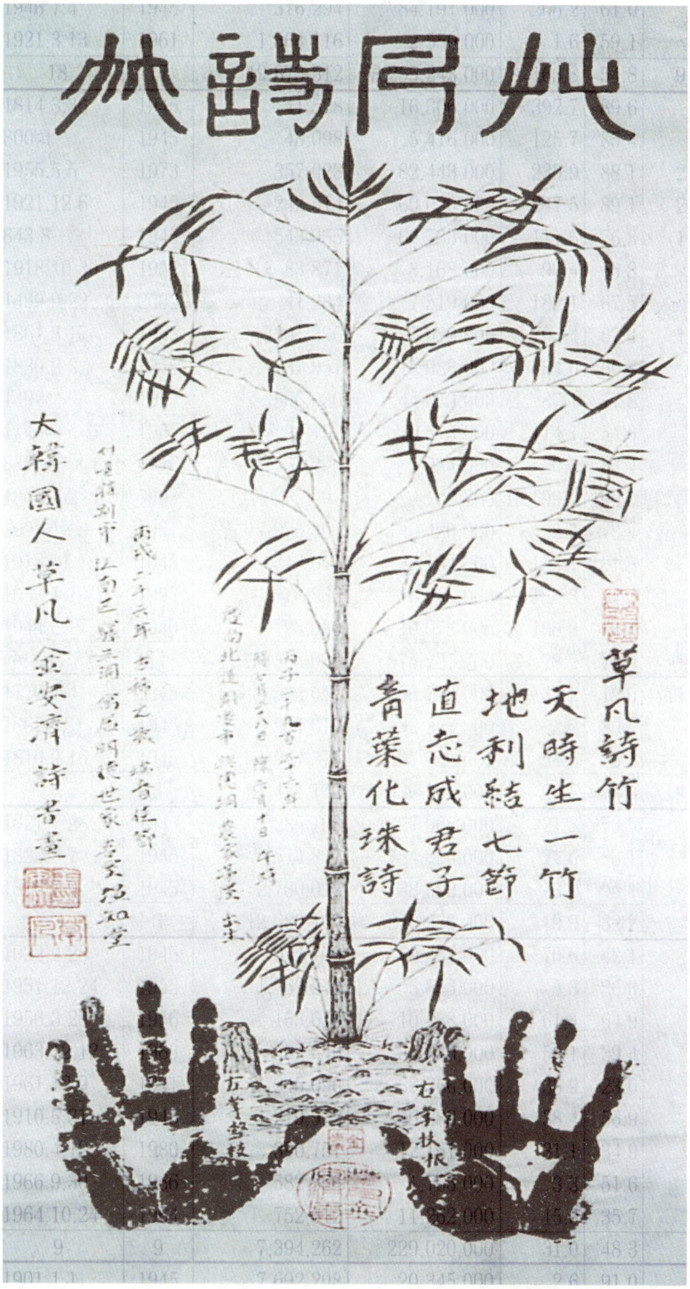

(韓國書畵作家協會 第25回 定期會員展 出品展示作品,
서울國際디자인 플라자 大展示室, 2006. 3. 24)

10. 眞友保有의 與否 : 禪問 禪答

禪問

그대 그런 사람을 가졌는가?

萬里길 나서는 길
妻子를 내 맡기며
맘 놓고 갈 만한 사람
그 사람을 그대는 가졌는가?

온 世上이 다 나를 버려
마음이 외로울 때에도
'너 뿐이야'하고 믿어지는
그 사람을 그대는 가졌는가?

탔던 배 가라앉을 때
救命帶 서로 사양하며
'너 만은 제발 살아다오' 할
그 사람을 그대는 가졌는가?

不義의 死刑場에서
'다 죽여도 너희 세상 빛을 위해
저 만은 살려 두거라' 일러줄
그 사람을 그대는 가졌는가?

온 世上의 贊成보다도
'아니' 하고 가만히 머리 흔들 그 한 얼굴 생각에
알뜰한 誘惑을 물리치게 되는
그 사람을 그대는 가졌는가?

잊지 못할 이 世上을 놓고 떠나려 할 때
'너 하나 있으니' 하며
빙긋이 웃고 눈을 감을
그 사람을 그대는 가졌는가?

※ 禪問 : 禪問賢者-咸錫憲(1901~1989)
・出生-日字 : 1901. 3. 13
-地域 : 平北 龍川郡 府羅面 元城洞
・禪問-日字 : 1970. 4. 19
-場所 : 「씨올의 소리」 創刊號
・逝去-日字 : 1989. 2. 4
-場所 : 서울大學校 附屬病院

禪答

나는 그런 사람을 가졌노라

他鄕 땅 나서는 길
父母 염려로 저어할 때
'나를 믿고 맘 놓고 떠나게' 할
그 사람을 나는 가졌노라.

온 世上 다 나를 버려
외롭고 괴로울 때
'너는 괜찮은 사람이야' 하며 믿어주는
그 사람을 나는 가졌노라.

挫折하여 諦念할 때
따스한 손길로 어루만지며
'너만은 할 수 있어' 하는
그 사람을 나는 가졌노라.

不義가 得勢하는 때
正義로운 世上을 다시 만들고자
'하늘의 뜻을 따라 不義를 쳐라'고 일러줄
그 사람을 나는 가졌노라.

世上事 慾心 생겨
誘惑에 빠져들 때
'너만은 超然하라'고 외치는
그 사람을 나는 가졌노라.

이승에 미련두어
차마 눈 못 감을 때
'내가 있으니 웃으며 잘 가게' 할
그 사람을 나는 가졌노라.

※ 禪答 : 禪答愚者-金安濟(1936~現在)
・出生-日字 : 1936. 7. 28
-地域 : 慶北 聞慶市 興德洞
・禪答-日字 : 2006. 7. 28
-場所 : 서울大學校 名譽敎授室
・逝去-日字 :
-場所 :
(禪問後 禪答까지의 期間 : 36年 3月 9日)

Ⅱ. 協助人士

1. 草凡 金安濟 博士 古稀紀念事業推進委員會 委員

- 金安濟 敎授 硏究室의 助敎 出身으로 구성된 '環心會' 會員으로 構成-

○ 委員長: 李廷植(前 國土硏究院 院長, 現 安養大學校 敎授)

○ 委　員: 金昌碩(서울市立大學校 敎授, 大韓國土・都市計劃學會 會長)
河晟奎(中央大學校 敎授)
朴憲注(大韓住宅公社 住宅都市硏究院 院長)
趙明來(檀國大學校 敎授)
李相瑢(大邱・慶北硏究院 팀長)
金泰鏞(코아텍(株) 副社長)
尹鍾範(美國 滯留)
鄭鍾建(大田文化放送 PD)
文廷鎬(國土硏究院 硏究委員)
金京玟(美國 滯留)
金明洙(가톨릭大學校 敎授)
元東奎(韓國科學技術情報硏究院 責任硏究員)
崔正錫(中部大學校 敎授)
朴城佑(保健福祉部 事務官)
金周榮(韓國土地公社 國土・都市硏究院 責任硏究員)
高文炫(蔚山大學校 敎授)
金湳喆(情報通信部 事務官)
都炯逸(韓國西部發電(株) 總務課長)
沈載滿(美國 留學中)
姜正植(大韓住宅公社 代理)
金太鎬(나힘파트너스 代理)
白一南(科學技術政策硏究院 委囑硏究員)
朴昊暎(서울大 環境大學院 在學)

(※ 敎授硏究室 勤務時期順)

2. 本書 發刊에 도움을 주신 분과 機關 및 團體

○ 公共機關

- 서울大學校 環境大學院(院長 黃琪源)
- 建國大學校(財團理事長 金敬姬, 總長 吳　明, 不動産大學院長 曺周鉉)
- 建設交通部 中央都市計劃委員會(委員長 金　源)
- 行政中心複合都市建設廳(廳長 李春熙)
- 行政中心複合都市建設推進委員會(委員長 徐義澤)
- 行政中心複合都市建設諮問委員會(委員長 姜溶植)
- 國土研究院(院長 崔秉瑄)
- 韓國地方行政研究院(院長 金仕炫)
- 韓國土地公社(社長 金在賢)
- 大韓住宅公社(社長 韓行秀)
- 慶尙北道 聞慶市(市長 申鉉國)

○ 社會團體

- 大韓國土・都市計劃學會(會長 金昌碩)
- 韓國地方自治學會(會長 陸東一)
- 韓國自治發展研究院(理事長 朴昇治)
- 韓國地域發展研究院(理事長 禹哉永)
- 地方議會發展研究院(院長 林敬鎬)
- 韓國國家記錄研究院(院長 金學俊)
- 韓國書畵作家協會(會長 姜思賢)
- 韓國道德運動協議會(會長 趙士顯)
- 聞慶文化院(院長 蔡大鎭)
- 韓國經濟新聞社(社長 申相民)
- 國際法律警察新聞社(社長 朴基信)
- 週刊 聞慶新聞社(社長 尹相昊)
- (株)泰安리조트(會長 黃時旭)
- (株)泰榮(代表 卞　鐸)
- 韓國파렛트・컨테이너協會(代表 金廷栻)
- (株) 대득스틸(會長 鄭建壽)

○ 親睦모임

- 在京 聞慶市鄕友會(會長 尹成吉)
- 戶西南初等學校 同窓會(會長 李병건, 在京 同門會長 金圭眞)

・聞慶中學校 同窓會(會長 李昌茂, 在京 同門會長 李璇基 在京同期會長 金正道)
・安東師範學校 同窓會(會長 金志默, 在京 同門會長 金珉奭, 在京 同期會長 金悳源)
・서울大學校 同窓會(會長 林光洙, 物理學科 同期會長 裵仲燮)
・서울大學校 行政大學院 同窓會(會長 鄭正佶, 同期會(行研會)會長 青峙鉉)
・在韓 Cincinnati大學校 同窓會(會長 趙東根)
・在京 聞慶人 골프 모임 聞友會(會長 申沅湜)
・서울大學校 同窓會(會長 林光洙, 物理學科 同期會長 裵仲燮)
・大韓國土・都市計劃學會 골프 모임 風水會(會長 朴炳柱)
・韓國土地公社 出身者 親睦會 土友會(社長 李孝桂)
・韓國地方行政研究院 出身者 親睦會 地研會(會長 李達坤)
・在京 同好人 親睦모임 鳥嶺會(會長 黃起大)
・在京 同好人 親睦모임 好凡會(會長 金安濟)
・在京 同好人 親睦모임 同心會(會長 金玉鉉)
・서울 蘆原區 緣故者 親睦會 向志會(會長 朴永根)
・在京 公職出身者 親睦모임 雜魚會(會長 金壽鶴)
・在京 地方出身者 親睦모임 三道會(會長 金安濟)
・在京 聞慶人 親睦모임 한울會(會長 李世茂)

○ 編纂 協助人士

・資料蒐集-李永哲, 高永天, 高允煥, 朴秉建, 崔信一
・體制構成-金昇河, 河升逵, 鄭光玉, 高秀永, 文丙基
・校正補完-潘洸植, 金奎馥, 朴鐘一, 黃載壽, 金東懋

客說 : 經驗에서 얻은 삶의 眞實

나에게 따뜻하게 잘 해주는 사람을 생각하면 가슴이 훈훈해지지만 그 반대인 사람을 생각하면 가슴이 서늘해진다. 가슴이 서늘해지면 여름에는 시원해 좋지만 정신건강에는 별로 좋지 못하다.

客說 : 經驗에서 얻은 삶의 眞實

天地創造說과 自然發生說은 해결되지 못한채 영원히 양립될 것 같다. 나는 가끔 創造主가 140억년전에 빅뱅을 일으키고 萬物이 서서히 進化하면서 오늘의 모습이 되도록 만들었지 않았나 하는 생각을 한다. 그렇다면 聖經의 創世紀는 宇宙가 어느 정도 안정된 단계에 들어섰을 때부터 쓰여진 글이었다고 볼 수 있다.

客說 : 經驗에서 얻은 삶의 眞實

우리는 여러 가지 꿈을 꾸면서 살아가고 있다. 밤에는 잠을 자면서 꿈을 꾸고 낮에는 생각을 하면서 꿈을 꾼다. 잠 속의 꿈은 나의 의지와는 관계없는 현상이고, 생각 속의 꿈은 내가 이루고자 하는, 또는 이루기를 바라는 目標나 所望을 담은 욕구의 표출이다. 밤에 자면서 꾸는 꿈은 낮에 생각하면서 그리는 꿈에 비해 현실성과 실현성이 약한 게 일반적이다. 우리는 밤의 꿈이 있기에 불가사의 한 미지의 세계와 접할 수 있고, 낮의 꿈이 있기에 挫折하지 않고 새로운 기대속에 살아가고 있다.

사람들은 보통 자면서 꾼 꿈을 깨어난 다음에 어떤 기준에 의해 적절히 해석한 다음에 이를 현실세계와 接木시켜 어떤 의미를 부여하거나 행동으로 옮기게 된다.

解夢家는 바로 꿈에 나타난 일을 해석하여 길흉을 판단하고 장래의 일을 예측하며 어떤 행동지침을 주는 꿈의 專門家인 것이다. 올바로 解釋하여 좋은 효과를 가져오는 解夢家보다도 엉터리로 해석하여 사람을 현혹시키는 해몽가가 더 많은 게 문제이다.

나는 어린 시절부터 부모님과 동리 어른들로부터 꿈에 대한 이야기를 많이 들었고, 또 밤에 꾼 꿈을 이야기하여 어른들에게서 좋고 나쁨을 해석받곤 하였다. 그래서 좋은 꿈을 꾸었을 때는 하루 종일기분이 좋았고 나쁜 꿈을 꾸었을 때는 아침부터 우울하고 불안하기까지 하였다. 그러나 좋은 꿈을 가져다준 좋은 기분이나 부푼 기대도 밤이 될 때까지 좋은 일이 생기지 않으면 실망을 하고, 좋지 않은 꿈으로 인한 불안한 마음은 잘 때까지 별일이 안 생기면 안도의 숨을 쉬곤 하였다. 말하자면 너무 꿈에 얽매여 생활한 셈이었다.

그런데 어느 때부터일까? 아마 내 나이 사십을 넘어가면서부터가 아닌가 한다.

꿈에 따라 나의 기분이 좌우되는 習性에서 벗어나 꿈을 이용하는 자세로 전환되었던 것이다. 實利를 추구하는 나이 탓이 아니었나 한다. 꿈을 꾸고 난 아침에 그 꿈이 凶夢이라고 판단될 때는 나 자신은 물론이고 가족 모두에게도 주의를 주어 하루종일 출입과 언동을 조심토록 하고, 반면에 吉夢이라고 해석되는 경우에는 그 꿈대로 일이 成事되게끔 성의와 노력을 더 경주하고 말과 행동을 더욱 올바르게 하는 것이다. 말하자면 꿈이 나쁠 때는 有備無患의 자세로 임하고, 좋을 때는 盡人事 待天命의 처신을 하였던 것이다.

밤의 꿈을 낮의 생활에 연결하여 가치로운 것으로 활용하는 이러한 마음가짐은 나로 하여금 꿈 자체를 두려워하거나 기피하기보다 무척 소중하고 값있는 것으로 여기게 하였으며, 때로는 꿈을 기다리게 하기도 하였다. 나 스스로 꿈을 올바로 관리하는 理夢術이랄까, 꿈을 적절히 활용하는 用夢法 같은 것을 터득한 셈이다. 우리가 잠을 자는 것은 하루의 피로를 풀고 내일의 활동을 위한 새로운 활력을 창출하기 위함이지만 한정된 일생에 있어 하루 7~8시간의 잠자는 시간은 아깝기 그지없는 망각의 休止이다. 이 휴면의 시간에 일어나는 꿈의 세계를 살아 움직이는 생활의 세계와 같은 차원으로 이해하고 활용한다면 인생 한평생의 기간은 상대적으로 더 길어질 것이다.

第 3 章 英文標題와 英文次例

Ⅰ. 英文標題

AN-JAE KIM'S

THE WHITE BOOK OF A HUMAN LIFE

The Whole Records of the Seventy-Years Career

1936 ~ 2006

Recorded and Edited
by
AN-JAE KIM

2007

THE COMMITTEE FOR THE COMMEMORATIVE TASKS
ON DOCTOR CHOBUM AN-JAE KIM'S SEVENTIETH AGE

Inscription on the Cover of the Book

Assembled with excerpted letters from the book *'The Thousand-character Text'* originaly created by Ju Heungsa in Yang-Dynasty of China, which was the die written by Seogbong Han Ho(1543~1605) under the order of the king and published in July 1601, the year of Sinchug when was the 34th year of King Seonjo in Yi-Dynasty of Korea.

Ⅱ. 英文次例

CONTENTS

PART TWO
AUTOBIOGRAPHY IN BRIEF

PART THREE
SUMMARY OF CAREER

THE SECOND VOLUME THE DETAILS OF A CAREER

PART ONE
ORIGIN OF BIRTH

CHAPTER 1. THE CREATION OF TIME AND SPACE, AND THE APPEARANCE OF CHOBUM

CHAPTER 2. KOREAN FAMILIES AND CHOBUM'S GENEALOGY

CHAPTER 3. BRIEF HISTORY OF ANCESTORS

PART TWO
STRUCTURE OF HOUSEHOLD

CHAPTER 1. FAMILY

CHAPTER 2. HOUSES

CHAPTER 3. HOME BASES

PART THREE
HUMAN CAREER

CHAPTER 1. IDENTITY AND PERSONALITY

CHAPTER 2. EDUCATION AND TRAINING

CHAPTER 3. ANTECEDENTS AND PRIZES

CHAPTER 4. ERA AND ENVIRONS

PART FOUR

ACADEMIC ACHIEVEMENTS

▨ Outlook : □ Classification of Academic Achievements / 967 □ Classification of the Themes of Articles and Special Lectures / 967

CHAPTER 1. STUDY PERFORMANCE

CHAPTER 2. ACADEMIC PRESENTATION

CHAPTER 3. NURTURE OF DISCIPLES

PART FIVE
PILGRIMAGE IN LIFE

CHAPTER 1. INDIVIDUAL ACTIVITIES

CHAPTER 2. TRAVELS AND VISITS

CHAPTER 3. HOBBY IN LIFE

PART SIX
HOUSEHOLD ECONOMY

CHAPTER 1. ACCOUNTS OF INCOME AND EXPENDITURE

CHAPTER 2. DECLARATION AND CONTRIBUTION OF PROPERTY

CHAPTER 3. BALANCES OF PERSONAL EVENTS

PART SEVEN
SUMMATION IN COMBINATION

CHAPTER 1. THE AMOUNTS OF READINGS AND WRITINGS, AND ACTIVITY DISTRIBUTION IN SPACE AND TIME

CHAPTER 2. THE RECORDS OF ORIGINATION AND MAXIMUM

CHAPTER 3. AGGREGATES AND INDICES OF CAREER

THE THIRD VOLUME
THE DIARY OF A CAREER

PART ONE
THE PERIOD OF GROWTH AND STUDY

PART TWO

THE PERIOD OF PROFESSORSHIP AND RESEARCH

PART THREE

THE PERIOD OF REPRESENTATIVE AND PUBLIC SERVICE

PART FOUR

THE PERIOD OF RETIREMENT AND REMAINING YEARS

THE TERMINATION OF CAREER RECORDS

FUTURE PROSPECTS, SUPPORTERS FOR PUBLICATION AND ENGLISH VERSION

CHAPTER 1. FUTURE PROSPECTS AND EXPECTED WISHES

CHAPTER 2. SENTIMENTAL PHRASES AND SUPPORTERS FOR PUBLICATION

CHAPTER 3. ENGLISH VERSION OF THE TITLE AND CONTENTS OF THE BOOK

金安濟

人生白書

出生에서 古稀까지 七十年生涯의 記錄全集

初版 印刷　2007年 1月 25日
初版 發行　2007年 2月 2日

記錄·編纂　金 安 濟

發 行 人　草凡 金安濟 博士 古稀紀念事業 推進委員會

出 版　文一出版社
서울特別市 廣津區 紫陽洞 227-336
電話 02-932-5777 / 電送 02-456-1727

印 刷　현대애드컴
서울特別市 中區 筆洞 2街 13-7番地
電話 02-2275-8125 / 電送 02-2275-8126

連 絡 處　(社)韓國自治發展研究院
京畿道 高陽市 一山東區 白石洞 1323
電話 031-925-3001 / 電送 031-925-3010
(社)韓國地域發展研究院
서울特別市 廣津區 紫陽洞 227-336
電話 02-932-5555 / 電送 02-933-5553

頒布定價 150,000원　ISBN 978-89-7639-093-6 03300

이 도서의 국립중앙도서관 출판시도서목록(CIP)은 e-CIP 홈페이지
(http://www.nl.go.kr/cip.php)에서 이용하실 수 있습니다.
(CIP제어번호: CIP2007000037)